图书在版编目（CIP）数据

福建省人口普查年鉴. 2020. 第 3 册 / 福建省第七次全国人口普查领导小组办公室，福建省统计局编. -- 北京 : 中国统计出版社, 2022.9
ISBN 978-7-5037- 9951-8

Ⅰ. ①福… Ⅱ. ①福… ②福… Ⅲ. ①人口普查－统计资料－福建－2020－年鉴 Ⅳ. ①C924.255.7-54

中国版本图书馆 CIP 数据核字(2022)第 154837 号

福建省人口普查年鉴-2020（第 3 册）

作　　者/福建省第七次全国人口普查领导小组办公室　福建省统计局编
责任编辑/熊丹书
封面设计/李雪燕
出版发行/中国统计出版社有限公司
通信地址/北京市丰台区西三环南路甲 6 号　邮政编码/100073
发行电话/邮购（010）63376909　书店（010）68783171
网　　址/http://www.zgtjcbs.com/
印　　刷/福州万紫千红印刷有限公司
经　　销/新华书店
开　　本/880mm×1230mm　1/16
字　　数/1176 千字
印　　张/37
版　　别/2022 年 9 月第 1 版
版　　次/2022 年 9 月第 1 次印刷
定　　价/950.00 元（全五册附光盘）

目　录

第3册

第二部分　长表数据资料

第三卷 教育

第四卷 就业

第二部分　长表数据资料

第一卷　概要

1-1 各地区户数、

地区	户数						
				合计			
	合计	家庭户	集体户	合计	男	女	性别比(女=100)
合计	**1404007**	**1340352**	**63655**	**3933085**	**2027717**	**1905368**	**106.42**
福州市	**272029**	**256390**	**15639**	**768407**	**394443**	**373964**	**105.48**
鼓楼区	21682	20280	1402	63307	30877	32430	95.21
台江区	14455	13941	514	38956	19113	19843	96.32
仓山区	40743	38449	2294	110714	57199	53515	106.88
马尾区	8913	8239	674	25222	13195	12027	109.71
晋安区	28856	27596	1260	78263	39962	38301	104.34
长乐区	25111	23238	1873	68371	35587	32784	108.55
闽侯县	30528	27245	3283	89999	47336	42663	110.95
连江县	20529	19846	683	59533	30769	28764	106.97
罗源县	8748	8342	406	23827	12770	11057	115.49
闽清县	8202	8083	119	23544	12054	11490	104.91
永泰县	9871	9600	271	24978	12767	12211	104.55
平潭县	12532	12216	316	36752	18610	18142	102.58
福清市	41859	39315	2544	124941	64204	60737	105.71
厦门市	**215949**	**199928**	**16021**	**523867**	**276435**	**247432**	**111.72**
思明区	40513	38017	2496	107283	52188	55095	94.72
海沧区	25244	23366	1878	59367	32169	27198	118.28
湖里区	49134	45307	3827	105420	55601	49819	111.61
集美区	43548	38901	4647	106504	57506	48998	117.36
同安区	35343	33925	1418	87131	47006	40125	117.15
翔安区	22167	20412	1755	58162	31965	26197	122.02
莆田市	**96553**	**92875**	**3678**	**293477**	**146327**	**147150**	**99.44**
城厢区	17761	16791	970	51724	26048	25676	101.45
涵江区	14239	13566	673	44575	22510	22065	102.02
荔城区	19677	18559	1118	62462	31168	31294	99.60
秀屿区	18111	17669	442	52068	25469	26599	95.75
仙游县	26765	26290	475	82648	41132	41516	99.08
三明市	**82846**	**81009**	**1837**	**235595**	**120804**	**114791**	**105.24**
梅列区	8232	8034	198	21677	10796	10881	99.22
三元区	6658	6296	362	17931	9290	8641	107.51
明溪县	3343	3303	40	10070	5201	4869	106.82
清流县	3978	3897	81	11228	5696	5532	102.96
宁化县	8677	8592	85	27196	13706	13490	101.60
大田县	9468	9294	174	27329	14485	12844	112.78
尤溪县	10770	10603	167	31206	16182	15024	107.71
沙县	8457	8231	226	23794	12106	11688	103.58
将乐县	4517	4411	106	13198	6698	6500	103.05
泰宁县	3205	3146	59	8954	4464	4490	99.42
建宁县	3746	3699	47	10259	5142	5117	100.49
永安市	11795	11503	292	32753	17038	15715	108.42
泉州市	**297180**	**282719**	**14461**	**847493**	**441608**	**405885**	**108.80**
鲤城区	15940	15147	793	41792	21393	20399	104.87
丰泽区	24837	22583	2254	67523	34517	33006	104.58
洛江区	8052	7473	579	23686	12224	11462	106.65
泉港区	11192	10946	246	32571	16153	16418	98.39
惠安县	34809	33748	1061	101270	50656	50614	100.08
安溪县	29829	29358	471	94776	49677	45099	110.15
永春县	13630	13435	195	38653	19696	18957	103.90
德化县	10883	10722	161	32213	16962	15251	111.22
石狮市	25550	23806	1744	66816	35795	31021	115.39
晋江市	76524	71533	4991	201298	107437	93861	114.46
南安市	45934	43968	1966	146895	77098	69797	110.46

人口数和性别比

单位：户、人

人口数								平均家庭户规模（人/户）
家庭户				集体户				
小计	男	女	性别比（女=100）	小计	男	女	性别比（女=100）	
3690631	**1879811**	**1810820**	**103.81**	**242454**	**147906**	**94548**	**156.43**	**2.75**
705602	**357013**	**348589**	**102.42**	**62805**	**37430**	**25375**	**147.51**	**2.75**
58125	27995	30130	92.91	5182	2882	2300	125.30	2.87
37325	18227	19098	95.44	1631	886	745	118.93	2.68
101385	52037	49348	105.45	9329	5162	4167	123.88	2.64
22508	11584	10924	106.04	2714	1611	1103	146.06	2.73
73778	37041	36737	100.83	4485	2921	1564	186.76	2.67
62259	31716	30543	103.84	6112	3871	2241	172.74	2.68
74534	39239	35295	111.17	15465	8097	7368	109.89	2.74
56616	28958	27658	104.70	2917	1811	1106	163.74	2.85
22463	11591	10872	106.61	1364	1179	185	637.30	2.69
22915	11658	11257	103.56	629	396	233	169.96	2.83
23692	12046	11646	103.43	1286	721	565	127.61	2.47
35148	17542	17606	99.64	1604	1068	536	199.25	2.88
114854	57379	57475	99.83	10087	6825	3262	209.23	2.92
474445	**246828**	**227617**	**108.44**	**49422**	**29607**	**19815**	**149.42**	**2.37**
99319	47907	51412	93.18	7964	4281	3683	116.24	2.61
54437	28906	25531	113.22	4930	3263	1667	195.74	2.33
96268	50233	46035	109.12	9152	5368	3784	141.86	2.12
89281	47675	41606	114.59	17223	9831	7392	133.00	2.30
82852	44194	38658	114.32	4279	2812	1467	191.68	2.44
52288	27913	24375	114.51	5874	4052	1822	222.39	2.56
277199	**137111**	**140088**	**97.87**	**16278**	**9216**	**7062**	**130.50**	**2.98**
47959	23834	24125	98.79	3765	2214	1551	142.75	2.86
41033	20368	20665	98.56	3542	2142	1400	153.00	3.02
57734	28753	28981	99.21	4728	2415	2313	104.41	3.11
50069	24189	25880	93.47	1999	1280	719	178.03	2.83
80404	39967	40437	98.84	2244	1165	1079	107.97	3.06
227185	**115289**	**111896**	**103.03**	**8410**	**5515**	**2895**	**190.50**	**2.80**
21014	10415	10599	98.26	663	381	282	135.11	2.62
16302	8392	7910	106.09	1629	898	731	122.85	2.59
9865	5070	4795	105.74	205	131	74	177.03	2.99
10863	5440	5423	100.31	365	256	109	234.86	2.79
26710	13429	13281	101.11	486	277	209	132.54	3.11
26308	13706	12602	108.76	1021	779	242	321.90	2.83
30401	15658	14743	106.21	805	524	281	186.48	2.87
22828	11533	11295	102.11	966	573	393	145.80	2.77
12850	6445	6405	100.62	348	253	95	266.32	2.91
8695	4282	4413	97.03	259	182	77	236.36	2.76
10071	5007	5064	98.87	188	135	53	254.72	2.72
31278	15912	15366	103.55	1475	1126	349	322.64	2.72
793385	**408374**	**385011**	**106.07**	**54108**	**33234**	**20874**	**159.21**	**2.81**
39315	20043	19272	104.00	2477	1350	1127	119.79	2.60
58918	30031	28887	103.96	8605	4486	4119	108.91	2.61
21228	10970	10258	106.94	2458	1254	1204	104.15	2.84
31502	15369	16133	95.26	1069	784	285	275.09	2.88
97370	48060	49310	97.47	3900	2596	1304	199.08	2.89
92290	48168	44122	109.17	2486	1509	977	154.45	3.14
37848	19214	18634	103.11	805	482	323	149.23	2.82
31483	16455	15028	109.50	730	507	223	227.35	2.94
60626	31955	28671	111.45	6190	3840	2350	163.40	2.55
184407	96866	87541	110.65	16891	10571	6320	167.26	2.58
138398	71243	67155	106.09	8497	5855	2642	221.61	3.15

1-1 续表

地区	户数						
				合计			
	合计	家庭户	集体户	合计	男	女	性别比(女=100)
漳州市	**161303**	**156067**	**5236**	**486636**	**249529**	**237107**	**105.24**
芗城区	21518	20215	1303	60092	29721	30371	97.86
龙文区	9816	9405	411	28495	14656	13839	105.90
云霄县	12055	11833	222	40156	20868	19288	108.19
漳浦县	25532	24836	696	82438	42330	40108	105.54
诏安县	16241	16124	117	52133	26446	25687	102.95
长泰县	7805	7446	359	23010	12085	10925	110.62
东山县	6567	6472	95	21723	11094	10629	104.37
南靖县	10167	9921	246	29110	14822	14288	103.74
平和县	14209	14099	110	41636	21632	20004	108.14
华安县	4979	4823	156	12699	6660	6039	110.28
龙海市	32414	30893	1521	95144	49215	45929	107.15
南平市	**88526**	**86898**	**1628**	**236264**	**119317**	**116947**	**102.03**
延平区	15304	15014	290	40337	20267	20070	100.98
建阳区	11611	11332	279	30046	15222	14824	102.68
顺昌县	6214	6115	99	15710	7915	7795	101.54
浦城县	9813	9623	190	24833	12523	12310	101.73
光泽县	4484	4376	108	11925	6072	5853	103.74
松溪县	4050	4014	36	11146	5574	5572	100.04
政和县	5449	5367	82	15025	7758	7267	106.76
邵武市	9751	9680	71	25280	12789	12491	102.39
武夷山市	7610	7256	354	23496	11828	11668	101.37
建瓯市	14240	14121	119	38466	19369	19097	101.42
龙岩市	**92328**	**90174**	**2154**	**259706**	**132093**	**127613**	**103.51**
新罗区	29234	28131	1103	80994	41328	39666	104.19
永定区	10766	10570	196	29601	15140	14461	104.70
长汀县	12498	12339	159	38388	19361	19027	101.76
上杭县	12829	12538	291	36658	18522	18136	102.13
武平县	9282	9135	147	26785	13348	13437	99.34
连城县	8649	8556	93	23345	11928	11417	104.48
漳平市	9070	8905	165	23935	12466	11469	108.69
宁德市	**97293**	**94292**	**3001**	**281640**	**147161**	**134479**	**109.43**
蕉城区	19095	17681	1414	58027	30815	27212	113.24
霞浦县	14760	14414	346	42806	22457	20349	110.36
古田县	10550	10449	101	28339	14558	13781	105.64
屏南县	4423	4351	72	11758	6093	5665	107.56
寿宁县	5209	5187	22	13259	6838	6421	106.49
周宁县	4801	4751	50	14220	7436	6784	109.61
柘荣县	2875	2839	36	8777	4535	4242	106.91
福安市	17435	16960	475	53230	27988	25242	110.88
福鼎市	18145	17660	485	51224	26441	24783	106.69

单位：户、人

人口数								平均家庭户规模（人/户）
家庭户				集体户				
小计	男	女	性别比（女=100）	小计	男	女	性别比（女=100）	
464787	**236253**	**228534**	**103.38**	**21849**	**13276**	**8573**	**154.86**	**2.98**
54796	27320	27476	99.43	5296	2401	2895	82.94	2.71
27106	13738	13368	102.77	1389	918	471	194.90	2.88
38861	20005	18856	106.09	1295	863	432	199.77	3.28
79286	40107	39179	102.37	3152	2223	929	239.29	3.19
51513	26126	25387	102.91	620	320	300	106.67	3.19
21409	10997	10412	105.62	1601	1088	513	212.09	2.88
21087	10594	10493	100.96	636	500	136	367.65	3.26
27968	14179	13789	102.83	1142	643	499	128.86	2.82
41081	21294	19787	107.62	555	338	217	155.76	2.91
12116	6249	5867	106.51	583	411	172	238.95	2.51
89564	45644	43920	103.93	5580	3571	2009	177.75	2.90
229122	**115172**	**113950**	**101.07**	**7142**	**4145**	**2997**	**138.30**	**2.64**
39019	19491	19528	99.81	1318	776	542	143.17	2.60
29004	14608	14396	101.47	1042	614	428	143.46	2.56
15272	7649	7623	100.34	438	266	172	154.65	2.50
23998	11988	12010	99.82	835	535	300	178.33	2.49
11511	5802	5709	101.63	414	270	144	187.50	2.63
10937	5450	5487	99.33	209	124	85	145.88	2.72
14716	7519	7197	104.47	309	239	70	341.43	2.74
25044	12623	12421	101.63	236	166	70	237.14	2.59
21760	10991	10769	102.06	1736	837	899	93.10	3.00
37861	19051	18810	101.28	605	318	287	110.80	2.68
250231	**126071**	**124160**	**101.54**	**9475**	**6022**	**3453**	**174.40**	**2.77**
76285	38551	37734	102.17	4709	2777	1932	143.74	2.71
28576	14426	14150	101.95	1025	714	311	229.58	2.70
37583	18873	18710	100.87	805	488	317	153.94	3.05
35466	17653	17813	99.10	1192	869	323	269.04	2.83
25993	12820	13173	97.32	792	528	264	200.00	2.85
22902	11643	11259	103.41	443	285	158	180.38	2.68
23426	12105	11321	106.93	509	361	148	243.92	2.63
268675	**137700**	**130975**	**105.13**	**12965**	**9461**	**3504**	**270.01**	**2.85**
51530	26060	25470	102.32	6497	4755	1742	272.96	2.91
41524	21492	20032	107.29	1282	965	317	304.42	2.88
27821	14207	13614	104.36	518	351	167	210.18	2.66
11437	5889	5548	106.15	321	204	117	174.36	2.63
13139	6768	6371	106.23	120	70	50	140.00	2.53
13920	7207	6713	107.36	300	229	71	322.54	2.93
8631	4419	4212	104.91	146	116	30	386.67	3.04
51061	26393	24668	106.99	2169	1595	574	277.87	3.01
49612	25265	24347	103.77	1612	1176	436	269.72	2.81

1-1a 各地区户数、

地　区	户　数			合　计			
	合计	家庭户	集体户	合计	男	女	性别比(女=100)
合　计	**616039**	**578340**	**37699**	**1655761**	**848704**	**807057**	**105.16**
福州市	**137064**	**128818**	**8246**	**382810**	**194005**	**188805**	**102.75**
鼓楼区	21682	20280	1402	63307	30877	32430	95.21
台江区	14455	13941	514	38956	19113	19843	96.32
仓山区	40743	38449	2294	110714	57199	53515	106.88
马尾区	8211	7545	666	22954	12036	10918	110.24
晋安区	27976	26787	1189	75921	38667	37254	103.79
长乐区	8774	8068	706	25490	12618	12872	98.03
闽侯县							
连江县							
罗源县							
闽清县							
永泰县							
平潭县							
福清市	15223	13748	1475	45468	23495	21973	106.93
厦门市	**183880**	**170188**	**13692**	**440916**	**230705**	**210211**	**109.75**
思明区	40513	38017	2496	107283	52188	55095	94.72
海沧区	24679	22947	1732	57901	31326	26575	117.88
湖里区	49046	45252	3794	105216	55457	49759	111.45
集美区	38964	34581	4383	95695	51392	44303	116.00
同安区	27013	26061	952	63894	34500	29394	117.37
翔安区	3665	3330	335	10927	5842	5085	114.89
莆田市	**42986**	**40366**	**2620**	**130157**	**65745**	**64412**	**102.07**
城厢区	12230	11397	833	34707	17703	17004	104.11
涵江区	10877	10244	633	35047	17685	17362	101.86
荔城区	14778	13864	914	46048	23310	22738	102.52
秀屿区	5101	4861	240	14355	7047	7308	96.43
仙游县							
三明市	**20718**	**19992**	**726**	**56064**	**28303**	**27761**	**101.95**
梅列区	7559	7381	178	19864	9828	10036	97.93
三元区	5462	5135	327	15094	7678	7416	103.53
明溪县							
清流县							
宁化县							
大田县							
尤溪县							
沙县							
将乐县							
泰宁县							
建宁县							
永安市	7697	7476	221	21106	10797	10309	104.73
泉州市	**112542**	**104838**	**7704**	**297734**	**155830**	**141904**	**109.81**
鲤城区	15940	15147	793	41792	21393	20399	104.87
丰泽区	24837	22583	2254	67523	34517	33006	104.58
洛江区	3394	3169	225	9840	4973	4867	102.18
泉港区	3831	3687	144	11625	5820	5805	100.26
惠安县							
安溪县							
永春县							
德化县							
石狮市	16174	15191	983	41342	21687	19655	110.34
晋江市	40740	37744	2996	99672	53873	45799	117.63
南安市	7626	7317	309	25940	13567	12373	109.65

人口数和性别比(城市)

单位：户、人

人口数								平均家庭户规模(人/户)
家庭户				集体户				
小计	男	女	性别比(女=100)	小计	男	女	性别比(女=100)	
1520232	**770231**	**750001**	**102.70**	**135529**	**78473**	**57056**	**137.54**	**2.63**
351154	**175549**	**175605**	**99.97**	**31656**	**18456**	**13200**	**139.82**	**2.73**
58125	27995	30130	92.91	5182	2882	2300	125.30	2.87
37325	18227	19098	95.44	1631	886	745	118.93	2.68
101385	52037	49348	105.45	9329	5162	4167	123.88	2.64
20265	10445	9820	106.36	2689	1591	1098	144.90	2.69
71782	35983	35799	100.51	4139	2684	1455	184.47	2.68
22874	11240	11634	96.61	2616	1378	1238	111.31	2.84
39398	19622	19776	99.22	6070	3873	2197	176.29	2.87
398685	**206033**	**192652**	**106.95**	**42231**	**24672**	**17559**	**140.51**	**2.34**
99319	47907	51412	93.18	7964	4281	3683	116.24	2.61
53396	28362	25034	113.29	4505	2964	1541	192.34	2.33
96153	50164	45989	109.08	9063	5293	3770	140.40	2.12
79274	42137	37137	113.46	16421	9255	7166	129.15	2.29
61144	32705	28439	115.00	2750	1795	955	187.96	2.35
9399	4758	4641	102.52	1528	1084	444	244.14	2.82
118738	**59116**	**59622**	**99.15**	**11419**	**6629**	**4790**	**138.39**	**2.94**
31601	15865	15736	100.82	3106	1838	1268	144.95	2.77
31701	15687	16014	97.96	3346	1998	1348	148.22	3.09
42213	21207	21006	100.96	3835	2103	1732	121.42	3.04
13223	6357	6866	92.59	1132	690	442	156.11	2.72
52964	**26430**	**26534**	**99.61**	**3100**	**1873**	**1227**	**152.65**	**2.65**
19298	9525	9773	97.46	566	303	263	115.21	2.61
13582	6880	6702	102.66	1512	798	714	111.76	2.64
20084	10025	10059	99.66	1022	772	250	308.80	2.69
270840	**140415**	**130425**	**107.66**	**26894**	**15415**	**11479**	**134.29**	**2.58**
39315	20043	19272	104.00	2477	1350	1127	119.79	2.60
58918	30031	28887	103.96	8605	4486	4119	108.91	2.61
8867	4555	4312	105.64	973	418	555	75.32	2.80
10987	5376	5611	95.81	638	444	194	228.87	2.98
37856	19694	18162	108.44	3486	1993	1493	133.49	2.49
90371	48031	42340	113.44	9301	5842	3459	168.89	2.39
24526	12685	11841	107.13	1414	882	532	165.79	3.35

1-1a 续表

地区	户数			合计			
	合计	家庭户	集体户	合计	男	女	性别比（女=100）
漳州市	**33048**	**31397**	**1651**	**95078**	**47122**	**47956**	**98.26**
芗城区	16378	15261	1117	45560	22010	23550	93.46
龙文区	9011	8604	407	25799	13280	12519	106.08
云霄县							
漳浦县							
诏安县							
长泰县							
东山县							
南靖县							
平和县							
华安县							
龙海市	7620	7493	127	23589	11766	11823	99.52
南平市	**31899**	**31153**	**746**	**89460**	**44158**	**45302**	**97.47**
延平区	9732	9582	150	26310	13007	13303	97.77
建阳区	6146	5948	198	16295	8096	8199	98.74
顺昌县							
浦城县							
光泽县							
松溪县							
政和县							
邵武市	6595	6564	31	18399	9153	9246	98.99
武夷山市	4234	3944	290	13754	6731	7023	95.84
建瓯市	5192	5115	77	14702	7171	7531	95.22
龙岩市	**28732**	**27659**	**1073**	**82183**	**41227**	**40956**	**100.66**
新罗区	22313	21382	931	63316	31799	31517	100.89
永定区	2160	2108	52	6899	3381	3518	96.11
长汀县							
上杭县							
武平县							
连城县							
漳平市	4259	4169	90	11968	6047	5921	102.13
宁德市	**25170**	**23929**	**1241**	**81359**	**41609**	**39750**	**104.68**
蕉城区	11684	10626	1058	37029	19442	17587	110.55
霞浦县							
古田县							
屏南县							
寿宁县							
周宁县							
柘荣县							
福安市	6732	6650	82	22676	11445	11231	101.91
福鼎市	6754	6653	101	21654	10722	10932	98.08

单位：户、人

人口数								平均家庭户规模（人/户）
家庭户				集体户				
小计	男	女	性别比（女=100）	小计	男	女	性别比（女=100）	
88425	**43914**	**44511**	**98.66**	**6653**	**3208**	**3445**	**93.12**	**2.82**
40849	20023	20826	96.14	4711	1987	2724	72.94	2.68
24437	12377	12060	102.63	1362	903	459	196.73	2.84
23009	11448	11561	99.02	580	318	262	121.37	3.07
86254	**42555**	**43699**	**97.38**	**3206**	**1603**	**1603**	**100.00**	**2.77**
25740	12670	13070	96.94	570	337	233	144.64	2.69
15502	7666	7836	97.83	793	430	363	118.46	2.61
18293	9082	9211	98.60	106	71	35	202.86	2.79
12315	6094	6221	97.96	1439	637	802	79.43	3.12
14404	7043	7361	95.68	298	128	170	75.29	2.82
77760	**38846**	**38914**	**99.83**	**4423**	**2381**	**2042**	**116.60**	**2.81**
59474	29744	29730	100.05	3842	2055	1787	115.00	2.78
6609	3225	3384	95.30	290	156	134	116.42	3.14
11677	5877	5800	101.33	291	170	121	140.50	2.80
75412	**37373**	**38039**	**98.25**	**5947**	**4236**	**1711**	**247.57**	**3.15**
32129	15841	16288	97.26	4900	3601	1299	277.21	3.02
22012	11043	10969	100.67	664	402	262	153.44	3.31
21271	10489	10782	97.28	383	233	150	155.33	3.20

1－1b 各地区户数、

地区	户数			合计			
	合计	家庭户	集体户	合计	男	女	性别比(女=100)
合计	**370101**	**354318**	**15783**	**1096269**	**560936**	**535333**	**104.78**
福州市	**64752**	**59881**	**4871**	**187786**	**96249**	**91537**	**105.15**
鼓楼区							
台江区							
仓山区							
马尾区							
晋安区	66	45	21	239	132	107	123.36
长乐区	6416	5806	610	16604	8954	7650	117.05
闽侯县	19034	16081	2953	56158	29043	27115	107.11
连江县	10427	10091	336	29869	14971	14898	100.49
罗源县	6165	5875	290	18080	9527	8553	111.39
闽清县	3537	3484	53	10755	5313	5442	97.63
永泰县	4111	4024	87	11234	5648	5586	101.11
平潭县	6764	6664	100	21082	10587	10495	100.88
福清市	8232	7811	421	23765	12074	11691	103.28
厦门市	**11962**	**11230**	**732**	**26111**	**14573**	**11538**	**126.30**
思明区							
海沧区							
湖里区	88	55	33	204	144	60	240.00
集美区	5	4	1	28	20	8	250.00
同安区	582	563	19	1584	831	753	110.36
翔安区	11287	10608	679	24295	13578	10717	126.70
莆田市	**18720**	**18187**	**533**	**58448**	**28716**	**29732**	**96.58**
城厢区	989	950	39	3395	1654	1741	95.00
涵江区	393	391	2	1136	538	598	89.97
荔城区	238	237	1	843	408	435	93.79
秀屿区	3009	2917	92	8429	4120	4309	95.61
仙游县	14091	13692	399	44645	21996	22649	97.12
三明市	**30866**	**30113**	**753**	**93935**	**47129**	**46806**	**100.69**
梅列区	378	362	16	1001	547	454	120.48
三元区	247	235	12	604	336	268	125.37
明溪县	1666	1641	25	4882	2383	2499	95.36
清流县	1952	1914	38	5694	2797	2897	96.55
宁化县	3921	3850	71	12454	6124	6330	96.75
大田县	4724	4620	104	14996	7872	7124	110.50
尤溪县	5188	5054	134	16323	8309	8014	103.68
沙县	5780	5588	192	16753	8322	8431	98.71
将乐县	2622	2576	46	8275	4095	4180	97.97
泰宁县	1860	1812	48	5625	2699	2926	92.24
建宁县	1774	1742	32	5186	2522	2664	94.67
永安市	754	719	35	2142	1123	1019	110.21
泉州市	**95794**	**91452**	**4342**	**286579**	**149085**	**137494**	**108.43**
鲤城区							
丰泽区							
洛江区	1469	1260	209	4354	2206	2148	102.70
泉港区	2418	2401	17	6526	3231	3295	98.06
惠安县	20015	19326	689	57279	28516	28763	99.14
安溪县	14353	13980	373	47604	24843	22761	109.15
永春县	8144	8008	136	24384	12268	12116	101.25
德化县	8002	7872	130	25587	13453	12134	110.87
石狮市	5931	5420	511	15909	8988	6921	129.87
晋江市	14251	13252	999	39096	20513	18583	110.39
南安市	21211	19933	1278	65840	35067	30773	113.95

人口数和性别比(镇)

单位：户、人

人口数								平均家庭户规模(人/户)
家庭户				集体户				
小计	男	女	性别比(女=100)	小计	男	女	性别比(女=100)	
1031602	**521794**	**509808**	**102.35**	**64667**	**39142**	**25525**	**153.35**	**2.91**
167242	**84872**	**82370**	**103.04**	**20544**	**11377**	**9167**	**124.11**	**2.79**
109	63	46	136.96	130	69	61	113.11	2.42
14803	7696	7107	108.29	1801	1258	543	231.68	2.55
42481	22258	20223	110.06	13677	6785	6892	98.45	2.64
28454	14166	14288	99.15	1415	805	610	131.97	2.82
17102	8694	8408	103.40	978	833	145	574.48	2.91
10497	5175	5322	97.24	258	138	120	115.00	3.01
10855	5402	5453	99.06	379	246	133	184.96	2.70
20601	10288	10313	99.76	481	299	182	164.29	3.09
22340	11130	11210	99.29	1425	944	481	196.26	2.86
24214	**13256**	**10958**	**120.97**	**1897**	**1317**	**580**	**227.07**	**2.16**
115	69	46	150.00	89	75	14	535.71	2.09
16	10	6	166.67	12	10	2	500.00	4.00
1545	801	744	107.66	39	30	9	333.33	2.74
22538	12376	10162	121.79	1757	1202	555	216.58	2.12
55839	**27362**	**28477**	**96.08**	**2609**	**1354**	**1255**	**107.89**	**3.07**
3115	1513	1602	94.44	280	141	139	101.44	3.28
1125	532	593	89.71	11	6	5	120.00	2.88
833	399	434	91.94	10	9	1	900.00	3.51
8004	3870	4134	93.61	425	250	175	142.86	2.74
42762	21048	21714	96.93	1883	948	935	101.39	3.12
90470	**44961**	**45509**	**98.80**	**3465**	**2168**	**1297**	**167.15**	**3.00**
912	470	442	106.33	89	77	12	641.67	2.52
571	306	265	115.47	33	30	3	1000.00	2.43
4782	2326	2456	94.71	100	57	43	132.56	2.91
5510	2687	2823	95.18	184	110	74	148.65	2.88
12048	5905	6143	96.13	406	219	187	117.11	3.13
14404	7473	6931	107.82	592	399	193	206.74	3.12
15695	7922	7773	101.92	628	387	241	160.58	3.11
15959	7864	8095	97.15	794	458	336	136.31	2.86
8100	3980	4120	96.60	175	115	60	191.67	3.14
5441	2568	2873	89.38	184	131	53	247.17	3.00
5078	2456	2622	93.67	108	66	42	157.14	2.92
1970	1004	966	103.93	172	119	53	224.53	2.74
269173	**138093**	**131080**	**105.35**	**17406**	**10992**	**6414**	**171.38**	**2.94**
3595	1855	1740	106.61	759	351	408	86.03	2.85
6465	3191	3274	97.46	61	40	21	190.48	2.69
54778	26994	27784	97.16	2501	1522	979	155.46	2.83
45555	23640	21915	107.87	2049	1203	846	142.20	3.26
23846	11976	11870	100.89	538	292	246	118.70	2.98
25011	13073	11938	109.51	576	380	196	193.88	3.18
14052	7654	6398	119.63	1857	1334	523	255.07	2.59
35342	18273	17069	107.05	3754	2240	1514	147.95	2.67
60529	31437	29092	108.06	5311	3630	1681	215.94	3.04

1-1b 续表

地区	户数			合计			
	合计	家庭户	集体户	合计	男	女	性别比(女=100)
漳州市	**67622**	**64885**	**2737**	**204324**	**105188**	**99136**	**106.10**
芗城区	2942	2829	113	7980	4283	3697	115.85
龙文区							
云霄县	6411	6274	137	21922	11207	10715	104.59
漳浦县	14014	13438	576	45136	23259	21877	106.32
诏安县	7504	7417	87	23688	11837	11851	99.88
长泰县	4776	4450	326	13785	7314	6471	113.03
东山县	4443	4378	65	13939	6956	6983	99.61
南靖县	5377	5244	133	15608	7818	7790	100.36
平和县	6558	6459	99	20212	10395	9817	105.89
华安县	2601	2502	99	6763	3546	3217	110.23
龙海市	12996	11894	1102	35291	18573	16718	111.10
南平市	**21618**	**21244**	**374**	**59793**	**29505**	**30288**	**97.41**
延平区	1753	1733	20	4540	2268	2272	99.82
建阳区	1117	1094	23	2965	1493	1472	101.43
顺昌县	3303	3236	67	8438	4108	4330	94.87
浦城县	4809	4714	95	13269	6490	6779	95.74
光泽县	2190	2158	32	6302	3091	3211	96.26
松溪县	1945	1927	18	5814	2784	3030	91.88
政和县	2815	2761	54	8474	4274	4200	101.76
邵武市	971	955	16	2249	1162	1087	106.90
武夷山市	490	456	34	1626	839	787	106.61
建瓯市	2225	2210	15	6116	2996	3120	96.03
龙岩市	**27253**	**26597**	**656**	**83709**	**41927**	**41782**	**100.35**
新罗区	2355	2336	19	6256	3180	3076	103.38
永定区	2875	2815	60	8568	4340	4228	102.65
长汀县	6255	6123	132	20832	10367	10465	99.06
上杭县	6312	6057	255	19474	9844	9630	102.22
武平县	4613	4499	114	14586	7165	7421	96.55
连城县	4049	3977	72	11859	5945	5914	100.52
漳平市	794	790	4	2134	1086	1048	103.63
宁德市	**31514**	**30729**	**785**	**95584**	**48564**	**47020**	**103.28**
蕉城区	1100	1057	43	3269	1703	1566	108.75
霞浦县	8755	8550	205	27159	13756	13403	102.63
古田县	5271	5211	60	15006	7414	7592	97.66
屏南县	2093	2043	50	6186	3042	3144	96.76
寿宁县	2390	2374	16	7071	3530	3541	99.69
周宁县	2285	2273	12	7155	3575	3580	99.86
柘荣县	1580	1569	11	5441	2702	2739	98.65
福安市	4024	3726	298	12566	6837	5729	119.34
福鼎市	4016	3926	90	11731	6005	5726	104.87

单位：户、人

人口数								平均家庭户规模（人/户）
家庭户				集体户				
小计	男	女	性别比（女=100）	小计	男	女	性别比（女=100）	
193223	**98219**	**95004**	**103.38**	**11101**	**6969**	**4132**	**168.66**	**2.98**
7613	4038	3575	112.95	367	245	122	200.82	2.69
21147	10758	10389	103.55	775	449	326	137.73	3.37
42539	21496	21043	102.15	2597	1763	834	211.39	3.17
23250	11633	11617	100.14	438	204	234	87.18	3.13
12360	6345	6015	105.49	1425	969	456	212.50	2.78
13583	6697	6886	97.26	356	259	97	267.01	3.10
15058	7509	7549	99.47	550	309	241	128.22	2.87
19710	10101	9609	105.12	502	294	208	141.35	3.05
6389	3279	3110	105.43	374	267	107	249.53	2.55
31574	16363	15211	107.57	3717	2210	1507	146.65	2.65
58178	**28583**	**29595**	**96.58**	**1615**	**922**	**693**	**133.04**	**2.74**
4440	2207	2233	98.84	100	61	39	156.41	2.56
2879	1439	1440	99.93	86	54	32	168.75	2.63
8151	3952	4199	94.12	287	156	131	119.08	2.52
12800	6225	6575	94.68	469	265	204	129.90	2.72
6179	3038	3141	96.72	123	53	70	75.71	2.86
5735	2753	2982	92.32	79	31	48	64.58	2.98
8305	4165	4140	100.60	169	109	60	181.67	3.01
2212	1128	1084	104.06	37	34	3	1133.33	2.32
1447	728	719	101.25	179	111	68	163.24	3.17
6030	2948	3082	95.65	86	48	38	126.32	2.73
80748	**40019**	**40729**	**98.26**	**2961**	**1908**	**1053**	**181.20**	**3.04**
6198	3130	3068	102.02	58	50	8	625.00	2.65
8251	4153	4098	101.34	317	187	130	143.85	2.93
20168	9968	10200	97.73	664	399	265	150.57	3.29
18458	9120	9338	97.67	1016	724	292	247.95	3.05
14015	6818	7197	94.73	571	347	224	154.91	3.12
11535	5754	5781	99.53	324	191	133	143.61	2.90
2123	1076	1047	102.77	11	10	1	1000.00	2.69
92515	**46429**	**46086**	**100.74**	**3069**	**2135**	**934**	**228.59**	**3.01**
3068	1564	1504	103.99	201	139	62	224.19	2.90
26396	13227	13169	100.44	763	529	234	226.07	3.09
14723	7254	7469	97.12	283	160	123	130.08	2.83
5972	2924	3048	95.93	214	118	96	122.92	2.92
6992	3485	3507	99.37	79	45	34	132.35	2.95
7053	3515	3538	99.35	102	60	42	142.86	3.10
5400	2682	2718	98.68	41	20	21	95.24	3.44
11487	5950	5537	107.46	1079	887	192	461.98	3.08
11424	5828	5596	104.15	307	177	130	136.15	2.91

1-1c 各地区户数、

地区	户数			合计			
	合计	家庭户	集体户	合计	男	女	性别比(女=100)
合计	**417867**	**407694**	**10173**	**1181055**	**618077**	**562978**	**109.79**
福州市	**70213**	**67691**	**2522**	**197811**	**104189**	**93622**	**111.29**
鼓楼区							
台江区							
仓山区							
马尾区	702	694	8	2268	1159	1109	104.51
晋安区	814	764	50	2103	1163	940	123.72
长乐区	9921	9364	557	26277	14015	12262	114.30
闽侯县	11494	11164	330	33841	18293	15548	117.66
连江县	10102	9755	347	29664	15798	13866	113.93
罗源县	2583	2467	116	5747	3243	2504	129.51
闽清县	4665	4599	66	12789	6741	6048	111.46
永泰县	5760	5576	184	13744	7119	6625	107.46
平潭县	5768	5552	216	15670	8023	7647	104.92
福清市	18404	17756	648	55708	28635	27073	105.77
厦门市	**20107**	**18510**	**1597**	**56840**	**31157**	**25683**	**121.31**
思明区							
海沧区	565	419	146	1466	843	623	135.31
湖里区							
集美区	4579	4316	263	10781	6094	4687	130.02
同安区	7748	7301	447	21653	11675	9978	117.01
翔安区	7215	6474	741	22940	12545	10395	120.68
莆田市	**34847**	**34322**	**525**	**104872**	**51866**	**53006**	**97.85**
城厢区	4542	4444	98	13622	6691	6931	96.54
涵江区	2969	2931	38	8392	4287	4105	104.43
荔城区	4661	4458	203	15571	7450	8121	91.74
秀屿区	10001	9891	110	29284	14302	14982	95.46
仙游县	12674	12598	76	38003	19136	18867	101.43
三明市	**31262**	**30904**	**358**	**85596**	**45372**	**40224**	**112.80**
梅列区	295	291	4	812	421	391	107.67
三元区	949	926	23	2233	1276	957	133.33
明溪县	1677	1662	15	5188	2818	2370	118.90
清流县	2026	1983	43	5534	2899	2635	110.02
宁化县	4756	4742	14	14742	7582	7160	105.89
大田县	4744	4674	70	12333	6613	5720	115.61
尤溪县	5582	5549	33	14883	7873	7010	112.31
沙县	2677	2643	34	7041	3784	3257	116.18
将乐县	1895	1835	60	4923	2603	2320	112.20
泰宁县	1345	1334	11	3329	1765	1564	112.85
建宁县	1972	1957	15	5073	2620	2453	106.81
永安市	3344	3308	36	9505	5118	4387	116.66
泉州市	**88844**	**86429**	**2415**	**263180**	**136693**	**126487**	**108.07**
鲤城区							
丰泽区							
洛江区	3189	3044	145	9492	5045	4447	113.45
泉港区	4943	4858	85	14420	7102	7318	97.05
惠安县	14794	14422	372	43991	22140	21851	101.32
安溪县	15476	15378	98	47172	24834	22338	111.17
永春县	5486	5427	59	14269	7428	6841	108.58
德化县	2881	2850	31	6626	3509	3117	112.58
石狮市	3445	3195	250	9565	5120	4445	115.19
晋江市	21533	20537	996	62530	33051	29479	112.12
南安市	17097	16718	379	55115	28464	26651	106.80

人口数和性别比(乡村)

单位：户、人

人口数								平均家庭户规模(人/户)
家庭户				集体户				
小计	男	女	性别比(女=100)	小计	男	女	性别比(女=100)	
1138797	**587786**	**551011**	**106.67**	**42258**	**30291**	**11967**	**253.12**	**2.79**
187206	**96592**	**90614**	**106.60**	**10605**	**7597**	**3008**	**252.56**	**2.77**
2243	1139	1104	103.17	25	20	5	400.00	3.23
1887	995	892	111.55	216	168	48	350.00	2.47
24582	12780	11802	108.29	1695	1235	460	268.48	2.63
32053	16981	15072	112.67	1788	1312	476	275.63	2.87
28162	14792	13370	110.64	1502	1006	496	202.82	2.89
5361	2897	2464	117.57	386	346	40	865.00	2.17
12418	6483	5935	109.23	371	258	113	228.32	2.70
12837	6644	6193	107.28	907	475	432	109.95	2.30
14547	7254	7293	99.47	1123	769	354	217.23	2.62
53116	26627	26489	100.52	2592	2008	584	343.84	2.99
51546	**27539**	**24007**	**114.71**	**5294**	**3618**	**1676**	**215.87**	**2.78**
1041	544	497	109.46	425	299	126	237.30	2.48
9991	5528	4463	123.86	790	566	224	252.68	2.31
20163	10688	9475	112.80	1490	987	503	196.22	2.76
20351	10779	9572	112.61	2589	1766	823	214.58	3.14
102622	**50633**	**51989**	**97.39**	**2250**	**1233**	**1017**	**121.24**	**2.99**
13243	6456	6787	95.12	379	235	144	163.19	2.98
8207	4149	4058	102.24	185	138	47	293.62	2.80
14688	7147	7541	94.78	883	303	580	52.24	3.29
28842	13962	14880	93.83	442	340	102	333.33	2.92
37642	18919	18723	101.05	361	217	144	150.69	2.99
83751	**43898**	**39853**	**110.15**	**1845**	**1474**	**371**	**397.30**	**2.71**
804	420	384	109.38	8	1	7	14.29	2.76
2149	1206	943	127.89	84	70	14	500.00	2.32
5083	2744	2339	117.32	105	74	31	238.71	3.06
5353	2753	2600	105.88	181	146	35	417.14	2.70
14662	7524	7138	105.41	80	58	22	263.64	3.09
11904	6233	5671	109.91	429	380	49	775.51	2.55
14706	7736	6970	110.99	177	137	40	342.50	2.65
6869	3669	3200	114.66	172	115	57	201.75	2.60
4750	2465	2285	107.88	173	138	35	394.29	2.59
3254	1714	1540	111.30	75	51	24	212.50	2.44
4993	2551	2442	104.46	80	69	11	627.27	2.55
9224	4883	4341	112.49	281	235	46	510.87	2.79
253372	**129866**	**123506**	**105.15**	**9808**	**6827**	**2981**	**229.02**	**2.93**
8766	4560	4206	108.42	726	485	241	201.24	2.88
14050	6802	7248	93.85	370	300	70	428.57	2.89
42592	21066	21526	97.86	1399	1074	325	330.46	2.95
46735	24528	22207	110.45	437	306	131	233.59	3.04
14002	7238	6764	107.01	267	190	77	246.75	2.58
6472	3382	3090	109.45	154	127	27	470.37	2.27
8718	4607	4111	112.07	847	513	334	153.59	2.73
58694	30562	28132	108.64	3836	2489	1347	184.78	2.86
53343	27121	26222	103.43	1772	1343	429	313.05	3.19

1−1c 续表

地区	户数			合计			
	合计	家庭户	集体户	合计	男	女	性别比(女=100)
漳州市	**60633**	**59785**	**848**	**187234**	**97219**	**90015**	**108.00**
芗城区	2198	2125	73	6552	3428	3124	109.73
龙文区	805	801	4	2696	1376	1320	104.24
云霄县	5644	5559	85	18234	9661	8573	112.69
漳浦县	11518	11398	120	37302	19071	18231	104.61
诏安县	8698	8668	30	28315	14543	13772	105.60
长泰县	3029	2996	33	9225	4771	4454	107.12
东山县	2124	2094	30	7784	4138	3646	113.49
南靖县	4790	4677	113	13502	7004	6498	107.79
平和县	7651	7640	11	21424	11237	10187	110.31
华安县	2378	2321	57	5936	3114	2822	110.35
龙海市	11798	11506	292	36264	18876	17388	108.56
南平市	**35009**	**34501**	**508**	**87011**	**45654**	**41357**	**110.39**
延平区	3819	3699	120	9487	4992	4495	111.06
建阳区	4348	4290	58	10786	5633	5153	109.31
顺昌县	2911	2879	32	7272	3807	3465	109.87
浦城县	5004	4909	95	11564	6033	5531	109.08
光泽县	2294	2218	76	5623	2981	2642	112.83
松溪县	2105	2087	18	5332	2790	2542	109.76
政和县	2634	2606	28	6551	3484	3067	113.60
邵武市	2185	2161	24	4632	2474	2158	114.64
武夷山市	2886	2856	30	8116	4258	3858	110.37
建瓯市	6823	6796	27	17648	9202	8446	108.95
龙岩市	**36343**	**35918**	**425**	**93814**	**48939**	**44875**	**109.06**
新罗区	4566	4413	153	11422	6349	5073	125.15
永定区	5731	5647	84	14134	7419	6715	110.48
长汀县	6243	6216	27	17556	8994	8562	105.05
上杭县	6517	6481	36	17184	8678	8506	102.02
武平县	4669	4636	33	12199	6183	6016	102.78
连城县	4600	4579	21	11486	5983	5503	108.72
漳平市	4017	3946	71	9833	5333	4500	118.51
宁德市	**40609**	**39634**	**975**	**104697**	**56988**	**47709**	**119.45**
蕉城区	6311	5998	313	17729	9670	8059	119.99
霞浦县	6005	5864	141	15647	8701	6946	125.27
古田县	5279	5238	41	13333	7144	6189	115.43
屏南县	2330	2308	22	5572	3051	2521	121.02
寿宁县	2819	2813	6	6188	3308	2880	114.86
周宁县	2516	2478	38	7065	3861	3204	120.51
柘荣县	1295	1270	25	3336	1833	1503	121.96
福安市	6679	6584	95	17988	9706	8282	117.19
福鼎市	7375	7081	294	17839	9714	8125	119.56

单位：户、人

人口数								平均家庭户规模（人/户）
家庭户				集体户				
小计	男	女	性别比（女=100）	小计	男	女	性别比（女=100）	
183139	**94120**	**89019**	**105.73**	**4095**	**3099**	**996**	**311.14**	**3.06**
6334	3259	3075	105.98	218	169	49	344.90	2.98
2669	1361	1308	104.05	27	15	12	125.00	3.33
17714	9247	8467	109.21	520	414	106	390.57	3.19
36747	18611	18136	102.62	555	460	95	484.21	3.22
28133	14427	13706	105.26	182	116	66	175.76	3.25
9049	4652	4397	105.80	176	119	57	208.77	3.02
7504	3897	3607	108.04	280	241	39	617.95	3.58
12910	6670	6240	106.89	592	334	258	129.46	2.76
21371	11193	10178	109.97	53	44	9	488.89	2.80
5727	2970	2757	107.73	209	144	65	221.54	2.47
34981	17833	17148	103.99	1283	1043	240	434.58	3.04
84690	**44034**	**40656**	**108.31**	**2321**	**1620**	**701**	**231.10**	**2.45**
8839	4614	4225	109.21	648	378	270	140.00	2.39
10623	5503	5120	107.48	163	130	33	393.94	2.48
7121	3697	3424	107.97	151	110	41	268.29	2.47
11198	5763	5435	106.03	366	270	96	281.25	2.28
5332	2764	2568	107.63	291	217	74	293.24	2.40
5202	2697	2505	107.66	130	93	37	251.35	2.49
6411	3354	3057	109.72	140	130	10	1300.00	2.46
4539	2413	2126	113.50	93	61	32	190.63	2.10
7998	4169	3829	108.88	118	89	29	306.90	2.80
17427	9060	8367	108.28	221	142	79	179.75	2.56
91723	**47206**	**44517**	**106.04**	**2091**	**1733**	**358**	**484.08**	**2.55**
10613	5677	4936	115.01	809	672	137	490.51	2.40
13716	7048	6668	105.70	418	371	47	789.36	2.43
17415	8905	8510	104.64	141	89	52	171.15	2.80
17008	8533	8475	100.68	176	145	31	467.74	2.62
11978	6002	5976	100.44	221	181	40	452.50	2.58
11367	5889	5478	107.50	119	94	25	376.00	2.48
9626	5152	4474	115.15	207	181	26	696.15	2.44
100748	**53898**	**46850**	**115.04**	**3949**	**3090**	**859**	**359.72**	**2.54**
16333	8655	7678	112.72	1396	1015	381	266.40	2.72
15128	8265	6863	120.43	519	436	83	525.30	2.58
13098	6953	6145	113.15	235	191	44	434.09	2.50
5465	2965	2500	118.60	107	86	21	409.52	2.37
6147	3283	2864	114.63	41	25	16	156.25	2.19
6867	3692	3175	116.28	198	169	29	582.76	2.77
3231	1737	1494	116.27	105	96	9	1066.67	2.54
17562	9400	8162	115.17	426	306	120	255.00	2.67
16917	8948	7969	112.29	922	766	156	491.03	2.39

1-2 各地区分性别、

地　区	人　口　数			居住本乡、镇、街道，户口在本乡、镇、街道		
	合计	男	女	小计	男	女
合　计	**3933085**	**2027717**	**1905368**	**2341472**	**1172513**	**1168959**
福州市	**768407**	**394443**	**373964**	**410388**	**204497**	**205891**
鼓楼区	63307	30877	32430	34600	16949	17651
台江区	38956	19113	19843	18657	9124	9533
仓山区	110714	57199	53515	44514	21938	22576
马尾区	25222	13195	12027	9703	4734	4969
晋安区	78263	39962	38301	29351	14504	14847
长乐区	68371	35587	32784	37715	18717	18998
闽侯县	89999	47336	42663	47738	24464	23274
连江县	59533	30769	28764	42244	21506	20738
罗源县	23827	12770	11057	12470	6408	6062
闽清县	23544	12054	11490	17761	9092	8669
永泰县	24978	12767	12211	18084	9225	8859
平潭县	36752	18610	18142	19840	9878	9962
福清市	124941	64204	60737	77711	37958	39753
厦门市	**523867**	**276435**	**247432**	**183676**	**90260**	**93416**
思明区	107283	52188	55095	49743	24030	25713
海沧区	59367	32169	27198	18568	9059	9509
湖里区	105420	55601	49819	24409	11920	12489
集美区	106504	57506	48998	29113	14203	14910
同安区	87131	47006	40125	32051	16125	15926
翔安区	58162	31965	26197	29792	14923	14869
莆田市	**293477**	**146327**	**147150**	**210353**	**102470**	**107883**
城厢区	51724	26048	25676	28191	13599	14592
涵江区	44575	22510	22065	26599	12926	13673
荔城区	62462	31168	31294	40986	19876	21110
秀屿区	52068	25469	26599	46084	22025	24059
仙游县	82648	41132	41516	68493	34044	34449
三明市	**235595**	**120804**	**114791**	**154746**	**78569**	**76177**
梅列区	21677	10796	10881	12011	5824	6187
三元区	17931	9290	8641	8531	4245	4286
明溪县	10070	5201	4869	7026	3602	3424
清流县	11228	5696	5532	8295	4157	4138
宁化县	27196	13706	13490	19937	10100	9837
大田县	27329	14485	12844	20176	10480	9696
尤溪县	31206	16182	15024	24139	12454	11685
沙县	23794	12106	11688	13491	6883	6608
将乐县	13198	6698	6500	7691	3880	3811
泰宁县	8954	4464	4490	5826	2924	2902
建宁县	10259	5142	5117	7437	3743	3694
永安市	32753	17038	15715	20186	10277	9909
泉州市	**847493**	**441608**	**405885**	**497613**	**249099**	**248514**
鲤城区	41792	21393	20399	15440	7426	8014
丰泽区	67523	34517	33006	22942	11100	11842
洛江区	23686	12224	11462	13356	6753	6603
泉港区	32571	16153	16418	26494	12880	13614
惠安县	101270	50656	50614	79514	38377	41137
安溪县	94776	49677	45099	67280	34981	32299
永春县	38653	19696	18957	30429	15414	15015
德化县	32213	16962	15251	14662	7411	7251
石狮市	66816	35795	31021	25253	12728	12525
晋江市	201298	107437	93861	89783	45088	44695
南安市	146895	77098	69797	112460	56941	55519

户口登记状况的人口

单位：人

居住本乡、镇、街道，户口在外乡、镇、街道，离开户口登记地半年以上			居住本乡、镇、街道，户口待定			原住本乡、镇、街道，现在港澳台或国外工作学习		
小计	男	女	小计	男	女	小计	男	女
1543072	**828733**	**714339**	**19266**	**9776**	**9490**	**29275**	**16695**	**12580**
334793	**176985**	**157808**	**3484**	**1805**	**1679**	**19742**	**11156**	**8586**
28055	13606	14449	206	124	82	446	198	248
19950	9825	10125	141	63	78	208	101	107
65564	34938	30626	397	223	174	239	100	139
13678	7457	6221	116	59	57	1725	945	780
48312	25126	23186	389	229	160	211	103	108
26195	14422	11773	382	179	203	4079	2269	1810
41555	22505	19050	390	206	184	316	161	155
14323	7593	6730	261	132	129	2705	1538	1167
11149	6262	4887	114	59	55	94	41	53
5410	2762	2648	111	46	65	262	154	108
6732	3455	3277	100	47	53	62	40	22
16476	8469	8007	146	77	69	290	186	104
37394	20565	16829	731	361	370	9105	5320	3785
337802	**184984**	**152818**	**1496**	**754**	**742**	**893**	**437**	**456**
56904	27851	29053	219	121	98	417	186	231
40585	23021	17564	178	76	102	36	13	23
80535	43444	37091	310	160	150	166	77	89
76955	43073	33882	368	192	176	68	38	30
54676	30679	23997	293	137	156	111	65	46
28147	16916	11231	128	68	60	95	58	37
78856	**41485**	**37371**	**1643**	**832**	**811**	**2625**	**1540**	**1085**
23156	12250	10906	243	124	119	134	75	59
16053	8501	7552	135	78	57	1788	1005	783
21011	11044	9967	270	135	135	195	113	82
5373	3084	2289	366	181	185	245	179	66
13263	6606	6657	629	314	315	263	168	95
78598	**40992**	**37606**	**1016**	**536**	**480**	**1235**	**707**	**528**
9505	4887	4618	64	32	32	97	53	44
9201	4932	4269	56	33	23	143	80	63
2400	1248	1152	21	13	8	623	338	285
2862	1503	1359	24	11	13	47	25	22
7145	3539	3606	72	40	32	42	27	15
6812	3816	2996	291	153	138	50	36	14
6834	3594	3240	195	110	85	38	24	14
10168	5153	5015	92	43	49	43	27	16
5418	2773	2645	56	26	30	33	19	14
3080	1506	1574	29	19	10	19	15	4
2779	1377	1402	31	15	16	12	7	5
12394	6664	5730	85	41	44	88	56	32
341314	**187770**	**153544**	**5782**	**2981**	**2801**	**2784**	**1758**	**1026**
26060	13816	12244	220	117	103	72	34	38
44086	23158	20928	413	213	200	82	46	36
10177	5401	4776	123	49	74	30	21	9
5774	3108	2666	251	123	128	52	42	10
21005	11860	9145	581	295	286	170	124	46
26209	13930	12279	968	521	447	319	245	74
7811	4043	3768	269	147	122	144	92	52
17239	9366	7873	293	171	122	19	14	5
40804	22670	18134	392	193	199	367	204	163
108943	60927	48016	1399	714	685	1173	708	465
33206	19491	13715	873	438	435	356	228	128

1-2 续表

地区	人口数			居住本乡、镇、街道，户口在本乡、镇、街道		
	合计	男	女	小计	男	女
漳州市	**486636**	**249529**	**237107**	**371466**	**187921**	**183545**
芗城区	60092	29721	30371	31857	15547	16310
龙文区	28495	14656	13839	14302	6929	7373
云霄县	40156	20868	19288	30620	15994	14626
漳浦县	82438	42330	40108	69363	35153	34210
诏安县	52133	26446	25687	47949	24446	23503
长泰县	23010	12085	10925	16226	8196	8030
东山县	21723	11094	10629	17895	9116	8779
南靖县	29110	14822	14288	24490	12390	12100
平和县	41636	21632	20004	37848	19653	18195
华安县	12699	6660	6039	10451	5320	5131
龙海市	95144	49215	45929	70465	35177	35288
南平市	**236264**	**119317**	**116947**	**153688**	**77153**	**76535**
延平区	40337	20267	20070	25162	12434	12728
建阳区	30046	15222	14824	18994	9447	9547
顺昌县	15710	7915	7795	12093	6089	6004
浦城县	24833	12523	12310	17438	8815	8623
光泽县	11925	6072	5853	7212	3655	3557
松溪县	11146	5574	5572	7588	3814	3774
政和县	15025	7758	7267	10008	5127	4881
邵武市	25280	12789	12491	12032	6084	5948
武夷山市	23496	11828	11668	13890	6964	6926
建瓯市	38466	19369	19097	29271	14724	14547
龙岩市	**259706**	**132093**	**127613**	**176276**	**88135**	**88141**
新罗区	80994	41328	39666	38226	18654	19572
永定区	29601	15140	14461	24053	12175	11878
长汀县	38388	19361	19027	27186	13794	13392
上杭县	36658	18522	18136	27746	13768	13978
武平县	26785	13348	13437	21297	10482	10815
连城县	23345	11928	11417	20079	10258	9821
漳平市	23935	12466	11469	17689	9004	8685
宁德市	**281640**	**147161**	**134479**	**183266**	**94409**	**88857**
蕉城区	58027	30815	27212	29701	14953	14748
霞浦县	42806	22457	20349	30895	15947	14948
古田县	28339	14558	13781	20685	10747	9938
屏南县	11758	6093	5665	9133	4767	4366
寿宁县	13259	6838	6421	10681	5514	5167
周宁县	14220	7436	6784	10760	5649	5111
柘荣县	8777	4535	4242	5170	2687	2483
福安市	53230	27988	25242	33837	17629	16208
福鼎市	51224	26441	24783	32404	16516	15888

单位：人

居住本乡、镇、街道，户口在外乡、镇、街道，离开户口登记地半年以上			居住本乡、镇、街道，户口待定			原住本乡、镇、街道，现在港澳台或国外工作学习		
小计	男	女	小计	男	女	小计	男	女
112347	**60174**	**52173**	**2313**	**1122**	**1191**	**510**	**312**	**198**
27950	14031	13919	230	112	118	55	31	24
14036	7643	6393	152	82	70	5	2	3
9198	4712	4486	299	143	156	39	19	20
12533	6896	5637	423	204	219	119	77	42
3852	1847	2005	299	129	170	33	24	9
6681	3839	2842	72	30	42	31	20	11
3708	1921	1787	93	40	53	27	17	10
4511	2371	2140	80	43	37	29	18	11
3437	1797	1640	321	158	163	30	24	6
2169	1300	869	47	20	27	32	20	12
24272	13817	10455	297	161	136	110	60	50
81259	**41505**	**39754**	**807**	**372**	**435**	**510**	**287**	**223**
14958	7718	7240	96	45	51	121	70	51
10861	5674	5187	90	45	45	101	56	45
3534	1784	1750	37	14	23	46	28	18
7291	3656	3635	85	42	43	19	10	9
4644	2385	2259	44	19	25	25	13	12
3496	1732	1764	48	22	26	14	6	8
4895	2574	2321	103	41	62	19	16	3
13128	6646	6482	61	30	31	59	29	30
9444	4778	4666	119	63	56	43	23	20
9008	4558	4450	124	51	73	63	36	27
81896	**43154**	**38742**	**1164**	**572**	**592**	**370**	**232**	**138**
42421	22491	19930	258	141	117	89	42	47
5416	2896	2520	92	45	47	40	24	16
10728	5341	5387	414	186	228	60	40	20
8684	4628	4056	157	72	85	71	54	17
5379	2808	2571	79	40	39	30	18	12
3158	1607	1551	70	36	34	38	27	11
6110	3383	2727	94	52	42	42	27	15
96207	**51684**	**44523**	**1561**	**802**	**759**	**606**	**266**	**340**
27803	15622	12181	392	199	193	131	41	90
11606	6350	5256	228	117	111	77	43	34
7414	3717	3697	70	27	43	170	67	103
2560	1299	1261	32	14	18	33	13	20
2490	1274	1216	64	33	31	24	17	7
3380	1746	1634	63	33	30	17	8	9
3535	1822	1713	59	25	34	13	1	12
18928	10103	8825	393	216	177	72	40	32
18491	9751	8740	260	138	122	69	36	33

1-2a 各地区分性别、

地　区	人 口 数			居住本乡、镇、街道，户口在本乡、镇、街道		
	合计	男	女	小计	男	女
合　计	**1655761**	**848704**	**807057**	**674068**	**328125**	**345943**
福州市	**382810**	**194005**	**188805**	**164568**	**80705**	**83863**
鼓楼区	63307	30877	32430	34600	16949	17651
台江区	38956	19113	19843	18657	9124	9533
仓山区	110714	57199	53515	44514	21938	22576
马尾区	22954	12036	10918	8180	3997	4183
晋安区	75921	38667	37254	27690	13628	14062
长乐区	25490	12618	12872	11818	5630	6188
闽侯县						
连江县						
罗源县						
闽清县						
永泰县						
平潭县						
福清市	45468	23495	21973	19109	9439	9670
厦门市	**440916**	**230705**	**210211**	**139972**	**68131**	**71841**
思明区	107283	52188	55095	49743	24030	25713
海沧区	57901	31326	26575	18262	8907	9355
湖里区	105216	55457	49759	24407	11918	12489
集美区	95695	51392	44303	25331	12309	13022
同安区	63894	34500	29394	17158	8499	8659
翔安区	10927	5842	5085	5071	2468	2603
莆田市	**130157**	**65745**	**64412**	**67981**	**32744**	**35237**
城厢区	34707	17703	17004	12673	6112	6561
涵江区	35047	17685	17362	18575	8986	9589
荔城区	46048	23310	22738	26183	12697	13486
秀屿区	14355	7047	7308	10550	4949	5601
仙游县						
三明市	**56064**	**28303**	**27761**	**26522**	**12862**	**13660**
梅列区	19864	9828	10036	10591	5090	5501
三元区	15094	7678	7416	6144	2955	3189
明溪县						
清流县						
宁化县						
大田县						
尤溪县						
沙县						
将乐县						
泰宁县						
建宁县						
永安市	21106	10797	10309	9787	4817	4970
泉州市	**297734**	**155830**	**141904**	**112877**	**55578**	**57299**
鲤城区	41792	21393	20399	15440	7426	8014
丰泽区	67523	34517	33006	22942	11100	11842
洛江区	9840	4973	4867	3325	1564	1761
泉港区	11625	5820	5805	7956	3863	4093
惠安县						
安溪县						
永春县						
德化县						
石狮市	41342	21687	19655	11908	5795	6113
晋江市	99672	53873	45799	32417	16214	16203
南安市	25940	13567	12373	18889	9616	9273

户口登记状况的人口(城市)

单位：人

居住本乡、镇、街道，户口在外乡、镇、街道，离开户口登记地半年以上			居住本乡、镇、街道，户口待定			原住本乡、镇、街道，现在港澳台或国外工作学习		
小计	男	女	小计	男	女	小计	男	女
967078	**512980**	**454098**	**6982**	**3634**	**3348**	**7633**	**3965**	**3668**
212120	**110100**	**102020**	**1615**	**874**	**741**	**4507**	**2326**	**2181**
28055	13606	14449	206	124	82	446	198	248
19950	9825	10125	141	63	78	208	101	107
65564	34938	30626	397	223	174	239	100	139
13548	7381	6167	110	55	55	1116	603	513
47655	24719	22936	382	224	158	194	96	98
12300	6271	6029	157	72	85	1215	645	570
25048	13360	11688	222	113	109	1089	583	506
298882	**161561**	**137321**	**1310**	**661**	**649**	**752**	**352**	**400**
56904	27851	29053	219	121	98	417	186	231
39425	22330	17095	178	76	102	36	13	23
80333	43302	37031	310	160	150	166	77	89
69967	38875	31092	335	175	160	62	33	29
46432	25851	20581	247	117	130	57	33	24
5821	3352	2469	21	12	9	14	10	4
60336	**31999**	**28337**	**534**	**275**	**259**	**1306**	**727**	**579**
21823	11479	10344	161	82	79	50	30	20
15248	8026	7222	93	53	40	1131	620	511
19594	10464	9130	176	89	87	95	60	35
3671	2030	1641	104	51	53	30	17	13
29161	**15238**	**13923**	**158**	**86**	**72**	**223**	**117**	**106**
9125	4660	4465	59	30	29	89	48	41
8817	4649	4168	50	31	19	83	43	40
11219	5929	5290	49	25	24	51	26	25
182486	**99036**	**83450**	**1924**	**960**	**964**	**447**	**256**	**191**
26060	13816	12244	220	117	103	72	34	38
44086	23158	20928	413	213	200	82	46	36
6468	3388	3080	45	19	26	2	2	
3568	1899	1669	89	48	41	12	10	2
29079	15714	13365	253	123	130	102	55	47
66338	37189	29149	771	384	387	146	86	60
6887	3872	3015	133	56	77	31	23	8

1-2a 续表

地区	人口数			居住本乡、镇、街道，户口在本乡、镇、街道		
	合计	男	女	小计	男	女
漳州市	**95078**	**47122**	**47956**	**52849**	**25602**	**27247**
芗城区	45560	22010	23550	22159	10610	11549
龙文区	25799	13280	12519	11842	5659	6183
云霄县						
漳浦县						
诏安县						
长泰县						
东山县						
南靖县						
平和县						
华安县						
龙海市	23589	11766	11823	18725	9271	9454
南平市	**89460**	**44158**	**45302**	**39296**	**18765**	**20531**
延平区	26310	13007	13303	13237	6333	6904
建阳区	16295	8096	8199	7085	3337	3748
顺昌县						
浦城县						
光泽县						
松溪县						
政和县						
邵武市	18399	9153	9246	6351	3106	3245
武夷山市	13754	6731	7023	5614	2683	2931
建瓯市	14702	7171	7531	7009	3306	3703
龙岩市	**82183**	**41227**	**40956**	**36428**	**17423**	**19005**
新罗区	63316	31799	31517	25512	12118	13394
永定区	6899	3381	3518	4113	2012	2101
长汀县						
上杭县						
武平县						
连城县						
漳平市	11968	6047	5921	6803	3293	3510
宁德市	**81359**	**41609**	**39750**	**33575**	**16315**	**17260**
蕉城区	37029	19442	17587	14350	6828	7522
霞浦县						
古田县						
屏南县						
寿宁县						
周宁县						
柘荣县						
福安市	22676	11445	11231	9030	4540	4490
福鼎市	21654	10722	10932	10195	4947	5248

单位：人

居住本乡、镇、街道，户口在外乡、镇、街道，离开户口登记地半年以上			居住本乡、镇、街道，户口待定			原住本乡、镇、街道，现在港澳台或国外工作学习		
小计	男	女	小计	男	女	小计	男	女
41779	**21280**	**20499**	**384**	**208**	**176**	**66**	**32**	**34**
23194	11297	11897	168	84	84	39	19	20
13812	7542	6270	141	78	63	4	1	3
4766	2437	2329	75	46	29	23	12	11
49742	**25181**	**24561**	**269**	**139**	**130**	**153**	**73**	**80**
12944	6611	6333	62	29	33	67	34	33
9139	4719	4420	51	31	20	20	9	11
11967	6005	5962	49	27	22	32	15	17
8053	4002	4051	65	34	31	22	12	10
7639	3844	3795	42	18	24	12	3	9
45404	**23608**	**21796**	**257**	**148**	**109**	**94**	**48**	**46**
37531	19535	17996	204	115	89	69	31	38
2764	1355	1409	16	10	6	6	4	2
5109	2718	2391	37	23	14	19	13	6
47168	**24977**	**22191**	**531**	**283**	**248**	**85**	**34**	**51**
22347	12454	9893	279	144	135	53	16	37
13479	6814	6665	155	83	72	12	8	4
11342	5709	5633	97	56	41	20	10	10

1-2b 各地区分性别、

地　区	人　口　数			居住本乡、镇、街道，户口在本乡、镇、街道		
	合计	男	女	小计	男	女
合　计	**1096269**	**560936**	**535333**	**664258**	**330233**	**334025**
福州市	**187786**	**96249**	**91537**	**91491**	**45170**	**46321**
鼓楼区						
台江区						
仓山区						
马尾区						
晋安区	239	132	107	67	37	30
长乐区	16604	8954	7650	8925	4470	4455
闽侯县	56158	29043	27115	21888	10865	11023
连江县	29869	14971	14898	17391	8505	8886
罗源县	18080	9527	8553	7648	3805	3843
闽清县	10755	5313	5442	6867	3417	3450
永泰县	11234	5648	5586	5574	2747	2827
平潭县	21082	10587	10495	7413	3723	3690
福清市	23765	12074	11691	15718	7601	8117
厦门市	**26111**	**14573**	**11538**	**10119**	**5070**	**5049**
思明区						
海沧区						
湖里区	204	144	60	2	2	
集美区	28	20	8			
同安区	1584	831	753	1075	554	521
翔安区	24295	13578	10717	9042	4514	4528
莆田市	**58448**	**28716**	**29732**	**44447**	**21660**	**22787**
城厢区	3395	1654	1741	2976	1420	1556
涵江区	1136	538	598	1016	475	541
荔城区	843	408	435	789	382	407
秀屿区	8429	4120	4309	7524	3593	3931
仙游县	44645	21996	22649	32142	15790	16352
三明市	**93935**	**47129**	**46806**	**50240**	**25027**	**25213**
梅列区	1001	547	454	672	350	322
三元区	604	336	268	466	249	217
明溪县	4882	2383	2499	2742	1320	1422
清流县	5694	2797	2897	3208	1562	1646
宁化县	12454	6124	6330	6103	3017	3086
大田县	14996	7872	7124	8981	4642	4339
尤溪县	16323	8309	8014	10276	5158	5118
沙县	16753	8322	8431	7021	3437	3584
将乐县	8275	4095	4180	3719	1837	1882
泰宁县	5625	2699	2926	2777	1326	1451
建宁县	5186	2522	2664	2627	1289	1338
永安市	2142	1123	1019	1648	840	808
泉州市	**286579**	**149085**	**137494**	**169217**	**84204**	**85013**
鲤城区						
丰泽区						
洛江区	4354	2206	2148	2560	1305	1255
泉港区	6526	3231	3295	5349	2633	2716
惠安县	57279	28516	28763	41142	19616	21526
安溪县	47604	24843	22761	22375	11464	10911
永春县	24384	12268	12116	17191	8574	8617
德化县	25587	13453	12134	9389	4652	4737
石狮市	15909	8988	6921	8118	4258	3860
晋江市	39096	20513	18583	19445	9638	9807
南安市	65840	35067	30773	43648	22064	21584

户口登记状况的人口(镇)

单位：人

居住本乡、镇、街道，户口在外乡、镇、街道，离开户口登记地半年以上			居住本乡、镇、街道，户口待定			原住本乡、镇、街道，现在港澳台或国外工作学习		
小计	男	女	小计	男	女	小计	男	女
421202	**224801**	**196401**	**5418**	**2803**	**2615**	**5391**	**3099**	**2292**
91771	**48517**	**43254**	**872**	**470**	**402**	**3652**	**2092**	**1560**
172	95	77						
6923	4068	2855	72	37	35	684	379	305
33930	17995	15935	225	127	98	115	56	59
11306	5804	5502	153	80	73	1019	582	437
10297	5652	4645	89	49	40	46	21	25
3762	1826	1936	39	20	19	87	50	37
5599	2867	2732	40	22	18	21	12	9
13488	6760	6728	94	49	45	87	55	32
6294	3450	2844	160	86	74	1593	937	656
15901	**9456**	**6445**	**65**	**34**	**31**	**26**	**13**	**13**
202	142	60						
28	20	8						
499	275	224	2		2	8	2	6
15172	9019	6153	63	34	29	18	11	7
13468	**6770**	**6698**	**382**	**186**	**196**	**151**	**100**	**51**
383	216	167	25	11	14	11	7	4
96	49	47	5	3	2	19	11	8
41	22	19	10	3	7	3	1	2
828	490	338	56	19	37	21	18	3
12120	5993	6127	286	150	136	97	63	34
42998	**21745**	**21253**	**432**	**220**	**212**	**265**	**137**	**128**
322	193	129	2		2	5	4	1
121	78	43				17	9	8
1978	988	990	11	6	5	151	69	82
2454	1221	1233	18	8	10	14	6	8
6296	3072	3224	47	28	19	8	7	1
5868	3152	2716	133	68	65	14	10	4
5954	3101	2853	84	44	40	9	6	3
9643	4841	4802	66	31	35	23	13	10
4506	2238	2268	40	15	25	10	5	5
2822	1354	1468	19	15	4	7	4	3
2548	1227	1321	9	5	4	2	1	1
486	280	206	3		3	5	3	2
114778	**63407**	**51371**	**1832**	**1000**	**832**	**752**	**474**	**278**
1770	889	881	18	10	8	6	2	4
1112	565	547	57	26	31	8	7	1
15745	8682	7063	311	163	148	81	55	26
24686	13048	11638	458	266	192	85	65	20
7020	3593	3427	92	54	38	81	47	34
15951	8655	7296	241	142	99	6	4	2
7550	4593	2957	88	47	41	153	90	63
19237	10644	8593	210	112	98	204	119	85
21707	12738	8969	357	180	177	128	85	43

1-2b 续表

地　区	人　口　数			居住本乡、镇、街道，户口在本乡、镇、街道		
	合计	男	女	小计	男	女
漳州市	**204324**	**105188**	**99136**	**144732**	**72747**	**71985**
芗城区	7980	4283	3697	4084	2081	2003
龙文区						
云霄县	21922	11207	10715	13564	7023	6541
漳浦县	45136	23259	21877	34171	17285	16886
诏安县	23688	11837	11851	20367	10238	10129
长泰县	13785	7314	6471	8009	3967	4042
东山县	13939	6956	6983	10945	5456	5489
南靖县	15608	7818	7790	12059	5946	6113
平和县	20212	10395	9817	17103	8754	8349
华安县	6763	3546	3217	5291	2683	2608
龙海市	35291	18573	16718	19139	9314	9825
南平市	**59793**	**29505**	**30288**	**36822**	**18077**	**18745**
延平区	4540	2268	2272	3880	1915	1965
建阳区	2965	1493	1472	2509	1255	1254
顺昌县	8438	4108	4330	5332	2578	2754
浦城县	13269	6490	6779	6816	3363	3453
光泽县	6302	3091	3211	2699	1326	1373
松溪县	5814	2784	3030	3008	1433	1575
政和县	8474	4274	4200	4421	2195	2226
邵武市	2249	1162	1087	1446	738	708
武夷山市	1626	839	787	1175	580	595
建瓯市	6116	2996	3120	5536	2694	2842
龙岩市	**83709**	**41927**	**41782**	**55701**	**27583**	**28118**
新罗区	6256	3180	3076	4139	2087	2052
永定区	8568	4340	4228	7127	3566	3561
长汀县	20832	10367	10465	11840	5906	5934
上杭县	19474	9844	9630	11578	5667	5911
武平县	14586	7165	7421	9977	4821	5156
连城县	11859	5945	5914	9133	4577	4556
漳平市	2134	1086	1048	1907	959	948
宁德市	**95584**	**48564**	**47020**	**61489**	**30695**	**30794**
蕉城区	3269	1703	1566	2700	1398	1302
霞浦县	27159	13756	13403	16732	8187	8545
古田县	15006	7414	7592	8912	4416	4496
屏南县	6186	3042	3144	4175	2042	2133
寿宁县	7071	3530	3541	4930	2468	2462
周宁县	7155	3575	3580	4440	2257	2183
柘荣县	5441	2702	2739	2807	1381	1426
福安市	12566	6837	5729	8569	4377	4192
福鼎市	11731	6005	5726	8224	4169	4055

单位：人

居住本乡、镇、街道，户口在外乡、镇、街道，离开户口登记地半年以上			居住本乡、镇、街道，户口待定			原住本乡、镇、街道，现在港澳台或国外工作学习		
小计	男	女	小计	男	女	小计	男	女
58511	**31896**	**26615**	**890**	**434**	**456**	**191**	**111**	**80**
3848	2177	1671	41	20	21	7	5	2
8174	4100	4074	162	74	88	22	10	12
10704	5838	4866	218	108	110	43	28	15
3190	1536	1654	117	54	63	14	9	5
5724	3320	2404	37	18	19	15	9	6
2923	1468	1455	54	21	33	17	11	6
3504	1847	1657	33	19	14	12	6	6
2983	1572	1411	114	62	52	12	7	5
1441	848	593	15	7	8	16	8	8
16020	9190	6830	99	51	48	33	18	15
22709	**11311**	**11398**	**177**	**76**	**101**	**85**	**41**	**44**
639	343	296	11	6	5	10	4	6
440	231	209	6	3	3	10	4	6
3077	1519	1558	17	7	10	12	4	8
6417	3109	3308	27	12	15	9	6	3
3559	1747	1812	25	10	15	19	8	11
2779	1338	1441	25	12	13	2	1	1
4000	2057	1943	48	18	30	5	4	1
796	420	376	2		2	5	4	1
445	255	190	3	2	1	3	2	1
557	292	265	13	6	7	10	4	6
27556	**14114**	**13442**	**356**	**172**	**184**	**96**	**58**	**38**
2093	1080	1013	17	9	8	7	4	3
1404	757	647	25	13	12	12	4	8
8780	4359	4421	186	86	100	26	16	10
7816	4133	3683	60	27	33	20	17	3
4559	2315	2244	37	21	16	13	8	5
2683	1346	1337	26	14	12	17	8	9
221	124	97	5	2	3	1	1	
33510	**17585**	**15925**	**412**	**211**	**201**	**173**	**73**	**100**
545	298	247	6	3	3	18	4	14
10247	5472	4775	148	81	67	32	16	16
6006	2963	3043	22	10	12	66	25	41
1993	994	999	9	2	7	9	4	5
2106	1044	1062	32	16	16	3	2	1
2682	1303	1379	28	13	15	5	2	3
2596	1305	1291	34	15	19	4	1	3
3916	2417	1499	60	33	27	21	10	11
3419	1789	1630	73	38	35	15	9	6

1-2c 各地区分性别、

地　区	人口数			居住本乡、镇、街道，户口在本乡、镇、街道		
	合计	男	女	小计	男	女
合　计	**1181055**	**618077**	**562978**	**1003146**	**514155**	**488991**
福州市	**197811**	**104189**	**93622**	**154329**	**78622**	**75707**
鼓楼区						
台江区						
仓山区						
马尾区	2268	1159	1109	1523	737	786
晋安区	2103	1163	940	1594	839	755
长乐区	26277	14015	12262	16972	8617	8355
闽侯县	33841	18293	15548	25850	13599	12251
连江县	29664	15798	13866	24853	13001	11852
罗源县	5747	3243	2504	4822	2603	2219
闽清县	12789	6741	6048	10894	5675	5219
永泰县	13744	7119	6625	12510	6478	6032
平潭县	15670	8023	7647	12427	6155	6272
福清市	55708	28635	27073	42884	20918	21966
厦门市	**56840**	**31157**	**25683**	**33585**	**17059**	**16526**
思明区						
海沧区	1466	843	623	306	152	154
湖里区						
集美区	10781	6094	4687	3782	1894	1888
同安区	21653	11675	9978	13818	7072	6746
翔安区	22940	12545	10395	15679	7941	7738
莆田市	**104872**	**51866**	**53006**	**97925**	**48066**	**49859**
城厢区	13622	6691	6931	12542	6067	6475
涵江区	8392	4287	4105	7008	3465	3543
荔城区	15571	7450	8121	14014	6797	7217
秀屿区	29284	14302	14982	28010	13483	14527
仙游县	38003	19136	18867	36351	18254	18097
三明市	**85596**	**45372**	**40224**	**77984**	**40680**	**37304**
梅列区	812	421	391	748	384	364
三元区	2233	1276	957	1921	1041	880
明溪县	5188	2818	2370	4284	2282	2002
清流县	5534	2899	2635	5087	2595	2492
宁化县	14742	7582	7160	13834	7083	6751
大田县	12333	6613	5720	11195	5838	5357
尤溪县	14883	7873	7010	13863	7296	6567
沙县	7041	3784	3257	6470	3446	3024
将乐县	4923	2603	2320	3972	2043	1929
泰宁县	3329	1765	1564	3049	1598	1451
建宁县	5073	2620	2453	4810	2454	2356
永安市	9505	5118	4387	8751	4620	4131
泉州市	**263180**	**136693**	**126487**	**215519**	**109317**	**106202**
鲤城区						
丰泽区						
洛江区	9492	5045	4447	7471	3884	3587
泉港区	14420	7102	7318	13189	6384	6805
惠安县	43991	22140	21851	38372	18761	19611
安溪县	47172	24834	22338	44905	23517	21388
永春县	14269	7428	6841	13238	6840	6398
德化县	6626	3509	3117	5273	2759	2514
石狮市	9565	5120	4445	5227	2675	2552
晋江市	62530	33051	29479	37921	19236	18685
南安市	55115	28464	26651	49923	25261	24662

户口登记状况的人口(乡村)

单位：人

居住本乡、镇、街道，户口在外乡、镇、街道，离开户口登记地半年以上			居住本乡、镇、街道，户口待定			原住本乡、镇、街道，现在港澳台或国外工作学习		
小计	男	女	小计	男	女	小计	男	女
154792	**90952**	**63840**	**6866**	**3339**	**3527**	**16251**	**9631**	**6620**
30902	**18368**	**12534**	**997**	**461**	**536**	**11583**	**6738**	**4845**
130	76	54	6	4	2	609	342	267
485	312	173	7	5	2	17	7	10
6972	4083	2889	153	70	83	2180	1245	935
7625	4510	3115	165	79	86	201	105	96
3017	1789	1228	108	52	56	1686	956	730
852	610	242	25	10	15	48	20	28
1648	936	712	72	26	46	175	104	71
1133	588	545	60	25	35	41	28	13
2988	1709	1279	52	28	24	203	131	72
6052	3755	2297	349	162	187	6423	3800	2623
23019	**13967**	**9052**	**121**	**59**	**62**	**115**	**72**	**43**
1160	691	469						
6960	4178	2782	33	17	16	6	5	1
7745	4553	3192	44	20	24	46	30	16
7154	4545	2609	44	22	22	63	37	26
5052	**2716**	**2336**	**727**	**371**	**356**	**1168**	**713**	**455**
950	555	395	57	31	26	73	38	35
709	426	283	37	22	15	638	374	264
1376	558	818	84	43	41	97	52	45
874	564	310	206	111	95	194	144	50
1143	613	530	343	164	179	166	105	61
6439	**4009**	**2430**	**426**	**230**	**196**	**747**	**453**	**294**
58	34	24	3	2	1	3	1	2
263	205	58	6	2	4	43	28	15
422	260	162	10	7	3	472	269	203
408	282	126	6	3	3	33	19	14
849	467	382	25	12	13	34	20	14
944	664	280	158	85	73	36	26	10
880	493	387	111	66	45	29	18	11
525	312	213	26	12	14	20	14	6
912	535	377	16	11	5	23	14	9
258	152	106	10	4	6	12	11	1
231	150	81	22	10	12	10	6	4
689	455	234	33	16	17	32	27	5
44050	**25327**	**18723**	**2026**	**1021**	**1005**	**1585**	**1028**	**557**
1939	1124	815	60	20	40	22	17	5
1094	644	450	105	49	56	32	25	7
5260	3178	2082	270	132	138	89	69	20
1523	882	641	510	255	255	234	180	54
791	450	341	177	93	84	63	45	18
1288	711	577	52	29	23	13	10	3
4175	2363	1812	51	23	28	112	59	53
23368	13094	10274	418	218	200	823	503	320
4612	2881	1731	383	202	181	197	120	77

1-2c 续表

地区	人口数			居住本乡、镇、街道，户口在本乡、镇、街道		
	合计	男	女	小计	男	女
漳州市	**187234**	**97219**	**90015**	**173885**	**89572**	**84313**
芗城区	6552	3428	3124	5614	2856	2758
龙文区	2696	1376	1320	2460	1270	1190
云霄县	18234	9661	8573	17056	8971	8085
漳浦县	37302	19071	18231	35192	17868	17324
诏安县	28315	14543	13772	27459	14146	13313
长泰县	9225	4771	4454	8217	4229	3988
东山县	7784	4138	3646	6950	3660	3290
南靖县	13502	7004	6498	12431	6444	5987
平和县	21424	11237	10187	20745	10899	9846
华安县	5936	3114	2822	5160	2637	2523
龙海市	36264	18876	17388	32601	16592	16009
南平市	**87011**	**45654**	**41357**	**77570**	**40311**	**37259**
延平区	9487	4992	4495	8045	4186	3859
建阳区	10786	5633	5153	9400	4855	4545
顺昌县	7272	3807	3465	6761	3511	3250
浦城县	11564	6033	5531	10622	5452	5170
光泽县	5623	2981	2642	4513	2329	2184
松溪县	5332	2790	2542	4580	2381	2199
政和县	6551	3484	3067	5587	2932	2655
邵武市	4632	2474	2158	4235	2240	1995
武夷山市	8116	4258	3858	7101	3701	3400
建瓯市	17648	9202	8446	16726	8724	8002
龙岩市	**93814**	**48939**	**44875**	**84147**	**43129**	**41018**
新罗区	11422	6349	5073	8575	4449	4126
永定区	14134	7419	6715	12813	6597	6216
长汀县	17556	8994	8562	15346	7888	7458
上杭县	17184	8678	8506	16168	8101	8067
武平县	12199	6183	6016	11320	5661	5659
连城县	11486	5983	5503	10946	5681	5265
漳平市	9833	5333	4500	8979	4752	4227
宁德市	**104697**	**56988**	**47709**	**88202**	**47399**	**40803**
蕉城区	17729	9670	8059	12651	6727	5924
霞浦县	15647	8701	6946	14163	7760	6403
古田县	13333	7144	6189	11773	6331	5442
屏南县	5572	3051	2521	4958	2725	2233
寿宁县	6188	3308	2880	5751	3046	2705
周宁县	7065	3861	3204	6320	3392	2928
柘荣县	3336	1833	1503	2363	1306	1057
福安市	17988	9706	8282	16238	8712	7526
福鼎市	17839	9714	8125	13985	7400	6585

单位：人

居住本乡、镇、街道，户口在外乡、镇、街道，离开户口登记地半年以上			居住本乡、镇、街道，户口待定			原住本乡、镇、街道，现在港澳台或国外工作学习		
小计	男	女	小计	男	女	小计	男	女
12057	**6998**	**5059**	**1039**	**480**	**559**	**253**	**169**	**84**
908	557	351	21	8	13	9	7	2
224	101	123	11	4	7	1	1	
1024	612	412	137	69	68	17	9	8
1829	1058	771	205	96	109	76	49	27
655	307	348	182	75	107	19	15	4
957	519	438	35	12	23	16	11	5
785	453	332	39	19	20	10	6	4
1007	524	483	47	24	23	17	12	5
454	225	229	207	96	111	18	17	1
728	452	276	32	13	19	16	12	4
3486	2190	1296	123	64	59	54	30	24
8808	**5013**	**3795**	**361**	**157**	**204**	**272**	**173**	**99**
1375	764	611	23	10	13	44	32	12
1282	724	558	33	11	22	71	43	28
457	265	192	20	7	13	34	24	10
874	547	327	58	30	28	10	4	6
1085	638	447	19	9	10	6	5	1
717	394	323	23	10	13	12	5	7
895	517	378	55	23	32	14	12	2
365	221	144	10	3	7	22	10	12
946	521	425	51	27	24	18	9	9
812	422	390	69	27	42	41	29	12
8936	**5432**	**3504**	**551**	**252**	**299**	**180**	**126**	**54**
2797	1876	921	37	17	20	13	7	6
1248	784	464	51	22	29	22	16	6
1948	982	966	228	100	128	34	24	10
868	495	373	97	45	52	51	37	14
820	493	327	42	19	23	17	10	7
475	261	214	44	22	22	21	19	2
780	541	239	52	27	25	22	13	9
15529	**9122**	**6407**	**618**	**308**	**310**	**348**	**159**	**189**
4911	2870	2041	107	52	55	60	21	39
1359	878	481	80	36	44	45	27	18
1408	754	654	48	17	31	104	42	62
567	305	262	23	12	11	24	9	15
384	230	154	32	17	15	21	15	6
698	443	255	35	20	15	12	6	6
939	517	422	25	10	15	9		9
1533	872	661	178	100	78	39	22	17
3730	2253	1477	90	44	46	34	17	17

1－3 各地区分年龄、性别的人口

单位：人

地区	合计			0岁		
	合计	男	女	小计	男	女
合 计	**3933085**	**2027717**	**1905368**	**34322**	**18704**	**15618**
福州市	**768407**	**394443**	**373964**	**5953**	**3238**	**2715**
鼓楼区	63307	30877	32430	433	227	206
台江区	38956	19113	19843	271	148	123
仓山区	110714	57199	53515	817	440	377
马尾区	25222	13195	12027	152	76	76
晋安区	78263	39962	38301	542	300	242
长乐区	68371	35587	32784	538	286	252
闽侯县	89999	47336	42663	694	386	308
连江县	59533	30769	28764	442	254	188
罗源县	23827	12770	11057	215	112	103
闽清县	23544	12054	11490	197	102	95
永泰县	24978	12767	12211	238	127	111
平潭县	36752	18610	18142	345	212	133
福清市	124941	64204	60737	1069	568	501
厦门市	**523867**	**276435**	**247432**	**4121**	**2209**	**1912**
思明区	107283	52188	55095	839	447	392
海沧区	59367	32169	27198	487	257	230
湖里区	105420	55601	49819	736	384	352
集美区	106504	57506	48998	832	455	377
同安区	87131	47006	40125	701	370	331
翔安区	58162	31965	26197	526	296	230
莆田市	**293477**	**146327**	**147150**	**2552**	**1416**	**1136**
城厢区	51724	26048	25676	405	211	194
涵江区	44575	22510	22065	360	195	165
荔城区	62462	31168	31294	489	295	194
秀屿区	52068	25469	26599	453	249	204
仙游县	82648	41132	41516	845	466	379
三明市	**235595**	**120804**	**114791**	**2133**	**1201**	**932**
梅列区	21677	10796	10881	163	92	71
三元区	17931	9290	8641	115	71	44
明溪县	10070	5201	4869	86	53	33
清流县	11228	5696	5532	100	59	41
宁化县	27196	13706	13490	256	140	116
大田县	27329	14485	12844	321	194	127
尤溪县	31206	16182	15024	383	214	169
沙县	23794	12106	11688	183	93	90
将乐县	13198	6698	6500	120	65	55
泰宁县	8954	4464	4490	84	47	37
建宁县	10259	5142	5117	84	42	42
永安市	32753	17038	15715	238	131	107
泉州市	**847493**	**441608**	**405885**	**7728**	**4285**	**3443**
鲤城区	41792	21393	20399	326	181	145
丰泽区	67523	34517	33006	562	308	254
洛江区	23686	12224	11462	219	108	111
泉港区	32571	16153	16418	399	224	175
惠安县	101270	50656	50614	1174	635	539
安溪县	94776	49677	45099	877	494	383
永春县	38653	19696	18957	391	232	159
德化县	32213	16962	15251	316	195	121
石狮市	66816	35795	31021	526	277	249
晋江市	201298	107437	93861	1525	848	677
南安市	146895	77098	69797	1413	783	630

1-3　续表 1

单位：人

地　区	合　计			0岁		
	合计	男	女	小计	男	女
漳州市	**486636**	**249529**	**237107**	**4508**	**2395**	**2113**
芗城区	60092	29721	30371	431	210	221
龙文区	28495	14656	13839	295	140	155
云霄县	40156	20868	19288	358	207	151
漳浦县	82438	42330	40108	870	459	411
诏安县	52133	26446	25687	601	303	298
长泰县	23010	12085	10925	192	111	81
东山县	21723	11094	10629	199	106	93
南靖县	29110	14822	14288	218	121	97
平和县	41636	21632	20004	416	241	175
华安县	12699	6660	6039	101	45	56
龙海市	95144	49215	45929	827	452	375
南平市	**236264**	**119317**	**116947**	**1904**	**1003**	**901**
延平区	40337	20267	20070	254	125	129
建阳区	30046	15222	14824	241	129	112
顺昌县	15710	7915	7795	131	69	62
浦城县	24833	12523	12310	179	106	73
光泽县	11925	6072	5853	89	49	40
松溪县	11146	5574	5572	116	60	56
政和县	15025	7758	7267	168	91	77
邵武市	25280	12789	12491	182	91	91
武夷山市	23496	11828	11668	213	117	96
建瓯市	38466	19369	19097	331	166	165
龙岩市	**259706**	**132093**	**127613**	**2667**	**1481**	**1186**
新罗区	80994	41328	39666	733	392	341
永定区	29601	15140	14461	274	152	122
长汀县	38388	19361	19027	416	216	200
上杭县	36658	18522	18136	393	219	174
武平县	26785	13348	13437	332	190	142
连城县	23345	11928	11417	311	194	117
漳平市	23935	12466	11469	208	118	90
宁德市	**281640**	**147161**	**134479**	**2756**	**1476**	**1280**
蕉城区	58027	30815	27212	608	326	282
霞浦县	42806	22457	20349	389	210	179
古田县	28339	14558	13781	238	130	108
屏南县	11758	6093	5665	112	56	56
寿宁县	13259	6838	6421	155	75	80
周宁县	14220	7436	6784	138	66	72
柘荣县	8777	4535	4242	87	45	42
福安市	53230	27988	25242	514	286	228
福鼎市	51224	26441	24783	515	282	233

1-3 续表 2

单位：人

地区	1-4岁			5-9岁			10-14岁		
	小计	男	女	小计	男	女	小计	男	女
合　计	**200428**	**108609**	**91819**	**280203**	**152461**	**127742**	**229244**	**123671**	**105573**
福州市	**33279**	**18031**	**15248**	**48529**	**25934**	**22595**	**41658**	**22303**	**19355**
鼓楼区	2595	1401	1194	3942	2117	1825	3192	1702	1490
台江区	1549	854	695	2107	1147	960	1798	936	862
仓山区	5107	2791	2316	6831	3599	3232	5202	2755	2447
马尾区	1034	554	480	1341	708	633	1191	661	530
晋安区	3267	1755	1512	4519	2414	2105	3942	2141	1801
长乐区	2668	1463	1205	4156	2213	1943	3801	2077	1724
闽侯县	3671	2011	1660	4799	2636	2163	3892	2135	1757
连江县	2432	1297	1135	3910	2111	1799	3851	2114	1737
罗源县	1110	592	518	1716	914	802	1284	690	594
闽清县	1136	625	511	1614	855	759	1476	800	676
永泰县	1098	571	527	1632	895	737	1462	794	668
平潭县	1766	948	818	2600	1356	1244	2305	1191	1114
福清市	5846	3169	2677	9362	4969	4393	8262	4307	3955
厦门市	**27008**	**14585**	**12423**	**33073**	**18147**	**14926**	**23930**	**13002**	**10928**
思明区	5403	2943	2460	6776	3766	3010	5281	2830	2451
海沧区	3291	1756	1535	4015	2194	1821	2736	1453	1283
湖里区	4943	2615	2328	5685	3115	2570	4418	2500	1918
集美区	5546	2972	2574	6496	3568	2928	4649	2508	2141
同安区	4721	2619	2102	6252	3387	2865	4419	2429	1990
翔安区	3104	1680	1424	3849	2117	1732	2427	1282	1145
莆田市	**14232**	**7677**	**6555**	**22128**	**11716**	**10412**	**19852**	**10667**	**9185**
城厢区	2680	1435	1245	3696	1992	1704	3243	1776	1467
涵江区	2049	1109	940	2588	1308	1280	2247	1234	1013
荔城区	3290	1714	1576	4872	2590	2282	4051	2138	1913
秀屿区	2152	1203	949	4506	2420	2086	4596	2446	2150
仙游县	4061	2216	1845	6466	3406	3060	5715	3073	2642
三明市	**12472**	**6735**	**5737**	**18581**	**10067**	**8514**	**15120**	**8185**	**6935**
梅列区	1232	639	593	1462	784	678	1219	634	585
三元区	774	420	354	1128	612	516	1014	546	468
明溪县	509	262	247	661	338	323	499	265	234
清流县	558	303	255	890	485	405	802	436	366
宁化县	1433	796	637	2220	1176	1044	1963	1070	893
大田县	1641	908	733	3009	1740	1269	2006	1143	863
尤溪县	1903	1057	846	2638	1444	1194	1715	958	757
沙县	1182	605	577	1780	936	844	1700	897	803
将乐县	718	388	330	998	547	451	1008	528	480
泰宁县	528	289	239	719	376	343	576	311	265
建宁县	503	273	230	702	371	331	706	377	329
永安市	1491	795	696	2374	1258	1116	1912	1020	892
泉州市	**45697**	**25462**	**20235**	**64125**	**36506**	**27619**	**52237**	**29245**	**22992**
鲤城区	2182	1187	995	3012	1671	1341	2380	1308	1072
丰泽区	3625	1994	1631	4109	2318	1791	3412	1828	1584
洛江区	1452	805	647	1760	987	773	1290	724	566
泉港区	2096	1144	952	2895	1556	1339	2192	1182	1010
惠安县	6872	3866	3006	8019	4547	3472	5734	3025	2709
安溪县	4821	2732	2089	8552	4947	3605	8970	5328	3642
永春县	2009	1103	906	3092	1784	1308	2731	1515	1216
德化县	2175	1221	954	2919	1669	1250	1895	1040	855
石狮市	3095	1733	1362	4407	2508	1899	3621	2084	1537
晋江市	9219	5064	4155	13430	7589	5841	10899	6150	4749
南安市	8151	4613	3538	11930	6930	5000	9113	5061	4052

1–3 续表 3

单位：人

地区	1–4岁			5–9岁			10–14岁		
	小计	男	女	小计	男	女	小计	男	女
漳州市	**27014**	**14397**	**12617**	**34927**	**18704**	**16223**	**27828**	**14707**	**13121**
芗城区	2719	1417	1302	3592	1915	1677	3105	1632	1473
龙文区	1956	1095	861	2275	1216	1059	1636	846	790
云霄县	2155	1145	1010	2766	1522	1244	2379	1353	1026
漳浦县	5565	2995	2570	6475	3579	2896	4807	2603	2204
诏安县	3030	1620	1410	4599	2435	2164	3623	1906	1717
长泰县	1274	666	608	1579	825	754	1181	630	551
东山县	1133	589	544	1369	723	646	1113	598	515
南靖县	1333	703	630	1745	899	846	1495	772	723
平和县	2208	1191	1017	2954	1552	1402	2567	1367	1200
华安县	610	322	288	901	507	394	743	377	366
龙海市	5031	2654	2377	6672	3531	3141	5179	2623	2556
南平市	**10289**	**5387**	**4902**	**14800**	**7702**	**7098**	**15547**	**8060**	**7487**
延平区	1717	936	781	2366	1193	1173	2461	1312	1149
建阳区	1392	748	644	2083	1079	1004	1996	1001	995
顺昌县	597	288	309	863	450	413	918	476	442
浦城县	760	397	363	1325	692	633	1823	922	901
光泽县	538	280	258	736	400	336	789	418	371
松溪县	539	288	251	800	407	393	741	385	356
政和县	805	403	402	1154	606	548	1132	612	520
邵武市	1106	582	524	1522	811	711	1471	755	716
武夷山市	1166	611	555	1421	726	695	1381	728	653
建瓯市	1669	854	815	2530	1338	1192	2835	1451	1384
龙岩市	**15896**	**8646**	**7250**	**22681**	**12476**	**10205**	**15072**	**8129**	**6943**
新罗区	5009	2701	2308	6552	3583	2969	4247	2229	2018
永定区	1567	854	713	2809	1521	1288	1969	1074	895
长汀县	2426	1356	1070	3899	2171	1728	2614	1517	1097
上杭县	2330	1285	1045	3167	1740	1427	2013	1096	917
武平县	1767	936	831	2248	1224	1024	1536	765	771
连城县	1544	833	711	1991	1115	876	1294	723	571
漳平市	1253	681	572	2015	1122	893	1399	725	674
宁德市	**14541**	**7689**	**6852**	**21359**	**11209**	**10150**	**18000**	**9373**	**8627**
蕉城区	3096	1637	1459	4382	2292	2090	3467	1815	1652
霞浦县	2240	1202	1038	3559	1895	1664	2827	1482	1345
古田县	1385	722	663	1908	996	912	1573	812	761
屏南县	650	335	315	857	443	414	764	399	365
寿宁县	647	328	319	947	495	452	916	479	437
周宁县	644	350	294	1086	558	528	1019	537	482
柘荣县	463	258	205	702	371	331	613	305	308
福安市	2592	1338	1254	3987	2102	1885	3702	1949	1753
福鼎市	2824	1519	1305	3931	2057	1874	3119	1595	1524

1-3 续表 4 单位：人

地区	15-19岁			20-24岁			25-29岁		
	小计	男	女	小计	男	女	小计	男	女
合　计	**193175**	**102697**	**90478**	**188905**	**99824**	**89081**	**262576**	**138251**	**124325**
福州市	**41541**	**22055**	**19486**	**48597**	**25255**	**23342**	**53619**	**28121**	**25498**
鼓楼区	3104	1659	1445	4228	2120	2108	4172	2004	2168
台江区	1421	726	695	2304	1130	1174	3213	1593	1620
仓山区	6616	3603	3013	7911	4036	3875	8686	4578	4108
马尾区	1734	932	802	1892	1008	884	1856	1014	842
晋安区	3346	1797	1549	3756	1868	1888	5955	3020	2935
长乐区	3276	1802	1474	3766	1941	1825	4750	2622	2128
闽侯县	7041	3451	3590	11266	5629	5637	6351	3480	2871
连江县	2940	1619	1321	2541	1414	1127	2940	1540	1400
罗源县	837	432	405	702	416	286	1659	879	780
闽清县	1075	533	542	695	366	329	992	523	469
永泰县	1236	643	593	1335	664	671	1213	606	607
平潭县	2075	1131	944	2109	1179	930	3364	1715	1649
福清市	6840	3727	3113	6092	3484	2608	8468	4547	3921
厦门市	**26145**	**14502**	**11643**	**43206**	**23339**	**19867**	**53473**	**29126**	**24347**
思明区	3747	1955	1792	7254	3481	3773	9327	4570	4757
海沧区	2151	1200	951	3765	2160	1605	6093	3432	2661
湖里区	3638	1960	1678	10011	5093	4918	14245	7575	6670
集美区	8935	4848	4087	12526	6900	5626	10383	5849	4534
同安区	3953	2267	1686	4820	2770	2050	7599	4250	3349
翔安区	3721	2272	1449	4830	2935	1895	5826	3450	2376
莆田市	**16151**	**8570**	**7581**	**12620**	**6779**	**5841**	**17976**	**9229**	**8747**
城厢区	2937	1613	1324	2971	1621	1350	3728	1909	1819
涵江区	2348	1272	1076	1849	1029	820	2580	1335	1245
荔城区	3509	1808	1701	3039	1509	1530	4036	2078	1958
秀屿区	2622	1400	1222	1461	818	643	2528	1311	1217
仙游县	4735	2477	2258	3300	1802	1498	5104	2596	2508
三明市	**10803**	**5845**	**4958**	**6972**	**3606**	**3366**	**10228**	**5184**	**5044**
梅列区	966	498	468	843	427	416	1263	636	627
三元区	1196	631	565	1161	569	592	821	427	394
明溪县	375	175	200	322	165	157	421	234	187
清流县	466	247	219	275	131	144	392	186	206
宁化县	1260	671	589	707	359	348	1137	597	540
大田县	1058	591	467	426	232	194	1269	624	645
尤溪县	1225	681	544	676	356	320	1414	694	720
沙县	1395	764	631	737	370	367	1058	554	504
将乐县	478	245	233	299	143	156	446	203	243
泰宁县	375	212	163	211	85	126	317	138	179
建宁县	332	169	163	259	124	135	339	167	172
永安市	1677	961	716	1056	645	411	1351	724	627
泉州市	**41740**	**22390**	**19350**	**35339**	**19020**	**16319**	**61332**	**32634**	**28698**
鲤城区	2159	1113	1046	2076	1110	966	2989	1537	1452
丰泽区	5282	2719	2563	5790	2710	3080	5472	2857	2615
洛江区	1772	890	882	1305	672	633	1434	768	666
泉港区	1044	526	518	686	388	298	2005	992	1013
惠安县	3915	2108	1807	2608	1435	1173	6807	3471	3336
安溪县	4846	2643	2203	2707	1471	1236	6065	3172	2893
永春县	1565	816	749	821	434	387	1469	705	764
德化县	1219	651	568	858	459	399	1929	983	946
石狮市	4021	2210	1811	3871	2214	1657	5284	2809	2475
晋江市	9673	5350	4323	9895	5538	4357	17361	9487	7874
南安市	6244	3364	2880	4722	2589	2133	10517	5853	4664

1-3　续表 5　　　　单位：人

地　区	15-19岁			20-24岁			25-29岁		
	小计	男	女	小计	男	女	小计	男	女
漳州市	**23912**	**12141**	**11771**	**19682**	**10021**	**9661**	**26857**	**14036**	**12821**
芗城区	4338	2077	2261	3997	1717	2280	3448	1729	1719
龙文区	1243	666	577	1429	725	704	2316	1192	1124
云霄县	2303	1194	1109	1648	833	815	2304	1245	1059
漳浦县	3412	1799	1613	2654	1382	1272	4113	2151	1962
诏安县	2298	1106	1192	1882	1009	873	2627	1372	1255
长泰县	740	403	337	850	473	377	1418	764	654
东山县	777	394	383	705	366	339	1251	651	600
南靖县	1558	764	794	860	455	405	1120	549	571
平和县	2149	1113	1036	1348	761	587	1761	938	823
华安县	431	232	199	310	168	142	446	248	198
龙海市	4663	2393	2270	3999	2132	1867	6053	3197	2856
南平市	**10197**	**5138**	**5059**	**6953**	**3508**	**3445**	**9397**	**4594**	**4803**
延平区	2073	1105	968	1318	709	609	1748	904	844
建阳区	1450	681	769	792	396	396	1299	620	679
顺昌县	673	344	329	293	162	131	559	276	283
浦城县	1119	544	575	545	279	266	659	321	338
光泽县	438	225	213	311	150	161	493	226	267
松溪县	377	174	203	257	118	139	440	202	238
政和县	492	267	225	366	184	182	691	361	330
邵武市	873	460	413	702	362	340	994	474	520
武夷山市	1353	670	683	1559	726	833	1203	569	634
建瓯市	1349	668	681	810	422	388	1311	641	670
龙岩市	**10862**	**5730**	**5132**	**6840**	**3377**	**3463**	**12012**	**5899**	**6113**
新罗区	3891	2002	1889	3342	1629	1713	4765	2384	2381
永定区	1147	607	540	478	241	237	875	416	459
长汀县	1803	984	819	893	443	450	1624	774	850
上杭县	1379	763	616	825	416	409	1614	779	835
武平县	1071	565	506	474	215	259	1072	483	589
连城县	780	410	370	402	216	186	1081	554	527
漳平市	791	399	392	426	217	209	981	509	472
宁德市	**11824**	**6326**	**5498**	**8696**	**4919**	**3777**	**17682**	**9428**	**8254**
蕉城区	2760	1439	1321	3183	1923	1260	5185	2926	2259
霞浦县	1473	823	650	920	495	425	2249	1168	1081
古田县	895	451	444	489	240	249	1268	668	600
屏南县	554	278	276	282	144	138	529	268	261
寿宁县	529	268	261	355	174	181	673	355	318
周宁县	659	361	298	408	229	179	847	443	404
柘荣县	324	170	154	220	110	110	457	214	243
福安市	2932	1659	1273	1528	899	629	3520	1896	1624
福鼎市	1698	877	821	1311	705	606	2954	1490	1464

1-3 续表 6

单位：人

地　区	30-34岁			35-39岁			40-44岁		
	小计	男	女	小计	男	女	小计	男	女
合　计	**376811**	**191180**	**185631**	**318678**	**162745**	**155933**	**289939**	**149428**	**140511**
福州市	**72002**	**36329**	**35673**	**64700**	**32772**	**31928**	**57200**	**29460**	**27740**
鼓楼区	5300	2395	2905	5767	2546	3221	5154	2463	2691
台江区	3846	1845	2001	3447	1623	1824	2761	1318	1443
仓山区	12093	6083	6010	10895	5570	5325	8681	4554	4127
马尾区	2558	1343	1215	2280	1236	1044	1997	1047	950
晋安区	8237	4053	4184	7257	3553	3704	6526	3339	3187
长乐区	6420	3383	3037	5867	3101	2766	5200	2760	2440
闽侯县	8192	4418	3774	7177	3850	3327	5919	3190	2729
连江县	5058	2574	2484	4894	2598	2296	4427	2286	2141
罗源县	2074	1086	988	1839	994	845	1851	982	869
闽清县	1574	787	787	1500	759	741	1673	828	845
永泰县	1797	885	912	1624	819	805	1750	888	862
平潭县	3190	1559	1631	2252	1126	1126	2293	1130	1163
福清市	11663	5918	5745	9901	4997	4904	8968	4675	4293
厦门市	**66423**	**35279**	**31144**	**53169**	**28104**	**25065**	**41117**	**21792**	**19325**
思明区	10958	5068	5890	10455	4894	5561	8662	4104	4558
海沧区	8671	4741	3930	6594	3597	2997	5149	2943	2206
湖里区	14288	7697	6591	10505	5571	4934	8426	4522	3904
集美区	13756	7469	6287	10732	5863	4869	7630	4139	3491
同安区	11252	6090	5162	9297	5132	4165	7338	3925	3413
翔安区	7498	4214	3284	5586	3047	2539	3912	2159	1753
莆田市	**26995**	**12980**	**14015**	**20740**	**10082**	**10658**	**20441**	**10126**	**10315**
城厢区	5661	2761	2900	4165	1983	2182	3868	1897	1971
涵江区	4254	2126	2128	3325	1649	1676	3327	1730	1597
荔城区	7022	3395	3627	5259	2638	2621	4505	2314	2191
秀屿区	3791	1711	2080	3036	1445	1591	3122	1486	1636
仙游县	6267	2987	3280	4955	2367	2588	5619	2699	2920
三明市	**18174**	**8940**	**9234**	**14411**	**7034**	**7377**	**15396**	**7568**	**7828**
梅列区	2146	1018	1128	1740	856	884	1614	728	886
三元区	1362	701	661	1215	623	592	1260	652	608
明溪县	904	461	443	638	334	304	658	334	324
清流县	745	349	396	717	335	382	753	378	375
宁化县	2011	987	1024	1565	780	785	1588	771	817
大田县	2052	1043	1009	1561	750	811	1808	892	916
尤溪县	2422	1190	1232	1579	793	786	1659	797	862
沙县	1660	831	829	1350	642	708	1653	809	844
将乐县	981	461	520	802	389	413	769	396	373
泰宁县	641	281	360	509	220	289	583	283	300
建宁县	736	368	368	614	280	334	622	319	303
永安市	2514	1250	1264	2121	1032	1089	2429	1209	1220
泉州市	**91985**	**46862**	**45123**	**75563**	**39149**	**36414**	**67789**	**35627**	**32162**
鲤城区	5030	2506	2524	4258	2124	2134	3654	1964	1690
丰泽区	7485	3798	3687	6233	3150	3083	5285	2761	2524
洛江区	2466	1240	1226	2348	1189	1159	1904	1015	889
泉港区	3062	1464	1598	2897	1436	1461	2325	1144	1181
惠安县	10779	5229	5550	9052	4540	4512	7570	3786	3784
安溪县	8895	4475	4420	7055	3486	3569	6580	3394	3186
永春县	2946	1419	1527	2481	1202	1279	2898	1387	1511
德化县	2868	1436	1432	2571	1295	1276	2788	1456	1332
石狮市	8328	4304	4024	6684	3571	3113	5974	3181	2793
晋江市	25302	13254	12048	19652	10540	9112	18092	9790	8302
南安市	14824	7737	7087	12332	6616	5716	10719	5749	4970

1-3 续表 7　　单位：人

地　区	30-34岁			35-39岁			40-44岁		
	小计	男	女	小计	男	女	小计	男	女
漳州市	**40978**	**21163**	**19815**	**35749**	**18340**	**17409**	**34022**	**17482**	**16540**
芗城区	5247	2589	2658	5169	2528	2641	4527	2284	2243
龙文区	3471	1730	1741	2817	1477	1340	2022	1078	944
云霄县	2834	1490	1344	2592	1307	1285	3220	1621	1599
漳浦县	6886	3499	3387	5917	2981	2936	6218	3191	3027
诏安县	3560	1778	1782	3442	1764	1678	3216	1613	1603
长泰县	2423	1307	1116	1912	1031	881	1544	797	747
东山县	1748	911	837	1436	750	686	1630	854	776
南靖县	1996	1002	994	1884	988	896	1892	941	951
平和县	2779	1436	1343	2505	1257	1248	2438	1249	1189
华安县	989	526	463	775	377	398	841	433	408
龙海市	9045	4895	4150	7300	3880	3420	6474	3421	3053
南平市	**15112**	**7232**	**7880**	**14014**	**6885**	**7129**	**15733**	**7876**	**7857**
延平区	2559	1236	1323	2493	1164	1329	2733	1356	1377
建阳区	2251	1097	1154	1954	984	970	2116	1085	1031
顺昌县	851	407	444	890	419	471	1007	507	500
浦城县	1016	469	547	1108	500	608	1565	776	789
光泽县	835	389	446	593	317	276	738	355	383
松溪县	716	356	360	521	275	246	742	350	392
政和县	1059	522	537	762	383	379	992	500	492
邵武市	1712	807	905	1692	809	883	1745	896	849
武夷山市	1833	872	961	1789	929	860	1587	799	788
建瓯市	2280	1077	1203	2212	1105	1107	2508	1252	1256
龙岩市	**21170**	**10090**	**11080**	**18993**	**9271**	**9722**	**17860**	**8911**	**8949**
新罗区	8467	4106	4361	7146	3498	3648	6117	3105	3012
永定区	1980	943	1037	1934	964	970	2017	990	1027
长汀县	2785	1245	1540	2510	1184	1326	2568	1265	1303
上杭县	2884	1388	1496	2282	1139	1143	2282	1135	1147
武平县	1698	808	890	1637	748	889	1632	760	872
连城县	1605	753	852	1604	790	814	1460	724	736
漳平市	1751	847	904	1880	948	932	1784	932	852
宁德市	**23972**	**12305**	**11667**	**21339**	**11108**	**10231**	**20381**	**10586**	**9795**
蕉城区	6429	3457	2972	5005	2590	2415	4308	2273	2035
霞浦县	3535	1801	1734	3169	1630	1539	3052	1600	1452
古田县	1878	907	971	1984	1006	978	2166	1089	1077
屏南县	829	417	412	798	425	373	775	406	369
寿宁县	818	390	428	733	360	373	844	453	391
周宁县	1016	519	497	959	473	486	903	449	454
柘荣县	723	345	378	667	362	305	642	326	316
福安市	4391	2302	2089	3854	2056	1798	3827	1970	1857
福鼎市	4353	2167	2186	4170	2206	1964	3864	2020	1844

1-3 续表 8

单位：人

地　区	45-49岁			50-54岁			55-59岁		
	小计	男	女	小计	男	女	小计	男	女
合　计	**342457**	**175929**	**166528**	**322147**	**164784**	**157363**	**258866**	**131013**	**127853**
福州市	**63383**	**32520**	**30863**	**57981**	**29494**	**28487**	**49104**	**24530**	**24574**
鼓楼区	4742	2388	2354	4097	1962	2135	4120	2018	2102
台江区	2875	1398	1477	2595	1223	1372	2714	1283	1431
仓山区	9139	4804	4335	7528	3866	3662	6319	3196	3123
马尾区	2162	1116	1046	1957	1003	954	1464	732	732
晋安区	7281	3769	3512	6313	3216	3097	5355	2762	2593
长乐区	6099	3084	3015	5690	2977	2713	4356	2206	2150
闽侯县	6761	3611	3150	6246	3255	2991	5086	2595	2491
连江县	5177	2637	2540	4986	2561	2425	4132	2022	2110
罗源县	2217	1204	1013	2238	1245	993	1780	1026	754
闽清县	2071	1049	1022	2130	1083	1047	1843	950	893
永泰县	2117	1055	1062	2057	1083	974	1864	907	957
平潭县	2975	1441	1534	2868	1433	1435	2301	1125	1176
福清市	9767	4964	4803	9276	4587	4689	7770	3708	4062
厦门市	**42615**	**22523**	**20092**	**34694**	**18175**	**16519**	**25375**	**12625**	**12750**
思明区	8679	4292	4387	7435	3540	3895	6511	3003	3508
海沧区	4989	2706	2283	3911	2121	1790	2716	1342	1374
湖里区	9028	4788	4240	7085	3716	3369	4834	2463	2371
集美区	7671	4220	3451	6132	3308	2824	4216	2121	2095
同安区	8173	4345	3828	6456	3509	2947	4160	2176	1984
翔安区	4075	2172	1903	3675	1981	1694	2938	1520	1418
莆田市	**23586**	**11509**	**12077**	**21875**	**10430**	**11445**	**19220**	**9294**	**9926**
城厢区	4117	2034	2083	3474	1667	1807	3107	1491	1616
涵江区	4053	2077	1976	3650	1748	1902	3282	1584	1698
荔城区	4861	2394	2467	4233	2049	2184	3732	1762	1970
秀屿区	3986	1887	2099	3874	1847	2027	3598	1766	1832
仙游县	6569	3117	3452	6644	3119	3525	5501	2691	2810
三明市	**21968**	**11264**	**10704**	**23964**	**12394**	**11570**	**18855**	**9805**	**9050**
梅列区	1974	1016	958	2151	1063	1088	1699	890	809
三元区	1716	900	816	1784	917	867	1404	777	627
明溪县	910	475	435	1096	554	542	849	469	380
清流县	1011	505	506	1203	643	560	914	471	443
宁化县	2410	1163	1247	2595	1323	1272	2212	1093	1119
大田县	2626	1430	1196	2580	1399	1181	1920	1019	901
尤溪县	2878	1468	1410	3176	1607	1569	2630	1331	1299
沙县	2341	1218	1123	2390	1227	1163	1776	922	854
将乐县	1125	573	552	1383	702	681	1185	620	565
泰宁县	748	395	353	924	474	450	735	386	349
建宁县	985	500	485	1094	558	536	899	446	453
永安市	3244	1621	1623	3588	1927	1661	2632	1381	1251
泉州市	**75896**	**39170**	**36726**	**66589**	**33612**	**32977**	**51057**	**25920**	**25137**
鲤城区	3482	1785	1697	2801	1376	1425	2387	1191	1196
丰泽区	5552	2862	2690	4583	2320	2263	3677	1826	1851
洛江区	2114	1083	1031	1649	829	820	1213	606	607
泉港区	2604	1267	1337	2643	1316	1327	2084	1020	1064
惠安县	9239	4562	4677	8316	4067	4249	6129	3018	3111
安溪县	7345	3745	3600	7552	3801	3751	5950	2950	3000
永春县	3568	1788	1780	3613	1786	1827	3077	1600	1477
德化县	3283	1687	1596	2847	1532	1315	2048	1101	947
石狮市	6332	3404	2928	5032	2646	2386	3691	1938	1753
晋江市	19909	10549	9360	15653	8069	7584	11025	5807	5218
南安市	12468	6438	6030	11900	5870	6030	9776	4863	4913

1-3 续表 9

单位：人

地区	45-49岁			50-54岁			55-59岁		
	小计	男	女	小计	男	女	小计	男	女
漳州市	**43877**	**22689**	**21188**	**43507**	**22657**	**20850**	**35547**	**18262**	**17285**
芗城区	5042	2547	2495	4760	2389	2371	4148	2107	2041
龙文区	2249	1178	1071	2000	1015	985	1523	732	791
云霄县	3763	1973	1790	3594	1927	1667	2770	1406	1364
漳浦县	7799	4034	3765	7240	3752	3488	5699	2951	2748
诏安县	4533	2351	2182	4486	2285	2201	3900	2003	1897
长泰县	2060	1059	1001	2344	1255	1089	1792	950	842
东山县	2404	1263	1141	2058	1069	989	1695	852	843
南靖县	2974	1535	1439	3125	1646	1479	2505	1346	1159
平和县	3746	1908	1838	3952	2086	1866	3552	1818	1734
华安县	1395	753	642	1351	758	593	1072	582	490
龙海市	7912	4088	3824	8597	4475	4122	6891	3515	3376
南平市	**23370**	**11729**	**11641**	**26044**	**13390**	**12654**	**20903**	**10758**	**10145**
延平区	3924	1925	1999	4294	2147	2147	3459	1757	1702
建阳区	2818	1453	1365	2996	1565	1431	2637	1367	1270
顺昌县	1598	795	803	1879	1006	873	1520	807	713
浦城县	2501	1215	1286	3055	1586	1469	2424	1256	1168
光泽县	1282	642	640	1471	796	675	1130	602	528
松溪县	1115	567	548	1223	616	607	1045	526	519
政和县	1542	781	761	1514	771	743	1270	652	618
邵武市	2576	1310	1266	2944	1526	1418	2337	1209	1128
武夷山市	2138	1076	1062	2283	1158	1125	1730	905	825
建瓯市	3876	1965	1911	4385	2219	2166	3351	1677	1674
龙岩市	**23970**	**12350**	**11620**	**24240**	**12596**	**11644**	**18764**	**9535**	**9229**
新罗区	7266	3812	3454	6921	3644	3277	5263	2700	2563
永定区	2774	1467	1307	2955	1589	1366	2278	1186	1092
长汀县	3159	1609	1550	3214	1523	1691	2587	1256	1331
上杭县	3385	1716	1669	3496	1775	1721	2801	1385	1416
武平县	2703	1385	1318	2716	1407	1309	2146	1097	1049
连城县	2219	1091	1128	2375	1245	1130	1742	858	884
漳平市	2464	1270	1194	2563	1413	1150	1947	1053	894
宁德市	**23792**	**12175**	**11617**	**23253**	**12036**	**11217**	**20041**	**10284**	**9757**
蕉城区	4470	2279	2191	4101	2120	1981	3244	1679	1565
霞浦县	3702	1986	1716	3691	1919	1772	3366	1768	1598
古田县	2552	1309	1243	2482	1265	1217	2385	1203	1182
屏南县	1091	524	567	1048	561	487	912	474	438
寿宁县	1085	538	547	1168	627	541	1049	504	545
周宁县	1144	582	562	1146	582	564	1030	515	515
柘荣县	782	399	383	783	411	372	603	313	290
福安市	4538	2294	2244	4443	2285	2158	3603	1829	1774
福鼎市	4428	2264	2164	4391	2266	2125	3849	1999	1850

1-3 续表 10

单位：人

地区	60-64岁			65-69岁			70-74岁		
	小计	男	女	小计	男	女	小计	男	女
合 计	**194573**	**97985**	**96588**	**174944**	**85578**	**89366**	**109417**	**54607**	**54810**
福州市	**39424**	**19584**	**19840**	**36499**	**17767**	**18732**	**23348**	**12097**	**11251**
鼓楼区	3519	1677	1842	3212	1478	1734	2176	1070	1106
台江区	2448	1178	1270	2190	1073	1117	1455	725	730
仓山区	4916	2437	2479	4279	2086	2193	2677	1348	1329
马尾区	1097	541	556	1053	522	531	616	327	289
晋安区	3945	1971	1974	3270	1633	1637	2135	1056	1079
长乐区	3415	1683	1732	3319	1517	1802	2184	1132	1052
闽侯县	3972	2024	1948	3912	2003	1909	2343	1280	1063
连江县	3529	1809	1720	3270	1613	1657	2126	1073	1053
罗源县	1286	660	626	1132	567	565	812	437	375
闽清县	1630	815	815	1642	765	877	962	537	425
永泰县	1589	804	785	1605	777	828	1000	556	444
平潭县	1670	856	814	1686	827	859	1198	625	573
福清市	6408	3129	3279	5929	2906	3023	3664	1931	1733
厦门市	**17695**	**8424**	**9271**	**13877**	**6506**	**7371**	**7959**	**3713**	**4246**
思明区	5007	2269	2738	4357	2000	2357	2795	1309	1486
海沧区	1966	946	1020	1342	627	715	721	340	381
湖里区	2857	1390	1467	2207	1044	1163	1212	582	630
集美区	2791	1310	1481	2034	975	1059	986	483	503
同安区	2880	1419	1461	2227	1052	1175	1254	562	692
翔安区	2194	1090	1104	1710	808	902	991	437	554
莆田市	**16211**	**7959**	**8252**	**16021**	**7806**	**8215**	**9401**	**4606**	**4795**
城厢区	2442	1214	1228	2224	1055	1169	1294	663	631
涵江区	2413	1218	1195	2623	1294	1329	1554	770	784
荔城区	2886	1396	1490	2907	1424	1483	1634	793	841
秀屿区	3325	1568	1757	3373	1608	1765	2190	1004	1186
仙游县	5145	2563	2582	4894	2425	2469	2729	1376	1353
三明市	**13164**	**6800**	**6364**	**11900**	**5923**	**5977**	**8327**	**4119**	**4208**
梅列区	901	459	442	760	376	384	554	231	323
三元区	879	463	416	639	307	332	510	246	264
明溪县	616	329	287	524	266	258	377	196	181
清流县	641	327	314	608	320	288	421	217	204
宁化县	1582	799	783	1529	749	780	1070	495	575
大田县	1308	664	644	1403	695	708	865	443	422
尤溪县	2132	1128	1004	1817	911	906	1256	664	592
沙县	1321	654	667	1200	606	594	829	386	443
将乐县	784	417	367	765	370	395	553	285	268
泰宁县	503	248	255	549	269	280	376	193	183
建宁县	689	347	342	605	301	304	437	223	214
永安市	1808	965	843	1501	753	748	1079	540	539
泉州市	**35391**	**17775**	**17616**	**30972**	**14866**	**16106**	**18530**	**8748**	**9782**
鲤城区	1654	821	833	1337	626	711	873	404	469
丰泽区	2275	1127	1148	1847	911	936	1069	476	593
洛江区	887	438	449	805	384	421	464	225	239
泉港区	1784	856	928	1491	671	820	908	412	496
惠安县	4632	2147	2485	4193	1881	2312	2670	1157	1513
安溪县	4529	2337	2192	4264	2113	2151	2389	1109	1280
永春县	2342	1194	1148	2240	1097	1143	1385	731	654
德化县	1488	779	709	1262	634	628	767	370	397
石狮市	2143	1106	1037	1607	851	756	914	441	473
晋江市	6615	3453	3162	5426	2614	2812	3239	1537	1702
南安市	7042	3517	3525	6500	3084	3416	3852	1886	1966

1-3　续表 11　　　　单位：人

地　区	60-64岁			65-69岁			70-74岁		
	小计	男	女	小计	男	女	小计	男	女
漳州市	**27531**	**13975**	**13556**	**23671**	**11564**	**12107**	**14560**	**7167**	**7393**
芗城区	3103	1532	1571	2533	1265	1268	1593	762	831
龙文区	1119	567	552	949	439	510	524	243	281
云霄县	2276	1155	1121	2022	992	1030	1150	590	560
漳浦县	4403	2264	2139	3871	1817	2054	2538	1245	1293
诏安县	3183	1579	1604	2664	1297	1367	1604	806	798
长泰县	1298	684	614	922	471	451	508	229	279
东山县	1237	617	620	1067	522	545	760	368	392
南靖县	1857	918	939	1830	889	941	1114	557	557
平和县	2966	1573	1393	2607	1313	1294	1479	786	693
华安县	815	406	409	696	337	359	472	237	235
龙海市	5274	2680	2594	4510	2222	2288	2818	1344	1474
南平市	**15191**	**7769**	**7422**	**14031**	**6991**	**7040**	**9411**	**4757**	**4654**
延平区	2569	1284	1285	2276	1121	1155	1521	771	750
建阳区	1861	948	913	1623	796	827	1084	548	536
顺昌县	1198	630	568	996	482	514	645	312	333
浦城县	1733	879	854	1987	1001	986	1323	672	651
光泽县	686	354	332	561	286	275	493	232	261
松溪县	752	373	379	665	325	340	454	242	212
政和县	908	483	425	876	419	457	535	306	229
邵武市	1527	791	736	1424	729	695	1022	499	523
武夷山市	1210	636	574	1007	530	477	683	320	363
建瓯市	2747	1391	1356	2616	1302	1314	1651	855	796
龙岩市	**13184**	**6865**	**6319**	**12597**	**6319**	**6278**	**8561**	**4233**	**4328**
新罗区	3491	1803	1688	3034	1512	1522	1860	900	960
永定区	1671	867	804	1762	881	881	1181	575	606
长汀县	2075	1100	975	1980	998	982	1433	704	729
上杭县	1968	1018	950	1925	973	952	1318	650	668
武平县	1286	645	641	1545	796	749	1035	518	517
连城县	1339	735	604	1218	600	618	949	495	454
漳平市	1354	697	657	1133	559	574	785	391	394
宁德市	**16782**	**8834**	**7948**	**15376**	**7836**	**7540**	**9320**	**5167**	**4153**
蕉城区	2432	1270	1162	2185	1136	1049	1377	778	599
霞浦县	2787	1459	1328	2381	1203	1178	1438	793	645
古田县	2098	1086	1012	2044	1038	1006	1288	739	549
屏南县	721	380	341	715	356	359	450	257	193
寿宁县	961	524	437	1010	530	480	581	331	250
周宁县	935	481	454	931	483	448	557	346	211
柘荣县	529	269	260	490	261	229	297	166	131
福安市	3149	1670	1479	2898	1484	1414	1667	889	778
福鼎市	3170	1695	1475	2722	1345	1377	1665	868	797

1-3 续表 12

单位：人

地 区	75-79岁			80-84岁			85-89岁		
	小计	男	女	小计	男	女	小计	男	女
合 计	**68910**	**33443**	**35467**	**49069**	**22183**	**26886**	**26770**	**10602**	**16168**
福州市	**13806**	**7023**	**6783**	**9468**	**4531**	**4937**	**5748**	**2461**	**3287**
鼓楼区	1458	692	766	1150	528	622	681	318	363
台江区	857	425	432	617	282	335	336	141	195
仓山区	1351	710	641	891	433	458	511	204	307
马尾区	354	175	179	276	125	151	142	53	89
晋安区	1156	611	545	805	402	403	456	215	241
长乐区	1322	685	637	791	388	403	541	220	321
闽侯县	1225	711	514	745	405	340	486	194	292
连江县	1254	599	655	898	387	511	518	201	317
罗源县	505	260	245	320	156	164	190	95	95
闽清县	544	297	247	441	214	227	251	124	127
永泰县	608	328	280	405	206	199	233	103	130
平潭县	760	343	417	510	221	289	339	136	203
福清市	2412	1187	1225	1619	784	835	1064	457	607
厦门市	**4640**	**2185**	**2455**	**3006**	**1348**	**1658**	**1630**	**617**	**1013**
思明区	1634	792	842	1261	579	682	644	252	392
海沧区	370	177	193	217	108	109	121	49	72
湖里区	646	315	331	371	167	204	201	82	119
集美区	586	261	325	356	165	191	184	73	111
同安区	809	386	423	444	188	256	254	86	168
翔安区	595	254	341	357	141	216	226	75	151
莆田市	**5968**	**2734**	**3234**	**3936**	**1628**	**2308**	**2386**	**814**	**1572**
城厢区	777	358	419	501	222	279	287	104	183
涵江区	915	416	499	616	261	355	384	120	264
荔城区	999	484	515	646	236	410	352	120	232
秀屿区	1432	599	833	987	403	584	655	218	437
仙游县	1845	877	968	1186	506	680	708	252	456
三明市	**5878**	**2849**	**3029**	**4470**	**2076**	**2394**	**1997**	**874**	**1123**
梅列区	441	183	258	365	182	183	138	61	77
三元区	384	165	219	357	153	204	152	80	72
明溪县	270	146	124	213	94	119	94	35	59
清流县	303	133	170	257	111	146	118	43	75
宁化县	712	341	371	612	266	346	240	97	143
大田县	728	378	350	443	212	231	216	94	122
尤溪县	768	400	368	539	284	255	280	145	135
沙县	560	273	287	404	193	211	191	82	109
将乐县	337	180	157	273	115	158	133	50	83
泰宁县	273	135	138	202	85	117	79	30	49
建宁县	313	125	188	235	110	125	86	34	52
永安市	789	390	399	570	271	299	270	123	147
泉州市	**10972**	**4946**	**6026**	**7854**	**3181**	**4673**	**4722**	**1646**	**3076**
鲤城区	488	217	271	359	141	218	251	95	156
丰泽区	553	268	285	409	179	230	225	81	144
洛江区	282	144	138	181	71	110	98	36	62
泉港区	594	234	360	386	158	228	323	112	211
惠安县	1403	547	856	1168	401	767	692	179	513
安溪县	1605	751	854	1015	452	563	546	208	338
永春县	928	437	491	607	272	335	345	149	196
德化县	498	249	249	298	132	166	134	54	80
石狮市	555	246	309	409	163	246	233	83	150
晋江市	1789	798	991	1408	591	817	825	291	534
南安市	2277	1055	1222	1614	621	993	1050	358	692

1-3 续表 13

单位：人

地区	75-79岁			80-84岁			85-89岁		
	小计	男	女	小计	男	女	小计	男	女
漳州市	**10112**	**4772**	**5340**	**7075**	**3163**	**3912**	**3752**	**1407**	**2345**
芗城区	1043	459	584	699	324	375	445	179	266
龙文区	356	173	183	185	87	98	98	45	53
云霄县	920	448	472	670	310	360	309	115	194
漳浦县	1764	786	978	1246	519	727	641	233	408
诏安县	1157	552	605	911	379	532	568	200	368
长泰县	472	221	251	317	147	170	140	49	91
东山县	492	222	270	354	152	202	187	59	128
南靖县	731	363	368	506	225	281	269	118	151
平和县	1035	528	507	713	356	357	333	119	214
华安县	343	173	170	256	125	131	113	40	73
龙海市	1799	847	952	1218	539	679	649	250	399
南平市	**6028**	**3046**	**2982**	**4379**	**2111**	**2268**	**2120**	**994**	**1126**
延平区	1069	508	561	906	436	470	430	207	223
建阳区	704	352	352	462	234	228	210	105	105
顺昌县	460	210	250	366	150	216	183	81	102
浦城县	752	420	332	547	289	258	296	140	156
光泽县	341	174	167	249	116	133	108	41	67
松溪县	298	149	149	187	85	102	112	55	57
政和县	326	186	140	236	136	100	141	68	73
邵武市	634	309	325	492	217	275	223	104	119
武夷山市	473	235	238	306	147	159	118	55	63
建瓯市	971	503	468	628	301	327	299	138	161
龙岩市	**6060**	**2944**	**3116**	**5015**	**2127**	**2888**	**2248**	**794**	**1454**
新罗区	1298	650	648	943	416	527	461	187	274
永定区	796	379	417	630	256	374	361	126	235
长汀县	1037	491	546	858	368	490	340	108	232
上杭县	965	460	505	1023	405	618	406	130	276
武平县	773	385	388	675	284	391	296	103	193
连城县	643	296	347	513	214	299	174	54	120
漳平市	548	283	265	373	184	189	210	86	124
宁德市	**5446**	**2944**	**2502**	**3866**	**2018**	**1848**	**2167**	**995**	**1172**
蕉城区	789	411	378	580	288	292	290	125	165
霞浦县	881	462	419	595	316	279	373	168	205
古田县	786	449	337	535	278	257	252	113	139
屏南县	282	156	126	216	125	91	117	64	53
寿宁县	311	165	146	251	135	116	151	68	83
周宁县	325	201	124	252	154	98	152	76	76
柘荣县	163	95	68	121	60	61	70	34	36
福安市	954	527	427	591	311	280	357	168	189
福鼎市	955	478	477	725	351	374	405	179	226

1-3 续表 14

单位：人

地 区	90-94岁			95-99岁			100岁及以上		
	小计	男	女	小计	男	女	小计	男	女
合 计	**9455**	**3450**	**6005**	**1960**	**526**	**1434**	**236**	**47**	**189**
福州市	**2134**	**809**	**1325**	**402**	**123**	**279**	**32**	**6**	**26**
鼓楼区	228	98	130	36	14	22	1		1
台江区	122	52	70	28	13	15	2		2
仓山区	218	96	122	45	10	35	1		1
马尾区	53	20	33	12	1	11	1	1	
晋安区	162	70	92	34	15	19	4	2	2
长乐区	183	39	144	26	7	19	3	1	2
闽侯县	186	61	125	33	10	23	2	1	1
连江县	186	55	131	22	5	17			
罗源县	53	21	32	6	1	5	1	1	
闽清县	77	36	41	20	6	14	1		1
永泰县	90	47	43	24	9	15	1		1
平潭县	122	50	72	18	6	12	6		6
福清市	454	164	290	98	26	72	9		9
厦门市	**593**	**215**	**378**	**107**	**16**	**91**	**11**	**3**	**8**
思明区	217	91	126	36	2	34	5	1	4
海沧区	51	18	33	9	1	8	2	1	1
湖里区	73	22	51	10		10	1		1
集美区	54	16	38	9	3	6			
同安区	100	38	62	21	5	16	1	1	
翔安区	98	30	68	22	5	17	2		2
莆田市	**902**	**255**	**647**	**255**	**48**	**207**	**29**	**2**	**27**
城厢区	125	33	92	21	9	12	1		1
涵江区	129	28	101	27	6	21	2	1	1
荔城区	104	25	79	29	6	23	7		7
秀屿区	260	69	191	110	11	99	11		11
仙游县	284	100	184	68	16	52	8	1	7
三明市	**660**	**287**	**373**	**112**	**46**	**66**	**10**	**2**	**8**
梅列区	33	19	14	13	4	9			
三元区	47	24	23	12	6	6	1		1
明溪县	40	12	28	6	2	4	2	2	
清流县	44	12	32	8	5	3	2		2
宁化县	71	24	47	22	9	13	1		1
大田县	80	31	49	8	3	5	1		1
尤溪县	104	58	46	12	2	10			
沙县	73	38	35	11	6	5			
将乐县	34	18	16	7	3	4			
泰宁县	21	7	14				1		1
建宁县	18	7	11	1	1				
永安市	95	37	58	12	5	7	2		2
泉州市	**1569**	**487**	**1082**	**369**	**72**	**297**	**37**	**5**	**32**
鲤城区	80	31	49	13	5	8	1		1
丰泽区	61	21	40	15	3	12	2		2
洛江区	35	7	28	7	2	5	1	1	
泉港区	120	43	77	29	7	22	4	1	3
惠安县	238	49	189	56	6	50	4		4
安溪县	175	62	113	35	6	29	3	1	2
永春县	117	38	79	25	7	18	3		3
德化县	39	14	25	11	5	6			
石狮市	71	21	50	16	5	11	2		2
晋江市	296	109	187	59	9	50	6		6
南安市	337	92	245	103	17	86	11	2	9

1-3　续表 15　　　　单位：人

地　区	90-94岁			95-99岁			100岁及以上		
	小计	男	女	小计	男	女	小计	男	女
漳州市	**1246**	**424**	**822**	**232**	**57**	**175**	**49**	**6**	**43**
芗城区	129	50	79	19	9	10	5		5
龙文区	25	9	16	5	2	3	2	1	1
云霄县	94	31	63	25	3	22	4	1	3
漳浦县	264	80	184	41	9	32	15	1	14
诏安县	199	76	123	41	11	30	9	1	8
长泰县	40	10	30	4	3	1			
东山县	86	23	63	20	5	15	2		2
南靖县	84	30	54	13	1	12	1		1
平和县	100	35	65	24	5	19	4		4
华安县	32	12	20	6	2	4	1		1
龙海市	193	68	125	34	7	27	6	2	4
南平市	**717**	**334**	**383**	**107**	**48**	**59**	**17**	**5**	**12**
延平区	140	59	81	21	10	11	6	2	4
建阳区	65	31	34	10	3	7	2		2
顺昌县	72	36	36	9	7	2	2	1	1
浦城县	96	49	47	19	9	10	1	1	
光泽县	39	18	21	4	2	2	1		1
松溪县	41	19	22	5	2	3			
政和县	47	22	25	8	5	3	1		1
邵武市	89	44	45	12	3	9	1	1	
武夷山市	32	15	17	9	4	5	2		2
建瓯市	96	41	55	10	3	7	1		1
龙岩市	**804**	**264**	**540**	**179**	**48**	**131**	**31**	**8**	**23**
新罗区	151	66	85	33	8	25	4	1	3
永定区	108	42	66	32	10	22	3		3
长汀县	130	36	94	32	12	20	5	1	4
上杭县	163	38	125	30	8	22	9	4	5
武平县	117	30	87	22	4	18	4		4
连城县	77	23	54	20	4	16	4	1	3
漳平市	58	29	29	10	2	8	2	1	1
宁德市	**830**	**375**	**455**	**197**	**68**	**129**	**20**	**10**	**10**
蕉城区	107	43	64	23	6	17	6	2	4
霞浦县	141	65	76	34	11	23	4	1	3
古田县	101	44	57	29	10	19	3	3	
屏南县	45	20	25	11	5	6			
寿宁县	61	33	28	13	5	8	1	1	
周宁县	59	25	34	9	6	3	1		1
柘荣县	31	16	15	8	3	5	2	2	
福安市	141	63	78	40	10	30	2	1	1
福鼎市	144	66	78	30	12	18	1		1

1−3a 各地区分年龄、性别的人口(城市)

单位：人

地 区	合 计			0岁		
	合计	男	女	小计	男	女
合 计	**1655761**	**848704**	**807057**	**12634**	**6746**	**5888**
福州市	**382810**	**194005**	**188805**	**2694**	**1445**	**1249**
鼓楼区	63307	30877	32430	433	227	206
台江区	38956	19113	19843	271	148	123
仓山区	110714	57199	53515	817	440	377
马尾区	22954	12036	10918	141	71	70
晋安区	75921	38667	37254	522	289	233
长乐区	25490	12618	12872	191	101	90
闽侯县						
连江县						
罗源县						
闽清县						
永泰县						
平潭县						
福清市	45468	23495	21973	319	169	150
厦门市	**440916**	**230705**	**210211**	**3345**	**1784**	**1561**
思明区	107283	52188	55095	839	447	392
海沧区	57901	31326	26575	476	249	227
湖里区	105216	55457	49759	736	384	352
集美区	95695	51392	44303	741	400	341
同安区	63894	34500	29394	453	245	208
翔安区	10927	5842	5085	100	59	41
莆田市	**130157**	**65745**	**64412**	**952**	**538**	**414**
城厢区	34707	17703	17004	241	129	112
涵江区	35047	17685	17362	258	142	116
荔城区	46048	23310	22738	353	211	142
秀屿区	14355	7047	7308	100	56	44
仙游县						
三明市	**56064**	**28303**	**27761**	**360**	**217**	**143**
梅列区	19864	9828	10036	150	87	63
三元区	15094	7678	7416	88	58	30
明溪县						
清流县						
宁化县						
大田县						
尤溪县						
沙县						
将乐县						
泰宁县						
建宁县						
永安市	21106	10797	10309	122	72	50
泉州市	**297734**	**155830**	**141904**	**2381**	**1264**	**1117**
鲤城区	41792	21393	20399	326	181	145
丰泽区	67523	34517	33006	562	308	254
洛江区	9840	4973	4867	95	43	52
泉港区	11625	5820	5805	117	61	56
惠安县						
安溪县						
永春县						
德化县						
石狮市	41342	21687	19655	287	144	143
晋江市	99672	53873	45799	708	389	319
南安市	25940	13567	12373	286	138	148

1-3a 续表 1

单位：人

地 区	合 计			0岁		
	合计	男	女	小计	男	女
漳州市	**95078**	**47122**	**47956**	**771**	**377**	**394**
芗城区	45560	22010	23550	322	160	162
龙文区	25799	13280	12519	264	119	145
云霄县						
漳浦县						
诏安县						
长泰县						
东山县						
南靖县						
平和县						
华安县						
龙海市	23589	11766	11823	183	96	87
南平市	**89460**	**44158**	**45302**	**566**	**277**	**289**
延平区	26310	13007	13303	150	75	75
建阳区	16295	8096	8199	116	60	56
顺昌县						
浦城县						
光泽县						
松溪县						
政和县						
邵武市	18399	9153	9246	111	51	60
武夷山市	13754	6731	7023	94	49	45
建瓯市	14702	7171	7531	95	42	53
龙岩市	**82183**	**41227**	**40956**	**747**	**405**	**342**
新罗区	63316	31799	31517	586	312	274
永定区	6899	3381	3518	62	37	25
长汀县						
上杭县						
武平县						
连城县						
漳平市	11968	6047	5921	99	56	43
宁德市	**81359**	**41609**	**39750**	**818**	**439**	**379**
蕉城区	37029	19442	17587	402	207	195
霞浦县						
古田县						
屏南县						
寿宁县						
周宁县						
柘荣县						
福安市	22676	11445	11231	195	105	90
福鼎市	21654	10722	10932	221	127	94

1-3a 续表 2

单位：人

地 区	1-4岁			5-9岁			10-14岁		
	小计	男	女	小计	男	女	小计	男	女
合 计	**83820**	**45367**	**38453**	**111790**	**60615**	**51175**	**88552**	**47772**	**40780**
福州市	**16719**	**9087**	**7632**	**23693**	**12598**	**11095**	**19507**	**10408**	**9099**
鼓楼区	2595	1401	1194	3942	2117	1825	3192	1702	1490
台江区	1549	854	695	2107	1147	960	1798	936	862
仓山区	5107	2791	2316	6831	3599	3232	5202	2755	2447
马尾区	982	523	459	1258	662	596	1092	601	491
晋安区	3193	1713	1480	4426	2361	2065	3874	2107	1767
长乐区	1119	603	516	1746	898	848	1565	830	735
闽侯县									
连江县									
罗源县									
闽清县									
永泰县									
平潭县									
福清市	2174	1202	972	3383	1814	1569	2784	1477	1307
厦门市	**22704**	**12262**	**10442**	**27661**	**15162**	**12499**	**20213**	**11012**	**9201**
思明区	5403	2943	2460	6776	3766	3010	5281	2830	2451
海沧区	3217	1721	1496	3939	2151	1788	2699	1433	1266
湖里区	4936	2610	2326	5679	3112	2567	4412	2494	1918
集美区	5032	2706	2326	5811	3176	2635	4124	2227	1897
同安区	3458	1923	1535	4650	2520	2130	3214	1777	1437
翔安区	658	359	299	806	437	369	483	251	232
莆田市	**6633**	**3537**	**3096**	**9088**	**4841**	**4247**	**7886**	**4252**	**3634**
城厢区	1847	960	887	2394	1326	1068	2079	1151	928
涵江区	1662	909	753	2109	1072	1037	1831	1009	822
荔城区	2556	1348	1208	3456	1846	1610	2700	1437	1263
秀屿区	568	320	248	1129	597	532	1276	655	621
仙游县									
三明市	**2819**	**1493**	**1326**	**3906**	**2095**	**1811**	**3357**	**1780**	**1577**
梅列区	1159	599	560	1382	743	639	1150	592	558
三元区	680	359	321	993	540	453	903	493	410
明溪县									
清流县									
宁化县									
大田县									
尤溪县									
沙县									
将乐县									
泰宁县									
建宁县									
永安市	980	535	445	1531	812	719	1304	695	609
泉州市	**15489**	**8610**	**6879**	**21067**	**11895**	**9172**	**16357**	**9218**	**7139**
鲤城区	2182	1187	995	3012	1671	1341	2380	1308	1072
丰泽区	3625	1994	1631	4109	2318	1791	3412	1828	1584
洛江区	697	382	315	824	449	375	562	332	230
泉港区	812	450	362	1113	605	508	839	452	387
惠安县									
安溪县									
永春县									
德化县									
石狮市	2017	1143	874	2914	1678	1236	2390	1383	1007
晋江市	4591	2538	2053	6676	3763	2913	4929	2853	2076
南安市	1565	916	649	2419	1411	1008	1845	1062	783

1-3a　续表 3　　　　单位：人

地　区	1-4岁			5-9岁			10-14岁		
	小计	男	女	小计	男	女	小计	男	女
漳州市	**5095**	**2722**	**2373**	**6463**	**3447**	**3016**	**5215**	**2691**	**2524**
芗城区	2055	1073	982	2687	1435	1252	2369	1252	1117
龙文区	1781	994	787	2119	1136	983	1498	778	720
云霄县									
漳浦县									
诏安县									
长泰县									
东山县									
南靖县									
平和县									
华安县									
龙海市	1247	647	600	1642	870	772	1342	658	684
南平市	**4324**	**2296**	**2028**	**6070**	**3170**	**2900**	**5700**	**2975**	**2725**
延平区	1209	653	556	1672	855	817	1610	870	740
建阳区	842	453	389	1191	611	580	1016	508	508
顺昌县									
浦城县									
光泽县									
松溪县									
政和县									
邵武市	898	482	416	1285	695	590	1207	621	586
武夷山市	688	356	332	908	471	437	824	446	378
建瓯市	687	352	335	1014	538	476	1043	530	513
龙岩市	**5323**	**2884**	**2439**	**7219**	**3963**	**3256**	**4779**	**2524**	**2255**
新罗区	4127	2225	1902	5397	2957	2440	3457	1829	1628
永定区	459	262	197	689	363	326	526	287	239
长汀县									
上杭县									
武平县									
连城县									
漳平市	737	397	340	1133	643	490	796	408	388
宁德市	**4714**	**2476**	**2238**	**6623**	**3444**	**3179**	**5538**	**2912**	**2626**
蕉城区	2110	1121	989	2878	1518	1360	2314	1239	1075
霞浦县									
古田县									
屏南县									
寿宁县									
周宁县									
柘荣县									
福安市	1287	641	646	1934	982	952	1737	914	823
福鼎市	1317	714	603	1811	944	867	1487	759	728

1-3a 续表 4

单位：人

地　区	15-19岁			20-24岁			25-29岁		
	小计	男	女	小计	男	女	小计	男	女
合　计	**91080**	**48412**	**42668**	**105611**	**54824**	**50787**	**133761**	**69831**	**63930**
福州市	**20887**	**11191**	**9696**	**24736**	**12550**	**12186**	**29002**	**14924**	**14078**
鼓楼区	3104	1659	1445	4228	2120	2108	4172	2004	2168
台江区	1421	726	695	2304	1130	1174	3213	1593	1620
仓山区	6616	3603	3013	7911	4036	3875	8686	4578	4108
马尾区	1669	893	776	1840	980	860	1772	967	805
晋安区	3168	1712	1456	3695	1835	1860	5842	2961	2881
长乐区	1623	819	804	1879	830	1049	1725	880	845
闽侯县									
连江县									
罗源县									
闽清县									
永泰县									
平潭县									
福清市	3286	1779	1507	2879	1619	1260	3592	1941	1651
厦门市	**21830**	**11972**	**9858**	**37217**	**19679**	**17538**	**45667**	**24487**	**21180**
思明区	3747	1955	1792	7254	3481	3773	9327	4570	4757
海沧区	2095	1162	933	3580	2031	1549	5910	3317	2593
湖里区	3624	1947	1677	9993	5077	4916	14227	7564	6663
集美区	8420	4544	3876	11855	6490	5365	9399	5266	4133
同安区	2827	1638	1189	3738	2134	1604	5942	3299	2643
翔安区	1117	726	391	797	466	331	862	471	391
莆田市	**7736**	**4195**	**3541**	**6652**	**3628**	**3024**	**9223**	**4768**	**4455**
城厢区	2111	1151	960	2454	1346	1108	2984	1525	1459
涵江区	2119	1144	975	1547	864	683	2188	1125	1063
荔城区	2485	1346	1139	2222	1185	1037	3337	1746	1591
秀屿区	1021	554	467	429	233	196	714	372	342
仙游县									
三明市	**3350**	**1819**	**1531**	**2714**	**1441**	**1273**	**2879**	**1447**	**1432**
梅列区	922	470	452	795	397	398	1187	586	601
三元区	1126	586	540	1110	533	577	758	385	373
明溪县									
清流县									
宁化县									
大田县									
尤溪县									
沙县									
将乐县									
泰宁县									
建宁县									
永安市	1302	763	539	809	511	298	934	476	458
泉州市	**17349**	**9123**	**8226**	**17912**	**9392**	**8520**	**24764**	**13011**	**11753**
鲤城区	2159	1113	1046	2076	1110	966	2989	1537	1452
丰泽区	5282	2719	2563	5790	2710	3080	5472	2857	2615
洛江区	720	282	438	505	257	248	663	323	340
泉港区	492	247	245	284	171	113	712	336	376
惠安县									
安溪县									
永春县									
德化县									
石狮市	2669	1435	1234	2532	1413	1119	3268	1620	1648
晋江市	4614	2560	2054	5842	3267	2575	9806	5349	4457
南安市	1413	767	646	883	464	419	1854	989	865

1-3a　续表 5　　　　　　　　　　　　　　　　　　　　　　单位：人

地　区	15-19岁			20-24岁			25-29岁		
	小计	男	女	小计	男	女	小计	男	女
漳州市	**6014**	**2899**	**3115**	**5332**	**2366**	**2966**	**6233**	**3143**	**3090**
芗城区	3798	1771	2027	3329	1348	1981	2560	1250	1310
龙文区	1151	619	532	1322	670	652	2177	1133	1044
云霄县									
漳浦县									
诏安县									
长泰县									
东山县									
南靖县									
平和县									
华安县									
龙海市	1062	507	555	679	348	331	1491	758	733
南平市	**4930**	**2482**	**2448**	**3681**	**1816**	**1865**	**4507**	**2160**	**2347**
延平区	1311	721	590	865	454	411	1324	661	663
建阳区	1108	514	594	553	272	281	905	433	472
顺昌县									
浦城县									
光泽县									
松溪县									
政和县									
邵武市	741	399	342	563	290	273	835	399	436
武夷山市	965	458	507	1265	575	690	797	357	440
建瓯市	805	390	415	435	225	210	646	310	336
龙岩市	**4576**	**2340**	**2236**	**3419**	**1663**	**1756**	**4895**	**2406**	**2489**
新罗区	3518	1800	1718	2983	1442	1541	4064	2017	2047
永定区	448	228	220	154	76	78	214	83	131
长汀县									
上杭县									
武平县									
连城县									
漳平市	610	312	298	282	145	137	617	306	311
宁德市	**4408**	**2391**	**2017**	**3948**	**2289**	**1659**	**6591**	**3485**	**3106**
蕉城区	2102	1121	981	2601	1588	1013	3633	2037	1596
霞浦县									
古田县									
屏南县									
寿宁县									
周宁县									
柘荣县									
福安市	1413	805	608	691	362	329	1567	795	772
福鼎市	893	465	428	656	339	317	1391	653	738

1-3a 续表 6

单位：人

地　区	30-34岁			35-39岁			40-44岁		
	小计	男	女	小计	男	女	小计	男	女
合　计	**185965**	**93541**	**92424**	**156091**	**78622**	**77469**	**132059**	**67852**	**64207**
福州市	**38627**	**19012**	**19615**	**35242**	**17198**	**18044**	**30366**	**15391**	**14975**
鼓楼区	5300	2395	2905	5767	2546	3221	5154	2463	2691
台江区	3846	1845	2001	3447	1623	1824	2761	1318	1443
仓山区	12093	6083	6010	10895	5570	5325	8681	4554	4127
马尾区	2336	1236	1100	2034	1105	929	1826	956	870
晋安区	8070	3945	4125	7109	3471	3638	6379	3249	3130
长乐区	2284	1110	1174	2202	1053	1149	2031	1010	1021
闽侯县									
连江县									
罗源县									
闽清县									
永泰县									
平潭县									
福清市	4698	2398	2300	3788	1830	1958	3534	1841	1693
厦门市	**56353**	**29580**	**26773**	**45289**	**23679**	**21610**	**35119**	**18510**	**16609**
思明区	10958	5068	5890	10455	4894	5561	8662	4104	4558
海沧区	8451	4620	3831	6475	3532	2943	5034	2881	2153
湖里区	14261	7680	6581	10484	5557	4927	8407	4510	3897
集美区	12411	6694	5717	9529	5159	4370	6650	3591	3059
同安区	8809	4771	4038	7215	3951	3264	5636	3031	2605
翔安区	1463	747	716	1131	586	545	730	393	337
莆田市	**14573**	**7122**	**7451**	**11173**	**5462**	**5711**	**10206**	**5196**	**5010**
城厢区	4313	2128	2185	3151	1511	1640	2887	1450	1437
涵江区	3537	1752	1785	2826	1370	1456	2813	1447	1366
荔城区	5600	2719	2881	4277	2142	2135	3627	1871	1756
秀屿区	1123	523	600	919	439	480	879	428	451
仙游县									
三明市	**4991**	**2384**	**2607**	**4190**	**2023**	**2167**	**4235**	**2019**	**2216**
梅列区	2002	937	1065	1626	797	829	1510	677	833
三元区	1205	597	608	1057	526	531	1071	544	527
明溪县									
清流县									
宁化县									
大田县									
尤溪县									
沙县									
将乐县									
泰宁县									
建宁县									
永安市	1784	850	934	1507	700	807	1654	798	856
泉州市	**37493**	**19040**	**18453**	**30352**	**15745**	**14607**	**25774**	**13796**	**11978**
鲤城区	5030	2506	2524	4258	2124	2134	3654	1964	1690
丰泽区	7485	3798	3687	6233	3150	3083	5285	2761	2524
洛江区	1270	622	648	1190	591	599	819	447	372
泉港区	1200	553	647	1136	542	594	921	482	439
惠安县									
安溪县									
永春县									
德化县									
石狮市	5489	2714	2775	4412	2283	2129	3850	2000	1850
晋江市	14099	7419	6680	10698	5802	4896	9293	5119	4174
南安市	2920	1428	1492	2425	1253	1172	1952	1023	929

1-3a　续表 7　　　　单位：人

地　　区	30-34岁			35-39岁			40-44岁		
	小计	男	女	小计	男	女	小计	男	女
漳州市	**9362**	**4615**	**4747**	**8433**	**4200**	**4233**	**6799**	**3419**	**3380**
芗城区	3967	1869	2098	4007	1903	2104	3387	1657	1730
龙文区	3240	1613	1627	2617	1374	1243	1855	988	867
云霄县									
漳浦县									
诏安县									
长泰县									
东山县									
南靖县									
平和县									
华安县									
龙海市	2143	1125	1018	1801	919	882	1547	770	777
南平市	**7314**	**3411**	**3903**	**6730**	**3217**	**3513**	**6727**	**3283**	**3444**
延平区	1997	934	1063	1881	859	1022	1947	951	996
建阳区	1577	765	812	1233	616	617	1227	606	621
顺昌县									
浦城县									
光泽县									
松溪县									
政和县									
邵武市	1416	652	764	1402	648	754	1417	701	716
武夷山市	1174	537	637	1113	558	555	997	490	507
建瓯市	1150	523	627	1101	536	565	1139	535	604
龙岩市	**8635**	**4019**	**4616**	**7504**	**3588**	**3916**	**6381**	**3101**	**3280**
新罗区	6997	3303	3694	5858	2806	3052	4837	2379	2458
永定区	515	220	295	533	252	281	539	235	304
长汀县									
上杭县									
武平县									
连城县									
漳平市	1123	496	627	1113	530	583	1005	487	518
宁德市	**8617**	**4358**	**4259**	**7178**	**3510**	**3668**	**6452**	**3137**	**3315**
蕉城区	4475	2389	2086	3407	1671	1736	2834	1401	1433
霞浦县									
古田县									
屏南县									
寿宁县									
周宁县									
柘荣县									
福安市	2024	983	1041	1776	871	905	1804	854	950
福鼎市	2118	986	1132	1995	968	1027	1814	882	932

1-3a 续表 8

单位：人

地 区	45-49岁			50-54岁			55-59岁		
	小计	男	女	小计	男	女	小计	男	女
合 计	**140456**	**72201**	**68255**	**119704**	**60469**	**59235**	**94615**	**47059**	**47556**
福州市	**31723**	**16215**	**15508**	**27258**	**13686**	**13572**	**23543**	**11748**	**11795**
鼓楼区	4742	2388	2354	4097	1962	2135	4120	2018	2102
台江区	2875	1398	1477	2595	1223	1372	2714	1283	1431
仓山区	9139	4804	4335	7528	3866	3662	6319	3196	3123
马尾区	1992	1035	957	1781	921	860	1273	649	624
晋安区	7047	3640	3407	6074	3085	2989	5120	2630	2490
长乐区	2249	1106	1143	1980	1000	980	1500	752	748
闽侯县									
连江县									
罗源县									
闽清县									
永泰县									
平潭县									
福清市	3679	1844	1835	3203	1629	1574	2497	1220	1277
厦门市	**35933**	**18911**	**17022**	**28788**	**14918**	**13870**	**20889**	**10223**	**10666**
思明区	8679	4292	4387	7435	3540	3895	6511	3003	3508
海沧区	4880	2651	2229	3813	2065	1748	2649	1307	1342
湖里区	9002	4768	4234	7063	3702	3361	4820	2452	2368
集美区	6627	3630	2997	5331	2847	2484	3713	1827	1886
同安区	6055	3206	2849	4531	2463	2068	2697	1398	1299
翔安区	690	364	326	615	301	314	499	236	263
莆田市	**11033**	**5557**	**5476**	**8925**	**4300**	**4625**	**7599**	**3646**	**3953**
城厢区	2819	1418	1401	2085	1033	1052	1784	869	915
涵江区	3316	1700	1616	2797	1329	1468	2370	1143	1227
荔城区	3796	1903	1893	3053	1467	1586	2528	1186	1342
秀屿区	1102	536	566	990	471	519	917	448	469
仙游县									
三明市	**5301**	**2653**	**2648**	**5473**	**2786**	**2687**	**4152**	**2172**	**1980**
梅列区	1794	919	875	1918	934	984	1500	789	711
三元区	1433	722	711	1394	706	688	1082	587	495
明溪县									
清流县									
宁化县									
大田县									
尤溪县									
沙县									
将乐县									
泰宁县									
建宁县									
永安市	2074	1012	1062	2161	1146	1015	1570	796	774
泉州市	**26273**	**13867**	**12406**	**20420**	**10382**	**10038**	**15351**	**7805**	**7546**
鲤城区	3482	1785	1697	2801	1376	1425	2387	1191	1196
丰泽区	5552	2862	2690	4583	2320	2263	3677	1826	1851
洛江区	785	416	369	593	296	297	456	218	238
泉港区	884	431	453	830	425	405	681	340	341
惠安县									
安溪县									
永春县									
德化县									
石狮市	3729	2017	1712	2764	1398	1366	2005	1004	1001
晋江市	9788	5291	4497	7063	3679	3384	4698	2496	2202
南安市	2053	1065	988	1786	888	898	1447	730	717

1-3a　续表 9　　单位：人

地　区	45-49岁			50-54岁			55-59岁		
	小计	男	女	小计	男	女	小计	男	女
漳州市	**7475**	**3771**	**3704**	**7264**	**3578**	**3686**	**6352**	**3088**	**3264**
芗城区	3588	1786	1802	3340	1605	1735	3140	1547	1593
龙文区	2001	1051	950	1761	893	868	1333	630	703
云霄县									
漳浦县									
诏安县									
长泰县									
东山县									
南靖县									
平和县									
华安县									
龙海市	1876	928	948	2155	1078	1077	1867	903	964
南平市	**8719**	**4281**	**4438**	**8931**	**4405**	**4526**	**7133**	**3542**	**3591**
延平区	2616	1240	1376	2720	1324	1396	2223	1080	1143
建阳区	1497	753	744	1472	744	728	1266	648	618
顺昌县									
浦城县									
光泽县									
松溪县									
政和县									
邵武市	1926	967	959	2011	1021	990	1596	808	788
武夷山市	1254	615	639	1205	589	616	890	455	435
建瓯市	1426	706	720	1523	727	796	1158	551	607
龙岩市	**7341**	**3710**	**3631**	**6692**	**3430**	**3262**	**4922**	**2492**	**2430**
新罗区	5444	2804	2640	4952	2507	2445	3725	1843	1882
永定区	710	333	377	642	338	304	446	231	215
长汀县									
上杭县									
武平县									
连城县									
漳平市	1187	573	614	1098	585	513	751	418	333
宁德市	**6658**	**3236**	**3422**	**5953**	**2984**	**2969**	**4674**	**2343**	**2331**
蕉城区	2802	1369	1433	2379	1221	1158	1808	899	909
霞浦县									
古田县									
屏南县									
寿宁县									
周宁县									
柘荣县									
福安市	2007	957	1050	1877	929	948	1407	729	678
福鼎市	1849	910	939	1697	834	863	1459	715	744

1-3a 续表 10

单位：人

地区	60-64岁			65-69岁			70-74岁		
	小计	男	女	小计	男	女	小计	男	女
合计	**66025**	**32390**	**33635**	**54939**	**26475**	**28464**	**33571**	**16179**	**17392**
福州市	**18426**	**9014**	**9412**	**16135**	**7776**	**8359**	**10460**	**5205**	**5255**
鼓楼区	3519	1677	1842	3212	1478	1734	2176	1070	1106
台江区	2448	1178	1270	2190	1073	1117	1455	725	730
仓山区	4916	2437	2479	4279	2086	2193	2677	1348	1329
马尾区	893	434	459	890	434	456	507	265	242
晋安区	3779	1879	1900	3091	1524	1567	2061	1023	1038
长乐区	1011	501	510	949	435	514	655	316	339
闽侯县									
连江县									
罗源县									
闽清县									
永泰县									
平潭县									
福清市	1860	908	952	1524	746	778	929	458	471
厦门市	**14331**	**6743**	**7588**	**11300**	**5261**	**6039**	**6344**	**2992**	**3352**
思明区	5007	2269	2738	4357	2000	2357	2795	1309	1486
海沧区	1932	930	1002	1307	609	698	693	325	368
湖里区	2855	1390	1465	2206	1043	1163	1211	582	629
集美区	2421	1123	1298	1808	866	942	834	409	425
同安区	1757	855	902	1325	606	719	683	307	376
翔安区	359	176	183	297	137	160	128	60	68
莆田市	**5631**	**2716**	**2915**	**5541**	**2703**	**2838**	**3177**	**1552**	**1625**
城厢区	1225	586	639	1047	500	547	613	316	297
涵江区	1672	840	832	1747	853	894	1012	490	522
荔城区	1863	907	956	1883	934	949	1056	518	538
秀屿区	871	383	488	864	416	448	496	228	268
仙游县									
三明市	**2443**	**1260**	**1183**	**1924**	**923**	**1001**	**1445**	**653**	**792**
梅列区	792	394	398	646	321	325	490	204	286
三元区	648	341	307	451	204	247	367	170	197
明溪县									
清流县									
宁化县									
大田县									
尤溪县									
沙县									
将乐县									
泰宁县									
建宁县									
永安市	1003	525	478	827	398	429	588	279	309
泉州市	**9412**	**4739**	**4673**	**7440**	**3615**	**3825**	**4345**	**2031**	**2314**
鲤城区	1654	821	833	1337	626	711	873	404	469
丰泽区	2275	1127	1148	1847	911	936	1069	476	593
洛江区	269	127	142	194	98	96	90	44	46
泉港区	526	252	274	414	188	226	254	125	129
惠安县									
安溪县									
永春县									
德化县									
石狮市	1103	568	535	831	428	403	461	206	255
晋江市	2537	1347	1190	1911	924	987	1133	532	601
南安市	1048	497	551	906	440	466	465	244	221

1-3a 续表 11

单位：人

地区	60-64岁			65-69岁			70-74岁		
	小计	男	女	小计	男	女	小计	男	女
漳州市	**4634**	**2286**	**2348**	**3864**	**1888**	**1976**	**2398**	**1124**	**1274**
芗城区	2313	1142	1171	1823	906	917	1154	551	603
龙文区	920	472	448	793	360	433	442	201	241
云霄县									
漳浦县									
诏安县									
长泰县									
东山县									
南靖县									
平和县									
华安县									
龙海市	1396	669	727	1240	619	621	794	369	425
南平市	**4700**	**2335**	**2365**	**3570**	**1786**	**1784**	**2356**	**1116**	**1240**
延平区	1555	777	778	1173	591	582	729	357	372
建阳区	812	398	414	591	292	299	382	192	190
顺昌县									
浦城县									
光泽县									
松溪县									
政和县									
邵武市	925	467	458	756	370	386	543	251	292
武夷山市	558	281	277	394	204	190	259	108	151
建瓯市	850	412	438	656	329	327	443	208	235
龙岩市	**3106**	**1560**	**1546**	**2570**	**1249**	**1321**	**1585**	**746**	**839**
新罗区	2411	1211	1200	1961	958	1003	1188	565	623
永定区	249	119	130	259	128	131	166	73	93
长汀县									
上杭县									
武平县									
连城县									
漳平市	446	230	216	350	163	187	231	108	123
宁德市	**3342**	**1737**	**1605**	**2595**	**1274**	**1321**	**1461**	**760**	**701**
蕉城区	1200	612	588	913	452	461	535	295	240
霞浦县									
古田县									
屏南县									
寿宁县									
周宁县									
柘荣县									
福安市	1082	586	496	859	420	439	451	234	217
福鼎市	1060	539	521	823	402	421	475	231	244

1-3a 续表 12

单位：人

地区	75-79岁			80-84岁			85-89岁		
	小计	男	女	小计	男	女	小计	男	女
合 计	**20145**	**9547**	**10598**	**14146**	**6477**	**7669**	**7616**	**3145**	**4471**
福州市	**6049**	**3056**	**2993**	**4243**	**2030**	**2213**	**2412**	**1044**	**1368**
鼓楼区	1458	692	766	1150	528	622	681	318	363
台江区	857	425	432	617	282	335	336	141	195
仓山区	1351	710	641	891	433	458	511	204	307
马尾区	282	144	138	220	104	116	113	38	75
晋安区	1099	577	522	764	388	376	421	198	223
长乐区	377	198	179	223	110	113	130	56	74
闽侯县									
连江县									
罗源县									
闽清县									
永泰县									
平潭县									
福清市	625	310	315	378	185	193	220	89	131
厦门市	**3669**	**1744**	**1925**	**2429**	**1101**	**1328**	**1295**	**505**	**790**
思明区	1634	792	842	1261	579	682	644	252	392
海沧区	363	172	191	210	104	106	118	48	70
湖里区	644	314	330	371	167	204	201	82	119
集美区	477	216	261	308	144	164	160	65	95
同安区	458	207	251	226	91	135	146	50	96
翔安区	93	43	50	53	16	37	26	8	18
莆田市	**1940**	**898**	**1042**	**1233**	**531**	**702**	**659**	**225**	**434**
城厢区	353	168	185	190	93	97	96	32	64
涵江区	579	260	319	374	160	214	199	56	143
荔城区	596	301	295	381	153	228	216	73	143
秀屿区	412	169	243	288	125	163	148	64	84
仙游县									
三明市	**1088**	**465**	**623**	**909**	**419**	**490**	**383**	**185**	**198**
梅列区	386	157	229	305	153	152	112	52	60
三元区	280	121	159	284	117	167	118	65	53
明溪县									
清流县									
宁化县									
大田县									
尤溪县									
沙县									
将乐县									
泰宁县									
建宁县									
永安市	422	187	235	320	149	171	153	68	85
泉州市	**2357**	**1050**	**1307**	**1758**	**736**	**1022**	**1048**	**384**	**664**
鲤城区	488	217	271	359	141	218	251	95	156
丰泽区	553	268	285	409	179	230	225	81	144
洛江区	45	24	21	36	11	25	22	9	13
泉港区	160	58	102	110	49	61	100	39	61
惠安县									
安溪县									
永春县									
德化县									
石狮市	260	109	151	212	89	123	109	43	66
晋江市	548	247	301	435	194	241	216	78	138
南安市	303	127	176	197	73	124	125	39	86

1-3a 续表 13

单位：人

地区	75-79岁			80-84岁			85-89岁		
	小计	男	女	小计	男	女	小计	男	女
漳州市	**1568**	**704**	**864**	**1026**	**486**	**540**	**590**	**240**	**350**
芗城区	753	326	427	533	250	283	326	131	195
龙文区	288	140	148	134	65	69	76	34	42
云霄县									
漳浦县									
诏安县									
长泰县									
东山县									
南靖县									
平和县									
华安县									
龙海市	525	236	289	358	171	187	188	75	113
南平市	**1550**	**727**	**823**	**1181**	**519**	**662**	**537**	**258**	**279**
延平区	539	243	296	477	214	263	226	114	112
建阳区	250	116	134	160	72	88	65	24	41
顺昌县									
浦城县									
光泽县									
松溪县									
政和县									
邵武市	316	141	175	275	107	168	111	52	59
武夷山市	180	85	95	115	58	57	53	27	26
建瓯市	265	142	123	154	68	86	82	41	41
龙岩市	**1116**	**523**	**593**	**810**	**392**	**418**	**401**	**164**	**237**
新罗区	827	392	435	587	286	301	280	115	165
永定区	117	54	63	105	40	65	51	18	33
长汀县									
上杭县									
武平县									
连城县									
漳平市	172	77	95	118	66	52	70	31	39
宁德市	**808**	**380**	**428**	**557**	**263**	**294**	**291**	**140**	**151**
蕉城区	299	140	159	203	102	101	93	47	46
霞浦县									
古田县									
屏南县									
寿宁县									
周宁县									
柘荣县									
福安市	259	129	130	151	71	80	103	54	49
福鼎市	250	111	139	203	90	113	95	39	56

1-3a 续表 14

单位：人

地区	90-94岁			95-99岁			100岁及以上		
	小计	男	女	小计	男	女	小计	男	女
合计	**2596**	**1018**	**1578**	**529**	**151**	**378**	**56**	**11**	**45**
福州市	**904**	**365**	**539**	**173**	**59**	**114**	**11**	**3**	**8**
鼓楼区	228	98	130	36	14	22	1		1
台江区	122	52	70	28	13	15	2		2
仓山区	218	96	122	45	10	35	1		1
马尾区	43	17	26	10	1	9			
晋安区	152	64	88	31	14	17	4	2	2
长乐区	42	7	35	7	2	5	2	1	1
闽侯县									
连江县									
罗源县									
闽清县									
永泰县									
平潭县									
福清市	99	31	68	16	5	11	1		1
厦门市	**455**	**170**	**285**	**77**	**8**	**69**	**8**	**2**	**6**
思明区	217	91	126	36	2	34	5	1	4
海沧区	49	16	33	9	1	8	2	1	1
湖里区	73	22	51	10		10	1		1
集美区	37	10	27	7	2	5			
同安区	63	26	37	11	2	9			
翔安区	16	5	11	4	1	3			
莆田市	**221**	**60**	**161**	**69**	**18**	**51**	**7**		**7**
城厢区	28	6	22	6	5	1			
涵江区	70	15	55	21	5	16			
荔城区	47	14	33	13	3	10	3		3
秀屿区	76	25	51	29	5	24	4		4
仙游县									
三明市	**112**	**58**	**54**	**30**	**11**	**19**	**3**		**3**
梅列区	26	17	9	12	3	9			
三元区	33	18	15	12	6	6	1		1
明溪县									
清流县									
宁化县									
大田县									
尤溪县									
沙县									
将乐县									
泰宁县									
建宁县									
永安市	53	23	30	6	2	4	2		2
泉州市	**310**	**110**	**200**	**72**	**16**	**56**	**10**	**1**	**9**
鲤城区	80	31	49	13	5	8	1		1
丰泽区	61	21	40	15	3	12	2		2
洛江区	4	2	2	1		1			
泉港区	28	11	17	9	2	7	3	1	2
惠安县									
安溪县									
永春县									
德化县									
石狮市	33	10	23	6	2	4	1		1
晋江市	64	22	42	20	4	16	3		3
南安市	40	13	27	8		8			

1-3a 续表 15 单位：人

地 区	90-94岁			95-99岁			100岁及以上		
	小计	男	女	小计	男	女	小计	男	女
漳州市	**160**	**66**	**94**	**24**	**10**	**14**	**6**	**2**	**4**
芗城区	93	41	52	13	7	6	3		3
龙文区	21	7	14	4	2	2	2	1	1
云霄县									
漳浦县									
诏安县									
长泰县									
东山县									
南靖县									
平和县									
华安县									
龙海市	46	18	28	6	1	5	1	1	
南平市	**203**	**92**	**111**	**28**	**10**	**18**	**3**		**3**
延平区	75	29	46	9	5	4	2		2
建阳区	29	19	10	3		3			
顺昌县									
浦城县									
光泽县									
松溪县									
政和县									
邵武市	59	30	29	6	1	5			
武夷山市	13	9	4	7	3	4	1		1
建瓯市	27	5	22	3	1	2			
龙岩市	**130**	**56**	**74**	**28**	**11**	**17**	**4**	**1**	**3**
新罗区	93	40	53	22	8	14	2		2
永定区	12	3	9	2	1	1	1		1
长汀县									
上杭县									
武平县									
连城县									
漳平市	25	13	12	4	2	2	1	1	
宁德市	**101**	**41**	**60**	**28**	**8**	**20**	**4**	**2**	**2**
蕉城区	30	9	21	8	3	5	3	1	2
霞浦县									
古田县									
屏南县									
寿宁县									
周宁县									
柘荣县									
福安市	40	22	18	11	1	10	1	1	
福鼎市	31	10	21	9	4	5			

1-3b 各地区分年龄、性别的人口(镇)

单位：人

地区	合计			0岁		
	合计	男	女	小计	男	女
合计	**1096269**	**560936**	**535333**	**9349**	**5168**	**4181**
福州市	**187786**	**96249**	**91537**	**1405**	**762**	**643**
鼓楼区						
台江区						
仓山区						
马尾区						
晋安区	239	132	107	1		1
长乐区	16604	8954	7650	98	45	53
闽侯县	56158	29043	27115	399	220	179
连江县	29869	14971	14898	219	121	98
罗源县	18080	9527	8553	147	77	70
闽清县	10755	5313	5442	78	40	38
永泰县	11234	5648	5586	102	59	43
平潭县	21082	10587	10495	153	94	59
福清市	23765	12074	11691	208	106	102
厦门市	**26111**	**14573**	**11538**	**222**	**130**	**92**
思明区						
海沧区						
湖里区	204	144	60			
集美区	28	20	8			
同安区	1584	831	753	16	5	11
翔安区	24295	13578	10717	206	125	81
莆田市	**58448**	**28716**	**29732**	**554**	**289**	**265**
城厢区	3395	1654	1741	34	19	15
涵江区	1136	538	598	9	3	6
荔城区	843	408	435	13	4	9
秀屿区	8429	4120	4309	69	32	37
仙游县	44645	21996	22649	429	231	198
三明市	**93935**	**47129**	**46806**	**767**	**433**	**334**
梅列区	1001	547	454	6	2	4
三元区	604	336	268	3	2	1
明溪县	4882	2383	2499	40	26	14
清流县	5694	2797	2897	45	26	19
宁化县	12454	6124	6330	105	59	46
大田县	14996	7872	7124	141	89	52
尤溪县	16323	8309	8014	172	96	76
沙县	16753	8322	8431	112	60	52
将乐县	8275	4095	4180	69	34	35
泰宁县	5625	2699	2926	35	19	16
建宁县	5186	2522	2664	25	12	13
永安市	2142	1123	1019	14	8	6
泉州市	**286579**	**149085**	**137494**	**2578**	**1477**	**1101**
鲤城区						
丰泽区						
洛江区	4354	2206	2148	24	12	12
泉港区	6526	3231	3295	81	49	32
惠安县	57279	28516	28763	633	344	289
安溪县	47604	24843	22761	416	245	171
永春县	24384	12268	12116	197	115	82
德化县	25587	13453	12134	230	141	89
石狮市	15909	8988	6921	148	89	59
晋江市	39096	20513	18583	300	167	133
南安市	65840	35067	30773	549	315	234

1-3b　续表 1　　　　单位：人

地　区	合　计			0岁		
	合计	男	女	小计	男	女
漳州市	**204324**	**105188**	**99136**	**1807**	**998**	**809**
芗城区	7980	4283	3697	61	28	33
龙文区						
云霄县	21922	11207	10715	191	120	71
漳浦县	45136	23259	21877	439	233	206
诏安县	23688	11837	11851	264	139	125
长泰县	13785	7314	6471	99	57	42
东山县	13939	6956	6983	120	65	55
南靖县	15608	7818	7790	123	74	49
平和县	20212	10395	9817	177	107	70
华安县	6763	3546	3217	55	19	36
龙海市	35291	18573	16718	278	156	122
南平市	**59793**	**29505**	**30288**	**392**	**202**	**190**
延平区	4540	2268	2272	29	12	17
建阳区	2965	1493	1472	16	10	6
顺昌县	8438	4108	4330	54	26	28
浦城县	13269	6490	6779	68	43	25
光泽县	6302	3091	3211	37	18	19
松溪县	5814	2784	3030	45	20	25
政和县	8474	4274	4200	73	35	38
邵武市	2249	1162	1087	11	6	5
武夷山市	1626	839	787	15	9	6
建瓯市	6116	2996	3120	44	23	21
龙岩市	**83709**	**41927**	**41782**	**798**	**448**	**350**
新罗区	6256	3180	3076	52	25	27
永定区	8568	4340	4228	71	42	29
长汀县	20832	10367	10465	197	107	90
上杭县	19474	9844	9630	171	95	76
武平县	14586	7165	7421	161	92	69
连城县	11859	5945	5914	134	81	53
漳平市	2134	1086	1048	12	6	6
宁德市	**95584**	**48564**	**47020**	**826**	**429**	**397**
蕉城区	3269	1703	1566	26	15	11
霞浦县	27159	13756	13403	255	137	118
古田县	15006	7414	7592	105	61	44
屏南县	6186	3042	3144	50	21	29
寿宁县	7071	3530	3541	71	31	40
周宁县	7155	3575	3580	63	29	34
柘荣县	5441	2702	2739	58	33	25
福安市	12566	6837	5729	88	46	42
福鼎市	11731	6005	5726	110	56	54

1-3b 续表 2

单位：人

地 区	1-4岁			5-9岁			10-14岁		
	小计	男	女	小计	男	女	小计	男	女
合 计	**59906**	**32669**	**27237**	**87270**	**47698**	**39572**	**71380**	**38601**	**32779**
福州市	**8415**	**4602**	**3813**	**12452**	**6694**	**5758**	**10893**	**5871**	**5022**
鼓楼区									
台江区									
仓山区									
马尾区									
晋安区	6	3	3	9	5	4	7	6	1
长乐区	562	318	244	953	523	430	934	514	420
闽侯县	2246	1235	1011	2820	1552	1268	2204	1204	1000
连江县	1348	729	619	2120	1137	983	2065	1131	934
罗源县	944	508	436	1428	773	655	1091	582	509
闽清县	550	318	232	817	417	400	725	392	333
永泰县	575	312	263	890	494	396	796	446	350
平潭县	1068	579	489	1597	836	761	1513	782	731
福清市	1116	600	516	1818	957	861	1558	814	744
厦门市	**1204**	**652**	**552**	**1685**	**911**	**774**	**1081**	**579**	**502**
思明区									
海沧区									
湖里区	7	5	2	6	3	3	6	6	
集美区	1	1		1		1	2	2	
同安区	83	42	41	119	62	57	101	61	40
翔安区	1113	604	509	1559	846	713	972	510	462
莆田市	**2984**	**1640**	**1344**	**4820**	**2512**	**2308**	**4197**	**2230**	**1967**
城厢区	188	105	83	286	152	134	282	153	129
涵江区	45	20	25	76	34	42	68	37	31
荔城区	49	21	28	77	39	38	82	46	36
秀屿区	388	224	164	769	407	362	696	377	319
仙游县	2314	1270	1044	3612	1880	1732	3069	1617	1452
三明市	**5765**	**3128**	**2637**	**8811**	**4804**	**4007**	**7115**	**3884**	**3231**
梅列区	41	21	20	46	22	24	47	30	17
三元区	29	18	11	35	20	15	27	13	14
明溪县	277	133	144	383	212	171	286	149	137
清流县	314	169	145	526	294	232	475	267	208
宁化县	765	419	346	1126	589	537	1001	552	449
大田县	1067	606	461	1964	1152	812	1274	738	536
尤溪县	1115	626	489	1515	822	693	1037	572	465
沙县	895	461	434	1361	706	655	1285	674	611
将乐县	480	258	222	717	397	320	714	377	337
泰宁县	385	207	178	500	257	243	411	231	180
建宁县	298	159	139	430	222	208	421	220	201
永安市	99	51	48	208	111	97	137	61	76
泉州市	**16455**	**9233**	**7222**	**23743**	**13659**	**10084**	**18998**	**10650**	**8348**
鲤城区									
丰泽区									
洛江区	232	127	105	287	157	130	243	138	105
泉港区	412	233	179	581	334	247	421	225	196
惠安县	3861	2151	1710	4699	2689	2010	3269	1703	1566
安溪县	2732	1586	1146	4928	2857	2071	4744	2874	1870
永春县	1331	742	589	2018	1191	827	1839	1010	829
德化县	1870	1063	807	2562	1475	1087	1688	933	755
石狮市	655	358	297	931	534	397	739	443	296
晋江市	1810	972	838	2568	1414	1154	2145	1199	946
南安市	3552	2001	1551	5169	3008	2161	3910	2125	1785

1-3b 续表 3 单位：人

地 区	1-4岁			5-9岁			10-14岁		
	小计	男	女	小计	男	女	小计	男	女
漳州市	**11501**	**6188**	**5313**	**14899**	**7985**	**6914**	**11841**	**6301**	**5540**
芗城区	344	193	151	509	268	241	410	209	201
龙文区									
云霄县	1172	627	545	1556	860	696	1395	800	595
漳浦县	3002	1648	1354	3477	1911	1566	2516	1378	1138
诏安县	1388	737	651	1998	1058	940	1611	846	765
长泰县	759	411	348	917	488	429	716	376	340
东山县	726	383	343	877	452	425	719	379	340
南靖县	774	406	368	1073	538	535	879	438	441
平和县	1144	627	517	1522	808	714	1250	669	581
华安县	324	173	151	507	296	211	437	226	211
龙海市	1868	983	885	2463	1306	1157	1908	980	928
南平市	**2707**	**1390**	**1317**	**4279**	**2199**	**2080**	**4707**	**2407**	**2300**
延平区	191	102	89	251	115	136	346	173	173
建阳区	136	82	54	275	148	127	261	134	127
顺昌县	355	172	183	505	263	242	532	265	267
浦城县	454	234	220	843	435	408	1076	542	534
光泽县	316	159	157	461	252	209	489	259	230
松溪县	294	151	143	481	227	254	463	247	216
政和县	513	254	259	733	375	358	734	398	336
邵武市	84	42	42	107	57	50	135	64	71
武夷山市	78	44	34	92	43	49	94	47	47
建瓯市	286	150	136	531	284	247	577	278	299
龙岩市	**5636**	**3099**	**2537**	**8356**	**4615**	**3741**	**5505**	**3000**	**2505**
新罗区	389	210	179	583	318	265	373	176	197
永定区	466	257	209	970	526	444	606	323	283
长汀县	1365	782	583	2214	1226	988	1523	890	633
上杭县	1353	724	629	1825	1019	806	1154	633	521
武平县	1106	619	487	1419	775	644	970	494	476
连城县	860	452	408	1134	635	499	721	402	319
漳平市	97	55	42	211	116	95	158	82	76
宁德市	**5239**	**2737**	**2502**	**8225**	**4319**	**3906**	**7043**	**3679**	**3364**
蕉城区	150	72	78	240	113	127	221	112	109
霞浦县	1552	827	725	2584	1374	1210	2001	1047	954
古田县	802	417	385	1123	588	535	928	475	453
屏南县	408	204	204	553	286	267	467	239	228
寿宁县	396	199	197	634	324	310	603	334	269
周宁县	352	187	165	591	313	278	592	310	282
柘荣县	338	179	159	507	263	244	441	221	220
福安市	543	287	256	940	503	437	921	499	422
福鼎市	698	365	333	1053	555	498	869	442	427

1-3b 续表 4 单位：人

地区	15-19岁			20-24岁			25-29岁		
	小计	男	女	小计	男	女	小计	男	女
合 计	**59232**	**30887**	**28345**	**46162**	**24200**	**21962**	**68097**	**35105**	**32992**
福州市	**12351**	**6277**	**6074**	**15268**	**7784**	**7484**	**13544**	**7113**	**6431**
鼓楼区									
台江区									
仓山区									
马尾区									
晋安区	121	60	61	2	1	1	5	3	2
长乐区	711	422	289	724	430	294	1150	649	501
闽侯县	5560	2645	2915	9860	4813	5047	4415	2420	1995
连江县	1595	880	715	1247	662	585	1653	790	863
罗源县	708	373	335	587	342	245	1399	727	672
闽清县	648	321	327	352	178	174	528	266	262
永泰县	674	352	322	407	215	192	663	317	346
平潭县	1209	659	550	1175	632	543	2184	1096	1088
福清市	1125	565	560	914	511	403	1547	845	702
厦门市	**1218**	**700**	**518**	**2398**	**1486**	**912**	**3040**	**1844**	**1196**
思明区									
海沧区									
湖里区	14	13	1	18	16	2	18	11	7
集美区	1		1				2	2	
同安区	42	22	20	50	31	19	100	53	47
翔安区	1161	665	496	2330	1439	891	2920	1778	1142
莆田市	**3870**	**1998**	**1872**	**2160**	**1164**	**996**	**3563**	**1763**	**1800**
城厢区	265	145	120	103	56	47	163	76	87
涵江区	29	17	12	30	12	18	41	21	20
荔城区	52	29	23	25	11	14	38	15	23
秀屿区	463	217	246	238	137	101	457	235	222
仙游县	3061	1590	1471	1764	948	816	2864	1416	1448
三明市	**5224**	**2815**	**2409**	**2410**	**1150**	**1260**	**4454**	**2082**	**2372**
梅列区	27	17	10	28	19	9	48	29	19
三元区	10	7	3	12	7	5	18	14	4
明溪县	215	104	111	154	64	90	199	97	102
清流县	324	163	161	156	76	80	235	106	129
宁化县	742	383	359	331	158	173	559	264	295
大田县	826	461	365	284	150	134	878	408	470
尤溪县	939	520	419	395	204	191	841	385	456
沙县	1149	621	528	512	233	279	836	420	416
将乐县	351	183	168	206	96	110	302	119	183
泰宁县	288	167	121	142	56	86	237	99	138
建宁县	232	122	110	153	68	85	220	103	117
永安市	121	67	54	37	19	18	81	38	43
泉州市	**14468**	**7701**	**6767**	**9780**	**5354**	**4426**	**19834**	**10443**	**9391**
鲤城区									
丰泽区									
洛江区	354	153	201	482	229	253	259	144	115
泉港区	168	80	88	139	73	66	405	211	194
惠安县	2486	1271	1215	1531	843	688	3737	1869	1868
安溪县	2916	1577	1339	1552	812	740	3372	1656	1716
永春县	1101	562	539	590	306	284	1025	488	537
德化县	1088	582	506	745	400	345	1631	822	809
石狮市	905	547	358	733	459	274	1273	768	505
晋江市	2524	1358	1166	1655	935	720	2994	1614	1380
南安市	2926	1571	1355	2353	1297	1056	5138	2871	2267

1-3b　续表 5　　　　单位：人

地　区	15-19岁			20-24岁			25-29岁		
	小计	男	女	小计	男	女	小计	男	女
漳州市	**10892**	**5540**	**5352**	**8395**	**4365**	**4030**	**11754**	**6122**	**5632**
芗城区	342	197	145	421	227	194	546	303	243
龙文区									
云霄县	1451	738	713	946	452	494	1397	725	672
漳浦县	2316	1218	1098	1618	833	785	2495	1293	1202
诏安县	1087	494	593	785	390	395	1179	588	591
长泰县	527	285	242	597	334	263	986	540	446
东山县	515	246	269	429	213	216	776	388	388
南靖县	756	370	386	497	272	225	704	343	361
平和县	1160	583	577	700	390	310	942	498	444
华安县	229	120	109	184	97	87	280	160	120
龙海市	2509	1289	1220	2218	1157	1061	2449	1284	1165
南平市	**2801**	**1421**	**1380**	**1586**	**792**	**794**	**2433**	**1142**	**1291**
延平区	157	84	73	119	61	58	169	87	82
建阳区	102	49	53	50	23	27	98	39	59
顺昌县	503	262	241	187	97	90	350	173	177
浦城县	751	363	388	360	183	177	447	223	224
光泽县	318	157	161	179	85	94	301	136	165
松溪县	272	119	153	181	81	100	254	107	147
政和县	350	199	151	256	127	129	490	235	255
邵武市	48	23	25	64	32	32	69	30	39
武夷山市	168	97	71	76	42	34	69	36	33
建瓯市	132	68	64	114	61	53	186	76	110
龙岩市	**4068**	**2167**	**1901**	**1792**	**863**	**929**	**3879**	**1793**	**2086**
新罗区	142	62	80	117	53	64	274	124	150
永定区	353	183	170	140	62	78	318	155	163
长汀县	1274	694	580	459	204	255	926	437	489
上杭县	942	517	425	513	270	243	1027	477	550
武平县	804	426	378	300	137	163	662	276	386
连城县	524	271	253	226	121	105	589	284	305
漳平市	29	14	15	37	16	21	83	40	43
宁德市	**4340**	**2268**	**2072**	**2373**	**1242**	**1131**	**5596**	**2803**	**2793**
蕉城区	142	61	81	65	31	34	196	108	88
霞浦县	1126	643	483	618	299	319	1620	797	823
古田县	606	300	306	283	127	156	760	376	384
屏南县	407	190	217	170	83	87	333	159	174
寿宁县	373	188	185	223	106	117	406	195	211
周宁县	382	202	180	195	111	84	405	198	207
柘荣县	234	120	114	137	65	72	293	129	164
福安市	650	364	286	417	280	137	949	517	432
福鼎市	420	200	220	265	140	125	634	324	310

1-3b 续表 6 单位：人

地区	30-34岁			35-39岁			40-44岁		
	小计	男	女	小计	男	女	小计	男	女
合 计	**102065**	**50558**	**51507**	**86745**	**43116**	**43629**	**83113**	**41794**	**41319**
福州市	**17539**	**8804**	**8735**	**15181**	**7743**	**7438**	**13572**	**6831**	**6741**
鼓楼区									
台江区									
仓山区									
马尾区									
晋安区	15	10	5	8	3	5	11	9	2
长乐区	1676	913	763	1489	825	664	1288	713	575
闽侯县	5317	2850	2467	4401	2328	2073	3414	1819	1595
连江县	2820	1340	1480	2647	1315	1332	2363	1117	1246
罗源县	1732	876	856	1516	791	725	1470	745	725
闽清县	805	368	437	766	359	407	826	376	450
永泰县	978	449	529	890	406	484	991	468	523
平潭县	1954	908	1046	1465	703	762	1457	679	778
福清市	2242	1090	1152	1999	1013	986	1752	905	847
厦门市	**3750**	**2192**	**1558**	**2785**	**1540**	**1245**	**1888**	**1040**	**848**
思明区									
海沧区									
湖里区	27	17	10	21	14	7	19	12	7
集美区	2	2		6	3	3	2	2	
同安区	161	89	72	157	84	73	110	54	56
翔安区	3560	2084	1476	2601	1439	1162	1757	972	785
莆田市	**4795**	**2242**	**2553**	**3902**	**1839**	**2063**	**4105**	**1934**	**2171**
城厢区	278	129	149	215	102	113	198	78	120
涵江区	76	34	42	71	41	30	46	23	23
荔城区	97	44	53	58	27	31	45	27	18
秀屿区	620	282	338	498	236	262	556	262	294
仙游县	3724	1753	1971	3060	1433	1627	3260	1544	1716
三明市	**7932**	**3678**	**4254**	**6143**	**2768**	**3375**	**6622**	**3086**	**3536**
梅列区	72	49	23	60	31	29	63	28	35
三元区	48	25	23	28	16	12	41	21	20
明溪县	435	199	236	300	133	167	344	159	185
清流县	446	191	255	412	165	247	450	203	247
宁化县	1019	465	554	814	370	444	802	356	446
大田县	1415	669	746	1046	460	586	1170	550	620
尤溪县	1517	717	800	1032	480	552	1061	492	569
沙县	1202	573	629	988	454	534	1192	557	635
将乐县	696	309	387	559	258	301	544	269	275
泰宁县	464	188	276	352	145	207	404	180	224
建宁县	470	218	252	411	185	226	371	180	191
永安市	148	75	73	141	71	70	180	91	89
泉州市	**30521**	**15265**	**15256**	**25636**	**12964**	**12672**	**23628**	**12274**	**11354**
鲤城区									
丰泽区									
洛江区	400	205	195	387	192	195	370	190	180
泉港区	594	288	306	577	271	306	463	208	255
惠安县	6259	2935	3324	5423	2652	2771	4674	2367	2307
安溪县	5366	2547	2819	4300	2065	2235	3684	1861	1823
永春县	2124	992	1132	1761	837	924	2047	959	1088
德化县	2469	1208	1261	2193	1073	1120	2414	1233	1181
石狮市	1729	998	731	1434	795	639	1376	782	594
晋江市	4335	2228	2107	3541	1841	1700	3346	1766	1580
南安市	7245	3864	3381	6020	3238	2782	5254	2908	2346

1-3b 续表 7 单位：人

地区	30-34岁			35-39岁			40-44岁		
	小计	男	女	小计	男	女	小计	男	女
漳州市	**18517**	**9540**	**8977**	**15642**	**7961**	**7681**	**15403**	**7884**	**7519**
芗城区	815	464	351	707	383	324	663	363	300
龙文区									
云霄县	1729	878	851	1603	765	838	1907	924	983
漳浦县	4196	2136	2060	3424	1722	1702	3583	1848	1735
诏安县	1697	819	878	1637	819	818	1540	765	775
长泰县	1646	897	749	1232	656	576	1054	551	503
东山县	1139	565	574	951	467	484	1092	553	539
南靖县	1212	568	644	1165	598	567	1149	539	610
平和县	1637	806	831	1360	671	689	1329	664	665
华安县	572	298	274	452	219	233	496	256	240
龙海市	3874	2109	1765	3111	1661	1450	2590	1421	1169
南平市	**3876**	**1747**	**2129**	**3534**	**1625**	**1909**	**4365**	**2082**	**2283**
延平区	228	116	112	228	94	134	304	156	148
建阳区	172	70	102	193	91	102	202	108	94
顺昌县	539	234	305	518	229	289	596	269	327
浦城县	679	306	373	749	336	413	1012	472	540
光泽县	521	223	298	377	190	187	431	191	240
松溪县	408	187	221	315	153	162	463	206	257
政和县	712	338	374	524	241	283	661	319	342
邵武市	130	64	66	126	58	68	144	85	59
武夷山市	123	63	60	118	56	62	119	68	51
建瓯市	364	146	218	386	177	209	433	208	225
龙岩市	**7011**	**3172**	**3839**	**6341**	**2931**	**3410**	**6082**	**2899**	**3183**
新罗区	561	275	286	549	268	281	482	250	232
永定区	705	346	359	623	302	321	604	303	301
长汀县	1671	696	975	1539	680	859	1553	725	828
上杭县	1911	903	1008	1473	724	749	1431	696	735
武平县	1093	484	609	1059	444	615	1012	447	565
连城县	951	423	528	953	442	511	813	375	438
漳平市	119	45	74	145	71	74	187	103	84
宁德市	**8124**	**3918**	**4206**	**7581**	**3745**	**3836**	**7448**	**3764**	**3684**
蕉城区	247	120	127	232	131	101	229	132	97
霞浦县	2482	1190	1292	2211	1041	1170	2074	1015	1059
古田县	1171	536	635	1195	562	633	1270	608	662
屏南县	515	241	274	463	224	239	479	238	241
寿宁县	541	241	300	497	228	269	535	288	247
周宁县	497	230	267	495	211	284	496	215	281
柘荣县	497	227	270	458	236	222	442	210	232
福安市	1210	677	533	1043	593	450	945	538	407
福鼎市	964	456	508	987	519	468	978	520	458

1-3b 续表 8 单位：人

地区	45-49岁			50-54岁			55-59岁		
	小计	男	女	小计	男	女	小计	男	女
合计	**100102**	**50944**	**49158**	**91879**	**47023**	**44856**	**71000**	**36248**	**34752**
福州市	**15681**	**7892**	**7789**	**14325**	**7311**	**7014**	**11233**	**5730**	**5503**
鼓楼区									
台江区									
仓山区									
马尾区									
晋安区	11	6	5	13	6	7	8	7	1
长乐区	1568	815	753	1449	789	660	1124	599	525
闽侯县	3836	2034	1802	3342	1685	1657	2694	1357	1337
连江县	2633	1284	1349	2370	1181	1189	1914	936	978
罗源县	1753	922	831	1700	911	789	1258	717	541
闽清县	955	455	500	979	487	492	717	358	359
永泰县	1071	509	562	924	484	440	742	367	375
平潭县	1887	885	1002	1719	869	850	1247	635	612
福清市	1967	982	985	1829	899	930	1529	754	775
厦门市	**1896**	**1003**	**893**	**1574**	**881**	**693**	**1154**	**594**	**560**
思明区									
海沧区									
湖里区	26	20	6	22	14	8	14	11	3
集美区	2	1	1	5	5		1		1
同安区	165	90	75	124	63	61	115	57	58
翔安区	1703	892	811	1423	799	624	1024	526	498
莆田市	**4731**	**2253**	**2478**	**4513**	**2130**	**2383**	**3804**	**1793**	**2011**
城厢区	258	121	137	251	119	132	221	98	123
涵江区	102	48	54	98	43	55	108	49	59
荔城区	56	27	29	49	29	20	59	26	33
秀屿区	684	333	351	650	319	331	605	276	329
仙游县	3631	1724	1907	3465	1620	1845	2811	1344	1467
三明市	**9049**	**4579**	**4470**	**8958**	**4512**	**4446**	**6711**	**3517**	**3194**
梅列区	117	61	56	135	83	52	97	55	42
三元区	67	40	27	73	40	33	69	36	33
明溪县	455	219	236	493	244	249	379	210	169
清流县	537	265	272	530	269	261	405	214	191
宁化县	1159	531	628	1177	592	585	931	481	450
大田县	1492	813	679	1233	652	581	791	426	365
尤溪县	1669	843	826	1575	773	802	1161	605	556
沙县	1657	856	801	1648	810	838	1198	616	582
将乐县	722	353	369	798	396	402	711	368	343
泰宁县	475	236	239	571	283	288	432	226	206
建宁县	480	239	241	496	241	255	377	189	188
永安市	219	123	96	229	129	100	160	91	69
泉州市	**26489**	**13654**	**12835**	**22864**	**11608**	**11256**	**16801**	**8643**	**8158**
鲤城区									
丰泽区									
洛江区	402	208	194	271	138	133	205	114	91
泉港区	597	287	310	491	235	256	441	220	221
惠安县	5281	2604	2677	4487	2200	2287	3252	1614	1638
安溪县	3698	1893	1805	3193	1580	1613	2225	1114	1111
永春县	2280	1119	1161	2193	1060	1133	1755	910	845
德化县	2804	1447	1357	2196	1177	1019	1437	774	663
石狮市	1674	909	765	1475	822	653	1076	620	456
晋江市	3893	2042	1851	3280	1693	1587	2343	1206	1137
南安市	5860	3145	2715	5278	2703	2575	4067	2071	1996

1-3b 续表 9

单位：人

地区	45-49岁			50-54岁			55-59岁		
	小计	男	女	小计	男	女	小计	男	女
漳州市	**19481**	**10130**	**9351**	**17882**	**9381**	**8501**	**13981**	**7250**	**6731**
芗城区	817	429	388	753	422	331	494	268	226
龙文区									
云霄县	2076	1071	1005	1774	928	846	1353	672	681
漳浦县	4278	2248	2030	3778	1965	1813	2936	1513	1423
诏安县	2123	1083	1040	2040	1013	1027	1817	907	910
长泰县	1303	662	641	1287	703	584	933	514	419
东山县	1640	832	808	1293	670	623	1053	522	531
南靖县	1679	861	818	1587	832	755	1220	644	576
平和县	1899	960	939	1867	964	903	1574	829	745
华安县	776	418	358	717	402	315	492	271	221
龙海市	2890	1566	1324	2786	1482	1304	2109	1110	999
南平市	**6271**	**3080**	**3191**	**6600**	**3385**	**3215**	**5048**	**2609**	**2439**
延平区	435	221	214	530	263	267	414	226	188
建阳区	285	142	143	307	161	146	269	134	135
顺昌县	871	419	452	954	503	451	783	414	369
浦城县	1426	677	749	1588	810	778	1176	600	576
光泽县	680	339	341	676	347	329	522	248	274
松溪县	625	306	319	615	308	307	484	244	240
政和县	918	462	456	788	411	377	577	315	262
邵武市	249	130	119	346	188	158	202	108	94
武夷山市	151	74	77	140	62	78	129	73	56
建瓯市	631	310	321	656	332	324	492	247	245
龙岩市	**8013**	**4098**	**3915**	**7336**	**3760**	**3576**	**5667**	**2827**	**2840**
新罗区	630	345	285	580	313	267	455	244	211
永定区	767	406	361	788	415	373	641	312	329
长汀县	1812	904	908	1628	757	871	1322	653	669
上杭县	1873	982	891	1681	862	819	1327	664	663
武平县	1505	743	762	1306	685	621	956	485	471
连城县	1183	583	600	1118	596	522	794	384	410
漳平市	243	135	108	235	132	103	172	85	87
宁德市	**8491**	**4255**	**4236**	**7827**	**4055**	**3772**	**6601**	**3285**	**3316**
蕉城区	275	161	114	278	141	137	226	124	102
霞浦县	2384	1195	1189	2187	1129	1058	1928	974	954
古田县	1366	689	677	1249	626	623	1167	558	609
屏南县	597	274	323	463	245	218	374	179	195
寿宁县	619	279	340	605	309	296	472	226	246
周宁县	632	313	319	581	284	297	493	236	257
柘荣县	484	233	251	440	232	208	341	168	173
福安市	1122	590	532	977	542	435	784	398	386
福鼎市	1012	521	491	1047	547	500	816	422	394

1-3b 续表 10

单位：人

地　区	60-64岁			65-69岁			70-74岁		
	小计	男	女	小计	男	女	小计	男	女
合　计	**50682**	**25512**	**25170**	**43944**	**21220**	**22724**	**27122**	**13489**	**13633**
福州市	**8288**	**4142**	**4146**	**7384**	**3621**	**3763**	**4516**	**2408**	**2108**
鼓楼区									
台江区									
仓山区									
马尾区									
晋安区	8	4	4	10	6	4	2	2	
长乐区	865	421	444	794	383	411	536	285	251
闽侯县	1916	969	947	1688	855	833	985	538	447
连江县	1550	763	787	1376	664	712	874	451	423
罗源县	792	411	381	632	304	328	416	224	192
闽清县	625	313	312	617	276	341	310	167	143
永泰县	490	241	249	436	209	227	239	134	105
平潭县	793	409	384	676	360	316	439	224	215
福清市	1249	611	638	1155	564	591	715	383	332
厦门市	**835**	**400**	**435**	**614**	**286**	**328**	**374**	**177**	**197**
思明区									
海沧区									
湖里区	2		2	1	1		1		1
集美区	2	1	1	1	1				
同安区	95	46	49	66	34	32	39	19	20
翔安区	736	353	383	546	250	296	334	158	176
莆田市	**3285**	**1613**	**1672**	**2959**	**1457**	**1502**	**1696**	**834**	**862**
城厢区	188	93	95	199	93	106	101	53	48
涵江区	102	49	53	100	52	48	52	21	31
荔城区	46	21	25	47	25	22	26	10	16
秀屿区	502	254	248	453	221	232	319	145	174
仙游县	2447	1196	1251	2160	1066	1094	1198	605	593
三明市	**4327**	**2159**	**2168**	**3614**	**1754**	**1860**	**2410**	**1166**	**1244**
梅列区	41	23	18	45	24	21	42	13	29
三元区	46	24	22	40	23	17	28	15	13
明溪县	273	137	136	229	101	128	158	81	77
清流县	228	112	116	213	108	105	137	68	69
宁化县	588	287	301	502	239	263	348	158	190
大田县	444	233	211	376	184	192	230	118	112
尤溪县	786	420	366	572	282	290	410	200	210
沙县	855	409	446	720	360	360	471	219	252
将乐县	410	209	201	371	167	204	254	133	121
泰宁县	258	113	145	259	124	135	153	74	79
建宁县	284	133	151	195	94	101	126	55	71
永安市	114	59	55	92	48	44	53	32	21
泉州市	**11383**	**5713**	**5670**	**9777**	**4663**	**5114**	**5747**	**2689**	**3058**
鲤城区									
丰泽区									
洛江区	134	59	75	136	71	65	75	32	43
泉港区	352	171	181	312	140	172	204	90	114
惠安县	2384	1106	1278	2185	979	1206	1371	614	757
安溪县	1483	770	713	1326	646	680	698	328	370
永春县	1246	623	623	1157	560	597	702	353	349
德化县	881	483	398	616	313	303	337	149	188
石狮市	630	321	309	477	259	218	259	138	121
晋江市	1507	791	716	1159	578	581	690	311	379
南安市	2766	1389	1377	2409	1117	1292	1411	674	737

1-3b 续表 11

单位：人

地区	60-64岁			65-69岁			70-74岁		
	小计	男	女	小计	男	女	小计	男	女
漳州市	**10327**	**5212**	**5115**	**8587**	**4160**	**4427**	**5330**	**2620**	**2710**
芗城区	384	187	197	296	160	136	161	77	84
龙文区									
云霄县	1081	554	527	882	419	463	530	270	260
漳浦县	2121	1060	1061	1888	884	1004	1208	604	604
诏安县	1403	716	687	1116	539	577	749	370	379
长泰县	642	320	322	428	227	201	222	96	126
东山县	745	366	379	672	327	345	506	248	258
南靖县	849	407	442	815	391	424	480	227	253
平和县	1219	637	582	1023	500	523	585	294	291
华安县	379	188	191	329	157	172	204	103	101
龙海市	1504	777	727	1138	556	582	685	331	354
南平市	**3398**	**1708**	**1690**	**3028**	**1421**	**1607**	**1943**	**974**	**969**
延平区	289	141	148	330	151	179	202	109	93
建阳区	179	90	89	167	87	80	98	47	51
顺昌县	542	280	262	388	178	210	246	114	132
浦城县	756	376	380	758	348	410	494	235	259
光泽县	341	169	172	229	119	110	153	73	80
松溪县	275	132	143	235	103	132	167	83	84
政和县	372	185	187	308	137	171	191	103	88
邵武市	149	84	65	136	72	64	105	55	50
武夷山市	93	49	44	62	30	32	51	25	26
建瓯市	402	202	200	415	196	219	236	130	106
龙岩市	**3687**	**1892**	**1795**	**3457**	**1644**	**1813**	**2366**	**1163**	**1203**
新罗区	292	156	136	315	147	168	186	91	95
永定区	431	222	209	410	195	215	260	123	137
长汀县	974	494	480	845	422	423	592	290	302
上杭县	768	394	374	696	310	386	490	236	254
武平县	557	278	279	586	275	311	419	206	213
连城县	545	294	251	495	240	255	343	182	161
漳平市	120	54	66	110	55	55	76	35	41
宁德市	**5152**	**2673**	**2479**	**4524**	**2214**	**2310**	**2740**	**1458**	**1282**
蕉城区	179	98	81	212	109	103	155	83	72
霞浦县	1450	754	696	1153	554	599	689	369	320
古田县	943	466	477	823	397	426	526	280	246
屏南县	263	127	136	257	121	136	157	87	70
寿宁县	367	207	160	350	173	177	173	103	70
周宁县	434	222	212	376	188	188	240	139	101
柘荣县	259	129	130	218	106	112	127	65	62
福安市	624	334	290	615	308	307	343	171	172
福鼎市	633	336	297	520	258	262	330	161	169

1-3b 续表 12

单位：人

地 区	75-79岁			80-84岁			85-89岁		
	小计	男	女	小计	男	女	小计	男	女
合 计	**16921**	**8111**	**8810**	**11908**	**5194**	**6714**	**6517**	**2455**	**4062**
福州市	**2599**	**1307**	**1292**	**1652**	**776**	**876**	**1056**	**432**	**624**
鼓楼区									
台江区									
仓山区									
马尾区									
晋安区	1		1	1	1				
长乐区	314	157	157	187	87	100	132	50	82
闽侯县	483	274	209	280	142	138	202	74	128
连江县	472	225	247	331	146	185	197	81	116
罗源县	252	123	129	146	74	72	86	37	49
闽清县	187	98	89	160	74	86	78	34	44
永泰县	161	81	80	115	65	50	62	25	37
平潭县	260	115	145	161	65	96	94	44	50
福清市	469	234	235	271	122	149	205	87	118
厦门市	**191**	**87**	**104**	**98**	**39**	**59**	**70**	**23**	**47**
思明区									
海沧区									
湖里区	2	1	1						
集美区									
同安区	26	15	11	7	1	6	5	2	3
翔安区	163	71	92	91	38	53	65	21	44
莆田市	**1091**	**489**	**602**	**701**	**290**	**411**	**478**	**173**	**305**
城厢区	58	23	35	53	21	32	34	15	19
涵江区	28	13	15	19	7	12	26	13	13
荔城区	7	3	4	9	3	6	2	1	1
秀屿区	195	73	122	117	53	64	105	29	76
仙游县	803	377	426	503	206	297	311	115	196
三明市	**1652**	**783**	**869**	**1211**	**507**	**704**	**557**	**234**	**323**
梅列区	30	15	15	35	17	18	17	6	11
三元区	13	6	7	8	5	3	8	4	4
明溪县	114	66	48	90	29	61	36	12	24
清流县	103	40	63	93	31	62	48	20	28
宁化县	231	108	123	153	66	87	75	35	40
大田县	156	79	77	121	47	74	63	25	38
尤溪县	262	127	135	163	89	74	71	43	28
沙县	324	150	174	213	92	121	98	34	64
将乐县	155	79	76	138	59	79	62	21	41
泰宁县	128	55	73	89	24	65	31	13	18
建宁县	92	36	56	72	33	39	26	11	15
永安市	44	22	22	36	15	21	22	10	12
泉州市	**3381**	**1499**	**1882**	**2406**	**976**	**1430**	**1418**	**443**	**975**
鲤城区									
丰泽区									
洛江区	39	17	22	32	15	17	11	3	8
泉港区	136	58	78	72	34	38	48	13	35
惠安县	701	276	425	581	209	372	311	62	249
安溪县	477	229	248	289	130	159	138	55	83
永春县	447	196	251	301	142	159	186	71	115
德化县	201	99	102	129	51	78	72	23	49
石狮市	167	67	100	122	49	73	69	20	49
晋江市	398	183	215	307	114	193	208	75	133
南安市	815	374	441	573	232	341	375	121	254

1-3b 续表 13

单位：人

地区	75-79岁			80-84岁			85-89岁		
	小计	男	女	小计	男	女	小计	男	女
漳州市	**3611**	**1726**	**1885**	**2564**	**1143**	**1421**	**1338**	**516**	**822**
芗城区	113	46	67	70	33	37	58	23	35
龙文区									
云霄县	406	203	203	284	135	149	133	51	82
漳浦县	808	365	443	584	244	340	321	120	201
诏安县	519	259	260	396	171	225	235	91	144
长泰县	205	94	111	141	67	74	71	31	40
东山县	299	133	166	222	97	125	106	34	72
南靖县	299	155	144	214	93	121	99	49	50
平和县	386	186	200	279	141	138	110	43	67
华安县	146	71	75	107	48	59	57	20	37
龙海市	430	214	216	267	114	153	148	54	94
南平市	**1248**	**602**	**646**	**908**	**408**	**500**	**463**	**213**	**250**
延平区	130	66	64	120	61	59	48	21	27
建阳区	79	33	46	38	22	16	29	20	9
顺昌县	216	89	127	173	63	110	83	38	45
浦城县	276	140	136	201	94	107	110	50	60
光泽县	119	58	61	92	42	50	39	14	25
松溪县	110	51	59	71	32	39	35	16	19
政和县	117	62	55	84	44	40	53	26	27
邵武市	66	29	37	44	20	24	28	13	15
武夷山市	19	11	8	20	7	13	8	3	5
建瓯市	116	63	53	65	23	42	30	12	18
龙岩市	**1598**	**781**	**817**	**1329**	**536**	**793**	**543**	**174**	**369**
新罗区	130	73	57	93	35	58	39	13	26
永定区	184	89	95	127	44	83	74	26	48
长汀县	406	200	206	322	136	186	139	46	93
上杭县	332	157	175	321	131	190	127	39	88
武平县	283	148	135	255	109	146	100	34	66
连城县	216	89	127	179	70	109	49	13	36
漳平市	47	25	22	32	11	21	15	3	12
宁德市	**1550**	**837**	**713**	**1039**	**519**	**520**	**594**	**247**	**347**
蕉城区	75	36	39	66	38	28	36	15	21
霞浦县	375	188	187	254	126	128	154	66	88
古田县	335	190	145	199	95	104	106	42	64
屏南县	99	58	41	74	38	36	37	18	19
寿宁县	85	49	36	53	25	28	47	16	31
周宁县	142	84	58	108	64	44	54	26	28
柘荣县	73	44	29	48	21	27	27	12	15
福安市	196	105	91	111	57	54	59	19	40
福鼎市	170	83	87	126	55	71	74	33	41

1-3b 续表 14

单位：人

地 区	90-94岁			95-99岁			100岁及以上		
	小计	男	女	小计	男	女	小计	男	女
合 计	**2300**	**794**	**1506**	**515**	**138**	**377**	**60**	**12**	**48**
福州市	**361**	**134**	**227**	**66**	**14**	**52**	**5**	**1**	**4**
鼓楼区									
台江区									
仓山区									
马尾区									
晋安区									
长乐区	44	15	29	6	1	5			
闽侯县	80	26	54	15	2	13	1	1	
连江县	66	16	50	9	2	7			
罗源县	22	10	12	1		1			
闽清县	25	14	11	7	2	5			
永泰县	22	14	8	6	1	5			
平潭县	25	12	13	4	1	3	2		2
福清市	77	27	50	18	5	13	2		2
厦门市	**25**	**8**	**17**	**9**	**1**	**8**			
思明区									
海沧区									
湖里区									
集美区									
同安区	3	1	2						
翔安区	22	7	15	9	1	8			
莆田市	**188**	**61**	**127**	**46**	**11**	**35**	**6**	**1**	**5**
城厢区	16	2	14	4	1	3			
涵江区	9	1	8	1		1			
荔城区	5		5				1		1
秀屿区	32	8	24	12		12	1		1
仙游县	126	50	76	29	10	19	4	1	3
三明市	**182**	**79**	**103**	**19**	**10**	**9**	**2**	**1**	**1**
梅列区	4	2	2						
三元区	1		1						
明溪县	20	7	13	1		1	1	1	
清流县	14	7	7	3	3				
宁化县	22	10	12	4	2	2			
大田县	22	10	12	3	2	1			
尤溪县	27	12	15	3	1	2			
沙县	34	16	18	3	1	2			
将乐县	14	9	5	2	1	1			
泰宁县	10	2	8				1		1
建宁县	7	2	5						
永安市	7	2	5						
泉州市	**518**	**147**	**371**	**145**	**28**	**117**	**9**	**2**	**7**
鲤城区									
丰泽区									
洛江区	8	2	6	3		3			
泉港区	24	9	15	8	2	6			
惠安县	122	25	97	31	3	28	1		1
安溪县	54	14	40	12	3	9	1	1	
永春县	66	28	38	17	4	13	1		1
德化县	20	6	14	4	1	3			
石狮市	28	7	21	8	3	5	1		1
晋江市	75	23	52	17	3	14	1		1
南安市	121	33	88	45	9	36	4	1	3

1-3b 续表 15　　　　单位：人

地区	90-94岁			95-99岁			100岁及以上		
	小计	男	女	小计	男	女	小计	男	女
漳州市	**460**	**140**	**320**	**93**	**25**	**68**	**19**	**1**	**18**
芗城区	14	3	11	1		1	1		1
龙文区									
云霄县	43	13	30	11	2	9	2		2
漳浦县	118	29	89	22	7	15	8		8
诏安县	88	29	59	13	4	9	3		3
长泰县	18	4	14	2	1	1			
东山县	47	13	34	11	3	8	1		1
南靖县	30	12	18	3	1	2	1		1
平和县	36	14	22	12	4	8	1		1
华安县	13	2	11	6	2	4	1		1
龙海市	53	21	32	12	1	11	1	1	
南平市	**168**	**79**	**89**	**35**	**17**	**18**	**3**	**2**	**1**
延平区	17	7	10	2	1	1	1	1	
建阳区	6	2	4	3	1	2			
顺昌县	38	16	22	5	4	1			
浦城县	31	17	14	13	5	8	1	1	
光泽县	18	10	8	2	2		1		1
松溪县	19	11	8	2		2			
政和县	14	4	10	6	4	2			
邵武市	6	2	4						
武夷山市				1		1			
建瓯市	19	10	9	1		1			
龙岩市	**179**	**47**	**132**	**56**	**16**	**40**	**10**	**2**	**8**
新罗区	10	2	8	4		4			
永定区	21	7	14	9	2	7			
长汀县	51	15	36	15	8	7	5	1	4
上杭县	41	6	35	15	4	11	3	1	2
武平县	26	6	20	6	2	4	1		1
连城县	26	8	18	6		6			
漳平市	4	3	1	1		1	1		1
宁德市	**219**	**99**	**120**	**46**	**16**	**30**	**6**	**2**	**4**
蕉城区	14	1	13	4	2	2	1		1
霞浦县	48	27	21	12	4	8	2		2
古田县	35	16	19	13	4	9	1	1	
屏南县	17	8	9	3	2	1			
寿宁县	20	9	11	1		1			
周宁县	23	11	12	4	2	2			
柘荣县	13	6	7	5	2	3	1	1	
福安市	25	9	16	3		3	1		1
福鼎市	24	12	12	1		1			

1-3c 各地区分年龄、性别的人口(乡村)

单位：人

地区	合计			0岁		
	合计	男	女	小计	男	女
合　计	**1181055**	**618077**	**562978**	**12339**	**6790**	**5549**
福州市	**197811**	**104189**	**93622**	**1854**	**1031**	**823**
鼓楼区						
台江区						
仓山区						
马尾区	2268	1159	1109	11	5	6
晋安区	2103	1163	940	19	11	8
长乐区	26277	14015	12262	249	140	109
闽侯县	33841	18293	15548	295	166	129
连江县	29664	15798	13866	223	133	90
罗源县	5747	3243	2504	68	35	33
闽清县	12789	6741	6048	119	62	57
永泰县	13744	7119	6625	136	68	68
平潭县	15670	8023	7647	192	118	74
福清市	55708	28635	27073	542	293	249
厦门市	**56840**	**31157**	**25683**	**554**	**295**	**259**
思明区						
海沧区	1466	843	623	11	8	3
湖里区						
集美区	10781	6094	4687	91	55	36
同安区	21653	11675	9978	232	120	112
翔安区	22940	12545	10395	220	112	108
莆田市	**104872**	**51866**	**53006**	**1046**	**589**	**457**
城厢区	13622	6691	6931	130	63	67
涵江区	8392	4287	4105	93	50	43
荔城区	15571	7450	8121	123	80	43
秀屿区	29284	14302	14982	284	161	123
仙游县	38003	19136	18867	416	235	181
三明市	**85596**	**45372**	**40224**	**1006**	**551**	**455**
梅列区	812	421	391	7	3	4
三元区	2233	1276	957	24	11	13
明溪县	5188	2818	2370	46	27	19
清流县	5534	2899	2635	55	33	22
宁化县	14742	7582	7160	151	81	70
大田县	12333	6613	5720	180	105	75
尤溪县	14883	7873	7010	211	118	93
沙县	7041	3784	3257	71	33	38
将乐县	4923	2603	2320	51	31	20
泰宁县	3329	1765	1564	49	28	21
建宁县	5073	2620	2453	59	30	29
永安市	9505	5118	4387	102	51	51
泉州市	**263180**	**136693**	**126487**	**2769**	**1544**	**1225**
鲤城区						
丰泽区						
洛江区	9492	5045	4447	100	53	47
泉港区	14420	7102	7318	201	114	87
惠安县	43991	22140	21851	541	291	250
安溪县	47172	24834	22338	461	249	212
永春县	14269	7428	6841	194	117	77
德化县	6626	3509	3117	86	54	32
石狮市	9565	5120	4445	91	44	47
晋江市	62530	33051	29479	517	292	225
南安市	55115	28464	26651	578	330	248

1-3c 续表 1

单位：人

地区	合计			0岁		
	合计	男	女	小计	男	女
漳州市	**187234**	**97219**	**90015**	**1930**	**1020**	**910**
芗城区	6552	3428	3124	48	22	26
龙文区	2696	1376	1320	31	21	10
云霄县	18234	9661	8573	167	87	80
漳浦县	37302	19071	18231	431	226	205
诏安县	28315	14543	13772	335	162	173
长泰县	9225	4771	4454	93	54	39
东山县	7784	4138	3646	79	41	38
南靖县	13502	7004	6498	95	47	48
平和县	21424	11237	10187	239	134	105
华安县	5936	3114	2822	46	26	20
龙海市	36264	18876	17388	366	200	166
南平市	**87011**	**45654**	**41357**	**946**	**524**	**422**
延平区	9487	4992	4495	75	38	37
建阳区	10786	5633	5153	109	59	50
顺昌县	7272	3807	3465	77	43	34
浦城县	11564	6033	5531	111	63	48
光泽县	5623	2981	2642	52	31	21
松溪县	5332	2790	2542	71	40	31
政和县	6551	3484	3067	95	56	39
邵武市	4632	2474	2158	60	34	26
武夷山市	8116	4258	3858	104	59	45
建瓯市	17648	9202	8446	192	101	91
龙岩市	**93814**	**48939**	**44875**	**1122**	**628**	**494**
新罗区	11422	6349	5073	95	55	40
永定区	14134	7419	6715	141	73	68
长汀县	17556	8994	8562	219	109	110
上杭县	17184	8678	8506	222	124	98
武平县	12199	6183	6016	171	98	73
连城县	11486	5983	5503	177	113	64
漳平市	9833	5333	4500	97	56	41
宁德市	**104697**	**56988**	**47709**	**1112**	**608**	**504**
蕉城区	17729	9670	8059	180	104	76
霞浦县	15647	8701	6946	134	73	61
古田县	13333	7144	6189	133	69	64
屏南县	5572	3051	2521	62	35	27
寿宁县	6188	3308	2880	84	44	40
周宁县	7065	3861	3204	75	37	38
柘荣县	3336	1833	1503	29	12	17
福安市	17988	9706	8282	231	135	96
福鼎市	17839	9714	8125	184	99	85

1-3c 续表 2　　　　单位：人

地　区	1-4岁			5-9岁			10-14岁		
	小计	男	女	小计	男	女	小计	男	女
合　计	**56702**	**30573**	**26129**	**81143**	**44148**	**36995**	**69312**	**37298**	**32014**
福州市	**8145**	**4342**	**3803**	**12384**	**6642**	**5742**	**11258**	**6024**	**5234**
鼓楼区									
台江区									
仓山区									
马尾区	52	31	21	83	46	37	99	60	39
晋安区	68	39	29	84	48	36	61	28	33
长乐区	987	542	445	1457	792	665	1302	733	569
闽侯县	1425	776	649	1979	1084	895	1688	931	757
连江县	1084	568	516	1790	974	816	1786	983	803
罗源县	166	84	82	288	141	147	193	108	85
闽清县	586	307	279	797	438	359	751	408	343
永泰县	523	259	264	742	401	341	666	348	318
平潭县	698	369	329	1003	520	483	792	409	383
福清市	2556	1367	1189	4161	2198	1963	3920	2016	1904
厦门市	**3100**	**1671**	**1429**	**3727**	**2074**	**1653**	**2636**	**1411**	**1225**
思明区									
海沧区	74	35	39	76	43	33	37	20	17
湖里区									
集美区	513	265	248	684	392	292	523	279	244
同安区	1180	654	526	1483	805	678	1104	591	513
翔安区	1333	717	616	1484	834	650	972	521	451
莆田市	**4615**	**2500**	**2115**	**8220**	**4363**	**3857**	**7769**	**4185**	**3584**
城厢区	645	370	275	1016	514	502	882	472	410
涵江区	342	180	162	403	202	201	348	188	160
荔城区	685	345	340	1339	705	634	1269	655	614
秀屿区	1196	659	537	2608	1416	1192	2624	1414	1210
仙游县	1747	946	801	2854	1526	1328	2646	1456	1190
三明市	**3888**	**2114**	**1774**	**5864**	**3168**	**2696**	**4648**	**2521**	**2127**
梅列区	32	19	13	34	19	15	22	12	10
三元区	65	43	22	100	52	48	84	40	44
明溪县	232	129	103	278	126	152	213	116	97
清流县	244	134	110	364	191	173	327	169	158
宁化县	668	377	291	1094	587	507	962	518	444
大田县	574	302	272	1045	588	457	732	405	327
尤溪县	788	431	357	1123	622	501	678	386	292
沙县	287	144	143	419	230	189	415	223	192
将乐县	238	130	108	281	150	131	294	151	143
泰宁县	143	82	61	219	119	100	165	80	85
建宁县	205	114	91	272	149	123	285	157	128
永安市	412	209	203	635	335	300	471	264	207
泉州市	**13753**	**7619**	**6134**	**19315**	**10952**	**8363**	**16882**	**9377**	**7505**
鲤城区									
丰泽区									
洛江区	523	296	227	649	381	268	485	254	231
泉港区	872	461	411	1201	617	584	932	505	427
惠安县	3011	1715	1296	3320	1858	1462	2465	1322	1143
安溪县	2089	1146	943	3624	2090	1534	4226	2454	1772
永春县	678	361	317	1074	593	481	892	505	387
德化县	305	158	147	357	194	163	207	107	100
石狮市	423	232	191	562	296	266	492	258	234
晋江市	2818	1554	1264	4186	2412	1774	3825	2098	1727
南安市	3034	1696	1338	4342	2511	1831	3358	1874	1484

1-3c　续表 3　　单位：人

地　区	1-4岁			5-9岁			10-14岁		
	小计	男	女	小计	男	女	小计	男	女
漳州市	**10418**	**5487**	**4931**	**13565**	**7272**	**6293**	**10772**	**5715**	**5057**
芗城区	320	151	169	396	212	184	326	171	155
龙文区	175	101	74	156	80	76	138	68	70
云霄县	983	518	465	1210	662	548	984	553	431
漳浦县	2563	1347	1216	2998	1668	1330	2291	1225	1066
诏安县	1630	875	755	2586	1371	1215	2006	1057	949
长泰县	515	255	260	662	337	325	465	254	211
东山县	407	206	201	492	271	221	394	219	175
南靖县	559	297	262	672	361	311	616	334	282
平和县	1064	564	500	1432	744	688	1317	698	619
华安县	286	149	137	394	211	183	306	151	155
龙海市	1916	1024	892	2567	1355	1212	1929	985	944
南平市	**3258**	**1701**	**1557**	**4451**	**2333**	**2118**	**5140**	**2678**	**2462**
延平区	317	181	136	443	223	220	505	269	236
建阳区	414	213	201	617	320	297	719	359	360
顺昌县	242	116	126	358	187	171	386	211	175
浦城县	306	163	143	482	257	225	747	380	367
光泽县	222	121	101	275	148	127	300	159	141
松溪县	245	137	108	319	180	139	278	138	140
政和县	292	149	143	421	231	190	398	214	184
邵武市	124	58	66	130	59	71	129	70	59
武夷山市	400	211	189	421	212	209	463	235	228
建瓯市	696	352	344	985	516	469	1215	643	572
龙岩市	**4937**	**2663**	**2274**	**7106**	**3898**	**3208**	**4788**	**2605**	**2183**
新罗区	493	266	227	572	308	264	417	224	193
永定区	642	335	307	1150	632	518	837	464	373
长汀县	1061	574	487	1685	945	740	1091	627	464
上杭县	977	561	416	1342	721	621	859	463	396
武平县	661	317	344	829	449	380	566	271	295
连城县	684	381	303	857	480	377	573	321	252
漳平市	419	229	190	671	363	308	445	235	210
宁德市	**4588**	**2476**	**2112**	**6511**	**3446**	**3065**	**5419**	**2782**	**2637**
蕉城区	836	444	392	1264	661	603	932	464	468
霞浦县	688	375	313	975	521	454	826	435	391
古田县	583	305	278	785	408	377	645	337	308
屏南县	242	131	111	304	157	147	297	160	137
寿宁县	251	129	122	313	171	142	313	145	168
周宁县	292	163	129	495	245	250	427	227	200
柘荣县	125	79	46	195	108	87	172	84	88
福安市	762	410	352	1113	617	496	1044	536	508
福鼎市	809	440	369	1067	558	509	763	394	369

1-3c 续表 4 单位：人

地区	15-19岁			20-24岁			25-29岁		
	小计	男	女	小计	男	女	小计	男	女
合计	**42863**	**23398**	**19465**	**37132**	**20800**	**16332**	**60718**	**33315**	**27403**
福州市	**8303**	**4587**	**3716**	**8593**	**4921**	**3672**	**11073**	**6084**	**4989**
鼓楼区									
台江区									
仓山区									
马尾区	65	39	26	52	28	24	84	47	37
晋安区	57	25	32	59	32	27	108	56	52
长乐区	942	561	381	1163	681	482	1875	1093	782
闽侯县	1481	806	675	1406	816	590	1936	1060	876
连江县	1345	739	606	1294	752	542	1287	750	537
罗源县	129	59	70	115	74	41	260	152	108
闽清县	427	212	215	343	188	155	464	257	207
永泰县	562	291	271	928	449	479	550	289	261
平潭县	866	472	394	934	547	387	1180	619	561
福清市	2429	1383	1046	2299	1354	945	3329	1761	1568
厦门市	**3097**	**1830**	**1267**	**3591**	**2174**	**1417**	**4766**	**2795**	**1971**
思明区									
海沧区	56	38	18	185	129	56	183	115	68
湖里区									
集美区	514	304	210	671	410	261	982	581	401
同安区	1084	607	477	1032	605	427	1557	898	659
翔安区	1443	881	562	1703	1030	673	2044	1201	843
莆田市	**4545**	**2377**	**2168**	**3808**	**1987**	**1821**	**5190**	**2698**	**2492**
城厢区	561	317	244	414	219	195	581	308	273
涵江区	200	111	89	272	153	119	351	189	162
荔城区	972	433	539	792	313	479	661	317	344
秀屿区	1138	629	509	794	448	346	1357	704	653
仙游县	1674	887	787	1536	854	682	2240	1180	1060
三明市	**2229**	**1211**	**1018**	**1848**	**1015**	**833**	**2895**	**1655**	**1240**
梅列区	17	11	6	20	11	9	28	21	7
三元区	60	38	22	39	29	10	45	28	17
明溪县	160	71	89	168	101	67	222	137	85
清流县	142	84	58	119	55	64	157	80	77
宁化县	518	288	230	376	201	175	578	333	245
大田县	232	130	102	142	82	60	391	216	175
尤溪县	286	161	125	281	152	129	573	309	264
沙县	246	143	103	225	137	88	222	134	88
将乐县	127	62	65	93	47	46	144	84	60
泰宁县	87	45	42	69	29	40	80	39	41
建宁县	100	47	53	106	56	50	119	64	55
永安市	254	131	123	210	115	95	336	210	126
泉州市	**9923**	**5566**	**4357**	**7647**	**4274**	**3373**	**16734**	**9180**	**7554**
鲤城区									
丰泽区									
洛江区	698	455	243	318	186	132	512	301	211
泉港区	384	199	185	263	144	119	888	445	443
惠安县	1429	837	592	1077	592	485	3070	1602	1468
安溪县	1930	1066	864	1155	659	496	2693	1516	1177
永春县	464	254	210	231	128	103	444	217	227
德化县	131	69	62	113	59	54	298	161	137
石狮市	447	228	219	606	342	264	743	421	322
晋江市	2535	1432	1103	2398	1336	1062	4561	2524	2037
南安市	1905	1026	879	1486	828	658	3525	1993	1532

1-3c 续表 5

单位：人

地 区	15-19岁			20-24岁			25-29岁		
	小计	男	女	小计	男	女	小计	男	女
漳州市	**7006**	**3702**	**3304**	**5955**	**3290**	**2665**	**8870**	**4771**	**4099**
芗城区	198	109	89	247	142	105	342	176	166
龙文区	92	47	45	107	55	52	139	59	80
云霄县	852	456	396	702	381	321	907	520	387
漳浦县	1096	581	515	1036	549	487	1618	858	760
诏安县	1208	610	598	1095	619	476	1443	782	661
长泰县	213	118	95	253	139	114	432	224	208
东山县	262	148	114	276	153	123	475	263	212
南靖县	802	394	408	363	183	180	416	206	210
平和县	989	530	459	648	371	277	819	440	379
华安县	202	112	90	126	71	55	166	88	78
龙海市	1092	597	495	1102	627	475	2113	1155	958
南平市	**2466**	**1235**	**1231**	**1686**	**900**	**786**	**2457**	**1292**	**1165**
延平区	605	300	305	334	194	140	255	156	99
建阳区	240	118	122	189	101	88	296	148	148
顺昌县	170	82	88	106	65	41	209	103	106
浦城县	368	181	187	185	96	89	212	98	114
光泽县	120	68	52	132	65	67	192	90	102
松溪县	105	55	50	76	37	39	186	95	91
政和县	142	68	74	110	57	53	201	126	75
邵武市	84	38	46	75	40	35	90	45	45
武夷山市	220	115	105	218	109	109	337	176	161
建瓯市	412	210	202	261	136	125	479	255	224
龙岩市	**2218**	**1223**	**995**	**1629**	**851**	**778**	**3238**	**1700**	**1538**
新罗区	231	140	91	242	134	108	427	243	184
永定区	346	196	150	184	103	81	343	178	165
长汀县	529	290	239	434	239	195	698	337	361
上杭县	437	246	191	312	146	166	587	302	285
武平县	267	139	128	174	78	96	410	207	203
连城县	256	139	117	176	95	81	492	270	222
漳平市	152	73	79	107	56	51	281	163	118
宁德市	**3076**	**1667**	**1409**	**2375**	**1388**	**987**	**5495**	**3140**	**2355**
蕉城区	516	257	259	517	304	213	1356	781	575
霞浦县	347	180	167	302	196	106	629	371	258
古田县	289	151	138	206	113	93	508	292	216
屏南县	147	88	59	112	61	51	196	109	87
寿宁县	156	80	76	132	68	64	267	160	107
周宁县	277	159	118	213	118	95	442	245	197
柘荣县	90	50	40	83	45	38	164	85	79
福安市	869	490	379	420	257	163	1004	584	420
福鼎市	385	212	173	390	226	164	929	513	416

1-3c 续表 6

单位：人

地　区	30-34岁			35-39岁			40-44岁		
	小计	男	女	小计	男	女	小计	男	女
合　计	**88781**	**47081**	**41700**	**75842**	**41007**	**34835**	**74767**	**39782**	**34985**
福州市	**15836**	**8513**	**7323**	**14277**	**7831**	**6446**	**13262**	**7238**	**6024**
鼓楼区									
台江区									
仓山区									
马尾区	222	107	115	246	131	115	171	91	80
晋安区	152	98	54	140	79	61	136	81	55
长乐区	2460	1360	1100	2176	1223	953	1881	1037	844
闽侯县	2875	1568	1307	2776	1522	1254	2505	1371	1134
连江县	2238	1234	1004	2247	1283	964	2064	1169	895
罗源县	342	210	132	323	203	120	381	237	144
闽清县	769	419	350	734	400	334	847	452	395
永泰县	819	436	383	734	413	321	759	420	339
平潭县	1236	651	585	787	423	364	836	451	385
福清市	4723	2430	2293	4114	2154	1960	3682	1929	1753
厦门市	**6320**	**3507**	**2813**	**5095**	**2885**	**2210**	**4110**	**2242**	**1868**
思明区									
海沧区	220	121	99	119	65	54	115	62	53
湖里区									
集美区	1343	773	570	1197	701	496	978	546	432
同安区	2282	1230	1052	1925	1097	828	1592	840	752
翔安区	2475	1383	1092	1854	1022	832	1425	794	631
莆田市	**7627**	**3616**	**4011**	**5665**	**2781**	**2884**	**6130**	**2996**	**3134**
城厢区	1070	504	566	799	370	429	783	369	414
涵江区	641	340	301	428	238	190	468	260	208
荔城区	1325	632	693	924	469	455	833	416	417
秀屿区	2048	906	1142	1619	770	849	1687	796	891
仙游县	2543	1234	1309	1895	934	961	2359	1155	1204
三明市	**5251**	**2878**	**2373**	**4078**	**2243**	**1835**	**4539**	**2463**	**2076**
梅列区	72	32	40	54	28	26	41	23	18
三元区	109	79	30	130	81	49	148	87	61
明溪县	469	262	207	338	201	137	314	175	139
清流县	299	158	141	305	170	135	303	175	128
宁化县	992	522	470	751	410	341	786	415	371
大田县	637	374	263	515	290	225	638	342	296
尤溪县	905	473	432	547	313	234	598	305	293
沙县	458	258	200	362	188	174	461	252	209
将乐县	285	152	133	243	131	112	225	127	98
泰宁县	177	93	84	157	75	82	179	103	76
建宁县	266	150	116	203	95	108	251	139	112
永安市	582	325	257	473	261	212	595	320	275
泉州市	**23971**	**12557**	**11414**	**19575**	**10440**	**9135**	**18387**	**9557**	**8830**
鲤城区									
丰泽区									
洛江区	796	413	383	771	406	365	715	378	337
泉港区	1268	623	645	1184	623	561	941	454	487
惠安县	4520	2294	2226	3629	1888	1741	2896	1419	1477
安溪县	3529	1928	1601	2755	1421	1334	2896	1533	1363
永春县	822	427	395	720	365	355	851	428	423
德化县	399	228	171	378	222	156	374	223	151
石狮市	1110	592	518	838	493	345	748	399	349
晋江市	6868	3607	3261	5413	2897	2516	5453	2905	2548
南安市	4659	2445	2214	3887	2125	1762	3513	1818	1695

1-3c 续表 7

单位：人

地 区	30-34岁			35-39岁			40-44岁		
	小计	男	女	小计	男	女	小计	男	女
漳州市	**13099**	**7008**	**6091**	**11674**	**6179**	**5495**	**11820**	**6179**	**5641**
芗城区	465	256	209	455	242	213	477	264	213
龙文区	231	117	114	200	103	97	167	90	77
云霄县	1105	612	493	989	542	447	1313	697	616
漳浦县	2690	1363	1327	2493	1259	1234	2635	1343	1292
诏安县	1851	951	900	1797	941	856	1666	844	822
长泰县	777	410	367	680	375	305	490	246	244
东山县	609	346	263	485	283	202	538	301	237
南靖县	784	434	350	719	390	329	743	402	341
平和县	1142	630	512	1145	586	559	1109	585	524
华安县	417	228	189	323	158	165	345	177	168
龙海市	3028	1661	1367	2388	1300	1088	2337	1230	1107
南平市	**3922**	**2074**	**1848**	**3750**	**2043**	**1707**	**4641**	**2511**	**2130**
延平区	334	186	148	384	211	173	482	249	233
建阳区	502	262	240	528	277	251	687	371	316
顺昌县	312	173	139	372	190	182	411	238	173
浦城县	337	163	174	359	164	195	553	304	249
光泽县	314	166	148	216	127	89	307	164	143
松溪县	308	169	139	206	122	84	279	144	135
政和县	347	184	163	238	142	96	331	181	150
邵武市	166	91	75	164	103	61	184	110	74
武夷山市	536	272	264	558	315	243	471	241	230
建瓯市	766	408	358	725	392	333	936	509	427
龙岩市	**5524**	**2899**	**2625**	**5148**	**2752**	**2396**	**5397**	**2911**	**2486**
新罗区	909	528	381	739	424	315	798	476	322
永定区	760	377	383	778	410	368	874	452	422
长汀县	1114	549	565	971	504	467	1015	540	475
上杭县	973	485	488	809	415	394	851	439	412
武平县	605	324	281	578	304	274	620	313	307
连城县	654	330	324	651	348	303	647	349	298
漳平市	509	306	203	622	347	275	592	342	250
宁德市	**7231**	**4029**	**3202**	**6580**	**3853**	**2727**	**6481**	**3685**	**2796**
蕉城区	1707	948	759	1366	788	578	1245	740	505
霞浦县	1053	611	442	958	589	369	978	585	393
古田县	707	371	336	789	444	345	896	481	415
屏南县	314	176	138	335	201	134	296	168	128
寿宁县	277	149	128	236	132	104	309	165	144
周宁县	519	289	230	464	262	202	407	234	173
柘荣县	226	118	108	209	126	83	200	116	84
福安市	1157	642	515	1035	592	443	1078	578	500
福鼎市	1271	725	546	1188	719	469	1072	618	454

1-3c 续表 8

单位：人

地 区	45-49岁			50-54岁			55-59岁		
	小计	男	女	小计	男	女	小计	男	女
合 计	**101899**	**52784**	**49115**	**110564**	**57292**	**53272**	**93251**	**47706**	**45545**
福州市	**15979**	**8413**	**7566**	**16398**	**8497**	**7901**	**14328**	**7052**	**7276**
鼓楼区									
台江区									
仓山区									
马尾区	170	81	89	176	82	94	191	83	108
晋安区	223	123	100	226	125	101	227	125	102
长乐区	2282	1163	1119	2261	1188	1073	1732	855	877
闽侯县	2925	1577	1348	2904	1570	1334	2392	1238	1154
连江县	2544	1353	1191	2616	1380	1236	2218	1086	1132
罗源县	464	282	182	538	334	204	522	309	213
闽清县	1116	594	522	1151	596	555	1126	592	534
永泰县	1046	546	500	1133	599	534	1122	540	582
平潭县	1088	556	532	1149	564	585	1054	490	564
福清市	4121	2138	1983	4244	2059	2185	3744	1734	2010
厦门市	**4786**	**2609**	**2177**	**4332**	**2376**	**1956**	**3332**	**1808**	**1524**
思明区									
海沧区	109	55	54	98	56	42	67	35	32
湖里区									
集美区	1042	589	453	796	456	340	502	294	208
同安区	1953	1049	904	1801	983	818	1348	721	627
翔安区	1682	916	766	1637	881	756	1415	758	657
莆田市	**7822**	**3699**	**4123**	**8437**	**4000**	**4437**	**7817**	**3855**	**3962**
城厢区	1040	495	545	1138	515	623	1102	524	578
涵江区	635	329	306	755	376	379	804	392	412
荔城区	1009	464	545	1131	553	578	1145	550	595
秀屿区	2200	1018	1182	2234	1057	1177	2076	1042	1034
仙游县	2938	1393	1545	3179	1499	1680	2690	1347	1343
三明市	**7618**	**4032**	**3586**	**9533**	**5096**	**4437**	**7992**	**4116**	**3876**
梅列区	63	36	27	98	46	52	102	46	56
三元区	216	138	78	317	171	146	253	154	99
明溪县	455	256	199	603	310	293	470	259	211
清流县	474	240	234	673	374	299	509	257	252
宁化县	1251	632	619	1418	731	687	1281	612	669
大田县	1134	617	517	1347	747	600	1129	593	536
尤溪县	1209	625	584	1601	834	767	1469	726	743
沙县	684	362	322	742	417	325	578	306	272
将乐县	403	220	183	585	306	279	474	252	222
泰宁县	273	159	114	353	191	162	303	160	143
建宁县	505	261	244	598	317	281	522	257	265
永安市	951	486	465	1198	652	546	902	494	408
泉州市	**23134**	**11649**	**11485**	**23305**	**11622**	**11683**	**18905**	**9472**	**9433**
鲤城区									
丰泽区									
洛江区	927	459	468	785	395	390	552	274	278
泉港区	1123	549	574	1322	656	666	962	460	502
惠安县	3958	1958	2000	3829	1867	1962	2877	1404	1473
安溪县	3647	1852	1795	4359	2221	2138	3725	1836	1889
永春县	1288	669	619	1420	726	694	1322	690	632
德化县	479	240	239	651	355	296	611	327	284
石狮市	929	478	451	793	426	367	610	314	296
晋江市	6228	3216	3012	5310	2697	2613	3984	2105	1879
南安市	4555	2228	2327	4836	2279	2557	4262	2062	2200

1-3c 续表 9

单位：人

地 区	45-49岁			50-54岁			55-59岁		
	小计	男	女	小计	男	女	小计	男	女
漳州市	**16921**	**8788**	**8133**	**18361**	**9698**	**8663**	**15214**	**7924**	**7290**
芗城区	637	332	305	667	362	305	514	292	222
龙文区	248	127	121	239	122	117	190	102	88
云霄县	1687	902	785	1820	999	821	1417	734	683
漳浦县	3521	1786	1735	3462	1787	1675	2763	1438	1325
诏安县	2400	1262	1138	2438	1270	1168	2071	1088	983
长泰县	757	397	360	1057	552	505	859	436	423
东山县	764	431	333	765	399	366	642	330	312
南靖县	1295	674	621	1538	814	724	1285	702	583
平和县	1847	948	899	2085	1122	963	1978	989	989
华安县	619	335	284	634	356	278	580	311	269
龙海市	3146	1594	1552	3656	1915	1741	2915	1502	1413
南平市	**8380**	**4368**	**4012**	**10513**	**5600**	**4913**	**8722**	**4607**	**4115**
延平区	873	464	409	1044	560	484	822	451	371
建阳区	1036	558	478	1217	660	557	1102	585	517
顺昌县	727	376	351	925	503	422	737	393	344
浦城县	1075	538	537	1467	776	691	1248	656	592
光泽县	602	303	299	795	449	346	608	354	254
松溪县	490	261	229	608	308	300	561	282	279
政和县	624	319	305	726	360	366	693	337	356
邵武市	401	213	188	587	317	270	539	293	246
武夷山市	733	387	346	938	507	431	711	377	334
建瓯市	1819	949	870	2206	1160	1046	1701	879	822
龙岩市	**8616**	**4542**	**4074**	**10212**	**5406**	**4806**	**8175**	**4216**	**3959**
新罗区	1192	663	529	1389	824	565	1083	613	470
永定区	1297	728	569	1525	836	689	1191	643	548
长汀县	1347	705	642	1586	766	820	1265	603	662
上杭县	1512	734	778	1815	913	902	1474	721	753
武平县	1198	642	556	1410	722	688	1190	612	578
连城县	1036	508	528	1257	649	608	948	474	474
漳平市	1034	562	472	1230	696	534	1024	550	474
宁德市	**8643**	**4684**	**3959**	**9473**	**4997**	**4476**	**8766**	**4656**	**4110**
蕉城区	1393	749	644	1444	758	686	1210	656	554
霞浦县	1318	791	527	1504	790	714	1438	794	644
古田县	1186	620	566	1233	639	594	1218	645	573
屏南县	494	250	244	585	316	269	538	295	243
寿宁县	466	259	207	563	318	245	577	278	299
周宁县	512	269	243	565	298	267	537	279	258
柘荣县	298	166	132	343	179	164	262	145	117
福安市	1409	747	662	1589	814	775	1412	702	710
福鼎市	1567	833	734	1647	885	762	1574	862	712

1-3c 续表 10

单位：人

地区	60-64岁			65-69岁			70-74岁		
	小计	男	女	小计	男	女	小计	男	女
合计	**77866**	**40083**	**37783**	**76061**	**37883**	**38178**	**48724**	**24939**	**23785**
福州市	**12710**	**6428**	**6282**	**12980**	**6370**	**6610**	**8372**	**4484**	**3888**
鼓楼区									
台江区									
仓山区									
马尾区	204	107	97	163	88	75	109	62	47
晋安区	158	88	70	169	103	66	72	31	41
长乐区	1539	761	778	1576	699	877	993	531	462
闽侯县	2056	1055	1001	2224	1148	1076	1358	742	616
连江县	1979	1046	933	1894	949	945	1252	622	630
罗源县	494	249	245	500	263	237	396	213	183
闽清县	1005	502	503	1025	489	536	652	370	282
永泰县	1099	563	536	1169	568	601	761	422	339
平潭县	877	447	430	1010	467	543	759	401	358
福清市	3299	1610	1689	3250	1596	1654	2020	1090	930
厦门市	**2529**	**1281**	**1248**	**1963**	**959**	**1004**	**1241**	**544**	**697**
思明区									
海沧区	34	16	18	35	18	17	28	15	13
湖里区									
集美区	368	186	182	225	108	117	152	74	78
同安区	1028	518	510	836	412	424	532	236	296
翔安区	1099	561	538	867	421	446	529	219	310
莆田市	**7295**	**3630**	**3665**	**7521**	**3646**	**3875**	**4528**	**2220**	**2308**
城厢区	1029	535	494	978	462	516	580	294	286
涵江区	639	329	310	776	389	387	490	259	231
荔城区	977	468	509	977	465	512	552	265	287
秀屿区	1952	931	1021	2056	971	1085	1375	631	744
仙游县	2698	1367	1331	2734	1359	1375	1531	771	760
三明市	**6394**	**3381**	**3013**	**6362**	**3246**	**3116**	**4472**	**2300**	**2172**
梅列区	68	42	26	69	31	38	22	14	8
三元区	185	98	87	148	80	68	115	61	54
明溪县	343	192	151	295	165	130	219	115	104
清流县	413	215	198	395	212	183	284	149	135
宁化县	994	512	482	1027	510	517	722	337	385
大田县	864	431	433	1027	511	516	635	325	310
尤溪县	1346	708	638	1245	629	616	846	464	382
沙县	466	245	221	480	246	234	358	167	191
将乐县	374	208	166	394	203	191	299	152	147
泰宁县	245	135	110	290	145	145	223	119	104
建宁县	405	214	191	410	207	203	311	168	143
永安市	691	381	310	582	307	275	438	229	209
泉州市	**14596**	**7323**	**7273**	**13755**	**6588**	**7167**	**8438**	**4028**	**4410**
鲤城区									
丰泽区									
洛江区	484	252	232	475	215	260	299	149	150
泉港区	906	433	473	765	343	422	450	197	253
惠安县	2248	1041	1207	2008	902	1106	1299	543	756
安溪县	3046	1567	1479	2938	1467	1471	1691	781	910
永春县	1096	571	525	1083	537	546	683	378	305
德化县	607	296	311	646	321	325	430	221	209
石狮市	410	217	193	299	164	135	194	97	97
晋江市	2571	1315	1256	2356	1112	1244	1416	694	722
南安市	3228	1631	1597	3185	1527	1658	1976	968	1008

1-3c 续表 11

单位：人

地 区	60-64岁			65-69岁			70-74岁		
	小计	男	女	小计	男	女	小计	男	女
漳州市	**12570**	**6477**	**6093**	**11220**	**5516**	**5704**	**6832**	**3423**	**3409**
芗城区	406	203	203	414	199	215	278	134	144
龙文区	199	95	104	156	79	77	82	42	40
云霄县	1195	601	594	1140	573	567	620	320	300
漳浦县	2282	1204	1078	1983	933	1050	1330	641	689
诏安县	1775	860	915	1540	755	785	847	433	414
长泰县	656	364	292	494	244	250	286	133	153
东山县	492	251	241	395	195	200	254	120	134
南靖县	1008	511	497	1015	498	517	634	330	304
平和县	1747	936	811	1584	813	771	894	492	402
华安县	436	218	218	367	180	187	268	134	134
龙海市	2374	1234	1140	2132	1047	1085	1339	644	695
南平市	**7093**	**3726**	**3367**	**7433**	**3784**	**3649**	**5112**	**2667**	**2445**
延平区	725	366	359	773	379	394	590	305	285
建阳区	870	460	410	865	417	448	604	309	295
顺昌县	656	350	306	608	304	304	399	198	201
浦城县	977	503	474	1229	653	576	829	437	392
光泽县	345	185	160	332	167	165	340	159	181
松溪县	477	241	236	430	222	208	287	159	128
政和县	536	298	238	568	282	286	344	203	141
邵武市	453	240	213	532	287	245	374	193	181
武夷山市	559	306	253	551	296	255	373	187	186
建瓯市	1495	777	718	1545	777	768	972	517	455
龙岩市	**6391**	**3413**	**2978**	**6570**	**3426**	**3144**	**4610**	**2324**	**2286**
新罗区	788	436	352	758	407	351	486	244	242
永定区	991	526	465	1093	558	535	755	379	376
长汀县	1101	606	495	1135	576	559	841	414	427
上杭县	1200	624	576	1229	663	566	828	414	414
武平县	729	367	362	959	521	438	616	312	304
连城县	794	441	353	723	360	363	606	313	293
漳平市	788	413	375	673	341	332	478	248	230
宁德市	**8288**	**4424**	**3864**	**8257**	**4348**	**3909**	**5119**	**2949**	**2170**
蕉城区	1053	560	493	1060	575	485	687	400	287
霞浦县	1337	705	632	1228	649	579	749	424	325
古田县	1155	620	535	1221	641	580	762	459	303
屏南县	458	253	205	458	235	223	293	170	123
寿宁县	594	317	277	660	357	303	408	228	180
周宁县	501	259	242	555	295	260	317	207	110
柘荣县	270	140	130	272	155	117	170	101	69
福安市	1443	750	693	1424	756	668	873	484	389
福鼎市	1477	820	657	1379	685	694	860	476	384

1-3c 续表 12 单位：人

地 区	75-79岁			80-84岁			85-89岁		
	小计	男	女	小计	男	女	小计	男	女
合 计	**31844**	**15785**	**16059**	**23015**	**10512**	**12503**	**12637**	**5002**	**7635**
福州市	**5158**	**2660**	**2498**	**3573**	**1725**	**1848**	**2280**	**985**	**1295**
鼓楼区									
台江区									
仓山区									
马尾区	72	31	41	56	21	35	29	15	14
晋安区	56	34	22	40	13	27	35	17	18
长乐区	631	330	301	381	191	190	279	114	165
闽侯县	742	437	305	465	263	202	284	120	164
连江县	782	374	408	567	241	326	321	120	201
罗源县	253	137	116	174	82	92	104	58	46
闽清县	357	199	158	281	140	141	173	90	83
永泰县	447	247	200	290	141	149	171	78	93
平潭县	500	228	272	349	156	193	245	92	153
福清市	1318	643	675	970	477	493	639	281	358
厦门市	**780**	**354**	**426**	**479**	**208**	**271**	**265**	**89**	**176**
思明区									
海沧区	7	5	2	7	4	3	3	1	2
湖里区									
集美区	109	45	64	48	21	27	24	8	16
同安区	325	164	161	211	96	115	103	34	69
翔安区	339	140	199	213	87	126	135	46	89
莆田市	**2937**	**1347**	**1590**	**2002**	**807**	**1195**	**1249**	**416**	**833**
城厢区	366	167	199	258	108	150	157	57	100
涵江区	308	143	165	223	94	129	159	51	108
荔城区	396	180	216	256	80	176	134	46	88
秀屿区	825	357	468	582	225	357	402	125	277
仙游县	1042	500	542	683	300	383	397	137	260
三明市	**3138**	**1601**	**1537**	**2350**	**1150**	**1200**	**1057**	**455**	**602**
梅列区	25	11	14	25	12	13	9	3	6
三元区	91	38	53	65	31	34	26	11	15
明溪县	156	80	76	123	65	58	58	23	35
清流县	200	93	107	164	80	84	70	23	47
宁化县	481	233	248	459	200	259	165	62	103
大田县	572	299	273	322	165	157	153	69	84
尤溪县	506	273	233	376	195	181	209	102	107
沙县	236	123	113	191	101	90	93	48	45
将乐县	182	101	81	135	56	79	71	29	42
泰宁县	145	80	65	113	61	52	48	17	31
建宁县	221	89	132	163	77	86	60	23	37
永安市	323	181	142	214	107	107	95	45	50
泉州市	**5234**	**2397**	**2837**	**3690**	**1469**	**2221**	**2256**	**819**	**1437**
鲤城区									
丰泽区									
洛江区	198	103	95	113	45	68	65	24	41
泉港区	298	118	180	204	75	129	175	60	115
惠安县	702	271	431	587	192	395	381	117	264
安溪县	1128	522	606	726	322	404	408	153	255
永春县	481	241	240	306	130	176	159	78	81
德化县	297	150	147	169	81	88	62	31	31
石狮市	128	70	58	75	25	50	55	20	35
晋江市	843	368	475	666	283	383	401	138	263
南安市	1159	554	605	844	316	528	550	198	352

1-3c　续表 13　　　　单位：人

地　区	75-79岁			80-84岁			85-89岁		
	小计	男	女	小计	男	女	小计	男	女
漳州市	**4933**	**2342**	**2591**	**3485**	**1534**	**1951**	**1824**	**651**	**1173**
芗城区	177	87	90	96	41	55	61	25	36
龙文区	68	33	35	51	22	29	22	11	11
云霄县	514	245	269	386	175	211	176	64	112
漳浦县	956	421	535	662	275	387	320	113	207
诏安县	636	291	345	514	208	306	333	109	224
长泰县	267	127	140	176	80	96	69	18	51
东山县	193	89	104	132	55	77	81	25	56
南靖县	432	208	224	292	132	160	170	69	101
平和县	649	342	307	434	215	219	223	76	147
华安县	197	102	95	149	77	72	56	20	36
龙海市	844	397	447	593	254	339	313	121	192
南平市	**3230**	**1717**	**1513**	**2290**	**1184**	**1106**	**1120**	**523**	**597**
延平区	400	199	201	309	161	148	156	72	84
建阳区	375	203	172	264	140	124	116	61	55
顺昌县	244	121	123	193	87	106	100	43	57
浦城县	476	280	196	346	195	151	186	90	96
光泽县	222	116	106	157	74	83	69	27	42
松溪县	188	98	90	116	53	63	77	39	38
政和县	209	124	85	152	92	60	88	42	46
邵武市	252	139	113	173	90	83	84	39	45
武夷山市	274	139	135	171	82	89	57	25	32
建瓯市	590	298	292	409	210	199	187	85	102
龙岩市	**3346**	**1640**	**1706**	**2876**	**1199**	**1677**	**1304**	**456**	**848**
新罗区	341	185	156	263	95	168	142	59	83
永定区	495	236	259	398	172	226	236	82	154
长汀县	631	291	340	536	232	304	201	62	139
上杭县	633	303	330	702	274	428	279	91	188
武平县	490	237	253	420	175	245	196	69	127
连城县	427	207	220	334	144	190	125	41	84
漳平市	329	181	148	223	107	116	125	52	73
宁德市	**3088**	**1727**	**1361**	**2270**	**1236**	**1034**	**1282**	**608**	**674**
蕉城区	415	235	180	311	148	163	161	63	98
霞浦县	506	274	232	341	190	151	219	102	117
古田县	451	259	192	336	183	153	146	71	75
屏南县	183	98	85	142	87	55	80	46	34
寿宁县	226	116	110	198	110	88	104	52	52
周宁县	183	117	66	144	90	54	98	50	48
柘荣县	90	51	39	73	39	34	43	22	21
福安市	499	293	206	329	183	146	195	95	100
福鼎市	535	284	251	396	206	190	236	107	129

1-3c 续表 14　　　　单位：人

地区	90-94岁			95-99岁			100岁及以上		
	小计	男	女	小计	男	女	小计	男	女
合　计	**4559**	**1638**	**2921**	**916**	**237**	**679**	**120**	**24**	**96**
福州市	**869**	**310**	**559**	**163**	**50**	**113**	**16**	**2**	**14**
鼓楼区									
台江区									
仓山区									
马尾区	10	3	7	2		2	1	1	
晋安区	10	6	4	3	1	2			
长乐区	97	17	80	13	4	9	1		1
闽侯县	106	35	71	18	8	10	1		1
连江县	120	39	81	13	3	10			
罗源县	31	11	20	5	1	4	1	1	
闽清县	52	22	30	13	4	9	1		1
永泰县	68	33	35	18	8	10	1		1
平潭县	97	38	59	14	5	9	4		4
福清市	278	106	172	64	16	48	6		6
厦门市	**113**	**37**	**76**	**21**	**7**	**14**	**3**	**1**	**2**
思明区									
海沧区	2	2							
湖里区									
集美区	17	6	11	2	1	1			
同安区	34	11	23	10	3	7	1	1	
翔安区	60	18	42	9	3	6	2		2
莆田市	**493**	**134**	**359**	**140**	**19**	**121**	**16**	**1**	**15**
城厢区	81	25	56	11	3	8	1		1
涵江区	50	12	38	5	1	4	2	1	1
荔城区	52	11	41	16	3	13	3		3
秀屿区	152	36	116	69	6	63	6		6
仙游县	158	50	108	39	6	33	4		4
三明市	**366**	**150**	**216**	**63**	**25**	**38**	**5**	**1**	**4**
梅列区	3		3	1	1				
三元区	13	6	7						
明溪县	20	5	15	5	2	3	1	1	
清流县	30	5	25	5	2	3	2		2
宁化县	49	14	35	18	7	11	1		1
大田县	58	21	37	5	1	4	1		1
尤溪县	77	46	31	9	1	8			
沙县	39	22	17	8	5	3			
将乐县	20	9	11	5	2	3			
泰宁县	11	5	6						
建宁县	11	5	6	1	1				
永安市	35	12	23	6	3	3			
泉州市	**741**	**230**	**511**	**152**	**28**	**124**	**18**	**2**	**16**
鲤城区									
丰泽区									
洛江区	23	3	20	3	2	1	1	1	
泉港区	68	23	45	12	3	9	1		1
惠安县	116	24	92	25	3	22	3		3
安溪县	121	48	73	23	3	20	2		2
永春县	51	10	41	8	3	5	2		2
德化县	19	8	11	7	4	3			
石狮市	10	4	6	2		2			
晋江市	157	64	93	22	2	20	2		2
南安市	176	46	130	50	8	42	7	1	6

1-3c 续表 15 单位：人

地 区	90-94岁			95-99岁			100岁及以上		
	小计	男	女	小计	男	女	小计	男	女
漳州市	**626**	**218**	**408**	**115**	**22**	**93**	**24**	**3**	**21**
芗城区	22	6	16	5	2	3	1		1
龙文区	4	2	2	1		1			
云霄县	51	18	33	14	1	13	2	1	1
漳浦县	146	51	95	19	2	17	7	1	6
诏安县	111	47	64	27	7	20	6	1	5
长泰县	22	6	16	2	2				
东山县	39	10	29	9	2	7	1		1
南靖县	54	18	36	10		10			
平和县	64	21	43	12	1	11	3		3
华安县	19	10	9						
龙海市	94	29	65	16	5	11	4		4
南平市	**346**	**163**	**183**	**44**	**21**	**23**	**11**	**3**	**8**
延平区	48	23	25	10	4	6	3	1	2
建阳区	30	10	20	4	2	2	2		2
顺昌县	34	20	14	4	3	1	2	1	1
浦城县	65	32	33	6	4	2			
光泽县	21	8	13	2		2			
松溪县	22	8	14	3	2	1			
政和县	33	18	15	2	1	1	1		1
邵武市	24	12	12	6	2	4	1	1	
武夷山市	19	6	13	1	1		1		1
建瓯市	50	26	24	6	2	4	1		1
龙岩市	**495**	**161**	**334**	**95**	**21**	**74**	**17**	**5**	**12**
新罗区	48	24	24	7		7	2	1	1
永定区	75	32	43	21	7	14	2		2
长汀县	79	21	58	17	4	13			
上杭县	122	32	90	15	4	11	6	3	3
武平县	91	24	67	16	2	14	3		3
连城县	51	15	36	14	4	10	4	1	3
漳平市	29	13	16	5		5			
宁德市	**510**	**235**	**275**	**123**	**44**	**79**	**10**	**6**	**4**
蕉城区	63	33	30	11	1	10	2	1	1
霞浦县	93	38	55	22	7	15	2	1	1
古田县	66	28	38	16	6	10	2	2	
屏南县	28	12	16	8	3	5			
寿宁县	41	24	17	12	5	7	1	1	
周宁县	36	14	22	5	4	1	1		1
柘荣县	18	10	8	3	1	2	1	1	
福安市	76	32	44	26	9	17			
福鼎市	89	44	45	20	8	12	1		1

1-4 全省分年龄、性别的人口

单位：人、%

年 龄	人口数			占总人口比重			性别比
	合计	男	女	合计	男	女	(女=100)
总 计	**3933085**	**2027717**	**1905368**	**100.00**	**51.56**	**48.44**	**106.42**
0-4岁	**234750**	**127313**	**107437**	**5.97**	**3.24**	**2.73**	**118.50**
0	34322	18704	15618	0.87	0.48	0.40	119.76
1	40310	21824	18486	1.02	0.55	0.47	118.06
2	46028	24833	21195	1.17	0.63	0.54	117.16
3	58318	31423	26895	1.48	0.80	0.68	116.84
4	55772	30529	25243	1.42	0.78	0.64	120.94
5-9岁	**280203**	**152461**	**127742**	**7.12**	**3.88**	**3.25**	**119.35**
5	57027	30979	26048	1.45	0.79	0.66	118.93
6	59485	32598	26887	1.51	0.83	0.68	121.24
7	55042	29782	25260	1.40	0.76	0.64	117.90
8	58741	31981	26760	1.49	0.81	0.68	119.51
9	49908	27121	22787	1.27	0.69	0.58	119.02
10-14岁	**229244**	**123671**	**105573**	**5.83**	**3.14**	**2.68**	**117.14**
10	46661	25325	21336	1.19	0.64	0.54	118.70
11	48661	26354	22307	1.24	0.67	0.57	118.14
12	47499	25769	21730	1.21	0.66	0.55	118.59
13	44700	24007	20693	1.14	0.61	0.53	116.02
14	41723	22216	19507	1.06	0.56	0.50	113.89
15-19岁	**193175**	**102697**	**90478**	**4.91**	**2.61**	**2.30**	**113.50**
15	39336	21016	18320	1.00	0.53	0.47	114.72
16	44753	23875	20878	1.14	0.61	0.53	114.35
17	39293	21069	18224	1.00	0.54	0.46	115.61
18	31980	17163	14817	0.81	0.44	0.38	115.83
19	37813	19574	18239	0.96	0.50	0.46	107.32
20-24岁	**188905**	**99824**	**89081**	**4.80**	**2.54**	**2.26**	**112.06**
20	39560	20404	19156	1.01	0.52	0.49	106.51
21	35883	18775	17108	0.91	0.48	0.43	109.74
22	36624	19491	17133	0.93	0.50	0.44	113.76
23	36991	19821	17170	0.94	0.50	0.44	115.44
24	39847	21333	18514	1.01	0.54	0.47	115.23
25-29岁	**262576**	**138251**	**124325**	**6.68**	**3.52**	**3.16**	**111.20**
25	46839	25141	21698	1.19	0.64	0.55	115.87
26	46428	24681	21747	1.18	0.63	0.55	113.49
27	49671	26151	23520	1.26	0.66	0.60	111.19
28	53985	28425	25560	1.37	0.72	0.65	111.21
29	65653	33853	31800	1.67	0.86	0.81	106.46

1-4　续表 1

单位：人、%

年　龄	人口数			占总人口比重			性别比
	合计	男	女	合计	男	女	(女=100)
30-34岁	**376811**	**191180**	**185631**	**9.58**	**4.86**	**4.72**	**102.99**
30	81748	41755	39993	2.08	1.06	1.02	104.41
31	79042	39614	39428	2.01	1.01	1.00	100.47
32	73365	37004	36361	1.87	0.94	0.92	101.77
33	75296	38418	36878	1.91	0.98	0.94	104.18
34	67360	34389	32971	1.71	0.87	0.84	104.30
35-39岁	**318678**	**162745**	**155933**	**8.10**	**4.14**	**3.96**	**104.37**
35	64180	32660	31520	1.63	0.83	0.80	103.62
36	66490	33842	32648	1.69	0.86	0.83	103.66
37	62609	32056	30553	1.59	0.82	0.78	104.92
38	70134	35806	34328	1.78	0.91	0.87	104.31
39	55265	28381	26884	1.41	0.72	0.68	105.57
40-44岁	**289939**	**149428**	**140511**	**7.37**	**3.80**	**3.57**	**106.35**
40	46706	23939	22767	1.19	0.61	0.58	105.15
41	56840	29308	27532	1.45	0.75	0.70	106.45
42	60358	31121	29237	1.53	0.79	0.74	106.44
43	60246	30962	29284	1.53	0.79	0.74	105.73
44	65789	34098	31691	1.67	0.87	0.81	107.60
45-49岁	**342457**	**175929**	**166528**	**8.71**	**4.47**	**4.23**	**105.65**
45	63169	32749	30420	1.61	0.83	0.77	107.66
46	67460	34750	32710	1.72	0.88	0.83	106.24
47	70666	36231	34435	1.80	0.92	0.88	105.22
48	69342	35520	33822	1.76	0.90	0.86	105.02
49	71820	36679	35141	1.83	0.93	0.89	104.38
50-54岁	**322147**	**164784**	**157363**	**8.19**	**4.19**	**4.00**	**104.72**
50	68746	35223	33523	1.75	0.90	0.85	105.07
51	65871	33790	32081	1.67	0.86	0.82	105.33
52	69551	35523	34028	1.77	0.90	0.87	104.39
53	56719	29106	27613	1.44	0.74	0.70	105.41
54	61260	31142	30118	1.56	0.79	0.77	103.40
55-59岁	**258866**	**131013**	**127853**	**6.58**	**3.33**	**3.25**	**102.47**
55	61377	31441	29936	1.56	0.80	0.76	105.03
56	54762	27870	26892	1.39	0.71	0.68	103.64
57	68367	34667	33700	1.74	0.88	0.86	102.87
58	49594	24978	24616	1.26	0.64	0.63	101.47
59	24766	12057	12709	0.63	0.31	0.32	94.87
60-64岁	**194573**	**97985**	**96588**	**4.95**	**2.49**	**2.46**	**101.45**
60	36151	18319	17832	0.92	0.47	0.45	102.73
61	34714	17649	17065	0.88	0.45	0.43	103.42
62	41226	20755	20471	1.05	0.53	0.52	101.39
63	45606	23130	22476	1.16	0.59	0.57	102.91
64	36876	18132	18744	0.94	0.46	0.48	96.73

1-4 续表 2

单位：人、%

年 龄	人口数			占总人口比重			性别比
	合计	男	女	合计	男	女	(女=100)
65-69岁	**174944**	**85578**	**89366**	**4.45**	**2.18**	**2.27**	**95.76**
65	40250	19951	20299	1.02	0.51	0.52	98.29
66	38352	18776	19576	0.98	0.48	0.50	95.91
67	34402	16740	17662	0.87	0.43	0.45	94.78
68	34057	16643	17414	0.87	0.42	0.44	95.57
69	27883	13468	14415	0.71	0.34	0.37	93.43
70-74岁	**109417**	**54607**	**54810**	**2.78**	**1.39**	**1.39**	**99.63**
70	25696	12874	12822	0.65	0.33	0.33	100.41
71	25220	12632	12588	0.64	0.32	0.32	100.35
72	21592	10728	10864	0.55	0.27	0.28	98.75
73	19013	9523	9490	0.48	0.24	0.24	100.35
74	17896	8850	9046	0.46	0.23	0.23	97.83
75-79岁	**68910**	**33443**	**35467**	**1.75**	**0.85**	**0.90**	**94.29**
75	15470	7534	7936	0.39	0.19	0.20	94.93
76	14932	7452	7480	0.38	0.19	0.19	99.63
77	13609	6525	7084	0.35	0.17	0.18	92.11
78	12755	6174	6581	0.32	0.16	0.17	93.82
79	12144	5758	6386	0.31	0.15	0.16	90.17
80-84岁	**49069**	**22183**	**26886**	**1.25**	**0.56**	**0.68**	**82.51**
80	10532	4861	5671	0.27	0.12	0.14	85.72
81	9873	4572	5301	0.25	0.12	0.13	86.25
82	10389	4868	5521	0.26	0.12	0.14	88.17
83	9800	4279	5521	0.25	0.11	0.14	77.50
84	8475	3603	4872	0.22	0.09	0.12	73.95
85-89岁	**26770**	**10602**	**16168**	**0.68**	**0.27**	**0.41**	**65.57**
85	7315	2983	4332	0.19	0.08	0.11	68.86
86	6095	2394	3701	0.15	0.06	0.09	64.69
87	5695	2204	3491	0.14	0.06	0.09	63.13
88	4236	1666	2570	0.11	0.04	0.07	64.82
89	3429	1355	2074	0.09	0.03	0.05	65.33
90-94岁	**9455**	**3450**	**6005**	**0.24**	**0.09**	**0.15**	**57.45**
90	3043	1150	1893	0.08	0.03	0.05	60.75
91	2165	834	1331	0.06	0.02	0.03	62.66
92	2007	704	1303	0.05	0.02	0.03	54.03
93	1375	463	912	0.03	0.01	0.02	50.77
94	865	299	566	0.02	0.01	0.01	52.83
95-99岁	**1960**	**526**	**1434**	**0.05**	**0.01**	**0.04**	**36.68**
95	754	215	539	0.02	0.01	0.01	39.89
96	479	133	346	0.01		0.01	38.44
97	323	83	240	0.01		0.01	34.58
98	229	56	173	0.01			32.37
99	175	39	136				28.68
100岁及以上	**236**	**47**	**189**	**0.01**			**24.87**

1-4a　全省分年龄、性别的人口(城市)

单位：人、%

年　龄	人　口　数			占总人口比重			性别比
	合计	男	女	合计	男	女	(女=100)
总　计	**1655761**	**848704**	**807057**	**100.00**	**51.26**	**48.74**	**105.16**
0-4岁	**96454**	**52113**	**44341**	**5.83**	**3.15**	**2.68**	**117.53**
0	12634	6746	5888	0.76	0.41	0.36	114.57
1	16882	9161	7721	1.02	0.55	0.47	118.65
2	19047	10180	8867	1.15	0.61	0.54	114.81
3	24689	13299	11390	1.49	0.80	0.69	116.76
4	23202	12727	10475	1.40	0.77	0.63	121.50
5-9岁	**111790**	**60615**	**51175**	**6.75**	**3.66**	**3.09**	**118.45**
5	23024	12504	10520	1.39	0.76	0.64	118.86
6	23658	12931	10727	1.43	0.78	0.65	120.55
7	21946	11870	10076	1.33	0.72	0.61	117.80
8	23595	12821	10774	1.43	0.77	0.65	119.00
9	19567	10489	9078	1.18	0.63	0.55	115.54
10-14岁	**88552**	**47772**	**40780**	**5.35**	**2.89**	**2.46**	**117.15**
10	17950	9764	8186	1.08	0.59	0.49	119.28
11	18868	10194	8674	1.14	0.62	0.52	117.52
12	18531	10027	8504	1.12	0.61	0.51	117.91
13	17309	9270	8039	1.05	0.56	0.49	115.31
14	15894	8517	7377	0.96	0.51	0.45	115.45
15-19岁	**91080**	**48412**	**42668**	**5.50**	**2.92**	**2.58**	**113.46**
15	16126	8703	7423	0.97	0.53	0.45	117.24
16	20079	10757	9322	1.21	0.65	0.56	115.39
17	18263	9837	8426	1.10	0.59	0.51	116.75
18	16067	8644	7423	0.97	0.52	0.45	116.45
19	20545	10471	10074	1.24	0.63	0.61	103.94
20-24岁	**105611**	**54824**	**50787**	**6.38**	**3.31**	**3.07**	**107.95**
20	22360	11331	11029	1.35	0.68	0.67	102.74
21	20120	10451	9669	1.22	0.63	0.58	108.09
22	20539	10701	9838	1.24	0.65	0.59	108.77
23	20651	10892	9759	1.25	0.66	0.59	111.61
24	21941	11449	10492	1.33	0.69	0.63	109.12
25-29岁	**133761**	**69831**	**63930**	**8.08**	**4.22**	**3.86**	**109.23**
25	24717	13047	11670	1.49	0.79	0.70	111.80
26	23934	12535	11399	1.45	0.76	0.69	109.97
27	25378	13348	12030	1.53	0.81	0.73	110.96
28	27146	14213	12933	1.64	0.86	0.78	109.90
29	32586	16688	15898	1.97	1.01	0.96	104.97

1-4a 续表 1

单位：人、%

年 龄	人 口 数			占总人口比重			性别比
	合计	男	女	合计	男	女	(女=100)
30-34岁	**185965**	**93541**	**92424**	**11.23**	**5.65**	**5.58**	**101.21**
30	39920	20255	19665	2.41	1.22	1.19	103.00
31	39058	19439	19619	2.36	1.17	1.18	99.08
32	36447	18272	18175	2.20	1.10	1.10	100.53
33	37261	18805	18456	2.25	1.14	1.11	101.89
34	33279	16770	16509	2.01	1.01	1.00	101.58
35-39岁	**156091**	**78622**	**77469**	**9.43**	**4.75**	**4.68**	**101.49**
35	31553	15852	15701	1.91	0.96	0.95	100.96
36	32732	16399	16333	1.98	0.99	0.99	100.40
37	30898	15482	15416	1.87	0.94	0.93	100.43
38	34510	17407	17103	2.08	1.05	1.03	101.78
39	26398	13482	12916	1.59	0.81	0.78	104.38
40-44岁	**132059**	**67852**	**64207**	**7.98**	**4.10**	**3.88**	**105.68**
40	22238	11397	10841	1.34	0.69	0.65	105.13
41	26418	13661	12757	1.60	0.83	0.77	107.09
42	27543	14039	13504	1.66	0.85	0.82	103.96
43	27027	13795	13232	1.63	0.83	0.80	104.25
44	28833	14960	13873	1.74	0.90	0.84	107.84
45-49岁	**140456**	**72201**	**68255**	**8.48**	**4.36**	**4.12**	**105.78**
45	27179	14109	13070	1.64	0.85	0.79	107.95
46	28048	14483	13565	1.69	0.87	0.82	106.77
47	28940	14810	14130	1.75	0.89	0.85	104.81
48	28163	14479	13684	1.70	0.87	0.83	105.81
49	28126	14320	13806	1.70	0.86	0.83	103.72
50-54岁	**119704**	**60469**	**59235**	**7.23**	**3.65**	**3.58**	**102.08**
50	26394	13340	13054	1.59	0.81	0.79	102.19
51	25142	12770	12372	1.52	0.77	0.75	103.22
52	25817	12994	12823	1.56	0.78	0.77	101.33
53	20434	10382	10052	1.23	0.63	0.61	103.28
54	21917	10983	10934	1.32	0.66	0.66	100.45
55-59岁	**94615**	**47059**	**47556**	**5.71**	**2.84**	**2.87**	**98.95**
55	22073	11129	10944	1.33	0.67	0.66	101.69
56	20352	10198	10154	1.23	0.62	0.61	100.43
57	25183	12589	12594	1.52	0.76	0.76	99.96
58	17687	8696	8991	1.07	0.53	0.54	96.72
59	9320	4447	4873	0.56	0.27	0.29	91.26
60-64岁	**66025**	**32390**	**33635**	**3.99**	**1.96**	**2.03**	**96.30**
60	12936	6284	6652	0.78	0.38	0.40	94.47
61	11931	5873	6058	0.72	0.35	0.37	96.95
62	14006	6916	7090	0.85	0.42	0.43	97.55
63	14846	7372	7474	0.90	0.45	0.45	98.64
64	12306	5945	6361	0.74	0.36	0.38	93.46

1-4a　续表 2　　　　单位：人、%

年龄	人口数			占总人口比重			性别比
	合计	男	女	合计	男	女	(女=100)
65-69岁	**54939**	**26475**	**28464**	**3.32**	**1.60**	**1.72**	**93.01**
65	12828	6307	6521	0.77	0.38	0.39	96.72
66	12379	5965	6414	0.75	0.36	0.39	93.00
67	10703	5056	5647	0.65	0.31	0.34	89.53
68	10540	5035	5505	0.64	0.30	0.33	91.46
69	8489	4112	4377	0.51	0.25	0.26	93.95
70-74岁	**33571**	**16179**	**17392**	**2.03**	**0.98**	**1.05**	**93.03**
70	7777	3818	3959	0.47	0.23	0.24	96.44
71	7904	3795	4109	0.48	0.23	0.25	92.36
72	6573	3131	3442	0.40	0.19	0.21	90.96
73	5868	2807	3061	0.35	0.17	0.18	91.70
74	5449	2628	2821	0.33	0.16	0.17	93.16
75-79岁	**20145**	**9547**	**10598**	**1.22**	**0.58**	**0.64**	**90.08**
75	4711	2241	2470	0.28	0.14	0.15	90.73
76	4456	2167	2289	0.27	0.13	0.14	94.67
77	3992	1839	2153	0.24	0.11	0.13	85.42
78	3622	1741	1881	0.22	0.11	0.11	92.56
79	3364	1559	1805	0.20	0.09	0.11	86.37
80-84岁	**14146**	**6477**	**7669**	**0.85**	**0.39**	**0.46**	**84.46**
80	3069	1394	1675	0.19	0.08	0.10	83.22
81	2841	1338	1503	0.17	0.08	0.09	89.02
82	3000	1424	1576	0.18	0.09	0.10	90.36
83	2806	1263	1543	0.17	0.08	0.09	81.85
84	2430	1058	1372	0.15	0.06	0.08	77.11
85-89岁	**7616**	**3145**	**4471**	**0.46**	**0.19**	**0.27**	**70.34**
85	2044	861	1183	0.12	0.05	0.07	72.78
86	1803	743	1060	0.11	0.04	0.06	70.09
87	1605	635	970	0.10	0.04	0.06	65.46
88	1177	477	700	0.07	0.03	0.04	68.14
89	987	429	558	0.06	0.03	0.03	76.88
90-94岁	**2596**	**1018**	**1578**	**0.16**	**0.06**	**0.10**	**64.51**
90	875	368	507	0.05	0.02	0.03	72.58
91	591	232	359	0.04	0.01	0.02	64.62
92	553	200	353	0.03	0.01	0.02	56.66
93	365	131	234	0.02	0.01	0.01	55.98
94	212	87	125	0.01	0.01	0.01	69.60
95-99岁	**529**	**151**	**378**	**0.03**	**0.01**	**0.02**	**39.95**
95	199	60	139	0.01		0.01	43.17
96	131	40	91	0.01		0.01	43.96
97	88	25	63	0.01			39.68
98	57	15	42				35.71
99	54	11	43				25.58
100岁及以上	**56**	**11**	**45**				**24.44**

1-4b 全省分年龄、性别的人口(镇)

单位：人、%

年龄	人口数			占总人口比重			性别比
	合计	男	女	合计	男	女	(女=100)
总计	**1096269**	**560936**	**535333**	**100.00**	**51.17**	**48.83**	**104.78**
0-4岁	**69255**	**37837**	**31418**	**6.32**	**3.45**	**2.87**	**120.43**
0	9349	5168	4181	0.85	0.47	0.38	123.61
1	11632	6307	5325	1.06	0.58	0.49	118.44
2	13678	7479	6199	1.25	0.68	0.57	120.65
3	17719	9555	8164	1.62	0.87	0.74	117.04
4	16877	9328	7549	1.54	0.85	0.69	123.57
5-9岁	**87270**	**47698**	**39572**	**7.96**	**4.35**	**3.61**	**120.53**
5	17544	9495	8049	1.60	0.87	0.73	117.96
6	18577	10247	8330	1.69	0.93	0.76	123.01
7	17299	9353	7946	1.58	0.85	0.72	117.71
8	18314	10014	8300	1.67	0.91	0.76	120.65
9	15536	8589	6947	1.42	0.78	0.63	123.64
10-14岁	**71380**	**38601**	**32779**	**6.51**	**3.52**	**2.99**	**117.76**
10	14649	7943	6706	1.34	0.72	0.61	118.45
11	15075	8191	6884	1.38	0.75	0.63	118.99
12	14767	8069	6698	1.35	0.74	0.61	120.47
13	13869	7434	6435	1.27	0.68	0.59	115.52
14	13020	6964	6056	1.19	0.64	0.55	114.99
15-19岁	**59232**	**30887**	**28345**	**5.40**	**2.82**	**2.59**	**108.97**
15	12676	6604	6072	1.16	0.60	0.55	108.76
16	14977	7841	7136	1.37	0.72	0.65	109.88
17	13142	6908	6234	1.20	0.63	0.57	110.81
18	8511	4504	4007	0.78	0.41	0.37	112.40
19	9926	5030	4896	0.91	0.46	0.45	102.74
20-24岁	**46162**	**24200**	**21962**	**4.21**	**2.21**	**2.00**	**110.19**
20	10045	5077	4968	0.92	0.46	0.45	102.19
21	8968	4548	4420	0.82	0.41	0.40	102.90
22	8862	4770	4092	0.81	0.44	0.37	116.57
23	8712	4623	4089	0.79	0.42	0.37	113.06
24	9575	5182	4393	0.87	0.47	0.40	117.96
25-29岁	**68097**	**35105**	**32992**	**6.21**	**3.20**	**3.01**	**106.40**
25	11762	6281	5481	1.07	0.57	0.50	114.60
26	12013	6307	5706	1.10	0.58	0.52	110.53
27	12703	6502	6201	1.16	0.59	0.57	104.85
28	14083	7198	6885	1.28	0.66	0.63	104.55
29	17536	8817	8719	1.60	0.80	0.80	101.12

1-4b　续表 1　　　　单位：人、%

年　龄	人　口　数			占总人口比重			性别比
	合计	男	女	合计	男	女	(女=100)
30-34岁	**102065**	**50558**	**51507**	**9.31**	**4.61**	**4.70**	**98.16**
30	22115	11028	11087	2.02	1.01	1.01	99.47
31	21310	10402	10908	1.94	0.95	1.00	95.36
32	19914	9748	10166	1.82	0.89	0.93	95.89
33	20323	10208	10115	1.85	0.93	0.92	100.92
34	18403	9172	9231	1.68	0.84	0.84	99.36
35-39岁	**86745**	**43116**	**43629**	**7.91**	**3.93**	**3.98**	**98.82**
35	17484	8630	8854	1.59	0.79	0.81	97.47
36	18021	8975	9046	1.64	0.82	0.83	99.22
37	16892	8484	8408	1.54	0.77	0.77	100.90
38	18988	9404	9584	1.73	0.86	0.87	98.12
39	15360	7623	7737	1.40	0.70	0.71	98.53
40-44岁	**83113**	**41794**	**41319**	**7.58**	**3.81**	**3.77**	**101.15**
40	12932	6332	6600	1.18	0.58	0.60	95.94
41	16258	8079	8179	1.48	0.74	0.75	98.78
42	17359	8838	8521	1.58	0.81	0.78	103.72
43	17336	8721	8615	1.58	0.80	0.79	101.23
44	19228	9824	9404	1.75	0.90	0.86	104.47
45-49岁	**100102**	**50944**	**49158**	**9.13**	**4.65**	**4.48**	**103.63**
45	18458	9408	9050	1.68	0.86	0.83	103.96
46	19927	10105	9822	1.82	0.92	0.90	102.88
47	20585	10527	10058	1.88	0.96	0.92	104.66
48	20084	10181	9903	1.83	0.93	0.90	102.81
49	21048	10723	10325	1.92	0.98	0.94	103.85
50-54岁	**91879**	**47023**	**44856**	**8.38**	**4.29**	**4.09**	**104.83**
50	19872	10205	9667	1.81	0.93	0.88	105.57
51	18785	9636	9149	1.71	0.88	0.83	105.32
52	19837	10177	9660	1.81	0.93	0.88	105.35
53	16107	8220	7887	1.47	0.75	0.72	104.22
54	17278	8785	8493	1.58	0.80	0.77	103.44
55-59岁	**71000**	**36248**	**34752**	**6.48**	**3.31**	**3.17**	**104.30**
55	17336	8935	8401	1.58	0.82	0.77	106.36
56	14995	7703	7292	1.37	0.70	0.67	105.64
57	18738	9587	9151	1.71	0.87	0.83	104.76
58	13486	6887	6599	1.23	0.63	0.60	104.36
59	6445	3136	3309	0.59	0.29	0.30	94.77
60-64岁	**50682**	**25512**	**25170**	**4.62**	**2.33**	**2.30**	**101.36**
60	9486	4822	4664	0.87	0.44	0.43	103.39
61	9191	4711	4480	0.84	0.43	0.41	105.16
62	10780	5428	5352	0.98	0.50	0.49	101.42
63	11898	6027	5871	1.09	0.55	0.54	102.66
64	9327	4524	4803	0.85	0.41	0.44	94.19

1-4b 续表 2

单位：人、%

年 龄	人 口 数			占总人口比重			性别比
	合计	男	女	合计	男	女	(女=100)
65-69岁	**43944**	**21220**	**22724**	**4.01**	**1.94**	**2.07**	**93.38**
65	10241	5023	5218	0.93	0.46	0.48	96.26
66	9660	4638	5022	0.88	0.42	0.46	92.35
67	8661	4193	4468	0.79	0.38	0.41	93.85
68	8496	4115	4381	0.77	0.38	0.40	93.93
69	6886	3251	3635	0.63	0.30	0.33	89.44
70-74岁	**27122**	**13489**	**13633**	**2.47**	**1.23**	**1.24**	**98.94**
70	6373	3200	3173	0.58	0.29	0.29	100.85
71	6141	3103	3038	0.56	0.28	0.28	102.14
72	5325	2589	2736	0.49	0.24	0.25	94.63
73	4787	2400	2387	0.44	0.22	0.22	100.54
74	4496	2197	2299	0.41	0.20	0.21	95.56
75-79岁	**16921**	**8111**	**8810**	**1.54**	**0.74**	**0.80**	**92.07**
75	3817	1809	2008	0.35	0.17	0.18	90.09
76	3535	1754	1781	0.32	0.16	0.16	98.48
77	3386	1636	1750	0.31	0.15	0.16	93.49
78	3193	1519	1674	0.29	0.14	0.15	90.74
79	2990	1393	1597	0.27	0.13	0.15	87.23
80-84岁	**11908**	**5194**	**6714**	**1.09**	**0.47**	**0.61**	**77.36**
80	2565	1158	1407	0.23	0.11	0.13	82.30
81	2353	1050	1303	0.21	0.10	0.12	80.58
82	2520	1128	1392	0.23	0.10	0.13	81.03
83	2375	990	1385	0.22	0.09	0.13	71.48
84	2095	868	1227	0.19	0.08	0.11	70.74
85-89岁	**6517**	**2455**	**4062**	**0.59**	**0.22**	**0.37**	**60.44**
85	1824	736	1088	0.17	0.07	0.10	67.65
86	1455	529	926	0.13	0.05	0.08	57.13
87	1397	519	878	0.13	0.05	0.08	59.11
88	1034	389	645	0.09	0.04	0.06	60.31
89	807	282	525	0.07	0.03	0.05	53.71
90-94岁	**2300**	**794**	**1506**	**0.21**	**0.07**	**0.14**	**52.72**
90	703	244	459	0.06	0.02	0.04	53.16
91	535	210	325	0.05	0.02	0.03	64.62
92	507	165	342	0.05	0.02	0.03	48.25
93	355	111	244	0.03	0.01	0.02	45.49
94	200	64	136	0.02	0.01	0.01	47.06
95-99岁	**515**	**138**	**377**	**0.05**	**0.01**	**0.03**	**36.60**
95	207	65	142	0.02	0.01	0.01	45.77
96	132	38	94	0.01		0.01	40.43
97	82	17	65	0.01		0.01	26.15
98	54	12	42				28.57
99	40	6	34				17.65
100岁及以上	**60**	**12**	**48**	**0.01**			**25.00**

1-4c　全省分年龄、性别的人口(乡村)

单位：人、%

年　龄	人　口　数			占总人口比重			性别比
	合计	男	女	合计	男	女	(女=100)
总　计	**1181055**	**618077**	**562978**	**100.00**	**52.33**	**47.67**	**109.79**
0-4岁	**69041**	**37363**	**31678**	**5.85**	**3.16**	**2.68**	**117.95**
0	12339	6790	5549	1.04	0.57	0.47	122.36
1	11796	6356	5440	1.00	0.54	0.46	116.84
2	13303	7174	6129	1.13	0.61	0.52	117.05
3	15910	8569	7341	1.35	0.73	0.62	116.73
4	15693	8474	7219	1.33	0.72	0.61	117.38
5-9岁	**81143**	**44148**	**36995**	**6.87**	**3.74**	**3.13**	**119.34**
5	16459	8980	7479	1.39	0.76	0.63	120.07
6	17250	9420	7830	1.46	0.80	0.66	120.31
7	15797	8559	7238	1.34	0.72	0.61	118.25
8	16832	9146	7686	1.43	0.77	0.65	119.00
9	14805	8043	6762	1.25	0.68	0.57	118.94
10-14岁	**69312**	**37298**	**32014**	**5.87**	**3.16**	**2.71**	**116.51**
10	14062	7618	6444	1.19	0.65	0.55	118.22
11	14718	7969	6749	1.25	0.67	0.57	118.08
12	14201	7673	6528	1.20	0.65	0.55	117.54
13	13522	7303	6219	1.14	0.62	0.53	117.43
14	12809	6735	6074	1.08	0.57	0.51	110.88
15-19岁	**42863**	**23398**	**19465**	**3.63**	**1.98**	**1.65**	**120.21**
15	10534	5709	4825	0.89	0.48	0.41	118.32
16	9697	5277	4420	0.82	0.45	0.37	119.39
17	7888	4324	3564	0.67	0.37	0.30	121.32
18	7402	4015	3387	0.63	0.34	0.29	118.54
19	7342	4073	3269	0.62	0.34	0.28	124.59
20-24岁	**37132**	**20800**	**16332**	**3.14**	**1.76**	**1.38**	**127.36**
20	7155	3996	3159	0.61	0.34	0.27	126.50
21	6795	3776	3019	0.58	0.32	0.26	125.07
22	7223	4020	3203	0.61	0.34	0.27	125.51
23	7628	4306	3322	0.65	0.36	0.28	129.62
24	8331	4702	3629	0.71	0.40	0.31	129.57
25-29岁	**60718**	**33315**	**27403**	**5.14**	**2.82**	**2.32**	**121.57**
25	10360	5813	4547	0.88	0.49	0.38	127.84
26	10481	5839	4642	0.89	0.49	0.39	125.79
27	11590	6301	5289	0.98	0.53	0.45	119.13
28	12756	7014	5742	1.08	0.59	0.49	122.15
29	15531	8348	7183	1.32	0.71	0.61	116.22

1-4c 续表 1

单位：人、%

年 龄	人口数			占总人口比重			性别比
	合计	男	女	合计	男	女	(女=100)
30-34岁	**88781**	**47081**	**41700**	**7.52**	**3.99**	**3.53**	**112.90**
30	19713	10472	9241	1.67	0.89	0.78	113.32
31	18674	9773	8901	1.58	0.83	0.75	109.80
32	17004	8984	8020	1.44	0.76	0.68	112.02
33	17712	9405	8307	1.50	0.80	0.70	113.22
34	15678	8447	7231	1.33	0.72	0.61	116.82
35-39岁	**75842**	**41007**	**34835**	**6.42**	**3.47**	**2.95**	**117.72**
35	15143	8178	6965	1.28	0.69	0.59	117.42
36	15737	8468	7269	1.33	0.72	0.62	116.49
37	14819	8090	6729	1.25	0.68	0.57	120.23
38	16636	8995	7641	1.41	0.76	0.65	117.72
39	13507	7276	6231	1.14	0.62	0.53	116.77
40-44岁	**74767**	**39782**	**34985**	**6.33**	**3.37**	**2.96**	**113.71**
40	11536	6210	5326	0.98	0.53	0.45	116.60
41	14164	7568	6596	1.20	0.64	0.56	114.74
42	15456	8244	7212	1.31	0.70	0.61	114.31
43	15883	8446	7437	1.34	0.72	0.63	113.57
44	17728	9314	8414	1.50	0.79	0.71	110.70
45-49岁	**101899**	**52784**	**49115**	**8.63**	**4.47**	**4.16**	**107.47**
45	17532	9232	8300	1.48	0.78	0.70	111.23
46	19485	10162	9323	1.65	0.86	0.79	109.00
47	21141	10894	10247	1.79	0.92	0.87	106.31
48	21095	10860	10235	1.79	0.92	0.87	106.11
49	22646	11636	11010	1.92	0.99	0.93	105.69
50-54岁	**110564**	**57292**	**53272**	**9.36**	**4.85**	**4.51**	**107.55**
50	22480	11678	10802	1.90	0.99	0.91	108.11
51	21944	11384	10560	1.86	0.96	0.89	107.80
52	23897	12352	11545	2.02	1.05	0.98	106.99
53	20178	10504	9674	1.71	0.89	0.82	108.58
54	22065	11374	10691	1.87	0.96	0.91	106.39
55-59岁	**93251**	**47706**	**45545**	**7.90**	**4.04**	**3.86**	**104.74**
55	21968	11377	10591	1.86	0.96	0.90	107.42
56	19415	9969	9446	1.64	0.84	0.80	105.54
57	24446	12491	11955	2.07	1.06	1.01	104.48
58	18421	9395	9026	1.56	0.80	0.76	104.09
59	9001	4474	4527	0.76	0.38	0.38	98.83
60-64岁	**77866**	**40083**	**37783**	**6.59**	**3.39**	**3.20**	**106.09**
60	13729	7213	6516	1.16	0.61	0.55	110.70
61	13592	7065	6527	1.15	0.60	0.55	108.24
62	16440	8411	8029	1.39	0.71	0.68	104.76
63	18862	9731	9131	1.60	0.82	0.77	106.57
64	15243	7663	7580	1.29	0.65	0.64	101.09

1-4c　续表 2

单位：人、%

年　龄	人　口　数			占总人口比重			性别比
	合计	男	女	合计	男	女	(女=100)
65-69岁	**76061**	**37883**	**38178**	**6.44**	**3.21**	**3.23**	**99.23**
65	17181	8621	8560	1.45	0.73	0.72	100.71
66	16313	8173	8140	1.38	0.69	0.69	100.41
67	15038	7491	7547	1.27	0.63	0.64	99.26
68	15021	7493	7528	1.27	0.63	0.64	99.54
69	12508	6105	6403	1.06	0.52	0.54	95.35
70-74岁	**48724**	**24939**	**23785**	**4.13**	**2.11**	**2.01**	**104.85**
70	11546	5856	5690	0.98	0.50	0.48	102.92
71	11175	5734	5441	0.95	0.49	0.46	105.39
72	9694	5008	4686	0.82	0.42	0.40	106.87
73	8358	4316	4042	0.71	0.37	0.34	106.78
74	7951	4025	3926	0.67	0.34	0.33	102.52
75-79岁	**31844**	**15785**	**16059**	**2.70**	**1.34**	**1.36**	**98.29**
75	6942	3484	3458	0.59	0.29	0.29	100.75
76	6941	3531	3410	0.59	0.30	0.29	103.55
77	6231	3050	3181	0.53	0.26	0.27	95.88
78	5940	2914	3026	0.50	0.25	0.26	96.30
79	5790	2806	2984	0.49	0.24	0.25	94.03
80-84岁	**23015**	**10512**	**12503**	**1.95**	**0.89**	**1.06**	**84.08**
80	4898	2309	2589	0.41	0.20	0.22	89.19
81	4679	2184	2495	0.40	0.18	0.21	87.54
82	4869	2316	2553	0.41	0.20	0.22	90.72
83	4619	2026	2593	0.39	0.17	0.22	78.13
84	3950	1677	2273	0.33	0.14	0.19	73.78
85-89岁	**12637**	**5002**	**7635**	**1.07**	**0.42**	**0.65**	**65.51**
85	3447	1386	2061	0.29	0.12	0.17	67.25
86	2837	1122	1715	0.24	0.09	0.15	65.42
87	2693	1050	1643	0.23	0.09	0.14	63.91
88	2025	800	1225	0.17	0.07	0.10	65.31
89	1635	644	991	0.14	0.05	0.08	64.98
90-94岁	**4559**	**1638**	**2921**	**0.39**	**0.14**	**0.25**	**56.08**
90	1465	538	927	0.12	0.05	0.08	58.04
91	1039	392	647	0.09	0.03	0.05	60.59
92	947	339	608	0.08	0.03	0.05	55.76
93	655	221	434	0.06	0.02	0.04	50.92
94	453	148	305	0.04	0.01	0.03	48.52
95-99岁	**916**	**237**	**679**	**0.08**	**0.02**	**0.06**	**34.90**
95	348	90	258	0.03	0.01	0.02	34.88
96	216	55	161	0.02		0.01	34.16
97	153	41	112	0.01		0.01	36.61
98	118	29	89	0.01		0.01	32.58
99	81	22	59	0.01			37.29
100岁及以上	**120**	**24**	**96**	**0.01**		**0.01**	**25.00**

第二部分 长表数据资料

第二卷 民族

2-1　全省各民族分性别、行业的人口

单位：人

民　族	人口数			农、林、牧、渔业			采矿业		
	合计	男	女	小计	男	女	小计	男	女
总　计	**2053870**	**1212556**	**841314**	**287558**	**163406**	**124152**	**5727**	**5019**	**708**
汉　族	1991564	1174684	816880	280222	159041	121181	5421	4738	683
蒙古族	503	312	191	20	9	11			
回　族	6173	4023	2150	322	228	94	8	6	2
藏　族	146	81	65	4		4			
维吾尔族	323	155	168	1		1			
苗　族	10593	6338	4255	572	340	232	74	70	4
彝　族	3770	2213	1557	175	84	91	10	8	2
壮　族	3122	1679	1443	262	105	157	19	17	2
布依族	2662	1536	1126	112	62	50	11	11	
朝鲜族	174	103	71	1		1			
满　族	738	417	321	19	8	11			
侗　族	1948	1136	812	77	42	35	33	32	1
瑶　族	730	447	283	38	27	11	3	3	
白　族	615	372	243	13	6	7	2	2	
土家族	9081	5660	3421	186	128	58	53	47	6
哈尼族	598	368	230	4	2	2			
哈萨克族	12	2	10						
傣　族	534	284	250	14	6	8			
黎　族	252	125	127	7	2	5	5	4	1
傈僳族	142	75	67	6	3	3			
佤　族	235	136	99	4	2	2			
畲　族	17931	11205	6726	5450	3289	2161	72	67	5
高山族	15	8	7	1	1				
拉祜族	152	83	69	2	1	1			
水　族	199	116	83	9	6	3	8	7	1
东乡族	187	119	68						
纳西族	9	4	5	1		1			
景颇族	99	49	50	5	2	3	1	1	
柯尔克孜族	24	16	8						
土　族	152	101	51	6	5	1			
达斡尔族	10	3	7						
仫佬族	118	63	55	4	2	2	1	1	
羌　族	38	25	13						
布朗族	48	19	29						
撒拉族	23	12	11						
毛南族	41	26	15				1	1	
仡佬族	401	260	141	6	3	3	4	3	1
锡伯族	10	3	7						
阿昌族	30	16	14	1		1			
普米族	16	10	6						
塔吉克族	1	1							
怒　族	6	4	2						
乌孜别克族									
俄罗斯族	2		2						
鄂温克族	2	1	1						
德昂族	11	6	5						
保安族	15	12	3						
裕固族									
京　族	10	2	8	1		1			
塔塔尔族									
独龙族									
鄂伦春族	1		1						
赫哲族	4	2	2						
门巴族									
珞巴族									
基诺族									
未定族称人口	380	238	142	7	2	5	1	1	
入　籍	20	6	14	6		6			

2-1 续表 1 单位：人

民 族	制造业			电力、热力、燃气及水生产和供应业			建筑业		
	小计	男	女	小计	男	女	小计	男	女
总 计	**487110**	**277193**	**209917**	**16962**	**12544**	**4418**	**214815**	**179134**	**35681**
汉 族	459521	261159	198362	16707	12353	4354	207328	172867	34461
蒙古族	164	112	52	7	6	1	59	51	8
回 族	1997	1242	755	51	40	11	595	512	83
藏 族	75	40	35				17	14	3
维吾尔族	202	84	118				3	1	2
苗 族	6567	3671	2896	13	10	3	1492	1220	272
彝 族	2545	1487	1058	4	4		367	295	72
壮 族	1790	1048	742	5	3	2	201	158	43
布依族	1777	1008	769	4	2	2	272	222	50
朝鲜族	48	33	15	3	2	1	2		2
满 族	164	106	58	20	15	5	82	66	16
侗 族	1156	672	484	5	4	1	209	168	41
瑶 族	386	229	157	1		1	97	81	16
白 族	431	263	168				40	30	10
土家族	5016	2891	2125	21	17	4	1562	1285	277
哈尼族	437	278	159	1	1		39	31	8
哈萨克族	4	1	3						
傣 族	391	213	178				27	19	8
黎 族	136	73	63				23	16	7
傈僳族	101	57	44				9	8	1
佤 族	156	87	69				31	26	5
畲 族	2775	1703	1072	109	78	31	2128	1869	259
高山族	3	1	2				2	2	
拉祜族	132	73	59				6	5	1
水 族	130	72	58	1	1		15	13	2
东乡族	133	86	47						
纳西族	3	1	2				2	2	
景颇族	69	36	33				7	7	
柯尔克孜族	24	16	8						
土 族	79	49	30	2	1	1	27	23	4
达斡尔族	1	1							
仫佬族	61	30	31				22	17	5
羌 族	22	16	6				5	5	
布朗族	38	17	21				4	1	3
撒拉族	8	4	4						
毛南族	20	12	8				3	3	
仡佬族	204	113	91	2	2		95	80	15
锡伯族	3	2	1	1		1			
阿昌族	25	15	10				3	1	2
普米族	8	4	4						
塔吉克族									
怒 族	5	4	1						
乌孜别克族									
俄罗斯族									
鄂温克族									
德昂族	7	5	2				2	1	1
保安族	15	12	3						
裕固族									
京 族	6	1	5						
塔塔尔族									
独龙族									
鄂伦春族	1		1						
赫哲族	3	1	2						
门巴族									
珞巴族									
基诺族									
未定族称人口	261	161	100	5	5		39	35	4
入 籍	10	4	6						

2-1　续表 2

单位：人

民　族	批发和零售业			交通运输、仓储和邮政业			住宿和餐饮业		
	小计	男	女	小计	男	女	小计	男	女
总　计	**349868**	**183830**	**166038**	**97507**	**82476**	**15031**	**113919**	**60836**	**53083**
汉　族	343899	180702	163197	95353	80610	14743	111107	59362	51745
蒙古族	58	22	36	18	14	4	21	12	9
回　族	1071	705	366	285	246	39	415	262	153
藏　族	22	13	9	5	2	3	12	2	10
维吾尔族	17	6	11	2	2		73	51	22
苗　族	571	278	293	276	245	31	322	153	169
彝　族	158	81	77	78	63	15	128	59	69
壮　族	270	98	172	90	72	18	147	65	82
布依族	180	75	105	67	55	12	72	34	38
朝鲜族	50	28	22	4	2	2	14	11	3
满　族	116	61	55	43	29	14	41	24	17
侗　族	130	50	80	67	55	12	78	34	44
瑶　族	60	24	36	21	16	5	25	10	15
白　族	40	19	21	21	18	3	23	12	11
土家族	615	282	333	397	353	44	364	185	179
哈尼族	36	17	19	7	5	2	27	13	14
哈萨克族	1		1						
傣　族	31	14	17	9	4	5	20	12	8
黎　族	24	11	13	5	5		16	2	14
傈僳族	6	3	3	1		1	7	2	5
佤　族	9	3	6	5	4	1	5	2	3
畲　族	2394	1281	1113	701	631	70	885	473	412
高山族	1		1				2		2
拉祜族	4	1	3	1	1		3	2	1
水　族	13	6	7	5	5		3	1	2
东乡族	6	5	1	2	2		43	25	18
纳西族	1		1						
景颇族	3	1	2	1		1	3	1	2
柯尔克孜族									
土　族	8	4	4	6	6		7	2	5
达斡尔族	1		1	1		1			
仫佬族	12	6	6	1	1		7	3	4
羌　族	1		1	2	2				
布朗族	3		3	1		1	1		1
撒拉族							13	7	6
毛南族	5	5		2	2		4	1	3
仡佬族	27	17	10	11	11		12	7	5
锡伯族	2	1	1	1		1			
阿昌族							1		1
普米族	1	1		6	5	1			
塔吉克族									
怒　族	1		1						
乌孜别克族									
俄罗斯族									
鄂温克族	2	1	1						
德昂族							1		1
保安族									
裕固族									
京　族							1		1
塔塔尔族									
独龙族									
鄂伦春族									
赫哲族	1	1							
门巴族									
珞巴族									
基诺族									
未定族称人口	17	7	10	12	10	2	15	6	9
入　籍	1	1					1	1	

2-1 续表 3

单位：人

民族	信息传输、软件和信息技术服务业			金融业			房地产业		
	小计	男	女	小计	男	女	小计	男	女
总　计	**39675**	**26565**	**13110**	**30118**	**14366**	**15752**	**37347**	**23038**	**14309**
汉　族	39022	26138	12884	29823	14230	15593	36528	22525	14003
蒙古族	12	7	5	8	4	4	16	9	7
回　族	149	101	48	94	44	50	103	56	47
藏　族	1	1					1		1
维吾尔族	1	1					1	1	
苗　族	54	38	16	12	3	9	102	64	38
彝　族	13	10	3	4	2	2	31	21	10
壮　族	36	17	19	13	4	9	27	13	14
布依族	15	8	7	1		1	25	16	9
朝鲜族	7	4	3	1		1	2	2	
满　族	18	10	8	22	6	16	24	16	8
侗　族	22	13	9	3	1	2	27	20	7
瑶　族	13	10	3				24	16	8
白　族	3	1	2	3	1	2	7	7	
土家族	61	40	21	12	5	7	156	111	45
哈尼族	5	1	4				2	1	1
哈萨克族									
傣　族	3	1	2	2		2	4	1	3
黎　族	1	1		1	1				
傈僳族							2	1	1
佤　族							4	2	2
畲　族	226	156	70	118	65	53	232	138	94
高山族	2	1	1				1	1	
拉祜族	1		1						
水　族	1	1					4	2	2
东乡族							1		1
纳西族	1	1							
景颇族	1		1						
柯尔克孜族									
土　族	1	1					5	4	1
达斡尔族									
仫佬族									
羌　族							2	1	1
布朗族	1	1							
撒拉族									
毛南族							2	2	
仡佬族	2	1	1				10	7	3
锡伯族							2		2
阿昌族									
普米族	1		1						
塔吉克族									
怒　族									
乌孜别克族									
俄罗斯族									
鄂温克族									
德昂族									
保安族									
裕固族									
京　族							1	1	
塔塔尔族									
独龙族									
鄂伦春族									
赫哲族									
门巴族									
珞巴族									
基诺族									
未定族称人口	1	1		1		1	1		1
入　籍	1		1						

2-1　续表 4　　　　单位：人

民　族	租赁和商务服务业			科学研究和技术服务业			水利、环境和公共设施管理业		
	小计	男	女	小计	男	女	小计	男	女
总　计	**44494**	**27256**	**17238**	**22129**	**14902**	**7227**	**14443**	**8745**	**5698**
汉　族	43693	26765	16928	21732	14629	7103	14130	8556	5574
蒙古族	14	12	2	11	8	3	5	2	3
回　族	155	89	66	64	47	17	27	19	8
藏　族	1	1					1	1	
维吾尔族	1		1	1	1		1	1	
苗　族	69	44	25	47	40	7	47	27	20
彝　族	21	13	8	11	7	4	19	8	11
壮　族	37	19	18	14	8	6	15	8	7
布依族	21	13	8	6	2	4	6	3	3
朝鲜族	5	3	2	5	4	1			
满　族	33	19	14	16	10	6	5	2	3
侗　族	18	9	9	12	4	8	11	4	7
瑶　族	8	5	3	6	5	1	2	2	
白　族	9	5	4	3	1	2	1	1	
土家族	87	61	26	44	34	10	48	36	12
哈尼族	2	2					2	1	1
哈萨克族	1		1						
傣　族	4	2	2	4	2	2	1	1	
黎　族	4	1	3	1		1	1		1
傈僳族				1	1				
佤　族	1	1					3	2	1
畲　族	298	186	112	144	95	49	108	64	44
高山族									
拉祜族	1		1						
水　族							2		2
东乡族									
纳西族									
景颇族				1		1	1	1	
柯尔克孜族									
土　族				3	2	1	1	1	
达斡尔族	1		1						
仫佬族	2	1	1	1		1			
羌　族									
布朗族									
撒拉族									
毛南族									
仡佬族	4	3	1	1	1		4	4	
锡伯族	1		1						
阿昌族									
普米族									
塔吉克族									
怒　族									
乌孜别克族									
俄罗斯族									
鄂温克族									
德昂族									
保安族									
裕固族									
京　族									
塔塔尔族									
独龙族									
鄂伦春族									
赫哲族									
门巴族									
珞巴族									
基诺族									
未定族称人口	3	2	1	1	1		2	1	1
入　籍									

2-1 续表 5 单位：人

民族	居民服务、修理和其他服务业			教育			卫生和社会工作		
	小计	男	女	小计	男	女	小计	男	女
总计	**78414**	**34533**	**43881**	**86229**	**29122**	**57107**	**36800**	**12920**	**23880**
汉族	76545	33757	42788	84984	28707	56277	36315	12737	23578
蒙古族	17	12	5	35	12	23	9	3	6
回族	167	96	71	263	93	170	103	39	64
藏族	1	1		2	2				
维吾尔族				11	3	8	4		4
苗族	213	83	130	56	16	40	19	7	12
彝族	131	42	89	21	5	16	12	2	10
壮族	93	19	74	41	8	33	9	1	8
布依族	56	16	40	14	3	11	3	1	2
朝鲜族	7	3	4	9	4	5	9	3	6
满族	25	13	12	49	9	40	24	6	18
侗族	44	12	32	30	7	23	7	1	6
瑶族	19	5	14	11	5	6	2	2	
白族	10	3	7	4	1	3			
土家族	259	108	151	70	20	50	27	9	18
哈尼族	11	3	8	4		4	4	1	3
哈萨克族				3	1	2			
傣族	12	6	6	3	1	2	1		1
黎族	13	6	7	2	1	1	2		2
傈僳族	7		7						
佤族	3		3						
畲族	748	337	411	589	217	372	241	104	137
高山族				1		1			
拉祜族	1		1						
水族	2		2	3	2	1	2		2
东乡族				1		1	1	1	
纳西族									
景颇族	6		6						
柯尔克孜族									
土族	2	1	1	3	1	2	1	1	
达斡尔族				1		1	1	1	
仫佬族	2	2		3		3	1		1
羌族	2		2	3		3			
布朗族									
撒拉族				1		1	1	1	
毛南族	1		1	2		2			
仡佬族	7	3	4	4	2	2	2		2
锡伯族									
阿昌族									
普米族									
塔吉克族				1	1				
怒族									
乌孜别克族									
俄罗斯族				2		2			
鄂温克族									
德昂族	1		1						
保安族									
裕固族									
京族	1		1						
塔塔尔族									
独龙族									
鄂伦春族									
赫哲族									
门巴族									
珞巴族									
基诺族									
未定族称人口	7	5	2	3	1	2			
入籍	1		1						

2-1　续表 6

单位：人

民　族	文化、体育和娱乐业			公共管理、社会保障和社会组织			国际组织		
	小计	男	女	小计	男	女	小计	男	女
总　计	**18190**	**9511**	**8679**	**72562**	**47158**	**25404**	**3**	**2**	**1**
汉　族	17645	9281	8364	71586	46525	25061	3	2	1
蒙古族	10	3	7	19	14	5			
回　族	54	35	19	250	163	87			
藏　族	1	1		3	3				
维吾尔族	4	3	1	1	1				
苗　族	72	21	51	15	8	7			
彝　族	36	17	19	6	5	1			
壮　族	33	7	26	20	9	11			
布依族	15	1	14	5	4	1			
朝鲜族	5	3	2	2	1	1			
满　族	14	6	8	23	11	12			
侗　族	14	4	10	5	4	1			
瑶　族	12	6	6	2	1	1			
白　族	3	1	2	2	1	1			
土家族	77	32	45	26	16	10			
哈尼族	12	8	4	5	4	1			
哈萨克族	1		1	2		2			
傣　族	8	2	6						
黎　族	9	2	7	2		2			
傈僳族	1		1	1		1			
佤　族	13	6	7	1	1				
畲　族	133	69	64	580	383	197			
高山族	2	2							
拉祜族	1		1						
水　族	1		1						
东乡族									
纳西族	1		1						
景颇族	1		1						
柯尔克孜族									
土　族	1		1						
达斡尔族	3		3	1	1				
仫佬族	1		1						
羌　族				1	1				
布朗族									
撒拉族									
毛南族				1		1			
仡佬族	4	1	3	2	2				
锡伯族									
阿昌族									
普米族									
塔吉克族									
怒　族									
乌孜别克族									
俄罗斯族									
鄂温克族									
德昂族									
保安族									
裕固族									
京　族									
塔塔尔族									
独龙族									
鄂伦春族									
赫哲族									
门巴族									
珞巴族									
基诺族									
未定族称人口	3		3	1		1			
入　籍									

2-2 全省各民族分性别、职业的人口

单位：人

民族	人口数			党的机关、国家机关、群众团体和社会组织、企事业单位负责人		
	合计	男	女	小计	男	女
总计	**2053870**	**1212556**	**841314**	**36016**	**28285**	**7731**
汉族	1991564	1174684	816880	35441	27837	7604
蒙古族	503	312	191	11	7	4
回族	6173	4023	2150	193	163	30
藏族	146	81	65	2	2	
维吾尔族	323	155	168	3	2	1
苗族	10593	6338	4255	30	21	9
彝族	3770	2213	1557	11	5	6
壮族	3122	1679	1443	14	8	6
布依族	2662	1536	1126	3	2	1
朝鲜族	174	103	71	15	10	5
满族	738	417	321	13	10	3
侗族	1948	1136	812	7	2	5
瑶族	730	447	283	8	5	3
白族	615	372	243			
土家族	9081	5660	3421	44	38	6
哈尼族	598	368	230			
哈萨克族	12	2	10			
傣族	534	284	250	1	1	
黎族	252	125	127			
傈僳族	142	75	67			
佤族	235	136	99	1		1
畲族	17931	11205	6726	209	165	44
高山族	15	8	7	2	1	1
拉祜族	152	83	69			
水族	199	116	83	2	1	1
东乡族	187	119	68			
纳西族	9	4	5			
景颇族	99	49	50			
柯尔克孜族	24	16	8			
土族	152	101	51	1	1	
达斡尔族	10	3	7			
仫佬族	118	63	55			
羌族	38	25	13			
布朗族	48	19	29			
撒拉族	23	12	11			
毛南族	41	26	15			
仡佬族	401	260	141	3	2	1
锡伯族	10	3	7			
阿昌族	30	16	14			
普米族	16	10	6			
塔吉克族	1	1				
怒族	6	4	2			
乌孜别克族						
俄罗斯族	2		2			
鄂温克族	2	1	1			
德昂族	11	6	5	1	1	
保安族	15	12	3			
裕固族						
京族	10	2	8			
塔塔尔族						
独龙族						
鄂伦春族	1		1			
赫哲族	4	2	2			
门巴族						
珞巴族						
基诺族						
未定族称人口	380	238	142	1	1	
入籍	20	6	14			

2-2 续表 1

单位：人

民族	专业技术人员			办事人员和有关人员			社会生产服务和生活服务人员		
	小计	男	女	小计	男	女	小计	男	女
总 计	**211472**	**92939**	**118533**	**151085**	**91617**	**59468**	**774950**	**448067**	**326883**
汉 族	208038	91246	116792	148743	90251	58492	759132	438922	320210
蒙古族	92	48	44	43	23	20	148	88	60
回 族	672	293	379	519	319	200	2394	1641	753
藏 族	7	5	2	6	5	1	42	20	22
维吾尔族	18	6	12	7	4	3	90	58	32
苗 族	237	145	92	159	76	83	1833	1054	779
彝 族	102	60	42	79	50	29	643	339	304
壮 族	143	63	80	94	38	56	759	337	422
布依族	56	30	26	42	24	18	460	227	233
朝鲜族	39	17	22	25	15	10	73	45	28
满 族	168	72	96	87	46	41	258	138	120
侗 族	74	30	44	46	26	20	439	231	208
瑶 族	39	24	15	26	13	13	164	84	80
白 族	17	7	10	10	6	4	126	69	57
土家族	289	177	112	193	114	79	2154	1253	901
哈尼族	17	10	7	13	8	5	105	53	52
哈萨克族	4	1	3	1		1	4		4
傣 族	12	4	8	13	6	7	97	50	47
黎 族	8	3	5	9	2	7	72	25	47
傈僳族	3	1	2				29	10	19
佤 族	14	9	5	2	1	1	28	15	13
畲 族	1352	649	703	928	569	359	5502	3205	2297
高山族	3	1	2	2	2		3	2	1
拉祜族	2	2					13	4	9
水 族	5	3	2	4	2	2	27	10	17
东乡族	4	2	2	2	1	1	52	30	22
纳西族				1	1		4	1	3
景颇族	3	2	1				19	5	14
柯尔克孜族				1		1			
土 族	6	3	3	1	1		34	20	14
达斡尔族	2	1	1	1		1	6	1	5
仫佬族	11	5	6				27	13	14
羌 族	3		3	2	2		9	4	5
布朗族				1		1	6	1	5
撒拉族	1	1					14	7	7
毛南族	3	1	2				15	10	5
仡佬族	17	13	4	16	8	8	70	44	26
锡伯族	2	1	1	1		1	4	1	3
阿昌族							4	2	2
普米族							10	8	2
塔吉克族				1	1				
怒 族							1		1
乌孜别克族									
俄罗斯族	1		1				1		1
鄂温克族				1		1	1	1	
德昂族							2		2
保安族	1	1							
裕固族									
京 族							5	2	3
塔塔尔族									
独龙族									
鄂伦春族	1		1						
赫哲族				1	1				
门巴族									
珞巴族									
基诺族									
未定族称人口	5	3	2	5	2	3	68	36	32
入 籍	1		1				3	1	2

2-2 续表 2 单位：人

民族	农、林、牧、渔业生产及辅助人员			生产制造及有关人员			不便分类的其他从业人员		
	小计	男	女	小计	男	女	小计	男	女
总　计	**284132**	**160958**	**123174**	**593918**	**389256**	**204662**	**2297**	**1434**	**863**
汉　族	276748	156582	120166	561271	368479	192792	2191	1367	824
蒙古族	20	9	11	187	135	52	2	2	
回　族	327	231	96	2047	1360	687	21	16	5
藏　族	4		4	85	49	36			
维吾尔族	1		1	204	85	119			
苗　族	603	355	248	7718	4679	3039	13	8	5
彝　族	175	83	92	2753	1673	1080	7	3	4
壮　族	262	109	153	1845	1120	725	5	4	1
布依族	111	61	50	1987	1191	796	3	1	2
朝鲜族				22	16	6			
满　族	21	8	13	190	143	47	1		1
侗　族	81	44	37	1299	802	497	2	1	1
瑶　族	39	27	12	452	292	160	2	2	
白　族	15	6	9	446	284	162	1		1
土家族	179	118	61	6199	3948	2251	23	12	11
哈尼族	5	3	2	455	294	161	3		3
哈萨克族				3	1	2			
傣　族	18	8	10	393	215	178			
黎　族	8	2	6	154	92	62	1	1	
傈僳族	8	5	3	102	59	43			
佤　族	4	2	2	186	109	77			
畲　族	5448	3282	2166	4476	3323	1153	16	12	4
高山族	1	1		4	1	3			
拉祜族	3	1	2	134	76	58			
水　族	12	6	6	149	94	55			
东乡族				129	86	43			
纳西族	1		1	3	2	1			
景颇族	4	2	2	73	40	33			
柯尔克孜族				23	16	7			
土　族	6	5	1	101	69	32	3	2	1
达斡尔族				1	1				
仫佬族	4	2	2	75	42	33	1	1	
羌　族				24	19	5			
布朗族				41	18	23			
撒拉族				8	4	4			
毛南族				22	14	8	1	1	
仡佬族	7	4	3	288	189	99			
锡伯族				3	1	2			
阿昌族	1		1	25	14	11			
普米族				6	2	4			
塔吉克族									
怒　族				5	4	1			
乌孜别克族									
俄罗斯族									
鄂温克族									
德昂族				8	5	3			
保安族				14	11	3			
裕固族									
京　族	1		1	4		4			
塔塔尔族									
独龙族									
鄂伦春族									
赫哲族				3	1	2			
门巴族									
珞巴族									
基诺族									
未定族称人口	7	2	5	293	193	100	1	1	
入　籍	8		8	8	5	3			

2-3　全省各民族分性别、主要生活来源的15岁及以上人口

单位：人

民　族	15岁及以上人口			劳动收入		
	合计	男	女	小计	男	女
总　计	**3188888**	**1624272**	**1564616**	**2029983**	**1206041**	**823942**
汉　族	3107081	1579270	1527811	1968014	1168272	799742
蒙古族	761	421	340	497	307	190
回　族	9660	5640	4020	6140	4001	2139
藏　族	303	137	166	147	81	66
维吾尔族	460	206	254	320	154	166
苗　族	12072	6759	5313	10604	6354	4250
彝　族	4223	2365	1858	3770	2219	1551
壮　族	3934	1871	2063	3095	1678	1417
布依族	3139	1687	1452	2673	1545	1128
朝鲜族	261	133	128	170	101	69
满　族	1111	560	551	727	417	310
侗　族	2291	1240	1051	1952	1139	813
瑶　族	916	495	421	725	445	280
白　族	740	408	332	613	372	241
土家族	10564	6141	4423	9087	5673	3414
哈尼族	662	382	280	591	360	231
哈萨克族	46	18	28	10	2	8
傣　族	612	299	313	539	287	252
黎　族	334	143	191	251	124	127
傈僳族	164	81	83	141	75	66
佤　族	247	138	109	234	136	98
畲　族	26870	14543	12327	17660	11094	6566
高山族	31	12	19	15	8	7
拉祜族	163	85	78	151	82	69
水　族	242	133	109	198	115	83
东乡族	199	124	75	188	120	68
纳西族	17	8	9	9	4	5
景颇族	113	49	64	100	49	51
柯尔克孜族	29	19	10	24	16	8
土　族	178	109	69	153	101	52
达斡尔族	17	8	9	10	3	7
仫佬族	151	73	78	117	63	54
羌　族	50	32	18	39	26	13
布朗族	56	22	34	48	19	29
撒拉族	26	13	13	23	12	11
毛南族	50	27	23	41	26	15
仡佬族	478	284	194	400	260	140
锡伯族	17	4	13	10	3	7
阿昌族	33	18	15	31	16	15
普米族	17	10	7	16	10	6
塔吉克族	1	1				
怒　族	7	4	3	6	4	2
乌孜别克族	1		1			
俄罗斯族	4	1	3	2		2
鄂温克族	2	1	1	2	1	1
德昂族	13	6	7	11	6	5
保安族	15	12	3	15	12	3
裕固族						
京　族	17	4	13	10	2	8
塔塔尔族						
独龙族						
鄂伦春族	1		1	1		1
赫哲族	4	2	2	4	2	2
门巴族	1		1			
珞巴族	1		1			
基诺族						
未定族称人口	462	266	196	379	239	140
入　籍	41	8	33	20	6	14

2-3 续表 1

单位：人

民 族	离退休金/养老金			最低生活保障金			失业保险金		
	小计	男	女	小计	男	女	小计	男	女
总 计	**198509**	**90848**	**107661**	**26535**	**15849**	**10686**	**801**	**436**	**365**
汉 族	197091	90079	107012	26046	15510	10536	791	428	363
蒙古族	40	23	17	3	3				
回 族	455	261	194	78	53	25	2	2	
藏 族	1	1							
维吾尔族	5	2	3						
苗 族	26	9	17	5	3	2	2	2	
彝 族	4	2	2	1	1		1		1
壮 族	16	4	12	3	1	2			
布依族	6		6	1		1			
朝鲜族	16	7	9				1		1
满 族	101	38	63	2	1	1			
侗 族	6	1	5	2	1	1			
瑶 族	3	2	1						
白 族	1	1					1	1	
土家族	26	6	20	4	2	2	2	2	
哈尼族									
哈萨克族									
傣 族	1		1						
黎 族	2		2						
傈僳族									
佤 族									
畲 族	692	403	289	386	274	112	1	1	
高山族	8	3	5	3		3			
拉祜族									
水 族									
东乡族	1		1						
纳西族									
景颇族									
柯尔克孜族									
土 族									
达斡尔族	3	3							
仫佬族									
羌 族									
布朗族									
撒拉族	1	1							
毛南族									
仡佬族	1		1						
锡伯族									
阿昌族									
普米族									
塔吉克族									
怒 族									
乌孜别克族									
俄罗斯族	2	1	1						
鄂温克族									
德昂族									
保安族									
裕固族									
京 族	1	1							
塔塔尔族									
独龙族									
鄂伦春族									
赫哲族									
门巴族									
珞巴族									
基诺族									
未定族称人口									
入 籍				1		1			

2-3　续表 2　　　　单位：人

民　族	财产性收入			家庭其他成员供养			其　他		
	小计	男	女	小计	男	女	小计	男	女
总　计	**21166**	**12016**	**9150**	**833769**	**260041**	**573728**	**78125**	**39041**	**39084**
汉　族	20862	11818	9044	817663	254847	562816	76614	38316	38298
蒙古族	1	1		195	75	120	25	12	13
回　族	161	119	42	2586	1050	1536	238	154	84
藏　族	1		1	150	54	96	4	1	3
维吾尔族				127	47	80	8	3	5
苗　族	9	5	4	1266	315	951	160	71	89
彝　族	4	3	1	392	119	273	51	21	30
壮　族	6	2	4	770	178	592	44	8	36
布依族	4	4		416	115	301	39	23	16
朝鲜族	5	3	2	58	16	42	11	6	5
满　族	7	3	4	250	90	160	24	11	13
侗　族				293	80	213	38	19	19
瑶　族				178	45	133	10	3	7
白　族	2	1	1	115	33	82	8		8
土家族	14	7	7	1282	376	906	149	75	74
哈尼族				62	18	44	9	4	5
哈萨克族				34	15	19	2	1	1
傣　族				58	7	51	14	5	9
黎　族	2		2	71	17	54	8	2	6
傈僳族				19	5	14	4	1	3
佤　族				9	2	7	4		4
畲　族	84	47	37	7423	2437	4986	624	287	337
高山族				5	1	4			
拉祜族				11	3	8	1		1
水　族	1	1		37	14	23	6	3	3
东乡族				4	1	3	6	3	3
纳西族				8	4	4			
景颇族				13		13			
柯尔克孜族				3	2	1	2	1	1
土　族	1		1	24	8	16			
达斡尔族	1	1		3	1	2			
仫佬族				31	9	22	3	1	2
羌　族				11	6	5			
布朗族				8	3	5			
撒拉族				2		2			
毛南族				9	1	8			
仡佬族				71	22	49	6	2	4
锡伯族				6		6	1	1	
阿昌族				1	1		1	1	
普米族				1		1			
塔吉克族				1	1				
怒　族							1		1
乌孜别克族				1		1			
俄罗斯族									
鄂温克族									
德昂族				2		2			
保安族									
裕固族									
京　族				5		5	1	1	
塔塔尔族									
独龙族									
鄂伦春族									
赫哲族									
门巴族				1		1			
珞巴族				1		1			
基诺族									
未定族称人口	1	1		74	21	53	8	5	3
入　籍				19	2	17	1		1

2–4　全省各民族分性别、婚姻状况的15岁及以上人口

单位：人

民　族	15岁及以上人口			未　婚		
	合计	男	女	小计	男	女
总　计	**3188888**	**1624272**	**1564616**	**592284**	**360464**	**231820**
汉　族	3107081	1579270	1527811	570678	346532	224146
蒙古族	761	421	340	302	179	123
回　族	9660	5640	4020	2404	1442	962
藏　族	303	137	166	187	84	103
维吾尔族	460	206	254	270	128	142
苗　族	12072	6759	5313	3208	2204	1004
彝　族	4223	2365	1858	1538	1058	480
壮　族	3934	1871	2063	1316	775	541
布依族	3139	1687	1452	1015	686	329
朝鲜族	261	133	128	75	40	35
满　族	1111	560	551	404	205	199
侗　族	2291	1240	1051	625	400	225
瑶　族	916	495	421	307	190	117
白　族	740	408	332	262	170	92
土家族	10564	6141	4423	2747	1915	832
哈尼族	662	382	280	256	196	60
哈萨克族	46	18	28	38	16	22
傣　族	612	299	313	195	128	67
黎　族	334	143	191	133	73	60
傈僳族	164	81	83	64	40	24
佤　族	247	138	109	82	62	20
畲　族	26870	14543	12327	5389	3413	1976
高山族	31	12	19	4	3	1
拉祜族	163	85	78	61	44	17
水　族	242	133	109	83	58	25
东乡族	199	124	75	49	42	7
纳西族	17	8	9	14	8	6
景颇族	113	49	64	28	16	12
柯尔克孜族	29	19	10	9	7	2
土　族	178	109	69	51	39	12
达斡尔族	17	8	9	8	1	7
仫佬族	151	73	78	55	36	19
羌　族	50	32	18	24	14	10
布朗族	56	22	34	14	10	4
撒拉族	26	13	13	5	3	2
毛南族	50	27	23	21	11	10
仡佬族	478	284	194	135	86	49
锡伯族	17	4	13	7	3	4
阿昌族	33	18	15	10	9	1
普米族	17	10	7	5	4	1
塔吉克族	1	1		1	1	
怒　族	7	4	3	4	4	
乌孜别克族	1		1	1		1
俄罗斯族	4	1	3			
鄂温克族	2	1	1			
德昂族	13	6	7	4	3	1
保安族	15	12	3	2	2	
裕固族						
京　族	17	4	13	3	1	2
塔塔尔族						
独龙族						
鄂伦春族	1		1			
赫哲族	4	2	2			
门巴族	1		1	1		1
珞巴族	1		1	1		1
基诺族						
未定族称人口	462	266	196	185	121	64
入　籍	41	8	33	4	2	2

2-4 续表

单位：人

民 族	有配偶			离 婚			丧 偶		
	小计	男	女	小计	男	女	小计	男	女
总 计	**2351646**	**1188072**	**1163574**	**71112**	**38007**	**33105**	**173846**	**37729**	**136117**
汉 族	2295474	1158615	1136859	69515	37067	32448	171414	37056	134358
蒙古族	424	230	194	20	10	10	15	2	13
回 族	6622	3945	2677	235	129	106	399	124	275
藏 族	114	53	61	1		1	1		1
维吾尔族	183	74	109	5	2	3	2	2	
苗 族	8561	4405	4156	216	119	97	87	31	56
彝 族	2595	1250	1345	73	51	22	17	6	11
壮 族	2512	1057	1455	67	35	32	39	4	35
布依族	2060	969	1091	47	28	19	17	4	13
朝鲜族	167	87	80	10	4	6	9	2	7
满 族	645	334	311	43	19	24	19	2	17
侗 族	1596	807	789	55	30	25	15	3	12
瑶 族	586	294	292	15	9	6	8	2	6
白 族	462	230	232	13	7	6	3	1	2
土家族	7517	4069	3448	204	131	73	96	26	70
哈尼族	402	183	219	2	1	1	2	2	
哈萨克族	8	2	6						
傣 族	396	161	235	20	10	10	1		1
黎 族	192	69	123	5		5	4	1	3
傈僳族	97	39	58	3	2	1			
佤 族	159	74	85	4	2	2	2		2
畲 族	19280	10339	8941	518	332	186	1683	459	1224
高山族	24	9	15	1		1	2		2
拉祜族	98	40	58	1		1	3	1	2
水 族	151	72	79	6	3	3	2		2
东乡族	148	81	67	2	1	1			
纳西族	3		3						
景颇族	81	31	50	4	2	2			
柯尔克孜族	20	12	8						
土 族	121	65	56	5	4	1	1	1	
达斡尔族	9	7	2						
仫佬族	94	37	57	1		1	1		1
羌 族	26	18	8						
布朗族	41	11	30	1	1				
撒拉族	21	10	11						
毛南族	28	16	12	1		1			
仡佬族	335	195	140	7	3	4	1		1
锡伯族	9	1	8	1		1			
阿昌族	23	9	14						
普米族	10	4	6	2	2				
塔吉克族									
怒 族	2		2	1		1			
乌孜别克族									
俄罗斯族	4	1	3						
鄂温克族	2	1	1						
德昂族	6	2	4	3	1	2			
保安族	13	10	3						
裕固族									
京 族	14	3	11						
塔塔尔族									
独龙族									
鄂伦春族				1		1			
赫哲族	4	2	2						
门巴族									
珞巴族									
基诺族									
未定族称人口	270	143	127	4	2	2	3		3
入 籍	37	6	31						

2-5 全省各民族分性别、初婚年龄的人口

单位：人

民 族	合 计			15岁以下		
	合计	男	女	小计	男	女
总 计	**2596604**	**1263808**	**1332796**	**4145**	**567**	**3578**
汉 族	2536403	1232738	1303665	3972	538	3434
蒙古族	459	242	217	1		1
回 族	7256	4198	3058	11	1	10
藏 族	116	53	63	1		1
维吾尔族	190	78	112	1		1
苗 族	8864	4555	4309	44	8	36
彝 族	2685	1307	1378	6	1	5
壮 族	2618	1096	1522	7		7
布依族	2124	1001	1123	8	1	7
朝鲜族	186	93	93			
满 族	707	355	352			
侗 族	1666	840	826	3	1	2
瑶 族	609	305	304	1		1
白 族	478	238	240	2	1	1
土家族	7817	4226	3591	18	5	13
哈尼族	406	186	220	1		1
哈萨克族	8	2	6			
傣 族	417	171	246	2		2
黎 族	201	70	131	1		1
傈僳族	100	41	59			
佤 族	165	76	89			
畲 族	21481	11130	10351	58	7	51
高山族	27	9	18			
拉祜族	102	41	61			
水 族	159	75	84	3	1	2
东乡族	150	82	68			
纳西族	3		3			
景颇族	85	33	52			
柯尔克孜族	20	12	8			
土 族	127	70	57			
达斡尔族	9	7	2			
仫佬族	96	37	59			
羌 族	26	18	8			
布朗族	42	12	30	2	1	1
撒拉族	21	10	11			
毛南族	29	16	13			
仡佬族	343	198	145			
锡伯族	10	1	9			
阿昌族	23	9	14			
普米族	12	6	6			
塔吉克族						
怒 族	3		3			
乌孜别克族						
俄罗斯族	4	1	3			
鄂温克族	2	1	1			
德昂族	9	3	6			
保安族	13	10	3			
裕固族						
京 族	14	3	11			
塔塔尔族						
独龙族						
鄂伦春族	1		1			
赫哲族	4	2	2			
门巴族						
珞巴族						
基诺族						
未定族称人口	277	145	132	3	2	1
入 籍	37	6	31			

2-5　续表 1　　　　单位：人

民　　族	15岁			16岁		
	小计	男	女	小计	男	女
总　计	**18417**	**2613**	**15804**	**35966**	**5197**	**30769**
汉　族	17714	2463	15251	34795	4938	29857
蒙古族	2	2		3		3
回　族	44	7	37	87	28	59
藏　族	1		1	8	1	7
维吾尔族				5	1	4
苗　族	145	32	113	247	66	181
彝　族	55	9	46	85	19	66
壮　族	17	2	15	41	5	36
布依族	22	11	11	35	13	22
朝鲜族						
满　族	2	1	1	6	1	5
侗　族	12	5	7	16	4	12
瑶　族	8	2	6	19	6	13
白　族	7	2	5	9	2	7
土家族	68	13	55	92	17	75
哈尼族	4	1	3	6	1	5
哈萨克族						
傣　族	8	4	4	6	1	5
黎　族	2	1	1	6	1	5
傈僳族	1		1	5	1	4
佤　族	2	1	1	9	1	8
畲　族	281	52	229	436	80	356
高山族				1		1
拉祜族				9	2	7
水　族	3	2	1	1		1
东乡族	4		4	9	1	8
纳西族						
景颇族	2	1	1	2	1	1
柯尔克孜族						
土　族				2	1	1
达斡尔族						
仫佬族	1		1	1		1
羌　族				1		1
布朗族				2		2
撒拉族	1		1			
毛南族						
仡佬族	2		2	8	1	7
锡伯族						
阿昌族						
普米族						
塔吉克族						
怒　族						
乌孜别克族						
俄罗斯族						
鄂温克族						
德昂族						
保安族	2		2	1		1
裕固族						
京　族						
塔塔尔族						
独龙族						
鄂伦春族						
赫哲族						
门巴族						
珞巴族						
基诺族						
未定族称人口	6	1	5	12	5	7
入　籍	1	1		1		1

2-5 续表 2

单位：人

民　族	17岁			18岁			19岁		
	小计	男	女	小计	男	女	小计	男	女
总　计	**64234**	**11083**	**53151**	**102802**	**22072**	**80730**	**160744**	**41619**	**119125**
汉　族	62297	10593	51704	99976	21232	78744	156354	40179	116175
蒙古族	4	1	3	9	1	8	12	1	11
回　族	160	32	128	273	89	184	430	148	282
藏　族	6	1	5	7	2	5	11	5	6
维吾尔族	8	3	5	21	2	19	13	1	12
苗　族	365	116	249	482	149	333	756	299	457
彝　族	103	32	71	153	51	102	237	87	150
壮　族	75	15	60	119	30	89	163	38	125
布依族	81	18	63	121	32	89	161	52	109
朝鲜族	2	1	1				2	2	
满　族	8	2	6	12	7	5	20	6	14
侗　族	35	10	25	72	20	52	111	41	70
瑶　族	11		11	19	7	12	43	9	34
白　族	9	3	6	18	6	12	35	4	31
土家族	189	45	144	298	98	200	513	173	340
哈尼族	19	5	14	32	11	21	33	8	25
哈萨克族	1		1						
傣　族	15	6	9	17	4	13	39	17	22
黎　族	10	3	7	9	1	8	14	3	11
傈僳族	7	2	5	8	4	4	8	1	7
佤　族	8		8	12	4	8	15	5	10
畲　族	758	177	581	1061	290	771	1643	499	1144
高山族	2		2						
拉祜族	6	2	4	7	2	5	10	1	9
水　族	7		7	12	7	5	16	5	11
东乡族	13	5	8	15	4	11	17	6	11
纳西族									
景颇族	5	1	4	5	4	1	7	1	6
柯尔克孜族				1		1	3	1	2
土　族	2	2		3		3	8	1	7
达斡尔族									
仫佬族	3		3	1		1	5	1	4
羌　族	1		1				1		1
布朗族				5	1	4	6	1	5
撒拉族	2	1	1	3	2	1	3	1	2
毛南族	2		2	1	1		4	2	2
仡佬族	7	4	3	12	5	7	26	10	16
锡伯族									
阿昌族	1		1	2	1	1			
普米族	2		2				1		1
塔吉克族									
怒　族	1		1						
乌孜别克族									
俄罗斯族									
鄂温克族									
德昂族	1		1						
保安族									
裕固族									
京　族				1		1	4	1	3
塔塔尔族									
独龙族									
鄂伦春族									
赫哲族									
门巴族									
珞巴族									
基诺族									
未定族称人口	8	3	5	14	5	9	20	10	10
入　籍				1		1			

2-5　续表 3

单位：人

民　族	20岁			21岁			22岁		
	小计	男	女	小计	男	女	小计	男	女
总　计	**223082**	**65387**	**157695**	**255248**	**97966**	**157282**	**296790**	**142783**	**154007**
汉　族	217461	63422	154039	249107	95239	153868	290087	139169	150918
蒙古族	32	16	16	27	8	19	41	20	21
回　族	546	217	329	705	324	381	806	454	352
藏　族	10	5	5	8	3	5	10	3	7
维吾尔族	24	10	14	28	9	19	17	8	9
苗　族	882	348	534	938	438	500	1022	567	455
彝　族	301	98	203	305	135	170	304	173	131
壮　族	227	57	170	268	82	186	268	120	148
布依族	210	78	132	250	117	133	237	110	127
朝鲜族	2		2	5		5	10	6	4
满　族	23	7	16	54	26	28	71	46	25
侗　族	172	51	121	172	63	109	159	84	75
瑶　族	47	11	36	48	27	21	69	32	37
白　族	56	15	41	65	31	34	60	35	25
土家族	749	241	508	887	412	475	1029	565	464
哈尼族	36	14	22	40	18	22	51	26	25
哈萨克族	1		1	1		1			
傣　族	43	8	35	39	12	27	50	25	25
黎　族	28	8	20	21	7	14	18	11	7
傈僳族	7	3	4	8	1	7	13	6	7
佤　族	18	4	14	14	8	6	14	8	6
畲　族	2040	703	1337	2077	916	1161	2272	1221	1051
高山族	2	1	1	4		4	2	1	1
拉祜族	9	4	5	6	3	3	14	6	8
水　族	16	9	7	14	6	8	20	9	11
东乡族	20	12	8	22	19	3	16	11	5
纳西族									
景颇族	11	3	8	5		5	5	3	2
柯尔克孜族	1	1					1		1
土　族	13	2	11	14	8	6	18	9	9
达斡尔族									
仫佬族	10	4	6	9	4	5	10	4	6
羌　族	1	1		5	2	3	2	2	
布朗族	6		6	2	1	1	3	1	2
撒拉族	2		2	1		1	1	1	
毛南族	1		1	3	2	1	3	1	2
仡佬族	29	14	15	51	27	24	46	23	23
锡伯族									
阿昌族				1		1	4	1	3
普米族	2	1	1				3	1	2
塔吉克族									
怒　族				1		1			
乌孜别克族									
俄罗斯族				1		1			
鄂温克族									
德昂族							2	1	1
保安族	2	2					4	4	
裕固族									
京　族				2		2			
塔塔尔族									
独龙族									
鄂伦春族									
赫哲族				1		1			
门巴族									
珞巴族									
基诺族									
未定族称人口	37	16	21	34	17	17	24	14	10
入　籍	5	1	4	5	1	4	4	2	2

2–5 续表 4

单位：人

民族	23岁			24岁			25岁		
	小计	男	女	小计	男	女	小计	男	女
总　计	**281904**	**144100**	**137804**	**256577**	**143261**	**113316**	**222288**	**133978**	**88310**
汉　族	275773	140609	135164	251137	139893	111244	217663	131017	86646
蒙古族	49	27	22	51	30	21	47	27	20
回　族	835	504	331	758	525	233	694	469	225
藏　族	12	8	4	8	6	2	10	6	4
维吾尔族	19	13	6	14	7	7	12	6	6
苗　族	839	510	329	726	440	286	585	389	196
彝　族	246	153	93	227	137	90	165	107	58
壮　族	249	121	128	228	112	116	209	110	99
布依族	206	102	104	178	98	80	138	78	60
朝鲜族	14	6	8	21	10	11	18	6	12
满　族	65	23	42	83	42	41	89	47	42
侗　族	201	113	88	155	91	64	130	83	47
瑶　族	70	39	31	63	35	28	41	22	19
白　族	53	30	23	48	31	17	30	23	7
土家族	897	515	382	710	470	240	633	432	201
哈尼族	33	16	17	35	18	17	32	22	10
哈萨克族	2	1	1	1		1			
傣　族	45	21	24	39	18	21	31	17	14
黎　族	25	10	15	21	10	11	7	3	4
傈僳族	7	5	2	6	3	3	8	2	6
佤　族	15	9	6	13	8	5	10	8	2
畲　族	2103	1189	914	1898	1176	722	1621	1044	577
高山族				7	2	5	2	1	1
拉祜族	8	6	2	5	4	1	10	4	6
水　族	15	6	9	16	10	6	7	4	3
东乡族	13	7	6	6	5	1	4	2	2
纳西族	1		1						
景颇族	12	5	7	7	4	3	6	2	4
柯尔克孜族	1		1	1	1		2	1	1
土　族	12	8	4	14	10	4	10	8	2
达斡尔族	2	2		3	2	1			
仫佬族	10	5	5	12	4	8	9	3	6
羌　族	1	1		5	4	1	5	4	1
布朗族	3		3	4	4		1		1
撒拉族	1	1		1	1				
毛南族	4	1	3	3	2	1	1	1	
仡佬族	32	25	7	38	26	12	26	15	11
锡伯族	2		2	1		1	2		2
阿昌族	3	2	1	5	4	1	2		2
普米族				2	2		1	1	
塔吉克族									
怒　族							1		1
乌孜别克族									
俄罗斯族				2	1	1			
鄂温克族							1		1
德昂族	2		2	2	1	1	1		1
保安族	1	1		2	2				
裕固族									
京　族	1		1						
塔塔尔族									
独龙族									
鄂伦春族									
赫哲族	1		1				1	1	
门巴族									
珞巴族									
基诺族									
未定族称人口	17	6	11	20	12	8	20	13	7
入　籍	4		4	1		1	3		3

2-5　续表 5　　　　单位：人

民　族	26岁			27岁			28岁		
	小计	男	女	小计	男	女	小计	男	女
总　计	**174781**	**111013**	**63768**	**132044**	**88082**	**43962**	**96078**	**66226**	**29852**
汉　族	171408	108768	62640	129416	86269	43147	94125	64878	29247
蒙古族	46	25	21	38	26	12	20	10	10
回　族	568	407	161	380	281	99	282	215	67
藏　族	4	1	3	5	4	1	3	2	1
维吾尔族	10	8	2	7	5	2	4	1	3
苗　族	396	256	140	317	207	110	238	156	82
彝　族	107	69	38	93	64	29	58	36	22
壮　族	151	76	75	127	67	60	104	57	47
布依族	98	56	42	72	46	26	66	40	26
朝鲜族	21	7	14	15	6	9	18	10	8
满　族	62	30	32	51	26	25	40	22	18
侗　族	97	68	29	69	40	29	57	39	18
瑶　族	33	23	10	22	17	5	19	15	4
白　族	17	13	4	19	12	7	12	8	4
土家族	394	284	110	325	248	77	217	154	63
哈尼族	15	12	3	12	7	5	18	7	11
哈萨克族	1	1					1		1
傣　族	22	10	12	13	8	5	8	3	5
黎　族	13	4	9	6	4	2	3	1	2
傈僳族	7	3	4	2	1	1	3	3	
佤　族	8	6	2	7	6	1	4	2	2
畲　族	1222	836	386	986	697	289	731	537	194
高山族	2	1	1	1	1		1		1
拉祜族	4	2	2	2	1	1	6	3	3
水　族	8	4	4	4	2	2	4	4	
东乡族	2	2		1	1		2	2	
纳西族				1		1			
景颇族	4	2	2	3	3		1	1	
柯尔克孜族	1	1		4	4		3	2	1
土　族	7	5	2	4	2	2	2	1	1
达斡尔族	1	1		1	1		1		1
仫佬族	6	4	2	4	2	2	7	2	5
羌　族	1	1		2	2				
布朗族	3	2	1	1		1			
撒拉族	4	2	2						
毛南族	1	1					3	2	1
仡佬族	14	10	4	18	13	5	7	7	
锡伯族	3		3						
阿昌族	1		1	2		2			
普米族	1	1							
塔吉克族									
怒　族									
乌孜别克族									
俄罗斯族							1		1
鄂温克族									
德昂族	1	1							
保安族	1	1							
裕固族									
京　族							1	1	
塔塔尔族									
独龙族									
鄂伦春族				1		1			
赫哲族				1	1				
门巴族									
珞巴族									
基诺族									
未定族称人口	13	9	4	12	8	4	7	4	3
入　籍	3		3				1	1	

2-5 续表 6

单位：人

民族	29岁			30岁			31岁		
	小计	男	女	小计	男	女	小计	男	女
总　计	**68734**	**48317**	**20417**	**48391**	**34055**	**14336**	**34589**	**24298**	**10291**
汉　族	67235	47277	19958	47269	33303	13966	33780	23736	10044
蒙古族	12	7	5	17	10	7	9	7	2
回　族	177	125	52	140	113	27	82	62	20
藏　族	2	1	1	3		3	1		1
维吾尔族	2		2						
苗　族	204	130	74	136	90	46	105	71	34
彝　族	53	30	23	49	29	20	35	18	17
壮　族	81	39	42	61	35	26	35	23	12
布依族	59	39	20	41	21	20	31	21	10
朝鲜族	9	7	2	14	9	5	2	2	
满　族	36	20	16	23	11	12	15	13	2
侗　族	50	36	14	37	22	15	27	13	14
瑶　族	23	15	8	14	9	5	22	13	9
白　族	4	3	1	4	2	2	10	5	5
土家族	167	124	43	133	96	37	112	75	37
哈尼族	9	5	4	6	2	4	7	4	3
哈萨克族									
傣　族	9	5	4	7		7	7	4	3
黎　族				4		4	2		2
傈僳族	2	2		2	1	1			
佤　族	5	2	3	6	2	4	1	1	
畲　族	566	433	133	407	292	115	284	219	65
高山族	1	1					1		1
拉祜族				1		1			
水　族	3	2	1	1		1	2		2
东乡族	1	1		1	1		1	1	
纳西族	1		1						
景颇族	2		2	1		1	1		1
柯尔克孜族	1	1							
土　族	1	1		1		1	3	3	
达斡尔族				1	1				
仫佬族	1	1		1		1			
羌　族							1	1	
布朗族							1		1
撒拉族				1	1				
毛南族									
仡佬族	7	3	4	3	2	1	4	3	1
锡伯族									
阿昌族	1		1						
普米族									
塔吉克族									
怒　族									
乌孜别克族									
俄罗斯族									
鄂温克族									
德昂族									
保安族									
裕固族									
京　族	1	1					1		1
塔塔尔族									
独龙族									
鄂伦春族									
赫哲族									
门巴族									
珞巴族									
基诺族									
未定族称人口	7	6	1	7	3	4	4	3	1
入　籍	2		2				3		3

2-5 续表 7

单位：人

民 族	32岁			33岁			34岁		
	小计	男	女	小计	男	女	小计	男	女
总 计	**25544**	**17839**	**7705**	**19104**	**13328**	**5776**	**14797**	**10154**	**4643**
汉 族	24918	17393	7525	18627	13001	5626	14417	9900	4517
蒙古族	12	10	2	4	3	1	3	1	2
回 族	62	49	13	53	34	19	42	29	13
藏 族	1	1		2	1	1	1	1	
维吾尔族	1	1							
苗 族	90	61	29	57	42	15	52	37	15
彝 族	18	12	6	20	14	6	13	5	8
壮 族	40	23	17	30	19	11	33	19	14
布依族	24	15	9	25	12	13	11	9	2
朝鲜族	11	6	5	6	4	2	3	1	2
满 族	13	8	5	10	7	3	5	2	3
侗 族	22	13	9	14	7	7	13	9	4
瑶 族	7	5	2	4	2	2	7	3	4
白 族	6	3	3	2	2		1	1	
土家族	73	55	18	62	46	16	41	32	9
哈尼族	4	3	1	1	1		1		1
哈萨克族									
傣 族	3	2	1	1	1		4	2	2
黎 族	3	2	1	1		1	2		2
傈僳族	1		1	2	2		2	1	1
佤 族	1		1				1		1
畲 族	212	162	50	163	122	41	140	99	41
高山族									
拉祜族	1		1	2	1	1			
水 族	1		1	3	1	2	2	2	
东乡族	1	1		1	1				
纳西族									
景颇族	1	1		1		1	1		1
柯尔克孜族									
土 族	3	2	1	1	1		1	1	
达斡尔族									
仫佬族	3	1	2	1	1				
羌 族									
布朗族	1	1							
撒拉族									
毛南族	1	1		1	1				
仡佬族	2	2		3	1	2			
锡伯族	1	1		1		1			
阿昌族									
普米族									
塔吉克族									
怒 族									
乌孜别克族									
俄罗斯族									
鄂温克族	1	1							
德昂族									
保安族									
裕固族									
京 族	1		1				1		1
塔塔尔族									
独龙族									
鄂伦春族									
赫哲族									
门巴族									
珞巴族									
基诺族									
未定族称人口	5	4	1	4	1	3			
入 籍				2		2			

2-5 续表 8

单位：人

民族	35岁			36岁			37岁		
	小计	男	女	小计	男	女	小计	男	女
总　计	**11310**	**7757**	**3553**	**8479**	**5822**	**2657**	**6830**	**4760**	**2070**
汉　族	11034	7578	3456	8238	5667	2571	6645	4627	2018
蒙古族	10	5	5	4	2	2	1	1	
回　族	22	17	5	20	14	6	15	11	4
藏　族	1	1							
维吾尔族									
苗　族	52	29	23	40	27	13	25	17	8
彝　族	10	8	2	8	5	3	5	5	
壮　族	16	10	6	10	3	7	9	6	3
布依族	10	6	4	8	6	2	5	5	
朝鲜族	6	4	2	2	2		2	1	1
满　族	4	3	1	5	1	4	1	1	
侗　族	8	5	3	9	6	3	5	4	1
瑶　族	4	3	1	5	4	1	4	2	2
白　族	2	1	1	3	1	2	1		1
土家族	29	19	10	37	20	17	23	12	11
哈尼族	1	1		1	1		2	1	1
哈萨克族									
傣　族	1	1		2		2	1		1
黎　族	3		3	1	1		1		1
傈僳族	1		1						
佤　族							1		1
畲　族	88	62	26	77	54	23	77	63	14
高山族				1	1				
拉祜族				1		1			
水　族	1	1							
东乡族									
纳西族									
景颇族	1		1						
柯尔克孜族							1		1
土　族	1	1		2	2		2		2
达斡尔族									
仫佬族	1		1	1	1				
羌　族									
布朗族	1		1						
撒拉族									
毛南族	1	1							
仡佬族	2	1	1	3	3		3	3	
锡伯族									
阿昌族									
普米族									
塔吉克族									
怒　族									
乌孜别克族									
俄罗斯族									
鄂温克族									
德昂族									
保安族									
裕固族									
京　族									
塔塔尔族									
独龙族									
鄂伦春族									
赫哲族									
门巴族									
珞巴族									
基诺族									
未定族称人口				1	1		1	1	
入　籍									

2-5　续表 9　　　　单位：人

民　族	38岁			39岁			40岁及以上		
	小计	男	女	小计	男	女	小计	男	女
总　计	**5418**	**3648**	**1770**	**4499**	**3011**	**1488**	**23809**	**14872**	**8937**
汉　族	5280	3559	1721	4407	2949	1458	23268	14541	8727
蒙古族							5	2	3
回　族	8	6	2	6	5	1	50	32	18
藏　族							1	1	
维吾尔族				2	1	1	2	2	
苗　族	21	14	7	18	10	8	82	46	36
彝　族	8	1	7	2	1	1	19	8	11
壮　族	9	4	5	7	4	3	34	19	15
布依族	3	2	1	2	2		22	11	11
朝鲜族							3	3	
满　族	1		1				8	3	5
侗　族	3	2	1	2	2		15	8	7
瑶　族	1		1	2	2		3	2	1
白　族							5	4	1
土家族	14	8	6	24	14	10	83	53	30
哈尼族	2	1	1				5	1	4
哈萨克族									
傣　族				1	1		4	1	3
黎　族									
傈僳族									
佤　族							1	1	
畲　族	65	50	15	24	19	5	191	131	60
高山族									
拉祜族	1		1						
水　族									
东乡族							1		1
纳西族									
景颇族							2	1	1
柯尔克孜族									
土　族				1	1		2	1	1
达斡尔族									
仫佬族									
羌　族									
布朗族							1		1
撒拉族							1		1
毛南族									
仡佬族									
锡伯族									
阿昌族	1	1							
普米族									
塔吉克族									
怒　族									
乌孜别克族									
俄罗斯族									
鄂温克族									
德昂族									
保安族									
裕固族									
京　族	1		1						
塔塔尔族									
独龙族									
鄂伦春族									
赫哲族									
门巴族									
珞巴族									
基诺族									
未定族称人口							1	1	
入　籍				1		1			

2-6 全省按民族、生育孩次分的育龄妇女人数

(2019.11.1-2020.10.31)

单位：人

民　族	合　计	生男孩的妇女人数	生女孩的妇女人数	一　孩			二　孩		
				小计	男	女	小计	男	女
总　计	**37967**	**20717**	**17250**	**15615**	**8233**	**7382**	**17963**	**9738**	**8225**
汉　族	36896	20157	16739	15137	7995	7142	17497	9491	8006
蒙古族	17	11	6	6	6		10	5	5
回　族	112	60	52	49	17	32	54	35	19
藏　族	2	1	1	2	1	1			
维吾尔族	2	1	1	2	1	1			
苗　族	185	91	94	76	40	36	83	34	49
彝　族	57	31	26	30	17	13	18	10	8
壮　族	68	37	31	32	18	14	28	16	12
布依族	33	12	21	16	7	9	14	4	10
朝鲜族	2	1	1	1		1	1	1	
满　族	14	8	6	7	5	2	7	3	4
侗　族	37	21	16	21	11	10	11	6	5
瑶　族	15	6	9	8	2	6	7	4	3
白　族	8	3	5	3		3	3	2	1
土家族	113	60	53	51	24	27	51	27	24
哈尼族	12	9	3	5	4	1	3	3	
哈萨克族									
傣　族	6		6	2		2	3		3
黎　族	9	6	3	4	2	2	3	2	1
傈僳族	1	1		1	1				
佤　族									
畲　族	335	177	158	143	71	72	153	85	68
高山族	1	1					1	1	
拉祜族	1		1	1		1			
水　族	5	2	3	3	2	1	1		1
东乡族	5	4	1	4	3	1			
纳西族									
景颇族	3	3		2	2		1	1	
柯尔克孜族									
土　族									
达斡尔族									
仫佬族	3	2	1	2	1	1	1	1	
羌　族	1		1				1		1
布朗族	1	1					1	1	
撒拉族	1		1				1		1
毛南族									
仡佬族	8	4	4	2	1	1	4	2	2
锡伯族									
阿昌族									
普米族									
塔吉克族									
怒　族									
乌孜别克族									
俄罗斯族									
鄂温克族									
德昂族									
保安族									
裕固族									
京　族	2	2					2	2	
塔塔尔族									
独龙族									
鄂伦春族									
赫哲族	1	1					1	1	
门巴族									
珞巴族									
基诺族									
未定族称人口	8	3	5	5	2	3	1		1
入　籍	3	1	2				2	1	1

2-6　续表

单位：人

民　族	三　孩			四　孩			五孩及以上		
	小计	男	女	小计	男	女	小计	男	女
总　计	**3888**	**2418**	**1470**	**419**	**281**	**138**	**82**	**47**	**35**
汉　族	3781	2354	1427	402	271	131	79	46	33
蒙古族	1		1						
回　族	9	8	1						
藏　族									
维吾尔族									
苗　族	23	15	8	2	1	1	1	1	
彝　族	7	3	4	2	1	1			
壮　族	6	2	4	2	1	1			
布依族	2		2	1	1				
朝鲜族									
满　族									
侗　族	4	3	1	1	1				
瑶　族									
白　族	2	1	1						
土家族	8	7	1	2	2		1		1
哈尼族	3	2	1	1		1			
哈萨克族									
傣　族	1		1						
黎　族	2	2							
傈僳族									
佤　族									
畲　族	34	19	15	4	2	2	1		1
高山族									
拉祜族									
水　族	1		1						
东乡族				1	1				
纳西族									
景颇族									
柯尔克孜族									
土　族									
达斡尔族									
仫佬族									
羌　族									
布朗族									
撒拉族									
毛南族									
仡佬族	2	1	1						
锡伯族									
阿昌族									
普米族									
塔吉克族									
怒　族									
乌孜别克族									
俄罗斯族									
鄂温克族									
德昂族									
保安族									
裕固族									
京　族									
塔塔尔族									
独龙族									
鄂伦春族									
赫哲族									
门巴族									
珞巴族									
基诺族									
未定族称人口	1	1		1		1			
入　籍	1		1						

2-7 全省各民族15-64岁妇女平均活产子女数和平均存活子女数

单位：人、%

民族	15-64岁妇女人数	活产子女总数			存活子女总数			存活子女数占活产子女数的百分比	妇女平均活产子女数	妇女平均存活子女数
		小计	男	女	小计	男	女			
总计	**1334291**	**1956452**	**1068771**	**887681**	**1913761**	**1043030**	**870731**	**97.82**	**1.47**	**1.43**
汉族	1299939	1906420	1041524	864896	1864777	1016400	848377	97.82	1.47	1.43
蒙古族	323	291	157	134	282	151	131	96.91	0.90	0.87
回族	3652	4841	2681	2160	4774	2641	2133	98.62	1.33	1.31
藏族	166	112	70	42	108	66	42	96.43	0.67	0.65
维吾尔族	254	183	88	95	182	87	95	99.45	0.72	0.72
苗族	5278	8457	4679	3778	8309	4597	3712	98.25	1.60	1.57
彝族	1849	2504	1378	1126	2451	1347	1104	97.88	1.35	1.33
壮族	2034	2543	1393	1150	2499	1376	1123	98.27	1.25	1.23
布依族	1443	2106	1140	966	2072	1115	957	98.39	1.46	1.44
朝鲜族	113	91	48	43	89	47	42	97.80	0.81	0.79
满族	518	398	201	197	392	198	194	98.49	0.77	0.76
侗族	1040	1413	784	629	1387	768	619	98.16	1.36	1.33
瑶族	416	544	291	253	530	283	247	97.43	1.31	1.27
白族	331	426	220	206	419	215	204	98.36	1.29	1.27
土家族	4373	6697	3625	3072	6579	3556	3023	98.24	1.53	1.50
哈尼族	280	428	240	188	404	228	176	94.39	1.53	1.44
哈萨克族	28	5	4	1	5	4	1	100.00	0.18	0.18
傣族	313	357	193	164	351	190	161	98.32	1.14	1.12
黎族	191	230	116	114	230	116	114	100.00	1.20	1.20
傈僳族	83	98	58	40	93	55	38	94.90	1.18	1.12
佤族	109	133	75	58	133	75	58	100.00	1.22	1.22
畲族	10462	16741	9034	7707	16268	8748	7520	97.17	1.60	1.55
高山族	17	21	14	7	21	14	7	100.00	1.24	1.24
拉祜族	78	88	42	46	88	42	46	100.00	1.13	1.13
水族	108	140	73	67	140	73	67	100.00	1.30	1.30
东乡族	75	128	75	53	127	75	52	99.22	1.71	1.69
纳西族	9	6	5	1	6	5	1	100.00	0.67	0.67
景颇族	64	85	56	29	85	56	29	100.00	1.33	1.33
柯尔克孜族	10	9	7	2	9	7	2	100.00	0.90	0.90
土族	69	102	58	44	102	58	44	100.00	1.48	1.48
达斡尔族	9	2	1	1	2	1	1	100.00	0.22	0.22
仫佬族	77	100	56	44	100	56	44	100.00	1.30	1.30
羌族	18	14	7	7	14	7	7	100.00	0.78	0.78
布朗族	34	53	25	28	51	23	28	96.23	1.56	1.50
撒拉族	13	18	12	6	18	12	6	100.00	1.38	1.38
毛南族	23	21	9	12	21	9	12	100.00	0.91	0.91
仡佬族	194	268	142	126	265	140	125	98.88	1.38	1.37
锡伯族	13	12	6	6	12	6	6	100.00	0.92	0.92
阿昌族	15	22	8	14	22	8	14	100.00	1.47	1.47
普米族	7	10	6	4	10	6	4	100.00	1.43	1.43
塔吉克族										
怒族	3	2	1	1	2	1	1	100.00	0.67	0.67
乌孜别克族	1									
俄罗斯族	3	4		4	4		4	100.00	1.33	1.33
鄂温克族	1	1		1	1		1	100.00	1.00	1.00
德昂族	7	10	7	3	10	7	3	100.00	1.43	1.43
保安族	3	4	3	1	4	3	1	100.00	1.33	1.33
裕固族										
京族	12	12	7	5	11	6	5	91.67	1.00	0.92
塔塔尔族										
独龙族										
鄂伦春族	1	1	1		1	1		100.00	1.00	1.00
赫哲族	2	4	3	1	4	3	1	100.00	2.00	2.00
门巴族	1									
珞巴族	1									
基诺族										
未定族称人口	195	256	124	132	256	124	132	100.00	1.31	1.31
入籍	33	41	24	17	41	24	17	100.00	1.24	1.24

第二部分　长表数据资料

第三卷　教育

3-1　全省分学业完成情况、性别、受教育程度的3岁及以上人口

单位：人

学业完成情况	合　　计			小　　学		
	合计	男	女	小计	男	女
总　计	**3507599**	**1838813**	**1668786**	**1101844**	**497308**	**604536**
在　校	645631	341879	303752	312072	169675	142397
毕　业	2589553	1372180	1217373	618999	265588	353411
肄　业	70195	31573	38622	43642	15207	28435
辍　学	141801	64056	77745	94221	33867	60354
其　他	60419	29125	31294	32910	12971	19939

3-1　续表 1

单位：人

学业完成情况	初　　中			高　　中			大学专科		
	小计	男	女	小计	男	女	小计	男	女
总　计	**1244608**	**705948**	**538660**	**563458**	**323246**	**240212**	**288670**	**151054**	**137616**
在　校	131866	70957	60909	105469	55383	50086	33834	16971	16863
毕　业	1034382	587317	447065	439707	255728	183979	251595	132201	119394
肄　业	20461	12335	8126	5023	3371	1652	770	460	310
辍　学	39151	24409	14742	7819	5371	2448	477	312	165
其　他	18748	10930	7818	5440	3393	2047	1994	1110	884

3-1　续表 2

单位：人

学业完成情况	大学本科			硕士研究生			博士研究生		
	小计	男	女	小计	男	女	小计	男	女
总　计	**284553**	**148417**	**136136**	**21559**	**11030**	**10529**	**2907**	**1810**	**1097**
在　校	55966	25849	30117	5555	2543	3012	869	501	368
毕　业	226964	121624	105340	15903	8432	7471	2003	1290	713
肄　业	280	189	91	16	8	8	3	3	
辍　学	131	95	36	2	2				
其　他	1212	660	552	83	45	38	32	16	16

3-1a 全省分学业完成情况、性别、受教育程度的3岁及以上人口(城市)

单位：人

学业完成情况	合计			小学		
	合计	男	女	小计	男	女
总　计	**1503570**	**776123**	**727447**	**326874**	**147521**	**179353**
在　校	278714	146684	132030	121649	65892	55757
毕　业	1151679	595005	556674	168785	68894	99891
肄　业	21154	9928	11226	10661	3682	6979
辍　学	38031	17839	20192	20754	7212	13542
其　他	13992	6667	7325	5025	1841	3184

3-1a 续表 1

单位：人

学业完成情况	初中			高中			大学专科		
	小计	男	女	小计	男	女	小计	男	女
总　计	**477642**	**259770**	**217872**	**297892**	**162918**	**134974**	**180077**	**91448**	**88629**
在　校	51136	27655	23481	47962	25535	22427	18730	9354	9376
毕　业	400490	216952	183538	241876	132315	109561	159698	81198	78500
肄　业	7437	4325	3112	2406	1535	871	457	263	194
辍　学	13481	8126	5355	3478	2287	1191	248	157	91
其　他	5098	2712	2386	2170	1246	924	944	476	468

3-1a 续表 2

单位：人

学业完成情况	大学本科			硕士研究生			博士研究生		
	小计	男	女	小计	男	女	小计	男	女
总　计	**201172**	**104043**	**97129**	**17610**	**8988**	**8622**	**2303**	**1435**	**868**
在　校	35031	16348	18683	3644	1588	2056	562	312	250
毕　业	165226	87176	78050	13890	7359	6531	1714	1111	603
肄　业	180	117	63	12	5	7	1	1	
辍　学	69	56	13	1	1				
其　他	666	346	320	63	35	28	26	11	15

3-1b　全省分学业完成情况、性别、受教育程度的3岁及以上人口(镇)

单位：人

学业完成情况	合计			小学		
	合计	男	女	小计	男	女
总　计	**977469**	**506135**	**471334**	**313909**	**138406**	**175503**
在　校	199276	105418	93858	97299	53224	44075
毕　业	708466	370288	338178	174769	71373	103396
肄　业	17354	7225	10129	10650	3224	7426
辍　学	36125	15639	20486	23287	7770	15517
其　他	16248	7565	8683	7904	2815	5089

3-1b　续表 1

单位：人

学业完成情况	初中			高中			大学专科		
	小计	男	女	小计	男	女	小计	男	女
总　计	**371265**	**204870**	**166395**	**158217**	**91401**	**66816**	**69860**	**37527**	**32333**
在　校	40816	21925	18891	36899	18988	17911	7717	3694	4023
毕　业	308910	170448	138462	116341	69115	47226	61233	33289	27944
肄　业	5219	3040	2179	1245	812	433	178	109	69
辍　学	10557	6297	4260	2121	1473	648	128	80	48
其　他	5763	3160	2603	1611	1013	598	604	355	249

3-1b　续表 2

单位：人

学业完成情况	大学本科			硕士研究生			博士研究生		
	小计	男	女	小计	男	女	小计	男	女
总　计	**60919**	**32207**	**28712**	**2945**	**1501**	**1444**	**354**	**223**	**131**
在　校	14986	6792	8194	1418	704	714	141	91	50
毕　业	45499	25150	20349	1509	788	721	205	125	80
肄　业	57	36	21	3	2	1	2	2	
辍　学	32	19	13						
其　他	345	210	135	15	7	8	6	5	1

3-1c 全省分学业完成情况、性别、受教育程度的3岁及以上人口(乡村)

单位：人

学业完成情况	合计			小学		
	合计	男	女	小计	男	女
总计	**1026560**	**556555**	**470005**	**461061**	**211381**	**249680**
在校	167641	89777	77864	93124	50559	42565
毕业	729408	406887	322521	275445	125321	150124
肄业	31687	14420	17267	22331	8301	14030
辍学	67645	30578	37067	50180	18885	31295
其他	30179	14893	15286	19981	8315	11666

3-1c 续表 1

单位：人

学业完成情况	初中			高中			大学专科		
	小计	男	女	小计	男	女	小计	男	女
总计	**395701**	**241308**	**154393**	**107349**	**68927**	**38422**	**38733**	**22079**	**16654**
在校	39914	21377	18537	20608	10860	9748	7387	3923	3464
毕业	324982	199917	125065	81490	54298	27192	30664	17714	12950
肄业	7805	4970	2835	1372	1024	348	135	88	47
辍学	15113	9986	5127	2220	1611	609	101	75	26
其他	7887	5058	2829	1659	1134	525	446	279	167

3-1c 续表 2

单位：人

学业完成情况	大学本科			硕士研究生			博士研究生		
	小计	男	女	小计	男	女	小计	男	女
总计	**22462**	**12167**	**10295**	**1004**	**541**	**463**	**250**	**152**	**98**
在校	5949	2709	3240	493	251	242	166	98	68
毕业	16239	9298	6941	504	285	219	84	54	30
肄业	43	36	7	1	1				
辍学	30	20	10	1	1				
其他	201	104	97	5	3	2			

3-2 全省分年龄、性别、学业完成情况的3岁及以上各种受教育程度人口

单位：人

年龄	合计								
	合计			在校			毕业		
	合计	男	女	小计	男	女	小计	男	女
总计	**3507599**	**1838813**	**1668786**	**645631**	**341879**	**303752**	**2589553**	**1372180**	**1217373**
3									
4									
5-9岁	**205545**	**111935**	**93610**	**201405**	**109672**	**91733**	**3640**	**1997**	**1643**
5	3696	2019	1677	3600	1965	1635	73	45	28
6	41888	23017	18871	41075	22559	18516	697	389	308
7	52947	28667	24280	51897	28103	23794	935	512	423
8	57733	31442	26291	56529	30788	25741	1062	574	488
9	49281	26790	22491	48304	26257	22047	873	477	396
10-14岁	**227491**	**122744**	**104747**	**220912**	**119015**	**101897**	**5885**	**3337**	**2548**
10	46134	25032	21102	45139	24488	20651	882	492	390
11	48226	26130	22096	47151	25533	21618	966	541	425
12	47230	25627	21603	45833	24848	20985	1275	710	565
13	44433	23869	20564	43000	23023	19977	1290	754	536
14	41468	22086	19382	39789	21123	18666	1472	840	632
15-19岁	**192840**	**102477**	**90363**	**162826**	**83994**	**78832**	**27166**	**16734**	**10432**
15	39252	20965	18287	37909	20153	17756	1068	652	416
16	44674	23823	20851	41760	21986	19774	2493	1584	909
17	39229	21023	18206	33853	17684	16169	4817	3004	1813
18	31924	17124	14800	23523	11944	11579	7632	4702	2930
19	37761	19542	18219	25781	12227	13554	11156	6792	4364
20-24岁	**188598**	**99643**	**88955**	**55212**	**26394**	**28818**	**127810**	**69718**	**58092**
20	39496	20363	19133	23995	11146	12849	14561	8603	5958
21	35831	18743	17088	16371	7741	8630	18484	10396	8088
22	36562	19455	17107	8437	4226	4211	27011	14510	12501
23	36929	19788	17141	4038	2033	2005	31700	17005	14695
24	39780	21294	18486	2371	1248	1123	36054	19204	16850
25-29岁	**262135**	**138013**	**124122**	**3532**	**1873**	**1659**	**249207**	**130431**	**118776**
25	46751	25096	21655	1571	801	770	43599	23340	20259
26	46349	24633	21716	791	426	365	43901	23177	20724
27	49591	26109	23482	504	275	229	47336	24772	22564
28	53886	28374	25512	355	201	154	51502	26934	24568
29	65558	33801	31757	311	170	141	62869	32208	30661
30-34岁	**376122**	**190843**	**185279**	**781**	**396**	**385**	**360855**	**182384**	**178471**
30	81618	41691	39927	232	123	109	78400	39839	38561
31	78897	39537	39360	185	92	93	75802	37794	38008
32	73233	36935	36298	135	72	63	70331	35367	34964
33	75142	38350	36792	118	58	60	72002	36571	35431
34	67232	34330	32902	111	51	60	64320	32813	31507
35-39岁	**317828**	**162379**	**155449**	**361**	**189**	**172**	**303285**	**154672**	**148613**
35	64030	32593	31437	88	38	50	61309	31123	30186
36	66348	33783	32565	85	50	35	63487	32221	31266
37	62435	31967	30468	64	30	34	59645	30418	29227
38	69943	35722	34221	66	40	26	66581	33948	32633
39	55072	28314	26758	58	31	27	52263	26962	25301
40-44岁	**288230**	**148988**	**139242**	**192**	**103**	**89**	**269349**	**139791**	**129558**
40	46501	23879	22622	42	20	22	43883	22573	21310
41	56566	29237	27329	44	27	17	53173	27508	25665
42	60019	31016	29003	34	17	17	56289	29211	27078
43	59853	30864	28989	36	21	15	55603	28842	26761
44	65291	33992	31299	36	18	18	60401	31657	28744
45-49岁	**338314**	**175160**	**163154**	**158**	**95**	**63**	**307849**	**161392**	**146457**
45	62627	32634	29993	42	25	17	57441	30226	27215
46	66801	34632	32169	31	20	11	61132	31988	29144
47	69791	36052	33739	36	21	15	63403	33160	30243
48	68414	35369	33045	26	17	9	62115	32599	29516
49	70681	36473	34208	23	12	11	63758	33419	30339
50岁及以上	**1110496**	**586631**	**523865**	**252**	**148**	**104**	**934507**	**511724**	**422783**

3-2 续表 1

单位：人

年 龄	合计								
	肄业			辍学			其他		
	小计	男	女	小计	男	女	小计	男	女
总 计	**70195**	**31573**	**38622**	**141801**	**64056**	**77745**	**60419**	**29125**	**31294**
3									
4									
5-9岁	**100**	**59**	**41**	**41**	**23**	**18**	**359**	**184**	**175**
5	2	1	1	1		1	20	8	12
6	21	13	8	4	4		91	52	39
7	20	13	7	14	9	5	81	30	51
8	31	19	12	15	7	8	96	54	42
9	26	13	13	7	3	4	71	40	31
10-14岁	**140**	**75**	**65**	**207**	**133**	**74**	**347**	**184**	**163**
10	24	9	15	14	6	8	75	37	38
11	26	14	12	13	5	8	70	37	33
12	20	12	8	31	18	13	71	39	32
13	24	16	8	56	41	15	63	35	28
14	46	24	22	93	63	30	68	36	32
15-19岁	**679**	**421**	**258**	**1551**	**979**	**572**	**618**	**349**	**269**
15	60	38	22	164	90	74	51	32	19
16	91	52	39	254	158	96	76	43	33
17	144	89	55	303	190	113	112	56	56
18	188	121	67	412	260	152	169	97	72
19	196	121	75	418	281	137	210	121	89
20-24岁	**1207**	**775**	**432**	**2661**	**1754**	**907**	**1708**	**1002**	**706**
20	220	146	74	443	307	136	277	161	116
21	202	134	68	482	304	178	292	168	124
22	227	157	70	528	353	175	359	209	150
23	259	150	109	572	382	190	360	218	142
24	299	188	111	636	408	228	420	246	174
25-29岁	**2150**	**1353**	**797**	**4416**	**2816**	**1600**	**2830**	**1540**	**1290**
25	347	226	121	759	480	279	475	249	226
26	395	248	147	768	516	252	494	266	228
27	391	237	154	827	513	314	533	312	221
28	460	299	161	960	614	346	609	326	283
29	557	343	214	1102	693	409	719	387	332
30-34岁	**3304**	**1877**	**1427**	**6713**	**3874**	**2839**	**4469**	**2312**	**2157**
30	716	424	292	1303	804	499	967	501	466
31	642	382	260	1360	791	569	908	478	430
32	614	328	286	1327	751	576	826	417	409
33	707	420	287	1419	839	580	896	462	434
34	625	323	302	1304	689	615	872	454	418
35-39岁	**3217**	**1736**	**1481**	**6794**	**3655**	**3139**	**4171**	**2127**	**2044**
35	602	334	268	1236	689	547	795	409	386
36	614	342	272	1294	724	570	868	446	422
37	626	351	275	1310	744	566	790	424	366
38	758	401	357	1586	845	741	952	488	464
39	617	308	309	1368	653	715	766	360	406
40-44岁	**4570**	**2180**	**2390**	**9832**	**4759**	**5073**	**4287**	**2155**	**2132**
40	608	281	327	1317	650	667	651	355	296
41	828	427	401	1707	863	844	814	412	402
42	863	410	453	1960	960	1000	873	418	455
43	1050	485	565	2279	1074	1205	885	442	443
44	1221	577	644	2569	1212	1357	1064	528	536
45-49岁	**7561**	**3416**	**4145**	**16659**	**7350**	**9309**	**6087**	**2907**	**3180**
45	1315	584	731	2828	1296	1532	1001	503	498
46	1421	671	750	3085	1401	1684	1132	552	580
47	1542	710	832	3533	1566	1967	1277	595	682
48	1534	664	870	3451	1496	1955	1288	593	695
49	1749	787	962	3762	1591	2171	1389	664	725
50岁及以上	**47267**	**19681**	**27586**	**92927**	**38713**	**54214**	**35543**	**16365**	**19178**

3-2　续表 2　　　　单位：人

年　龄	小学								
	合　计			在　校			毕　业		
	合计	男	女	小计	男	女	小计	男	女
总　计	**1101844**	**497308**	**604536**	**312072**	**169675**	**142397**	**618999**	**265588**	**353411**
3									
4									
5–9岁	**204436**	**111288**	**93148**	**200414**	**109091**	**91323**	**3528**	**1935**	**1593**
5	3696	2019	1677	3600	1965	1635	73	45	28
6	41683	22901	18782	40894	22455	18439	675	378	297
7	52718	28532	24186	51691	27982	23709	913	499	414
8	57401	31248	26153	56234	30614	25620	1027	555	472
9	48938	26588	22350	47995	26075	21920	840	458	382
10–14岁	**114368**	**62122**	**52246**	**111428**	**60469**	**50959**	**2625**	**1484**	**1141**
10	45481	24663	20818	44535	24150	20385	836	464	372
11	46011	24972	21039	45062	24445	20617	851	478	373
12	17322	9506	7816	16716	9153	7563	547	319	228
13	4164	2249	1915	3880	2089	1791	257	142	115
14	1390	732	658	1235	632	603	134	81	53
15–19岁	**904**	**505**	**399**	**89**	**46**	**43**	**596**	**338**	**258**
15	115	64	51	29	17	12	55	33	22
16	152	83	69	23	11	12	89	49	40
17	172	94	78	15	8	7	115	64	51
18	224	124	100	12	6	6	154	86	68
19	241	140	101	10	4	6	183	106	77
20–24岁	**1915**	**1105**	**810**	**18**	**13**	**5**	**1579**	**903**	**676**
20	255	159	96	10	8	2	197	122	75
21	328	188	140	4	1	3	258	148	110
22	383	211	172	2	2		325	175	150
23	455	268	187				390	223	167
24	494	279	215	2	2		409	235	174
25–29岁	**4953**	**2455**	**2498**	**3**	**2**	**1**	**4246**	**2058**	**2188**
25	640	342	298				548	294	254
26	745	411	334				634	337	297
27	972	494	478				828	410	418
28	1126	548	578				961	455	506
29	1470	660	810	3	2	1	1275	562	713
30–34岁	**13405**	**5689**	**7716**	**5**	**2**	**3**	**11723**	**4955**	**6768**
30	2116	960	1156				1863	839	1024
31	2457	1041	1416				2155	918	1237
32	2717	1169	1548	1		1	2395	1024	1371
33	3042	1255	1787	3	2	1	2640	1072	1568
34	3073	1264	1809	1		1	2670	1102	1568
35–39岁	**20408**	**7679**	**12729**	**6**	**2**	**4**	**17637**	**6586**	**11051**
35	3131	1228	1903	1		1	2728	1062	1666
36	3482	1380	2102	1	1		3046	1200	1846
37	3795	1501	2294	1		1	3269	1264	2005
38	5075	1836	3239	1		1	4384	1568	2816
39	4925	1734	3191	2	1	1	4210	1492	2718
40–44岁	**48431**	**17485**	**30946**	**10**	**2**	**8**	**41328**	**15020**	**26308**
40	5172	1793	3379	1		1	4432	1531	2901
41	7810	2862	4948	4	1	3	6708	2447	4261
42	9709	3467	6242	1		1	8358	3015	5343
43	11515	4149	7366	2	1	1	9749	3546	6203
44	14225	5214	9011	2		2	12081	4481	7600
45–49岁	**98965**	**35849**	**63116**	**17**	**7**	**10**	**82862**	**30585**	**52277**
45	15384	5568	9816	2		2	12957	4787	8170
46	18283	6707	11576	2		2	15457	5761	9696
47	20534	7439	13095	6	2	4	17159	6320	10839
48	21237	7702	13535	4	3	1	17725	6573	11152
49	23527	8433	15094	3	2	1	19564	7144	12420
50岁及以上	**594059**	**253131**	**340928**	**82**	**41**	**41**	**452875**	**201724**	**251151**

3-2 续表 3

单位：人

年龄	小学								
	肄业			辍学			其他		
	小计	男	女	小计	男	女	小计	男	女
总计	**43642**	**15207**	**28435**	**94221**	**33867**	**60354**	**32910**	**12971**	**19939**
3									
4									
5-9岁	**100**	**59**	**41**	**39**	**22**	**17**	**355**	**181**	**174**
5	2	1	1	1		1	20	8	12
6	21	13	8	4	4		89	51	38
7	20	13	7	13	8	5	81	30	51
8	31	19	12	14	7	7	95	53	42
9	26	13	13	7	3	4	70	39	31
10-14岁	**62**	**34**	**28**	**68**	**37**	**31**	**185**	**98**	**87**
10	24	9	15	14	6	8	72	34	38
11	25	14	11	13	5	8	60	30	30
12	6	4	2	17	8	9	36	22	14
13	3	3		12	7	5	12	8	4
14	4	4		12	11	1	5	4	1
15-19岁	**43**	**26**	**17**	**118**	**64**	**54**	**58**	**31**	**27**
15	5	2	3	17	10	7	9	2	7
16	6	5	1	21	10	11	13	8	5
17	12	8	4	17	8	9	13	6	7
18	8	4	4	38	20	18	12	8	4
19	12	7	5	25	16	9	11	7	4
20-24岁	**56**	**30**	**26**	**187**	**110**	**77**	**75**	**49**	**26**
20	9	3	6	29	20	9	10	6	4
21	13	8	5	40	20	20	13	11	2
22	6	4	2	37	24	13	13	6	7
23	7	3	4	39	26	13	19	16	3
24	21	12	9	42	20	22	20	10	10
25-29岁	**152**	**92**	**60**	**396**	**225**	**171**	**156**	**78**	**78**
25	19	11	8	55	26	29	18	11	7
26	23	15	8	63	47	16	25	12	13
27	29	17	12	79	45	34	36	22	14
28	34	22	12	102	59	43	29	12	17
29	47	27	20	97	48	49	48	21	27
30-34岁	**379**	**169**	**210**	**924**	**388**	**536**	**374**	**175**	**199**
30	62	24	38	126	64	62	65	33	32
31	72	34	38	179	72	107	51	17	34
32	67	28	39	185	78	107	69	39	30
33	87	42	45	218	95	123	94	44	50
34	91	41	50	216	79	137	95	42	53
35-39岁	**586**	**224**	**362**	**1658**	**663**	**995**	**521**	**204**	**317**
35	85	33	52	232	94	138	85	39	46
36	90	31	59	264	120	144	81	28	53
37	120	57	63	304	140	164	101	40	61
38	152	57	95	425	163	262	113	48	65
39	139	46	93	433	146	287	141	49	92
40-44岁	**1641**	**542**	**1099**	**4254**	**1481**	**2773**	**1198**	**440**	**758**
40	149	46	103	471	170	301	119	46	73
41	250	97	153	633	229	404	215	88	127
42	295	91	204	823	288	535	232	73	159
43	413	132	281	1075	371	704	276	99	177
44	534	176	358	1252	423	829	356	134	222
45-49岁	**3731**	**1195**	**2536**	**9651**	**3147**	**6504**	**2704**	**915**	**1789**
45	599	186	413	1442	467	975	384	128	256
46	673	240	433	1695	550	1145	456	156	300
47	756	243	513	2044	681	1363	569	193	376
48	790	232	558	2102	685	1417	616	209	407
49	913	294	619	2368	764	1604	679	229	450
50岁及以上	**36892**	**12836**	**24056**	**76926**	**27730**	**49196**	**27284**	**10800**	**16484**

3-2　续表 4　　　　　　　　　　　　　　　　　　　　　　　　　单位：人

年龄	初中								
	合计			在校			毕业		
	合计	男	女	小计	男	女	小计	男	女
总计	**1244608**	**705948**	**538660**	**131866**	**70957**	**60909**	**1034382**	**587317**	**447065**
3									
4									
5–9岁	**1108**	**646**	**462**	**990**	**580**	**410**	**112**	**62**	**50**
5									
6	205	116	89	181	104	77	22	11	11
7	229	135	94	206	121	85	22	13	9
8	332	194	138	295	174	121	35	19	16
9	342	201	141	308	181	127	33	19	14
10–14岁	**111110**	**59591**	**51519**	**107565**	**57572**	**49993**	**3177**	**1803**	**1374**
10	650	368	282	601	337	264	46	28	18
11	2212	1156	1056	2087	1086	1001	114	63	51
12	29905	16120	13785	29116	15694	13422	726	391	335
13	39907	21420	18487	38784	20750	18034	1011	598	413
14	38436	20527	17909	36977	19705	17272	1280	723	557
15–19岁	**39627**	**23190**	**16437**	**23075**	**12654**	**10421**	**15137**	**9625**	**5512**
15	15606	8705	6901	14524	8041	6483	884	543	341
16	7418	4226	3192	5203	2807	2396	1961	1261	700
17	5341	3196	2145	2124	1145	979	2981	1901	1080
18	5195	3263	1932	809	442	367	4043	2595	1448
19	6067	3800	2267	415	219	196	5268	3325	1943
20–24岁	**44277**	**26613**	**17664**	**67**	**40**	**27**	**41421**	**24756**	**16665**
20	6674	4169	2505	35	19	16	6184	3851	2333
21	7315	4543	2772	11	7	4	6834	4232	2602
22	8906	5341	3565	6	2	4	8357	4971	3386
23	9811	5831	3980	10	8	2	9170	5418	3752
24	11571	6729	4842	5	4	1	10876	6284	4592
25–29岁	**92722**	**50942**	**41780**	**39**	**25**	**14**	**87521**	**47764**	**39757**
25	14729	8367	6362	7	6	1	13843	7812	6031
26	15506	8753	6753	7	5	2	14637	8211	6426
27	17490	9610	7880	5	3	2	16535	9037	7498
28	19779	10808	8971	11	6	5	18651	10133	8518
29	25218	13404	11814	9	5	4	23855	12571	11284
30–34岁	**165188**	**84213**	**80975**	**21**	**14**	**7**	**156636**	**79472**	**77164**
30	33068	17153	15915	6	4	2	31358	16161	15197
31	33106	16758	16348	2	1	1	31452	15807	15645
32	32149	16298	15851	4	3	1	30476	15404	15072
33	34957	17840	17117	2	2		33144	16825	16319
34	31908	16164	15744	7	4	3	30206	15275	14931
35–39岁	**161166**	**82815**	**78351**	**20**	**13**	**7**	**152629**	**78148**	**74481**
35	31447	15974	15473	2	2		29817	15077	14740
36	33386	17018	16368	7	3	4	31691	16076	15615
37	31981	16410	15571	5	3	2	30332	15479	14853
38	35762	18524	17238				33791	17450	16341
39	28590	14889	13701	6	5	1	26998	14066	12932
40–44岁	**145113**	**78573**	**66540**	**20**	**15**	**5**	**135484**	**73232**	**62252**
40	23840	12622	11218	2	2		22357	11828	10529
41	28786	15401	13385	4	3	1	26990	14405	12585
42	30270	16363	13907	1	1		28317	15270	13047
43	29910	16325	13585	7	5	2	27836	15175	12661
44	32307	17862	14445	6	4	2	29984	16554	13430
45–49岁	**160137**	**91427**	**68710**	**22**	**13**	**9**	**147742**	**84263**	**63479**
45	30894	17356	13538	6	4	2	28552	16008	12544
46	32556	18323	14233	5	4	1	30112	16909	13203
47	33305	19003	14302	5	3	2	30671	17482	13189
48	31765	18276	13489	3		3	29339	16879	12460
49	31617	18469	13148	3	2	1	29068	16985	12083
50岁及以上	**324160**	**207938**	**116222**	**47**	**31**	**16**	**294523**	**188192**	**106331**

3-2 续表 5

单位：人

年 龄	初中								
	肄业			辍学			其他		
	小计	男	女	小计	男	女	小计	男	女
总 计	**20461**	**12335**	**8126**	**39151**	**24409**	**14742**	**18748**	**10930**	**7818**
3									
4									
5-9岁				**2**	**1**	**1**	**4**	**3**	**1**
5									
6							2	1	1
7				1	1				
8				1		1	1	1	
9							1	1	
10-14岁	**76**	**40**	**36**	**139**	**96**	**43**	**153**	**80**	**73**
10							3	3	
11	1		1				10	7	3
12	14	8	6	14	10	4	35	17	18
13	21	13	8	44	34	10	47	25	22
14	40	19	21	81	52	29	58	28	30
15-19岁	**339**	**219**	**120**	**825**	**539**	**286**	**251**	**153**	**98**
15	47	32	15	119	68	51	32	21	11
16	53	30	23	160	104	56	41	24	17
17	66	43	23	143	91	52	27	16	11
18	83	55	28	196	132	64	64	39	25
19	90	59	31	207	144	63	87	53	34
20-24岁	**547**	**362**	**185**	**1519**	**1019**	**500**	**723**	**436**	**287**
20	95	67	28	234	161	73	126	71	55
21	83	53	30	262	173	89	125	78	47
22	106	72	34	291	201	90	146	95	51
23	130	81	49	346	237	109	155	87	68
24	133	89	44	386	247	139	171	105	66
25-29岁	**1142**	**716**	**426**	**2684**	**1703**	**981**	**1336**	**734**	**602**
25	191	126	65	458	296	162	230	127	103
26	196	119	77	439	296	143	227	122	105
27	217	130	87	499	296	203	234	144	90
28	240	159	81	582	357	225	295	153	142
29	298	182	116	706	458	248	350	188	162
30-34岁	**1888**	**1040**	**848**	**4229**	**2464**	**1765**	**2414**	**1223**	**1191**
30	388	232	156	814	507	307	502	249	253
31	342	195	147	840	503	337	470	252	218
32	355	177	178	840	483	357	474	231	243
33	427	247	180	896	522	374	488	244	244
34	376	189	187	839	449	390	480	247	233
35-39岁	**1923**	**1058**	**865**	**4194**	**2370**	**1824**	**2400**	**1226**	**1174**
35	362	204	158	812	472	340	454	219	235
36	374	207	167	817	463	354	497	269	228
37	366	205	161	824	473	351	454	250	204
38	453	253	200	952	540	412	566	281	285
39	368	189	179	789	422	367	429	207	222
40-44岁	**2385**	**1292**	**1093**	**4909**	**2791**	**2118**	**2315**	**1243**	**1072**
40	362	173	189	725	398	327	394	221	173
41	444	245	199	920	520	400	428	228	200
42	473	263	210	993	574	419	486	255	231
43	522	283	239	1084	611	473	461	251	210
44	584	328	256	1187	688	499	546	288	258
45-49岁	**3361**	**1898**	**1463**	**6332**	**3719**	**2613**	**2680**	**1534**	**1146**
45	603	326	277	1250	731	519	483	287	196
46	665	368	297	1253	748	505	521	294	227
47	692	404	288	1363	796	567	574	318	256
48	657	370	287	1233	733	500	533	294	239
49	744	430	314	1233	711	522	569	341	228
50岁及以上	**8800**	**5710**	**3090**	**14318**	**9707**	**4611**	**6472**	**4298**	**2174**

3-2　续表 6　　单位：人

年龄	高中								
	合计			在校			毕业		
	合计	男	女	小计	男	女	小计	男	女
总计	**563458**	**323246**	**240212**	**105469**	**55383**	**50086**	**439707**	**255728**	**183979**
3									
4									
5–9岁	**1**	**1**		**1**	**1**				
5									
6									
7									
8									
9	1	1		1	1				
10–14岁	**2006**	**1028**	**978**	**1914**	**972**	**942**	**82**	**50**	**32**
10	2	1	1	2	1	1			
11	3	2	1	2	2		1		1
12	2	1	1	1	1		1		1
13	360	198	162	335	183	152	22	14	8
14	1639	826	813	1574	785	789	58	36	22
15–19岁	**110632**	**59073**	**51559**	**100247**	**52705**	**47542**	**9366**	**5755**	**3611**
15	22940	11895	11045	22778	11801	10977	117	70	47
16	35953	18880	17073	35423	18559	16864	405	251	154
17	31187	16474	14713	29424	15387	14037	1505	935	570
18	12754	7262	5492	9519	5293	4226	2930	1780	1150
19	7798	4562	3236	3103	1665	1438	4409	2719	1690
20–24岁	**38001**	**22108**	**15893**	**3228**	**1662**	**1566**	**33064**	**19344**	**13720**
20	7452	4336	3116	1758	894	864	5385	3229	2156
21	6810	3937	2873	755	380	375	5757	3364	2393
22	7434	4298	3136	385	203	182	6684	3855	2829
23	7700	4502	3198	202	105	97	7170	4195	2975
24	8605	5035	3570	128	80	48	8068	4701	3367
25–29岁	**59545**	**33484**	**26061**	**31**	**20**	**11**	**56911**	**31825**	**25086**
25	10434	6002	4432	7	4	3	9995	5739	4256
26	10488	5966	4522	9	8	1	9970	5635	4335
27	11077	6246	4831	9	3	6	10588	5935	4653
28	12447	7002	5445	3	3		11910	6651	5259
29	15099	8268	6831	3	2	1	14448	7865	6583
30–34岁	**80716**	**43696**	**37020**	**13**	**7**	**6**	**77533**	**41690**	**35843**
30	18909	10237	8672	4	2	2	18150	9764	8386
31	17901	9689	8212				17178	9231	7947
32	15843	8443	7400	4	2	2	15272	8093	7179
33	15243	8304	6939	3	2	1	14645	7909	6736
34	12820	7023	5797	2	1	1	12288	6693	5595
35–39岁	**57837**	**31547**	**26290**	**18**	**8**	**10**	**55632**	**30174**	**25458**
35	11685	6292	5393	1		1	11232	6009	5223
36	12200	6551	5649	6	4	2	11708	6250	5458
37	11322	6216	5106	5	2	3	10902	5940	4962
38	12750	6921	5829	2	1	1	12277	6620	5657
39	9880	5567	4313	4	1	3	9513	5355	4158
40–44岁	**45603**	**26188**	**19415**	**5**	**1**	**4**	**44024**	**25126**	**18898**
40	8188	4583	3605	1		1	7911	4400	3511
41	9569	5402	4167				9208	5165	4043
42	9799	5618	4181	2		2	9474	5414	4060
43	8857	5127	3730	1	1		8562	4919	3643
44	9190	5458	3732	1		1	8869	5228	3641
45–49岁	**41374**	**24977**	**16397**	**1**	**1**		**39842**	**23914**	**15928**
45	8190	4870	3320				7871	4656	3215
46	8165	4920	3245				7856	4691	3165
47	8355	5011	3344				8068	4821	3247
48	8269	5072	3197	1	1		7989	4881	3108
49	8395	5104	3291				8058	4865	3193
50岁及以上	**127743**	**81144**	**46599**	**11**	**6**	**5**	**123253**	**77850**	**45403**

3−2 续表 7　　单位：人

年龄	高中								
	肄业			辍学			其他		
	小计	男	女	小计	男	女	小计	男	女
总计	**5023**	**3371**	**1652**	**7819**	**5371**	**2448**	**5440**	**3393**	**2047**
3									
4									
5−9岁									
5									
6									
7									
8									
9									
10−14岁	**2**	**1**	**1**				**8**	**5**	**3**
10									
11									
12									
13							3	1	2
14	2	1	1				5	4	1
15−19岁	**256**	**156**	**100**	**566**	**353**	**213**	**197**	**104**	**93**
15	8	4	4	28	12	16	9	8	1
16	32	17	15	72	43	29	21	10	11
17	63	35	28	140	88	52	55	29	26
18	85	59	26	163	103	60	57	27	30
19	68	41	27	163	107	56	55	30	25
20−24岁	**453**	**294**	**159**	**816**	**531**	**285**	**440**	**277**	**163**
20	98	64	34	149	107	42	62	42	20
21	83	61	22	154	97	57	61	35	26
22	80	58	22	180	115	65	105	67	38
23	83	46	37	155	94	61	90	62	28
24	109	65	44	178	118	60	122	71	51
25−29岁	**658**	**415**	**243**	**1205**	**803**	**402**	**740**	**421**	**319**
25	94	58	36	224	139	85	114	62	52
26	138	90	48	233	152	81	138	81	57
27	113	72	41	223	156	67	144	80	64
28	139	86	53	250	180	70	145	82	63
29	174	109	65	275	176	99	199	116	83
30−34岁	**799**	**521**	**278**	**1418**	**926**	**492**	**953**	**552**	**401**
30	208	134	74	336	213	123	211	124	87
31	185	125	60	304	195	109	234	138	96
32	144	97	47	268	165	103	155	86	69
33	139	92	47	278	200	78	178	101	77
34	123	73	50	232	153	79	175	103	72
35−39岁	**545**	**354**	**191**	**877**	**578**	**299**	**765**	**433**	**332**
35	114	70	44	184	117	67	154	96	58
36	113	82	31	195	129	66	178	86	92
37	109	71	38	168	122	46	138	81	57
38	114	67	47	189	129	60	168	104	64
39	95	64	31	141	81	60	127	66	61
40−44岁	**446**	**291**	**155**	**640**	**463**	**177**	**488**	**307**	**181**
40	82	55	27	114	76	38	80	52	28
41	104	67	37	147	108	39	110	62	48
42	78	47	31	138	95	43	107	62	45
43	92	59	33	117	89	28	85	59	26
44	90	63	27	124	95	29	106	72	34
45−49岁	**414**	**288**	**126**	**651**	**467**	**184**	**466**	**307**	**159**
45	104	66	38	132	95	37	83	53	30
46	68	54	14	131	98	33	110	77	33
47	84	58	26	121	85	36	82	47	35
48	76	53	23	114	77	37	89	60	29
49	82	57	25	153	112	41	102	70	32
50岁及以上	**1450**	**1051**	**399**	**1646**	**1250**	**396**	**1383**	**987**	**396**

3–2　续表 8　　　　　　　　　　　　　　　　　　　　　　　　　　　　单位：人

年　龄	大学专科								
	合　计			在　校			毕　业		
	合计	男	女	小计	男	女	小计	男	女
总　计	**288670**	**151054**	**137616**	**33834**	**16971**	**16863**	**251595**	**132201**	**119394**
3									
4									
5–9岁									
5									
6									
7									
8									
9									
10–14岁	**4**		**4**	**3**		**3**	**1**		**1**
10	1		1	1		1			
11									
12	1		1				1		1
13									
14	2		2	2		2			
15–19岁	**21134**	**10495**	**10639**	**19118**	**9501**	**9617**	**1851**	**906**	**945**
15	542	273	269	534	270	264	8	3	5
16	1065	591	474	1032	570	462	31	19	12
17	1812	939	873	1603	837	766	188	92	96
18	6631	3253	3378	6117	3012	3105	463	216	247
19	11084	5439	5645	9832	4812	5020	1161	576	585
20–24岁	**43929**	**21776**	**22153**	**13687**	**6900**	**6787**	**29747**	**14597**	**15150**
20	10661	5232	5429	8064	3936	4128	2489	1235	1254
21	8079	4050	4029	3439	1801	1638	4545	2200	2345
22	8160	4060	4100	1337	694	643	6731	3316	3415
23	8383	4170	4213	599	329	270	7685	3782	3903
24	8646	4264	4382	248	140	108	8297	4064	4233
25–29岁	**49163**	**24316**	**24847**	**485**	**275**	**210**	**48092**	**23704**	**24388**
25	9731	4949	4782	192	110	82	9435	4778	4657
26	9129	4498	4631	110	62	48	8902	4372	4530
27	9240	4551	4689	77	44	33	9049	4444	4605
28	9634	4780	4854	49	30	19	9453	4667	4786
29	11429	5538	5891	57	29	28	11253	5443	5810
30–34岁	**57362**	**27825**	**29537**	**222**	**107**	**115**	**56439**	**27325**	**29114**
30	13574	6560	7014	52	23	29	13354	6439	6915
31	12679	5931	6748	56	30	26	12472	5822	6650
32	11089	5390	5699	34	19	15	10930	5299	5631
33	10740	5296	5444	42	17	25	10549	5188	5361
34	9280	4648	4632	38	18	20	9134	4577	4557
35–39岁	**37574**	**18927**	**18647**	**128**	**75**	**53**	**36985**	**18602**	**18383**
35	8526	4338	4188	31	14	17	8401	4276	4125
36	8042	4004	4038	26	18	8	7912	3927	3985
37	7325	3643	3682	29	15	14	7203	3580	3623
38	7928	4008	3920	22	15	7	7792	3930	3862
39	5753	2934	2819	20	13	7	5677	2889	2788
40–44岁	**24437**	**12890**	**11547**	**74**	**39**	**35**	**24093**	**12684**	**11409**
40	4669	2369	2300	16	9	7	4597	2326	2271
41	5109	2664	2445	15	9	6	5028	2614	2414
42	5177	2757	2420	16	9	7	5126	2728	2398
43	4707	2490	2217	10	4	6	4633	2450	2183
44	4775	2610	2165	17	8	9	4709	2566	2143
45–49岁	**18832**	**10785**	**8047**	**63**	**39**	**24**	**18588**	**10632**	**7956**
45	4019	2268	1751	20	12	8	3963	2231	1732
46	3858	2208	1650	14	9	5	3805	2176	1629
47	3809	2171	1638	10	6	4	3765	2145	1620
48	3578	2039	1539	10	8	2	3532	2006	1526
49	3568	2099	1469	9	4	5	3523	2074	1449
50岁及以上	**36235**	**24040**	**12195**	**54**	**35**	**19**	**35799**	**23751**	**12048**

3-2 续表 9 单位：人

年 龄	大学专科								
	肄 业			辍 学			其 他		
	小计	男	女	小计	男	女	小计	男	女
总 计	**770**	**460**	**310**	**477**	**312**	**165**	**1994**	**1110**	**884**
3									
4									
5-9岁									
5									
6									
7									
8									
9									
10-14岁									
10									
11									
12									
13									
14									
15-19岁	**37**	**17**	**20**	**40**	**23**	**17**	**88**	**48**	**40**
15									
16				1	1		1	1	
17	3	3		3	3		15	4	11
18	12	3	9	13	5	8	26	17	9
19	22	11	11	23	14	9	46	26	20
20-24岁	**101**	**57**	**44**	**103**	**67**	**36**	**291**	**155**	**136**
20	17	12	5	27	17	10	64	32	32
21	16	8	8	15	8	7	64	33	31
22	23	15	8	18	11	7	51	24	27
23	23	9	14	21	16	5	55	34	21
24	22	13	9	22	15	7	57	32	25
25-29岁	**135**	**83**	**52**	**101**	**66**	**35**	**350**	**188**	**162**
25	29	18	11	16	14	2	59	29	30
26	24	15	9	23	15	8	70	34	36
27	21	11	10	18	10	8	75	42	33
28	32	21	11	24	17	7	76	45	31
29	29	18	11	20	10	10	70	38	32
30-34岁	**172**	**109**	**63**	**109**	**71**	**38**	**420**	**213**	**207**
30	43	25	18	19	15	4	106	58	48
31	30	19	11	30	16	14	91	44	47
32	34	22	12	24	16	8	67	34	33
33	40	30	10	23	18	5	86	43	43
34	25	13	12	13	6	7	70	34	36
35-39岁	**120**	**66**	**54**	**53**	**34**	**19**	**288**	**150**	**138**
35	26	15	11	7	5	2	61	28	33
36	32	19	13	12	7	5	60	33	27
37	21	9	12	11	6	5	61	33	28
38	31	18	13	18	12	6	65	33	32
39	10	5	5	5	4	1	41	23	18
40-44岁	**76**	**43**	**33**	**26**	**21**	**5**	**168**	**103**	**65**
40	13	6	7	7	6	1	36	22	14
41	25	14	11	7	6	1	34	21	13
42	8	4	4	4	1	3	23	15	8
43	18	10	8	2	2		44	24	20
44	12	9	3	6	6		31	21	10
45-49岁	**34**	**23**	**11**	**20**	**14**	**6**	**127**	**77**	**50**
45	6	4	2	3	2	1	27	19	8
46	10	7	3	4	4		25	12	13
47	5	3	2	5	4	1	24	13	11
48	6	4	2	1	1		29	20	9
49	7	5	2	7	3	4	22	13	9
50岁及以上	**95**	**62**	**33**	**25**	**16**	**9**	**262**	**176**	**86**

3-2　续表 10　　　　单位：人

年　龄	大学本科								
	合　计			在　校			毕　业		
	合计	男	女	小计	男	女	小计	男	女
总　计	**284553**	**148417**	**136136**	**55966**	**25849**	**30117**	**226964**	**121624**	**105340**
3									
4									
5–9岁									
5									
6									
7									
8									
9									
10–14岁	**2**	**2**		**2**	**2**				
10									
11									
12									
13	1	1		1	1				
14	1	1		1	1				
15–19岁	**20527**	**9200**	**11327**	**20284**	**9077**	**11207**	**213**	**107**	**106**
15	49	28	21	44	24	20	4	3	1
16	86	43	43	79	39	40	7	4	3
17	715	318	397	685	305	380	28	12	16
18	7116	3219	3897	7062	3188	3874	42	25	17
19	12561	5592	6969	12414	5521	6893	132	63	69
20–24岁	**56449**	**26260**	**30189**	**34467**	**16112**	**18355**	**21724**	**10007**	**11717**
20	14431	6461	7970	14107	6285	7822	304	164	140
21	13137	5951	7186	12004	5482	6522	1086	448	638
22	10761	5145	5616	5811	2932	2879	4894	2187	2707
23	9168	4424	4744	1895	1030	865	7208	3356	3852
24	8952	4279	4673	650	383	267	8232	3852	4380
25–29岁	**50357**	**24272**	**26085**	**760**	**421**	**339**	**49287**	**23677**	**25610**
25	9739	4765	4974	340	191	149	9329	4537	4792
26	9408	4485	4923	159	86	73	9200	4369	4831
27	9813	4729	5084	97	53	44	9660	4641	5019
28	10005	4804	5201	89	50	39	9845	4714	5131
29	11392	5489	5903	75	41	34	11253	5416	5837
30–34岁	**54081**	**26815**	**27266**	**187**	**87**	**100**	**53515**	**26531**	**26984**
30	12763	6205	6558	53	32	21	12611	6127	6484
31	11620	5616	6004	45	18	27	11498	5560	5938
32	10382	5136	5246	31	11	20	10271	5085	5186
33	10158	5158	5000	31	16	15	10064	5103	4961
34	9158	4700	4458	27	10	17	9071	4656	4415
35–39岁	**36605**	**19192**	**17413**	**111**	**57**	**54**	**36272**	**18993**	**17279**
35	8356	4329	4027	35	15	20	8270	4277	3993
36	8317	4350	3967	28	15	13	8231	4299	3932
37	7154	3754	3400	10	7	3	7103	3720	3383
38	7506	3953	3553	23	13	10	7439	3914	3525
39	5272	2806	2466	15	7	8	5229	2783	2446
40–44岁	**22335**	**12418**	**9917**	**53**	**30**	**23**	**22155**	**12320**	**9835**
40	4071	2168	1903	13	7	6	4040	2149	1891
41	4732	2567	2165	14	9	5	4690	2544	2146
42	4616	2540	2076	9	4	5	4576	2519	2057
43	4443	2510	1933	9	5	4	4410	2494	1916
44	4473	2633	1840	8	5	3	4439	2614	1825
45–49岁	**17605**	**11190**	**6415**	**49**	**32**	**17**	**17435**	**11080**	**6355**
45	3827	2365	1462	13	8	5	3788	2339	1449
46	3646	2269	1377	9	7	2	3614	2248	1366
47	3517	2246	1271	13	8	5	3477	2218	1259
48	3289	2102	1187	6	5	1	3258	2084	1174
49	3326	2208	1118	8	4	4	3298	2191	1107
50岁及以上	**26592**	**19068**	**7524**	**53**	**31**	**22**	**26363**	**18909**	**7454**

3–2 续表 11 单位：人

年 龄	大学本科								
	肄 业			辍 学			其 他		
	小计	男	女	小计	男	女	小计	男	女
总 计	**280**	**189**	**91**	**131**	**95**	**36**	**1212**	**660**	**552**
3									
4									
5–9岁									
5									
6									
7									
8									
9									
10–14岁									
10									
11									
12									
13									
14									
15–19岁	**4**	**3**	**1**	**2**		**2**	**24**	**13**	**11**
15							1	1	
16									
17							2	1	1
18				2		2	10	6	4
19	4	3	1				11	5	6
20–24岁	**50**	**32**	**18**	**36**	**27**	**9**	**172**	**82**	**90**
20	1		1	4	2	2	15	10	5
21	7	4	3	11	6	5	29	11	18
22	12	8	4	2	2		42	16	26
23	16	11	5	11	9	2	38	18	20
24	14	9	5	8	8		48	27	21
25–29岁	**57**	**46**	**11**	**30**	**19**	**11**	**223**	**109**	**114**
25	14	13	1	6	5	1	50	19	31
26	10	9	1	10	6	4	29	15	14
27	11	7	4	8	6	2	37	22	15
28	13	10	3	2	1	1	56	29	27
29	9	7	2	4	1	3	51	24	27
30–34岁	**63**	**36**	**27**	**32**	**24**	**8**	**284**	**137**	**147**
30	15	9	6	8	5	3	76	32	44
31	11	8	3	7	5	2	59	25	34
32	14	4	10	10	9	1	56	27	29
33	13	8	5	3	3		47	28	19
34	10	7	3	4	2	2	46	25	21
35–39岁	**41**	**33**	**8**	**11**	**9**	**2**	**170**	**100**	**70**
35	14	12	2	1	1		36	24	12
36	4	2	2	6	5	1	48	29	19
37	10	9	1	2	2		29	16	13
38	8	6	2	2	1	1	34	19	15
39	5	4	1				23	12	11
40–44岁	**18**	**9**	**9**	**3**	**3**		**106**	**56**	**50**
40							18	12	6
41	5	4	1				23	10	13
42	7	3	4	2	2		22	12	10
43	5	1	4	1	1		18	9	9
44	1	1					25	13	12
45–49岁	**20**	**11**	**9**	**5**	**3**	**2**	**96**	**64**	**32**
45	3	2	1	1	1		22	15	7
46	5	2	3	2	1	1	16	11	5
47	4	1	3				23	19	4
48	5	5		1		1	19	8	11
49	3	1	2	1	1		16	11	5
50岁及以上	**27**	**19**	**8**	**12**	**10**	**2**	**137**	**99**	**38**

3-2　续表 12　　　　单位：人

年　龄	硕士研究生								
	合　计			在　校			毕　业		
	合计	男	女	小计	男	女	小计	男	女
总　计	**21559**	**11030**	**10529**	**5555**	**2543**	**3012**	**15903**	**8432**	**7471**
3									
4									
5–9岁									
5									
6									
7									
8									
9									
10–14岁	**1**	**1**							
10									
11									
12									
13	1	1							
14									
15–19岁	**13**	**11**	**2**	**11**	**9**	**2**	**2**	**2**	
15									
16									
17	2	2		2	2				
18	4	3	1	4	3	1			
19	7	6	1	5	4	1	2	2	
20–24岁	**3906**	**1716**	**2190**	**3634**	**1609**	**2025**	**266**	**105**	**161**
20	21	5	16	19	3	16	2	2	
21	157	72	85	154	69	85	3	3	
22	904	394	510	884	389	495	19	5	14
23	1375	577	798	1297	547	750	75	29	46
24	1449	668	781	1280	601	679	167	66	101
25–29岁	**4727**	**2158**	**2569**	**1690**	**816**	**874**	**3010**	**1333**	**1677**
25	1364	601	763	922	425	497	438	175	263
26	957	456	501	400	207	193	550	248	302
27	859	401	458	196	104	92	656	295	361
28	743	343	400	102	48	54	632	290	342
29	804	357	447	70	32	38	734	325	409
30–34岁	**4762**	**2253**	**2509**	**151**	**75**	**76**	**4593**	**2168**	**2425**
30	1045	504	541	49	24	25	992	478	514
31	1004	430	574	36	19	17	964	409	555
32	938	428	510	32	17	15	902	411	491
33	898	427	471	17	9	8	878	415	463
34	877	464	413	17	6	11	857	455	402
35–39岁	**3664**	**1872**	**1792**	**43**	**20**	**23**	**3596**	**1838**	**1758**
35	771	372	399	14	6	8	751	363	388
36	798	401	397	7	3	4	788	396	392
37	749	382	367	9	2	7	732	375	357
38	795	399	396	8	6	2	783	392	391
39	551	318	233	5	3	2	542	312	230
40–44岁	**1933**	**1190**	**743**	**16**	**8**	**8**	**1909**	**1176**	**733**
40	478	290	188	5	2	3	470	287	183
41	465	281	184	4	3	1	459	276	183
42	380	228	152	2	1	1	375	224	151
43	338	209	129	4	2	2	334	207	127
44	272	182	90	1		1	271	182	89
45–49岁	**1177**	**782**	**395**	**5**	**2**	**3**	**1161**	**772**	**389**
45	261	178	83	1	1		260	177	83
46	247	173	74	1		1	243	172	71
47	219	145	74	1	1		213	139	74
48	233	147	86	2		2	229	145	84
49	217	139	78				216	139	77
50岁及以上	**1376**	**1047**	**329**	**5**	**4**	**1**	**1366**	**1038**	**328**

3-2 续表 13 单位：人

年 龄	硕士研究生								
	肄 业			辍 学			其 他		
	小计	男	女	小计	男	女	小计	男	女
总 计	**16**	**8**	**8**	**2**	**2**		**83**	**45**	**38**
3									
4									
5-9岁									
5									
6									
7									
8									
9									
10-14岁							**1**	**1**	
10									
11									
12									
13							1	1	
14									
15-19岁									
15									
16									
17									
18									
19									
20-24岁							**6**	**2**	**4**
20									
21									
22							1		1
23							3	1	2
24							2	1	1
25-29岁	**6**	**1**	**5**				**21**	**8**	**13**
25							4	1	3
26	4		4				3	1	2
27							7	2	5
28	2	1	1				7	4	3
29									
30-34岁	**2**	**1**	**1**	**1**	**1**		**15**	**8**	**7**
30							4	2	2
31	2	1	1				2	1	1
32							4		4
33				1	1		2	2	
34							3	3	
35-39岁	**2**	**1**	**1**	**1**	**1**		**22**	**12**	**10**
35	1		1				5	3	2
36	1	1					2	1	1
37				1	1		7	4	3
38							4	1	3
39							4	3	1
40-44岁	**3**	**2**	**1**				**5**	**4**	**1**
40	1		1				2	1	1
41							2	2	
42	2	2					1	1	
43									
44									
45-49岁	**1**	**1**					**10**	**7**	**3**
45									
46							3	1	2
47	1	1					4	4	
48							2	2	
49							1		1
50岁及以上	**2**	**2**					**3**	**3**	

3-2　续表 14　　　　单位：人

年　龄	博士研究生								
	合　计			在　校			毕　业		
	合计	男	女	小计	男	女	小计	男	女
总　计	**2907**	**1810**	**1097**	**869**	**501**	**368**	**2003**	**1290**	**713**
3									
4									
5–9岁									
5									
6									
7									
8									
9									
10–14岁									
10									
11									
12									
13									
14									
15–19岁	**3**	**3**		**2**	**2**		**1**	**1**	
15									
16									
17									
18									
19	3	3		2	2		1	1	
20–24岁	**121**	**65**	**56**	**111**	**58**	**53**	**9**	**6**	**3**
20	2	1	1	2	1	1			
21	5	2	3	4	1	3	1	1	
22	14	6	8	12	4	8	1	1	
23	37	16	21	35	14	21	2	2	
24	63	40	23	58	38	20	5	2	3
25–29岁	**668**	**386**	**282**	**524**	**314**	**210**	**140**	**70**	**70**
25	114	70	44	103	65	38	11	5	6
26	116	64	52	106	58	48	8	5	3
27	140	78	62	120	68	52	20	10	10
28	152	89	63	101	64	37	50	24	26
29	146	85	61	94	59	35	51	26	25
30–34岁	**608**	**352**	**256**	**182**	**104**	**78**	**416**	**243**	**173**
30	143	72	71	68	38	30	72	31	41
31	130	72	58	46	24	22	83	47	36
32	115	71	44	29	20	9	85	51	34
33	104	70	34	20	10	10	82	59	23
34	116	67	49	19	12	7	94	55	39
35–39岁	**574**	**347**	**227**	**35**	**14**	**21**	**534**	**331**	**203**
35	114	60	54	4	1	3	110	59	51
36	123	79	44	10	6	4	111	73	38
37	109	61	48	5	1	4	104	60	44
38	127	81	46	10	5	5	115	74	41
39	101	66	35	6	1	5	94	65	29
40–44岁	**378**	**244**	**134**	**14**	**8**	**6**	**356**	**233**	**123**
40	83	54	29	4		4	76	52	24
41	95	60	35	3	2	1	90	57	33
42	68	43	25	3	2	1	63	41	22
43	83	54	29	3	3		79	51	28
44	49	33	16	1	1		48	32	16
45–49岁	**224**	**150**	**74**	**1**	**1**		**219**	**146**	**73**
45	52	29	23				50	28	22
46	46	32	14				45	31	14
47	52	37	15	1	1		50	35	15
48	43	31	12				43	31	12
49	31	21	10				31	21	10
50岁及以上	**331**	**263**	**68**				**328**	**260**	**68**

3-2 续表 15

单位：人

年 龄	博士研究生								
	肄 业			辍 学			其 他		
	小计	男	女	小计	男	女	小计	男	女
总 计	**3**	**3**					**32**	**16**	**16**
3									
4									
5-9岁									
5									
6									
7									
8									
9									
10-14岁									
10									
11									
12									
13									
14									
15-19岁									
15									
16									
17									
18									
19									
20-24岁							**1**	**1**	
20									
21									
22							1	1	
23									
24									
25-29岁							**4**	**2**	**2**
25									
26							2	1	1
27									
28							1	1	
29							1		1
30-34岁	**1**	**1**					**9**	**4**	**5**
30							3	3	
31							1	1	
32							1		1
33	1	1					1		1
34							3		3
35-39岁							**5**	**2**	**3**
35									
36							2		2
37									
38							2	2	
39							1		1
40-44岁	**1**	**1**					**7**	**2**	**5**
40	1	1					2	1	1
41							2	1	1
42							2		2
43							1		1
44									
45-49岁							**4**	**3**	**1**
45							2	1	1
46							1	1	
47							1	1	
48									
49									
50岁及以上	**1**	**1**					**2**	**2**	

3-2a　全省分年龄、性别、学业完成情况的3岁及以上各种受教育程度人口(城市)

单位：人

年龄	合计								
	合计			在校			毕业		
	合计	男	女	小计	男	女	小计	男	女
总计	**1503570**	**776123**	**727447**	**278714**	**146684**	**132030**	**1151679**	**595005**	**556674**
3									
4									
5-9岁	**82478**	**44705**	**37773**	**80645**	**43708**	**36937**	**1628**	**881**	**747**
5	1250	709	541	1210	682	528	27	20	7
6	17500	9560	7940	17134	9358	7776	309	169	140
7	21227	11496	9731	20750	11228	9522	428	243	185
8	23195	12599	10596	22670	12325	10345	482	249	233
9	19306	10341	8965	18881	10115	8766	382	200	182
10-14岁	**87917**	**47419**	**40498**	**85193**	**45899**	**39294**	**2503**	**1397**	**1106**
10	17758	9653	8105	17335	9420	7915	386	216	170
11	18694	10097	8597	18243	9854	8389	420	227	193
12	18435	9974	8461	17847	9650	8197	547	301	246
13	17219	9225	7994	16624	8885	7739	549	312	237
14	15811	8470	7341	15144	8090	7054	601	341	260
15-19岁	**90998**	**48359**	**42639**	**76278**	**39368**	**36910**	**13520**	**8267**	**5253**
15	16106	8687	7419	15614	8393	7221	403	240	163
16	20063	10745	9318	18792	9962	8830	1112	691	421
17	18249	9831	8418	15616	8206	7410	2414	1495	919
18	16049	8631	7418	11821	6040	5781	3899	2391	1508
19	20531	10465	10066	14435	6767	7668	5692	3450	2242
20-24岁	**105529**	**54779**	**50750**	**33298**	**16008**	**17290**	**69701**	**37178**	**32523**
20	22344	11322	11022	14334	6670	7664	7549	4346	3203
21	20103	10441	9662	9899	4724	5175	9763	5440	4323
22	20522	10692	9830	5120	2598	2522	14901	7786	7115
23	20637	10884	9753	2487	1280	1207	17619	9282	8337
24	21923	11440	10483	1458	736	722	19869	10324	9545
25-29岁	**133649**	**69773**	**63876**	**2135**	**1101**	**1034**	**127780**	**66396**	**61384**
25	24693	13035	11658	924	454	470	23117	12175	10942
26	23907	12519	11388	482	262	220	22777	11858	10919
27	25359	13340	12019	309	168	141	24362	12762	11600
28	27123	14201	12922	225	119	106	26085	13579	12506
29	32567	16678	15889	195	98	97	31439	16022	15417
30-34岁	**185765**	**93431**	**92334**	**531**	**266**	**265**	**179588**	**89962**	**89626**
30	39881	20236	19645	145	74	71	38586	19502	19084
31	39017	19415	19602	122	59	63	37711	18644	19067
32	36412	18247	18165	92	53	39	35243	17624	17619
33	37226	18789	18437	87	43	44	35961	18061	17900
34	33229	16744	16485	85	37	48	32087	16131	15956
35-39岁	**155875**	**78534**	**77341**	**255**	**126**	**129**	**150529**	**75686**	**74843**
35	31517	15834	15683	68	29	39	30510	15296	15214
36	32695	16384	16311	58	34	24	31584	15784	15800
37	30863	15463	15400	42	15	27	29795	14885	14910
38	34458	17388	17070	49	30	19	33291	16743	16548
39	26342	13465	12877	38	18	20	25349	12978	12371
40-44岁	**131540**	**67720**	**63820**	**123**	**68**	**55**	**125142**	**64503**	**60639**
40	22178	11381	10797	31	14	17	21209	10884	10325
41	26330	13637	12693	25	16	9	25173	13023	12150
42	27451	14008	13443	22	14	8	26216	13406	12810
43	26893	13764	13129	23	13	10	25473	13067	12406
44	28688	14930	13758	22	11	11	27071	14123	12948
45-49岁	**139073**	**71960**	**67113**	**109**	**58**	**51**	**129603**	**67530**	**62073**
45	26985	14075	12910	29	16	13	25263	13240	12023
46	27833	14449	13384	21	12	9	26003	13594	12409
47	28647	14757	13890	27	12	15	26685	13826	12859
48	27856	14429	13427	18	11	7	25933	13565	12368
49	27752	14250	13502	14	7	7	25719	13305	12414
50岁及以上	**390746**	**199443**	**191303**	**147**	**82**	**65**	**351685**	**183205**	**168480**

3-2a 续表 1 单位：人

年龄	合计								
	肄业			辍学			其他		
	小计	男	女	小计	男	女	小计	男	女
总计	**21154**	**9928**	**11226**	**38031**	**17839**	**20192**	**13992**	**6667**	**7325**
3									
4									
5-9岁	**53**	**32**	**21**	**14**	**9**	**5**	**138**	**75**	**63**
5	1	1		1		1	11	6	5
6	13	8	5	1	1		43	24	19
7	11	8	3	6	4	2	32	13	19
8	13	7	6	6	4	2	24	14	10
9	15	8	7				28	18	10
10-14岁	**55**	**25**	**30**	**58**	**42**	**16**	**108**	**56**	**52**
10	11	3	8	2	1	1	24	13	11
11	9	7	2	2	1	1	20	8	12
12	6	2	4	9	6	3	26	15	11
13	9	5	4	19	13	6	18	10	8
14	20	8	12	26	21	5	20	10	10
15-19岁	**311**	**185**	**126**	**638**	**402**	**236**	**251**	**137**	**114**
15	22	15	7	51	28	23	16	11	5
16	42	22	20	93	54	39	24	16	8
17	61	38	23	114	73	41	44	19	25
18	89	53	36	176	111	65	64	36	28
19	97	57	40	204	136	68	103	55	48
20-24岁	**606**	**382**	**224**	**1231**	**806**	**425**	**693**	**405**	**288**
20	112	76	36	204	147	57	145	83	62
21	85	56	29	226	142	84	130	79	51
22	122	80	42	233	143	90	146	85	61
23	141	78	63	263	179	84	127	65	62
24	146	92	54	305	195	110	145	93	52
25-29岁	**981**	**622**	**359**	**1825**	**1173**	**652**	**928**	**481**	**447**
25	167	110	57	342	228	114	143	68	75
26	185	120	65	298	199	99	165	80	85
27	169	104	65	350	213	137	169	93	76
28	215	142	73	391	252	139	207	109	98
29	245	146	99	444	281	163	244	131	113
30-34岁	**1490**	**855**	**635**	**2661**	**1583**	**1078**	**1495**	**765**	**730**
30	306	169	137	521	324	197	323	167	156
31	309	192	117	549	344	205	326	176	150
32	292	151	141	537	300	237	248	119	129
33	319	195	124	556	335	221	303	155	148
34	264	148	116	498	280	218	295	148	147
35-39岁	**1310**	**723**	**587**	**2442**	**1332**	**1110**	**1339**	**667**	**672**
35	241	134	107	462	261	201	236	114	122
36	265	148	117	506	288	218	282	130	152
37	274	158	116	489	262	227	263	143	120
38	286	162	124	524	299	225	308	154	154
39	244	121	123	461	222	239	250	126	124
40-44岁	**1717**	**864**	**853**	**3334**	**1685**	**1649**	**1224**	**600**	**624**
40	253	125	128	472	242	230	213	116	97
41	313	178	135	585	311	274	234	109	125
42	313	150	163	644	310	334	256	128	128
43	398	196	202	760	382	378	239	106	133
44	440	215	225	873	440	433	282	141	141
45-49岁	**2666**	**1256**	**1410**	**5208**	**2372**	**2836**	**1487**	**744**	**743**
45	489	230	259	921	438	483	283	151	132
46	534	259	275	997	451	546	278	133	145
47	519	261	258	1092	503	589	324	155	169
48	553	238	315	1061	468	593	291	147	144
49	571	268	303	1137	512	625	311	158	153
50岁及以上	**11965**	**4984**	**6981**	**20620**	**8435**	**12185**	**6329**	**2737**	**3592**

3–2a　续表 2　　　　单位：人

年　龄	小　学								
	合　计			在　校			毕　业		
	合计	男	女	小计	男	女	小计	男	女
总　计	**326874**	**147521**	**179353**	**121649**	**65892**	**55757**	**168785**	**68894**	**99891**
3									
4									
5–9岁	**81988**	**44416**	**37572**	**80202**	**43445**	**36757**	**1585**	**857**	**728**
5	1250	709	541	1210	682	528	27	20	7
6	17401	9504	7897	17047	9308	7739	299	164	135
7	21123	11429	9694	20654	11168	9486	421	237	184
8	23048	12515	10533	22537	12246	10291	469	244	225
9	19166	10259	8907	18754	10041	8713	369	192	177
10–14岁	**42507**	**23042**	**19465**	**41353**	**22398**	**18955**	**1065**	**597**	**468**
10	17489	9496	7993	17089	9281	7808	365	200	165
11	17851	9663	8188	17451	9444	8007	373	205	168
12	5571	3041	2530	5359	2914	2445	196	117	79
13	1161	602	559	1068	551	517	87	48	39
14	435	240	195	386	208	178	44	27	17
15–19岁	**335**	**192**	**143**	**26**	**16**	**10**	**253**	**140**	**113**
15	30	18	12	10	8	2	14	6	8
16	45	27	18	5	3	2	32	19	13
17	65	36	29	4	3	1	50	27	23
18	92	56	36	4	1	3	75	48	27
19	103	55	48	3	1	2	82	40	42
20–24岁	**783**	**460**	**323**	**8**	**6**	**2**	**673**	**399**	**274**
20	102	67	35	4	3	1	82	53	29
21	130	76	54	2	1	1	102	59	43
22	160	92	68	1	1		143	83	60
23	194	121	73				173	108	65
24	197	104	93	1	1		173	96	77
25–29岁	**1756**	**897**	**859**	**1**		**1**	**1541**	**794**	**747**
25	245	139	106				214	124	90
26	285	147	138				250	128	122
27	342	180	162				294	158	136
28	410	215	195				355	183	172
29	474	216	258	1		1	428	201	227
30–34岁	**4660**	**2111**	**2549**	**4**	**1**	**3**	**4106**	**1878**	**2228**
30	747	386	361				653	339	314
31	862	389	473				766	352	414
32	946	435	511	1		1	840	396	444
33	1071	456	615	2	1	1	940	397	543
34	1034	445	589	1		1	907	394	513
35–39岁	**6600**	**2716**	**3884**	**3**		**3**	**5760**	**2363**	**3397**
35	1051	463	588	1		1	922	407	515
36	1172	500	672				1018	435	583
37	1279	533	746	1		1	1104	456	648
38	1583	640	943	1		1	1391	556	835
39	1515	580	935				1325	509	816
40–44岁	**15038**	**5794**	**9244**	**5**	**2**	**3**	**12964**	**5046**	**7918**
40	1608	622	986				1398	542	856
41	2448	976	1472	2	1	1	2126	841	1285
42	2963	1142	1821				2559	1001	1558
43	3553	1333	2220	2	1	1	3038	1156	1882
44	4466	1721	2745	1		1	3843	1506	2337
45–49岁	**29591**	**11171**	**18420**	**16**	**6**	**10**	**25141**	**9631**	**15510**
45	4842	1820	3022	2		2	4127	1568	2559
46	5631	2173	3458	2		2	4805	1888	2917
47	6118	2334	3784	5	1	4	5240	2023	3217
48	6296	2371	3925	4	3	1	5305	2040	3265
49	6704	2473	4231	3	2	1	5664	2112	3552
50岁及以上	**143616**	**56722**	**86894**	**31**	**18**	**13**	**115697**	**47189**	**68508**

3-2a 续表 3

单位：人

年龄	小学								
	肄业			辍学			其他		
	小计	男	女	小计	男	女	小计	男	女
总计	**10661**	**3682**	**6979**	**20754**	**7212**	**13542**	**5025**	**1841**	**3184**
3									
4									
5-9岁	**53**	**32**	**21**	**12**	**8**	**4**	**136**	**74**	**62**
5	1	1		1		1	11	6	5
6	13	8	5	1	1		41	23	18
7	11	8	3	5	3	2	32	13	19
8	13	7	6	5	4	1	24	14	10
9	15	8	7				28	18	10
10-14岁	**22**	**11**	**11**	**11**	**8**	**3**	**56**	**28**	**28**
10	11	3	8	2	1	1	22	11	11
11	9	7	2	2	1	1	16	6	10
12	1		1	1	1		14	9	5
13	1	1		2	1	1	3	1	2
14				4	4		1	1	
15-19岁	**13**	**9**	**4**	**29**	**19**	**10**	**14**	**8**	**6**
15	2	1	1	4	3	1			
16				3	2	1	5	3	2
17	4	4		4	2	2	3		3
18	3	1	2	7	4	3	3	2	1
19	4	3	1	11	8	3	3	3	
20-24岁	**19**	**9**	**10**	**61**	**33**	**28**	**22**	**13**	**9**
20	3	2	1	10	7	3	3	2	1
21	4	2	2	17	9	8	5	5	
22	2	1	1	10	6	4	4	1	3
23	4	1	3	12	9	3	5	3	2
24	6	3	3	12	2	10	5	2	3
25-29岁	**54**	**27**	**27**	**116**	**59**	**57**	**44**	**17**	**27**
25	8	5	3	17	7	10	6	3	3
26	8	5	3	16	11	5	11	3	8
27	12	7	5	25	11	14	11	4	7
28	12	6	6	36	21	15	7	5	2
29	14	4	10	22	9	13	9	2	7
30-34岁	**160**	**67**	**93**	**297**	**121**	**176**	**93**	**44**	**49**
30	30	10	20	41	23	18	23	14	9
31	28	14	14	51	19	32	17	4	13
32	30	11	19	62	22	40	13	6	7
33	35	15	20	73	31	42	21	12	9
34	37	17	20	70	26	44	19	8	11
35-39岁	**220**	**88**	**132**	**517**	**217**	**300**	**100**	**48**	**52**
35	33	15	18	75	32	43	20	9	11
36	33	11	22	101	48	53	20	6	14
37	49	20	29	107	46	61	18	11	7
38	62	29	33	114	46	68	15	9	6
39	43	13	30	120	45	75	27	13	14
40-44岁	**589**	**214**	**375**	**1274**	**453**	**821**	**206**	**79**	**127**
40	46	14	32	141	52	89	23	14	9
41	96	46	50	188	73	115	36	15	21
42	109	37	72	254	90	164	41	14	27
43	152	51	101	310	109	201	51	16	35
44	186	66	120	381	129	252	55	20	35
45-49岁	**1205**	**423**	**782**	**2767**	**927**	**1840**	**462**	**184**	**278**
45	206	71	135	428	145	283	79	36	43
46	224	89	135	525	166	359	75	30	45
47	221	83	138	557	192	365	95	35	60
48	274	82	192	611	202	409	102	44	58
49	280	98	182	646	222	424	111	39	72
50岁及以上	**8326**	**2802**	**5524**	**15670**	**5367**	**10303**	**3892**	**1346**	**2546**

3-2a 续表 4 单位：人

年 龄	初中								
	合计			在校			毕业		
	合计	男	女	小计	男	女	小计	男	女
总 计	**477642**	**259770**	**217872**	**51136**	**27655**	**23481**	**400490**	**216952**	**183538**
3									
4									
5–9岁	**489**	**288**	**201**	**442**	**262**	**180**	**43**	**24**	**19**
5									
6	99	56	43	87	50	37	10	5	5
7	104	67	37	96	60	36	7	6	1
8	147	84	63	133	79	54	13	5	8
9	139	81	58	126	73	53	13	8	5
10–14岁	**44605**	**23979**	**20626**	**43073**	**23122**	**19951**	**1404**	**783**	**621**
10	268	157	111	245	139	106	21	16	5
11	842	434	408	792	410	382	46	22	24
12	12861	6932	5929	12487	6735	5752	349	184	165
13	15911	8553	7358	15418	8267	7151	455	261	194
14	14723	7903	6820	14131	7571	6560	533	300	233
15–19岁	**15106**	**9020**	**6086**	**7485**	**4183**	**3302**	**7031**	**4444**	**2587**
15	5078	2816	2262	4691	2586	2105	322	191	131
16	2526	1470	1056	1597	894	703	835	518	317
17	2249	1404	845	775	460	315	1382	882	500
18	2399	1530	869	292	172	120	1957	1254	703
19	2854	1800	1054	130	71	59	2535	1599	936
20–24岁	**19855**	**11954**	**7901**	**26**	**17**	**9**	**18584**	**11134**	**7450**
20	3100	1923	1177	15	9	6	2852	1756	1096
21	3376	2141	1235	5	3	2	3163	2006	1157
22	4102	2418	1684	2	1	1	3874	2272	1602
23	4311	2590	1721	3	3		4025	2406	1619
24	4966	2882	2084	1	1		4670	2694	1976
25–29岁	**35387**	**19909**	**15478**	**23**	**14**	**9**	**33451**	**18684**	**14767**
25	5935	3400	2535	6	5	1	5585	3173	2412
26	6006	3432	2574	4	2	2	5710	3246	2464
27	6617	3747	2870	3	3		6261	3520	2741
28	7530	4239	3291	5	1	4	7122	3980	3142
29	9299	5091	4208	5	3	2	8773	4765	4008
30–34岁	**61343**	**31845**	**29498**	**16**	**11**	**5**	**58262**	**30089**	**28173**
30	12128	6394	5734	4	3	1	11531	6047	5484
31	12162	6301	5861	1		1	11552	5933	5619
32	12029	6264	5765	3	3		11423	5943	5480
33	13173	6842	6331	2	2		12524	6467	6057
34	11851	6044	5807	6	3	3	11232	5699	5533
35–39岁	**59795**	**30561**	**29234**	**10**	**8**	**2**	**56865**	**28955**	**27910**
35	11580	5877	5703	2	2		11021	5574	5447
36	12269	6257	6012	2	2		11671	5918	5753
37	11983	6078	5905	2	1	1	11398	5756	5642
38	13354	6872	6482				12721	6512	6209
39	10609	5477	5132	4	3	1	10054	5195	4859
40–44岁	**54698**	**28975**	**25723**	**14**	**11**	**3**	**51436**	**27157**	**24279**
40	9077	4790	4287	2	2		8537	4500	4037
41	10853	5773	5080	3	2	1	10253	5437	4816
42	11422	5937	5485	1	1		10787	5586	5201
43	11333	6058	5275	4	4		10628	5662	4966
44	12013	6417	5596	4	2	2	11231	5972	5259
45–49岁	**59092**	**31847**	**27245**	**16**	**9**	**7**	**55006**	**29555**	**25451**
45	11656	6307	5349	4	2	2	10877	5870	5007
46	12129	6475	5654	4	3	1	11293	6020	5273
47	12249	6564	5685	4	2	2	11360	6064	5296
48	11711	6363	5348	2		2	10938	5931	5007
49	11347	6138	5209	2	2		10538	5670	4868
50岁及以上	**127272**	**71392**	**55880**	**31**	**18**	**13**	**118408**	**66127**	**52281**

3-2a 续表 5

单位：人

年 龄	初中								
	肄业			辍学			其他		
	小计	男	女	小计	男	女	小计	男	女
总 计	**7437**	**4325**	**3112**	**13481**	**8126**	**5355**	**5098**	**2712**	**2386**
3									
4									
5-9岁				**2**	**1**	**1**	**2**	**1**	**1**
5									
6							2	1	1
7				1	1				
8				1		1			
9									
10-14岁	**32**	**13**	**19**	**47**	**34**	**13**	**49**	**27**	**22**
10							2	2	
11							4	2	2
12	5	2	3	8	5	3	12	6	6
13	8	4	4	17	12	5	13	9	4
14	19	7	12	22	17	5	18	8	10
15-19岁	**157**	**103**	**54**	**334**	**227**	**107**	**99**	**63**	**36**
15	19	13	6	37	21	16	9	5	4
16	23	14	9	58	34	24	13	10	3
17	28	19	9	56	38	18	8	5	3
18	41	26	15	83	61	22	26	17	9
19	46	31	15	100	73	27	43	26	17
20-24岁	**270**	**173**	**97**	**701**	**464**	**237**	**274**	**166**	**108**
20	48	36	12	113	81	32	72	41	31
21	31	21	10	124	79	45	53	32	21
22	55	32	23	120	77	43	51	36	15
23	67	40	27	162	112	50	54	29	25
24	69	44	25	182	115	67	44	28	16
25-29岁	**484**	**319**	**165**	**1090**	**708**	**382**	**339**	**184**	**155**
25	82	52	30	211	144	67	51	26	25
26	89	57	32	160	109	51	43	18	25
27	91	61	30	202	125	77	60	38	22
28	93	68	25	229	144	85	81	46	35
29	129	81	48	288	186	102	104	56	48
30-34岁	**781**	**438**	**343**	**1619**	**975**	**644**	**665**	**332**	**333**
30	142	81	61	313	201	112	138	62	76
31	157	89	68	317	200	117	135	79	56
32	154	73	81	336	195	141	113	50	63
33	176	107	69	331	193	138	140	73	67
34	152	88	64	322	186	136	139	68	71
35-39岁	**725**	**406**	**319**	**1535**	**869**	**666**	**660**	**323**	**337**
35	137	72	65	311	184	127	109	45	64
36	151	86	65	318	184	134	127	67	60
37	147	89	58	305	160	145	131	72	59
38	147	89	58	327	200	127	159	71	88
39	143	70	73	274	141	133	134	68	66
40-44岁	**839**	**464**	**375**	**1758**	**1019**	**739**	**651**	**324**	**327**
40	149	72	77	275	156	119	114	60	54
41	150	92	58	324	186	138	123	56	67
42	154	82	72	335	188	147	145	80	65
43	181	105	76	399	230	169	121	57	64
44	205	113	92	425	259	166	148	71	77
45-49岁	**1233**	**688**	**545**	**2133**	**1230**	**903**	**704**	**365**	**339**
45	219	121	98	422	242	180	134	72	62
46	277	143	134	415	244	171	140	65	75
47	248	150	98	476	270	206	161	78	83
48	242	131	111	401	236	165	128	65	63
49	247	143	104	419	238	181	141	85	56
50岁及以上	**2916**	**1721**	**1195**	**4262**	**2599**	**1663**	**1655**	**927**	**728**

3–2a　续表 6　　　　单位：人

年龄	高中								
	合计			在校			毕业		
	合计	男	女	小计	男	女	小计	男	女
总计	**297892**	**162918**	**134974**	**47962**	**25535**	**22427**	**241876**	**132315**	**109561**
3									
4									
5–9岁	**1**	**1**		**1**	**1**				
5									
6									
7									
8									
9	1	1		1	1				
10–14岁	**800**	**397**	**403**	**763**	**378**	**385**	**33**	**17**	**16**
10									
11	1		1				1		1
12	2	1	1	1	1		1		1
13	146	69	77	137	66	71	7	3	4
14	651	327	324	625	311	314	24	14	10
15–19岁	**51423**	**27785**	**23638**	**45973**	**24462**	**21511**	**5007**	**3082**	**1925**
15	10733	5735	4998	10654	5684	4970	61	40	21
16	16950	8958	7992	16666	8788	7878	227	141	86
17	14554	7701	6853	13606	7125	6481	849	522	327
18	5627	3258	2369	3927	2235	1692	1567	949	618
19	3559	2133	1426	1120	630	490	2303	1430	873
20–24岁	**19296**	**11177**	**8119**	**1186**	**674**	**512**	**17317**	**9989**	**7328**
20	3659	2149	1510	640	365	275	2874	1684	1190
21	3467	1998	1469	272	149	123	3068	1767	1301
22	3845	2204	1641	150	86	64	3516	2007	1509
23	3958	2302	1656	77	48	29	3736	2168	1568
24	4367	2524	1843	47	26	21	4123	2363	1760
25–29岁	**29043**	**16339**	**12704**	**13**	**8**	**5**	**27895**	**15629**	**12266**
25	5123	2949	2174	2	2		4934	2831	2103
26	5080	2916	2164	3	2	1	4849	2772	2077
27	5386	3053	2333	4	1	3	5179	2931	2248
28	6018	3393	2625	1	1		5771	3237	2534
29	7436	4028	3408	3	2	1	7162	3858	3304
30–34岁	**40806**	**21660**	**19146**	**7**	**5**	**2**	**39367**	**20742**	**18625**
30	9170	4952	4218	2	2		8837	4753	4084
31	9031	4834	4197				8691	4602	4089
32	8042	4207	3835	2	2		7780	4044	3736
33	7889	4189	3700	1		1	7614	4007	3607
34	6674	3478	3196	2	1	1	6445	3336	3109
35–39岁	**31757**	**16561**	**15196**	**10**	**3**	**7**	**30803**	**15991**	**14812**
35	6195	3214	2981	1		1	6014	3105	2909
36	6609	3399	3210	3	2	1	6400	3281	3119
37	6156	3221	2935	2		2	5965	3098	2867
38	7210	3723	3487	1		1	7006	3600	3406
39	5587	3004	2583	3	1	2	5418	2907	2511
40–44岁	**26564**	**14266**	**12298**	**2**		**2**	**25826**	**13783**	**12043**
40	4688	2456	2232	1		1	4542	2366	2176
41	5527	2926	2601				5363	2825	2538
42	5719	3060	2659				5581	2979	2602
43	5181	2767	2414				5048	2673	2375
44	5449	3057	2392	1		1	5292	2940	2352
45–49岁	**24136**	**13615**	**10521**	**1**	**1**		**23449**	**13170**	**10279**
45	4787	2685	2102				4622	2580	2042
46	4729	2692	2037				4607	2603	2004
47	4938	2745	2193				4798	2662	2136
48	4838	2770	2068	1	1		4719	2696	2023
49	4844	2723	2121				4703	2629	2074
50岁及以上	**74066**	**41117**	**32949**	**6**	**3**	**3**	**72179**	**39912**	**32267**

3-2a 续表 7

单位：人

年 龄	高中								
	肄 业			辍 学			其 他		
	小计	男	女	小计	男	女	小计	男	女
总 计	**2406**	**1535**	**871**	**3478**	**2287**	**1191**	**2170**	**1246**	**924**
3									
4									
5-9岁									
5									
6									
7									
8									
9									
10-14岁	**1**	**1**					**3**	**1**	**2**
10									
11									
12									
13							2		2
14	1	1					1	1	
15-19岁	**117**	**62**	**55**	**251**	**143**	**108**	**75**	**36**	**39**
15	1	1		10	4	6	7	6	1
16	19	8	11	32	18	14	6	3	3
17	27	13	14	52	31	21	20	10	10
18	38	24	14	75	42	33	20	8	12
19	32	16	16	82	48	34	22	9	13
20-24岁	**223**	**144**	**79**	**395**	**255**	**140**	**175**	**115**	**60**
20	50	30	20	65	48	17	30	22	8
21	33	24	9	71	43	28	23	15	8
22	47	34	13	93	53	40	39	24	15
23	44	24	20	72	46	26	29	16	13
24	49	32	17	94	65	29	54	38	16
25-29岁	**318**	**192**	**126**	**550**	**361**	**189**	**267**	**149**	**118**
25	47	28	19	104	67	37	36	21	15
26	68	44	24	104	67	37	56	31	25
27	46	25	21	106	66	40	51	30	21
28	79	47	32	116	82	34	51	26	25
29	78	48	30	120	79	41	73	41	32
30-34岁	**404**	**266**	**138**	**669**	**437**	**232**	**359**	**210**	**149**
30	99	59	40	154	90	64	78	48	30
31	100	73	27	157	109	48	83	50	33
32	79	54	25	123	72	51	58	35	23
33	71	46	25	137	100	37	66	36	30
34	55	34	21	98	66	32	74	41	33
35-39岁	**267**	**171**	**96**	**362**	**228**	**134**	**315**	**168**	**147**
35	47	31	16	72	42	30	61	36	25
36	55	38	17	79	49	30	72	29	43
37	61	39	22	72	55	17	56	29	27
38	54	29	25	76	49	27	73	45	28
39	50	34	16	63	33	30	53	29	24
40-44岁	**231**	**156**	**75**	**291**	**204**	**87**	**214**	**123**	**91**
40	51	36	15	52	30	22	42	24	18
41	49	30	19	70	50	20	45	21	24
42	38	25	13	54	32	22	46	24	22
43	50	33	17	50	42	8	33	19	14
44	43	32	11	65	50	15	48	35	13
45-49岁	**197**	**125**	**72**	**294**	**204**	**90**	**195**	**115**	**80**
45	58	34	24	70	50	20	37	21	16
46	29	25	4	54	38	16	39	26	13
47	42	24	18	57	39	18	41	20	21
48	32	20	12	48	29	19	38	24	14
49	36	22	14	65	48	17	40	24	16
50岁及以上	**648**	**418**	**230**	**666**	**455**	**211**	**567**	**329**	**238**

3-2a 续表 8

单位：人

年 龄	大学专科								
	合 计			在 校			毕 业		
	合计	男	女	小计	男	女	小计	男	女
总 计	**180077**	**91448**	**88629**	**18730**	**9354**	**9376**	**159698**	**81198**	**78500**
3									
4									
5–9岁									
5									
6									
7									
8									
9									
10–14岁	**4**		**4**	**3**		**3**	**1**		**1**
10	1		1	1		1			
11									
12	1		1				1		1
13									
14	2		2	2		2			
15–19岁	**11647**	**5745**	**5902**	**10460**	**5170**	**5290**	**1090**	**526**	**564**
15	239	105	134	235	103	132	4	2	2
16	491	265	226	476	255	221	15	10	5
17	979	513	466	845	448	397	118	57	61
18	3548	1749	1799	3251	1616	1635	270	121	149
19	6390	3113	3277	5653	2748	2905	683	336	347
20–24岁	**26246**	**12942**	**13304**	**7714**	**3901**	**3813**	**18278**	**8893**	**9385**
20	6357	3096	3261	4768	2323	2445	1530	741	789
21	4679	2351	2328	1879	991	888	2742	1325	1417
22	4851	2400	2451	653	351	302	4150	2021	2129
23	5101	2510	2591	295	167	128	4757	2315	2442
24	5258	2585	2673	119	69	50	5099	2491	2608
25–29岁	**28824**	**14215**	**14609**	**228**	**122**	**106**	**28310**	**13936**	**14374**
25	5725	2898	2827	70	40	30	5603	2828	2775
26	5325	2602	2723	60	33	27	5203	2530	2673
27	5484	2728	2756	42	21	21	5395	2684	2711
28	5571	2737	2834	26	17	9	5484	2687	2797
29	6719	3250	3469	30	11	19	6625	3207	3418
30–34岁	**35540**	**16742**	**18798**	**136**	**62**	**74**	**35041**	**16489**	**18552**
30	7984	3785	4199	28	9	19	7871	3728	4143
31	7812	3583	4229	32	17	15	7696	3519	4177
32	6999	3265	3734	20	12	8	6915	3221	3694
33	6779	3190	3589	30	12	18	6669	3136	3533
34	5966	2919	3047	26	12	14	5890	2885	3005
35–39岁	**25474**	**12208**	**13266**	**75**	**41**	**34**	**25163**	**12050**	**13113**
35	5575	2724	2851	21	8	13	5510	2692	2818
36	5398	2552	2846	16	11	5	5324	2512	2812
37	5052	2367	2685	14	5	9	4989	2340	2649
38	5521	2648	2873	12	9	3	5453	2611	2842
39	3928	1917	2011	12	8	4	3887	1895	1992
40–44岁	**16375**	**8228**	**8147**	**43**	**20**	**23**	**16201**	**8142**	**8059**
40	3123	1526	1597	10	4	6	3086	1507	1579
41	3425	1722	1703	7	5	2	3388	1700	1688
42	3513	1772	1741	11	6	5	3483	1759	1724
43	3163	1585	1578	6	1	5	3123	1569	1554
44	3151	1623	1528	9	4	5	3121	1607	1514
45–49岁	**12187**	**6556**	**5631**	**36**	**20**	**16**	**12068**	**6483**	**5585**
45	2660	1409	1251	13	8	5	2628	1388	1240
46	2485	1354	1131	9	6	3	2461	1340	1121
47	2501	1335	1166	6	2	4	2482	1324	1158
48	2314	1241	1073	4	3	1	2294	1225	1069
49	2227	1217	1010	4	1	3	2203	1206	997
50岁及以上	**23780**	**14812**	**8968**	**35**	**18**	**17**	**23546**	**14679**	**8867**

3–2a 续表 9

单位：人

年 龄	大学专科								
	肄 业			辍 学			其 他		
	小计	男	女	小计	男	女	小计	男	女
总 计	**457**	**263**	**194**	**248**	**157**	**91**	**944**	**476**	**468**
3									
4									
5–9岁									
5									
6									
7									
8									
9									
10–14岁									
10									
11									
12									
13									
14									
15–19岁	**23**	**11**	**12**	**24**	**13**	**11**	**50**	**25**	**25**
15									
16									
17	2	2		2	2		12	4	8
18	7	2	5	11	4	7	9	6	3
19	14	7	7	11	7	4	29	15	14
20–24岁	**64**	**38**	**26**	**54**	**37**	**17**	**136**	**73**	**63**
20	11	8	3	14	9	5	34	15	19
21	13	7	6	8	6	2	37	22	15
22	13	9	4	9	6	3	26	13	13
23	16	8	8	12	9	3	21	11	10
24	11	6	5	11	7	4	18	12	6
25–29岁	**80**	**50**	**30**	**55**	**35**	**20**	**151**	**72**	**79**
25	19	15	4	7	7		26	8	18
26	13	10	3	13	9	4	36	20	16
27	11	5	6	13	8	5	23	10	13
28	19	12	7	9	4	5	33	17	16
29	18	8	10	13	7	6	33	17	16
30–34岁	**104**	**62**	**42**	**55**	**33**	**22**	**204**	**96**	**108**
30	26	14	12	11	8	3	48	26	22
31	17	10	7	18	12	6	49	25	24
32	21	11	10	9	5	4	34	16	18
33	26	21	5	11	7	4	43	14	29
34	14	6	8	6	1	5	30	15	15
35–39岁	**69**	**36**	**33**	**23**	**14**	**9**	**144**	**67**	**77**
35	13	8	5	4	3	1	27	13	14
36	22	11	11	5	4	1	31	14	17
37	12	5	7	4		4	33	17	16
38	17	10	7	6	4	2	33	14	19
39	5	2	3	4	3	1	20	9	11
40–44岁	**43**	**22**	**21**	**11**	**9**	**2**	**77**	**35**	**42**
40	6	3	3	4	4		17	8	9
41	14	7	7	3	2	1	13	8	5
42	5	2	3	1		1	13	5	8
43	12	6	6	1	1		21	8	13
44	6	4	2	2	2		13	6	7
45–49岁	**17**	**13**	**4**	**11**	**8**	**3**	**55**	**32**	**23**
45	3	2	1				16	11	5
46	3	2	1	2	2		10	4	6
47	3	2	1	2	2		8	5	3
48	3	3		1	1		12	9	3
49	5	4	1	6	3	3	9	3	6
50岁及以上	**57**	**31**	**26**	**15**	**8**	**7**	**127**	**76**	**51**

3-2a 续表 10

单位：人

年龄	大学本科								
	合计			在校			毕业		
	合计	男	女	小计	男	女	小计	男	女
总计	**201172**	**104043**	**97129**	**35031**	**16348**	**18683**	**165226**	**87176**	**78050**
3									
4									
5-9岁									
5									
6									
7									
8									
9									
10-14岁	**1**	**1**		**1**	**1**				
10									
11									
12									
13	1	1		1	1				
14									
15-19岁	**12477**	**5607**	**6870**	**12327**	**5530**	**6797**	**136**	**72**	**64**
15	26	13	13	24	12	12	2	1	1
16	51	25	26	48	22	26	3	3	
17	400	175	225	384	168	216	15	7	8
18	4383	2038	2345	4347	2016	2331	30	19	11
19	7617	3356	4261	7524	3312	4212	86	42	44
20-24岁	**36681**	**17146**	**19535**	**21933**	**10405**	**11528**	**14618**	**6671**	**7947**
20	9114	4083	5031	8897	3968	4929	209	110	99
21	8347	3834	4513	7640	3542	4098	685	280	405
22	6972	3351	3621	3740	1937	1803	3202	1399	1803
23	6125	2972	3153	1236	702	534	4858	2257	2601
24	6123	2906	3217	420	256	164	5664	2625	3039
25-29岁	**34663**	**16584**	**18079**	**438**	**239**	**199**	**34058**	**16248**	**17810**
25	6650	3199	3451	191	103	88	6423	3074	3349
26	6437	3050	3387	90	50	40	6322	2986	3336
27	6765	3264	3501	53	30	23	6678	3214	3464
28	6895	3301	3594	58	32	26	6797	3248	3549
29	7916	3770	4146	46	24	22	7838	3726	4112
30-34岁	**38911**	**18908**	**20003**	**130**	**62**	**68**	**38563**	**18732**	**19831**
30	8907	4272	4635	35	22	13	8828	4227	4601
31	8215	3901	4314	30	13	17	8134	3862	4272
32	7495	3648	3847	20	7	13	7432	3621	3811
33	7460	3687	3773	24	13	11	7391	3646	3745
34	6834	3400	3434	21	7	14	6778	3376	3402
35-39岁	**28444**	**14510**	**13934**	**89**	**46**	**43**	**28226**	**14389**	**13837**
35	6343	3179	3164	27	13	14	6291	3149	3142
36	6440	3267	3173	24	13	11	6381	3236	3145
37	5607	2852	2755	9	6	3	5573	2830	2743
38	5942	3066	2876	17	10	7	5896	3039	2857
39	4112	2146	1966	12	4	8	4085	2135	1950
40-44岁	**16744**	**9158**	**7586**	**36**	**22**	**14**	**16632**	**9097**	**7535**
40	3178	1681	1497	11	6	5	3154	1667	1487
41	3557	1929	1628	8	5	3	3532	1915	1617
42	3421	1851	1570	6	4	2	3402	1841	1561
43	3278	1782	1496	6	3	3	3257	1772	1485
44	3310	1915	1395	5	4	1	3287	1902	1385
45-49岁	**12788**	**7918**	**4870**	**35**	**20**	**15**	**12678**	**7849**	**4829**
45	2757	1669	1088	9	5	4	2729	1651	1078
46	2590	1566	1024	5	3	2	2573	1556	1017
47	2595	1613	982	11	6	5	2565	1593	972
48	2441	1521	920	5	4	1	2424	1511	913
49	2405	1549	856	5	2	3	2387	1538	849
50岁及以上	**20463**	**14211**	**6252**	**42**	**23**	**19**	**20315**	**14118**	**6197**

3-2a 续表 11　　　　单位：人

年 龄	大学本科								
	肄 业			辍 学			其 他		
	小计	男	女	小计	男	女	小计	男	女
总 计	**180**	**117**	**63**	**69**	**56**	**13**	**666**	**346**	**320**
3									
4									
5–9岁									
5									
6									
7									
8									
9									
10–14岁									
10									
11									
12									
13									
14									
15–19岁	**1**		**1**				**13**	**5**	**8**
15									
16									
17							1		1
18							6	3	3
19	1		1				6	2	4
20–24岁	**30**	**18**	**12**	**20**	**17**	**3**	**80**	**35**	**45**
20				2	2		6	3	3
21	4	2	2	6	5	1	12	5	7
22	5	4	1	1	1		24	10	14
23	10	5	5	5	3	2	16	5	11
24	11	7	4	6	6		22	12	10
25–29岁	**41**	**34**	**7**	**14**	**10**	**4**	**112**	**53**	**59**
25	11	10	1	3	3		22	9	13
26	4	4		5	3	2	16	7	9
27	9	6	3	4	3	1	21	11	10
28	11	9	2	1	1		28	11	17
29	6	5	1	1		1	25	15	10
30–34岁	**40**	**22**	**18**	**20**	**16**	**4**	**158**	**76**	**82**
30	9	5	4	2	2		33	16	17
31	6	6		6	4	2	39	16	23
32	8	2	6	7	6	1	28	12	16
33	11	6	5	3	3		31	19	12
34	6	3	3	2	1	1	27	13	14
35–39岁	**27**	**21**	**6**	**5**	**4**	**1**	**97**	**50**	**47**
35	10	8	2				15	9	6
36	3	1	2	3	3		29	14	15
37	5	5		1	1		19	10	9
38	6	5	1	1		1	22	12	10
39	3	2	1				12	5	7
40–44岁	**12**	**6**	**6**				**64**	**33**	**31**
40							13	8	5
41	4	3	1				13	6	7
42	5	2	3				8	4	4
43	3	1	2				12	6	6
44							18	9	9
45–49岁	**13**	**6**	**7**	**3**	**3**		**59**	**40**	**19**
45	3	2	1	1	1		15	10	5
46	1		1	1	1		10	6	4
47	4	1	3				15	13	2
48	2	2					10	4	6
49	3	1	2	1	1		9	7	2
50岁及以上	**16**	**10**	**6**	**7**	**6**	**1**	**83**	**54**	**29**

3-2a 续表 12

单位：人

年 龄	硕士研究生								
	合 计			在 校			毕 业		
	合计	男	女	小计	男	女	小计	男	女
总 计	**17610**	**8988**	**8622**	**3644**	**1588**	**2056**	**13890**	**7359**	**6531**
3									
4									
5–9岁									
5									
6									
7									
8									
9									
10–14岁									
10									
11									
12									
13									
14									
15–19岁	**8**	**8**		**6**	**6**		**2**	**2**	
15									
16									
17	2	2		2	2				
18									
19	6	6		4	4		2	2	
20–24岁	**2581**	**1055**	**1526**	**2353**	**966**	**1387**	**223**	**87**	**136**
20	10	3	7	8	1	7	2	2	
21	100	39	61	98	37	61	2	2	
22	583	223	360	567	220	347	15	3	12
23	920	378	542	850	351	499	68	26	42
24	968	412	556	830	357	473	136	54	82
25–29岁	**3553**	**1602**	**1951**	**1111**	**535**	**576**	**2424**	**1061**	**1363**
25	945	410	535	592	267	325	351	142	209
26	698	329	369	255	135	120	438	193	245
27	674	320	354	132	73	59	539	247	292
28	606	268	338	79	36	43	519	228	291
29	630	275	355	53	24	29	577	251	326
30–34岁	**4044**	**1890**	**2154**	**117**	**53**	**64**	**3915**	**1830**	**2085**
30	855	402	453	36	16	20	816	385	431
31	843	351	492	25	12	13	815	338	477
32	809	370	439	26	12	14	782	358	424
33	768	365	403	16	8	8	750	355	395
34	769	402	367	14	5	9	752	394	358
35–39岁	**3308**	**1672**	**1636**	**39**	**18**	**21**	**3249**	**1644**	**1605**
35	677	325	352	13	6	7	659	317	342
36	702	343	359	6	3	3	694	339	355
37	691	355	336	9	2	7	676	349	327
38	735	366	369	8	6	2	723	359	364
39	503	283	220	3	1	2	497	280	217
40–44岁	**1784**	**1088**	**696**	**12**	**7**	**5**	**1764**	**1075**	**689**
40	433	261	172	4	2	2	426	258	168
41	432	257	175	3	2	1	427	253	174
42	353	210	143	1	1		349	206	143
43	313	194	119	3	2	1	310	192	118
44	253	166	87	1		1	252	166	86
45–49岁	**1074**	**716**	**358**	**4**	**1**	**3**	**1061**	**709**	**352**
45	236	159	77	1	1		235	158	77
46	226	159	67	1		1	222	158	64
47	200	133	67				196	129	67
48	216	135	81	2		2	213	134	79
49	196	130	66				195	130	65
50岁及以上	**1258**	**957**	**301**	**2**	**2**		**1252**	**951**	**301**

3-2a 续表 13

单位：人

年 龄	硕士研究生								
	肄 业			辍 学			其 他		
	小计	男	女	小计	男	女	小计	男	女
总 计	**12**	**5**	**7**	**1**	**1**		**63**	**35**	**28**
3									
4									
5-9岁									
5									
6									
7									
8									
9									
10-14岁									
10									
11									
12									
13									
14									
15-19岁									
15									
16									
17									
18									
19									
20-24岁							**5**	**2**	**3**
20									
21									
22							1		1
23							2	1	1
24							2	1	1
25-29岁	**4**		**4**				**14**	**6**	**8**
25							2	1	1
26	3		3				2	1	1
27							3		3
28	1		1				7	4	3
29									
30-34岁	**1**		**1**	**1**	**1**		**10**	**6**	**4**
30							3	1	2
31	1		1				2	1	1
32							1		1
33				1	1		1	1	
34							3	3	
35-39岁	**2**	**1**	**1**				**18**	**9**	**9**
35	1		1				4	2	2
36	1	1					1		1
37							6	4	2
38							4	1	3
39							3	2	1
40-44岁	**3**	**2**	**1**				**5**	**4**	**1**
40	1		1				2	1	1
41							2	2	
42	2	2					1	1	
43									
44									
45-49岁	**1**	**1**					**8**	**5**	**3**
45									
46							3	1	2
47	1	1					3	3	
48							1	1	
49							1		1
50岁及以上	**1**	**1**					**3**	**3**	

3-2a 续表 14 单位：人

年 龄	博士研究生								
	合 计			在 校			毕 业		
	合计	男	女	小计	男	女	小计	男	女
总 计	**2303**	**1435**	**868**	**562**	**312**	**250**	**1714**	**1111**	**603**
3									
4									
5-9岁									
5									
6									
7									
8									
9									
10-14岁									
10									
11									
12									
13									
14									
15-19岁	**2**	**2**		**1**	**1**		**1**	**1**	
15									
16									
17									
18									
19	2	2		1	1		1	1	
20-24岁	**87**	**45**	**42**	**78**	**39**	**39**	**8**	**5**	**3**
20	2	1	1	2	1	1			
21	4	2	2	3	1	2	1	1	
22	9	4	5	7	2	5	1	1	
23	28	11	17	26	9	17	2	2	
24	44	27	17	40	26	14	4	1	3
25-29岁	**423**	**227**	**196**	**321**	**183**	**138**	**101**	**44**	**57**
25	70	40	30	63	37	26	7	3	4
26	76	43	33	70	40	30	5	3	2
27	91	48	43	75	40	35	16	8	8
28	93	48	45	56	32	24	37	16	21
29	93	48	45	57	34	23	36	14	22
30-34岁	**461**	**275**	**186**	**121**	**72**	**49**	**334**	**202**	**132**
30	90	45	45	40	22	18	50	23	27
31	92	56	36	34	17	17	57	38	19
32	92	58	34	20	17	3	71	41	30
33	86	60	26	12	7	5	73	53	20
34	101	56	45	15	9	6	83	47	36
35-39岁	**497**	**306**	**191**	**29**	**10**	**19**	**463**	**294**	**169**
35	96	52	44	3		3	93	52	41
36	105	66	39	7	3	4	96	63	33
37	95	57	38	5	1	4	90	56	34
38	113	73	40	10	5	5	101	66	35
39	88	58	30	4	1	3	83	57	26
40-44岁	**337**	**211**	**126**	**11**	**6**	**5**	**319**	**203**	**116**
40	71	45	26	3		3	66	44	22
41	88	54	34	2	1	1	84	52	32
42	60	36	24	3	2	1	55	34	21
43	72	45	27	2	2		69	43	26
44	46	31	15	1	1		45	30	15
45-49岁	**205**	**137**	**68**	**1**	**1**		**200**	**133**	**67**
45	47	26	21				45	25	20
46	43	30	13				42	29	13
47	46	33	13	1	1		44	31	13
48	40	28	12				40	28	12
49	29	20	9				29	20	9
50岁及以上	**291**	**232**	**59**				**288**	**229**	**59**

3-2a 续表 15 单位：人

年 龄	博士研究生								
	肄 业			辍 学			其 他		
	小计	男	女	小计	男	女	小计	男	女
总 计	**1**	**1**					**26**	**11**	**15**
3									
4									
5-9岁									
5									
6									
7									
8									
9									
10-14岁									
10									
11									
12									
13									
14									
15-19岁									
15									
16									
17									
18									
19									
20-24岁							**1**	**1**	
20									
21									
22							1	1	
23									
24									
25-29岁							**1**		**1**
25									
26							1		1
27									
28									
29									
30-34岁							**6**	**1**	**5**
30									
31							1	1	
32							1		1
33							1		1
34							3		3
35-39岁							**5**	**2**	**3**
35									
36							2		2
37									
38							2	2	
39							1		1
40-44岁							**7**	**2**	**5**
40							2	1	1
41							2	1	1
42							2		2
43							1		1
44									
45-49岁							**4**	**3**	**1**
45							2	1	1
46							1	1	
47							1	1	
48									
49									
50岁及以上	**1**	**1**					**2**	**2**	

3-2b　全省分年龄、性别、学业完成情况的3岁及以上各种受教育程度人口(镇)

单位：人

年龄	合计								
	合计			在校			毕业		
	合计	男	女	小计	男	女	小计	男	女
总计	**977469**	**506135**	**471334**	**199276**	**105418**	**93858**	**708466**	**370288**	**338178**
3									
4									
5–9岁	**64162**	**35163**	**28999**	**62900**	**34478**	**28422**	**1104**	**607**	**497**
5	1116	604	512	1088	589	499	24	14	10
6	13005	7199	5806	12761	7061	5700	212	117	95
7	16670	9012	7658	16349	8846	7503	283	149	134
8	18006	9850	8156	17634	9650	7984	318	174	144
9	15365	8498	6867	15068	8332	6736	267	153	114
10–14岁	**70848**	**38325**	**32523**	**68789**	**37161**	**31628**	**1860**	**1057**	**803**
10	14485	7848	6637	14181	7681	6500	274	154	120
11	14951	8134	6817	14609	7947	6662	309	169	140
12	14679	8027	6652	14229	7781	6448	410	226	184
13	13787	7389	6398	13334	7120	6214	412	245	167
14	12946	6927	6019	12436	6632	5804	455	263	192
15–19岁	**59139**	**30823**	**28316**	**51923**	**26395**	**25528**	**6500**	**3993**	**2507**
15	12647	6588	6059	12273	6369	5904	300	183	117
16	14949	7822	7127	14218	7350	6868	611	400	211
17	13127	6895	6232	11860	6105	5755	1119	703	416
18	8499	4495	4004	6567	3292	3275	1757	1087	670
19	9917	5023	4894	7005	3279	3726	2713	1620	1093
20–24岁	**46055**	**24134**	**21921**	**14465**	**6736**	**7729**	**30149**	**16493**	**13656**
20	10018	5058	4960	6276	2847	3429	3502	2060	1442
21	8952	4540	4412	4352	1974	2378	4351	2419	1932
22	8841	4758	4083	2221	1108	1113	6354	3458	2896
23	8687	4608	4079	993	456	537	7360	3949	3411
24	9557	5170	4387	623	351	272	8582	4607	3975
25–29岁	**67985**	**35051**	**32934**	**885**	**476**	**409**	**64524**	**33018**	**31506**
25	11742	6272	5470	432	224	208	10894	5809	5085
26	11998	6300	5698	203	107	96	11307	5883	5424
27	12678	6488	6190	116	64	52	12055	6101	5954
28	14057	7185	6872	74	44	30	13461	6816	6645
29	17510	8806	8704	60	37	23	16807	8409	8398
30–34岁	**101907**	**50485**	**51422**	**133**	**69**	**64**	**97790**	**48297**	**49493**
30	22083	11013	11070	43	25	18	21226	10515	10711
31	21279	10385	10894	36	19	17	20473	9965	10508
32	19884	9733	10151	22	8	14	19083	9325	9758
33	20282	10193	10089	18	9	9	19453	9719	9734
34	18379	9161	9218	14	8	6	17555	8773	8782
35–39岁	**86534**	**43031**	**43503**	**59**	**32**	**27**	**82538**	**40984**	**41554**
35	17443	8612	8831	13	4	9	16687	8226	8461
36	17984	8961	9023	14	8	6	17212	8545	8667
37	16843	8463	8380	11	8	3	16132	8060	8072
38	18947	9382	9565	9	5	4	17978	8898	9080
39	15317	7613	7704	12	7	5	14529	7255	7274
40–44岁	**82685**	**41692**	**40993**	**43**	**18**	**25**	**77527**	**39267**	**38260**
40	12879	6317	6562	8	3	5	12188	5991	6197
41	16195	8062	8133	10	3	7	15264	7614	7650
42	17275	8815	8460	7	2	5	16218	8305	7913
43	17240	8699	8541	7	4	3	16105	8184	7921
44	19096	9799	9297	11	6	5	17752	9173	8579
45–49岁	**99131**	**50764**	**48367**	**29**	**21**	**8**	**90909**	**47186**	**43723**
45	18344	9389	8955	6	3	3	16935	8768	8167
46	19760	10070	9690	5	4	1	18258	9376	8882
47	20379	10478	9901	7	7		18627	9702	8925
48	19881	10145	9736	5	4	1	18160	9424	8736
49	20767	10682	10085	6	3	3	18929	9916	9013
50岁及以上	**299023**	**156667**	**142356**	**50**	**32**	**18**	**255565**	**139386**	**116179**

3-2b 续表 1

单位：人

年龄	合计								
	肄业			辍学			其他		
	小计	男	女	小计	男	女	小计	男	女
总计	**17354**	**7225**	**10129**	**36125**	**15639**	**20486**	**16248**	**7565**	**8683**
3									
4									
5-9岁	**28**	**14**	**14**	**14**	**8**	**6**	**116**	**56**	**60**
5							4	1	3
6	6	4	2	1	1		25	16	9
7	7	4	3	6	3	3	25	10	15
8	9	4	5	5	2	3	40	20	20
9	6	2	4	2	2		22	9	13
10-14岁	**38**	**22**	**16**	**56**	**26**	**30**	**105**	**59**	**46**
10	8	4	4	3		3	19	9	10
11	4	2	2	5	1	4	24	15	9
12	6	4	2	11	3	8	23	13	10
13	6	4	2	13	9	4	22	11	11
14	14	8	6	24	13	11	17	11	6
15-19岁	**166**	**106**	**60**	**387**	**235**	**152**	**163**	**94**	**69**
15	15	8	7	43	20	23	16	8	8
16	19	11	8	75	48	27	26	13	13
17	35	20	15	89	53	36	24	14	10
18	41	31	10	84	53	31	50	32	18
19	56	36	20	96	61	35	47	27	20
20-24岁	**288**	**181**	**107**	**677**	**436**	**241**	**476**	**288**	**188**
20	54	35	19	117	75	42	69	41	28
21	52	33	19	120	70	50	77	44	33
22	50	39	11	130	98	32	86	55	31
23	61	33	28	159	98	61	114	72	42
24	71	41	30	151	95	56	130	76	54
25-29岁	**496**	**311**	**185**	**1218**	**771**	**447**	**862**	**475**	**387**
25	76	49	27	191	109	82	149	81	68
26	95	59	36	247	172	75	146	79	67
27	87	53	34	242	157	85	178	113	65
28	102	70	32	245	158	87	175	97	78
29	136	80	56	293	175	118	214	105	109
30-34岁	**816**	**442**	**374**	**1788**	**994**	**794**	**1380**	**683**	**697**
30	184	117	67	344	212	132	286	144	142
31	157	84	73	348	182	166	265	135	130
32	134	65	69	360	202	158	285	133	152
33	179	107	72	359	222	137	273	136	137
34	162	69	93	377	176	201	271	135	136
35-39岁	**802**	**414**	**388**	**1892**	**993**	**899**	**1243**	**608**	**635**
35	153	79	74	332	174	158	258	129	129
36	148	81	67	337	181	156	273	146	127
37	142	76	66	353	213	140	205	106	99
38	207	102	105	472	244	228	281	133	148
39	152	76	76	398	181	217	226	94	132
40-44岁	**1177**	**540**	**637**	**2682**	**1255**	**1427**	**1256**	**612**	**644**
40	151	64	87	343	161	182	189	98	91
41	217	103	114	458	211	247	246	131	115
42	203	89	114	601	311	290	246	108	138
43	275	121	154	595	271	324	258	119	139
44	331	163	168	685	301	384	317	156	161
45-49岁	**1871**	**816**	**1055**	**4560**	**1936**	**2624**	**1762**	**805**	**957**
45	329	136	193	780	341	439	294	141	153
46	338	156	182	839	377	462	320	157	163
47	391	177	214	986	424	562	368	168	200
48	394	165	229	946	397	549	376	155	221
49	419	182	237	1009	397	612	404	184	220
50岁及以上	**11672**	**4379**	**7293**	**22851**	**8985**	**13866**	**8885**	**3885**	**5000**

3-2b 续表 2

单位：人

年龄	小学								
	合计			在校			毕业		
	合计	男	女	小计	男	女	小计	男	女
总计	**313909**	**138406**	**175503**	**97299**	**53224**	**44075**	**174769**	**71373**	**103396**
3									
4									
5-9岁	**63814**	**34960**	**28854**	**62594**	**34299**	**28295**	**1063**	**584**	**479**
5	1116	604	512	1088	589	499	24	14	10
6	12943	7162	5781	12705	7028	5677	206	113	93
7	16599	8973	7626	16286	8810	7476	275	146	129
8	17901	9789	8112	17545	9599	7946	303	165	138
9	15255	8432	6823	14970	8273	6697	255	146	109
10-14岁	**35588**	**19418**	**16170**	**34649**	**18899**	**15750**	**853**	**479**	**374**
10	14294	7748	6546	14002	7587	6415	263	149	114
11	14217	7747	6470	13918	7585	6333	271	149	122
12	5449	3048	2401	5232	2928	2304	196	111	85
13	1217	677	540	1122	622	500	90	52	38
14	411	198	213	375	177	198	33	18	15
15-19岁	**229**	**123**	**106**	**32**	**17**	**15**	**144**	**80**	**64**
15	30	15	15	7	3	4	11	8	3
16	43	26	17	10	5	5	23	15	8
17	42	24	18	6	4	2	28	16	12
18	52	27	25	5	4	1	34	15	19
19	62	31	31	4	1	3	48	26	22
20-24岁	**514**	**300**	**214**	**3**	**1**	**2**	**417**	**240**	**177**
20	79	45	34	1	1		60	35	25
21	74	44	30	2		2	60	37	23
22	94	54	40				82	44	38
23	125	76	49				102	61	41
24	142	81	61				113	63	50
25-29岁	**1381**	**705**	**676**				**1180**	**574**	**606**
25	167	87	80				136	69	67
26	226	131	95				189	101	88
27	267	141	126				229	113	116
28	313	155	158				273	129	144
29	408	191	217				353	162	191
30-34岁	**3859**	**1553**	**2306**	**1**	**1**		**3437**	**1358**	**2079**
30	593	249	344				535	218	317
31	714	305	409				635	272	363
32	807	322	485				726	277	449
33	852	324	528	1	1		751	278	473
34	893	353	540				790	313	477
35-39岁	**5970**	**2032**	**3938**				**5247**	**1769**	**3478**
35	891	314	577				799	280	519
36	985	355	630				888	319	569
37	1073	365	708				944	313	631
38	1551	505	1046				1346	429	917
39	1470	493	977				1270	428	842
40-44岁	**14484**	**4873**	**9611**	**3**		**3**	**12665**	**4265**	**8400**
40	1482	448	1034	1		1	1298	390	908
41	2361	814	1547	1		1	2078	712	1366
42	2995	1017	1978	1		1	2631	885	1746
43	3443	1159	2284				2996	1018	1978
44	4203	1435	2768				3662	1260	2402
45-49岁	**28530**	**9947**	**18583**				**24362**	**8696**	**15666**
45	4490	1565	2925				3849	1377	2472
46	5368	1880	3488				4672	1662	3010
47	5947	2087	3860				5043	1808	3235
48	6036	2086	3950				5128	1834	3294
49	6689	2329	4360				5670	2015	3655
50岁及以上	**159540**	**64495**	**95045**	**17**	**7**	**10**	**125401**	**53328**	**72073**

3-2b 续表 3 单位：人

年龄	小学								
	肄业			辍学			其他		
	小计	男	女	小计	男	女	小计	男	女
总计	**10650**	**3224**	**7426**	**23287**	**7770**	**15517**	**7904**	**2815**	**5089**
3									
4									
5-9岁	**28**	**14**	**14**	**14**	**8**	**6**	**115**	**55**	**60**
5							4	1	3
6	6	4	2	1	1		25	16	9
7	7	4	3	6	3	3	25	10	15
8	9	4	5	5	2	3	39	19	20
9	6	2	4	2	2		22	9	13
10-14岁	**16**	**10**	**6**	**19**	**4**	**15**	**51**	**26**	**25**
10	8	4	4	3		3	18	8	10
11	4	2	2	5	1	4	19	10	9
12	2	2		9	2	7	10	5	5
13				1		1	4	3	1
14	2	2		1	1				
15-19岁	**11**	**6**	**5**	**22**	**10**	**12**	**20**	**10**	**10**
15	2	1	1	3	1	2	7	2	5
16	3	2	1	4	2	2	3	2	1
17	2	1	1	5	2	3	1	1	
18	1	1		7	4	3	5	3	2
19	3	1	2	3	1	2	4	2	2
20-24岁	**19**	**13**	**6**	**53**	**31**	**22**	**22**	**15**	**7**
20	3	1	2	9	5	4	6	3	3
21	4	3	1	5	2	3	3	2	1
22	1	1		10	8	2	1	1	
23	3	2	1	14	7	7	6	6	
24	8	6	2	15	9	6	6	3	3
25-29岁	**32**	**25**	**7**	**128**	**82**	**46**	**41**	**24**	**17**
25	3	3		24	12	12	4	3	1
26	5	4	1	26	22	4	6	4	2
27	5	5		21	16	5	12	7	5
28	7	6	1	27	16	11	6	4	2
29	12	7	5	30	16	14	13	6	7
30-34岁	**90**	**44**	**46**	**242**	**112**	**130**	**89**	**38**	**51**
30	14	7	7	29	17	12	15	7	8
31	23	9	14	47	21	26	9	3	6
32	11	7	4	45	25	20	25	13	12
33	26	14	12	55	26	29	19	5	14
34	16	7	9	66	23	43	21	10	11
35-39岁	**133**	**47**	**86**	**464**	**180**	**284**	**126**	**36**	**90**
35	16	5	11	60	23	37	16	6	10
36	20	4	16	60	29	31	17	3	14
37	24	12	12	83	33	50	22	7	15
38	40	12	28	131	54	77	34	10	24
39	33	14	19	130	41	89	37	10	27
40-44岁	**408**	**127**	**281**	**1102**	**376**	**726**	**306**	**105**	**201**
40	46	10	36	110	39	71	27	9	18
41	58	23	35	167	57	110	57	22	35
42	61	21	40	237	91	146	65	20	45
43	101	26	75	272	91	181	74	24	50
44	142	47	95	316	98	218	83	30	53
45-49岁	**874**	**254**	**620**	**2609**	**802**	**1807**	**685**	**195**	**490**
45	149	38	111	393	126	267	99	24	75
46	156	52	104	438	133	305	102	33	69
47	173	55	118	588	181	407	143	43	100
48	180	41	139	566	169	397	162	42	120
49	216	68	148	624	193	431	179	53	126
50岁及以上	**9039**	**2684**	**6355**	**18634**	**6165**	**12469**	**6449**	**2311**	**4138**

3-2b　续表 4

单位：人

年　龄	初　　中								
	合　　计			在　　校			毕　　业		
	合计	男	女	小计	男	女	小计	男	女
总　计	**371265**	**204870**	**166395**	**40816**	**21925**	**18891**	**308910**	**170448**	**138462**
3									
4									
5–9岁	**348**	**203**	**145**	**306**	**179**	**127**	**41**	**23**	**18**
5									
6	62	37	25	56	33	23	6	4	2
7	71	39	32	63	36	27	8	3	5
8	105	61	44	89	51	38	15	9	6
9	110	66	44	98	59	39	12	7	5
10–14岁	**34531**	**18526**	**16005**	**33442**	**17905**	**15537**	**981**	**557**	**424**
10	190	100	90	178	94	84	11	5	6
11	733	386	347	690	361	329	38	20	18
12	9230	4979	4251	8997	4853	4144	214	115	99
13	12440	6633	5807	12092	6426	5666	313	187	126
14	11938	6428	5510	11485	6171	5314	405	230	175
15–19岁	**11139**	**6431**	**4708**	**7030**	**3820**	**3210**	**3761**	**2398**	**1363**
15	4774	2657	2117	4474	2479	1995	252	151	101
16	2118	1197	921	1552	823	729	487	325	162
17	1410	803	607	634	314	320	713	455	258
18	1270	819	451	233	133	100	963	635	328
19	1567	955	612	137	71	66	1346	832	514
20–24岁	**11443**	**6753**	**4690**	**16**	**7**	**9**	**10708**	**6290**	**4418**
20	1698	1052	646	9	5	4	1579	981	598
21	1813	1065	748	2	1	1	1687	990	697
22	2258	1349	909	2		2	2116	1245	871
23	2596	1501	1095	2		2	2424	1400	1024
24	3078	1786	1292	1	1		2902	1674	1228
25–29岁	**26915**	**14098**	**12817**	**8**	**6**	**2**	**25458**	**13237**	**12221**
25	4138	2312	1826	1	1		3895	2168	1727
26	4435	2413	2022	1	1		4161	2244	1917
27	5010	2604	2406	1		1	4736	2445	2291
28	5772	2974	2798	3	3		5460	2788	2672
29	7560	3795	3765	2	1	1	7206	3592	3614
30–34岁	**50461**	**24477**	**25984**	**1**	**1**		**48065**	**23244**	**24821**
30	10020	5014	5006	1	1		9525	4737	4788
31	10060	4802	5258				9629	4577	5052
32	9819	4687	5132				9337	4453	4884
33	10578	5168	5410				10080	4888	5192
34	9984	4806	5178				9494	4589	4905
35–39岁	**50078**	**24478**	**25600**	**5**	**2**	**3**	**47670**	**23218**	**24452**
35	9820	4717	5103				9345	4471	4874
36	10316	5001	5315	3	1	2	9835	4743	5092
37	9907	4886	5021	1		1	9475	4636	4839
38	11132	5479	5653				10555	5187	5368
39	8903	4395	4508	1	1		8460	4181	4279
40–44岁	**45291**	**23696**	**21595**	**1**	**1**		**42541**	**22256**	**20285**
40	7385	3707	3678				6969	3492	3477
41	9067	4625	4442				8560	4369	4191
42	9405	4976	4429				8831	4672	4159
43	9216	4833	4383				8646	4538	4108
44	10218	5555	4663	1	1		9535	5185	4350
45–49岁	**49580**	**27674**	**21906**	**2**	**1**	**1**	**46108**	**25747**	**20361**
45	9615	5247	4368				8952	4888	4064
46	10089	5544	4545				9410	5154	4256
47	10232	5730	4502	1	1		9503	5319	4184
48	9784	5493	4291				9084	5103	3981
49	9860	5660	4200	1		1	9159	5283	3876
50岁及以上	**91479**	**58534**	**32945**	**5**	**3**	**2**	**83577**	**53478**	**30099**

3-2b 续表 5

单位：人

年 龄	初中								
	肄业			辍学			其他		
	小计	男	女	小计	男	女	小计	男	女
总 计	**5219**	**3040**	**2179**	**10557**	**6297**	**4260**	**5763**	**3160**	**2603**
3									
4									
5–9岁							**1**	**1**	
5									
6									
7									
8							1	1	
9									
10–14岁	**21**	**12**	**9**	**37**	**22**	**15**	**50**	**30**	**20**
10							1	1	
11							5	5	
12	4	2	2	2	1	1	13	8	5
13	6	4	2	12	9	3	17	7	10
14	11	6	5	23	12	11	14	9	5
15–19岁	**77**	**50**	**27**	**206**	**122**	**84**	**65**	**41**	**24**
15	9	6	3	32	17	15	7	4	3
16	11	7	4	52	34	18	16	8	8
17	17	10	7	37	18	19	9	6	3
18	18	13	5	41	26	15	15	12	3
19	22	14	8	44	27	17	18	11	7
20–24岁	**136**	**89**	**47**	**383**	**253**	**130**	**200**	**114**	**86**
20	24	15	9	59	38	21	27	13	14
21	25	15	10	68	42	26	31	17	14
22	27	23	4	75	55	20	38	26	12
23	32	18	14	92	60	32	46	23	23
24	28	18	10	89	58	31	58	35	23
25–29岁	**282**	**170**	**112**	**734**	**453**	**281**	**433**	**232**	**201**
25	50	31	19	111	68	43	81	44	37
26	48	26	22	146	100	46	79	42	37
27	51	27	24	146	85	61	76	47	29
28	62	45	17	155	94	61	92	44	48
29	71	41	30	176	106	70	105	55	50
30–34岁	**468**	**242**	**226**	**1141**	**619**	**522**	**786**	**371**	**415**
30	107	67	40	226	137	89	161	72	89
31	75	42	33	216	113	103	140	70	70
32	80	35	45	235	126	109	167	73	94
33	107	62	45	233	141	92	158	77	81
34	99	36	63	231	102	129	160	79	81
35–39岁	**497**	**263**	**234**	**1145**	**625**	**520**	**761**	**370**	**391**
35	95	52	43	219	119	100	161	75	86
36	95	53	42	214	111	103	169	93	76
37	89	46	43	216	139	77	126	65	61
38	122	65	57	277	144	133	178	83	95
39	96	47	49	219	112	107	127	54	73
40–44岁	**628**	**328**	**300**	**1394**	**744**	**650**	**727**	**367**	**360**
40	84	43	41	203	104	99	129	68	61
41	126	59	67	252	124	128	129	73	56
42	120	58	62	314	181	133	140	65	75
43	141	74	67	284	154	130	145	67	78
44	157	94	63	341	181	160	184	94	90
45–49岁	**865**	**470**	**395**	**1761**	**998**	**763**	**844**	**458**	**386**
45	149	77	72	356	193	163	158	89	69
46	157	86	71	355	211	144	167	93	74
47	195	106	89	360	212	148	173	92	81
48	182	101	81	348	206	142	170	83	87
49	182	100	82	342	176	166	176	101	75
50岁及以上	**2245**	**1416**	**829**	**3756**	**2461**	**1295**	**1896**	**1176**	**720**

3-2b　续表 6　　　　单位：人

年　龄	高　中								
	合　计			在　校			毕　业		
	合计	男	女	小计	男	女	小计	男	女
总　计	**158217**	**91401**	**66816**	**36899**	**18988**	**17911**	**116341**	**69115**	**47226**
3									
4									
5–9岁									
5									
6									
7									
8									
9									
10–14岁	**728**	**380**	**348**	**697**	**356**	**341**	**26**	**21**	**5**
10	1		1	1		1			
11	1	1		1	1				
12									
13	130	79	51	120	72	48	9	6	3
14	596	300	296	575	283	292	17	15	2
15–19岁	**37424**	**19521**	**17903**	**35036**	**18075**	**16961**	**2118**	**1277**	**841**
15	7650	3806	3844	7602	3779	3823	34	22	12
16	12450	6420	6030	12331	6349	5982	88	54	34
17	11007	5753	5254	10607	5498	5109	325	208	117
18	4072	2276	1796	3356	1845	1511	644	382	262
19	2245	1266	979	1140	604	536	1027	611	416
20–24岁	**9579**	**5507**	**4072**	**1146**	**546**	**600**	**8004**	**4686**	**3318**
20	1959	1099	860	625	296	329	1256	747	509
21	1731	986	745	287	135	152	1363	800	563
22	1821	1072	749	118	56	62	1622	952	670
23	1872	1071	801	65	26	39	1718	992	726
24	2196	1279	917	51	33	18	2045	1195	850
25–29岁	**16314**	**8989**	**7325**	**7**	**5**	**2**	**15625**	**8551**	**7074**
25	2748	1543	1205	3	2	1	2642	1483	1159
26	2874	1606	1268	2	2		2744	1517	1227
27	3090	1694	1396	1		1	2944	1594	1350
28	3408	1842	1566	1	1		3287	1759	1528
29	4194	2304	1890				4008	2198	1810
30–34岁	**22346**	**11938**	**10408**	**4**	**1**	**3**	**21467**	**11405**	**10062**
30	5274	2763	2511	2		2	5091	2639	2452
31	4930	2632	2298				4722	2509	2213
32	4430	2328	2102	1		1	4270	2238	2032
33	4174	2277	1897	1	1		4014	2174	1840
34	3538	1938	1600				3370	1845	1525
35–39岁	**15613**	**8543**	**7070**	**6**	**5**	**1**	**14995**	**8163**	**6832**
35	3180	1700	1480				3054	1626	1428
36	3377	1823	1554	2	2		3239	1738	1501
37	3072	1709	1363	2	2		2962	1631	1331
38	3334	1830	1504	1	1		3198	1742	1456
39	2650	1481	1169	1		1	2542	1426	1116
40–44岁	**12050**	**7136**	**4914**	**1**		**1**	**11619**	**6856**	**4763**
40	2139	1215	924				2080	1181	899
41	2518	1463	1055				2420	1398	1022
42	2614	1562	1052	1		1	2519	1503	1016
43	2385	1447	938				2297	1387	910
44	2394	1449	945				2303	1387	916
45–49岁	**11463**	**7117**	**4346**				**11010**	**6798**	**4212**
45	2229	1334	895				2146	1273	873
46	2292	1415	877				2193	1346	847
47	2315	1455	860				2224	1386	838
48	2289	1447	842				2204	1388	816
49	2338	1466	872				2243	1405	838
50岁及以上	**32700**	**22270**	**10430**	**2**		**2**	**31477**	**21358**	**10119**

3–2b　续表 7　　　　　　　　　　　　　　　　　　　　　　　　　单位：人

年　龄	高　中								
	肄　业			辍　学			其　他		
	小计	男	女	小计	男	女	小计	男	女
总　计	**1245**	**812**	**433**	**2121**	**1473**	**648**	**1611**	**1013**	**598**
3									
4									
5–9岁									
5									
6									
7									
8									
9									
10–14岁	**1**		**1**				**4**	**3**	**1**
10									
11									
12									
13							1	1	
14	1		1				3	2	1
15–19岁	**69**	**46**	**23**	**149**	**97**	**52**	**52**	**26**	**26**
15	4	1	3	8	2	6	2	2	
16	5	2	3	19	12	7	7	3	4
17	16	9	7	46	32	14	13	6	7
18	19	17	2	35	23	12	18	9	9
19	25	17	8	41	28	13	12	6	6
20–24岁	**103**	**65**	**38**	**205**	**131**	**74**	**121**	**79**	**42**
20	23	17	6	40	28	12	15	11	4
21	19	13	6	42	25	17	20	13	7
22	13	11	2	41	33	8	27	20	7
23	19	10	9	44	24	20	26	19	7
24	29	14	15	38	21	17	33	16	17
25–29岁	**145**	**94**	**51**	**323**	**216**	**107**	**214**	**123**	**91**
25	18	12	6	54	27	27	31	19	12
26	31	24	7	64	43	21	33	20	13
27	29	20	9	69	52	17	47	28	19
28	22	12	10	55	43	12	43	27	16
29	45	26	19	81	51	30	60	29	31
30–34岁	**205**	**122**	**83**	**366**	**236**	**130**	**304**	**174**	**130**
30	50	36	14	81	53	28	50	35	15
31	48	29	19	77	44	33	83	50	33
32	35	18	17	70	44	26	54	28	26
33	35	21	14	63	48	15	61	33	28
34	37	18	19	75	47	28	56	28	28
35–39岁	**135**	**79**	**56**	**265**	**179**	**86**	**212**	**117**	**95**
35	31	15	16	52	31	21	43	28	15
36	27	18	9	56	39	17	53	26	27
37	23	15	8	51	39	12	34	22	12
38	34	18	16	57	42	15	44	27	17
39	20	13	7	49	28	21	38	14	24
40–44岁	**114**	**66**	**48**	**179**	**130**	**49**	**137**	**84**	**53**
40	15	8	7	28	17	11	16	9	7
41	24	14	10	38	29	9	36	22	14
42	21	9	12	49	39	10	24	11	13
43	27	17	10	38	25	13	23	18	5
44	27	18	9	26	20	6	38	24	14
45–49岁	**113**	**81**	**32**	**182**	**132**	**50**	**158**	**106**	**52**
45	28	19	9	30	22	8	25	20	5
46	18	14	4	43	31	12	38	24	14
47	21	15	6	35	29	6	35	25	10
48	26	19	7	32	22	10	27	18	9
49	20	14	6	42	28	14	33	19	14
50岁及以上	**360**	**259**	**101**	**452**	**352**	**100**	**409**	**301**	**108**

3-2b 续表 8

单位：人

年龄	大学专科								
	合计			在校			毕业		
	合计	男	女	小计	男	女	小计	男	女
总计	**69860**	**37527**	**32333**	**7717**	**3694**	**4023**	**61233**	**33289**	**27944**
3									
4									
5–9岁									
5									
6									
7									
8									
9									
10–14岁									
10									
11									
12									
13									
14									
15–19岁	**4913**	**2333**	**2580**	**4445**	**2094**	**2351**	**431**	**217**	**214**
15	180	102	78	178	101	77	2	1	1
16	316	167	149	305	162	143	11	5	6
17	474	226	248	428	203	225	45	22	23
18	1500	696	804	1377	636	741	111	54	57
19	2443	1142	1301	2157	992	1165	262	135	127
20–24岁	**9584**	**4679**	**4905**	**3008**	**1443**	**1565**	**6446**	**3164**	**3282**
20	2260	1055	1205	1690	779	911	544	261	283
21	1771	869	902	775	377	398	976	483	493
22	1817	923	894	333	180	153	1463	734	729
23	1815	903	912	146	74	72	1639	811	828
24	1921	929	992	64	33	31	1824	875	949
25–29岁	**12043**	**5851**	**6192**	**132**	**83**	**49**	**11764**	**5683**	**6081**
25	2314	1171	1143	60	36	24	2232	1122	1110
26	2278	1111	1167	27	21	6	2218	1076	1142
27	2187	1046	1141	16	11	5	2140	1013	1127
28	2393	1186	1207	12	5	7	2347	1160	1187
29	2871	1337	1534	17	10	7	2827	1312	1515
30–34岁	**13846**	**6754**	**7092**	**51**	**23**	**28**	**13617**	**6630**	**6987**
30	3410	1623	1787	12	6	6	3357	1593	1764
31	3036	1404	1632	16	9	7	2982	1379	1603
32	2642	1299	1343	9	3	6	2603	1279	1324
33	2576	1333	1243	7	2	5	2532	1304	1228
34	2182	1095	1087	7	3	4	2143	1075	1068
35–39岁	**8289**	**4381**	**3908**	**32**	**18**	**14**	**8118**	**4284**	**3834**
35	1971	1023	948	7	3	4	1930	1004	926
36	1792	950	842	5	3	2	1757	928	829
37	1558	830	728	7	5	2	1527	811	716
38	1658	883	775	6	3	3	1617	861	756
39	1310	695	615	7	4	3	1287	680	607
40–44岁	**6019**	**3238**	**2781**	**19**	**10**	**9**	**5914**	**3169**	**2745**
40	1107	542	565	3	2	1	1084	529	555
41	1236	636	600	4		4	1206	619	587
42	1223	679	544	2	2		1213	670	543
43	1180	642	538	3	2	1	1159	627	532
44	1273	739	534	7	4	3	1252	724	528
45–49岁	**5276**	**3178**	**2098**	**14**	**8**	**6**	**5193**	**3131**	**2062**
45	1054	630	424	3		3	1040	623	417
46	1098	641	457	2	1	1	1080	631	449
47	1063	649	414	3	3		1044	639	405
48	1003	600	403	4	3	1	985	588	397
49	1058	658	400	2	1	1	1044	650	394
50岁及以上	**9890**	**7113**	**2777**	**16**	**15**	**1**	**9750**	**7011**	**2739**

3-2b 续表 9　　　　单位：人

年龄	大学专科								
	肄业			辍学			其他		
	小计	男	女	小计	男	女	小计	男	女
总计	**178**	**109**	**69**	**128**	**80**	**48**	**604**	**355**	**249**
3									
4									
5-9岁									
5									
6									
7									
8									
9									
10-14岁									
10									
11									
12									
13									
14									
15-19岁	**8**	**3**	**5**	**9**	**6**	**3**	**20**	**13**	**7**
15									
16									
17				1	1				
18	3		3				9	6	3
19	5	3	2	8	5	3	11	7	4
20-24岁	**19**	**8**	**11**	**28**	**17**	**11**	**83**	**47**	**36**
20	3	2	1	8	4	4	15	9	6
21	2	1	1	2	1	1	16	7	9
22	4	2	2	4	2	2	13	5	8
23	4		4	6	4	2	20	14	6
24	6	3	3	8	6	2	19	12	7
25-29岁	**27**	**15**	**12**	**24**	**14**	**10**	**96**	**56**	**40**
25	4	2	2	2	2		16	9	7
26	7	2	5	8	5	3	18	7	11
27	2	1	1	3	1	2	26	20	6
28	8	5	3	7	5	2	19	11	8
29	6	5	1	4	1	3	17	9	8
30-34岁	**35**	**23**	**12**	**32**	**23**	**9**	**111**	**55**	**56**
30	8	4	4	3	3		30	17	13
31	7	3	4	8	4	4	23	9	14
32	5	4	1	8	5	3	17	8	9
33	8	7	1	8	7	1	21	13	8
34	7	5	2	5	4	1	20	8	12
35-39岁	**33**	**22**	**11**	**15**	**7**	**8**	**91**	**50**	**41**
35	9	5	4	1	1		24	10	14
36	5	5		5	1	4	20	13	7
37	6	3	3	3	2	1	15	9	6
38	10	7	3	6	3	3	19	9	10
39	3	2	1				13	9	4
40-44岁	**22**	**16**	**6**	**7**	**5**	**2**	**57**	**38**	**19**
40	5	2	3	2	1	1	13	8	5
41	8	6	2	1	1		17	10	7
42	1	1		1		1	6	6	
43	4	4		1	1		13	8	5
44	4	3	1	2	2		8	6	2
45-49岁	**13**	**7**	**6**	**7**	**4**	**3**	**49**	**28**	**21**
45	3	2	1	1		1	7	5	2
46	4	3	1	2	2		10	4	6
47	2	1	1	3	2	1	11	4	7
48	3	1	2				11	8	3
49	1		1	1		1	10	7	3
50岁及以上	**21**	**15**	**6**	**6**	**4**	**2**	**97**	**68**	**29**

3-2b 续表 10　　　　　　　　　　　　　　　　　　　　　　　　　　　　　　　单位：人

年龄	大学本科								
	合计			在校			毕业		
	合计	男	女	小计	男	女	小计	男	女
总计	**60919**	**32207**	**28712**	**14986**	**6792**	**8194**	**45499**	**25150**	**20349**
3									
4									
5-9岁									
5									
6									
7									
8									
9									
10-14岁	**1**	**1**		**1**	**1**				
10									
11									
12									
13									
14	1	1		1	1				
15-19岁	**5431**	**2412**	**3019**	**5377**	**2386**	**2991**	**46**	**21**	**25**
15	13	8	5	12	7	5	1	1	
16	22	12	10	20	11	9	2	1	1
17	194	89	105	185	86	99	8	2	6
18	1603	675	928	1594	672	922	5	1	4
19	3599	1628	1971	3566	1610	1956	30	16	14
20-24岁	**13927**	**6386**	**7541**	**9314**	**4243**	**5071**	**4545**	**2100**	**2445**
20	4013	1805	2208	3942	1764	2178	63	36	27
21	3519	1551	1968	3242	1436	1806	265	109	156
22	2611	1231	1380	1530	745	785	1069	481	588
23	1939	910	1029	445	211	234	1473	683	790
24	1845	889	956	155	87	68	1675	791	884
25-29岁	**10356**	**4933**	**5423**	**214**	**118**	**96**	**10056**	**4767**	**5289**
25	2039	1007	1032	105	59	46	1918	941	977
26	1968	934	1034	44	23	21	1910	901	1009
27	1972	931	1041	34	18	16	1921	901	1020
28	2044	954	1090	18	9	9	2009	934	1075
29	2333	1107	1226	13	9	4	2298	1090	1208
30-34岁	**10777**	**5461**	**5316**	**35**	**17**	**18**	**10634**	**5389**	**5245**
30	2615	1275	1340	12	7	5	2566	1253	1313
31	2407	1183	1224	10	4	6	2383	1175	1208
32	2079	1051	1028	5	1	4	2049	1036	1013
33	1987	1035	952	6	3	3	1966	1023	943
34	1689	917	772	2	2		1670	902	768
35-39岁	**6269**	**3427**	**2842**	**12**	**5**	**7**	**6200**	**3384**	**2816**
35	1502	819	683	5		5	1482	808	674
36	1427	782	645	2	1	1	1408	768	640
37	1175	650	525	1	1		1167	646	521
38	1223	655	568	2	1	1	1213	649	564
39	942	521	421	2	2		930	513	417
40-44岁	**4681**	**2637**	**2044**	**13**	**5**	**8**	**4635**	**2612**	**2023**
40	722	377	345	2	1	1	716	372	344
41	978	499	479	4	2	2	966	492	474
42	1010	561	449	2		2	997	555	442
43	982	595	387	2	1	1	975	592	383
44	989	605	384	3	1	2	981	601	380
45-49岁	**4178**	**2782**	**1396**	**12**	**11**	**1**	**4135**	**2751**	**1384**
45	930	594	336	3	3		922	588	334
46	892	577	315	3	3		882	570	312
47	798	542	256	2	2		791	537	254
48	755	509	246	1	1		746	502	244
49	803	560	243	3	2	1	794	554	240
50岁及以上	**5299**	**4168**	**1131**	**8**	**6**	**2**	**5248**	**4126**	**1122**

3-2b 续表 11　　　　单位：人

<table>
<tr><th rowspan="3">年 龄</th><th colspan="9">大学本科</th></tr>
<tr><th colspan="3">肄 业</th><th colspan="3">辍 学</th><th colspan="3">其 他</th></tr>
<tr><th>小计</th><th>男</th><th>女</th><th>小计</th><th>男</th><th>女</th><th>小计</th><th>男</th><th>女</th></tr>
<tr><td>总 计</td><td>57</td><td>36</td><td>21</td><td>32</td><td>19</td><td>13</td><td>345</td><td>210</td><td>135</td></tr>
<tr><td>3</td><td></td><td></td><td></td><td></td><td></td><td></td><td></td><td></td><td></td></tr>
<tr><td>4</td><td></td><td></td><td></td><td></td><td></td><td></td><td></td><td></td><td></td></tr>
<tr><td>5-9岁</td><td></td><td></td><td></td><td></td><td></td><td></td><td></td><td></td><td></td></tr>
<tr><td>5</td><td></td><td></td><td></td><td></td><td></td><td></td><td></td><td></td><td></td></tr>
<tr><td>6</td><td></td><td></td><td></td><td></td><td></td><td></td><td></td><td></td><td></td></tr>
<tr><td>7</td><td></td><td></td><td></td><td></td><td></td><td></td><td></td><td></td><td></td></tr>
<tr><td>8</td><td></td><td></td><td></td><td></td><td></td><td></td><td></td><td></td><td></td></tr>
<tr><td>9</td><td></td><td></td><td></td><td></td><td></td><td></td><td></td><td></td><td></td></tr>
<tr><td>10-14岁</td><td></td><td></td><td></td><td></td><td></td><td></td><td></td><td></td><td></td></tr>
<tr><td>10</td><td></td><td></td><td></td><td></td><td></td><td></td><td></td><td></td><td></td></tr>
<tr><td>11</td><td></td><td></td><td></td><td></td><td></td><td></td><td></td><td></td><td></td></tr>
<tr><td>12</td><td></td><td></td><td></td><td></td><td></td><td></td><td></td><td></td><td></td></tr>
<tr><td>13</td><td></td><td></td><td></td><td></td><td></td><td></td><td></td><td></td><td></td></tr>
<tr><td>14</td><td></td><td></td><td></td><td></td><td></td><td></td><td></td><td></td><td></td></tr>
<tr><td>15-19岁</td><td>1</td><td>1</td><td></td><td>1</td><td></td><td>1</td><td>6</td><td>4</td><td>2</td></tr>
<tr><td>15</td><td></td><td></td><td></td><td></td><td></td><td></td><td></td><td></td><td></td></tr>
<tr><td>16</td><td></td><td></td><td></td><td></td><td></td><td></td><td></td><td></td><td></td></tr>
<tr><td>17</td><td></td><td></td><td></td><td></td><td></td><td></td><td>1</td><td>1</td><td></td></tr>
<tr><td>18</td><td></td><td></td><td></td><td>1</td><td></td><td>1</td><td>3</td><td>2</td><td>1</td></tr>
<tr><td>19</td><td>1</td><td>1</td><td></td><td></td><td></td><td></td><td>2</td><td>1</td><td>1</td></tr>
<tr><td>20-24岁</td><td>11</td><td>6</td><td>5</td><td>8</td><td>4</td><td>4</td><td>49</td><td>33</td><td>16</td></tr>
<tr><td>20</td><td>1</td><td></td><td>1</td><td>1</td><td></td><td>1</td><td>6</td><td>5</td><td>1</td></tr>
<tr><td>21</td><td>2</td><td>1</td><td>1</td><td>3</td><td></td><td>3</td><td>7</td><td>5</td><td>2</td></tr>
<tr><td>22</td><td>5</td><td>2</td><td>3</td><td></td><td></td><td></td><td>7</td><td>3</td><td>4</td></tr>
<tr><td>23</td><td>3</td><td>3</td><td></td><td>3</td><td>3</td><td></td><td>15</td><td>10</td><td>5</td></tr>
<tr><td>24</td><td></td><td></td><td></td><td>1</td><td>1</td><td></td><td>14</td><td>10</td><td>4</td></tr>
<tr><td>25-29岁</td><td>8</td><td>6</td><td>2</td><td>9</td><td>6</td><td>3</td><td>69</td><td>36</td><td>33</td></tr>
<tr><td>25</td><td>1</td><td>1</td><td></td><td></td><td></td><td></td><td>15</td><td>6</td><td>9</td></tr>
<tr><td>26</td><td>3</td><td>3</td><td></td><td>3</td><td>2</td><td>1</td><td>8</td><td>5</td><td>3</td></tr>
<tr><td>27</td><td></td><td></td><td></td><td>3</td><td>3</td><td></td><td>14</td><td>9</td><td>5</td></tr>
<tr><td>28</td><td>2</td><td>1</td><td>1</td><td>1</td><td></td><td>1</td><td>14</td><td>10</td><td>4</td></tr>
<tr><td>29</td><td>2</td><td>1</td><td>1</td><td>2</td><td>1</td><td>1</td><td>18</td><td>6</td><td>12</td></tr>
<tr><td>30-34岁</td><td>17</td><td>10</td><td>7</td><td>7</td><td>4</td><td>3</td><td>84</td><td>41</td><td>43</td></tr>
<tr><td>30</td><td>5</td><td>3</td><td>2</td><td>5</td><td>2</td><td>3</td><td>27</td><td>10</td><td>17</td></tr>
<tr><td>31</td><td>4</td><td>1</td><td>3</td><td></td><td></td><td></td><td>10</td><td>3</td><td>7</td></tr>
<tr><td>32</td><td>3</td><td>1</td><td>2</td><td>2</td><td>2</td><td></td><td>20</td><td>11</td><td>9</td></tr>
<tr><td>33</td><td>2</td><td>2</td><td></td><td></td><td></td><td></td><td>13</td><td>7</td><td>6</td></tr>
<tr><td>34</td><td>3</td><td>3</td><td></td><td></td><td></td><td></td><td>14</td><td>10</td><td>4</td></tr>
<tr><td>35-39岁</td><td>4</td><td>3</td><td>1</td><td>3</td><td>2</td><td>1</td><td>50</td><td>33</td><td>17</td></tr>
<tr><td>35</td><td>2</td><td>2</td><td></td><td></td><td></td><td></td><td>13</td><td>9</td><td>4</td></tr>
<tr><td>36</td><td>1</td><td>1</td><td></td><td>2</td><td>1</td><td>1</td><td>14</td><td>11</td><td>3</td></tr>
<tr><td>37</td><td></td><td></td><td></td><td></td><td></td><td></td><td>7</td><td>3</td><td>4</td></tr>
<tr><td>38</td><td>1</td><td></td><td>1</td><td>1</td><td>1</td><td></td><td>6</td><td>4</td><td>2</td></tr>
<tr><td>39</td><td></td><td></td><td></td><td></td><td></td><td></td><td>10</td><td>6</td><td>4</td></tr>
<tr><td>40-44岁</td><td>4</td><td>2</td><td>2</td><td></td><td></td><td></td><td>29</td><td>18</td><td>11</td></tr>
<tr><td>40</td><td></td><td></td><td></td><td></td><td></td><td></td><td>4</td><td>4</td><td></td></tr>
<tr><td>41</td><td>1</td><td>1</td><td></td><td></td><td></td><td></td><td>7</td><td>4</td><td>3</td></tr>
<tr><td>42</td><td></td><td></td><td></td><td></td><td></td><td></td><td>11</td><td>6</td><td>5</td></tr>
<tr><td>43</td><td>2</td><td></td><td>2</td><td></td><td></td><td></td><td>3</td><td>2</td><td>1</td></tr>
<tr><td>44</td><td>1</td><td>1</td><td></td><td></td><td></td><td></td><td>4</td><td>2</td><td>2</td></tr>
<tr><td>45-49岁</td><td>6</td><td>4</td><td>2</td><td>1</td><td></td><td>1</td><td>24</td><td>16</td><td>8</td></tr>
<tr><td>45</td><td></td><td></td><td></td><td></td><td></td><td></td><td>5</td><td>3</td><td>2</td></tr>
<tr><td>46</td><td>3</td><td>1</td><td>2</td><td>1</td><td></td><td>1</td><td>3</td><td>3</td><td></td></tr>
<tr><td>47</td><td></td><td></td><td></td><td></td><td></td><td></td><td>5</td><td>3</td><td>2</td></tr>
<tr><td>48</td><td>3</td><td>3</td><td></td><td></td><td></td><td></td><td>5</td><td>3</td><td>2</td></tr>
<tr><td>49</td><td></td><td></td><td></td><td></td><td></td><td></td><td>6</td><td>4</td><td>2</td></tr>
<tr><td>50岁及以上</td><td>6</td><td>4</td><td>2</td><td>3</td><td>3</td><td></td><td>34</td><td>29</td><td>5</td></tr>
</table>

3-2b　续表 12　　　　单位：人

年　龄	硕士研究生								
	合　计			在　校			毕　业		
	合计	男	女	小计	男	女	小计	男	女
总　计	**2945**	**1501**	**1444**	**1418**	**704**	**714**	**1509**	**788**	**721**
3									
4									
5–9岁									
5									
6									
7									
8									
9									
10–14岁									
10									
11									
12									
13									
14									
15–19岁	**2**	**2**		**2**	**2**				
15									
16									
17									
18	2	2		2	2				
19									
20–24岁	**992**	**498**	**494**	**963**	**486**	**477**	**28**	**12**	**16**
20	9	2	7	9	2	7			
21	44	25	19	44	25	19			
22	237	127	110	235	125	110	2	2	
23	336	144	192	331	142	189	4	2	2
24	366	200	166	344	192	152	22	8	14
25–29岁	**852**	**395**	**457**	**428**	**202**	**226**	**416**	**190**	**226**
25	315	141	174	245	116	129	68	25	43
26	196	93	103	111	50	61	83	43	40
27	129	58	71	44	23	21	82	33	49
28	95	52	43	17	9	8	77	42	35
29	117	51	66	11	4	7	106	47	59
30–34岁	**536**	**258**	**278**	**18**	**12**	**6**	**515**	**245**	**270**
30	142	73	69	6	4	2	136	69	67
31	113	51	62	6	3	3	107	48	59
32	96	41	55	4	4		90	37	53
33	105	50	55	1	1		103	48	55
34	80	43	37	1		1	79	43	36
35–39岁	**265**	**144**	**121**	**1**		**1**	**261**	**142**	**119**
35	66	34	32				65	33	32
36	75	42	33	1		1	74	42	32
37	47	19	28				46	19	27
38	41	25	16				41	25	16
39	36	24	12				35	23	12
40–44岁	**124**	**83**	**41**	**3**		**3**	**121**	**83**	**38**
40	35	21	14	1		1	34	21	13
41	28	19	9				28	19	9
42	21	14	7	1		1	20	14	6
43	24	15	9	1		1	23	15	8
44	16	14	2				16	14	2
45–49岁	**90**	**58**	**32**	**1**	**1**		**87**	**55**	**32**
45	22	17	5				22	17	5
46	19	12	7				19	12	7
47	19	12	7	1	1		17	10	7
48	12	8	4				11	7	4
49	18	9	9				18	9	9
50岁及以上	**84**	**63**	**21**	**2**	**1**	**1**	**81**	**61**	**20**

3-2b 续表 13

单位：人

年龄	硕士研究生								
	肄业			辍学			其他		
	小计	男	女	小计	男	女	小计	男	女
总计	**3**	**2**	**1**				**15**	**7**	**8**
3									
4									
5-9岁									
5									
6									
7									
8									
9									
10-14岁									
10									
11									
12									
13									
14									
15-19岁									
15									
16									
17									
18									
19									
20-24岁							**1**		**1**
20									
21									
22									
23							1		1
24									
25-29岁	**2**	**1**	**1**				**6**	**2**	**4**
25							2		2
26	1		1				1		1
27							3	2	1
28	1	1							
29									
30-34岁							**3**	**1**	**2**
30									
31									
32							2		2
33							1	1	
34									
35-39岁							**3**	**2**	**1**
35							1	1	
36									
37							1		1
38									
39							1	1	
40-44岁									
40									
41									
42									
43									
44									
45-49岁							**2**	**2**	
45									
46									
47							1	1	
48							1	1	
49									
50岁及以上	**1**	**1**							

3-2b　续表 14　　　　单位：人

年　龄	博士研究生								
	合　计			在　校			毕　业		
	合计	男	女	小计	男	女	小计	男	女
总　计	**354**	**223**	**131**	**141**	**91**	**50**	**205**	**125**	**80**
3									
4									
5–9岁									
5									
6									
7									
8									
9									
10–14岁									
10									
11									
12									
13									
14									
15–19岁	**1**	**1**		**1**	**1**				
15									
16									
17									
18									
19	1	1		1	1				
20–24岁	**16**	**11**	**5**	**15**	**10**	**5**	**1**	**1**	
20									
21									
22	3	2	1	3	2	1			
23	4	3	1	4	3	1			
24	9	6	3	8	5	3	1	1	
25–29岁	**124**	**80**	**44**	**96**	**62**	**34**	**25**	**16**	**9**
25	21	11	10	18	10	8	3	1	2
26	21	12	9	18	10	8	2	1	1
27	23	14	9	20	12	8	3	2	1
28	32	22	10	23	17	6	8	4	4
29	27	21	6	17	13	4	9	8	1
30–34岁	**82**	**44**	**38**	**23**	**14**	**9**	**55**	**26**	**29**
30	29	16	13	10	7	3	16	6	10
31	19	8	11	4	3	1	15	5	10
32	11	5	6	3		3	8	5	3
33	10	6	4	2	1	1	7	4	3
34	13	9	4	4	3	1	9	6	3
35–39岁	**50**	**26**	**24**	**3**	**2**	**1**	**47**	**24**	**23**
35	13	5	8	1	1		12	4	8
36	12	8	4	1	1		11	7	4
37	11	4	7				11	4	7
38	8	5	3				8	5	3
39	6	4	2	1		1	5	4	1
40–44岁	**36**	**29**	**7**	**3**	**2**	**1**	**32**	**26**	**6**
40	9	7	2	1		1	7	6	1
41	7	6	1	1	1		6	5	1
42	7	6	1				7	6	1
43	10	8	2	1	1		9	7	2
44	3	2	1				3	2	1
45–49岁	**14**	**8**	**6**				**14**	**8**	**6**
45	4	2	2				4	2	2
46	2	1	1				2	1	1
47	5	3	2				5	3	2
48	2	2					2	2	
49	1		1				1		1
50岁及以上	**31**	**24**	**7**				**31**	**24**	**7**

3-2b 续表 15

单位：人

年 龄	博士研究生								
	肄 业			辍 学			其 他		
	小计	男	女	小计	男	女	小计	男	女
总 计	**2**	**2**					**6**	**5**	**1**
3									
4									
5-9岁									
5									
6									
7									
8									
9									
10-14岁									
10									
11									
12									
13									
14									
15-19岁									
15									
16									
17									
18									
19									
20-24岁									
20									
21									
22									
23									
24									
25-29岁							**3**	**2**	**1**
25									
26							1	1	
27									
28							1	1	
29							1		1
30-34岁	**1**	**1**					**3**	**3**	
30							3	3	
31									
32									
33	1	1							
34									
35-39岁									
35									
36									
37									
38									
39									
40-44岁	**1**	**1**							
40	1	1							
41									
42									
43									
44									
45-49岁									
45									
46									
47									
48									
49									
50岁及以上									

3-2c　全省分年龄、性别、学业完成情况的3岁及以上各种受教育程度人口(乡村)

单位：人

年　龄	合　　计								
	合　　计			在　　校			毕　　业		
	合计	男	女	小计	男	女	小计	男	女
总　计	**1026560**	**556555**	**470005**	**167641**	**89777**	**77864**	**729408**	**406887**	**322521**
3									
4									
5-9岁	**58905**	**32067**	**26838**	**57860**	**31486**	**26374**	**908**	**509**	**399**
5	1330	706	624	1302	694	608	22	11	11
6	11383	6258	5125	11180	6140	5040	176	103	73
7	15050	8159	6891	14798	8029	6769	224	120	104
8	16532	8993	7539	16225	8813	7412	262	151	111
9	14610	7951	6659	14355	7810	6545	224	124	100
10-14岁	**68726**	**37000**	**31726**	**66930**	**35955**	**30975**	**1522**	**883**	**639**
10	13891	7531	6360	13623	7387	6236	222	122	100
11	14581	7899	6682	14299	7732	6567	237	145	92
12	14116	7626	6490	13757	7417	6340	318	183	135
13	13427	7255	6172	13042	7018	6024	329	197	132
14	12711	6689	6022	12209	6401	5808	416	236	180
15-19岁	**42703**	**23295**	**19408**	**34625**	**18231**	**16394**	**7146**	**4474**	**2672**
15	10499	5690	4809	10022	5391	4631	365	229	136
16	9662	5256	4406	8750	4674	4076	770	493	277
17	7853	4297	3556	6377	3373	3004	1284	806	478
18	7376	3998	3378	5135	2612	2523	1976	1224	752
19	7313	4054	3259	4341	2181	2160	2751	1722	1029
20-24岁	**37014**	**20730**	**16284**	**7449**	**3650**	**3799**	**27960**	**16047**	**11913**
20	7134	3983	3151	3385	1629	1756	3510	2197	1313
21	6776	3762	3014	2120	1043	1077	4370	2537	1833
22	7199	4005	3194	1096	520	576	5756	3266	2490
23	7605	4296	3309	558	297	261	6721	3774	2947
24	8300	4684	3616	290	161	129	7603	4273	3330
25-29岁	**60501**	**33189**	**27312**	**512**	**296**	**216**	**56903**	**31017**	**25886**
25	10316	5789	4527	215	123	92	9588	5356	4232
26	10444	5814	4630	106	57	49	9817	5436	4381
27	11554	6281	5273	79	43	36	10919	5909	5010
28	12706	6988	5718	56	38	18	11956	6539	5417
29	15481	8317	7164	56	35	21	14623	7777	6846
30-34岁	**88450**	**46927**	**41523**	**117**	**61**	**56**	**83477**	**44125**	**39352**
30	19654	10442	9212	44	24	20	18588	9822	8766
31	18601	9737	8864	27	14	13	17618	9185	8433
32	16937	8955	7982	21	11	10	16005	8418	7587
33	17634	9368	8266	13	6	7	16588	8791	7797
34	15624	8425	7199	12	6	6	14678	7909	6769
35-39岁	**75419**	**40814**	**34605**	**47**	**31**	**16**	**70218**	**38002**	**32216**
35	15070	8147	6923	7	5	2	14112	7601	6511
36	15669	8438	7231	13	8	5	14691	7892	6799
37	14729	8041	6688	11	7	4	13718	7473	6245
38	16538	8952	7586	8	5	3	15312	8307	7005
39	13413	7236	6177	8	6	2	12385	6729	5656
40-44岁	**74005**	**39576**	**34429**	**26**	**17**	**9**	**66680**	**36021**	**30659**
40	11444	6181	5263	3	3		10486	5698	4788
41	14041	7538	6503	9	8	1	12736	6871	5865
42	15293	8193	7100	5	1	4	13855	7500	6355
43	15720	8401	7319	6	4	2	14025	7591	6434
44	17507	9263	8244	3	1	2	15578	8361	7217
45-49岁	**100110**	**52436**	**47674**	**20**	**16**	**4**	**87337**	**46676**	**40661**
45	17298	9170	8128	7	6	1	15243	8218	7025
46	19208	10113	9095	5	4	1	16871	9018	7853
47	20765	10817	9948	2	2		18091	9632	8459
48	20677	10795	9882	3	2	1	18022	9610	8412
49	22162	11541	10621	3	2	1	19110	10198	8912
50岁及以上	**420727**	**230521**	**190206**	**55**	**34**	**21**	**327257**	**189133**	**138124**

3–2c 续表 1

单位：人

年 龄	合计								
	肄业			辍学			其他		
	小计	男	女	小计	男	女	小计	男	女
总 计	**31687**	**14420**	**17267**	**67645**	**30578**	**37067**	**30179**	**14893**	**15286**
3									
4									
5–9岁	**19**	**13**	**6**	**13**	**6**	**7**	**105**	**53**	**52**
5	1		1				5	1	4
6	2	1	1	2	2		23	12	11
7	2	1	1	2	2		24	7	17
8	9	8	1	4	1	3	32	20	12
9	5	3	2	5	1	4	21	13	8
10–14岁	**47**	**28**	**19**	**93**	**65**	**28**	**134**	**69**	**65**
10	5	2	3	9	5	4	32	15	17
11	13	5	8	6	3	3	26	14	12
12	8	6	2	11	9	2	22	11	11
13	9	7	2	24	19	5	23	14	9
14	12	8	4	43	29	14	31	15	16
15–19岁	**202**	**130**	**72**	**526**	**342**	**184**	**204**	**118**	**86**
15	23	15	8	70	42	28	19	13	6
16	30	19	11	86	56	30	26	14	12
17	48	31	17	100	64	36	44	23	21
18	58	37	21	152	96	56	55	29	26
19	43	28	15	118	84	34	60	39	21
20–24岁	**313**	**212**	**101**	**753**	**512**	**241**	**539**	**309**	**230**
20	54	35	19	122	85	37	63	37	26
21	65	45	20	136	92	44	85	45	40
22	55	38	17	165	112	53	127	69	58
23	57	39	18	150	105	45	119	81	38
24	82	55	27	180	118	62	145	77	68
25–29岁	**673**	**420**	**253**	**1373**	**872**	**501**	**1040**	**584**	**456**
25	104	67	37	226	143	83	183	100	83
26	115	69	46	223	145	78	183	107	76
27	135	80	55	235	143	92	186	106	80
28	143	87	56	324	204	120	227	120	107
29	176	117	59	365	237	128	261	151	110
30–34岁	**998**	**580**	**418**	**2264**	**1297**	**967**	**1594**	**864**	**730**
30	226	138	88	438	268	170	358	190	168
31	176	106	70	463	265	198	317	167	150
32	188	112	76	430	249	181	293	165	128
33	209	118	91	504	282	222	320	171	149
34	199	106	93	429	233	196	306	171	135
35–39岁	**1105**	**599**	**506**	**2460**	**1330**	**1130**	**1589**	**852**	**737**
35	208	121	87	442	254	188	301	166	135
36	201	113	88	451	255	196	313	170	143
37	210	117	93	468	269	199	322	175	147
38	265	137	128	590	302	288	363	201	162
39	221	111	110	509	250	259	290	140	150
40–44岁	**1676**	**776**	**900**	**3816**	**1819**	**1997**	**1807**	**943**	**864**
40	204	92	112	502	247	255	249	141	108
41	298	146	152	664	341	323	334	172	162
42	347	171	176	715	339	376	371	182	189
43	377	168	209	924	421	503	388	217	171
44	450	199	251	1011	471	540	465	231	234
45–49岁	**3024**	**1344**	**1680**	**6891**	**3042**	**3849**	**2838**	**1358**	**1480**
45	497	218	279	1127	517	610	424	211	213
46	549	256	293	1249	573	676	534	262	272
47	632	272	360	1455	639	816	585	272	313
48	587	261	326	1444	631	813	621	291	330
49	759	337	422	1616	682	934	674	322	352
50岁及以上	**23630**	**10318**	**13312**	**49456**	**21293**	**28163**	**20329**	**9743**	**10586**

3-2c 续表 2 单位：人

年龄	小学								
	合计			在校			毕业		
	合计	男	女	小计	男	女	小计	男	女
总计	**461061**	**211381**	**249680**	**93124**	**50559**	**42565**	**275445**	**125321**	**150124**
3									
4									
5-9岁	**58634**	**31912**	**26722**	**57618**	**31347**	**26271**	**880**	**494**	**386**
5	1330	706	624	1302	694	608	22	11	11
6	11339	6235	5104	11142	6119	5023	170	101	69
7	14996	8130	6866	14751	8004	6747	217	116	101
8	16452	8944	7508	16152	8769	7383	255	146	109
9	14517	7897	6620	14271	7761	6510	216	120	96
10-14岁	**36273**	**19662**	**16611**	**35426**	**19172**	**16254**	**707**	**408**	**299**
10	13698	7419	6279	13444	7282	6162	208	115	93
11	13943	7562	6381	13693	7416	6277	207	124	83
12	6302	3417	2885	6125	3311	2814	155	91	64
13	1786	970	816	1690	916	774	80	42	38
14	544	294	250	474	247	227	57	36	21
15-19岁	**340**	**190**	**150**	**31**	**13**	**18**	**199**	**118**	**81**
15	55	31	24	12	6	6	30	19	11
16	64	30	34	8	3	5	34	15	19
17	65	34	31	5	1	4	37	21	16
18	80	41	39	3	1	2	45	23	22
19	76	54	22	3	2	1	53	40	13
20-24岁	**618**	**345**	**273**	**7**	**6**	**1**	**489**	**264**	**225**
20	74	47	27	5	4	1	55	34	21
21	124	68	56				96	52	44
22	129	65	64	1	1		100	48	52
23	136	71	65				115	54	61
24	155	94	61	1	1		123	76	47
25-29岁	**1816**	**853**	**963**	**2**	**2**		**1525**	**690**	**835**
25	228	116	112				198	101	97
26	234	133	101				195	108	87
27	363	173	190				305	139	166
28	403	178	225				333	143	190
29	588	253	335	2	2		494	199	295
30-34岁	**4886**	**2025**	**2861**				**4180**	**1719**	**2461**
30	776	325	451				675	282	393
31	881	347	534				754	294	460
32	964	412	552				829	351	478
33	1119	475	644				949	397	552
34	1146	466	680				973	395	578
35-39岁	**7838**	**2931**	**4907**	**3**	**2**	**1**	**6630**	**2454**	**4176**
35	1189	451	738				1007	375	632
36	1325	525	800	1	1		1140	446	694
37	1443	603	840				1221	495	726
38	1941	691	1250				1647	583	1064
39	1940	661	1279	2	1	1	1615	555	1060
40-44岁	**18909**	**6818**	**12091**	**2**		**2**	**15699**	**5709**	**9990**
40	2082	723	1359				1736	599	1137
41	3001	1072	1929	1		1	2504	894	1610
42	3751	1308	2443				3168	1129	2039
43	4519	1657	2862				3715	1372	2343
44	5556	2058	3498	1		1	4576	1715	2861
45-49岁	**40844**	**14731**	**26113**	**1**	**1**		**33359**	**12258**	**21101**
45	6052	2183	3869				4981	1842	3139
46	7284	2654	4630				5980	2211	3769
47	8469	3018	5451	1	1		6876	2489	4387
48	8905	3245	5660				7292	2699	4593
49	10134	3631	6503				8230	3017	5213
50岁及以上	**290903**	**131914**	**158989**	**34**	**16**	**18**	**211777**	**101207**	**110570**

3-2c 续表 3

单位：人

年 龄	小学								
	肄业			辍学			其他		
	小计	男	女	小计	男	女	小计	男	女
总 计	**22331**	**8301**	**14030**	**50180**	**18885**	**31295**	**19981**	**8315**	**11666**
3									
4									
5-9岁	**19**	**13**	**6**	**13**	**6**	**7**	**104**	**52**	**52**
5	1		1				5	1	4
6	2	1	1	2	2		23	12	11
7	2	1	1	2	2		24	7	17
8	9	8	1	4	1	3	32	20	12
9	5	3	2	5	1	4	20	12	8
10-14岁	**24**	**13**	**11**	**38**	**25**	**13**	**78**	**44**	**34**
10	5	2	3	9	5	4	32	15	17
11	12	5	7	6	3	3	25	14	11
12	3	2	1	7	5	2	12	8	4
13	2	2		9	6	3	5	4	1
14	2	2		7	6	1	4	3	1
15-19岁	**19**	**11**	**8**	**67**	**35**	**32**	**24**	**13**	**11**
15	1		1	10	6	4	2		2
16	3	3		14	6	8	5	3	2
17	6	3	3	8	4	4	9	5	4
18	4	2	2	24	12	12	4	3	1
19	5	3	2	11	7	4	4	2	2
20-24岁	**18**	**8**	**10**	**73**	**46**	**27**	**31**	**21**	**10**
20	3		3	10	8	2	1	1	
21	5	3	2	18	9	9	5	4	1
22	3	2	1	17	10	7	8	4	4
23				13	10	3	8	7	1
24	7	3	4	15	9	6	9	5	4
25-29岁	**66**	**40**	**26**	**152**	**84**	**68**	**71**	**37**	**34**
25	8	3	5	14	7	7	8	5	3
26	10	6	4	21	14	7	8	5	3
27	12	5	7	33	18	15	13	11	2
28	15	10	5	39	22	17	16	3	13
29	21	16	5	45	23	22	26	13	13
30-34岁	**129**	**58**	**71**	**385**	**155**	**230**	**192**	**93**	**99**
30	18	7	11	56	24	32	27	12	15
31	21	11	10	81	32	49	25	10	15
32	26	10	16	78	31	47	31	20	11
33	26	13	13	90	38	52	54	27	27
34	38	17	21	80	30	50	55	24	31
35-39岁	**233**	**89**	**144**	**677**	**266**	**411**	**295**	**120**	**175**
35	36	13	23	97	39	58	49	24	25
36	37	16	21	103	43	60	44	19	25
37	47	25	22	114	61	53	61	22	39
38	50	16	34	180	63	117	64	29	35
39	63	19	44	183	60	123	77	26	51
40-44岁	**644**	**201**	**443**	**1878**	**652**	**1226**	**686**	**256**	**430**
40	57	22	35	220	79	141	69	23	46
41	96	28	68	278	99	179	122	51	71
42	125	33	92	332	107	225	126	39	87
43	160	55	105	493	171	322	151	59	92
44	206	63	143	555	196	359	218	84	134
45-49岁	**1652**	**518**	**1134**	**4275**	**1418**	**2857**	**1557**	**536**	**1021**
45	244	77	167	621	196	425	206	68	138
46	293	99	194	732	251	481	279	93	186
47	362	105	257	899	308	591	331	115	216
48	336	109	227	925	314	611	352	123	229
49	417	128	289	1098	349	749	389	137	252
50岁及以上	**19527**	**7350**	**12177**	**42622**	**16198**	**26424**	**16943**	**7143**	**9800**

3-2c 续表 4

单位：人

年龄	初中								
	合计			在校			毕业		
	合计	男	女	小计	男	女	小计	男	女
总计	**395701**	**241308**	**154393**	**39914**	**21377**	**18537**	**324982**	**199917**	**125065**
3									
4									
5-9岁	**271**	**155**	**116**	**242**	**139**	**103**	**28**	**15**	**13**
5									
6	44	23	21	38	21	17	6	2	4
7	54	29	25	47	25	22	7	4	3
8	80	49	31	73	44	29	7	5	2
9	93	54	39	84	49	35	8	4	4
10-14岁	**31974**	**17086**	**14888**	**31050**	**16545**	**14505**	**792**	**463**	**329**
10	192	111	81	178	104	74	14	7	7
11	637	336	301	605	315	290	30	21	9
12	7814	4209	3605	7632	4106	3526	163	92	71
13	11556	6234	5322	11274	6057	5217	243	150	93
14	11775	6196	5579	11361	5963	5398	342	193	149
15-19岁	**13382**	**7739**	**5643**	**8560**	**4651**	**3909**	**4345**	**2783**	**1562**
15	5754	3232	2522	5359	2976	2383	310	201	109
16	2774	1559	1215	2054	1090	964	639	418	221
17	1682	989	693	715	371	344	886	564	322
18	1526	914	612	284	137	147	1123	706	417
19	1646	1045	601	148	77	71	1387	894	493
20-24岁	**12979**	**7906**	**5073**	**25**	**16**	**9**	**12129**	**7332**	**4797**
20	1876	1194	682	11	5	6	1753	1114	639
21	2126	1337	789	4	3	1	1984	1236	748
22	2546	1574	972	2	1	1	2367	1454	913
23	2904	1740	1164	5	5		2721	1612	1109
24	3527	2061	1466	3	2	1	3304	1916	1388
25-29岁	**30420**	**16935**	**13485**	**8**	**5**	**3**	**28612**	**15843**	**12769**
25	4656	2655	2001				4363	2471	1892
26	5065	2908	2157	2	2		4766	2721	2045
27	5863	3259	2604	1		1	5538	3072	2466
28	6477	3595	2882	3	2	1	6069	3365	2704
29	8359	4518	3841	2	1	1	7876	4214	3662
30-34岁	**53384**	**27891**	**25493**	**4**	**2**	**2**	**50309**	**26139**	**24170**
30	10920	5745	5175	1		1	10302	5377	4925
31	10884	5655	5229	1	1		10271	5297	4974
32	10301	5347	4954	1		1	9716	5008	4708
33	11206	5830	5376				10540	5470	5070
34	10073	5314	4759	1	1		9480	4987	4493
35-39岁	**51293**	**27776**	**23517**	**5**	**3**	**2**	**48094**	**25975**	**22119**
35	10047	5380	4667				9451	5032	4419
36	10801	5760	5041	2		2	10185	5415	4770
37	10091	5446	4645	2	2		9459	5087	4372
38	11276	6173	5103				10515	5751	4764
39	9078	5017	4061	1	1		8484	4690	3794
40-44岁	**45124**	**25902**	**19222**	**5**	**3**	**2**	**41507**	**23819**	**17688**
40	7378	4125	3253				6851	3836	3015
41	8866	5003	3863	1	1		8177	4599	3578
42	9443	5450	3993				8699	5012	3687
43	9361	5434	3927	3	1	2	8562	4975	3587
44	10076	5890	4186	1	1		9218	5397	3821
45-49岁	**51465**	**31906**	**19559**	**4**	**3**	**1**	**46628**	**28961**	**17667**
45	9623	5802	3821	2	2		8723	5250	3473
46	10338	6304	4034	1	1		9409	5735	3674
47	10824	6709	4115				9808	6099	3709
48	10270	6420	3850	1		1	9317	5845	3472
49	10410	6671	3739				9371	6032	3339
50岁及以上	**105409**	**78012**	**27397**	**11**	**10**	**1**	**92538**	**68587**	**23951**

3-2c 续表 5 单位：人

年 龄	初中								
	肄业			辍学			其他		
	小计	男	女	小计	男	女	小计	男	女
总 计	**7805**	**4970**	**2835**	**15113**	**9986**	**5127**	**7887**	**5058**	**2829**
3									
4									
5-9岁							**1**	**1**	
5									
6									
7									
8									
9							1	1	
10-14岁	**23**	**15**	**8**	**55**	**40**	**15**	**54**	**23**	**31**
10									
11	1		1				1		1
12	5	4	1	4	4		10	3	7
13	7	5	2	15	13	2	17	9	8
14	10	6	4	36	23	13	26	11	15
15-19岁	**105**	**66**	**39**	**285**	**190**	**95**	**87**	**49**	**38**
15	19	13	6	50	30	20	16	12	4
16	19	9	10	50	36	14	12	6	6
17	21	14	7	50	35	15	10	5	5
18	24	16	8	72	45	27	23	10	13
19	22	14	8	63	44	19	26	16	10
20-24岁	**141**	**100**	**41**	**435**	**302**	**133**	**249**	**156**	**93**
20	23	16	7	62	42	20	27	17	10
21	27	17	10	70	52	18	41	29	12
22	24	17	7	96	69	27	57	33	24
23	31	23	8	92	65	27	55	35	20
24	36	27	9	115	74	41	69	42	27
25-29岁	**376**	**227**	**149**	**860**	**542**	**318**	**564**	**318**	**246**
25	59	43	16	136	84	52	98	57	41
26	59	36	23	133	87	46	105	62	43
27	75	42	33	151	86	65	98	59	39
28	85	46	39	198	119	79	122	63	59
29	98	60	38	242	166	76	141	77	64
30-34岁	**639**	**360**	**279**	**1469**	**870**	**599**	**963**	**520**	**443**
30	139	84	55	275	169	106	203	115	88
31	110	64	46	307	190	117	195	103	92
32	121	69	52	269	162	107	194	108	86
33	144	78	66	332	188	144	190	94	96
34	125	65	60	286	161	125	181	100	81
35-39岁	**701**	**389**	**312**	**1514**	**876**	**638**	**979**	**533**	**446**
35	130	80	50	282	169	113	184	99	85
36	128	68	60	285	168	117	201	109	92
37	130	70	60	303	174	129	197	113	84
38	184	99	85	348	196	152	229	127	102
39	129	72	57	296	169	127	168	85	83
40-44岁	**918**	**500**	**418**	**1757**	**1028**	**729**	**937**	**552**	**385**
40	129	58	71	247	138	109	151	93	58
41	168	94	74	344	210	134	176	99	77
42	199	123	76	344	205	139	201	110	91
43	200	104	96	401	227	174	195	127	68
44	222	121	101	421	248	173	214	123	91
45-49岁	**1263**	**740**	**523**	**2438**	**1491**	**947**	**1132**	**711**	**421**
45	235	128	107	472	296	176	191	126	65
46	231	139	92	483	293	190	214	136	78
47	249	148	101	527	314	213	240	148	92
48	233	138	95	484	291	193	235	146	89
49	315	187	128	472	297	175	252	155	97
50岁及以上	**3639**	**2573**	**1066**	**6300**	**4647**	**1653**	**2921**	**2195**	**726**

3-2c 续表 6

单位：人

年 龄	高中								
	合计			在校			毕业		
	合计	男	女	小计	男	女	小计	男	女
总 计	**107349**	**68927**	**38422**	**20608**	**10860**	**9748**	**81490**	**54298**	**27192**
3									
4									
5–9岁									
5									
6									
7									
8									
9									
10–14岁	**478**	**251**	**227**	**454**	**238**	**216**	**23**	**12**	**11**
10	1	1		1	1				
11	1	1		1	1				
12									
13	84	50	34	78	45	33	6	5	1
14	392	199	193	374	191	183	17	7	10
15–19岁	**21785**	**11767**	**10018**	**19238**	**10168**	**9070**	**2241**	**1396**	**845**
15	4557	2354	2203	4522	2338	2184	22	8	14
16	6553	3502	3051	6426	3422	3004	90	56	34
17	5626	3020	2606	5211	2764	2447	331	205	126
18	3055	1728	1327	2236	1213	1023	719	449	270
19	1994	1163	831	843	431	412	1079	678	401
20–24岁	**9126**	**5424**	**3702**	**896**	**442**	**454**	**7743**	**4669**	**3074**
20	1834	1088	746	493	233	260	1255	798	457
21	1612	953	659	196	96	100	1326	797	529
22	1768	1022	746	117	61	56	1546	896	650
23	1870	1129	741	60	31	29	1716	1035	681
24	2042	1232	810	30	21	9	1900	1143	757
25–29岁	**14188**	**8156**	**6032**	**11**	**7**	**4**	**13391**	**7645**	**5746**
25	2563	1510	1053	2		2	2419	1425	994
26	2534	1444	1090	4	4		2377	1346	1031
27	2601	1499	1102	4	2	2	2465	1410	1055
28	3021	1767	1254	1	1		2852	1655	1197
29	3469	1936	1533				3278	1809	1469
30–34岁	**17564**	**10098**	**7466**	**2**	**1**	**1**	**16699**	**9543**	**7156**
30	4465	2522	1943				4222	2372	1850
31	3940	2223	1717				3765	2120	1645
32	3371	1908	1463	1		1	3222	1811	1411
33	3180	1838	1342	1	1		3017	1728	1289
34	2608	1607	1001				2473	1512	961
35–39岁	**10467**	**6443**	**4024**	**2**		**2**	**9834**	**6020**	**3814**
35	2310	1378	932				2164	1278	886
36	2214	1329	885	1		1	2069	1231	838
37	2094	1286	808	1		1	1975	1211	764
38	2206	1368	838				2073	1278	795
39	1643	1082	561				1553	1022	531
40–44岁	**6989**	**4786**	**2203**	**2**	**1**	**1**	**6579**	**4487**	**2092**
40	1361	912	449				1289	853	436
41	1524	1013	511				1425	942	483
42	1466	996	470	1		1	1374	932	442
43	1291	913	378	1	1		1217	859	358
44	1347	952	395				1274	901	373
45–49岁	**5775**	**4245**	**1530**				**5383**	**3946**	**1437**
45	1174	851	323				1103	803	300
46	1144	813	331				1056	742	314
47	1102	811	291				1046	773	273
48	1142	855	287				1066	797	269
49	1213	915	298				1112	831	281
50岁及以上	**20977**	**17757**	**3220**	**3**	**3**		**19597**	**16580**	**3017**

3－2c 续表 7

单位：人

年 龄	高中								
	肄业			辍学			其他		
	小计	男	女	小计	男	女	小计	男	女
总 计	**1372**	**1024**	**348**	**2220**	**1611**	**609**	**1659**	**1134**	**525**
3									
4									
5–9岁									
5									
6									
7									
8									
9									
10–14岁							**1**	**1**	
10									
11									
12									
13									
14							1	1	
15–19岁	**70**	**48**	**22**	**166**	**113**	**53**	**70**	**42**	**28**
15	3	2	1	10	6	4			
16	8	7	1	21	13	8	8	4	4
17	20	13	7	42	25	17	22	13	9
18	28	18	10	53	38	15	19	10	9
19	11	8	3	40	31	9	21	15	6
20–24岁	**127**	**85**	**42**	**216**	**145**	**71**	**144**	**83**	**61**
20	25	17	8	44	31	13	17	9	8
21	31	24	7	41	29	12	18	7	11
22	20	13	7	46	29	17	39	23	16
23	20	12	8	39	24	15	35	27	8
24	31	19	12	46	32	14	35	17	18
25–29岁	**195**	**129**	**66**	**332**	**226**	**106**	**259**	**149**	**110**
25	29	18	11	66	45	21	47	22	25
26	39	22	17	65	42	23	49	30	19
27	38	27	11	48	38	10	46	22	24
28	38	27	11	79	55	24	51	29	22
29	51	35	16	74	46	28	66	46	20
30–34岁	**190**	**133**	**57**	**383**	**253**	**130**	**290**	**168**	**122**
30	59	39	20	101	70	31	83	41	42
31	37	23	14	70	42	28	68	38	30
32	30	25	5	75	49	26	43	23	20
33	33	25	8	78	52	26	51	32	19
34	31	21	10	59	40	19	45	34	11
35–39岁	**143**	**104**	**39**	**250**	**171**	**79**	**238**	**148**	**90**
35	36	24	12	60	44	16	50	32	18
36	31	26	5	60	41	19	53	31	22
37	25	17	8	45	28	17	48	30	18
38	26	20	6	56	38	18	51	32	19
39	25	17	8	29	20	9	36	23	13
40–44岁	**101**	**69**	**32**	**170**	**129**	**41**	**137**	**100**	**37**
40	16	11	5	34	29	5	22	19	3
41	31	23	8	39	29	10	29	19	10
42	19	13	6	35	24	11	37	27	10
43	15	9	6	29	22	7	29	22	7
44	20	13	7	33	25	8	20	13	7
45–49岁	**104**	**82**	**22**	**175**	**131**	**44**	**113**	**86**	**27**
45	18	13	5	32	23	9	21	12	9
46	21	15	6	34	29	5	33	27	6
47	21	19	2	29	17	12	6	2	4
48	18	14	4	34	26	8	24	18	6
49	26	21	5	46	36	10	29	27	2
50岁及以上	**442**	**374**	**68**	**528**	**443**	**85**	**407**	**357**	**50**

3-2c　续表 8　　　　单位：人

年　龄	大学专科								
	合　计			在　校			毕　业		
	合计	男	女	小计	男	女	小计	男	女
总　计	**38733**	**22079**	**16654**	**7387**	**3923**	**3464**	**30664**	**17714**	**12950**
3									
4									
5–9岁									
5									
6									
7									
8									
9									
10–14岁									
10									
11									
12									
13									
14									
15–19岁	**4574**	**2417**	**2157**	**4213**	**2237**	**1976**	**330**	**163**	**167**
15	123	66	57	121	66	55	2		2
16	258	159	99	251	153	98	5	4	1
17	359	200	159	330	186	144	25	13	12
18	1583	808	775	1489	760	729	82	41	41
19	2251	1184	1067	2022	1072	950	216	105	111
20–24岁	**8099**	**4155**	**3944**	**2965**	**1556**	**1409**	**5023**	**2540**	**2483**
20	2044	1081	963	1606	834	772	415	233	182
21	1629	830	799	785	433	352	827	392	435
22	1492	737	755	351	163	188	1118	561	557
23	1467	757	710	158	88	70	1289	656	633
24	1467	750	717	65	38	27	1374	698	676
25–29岁	**8296**	**4250**	**4046**	**125**	**70**	**55**	**8018**	**4085**	**3933**
25	1692	880	812	62	34	28	1600	828	772
26	1526	785	741	23	8	15	1481	766	715
27	1569	777	792	19	12	7	1514	747	767
28	1670	857	813	11	8	3	1622	820	802
29	1839	951	888	10	8	2	1801	924	877
30–34岁	**7976**	**4329**	**3647**	**35**	**22**	**13**	**7781**	**4206**	**3575**
30	2180	1152	1028	12	8	4	2126	1118	1008
31	1831	944	887	8	4	4	1794	924	870
32	1448	826	622	5	4	1	1412	799	613
33	1385	773	612	5	3	2	1348	748	600
34	1132	634	498	5	3	2	1101	617	484
35–39岁	**3811**	**2338**	**1473**	**21**	**16**	**5**	**3704**	**2268**	**1436**
35	980	591	389	3	3		961	580	381
36	852	502	350	5	4	1	831	487	344
37	715	446	269	8	5	3	687	429	258
38	749	477	272	4	3	1	722	458	264
39	515	322	193	1	1		503	314	189
40–44岁	**2043**	**1424**	**619**	**12**	**9**	**3**	**1978**	**1373**	**605**
40	439	301	138	3	3		427	290	137
41	448	306	142	4	4		434	295	139
42	441	306	135	3	1	2	430	299	131
43	364	263	101	1	1		351	254	97
44	351	248	103	1		1	336	235	101
45–49岁	**1369**	**1051**	**318**	**13**	**11**	**2**	**1327**	**1018**	**309**
45	305	229	76	4	4		295	220	75
46	275	213	62	3	2	1	264	205	59
47	245	187	58	1	1		239	182	57
48	261	198	63	2	2		253	193	60
49	283	224	59	3	2	1	276	218	58
50岁及以上	**2565**	**2115**	**450**	**3**	**2**	**1**	**2503**	**2061**	**442**

3-2c 续表 9

单位：人

年 龄	大学专科								
	肄 业			辍 学			其 他		
	小计	男	女	小计	男	女	小计	男	女
总 计	**135**	**88**	**47**	**101**	**75**	**26**	**446**	**279**	**167**
3									
4									
5–9岁									
5									
6									
7									
8									
9									
10–14岁									
10									
11									
12									
13									
14									
15–19岁	**6**	**3**	**3**	**7**	**4**	**3**	**18**	**10**	**8**
15									
16				1	1		1	1	
17	1	1					3		3
18	2	1	1	2	1	1	8	5	3
19	3	1	2	4	2	2	6	4	2
20–24岁	**18**	**11**	**7**	**21**	**13**	**8**	**72**	**35**	**37**
20	3	2	1	5	4	1	15	8	7
21	1		1	5	1	4	11	4	7
22	6	4	2	5	3	2	12	6	6
23	3	1	2	3	3		14	9	5
24	5	4	1	3	2	1	20	8	12
25–29岁	**28**	**18**	**10**	**22**	**17**	**5**	**103**	**60**	**43**
25	6	1	5	7	5	2	17	12	5
26	4	3	1	2	1	1	16	7	9
27	8	5	3	2	1	1	26	12	14
28	5	4	1	8	8		24	17	7
29	5	5		3	2	1	20	12	8
30–34岁	**33**	**24**	**9**	**22**	**15**	**7**	**105**	**62**	**43**
30	9	7	2	5	4	1	28	15	13
31	6	6		4		4	19	10	9
32	8	7	1	7	6	1	16	10	6
33	6	2	4	4	4		22	16	6
34	4	2	2	2	1	1	20	11	9
35–39岁	**18**	**8**	**10**	**15**	**13**	**2**	**53**	**33**	**20**
35	4	2	2	2	1	1	10	5	5
36	5	3	2	2	2		9	6	3
37	3	1	2	4	4		13	7	6
38	4	1	3	6	5	1	13	10	3
39	2	1	1	1	1		8	5	3
40–44岁	**11**	**5**	**6**	**8**	**7**	**1**	**34**	**30**	**4**
40	2	1	1	1	1		6	6	
41	3	1	2	3	3		4	3	1
42	2	1	1	2	1	1	4	4	
43	2		2				10	8	2
44	2	2		2	2		10	9	1
45–49岁	**4**	**3**	**1**	**2**	**2**		**23**	**17**	**6**
45				2	2		4	3	1
46	3	2	1				5	4	1
47							5	4	1
48							6	3	3
49	1	1					3	3	
50岁及以上	**17**	**16**	**1**	**4**	**4**		**38**	**32**	**6**

3-2c 续表 10

单位：人

年龄	大学本科								
	合计			在校			毕业		
	合计	男	女	小计	男	女	小计	男	女
总计	**22462**	**12167**	**10295**	**5949**	**2709**	**3240**	**16239**	**9298**	**6941**
3									
4									
5–9岁									
5									
6									
7									
8									
9									
10–14岁									
10									
11									
12									
13									
14									
15–19岁	**2619**	**1181**	**1438**	**2580**	**1161**	**1419**	**31**	**14**	**17**
15	10	7	3	8	5	3	1	1	
16	13	6	7	11	6	5	2		2
17	121	54	67	116	51	65	5	3	2
18	1130	506	624	1121	500	621	7	5	2
19	1345	608	737	1324	599	725	16	5	11
20–24岁	**5841**	**2728**	**3113**	**3220**	**1464**	**1756**	**2561**	**1236**	**1325**
20	1304	573	731	1268	553	715	32	18	14
21	1271	566	705	1122	504	618	136	59	77
22	1178	563	615	541	250	291	623	307	316
23	1104	542	562	214	117	97	877	416	461
24	984	484	500	75	40	35	893	436	457
25–29岁	**5338**	**2755**	**2583**	**108**	**64**	**44**	**5173**	**2662**	**2511**
25	1050	559	491	44	29	15	988	522	466
26	1003	501	502	25	13	12	968	482	486
27	1076	534	542	10	5	5	1061	526	535
28	1066	549	517	13	9	4	1039	532	507
29	1143	612	531	16	8	8	1117	600	517
30–34岁	**4393**	**2446**	**1947**	**22**	**8**	**14**	**4318**	**2410**	**1908**
30	1241	658	583	6	3	3	1217	647	570
31	998	532	466	5	1	4	981	523	458
32	808	437	371	6	3	3	790	428	362
33	711	436	275	1		1	707	434	273
34	635	383	252	4	1	3	623	378	245
35–39岁	**1892**	**1255**	**637**	**10**	**6**	**4**	**1846**	**1220**	**626**
35	511	331	180	3	2	1	497	320	177
36	450	301	149	2	1	1	442	295	147
37	372	252	120				363	244	119
38	341	232	109	4	2	2	330	226	104
39	218	139	79	1	1		214	135	79
40–44岁	**910**	**623**	**287**	**4**	**3**	**1**	**888**	**611**	**277**
40	171	110	61				170	110	60
41	197	139	58	2	2		192	137	55
42	185	128	57	1		1	177	123	54
43	183	133	50	1	1		178	130	48
44	174	113	61				171	111	60
45–49岁	**639**	**490**	**149**	**2**	**1**	**1**	**622**	**480**	**142**
45	140	102	38	1		1	137	100	37
46	164	126	38	1	1		159	122	37
47	124	91	33				121	88	33
48	93	72	21				88	71	17
49	118	99	19				117	99	18
50岁及以上	**830**	**689**	**141**	**3**	**2**	**1**	**800**	**665**	**135**

3-2c 续表 11 单位：人

年龄	大学本科								
	肄业			辍学			其他		
	小计	男	女	小计	男	女	小计	男	女
总计	**43**	**36**	**7**	**30**	**20**	**10**	**201**	**104**	**97**
3									
4									
5-9岁									
5									
6									
7									
8									
9									
10-14岁									
10									
11									
12									
13									
14									
15-19岁	**2**	**2**		**1**		**1**	**5**	**4**	**1**
15							1	1	
16									
17									
18				1		1	1	1	
19	2	2					3	2	1
20-24岁	**9**	**8**	**1**	**8**	**6**	**2**	**43**	**14**	**29**
20				1		1	3	2	1
21	1	1		2	1	1	10	1	9
22	2	2		1	1		11	3	8
23	3	3		3	3		7	3	4
24	3	2	1	1	1		12	5	7
25-29岁	**8**	**6**	**2**	**7**	**3**	**4**	**42**	**20**	**22**
25	2	2		3	2	1	13	4	9
26	3	2	1	2	1	1	5	3	2
27	2	1	1	1		1	2	2	
28							14	8	6
29	1	1		1		1	8	3	5
30-34岁	**6**	**4**	**2**	**5**	**4**	**1**	**42**	**20**	**22**
30	1	1		1	1		16	6	10
31	1	1		1	1		10	6	4
32	3	1	2	1	1		8	4	4
33							3	2	1
34	1	1		2	1	1	5	2	3
35-39岁	**10**	**9**	**1**	**3**	**3**		**23**	**17**	**6**
35	2	2		1	1		8	6	2
36				1	1		5	4	1
37	5	4	1	1	1		3	3	
38	1	1					6	3	3
39	2	2					1	1	
40-44岁	**2**	**1**	**1**	**3**	**3**		**13**	**5**	**8**
40							1		1
41							3		3
42	2	1	1	2	2		3	2	1
43				1	1		3	1	2
44							3	2	1
45-49岁	**1**	**1**		**1**		**1**	**13**	**8**	**5**
45							2	2	
46	1	1					3	2	1
47							3	3	
48				1		1	4	1	3
49							1		1
50岁及以上	**5**	**5**		**2**	**1**	**1**	**20**	**16**	**4**

3-2c　续表 12　　　　　　　　　　　　　　　　　　　　　　　　　　　　单位：人

年　龄	硕士研究生								
	合　计			在　校			毕　业		
	合计	男	女	小计	男	女	小计	男	女
总　计	**1004**	**541**	**463**	**493**	**251**	**242**	**504**	**285**	**219**
3									
4									
5-9岁									
5									
6									
7									
8									
9									
10-14岁	**1**	**1**							
10									
11									
12									
13	1	1							
14									
15-19岁	**3**	**1**	**2**	**3**	**1**	**2**			
15									
16									
17									
18	2	1	1	2	1	1			
19	1		1	1		1			
20-24岁	**333**	**163**	**170**	**318**	**157**	**161**	**15**	**6**	**9**
20	2		2	2		2			
21	13	8	5	12	7	5	1	1	
22	84	44	40	82	44	38	2		2
23	119	55	64	116	54	62	3	1	2
24	115	56	59	106	52	54	9	4	5
25-29岁	**322**	**161**	**161**	**151**	**79**	**72**	**170**	**82**	**88**
25	104	50	54	85	42	43	19	8	11
26	63	34	29	34	22	12	29	12	17
27	56	23	33	20	8	12	35	15	20
28	42	23	19	6	3	3	36	20	16
29	57	31	26	6	4	2	51	27	24
30-34岁	**182**	**105**	**77**	**16**	**10**	**6**	**163**	**93**	**70**
30	48	29	19	7	4	3	40	24	16
31	48	28	20	5	4	1	42	23	19
32	33	17	16	2	1	1	30	16	14
33	25	12	13				25	12	13
34	28	19	9	2	1	1	26	18	8
35-39岁	**91**	**56**	**35**	**3**	**2**	**1**	**86**	**52**	**34**
35	28	13	15	1		1	27	13	14
36	21	16	5				20	15	5
37	11	8	3				10	7	3
38	19	8	11				19	8	11
39	12	11	1	2	2		10	9	1
40-44岁	**25**	**19**	**6**	**1**	**1**		**24**	**18**	**6**
40	10	8	2				10	8	2
41	5	5		1	1		4	4	
42	6	4	2				6	4	2
43	1		1				1		1
44	3	2	1				3	2	1
45-49岁	**13**	**8**	**5**				**13**	**8**	**5**
45	3	2	1				3	2	1
46	2	2					2	2	
47									
48	5	4	1				5	4	1
49	3		3				3		3
50岁及以上	**34**	**27**	**7**	**1**	**1**		**33**	**26**	**7**

3-2c 续表 13

单位：人

年 龄	硕士研究生								
	肄 业			辍 学			其 他		
	小计	男	女	小计	男	女	小计	男	女
总 计	**1**	**1**		**1**	**1**		**5**	**3**	**2**
3									
4									
5-9岁									
5									
6									
7									
8									
9									
10-14岁							**1**	**1**	
10									
11									
12									
13							1	1	
14									
15-19岁									
15									
16									
17									
18									
19									
20-24岁									
20									
21									
22									
23									
24									
25-29岁							**1**		**1**
25									
26									
27							1		1
28									
29									
30-34岁	**1**	**1**					**2**	**1**	**1**
30							1	1	
31	1	1							
32							1		1
33									
34									
35-39岁				**1**	**1**		**1**	**1**	
35									
36							1	1	
37				1	1				
38									
39									
40-44岁									
40									
41									
42									
43									
44									
45-49岁									
45									
46									
47									
48									
49									
50岁及以上									

3-2c　续表 14　　　　单位：人

年　龄	博士研究生								
	合　计			在　校			毕　业		
	合计	男	女	小计	男	女	小计	男	女
总　计	**250**	**152**	**98**	**166**	**98**	**68**	**84**	**54**	**30**
3									
4									
5–9岁									
5									
6									
7									
8									
9									
10–14岁									
10									
11									
12									
13									
14									
15–19岁									
15									
16									
17									
18									
19									
20–24岁	**18**	**9**	**9**	**18**	**9**	**9**			
20									
21	1		1	1		1			
22	2		2	2		2			
23	5	2	3	5	2	3			
24	10	7	3	10	7	3			
25–29岁	**121**	**79**	**42**	**107**	**69**	**38**	**14**	**10**	**4**
25	23	19	4	22	18	4	1	1	
26	19	9	10	18	8	10	1	1	
27	26	16	10	25	16	9	1		1
28	27	19	8	22	15	7	5	4	1
29	26	16	10	20	12	8	6	4	2
30–34岁	**65**	**33**	**32**	**38**	**18**	**20**	**27**	**15**	**12**
30	24	11	13	18	9	9	6	2	4
31	19	8	11	8	4	4	11	4	7
32	12	8	4	6	3	3	6	5	1
33	8	4	4	6	2	4	2	2	
34	2	2					2	2	
35–39岁	**27**	**15**	**12**	**3**	**2**	**1**	**24**	**13**	**11**
35	5	3	2				5	3	2
36	6	5	1	2	2		4	3	1
37	3		3				3		3
38	6	3	3				6	3	3
39	7	4	3	1		1	6	4	2
40–44岁	**5**	**4**	**1**				**5**	**4**	**1**
40	3	2	1				3	2	1
41									
42	1	1					1	1	
43	1	1					1	1	
44									
45–49岁	**5**	**5**					**5**	**5**	
45	1	1					1	1	
46	1	1					1	1	
47	1	1					1	1	
48	1	1					1	1	
49	1	1					1	1	
50岁及以上	**9**	**7**	**2**				**9**	**7**	**2**

3-2c 续表 15 单位：人

年 龄	博士研究生								
	肄 业			辍 学			其 他		
	小计	男	女	小计	男	女	小计	男	女
总 计									
3									
4									
5-9岁									
5									
6									
7									
8									
9									
10-14岁									
10									
11									
12									
13									
14									
15-19岁									
15									
16									
17									
18									
19									
20-24岁									
20									
21									
22									
23									
24									
25-29岁									
25									
26									
27									
28									
29									
30-34岁									
30									
31									
32									
33									
34									
35-39岁									
35									
36									
37									
38									
39									
40-44岁									
40									
41									
42									
43									
44									
45-49岁									
45									
46									
47									
48									
49									
50岁及以上									

第二部分 长表数据资料

第四卷 就业

4-1 各地区分性别、年龄的就业人口

单位：人

地区 性别	合计	16-19岁	20-24岁	25-29岁	30-34岁	35-39岁	40-44岁
合计	**2052886**	**25407**	**114935**	**219657**	**319076**	**273339**	**250859**
福州市	**375287**	**4317**	**23533**	**43456**	**59452**	**53349**	**47017**
鼓楼区	28536	244	1853	3539	4599	4932	4406
台江区	17352	152	1365	2667	3208	2900	2246
仓山区	53957	601	3645	7052	10167	9160	7274
马尾区	13001	169	858	1612	2205	1956	1673
晋安区	39576	375	2509	5002	6912	6092	5405
长乐区	33420	503	2119	3734	4997	4499	4109
闽侯县	41022	481	2859	4889	6800	5867	4864
连江县	31806	275	1466	2497	4260	4115	3670
罗源县	11291	68	487	1306	1595	1391	1390
闽清县	9967	60	397	724	1147	1116	1294
永泰县	13260	97	558	1008	1532	1408	1515
平潭县	15356	127	1095	2426	2214	1598	1543
福清市	66743	1165	4322	7000	9816	8315	7628
厦门市	**306307**	**5975**	**29339**	**46688**	**58827**	**47331**	**36622**
思明区	55967	777	4585	8101	9646	9281	7550
海沧区	36592	624	3158	5343	7744	5917	4649
湖里区	68802	1197	8663	12756	12720	9351	7484
集美区	59507	1105	5681	9089	12405	9761	6990
同安区	51776	947	3791	6535	9890	8213	6547
翔安区	33663	1325	3461	4864	6422	4808	3402
莆田市	**135642**	**1717**	**8106**	**14424**	**21927**	**17413**	**17176**
城厢区	25800	395	1851	3135	4755	3540	3338
涵江区	22403	291	1261	2149	3592	2903	2902
荔城区	29563	464	1903	3351	5764	4471	3857
秀屿区	24008	181	1024	2016	3137	2637	2738
仙游县	33868	386	2067	3773	4679	3862	4341
三明市	**112282**	**603**	**3812**	**7996**	**14516**	**11858**	**13140**
梅列区	10492	68	473	1046	1795	1504	1401
三元区	7854	42	331	626	1073	977	1052
明溪县	4987	37	201	336	717	522	539
清流县	7066	29	199	368	710	678	724
宁化县	13169	64	434	893	1632	1304	1387
大田县	14387	61	259	1009	1690	1339	1607
尤溪县	12446	51	382	933	1712	1171	1307
沙县	10113	104	473	817	1290	1026	1294
将乐县	5850	22	192	340	742	634	633
泰宁县	4352	18	156	260	538	426	521
建宁县	5553	20	168	277	623	534	563
永安市	16013	87	544	1091	1994	1743	2112
泉州市	**474949**	**7000**	**24297**	**53008**	**80272**	**67179**	**60970**
鲤城区	23164	409	1393	2608	4420	3779	3311
丰泽区	36538	669	2912	4779	6591	5594	4732
洛江区	12647	160	655	1245	2149	2100	1716
泉港区	16615	89	481	1701	2635	2556	2061
惠安县	52533	462	1861	5716	9174	7882	6714
安溪县	50816	769	1894	5177	7876	6377	6022
永春县	19938	171	542	1160	2427	2110	2534
德化县	18149	114	590	1620	2525	2314	2622
石狮市	38531	845	2272	4470	7097	5807	5219
晋江市	121082	2367	8031	15016	21907	17252	16064
南安市	84936	945	3666	9516	13471	11408	9975
漳州市	**269859**	**3075**	**12517**	**22842**	**35610**	**31757**	**30683**
芗城区	30428	310	1772	2979	4686	4702	4114
龙文区	17475	243	1207	2170	3253	2660	1915
云霄县	23173	320	1176	1993	2503	2288	2895
漳浦县	44225	387	1702	3284	5706	5077	5506

4-1 续表 1

单位：人

地区 性别	合计	16-19岁	20-24岁	25-29岁	30-34岁	35-39岁	40-44岁
诏安县	29617	507	1444	2258	3113	3070	2909
长泰县	14016	177	682	1261	2167	1746	1425
东山县	12537	113	522	1093	1550	1294	1506
南靖县	17967	113	593	982	1808	1749	1743
平和县	22139	309	853	1380	2256	2091	2117
华安县	7380	28	238	386	855	701	784
龙海市	50902	568	2328	5056	7713	6379	5769
南平市	**109240**	**714**	**3724**	**7040**	**11478**	**11005**	**12801**
延平区	18618	126	751	1434	2107	2083	2393
建阳区	13560	99	506	955	1677	1485	1646
顺昌县	7241	27	164	378	618	664	798
浦城县	10812	101	327	468	732	814	1181
光泽县	5802	43	210	372	650	501	621
松溪县	4834	19	128	290	495	350	543
政和县	6317	39	232	484	700	562	771
邵武市	12220	52	432	759	1338	1359	1480
武夷山市	11393	110	487	947	1471	1458	1333
建瓯市	18443	98	487	953	1690	1729	2035
龙岩市	**122685**	**800**	**3818**	**9564**	**17499**	**15939**	**15477**
新罗区	39680	371	1622	3925	7121	6004	5234
永定区	13224	71	297	655	1587	1582	1746
长汀县	16900	127	547	1282	2323	2157	2242
上杭县	16984	90	540	1337	2431	1963	2012
武平县	12067	58	291	803	1397	1335	1425
连城县	10593	41	240	782	1191	1289	1206
漳平市	13237	42	281	780	1449	1609	1612
宁德市	**146635**	**1206**	**5789**	**14639**	**19495**	**17508**	**16973**
蕉城区	31886	556	2163	4578	5533	4227	3621
霞浦县	24613	142	710	2010	3186	2852	2799
古田县	13270	68	294	947	1337	1500	1681
屏南县	5095	32	171	395	581	588	613
寿宁县	6137	30	209	515	575	531	640
周宁县	6107	51	269	668	731	674	665
柘荣县	4297	27	130	352	549	511	497
福安市	26886	175	969	2846	3562	3121	3157
福鼎市	28344	125	874	2328	3441	3504	3300
男	**1211954**	**15884**	**66626**	**128169**	**182176**	**154912**	**141521**
福州市	**227250**	**2711**	**13726**	**25507**	**34469**	**30896**	**27522**
鼓楼区	15430	136	902	1749	2249	2416	2292
台江区	9856	100	699	1406	1722	1524	1228
仓山区	32667	392	2091	4115	5821	5303	4303
马尾区	8044	103	528	967	1298	1179	989
晋安区	23424	214	1296	2771	3824	3355	3110
长乐区	21786	332	1324	2421	3189	2868	2562
闽侯县	26188	286	1769	3048	4240	3615	2985
连江县	19053	176	899	1458	2485	2483	2172
罗源县	7817	46	328	830	1042	953	916
闽清县	6390	42	231	457	718	702	769
永泰县	7739	63	329	575	865	803	861
平潭县	9939	72	647	1485	1405	1023	983
福清市	38917	749	2683	4225	5611	4672	4352
厦门市	**179472**	**3659**	**16596**	**27025**	**33690**	**26763**	**20621**
思明区	29991	466	2245	4100	4816	4656	3885
海沧区	22179	397	1910	3212	4529	3440	2816
湖里区	39881	693	4545	7123	7382	5333	4283
集美区	35554	692	3334	5465	7228	5623	3964
同安区	31026	588	2322	3999	5792	4851	3683
翔安区	20841	823	2240	3126	3943	2860	1990

4-1 续表 2

单位：人

地区 性别	合计	16-19岁	20-24岁	25-29岁	30-34岁	35-39岁	40-44岁
莆田市	**77328**	**1046**	**4834**	**8414**	**12092**	**9407**	**9294**
城厢区	14537	236	1062	1772	2610	1887	1778
涵江区	12793	180	754	1237	1982	1546	1603
荔城区	16780	289	1103	1931	3191	2460	2139
秀屿区	12689	108	637	1192	1606	1353	1377
仙游县	20529	233	1278	2282	2703	2161	2397
三明市	**66955**	**383**	**2136**	**4640**	**8299**	**6590**	**7054**
梅列区	6156	38	268	589	960	822	689
三元区	4896	32	188	377	640	575	596
明溪县	3045	17	116	207	417	313	299
清流县	3711	16	97	180	345	331	371
宁化县	7713	43	241	552	936	751	735
大田县	8277	42	144	576	989	718	857
尤溪县	8025	30	221	571	1057	702	726
沙县	6151	71	265	477	740	563	708
将乐县	3666	14	99	181	424	357	368
泰宁县	2476	10	69	127	266	207	271
建宁县	3179	12	92	157	353	276	302
永安市	9660	58	336	646	1172	975	1132
泉州市	**274360**	**4407**	**14233**	**31016**	**45225**	**37808**	**34276**
鲤城区	13111	237	772	1462	2404	2052	1876
丰泽区	20954	407	1528	2711	3667	3072	2682
洛江区	7234	113	410	731	1189	1155	965
泉港区	9335	63	276	953	1435	1399	1119
惠安县	29756	295	1124	3306	5043	4353	3645
安溪县	28622	468	1126	2985	4328	3385	3310
永春县	11584	112	316	668	1363	1168	1342
德化县	10443	72	346	966	1419	1271	1432
石狮市	23114	531	1374	2630	4123	3390	2993
晋江市	72375	1489	4807	8984	12772	10126	9338
南安市	47832	620	2154	5620	7482	6437	5574
漳州市	**155253**	**1933**	**7261**	**13222**	**20305**	**17580**	**16766**
芗城区	17162	197	923	1630	2505	2452	2201
龙文区	9549	158	622	1174	1701	1454	1054
云霄县	13169	200	652	1163	1426	1246	1558
漳浦县	25490	246	1016	1980	3309	2833	3003
诏安县	16249	285	836	1292	1692	1678	1546
长泰县	8133	129	414	722	1262	986	772
东山县	7220	68	296	622	880	722	832
南靖县	9892	76	347	511	981	958	903
平和县	13250	192	549	858	1348	1165	1191
华安县	4240	17	142	230	497	358	417
龙海市	30899	365	1464	3040	4704	3728	3289
南平市	**68593**	**418**	**2090**	**4083**	**6678**	**6408**	**7371**
延平区	11306	83	431	839	1171	1111	1308
建阳区	8633	65	278	538	997	896	988
顺昌县	4668	18	101	226	362	386	473
浦城县	7009	57	183	274	425	449	711
光泽县	3613	21	111	204	366	298	332
松溪县	3177	7	74	173	315	246	319
政和县	4050	19	114	305	446	329	449
邵武市	7523	29	252	427	760	765	852
武夷山市	6992	65	259	528	834	879	767
建瓯市	11622	54	287	569	1002	1049	1172
龙岩市	**71827**	**480**	**2086**	**5387**	**9643**	**8817**	**8475**
新罗区	23440	216	863	2184	3917	3303	2921
永定区	7879	47	180	377	901	917	937

4-1 续表 3 单位：人

地区 性别	合计	16-19岁	20-24岁	25-29岁	30-34岁	35-39岁	40-44岁
长汀县	9532	68	282	699	1185	1130	1210
上杭县	9838	61	307	739	1329	1087	1084
武平县	6872	36	152	432	775	713	732
连城县	6390	25	148	491	703	742	683
漳平市	7876	27	154	465	833	925	908
宁德市	**90916**	**847**	**3664**	**8875**	**11775**	**10643**	**10142**
蕉城区	20088	434	1504	2850	3372	2532	2213
霞浦县	14364	91	402	1131	1756	1594	1560
古田县	8651	41	165	616	856	949	1032
屏南县	3288	23	98	237	361	387	366
寿宁县	3920	16	105	314	351	333	419
周宁县	4148	38	162	418	492	447	420
柘荣县	2743	18	74	191	329	336	309
福安市	16821	113	635	1753	2204	1955	1897
福鼎市	16893	73	519	1365	2054	2110	1926
女	**840932**	**9523**	**48309**	**91488**	**136900**	**118427**	**109338**
福州市	**148037**	**1606**	**9807**	**17949**	**24983**	**22453**	**19495**
鼓楼区	13106	108	951	1790	2350	2516	2114
台江区	7496	52	666	1261	1486	1376	1018
仓山区	21290	209	1554	2937	4346	3857	2971
马尾区	4957	66	330	645	907	777	684
晋安区	16152	161	1213	2231	3088	2737	2295
长乐区	11634	171	795	1313	1808	1631	1547
闽侯县	14834	195	1090	1841	2560	2252	1879
连江县	12753	99	567	1039	1775	1632	1498
罗源县	3474	22	159	476	553	438	474
闽清县	3577	18	166	267	429	414	525
永泰县	5521	34	229	433	667	605	654
平潭县	5417	55	448	941	809	575	560
福清市	27826	416	1639	2775	4205	3643	3276
厦门市	**126835**	**2316**	**12743**	**19663**	**25137**	**20568**	**16001**
思明区	25976	311	2340	4001	4830	4625	3665
海沧区	14413	227	1248	2131	3215	2477	1833
湖里区	28921	504	4118	5633	5338	4018	3201
集美区	23953	413	2347	3624	5177	4138	3026
同安区	20750	359	1469	2536	4098	3362	2864
翔安区	12822	502	1221	1738	2479	1948	1412
莆田市	**58314**	**671**	**3272**	**6010**	**9835**	**8006**	**7882**
城厢区	11263	159	789	1363	2145	1653	1560
涵江区	9610	111	507	912	1610	1357	1299
荔城区	12783	175	800	1420	2573	2011	1718
秀屿区	11319	73	387	824	1531	1284	1361
仙游县	13339	153	789	1491	1976	1701	1944
三明市	**45327**	**220**	**1676**	**3356**	**6217**	**5268**	**6086**
梅列区	4336	30	205	457	835	682	712
三元区	2958	10	143	249	433	402	456
明溪县	1942	20	85	129	300	209	240
清流县	3355	13	102	188	365	347	353
宁化县	5456	21	193	341	696	553	652
大田县	6110	19	115	433	701	621	750
尤溪县	4421	21	161	362	655	469	581
沙县	3962	33	208	340	550	463	586
将乐县	2184	8	93	159	318	277	265
泰宁县	1876	8	87	133	272	219	250
建宁县	2374	8	76	120	270	258	261
永安市	6353	29	208	445	822	768	980

4-1　续表 4　　　　单位：人

地区 性别	合计	16-19岁	20-24岁	25-29岁	30-34岁	35-39岁	40-44岁
泉州市	**200589**	**2593**	**10064**	**21992**	**35047**	**29371**	**26694**
鲤城区	10053	172	621	1146	2016	1727	1435
丰泽区	15584	262	1384	2068	2924	2522	2050
洛江区	5413	47	245	514	960	945	751
泉港区	7280	26	205	748	1200	1157	942
惠安县	22777	167	737	2410	4131	3529	3069
安溪县	22194	301	768	2192	3548	2992	2712
永春县	8354	59	226	492	1064	942	1192
德化县	7706	42	244	654	1106	1043	1190
石狮市	15417	314	898	1840	2974	2417	2226
晋江市	48707	878	3224	6032	9135	7126	6726
南安市	37104	325	1512	3896	5989	4971	4401
漳州市	**114606**	**1142**	**5256**	**9620**	**15305**	**14177**	**13917**
芗城区	13266	113	849	1349	2181	2250	1913
龙文区	7926	85	585	996	1552	1206	861
云霄县	10004	120	524	830	1077	1042	1337
漳浦县	18735	141	686	1304	2397	2244	2503
诏安县	13368	222	608	966	1421	1392	1363
长泰县	5883	48	268	539	905	760	653
东山县	5317	45	226	471	670	572	674
南靖县	8075	37	246	471	827	791	840
平和县	8889	117	304	522	908	926	926
华安县	3140	11	96	156	358	343	367
龙海市	20003	203	864	2016	3009	2651	2480
南平市	**40647**	**296**	**1634**	**2957**	**4800**	**4597**	**5430**
延平区	7312	43	320	595	936	972	1085
建阳区	4927	34	228	417	680	589	658
顺昌县	2573	9	63	152	256	278	325
浦城县	3803	44	144	194	307	365	470
光泽县	2189	22	99	168	284	203	289
松溪县	1657	12	54	117	180	104	224
政和县	2267	20	118	179	254	233	322
邵武市	4697	23	180	332	578	594	628
武夷山市	4401	45	228	419	637	579	566
建瓯市	6821	44	200	384	688	680	863
龙岩市	**50858**	**320**	**1732**	**4177**	**7856**	**7122**	**7002**
新罗区	16240	155	759	1741	3204	2701	2313
永定区	5345	24	117	278	686	665	809
长汀县	7368	59	265	583	1138	1027	1032
上杭县	7146	29	233	598	1102	876	928
武平县	5195	22	139	371	622	622	693
连城县	4203	16	92	291	488	547	523
漳平市	5361	15	127	315	616	684	704
宁德市	**55719**	**359**	**2125**	**5764**	**7720**	**6865**	**6831**
蕉城区	11798	122	659	1728	2161	1695	1408
霞浦县	10249	51	308	879	1430	1258	1239
古田县	4619	27	129	331	481	551	649
屏南县	1807	9	73	158	220	201	247
寿宁县	2217	14	104	201	224	198	221
周宁县	1959	13	107	250	239	227	245
柘荣县	1554	9	56	161	220	175	188
福安市	10065	62	334	1093	1358	1166	1260
福鼎市	11451	52	355	963	1387	1394	1374

4-1 续表 5 单位：人

地区 性别	45-49岁	50-54岁	55-59岁	60-64岁	65-69岁	70-74岁	75岁及以上
合计	**288483**	**238133**	**157015**	**79759**	**54322**	**20880**	**11021**
福州市	**50590**	**40020**	**26822**	**12820**	**8632**	**3503**	**1776**
鼓楼区	3934	2703	1850	303	118	38	17
台江区	2220	1439	938	132	61	15	9
仓山区	7382	4895	2812	633	244	68	24
马尾区	1787	1360	776	325	188	70	22
晋安区	5833	4157	2472	505	242	47	25
长乐区	4603	3842	2433	1267	826	351	137
闽侯县	5436	4339	2819	1394	940	246	88
连江县	4264	3821	2829	1965	1480	729	435
罗源县	1682	1575	1006	426	229	100	36
闽清县	1590	1450	1065	601	358	123	42
永泰县	1841	1686	1341	920	792	355	207
平潭县	1949	1724	1204	661	498	210	107
福清市	8069	7029	5277	3688	2656	1151	627
厦门市	**37076**	**24899**	**13162**	**3957**	**1836**	**440**	**155**
思明区	7380	4917	2893	558	208	53	18
海沧区	4385	2835	1383	372	139	31	12
湖里区	7889	5119	2613	667	293	32	18
集美区	6834	4503	2136	628	295	62	18
同安区	7158	4850	2392	869	438	111	35
翔安区	3430	2675	1745	863	463	151	54
莆田市	**18816**	**14603**	**10055**	**5659**	**4042**	**1219**	**485**
城厢区	3419	2340	1586	741	513	143	44
涵江区	3416	2569	1763	777	569	168	43
荔城区	3891	2758	1701	758	479	120	46
秀屿区	3327	2924	2372	1613	1324	472	243
仙游县	4763	4012	2633	1770	1157	316	109
三明市	**18281**	**17421**	**11613**	**5773**	**4298**	**1832**	**1139**
梅列区	1665	1394	842	165	104	24	11
三元区	1400	1194	751	233	112	43	20
明溪县	726	803	531	281	182	76	36
清流县	976	1120	815	510	469	243	225
宁化县	2031	2022	1511	843	630	278	140
大田县	2299	2116	1514	889	876	384	344
尤溪县	2150	1990	1352	748	442	146	62
沙县	1816	1567	884	421	275	111	35
将乐县	916	954	692	334	239	116	36
泰宁县	657	692	495	236	217	96	40
建宁县	876	895	663	400	306	148	80
永安市	2769	2674	1563	713	446	167	110
泉州市	**66008**	**51919**	**32903**	**16079**	**10406**	**3402**	**1506**
鲤城区	3070	2122	1305	418	244	66	19
丰泽区	4816	3449	2021	565	327	61	22
洛江区	1871	1267	741	360	275	85	23
泉港区	2184	2040	1338	809	507	159	55
惠安县	7763	6029	3594	1718	1065	422	133
安溪县	6449	6063	4344	2651	2034	723	437
永春县	3068	2841	2142	1297	1006	414	226
德化县	2957	2315	1404	803	537	231	117
石狮市	5401	3834	2171	822	437	110	46
晋江市	17209	12101	6737	2581	1305	380	132
南安市	11220	9858	7106	4055	2669	751	296
漳州市	**39085**	**35562**	**25734**	**15470**	**10519**	**4309**	**2696**
芗城区	4473	3448	2353	820	521	183	67
龙文区	2096	1675	1092	643	360	111	50
云霄县	3361	3005	2145	1480	1190	460	357
漳浦县	6879	5844	4140	2651	1834	775	440

4-1　续表 6　　单位：人

地区 性别	45–49岁	50–54岁	55–59岁	60–64岁	65–69岁	70–74岁	75岁及以上
诏安县	4152	3973	3248	2120	1543	705	575
长泰县	1862	1974	1344	751	387	141	99
东山县	2155	1703	1219	668	412	198	104
南靖县	2778	2762	2099	1318	1117	522	383
平和县	3206	3264	2710	1942	1268	489	254
华安县	1271	1138	859	485	331	169	135
龙海市	6852	6776	4525	2592	1556	556	232
南平市	**18609**	**18314**	**12164**	**6028**	**4597**	**1884**	**882**
延平区	3257	2984	1803	728	566	243	143
建阳区	2213	2060	1514	675	446	177	107
顺昌县	1257	1334	911	526	364	149	51
浦城县	1836	2074	1414	716	738	282	129
光泽县	1081	1083	699	258	153	87	44
松溪县	825	818	620	329	249	125	43
政和县	1136	1009	673	358	214	89	50
邵武市	2115	2122	1357	523	454	155	74
武夷山市	1761	1641	1062	543	359	136	85
建瓯市	3128	3189	2111	1372	1054	441	156
龙岩市	**20359**	**17544**	**11121**	**5151**	**3411**	**1339**	**663**
新罗区	6031	4716	2748	988	617	204	99
永定区	2365	2117	1355	679	501	186	83
长汀县	2668	2280	1531	862	532	224	125
上杭县	2924	2545	1657	751	478	163	93
武平县	2326	2020	1301	507	413	137	54
连城县	1829	1724	1094	581	368	170	78
漳平市	2216	2142	1435	783	502	255	131
宁德市	**19659**	**17851**	**13441**	**8822**	**6581**	**2952**	**1719**
蕉城区	3753	3127	2062	1039	729	328	170
霞浦县	3377	3215	2621	1737	1197	495	272
古田县	2005	1809	1490	950	739	312	138
屏南县	836	717	515	313	211	76	47
寿宁县	812	836	661	540	442	213	133
周宁县	836	743	561	376	334	129	70
柘荣县	605	581	383	274	228	104	56
福安市	3712	3376	2375	1594	1210	516	273
福鼎市	3723	3447	2773	1999	1491	779	560
男	**164439**	**146954**	**104850**	**50991**	**34288**	**14030**	**7114**
福州市	**29985**	**25772**	**18799**	**8518**	**5700**	**2454**	**1191**
鼓楼区	2196	1681	1483	208	78	29	11
台江区	1255	982	776	99	48	11	6
仓山区	4429	3263	2194	498	186	54	18
马尾区	1049	883	574	251	146	56	21
晋安区	3426	2797	2004	384	185	38	20
长乐区	2831	2606	1743	921	594	284	111
闽侯县	3361	2827	2005	1072	707	199	74
连江县	2512	2354	1710	1195	910	437	262
罗源县	1131	1137	802	333	182	86	31
闽清县	963	949	764	418	248	95	34
永泰县	1023	1026	804	551	472	232	135
平潭县	1236	1189	862	467	351	152	67
福清市	4573	4078	3078	2121	1593	781	401
厦门市	**21017**	**16082**	**9677**	**2721**	**1222**	**296**	**103**
思明区	3974	3074	2210	382	134	37	12
海沧区	2555	1892	1022	274	103	20	9
湖里区	4497	3339	1943	494	213	23	13
集美区	3997	2958	1603	431	203	45	11
同安区	4017	3115	1706	578	278	72	25
翔安区	1977	1704	1193	562	291	99	33

4-1 续表 7

单位：人

地区 性别	45-49岁	50-54岁	55-59岁	60-64岁	65-69岁	70-74岁	75岁及以上
莆田市	**10313**	**8544**	**6438**	**3541**	**2400**	**722**	**283**
城厢区	1866	1371	1041	495	301	92	26
涵江区	1902	1478	1132	500	341	106	32
荔城区	2109	1617	1100	457	284	76	24
秀屿区	1709	1567	1307	840	661	216	116
仙游县	2727	2511	1858	1249	813	232	85
三明市	**10417**	**11018**	**7918**	**3690**	**2780**	**1284**	**746**
梅列区	953	949	667	121	71	21	8
三元区	831	784	583	155	85	33	17
明溪县	415	481	376	197	123	60	24
清流县	496	629	451	277	257	149	112
宁化县	1081	1226	957	514	390	186	101
大田县	1362	1278	904	479	495	231	202
尤溪县	1302	1343	995	563	343	126	46
沙县	1058	1004	645	289	212	86	33
将乐县	537	630	511	240	176	97	32
泰宁县	377	424	331	148	142	70	34
建宁县	469	521	401	247	189	105	55
永安市	1536	1749	1097	460	297	120	82
泉州市	**37072**	**30386**	**20922**	**9918**	**6173**	**2059**	**865**
鲤城区	1695	1220	897	291	155	40	10
丰泽区	2725	2105	1432	367	207	37	14
洛江区	1024	729	473	220	156	56	13
泉港区	1203	1202	808	484	283	84	26
惠安县	4250	3576	2328	1018	559	210	49
安溪县	3602	3496	2537	1581	1160	399	245
永春县	1705	1672	1375	797	639	280	147
德化县	1609	1398	904	494	331	137	64
石狮市	3184	2359	1499	594	318	89	30
晋江市	9932	7265	4573	1818	908	272	91
南安市	6143	5364	4096	2254	1457	455	176
漳州市	**21548**	**21005**	**15881**	**9257**	**6209**	**2694**	**1592**
芗城区	2398	2145	1682	523	334	126	46
龙文区	1142	957	635	362	196	61	33
云霄县	1868	1789	1263	830	667	296	211
漳浦县	3808	3412	2498	1573	1066	485	261
诏安县	2258	2152	1813	1167	830	404	296
长泰县	1003	1182	836	461	231	69	66
东山县	1210	1016	752	400	245	117	60
南靖县	1480	1553	1243	708	619	298	215
平和县	1781	1951	1633	1234	815	361	172
华安县	715	704	528	269	185	102	76
龙海市	3885	4144	2998	1730	1021	375	156
南平市	**10852**	**11972**	**8915**	**4262**	**3327**	**1506**	**711**
延平区	1831	1947	1392	509	390	188	106
建阳区	1319	1362	1127	488	346	144	85
顺昌县	731	901	681	368	257	122	42
浦城县	1103	1395	1041	493	543	227	108
光泽县	604	719	528	200	123	67	40
松溪县	511	536	452	233	172	105	34
政和县	683	659	490	277	163	75	41
邵武市	1224	1379	989	358	314	114	60
武夷山市	1008	1058	779	381	268	100	66
建瓯市	1838	2016	1436	955	751	364	129
龙岩市	**11657**	**11061**	**7427**	**3308**	**2160**	**896**	**430**
新罗区	3546	3147	2018	680	428	150	67
永定区	1394	1370	888	420	284	114	50

4-1　续表 8　　　　　　　　　　　　　　　　　　　　　　　　单位：人

地　区 性　别	45-49岁	50-54岁	55-59岁	60-64岁	65-69岁	70-74岁	75岁及 以　上
长汀县	1509	1331	987	569	331	154	77
上杭县	1640	1580	1071	475	311	103	51
武平县	1314	1220	828	296	255	89	30
连城县	1020	1069	698	390	236	128	57
漳平市	1234	1344	937	478	315	158	98
宁德市	**11578**	**11114**	**8873**	**5776**	**4317**	**2119**	**1193**
蕉城区	2203	1985	1435	713	488	246	113
霞浦县	1936	1853	1639	1078	765	358	201
古田县	1219	1160	1024	680	537	260	112
屏南县	478	476	369	226	163	66	38
寿宁县	501	558	422	351	292	162	96
周宁县	544	519	405	280	263	106	54
柘荣县	374	380	268	183	155	83	43
福安市	2179	2113	1569	1037	805	368	193
福鼎市	2144	2070	1742	1228	849	470	343
女	**124044**	**91179**	**52165**	**28768**	**20034**	**6850**	**3907**
福州市	**20605**	**14248**	**8023**	**4302**	**2932**	**1049**	**585**
鼓楼区	1738	1022	367	95	40	9	6
台江区	965	457	162	33	13	4	3
仓山区	2953	1632	618	135	58	14	6
马尾区	738	477	202	74	42	14	1
晋安区	2407	1360	468	121	57	9	5
长乐区	1772	1236	690	346	232	67	26
闽侯县	2075	1512	814	322	233	47	14
连江县	1752	1467	1119	770	570	292	173
罗源县	551	438	204	93	47	14	5
闽清县	627	501	301	183	110	28	8
永泰县	818	660	537	369	320	123	72
平潭县	713	535	342	194	147	58	40
福清市	3496	2951	2199	1567	1063	370	226
厦门市	**16059**	**8817**	**3485**	**1236**	**614**	**144**	**52**
思明区	3406	1843	683	176	74	16	6
海沧区	1830	943	361	98	36	11	3
湖里区	3392	1780	670	173	80	9	5
集美区	2837	1545	533	197	92	17	7
同安区	3141	1735	686	291	160	39	10
翔安区	1453	971	552	301	172	52	21
莆田市	**8503**	**6059**	**3617**	**2118**	**1642**	**497**	**202**
城厢区	1553	969	545	246	212	51	18
涵江区	1514	1091	631	277	228	62	11
荔城区	1782	1141	601	301	195	44	22
秀屿区	1618	1357	1065	773	663	256	127
仙游县	2036	1501	775	521	344	84	24
三明市	**7864**	**6403**	**3695**	**2083**	**1518**	**548**	**393**
梅列区	712	445	175	44	33	3	3
三元区	569	410	168	78	27	10	3
明溪县	311	322	155	84	59	16	12
清流县	480	491	364	233	212	94	113
宁化县	950	796	554	329	240	92	39
大田县	937	838	610	410	381	153	142
尤溪县	848	647	357	185	99	20	16
沙县	758	563	239	132	63	25	2
将乐县	379	324	181	94	63	19	4
泰宁县	280	268	164	88	75	26	6
建宁县	407	374	262	153	117	43	25
永安市	1233	925	466	253	149	47	28

4-1 续表 9

单位：人

地区 性别	45-49岁	50-54岁	55-59岁	60-64岁	65-69岁	70-74岁	75岁及以上
泉州市	**28936**	**21533**	**11981**	**6161**	**4233**	**1343**	**641**
鲤城区	1375	902	408	127	89	26	9
丰泽区	2091	1344	589	198	120	24	8
洛江区	847	538	268	140	119	29	10
泉港区	981	838	530	325	224	75	29
惠安县	3513	2453	1266	700	506	212	84
安溪县	2847	2567	1807	1070	874	324	192
永春县	1363	1169	767	500	367	134	79
德化县	1348	917	500	309	206	94	53
石狮市	2217	1475	672	228	119	21	16
晋江市	7277	4836	2164	763	397	108	41
南安市	5077	4494	3010	1801	1212	296	120
漳州市	**17537**	**14557**	**9853**	**6213**	**4310**	**1615**	**1104**
芗城区	2075	1303	671	297	187	57	21
龙文区	954	718	457	281	164	50	17
云霄县	1493	1216	882	650	523	164	146
漳浦县	3071	2432	1642	1078	768	290	179
诏安县	1894	1821	1435	953	713	301	279
长泰县	859	792	508	290	156	72	33
东山县	945	687	467	268	167	81	44
南靖县	1298	1209	856	610	498	224	168
平和县	1425	1313	1077	708	453	128	82
华安县	556	434	331	216	146	67	59
龙海市	2967	2632	1527	862	535	181	76
南平市	**7757**	**6342**	**3249**	**1766**	**1270**	**378**	**171**
延平区	1426	1037	411	219	176	55	37
建阳区	894	698	387	187	100	33	22
顺昌县	526	433	230	158	107	27	9
浦城县	733	679	373	223	195	55	21
光泽县	477	364	171	58	30	20	4
松溪县	314	282	168	96	77	20	9
政和县	453	350	183	81	51	14	9
邵武市	891	743	368	165	140	41	14
武夷山市	753	583	283	162	91	36	19
建瓯市	1290	1173	675	417	303	77	27
龙岩市	**8702**	**6483**	**3694**	**1843**	**1251**	**443**	**233**
新罗区	2485	1569	730	308	189	54	32
永定区	971	747	467	259	217	72	33
长汀县	1159	949	544	293	201	70	48
上杭县	1284	965	586	276	167	60	42
武平县	1012	800	473	211	158	48	24
连城县	809	655	396	191	132	42	21
漳平市	982	798	498	305	187	97	33
宁德市	**8081**	**6737**	**4568**	**3046**	**2264**	**833**	**526**
蕉城区	1550	1142	627	326	241	82	57
霞浦县	1441	1362	982	659	432	137	71
古田县	786	649	466	270	202	52	26
屏南县	358	241	146	87	48	10	9
寿宁县	311	278	239	189	150	51	37
周宁县	292	224	156	96	71	23	16
柘荣县	231	201	115	91	73	21	13
福安市	1533	1263	806	557	405	148	80
福鼎市	1579	1377	1031	771	642	309	217

4-1a　各地区分性别、年龄的就业人口(城市)

单位：人

地区 性别	合计	16-19岁	20-24岁	25-29岁	30-34岁	35-39岁	40-44岁
合计	**873575**	**12777**	**63515**	**114247**	**159975**	**135164**	**114616**
福州市	**182818**	**2260**	**12768**	**23813**	**32123**	**29202**	**25078**
鼓楼区	28536	244	1853	3539	4599	4932	4406
台江区	17352	152	1365	2667	3208	2900	2246
仓山区	53957	601	3645	7052	10167	9160	7274
马尾区	11896	163	826	1538	2021	1763	1546
晋安区	38328	361	2462	4905	6768	5968	5274
长乐区	10788	124	651	1256	1649	1566	1534
闽侯县							
连江县							
罗源县							
闽清县							
永泰县							
平潭县							
福清市	21961	615	1966	2856	3711	2913	2798
厦门市	**256955**	**4352**	**24739**	**40063**	**50035**	**40417**	**31279**
思明区	55967	777	4585	8101	9646	9281	7550
海沧区	35602	581	2981	5176	7544	5812	4544
湖里区	68631	1185	8645	12738	12697	9330	7465
集美区	52680	982	5112	8220	11180	8666	6097
同安区	39011	775	3035	5127	7781	6420	5032
翔安区	5064	52	381	701	1187	908	591
莆田市	**65390**	**977**	**4418**	**7758**	**12163**	**9588**	**8775**
城厢区	18077	299	1501	2550	3652	2694	2477
涵江区	18053	258	1049	1844	3000	2474	2451
荔城区	23130	373	1580	2809	4615	3650	3124
秀屿区	6130	47	288	555	896	770	723
仙游县							
三明市	**25518**	**156**	**1125**	**2341**	**4060**	**3514**	**3660**
梅列区	9453	64	439	986	1670	1406	1313
三元区	6308	31	293	578	953	848	896
明溪县							
清流县							
宁化县							
大田县							
尤溪县							
沙县							
将乐县							
泰宁县							
建宁县							
永安市	9757	61	393	777	1437	1260	1451
泉州市	**172355**	**3272**	**11632**	**21587**	**32847**	**27025**	**23121**
鲤城区	23164	409	1393	2608	4420	3779	3311
丰泽区	36538	669	2912	4779	6591	5594	4732
洛江区	5341	67	293	573	1103	1044	745
泉港区	5846	42	197	618	1043	1013	820
惠安县							
安溪县							
永春县							
德化县							
石狮市	23316	462	1361	2740	4675	3826	3335
晋江市	63955	1478	4885	8623	12428	9565	8391
南安市	14195	145	591	1646	2587	2204	1787
漳州市	**49083**	**538**	**2859**	**5513**	**8435**	**7640**	**6168**
芗城区	21552	214	1271	2226	3563	3637	3063
龙文区	15748	224	1119	2045	3042	2470	1755
云霄县							
漳浦县							

4-1a 续表 1 单位：人

地区 性别	合计	16-19岁	20-24岁	25-29岁	30-34岁	35-39岁	40-44岁
诏安县							
长泰县							
东山县							
南靖县							
平和县							
华安县							
龙海市	11733	99	468	1237	1820	1527	1343
南平市	**40945**	**303**	**1814**	**3575**	**5863**	**5495**	**5679**
延平区	12215	88	538	1105	1683	1621	1741
建阳区	7157	71	351	679	1197	939	941
顺昌县							
浦城县							
光泽县							
松溪县							
政和县							
邵武市	8584	35	348	645	1110	1120	1198
武夷山市	6494	74	316	646	986	936	861
建瓯市	6495	35	261	500	887	879	938
龙岩市	**39569**	**360**	**1670**	**4062**	**7311**	**6379**	**5535**
新罗区	30640	320	1394	3416	5972	4993	4174
永定区	3020	17	94	166	432	463	471
长汀县							
上杭县							
武平县							
连城县							
漳平市	5909	23	182	480	907	923	890
宁德市	**40942**	**559**	**2490**	**5535**	**7138**	**5904**	**5321**
蕉城区	19705	463	1696	3176	3822	2825	2318
霞浦县							
古田县							
屏南县							
寿宁县							
周宁县							
柘荣县							
福安市	10702	45	376	1261	1641	1441	1493
福鼎市	10535	51	418	1098	1675	1638	1510
男	**508633**	**7938**	**35509**	**64821**	**89363**	**75057**	**64213**
福州市	**108304**	**1433**	**7070**	**13461**	**17935**	**16194**	**14339**
鼓楼区	15430	136	902	1749	2249	2416	2292
台江区	9856	100	699	1406	1722	1524	1228
仓山区	32667	392	2091	4115	5821	5303	4303
马尾区	7320	99	509	924	1195	1062	906
晋安区	22591	204	1268	2714	3720	3277	3023
长乐区	6917	81	394	789	1015	955	930
闽侯县							
连江县							
罗源县							
闽清县							
永泰县							
平潭县							
福清市	13523	421	1207	1764	2213	1657	1657
厦门市	**148872**	**2628**	**13576**	**22770**	**28308**	**22603**	**17553**
思明区	29991	466	2245	4100	4816	4656	3885
海沧区	21550	366	1785	3104	4412	3380	2758
湖里区	39757	682	4529	7112	7366	5319	4271
集美区	31278	612	2962	4911	6475	4959	3449
同安区	23260	470	1836	3112	4558	3758	2847
翔安区	3036	32	219	431	681	531	343

4-1a 续表 2 单位：人

地区 性别	合计	16-19岁	20-24岁	25-29岁	30-34岁	35-39岁	40-44岁
莆田市	**37096**	**607**	**2588**	**4440**	**6723**	**5157**	**4825**
城厢区	10289	175	854	1426	2026	1445	1366
涵江区	10223	163	634	1054	1645	1289	1342
荔城区	13185	240	923	1626	2559	2010	1732
秀屿区	3399	29	177	334	493	413	385
仙游县							
三明市	**15114**	**95**	**644**	**1318**	**2232**	**1920**	**1904**
梅列区	5511	34	246	545	883	767	643
三元区	3820	23	159	339	549	484	497
明溪县							
清流县							
宁化县							
大田县							
尤溪县							
沙县							
将乐县							
泰宁县							
建宁县							
永安市	5783	38	239	434	800	669	764
泉州市	**99809**	**2012**	**6646**	**12340**	**18395**	**15231**	**13209**
鲤城区	13111	237	772	1462	2404	2052	1876
丰泽区	20954	407	1528	2711	3667	3072	2682
洛江区	3067	47	186	310	606	579	430
泉港区	3294	29	115	323	541	535	473
惠安县							
安溪县							
永春县							
德化县							
石狮市	13426	278	783	1501	2599	2164	1866
晋江市	38149	920	2910	5109	7213	5616	4903
南安市	7808	94	352	924	1365	1213	979
漳州市	**27498**	**353**	**1463**	**3013**	**4469**	**4080**	**3299**
芗城区	11822	139	615	1175	1798	1844	1594
龙文区	8621	147	573	1115	1589	1354	966
云霄县							
漳浦县							
诏安县							
长泰县							
东山县							
南靖县							
平和县							
华安县							
龙海市	7025	66	275	721	1075	878	736
南平市	**24311**	**184**	**986**	**1959**	**3213**	**3050**	**3110**
延平区	7127	56	294	617	895	832	928
建阳区	4407	47	186	376	696	561	544
顺昌县							
浦城县							
光泽县							
松溪县							
政和县							
邵武市	5215	19	199	360	620	618	670
武夷山市	3694	42	160	324	517	529	468
建瓯市	3868	20	147	282	485	510	500
龙岩市	**22722**	**202**	**886**	**2231**	**3870**	**3442**	**2958**
新罗区	17542	181	733	1879	3165	2674	2246
永定区	1692	9	53	74	216	247	230

4-1a 续表 3

单位：人

地区 性别	合 计	16-19岁	20-24岁	25-29岁	30-34岁	35-39岁	40-44岁
长汀县							
上杭县							
武平县							
连城县							
漳平市	3488	12	100	278	489	521	482
宁德市	**24907**	**424**	**1650**	**3289**	**4218**	**3380**	**3016**
蕉城区	12432	373	1203	1976	2334	1636	1359
霞浦县							
古田县							
屏南县							
寿宁县							
周宁县							
柘荣县							
福安市	6335	25	215	721	944	817	826
福鼎市	6140	26	232	592	940	927	831
女	**364942**	**4839**	**28006**	**49426**	**70612**	**60107**	**50403**
福州市	**74514**	**827**	**5698**	**10352**	**14188**	**13008**	**10739**
鼓楼区	13106	108	951	1790	2350	2516	2114
台江区	7496	52	666	1261	1486	1376	1018
仓山区	21290	209	1554	2937	4346	3857	2971
马尾区	4576	64	317	614	826	701	640
晋安区	15737	157	1194	2191	3048	2691	2251
长乐区	3871	43	257	467	634	611	604
闽侯县							
连江县							
罗源县							
闽清县							
永泰县							
平潭县							
福清市	8438	194	759	1092	1498	1256	1141
厦门市	**108083**	**1724**	**11163**	**17293**	**21727**	**17814**	**13726**
思明区	25976	311	2340	4001	4830	4625	3665
海沧区	14052	215	1196	2072	3132	2432	1786
湖里区	28874	503	4116	5626	5331	4011	3194
集美区	21402	370	2150	3309	4705	3707	2648
同安区	15751	305	1199	2015	3223	2662	2185
翔安区	2028	20	162	270	506	377	248
莆田市	**28294**	**370**	**1830**	**3318**	**5440**	**4431**	**3950**
城厢区	7788	124	647	1124	1626	1249	1111
涵江区	7830	95	415	790	1355	1185	1109
荔城区	9945	133	657	1183	2056	1640	1392
秀屿区	2731	18	111	221	403	357	338
仙游县							
三明市	**10404**	**61**	**481**	**1023**	**1828**	**1594**	**1756**
梅列区	3942	30	193	441	787	639	670
三元区	2488	8	134	239	404	364	399
明溪县							
清流县							
宁化县							
大田县							
尤溪县							
沙县							
将乐县							
泰宁县							
建宁县							
永安市	3974	23	154	343	637	591	687

4-1a　续表 4　　　　单位：人

地　区 性　别	合　计	16—19岁	20—24岁	25—29岁	30—34岁	35—39岁	40—44岁
泉州市	**72546**	**1260**	**4986**	**9247**	**14452**	**11794**	**9912**
鲤城区	10053	172	621	1146	2016	1727	1435
丰泽区	15584	262	1384	2068	2924	2522	2050
洛江区	2274	20	107	263	497	465	315
泉港区	2552	13	82	295	502	478	347
惠安县							
安溪县							
永春县							
德化县							
石狮市	9890	184	578	1239	2076	1662	1469
晋江市	25806	558	1975	3514	5215	3949	3488
南安市	6387	51	239	722	1222	991	808
漳州市	**21585**	**185**	**1396**	**2500**	**3966**	**3560**	**2869**
芗城区	9730	75	656	1051	1765	1793	1469
龙文区	7127	77	546	930	1453	1116	789
云霄县							
漳浦县							
诏安县							
长泰县							
东山县							
南靖县							
平和县							
华安县							
龙海市	4708	33	193	516	745	649	607
南平市	**16634**	**119**	**828**	**1616**	**2650**	**2445**	**2569**
延平区	5088	32	244	488	788	789	813
建阳区	2750	24	165	303	501	378	397
顺昌县							
浦城县							
光泽县							
松溪县							
政和县							
邵武市	3369	16	149	285	490	502	528
武夷山市	2800	32	156	322	469	407	393
建瓯市	2627	15	114	218	402	369	438
龙岩市	**16847**	**158**	**784**	**1831**	**3441**	**2937**	**2577**
新罗区	13098	139	661	1537	2807	2319	1928
永定区	1328	8	41	92	216	216	241
长汀县							
上杭县							
武平县							
连城县							
漳平市	2421	11	82	202	418	402	408
宁德市	**16035**	**135**	**840**	**2246**	**2920**	**2524**	**2305**
蕉城区	7273	90	493	1200	1488	1189	959
霞浦县							
古田县							
屏南县							
寿宁县							
周宁县							
柘荣县							
福安市	4367	20	161	540	697	624	667
福鼎市	4395	25	186	506	735	711	679

4-1a 续表 5

单位：人

地区 性别	45-49岁	50-54岁	55-59岁	60-64岁	65-69岁	70-74岁	75岁及以上
合 计	**118309**	**83169**	**47531**	**14066**	**7410**	**1979**	**817**
福州市	**25194**	**17522**	**10569**	**2557**	**1205**	**376**	**151**
鼓楼区	3934	2703	1850	303	118	38	17
台江区	2220	1439	938	132	61	15	9
仓山区	7382	4895	2812	633	244	68	24
马尾区	1663	1261	689	235	131	48	12
晋安区	5642	3977	2319	425	177	35	15
长乐区	1594	1209	711	268	148	55	23
闽侯县							
连江县							
罗源县							
闽清县							
永泰县							
平潭县							
福清市	2759	2038	1250	561	326	117	51
厦门市	**31278**	**20403**	**10379**	**2607**	**1116**	**212**	**75**
思明区	7380	4917	2893	558	208	53	18
海沧区	4295	2776	1350	363	139	30	11
湖里区	7865	5098	2600	666	293	32	17
集美区	5892	3873	1847	508	247	43	13
同安区	5323	3384	1471	427	178	45	13
翔安区	523	355	218	85	51	9	3
莆田市	**9113**	**6019**	**3659**	**1465**	**1020**	**304**	**131**
城厢区	2323	1351	806	238	137	34	15
涵江区	2804	1996	1245	469	332	108	23
荔城区	3106	2006	1103	420	262	59	23
秀屿区	880	666	505	338	289	103	70
仙游县							
三明市	**4412**	**3590**	**1972**	**416**	**195**	**51**	**26**
梅列区	1509	1210	692	101	50	9	4
三元区	1154	886	516	101	37	12	3
明溪县							
清流县							
宁化县							
大田县							
尤溪县							
沙县							
将乐县							
泰宁县							
建宁县							
永安市	1749	1494	764	214	108	30	19
泉州市	**23014**	**15654**	**8901**	**3057**	**1727**	**378**	**140**
鲤城区	3070	2122	1305	418	244	66	19
丰泽区	4816	3449	2021	565	327	61	22
洛江区	705	454	246	61	40	8	2
泉港区	734	642	399	193	102	31	12
惠安县							
安溪县							
永春县							
德化县							
石狮市	3195	2037	1078	351	204	32	20
晋江市	8653	5517	2854	972	441	112	36
南安市	1841	1433	998	497	369	68	29
漳州市	**6610**	**5315**	**3580**	**1358**	**719**	**244**	**104**
芗城区	3163	2233	1575	359	170	52	26
龙文区	1858	1463	924	489	259	76	24
云霄县							
漳浦县							

4-1a　续表 6　　　　单位：人

地　区 性　别	45-49岁	50-54岁	55-59岁	60-64岁	65-69岁	70-74岁	75岁及以　上
诏安县							
长泰县							
东山县							
南靖县							
平和县							
华安县							
龙海市	1579	1615	1078	509	288	116	54
南平市	**7116**	**5920**	**3503**	**934**	**533**	**151**	**59**
延平区	2210	1790	1010	240	127	43	19
建阳区	1151	934	617	165	82	21	9
顺昌县							
浦城县							
光泽县							
松溪县							
政和县							
邵武市	1565	1383	827	189	130	25	9
武夷山市	1055	846	501	154	80	30	9
建瓯市	1135	967	548	186	114	32	13
龙岩市	**6194**	**4494**	**2395**	**664**	**355**	**97**	**53**
新罗区	4543	3243	1743	475	261	67	39
永定区	616	431	224	63	36	6	1
长汀县							
上杭县							
武平县							
连城县							
漳平市	1035	820	428	126	58	24	13
宁德市	**5378**	**4252**	**2573**	**1008**	**540**	**166**	**78**
蕉城区	2260	1694	943	291	148	50	19
霞浦县							
古田县							
屏南县							
寿宁县							
周宁县							
柘荣县							
福安市	1641	1383	816	326	200	57	22
福鼎市	1477	1175	814	391	192	59	37
男	**67278**	**52963**	**34986**	**9657**	**4955**	**1353**	**540**
福州市	**14762**	**11622**	**8281**	**1888**	**899**	**299**	**121**
鼓楼区	2196	1681	1483	208	78	29	11
台江区	1255	982	776	99	48	11	6
仓山区	4429	3263	2194	498	186	54	18
马尾区	974	819	509	177	98	36	12
晋安区	3308	2681	1891	325	135	32	13
长乐区	985	840	545	201	114	47	21
闽侯县							
连江县							
罗源县							
闽清县							
永泰县							
平潭县							
福清市	1615	1356	883	380	240	90	40
厦门市	**17701**	**13187**	**7753**	**1835**	**763**	**144**	**51**
思明区	3974	3074	2210	382	134	37	12
海沧区	2504	1846	997	267	103	20	8
湖里区	4478	3325	1932	494	213	23	13
集美区	3452	2532	1371	349	167	31	8
同安区	2980	2189	1080	283	112	27	8
翔安区	313	221	163	60	34	6	2

4－1a 续表 7 单位：人

地区 性别	45－49岁	50－54岁	55－59岁	60－64岁	65－69岁	70－74岁	75岁及以上
莆田市	**5030**	**3543**	**2410**	**926**	**604**	**170**	**73**
城厢区	1295	843	575	163	90	21	10
涵江区	1562	1142	809	301	196	67	19
荔城区	1700	1171	728	280	166	39	11
秀屿区	473	387	298	182	152	43	33
仙游县							
三明市	**2484**	**2455**	**1592**	**282**	**136**	**36**	**16**
梅列区	862	831	579	76	35	7	3
三元区	662	591	414	65	26	8	3
明溪县							
清流县							
宁化县							
大田县							
尤溪县							
沙县							
将乐县							
泰宁县							
建宁县							
永安市	960	1033	599	141	75	21	10
泉州市	**13156**	**9317**	**6047**	**2032**	**1089**	**252**	**83**
鲤城区	1695	1220	897	291	155	40	10
丰泽区	2725	2105	1432	367	207	37	14
洛江区	404	265	168	42	24	5	1
泉港区	413	397	259	123	63	18	5
惠安县							
安溪县							
永春县							
德化县							
石狮市	1867	1197	734	258	143	26	10
晋江市	5037	3339	1961	714	314	85	28
南安市	1015	794	596	237	183	41	15
漳州市	**3578**	**3241**	**2464**	**864**	**453**	**156**	**65**
芗城区	1672	1410	1181	241	105	33	15
龙文区	1017	840	541	282	140	41	16
云霄县							
漳浦县							
诏安县							
长泰县							
东山县							
南靖县							
平和县							
华安县							
龙海市	883	989	739	340	207	82	34
南平市	**3998**	**3895**	**2717**	**659**	**388**	**108**	**44**
延平区	1186	1194	821	173	84	31	16
建阳区	677	626	487	117	69	16	5
顺昌县							
浦城县							
光泽县							
松溪县							
政和县							
邵武市	903	928	641	135	96	18	8
武夷山市	574	526	369	103	59	18	5
建瓯市	658	621	399	131	80	25	10
龙岩市	**3496**	**2988**	**1847**	**460**	**237**	**68**	**37**
新罗区	2620	2147	1323	326	173	51	24
永定区	323	297	178	39	23	2	1

4-1a　续表 8　　　　单位：人

地　区 性　别	45-49岁	50-54岁	55-59岁	60-64岁	65-69岁	70-74岁	75岁及以上
长汀县							
上杭县							
武平县							
连城县							
漳平市	553	544	346	95	41	15	12
宁德市	**3073**	**2715**	**1875**	**711**	**386**	**120**	**50**
蕉城区	1324	1133	717	215	111	37	14
霞浦县							
古田县							
屏南县							
寿宁县							
周宁县							
柘荣县							
福安市	903	853	597	233	144	43	14
福鼎市	846	729	561	263	131	40	22
女	**51031**	**30206**	**12545**	**4409**	**2455**	**626**	**277**
福州市	**10432**	**5900**	**2288**	**669**	**306**	**77**	**30**
鼓楼区	1738	1022	367	95	40	9	6
台江区	965	457	162	33	13	4	3
仓山区	2953	1632	618	135	58	14	6
马尾区	689	442	180	58	33	12	
晋安区	2334	1296	428	100	42	3	2
长乐区	609	369	166	67	34	8	2
闽侯县							
连江县							
罗源县							
闽清县							
永泰县							
平潭县							
福清市	1144	682	367	181	86	27	11
厦门市	**13577**	**7216**	**2626**	**772**	**353**	**68**	**24**
思明区	3406	1843	683	176	74	16	6
海沧区	1791	930	353	96	36	10	3
湖里区	3387	1773	668	172	80	9	4
集美区	2440	1341	476	159	80	12	5
同安区	2343	1195	391	144	66	18	5
翔安区	210	134	55	25	17	3	1
莆田市	**4083**	**2476**	**1249**	**539**	**416**	**134**	**58**
城厢区	1028	508	231	75	47	13	5
涵江区	1242	854	436	168	136	41	4
荔城区	1406	835	375	140	96	20	12
秀屿区	407	279	207	156	137	60	37
仙游县							
三明市	**1928**	**1135**	**380**	**134**	**59**	**15**	**10**
梅列区	647	379	113	25	15	2	1
三元区	492	295	102	36	11	4	
明溪县							
清流县							
宁化县							
大田县							
尤溪县							
沙县							
将乐县							
泰宁县							
建宁县							
永安市	789	461	165	73	33	9	9

4-1a 续表 9

单位：人

地区 性别	45-49岁	50-54岁	55-59岁	60-64岁	65-69岁	70-74岁	75岁及以上
泉州市	**9858**	**6337**	**2854**	**1025**	**638**	**126**	**57**
鲤城区	1375	902	408	127	89	26	9
丰泽区	2091	1344	589	198	120	24	8
洛江区	301	189	78	19	16	3	1
泉港区	321	245	140	70	39	13	7
惠安县							
安溪县							
永春县							
德化县							
石狮市	1328	840	344	93	61	6	10
晋江市	3616	2178	893	258	127	27	8
南安市	826	639	402	260	186	27	14
漳州市	**3032**	**2074**	**1116**	**494**	**266**	**88**	**39**
芗城区	1491	823	394	118	65	19	11
龙文区	841	623	383	207	119	35	8
云霄县							
漳浦县							
诏安县							
长泰县							
东山县							
南靖县							
平和县							
华安县							
龙海市	696	626	339	169	81	34	20
南平市	**3118**	**2025**	**786**	**275**	**145**	**43**	**15**
延平区	1024	596	189	67	43	12	3
建阳区	474	308	130	48	13	5	4
顺昌县							
浦城县							
光泽县							
松溪县							
政和县							
邵武市	662	455	186	54	34	7	1
武夷山市	481	320	132	51	21	12	4
建瓯市	477	346	149	55	34	7	3
龙岩市	**2698**	**1506**	**548**	**204**	**118**	**29**	**16**
新罗区	1923	1096	420	149	88	16	15
永定区	293	134	46	24	13	4	
长汀县							
上杭县							
武平县							
连城县							
漳平市	482	276	82	31	17	9	1
宁德市	**2305**	**1537**	**698**	**297**	**154**	**46**	**28**
蕉城区	936	561	226	76	37	13	5
霞浦县							
古田县							
屏南县							
寿宁县							
周宁县							
柘荣县							
福安市	738	530	219	93	56	14	8
福鼎市	631	446	253	128	61	19	15

4-1b 各地区分性别、年龄的就业人口(镇)

单位：人

地区 性别	合 计	16-19岁	20-24岁	25-29岁	30-34岁	35-39岁	40-44岁
合 计	**552481**	**5850**	**26516**	**55875**	**85086**	**73349**	**71357**
福州市	**88326**	**959**	**5523**	**10577**	**14176**	**12205**	**10817**
鼓楼区							
台江区							
仓山区							
马尾区							
晋安区	72	2	1	4	14	5	11
长乐区	9268	169	586	972	1389	1223	1076
闽侯县	24147	292	1917	3345	4472	3618	2827
连江县	14269	116	734	1359	2291	2148	1854
罗源县	8709	63	412	1105	1329	1149	1103
闽清县	4511	28	196	394	605	576	627
永泰县	5674	46	277	556	832	748	842
平潭县	8684	74	694	1546	1316	1008	932
福清市	12992	169	706	1296	1928	1730	1545
厦门市	**16766**	**555**	**2152**	**2716**	**3337**	**2468**	**1685**
思明区							
海沧区							
湖里区	171	12	18	18	23	21	19
集美区	23			2	2	6	2
同安区	796	11	38	80	127	123	87
翔安区	15776	532	2096	2616	3185	2318	1577
莆田市	**24527**	**237**	**1362**	**2678**	**3656**	**3125**	**3266**
城厢区	1319	13	54	112	211	170	172
涵江区	519	3	22	32	66	62	42
荔城区	292	6	14	29	72	42	38
秀屿区	4247	29	185	374	526	446	507
仙游县	18150	186	1087	2131	2781	2405	2507
三明市	**42264**	**207**	**1537**	**3442**	**6327**	**4987**	**5620**
梅列区	550	2	20	35	67	53	51
三元区	308	2	9	18	31	23	36
明溪县	2087	14	92	150	329	227	272
清流县	3163	9	107	214	420	385	431
宁化县	5726	21	210	436	841	690	704
大田县	7207	34	171	698	1169	890	1034
尤溪县	6809	25	223	590	1128	787	875
沙县	6773	61	322	640	921	741	924
将乐县	3428	10	135	227	520	433	445
泰宁县	2624	15	110	200	390	292	367
建宁县	2611	13	112	185	401	359	333
永安市	978	1	26	49	110	107	148
泉州市	**158144**	**1952**	**6940**	**17086**	**26480**	**22772**	**21348**
鲤城区							
丰泽区							
洛江区	2175	27	117	227	344	354	321
泉港区	3232	18	98	339	503	495	386
惠安县	29905	255	1095	3157	5292	4729	4159
安溪县	24135	339	1028	2824	4660	3787	3294
永春县	12307	93	373	821	1753	1486	1780
德化县	14472	98	513	1381	2173	1975	2282
石狮市	9520	266	573	1076	1448	1227	1210
晋江市	21881	339	1217	2535	3617	3060	2926
南安市	40517	517	1926	4726	6690	5659	4990
漳州市	**111345**	**1308**	**5294**	**9933**	**15929**	**13675**	**13706**
芗城区	4934	68	311	468	725	645	601
龙文区							
云霄县	11943	168	643	1220	1542	1399	1681
漳浦县	23100	186	948	1983	3466	2873	3085

4-1b 续表 1 单位：人

地区 性别	合计	16-19岁	20-24岁	25-29岁	30-34岁	35-39岁	40-44岁
诏安县	13288	221	614	1021	1512	1483	1402
长泰县	8220	129	477	878	1465	1117	965
东山县	7678	51	314	680	997	841	995
南靖县	9029	61	334	609	1075	1066	1036
平和县	10399	126	440	749	1313	1102	1146
华安县	3712	10	131	239	488	402	457
龙海市	19042	288	1082	2086	3346	2747	2338
南平市	**26100**	**162**	**950**	**1755**	**2812**	**2634**	**3420**
延平区	2058	12	86	129	169	166	255
建阳区	1280	7	40	70	115	143	161
顺昌县	3581	13	97	256	408	386	470
浦城县	5431	50	217	329	491	546	766
光泽县	2908	28	113	236	409	320	361
松溪县	2318	7	84	172	283	207	338
政和县	3668	21	163	348	489	389	515
邵武市	1198	7	40	51	103	101	125
武夷山市	717	3	33	51	88	87	95
建瓯市	2941	14	77	113	257	289	334
龙岩市	**37575**	**189**	**1121**	**3090**	**5776**	**5276**	**5254**
新罗区	2861	11	64	193	437	409	381
永定区	3648	17	79	239	560	503	532
长汀县	8838	63	283	756	1406	1316	1347
上杭县	9616	45	352	904	1689	1323	1289
武平县	6234	32	190	499	888	843	867
连城县	5190	19	127	432	701	757	672
漳平市	1188	2	26	67	95	125	166
宁德市	**47434**	**281**	**1637**	**4598**	**6593**	**6207**	**6241**
蕉城区	1703	11	51	166	211	191	192
霞浦县	15480	90	489	1500	2333	2063	1961
古田县	6449	35	165	553	832	885	973
屏南县	2572	21	99	250	375	341	377
寿宁县	3020	15	136	319	377	354	406
周宁县	2933	25	129	318	355	344	358
柘荣县	2381	12	77	219	364	350	340
福安市	6467	49	303	773	981	833	763
福鼎市	6429	23	188	500	765	846	871
男	**325501**	**3608**	**15596**	**32483**	**48135**	**41100**	**39777**
福州市	**54456**	**560**	**3334**	**6375**	**8371**	**7286**	**6398**
鼓楼区							
台江区							
仓山区							
马尾区							
晋安区	51	2	1	3	10	3	9
长乐区	5924	109	378	619	869	771	670
闽侯县	15040	147	1149	2063	2728	2178	1708
连江县	8492	75	435	737	1285	1244	1043
罗源县	5904	41	274	692	850	766	710
闽清县	2724	21	104	232	337	333	354
永泰县	3262	30	159	304	443	400	456
平潭县	5612	43	398	932	800	636	587
福清市	7447	92	436	793	1049	955	861
厦门市	**10354**	**331**	**1392**	**1736**	**2083**	**1460**	**968**
思明区							
海沧区							
湖里区	124	11	16	11	16	14	12
集美区	17			2	2	3	2
同安区	483	6	25	45	80	75	46
翔安区	9730	314	1351	1678	1985	1368	908

4-1b　续表 2　　　　　　　　　　　　　　　　　　　　　　　　　　　　单位：人

地　区 性　别	合　计	16-19岁	20-24岁	25-29岁	30-34岁	35-39岁	40-44岁
莆田市	**14315**	**140**	**846**	**1565**	**2038**	**1703**	**1747**
城厢区	748	7	35	65	117	92	71
涵江区	291	1	10	19	32	40	23
荔城区	178	4	8	15	41	22	26
秀屿区	2225	18	118	218	266	227	247
仙游县	10873	110	675	1248	1582	1322	1380
三明市	**24470**	**121**	**775**	**1868**	**3433**	**2587**	**2903**
梅列区	358	2	13	24	48	29	25
三元区	212	1	7	14	21	14	20
明溪县	1203	5	41	80	175	120	141
清流县	1608	5	50	102	190	165	202
宁化县	3232	11	107	245	441	362	346
大田县	4077	23	89	378	642	442	528
尤溪县	4176	13	121	338	654	433	468
沙县	4027	37	163	364	515	399	494
将乐县	2099	8	68	106	285	238	251
泰宁县	1417	8	46	93	181	136	175
建宁县	1456	7	54	99	212	184	171
永安市	605	1	16	25	69	65	82
泉州市	**91145**	**1260**	**4127**	**9975**	**14750**	**12597**	**11904**
鲤城区							
丰泽区							
洛江区	1240	17	73	135	191	185	177
泉港区	1838	12	52	203	283	264	201
惠安县	16843	159	652	1772	2831	2563	2281
安溪县	13641	207	595	1560	2473	2014	1819
永春县	7005	59	212	462	956	811	929
德化县	8236	61	305	811	1198	1060	1217
石狮市	6200	180	373	724	952	755	740
晋江市	13145	219	750	1513	2119	1770	1687
南安市	22997	346	1115	2795	3747	3175	2853
漳州市	**64528**	**819**	**3099**	**5711**	**9106**	**7577**	**7502**
芗城区	2996	41	189	284	459	374	348
龙文区							
云霄县	6705	106	337	677	844	729	878
漳浦县	13518	122	552	1175	2005	1611	1711
诏安县	7103	109	329	555	779	780	741
长泰县	4886	96	292	514	866	623	533
东山县	4407	31	173	368	546	450	534
南靖县	4950	43	203	316	548	579	509
平和县	6178	79	276	452	746	619	634
华安县	2156	5	77	145	280	208	244
龙海市	11629	187	671	1225	2033	1604	1370
南平市	**16126**	**85**	**518**	**988**	**1584**	**1485**	**1932**
延平区	1309	10	52	78	106	85	149
建阳区	776	6	17	35	61	81	98
顺昌县	2202	8	52	145	210	212	255
浦城县	3384	25	115	189	276	296	434
光泽县	1697	12	59	123	208	182	180
松溪县	1480	1	49	90	167	138	186
政和县	2253	12	77	199	298	214	290
邵武市	736	3	25	26	60	53	80
武夷山市	475	2	22	36	58	53	65
建瓯市	1814	6	50	67	140	171	195
龙岩市	**21604**	**113**	**585**	**1636**	**3022**	**2804**	**2789**
新罗区	1806	7	34	102	257	240	234
永定区	2196	11	42	141	325	288	292

4-1b 续表 3

单位：人

地区 性别	合计	16-19岁	20-24岁	25-29岁	30-34岁	35-39岁	40-44岁
长汀县	4837	31	124	399	664	650	699
上杭县	5500	35	205	462	878	709	678
武平县	3495	21	96	244	462	421	430
连城县	3080	8	74	251	391	427	357
漳平市	690		10	37	45	69	99
宁德市	**28503**	**179**	**920**	**2629**	**3748**	**3601**	**3634**
蕉城区	1078	6	27	105	113	128	127
霞浦县	8365	58	241	778	1173	1028	1006
古田县	4100	22	79	341	504	534	576
屏南县	1571	14	54	142	215	208	222
寿宁县	1897	9	66	180	220	209	274
周宁县	1885	17	80	189	215	201	202
柘荣县	1493	8	40	113	216	221	198
福安市	4329	33	222	486	653	571	521
福鼎市	3785	12	111	295	439	501	508
女	**226980**	**2242**	**10920**	**23392**	**36951**	**32249**	**31580**
福州市	**33870**	**399**	**2189**	**4202**	**5805**	**4919**	**4419**
鼓楼区							
台江区							
仓山区							
马尾区							
晋安区	21			1	4	2	2
长乐区	3344	60	208	353	520	452	406
闽侯县	9107	145	768	1282	1744	1440	1119
连江县	5777	41	299	622	1006	904	811
罗源县	2805	22	138	413	479	383	393
闽清县	1787	7	92	162	268	243	273
永泰县	2412	16	118	252	389	348	386
平潭县	3072	31	296	614	516	372	345
福清市	5545	77	270	503	879	775	684
厦门市	**6412**	**224**	**760**	**980**	**1254**	**1008**	**717**
思明区							
海沧区							
湖里区	47	1	2	7	7	7	7
集美区	6					3	
同安区	313	5	13	35	47	48	41
翔安区	6046	218	745	938	1200	950	669
莆田市	**10212**	**97**	**516**	**1113**	**1618**	**1422**	**1519**
城厢区	571	6	19	47	94	78	101
涵江区	228	2	12	13	34	22	19
荔城区	114	2	6	14	31	20	12
秀屿区	2022	11	67	156	260	219	260
仙游县	7277	76	412	883	1199	1083	1127
三明市	**17794**	**86**	**762**	**1574**	**2894**	**2400**	**2717**
梅列区	192		7	11	19	24	26
三元区	96	1	2	4	10	9	16
明溪县	884	9	51	70	154	107	131
清流县	1555	4	57	112	230	220	229
宁化县	2494	10	103	191	400	328	358
大田县	3130	11	82	320	527	448	506
尤溪县	2633	12	102	252	474	354	407
沙县	2746	24	159	276	406	342	430
将乐县	1329	2	67	121	235	195	194
泰宁县	1207	7	64	107	209	156	192
建宁县	1155	6	58	86	189	175	162
永安市	373		10	24	41	42	66

4-1b 续表 4

单位：人

地 区 性 别	合 计	16-19岁	20-24岁	25-29岁	30-34岁	35-39岁	40-44岁
泉州市	**66999**	**692**	**2813**	**7111**	**11730**	**10175**	**9444**
鲤城区							
丰泽区							
洛江区	935	10	44	92	153	169	144
泉港区	1394	6	46	136	220	231	185
惠安县	13062	96	443	1385	2461	2166	1878
安溪县	10494	132	433	1264	2187	1773	1475
永春县	5302	34	161	359	797	675	851
德化县	6236	37	208	570	975	915	1065
石狮市	3320	86	200	352	496	472	470
晋江市	8736	120	467	1022	1498	1290	1239
南安市	17520	171	811	1931	2943	2484	2137
漳州市	**46817**	**489**	**2195**	**4222**	**6823**	**6098**	**6204**
芗城区	1938	27	122	184	266	271	253
龙文区							
云霄县	5238	62	306	543	698	670	803
漳浦县	9582	64	396	808	1461	1262	1374
诏安县	6185	112	285	466	733	703	661
长泰县	3334	33	185	364	599	494	432
东山县	3271	20	141	312	451	391	461
南靖县	4079	18	131	293	527	487	527
平和县	4221	47	164	297	567	483	512
华安县	1556	5	54	94	208	194	213
龙海市	7413	101	411	861	1313	1143	968
南平市	**9974**	**77**	**432**	**767**	**1228**	**1149**	**1488**
延平区	749	2	34	51	63	81	106
建阳区	504	1	23	35	54	62	63
顺昌县	1379	5	45	111	198	174	215
浦城县	2047	25	102	140	215	250	332
光泽县	1211	16	54	113	201	138	181
松溪县	838	6	35	82	116	69	152
政和县	1415	9	86	149	191	175	225
邵武市	462	4	15	25	43	48	45
武夷山市	242	1	11	15	30	34	30
建瓯市	1127	8	27	46	117	118	139
龙岩市	**15971**	**76**	**536**	**1454**	**2754**	**2472**	**2465**
新罗区	1055	4	30	91	180	169	147
永定区	1452	6	37	98	235	215	240
长汀县	4001	32	159	357	742	666	648
上杭县	4116	10	147	442	811	614	611
武平县	2739	11	94	255	426	422	437
连城县	2110	11	53	181	310	330	315
漳平市	498	2	16	30	50	56	67
宁德市	**18931**	**102**	**717**	**1969**	**2845**	**2606**	**2607**
蕉城区	625	5	24	61	98	63	65
霞浦县	7115	32	248	722	1160	1035	955
古田县	2349	13	86	212	328	351	397
屏南县	1001	7	45	108	160	133	155
寿宁县	1123	6	70	139	157	145	132
周宁县	1048	8	49	129	140	143	156
柘荣县	888	4	37	106	148	129	142
福安市	2138	16	81	287	328	262	242
福鼎市	2644	11	77	205	326	345	363

4-1b 续表 5

单位：人

地区 性别	45-49岁	50-54岁	55-59岁	60-64岁	65-69岁	70-74岁	75岁及以上
合　计	**83702**	**67793**	**43399**	**20384**	**12599**	**4457**	**2114**
福州市	**12232**	**9894**	**6340**	**2921**	**1776**	**654**	**252**
鼓楼区							
台江区							
仓山区							
马尾区							
晋安区	11	11	7	3	3		
长乐区	1293	1107	714	367	218	110	44
闽侯县	3076	2241	1420	535	301	79	24
连江县	2022	1595	1043	541	362	155	49
罗源县	1320	1175	688	222	91	37	15
闽清县	730	662	369	188	96	27	13
永泰县	914	707	443	158	104	35	12
平潭县	1170	966	594	216	119	33	16
福清市	1696	1430	1062	691	482	178	79
厦门市	**1633**	**1164**	**657**	**241**	**116**	**28**	**14**
思明区							
海沧区							
湖里区	24	21	13	1			1
集美区	2	5	1	2	1		
同安区	136	90	56	28	15	3	2
翔安区	1471	1048	587	210	100	25	11
莆田市	**3553**	**2800**	**1859**	**1049**	**690**	**172**	**80**
城厢区	196	165	99	66	48	10	3
涵江区	92	64	53	44	33	5	1
荔城区	35	25	14	9	7	1	
秀屿区	609	536	461	269	204	58	43
仙游县	2621	2010	1232	661	398	98	33
三明市	**7456**	**6208**	**3766**	**1409**	**870**	**295**	**140**
梅列区	101	108	67	20	17	6	3
三元区	57	56	45	18	10	3	
明溪县	343	315	188	91	47	16	3
清流县	506	458	320	121	120	43	29
宁化县	971	863	569	214	133	52	22
大田县	1297	938	541	201	147	51	36
尤溪县	1302	989	566	194	91	23	16
沙县	1283	1027	522	203	95	29	5
将乐县	571	512	362	114	67	27	5
泰宁县	417	397	261	83	61	24	7
建宁县	425	376	229	98	54	16	10
永安市	183	169	96	52	28	5	4
泉州市	**23130**	**17916**	**11004**	**5175**	**3068**	**915**	**358**
鲤城区							
丰泽区							
洛江区	351	203	132	50	39	7	3
泉港区	483	360	267	150	88	34	11
惠安县	4475	3303	1891	838	488	174	49
安溪县	3161	2355	1414	647	426	125	75
永春县	1959	1671	1155	566	420	154	76
德化县	2547	1797	974	426	220	60	26
石狮市	1407	1176	698	261	129	37	12
晋江市	3334	2514	1397	567	268	81	26
南安市	5413	4537	3076	1670	990	243	80
漳州市	**17107**	**14196**	**9700**	**5139**	**3251**	**1329**	**778**
芗城区	722	640	364	202	133	38	17
龙文区							
云霄县	1807	1380	918	538	385	142	120
漳浦县	3653	2825	1910	1017	690	295	169

4-1b 续表 6

单位：人

地区 性别	45-49岁	50-54岁	55-59岁	60-64岁	65-69岁	70-74岁	75岁及以上
诏安县	1957	1803	1494	815	522	270	174
长泰县	1162	1026	612	256	99	22	12
东山县	1444	997	688	313	201	105	52
南靖县	1526	1316	910	477	383	142	94
平和县	1595	1468	1113	707	429	153	58
华安县	688	574	364	167	108	53	31
龙海市	2553	2167	1327	647	301	109	51
南平市	**4832**	**4526**	**2808**	**1076**	**739**	**276**	**110**
延平区	331	386	245	119	108	34	18
建阳区	235	212	171	71	36	13	6
顺昌县	671	624	419	141	68	18	10
浦城县	1015	1024	594	169	153	56	21
光泽县	578	472	262	80	36	11	2
松溪县	447	388	253	53	46	27	13
政和县	694	539	314	114	54	18	10
邵武市	211	269	132	68	52	26	13
武夷山市	124	96	82	32	19	6	1
建瓯市	526	516	336	229	167	67	16
龙岩市	**6716**	**5083**	**3027**	**1073**	**649**	**226**	**95**
新罗区	494	405	256	100	79	21	11
永定区	620	530	331	127	79	24	7
长汀县	1516	1049	670	239	121	47	25
上杭县	1641	1216	732	243	122	37	23
武平县	1255	906	471	140	103	28	12
连城县	966	770	435	155	96	49	11
漳平市	224	207	132	69	49	20	6
宁德市	**7043**	**6006**	**4238**	**2301**	**1440**	**562**	**287**
蕉城区	242	220	170	96	93	39	21
霞浦县	2240	1950	1458	768	417	141	70
古田县	1044	844	593	276	153	71	25
屏南县	447	305	198	86	51	12	10
寿宁县	459	419	257	143	92	28	15
周宁县	458	369	245	152	114	41	25
柘荣县	355	306	183	87	57	23	8
福安市	920	744	507	282	205	65	42
福鼎市	878	849	627	411	258	142	71
男	**47834**	**42090**	**29306**	**13180**	**8010**	**3018**	**1364**
福州市	**7332**	**6425**	**4472**	**2025**	**1213**	**487**	**178**
鼓楼区							
台江区							
仓山区							
马尾区							
晋安区	6	5	7	3	2		
长乐区	770	720	495	258	151	83	31
闽侯县	1891	1425	1020	425	228	61	17
连江县	1205	1045	707	343	231	110	32
罗源县	873	839	560	181	74	30	14
闽清县	422	427	270	132	63	18	11
永泰县	495	455	304	106	72	27	11
平潭县	744	700	467	167	100	28	10
福清市	926	809	642	410	292	130	52
厦门市	**912**	**760**	**450**	**157**	**78**	**20**	**7**
思明区							
海沧区							
湖里区	19	14	11				
集美区	1	5		1	1		
同安区	78	55	41	20	9	2	1
翔安区	814	686	398	136	68	18	6

4-1b 续表 7

单位：人

地区 性别	45-49岁	50-54岁	55-59岁	60-64岁	65-69岁	70-74岁	75岁及以上
莆田市	**2006**	**1709**	**1240**	**702**	**453**	**115**	**51**
城厢区	109	99	66	52	27	7	1
涵江区	47	33	35	26	21	4	
荔城区	22	19	8	7	5	1	
秀屿区	311	280	237	149	104	27	23
仙游县	1517	1278	894	468	296	76	27
三明市	**4242**	**3970**	**2756**	**926**	**585**	**213**	**91**
梅列区	58	77	47	15	12	6	2
三元区	39	40	31	14	8	3	
明溪县	187	200	148	62	30	12	2
清流县	258	261	198	71	66	27	13
宁化县	499	547	412	126	86	35	15
大田县	773	584	356	117	90	34	21
尤溪县	773	669	458	150	72	16	11
沙县	758	658	401	135	75	23	5
将乐县	330	351	292	91	51	23	5
泰宁县	228	250	190	47	39	18	6
建宁县	225	223	159	65	37	12	8
永安市	114	110	64	33	19	4	3
泉州市	**13034**	**10610**	**7094**	**3189**	**1823**	**562**	**220**
鲤城区							
丰泽区							
洛江区	197	120	89	27	25	3	1
泉港区	270	213	170	93	51	20	6
惠安县	2444	1964	1278	516	261	101	21
安溪县	1827	1430	920	418	258	73	47
永春县	1065	975	758	352	270	102	54
德化县	1397	1085	643	277	134	33	15
石狮市	868	771	509	193	95	32	8
晋江市	1933	1528	953	398	203	57	15
南安市	3033	2524	1774	915	526	141	53
漳州市	**9555**	**8583**	**6195**	**3127**	**1936**	**858**	**460**
芗城区	407	397	238	127	95	26	11
龙文区							
云霄县	1011	843	574	318	221	99	68
漳浦县	2082	1731	1217	606	418	187	101
诏安县	1040	953	828	463	279	159	88
长泰县	627	655	428	162	67	13	10
东山县	796	630	451	204	125	69	30
南靖县	819	768	565	250	210	83	57
平和县	893	887	727	446	266	111	42
华安县	389	364	239	94	59	38	14
龙海市	1491	1355	928	457	196	73	39
南平市	**2815**	**2970**	**2142**	**780**	**531**	**208**	**88**
延平区	208	239	189	80	76	23	14
建阳区	129	135	120	50	29	11	4
顺昌县	383	434	331	102	48	15	7
浦城县	603	693	467	115	113	40	18
光泽县	322	309	205	62	26	7	2
松溪县	274	264	204	45	32	20	10
政和县	412	356	244	88	38	16	9
邵武市	123	167	88	51	34	17	9
武夷山市	70	58	65	27	14	4	1
建瓯市	291	315	229	160	121	55	14
龙岩市	**3878**	**3296**	**2133**	**723**	**414**	**148**	**63**
新罗区	308	278	186	78	60	14	8
永定区	387	353	220	80	41	12	4

4-1b 续表 8

单位：人

地 区 性 别	45-49岁	50-54岁	55-59岁	60-64岁	65-69岁	70-74岁	75岁及以 上
长汀县	853	648	479	162	79	31	18
上杭县	948	792	526	155	77	21	14
武平县	704	588	346	91	66	19	7
连城县	545	508	298	116	60	37	8
漳平市	133	129	78	41	31	14	4
宁德市	**4060**	**3767**	**2824**	**1551**	**977**	**407**	**206**
蕉城区	157	134	119	66	59	26	11
霞浦县	1179	1104	894	481	267	103	53
古田县	637	562	442	207	117	60	19
屏南县	247	204	144	59	41	12	9
寿宁县	262	282	187	104	68	24	12
周宁县	295	254	173	115	95	30	19
柘荣县	215	215	137	66	38	18	8
福安市	571	506	340	203	141	51	31
福鼎市	497	506	388	250	151	83	44
女	**35868**	**25703**	**14093**	**7204**	**4589**	**1439**	**750**
福州市	**4900**	**3469**	**1868**	**896**	**563**	**167**	**74**
鼓楼区							
台江区							
仓山区							
马尾区							
晋安区	5	6			1		
长乐区	523	387	219	109	67	27	13
闽侯县	1185	816	400	110	73	18	7
连江县	817	550	336	198	131	45	17
罗源县	447	336	128	41	17	7	1
闽清县	308	235	99	56	33	9	2
永泰县	419	252	139	52	32	8	1
平潭县	426	266	127	49	19	5	6
福清市	770	621	420	281	190	48	27
厦门市	**721**	**404**	**207**	**84**	**38**	**8**	**7**
思明区							
海沧区							
湖里区	5	7	2	1			1
集美区	1		1	1			
同安区	58	35	15	8	6	1	1
翔安区	657	362	189	74	32	7	5
莆田市	**1547**	**1091**	**619**	**347**	**237**	**57**	**29**
城厢区	87	66	33	14	21	3	2
涵江区	45	31	18	18	12	1	1
荔城区	13	6	6	2	2		
秀屿区	298	256	224	120	100	31	20
仙游县	1104	732	338	193	102	22	6
三明市	**3214**	**2238**	**1010**	**483**	**285**	**82**	**49**
梅列区	43	31	20	5	5		1
三元区	18	16	14	4	2		
明溪县	156	115	40	29	17	4	1
清流县	248	197	122	50	54	16	16
宁化县	472	316	157	88	47	17	7
大田县	524	354	185	84	57	17	15
尤溪县	529	320	108	44	19	7	5
沙县	525	369	121	68	20	6	
将乐县	241	161	70	23	16	4	
泰宁县	189	147	71	36	22	6	1
建宁县	200	153	70	33	17	4	2
永安市	69	59	32	19	9	1	1

4-1b 续表 9 单位：人

地区 性别	45-49岁	50-54岁	55-59岁	60-64岁	65-69岁	70-74岁	75岁及以上
泉州市	**10096**	**7306**	**3910**	**1986**	**1245**	**353**	**138**
鲤城区							
丰泽区							
洛江区	154	83	43	23	14	4	2
泉港区	213	147	97	57	37	14	5
惠安县	2031	1339	613	322	227	73	28
安溪县	1334	925	494	229	168	52	28
永春县	894	696	397	214	150	52	22
德化县	1150	712	331	149	86	27	11
石狮市	539	405	189	68	34	5	4
晋江市	1401	986	444	169	65	24	11
南安市	2380	2013	1302	755	464	102	27
漳州市	**7552**	**5613**	**3505**	**2012**	**1315**	**471**	**318**
芗城区	315	243	126	75	38	12	6
龙文区							
云霄县	796	537	344	220	164	43	52
漳浦县	1571	1094	693	411	272	108	68
诏安县	917	850	666	352	243	111	86
长泰县	535	371	184	94	32	9	2
东山县	648	367	237	109	76	36	22
南靖县	707	548	345	227	173	59	37
平和县	702	581	386	261	163	42	16
华安县	299	210	125	73	49	15	17
龙海市	1062	812	399	190	105	36	12
南平市	**2017**	**1556**	**666**	**296**	**208**	**68**	**22**
延平区	123	147	56	39	32	11	4
建阳区	106	77	51	21	7	2	2
顺昌县	288	190	88	39	20	3	3
浦城县	412	331	127	54	40	16	3
光泽县	256	163	57	18	10	4	
松溪县	173	124	49	8	14	7	3
政和县	282	183	70	26	16	2	1
邵武市	88	102	44	17	18	9	4
武夷山市	54	38	17	5	5	2	
建瓯市	235	201	107	69	46	12	2
龙岩市	**2838**	**1787**	**894**	**350**	**235**	**78**	**32**
新罗区	186	127	70	22	19	7	3
永定区	233	177	111	47	38	12	3
长汀县	663	401	191	77	42	16	7
上杭县	693	424	206	88	45	16	9
武平县	551	318	125	49	37	9	5
连城县	421	262	137	39	36	12	3
漳平市	91	78	54	28	18	6	2
宁德市	**2983**	**2239**	**1414**	**750**	**463**	**155**	**81**
蕉城区	85	86	51	30	34	13	10
霞浦县	1061	846	564	287	150	38	17
古田县	407	282	151	69	36	11	6
屏南县	200	101	54	27	10		1
寿宁县	197	137	70	39	24	4	3
周宁县	163	115	72	37	19	11	6
柘荣县	140	91	46	21	19	5	
福安市	349	238	167	79	64	14	11
福鼎市	381	343	239	161	107	59	27

4-1c　各地区分性别、年龄的就业人口(乡村)

单位：人

地区 性别	合计	16-19岁	20-24岁	25-29岁	30-34岁	35-39岁	40-44岁
合计	**626830**	**6780**	**24904**	**49535**	**74015**	**64826**	**64886**
福州市	**104143**	**1098**	**5242**	**9066**	**13153**	**11942**	**11122**
鼓楼区							
台江区							
仓山区							
马尾区	1105	6	32	74	184	193	127
晋安区	1176	12	46	93	130	119	120
长乐区	13364	210	882	1506	1959	1710	1499
闽侯县	16875	189	942	1544	2328	2249	2037
连江县	17537	159	732	1138	1969	1967	1816
罗源县	2582	5	75	201	266	242	287
闽清县	5456	32	201	330	542	540	667
永泰县	7586	51	281	452	700	660	673
平潭县	6672	53	401	880	898	590	611
福清市	31790	381	1650	2848	4177	3672	3285
厦门市	**32586**	**1068**	**2448**	**3909**	**5455**	**4446**	**3658**
思明区							
海沧区	990	43	177	167	200	105	105
湖里区							
集美区	6804	123	569	867	1223	1089	891
同安区	11969	161	718	1328	1982	1670	1428
翔安区	12823	741	984	1547	2050	1582	1234
莆田市	**45725**	**503**	**2326**	**3988**	**6108**	**4700**	**5135**
城厢区	6404	83	296	473	892	676	689
涵江区	3831	30	190	273	526	367	409
荔城区	6141	85	309	513	1077	779	695
秀屿区	13631	105	551	1087	1715	1421	1508
仙游县	15718	200	980	1642	1898	1457	1834
三明市	**44500**	**240**	**1150**	**2213**	**4129**	**3357**	**3860**
梅列区	489	2	14	25	58	45	37
三元区	1238	9	29	30	89	106	120
明溪县	2900	23	109	186	388	295	267
清流县	3903	20	92	154	290	293	293
宁化县	7443	43	224	457	791	614	683
大田县	7180	27	88	311	521	449	573
尤溪县	5637	26	159	343	584	384	432
沙县	3340	43	151	177	369	285	370
将乐县	2422	12	57	113	222	201	188
泰宁县	1728	3	46	60	148	134	154
建宁县	2942	7	56	92	222	175	230
永安市	5278	25	125	265	447	376	513
泉州市	**144450**	**1776**	**5725**	**14335**	**20945**	**17382**	**16501**
鲤城区							
丰泽区							
洛江区	5131	66	245	445	702	702	650
泉港区	7537	29	186	744	1089	1048	855
惠安县	22628	207	766	2559	3882	3153	2555
安溪县	26681	430	866	2353	3216	2590	2728
永春县	7631	78	169	339	674	624	754
德化县	3677	16	77	239	352	339	340
石狮市	5695	117	338	654	974	754	674
晋江市	35246	550	1929	3858	5862	4627	4747
南安市	30224	283	1149	3144	4194	3545	3198
漳州市	**109431**	**1229**	**4364**	**7396**	**11246**	**10442**	**10809**
芗城区	3942	28	190	285	398	420	450
龙文区	1727	19	88	125	211	190	160
云霄县	11230	152	533	773	961	889	1214
漳浦县	21125	201	754	1301	2240	2204	2421

4-1c 续表 1

单位：人

地区 性别	合计	16-19岁	20-24岁	25-29岁	30-34岁	35-39岁	40-44岁
诏安县	16279	285	829	1232	1591	1581	1500
长泰县	5796	48	205	383	702	629	460
东山县	4859	62	208	413	553	453	511
南靖县	8938	52	259	373	733	683	707
平和县	11740	183	413	631	943	989	971
华安县	3668	18	107	147	367	299	327
龙海市	20127	181	778	1733	2547	2105	2088
南平市	**42195**	**249**	**960**	**1710**	**2803**	**2876**	**3702**
延平区	4345	26	127	200	255	296	397
建阳区	5123	21	115	206	365	403	544
顺昌县	3660	14	67	122	210	278	328
浦城县	5381	51	110	139	241	268	415
光泽县	2894	15	97	136	241	181	260
松溪县	2516	12	44	118	212	143	205
政和县	2649	18	69	136	211	173	256
邵武市	2438	10	44	63	125	138	157
武夷山市	4182	33	138	250	397	435	377
建瓯市	9007	49	149	340	546	561	763
龙岩市	**45541**	**251**	**1027**	**2412**	**4412**	**4284**	**4688**
新罗区	6179	40	164	316	712	602	679
永定区	6556	37	124	250	595	616	743
长汀县	8062	64	264	526	917	841	895
上杭县	7368	45	188	433	742	640	723
武平县	5833	26	101	304	509	492	558
连城县	5403	22	113	350	490	532	534
漳平市	6140	17	73	233	447	561	556
宁德市	**58259**	**366**	**1662**	**4506**	**5764**	**5397**	**5411**
蕉城区	10478	82	416	1236	1500	1211	1111
霞浦县	9133	52	221	510	853	789	838
古田县	6821	33	129	394	505	615	708
屏南县	2523	11	72	145	206	247	236
寿宁县	3117	15	73	196	198	177	234
周宁县	3174	26	140	350	376	330	307
柘荣县	1916	15	53	133	185	161	157
福安市	9717	81	290	812	940	847	901
福鼎市	11380	51	268	730	1001	1020	919
男	**377820**	**4338**	**15521**	**30865**	**44678**	**38755**	**37531**
福州市	**64490**	**718**	**3322**	**5671**	**8163**	**7416**	**6785**
鼓楼区							
台江区							
仓山区							
马尾区	724	4	19	43	103	117	83
晋安区	782	8	27	54	94	75	78
长乐区	8945	142	552	1013	1305	1142	962
闽侯县	11148	139	620	985	1512	1437	1277
连江县	10561	101	464	721	1200	1239	1129
罗源县	1913	5	54	138	192	187	206
闽清县	3666	21	127	225	381	369	415
永泰县	4477	33	170	271	422	403	405
平潭县	4327	29	249	553	605	387	396
福清市	17947	236	1040	1668	2349	2060	1834
厦门市	**20246**	**700**	**1628**	**2519**	**3299**	**2700**	**2100**
思明区							
海沧区	629	31	125	108	117	60	58
湖里区							
集美区	4259	80	372	552	751	661	513
同安区	7283	112	461	842	1154	1018	790
翔安区	8075	477	670	1017	1277	961	739

4-1c　续表 2　　　　单位：人

地区 性别	合计	16-19岁	20-24岁	25-29岁	30-34岁	35-39岁	40-44岁
莆田市	**25917**	**299**	**1400**	**2409**	**3331**	**2547**	**2722**
城厢区	3500	54	173	281	467	350	341
涵江区	2279	16	110	164	305	217	238
荔城区	3417	45	172	290	591	428	381
秀屿区	7065	61	342	640	847	713	745
仙游县	9656	123	603	1034	1121	839	1017
三明市	**27371**	**167**	**717**	**1454**	**2634**	**2083**	**2247**
梅列区	287	2	9	20	29	26	21
三元区	864	8	22	24	70	77	79
明溪县	1842	12	75	127	242	193	158
清流县	2103	11	47	78	155	166	169
宁化县	4481	32	134	307	495	389	389
大田县	4200	19	55	198	347	276	329
尤溪县	3849	17	100	233	403	269	258
沙县	2124	34	102	113	225	164	214
将乐县	1567	6	31	75	139	119	117
泰宁县	1059	2	23	34	85	71	96
建宁县	1723	5	38	58	141	92	131
永安市	3272	19	81	187	303	241	286
泉州市	**83406**	**1135**	**3460**	**8701**	**12080**	**9980**	**9163**
鲤城区							
丰泽区							
洛江区	2927	49	151	286	392	391	358
泉港区	4203	22	109	427	611	600	445
惠安县	12913	136	472	1534	2212	1790	1364
安溪县	14981	261	531	1425	1855	1371	1491
永春县	4579	53	104	206	407	357	413
德化县	2207	11	41	155	221	211	215
石狮市	3488	73	218	405	572	471	387
晋江市	21081	350	1147	2362	3440	2740	2748
南安市	17027	180	687	1901	2370	2049	1742
漳州市	**63227**	**761**	**2699**	**4498**	**6730**	**5923**	**5965**
芗城区	2344	17	119	171	248	234	259
龙文区	928	11	49	59	112	100	88
云霄县	6464	94	315	486	582	517	680
漳浦县	11972	124	464	805	1304	1222	1292
诏安县	9116	175	507	735	906	894	802
长泰县	3247	33	122	208	396	363	239
东山县	2813	37	123	254	334	272	298
南靖县	4942	33	144	195	433	379	394
平和县	7072	113	273	406	602	546	557
华安县	2084	12	65	85	217	150	173
龙海市	12245	112	518	1094	1596	1246	1183
南平市	**28156**	**149**	**586**	**1136**	**1881**	**1873**	**2329**
延平区	2870	17	85	144	170	194	231
建阳区	3450	12	75	127	240	254	346
顺昌县	2466	10	49	81	152	174	218
浦城县	3625	32	68	85	149	153	277
光泽县	1916	9	52	81	158	116	152
松溪县	1697	6	25	83	148	108	133
政和县	1797	7	37	106	148	115	159
邵武市	1572	7	28	41	80	94	102
武夷山市	2823	21	77	168	259	297	234
建瓯市	5940	28	90	220	377	368	477
龙岩市	**27501**	**165**	**615**	**1520**	**2751**	**2571**	**2728**
新罗区	4092	28	96	203	495	389	441
永定区	3991	27	85	162	360	382	415

4-1c 续表 3

单位：人

地区 性别	合计	16-19岁	20-24岁	25-29岁	30-34岁	35-39岁	40-44岁
长汀县	4695	37	158	300	521	480	511
上杭县	4338	26	102	277	451	378	406
武平县	3377	15	56	188	313	292	302
连城县	3310	17	74	240	312	315	326
漳平市	3698	15	44	150	299	335	327
宁德市	**37506**	**244**	**1094**	**2957**	**3809**	**3662**	**3492**
蕉城区	6578	55	274	769	925	768	727
霞浦县	5999	33	161	353	583	566	554
古田县	4551	19	86	275	352	415	456
屏南县	1717	9	44	95	146	179	144
寿宁县	2023	7	39	134	131	124	145
周宁县	2263	21	82	229	277	246	218
柘荣县	1250	10	34	78	113	115	111
福安市	6157	55	198	546	607	567	550
福鼎市	6968	35	176	478	675	682	587
女	**249010**	**2442**	**9383**	**18670**	**29337**	**26071**	**27355**
福州市	**39653**	**380**	**1920**	**3395**	**4990**	**4526**	**4337**
鼓楼区							
台江区							
仓山区							
马尾区	381	2	13	31	81	76	44
晋安区	394	4	19	39	36	44	42
长乐区	4419	68	330	493	654	568	537
闽侯县	5727	50	322	559	816	812	760
连江县	6976	58	268	417	769	728	687
罗源县	669		21	63	74	55	81
闽清县	1790	11	74	105	161	171	252
永泰县	3109	18	111	181	278	257	268
平潭县	2345	24	152	327	293	203	215
福清市	13843	145	610	1180	1828	1612	1451
厦门市	**12340**	**368**	**820**	**1390**	**2156**	**1746**	**1558**
思明区							
海沧区	361	12	52	59	83	45	47
湖里区							
集美区	2545	43	197	315	472	428	378
同安区	4686	49	257	486	828	652	638
翔安区	4748	264	314	530	773	621	495
莆田市	**19808**	**204**	**926**	**1579**	**2777**	**2153**	**2413**
城厢区	2904	29	123	192	425	326	348
涵江区	1552	14	80	109	221	150	171
荔城区	2724	40	137	223	486	351	314
秀屿区	6566	44	209	447	868	708	763
仙游县	6062	77	377	608	777	618	817
三明市	**17129**	**73**	**433**	**759**	**1495**	**1274**	**1613**
梅列区	202		5	5	29	19	16
三元区	374	1	7	6	19	29	41
明溪县	1058	11	34	59	146	102	109
清流县	1800	9	45	76	135	127	124
宁化县	2962	11	90	150	296	225	294
大田县	2980	8	33	113	174	173	244
尤溪县	1788	9	59	110	181	115	174
沙县	1216	9	49	64	144	121	156
将乐县	855	6	26	38	83	82	71
泰宁县	669	1	23	26	63	63	58
建宁县	1219	2	18	34	81	83	99
永安市	2006	6	44	78	144	135	227

4-1c 续表 4

单位：人

地区 性别	合计	16-19岁	20-24岁	25-29岁	30-34岁	35-39岁	40-44岁
泉州市	**61044**	**641**	**2265**	**5634**	**8865**	**7402**	**7338**
鲤城区							
丰泽区							
洛江区	2204	17	94	159	310	311	292
泉港区	3334	7	77	317	478	448	410
惠安县	9715	71	294	1025	1670	1363	1191
安溪县	11700	169	335	928	1361	1219	1237
永春县	3052	25	65	133	267	267	341
德化县	1470	5	36	84	131	128	125
石狮市	2207	44	120	249	402	283	287
晋江市	14165	200	782	1496	2422	1887	1999
南安市	13197	103	462	1243	1824	1496	1456
漳州市	**46204**	**468**	**1665**	**2898**	**4516**	**4519**	**4844**
芗城区	1598	11	71	114	150	186	191
龙文区	799	8	39	66	99	90	72
云霄县	4766	58	218	287	379	372	534
漳浦县	9153	77	290	496	936	982	1129
诏安县	7163	110	322	497	685	687	698
长泰县	2549	15	83	175	306	266	221
东山县	2046	25	85	159	219	181	213
南靖县	3996	19	115	178	300	304	313
平和县	4668	70	140	225	341	443	414
华安县	1584	6	42	62	150	149	154
龙海市	7882	69	260	639	951	859	905
南平市	**14039**	**100**	**374**	**574**	**922**	**1003**	**1373**
延平区	1475	9	42	56	85	102	166
建阳区	1673	9	40	79	125	149	198
顺昌县	1194	4	18	41	58	104	110
浦城县	1756	19	42	54	92	115	138
光泽县	978	6	45	55	83	65	108
松溪县	819	6	19	35	64	35	72
政和县	852	11	32	30	63	58	97
邵武市	866	3	16	22	45	44	55
武夷山市	1359	12	61	82	138	138	143
建瓯市	3067	21	59	120	169	193	286
龙岩市	**18040**	**86**	**412**	**892**	**1661**	**1713**	**1960**
新罗区	2087	12	68	113	217	213	238
永定区	2565	10	39	88	235	234	328
长汀县	3367	27	106	226	396	361	384
上杭县	3030	19	86	156	291	262	317
武平县	2456	11	45	116	196	200	256
连城县	2093	5	39	110	178	217	208
漳平市	2442	2	29	83	148	226	229
宁德市	**20753**	**122**	**568**	**1549**	**1955**	**1735**	**1919**
蕉城区	3900	27	142	467	575	443	384
霞浦县	3134	19	60	157	270	223	284
古田县	2270	14	43	119	153	200	252
屏南县	806	2	28	50	60	68	92
寿宁县	1094	8	34	62	67	53	89
周宁县	911	5	58	121	99	84	89
柘荣县	666	5	19	55	72	46	46
福安市	3560	26	92	266	333	280	351
福鼎市	4412	16	92	252	326	338	332

4-1c 续表 5

单位：人

地区 性别	45-49岁	50-54岁	55-59岁	60-64岁	65-69岁	70-74岁	75岁及以上
合计	**86472**	**87171**	**66085**	**45309**	**34313**	**14444**	**8090**
福州市	**13164**	**12604**	**9913**	**7342**	**5651**	**2473**	**1373**
鼓楼区							
台江区							
仓山区							
马尾区	124	99	87	90	57	22	10
晋安区	180	169	146	77	62	12	10
长乐区	1716	1526	1008	632	460	186	70
闽侯县	2360	2098	1399	859	639	167	64
连江县	2242	2226	1786	1424	1118	574	386
罗源县	362	400	318	204	138	63	21
闽清县	860	788	696	413	262	96	29
永泰县	927	979	898	762	688	320	195
平潭县	779	758	610	445	379	177	91
福清市	3614	3561	2965	2436	1848	856	497
厦门市	**4165**	**3332**	**2126**	**1109**	**604**	**200**	**66**
思明区							
海沧区	90	59	33	9		1	1
湖里区							
集美区	940	625	288	118	47	19	5
同安区	1699	1376	865	414	245	63	20
翔安区	1436	1272	940	568	312	117	40
莆田市	**6150**	**5784**	**4537**	**3145**	**2332**	**743**	**274**
城厢区	900	824	681	437	328	99	26
涵江区	520	509	465	264	204	55	19
荔城区	750	727	584	329	210	60	23
秀屿区	1838	1722	1406	1006	831	311	130
仙游县	2142	2002	1401	1109	759	218	76
三明市	**6413**	**7623**	**5875**	**3948**	**3233**	**1486**	**973**
梅列区	55	76	83	44	37	9	4
三元区	189	252	190	114	65	28	17
明溪县	383	488	343	190	135	60	33
清流县	470	662	495	389	349	200	196
宁化县	1060	1159	942	629	497	226	118
大田县	1002	1178	973	688	729	333	308
尤溪县	848	1001	786	554	351	123	46
沙县	533	540	362	218	180	82	30
将乐县	345	442	330	220	172	89	31
泰宁县	240	295	234	153	156	72	33
建宁县	451	519	434	302	252	132	70
永安市	837	1011	703	447	310	132	87
泉州市	**19864**	**18349**	**12998**	**7847**	**5611**	**2109**	**1008**
鲤城区							
丰泽区							
洛江区	815	610	363	249	196	70	18
泉港区	967	1038	672	466	317	94	32
惠安县	3288	2726	1703	880	577	248	84
安溪县	3288	3708	2930	2004	1608	598	362
永春县	1109	1170	987	731	586	260	150
德化县	410	518	430	377	317	171	91
石狮市	799	621	395	210	104	41	14
晋江市	5222	4070	2486	1042	596	187	70
南安市	3966	3888	3032	1888	1310	440	187
漳州市	**15368**	**16051**	**12454**	**8973**	**6549**	**2736**	**1814**
芗城区	588	575	414	259	218	93	24
龙文区	238	212	168	154	101	35	26
云霄县	1554	1625	1227	942	805	318	237
漳浦县	3226	3019	2230	1634	1144	480	271

4-1c　续表 6　　　　单位：人

地　区 性　别	45-49岁	50-54岁	55-59岁	60-64岁	65-69岁	70-74岁	75岁及以　上
诏安县	2185	2166	1751	1304	1019	435	401
长泰县	700	948	732	495	288	119	87
东山县	711	706	531	355	211	93	52
南靖县	1252	1446	1189	841	734	380	289
平和县	1611	1796	1597	1235	839	336	196
华安县	583	564	495	318	223	116	104
龙海市	2720	2994	2120	1436	967	331	127
南平市	**6661**	**7868**	**5853**	**4018**	**3325**	**1457**	**713**
延平区	716	808	548	369	331	166	106
建阳区	827	914	726	439	328	143	92
顺昌县	586	710	492	385	296	131	41
浦城县	821	1050	820	547	585	226	108
光泽县	503	611	437	178	117	76	42
松溪县	378	430	367	276	203	98	30
政和县	442	470	359	244	160	71	40
邵武市	339	470	398	266	272	104	52
武夷山市	582	699	479	357	260	100	75
建瓯市	1467	1706	1227	957	773	342	127
龙岩市	**7449**	**7967**	**5699**	**3414**	**2407**	**1016**	**515**
新罗区	994	1068	749	413	277	116	49
永定区	1129	1156	800	489	386	156	75
长汀县	1152	1231	861	623	411	177	100
上杭县	1283	1329	925	508	356	126	70
武平县	1071	1114	830	367	310	109	42
连城县	863	954	659	426	272	121	67
漳平市	957	1115	875	588	395	211	112
宁德市	**7238**	**7593**	**6630**	**5513**	**4601**	**2224**	**1354**
蕉城区	1251	1213	949	652	488	239	130
霞浦县	1137	1265	1163	969	780	354	202
古田县	961	965	897	674	586	241	113
屏南县	389	412	317	227	160	64	37
寿宁县	353	417	404	397	350	185	118
周宁县	378	374	316	224	220	88	45
柘荣县	250	275	200	187	171	81	48
福安市	1151	1249	1052	986	805	394	209
福鼎市	1368	1423	1332	1197	1041	578	452
男	**49327**	**51901**	**40558**	**28154**	**21323**	**9659**	**5210**
福州市	**7891**	**7725**	**6046**	**4605**	**3588**	**1668**	**892**
鼓楼区							
台江区							
仓山区							
马尾区	75	64	65	74	48	20	9
晋安区	112	111	106	56	48	6	7
长乐区	1076	1046	703	462	329	154	59
闽侯县	1470	1402	985	647	479	138	57
连江县	1307	1309	1003	852	679	327	230
罗源县	258	298	242	152	108	56	17
闽清县	541	522	494	286	185	77	23
永泰县	528	571	500	445	400	205	124
平潭县	492	489	395	300	251	124	57
福清市	2032	1913	1553	1331	1061	561	309
厦门市	**2404**	**2135**	**1474**	**729**	**381**	**132**	**45**
思明区							
海沧区	51	46	25	7			1
湖里区							
集美区	544	421	232	81	35	14	3
同安区	959	871	585	275	157	43	16
翔安区	850	797	632	366	189	75	25

4-1c 续表 7 单位：人

地区 性别	45-49岁	50-54岁	55-59岁	60-64岁	65-69岁	70-74岁	75岁及以上
莆田市	**3277**	**3292**	**2788**	**1913**	**1343**	**437**	**159**
城厢区	462	429	400	280	184	64	15
涵江区	293	303	288	173	124	35	13
荔城区	387	427	364	170	113	36	13
秀屿区	925	900	772	509	405	146	60
仙游县	1210	1233	964	781	517	156	58
三明市	**3691**	**4593**	**3570**	**2482**	**2059**	**1035**	**639**
梅列区	33	41	41	30	24	8	3
三元区	130	153	138	76	51	22	14
明溪县	228	281	228	135	93	48	22
清流县	238	368	253	206	191	122	99
宁化县	582	679	545	388	304	151	86
大田县	589	694	548	362	405	197	181
尤溪县	529	674	537	413	271	110	35
沙县	300	346	244	154	137	63	28
将乐县	207	279	219	149	125	74	27
泰宁县	149	174	141	101	103	52	28
建宁县	244	298	242	182	152	93	47
永安市	462	606	434	286	203	95	69
泉州市	**10882**	**10459**	**7781**	**4697**	**3261**	**1245**	**562**
鲤城区							
丰泽区							
洛江区	423	344	216	151	107	48	11
泉港区	520	592	379	268	169	46	15
惠安县	1806	1612	1050	502	298	109	28
安溪县	1775	2066	1617	1163	902	326	198
永春县	640	697	617	445	369	178	93
德化县	212	313	261	217	197	104	49
石狮市	449	391	256	143	80	31	12
晋江市	2962	2398	1659	706	391	130	48
南安市	2095	2046	1726	1102	748	273	108
漳州市	**8415**	**9181**	**7222**	**5266**	**3820**	**1680**	**1067**
芗城区	319	338	263	155	134	67	20
龙文区	125	117	94	80	56	20	17
云霄县	857	946	689	512	446	197	143
漳浦县	1726	1681	1281	967	648	298	160
诏安县	1212	1197	982	703	550	245	208
长泰县	376	527	408	299	164	56	56
东山县	414	386	301	196	120	48	30
南靖县	661	785	678	458	409	215	158
平和县	888	1064	906	788	549	250	130
华安县	326	340	289	175	126	64	62
龙海市	1511	1800	1331	933	618	220	83
南平市	**4039**	**5107**	**4056**	**2823**	**2408**	**1190**	**579**
延平区	437	514	382	256	230	134	76
建阳区	513	601	520	321	248	117	76
顺昌县	348	467	350	266	209	107	35
浦城县	500	702	574	378	430	187	90
光泽县	282	410	323	138	97	60	38
松溪县	237	272	248	188	140	85	24
政和县	271	303	246	189	125	59	32
邵武市	198	284	260	172	184	79	43
武夷山市	364	474	345	251	195	78	60
建瓯市	889	1080	808	664	550	284	105
龙岩市	**4283**	**4777**	**3447**	**2125**	**1509**	**680**	**330**
新罗区	618	722	509	276	195	85	35
永定区	684	720	490	301	220	100	45

4-1c　续表 8　　　　　　　　　　　　　　　　　　　　　　　　　　　　　　单位：人

地　区 性　别	45-49岁	50-54岁	55-59岁	60-64岁	65-69岁	70-74岁	75岁及以上
长汀县	656	683	508	407	252	123	59
上杭县	692	788	545	320	234	82	37
武平县	610	632	482	205	189	70	23
连城县	475	561	400	274	176	91	49
漳平市	548	671	513	342	243	129	82
宁德市	**4445**	**4632**	**4174**	**3514**	**2954**	**1592**	**937**
蕉城区	722	718	599	432	318	183	88
霞浦县	757	749	745	597	498	255	148
古田县	582	598	582	473	420	200	93
屏南县	231	272	225	167	122	54	29
寿宁县	239	276	235	247	224	138	84
周宁县	249	265	232	165	168	76	35
柘荣县	159	165	131	117	117	65	35
福安市	705	754	632	601	520	274	148
福鼎市	801	835	793	715	567	347	277
女	**37145**	**35270**	**25527**	**17155**	**12990**	**4785**	**2880**
福州市	**5273**	**4879**	**3867**	**2737**	**2063**	**805**	**481**
鼓楼区							
台江区							
仓山区							
马尾区	49	35	22	16	9	2	1
晋安区	68	58	40	21	14	6	3
长乐区	640	480	305	170	131	32	11
闽侯县	890	696	414	212	160	29	7
连江县	935	917	783	572	439	247	156
罗源县	104	102	76	52	30	7	4
闽清县	319	266	202	127	77	19	6
永泰县	399	408	398	317	288	115	71
平潭县	287	269	215	145	128	53	34
福清市	1582	1648	1412	1105	787	295	188
厦门市	**1761**	**1197**	**652**	**380**	**223**	**68**	**21**
思明区							
海沧区	39	13	8	2		1	
湖里区							
集美区	396	204	56	37	12	5	2
同安区	740	505	280	139	88	20	4
翔安区	586	475	308	202	123	42	15
莆田市	**2873**	**2492**	**1749**	**1232**	**989**	**306**	**115**
城厢区	438	395	281	157	144	35	11
涵江区	227	206	177	91	80	20	6
荔城区	363	300	220	159	97	24	10
秀屿区	913	822	634	497	426	165	70
仙游县	932	769	437	328	242	62	18
三明市	**2722**	**3030**	**2305**	**1466**	**1174**	**451**	**334**
梅列区	22	35	42	14	13	1	1
三元区	59	99	52	38	14	6	3
明溪县	155	207	115	55	42	12	11
清流县	232	294	242	183	158	78	97
宁化县	478	480	397	241	193	75	32
大田县	413	484	425	326	324	136	127
尤溪县	319	327	249	141	80	13	11
沙县	233	194	118	64	43	19	2
将乐县	138	163	111	71	47	15	4
泰宁县	91	121	93	52	53	20	5
建宁县	207	221	192	120	100	39	23
永安市	375	405	269	161	107	37	18

4-1c 续表 9 单位：人

地区 性别	45-49岁	50-54岁	55-59岁	60-64岁	65-69岁	70-74岁	75岁及以上
泉州市	**8982**	**7890**	**5217**	**3150**	**2350**	**864**	**446**
鲤城区							
丰泽区							
洛江区	392	266	147	98	89	22	7
泉港区	447	446	293	198	148	48	17
惠安县	1482	1114	653	378	279	139	56
安溪县	1513	1642	1313	841	706	272	164
永春县	469	473	370	286	217	82	57
德化县	198	205	169	160	120	67	42
石狮市	350	230	139	67	24	10	2
晋江市	2260	1672	827	336	205	57	22
南安市	1871	1842	1306	786	562	167	79
漳州市	**6953**	**6870**	**5232**	**3707**	**2729**	**1056**	**747**
芗城区	269	237	151	104	84	26	4
龙文区	113	95	74	74	45	15	9
云霄县	697	679	538	430	359	121	94
漳浦县	1500	1338	949	667	496	182	111
诏安县	973	969	769	601	469	190	193
长泰县	324	421	324	196	124	63	31
东山县	297	320	230	159	91	45	22
南靖县	591	661	511	383	325	165	131
平和县	723	732	691	447	290	86	66
华安县	257	224	206	143	97	52	42
龙海市	1209	1194	789	503	349	111	44
南平市	**2622**	**2761**	**1797**	**1195**	**917**	**267**	**134**
延平区	279	294	166	113	101	32	30
建阳区	314	313	206	118	80	26	16
顺昌县	238	243	142	119	87	24	6
浦城县	321	348	246	169	155	39	18
光泽县	221	201	114	40	20	16	4
松溪县	141	158	119	88	63	13	6
政和县	171	167	113	55	35	12	8
邵武市	141	186	138	94	88	25	9
武夷山市	218	225	134	106	65	22	15
建瓯市	578	626	419	293	223	58	22
龙岩市	**3166**	**3190**	**2252**	**1289**	**898**	**336**	**185**
新罗区	376	346	240	137	82	31	14
永定区	445	436	310	188	166	56	30
长汀县	496	548	353	216	159	54	41
上杭县	591	541	380	188	122	44	33
武平县	461	482	348	162	121	39	19
连城县	388	393	259	152	96	30	18
漳平市	409	444	362	246	152	82	30
宁德市	**2793**	**2961**	**2456**	**1999**	**1647**	**632**	**417**
蕉城区	529	495	350	220	170	56	42
霞浦县	380	516	418	372	282	99	54
古田县	379	367	315	201	166	41	20
屏南县	158	140	92	60	38	10	8
寿宁县	114	141	169	150	126	47	34
周宁县	129	109	84	59	52	12	10
柘荣县	91	110	69	70	54	16	13
福安市	446	495	420	385	285	120	61
福鼎市	567	588	539	482	474	231	175

4-2　各地区分性别、受教育程度的就业人口

单位：人

地　区 性　别	合　计	未上过学	学前教育	小　学	初　中	高　中	大学专科	大学本科	硕　士 研究生	博　士 研究生
合　计	**2052886**	**26559**	**2022**	**419445**	**839148**	**332545**	**211699**	**204016**	**15449**	**2003**
福州市	**375287**	**1855**	**250**	**57784**	**136338**	**75912**	**45727**	**51427**	**5224**	**770**
鼓楼区	28536	65	1	829	3469	4742	6208	11176	1823	223
台江区	17352	7	1	651	3351	4522	3895	4435	449	41
仓山区	53957	95	8	4311	15697	11485	9786	11118	1206	251
马尾区	13001	24	9	1675	4881	3006	1697	1605	95	9
晋安区	39576	48	5	2763	11529	9494	7308	7571	777	81
长乐区	33420	160	11	7075	15950	6180	2082	1869	86	7
闽侯县	41022	145	13	5118	18482	8177	4396	4117	439	135
连江县	31806	184	38	8735	14285	4765	1942	1822	34	1
罗源县	11291	25	6	2710	4905	1841	987	802	14	1
闽清县	9967	50	3	1621	5257	1594	825	606	9	2
永泰县	13260	59	8	3575	5910	1998	1050	643	17	
平潭县	15356	207	14	2939	6220	2830	1552	1530	56	8
福清市	66743	786	133	15782	26402	15278	3999	4133	219	11
厦门市	**306307**	**3183**	**67**	**34237**	**102440**	**56323**	**48732**	**54927**	**5606**	**792**
思明区	55967	315	4	3537	10223	9343	11157	18201	2782	405
海沧区	36592	405	5	4249	13333	7326	5319	5474	454	27
湖里区	68802	672	13	5827	20133	13593	13473	13876	1099	116
集美区	59507	406	14	6772	21802	11096	8743	9654	840	180
同安区	51776	812	27	8677	23548	8457	5646	4390	202	17
翔安区	33663	573	4	5175	13401	6508	4394	3332	229	47
莆田市	**135642**	**2471**	**129**	**24769**	**62813**	**23007**	**11785**	**10182**	**435**	**51**
城厢区	25800	231	8	2808	10393	5358	3467	3324	183	28
涵江区	22403	202	5	3094	11476	4369	1820	1385	51	1
荔城区	29563	163	46	4140	14578	4947	2724	2814	136	15
秀屿区	24008	1344	44	7211	10966	2540	974	910	15	4
仙游县	33868	531	26	7516	15400	5793	2800	1749	50	3
三明市	**112282**	**2102**	**188**	**28180**	**42633**	**17416**	**11130**	**10183**	**414**	**36**
梅列区	10492	106	3	901	2694	2304	1935	2357	177	15
三元区	7854	71	3	1484	2919	1698	912	710	50	7
明溪县	4987	74	7	1186	2187	665	464	389	14	1
清流县	7066	319	26	2295	2519	883	538	476	9	1
宁化县	13169	296	18	3845	5301	1826	1052	808	21	2
大田县	14387	373	70	5205	5309	1605	1021	788	16	
尤溪县	12446	88	14	2887	5604	1819	1114	901	19	
沙县	10113	162	7	2215	4147	1620	971	963	24	4
将乐县	5850	105	6	1625	2326	724	521	534	8	1
泰宁县	4352	83	9	1174	1749	518	406	406	7	
建宁县	5553	183	2	1966	2055	564	439	338	5	1
永安市	16013	242	23	3397	5823	3190	1757	1513	64	4
泉州市	**474949**	**4673**	**315**	**103581**	**226809**	**68609**	**37766**	**31364**	**1675**	**157**
鲤城区	23164	145	4	2918	9945	4295	3019	2631	192	15
丰泽区	36538	188	2	4077	11634	6501	6168	7210	670	88
洛江区	12647	220	23	2723	5514	1749	1253	1063	85	17
泉港区	16615	167	6	3820	7036	2683	1838	1037	23	5
惠安县	52533	875	37	13711	24182	6027	4675	2946	77	3
安溪县	50816	776	110	14360	25826	5180	2543	1957	62	2
永春县	19938	178	24	5673	9619	2219	1147	1053	23	2
德化县	18149	361	3	4492	8171	2387	1533	1170	31	1
石狮市	38531	228	18	7819	19538	6074	2518	2206	125	5
晋江市	121082	1011	34	25561	60238	18946	8356	6633	289	14
南安市	84936	524	54	18427	45106	12548	4716	3458	98	5
漳州市	**269859**	**5164**	**640**	**73301**	**119625**	**33521**	**21475**	**15268**	**765**	**100**
芗城区	30428	301	7	4221	11376	5540	4308	4246	364	65
龙文区	17475	142	12	3050	6833	2820	2448	2074	93	3
云霄县	23173	637	51	7207	10279	2611	1478	885	24	1
漳浦县	44225	1263	192	13510	19630	4873	2821	1878	54	4

4-2 续表 1

单位：人

地区 性别	合计	未上过学	学前教育	小学	初中	高中	大学专科	大学本科	硕士研究生	博士研究生
诏安县	29617	922	144	10937	12683	2631	1553	732	10	5
长泰县	14016	160	8	3564	7222	1361	992	694	15	
东山县	12537	159	19	3644	5443	1686	1122	451	12	1
南靖县	17967	467	53	5237	8085	2220	1190	695	17	3
平和县	22139	308	73	6519	11459	2118	1043	601	14	4
华安县	7380	166	20	2345	3378	662	414	384	11	
龙海市	50902	639	61	13067	23237	6999	4106	2628	151	14
南平市	**109240**	**1610**	**92**	**27722**	**45996**	**15194**	**9786**	**8503**	**315**	**22**
延平区	18618	185	13	3699	6991	3265	2204	2143	115	3
建阳区	13560	251	10	3329	5591	1794	1144	1375	60	6
顺昌县	7241	63	9	1889	3347	885	568	466	14	
浦城县	10812	125	12	3166	4808	1338	786	567	8	2
光泽县	5802	41		1555	2685	624	516	369	12	
松溪县	4834	100	8	1315	2180	524	409	296	1	1
政和县	6317	184	4	1892	2670	676	523	363	5	
邵武市	12220	76	2	2355	5269	2162	1337	998	19	2
武夷山市	11393	96	8	2309	4904	1920	1149	934	66	7
建瓯市	18443	489	26	6213	7551	2006	1150	992	15	1
龙岩市	**122685**	**1954**	**141**	**23068**	**51699**	**20739**	**13121**	**11455**	**477**	**31**
新罗区	39680	432	15	4283	14989	8291	5648	5664	335	23
永定区	13224	220	10	2425	6624	2013	1041	874	17	
长汀县	16900	295	39	4492	6956	2542	1459	1087	26	4
上杭县	16984	264	25	3583	7193	2485	1779	1598	54	3
武平县	12067	149	10	2175	5840	1879	1116	873	25	
连城县	10593	144	16	2469	4779	1588	894	693	9	1
漳平市	13237	450	26	3641	5318	1941	1184	666	11	
宁德市	**146635**	**3547**	**200**	**46803**	**50795**	**21824**	**12177**	**10707**	**538**	**44**
蕉城区	31886	469	24	7304	10424	5749	3606	3890	390	30
霞浦县	24613	353	14	8409	9642	3545	1588	1046	14	2
古田县	13270	59	8	4098	5994	1584	780	735	12	
屏南县	5095	64	7	1687	1713	807	454	351	10	2
寿宁县	6137	217	19	2233	2076	675	498	413	5	1
周宁县	6107	158	6	2030	2148	866	456	435	8	
柘荣县	4297	154	7	1479	1387	598	333	334	4	1
福安市	26886	598	55	8430	9130	4494	2393	1733	47	6
福鼎市	28344	1475	60	11133	8281	3506	2069	1770	48	2
男	**1211954**	**6096**	**578**	**208101**	**536812**	**219830**	**118912**	**112130**	**8215**	**1280**
福州市	**227250**	**471**	**78**	**31133**	**89379**	**49067**	**25591**	**28257**	**2791**	**483**
鼓楼区	15430	16		384	2086	2767	3102	5960	965	150
台江区	9856	1	1	368	2070	2759	2055	2342	233	27
仓山区	32667	37	3	2540	10308	7369	5547	6085	624	154
马尾区	8044	16	5	981	3138	1947	990	921	40	6
晋安区	23424	15	1	1526	7340	5872	3977	4194	450	49
长乐区	21786	61	4	4392	10697	4259	1232	1084	53	4
闽侯县	26188	51	8	3094	12241	5609	2580	2306	217	82
连江县	19053	29	6	4369	9366	3105	1151	1011	16	
罗源县	7817	11	4	1841	3633	1255	621	446	6	
闽清县	6390	15	1	945	3573	1068	474	308	4	2
永泰县	7739	8	2	1670	3709	1339	624	378	9	
平潭县	9939	67	7	1701	4439	1959	869	853	38	6
福清市	38917	144	36	7322	16779	9759	2369	2369	136	3
厦门市	**179472**	**817**	**26**	**17299**	**65131**	**36607**	**26672**	**29506**	**2912**	**502**
思明区	29991	53	2	1533	6153	5603	5640	9312	1452	243
海沧区	22179	131	4	2260	8560	4913	3014	3068	215	14
湖里区	39881	184	4	3009	12699	8734	7235	7363	577	76
集美区	35554	118	3	3500	13762	7308	4896	5390	453	124
同安区	31026	205	10	4291	15055	5684	3243	2427	100	11
翔安区	20841	126	3	2706	8902	4365	2644	1946	115	34

4-2　续表 2　　　　单位：人

地区 性别	合计	未上过学	学前教育	小学	初中	高中	大学专科	大学本科	硕士研究生	博士研究生
莆田市	**77328**	**346**	**31**	**11420**	**37791**	**15106**	**6687**	**5691**	**223**	**33**
城厢区	14537	32	2	1154	6033	3435	1968	1804	93	16
涵江区	12793	41	1	1427	6687	2789	1050	775	22	1
荔城区	16780	32	16	1832	8572	3161	1471	1614	72	10
秀屿区	12689	114	4	2924	6725	1783	598	531	7	3
仙游县	20529	127	8	4083	9774	3938	1600	967	29	3
三明市	**66955**	**477**	**48**	**14114**	**27888**	**11856**	**6512**	**5799**	**239**	**22**
梅列区	6156	19	1	473	1653	1452	1104	1339	107	8
三元区	4896	20	2	799	1956	1166	522	404	21	6
明溪县	3045	22	3	653	1435	455	254	215	8	
清流县	3711	58	2	934	1530	577	315	288	6	1
宁化县	7713	59	4	1720	3413	1331	671	499	14	2
大田县	8277	55	15	2251	3658	1187	613	485	13	
尤溪县	8025	24	7	1673	3851	1283	677	499	11	
沙县	6151	57	2	1277	2652	1071	566	511	14	1
将乐县	3666	40	3	978	1528	500	301	310	6	
泰宁县	2476	19		608	1073	335	216	222	3	
建宁县	3179	42	1	977	1340	381	243	193	1	1
永安市	9660	62	8	1771	3799	2118	1030	834	35	3
泉州市	**274360**	**851**	**77**	**47428**	**139983**	**46161**	**21309**	**17547**	**898**	**106**
鲤城区	13111	32		1279	5956	2784	1588	1364	95	13
丰泽区	20954	25	1	1833	7321	4195	3282	3898	341	58
洛江区	7234	37	6	1173	3381	1212	769	605	38	13
泉港区	9335	12	2	1483	4307	1824	1084	605	15	3
惠安县	29756	90	9	6191	14908	4112	2710	1689	45	2
安溪县	28622	144	16	6089	15917	3689	1494	1223	49	1
永春县	11584	32	5	2619	6081	1549	684	605	9	
德化县	10443	35		1833	5138	1700	970	749	17	1
石狮市	23114	74	9	4072	12199	4015	1480	1198	65	2
晋江市	72375	280	13	13044	37782	12787	4624	3666	171	8
南安市	47832	90	16	7812	26993	8294	2624	1945	53	5
漳州市	**155253**	**778**	**146**	**32288**	**78904**	**22452**	**11973**	**8257**	**390**	**65**
芗城区	17162	45	1	1906	7180	3389	2229	2186	180	46
龙文区	9549	29	3	1255	4196	1679	1248	1095	43	1
云霄县	13169	103	15	2904	6950	1816	863	506	12	
漳浦县	25490	152	14	5673	13385	3479	1664	1087	33	3
诏安县	16249	142	54	4657	8361	1762	879	385	6	3
长泰县	8133	29	2	1529	4656	966	563	378	10	
东山县	7220	26		1557	3566	1127	665	270	8	1
南靖县	9892	51	4	2108	5214	1475	641	394	4	1
平和县	13250	51	27	2902	7760	1546	615	337	8	4
华安县	4240	20	3	1010	2258	467	256	220	6	
龙海市	30899	130	23	6787	15378	4746	2350	1399	80	6
南平市	**68593**	**682**	**43**	**17144**	**30418**	**10011**	**5533**	**4562**	**185**	**15**
延平区	11306	68	5	2152	4509	2110	1265	1127	68	2
建阳区	8633	113	2	2157	3791	1140	654	734	38	4
顺昌县	4668	17	4	1155	2294	623	321	245	9	
浦城县	7009	64	8	2062	3234	879	441	314	5	2
光泽县	3613	15		918	1772	419	274	207	8	
松溪县	3177	47	4	841	1536	362	232	154	1	
政和县	4050	65	1	1159	1847	461	295	219	3	
邵武市	7523	24	1	1328	3344	1503	776	531	15	1
武夷山市	6992	48	4	1437	3131	1188	630	518	30	6
建瓯市	11622	221	14	3935	4960	1326	645	513	8	
龙岩市	**71827**	**303**	**24**	**9377**	**33528**	**14196**	**7595**	**6532**	**251**	**21**
新罗区	23440	79	5	2050	9677	5319	3047	3075	172	16
永定区	7879	33	1	1005	4227	1428	655	518	12	

4-2 续表 3　　　　单位：人

地区 性别	合计	未上过学	学前教育	小学	初中	高中	大学专科	大学本科	硕士研究生	博士研究生
长汀县	9532	39	5	1592	4482	1846	893	659	14	2
上杭县	9838	25	3	1289	4707	1768	1083	927	34	2
武平县	6872	19	2	696	3641	1335	643	525	11	
连城县	6390	34	3	1022	3181	1165	547	433	4	1
漳平市	7876	74	5	1723	3613	1335	727	395	4	
宁德市	**90916**	**1371**	**105**	**27898**	**33790**	**14374**	**7040**	**5979**	**326**	**33**
蕉城区	20088	204	17	4409	7102	3724	2119	2243	248	22
霞浦县	14364	159	4	4778	5833	2130	841	609	8	2
古田县	8651	30	2	2672	4036	1070	440	397	4	
屏南县	3288	26	4	1090	1197	539	251	176	5	
寿宁县	3920	63	10	1337	1489	507	274	235	4	1
周宁县	4148	90	4	1353	1591	594	267	247	2	
柘荣县	2743	68	5	930	953	420	193	171	2	1
福安市	16821	226	29	4953	6111	3073	1467	932	24	6
福鼎市	16893	505	30	6376	5478	2317	1188	969	29	1
女	**840932**	**20463**	**1444**	**211344**	**302336**	**112715**	**92787**	**91886**	**7234**	**723**
福州市	**148037**	**1384**	**172**	**26651**	**46959**	**26845**	**20136**	**23170**	**2433**	**287**
鼓楼区	13106	49	1	445	1383	1975	3106	5216	858	73
台江区	7496	6		283	1281	1763	1840	2093	216	14
仓山区	21290	58	5	1771	5389	4116	4239	5033	582	97
马尾区	4957	8	4	694	1743	1059	707	684	55	3
晋安区	16152	33	4	1237	4189	3622	3331	3377	327	32
长乐区	11634	99	7	2683	5253	1921	850	785	33	3
闽侯县	14834	94	5	2024	6241	2568	1816	1811	222	53
连江县	12753	155	32	4366	4919	1660	791	811	18	1
罗源县	3474	14	2	869	1272	586	366	356	8	1
闽清县	3577	35	2	676	1684	526	351	298	5	
永泰县	5521	51	6	1905	2201	659	426	265	8	
平潭县	5417	140	7	1238	1781	871	683	677	18	2
福清市	27826	642	97	8460	9623	5519	1630	1764	83	8
厦门市	**126835**	**2366**	**41**	**16938**	**37309**	**19716**	**22060**	**25421**	**2694**	**290**
思明区	25976	262	2	2004	4070	3740	5517	8889	1330	162
海沧区	14413	274	1	1989	4773	2413	2305	2406	239	13
湖里区	28921	488	9	2818	7434	4859	6238	6513	522	40
集美区	23953	288	11	3272	8040	3788	3847	4264	387	56
同安区	20750	607	17	4386	8493	2773	2403	1963	102	6
翔安区	12822	447	1	2469	4499	2143	1750	1386	114	13
莆田市	**58314**	**2125**	**98**	**13349**	**25022**	**7901**	**5098**	**4491**	**212**	**18**
城厢区	11263	199	6	1654	4360	1923	1499	1520	90	12
涵江区	9610	161	4	1667	4789	1580	770	610	29	
荔城区	12783	131	30	2308	6006	1786	1253	1200	64	5
秀屿区	11319	1230	40	4287	4241	757	376	379	8	1
仙游县	13339	404	18	3433	5626	1855	1200	782	21	
三明市	**45327**	**1625**	**140**	**14066**	**14745**	**5560**	**4618**	**4384**	**175**	**14**
梅列区	4336	87	2	428	1041	852	831	1018	70	7
三元区	2958	51	1	685	963	532	390	306	29	1
明溪县	1942	52	4	533	752	210	210	174	6	1
清流县	3355	261	24	1361	989	306	223	188	3	
宁化县	5456	237	14	2125	1888	495	381	309	7	
大田县	6110	318	55	2954	1651	418	408	303	3	
尤溪县	4421	64	7	1214	1753	536	437	402	8	
沙县	3962	105	5	938	1495	549	405	452	10	3
将乐县	2184	65	3	647	798	224	220	224	2	1
泰宁县	1876	64	9	566	676	183	190	184	4	
建宁县	2374	141	1	989	715	183	196	145	4	
永安市	6353	180	15	1626	2024	1072	727	679	29	1

4-2　续表 4　　单位：人

地区 性别	合计	未上过学	学前教育	小学	初中	高中	大学专科	大学本科	硕士 研究生	博士 研究生
泉州市	**200589**	**3822**	**238**	**56153**	**86826**	**22448**	**16457**	**13817**	**777**	**51**
鲤城区	10053	113	4	1639	3989	1511	1431	1267	97	2
丰泽区	15584	163	1	2244	4313	2306	2886	3312	329	30
洛江区	5413	183	17	1550	2133	537	484	458	47	4
泉港区	7280	155	4	2337	2729	859	754	432	8	2
惠安县	22777	785	28	7520	9274	1915	1965	1257	32	1
安溪县	22194	632	94	8271	9909	1491	1049	734	13	1
永春县	8354	146	19	3054	3538	670	463	448	14	2
德化县	7706	326	3	2659	3033	687	563	421	14	
石狮市	15417	154	9	3747	7339	2059	1038	1008	60	3
晋江市	48707	731	21	12517	22456	6159	3732	2967	118	6
南安市	37104	434	38	10615	18113	4254	2092	1513	45	
漳州市	**114606**	**4386**	**494**	**41013**	**40721**	**11069**	**9502**	**7011**	**375**	**35**
芗城区	13266	256	6	2315	4196	2151	2079	2060	184	19
龙文区	7926	113	9	1795	2637	1141	1200	979	50	2
云霄县	10004	534	36	4303	3329	795	615	379	12	1
漳浦县	18735	1111	178	7837	6245	1394	1157	791	21	1
诏安县	13368	780	90	6280	4322	869	674	347	4	2
长泰县	5883	131	6	2035	2566	395	429	316	5	
东山县	5317	133	19	2087	1877	559	457	181	4	
南靖县	8075	416	49	3129	2871	745	549	301	13	2
平和县	8889	257	46	3617	3699	572	428	264	6	
华安县	3140	146	17	1335	1120	195	158	164	5	
龙海市	20003	509	38	6280	7859	2253	1756	1229	71	8
南平市	**40647**	**928**	**49**	**10578**	**15578**	**5183**	**4253**	**3941**	**130**	**7**
延平区	7312	117	8	1547	2482	1155	939	1016	47	1
建阳区	4927	138	8	1172	1800	654	490	641	22	2
顺昌县	2573	46	5	734	1053	262	247	221	5	
浦城县	3803	61	4	1104	1574	459	345	253	3	
光泽县	2189	26		637	913	205	242	162	4	
松溪县	1657	53	4	474	644	162	177	142		1
政和县	2267	119	3	733	823	215	228	144	2	
邵武市	4697	52	1	1027	1925	659	561	467	4	1
武夷山市	4401	48	4	872	1773	732	519	416	36	1
建瓯市	6821	268	12	2278	2591	680	505	479	7	1
龙岩市	**50858**	**1651**	**117**	**13691**	**18171**	**6543**	**5526**	**4923**	**226**	**10**
新罗区	16240	353	10	2233	5312	2972	2601	2589	163	7
永定区	5345	187	9	1420	2397	585	386	356	5	
长汀县	7368	256	34	2900	2474	696	566	428	12	2
上杭县	7146	239	22	2294	2486	717	696	671	20	1
武平县	5195	130	8	1479	2199	544	473	348	14	
连城县	4203	110	13	1447	1598	423	347	260	5	
漳平市	5361	376	21	1918	1705	606	457	271	7	
宁德市	**55719**	**2176**	**95**	**18905**	**17005**	**7450**	**5137**	**4728**	**212**	**11**
蕉城区	11798	265	7	2895	3322	2025	1487	1647	142	8
霞浦县	10249	194	10	3631	3809	1415	747	437	6	
古田县	4619	29	6	1426	1958	514	340	338	8	
屏南县	1807	38	3	597	516	268	203	175	5	2
寿宁县	2217	154	9	896	587	168	224	178	1	
周宁县	1959	68	2	677	557	272	189	188	6	
柘荣县	1554	86	2	549	434	178	140	163	2	
福安市	10065	372	26	3477	3019	1421	926	801	23	
福鼎市	11451	970	30	4757	2803	1189	881	801	19	1

4-2a 各地区分性别、受教育程度的就业人口(城市)

单位：人

地区 性别	合计	未上过学	学前教育	小学	初中	高中	大学专科	大学本科	硕士研究生	博士研究生
合计	**873575**	**5579**	**199**	**98817**	**304802**	**170907**	**131458**	**146638**	**13464**	**1711**
福州市	**182818**	**315**	**17**	**14588**	**50070**	**40865**	**32041**	**39724**	**4583**	**615**
鼓楼区	28536	65	1	829	3469	4742	6208	11176	1823	223
台江区	17352	7	1	651	3351	4522	3895	4435	449	41
仓山区	53957	95	8	4311	15697	11485	9786	11118	1206	251
马尾区	11896	20	4	1434	4254	2839	1652	1589	95	9
晋安区	38328	44	3	2495	10936	9254	7225	7514	776	81
长乐区	10788	24		1730	4454	2273	1108	1147	50	2
闽侯县										
连江县										
罗源县										
闽清县										
永泰县										
平潭县										
福清市	21961	60		3138	7909	5750	2167	2745	184	8
厦门市	**256955**	**2202**	**58**	**25517**	**80965**	**47616**	**43208**	**51244**	**5395**	**750**
思明区	55967	315	4	3537	10223	9343	11157	18201	2782	405
海沧区	35602	401	4	4159	12945	7104	5172	5343	447	27
湖里区	68631	664	13	5806	20043	13564	13460	13867	1098	116
集美区	52680	346	11	5573	18304	9989	8136	9308	836	177
同安区	39011	433	25	5896	17888	6733	4317	3544	158	17
翔安区	5064	43	1	546	1562	883	966	981	74	8
莆田市	**65390**	**618**	**30**	**7470**	**29044**	**12834**	**7551**	**7436**	**364**	**43**
城厢区	18077	48	2	1161	6214	4244	3073	3130	178	27
涵江区	18053	154	3	2395	9040	3579	1588	1245	48	1
荔城区	23130	66	11	2520	11049	4201	2483	2654	131	15
秀屿区	6130	350	14	1394	2741	810	407	407	7	
仙游县										
三明市	**25518**	**165**	**3**	**2661**	**7650**	**6103**	**4237**	**4391**	**283**	**25**
梅列区	9453	78		650	2213	2147	1865	2310	175	15
三元区	6308	43	2	890	2227	1546	853	691	49	7
明溪县										
清流县										
宁化县										
大田县										
尤溪县										
沙县										
将乐县										
泰宁县										
建宁县										
永安市	9757	44	1	1121	3210	2410	1519	1390	59	3
泉州市	**172355**	**1059**	**44**	**25880**	**76332**	**29498**	**19237**	**18857**	**1311**	**137**
鲤城区	23164	145	4	2918	9945	4295	3019	2631	192	15
丰泽区	36538	188	2	4077	11634	6501	6168	7210	670	88
洛江区	5341	46	2	754	1965	853	827	812	66	16
泉港区	5846	17	1	990	2334	1094	812	580	13	5
惠安县										
安溪县										
永春县										
德化县										
石狮市	23316	123	7	3731	11901	3862	1798	1782	107	5
晋江市	63955	429	20	10877	32413	10387	5236	4364	221	8
南安市	14195	111	8	2533	6140	2506	1377	1478	42	
漳州市	**49083**	**332**	**17**	**6768**	**18200**	**8896**	**7340**	**6982**	**481**	**67**
芗城区	21552	113	3	1779	6903	4449	3831	4052	357	65
龙文区	15748	100	9	2461	6048	2642	2353	2042	91	2
云霄县										
漳浦县										

4-2a　续表 1　　　　单位：人

地　区 性　别	合　计	未上过学	学前教育	小　学	初　中	高　中	大学专科	大学本科	硕　士 研究生	博　士 研究生
诏安县										
长泰县										
东山县										
南靖县										
平和县										
华安县										
龙海市	11733	119	5	2520	5220	1800	1149	887	33	
南平市	**40945**	**215**	**8**	**5298**	**15551**	**8227**	**5738**	**5630**	**260**	**18**
延平区	12215	56	6	1354	4149	2652	1913	1969	113	3
建阳区	7157	56		987	2757	1233	896	1165	57	6
顺昌县										
浦城县										
光泽县										
松溪县										
政和县										
邵武市	8584	23	1	1098	3509	1803	1185	945	18	2
武夷山市	6494	29	1	812	2574	1297	905	809	60	7
建瓯市	6495	51		1047	2562	1242	839	742	12	
龙岩市	**39569**	**287**	**11**	**3465**	**13915**	**8686**	**6486**	**6357**	**340**	**22**
新罗区	30640	223	3	2451	10424	6775	5092	5326	324	22
永定区	3020	12	2	222	1148	659	480	491	6	
长汀县										
上杭县										
武平县										
连城具										
漳平市	5909	52	6	792	2343	1252	914	540	10	
宁德市	**40942**	**386**	**11**	**7170**	**13075**	**8182**	**5620**	**6017**	**447**	**34**
蕉城区	19705	120	3	2468	6257	3998	2904	3553	375	27
霞浦县										
古田县										
屏南县										
寿宁县										
周宁县										
柘荣县										
福安市	10702	67	2	2048	3578	2323	1426	1219	34	5
福鼎市	10535	199	6	2654	3240	1861	1290	1245	38	2
男	**508633**	**1426**	**73**	**49708**	**189577**	**108701**	**71639**	**79289**	**7126**	**1094**
福州市	**108304**	**105**	**8**	**8256**	**32260**	**25663**	**17492**	**21677**	**2453**	**390**
鼓楼区	15430	16		384	2086	2767	3102	5960	965	150
台江区	9856	1	1	368	2070	2759	2055	2342	233	27
仓山区	32667	37	3	2540	10308	7369	5547	6085	624	154
马尾区	7320	13	3	805	2729	1846	966	912	40	6
晋安区	22591	14	1	1376	6917	5699	3919	4166	450	49
长乐区	6917	10		1091	2988	1526	639	633	29	1
闽侯县										
连江县										
罗源县										
闽清县										
永泰县										
平潭县										
福清市	13523	14		1692	5162	3697	1264	1579	112	3
厦门市	**148872**	**599**	**21**	**12802**	**50946**	**30596**	**23290**	**27349**	**2800**	**469**
思明区	29991	53	2	1533	6153	5603	5640	9312	1452	243
海沧区	21550	129	3	2207	8335	4752	2919	2981	210	14
湖里区	39757	180	4	2997	12630	8709	7226	7359	576	76
集美区	31278	104	3	2850	11487	6536	4534	5191	452	121
同安区	23260	119	9	2921	11298	4440	2439	1947	76	11
翔安区	3036	14		294	1043	556	532	559	34	4

4-2a 续表 2

单位：人

地区 性别	合计	未上过学	学前教育	小学	初中	高中	大学专科	大学本科	硕士研究生	博士研究生
莆田市	**37096**	**93**	**5**	**3402**	**16920**	**8106**	**4235**	**4128**	**181**	**26**
城厢区	10289	12	1	498	3556	2659	1749	1709	90	15
涵江区	10223	34	1	1127	5190	2255	904	691	20	1
荔城区	13185	16	2	1139	6462	2639	1335	1513	69	10
秀屿区	3399	31	1	638	1712	553	247	215	2	
仙游县										
三明市	**15114**	**34**	**1**	**1321**	**4773**	**3936**	**2413**	**2460**	**160**	**16**
梅列区	5511	15		340	1339	1334	1060	1310	105	8
三元区	3820	8	1	432	1429	1052	482	389	21	6
明溪县										
清流县										
宁化县										
大田县										
尤溪县										
沙县										
将乐县										
泰宁县										
建宁县										
永安市	5783	11		549	2005	1550	871	761	34	2
泉州市	**99809**	**259**	**18**	**12082**	**46840**	**19183**	**10402**	**10245**	**688**	**92**
鲤城区	13111	32		1279	5956	2784	1588	1364	95	13
丰泽区	20954	25	1	1833	7321	4195	3282	3898	341	58
洛江区	3067	7	2	322	1195	560	484	455	30	12
泉港区	3294	3		403	1360	716	455	345	9	3
惠安县										
安溪县										
永春县										
德化县										
石狮市	13426	36	3	1742	7186	2436	1024	946	51	2
晋江市	38149	140	10	5494	20197	6871	2855	2442	136	4
南安市	7808	16	2	1009	3625	1621	714	795	26	
漳州市	**27498**	**70**	**8**	**3169**	**11155**	**5358**	**3810**	**3642**	**240**	**46**
芗城区	11822	22	1	816	4071	2624	1982	2084	176	46
龙文区	8621	19	3	1018	3690	1563	1206	1080	42	
云霄县										
漳浦县										
诏安县										
长泰县										
东山县										
南靖县										
平和县										
华安县										
龙海市	7025	29	4	1334	3374	1168	617	477	22	
南平市	**24311**	**86**	**3**	**3000**	**9652**	**5202**	**3230**	**2976**	**149**	**13**
延平区	7127	16	2	729	2556	1652	1077	1027	66	2
建阳区	4407	23		614	1822	774	511	624	35	4
顺昌县										
浦城县										
光泽县										
松溪县										
政和县										
邵武市	5215	8	1	599	2179	1224	685	504	14	1
武夷山市	3694	14		457	1503	771	478	437	28	6
建瓯市	3868	25		601	1592	781	479	384	6	
龙岩市	**22722**	**42**	**1**	**1533**	**8481**	**5424**	**3565**	**3484**	**177**	**15**
新罗区	17542	32		1085	6412	4199	2734	2897	168	15
永定区	1692	2		76	621	423	284	281	5	

4-2a　续表 3　　　　单位：人

地　区 性　别	合　计	未上过学	学前教育	小　学	初　中	高　中	大学专科	大学本科	硕　士 研究生	博　士 研究生
长汀县										
上杭县										
武平县										
连城县										
漳平市	3488	8	1	372	1448	802	547	306	4	
宁德市	**24907**	**138**	**8**	**4143**	**8550**	**5233**	**3202**	**3328**	**278**	**27**
蕉城区	12432	43	3	1493	4328	2580	1664	2060	240	21
霞浦县										
古田县										
屏南县										
寿宁县										
周宁县										
柘荣县										
福安市	6335	29	1	1131	2218	1468	834	633	16	5
福鼎市	6140	66	4	1519	2004	1185	704	635	22	1
女	**364942**	**4153**	**126**	**49109**	**115225**	**62206**	**59819**	**67349**	**6338**	**617**
福州市	**74514**	**210**	**9**	**6332**	**17810**	**15202**	**14549**	**18047**	**2130**	**225**
鼓楼区	13106	49	1	445	1383	1975	3106	5216	858	73
台江区	7496	6		283	1281	1763	1840	2093	216	14
仓山区	21290	58	5	1771	5389	4116	4239	5033	582	97
马尾区	4576	7	1	629	1525	993	686	677	55	3
晋安区	15737	30	2	1119	4019	3555	3306	3348	326	32
长乐区	3871	14		639	1466	747	469	514	21	1
闽侯县										
连江县										
罗源县										
闽清县										
永泰县										
平潭县										
福清市	8438	46		1446	2747	2053	903	1166	72	5
厦门市	**108083**	**1603**	**37**	**12715**	**30019**	**17020**	**19918**	**23895**	**2595**	**281**
思明区	25976	262	2	2004	4070	3740	5517	8889	1330	162
海沧区	14052	272	1	1952	4610	2352	2253	2362	237	13
湖里区	28874	484	9	2809	7413	4855	6234	6508	522	40
集美区	21402	242	8	2723	6817	3453	3602	4117	384	56
同安区	15751	314	16	2975	6590	2293	1878	1597	82	6
翔安区	2028	29	1	252	519	327	434	422	40	4
莆田市	**28294**	**525**	**25**	**4068**	**12124**	**4728**	**3316**	**3308**	**183**	**17**
城厢区	7788	36	1	663	2658	1585	1324	1421	88	12
涵江区	7830	120	2	1268	3850	1324	684	554	28	
荔城区	9945	50	9	1381	4587	1562	1148	1141	62	5
秀屿区	2731	319	13	756	1029	257	160	192	5	
仙游县										
三明市	**10404**	**131**	**2**	**1340**	**2877**	**2167**	**1824**	**1931**	**123**	**9**
梅列区	3942	63		310	874	813	805	1000	70	7
三元区	2488	35	1	458	798	494	371	302	28	1
明溪县										
清流县										
宁化县										
大田县										
尤溪县										
沙县										
将乐县										
泰宁县										
建宁县										
永安市	3974	33	1	572	1205	860	648	629	25	1

4-2a 续表 4 单位：人

地区 性别	合计	未上过学	学前教育	小学	初中	高中	大学专科	大学本科	硕士研究生	博士研究生
泉州市	**72546**	**800**	**26**	**13798**	**29492**	**10315**	**8835**	**8612**	**623**	**45**
鲤城区	10053	113	4	1639	3989	1511	1431	1267	97	2
丰泽区	15584	163	1	2244	4313	2306	2886	3312	329	30
洛江区	2274	39		432	770	293	343	357	36	4
泉港区	2552	14	1	587	974	378	357	235	4	2
惠安县										
安溪县										
永春县										
德化县										
石狮市	9890	87	4	1989	4715	1426	774	836	56	3
晋江市	25806	289	10	5383	12216	3516	2381	1922	85	4
南安市	6387	95	6	1524	2515	885	663	683	16	
漳州市	**21585**	**262**	**9**	**3599**	**7045**	**3538**	**3530**	**3340**	**241**	**21**
芗城区	9730	91	2	963	2832	1825	1849	1968	181	19
龙文区	7127	81	6	1443	2358	1079	1147	962	49	2
云霄县										
漳浦县										
诏安县										
长泰县										
东山县										
南靖县										
平和县										
华安县										
龙海市	4708	90	1	1186	1846	632	532	410	11	
南平市	**16634**	**129**	**5**	**2298**	**5899**	**3025**	**2508**	**2654**	**111**	**5**
延平区	5088	40	4	625	1593	1000	836	942	47	1
建阳区	2750	33		373	935	459	385	541	22	2
顺昌县										
浦城县										
光泽县										
松溪县										
政和县										
邵武市	3369	15		499	1330	579	500	441	4	1
武夷山市	2800	15	1	355	1071	526	427	372	32	1
建瓯市	2627	26		446	970	461	360	358	6	
龙岩市	**16847**	**245**	**10**	**1932**	**5434**	**3262**	**2921**	**2873**	**163**	**7**
新罗区	13098	191	3	1366	4012	2576	2358	2429	156	7
永定区	1328	10	2	146	527	236	196	210	1	
长汀县										
上杭县										
武平县										
连城县										
漳平市	2421	44	5	420	895	450	367	234	6	
宁德市	**16035**	**248**	**3**	**3027**	**4525**	**2949**	**2418**	**2689**	**169**	**7**
蕉城区	7273	77		975	1929	1418	1240	1493	135	6
霞浦县										
古田县										
屏南县										
寿宁县										
周宁县										
柘荣县										
福安市	4367	38	1	917	1360	855	592	586	18	
福鼎市	4395	133	2	1135	1236	676	586	610	16	1

4−2b 各地区分性别、受教育程度的就业人口(镇)

单位：人

地区 性别	合计	未上过学	学前教育	小学	初中	高中	大学专科	大学本科	硕士研究生	博士研究生
合计	**552481**	**5375**	**342**	**109544**	**249863**	**90752**	**52647**	**42254**	**1497**	**207**
福州市	**88326**	**302**	**36**	**13400**	**38217**	**18076**	**8927**	**8693**	**536**	**139**
鼓楼区										
台江区										
仓山区										
马尾区										
晋安区	72			16	33	16	4	3		
长乐区	9268	55	6	2046	4664	1646	450	376	22	3
闽侯县	24147	48	3	2133	9774	5052	3174	3425	409	129
连江县	14269	51	6	2471	6228	2768	1320	1399	25	1
罗源县	8709	2	1	1633	3791	1615	905	747	14	1
闽清县	4511	8	2	455	2010	978	568	483	6	1
永泰县	5674	3		751	2529	1183	705	491	12	
平潭县	8684	36	3	1144	3418	1820	1080	1149	30	4
福清市	12992	99	15	2751	5770	2998	721	620	18	
厦门市	**16766**	**235**	**1**	**2142**	**7667**	**3415**	**1861**	**1351**	**85**	**9**
思明区										
海沧区										
湖里区	171	8		21	90	29	13	9	1	
集美区	23			7	6	4	4	2		
同安区	796	35		154	351	130	85	41		
翔安区	15776	192	1	1960	7220	3252	1759	1299	84	9
莆田市	**24527**	**346**	**9**	**4604**	**11209**	**4327**	**2340**	**1646**	**43**	**3**
城厢区	1319	24	1	217	708	239	92	37	1	
涵江区	519	6		52	311	80	50	20		
荔城区	292	1		63	170	38	6	14		
秀屿区	4247	168	3	1262	1948	490	183	191	1	1
仙游县	18150	147	5	3010	8072	3480	2009	1384	41	2
三明市	**42264**	**467**	**30**	**7746**	**16318**	**7295**	**5278**	**5014**	**107**	**9**
梅列区	550	10	2	101	272	92	41	31	1	
三元区	308	7		71	148	48	29	5		
明溪县	2087	27	1	307	725	366	333	318	9	1
清流县	3163	75	4	615	1083	553	405	420	7	1
宁化县	5726	76	3	1049	2197	1075	680	630	15	1
大田县	7207	67	8	1583	2862	1099	867	707	14	
尤溪县	6809	26	7	1070	2764	1221	886	816	19	
沙县	6773	75	3	1116	2458	1326	858	912	22	3
将乐县	3428	27		641	1313	558	416	465	7	1
泰宁县	2624	30	2	459	1006	410	351	360	6	
建宁县	2611	36		503	1028	370	354	314	5	1
永安市	978	11		231	462	177	58	36	2	1
泉州市	**158144**	**1236**	**62**	**33391**	**78818**	**23156**	**12130**	**9055**	**284**	**12**
鲤城区										
丰泽区										
洛江区	2175	33	1	488	1042	303	175	117	15	1
泉港区	3232	28	1	706	1350	529	416	195	7	
惠安县	29905	333	20	6963	13486	3846	3012	2181	62	2
安溪县	24135	179	12	4305	12879	3225	1894	1591	49	1
永春县	12307	63	4	2559	6058	1683	975	941	22	2
德化县	14472	178	1	3135	6612	2028	1384	1102	31	1
石狮市	9520	60	5	2492	4812	1384	504	248	15	
晋江市	21881	182	5	5019	10385	3542	1489	1220	38	1
南安市	40517	180	13	7724	22194	6616	2281	1460	45	4
漳州市	**111345**	**1673**	**142**	**25337**	**51100**	**15803**	**10241**	**6781**	**243**	**25**
芗城区	4934	90	2	1259	2623	588	254	112	6	
龙文区										
云霄县	11943	247	13	2728	5249	1743	1168	775	19	1
漳浦县	23100	493	55	5368	10047	3284	2180	1624	46	3

4-2b 续表 1

单位：人

地区 性别	合计	未上过学	学前教育	小学	初中	高中	大学专科	大学本科	硕士研究生	博士研究生
诏安县	13288	282	18	4075	5543	1689	1067	603	9	2
长泰县	8220	45	3	1506	4344	996	743	571	12	
东山县	7678	66	5	1837	3130	1321	912	396	10	1
南靖县	9029	170	17	1882	4137	1382	852	572	15	2
平和县	10399	67	4	2229	5507	1291	802	485	10	4
华安县	3712	44	5	900	1747	380	295	331	10	
龙海市	19042	169	20	3553	8773	3129	1968	1312	106	12
南平市	**26100**	**249**	**10**	**5096**	**11801**	**3831**	**2832**	**2240**	**39**	**2**
延平区	2058	31	1	548	967	277	131	102	1	
建阳区	1280	22	1	299	628	167	76	86	1	
顺昌县	3581	21		508	1518	627	468	426	13	
浦城县	5431	20	2	906	2374	935	675	510	7	2
光泽县	2908	15		455	1273	434	396	325	10	
松溪县	2318	18		351	1005	356	340	248		
政和县	3668	43	1	763	1597	484	449	326	5	
邵武市	1198	11	1	309	646	134	69	27	1	
武夷山市	717	3		98	361	151	57	47		
建瓯市	2941	65	4	859	1432	266	171	143	1	
龙岩市	**37575**	**294**	**15**	**5454**	**16137**	**6779**	**4686**	**4095**	**112**	**3**
新罗区	2861	23	1	436	1439	560	242	154	6	
永定区	3648	39		463	2048	581	296	216	5	
长汀县	8838	81	10	1553	3579	1618	1087	887	22	1
上杭县	9616	71	2	1283	3750	1693	1381	1387	47	2
武平县	6234	28		660	2644	1174	911	793	24	
连城县	5190	26		735	2145	1007	676	593	8	
漳平市	1188	26	2	324	532	146	93	65		
宁德市	**47434**	**573**	**37**	**12374**	**18596**	**8070**	**4352**	**3379**	**48**	**5**
蕉城区	1703	30	2	692	638	219	78	43	1	
霞浦县	15480	119	3	3727	6401	2925	1376	914	13	2
古田县	6449	10		1245	2875	1038	620	653	8	
屏南县	2572	14		567	855	548	338	244	5	1
寿宁县	3020	37		621	1133	462	403	359	5	
周宁县	2933	36	3	802	994	467	317	310	4	
柘荣县	2381	36		556	783	446	271	285	3	1
福安市	6467	65	19	1532	2675	1244	580	344	7	1
福鼎市	6429	226	10	2632	2242	721	369	227	2	
男	**325501**	**1086**	**94**	**52910**	**155921**	**60346**	**30357**	**23853**	**804**	**130**
福州市	**54456**	**90**	**12**	**7369**	**24798**	**11880**	**5157**	**4791**	**274**	**85**
鼓楼区										
台江区										
仓山区										
马尾区										
晋安区	51			9	25	13	2	2		
长乐区	5924	19	2	1190	3034	1162	266	231	18	2
闽侯县	15040	14	1	1267	6352	3385	1834	1905	203	79
连江县	8492	11		1273	3951	1745	747	755	10	
罗源县	5904	2	1	1076	2762	1082	562	413	6	
闽清县	2724	3	1	260	1308	603	305	240	3	1
永泰县	3262	1		369	1463	742	402	280	5	
平潭县	5612	12	3	694	2412	1244	598	629	17	3
福清市	7447	28	4	1231	3491	1904	441	336	12	
厦门市	**10354**	**48**	**1**	**1073**	**4927**	**2329**	**1136**	**788**	**46**	**6**
思明区										
海沧区										
湖里区	124	4		12	69	25	9	4	1	
集美区	17			5	3	4	4	1		
同安区	483	7		74	233	103	49	17		
翔安区	9730	37	1	982	4622	2197	1074	766	45	6

4-2b 续表 2

单位：人

地区 性别	合计	未上过学	学前教育	小学	初中	高中	大学专科	大学本科	硕士 研究生	博士 研究生
莆田市	**14315**	**53**	**4**	**2279**	**6826**	**2888**	**1332**	**906**	**24**	**3**
城厢区	748	2		86	417	172	53	18		
涵江区	291			21	179	50	32	9		
荔城区	178	1		33	106	25	4	9		
秀屿区	2225	19	1	505	1141	336	103	118	1	1
仙游县	10873	31	3	1634	4983	2305	1140	752	23	2
三明市	**24470**	**109**	**9**	**3628**	**9977**	**4820**	**3018**	**2840**	**64**	**5**
梅列区	358	2	1	59	176	72	26	21	1	
三元区	212	4		49	102	34	18	5		
明溪县	1203	8	1	168	437	242	167	174	6	
清流县	1608	13		215	574	316	230	255	4	1
宁化县	3232	16		442	1242	722	415	383	11	1
大田县	4077	7	3	580	1771	766	513	426	11	
尤溪县	4176	8	4	575	1787	828	521	442	11	
沙县	4027	22		609	1560	856	488	479	12	1
将乐县	2099	13		374	837	369	235	266	5	
泰宁县	1417	3		215	567	255	180	195	2	
建宁县	1456	11		220	626	234	189	174	1	1
永安市	605	2		122	298	126	36	20		1
泉州市	**91145**	**188**	**20**	**15230**	**47627**	**15590**	**7070**	**5248**	**163**	**9**
鲤城区										
丰泽区										
洛江区	1240	3		209	632	210	113	67	5	1
泉港区	1838	1	1	296	800	361	265	108	6	
惠安县	16843	40	7	3202	8052	2571	1703	1228	39	1
安溪县	13641	31	1	1848	7509	2173	1065	976	37	1
永春县	7005	11	2	1122	3612	1138	570	542	8	
德化县	8236	15		1188	4043	1407	865	700	17	1
石狮市	6200	21	4	1455	3233	1001	318	157	11	
晋江市	13145	41	1	2589	6565	2404	876	648	20	1
南安市	22997	25	4	3321	13181	4325	1295	822	20	4
漳州市	**64528**	**250**	**26**	**11216**	**32634**	**10553**	**5909**	**3801**	**125**	**14**
芗城区	2996	13		594	1802	404	122	58	3	
龙文区										
云霄县	6705	50	6	1130	3264	1143	666	436	10	
漳浦县	13518	55	3	2314	6603	2270	1295	948	28	2
诏安县	7103	40	4	1656	3432	1068	586	311	5	1
长泰县	4886	8		684	2746	694	435	312	7	
东山县	4407	15		820	1938	861	533	232	7	1
南靖县	4950	14		763	2491	872	476	329	4	1
平和县	6178	9	2	995	3545	873	470	276	4	4
华安县	2156	9	2	390	1123	262	177	188	5	
龙海市	11629	37	9	1870	5690	2106	1149	711	52	5
南平市	**16126**	**94**	**4**	**3076**	**7630**	**2525**	**1551**	**1219**	**25**	**2**
延平区	1309	12	1	323	641	206	73	52	1	
建阳区	776	6	1	181	412	90	44	41	1	
顺昌县	2202	5		293	988	428	258	222	8	
浦城县	3384	10	2	587	1526	596	378	279	4	2
光泽县	1697	5		243	790	272	205	176	6	
松溪县	1480	12		245	670	232	191	130		
政和县	2253	12		428	1054	316	243	197	3	
邵武市	736	3		175	414	92	39	12	1	
武夷山市	475	2		65	241	106	30	31		
建瓯市	1814	27		536	894	187	90	79	1	
龙岩市	**21604**	**32**	**3**	**1938**	**9796**	**4604**	**2751**	**2418**	**60**	**2**
新罗区	1806	5	1	224	970	386	132	86	2	
永定区	2196	6		185	1287	407	183	125	3	

4—2b 续表 3

单位：人

地区 性别	合计	未上过学	学前教育	小学	初中	高中	大学专科	大学本科	硕士研究生	博士研究生
长汀县	4837	10	1	470	2058	1105	657	523	12	1
上杭县	5500			429	2279	1130	821	810	30	1
武平县	3495	4		206	1518	774	512	471	10	
连城县	3080	5		289	1327	697	397	362	3	
漳平市	690	2	1	135	357	105	49	41		
宁德市	**28503**	**222**	**15**	**7101**	**11706**	**5157**	**2433**	**1842**	**23**	**4**
蕉城区	1078	16	1	412	443	142	45	19		
霞浦县	8365	53		1959	3472	1653	704	514	8	2
古田县	4100	5		816	1901	681	348	347	2	
屏南县	1571	6		353	558	346	184	122	2	
寿宁县	1897	15		345	769	334	226	204	4	
周宁县	1885	22	2	517	696	300	179	169		
柘荣县	1493	11		354	516	307	160	143	1	1
福安市	4329	26	8	915	1876	926	372	200	5	1
福鼎市	3785	68	4	1430	1475	468	215	124	1	
女	**226980**	**4289**	**248**	**56634**	**93942**	**30406**	**22290**	**18401**	**693**	**77**
福州市	**33870**	**212**	**24**	**6031**	**13419**	**6196**	**3770**	**3902**	**262**	**54**
鼓楼区										
台江区										
仓山区										
马尾区										
晋安区	21			7	8	3	2	1		
长乐区	3344	36	4	856	1630	484	184	145	4	1
闽侯县	9107	34	2	866	3422	1667	1340	1520	206	50
连江县	5777	40	6	1198	2277	1023	573	644	15	1
罗源县	2805			557	1029	533	343	334	8	1
闽清县	1787	5	1	195	702	375	263	243	3	
永泰县	2412	2		382	1066	441	303	211	7	
平潭县	3072	24		450	1006	576	482	520	13	1
福清市	5545	71	11	1520	2279	1094	280	284	6	
厦门市	**6412**	**187**		**1069**	**2740**	**1086**	**725**	**563**	**39**	**3**
思明区										
海沧区										
湖里区	47	4		9	21	4	4	5		
集美区	6			2	3			1		
同安区	313	28		80	118	27	36	24		
翔安区	6046	155		978	2598	1055	685	533	39	3
莆田市	**10212**	**293**	**5**	**2325**	**4383**	**1439**	**1008**	**740**	**19**	
城厢区	571	22	1	131	291	67	39	19	1	
涵江区	228	6		31	132	30	18	11		
荔城区	114			30	64	13	2	5		
秀屿区	2022	149	2	757	807	154	80	73		
仙游县	7277	116	2	1376	3089	1175	869	632	18	
三明市	**17794**	**358**	**21**	**4118**	**6341**	**2475**	**2260**	**2174**	**43**	**4**
梅列区	192	8	1	42	96	20	15	10		
三元区	96	3		22	46	14	11			
明溪县	884	19		139	288	124	166	144	3	1
清流县	1555	62	4	400	509	237	175	165	3	
宁化县	2494	60	3	607	955	353	265	247	4	
大田县	3130	60	5	1003	1091	333	354	281	3	
尤溪县	2633	18	3	495	977	393	365	374	8	
沙县	2746	53	3	507	898	470	370	433	10	2
将乐县	1329	14		267	476	189	181	199	2	1
泰宁县	1207	27	2	244	439	155	171	165	4	
建宁县	1155	25		283	402	136	165	140	4	
永安市	373	9		109	164	51	22	16	2	

4-2b　续表 4　　　　单位：人

地　区 性　别	合　计	未上过学	学前教育	小　学	初　中	高　中	大学专科	大学本科	硕　士 研究生	博　士 研究生
泉州市	**66999**	**1048**	**42**	**18161**	**31191**	**7566**	**5060**	**3807**	**121**	**3**
鲤城区										
丰泽区										
洛江区	935	30	1	279	410	93	62	50	10	
泉港区	1394	27		410	550	168	151	87	1	
惠安县	13062	293	13	3761	5434	1275	1309	953	23	1
安溪县	10494	148	11	2457	5370	1052	829	615	12	
永春县	5302	52	2	1437	2446	545	405	399	14	2
德化县	6236	163	1	1947	2569	621	519	402	14	
石狮市	3320	39	1	1037	1579	383	186	91	4	
晋江市	8736	141	4	2430	3820	1138	613	572	18	
南安市	17520	155	9	4403	9013	2291	986	638	25	
漳州市	**46817**	**1423**	**116**	**14121**	**18466**	**5250**	**4332**	**2980**	**118**	**11**
芗城区	1938	77	2	665	821	184	132	54	3	
龙文区										
云霄县	5238	197	7	1598	1985	600	502	339	9	1
漳浦县	9582	438	52	3054	3444	1014	885	676	18	1
诏安县	6185	242	14	2419	2111	621	481	292	4	1
长泰县	3334	37	3	822	1598	302	308	259	5	
东山县	3271	51	5	1017	1192	460	379	164	3	
南靖县	4079	156	17	1119	1646	510	376	243	11	1
平和县	4221	58	2	1234	1962	418	332	209	6	
华安县	1556	35	3	510	624	118	118	143	5	
龙海市	7413	132	11	1683	3083	1023	819	601	54	7
南平市	**9974**	**155**	**6**	**2020**	**4171**	**1306**	**1281**	**1021**	**14**	
延平区	749	19		225	326	71	58	50		
建阳区	504	16		118	216	77	32	45		
顺昌县	1379	16		215	530	199	210	204	5	
浦城县	2047	10		319	848	339	297	231	3	
光泽县	1211	10		212	483	162	191	149	4	
松溪县	838	6		106	335	124	149	118		
政和县	1415	31	1	335	543	168	206	129	2	
邵武市	462	8	1	134	232	42	30	15		
武夷山市	242	1		33	120	45	27	16		
建瓯市	1127	38	4	323	538	79	81	64		
龙岩市	**15971**	**262**	**12**	**3516**	**6341**	**2175**	**1935**	**1677**	**52**	**1**
新罗区	1055	18		212	469	174	110	68	4	
永定区	1452	33		278	761	174	113	91	2	
长汀县	4001	71	9	1083	1521	513	430	364	10	
上杭县	4116	71	2	854	1471	563	560	577	17	1
武平县	2739	24		454	1126	400	399	322	14	
连城县	2110	21		446	818	310	279	231	5	
漳平市	498	24	1	189	175	41	44	24		
宁德市	**18931**	**351**	**22**	**5273**	**6890**	**2913**	**1919**	**1537**	**25**	**1**
蕉城区	625	14	1	280	195	77	33	24	1	
霞浦县	7115	66	3	1768	2929	1272	672	400	5	
古田县	2349	5		429	974	357	272	306	6	
屏南县	1001	8		214	297	202	154	122	3	1
寿宁县	1123	22		276	364	128	177	155	1	
周宁县	1048	14	1	285	298	167	138	141	4	
柘荣县	888	25		202	267	139	111	142	2	
福安市	2138	39	11	617	799	318	208	144	2	
福鼎市	2644	158	6	1202	767	253	154	103	1	

4-2c 各地区分性别、受教育程度的就业人口(乡村)

单位：人

地区 性别	合计	未上过学	学前教育	小学	初中	高中	大学专科	大学本科	硕士 研究生	博士 研究生
合计	**626830**	**15605**	**1481**	**211084**	**284483**	**70886**	**27594**	**15124**	**488**	**85**
福州市	**104143**	**1238**	**197**	**29796**	**48051**	**16971**	**4759**	**3010**	**105**	**16**
鼓楼区										
台江区										
仓山区										
马尾区	1105	4	5	241	627	167	45	16		
晋安区	1176	4	2	252	560	224	79	54	1	
长乐区	13364	81	5	3299	6832	2261	524	346	14	2
闽侯县	16875	97	10	2985	8708	3125	1222	692	30	6
连江县	17537	133	32	6264	8057	1997	622	423	9	
罗源县	2582	23	5	1077	1114	226	82	55		
闽清县	5456	42	1	1166	3247	616	257	123	3	1
永泰县	7586	56	8	2824	3381	815	345	152	5	
平潭县	6672	171	11	1795	2802	1010	472	381	26	4
福清市	31790	627	118	9893	12723	6530	1111	768	17	3
厦门市	**32586**	**746**	**8**	**6578**	**13808**	**5292**	**3663**	**2332**	**126**	**33**
思明区										
海沧区	990	4	1	90	388	222	147	131	7	
湖里区										
集美区	6804	60	3	1192	3492	1103	603	344	4	3
同安区	11969	344	2	2627	5309	1594	1244	805	44	
翔安区	12823	338	2	2669	4619	2373	1669	1052	71	30
莆田市	**45725**	**1507**	**90**	**12695**	**22560**	**5846**	**1894**	**1100**	**28**	**5**
城厢区	6404	159	5	1430	3471	875	302	157	4	1
涵江区	3831	42	2	647	2125	710	182	120	3	
荔城区	6141	96	35	1557	3359	708	235	146	5	
秀屿区	13631	826	27	4555	6277	1240	384	312	7	3
仙游县	15718	384	21	4506	7328	2313	791	365	9	1
三明市	**44500**	**1470**	**155**	**17773**	**18665**	**4018**	**1615**	**778**	**24**	**2**
梅列区	489	18	1	150	209	65	29	16	1	
三元区	1238	21	1	523	544	104	30	14	1	
明溪县	2900	47	6	879	1462	299	131	71	5	
清流县	3903	244	22	1680	1436	330	133	56	2	
宁化县	7443	220	15	2796	3104	751	372	178	6	1
大田县	7180	306	62	3622	2447	506	154	81	2	
尤溪县	5637	62	7	1817	2840	598	228	85		
沙县	3340	87	4	1099	1689	294	113	51	2	1
将乐县	2422	78	6	984	1013	166	105	69	1	
泰宁县	1728	53	7	715	743	108	55	46	1	
建宁县	2942	147	2	1463	1027	194	85	24		
永安市	5278	187	22	2045	2151	603	180	87	3	
泉州市	**144450**	**2378**	**209**	**44310**	**71659**	**15955**	**6399**	**3452**	**80**	**8**
鲤城区										
丰泽区										
洛江区	5131	141	20	1481	2507	593	251	134	4	
泉港区	7537	122	4	2124	3352	1060	610	262	3	
惠安县	22628	542	17	6748	10696	2181	1663	765	15	1
安溪县	26681	597	98	10055	12947	1955	649	366	13	1
永春县	7631	115	20	3114	3561	536	172	112	1	
德化县	3677	183	2	1357	1559	359	149	68		
石狮市	5695	45	6	1596	2825	828	216	176	3	
晋江市	35246	400	9	9665	17440	5017	1631	1049	30	5
南安市	30224	233	33	8170	16772	3426	1058	520	11	1
漳州市	**109431**	**3159**	**481**	**41196**	**50325**	**8822**	**3894**	**1505**	**41**	**8**
芗城区	3942	98	2	1183	1850	503	223	82	1	
龙文区	1727	42	3	589	785	178	95	32	2	1
云霄县	11230	390	38	4479	5030	868	310	110	5	
漳浦县	21125	770	137	8142	9583	1589	641	254	8	1

4-2c　续表 1

单位：人

地　区 性　别	合　计	未上过学	学前教育	小　学	初　中	高　中	大学专科	大学本科	硕　士 研究生	博　士 研究生
诏安县	16279	640	126	6854	7111	937	479	128	1	3
长泰县	5796	115	5	2058	2878	365	249	123	3	
东山县	4859	93	14	1807	2313	365	210	55	2	
南靖县	8938	297	36	3355	3948	838	338	123	2	1
平和县	11740	241	69	4290	5952	827	241	116	4	
华安县	3668	122	15	1445	1631	282	119	53	1	
龙海市	20127	351	36	6994	9244	2070	989	429	12	2
南平市	**42195**	**1146**	**74**	**17328**	**18644**	**3136**	**1216**	**633**	**16**	**2**
延平区	4345	98	6	1797	1875	336	160	72	1	
建阳区	5123	173	9	2043	2206	394	172	124	2	
顺昌县	3660	42	9	1381	1829	258	100	40	1	
浦城县	5381	105	10	2260	2434	403	111	57	1	
光泽县	2894	26		1100	1412	190	120	44	2	
松溪县	2516	82	8	964	1175	168	69	48	1	1
政和县	2649	141	3	1129	1073	192	74	37		
邵武市	2438	42		948	1114	225	83	26		
武夷山市	4182	64	7	1399	1969	472	187	78	6	
建瓯市	9007	373	22	4307	3557	498	140	107	2	1
龙岩市	**45541**	**1373**	**115**	**14149**	**21647**	**5274**	**1949**	**1003**	**25**	**6**
新罗区	6179	186	11	1396	3126	956	314	184	5	1
永定区	6556	169	8	1740	3428	773	265	167	6	
长汀县	8062	214	29	2939	3377	924	372	200	4	3
上杭县	7368	193	23	2300	3443	792	398	211	7	1
武平县	5833	121	10	1515	3196	705	205	80	1	
连城县	5403	118	16	1734	2634	581	218	100	1	1
漳平市	6140	372	18	2525	2443	543	177	61	1	
宁德市	**58259**	**2588**	**152**	**27259**	**19124**	**5572**	**2205**	**1311**	**43**	**5**
蕉城区	10478	319	19	4144	3529	1532	624	294	14	3
霞浦县	9133	234	11	4682	3241	620	212	132	1	
古田县	6821	49	8	2853	3119	546	160	82	4	
屏南县	2523	50	7	1120	858	259	116	107	5	1
寿宁县	3117	180	19	1612	943	213	95	54		1
周宁县	3174	122	3	1228	1154	399	139	125	4	
柘荣县	1916	118	7	923	604	152	62	49	1	
福安市	9717	466	34	4850	2877	927	387	170	6	
福鼎市	11380	1050	44	5847	2799	924	410	298	8	
男	**377820**	**3584**	**411**	**105483**	**191314**	**50783**	**16916**	**8988**	**285**	**56**
福州市	**64490**	**276**	**58**	**15508**	**32321**	**11524**	**2942**	**1789**	**64**	**8**
鼓楼区										
台江区										
仓山区										
马尾区	724	3	2	176	409	101	24	9		
晋安区	782	1		141	398	160	56	26		
长乐区	8945	32	2	2111	4675	1571	327	220	6	1
闽侯县	11148	37	7	1827	5889	2224	746	401	14	3
连江县	10561	18	6	3096	5415	1360	404	256	6	
罗源县	1913	9	3	765	871	173	59	33		
闽清县	3666	12		685	2265	465	169	68	1	1
永泰县	4477	7	2	1301	2246	597	222	98	4	
平潭县	4327	55	4	1007	2027	715	271	224	21	3
福清市	17947	102	32	4399	8126	4158	664	454	12	
厦门市	**20246**	**170**	**4**	**3424**	**9258**	**3682**	**2246**	**1369**	**66**	**27**
思明区										
海沧区	629	2	1	53	225	161	95	87	5	
湖里区										
集美区	4259	14		645	2272	768	358	198	1	3
同安区	7283	79	1	1296	3524	1141	755	463	24	
翔安区	8075	75	2	1430	3237	1612	1038	621	36	24

4-2c 续表 2　　单位：人

地区 性别	合计	未上过学	学前教育	小学	初中	高中	大学专科	大学本科	硕士研究生	博士研究生
莆田市	**25917**	**200**	**22**	**5739**	**14045**	**4112**	**1120**	**657**	**18**	**4**
城厢区	3500	18	1	570	2060	604	166	77	3	1
涵江区	2279	7		279	1318	484	114	75	2	
荔城区	3417	15	14	660	2004	497	132	92	3	
秀屿区	7065	64	2	1781	3872	894	248	198	4	2
仙游县	9656	96	5	2449	4791	1633	460	215	6	1
三明市	**27371**	**334**	**38**	**9165**	**13138**	**3100**	**1081**	**499**	**15**	**1**
梅列区	287	2		74	138	46	18	8	1	
三元区	864	8	1	318	425	80	22	10		
明溪县	1842	14	2	485	998	213	87	41	2	
清流县	2103	45	2	719	956	261	85	33	2	
宁化县	4481	43	4	1278	2171	609	256	116	3	1
大田县	4200	48	12	1671	1887	421	100	59	2	
尤溪县	3849	16	3	1098	2064	455	156	57		
沙县	2124	35	2	668	1092	215	78	32	2	
将乐县	1567	27	3	604	691	131	66	44	1	
泰宁县	1059	16		393	506	80	36	27	1	
建宁县	1723	31	1	757	714	147	54	19		
永安市	3272	49	8	1100	1496	442	123	53	1	
泉州市	**83406**	**404**	**39**	**20116**	**45516**	**11388**	**3837**	**2054**	**47**	**5**
鲤城区										
丰泽区										
洛江区	2927	27	4	642	1554	442	172	83	3	
泉港区	4203	8	1	784	2147	747	364	152		
惠安县	12913	50	2	2989	6856	1541	1007	461	6	1
安溪县	14981	113	15	4241	8408	1516	429	247	12	
永春县	4579	21	3	1497	2469	411	114	63	1	
德化县	2207	20		645	1095	293	105	49		
石狮市	3488	17	2	875	1780	578	138	95	3	
晋江市	21081	99	2	4961	11020	3512	893	576	15	3
南安市	17027	49	10	3482	10187	2348	615	328	7	1
漳州市	**63227**	**458**	**112**	**17903**	**35115**	**6541**	**2254**	**814**	**25**	**5**
芗城区	2344	10		496	1307	361	125	44	1	
龙文区	928	10		237	506	116	42	15	1	1
云霄县	6464	53	9	1774	3686	673	197	70	2	
漳浦县	11972	97	11	3359	6782	1209	369	139	5	1
诏安县	9116	102	50	3000	4909	691	288	73	1	2
长泰县	3247	21	2	845	1910	272	128	66	3	
东山县	2813	11		737	1628	266	132	38	1	
南靖县	4942	37	4	1345	2723	603	165	65		
平和县	7072	42	25	1907	4215	673	145	61	4	
华安县	2084	11	1	620	1135	205	79	32	1	
龙海市	12245	64	10	3583	6314	1472	584	211	6	1
南平市	**28156**	**502**	**36**	**11068**	**13136**	**2284**	**752**	**367**	**11**	
延平区	2870	40	2	1100	1312	252	115	48	1	
建阳区	3450	84	1	1362	1557	276	99	69	2	
顺昌县	2466	12	4	862	1306	195	63	23	1	
浦城县	3625	54	6	1475	1708	283	63	35	1	
光泽县	1916	10		675	982	147	69	31	2	
松溪县	1697	35	4	596	866	130	41	24	1	
政和县	1797	53	1	731	793	145	52	22		
邵武市	1572	13		554	751	187	52	15		
武夷山市	2823	32	4	915	1387	311	122	50	2	
建瓯市	5940	169	14	2798	2474	358	76	50	1	
龙岩市	**27501**	**229**	**20**	**5906**	**15251**	**4168**	**1279**	**630**	**14**	**4**
新罗区	4092	42	4	741	2295	734	181	92	2	1
永定区	3991	25	1	744	2319	598	188	112	4	

4-2c 续表 3

单位：人

地区 性别	合计	未上过学	学前教育	小学	初中	高中	大学专科	大学本科	硕士研究生	博士研究生
长汀县	4695	29	4	1122	2424	741	236	136	2	1
上杭县	4338	25	3	860	2428	638	262	117	4	1
武平县	3377	15	2	490	2123	561	131	54	1	
连城县	3310	29	3	733	1854	468	150	71	1	1
漳平市	3698	64	3	1216	1808	428	131	48		
宁德市	**37506**	**1011**	**82**	**16654**	**13534**	**3984**	**1405**	**809**	**25**	**2**
蕉城区	6578	145	13	2504	2331	1002	410	164	8	1
霞浦县	5999	106	4	2819	2361	477	137	95		
古田县	4551	25	2	1856	2135	389	92	50	2	
屏南县	1717	20	4	737	639	193	67	54	3	
寿宁县	2023	48	10	992	720	173	48	31		1
周宁县	2263	68	2	836	895	294	88	78	2	
柘荣县	1250	57	5	576	437	113	33	28	1	
福安市	6157	171	20	2907	2017	679	261	99	3	
福鼎市	6968	371	22	3427	1999	664	269	210	6	
女	**249010**	**12021**	**1070**	**105601**	**93169**	**20103**	**10678**	**6136**	**203**	**29**
福州市	**39653**	**962**	**139**	**14288**	**15730**	**5447**	**1817**	**1221**	**41**	**8**
鼓楼区										
台江区										
仓山区										
马尾区	381	1	3	65	218	66	21	7		
晋安区	394	3	2	111	162	64	23	28	1	
长乐区	4419	49	3	1188	2157	690	197	126	8	1
闽侯县	5727	60	3	1158	2819	901	476	291	16	3
连江县	6976	115	26	3168	2642	637	218	167	3	
罗源县	669	14	2	312	243	53	23	22		
闽清县	1790	30	1	481	982	151	88	55	2	
永泰县	3109	49	6	1523	1135	218	123	54	1	
平潭县	2345	116	7	788	775	295	201	157	5	1
福清市	13843	525	86	5494	4597	2372	447	314	5	3
厦门市	**12340**	**576**	**4**	**3154**	**4550**	**1610**	**1417**	**963**	**60**	**6**
思明区										
海沧区	361	2		37	163	61	52	44	2	
湖里区										
集美区	2545	46	3	547	1220	335	245	146	3	
同安区	4686	265	1	1331	1785	453	489	342	20	
翔安区	4748	263		1239	1382	761	631	431	35	6
莆田市	**19808**	**1307**	**68**	**6956**	**8515**	**1734**	**774**	**443**	**10**	**1**
城厢区	2904	141	4	860	1411	271	136	80	1	
涵江区	1552	35	2	368	807	226	68	45	1	
荔城区	2724	81	21	897	1355	211	103	54	2	
秀屿区	6566	762	25	2774	2405	346	136	114	3	1
仙游县	6062	288	16	2057	2537	680	331	150	3	
三明市	**17129**	**1136**	**117**	**8608**	**5527**	**918**	**534**	**279**	**9**	**1**
梅列区	202	16	1	76	71	19	11	8		
三元区	374	13		205	119	24	8	4	1	
明溪县	1058	33	4	394	464	86	44	30	3	
清流县	1800	199	20	961	480	69	48	23		
宁化县	2962	177	11	1518	933	142	116	62	3	
大田县	2980	258	50	1951	560	85	54	22		
尤溪县	1788	46	4	719	776	143	72	28		
沙县	1216	52	2	431	597	79	35	19		1
将乐县	855	51	3	380	322	35	39	25		
泰宁县	669	37	7	322	237	28	19	19		
建宁县	1219	116	1	706	313	47	31	5		
永安市	2006	138	14	945	655	161	57	34	2	

4-2c 续表 4

单位：人

地区 性别	合 计	未上过学	学前教育	小 学	初 中	高 中	大学专科	大学本科	硕 士 研究生	博 士 研究生
泉州市	**61044**	**1974**	**170**	**24194**	**26143**	**4567**	**2562**	**1398**	**33**	**3**
鲤城区										
丰泽区										
洛江区	2204	114	16	839	953	151	79	51	1	
泉港区	3334	114	3	1340	1205	313	246	110	3	
惠安县	9715	492	15	3759	3840	640	656	304	9	
安溪县	11700	484	83	5814	4539	439	220	119	1	1
永春县	3052	94	17	1617	1092	125	58	49		
德化县	1470	163	2	712	464	66	44	19		
石狮市	2207	28	4	721	1045	250	78	81		
晋江市	14165	301	7	4704	6420	1505	738	473	15	2
南安市	13197	184	23	4688	6585	1078	443	192	4	
漳州市	**46204**	**2701**	**369**	**23293**	**15210**	**2281**	**1640**	**691**	**16**	**3**
芗城区	1598	88	2	687	543	142	98	38		
龙文区	799	32	3	352	279	62	53	17	1	
云霄县	4766	337	29	2705	1344	195	113	40	3	
漳浦县	9153	673	126	4783	2801	380	272	115	3	
诏安县	7163	538	76	3854	2202	246	191	55		1
长泰县	2549	94	3	1213	968	93	121	57		
东山县	2046	82	14	1070	685	99	78	17	1	
南靖县	3996	260	32	2010	1225	235	173	58	2	1
平和县	4668	199	44	2383	1737	154	96	55		
华安县	1584	111	14	825	496	77	40	21		
龙海市	7882	287	26	3411	2930	598	405	218	6	1
南平市	**14039**	**644**	**38**	**6260**	**5508**	**852**	**464**	**266**	**5**	**2**
延平区	1475	58	4	697	563	84	45	24		
建阳区	1673	89	8	681	649	118	73	55		
顺昌县	1194	30	5	519	523	63	37	17		
浦城县	1756	51	4	785	726	120	48	22		
光泽县	978	16		425	430	43	51	13		
松溪县	819	47	4	368	309	38	28	24		1
政和县	852	88	2	398	280	47	22	15		
邵武市	866	29		394	363	38	31	11		
武夷山市	1359	32	3	484	582	161	65	28	4	
建瓯市	3067	204	8	1509	1083	140	64	57	1	1
龙岩市	**18040**	**1144**	**95**	**8243**	**6396**	**1106**	**670**	**373**	**11**	**2**
新罗区	2087	144	7	655	831	222	133	92	3	
永定区	2565	144	7	996	1109	175	77	55	2	
长汀县	3367	185	25	1817	953	183	136	64	2	2
上杭县	3030	168	20	1440	1015	154	136	94	3	
武平县	2456	106	8	1025	1073	144	74	26		
连城县	2093	89	13	1001	780	113	68	29		
漳平市	2442	308	15	1309	635	115	46	13	1	
宁德市	**20753**	**1577**	**70**	**10605**	**5590**	**1588**	**800**	**502**	**18**	**3**
蕉城区	3900	174	6	1640	1198	530	214	130	6	2
霞浦县	3134	128	7	1863	880	143	75	37	1	
古田县	2270	24	6	997	984	157	68	32	2	
屏南县	806	30	3	383	219	66	49	53	2	1
寿宁县	1094	132	9	620	223	40	47	23		
周宁县	911	54	1	392	259	105	51	47	2	
柘荣县	666	61	2	347	167	39	29	21		
福安市	3560	295	14	1943	860	248	126	71	3	
福鼎市	4412	679	22	2420	800	260	141	88	2	

4-3　全省分年龄、性别、受教育程度的就业人口

单位：人

年龄组 性　别	合　计	未上过学	学前教育	小　学	初　中	高　中	大学专科	大学本科	硕　士 研究生	博　士 研究生
总　计	**2052886**	**26559**	**2022**	**419445**	**839148**	**332545**	**211699**	**204016**	**15449**	**2003**
16-19岁	25407	5	7	400	12727	9561	2217	487	2	1
20-24岁	114935	32	15	1337	36754	29583	27304	19501	396	13
25-29岁	219657	73	14	3590	75474	49276	42554	45555	2967	154
30-34岁	319076	205	24	10332	136702	67152	49732	49993	4494	442
35-39岁	273339	330	46	16258	136352	48984	33197	34102	3534	536
40-44岁	250859	959	70	39747	125221	39270	22119	21235	1874	364
45-49岁	288483	2515	167	78884	136585	34940	17210	16834	1129	219
50-54岁	238133	4080	322	93055	94955	24167	10319	10405	690	140
55-59岁	157015	4405	326	67670	52368	20394	6001	5418	320	113
60-64岁	79759	5057	377	48908	18007	6438	662	269	29	12
65-69岁	54322	4586	347	37495	9643	1867	237	133	6	8
70-74岁	20880	2299	178	14518	3160	601	75	41	7	1
75岁及以上	11021	2013	129	7251	1200	312	72	43	1	
男	**1211954**	**6096**	**578**	**208101**	**536812**	**219830**	**118912**	**112130**	**8215**	**1280**
16-19岁	15884	4	1	244	8484	5870	1081	197	2	1
20-24岁	66626	21	6	843	24317	18598	13772	8928	134	7
25-29岁	128169	34	12	2035	47777	31320	22841	22756	1318	76
30-34岁	182176	100	12	5053	80221	41555	26751	26052	2171	261
35-39岁	154912	102	20	6941	78862	29978	18172	18672	1830	335
40-44岁	141521	203	18	16088	74605	24732	12394	12077	1169	235
45-49岁	164439	452	39	32880	85829	23154	10304	10874	761	146
50-54岁	146954	796	68	44214	67891	18718	7284	7361	510	112
55-59岁	104850	831	71	34423	41236	17690	5418	4806	285	90
60-64岁	50991	1143	92	27909	15332	5701	558	224	22	10
65-69岁	34288	1069	99	22741	8368	1685	203	111	6	6
70-74岁	14030	697	81	9778	2818	547	67	35	6	1
75岁及以上	7114	644	59	4952	1072	282	67	37	1	
女	**840932**	**20463**	**1444**	**211344**	**302336**	**112715**	**92787**	**91886**	**7234**	**723**
16-19岁	9523	1	6	156	4243	3691	1136	290		
20-24岁	48309	11	9	494	12437	10985	13532	10573	262	6
25-29岁	91488	39	2	1555	27697	17956	19713	22799	1649	78
30-34岁	136900	105	12	5279	56481	25597	22981	23941	2323	181
35-39岁	118427	228	26	9317	57490	19006	15025	15430	1704	201
40-44岁	109338	756	52	23659	50616	14538	9725	9158	705	129
45-49岁	124044	2063	128	46004	50756	11786	6906	5960	368	73
50-54岁	91179	3284	254	48841	27064	5449	3035	3044	180	28
55-59岁	52165	3574	255	33247	11132	2704	583	612	35	23
60-64岁	28768	3914	285	20999	2675	737	104	45	7	2
65-69岁	20034	3517	248	14754	1275	182	34	22		2
70-74岁	6850	1602	97	4740	342	54	8	6	1	
75岁及以上	3907	1369	70	2299	128	30	5	6		

4-3a 全省分年龄、性别、受教育程度的就业人口(城市)

单位：人

年龄组 性别	合计	未上过学	学前教育	小学	初中	高中	大学专科	大学本科	硕士 研究生	博士 研究生
总计	**873575**	**5579**	**199**	**98817**	**304802**	**170907**	**131458**	**146638**	**13464**	**1711**
16-19岁	12777	1	3	177	6179	4927	1229	258	2	1
20-24岁	63515	13	6	601	16923	15583	16922	13134	324	9
25-29岁	114247	27	3	1356	29579	24255	25064	31461	2396	106
30-34岁	159975	87	9	3769	51573	33702	30759	35892	3827	357
35-39岁	135164	109	15	5460	50691	26580	22269	26378	3195	467
40-44岁	114616	347	16	12554	46952	22384	14528	15778	1730	327
45-49岁	118309	932	30	23827	49493	19789	10880	12126	1031	201
50-54岁	83169	1246	41	24419	31340	12216	5893	7255	633	126
55-59岁	47531	1017	33	13872	15787	8999	3406	4022	293	102
60-64岁	14066	899	22	6879	3933	1764	344	191	24	10
65-69岁	7410	577	17	4358	1751	506	105	89	3	4
70-74岁	1979	206	1	1131	442	132	35	26	5	1
75岁及以上	817	118	3	414	159	70	24	28	1	
男	**508633**	**1426**	**73**	**49708**	**189577**	**108701**	**71639**	**79289**	**7126**	**1094**
16-19岁	7938	1		106	4100	3048	574	106	2	1
20-24岁	35509	10	3	381	11097	9598	8413	5901	102	4
25-29岁	64821	13	2	789	18812	15250	13327	15544	1040	44
30-34岁	89363	47	5	1934	30452	20471	16076	18341	1824	213
35-39岁	75057	35	7	2520	29118	15628	11698	14118	1636	297
40-44岁	64213	72	8	5377	27385	13371	7857	8868	1069	206
45-49岁	67278	186	7	10335	29655	12425	6184	7656	696	134
50-54岁	52963	294	10	12392	21529	9142	4043	4982	470	101
55-59岁	34986	246	14	7863	12249	7722	3047	3503	260	82
60-64岁	9657	247	6	4260	3237	1446	282	152	19	8
65-69岁	4955	178	9	2723	1454	425	87	73	3	3
70-74岁	1353	58		756	368	115	29	22	4	1
75岁及以上	540	39	2	272	121	60	22	23	1	
女	**364942**	**4153**	**126**	**49109**	**115225**	**62206**	**59819**	**67349**	**6338**	**617**
16-19岁	4839		3	71	2079	1879	655	152		
20-24岁	28006	3	3	220	5826	5985	8509	7233	222	5
25-29岁	49426	14	1	567	10767	9005	11737	15917	1356	62
30-34岁	70612	40	4	1835	21121	13231	14683	17551	2003	144
35-39岁	60107	74	8	2940	21573	10952	10571	12260	1559	170
40-44岁	50403	275	8	7177	19567	9013	6671	6910	661	121
45-49岁	51031	746	23	13492	19838	7364	4696	4470	335	67
50-54岁	30206	952	31	12027	9811	3074	1850	2273	163	25
55-59岁	12545	771	19	6009	3538	1277	359	519	33	20
60-64岁	4409	652	16	2619	696	318	62	39	5	2
65-69岁	2455	399	8	1635	297	81	18	16		1
70-74岁	626	148	1	375	74	17	6	4	1	
75岁及以上	277	79	1	142	38	10	2	5		

4-3b　全省分年龄、性别、受教育程度的就业人口(镇)

单位：人

年龄组 性别	合　计	未上过学	学前教育	小　学	初　中	高　中	大学专科	大学本科	硕　士 研究生	博　士 研究生
总　计	**552481**	**5375**	**342**	**109544**	**249863**	**90752**	**52647**	**42254**	**1497**	**207**
16-19岁	5850		1	106	3097	2026	467	153		
20-24岁	26516	8	5	345	9376	6990	5717	4019	54	2
25-29岁	55875	14	2	1011	21447	13301	10358	9302	407	33
30-34岁	85086	39	3	2890	40971	18587	11980	10056	502	58
35-39岁	73349	84	10	4629	41631	13274	7462	5960	254	45
40-44岁	71357	242	19	11571	38585	10553	5650	4582	122	33
45-49岁	83702	576	28	22042	41944	9909	5017	4087	86	13
50-54岁	67793	912	54	24821	28362	7283	3544	2761	47	9
55-59岁	43399	935	61	17437	15437	6147	2118	1233	21	10
60-64岁	20384	998	75	12006	5180	1855	209	56	3	2
65-69岁	12599	879	44	8365	2664	544	74	26	1	2
70-74岁	4457	358	21	2986	858	199	24	11		
75岁及以上	2114	330	19	1335	311	84	27	8		
男	**325501**	**1086**	**94**	**52910**	**155921**	**60346**	**30357**	**23853**	**804**	**130**
16-19岁	3608			61	2063	1205	224	55		
20-24岁	15596	5	2	225	6116	4454	2895	1875	23	1
25-29岁	32483	5	2	587	13173	8385	5504	4609	196	22
30-34岁	48135	16	2	1352	23260	11403	6493	5328	249	32
35-39岁	41100	23	6	1843	23323	8167	4228	3345	141	24
40-44岁	39777	49	5	4509	22549	6804	3154	2598	83	26
45-49岁	47834	95	10	9058	26085	6683	3098	2741	57	7
50-54岁	42090	149	12	11809	19865	5607	2548	2061	33	6
55-59岁	29306	156	14	8844	11913	5274	1927	1151	19	8
60-64岁	13180	220	12	6790	4299	1627	177	51	2	2
65-69岁	8010	170	15	5000	2247	492	62	21	1	2
70-74岁	3018	101	3	1955	753	173	23	10		
75岁及以上	1364	97	11	877	275	72	24	8		
女	**226980**	**4289**	**248**	**56634**	**93942**	**30406**	**22290**	**18401**	**693**	**77**
16-19岁	2242		1	45	1034	821	243	98		
20-24岁	10920	3	3	120	3260	2536	2822	2144	31	1
25-29岁	23392	9		424	8274	4916	4854	4693	211	11
30-34岁	36951	23	1	1538	17711	7184	5487	4728	253	26
35-39岁	32249	61	4	2786	18308	5107	3234	2615	113	21
40-44岁	31580	193	14	7062	16036	3749	2496	1984	39	7
45-49岁	35868	481	18	12984	15859	3226	1919	1346	29	6
50-54岁	25703	763	42	13012	8497	1676	996	700	14	3
55-59岁	14093	779	47	8593	3524	873	191	82	2	2
60-64岁	7204	778	63	5216	881	228	32	5	1	
65-69岁	4589	709	29	3365	417	52	12	5		
70-74岁	1439	257	18	1031	105	26	1	1		
75岁及以上	750	233	8	458	36	12	3			

4-3c 全省分年龄、性别、受教育程度的就业人口(乡村)

单位：人

年龄组 性别	合计	未上过学	学前教育	小学	初中	高中	大学专科	大学本科	硕士研究生	博士研究生
总计	**626830**	**15605**	**1481**	**211084**	**284483**	**70886**	**27594**	**15124**	**488**	**85**
16-19岁	6780	4	3	117	3451	2608	521	76		
20-24岁	24904	11	4	391	10455	7010	4665	2348	18	2
25-29岁	49535	32	9	1223	24448	11720	7132	4792	164	15
30-34岁	74015	79	12	3673	44158	14863	6993	4045	165	27
35-39岁	64826	137	21	6169	44030	9130	3466	1764	85	24
40-44岁	64886	370	35	15622	39684	6333	1941	875	22	4
45-49岁	86472	1007	109	33015	45148	5242	1313	621	12	5
50-54岁	87171	1922	227	43815	35253	4668	882	389	10	5
55-59岁	66085	2453	232	36361	21144	5248	477	163	6	1
60-64岁	45309	3160	280	30023	8894	2819	109	22	2	
65-69岁	34313	3130	286	24772	5228	817	58	18	2	2
70-74岁	14444	1735	156	10401	1860	270	16	4	2	
75岁及以上	8090	1565	107	5502	730	158	21	7		
男	**377820**	**3584**	**411**	**105483**	**191314**	**50783**	**16916**	**8988**	**285**	**56**
16-19岁	4338	3	1	77	2321	1617	283	36		
20-24岁	15521	6	1	237	7104	4546	2464	1152	9	2
25-29岁	30865	16	8	659	15792	7685	4010	2603	82	10
30-34岁	44678	37	5	1767	26509	9681	4182	2383	98	16
35-39岁	38755	44	7	2578	26421	6183	2246	1209	53	14
40-44岁	37531	82	5	6202	24671	4557	1383	611	17	3
45-49岁	49327	171	22	13487	30089	4046	1022	477	8	5
50-54岁	51901	353	46	20013	26497	3969	693	318	7	5
55-59岁	40558	429	43	17716	17074	4694	444	152	6	
60-64岁	28154	676	74	16859	7796	2628	99	21	1	
65-69岁	21323	721	75	15018	4667	768	54	17	2	1
70-74岁	9659	538	78	7067	1697	259	15	3	2	
75岁及以上	5210	508	46	3803	676	150	21	6		
女	**249010**	**12021**	**1070**	**105601**	**93169**	**20103**	**10678**	**6136**	**203**	**29**
16-19岁	2442	1	2	40	1130	991	238	40		
20-24岁	9383	5	3	154	3351	2464	2201	1196	9	
25-29岁	18670	16	1	564	8656	4035	3122	2189	82	5
30-34岁	29337	42	7	1906	17649	5182	2811	1662	67	11
35-39岁	26071	93	14	3591	17609	2947	1220	555	32	10
40-44岁	27355	288	30	9420	15013	1776	558	264	5	1
45-49岁	37145	836	87	19528	15059	1196	291	144	4	
50-54岁	35270	1569	181	23802	8756	699	189	71	3	
55-59岁	25527	2024	189	18645	4070	554	33	11		1
60-64岁	17155	2484	206	13164	1098	191	10	1	1	
65-69岁	12990	2409	211	9754	561	49	4	1		1
70-74岁	4785	1197	78	3334	163	11	1	1		
75岁及以上	2880	1057	61	1699	54	8		1		

4-4　各地区分性别、行业大类的就业人口

单位：人

地区 性别	合计	农、林、牧、渔业						采矿业	
		小计	农业	林业	畜牧业	渔业	农、林、牧、渔专业及辅助性活动	小计	煤炭开采和洗选业
合　计	**2052886**	**287461**	**225735**	**8760**	**18237**	**30569**	**4160**	**5725**	**2271**
福州市	**375287**	**37341**	**28277**	**273**	**1608**	**6913**	**270**	**488**	**138**
鼓楼区	28536	50	18	7	9	13	3	10	1
台江区	17352	32	15		7	9	1	9	4
仓山区	53957	282	157	27	33	46	19	17	2
马尾区	13001	366	225	2	30	106	3	7	
晋安区	39576	405	297	24	46	35	3	14	1
长乐区	33420	2225	1721	7	103	383	11	29	2
闽侯县	41022	2969	2564	36	178	177	14	48	2
连江县	31806	6710	3483	63	335	2715	114	22	2
罗源县	11291	1621	635	9	96	851	30	53	1
闽清县	9967	1575	1371	29	136	28	11	21	
永泰县	13260	4046	3854	19	119	46	8	30	
平潭县	15356	2449	1273	4	70	1096	6	17	4
福清市	66743	14611	12664	46	446	1408	47	211	119
厦门市	**306307**	**5605**	**4744**	**92**	**204**	**495**	**70**	**112**	**5**
思明区	55967	85	44	3	11	27		26	1
海沧区	36592	253	166	30	17	32	8	19	1
湖里区	68802	74	35	5	9	17	8	19	
集美区	59507	372	287	12	30	40	3	9	2
同安区	51776	1959	1744	26	60	88	41	19	
翔安区	33663	2862	2468	16	77	291	10	20	1
莆田市	**135642**	**14999**	**12025**	**89**	**556**	**2018**	**311**	**130**	**10**
城厢区	25800	1601	1436	8	73	76	8	9	2
涵江区	22403	1168	917	16	56	173	6	4	
荔城区	29563	1807	1510	3	76	101	117	15	
秀屿区	24008	7166	5204	5	165	1632	160	69	2
仙游县	33868	3257	2958	57	186	36	20	33	6
三明市	**112282**	**26969**	**22130**	**2228**	**2208**	**247**	**156**	**1147**	**596**
梅列区	10492	288	166	85	29	5	3	17	3
三元区	7854	926	680	183	44	8	11	43	35
明溪县	4987	1155	1046	34	54	13	8	36	
清流县	7066	2857	2451	125	245	33	3	74	4
宁化县	13169	4441	4131	159	110	26	15	88	23
大田县	14387	5015	3795	103	1084	27	6	523	386
尤溪县	12446	2752	2150	280	270	47	5	66	3
沙县	10113	1010	649	220	113	16	12	12	1
将乐县	5850	1426	1211	141	47	13	14	69	31
泰宁县	4352	1084	975	47	42	12	8	7	
建宁县	5553	2417	2202	119	45	15	36	7	
永安市	16013	3598	2674	732	125	32	35	205	110
泉州市	**474949**	**36939**	**28490**	**437**	**4656**	**3151**	**205**	**829**	**173**
鲤城区	23164	98	63	3	15	11	6	7	
丰泽区	36538	227	55	6	19	142	5	8	3
洛江区	12647	640	566	7	52	6	9	4	
泉港区	16615	1177	582	20	133	432	10	76	
惠安县	52533	2714	1403	13	191	1087	20	62	
安溪县	50816	12936	11446	13	1441	14	22	69	3
永春县	19938	4863	4077	97	644	17	28	229	151
德化县	18149	1584	1325	59	186	4	10	125	
石狮市	38531	1062	188	12	25	808	29	12	
晋江市	121082	1684	978	21	155	474	56	83	4
南安市	84936	9954	7807	186	1795	156	10	154	12
漳州市	**269859**	**77458**	**59458**	**1758**	**3608**	**10731**	**1903**	**272**	**5**
芗城区	30428	2199	1779	99	134	149	38	17	
龙文区	17475	1192	874	79	98	129	12	8	
云霄县	23173	7127	5969	123	289	656	90	22	1
漳浦县	44225	16590	11640	349	871	3197	533	92	2

4-4 续表 1

单位：人

地区 性别	合计	农、林、牧、渔业						采矿业	
		小计	农业	林业	畜牧业	渔业	农、林、牧、渔专业及辅助性活动	小计	煤炭开采和洗选业
诏安县	29617	11858	8987	152	619	1840	260	18	
长泰县	14016	2789	2221	82	244	208	34	19	
东山县	12537	3459	747	4	114	2229	365	26	
南靖县	17967	7300	6062	421	444	276	97	10	1
平和县	22139	12668	12215	37	160	11	245	11	
华安县	7380	2475	2021	94	232	35	93	18	
龙海市	50902	9801	6943	318	403	2001	136	31	1
南平市	**109240**	**28560**	**23460**	**2633**	**1713**	**314**	**440**	**285**	**17**
延平区	18618	2737	1898	240	471	113	15	27	
建阳区	13560	2856	2435	193	157	25	46	25	2
顺昌县	7241	2417	1920	361	89	16	31	18	1
浦城县	10812	4028	3568	179	252	18	11	14	
光泽县	5802	1444	935	133	317	12	47	5	2
松溪县	4834	1662	1569	48	31	10	4	16	1
政和县	6317	1506	1250	115	76	6	59	90	3
邵武市	12220	2151	1764	239	68	59	21	67	6
武夷山市	11393	2213	2002	80	43	16	72	12	2
建瓯市	18443	7546	6119	1045	209	39	134	11	
龙岩市	**122685**	**22816**	**18705**	**1091**	**2600**	**232**	**188**	**2058**	**1222**
新罗区	39680	2439	1699	162	511	39	28	914	562
永定区	13224	2810	2360	41	339	31	39	392	333
长汀县	16900	3750	3264	130	326	21	9	29	5
上杭县	16984	2990	2168	158	572	54	38	145	3
武平县	12067	3280	2898	36	286	37	23	159	71
连城县	10593	2713	2105	303	273	27	5	97	45
漳平市	13237	4834	4211	261	293	23	46	322	203
宁德市	**146635**	**36774**	**28446**	**159**	**1084**	**6468**	**617**	**404**	**105**
蕉城区	31886	3406	1941	20	171	1251	23	68	2
霞浦县	24613	7876	3535	7	296	3975	63	46	6
古田县	13270	5413	5043	21	189	72	88	59	
屏南县	5095	1471	1385	14	52	8	12	33	2
寿宁县	6137	2399	2264	6	77	7	45	11	
周宁县	6107	1355	1275	22	49	7	2	4	
柘荣县	4297	1008	978	6	13	2	9	20	2
福安市	26886	6374	5698	46	177	374	79	7	
福鼎市	28344	7472	6327	17	60	772	296	156	93
男	**1211954**	**163346**	**120967**	**6520**	**10383**	**23244**	**2232**	**5017**	**2022**
福州市	**227250**	**20625**	**14114**	**206**	**973**	**5179**	**153**	**448**	**128**
鼓楼区	15430	36	12	7	7	8	2	8	1
台江区	9856	18	6		6	6		8	4
仓山区	32667	198	104	18	25	37	14	17	2
马尾区	8044	287	169	2	23	90	3	7	
晋安区	23424	239	171	13	29	24	2	11	1
长乐区	21786	1587	1139	7	78	356	7	29	2
闽侯县	26188	2008	1706	29	132	131	10	40	2
连江县	19053	3902	1668	45	133	2009	47	22	2
罗源县	7817	1161	459	8	71	600	23	52	1
闽清县	6390	1083	929	25	95	24	10	19	
永泰县	7739	2038	1907	12	76	37	6	29	
平潭县	9939	1494	575	3	45	865	6	15	4
福清市	38917	6574	5269	37	253	992	23	191	109
厦门市	**179472**	**3250**	**2628**	**61**	**139**	**379**	**43**	**85**	**5**
思明区	29991	61	29	3	8	21		20	1
海沧区	22179	152	93	19	11	22	7	14	1
湖里区	39881	52	26	1	6	14	5	15	
集美区	35554	227	162	7	25	32	1	7	2
同安区	31026	1138	978	20	40	77	23	12	
翔安区	20841	1620	1340	11	49	213	7	17	1

4-4　续表 2

单位：人

地　区 性　别	合　计	农、林、牧、渔业						采矿业	
		小计	农业	林业	畜牧业	渔业	农、林、牧、渔专业及辅助性活动	小计	煤炭开采和洗选业
莆田市	**77328**	**6923**	**4990**	**69**	**397**	**1328**	**139**	**97**	**9**
城厢区	14537	770	649	7	50	58	6	8	2
涵江区	12793	644	463	13	42	122	4	3	
荔城区	16780	826	639	2	53	69	63	11	
秀屿区	12689	2830	1611	3	109	1052	55	43	1
仙游县	20529	1853	1628	44	143	27	11	32	6
三明市	**66955**	**15498**	**12539**	**1677**	**977**	**200**	**105**	**970**	**504**
梅列区	6156	182	95	60	20	4	3	16	3
三元区	4896	643	455	140	33	5	10	40	32
明溪县	3045	719	637	26	40	11	5	31	
清流县	3711	1334	1141	83	87	22	1	61	4
宁化县	7713	2425	2223	104	66	23	9	71	19
大田县	8277	2443	2030	88	300	20	5	451	328
尤溪县	8025	1885	1408	245	183	45	4	55	3
沙县	6151	712	430	179	80	12	11	8	1
将乐县	3666	963	790	120	29	11	13	59	26
泰宁县	2476	643	562	37	29	10	5	5	
建宁县	3179	1364	1220	80	24	14	26	4	
永安市	9660	2185	1548	515	86	23	13	169	88
泉州市	**274360**	**17950**	**12896**	**282**	**2045**	**2598**	**129**	**720**	**152**
鲤城区	13111	58	32	2	11	9	4	6	
丰泽区	20954	145	28	5	14	94	4	7	2
洛江区	7234	297	245	4	38	6	4	4	
泉港区	9335	538	170	14	83	268	3	52	
惠安县	29756	1387	310	8	115	949	5	56	
安溪县	28622	6184	5589	10	561	11	13	64	3
永春县	11584	2677	2253	80	309	14	21	204	133
德化县	10443	899	734	46	108	4	7	102	
石狮市	23114	892	123	9	18	720	22	9	
晋江市	72375	1154	574	11	106	421	42	74	4
南安市	47832	3719	2838	93	682	102	4	142	10
漳州市	**155253**	**43766**	**31049**	**1153**	**2305**	**8288**	**971**	**228**	**4**
芗城区	17162	1307	1024	63	84	112	24	15	
龙文区	9549	631	439	47	58	80	7	5	
云霄县	13169	3939	3127	93	191	473	55	21	1
漳浦县	25490	9213	5679	230	577	2499	228	72	1
诏安县	16249	6376	4241	120	422	1450	143	17	
长泰县	8133	1445	1072	51	153	146	23	15	
东山县	7220	2211	320	1	72	1645	173	20	
南靖县	9892	3806	3058	255	261	193	39	9	1
平和县	13250	7440	7148	33	93	8	158	11	
华安县	4240	1239	1000	72	110	30	27	15	
龙海市	30899	6159	3941	188	284	1652	94	28	1
南平市	**68593**	**19623**	**15760**	**2187**	**1158**	**242**	**276**	**261**	**13**
延平区	11306	1782	1169	203	321	78	11	24	
建阳区	8633	2062	1730	163	110	25	34	22	2
顺昌县	4668	1650	1271	287	63	13	16	18	1
浦城县	7009	2764	2440	151	149	14	10	13	
光泽县	3613	1026	666	120	201	8	31	3	1
松溪县	3177	1141	1061	44	24	8	4	15	1
政和县	4050	1062	864	96	59	4	39	89	3
邵武市	7523	1420	1103	202	48	50	17	58	4
武夷山市	6992	1579	1421	71	34	9	44	8	1
建瓯市	11622	5137	4035	850	149	33	70	11	
龙岩市	**71827**	**12123**	**9375**	**756**	**1696**	**189**	**107**	**1833**	**1107**
新罗区	23440	1471	961	109	348	32	21	817	509
永定区	7879	1386	1074	28	229	25	30	365	309

4-4 续表 3

单位：人

地区 性别	合计	农、林、牧、渔业						采矿业	
		小计	农业	林业	畜牧业	渔业	农、林、牧、渔专业及辅助性活动	小计	煤炭开采和洗选业
长汀县	9532	1933	1601	95	212	18	7	25	4
上杭县	9838	1433	928	104	339	42	20	124	3
武平县	6872	1634	1375	28	190	28	13	140	67
连城县	6390	1563	1144	205	185	25	4	88	41
漳平市	7876	2703	2292	187	193	19	12	274	174
宁德市	**90916**	**23588**	**17616**	**129**	**693**	**4841**	**309**	**375**	**100**
蕉城区	20088	2362	1325	13	131	881	12	63	1
霞浦县	14364	5413	2275	7	153	2969	9	44	5
古田县	8651	3747	3490	18	123	61	55	51	
屏南县	3288	985	919	13	40	7	6	30	1
寿宁县	3920	1432	1339	6	44	6	37	10	
周宁县	4148	975	920	17	31	5	2	4	
柘荣县	2743	638	622	5	10	1		20	2
福安市	16821	3797	3327	38	118	252	62	6	
福鼎市	16893	4239	3399	12	43	659	126	147	91
女	**840932**	**124115**	**104768**	**2240**	**7854**	**7325**	**1928**	**708**	**249**
福州市	**148037**	**16716**	**14163**	**67**	**635**	**1734**	**117**	**40**	**10**
鼓楼区	13106	14	6		2	5	1	2	
台江区	7496	14	9		1	3	1	1	
仓山区	21290	84	53	9	8	9	5		
马尾区	4957	79	56		7	16			
晋安区	16152	166	126	11	17	11	1	3	
长乐区	11634	638	582		25	27	4		
闽侯县	14834	961	858	7	46	46	4	8	
连江县	12753	2808	1815	18	202	706	67		
罗源县	3474	460	176	1	25	251	7	1	
闽清县	3577	492	442	4	41	4	1	2	
永泰县	5521	2008	1947	7	43	9	2	1	
平潭县	5417	955	698	1	25	231		2	
福清市	27826	8037	7395	9	193	416	24	20	10
厦门市	**126835**	**2355**	**2116**	**31**	**65**	**116**	**27**	**27**	
思明区	25976	24	15		3	6		6	
海沧区	14413	101	73	11	6	10	1	5	
湖里区	28921	22	9	4	3	3	3	4	
集美区	23953	145	125	5	5	8	2	2	
同安区	20750	821	766	6	20	11	18	7	
翔安区	12822	1242	1128	5	28	78	3	3	
莆田市	**58314**	**8076**	**7035**	**20**	**159**	**690**	**172**	**33**	**1**
城厢区	11263	831	787	1	23	18	2	1	
涵江区	9610	524	454	3	14	51	2	1	
荔城区	12783	981	871	1	23	32	54	4	
秀屿区	11319	4336	3593	2	56	580	105	26	1
仙游县	13339	1404	1330	13	43	9	9	1	
三明市	**45327**	**11471**	**9591**	**551**	**1231**	**47**	**51**	**177**	**92**
梅列区	4336	106	71	25	9	1		1	
三元区	2958	283	225	43	11	3	1	3	3
明溪县	1942	436	409	8	14	2	3	5	
清流县	3355	1523	1310	42	158	11	2	13	
宁化县	5456	2016	1908	55	44	3	6	17	4
大田县	6110	2572	1765	15	784	7	1	72	58
尤溪县	4421	867	742	35	87	2	1	11	
沙县	3962	298	219	41	33	4	1	4	
将乐县	2184	463	421	21	18	2	1	10	5
泰宁县	1876	441	413	10	13	2	3	2	
建宁县	2374	1053	982	39	21	1	10	3	
永安市	6353	1413	1126	217	39	9	22	36	22

4-4 续表 4

单位：人

地区 性别	合计	农、林、牧、渔业						采矿业	
		小计	农业	林业	畜牧业	渔业	农、林、牧、渔专业及辅助性活动	小计	煤炭开采和洗选业
泉州市	**200589**	**18989**	**15594**	**155**	**2611**	**553**	**76**	**109**	**21**
鲤城区	10053	40	31	1	4	2	2	1	
丰泽区	15584	82	27	1	5	48	1	1	1
洛江区	5413	343	321	3	14		5		
泉港区	7280	639	412	6	50	164	7	24	
惠安县	22777	1327	1093	5	76	138	15	6	
安溪县	22194	6752	5857	3	880	3	9	5	
永春县	8354	2186	1824	17	335	3	7	25	18
德化县	7706	685	591	13	78		3	23	
石狮市	15417	170	65	3	7	88	7	3	
晋江市	48707	530	404	10	49	53	14	9	
南安市	37104	6235	4969	93	1113	54	6	12	2
漳州市	**114606**	**33692**	**28409**	**605**	**1303**	**2443**	**932**	**44**	**1**
芗城区	13266	892	755	36	50	37	14	2	
龙文区	7926	561	435	32	40	49	5	3	
云霄县	10004	3188	2842	30	98	183	35	1	
漳浦县	18735	7377	5961	119	294	698	305	20	1
诏安县	13368	5482	4746	32	197	390	117	1	
长泰县	5883	1344	1149	31	91	62	11	4	
东山县	5317	1248	427	3	42	584	192	6	
南靖县	8075	3494	3004	166	183	83	58	1	
平和县	8889	5228	5067	4	67	3	87		
华安县	3140	1236	1021	22	122	5	66	3	
龙海市	20003	3642	3002	130	119	349	42	3	
南平市	**40647**	**8937**	**7700**	**446**	**555**	**72**	**164**	**24**	**4**
延平区	7312	955	729	37	150	35	4	3	
建阳区	4927	794	705	30	47		12	3	
顺昌县	2573	767	649	74	26	3	15		
浦城县	3803	1264	1128	28	103	4	1	1	
光泽县	2189	418	269	13	116	4	16	2	1
松溪县	1657	521	508	4	7	2		1	
政和县	2267	444	386	19	17	2	20	1	
邵武市	4697	731	661	37	20	9	4	9	2
武夷山市	4401	634	581	9	9	7	28	4	1
建瓯市	6821	2409	2084	195	60	6	64		
龙岩市	**50858**	**10693**	**9330**	**335**	**904**	**43**	**81**	**225**	**115**
新罗区	16240	968	738	53	163	7	7	97	53
永定区	5345	1424	1286	13	110	6	9	27	24
长汀县	7368	1817	1663	35	114	3	2	4	1
上杭县	7146	1557	1240	54	233	12	18	21	
武平县	5195	1646	1523	8	96	9	10	19	4
连城县	4203	1150	961	98	88	2	1	9	4
漳平市	5361	2131	1919	74	100	4	34	48	29
宁德市	**55719**	**13186**	**10830**	**30**	**391**	**1627**	**308**	**29**	**5**
蕉城区	11798	1044	616	7	40	370	11	5	1
霞浦县	10249	2463	1260		143	1006	54	2	1
古田县	4619	1666	1553	3	66	11	33	8	
屏南县	1807	486	466	1	12	1	6	3	1
寿宁县	2217	967	925		33	1	8	1	
周宁县	1959	380	355	5	18	2			
柘荣县	1554	370	356	1	3	1	9		
福安市	10065	2577	2371	8	59	122	17	1	
福鼎市	11451	3233	2928	5	17	113	170	9	2

4-4 续表 5　　　　单位：人

地区 性别	采矿业						制造业		
	石油和天然气开采业	黑色金属矿采选业	有色金属矿采选业	非金属矿采选业	开采专业及辅助性活动	其他采矿业	小计	农副食品加工业	食品制造业
合计	**11**	**514**	**559**	**2136**	**144**	**90**	**486898**	**20894**	**16947**
福州市	**3**	**18**	**14**	**294**	**7**	**14**	**54044**	**2600**	**1735**
鼓楼区	2		1	3	2	1	1205	33	37
台江区		1	1	3			487	8	37
仓山区		2	1	9	1	2	6238	126	206
马尾区		2		5			2949	250	140
晋安区	1			7	2	3	3200	71	148
长乐区		4	2	21			10077	255	145
闽侯县				45		1	8600	254	311
连江县		2		17	1		3331	683	211
罗源县		2		47		3	2447	42	12
闽清县			1	19		1	2062	59	88
永泰县		1		29			1238	42	69
平潭县				12	1		411	22	10
福清市		4	8	77		3	11799	755	321
厦门市	**2**	**6**	**36**	**50**	**6**	**7**	**85008**	**1075**	**2419**
思明区		3	18	2	2		3676	39	183
海沧区		2	3	8	2	3	14105	77	442
湖里区	1	1	12	4		1	11065	116	259
集美区	1		2	4			20708	153	223
同安区				18		1	23154	483	961
翔安区			1	14	2	2	12300	207	351
莆田市	**1**	**2**		**109**	**7**	**1**	**38956**	**937**	**811**
城厢区		1		3	3		5488	176	189
涵江区	1			3			8072	195	137
荔城区				11	3	1	10826	179	119
秀屿区				67			5030	250	123
仙游县		1		25	1		9540	137	243
三明市	**2**	**71**	**138**	**284**	**32**	**24**	**16623**	**845**	**756**
梅列区	1	1	3	7	1	1	1785	47	36
三元区		4		3		1	1287	112	73
明溪县				26	9	1	949	25	12
清流县		2		52	15	1	738	65	25
宁化县			48	15		2	1563	92	40
大田县		56	18	57		6	1716	63	53
尤溪县	1	2	36	17	2	5	2565	154	52
沙县				11			1553	103	264
将乐县		3	7	26		2	773	22	41
泰宁县			3	4			272	15	14
建宁县				6	1		528	48	44
永安市		3	23	60	4	5	2894	99	102
泉州市	**1**	**92**	**27**	**502**	**31**	**3**	**176582**	**2328**	**4511**
鲤城区		1		3	2	1	8435	46	150
丰泽区				5			5942	34	143
洛江区		1		3			5567	42	133
泉港区		1		73	1	1	3689	257	96
惠安县		2		60			19661	287	758
安溪县		8		58			11723	190	519
永春县		9	5	64			4757	95	140
德化县		69	19	35	2		7498	68	26
石狮市	1		2	9			16239	297	149
晋江市		1	1	76		1	62267	665	1987
南安市				116	26		30804	347	410
漳州市		**7**		**227**	**20**	**13**	**53939**	**6861**	**4485**
芗城区				14	1	2	5829	386	399
龙文区		2		5		1	3807	233	404
云霄县		1		11	8	1	3567	856	166
漳浦县				85	5		7527	986	299

4-4　续表 6　　　　　　　　　　　　　　　　　　　　单位：人

地　区 性　别	采矿业 石油和天然气开采业	黑色金属矿采选业	有色金属矿采选业	非金属矿采选业	开采专业及辅助性活动	其他采矿业	制造业 小计	农副食品加工业	食品制造业
诏安县				16	1	1	4852	1129	173
长泰县				14	3	2	5444	161	105
东山县				25		1	2317	1283	77
南靖县		1		6		2	2628	277	333
平和县		1		6	2	2	1560	143	106
华安县		2		16			2004	78	70
龙海市				29		1	14404	1329	2353
南平市		**28**	**74**	**146**	**8**	**12**	**17018**	**2310**	**638**
延平区		3		23		1	3029	94	195
建阳区			1	22			1862	65	77
顺昌县				17			1023	157	36
浦城县			1	12	1		1718	473	62
光泽县				2	1		1424	1059	20
松溪县		12		3			668	44	20
政和县		1	70	7	2	7	1318	190	26
邵武市		12	2	41	3	3	2597	94	33
武夷山市				9	1		1175	42	60
建瓯市				10		1	2204	92	109
龙岩市	**2**	**269**	**208**	**324**	**26**	**7**	**17374**	**1219**	**849**
新罗区		145	39	155	13		5071	371	106
永定区	1		7	46	5		1519	160	44
长汀县	1	2	6	13		2	3394	178	146
上杭县		7	92	39	3	1	2580	191	39
武平县		1	59	22	2	4	1691	146	31
连城县		34	5	10	3		1776	146	462
漳平市		80		39			1343	27	21
宁德市		**21**	**62**	**200**	**7**	**9**	**27354**	**2719**	**743**
蕉城区		2	6	53	2	3	8347	353	99
霞浦县		1	1	34	2	2	2877	1255	58
古田县		2	38	17		2	1403	615	87
屏南县		1	1	28		1	371	25	9
寿宁县				10		1	672	31	20
周宁县		1		2	1		484	14	18
柘荣县			9	9			704	7	15
福安市		1		6			6515	105	323
福鼎市		13	7	41	2		5981	314	114
男	**7**	**454**	**482**	**1844**	**131**	**77**	**277069**	**9625**	**7875**
福州市	**1**	**17**	**14**	**268**	**7**	**13**	**33135**	**1266**	**896**
鼓楼区	1		1	2	2	1	748	20	23
台江区		1	1	2			337	7	25
仓山区		2	1	9	1	2	3589	65	102
马尾区		2		5			1857	149	83
晋安区				6	2	2	1908	44	71
长乐区		4	2	21			6420	150	81
闽侯县				37		1	5250	148	163
连江县		2		17	1		1911	216	99
罗源县		2		46		3	1917	20	5
闽清县			1	17		1	1155	37	42
永泰县		1		28			521	26	37
平潭县				10	1		302	10	5
福清市		3	8	68		3	7220	374	160
厦门市	**1**	**6**	**26**	**38**	**5**	**4**	**49548**	**599**	**1201**
思明区		3	12	2	2		2205	23	93
海沧区		2	2	5	2	2	8472	43	230
湖里区		1	10	4			6220	64	138
集美区	1		1	3			11974	102	100
同安区				11		1	13117	258	476
翔安区			1	13	1	1	7560	109	164

4-4 续表 7

单位：人

地区 性别	采矿业						制造业		
	石油和天然气开采业	黑色金属矿采选业	有色金属矿采选业	非金属矿采选业	开采专业及辅助性活动	其他采矿业	小计	农副食品加工业	食品制造业
莆田市	**1**	**2**		**78**	**6**	**1**	**19959**	**476**	**399**
城厢区		1		3	2		2684	81	96
涵江区	1			2			3972	110	61
荔城区				7	3	1	5581	109	58
秀屿区				42			2461	98	57
仙游县		1		24	1		5261	78	127
三明市	**2**	**65**	**113**	**237**	**29**	**20**	**10201**	**482**	**292**
梅列区	1	1	3	7	1		1298	22	15
三元区		4		3		1	883	55	21
明溪县				21	9	1	589	12	7
清流县		2		41	14		340	30	8
宁化县			38	12		2	866	56	15
大田县		51	14	52		6	871	42	23
尤溪县	1	2	31	12	2	4	1518	92	24
沙县				7			970	64	86
将乐县		3	5	23		2	514	10	14
泰宁县			2	3			171	12	5
建宁县				4			300	30	20
永安市		2	20	52	3	4	1881	57	54
泉州市	**1**	**78**	**23**	**434**	**29**	**3**	**97400**	**1170**	**2224**
鲤城区		1		3	1	1	4568	21	86
丰泽区				5			3370	21	62
洛江区		1		3			2873	25	72
泉港区		1		49	1	1	1833	111	35
惠安县		1		55			9703	122	329
安溪县		8		53			6543	103	261
永春县		8	5	58			2084	56	73
德化县		57	17	26	2		3691	37	12
石狮市	1		1	7			9203	140	74
晋江市		1		68		1	35362	340	1030
南安市				107	25		18170	194	190
漳州市		**6**		**189**	**19**	**10**	**29116**	**2720**	**1809**
芗城区				13	1	1	3338	221	148
龙文区		1		3		1	2148	112	147
云霄县		1		10	8	1	1712	248	80
漳浦县				66	5		3666	384	122
诏安县				16	1		1903	332	70
长泰县				12	2	1	3255	86	41
东山县				19		1	1156	504	39
南靖县		1		5		2	1376	138	129
平和县		1		6	2	2	1006	68	50
华安县		2		13			1215	35	19
龙海市				26		1	8341	592	964
南平市		**26**	**73**	**130**	**7**	**12**	**10150**	**1303**	**322**
延平区		3		20		1	1829	60	111
建阳区			1	19			1153	42	38
顺昌县				17			653	84	15
浦城县			1	11	1		1091	313	27
光泽县				1	1		726	518	11
松溪县		11		3			399	29	11
政和县		1	69	7	2	7	775	117	17
邵武市		11	2	35	3	3	1503	59	18
武夷山市				7			765	32	29
建瓯市				10		1	1256	49	45
龙岩市	**1**	**233**	**181**	**281**	**23**	**7**	**10240**	**668**	**286**
新罗区		132	34	131	11		3445	199	46
永定区			7	44	5		832	93	16

4-4　续表 8　　　　单位：人

地区 性别	采矿业						制造业		
	石油和天然气开采业	黑色金属矿采选业	有色金属矿采选业	非金属矿采选业	开采专业及辅助性活动	其他采矿业	小计	农副食品加工业	食品制造业
长汀县	1	2	6	10		2	1648	85	62
上杭县		7	81	30	2	1	1633	97	13
武平县		1	49	17	2	4	963	91	17
连城县		30	4	10	3		876	86	119
漳平市		61		39			843	17	13
宁德市		**21**	**52**	**189**	**6**	**7**	**17320**	**941**	**446**
蕉城区		2	5	51	2	2	5894	182	55
霞浦县		1	1	33	2	2	1144	257	39
古田县		2	31	17		1	830	237	57
屏南县		1	1	26		1	274	15	3
寿宁县				9		1	492	19	12
周宁县		1		2	1		310	10	11
柘荣县			9	9			429	5	11
福安市		1		5			4406	64	192
福鼎市		13	5	37	1		3541	152	66
女	**4**	**60**	**77**	**292**	**13**	**13**	**209829**	**11269**	**9072**
福州市	**2**	**1**		**26**		**1**	**20909**	**1334**	**839**
鼓楼区	1			1			457	13	14
台江区				1			150	1	12
仓山区							2649	61	104
马尾区							1092	101	57
晋安区	1			1		1	1292	27	77
长乐区							3657	105	64
闽侯县				8			3350	106	148
连江县							1420	467	112
罗源县				1			530	22	7
闽清县				2			907	22	46
永泰县				1			717	16	32
平潭县				2			109	12	5
福清市		1		9			4579	381	161
厦门市	**1**		**10**	**12**	**1**	**3**	**35460**	**476**	**1218**
思明区			6				1471	16	90
海沧区			1	3		1	5633	34	212
湖里区	1		2			1	4845	52	121
集美区			1	1			8734	51	123
同安区				7			10037	225	485
翔安区				1	1	1	4740	98	187
莆田市				**31**	**1**		**18997**	**461**	**412**
城厢区					1		2804	95	93
涵江区				1			4100	85	76
荔城区				4			5245	70	61
秀屿区				25			2569	152	66
仙游县				1			4279	59	116
三明市		**6**	**25**	**47**	**3**	**4**	**6422**	**363**	**464**
梅列区						1	487	25	21
三元区							404	57	52
明溪县				5			360	13	5
清流县				11	1	1	398	35	17
宁化县			10	3			697	36	25
大田县		5	4	5			845	21	30
尤溪县			5	5		1	1047	62	28
沙县				4			583	39	178
将乐县			2	3			259	12	27
泰宁县			1	1			101	3	9
建宁县				2	1		228	18	24
永安市		1	3	8	1	1	1013	42	48

4-4 续表 9 单位：人

地区 性别	采矿业						制造业		
	石油和天然气开采业	黑色金属矿采选业	有色金属矿采选业	非金属矿采选业	开采专业及辅助性活动	其他采矿业	小计	农副食品加工业	食品制造业
泉州市		**14**	**4**	**68**	**2**		**79182**	**1158**	**2287**
鲤城区					1		3867	25	64
丰泽区							2572	13	81
洛江区							2694	17	61
泉港区				24			1856	146	61
惠安县		1		5			9958	165	429
安溪县				5			5180	87	258
永春县		1		6			2673	39	67
德化县		12	2	9			3807	31	14
石狮市			1	2			7036	157	75
晋江市			1	8			26905	325	957
南安市				9	1		12634	153	220
漳州市		**1**		**38**	**1**	**3**	**24823**	**4141**	**2676**
芗城区				1		1	2491	165	251
龙文区		1		2			1659	121	257
云霄县				1			1855	608	86
漳浦县				19			3861	602	177
诏安县						1	2949	797	103
长泰县				2	1	1	2189	75	64
东山县				6			1161	779	38
南靖县				1			1252	139	204
平和县							554	75	56
华安县				3			789	43	51
龙海市				3			6063	737	1389
南平市		**2**	**1**	**16**	**1**		**6868**	**1007**	**316**
延平区				3			1200	34	84
建阳区				3			709	23	39
顺昌县							370	73	21
浦城县				1			627	160	35
光泽县				1			698	541	9
松溪县		1					269	15	9
政和县			1				543	73	9
邵武市		1		6			1094	35	15
武夷山市				2	1		410	10	31
建瓯市							948	43	64
龙岩市	**1**	**36**	**27**	**43**	**3**		**7134**	**551**	**563**
新罗区		13	5	24	2		1626	172	60
永定区	1			2			687	67	28
长汀县				3			1746	93	84
上杭县			11	9	1		947	94	26
武平县			10	5			728	55	14
连城县		4	1				900	60	343
漳平市		19					500	10	8
宁德市			**10**	**11**	**1**	**2**	**10034**	**1778**	**297**
蕉城区			1	2		1	2453	171	44
霞浦县				1			1733	998	19
古田县			7			1	573	378	30
屏南县				2			97	10	6
寿宁县				1			180	12	8
周宁县							174	4	7
柘荣县							275	2	4
福安市				1			2109	41	131
福鼎市			2	4	1		2440	162	48

4-4 续表 10

单位：人

地区 性别	制造业								
	酒、饮料和精制茶制造业	烟草制品业	纺织业	纺织服装、服饰业	皮革、毛皮、羽毛及其制品和制鞋业	木材加工和木、竹、藤、棕、草制品业	家具制造业	造纸和纸制品业	印刷和记录媒介复制业
合计	**11009**	**899**	**22538**	**48472**	**67213**	**14820**	**11882**	**12174**	**5414**
福州市	**435**	**42**	**6249**	**2521**	**3662**	**1148**	**2012**	**878**	**669**
鼓楼区	21	3	37	30	18	17	26	19	62
台江区	3		11	14	14	11	6	8	41
仓山区	112	1	67	588	1206	67	128	128	209
马尾区	32		43	42	151	59	79	56	21
晋安区	48	3	75	184	193	70	98	30	134
长乐区	25	1	4921	153	95	66	285	82	11
闽侯县	73		184	397	308	442	523	149	74
连江县	38	1	179	121	209	79	97	72	18
罗源县	1	33	24	18	9	40	98	8	4
闽清县	10		8	28	121	56	62	47	4
永泰县	16		235	534	8	48	55	6	
平潭县	4		30	16	2	24	10	2	5
福清市	52		435	396	1328	169	545	271	86
厦门市	**780**	**240**	**1832**	**5538**	**1786**	**594**	**1824**	**2223**	**1548**
思明区	91	100	30	206	49	40	59	78	139
海沧区	53	96	269	136	62	103	319	286	139
湖里区	139	26	138	1463	161	43	157	139	211
集美区	71	10	682	1553	230	112	358	339	341
同安区	354	8	538	1992	1200	224	799	1208	597
翔安区	72		175	188	84	72	132	173	121
莆田市	**246**	**3**	**820**	**2492**	**18652**	**1134**	**2137**	**562**	**196**
城厢区	23	1	189	474	3353	47	38	111	36
涵江区	114		75	555	3665	195	199	210	55
荔城区	37		94	313	7977	81	109	133	47
秀屿区	11		278	571	1247	370	228	41	34
仙游县	61	2	184	579	2410	441	1563	67	24
三明市	**191**	**76**	**1708**	**1348**	**436**	**1933**	**288**	**586**	**78**
梅列区	9	18	53	32	3	27	17	8	5
三元区	13	48	32	38	4	57	18	12	14
明溪县	2		17	389	62	76	27		2
清流县	5		57	101	26	59	15	8	4
宁化县	14	6	141	198	101	97	52	19	8
大田县	54	2	50	369	79	89	14	63	8
尤溪县	49		798	90	42	576	18	98	10
沙县	12		51	9	3	224	34	262	
将乐县	1	1	94	12	62	129	26	33	1
泰宁县	9		10	17	4	63	8	3	4
建宁县	9		11	57	26	60	10	61	3
永安市	14	1	394	36	24	476	49	19	19
泉州市	**4863**	**5**	**9039**	**30654**	**40661**	**1687**	**1937**	**5155**	**2100**
鲤城区	24		314	1946	2546	29	42	77	146
丰泽区	45	2	184	577	1059	34	71	128	220
洛江区	8		91	325	2128	26	130	500	39
泉港区	40		234	461	703	75	104	31	11
惠安县	207	2	288	3831	4934	163	304	778	142
安溪县	4076		69	1107	142	369	161	328	46
永春县	165		157	1423	424	150	61	141	14
德化县	18		35	128	27	155	45	226	69
石狮市	31		2874	7265	873	32	27	150	149
晋江市	155	1	4252	10830	24660	226	322	1996	970
南安市	94		541	2761	3165	428	670	800	294
漳州市	**1505**	**18**	**1154**	**2706**	**894**	**2438**	**2436**	**1950**	**455**
芗城区	107	1	52	74	52	218	789	157	135
龙文区	195	4	31	48	17	428	251	196	64
云霄县	55	3	58	235	38	135	23	88	15
漳浦县	193	1	267	1452	312	534	71	82	66

4-4 续表 11

单位：人

地区 性别	制造业 酒、饮料和精制茶制造业	烟草制品业	纺织业	纺织服装、服饰业	皮革、毛皮、羽毛及其制品和制鞋业	木材加工和木、竹、藤、棕、草制品业	家具制造业	造纸和纸制品业	印刷和记录媒介复制业
诏安县	114		131	443	35	88	59	67	30
长泰县	42	5	140	127	204	158	169	274	8
东山县	8		94	29	31	35	12	11	9
南靖县	131	3	34	67	32	143	106	101	10
平和县	43		48	103	52	194	33	83	10
华安县	513		49	17	13	152	182	29	2
龙海市	104	1	250	111	108	353	741	862	106
南平市	**1177**	**88**	**461**	**735**	**161**	**3806**	**495**	**283**	**131**
延平区	23	1	173	330	20	290	47	97	21
建阳区	41		18	85	18	513	68	12	23
顺昌县	9	3	10	14	9	286	19	6	22
浦城县	18		6	53	30	208	26	32	11
光泽县	23	1	4	46	6	79	14	8	2
松溪县	39		12	35	27	159	27	24	1
政和县	93	4	5	9	16	556	36	13	3
邵武市	10	78	216	99	13	700	106	41	20
武夷山市	747		10	10	3	110	17	9	11
建瓯市	174	1	7	54	19	905	135	41	17
龙岩市	**252**	**420**	**595**	**1562**	**319**	**1223**	**503**	**262**	**151**
新罗区	67	309	92	58	9	242	193	65	94
永定区	27	85	15	123	12	64	48	32	7
长汀县	24	10	360	1033	201	203	52	56	18
上杭县	18	9	41	191	23	153	61	28	10
武平县	29	6	22	76	21	123	39	22	6
连城县	12		27	47	16	204	53	41	7
漳平市	75	1	38	34	37	234	57	18	9
宁德市	**1560**	**7**	**680**	**916**	**642**	**857**	**250**	**275**	**86**
蕉城区	452		23	36	15	329	41	37	11
霞浦县	52		276	90	201	64	41	8	12
古田县	11	1	6	22	7	77	18	11	3
屏南县	17	2	3	14	4	44	44	2	1
寿宁县	84		5	60	19	53	19	1	1
周宁县	102		2	7	5	44	12	1	2
柘荣县	34		10	69	8	23	2	5	3
福安市	246	1	21	107	123	102	37	119	16
福鼎市	562	3	334	511	260	121	36	91	37
男	**6096**	**519**	**11688**	**16899**	**31119**	**9575**	**8063**	**7014**	**3375**
福州市	**273**	**31**	**3352**	**857**	**1513**	**806**	**1306**	**534**	**411**
鼓楼区	11	1	18	14	6	11	13	16	39
台江区	2		5	5	6	9	2	4	26
仓山区	74	1	34	256	516	50	85	78	135
马尾区	13		15	14	40	35	51	33	10
晋安区	35	3	36	60	63	52	63	15	92
长乐区	18		2722	61	44	55	179	50	6
闽侯县	45		78	142	118	277	362	85	34
连江县	25	1	46	51	75	73	64	34	8
罗源县	1	25	16	5	4	33	67	3	4
闽清县	7		3	4	50	36	41	26	4
永泰县	7		125	95	2	27	44	4	
平潭县	2		9	8		21	9	2	4
福清市	33		245	142	589	127	326	184	49
厦门市	**447**	**165**	**852**	**1958**	**680**	**432**	**1247**	**1260**	**956**
思明区	51	69	15	73	22	32	39	49	84
海沧区	26	67	97	49	25	72	219	173	94
湖里区	77	18	58	476	56	35	114	68	124
集美区	43	6	317	534	101	86	248	204	204
同安区	207	5	268	761	432	153	532	668	369
翔安区	43		97	65	44	54	95	98	81

4-4　续表 12　　　　单位：人

地　区 性　别	制造业								
	酒、饮料和精制茶制造业	烟　草制品业	纺织业	纺织服装、服饰业	皮革、毛皮、羽毛及其制品和制鞋业	木材加工和木、竹、藤、棕、草制品业	家　具制造业	造纸和纸制品业	印刷和记录媒介复制业
莆田市	**160**	**2**	**399**	**754**	**7886**	**755**	**1485**	**320**	**123**
城厢区	15	1	79	84	1566	41	31	60	18
涵江区	73		29	221	1526	80	149	123	36
荔城区	27		44	108	3738	68	81	79	29
秀屿区	5		154	127	283	259	175	21	21
仙游县	40	1	93	214	773	307	1049	37	19
三明市	**111**	**42**	**796**	**436**	**184**	**1154**	**198**	**380**	**46**
梅列区	5	10	30	11	3	21	7	5	3
三元区	9	25	13	14	3	35	14	6	8
明溪县	1		7	216	40	46	18		1
清流县	1		9	28	8	33	8	5	2
宁化县	8	5	52	58	37	48	41	10	6
大田县	27		14	39	11	53	11	37	5
尤溪县	31		401	27	24	350	14	64	6
沙县	8		23	4	1	131	20	183	
将乐县	1	1	47	6	35	88	15	22	1
泰宁县	7		6	6	3	34	8	1	1
建宁县	5		8	14	6	35	6	33	2
永安市	8	1	186	13	13	280	36	14	11
泉州市	**2715**	**2**	**5271**	**11385**	**19959**	**1282**	**1409**	**2891**	**1346**
鲤城区	14		181	791	1261	19	32	55	90
丰泽区	26		102	204	459	29	54	79	139
洛江区	5		46	109	820	20	103	261	26
泉港区	27		102	50	127	66	75	17	4
惠安县	118	1	120	646	1814	124	218	470	95
安溪县	2263		21	252	45	272	111	165	25
永春县	100		63	292	112	119	50	54	8
德化县	10		11	26	10	96	32	106	40
石狮市	18		1795	3619	488	26	22	104	94
晋江市	84	1	2599	4729	13669	175	217	1157	632
南安市	50		231	667	1154	336	495	423	193
漳州市	**825**	**9**	**417**	**593**	**455**	**1670**	**1543**	**1208**	**273**
芗城区	53		20	15	18	130	461	90	77
龙文区	104	3	8	10	6	323	163	117	39
云霄县	32		21	69	17	100	20	49	11
漳浦县	84		79	271	185	353	60	48	39
诏安县	72		35	113	20	63	46	22	18
长泰县	22	2	67	29	113	104	117	202	4
东山县	3		33	7	5	30	10	5	4
南靖县	71	3	5	9	13	85	48	65	3
平和县	32		31	39	34	134	21	62	8
华安县	298		16	2	10	90	112	23	1
龙海市	54	1	102	29	34	258	485	525	69
南平市	**752**	**37**	**193**	**155**	**59**	**2117**	**329**	**179**	**83**
延平区	15	1	87	58	10	172	39	73	14
建阳区	24		8	32	8	260	47	4	15
顺昌县	7	2	6	4	3	174	11	3	14
浦城县	11		3	7	8	120	15	16	8
光泽县	12		1	6	3	48	11	6	1
松溪县	25		6	6	10	100	19	15	
政和县	64	2	2	3	3	290	17	9	2
邵武市	7	31	70	23	9	362	62	23	14
武夷山市	477		6	5	2	71	17	3	6
建瓯市	110	1	4	11	3	520	91	27	9
龙岩市	**143**	**225**	**220**	**401**	**128**	**692**	**354**	**146**	**83**
新罗区	35	186	35	12	6	147	129	35	50
永定区	12	21	6	29	3	33	32	11	2

4-4 续表 13 单位：人

地区 性别	制造业								
	酒、饮料和精制茶制造业	烟草制品业	纺织业	纺织服装、服饰业	皮革、毛皮、羽毛及其制品和制鞋业	木材加工和木、竹、藤、棕、草制品业	家具制造业	造纸和纸制品业	印刷和记录媒介复制业
长汀县	15	8	131	276	78	137	38	38	10
上杭县	14	6	13	46	10	90	47	15	6
武平县	15	3	8	22	6	60	27	12	3
连城县	9		8	6	10	98	36	25	6
漳平市	43	1	19	10	15	127	45	10	6
宁德市	**670**	**6**	**188**	**360**	**255**	**667**	**192**	**96**	**54**
蕉城区	86		7	7	6	234	35	8	6
霞浦县	31		54	21	50	53	32	4	8
古田县	9	1	2	6	4	56	14	6	2
屏南县	10	2	2	5	3	37	30	1	
寿宁县	67		3	23	11	45	15	1	1
周宁县	13		1	2	3	40	7		1
柘荣县	24		5	17	5	22	2	3	1
福安市	148	1	9	26	24	74	24	39	10
福鼎市	282	2	105	253	149	106	33	34	25
女	**4913**	**380**	**10850**	**31573**	**36094**	**5245**	**3819**	**5160**	**2039**
福州市	**162**	**11**	**2897**	**1664**	**2149**	**342**	**706**	**344**	**258**
鼓楼区	10	2	19	16	12	6	13	3	23
台江区	1		6	9	8	2	4	4	15
仓山区	38		33	332	690	17	43	50	74
马尾区	19		28	28	111	24	28	23	11
晋安区	13		39	124	130	18	35	15	42
长乐区	7	1	2199	92	51	11	106	32	5
闽侯县	28		106	255	190	165	161	64	40
连江县	13		133	70	134	6	33	38	10
罗源县		8	8	13	5	7	31	5	
闽清县	3		5	24	71	20	21	21	
永泰县	9		110	439	6	21	11	2	
平潭县	2		21	8	2	3	1		1
福清市	19		190	254	739	42	219	87	37
厦门市	**333**	**75**	**980**	**3580**	**1106**	**162**	**577**	**963**	**592**
思明区	40	31	15	133	27	8	20	29	55
海沧区	27	29	172	87	37	31	100	113	45
湖里区	62	8	80	987	105	8	43	71	87
集美区	28	4	365	1019	129	26	110	135	137
同安区	147	3	270	1231	768	71	267	540	228
翔安区	29		78	123	40	18	37	75	40
莆田市	**86**	**1**	**421**	**1738**	**10766**	**379**	**652**	**242**	**73**
城厢区	8		110	390	1787	6	7	51	18
涵江区	41		46	334	2139	115	50	87	19
荔城区	10		50	205	4239	13	28	54	18
秀屿区	6		124	444	964	111	53	20	13
仙游县	21	1	91	365	1637	134	514	30	5
三明市	**80**	**34**	**912**	**912**	**252**	**779**	**90**	**206**	**32**
梅列区	4	8	23	21		6	10	3	2
三元区	4	23	19	24	1	22	4	6	6
明溪县	1		10	173	22	30	9		1
清流县	4		48	73	18	26	7	3	2
宁化县	6	1	89	140	64	49	11	9	2
大田县	27	2	36	330	68	36	3	26	3
尤溪县	18		397	63	18	226	4	34	4
沙县	4		28	5	2	93	14	79	
将乐县			47	6	27	41	11	11	
泰宁县	2		4	11	1	29		2	3
建宁县	4		3	43	20	25	4	28	1
永安市	6		208	23	11	196	13	5	8

4-4　续表 14　　　　单位：人

地　区 性　别	制造业 酒、饮料和精制茶制造业	烟　草制品业	纺织业	纺织服装、服饰业	皮革、毛皮、羽毛及其制品和制鞋业	木材加工和木、竹、藤、棕、草制品业	家　具制造业	造纸和纸制品业	印刷和记录媒介复制业
泉州市	**2148**	**3**	**3768**	**19269**	**20702**	**405**	**528**	**2264**	**754**
鲤城区	10		133	1155	1285	10	10	22	56
丰泽区	19	2	82	373	600	5	17	49	81
洛江区	3		45	216	1308	6	27	239	13
泉港区	13		132	411	576	9	29	14	7
惠安县	89	1	168	3185	3120	39	86	308	47
安溪县	1813		48	855	97	97	50	163	21
永春县	65		94	1131	312	31	11	87	6
德化县	8		24	102	17	59	13	120	29
石狮市	13		1079	3646	385	6	5	46	55
晋江市	71		1653	6101	10991	51	105	839	338
南安市	44		310	2094	2011	92	175	377	101
漳州市	**680**	**9**	**737**	**2113**	**439**	**768**	**893**	**742**	**182**
芗城区	54	1	32	59	34	88	328	67	58
龙文区	91	1	23	38	11	105	88	79	25
云霄县	23	3	37	166	21	35	3	39	4
漳浦县	109	1	188	1181	127	181	11	34	27
诏安县	42		96	330	15	25	13	45	12
长泰县	20	3	73	98	91	54	52	72	4
东山县	5		61	22	26	5	2	6	5
南靖县	60		29	58	19	58	58	36	7
平和县	11		17	64	18	60	12	21	2
华安县	215		33	15	3	62	70	6	1
龙海市	50		148	82	74	95	256	337	37
南平市	**425**	**51**	**268**	**580**	**102**	**1689**	**166**	**104**	**48**
延平区	8		86	272	10	118	8	24	7
建阳区	17		10	53	10	253	21	8	8
顺昌县	2	1	4	10	6	112	8	3	8
浦城县	7		3	46	22	88	11	16	3
光泽县	11	1	3	40	3	31	3	2	1
松溪县	14		6	29	17	59	8	9	1
政和县	29	2	3	6	13	266	19	4	1
邵武市	3	47	146	76	4	338	44	18	6
武夷山市	270		4	5	1	39		6	5
建瓯市	64		3	43	16	385	44	14	8
龙岩市	**109**	**195**	**375**	**1161**	**191**	**531**	**149**	**116**	**68**
新罗区	32	123	57	46	3	95	64	30	44
永定区	15	64	9	94	9	31	16	21	5
长汀县	9	2	229	757	123	66	14	18	8
上杭县	4	3	28	145	13	63	14	13	4
武平县	14	3	14	54	15	63	12	10	3
连城县	3		19	41	6	106	17	16	1
漳平市	32		19	24	22	107	12	8	3
宁德市	**890**	**1**	**492**	**556**	**387**	**190**	**58**	**179**	**32**
蕉城区	366		16	29	9	95	6	29	5
霞浦县	21		222	69	151	11	9	4	4
古田县	2		4	16	3	21	4	5	1
屏南县	7		1	9	1	7	14	1	1
寿宁县	17		2	37	8	8	4		
周宁县	89		1	5	2	4	5	1	1
柘荣县	10		5	52	3	1		2	2
福安市	98		12	81	99	28	13	80	6
福鼎市	280	1	229	258	111	15	3	57	12

4－4 续表 15

单位：人

地区 性别	制造业								
	文教、工美、体育和娱乐用品制造业	石油、煤炭及其他燃料加工业	化学原料和化学制品制造业	医药制造业	化学纤维制造业	橡胶和塑料制品业	非金属矿物制品业	黑色金属冶炼和压延加工业	有色金属冶炼和压延加工业
合计	**24744**	**1279**	**8964**	**2976**	**2440**	**20926**	**41471**	**6603**	**4994**
福州市	**3532**	**89**	**1046**	**541**	**1040**	**1852**	**5010**	**1886**	**505**
鼓楼区	67	4	40	75	2	31	57	11	8
台江区	16	3	17	27	1	13	25	12	3
仓山区	228	5	121	129	2	283	246	19	23
马尾区	75	2	19	34	1	59	193	38	114
晋安区	236	4	116	104	2	111	141	17	5
长乐区	202	13	38	6	991	126	547	654	176
闽侯县	1763	5	117	38	3	240	570	31	44
连江县	62	2	114	9	30	157	361	23	10
罗源县	63	36	24	6		82	524	962	46
闽清县	80	4	12	8	1	49	1014	31	4
永泰县	38	2	11	1		5	46	7	4
平潭县	6		4	4		7	46	11	
福清市	696	9	413	100	7	689	1240	70	68
厦门市	**4345**	**70**	**1439**	**858**	**218**	**7607**	**2955**	**208**	**852**
思明区	119	10	80	77	8	126	214	9	44
海沧区	833	19	235	378	101	2466	516	40	165
湖里区	166	6	113	66	5	311	279	15	98
集美区	1284	14	320	89	26	2133	686	72	345
同安区	1733	19	450	213	49	2035	844	40	175
翔安区	210	2	241	35	29	536	416	32	25
莆田市	**3500**	**28**	**396**	**100**	**111**	**904**	**1098**	**152**	**62**
城厢区	88	1	52	9	3	57	96	7	5
涵江区	136	4	57	22		261	237	15	28
荔城区	613	1	110	11	3	183	206	25	8
秀屿区	418	8	96	26	97	243	346	61	7
仙游县	2245	14	81	32	8	160	213	44	14
三明市	**222**	**106**	**962**	**161**	**89**	**602**	**1619**	**1201**	**134**
梅列区	2	40	99	12		22	77	844	18
三元区	7	30	107	32	1	39	66	236	12
明溪县	10		118	58		7	53	11	2
清流县	33	3	117			4	58	4	11
宁化县	34	3	23	12	1	32	142	21	5
大田县	16	7	20	5		155	270	30	13
尤溪县	48	5	39	6	31	105	129	26	30
沙县	15	2	164	12	1	9	67	18	2
将乐县	6	2	19	15	1	8	127	4	29
泰宁县	18	4	25	2		1	27	1	3
建宁县	9	2	10	1		3	103		5
永安市	24	8	221	6	54	217	500	6	4
泉州市	**8582**	**657**	**1821**	**372**	**856**	**5263**	**22938**	**627**	**1188**
鲤城区	473	5	75	66	29	368	126	2	5
丰泽区	1131	221	63	27	9	273	149	15	7
洛江区	518	30	73	21	1	184	138	5	6
泉港区	80	188	270	10	3	118	418	12	6
惠安县	2739	147	201	30	91	246	2459	24	38
安溪县	1390	2	66	5		131	281	287	9
永春县	128	6	136	18	3	79	783	1	55
德化县	144	3	20	1	2	78	6179	12	48
石狮市	389	1	144	11	11	312	102	1	731
晋江市	1030	24	539	143	700	2418	2912	151	42
南安市	560	30	234	40	7	1056	9391	117	241
漳州市	**2915**	**183**	**1519**	**311**	**64**	**2768**	**3759**	**1060**	**409**
芗城区	245	7	213	106	1	239	194	457	23
龙文区	78	7	202	44		170	190	40	24
云霄县	305	7	85	11		139	176	14	10
漳浦县	240	120	339	34	28	177	439	68	20

4-4　续表 16　　　　　　　　　　　　　　　　　　　　　　　　　　　　单位：人

地　区 性　别	制造业								
	文教、工美、体育和娱乐用品制造业	石油、煤炭及其他燃料加工业	化学原料和化学制品制造业	医　药制造业	化学纤维制造业	橡胶和塑　料制品业	非金属矿　物制品业	黑色金属冶炼和压延加工业	有色金属冶炼和压延加工业
诏安县	1222	2	36	21	5	493	143	5	21
长泰县	239	10	157	18	6	339	808	14	58
东山县	30	1	18	6		43	317	2	11
南靖县	110	3	58	11	6	96	223	48	6
平和县	34		42	3		99	264	2	29
华安县	30		43	5		29	236	97	7
龙海市	382	26	326	52	18	944	769	313	200
南平市	**751**	**69**	**911**	**320**	**18**	**583**	**953**	**131**	**376**
延平区	32	1	228	21	3	53	153	55	353
建阳区	52	10	113	14	2	22	272	4	11
顺昌县	39	23	104	2		15	101	29	1
浦城县	60	5	56	107		328	107		
光泽县	25		23	27		4	26		1
松溪县	33	1	15	1	13	44	27	8	2
政和县	51	5	8			8	58	13	1
邵武市	217	8	321	123		75	102	10	1
武夷山市	29	2	4	3		4	27		2
建瓯市	213	14	39	22		30	80	12	4
龙岩市	**359**	**73**	**650**	**145**	**24**	**428**	**1904**	**95**	**933**
新罗区	63	49	175	94	2	107	791	43	83
永定区	18	2	24	6		13	294	4	7
长汀县	39	2	52	13	6	38	141	8	203
上杭县	31	11	197	5		38	183	11	616
武平县	23	7	25	4		49	133	4	9
连城县	79	2	61	17	1	30	167	11	15
漳平市	106		116	6	15	153	195	14	
宁德市	**538**	**4**	**220**	**168**	**20**	**919**	**1235**	**1243**	**535**
蕉城区	55		34	14	3	59	222	13	211
霞浦县	68		22	2	17	93	176	96	7
古田县	48	1	5	51		51	192	7	3
屏南县	29		11			11	91	3	8
寿宁县	31		6			9	45	18	7
周宁县	9	1	7	3		12	32	26	1
柘荣县	21		7	44		11	32	45	6
福安市	84	2	53	27		90	140	973	266
福鼎市	193		75	27		583	305	62	26
男	**13273**	**997**	**5947**	**1560**	**1602**	**12245**	**28946**	**5375**	**3700**
福州市	**1978**	**64**	**757**	**279**	**669**	**1056**	**3820**	**1537**	**383**
鼓楼区	41	1	29	40	1	21	38	10	6
台江区	10	2	14	17	1	9	19	9	2
仓山区	116	3	75	55	2	175	179	18	16
马尾区	42	1	14	21	1	38	159	30	88
晋安区	164	4	82	63	1	51	110	14	4
长乐区	132	12	25	3	638	83	471	553	126
闽侯县	984	5	84	18	2	134	450	27	30
连江县	39	1	89	5	17	82	307	17	10
罗源县	40	24	20	1		52	445	752	40
闽清县	46	4	8	2	1	27	552	26	3
永泰县	21	2	7	1		3	32	7	4
平潭县	3		4	1		5	42	11	
福清市	340	5	306	52	5	376	1016	63	54
厦门市	**2344**	**48**	**844**	**385**	**140**	**4311**	**2043**	**171**	**653**
思明区	59	6	48	48	5	78	149	8	27
海沧区	486	13	149	157	70	1451	355	34	141
湖里区	84	1	77	31	4	176	203	12	78
集美区	625	11	177	41	14	1196	462	59	252
同安区	1000	15	266	87	29	1109	569	30	135
翔安区	90	2	127	21	18	301	305	28	20

4-4 续表 17

单位：人

地区 性别	制造业								
	文教、工美、体育和娱乐用品制造业	石油、煤炭及其他燃料加工业	化学原料和化学制品制造业	医药制造业	化学纤维制造业	橡胶和塑料制品业	非金属矿物制品业	黑色金属冶炼和压延加工业	有色金属冶炼和压延加工业
莆田市	**2168**	**18**	**294**	**51**	**77**	**585**	**847**	**124**	**44**
城厢区	46		39	4	2	43	79	5	5
涵江区	80	3	38	11		145	172	12	15
荔城区	405		86	6	3	109	176	20	7
秀屿区	226	5	71	14	66	168	258	50	6
仙游县	1411	10	60	16	6	120	162	37	11
三明市	**96**	**93**	**683**	**94**	**62**	**414**	**1241**	**960**	**106**
梅列区	1	36	68	9		14	58	651	14
三元区	3	26	81	17	1	22	49	206	10
明溪县	7		86	30		6	41	11	2
清流县	4	2	81			2	41	3	9
宁化县	16	3	18	4	1	22	106	16	4
大田县	10	7	10	3		96	209	29	11
尤溪县	21	5	31	4	22	72	104	22	23
沙县	9	1	121	8	1	7	50	13	1
将乐县	3	2	13	14		5	104	2	25
泰宁县	11	3	15	2		1	23	1	2
建宁县	3	1	7	1		2	82		2
永安市	8	7	152	2	37	165	374	6	3
泉州市	**4894**	**517**	**1222**	**179**	**583**	**3220**	**14943**	**490**	**749**
鲤城区	245	5	48	36	19	214	81	2	5
丰泽区	618	172	41	13	5	138	108	12	6
洛江区	273	26	53	9		100	98	5	5
泉港区	38	149	199	2	3	63	352	11	3
惠安县	1806	112	128	16	56	161	1845	18	30
安溪县	798	2	52	5		83	220	224	9
永春县	59	4	72	8	1	42	479	1	45
德化县	66	3	15		1	43	2962	11	40
石狮市	211	1	103	6	10	192	89		418
晋江市	522	20	365	68	484	1578	1979	123	35
南安市	258	23	146	16	4	606	6730	83	153
漳州市	**1034**	**146**	**941**	**160**	**31**	**1407**	**2775**	**839**	**299**
芗城区	109	4	116	60		141	135	333	16
龙文区	30	5	92	17		92	151	28	19
云霄县	89	6	57	7		76	128	14	8
漳浦县	120	100	267	18	9	98	344	57	18
诏安县	320	2	25	9	4	134	112	5	18
长泰县	116	6	100	12	4	193	569	8	39
东山县	11		12	1		15	248	2	10
南靖县	34	3	32	6	2	61	164	38	5
平和县	9		30	1		53	181	2	29
华安县	18		23	1		16	154	75	5
龙海市	178	20	187	28	12	528	589	277	132
南平市	**331**	**48**	**625**	**222**	**9**	**370**	**745**	**105**	**302**
延平区	18	1	140	12	2	23	113	41	281
建阳区	19	6	79	9	1	15	207	3	9
顺昌县	31	15	70	1		8	80	25	1
浦城县	27	3	42	84		241	81		
光泽县	10		15	19		1	21		1
松溪县	12	1	12		6	15	21	6	2
政和县	15	4	4			7	50	10	1
邵武市	120	5	232	90		42	83	10	1
武夷山市	14	2	3	1		2	24		2
建瓯市	65	11	28	6		16	65	10	4
龙岩市	**155**	**60**	**438**	**94**	**17**	**272**	**1434**	**78**	**752**
新罗区	32	41	119	63	1	73	596	37	61
永定区	9	1	16	2		8	214	4	7

4-4　续表 18　　　　单位：人

地　区 性　别	制造业 文教、工美、体育和娱乐用品制造业	石油、煤炭及其他燃料加工业	化学原料和化学制品制造业	医　药制造业	化学纤维制造业	橡胶和塑　料制品业	非金属矿　物制品业	黑色金属冶炼和压延加工业	有色金属冶炼和压延加工业
长汀县	21	1	31	9	6	21	110	6	144
上杭县	17	10	141	3		23	129	6	529
武平县	15	6	14	2		31	102	3	4
连城县	29	1	39	14		19	121	10	7
漳平市	32		78	1	10	97	162	12	
宁德市	**273**	**3**	**143**	**96**	**14**	**610**	**1098**	**1071**	**412**
蕉城区	36		22	12	3	39	185	11	172
霞浦县	20		15	2	11	65	156	81	6
古田县	21	1	2	30		37	177	6	2
屏南县	11		7			8	83	3	8
寿宁县	24		6			6	36	13	3
周宁县	6	1	4	3		5	28	25	1
柘荣县	10		5	19		6	28	41	6
福安市	36	1	31	11		43	125	834	191
福鼎市	109		51	19		401	280	57	23
女	**11471**	**282**	**3017**	**1416**	**838**	**8681**	**12525**	**1228**	**1294**
福州市	**1554**	**25**	**289**	**262**	**371**	**796**	**1190**	**349**	**122**
鼓楼区	26	3	11	35	1	10	19	1	2
台江区	6	1	3	10		4	6	3	1
仓山区	112	2	46	74		108	67	1	7
马尾区	33	1	5	13		21	34	8	26
晋安区	72		34	41	1	60	31	3	1
长乐区	70	1	13	3	353	43	76	101	50
闽侯县	779		33	20	1	106	120	4	14
连江县	23	1	25	4	13	75	54	6	
罗源县	23	12	4	5		30	79	210	6
闽清县	34		4	6		22	462	5	1
永泰县	17		4			2	14		
平潭县	3			3		2	4		
福清市	356	4	107	48	2	313	224	7	14
厦门市	**2001**	**22**	**595**	**473**	**78**	**3296**	**912**	**37**	**199**
思明区	60	4	32	29	3	48	65	1	17
海沧区	347	6	86	221	31	1015	161	6	24
湖里区	82	5	36	35	1	135	76	3	20
集美区	659	3	143	48	12	937	224	13	93
同安区	733	4	184	126	20	926	275	10	40
翔安区	120		114	14	11	235	111	4	5
莆田市	**1332**	**10**	**102**	**49**	**34**	**319**	**251**	**28**	**18**
城厢区	42	1	13	5	1	14	17	2	
涵江区	56	1	19	11		116	65	3	13
荔城区	208	1	24	5		74	30	5	1
秀屿区	192	3	25	12	31	75	88	11	1
仙游县	834	4	21	16	2	40	51	7	3
三明市	**126**	**13**	**279**	**67**	**27**	**188**	**378**	**241**	**28**
梅列区	1	4	31	3		8	19	193	4
三元区	4	4	26	15		17	17	30	2
明溪县	3		32	28		1	12		
清流县	29	1	36			2	17	1	2
宁化县	18		5	8		10	36	5	1
大田县	6		10	2		59	61	1	2
尤溪县	27		8	2	9	33	25	4	7
沙县	6	1	43	4		2	17	5	1
将乐县	3		6	1	1	3	23	2	4
泰宁县	7	1	10				4		1
建宁县	6	1	3			1	21		3
永安市	16	1	69	4	17	52	126		1

4-4 续表 19　　单位：人

地区 性别	制造业								
	文教、工美、体育和娱乐用品制造业	石油、煤炭及其他燃料加工业	化学原料和化学制品制造业	医药制造业	化学纤维制造业	橡胶和塑料制品业	非金属矿物制品业	黑色金属冶炼和压延加工业	有色金属冶炼和压延加工业
泉州市	**3688**	**140**	**599**	**193**	**273**	**2043**	**7995**	**137**	**439**
鲤城区	228		27	30	10	154	45		
丰泽区	513	49	22	14	4	135	41	3	1
洛江区	245	4	20	12	1	84	40		1
泉港区	42	39	71	8		55	66	1	3
惠安县	933	35	73	14	35	85	614	6	8
安溪县	592		14			48	61	63	
永春县	69	2	64	10	2	37	304		10
德化县	78		5	1	1	35	3217	1	8
石狮市	178		41	5	1	120	13	1	313
晋江市	508	4	174	75	216	840	933	28	7
南安市	302	7	88	24	3	450	2661	34	88
漳州市	**1881**	**37**	**578**	**151**	**33**	**1361**	**984**	**221**	**110**
芗城区	136	3	97	46	1	98	59	124	7
龙文区	48	2	110	27		78	39	12	5
云霄县	216	1	28	4		63	48		2
漳浦县	120	20	72	16	19	79	95	11	2
诏安县	902		11	12	1	359	31		3
长泰县	123	4	57	6	2	146	239	6	19
东山县	19	1	6	5		28	69		1
南靖县	76		26	5	4	35	59	10	1
平和县	25		12	2		46	83		
华安县	12		20	4		13	82	22	2
龙海市	204	6	139	24	6	416	180	36	68
南平市	**420**	**21**	**286**	**98**	**9**	**213**	**208**	**26**	**74**
延平区	14		88	9	1	30	40	14	72
建阳区	33	4	34	5	1	7	65	1	2
顺昌县	8	8	34	1		7	21	4	
浦城县	33	2	14	23		87	26		
光泽县	15		8	8		3	5		
松溪县	21		3	1	7	29	6	2	
政和县	36	1	4			1	8	3	
邵武市	97	3	89	33		33	19		
武夷山市	15		1	2		2	3		
建瓯市	148	3	11	16		14	15	2	
龙岩市	**204**	**13**	**212**	**51**	**7**	**156**	**470**	**17**	**181**
新罗区	31	8	56	31	1	34	195	6	22
永定区	9	1	8	4		5	80		
长汀县	18	1	21	4		17	31	2	59
上杭县	14	1	56	2		15	54	5	87
武平县	8	1	11	2		18	31	1	5
连城县	50	1	22	3	1	11	46	1	8
漳平市	74		38	5	5	56	33	2	
宁德市	**265**	**1**	**77**	**72**	**6**	**309**	**137**	**172**	**123**
蕉城区	19		12	2		20	37	2	39
霞浦县	48		7		6	28	20	15	1
古田县	27		3	21		14	15	1	1
屏南县	18		4			3	8		
寿宁县	7					3	9	5	4
周宁县	3		3			7	4	1	
柘荣县	11		2	25		5	4	4	
福安市	48	1	22	16		47	15	139	75
福鼎市	84		24	8		182	25	5	3

4-4 续表 20

单位：人

地区 性别	制造业								
	金属制品业	通用设备制造业	专用设备制造业	汽车制造业	铁路、船舶、航空航天和其他运输设备制造业	电气机械和器材制造业	计算机、通信和其他电子设备制造业	仪器仪表制造业	其他制造业
合计	**31838**	**15510**	**11776**	**8328**	**3583**	**22019**	**31546**	**2915**	**5949**
福州市	**2783**	**1718**	**1057**	**1789**	**668**	**1727**	**4753**	**735**	**189**
鼓楼区	55	58	89	25	18	79	200	44	4
台江区	21	31	15	17	26	28	62	13	1
仓山区	293	329	194	191	47	265	662	120	52
马尾区	150	110	87	37	184	453	322	144	9
晋安区	159	141	142	71	52	126	333	267	17
长乐区	444	334	91	130	14	82	107	5	8
闽侯县	541	341	169	1125	12	250	360	75	46
连江县	186	98	34	26	272	62	33	7	26
罗源县	90	29	8	8	17	26	8	1	2
闽清县	99	40	26	4	1	78	55	17	8
永泰县	45	10	10	1	2	6	20	2	1
平潭县	58	14	10	5	9	3	54		1
福清市	642	183	182	149	14	269	2537	40	14
厦门市	**8262**	**3970**	**4508**	**2456**	**767**	**6692**	**16930**	**684**	**1013**
思明区	208	218	210	107	51	292	625	67	32
海沧区	1581	697	1221	457	346	1184	1489	105	146
湖里区	497	506	619	233	47	799	3617	153	133
集美区	2765	1177	1308	1131	218	1569	2948	230	167
同安区	2590	1119	677	405	89	1622	2012	79	454
翔安区	621	253	473	123	16	1226	6239	50	81
莆田市	**1404**	**605**	**277**	**170**	**44**	**201**	**1044**	**455**	**45**
城厢区	289	37	42	3	1	24	99	6	3
涵江区	288	253	82	83	27	76	625	401	10
荔城区	215	99	74	22	2	9	47	6	9
秀屿区	295	63	55	13	4	20	28	25	7
仙游县	317	153	24	49	10	72	245	17	16
三明市	**1012**	**562**	**267**	**240**	**22**	**264**	**392**	**127**	**78**
梅列区	98	114	47	2	1	24	16	7	1
三元区	94	110	32	22	1	14	16	18	6
明溪县	29	15	6	2		4	12	2	6
清流县	68	8	14	2	2	17	19		1
宁化县	118	40	29	14	5	56	146	82	14
大田县	172	38	15	3	3	22	48	9	23
尤溪县	85	34	13	1		38	48	6	11
沙县	93	51	56	11	1	40	12	2	3
将乐县	51	16	19	8	7	9	16		1
泰宁县	15	3	1	1			11		1
建宁县	19	7	11	2		10	8		
永安市	170	126	24	172	2	30	40	1	11
泉州市	**10499**	**5220**	**3049**	**1432**	**147**	**1599**	**3947**	**236**	**3394**
鲤城区	250	523	260	272	13	155	376	21	34
丰泽区	459	240	354	51	4	122	235	13	30
洛江区	289	300	211	47	3	105	162	4	27
泉港区	212	55	40	19	7	30	62	5	41
惠安县	680	401	334	26	38	131	127	18	68
安溪县	1274	170	130	16	3	422	393	9	44
永春县	174	79	60	28	4	20	94	4	249
德化县	94	32	4			1	17	1	9
石狮市	626	97	181	37	32	142	1336	54	59
晋江市	1754	1379	911	561	31	244	288	89	2330
南安市	4687	1944	564	375	12	227	857	18	503
漳州市	**4623**	**1453**	**972**	**821**	**485**	**2712**	**2774**	**565**	**836**
芗城区	441	333	139	129	18	294	295	230	28
龙文区	226	161	78	197	18	98	113	175	82
云霄县	206	99	86	20	4	212	360	11	73
漳浦县	613	95	106	49	86	55	205	23	437

4-4 续表 21

单位：人

地区 性别	制造业								
	金属制品业	通用设备制造业	专用设备制造业	汽车制造业	铁路、船舶、航空航天和其他运输设备制造业	电气机械和器材制造业	计算机、通信和其他电子设备制造业	仪器仪表制造业	其他制造业
诏安县	255	41	61	8	10	74	46	16	47
长泰县	548	186	59	33	39	579	820	15	66
东山县	109	26	56	1	8	5	28	4	8
南靖县	229	71	35	11	7	90	278	18	33
平和县	94	45	21	11	3	11	47	6	6
华安县	305	24	51	20	2	6	18	3	7
龙海市	1597	372	280	342	290	1288	564	64	49
南平市	**660**	**422**	**176**	**199**	**33**	**642**	**152**	**39**	**99**
延平区	137	78	38	60	12	417	52	3	14
建阳区	106	30	27	104	1	112	31	4	6
顺昌县	18	9	11	1	3	32	12	23	5
浦城县	53	7	17		1	7	16		29
光泽县	15	4	9	4	1	6	8	1	2
松溪县	37	73	4	2		5	1	2	7
政和县	9	129	17	8	4	31	7	1	2
邵武市	161	38	24	5	2	22	12	2	23
武夷山市	27	11	12		8	4	2		3
建瓯市	97	43	17	15	1	6	11	3	8
龙岩市	**1240**	**636**	**1020**	**444**	**21**	**284**	**1296**	**40**	**137**
新罗区	427	357	764	228	2	81	79	10	16
永定区	64	53	72	92	2	54	145	7	21
长汀县	158	58	70	42	10	21	185	10	24
上杭县	150	84	55	23	4	44	275	6	18
武平县	302	31	22	23	2	19	458	4	23
连城县	63	35	18	14	1	58	122	3	35
漳平市	76	18	19	22		7	32		
宁德市	**1355**	**924**	**450**	**777**	**1396**	**7898**	**258**	**34**	**158**
蕉城区	162	51	103	419	23	5383	107	10	16
霞浦县	57	98	25	40	28	13	26		11
古田县	82	29	9	6	3	5	10	1	3
屏南县	10	5	3	3		18	7		
寿宁县	59	75	43	21	1	26	10	2	13
周宁县	109	9	2	26		25	9		1
柘荣县	296	13	5	12	4	24	2	1	3
福安市	305	301	117	40	407	2330	43	6	17
福鼎市	275	343	143	210	930	74	44	14	94
男	**23041**	**11171**	**8026**	**5808**	**2495**	**13835**	**17780**	**1411**	**2583**
福州市	**2231**	**1218**	**700**	**1160**	**531**	**1107**	**2906**	**410**	**93**
鼓楼区	42	34	49	18	14	48	132	26	1
台江区	17	22	9	13	20	20	46	12	1
仓山区	236	217	131	134	38	176	370	66	31
马尾区	126	71	46	20	153	291	183	92	5
晋安区	122	104	84	45	38	79	180	130	11
长乐区	394	264	67	87	11	58	62	1	5
闽侯县	419	230	119	727	7	134	232	46	23
连江县	144	74	28	13	220	42	21	6	7
罗源县	77	25	7	5	14	21	6	1	
闽清县	76	30	17	3	1	36	28	10	3
永泰县	38	6	4	1	1	4	10		
平潭县	47	10	6	4	8	2	35		1
福清市	493	131	133	90	6	196	1601	20	5
厦门市	**5644**	**2718**	**2709**	**1752**	**537**	**3816**	**9770**	**367**	**461**
思明区	144	153	133	80	39	177	329	36	14
海沧区	1039	493	634	359	254	638	868	41	83
湖里区	366	326	367	158	36	468	2016	84	62
集美区	1832	816	820	815	134	914	1549	123	69
同安区	1806	764	461	257	60	912	1086	50	202
翔安区	457	166	294	83	14	707	3922	33	31

4-4 续表 22

单位：人

地区 性别	制造业								
	金属制品业	通用设备制造业	专用设备制造业	汽车制造业	铁路、船舶、航空航天和其他运输设备制造业	电气机械和器材制造业	计算机、通信和其他电子设备制造业	仪器仪表制造业	其他制造业
莆田市	**1134**	**409**	**197**	**127**	**26**	**141**	**503**	**142**	**24**
城厢区	230	28	33	2	1	11	56	5	2
涵江区	239	172	60	68	16	62	294	123	5
荔城区	175	70	51	18	1	7	27	5	5
秀屿区	229	38	34	5	3	16	12	5	3
仙游县	261	101	19	34	5	45	114	4	9
三明市	**773**	**438**	**210**	**170**	**18**	**168**	**202**	**63**	**31**
梅列区	72	85	37	2	1	19	8	5	1
三元区	80	93	25	16	1	10	10	11	2
明溪县	25	12	4	1		1	8	2	3
清流县	28	5	8	1	1	4	9		
宁化县	92	29	24	11	4	41	85	36	6
大田县	137	34	12	1	3	13	9	2	4
尤溪县	69	26	10	1		20	27	4	5
沙县	74	41	48	8	1	25	8	2	2
将乐县	40	13	17	6	5	6	8		1
泰宁县	14	3		1			6		
建宁县	12	7	6	2		5	4		
永安市	130	90	19	120	2	24	20	1	7
泉州市	**7218**	**3901**	**2394**	**983**	**116**	**1005**	**2239**	**140**	**1527**
鲤城区	185	411	202	192	5	99	185	13	22
丰泽区	321	187	280	38	4	69	127	7	14
洛江区	209	229	162	36	2	65	81	4	14
泉港区	175	39	29	6	7	17	18	4	19
惠安县	544	290	267	17	29	74	72	13	32
安溪县	846	123	94	13	3	246	218	4	18
永春县	148	58	44	18	2	12	40	3	70
德化县	84	25	3				10	1	5
石狮市	396	74	138	28	28	102	867	21	34
晋江市	1285	1104	727	388	25	166	172	59	1133
南安市	3025	1361	448	247	11	155	449	11	166
漳州市	**3431**	**1044**	**623**	**567**	**361**	**1483**	**1346**	**229**	**269**
芗城区	322	242	86	97	14	150	134	89	13
龙文区	164	118	45	105	12	64	54	65	30
云霄县	166	58	53	14	3	128	170	5	37
漳浦县	466	69	75	22	60	27	75	12	98
诏安县	230	30	36	8	7	54	23	16	22
长泰县	368	136	37	18	20	302	466	2	29
东山县	80	13	51	1	6	4	14	1	5
南靖县	173	46	27	8	3	34	109	10	7
平和县	87	37	15	10	2	6	31	5	5
华安县	224	16	35	14	1	3	7	2	1
龙海市	1151	279	163	270	233	711	263	22	22
南平市	**560**	**321**	**116**	**144**	**23**	**398**	**63**	**15**	**49**
延平区	123	68	28	36	6	238	19	3	13
建阳区	88	22	22	83		75	14	1	3
顺昌县	18	9	10	1	3	22	5	6	3
浦城县	48	5	8		1	3	6		8
光泽县	14	4	5	2	1	5	2	1	2
松溪县	31	54	3			4	1	1	4
政和县	9	85	8	7	4	25	5	1	1
邵武市	124	31	17	5	1	18	5		7
武夷山市	22	11	6		6	4	2		2
建瓯市	83	32	9	10	1	4	4	2	6
龙岩市	**992**	**471**	**749**	**330**	**13**	**164**	**567**	**21**	**59**
新罗区	342	278	574	172	1	47	38	4	7
永定区	45	41	53	63	1	30	51	4	6

4-4 续表 23 单位：人

地区 性别	制造业								
	金属制品业	通用设备制造业	专用设备制造业	汽车制造业	铁路、船舶、航空航天和其他运输设备制造业	电气机械和器材制造业	计算机、通信和其他电子设备制造业	仪器仪表制造业	其他制造业
长汀县	132	43	48	33	5	16	99	6	14
上杭县	118	54	35	15	3	22	110	4	11
武平县	232	18	12	19	2	15	193	1	9
连城县	57	23	12	11	1	30	60	2	12
漳平市	66	14	15	17		4	16		
宁德市	**1058**	**651**	**328**	**575**	**870**	**5553**	**184**	**24**	**70**
蕉城区	149	42	90	360	18	3980	83	10	6
霞浦县	38	68	20	22	23	10	18		4
古田县	65	26	8	6	3	5	6	1	2
屏南县	9	4	3	3		14	6		
寿宁县	50	57	35	16	1	16	7	1	12
周宁县	87	6		25		20	6		1
柘荣县	184	10	3	6		11	2		1
福安市	255	182	86	28	376	1465	29	4	4
福鼎市	221	256	83	109	449	32	27	8	40
女	**8797**	**4339**	**3750**	**2520**	**1088**	**8184**	**13766**	**1504**	**3366**
福州市	**552**	**500**	**357**	**629**	**137**	**620**	**1847**	**325**	**96**
鼓楼区	13	24	40	7	4	31	68	18	3
台江区	4	9	6	4	6	8	16	1	
仓山区	57	112	63	57	9	89	292	54	21
马尾区	24	39	41	17	31	162	139	52	4
晋安区	37	37	58	26	14	47	153	137	6
长乐区	50	70	24	43	3	24	45	4	3
闽侯县	122	111	50	398	5	116	128	29	23
连江县	42	24	6	13	52	20	12	1	19
罗源县	13	4	1	3	3	5	2		2
闽清县	23	10	9	1		42	27	7	5
永泰县	7	4	6		1	2	10	2	1
平潭县	11	4	4	1	1	1	19		
福清市	149	52	49	59	8	73	936	20	9
厦门市	**2618**	**1252**	**1799**	**704**	**230**	**2876**	**7160**	**317**	**552**
思明区	64	65	77	27	12	115	296	31	18
海沧区	542	204	587	98	92	546	621	64	63
湖里区	131	180	252	75	11	331	1601	69	71
集美区	933	361	488	316	84	655	1399	107	98
同安区	784	355	216	148	29	710	926	29	252
翔安区	164	87	179	40	2	519	2317	17	50
莆田市	**270**	**196**	**80**	**43**	**18**	**60**	**541**	**313**	**21**
城厢区	59	9	9	1		13	43	1	1
涵江区	49	81	22	15	11	14	331	278	5
荔城区	40	29	23	4	1	2	20	1	4
秀屿区	66	25	21	8	1	4	16	20	4
仙游县	56	52	5	15	5	27	131	13	7
三明市	**239**	**124**	**57**	**70**	**4**	**96**	**190**	**64**	**47**
梅列区	26	29	10			5	8	2	
三元区	14	17	7	6		4	6	7	4
明溪县	4	3	2	1		3	4		3
清流县	40	3	6	1	1	13	10		1
宁化县	26	11	5	3	1	15	61	46	8
大田县	35	4	3	2		9	39	7	19
尤溪县	16	8	3			18	21	2	6
沙县	19	10	8	3		15	4		1
将乐县	11	3	2	2	2	3	8		
泰宁县	1		1				5		1
建宁县	7		5			5	4		
永安市	40	36	5	52		6	20		4

4-4　续表 24

单位：人

地　区 性　别	制造业								
	金　属 制品业	通用设备 制造业	专用设备 制造业	汽　车 制造业	铁路、船舶、航空航天和其他运输设备制造业	电气机械和器材制造业	计算机、通信和其他电子设备制造业	仪器仪表 制造业	其　他 制造业
泉州市	**3281**	**1319**	**655**	**449**	**31**	**594**	**1708**	**96**	**1867**
鲤城区	65	112	58	80	8	56	191	8	12
丰泽区	138	53	74	13		53	108	6	16
洛江区	80	71	49	11	1	40	81		13
泉港区	37	16	11	13		13	44	1	22
惠安县	136	111	67	9	9	57	55	5	36
安溪县	428	47	36	3		176	175	5	26
永春县	26	21	16	10	2	8	54	1	179
德化县	10	7	1			1	7		4
石狮市	230	23	43	9	4	40	469	33	25
晋江市	469	275	184	173	6	78	116	30	1197
南安市	1662	583	116	128	1	72	408	7	337
漳州市	**1192**	**409**	**349**	**254**	**124**	**1229**	**1428**	**336**	**567**
芗城区	119	91	53	32	4	144	161	141	15
龙文区	62	43	33	92	6	34	59	110	52
云霄县	40	41	33	6	1	84	190	6	36
漳浦县	147	26	31	27	26	28	130	11	339
诏安县	25	11	25		3	20	23		25
长泰县	180	50	22	15	19	277	354	13	37
东山县	29	13	5		2	1	14	3	3
南靖县	56	25	8	3	4	56	169	8	26
平和县	7	8	6	1	1	5	16	1	1
华安县	81	8	16	6	1	3	11	1	6
龙海市	446	93	117	72	57	577	301	42	27
南平市	**100**	**101**	**60**	**55**	**10**	**244**	**89**	**24**	**50**
延平区	14	10	10	24	6	179	33		1
建阳区	18	8	5	21	1	37	17	3	3
顺昌县			1			10	7	17	2
浦城县	5	2	9			4	10		21
光泽县	1		4	2		1	6		
松溪县	6	19	1	2		1		1	3
政和县		44	9	1		6	2		1
邵武市	37	7	7		1	4	7	2	16
武夷山市	5		6		2				1
建瓯市	14	11	8	5		2	7	1	2
龙岩市	**248**	**165**	**271**	**114**	**8**	**120**	**729**	**19**	**78**
新罗区	85	79	190	56	1	34	41	6	9
永定区	19	12	19	29	1	24	94	3	15
长汀县	26	15	22	9	5	5	86	4	10
上杭县	32	30	20	8	1	22	165	2	7
武平县	70	13	10	4		4	265	3	14
连城县	6	12	6	3		28	62	1	23
漳平市	10	4	4	5		3	16		
宁德市	**297**	**273**	**122**	**202**	**526**	**2345**	**74**	**10**	**88**
蕉城区	13	9	13	59	5	1403	24		10
霞浦县	19	30	5	18	5	3	8		7
古田县	17	3	1				4		1
屏南县	1	1				4	1		
寿宁县	9	18	8	5		10	3	1	1
周宁县	22	3	2	1		5	3		
柘荣县	112	3	2	6	4	13		1	2
福安市	50	119	31	12	31	865	14	2	13
福鼎市	54	87	60	101	481	42	17	6	54

4-4 续表 25 单位：人

地区 性别	制造业		电力、热力、燃气及水生产和供应业				建筑业		
	废弃资源综合利用业	金属制品、机械和设备修理业	小计	电力、热力生产和供应业	燃气生产和供应业	水的生产和供应业	小计	房屋建筑业	土木工程建筑业
合计	**2799**	**3976**	**16962**	**12244**	**1807**	**2911**	**214780**	**104836**	**23996**
福州市	**460**	**713**	**3844**	**2785**	**428**	**631**	**51619**	**25304**	**7314**
鼓楼区	13	22	351	221	31	99	1687	738	402
台江区		3	223	158	30	35	1250	589	168
仓山区	83	108	536	377	73	86	8362	4154	1101
马尾区	18	27	63	21	18	24	1452	889	159
晋安区	23	79	439	292	75	72	5648	3017	741
长乐区	19	51	235	172	18	45	4388	2010	659
闽侯县	97	58	201	121	31	49	5958	2623	615
连江县	38	73	227	145	39	43	4753	2627	325
罗源县	65	161	155	103	22	30	1547	485	98
闽清县	32	16	142	120	4	18	1672	845	145
永泰县	3	11	83	68	9	6	3118	2249	232
平潭县	4	50	130	79	15	36	3476	1043	1531
福清市	65	54	1059	908	63	88	8308	4035	1138
厦门市	**248**	**1067**	**1409**	**712**	**269**	**428**	**28664**	**12883**	**3783**
思明区	12	153	445	243	67	135	3077	1121	494
海沧区	35	109	128	64	21	43	3761	1784	533
湖里区	47	503	235	103	61	71	6772	2195	702
集美区	33	121	236	121	42	73	5965	3057	674
同安区	85	100	209	92	48	69	4912	2546	550
翔安区	36	81	156	89	30	37	4177	2180	830
莆田市	**222**	**148**	**1063**	**711**	**167**	**185**	**13274**	**6480**	**836**
城厢区	18	11	230	132	37	61	2292	902	220
涵江区	42	25	120	69	20	31	2268	1141	144
荔城区	68	26	249	164	46	39	2113	1034	92
秀屿区	20	45	230	197	18	15	2936	1419	193
仙游县	74	41	234	149	46	39	3665	1984	187
三明市	**137**	**181**	**1655**	**1353**	**110**	**192**	**11320**	**5174**	**1868**
梅列区	36	70	226	182	20	24	1024	438	106
三元区	12	11	82	49	10	23	948	451	185
明溪县	1	1	59	49	2	8	403	189	77
清流县	3	9	84	75	3	6	751	389	204
宁化县	13	5	119	84	10	25	1590	748	205
大田县	9	14	128	114	10	4	1715	853	330
尤溪县	15	8	201	177	2	22	1245	559	197
沙县	15	17	161	118	18	25	764	286	128
将乐县	6	7	102	81	12	9	514	234	38
泰宁县	9	3	103	88	3	12	511	321	29
建宁县	4	5	58	43	4	11	469	246	95
永安市	14	31	332	293	16	23	1386	460	274
泉州市	**1045**	**770**	**2741**	**1847**	**321**	**573**	**42733**	**21331**	**3012**
鲤城区	22	40	159	96	17	46	1368	551	92
丰泽区	3	39	356	210	50	96	3535	1600	415
洛江区	16	5	66	42	12	12	1020	534	90
泉港区	16	85	162	105	21	36	3217	1915	235
惠安县	81	88	172	93	36	43	10899	5951	503
安溪县	40	44	324	252	46	26	3739	1292	229
永春县	43	23	193	142	20	31	2019	868	200
德化县	29	27	158	128	10	20	1775	1023	93
石狮市	45	81	331	251	13	67	1750	696	139
晋江市	474	183	441	280	38	123	6830	3365	527
南安市	276	155	379	248	58	73	6581	3536	489
漳州市	**375**	**433**	**1710**	**1154**	**229**	**327**	**25443**	**13229**	**2808**
芗城区	28	39	253	172	35	46	2931	1605	251
龙文区	6	27	74	50	12	12	2105	1013	215
云霄县	53	24	182	145	13	24	2528	1302	456
漳浦县	44	86	213	122	45	46	4040	1833	682

4-4　续表 26

单位：人

地　区 性　别	制造业		电力、热力、燃气及水生产和供应业				建筑业		
	废弃资源综　合利用业	金属制品、机械和设备修理业	小计	电力、热力生产和供应业	燃气生产和供应业	水的生产和供应业	小计	房　屋建筑业	土木工程建筑业
诏安县	45	32	98	59	17	22	3187	1884	104
长泰县	27	30	88	56	11	21	959	491	72
东山县	17	38	111	73	12	26	1206	811	57
南靖县	26	32	136	109	11	16	1231	492	190
平和县	11	17	93	68	11	14	1047	505	55
华安县	5	11	113	94	6	13	734	402	130
龙海市	113	97	349	206	56	87	5475	2891	596
南平市	**44**	**155**	**1348**	**1097**	**75**	**176**	**10450**	**5020**	**972**
延平区	4	24	312	260	15	37	2133	835	214
建阳区	8	13	141	110	8	23	1658	806	173
顺昌县	3	21	97	87	2	8	577	283	58
浦城县	1	5	126	91	18	17	867	519	52
光泽县		6	92	79	3	10	470	248	43
松溪县		5	49	44	2	3	445	254	41
政和县	5	10	73	48	6	19	581	281	43
邵武市	9	32	179	147	11	21	1175	507	101
武夷山市	4	14	107	83	4	20	1411	784	125
建瓯市	10	25	172	148	6	18	1133	503	122
龙岩市	**116**	**174**	**1407**	**1170**	**90**	**147**	**17591**	**9003**	**1792**
新罗区	24	70	505	405	45	55	4896	2273	504
永定区	11	13	132	108	7	17	2321	1212	223
长汀县	14	19	137	111	13	13	2369	1271	204
上杭县	37	28	172	139	10	23	3482	2014	465
武平县	16	16	122	105	7	10	1660	852	141
连城县	12	17	121	104		17	1516	885	184
漳平市	2	11	218	198	8	12	1347	496	71
宁德市	**152**	**335**	**1785**	**1415**	**118**	**252**	**13686**	**6412**	**1611**
蕉城区	36	30	443	348	32	63	3122	1399	222
霞浦县	9	32	223	156	18	49	2329	674	700
古田县	5	34	134	110	6	18	898	363	121
屏南县	3	4	91	79	1	11	664	386	73
寿宁县	5	8	78	70	5	3	670	393	47
周宁县	3	2	69	56	6	7	998	645	111
柘荣县		2	46	33	3	10	532	318	25
福安市	45	69	250	190	17	43	1912	784	87
福鼎市	46	154	451	373	30	48	2561	1450	225
男	**1958**	**3468**	**12544**	**9205**	**1326**	**2013**	**179103**	**84479**	**20548**
福州市	**343**	**648**	**2776**	**2038**	**320**	**418**	**44126**	**21153**	**6350**
鼓楼区	8	17	214	140	21	53	1272	569	293
台江区		3	145	98	24	23	970	475	124
仓山区	60	95	353	247	49	57	6750	3277	903
马尾区	11	22	44	18	12	14	1232	733	139
晋安区	16	72	313	199	59	55	4654	2477	594
长乐区	15	47	178	129	18	31	3895	1754	593
闽侯县	75	52	142	90	25	27	5086	2195	521
连江县	28	69	156	97	31	28	4273	2334	300
罗源县	55	149	114	72	18	24	1454	445	90
闽清县	20	12	111	96	4	11	1536	779	127
永泰县	2	11	61	49	7	5	2595	1842	212
平潭县	4	49	81	53	5	23	3169	888	1447
福清市	49	50	864	750	47	67	7240	3385	1007
厦门市	**181**	**857**	**1014**	**506**	**210**	**298**	**23839**	**10602**	**3101**
思明区	8	114	294	158	49	87	2365	862	349
海沧区	25	87	103	56	14	33	3114	1484	430
湖里区	35	408	166	73	50	43	5710	1820	569
集美区	26	94	175	92	36	47	5031	2557	556
同安区	63	87	155	59	40	56	4121	2103	473
翔安区	24	67	121	68	21	32	3498	1776	724

4-4 续表 27

单位：人

地区 性别	制造业		电力、热力、燃气及水生产和供应业				建筑业		
	废弃资源综合利用业	金属制品、机械和设备修理业	小计	电力、热力生产和供应业	燃气生产和供应业	水的生产和供应业	小计	房屋建筑业	土木工程建筑业
莆田市	**152**	**137**	**786**	**544**	**123**	**119**	**10841**	**5080**	**691**
城厢区	10	11	151	87	28	36	1887	708	189
涵江区	26	23	90	56	12	22	1914	930	122
荔城区	45	24	170	111	37	22	1731	821	73
秀屿区	10	42	190	170	11	9	2184	986	156
仙游县	61	37	185	120	35	30	3125	1635	151
三明市	**94**	**164**	**1202**	**987**	**78**	**137**	**9343**	**4060**	**1610**
梅列区	23	62	163	134	13	16	786	323	83
三元区	6	11	70	41	8	21	753	339	158
明溪县	1	1	43	35	1	7	343	151	70
清流县	2	8	61	55	1	5	607	299	175
宁化县	7	5	91	64	7	20	1258	550	175
大田县	6	13	94	86	6	2	1458	698	292
尤溪县	12	7	152	137	1	14	1147	512	174
沙县	15	15	118	85	14	19	648	225	113
将乐县	3	7	78	63	11	4	440	189	34
泰宁县	4	2	70	60	1	9	394	236	22
建宁县	3	4	33	28	3	2	355	174	79
永安市	12	29	229	199	12	18	1154	364	235
泉州市	**744**	**682**	**2126**	**1475**	**231**	**420**	**35201**	**16818**	**2625**
鲤城区	16	33	111	67	13	31	1162	469	74
丰泽区	3	32	235	147	35	53	2929	1292	336
洛江区	10	5	47	30	7	10	843	420	72
泉港区	10	75	126	84	16	26	2478	1371	213
惠安县	54	82	132	81	24	27	8811	4568	444
安溪县	26	41	263	208	33	22	3060	1014	196
永春县	33	18	156	120	13	23	1779	742	181
德化县	16	26	133	110	8	15	1552	897	79
石狮市	32	73	276	210	11	55	1518	583	123
晋江市	335	161	355	226	31	98	5782	2786	462
南安市	209	136	292	192	40	60	5287	2676	445
漳州市	**234**	**375**	**1291**	**900**	**157**	**234**	**20396**	**10122**	**2362**
芗城区	15	29	177	124	20	33	2240	1179	194
龙文区	5	20	57	38	9	10	1556	766	155
云霄县	26	20	135	106	12	17	2088	1011	403
漳浦县	25	81	170	98	35	37	3320	1405	570
诏安县	28	29	83	52	13	18	2616	1478	92
长泰县	18	25	65	41	9	15	780	375	64
东山县	10	32	76	56	5	15	897	575	49
南靖县	19	26	102	86	5	11	984	369	171
平和县	9	15	71	52	8	11	861	393	47
华安县	3	11	79	68	5	6	579	297	111
龙海市	76	87	276	179	36	61	4475	2274	506
南平市	**31**	**144**	**964**	**807**	**50**	**107**	**9207**	**4265**	**850**
延平区	4	20	215	188	7	20	1847	679	186
建阳区	6	13	98	81	5	12	1471	692	148
顺昌县	2	20	73	68	1	4	505	235	52
浦城县	1	5	90	65	13	12	804	474	47
光泽县		6	67	57	3	7	435	221	41
松溪县		5	32	29	2	1	421	241	39
政和县	4	9	46	33	4	9	528	252	38
邵武市	5	29	138	115	8	15	1040	425	93
武夷山市	3	13	75	60	1	14	1147	618	93
建瓯市	6	24	130	111	6	13	1009	428	113
龙岩市	**75**	**153**	**1064**	**902**	**63**	**99**	**13589**	**6561**	**1533**
新罗区	16	63	364	301	28	35	3870	1734	415
永定区	7	12	105	88	7	10	1757	846	199

4-4　续表 28　　　　　　　　　　　　　　　　　　　　　　　　　　　　　　　单位：人

地　区 性　别	制造业		电力、热力、燃气及水生产和供应业				建筑业		
	废弃资源综合利用业	金属制品、机械和设备修理业	小计	电力、热力生产和供应业	燃气生产和供应业	水的生产和供应业	小计	房屋建筑业	土木工程建筑业
长汀县	10	15	104	86	8	10	1796	911	178
上杭县	23	23	128	102	5	21	2613	1416	395
武平县	8	13	95	82	7	6	1195	561	118
连城县	9	16	103	92		11	1261	707	165
漳平市	2	11	165	151	8	6	1097	386	63
宁德市	**104**	**308**	**1321**	**1046**	**94**	**181**	**12561**	**5818**	**1426**
蕉城区	22	28	330	260	25	45	2802	1238	192
霞浦县	5	31	162	111	13	38	2159	639	609
古田县	4	34	104	86	6	12	837	328	109
屏南县	3	4	69	60	1	8	596	335	68
寿宁县	4	8	45	42	2	1	604	346	44
周宁县	2	2	44	36	5	3	896	575	98
柘荣县		2	34	24	3	7	518	306	24
福安市	32	62	178	132	12	34	1764	721	80
福鼎市	32	137	355	295	27	33	2385	1330	202
女	**841**	**508**	**4418**	**3039**	**481**	**898**	**35677**	**20357**	**3448**
福州市	**117**	**65**	**1068**	**747**	**108**	**213**	**7493**	**4151**	**964**
鼓楼区	5	5	137	81	10	46	415	169	109
台江区			78	60	6	12	280	114	44
仓山区	23	13	183	130	24	29	1612	877	198
马尾区	7	5	19	3	6	10	220	156	20
晋安区	7	7	126	93	16	17	994	540	147
长乐区	4	4	57	43		14	493	256	66
闽侯县	22	6	59	31	6	22	872	428	94
连江县	10	4	71	48	8	15	480	293	25
罗源县	10	12	41	31	4	6	93	40	8
闽清县	12	4	31	24		7	136	66	18
永泰县	1		22	19	2	1	523	407	20
平潭县		1	49	26	10	13	307	155	84
福清市	16	4	195	158	16	21	1068	650	131
厦门市	**67**	**210**	**395**	**206**	**59**	**130**	**4825**	**2281**	**682**
思明区	4	39	151	85	18	48	712	259	145
海沧区	10	22	25	8	7	10	647	300	103
湖里区	12	95	69	30	11	28	1062	375	133
集美区	7	27	61	29	6	26	934	500	118
同安区	22	13	54	33	8	13	791	443	77
翔安区	12	14	35	21	9	5	679	404	106
莆田市	**70**	**11**	**277**	**167**	**44**	**66**	**2433**	**1400**	**145**
城厢区	8		79	45	9	25	405	194	31
涵江区	16	2	30	13	8	9	354	211	22
荔城区	23	2	79	53	9	17	382	213	19
秀屿区	10	3	40	27	7	6	752	433	37
仙游县	13	4	49	29	11	9	540	349	36
三明市	**43**	**17**	**453**	**366**	**32**	**55**	**1977**	**1114**	**258**
梅列区	13	8	63	48	7	8	238	115	23
三元区	6		12	8	2	2	195	112	27
明溪县			16	14	1	1	60	38	7
清流县	1	1	23	20	2	1	144	90	29
宁化县	6		28	20	3	5	332	198	30
大田县	3	1	34	28	4	2	257	155	38
尤溪县	3	1	49	40	1	8	98	47	23
沙县		2	43	33	4	6	116	61	15
将乐县	3		24	18	1	5	74	45	4
泰宁县	5	1	33	28	2	3	117	85	7
建宁县	1	1	25	15	1	9	114	72	16
永安市	2	2	103	94	4	5	232	96	39

4-4 续表 29 单位：人

地区 性别	制造业		电力、热力、燃气及水生产和供应业				建筑业		
	废弃资源综合利用业	金属制品、机械和设备修理业	小计	电力、热力生产和供应业	燃气生产和供应业	水的生产和供应业	小计	房屋建筑业	土木工程建筑业
泉州市	**301**	**88**	**615**	**372**	**90**	**153**	**7532**	**4513**	**387**
鲤城区	6	7	48	29	4	15	206	82	18
丰泽区		7	121	63	15	43	606	308	79
洛江区	6		19	12	5	2	177	114	18
泉港区	6	10	36	21	5	10	739	544	22
惠安县	27	6	40	12	12	16	2088	1383	59
安溪县	14	3	61	44	13	4	679	278	33
永春县	10	5	37	22	7	8	240	126	19
德化县	13	1	25	18	2	5	223	126	14
石狮市	13	8	55	41	2	12	232	113	16
晋江市	139	22	86	54	7	25	1048	579	65
南安市	67	19	87	56	18	13	1294	860	44
漳州市	**141**	**58**	**419**	**254**	**72**	**93**	**5047**	**3107**	**446**
芗城区	13	10	76	48	15	13	691	426	57
龙文区	1	7	17	12	3	2	549	247	60
云霄县	27	4	47	39	1	7	440	291	53
漳浦县	19	5	43	24	10	9	720	428	112
诏安县	17	3	15	7	4	4	571	406	12
长泰县	9	5	23	15	2	6	179	116	8
东山县	7	6	35	17	7	11	309	236	8
南靖县	7	6	34	23	6	5	247	123	19
平和县	2	2	22	16	3	3	186	112	8
华安县	2		34	26	1	7	155	105	19
龙海市	37	10	73	27	20	26	1000	617	90
南平市	**13**	**11**	**384**	**290**	**25**	**69**	**1243**	**755**	**122**
延平区		4	97	72	8	17	286	156	28
建阳区	2		43	29	3	11	187	114	25
顺昌县	1	1	24	19	1	4	72	48	6
浦城县			36	26	5	5	63	45	5
光泽县			25	22		3	35	27	2
松溪县			17	15		2	24	13	2
政和县	1	1	27	15	2	10	53	29	5
邵武市	4	3	41	32	3	6	135	82	8
武夷山市	1	1	32	23	3	6	264	166	32
建瓯市	4	1	42	37		5	124	75	9
龙岩市	**41**	**21**	**343**	**268**	**27**	**48**	**4002**	**2442**	**259**
新罗区	8	7	141	104	17	20	1026	539	89
永定区	4	1	27	20		7	564	366	24
长汀县	4	4	33	25	5	3	573	360	26
上杭县	14	5	44	37	5	2	869	598	70
武平县	8	3	27	23		4	465	291	23
连城县	3	1	18	12		6	255	178	19
漳平市			53	47		6	250	110	8
宁德市	**48**	**27**	**464**	**369**	**24**	**71**	**1125**	**594**	**185**
蕉城区	14	2	113	88	7	18	320	161	30
霞浦县	4	1	61	45	5	11	170	35	91
古田县	1		30	24		6	61	35	12
屏南县			22	19		3	68	51	5
寿宁县	1		33	28	3	2	66	47	3
周宁县	1		25	20	1	4	102	70	13
柘荣县			12	9		3	14	12	1
福安市	13	7	72	58	5	9	148	63	7
福鼎市	14	17	96	78	3	15	176	120	23

4-4 续表 30

单位：人

地区 性别	建筑业		批发和零售业			交通运输、仓储和邮政业			
	建筑安装业	建筑装饰、装修和其他建筑业	小计	批发业	零售业	小计	铁路运输业	道路运输业	水上运输业
合计	**12900**	**73048**	**349719**	**87415**	**262304**	**97492**	**3059**	**59681**	**4060**
福州市	**2409**	**16592**	**68553**	**16942**	**51611**	**19926**	**1021**	**11467**	**1455**
鼓楼区	91	456	4815	1676	3139	1082	85	504	81
台江区	59	434	5058	1731	3327	972	27	532	57
仓山区	426	2681	11750	3274	8476	3204	91	1949	88
马尾区	48	356	2226	922	1304	973	12	618	57
晋安区	261	1629	8403	2651	5752	3056	702	1591	73
长乐区	227	1492	5048	1237	3811	1569	3	853	90
闽侯县	400	2320	7497	2232	5265	2883	34	1865	48
连江县	181	1620	5110	798	4312	1323	2	764	198
罗源县	132	832	1813	383	1430	546	2	295	41
闽清县	135	547	1407	226	1181	527	39	343	16
永泰县	96	541	1550	196	1354	338	8	223	2
平潭县	30	872	2250	317	1933	1271	6	485	602
福清市	323	2812	11626	1299	10327	2182	10	1445	102
厦门市	**1971**	**10027**	**50536**	**19116**	**31420**	**19195**	**386**	**10473**	**853**
思明区	260	1202	10964	4474	6490	3866	185	1550	319
海沧区	255	1189	4905	1876	3029	2415	13	1444	163
湖里区	486	3389	14493	5681	8812	5083	53	2498	229
集美区	451	1783	9083	3290	5793	3559	52	2351	61
同安区	320	1496	7121	2570	4551	2712	76	1586	28
翔安区	199	968	3970	1225	2745	1560	7	1044	53
莆田市	**705**	**5253**	**30435**	**4348**	**26087**	**4878**	**29**	**3037**	**229**
城厢区	124	1046	6862	715	6147	987	2	585	35
涵江区	95	888	4679	1082	3597	884	2	609	19
荔城区	157	830	7329	984	6345	861	2	470	19
秀屿区	160	1164	3953	687	3266	883	15	505	132
仙游县	169	1325	7612	880	6732	1263	8	868	24
三明市	**675**	**3603**	**14668**	**3092**	**11576**	**5330**	**334**	**3526**	**24**
梅列区	97	383	1736	476	1260	513	13	347	2
三元区	59	253	1369	399	970	574	33	394	
明溪县	26	111	637	150	487	168		111	
清流县	50	108	714	104	610	222	4	167	
宁化县	108	529	1660	332	1328	527	3	349	2
大田县	70	462	1635	309	1326	540	1	410	
尤溪县	22	467	1485	229	1256	600	16	456	3
沙县	52	298	1073	159	914	494	41	198	6
将乐县	37	205	779	176	603	255	8	158	1
泰宁县	29	132	668	92	576	160	2	108	9
建宁县	25	103	595	127	468	196	17	135	
永安市	100	552	2317	539	1778	1081	196	693	1
泉州市	**2876**	**15514**	**89111**	**22271**	**66840**	**19708**	**190**	**12140**	**998**
鲤城区	114	611	5140	1580	3560	891	1	499	11
丰泽区	138	1382	8048	2748	5300	1686	66	946	101
洛江区	104	292	2099	424	1675	385	9	250	7
泉港区	284	783	2928	533	2395	1205	8	532	435
惠安县	397	4048	6632	1245	5387	1553	13	914	124
安溪县	269	1949	10855	1486	9369	1661	45	1123	7
永春县	164	787	2683	410	2273	934	5	723	17
德化县	100	559	2900	204	2696	564	8	336	1
石狮市	171	744	8889	2001	6888	1855	4	1199	130
晋江市	502	2436	21684	7086	14598	5542	14	3253	54
南安市	633	1923	17253	4554	12699	3432	17	2365	111
漳州市	**1645**	**7761**	**38308**	**9722**	**28586**	**11230**	**191**	**7565**	**222**
芗城区	163	912	5721	1561	4160	1654	60	1085	9
龙文区	113	764	3424	974	2450	876	46	517	6
云霄县	126	644	3754	586	3168	792	20	511	9
漳浦县	417	1108	5729	1406	4323	1780	8	1393	18

4-4 续表 31 单位：人

地区 性别	建筑业		批发和零售业			交通运输、仓储和邮政业			
	建筑安装业	建筑装饰、装修和其他建筑业	小计	批发业	零售业	小计	铁路运输业	道路运输业	水上运输业
诏安县	136	1063	3576	768	2808	643	7	449	10
长泰县	97	299	1384	395	989	469	3	304	5
东山县	63	275	1844	361	1483	520	1	374	37
南靖县	88	461	2245	446	1799	1011	7	815	7
平和县	66	421	3175	1138	2037	500		354	4
华安县	24	178	452	118	334	217	13	158	
龙海市	352	1636	7004	1969	5035	2768	26	1605	117
南平市	**946**	**3512**	**15318**	**3118**	**12200**	**5348**	**423**	**3536**	**29**
延平区	487	597	2823	673	2150	1232	147	745	6
建阳区	107	572	2108	455	1653	551	21	387	1
顺昌县	37	199	792	189	603	350	12	257	2
浦城县	46	250	1212	158	1054	395	2	316	
光泽县	14	165	628	120	508	295	16	218	2
松溪县	22	128	585	92	493	189	2	125	
政和县	21	236	896	95	801	205	3	144	3
邵武市	89	478	1852	449	1403	836	182	472	4
武夷山市	68	434	2113	459	1654	432	18	262	1
建瓯市	55	453	2309	428	1881	863	20	610	10
龙岩市	**926**	**5870**	**18808**	**4327**	**14481**	**5899**	**431**	**4142**	**20**
新罗区	304	1815	8063	2108	5955	2296	197	1611	6
永定区	92	794	1680	280	1400	760	9	636	2
长汀县	132	762	2398	537	1861	574	21	401	1
上杭县	185	818	2224	569	1655	540	12	384	5
武平县	69	598	1429	311	1118	513		384	2
连城县	114	333	1259	205	1054	475	5	315	1
漳平市	30	750	1755	317	1438	741	187	411	3
宁德市	**747**	**4916**	**23982**	**4479**	**19503**	**5978**	**54**	**3795**	**230**
蕉城区	218	1283	5095	995	4100	1371	22	881	65
霞浦县	96	859	4860	477	4383	978	8	636	51
古田县	24	390	1797	304	1493	602	8	351	5
屏南县	37	168	815	149	666	222	3	136	1
寿宁县	14	216	679	117	562	147		82	1
周宁县	67	175	1414	577	837	261	2	155	
柘荣县	43	146	614	108	506	142		93	
福安市	110	931	4641	938	3703	1240	5	783	53
福鼎市	138	748	4067	814	3253	1015	6	678	54
男	**11849**	**62227**	**183749**	**53654**	**130095**	**82467**	**2383**	**53661**	**3487**
福州市	**2191**	**14432**	**35870**	**10545**	**25325**	**16737**	**719**	**10147**	**1303**
鼓楼区	68	342	2419	917	1502	778	56	389	60
台江区	43	328	2677	1049	1628	788	23	443	44
仓山区	377	2193	6463	1946	4517	2652	63	1679	66
马尾区	41	319	1193	614	579	810	7	532	44
晋安区	230	1353	4366	1602	2764	2394	490	1341	49
长乐区	212	1336	2858	922	1936	1370	1	812	85
闽侯县	371	1999	4056	1374	2682	2417	27	1650	47
连江县	175	1464	2326	479	1847	1185	1	707	187
罗源县	126	793	966	276	690	490	2	270	36
闽清县	126	504	732	157	575	471	33	322	15
永泰县	87	454	685	129	556	291	7	204	2
平潭县	28	806	1070	214	856	1151	4	438	581
福清市	307	2541	6059	866	5193	1940	5	1360	87
厦门市	**1737**	**8399**	**25918**	**10763**	**15155**	**15130**	**301**	**8959**	**610**
思明区	210	944	5279	2358	2921	2745	143	1255	207
海沧区	231	969	2536	1076	1460	2030	12	1271	131
湖里区	419	2902	7364	3144	4220	3856	39	2080	150
集美区	407	1511	4769	1896	2873	2921	33	2036	48
同安区	296	1249	3913	1554	2359	2293	69	1408	25
翔安区	174	824	2057	735	1322	1285	5	909	49

4-4 续表 32

单位：人

地区 性别	建筑业		批发和零售业			交通运输、仓储和邮政业			
	建筑安装业	建筑装饰、装修和其他建筑业	小计	批发业	零售业	小计	铁路运输业	道路运输业	水上运输业
莆田市	**654**	**4416**	**17650**	**2746**	**14904**	**4214**	**17**	**2807**	**208**
城厢区	116	874	3988	469	3519	823	1	525	32
涵江区	91	771	2566	636	1930	768	2	557	17
荔城区	140	697	4386	622	3764	728	2	429	16
秀屿区	145	897	2207	422	1785	759	10	471	122
仙游县	162	1177	4503	597	3906	1136	2	825	21
三明市	**623**	**3050**	**7156**	**1959**	**5197**	**4528**	**280**	**3118**	**20**
梅列区	82	298	835	293	542	408	12	291	1
三元区	51	205	666	239	427	499	28	351	
明溪县	26	96	343	105	238	135		94	
清流县	46	87	300	59	241	191	2	152	
宁化县	97	436	828	215	613	472	2	323	2
大田县	65	403	848	195	653	464	1	375	
尤溪县	22	439	758	157	601	534	9	417	3
沙县	48	262	543	102	441	383	34	163	4
将乐县	37	180	362	107	255	218	4	139	1
泰宁县	28	108	293	66	227	129	2	93	8
建宁县	24	78	286	76	210	173	14	122	
永安市	97	458	1094	345	749	922	172	598	1
泉州市	**2665**	**13093**	**48828**	**14183**	**34645**	**16933**	**140**	**11105**	**917**
鲤城区	100	519	2808	949	1859	741	1	441	9
丰泽区	127	1174	4210	1647	2563	1405	49	822	83
洛江区	94	257	1227	264	963	340	7	231	5
泉港区	265	629	1269	326	943	1047	7	476	415
惠安县	376	3423	3082	738	2344	1275	9	813	118
安溪县	238	1612	5883	898	4985	1462	36	1052	4
永春县	157	699	1470	268	1202	856	3	689	13
德化县	95	481	1604	124	1480	508	8	315	1
石狮市	162	650	5176	1274	3902	1653	4	1112	122
晋江市	470	2064	12807	4697	8110	4663	7	2960	46
南安市	581	1585	9292	2998	6294	2983	9	2194	101
漳州市	**1519**	**6393**	**19216**	**5832**	**13384**	**9800**	**150**	**7034**	**182**
芗城区	137	730	2797	937	1860	1398	44	976	6
龙文区	96	539	1653	580	1073	725	41	448	4
云霄县	115	559	1875	367	1508	724	17	484	8
漳浦县	398	947	3034	917	2117	1626	8	1321	15
诏安县	132	914	1863	461	1402	588	4	436	10
长泰县	90	251	678	228	450	391	2	283	4
东山县	59	214	828	193	635	455		347	29
南靖县	77	367	1038	252	786	909	6	762	4
平和县	63	358	1659	626	1033	450		337	2
华安县	24	147	221	66	155	190	13	145	
龙海市	328	1367	3570	1205	2365	2344	15	1495	100
南平市	**891**	**3201**	**7823**	**1950**	**5873**	**4690**	**377**	**3226**	**21**
延平区	453	529	1333	376	957	1044	137	651	6
建阳区	103	528	1098	307	791	487	12	358	1
顺昌县	34	184	419	129	290	314	10	239	1
浦城县	45	238	633	107	526	359	2	299	
光泽县	14	159	305	72	233	266	15	204	2
松溪县	21	120	338	60	278	166	1	118	
政和县	20	218	509	67	442	177	2	131	3
邵武市	88	434	924	277	647	736	168	418	4
武夷山市	62	374	1093	272	821	367	15	231	
建瓯市	51	417	1171	283	888	774	15	577	4
龙岩市	**849**	**4646**	**9315**	**2630**	**6685**	**5117**	**366**	**3762**	**17**
新罗区	279	1442	3986	1263	2723	1978	152	1453	6
永定区	83	629	833	177	656	658	6	581	1

4-4 续表 33 单位：人

地区 性别	建筑业		批发和零售业			交通运输、仓储和邮政业			
	建筑安装业	建筑装饰、装修和其他建筑业	小计	批发业	零售业	小计	铁路运输业	道路运输业	水上运输业
长汀县	121	586	1281	349	932	501	19	370	
上杭县	168	634	1046	328	718	437	11	331	4
武平县	65	451	712	194	518	457		354	2
连城县	104	285	643	127	516	424	4	294	1
漳平市	29	619	814	192	622	662	174	379	3
宁德市	**720**	**4597**	**11973**	**3046**	**8927**	**5318**	**33**	**3503**	**209**
蕉城区	206	1166	2572	678	1894	1163	11	774	56
霞浦县	93	818	1951	299	1652	909	6	605	47
古田县	23	377	965	209	756	555	8	338	5
屏南县	36	157	421	99	322	189	3	125	
寿宁县	14	200	390	76	314	128		77	1
周宁县	65	158	890	441	449	232	1	139	
柘荣县	43	145	310	77	233	129		86	
福安市	104	859	2467	621	1846	1117	2	722	49
福鼎市	136	717	2007	546	1461	896	2	637	51
女	**1051**	**10821**	**165970**	**33761**	**132209**	**15025**	**676**	**6020**	**573**
福州市	**218**	**2160**	**32683**	**6397**	**26286**	**3189**	**302**	**1320**	**152**
鼓楼区	23	114	2396	759	1637	304	29	115	21
台江区	16	106	2381	682	1699	184	4	89	13
仓山区	49	488	5287	1328	3959	552	28	270	22
马尾区	7	37	1033	308	725	163	5	86	13
晋安区	31	276	4037	1049	2988	662	212	250	24
长乐区	15	156	2190	315	1875	199	2	41	5
闽侯县	29	321	3441	858	2583	466	7	215	1
连江县	6	156	2784	319	2465	138	1	57	11
罗源县	6	39	847	107	740	56		25	5
闽清县	9	43	675	69	606	56	6	21	1
永泰县	9	87	865	67	798	47	1	19	
平潭县	2	66	1180	103	1077	120	2	47	21
福清市	16	271	5567	433	5134	242	5	85	15
厦门市	**234**	**1628**	**24618**	**8353**	**16265**	**4065**	**85**	**1514**	**243**
思明区	50	258	5685	2116	3569	1121	42	295	112
海沧区	24	220	2369	800	1569	385	1	173	32
湖里区	67	487	7129	2537	4592	1227	14	418	79
集美区	44	272	4314	1394	2920	638	19	315	13
同安区	24	247	3208	1016	2192	419	7	178	3
翔安区	25	144	1913	490	1423	275	2	135	4
莆田市	**51**	**837**	**12785**	**1602**	**11183**	**664**	**12**	**230**	**21**
城厢区	8	172	2874	246	2628	164	1	60	3
涵江区	4	117	2113	446	1667	116		52	2
荔城区	17	133	2943	362	2581	133		41	3
秀屿区	15	267	1746	265	1481	124	5	34	10
仙游县	7	148	3109	283	2826	127	6	43	3
三明市	**52**	**553**	**7512**	**1133**	**6379**	**802**	**54**	**408**	**4**
梅列区	15	85	901	183	718	105	1	56	1
三元区	8	48	703	160	543	75	5	43	
明溪县		15	294	45	249	33		17	
清流县	4	21	414	45	369	31	2	15	
宁化县	11	93	832	117	715	55	1	26	
大田县	5	59	787	114	673	76		35	
尤溪县		28	727	72	655	66	7	39	
沙县	4	36	530	57	473	111	7	35	2
将乐县		25	417	69	348	37	4	19	
泰宁县	1	24	375	26	349	31		15	1
建宁县	1	25	309	51	258	23	3	13	
永安市	3	94	1223	194	1029	159	24	95	

4-4　续表 34　　　　　　　　　　　　　　　　　　　　单位：人

地　区 性　别	建筑业		批发和零售业			交通运输、仓储和邮政业			
	建　筑 安装业	建筑装饰、装修和其他建筑业	小计	批发业	零售业	小计	铁　路 运输业	道　路 运输业	水　上 运输业
泉州市	**211**	**2421**	**40283**	**8088**	**32195**	**2775**	**50**	**1035**	**81**
鲤城区	14	92	2332	631	1701	150		58	2
丰泽区	11	208	3838	1101	2737	281	17	124	18
洛江区	10	35	872	160	712	45	2	19	2
泉港区	19	154	1659	207	1452	158	1	56	20
惠安县	21	625	3550	507	3043	278	4	101	6
安溪县	31	337	4972	588	4384	199	9	71	3
永春县	7	88	1213	142	1071	78	2	34	4
德化县	5	78	1296	80	1216	56		21	
石狮市	9	94	3713	727	2986	202		87	8
晋江市	32	372	8877	2389	6488	879	7	293	8
南安市	52	338	7961	1556	6405	449	8	171	10
漳州市	**126**	**1368**	**19092**	**3890**	**15202**	**1430**	**41**	**531**	**40**
芗城区	26	182	2924	624	2300	256	16	109	3
龙文区	17	225	1771	394	1377	151	5	69	2
云霄县	11	85	1879	219	1660	68	3	27	1
漳浦县	19	161	2695	489	2206	154		72	3
诏安县	4	149	1713	307	1406	55	3	13	
长泰县	7	48	706	167	539	78	1	21	1
东山县	4	61	1016	168	848	65	1	27	8
南靖县	11	94	1207	194	1013	102	1	53	3
平和县	3	63	1516	512	1004	50		17	2
华安县		31	231	52	179	27		13	
龙海市	24	269	3434	764	2670	424	11	110	17
南平市	**55**	**311**	**7495**	**1168**	**6327**	**658**	**46**	**310**	**8**
延平区	34	68	1490	297	1193	188	10	94	
建阳区	4	44	1010	148	862	64	9	29	
顺昌县	3	15	373	60	313	36	2	18	1
浦城县	1	12	579	51	528	36		17	
光泽县		6	323	48	275	29	1	14	
松溪县	1	8	247	32	215	23	1	7	
政和县	1	18	387	28	359	28	1	13	
邵武市	1	44	928	172	756	100	14	54	
武夷山市	6	60	1020	187	833	65	3	31	1
建瓯市	4	36	1138	145	993	89	5	33	6
龙岩市	**77**	**1224**	**9493**	**1697**	**7796**	**782**	**65**	**380**	**3**
新罗区	25	373	4077	845	3232	318	45	158	
永定区	9	165	847	103	744	102	3	55	1
长汀县	11	176	1117	188	929	73	2	31	1
上杭县	17	184	1178	241	937	103	1	53	1
武平县	4	147	717	117	600	56		30	
连城县	10	48	616	78	538	51	1	21	
漳平市	1	131	941	125	816	79	13	32	
宁德市	**27**	**319**	**12009**	**1433**	**10576**	**660**	**21**	**292**	**21**
蕉城区	12	117	2523	317	2206	208	11	107	9
霞浦县	3	41	2909	178	2731	69	2	31	4
古田县	1	13	832	95	737	47		13	
屏南县	1	11	394	50	344	33		11	1
寿宁县		16	289	41	248	19		5	
周宁县	2	17	524	136	388	29	1	16	
柘荣县		1	304	31	273	13		7	
福安市	6	72	2174	317	1857	123	3	61	4
福鼎市	2	31	2060	268	1792	119	4	41	3

4-4 续表 35

单位：人

地区 性别	交通运输、仓储和邮政业					住宿和餐饮业		
	航空运输业	管道运输业	多式联运和运输代理业	装卸搬运和仓储业	邮政业	小计	住宿业	餐饮业
合计	**2724**	**28**	**3614**	**9324**	**15002**	**113776**	**13615**	**100161**
福州市	**604**	**3**	**479**	**1631**	**3266**	**28707**	**2689**	**26018**
鼓楼区	91	1	63	40	217	1871	316	1555
台江区	45		53	49	209	1178	159	1019
仓山区	137	1	151	205	582	2719	275	2444
马尾区	14		31	150	91	1815	51	1764
晋安区	82	1	90	117	400	2707	396	2311
长乐区	191			166	266	3930	204	3726
闽侯县	16		12	316	592	2557	123	2434
连江县	6		36	145	172	3532	285	3247
罗源县	2		17	123	66	533	25	508
闽清县	3		9	58	59	445	29	416
永泰县	2			34	69	490	70	420
平潭县	5		10	52	111	838	157	681
福清市	10		7	176	432	6092	599	5493
厦门市	**1750**	**4**	**1877**	**1270**	**2582**	**18965**	**3283**	**15682**
思明区	823		501	162	326	5024	1387	3637
海沧区	29		280	261	225	1749	228	1521
湖里区	643		736	365	559	5251	937	4314
集美区	113		237	163	582	3285	393	2892
同安区	63	4	79	238	638	2034	212	1822
翔安区	79		44	81	252	1622	126	1496
莆田市	**19**		**97**	**493**	**974**	**6606**	**551**	**6055**
城厢区	10		28	55	272	1479	192	1287
涵江区	3		34	93	124	1184	50	1134
荔城区	1		25	76	268	963	90	873
秀屿区	2		7	136	86	679	90	589
仙游县	3		3	133	224	2301	129	2172
三明市	**32**		**63**	**621**	**730**	**9033**	**705**	**8328**
梅列区	4		5	47	95	792	126	666
三元区			8	65	74	511	53	458
明溪县				19	38	516	18	498
清流县	1		2	23	25	274	48	226
宁化县	3		9	111	50	676	70	606
大田县	1		10	41	77	635	62	573
尤溪县	1		10	55	59	790	68	722
沙县	16		2	91	140	2811	65	2746
将乐县	1		4	46	37	525	38	487
泰宁县	1		3	15	22	475	61	414
建宁县	2		1	15	26	239	30	209
永安市	2		9	93	87	789	66	723
泉州市	**232**	**14**	**614**	**1595**	**3925**	**20373**	**2841**	**17532**
鲤城区	13		45	77	245	1247	156	1091
丰泽区	27	5	47	137	357	2767	505	2262
洛江区	7		9	26	77	437	22	415
泉港区	9	3	20	85	113	641	63	578
惠安县	10	1	51	125	315	1685	272	1413
安溪县	4	3	30	152	297	2014	142	1872
永春县	3		13	67	106	669	82	587
德化县	3			66	150	694	67	627
石狮市	7		60	120	335	2047	457	1590
晋江市	142		237	447	1395	4765	599	4166
南安市	7	2	102	293	535	3407	476	2931
漳州市	**37**	**5**	**261**	**1624**	**1325**	**10861**	**1006**	**9855**
芗城区	3	1	57	224	215	1789	184	1605
龙文区	5		42	124	136	808	67	741
云霄县	1		18	115	118	954	47	907
漳浦县	6	1	25	157	172	1603	143	1460

4-4　续表 36　　　　　　　　　　　　　　　　　　　　　　　　　　　　单位：人

地　区 性　别	交通运输、仓储和邮政业					住宿和餐饮业		
	航　空 运输业	管　道 运输业	多式联运 和运输 代理业	装卸搬运 和仓储业	邮政业	小计	住宿业	餐饮业
诏安县	2		6	75	94	1007	37	970
长泰县	3		12	69	73	418	56	362
东山县	2	1	7	43	55	594	134	460
南靖县	4		12	94	72	769	106	663
平和县	1	2	13	51	75	648	30	618
华安县			1	21	24	203	20	183
龙海市	10		68	651	291	2068	182	1886
南平市	**35**		**80**	**586**	**659**	**5407**	**880**	**4527**
延平区	3		14	146	171	1101	113	988
建阳区	2		10	72	58	693	82	611
顺昌县	1		3	38	37	316	32	284
浦城县				41	36	362	49	313
光泽县			2	32	25	245	23	222
松溪县	2			25	35	183	25	158
政和县			2	12	41	256	37	219
邵武市			11	99	68	623	63	560
武夷山市	25		11	25	90	860	381	479
建瓯市	2		27	96	98	768	75	693
龙岩市	**9**	**2**	**72**	**573**	**650**	**6342**	**745**	**5597**
新罗区	1	2	17	184	278	2498	308	2190
永定区	2		6	40	65	734	60	674
长汀县	1		10	73	67	808	93	715
上杭县			12	43	84	761	106	655
武平县			11	69	47	486	57	429
连城县	4		14	79	57	536	73	463
漳平市	1		2	85	52	519	48	471
宁德市	**6**		**71**	**931**	**891**	**7482**	**915**	**6567**
蕉城区	4		18	212	169	1635	235	1400
霞浦县			7	149	127	1350	250	1100
古田县			20	140	78	695	69	626
屏南县				40	42	268	27	241
寿宁县			4	27	33	227	28	199
周宁县				59	45	263	28	235
柘荣县			2	17	30	263	15	248
福安市	2		12	163	222	1191	93	1098
福鼎市			8	124	145	1590	170	1420
男	**1760**	**22**	**2442**	**7747**	**10965**	**60746**	**5921**	**54825**
福州市	**405**	**2**	**351**	**1371**	**2439**	**16190**	**1250**	**14940**
鼓楼区	57		31	25	160	1090	156	934
台江区	31		42	39	166	654	62	592
仓山区	98	1	112	174	459	1555	126	1429
马尾区	13		27	121	66	1041	22	1019
晋安区	62	1	61	97	293	1423	170	1253
长乐区	113			148	211	2427	111	2316
闽侯县	12		5	255	421	1502	51	1451
连江县	6		35	122	127	2001	131	1870
罗源县	1		16	118	47	296	11	285
闽清县	2		7	47	45	220	11	209
永泰县	2			29	47	240	27	213
平潭县	2		9	47	70	411	79	332
福清市	6		6	149	327	3330	293	3037
厦门市	**1123**	**3**	**1083**	**1086**	**1965**	**10484**	**1576**	**8908**
思明区	516		250	127	247	2738	682	2056
海沧区	19		187	227	183	920	97	823
湖里区	409		415	318	445	2954	442	2512
集美区	79		149	138	438	1853	186	1667
同安区	49	3	54	209	476	1115	103	1012
翔安区	51		28	67	176	904	66	838

4-4 续表 37

单位：人

地区 性别	交通运输、仓储和邮政业					住宿和餐饮业		
	航空运输业	管道运输业	多式联运和运输代理业	装卸搬运和仓储业	邮政业	小计	住宿业	餐饮业
莆田市	**12**		**76**	**381**	**713**	**3642**	**251**	**3391**
城厢区	5		19	45	196	806	80	726
涵江区	2		29	69	92	693	26	667
荔城区	1		19	64	197	560	51	509
秀屿区	1		6	90	59	305	30	275
仙游县	3		3	113	169	1278	64	1214
三明市	**26**		**55**	**533**	**496**	**4694**	**219**	**4475**
梅列区	3		5	32	64	375	34	341
三元区			6	59	55	253	12	241
明溪县				17	24	287	6	281
清流县			2	21	14	104	16	88
宁化县	3		9	96	37	317	21	296
大田县	1		9	32	46	313	20	293
尤溪县	1		10	51	43	425	23	402
沙县	13		1	73	95	1631	32	1599
将乐县	1		3	44	26	280	11	269
泰宁县			2	11	13	223	16	207
建宁县	2		1	15	19	104	14	90
永安市	2		7	82	60	382	14	368
泉州市	**144**	**12**	**493**	**1280**	**2842**	**10829**	**1243**	**9586**
鲤城区	9		30	66	185	696	97	599
丰泽区	19	5	32	123	272	1621	238	1383
洛江区	6		9	19	63	265	9	256
泉港区	7	2	17	56	67	248	19	229
惠安县	7	1	43	88	196	792	115	677
安溪县	3	3	24	125	215	1104	67	1037
永春县			12	62	77	353	33	320
德化县	1			60	123	377	31	346
石狮市	3		50	104	258	1125	208	917
晋江市	83		198	354	1015	2667	264	2403
南安市	6	1	78	223	371	1581	162	1419
漳州市	**20**	**4**	**201**	**1294**	**915**	**5591**	**422**	**5169**
芗城区	2	1	41	187	141	947	92	855
龙文区	1		35	100	96	379	18	361
云霄县	1		16	103	95	496	24	472
漳浦县	3	1	22	137	119	827	61	766
诏安县	2		5	67	64	584	18	566
长泰县	1		6	45	50	195	19	176
东山县	1	1	6	33	38	287	47	240
南靖县	4		10	67	56	338	43	295
平和县	1	1	10	48	51	364	17	347
华安县			1	18	13	99	10	89
龙海市	4		49	489	192	1075	73	1002
南平市	**21**		**67**	**520**	**458**	**2635**	**340**	**2295**
延平区			12	125	113	564	48	516
建阳区	1		8	64	43	323	27	296
顺昌县	1		1	36	26	163	15	148
浦城县				36	22	170	17	153
光泽县			2	28	15	112	7	105
松溪县				23	24	103	9	94
政和县			1	8	32	123	16	107
邵武市			9	90	47	311	20	291
武夷山市	18		10	21	72	382	152	230
建瓯市	1		24	89	64	384	29	355
龙岩市	**6**	**1**	**60**	**447**	**458**	**3018**	**254**	**2764**
新罗区	1	1	16	142	207	1187	98	1089
永定区	1		4	28	37	354	25	329

4-4　续表 38　　　　单位：人

地区 性别	交通运输、仓储和邮政业					住宿和餐饮业		
	航空运输业	管道运输业	多式联运和运输代理业	装卸搬运和仓储业	邮政业	小计	住宿业	餐饮业
长汀县	1		10	54	47	405	35	370
上杭县			8	29	54	326	31	295
武平县			10	57	34	221	28	193
连城县	3		12	69	41	274	23	251
漳平市				68	38	251	14	237
宁德市	**3**		**56**	**835**	**679**	**3663**	**366**	**3297**
蕉城区	2		15	188	117	785	91	694
霞浦县			5	137	109	613	91	522
古田县			18	128	58	371	32	339
屏南县				34	27	124	13	111
寿宁县			2	24	24	113	8	105
周宁县				54	38	132	10	122
柘荣县			1	15	27	136	5	131
福安市	1		9	150	184	623	38	585
福鼎市			6	105	95	766	78	688
女	**964**	**6**	**1172**	**1577**	**4037**	**53030**	**7694**	**45336**
福州市	**199**	**1**	**128**	**260**	**827**	**12517**	**1439**	**11078**
鼓楼区	34	1	32	15	57	781	160	621
台江区	14		11	10	43	524	97	427
仓山区	39		39	31	123	1164	149	1015
马尾区	1		4	29	25	774	29	745
晋安区	20		29	20	107	1284	226	1058
长乐区	78			18	55	1503	93	1410
闽侯县	4		7	61	171	1055	72	983
连江县			1	23	45	1531	154	1377
罗源县	1		1	5	19	237	14	223
闽清县	1		2	11	14	225	18	207
永泰县				5	22	250	43	207
平潭县	3		1	5	41	427	78	349
福清市	4		1	27	105	2762	306	2456
厦门市	**627**	**1**	**794**	**184**	**617**	**8481**	**1707**	**6774**
思明区	307		251	35	79	2286	705	1581
海沧区	10		93	34	42	829	131	698
湖里区	234		321	47	114	2297	495	1802
集美区	34		88	25	144	1432	207	1225
同安区	14	1	25	29	162	919	109	810
翔安区	28		16	14	76	718	60	658
莆田市	**7**		**21**	**112**	**261**	**2964**	**300**	**2664**
城厢区	5		9	10	76	673	112	561
涵江区	1		5	24	32	491	24	467
荔城区			6	12	71	403	39	364
秀屿区	1		1	46	27	374	60	314
仙游县				20	55	1023	65	958
三明市	**6**		**8**	**88**	**234**	**4339**	**486**	**3853**
梅列区	1			15	31	417	92	325
三元区			2	6	19	258	41	217
明溪县				2	14	229	12	217
清流县	1			2	11	170	32	138
宁化县				15	13	359	49	310
大田县			1	9	31	322	42	280
尤溪县				4	16	365	45	320
沙县	3		1	18	45	1180	33	1147
将乐县			1	2	11	245	27	218
泰宁县	1		1	4	9	252	45	207
建宁县					7	135	16	119
永安市			2	11	27	407	52	355

4-4 续表 39 单位：人

地区 性别	交通运输、仓储和邮政业					住宿和餐饮业		
	航空运输业	管道运输业	多式联运和运输代理业	装卸搬运和仓储业	邮政业	小计	住宿业	餐饮业
泉州市	**88**	**2**	**121**	**315**	**1083**	**9544**	**1598**	**7946**
鲤城区	4		15	11	60	551	59	492
丰泽区	8		15	14	85	1146	267	879
洛江区	1			7	14	172	13	159
泉港区	2	1	3	29	46	393	44	349
惠安县	3		8	37	119	893	157	736
安溪县	1		6	27	82	910	75	835
永春县	3		1	5	29	316	49	267
德化县	2			6	27	317	36	281
石狮市	4		10	16	77	922	249	673
晋江市	59		39	93	380	2098	335	1763
南安市	1	1	24	70	164	1826	314	1512
漳州市	**17**	**1**	**60**	**330**	**410**	**5270**	**584**	**4686**
芗城区	1		16	37	74	842	92	750
龙文区	4		7	24	40	429	49	380
云霄县			2	12	23	458	23	435
漳浦县	3		3	20	53	776	82	694
诏安县			1	8	30	423	19	404
长泰县	2		6	24	23	223	37	186
东山县	1		1	10	17	307	87	220
南靖县			2	27	16	431	63	368
平和县		1	3	3	24	284	13	271
华安县				3	11	104	10	94
龙海市	6		19	162	99	993	109	884
南平市	**14**		**13**	**66**	**201**	**2772**	**540**	**2232**
延平区	3		2	21	58	537	65	472
建阳区	1		2	8	15	370	55	315
顺昌县			2	2	11	153	17	136
浦城县				5	14	192	32	160
光泽县				4	10	133	16	117
松溪县	2			2	11	80	16	64
政和县			1	4	9	133	21	112
邵武市			2	9	21	312	43	269
武夷山市	7		1	4	18	478	229	249
建瓯市	1		3	7	34	384	46	338
龙岩市	**3**	**1**	**12**	**126**	**192**	**3324**	**491**	**2833**
新罗区		1	1	42	71	1311	210	1101
永定区	1		2	12	28	380	35	345
长汀县				19	20	403	58	345
上杭县			4	14	30	435	75	360
武平县			1	12	13	265	29	236
连城县	1		2	10	16	262	50	212
漳平市	1		2	17	14	268	34	234
宁德市	**3**		**15**	**96**	**212**	**3819**	**549**	**3270**
蕉城区	2		3	24	52	850	144	706
霞浦县			2	12	18	737	159	578
古田县			2	12	20	324	37	287
屏南县				6	15	144	14	130
寿宁县			2	3	9	114	20	94
周宁县				5	7	131	18	113
柘荣县			1	2	3	127	10	117
福安市	1		3	13	38	568	55	513
福鼎市			2	19	50	824	92	732

4-4 续表 40 单位：人

地区 性别	信息传输、软件和信息技术服务业				金融业				
	小计	电信、广播电视和卫星传输服务	互联网和相关服务	软件和信息技术服务业	小计	货币金融服务	资本市场服务	保险业	其他金融业
合计	**39667**	**8765**	**12813**	**18089**	**30118**	**15583**	**2844**	**9576**	**2115**
福州市	**11737**	**2303**	**3297**	**6137**	**8684**	**4555**	**1079**	**2510**	**540**
鼓楼区	2229	497	364	1368	1985	1198	285	401	101
台江区	1131	182	411	538	997	546	103	262	86
仓山区	3011	514	921	1576	1470	707	199	436	128
马尾区	351	41	79	231	266	159	29	56	22
晋安区	1899	330	621	948	1452	752	206	407	87
长乐区	289	84	79	126	310	163	26	105	16
闽侯县	1268	176	230	862	517	235	50	186	46
连江县	503	89	283	131	319	159	25	107	28
罗源县	133	48	44	41	98	53	5	34	6
闽清县	102	48	32	22	129	77	4	46	2
永泰县	115	46	28	41	104	60	3	39	2
平潭县	222	70	37	115	299	145	24	124	6
福清市	484	178	168	138	738	301	120	307	10
厦门市	**13081**	**959**	**4010**	**8112**	**5688**	**2699**	**784**	**1494**	**711**
思明区	3983	370	1129	2484	2529	1375	354	513	287
海沧区	869	84	356	429	526	208	77	152	89
湖里区	4471	193	1610	2668	1398	559	244	395	200
集美区	2313	113	516	1684	636	274	61	217	84
同安区	632	131	174	327	372	172	26	141	33
翔安区	813	68	225	520	227	111	22	76	18
莆田市	**1334**	**515**	**562**	**257**	**1486**	**776**	**105**	**538**	**67**
城厢区	311	163	80	68	559	309	37	188	25
涵江区	335	84	208	43	192	92	11	78	11
荔城区	313	133	128	52	364	192	28	127	17
秀屿区	149	40	78	31	96	50	4	36	6
仙游县	226	95	68	63	275	133	25	109	8
三明市	**1430**	**653**	**477**	**300**	**1679**	**978**	**98**	**542**	**61**
梅列区	362	164	105	93	477	284	32	147	14
三元区	123	55	38	30	146	57	17	59	13
明溪县	41	25	8	8	61	37	2	19	3
清流县	62	28	25	9	81	58	2	17	4
宁化县	149	42	78	29	134	85	5	41	3
大田县	130	44	62	24	105	51	8	37	9
尤溪县	133	66	41	26	125	81	5	36	3
沙县	96	49	22	25	128	74	6	44	4
将乐县	53	29	13	11	89	58	3	26	2
泰宁县	36	27	4	5	68	37	2	29	
建宁县	67	31	32	4	66	46		20	
永安市	178	93	49	36	199	110	16	67	6
泉州市	**5447**	**1715**	**2107**	**1625**	**5301**	**2649**	**359**	**1956**	**337**
鲤城区	426	146	117	163	459	221	47	161	30
丰泽区	1046	387	206	453	1351	809	113	363	66
洛江区	123	59	24	40	111	50	7	40	14
泉港区	221	56	104	61	159	84	7	61	7
惠安县	589	164	216	209	444	198	30	182	34
安溪县	579	136	367	76	302	178	10	101	13
永春县	209	93	91	25	195	110	5	74	6
德化县	120	71	20	29	150	81	6	60	3
石狮市	247	116	57	74	383	182	16	156	29
晋江市	1326	259	769	298	1083	395	90	479	119
南安市	561	228	136	197	664	341	28	279	16
漳州市	**2568**	**801**	**1018**	**749**	**2415**	**1256**	**171**	**802**	**186**
芗城区	528	204	137	187	757	363	75	254	65
龙文区	402	109	181	112	333	171	30	83	49
云霄县	175	48	72	55	147	82	8	51	6
漳浦县	250	85	101	64	261	147	12	90	12

4-4 续表 41 单位：人

地区 性别	信息传输、软件和信息技术服务业				金融业				
	小计	电信、广播电视和卫星传输服务	互联网和相关服务	软件和信息技术服务业	小计	货币金融服务	资本市场服务	保险业	其他金融业
诏安县	137	50	42	45	97	49	5	33	10
长泰县	95	30	43	22	101	60	3	31	7
东山县	90	48	21	21	77	44	2	25	6
南靖县	120	28	63	29	96	53	4	35	4
平和县	145	42	85	18	106	59	2	40	5
华安县	39	30	4	5	50	33		15	2
龙海市	587	127	269	191	390	195	30	145	20
南平市	**1122**	**579**	**352**	**191**	**1449**	**816**	**72**	**489**	**72**
延平区	353	180	115	58	478	242	28	181	27
建阳区	120	61	33	26	144	77	11	52	4
顺昌县	68	34	20	14	85	55	1	27	2
浦城县	80	45	25	10	109	66	4	32	7
光泽县	45	31	10	4	53	37	1	13	2
松溪县	32	19	7	6	57	36	4	16	1
政和县	67	35	25	7	68	46	2	17	3
邵武市	119	72	33	14	176	91	9	74	2
武夷山市	91	44	24	23	127	68	6	38	15
建瓯市	147	58	60	29	152	98	6	39	9
龙岩市	**1398**	**636**	**391**	**371**	**1739**	**931**	**84**	**637**	**87**
新罗区	752	306	202	244	915	445	52	358	60
永定区	118	61	41	16	126	77	3	46	
长汀县	122	55	40	27	156	93	11	46	6
上杭县	149	63	48	38	173	92	8	62	11
武平县	88	40	31	17	143	80	1	52	10
连城县	71	51	8	12	105	67	4	34	
漳平市	98	60	21	17	121	77	5	39	
宁德市	**1550**	**604**	**599**	**347**	**1677**	**923**	**92**	**608**	**54**
蕉城区	583	221	245	117	634	355	35	228	16
霞浦县	189	81	66	42	185	76	14	83	12
古田县	106	43	33	30	145	95	4	45	1
屏南县	49	25	19	5	52	36	3	13	
寿宁县	57	21	25	11	56	28	1	23	4
周宁县	66	34	22	10	58	36	3	17	2
柘荣县	52	26	13	13	67	41	1	24	1
福安市	234	73	91	70	225	114	19	76	16
福鼎市	214	80	85	49	255	142	12	99	2
男	**26563**	**5226**	**8802**	**12535**	**14366**	**7892**	**1706**	**3510**	**1258**
福州市	**7858**	**1335**	**2292**	**4231**	**4145**	**2233**	**649**	**938**	**325**
鼓楼区	1426	270	231	925	945	579	173	140	53
台江区	781	106	304	371	466	257	59	98	52
仓山区	2028	296	654	1078	718	337	112	188	81
马尾区	251	23	63	165	120	72	16	19	13
晋安区	1244	190	435	619	712	369	119	167	57
长乐区	218	50	70	98	139	83	17	32	7
闽侯县	862	113	148	601	275	127	30	86	32
连江县	304	51	157	96	143	75	15	37	16
罗源县	95	27	35	33	53	31	5	14	3
闽清县	68	26	26	16	54	40	2	11	1
永泰县	75	28	17	30	47	37	2	7	1
平潭县	150	38	24	88	131	80	15	32	4
福清市	356	117	128	111	342	146	84	107	5
厦门市	**8673**	**593**	**2617**	**5463**	**2768**	**1308**	**461**	**587**	**412**
思明区	2541	218	735	1588	1191	629	191	215	156
海沧区	584	55	227	302	259	105	50	51	53
湖里区	3012	115	1057	1840	690	273	150	144	123
集美区	1552	74	333	1145	328	150	38	92	48
同安区	425	87	114	224	194	90	21	60	23
翔安区	559	44	151	364	106	61	11	25	9

4-4　续表 42　　　　单位：人

地　区 性　别	信息传输、软件和信息技术服务业				金融业				
	小计	电信、广播电视和卫星传输服务	互联网和相关服务	软件和信息技术服务业	小计	货币金融服务	资本市场服务	保险业	其他金融业
莆田市	**926**	**311**	**424**	**191**	**740**	**420**	**60**	**215**	**45**
城厢区	193	98	47	48	271	160	17	78	16
涵江区	244	49	159	36	95	47	8	32	8
荔城区	234	84	110	40	178	110	16	41	11
秀屿区	105	26	57	22	42	24	1	13	4
仙游县	150	54	51	45	154	79	18	51	6
三明市	**956**	**410**	**326**	**220**	**743**	**485**	**53**	**170**	**35**
梅列区	254	109	73	72	229	149	15	54	11
三元区	78	34	27	17	64	26	9	20	9
明溪县	28	16	5	7	24	16	2	5	1
清流县	32	12	13	7	37	30	1	6	
宁化县	97	25	50	22	64	38	3	20	3
大田县	93	27	49	17	49	31	4	9	5
尤溪县	94	41	31	22	59	41	3	13	2
沙县	66	28	16	22	57	40	4	11	2
将乐县	38	22	8	8	39	29	3	6	1
泰宁县	24	18	3	3	23	14	1	8	
建宁县	44	21	21	2	30	26		4	
永安市	108	57	30	21	68	45	8	14	1
泉州市	**3740**	**1032**	**1500**	**1208**	**2538**	**1391**	**230**	**717**	**200**
鲤城区	284	88	80	116	221	110	31	61	19
丰泽区	652	205	137	310	645	410	60	140	35
洛江区	84	37	20	27	60	31	6	13	10
泉港区	135	30	65	40	67	39	6	15	7
惠安县	397	89	144	164	203	103	17	61	22
安溪县	404	93	246	65	141	102	8	22	9
永春县	145	57	66	22	99	64	5	28	2
德化县	87	48	16	23	77	46	5	23	3
石狮市	174	80	37	57	173	90	10	53	20
晋江市	971	163	575	233	528	219	61	183	65
南安市	407	142	114	151	324	177	21	118	8
漳州市	**1726**	**474**	**713**	**539**	**1195**	**677**	**105**	**299**	**114**
芗城区	334	108	92	134	355	177	48	91	39
龙文区	251	64	116	71	166	93	17	29	27
云霄县	123	26	58	39	75	47	5	18	5
漳浦县	182	57	80	45	146	94	8	37	7
诏安县	98	35	29	34	52	31	3	13	5
长泰县	64	18	29	17	60	36	1	18	5
东山县	65	32	16	17	41	28		9	4
南靖县	81	15	42	24	40	23	3	11	3
平和县	86	22	51	13	52	34		14	4
华安县	31	22	4	5	23	18		4	1
龙海市	411	75	196	140	185	96	20	55	14
南平市	**724**	**343**	**244**	**137**	**629**	**414**	**32**	**147**	**36**
延平区	233	96	89	48	204	119	11	57	17
建阳区	72	36	20	16	68	45	4	18	1
顺昌县	45	19	16	10	45	31	1	12	1
浦城县	49	26	17	6	54	40	3	7	4
光泽县	33	21	8	4	25	17	1	5	2
松溪县	20	11	4	5	24	20	1	3	
政和县	44	25	13	6	27	19	2	5	1
邵武市	69	38	23	8	72	45	6	20	1
武夷山市	71	32	20	19	49	36		8	5
建瓯市	88	39	34	15	61	42	3	12	4
龙岩市	**925**	**372**	**270**	**283**	**819**	**475**	**62**	**229**	**53**
新罗区	497	175	140	182	406	204	37	127	38
永定区	67	28	28	11	59	38	3	18	

4-4 续表 43　　　　单位：人

地　区 性　别	信息传输、软件和信息技术服务业				金融业				
	小计	电信、广播电视和卫星传输服务	互联网和相关服务	软件和信息技术服务业	小计	货币金融服　务	资本市场服　务	保险业	其　他金融业
长汀县	92	38	29	25	78	53	7	15	3
上杭县	95	36	30	29	91	51	6	27	7
武平县	63	25	25	13	75	51	1	18	5
连城县	50	33	6	11	58	41	4	13	
漳平市	61	37	12	12	52	37	4	11	
宁德市	**1035**	**356**	**416**	**263**	**789**	**489**	**54**	**208**	**38**
蕉城区	389	123	177	89	319	185	21	101	12
霞浦县	117	49	36	32	86	45	9	22	10
古田县	62	25	17	20	75	58	2	14	1
屏南县	36	16	15	5	30	23	1	6	
寿宁县	40	13	21	6	29	15	1	10	3
周宁县	46	20	16	10	28	21	1	6	
柘荣县	40	19	11	10	23	18		5	
福安市	140	40	47	53	112	65	13	23	11
福鼎市	165	51	76	38	87	59	6	21	1
女	**13104**	**3539**	**4011**	**5554**	**15752**	**7691**	**1138**	**6066**	**857**
福州市	**3879**	**968**	**1005**	**1906**	**4539**	**2322**	**430**	**1572**	**215**
鼓楼区	803	227	133	443	1040	619	112	261	48
台江区	350	76	107	167	531	289	44	164	34
仓山区	983	218	267	498	752	370	87	248	47
马尾区	100	18	16	66	146	87	13	37	9
晋安区	655	140	186	329	740	383	87	240	30
长乐区	71	34	9	28	171	80	9	73	9
闽侯县	406	63	82	261	242	108	20	100	14
连江县	199	38	126	35	176	84	10	70	12
罗源县	38	21	9	8	45	22		20	3
闽清县	34	22	6	6	75	37	2	35	1
永泰县	40	18	11	11	57	23	1	32	1
平潭县	72	32	13	27	168	65	9	92	2
福清市	128	61	40	27	396	155	36	200	5
厦门市	**4408**	**366**	**1393**	**2649**	**2920**	**1391**	**323**	**907**	**299**
思明区	1442	152	394	896	1338	746	163	298	131
海沧区	285	29	129	127	267	103	27	101	36
湖里区	1459	78	553	828	708	286	94	251	77
集美区	761	39	183	539	308	124	23	125	36
同安区	207	44	60	103	178	82	5	81	10
翔安区	254	24	74	156	121	50	11	51	9
莆田市	**408**	**204**	**138**	**66**	**746**	**356**	**45**	**323**	**22**
城厢区	118	65	33	20	288	149	20	110	9
涵江区	91	35	49	7	97	45	3	46	3
荔城区	79	49	18	12	186	82	12	86	6
秀屿区	44	14	21	9	54	26	3	23	2
仙游县	76	41	17	18	121	54	7	58	2
三明市	**474**	**243**	**151**	**80**	**936**	**493**	**45**	**372**	**26**
梅列区	108	55	32	21	248	135	17	93	3
三元区	45	21	11	13	82	31	8	39	4
明溪县	13	9	3	1	37	21		14	2
清流县	30	16	12	2	44	28	1	11	4
宁化县	52	17	28	7	70	47	2	21	
大田县	37	17	13	7	56	20	4	28	4
尤溪县	39	25	10	4	66	40	2	23	1
沙县	30	21	6	3	71	34	2	33	2
将乐县	15	7	5	3	50	29		20	1
泰宁县	12	9	1	2	45	23	1	21	
建宁县	23	10	11	2	36	20		16	
永安市	70	36	19	15	131	65	8	53	5

4-4 续表 44

单位：人

地区 性别	信息传输、软件和信息技术服务业				金融业				
	小计	电信、广播电视和卫星传输服务	互联网和相关服务	软件和信息技术服务业	小计	货币金融服务	资本市场服务	保险业	其他金融业
泉州市	**1707**	**683**	**607**	**417**	**2763**	**1258**	**129**	**1239**	**137**
鲤城区	142	58	37	47	238	111	16	100	11
丰泽区	394	182	69	143	706	399	53	223	31
洛江区	39	22	4	13	51	19	1	27	4
泉港区	86	26	39	21	92	45	1	46	
惠安县	192	75	72	45	241	95	13	121	12
安溪县	175	43	121	11	161	76	2	79	4
永春县	64	36	25	3	96	46		46	4
德化县	33	23	4	6	73	35	1	37	
石狮市	73	36	20	17	210	92	6	103	9
晋江市	355	96	194	65	555	176	29	296	54
南安市	154	86	22	46	340	164	7	161	8
漳州市	**842**	**327**	**305**	**210**	**1220**	**579**	**66**	**503**	**72**
芗城区	194	96	45	53	402	186	27	163	26
龙文区	151	45	65	41	167	78	13	54	22
云霄县	52	22	14	16	72	35	3	33	1
漳浦县	68	28	21	19	115	53	4	53	5
诏安县	39	15	13	11	45	18	2	20	5
长泰县	31	12	14	5	41	24	2	13	2
东山县	25	16	5	4	36	16	2	16	2
南靖县	39	13	21	5	56	30	1	24	1
平和县	59	20	34	5	54	25	2	26	1
华安县	8	8			27	15		11	1
龙海市	176	52	73	51	205	99	10	90	6
南平市	**398**	**236**	**108**	**54**	**820**	**402**	**40**	**342**	**36**
延平区	120	84	26	10	274	123	17	124	10
建阳区	48	25	13	10	76	32	7	34	3
顺昌县	23	15	4	4	40	24		15	1
浦城县	31	19	8	4	55	26	1	25	3
光泽县	12	10	2		28	20		8	
松溪县	12	8	3	1	33	16	3	13	1
政和县	23	10	12	1	41	27		12	2
邵武市	50	34	10	6	104	46	3	54	1
武夷山市	20	12	4	4	78	32	6	30	10
建瓯市	59	19	26	14	91	56	3	27	5
龙岩市	**473**	**264**	**121**	**88**	**920**	**456**	**22**	**408**	**34**
新罗区	255	131	62	62	509	241	15	231	22
永定区	51	33	13	5	67	39		28	
长汀县	30	17	11	2	78	40	4	31	3
上杭县	54	27	18	9	82	41	2	35	4
武平县	25	15	6	4	68	29		34	5
连城县	21	18	2	1	47	26		21	
漳平市	37	23	9	5	69	40	1	28	
宁德市	**515**	**248**	**183**	**84**	**888**	**434**	**38**	**400**	**16**
蕉城区	194	98	68	28	315	170	14	127	4
霞浦县	72	32	30	10	99	31	5	61	2
古田县	44	18	16	10	70	37	2	31	
屏南县	13	9	4		22	13	2	7	
寿宁县	17	8	4	5	27	13		13	1
周宁县	20	14	6		30	15	2	11	2
柘荣县	12	7	2	3	44	23	1	19	1
福安市	94	33	44	17	113	49	6	53	5
福鼎市	49	29	9	11	168	83	6	78	1

4-4 续表 45

单位：人

地 区 性 别	房地产业		租赁和商务服务业			科学研究和技术服务业			
	小计	房地产业	小计	租赁业	商 务 服务业	小计	研究和 试验发展	专业技术 服务业	科技推广 和应用 服务业
合 计	**37343**	**37343**	**44474**	**3183**	**41291**	**22127**	**2177**	**16748**	**3202**
福州市	**9462**	**9462**	**10263**	**655**	**9608**	**6313**	**777**	**4804**	**732**
鼓楼区	1285	1285	1570	33	1537	1475	256	1095	124
台江区	781	781	823	21	802	524	68	391	65
仓山区	1792	1792	2498	104	2394	1369	128	1040	201
马尾区	344	344	274	18	256	125	13	92	20
晋安区	1538	1538	1755	114	1641	1141	125	883	133
长乐区	413	413	383	51	332	97	2	84	11
闽侯县	931	931	771	63	708	748	72	554	122
连江县	558	558	455	23	432	160	9	142	9
罗源县	222	222	250	10	240	105	25	69	11
闽清县	67	67	98	8	90	53	1	47	5
永泰县	164	164	205	11	194	87	3	73	11
平潭县	376	376	561	38	523	147	16	120	11
福清市	991	991	620	161	459	282	59	214	9
厦门市	**9674**	**9674**	**13069**	**898**	**12171**	**6593**	**788**	**4580**	**1225**
思明区	2673	2673	3636	136	3500	1782	191	1279	312
海沧区	1120	1120	1406	135	1271	712	115	465	132
湖里区	2651	2651	3937	226	3711	2024	160	1562	302
集美区	1634	1634	2137	227	1910	1065	160	627	278
同安区	860	860	1187	110	1077	530	79	368	83
翔安区	736	736	766	64	702	480	83	279	118
莆田市	**1518**	**1518**	**1663**	**198**	**1465**	**609**	**27**	**511**	**71**
城厢区	446	446	472	41	431	150	8	116	26
涵江区	291	291	241	34	207	98	3	88	7
荔城区	367	367	348	34	314	153	4	133	16
秀屿区	111	111	231	48	183	58	1	50	7
仙游县	303	303	371	41	330	150	11	124	15
三明市	**1272**	**1272**	**1470**	**83**	**1387**	**929**	**66**	**742**	**121**
梅列区	260	260	281	7	274	214	10	172	32
三元区	164	164	182	12	170	87	13	68	6
明溪县	26	26	56	4	52	41	3	32	6
清流县	27	27	58	4	54	28	1	26	1
宁化县	122	122	137	5	132	79	2	58	19
大田县	79	79	95	12	83	98	3	84	11
尤溪县	123	123	175	8	167	86	1	75	10
沙县	131	131	138	7	131	97	17	74	6
将乐县	51	51	61	2	59	29	5	17	7
泰宁县	40	40	69	2	67	23		22	1
建宁县	26	26	37	2	35	21		20	1
永安市	223	223	181	18	163	126	11	94	21
泉州市	**6341**	**6341**	**7720**	**603**	**7117**	**3386**	**228**	**2652**	**506**
鲤城区	442	442	574	32	542	231	20	179	32
丰泽区	1190	1190	1382	75	1307	779	47	646	86
洛江区	215	215	235	29	206	135	10	110	15
泉港区	252	252	402	60	342	143	8	120	15
惠安县	784	784	790	78	712	518	23	452	43
安溪县	393	393	674	28	646	185	25	149	11
永春县	161	161	238	30	208	93	3	81	9
德化县	203	203	148	11	137	76	2	64	10
石狮市	420	420	532	43	489	294	10	159	125
晋江市	1445	1445	1827	129	1698	607	44	438	125
南安市	836	836	918	88	830	325	36	254	35
漳州市	**3839**	**3839**	**4314**	**325**	**3989**	**1736**	**155**	**1340**	**241**
芗城区	859	859	870	33	837	458	48	366	44
龙文区	560	560	465	20	445	303	14	258	31
云霄县	184	184	295	19	276	77	14	46	17
漳浦县	439	439	544	84	460	203	25	159	19

4-4　续表 46

单位：人

地　区 性　别	房地产业		租赁和商务服务业			科学研究和技术服务业			
	小计	房地产业	小计	租赁业	商　务 服务业	小计	研究和 试验发展	专业技术 服务业	科技推广 和应用 服务业
诏安县	140	140	565	15	550	114	11	63	40
长泰县	249	249	219	25	194	74	8	38	28
东山县	231	231	215	5	210	55	4	50	1
南靖县	116	116	196	12	184	54	5	42	7
平和县	73	73	189	27	162	64	1	54	9
华安县	40	40	71		71	26		25	1
龙海市	948	948	685	85	600	308	25	239	44
南平市	**1560**	**1560**	**1983**	**110**	**1873**	**668**	**26**	**558**	**84**
延平区	331	331	382	26	356	211	8	185	18
建阳区	285	285	179	18	161	98	6	82	10
顺昌县	89	89	89	8	81	27		24	3
浦城县	105	105	113	7	106	37	2	24	11
光泽县	51	51	66	3	63	27	2	20	5
松溪县	27	27	57	7	50	32		21	11
政和县	43	43	91	3	88	30		27	3
邵武市	177	177	191	6	185	82	3	72	7
武夷山市	132	132	547	9	538	67	5	55	7
建瓯市	320	320	268	23	245	57		48	9
龙岩市	**1909**	**1909**	**2179**	**158**	**2021**	**1027**	**49**	**841**	**137**
新罗区	1202	1202	1077	64	1013	562	26	489	47
永定区	89	89	204	24	180	37	1	30	6
长汀县	135	135	214	20	194	76	9	57	10
上杭县	178	178	319	26	293	180	10	118	52
武平县	136	136	139	10	129	60		51	9
连城县	71	71	101	8	93	52	1	48	3
漳平市	98	98	125	6	119	60	2	48	10
宁德市	**1768**	**1768**	**1813**	**153**	**1660**	**866**	**61**	**720**	**85**
蕉城区	641	641	566	47	519	297	26	238	33
霞浦县	298	298	186	13	173	75	3	64	8
古田县	95	95	136	10	126	24		19	5
屏南县	62	62	46		46	16		16	
寿宁县	27	27	87	2	85	23	2	17	4
周宁县	35	35	44	5	39	75	2	72	1
柘荣县	27	27	46	2	44	29		26	3
福安市	286	286	413	40	373	181	17	140	24
福鼎市	297	297	289	34	255	146	11	128	7
男	**23036**	**23036**	**27241**	**2656**	**24585**	**14901**	**1395**	**11516**	**1990**
福州市	**6014**	**6014**	**6309**	**532**	**5777**	**4208**	**489**	**3253**	**466**
鼓楼区	821	821	839	22	817	889	154	661	74
台江区	511	511	486	12	474	331	40	255	36
仓山区	1147	1147	1526	78	1448	890	75	684	131
马尾区	199	199	191	15	176	86	8	66	12
晋安区	980	980	1025	79	946	745	72	588	85
长乐区	263	263	260	47	213	78	1	72	5
闽侯县	561	561	509	52	457	533	47	404	82
连江县	368	368	302	18	284	125	8	113	4
罗源县	132	132	171	8	163	83	19	55	9
闽清县	43	43	66	8	58	41	1	37	3
永泰县	95	95	140	11	129	69	1	60	8
平潭县	209	209	338	33	305	110	11	90	9
福清市	685	685	456	149	307	228	52	168	8
厦门市	**6071**	**6071**	**7522**	**708**	**6814**	**4192**	**471**	**3003**	**718**
思明区	1622	1622	1879	98	1781	1096	107	812	177
海沧区	688	688	849	115	734	470	60	330	80
湖里区	1693	1693	2221	175	2046	1261	108	986	167
集美区	1035	1035	1304	173	1131	691	92	429	170
同安区	570	570	785	95	690	358	53	245	60
翔安区	463	463	484	52	432	316	51	201	64

4-4 续表 47

单位：人

地区 性别	房地产业		租赁和商务服务业			科学研究和技术服务业			
	小计	房地产业	小计	租赁业	商务服务业	小计	研究和试验发展	专业技术服务业	科技推广和应用服务业
莆田市	**931**	**931**	**1060**	**163**	**897**	**431**	**17**	**367**	**47**
城厢区	260	260	289	32	257	106	5	82	19
涵江区	190	190	160	25	135	72	2	67	3
荔城区	234	234	195	28	167	101	1	88	12
秀屿区	69	69	166	39	127	49	1	42	6
仙游县	178	178	250	39	211	103	8	88	7
三明市	**693**	**693**	**967**	**72**	**895**	**684**	**47**	**552**	**85**
梅列区	135	135	172	4	168	139	7	112	20
三元区	88	88	121	12	109	72	10	58	4
明溪县	13	13	35	4	31	32	2	25	5
清流县	16	16	38	3	35	19		18	1
宁化县	73	73	100	3	97	59		46	13
大田县	38	38	59	12	47	81	1	71	9
尤溪县	81	81	141	6	135	62		55	7
沙县	81	81	91	6	85	73	14	54	5
将乐县	20	20	34	2	32	18	3	11	4
泰宁县	23	23	38	2	36	18		17	1
建宁县	16	16	22	2	20	18		17	1
永安市	109	109	116	16	100	93	10	68	15
泉州市	**3909**	**3909**	**4828**	**500**	**4328**	**2388**	**166**	**1899**	**323**
鲤城区	285	285	357	23	334	162	14	129	19
丰泽区	714	714	839	61	778	510	29	428	53
洛江区	128	128	161	20	141	106	5	88	13
泉港区	139	139	259	52	207	99	3	90	6
惠安县	473	473	483	60	423	379	21	333	25
安溪县	247	247	436	24	412	132	20	105	7
永春县	104	104	143	29	114	73	2	64	7
德化县	119	119	107	11	96	58	2	48	8
石狮市	272	272	314	33	281	193	8	109	76
晋江市	907	907	1156	113	1043	432	34	313	85
南安市	521	521	573	74	499	244	28	192	24
漳州市	**2285**	**2285**	**2727**	**301**	**2426**	**1183**	**111**	**928**	**144**
芗城区	528	528	524	29	495	298	30	240	28
龙文区	314	314	258	19	239	189	9	161	19
云霄县	120	120	197	18	179	54	10	33	11
漳浦县	237	237	366	79	287	161	24	124	13
诏安县	86	86	345	14	331	75	10	42	23
长泰县	153	153	149	24	125	41	4	26	11
东山县	146	146	139	5	134	40	3	37	
南靖县	69	69	114	12	102	38	3	31	4
平和县	47	47	131	26	105	51	1	42	8
华安县	19	19	41		41	22		21	1
龙海市	566	566	463	75	388	214	17	171	26
南平市	**895**	**895**	**1271**	**103**	**1168**	**469**	**15**	**393**	**61**
延平区	196	196	252	24	228	138	4	121	13
建阳区	158	158	112	17	95	77	2	66	9
顺昌县	52	52	59	8	51	19		17	2
浦城县	66	66	83	7	76	30	2	20	8
光泽县	32	32	42	3	39	18		15	3
松溪县	15	15	43	6	37	26		17	9
政和县	25	25	64	3	61	25		22	3
邵武市	97	97	120	6	114	56	2	49	5
武夷山市	71	71	322	8	314	43	5	36	2
建瓯市	183	183	174	21	153	37		30	7
龙岩市	**1088**	**1088**	**1371**	**146**	**1225**	**713**	**35**	**589**	**89**
新罗区	681	681	650	60	590	391	18	340	33
永定区	56	56	140	24	116	26	1	21	4

4-4 续表 48

单位：人

地区 性别	房地产业		租赁和商务服务业			科学研究和技术服务业			
	小计	房地产业	小计	租赁业	商务服务业	小计	研究和试验发展	专业技术服务业	科技推广和应用服务业
长汀县	88	88	143	18	125	57	7	41	9
上杭县	102	102	210	23	187	115	7	81	27
武平县	75	75	93	10	83	44		37	7
连城县	37	37	68	8	60	34	1	30	3
漳平市	49	49	67	3	64	46	1	39	6
宁德市	**1150**	**1150**	**1186**	**131**	**1055**	**633**	**44**	**532**	**57**
蕉城区	421	421	350	38	312	209	18	170	21
霞浦县	196	196	131	10	121	56	2	48	6
古田县	69	69	98	9	89	15		13	2
屏南县	44	44	32		32	12		12	
寿宁县	19	19	62	2	60	15	2	11	2
周宁县	24	24	25	4	21	58		57	1
柘荣县	16	16	35	2	33	23		20	3
福安市	176	176	260	38	222	136	12	106	18
福鼎市	185	185	193	28	165	109	10	95	4
女	**14307**	**14307**	**17233**	**527**	**16706**	**7226**	**782**	**5232**	**1212**
福州市	**3448**	**3448**	**3954**	**123**	**3831**	**2105**	**288**	**1551**	**266**
鼓楼区	464	464	731	11	720	586	102	434	50
台江区	270	270	337	9	328	193	28	136	29
仓山区	645	645	972	26	946	479	53	356	70
马尾区	145	145	83	3	80	39	5	26	8
晋安区	558	558	730	35	695	396	53	295	48
长乐区	150	150	123	4	119	19	1	12	6
闽侯县	370	370	262	11	251	215	25	150	40
连江县	190	190	153	5	148	35	1	29	5
罗源县	90	90	79	2	77	22	6	14	2
闽清县	24	24	32		32	12		10	2
永泰县	69	69	65		65	18	2	13	3
平潭县	167	167	223	5	218	37	5	30	2
福清市	306	306	164	12	152	54	7	46	1
厦门市	**3603**	**3603**	**5547**	**190**	**5357**	**2401**	**317**	**1577**	**507**
思明区	1051	1051	1757	38	1719	686	84	467	135
海沧区	432	432	557	20	537	242	55	135	52
湖里区	958	958	1716	51	1665	763	52	576	135
集美区	599	599	833	54	779	374	68	198	108
同安区	290	290	402	15	387	172	26	123	23
翔安区	273	273	282	12	270	164	32	78	54
莆田市	**587**	**587**	**603**	**35**	**568**	**178**	**10**	**144**	**24**
城厢区	186	186	183	9	174	44	3	34	7
涵江区	101	101	81	9	72	26	1	21	4
荔城区	133	133	153	6	147	52	3	45	4
秀屿区	42	42	65	9	56	9		8	1
仙游县	125	125	121	2	119	47	3	36	8
三明市	**579**	**579**	**503**	**11**	**492**	**245**	**19**	**190**	**36**
梅列区	125	125	109	3	106	75	3	60	12
三元区	76	76	61		61	15	3	10	2
明溪县	13	13	21		21	9	1	7	1
清流县	11	11	20	1	19	9	1	8	
宁化县	49	49	37	2	35	20	2	12	6
大田县	41	41	36		36	17	2	13	2
尤溪县	42	42	34	2	32	24	1	20	3
沙县	50	50	47	1	46	24	3	20	1
将乐县	31	31	27		27	11	2	6	3
泰宁县	17	17	31		31	5		5	
建宁县	10	10	15		15	3		3	
永安市	114	114	65	2	63	33	1	26	6

4-4 续表 49

单位：人

地区 性别	房地产业		租赁和商务服务业			科学研究和技术服务业			
	小计	房地产业	小计	租赁业	商务服务业	小计	研究和试验发展	专业技术服务业	科技推广和应用服务业
泉州市	**2432**	**2432**	**2892**	**103**	**2789**	**998**	**62**	**753**	**183**
鲤城区	157	157	217	9	208	69	6	50	13
丰泽区	476	476	543	14	529	269	18	218	33
洛江区	87	87	74	9	65	29	5	22	2
泉港区	113	113	143	8	135	44	5	30	9
惠安县	311	311	307	18	289	139	2	119	18
安溪县	146	146	238	4	234	53	5	44	4
永春县	57	57	95	1	94	20	1	17	2
德化县	84	84	41		41	18		16	2
石狮市	148	148	218	10	208	101	2	50	49
晋江市	538	538	671	16	655	175	10	125	40
南安市	315	315	345	14	331	81	8	62	11
漳州市	**1554**	**1554**	**1587**	**24**	**1563**	**553**	**44**	**412**	**97**
芗城区	331	331	346	4	342	160	18	126	16
龙文区	246	246	207	1	206	114	5	97	12
云霄县	64	64	98	1	97	23	4	13	6
漳浦县	202	202	178	5	173	42	1	35	6
诏安县	54	54	220	1	219	39	1	21	17
长泰县	96	96	70	1	69	33	4	12	17
东山县	85	85	76		76	15	1	13	1
南靖县	47	47	82		82	16	2	11	3
平和县	26	26	58	1	57	13		12	1
华安县	21	21	30		30	4		4	
龙海市	382	382	222	10	212	94	8	68	18
南平市	**665**	**665**	**712**	**7**	**705**	**199**	**11**	**165**	**23**
延平区	135	135	130	2	128	73	4	64	5
建阳区	127	127	67	1	66	21	4	16	1
顺昌县	37	37	30		30	8		7	1
浦城县	39	39	30		30	7		4	3
光泽县	19	19	24		24	9	2	5	2
松溪县	12	12	14	1	13	6		4	2
政和县	18	18	27		27	5		5	
邵武市	80	80	71		71	26	1	23	2
武夷山市	61	61	225	1	224	24		19	5
建瓯市	137	137	94	2	92	20		18	2
龙岩市	**821**	**821**	**808**	**12**	**796**	**314**	**14**	**252**	**48**
新罗区	521	521	427	4	423	171	8	149	14
永定区	33	33	64		64	11		9	2
长汀县	47	47	71	2	69	19	2	16	1
上杭县	76	76	109	3	106	65	3	37	25
武平县	61	61	46		46	16		14	2
连城县	34	34	33		33	18		18	
漳平市	49	49	58	3	55	14	1	9	4
宁德市	**618**	**618**	**627**	**22**	**605**	**233**	**17**	**188**	**28**
蕉城区	220	220	216	9	207	88	8	68	12
霞浦县	102	102	55	3	52	19	1	16	2
古田县	26	26	38	1	37	9		6	3
屏南县	18	18	14		14	4		4	
寿宁县	8	8	25		25	8		6	2
周宁县	11	11	19	1	18	17	2	15	
柘荣县	11	11	11		11	6		6	
福安市	110	110	153	2	151	45	5	34	6
福鼎市	112	112	96	6	90	37	1	33	3

4-4 续表 50 单位：人

地区 性别	水利、环境和公共设施管理业					居民服务、修理和其他服务业			
	小计	水利管理业	生态保护和环境治理业	公共设施管理业	土地管理业	小计	居民服务业	机动车、电子产品和日用产品修理业	其他服务业
合 计	**14443**	**753**	**1116**	**12411**	**163**	**78291**	**50328**	**17431**	**10532**
福州市	**2927**	**185**	**235**	**2481**	**26**	**15856**	**10638**	**3227**	**1991**
鼓楼区	298	40	38	212	8	1088	852	173	63
台江区	169	14	12	141	2	695	517	124	54
仓山区	606	30	41	531	4	2262	1334	535	393
马尾区	97	3	4	90		541	372	93	76
晋安区	398	25	34	337	2	1890	1270	377	243
长乐区	163	4	8	150	1	1538	1027	292	219
闽侯县	277	15	14	248		1833	1090	455	288
连江县	235	10	13	208	4	1936	1517	264	155
罗源县	92	13	2	77		457	284	119	54
闽清县	78	4	4	67	3	410	257	106	47
永泰县	115	8	40	66	1	433	240	95	98
平潭县	138	6	5	127		626	378	148	100
福清市	261	13	20	227	1	2147	1500	446	201
厦门市	**3875**	**73**	**291**	**3462**	**49**	**12994**	**8832**	**2382**	**1780**
思明区	699	12	43	628	16	3218	2583	341	294
海沧区	447	8	41	387	11	1275	716	249	310
湖里区	838	10	56	761	11	3817	2713	690	414
集美区	844	13	32	795	4	2162	1427	439	296
同安区	536	23	38	471	4	1417	780	394	243
翔安区	511	7	81	420	3	1105	613	269	223
莆田市	**723**	**39**	**24**	**656**	**4**	**3907**	**2373**	**1129**	**405**
城厢区	137	11	4	121	1	1007	690	245	72
涵江区	112	10	7	93	2	667	436	174	57
荔城区	143	5	3	134	1	661	393	196	72
秀屿区	173	3	3	167		521	256	191	74
仙游县	158	10	7	141		1051	598	323	130
三明市	**759**	**66**	**64**	**623**	**6**	**3450**	**2108**	**915**	**427**
梅列区	95	9	6	79	1	335	221	73	41
三元区	56	2	5	49		322	168	98	56
明溪县	35	1	4	29	1	160	87	32	41
清流县	42	4	5	33		231	137	58	36
宁化县	79	14	14	50	1	416	258	101	57
大田县	53	5	2	46		419	270	111	38
尤溪县	98	8	4	85	1	347	192	116	39
沙县	72	8	7	56	1	228	138	73	17
将乐县	65	5	3	57		166	101	46	19
泰宁县	35	3	1	31		124	85	30	9
建宁县	33	4	6	22	1	155	99	33	23
永安市	96	3	7	86		547	352	144	51
泉州市	**2217**	**133**	**203**	**1862**	**19**	**17138**	**10231**	**3992**	**2915**
鲤城区	118	18	3	97		898	518	235	145
丰泽区	244	35	10	198	1	1777	1210	318	249
洛江区	71	2	5	64		400	213	114	73
泉港区	115	18	6	91		606	339	161	106
惠安县	280	11	24	243	2	1564	970	386	208
安溪县	200	7	22	168	3	1724	1111	418	195
永春县	139	5	11	122	1	655	378	213	64
德化县	77	2	2	73		483	313	126	44
石狮市	193	4	40	145	4	1584	1102	268	214
晋江市	390	15	61	310	4	3819	2026	957	836
南安市	390	16	19	351	4	3628	2051	796	781
漳州市	**1628**	**110**	**129**	**1369**	**20**	**10460**	**6574**	**2561**	**1325**
芗城区	297	15	24	252	6	1356	845	326	185
龙文区	168	8	4	153	3	1165	809	197	159
云霄县	120	17	16	82	5	1236	866	223	147
漳浦县	210	19	11	180		1254	677	422	155

4-4 续表 51

单位：人

地区 性别	水利、环境和公共设施管理业					居民服务、修理和其他服务业			
	小计	水利管理业	生态保护和环境治理业	公共设施管理业	土地管理业	小计	居民服务业	机动车、电子产品和日用产品修理业	其他服务业
诏安县	117	5	8	103	1	1154	756	256	142
长泰县	140	5	8	126	1	482	305	108	69
东山县	73	4	3	66		524	335	105	84
南靖县	102	5	14	83		716	426	178	112
平和县	50	7	4	39		488	311	133	44
华安县	27	1	2	24		232	142	73	17
龙海市	324	24	35	261	4	1853	1102	540	211
南平市	**855**	**36**	**56**	**753**	**10**	**3938**	**2554**	**880**	**504**
延平区	164	9	17	135	3	740	499	138	103
建阳区	92	2	5	85		550	341	125	84
顺昌县	52	1	2	48	1	329	200	63	66
浦城县	80	5	3	72		348	240	76	32
光泽县	53	2	1	47	3	180	107	53	20
松溪县	36	4	5	27		132	95	25	12
政和县	25	1	4	20		213	136	43	34
邵武市	98		5	93		388	265	101	22
武夷山市	157	2	2	151	2	478	342	80	56
建瓯市	98	10	12	75	1	580	329	176	75
龙岩市	**800**	**50**	**60**	**675**	**15**	**4977**	**3081**	**1341**	**555**
新罗区	348	17	29	295	7	2085	1346	488	251
永定区	63	2	2	59		497	259	195	43
长汀县	80	9	8	61	2	582	385	139	58
上杭县	129	5	12	107	5	658	414	167	77
武平县	77	7	7	62	1	408	240	119	49
连城县	65	5	2	58		336	183	117	36
漳平市	38	5		33		411	254	116	41
宁德市	**659**	**61**	**54**	**530**	**14**	**5571**	**3937**	**1004**	**630**
蕉城区	177	24	13	137	3	1684	1241	252	191
霞浦县	71	5	3	62	1	1041	742	189	110
古田县	47	1	5	39	2	413	288	81	44
屏南县	28	2		25	1	170	92	50	28
寿宁县	23	1		21	1	170	126	24	20
周宁县	32	1	2	29		202	157	24	21
柘荣县	23	1	1	19	2	146	112	27	7
福安市	75	13	4	58		755	464	167	124
福鼎市	183	13	26	140	4	990	715	190	85
男	**8745**	**563**	**811**	**7273**	**98**	**34440**	**15496**	**14911**	**4033**
福州市	**1844**	**131**	**156**	**1541**	**16**	**6665**	**3179**	**2760**	**726**
鼓楼区	185	22	23	135	5	409	247	135	27
台江区	98	12	7	77	2	332	202	110	20
仓山区	385	23	19	340	3	1023	448	449	126
马尾区	59	1	4	54		194	83	78	33
晋安区	245	19	24	202		717	328	321	68
长乐区	114	4	7	102	1	639	291	253	95
闽侯县	179	10	12	157		1005	470	397	138
连江县	144	9	10	124	1	589	298	235	56
罗源县	64	7	1	56		236	107	108	21
闽清县	46	3	3	38	2	204	93	93	18
永泰县	71	5	29	36	1	180	62	82	36
平潭县	87	4	4	79		303	148	128	27
福清市	167	12	13	141	1	834	402	371	61
厦门市	**2266**	**54**	**212**	**1974**	**26**	**5413**	**2695**	**1997**	**721**
思明区	435	7	29	391	8	1118	724	275	119
海沧区	265	6	29	224	6	578	220	210	148
湖里区	460	7	34	413	6	1519	784	584	151
集美区	460	11	22	425	2	973	490	371	112
同安区	359	19	32	305	3	679	253	337	89
翔安区	287	4	66	216	1	546	224	220	102

4-4　续表 52　　　　单位：人

地　区 性　别	水利、环境和公共设施管理业					居民服务、修理和其他服务业			
	小计	水　利 管理业	生态保护 和环境 治理业	公共设施 管理业	土　地 管理业	小计	居　民 服务业	机动车、 电子产品 和日用产 品修理业	其　他 服务业
莆田市	**365**	**29**	**18**	**315**	**3**	**2004**	**861**	**976**	**167**
城厢区	73	7	2	64		464	225	209	30
涵江区	65	7	6	50	2	333	153	154	26
荔城区	71	4	2	64	1	355	152	174	29
秀屿区	66	3	2	61		291	106	159	26
仙游县	90	8	6	76		561	225	280	56
三明市	**469**	**43**	**46**	**375**	**5**	**1517**	**565**	**768**	**184**
梅列区	61	8	5	48		134	57	61	16
三元区	34	1	4	29		165	61	80	24
明溪县	22	1	2	18	1	76	27	26	23
清流县	22	3	4	15		87	30	49	8
宁化县	51	5	10	35	1	168	59	87	22
大田县	33	5	1	27		179	64	96	19
尤溪县	71	7	3	60	1	184	64	101	19
沙县	46	3	6	36	1	105	44	56	5
将乐县	35	3	2	30		77	30	40	7
泰宁县	20	2	1	17		49	21	24	4
建宁县	24	3	5	15	1	71	27	29	15
永安市	50	2	3	45		222	81	119	22
泉州市	**1265**	**91**	**150**	**1013**	**11**	**8108**	**3549**	**3417**	**1142**
鲤城区	76	15	3	58		441	175	198	68
丰泽区	146	19	7	120		751	408	267	76
洛江区	45	1	5	39		229	93	101	35
泉港区	48	9	3	36		269	98	139	32
惠安县	141	9	20	111	1	703	307	326	70
安溪县	115	7	13	93	2	765	346	358	61
永春县	93	4	9	80		351	140	184	27
德化县	45	2	1	42		244	113	109	22
石狮市	122	4	31	83	4	826	484	228	114
晋江市	242	10	43	187	2	2056	810	821	425
南安市	192	11	15	164	2	1473	575	686	212
漳州市	**979**	**88**	**100**	**779**	**12**	**4573**	**1925**	**2199**	**449**
芗城区	192	12	19	158	3	587	250	272	65
龙文区	78	7	4	66	1	413	216	162	35
云霄县	77	16	10	48	3	495	236	204	55
漳浦县	123	11	8	104		648	236	362	50
诏安县	61	5	5	50	1	435	168	228	39
长泰县	90	3	7	79	1	227	102	95	30
东山县	37	2	3	32		236	108	96	32
南靖县	69	5	10	54		287	100	146	41
平和县	30	4	3	23		279	143	114	22
华安县	17	1	2	14		104	42	58	4
龙海市	205	22	29	151	3	862	324	462	76
南平市	**602**	**34**	**42**	**521**	**5**	**1750**	**723**	**768**	**259**
延平区	115	9	11	95		325	147	120	58
建阳区	71	2	5	64		263	109	109	45
顺昌县	31	1	2	27	1	143	48	55	40
浦城县	58	3	2	53		134	50	67	17
光泽县	42	2	1	38	1	97	40	44	13
松溪县	24	4	3	17		61	34	21	6
政和县	18	1	3	14		93	46	34	13
邵武市	58		4	54		177	68	93	16
武夷山市	110	2	1	105	2	185	91	72	22
建瓯市	75	10	10	54	1	272	90	153	29
龙岩市	**477**	**41**	**44**	**383**	**9**	**2257**	**894**	**1153**	**210**
新罗区	188	13	19	152	4	908	402	426	80
永定区	39	1	1	37		250	75	159	16

4-4 续表 53

单位：人

地区 性别	水利、环境和公共设施管理业					居民服务、修理和其他服务业			
	小计	水利管理业	生态保护和环境治理业	公共设施管理业	土地管理业	小计	居民服务业	机动车、电子产品和日用产品修理业	其他服务业
长汀县	61	8	8	44	1	250	98	121	31
上杭县	75	4	10	58	3	286	116	143	27
武平县	45	7	4	33	1	202	75	100	27
连城县	41	4	2	35		189	76	102	11
漳平市	28	4		24		172	52	102	18
宁德市	**478**	**52**	**43**	**372**	**11**	**2153**	**1105**	**873**	**175**
蕉城区	123	19	10	92	2	513	251	217	45
霞浦县	51	3	3	44	1	373	193	156	24
古田县	40	1	5	32	2	191	100	73	18
屏南县	20	2		17	1	81	29	43	9
寿宁县	18	1		16	1	86	50	24	12
周宁县	15	1		14		72	45	22	5
柘荣县	15	1		13	1	78	55	21	2
福安市	55	12	4	39		349	159	147	43
福鼎市	141	12	21	105	3	410	223	170	17
女	**5698**	**190**	**305**	**5138**	**65**	**43851**	**34832**	**2520**	**6499**
福州市	**1083**	**54**	**79**	**940**	**10**	**9191**	**7459**	**467**	**1265**
鼓楼区	113	18	15	77	3	679	605	38	36
台江区	71	2	5	64		363	315	14	34
仓山区	221	7	22	191	1	1239	886	86	267
马尾区	38	2		36		347	289	15	43
晋安区	153	6	10	135	2	1173	942	56	175
长乐区	49		1	48		899	736	39	124
闽侯县	98	5	2	91		828	620	58	150
连江县	91	1	3	84	3	1347	1219	29	99
罗源县	28	6	1	21		221	177	11	33
闽清县	32	1	1	29	1	206	164	13	29
永泰县	44	3	11	30		253	178	13	62
平潭县	51	2	1	48		323	230	20	73
福清市	94	1	7	86		1313	1098	75	140
厦门市	**1609**	**19**	**79**	**1488**	**23**	**7581**	**6137**	**385**	**1059**
思明区	264	5	14	237	8	2100	1859	66	175
海沧区	182	2	12	163	5	697	496	39	162
湖里区	378	3	22	348	5	2298	1929	106	263
集美区	384	2	10	370	2	1189	937	68	184
同安区	177	4	6	166	1	738	527	57	154
翔安区	224	3	15	204	2	559	389	49	121
莆田市	**358**	**10**	**6**	**341**	**1**	**1903**	**1512**	**153**	**238**
城厢区	64	4	2	57	1	543	465	36	42
涵江区	47	3	1	43		334	283	20	31
荔城区	72	1	1	70		306	241	22	43
秀屿区	107		1	106		230	150	32	48
仙游县	68	2	1	65		490	373	43	74
三明市	**290**	**23**	**18**	**248**	**1**	**1933**	**1543**	**147**	**243**
梅列区	34	1	1	31	1	201	164	12	25
三元区	22	1	1	20		157	107	18	32
明溪县	13		2	11		84	60	6	18
清流县	20	1	1	18		144	107	9	28
宁化县	28	9	4	15		248	199	14	35
大田县	20		1	19		240	206	15	19
尤溪县	27	1	1	25		163	128	15	20
沙县	26	5	1	20		123	94	17	12
将乐县	30	2	1	27		89	71	6	12
泰宁县	15	1		14		75	64	6	5
建宁县	9	1	1	7		84	72	4	8
永安市	46	1	4	41		325	271	25	29

4-4 续表 54

单位：人

地区 性别	水利、环境和公共设施管理业					居民服务、修理和其他服务业			
	小计	水利管理业	生态保护和环境治理业	公共设施管理业	土地管理业	小计	居民服务业	机动车、电子产品和日用产品修理业	其他服务业
泉州市	**952**	**42**	**53**	**849**	**8**	**9030**	**6682**	**575**	**1773**
鲤城区	42	3		39		457	343	37	77
丰泽区	98	16	3	78	1	1026	802	51	173
洛江区	26	1		25		171	120	13	38
泉港区	67	9	3	55		337	241	22	74
惠安县	139	2	4	132	1	861	663	60	138
安溪县	85		9	75	1	959	765	60	134
永春县	46	1	2	42	1	304	238	29	37
德化县	32		1	31		239	200	17	22
石狮市	71		9	62		758	618	40	100
晋江市	148	5	18	123	2	1763	1216	136	411
南安市	198	5	4	187	2	2155	1476	110	569
漳州市	**649**	**22**	**29**	**590**	**8**	**5887**	**4649**	**362**	**876**
芗城区	105	3	5	94	3	769	595	54	120
龙文区	90	1		87	2	752	593	35	124
云霄县	43	1	6	34	2	741	630	19	92
漳浦县	87	8	3	76		606	441	60	105
诏安县	56		3	53		719	588	28	103
长泰县	50	2	1	47		255	203	13	39
东山县	36	2		34		288	227	9	52
南靖县	33		4	29		429	326	32	71
平和县	20	3	1	16		209	168	19	22
华安县	10			10		128	100	15	13
龙海市	119	2	6	110	1	991	778	78	135
南平市	**253**	**2**	**14**	**232**	**5**	**2188**	**1831**	**112**	**245**
延平区	49		6	40	3	415	352	18	45
建阳区	21			21		287	232	16	39
顺昌县	21			21		186	152	8	26
浦城县	22	2	1	19		214	190	9	15
光泽县	11			9	2	83	67	9	7
松溪县	12		2	10		71	61	4	6
政和县	7		1	6		120	90	9	21
邵武市	40		1	39		211	197	8	6
武夷山市	47		1	46		293	251	8	34
建瓯市	23		2	21		308	239	23	46
龙岩市	**323**	**9**	**16**	**292**	**6**	**2720**	**2187**	**188**	**345**
新罗区	160	4	10	143	3	1177	944	62	171
永定区	24	1	1	22		247	184	36	27
长汀县	19	1		17	1	332	287	18	27
上杭县	54	1	2	49	2	372	298	24	50
武平县	32		3	29		206	165	19	22
连城县	24	1		23		147	107	15	25
漳平市	10	1		9		239	202	14	23
宁德市	**181**	**9**	**11**	**158**	**3**	**3418**	**2832**	**131**	**455**
蕉城区	54	5	3	45	1	1171	990	35	146
霞浦县	20	2		18		668	549	33	86
古田县	7			7		222	188	8	26
屏南县	8			8		89	63	7	19
寿宁县	5			5		84	76		8
周宁县	17		2	15		130	112	2	16
柘荣县	8		1	6	1	68	57	6	5
福安市	20	1		19		406	305	20	81
福鼎市	42	1	5	35	1	580	492	20	68

4−4 续表 55

单位：人

地区 性别	教育		卫生和社会工作			文化、体育和娱乐业				
	小计	教育	小计	卫生	社会工作	小计	新闻和出版业	广播、电视、电影和录音制作业	文化艺术业	体育
合　计	**86076**	**86076**	**36798**	**35447**	**1351**	**18175**	**1024**	**2010**	**3798**	**2213**
福州市	**17963**	**17963**	**8625**	**8325**	**300**	**4110**	**455**	**637**	**835**	**489**
鼓楼区	2322	2322	1847	1808	39	789	177	149	163	87
台江区	979	979	906	891	15	306	49	81	55	37
仓山区	3741	3741	1425	1374	51	647	71	173	124	87
马尾区	455	455	165	140	25	107	9	11	29	19
晋安区	1828	1828	1115	1074	41	679	91	88	125	83
长乐区	1032	1032	485	456	29	243	7	8	74	31
闽侯县	2034	2034	565	551	14	258	25	46	56	31
连江县	1010	1010	350	336	14	323	5	16	34	23
罗源县	436	436	192	187	5	87	2	4	14	11
闽清县	450	450	210	201	9	38	3	3	9	4
永泰县	437	437	181	177	4	36	1	2	12	2
平潭县	765	765	348	326	22	170	9	19	20	20
福清市	2474	2474	836	804	32	427	6	37	120	54
厦门市	**13732**	**13732**	**5569**	**5220**	**349**	**4366**	**175**	**605**	**743**	**679**
思明区	3803	3803	1964	1845	119	1383	98	170	238	226
海沧区	1306	1306	518	489	29	404	8	55	63	79
湖里区	2735	2735	1274	1184	90	1173	32	193	174	167
集美区	2973	2973	739	663	76	749	19	115	145	117
同安区	1907	1907	629	607	22	445	12	43	63	65
翔安区	1008	1008	445	432	13	212	6	29	60	25
莆田市	**5876**	**5876**	**2387**	**2332**	**55**	**947**	**34**	**63**	**347**	**91**
城厢区	1507	1507	603	599	4	210	12	22	55	37
涵江区	869	869	367	340	27	187	1	9	54	11
荔城区	1198	1198	618	611	7	189	11	9	82	18
秀屿区	747	747	289	285	4	89	4	3	57	5
仙游县	1555	1555	510	497	13	272	6	20	99	20
三明市	**5292**	**5292**	**2274**	**2201**	**73**	**748**	**36**	**82**	**110**	**78**
梅列区	669	669	345	342	3	168	14	29	16	11
三元区	380	380	181	166	15	80	2	7	7	6
明溪县	179	179	92	87	5	15	2	3	1	1
清流县	251	251	105	104	1	27	1	4	5	2
宁化县	507	507	218	207	11	83	2	3	16	8
大田县	650	650	212	208	4	65	6	6	13	10
尤溪县	645	645	281	279	2	55	1	6	9	11
沙县	620	620	164	159	5	57	1	6	9	6
将乐县	295	295	118	113	5	41	1	3	10	4
泰宁县	185	185	106	102	4	25		1	8	1
建宁县	205	205	91	86	5	24	2	1	7	4
永安市	706	706	361	348	13	108	4	13	9	14
泉州市	**17137**	**17137**	**6121**	**5941**	**180**	**3586**	**153**	**257**	**726**	**446**
鲤城区	1058	1058	595	579	16	270	17	29	60	50
丰泽区	2308	2308	1277	1244	33	681	65	78	143	90
洛江区	550	550	181	167	14	94	2	8	16	15
泉港区	660	660	236	229	7	126	3	10	54	9
惠安县	1841	1841	631	610	21	303	9	15	61	40
安溪县	1709	1709	528	508	20	234	6	16	41	25
永春县	833	833	235	232	3	101	2	3	56	8
德化县	737	737	205	203	2	74	2	5	17	8
石狮市	1343	1343	343	341	2	253	12	16	45	27
晋江市	3443	3443	996	947	49	889	24	54	127	131
南安市	2655	2655	894	881	13	561	11	23	106	43
漳州市	**9514**	**9514**	**4140**	**4025**	**115**	**1787**	**72**	**122**	**505**	**186**
芗城区	1835	1835	1155	1126	29	362	29	29	55	50
龙文区	688	688	419	414	5	188	9	22	35	19
云霄县	804	804	306	298	8	138	5	3	30	15
漳浦县	1465	1465	562	554	8	206	7	9	75	25

4-4 续表 56

单位：人

地区 性别	教育		卫生和社会工作			文化、体育和娱乐业				
	小计	教育	小计	卫生	社会工作	小计	新闻和出版业	广播、电视、电影和录音制作业	文化艺术业	体育
诏安县	902	902	310	293	17	137	3	10	78	8
长泰县	423	423	128	124	4	102	3	5	14	8
东山县	398	398	158	155	3	137	3	6	19	5
南靖县	472	472	197	191	6	79	4	4	29	6
平和县	573	573	193	191	2	58	3	6	21	5
华安县	248	248	89	82	7	15		1	7	
龙海市	1706	1706	623	597	26	365	6	27	142	45
南平市	**4667**	**4667**	**2359**	**2260**	**99**	**779**	**27**	**86**	**141**	**60**
延平区	772	772	558	538	20	231	11	35	27	12
建阳区	664	664	325	318	7	101	4	8	18	15
顺昌县	285	285	138	116	22	31	1	3	2	5
浦城县	444	444	189	183	6	59		5	14	1
光泽县	219	219	110	108	2	37	4		5	5
松溪县	241	241	105	104	1	15		3		2
政和县	287	287	161	157	4	16	2		4	
邵武市	482	482	289	279	10	87	1	19	12	4
武夷山市	533	533	168	160	8	127	2	8	45	5
建瓯市	740	740	316	297	19	75	2	5	14	11
龙岩市	**6397**	**6397**	**2760**	**2668**	**92**	**922**	**34**	**68**	**191**	**104**
新罗区	2218	2218	1204	1171	33	525	14	44	55	75
永定区	704	704	232	219	13	58		3	26	1
长汀县	925	925	319	313	6	114	8	7	32	4
上杭县	945	945	378	358	20	97	2	3	43	8
武平县	656	656	286	278	8	47	5	5	16	6
连城县	470	470	182	180	2	36	1	2	12	4
漳平市	479	479	159	149	10	45	4	4	7	6
宁德市	**5498**	**5498**	**2563**	**2475**	**88**	**930**	**38**	**90**	**200**	**80**
蕉城区	1226	1226	641	631	10	238	19	38	37	19
霞浦县	782	782	334	318	16	160	4	13	32	2
古田县	489	489	213	203	10	53		2	12	4
屏南县	245	245	86	84	2	38		2	10	2
寿宁县	273	273	132	128	4	35		9	7	3
周宁县	243	243	115	113	2	33	2	3	12	4
柘荣县	171	171	88	86	2	17		2	4	2
福安市	1035	1035	452	434	18	171	3	16	31	26
福鼎市	1034	1034	502	478	24	185	10	5	55	18
男	**29041**	**29041**	**12919**	**12443**	**476**	**9502**	**587**	**1204**	**1960**	**1195**
福州市	**5817**	**5817**	**2885**	**2751**	**134**	**2204**	**250**	**368**	**419**	**276**
鼓楼区	720	720	596	578	18	417	105	81	82	47
台江区	317	317	285	277	8	163	31	44	22	30
仓山区	1285	1285	460	437	23	355	30	109	51	48
马尾区	129	129	47	39	8	45	3	3	12	8
晋安区	510	510	329	314	15	332	49	51	59	46
长乐区	324	324	203	186	17	146	4	5	48	14
闽侯县	752	752	184	177	7	139	13	25	26	16
连江县	306	306	149	143	6	198	2	10	16	12
罗源县	127	127	57	55	2	48	1	4	10	5
闽清县	142	142	64	60	4	22	1	2	5	2
永泰县	197	197	75	74	1	16		2	7	
平潭县	213	213	116	103	13	72	7	10	9	10
福清市	795	795	320	308	12	251	4	22	72	38
厦门市	**4214**	**4214**	**1738**	**1636**	**102**	**2329**	**105**	**373**	**371**	**365**
思明区	1172	1172	635	596	39	722	58	98	100	120
海沧区	323	323	175	166	9	218	7	44	33	35
湖里区	790	790	345	320	25	639	19	116	104	92
集美区	1033	1033	227	209	18	396	10	69	68	73
同安区	571	571	217	211	6	235	8	30	35	30
翔安区	325	325	139	134	5	119	3	16	31	15

4-4 续表 57

单位：人

地区 性别	教育		卫生和社会工作			文化、体育和娱乐业				
	小计	教育	小计	卫生	社会工作	小计	新闻和出版业	广播、电视、电影和录音制作业	文化艺术业	体育
莆田市	**2108**	**2108**	**1013**	**987**	**26**	**511**	**17**	**44**	**205**	**43**
城厢区	495	495	246	244	2	110	5	16	34	12
涵江区	315	315	161	147	14	84		6	26	8
荔城区	394	394	231	229	2	111	6	7	46	9
秀屿区	324	324	160	158	2	51	3		34	4
仙游县	580	580	215	209	6	155	3	15	65	10
三明市	**1964**	**1964**	**820**	**798**	**22**	**367**	**20**	**46**	**45**	**51**
梅列区	234	234	117	117		74	7	18	8	3
三元区	138	138	61	58	3	38		3	2	5
明溪县	58	58	36	33	3	10	2	2	1	
清流县	105	105	37	37		10		2	1	2
宁化县	228	228	79	77	2	37	2	1	3	4
大田县	264	264	91	89	2	36	5	4	7	6
尤溪县	245	245	117	117		30	1	3	4	9
沙县	195	195	50	47	3	35	1	3	6	6
将乐县	119	119	39	38	1	23	1	3	5	3
泰宁县	64	64	37	36	1	10		1	2	1
建宁县	71	71	36	35	1	13	1	1	2	3
永安市	243	243	120	114	6	51		5	4	9
泉州市	**5916**	**5916**	**2268**	**2208**	**60**	**1863**	**92**	**160**	**382**	**243**
鲤城区	327	327	196	190	6	149	12	21	31	28
丰泽区	734	734	400	388	12	360	36	50	73	42
洛江区	203	203	64	60	4	54	1	3	7	9
泉港区	219	219	83	81	2	61	1	7	28	3
惠安县	589	589	258	251	7	172	7	8	23	27
安溪县	762	762	215	210	5	121	5	10	24	11
永春县	349	349	99	98	1	56	1	1	31	2
德化县	335	335	89	89		39	1	4	7	5
石狮市	412	412	122	121	1	145	9	9	20	16
晋江市	1040	1040	378	362	16	463	13	31	78	77
南安市	946	946	364	358	6	243	6	16	60	23
漳州市	**3201**	**3201**	**1462**	**1425**	**37**	**906**	**41**	**70**	**268**	**83**
芗城区	568	568	354	343	11	189	17	11	27	27
龙文区	162	162	134	133	1	108	6	13	20	10
云霄县	305	305	123	120	3	58	3	1	14	6
漳浦县	512	512	199	196	3	98	3	6	40	9
诏安县	375	375	133	129	4	77	1	8	47	3
长泰县	138	138	47	45	2	50	2	4	5	2
东山县	137	137	47	47		57	2	5	7	
南靖县	186	186	78	76	2	39	2	1	17	2
平和县	226	226	98	98		35	2	5	11	4
华安县	85	85	35	33	2	9		1	4	
龙海市	507	507	214	205	9	186	3	15	76	20
南平市	**1636**	**1636**	**850**	**811**	**39**	**368**	**17**	**54**	**62**	**30**
延平区	264	264	187	181	6	115	6	21	12	8
建阳区	209	209	111	106	5	39	3	5	4	6
顺昌县	118	118	52	43	9	17	1	3		4
浦城县	181	181	68	65	3	26		3	9	
光泽县	83	83	38	37	1	19	2		4	3
松溪县	86	86	52	52		10		3		
政和县	105	105	68	64	4	5	1		1	
邵武市	156	156	101	100	1	42		12	9	
武夷山市	187	187	62	59	3	55	2	4	17	2
建瓯市	247	247	111	104	7	40	2	3	6	7
龙岩市	**2413**	**2413**	**890**	**860**	**30**	**479**	**21**	**36**	**100**	**61**
新罗区	655	655	365	354	11	284	10	27	29	45
永定区	310	310	90	87	3	29		1	13	1

4-4　续表 58

单位：人

地　区 性　别	教育		卫生和社会工作			文化、体育和娱乐业				
	小计	教育	小计	卫生	社会工作	小计	新闻和出版业	广播、电视、电影和录音制作业	文 化艺术业	体育
长汀县	405	405	90	89	1	66	4	3	20	3
上杭县	371	371	139	131	8	43		2	22	4
武平县	280	280	97	94	3	24	3	1	11	3
连城县	203	203	47	47		14	1		4	3
漳平市	189	189	62	58	4	19	3	2	1	2
宁德市	**1772**	**1772**	**993**	**967**	**26**	**475**	**24**	**53**	**108**	**43**
蕉城区	347	347	234	232	2	114	11	19	16	6
霞浦县	234	234	140	135	5	78	2	7	20	2
古田县	181	181	92	87	5	21		2	7	1
屏南县	80	80	27	25	2	14			5	1
寿宁县	114	114	52	51	1	22		5	4	2
周宁县	86	86	44	43	1	20		2	9	3
柘荣县	61	61	35	35		8		2	2	
福安市	325	325	175	172	3	108	3	12	16	21
福鼎市	344	344	194	187	7	90	8	4	29	7
女	**57035**	**57035**	**23879**	**23004**	**875**	**8673**	**437**	**806**	**1838**	**1018**
福州市	**12146**	**12146**	**5740**	**5574**	**166**	**1906**	**205**	**269**	**416**	**213**
鼓楼区	1602	1602	1251	1230	21	372	72	68	81	40
台江区	662	662	621	614	7	143	18	37	33	7
仓山区	2456	2456	965	937	28	292	41	64	73	39
马尾区	326	326	118	101	17	62	6	8	17	11
晋安区	1318	1318	786	760	26	347	42	37	66	37
长乐区	708	708	282	270	12	97	3	3	26	17
闽侯县	1282	1282	381	374	7	119	12	21	30	15
连江县	704	704	201	193	8	125	3	6	18	11
罗源县	309	309	135	132	3	39	1		4	6
闽清县	308	308	146	141	5	16	2	1	4	2
永泰县	240	240	106	103	3	20	1		5	2
平潭县	552	552	232	223	9	98	2	9	11	10
福清市	1679	1679	516	496	20	176	2	15	48	16
厦门市	**9518**	**9518**	**3831**	**3584**	**247**	**2037**	**70**	**232**	**372**	**314**
思明区	2631	2631	1329	1249	80	661	40	72	138	106
海沧区	983	983	343	323	20	186	1	11	30	44
湖里区	1945	1945	929	864	65	534	13	77	70	75
集美区	1940	1940	512	454	58	353	9	46	77	44
同安区	1336	1336	412	396	16	210	4	13	28	35
翔安区	683	683	306	298	8	93	3	13	29	10
莆田市	**3768**	**3768**	**1374**	**1345**	**29**	**436**	**17**	**19**	**142**	**48**
城厢区	1012	1012	357	355	2	100	7	6	21	25
涵江区	554	554	206	193	13	103	1	3	28	3
荔城区	804	804	387	382	5	78	5	2	36	9
秀屿区	423	423	129	127	2	38	1	3	23	1
仙游县	975	975	295	288	7	117	3	5	34	10
三明市	**3328**	**3328**	**1454**	**1403**	**51**	**381**	**16**	**36**	**65**	**27**
梅列区	435	435	228	225	3	94	7	11	8	8
三元区	242	242	120	108	12	42	2	4	5	1
明溪县	121	121	56	54	2	5		1		1
清流县	146	146	68	67	1	17	1	2	4	
宁化县	279	279	139	130	9	46		2	13	4
大田县	386	386	121	119	2	29	1	2	6	4
尤溪县	400	400	164	162	2	25		3	5	2
沙县	425	425	114	112	2	22		3	3	
将乐县	176	176	79	75	4	18			5	1
泰宁县	121	121	69	66	3	15			6	
建宁县	134	134	55	51	4	11	1		5	1
永安市	463	463	241	234	7	57	4	8	5	5

4-4 续表 59

单位：人

地区 性别	教育		卫生和社会工作			文化、体育和娱乐业				
	小计	教育	小计	卫生	社会工作	小计	新闻和出版业	广播、电视、电影和录音制作业	文化艺术业	体育
泉州市	**11221**	**11221**	**3853**	**3733**	**120**	**1723**	**61**	**97**	**344**	**203**
鲤城区	731	731	399	389	10	121	5	8	29	22
丰泽区	1574	1574	877	856	21	321	29	28	70	48
洛江区	347	347	117	107	10	40	1	5	9	6
泉港区	441	441	153	148	5	65	2	3	26	6
惠安县	1252	1252	373	359	14	131	2	7	38	13
安溪县	947	947	313	298	15	113	1	6	17	14
永春县	484	484	136	134	2	45	1	2	25	6
德化县	402	402	116	114	2	35	1	1	10	3
石狮市	931	931	221	220	1	108	3	7	25	11
晋江市	2403	2403	618	585	33	426	11	23	49	54
南安市	1709	1709	530	523	7	318	5	7	46	20
漳州市	**6313**	**6313**	**2678**	**2600**	**78**	**881**	**31**	**52**	**237**	**103**
芗城区	1267	1267	801	783	18	173	12	18	28	23
龙文区	526	526	285	281	4	80	3	9	15	9
云霄县	499	499	183	178	5	80	2	2	16	9
漳浦县	953	953	363	358	5	108	4	3	35	16
诏安县	527	527	177	164	13	60	2	2	31	5
长泰县	285	285	81	79	2	52	1	1	9	6
东山县	261	261	111	108	3	80	1	1	12	5
南靖县	286	286	119	115	4	40	2	3	12	4
平和县	347	347	95	93	2	23	1	1	10	1
华安县	163	163	54	49	5	6			3	
龙海市	1199	1199	409	392	17	179	3	12	66	25
南平市	**3031**	**3031**	**1509**	**1449**	**60**	**411**	**10**	**32**	**79**	**30**
延平区	508	508	371	357	14	116	5	14	15	4
建阳区	455	455	214	212	2	62	1	3	14	9
顺昌县	167	167	86	73	13	14			2	1
浦城县	263	263	121	118	3	33		2	5	1
光泽县	136	136	72	71	1	18	2		1	2
松溪县	155	155	53	52	1	5				2
政和县	182	182	93	93		11	1		3	
邵武市	326	326	188	179	9	45	1	7	3	4
武夷山市	346	346	106	101	5	72		4	28	3
建瓯市	493	493	205	193	12	35		2	8	4
龙岩市	**3984**	**3984**	**1870**	**1808**	**62**	**443**	**13**	**32**	**91**	**43**
新罗区	1563	1563	839	817	22	241	4	17	26	30
永定区	394	394	142	132	10	29		2	13	
长汀县	520	520	229	224	5	48	4	4	12	1
上杭县	574	574	239	227	12	54	2	1	21	4
武平县	376	376	189	184	5	23	2	4	5	3
连城县	267	267	135	133	2	22		2	8	1
漳平市	290	290	97	91	6	26	1	2	6	4
宁德市	**3726**	**3726**	**1570**	**1508**	**62**	**455**	**14**	**37**	**92**	**37**
蕉城区	879	879	407	399	8	124	8	19	21	13
霞浦县	548	548	194	183	11	82	2	6	12	
古田县	308	308	121	116	5	32			5	3
屏南县	165	165	59	59		24		2	5	1
寿宁县	159	159	80	77	3	13		4	3	1
周宁县	157	157	71	70	1	13	2	1	3	1
柘荣县	110	110	53	51	2	9			2	2
福安市	710	710	277	262	15	63		4	15	5
福鼎市	690	690	308	291	17	95	2	1	26	11

4-4 续表 60

单位：人

地区 性别	娱乐业	公共管理、社会保障和社会组织							国际组织	
		小计	中国共产党机关	国家机构	人民政协、民主党派	社会保障	群众团体、社会团体和其他成员组织	基层群众自治组织	小计	国际组织
合　计	**9130**	**72558**	**1476**	**55169**	**322**	**352**	**4223**	**11016**	**3**	**3**
福州市	**1694**	**14825**	**467**	**11121**	**75**	**67**	**826**	**2269**		
鼓楼区	213	2577	129	2174	28	17	137	92		
台江区	84	832	29	704	3	5	30	61		
仓山区	192	2028	74	1607	14	8	80	245		
马尾区	39	425	1	306		2	12	104		
晋安区	292	2009	112	1561	11	10	116	199		
长乐区	123	966	19	576	2	2	63	304		
闽侯县	100	1107	23	808	2	3	30	241		
连江县	245	949	23	593	4	2	132	195		
罗源县	56	504	1	369	2	5	43	84		
闽清县	19	481	20	350	2	5	17	87		
永泰县	19	490	16	384	2	2	7	79		
平潭县	102	862		692	3	1	23	143		
福清市	210	1595	20	997	2	5	136	435		
厦门市	**2164**	**8172**	**76**	**6376**	**25**	**40**	**424**	**1231**		
思明区	651	3134	13	2645	15	19	202	240		
海沧区	199	674		530		1	29	114		
湖里区	607	1492	17	1095	6	10	90	274		
集美区	353	1038	20	776	2		29	211		
同安区	262	1141	26	860	2	6	42	205		
翔安区	92	693		470		4	32	187		
莆田市	**412**	**4851**	**42**	**3554**	**15**	**14**	**352**	**874**		
城厢区	84	1450	3	1244	4	2	59	138		
涵江区	112	665	3	484	3	4	38	133		
荔城区	69	1046	18	799	8	4	82	135		
秀屿区	20	598	8	348		2	76	164		
仙游县	127	1092	10	679		2	97	304		
三明市	**442**	**6234**	**121**	**5048**	**31**	**32**	**310**	**692**		
梅列区	98	905	24	781	10	3	34	53		
三元区	58	393	4	333		1	13	42		
明溪县	8	358	5	305	3	3	15	27		
清流县	15	440	4	376	3	1	25	31		
宁化县	54	581	9	432	3	5	61	71		
大田县	30	574	4	468	2	1	25	74		
尤溪县	28	674	13	493	1	2	26	139		
沙县	35	504	14	363		1	10	83		
将乐县	23	439	2	358	1	1	27	50		
泰宁县	15	361	21	307	4	1	6	22		
建宁县	10	319		261	2	1	18	37		
永安市	68	686	21	571	2	9	20	63		
泉州市	**2004**	**11537**	**255**	**7886**	**53**	**80**	**935**	**2328**	**2**	**2**
鲤城区	114	747	30	533	1	6	54	123	1	1
丰泽区	305	1934	84	1534	19	12	78	207		
洛江区	53	314	3	235	2	3	25	46		
泉港区	50	600	9	380	2	1	49	159		
惠安县	178	1411	22	772	8	19	132	458		
安溪县	146	967	11	722	2	7	54	171		
永春县	32	732	6	505	3	3	90	125		
德化县	42	578	15	439	3	4	25	92		
石狮市	153	754	13	510		3	53	175		
晋江市	553	1960	31	1258	4	11	224	432	1	1
南安市	378	1540	31	998	9	11	151	340		
漳州市	**902**	**8237**	**89**	**6346**	**39**	**35**	**444**	**1284**		
芗城区	199	1558	19	1306	16	9	84	124		
龙文区	103	490	3	379	2	3	31	72		
云霄县	85	765	7	573		5	27	153		
漳浦县	90	1257	5	932	4		54	262		

4-4 续表 61

单位：人

地区 性别	娱乐业	公共管理、社会保障和社会组织							国际组织	
		小计	中国共产党机关	国家机构	人民政协、民主党派	社会保障	群众团体、社会团体和其他成员组织	基层群众自治组织	小计	国际组织
诏安县	38	705	2	492	3	1	68	139		
长泰县	72	433	2	354		1	17	59		
东山县	104	502	12	374	5	7	21	83		
南靖县	36	489	1	392	3	1	25	67		
平和县	23	498	2	394	3	1	39	59		
华安县	7	327	10	286	2	1	8	20		
龙海市	145	1213	26	864	1	6	70	246		
南平市	**465**	**6126**	**161**	**4914**	**33**	**27**	**226**	**765**		
延平区	146	1004	28	821	3	2	28	122		
建阳区	56	1108	81	893	10	3	35	86		
顺昌县	20	458	4	370	1	5	7	71		
浦城县	39	526	12	387	5	2	19	101		
光泽县	23	358	8	287	2	2	5	54		
松溪县	10	303	10	262	1	3	6	21		
政和县	10	391		311	3	1	13	63		
邵武市	51	651	7	533	4	1	12	94		
武夷山市	67	643	7	532	2	3	28	71		
建瓯市	43	684	4	518	2	5	73	82		
龙岩市	**525**	**6281**	**197**	**5080**	**27**	**14**	**157**	**806**	**1**	**1**
新罗区	337	2109	77	1748	7	4	52	221	1	1
永定区	28	748	17	582	3		25	121		
长汀县	63	718	12	564	4		21	117		
上杭县	41	884	22	711	3	1	11	136		
武平县	15	687	19	551	4		15	98		
连城县	17	611	17	488	3	4	14	85		
漳平市	24	524	33	436	3	5	19	28		
宁德市	**522**	**6295**	**68**	**4844**	**24**	**43**	**549**	**767**		
蕉城区	125	1712	24	1405	14	10	110	149		
霞浦县	109	753		563		2	85	103		
古田县	35	548	16	428		6	17	81		
屏南县	24	368	7	315	1	1	9	35		
寿宁县	16	371	10	299	1	4	7	50		
周宁县	12	356	1	277		6	13	59		
柘荣县	9	302	3	229	3	1	32	34		
福安市	95	929	5	681	1	7	113	122		
福鼎市	97	956	2	647	4	6	163	134		
男	**4556**	**47157**	**1024**	**36871**	**211**	**151**	**2359**	**6541**	**2**	**2**
福州市	**891**	**9394**	**321**	**7207**	**45**	**28**	**473**	**1320**		
鼓楼区	102	1618	97	1408	15	6	70	22		
台江区	36	489	22	440	3	3	8	13		
仓山区	117	1273	50	1055	9	5	39	115		
马尾区	19	252		178		1	6	67		
晋安区	127	1277	73	1035	6	4	66	93		
长乐区	75	638	8	372	2		43	213		
闽侯县	59	688	18	494	2	1	17	156		
连江县	158	649	16	403	2	1	90	137		
罗源县	28	301	1	222	1	3	27	47		
闽清县	12	313	11	226	2	2	7	65		
永泰县	7	314	10	243	1	2	5	53		
平潭县	36	517		433	1		9	74		
福清市	115	1065	15	698	1		86	265		
厦门市	**1115**	**5018**	**54**	**4262**	**11**	**18**	**206**	**467**		
思明区	346	1873	10	1698	4	9	101	51		
海沧区	99	429		368		1	14	46		
湖里区	308	914	13	749	5	1	46	100		
集美区	176	598	11	524			11	52		
同安区	132	769	20	614	2	6	18	109		
翔安区	54	435		309		1	16	109		

4-4　续表 62　　　　单位：人

地区 性别	娱乐业	公共管理、社会保障和社会组织						国际组织	
		小计	中国共产党机关	国家机构	人民政协、民主党派	社会保障	群众团体、社会团体和其他成员组织	基层群众自治组织	小计	国际组织
莆田市	**202**	**3127**	**30**	**2322**	**12**	**8**	**165**	**590**		
城厢区	43	913	3	788	4	1	28	89		
涵江区	44	424	1	314	2	3	23	81		
荔城区	43	683	15	528	6	1	37	96		
秀屿区	10	387	2	227		1	47	110		
仙游县	62	720	9	465		2	30	214		
三明市	**205**	**4183**	**83**	**3423**	**24**	**13**	**182**	**458**		
梅列区	38	544	15	486	8		16	19		
三元区	28	230	3	202		1	6	18		
明溪县	5	221	3	195	2	1	2	18		
清流县	5	310	3	268	2		14	23		
宁化县	27	429	6	317	2	4	46	54		
大田县	14	412	3	328	2	1	15	63		
尤溪县	13	467	8	341	1		15	102		
沙县	19	339	9	244		1	26	59		
将乐县	11	310	2	257	1	1	16	33		
泰宁县	6	242	14	208	3		3	14		
建宁县	6	215		175	2		11	27		
永安市	33	464	17	402	1	4	12	28		
泉州市	**986**	**7548**	**176**	**5476**	**39**	**33**	**547**	**1277**	**2**	**2**
鲤城区	57	462	22	358		2	32	48	1	1
丰泽区	159	1281	57	1072	16	6	33	97		
洛江区	34	204	2	156	1	1	16	28		
泉港区	22	365	5	271		1	23	65		
惠安县	107	720	14	481	6	7	58	154		
安溪县	71	721	8	551	1	2	41	118		
永春县	21	493	4	342	1	2	59	85		
德化县	22	377	10	299	3	2	17	46		
石狮市	91	509	7	360		1	37	104		
晋江市	264	1337	22	884	3	4	131	293	1	1
南安市	138	1079	25	702	8	5	100	239		
漳州市	**444**	**5612**	**61**	**4385**	**30**	**15**	**264**	**857**		
芗城区	107	1014	13	878	9	4	48	62		
龙文区	59	322	3	261	2		15	41		
云霄县	34	552	5	418		2	17	110		
漳浦县	40	890	3	656	3		33	195		
诏安县	18	482	1	355	2		29	95		
长泰县	37	290	1	242		1	12	34		
东山县	43	345	9	271	5	5	15	40		
南靖县	17	329	1	255	3		23	47		
平和县	13	353		280	3		21	49		
华安县	4	217	6	194	2		3	12		
龙海市	72	818	19	575	1	3	48	172		
南平市	**205**	**4046**	**112**	**3274**	**21**	**12**	**126**	**501**		
延平区	68	639	18	525	2	2	17	75		
建阳区	21	739	56	609	6	2	19	47		
顺昌县	9	292	4	231	1	2	1	53		
浦城县	14	336	11	247	3		11	64		
光泽县	10	244	6	193	1	1	5	38		
松溪县	7	201	4	179	1	2	3	12		
政和县	3	267		212	2	1	8	44		
邵武市	21	445	6	368	3		6	62		
武夷山市	30	421	4	353	1	2	11	50		
建瓯市	22	462	3	357	1		45	56		
龙岩市	**261**	**4096**	**139**	**3324**	**13**	**4**	**82**	**534**		
新罗区	173	1297	48	1103	1	1	27	117		
永定区	14	523	13	405	2		19	84		

4–4 续表 63

单位：人

地区 性别	娱乐业	公共管理、社会保障和社会组织							国际组织	
		小计	中国共产党机关	国家机构	人民政协、民主党派	社会保障	群众团体、社会团体和其他成员组织	基层群众自治组织	小计	国际组织
长汀县	36	509	10	394	2		8	95		
上杭县	15	571	16	458			6	91		
武平县	6	457	15	367	3		7	65		
连城县	6	417	13	330	2	1	6	65		
漳平市	11	322	24	267	3	2	9	17		
宁德市	**247**	**4133**	**48**	**3198**	**16**	**20**	**314**	**537**		
蕉城区	62	1098	19	904	8	3	60	104		
霞浦县	47	507		390			50	67		
古田县	11	347	6	274		1	9	57		
屏南县	8	224	6	189	1		2	26		
寿宁县	11	249	8	192	1	2	3	43		
周宁县	6	247	1	190		5	6	45		
柘荣县	4	195	3	143	2	1	16	30		
福安市	56	627	5	477	1	5	49	90		
福鼎市	42	639		439	3	3	119	75		
女	**4574**	**25401**	**452**	**18298**	**111**	**201**	**1864**	**4475**	**1**	**1**
福州市	**803**	**5431**	**146**	**3914**	**30**	**39**	**353**	**949**		
鼓楼区	111	959	32	766	13	11	67	70		
台江区	48	343	7	264		2	22	48		
仓山区	75	755	24	552	5	3	41	130		
马尾区	20	173	1	128		1	6	37		
晋安区	165	732	39	526	5	6	50	106		
长乐区	48	328	11	204		2	20	91		
闽侯县	41	419	5	314		2	13	85		
连江县	87	300	7	190	2	1	42	58		
罗源县	28	203		147	1	2	16	37		
闽清县	7	168	9	124		3	10	22		
永泰县	12	176	6	141	1		2	26		
平潭县	66	345		259	2	1	14	69		
福清市	95	530	5	299	1	5	50	170		
厦门市	**1049**	**3154**	**22**	**2114**	**14**	**22**	**218**	**764**		
思明区	305	1261	3	947	11	10	101	189		
海沧区	100	245		162			15	68		
湖里区	299	578	4	346	1	9	44	174		
集美区	177	440	9	252	2		18	159		
同安区	130	372	6	246			24	96		
翔安区	38	258		161		3	16	78		
莆田市	**210**	**1724**	**12**	**1232**	**3**	**6**	**187**	**284**		
城厢区	41	537		456		1	31	49		
涵江区	68	241	2	170	1	1	15	52		
荔城区	26	363	3	271	2	3	45	39		
秀屿区	10	211	6	121		1	29	54		
仙游县	65	372	1	214			67	90		
三明市	**237**	**2051**	**38**	**1625**	**7**	**19**	**128**	**234**		
梅列区	60	361	9	295	2	3	18	34		
三元区	30	163	1	131			7	24		
明溪县	3	137	2	110	1	2	13	9		
清流县	10	130	1	108	1	1	11	8		
宁化县	27	152	3	115	1	1	15	17		
大田县	16	162	1	140			10	11		
尤溪县	15	207	5	152		2	11	37		
沙县	16	165	5	119		3	14	24		
将乐县	12	129		101			11	17		
泰宁县	9	119	7	99	1	1	3	8		
建宁县	4	104		86		1	7	10		
永安市	35	222	4	169	1	5	8	35		

4-4　续表 64　　　　　　　　　　　　　　　　　　　　　　　　　　　　　　单位：人

地　区 性　别	娱乐业	公共管理、社会保障和社会组织							国际组织	
		小计	中国共产党机关	国家机构	人民政协、民主党派	社会保障	群众团体、社会团体和其他成员组织	基层群众自治组织	小计	国际组织
泉州市	**1018**	**3989**	**79**	**2410**	**14**	**47**	**388**	**1051**		
鲤城区	57	285	8	175	1	4	22	75		
丰泽区	146	653	27	462	3	6	45	110		
洛江区	19	110	1	79	1	2	9	18		
泉港区	28	235	4	109	2		26	94		
惠安县	71	691	8	291	2	12	74	304		
安溪县	75	246	3	171	1	5	13	53		
永春县	11	239	2	163	2	1	31	40		
德化县	20	201	5	140		2	8	46		
石狮市	62	245	6	150		2	16	71		
晋江市	289	623	9	374	1	7	93	139		
南安市	240	461	6	296	1	6	51	101		
漳州市	**458**	**2625**	**28**	**1961**	**9**	**20**	**180**	**427**		
芗城区	92	544	6	428	7	5	36	62		
龙文区	44	168		118		3	16	31		
云霄县	51	213	2	155		3	10	43		
漳浦县	50	367	2	276	1		21	67		
诏安县	20	223	1	137	1	1	39	44		
长泰县	35	143	1	112			5	25		
东山县	61	157	3	103		2	6	43		
南靖县	19	160		137		1	2	20		
平和县	10	145	2	114		1	18	10		
华安县	3	110	4	92		1	5	8		
龙海市	73	395	7	289		3	22	74		
南平市	**260**	**2080**	**49**	**1640**	**12**	**15**	**100**	**264**		
延平区	78	365	10	296	1		11	47		
建阳区	35	369	25	284	4	1	16	39		
顺昌县	11	166		139		3	6	18		
浦城县	25	190	1	140	2	2	8	37		
光泽县	13	114	2	94	1	1		16		
松溪县	3	102	6	83		1	3	9		
政和县	7	124		99	1		5	19		
邵武市	30	206	1	165	1	1	6	32		
武夷山市	37	222	3	179	1	1	17	21		
建瓯市	21	222	1	161	1	5	28	26		
龙岩市	**264**	**2185**	**58**	**1756**	**14**	**10**	**75**	**272**	**1**	**1**
新罗区	164	812	29	645	6	3	25	104	1	1
永定区	14	225	4	177	1		6	37		
长汀县	27	209	2	170	2		13	22		
上杭县	26	313	6	253	3	1	5	45		
武平县	9	230	4	184	1		8	33		
连城县	11	194	4	158	1	3	8	20		
漳平市	13	202	9	169		3	10	11		
宁德市	**275**	**2162**	**20**	**1646**	**8**	**23**	**235**	**230**		
蕉城区	63	614	5	501	6	7	50	45		
霞浦县	62	246		173		2	35	36		
古田县	24	201	10	154		5	8	24		
屏南县	16	144	1	126		1	7	9		
寿宁县	5	122	2	107		2	4	7		
周宁县	6	109		87		1	7	14		
柘荣县	5	107		86	1		16	4		
福安市	39	302		204		2	64	32		
福鼎市	55	317	2	208	1	3	44	59		

4-4a 各地区分性别、行业大类的就业人口(城市)

单位：人

地区 性别	合计	农、林、牧、渔业						采矿业	
		小计	农业	林业	畜牧业	渔业	农、林、牧、渔专业及辅助性活动	小计	煤炭开采和洗选业
合　计	**873575**	**13385**	**8898**	**736**	**1506**	**1812**	**433**	**1068**	**435**
福州市	**182818**	**1801**	**1266**	**56**	**162**	**287**	**30**	**142**	**60**
鼓楼区	28536	50	18	7	9	13	3	10	1
台江区	17352	32	15		7	9	1	9	4
仓山区	53957	282	157	27	33	46	19	17	2
马尾区	11896	220	147	2	17	52	2	7	
晋安区	38328	114	62	7	15	28	2	11	1
长乐区	10788	237	139	1	25	70	2	11	1
闽侯县									
连江县									
罗源县									
闽清县									
永泰县									
平潭县									
福清市	21961	866	728	12	56	69	1	77	51
厦门市	**256955**	**1030**	**646**	**59**	**76**	**212**	**37**	**90**	**4**
思明区	55967	85	44	3	11	27		26	1
海沧区	35602	244	159	30	17	31	7	19	1
湖里区	68631	74	35	5	9	17	8	19	
集美区	52680	197	133	7	22	32	3	9	2
同安区	39011	267	186	10	13	39	19	15	
翔安区	5064	163	89	4	4	66		2	
莆田市	**65390**	**2039**	**1616**	**11**	**98**	**251**	**63**	**24**	
城厢区	18077	125	88	5	14	16	2	7	
涵江区	18053	319	175	2	23	115	4	3	
荔城区	23130	550	447	3	25	23	52	11	
秀屿区	6130	1045	906	1	36	97	5	3	
仙游县									
三明市	**25518**	**661**	**432**	**152**	**46**	**15**	**16**	**111**	**67**
梅列区	9453	71	34	19	10	5	3	12	3
三元区	6308	141	98	26	7	5	5	11	4
明溪县									
清流县									
宁化县									
大田县									
尤溪县									
沙县									
将乐县									
泰宁县									
建宁县									
永安市	9757	449	300	107	29	5	8	88	60
泉州市	**172355**	**1962**	**1055**	**42**	**550**	**273**	**42**	**79**	**8**
鲤城区	23164	98	63	3	15	11	6	7	
丰泽区	36538	227	55	6	19	142	5	8	3
洛江区	5341	15	5	1	5	4			
泉港区	5846	154	58	8	25	59	4	38	
惠安县									
安溪县									
永春县									
德化县									
石狮市	23316	104	54	9	11	19	11	3	
晋江市	63955	320	217	12	40	36	15	13	2
南安市	14195	1044	603	3	435	2	1	10	3
漳州市	**49083**	**1642**	**969**	**101**	**151**	**324**	**97**	**19**	
芗城区	21552	247	145	28	31	21	22	13	
龙文区	15748	437	289	58	48	31	11	6	
云霄县									
漳浦县									

4-4a　续表 1

单位：人

地　区 性　别	合　计	农、林、牧、渔业						采矿业	
		小计	农业	林业	畜牧业	渔业	农、林、牧、渔专业及辅助性活动	小计	煤炭开采和洗选业
诏安县									
长泰县									
东山县									
南靖县									
平和县									
华安县									
龙海市	11733	950	532	15	70	269	64		
南平市	**40945**	**1742**	**1206**	**248**	**151**	**55**	**82**	**58**	**9**
延平区	12215	360	207	48	73	26	6	9	
建阳区	7157	150	108	26	11	2	3	11	2
顺昌县									
浦城县									
光泽县									
松溪县									
政和县									
邵武市	8584	468	312	107	27	14	8	23	5
武夷山市	6494	354	252	28	9	6	59	10	2
建瓯市	6495	410	327	39	31	7	6	5	
龙岩市	**39569**	**908**	**617**	**52**	**198**	**23**	**18**	**455**	**252**
新罗区	30640	444	285	9	125	16	9	404	233
永定区	3020	137	100	4	23	3	7	7	3
长汀县									
上杭县									
武平县									
连城县									
漳平市	5909	327	232	39	50	4	2	44	16
宁德市	**40942**	**1600**	**1091**	**15**	**74**	**372**	**48**	**90**	**35**
蕉城区	19705	515	188	7	36	276	8	22	1
霞浦县									
古田县									
屏南县									
寿宁县									
周宁县									
柘荣县									
福安市	10702	519	464	7	20	13	15	2	
福鼎市	10535	566	439	1	18	83	25	66	34
男	**508633**	**8087**	**4962**	**556**	**874**	**1409**	**286**	**894**	**385**
福州市	**108304**	**1196**	**774**	**41**	**122**	**237**	**22**	**128**	**58**
鼓楼区	15430	36	12	7	7	8	2	8	1
台江区	9856	18	6		6	6		8	4
仓山区	32667	198	104	18	25	37	14	17	2
马尾区	7320	163	106	2	12	41	2	7	
晋安区	22591	70	38	4	8	19	1	8	1
长乐区	6917	188	98	1	21	66	2	11	1
闽侯县									
连江县									
罗源县									
闽清县									
永泰县									
平潭县									
福清市	13523	523	410	9	43	60	1	69	49
厦门市	**148872**	**662**	**379**	**37**	**56**	**163**	**27**	**66**	**4**
思明区	29991	61	29	3	8	21		20	1
海沧区	21550	147	89	19	11	22	6	14	1
湖里区	39757	52	26	1	6	14	5	15	
集美区	31278	123	74	5	19	24	1	7	2
同安区	23260	176	111	7	9	34	15	9	
翔安区	3036	103	50	2	3	48		1	

4-4a 续表 2

单位：人

地区 性别	合计	农、林、牧、渔业						采矿业	
		小计	农业	林业	畜牧业	渔业	农、林、牧、渔专业及辅助性活动	小计	煤炭开采和洗选业
莆田市	**37096**	**968**	**672**	**9**	**66**	**180**	**41**	**18**	
城厢区	10289	69	41	5	8	14	1	6	
涵江区	10223	200	92	1	18	85	4	2	
荔城区	13185	293	222	2	18	19	32	8	
秀屿区	3399	406	317	1	22	62	4	2	
仙游县									
三明市	**15114**	**441**	**269**	**117**	**29**	**11**	**15**	**96**	**57**
梅列区	5511	48	21	13	7	4	3	11	3
三元区	3820	107	70	22	6	4	5	11	4
明溪县									
清流县									
宁化县									
大田县									
尤溪县									
沙县									
将乐县									
泰宁县									
建宁县									
永安市	5783	286	178	82	16	3	7	74	50
泉州市	**99809**	**870**	**434**	**25**	**181**	**197**	**33**	**53**	**6**
鲤城区	13111	58	32	2	11	9	4	6	
丰泽区	20954	145	28	5	14	94	4	7	2
洛江区	3067	10	2		4	4			
泉港区	3294	85	22	5	12	43	3	21	
惠安县									
安溪县									
永春县									
德化县									
石狮市	13426	66	30	6	7	15	8	3	
晋江市	38149	209	134	6	26	30	13	9	2
南安市	7808	297	186	1	107	2	1	7	2
漳州市	**27498**	**1041**	**564**	**66**	**108**	**246**	**57**	**15**	
芗城区	11822	161	90	18	22	15	16	11	
龙文区	8621	241	141	37	33	24	6	4	
云霄县									
漳浦县									
诏安县									
长泰县									
东山县									
南靖县									
平和县									
华安县									
龙海市	7025	634	332	11	52	204	35		
南平市	**24311**	**1246**	**836**	**212**	**107**	**43**	**48**	**49**	**6**
延平区	7127	249	134	41	52	19	3	7	
建阳区	4407	113	79	23	8	2	1	11	2
顺昌县									
浦城县									
光泽县									
松溪县									
政和县									
邵武市	5215	343	213	91	18	13	8	20	3
武夷山市	3694	242	175	25	6	3	33	6	1
建瓯市	3868	299	235	32	23	6	3	5	
龙岩市	**22722**	**587**	**360**	**39**	**153**	**20**	**15**	**384**	**220**
新罗区	17542	292	167	6	97	14	8	345	204
永定区	1692	73	44	3	17	3	6	7	3

4-4a　续表 3　　　　单位：人

地区 性别	合计	农、林、牧、渔业						采矿业	
		小计	农业	林业	畜牧业	渔业	农、林、牧、渔专业及辅助性活动	小计	煤炭开采和洗选业
长汀县									
上杭县									
武平县									
连城县									
漳平市	3488	222	149	30	39	3	1	32	13
宁德市	**24907**	**1076**	**674**	**10**	**52**	**312**	**28**	**85**	**34**
蕉城区	12432	397	129	4	28	230	6	20	
霞浦县									
古田县									
屏南县									
寿宁县									
周宁县									
柘荣县									
福安市	6335	310	277	5	9	9	10	1	
福鼎市	6140	369	268	1	15	73	12	64	34
女	**364942**	**5298**	**3936**	**180**	**632**	**403**	**147**	**174**	**50**
福州市	**74514**	**605**	**492**	**15**	**40**	**50**	**8**	**14**	**2**
鼓楼区	13106	14	6		2	5	1	2	
台江区	7496	14	9		1	3	1	1	
仓山区	21290	84	53	9	8	9	5		
马尾区	4576	57	41		5	11			
晋安区	15737	44	24	3	7	9	1	3	
长乐区	3871	49	41		4	4			
闽侯县									
连江县									
罗源县									
闽清县									
永泰县									
平潭县									
福清市	8438	343	318	3	13	9		8	2
厦门市	**108083**	**368**	**267**	**22**	**20**	**49**	**10**	**24**	
思明区	25976	24	15		3	6		6	
海沧区	14052	97	70	11	6	9	1	5	
湖里区	28874	22	9	4	3	3	3	4	
集美区	21402	74	59	2	3	8	2	2	
同安区	15751	91	75	3	4	5	4	6	
翔安区	2028	60	39	2	1	18		1	
莆田市	**28294**	**1071**	**944**	**2**	**32**	**71**	**22**	**6**	
城厢区	7788	56	47		6	2	1	1	
涵江区	7830	119	83	1	5	30		1	
荔城区	9945	257	225	1	7	4	20	3	
秀屿区	2731	639	589		14	35	1	1	
仙游县									
三明市	**10404**	**220**	**163**	**35**	**17**	**4**	**1**	**15**	**10**
梅列区	3942	23	13	6	3	1		1	
三元区	2488	34	28	4	1	1			
明溪县									
清流县									
宁化县									
大田县									
尤溪县									
沙县									
将乐县									
泰宁县									
建宁县									
永安市	3974	163	122	25	13	2	1	14	10

4-4a 续表 4

单位：人

地区 性别	合计	农、林、牧、渔业						采矿业	
		小计	农业	林业	畜牧业	渔业	农、林、牧、渔专业及辅助性活动	小计	煤炭开采和洗选业
泉州市	**72546**	**1092**	**621**	**17**	**369**	**76**	**9**	**26**	**2**
鲤城区	10053	40	31	1	4	2	2	1	
丰泽区	15584	82	27	1	5	48	1	1	1
洛江区	2274	5	3	1	1				
泉港区	2552	69	36	3	13	16	1	17	
惠安县									
安溪县									
永春县									
德化县									
石狮市	9890	38	24	3	4	4	3		
晋江市	25806	111	83	6	14	6	2	4	
南安市	6387	747	417	2	328			3	1
漳州市	**21585**	**601**	**405**	**35**	**43**	**78**	**40**	**4**	
芗城区	9730	86	55	10	9	6	6	2	
龙文区	7127	196	148	21	15	7	5	2	
云霄县									
漳浦县									
诏安县									
长泰县									
东山县									
南靖县									
平和县									
华安县									
龙海市	4708	316	200	4	18	65	29		
南平市	**16634**	**496**	**370**	**36**	**44**	**12**	**34**	**9**	**3**
延平区	5088	111	73	7	21	7	3	2	
建阳区	2750	37	29	3	3		2		
顺昌县									
浦城县									
光泽县									
松溪县									
政和县									
邵武市	3369	125	99	16	9	1		3	2
武夷山市	2800	112	77	3	3	3	26	4	1
建瓯市	2627	111	92	7	8	1	3		
龙岩市	**16847**	**321**	**257**	**13**	**45**	**3**	**3**	**71**	**32**
新罗区	13098	152	118	3	28	2	1	59	29
永定区	1328	64	56	1	6		1		
长汀县									
上杭县									
武平县									
连城县									
漳平市	2421	105	83	9	11	1	1	12	3
宁德市	**16035**	**524**	**417**	**5**	**22**	**60**	**20**	**5**	**1**
蕉城区	7273	118	59	3	8	46	2	2	1
霞浦县									
古田县									
屏南县									
寿宁县									
周宁县									
柘荣县									
福安市	4367	209	187	2	11	4	5	1	
福鼎市	4395	197	171		3	10	13	2	

4-4a 续表 5

单位：人

地区 性别	采矿业						制造业		
	石油和天然气开采业	黑色金属矿采选业	有色金属矿采选业	非金属矿采选业	开采专业及辅助性活动	其他采矿业	小计	农副食品加工业	食品制造业
合计	**6**	**127**	**80**	**372**	**25**	**23**	**202704**	**3797**	**6339**
福州市	**3**	**9**	**6**	**53**	**5**	**6**	**21178**	**574**	**687**
鼓楼区	2		1	3	2	1	1205	33	37
台江区		1	1	3			487	8	37
仓山区		2	1	9	1	2	6238	126	206
马尾区		2		5			2904	247	138
晋安区	1			4	2	3	3075	71	146
长乐区		2	2	6			1958	23	41
闽侯县									
连江县									
罗源县									
闽清县									
永泰县									
平潭县									
福清市		2	1	23			5311	66	82
厦门市	**2**	**6**	**35**	**32**	**4**	**7**	**64920**	**651**	**1628**
思明区		3	18	2	2		3676	39	183
海沧区		2	3	8	2	3	13507	76	435
湖里区	1	1	12	4		1	11064	116	259
集美区	1		2	4			17477	131	193
同安区				14		1	18271	275	513
翔安区						2	925	14	45
莆田市		**1**		**18**	**5**		**20206**	**399**	**295**
城厢区		1		3	3		2961	33	94
涵江区				3			6958	171	93
荔城区				9	2		8819	120	79
秀屿区				3			1468	75	29
仙游县									
三明市	**1**	**4**	**6**	**28**	**2**	**3**	**4365**	**172**	**169**
梅列区	1		3	3	1	1	1486	26	30
三元区		4		3			1020	98	64
明溪县									
清流县									
宁化县									
大田县									
尤溪县									
沙县									
将乐县									
泰宁县									
建宁县									
永安市			3	22	1	2	1859	48	75
泉州市		**2**	**2**	**64**	**2**	**1**	**62325**	**441**	**1746**
鲤城区		1		3	2	1	8435	46	150
丰泽区				5			5942	34	143
洛江区							2041	8	58
泉港区		1		37			1142	72	32
惠安县									
安溪县									
永春县									
德化县									
石狮市			1	2			8501	25	60
晋江市			1	10			32217	213	1234
南安市				7			4047	43	69
漳州市		**2**		**14**	**1**	**2**	**8961**	**831**	**1235**
芗城区				10	1	2	2712	179	208
龙文区		2		4			3459	206	339
云霄县									
漳浦县									

4-4a 续表 6

单位：人

地区 性别	采矿业						制造业		
	石油和天然气开采业	黑色金属矿采选业	有色金属矿采选业	非金属矿采选业	开采专业及辅助性活动	其他采矿业	小计	农副食品加工业	食品制造业
诏安县									
长泰县									
东山县									
南靖县									
平和县									
华安县									
龙海市							2773	446	688
南平市			**2**	**41**	**3**	**3**	**6036**	**166**	**280**
延平区				8		1	2024	42	138
建阳区				9			797	22	45
顺昌县									
浦城县									
光泽县									
松溪县									
政和县									
邵武市			2	13	2	1	1744	55	24
武夷山市				7	1		644	17	32
建瓯市				4		1	827	30	41
龙岩市		**92**	**26**	**85**			**4532**	**283**	**97**
新罗区		69	26	76			3489	257	72
永定区				4			213	11	9
长汀县									
上杭县									
武平县									
连城县									
漳平市		23		5			830	15	16
宁德市		**11**	**3**	**37**	**3**	**1**	**10181**	**280**	**202**
蕉城区		2	2	14	2	1	5438	165	72
霞浦县									
古田县									
屏南县									
寿宁县									
周宁县									
柘荣县									
福安市				2			2795	46	88
福鼎市		9	1	21	1		1948	69	42
男	**3**	**110**	**62**	**296**	**21**	**17**	**118245**	**2139**	**3168**
福州市	**1**	**8**	**6**	**45**	**5**	**5**	**13000**	**340**	**363**
鼓楼区	1		1	2	2	1	748	20	23
台江区		1	1	2			337	7	25
仓山区		2	1	9	1	2	3589	65	102
马尾区		2		5			1823	147	83
晋安区				3	2	2	1820	44	69
长乐区		2	2	6			1337	15	25
闽侯县									
连江县									
罗源县									
闽清县									
永泰县									
平潭县									
福清市		1	1	18			3346	42	36
厦门市	**1**	**6**	**25**	**22**	**4**	**4**	**37541**	**373**	**814**
思明区		3	12	2	2		2205	23	93
海沧区		2	2	5	2	2	8109	43	227
湖里区		1	10	4			6220	64	138
集美区	1		1	3			10082	86	85
同安区				8		1	10370	147	247
翔安区						1	555	10	24

4-4a 续表 7

单位：人

地区 性别	采矿业						制造业		
	石油和天然气开采业	黑色金属矿采选业	有色金属矿采选业	非金属矿采选业	开采专业及辅助性活动	其他采矿业	小计	农副食品加工业	食品制造业
莆田市		**1**		**13**	**4**		**10474**	**222**	**143**
城厢区		1		3	2		1618	19	51
涵江区				2			3446	94	40
荔城区				6	2		4600	74	39
秀屿区				2			810	35	13
仙游县									
三明市	**1**	**4**	**5**	**25**	**2**	**2**	**3036**	**88**	**70**
梅列区	1		3	3	1		1097	16	12
三元区		4		3			700	45	19
明溪县									
清流县									
宁化县									
大田县									
尤溪县									
沙县									
将乐县									
泰宁县									
建宁县									
永安市			2	19	1	2	1239	27	39
泉州市		**2**	**1**	**42**	**1**	**1**	**35412**	**254**	**922**
鲤城区		1		3	1	1	4568	21	86
丰泽区				5			3370	21	62
洛江区							1136	5	30
泉港区		1		20			667	42	11
惠安县									
安溪县									
永春县									
德化县									
石狮市			1	2			4613	17	30
晋江市				7			18688	119	674
南安市				5			2370	29	29
漳州市		**1**		**12**	**1**	**1**	**5184**	**428**	**548**
芗城区				9	1	1	1573	109	90
龙文区		1		3			1973	101	136
云霄县									
漳浦县									
诏安县									
长泰县									
东山县									
南靖县									
平和县									
华安县									
龙海市							1630	218	322
南平市			**2**	**36**	**2**	**3**	**3657**	**112**	**143**
延平区				6		1	1238	29	78
建阳区				9			542	14	23
顺昌县									
浦城县									
光泽县									
松溪县									
政和县									
邵武市			2	12	2	1	994	37	13
武夷山市				5			382	13	10
建瓯市				4		1	501	19	19
龙岩市		**77**	**21**	**66**			**2956**	**151**	**50**
新罗区		63	21	57			2362	136	37
永定区				4			95	7	3

4－4a　续表 8　　　　单位：人

地区 性别	采矿业						制造业		
	石油和天然气开采业	黑色金属矿采选业	有色金属矿采选业	非金属矿采选业	开采专业及辅助性活动	其他采矿业	小计	农副食品加工业	食品制造业
长汀县									
上杭县									
武平县									
连城县									
漳平市		14		5			499	8	10
宁德市		**11**	**2**	**35**	**2**	**1**	**6985**	**171**	**115**
蕉城区		2	1	14	2	1	4171	98	38
霞浦县									
古田县									
屏南县									
寿宁县									
周宁县									
柘荣县									
福安市				1			1705	28	54
福鼎市		9	1	20			1109	45	23
女	**3**	**17**	**18**	**76**	**4**	**6**	**84459**	**1658**	**3171**
福州市	**2**	**1**		**8**		**1**	**8178**	**234**	**324**
鼓楼区	1			1			457	13	14
台江区				1			150	1	12
仓山区							2649	61	104
马尾区							1081	100	55
晋安区	1			1		1	1255	27	77
长乐区							621	8	16
闽侯县									
连江县									
罗源县									
闽清县									
永泰县									
平潭县									
福清市		1		5			1965	24	46
厦门市	**1**		**10**	**10**		**3**	**27379**	**278**	**814**
思明区			6				1471	16	90
海沧区			1	3		1	5398	33	208
湖里区	1		2			1	4844	52	121
集美区			1	1			7395	45	108
同安区				6			7901	128	266
翔安区						1	370	4	21
莆田市				**5**	**1**		**9732**	**177**	**152**
城厢区					1		1343	14	43
涵江区				1			3512	77	53
荔城区				3			4219	46	40
秀屿区				1			658	40	16
仙游县									
三明市			**1**	**3**		**1**	**1329**	**84**	**99**
梅列区						1	389	10	18
三元区							320	53	45
明溪县									
清流县									
宁化县									
大田县									
尤溪县									
沙县									
将乐县									
泰宁县									
建宁县									
永安市			1	3			620	21	36

4-4a　续表 9

单位：人

地　区 性　别	采矿业						制造业		
	石油和天然气开采业	黑色金属矿采选业	有色金属矿采选业	非金属矿采选业	开采专业及辅助性活动	其他采矿业	小计	农副食品加工业	食品制造业
泉州市			**1**	**22**	**1**		**26913**	**187**	**824**
鲤城区					1		3867	25	64
丰泽区							2572	13	81
洛江区							905	3	28
泉港区				17			475	30	21
惠安县									
安溪县									
永春县									
德化县									
石狮市							3888	8	30
晋江市			1	3			13529	94	560
南安市				2			1677	14	40
漳州市		**1**		**2**		**1**	**3777**	**403**	**687**
芗城区				1		1	1139	70	118
龙文区		1		1			1486	105	203
云霄县									
漳浦县									
诏安县									
长泰县									
东山县									
南靖县									
平和县									
华安县									
龙海市							1143	228	366
南平市				**5**	**1**		**2379**	**54**	**137**
延平区				2			786	13	60
建阳区							255	8	22
顺昌县									
浦城县									
光泽县									
松溪县									
政和县									
邵武市				1			750	18	11
武夷山市				2	1		262	4	22
建瓯市							326	11	22
龙岩市		**15**	**5**	**19**			**1576**	**132**	**47**
新罗区		6	5	19			1127	121	35
永定区							118	4	6
长汀县									
上杭县									
武平县									
连城县									
漳平市		9					331	7	6
宁德市			**1**	**2**	**1**		**3196**	**109**	**87**
蕉城区			1				1267	67	34
霞浦县									
古田县									
屏南县									
寿宁县									
周宁县									
柘荣县									
福安市				1			1090	18	34
福鼎市				1	1		839	24	19

4-4a 续表 10

单位：人

地区 性别	制造业								
	酒、饮料和精制茶制造业	烟草制品业	纺织业	纺织服装、服饰业	皮革、毛皮、羽毛及其制品和制鞋业	木材加工和木、竹、藤、棕、草制品业	家具制造业	造纸和纸制品业	印刷和记录媒介复制业
合计	**2319**	**668**	**5850**	**18903**	**43203**	**3243**	**3857**	**4563**	**3355**
福州市	**240**	**7**	**986**	**1045**	**2162**	**246**	**415**	**300**	**508**
鼓楼区	21	3	37	30	18	17	26	19	62
台江区	3		11	14	14	11	6	8	41
仓山区	112	1	67	588	1206	67	128	128	209
马尾区	32		43	42	150	55	78	55	21
晋安区	43	3	75	182	192	28	79	29	134
长乐区	1		690	85	22	15	20	7	6
闽侯县									
连江县									
罗源县									
闽清县									
永泰县									
平潭县									
福清市	28		63	104	560	53	78	54	35
厦门市	**570**	**236**	**1416**	**4992**	**1413**	**395**	**1496**	**1796**	**1286**
思明区	91	100	30	206	49	40	59	78	139
海沧区	52	94	267	133	62	97	318	285	136
湖里区	139	26	138	1463	161	43	157	139	211
集美区	67	9	550	1390	216	84	293	263	265
同安区	212	7	420	1760	918	126	659	1022	519
翔安区	9		11	40	7	5	10	9	16
莆田市	**160**	**1**	**216**	**787**	**12716**	**302**	**287**	**360**	**132**
城厢区	22	1	64	66	2145	24	19	41	25
涵江区	102		54	432	3217	183	183	183	47
荔城区	32		65	213	6929	32	72	123	42
秀屿区	4		33	76	425	63	13	13	18
仙游县									
三明市	**28**	**54**	**329**	**75**	**23**	**253**	**49**	**24**	**35**
梅列区	9	16	45	29	3	19	12	7	4
三元区	13	38	31	24	3	22	10	7	14
明溪县									
清流县									
宁化县									
大田县									
尤溪县									
沙县									
将乐县									
泰宁县									
建宁县									
永安市	6		253	22	17	212	27	10	17
泉州市	**239**	**3**	**2355**	**10965**	**26584**	**232**	**420**	**1382**	**1013**
鲤城区	24		314	1946	2546	29	42	77	146
丰泽区	45	2	184	577	1059	34	71	128	220
洛江区	3		25	149	557	11	32	157	12
泉港区	15		66	123	188	17	35	8	4
惠安县									
安溪县									
永春县									
德化县									
石狮市	12		504	5832	619	18	21	44	70
晋江市	99	1	1174	2141	21071	85	176	797	488
南安市	41		88	197	544	38	43	171	73
漳州市	**278**	**4**	**94**	**133**	**106**	**519**	**721**	**461**	**176**
芗城区	75	1	39	49	37	74	207	60	93
龙文区	188	3	23	47	17	393	229	186	58
云霄县									
漳浦县									

4-4a 续表 11

单位：人

地区 性别	制造业								
	酒、饮料和精制茶制造业	烟草制品业	纺织业	纺织服装、服饰业	皮革、毛皮、羽毛及其制品和制鞋业	木材加工和木、竹、藤、棕、草制品业	家具制造业	造纸和纸制品业	印刷和记录媒介复制业
诏安县									
长泰县									
东山县									
南靖县									
平和县									
华安县									
龙海市	13		32	32	52	52	285	215	25
南平市	**502**	**59**	**294**	**416**	**31**	**882**	**208**	**132**	**70**
延平区	19		143	246	15	61	34	57	20
建阳区	25		7	45	2	64	42	8	21
顺昌县									
浦城县									
光泽县									
松溪县									
政和县									
邵武市	4	59	133	87	9	465	76	31	10
武夷山市	402		6	7	3	39	11	7	10
建瓯市	52		5	31	2	253	45	29	9
龙岩市	**56**	**300**	**111**	**115**	**39**	**242**	**206**	**46**	**98**
新罗区	36	294	84	44	7	106	153	33	88
永定区	8	6	3	46	1	4	9	9	2
长汀县									
上杭县									
武平县									
连城县									
漳平市	12		24	25	31	132	44	4	8
宁德市	**246**	**4**	**49**	**375**	**129**	**172**	**55**	**62**	**37**
蕉城区	46		6	25	7	77	22	20	9
霞浦县									
古田县									
屏南县									
寿宁县									
周宁县									
柘荣县									
福安市	82	1	14	72	62	36	15	28	13
福鼎市	118	3	29	278	60	59	18	14	15
男	**1320**	**410**	**3073**	**8021**	**21901**	**2185**	**2651**	**2653**	**2079**
福州市	**151**	**5**	**529**	**416**	**880**	**187**	**268**	**189**	**327**
鼓楼区	11	1	18	14	6	11	13	16	39
台江区	2		5	5	6	9	2	4	26
仓山区	74	1	34	256	516	50	85	78	135
马尾区	13		15	14	40	34	50	32	10
晋安区	32	3	36	59	62	25	50	14	92
长乐区	1		388	30	8	11	14	4	4
闽侯县									
连江县									
罗源县									
闽清县									
永泰县									
平潭县									
福清市	18		33	38	242	47	54	41	21
厦门市	**313**	**162**	**653**	**1779**	**546**	**290**	**1017**	**1023**	**784**
思明区	51	69	15	73	22	32	39	49	84
海沧区	25	65	97	48	25	67	218	173	92
湖里区	77	18	58	476	56	35	114	68	124
集美区	40	5	258	485	95	64	203	161	147
同安区	118	5	219	684	343	88	436	569	327
翔安区	2		6	13	5	4	7	3	10

4-4a 续表 12

单位：人

地　区 性　别	制造业								
	酒、饮料和精制茶制造业	烟　草制品业	纺织业	纺织服装、服饰业	皮革、毛皮、羽毛及其制品和制鞋业	木材加工和木、竹、藤、棕、草制品业	家　具制造业	造纸和纸制品业	印刷和记录媒介复制业
莆田市	**106**	**1**	**110**	**299**	**5969**	**173**	**211**	**215**	**77**
城厢区	14	1	36	25	1082	22	15	24	12
涵江区	67		21	169	1362	70	135	109	30
荔城区	24		33	91	3388	30	51	74	25
秀屿区	1		20	14	137	51	10	8	10
仙游县									
三明市	**18**	**32**	**168**	**22**	**16**	**165**	**33**	**15**	**19**
梅列区	5	10	28	9	3	14	5	5	2
三元区	9	22	13	5	2	14	8	3	8
明溪县									
清流县									
宁化县									
大田县									
尤溪县									
沙县									
将乐县									
泰宁县									
建宁县									
永安市	4		127	8	11	137	20	7	9
泉州市	**135**	**1**	**1395**	**5194**	**14373**	**183**	**304**	**822**	**643**
鲤城区	14		181	791	1261	19	32	55	90
丰泽区	26		102	204	459	29	54	79	139
洛江区	1		14	64	248	8	26	82	7
泉港区	11		29	13	56	17	30	5	1
惠安县									
安溪县									
永春县									
德化县									
石狮市	7		285	3019	338	14	17	32	42
晋江市	52	1	740	1047	11790	65	110	476	314
南安市	24		44	56	221	31	35	93	50
漳州市	**141**	**2**	**31**	**29**	**29**	**393**	**484**	**255**	**110**
芗城区	33		14	13	11	52	121	34	56
龙文区	101	2	6	9	6	295	152	112	35
云霄县									
漳浦县									
诏安县									
长泰县									
东山县									
南靖县									
平和县									
华安县									
龙海市	5		11	7	12	46	211	109	19
南平市	**278**	**25**	**124**	**93**	**17**	**510**	**147**	**85**	**44**
延平区	11		73	46	8	44	28	41	14
建阳区	14		4	18	1	42	31	2	14
顺昌县									
浦城县									
光泽县									
松溪县									
政和县									
邵武市	2	25	41	18	6	240	44	19	6
武夷山市	219		3	4	2	28	11	2	5
建瓯市	32		3	7		156	33	21	5
龙岩市	**30**	**179**	**43**	**25**	**17**	**142**	**143**	**21**	**52**
新罗区	19	175	32	7	4	70	102	16	47
永定区	3	4	1	10	1	3	7	3	

4-4a 续表 13

单位：人

地 区 性 别	制造业								
	酒、饮料和精制茶制造业	烟 草制品业	纺织业	纺织服装、服饰业	皮革、毛皮、羽毛及其制品和制鞋业	木材加工和木、竹、藤、棕、草制品业	家 具制造业	造纸和纸制品业	印刷和记录媒介复制业
长汀县									
上杭县									
武平县									
连城县									
漳平市	8		10	8	12	69	34	2	5
宁德市	**148**	**3**	**20**	**164**	**54**	**142**	**44**	**28**	**23**
蕉城区	25		2	6	5	61	18	5	4
霞浦县									
古田县									
屏南县									
寿宁县									
周宁县									
柘荣县									
福安市	49	1	6	18	14	26	10	14	8
福鼎市	74	2	12	140	35	55	16	9	11
女	**999**	**258**	**2777**	**10882**	**21302**	**1058**	**1206**	**1910**	**1276**
福州市	**89**	**2**	**457**	**629**	**1282**	**59**	**147**	**111**	**181**
鼓楼区	10	2	19	16	12	6	13	3	23
台江区	1		6	9	8	2	4	4	15
仓山区	38		33	332	690	17	43	50	74
马尾区	19		28	28	110	21	28	23	11
晋安区	11		39	123	130	3	29	15	42
长乐区			302	55	14	4	6	3	2
闽侯县									
连江县									
罗源县									
闽清县									
永泰县									
平潭县									
福清市	10		30	66	318	6	24	13	14
厦门市	**257**	**74**	**763**	**3213**	**867**	**105**	**479**	**773**	**502**
思明区	40	31	15	133	27	8	20	29	55
海沧区	27	29	170	85	37	30	100	112	44
湖里区	62	8	80	987	105	8	43	71	87
集美区	27	4	292	905	121	20	90	102	118
同安区	94	2	201	1076	575	38	223	453	192
翔安区	7		5	27	2	1	3	6	6
莆田市	**54**		**106**	**488**	**6747**	**129**	**76**	**145**	**55**
城厢区	8		28	41	1063	2	4	17	13
涵江区	35		33	263	1855	113	48	74	17
荔城区	8		32	122	3541	2	21	49	17
秀屿区	3		13	62	288	12	3	5	8
仙游县									
三明市	**10**	**22**	**161**	**53**	**7**	**88**	**16**	**9**	**16**
梅列区	4	6	17	20		5	7	2	2
三元区	4	16	18	19	1	8	2	4	6
明溪县									
清流县									
宁化县									
大田县									
尤溪县									
沙县									
将乐县									
泰宁县									
建宁县									
永安市	2		126	14	6	75	7	3	8

4-4a 续表 14

单位：人

地区 性别	制造业								
	酒、饮料和精制茶制造业	烟草制品业	纺织业	纺织服装、服饰业	皮革、毛皮、羽毛及其制品和制鞋业	木材加工和木、竹、藤、棕、草制品业	家具制造业	造纸和纸制品业	印刷和记录媒介复制业
泉州市	**104**	**2**	**960**	**5771**	**12211**	**49**	**116**	**560**	**370**
鲤城区	10		133	1155	1285	10	10	22	56
丰泽区	19	2	82	373	600	5	17	49	81
洛江区	2		11	85	309	3	6	75	5
泉港区	4		37	110	132		5	3	3
惠安县									
安溪县									
永春县									
德化县									
石狮市	5		219	2813	281	4	4	12	28
晋江市	47		434	1094	9281	20	66	321	174
南安市	17		44	141	323	7	8	78	23
漳州市	**137**	**2**	**63**	**104**	**77**	**126**	**237**	**206**	**66**
芗城区	42	1	25	36	26	22	86	26	37
龙文区	87	1	17	38	11	98	77	74	23
云霄县									
漳浦县									
诏安县									
长泰县									
东山县									
南靖县									
平和县									
华安县									
龙海市	8		21	25	40	6	74	106	6
南平市	**224**	**34**	**170**	**323**	**14**	**372**	**61**	**47**	**26**
延平区	8		70	200	7	17	6	16	6
建阳区	11		3	27	1	22	11	6	7
顺昌县									
浦城县									
光泽县									
松溪县									
政和县									
邵武市	2	34	92	69	3	225	32	12	4
武夷山市	183		3	3	1	11		5	5
建瓯市	20		2	24	2	97	12	8	4
龙岩市	**26**	**121**	**68**	**90**	**22**	**100**	**63**	**25**	**46**
新罗区	17	119	52	37	3	36	51	17	41
永定区	5	2	2	36		1	2	6	2
长汀县									
上杭县									
武平县									
连城县									
漳平市	4		14	17	19	63	10	2	3
宁德市	**98**	**1**	**29**	**211**	**75**	**30**	**11**	**34**	**14**
蕉城区	21		4	19	2	16	4	15	5
霞浦县									
古田县									
屏南县									
寿宁县									
周宁县									
柘荣县									
福安市	33		8	54	48	10	5	14	5
福鼎市	44	1	17	138	25	4	2	5	4

4-4a 续表 15

单位：人

地区 性别	制造业 文教、工美、体育和娱乐用品制造业	石油、煤炭及其他燃料加工业	化学原料和化学制品制造业	医药制造业	化学纤维制造业	橡胶和塑料制品业	非金属矿物制品业	黑色金属冶炼和压延加工业	有色金属冶炼和压延加工业
合计	**8286**	**575**	**3755**	**1733**	**452**	**10552**	**6992**	**1815**	**2072**
福州市	**1092**	**22**	**360**	**388**	**25**	**723**	**1531**	**295**	**252**
鼓楼区	67	4	40	75	2	31	57	11	8
台江区	16	3	17	27	1	13	25	12	3
仓山区	228	5	121	129	2	283	246	19	23
马尾区	75	2	17	34	1	56	188	33	113
晋安区	231	4	116	102	2	102	118	17	5
长乐区	16	4	14	3	17	27	226	190	88
闽侯县									
连江县									
罗源县									
闽清县									
永泰县									
平潭县									
福清市	459		35	18		211	671	13	12
厦门市	**3468**	**58**	**1080**	**722**	**180**	**6137**	**2092**	**150**	**797**
思明区	119	10	80	77	8	126	214	9	44
海沧区	816	19	232	354	99	2434	504	29	165
湖里区	166	6	113	66	5	310	279	15	98
集美区	874	13	273	80	19	1600	541	52	324
同安区	1450	10	366	144	47	1637	519	30	162
翔安区	43		16	1	2	30	35	15	4
莆田市	**477**	**8**	**277**	**42**	**95**	**558**	**422**	**79**	**39**
城厢区	42		31	8	3	28	29	4	4
涵江区	106	4	55	16		204	193	9	24
荔城区	291	1	104	10	2	163	80	22	7
秀屿区	38	3	87	8	90	163	120	44	4
仙游县									
三明市	**28**	**75**	**276**	**48**	**45**	**204**	**338**	**1000**	**17**
梅列区	2	39	71	11		14	47	774	9
三元区	7	30	44	32	1	35	28	223	5
明溪县									
清流县									
宁化县									
大田县									
尤溪县									
沙县									
将乐县									
泰宁县									
建宁县									
永安市	19	6	161	5	44	155	263	3	3
泉州市	**2474**	**360**	**701**	**167**	**96**	**2231**	**1258**	**76**	**398**
鲤城区	473	5	75	66	29	368	126	2	5
丰泽区	1131	221	63	27	9	273	149	15	7
洛江区	321	27	39	7		81	65	1	1
泉港区	17	89	146	4	2	48	87	2	3
惠安县									
安溪县									
永春县									
德化县									
石狮市	56		51	3		147	32	1	335
晋江市	415	13	299	51	54	1093	403	50	9
南安市	61	5	28	9	2	221	396	5	38
漳州市	**225**	**11**	**355**	**144**		**371**	**307**	**83**	**94**
芗城区	105	3	134	94		133	79	26	13
龙文区	72	7	190	44		154	166	38	19
云霄县									
漳浦县									

4−4a　续表 16　　　　单位：人

地　区 性　别	制造业								
	文教、工美、体育和娱乐用品制造业	石油、煤炭及其他燃料加工业	化学原料和化学制品制造业	医　药制造业	化学纤维制造业	橡胶和塑　料制品业	非金属矿　物制品业	黑色金属冶炼和压延加工业	有色金属冶炼和压延加工业
诏安县									
长泰县									
东山县									
南靖县									
平和县									
华安县									
龙海市	43	1	31	4		84	61	19	62
南平市	**263**	**13**	**423**	**123**	**3**	**103**	**314**	**38**	**325**
延平区	24	1	121	19	3	24	62	24	315
建阳区	27	1	58	10		15	115	4	6
顺昌县									
浦城县									
光泽县									
松溪县									
政和县									
邵武市	127	7	211	72		45	82	6	
武夷山市	19		4	3		2	18		2
建瓯市	66	4	29	19		17	37	4	2
龙岩市	**144**	**26**	**223**	**73**	**8**	**121**	**499**	**43**	**50**
新罗区	47	26	117	65	1	54	362	32	50
永定区	2		2	4		3	14	2	
长汀县									
上杭县									
武平县									
连城县									
漳平市	95		104	4	7	64	123	9	
宁德市	**115**	**2**	**60**	**26**		**104**	**231**	**51**	**100**
蕉城区	35		17	12		32	116	6	81
霞浦县									
古田县									
屏南县									
寿宁县									
周宁县									
柘荣县									
福安市	39	2	22	12		41	39	31	10
福鼎市	41		21	2		31	76	14	9
男	**4484**	**456**	**2427**	**871**	**305**	**6118**	**5218**	**1468**	**1501**
福州市	**602**	**15**	**245**	**205**	**17**	**412**	**1223**	**244**	**193**
鼓楼区	41	1	29	40	1	21	38	10	6
台江区	10	2	14	17	1	9	19	9	2
仓山区	116	3	75	55	2	175	179	18	16
马尾区	42	1	12	21	1	35	154	26	88
晋安区	161	4	82	62	1	47	89	14	4
长乐区	9	4	9	1	11	15	185	156	67
闽侯县									
连江县									
罗源县									
闽清县									
永泰县									
平潭县									
福清市	223		24	9		110	559	11	10
厦门市	**1901**	**39**	**642**	**321**	**117**	**3477**	**1427**	**124**	**610**
思明区	59	6	48	48	5	78	149	8	27
海沧区	475	13	147	147	69	1435	347	23	141
湖里区	84	1	77	31	4	176	203	12	78
集美区	417	10	149	38	11	880	359	47	235
同安区	854	9	211	56	28	893	345	22	126
翔安区	12		10	1		15	24	12	3

4-4a 续表 17

单位：人

地区 性别	制造业								
	文教、工美、体育和娱乐用品制造业	石油、煤炭及其他燃料加工业	化学原料和化学制品制造业	医药制造业	化学纤维制造业	橡胶和塑料制品业	非金属矿物制品业	黑色金属冶炼和压延加工业	有色金属冶炼和压延加工业
莆田市	**294**	**4**	**202**	**23**	**67**	**346**	**310**	**63**	**27**
城厢区	25		22	4	2	21	24	2	4
涵江区	67	3	36	8		116	137	7	14
荔城区	183		81	5	2	92	68	18	6
秀屿区	19	1	63	6	63	117	81	36	3
仙游县									
三明市	**10**	**66**	**194**	**27**	**32**	**146**	**257**	**795**	**12**
梅列区	1	35	47	8		10	33	598	7
三元区	3	26	33	17	1	21	23	194	3
明溪县									
清流县									
宁化县									
大田县									
尤溪县									
沙县									
将乐县									
泰宁县									
建宁县									
永安市	6	5	114	2	31	115	201	3	2
泉州市	**1341**	**294**	**495**	**80**	**64**	**1322**	**931**	**63**	**234**
鲤城区	245	5	48	36	19	214	81	2	5
丰泽区	618	172	41	13	5	138	108	12	6
洛江区	172	23	27	2		43	46	1	1
泉港区	11	77	117	1	2	26	76	2	2
惠安县									
安溪县									
永春县									
德化县									
石狮市	35		36	1		87	28		184
晋江市	229	12	209	23	36	706	303	42	8
南安市	31	5	17	4	2	108	289	4	28
漳州市	**94**	**7**	**173**	**76**		**211**	**234**	**67**	**71**
芗城区	52	2	72	54		79	57	23	12
龙文区	26	5	88	17		83	130	26	17
云霄县									
漳浦县									
诏安县									
长泰县									
东山县									
南靖县									
平和县									
华安县									
龙海市	14		13	4		49	46	18	42
南平市	**117**	**8**	**292**	**75**	**2**	**68**	**255**	**28**	**255**
延平区	15	1	76	11	2	15	49	16	247
建阳区	13	1	44	5		11	91	3	4
顺昌县									
浦城县									
光泽县									
松溪县									
政和县									
邵武市	61	4	148	53		29	67	6	
武夷山市	11		3	1		2	16		2
建瓯市	17	2	21	5		11	32	3	2
龙岩市	**51**	**22**	**146**	**45**	**6**	**72**	**383**	**38**	**35**
新罗区	21	22	75	44	1	36	269	28	35
永定区			2	1		1	10	2	

4−4a 续表 18

单位：人

地区 性别	制造业								
	文教、工美、体育和娱乐用品制造业	石油、煤炭及其他燃料加工业	化学原料和化学制品制造业	医药制造业	化学纤维制造业	橡胶和塑料制品业	非金属矿物制品业	黑色金属冶炼和压延加工业	有色金属冶炼和压延加工业
长汀县									
上杭县									
武平县									
连城县									
漳平市	30		69		5	35	104	8	
宁德市	**74**	**1**	**38**	**19**		**64**	**198**	**46**	**64**
蕉城区	25		10	10		22	99	5	50
霞浦县									
古田县									
屏南县									
寿宁县									
周宁县									
柘荣县									
福安市	19	1	14	7		24	34	29	7
福鼎市	30		14	2		18	65	12	7
女	**3802**	**119**	**1328**	**862**	**147**	**4434**	**1774**	**347**	**571**
福州市	**490**	**7**	**115**	**183**	**8**	**311**	**308**	**51**	**59**
鼓楼区	26	3	11	35	1	10	19	1	2
台江区	6	1	3	10		4	6	3	1
仓山区	112	2	46	74		108	67	1	7
马尾区	33	1	5	13		21	34	7	25
晋安区	70		34	40	1	55	29	3	1
长乐区	7		5	2	6	12	41	34	21
闽侯县									
连江县									
罗源县									
闽清县									
永泰县									
平潭县									
福清市	236		11	9		101	112	2	2
厦门市	**1567**	**19**	**438**	**401**	**63**	**2660**	**665**	**26**	**187**
思明区	60	4	32	29	3	48	65	1	17
海沧区	341	6	85	207	30	999	157	6	24
湖里区	82	5	36	35	1	134	76	3	20
集美区	457	3	124	42	8	720	182	5	89
同安区	596	1	155	88	19	744	174	8	36
翔安区	31		6		2	15	11	3	1
莆田市	**183**	**4**	**75**	**19**	**28**	**212**	**112**	**16**	**12**
城厢区	17		9	4	1	7	5	2	
涵江区	39	1	19	8		88	56	2	10
荔城区	108	1	23	5		71	12	4	1
秀屿区	19	2	24	2	27	46	39	8	1
仙游县									
三明市	**18**	**9**	**82**	**21**	**13**	**58**	**81**	**205**	**5**
梅列区	1	4	24	3		4	14	176	2
三元区	4	4	11	15		14	5	29	2
明溪县									
清流县									
宁化县									
大田县									
尤溪县									
沙县									
将乐县									
泰宁县									
建宁县									
永安市	13	1	47	3	13	40	62		1

4-4a　续表 19　　　　单位：人

地　区 性　别	制造业								
	文教、工美、体育和娱乐用品制造业	石油、煤炭及其他燃料加工业	化学原料和化学制品制造业	医　药制造业	化学纤维制造业	橡胶和塑　料制品业	非金属矿　物制品业	黑色金属冶炼和压延加工业	有色金属冶炼和压延加工业
泉州市	**1133**	**66**	**206**	**87**	**32**	**909**	**327**	**13**	**164**
鲤城区	228		27	30	10	154	45		
丰泽区	513	49	22	14	4	135	41	3	1
洛江区	149	4	12	5		38	19		
泉港区	6	12	29	3		22	11		1
惠安县									
安溪县									
永春县									
德化县									
石狮市	21		15	2		60	4	1	151
晋江市	186	1	90	28	18	387	100	8	1
南安市	30		11	5		113	107	1	10
漳州市	**131**	**4**	**182**	**68**		**160**	**73**	**16**	**23**
芗城区	53	1	62	40		54	22	3	1
龙文区	46	2	102	27		71	36	12	2
云霄县									
漳浦县									
诏安县									
长泰县									
东山县									
南靖县									
平和县									
华安县									
龙海市	29	1	18			35	15	1	20
南平市	**146**	**5**	**131**	**48**	**1**	**35**	**59**	**10**	**70**
延平区	9		45	8	1	9	13	8	68
建阳区	14		14	5		4	24	1	2
顺昌县									
浦城县									
光泽县									
松溪县									
政和县									
邵武市	66	3	63	19		16	15		
武夷山市	8		1	2			2		
建瓯市	49	2	8	14		6	5	1	
龙岩市	**93**	**4**	**77**	**28**	**2**	**49**	**116**	**5**	**15**
新罗区	26	4	42	21		18	93	4	15
永定区	2			3		2	4		
长汀县									
上杭县									
武平县									
连城县									
漳平市	65		35	4	2	29	19	1	
宁德市	**41**	**1**	**22**	**7**		**40**	**33**	**5**	**36**
蕉城区	10		7	2		10	17	1	31
霞浦县									
古田县									
屏南县									
寿宁县									
周宁县									
柘荣县									
福安市	20	1	8	5		17	5	2	3
福鼎市	11		7			13	11	2	2

4-4a 续表 20

单位：人

地　区 性　别	制造业 金　属 制品业	通用设备 制造业	专用设备 制造业	汽　车 制造业	铁路、船舶、 航空航天和 其他运输 设备制造业	电气机械 和器材 制造业	计算机、 通信和其 他电子设 备制造业	仪器仪表 制造业	其　他 制造业
合　计	**13147**	**7780**	**7023**	**4394**	**2026**	**13181**	**16490**	**2060**	**1430**
福州市	**1011**	**897**	**568**	**443**	**332**	**1108**	**3827**	**614**	**81**
鼓楼区	55	58	89	25	18	79	200	44	4
台江区	21	31	15	17	26	28	62	13	1
仓山区	293	329	194	191	47	265	662	120	52
马尾区	141	110	87	37	183	453	321	144	8
晋安区	157	139	140	70	52	124	332	265	15
长乐区	176	163	5	41	6	29	12		
闽侯县									
连江县									
罗源县									
闽清县									
永泰县									
平潭县									
福清市	168	67	38	62		130	2238	28	1
厦门市	**6759**	**3303**	**3706**	**2096**	**694**	**4924**	**10350**	**618**	**784**
思明区	208	218	210	107	51	292	625	67	32
海沧区	1567	690	1160	454	344	875	1426	101	144
湖里区	497	506	619	233	47	799	3617	153	133
集美区	2368	961	1104	914	177	1433	2799	216	137
同安区	2059	904	579	358	74	1418	1561	67	336
翔安区	60	24	34	30	1	107	322	14	2
莆田市	**582**	**341**	**192**	**94**	**28**	**105**	**632**	**385**	**19**
城厢区	114	26	35	2		18	61	2	2
涵江区	238	225	72	71	26	70	537	378	7
荔城区	153	73	63	18		7	31	5	9
秀屿区	77	17	22	3	2	10	3		1
仙游县									
三明市	**274**	**306**	**88**	**162**	**3**	**59**	**53**	**25**	**17**
梅列区	58	94	42	2		23	13	7	1
三元区	76	105	32	5	1	12	15	18	5
明溪县									
清流县									
宁化县									
大田县									
尤溪县									
沙县									
将乐县									
泰宁县									
建宁县									
永安市	140	107	14	155	2	24	25		11
泉州市	**2916**	**1744**	**1381**	**624**	**47**	**482**	**1026**	**87**	**318**
鲤城区	250	523	260	272	13	155	376	21	34
丰泽区	459	240	354	51	4	122	235	13	30
洛江区	119	92	109	20	3	39	77	1	15
泉港区	67	17	21	6	6	11	15	2	4
惠安县									
安溪县									
永春县									
德化县									
石狮市	378	42	73	4	5	4	63	39	25
晋江市	518	330	495	260	16	129	175	10	198
南安市	1125	500	69	11		22	85	1	12
漳州市	**630**	**517**	**203**	**262**	**168**	**229**	**289**	**307**	**95**
芗城区	217	258	97	64	15	114	153	127	17
龙文区	193	155	75	189	15	91	98	165	70
云霄县									
漳浦县									

4-4a　续表 21

单位：人

地区 性别	制造业 金属 制品业	通用设备 制造业	专用设备 制造业	汽车 制造业	铁路、船舶、 航空航天和 其他运输 设备制造业	电气机械 和器材 制造业	计算机、 通信和其 他电子设 备制造业	仪器仪表 制造业	其他 制造业
诏安县									
长泰县									
东山县									
南靖县									
平和县									
华安县									
龙海市	220	104	30	9	138	24	38	15	7
南平市	**347**	**150**	**97**	**118**	**17**	**458**	**68**	**8**	**34**
延平区	96	57	30	50	5	359	32	2	7
建阳区	61	23	24	52	1	78	19	2	3
顺昌县									
浦城县									
光泽县									
松溪县									
政和县									
邵武市	110	32	19	3	2	13	8	1	21
武夷山市	20	7	9		8	3	2		1
建瓯市	60	31	15	13	1	5	7	3	2
龙岩市	**342**	**265**	**652**	**192**	**2**	**69**	**125**	**5**	**16**
新罗区	292	247	631	180	2	59	60	4	14
永定区	5	6	7	2		4	49	1	2
长汀县									
上杭县									
武平县									
连城县									
漳平市	45	12	14	10		6	16		
宁德市	**286**	**257**	**136**	**403**	**735**	**5747**	**120**	**11**	**66**
蕉城区	116	19	55	321	21	4026	74	7	9
霞浦县									
古田县									
屏南县									
寿宁县									
周宁县									
柘荣县									
福安市	88	188	49	15	19	1709	28		9
福鼎市	82	50	32	67	695	12	18	4	48
男	**9344**	**5566**	**4638**	**3167**	**1309**	**8597**	**9249**	**987**	**671**
福州市	**823**	**624**	**348**	**296**	**265**	**726**	**2362**	**338**	**48**
鼓楼区	42	34	49	18	14	48	132	26	1
台江区	17	22	9	13	20	20	46	12	1
仓山区	236	217	131	134	38	176	370	66	31
马尾区	117	71	46	20	152	291	182	92	4
晋安区	120	102	82	44	38	79	179	128	10
长乐区	161	129	5	26	3	18	10		
闽侯县									
连江县									
罗源县									
闽清县									
永泰县									
平潭县									
福清市	130	49	26	41		94	1443	14	1
厦门市	**4577**	**2289**	**2219**	**1519**	**483**	**2802**	**5661**	**325**	**364**
思明区	144	153	133	80	39	177	329	36	14
海沧区	1028	487	603	356	253	457	818	40	82
湖里区	366	326	367	158	36	468	2016	84	62
集美区	1563	675	699	676	107	838	1479	113	54
同安区	1431	632	396	226	47	796	824	42	151
翔安区	45	16	21	23	1	66	195	10	1

4-4a 续表 22

单位：人

地区 性别	制造业								
	金属制品业	通用设备制造业	专用设备制造业	汽车制造业	铁路、船舶、航空航天和其他运输设备制造业	电气机械和器材制造业	计算机、通信和其他电子设备制造业	仪器仪表制造业	其他制造业
莆田市	**473**	**236**	**139**	**77**	**16**	**80**	**325**	**124**	**9**
城厢区	101	20	29	1		9	37	1	1
涵江区	195	153	52	59	15	56	265	119	3
荔城区	120	48	43	15		6	21	4	5
秀屿区	57	15	15	2	1	9	2		
仙游县									
三明市	**211**	**240**	**68**	**114**	**3**	**46**	**31**	**16**	**9**
梅列区	44	74	32	2		18	8	5	1
三元区	64	89	25	5	1	9	10	11	1
明溪县									
清流县									
宁化县									
大田县									
尤溪县									
沙县									
将乐县									
泰宁县									
建宁县									
永安市	103	77	11	107	2	19	13		7
泉州市	**1977**	**1316**	**1090**	**437**	**35**	**302**	**551**	**46**	**164**
鲤城区	185	411	202	192	5	99	185	13	22
丰泽区	321	187	280	38	4	69	127	7	14
洛江区	81	72	77	15	2	28	42	1	9
泉港区	56	10	15	3	6	8	6	2	3
惠安县									
安溪县									
永春县									
德化县									
石狮市	243	32	58	4	4	2	41	15	12
晋江市	397	265	403	177	14	81	116	8	98
南安市	694	339	55	8		15	34		6
漳州市	**482**	**374**	**123**	**156**	**135**	**142**	**150**	**120**	**35**
芗城区	155	189	61	48	11	63	79	51	6
龙文区	138	113	42	100	11	63	48	63	27
云霄县									
漳浦县									
诏安县									
长泰县									
东山县									
南靖县									
平和县									
华安县									
龙海市	189	72	19	8	113	16	23	6	1
南平市	**287**	**126**	**64**	**83**	**12**	**273**	**31**	**5**	**17**
延平区	83	51	21	33	4	202	15	2	7
建阳区	52	18	19	38		53	9	1	2
顺昌县									
浦城县									
光泽县									
松溪县									
政和县									
邵武市	86	26	13	3	1	12	2		6
武夷山市	16	7	4		6	3	2		1
建瓯市	50	24	7	9	1	3	3	2	1
龙岩市	**273**	**209**	**492**	**149**	**1**	**44**	**56**	**4**	**6**
新罗区	233	197	476	140	1	38	33	3	6
永定区	3	4	4	2		3	18	1	

4-4a 续表 23

单位：人

地区 性别	制造业								
	金属制品业	通用设备制造业	专用设备制造业	汽车制造业	铁路、船舶、航空航天和其他运输设备制造业	电气机械和器材制造业	计算机、通信和其他电子设备制造业	仪器仪表制造业	其他制造业
长汀县									
上杭县									
武平县									
连城县									
漳平市	37	8	12	7		3	5		
宁德市	**241**	**152**	**95**	**336**	**359**	**4182**	**82**	**9**	**19**
蕉城区	108	15	43	291	16	3115	54	7	4
霞浦县									
古田县									
屏南县									
寿宁县									
周宁县									
柘荣县									
福安市	70	107	27	12	18	1061	18		
福鼎市	63	30	25	33	325	6	10	2	15
女	**3803**	**2214**	**2385**	**1227**	**717**	**4584**	**7241**	**1073**	**759**
福州市	**188**	**273**	**220**	**147**	**67**	**382**	**1465**	**276**	**33**
鼓楼区	13	24	40	7	4	31	68	18	3
台江区	4	9	6	4	6	8	16	1	
仓山区	57	112	63	57	9	89	292	54	21
马尾区	24	39	41	17	31	162	139	52	4
晋安区	37	37	58	26	14	45	153	137	5
长乐区	15	34		15	3	11	2		
闽侯县									
连江县									
罗源县									
闽清县									
永泰县									
平潭县									
福清市	38	18	12	21		36	795	14	
厦门市	**2182**	**1014**	**1487**	**577**	**211**	**2122**	**4689**	**293**	**420**
思明区	64	65	77	27	12	115	296	31	18
海沧区	539	203	557	98	91	418	608	61	62
湖里区	131	180	252	75	11	331	1601	69	71
集美区	805	286	405	238	70	595	1320	103	83
同安区	628	272	183	132	27	622	737	25	185
翔安区	15	8	13	7		41	127	4	1
莆田市	**109**	**105**	**53**	**17**	**12**	**25**	**307**	**261**	**10**
城厢区	13	6	6	1		9	24	1	1
涵江区	43	72	20	12	11	14	272	259	4
荔城区	33	25	20	3		1	10	1	4
秀屿区	20	2	7	1	1	1	1		1
仙游县									
三明市	**63**	**66**	**20**	**48**		**13**	**22**	**9**	**8**
梅列区	14	20	10			5	5	2	
三元区	12	16	7			3	5	7	4
明溪县									
清流县									
宁化县									
大田县									
尤溪县									
沙县									
将乐县									
泰宁县									
建宁县									
永安市	37	30	3	48		5	12		4

4-4a 续表 24

单位：人

地 区 性 别	制造业								
	金 属 制品业	通用设备 制造业	专用设备 制造业	汽 车 制造业	铁路、船舶、航空航天和其他运输设备制造业	电气机械和器材制造业	计算机、通信和其他电子设备制造业	仪器仪表 制造业	其 他 制造业
泉州市	**939**	**428**	**291**	**187**	**12**	**180**	**475**	**41**	**154**
鲤城区	65	112	58	80	8	56	191	8	12
丰泽区	138	53	74	13		53	108	6	16
洛江区	38	20	32	5	1	11	35		6
泉港区	11	7	6	3		3	9		1
惠安县									
安溪县									
永春县									
德化县									
石狮市	135	10	15		1	2	22	24	13
晋江市	121	65	92	83	2	48	59	2	100
南安市	431	161	14	3		7	51	1	6
漳州市	**148**	**143**	**80**	**106**	**33**	**87**	**139**	**187**	**60**
芗城区	62	69	36	16	4	51	74	76	11
龙文区	55	42	33	89	4	28	50	102	43
云霄县									
漳浦县									
诏安县									
长泰县									
东山县									
南靖县									
平和县									
华安县									
龙海市	31	32	11	1	25	8	15	9	6
南平市	**60**	**24**	**33**	**35**	**5**	**185**	**37**	**3**	**17**
延平区	13	6	9	17	1	157	17		
建阳区	9	5	5	14	1	25	10	1	1
顺昌县									
浦城县									
光泽县									
松溪县									
政和县									
邵武市	24	6	6		1	1	6	1	15
武夷山市	4		5		2				
建瓯市	10	7	8	4		2	4	1	1
龙岩市	**69**	**56**	**160**	**43**	**1**	**25**	**69**	**1**	**10**
新罗区	59	50	155	40	1	21	27	1	8
永定区	2	2	3			1	31		2
长汀县									
上杭县									
武平县									
连城县									
漳平市	8	4	2	3		3	11		
宁德市	**45**	**105**	**41**	**67**	**376**	**1565**	**38**	**2**	**47**
蕉城区	8	4	12	30	5	911	20		5
霞浦县									
古田县									
屏南县									
寿宁县									
周宁县									
柘荣县									
福安市	18	81	22	3	1	648	10		9
福鼎市	19	20	7	34	370	6	8	2	33

4-4a　续表 25

单位：人

地　区 性　别	制造业		电力、热力、燃气及水生产和供应业				建筑业		
	废弃资源综合利用业	金属制品、机械和设备修理业	小计	电力、热力生产和供应业	燃气生产和供应业	水的生产和供应业	小计	房屋建筑业	土木工程建筑业
合　计	**936**	**1908**	**8224**	**5726**	**966**	**1532**	**84938**	**39969**	**8899**
福州市	**155**	**284**	**2267**	**1609**	**269**	**389**	**22471**	**11456**	**3002**
鼓楼区	13	22	351	221	31	99	1687	738	402
台江区		3	223	158	30	35	1250	589	168
仓山区	83	108	536	377	73	86	8362	4154	1101
马尾区	18	22	60	19	17	24	1306	798	146
晋安区	23	79	413	267	74	72	5480	2931	705
长乐区	3	28	146	112	11	23	1618	709	238
闽侯县									
连江县									
罗源县									
闽清县									
永泰县									
平潭县									
福清市	15	22	538	455	33	50	2768	1537	242
厦门市	**166**	**957**	**1200**	**617**	**217**	**366**	**23296**	**10219**	**2666**
思明区	12	153	445	243	67	135	3077	1121	494
海沧区	33	106	124	61	21	42	3642	1725	505
湖里区	47	503	235	103	61	71	6759	2187	698
集美区	21	110	213	114	31	68	5348	2770	548
同安区	53	66	151	72	35	44	3754	2025	271
翔安区		19	32	24	2	6	716	391	150
莆田市	**107**	**69**	**594**	**390**	**93**	**111**	**5352**	**2606**	**299**
城厢区	12	6	184	118	20	46	1316	499	86
涵江区	33	25	99	56	16	27	1737	910	84
荔城区	53	20	231	153	44	34	1471	738	72
秀屿区	9	18	80	63	13	4	828	459	57
仙游县									
三明市	**31**	**105**	**576**	**467**	**45**	**64**	**2719**	**1107**	**332**
梅列区	9	70	217	174	20	23	962	406	92
三元区	12	10	65	34	9	22	815	441	78
明溪县									
清流县									
宁化县									
大田县									
尤溪县									
沙县									
将乐县									
泰宁县									
建宁县									
永安市	10	25	294	259	16	19	942	260	162
泉州市	**332**	**227**	**1211**	**805**	**134**	**272**	**12197**	**5850**	**983**
鲤城区	22	40	159	96	17	46	1368	551	92
丰泽区	3	39	356	210	50	96	3535	1600	415
洛江区	7	5	48	30	9	9	430	221	44
泉港区	7	28	85	50	10	25	1067	580	70
惠安县									
安溪县									
永春县									
德化县									
石狮市	17	21	153	112	11	30	1079	436	46
晋江市	154	66	224	158	19	47	3646	1916	272
南安市	122	28	186	149	18	19	1072	546	44
漳州市	**33**	**80**	**414**	**268**	**66**	**80**	**5373**	**2658**	**497**
芗城区	14	27	223	151	30	42	2077	1053	176
龙文区	6	23	73	49	12	12	1988	942	212
云霄县									
漳浦县									

4-4a 续表 26

单位：人

地区 性别	制造业		电力、热力、燃气及水生产和供应业				建筑业		
	废弃资源综合利用业	金属制品、机械和设备修理业	小计	电力、热力生产和供应业	燃气生产和供应业	水的生产和供应业	小计	房屋建筑业	土木工程建筑业
诏安县									
长泰县									
东山县									
南靖县									
平和县									
华安县									
龙海市	13	30	118	68	24	26	1303	658	109
南平市	**24**	**70**	**674**	**545**	**33**	**96**	**4962**	**2261**	**440**
延平区	3	15	242	198	11	33	1410	605	156
建阳区	8	9	96	77	6	13	1101	551	100
顺昌县									
浦城县									
光泽县									
松溪县									
政和县									
邵武市	6	26	147	121	7	19	964	421	59
武夷山市	2	10	84	64	3	17	913	473	64
建瓯市	5	10	105	85	6	14	574	211	61
龙岩市	**23**	**61**	**581**	**470**	**49**	**62**	**5130**	**2221**	**406**
新罗区	21	51	380	298	37	45	3935	1777	308
永定区		2	51	39	4	8	446	201	58
长汀县									
上杭县									
武平县									
连城县									
漳平市	2	8	150	133	8	9	749	243	40
宁德市	**65**	**55**	**707**	**555**	**60**	**92**	**3438**	**1591**	**274**
蕉城区	21	21	364	293	26	45	1697	701	150
霞浦县									
古田县									
屏南县									
寿宁县									
周宁县									
柘荣县									
福安市	17	20	147	110	11	26	717	322	38
福鼎市	27	14	196	152	23	21	1024	568	86
男	**666**	**1603**	**5805**	**4086**	**704**	**1015**	**69660**	**32158**	**7162**
福州市	**109**	**250**	**1575**	**1123**	**196**	**256**	**18315**	**9211**	**2421**
鼓楼区	8	17	214	140	21	53	1272	569	293
台江区		3	145	98	24	23	970	475	124
仓山区	60	95	353	247	49	57	6750	3277	903
马尾区	11	19	41	16	11	14	1095	648	127
晋安区	16	72	291	178	58	55	4511	2404	565
长乐区	3	25	102	76	11	15	1388	592	208
闽侯县									
连江县									
罗源县									
闽清县									
永泰县									
平潭县									
福清市	11	19	429	368	22	39	2329	1246	201
厦门市	**122**	**768**	**853**	**436**	**169**	**248**	**19307**	**8425**	**2127**
思明区	8	114	294	158	49	87	2365	862	349
海沧区	23	85	100	54	14	32	3005	1426	408
湖里区	35	408	166	73	50	43	5700	1813	567
集美区	16	87	157	86	26	45	4488	2306	446
同安区	40	58	110	46	28	36	3152	1692	224
翔安区		16	26	19	2	5	597	326	133

4-4a 续表 27

单位：人

地区 性别	制造业		电力、热力、燃气及水生产和供应业				建筑业		
	废弃资源综合利用业	金属制品、机械和设备修理业	小计	电力、热力生产和供应业	燃气生产和供应业	水的生产和供应业	小计	房屋建筑业	土木工程建筑业
莆田市	**68**	**65**	**396**	**265**	**67**	**64**	**4377**	**2064**	**244**
城厢区	8	6	113	74	13	26	1086	403	71
涵江区	21	23	71	43	10	18	1448	743	67
荔城区	35	19	154	101	36	17	1221	593	58
秀屿区	4	17	58	47	8	3	622	325	48
仙游县									
三明市	**18**	**95**	**416**	**332**	**33**	**51**	**2136**	**835**	**260**
梅列区	3	62	156	128	13	15	736	299	71
三元区	6	10	58	29	8	21	627	331	55
明溪县									
清流县									
宁化县									
大田县									
尤溪县									
沙县									
将乐县									
泰宁县									
建宁县									
永安市	9	23	202	175	12	15	773	205	134
泉州市	**251**	**193**	**865**	**588**	**95**	**182**	**10049**	**4691**	**808**
鲤城区	16	33	111	67	13	31	1162	469	74
丰泽区	3	32	235	147	35	53	2929	1292	336
洛江区	4	5	32	20	4	8	344	169	31
泉港区	4	25	66	40	7	19	851	442	61
惠安县									
安溪县									
永春县									
德化县									
石狮市	12	18	120	90	9	21	915	359	39
晋江市	117	56	164	116	14	34	3024	1561	229
南安市	95	24	137	108	13	16	824	399	38
漳州市	**21**	**63**	**297**	**198**	**42**	**57**	**4149**	**2027**	**376**
芗城区	7	19	151	105	17	29	1583	777	132
龙文区	5	16	57	38	9	10	1471	715	152
云霄县									
漳浦县									
诏安县									
长泰县									
东山县									
南靖县									
平和县									
华安县									
龙海市	9	28	89	55	16	18	1090	530	92
南平市	**17**	**64**	**474**	**394**	**20**	**60**	**4213**	**1816**	**368**
延平区	3	13	157	136	5	16	1182	478	130
建阳区	6	9	69	58	3	8	956	455	84
顺昌县									
浦城县									
光泽县									
松溪县									
政和县									
邵武市	3	23	113	94	5	14	842	348	53
武夷山市	2	9	58	45	1	12	738	367	46
建瓯市	3	10	77	61	6	10	495	168	55
龙岩市	**16**	**55**	**424**	**355**	**35**	**34**	**4031**	**1675**	**325**
新罗区	14	45	274	225	23	26	3070	1336	238
永定区		2	37	29	4	4	340	146	53

4-4a 续表 28　　　　单位：人

地区 性别	制造业		电力、热力、燃气及水生产和供应业				建筑业		
	废弃资源综合利用业	金属制品、机械和设备修理业	小计	电力、热力生产和供应业	燃气生产和供应业	水的生产和供应业	小计	房屋建筑业	土木工程建筑业
长汀县									
上杭县									
武平县									
连城县									
漳平市	2	8	113	101	8	4	621	193	34
宁德市	**44**	**50**	**505**	**395**	**47**	**63**	**3083**	**1414**	**233**
蕉城区	14	21	262	214	19	29	1493	600	126
霞浦县									
古田县									
屏南县									
寿宁县									
周宁县									
柘荣县									
福安市	12	17	96	70	7	19	647	293	34
福鼎市	18	12	147	111	21	15	943	521	73
女	**270**	**305**	**2419**	**1640**	**262**	**517**	**15278**	**7811**	**1737**
福州市	**46**	**34**	**692**	**486**	**73**	**133**	**4156**	**2245**	**581**
鼓楼区	5	5	137	81	10	46	415	169	109
台江区			78	60	6	12	280	114	44
仓山区	23	13	183	130	24	29	1612	877	198
马尾区	7	3	19	3	6	10	211	150	19
晋安区	7	7	122	89	16	17	969	527	140
长乐区		3	44	36		8	230	117	30
闽侯县									
连江县									
罗源县									
闽清县									
永泰县									
平潭县									
福清市	4	3	109	87	11	11	439	291	41
厦门市	**44**	**189**	**347**	**181**	**48**	**118**	**3989**	**1794**	**539**
思明区	4	39	151	85	18	48	712	259	145
海沧区	10	21	24	7	7	10	637	299	97
湖里区	12	95	69	30	11	28	1059	374	131
集美区	5	23	56	28	5	23	860	464	102
同安区	13	8	41	26	7	8	602	333	47
翔安区		3	6	5		1	119	65	17
莆田市	**39**	**4**	**198**	**125**	**26**	**47**	**975**	**542**	**55**
城厢区	4		71	44	7	20	230	96	15
涵江区	12	2	28	13	6	9	289	167	17
荔城区	18	1	77	52	8	17	250	145	14
秀屿区	5	1	22	16	5	1	206	134	9
仙游县									
三明市	**13**	**10**	**160**	**135**	**12**	**13**	**583**	**272**	**72**
梅列区	6	8	61	46	7	8	226	107	21
三元区	6		7	5	1	1	188	110	23
明溪县									
清流县									
宁化县									
大田县									
尤溪县									
沙县									
将乐县									
泰宁县									
建宁县									
永安市	1	2	92	84	4	4	169	55	28

4-4a　续表 29　　　　单位：人

地　区 性　别	制造业		电力、热力、燃气及水生产和供应业				建筑业		
	废弃资源综合利用业	金属制品、机械和设备修理业	小计	电力、热力生产和供应业	燃气生产和供应业	水的生产和供应业	小计	房屋建筑业	土木工程建筑业
泉州市	**81**	**34**	**346**	**217**	**39**	**90**	**2148**	**1159**	**175**
鲤城区	6	7	48	29	4	15	206	82	18
丰泽区		7	121	63	15	43	606	308	79
洛江区	3		16	10	5	1	86	52	13
泉港区	3	3	19	10	3	6	216	138	9
惠安县									
安溪县									
永春县									
德化县									
石狮市	5	3	33	22	2	9	164	77	7
晋江市	37	10	60	42	5	13	622	355	43
南安市	27	4	49	41	5	3	248	147	6
漳州市	**12**	**17**	**117**	**70**	**24**	**23**	**1224**	**631**	**121**
芗城区	7	8	72	46	13	13	494	276	44
龙文区	1	7	16	11	3	2	517	227	60
云霄县									
漳浦县									
诏安县									
长泰县									
东山县									
南靖县									
平和县									
华安县									
龙海市	4	2	29	13	8	8	213	128	17
南平市	**7**	**6**	**200**	**151**	**13**	**36**	**749**	**445**	**72**
延平区		2	85	62	6	17	228	127	26
建阳区	2		27	19	3	5	145	96	16
顺昌县									
浦城县									
光泽县									
松溪县									
政和县									
邵武市	3	3	34	27	2	5	122	73	6
武夷山市		1	26	19	2	5	175	106	18
建瓯市	2		28	24		4	79	43	6
龙岩市	**7**	**6**	**157**	**115**	**14**	**28**	**1099**	**546**	**81**
新罗区	7	6	106	73	14	19	865	441	70
永定区			14	10		4	106	55	5
长汀县									
上杭县									
武平县									
连城县									
漳平市			37	32		5	128	50	6
宁德市	**21**	**5**	**202**	**160**	**13**	**29**	**355**	**177**	**41**
蕉城区	7		102	79	7	16	204	101	24
霞浦县									
古田县									
屏南县									
寿宁县									
周宁县									
柘荣县									
福安市	5	3	51	40	4	7	70	29	4
福鼎市	9	2	49	41	2	6	81	47	13

4-4a 续表 30

单位：人

地区 性别	建筑业 建筑安装业	建筑业 建筑装饰、装修和其他建筑业	批发和零售业 小计	批发和零售业 批发业	批发和零售业 零售业	交通运输、仓储和邮政业 小计	交通运输、仓储和邮政业 铁路运输业	交通运输、仓储和邮政业 道路运输业	交通运输、仓储和邮政业 水上运输业
合计	**5331**	**30739**	**174487**	**50584**	**123903**	**48534**	**2334**	**27584**	**1634**
福州市	**1066**	**6947**	**37694**	**11232**	**26462**	**10640**	**922**	**6007**	**395**
鼓楼区	91	456	4815	1676	3139	1082	85	504	81
台江区	59	434	5058	1731	3327	972	27	532	57
仓山区	426	2681	11750	3274	8476	3204	91	1949	88
马尾区	45	317	2121	915	1206	935	12	591	52
晋安区	254	1590	8288	2633	5655	2973	700	1523	73
长乐区	67	604	1800	472	1328	506	2	257	33
闽侯县									
连江县									
罗源县									
闽清县									
永泰县									
平潭县									
福清市	124	865	3862	531	3331	968	5	651	11
厦门市	**1658**	**8753**	**45063**	**17258**	**27805**	**16470**	**319**	**8688**	**813**
思明区	260	1202	10964	4474	6490	3866	185	1550	319
海沧区	241	1171	4838	1847	2991	2389	13	1426	162
湖里区	486	3388	14389	5612	8777	5063	53	2488	228
集美区	420	1610	8346	2989	5357	2900	48	1900	57
同安区	227	1231	5627	2054	3573	1986	17	1155	19
翔安区	24	151	899	282	617	266	3	169	28
莆田市	**266**	**2181**	**16392**	**2552**	**13840**	**2429**	**4**	**1447**	**78**
城厢区	71	660	5623	587	5036	735	1	408	34
涵江区	71	672	3789	966	2823	756	1	514	18
荔城区	97	564	5875	738	5137	703	2	373	16
秀屿区	27	285	1105	261	844	235		152	10
仙游县									
三明市	**210**	**1070**	**4743**	**1262**	**3481**	**1846**	**237**	**1191**	**3**
梅列区	92	372	1633	451	1182	480	13	321	2
三元区	56	240	1285	381	904	524	33	351	
明溪县									
清流县									
宁化县									
大田县									
尤溪县									
沙县									
将乐县									
泰宁县									
建宁县									
永安市	62	458	1825	430	1395	842	191	519	1
泉州市	**887**	**4477**	**36026**	**10202**	**25824**	**7311**	**97**	**4215**	**219**
鲤城区	114	611	5140	1580	3560	891	1	499	11
丰泽区	138	1382	8048	2748	5300	1686	66	946	101
洛江区	37	128	977	250	727	187	9	112	5
泉港区	128	289	1116	237	879	331	4	179	59
惠安县									
安溪县									
永春县									
德化县									
石狮市	94	503	6453	1241	5212	977	3	625	19
晋江市	247	1211	11505	3567	7938	2627	10	1464	19
南安市	129	353	2787	579	2208	612	4	390	5
漳州市	**288**	**1930**	**10004**	**2727**	**7277**	**2872**	**108**	**1628**	**42**
芗城区	112	736	4662	1247	3415	1144	59	737	8
龙文区	95	739	3216	910	2306	791	45	460	5
云霄县									
漳浦县									

4-4a　续表 31

单位：人

地　区 性　别	建筑业：建　筑安装业	建筑业：建筑装饰、装修和其他建筑业	批发和零售业：小计	批发和零售业：批发业	批发和零售业：零售业	交通运输、仓储和邮政业：小计	交通运输、仓储和邮政业：铁　路运输业	交通运输、仓储和邮政业：道　路运输业	交通运输、仓储和邮政业：水　上运输业
诏安县									
长泰县									
东山县									
南靖县									
平和县									
华安县									
龙海市	81	455	2116	567	1549	934	4	428	29
南平市	**417**	**1844**	**7985**	**1763**	**6222**	**2775**	**294**	**1706**	**18**
延平区	199	450	2209	534	1675	861	79	526	5
建阳区	73	377	1446	318	1128	365	14	246	
顺昌县									
浦城县									
光泽县									
松溪县									
政和县									
邵武市	65	419	1591	383	1208	721	177	386	3
武夷山市	43	333	1339	274	1065	297	11	181	1
建瓯市	37	265	1400	254	1146	531	13	367	9
龙岩市	**294**	**2209**	**8509**	**2005**	**6504**	**2309**	**343**	**1457**	**10**
新罗区	250	1600	6785	1754	5031	1625	169	1076	6
永定区	25	162	537	67	470	134	6	95	1
长汀县									
上杭县									
武平县									
连城县									
漳平市	19	447	1187	184	1003	550	168	286	3
宁德市	**245**	**1328**	**8071**	**1583**	**6488**	**1882**	**10**	**1245**	**56**
蕉城区	138	708	3540	675	2865	793	6	534	27
霞浦县									
古田县									
屏南县									
寿宁县									
周宁县									
柘荣县									
福安市	45	312	2429	483	1946	608	1	375	19
福鼎市	62	308	2102	425	1677	481	3	336	10
男	**4750**	**25590**	**91544**	**30097**	**61447**	**39462**	**1809**	**23917**	**1224**
福州市	**929**	**5754**	**20140**	**6838**	**13302**	**8608**	**639**	**5138**	**300**
鼓楼区	68	342	2419	917	1502	778	56	389	60
台江区	43	328	2677	1049	1628	788	23	443	44
仓山区	377	2193	6463	1946	4517	2652	63	1679	66
马尾区	38	282	1155	609	546	776	7	507	39
晋安区	224	1318	4303	1589	2714	2322	489	1281	49
长乐区	62	526	1085	375	710	439		243	31
闽侯县									
连江县									
罗源县									
闽清县									
永泰县									
平潭县									
福清市	117	765	2038	353	1685	853	1	596	11
厦门市	**1454**	**7301**	**22943**	**9626**	**13317**	**12821**	**237**	**7379**	**574**
思明区	210	944	5279	2358	2921	2745	143	1255	207
海沧区	218	953	2498	1061	1437	2007	12	1255	130
湖里区	419	2901	7292	3094	4198	3837	39	2071	149
集美区	378	1358	4361	1707	2654	2367	29	1643	45
同安区	210	1026	3081	1254	1827	1648	12	1013	17
翔安区	19	119	432	152	280	217	2	142	26

4-4a 续表 32

单位：人

地区 性别	建筑业		批发和零售业			交通运输、仓储和邮政业			
	建筑安装业	建筑装饰、装修和其他建筑业	小计	批发业	零售业	小计	铁路运输业	道路运输业	水上运输业
莆田市	**243**	**1826**	**9410**	**1577**	**7833**	**2037**	**4**	**1298**	**66**
城厢区	66	546	3247	383	2864	605	1	355	31
涵江区	68	570	2053	564	1489	652	1	466	16
荔城区	86	484	3512	467	3045	587	2	335	13
秀屿区	23	226	598	163	435	193		142	6
仙游县									
三明市	**187**	**854**	**2248**	**781**	**1467**	**1547**	**209**	**1016**	**2**
梅列区	77	289	788	278	510	379	12	267	1
三元区	49	192	621	228	393	457	28	312	
明溪县									
清流县									
宁化县									
大田县									
尤溪县									
沙县									
将乐县									
泰宁县									
建宁县									
永安市	61	373	839	275	564	711	169	437	1
泉州市	**802**	**3748**	**19884**	**6338**	**13546**	**6132**	**71**	**3737**	**182**
鲤城区	100	519	2808	949	1859	741	1	441	9
丰泽区	127	1174	4210	1647	2563	1405	49	822	83
洛江区	33	111	531	150	381	161	7	98	3
泉港区	118	230	457	148	309	268	4	155	48
惠安县									
安溪县									
永春县									
德化县									
石狮市	87	430	3751	781	2970	855	3	571	16
晋江市	228	1006	6634	2256	4378	2185	3	1295	18
南安市	109	278	1493	407	1086	517	4	355	5
漳州市	**243**	**1503**	**4859**	**1626**	**3233**	**2353**	**87**	**1440**	**34**
芗城区	88	586	2217	724	1493	939	44	640	5
龙文区	79	525	1555	545	1010	651	40	396	3
云霄县									
漳浦县									
诏安县									
长泰县									
东山县									
南靖县									
平和县									
华安县									
龙海市	76	392	1083	355	728	760	3	401	26
南平市	**390**	**1639**	**3913**	**1072**	**2841**	**2388**	**264**	**1519**	**11**
延平区	181	393	1051	303	748	709	72	454	5
建阳区	69	348	734	212	522	319	10	226	
顺昌县									
浦城县									
光泽县									
松溪县									
政和县									
邵武市	64	377	787	234	553	639	164	344	3
武夷山市	42	283	650	153	497	252	9	154	
建瓯市	34	238	691	170	521	469	9	341	3
龙岩市	**270**	**1761**	**4085**	**1182**	**2903**	**1967**	**293**	**1282**	**9**
新罗区	228	1268	3323	1032	2291	1371	132	944	6
永定区	23	118	248	40	208	103	4	79	

4-4a　续表 33　　单位：人

地区 性别	建筑业：建筑安装业	建筑业：建筑装饰、装修和其他建筑业	批发和零售业：小计	批发和零售业：批发业	批发和零售业：零售业	交通运输、仓储和邮政业：小计	交通运输、仓储和邮政业：铁路运输业	交通运输、仓储和邮政业：道路运输业	交通运输、仓储和邮政业：水上运输业
长汀县									
上杭县									
武平县									
连城县									
漳平市	19	375	514	110	404	493	157	259	3
宁德市	**232**	**1204**	**4062**	**1057**	**3005**	**1609**	**5**	**1108**	**46**
蕉城区	129	638	1741	446	1295	665	3	462	19
霞浦县									
古田县									
屏南县									
寿宁县									
周宁县									
柘荣县									
福安市	42	278	1284	329	955	531	1	337	18
福鼎市	61	288	1037	282	755	413	1	309	9
女	**581**	**5149**	**82943**	**20487**	**62456**	**9072**	**525**	**3667**	**410**
福州市	**137**	**1193**	**17554**	**4394**	**13160**	**2032**	**283**	**869**	**95**
鼓楼区	23	114	2396	759	1637	304	29	115	21
台江区	16	106	2381	682	1699	184	4	89	13
仓山区	49	488	5287	1328	3959	552	28	270	22
马尾区	7	35	966	306	660	159	5	84	13
晋安区	30	272	3985	1044	2941	651	211	242	24
长乐区	5	78	715	97	618	67	2	14	2
闽侯县									
连江县									
罗源县									
闽清县									
永泰县									
平潭县									
福清市	7	100	1824	178	1646	115	4	55	
厦门市	**204**	**1452**	**22120**	**7632**	**14488**	**3649**	**82**	**1309**	**239**
思明区	50	258	5685	2116	3569	1121	42	295	112
海沧区	23	218	2340	786	1554	382	1	171	32
湖里区	67	487	7097	2518	4579	1226	14	417	79
集美区	42	252	3985	1282	2703	533	19	257	12
同安区	17	205	2546	800	1746	338	5	142	2
翔安区	5	32	467	130	337	49	1	27	2
莆田市	**23**	**355**	**6982**	**975**	**6007**	**392**		**149**	**12**
城厢区	5	114	2376	204	2172	130		53	3
涵江区	3	102	1736	402	1334	104		48	2
荔城区	11	80	2363	271	2092	116		38	3
秀屿区	4	59	507	98	409	42		10	4
仙游县									
三明市	**23**	**216**	**2495**	**481**	**2014**	**299**	**28**	**175**	**1**
梅列区	15	83	845	173	672	101	1	54	1
三元区	7	48	664	153	511	67	5	39	
明溪县									
清流县									
宁化县									
大田县									
尤溪县									
沙县									
将乐县									
泰宁县									
建宁县									
永安市	1	85	986	155	831	131	22	82	

4-4a 续表 34 单位：人

地区 性别	建筑业		批发和零售业			交通运输、仓储和邮政业			
	建筑安装业	建筑装饰、装修和其他建筑业	小计	批发业	零售业	小计	铁路运输业	道路运输业	水上运输业
泉州市	**85**	**729**	**16142**	**3864**	**12278**	**1179**	**26**	**478**	**37**
鲤城区	14	92	2332	631	1701	150		58	2
丰泽区	11	208	3838	1101	2737	281	17	124	18
洛江区	4	17	446	100	346	26	2	14	2
泉港区	10	59	659	89	570	63		24	11
惠安县									
安溪县									
永春县									
德化县									
石狮市	7	73	2702	460	2242	122		54	3
晋江市	19	205	4871	1311	3560	442	7	169	1
南安市	20	75	1294	172	1122	95		35	
漳州市	**45**	**427**	**5145**	**1101**	**4044**	**519**	**21**	**188**	**8**
芗城区	24	150	2445	523	1922	205	15	97	3
龙文区	16	214	1661	365	1296	140	5	64	2
云霄县									
漳浦县									
诏安县									
长泰县									
东山县									
南靖县									
平和县									
华安县									
龙海市	5	63	1033	212	821	174	1	27	3
南平市	**27**	**205**	**4072**	**691**	**3381**	**387**	**30**	**187**	**7**
延平区	18	57	1158	231	927	152	7	72	
建阳区	4	29	712	106	606	46	4	20	
顺昌县									
浦城县									
光泽县									
松溪县									
政和县									
邵武市	1	42	804	149	655	82	13	42	
武夷山市	1	50	689	121	568	45	2	27	1
建瓯市	3	27	709	84	625	62	4	26	6
龙岩市	**24**	**448**	**4424**	**823**	**3601**	**342**	**50**	**175**	**1**
新罗区	22	332	3462	722	2740	254	37	132	
永定区	2	44	289	27	262	31	2	16	1
长汀县									
上杭县									
武平县									
连城县									
漳平市		72	673	74	599	57	11	27	
宁德市	**13**	**124**	**4009**	**526**	**3483**	**273**	**5**	**137**	**10**
蕉城区	9	70	1799	229	1570	128	3	72	8
霞浦县									
古田县									
屏南县									
寿宁县									
周宁县									
柘荣县									
福安市	3	34	1145	154	991	77		38	1
福鼎市	1	20	1065	143	922	68	2	27	1

4–4a　续表 35　　　　单位：人

地　区 性　别	交通运输、仓储和邮政业					住宿和餐饮业		
	航　空 运输业	管　道 运输业	多式联运 和运输 代理业	装卸搬运 和仓储业	邮政业	小计	住宿业	餐饮业
合　计	**2339**	**12**	**2769**	**4034**	**7828**	**55202**	**8416**	**46786**
福州市	**424**	**3**	**392**	**688**	**1809**	**12597**	**1604**	**10993**
鼓楼区	91	1	63	40	217	1871	316	1555
台江区	45		53	49	209	1178	159	1019
仓山区	137	1	151	205	582	2719	275	2444
马尾区	14		31	148	87	1326	50	1276
晋安区	82	1	90	109	395	2610	376	2234
长乐区	51			59	104	1320	81	1239
闽侯县								
连江县								
罗源县								
闽清县								
永泰县								
平潭县								
福清市	4		4	78	215	1573	347	1226
厦门市	**1673**		**1788**	**1079**	**2110**	**17032**	**3133**	**13899**
思明区	823		501	162	326	5024	1387	3637
海沧区	29		279	258	222	1724	226	1498
湖里区	643		735	357	559	5231	937	4294
集美区	106		208	129	452	3045	379	2666
同安区	53		58	164	520	1641	170	1471
翔安区	19		7	9	31	367	34	333
莆田市	**14**		**71**	**232**	**583**	**3240**	**309**	**2931**
城厢区	10		17	41	224	1253	179	1074
涵江区	3		30	82	108	959	35	924
荔城区	1		22	66	223	802	85	717
秀屿区			2	43	28	226	10	216
仙游县								
三明市	**6**		**16**	**167**	**226**	**1681**	**231**	**1450**
梅列区	4		4	45	91	657	121	536
三元区			8	64	68	453	50	403
明溪县								
清流县								
宁化县								
大田县								
尤溪县								
沙县								
将乐县								
泰宁县								
建宁县								
永安市	2		4	58	67	571	60	511
泉州市	**181**	**6**	**306**	**599**	**1688**	**9564**	**1639**	**7925**
鲤城区	13		45	77	245	1247	156	1091
丰泽区	27	5	47	137	357	2767	505	2262
洛江区	1		7	11	42	195	16	179
泉港区	3		6	39	41	279	36	243
惠安县								
安溪县								
永春县								
德化县								
石狮市	5		31	43	251	1548	413	1135
晋江市	131		153	241	609	2902	410	2492
南安市	1	1	17	51	143	626	103	523
漳州市	**9**	**1**	**92**	**594**	**398**	**2822**	**271**	**2551**
芗城区	3	1	35	129	172	1455	165	1290
龙文区	5		42	109	125	782	66	716
云霄县								
漳浦县								

4-4a 续表 36

单位：人

地区 性别	交通运输、仓储和邮政业					住宿和餐饮业		
	航空运输业	管道运输业	多式联运和运输代理业	装卸搬运和仓储业	邮政业	小计	住宿业	餐饮业
诏安县								
长泰县								
东山县								
南靖县								
平和县								
华安县								
龙海市	1		15	356	101	582	40	542
南平市	**25**		**62**	**290**	**380**	**2830**	**519**	**2311**
延平区	3		11	88	149	781	71	710
建阳区	1		8	48	48	460	62	398
顺昌县								
浦城县								
光泽县								
松溪县								
政和县								
邵武市			10	89	56	529	55	474
武夷山市	19		8	14	63	625	289	336
建瓯市	2		25	51	64	435	42	393
龙岩市	**2**	**2**	**19**	**183**	**293**	**2733**	**337**	**2396**
新罗区		2	16	121	235	2135	277	1858
永定区	2		2	6	22	224	22	202
长汀县								
上杭县								
武平县								
连城县								
漳平市			1	56	36	374	38	336
宁德市	**5**		**23**	**202**	**341**	**2703**	**373**	**2330**
蕉城区	3		13	86	124	1155	194	961
霞浦县								
古田县								
屏南县								
寿宁县								
周宁县								
柘荣县								
福安市	2		3	68	140	624	66	558
福鼎市			7	48	77	924	113	811
男	**1514**	**9**	**1769**	**3325**	**5895**	**29910**	**3773**	**26137**
福州市	**292**	**2**	**276**	**564**	**1397**	**7080**	**735**	**6345**
鼓楼区	57		31	25	160	1090	156	934
台江区	31		42	39	166	654	62	592
仓山区	98	1	112	174	459	1555	126	1429
马尾区	13		27	120	63	754	22	732
晋安区	62	1	61	90	289	1365	162	1203
长乐区	28			51	86	784	41	743
闽侯县								
连江县								
罗源县								
闽清县								
永泰县								
平潭县								
福清市	3		3	65	174	878	166	712
厦门市	**1072**		**1020**	**920**	**1619**	**9421**	**1497**	**7924**
思明区	516		250	127	247	2738	682	2056
海沧区	19		186	225	180	908	96	812
湖里区	409		414	310	445	2940	442	2498
集美区	73		129	109	339	1715	176	1539
同安区	41		37	143	385	906	83	823
翔安区	14		4	6	23	214	18	196

4-4a　续表 37　　　　　　　　　　　　　　　　　　　　　　　　单位：人

地　区 性　别	交通运输、仓储和邮政业					住宿和餐饮业		
	航　空 运输业	管　道 运输业	多式联运 和运输 代理业	装卸搬运 和仓储业	邮政业	小计	住宿业	餐饮业
莆田市	**8**		**56**	**177**	**428**	**1814**	**139**	**1675**
城厢区	5		13	35	165	685	74	611
涵江区	2		25	62	80	554	17	537
荔城区	1		17	57	162	471	47	424
秀屿区			1	23	21	104	1	103
仙游县								
三明市	**5**		**12**	**141**	**162**	**787**	**56**	**731**
梅列区	3		4	31	61	304	33	271
三元区			6	58	53	215	11	204
明溪县								
清流县								
宁化县								
大田县								
尤溪县								
沙县								
将乐县								
泰宁县								
建宁县								
永安市	2		2	52	48	268	12	256
泉州市	**113**	**5**	**244**	**493**	**1287**	**5345**	**764**	**4581**
鲤城区	9		30	66	185	696	97	599
丰泽区	19	5	32	123	272	1621	238	1383
洛江区	1		7	8	37	116	5	111
泉港区	3		4	29	25	97	9	88
惠安县								
安溪县								
永春县								
德化县								
石狮市	2		28	40	195	873	190	683
晋江市	79		130	187	473	1637	180	1457
南安市			13	40	100	305	45	260
漳州市	**3**	**1**	**73**	**449**	**266**	**1444**	**113**	**1331**
芗城区	2	1	27	108	112	776	84	692
龙文区	1		35	86	90	368	17	351
云霄县								
漳浦县								
诏安县								
长泰县								
东山县								
南靖县								
平和县								
华安县								
龙海市			11	255	64	299	12	287
南平市	**17**		**52**	**255**	**270**	**1390**	**207**	**1183**
延平区			9	72	97	399	32	367
建阳区	1		6	41	35	220	19	201
顺昌县								
浦城县								
光泽县								
松溪县								
政和县								
邵武市			8	81	39	268	18	250
武夷山市	15		7	13	54	288	122	166
建瓯市	1		22	48	45	215	16	199
龙岩市	**1**	**1**	**16**	**142**	**223**	**1309**	**105**	**1204**
新罗区		1	15	94	179	1014	87	927
永定区	1		1	3	15	109	7	102

4－4a　续表 38　　　　单位：人

地　区 性　别	交通运输、仓储和邮政业					住宿和餐饮业		
	航　空 运输业	管　道 运输业	多式联运 和运输 代理业	装卸搬运 和仓储业	邮政业	小计	住宿业	餐饮业
长汀县								
上杭县								
武平县								
连城县								
漳平市				45	29	186	11	175
宁德市	**3**		**20**	**184**	**243**	**1320**	**157**	**1163**
蕉城区	2		12	80	87	551	78	473
霞浦县								
古田县								
屏南县								
寿宁县								
周宁县								
柘荣县								
福安市	1		3	62	109	318	25	293
福鼎市			5	42	47	451	54	397
女	**825**	**3**	**1000**	**709**	**1933**	**25292**	**4643**	**20649**
福州市	**132**	**1**	**116**	**124**	**412**	**5517**	**869**	**4648**
鼓楼区	34	1	32	15	57	781	160	621
台江区	14		11	10	43	524	97	427
仓山区	39		39	31	123	1164	149	1015
马尾区	1		4	28	24	572	28	544
晋安区	20		29	19	106	1245	214	1031
长乐区	23			8	18	536	40	496
闽侯县								
连江县								
罗源县								
闽清县								
永泰县								
平潭县								
福清市	1		1	13	41	695	181	514
厦门市	**601**		**768**	**159**	**491**	**7611**	**1636**	**5975**
思明区	307		251	35	79	2286	705	1581
海沧区	10		93	33	42	816	130	686
湖里区	234		321	47	114	2291	495	1796
集美区	33		79	20	113	1330	203	1127
同安区	12		21	21	135	735	87	648
翔安区	5		3	3	8	153	16	137
莆田市	**6**		**15**	**55**	**155**	**1426**	**170**	**1256**
城厢区	5		4	6	59	568	105	463
涵江区	1		5	20	28	405	18	387
荔城区			5	9	61	331	38	293
秀屿区			1	20	7	122	9	113
仙游县								
三明市	**1**		**4**	**26**	**64**	**894**	**175**	**719**
梅列区	1			14	30	353	88	265
三元区			2	6	15	238	39	199
明溪县								
清流县								
宁化县								
大田县								
尤溪县								
沙县								
将乐县								
泰宁县								
建宁县								
永安市			2	6	19	303	48	255

4-4a 续表 39

单位：人

地 区 性 别	交通运输、仓储和邮政业					住宿和餐饮业		
	航 空 运输业	管 道 运输业	多式联运 和运输 代理业	装卸搬运 和仓储业	邮政业	小计	住宿业	餐饮业
泉州市	**68**	**1**	**62**	**106**	**401**	**4219**	**875**	**3344**
鲤城区	4		15	11	60	551	59	492
丰泽区	8		15	14	85	1146	267	879
洛江区				3	5	79	11	68
泉港区			2	10	16	182	27	155
惠安县								
安溪县								
永春县								
德化县								
石狮市	3		3	3	56	675	223	452
晋江市	52		23	54	136	1265	230	1035
南安市	1	1	4	11	43	321	58	263
漳州市	**6**		**19**	**145**	**132**	**1378**	**158**	**1220**
芗城区	1		8	21	60	679	81	598
龙文区	4		7	23	35	414	49	365
云霄县								
漳浦县								
诏安县								
长泰县								
东山县								
南靖县								
平和县								
华安县								
龙海市	1		4	101	37	283	28	255
南平市	**8**		**10**	**35**	**110**	**1440**	**312**	**1128**
延平区	3		2	16	52	382	39	343
建阳区			2	7	13	240	43	197
顺昌县								
浦城县								
光泽县								
松溪县								
政和县								
邵武市			2	8	17	261	37	224
武夷山市	4		1	1	9	337	167	170
建瓯市	1		3	3	19	220	26	194
龙岩市	**1**	**1**	**3**	**41**	**70**	**1424**	**232**	**1192**
新罗区		1	1	27	56	1121	190	931
永定区	1		1	3	7	115	15	100
长汀县								
上杭县								
武平县								
连城县								
漳平市			1	11	7	188	27	161
宁德市	**2**		**3**	**18**	**98**	**1383**	**216**	**1167**
蕉城区	1		1	6	37	604	116	488
霞浦县								
古田县								
屏南县								
寿宁县								
周宁县								
柘荣县								
福安市	1			6	31	306	41	265
福鼎市			2	6	30	473	59	414

4-4a 续表 40

单位：人

地区 性别	信息传输、软件和信息技术服务业				金融业				
	小计	电信、广播电视和卫星传输服务	互联网和相关服务	软件和信息技术服务业	小计	货币金融服务	资本市场服务	保险业	其他金融业
合　计	**28901**	**5659**	**8756**	**14486**	**21587**	**11175**	**2354**	**6378**	**1680**
福州市	**9021**	**1723**	**2533**	**4765**	**6876**	**3702**	**929**	**1808**	**437**
鼓楼区	2229	497	364	1368	1985	1198	285	401	101
台江区	1131	182	411	538	997	546	103	262	86
仓山区	3011	514	921	1576	1470	707	199	436	128
马尾区	345	37	79	229	261	158	29	53	21
晋安区	1887	328	619	940	1449	752	206	404	87
长乐区	124	50	31	43	236	134	20	73	9
闽侯县									
连江县									
罗源县									
闽清县									
永泰县									
平潭县									
福清市	294	115	108	71	478	207	87	179	5
厦门市	**12233**	**869**	**3787**	**7577**	**5420**	**2587**	**766**	**1383**	**684**
思明区	3983	370	1129	2484	2529	1375	354	513	287
海沧区	856	84	350	422	517	207	75	148	87
湖里区	4470	193	1610	2667	1398	559	244	395	200
集美区	2212	110	485	1617	621	268	61	211	81
同安区	489	103	138	248	281	141	20	96	24
翔安区	223	9	75	139	74	37	12	20	5
莆田市	**885**	**372**	**361**	**152**	**1077**	**590**	**72**	**366**	**49**
城厢区	275	149	68	58	522	294	35	172	21
涵江区	287	75	176	36	165	76	11	67	11
荔城区	265	120	97	48	339	188	25	113	13
秀屿区	58	28	20	10	51	32	1	14	4
仙游县									
三明市	**612**	**294**	**171**	**147**	**797**	**437**	**63**	**265**	**32**
梅列区	343	158	96	89	473	284	32	143	14
三元区	114	51	36	27	144	56	16	59	13
明溪县									
清流县									
宁化县									
大田县									
尤溪县									
沙县									
将乐县									
泰宁县									
建宁县									
永安市	155	85	39	31	180	97	15	63	5
泉州市	**2900**	**975**	**931**	**994**	**3266**	**1691**	**244**	**1104**	**227**
鲤城区	426	146	117	163	459	221	47	161	30
丰泽区	1046	387	206	453	1351	809	113	363	66
洛江区	94	41	16	37	82	37	5	29	11
泉港区	108	32	43	33	78	45	3	26	4
惠安县									
安溪县									
永春县									
德化县									
石狮市	178	77	44	57	298	152	9	113	24
晋江市	847	169	482	196	715	253	58	315	89
南安市	201	123	23	55	283	174	9	97	3
漳州市	**1028**	**374**	**341**	**313**	**1231**	**624**	**109**	**381**	**117**
芗城区	483	197	113	173	730	354	71	241	64
龙文区	388	105	175	108	331	170	30	83	48
云霄县									
漳浦县									

4-4a 续表 41 单位：人

地区 性别	信息传输、软件和信息技术服务业				金融业				
	小计	电信、广播电视和卫星传输服务	互联网和相关服务	软件和信息技术服务业	小计	货币金融服务	资本市场服务	保险业	其他金融业
诏安县									
长泰县									
东山县									
南靖县									
平和县									
华安县									
龙海市	157	72	53	32	168	100	8	55	5
南平市	**691**	**362**	**203**	**126**	**969**	**505**	**58**	**353**	**53**
延平区	311	164	95	52	450	231	27	168	24
建阳区	100	48	29	23	129	66	11	48	4
顺昌县									
浦城县									
光泽县									
松溪县									
政和县									
邵武市	108	67	27	14	163	83	9	69	2
武夷山市	69	38	13	18	109	55	6	34	14
建瓯市	103	45	39	19	118	70	5	34	9
龙岩市	**837**	**381**	**212**	**244**	**1017**	**526**	**53**	**384**	**54**
新罗区	693	288	181	224	832	411	48	319	54
永定区	60	41	15	4	78	48		30	
长汀县									
上杭县									
武平县									
连城县									
漳平市	84	52	16	16	107	67	5	35	
宁德市	**694**	**309**	**217**	**168**	**934**	**513**	**60**	**334**	**27**
蕉城区	431	191	136	104	581	327	32	206	16
霞浦县									
古田县									
屏南县									
寿宁县									
周宁县									
柘荣县									
福安市	123	54	32	37	163	84	18	51	10
福鼎市	140	64	49	27	190	102	10	77	1
男	**19152**	**3292**	**5985**	**9875**	**10226**	**5486**	**1382**	**2363**	**995**
福州市	**6023**	**980**	**1794**	**3249**	**3291**	**1788**	**551**	**690**	**262**
鼓楼区	1426	270	231	925	945	579	173	140	53
台江区	781	106	304	371	466	257	59	98	52
仓山区	2028	296	654	1078	718	337	112	188	81
马尾区	248	20	63	165	119	72	16	19	12
晋安区	1239	188	435	616	710	369	119	165	57
长乐区	92	28	26	38	105	65	12	24	4
闽侯县									
连江县									
罗源县									
闽清县									
永泰县									
平潭县									
福清市	209	72	81	56	228	109	60	56	3
厦门市	**8097**	**534**	**2473**	**5090**	**2641**	**1243**	**451**	**550**	**397**
思明区	2541	218	735	1588	1191	629	191	215	156
海沧区	573	55	222	296	256	105	49	51	51
湖里区	3011	115	1057	1839	690	273	150	144	123
集美区	1485	72	313	1100	319	146	38	89	46
同安区	328	67	94	167	149	72	16	42	19
翔安区	159	7	52	100	36	18	7	9	2

4–4a 续表 42

单位：人

地区 性别	信息传输、软件和信息技术服务业				金融业				
	小计	电信、广播电视和卫星传输服务	互联网和相关服务	软件和信息技术服务业	小计	货币金融服务	资本市场服务	保险业	其他金融业
莆田市	**602**	**223**	**265**	**114**	**523**	**314**	**38**	**139**	**32**
城厢区	169	89	40	40	256	154	16	74	12
涵江区	202	42	131	29	81	38	8	27	8
荔城区	190	74	79	37	164	107	14	35	8
秀屿区	41	18	15	8	22	15		3	4
仙游县									
三明市	**402**	**184**	**114**	**104**	**354**	**217**	**31**	**85**	**21**
梅列区	240	104	67	69	228	149	15	53	11
三元区	71	30	26	15	63	26	8	20	9
明溪县									
清流县									
宁化县									
大田县									
尤溪县									
沙县									
将乐县									
泰宁县									
建宁县									
永安市	91	50	21	20	63	42	8	12	1
泉州市	**1947**	**566**	**670**	**711**	**1529**	**849**	**148**	**402**	**130**
鲤城区	284	88	80	116	221	110	31	61	19
丰泽区	652	205	137	310	645	410	60	140	35
洛江区	63	24	14	25	41	21	4	8	8
泉港区	73	17	34	22	27	17	2	4	4
惠安县									
安溪县									
永春县									
德化县									
石狮市	119	48	29	42	130	75	6	33	16
晋江市	612	101	356	155	337	133	37	120	47
南安市	144	83	20	41	128	83	8	36	1
漳州市	**635**	**204**	**217**	**214**	**593**	**315**	**69**	**139**	**70**
芗城区	299	104	73	122	344	173	47	85	39
龙文区	242	61	112	69	165	92	17	29	27
云霄县									
漳浦县									
诏安县									
长泰县									
东山县									
南靖县									
平和县									
华安县									
龙海市	94	39	32	23	82	50	5	23	4
南平市	**441**	**209**	**144**	**88**	**404**	**257**	**22**	**98**	**27**
延平区	204	88	72	44	188	113	10	49	16
建阳区	59	27	19	13	58	38	4	15	1
顺昌县									
浦城县									
光泽县									
松溪县									
政和县									
邵武市	64	35	21	8	67	43	6	17	1
武夷山市	52	29	9	14	42	31		6	5
建瓯市	62	30	23	9	49	32	2	11	4
龙岩市	**536**	**212**	**145**	**179**	**449**	**247**	**38**	**129**	**35**
新罗区	452	164	123	165	370	191	34	110	35
永定区	34	19	13	2	33	24		9	

4-4a　续表 43

单位：人

地区 性别	信息传输、软件和信息技术服务业				金融业				
	小计	电信、广播电视和卫星传输服务	互联网和相关服务	软件和信息技术服务业	小计	货币金融服务	资本市场服务	保险业	其他金融业
长汀县									
上杭县									
武平县									
连城县									
漳平市	50	29	9	12	46	32	4	10	
宁德市	**469**	**180**	**163**	**126**	**442**	**256**	**34**	**131**	**21**
蕉城区	294	108	106	80	295	169	18	96	12
霞浦县									
古田县									
屏南县									
寿宁县									
周宁县									
柘荣县									
福安市	70	32	13	25	82	45	12	17	8
福鼎市	105	40	44	21	65	42	4	18	1
女	**9749**	**2367**	**2771**	**4611**	**11361**	**5689**	**972**	**4015**	**685**
福州市	**2998**	**743**	**739**	**1516**	**3585**	**1914**	**378**	**1118**	**175**
鼓楼区	803	227	133	443	1040	619	112	261	48
台江区	350	76	107	167	531	289	44	164	34
仓山区	983	218	267	498	752	370	87	248	47
马尾区	97	17	16	64	142	86	13	34	9
晋安区	648	140	184	324	739	383	87	239	30
长乐区	32	22	5	5	131	69	8	49	5
闽侯县									
连江县									
罗源县									
闽清县									
永泰县									
平潭县									
福清市	85	43	27	15	250	98	27	123	2
厦门市	**4136**	**335**	**1314**	**2487**	**2779**	**1344**	**315**	**833**	**287**
思明区	1442	152	394	896	1338	746	163	298	131
海沧区	283	29	128	126	261	102	26	97	36
湖里区	1459	78	553	828	708	286	94	251	77
集美区	727	38	172	517	302	122	23	122	35
同安区	161	36	44	81	132	69	4	54	5
翔安区	64	2	23	39	38	19	5	11	3
莆田市	**283**	**149**	**96**	**38**	**554**	**276**	**34**	**227**	**17**
城厢区	106	60	28	18	266	140	19	98	9
涵江区	85	33	45	7	84	38	3	40	3
荔城区	75	46	18	11	175	81	11	78	5
秀屿区	17	10	5	2	29	17	1	11	
仙游县									
三明市	**210**	**110**	**57**	**43**	**443**	**220**	**32**	**180**	**11**
梅列区	103	54	29	20	245	135	17	90	3
三元区	43	21	10	12	81	30	8	39	4
明溪县									
清流县									
宁化县									
大田县									
尤溪县									
沙县									
将乐县									
泰宁县									
建宁县									
永安市	64	35	18	11	117	55	7	51	4

4-4a 续表 44

单位：人

地区 性别	信息传输、软件和信息技术服务业				金融业				
	小计	电信、广播电视和卫星传输服务	互联网和相关服务	软件和信息技术服务业	小计	货币金融服务	资本市场服务	保险业	其他金融业
泉州市	**953**	**409**	**261**	**283**	**1737**	**842**	**96**	**702**	**97**
鲤城区	142	58	37	47	238	111	16	100	11
丰泽区	394	182	69	143	706	399	53	223	31
洛江区	31	17	2	12	41	16	1	21	3
泉港区	35	15	9	11	51	28	1	22	
惠安县									
安溪县									
永春县									
德化县									
石狮市	59	29	15	15	168	77	3	80	8
晋江市	235	68	126	41	378	120	21	195	42
南安市	57	40	3	14	155	91	1	61	2
漳州市	**393**	**170**	**124**	**99**	**638**	**309**	**40**	**242**	**47**
芗城区	184	93	40	51	386	181	24	156	25
龙文区	146	44	63	39	166	78	13	54	21
云霄县									
漳浦县									
诏安县									
长泰县									
东山县									
南靖县									
平和县									
华安县									
龙海市	63	33	21	9	86	50	3	32	1
南平市	**250**	**153**	**59**	**38**	**565**	**248**	**36**	**255**	**26**
延平区	107	76	23	8	262	118	17	119	8
建阳区	41	21	10	10	71	28	7	33	3
顺昌县									
浦城县									
光泽县									
松溪县									
政和县									
邵武市	44	32	6	6	96	40	3	52	1
武夷山市	17	9	4	4	67	24	6	28	9
建瓯市	41	15	16	10	69	38	3	23	5
龙岩市	**301**	**169**	**67**	**65**	**568**	**279**	**15**	**255**	**19**
新罗区	241	124	58	59	462	220	14	209	19
永定区	26	22	2	2	45	24		21	
长汀县									
上杭县									
武平县									
连城县									
漳平市	34	23	7	4	61	35	1	25	
宁德市	**225**	**129**	**54**	**42**	**492**	**257**	**26**	**203**	**6**
蕉城区	137	83	30	24	286	158	14	110	4
霞浦县									
古田县									
屏南县									
寿宁县									
周宁县									
柘荣县									
福安市	53	22	19	12	81	39	6	34	2
福鼎市	35	24	5	6	125	60	6	59	

4-4a 续表 45

单位：人

地 区 性 别	房地产业		租赁和商务服务业			科学研究和技术服务业			
	小计	房地产业	小计	租赁业	商 务 服务业	小计	研究和 试验发展	专业技术 服务业	科技推广 和应用 服务业
合 计	**25325**	**25325**	**29466**	**1732**	**27734**	**15679**	**1571**	**11829**	**2279**
福州市	**6624**	**6624**	**7369**	**349**	**7020**	**4814**	**599**	**3665**	**550**
鼓楼区	1285	1285	1570	33	1537	1475	256	1095	124
台江区	781	781	823	21	802	524	68	391	65
仓山区	1792	1792	2498	104	2394	1369	128	1040	201
马尾区	339	339	263	18	245	124	13	91	20
晋安区	1493	1493	1682	103	1579	1133	125	876	132
长乐区	235	235	201	27	174	48	1	45	2
闽侯县									
连江县									
罗源县									
闽清县									
永泰县									
平潭县									
福清市	699	699	332	43	289	141	8	127	6
厦门市	**8852**	**8852**	**11947**	**769**	**11178**	**5989**	**684**	**4193**	**1112**
思明区	2673	2673	3636	136	3500	1782	191	1279	312
海沧区	1104	1104	1389	129	1260	693	113	448	132
湖里区	2647	2647	3937	226	3711	2022	160	1560	302
集美区	1526	1526	1947	194	1753	1007	152	597	258
同安区	692	692	841	77	764	370	57	248	65
翔安区	210	210	197	7	190	115	11	61	43
莆田市	**1042**	**1042**	**968**	**106**	**862**	**384**	**16**	**321**	**47**
城厢区	402	402	406	25	381	128	8	96	24
涵江区	252	252	202	27	175	89	3	80	6
荔城区	330	330	294	29	265	141	4	122	15
秀屿区	58	58	66	25	41	26	1	23	2
仙游县									
三明市	**602**	**602**	**588**	**30**	**558**	**384**	**30**	**307**	**47**
梅列区	246	246	257	5	252	203	8	166	29
三元区	155	155	174	11	163	79	13	63	3
明溪县									
清流县									
宁化县									
大田县									
尤溪县									
沙县									
将乐县									
泰宁县									
建宁县									
永安市	201	201	157	14	143	102	9	78	15
泉州市	**3612**	**3612**	**3996**	**230**	**3766**	**1894**	**111**	**1450**	**333**
鲤城区	442	442	574	32	542	231	20	179	32
丰泽区	1190	1190	1382	75	1307	779	47	646	86
洛江区	157	157	153	15	138	86	4	74	8
泉港区	146	146	165	22	143	62	4	54	4
惠安县									
安溪县									
永春县									
德化县									
石狮市	344	344	411	22	389	228	5	121	102
晋江市	1073	1073	1040	50	990	395	18	291	86
南安市	260	260	271	14	257	113	13	85	15
漳州市	**1506**	**1506**	**1464**	**62**	**1402**	**796**	**61**	**659**	**76**
芗城区	793	793	781	26	755	427	42	344	41
龙文区	549	549	451	19	432	296	14	251	31
云霄县									
漳浦县									

4-4a 续表 46

单位：人

地区 性别	房地产业		租赁和商务服务业			科学研究和技术服务业			
	小计	房地产业	小计	租赁业	商务服务业	小计	研究和试验发展	专业技术服务业	科技推广和应用服务业
诏安县									
长泰县									
东山县									
南靖县									
平和县									
华安县									
龙海市	164	164	232	17	215	73	5	64	4
南平市	**1025**	**1025**	**1148**	**54**	**1094**	**438**	**16**	**387**	**35**
延平区	294	294	321	21	300	186	5	166	15
建阳区	250	250	125	8	117	82	5	72	5
顺昌县									
浦城县									
光泽县									
松溪县									
政和县									
邵武市	163	163	174	6	168	73	2	68	3
武夷山市	102	102	348	6	342	52	4	44	4
建瓯市	216	216	180	13	167	45		37	8
龙岩市	**1194**	**1194**	**1147**	**61**	**1086**	**562**	**24**	**490**	**48**
新罗区	1068	1068	950	49	901	493	23	434	36
永定区	37	37	92	6	86	16		13	3
长汀县									
上杭县									
武平县									
连城县									
漳平市	89	89	105	6	99	53	1	43	9
宁德市	**868**	**868**	**839**	**71**	**768**	**418**	**30**	**357**	**31**
蕉城区	457	457	456	36	420	231	19	198	14
霞浦县									
古田县									
屏南县									
寿宁县									
周宁县									
柘荣县									
福安市	195	195	200	14	186	93	9	71	13
福鼎市	216	216	183	21	162	94	2	88	4
男	**15634**	**15634**	**17317**	**1371**	**15946**	**10209**	**955**	**7855**	**1399**
福州市	**4256**	**4256**	**4357**	**261**	**4096**	**3090**	**357**	**2389**	**344**
鼓楼区	821	821	839	22	817	889	154	661	74
台江区	511	511	486	12	474	331	40	255	36
仓山区	1147	1147	1526	78	1448	890	75	684	131
马尾区	197	197	182	15	167	85	8	65	12
晋安区	943	943	969	70	899	739	72	582	85
长乐区	154	154	133	26	107	37		36	1
闽侯县									
连江县									
罗源县									
闽清县									
永泰县									
平潭县									
福清市	483	483	222	38	184	119	8	106	5
厦门市	**5539**	**5539**	**6772**	**598**	**6174**	**3803**	**406**	**2741**	**656**
思明区	1622	1622	1879	98	1781	1096	107	812	177
海沧区	678	678	837	109	728	459	59	320	80
湖里区	1689	1689	2221	175	2046	1259	108	984	167
集美区	969	969	1185	146	1039	658	90	408	160
同安区	461	461	525	64	461	258	37	170	51
翔安区	120	120	125	6	119	73	5	47	21

4-4a　续表 47　　　　单位：人

地区 性别	房地产业 小计	房地产业	租赁和商务服务业 小计	租赁业	商务服务业	科学研究和技术服务业 小计	研究和试验发展	专业技术服务业	科技推广和应用服务业
莆田市	**630**	**630**	**587**	**84**	**503**	**264**	**9**	**223**	**32**
城厢区	226	226	247	19	228	87	5	65	17
涵江区	165	165	135	21	114	65	2	60	3
荔城区	207	207	161	24	137	93	1	81	11
秀屿区	32	32	44	20	24	19	1	17	1
仙游县									
三明市	**305**	**305**	**373**	**27**	**346**	**275**	**23**	**221**	**31**
梅列区	127	127	155	3	152	132	5	108	19
三元区	84	84	116	11	105	68	10	55	3
明溪县									
清流县									
宁化县									
大田县									
尤溪县									
沙县									
将乐县									
泰宁县									
建宁县									
永安市	94	94	102	13	89	75	8	58	9
泉州市	**2240**	**2240**	**2451**	**183**	**2268**	**1271**	**72**	**992**	**207**
鲤城区	285	285	357	23	334	162	14	129	19
丰泽区	714	714	839	61	778	510	29	428	53
洛江区	93	93	99	12	87	63	3	53	7
泉港区	80	80	94	18	76	42		41	1
惠安县									
安溪县									
永春县									
德化县									
石狮市	228	228	240	16	224	142	4	75	63
晋江市	687	687	663	41	622	269	13	200	56
南安市	153	153	159	12	147	83	9	66	8
漳州市	**897**	**897**	**867**	**56**	**811**	**516**	**39**	**429**	**48**
芗城区	487	487	455	22	433	281	25	229	27
龙文区	306	306	250	18	232	183	9	155	19
云霄县									
漳浦县									
诏安县									
长泰县									
东山县									
南靖县									
平和县									
华安县									
龙海市	104	104	162	16	146	52	5	45	2
南平市	**573**	**573**	**699**	**48**	**651**	**296**	**9**	**262**	**25**
延平区	172	172	207	19	188	121	1	109	11
建阳区	136	136	77	7	70	63	2	56	5
顺昌县									
浦城县									
光泽县									
松溪县									
政和县									
邵武市	89	89	111	6	105	49	2	46	1
武夷山市	53	53	188	5	183	35	4	29	2
建瓯市	123	123	116	11	105	28		22	6
龙岩市	**656**	**656**	**680**	**54**	**626**	**390**	**16**	**341**	**33**
新罗区	593	593	565	45	520	340	15	299	26
永定区	20	20	59	6	53	10		8	2

4-4a 续表 48

单位：人

地区 性别	房地产业		租赁和商务服务业			科学研究和技术服务业			
	小计	房地产业	小计	租赁业	商务服务业	小计	研究和试验发展	专业技术服务业	科技推广和应用服务业
长汀县									
上杭县									
武平县									
连城县									
漳平市	43	43	56	3	53	40	1	34	5
宁德市	**538**	**538**	**531**	**60**	**471**	**304**	**24**	**257**	**23**
蕉城区	285	285	278	29	249	160	14	136	10
霞浦县									
古田县									
屏南县									
寿宁县									
周宁县									
柘荣县									
福安市	120	120	127	14	113	73	9	54	10
福鼎市	133	133	126	17	109	71	1	67	3
女	**9691**	**9691**	**12149**	**361**	**11788**	**5470**	**616**	**3974**	**880**
福州市	**2368**	**2368**	**3012**	**88**	**2924**	**1724**	**242**	**1276**	**206**
鼓楼区	464	464	731	11	720	586	102	434	50
台江区	270	270	337	9	328	193	28	136	29
仓山区	645	645	972	26	946	479	53	356	70
马尾区	142	142	81	3	78	39	5	26	8
晋安区	550	550	713	33	680	394	53	294	47
长乐区	81	81	68	1	67	11	1	9	1
闽侯县									
连江县									
罗源县									
闽清县									
永泰县									
平潭县									
福清市	216	216	110	5	105	22		21	1
厦门市	**3313**	**3313**	**5175**	**171**	**5004**	**2186**	**278**	**1452**	**456**
思明区	1051	1051	1757	38	1719	686	84	467	135
海沧区	426	426	552	20	532	234	54	128	52
湖里区	958	958	1716	51	1665	763	52	576	135
集美区	557	557	762	48	714	349	62	189	98
同安区	231	231	316	13	303	112	20	78	14
翔安区	90	90	72	1	71	42	6	14	22
莆田市	**412**	**412**	**381**	**22**	**359**	**120**	**7**	**98**	**15**
城厢区	176	176	159	6	153	41	3	31	7
涵江区	87	87	67	6	61	24	1	20	3
荔城区	123	123	133	5	128	48	3	41	4
秀屿区	26	26	22	5	17	7		6	1
仙游县									
三明市	**297**	**297**	**215**	**3**	**212**	**109**	**7**	**86**	**16**
梅列区	119	119	102	2	100	71	3	58	10
三元区	71	71	58		58	11	3	8	
明溪县									
清流县									
宁化县									
大田县									
尤溪县									
沙县									
将乐县									
泰宁县									
建宁县									
永安市	107	107	55	1	54	27	1	20	6

4-4a　续表 49　　　　单位：人

地区 性别	房地产业		租赁和商务服务业			科学研究和技术服务业			
	小计	房地产业	小计	租赁业	商务服务业	小计	研究和试验发展	专业技术服务业	科技推广和应用服务业
泉州市	**1372**	**1372**	**1545**	**47**	**1498**	**623**	**39**	**458**	**126**
鲤城区	157	157	217	9	208	69	6	50	13
丰泽区	476	476	543	14	529	269	18	218	33
洛江区	64	64	54	3	51	23	1	21	1
泉港区	66	66	71	4	67	20	4	13	3
惠安县									
安溪县									
永春县									
德化县									
石狮市	116	116	171	6	165	86	1	46	39
晋江市	386	386	377	9	368	126	5	91	30
南安市	107	107	112	2	110	30	4	19	7
漳州市	**609**	**609**	**597**	**6**	**591**	**280**	**22**	**230**	**28**
芗城区	306	306	326	4	322	146	17	115	14
龙文区	243	243	201	1	200	113	5	96	12
云霄县									
漳浦县									
诏安县									
长泰县									
东山县									
南靖县									
平和县									
华安县									
龙海市	60	60	70	1	69	21		19	2
南平市	**452**	**452**	**449**	**6**	**443**	**142**	**7**	**125**	**10**
延平区	122	122	114	2	112	65	4	57	4
建阳区	114	114	48	1	47	19	3	16	
顺昌县									
浦城县									
光泽县									
松溪县									
政和县									
邵武市	74	74	63		63	24		22	2
武夷山市	49	49	160	1	159	17		15	2
建瓯市	93	93	64	2	62	17		15	2
龙岩市	**538**	**538**	**467**	**7**	**460**	**172**	**8**	**149**	**15**
新罗区	475	475	385	4	381	153	8	135	10
永定区	17	17	33		33	6		5	1
长汀县									
上杭县									
武平县									
连城县									
漳平市	46	46	49	3	46	13		9	4
宁德市	**330**	**330**	**308**	**11**	**297**	**114**	**6**	**100**	**8**
蕉城区	172	172	178	7	171	71	5	62	4
霞浦县									
古田县									
屏南县									
寿宁县									
周宁县									
柘荣县									
福安市	75	75	73		73	20		17	3
福鼎市	83	83	57	4	53	23	1	21	1

4-4a 续表 50

单位：人

地区 性别	水利、环境和公共设施管理业					居民服务、修理和其他服务业			
	小计	水利管理业	生态保护和环境治理业	公共设施管理业	土地管理业	小计	居民服务业	机动车、电子产品和日用产品修理业	其他服务业
合计	**7642**	**398**	**511**	**6637**	**96**	**38069**	**25464**	**7616**	**4989**
福州市	**1725**	**118**	**141**	**1448**	**18**	**7912**	**5311**	**1587**	**1014**
鼓楼区	298	40	38	212	8	1088	852	173	63
台江区	169	14	12	141	2	695	517	124	54
仓山区	606	30	41	531	4	2262	1334	535	393
马尾区	91	3	4	84		495	337	83	75
晋安区	379	24	33	320	2	1837	1246	363	228
长乐区	53	1	3	48	1	617	422	108	87
闽侯县									
连江县									
罗源县									
闽清县									
永泰县									
平潭县									
福清市	129	6	10	112	1	918	603	201	114
厦门市	**3138**	**57**	**210**	**2826**	**45**	**11565**	**8104**	**2015**	**1446**
思明区	699	12	43	628	16	3218	2583	341	294
海沧区	438	6	39	382	11	1268	714	246	308
湖里区	836	10	56	759	11	3817	2713	690	414
集美区	705	13	28	661	3	1962	1321	384	257
同安区	378	14	32	329	3	1080	640	289	151
翔安区	82	2	12	67	1	220	133	65	22
莆田市	**352**	**23**	**13**	**314**	**2**	**2018**	**1387**	**457**	**174**
城厢区	104	9	3	92		758	578	120	60
涵江区	92	9	6	76	1	563	379	142	42
荔城区	115	5	3	106	1	525	346	134	45
秀屿区	41		1	40		172	84	61	27
仙游县									
三明市	**211**	**14**	**12**	**184**	**1**	**1018**	**626**	**273**	**119**
梅列区	86	9	5	71	1	311	208	67	36
三元区	49	2	5	42		299	154	93	52
明溪县									
清流县									
宁化县									
大田县									
尤溪县									
沙县									
将乐县									
泰宁县									
建宁县									
永安市	76	3	2	71		408	264	113	31
泉州市	**821**	**82**	**58**	**676**	**5**	**6929**	**4206**	**1468**	**1255**
鲤城区	118	18	3	97		898	518	235	145
丰泽区	244	35	10	198	1	1777	1210	318	249
洛江区	32	2	1	29		192	116	41	35
泉港区	49	11	1	37		235	138	51	46
惠安县									
安溪县									
永春县									
德化县									
石狮市	114	2	16	94	2	956	677	178	101
晋江市	185	9	23	152	1	2175	1154	507	514
南安市	79	5	4	69	1	696	393	138	165
漳州市	**434**	**32**	**22**	**372**	**8**	**2869**	**1961**	**551**	**357**
芗城区	207	14	13	176	4	1123	752	235	136
龙文区	149	8	3	135	3	1119	790	174	155
云霄县									
漳浦县									

4-4a　续表 51　　　　单位：人

地区 性别	水利、环境和公共设施管理业 小计	水利管理业	生态保护和环境治理业	公共设施管理业	土地管理业	居民服务、修理和其他服务业 小计	居民服务业	机动车、电子产品和日用产品修理业	其他服务业
诏安县									
长泰县									
东山县									
南靖县									
平和县									
华安县									
龙海市	78	10	6	61	1	627	419	142	66
南平市	**395**	**16**	**23**	**351**	**5**	**1861**	**1242**	**428**	**191**
延平区	114	7	9	95	3	559	397	102	60
建阳区	64	2	2	60		322	195	88	39
顺昌县									
浦城县									
光泽县									
松溪县									
政和县									
邵武市	70		4	66		326	222	86	18
武夷山市	85	2	1	81	1	321	234	54	33
建瓯市	62	5	7	49	1	333	194	98	41
龙岩市	**327**	**20**	**19**	**282**	**6**	**2145**	**1413**	**501**	**231**
新罗区	280	15	19	240	6	1729	1157	374	198
永定区	22			22		117	69	41	7
长汀县									
上杭县									
武平县									
连城县									
漳平市	25	5		20		299	187	86	26
宁德市	**239**	**36**	**13**	**184**	**6**	**1752**	**1214**	**336**	**202**
蕉城区	115	19	9	84	3	829	567	152	110
霞浦县									
古田县									
屏南县									
寿宁县									
周宁县									
柘荣县									
福安市	35	6	2	27		372	253	82	37
福鼎市	89	11	2	73	3	551	394	102	55
男	**4586**	**286**	**351**	**3898**	**51**	**16009**	**7722**	**6446**	**1841**
福州市	**1072**	**82**	**86**	**892**	**12**	**3257**	**1575**	**1336**	**346**
鼓楼区	185	22	23	135	5	409	247	135	27
台江区	98	12	7	77	2	332	202	110	20
仓山区	385	23	19	340	3	1023	448	449	126
马尾区	56	1	4	51		175	73	69	33
晋安区	230	18	23	189		692	321	309	62
长乐区	38	1	3	33	1	246	112	92	42
闽侯县									
连江县									
罗源县									
闽清县									
永泰县									
平潭县									
福清市	80	5	7	67	1	380	172	172	36
厦门市	**1833**	**41**	**145**	**1624**	**23**	**4696**	**2433**	**1689**	**574**
思明区	435	7	29	391	8	1118	724	275	119
海沧区	261	5	28	222	6	574	220	207	147
湖里区	459	7	34	412	6	1519	784	584	151
集美区	388	11	19	357	1	873	453	323	97
同安区	250	10	26	212	2	498	196	247	55
翔安区	40	1	9	30		114	56	53	5

4-4a 续表 52

单位：人

地区 性别	水利、环境和公共设施管理业					居民服务、修理和其他服务业			
	小计	水利管理业	生态保护和环境治理业	公共设施管理业	土地管理业	小计	居民服务业	机动车、电子产品和日用产品修理业	其他服务业
莆田市	**187**	**16**	**9**	**160**	**2**	**946**	**474**	**397**	**75**
城厢区	57	6	1	50		310	178	107	25
涵江区	52	6	5	40	1	277	133	124	20
荔城区	60	4	2	53	1	266	129	117	20
秀屿区	18		1	17		93	34	49	10
仙游县									
三明市	**121**	**11**	**9**	**101**		**443**	**177**	**221**	**45**
梅列区	54	8	4	42		123	54	56	13
三元区	29	1	4	24		152	56	76	20
明溪县									
清流县									
宁化县									
大田县									
尤溪县									
沙县									
将乐县									
泰宁县									
建宁县									
永安市	38	2	1	35		168	67	89	12
泉州市	**482**	**48**	**46**	**386**	**2**	**3202**	**1450**	**1250**	**502**
鲤城区	76	15	3	58		441	175	198	68
丰泽区	146	19	7	120		751	408	267	76
洛江区	18	1	1	16		88	37	35	16
泉港区	20	4	1	15		90	32	44	14
惠安县									
安溪县									
永春县									
德化县									
石狮市	69	2	12	53	2	449	249	155	45
晋江市	123	5	19	99		1129	447	430	252
南安市	30	2	3	25		254	102	121	31
漳州市	**261**	**27**	**16**	**215**	**3**	**1080**	**519**	**461**	**100**
芗城区	133	11	10	111	1	457	213	198	46
龙文区	71	7	3	60	1	386	210	143	33
云霄县									
漳浦县									
诏安县									
长泰县									
东山县									
南靖县									
平和县									
华安县									
龙海市	57	9	3	44	1	237	96	120	21
南平市	**269**	**16**	**17**	**234**	**2**	**792**	**335**	**373**	**84**
延平区	78	7	6	65		220	106	87	27
建阳区	48	2	2	44		162	68	75	19
顺昌县									
浦城县									
光泽县									
松溪县									
政和县									
邵武市	42		4	38		147	54	79	14
武夷山市	56	2		53	1	121	62	47	12
建瓯市	45	5	5	34	1	142	45	85	12
龙岩市	**184**	**15**	**12**	**154**	**3**	**889**	**393**	**429**	**67**
新罗区	155	11	12	129	3	717	336	323	58
永定区	10			10		57	25	31	1

4-4a　续表 53

单位：人

地　区 性　别	水利、环境和公共设施管理业					居民服务、修理和其他服务业			
	小计	水　利 管理业	生态保护 和环境 治理业	公共设施 管理业	土　地 管理业	小计	居　民 服务业	机动车、 电子产品 和日用产 品修理业	其　他 服务业
长汀县									
上杭县									
武平县									
连城县									
漳平市	19	4		15		115	32	75	8
宁德市	**177**	**30**	**11**	**132**	**4**	**704**	**366**	**290**	**48**
蕉城区	80	15	7	56	2	321	167	129	25
霞浦县									
古田县									
屏南县									
寿宁县									
周宁县									
柘荣县									
福安市	26	5	2	19		163	81	71	11
福鼎市	71	10	2	57	2	220	118	90	12
女	**3056**	**112**	**160**	**2739**	**45**	**22060**	**17742**	**1170**	**3148**
福州市	**653**	**36**	**55**	**556**	**6**	**4655**	**3736**	**251**	**668**
鼓楼区	113	18	15	77	3	679	605	38	36
台江区	71	2	5	64		363	315	14	34
仓山区	221	7	22	191	1	1239	886	86	267
马尾区	35	2		33		320	264	14	42
晋安区	149	6	10	131	2	1145	925	54	166
长乐区	15			15		371	310	16	45
闽侯县									
连江县									
罗源县									
闽清县									
永泰县									
平潭县									
福清市	49	1	3	45		538	431	29	78
厦门市	**1305**	**16**	**65**	**1202**	**22**	**6869**	**5671**	**326**	**872**
思明区	264	5	14	237	8	2100	1859	66	175
海沧区	177	1	11	160	5	694	494	39	161
湖里区	377	3	22	347	5	2298	1929	106	263
集美区	317	2	9	304	2	1089	868	61	160
同安区	128	4	6	117	1	582	444	42	96
翔安区	42	1	3	37	1	106	77	12	17
莆田市	**165**	**7**	**4**	**154**		**1072**	**913**	**60**	**99**
城厢区	47	3	2	42		448	400	13	35
涵江区	40	3	1	36		286	246	18	22
荔城区	55	1	1	53		259	217	17	25
秀屿区	23			23		79	50	12	17
仙游县									
三明市	**90**	**3**	**3**	**83**	**1**	**575**	**449**	**52**	**74**
梅列区	32	1	1	29	1	188	154	11	23
三元区	20	1	1	18		147	98	17	32
明溪县									
清流县									
宁化县									
大田县									
尤溪县									
沙县									
将乐县									
泰宁县									
建宁县									
永安市	38	1	1	36		240	197	24	19

4-4a 续表 54

单位：人

地区 性别	水利、环境和公共设施管理业					居民服务、修理和其他服务业			
	小计	水利管理业	生态保护和环境治理业	公共设施管理业	土地管理业	小计	居民服务业	机动车、电子产品和日用产品修理业	其他服务业
泉州市	**339**	**34**	**12**	**290**	**3**	**3727**	**2756**	**218**	**753**
鲤城区	42	3		39		457	343	37	77
丰泽区	98	16	3	78	1	1026	802	51	173
洛江区	14	1		13		104	79	6	19
泉港区	29	7		22		145	106	7	32
惠安县									
安溪县									
永春县									
德化县									
石狮市	45		4	41		507	428	23	56
晋江市	62	4	4	53	1	1046	707	77	262
南安市	49	3	1	44	1	442	291	17	134
漳州市	**173**	**5**	**6**	**157**	**5**	**1789**	**1442**	**90**	**257**
芗城区	74	3	3	65	3	666	539	37	90
龙文区	78	1		75	2	733	580	31	122
云霄县									
漳浦县									
诏安县									
长泰县									
东山县									
南靖县									
平和县									
华安县									
龙海市	21	1	3	17		390	323	22	45
南平市	**126**		**6**	**117**	**3**	**1069**	**907**	**55**	**107**
延平区	36		3	30	3	339	291	15	33
建阳区	16			16		160	127	13	20
顺昌县									
浦城县									
光泽县									
松溪县									
政和县									
邵武市	28			28		179	168	7	4
武夷山市	29		1	28		200	172	7	21
建瓯市	17		2	15		191	149	13	29
龙岩市	**143**	**5**	**7**	**128**	**3**	**1256**	**1020**	**72**	**164**
新罗区	125	4	7	111	3	1012	821	51	140
永定区	12			12		60	44	10	6
长汀县									
上杭县									
武平县									
连城县									
漳平市	6	1		5		184	155	11	18
宁德市	**62**	**6**	**2**	**52**	**2**	**1048**	**848**	**46**	**154**
蕉城区	35	4	2	28	1	508	400	23	85
霞浦县									
古田县									
屏南县									
寿宁县									
周宁县									
柘荣县									
福安市	9	1		8		209	172	11	26
福鼎市	18	1		16	1	331	276	12	43

4-4a 续表 55

单位：人

地区 性别	教育 小计	教育 教育	卫生和社会工作 小计	卫生和社会工作 卫生	卫生和社会工作 社会工作	文化、体育和娱乐业 小计	文化、体育和娱乐业 新闻和出版业	文化、体育和娱乐业 广播、电视、电影和录音制作业	文化、体育和娱乐业 文化艺术业	文化、体育和娱乐业 体育
合计	**46432**	**46432**	**22333**	**21547**	**786**	**11838**	**841**	**1580**	**2152**	**1597**
福州市	**11217**	**11217**	**6258**	**6061**	**197**	**2911**	**408**	**531**	**590**	**368**
鼓楼区	2322	2322	1847	1808	39	789	177	149	163	87
台江区	979	979	906	891	15	306	49	81	55	37
仓山区	3741	3741	1425	1374	51	647	71	173	124	87
马尾区	436	436	160	138	22	105	9	11	28	18
晋安区	1783	1783	1104	1065	39	673	91	88	124	82
长乐区	622	622	325	310	15	132	7	3	41	18
闽侯县										
连江县										
罗源县										
闽清县										
永泰县										
平潭县										
福清市	1334	1334	491	475	16	259	4	26	55	39
厦门市	**12448**	**12448**	**5015**	**4697**	**318**	**4049**	**169**	**572**	**682**	**644**
思明区	3803	3803	1964	1845	119	1383	98	170	238	226
海沧区	1278	1278	512	487	25	397	8	53	63	79
湖里区	2734	2734	1274	1184	90	1171	32	193	174	166
集美区	2830	2830	695	631	64	710	19	111	143	110
同安区	1487	1487	489	474	15	345	10	35	53	60
翔安区	316	316	81	76	5	43	2	10	11	3
莆田市	**3417**	**3417**	**1489**	**1462**	**27**	**529**	**25**	**39**	**156**	**61**
城厢区	1303	1303	516	514	2	182	12	22	40	33
涵江区	755	755	305	287	18	171	1	8	43	11
荔城区	1053	1053	549	544	5	149	10	8	59	15
秀屿区	306	306	119	117	2	27	2	1	14	2
仙游县										
三明市	**1605**	**1605**	**831**	**801**	**30**	**330**	**18**	**43**	**28**	**29**
梅列区	645	645	338	335	3	159	13	27	14	9
三元区	362	362	175	160	15	78	2	6	7	6
明溪县										
清流县										
宁化县										
大田县										
尤溪县										
沙县										
将乐县										
泰宁县										
建宁县										
永安市	598	598	318	306	12	93	3	10	7	14
泉州市	**7530**	**7530**	**3210**	**3133**	**77**	**1974**	**118**	**183**	**337**	**264**
鲤城区	1058	1058	595	579	16	270	17	29	60	50
丰泽区	2308	2308	1277	1244	33	681	65	78	143	90
洛江区	293	293	119	114	5	44	2	5	3	9
泉港区	314	314	109	105	4	67	2	5	28	3
惠安县										
安溪县										
永春县										
德化县										
石狮市	1007	1007	241	239	2	184	8	14	17	20
晋江市	1775	1775	561	549	12	635	17	45	63	83
南安市	775	775	308	303	5	93	7	7	23	9
漳州市	**2872**	**2872**	**1742**	**1709**	**33**	**589**	**39**	**52**	**117**	**77**
芗城区	1644	1644	1065	1044	21	329	28	28	45	49
龙文区	651	651	408	403	5	180	9	20	33	19
云霄县										
漳浦县										

4-4a 续表 56

单位：人

地区 性别	教育		卫生和社会工作			文化、体育和娱乐业				
	小计	教育	小计	卫生	社会工作	小计	新闻和出版业	广播、电视、电影和录音制作业	文化艺术业	体育
诏安县										
长泰县										
东山县										
南靖县										
平和县										
华安县										
龙海市	577	577	268	261	7	80	2	4	39	9
南平市	**2377**	**2377**	**1321**	**1289**	**32**	**501**	**19**	**72**	**95**	**38**
延平区	618	618	487	475	12	186	11	35	23	12
建阳区	457	457	242	242		80	4	6	14	13
顺昌县										
浦城县										
光泽县										
松溪县										
政和县										
邵武市	443	443	257	249	8	78	1	18	12	3
武夷山市	433	433	129	124	5	103	2	8	37	4
建瓯市	426	426	206	199	7	54	1	5	9	6
龙岩市	**2618**	**2618**	**1301**	**1258**	**43**	**526**	**17**	**49**	**64**	**73**
新罗区	1970	1970	1086	1056	30	467	14	44	51	66
永定区	293	293	101	97	4	20		3	6	1
长汀县										
上杭县										
武平县										
连城县										
漳平市	355	355	114	105	9	39	3	2	7	6
宁德市	**2348**	**2348**	**1166**	**1137**	**29**	**429**	**28**	**39**	**83**	**43**
蕉城区	988	988	509	504	5	196	19	30	26	16
霞浦县										
古田县										
屏南县										
寿宁县										
周宁县										
柘荣县										
福安市	684	684	286	274	12	108	3	5	16	14
福鼎市	676	676	371	359	12	125	6	4	41	13
男	**14480**	**14480**	**7298**	**7025**	**273**	**6180**	**484**	**935**	**1057**	**871**
福州市	**3540**	**3540**	**2009**	**1928**	**81**	**1533**	**226**	**306**	**280**	**213**
鼓楼区	720	720	596	578	18	417	105	81	82	47
台江区	317	317	285	277	8	163	31	44	22	30
仓山区	1285	1285	460	437	23	355	30	109	51	48
马尾区	124	124	45	38	7	43	3	3	11	7
晋安区	494	494	325	311	14	329	49	51	59	46
长乐区	196	196	127	120	7	73	4	3	25	6
闽侯县										
连江县										
罗源县										
闽清县										
永泰县										
平潭县										
福清市	404	404	171	167	4	153	4	15	30	29
厦门市	**3807**	**3807**	**1551**	**1457**	**94**	**2154**	**101**	**352**	**341**	**345**
思明区	1172	1172	635	596	39	722	58	98	100	120
海沧区	316	316	173	165	8	214	7	43	33	35
湖里区	790	790	345	320	25	639	19	116	104	92
集美区	984	984	214	199	15	377	10	66	68	70
同安区	442	442	162	156	6	178	7	23	30	27
翔安区	103	103	22	21	1	24		6	6	1

4-4a 续表 57

单位：人

地区 性别	教育		卫生和社会工作			文化、体育和娱乐业				
	小计	教育	小计	卫生	社会工作	小计	新闻和出版业	广播、电视、电影和录音制作业	文化艺术业	体育
莆田市	**1111**	**1111**	**591**	**576**	**15**	**272**	**12**	**28**	**87**	**27**
城厢区	405	405	201	200	1	92	5	16	23	10
涵江区	267	267	129	119	10	74		5	20	8
荔城区	324	324	195	193	2	86	5	7	32	8
秀屿区	115	115	66	64	2	20	2		12	1
仙游县										
三明市	**566**	**566**	**281**	**272**	**9**	**147**	**6**	**23**	**11**	**16**
梅列区	226	226	115	115		68	6	17	7	2
三元区	133	133	60	57	3	36		2	2	5
明溪县										
清流县										
宁化县										
大田县										
尤溪县										
沙县										
将乐县										
泰宁县										
建宁县										
永安市	207	207	106	100	6	43		4	2	9
泉州市	**2307**	**2307**	**1063**	**1033**	**30**	**1040**	**72**	**111**	**174**	**143**
鲤城区	327	327	196	190	6	149	12	21	31	28
丰泽区	734	734	400	388	12	360	36	50	73	42
洛江区	90	90	38	36	2	24	1	1	2	5
泉港区	98	98	36	35	1	30	1	3	17	
惠安县										
安溪县										
永春县										
德化县										
石狮市	310	310	86	85	1	104	7	7	4	12
晋江市	507	507	194	188	6	324	12	26	35	50
南安市	241	241	113	111	2	49	3	3	12	6
漳州市	**836**	**836**	**549**	**537**	**12**	**316**	**24**	**24**	**57**	**45**
芗城区	522	522	323	315	8	168	16	10	21	27
龙文区	154	154	132	131	1	102	6	12	18	10
云霄县										
漳浦县										
诏安县										
长泰县										
东山县										
南靖县										
平和县										
华安县										
龙海市	160	160	93	90	3	46	2	2	18	8
南平市	**776**	**776**	**429**	**419**	**10**	**231**	**12**	**43**	**39**	**19**
延平区	202	202	156	151	5	90	6	21	10	8
建阳区	143	143	78	78		30	3	4	2	5
顺昌县										
浦城县										
光泽县										
松溪县										
政和县										
邵武市	139	139	89	88	1	39		11	9	
武夷山市	143	143	46	43	3	41	2	4	12	2
建瓯市	149	149	60	59	1	31	1	3	6	4
龙岩市	**832**	**832**	**400**	**385**	**15**	**274**	**12**	**28**	**30**	**42**
新罗区	585	585	324	314	10	250	10	27	25	39
永定区	118	118	37	36	1	10		1	4	1

4-4a 续表 58

单位：人

地　区 性　别	教育		卫生和社会工作			文化、体育和娱乐业				
	小计	教育	小计	卫生	社会工作	小计	新闻和出版业	广播、电视、电影和录音制作业	文化艺术业	体育
长汀县										
上杭县										
武平县										
连城县										
漳平市	129	129	39	35	4	14	2		1	2
宁德市	**705**	**705**	**425**	**418**	**7**	**213**	**19**	**20**	**38**	**21**
蕉城区	275	275	182	181	1	92	11	14	9	5
霞浦县										
古田县										
屏南县										
寿宁县										
周宁县										
柘荣县										
福安市	205	205	105	103	2	66	3	3	7	12
福鼎市	225	225	138	134	4	55	5	3	22	4
女	**31952**	**31952**	**15035**	**14522**	**513**	**5658**	**357**	**645**	**1095**	**726**
福州市	**7677**	**7677**	**4249**	**4133**	**116**	**1378**	**182**	**225**	**310**	**155**
鼓楼区	1602	1602	1251	1230	21	372	72	68	81	40
台江区	662	662	621	614	7	143	18	37	33	7
仓山区	2456	2456	965	937	28	292	41	64	73	39
马尾区	312	312	115	100	15	62	6	8	17	11
晋安区	1289	1289	779	754	25	344	42	37	65	36
长乐区	426	426	198	190	8	59	3		16	12
闽侯县										
连江县										
罗源县										
闽清县										
永泰县										
平潭县										
福清市	930	930	320	308	12	106		11	25	10
厦门市	**8641**	**8641**	**3464**	**3240**	**224**	**1895**	**68**	**220**	**341**	**299**
思明区	2631	2631	1329	1249	80	661	40	72	138	106
海沧区	962	962	339	322	17	183	1	10	30	44
湖里区	1944	1944	929	864	65	532	13	77	70	74
集美区	1846	1846	481	432	49	333	9	45	75	40
同安区	1045	1045	327	318	9	167	3	12	23	33
翔安区	213	213	59	55	4	19	2	4	5	2
莆田市	**2306**	**2306**	**898**	**886**	**12**	**257**	**13**	**11**	**69**	**34**
城厢区	898	898	315	314	1	90	7	6	17	23
涵江区	488	488	176	168	8	97	1	3	23	3
荔城区	729	729	354	351	3	63	5	1	27	7
秀屿区	191	191	53	53		7		1	2	1
仙游县										
三明市	**1039**	**1039**	**550**	**529**	**21**	**183**	**12**	**20**	**17**	**13**
梅列区	419	419	223	220	3	91	7	10	7	7
三元区	229	229	115	103	12	42	2	4	5	1
明溪县										
清流县										
宁化县										
大田县										
尤溪县										
沙县										
将乐县										
泰宁县										
建宁县										
永安市	391	391	212	206	6	50	3	6	5	5

4-4a 续表 59　　　　单位：人

地区 性别	教育		卫生和社会工作			文化、体育和娱乐业				
	小计	教育	小计	卫生	社会工作	小计	新闻和出版业	广播、电视、电影和录音制作业	文化艺术业	体育
泉州市	**5223**	**5223**	**2147**	**2100**	**47**	**934**	**46**	**72**	**163**	**121**
鲤城区	731	731	399	389	10	121	5	8	29	22
丰泽区	1574	1574	877	856	21	321	29	28	70	48
洛江区	203	203	81	78	3	20	1	4	1	4
泉港区	216	216	73	70	3	37	1	2	11	3
惠安县										
安溪县										
永春县										
德化县										
石狮市	697	697	155	154	1	80	1	7	13	8
晋江市	1268	1268	367	361	6	311	5	19	28	33
南安市	534	534	195	192	3	44	4	4	11	3
漳州市	**2036**	**2036**	**1193**	**1172**	**21**	**273**	**15**	**28**	**60**	**32**
芗城区	1122	1122	742	729	13	161	12	18	24	22
龙文区	497	497	276	272	4	78	3	8	15	9
云霄县										
漳浦县										
诏安县										
长泰县										
东山县										
南靖县										
平和县										
华安县										
龙海市	417	417	175	171	4	34		2	21	1
南平市	**1601**	**1601**	**892**	**870**	**22**	**270**	**7**	**29**	**56**	**19**
延平区	416	416	331	324	7	96	5	14	13	4
建阳区	314	314	164	164		50	1	2	12	8
顺昌县										
浦城县										
光泽县										
松溪县										
政和县										
邵武市	304	304	168	161	7	39	1	7	3	3
武夷山市	290	290	83	81	2	62		4	25	2
建瓯市	277	277	146	140	6	23		2	3	2
龙岩市	**1786**	**1786**	**901**	**873**	**28**	**252**	**5**	**21**	**34**	**31**
新罗区	1385	1385	762	742	20	217	4	17	26	27
永定区	175	175	64	61	3	10		2	2	
长汀县										
上杭县										
武平县										
连城县										
漳平市	226	226	75	70	5	25	1	2	6	4
宁德市	**1643**	**1643**	**741**	**719**	**22**	**216**	**9**	**19**	**45**	**22**
蕉城区	713	713	327	323	4	104	8	16	17	11
霞浦县										
古田县										
屏南县										
寿宁县										
周宁县										
柘荣县										
福安市	479	479	181	171	10	42		2	9	2
福鼎市	451	451	233	225	8	70	1	1	19	9

4–4a 续表 60

单位：人

地区 性别	娱乐业	公共管理、社会保障和社会组织							国际组织	
		小计	中国共产党机关	国家机构	人民政协、民主党派	社会保障	群众团体、社会团体和其他成员组织	基层群众自治组织	小计	国际组织
合　计	**5668**	**37759**	**1034**	**30846**	**219**	**199**	**1796**	**3665**	**2**	**2**
福州市	**1014**	**9301**	**380**	**7476**	**60**	**48**	**438**	**899**		
鼓楼区	213	2577	129	2174	28	17	137	92		
台江区	84	832	29	704	3	5	30	61		
仓山区	192	2028	74	1607	14	8	80	245		
马尾区	39	398	1	299		2	9	87		
晋安区	288	1944	110	1533	11	10	109	171		
长乐区	63	599	18	459	2	1	20	99		
闽侯县										
连江县										
罗源县										
闽清县										
永泰县										
平潭县										
福清市	135	923	19	700	2	5	53	144		
厦门市	**1982**	**7198**	**71**	**5725**	**25**	**34**	**379**	**964**		
思明区	651	3134	13	2645	15	19	202	240		
海沧区	194	663		519		1	29	114		
湖里区	606	1491	17	1094	6	10	90	274		
集美区	327	930	19	696	2		27	186		
同安区	187	847	22	664	2	4	28	127		
翔安区	17	133		107			3	23		
莆田市	**248**	**2953**	**29**	**2494**	**14**	**10**	**131**	**275**		
城厢区	75	1277	3	1159	4	2	44	65		
涵江区	108	552	2	433	3	4	29	81		
荔城区	57	908	17	753	7	4	50	77		
秀屿区	8	216	7	149			8	52		
仙游县										
三明市	**212**	**1838**	**48**	**1598**	**12**	**12**	**60**	**108**		
梅列区	96	874	24	763	10	3	31	43		
三元区	57	365	4	317		1	13	30		
明溪县										
清流县										
宁化县										
大田县										
尤溪县										
沙县										
将乐县										
泰宁县										
建宁县										
永安市	59	599	20	518	2	8	16	35		
泉州市	**1072**	**5547**	**191**	**4263**	**36**	**37**	**320**	**700**	**1**	**1**
鲤城区	114	747	30	533	1	6	54	123	1	1
丰泽区	305	1934	84	1534	19	12	78	207		
洛江区	25	196	3	165	2	3	9	14		
泉港区	29	301	4	226	1	1	14	55		
惠安县										
安溪县										
永春县										
德化县										
石狮市	125	537	13	390		3	27	104		
晋江市	427	1100	27	814	4	6	107	142		
南安市	47	732	30	601	9	6	31	55		
漳州市	**304**	**2445**	**47**	**2048**	**19**	**14**	**113**	**204**		
芗城区	179	1437	19	1240	16	8	71	83		
龙文区	99	474	3	375	2	3	28	63		
云霄县										
漳浦县										

4-4a　续表 61

单位：人

地　区 性　别	娱乐业	公共管理、社会保障和社会组织						国际组织	
		小计	中国共产党机关	国家机构	人民政协、民主党派	社会保障	群众团体、社会团体和其他成员组织	基层群众自治组织	小计	国际组织
诏安县										
长泰县										
东山县										
南靖县										
平和县										
华安县										
龙海市	26	533	25	433	1	3	14	57		
南平市	**277**	**3157**	**123**	**2703**	**21**	**14**	**125**	**171**		
延平区	105	793	28	695	3	2	19	46		
建阳区	43	880	78	735	10	3	20	34		
顺昌县										
浦城县										
光泽县										
松溪县										
政和县										
邵武市	44	542	7	480	4	1	7	43		
武夷山市	52	477	6	423	2	3	23	20		
建瓯市	33	465	4	370	2	5	56	28		
龙岩市	**323**	**2737**	**117**	**2340**	**13**	**9**	**67**	**191**	**1**	**1**
新罗区	292	1874	73	1596	7	4	45	149	1	1
永定区	10	435	15	389	3		6	22		
长汀县										
上杭县										
武平县										
连城县										
漳平市	21	428	29	355	3	5	16	20		
宁德市	**236**	**2583**	**28**	**2199**	**19**	**21**	**163**	**153**		
蕉城区	105	1388	23	1208	14	10	66	67		
霞浦县										
古田县										
屏南县										
寿宁县										
周宁县										
柘荣县										
福安市	70	602	3	498	1	6	52	42		
福鼎市	61	593	2	493	4	5	45	44		
男	**2833**	**23934**	**716**	**20403**	**138**	**83**	**941**	**1653**	**1**	**1**
福州市	**508**	**5834**	**262**	**4868**	**36**	**19**	**231**	**418**		
鼓楼区	102	1618	97	1408	15	6	70	22		
台江区	36	489	22	440	3	3	8	13		
仓山区	117	1273	50	1055	9	5	39	115		
马尾区	19	232		174		1	3	54		
晋安区	124	1231	72	1016	6	4	61	72		
长乐区	35	382	7	296	2		13	64		
闽侯县										
连江县										
罗源县										
闽清县										
永泰县										
平潭县										
福清市	75	609	14	479	1		37	78		
厦门市	**1015**	**4365**	**49**	**3802**	**11**	**15**	**182**	**306**		
思明区	346	1873	10	1698	4	9	101	51		
海沧区	96	421		360		1	14	46		
湖里区	308	913	13	748	5	1	46	100		
集美区	163	526	10	462			10	44		
同安区	91	557	16	470	2	4	10	55		
翔安区	11	75		64			1	10		

4-4a 续表 62

单位：人

地区 性别	娱乐业	公共管理、社会保障和社会组织						国际组织	
		小计	中国共产党机关	国家机构	人民政协、民主党派	社会保障	群众团体、社会团体和其他成员组织	基层群众自治组织	小计	国际组织
莆田市	**118**	**1889**	**18**	**1614**	**11**	**5**	**66**	**175**		
城厢区	38	810	3	739	4	1	24	39		
涵江区	41	350		280	2	3	15	50		
荔城区	34	593	14	499	5	1	22	52		
秀屿区	5	136	1	96			5	34		
仙游县										
三明市	**91**	**1140**	**34**	**1030**	**9**	**5**	**30**	**32**		
梅列区	36	524	15	474	8		16	11		
三元区	27	212	3	193		1	6	9		
明溪县										
清流县										
宁化县										
大田县										
尤溪县										
沙县										
将乐县										
泰宁县										
建宁县										
永安市	28	404	16	363	1	4	8	12		
泉州市	**540**	**3666**	**135**	**2948**	**28**	**15**	**166**	**374**	**1**	**1**
鲤城区	57	462	22	358		2	32	48	1	1
丰泽区	159	1281	57	1072	16	6	33	97		
洛江区	15	120	2	104	1	1	4	8		
泉港区	9	192	4	163		1	6	18		
惠安县										
安溪县										
永春县										
德化县										
石狮市	74	353	7	263		1	16	66		
晋江市	201	754	19	575	3	2	59	96		
南安市	25	504	24	413	8	2	16	41		
漳州市	**166**	**1606**	**34**	**1389**	**12**	**5**	**65**	**101**		
芗城区	94	942	13	838	9	4	44	34		
龙文区	56	310	3	258	2		13	34		
云霄县										
漳浦县										
诏安县										
长泰县										
东山县										
南靖县										
平和县										
华安县										
龙海市	16	353	18	293	1	1	8	32		
南平市	**118**	**2071**	**83**	**1821**	**13**	**6**	**70**	**78**		
延平区	45	497	18	448	2	2	10	17		
建阳区	16	589	53	503	6	2	11	14		
顺昌县										
浦城县										
光泽县										
松溪县										
政和县										
邵武市	19	373	6	339	3		3	22		
武夷山市	21	301	3	276	1	2	8	11		
建瓯市	17	311	3	255	1		38	14		
龙岩市	**162**	**1689**	**80**	**1479**	**6**	**3**	**35**	**86**		
新罗区	149	1140	47	1005	1	1	24	62		
永定区	4	292	12	261	2		4	13		

4-4a　续表 63

单位：人

地　区 性　别	娱乐业	公共管理、社会保障和社会组织							国际组织	
		小计	中国共产党机关	国家机构	人民政协、民主党派	社会保障	群众团体、社会团体和其他成员组织	基层群众自治组织	小计	国际组织
长汀县										
上杭县										
武平县										
连城县										
漳平市	9	257	21	213	3	2	7	11		
宁德市	**115**	**1674**	**21**	**1452**	**12**	**10**	**96**	**83**		
蕉城区	53	870	18	767	8	3	33	41		
霞浦县										
古田县										
屏南县										
寿宁县										
周宁县										
柘荣县										
福安市	41	406	3	346	1	4	29	23		
福鼎市	21	398		339	3	3	34	19		
女	**2835**	**13825**	**318**	**10443**	**81**	**116**	**855**	**2012**	**1**	**1**
福州市	**506**	**3467**	**118**	**2608**	**24**	**29**	**207**	**481**		
鼓楼区	111	959	32	766	13	11	67	70		
台江区	48	343	7	264		2	22	48		
仓山区	75	755	24	552	5	3	41	130		
马尾区	20	166	1	125		1	6	33		
晋安区	164	713	38	517	5	6	48	99		
长乐区	28	217	11	163		1	7	35		
闽侯县										
连江县										
罗源县										
闽清县										
永泰县										
平潭县										
福清市	60	314	5	221	1	5	16	66		
厦门市	**967**	**2833**	**22**	**1923**	**14**	**19**	**197**	**658**		
思明区	305	1261	3	947	11	10	101	189		
海沧区	98	242		159			15	68		
湖里区	298	578	4	346	1	9	44	174		
集美区	164	404	9	234	2		17	142		
同安区	96	290	6	194			18	72		
翔安区	6	58		43			2	13		
莆田市	**130**	**1064**	**11**	**880**	**3**	**5**	**65**	**100**		
城厢区	37	467		420		1	20	26		
涵江区	67	202	2	153	1	1	14	31		
荔城区	23	315	3	254	2	3	28	25		
秀屿区	3	80	6	53			3	18		
仙游县										
三明市	**121**	**698**	**14**	**568**	**3**	**7**	**30**	**76**		
梅列区	60	350	9	289	2	3	15	32		
三元区	30	153	1	124			7	21		
明溪县										
清流县										
宁化县										
大田县										
尤溪县										
沙县										
将乐县										
泰宁县										
建宁县										
永安市	31	195	4	155	1	4	8	23		

4−4a　续表 64

单位：人

地区 性别	娱乐业	公共管理、社会保障和社会组织							国际组织	
		小计	中国共产党机关	国家机构	人民政协、民主党派	社会保障	群众团体、社会团体和其他成员组织	基层群众自治组织	小计	国际组织
泉州市	**532**	**1881**	**56**	**1315**	**8**	**22**	**154**	**326**		
鲤城区	57	285	8	175	1	4	22	75		
丰泽区	146	653	27	462	3	6	45	110		
洛江区	10	76	1	61	1	2	5	6		
泉港区	20	109		63	1		8	37		
惠安县										
安溪县										
永春县										
德化县										
石狮市	51	184	6	127		2	11	38		
晋江市	226	346	8	239	1	4	48	46		
南安市	22	228	6	188	1	4	15	14		
漳州市	**138**	**839**	**13**	**659**	**7**	**9**	**48**	**103**		
芗城区	85	495	6	402	7	4	27	49		
龙文区	43	164		117		3	15	29		
云霄县										
漳浦县										
诏安县										
长泰县										
东山县										
南靖县										
平和县										
华安县										
龙海市	10	180	7	140		2	6	25		
南平市	**159**	**1086**	**40**	**882**	**8**	**8**	**55**	**93**		
延平区	60	296	10	247	1		9	29		
建阳区	27	291	25	232	4	1	9	20		
顺昌县										
浦城县										
光泽县										
松溪县										
政和县										
邵武市	25	169	1	141	1	1	4	21		
武夷山市	31	176	3	147	1	1	15	9		
建瓯市	16	154	1	115	1	5	18	14		
龙岩市	**161**	**1048**	**37**	**861**	**7**	**6**	**32**	**105**	**1**	**1**
新罗区	143	734	26	591	6	3	21	87	1	1
永定区	6	143	3	128	1		2	9		
长汀县										
上杭县										
武平县										
连城县										
漳平市	12	171	8	142		3	9	9		
宁德市	**121**	**909**	**7**	**747**	**7**	**11**	**67**	**70**		
蕉城区	52	518	5	441	6	7	33	26		
霞浦县										
古田县										
屏南县										
寿宁县										
周宁县										
柘荣县										
福安市	29	196		152		2	23	19		
福鼎市	40	195	2	154	1	2	11	25		

4-4b 各地区分性别、行业大类的就业人口(镇)

单位：人

地区 性别	合计	农、林、牧、渔业						采矿业	
		小计	农业	林业	畜牧业	渔业	农、林、牧、渔专业及辅助性活动	小计	煤炭开采和洗选业
合 计	**552481**	**58712**	**42359**	**1787**	**3984**	**9215**	**1367**	**1636**	**636**
福州市	**88326**	**6454**	**4231**	**50**	**252**	**1824**	**97**	**145**	**36**
鼓楼区									
台江区									
仓山区									
马尾区									
晋安区	72	2	1		1			2	
长乐区	9268	492	367	3	19	98	5	8	
闽侯县	24147	529	402	19	40	64	4	10	1
连江县	14269	1217	509	10	32	601	65	8	1
罗源县	8709	661	165	2	26	454	14	44	1
闽清县	4511	322	272	7	33	8	2	11	
永泰县	5674	403	358	2	27	12	4	2	
平潭县	8684	541	166	2	8	362	3	10	2
福清市	12992	2287	1991	5	66	225		50	31
厦门市	**16766**	**376**	**325**	**5**	**25**	**17**	**4**	**10**	**1**
思明区									
海沧区									
湖里区	171								
集美区	23	4	2	2					
同安区	796	58	56		1		1		
翔安区	15776	314	267	3	24	17	3	10	1
莆田市	**24527**	**1921**	**1516**	**22**	**79**	**256**	**48**	**35**	**6**
城厢区	1319	81	59	1	5	15	1	2	2
涵江区	519	85	83		2				
荔城区	292	14	5				9		
秀屿区	4247	1137	857		26	224	30	11	
仙游县	18150	604	512	21	46	17	8	22	4
三明市	**42264**	**4436**	**3361**	**452**	**507**	**69**	**47**	**357**	**207**
梅列区	550	32	29	1	2			2	
三元区	308	69	47	13	8	1		1	
明溪县	2087	164	129	16	13	4	2	2	
清流县	3163	560	421	32	94	10	3	7	
宁化县	5726	783	686	54	30	7	6	48	8
大田县	7207	981	699	36	230	13	3	208	175
尤溪县	6809	432	285	83	51	12	1	40	2
沙县	6773	233	121	59	39	6	8	6	1
将乐县	3428	350	250	81	14	3	2	18	10
泰宁县	2624	226	188	17	10	6	5	5	
建宁县	2611	358	321	16	11	5	5	6	
永安市	978	248	185	44	5	2	12	14	11
泉州市	**158144**	**9115**	**5996**	**147**	**1064**	**1836**	**72**	**363**	**116**
鲤城区									
丰泽区									
洛江区	2175	30	21		8	1		1	
泉港区	3232	135	35	2	10	87	1	7	
惠安县	29905	1160	327	1	65	760	7	37	
安溪县	24135	1808	1560	10	228	6	4	33	3
永春县	12307	1594	1386	26	169	3	10	123	108
德化县	14472	314	240	16	53	1	4	94	
石狮市	9520	797	67	2	4	707	17	5	
晋江市	21881	420	149	4	23	224	20	8	1
南安市	40517	2857	2211	86	504	47	9	55	4
漳州市	**111345**	**20880**	**15530**	**426**	**1091**	**3066**	**767**	**148**	**4**
芗城区	4934	403	347	8	22	19	7	3	
龙文区									
云霄县	11943	1673	1366	32	115	147	13	8	1
漳浦县	23100	5340	3211	103	303	1466	257	72	1

4-4b 续表 1

单位：人

地区 性别	合计	农、林、牧、渔业						采矿业	
		小计	农业	林业	畜牧业	渔业	农、林、牧、渔专业及辅助性活动	小计	煤炭开采和洗选业
诏安县	13288	3560	2757	61	204	452	86	3	
长泰县	8220	452	316	24	78	26	8	12	
东山县	7678	1181	310		34	708	129	15	
南靖县	9029	2096	1721	126	120	74	55	4	1
平和县	10399	4274	4058	27	50	8	131	7	
华安县	3712	801	657	17	54	17	56	8	
龙海市	19042	1100	787	28	111	149	25	16	1
南平市	**26100**	**4011**	**3121**	**457**	**277**	**86**	**70**	**57**	**6**
延平区	2058	464	275	68	82	37	2	4	
建阳区	1280	272	233	16	17	3	3	3	
顺昌县	3581	412	314	59	25	6	8	5	1
浦城县	5431	700	582	60	44	10	4	3	
光泽县	2908	183	76	44	52	3	8	2	2
松溪县	2318	278	249	18	5	5	1	3	
政和县	3668	313	247	40	15	2	9	19	3
邵武市	1198	265	226	25	7	5	2	17	
武夷山市	717	68	53	5	2	4	4		
建瓯市	2941	1056	866	122	28	11	29	1	
龙岩市	**37575**	**3653**	**2892**	**177**	**474**	**57**	**53**	**439**	**229**
新罗区	2861	306	197	30	64	9	6	133	110
永定区	3648	413	337	9	47	4	16	119	95
长汀县	8838	611	528	24	49	7	3	15	3
上杭县	9616	727	529	40	130	16	12	97	2
武平县	6234	622	500	11	91	13	7	32	7
连城县	5190	477	365	42	62	8		36	6
漳平市	1188	497	436	21	31		9	7	6
宁德市	**47434**	**7866**	**5387**	**51**	**215**	**2004**	**209**	**82**	**31**
蕉城区	1703	261	223	1	13	24		2	
霞浦县	15480	2512	823	7	90	1584	8	14	1
古田县	6449	1269	1156	6	41	35	31	9	
屏南县	2572	290	264	3	13	5	5	8	1
寿宁县	3020	598	538	3	17	3	37	5	
周宁县	2933	422	394	13	11	4		4	
柘荣县	2381	192	180	2	4	2	4	7	2
福安市	6467	868	688	8	19	106	47		
福鼎市	6429	1454	1121	8	7	241	77	33	27
男	**325501**	**34538**	**22700**	**1399**	**2324**	**7382**	**733**	**1433**	**557**
福州市	**54456**	**3946**	**2247**	**42**	**171**	**1429**	**57**	**136**	**33**
鼓楼区									
台江区									
仓山区									
马尾区									
晋安区	51	1			1			2	
长乐区	5924	330	221	3	14	89	3	8	
闽侯县	15040	384	289	14	31	47	3	8	1
连江县	8492	804	265	10	18	480	31	8	1
罗源县	5904	498	126	2	23	335	12	43	1
闽清县	2724	234	195	6	24	7	2	11	
永泰县	3262	225	195	1	18	8	3	2	
平潭县	5612	409	108	1	5	292	3	9	2
福清市	7447	1061	848	5	37	171		45	28
厦门市	**10354**	**231**	**196**	**3**	**16**	**12**	**4**	**9**	**1**
思明区									
海沧区									
湖里区	124								
集美区	17	3	2	1					
同安区	483	38	37				1		
翔安区	9730	190	157	2	16	12	3	9	1

4-4b　续表 2

单位：人

地区 性别	合计	农、林、牧、渔业						采矿业	
		小计	农业	林业	畜牧业	渔业	农、林、牧、渔专业及辅助性活动	小计	煤炭开采和洗选业
莆田市	**14315**	**883**	**605**	**17**	**54**	**182**	**25**	**30**	**6**
城厢区	748	45	32	1	4	7	1	2	2
涵江区	291	40	38		2				
荔城区	178	8	2				6		
秀屿区	2225	428	239		14	162	13	7	
仙游县	10873	362	294	16	34	13	5	21	4
三明市	**24470**	**2566**	**1869**	**372**	**237**	**58**	**30**	**295**	**172**
梅列区	358	21	18	1	2			2	
三元区	212	52	36	9	7			1	
明溪县	1203	102	74	12	10	4	2	2	
清流县	1608	234	178	23	25	7	1	5	
宁化县	3232	414	345	41	19	6	3	40	7
大田县	4077	479	352	32	82	10	3	172	143
尤溪县	4176	330	204	75	38	12	1	34	2
沙县	4027	166	79	49	27	4	7	4	1
将乐县	2099	262	179	69	9	3	2	15	8
泰宁县	1417	133	101	15	7	6	4	4	
建宁县	1456	211	182	14	7	4	4	3	
永安市	605	162	121	32	4	2	3	13	11
泉州市	**91145**	**4853**	**2596**	**95**	**470**	**1645**	**47**	**312**	**100**
鲤城区									
丰泽区									
洛江区	1240	17	11		5	1		1	
泉港区	1838	82	11	1	9	61		6	
惠安县	16843	796	73		37	684	2	32	
安溪县	13641	853	747	8	89	5	4	32	3
永春县	7005	882	754	22	96	3	7	104	92
德化县	8236	193	139	12	37	1	4	75	
石狮市	6200	713	48	2	4	646	13	3	
晋江市	13145	326	82	2	14	214	14	8	1
南安市	22997	991	731	48	179	30	3	51	4
漳州市	**64528**	**11920**	**8125**	**306**	**722**	**2398**	**369**	**125**	**4**
芗城区	2996	248	208	4	16	16	4	3	
龙文区									
云霄县	6705	983	748	26	76	126	7	8	1
漳浦县	13518	3091	1572	79	212	1119	109	55	1
诏安县	7103	1852	1247	53	144	355	53	3	
长泰县	4886	243	159	14	47	18	5	10	
东山县	4407	786	139		21	564	62	12	
南靖县	4950	1089	872	76	72	50	19	4	1
平和县	6178	2528	2388	23	29	5	83	7	
华安县	2156	393	331	13	26	15	8	8	
龙海市	11629	707	461	18	79	130	19	15	1
南平市	**16126**	**2862**	**2176**	**384**	**190**	**68**	**44**	**52**	**5**
延平区	1309	314	170	57	59	26	2	4	
建阳区	776	198	166	14	13	3	2	2	
顺昌县	2202	291	213	52	18	4	4	5	1
浦城县	3384	502	415	50	25	8	4	3	
光泽县	1697	144	62	40	32	3	7	1	1
松溪县	1480	219	194	17	2	5	1	3	
政和县	2253	232	177	33	13	2	7	18	3
邵武市	736	179	146	22	6	4	1	15	
武夷山市	475	58	47	3	2	3	3		
建瓯市	1814	725	586	96	20	10	13	1	
龙岩市	**21604**	**1963**	**1429**	**137**	**320**	**49**	**28**	**395**	**207**
新罗区	1806	189	105	27	46	7	4	116	96
永定区	2196	207	146	7	38	4	12	115	92

4-4b 续表 3

单位：人

地区 性别	合计	农、林、牧、渔业						采矿业	
		小计	农业	林业	畜牧业	渔业	农、林、牧、渔专业及辅助性活动	小计	煤炭开采和洗选业
长汀县	4837	312	250	20	33	7	2	13	2
上杭县	5500	344	221	28	78	11	6	86	2
武平县	3495	342	256	9	62	12	3	27	5
连城县	3080	293	208	31	46	8		32	5
漳平市	690	276	243	15	17		1	6	5
宁德市	**28503**	**5314**	**3457**	**43**	**144**	**1541**	**129**	**79**	**29**
蕉城区	1078	182	150	1	11	20		2	
霞浦县	8365	1801	552	7	51	1189	2	13	
古田县	4100	921	829	5	34	30	23	9	
屏南县	1571	204	183	3	11	5	2	8	1
寿宁县	1897	375	327	3	13	2	30	5	
周宁县	1885	307	290	10	5	2		4	
柘荣县	1493	137	131	1	4	1		7	2
福安市	4329	554	419	8	11	74	42		
福鼎市	3785	833	576	5	4	218	30	31	26
女	**226980**	**24174**	**19659**	**388**	**1660**	**1833**	**634**	**203**	**79**
福州市	**33870**	**2508**	**1984**	**8**	**81**	**395**	**40**	**9**	**3**
鼓楼区									
台江区									
仓山区									
马尾区									
晋安区	21	1	1						
长乐区	3344	162	146		5	9	2		
闽侯县	9107	145	113	5	9	17	1	2	
连江县	5777	413	244		14	121	34		
罗源县	2805	163	39		3	119	2	1	
闽清县	1787	88	77	1	9	1			
永泰县	2412	178	163	1	9	4	1		
平潭县	3072	132	58	1	3	70		1	
福清市	5545	1226	1143		29	54		5	3
厦门市	**6412**	**145**	**129**	**2**	**9**	**5**		**1**	
思明区									
海沧区									
湖里区	47								
集美区	6	1		1					
同安区	313	20	19		1				
翔安区	6046	124	110	1	8	5		1	
莆田市	**10212**	**1038**	**911**	**5**	**25**	**74**	**23**	**5**	
城厢区	571	36	27		1	8			
涵江区	228	45	45						
荔城区	114	6	3				3		
秀屿区	2022	709	618		12	62	17	4	
仙游县	7277	242	218	5	12	4	3	1	
三明市	**17794**	**1870**	**1492**	**80**	**270**	**11**	**17**	**62**	**35**
梅列区	192	11	11						
三元区	96	17	11	4	1	1			
明溪县	884	62	55	4	3				
清流县	1555	326	243	9	69	3	2	2	
宁化县	2494	369	341	13	11	1	3	8	1
大田县	3130	502	347	4	148	3		36	32
尤溪县	2633	102	81	8	13			6	
沙县	2746	67	42	10	12	2	1	2	
将乐县	1329	88	71	12	5			3	2
泰宁县	1207	93	87	2	3		1	1	
建宁县	1155	147	139	2	4	1	1	3	
永安市	373	86	64	12	1		9	1	

4-4b　续表 4

单位：人

地　区 性　别	合　计	农、林、牧、渔业						采矿业	
		小计	农业	林业	畜牧业	渔业	农、林、牧、渔专业及辅助性活动	小计	煤炭开采和洗选业
泉州市	**66999**	**4262**	**3400**	**52**	**594**	**191**	**25**	**51**	**16**
鲤城区									
丰泽区									
洛江区	935	13	10		3				
泉港区	1394	53	24	1	1	26	1	1	
惠安县	13062	364	254	1	28	76	5	5	
安溪县	10494	955	813	2	139	1		1	
永春县	5302	712	632	4	73		3	19	16
德化县	6236	121	101	4	16			19	
石狮市	3320	84	19			61	4	2	
晋江市	8736	94	67	2	9	10	6		
南安市	17520	1866	1480	38	325	17	6	4	
漳州市	**46817**	**8960**	**7405**	**120**	**369**	**668**	**398**	**23**	
芗城区	1938	155	139	4	6	3	3		
龙文区									
云霄县	5238	690	618	6	39	21	6		
漳浦县	9582	2249	1639	24	91	347	148	17	
诏安县	6185	1708	1510	8	60	97	33		
长泰县	3334	209	157	10	31	8	3	2	
东山县	3271	395	171		13	144	67	3	
南靖县	4079	1007	849	50	48	24	36		
平和县	4221	1746	1670	4	21	3	48		
华安县	1556	408	326	4	28	2	48		
龙海市	7413	393	326	10	32	19	6	1	
南平市	**9974**	**1149**	**945**	**73**	**87**	**18**	**26**	**5**	**1**
延平区	749	150	105	11	23	11			
建阳区	504	74	67	2	4		1	1	
顺昌县	1379	121	101	7	7	2	4		
浦城县	2047	198	167	10	19	2			
光泽县	1211	39	14	4	20		1	1	1
松溪县	838	59	55	1	3				
政和县	1415	81	70	7	2		2	1	
邵武市	462	86	80	3	1	1	1	2	
武夷山市	242	10	6	2		1	1		
建瓯市	1127	331	280	26	8	1	16		
龙岩市	**15971**	**1690**	**1463**	**40**	**154**	**8**	**25**	**44**	**22**
新罗区	1055	117	92	3	18	2	2	17	14
永定区	1452	206	191	2	9		4	4	3
长汀县	4001	299	278	4	16		1	2	1
上杭县	4116	383	308	12	52	5	6	11	
武平县	2739	280	244	2	29	1	4	5	2
连城县	2110	184	157	11	16			4	1
漳平市	498	221	193	6	14		8	1	1
宁德市	**18931**	**2552**	**1930**	**8**	**71**	**463**	**80**	**3**	**2**
蕉城区	625	79	73		2	4			
霞浦县	7115	711	271		39	395	6	1	1
古田县	2349	348	327	1	7	5	8		
屏南县	1001	86	81		2		3		
寿宁县	1123	223	211		4	1	7		
周宁县	1048	115	104	3	6	2			
柘荣县	888	55	49	1		1	4		
福安市	2138	314	269		8	32	5		
福鼎市	2644	621	545	3	3	23	47	2	1

4−4b 续表 5

单位：人

地区 性别	采矿业						制造业		
	石油和天然气开采业	黑色金属矿采选业	有色金属矿采选业	非金属矿采选业	开采专业及辅助性活动	其他采矿业	小计	农副食品加工业	食品制造业
合　计	**2**	**130**	**190**	**602**	**48**	**28**	**144829**	**8374**	**5183**
福州市		**5**	**3**	**95**	**2**	**4**	**16671**	**920**	**492**
鼓楼区									
台江区									
仓山区									
马尾区									
晋安区				2			22		
长乐区		1		7			4027	139	35
闽侯县				9			4640	169	146
连江县		1		5	1		1391	188	91
罗源县		2		38		3	1966	26	9
闽清县				10		1	690	14	32
永泰县		1		1			864	12	50
平潭县				7	1		220	6	5
福清市			3	16			2851	366	124
厦门市			**1**	**7**	**1**		**8436**	**111**	**234**
思明区									
海沧区									
湖里区							1		
集美区							3		1
同安区							326	8	7
翔安区			1	7	1		8106	103	226
莆田市		**1**		**27**	**1**		**6644**	**130**	**156**
城厢区							546	24	11
涵江区							142	1	4
荔城区							65	4	1
秀屿区				11			846	31	12
仙游县		1		16	1		5045	70	128
三明市	**1**	**16**	**69**	**55**	**2**	**7**	**6697**	**293**	**416**
梅列区				2			230	4	2
三元区						1	109	8	1
明溪县				1		1	377	10	5
清流县		1		5		1	360	8	16
宁化县			32	8			698	35	24
大田县		11	3	17		2	1049	38	44
尤溪县	1	1	28	5	1	2	1585	78	35
沙县				5			1215	63	228
将乐县		2	2	4			382	17	19
泰宁县			3	2			139	4	10
建宁县				5	1		303	21	29
永安市		1	1	1			250	7	3
泉州市	**1**	**58**	**15**	**152**	**20**	**1**	**59673**	**1099**	**1372**
鲤城区									
丰泽区									
洛江区				1			1109	19	32
泉港区				5	1	1	798	63	19
惠安县		2		35			11193	202	417
安溪县		3		27			5201	77	273
永春县		2	1	12			3090	67	101
德化县		51	14	27	2		6234	47	21
石狮市	1			4			4725	239	39
晋江市				7			11031	222	259
南安市				34	17		16292	163	211
漳州市		**4**		**128**	**5**	**7**	**26964**	**2899**	**1590**
芗城区				3			2070	121	110
龙文区									
云霄县				6		1	1850	350	117
漳浦县				69	2		4345	491	207

4-4b 续表 6

单位：人

地区 性别	采矿业 石油和天然气开采业	采矿业 黑色金属矿采选业	采矿业 有色金属矿采选业	采矿业 非金属矿采选业	采矿业 开采专业及辅助性活动	采矿业 其他采矿业	制造业 小计	制造业 农副食品加工业	制造业 食品制造业
诏安县				3			2224	307	91
长泰县				8	2	2	4012	95	86
东山县				14		1	1573	848	53
南靖县		1		2			1720	178	218
平和县		1		3	1	2	959	104	74
华安县		2		6			946	41	34
龙海市				14		1	7265	364	600
南平市		**8**	**10**	**30**		**3**	**4934**	**1133**	**184**
延平区				4			332	17	28
建阳区				3			260	9	6
顺昌县				4			477	71	29
浦城县				3			936	332	45
光泽县							723	515	9
松溪县		2		1			336	28	15
政和县		1	10	2		3	840	128	23
邵武市		5		12			471	14	3
武夷山市							81	3	6
建瓯市				1			478	16	20
龙岩市		**34**	**89**	**69**	**15**	**3**	**6450**	**468**	**387**
新罗区		2		10	11		395	35	12
永定区			5	17	2		648	77	19
长汀县		2	3	7			1933	73	99
上杭县		6	71	16	2		1706	112	30
武平县		1	8	13		3	870	82	18
连城县		23	2	5			837	88	209
漳平市				1			61	1	
宁德市		**4**	**3**	**39**	**2**	**3**	**8360**	**1321**	**352**
蕉城区				2			511	50	5
霞浦县		1	1	9	1	1	1970	862	50
古田县		2		6		1	695	255	38
屏南县				7			171	6	4
寿宁县				4		1	323	18	17
周宁县		1		2	1		232	11	15
柘荣县				5			369	3	7
福安市							2306	37	175
福鼎市			2	4			1783	79	41
男	**2**	**115**	**164**	**526**	**43**	**26**	**82154**	**3826**	**2351**
福州市		**5**	**3**	**89**	**2**	**4**	**10302**	**453**	**258**
鼓楼区									
台江区									
仓山区									
马尾区									
晋安区				2			16		
长乐区		1		7			2497	80	20
闽侯县				7			2858	92	85
连江县		1		5	1		836	77	48
罗源县		2		37		3	1517	12	4
闽清县				10		1	381	10	16
永泰县		1		1			335	8	23
平潭县				6	1		158	1	1
福清市			3	14			1704	173	61
厦门市			**1**	**7**			**5150**	**58**	**98**
思明区									
海沧区									
湖里区									
集美区							1		
同安区							173	5	2
翔安区			1	7			4976	53	96

4-4b 续表 7 单位：人

地区 性别	采矿业 石油和天然气开采业	黑色金属矿采选业	有色金属矿采选业	非金属矿采选业	开采专业及辅助性活动	其他采矿业	制造业 小计	农副食品加工业	食品制造业
莆田市		**1**		**22**	**1**		**3672**	**73**	**84**
城厢区							241	14	6
涵江区							59		2
荔城区							37	3	1
秀屿区				7			441	15	4
仙游县		1		15	1		2894	41	71
三明市	**1**	**15**	**55**	**45**	**1**	**6**	**3720**	**166**	**144**
梅列区				2			160	1	1
三元区						1	77	7	
明溪县				1		1	225	3	3
清流县		1		4			133	4	4
宁化县			26	7			349	19	8
大田县		10	2	15		2	434	24	18
尤溪县	1	1	23	4	1	2	929	45	14
沙县				3			749	36	70
将乐县		2	1	4			262	8	7
泰宁县			2	2			82	3	4
建宁县				3			162	14	13
永安市		1	1				158	2	2
泉州市	**1**	**47**	**13**	**131**	**19**	**1**	**33096**	**551**	**662**
鲤城区									
丰泽区									
洛江区				1			567	13	19
泉港区				4	1	1	371	22	5
惠安县		1		31			5781	87	196
安溪县		3		26			2831	42	144
永春县		2	1	9			1268	41	52
德化县		41	12	20	2		2982	25	10
石狮市	1			2			2877	106	21
晋江市				7			6329	118	123
南安市				31	16		10090	97	92
漳州市		**4**		**106**	**5**	**6**	**14929**	**1271**	**673**
芗城区				3			1160	72	36
龙文区									
云霄县				6		1	961	138	56
漳浦县				52	2		2152	202	82
诏安县				3			864	107	40
长泰县				7	2	1	2416	47	37
东山县				11		1	862	379	24
南靖县		1		2			904	87	89
平和县		1		3	1	2	612	46	36
华安县		2		6			590	24	9
龙海市				13		1	4408	169	264
南平市		**8**	**9**	**27**		**3**	**2876**	**645**	**92**
延平区				4			186	8	17
建阳区				2			136	6	3
顺昌县				4			311	35	12
浦城县				3			593	220	19
光泽县							373	254	4
松溪县		2		1			188	18	9
政和县		1	9	2		3	511	82	14
邵武市		5		10			275	8	3
武夷山市							56	2	3
建瓯市				1			247	12	8
龙岩市		**31**	**81**	**60**	**13**	**3**	**3567**	**254**	**136**
新罗区		2		9	9		255	19	3
永定区			5	16	2		362	42	6

4-4b　续表 8　　　　单位：人

地区 性别	采矿业 石油和天然气开采业	黑色金属矿采选业	有色金属矿采选业	非金属矿采选业	开采专业及辅助性活动	其他采矿业	制造业 小计	农副食品加工业	食品制造业
长汀县		2	3	6			870	35	43
上杭县		6	63	13	2		1115	54	10
武平县		1	8	10		3	479	47	9
连城县		20	2	5			445	56	65
漳平市				1			41	1	
宁德市		**4**	**2**	**39**	**2**	**3**	**4842**	**355**	**204**
蕉城区				2			280	23	4
霞浦县		1	1	9	1	1	714	143	34
古田县		2		6		1	436	102	23
屏南县				7			118	3	1
寿宁县				4		1	226	11	10
周宁县		1		2	1		133	8	10
柘荣县				5			214	2	4
福安市							1730	23	95
福鼎市			1	4			991	40	23
女		**15**	**26**	**76**	**5**	**2**	**62675**	**4548**	**2832**
福州市				**6**			**6369**	**467**	**234**
鼓楼区									
台江区									
仓山区									
马尾区									
晋安区							6		
长乐区							1530	59	15
闽侯县				2			1782	77	61
连江县							555	111	43
罗源县				1			449	14	5
闽清县							309	4	16
永泰县							529	4	27
平潭县				1			62	5	4
福清市				2			1147	193	63
厦门市					**1**		**3286**	**53**	**136**
思明区									
海沧区									
湖里区							1		
集美区							2		1
同安区							153	3	5
翔安区					1		3130	50	130
莆田市				**5**			**2972**	**57**	**72**
城厢区							305	10	5
涵江区							83	1	2
荔城区							28	1	
秀屿区				4			405	16	8
仙游县				1			2151	29	57
三明市		**1**	**14**	**10**	**1**	**1**	**2977**	**127**	**272**
梅列区							70	3	1
三元区							32	1	1
明溪县							152	7	2
清流县				1		1	227	4	12
宁化县			6	1			349	16	16
大田县		1	1	2			615	14	26
尤溪县			5	1			656	33	21
沙县				2			466	27	158
将乐县			1				120	9	12
泰宁县			1				57	1	6
建宁县				2	1		141	7	16
永安市				1			92	5	1

4－4b 续表 9

单位：人

地区 性别	采矿业						制造业		
	石油和天然气开采业	黑色金属矿采选业	有色金属矿采选业	非金属矿采选业	开采专业及辅助性活动	其他采矿业	小计	农副食品加工业	食品制造业
泉州市		**11**	**2**	**21**	**1**		**26577**	**548**	**710**
鲤城区									
丰泽区									
洛江区							542	6	13
泉港区				1			427	41	14
惠安县		1		4			5412	115	221
安溪县				1			2370	35	129
永春县				3			1822	26	49
德化县		10	2	7			3252	22	11
石狮市				2			1848	133	18
晋江市							4702	104	136
南安市				3	1		6202	66	119
漳州市				**22**		**1**	**12035**	**1628**	**917**
芗城区							910	49	74
龙文区									
云霄县							889	212	61
漳浦县				17			2193	289	125
诏安县							1360	200	51
长泰县				1		1	1596	48	49
东山县				3			711	469	29
南靖县							816	91	129
平和县							347	58	38
华安县							356	17	25
龙海市				1			2857	195	336
南平市			**1**	**3**			**2058**	**488**	**92**
延平区							146	9	11
建阳区				1			124	3	3
顺昌县							166	36	17
浦城县							343	112	26
光泽县							350	261	5
松溪县							148	10	6
政和县			1				329	46	9
邵武市				2			196	6	
武夷山市							25	1	3
建瓯市							231	4	12
龙岩市		**3**	**8**	**9**	**2**		**2883**	**214**	**251**
新罗区				1	2		140	16	9
永定区				1			286	35	13
长汀县				1			1063	38	56
上杭县			8	3			591	58	20
武平县				3			391	35	9
连城县		3					392	32	144
漳平市							20		
宁德市			**1**				**3518**	**966**	**148**
蕉城区							231	27	1
霞浦县							1256	719	16
古田县							259	153	15
屏南县							53	3	3
寿宁县							97	7	7
周宁县							99	3	5
柘荣县							155	1	3
福安市							576	14	80
福鼎市			1				792	39	18

4-4b 续表 10　　单位：人

地区 性别	制造业								
	酒、饮料和精制茶制造业	烟草制品业	纺织业	纺织服装、服饰业	皮革、毛皮、羽毛及其制品和制鞋业	木材加工和木、竹、藤、棕、草制品业	家具制造业	造纸和纸制品业	印刷和记录媒介复制业
合计	**2578**	**131**	**9079**	**13527**	**9860**	**4965**	**4402**	**3971**	**1005**
福州市	**103**	**32**	**2892**	**884**	**770**	**341**	**684**	**222**	**87**
鼓楼区									
台江区									
仓山区									
马尾区									
晋安区						1	19		
长乐区	8		2252	20	39	6	135	36	3
闽侯县	55		46	282	170	163	271	79	39
连江县	23	1	53	45	168	44	45	40	16
罗源县		31	10	17	6	27	61	7	2
闽清县	5		2	16	23	18	9	17	4
永泰县	7		222	413	5	23	20	1	
平潭县	1		9	5	2	14	9		5
福清市	4		298	86	357	45	115	42	18
厦门市	**84**		**145**	**107**	**68**	**58**	**89**	**108**	**88**
思明区									
海沧区									
湖里区									
集美区			1						
同安区	46		8	13	23	13	7	5	2
翔安区	38		136	94	45	45	82	103	86
莆田市	**17**	**2**	**192**	**556**	**1728**	**348**	**1162**	**47**	**23**
城厢区	1		26	128	240	4	2	5	2
涵江区			4	14	102	1	1		
荔城区					11	4	3		
秀屿区			36	121	136	131	116	3	4
仙游县	16	2	126	293	1239	208	1040	39	17
三明市	**59**	**9**	**913**	**710**	**183**	**782**	**126**	**441**	**30**
梅列区			4	2		4	4		
三元区		1		3	1	5	4	3	
明溪县	1		4	111	8	26	8		
清流县	2		42	64	15	21	1	1	3
宁化县	6	6	85	97	51	34	29	9	4
大田县	17	1	37	317	57	36	12	46	7
尤溪县	11		631	52	21	327	10	58	7
沙县	10		38	9	1	109	32	239	
将乐县		1	13	8	12	83	20	26	1
泰宁县	5		8	10		34	2	2	4
建宁县	7		5	35	17	24	4	53	3
永安市			46	2		79		4	1
泉州市	**939**	**2**	**3564**	**8440**	**6145**	**712**	**774**	**2083**	**538**
鲤城区									
丰泽区									
洛江区	1		5	84	262	5	54	158	13
泉港区	9		87	101	113	25	32	9	3
惠安县	137	2	142	1845	2632	80	205	460	67
安溪县	656		25	672	61	134	70	223	40
永春县	60		128	1070	318	71	46	102	10
德化县	15		32	116	21	120	41	190	63
石狮市	17		1739	597	159	10	3	44	28
晋江市	19		1195	2698	1427	49	40	531	196
南安市	25		211	1257	1152	218	283	366	118
漳州市	**582**	**10**	**617**	**1417**	**437**	**986**	**1196**	**843**	**149**
芗城区	20		8	18	10	69	495	86	37
龙文区									
云霄县	38	2	29	69	19	90	16	51	9
漳浦县	145		168	813	98	263	49	53	30

4-4b 续表 11

单位：人

地区 性别	制造业								
	酒、饮料和精制茶制造业	烟草制品业	纺织业	纺织服装、服饰业	皮革、毛皮、羽毛及其制品和制鞋业	木材加工和木、竹、藤、棕、草制品业	家具制造业	造纸和纸制品业	印刷和记录媒介复制业
诏安县	50		79	270	10	46	37	47	18
长泰县	22	5	96	77	183	62	113	139	6
东山县	7		28	18	11	23	7	7	7
南靖县	52	3	19	57	26	82	81	77	7
平和县	15		21	37	30	106	23	68	5
华安县	183		33	6	10	99	89	22	2
龙海市	50		136	52	40	146	286	293	28
南平市	**189**	**14**	**74**	**162**	**79**	**1172**	**155**	**59**	**25**
延平区		1	6	32	4	79	5	4	
建阳区	2		8	9	4	128	10	2	
顺昌县	6	3	1	10	1	105	11	4	1
浦城县	12		3	28	22	79	22	13	7
光泽县	14	1	2	31	3	41	10	5	1
松溪县	9		12	28	21	75	15	7	1
政和县	56		5	7	13	320	24	11	3
邵武市	1	9	36	4	4	143	24	7	8
武夷山市	57		1			1		1	1
建瓯市	32			13	7	201	34	5	3
龙岩市	**80**	**59**	**294**	**930**	**134**	**312**	**139**	**81**	**38**
新罗区	12	5	5	9	2	43	15	5	2
永定区	5	42	7	28	3	32	20	14	4
长汀县	15	7	219	704	97	60	27	29	15
上杭县	12	5	35	112	17	38	35	9	6
武平县	19		16	47	10	56	26	5	5
连城县	5		12	27	4	69	14	18	6
漳平市	12			3	1	14	2	1	
宁德市	**525**	**3**	**388**	**321**	**316**	**254**	**77**	**87**	**27**
蕉城区	144		3	2	2	38	5	5	
霞浦县	24		189	74	171	47	28	8	10
古田县	10	1	5	15	2	35	8	8	2
屏南县	12	2	2	10		23	13		1
寿宁县	43		3	38	7	19	10		1
周宁县	67		2	5		22	2	1	2
柘荣县	18		10	49	2	12	1	2	1
福安市	43		2	17	8	29	9	27	1
福鼎市	164		172	111	124	29	1	36	9
男	**1323**	**69**	**4802**	**3684**	**4044**	**3217**	**2950**	**2287**	**614**
福州市	**67**	**26**	**1578**	**238**	**330**	**247**	**444**	**124**	**50**
鼓楼区									
台江区									
仓山区									
马尾区									
晋安区						1	13		
长乐区	6		1235	11	23	5	79	23	1
闽侯县	35		19	95	65	108	188	42	20
连江县	15	1	13	21	60	39	28	18	8
罗源县		25	6	5	2	24	42	3	2
闽清县	4		1	1	12	14	5	10	4
永泰县	4		122	70	1	13	15	1	
平潭县			2	3		13	8		4
福清市	3		180	32	167	30	66	27	11
厦门市	**55**		**84**	**41**	**28**	**41**	**65**	**67**	**61**
思明区									
海沧区									
湖里区									
集美区									
同安区	33		3	4	7	6	5	4	2
翔安区	22		81	37	21	35	60	63	59

4-4b 续表 12

单位：人

地区 性别	制造业								
	酒、饮料和精制茶制造业	烟草制品业	纺织业	纺织服装、服饰业	皮革、毛皮、羽毛及其制品和制鞋业	木材加工和木、竹、藤、棕、草制品业	家具制造业	造纸和纸制品业	印刷和记录媒介复制业
莆田市	**13**	**1**	**89**	**140**	**621**	**244**	**801**	**27**	**17**
城厢区	1		8	14	114	3	2	4	1
涵江区			3	4	35	1	1		
荔城区					1	4	2		
秀屿区			11	24	32	91	88		2
仙游县	12	1	67	98	439	145	708	23	14
三明市	**36**	**7**	**433**	**161**	**46**	**473**	**83**	**284**	**17**
梅列区			1	1		4	2		
三元区		1		1	1	4	2	2	
明溪县				55	6	19	5		
清流县			6	12	2	12		1	1
宁化县	4	5	30	25	13	19	22	5	3
大田县	8		8	35	3	18	9	26	4
尤溪县	9		330	16	13	191	8	37	4
沙县	6		14	4		69	19	164	
将乐县		1	6	4	6	59	12	17	1
泰宁县	4		5	3		19	2		1
建宁县	5		4	4	2	14	2	30	2
永安市			29	1		45		2	1
泉州市	**485**	**1**	**2159**	**2463**	**2603**	**522**	**557**	**1128**	**337**
鲤城区									
丰泽区									
洛江区			2	19	89	5	43	82	9
泉港区	7		40	9	22	17	22	5	1
惠安县	80	1	60	350	1034	60	152	272	44
安溪县	319		9	142	15	98	48	110	23
永春县	39		52	227	81	54	37	32	5
德化县	8		10	23	7	74	28	86	35
石狮市	11		1134	229	98	8	2	32	20
晋江市	10		758	1141	819	34	27	309	127
南安市	11		94	323	438	172	198	200	73
漳州市	**303**	**5**	**245**	**295**	**239**	**664**	**751**	**536**	**79**
芗城区	13		3	2	6	37	294	50	16
龙文区									
云霄县	19		14	17	10	69	14	26	6
漳浦县	60		58	160	58	178	42	34	17
诏安县	31		16	57	4	33	29	16	9
长泰县	12	2	48	22	105	42	80	105	2
东山县	2		8	6	4	21	7	3	3
南靖县	28	3	2	7	10	50	42	47	2
平和县	7		13	8	21	69	14	51	4
华安县	107		13		7	61	60	17	1
龙海市	24		70	16	14	104	169	187	19
南平市	**126**	**6**	**22**	**22**	**21**	**649**	**95**	**35**	**17**
延平区		1	2	3	1	50	4	4	
建阳区	2		3	2	1	54	6	1	
顺昌县	5	2		2		65	7	2	1
浦城县	7		1	3	6	49	12	7	5
光泽县	8			4	1	27	8	4	1
松溪县	4		6	3	6	49	11	4	
政和县	39		2	3	2	171	12	8	2
邵武市	1	3	8		3	75	16	3	6
武夷山市	42					1			1
建瓯市	18			2	1	108	19	2	1
龙岩市	**44**	**20**	**100**	**230**	**43**	**181**	**98**	**47**	**22**
新罗区	7	4	2	3	2	25	8	3	2
永定区		6	2	5	1	12	13	3	1

4−4b 续表 13

单位：人

地 区 性 别	制造业 酒、饮料和精制茶制造业	烟 草制品业	纺织业	纺织服装、服饰业	皮革、毛皮、羽毛及其制品和制鞋业	木材加工和木、竹、藤、棕、草制品业	家 具制造业	造纸和纸制品业	印刷和记录媒介复制业
长汀县	9	6	76	180	25	43	18	22	8
上杭县	9	4	11	25	7	25	26	4	4
武平县	9		6	13	3	30	18	3	2
连城县	3		3	4	4	38	13	11	5
漳平市	7				1	8	2	1	
宁德市	**194**	**3**	**92**	**94**	**113**	**196**	**56**	**39**	**14**
蕉城区	20		2			26	4	1	
霞浦县	16		30	12	39	39	23	4	6
古田县	8	1	2	6	1	24	6	5	1
屏南县	7	2	2	4		19	7		
寿宁县	35		1	16	3	13	7		1
周宁县	6		1	2		20	2		1
柘荣县	13		5	11	1	12	1	1	
福安市	29			4	2	18	5	15	
福鼎市	60		49	39	67	25	1	13	5
女	**1255**	**62**	**4277**	**9843**	**5816**	**1748**	**1452**	**1684**	**391**
福州市	**36**	**6**	**1314**	**646**	**440**	**94**	**240**	**98**	**37**
鼓楼区									
台江区									
仓山区									
马尾区									
晋安区							6		
长乐区	2		1017	9	16	1	56	13	2
闽侯县	20		27	187	105	55	83	37	19
连江县	8		40	24	108	5	17	22	8
罗源县		6	4	12	4	3	19	4	
闽清县	1		1	15	11	4	4	7	
永泰县	3		100	343	4	10	5		
平潭县	1		7	2	2	1	1		1
福清市	1		118	54	190	15	49	15	7
厦门市	**29**		**61**	**66**	**40**	**17**	**24**	**41**	**27**
思明区									
海沧区									
湖里区									
集美区			1						
同安区	13		5	9	16	7	2	1	
翔安区	16		55	57	24	10	22	40	27
莆田市	**4**	**1**	**103**	**416**	**1107**	**104**	**361**	**20**	**6**
城厢区			18	114	126	1		1	1
涵江区			1	10	67				
荔城区					10		1		
秀屿区			25	97	104	40	28	3	2
仙游县	4	1	59	195	800	63	332	16	3
三明市	**23**	**2**	**480**	**549**	**137**	**309**	**43**	**157**	**13**
梅列区			3	1			2		
三元区				2		1	2	1	
明溪县	1		4	56	2	7	3		
清流县	2		36	52	13	9	1		2
宁化县	2	1	55	72	38	15	7	4	1
大田县	9	1	29	282	54	18	3	20	3
尤溪县	2		301	36	8	136	2	21	3
沙县	4		24	5	1	40	13	75	
将乐县			7	4	6	24	8	9	
泰宁县	1		3	7		15		2	3
建宁县	2		1	31	15	10	2	23	1
永安市			17	1		34		2	

4-4b　续表 14　　　　　　　　　　　　　　　　　　单位：人

地　区 性　别	制造业								
	酒、饮料和精制茶制造业	烟　草制品业	纺织业	纺织服装、服饰业	皮革、毛皮、羽毛及其制品和制鞋业	木材加工和木、竹、藤、棕、草制品业	家　具制造业	造纸和纸制品业	印刷和记录媒介复制业
泉州市	**454**	**1**	**1405**	**5977**	**3542**	**190**	**217**	**955**	**201**
鲤城区									
丰泽区									
洛江区	1		3	65	173		11	76	4
泉港区	2		47	92	91	8	10	4	2
惠安县	57	1	82	1495	1598	20	53	188	23
安溪县	337		16	530	46	36	22	113	17
永春县	21		76	843	237	17	9	70	5
德化县	7		22	93	14	46	13	104	28
石狮市	6		605	368	61	2	1	12	8
晋江市	9		437	1557	608	15	13	222	69
南安市	14		117	934	714	46	85	166	45
漳州市	**279**	**5**	**372**	**1122**	**198**	**322**	**445**	**307**	**70**
芗城区	7		5	16	4	32	201	36	21
龙文区									
云霄县	19	2	15	52	9	21	2	25	3
漳浦县	85		110	653	40	85	7	19	13
诏安县	19		63	213	6	13	8	31	9
长泰县	10	3	48	55	78	20	33	34	4
东山县	5		20	12	7	2		4	4
南靖县	24		17	50	16	32	39	30	5
平和县	8		8	29	9	37	9	17	1
华安县	76		20	6	3	38	29	5	1
龙海市	26		66	36	26	42	117	106	9
南平市	**63**	**8**	**52**	**140**	**58**	**523**	**60**	**24**	**8**
延平区			4	29	3	29	1		
建阳区			5	7	3	74	4	1	
顺昌县	1	1	1	8	1	40	4	2	
浦城县	5		2	25	16	30	10	6	2
光泽县	6	1	2	27	2	14	2	1	
松溪县	5		6	25	15	26	4	3	1
政和县	17		3	4	11	149	12	3	1
邵武市		6	28	4	1	68	8	4	2
武夷山市	15		1					1	
建瓯市	14			11	6	93	15	3	2
龙岩市	**36**	**39**	**194**	**700**	**91**	**131**	**41**	**34**	**16**
新罗区	5	1	3	6		18	7	2	
永定区	5	36	5	23	2	20	7	11	3
长汀县	6	1	143	524	72	17	9	7	7
上杭县	3	1	24	87	10	13	9	5	2
武平县	10		10	34	7	26	8	2	3
连城县	2		9	23		31	1	7	1
漳平市	5			3		6			
宁德市	**331**		**296**	**227**	**203**	**58**	**21**	**48**	**13**
蕉城区	124		1	2	2	12	1	4	
霞浦县	8		159	62	132	8	5	4	4
古田县	2		3	9	1	11	2	3	1
屏南县	5			6		4	6		1
寿宁县	8		2	22	4	6	3		
周宁县	61		1	3		2		1	1
柘荣县	5		5	38	1			1	1
福安市	14		2	13	6	11	4	12	1
福鼎市	104		123	72	57	4		23	4

4－4b 续表 15

单位：人

地区 性别	制造业								
	文教、工美、体育和娱乐用品制造业	石油、煤炭及其他燃料加工业	化学原料和化学制品制造业	医药制造业	化学纤维制造业	橡胶和塑料制品业	非金属矿物制品业	黑色金属冶炼和压延加工业	有色金属冶炼和压延加工业
合　计	**9120**	**415**	**2950**	**648**	**1046**	**4964**	**19981**	**3252**	**1664**
福州市	**1264**	**46**	**344**	**71**	**458**	**600**	**1449**	**1363**	**101**
鼓楼区									
台江区									
仓山区									
马尾区									
晋安区									
长乐区	7	4	16	2	449	66	118	361	6
闽侯县	952		59	35	1	140	249	13	16
连江县	28	2	90	6	4	87	102	10	5
罗源县	51	35	22	4		75	376	933	34
闽清县	46		7	7		24	316	8	3
永泰县	21	2	5	1		4	9	5	3
平潭县	3		4	4		2	28	8	
福清市	156	3	141	12	4	202	251	25	34
厦门市	**148**	**2**	**173**	**29**	**19**	**426**	**213**	**14**	**14**
思明区									
海沧区									
湖里区						1			
集美区						1			
同安区	28		8	2		33	9		2
翔安区	120	2	165	27	19	391	204	14	12
莆田市	**1111**	**11**	**63**	**19**	**8**	**139**	**180**	**25**	**12**
城厢区	11	1	3			12	5	1	
涵江区						1	3		
荔城区	23						7		
秀屿区	85	4	2	1	1	27	49	7	2
仙游县	992	6	58	18	7	99	116	17	10
三明市	**103**	**14**	**393**	**74**	**19**	**170**	**513**	**120**	**60**
梅列区		1	25			3	27	56	9
三元区			19			4	24	3	
明溪县	8		99	43			12	5	2
清流县	20		46			2	27	1	5
宁化县	10	2	8	4	1	10	45	7	2
大田县	12	3	10	3		67	110	10	4
尤溪县	32	3	14	4	11	65	50	16	23
沙县	7		134	12		6	43	17	2
将乐县	3	1	12	6	1	3	63	3	7
泰宁县	5	2	9	1			13	1	2
建宁县	5	2	7	1		1	41		3
永安市	1		10		6	9	58	1	1
泉州市	**4272**	**175**	**578**	**97**	**470**	**1475**	**14336**	**368**	**243**
鲤城区									
丰泽区									
洛江区	116	2	12	5		59	21	3	1
泉港区	26	67	51			20	52	1	
惠安县	2105	74	120	17	84	132	1235	8	13
安溪县	1025	1	39	3		73	152	229	4
永春县	83	4	87	15	2	56	330	1	1
德化县	119	2	15	1	2	66	5136	9	40
石狮市	197	1	48	5	3	57	24		132
晋江市	371	7	76	34	377	515	887	29	8
南安市	230	17	130	17	2	497	6499	88	44
漳州市	**1603**	**144**	**861**	**119**	**52**	**1460**	**2085**	**402**	**224**
芗城区	107	4	65	11		81	49	35	10
龙文区									
云霄县	170	4	59	5		76	86	4	6
漳浦县	172	114	297	30	23	104	222	6	12

4-4b 续表 16

单位：人

地 区 性 别	制造业								
	文教、工美、体育和娱乐用品制造业	石油、煤炭及其他燃料加工业	化学原料和化学制品制造业	医 药制造业	化学纤维制造业	橡胶和塑 料制品业	非金属矿 物制品业	黑色金属冶炼和压延加工业	有色金属冶炼和压延加工业
诏安县	575		21	13	4	246	78	3	12
长泰县	179	3	107	15	4	271	565	11	26
东山县	27	1	11	5		32	244	1	10
南靖县	62	3	42	6	4	62	169	36	5
平和县	18		30	1		59	227	2	22
华安县	25		15	1		19	55	37	2
龙海市	268	15	214	32	17	510	390	267	119
南平市	**306**	**12**	**201**	**131**	**11**	**117**	**257**	**33**	**11**
延平区	5		32	2		7	36	6	5
建阳区	10		5			2	22		3
顺昌县	20	3	45	2		5	81	2	1
浦城县	51	5	35	91		54	51		
光泽县	15		10	19		2	5		1
松溪县	18		13	1	11	25	12	8	1
政和县	23	1	5			5	27	11	
邵武市	72		53	15		15	8	4	
武夷山市	2	1					2		
建瓯市	90	2	3	1		2	13	2	
龙岩市	**80**	**11**	**258**	**24**	**5**	**89**	**516**	**23**	**705**
新罗区	2	3	20	4		8	77	3	4
永定区	8		18	1		3	119	1	2
长汀县	12	1	37	7	5	9	61	5	145
上杭县	18	2	137	4		14	100	2	544
武平县	12	5	10	3		34	71	2	3
连城县	27		34	5		21	82	9	7
漳平市	1		2				6	1	
宁德市	**233**		**79**	**84**	**4**	**488**	**432**	**904**	**294**
蕉城区	2				1	3	35	2	33
霞浦县	57		20	2	3	51	98	63	7
古田县	23		5	33		27	93	7	3
屏南县	20		8			3	34	2	1
寿宁县	18		1			2	25	14	4
周宁县	6		1			5	10	3	
柘荣县	12		3	29		3	12	7	1
福安市	31		11	12		33	46	793	241
福鼎市	64		30	8		361	79	13	4
男	**4947**	**327**	**2014**	**354**	**683**	**2915**	**13203**	**2649**	**1294**
福州市	**726**	**31**	**251**	**31**	**289**	**361**	**1096**	**1091**	**81**
鼓楼区									
台江区									
仓山区									
马尾区									
晋安区									
长乐区	4	4	9	2	282	46	101	307	4
闽侯县	555		39	18		80	193	11	12
连江县	15	1	77	4	3	49	87	5	5
罗源县	33	23	18	1		46	314	725	28
闽清县	23		4	1		11	168	7	2
永泰县	12	2	4	1		2	6	5	3
平潭县	2		4	1		1	26	8	
福清市	82	1	96	3	4	126	201	23	27
厦门市	**71**	**2**	**93**	**16**	**12**	**247**	**156**	**13**	**10**
思明区									
海沧区									
湖里区									
集美区						1			
同安区	13		7	1		14	6		1
翔安区	58	2	86	15	12	232	150	13	9

4−4b　续表 17　　　　　　　　　　　　　　　　　　单位：人

地　区 性　别	制造业 文教、工美、体育和娱乐用品制造业	石油、煤炭及其他燃料加工业	化学原料和化学制品制造业	医　药制造业	化学纤维制造业	橡胶和塑　料制品业	非金属矿　物制品业	黑色金属冶炼和压延加工业	有色金属冶炼和压延加工业
莆田市	**737**	**9**	**46**	**9**	**6**	**98**	**143**	**22**	**10**
城厢区	5		2			9	4	1	
涵江区						1	3		
荔城区	14						7		
秀屿区	46	3	2	1		16	41	7	2
仙游县	672	6	42	8	6	72	88	14	8
三明市	**44**	**13**	**283**	**38**	**12**	**107**	**388**	**92**	**50**
梅列区		1	20				22	41	7
三元区			16			1	16	2	
明溪县	5		71	18			10	5	2
清流县			34			1	16	1	4
宁化县	4	2	5	1	1	6	33	5	2
大田县	8	3	5	1		35	83	10	4
尤溪县	17	3	11	3	6	52	42	12	19
沙县	4		96	8		4	32	12	1
将乐县	2	1	7	5		2	52	2	7
泰宁县	2	2	6	1			11	1	2
建宁县	2	1	5	1		1	28		1
永安市			7		5	5	43	1	1
泉州市	**2480**	**136**	**376**	**45**	**327**	**909**	**8900**	**276**	**166**
鲤城区									
丰泽区									
洛江区	57	2	10	1		31	14	3	1
泉港区	8	51	35			10	42	1	
惠安县	1355	59	70	10	53	91	876	7	10
安溪县	592	1	30	3		45	119	175	4
永春县	38	3	48	5	1	33	201	1	1
德化县	56	2	11		1	35	2391	8	32
石狮市	101	1	39	3	2	34	21		79
晋江市	164	4	50	16	268	340	563	23	7
南安市	109	13	83	7	2	290	4673	58	32
漳州市	**607**	**118**	**596**	**61**	**24**	**733**	**1548**	**340**	**162**
芗城区	49	2	36	6		53	33	25	4
龙文区									
云霄县	62	4	42	4		40	65	4	5
漳浦县	83	96	233	16	5	54	181	4	10
诏安县	130		14	5	3	63	59	3	9
长泰县	93	1	69	11	3	155	394	6	19
东山县	11		8	1		11	197	1	9
南靖县	21	3	25	3	2	38	122	30	4
平和县	6		22			33	157	2	22
华安县	14		9			12	34	28	1
龙海市	138	12	138	15	11	274	306	237	79
南平市	**144**	**9**	**145**	**100**	**5**	**69**	**193**	**26**	**11**
延平区	1		21	1		1	21	5	5
建阳区	3		3			1	16		3
顺昌县	18	2	32	1		3	64	1	1
浦城县	24	3	27	72		42	37		
光泽县	5		8	14		1	4		1
松溪县	8		11		5	8	9	6	1
政和县	8	1	3			5	22	9	
邵武市	46		38	11		8	7	4	
武夷山市		1					2		
建瓯市	31	2	2	1			11	1	
龙岩市	**40**	**9**	**173**	**11**	**5**	**58**	**381**	**16**	**585**
新罗区	1	3	12	1		7	61	2	4
永定区	4		11			2	89	1	2

4-4b 续表 18

单位：人

地区 性别	制造业								
	文教、工美、体育和娱乐用品制造业	石油、煤炭及其他燃料加工业	化学原料和化学制品制造业	医药制造业	化学纤维制造业	橡胶和塑料制品业	非金属矿物制品业	黑色金属冶炼和压延加工业	有色金属冶炼和压延加工业
长汀县	6		23	4	5	6	44	3	107
上杭县	9	2	101	2		9	66		468
武平县	7	4	4	1		20	57	1	1
连城县	13		21	3		14	59	8	3
漳平市			1				5	1	
宁德市	**98**		**51**	**43**	**3**	**333**	**398**	**773**	**219**
蕉城区	2				1	1	34	2	31
霞浦县	19		13	2	2	37	87	54	6
古田县	11		2	19		20	89	6	2
屏南县	5		4			3	31	2	1
寿宁县	13		1			2	19	10	1
周宁县	3		1			3	10	3	
柘荣县	6		3	16		2	10	7	1
福安市	13		9	1		10	41	678	174
福鼎市	26		18	5		255	77	11	3
女	**4173**	**88**	**936**	**294**	**363**	**2049**	**6778**	**603**	**370**
福州市	**538**	**15**	**93**	**40**	**169**	**239**	**353**	**272**	**20**
鼓楼区									
台江区									
仓山区									
马尾区									
晋安区									
长乐区	3		7		167	20	17	54	2
闽侯县	397		20	17	1	60	56	2	4
连江县	13	1	13	2	1	38	15	5	
罗源县	18	12	4	3		29	62	208	6
闽清县	23		3	6		13	148	1	1
永泰县	9		1			2	3		
平潭县	1			3		1	2		
福清市	74	2	45	9		76	50	2	7
厦门市	**77**		**80**	**13**	**7**	**179**	**57**	**1**	**4**
思明区									
海沧区									
湖里区						1			
集美区									
同安区	15		1	1		19	3		1
翔安区	62		79	12	7	159	54	1	3
莆田市	**374**	**2**	**17**	**10**	**2**	**41**	**37**	**3**	**2**
城厢区	6	1	1			3	1		
涵江区									
荔城区	9								
秀屿区	39	1			1	11	8		
仙游县	320		16	10	1	27	28	3	2
三明市	**59**	**1**	**110**	**36**	**7**	**63**	**125**	**28**	**10**
梅列区			5			3	5	15	2
三元区			3			3	8	1	
明溪县	3		28	25			2		
清流县	20		12			1	11		1
宁化县	6		3	3		4	12	2	
大田县	4		5	2		32	27		
尤溪县	15		3	1	5	13	8	4	4
沙县	3		38	4		2	11	5	1
将乐县	1		5	1	1	1	11	1	
泰宁县	3		3				2		
建宁县	3	1	2				13		2
永安市	1		3		1	4	15		

4-4b 续表 19

单位：人

地区 性别	制造业								
	文教、工美、体育和娱乐用品制造业	石油、煤炭及其他燃料加工业	化学原料和化学制品制造业	医药制造业	化学纤维制造业	橡胶和塑料制品业	非金属矿物制品业	黑色金属冶炼和压延加工业	有色金属冶炼和压延加工业
泉州市	**1792**	**39**	**202**	**52**	**143**	**566**	**5436**	**92**	**77**
鲤城区									
丰泽区									
洛江区	59		2	4		28	7		
泉港区	18	16	16			10	10		
惠安县	750	15	50	7	31	41	359	1	3
安溪县	433		9			28	33	54	
永春县	45	1	39	10	1	23	129		
德化县	63		4	1	1	31	2745	1	8
石狮市	96		9	2	1	23	3		53
晋江市	207	3	26	18	109	175	324	6	1
南安市	121	4	47	10		207	1826	30	12
漳州市	**996**	**26**	**265**	**58**	**28**	**727**	**537**	**62**	**62**
芗城区	58	2	29	5		28	16	10	6
龙文区									
云霄县	108		17	1		36	21		1
漳浦县	89	18	64	14	18	50	41	2	2
诏安县	445		7	8	1	183	19		3
长泰县	86	2	38	4	1	116	171	5	7
东山县	16	1	3	4		21	47		1
南靖县	41		17	3	2	24	47	6	1
平和县	12		8	1		26	70		
华安县	11		6	1		7	21	9	1
龙海市	130	3	76	17	6	236	84	30	40
南平市	**162**	**3**	**56**	**31**	**6**	**48**	**64**	**7**	
延平区	4		11	1		6	15	1	
建阳区	7		2			1	6		
顺昌县	2	1	13	1		2	17	1	
浦城县	27	2	8	19		12	14		
光泽县	10		2	5		1	1		
松溪县	10		2	1	6	17	3	2	
政和县	15		2				5	2	
邵武市	26		15	4		7	1		
武夷山市	2								
建瓯市	59		1			2	2	1	
龙岩市	**40**	**2**	**85**	**13**		**31**	**135**	**7**	**120**
新罗区	1		8	3		1	16	1	
永定区	4		7	1		1	30		
长汀县	6	1	14	3		3	17	2	38
上杭县	9		36	2		5	34	2	76
武平县	5	1	6	2		14	14	1	2
连城县	14		13	2		7	23	1	4
漳平市	1		1				1		
宁德市	**135**		**28**	**41**	**1**	**155**	**34**	**131**	**75**
蕉城区						2	1		2
霞浦县	38		7		1	14	11	9	1
古田县	12		3	14		7	4	1	1
屏南县	15		4				3		
寿宁县	5						6	4	3
周宁县	3					2			
柘荣县	6			13		1	2		
福安市	18		2	11		23	5	115	67
福鼎市	38		12	3		106	2	2	1

4-4b 续表 20

单位：人

地 区 性 别	制造业 金 属 制品业	通用设备 制造业	专用设备 制造业	汽 车 制造业	铁路、船舶、 航空航天和 其他运输 设备制造业	电气机械 和器材 制造业	计算机、 通信和其 他电子设 备制造业	仪器仪表 制造业	其 他 制造业
合 计	**10184**	**4032**	**2607**	**2195**	**661**	**4635**	**9259**	**467**	**1827**
福州市	**826**	**439**	**263**	**814**	**80**	**276**	**463**	**63**	**51**
鼓楼区									
台江区									
仓山区									
马尾区									
晋安区			2						
长乐区	128	48	16	32	3	23	54	3	7
闽侯县	250	213	100	711	9	131	193	44	31
连江县	99	63	23	5	38	33	27	5	6
罗源县	73	23	7	7	15	26	7	1	1
闽清县	40	22	8	1	1	20	18	4	4
永泰县	32	3	5	1	1	2	8	2	1
平潭县	30	9	8	3	3	3	44		1
福清市	174	58	94	54	10	38	112	4	
厦门市	**401**	**180**	**379**	**81**	**12**	**957**	**4167**	**29**	**57**
思明区									
海沧区									
湖里区									
集美区									
同安区	38	2	9	2	5	19	21	1	15
翔安区	363	178	370	79	7	938	4146	28	42
莆田市	**270**	**109**	**31**	**34**	**9**	**24**	**131**	**20**	**13**
城厢区	56	2	2			4	2		1
涵江区	4	1	1	1			2		
荔城区	2	2	2				4	1	
秀屿区	46	5	10	2		4	1	5	1
仙游县	162	99	16	31	9	16	122	14	11
三明市	**417**	**172**	**128**	**41**	**9**	**109**	**147**	**85**	**36**
梅列区	35	18	5			1	3		
三元区	14	2		16		1			
明溪县	13	3	4	2		3	3		5
清流县	50	3	8	1		9	6		1
宁化县	44	20	12	3	1	24	40	70	6
大田县	85	26	13	1	3	14	36	8	18
尤溪县	50	28	10			10	27	6	2
沙县	70	48	55	11	1	36	11	1	2
将乐县	31	9	7	5	4	7	11		1
泰宁县	7	1	1	1			4		1
建宁县	14	6	10			3	3		
永安市	4	8	3	1		1	3		
泉州市	**4399**	**1968**	**910**	**440**	**54**	**695**	**1746**	**45**	**1102**
鲤城区									
丰泽区									
洛江区	46	71	34	17		30	52	2	2
泉港区	36	14	4	2	1	7	20	2	19
惠安县	401	281	220	11	16	49	75	9	47
安溪县	800	92	65	11	2	292	120	7	15
永春县	122	62	50	25	3	13	68	2	144
德化县	68	32	4			1	17	1	6
石狮市	152	18	35	6	20	128	940	9	17
晋江市	485	464	175	66	7	33	46	5	675
南安市	2289	934	323	302	5	142	408	8	177
漳州市	**2709**	**612**	**506**	**471**	**125**	**1930**	**1928**	**170**	**443**
芗城区	178	59	31	63	3	170	123	85	8
龙文区									
云霄县	103	56	62	15		113	235	5	22
漳浦县	354	49	64	10	33	33	121	13	286

4-4b 续表 21

单位：人

地区 性别	制造业								
	金属制品业	通用设备制造业	专用设备制造业	汽车制造业	铁路、船舶、航空航天和其他运输设备制造业	电气机械和器材制造业	计算机、通信和其他电子设备制造业	仪器仪表制造业	其他制造业
诏安县	131	20	23	6	6	28	16	6	36
长泰县	409	145	39	25	29	438	787	7	36
东山县	83	20	46	1	4	4	16	4	6
南靖县	151	53	21	5	4	48	179	13	22
平和县	46	15	10	5	3	3	13	3	2
华安县	191	11	19	18		4	12	2	6
龙海市	1063	184	191	323	43	1089	426	32	19
南平市	**166**	**148**	**37**	**28**	**8**	**73**	**41**	**23**	**32**
延平区	15	6	3	7		13	13		3
建阳区	14	1		10		14	1		
顺昌县	14	4	8	1	3	7	6	20	1
浦城县	38	6	6			3	10		18
光泽县	13	2	4	3	1	3	6	1	1
松溪县	11	13	1	1		2	1	1	4
政和县	6	109	11	6	4	26	4	1	1
邵武市	35	2	4			5			2
武夷山市	2	1							1
建瓯市	18	4							1
龙岩市	**440**	**196**	**177**	**122**	**11**	**123**	**566**	**20**	**61**
新罗区	29	28	31	8		9	9	3	2
永定区	23	32	43	56	1	32	37	3	8
长汀县	84	34	41	27	7	8	75	5	9
上杭县	87	61	37	12	3	29	199	4	10
武平县	175	22	14	13		10	172	3	22
连城县	30	17	10	6		35	73	2	10
漳平市	12	2	1				1		
宁德市	**556**	**208**	**176**	**164**	**353**	**448**	**70**	**12**	**32**
蕉城区	10	5	2	8		136	12	1	1
霞浦县	42	25	23	37	21	7	19		9
古田县	59	26	7	2	2	2	5		1
屏南县	8	4	3	2		5	4		
寿宁县	29	15	4	15		21	9	1	1
周宁县	55	5	1	3		13	1		
柘荣县	150	11	4	10	4	14	1		1
福安市	134	76	53	6	244	206	12	4	3
福鼎市	69	41	79	81	82	44	7	6	16
男	**7337**	**2936**	**1848**	**1520**	**514**	**2703**	**5262**	**222**	**758**
福州市	**673**	**315**	**191**	**547**	**60**	**178**	**264**	**38**	**27**
鼓楼区									
台江区									
仓山区									
马尾区									
晋安区			2						
长乐区	119	36	9	22	3	19	32	1	4
闽侯县	204	145	71	485	5	78	108	26	18
连江县	71	49	18	3	33	20	19	5	3
罗源县	62	20	6	5	12	21	6	1	
闽清县	30	17	7	1	1	7	6	2	1
永泰县	27	1	2	1		1	5		
平潭县	24	5	5	2	3	2	28		1
福清市	136	42	71	28	3	30	60	3	
厦门市	**287**	**122**	**242**	**53**	**10**	**545**	**2592**	**21**	**26**
思明区									
海沧区									
湖里区									
集美区									
同安区	23		5		5	11	10	1	5
翔安区	264	122	237	53	5	534	2582	20	21

4-4b　续表 22

单位：人

地　区 性　别	制造业 金　属 制品业	通用设备 制造业	专用设备 制造业	汽　车 制造业	铁路、船舶、 航空航天和 其他运输 设备制造业	电气机械 和器材 制造业	计算机、 通信和其 他电子设 备制造业	仪器仪表 制造业	其　他 制造业
莆田市	**215**	**68**	**20**	**21**	**4**	**17**	**60**	**6**	**6**
城厢区	44	2	1			1	1		1
涵江区	4	1		1			2		
荔城区	2	1	1					1	
秀屿区	38	3	5			4		2	
仙游县	127	61	13	20	4	12	57	3	5
三明市	**315**	**129**	**100**	**28**	**7**	**59**	**63**	**36**	**8**
梅列区	24	9	5			1			
三元区	12	2		10					
明溪县	11	1	2	1		1	3		2
清流县	22	1	4				1		
宁化县	34	14	9	2		16	24	30	2
大田县	71	23	10		3	8	3	1	2
尤溪县	40	21	8			5	15	4	
沙县	57	38	47	8	1	22	7	1	1
将乐县	24	9	6	5	3	4	5		1
泰宁县	6	1		1			2		
建宁县	10	6	6			2	2		
永安市	4	4	3	1			1		
泉州市	**2991**	**1473**	**709**	**294**	**45**	**447**	**1019**	**27**	**494**
鲤城区									
丰泽区									
洛江区	34	53	28	14		13	22	2	
泉港区	29	11	3		1	4	7	2	3
惠安县	310	205	171	8	14	35	47	8	25
安溪县	524	66	46	10	2	171	50	3	8
永春县	104	47	36	16	1	8	31	1	35
德化县	60	25	3				10	1	4
石狮市	90	15	26	2	17	91	629	3	12
晋江市	350	389	144	47	5	26	25	3	326
南安市	1490	662	252	197	5	99	198	4	81
漳州市	**1936**	**437**	**316**	**363**	**93**	**1057**	**973**	**69**	**139**
芗城区	133	44	18	47	3	83	48	31	6
龙文区									
云霄县	79	29	36	10		64	114	2	10
漳浦县	263	33	44	5	24	14	48	7	73
诏安县	117	17	14	6	4	17	8	6	15
长泰县	265	109	23	16	17	240	452	1	16
东山县	59	10	41	1	3	3	8	1	4
南靖县	109	34	14	4	1	17	75	6	3
平和县	43	14	7	5	2	3	10	3	1
华安县	145	7	12	13		1	5	1	1
龙海市	723	140	107	256	39	615	205	11	10
南平市	**147**	**102**	**26**	**20**	**8**	**53**	**14**	**8**	**18**
延平区	15	4	2	3		9	3		3
建阳区	12	1		9		10			
顺昌县	14	4	8	1	3	6	3	6	1
浦城县	36	4	5				3		6
光泽县	12	2	2	2	1	2	1	1	1
松溪县	11	10	1			1	1		4
政和县	6	73	5	5	4	21	3	1	1
邵武市	24	1	3			4			1
武夷山市	2	1							
建瓯市	15	2							1
龙岩市	**352**	**137**	**120**	**95**	**4**	**71**	**224**	**11**	**25**
新罗区	25	22	20	5		3	2		1
永定区	17	23	33	42		22	12	1	3

4-4b 续表 23

单位：人

地区 性别	制造业								
	金属制品业	通用设备制造业	专用设备制造业	汽车制造业	铁路、船舶、航空航天和其他运输设备制造业	电气机械和器材制造业	计算机、通信和其他电子设备制造业	仪器仪表制造业	其他制造业
长汀县	69	24	28	23	2	6	33	4	5
上杭县	67	45	25	10	2	14	84	3	5
武平县	137	11	7	9		8	56	1	8
连城县	27	10	7	6		18	36	2	3
漳平市	10	2					1		
宁德市	**421**	**153**	**124**	**99**	**283**	**276**	**53**	**6**	**15**
蕉城区	8	5	2	6		89	12	1	
霞浦县	32	19	19	19	16	5	14		4
古田县	48	23	6	2	2	2	4		1
屏南县	7	4	3	2		3	4		
寿宁县	24	14	3	12		14	7	1	1
周宁县	45	3		3		10			
柘荣县	93	8	3	4		8	1		
福安市	109	45	48	3	222	128	9	2	1
福鼎市	55	32	40	48	43	17	2	2	8
女	**2847**	**1096**	**759**	**675**	**147**	**1932**	**3997**	**245**	**1069**
福州市	**153**	**124**	**72**	**267**	**20**	**98**	**199**	**25**	**24**
鼓楼区									
台江区									
仓山区									
马尾区									
晋安区									
长乐区	9	12	7	10		4	22	2	3
闽侯县	46	68	29	226	4	53	85	18	13
连江县	28	14	5	2	5	13	8		3
罗源县	11	3	1	2	3	5	1		1
闽清县	10	5	1			13	12	2	3
永泰县	5	2	3		1	1	3	2	1
平潭县	6	4	3	1		1	16		
福清市	38	16	23	26	7	8	52	1	
厦门市	**114**	**58**	**137**	**28**	**2**	**412**	**1575**	**8**	**31**
思明区									
海沧区									
湖里区									
集美区									
同安区	15	2	4	2		8	11		10
翔安区	99	56	133	26	2	404	1564	8	21
莆田市	**55**	**41**	**11**	**13**	**5**	**7**	**71**	**14**	**7**
城厢区	12		1			3	1		
涵江区			1						
荔城区		1	1				4		
秀屿区	8	2	5	2			1	3	1
仙游县	35	38	3	11	5	4	65	11	6
三明市	**102**	**43**	**28**	**13**	**2**	**50**	**84**	**49**	**28**
梅列区	11	9					3		
三元区	2			6		1			
明溪县	2	2	2	1		2			3
清流县	28	2	4	1		9	5		1
宁化县	10	6	3	1	1	8	16	40	4
大田县	14	3	3	1		6	33	7	16
尤溪县	10	7	2			5	12	2	2
沙县	13	10	8	3		14	4		1
将乐县	7		1		1	3	6		
泰宁县	1		1				2		1
建宁县	4		4			1	1		
永安市		4				1	2		

4-4b　续表 24

单位：人

地　区 性　别	制造业								
	金　属 制品业	通用设备 制造业	专用设备 制造业	汽　车 制造业	铁路、船舶、 航空航天和 其他运输 设备制造业	电气机械 和器材 制造业	计算机、 通信和其 他电子设 备制造业	仪器仪表 制造业	其　他 制造业
泉州市	**1408**	**495**	**201**	**146**	**9**	**248**	**727**	**18**	**608**
鲤城区									
丰泽区									
洛江区	12	18	6	3		17	30		2
泉港区	7	3	1	2		3	13		16
惠安县	91	76	49	3	2	14	28	1	22
安溪县	276	26	19	1		121	70	4	7
永春县	18	15	14	9	2	5	37	1	109
德化县	8	7	1			1	7		2
石狮市	62	3	9	4	3	37	311	6	5
晋江市	135	75	31	19	2	7	21	2	349
南安市	799	272	71	105		43	210	4	96
漳州市	**773**	**175**	**190**	**108**	**32**	**873**	**955**	**101**	**304**
芗城区	45	15	13	16		87	75	54	2
龙文区									
云霄县	24	27	26	5		49	121	3	12
漳浦县	91	16	20	5	9	19	73	6	213
诏安县	14	3	9		2	11	8		21
长泰县	144	36	16	9	12	198	335	6	20
东山县	24	10	5		1	1	8	3	2
南靖县	42	19	7	1	3	31	104	7	19
平和县	3	1	3		1		3		1
华安县	46	4	7	5		3	7	1	5
龙海市	340	44	84	67	4	474	221	21	9
南平市	**19**	**46**	**11**	**8**		**20**	**27**	**15**	**14**
延平区		2	1	4		4	10		
建阳区	2			1		4	1		
顺昌县						1	3	14	
浦城县	2	2	1			3	7		12
光泽县	1		2	1		1	5		
松溪县		3		1		1		1	
政和县		36	6	1		5	1		
邵武市	11	1	1			1			1
武夷山市									1
建瓯市	3	2							
龙岩市	**88**	**59**	**57**	**27**	**7**	**52**	**342**	**9**	**36**
新罗区	4	6	11	3		6	7	3	1
永定区	6	9	10	14	1	10	25	2	5
长汀县	15	10	13	4	5	2	42	1	4
上杭县	20	16	12	2	1	15	115	1	5
武平县	38	11	7	4		2	116	2	14
连城县	3	7	3			17	37		7
漳平市	2		1						
宁德市	**135**	**55**	**52**	**65**	**70**	**172**	**17**	**6**	**17**
蕉城区	2			2		47			1
霞浦县	10	6	4	18	5	2	5		5
古田县	11	3	1				1		
屏南县	1					2			
寿宁县	5	1	1	3		7	2		
周宁县	10	2	1			3	1		
柘荣县	57	3	1	6	4	6			1
福安市	25	31	5	3	22	78	3	2	2
福鼎市	14	9	39	33	39	27	5	4	8

4-4b　续表 25

单位：人

地　区 性　别	制造业		电力、热力、燃气及水生产和供应业				建筑业		
	废弃资源综合利用业	金属制品、机械和设备修理业	小计	电力、热力生产和供应业	燃气生产和供应业	水的生产和供应业	小计	房屋建筑业	土木工程建筑业
合　计	**889**	**958**	**5400**	**3907**	**557**	**936**	**58929**	**29285**	**6078**
福州市	**150**	**123**	**877**	**609**	**103**	**165**	**13311**	**5939**	**2069**
鼓楼区									
台江区									
仓山区									
马尾区									
晋安区			1	1			10	9	
长乐区	4	7	48	33	2	13	1037	470	131
闽侯县	41	32	127	78	18	31	3738	1666	387
连江县	18	26	166	106	32	28	1960	1046	136
罗源县	59	21	138	90	20	28	1199	360	70
闽清县	12	9	97	80	3	14	672	307	61
永泰县		6	47	38	4	5	1360	1056	52
平潭县	1	13	99	57	12	30	1989	400	1097
福清市	15	9	154	126	12	16	1346	625	135
厦门市	**8**	**35**	**92**	**48**	**17**	**27**	**1339**	**742**	**156**
思明区									
海沧区									
湖里区							13	8	4
集美区							13		12
同安区			8	4		4	55	17	5
翔安区	8	35	84	44	17	23	1258	717	135
莆田市	**48**	**26**	**183**	**118**	**35**	**30**	**2297**	**1185**	**123**
城厢区		3	1			1	143	60	23
涵江区	2		2	2			55	21	2
荔城区	1						25	16	
秀屿区	1	3	19	14	2	3	433	211	19
仙游县	44	20	161	102	33	26	1641	877	79
三明市	**76**	**49**	**740**	**584**	**56**	**100**	**4690**	**2260**	**573**
梅列区	27		2	1		1	40	20	11
三元区			9	7	1	1	21	2	14
明溪县	1	1	40	34	1	5	172	93	12
清流县	3	5	58	53	2	3	358	208	57
宁化县	6	3	77	56	5	16	784	363	88
大田县	6	8	80	67	9	4	947	470	125
尤溪县	1	3	147	128	2	17	622	262	64
沙县	13	17	133	92	18	23	652	248	89
将乐县	4	4	72	51	12	9	354	169	28
泰宁县	9	3	63	49	2	12	359	221	26
建宁县	4	5	46	33	4	9	309	170	52
永安市	2		13	13			72	34	7
泉州市	**333**	**299**	**1009**	**678**	**130**	**201**	**14144**	**7167**	**902**
鲤城区									
丰泽区									
洛江区	3		10	5	3	2	128	67	17
泉港区	3	12	18	12	3	3	500	299	30
惠安县	48	59	131	69	31	31	4897	2773	279
安溪县	23	17	210	160	36	14	1904	642	113
永春县	35	14	150	100	20	30	1240	524	128
德化县	26	23	125	98	8	19	1496	877	55
石狮市	11	47	157	125	1	31	326	107	56
晋江市	91	44	102	55	7	40	1187	539	42
南安市	93	83	106	54	21	31	2466	1339	182
漳州市	**179**	**215**	**927**	**618**	**126**	**183**	**10677**	**5720**	**1066**
芗城区	6	8	13	9	1	3	593	421	22
龙文区									
云霄县	29	10	150	121	10	19	1090	563	112
漳浦县	34	51	168	90	40	38	2403	1171	374

4-4b 续表 26

单位：人

地区 性别	制造业		电力、热力、燃气及水生产和供应业				建筑业		
	废弃资源综合利用业	金属制品、机械和设备修理业	小计	电力、热力生产和供应业	燃气生产和供应业	水的生产和供应业	小计	房屋建筑业	土木工程建筑业
诏安县	28	17	79	49	11	19	1430	786	54
长泰县	12	20	59	38	9	12	642	360	49
东山县	17	32	97	66	10	21	734	510	25
南靖县	14	21	96	76	8	12	695	271	81
平和县	9	8	70	50	9	11	499	259	45
华安县	5	5	81	71	2	8	451	245	83
龙海市	25	43	114	48	26	40	2140	1134	221
南平市	**8**	**45**	**434**	**351**	**24**	**59**	**2422**	**1264**	**181**
延平区		3	30	26	3	1	225	107	20
建阳区			20	15		5	117	62	7
顺昌县	1	11	77	69	1	7	337	156	20
浦城县	1	4	96	70	10	16	543	318	39
光泽县		5	60	50	1	9	251	120	24
松溪县		2	38	33	2	3	247	149	9
政和县	2	8	54	36	5	13	366	173	33
邵武市	2	1	16	13	1	2	81	32	12
武夷山市	2		5	2	1	2	93	61	5
建瓯市		11	38	37		1	162	86	12
龙岩市	**40**	**61**	**450**	**366**	**27**	**57**	**5403**	**2922**	**560**
新罗区	2	8	45	36	3	6	281	154	28
永定区	1	9	39	33	2	4	572	324	41
长汀县	6	10	85	65	10	10	1221	680	57
上杭县	16	16	118	94	8	16	1645	917	262
武平县	6	9	87	74	4	9	827	409	69
连城县	9	8	61	50		11	744	395	96
漳平市		1	15	14		1	113	43	7
宁德市	**47**	**105**	**688**	**535**	**39**	**114**	**4646**	**2086**	**448**
蕉城区	3	3	9	4	3	2	228	129	18
霞浦县	5	18	202	143	14	45	1457	439	227
古田县	4	17	98	80	4	14	568	233	69
屏南县		4	61	54		7	376	239	26
寿宁县	5	3	61	53	5	3	343	175	23
周宁县		2	52	40	6	6	454	305	29
柘荣县		2	40	30	3	7	284	159	16
福安市	21	32	78	63	3	12	445	173	16
福鼎市	9	24	87	68	1	18	491	234	24
男	**635**	**866**	**4003**	**2956**	**401**	**646**	**49721**	**23778**	**5365**
福州市	**118**	**119**	**637**	**455**	**77**	**105**	**11618**	**5033**	**1892**
鼓楼区									
台江区									
仓山区									
马尾区									
晋安区							8	7	
长乐区	3	7	40	28	2	10	938	419	123
闽侯县	32	29	88	56	16	16	3062	1341	316
连江县	15	26	111	71	24	16	1718	898	126
罗源县	50	21	100	62	16	22	1118	323	64
闽清县	7	9	71	60	3	8	619	276	56
永泰县		6	33	26	3	4	1141	881	46
平潭县	1	13	58	36	3	19	1831	350	1040
福清市	10	8	136	116	10	10	1183	538	121
厦门市	**5**	**29**	**72**	**36**	**12**	**24**	**1118**	**616**	**126**
思明区									
海沧区									
湖里区							10	7	2
集美区							11		10
同安区			6	3		3	45	15	4
翔安区	5	29	66	33	12	21	1052	594	110

4-4b 续表 27

单位：人

地区 性别	制造业		电力、热力、燃气及水生产和供应业				建筑业		
	废弃资源综合利用业	金属制品、机械和设备修理业	小计	电力、热力生产和供应业	燃气生产和供应业	水的生产和供应业	小计	房屋建筑业	土木工程建筑业
莆田市	**41**	**24**	**143**	**95**	**27**	**21**	**1953**	**982**	**107**
城厢区		3	1			1	126	51	22
涵江区	1		2	2			50	18	2
荔城区							22	14	
秀屿区	1	3	15	13	1	1	336	159	15
仙游县	39	18	125	80	26	19	1419	740	68
三明市	**54**	**44**	**522**	**422**	**38**	**62**	**3904**	**1786**	**491**
梅列区	20		2	1		1	35	17	10
三元区			6	6			21	2	14
明溪县	1	1	27	23		4	147	76	9
清流县	2	5	42	40		2	280	154	48
宁化县	3	3	57	42	3	12	623	269	74
大田县	4	7	53	45	6	2	816	400	110
尤溪县	1	3	109	98	1	10	573	239	56
沙县	13	15	95	64	14	17	546	192	78
将乐县	2	4	55	40	11	4	298	136	24
泰宁县	4	2	41	32		9	280	162	19
建宁县	3	4	25	21	3	1	226	115	42
永安市	1		10	10			59	24	7
泉州市	**242**	**272**	**822**	**570**	**94**	**158**	**11676**	**5691**	**796**
鲤城区									
丰泽区									
洛江区	1		8	4	3	1	111	54	16
泉港区	2	12	16	11	3	2	375	212	27
惠安县	35	56	96	58	19	19	3945	2129	249
安溪县	16	16	166	127	27	12	1563	510	96
永春县	27	11	118	83	13	22	1092	449	113
德化县	15	22	105	85	6	14	1313	776	47
石狮市	8	43	138	108	1	29	291	89	51
晋江市	72	41	90	49	7	34	1016	458	35
南安市	66	71	85	45	15	25	1970	1014	162
漳州市	**109**	**187**	**678**	**468**	**87**	**123**	**8744**	**4484**	**912**
芗城区	4	6	12	8	1	3	463	318	17
龙文区									
云霄县	13	9	104	83	9	12	906	448	95
漳浦县	18	50	130	69	32	29	2033	950	316
诏安县	17	15	65	43	7	15	1190	626	46
长泰县	8	16	41	27	7	7	528	281	44
东山县	10	27	64	50	3	11	544	363	21
南靖县	10	16	68	57	3	8	556	207	72
平和县	7	6	52	37	7	8	414	196	38
华安县	3	5	57	52	1	4	347	175	72
龙海市	19	37	85	42	17	26	1763	920	191
南平市	**6**	**42**	**296**	**254**	**14**	**28**	**2205**	**1123**	**165**
延平区		2	22	20	1	1	204	89	19
建阳区			13	12		1	111	58	6
顺昌县	1	11	55	52		3	288	125	18
浦城县	1	4	67	49	7	11	501	288	34
光泽县		5	42	35	1	6	227	103	22
松溪县		2	24	21	2	1	235	144	9
政和县	2	7	30	24	3	3	328	152	29
邵武市	1	1	11	10		1	76	30	11
武夷山市	1		2	1		1	87	57	5
建瓯市		10	30	30			148	77	12
龙岩市	**24**	**51**	**342**	**281**	**19**	**42**	**4181**	**2149**	**485**
新罗区	1	7	35	27	2	6	231	120	26
永定区	1	8	32	28	2	2	437	224	35

4-4b　续表 28

单位：人

地　　区 性　　别	制造业		电力、热力、燃气及水生产和供应业				建筑业		
	废弃资源综　合利用业	金属制品、机械和设备修理业	小计	电力、热力生产和供应业	燃气生产和供应业	水的生产和供应业	小计	房　屋建筑业	土木工程建筑业
长汀县	5	8	61	48	6	7	944	500	53
上杭县	10	14	88	68	5	15	1259	673	223
武平县	1	6	65	56	4	5	607	282	57
连城县	6	7	47	41		6	614	316	85
漳平市		1	14	13		1	89	34	6
宁德市	**36**	**98**	**491**	**375**	**33**	**83**	**4322**	**1914**	**391**
蕉城区	3	3	9	4	3	2	221	126	15
霞浦县	3	17	146	99	12	35	1348	410	189
古田县	3	17	69	57	4	8	523	206	61
屏南县		4	43	38		5	336	209	23
寿宁县	4	3	35	32	2	1	308	156	22
周宁县		2	33	25	5	3	405	266	27
柘荣县		2	29	21	3	5	278	154	15
福安市	16	30	60	46	3	11	426	163	16
福鼎市	7	20	67	53	1	13	477	224	23
女	**254**	**92**	**1397**	**951**	**156**	**290**	**9208**	**5507**	**713**
福州市	**32**	**4**	**240**	**154**	**26**	**60**	**1693**	**906**	**177**
鼓楼区									
台江区									
仓山区									
马尾区									
晋安区			1	1			2	2	
长乐区	1		8	5		3	99	51	8
闽侯县	9	3	39	22	2	15	676	325	71
连江县	3		55	35	8	12	242	148	10
罗源县	9		38	28	4	6	81	37	6
闽清县	5		26	20		6	53	31	5
永泰县			14	12	1	1	219	175	6
平潭县			41	21	9	11	158	50	57
福清市	5	1	18	10	2	6	163	87	14
厦门市	**3**	**6**	**20**	**12**	**5**	**3**	**221**	**126**	**30**
思明区									
海沧区									
湖里区							3	1	2
集美区							2		2
同安区			2	1		1	10	2	1
翔安区	3	6	18	11	5	2	206	123	25
莆田市	**7**	**2**	**40**	**23**	**8**	**9**	**344**	**203**	**16**
城厢区							17	9	1
涵江区	1						5	3	
荔城区	1						3	2	
秀屿区			4	1	1	2	97	52	4
仙游县	5	2	36	22	7	7	222	137	11
三明市	**22**	**5**	**218**	**162**	**18**	**38**	**786**	**474**	**82**
梅列区	7						5	3	1
三元区			3	1	1	1			
明溪县			13	11	1	1	25	17	3
清流县	1		16	13	2	1	78	54	9
宁化县	3		20	14	2	4	161	94	14
大田县	2	1	27	22	3	2	131	70	15
尤溪县			38	30	1	7	49	23	8
沙县		2	38	28	4	6	106	56	11
将乐县	2		17	11	1	5	56	33	4
泰宁县	5	1	22	17	2	3	79	59	7
建宁县	1	1	21	12	1	8	83	55	10
永安市	1		3	3			13	10	

4-4b 续表 29

单位：人

地　区 性　别	制造业		电力、热力、燃气及水生产和供应业				建筑业		
	废弃资源综合利用业	金属制品、机械和设备修理业	小计	电力、热力生产和供应业	燃气生产和供应业	水的生产和供应业	小计	房屋建筑业	土木工程建筑业
泉州市	**91**	**27**	**187**	**108**	**36**	**43**	**2468**	**1476**	**106**
鲤城区									
丰泽区									
洛江区	2		2	1		1	17	13	1
泉港区	1		2	1		1	125	87	3
惠安县	13	3	35	11	12	12	952	644	30
安溪县	7	1	44	33	9	2	341	132	17
永春县	8	3	32	17	7	8	148	75	15
德化县	11	1	20	13	2	5	183	101	8
石狮市	3	4	19	17		2	35	18	5
晋江市	19	3	12	6		6	171	81	7
南安市	27	12	21	9	6	6	496	325	20
漳州市	**70**	**28**	**249**	**150**	**39**	**60**	**1933**	**1236**	**154**
芗城区	2	2	1	1			130	103	5
龙文区									
云霄县	16	1	46	38	1	7	184	115	17
漳浦县	16	1	38	21	8	9	370	221	58
诏安县	11	2	14	6	4	4	240	160	8
长泰县	4	4	18	11	2	5	114	79	5
东山县	7	5	33	16	7	10	190	147	4
南靖县	4	5	28	19	5	4	139	64	9
平和县	2	2	18	13	2	3	85	63	7
华安县	2		24	19	1	4	104	70	11
龙海市	6	6	29	6	9	14	377	214	30
南平市	**2**	**3**	**138**	**97**	**10**	**31**	**217**	**141**	**16**
延平区		1	8	6	2		21	18	1
建阳区			7	3		4	6	4	1
顺昌县			22	17	1	4	49	31	2
浦城县			29	21	3	5	42	30	5
光泽县			18	15		3	24	17	2
松溪县			14	12		2	12	5	
政和县		1	24	12	2	10	38	21	4
邵武市	1		5	3	1	1	5	2	1
武夷山市	1		3	1	1	1	6	4	
建瓯市		1	8	7		1	14	9	
龙岩市	**16**	**10**	**108**	**85**	**8**	**15**	**1222**	**773**	**75**
新罗区	1	1	10	9	1		50	34	2
永定区		1	7	5		2	135	100	6
长汀县	1	2	24	17	4	3	277	180	4
上杭县	6	2	30	26	3	1	386	244	39
武平县	5	3	22	18		4	220	127	12
连城县	3	1	14	9		5	130	79	11
漳平市			1	1			24	9	1
宁德市	**11**	**7**	**197**	**160**	**6**	**31**	**324**	**172**	**57**
蕉城区							7	3	3
霞浦县	2	1	56	44	2	10	109	29	38
古田县	1		29	23		6	45	27	8
屏南县			18	16		2	40	30	3
寿宁县	1		26	21	3	2	35	19	1
周宁县			19	15	1	3	49	39	2
柘荣县			11	9		2	6	5	1
福安市	5	2	18	17		1	19	10	
福鼎市	2	4	20	15		5	14	10	1

4-4b 续表 30

单位：人

地区 性别	建筑业		批发和零售业			交通运输、仓储和邮政业			
	建筑安装业	建筑装饰、装修和其他建筑业	小计	批发业	零售业	小计	铁路运输业	道路运输业	水上运输业
合计	**3485**	**20081**	**100988**	**20014**	**80974**	**25816**	**363**	**16564**	**1359**
福州市	**623**	**4680**	**16593**	**2971**	**13622**	**4497**	**29**	**2577**	**554**
鼓楼区									
台江区									
仓山区									
马尾区									
晋安区		1	8	1	7	7		2	
长乐区	91	345	1449	274	1175	366		192	36
闽侯县	190	1495	4603	1151	3452	1453	18	943	37
连江县	81	697	3024	482	2542	686	2	395	89
罗源县	106	663	1577	328	1249	413	2	223	29
闽清县	46	258	829	138	691	239	3	156	6
永泰县	25	227	913	102	811	187	1	127	
平潭县	19	473	1407	203	1204	767	3	307	342
福清市	65	521	2783	292	2491	379		232	15
厦门市	**112**	**329**	**1898**	**677**	**1221**	**824**	**3**	**543**	**9**
思明区									
海沧区									
湖里区		1	104	69	35	20		10	1
集美区		1							
同安区	7	26	75	20	55	51		26	1
翔安区	105	301	1719	588	1131	753	3	507	7
莆田市	**142**	**847**	**5831**	**667**	**5164**	**913**	**3**	**627**	**32**
城厢区	7	53	264	27	237	43		25	
涵江区	6	26	101	12	89	18		14	
荔城区	2	7	111	14	97	7		3	
秀屿区	39	164	824	123	701	161		119	20
仙游县	88	597	4531	491	4040	684	3	466	12
三明市	**256**	**1601**	**6887**	**1234**	**5653**	**2108**	**73**	**1357**	**10**
梅列区	4	5	56	14	42	25		20	
三元区		5	31	6	25	15		12	
明溪县	11	56	332	85	247	85		52	
清流县	23	70	458	62	396	149	3	110	
宁化县	52	281	1039	197	842	259		175	1
大田县	42	310	1208	222	986	316	1	238	
尤溪县	10	286	1090	164	926	370	14	281	3
沙县	48	267	949	146	803	422	41	163	5
将乐县	20	137	609	139	470	187	8	106	1
泰宁县	24	88	515	62	453	100	1	69	
建宁县	18	69	445	94	351	127	2	96	
永安市	4	27	155	43	112	53	3	35	
泉州市	**862**	**5213**	**31698**	**6988**	**24710**	**7030**	**59**	**4312**	**532**
鲤城区									
丰泽区									
洛江区	9	35	359	47	312	72		52	
泉港区	38	133	628	97	531	357	2	86	221
惠安县	188	1657	4211	743	3468	976	3	554	95
安溪县	129	1020	7150	905	6245	1068	35	700	5
永春县	102	486	2054	299	1755	682	3	520	17
德化县	81	483	2510	172	2338	497	5	294	1
石狮市	37	126	1514	482	1032	598	1	356	107
晋江市	70	536	3923	1279	2644	1164	1	607	23
南安市	208	737	9349	2964	6385	1616	9	1143	63
漳州市	**765**	**3126**	**17711**	**4011**	**13700**	**5060**	**52**	**3521**	**127**
芗城区	30	120	631	178	453	353		222	1
龙文区									
云霄县	82	333	2669	370	2299	504	18	305	7
漳浦县	252	606	3720	869	2851	1108	2	875	14

4-4b 续表 31

单位：人

地区 性别	建筑业		批发和零售业			交通运输、仓储和邮政业			
	建筑安装业	建筑装饰、装修和其他建筑业	小计	批发业	零售业	小计	铁路运输业	道路运输业	水上运输业
诏安县	72	518	2112	411	1701	397	2	276	5
长泰县	59	174	853	187	666	264	2	152	3
东山县	33	166	1311	239	1072	358	1	239	30
南靖县	53	290	1477	297	1180	638	3	500	6
平和县	36	159	2011	711	1300	320		228	1
华安县	12	111	318	80	238	120	5	83	
龙海市	136	649	2609	669	1940	998	19	641	60
南平市	**165**	**812**	**4174**	**654**	**3520**	**1339**	**88**	**912**	**5**
延平区	61	37	295	48	247	157	46	74	
建阳区	6	42	223	31	192	40	3	30	
顺昌县	22	139	587	136	451	242	10	171	2
浦城县	25	161	927	116	811	262	2	210	
光泽县	10	97	409	82	327	186	15	126	2
松溪县	13	76	404	51	353	125	1	82	
政和县	11	149	641	70	571	138	3	97	1
邵武市	6	31	124	29	95	40	4	27	
武夷山市	7	20	146	29	117	42	3	21	
建瓯市	4	60	418	62	356	107	1	74	
龙岩市	**302**	**1619**	**6272**	**1269**	**5003**	**1759**	**37**	**1284**	**7**
新罗区	22	77	566	107	459	302	12	233	
永定区	31	176	591	102	489	266	2	226	1
长汀县	59	425	1607	368	1239	323	11	234	1
上杭县	100	366	1478	310	1168	301	7	206	3
武平县	26	323	1017	209	808	257		189	1
连城县	61	192	806	127	679	264	3	171	1
漳平市	3	60	207	46	161	46	2	25	
宁德市	**258**	**1854**	**9924**	**1543**	**8381**	**2286**	**19**	**1431**	**83**
蕉城区	11	70	240	41	199	88		61	2
霞浦县	75	716	4061	402	3659	724	8	477	19
古田县	12	254	1233	182	1051	390	8	218	1
屏南县	29	82	538	90	448	154		89	1
寿宁县	7	138	482	90	392	90		50	1
周宁县	38	82	680	223	457	124	1	70	
柘荣县	25	84	449	81	368	106		68	
福安市	29	227	1146	242	904	345		221	30
福鼎市	32	201	1095	192	903	265	2	177	29
男	**3265**	**17313**	**50872**	**12541**	**38331**	**22497**	**282**	**15192**	**1252**
福州市	**574**	**4119**	**8335**	**1901**	**6434**	**3925**	**23**	**2326**	**523**
鼓楼区									
台江区									
仓山区									
马尾区									
晋安区		1	4		4	6		2	
长乐区	83	313	750	184	566	325		182	34
闽侯县	170	1235	2482	715	1767	1216	14	813	37
连江县	77	617	1407	290	1117	607	1	368	79
罗源县	102	629	827	232	595	366	2	202	25
闽清县	45	242	418	97	321	210	2	141	5
永泰县	21	193	373	68	305	159	1	116	
平潭县	18	423	684	138	546	696	3	276	330
福清市	58	466	1390	177	1213	340		226	13
厦门市	**97**	**279**	**1026**	**432**	**594**	**687**	**2**	**473**	**7**
思明区									
海沧区									
湖里区		1	72	50	22	19		9	1
集美区		1							
同安区	6	20	40	14	26	47		25	1
翔安区	91	257	914	368	546	621	2	439	5

4-4b　续表 32

单位：人

地　区 性　别	建筑业		批发和零售业			交通运输、仓储和邮政业			
	建　筑 安装业	建筑装 饰、装修 和其他 建筑业	小计	批发业	零售业	小计	铁　路 运输业	道　路 运输业	水　上 运输业
莆田市	**136**	**728**	**3315**	**418**	**2897**	**817**	**1**	**590**	**28**
城厢区	7	46	162	17	145	35		24	
涵江区	6	24	63	6	57	15		13	
荔城区	2	6	59	7	52	6		3	
秀屿区	36	126	438	70	368	139		107	18
仙游县	85	526	2593	318	2275	622	1	443	10
三明市	**240**	**1387**	**3209**	**758**	**2451**	**1766**	**54**	**1200**	**8**
梅列区	4	4	29	10	19	21		18	
三元区		5	14	3	11	12		11	
明溪县	11	51	163	56	107	67		44	
清流县	22	56	177	29	148	127	1	98	
宁化县	46	234	477	126	351	228		160	1
大田县	38	268	594	131	463	269	1	215	
尤溪县	10	268	522	110	412	319	9	249	3
沙县	44	232	472	92	380	329	34	136	3
将乐县	20	118	275	81	194	159	4	94	1
泰宁县	24	75	204	41	163	79	1	59	
建宁县	17	52	199	54	145	111	2	85	
永安市	4	24	83	25	58	45	2	31	
泉州市	**811**	**4378**	**16602**	**4437**	**12165**	**6088**	**44**	**3979**	**501**
鲤城区									
丰泽区									
洛江区	9	32	203	30	173	63		50	
泉港区	35	101	274	57	217	326	2	79	217
惠安县	180	1387	1881	433	1448	811	3	496	90
安溪县	115	842	3714	536	3178	923	28	645	2
永春县	96	434	1075	190	885	618	2	490	13
德化县	77	413	1385	104	1281	445	5	275	1
石狮市	37	114	889	320	569	541	1	333	102
晋江市	66	457	2287	880	1407	970	1	559	20
南安市	196	598	4894	1887	3007	1391	2	1052	56
漳州市	**721**	**2627**	**8691**	**2385**	**6306**	**4453**	**36**	**3276**	**101**
芗城区	29	99	338	119	219	315		214	1
龙文区									
云霄县	74	289	1269	220	1049	459	15	288	7
漳浦县	244	523	1942	564	1378	1000	2	819	12
诏安县	70	448	1023	235	788	362	1	264	5
长泰县	56	147	407	111	296	203	1	136	2
东山县	30	130	587	142	445	300		217	23
南靖县	47	230	646	160	486	567	2	463	3
平和县	35	145	1030	392	638	288		213	1
华安县	12	88	148	41	107	106	5	78	
龙海市	124	528	1301	401	900	853	10	584	47
南平市	**156**	**761**	**2123**	**408**	**1715**	**1173**	**78**	**839**	**4**
延平区	60	36	128	23	105	141	45	65	
建阳区	6	41	111	17	94	34		28	
顺昌县	19	126	303	94	209	209	8	155	1
浦城县	24	155	471	73	398	239	2	198	
光泽县	10	92	189	47	142	164	14	117	2
松溪县	12	70	232	34	198	105	1	75	
政和县	10	137	346	47	299	116	2	85	1
邵武市	6	29	62	17	45	32	3	23	
武夷山市	6	19	71	14	57	33	2	20	
建瓯市	3	56	210	42	168	100	1	73	
龙岩市	**280**	**1267**	**2989**	**776**	**2213**	**1519**	**28**	**1174**	**5**
新罗区	21	64	283	68	215	277	6	227	
永定区	27	151	283	63	220	230	1	206	1

4-4b 续表 33

单位：人

地区 性别	建筑业		批发和零售业			交通运输、仓储和邮政业			
	建筑安装业	建筑装饰、装修和其他建筑业	小计	批发业	零售业	小计	铁路运输业	道路运输业	水上运输业
长汀县	57	334	802	232	570	280	9	215	
上杭县	92	271	646	179	467	236	7	172	2
武平县	25	243	477	125	352	222		168	1
连城县	56	157	398	81	317	237	3	161	1
漳平市	2	47	100	28	72	37	2	25	
宁德市	**250**	**1767**	**4582**	**1026**	**3556**	**2069**	**16**	**1335**	**75**
蕉城区	11	69	135	31	104	82		57	2
霞浦县	72	677	1528	251	1277	667	6	448	16
古田县	12	244	630	115	515	358	8	208	1
屏南县	28	76	266	56	210	127		82	
寿宁县	7	123	273	56	217	75		45	1
周宁县	36	76	407	172	235	111	1	62	
柘荣县	25	84	231	57	174	93		61	
福安市	27	220	585	157	428	314		203	27
福鼎市	32	198	527	131	396	242	1	169	28
女	**220**	**2768**	**50116**	**7473**	**42643**	**3319**	**81**	**1372**	**107**
福州市	**49**	**561**	**8258**	**1070**	**7188**	**572**	**6**	**251**	**31**
鼓楼区									
台江区									
仓山区									
马尾区									
晋安区			4	1	3	1			
长乐区	8	32	699	90	609	41		10	2
闽侯县	20	260	2121	436	1685	237	4	130	
连江县	4	80	1617	192	1425	79	1	27	10
罗源县	4	34	750	96	654	47		21	4
闽清县	1	16	411	41	370	29	1	15	1
永泰县	4	34	540	34	506	28		11	
平潭县	1	50	723	65	658	71		31	12
福清市	7	55	1393	115	1278	39		6	2
厦门市	**15**	**50**	**872**	**245**	**627**	**137**	**1**	**70**	**2**
思明区									
海沧区									
湖里区			32	19	13	1		1	
集美区									
同安区	1	6	35	6	29	4		1	
翔安区	14	44	805	220	585	132	1	68	2
莆田市	**6**	**119**	**2516**	**249**	**2267**	**96**	**2**	**37**	**4**
城厢区		7	102	10	92	8		1	
涵江区		2	38	6	32	3		1	
荔城区		1	52	7	45	1			
秀屿区	3	38	386	53	333	22		12	2
仙游县	3	71	1938	173	1765	62	2	23	2
三明市	**16**	**214**	**3678**	**476**	**3202**	**342**	**19**	**157**	**2**
梅列区		1	27	4	23	4		2	
三元区			17	3	14	3		1	
明溪县		5	169	29	140	18		8	
清流县	1	14	281	33	248	22	2	12	
宁化县	6	47	562	71	491	31		15	
大田县	4	42	614	91	523	47		23	
尤溪县		18	568	54	514	51	5	32	
沙县	4	35	477	54	423	93	7	27	2
将乐县		19	334	58	276	28	4	12	
泰宁县		13	311	21	290	21		10	
建宁县	1	17	246	40	206	16		11	
永安市		3	72	18	54	8	1	4	

4-4b 续表 34

单位：人

地区 性别	建筑业		批发和零售业			交通运输、仓储和邮政业			
	建筑安装业	建筑装饰、装修和其他建筑业	小计	批发业	零售业	小计	铁路运输业	道路运输业	水上运输业
泉州市	**51**	**835**	**15096**	**2551**	**12545**	**942**	**15**	**333**	**31**
鲤城区									
丰泽区									
洛江区		3	156	17	139	9		2	
泉港区	3	32	354	40	314	31		7	4
惠安县	8	270	2330	310	2020	165		58	5
安溪县	14	178	3436	369	3067	145	7	55	3
永春县	6	52	979	109	870	64	1	30	4
德化县	4	70	1125	68	1057	52		19	
石狮市		12	625	162	463	57		23	5
晋江市	4	79	1636	399	1237	194		48	3
南安市	12	139	4455	1077	3378	225	7	91	7
漳州市	**44**	**499**	**9020**	**1626**	**7394**	**607**	**16**	**245**	**26**
芗城区	1	21	293	59	234	38		8	
龙文区									
云霄县	8	44	1400	150	1250	45	3	17	
漳浦县	8	83	1778	305	1473	108		56	2
诏安县	2	70	1089	176	913	35	1	12	
长泰县	3	27	446	76	370	61	1	16	1
东山县	3	36	724	97	627	58	1	22	7
南靖县	6	60	831	137	694	71	1	37	3
平和县	1	14	981	319	662	32		15	
华安县		23	170	39	131	14		5	
龙海市	12	121	1308	268	1040	145	9	57	13
南平市	**9**	**51**	**2051**	**246**	**1805**	**166**	**10**	**73**	**1**
延平区	1	1	167	25	142	16	1	9	
建阳区		1	112	14	98	6	3	2	
顺昌县	3	13	284	42	242	33	2	16	1
浦城县	1	6	456	43	413	23		12	
光泽县		5	220	35	185	22	1	9	
松溪县	1	6	172	17	155	20		7	
政和县	1	12	295	23	272	22	1	12	
邵武市		2	62	12	50	8	1	4	
武夷山市	1	1	75	15	60	9	1	1	
建瓯市	1	4	208	20	188	7		1	
龙岩市	**22**	**352**	**3283**	**493**	**2790**	**240**	**9**	**110**	**2**
新罗区	1	13	283	39	244	25	6	6	
永定区	4	25	308	39	269	36	1	20	
长汀县	2	91	805	136	669	43	2	19	1
上杭县	8	95	832	131	701	65		34	1
武平县	1	80	540	84	456	35		21	
连城县	5	35	408	46	362	27		10	
漳平市	1	13	107	18	89	9			
宁德市	**8**	**87**	**5342**	**517**	**4825**	**217**	**3**	**96**	**8**
蕉城区		1	105	10	95	6		4	
霞浦县	3	39	2533	151	2382	57	2	29	3
古田县		10	603	67	536	32		10	
屏南县	1	6	272	34	238	27		7	1
寿宁县		15	209	34	175	15		5	
周宁县	2	6	273	51	222	13		8	
柘荣县			218	24	194	13		7	
福安市	2	7	561	85	476	31		18	3
福鼎市		3	568	61	507	23	1	8	1

4-4b 续表 35

单位：人

地区 性别	交通运输、仓储和邮政业					住宿和餐饮业		
	航空运输业	管道运输业	多式联运和运输代理业	装卸搬运和仓储业	邮政业	小计	住宿业	餐饮业
合计	**155**	**8**	**444**	**2721**	**4202**	**31563**	**3473**	**28090**
福州市	**59**		**41**	**419**	**818**	**6816**	**602**	**6214**
鼓楼区								
台江区								
仓山区								
马尾区								
晋安区				5		7		7
长乐区	34			33	71	724	42	682
闽侯县	12		5	112	326	1662	84	1578
连江县	2		18	74	106	1709	211	1498
罗源县	2		6	91	60	441	20	421
闽清县	2		4	21	47	233	10	223
永泰县	1			9	49	297	44	253
平潭县	4		7	32	72	525	97	428
福清市	2		1	42	87	1218	94	1124
厦门市	**15**		**26**	**53**	**175**	**834**	**84**	**750**
思明区								
海沧区								
湖里区			1	8		20		20
集美区								
同安区	4		1	3	16	50	17	33
翔安区	11		24	42	159	764	67	697
莆田市	**3**		**2**	**87**	**159**	**1588**	**156**	**1432**
城厢区			1	4	13	26	2	24
涵江区				2	2	16		16
荔城区					4	16		16
秀屿区			1	9	12	204	56	148
仙游县	3			72	128	1326	98	1228
三明市	**19**		**19**	**290**	**340**	**3743**	**344**	**3399**
梅列区			1	1	3	47	2	45
三元区					3	14	1	13
明溪县				13	20	158	11	147
清流县	1			20	15	191	27	164
宁化县	1		4	52	26	366	36	330
大田县	1		3	23	50	441	52	389
尤溪县			4	35	33	470	59	411
沙县	14		2	76	121	1188	60	1128
将乐县	1		4	36	31	335	27	308
泰宁县			1	11	18	319	41	278
建宁县	1			11	17	174	28	146
永安市				12	3	40		40
泉州市	**29**	**5**	**166**	**578**	**1349**	**6977**	**995**	**5982**
鲤城区								
丰泽区								
洛江区	3			5	12	78	3	75
泉港区	3	1	4	10	30	107	13	94
惠安县	5	1	28	75	215	1214	234	980
安溪县	2	2	20	89	215	1307	124	1183
永春县	3		10	48	81	510	66	444
德化县	3			62	132	624	58	566
石狮市	2		12	64	56	319	37	282
晋江市	5		41	93	394	877	138	739
南安市	3	1	51	132	214	1941	322	1619
漳州市	**21**	**3**	**119**	**611**	**606**	**5172**	**482**	**4690**
芗城区			22	74	34	226	15	211
龙文区								
云霄县	1		16	76	81	667	30	637
漳浦县	5		14	81	117	1086	97	989

4-4b　续表 36

单位：人

地区 性别	交通运输、仓储和邮政业					住宿和餐饮业		
	航空运输业	管道运输业	多式联运和运输代理业	装卸搬运和仓储业	邮政业	小计	住宿业	餐饮业
诏安县				52	62	563	32	531
长泰县	2		6	53	46	260	33	227
东山县	1	1	6	33	47	459	100	359
南靖县	4		11	58	56	471	47	424
平和县	1	2	11	29	48	402	15	387
华安县			1	12	19	120	12	108
龙海市	7		32	143	96	918	101	817
南平市	**6**		**8**	**145**	**175**	**1414**	**189**	**1225**
延平区				26	11	134	12	122
建阳区				2	5	70	8	62
顺昌县	1		2	25	31	203	25	178
浦城县				24	26	289	43	246
光泽县				21	22	184	20	164
松溪县	2			14	26	112	20	92
政和县			2	9	26	186	29	157
邵武市				1	8	46	2	44
武夷山市	3		3	5	7	48	15	33
建瓯市			1	18	13	142	15	127
龙岩市	**3**		**27**	**177**	**224**	**2159**	**269**	**1890**
新罗区			1	36	20	157	15	142
永定区				12	25	213	14	199
长汀县			5	28	44	533	59	474
上杭县			7	26	52	516	83	433
武平县			3	30	34	327	40	287
连城县	3		10	35	41	364	52	312
漳平市			1	10	8	49	6	43
宁德市			**36**	**361**	**356**	**2860**	**352**	**2508**
蕉城区				16	9	76	1	75
霞浦县			7	104	109	1079	192	887
古田县			15	83	65	407	43	364
屏南县				34	30	181	19	162
寿宁县			4	8	27	156	26	130
周宁县				28	25	153	17	136
柘荣县			2	14	22	179	12	167
福安市			8	47	39	301	17	284
福鼎市				27	30	328	25	303
男	**109**	**7**	**349**	**2300**	**3006**	**15960**	**1370**	**14590**
福州市	**43**		**38**	**373**	**599**	**3750**	**268**	**3482**
鼓楼区								
台江区								
仓山区								
马尾区								
晋安区				4		6		6
长乐区	26			31	52	451	23	428
闽侯县	9		2	91	250	943	32	911
连江县	2		18	62	77	956	94	862
罗源县	1		6	88	42	240	10	230
闽清县	1		4	20	37	114	4	110
永泰县	1			8	33	140	17	123
平潭县	2		7	30	48	264	52	212
福清市	1		1	39	60	636	36	600
厦门市	**12**		**20**	**48**	**125**	**471**	**44**	**427**
思明区								
海沧区								
湖里区			1	8		14		14
集美区								
同安区	4		1	3	13	28	7	21
翔安区	8		18	37	112	429	37	392

4-4b 续表 37

单位：人

地区 性别	交通运输、仓储和邮政业					住宿和餐饮业		
	航空运输业	管道运输业	多式联运和运输代理业	装卸搬运和仓储业	邮政业	小计	住宿业	餐饮业
莆田市	**3**		**2**	**72**	**121**	**837**	**68**	**769**
城厢区			1	3	7	13	1	12
涵江区				1	1	10		10
荔城区					3	10		10
秀屿区			1	6	7	83	19	64
仙游县	3			62	103	721	48	673
三明市	**16**		**15**	**247**	**226**	**1874**	**119**	**1755**
梅列区			1		2	23		23
三元区					1	9	1	8
明溪县				11	12	75	4	71
清流县				18	10	68	8	60
宁化县	1		4	45	17	149	9	140
大田县	1		2	18	32	219	18	201
尤溪县			4	32	22	239	21	218
沙县	12		1	60	83	671	29	642
将乐县	1		3	34	22	179	8	171
泰宁县				8	11	148	9	139
建宁县	1			11	12	76	12	64
永安市				10	2	18		18
泉州市	**18**	**5**	**131**	**460**	**950**	**3397**	**389**	**3008**
鲤城区								
丰泽区								
洛江区	2			3	8	47	3	44
泉港区	2	1	3	5	17	36	3	33
惠安县	5	1	26	54	136	567	102	465
安溪县	2	2	14	73	157	687	60	627
永春县			9	45	59	264	25	239
德化县	1			56	107	338	26	312
石狮市	1		9	52	43	161	16	145
晋江市	2		35	74	279	468	62	406
南安市	3	1	35	98	144	829	92	737
漳州市	**13**	**2**	**91**	**499**	**435**	**2571**	**193**	**2378**
芗城区			14	62	24	115	5	110
龙文区								
云霄县	1		14	71	63	328	15	313
漳浦县	3		13	72	79	544	42	502
诏安县				47	45	303	15	288
长泰县	1		3	31	29	119	12	107
东山县		1	5	23	31	219	31	188
南靖县	4		9	42	44	202	17	185
平和县	1	1	9	28	35	219	8	211
华安县			1	10	12	57	5	52
龙海市	3		23	113	73	465	43	422
南平市	**2**		**5**	**128**	**117**	**678**	**68**	**610**
延平区				22	9	76	4	72
建阳区				2	4	31	4	27
顺昌县	1			23	21	101	10	91
浦城县				23	16	137	15	122
光泽县				19	12	79	6	73
松溪县				13	16	59	7	52
政和县			1	5	22	89	11	78
邵武市				1	5	19	1	18
武夷山市	1		3	4	3	17	3	14
建瓯市			1	16	9	70	7	63
龙岩市	**2**		**20**	**138**	**152**	**990**	**93**	**897**
新罗区			1	29	14	73	7	66
永定区				9	13	108	8	100

4-4b 续表 38 单位：人

地区 性别	交通运输、仓储和邮政业					住宿和餐饮业		
	航空运输业	管道运输业	多式联运和运输代理业	装卸搬运和仓储业	邮政业	小计	住宿业	餐饮业
长汀县			5	20	31	253	20	233
上杭县			3	19	33	219	23	196
武平县			2	25	26	138	18	120
连城县	2		9	30	31	177	15	162
漳平市				6	4	22	2	20
宁德市			**27**	**335**	**281**	**1392**	**128**	**1264**
蕉城区				16	7	34		34
霞浦县			5	99	93	499	70	429
古田县			14	78	49	217	16	201
屏南县				28	17	77	8	69
寿宁县			2	8	19	74	7	67
周宁县				25	23	71	5	66
柘荣县			1	12	19	98	4	94
福安市			5	44	35	164	9	155
福鼎市				25	19	158	9	149
女	**46**	**1**	**95**	**421**	**1196**	**15603**	**2103**	**13500**
福州市	**16**		**3**	**46**	**219**	**3066**	**334**	**2732**
鼓楼区								
台江区								
仓山区								
马尾区								
晋安区				1		1		1
长乐区	8			2	19	273	19	254
闽侯县	3		3	21	76	719	52	667
连江县				12	29	753	117	636
罗源县	1			3	18	201	10	191
闽清县	1			1	10	119	6	113
永泰县				1	16	157	27	130
平潭县	2			2	24	261	45	216
福清市	1			3	27	582	58	524
厦门市	**3**		**6**	**5**	**50**	**363**	**40**	**323**
思明区								
海沧区								
湖里区						6		6
集美区								
同安区					3	22	10	12
翔安区	3		6	5	47	335	30	305
莆田市				**15**	**38**	**751**	**88**	**663**
城厢区				1	6	13	1	12
涵江区				1	1	6		6
荔城区					1	6		6
秀屿区				3	5	121	37	84
仙游县				10	25	605	50	555
三明市	**3**		**4**	**43**	**114**	**1869**	**225**	**1644**
梅列区				1	1	24	2	22
三元区					2	5		5
明溪县				2	8	83	7	76
清流县	1			2	5	123	19	104
宁化县				7	9	217	27	190
大田县			1	5	18	222	34	188
尤溪县				3	11	231	38	193
沙县	2		1	16	38	517	31	486
将乐县			1	2	9	156	19	137
泰宁县			1	3	7	171	32	139
建宁县					5	98	16	82
永安市				2	1	22		22

4-4b 续表 39　　单位：人

地区 性别	交通运输、仓储和邮政业					住宿和餐饮业		
	航空运输业	管道运输业	多式联运和运输代理业	装卸搬运和仓储业	邮政业	小计	住宿业	餐饮业
泉州市	**11**		**35**	**118**	**399**	**3580**	**606**	**2974**
鲤城区								
丰泽区								
洛江区	1			2	4	31		31
泉港区	1		1	5	13	71	10	61
惠安县			2	21	79	647	132	515
安溪县			6	16	58	620	64	556
永春县	3		1	3	22	246	41	205
德化县	2			6	25	286	32	254
石狮市	1		3	12	13	158	21	137
晋江市	3		6	19	115	409	76	333
南安市			16	34	70	1112	230	882
漳州市	**8**	**1**	**28**	**112**	**171**	**2601**	**289**	**2312**
芗城区			8	12	10	111	10	101
龙文区								
云霄县			2	5	18	339	15	324
漳浦县	2		1	9	38	542	55	487
诏安县				5	17	260	17	243
长泰县	1		3	22	17	141	21	120
东山县	1		1	10	16	240	69	171
南靖县			2	16	12	269	30	239
平和县		1	2	1	13	183	7	176
华安县				2	7	63	7	56
龙海市	4		9	30	23	453	58	395
南平市	**4**		**3**	**17**	**58**	**736**	**121**	**615**
延平区				4	2	58	8	50
建阳区					1	39	4	35
顺昌县			2	2	10	102	15	87
浦城县				1	10	152	28	124
光泽县				2	10	105	14	91
松溪县	2			1	10	53	13	40
政和县			1	4	4	97	18	79
邵武市					3	27	1	26
武夷山市	2			1	4	31	12	19
建瓯市				2	4	72	8	64
龙岩市	**1**		**7**	**39**	**72**	**1169**	**176**	**993**
新罗区				7	6	84	8	76
永定区				3	12	105	6	99
长汀县				8	13	280	39	241
上杭县			4	7	19	297	60	237
武平县			1	5	8	189	22	167
连城县	1		1	5	10	187	37	150
漳平市			1	4	4	27	4	23
宁德市			**9**	**26**	**75**	**1468**	**224**	**1244**
蕉城区					2	42	1	41
霞浦县			2	5	16	580	122	458
古田县			1	5	16	190	27	163
屏南县				6	13	104	11	93
寿宁县			2		8	82	19	63
周宁县				3	2	82	12	70
柘荣县			1	2	3	81	8	73
福安市			3	3	4	137	8	129
福鼎市				2	11	170	16	154

4-4b 续表 40　　　　单位：人

地区 性别	信息传输、软件和信息技术服务业				金融业				
	小计	电信、广播电视和卫星传输服务	互联网和相关服务	软件和信息技术服务业	小计	货币金融服务	资本市场服务	保险业	其他金融业
合计	**6889**	**2266**	**2334**	**2289**	**6339**	**3502**	**329**	**2198**	**310**
福州市	**1927**	**426**	**457**	**1044**	**1331**	**670**	**103**	**472**	**86**
鼓楼区									
台江区									
仓山区									
马尾区									
晋安区									
长乐区	73	12	13	48	36	15	3	12	6
闽侯县	1045	140	162	743	407	187	39	140	41
连江县	307	68	169	70	250	134	15	80	21
罗源县	118	44	37	37	85	47	4	29	5
闽清县	72	41	20	11	104	68	3	31	2
永泰县	83	40	16	27	85	50	1	32	2
平潭县	166	54	28	84	238	121	17	96	4
福清市	63	27	12	24	126	48	21	52	5
厦门市	**350**	**30**	**86**	**234**	**69**	**30**	**5**	**30**	**4**
思明区									
海沧区									
湖里区	1			1					
集美区									
同安区	7		4	3	6	2		4	
翔安区	342	30	82	230	63	28	5	26	4
莆田市	**195**	**87**	**65**	**43**	**245**	**123**	**20**	**95**	**7**
城厢区	9	2	5	2	4	1		2	1
涵江区	6	4	2		7	3		4	
荔城区	3	1	2		1			1	
秀屿区	21	7	11	3	21	10	1	9	1
仙游县	156	73	45	38	212	109	19	79	5
三明市	**571**	**288**	**185**	**98**	**759**	**473**	**28**	**233**	**25**
梅列区	15	4	9	2	3			3	
三元区	2	2			1	1			
明溪县	26	18	3	5	53	33	1	16	3
清流县	39	22	11	6	67	50	1	12	4
宁化县	69	30	27	12	103	67	4	30	2
大田县	107	39	47	21	97	49	8	33	7
尤溪县	94	48	27	19	103	67	4	29	3
沙县	80	46	17	17	123	72	6	41	4
将乐县	46	27	11	8	79	52	3	22	2
泰宁县	31	23	3	5	63	35	1	27	
建宁县	57	28	26	3	60	42		18	
永安市	5	1	4		7	5		2	
泉州市	**1573**	**517**	**708**	**348**	**1447**	**749**	**73**	**549**	**76**
鲤城区									
丰泽区									
洛江区	10	6	3	1	6	2	1	3	
泉港区	36	10	19	7	29	14		13	2
惠安县	392	126	135	131	330	158	20	124	28
安溪县	455	104	308	43	260	158	9	83	10
永春县	171	85	64	22	179	104	4	66	5
德化县	102	64	15	23	147	80	6	58	3
石狮市	32	14	7	11	54	20	3	27	4
晋江市	185	49	100	36	182	87	18	62	15
南安市	190	59	57	74	260	126	12	113	9
漳州市	**1113**	**338**	**461**	**314**	**969**	**545**	**45**	**323**	**56**
芗城区	31	5	15	11	15	5	4	5	1
龙文区									
云霄县	121	40	36	45	131	76	5	44	6
漳浦县	187	63	76	48	229	134	9	76	10

4-4b 续表 41

单位：人

地区 性别	信息传输、软件和信息技术服务业				金融业				
	小计	电信、广播电视和卫星传输服务	互联网和相关服务	软件和信息技术服务业	小计	货币金融服务	资本市场服务	保险业	其他金融业
诏安县	82	41	15	26	68	42	2	17	7
长泰县	74	26	32	16	84	54	1	24	5
东山县	76	45	17	14	72	42	2	22	6
南靖县	83	21	41	21	77	45	3	27	2
平和县	116	38	64	14	95	56	2	32	5
华安县	34	27	3	4	44	30		12	2
龙海市	309	32	162	115	154	61	17	64	12
南平市	**289**	**166**	**87**	**36**	**381**	**253**	**11**	**101**	**16**
延平区	21	7	10	4	13	6	1	5	1
建阳区	2	2			6	6			
顺昌县	53	26	16	11	74	48	1	24	1
浦城县	73	41	24	8	98	58	4	29	7
光泽县	34	28	4	2	45	31	1	11	2
松溪县	26	16	6	4	50	33	3	13	1
政和县	59	34	20	5	62	41	1	17	3
邵武市	5	2	3		6	5		1	
武夷山市	2	2			7	6			1
建瓯市	14	8	4	2	20	19		1	
龙岩市	**372**	**202**	**102**	**68**	**567**	**336**	**20**	**190**	**21**
新罗区	32	9	15	8	42	21	1	17	3
永定区	31	11	14	6	30	20	1	9	
长汀县	91	49	27	15	126	74	7	40	5
上杭县	98	53	23	22	150	88	6	50	6
武平县	63	34	20	9	125	72	1	45	7
连城县	52	43	2	7	90	58	4	28	
漳平市	5	3	1	1	4	3		1	
宁德市	**499**	**212**	**183**	**104**	**571**	**323**	**24**	**205**	**19**
蕉城区	16	5	9	2	4	2	1	1	
霞浦县	161	74	57	30	173	70	13	78	12
古田县	87	36	28	23	134	90	4	39	1
屏南县	35	17	14	4	35	22	3	10	
寿宁县	48	19	20	9	48	20	1	23	4
周宁县	40	24	14	2	42	29	1	12	
柘荣县	34	16	8	10	63	39	1	22	1
福安市	52	12	24	16	35	23		11	1
福鼎市	26	9	9	8	37	28		9	
男	**4652**	**1355**	**1604**	**1693**	**3033**	**1907**	**213**	**723**	**190**
福州市	**1287**	**246**	**290**	**751**	**631**	**358**	**68**	**153**	**52**
鼓楼区									
台江区									
仓山区									
马尾区									
晋安区									
长乐区	57	8	12	37	18	9	3	3	3
闽侯县	708	88	97	523	217	100	23	66	28
连江县	183	38	94	51	110	63	9	26	12
罗源县	85	24	31	30	46	28	4	11	3
闽清县	45	22	16	7	47	36	2	8	1
永泰县	52	24	10	18	38	32	1	4	1
平潭县	114	28	19	67	102	67	12	21	2
福清市	43	14	11	18	53	23	14	14	2
厦门市	**238**	**22**	**56**	**160**	**29**	**17**	**2**	**7**	**3**
思明区									
海沧区									
湖里区	1			1					
集美区									
同安区	4		2	2	1	1			
翔安区	233	22	54	157	28	16	2	7	3

4-4b　续表 42

单位：人

地　区 性　别	信息传输、软件和信息技术服务业				金融业				
	小计	电信、广播电视和卫星传输服务	互联网和相关服务	软件和信息技术服务业	小计	货币金融服　务	资本市场服　务	保险业	其　他金融业
莆田市	**123**	**44**	**47**	**32**	**135**	**73**	**14**	**44**	**4**
城厢区	4	1	1	2	3	1		1	1
涵江区	5	3	2		2	1		1	
荔城区	2		2						
秀屿区	14	3	9	2	10	5		5	
仙游县	98	37	33	28	120	66	14	37	3
三明市	**384**	**180**	**128**	**76**	**332**	**236**	**16**	**68**	**12**
梅列区	11	3	6	2					
三元区	2	2							
明溪县	19	12	2	5	22	15	1	5	1
清流县	19	9	5	5	29	25		4	
宁化县	42	15	17	10	49	31	2	14	2
大田县	75	24	37	14	44	30	4	6	4
尤溪县	63	29	19	15	48	33	2	11	2
沙县	56	28	13	15	55	38	4	11	2
将乐县	34	21	7	6	37	27	3	6	1
泰宁县	22	16	3	3	20	13		7	
建宁县	37	20	16	1	27	24		3	
永安市	4	1	3		1			1	
泉州市	**1086**	**313**	**494**	**279**	**689**	**407**	**52**	**184**	**46**
鲤城区									
丰泽区									
洛江区	5	3	2		4	2	1	1	
泉港区	22	6	11	5	11	4		5	2
惠安县	263	69	88	106	141	78	10	35	18
安溪县	314	68	207	39	119	90	8	14	7
永春县	121	53	49	19	90	60	4	25	1
德化县	72	42	12	18	74	45	5	21	3
石狮市	25	11	4	10	28	10	2	13	3
晋江市	140	33	78	29	94	50	14	21	9
南安市	124	28	43	53	128	68	8	49	3
漳州市	**782**	**207**	**340**	**235**	**484**	**309**	**24**	**112**	**39**
芗城区	23	2	11	10	6	1	1	4	
龙文区									
云霄县	80	21	28	31	64	43	3	13	5
漳浦县	133	41	59	33	128	85	6	31	6
诏安县	61	28	13	20	33	26	1	2	4
长泰县	52	17	22	13	49	33		12	4
东山县	53	30	12	11	37	26		7	4
南靖县	55	10	29	16	30	21	2	5	2
平和县	66	18	37	11	49	34		11	4
华安县	28	21	3	4	20	16		3	1
龙海市	231	19	126	86	68	24	11	24	9
南平市	**188**	**102**	**60**	**26**	**181**	**136**	**8**	**30**	**7**
延平区	18	6	9	3	9	4	1	4	
建阳区	2	2			3	3			
顺昌县	33	13	12	8	39	27	1	11	
浦城县	45	23	17	5	50	38	3	5	4
光泽县	24	19	3	2	23	16	1	4	2
松溪县	14	8	3	3	21	19	1	1	
政和县	39	24	11	4	24	17	1	5	1
邵武市	3	1	2						
武夷山市	1	1			4	4			
建瓯市	9	5	3	1	8	8			
龙岩市	**247**	**121**	**71**	**55**	**291**	**191**	**16**	**71**	**13**
新罗区	25	6	12	7	20	8	1	9	2
永定区	12	3	5	4	15	9	1	5	

4-4b 续表 43

单位：人

地　区 性　别	信息传输、软件和信息技术服务业				金融业				
	小计	电信、广播电视和卫星传输服务	互联网和相关服务	软件和信息技术服务业	小计	货币金融服务	资本市场服务	保险业	其他金融业
长汀县	68	32	21	15	62	41	5	13	3
上杭县	59	29	14	16	75	48	4	19	4
武平县	45	22	16	7	65	46	1	14	4
连城县	34	26	2	6	53	38	4	11	
漳平市	4	3	1		1	1			
宁德市	**317**	**120**	**118**	**79**	**261**	**180**	**13**	**54**	**14**
蕉城区	8	3	4	1	2	1	1		
霞浦县	97	45	29	23	77	41	8	18	10
古田县	49	20	15	14	69	55	2	11	1
屏南县	25	10	11	4	16	11	1	4	
寿宁县	34	11	17	6	25	11	1	10	3
周宁县	26	13	11	2	23	18		5	
柘荣县	24	10	6	8	21	17		4	
福安市	35	4	17	14	17	15		2	
福鼎市	19	4	8	7	11	11			
女	**2237**	**911**	**730**	**596**	**3306**	**1595**	**116**	**1475**	**120**
福州市	**640**	**180**	**167**	**293**	**700**	**312**	**35**	**319**	**34**
鼓楼区									
台江区									
仓山区									
马尾区									
晋安区									
长乐区	16	4	1	11	18	6		9	3
闽侯县	337	52	65	220	190	87	16	74	13
连江县	124	30	75	19	140	71	6	54	9
罗源县	33	20	6	7	39	19		18	2
闽清县	27	19	4	4	57	32	1	23	1
永泰县	31	16	6	9	47	18		28	1
平潭县	52	26	9	17	136	54	5	75	2
福清市	20	13	1	6	73	25	7	38	3
厦门市	**112**	**8**	**30**	**74**	**40**	**13**	**3**	**23**	**1**
思明区									
海沧区									
湖里区									
集美区									
同安区	3		2	1	5	1		4	
翔安区	109	8	28	73	35	12	3	19	1
莆田市	**72**	**43**	**18**	**11**	**110**	**50**	**6**	**51**	**3**
城厢区	5	1	4		1			1	
涵江区	1	1			5	2		3	
荔城区	1	1			1			1	
秀屿区	7	4	2	1	11	5	1	4	1
仙游县	58	36	12	10	92	43	5	42	2
三明市	**187**	**108**	**57**	**22**	**427**	**237**	**12**	**165**	**13**
梅列区	4	1	3		3			3	
三元区					1	1			
明溪县	7	6	1		31	18		11	2
清流县	20	13	6	1	38	25	1	8	4
宁化县	27	15	10	2	54	36	2	16	
大田县	32	15	10	7	53	19	4	27	3
尤溪县	31	19	8	4	55	34	2	18	1
沙县	24	18	4	2	68	34	2	30	2
将乐县	12	6	4	2	42	25		16	1
泰宁县	9	7		2	43	22	1	20	
建宁县	20	8	10	2	33	18		15	
永安市	1		1		6	5		1	

4-4b　续表 44

单位：人

地　区 性　别	信息传输、软件和信息技术服务业				金融业				
	小计	电信、广播电视和卫星传输服务	互联网和相关服务	软件和信息技术服务业	小计	货币金融服务	资本市场服务	保险业	其他金融业
泉州市	**487**	**204**	**214**	**69**	**758**	**342**	**21**	**365**	**30**
鲤城区									
丰泽区									
洛江区	5	3	1	1	2			2	
泉港区	14	4	8	2	18	10		8	
惠安县	129	57	47	25	189	80	10	89	10
安溪县	141	36	101	4	141	68	1	69	3
永春县	50	32	15	3	89	44		41	4
德化县	30	22	3	5	73	35	1	37	
石狮市	7	3	3	1	26	10	1	14	1
晋江市	45	16	22	7	88	37	4	41	6
南安市	66	31	14	21	132	58	4	64	6
漳州市	**331**	**131**	**121**	**79**	**485**	**236**	**21**	**211**	**17**
芗城区	8	3	4	1	9	4	3	1	1
龙文区									
云霄县	41	19	8	14	67	33	2	31	1
漳浦县	54	22	17	15	101	49	3	45	4
诏安县	21	13	2	6	35	16	1	15	3
长泰县	22	9	10	3	35	21	1	12	1
东山县	23	15	5	3	35	16	2	15	2
南靖县	28	11	12	5	47	24	1	22	
平和县	50	20	27	3	46	22	2	21	1
华安县	6	6			24	14		9	1
龙海市	78	13	36	29	86	37	6	40	3
南平市	**101**	**64**	**27**	**10**	**200**	**117**	**3**	**71**	**9**
延平区	3	1	1	1	4	2		1	1
建阳区					3	3			
顺昌县	20	13	4	3	35	21		13	1
浦城县	28	18	7	3	48	20	1	24	3
光泽县	10	9	1		22	15		7	
松溪县	12	8	3	1	29	14	2	12	1
政和县	20	10	9	1	38	24		12	2
邵武市	2	1	1		6	5		1	
武夷山市	1	1			3	2			1
建瓯市	5	3	1	1	12	11		1	
龙岩市	**125**	**81**	**31**	**13**	**276**	**145**	**4**	**119**	**8**
新罗区	7	3	3	1	22	13		8	1
永定区	19	8	9	2	15	11		4	
长汀县	23	17	6		64	33	2	27	2
上杭县	39	24	9	6	75	40	2	31	2
武平县	18	12	4	2	60	26		31	3
连城县	18	17		1	37	20		17	
漳平市	1			1	3	2		1	
宁德市	**182**	**92**	**65**	**25**	**310**	**143**	**11**	**151**	**5**
蕉城区	8	2	5	1	2	1		1	
霞浦县	64	29	28	7	96	29	5	60	2
古田县	38	16	13	9	65	35	2	28	
屏南县	10	7	3		19	11	2	6	
寿宁县	14	8	3	3	23	9		13	1
周宁县	14	11	3		19	11	1	7	
柘荣县	10	6	2	2	42	22	1	18	1
福安市	17	8	7	2	18	8		9	1
福鼎市	7	5	1	1	26	17		9	

4-4b 续表 45

单位：人

地区 性别	房地产业		租赁和商务服务业			科学研究和技术服务业			
	小计	房地产业	小计	租赁业	商务服务业	小计	研究和试验发展	专业技术服务业	科技推广和应用服务业
合计	**7923**	**7923**	**8678**	**690**	**7988**	**3866**	**364**	**3004**	**498**
福州市	**1824**	**1824**	**1764**	**121**	**1643**	**1057**	**135**	**779**	**143**
鼓楼区									
台江区									
仓山区									
马尾区									
晋安区	2	2	2		2				
长乐区	65	65	70	3	67	20	1	12	7
闽侯县	636	636	536	33	503	586	61	424	101
连江县	345	345	309	17	292	102	6	90	6
罗源县	209	209	229	9	220	91	25	58	8
闽清县	53	53	65	4	61	37	1	31	5
永泰县	127	127	102	5	97	57	2	48	7
平潭县	285	285	346	20	326	106	9	90	7
福清市	102	102	105	30	75	58	30	26	2
厦门市	**262**	**262**	**319**	**30**	**289**	**230**	**46**	**141**	**43**
思明区									
海沧区									
湖里区	4	4				2		2	
集美区	1	1							
同安区	23	23	13		13	7	1	5	1
翔安区	234	234	306	30	276	221	45	134	42
莆田市	**245**	**245**	**294**	**27**	**267**	**129**	**7**	**105**	**17**
城厢区	4	4	11	3	8	10		9	1
涵江区	7	7	6		6	1		1	
荔城区			4		4				
秀屿区	5	5	38	6	32	10		6	4
仙游县	229	229	235	18	217	108	7	89	12
三明市	**506**	**506**	**622**	**36**	**586**	**368**	**26**	**301**	**41**
梅列区	6	6	12	2	10	7		4	3
三元区	5	5	1		1				
明溪县	12	12	29	3	26	31	2	28	1
清流县	19	19	45	3	42	19		18	1
宁化县	73	73	75	5	70	48	1	37	10
大田县	70	70	84	9	75	51	3	40	8
尤溪县	98	98	117	5	112	58	1	50	7
沙县	120	120	121	7	114	89	14	70	5
将乐县	42	42	49		49	22	4	14	4
泰宁县	34	34	56	1	55	23		22	1
建宁县	24	24	27	1	26	16		15	1
永安市	3	3	6		6	4	1	3	
泉州市	**1855**	**1855**	**2094**	**194**	**1900**	**821**	**58**	**686**	**77**
鲤城区									
丰泽区									
洛江区	26	26	26	8	18	27	5	20	2
泉港区	53	53	118	10	108	25	2	22	1
惠安县	503	503	498	48	450	276	12	241	23
安溪县	332	332	447	21	426	119	7	104	8
永春县	147	147	155	15	140	66	3	58	5
德化县	183	183	128	9	119	62	2	52	8
石狮市	55	55	71	14	57	37	4	27	6
晋江市	199	199	257	31	226	76	11	54	11
南安市	357	357	394	38	356	133	12	108	13
漳州市	**1888**	**1888**	**1936**	**164**	**1772**	**639**	**57**	**497**	**85**
芗城区	47	47	56	4	52	18	3	13	2
龙文区									
云霄县	161	161	233	13	220	59	12	36	11
漳浦县	364	364	379	57	322	148	5	135	8

4-4b　续表 46　　　　　　　　　　　　　　　　　　　　　　　　单位：人

地区 性别	房地产业		租赁和商务服务业			科学研究和技术服务业			
	小计	房地产业	小计	租赁业	商务服务业	小计	研究和试验发展	专业技术服务业	科技推广和应用服务业
诏安县	92	92	390	6	384	69	5	46	18
长泰县	204	204	139	14	125	44	8	31	5
东山县	197	197	171	3	168	39	2	37	
南靖县	88	88	111	8	103	36	5	27	4
平和县	61	61	130	22	108	39		35	4
华安县	22	22	53		53	18		18	
龙海市	652	652	274	37	237	169	17	119	33
南平市	**315**	**315**	**430**	**24**	**406**	**143**	**6**	**105**	**32**
延平区	12	12	34	4	30	12	2	9	1
建阳区	3	3	8		8	4		1	3
顺昌县	71	71	57	4	53	19		17	2
浦城县	86	86	98	5	93	32	2	21	9
光泽县	38	38	40	2	38	16	2	12	2
松溪县	22	22	28	2	26	28		18	10
政和县	34	34	65	2	63	22		19	3
邵武市	6	6	5		5	1			1
武夷山市	4	4	68		68	4		3	1
建瓯市	39	39	27	5	22	5		5	
龙岩市	**515**	**515**	**620**	**47**	**573**	**262**	**14**	**208**	**40**
新罗区	72	72	46	7	39	16	1	10	5
永定区	26	26	44	6	38	14	1	10	3
长汀县	99	99	137	12	125	52	4	44	4
上杭县	139	139	205	10	195	103	7	78	18
武平县	119	119	108	8	100	44		38	6
连城县	60	60	73	4	69	31	1	27	3
漳平市			7		7	2		1	1
宁德市	**513**	**513**	**599**	**47**	**552**	**217**	**15**	**182**	**20**
蕉城区	9	9	21	3	18	6		5	1
霞浦县	269	269	157	10	147	64		56	8
古田县	79	79	111	9	102	15		13	2
屏南县	47	47	28		28	13		13	
寿宁县	23	23	64	1	63	17	2	11	4
周宁县	18	18	25	5	20	4	1	3	
柘荣县	19	19	36	2	34	25		25	
福安市	25	25	107	8	99	44	4	35	5
福鼎市	24	24	50	9	41	29	8	21	
男	**4693**	**4693**	**5606**	**601**	**5005**	**2814**	**271**	**2219**	**324**
福州市	**1078**	**1078**	**1143**	**105**	**1038**	**772**	**102**	**578**	**92**
鼓楼区									
台江区									
仓山区									
马尾区									
晋安区	2	2	1		1				
长乐区	43	43	46	2	44	16	1	12	3
闽侯县	379	379	349	28	321	412	40	306	66
连江县	207	207	202	12	190	75	5	68	2
罗源县	127	127	154	7	147	71	19	46	6
闽清县	30	30	38	4	34	27	1	23	3
永泰县	71	71	67	5	62	43	1	38	4
平潭县	158	158	201	18	183	84	8	70	6
福清市	61	61	85	29	56	44	27	15	2
厦门市	**169**	**169**	**197**	**22**	**175**	**162**	**33**	**104**	**25**
思明区									
海沧区									
湖里区	4	4				2		2	
集美区	1	1							
同安区	16	16	12		12	7	1	5	1
翔安区	148	148	185	22	163	153	32	97	24

4-4b 续表 47　　单位：人

地区 性别	房地产业		租赁和商务服务业			科学研究和技术服务业			
	小计	房地产业	小计	租赁业	商务服务业	小计	研究和试验发展	专业技术服务业	科技推广和应用服务业
莆田市	**135**	**135**	**194**	**24**	**170**	**91**	**7**	**74**	**10**
城厢区	3	3	7	2	5	7		6	1
涵江区	5	5	3		3				
荔城区			1		1				
秀屿区	4	4	24	4	20	9		5	4
仙游县	123	123	159	18	141	75	7	63	5
三明市	**284**	**284**	**404**	**30**	**374**	**275**	**18**	**227**	**30**
梅列区	4	4	5	1	4	5		4	1
三元区	2	2	1		1				
明溪县	5	5	16	3	13	27	1	25	1
清流县	10	10	29	2	27	13		12	1
宁化县	42	42	57	3	54	36		30	6
大田县	32	32	53	9	44	39	1	31	7
尤溪县	61	61	91	4	87	39		34	5
沙县	75	75	79	6	73	66	12	50	4
将乐县	17	17	27		27	15	3	9	3
泰宁县	19	19	27	1	26	18		17	1
建宁县	15	15	15	1	14	13		12	1
永安市	2	2	4		4	4	1	3	
泉州市	**1100**	**1100**	**1335**	**162**	**1173**	**612**	**44**	**514**	**54**
鲤城区									
丰泽区									
洛江区	16	16	18	5	13	23	2	20	1
泉港区	26	26	80	8	72	20	2	18	
惠安县	289	289	318	38	280	199	11	172	16
安溪县	199	199	274	17	257	81	5	71	5
永春县	95	95	96	14	82	52	2	47	3
德化县	108	108	92	9	83	45	2	37	6
石狮市	35	35	42	12	30	30	3	24	3
晋江市	127	127	161	28	133	60	7	44	9
南安市	205	205	254	31	223	102	10	81	11
漳州市	**1109**	**1109**	**1250**	**151**	**1099**	**458**	**41**	**370**	**47**
芗城区	29	29	44	4	40	13	3	9	1
龙文区									
云霄县	100	100	149	13	136	41	10	24	7
漳浦县	187	187	254	54	200	115	4	107	4
诏安县	48	48	231	5	226	44	4	32	8
长泰县	128	128	102	14	88	27	4	21	2
东山县	125	125	108	3	105	30	2	28	
南靖县	52	52	67	8	59	24	3	19	2
平和县	37	37	90	21	69	28		25	3
华安县	12	12	31		31	15		15	
龙海市	391	391	174	29	145	121	11	90	20
南平市	**186**	**186**	**298**	**24**	**274**	**108**	**4**	**81**	**23**
延平区	8	8	24	4	20	7	2	5	
建阳区	1	1	4		4	3		1	2
顺昌县	40	40	36	4	32	13		12	1
浦城县	55	55	72	5	67	26	2	18	6
光泽县	22	22	23	2	21	13		11	2
松溪县	13	13	20	2	18	23		15	8
政和县	21	21	49	2	47	17		14	3
邵武市	3	3	2		2	1			1
武夷山市	2	2	48		48	1		1	
建瓯市	21	21	20	5	15	4		4	
龙岩市	**289**	**289**	**394**	**44**	**350**	**181**	**11**	**139**	**31**
新罗区	41	41	31	7	24	9	1	6	2
永定区	19	19	30	6	24	11	1	8	2

4-4b　续表 48　　　　单位：人

地区 性别	房地产业		租赁和商务服务业			科学研究和技术服务业			
	小计	房地产业	小计	租赁业	商务服务业	小计	研究和试验发展	专业技术服务业	科技推广和应用服务业
长汀县	62	62	84	11	73	36	3	29	4
上杭县	73	73	125	8	117	72	5	53	14
武平县	65	65	74	8	66	32		27	5
连城县	29	29	46	4	42	19	1	15	3
漳平市			4		4	2		1	1
宁德市	**343**	**343**	**391**	**39**	**352**	**155**	**11**	**132**	**12**
蕉城区	6	6	12	3	9	4		4	
霞浦县	176	176	108	7	101	50		44	6
古田县	56	56	80	8	72	8		7	1
屏南县	33	33	18		18	9		9	
寿宁县	15	15	44	1	43	11	2	7	2
周宁县	11	11	16	4	12	1		1	
柘荣县	11	11	27	2	25	19		19	
福安市	16	16	55	7	48	28	1	24	3
福鼎市	19	19	31	7	24	25	8	17	
女	**3230**	**3230**	**3072**	**89**	**2983**	**1052**	**93**	**785**	**174**
福州市	**746**	**746**	**621**	**16**	**605**	**285**	**33**	**201**	**51**
鼓楼区									
台江区									
仓山区									
马尾区									
晋安区			1		1				
长乐区	22	22	24	1	23	4			4
闽侯县	257	257	187	5	182	174	21	118	35
连江县	138	138	107	5	102	27	1	22	4
罗源县	82	82	75	2	73	20	6	12	2
闽清县	23	23	27		27	10		8	2
永泰县	56	56	35		35	14	1	10	3
平潭县	127	127	145	2	143	22	1	20	1
福清市	41	41	20	1	19	14	3	11	
厦门市	**93**	**93**	**122**	**8**	**114**	**68**	**13**	**37**	**18**
思明区									
海沧区									
湖里区									
集美区									
同安区	7	7	1		1				
翔安区	86	86	121	8	113	68	13	37	18
莆田市	**110**	**110**	**100**	**3**	**97**	**38**		**31**	**7**
城厢区	1	1	4	1	3	3		3	
涵江区	2	2	3		3	1		1	
荔城区			3		3				
秀屿区	1	1	14	2	12	1		1	
仙游县	106	106	76		76	33		26	7
三明市	**222**	**222**	**218**	**6**	**212**	**93**	**8**	**74**	**11**
梅列区	2	2	7	1	6	2			2
三元区	3	3							
明溪县	7	7	13		13	4	1	3	
清流县	9	9	16	1	15	6		6	
宁化县	31	31	18	2	16	12	1	7	4
大田县	38	38	31		31	12	2	9	1
尤溪县	37	37	26	1	25	19	1	16	2
沙县	45	45	42	1	41	23	2	20	1
将乐县	25	25	22		22	7	1	5	1
泰宁县	15	15	29		29	5		5	
建宁县	9	9	12		12	3		3	
永安市	1	1	2		2				

4-4b 续表 49 单位：人

地区 性别	房地产业		租赁和商务服务业			科学研究和技术服务业			
	小计	房地产业	小计	租赁业	商务服务业	小计	研究和试验发展	专业技术服务业	科技推广和应用服务业
泉州市	**755**	**755**	**759**	**32**	**727**	**209**	**14**	**172**	**23**
鲤城区									
丰泽区									
洛江区	10	10	8	3	5	4	3		1
泉港区	27	27	38	2	36	5		4	1
惠安县	214	214	180	10	170	77	1	69	7
安溪县	133	133	173	4	169	38	2	33	3
永春县	52	52	59	1	58	14	1	11	2
德化县	75	75	36		36	17		15	2
石狮市	20	20	29	2	27	7	1	3	3
晋江市	72	72	96	3	93	16	4	10	2
南安市	152	152	140	7	133	31	2	27	2
漳州市	**779**	**779**	**686**	**13**	**673**	**181**	**16**	**127**	**38**
芗城区	18	18	12		12	5		4	1
龙文区									
云霄县	61	61	84		84	18	2	12	4
漳浦县	177	177	125	3	122	33	1	28	4
诏安县	44	44	159	1	158	25	1	14	10
长泰县	76	76	37		37	17	4	10	3
东山县	72	72	63		63	9		9	
南靖县	36	36	44		44	12	2	8	2
平和县	24	24	40	1	39	11		10	1
华安县	10	10	22		22	3		3	
龙海市	261	261	100	8	92	48	6	29	13
南平市	**129**	**129**	**132**		**132**	**35**	**2**	**24**	**9**
延平区	4	4	10		10	5		4	1
建阳区	2	2	4		4	1			1
顺昌县	31	31	21		21	6		5	1
浦城县	31	31	26		26	6		3	3
光泽县	16	16	17		17	3	2	1	
松溪县	9	9	8		8	5		3	2
政和县	13	13	16		16	5		5	
邵武市	3	3	3		3				
武夷山市	2	2	20		20	3		2	1
建瓯市	18	18	7		7	1		1	
龙岩市	**226**	**226**	**226**	**3**	**223**	**81**	**3**	**69**	**9**
新罗区	31	31	15		15	7		4	3
永定区	7	7	14		14	3		2	1
长汀县	37	37	53	1	52	16	1	15	
上杭县	66	66	80	2	78	31	2	25	4
武平县	54	54	34		34	12		11	1
连城县	31	31	27		27	12		12	
漳平市			3		3				
宁德市	**170**	**170**	**208**	**8**	**200**	**62**	**4**	**50**	**8**
蕉城区	3	3	9		9	2		1	1
霞浦县	93	93	49	3	46	14		12	2
古田县	23	23	31	1	30	7		6	1
屏南县	14	14	10		10	4		4	
寿宁县	8	8	20		20	6		4	2
周宁县	7	7	9	1	8	3	1	2	
柘荣县	8	8	9		9	6		6	
福安市	9	9	52	1	51	16	3	11	2
福鼎市	5	5	19	2	17	4		4	

4-4b 续表 50

单位：人

地区 性别	水利、环境和公共设施管理业					居民服务、修理和其他服务业			
	小计	水利管理业	生态保护和环境治理业	公共设施管理业	土地管理业	小计	居民服务业	机动车、电子产品和日用产品修理业	其他服务业
合　计	**3240**	**218**	**301**	**2686**	**35**	**22169**	**14046**	**5305**	**2818**
福州市	**616**	**46**	**55**	**510**	**5**	**3981**	**2625**	**894**	**462**
鼓楼区									
台江区									
仓山区									
马尾区									
晋安区	1		1			1			1
长乐区	47	2	2	43		363	242	87	34
闽侯县	166	9	3	154		1117	691	263	163
连江县	111	8	8	92	3	811	615	135	61
罗源县	71	12	1	58		385	239	106	40
闽清县	36	2	1	32	1	211	139	47	25
永泰县	69	4	32	32	1	254	127	73	54
平潭县	76	6	4	66		372	235	90	47
福清市	39	3	3	33		467	337	93	37
厦门市	**201**	**1**	**40**	**159**	**1**	**575**	**336**	**107**	**132**
思明区									
海沧区									
湖里区	2			2					
集美区	2			2					
同安区	14		1	13		39	17	13	9
翔安区	183	1	39	142	1	536	319	94	123
莆田市	**122**	**9**	**6**	**107**		**821**	**490**	**241**	**90**
城厢区	4		1	3		57	32	22	3
涵江区	1			1		9	4	5	
荔城区						10	3	7	
秀屿区	38		1	37		101	63	28	10
仙游县	79	9	4	66		644	388	179	77
三明市	**316**	**30**	**28**	**254**	**4**	**1490**	**910**	**421**	**159**
梅列区	5		1	4		21	10	6	5
三元区	2			2		7	4	2	1
明溪县	23	1	4	17	1	82	42	18	22
清流县	27	1	2	24		149	84	48	17
宁化县	33	8	8	17		225	149	47	29
大田县	37	1	1	35		256	162	78	16
尤溪县	46	3	3	39	1	220	125	77	18
沙县	49	5	2	41	1	197	119	65	13
将乐县	47	4	3	40		123	78	31	14
泰宁县	23	3		20		85	62	18	5
建宁县	21	4	3	13	1	101	62	22	17
永安市	3		1	2		24	13	9	2
泉州市	**677**	**35**	**55**	**582**	**5**	**5959**	**3618**	**1392**	**949**
鲤城区									
丰泽区									
洛江区	9		2	7		70	27	27	16
泉港区	22	7		15		106	58	31	17
惠安县	164	9	12	143		967	630	215	122
安溪县	102	3	11	87	1	1086	685	273	128
永春县	96	3	11	81	1	473	271	159	43
德化县	64	2	2	60		427	284	110	33
石狮市	31		10	20	1	353	222	50	81
晋江市	56	2	5	48	1	641	355	162	124
南安市	133	9	2	121	1	1836	1086	365	385
漳州市	**660**	**57**	**66**	**532**	**5**	**4663**	**2981**	**1133**	**549**
芗城区	56		11	44	1	152	58	56	38
龙文区									
云霄县	83	14	15	53	1	876	649	153	74
漳浦县	108	16	7	85		795	466	243	86

4-4b 续表 51

单位：人

地区 性别	水利、环境和公共设施管理业 小计	水利管理业	生态保护和环境治理业	公共设施管理业	土地管理业	居民服务、修理和其他服务业 小计	居民服务业	机动车、电子产品和日用产品修理业	其他服务业
诏安县	63	3	3	56	1	660	452	139	69
长泰县	66	2	2	62		253	175	47	31
东山县	47	3	3	41		350	230	66	54
南靖县	62	3	9	50		433	258	107	68
平和县	42	6	2	34		333	216	88	29
华安县	17	1		16		124	72	41	11
龙海市	116	9	14	91	2	687	405	193	89
南平市	**202**	**15**	**11**	**174**	**2**	**1067**	**696**	**248**	**123**
延平区	17	1	3	13		78	46	14	18
建阳区	5		1	4		48	33	11	4
顺昌县	26	1	2	23		193	121	42	30
浦城县	44	5		39		253	172	59	22
光泽县	29	1		26	2	127	89	30	8
松溪县	18	3	1	14		83	62	17	4
政和县	20	1	4	15		149	98	28	23
邵武市	8			8		28	18	7	3
武夷山市	30			30		23	14	9	
建瓯市	5	3		2		85	43	31	11
龙岩市	**261**	**14**	**25**	**215**	**7**	**1615**	**998**	**455**	**162**
新罗区	19	2	5	12		151	80	47	24
永定区	14	1	1	12		176	88	78	10
长汀县	53	5	6	41	1	373	254	85	34
上杭县	90	2	8	75	5	421	266	108	47
武平县	47	1	5	40	1	266	164	72	30
连城县	34	3		31		201	128	57	16
漳平市	4			4		27	18	8	1
宁德市	**185**	**11**	**15**	**153**	**6**	**1998**	**1392**	**414**	**192**
蕉城区	6	1		5		89	60	23	6
霞浦县	46	4	3	38	1	843	601	162	80
古田县	33		5	26	2	265	181	56	28
屏南县	15	1		14		108	60	33	15
寿宁县	15	1		13	1	100	72	14	14
周宁县	19	1	2	16		93	71	14	8
柘荣县	14		1	11	2	91	68	17	6
福安市	16	2	1	13		183	110	48	25
福鼎市	21	1	3	17		226	169	47	10
男	**1976**	**153**	**228**	**1574**	**21**	**9987**	**4472**	**4497**	**1018**
福州市	**389**	**30**	**38**	**320**	**1**	**1824**	**901**	**768**	**155**
鼓楼区									
台江区									
仓山区									
马尾区									
晋安区	1		1						
长乐区	28	2	1	25		167	77	76	14
闽侯县	107	5	2	100		581	289	229	63
连江县	64	7	7	50		308	176	115	17
罗源县	51	6		45		199	87	97	15
闽清县	19	1		18		100	53	39	8
永泰县	42	2	21	18	1	119	39	62	18
平潭县	49	4	3	42		171	85	74	12
福清市	28	3	3	22		179	95	76	8
厦门市	**118**	**1**	**34**	**83**		**276**	**122**	**87**	**67**
思明区									
海沧区									
湖里区	1			1					
集美区	1			1					
同安区	12		1	11		26	9	13	4
翔安区	104	1	33	70		250	113	74	63

4-4b　续表 52

单位：人

地　区 性　别	水利、环境和公共设施管理业					居民服务、修理和其他服务业			
	小计	水　利 管理业	生态保护 和环境 治理业	公共设施 管理业	土　地 管理业	小计	居　民 服务业	机动车、 电子产品 和日用产 品修理业	其　他 服务业
莆田市	**57**	**7**	**5**	**45**		**429**	**182**	**210**	**37**
城厢区	2		1	1		33	11	20	2
涵江区						7	2	5	
荔城区						8	2	6	
秀屿区	11		1	10		60	28	26	6
仙游县	44	7	3	34		321	139	153	29
三明市	**182**	**14**	**20**	**144**	**4**	**646**	**237**	**347**	**62**
梅列区	5		1	4		10	2	5	3
三元区	1			1		3		2	1
明溪县	13	1	2	9	1	40	13	14	13
清流县	11		1	10		60	18	39	3
宁化县	20	2	6	12		76	29	40	7
大田县	20	1		19		108	37	65	6
尤溪县	32	2	2	27	1	117	43	65	9
沙县	26	1	2	22	1	92	40	50	2
将乐县	24	2	2	20		53	22	26	5
泰宁县	13	2		11		29	14	14	1
建宁县	15	3	3	8	1	49	19	19	11
永安市	2		1	1		9		8	1
泉州市	**389**	**28**	**42**	**316**	**3**	**2697**	**1193**	**1171**	**333**
鲤城区									
丰泽区									
洛江区	6		2	4		47	16	24	7
泉港区	14	5		9		48	18	28	2
惠安县	81	7	11	63		414	189	178	47
安溪县	57	3	6	47	1	467	207	227	33
永春县	64	2	9	53		257	101	138	18
德化县	36	2	1	33		209	102	93	14
石狮市	19		8	10	1	214	122	42	50
晋江市	33	1	3	28	1	351	149	136	66
南安市	79	8	2	69		690	289	305	96
漳州市	**412**	**40**	**49**	**319**	**4**	**2062**	**914**	**961**	**187**
芗城区	39		9	29	1	81	23	45	13
龙文区									
云霄县	55	13	10	32		347	184	137	26
漳浦县	69	8	4	57		400	165	208	27
诏安县	34	3	1	29	1	220	92	115	13
长泰县	42		2	40		115	61	42	12
东山县	28	1	3	24		158	75	60	23
南靖县	42	3	6	33		161	53	85	23
平和县	25	3	2	20		181	94	72	15
华安县	9	1		8		55	20	32	3
龙海市	69	8	12	47	2	344	147	165	32
南平市	**142**	**13**	**8**	**121**		**495**	**217**	**212**	**66**
延平区	13	1	1	11		46	20	13	13
建阳区	4		1	3		27	14	10	3
顺昌县	14	1	2	11		85	31	35	19
浦城县	33	3		30		100	39	51	10
光泽县	23	1		22		61	31	24	6
松溪县	12	3	1	8		39	23	13	3
政和县	14	1	3	10		62	33	23	6
邵武市	3			3		13	5	7	1
武夷山市	21			21		15	6	9	
建瓯市	5	3		2		47	15	27	5
龙岩市	**163**	**11**	**22**	**126**	**4**	**724**	**275**	**387**	**62**
新罗区	10	2	4	4		77	22	44	11
永定区	10		1	9		87	22	62	3

4-4b 续表 53

单位：人

地区 性别	水利、环境和公共设施管理业					居民服务、修理和其他服务业			
	小计	水利管理业	生态保护和环境治理业	公共设施管理业	土地管理业	小计	居民服务业	机动车、电子产品和日用产品修理业	其他服务业
长汀县	41	4	6	31		148	61	74	13
上杭县	54	2	7	42	3	175	65	92	18
武平县	25	1	4	19	1	117	45	58	14
连城县	19	2		17		104	52	49	3
漳平市	4			4		16	8	8	
宁德市	**124**	**9**	**10**	**100**	**5**	**834**	**431**	**354**	**49**
蕉城区	4	1		3		32	11	19	2
霞浦县	32	2	3	26	1	287	140	133	14
古田县	27		5	20	2	130	72	50	8
屏南县	8	1		7		47	18	28	1
寿宁县	11	1		9	1	56	33	14	9
周宁县	8	1		7		32	17	13	2
柘荣县	9			8	1	47	32	14	1
福安市	13	2	1	10		94	44	42	8
福鼎市	12	1	1	10		109	64	41	4
女	**1264**	**65**	**73**	**1112**	**14**	**12182**	**9574**	**808**	**1800**
福州市	**227**	**16**	**17**	**190**	**4**	**2157**	**1724**	**126**	**307**
鼓楼区									
台江区									
仓山区									
马尾区									
晋安区						1			1
长乐区	19		1	18		196	165	11	20
闽侯县	59	4	1	54		536	402	34	100
连江县	47	1	1	42	3	503	439	20	44
罗源县	20	6	1	13		186	152	9	25
闽清县	17	1	1	14	1	111	86	8	17
永泰县	27	2	11	14		135	88	11	36
平潭县	27	2	1	24		201	150	16	35
福清市	11			11		288	242	17	29
厦门市	**83**		**6**	**76**	**1**	**299**	**214**	**20**	**65**
思明区									
海沧区									
湖里区	1			1					
集美区	1			1					
同安区	2			2		13	8		5
翔安区	79		6	72	1	286	206	20	60
莆田市	**65**	**2**	**1**	**62**		**392**	**308**	**31**	**53**
城厢区	2			2		24	21	2	1
涵江区	1			1		2	2		
荔城区						2	1	1	
秀屿区	27			27		41	35	2	4
仙游县	35	2	1	32		323	249	26	48
三明市	**134**	**16**	**8**	**110**		**844**	**673**	**74**	**97**
梅列区						11	8	1	2
三元区	1			1		4	4		
明溪县	10		2	8		42	29	4	9
清流县	16	1	1	14		89	66	9	14
宁化县	13	6	2	5		149	120	7	22
大田县	17		1	16		148	125	13	10
尤溪县	14	1	1	12		103	82	12	9
沙县	23	4		19		105	79	15	11
将乐县	23	2	1	20		70	56	5	9
泰宁县	10	1		9		56	48	4	4
建宁县	6	1		5		52	43	3	6
永安市	1			1		15	13	1	1

4-4b 续表 54

单位：人

地区 性别	水利、环境和公共设施管理业					居民服务、修理和其他服务业			
	小计	水利管理业	生态保护和环境治理业	公共设施管理业	土地管理业	小计	居民服务业	机动车、电子产品和日用产品修理业	其他服务业
泉州市	**288**	**7**	**13**	**266**	**2**	**3262**	**2425**	**221**	**616**
鲤城区									
丰泽区									
洛江区	3			3		23	11	3	9
泉港区	8	2		6		58	40	3	15
惠安县	83	2	1	80		553	441	37	75
安溪县	45		5	40		619	478	46	95
永春县	32	1	2	28	1	216	170	21	25
德化县	28		1	27		218	182	17	19
石狮市	12		2	10		139	100	8	31
晋江市	23	1	2	20		290	206	26	58
南安市	54	1		52	1	1146	797	60	289
漳州市	**248**	**17**	**17**	**213**	**1**	**2601**	**2067**	**172**	**362**
芗城区	17		2	15		71	35	11	25
龙文区									
云霄县	28	1	5	21	1	529	465	16	48
漳浦县	39	8	3	28		395	301	35	59
诏安县	29		2	27		440	360	24	56
长泰县	24	2		22		138	114	5	19
东山县	19	2		17		192	155	6	31
南靖县	20		3	17		272	205	22	45
平和县	17	3		14		152	122	16	14
华安县	8			8		69	52	9	8
龙海市	47	1	2	44		343	258	28	57
南平市	**60**	**2**	**3**	**53**	**2**	**572**	**479**	**36**	**57**
延平区	4		2	2		32	26	1	5
建阳区	1			1		21	19	1	1
顺昌县	12			12		108	90	7	11
浦城县	11	2		9		153	133	8	12
光泽县	6			4	2	66	58	6	2
松溪县	6			6		44	39	4	1
政和县	6		1	5		87	65	5	17
邵武市	5			5		15	13		2
武夷山市	9			9		8	8		
建瓯市						38	28	4	6
龙岩市	**98**	**3**	**3**	**89**	**3**	**891**	**723**	**68**	**100**
新罗区	9		1	8		74	58	3	13
永定区	4	1		3		89	66	16	7
长汀县	12	1		10	1	225	193	11	21
上杭县	36		1	33	2	246	201	16	29
武平县	22		1	21		149	119	14	16
连城县	15	1		14		97	76	8	13
漳平市						11	10		1
宁德市	**61**	**2**	**5**	**53**	**1**	**1164**	**961**	**60**	**143**
蕉城区	2			2		57	49	4	4
霞浦县	14	2		12		556	461	29	66
古田县	6			6		135	109	6	20
屏南县	7			7		61	42	5	14
寿宁县	4			4		44	39		5
周宁县	11		2	9		61	54	1	6
柘荣县	5		1	3	1	44	36	3	5
福安市	3			3		89	66	6	17
福鼎市	9		2	7		117	105	6	6

4-4b 续表 55 单位：人

地区 性别	教育		卫生和社会工作			文化、体育和娱乐业				
	小计	教育	小计	卫生	社会工作	小计	新闻和出版业	广播、电视、电影和录音制作业	文化艺术业	体育
合　计	**27530**	**27530**	**9830**	**9524**	**306**	**4099**	**131**	**292**	**904**	**391**
福州市	**4611**	**4611**	**1581**	**1540**	**41**	**782**	**34**	**77**	**136**	**74**
鼓楼区										
台江区										
仓山区										
马尾区										
晋安区	2	2								
长乐区	207	207	73	67	6	36		3	6	3
闽侯县	1589	1589	396	388	8	195	20	34	48	26
连江县	747	747	255	249	6	217	2	11	21	12
罗源县	409	409	176	174	2	73	2	4	12	11
闽清县	328	328	147	146	1	20	2	3	3	2
永泰县	315	315	122	121	1	27	1		8	1
平潭县	571	571	241	227	14	130	6	15	15	13
福清市	443	443	171	168	3	84	1	7	23	6
厦门市	**363**	**363**	**218**	**211**	**7**	**96**	**1**	**7**	**23**	**12**
思明区										
海沧区										
湖里区	1	1				2				1
集美区										
同安区	27	27	14	11	3	2		1		
翔安区	335	335	204	200	4	92	1	6	23	11
莆田市	**1425**	**1425**	**460**	**439**	**21**	**208**	**7**	**18**	**63**	**16**
城厢区	62	62	13	13		8			4	1
涵江区	29	29	14	5	9	1				
荔城区	12	12	4	4						
秀屿区	159	159	57	55	2	14	1	1	8	
仙游县	1163	1163	372	362	10	185	6	17	51	15
三明市	**3014**	**3014**	**1133**	**1104**	**29**	**314**	**13**	**32**	**65**	**38**
梅列区	19	19	4	4		5	1	2	1	
三元区	5	5	5	5		1				
明溪县	142	142	63	58	5	10	1	1		1
清流县	203	203	80	79	1	20	1	4	3	
宁化县	392	392	165	159	6	54		2	11	4
大田县	543	543	183	180	3	48	5	6	12	10
尤溪县	523	523	225	224	1	45	1	6	9	9
沙县	562	562	142	139	3	52	1	6	8	6
将乐县	244	244	91	86	5	35	1	2	8	4
泰宁县	156	156	96	93	3	21		1	7	
建宁县	180	180	70	68	2	19	2	1	6	4
永安市	45	45	9	9		4		1		
泉州市	**6573**	**6573**	**1984**	**1928**	**56**	**1139**	**20**	**51**	**242**	**110**
鲤城区										
丰泽区										
洛江区	123	123	23	21	2	27		2	9	
泉港区	124	124	46	46		21		4	8	3
惠安县	1328	1328	436	425	11	195	6	9	40	25
安溪县	1306	1306	424	409	15	194	3	12	29	21
永春县	691	691	190	187	3	80	2	3	44	6
德化县	684	684	182	180	2	67	2	5	14	5
石狮市	207	207	60	60		46	1	1	19	7
晋江市	849	849	227	208	19	126	4	3	26	17
南安市	1261	1261	396	392	4	383	2	12	53	26
漳州市	**4827**	**4827**	**1731**	**1678**	**53**	**813**	**29**	**51**	**207**	**86**
芗城区	112	112	66	60	6	22	1	1	5	1
龙文区										
云霄县	661	661	237	233	4	117	4	3	18	15
漳浦县	1075	1075	429	423	6	153	7	8	52	19

4-4b　续表 56

单位：人

地区 性别	教育		卫生和社会工作			文化、体育和娱乐业				
	小计	教育	小计	卫生	社会工作	小计	新闻和出版业	广播、电视、电影和录音制作业	文化艺术业	体育
诏安县	645	645	218	208	10	80	2	6	35	4
长泰县	304	304	87	86	1	58	3	2	12	6
东山县	328	328	133	130	3	116	2	4	15	4
南靖县	351	351	131	130	1	51	3	1	16	6
平和县	434	434	145	143	2	38	3	5	16	4
华安县	182	182	76	69	7	10			3	
龙海市	735	735	209	196	13	168	4	21	35	27
南平市	**1584**	**1584**	**720**	**684**	**36**	**167**	**7**	**10**	**28**	**15**
延平区	86	86	33	32	1	25			4	
建阳区	81	81	38	33	5	4			1	
顺昌县	243	243	111	93	18	21	1	3	2	4
浦城县	367	367	167	161	6	48		4	13	1
光泽县	168	168	96	94	2	29	4		1	5
松溪县	179	179	80	79	1	9		2		1
政和县	237	237	127	126	1	13	2		3	
邵武市	25	25	11	11		2		1		
武夷山市	33	33	10	10		4			2	1
建瓯市	165	165	47	45	2	12			2	3
龙岩市	**2819**	**2819**	**1088**	**1054**	**34**	**250**	**13**	**14**	**76**	**19**
新罗区	118	118	55	52	3	22			3	3
永定区	223	223	80	77	3	17			9	
长汀县	725	725	224	220	4	75	7	5	15	3
上杭县	738	738	306	289	17	74	1	3	31	5
武平县	566	566	249	243	6	35	4	4	9	6
连城县	375	375	150	149	1	27	1	2	9	2
漳平市	74	74	24	24						
宁德市	**2314**	**2314**	**915**	**886**	**29**	**330**	**7**	**32**	**64**	**21**
蕉城区	48	48	20	19	1	4			1	
霞浦县	678	678	285	272	13	136	4	13	19	2
古田县	406	406	163	156	7	37		2	6	3
屏南县	170	170	57	57		29		2	7	2
寿宁县	229	229	86	83	3	29		7	4	3
周宁县	196	196	91	91		24	1	2	11	2
柘荣县	144	144	70	68	2	14		2	4	2
福安市	213	213	87	84	3	30		3	3	6
福鼎市	230	230	56	56		27	2	1	9	1
男	**10166**	**10166**	**3599**	**3491**	**108**	**1959**	**73**	**170**	**455**	**196**
福州市	**1555**	**1555**	**550**	**531**	**19**	**393**	**18**	**43**	**64**	**36**
鼓楼区										
台江区										
仓山区										
马尾区										
晋安区	2	2								
长乐区	72	72	34	31	3	24		1	3	2
闽侯县	596	596	128	125	3	94	10	16	20	12
连江县	226	226	103	101	2	124	1	8	7	6
罗源县	121	121	50	50		44	1	4	9	5
闽清县	94	94	41	41		11	1	2	1	1
永泰县	130	130	46	46		11			5	
平潭县	154	154	76	67	9	44	5	8	5	6
福清市	160	160	72	70	2	41		4	14	4
厦门市	**102**	**102**	**71**	**70**	**1**	**53**	**1**	**4**	**14**	**8**
思明区										
海沧区										
湖里区										
集美区										
同安区	6	6	4	4		2		1		
翔安区	96	96	67	66	1	51	1	3	14	8

4-4b 续表 57

单位：人

地区 性别	教育		卫生和社会工作			文化、体育和娱乐业				
	小计	教育	小计	卫生	社会工作	小计	新闻和出版业	广播、电视、电影和录音制作业	文化艺术业	体育
莆田市	**547**	**547**	**193**	**184**	**9**	**110**	**3**	**12**	**37**	**9**
城厢区	30	30	7	7		7			3	1
涵江区	12	12	5	1	4					
荔城区	7	7	4	4						
秀屿区	82	82	24	24		3			2	
仙游县	416	416	153	148	5	100	3	12	32	8
三明市	**1147**	**1147**	**414**	**405**	**9**	**159**	**10**	**18**	**28**	**27**
梅列区	8	8	1	1		4	1	1	1	
三元区	1	1	1	1		1				
明溪县	43	43	30	27	3	6	1	1		
清流县	85	85	29	29		7		2	1	
宁化县	180	180	57	57		23			3	2
大田县	222	222	72	71	1	25	4	4	7	6
尤溪县	202	202	90	90		25	1	3	4	7
沙县	180	180	42	39	3	30	1	3	5	6
将乐县	98	98	29	28	1	19	1	2	3	3
泰宁县	54	54	32	32		8		1	2	
建宁县	60	60	27	26	1	10	1	1	2	3
永安市	14	14	4	4		1				
泉州市	**2510**	**2510**	**772**	**757**	**15**	**514**	**12**	**31**	**118**	**56**
鲤城区										
丰泽区										
洛江区	49	49	10	10		14		1	4	
泉港区	49	49	13	13		7		3	2	
惠安县	440	440	163	159	4	98	4	4	15	14
安溪县	574	574	160	157	3	92	3	6	15	9
永春县	290	290	70	69	1	43	1	1	24	2
德化县	311	311	72	72		35	1	4	6	3
石狮市	49	49	20	20		27	1	1	10	4
晋江市	285	285	97	92	5	64	1	1	17	11
南安市	463	463	167	165	2	134	1	10	25	13
漳州市	**1717**	**1717**	**648**	**627**	**21**	**373**	**14**	**31**	**106**	**29**
芗城区	30	30	23	20	3	15	1	1	3	
龙文区										
云霄县	244	244	95	92	3	49	2	1	9	6
漳浦县	368	368	151	148	3	67	3	5	26	7
诏安县	257	257	93	89	4	45	1	4	23	1
长泰县	101	101	33	32	1	31	2	1	5	2
东山县	119	119	41	41		45	1	3	5	
南靖县	147	147	50	50		20	1		8	2
平和县	163	163	71	71		22	2	4	8	4
华安县	61	61	25	23	2	6			2	
龙海市	227	227	66	61	5	73	1	12	17	7
南平市	**614**	**614**	**262**	**247**	**15**	**81**	**4**	**8**	**12**	**8**
延平区	33	33	12	12		15			2	
建阳区	28	28	16	13	3	2				
顺昌县	97	97	41	34	7	13	1	3		3
浦城县	154	154	56	53	3	22		2	8	
光泽县	58	58	29	28	1	13	2		1	3
松溪县	63	63	36	36		7		2		
政和县	91	91	48	47	1	4	1		1	
邵武市	13	13	3	3		1		1		
武夷山市	15	15	5	5						
建瓯市	62	62	16	16		4				2
龙岩市	**1185**	**1185**	**342**	**333**	**9**	**114**	**7**	**4**	**40**	**10**
新罗区	37	37	16	15	1	13			3	3
永定区	96	96	32	32		11			6	

4-4b 续表 58

单位：人

地区 性别	教育		卫生和社会工作			文化、体育和娱乐业				
	小计	教育	小计	卫生	社会工作	小计	新闻和出版业	广播、电视、电影和录音制作业	文化艺术业	体育
长汀县	320	320	66	65	1	38	4	1	8	2
上杭县	295	295	104	99	5	28		2	15	1
武平县	244	244	77	75	2	16	2	1	6	3
连城县	158	158	35	35		8	1		2	1
漳平市	35	35	12	12						
宁德市	**789**	**789**	**347**	**337**	**10**	**162**	**4**	**19**	**36**	**13**
蕉城区	16	16	7	7		1				
霞浦县	205	205	113	109	4	63	2	7	12	2
古田县	151	151	68	64	4	14		2	3	1
屏南县	57	57	14	14		11			4	1
寿宁县	90	90	32	31	1	18		4	2	2
周宁县	68	68	35	35		14		1	8	2
柘荣县	57	57	21	21		7		2	2	
福安市	71	71	29	28	1	19		2	2	4
福鼎市	74	74	28	28		15	2	1	3	1
女	**17364**	**17364**	**6231**	**6033**	**198**	**2140**	**58**	**122**	**449**	**195**
福州市	**3056**	**3056**	**1031**	**1009**	**22**	**389**	**16**	**34**	**72**	**38**
鼓楼区										
台江区										
仓山区										
马尾区										
晋安区										
长乐区	135	135	39	36	3	12		2	3	1
闽侯县	993	993	268	263	5	101	10	18	28	14
连江县	521	521	152	148	4	93	1	3	14	6
罗源县	288	288	126	124	2	29	1		3	6
闽清县	234	234	106	105	1	9	1	1	2	1
永泰县	185	185	76	75	1	16	1		3	1
平潭县	417	417	165	160	5	86	1	7	10	7
福清市	283	283	99	98	1	43	1	3	9	2
厦门市	**261**	**261**	**147**	**141**	**6**	**43**		**3**	**9**	**4**
思明区										
海沧区										
湖里区	1	1				2				1
集美区										
同安区	21	21	10	7	3					
翔安区	239	239	137	134	3	41		3	9	3
莆田市	**878**	**878**	**267**	**255**	**12**	**98**	**4**	**6**	**26**	**7**
城厢区	32	32	6	6		1			1	
涵江区	17	17	9	4	5	1				
荔城区	5	5								
秀屿区	77	77	33	31	2	11	1	1	6	
仙游县	747	747	219	214	5	85	3	5	19	7
三明市	**1867**	**1867**	**719**	**699**	**20**	**155**	**3**	**14**	**37**	**11**
梅列区	11	11	3	3		1		1		
三元区	4	4	4	4						
明溪县	99	99	33	31	2	4				1
清流县	118	118	51	50	1	13	1	2	2	
宁化县	212	212	108	102	6	31		2	8	2
大田县	321	321	111	109	2	23	1	2	5	4
尤溪县	321	321	135	134	1	20		3	5	2
沙县	382	382	100	100		22		3	3	
将乐县	146	146	62	58	4	16			5	1
泰宁县	102	102	64	61	3	13			5	
建宁县	120	120	43	42	1	9	1		4	1
永安市	31	31	5	5		3		1		

4-4b 续表 59

单位：人

地区 性别	教育		卫生和社会工作			文化、体育和娱乐业				
	小计	教育	小计	卫生	社会工作	小计	新闻和出版业	广播、电视、电影和录音制作业	文化艺术业	体育
泉州市	**4063**	**4063**	**1212**	**1171**	**41**	**625**	**8**	**20**	**124**	**54**
鲤城区										
丰泽区										
洛江区	74	74	13	11	2	13		1	5	
泉港区	75	75	33	33		14		1	6	3
惠安县	888	888	273	266	7	97	2	5	25	11
安溪县	732	732	264	252	12	102		6	14	12
永春县	401	401	120	118	2	37	1	2	20	4
德化县	373	373	110	108	2	32	1	1	8	2
石狮市	158	158	40	40		19			9	3
晋江市	564	564	130	116	14	62	3	2	9	6
南安市	798	798	229	227	2	249	1	2	28	13
漳州市	**3110**	**3110**	**1083**	**1051**	**32**	**440**	**15**	**20**	**101**	**57**
芗城区	82	82	43	40	3	7			2	1
龙文区										
云霄县	417	417	142	141	1	68	2	2	9	9
漳浦县	707	707	278	275	3	86	4	3	26	12
诏安县	388	388	125	119	6	35	1	2	12	3
长泰县	203	203	54	54		27	1	1	7	4
东山县	209	209	92	89	3	71	1	1	10	4
南靖县	204	204	81	80	1	31	2	1	8	4
平和县	271	271	74	72	2	16	1	1	8	
华安县	121	121	51	46	5	4			1	
龙海市	508	508	143	135	8	95	3	9	18	20
南平市	**970**	**970**	**458**	**437**	**21**	**86**	**3**	**2**	**16**	**7**
延平区	53	53	21	20	1	10			2	
建阳区	53	53	22	20	2	2			1	
顺昌县	146	146	70	59	11	8			2	1
浦城县	213	213	111	108	3	26		2	5	1
光泽县	110	110	67	66	1	16	2			2
松溪县	116	116	44	43	1	2				1
政和县	146	146	79	79		9	1		2	
邵武市	12	12	8	8		1				
武夷山市	18	18	5	5		4			2	1
建瓯市	103	103	31	29	2	8			2	1
龙岩市	**1634**	**1634**	**746**	**721**	**25**	**136**	**6**	**10**	**36**	**9**
新罗区	81	81	39	37	2	9				
永定区	127	127	48	45	3	6			3	
长汀县	405	405	158	155	3	37	3	4	7	1
上杭县	443	443	202	190	12	46	1	1	16	4
武平县	322	322	172	168	4	19	2	3	3	3
连城县	217	217	115	114	1	19		2	7	1
漳平市	39	39	12	12						
宁德市	**1525**	**1525**	**568**	**549**	**19**	**168**	**3**	**13**	**28**	**8**
蕉城区	32	32	13	12	1	3			1	
霞浦县	473	473	172	163	9	73	2	6	7	
古田县	255	255	95	92	3	23			3	2
屏南县	113	113	43	43		18		2	3	1
寿宁县	139	139	54	52	2	11		3	2	1
周宁县	128	128	56	56		10	1	1	3	
柘荣县	87	87	49	47	2	7			2	2
福安市	142	142	58	56	2	11		1	1	2
福鼎市	156	156	28	28		12			6	

4-4b 续表 60 单位：人

地区 性别	娱乐业	公共管理、社会保障和社会组织 小计	中国共产党机关	国家机构	人民政协、民主党派	社会保障	群众团体、社会团体和其他成员组织	基层群众自治组织	国际组织 小计	国际组织
合 计	**2381**	**24044**	**374**	**19234**	**99**	**120**	**1275**	**2942**	**1**	**1**
福州市	**461**	**3488**	**73**	**2728**	**14**	**14**	**160**	**499**		
鼓楼区										
台江区										
仓山区										
马尾区										
晋安区		5		5						
长乐区	24	127		57			16	54		
闽侯县	67	712	19	569	2	3	18	101		
连江县	171	654	20	511	4	2	36	81		
罗源县	44	424		337	2	5	29	51		
闽清县	10	345	18	276	2	2	11	36		
永泰县	17	360	16	306	2	1	7	28		
平潭县	81	595		509	2	1	19	64		
福清市	47	266		158			24	84		
厦门市	**53**	**274**		**187**			**9**	**78**		
思明区										
海沧区										
湖里区	1	1		1						
集美区										
同安区	1	21		18			1	2		
翔安区	51	252		168			8	76		
莆田市	**104**	**971**	**9**	**700**		**3**	**87**	**172**		
城厢区	3	31		21				10		
涵江区	1	19		13			2	4		
荔城区		20		7			12	1		
秀屿区	4	148		105		1	27	15		
仙游县	96	753	9	554		2	46	142		
三明市	**166**	**3513**	**66**	**3017**	**19**	**19**	**134**	**258**		
梅列区	1	19		12			2	5		
三元区	1	10		9				1		
明溪县	7	286	4	259	3	3	9	8		
清流县	12	354	4	322	3		11	14		
宁化县	37	435	7	363	3	5	23	34		
大田县	15	501	3	444	2	1	20	31		
尤溪县	20	524	13	450	1	2	14	44		
沙县	31	440	12	344		4	23	57		
将乐县	20	343	2	295	1	1	15	29		
泰宁县	13	310	21	268	4	1	4	12		
建宁县	6	268		238	2	1	13	14		
永安市	3	23		13		1		9		
泉州市	**716**	**4012**	**51**	**2796**	**15**	**35**	**351**	**764**	**1**	**1**
鲤城区										
丰泽区										
洛江区	16	41		34			2	5		
泉港区	6	102	2	69			9	22		
惠安县	115	997	19	612	7	14	93	252		
安溪县	129	729	10	607	2	7	34	69		
永春县	25	616	6	462	3	3	62	80		
德化县	41	532	14	419	3	4	21	71		
石狮市	18	133		82			10	41		
晋江市	76	370		228		3	49	90	1	1
南安市	290	492		283		4	71	134		
漳州市	**440**	**4567**	**40**	**3707**	**20**	**16**	**208**	**576**		
芗城区	14	67		33			7	27		
龙文区										
云霄县	77	653	7	527		5	20	94		
漳浦县	67	991	5	822	4		34	126		

4-4b 续表 61

单位：人

地区 性别	娱乐业	公共管理、社会保障和社会组织							国际组织	
		小计	中国共产党机关	国家机构	人民政协、民主党派	社会保障	群众团体、社会团体和其他成员组织	基层群众自治组织	小计	国际组织
诏安县	33	553	2	424	3	1	45	78		
长泰县	35	353	2	309		1	12	29		
东山县	91	421	11	331	5	6	19	49		
南靖县	25	409	1	358	3		11	36		
平和县	10	424	2	357	3	1	28	33		
华安县	7	287	10	256	2		5	14		
龙海市	81	409		290		2	27	90		
南平市	**107**	**2017**	**32**	**1744**	**12**	**12**	**46**	**171**		
延平区	21	86		71			3	12		
建阳区	3	76	1	64			3	8		
顺昌县	11	373	4	332	1	4	5	27		
浦城县	30	409	12	345	5	2	13	32		
光泽县	19	288	7	254	2	2	4	19		
松溪县	6	252	8	225	1	3	3	12		
政和县	8	323		269	3	1	12	38		
邵武市	1	41		33			1	7		
武夷山市	1	49		42				7		
建瓯市	7	120		109			2	9		
龙岩市	**128**	**2621**	**70**	**2287**	**14**	**5**	**57**	**188**		
新罗区	16	103	2	87			2	12		
永定区	8	132	1	104			6	21		
长汀县	45	555	10	493	4		15	33		
上杭县	34	704	20	634	3	1	9	37		
武平县	12	573	17	502	4		12	38		
连城县	13	508	17	426	3	4	12	46		
漳平市		46	3	41			1	1		
宁德市	**206**	**2581**	**33**	**2068**	**5**	**16**	**223**	**236**		
蕉城区	3	65		43			14	8		
霞浦县	98	649		524		2	67	56		
古田县	26	450	15	378		4	12	41		
屏南县	18	256	4	231	1		5	15		
寿宁县	15	303	10	268	1	2	6	16		
周宁县	8	260	1	222		6	9	22		
柘荣县	6	245	3	203	3	1	17	18		
福安市	18	186		124			35	27		
福鼎市	14	167		75		1	58	33		
男	**1065**	**15837**	**253**	**12974**	**70**	**54**	**719**	**1767**	**1**	**1**
福州市	**232**	**2185**	**46**	**1737**	**8**	**7**	**95**	**292**		
鼓楼区										
台江区										
仓山区										
马尾区										
晋安区		2		2						
长乐区	18	80		36			9	35		
闽侯县	36	428	14	336	2	1	11	64		
连江县	102	443	13	346	2	1	28	53		
罗源县	25	247		204	1	3	18	21		
闽清县	6	214	9	175	2	1	4	23		
永泰县	6	235	10	201	1	1	5	17		
平潭县	20	350		319			7	24		
福清市	19	186		118			13	55		
厦门市	**26**	**175**		**126**			**6**	**43**		
思明区										
海沧区										
湖里区		1		1						
集美区										
同安区	1	16		13			1	2		
翔安区	25	158		112			5	41		

4-4b　续表 62

单位：人

地区 性别	娱乐业	公共管理、社会保障和社会组织							国际组织	
		小计	中国共产党机关	国家机构	人民政协、民主党派	社会保障	群众团体、社会团体和其他成员组织	基层群众自治组织	小计	国际组织
莆田市	**49**	**651**	**8**	**480**		**3**	**42**	**118**		
城厢区	3	20		10				10		
涵江区		13		8			2	3		
荔城区		14		4			10			
秀屿区	1	97		71		1	16	9		
仙游县	45	507	8	387		2	14	96		
三明市	**76**	**2387**	**45**	**2078**	**15**	**8**	**70**	**171**		
梅列区	1	12		8				4		
三元区	1	8		7				1		
明溪县	4	174	3	162	2	1	2	4		
清流县	4	250	3	229	2		7	9		
宁化县	18	313	5	263	2	4	15	24		
大田县	4	351	2	312	2	1	10	24		
尤溪县	10	353	8	310	1		7	27		
沙县	15	294	8	231		1	14	40		
将乐县	10	241	2	210	1	1	7	20		
泰宁县	5	204	14	180	3		2	5		
建宁县	3	175		160	2		6	7		
永安市	1	12		6				6		
泉州市	**297**	**2594**	**33**	**1946**	**10**	**14**	**200**	**391**	**1**	**1**
鲤城区										
丰泽区										
洛江区	9	31		28			1	2		
泉港区	2	62		50			3	9		
惠安县	61	528	12	380	5	5	40	86		
安溪县	59	535	8	461	1	2	23	40		
永春县	15	406	4	309	1	2	36	54		
德化县	21	346	9	288	3	2	13	31		
石狮市	11	98		67			6	25		
晋江市	34	238		156		1	29	52	1	1
南安市	85	350		207		2	49	92		
漳州市	**193**	**3122**	**25**	**2574**	**18**	**9**	**124**	**372**		
芗城区	10	39		18			2	19		
龙文区										
云霄县	31	463	5	380		2	12	64		
漳浦县	26	699	3	581	3		20	92		
诏安县	16	375	1	300	2		25	47		
长泰县	21	239	1	214		1	9	14		
东山县	36	289	8	238	5	4	14	20		
南靖县	9	266	1	230	3		9	23		
平和县	4	296		253	3		15	25		
华安县	4	188	6	171	2		1	8		
龙海市	36	268		189		2	17	60		
南平市	**49**	**1306**	**24**	**1140**	**8**	**5**	**26**	**103**		
延平区	13	49		38			2	9		
建阳区	2	50	1	42			2	5		
顺昌县	6	228	4	205	1	1	1	16		
浦城县	12	258	11	222	3		6	16		
光泽县	7	189	5	167	1	1	4	11		
松溪县	5	167	3	154	1	2	1	6		
政和县	2	214		183	2	1	7	21		
邵武市		25		18			1	6		
武夷山市		39		33				6		
建瓯市	2	87		78			2	7		
龙岩市	**53**	**1728**	**51**	**1523**	**7**	**1**	**23**	**123**		
新罗区	7	68		60			1	7		
永定区	5	99		79			4	16		

4-4b 续表 63

单位：人

地区 性别	娱乐业	公共管理、社会保障和社会组织							国际组织	
		小计	中国共产党机关	国家机构	人民政协、民主党派	社会保障	群众团体、社会团体和其他成员组织	基层群众自治组织	小计	国际组织
长汀县	23	377	8	342	2		4	21		
上杭县	10	447	14	402			5	26		
武平县	4	378	13	336	3		4	22		
连城县	4	332	13	280	2	1	5	31		
漳平市		27	3	24						
宁德市	**90**	**1689**	**21**	**1370**	**4**	**7**	**133**	**154**		
蕉城区	1	41		24			12	5		
霞浦县	40	441		366			41	34		
古田县	8	285	5	245		1	7	27		
屏南县	6	154	4	141	1		1	7		
寿宁县	10	190	8	167	1		2	12		
周宁县	3	180	1	155		5	4	15		
柘荣县	3	163	3	130	2	1	11	16		
福安市	11	119		89			9	21		
福鼎市	8	116		53			46	17		
女	**1316**	**8207**	**121**	**6260**	**29**	**66**	**556**	**1175**		
福州市	**229**	**1303**	**27**	**991**	**6**	**7**	**65**	**207**		
鼓楼区										
台江区										
仓山区										
马尾区										
晋安区		3		3						
长乐区	6	47		21			7	19		
闽侯县	31	284	5	233		2	7	37		
连江县	69	211	7	165	2	1	8	28		
罗源县	19	177		133	1	2	11	30		
闽清县	4	131	9	101		1	7	13		
永泰县	11	125	6	105	1		2	11		
平潭县	61	245		190	2	1	12	40		
福清市	28	80		40			11	29		
厦门市	**27**	**99**		**61**			**3**	**35**		
思明区										
海沧区										
湖里区	1									
集美区										
同安区		5		5						
翔安区	26	94		56			3	35		
莆田市	**55**	**320**	**1**	**220**			**45**	**54**		
城厢区		11		11						
涵江区	1	6		5				1		
荔城区		6		3			2	1		
秀屿区	3	51		34			11	6		
仙游县	51	246	1	167			32	46		
三明市	**90**	**1126**	**21**	**939**	**4**	**11**	**64**	**87**		
梅列区		7		4			2	1		
三元区		2		2						
明溪县	3	112	1	97	1	2	7	4		
清流县	8	104	1	93	1		4	5		
宁化县	19	122	2	100	1	1	8	10		
大田县	11	150	1	132			10	7		
尤溪县	10	171	5	140		2	7	17		
沙县	16	146	4	113		3	9	17		
将乐县	10	102		85			8	9		
泰宁县	8	106	7	88	1	1	2	7		
建宁县	3	93		78		1	7	7		
永安市	2	11		7		1		3		

4-4b　续表 64

单位：人

地区 性别	娱乐业	公共管理、社会保障和社会组织							国际组织	
		小计	中国共产党机关	国家机构	人民政协、民主党派	社会保障	群众团体、社会团体和其他成员组织	基层群众自治组织	小计	国际组织
泉州市	**419**	**1418**	**18**	**850**	**5**	**21**	**151**	**373**		
鲤城区										
丰泽区										
洛江区	7	10		6			1	3		
泉港区	4	40	2	19			6	13		
惠安县	54	469	7	232	2	9	53	166		
安溪县	70	194	2	146	1	5	11	29		
永春县	10	210	2	153	2	1	26	26		
德化县	20	186	5	131		2	8	40		
石狮市	7	35		15			4	16		
晋江市	42	132		72		2	20	38		
南安市	205	142		76		2	22	42		
漳州市	**247**	**1445**	**15**	**1133**	**2**	**7**	**84**	**204**		
芗城区	4	28		15			5	8		
龙文区										
云霄县	46	190	2	147		3	8	30		
漳浦县	41	292	2	241	1		14	34		
诏安县	17	178	1	124	1	1	20	31		
长泰县	14	114	1	95			3	15		
东山县	55	132	3	93		2	5	29		
南靖县	16	143		128			2	13		
平和县	6	128	2	104		1	13	8		
华安县	3	99	4	85			4	6		
龙海市	45	141		101			10	30		
南平市	**58**	**711**	**8**	**604**	**4**	**7**	**20**	**68**		
延平区	8	37		33			1	3		
建阳区	1	26		22			1	3		
顺昌县	5	145		127		3	4	11		
浦城县	18	151	1	123	2	2	7	16		
光泽县	12	99	2	87	1	1		8		
松溪县	1	85	5	71		1	2	6		
政和县	6	109		86	1		5	17		
邵武市	1	16		15				1		
武夷山市	1	10		9				1		
建瓯市	5	33		31				2		
龙岩市	**75**	**893**	**19**	**764**	**7**	**4**	**34**	**65**		
新罗区	9	35	2	27			1	5		
永定区	3	33	1	25			2	5		
长汀县	22	178	2	151	2		11	12		
上杭县	24	257	6	232	3	1	4	11		
武平县	8	195	4	166	1		8	16		
连城县	9	176	4	146	1	3	7	15		
漳平市		19		17			1	1		
宁德市	**116**	**892**	**12**	**698**	**1**	**9**	**90**	**82**		
蕉城区	2	24		19			2	3		
霞浦县	58	208		158		2	26	22		
古田县	18	165	10	133		3	5	14		
屏南县	12	102		90			4	8		
寿宁县	5	113	2	101		2	4	4		
周宁县	5	80		67		1	5	7		
柘荣县	3	82		73	1		6	2		
福安市	7	67		35			26	6		
福鼎市	6	51		22		1	12	16		

4-4c 各地区分性别、行业大类的就业人口(乡村)

单位：人

地区 性别	合计	农、林、牧、渔业						采矿业	
		小计	农业	林业	畜牧业	渔业	农、林、牧、渔专业及辅助性活动	小计	煤炭开采和洗选业
合计	**626830**	**215364**	**174478**	**6237**	**12747**	**19542**	**2360**	**3021**	**1200**
福州市	**104143**	**29086**	**22780**	**167**	**1194**	**4802**	**143**	**201**	**42**
鼓楼区									
台江区									
仓山区									
马尾区	1105	146	78		13	54	1		
晋安区	1176	289	234	17	30	7	1	1	
长乐区	13364	1496	1215	3	59	215	4	10	1
闽侯县	16875	2440	2162	17	138	113	10	38	1
连江县	17537	5493	2974	53	303	2114	49	14	1
罗源县	2582	960	470	7	70	397	16	9	
闽清县	5456	1253	1099	22	103	20	9	10	
永泰县	7586	3643	3496	17	92	34	4	28	
平潭县	6672	1908	1107	2	62	734	3	7	2
福清市	31790	11458	9945	29	324	1114	46	84	37
厦门市	**32586**	**4199**	**3773**	**28**	**103**	**266**	**29**	**12**	
思明区									
海沧区	990	9	7			1	1		
湖里区									
集美区	6804	171	152	3	8	8			
同安区	11969	1634	1502	16	46	49	21	4	
翔安区	12823	2385	2112	9	49	208	7	8	
莆田市	**45725**	**11039**	**8893**	**56**	**379**	**1511**	**200**	**71**	**4**
城厢区	6404	1395	1289	2	54	45	5		
涵江区	3831	764	659	14	31	58	2	1	
荔城区	6141	1243	1058		51	78	56	4	
秀屿区	13631	4984	3441	4	103	1311	125	55	2
仙游县	15718	2653	2446	36	140	19	12	11	2
三明市	**44500**	**21872**	**18337**	**1624**	**1655**	**163**	**93**	**679**	**322**
梅列区	489	185	103	65	17			3	
三元区	1238	716	535	144	29	2	6	31	31
明溪县	2900	991	917	18	41	9	6	34	
清流县	3903	2297	2030	93	151	23		67	4
宁化县	7443	3658	3445	105	80	19	9	40	15
大田县	7180	4034	3096	67	854	14	3	315	211
尤溪县	5637	2320	1865	197	219	35	4	26	1
沙县	3340	777	528	161	74	10	4	6	
将乐县	2422	1076	961	60	33	10	12	51	21
泰宁县	1728	858	787	30	32	6	3	2	
建宁县	2942	2059	1881	103	34	10	31	1	
永安市	5278	2901	2189	581	91	25	15	103	39
泉州市	**144450**	**25862**	**21439**	**248**	**3042**	**1042**	**91**	**387**	**49**
鲤城区									
丰泽区									
洛江区	5131	595	540	6	39	1	9	3	
泉港区	7537	888	489	10	98	286	5	31	
惠安县	22628	1554	1076	12	126	327	13	25	
安溪县	26681	11128	9886	3	1213	8	18	36	
永春县	7631	3269	2691	71	475	14	18	106	43
德化县	3677	1270	1085	43	133	3	6	31	
石狮市	5695	161	67	1	10	82	1	4	
晋江市	35246	944	612	5	92	214	21	62	1
南安市	30224	6053	4993	97	856	107		89	5
漳州市	**109431**	**54936**	**42959**	**1231**	**2366**	**7341**	**1039**	**105**	**1**
芗城区	3942	1549	1287	63	81	109	9	1	
龙文区	1727	755	585	21	50	98	1	2	
云霄县	11230	5454	4603	91	174	509	77	14	
漳浦县	21125	11250	8429	246	568	1731	276	20	1

4-4c 续表 1

单位：人

地区 性别	合计	农、林、牧、渔业						采矿业	
		小计	农业	林业	畜牧业	渔业	农、林、牧、渔专业及辅助性活动	小计	煤炭开采和洗选业
诏安县	16279	8290	6227	91	413	1385	174	15	
长泰县	5796	2337	1905	58	166	182	26	7	
东山县	4859	2278	437	4	80	1521	236	11	
南靖县	8938	5204	4341	295	324	202	42	6	
平和县	11740	8394	8157	10	110	3	114	4	
华安县	3668	1674	1364	77	178	18	37	10	
龙海市	20127	7751	5624	275	222	1583	47	15	
南平市	**42195**	**22807**	**19133**	**1928**	**1285**	**173**	**288**	**170**	**2**
延平区	4345	1913	1416	124	316	50	7	14	
建阳区	5123	2434	2094	151	129	20	40	11	
顺昌县	3660	2005	1606	302	64	10	23	13	
浦城县	5381	3328	2986	119	208	8	7	11	
光泽县	2894	1261	859	89	265	9	39	3	
松溪县	2516	1384	1320	30	26	5	3	13	1
政和县	2649	1193	1003	75	61	4	50	71	
邵武市	2438	1418	1226	107	34	40	11	27	1
武夷山市	4182	1791	1697	47	32	6	9	2	
建瓯市	9007	6080	4926	884	150	21	99	5	
龙岩市	**45541**	**18255**	**15196**	**862**	**1928**	**152**	**117**	**1164**	**741**
新罗区	6179	1689	1217	123	322	14	13	377	219
永定区	6556	2260	1923	28	269	24	16	266	235
长汀县	8062	3139	2736	106	277	14	6	14	2
上杭县	7368	2263	1639	118	442	38	26	48	1
武平县	5833	2658	2398	25	195	24	16	127	64
连城县	5403	2236	1740	261	211	19	5	61	39
漳平市	6140	4010	3543	201	212	19	35	271	181
宁德市	**58259**	**27308**	**21968**	**93**	**795**	**4092**	**360**	**232**	**39**
蕉城区	10478	2630	1530	12	122	951	15	44	1
霞浦县	9133	5364	2712		206	2391	55	32	5
古田县	6821	4144	3887	15	148	37	57	50	
屏南县	2523	1181	1121	11	39	3	7	25	1
寿宁县	3117	1801	1726	3	60	4	8	6	
周宁县	3174	933	881	9	38	3	2		
柘荣县	1916	816	798	4	9		5	13	
福安市	9717	4987	4546	31	138	255	17	5	
福鼎市	11380	5452	4767	8	35	448	194	57	32
男	**377820**	**120721**	**93305**	**4565**	**7185**	**14453**	**1213**	**2690**	**1080**
福州市	**64490**	**15483**	**11093**	**123**	**680**	**3513**	**74**	**184**	**37**
鼓楼区									
台江区									
仓山区									
马尾区	724	124	63		11	49	1		
晋安区	782	168	133	9	20	5	1	1	
长乐区	8945	1069	820	3	43	201	2	10	1
闽侯县	11148	1624	1417	15	101	84	7	32	1
连江县	10561	3098	1403	35	115	1529	16	14	1
罗源县	1913	663	333	6	48	265	11	9	
闽清县	3666	849	734	19	71	17	8	8	
永泰县	4477	1813	1712	11	58	29	3	27	
平潭县	4327	1085	467	2	40	573	3	6	2
福清市	17947	4990	4011	23	173	761	22	77	32
厦门市	**20246**	**2357**	**2053**	**21**	**67**	**204**	**12**	**10**	
思明区									
海沧区	629	5	4				1		
湖里区									
集美区	4259	101	86	1	6	8			
同安区	7283	924	830	13	31	43	7	3	
翔安区	8075	1327	1133	7	30	153	4	7	

4-4c 续表 2

单位：人

地区 性别	合计	农、林、牧、渔业						采矿业	
		小计	农业	林业	畜牧业	渔业	农、林、牧、渔专业及辅助性活动	小计	煤炭开采和洗选业
莆田市	**25917**	**5072**	**3713**	**43**	**277**	**966**	**73**	**49**	**3**
城厢区	3500	656	576	1	38	37	4		
涵江区	2279	404	333	12	22	37		1	
荔城区	3417	525	415		35	50	25	3	
秀屿区	7065	1996	1055	2	73	828	38	34	1
仙游县	9656	1491	1334	28	109	14	6	11	2
三明市	**27371**	**12491**	**10401**	**1188**	**711**	**131**	**60**	**579**	**275**
梅列区	287	113	56	46	11			3	
三元区	864	484	349	109	20	1	5	28	28
明溪县	1842	617	563	14	30	7	3	29	
清流县	2103	1100	963	60	62	15		56	4
宁化县	4481	2011	1878	63	47	17	6	31	12
大田县	4200	1964	1678	56	218	10	2	279	185
尤溪县	3849	1555	1204	170	145	33	3	21	1
沙县	2124	546	351	130	53	8	4	4	
将乐县	1567	701	611	51	20	8	11	44	18
泰宁县	1059	510	461	22	22	4	1	1	
建宁县	1723	1153	1038	66	17	10	22	1	
永安市	3272	1737	1249	401	66	18	3	82	27
泉州市	**83406**	**12227**	**9866**	**162**	**1394**	**756**	**49**	**355**	**46**
鲤城区									
丰泽区									
洛江区	2927	270	232	4	29	1	4	3	
泉港区	4203	371	137	8	62	164		25	
惠安县	12913	591	237	8	78	265	3	24	
安溪县	14981	5331	4842	2	472	6	9	32	
永春县	4579	1795	1499	58	213	11	14	100	41
德化县	2207	706	595	34	71	3	3	27	
石狮市	3488	113	45	1	7	59	1	3	
晋江市	21081	619	358	3	66	177	15	57	1
南安市	17027	2431	1921	44	396	70		84	4
漳州市	**63227**	**30805**	**22360**	**781**	**1475**	**5644**	**545**	**88**	
芗城区	2344	898	726	41	46	81	4	1	
龙文区	928	390	298	10	25	56	1	1	
云霄县	6464	2956	2379	67	115	347	48	13	
漳浦县	11972	6122	4107	151	365	1380	119	17	
诏安县	9116	4519	2993	67	277	1092	90	14	
长泰县	3247	1202	913	37	106	128	18	5	
东山县	2813	1425	181	1	51	1081	111	8	
南靖县	4942	2717	2186	179	189	143	20	5	
平和县	7072	4912	4760	10	64	3	75	4	
华安县	2084	846	669	59	84	15	19	7	
龙海市	12245	4818	3148	159	153	1318	40	13	
南平市	**28156**	**15515**	**12748**	**1591**	**861**	**131**	**184**	**160**	**2**
延平区	2870	1219	865	105	210	33	6	13	
建阳区	3450	1751	1485	126	89	20	31	9	
顺昌县	2466	1359	1058	235	45	9	12	13	
浦城县	3625	2262	2025	101	124	6	6	10	
光泽县	1916	882	604	80	169	5	24	2	
松溪县	1697	922	867	27	22	3	3	12	1
政和县	1797	830	687	63	46	2	32	71	
邵武市	1572	898	744	89	24	33	8	23	1
武夷山市	2823	1279	1199	43	26	3	8	2	
建瓯市	5940	4113	3214	722	106	17	54	5	
龙岩市	**27501**	**9573**	**7586**	**580**	**1223**	**120**	**64**	**1054**	**680**
新罗区	4092	990	689	76	205	11	9	356	209
永定区	3991	1106	884	18	174	18	12	243	214

4-4c　续表 3　　　　　　　　　　　　　　　　　　　　　　　　　　单位：人

地区 性别	合计	农、林、牧、渔业						采矿业	
		小计	农业	林业	畜牧业	渔业	农、林、牧、渔专业及辅助性活动	小计	煤炭开采和洗选业
长汀县	4695	1621	1351	75	179	11	5	12	2
上杭县	4338	1089	707	76	261	31	14	38	1
武平县	3377	1292	1119	19	128	16	10	113	62
连城县	3310	1270	936	174	139	17	4	56	36
漳平市	3698	2205	1900	142	137	16	10	236	156
宁德市	**37506**	**17198**	**13485**	**76**	**497**	**2988**	**152**	**211**	**37**
蕉城区	6578	1783	1046	8	92	631	6	41	1
霞浦县	5999	3612	1723		102	1780	7	31	5
古田县	4551	2826	2661	13	89	31	32	42	
屏南县	1717	781	736	10	29	2	4	22	
寿宁县	2023	1057	1012	3	31	4	7	5	
周宁县	2263	668	630	7	26	3	2		
柘荣县	1250	501	491	4	6			13	
福安市	6157	2933	2631	25	98	169	10	5	
福鼎市	6968	3037	2555	6	24	368	84	52	31
女	**249010**	**94643**	**81173**	**1672**	**5562**	**5089**	**1147**	**331**	**120**
福州市	**39653**	**13603**	**11687**	**44**	**514**	**1289**	**69**	**17**	**5**
鼓楼区									
台江区									
仓山区									
马尾区	381	22	15		2	5			
晋安区	394	121	101	8	10	2			
长乐区	4419	427	395		16	14	2		
闽侯县	5727	816	745	2	37	29	3	6	
连江县	6976	2395	1571	18	188	585	33		
罗源县	669	297	137	1	22	132	5		
闽清县	1790	404	365	3	32	3	1	2	
永泰县	3109	1830	1784	6	34	5	1	1	
平潭县	2345	823	640		22	161		1	
福清市	13843	6468	5934	6	151	353	24	7	5
厦门市	**12340**	**1842**	**1720**	**7**	**36**	**62**	**17**	**2**	
思明区									
海沧区	361	4	3			1			
湖里区									
集美区	2545	70	66	2	2				
同安区	4686	710	672	3	15	6	14	1	
翔安区	4748	1058	979	2	19	55	3	1	
莆田市	**19808**	**5967**	**5180**	**13**	**102**	**545**	**127**	**22**	**1**
城厢区	2904	739	713	1	16	8	1		
涵江区	1552	360	326	2	9	21	2		
荔城区	2724	718	643		16	28	31	1	
秀屿区	6566	2988	2386	2	30	483	87	21	1
仙游县	6062	1162	1112	8	31	5	6		
三明市	**17129**	**9381**	**7936**	**436**	**944**	**32**	**33**	**100**	**47**
梅列区	202	72	47	19	6				
三元区	374	232	186	35	9	1	1	3	3
明溪县	1058	374	354	4	11	2	3	5	
清流县	1800	1197	1067	33	89	8		11	
宁化县	2962	1647	1567	42	33	2	3	9	3
大田县	2980	2070	1418	11	636	4	1	36	26
尤溪县	1788	765	661	27	74	2	1	5	
沙县	1216	231	177	31	21	2		2	
将乐县	855	375	350	9	13	2	1	7	3
泰宁县	669	348	326	8	10	2	2	1	
建宁县	1219	906	843	37	17		9		
永安市	2006	1164	940	180	25	7	12	21	12

4-4c 续表 4

单位：人

地区 性别	合计	农、林、牧、渔业						采矿业	
		小计	农业	林业	畜牧业	渔业	农、林、牧、渔专业及辅助性活动	小计	煤炭开采和洗选业
泉州市	**61044**	**13635**	**11573**	**86**	**1648**	**286**	**42**	**32**	**3**
鲤城区									
丰泽区									
洛江区	2204	325	308	2	10		5		
泉港区	3334	517	352	2	36	122	5	6	
惠安县	9715	963	839	4	48	62	10	1	
安溪县	11700	5797	5044	1	741	2	9	4	
永春县	3052	1474	1192	13	262	3	4	6	2
德化县	1470	564	490	9	62		3	4	
石狮市	2207	48	22		3	23		1	
晋江市	14165	325	254	2	26	37	6	5	
南安市	13197	3622	3072	53	460	37		5	1
漳州市	**46204**	**24131**	**20599**	**450**	**891**	**1697**	**494**	**17**	**1**
芗城区	1598	651	561	22	35	28	5		
龙文区	799	365	287	11	25	42		1	
云霄县	4766	2498	2224	24	59	162	29	1	
漳浦县	9153	5128	4322	95	203	351	157	3	1
诏安县	7163	3771	3234	24	136	293	84	1	
长泰县	2549	1135	992	21	60	54	8	2	
东山县	2046	853	256	3	29	440	125	3	
南靖县	3996	2487	2155	116	135	59	22	1	
平和县	4668	3482	3397		46		39		
华安县	1584	828	695	18	94	3	18	3	
龙海市	7882	2933	2476	116	69	265	7	2	
南平市	**14039**	**7292**	**6385**	**337**	**424**	**42**	**104**	**10**	
延平区	1475	694	551	19	106	17	1	1	
建阳区	1673	683	609	25	40		9	2	
顺昌县	1194	646	548	67	19	1	11		
浦城县	1756	1066	961	18	84	2	1	1	
光泽县	978	379	255	9	96	4	15	1	
松溪县	819	462	453	3	4	2		1	
政和县	852	363	316	12	15	2	18		
邵武市	866	520	482	18	10	7	3	4	
武夷山市	1359	512	498	4	6	3	1		
建瓯市	3067	1967	1712	162	44	4	45		
龙岩市	**18040**	**8682**	**7610**	**282**	**705**	**32**	**53**	**110**	**61**
新罗区	2087	699	528	47	117	3	4	21	10
永定区	2565	1154	1039	10	95	6	4	23	21
长汀县	3367	1518	1385	31	98	3	1	2	
上杭县	3030	1174	932	42	181	7	12	10	
武平县	2456	1366	1279	6	67	8	6	14	2
连城县	2093	966	804	87	72	2	1	5	3
漳平市	2442	1805	1643	59	75	3	25	35	25
宁德市	**20753**	**10110**	**8483**	**17**	**298**	**1104**	**208**	**21**	**2**
蕉城区	3900	847	484	4	30	320	9	3	
霞浦县	3134	1752	989		104	611	48	1	
古田县	2270	1318	1226	2	59	6	25	8	
屏南县	806	400	385	1	10	1	3	3	1
寿宁县	1094	744	714		29		1	1	
周宁县	911	265	251	2	12				
柘荣县	666	315	307		3		5		
福安市	3560	2054	1915	6	40	86	7		
福鼎市	4412	2415	2212	2	11	80	110	5	1

4-4c　续表 5　　　　单位：人

地　区 性　别	采矿业 石油和天然气开采业	黑色金属矿采选业	有色金属矿采选业	非金属矿采选业	开采专业及辅助性活　动	其　他采矿业	制造业 小计	农副食品加工业	食　品制造业
合　计	**3**	**257**	**289**	**1162**	**71**	**39**	**139365**	**8723**	**5425**
福州市		**4**	**5**	**146**		**4**	**16195**	**1106**	**556**
鼓楼区									
台江区									
仓山区									
马尾区							45	3	2
晋安区				1			103		2
长乐区		1		8			4092	93	69
闽侯县				36		1	3960	85	165
连江县		1		12			1940	495	120
罗源县				9			481	16	3
闽清县			1	9			1372	45	56
永泰县				28			374	30	19
平潭县				5			191	16	5
福清市		2	4	38		3	3637	323	115
厦门市				**11**	**1**		**11652**	**313**	**557**
思明区									
海沧区							598	1	7
湖里区									
集美区							3228	22	29
同安区				4			4557	200	441
翔安区				7	1		3269	90	80
莆田市	**1**			**64**	**1**	**1**	**12106**	**408**	**360**
城厢区							1981	119	84
涵江区	1						972	23	40
荔城区				2	1	1	1942	55	39
秀屿区				53			2716	144	82
仙游县				9			4495	67	115
三明市		**51**	**63**	**201**	**28**	**14**	**5561**	**380**	**171**
梅列区		1		2			69	17	4
三元区							158	6	8
明溪县				25	9		572	15	7
清流县		1		47	15		378	57	9
宁化县			16	7		2	865	57	16
大田县		45	15	40		4	667	25	9
尤溪县		1	8	12	1	3	980	76	17
沙县				6			338	40	36
将乐县		1	5	22		2	391	5	22
泰宁县				2			133	11	4
建宁县				1			225	27	15
永安市		2	19	37	3	3	785	44	24
泉州市		**32**	**10**	**286**	**9**	**1**	**54584**	**788**	**1393**
鲤城区									
丰泽区									
洛江区		1		2			2417	15	43
泉港区				31			1749	122	45
惠安县				25			8468	85	341
安溪县		5		31			6522	113	246
永春县		7	4	52			1667	28	39
德化县		18	5	8			1264	21	5
石狮市			1	3			3013	33	50
晋江市		1		59		1	19019	230	494
南安市				75	9		10465	141	130
漳州市		**1**		**85**	**14**	**4**	**18014**	**3131**	**1660**
芗城区				1			1047	86	81
龙文区				1		1	348	27	65
云霄县		1		5	8		1717	506	49
漳浦县				16	3		3182	495	92

4-4c 续表 6

单位：人

地区 性别	采矿业						制造业		
	石油和天然气开采业	黑色金属矿采选业	有色金属矿采选业	非金属矿采选业	开采专业及辅助性活动	其他采矿业	小计	农副食品加工业	食品制造业
诏安县				13	1	1	2611	822	82
长泰县				6	1		1432	66	19
东山县				11			744	435	24
南靖县				4		2	908	99	115
平和县				3	1		601	39	32
华安县				10			1058	37	36
龙海市				15			4366	519	1065
南平市		**20**	**62**	**75**	**5**	**6**	**6048**	**1011**	**174**
延平区		3		11			673	35	29
建阳区			1	10			805	34	26
顺昌县				13			546	86	7
浦城县			1	9	1		782	141	17
光泽县				2	1		701	544	11
松溪县		10		2			332	16	5
政和县			60	5	2	4	478	62	3
邵武市		7		16	1	2	382	25	6
武夷山市				2			450	22	22
建瓯市				5			899	46	48
龙岩市	**2**	**143**	**93**	**170**	**11**	**4**	**6392**	**468**	**365**
新罗区		74	13	69	2		1187	79	22
永定区	1		2	25	3		658	72	16
长汀县	1		3	6		2	1461	105	47
上杭县		1	21	23	1	1	874	79	9
武平县			51	9	2	1	821	64	13
连城县		11	3	5	3		939	58	253
漳平市		57		33			452	11	5
宁德市		**6**	**56**	**124**	**2**	**5**	**8813**	**1118**	**189**
蕉城区			4	37		2	2398	138	22
霞浦县				25	1	1	907	393	8
古田县			38	11		1	708	360	49
屏南县		1	1	21		1	200	19	5
寿宁县				6			349	13	3
周宁县							252	3	3
柘荣县			9	4			335	4	8
福安市		1		4			1414	22	60
福鼎市		4	4	16	1		2250	166	31
男	**2**	**229**	**256**	**1022**	**67**	**34**	**76670**	**3660**	**2356**
福州市		**4**	**5**	**134**		**4**	**9833**	**473**	**275**
鼓楼区									
台江区									
仓山区									
马尾区							34	2	
晋安区				1			72		2
长乐区		1		8			2586	55	36
闽侯县				30		1	2392	56	78
连江县		1		12			1075	139	51
罗源县				9			400	8	1
闽清县			1	7			774	27	26
永泰县				27			186	18	14
平潭县				4			144	9	4
福清市		2	4	36		3	2170	159	63
厦门市				**9**	**1**		**6857**	**168**	**289**
思明区									
海沧区							363		3
湖里区									
集美区							1891	16	15
同安区				3			2574	106	227
翔安区				6	1		2029	46	44

4-4c 续表 7

单位：人

地区 性别	采矿业						制造业		
	石油和天然气开采业	黑色金属矿采选业	有色金属矿采选业	非金属矿采选业	开采专业及辅助性活动	其他采矿业	小计	农副食品加工业	食品制造业
莆田市	**1**			**43**	**1**	**1**	**5813**	**181**	**172**
城厢区							825	48	39
涵江区	1						467	16	19
荔城区				1	1	1	944	32	18
秀屿区				33			1210	48	40
仙游县				9			2367	37	56
三明市		**46**	**53**	**167**	**26**	**12**	**3445**	**228**	**78**
梅列区		1		2			41	5	2
三元区							106	3	2
明溪县				20	9		364	9	4
清流县		1		37	14		207	26	4
宁化县			12	5		2	517	37	7
大田县		41	12	37		4	437	18	5
尤溪县		1	8	8	1	2	589	47	10
沙县				4			221	28	16
将乐县		1	4	19		2	252	2	7
泰宁县				1			89	9	1
建宁县				1			138	16	7
永安市		1	17	33	2	2	484	28	13
泉州市		**29**	**9**	**261**	**9**	**1**	**28892**	**365**	**640**
鲤城区									
丰泽区									
洛江区		1		2			1170	7	23
泉港区				25			795	47	19
惠安县				24			3922	35	133
安溪县		5		27			3712	61	117
永春县		6	4	49			816	15	21
德化县		16	5	6			709	12	2
石狮市				3			1713	17	23
晋江市		1		54		1	10345	103	233
南安市				71	9		5710	68	69
漳州市		**1**		**71**	**13**	**3**	**9003**	**1021**	**588**
芗城区				1			605	40	22
龙文区						1	175	11	11
云霄县		1		4	8		751	110	24
漳浦县				14	3		1514	182	40
诏安县				13	1		1031	225	30
长泰县				5			839	39	4
东山县				8			294	125	15
南靖县				3		2	472	51	40
平和县				3	1		394	22	14
华安县				7			625	11	10
龙海市				13			2303	205	378
南平市		**18**	**62**	**67**	**5**	**6**	**3617**	**546**	**87**
延平区		3		10			405	23	16
建阳区			1	8			475	22	12
顺昌县				13			342	49	3
浦城县			1	8	1		498	93	8
光泽县				1	1		353	264	7
松溪县		9		2			211	11	2
政和县			60	5	2	4	264	35	3
邵武市		6		13	1	2	234	14	2
武夷山市				2			327	17	16
建瓯市				5			508	18	18
龙岩市	**1**	**125**	**79**	**155**	**10**	**4**	**3717**	**263**	**100**
新罗区		67	13	65	2		828	44	6
永定区			2	24	3		375	44	7

4-4c 续表 8

单位：人

地区 性别	采矿业						制造业		
	石油和天然气开采业	黑色金属矿采选业	有色金属矿采选业	非金属矿采选业	开采专业及辅助性活动	其他采矿业	小计	农副食品加工业	食品制造业
长汀县	1		3	4		2	778	50	19
上杭县		1	18	17		1	518	43	3
武平县			41	7	2	1	484	44	8
连城县		10	2	5	3		431	30	54
漳平市		47		33			303	8	3
宁德市		**6**	**48**	**115**	**2**	**3**	**5493**	**415**	**127**
蕉城区			4	35		1	1443	61	13
霞浦县				24	1	1	430	114	5
古田县			31	11			394	135	34
屏南县		1	1	19		1	156	12	2
寿宁县				5			266	8	2
周宁县							177	2	1
柘荣县			9	4			215	3	7
福安市		1		4			971	13	43
福鼎市		4	3	13	1		1441	67	20
女	**1**	**28**	**33**	**140**	**4**	**5**	**62695**	**5063**	**3069**
福州市				**12**			**6362**	**633**	**281**
鼓楼区									
台江区									
仓山区									
马尾区							11	1	2
晋安区							31		
长乐区							1506	38	33
闽侯县				6			1568	29	87
连江县							865	356	69
罗源县							81	8	2
闽清县				2			598	18	30
永泰县				1			188	12	5
平潭县				1			47	7	1
福清市				2			1467	164	52
厦门市				**2**			**4795**	**145**	**268**
思明区									
海沧区							235	1	4
湖里区									
集美区							1337	6	14
同安区				1			1983	94	214
翔安区				1			1240	44	36
莆田市				**21**			**6293**	**227**	**188**
城厢区							1156	71	45
涵江区							505	7	21
荔城区				1			998	23	21
秀屿区				20			1506	96	42
仙游县							2128	30	59
三明市		**5**	**10**	**34**	**2**	**2**	**2116**	**152**	**93**
梅列区							28	12	2
三元区							52	3	6
明溪县				5			208	6	3
清流县				10	1		171	31	5
宁化县			4	2			348	20	9
大田县		4	3	3			230	7	4
尤溪县				4		1	391	29	7
沙县				2			117	12	20
将乐县			1	3			139	3	15
泰宁县				1			44	2	3
建宁县							87	11	8
永安市		1	2	4	1	1	301	16	11

4-4c　续表 9　　　　单位：人

地　区 性　别	采矿业						制造业		
	石油和天然气开采业	黑色金属矿采选业	有色金属矿采选业	非金属矿采选业	开采专业及辅助性活　动	其　他采矿业	小计	农副食品加工业	食　品制造业
泉州市		**3**	**1**	**25**			**25692**	**423**	**753**
鲤城区									
丰泽区									
洛江区							1247	8	20
泉港区				6			954	75	26
惠安县				1			4546	50	208
安溪县				4			2810	52	129
永春县		1		3			851	13	18
德化县		2		2			555	9	3
石狮市			1				1300	16	27
晋江市				5			8674	127	261
南安市				4			4755	73	61
漳州市				**14**	**1**	**1**	**9011**	**2110**	**1072**
芗城区							442	46	59
龙文区				1			173	16	54
云霄县				1			966	396	25
漳浦县				2			1668	313	52
诏安县						1	1580	597	52
长泰县				1	1		593	27	15
东山县				3			450	310	9
南靖县				1			436	48	75
平和县							207	17	18
华安县				3			433	26	26
龙海市				2			2063	314	687
南平市		**2**		**8**			**2431**	**465**	**87**
延平区				1			268	12	13
建阳区				2			330	12	14
顺昌县							204	37	4
浦城县				1			284	48	9
光泽县				1			348	280	4
松溪县		1					121	5	3
政和县							214	27	
邵武市		1		3			148	11	4
武夷山市							123	5	6
建瓯市							391	28	30
龙岩市	**1**	**18**	**14**	**15**	**1**		**2675**	**205**	**265**
新罗区		7		4			359	35	16
永定区	1			1			283	28	9
长汀县				2			683	55	28
上杭县			3	6	1		356	36	6
武平县			10	2			337	20	5
连城县		1	1				508	28	199
漳平市		10					149	3	2
宁德市			**8**	**9**		**2**	**3320**	**703**	**62**
蕉城区				2		1	955	77	9
霞浦县				1			477	279	3
古田县			7			1	314	225	15
屏南县				2			44	7	3
寿宁县				1			83	5	1
周宁县							75	1	2
柘荣县							120	1	1
福安市							443	9	17
福鼎市			1	3			809	99	11

4-4c 续表 10

单位：人

地区 性别	制造业 酒、饮料和精制茶制造业	烟草制品业	纺织业	纺织服装、服饰业	皮革、毛皮、羽毛及其制品和制鞋业	木材加工和木、竹、藤、棕、草制品业	家具制造业	造纸和纸制品业	印刷和记录媒介复制业
合　计	**6112**	**100**	**7609**	**16042**	**14150**	**6612**	**3623**	**3640**	**1054**
福州市	**92**	**3**	**2371**	**592**	**730**	**561**	**913**	**356**	**74**
鼓楼区									
台江区									
仓山区									
马尾区					1	4	1	1	
晋安区	5			2	1	41		1	
长乐区	16	1	1979	48	34	45	130	39	2
闽侯县	18		138	115	138	279	252	70	35
连江县	15		126	76	41	35	52	32	2
罗源县	1	2	14	1	3	13	37	1	2
闽清县	5		6	12	98	38	53	30	
永泰县	9		13	121	3	25	35	5	
平潭县	3		21	11		10	1	2	
福清市	20		74	206	411	71	352	175	33
厦门市	**126**	**4**	**271**	**439**	**305**	**141**	**239**	**319**	**174**
思明区									
海沧区	1	2	2	3		6	1	1	3
湖里区									
集美区	4	1	131	163	14	28	65	76	76
同安区	96	1	110	219	259	85	133	181	76
翔安区	25		28	54	32	22	40	61	19
莆田市	**69**		**412**	**1149**	**4208**	**484**	**688**	**155**	**41**
城厢区			99	280	968	19	17	65	9
涵江区	12		17	109	346	11	15	27	8
荔城区	5		29	100	1037	45	34	10	5
秀屿区	7		209	374	686	176	99	25	12
仙游县	45		58	286	1171	233	523	28	7
三明市	**104**	**13**	**466**	**563**	**230**	**898**	**113**	**121**	**13**
梅列区		2	4	1		4	1	1	1
三元区		9	1	11		30	4	2	
明溪县	1		13	278	54	50	19		2
清流县	3		15	37	11	38	14	7	1
宁化县	8		56	101	50	63	23	10	4
大田县	37	1	13	52	22	53	2	17	1
尤溪县	38		167	38	21	249	8	40	3
沙县	2		13		2	115	2	23	
将乐县	1		81	4	50	46	6	7	
泰宁县	4		2	7	4	29	6	1	
建宁县	2		6	22	9	36	6	8	
永安市	8	1	95	12	7	185	22	5	1
泉州市	**3685**		**3120**	**11249**	**7932**	**743**	**743**	**1690**	**549**
鲤城区									
丰泽区									
洛江区	4		61	92	1309	10	44	185	14
泉港区	16		81	237	402	33	37	14	4
惠安县	70		146	1986	2302	83	99	318	75
安溪县	3420		44	435	81	235	91	105	6
永春县	105		29	353	106	79	15	39	4
德化县	3		3	12	6	35	4	36	6
石狮市	2		631	836	95	4	3	62	51
晋江市	37		1883	5991	2162	92	106	668	286
南安市	28		242	1307	1469	172	344	263	103
漳州市	**645**	**4**	**443**	**1156**	**351**	**933**	**519**	**646**	**130**
芗城区	12		5	7	5	75	87	11	5
龙文区	7	1	8	1		35	22	10	6
云霄县	17	1	29	166	19	45	7	37	6
漳浦县	48	1	99	639	214	271	22	29	36

4-4c 续表 11

单位：人

地区 性别	制造业 酒、饮料和精制茶制造业	烟草制品业	纺织业	纺织服装、服饰业	皮革、毛皮、羽毛及其制品和制鞋业	木材加工和木、竹、藤、棕、草制品业	家具制造业	造纸和纸制品业	印刷和记录媒介复制业
诏安县	62		52	168	25	42	22	20	12
长泰县	20		44	50	21	96	56	135	2
东山县	1		66	11	20	12	5	4	2
南靖县	79		15	10	6	61	25	24	3
平和县	28		27	66	22	88	10	15	5
华安县	330		16	11	3	53	93	7	
龙海市	41	1	82	27	16	155	170	354	53
南平市	**486**	**15**	**93**	**157**	**51**	**1752**	**132**	**92**	**36**
延平区	4		24	52	1	150	8	36	1
建阳区	14		3	31	12	321	16	2	2
顺昌县	3		9	4	8	181	8	2	21
浦城县	6		3	25	8	129	4	19	4
光泽县	9		2	15	3	38	4	3	1
松溪县	30			7	6	84	12	17	
政和县	37	4		2	3	236	12	2	
邵武市	5	10	47	8		92	6	3	2
武夷山市	288		3	3		70	6	1	
建瓯市	90	1	2	10	10	451	56	7	5
龙岩市	**116**	**61**	**190**	**517**	**146**	**669**	**158**	**135**	**15**
新罗区	19	10	3	5		93	25	27	4
永定区	14	37	5	49	8	28	19	9	1
长汀县	9	3	141	329	104	143	25	27	3
上杭县	6	4	6	79	6	115	26	19	4
武平县	10	6	6	29	11	67	13	17	1
连城县	7		15	20	12	135	39	23	1
漳平市	51	1	14	6	5	88	11	13	1
宁德市	**789**		**243**	**220**	**197**	**431**	**118**	**126**	**22**
蕉城区	262		14	9	6	214	14	12	2
霞浦县	28		87	16	30	17	13		2
古田县	1		1	7	5	42	10	3	1
屏南县	5		1	4	4	21	31	2	
寿宁县	41		2	22	12	34	9	1	
周宁县	35			2	5	22	10		
柘荣县	16			20	6	11	1	3	2
福安市	121		5	18	53	37	13	64	2
福鼎市	280		133	122	76	33	17	41	13
男	**3453**	**40**	**3813**	**5194**	**5174**	**4173**	**2462**	**2074**	**682**
福州市	**55**		**1245**	**203**	**303**	**372**	**594**	**221**	**34**
鼓楼区									
台江区									
仓山区									
马尾区						1	1	1	
晋安区	3			1	1	26		1	
长乐区	11		1099	20	13	39	86	23	1
闽侯县	10		59	47	53	169	174	43	14
连江县	10		33	30	15	34	36	16	
罗源县	1		10		2	9	25		2
闽清县	3		2	3	38	22	36	16	
永泰县	3		3	25	1	14	29	3	
平潭县	2		7	5		8	1	2	
福清市	12		32	72	180	50	206	116	17
厦门市	**79**	**3**	**115**	**138**	**106**	**101**	**165**	**170**	**111**
思明区									
海沧区	1	2		1		5	1		2
湖里区									
集美区	3	1	59	49	6	22	45	43	57
同安区	56		46	73	82	59	91	95	40
翔安区	19		10	15	18	15	28	32	12

4−4c 续表 12

单位：人

地区 性别	制造业								
	酒、饮料和精制茶制造业	烟草制品业	纺织业	纺织服装、服饰业	皮革、毛皮、羽毛及其制品和制鞋业	木材加工和木、竹、藤、棕、草制品业	家具制造业	造纸和纸制品业	印刷和记录媒介复制业
莆田市	**41**		**200**	**315**	**1296**	**338**	**473**	**78**	**29**
城厢区			35	45	370	16	14	32	5
涵江区	6		5	48	129	9	13	14	6
荔城区	3		11	17	349	34	28	5	4
秀屿区	4		123	89	114	117	77	13	9
仙游县	28		26	116	334	162	341	14	5
三明市	**57**	**3**	**195**	**253**	**122**	**516**	**82**	**81**	**10**
梅列区			1	1		3			1
三元区		2		8		17	4	1	
明溪县	1		7	161	34	27	13		1
清流县	1		3	16	6	21	8	4	1
宁化县	4		22	33	24	29	19	5	3
大田县	19		6	4	8	35	2	11	1
尤溪县	22		71	11	11	159	6	27	2
沙县	2		9		1	62	1	19	
将乐县	1		41	2	29	29	3	5	
泰宁县	3		1	3	3	15	6	1	
建宁县			4	10	4	21	4	3	
永安市	4	1	30	4	2	98	16	5	1
泉州市	**2095**		**1717**	**3728**	**2983**	**577**	**548**	**941**	**366**
鲤城区									
丰泽区									
洛江区	4		30	26	483	7	34	97	10
泉港区	9		33	28	49	32	23	7	2
惠安县	38		60	296	780	64	66	198	51
安溪县	1944		12	110	30	174	63	55	2
永春县	61		11	65	31	65	13	22	3
德化县	2		1	3	3	22	4	20	5
石狮市			376	371	52	4	3	40	32
晋江市	22		1101	2541	1060	76	80	372	191
南安市	15		93	288	495	133	262	130	70
漳州市	**381**	**2**	**141**	**269**	**187**	**613**	**308**	**417**	**84**
芗城区	7		3		1	41	46	6	5
龙文区	3	1	2	1		28	11	5	4
云霄县	13		7	52	7	31	6	23	5
漳浦县	24		21	111	127	175	18	14	22
诏安县	39		19	56	16	30	17	6	9
长泰县	10		19	7	8	62	37	97	2
东山县	1		25	1	1	9	3	2	1
南靖县	43		3	2	3	35	6	18	1
平和县	25		18	31	13	65	7	11	4
华安县	191		3	2	3	29	52	6	
龙海市	25	1	21	6	8	108	105	229	31
南平市	**348**	**6**	**47**	**40**	**21**	**958**	**87**	**59**	**22**
延平区	4		12	9	1	78	7	28	
建阳区	8		1	12	6	164	10	1	1
顺昌县	2		6	2	3	109	4	1	13
浦城县	4		2	4	2	71	3	9	3
光泽县	4		1	2	2	21	3	2	
松溪县	21			3	4	51	8	11	
政和县	25	2			1	119	5	1	
邵武市	4	3	21	5		47	2	1	2
武夷山市	216		3	1		42	6	1	
建瓯市	60	1	1	2	2	256	39	4	3
龙岩市	**69**	**26**	**77**	**146**	**68**	**369**	**113**	**78**	**9**
新罗区	9	7	1	2		52	19	16	1
永定区	9	11	3	14	1	18	12	5	1

4-4c 续表 13

单位：人

地区 性别	制造业								
	酒、饮料和精制茶制造业	烟草制品业	纺织业	纺织服装、服饰业	皮革、毛皮、羽毛及其制品和制鞋业	木材加工和木、竹、藤、棕、草制品业	家具制造业	造纸和纸制品业	印刷和记录媒介复制业
长汀县	6	2	55	96	53	94	20	16	2
上杭县	5	2	2	21	3	65	21	11	2
武平县	6	3	2	9	3	30	9	9	1
连城县	6		5	2	6	60	23	14	1
漳平市	28	1	9	2	2	50	9	7	1
宁德市	**328**		**76**	**102**	**88**	**329**	**92**	**29**	**17**
蕉城区	41		3	1	1	147	13	2	2
霞浦县	15		24	9	11	14	9		2
古田县	1				3	32	8	1	1
屏南县	3			1	3	18	23	1	
寿宁县	32		2	7	8	32	8	1	
周宁县	7				3	20	5		
柘荣县	11			6	4	10	1	2	1
福安市	70		3	4	8	30	9	10	2
福鼎市	148		44	74	47	26	16	12	9
女	**2659**	**60**	**3796**	**10848**	**8976**	**2439**	**1161**	**1566**	**372**
福州市	**37**	**3**	**1126**	**389**	**427**	**189**	**319**	**135**	**40**
鼓楼区									
台江区									
仓山区									
马尾区					1	3			
晋安区	2			1		15			
长乐区	5	1	880	28	21	6	44	16	1
闽侯县	8		79	68	85	110	78	27	21
连江县	5		93	46	26	1	16	16	2
罗源县		2	4	1	1	4	12	1	
闽清县	2		4	9	60	16	17	14	
永泰县	6		10	96	2	11	6	2	
平潭县	1		14	6		2			
福清市	8		42	134	231	21	146	59	16
厦门市	**47**	**1**	**156**	**301**	**199**	**40**	**74**	**149**	**63**
思明区									
海沧区			2	2		1		1	1
湖里区									
集美区	1		72	114	8	6	20	33	19
同安区	40	1	64	146	177	26	42	86	36
翔安区	6		18	39	14	7	12	29	7
莆田市	**28**		**212**	**834**	**2912**	**146**	**215**	**77**	**12**
城厢区			64	235	598	3	3	33	4
涵江区	6		12	61	217	2	2	13	2
荔城区	2		18	83	688	11	6	5	1
秀屿区	3		86	285	572	59	22	12	3
仙游县	17		32	170	837	71	182	14	2
三明市	**47**	**10**	**271**	**310**	**108**	**382**	**31**	**40**	**3**
梅列区		2	3			1	1	1	
三元区		7	1	3		13		1	
明溪县			6	117	20	23	6		1
清流县	2		12	21	5	17	6	3	
宁化县	4		34	68	26	34	4	5	1
大田县	18	1	7	48	14	18		6	
尤溪县	16		96	27	10	90	2	13	1
沙县			4		1	53	1	4	
将乐县			40	2	21	17	3	2	
泰宁县	1		1	4	1	14			
建宁县	2		2	12	5	15	2	5	
永安市	4		65	8	5	87	6		

4-4c 续表 14 单位：人

地区 性别	制造业								
	酒、饮料和精制茶制造业	烟草制品业	纺织业	纺织服装、服饰业	皮革、毛皮、羽毛及其制品和制鞋业	木材加工和木、竹、藤、棕、草制品业	家具制造业	造纸和纸制品业	印刷和记录媒介复制业
泉州市	**1590**		**1403**	**7521**	**4949**	**166**	**195**	**749**	**183**
鲤城区									
丰泽区									
洛江区			31	66	826	3	10	88	4
泉港区	7		48	209	353	1	14	7	2
惠安县	32		86	1690	1522	19	33	120	24
安溪县	1476		32	325	51	61	28	50	4
永春县	44		18	288	75	14	2	17	1
德化县	1		2	9	3	13		16	1
石狮市	2		255	465	43			22	19
晋江市	15		782	3450	1102	16	26	296	95
南安市	13		149	1019	974	39	82	133	33
漳州市	**264**	**2**	**302**	**887**	**164**	**320**	**211**	**229**	**46**
芗城区	5		2	7	4	34	41	5	
龙文区	4		6			7	11	5	2
云霄县	4	1	22	114	12	14	1	14	1
漳浦县	24	1	78	528	87	96	4	15	14
诏安县	23		33	112	9	12	5	14	3
长泰县	10		25	43	13	34	19	38	
东山县			41	10	19	3	2	2	1
南靖县	36		12	8	3	26	19	6	2
平和县	3		9	35	9	23	3	4	1
华安县	139		13	9		24	41	1	
龙海市	16		61	21	8	47	65	125	22
南平市	**138**	**9**	**46**	**117**	**30**	**794**	**45**	**33**	**14**
延平区			12	43		72	1	8	1
建阳区	6		2	19	6	157	6	1	1
顺昌县	1		3	2	5	72	4	1	8
浦城县	2		1	21	6	58	1	10	1
光泽县	5		1	13	1	17	1	1	1
松溪县	9			4	2	33	4	6	
政和县	12	2		2	2	117	7	1	
邵武市	1	7	26	3		45	4	2	
武夷山市	72			2		28			
建瓯市	30		1	8	8	195	17	3	2
龙岩市	**47**	**35**	**113**	**371**	**78**	**300**	**45**	**57**	**6**
新罗区	10	3	2	3		41	6	11	3
永定区	5	26	2	35	7	10	7	4	
长汀县	3	1	86	233	51	49	5	11	1
上杭县	1	2	4	58	3	50	5	8	2
武平县	4	3	4	20	8	37	4	8	
连城县	1		10	18	6	75	16	9	
漳平市	23		5	4	3	38	2	6	
宁德市	**461**		**167**	**118**	**109**	**102**	**26**	**97**	**5**
蕉城区	221		11	8	5	67	1	10	
霞浦县	13		63	7	19	3	4		
古田县			1	7	2	10	2	2	
屏南县	2		1	3	1	3	8	1	
寿宁县	9			15	4	2	1		
周宁县	28			2	2	2	5		
柘荣县	5			14	2	1		1	1
福安市	51		2	14	45	7	4	54	
福鼎市	132		89	48	29	7	1	29	4

4-4c　续表 15　　　　单位：人

地　区 性　别	制造业 文教、工美、体育和娱乐用品制造业	石油、煤炭及其他燃料加工业	化学原料和化学制品制造业	医　药制造业	化学纤维制造业	橡胶和塑　料制品业	非金属矿　物制品业	黑色金属冶炼和压延加工业	有色金属冶炼和压延加工业
合　计	**7338**	**289**	**2259**	**595**	**942**	**5410**	**14498**	**1536**	**1258**
福州市	**1176**	**21**	**342**	**82**	**557**	**529**	**2030**	**228**	**152**
鼓楼区									
台江区									
仓山区									
马尾区			2			3	5	5	1
晋安区	5			2		9	23		
长乐区	179	5	8	1	525	33	203	103	82
闽侯县	811	5	58	3	2	100	321	18	28
连江县	34		24	3	26	70	259	13	5
罗源县	12	1	2	2		7	148	29	12
闽清县	34	4	5	1	1	25	698	23	1
永泰县	17		6			1	37	2	1
平潭县	3					5	18	3	
福清市	81	6	237	70	3	276	318	32	22
厦门市	**729**	**10**	**186**	**107**	**19**	**1044**	**650**	**44**	**41**
思明区									
海沧区	17		3	24	2	32	12	11	
湖里区									
集美区	410	1	47	9	7	532	145	20	21
同安区	255	9	76	67	2	365	316	10	11
翔安区	47		60	7	8	115	177	3	9
莆田市	**1912**	**9**	**56**	**39**	**8**	**207**	**496**	**48**	**11**
城厢区	35		18	1		17	62	2	1
涵江区	30		2	6		56	41	6	4
荔城区	299		6	1	1	20	119	3	1
秀屿区	295	1	7	17	6	53	177	10	1
仙游县	1253	8	23	14	1	61	97	27	4
三明市	**91**	**17**	**293**	**39**	**25**	**228**	**768**	**81**	**57**
梅列区			3	1		5	3	14	
三元区			44				14	10	7
明溪县	2		19	15		7	41	6	
清流县	13	3	71			2	31	3	6
宁化县	24	1	15	8		22	97	14	3
大田县	4	4	10	2		88	160	20	9
尤溪县	16	2	25	2	20	40	79	10	7
沙县	8	2	30		1	3	24	1	
将乐县	3	1	7	9		5	64	1	22
泰宁县	13	2	16	1		1	14		1
建宁县	4		3			2	62		2
永安市	4	2	50	1	4	53	179	2	
泉州市	**1836**	**122**	**542**	**108**	**290**	**1557**	**7344**	**183**	**547**
鲤城区									
丰泽区									
洛江区	81	1	22	9	1	44	52	1	4
泉港区	37	32	73	6	1	50	279	9	3
惠安县	634	73	81	13	7	114	1224	16	25
安溪县	365	1	27	2		58	129	58	5
永春县	45	2	49	3	1	23	453		54
德化县	25	1	5			12	1043	3	8
石狮市	136		45	3	8	108	46		264
晋江市	244	4	164	58	269	810	1622	72	25
南安市	269	8	76	14	3	338	2496	24	159
漳州市	**1087**	**28**	**303**	**48**	**12**	**937**	**1367**	**575**	**91**
芗城区	33		14	1	1	25	66	396	
龙文区	6		12			16	24	2	5
云霄县	135	3	26	6		63	90	10	4
漳浦县	68	6	42	4	5	73	217	62	8

4-4c 续表 16

单位：人

地 区 性 别	制造业								
	文教、工美、体育和娱乐用品制造业	石油、煤炭及其他燃料加工业	化学原料和化学制品制造业	医 药制造业	化学纤维制造业	橡胶和塑 料制品业	非金属矿 物制品业	黑色金属冶炼和压延加工业	有色金属冶炼和压延加工业
诏安县	642	2	15	6	1	247	64	2	9
长泰县	60	7	50	3	2	68	243	3	32
东山县	3		7	1		11	73	1	1
南靖县	48		16	5	2	34	54	12	1
平和县	16		12	2		40	37		7
华安县	5		28	4		10	181	60	5
龙海市	71	10	81	16	1	350	318	27	19
南平市	**182**	**44**	**287**	**66**	**4**	**363**	**382**	**60**	**40**
延平区	3		75			22	55	25	33
建阳区	15	9	50	4	2	5	135		2
顺昌县	19	20	59			10	20	27	
浦城县	9		21	16		274	56		
光泽县	10		13	8		2	21		
松溪县	15	1	2		2	19	15		1
政和县	28	4	3			3	31	2	1
邵武市	18	1	57	36		15	12		1
武夷山市	8	1				2	7		
建瓯市	57	8	7	2		11	30	6	2
龙岩市	**135**	**36**	**169**	**48**	**11**	**218**	**889**	**29**	**178**
新罗区	14	20	38	25	1	45	352	8	29
永定区	8	2	4	1		7	161	1	5
长汀县	27	1	15	6	1	29	80	3	58
上杭县	13	9	60	1		24	83	9	72
武平县	11	2	15	1		15	62	2	6
连城县	52	2	27	12	1	9	85	2	8
漳平市	10		10	2	8	89	66	4	
宁德市	**190**	**2**	**81**	**58**	**16**	**327**	**572**	**288**	**141**
蕉城区	18		17	2	2	24	71	5	97
霞浦县	11		2		14	42	78	33	
古田县	25	1		18		24	99		
屏南县	9		3			8	57	1	7
寿宁县	13		5			7	20	4	3
周宁县	3	1	6	3		7	22	23	1
柘荣县	9		4	15		8	20	38	5
福安市	14		20	3		16	55	149	15
福鼎市	88		24	17		191	150	35	13
男	**3842**	**214**	**1506**	**335**	**614**	**3212**	**10525**	**1258**	**905**
福州市	**650**	**18**	**261**	**43**	**363**	**283**	**1501**	**202**	**109**
鼓楼区									
台江区									
仓山区									
马尾区			2			3	5	4	
晋安区	3			1		4	21		
长乐区	119	4	7		345	22	185	90	55
闽侯县	429	5	45		2	54	257	16	18
连江县	24		12	1	14	33	220	12	5
罗源县	7	1	2			6	131	27	12
闽清县	23	4	4	1	1	16	384	19	1
永泰县	9		3			1	26	2	1
平潭县	1					4	16	3	
福清市	35	4	186	40	1	140	256	29	17
厦门市	**372**	**7**	**109**	**48**	**11**	**587**	**460**	**34**	**33**
思明区									
海沧区	11		2	10	1	16	8	11	
湖里区									
集美区	208	1	28	3	3	315	103	12	17
同安区	133	6	48	30	1	202	218	8	8
翔安区	20		31	5	6	54	131	3	8

4-4c 续表 17 单位：人

地区 性别	制造业								
	文教、工美、体育和娱乐用品制造业	石油、煤炭及其他燃料加工业	化学原料和化学制品制造业	医药制造业	化学纤维制造业	橡胶和塑料制品业	非金属矿物制品业	黑色金属冶炼和压延加工业	有色金属冶炼和压延加工业
莆田市	**1137**	**5**	**46**	**19**	**4**	**141**	**394**	**39**	**7**
城厢区	16		15			13	51	2	1
涵江区	13		2	3		28	32	5	1
荔城区	208		5	1	1	17	101	2	1
秀屿区	161	1	6	7	3	35	136	7	1
仙游县	739	4	18	8		48	74	23	3
三明市	**42**	**14**	**206**	**29**	**18**	**161**	**596**	**73**	**44**
梅列区			1	1		4	3	12	
三元区			32				10	10	7
明溪县	2		15	12		6	31	6	
清流县	4	2	47			1	25	2	5
宁化县	12	1	13	3		16	73	11	2
大田县	2	4	5	2		61	126	19	7
尤溪县	4	2	20	1	16	20	62	10	4
沙县	5	1	25		1	3	18	1	
将乐县	1	1	6	9		3	52		18
泰宁县	9	1	9	1		1	12		
建宁县	1		2			1	54		1
永安市	2	2	31		1	45	130	2	
泉州市	**1073**	**87**	**351**	**54**	**192**	**989**	**5112**	**151**	**349**
鲤城区									
丰泽区									
洛江区	44	1	16	6		26	38	1	3
泉港区	19	21	47	1	1	27	234	8	1
惠安县	451	53	58	6	3	70	969	11	20
安溪县	206	1	22	2		38	101	49	5
永春县	21	1	24	3		9	278		44
德化县	10	1	4			8	571	3	8
石狮市	75		28	2	8	71	40		155
晋江市	129	4	106	29	180	532	1113	58	20
南安市	118	5	46	5		208	1768	21	93
漳州市	**333**	**21**	**172**	**23**	**7**	**463**	**993**	**432**	**66**
芗城区	8		8			9	45	285	
龙文区	4		4			9	21	2	2
云霄县	27	2	15	3		36	63	10	3
漳浦县	37	4	34	2	4	44	163	53	8
诏安县	188	2	11	3	1	71	52	2	9
长泰县	23	5	31	1	1	38	175	2	20
东山县			4			4	51	1	1
南靖县	13		7	3		23	42	8	1
平和县	3		8	1		20	24		7
华安县	4		14	1		4	120	47	4
龙海市	26	8	36	9	1	205	237	22	11
南平市	**70**	**31**	**188**	**47**	**2**	**233**	**297**	**51**	**36**
延平区	2		43			7	43	20	29
建阳区	3	5	32	4	1	3	100		2
顺昌县	13	13	38			5	16	24	
浦城县	3		15	12		199	44		
光泽县	5		7	5			17		
松溪县	4	1	1		1	7	12		1
政和县	7	3	1			2	28	1	1
邵武市	13	1	46	26		5	9		1
武夷山市	3	1					6		
建瓯市	17	7	5			5	22	6	2
龙岩市	**64**	**29**	**119**	**38**	**6**	**142**	**670**	**24**	**132**
新罗区	10	16	32	18		30	266	7	22
永定区	5	1	3	1		5	115	1	5

4-4c 续表 18

单位：人

地区 性别	制造业 文教、工美、体育和娱乐用品制造业	石油、煤炭及其他燃料加工业	化学原料和化学制品制造业	医药制造业	化学纤维制造业	橡胶和塑料制品业	非金属矿物制品业	黑色金属冶炼和压延加工业	有色金属冶炼和压延加工业
长汀县	15	1	8	5	1	15	66	3	37
上杭县	8	8	40	1		14	63	6	61
武平县	8	2	10	1		11	45	2	3
连城县	16	1	18	11		5	62	2	4
漳平市	2		8	1	5	62	53	3	
宁德市	**101**	**2**	**54**	**34**	**11**	**213**	**502**	**252**	**129**
蕉城区	9		12	2	2	16	52	4	91
霞浦县	1		2		9	28	69	27	
古田县	10	1		11		17	88		
屏南县	6		3			5	52	1	7
寿宁县	11		5			4	17	3	2
周宁县	3	1	3	3		2	18	22	1
柘荣县	4		2	3		4	18	34	5
福安市	4		8	3		9	50	127	10
福鼎市	53		19	12		128	138	34	13
女	**3496**	**75**	**753**	**260**	**328**	**2198**	**3973**	**278**	**353**
福州市	**526**	**3**	**81**	**39**	**194**	**246**	**529**	**26**	**43**
鼓楼区									
台江区									
仓山区									
马尾区								1	1
晋安区	2			1		5	2		
长乐区	60	1	1	1	180	11	18	13	27
闽侯县	382		13	3		46	64	2	10
连江县	10		12	2	12	37	39	1	
罗源县	5			2		1	17	2	
闽清县	11		1			9	314	4	
永泰县	8		3				11		
平潭县	2					1	2		
福清市	46	2	51	30	2	136	62	3	5
厦门市	**357**	**3**	**77**	**59**	**8**	**457**	**190**	**10**	**8**
思明区									
海沧区	6		1	14	1	16	4		
湖里区									
集美区	202		19	6	4	217	42	8	4
同安区	122	3	28	37	1	163	98	2	3
翔安区	27		29	2	2	61	46		1
莆田市	**775**	**4**	**10**	**20**	**4**	**66**	**102**	**9**	**4**
城厢区	19		3	1		4	11		
涵江区	17			3		28	9	1	3
荔城区	91		1			3	18	1	
秀屿区	134		1	10	3	18	41	3	
仙游县	514	4	5	6	1	13	23	4	1
三明市	**49**	**3**	**87**	**10**	**7**	**67**	**172**	**8**	**13**
梅列区			2			1		2	
三元区			12				4		
明溪县			4	3		1	10		
清流县	9	1	24			1	6	1	1
宁化县	12		2	5		6	24	3	1
大田县	2		5			27	34	1	2
尤溪县	12		5	1	4	20	17		3
沙县	3	1	5				6		
将乐县	2		1			2	12	1	4
泰宁县	4	1	7				2		1
建宁县	3		1			1	8		1
永安市	2		19	1	3	8	49		

4-4c　续表 19　　　　单位：人

地　区 性　别	制造业 文教、工美、体育和娱乐用品制造业	石油、煤炭及其他燃料加工业	化学原料和化学制品制造业	医　药制造业	化学纤维制造业	橡胶和塑　料制品业	非金属矿　物制品业	黑色金属冶炼和压延加工业	有色金属冶炼和压延加工业
泉州市	**763**	**35**	**191**	**54**	**98**	**568**	**2232**	**32**	**198**
鲤城区									
丰泽区									
洛江区	37		6	3	1	18	14		1
泉港区	18	11	26	5		23	45	1	2
惠安县	183	20	23	7	4	44	255	5	5
安溪县	159		5			20	28	9	
永春县	24	1	25		1	14	175		10
德化县	15		1			4	472		
石狮市	61		17	1		37	6		109
晋江市	115		58	29	89	278	509	14	5
南安市	151	3	30	9	3	130	728	3	66
漳州市	**754**	**7**	**131**	**25**	**5**	**474**	**374**	**143**	**25**
芗城区	25		6	1	1	16	21	111	
龙文区	2		8			7	3		3
云霄县	108	1	11	3		27	27		1
漳浦县	31	2	8	2	1	29	54	9	
诏安县	454		4	3		176	12		
长泰县	37	2	19	2	1	30	68	1	12
东山县	3		3	1		7	22		
南靖县	35		9	2	2	11	12	4	
平和县	13		4	1		20	13		
华安县	1		14	3		6	61	13	1
龙海市	45	2	45	7		145	81	5	8
南平市	**112**	**13**	**99**	**19**	**2**	**130**	**85**	**9**	**4**
延平区	1		32			15	12	5	4
建阳区	12	4	18		1	2	35		
顺昌县	6	7	21			5	4	3	
浦城县	6		6	4		75	12		
光泽县	5		6	3		2	4		
松溪县	11		1		1	12	3		
政和县	21	1	2			1	3	1	
邵武市	5		11	10		10	3		
武夷山市	5					2	1		
建瓯市	40	1	2	2		6	8		
龙岩市	**71**	**7**	**50**	**10**	**5**	**76**	**219**	**5**	**46**
新罗区	4	4	6	7	1	15	86	1	7
永定区	3	1	1			2	46		
长汀县	12		7	1		14	14		21
上杭县	5	1	20			10	20	3	11
武平县	3		5			4	17		3
连城县	36	1	9	1	1	4	23		4
漳平市	8		2	1	3	27	13	1	
宁德市	**89**		**27**	**24**	**5**	**114**	**70**	**36**	**12**
蕉城区	9		5			8	19	1	6
霞浦县	10				5	14	9	6	
古田县	15			7		7	11		
屏南县	3					3	5		
寿宁县	2					3	3	1	1
周宁县			3			5	4	1	
柘荣县	5		2	12		4	2	4	
福安市	10		12			7	5	22	5
福鼎市	35		5	5		63	12	1	

4－4c 续表 20

单位：人

地区 性别	制造业								
	金属制品业	通用设备制造业	专用设备制造业	汽车制造业	铁路、船舶、航空航天和其他运输设备制造业	电气机械和器材制造业	计算机、通信和其他电子设备制造业	仪器仪表制造业	其他制造业
合　计	**8507**	**3698**	**2146**	**1739**	**896**	**4203**	**5797**	**388**	**2692**
福州市	**946**	**382**	**226**	**532**	**256**	**343**	**463**	**58**	**57**
鼓楼区									
台江区									
仓山区									
马尾区	9				1		1		1
晋安区	2	2		1		2	1	2	2
长乐区	140	123	70	57	5	30	41	2	1
闽侯县	291	128	69	414	3	119	167	31	15
连江县	87	35	11	21	234	29	6	2	20
罗源县	17	6	1	1	2		1		1
闽清县	59	18	18	3		58	37	13	4
永泰县	13	7	5		1	4	12		
平潭县	28	5	2	2	6		10		
福清市	300	58	50	33	4	101	187	8	13
厦门市	**1102**	**487**	**423**	**279**	**61**	**811**	**2413**	**37**	**172**
思明区									
海沧区	14	7	61	3	2	309	63	4	2
湖里区									
集美区	397	216	204	217	41	136	149	14	30
同安区	493	213	89	45	10	185	430	11	103
翔安区	198	51	69	14	8	181	1771	8	37
莆田市	**552**	**155**	**54**	**42**	**7**	**72**	**281**	**50**	**13**
城厢区	119	9	5	1	1	2	36	4	
涵江区	46	27	9	11	1	6	86	23	3
荔城区	60	24	9	4	2	2	12		
秀屿区	172	41	23	8	2	6	24	20	5
仙游县	155	54	8	18	1	56	123	3	5
三明市	**321**	**84**	**51**	**37**	**10**	**96**	**192**	**17**	**25**
梅列区	5	2			1				
三元区	4	3		1		1	1		1
明溪县	16	12	2			1	9	2	1
清流县	18	5	6	1	2	8	13		
宁化县	74	20	17	11	4	32	106	12	8
大田县	87	12	2	2		8	12	1	5
尤溪县	35	6	3	1		28	21		9
沙县	23	3	1			4	1	1	1
将乐县	20	7	12	3	3	2	5		
泰宁县	8	2					7		
建宁县	5	1	1	2		7	5		
永安市	26	11	7	16		5	12	1	
泉州市	**3184**	**1508**	**758**	**368**	**46**	**422**	**1175**	**104**	**1974**
鲤城区									
丰泽区									
洛江区	124	137	68	10		36	33	1	10
泉港区	109	24	15	11		12	27	1	18
惠安县	279	120	114	15	22	82	52	9	21
安溪县	474	78	65	5	1	130	273	2	29
永春县	52	17	10	3	1	7	26	2	105
德化县	26								3
石狮市	96	37	73	27	7	10	333	6	17
晋江市	751	585	241	235	8	82	67	74	1457
南安市	1273	510	172	62	7	63	364	9	314
漳州市	**1284**	**324**	**263**	**88**	**192**	**553**	**557**	**88**	**298**
芗城区	46	16	11	2		10	19	18	3
龙文区	33	6	3	8	3	7	15	10	12
云霄县	103	43	24	5	4	99	125	6	51
漳浦县	259	46	42	39	53	22	84	10	151

4-4c 续表 21 单位：人

地 区 性 别	制造业								
	金 属 制品业	通用设备 制造业	专用设备 制造业	汽 车 制造业	铁路、船舶、航空航天和其他运输设备制造业	电气机械和器材制造业	计算机、通信和其他电子设备制造业	仪器仪表 制造业	其 他 制造业
诏安县	124	21	37	2	4	46	30	10	10
长泰县	139	41	20	8	10	141	33	8	30
东山县	26	6	10		4	1	12		2
南靖县	78	18	14	6	3	42	99	5	11
平和县	48	30	11	6		8	34	3	4
华安县	114	13	32	2	2	2	6	1	1
龙海市	314	84	59	10	109	175	100	17	23
南平市	**147**	**124**	**42**	**53**	**8**	**111**	**43**	**8**	**33**
延平区	26	15	5	3	7	45	7	1	4
建阳区	31	6	3	42		20	11	2	3
顺昌县	4	5	3			25	6	3	4
浦城县	15	1	11		1	4	6		11
光泽县	2	2	5	1		3	2		1
松溪县	26	60	3	1		3		1	3
政和县	3	20	6	2		5	3		1
邵武市	16	4	1	2		4	4	1	
武夷山市	5	3	3			1			1
建瓯市	19	8	2	2		1	4		5
龙岩市	**458**	**175**	**191**	**130**	**8**	**92**	**605**	**15**	**60**
新罗区	106	82	102	40		13	10	3	
永定区	36	15	22	34	1	18	59	3	11
长汀县	74	24	29	15	3	13	110	5	15
上杭县	63	23	18	11	1	15	76	2	8
武平县	127	9	8	10	2	9	286	1	1
连城县	33	18	8	8	1	23	49	1	25
漳平市	19	4	4	12		1	15		
宁德市	**513**	**459**	**138**	**210**	**308**	**1703**	**68**	**11**	**60**
蕉城区	36	27	46	90	2	1221	21	2	6
霞浦县	15	73	2	3	7	6	7		2
古田县	23	3	2	4	1	3	5	1	2
屏南县	2	1		1		13	3		
寿宁县	30	60	39	6	1	5	1	1	12
周宁县	54	4	1	23		12	8		1
柘荣县	146	2	1	2		10	1	1	2
福安市	83	37	15	19	144	415	3	2	5
福鼎市	124	252	32	62	153	18	19	4	30
男	**6360**	**2669**	**1540**	**1121**	**672**	**2535**	**3269**	**202**	**1154**
福州市	**735**	**279**	**161**	**317**	**206**	**203**	**280**	**34**	**18**
鼓楼区									
台江区									
仓山区									
马尾区	9				1		1		1
晋安区	2	2		1			1	2	1
长乐区	114	99	53	39	5	21	20		1
闽侯县	215	85	48	242	2	56	124	20	5
连江县	73	25	10	10	187	22	2	1	4
罗源县	15	5	1		2				
闽清县	46	13	10	2		29	22	8	2
永泰县	11	5	2		1	3	5		
平潭县	23	5	1	2	5		7		
福清市	227	40	36	21	3	72	98	3	4
厦门市	**780**	**307**	**248**	**180**	**44**	**469**	**1517**	**21**	**71**
思明区									
海沧区	11	6	31	3	1	181	50	1	1
湖里区									
集美区	269	141	121	139	27	76	70	10	15
同安区	352	132	60	31	8	105	252	7	46
翔安区	148	28	36	7	8	107	1145	3	9

4-4c 续表 22　　　　单位：人

地区 性别	制造业								
	金属制品业	通用设备制造业	专用设备制造业	汽车制造业	铁路、船舶、航空航天和其他运输设备制造业	电气机械和器材制造业	计算机、通信和其他电子设备制造业	仪器仪表制造业	其他制造业
莆田市	**446**	**105**	**38**	**29**	**6**	**44**	**118**	**12**	**9**
城厢区	85	6	3	1	1	1	18	4	
涵江区	40	18	8	8	1	6	27	4	2
荔城区	53	21	7	3	1	1	6		
秀屿区	134	20	14	3	2	3	10	3	3
仙游县	134	40	6	14	1	33	57	1	4
三明市	**247**	**69**	**42**	**28**	**8**	**63**	**108**	**11**	**14**
梅列区	4	2			1				
三元区	4	2		1		1			1
明溪县	14	11	2				5	2	1
清流县	6	4	4	1	1	4	8		
宁化县	58	15	15	9	4	25	61	6	4
大田县	66	11	2	1		5	6	1	2
尤溪县	29	5	2	1		15	12		5
沙县	17	3	1			3	1	1	1
将乐县	16	4	11	1	2	2	3		
泰宁县	8	2					4		
建宁县	2	1		2		3	2		
永安市	23	9	5	12		5	6	1	
泉州市	**2250**	**1112**	**595**	**252**	**36**	**256**	**669**	**67**	**869**
鲤城区									
丰泽区									
洛江区	94	104	57	7		24	17	1	5
泉港区	90	18	11	3		5	5		13
惠安县	234	85	96	9	15	39	25	5	7
安溪县	322	57	48	3	1	75	168	1	10
永春县	44	11	8	2	1	4	9	2	35
德化县	24								1
石狮市	63	27	54	22	7	9	197	3	10
晋江市	538	450	180	164	6	59	31	48	709
南安市	841	360	141	42	6	41	217	7	79
漳州市	**1013**	**233**	**184**	**48**	**133**	**284**	**223**	**40**	**95**
芗城区	34	9	7	2		4	7	7	1
龙文区	26	5	3	5	1	1	6	2	3
云霄县	87	29	17	4	3	64	56	3	27
漳浦县	203	36	31	17	36	13	27	5	25
诏安县	113	13	21	2	3	37	15	10	6
长泰县	103	27	14	2	3	62	14	1	13
东山县	21	3	10		3	1	6		1
南靖县	64	12	13	4	2	17	34	4	4
平和县	44	23	8	5		3	21	2	4
华安县	79	9	23	1	1	2	2	1	
龙海市	239	67	37	6	81	80	35	5	11
南平市	**126**	**93**	**26**	**41**	**3**	**72**	**18**	**2**	**14**
延平区	25	13	5		2	27	1	1	3
建阳区	24	3	3	36		12	5		1
顺昌县	4	5	2			16	2		2
浦城县	12	1	3		1	3	3		2
光泽县	2	2	3			3	1		1
松溪县	20	44	2			3		1	
政和县	3	12	3	2		4	2		
邵武市	14	4	1	2		2	3		
武夷山市	4	3	2			1			1
建瓯市	18	6	2	1		1	1		4
龙岩市	**367**	**125**	**137**	**86**	**8**	**49**	**287**	**6**	**28**
新罗区	84	59	78	27		6	3	1	
永定区	25	14	16	19	1	5	21	2	3

4-4c　续表 23

单位：人

地区 性别	制造业								
	金属制品业	通用设备制造业	专用设备制造业	汽车制造业	铁路、船舶、航空航天和其他运输设备制造业	电气机械和器材制造业	计算机、通信和其他电子设备制造业	仪器仪表制造业	其他制造业
长汀县	63	19	20	10	3	10	66	2	9
上杭县	51	9	10	5	1	8	26	1	6
武平县	95	7	5	10	2	7	137		1
连城县	30	13	5	5	1	12	24		9
漳平市	19	4	3	10		1	10		
宁德市	**396**	**346**	**109**	**140**	**228**	**1095**	**49**	**9**	**36**
蕉城区	33	22	45	63	2	776	17	2	2
霞浦县	6	49	1	3	7	5	4		
古田县	17	3	2	4	1	3	2	1	1
屏南县	2			1		11	2		
寿宁县	26	43	32	4	1	2			11
周宁县	42	3		22		10	6		1
柘荣县	91	2		2		3	1		1
福安市	76	30	11	13	136	276	2	2	3
福鼎市	103	194	18	28	81	9	15	4	17
女	**2147**	**1029**	**606**	**618**	**224**	**1668**	**2528**	**186**	**1538**
福州市	**211**	**103**	**65**	**215**	**50**	**140**	**183**	**24**	**39**
鼓楼区									
台江区									
仓山区									
马尾区									
晋安区						2			1
长乐区	26	24	17	18		9	21	2	
闽侯县	76	43	21	172	1	63	43	11	10
连江县	14	10	1	11	47	7	4	1	16
罗源县	2	1		1			1		1
闽清县	13	5	8	1		29	15	5	2
永泰县	2	2	3			1	7		
平潭县	5		1		1		3		
福清市	73	18	14	12	1	29	89	5	9
厦门市	**322**	**180**	**175**	**99**	**17**	**342**	**896**	**16**	**101**
思明区									
海沧区	3	1	30		1	128	13	3	1
湖里区									
集美区	128	75	83	78	14	60	79	4	15
同安区	141	81	29	14	2	80	178	4	57
翔安区	50	23	33	7		74	626	5	28
莆田市	**106**	**50**	**16**	**13**	**1**	**28**	**163**	**38**	**4**
城厢区	34	3	2			1	18		
涵江区	6	9	1	3			59	19	1
荔城区	7	3	2	1	1	1	6		
秀屿区	38	21	9	5		3	14	17	2
仙游县	21	14	2	4		23	66	2	1
三明市	**74**	**15**	**9**	**9**	**2**	**33**	**84**	**6**	**11**
梅列区	1								
三元区		1					1		
明溪县	2	1				1	4		
清流县	12	1	2		1	4	5		
宁化县	16	5	2	2		7	45	6	4
大田县	21	1		1		3	6		3
尤溪县	6	1	1			13	9		4
沙县	6					1			
将乐县	4	3	1	2	1		2		
泰宁县							3		
建宁县	3		1			4	3		
永安市	3	2	2	4			6		

4-4c 续表 24

单位：人

地区 性别	制造业 金属制品业	通用设备制造业	专用设备制造业	汽车制造业	铁路、船舶、航空航天和其他运输设备制造业	电气机械和器材制造业	计算机、通信和其他电子设备制造业	仪器仪表制造业	其他制造业
泉州市	**934**	**396**	**163**	**116**	**10**	**166**	**506**	**37**	**1105**
鲤城区									
丰泽区									
洛江区	30	33	11	3		12	16		5
泉港区	19	6	4	8		7	22	1	5
惠安县	45	35	18	6	7	43	27	4	14
安溪县	152	21	17	2		55	105	1	19
永春县	8	6	2	1		3	17		70
德化县	2								2
石狮市	33	10	19	5		1	136	3	7
晋江市	213	135	61	71	2	23	36	26	748
南安市	432	150	31	20	1	22	147	2	235
漳州市	**271**	**91**	**79**	**40**	**59**	**269**	**334**	**48**	**203**
芗城区	12	7	4			6	12	11	2
龙文区	7	1		3	2	6	9	8	9
云霄县	16	14	7	1	1	35	69	3	24
漳浦县	56	10	11	22	17	9	57	5	126
诏安县	11	8	16		1	9	15		4
长泰县	36	14	6	6	7	79	19	7	17
东山县	5	3			1		6		1
南靖县	14	6	1	2	1	25	65	1	7
平和县	4	7	3	1		5	13	1	
华安县	35	4	9	1	1		4		1
龙海市	75	17	22	4	28	95	65	12	12
南平市	**21**	**31**	**16**	**12**	**5**	**39**	**25**	**6**	**19**
延平区	1	2		3	5	18	6		1
建阳区	7	3		6		8	6	2	2
顺昌县			1			9	4	3	2
浦城县	3		8			1	3		9
光泽县			2	1			1		
松溪县	6	16	1	1					3
政和县		8	3			1	1		1
邵武市	2					2	1	1	
武夷山市	1		1						
建瓯市	1	2		1			3		1
龙岩市	**91**	**50**	**54**	**44**		**43**	**318**	**9**	**32**
新罗区	22	23	24	13		7	7	2	
永定区	11	1	6	15		13	38	1	8
长汀县	11	5	9	5		3	44	3	6
上杭县	12	14	8	6		7	50	1	2
武平县	32	2	3			2	149	1	
连城县	3	5	3	3		11	25	1	16
漳平市			1	2			5		
宁德市	**117**	**113**	**29**	**70**	**80**	**608**	**19**	**2**	**24**
蕉城区	3	5	1	27		445	4		4
霞浦县	9	24	1			1	3		2
古田县	6						3		1
屏南县		1				2	1		
寿宁县	4	17	7	2		3	1	1	1
周宁县	12	1	1	1		2	2		
柘荣县	55		1			7		1	1
福安市	7	7	4	6	8	139	1		2
福鼎市	21	58	14	34	72	9	4		13

4-4c　续表 25　　　　单位：人

地区 性别	制造业		电力、热力、燃气及水生产和供应业				建筑业		
	废弃资源综合利用业	金属制品、机械和设备修理业	小计	电力、热力生产和供应业	燃气生产和供应业	水的生产和供应业	小计	房屋建筑业	土木工程建筑业
合　计	**974**	**1110**	**3338**	**2611**	**284**	**443**	**70913**	**35582**	**9019**
福州市	**155**	**306**	**700**	**567**	**56**	**77**	**15837**	**7909**	**2243**
鼓楼区									
台江区									
仓山区									
马尾区		5	3	2	1		146	91	13
晋安区			25	24	1		158	77	36
长乐区	12	16	41	27	5	9	1733	831	290
闽侯县	56	26	74	43	13	18	2220	957	228
连江县	20	47	61	39	7	15	2793	1581	189
罗源县	6	140	17	13	2	2	348	125	28
闽清县	20	7	45	40	1	4	1000	538	84
永泰县	3	5	36	30	5	1	1758	1193	180
平潭县	3	37	31	22	3	6	1487	643	434
福清市	35	23	367	327	18	22	4194	1873	761
厦门市	**74**	**75**	**117**	**47**	**35**	**35**	**4029**	**1922**	**961**
思明区									
海沧区	2	3	4	3		1	119	59	28
湖里区									
集美区	12	11	23	7	11	5	604	287	114
同安区	32	34	50	16	13	21	1103	504	274
翔安区	28	27	40	21	11	8	2203	1072	545
莆田市	**67**	**53**	**286**	**203**	**39**	**44**	**5625**	**2689**	**414**
城厢区	6	2	45	14	17	14	833	343	111
涵江区	7		19	11	4	4	476	210	58
荔城区	14	6	18	11	2	5	617	280	20
秀屿区	10	24	131	120	3	8	1675	749	117
仙游县	30	21	73	47	13	13	2024	1107	108
三明市	**30**	**27**	**339**	**302**	**9**	**28**	**3911**	**1807**	**963**
梅列区			7	7			22	12	3
三元区		1	8	8			112	8	93
明溪县			19	15	1	3	231	96	65
清流县		4	26	22	1	3	393	181	147
宁化县	7	2	42	28	5	9	806	385	117
大田县	3	6	48	47	1		768	383	205
尤溪县	14	5	54	49		5	623	297	133
沙县	2		28	26		2	112	38	39
将乐县	2	3	30	30			160	65	10
泰宁县			40	39	1		152	100	3
建宁县			12	10		2	160	76	43
永安市	2	6	25	21		4	372	166	105
泉州市	**380**	**244**	**521**	**364**	**57**	**100**	**16392**	**8314**	**1127**
鲤城区									
丰泽区									
洛江区	6		8	7		1	462	246	29
泉港区	6	45	59	43	8	8	1650	1036	135
惠安县	33	29	41	24	5	12	6002	3178	224
安溪县	17	27	114	92	10	12	1835	650	116
永春县	8	9	43	42		1	779	344	72
德化县	3	4	33	30	2	1	279	146	38
石狮市	17	13	21	14	1	6	345	153	37
晋江市	229	73	115	67	12	36	1997	910	213
南安市	61	44	87	45	19	23	3043	1651	263
漳州市	**163**	**138**	**369**	**268**	**37**	**64**	**9393**	**4851**	**1245**
芗城区	8	4	17	12	4	1	261	131	53
龙文区		4	1	1			117	71	3
云霄县	24	14	32	24	3	5	1438	739	344
漳浦县	10	35	45	32	5	8	1637	662	308

4-4c 续表 26

单位：人

地区 性别	制造业		电力、热力、燃气及水生产和供应业				建筑业		
	废弃资源综合利用业	金属制品、机械和设备修理业	小计	电力、热力生产和供应业	燃气生产和供应业	水的生产和供应业	小计	房屋建筑业	土木工程建筑业
诏安县	17	15	19	10	6	3	1752	1093	50
长泰县	15	10	29	18	2	9	317	131	23
东山县		6	14	7	2	5	472	301	32
南靖县	12	11	40	33	3	4	536	221	109
平和县	2	9	23	18	2	3	548	246	10
华安县		6	32	23	4	5	283	157	47
龙海市	75	24	117	90	6	21	2032	1099	266
南平市	**12**	**40**	**240**	**201**	**18**	**21**	**3066**	**1495**	**351**
延平区	1	6	40	36	1	3	498	123	38
建阳区		4	25	18	2	5	440	193	66
顺昌县	2	10	20	18	1	1	240	127	38
浦城县		1	30	21	8	1	324	201	13
光泽县		1	32	29	2	1	219	128	19
松溪县		3	11	11			198	105	32
政和县	3	2	19	12	1	6	215	108	10
邵武市	1	5	16	13	3		130	54	30
武夷山市		4	18	17		1	405	250	56
建瓯市	5	4	29	26		3	397	206	49
龙岩市	**53**	**52**	**376**	**334**	**14**	**28**	**7058**	**3860**	**826**
新罗区	1	11	80	71	5	4	680	342	168
永定区	10	2	42	36	1	5	1303	687	124
长汀县	8	9	52	46	3	3	1148	591	147
上杭县	21	12	54	45	2	7	1837	1097	203
武平县	10	7	35	31	3	1	833	443	72
连城县	3	9	60	54		6	772	490	88
漳平市		2	53	51		2	485	210	24
宁德市	**40**	**175**	**390**	**325**	**19**	**46**	**5602**	**2735**	**889**
蕉城区	12	6	70	51	3	16	1197	569	54
霞浦县	4	14	21	13	4	4	872	235	473
古田县	1	17	36	30	2	4	330	130	52
屏南县	3		30	25	1	4	288	147	47
寿宁县		5	17	17			327	218	24
周宁县	3		17	16		1	544	340	82
柘荣县			6	3		3	248	159	9
福安市	7	17	25	17	3	5	750	289	33
福鼎市	10	116	168	153	6	9	1046	648	115
男	**657**	**999**	**2736**	**2163**	**221**	**352**	**59722**	**28543**	**8021**
福州市	**116**	**279**	**564**	**460**	**47**	**57**	**14193**	**6909**	**2037**
鼓楼区									
台江区									
仓山区									
马尾区		3	3	2	1		137	85	12
晋安区			22	21	1		135	66	29
长乐区	9	15	36	25	5	6	1569	743	262
闽侯县	43	23	54	34	9	11	2024	854	205
连江县	13	43	45	26	7	12	2555	1436	174
罗源县	5	128	14	10	2	2	336	122	26
闽清县	13	3	40	36	1	3	917	503	71
永泰县	2	5	28	23	4	1	1454	961	166
平潭县	3	36	23	17	2	4	1338	538	407
福清市	28	23	299	266	15	18	3728	1601	685
厦门市	**54**	**60**	**89**	**34**	**29**	**26**	**3414**	**1561**	**848**
思明区									
海沧区	2	2	3	2		1	109	58	22
湖里区									
集美区	10	7	18	6	10	2	532	251	100
同安区	23	29	39	10	12	17	924	396	245
翔安区	19	22	29	16	7	6	1849	856	481

4-4c　续表 27

单位：人

地区 性别	制造业		电力、热力、燃气及水生产和供应业				建筑业		
	废弃资源综合利用业	金属制品、机械和设备修理业	小计	电力、热力生产和供应业	燃气生产和供应业	水的生产和供应业	小计	房屋建筑业	土木工程建筑业
莆田市	**43**	**48**	**247**	**184**	**29**	**34**	**4511**	**2034**	**340**
城厢区	2	2	37	13	15	9	675	254	96
涵江区	4		17	11	2	4	416	169	53
荔城区	10	5	16	10	1	5	488	214	15
秀屿区	5	22	117	110	2	5	1226	502	93
仙游县	22	19	60	40	9	11	1706	895	83
三明市	**22**	**25**	**264**	**233**	**7**	**24**	**3303**	**1439**	**859**
梅列区			5	5			15	7	2
三元区		1	6	6			105	6	89
明溪县			16	12	1	3	196	75	61
清流县		3	19	15	1	3	327	145	127
宁化县	4	2	34	22	4	8	635	281	101
大田县	2	6	41	41			642	298	182
尤溪县	11	4	43	39		4	574	273	118
沙县	2		23	21		2	102	33	35
将乐县	1	3	23	23			142	53	10
泰宁县			29	28	1		114	74	3
建宁县			8	7		1	129	59	37
永安市	2	6	17	14		3	322	135	94
泉州市	**251**	**217**	**439**	**317**	**42**	**80**	**13476**	**6436**	**1021**
鲤城区									
丰泽区									
洛江区	5		7	6		1	388	197	25
泉港区	4	38	44	33	6	5	1252	717	125
惠安县	19	26	36	23	5	8	4866	2439	195
安溪县	10	25	97	81	6	10	1497	504	100
永春县	6	7	38	37		1	687	293	68
德化县	1	4	28	25	2	1	239	121	32
石狮市	12	12	18	12	1	5	312	135	33
晋江市	146	64	101	61	10	30	1742	767	198
南安市	48	41	70	39	12	19	2493	1263	245
漳州市	**104**	**125**	**316**	**234**	**28**	**54**	**7503**	**3611**	**1074**
芗城区	4	4	14	11	2	1	194	84	45
龙文区		4					85	51	3
云霄县	13	11	31	23	3	5	1182	563	308
漳浦县	7	31	40	29	3	8	1287	455	254
诏安县	11	14	18	9	6	3	1421	847	46
长泰县	10	9	24	14	2	8	252	94	20
东山县		5	12	6	2	4	353	212	28
南靖县	9	10	34	29	2	3	428	162	99
平和县	2	9	19	15	1	3	447	197	9
华安县		6	22	16	4	2	232	122	39
龙海市	48	22	102	82	3	17	1622	824	223
南平市	**8**	**38**	**194**	**159**	**16**	**19**	**2789**	**1326**	**317**
延平区	1	5	36	32	1	3	461	112	37
建阳区		4	16	11	2	3	404	179	58
顺昌县	1	9	18	16	1	1	217	110	34
浦城县		1	23	16	6	1	303	186	13
光泽县		1	25	22	2	1	208	118	19
松溪县		3	8	8			186	97	30
政和县	2	2	16	9	1	6	200	100	9
邵武市	1	5	14	11	3		122	47	29
武夷山市		4	15	14		1	322	194	42
建瓯市	3	4	23	20		3	366	183	46
龙岩市	**35**	**47**	**298**	**266**	**9**	**23**	**5377**	**2737**	**723**
新罗区	1	11	55	49	3	3	569	278	151
永定区	6	2	36	31	1	4	980	476	111

4-4c 续表 28

单位：人

地区 性别	制造业		电力、热力、燃气及水生产和供应业				建筑业		
	废弃资源综合利用业	金属制品、机械和设备修理业	小计	电力、热力生产和供应业	燃气生产和供应业	水的生产和供应业	小计	房屋建筑业	土木工程建筑业
长汀县	5	7	43	38	2	3	852	411	125
上杭县	13	9	40	34		6	1354	743	172
武平县	7	7	30	26	3	1	588	279	61
连城县	3	9	56	51		5	647	391	80
漳平市		2	38	37		1	387	159	23
宁德市	**24**	**160**	**325**	**276**	**14**	**35**	**5156**	**2490**	**802**
蕉城区	5	4	59	42	3	14	1088	512	51
霞浦县	2	14	16	12	1	3	811	229	420
古田县	1	17	35	29	2	4	314	122	48
屏南县	3		26	22	1	3	260	126	45
寿宁县		5	10	10			296	190	22
周宁县	2		11	11			491	309	71
柘荣县			5	3		2	240	152	9
福安市	4	15	22	16	2	4	691	265	30
福鼎市	7	105	141	131	5	5	965	585	106
女	**317**	**111**	**602**	**448**	**63**	**91**	**11191**	**7039**	**998**
福州市	**39**	**27**	**136**	**107**	**9**	**20**	**1644**	**1000**	**206**
鼓楼区									
台江区									
仓山区									
马尾区		2					9	6	1
晋安区			3	3			23	11	7
长乐区	3	1	5	2		3	164	88	28
闽侯县	13	3	20	9	4	7	196	103	23
连江县	7	4	16	13		3	238	145	15
罗源县	1	12	3	3			12	3	2
闽清县	7	4	5	4		1	83	35	13
永泰县	1		8	7	1		304	232	14
平潭县		1	8	5	1	2	149	105	27
福清市	7		68	61	3	4	466	272	76
厦门市	**20**	**15**	**28**	**13**	**6**	**9**	**615**	**361**	**113**
思明区									
海沧区		1	1	1			10	1	6
湖里区									
集美区	2	4	5	1	1	3	72	36	14
同安区	9	5	11	6	1	4	179	108	29
翔安区	9	5	11	5	4	2	354	216	64
莆田市	**24**	**5**	**39**	**19**	**10**	**10**	**1114**	**655**	**74**
城厢区	4		8	1	2	5	158	89	15
涵江区	3		2		2		60	41	5
荔城区	4	1	2	1	1		129	66	5
秀屿区	5	2	14	10	1	3	449	247	24
仙游县	8	2	13	7	4	2	318	212	25
三明市	**8**	**2**	**75**	**69**	**2**	**4**	**608**	**368**	**104**
梅列区			2	2			7	5	1
三元区			2	2			7	2	4
明溪县			3	3			35	21	4
清流县		1	7	7			66	36	20
宁化县	3		8	6	1	1	171	104	16
大田县	1		7	6	1		126	85	23
尤溪县	3	1	11	10		1	49	24	15
沙县			5	5			10	5	4
将乐县	1		7	7			18	12	
泰宁县			11	11			38	26	
建宁县			4	3		1	31	17	6
永安市			8	7		1	50	31	11

4-4c　续表 29　　　　单位：人

地区 性别	制造业		电力、热力、燃气及水生产和供应业				建筑业		
	废弃资源综合利用业	金属制品、机械和设备修理业	小计	电力、热力生产和供应业	燃气生产和供应业	水的生产和供应业	小计	房屋建筑业	土木工程建筑业
泉州市	**129**	**27**	**82**	**47**	**15**	**20**	**2916**	**1878**	**106**
鲤城区									
丰泽区									
洛江区	1		1	1			74	49	4
泉港区	2	7	15	10	2	3	398	319	10
惠安县	14	3	5	1		4	1136	739	29
安溪县	7	2	17	11	4	2	338	146	16
永春县	2	2	5	5			92	51	4
德化县	2		5	5			40	25	6
石狮市	5	1	3	2		1	33	18	4
晋江市	83	9	14	6	2	6	255	143	15
南安市	13	3	17	6	7	4	550	388	18
漳州市	**59**	**13**	**53**	**34**	**9**	**10**	**1890**	**1240**	**171**
芗城区	4		3	1	2		67	47	8
龙文区			1	1			32	20	
云霄县	11	3	1	1			256	176	36
漳浦县	3	4	5	3	2		350	207	54
诏安县	6	1	1	1			331	246	4
长泰县	5	1	5	4		1	65	37	3
东山县		1	2	1		1	119	89	4
南靖县	3	1	6	4	1	1	108	59	10
平和县			4	3	1		101	49	1
华安县			10	7		3	51	35	8
龙海市	27	2	15	8	3	4	410	275	43
南平市	**4**	**2**	**46**	**42**	**2**	**2**	**277**	**169**	**34**
延平区		1	4	4			37	11	1
建阳区			9	7		2	36	14	8
顺昌县	1	1	2	2			23	17	4
浦城县			7	5	2		21	15	
光泽县			7	7			11	10	
松溪县			3	3			12	8	2
政和县	1		3	3			15	8	1
邵武市			2	2			8	7	1
武夷山市			3	3			83	56	14
建瓯市	2		6	6			31	23	3
龙岩市	**18**	**5**	**78**	**68**	**5**	**5**	**1681**	**1123**	**103**
新罗区			25	22	2	1	111	64	17
永定区	4		6	5		1	323	211	13
长汀县	3	2	9	8	1		296	180	22
上杭县	8	3	14	11	2	1	483	354	31
武平县	3		5	5			245	164	11
连城县			4	3		1	125	99	8
漳平市			15	14		1	98	51	1
宁德市	**16**	**15**	**65**	**49**	**5**	**11**	**446**	**245**	**87**
蕉城区	7	2	11	9		2	109	57	3
霞浦县	2		5	1	3	1	61	6	53
古田县			1	1			16	8	4
屏南县			4	3		1	28	21	2
寿宁县			7	7			31	28	2
周宁县	1		6	5		1	53	31	11
柘荣县			1			1	8	7	
福安市	3	2	3	1	1	1	59	24	3
福鼎市	3	11	27	22	1	4	81	63	9

4-4c 续表 30 单位：人

地区 性别	建筑业		批发和零售业			交通运输、仓储和邮政业			
	建筑安装业	建筑装饰、装修和其他建筑业	小计	批发业	零售业	小计	铁路运输业	道路运输业	水上运输业
合　计	**4084**	**22228**	**74244**	**16817**	**57427**	**23142**	**362**	**15533**	**1067**
福州市	**720**	**4965**	**14266**	**2739**	**11527**	**4789**	**70**	**2883**	**506**
鼓楼区									
台江区									
仓山区									
马尾区	3	39	105	7	98	38		27	5
晋安区	7	38	107	17	90	76	2	66	
长乐区	69	543	1799	491	1308	697	1	404	21
闽侯县	210	825	2894	1081	1813	1430	16	922	11
连江县	100	923	2086	316	1770	637		369	109
罗源县	26	169	236	55	181	133		72	12
闽清县	89	289	578	88	490	288	36	187	10
永泰县	71	314	637	94	543	151	7	96	2
平潭县	11	399	843	114	729	504	3	178	260
福清市	134	1426	4981	476	4505	835	5	562	76
厦门市	**201**	**945**	**3575**	**1181**	**2394**	**1901**	**64**	**1242**	**31**
思明区									
海沧区	14	18	67	29	38	26		18	1
湖里区									
集美区	31	172	737	301	436	659	4	451	4
同安区	86	239	1419	496	923	675	59	405	8
翔安区	70	516	1352	355	997	541	1	368	18
莆田市	**297**	**2225**	**8212**	**1129**	**7083**	**1536**	**22**	**963**	**119**
城厢区	46	333	975	101	874	209	1	152	1
涵江区	18	190	789	104	685	110	1	81	1
荔城区	58	259	1343	232	1111	151		94	3
秀屿区	94	715	2024	303	1721	487	15	234	102
仙游县	81	728	3081	389	2692	579	5	402	12
三明市	**209**	**932**	**3038**	**596**	**2442**	**1376**	**24**	**978**	**11**
梅列区	1	6	47	11	36	8		6	
三元区	3	8	53	12	41	35		31	
明溪县	15	55	305	65	240	83		59	
清流县	27	38	256	42	214	73	1	57	
宁化县	56	248	621	135	486	268	3	174	1
大田县	28	152	427	87	340	224		172	
尤溪县	12	181	395	65	330	230	2	175	
沙县	4	31	124	13	111	72		35	1
将乐县	17	68	170	37	133	68		52	
泰宁县	5	44	153	30	123	60	1	39	9
建宁县	7	34	150	33	117	69	15	39	
永安市	34	67	337	66	271	186	2	139	
泉州市	**1127**	**5824**	**21387**	**5081**	**16306**	**5367**	**34**	**3613**	**247**
鲤城区									
丰泽区									
洛江区	58	129	763	127	636	126		86	2
泉港区	118	361	1184	199	985	517	2	267	155
惠安县	209	2391	2421	502	1919	577	10	360	29
安溪县	140	929	3705	581	3124	593	10	423	2
永春县	62	301	629	111	518	252	2	203	
德化县	19	76	390	32	358	67	3	42	
石狮市	40	115	922	278	644	280		218	4
晋江市	185	689	6256	2240	4016	1751	3	1182	12
南安市	296	833	5117	1011	4106	1204	4	832	43
漳州市	**592**	**2705**	**10593**	**2984**	**7609**	**3298**	**31**	**2416**	**53**
芗城区	21	56	428	136	292	157	1	126	
龙文区	18	25	208	64	144	85	1	57	1
云霄县	44	311	1085	216	869	288	2	206	2
漳浦县	165	502	2009	537	1472	672	6	518	4

4-4c 续表 31

单位：人

地区 性别	建筑业		批发和零售业			交通运输、仓储和邮政业			
	建筑安装业	建筑装饰、装修和其他建筑业	小计	批发业	零售业	小计	铁路运输业	道路运输业	水上运输业
诏安县	64	545	1454	354	1100	243	5	170	5
长泰县	38	125	531	208	323	205	1	152	2
东山县	30	109	533	122	411	162		135	7
南靖县	35	171	768	149	619	373	4	315	1
平和县	30	262	1164	427	737	180		126	3
华安县	12	67	134	38	96	97	8	75	
龙海市	135	532	2279	733	1546	836	3	536	28
南平市	**364**	**856**	**3159**	**701**	**2458**	**1234**	**41**	**918**	**6**
延平区	227	110	319	91	228	214	22	145	1
建阳区	28	153	439	106	333	146	4	111	1
顺昌县	15	60	205	53	152	108	2	86	
浦城县	21	89	285	42	243	133		106	
光泽县	4	68	219	38	181	109	1	92	
松溪县	9	52	181	41	140	64	1	43	
政和县	10	87	255	25	230	67		47	2
邵武市	18	28	137	37	100	75	1	59	1
武夷山市	18	81	628	156	472	93	4	60	
建瓯市	14	128	491	112	379	225	6	169	1
龙岩市	**330**	**2042**	**4027**	**1053**	**2974**	**1831**	**51**	**1401**	**3**
新罗区	32	138	712	247	465	369	16	302	
永定区	36	456	552	111	441	360	1	315	
长汀县	73	337	791	169	622	251	10	167	
上杭县	85	452	746	259	487	239	5	178	2
武平县	43	275	412	102	310	256		195	1
连城县	53	141	453	78	375	211	2	144	
漳平市	8	243	361	87	274	145	17	100	
宁德市	**244**	**1734**	**5987**	**1353**	**4634**	**1810**	**25**	**1119**	**91**
蕉城区	69	505	1315	279	1036	490	16	286	36
霞浦县	21	143	799	75	724	254		159	32
古田县	12	136	564	122	442	212		133	4
屏南县	8	86	277	59	218	68	3	47	
寿宁县	7	78	197	27	170	57		32	
周宁县	29	93	734	354	380	137	1	85	
柘荣县	18	62	165	27	138	36		25	
福安市	36	392	1066	213	853	287	4	187	4
福鼎市	44	239	870	197	673	269	1	165	15
男	**3834**	**19324**	**41333**	**11016**	**30317**	**20508**	**292**	**14552**	**1011**
福州市	**688**	**4559**	**7395**	**1806**	**5589**	**4204**	**57**	**2683**	**480**
鼓楼区									
台江区									
仓山区									
马尾区	3	37	38	5	33	34		25	5
晋安区	6	34	59	13	46	66	1	58	
长乐区	67	497	1023	363	660	606	1	387	20
闽侯县	201	764	1574	659	915	1201	13	837	10
连江县	98	847	919	189	730	578		339	108
罗源县	24	164	139	44	95	124		68	11
闽清县	81	262	314	60	254	261	31	181	10
永泰县	66	261	312	61	251	132	6	88	2
平潭县	10	383	386	76	310	455	1	162	251
福清市	132	1310	2631	336	2295	747	4	538	63
厦门市	**186**	**819**	**1949**	**705**	**1244**	**1622**	**62**	**1107**	**29**
思明区									
海沧区	13	16	38	15	23	23		16	1
湖里区									
集美区	29	152	408	189	219	554	4	393	3
同安区	80	203	792	286	506	598	57	370	7
翔安区	64	448	711	215	496	447	1	328	18

4-4c 续表 32

单位：人

地区 性别	建筑业		批发和零售业			交通运输、仓储和邮政业			
	建筑安装业	建筑装饰、装修和其他建筑业	小计	批发业	零售业	小计	铁路运输业	道路运输业	水上运输业
莆田市	**275**	**1862**	**4925**	**751**	**4174**	**1360**	**12**	**919**	**114**
城厢区	43	282	579	69	510	183		146	1
涵江区	17	177	450	66	384	101	1	78	1
荔城区	52	207	815	148	667	135		91	3
秀屿区	86	545	1171	189	982	427	10	222	98
仙游县	77	651	1910	279	1631	514	1	382	11
三明市	**196**	**809**	**1699**	**420**	**1279**	**1215**	**17**	**902**	**10**
梅列区	1	5	18	5	13	8		6	
三元区	2	8	31	8	23	30		28	
明溪县	15	45	180	49	131	68		50	
清流县	24	31	123	30	93	64	1	54	
宁化县	51	202	351	89	262	244	2	163	1
大田县	27	135	254	64	190	195		160	
尤溪县	12	171	236	47	189	215		168	
沙县	4	30	71	10	61	54		27	1
将乐县	17	62	87	26	61	59		45	
泰宁县	4	33	89	25	64	50	1	34	8
建宁县	7	26	87	22	65	62	12	37	
永安市	32	61	172	45	127	166	1	130	
泉州市	**1052**	**4967**	**12342**	**3408**	**8934**	**4713**	**25**	**3389**	**234**
鲤城区									
丰泽区									
洛江区	52	114	493	84	409	116		83	2
泉港区	112	298	538	121	417	453	1	242	150
惠安县	196	2036	1201	305	896	464	6	317	28
安溪县	123	770	2169	362	1807	539	8	407	2
永春县	61	265	395	78	317	238	1	199	
德化县	18	68	219	20	199	63	3	40	
石狮市	38	106	536	173	363	257		208	4
晋江市	176	601	3886	1561	2325	1508	3	1106	8
南安市	276	709	2905	704	2201	1075	3	787	40
漳州市	**555**	**2263**	**5666**	**1821**	**3845**	**2994**	**27**	**2318**	**47**
芗城区	20	45	242	94	148	144		122	
龙文区	17	14	98	35	63	74	1	52	1
云霄县	41	270	606	147	459	265	2	196	1
漳浦县	154	424	1092	353	739	626	6	502	3
诏安县	62	466	836	224	612	223	3	169	5
长泰县	34	104	271	117	154	188	1	147	2
东山县	29	84	241	51	190	155		130	6
南靖县	30	137	392	92	300	342	4	299	1
平和县	28	213	629	234	395	162		124	1
华安县	12	59	73	25	48	84	8	67	
龙海市	128	447	1186	449	737	731	2	510	27
南平市	**345**	**801**	**1787**	**470**	**1317**	**1129**	**35**	**868**	**6**
延平区	212	100	154	50	104	194	20	132	1
建阳区	28	139	253	78	175	134	2	104	1
顺昌县	15	58	116	35	81	105	2	84	
浦城县	21	83	162	34	128	120		101	
光泽县	4	67	116	25	91	102	1	87	
松溪县	9	50	106	26	80	61		43	
政和县	10	81	163	20	143	61		46	2
邵武市	18	28	75	26	49	65	1	51	1
武夷山市	14	72	372	105	267	82	4	57	
建瓯市	14	123	270	71	199	205	5	163	1
龙岩市	**299**	**1618**	**2241**	**672**	**1569**	**1631**	**45**	**1306**	**3**
新罗区	30	110	380	163	217	330	14	282	
永定区	33	360	302	74	228	325	1	296	

4-4c 续表 33

单位：人

地区 性别	建筑业		批发和零售业			交通运输、仓储和邮政业			
	建筑安装业	建筑装饰、装修和其他建筑业	小计	批发业	零售业	小计	铁路运输业	道路运输业	水上运输业
长汀县	64	252	479	117	362	221	10	155	
上杭县	76	363	400	149	251	201	4	159	2
武平县	40	208	235	69	166	235		186	1
连城县	48	128	245	46	199	187	1	133	
漳平市	8	197	200	54	146	132	15	95	
宁德市	**238**	**1626**	**3329**	**963**	**2366**	**1640**	**12**	**1060**	**88**
蕉城区	66	459	696	201	495	416	8	255	35
霞浦县	21	141	423	48	375	242		157	31
古田县	11	133	335	94	241	197		130	4
屏南县	8	81	155	43	112	62	3	43	
寿宁县	7	77	117	20	97	53		32	
周宁县	29	82	483	269	214	121		77	
柘荣县	18	61	79	20	59	36		25	
福安市	35	361	598	135	463	272	1	182	4
福鼎市	43	231	443	133	310	241		159	14
女	**250**	**2904**	**32911**	**5801**	**27110**	**2634**	**70**	**981**	**56**
福州市	**32**	**406**	**6871**	**933**	**5938**	**585**	**13**	**200**	**26**
鼓楼区									
台江区									
仓山区									
马尾区		2	67	2	65	4		2	
晋安区	1	4	48	4	44	10	1	8	
长乐区	2	46	776	128	648	91		17	1
闽侯县	9	61	1320	422	898	229	3	85	1
连江县	2	76	1167	127	1040	59		30	1
罗源县	2	5	97	11	86	9		4	1
闽清县	8	27	264	28	236	27	5	6	
永泰县	5	53	325	33	292	19	1	8	
平潭县	1	16	457	38	419	49	2	16	9
福清市	2	116	2350	140	2210	88	1	24	13
厦门市	**15**	**126**	**1626**	**476**	**1150**	**279**	**2**	**135**	**2**
思明区									
海沧区	1	2	29	14	15	3		2	
湖里区									
集美区	2	20	329	112	217	105		58	1
同安区	6	36	627	210	417	77	2	35	1
翔安区	6	68	641	140	501	94		40	
莆田市	**22**	**363**	**3287**	**378**	**2909**	**176**	**10**	**44**	**5**
城厢区	3	51	396	32	364	26	1	6	
涵江区	1	13	339	38	301	9		3	
荔城区	6	52	528	84	444	16		3	
秀屿区	8	170	853	114	739	60	5	12	4
仙游县	4	77	1171	110	1061	65	4	20	1
三明市	**13**	**123**	**1339**	**176**	**1163**	**161**	**7**	**76**	**1**
梅列区		1	29	6	23				
三元区	1		22	4	18	5		3	
明溪县		10	125	16	109	15		9	
清流县	3	7	133	12	121	9		3	
宁化县	5	46	270	46	224	24	1	11	
大田县	1	17	173	23	150	29		12	
尤溪县		10	159	18	141	15	2	7	
沙县		1	53	3	50	18		8	
将乐县		6	83	11	72	9		7	
泰宁县	1	11	64	5	59	10		5	1
建宁县		8	63	11	52	7	3	2	
永安市	2	6	165	21	144	20	1	9	

4-4c 续表 34

单位：人

地区 性别	建筑业		批发和零售业			交通运输、仓储和邮政业			
	建筑安装业	建筑装饰、装修和其他建筑业	小计	批发业	零售业	小计	铁路运输业	道路运输业	水上运输业
泉州市	**75**	**857**	**9045**	**1673**	**7372**	**654**	**9**	**224**	**13**
鲤城区									
丰泽区									
洛江区	6	15	270	43	227	10		3	
泉港区	6	63	646	78	568	64	1	25	5
惠安县	13	355	1220	197	1023	113	4	43	1
安溪县	17	159	1536	219	1317	54	2	16	
永春县	1	36	234	33	201	14	1	4	
德化县	1	8	171	12	159	4		2	
石狮市	2	9	386	105	281	23		10	
晋江市	9	88	2370	679	1691	243		76	4
南安市	20	124	2212	307	1905	129	1	45	3
漳州市	**37**	**442**	**4927**	**1163**	**3764**	**304**	**4**	**98**	**6**
芗城区	1	11	186	42	144	13	1	4	
龙文区	1	11	110	29	81	11		5	
云霄县	3	41	479	69	410	23		10	1
漳浦县	11	78	917	184	733	46		16	1
诏安县	2	79	618	130	488	20	2	1	
长泰县	4	21	260	91	169	17		5	
东山县	1	25	292	71	221	7		5	1
南靖县	5	34	376	57	319	31		16	
平和县	2	49	535	193	342	18		2	2
华安县		8	61	13	48	13		8	
龙海市	7	85	1093	284	809	105	1	26	1
南平市	**19**	**55**	**1372**	**231**	**1141**	**105**	**6**	**50**	
延平区	15	10	165	41	124	20	2	13	
建阳区		14	186	28	158	12	2	7	
顺昌县		2	89	18	71	3		2	
浦城县		6	123	8	115	13		5	
光泽县		1	103	13	90	7		5	
松溪县		2	75	15	60	3	1		
政和县		6	92	5	87	6		1	
邵武市			62	11	51	10		8	
武夷山市	4	9	256	51	205	11		3	
建瓯市		5	221	41	180	20	1	6	
龙岩市	**31**	**424**	**1786**	**381**	**1405**	**200**	**6**	**95**	
新罗区	2	28	332	84	248	39	2	20	
永定区	3	96	250	37	213	35		19	
长汀县	9	85	312	52	260	30		12	
上杭县	9	89	346	110	236	38	1	19	
武平县	3	67	177	33	144	21		9	
连城县	5	13	208	32	176	24	1	11	
漳平市		46	161	33	128	13	2	5	
宁德市	**6**	**108**	**2658**	**390**	**2268**	**170**	**13**	**59**	**3**
蕉城区	3	46	619	78	541	74	8	31	1
霞浦县		2	376	27	349	12		2	1
古田县	1	3	229	28	201	15		3	
屏南县		5	122	16	106	6		4	
寿宁县		1	80	7	73	4			
周宁县		11	251	85	166	16	1	8	
柘荣县		1	86	7	79				
福安市	1	31	468	78	390	15	3	5	
福鼎市	1	8	427	64	363	28	1	6	1

4-4c　续表 35

单位：人

地区 性别	交通运输、仓储和邮政业					住宿和餐饮业		
	航空运输业	管道运输业	多式联运和运输代理业	装卸搬运和仓储业	邮政业	小计	住宿业	餐饮业
合　计	**230**	**8**	**401**	**2569**	**2972**	**27011**	**1726**	**25285**
福州市	**121**		**46**	**524**	**639**	**9294**	**483**	**8811**
鼓楼区								
台江区								
仓山区								
马尾区				2	4	489	1	488
晋安区				3	5	90	20	70
长乐区	106			74	91	1886	81	1805
闽侯县	4		7	204	266	895	39	856
连江县	4		18	71	66	1823	74	1749
罗源县			11	32	6	92	5	87
闽清县	1		5	37	12	212	19	193
永泰县	1			25	20	193	26	167
平潭县	1		3	20	39	313	60	253
福清市	4		2	56	130	3301	158	3143
厦门市	**62**	**4**	**63**	**138**	**297**	**1099**	**66**	**1033**
思明区								
海沧区			1	3	3	25	2	23
湖里区								
集美区	7		29	34	130	240	14	226
同安区	6	4	20	71	102	343	25	318
翔安区	49		13	30	62	491	25	466
莆田市	**2**		**24**	**174**	**232**	**1778**	**86**	**1692**
城厢区			10	10	35	200	11	189
涵江区			4	9	14	209	15	194
荔城区			3	10	41	145	5	140
秀屿区	2		4	84	46	249	24	225
仙游县			3	61	96	975	31	944
三明市	**7**		**28**	**164**	**164**	**3609**	**130**	**3479**
梅列区				1	1	88	3	85
三元区				1	3	44	2	42
明溪县				6	18	358	7	351
清流县			2	3	10	83	21	62
宁化县	2		5	59	24	310	34	276
大田县			7	18	27	194	10	184
尤溪县	1		6	20	26	320	9	311
沙县	2			15	19	1623	5	1618
将乐县				10	6	190	11	179
泰宁县	1		2	4	4	156	20	136
建宁县	1		1	4	9	65	2	63
永安市			5	23	17	178	6	172
泉州市	**22**	**3**	**142**	**418**	**888**	**3832**	**207**	**3625**
鲤城区								
丰泽区								
洛江区	3		2	10	23	164	3	161
泉港区	3	2	10	36	42	255	14	241
惠安县	5		23	50	100	471	38	433
安溪县	2	1	10	63	82	707	18	689
永春县			3	19	25	159	16	143
德化县				4	18	70	9	61
石狮市			17	13	28	180	7	173
晋江市	6		43	113	392	986	51	935
南安市	3		34	110	178	840	51	789
漳州市	**7**	**1**	**50**	**419**	**321**	**2867**	**253**	**2614**
芗城区				21	9	108	4	104
龙文区				15	11	26	1	25
云霄县			2	39	37	287	17	270
漳浦县	1	1	11	76	55	517	46	471

4-4c 续表 36

单位：人

地区 性别	交通运输、仓储和邮政业					住宿和餐饮业		
	航空运输业	管道运输业	多式联运和运输代理业	装卸搬运和仓储业	邮政业	小计	住宿业	餐饮业
诏安县	2		6	23	32	441	5	436
长泰县	1		6	16	27	158	23	135
东山县	1		1	10	8	135	34	101
南靖县			1	36	16	298	59	239
平和县			2	22	27	246	15	231
华安县				9	5	83	8	75
龙海市	2		21	152	94	568	41	527
南平市	**4**		**10**	**151**	**104**	**1163**	**172**	**991**
延平区			3	32	11	186	30	156
建阳区	1		2	22	5	163	12	151
顺昌县			1	13	6	113	7	106
浦城县				17	10	73	6	67
光泽县			2	11	3	61	3	58
松溪县				11	9	71	5	66
政和县				3	15	70	8	62
邵武市			1	9	4	48	6	42
武夷山市	3			6	20	187	77	110
建瓯市			1	27	21	191	18	173
龙岩市	**4**		**26**	**213**	**133**	**1450**	**139**	**1311**
新罗区	1			27	23	206	16	190
永定区			4	22	18	297	24	273
长汀县	1		5	45	23	275	34	241
上杭县			5	17	32	245	23	222
武平县			8	39	13	159	17	142
连城县	1		4	44	16	172	21	151
漳平市	1			19	8	96	4	92
宁德市	**1**		**12**	**368**	**194**	**1919**	**190**	**1729**
蕉城区	1		5	110	36	404	40	364
霞浦县				45	18	271	58	213
古田县			5	57	13	288	26	262
屏南县				6	12	87	8	79
寿宁县				19	6	71	2	69
周宁县				31	20	110	11	99
柘荣县				3	8	84	3	81
福安市			1	48	43	266	10	256
福鼎市			1	49	38	338	32	306
男	**137**	**6**	**324**	**2122**	**2064**	**14876**	**778**	**14098**
福州市	**70**		**37**	**434**	**443**	**5360**	**247**	**5113**
鼓楼区								
台江区								
仓山区								
马尾区				1	3	287		287
晋安区				3	4	52	8	44
长乐区	59			66	73	1192	47	1145
闽侯县	3		3	164	171	559	19	540
连江县	4		17	60	50	1045	37	1008
罗源县			10	30	5	56	1	55
闽清县	1		3	27	8	106	7	99
永泰县	1			21	14	100	10	90
平潭县			2	17	22	147	27	120
福清市	2		2	45	93	1816	91	1725
厦门市	**39**	**3**	**43**	**118**	**221**	**592**	**35**	**557**
思明区								
海沧区			1	2	3	12	1	11
湖里区								
集美区	6		20	29	99	138	10	128
同安区	4	3	16	63	78	181	13	168
翔安区	29		6	24	41	261	11	250

4-4c 续表 37

单位：人

地区 性别	交通运输、仓储和邮政业					住宿和餐饮业		
	航空运输业	管道运输业	多式联运和运输代理业	装卸搬运和仓储业	邮政业	小计	住宿业	餐饮业
莆田市	**1**		**18**	**132**	**164**	**991**	**44**	**947**
城厢区			5	7	24	108	5	103
涵江区			4	6	11	129	9	120
荔城区			2	7	32	79	4	75
秀屿区	1		4	61	31	118	10	108
仙游县			3	51	66	557	16	541
三明市	**5**		**28**	**145**	**108**	**2033**	**44**	**1989**
梅列区				1	1	48	1	47
三元区				1	1	29		29
明溪县				6	12	212	2	210
清流县			2	3	4	36	8	28
宁化县	2		5	51	20	168	12	156
大田县			7	14	14	94	2	92
尤溪县	1		6	19	21	186	2	184
沙县	1			13	12	960	3	957
将乐县				10	4	101	3	98
泰宁县			2	3	2	75	7	68
建宁县	1		1	4	7	28	2	26
永安市			5	20	10	96	2	94
泉州市	**13**	**2**	**118**	**327**	**605**	**2087**	**90**	**1997**
鲤城区								
丰泽区								
洛江区	3		2	8	18	102	1	101
泉港区	2	1	10	22	25	115	7	108
惠安县	2		17	34	60	225	13	212
安溪县	1	1	10	52	58	417	7	410
永春县			3	17	18	89	8	81
德化县				4	16	39	5	34
石狮市			13	12	20	91	2	89
晋江市	2		33	93	263	562	22	540
南安市	3		30	85	127	447	25	422
漳州市	**4**	**1**	**37**	**346**	**214**	**1576**	**116**	**1460**
芗城区				17	5	56	3	53
龙文区				14	6	11	1	10
云霄县			2	32	32	168	9	159
漳浦县		1	9	65	40	283	19	264
诏安县	2		5	20	19	280	3	277
长泰县			3	14	21	76	7	69
东山县	1		1	10	7	68	16	52
南靖县			1	25	12	136	26	110
平和县			1	20	16	145	9	136
华安县				8	1	42	5	37
龙海市	1		15	121	55	311	18	293
南平市	**2**		**10**	**137**	**71**	**567**	**65**	**502**
延平区			3	31	7	89	12	77
建阳区			2	21	4	72	4	68
顺昌县			1	13	5	62	5	57
浦城县				13	6	33	2	31
光泽县			2	9	3	33	1	32
松溪县				10	8	44	2	42
政和县				3	10	34	5	29
邵武市			1	8	3	24	1	23
武夷山市	2			4	15	77	27	50
建瓯市			1	25	10	99	6	93
龙岩市	**3**		**24**	**167**	**83**	**719**	**56**	**663**
新罗区	1			19	14	100	4	96
永定区			3	16	9	137	10	127

4-4c 续表 38 单位：人

地区 性别	交通运输、仓储和邮政业					住宿和餐饮业		
	航空运输业	管道运输业	多式联运和运输代理业	装卸搬运和仓储业	邮政业	小计	住宿业	餐饮业
长汀县	1		5	34	16	152	15	137
上杭县			5	10	21	107	8	99
武平县			8	32	8	83	10	73
连城县	1		3	39	10	97	8	89
漳平市				17	5	43	1	42
宁德市			**9**	**316**	**155**	**951**	**81**	**870**
蕉城区			3	92	23	200	13	187
霞浦县				38	16	114	21	93
古田县			4	50	9	154	16	138
屏南县				6	10	47	5	42
寿宁县				16	5	39	1	38
周宁县				29	15	61	5	56
柘荣县				3	8	38	1	37
福安市			1	44	40	141	4	137
福鼎市			1	38	29	157	15	142
女	**93**	**2**	**77**	**447**	**908**	**12135**	**948**	**11187**
福州市	**51**		**9**	**90**	**196**	**3934**	**236**	**3698**
鼓楼区								
台江区								
仓山区								
马尾区				1	1	202	1	201
晋安区					1	38	12	26
长乐区	47			8	18	694	34	660
闽侯县	1		4	40	95	336	20	316
连江县			1	11	16	778	37	741
罗源县			1	2	1	36	4	32
闽清县			2	10	4	106	12	94
永泰县				4	6	93	16	77
平潭县	1		1	3	17	166	33	133
福清市	2			11	37	1485	67	1418
厦门市	**23**	**1**	**20**	**20**	**76**	**507**	**31**	**476**
思明区								
海沧区				1		13	1	12
湖里区								
集美区	1		9	5	31	102	4	98
同安区	2	1	4	8	24	162	12	150
翔安区	20		7	6	21	230	14	216
莆田市	**1**		**6**	**42**	**68**	**787**	**42**	**745**
城厢区			5	3	11	92	6	86
涵江区				3	3	80	6	74
荔城区			1	3	9	66	1	65
秀屿区	1			23	15	131	14	117
仙游县				10	30	418	15	403
三明市	**2**			**19**	**56**	**1576**	**86**	**1490**
梅列区						40	2	38
三元区					2	15	2	13
明溪县					6	146	5	141
清流县					6	47	13	34
宁化县				8	4	142	22	120
大田县				4	13	100	8	92
尤溪县				1	5	134	7	127
沙县	1			2	7	663	2	661
将乐县					2	89	8	81
泰宁县	1			1	2	81	13	68
建宁县					2	37		37
永安市				3	7	82	4	78

4-4c 续表 39 单位：人

地区 性别	交通运输、仓储和邮政业					住宿和餐饮业		
	航空运输业	管道运输业	多式联运和运输代理业	装卸搬运和仓储业	邮政业	小计	住宿业	餐饮业
泉州市	**9**	**1**	**24**	**91**	**283**	**1745**	**117**	**1628**
鲤城区								
丰泽区								
洛江区				2	5	62	2	60
泉港区	1	1		14	17	140	7	133
惠安县	3		6	16	40	246	25	221
安溪县	1			11	24	290	11	279
永春县				2	7	70	8	62
德化县					2	31	4	27
石狮市			4	1	8	89	5	84
晋江市	4		10	20	129	424	29	395
南安市			4	25	51	393	26	367
漳州市	**3**		**13**	**73**	**107**	**1291**	**137**	**1154**
芗城区				4	4	52	1	51
龙文区				1	5	15		15
云霄县				7	5	119	8	111
漳浦县	1		2	11	15	234	27	207
诏安县			1	3	13	161	2	159
长泰县	1		3	2	6	82	16	66
东山县					1	67	18	49
南靖县				11	4	162	33	129
平和县			1	2	11	101	6	95
华安县				1	4	41	3	38
龙海市	1		6	31	39	257	23	234
南平市	**2**			**14**	**33**	**596**	**107**	**489**
延平区				1	4	97	18	79
建阳区	1			1	1	91	8	83
顺昌县					1	51	2	49
浦城县				4	4	40	4	36
光泽县				2		28	2	26
松溪县				1	1	27	3	24
政和县					5	36	3	33
邵武市				1	1	24	5	19
武夷山市	1			2	5	110	50	60
建瓯市				2	11	92	12	80
龙岩市	**1**		**2**	**46**	**50**	**731**	**83**	**648**
新罗区				8	9	106	12	94
永定区			1	6	9	160	14	146
长汀县				11	7	123	19	104
上杭县				7	11	138	15	123
武平县				7	5	76	7	69
连城县			1	5	6	75	13	62
漳平市	1			2	3	53	3	50
宁德市	**1**		**3**	**52**	**39**	**968**	**109**	**859**
蕉城区	1		2	18	13	204	27	177
霞浦县				7	2	157	37	120
古田县			1	7	4	134	10	124
屏南县					2	40	3	37
寿宁县				3	1	32	1	31
周宁县				2	5	49	6	43
柘荣县						46	2	44
福安市				4	3	125	6	119
福鼎市				11	9	181	17	164

4-4c 续表 40

单位：人

地区 性别	信息传输、软件和信息技术服务业				金融业				
	小计	电信、广播电视和卫星传输服务	互联网和相关服务	软件和信息技术服务业	小计	货币金融服务	资本市场服务	保险业	其他金融业
合　计	**3877**	**840**	**1723**	**1314**	**2192**	**906**	**161**	**1000**	**125**
福州市	**789**	**154**	**307**	**328**	**477**	**183**	**47**	**230**	**17**
鼓楼区									
台江区									
仓山区									
马尾区	6	4		2	5	1		3	1
晋安区	12	2	2	8	3			3	
长乐区	92	22	35	35	38	14	3	20	1
闽侯县	223	36	68	119	110	48	11	46	5
连江县	196	21	114	61	69	25	10	27	7
罗源县	15	4	7	4	13	6	1	5	1
闽清县	30	7	12	11	25	9	1	15	
永泰县	32	6	12	14	19	10	2	7	
平潭县	56	16	9	31	61	24	7	28	2
福清市	127	36	48	43	134	46	12	76	
厦门市	**498**	**60**	**137**	**301**	**199**	**82**	**13**	**81**	**23**
思明区									
海沧区	13		6	7	9	1	2	4	2
湖里区									
集美区	101	3	31	67	15	6		6	3
同安区	136	28	32	76	85	29	6	41	9
翔安区	248	29	68	151	90	46	5	30	9
莆田市	**254**	**56**	**136**	**62**	**164**	**63**	**13**	**77**	**11**
城厢区	27	12	7	8	33	14	2	14	3
涵江区	42	5	30	7	20	13		7	
荔城区	45	12	29	4	24	4	3	13	4
秀屿区	70	5	47	18	24	8	2	13	1
仙游县	70	22	23	25	63	24	6	30	3
三明市	**247**	**71**	**121**	**55**	**123**	**68**	**7**	**44**	**4**
梅列区	4	2		2	1			1	
三元区	7	2	2	3	1		1		
明溪县	15	7	5	3	8	4	1	3	
清流县	23	6	14	3	14	8	1	5	
宁化县	80	12	51	17	31	18	1	11	1
大田县	23	5	15	3	8	2		4	2
尤溪县	39	18	14	7	22	14	1	7	
沙县	16	3	5	8	5	2		3	
将乐县	7	2	2	3	10	6		4	
泰宁县	5	4	1		5	2	1	2	
建宁县	10	3	6	1	6	4		2	
永安市	18	7	6	5	12	8	1	2	1
泉州市	**974**	**223**	**468**	**283**	**588**	**209**	**42**	**303**	**34**
鲤城区									
丰泽区									
洛江区	19	12	5	2	23	11	1	8	3
泉港区	77	14	42	21	52	25	4	22	1
惠安县	197	38	81	78	114	40	10	58	6
安溪县	124	32	59	33	42	20	1	18	3
永春县	38	8	27	3	16	6	1	8	1
德化县	18	7	5	6	3	1		2	
石狮市	37	25	6	6	31	10	4	16	1
晋江市	294	41	187	66	186	55	14	102	15
南安市	170	46	56	68	121	41	7	69	4
漳州市	**427**	**89**	**216**	**122**	**215**	**87**	**17**	**98**	**13**
芗城区	14	2	9	3	12	4		8	
龙文区	14	4	6	4	2	1			1
云霄县	54	8	36	10	16	6	3	7	
漳浦县	63	22	25	16	32	13	3	14	2

4-4c 续表 41

单位：人

地区 性别	信息传输、软件和信息技术服务业				金融业				
	小计	电信、广播电视和卫星传输服务	互联网和相关服务	软件和信息技术服务业	小计	货币金融服务	资本市场服务	保险业	其他金融业
诏安县	55	9	27	19	27	7	3	14	3
长泰县	21	4	11	6	17	6	2	7	2
东山县	14	3	4	7	5	2		3	
南靖县	37	7	22	8	19	8	1	8	2
平和县	29	4	21	4	11	3		8	
华安县	5	3	1	1	6	3		3	
龙海市	121	23	54	44	68	34	5	26	3
南平市	**142**	**51**	**62**	**29**	**99**	**58**	**3**	**35**	**3**
延平区	21	9	10	2	15	5		8	2
建阳区	18	11	4	3	9	5		4	
顺昌县	15	8	4	3	11	7		3	1
浦城县	7	4	1	2	11	8		3	
光泽县	11	3	6	2	8	6		2	
松溪县	6	3	1	2	7	3	1	3	
政和县	8	1	5	2	6	5	1		
邵武市	6	3	3		7	3		4	
武夷山市	20	4	11	5	11	7		4	
建瓯市	30	5	17	8	14	9	1	4	
龙岩市	**189**	**53**	**77**	**59**	**155**	**69**	**11**	**63**	**12**
新罗区	27	9	6	12	41	13	3	22	3
永定区	27	9	12	6	18	9	2	7	
长汀县	31	6	13	12	30	19	4	6	1
上杭县	51	10	25	16	23	4	2	12	5
武平县	25	6	11	8	18	8		7	3
连城县	19	8	6	5	15	9		6	
漳平市	9	5	4		10	7		3	
宁德市	**357**	**83**	**199**	**75**	**172**	**87**	**8**	**69**	**8**
蕉城区	136	25	100	11	49	26	2	21	
霞浦县	28	7	9	12	12	6	1	5	
古田县	19	7	5	7	11	5		6	
屏南县	14	8	5	1	17	14		3	
寿宁县	9	2	5	2	8	8			
周宁县	26	10	8	8	16	7	2	5	2
柘荣县	18	10	5	3	4	2		2	
福安市	59	7	35	17	27	7	1	14	5
福鼎市	48	7	27	14	28	12	2	13	1
男	**2759**	**579**	**1213**	**967**	**1107**	**499**	**111**	**424**	**73**
福州市	**548**	**109**	**208**	**231**	**223**	**87**	**30**	**95**	**11**
鼓楼区									
台江区									
仓山区									
马尾区	3	3			1				1
晋安区	5	2		3	2			2	
长乐区	69	14	32	23	16	9	2	5	
闽侯县	154	25	51	78	58	27	7	20	4
连江县	121	13	63	45	33	12	6	11	4
罗源县	10	3	4	3	7	3	1	3	
闽清县	23	4	10	9	7	4		3	
永泰县	23	4	7	12	9	5	1	3	
平潭县	36	10	5	21	29	13	3	11	2
福清市	104	31	36	37	61	14	10	37	
厦门市	**338**	**37**	**88**	**213**	**98**	**48**	**8**	**30**	**12**
思明区									
海沧区	11		5	6	3		1		2
湖里区									
集美区	67	2	20	45	9	4		3	2
同安区	93	20	18	55	44	17	5	18	4
翔安区	167	15	45	107	42	27	2	9	4

4-4c 续表 42

单位：人

地　区 性　别	信息传输、软件和信息技术服务业				金融业				
	小计	电信、广播电视和卫星传输服务	互联网和相关服务	软件和信息技术服务业	小计	货币金融服务	资本市场服务	保险业	其他金融业
莆田市	**201**	**44**	**112**	**45**	**82**	**33**	**8**	**32**	**9**
城厢区	20	8	6	6	12	5	1	3	3
涵江区	37	4	26	7	12	8		4	
荔城区	42	10	29	3	14	3	2	6	3
秀屿区	50	5	33	12	10	4	1	5	
仙游县	52	17	18	17	34	13	4	14	3
三明市	**170**	**46**	**84**	**40**	**57**	**32**	**6**	**17**	**2**
梅列区	3	2		1	1			1	
三元区	5	2	1	2	1		1		
明溪县	9	4	3	2	2	1	1		
清流县	13	3	8	2	8	5	1	2	
宁化县	55	10	33	12	15	7	1	6	1
大田县	18	3	12	3	5	1		3	1
尤溪县	31	12	12	7	11	8	1	2	
沙县	10		3	7	2	2			
将乐县	4	1	1	2	2	2			
泰宁县	2	2			3	1	1	1	
建宁县	7	1	5	1	3	2		1	
永安市	13	6	6	1	4	3		1	
泉州市	**707**	**153**	**336**	**218**	**320**	**135**	**30**	**131**	**24**
鲤城区									
丰泽区									
洛江区	16	10	4	2	15	8	1	4	2
泉港区	40	7	20	13	29	18	4	6	1
惠安县	134	20	56	58	62	25	7	26	4
安溪县	90	25	39	26	22	12		8	2
永春县	24	4	17	3	9	4	1	3	1
德化县	15	6	4	5	3	1		2	
石狮市	30	21	4	5	15	5	2	7	1
晋江市	219	29	141	49	97	36	10	42	9
南安市	139	31	51	57	68	26	5	33	4
漳州市	**309**	**63**	**156**	**90**	**118**	**53**	**12**	**48**	**5**
芗城区	12	2	8	2	5	3		2	
龙文区	9	3	4	2	1	1			
云霄县	43	5	30	8	11	4	2	5	
漳浦县	49	16	21	12	18	9	2	6	1
诏安县	37	7	16	14	17	5	2	9	1
长泰县	12	1	7	4	11	3	1	6	1
东山县	12	2	4	6	4	2		2	
南靖县	26	5	13	8	10	2	1	6	1
平和县	20	4	14	2	3			3	
华安县	3	1	1	1	3	2		1	
龙海市	86	17	38	31	35	22	4	8	1
南平市	**95**	**32**	**40**	**23**	**44**	**21**	**2**	**19**	**2**
延平区	11	2	8	1	7	2		4	1
建阳区	11	7	1	3	7	4		3	
顺昌县	12	6	4	2	6	4		1	1
浦城县	4	3		1	4	2		2	
光泽县	9	2	5	2	2	1		1	
松溪县	6	3	1	2	3	1		2	
政和县	5	1	2	2	3	2	1		
邵武市	2	2			5	2		3	
武夷山市	18	2	11	5	3	1		2	
建瓯市	17	4	8	5	4	2	1	1	
龙岩市	**142**	**39**	**54**	**49**	**79**	**37**	**8**	**29**	**5**
新罗区	20	5	5	10	16	5	2	8	1
永定区	21	6	10	5	11	5	2	4	

4-4c　续表 43

单位：人

地区 性别	信息传输、软件和信息技术服务业				金融业				
	小计	电信、广播电视和卫星传输服务	互联网和相关服务	软件和信息技术服务业	小计	货币金融服务	资本市场服务	保险业	其他金融业
长汀县	24	6	8	10	16	12	2	2	
上杭县	36	7	16	13	16	3	2	8	3
武平县	18	3	9	6	10	5		4	1
连城县	16	7	4	5	5	3		2	
漳平市	7	5	2		5	4		1	
宁德市	**249**	**56**	**135**	**58**	**86**	**53**	**7**	**23**	**3**
蕉城区	87	12	67	8	22	15	2	5	
霞浦县	20	4	7	9	9	4	1	4	
古田县	13	5	2	6	6	3		3	
屏南县	11	6	4	1	14	12		2	
寿宁县	6	2	4		4	4			
周宁县	20	7	5	8	5	3	1	1	
柘荣县	16	9	5	2	2	1		1	
福安市	35	4	17	14	13	5	1	4	3
福鼎市	41	7	24	10	11	6	2	3	
女	**1118**	**261**	**510**	**347**	**1085**	**407**	**50**	**576**	**52**
福州市	**241**	**45**	**99**	**97**	**254**	**96**	**17**	**135**	**6**
鼓楼区									
台江区									
仓山区									
马尾区	3	1		2	4	1		3	
晋安区	7		2	5	1			1	
长乐区	23	8	3	12	22	5	1	15	1
闽侯县	69	11	17	41	52	21	4	26	1
连江县	75	8	51	16	36	13	4	16	3
罗源县	5	1	3	1	6	3		2	1
闽清县	7	3	2	2	18	5	1	12	
永泰县	9	2	5	2	10	5	1	4	
平潭县	20	6	4	10	32	11	4	17	
福清市	23	5	12	6	73	32	2	39	
厦门市	**160**	**23**	**49**	**88**	**101**	**34**	**5**	**51**	**11**
思明区									
海沧区	2		1	1	6	1	1	4	
湖里区									
集美区	34	1	11	22	6	2		3	1
同安区	43	8	14	21	41	12	1	23	5
翔安区	81	14	23	44	48	19	3	21	5
莆田市	**53**	**12**	**24**	**17**	**82**	**30**	**5**	**45**	**2**
城厢区	7	4	1	2	21	9	1	11	
涵江区	5	1	4		8	5		3	
荔城区	3	2		1	10	1	1	7	1
秀屿区	20		14	6	14	4	1	8	1
仙游县	18	5	5	8	29	11	2	16	
三明市	**77**	**25**	**37**	**15**	**66**	**36**	**1**	**27**	**2**
梅列区	1			1					
三元区	2		1	1					
明溪县	6	3	2	1	6	3		3	
清流县	10	3	6	1	6	3		3	
宁化县	25	2	18	5	16	11		5	
大田县	5	2	3		3	1		1	1
尤溪县	8	6	2		11	6		5	
沙县	6	3	2	1	3			3	
将乐县	3	1	1	1	8	4		4	
泰宁县	3	2	1		2	1		1	
建宁县	3	2	1		3	2		1	
永安市	5	1		4	8	5	1	1	1

4-4c 续表 44

单位：人

地 区 性 别	信息传输、软件和信息技术服务业				金融业				
	小计	电信、广播电视和卫星传输服务	互联网和相关服务	软件和信息技术服务业	小计	货币金融服务	资本市场服务	保险业	其他金融业
泉州市	**267**	**70**	**132**	**65**	**268**	**74**	**12**	**172**	**10**
鲤城区									
丰泽区									
洛江区	3	2	1		8	3		4	1
泉港区	37	7	22	8	23	7		16	
惠安县	63	18	25	20	52	15	3	32	2
安溪县	34	7	20	7	20	8	1	10	1
永春县	14	4	10		7	2		5	
德化县	3	1	1	1					
石狮市	7	4	2	1	16	5	2	9	
晋江市	75	12	46	17	89	19	4	60	6
南安市	31	15	5	11	53	15	2	36	
漳州市	**118**	**26**	**60**	**32**	**97**	**34**	**5**	**50**	**8**
芗城区	2		1	1	7	1		6	
龙文区	5	1	2	2	1				1
云霄县	11	3	6	2	5	2	1	2	
漳浦县	14	6	4	4	14	4	1	8	1
诏安县	18	2	11	5	10	2	1	5	2
长泰县	9	3	4	2	6	3	1	1	1
东山县	2	1		1	1			1	
南靖县	11	2	9		9	6		2	1
平和县	9		7	2	8	3		5	
华安县	2	2			3	1		2	
龙海市	35	6	16	13	33	12	1	18	2
南平市	**47**	**19**	**22**	**6**	**55**	**37**	**1**	**16**	**1**
延平区	10	7	2	1	8	3		4	1
建阳区	7	4	3		2	1		1	
顺昌县	3	2		1	5	3		2	
浦城县	3	1	1	1	7	6		1	
光泽县	2	1	1		6	5		1	
松溪县					4	2	1	1	
政和县	3		3		3	3			
邵武市	4	1	3		2	1		1	
武夷山市	2	2			8	6		2	
建瓯市	13	1	9	3	10	7		3	
龙岩市	**47**	**14**	**23**	**10**	**76**	**32**	**3**	**34**	**7**
新罗区	7	4	1	2	25	8	1	14	2
永定区	6	3	2	1	7	4		3	
长汀县	7		5	2	14	7	2	4	1
上杭县	15	3	9	3	7	1		4	2
武平县	7	3	2	2	8	3		3	2
连城县	3	1	2		10	6		4	
漳平市	2		2		5	3		2	
宁德市	**108**	**27**	**64**	**17**	**86**	**34**	**1**	**46**	**5**
蕉城区	49	13	33	3	27	11		16	
霞浦县	8	3	2	3	3	2		1	
古田县	6	2	3	1	5	2		3	
屏南县	3	2	1		3	2		1	
寿宁县	3		1	2	4	4			
周宁县	6	3	3		11	4	1	4	2
柘荣县	2	1		1	2	1		1	
福安市	24	3	18	3	14	2		10	2
福鼎市	7		3	4	17	6		10	1

4-4c 续表 45

单位：人

地区 性别	房地产业		租赁和商务服务业			科学研究和技术服务业			
	小计	房地产业	小计	租赁业	商务服务业	小计	研究和试验发展	专业技术服务业	科技推广和应用服务业
合 计	**4095**	**4095**	**6330**	**761**	**5569**	**2582**	**242**	**1915**	**425**
福州市	**1014**	**1014**	**1130**	**185**	**945**	**442**	**43**	**360**	**39**
鼓楼区									
台江区									
仓山区									
马尾区	5	5	11		11	1		1	
晋安区	43	43	71	11	60	8		7	1
长乐区	113	113	112	21	91	29		27	2
闽侯县	295	295	235	30	205	162	11	130	21
连江县	213	213	146	6	140	58	3	52	3
罗源县	13	13	21	1	20	14		11	3
闽清县	14	14	33	4	29	16		16	
永泰县	37	37	103	6	97	30	1	25	4
平潭县	91	91	215	18	197	41	7	30	4
福清市	190	190	183	88	95	83	21	61	1
厦门市	**560**	**560**	**803**	**99**	**704**	**374**	**58**	**246**	**70**
思明区									
海沧区	16	16	17	6	11	19	2	17	
湖里区									
集美区	107	107	190	33	157	58	8	30	20
同安区	145	145	333	33	300	153	21	115	17
翔安区	292	292	263	27	236	144	27	84	33
莆田市	**231**	**231**	**401**	**65**	**336**	**96**	**4**	**85**	**7**
城厢区	40	40	55	13	42	12		11	1
涵江区	32	32	33	7	26	8		7	1
荔城区	37	37	50	5	45	12		11	1
秀屿区	48	48	127	17	110	22		21	1
仙游县	74	74	136	23	113	42	4	35	3
三明市	**164**	**164**	**260**	**17**	**243**	**177**	**10**	**134**	**33**
梅列区	8	8	12		12	4	2	2	
三元区	4	4	7	1	6	8		5	3
明溪县	14	14	27	1	26	10	1	4	5
清流县	8	8	13	1	12	9	1	8	
宁化县	49	49	62		62	31	1	21	9
大田县	9	9	11	3	8	47		44	3
尤溪县	25	25	58	3	55	28		25	3
沙县	11	11	17		17	8	3	4	1
将乐县	9	9	12	2	10	7	1	3	3
泰宁县	6	6	13	1	12				
建宁县	2	2	10	1	9	5		5	
永安市	19	19	18	4	14	20	1	13	6
泉州市	**874**	**874**	**1630**	**179**	**1451**	**671**	**59**	**516**	**96**
鲤城区									
丰泽区									
洛江区	32	32	56	6	50	22	1	16	5
泉港区	53	53	119	28	91	56	2	44	10
惠安县	281	281	292	30	262	242	11	211	20
安溪县	61	61	227	7	220	66	18	45	3
永春县	14	14	83	15	68	27		23	4
德化县	20	20	20	2	18	14		12	2
石狮市	21	21	50	7	43	29	1	11	17
晋江市	173	173	530	48	482	136	15	93	28
南安市	219	219	253	36	217	79	11	61	7
漳州市	**445**	**445**	**914**	**99**	**815**	**301**	**37**	**184**	**80**
芗城区	19	19	33	3	30	13	3	9	1
龙文区	11	11	14	1	13	7		7	
云霄县	23	23	62	6	56	18	2	10	6
漳浦县	75	75	165	27	138	55	20	24	11

4－4c 续表 46

单位：人

地区 性别	房地产业		租赁和商务服务业			科学研究和技术服务业			
	小计	房地产业	小计	租赁业	商务服务业	小计	研究和试验发展	专业技术服务业	科技推广和应用服务业
诏安县	48	48	175	9	166	45	6	17	22
长泰县	45	45	80	11	69	30		7	23
东山县	34	34	44	2	42	16	2	13	1
南靖县	28	28	85	4	81	18		15	3
平和县	12	12	59	5	54	25	1	19	5
华安县	18	18	18		18	8		7	1
龙海市	132	132	179	31	148	66	3	56	7
南平市	**220**	**220**	**405**	**32**	**373**	**87**	**4**	**66**	**17**
延平区	25	25	27	1	26	13	1	10	2
建阳区	32	32	46	10	36	12	1	9	2
顺昌县	18	18	32	4	28	8		7	1
浦城县	19	19	15	2	13	5		3	2
光泽县	13	13	26	1	25	11		8	3
松溪县	5	5	29	5	24	4		3	1
政和县	9	9	26	1	25	8		8	
邵武市	8	8	12		12	8	1	4	3
武夷山市	26	26	131	3	128	11	1	8	2
建瓯市	65	65	61	5	56	7		6	1
龙岩市	**200**	**200**	**412**	**50**	**362**	**203**	**11**	**143**	**49**
新罗区	62	62	81	8	73	53	2	45	6
永定区	26	26	68	12	56	7		7	
长汀县	36	36	77	8	69	24	5	13	6
上杭县	39	39	114	16	98	77	3	40	34
武平县	17	17	31	2	29	16		13	3
连城县	11	11	28	4	24	21		21	
漳平市	9	9	13		13	5	1	4	
宁德市	**387**	**387**	**375**	**35**	**340**	**231**	**16**	**181**	**34**
蕉城区	175	175	89	8	81	60	7	35	18
霞浦县	29	29	29	3	26	11	3	8	
古田县	16	16	25	1	24	9		6	3
屏南县	15	15	18		18	3		3	
寿宁县	4	4	23	1	22	6		6	
周宁县	17	17	19		19	71	1	69	1
柘荣县	8	8	10		10	4		1	3
福安市	66	66	106	18	88	44	4	34	6
福鼎市	57	57	56	4	52	23	1	19	3
男	**2709**	**2709**	**4318**	**684**	**3634**	**1878**	**169**	**1442**	**267**
福州市	**680**	**680**	**809**	**166**	**643**	**346**	**30**	**286**	**30**
鼓楼区									
台江区									
仓山区									
马尾区	2	2	9		9	1		1	
晋安区	35	35	55	9	46	6		6	
长乐区	66	66	81	19	62	25		24	1
闽侯县	182	182	160	24	136	121	7	98	16
连江县	161	161	100	6	94	50	3	45	2
罗源县	5	5	17	1	16	12		9	3
闽清县	13	13	28	4	24	14		14	
永泰县	24	24	73	6	67	26		22	4
平潭县	51	51	137	15	122	26	3	20	3
福清市	141	141	149	82	67	65	17	47	1
厦门市	**363**	**363**	**553**	**88**	**465**	**227**	**32**	**158**	**37**
思明区									
海沧区	10	10	12	6	6	11	1	10	
湖里区									
集美区	65	65	119	27	92	33	2	21	10
同安区	93	93	248	31	217	93	15	70	8
翔安区	195	195	174	24	150	90	14	57	19

4-4c　续表 47

单位：人

地区 性别	房地产业		租赁和商务服务业			科学研究和技术服务业			
	小计	房地产业	小计	租赁业	商务服务业	小计	研究和试验发展	专业技术服务业	科技推广和应用服务业
莆田市	**166**	**166**	**279**	**55**	**224**	**76**	**1**	**70**	**5**
城厢区	31	31	35	11	24	12		11	1
涵江区	20	20	22	4	18	7		7	
荔城区	27	27	33	4	29	8		7	1
秀屿区	33	33	98	15	83	21		20	1
仙游县	55	55	91	21	70	28	1	25	2
三明市	**104**	**104**	**190**	**15**	**175**	**134**	**6**	**104**	**24**
梅列区	4	4	12		12	2	2		
三元区	2	2	4	1	3	4		3	1
明溪县	8	8	19	1	18	5	1		4
清流县	6	6	9	1	8	6		6	
宁化县	31	31	43		43	23		16	7
大田县	6	6	6	3	3	42		40	2
尤溪县	20	20	50	2	48	23		21	2
沙县	6	6	12		12	7	2	4	1
将乐县	3	3	7	2	5	3		2	1
泰宁县	4	4	11	1	10				
建宁县	1	1	7	1	6	5		5	
永安市	13	13	10	3	7	14	1	7	6
泉州市	**569**	**569**	**1042**	**155**	**887**	**505**	**50**	**393**	**62**
鲤城区									
丰泽区									
洛江区	19	19	44	3	41	20		15	5
泉港区	33	33	85	26	59	37	1	31	5
惠安县	184	184	165	22	143	180	10	161	9
安溪县	48	48	162	7	155	51	15	34	2
永春县	9	9	47	15	32	21		17	4
德化县	11	11	15	2	13	13		11	2
石狮市	9	9	32	5	27	21	1	10	10
晋江市	93	93	332	44	288	103	14	69	20
南安市	163	163	160	31	129	59	9	45	5
漳州市	**279**	**279**	**610**	**94**	**516**	**209**	**31**	**129**	**49**
芗城区	12	12	25	3	22	4	2	2	
龙文区	8	8	8	1	7	6		6	
云霄县	20	20	48	5	43	13		9	4
漳浦县	50	50	112	25	87	46	20	17	9
诏安县	38	38	114	9	105	31	6	10	15
长泰县	25	25	47	10	37	14		5	9
东山县	21	21	31	2	29	10	1	9	
南靖县	17	17	47	4	43	14		12	2
平和县	10	10	41	5	36	23	1	17	5
华安县	7	7	10		10	7		6	1
龙海市	71	71	127	30	97	41	1	36	4
南平市	**136**	**136**	**274**	**31**	**243**	**65**	**2**	**50**	**13**
延平区	16	16	21	1	20	10	1	7	2
建阳区	21	21	31	10	21	11		9	2
顺昌县	12	12	23	4	19	6		5	1
浦城县	11	11	11	2	9	4		2	2
光泽县	10	10	19	1	18	5		4	1
松溪县	2	2	23	4	19	3		2	1
政和县	4	4	15	1	14	8		8	
邵武市	5	5	7		7	6		3	3
武夷山市	16	16	86	3	83	7	1	6	
建瓯市	39	39	38	5	33	5		4	1
龙岩市	**143**	**143**	**297**	**48**	**249**	**142**	**8**	**109**	**25**
新罗区	47	47	54	8	46	42	2	35	5
永定区	17	17	51	12	39	5		5	

4-4c 续表 48

单位：人

地区 性别	房地产业		租赁和商务服务业			科学研究和技术服务业			
	小计	房地产业	小计	租赁业	商务服务业	小计	研究和试验发展	专业技术服务业	科技推广和应用服务业
长汀县	26	26	59	7	52	21	4	12	5
上杭县	29	29	85	15	70	43	2	28	13
武平县	10	10	19	2	17	12		10	2
连城县	8	8	22	4	18	15		15	
漳平市	6	6	7		7	4		4	
宁德市	**269**	**269**	**264**	**32**	**232**	**174**	**9**	**143**	**22**
蕉城区	130	130	60	6	54	45	4	30	11
霞浦县	20	20	23	3	20	6	2	4	
古田县	13	13	18	1	17	7		6	1
屏南县	11	11	14		14	3		3	
寿宁县	4	4	18	1	17	4		4	
周宁县	13	13	9		9	57		56	1
柘荣县	5	5	8		8	4		1	3
福安市	40	40	78	17	61	35	2	28	5
福鼎市	33	33	36	4	32	13	1	11	1
女	**1386**	**1386**	**2012**	**77**	**1935**	**704**	**73**	**473**	**158**
福州市	**334**	**334**	**321**	**19**	**302**	**96**	**13**	**74**	**9**
鼓楼区									
台江区									
仓山区									
马尾区	3	3	2		2				
晋安区	8	8	16	2	14	2		1	1
长乐区	47	47	31	2	29	4		3	1
闽侯县	113	113	75	6	69	41	4	32	5
连江县	52	52	46		46	8		7	1
罗源县	8	8	4		4	2		2	
闽清县	1	1	5		5	2		2	
永泰县	13	13	30		30	4	1	3	
平潭县	40	40	78	3	75	15	4	10	1
福清市	49	49	34	6	28	18	4	14	
厦门市	**197**	**197**	**250**	**11**	**239**	**147**	**26**	**88**	**33**
思明区									
海沧区	6	6	5		5	8	1	7	
湖里区									
集美区	42	42	71	6	65	25	6	9	10
同安区	52	52	85	2	83	60	6	45	9
翔安区	97	97	89	3	86	54	13	27	14
莆田市	**65**	**65**	**122**	**10**	**112**	**20**	**3**	**15**	**2**
城厢区	9	9	20	2	18				
涵江区	12	12	11	3	8	1			1
荔城区	10	10	17	1	16	4		4	
秀屿区	15	15	29	2	27	1		1	
仙游县	19	19	45	2	43	14	3	10	1
三明市	**60**	**60**	**70**	**2**	**68**	**43**	**4**	**30**	**9**
梅列区	4	4				2		2	
三元区	2	2	3		3	4		2	2
明溪县	6	6	8		8	5		4	1
清流县	2	2	4		4	3	1	2	
宁化县	18	18	19		19	8	1	5	2
大田县	3	3	5		5	5		4	1
尤溪县	5	5	8	1	7	5		4	1
沙县	5	5	5		5	1	1		
将乐县	6	6	5		5	4	1	1	2
泰宁县	2	2	2		2				
建宁县	1	1	3		3				
永安市	6	6	8	1	7	6		6	

4-4c 续表 49

单位：人

地区 性别	房地产业		租赁和商务服务业			科学研究和技术服务业			
	小计	房地产业	小计	租赁业	商务服务业	小计	研究和试验发展	专业技术服务业	科技推广和应用服务业
泉州市	**305**	**305**	**588**	**24**	**564**	**166**	**9**	**123**	**34**
鲤城区									
丰泽区									
洛江区	13	13	12	3	9	2	1	1	
泉港区	20	20	34	2	32	19	1	13	5
惠安县	97	97	127	8	119	62	1	50	11
安溪县	13	13	65		65	15	3	11	1
永春县	5	5	36		36	6		6	
德化县	9	9	5		5	1		1	
石狮市	12	12	18	2	16	8		1	7
晋江市	80	80	198	4	194	33	1	24	8
南安市	56	56	93	5	88	20	2	16	2
漳州市	**166**	**166**	**304**	**5**	**299**	**92**	**6**	**55**	**31**
芗城区	7	7	8		8	9	1	7	1
龙文区	3	3	6		6	1		1	
云霄县	3	3	14	1	13	5	2	1	2
漳浦县	25	25	53	2	51	9		7	2
诏安县	10	10	61		61	14		7	7
长泰县	20	20	33	1	32	16		2	14
东山县	13	13	13		13	6	1	4	1
南靖县	11	11	38		38	4		3	1
平和县	2	2	18		18	2		2	
华安县	11	11	8		8	1		1	
龙海市	61	61	52	1	51	25	2	20	3
南平市	**84**	**84**	**131**	**1**	**130**	**22**	**2**	**16**	**4**
延平区	9	9	6		6	3		3	
建阳区	11	11	15		15	1	1		
顺昌县	6	6	9		9	2		2	
浦城县	8	8	4		4	1		1	
光泽县	3	3	7		7	6		4	2
松溪县	3	3	6	1	5	1		1	
政和县	5	5	11		11				
邵武市	3	3	5		5	2	1	1	
武夷山市	10	10	45		45	4		2	2
建瓯市	26	26	23		23	2		2	
龙岩市	**57**	**57**	**115**	**2**	**113**	**61**	**3**	**34**	**24**
新罗区	15	15	27		27	11		10	1
永定区	9	9	17		17	2		2	
长汀县	10	10	18	1	17	3	1	1	1
上杭县	10	10	29	1	28	34	1	12	21
武平县	7	7	12		12	4		3	1
连城县	3	3	6		6	6		6	
漳平市	3	3	6		6	1	1		
宁德市	**118**	**118**	**111**	**3**	**108**	**57**	**7**	**38**	**12**
蕉城区	45	45	29	2	27	15	3	5	7
霞浦县	9	9	6		6	5	1	4	
古田县	3	3	7		7	2			2
屏南县	4	4	4		4				
寿宁县			5		5	2		2	
周宁县	4	4	10		10	14	1	13	
柘荣县	3	3	2		2				
福安市	26	26	28	1	27	9	2	6	1
福鼎市	24	24	20		20	10		8	2

4-4c 续表 50

单位：人

地区 性别	水利、环境和公共设施管理业 小计	水利管理业	生态保护和环境治理业	公共设施管理业	土地管理业	居民服务、修理和其他服务业 小计	居民服务业	机动车、电子产品和日用产品修理业	其他服务业
合 计	**3561**	**137**	**304**	**3088**	**32**	**18053**	**10818**	**4510**	**2725**
福州市	**586**	**21**	**39**	**523**	**3**	**3963**	**2702**	**746**	**515**
鼓楼区									
台江区									
仓山区									
马尾区	6			6		46	35	10	1
晋安区	18	1		17		52	24	14	14
长乐区	63	1	3	59		558	363	97	98
闽侯县	111	6	11	94		716	399	192	125
连江县	124	2	5	116	1	1125	902	129	94
罗源县	21	1	1	19		72	45	13	14
闽清县	42	2	3	35	2	199	118	59	22
永泰县	46	4	8	34		179	113	22	44
平潭县	62		1	61		254	143	58	53
福清市	93	4	7	82		762	560	152	50
厦门市	**536**	**15**	**41**	**477**	**3**	**854**	**392**	**260**	**202**
思明区									
海沧区	9	2	2	5		7	2	3	2
湖里区									
集美区	137		4	132	1	200	106	55	39
同安区	144	9	5	129	1	298	123	92	83
翔安区	246	4	30	211	1	349	161	110	78
莆田市	**249**	**7**	**5**	**235**	**2**	**1068**	**496**	**431**	**141**
城厢区	29	2		26	1	192	80	103	9
涵江区	19	1	1	16	1	95	53	27	15
荔城区	28			28		126	44	55	27
秀屿区	94	3	1	90		248	109	102	37
仙游县	79	1	3	75		407	210	144	53
三明市	**232**	**22**	**24**	**185**	**1**	**942**	**572**	**221**	**149**
梅列区	4			4		3	3		
三元区	5			5		16	10	3	3
明溪县	12			12		78	45	14	19
清流县	15	3	3	9		82	53	10	19
宁化县	46	6	6	33	1	191	109	54	28
大田县	16	4	1	11		163	108	33	22
尤溪县	52	5	1	46		127	67	39	21
沙县	23	3	5	15		31	19	8	4
将乐县	18	1		17		43	23	15	5
泰宁县	12		1	11		39	23	12	4
建宁县	12		3	9		54	37	11	6
永安市	17		4	13		115	75	22	18
泉州市	**719**	**16**	**90**	**604**	**9**	**4250**	**2407**	**1132**	**711**
鲤城区									
丰泽区									
洛江区	30		2	28		138	70	46	22
泉港区	44		5	39		265	143	79	43
惠安县	116	2	12	100	2	597	340	171	86
安溪县	98	4	11	81	2	638	426	145	67
永春县	43	2		41		182	107	54	21
德化县	13			13		56	29	16	11
石狮市	48	2	14	31	1	275	203	40	32
晋江市	149	4	33	110	2	1003	517	288	198
南安市	178	2	13	161	2	1096	572	293	231
漳州市	**534**	**21**	**41**	**465**	**7**	**2928**	**1632**	**877**	**419**
芗城区	34	1		32	1	81	35	35	11
龙文区	19		1	18		46	19	23	4
云霄县	37	3	1	29	4	360	217	70	73
漳浦县	102	3	4	95		459	211	179	69

4-4c　续表 51

单位：人

地　区 性　别	水利、环境和公共设施管理业					居民服务、修理和其他服务业			
	小计	水　利 管理业	生态保护 和环境 治理业	公共设施 管理业	土　地 管理业	小计	居　民 服务业	机动车、 电子产品 和日用产 品修理业	其　他 服务业
诏安县	54	2	5	47		494	304	117	73
长泰县	74	3	6	64	1	229	130	61	38
东山县	26	1		25		174	105	39	30
南靖县	40	2	5	33		283	168	71	44
平和县	8	1	2	5		155	95	45	15
华安县	10		2	8		108	70	32	6
龙海市	130	5	15	109	1	539	278	205	56
南平市	**258**	**5**	**22**	**228**	**3**	**1010**	**616**	**204**	**190**
延平区	33	1	5	27		103	56	22	25
建阳区	23		2	21		180	113	26	41
顺昌县	26			25	1	136	79	21	36
浦城县	36		3	33		95	68	17	10
光泽县	24	1	1	21	1	53	18	23	12
松溪县	18	1	4	13		49	33	8	8
政和县	5			5		64	38	15	11
邵武市	20		1	19		34	25	8	1
武夷山市	42		1	40	1	134	94	17	23
建瓯市	31	2	5	24		162	92	47	23
龙岩市	**212**	**16**	**16**	**178**	**2**	**1217**	**670**	**385**	**162**
新罗区	49		5	43	1	205	109	67	29
永定区	27	1	1	25		204	102	76	26
长汀县	27	4	2	20	1	209	131	54	24
上杭县	39	3	4	32		237	148	59	30
武平县	30	6	2	22		142	76	47	19
连城县	31	2	2	27		135	55	60	20
漳平市	9			9		85	49	22	14
宁德市	**235**	**14**	**26**	**193**	**2**	**1821**	**1331**	**254**	**236**
蕉城区	56	4	4	48		766	614	77	75
霞浦县	25	1		24		198	141	27	30
古田县	14	1		13		148	107	25	16
屏南县	13	1		11	1	62	32	17	13
寿宁县	8			8		70	54	10	6
周宁县	13			13		109	86	10	13
柘荣县	9	1		8		55	44	10	1
福安市	24	5	1	18		200	101	37	62
福鼎市	73	1	21	50	1	213	152	41	20
男	**2183**	**124**	**232**	**1801**	**26**	**8444**	**3302**	**3968**	**1174**
福州市	**383**	**19**	**32**	**329**	**3**	**1584**	**703**	**656**	**225**
鼓楼区									
台江区									
仓山区									
马尾区	3			3		19	10	9	
晋安区	14	1		13		25	7	12	6
长乐区	48	1	3	44		226	102	85	39
闽侯县	72	5	10	57		424	181	168	75
连江县	80	2	3	74	1	281	122	120	39
罗源县	13	1	1	11		37	20	11	6
闽清县	27	2	3	20	2	104	40	54	10
永泰县	29	3	8	18		61	23	20	18
平潭县	38		1	37		132	63	54	15
福清市	59	4	3	52		275	135	123	17
厦门市	**315**	**12**	**33**	**267**	**3**	**441**	**140**	**221**	**80**
思明区									
海沧区	4	1	1	2		4		3	1
湖里区									
集美区	71		3	67	1	100	37	48	15
同安区	97	9	5	82	1	155	48	77	30
翔安区	143	2	24	116	1	182	55	93	34

4-4c 续表 52

单位：人

地区 性别	水利、环境和公共设施管理业					居民服务、修理和其他服务业			
	小计	水利管理业	生态保护和环境治理业	公共设施管理业	土地管理业	小计	居民服务业	机动车、电子产品和日用产品修理业	其他服务业
莆田市	**121**	**6**	**4**	**110**	**1**	**629**	**205**	**369**	**55**
城厢区	14	1		13		121	36	82	3
涵江区	13	1	1	10	1	49	18	25	6
荔城区	11			11		81	21	51	9
秀屿区	37	3		34		138	44	84	10
仙游县	46	1	3	42		240	86	127	27
三明市	**166**	**18**	**17**	**130**	**1**	**428**	**151**	**200**	**77**
梅列区	2			2		1	1		
三元区	4			4		10	5	2	3
明溪县	9			9		36	14	12	10
清流县	11	3	3	5		27	12	10	5
宁化县	31	3	4	23	1	92	30	47	15
大田县	13	4	1	8		71	27	31	13
尤溪县	39	5	1	33		67	21	36	10
沙县	20	2	4	14		13	4	6	3
将乐县	11	1		10		24	8	14	2
泰宁县	7		1	6		20	7	10	3
建宁县	9		2	7		22	8	10	4
永安市	10		1	9		45	14	22	9
泉州市	**394**	**15**	**62**	**311**	**6**	**2209**	**906**	**996**	**307**
鲤城区									
丰泽区									
洛江区	21		2	19		94	40	42	12
泉港区	14		2	12		131	48	67	16
惠安县	60	2	9	48	1	289	118	148	23
安溪县	58	4	7	46	1	298	139	131	28
永春县	29	2		27		94	39	46	9
德化县	9			9		35	11	16	8
石狮市	34	2	11	20	1	163	113	31	19
晋江市	86	4	21	60	1	576	214	255	107
南安市	83	1	10	70	2	529	184	260	85
漳州市	**306**	**21**	**35**	**245**	**5**	**1431**	**492**	**777**	**162**
芗城区	20	1		18	1	49	14	29	6
龙文区	7		1	6		27	6	19	2
云霄县	22	3		16	3	148	52	67	29
漳浦县	54	3	4	47		248	71	154	23
诏安县	27	2	4	21		215	76	113	26
长泰县	48	3	5	39	1	112	41	53	18
东山县	9	1		8		78	33	36	9
南靖县	27	2	4	21		126	47	61	18
平和县	5	1	1	3		98	49	42	7
华安县	8		2	6		49	22	26	1
龙海市	79	5	14	60		281	81	177	23
南平市	**191**	**5**	**17**	**166**	**3**	**463**	**171**	**183**	**109**
延平区	24	1	4	19		59	21	20	18
建阳区	19		2	17		74	27	24	23
顺昌县	17			16	1	58	17	20	21
浦城县	25		2	23		34	11	16	7
光泽县	19	1	1	16	1	36	9	20	7
松溪县	12	1	2	9		22	11	8	3
政和县	4			4		31	13	11	7
邵武市	13			13		17	9	7	1
武夷山市	33		1	31	1	49	23	16	10
建瓯市	25	2	5	18		83	30	41	12
龙岩市	**130**	**15**	**10**	**103**	**2**	**644**	**226**	**337**	**81**
新罗区	23		3	19	1	114	44	59	11
永定区	19	1		18		106	28	66	12

4-4c　续表 53　　　　单位：人

地区 性别	水利、环境和公共设施管理业					居民服务、修理和其他服务业			
	小计	水利管理业	生态保护和环境治理业	公共设施管理业	土地管理业	小计	居民服务业	机动车、电子产品和日用产品修理业	其他服务业
长汀县	20	4	2	13	1	102	37	47	18
上杭县	21	2	3	16		111	51	51	9
武平县	20	6		14		85	30	42	13
连城县	22	2	2	18		85	24	53	8
漳平市	5			5		41	12	19	10
宁德市	**177**	**13**	**22**	**140**	**2**	**615**	**308**	**229**	**78**
蕉城区	39	3	3	33		160	73	69	18
霞浦县	19	1		18		86	53	23	10
古田县	13	1		12		61	28	23	10
屏南县	12	1		10	1	34	11	15	8
寿宁县	7			7		30	17	10	3
周宁县	7			7		40	28	9	3
柘荣县	6	1		5		31	23	7	1
福安市	16	5	1	10		92	34	34	24
福鼎市	58	1	18	38	1	81	41	39	1
女	**1378**	**13**	**72**	**1287**	**6**	**9609**	**7516**	**542**	**1551**
福州市	**203**	**2**	**7**	**194**		**2379**	**1999**	**90**	**290**
鼓楼区									
台江区									
仓山区									
马尾区	3			3		27	25	1	1
晋安区	4			4		27	17	2	8
长乐区	15			15		332	261	12	59
闽侯县	39	1	1	37		292	218	24	50
连江县	44		2	42		844	780	9	55
罗源县	8			8		35	25	2	8
闽清县	15			15		95	78	5	12
永泰县	17	1		16		118	90	2	26
平潭县	24			24		122	80	4	38
福清市	34		4	30		487	425	29	33
厦门市	**221**	**3**	**8**	**210**		**413**	**252**	**39**	**122**
思明区									
海沧区	5	1	1	3		3	2		1
湖里区									
集美区	66		1	65		100	69	7	24
同安区	47			47		143	75	15	53
翔安区	103	2	6	95		167	106	17	44
莆田市	**128**	**1**	**1**	**125**	**1**	**439**	**291**	**62**	**86**
城厢区	15	1		13	1	71	44	21	6
涵江区	6			6		46	35	2	9
荔城区	17			17		45	23	4	18
秀屿区	57		1	56		110	65	18	27
仙游县	33			33		167	124	17	26
三明市	**66**	**4**	**7**	**55**		**514**	**421**	**21**	**72**
梅列区	2			2		2	2		
三元区	1			1		6	5	1	
明溪县	3			3		42	31	2	9
清流县	4			4		55	41		14
宁化县	15	3	2	10		99	79	7	13
大田县	3			3		92	81	2	9
尤溪县	13			13		60	46	3	11
沙县	3	1	1	1		18	15	2	1
将乐县	7			7		19	15	1	3
泰宁县	5			5		19	16	2	1
建宁县	3		1	2		32	29	1	2
永安市	7		3	4		70	61		9

4-4c 续表 54

单位：人

地区 性别	水利、环境和公共设施管理业					居民服务、修理和其他服务业			
	小计	水利管理业	生态保护和环境治理业	公共设施管理业	土地管理业	小计	居民服务业	机动车、电子产品和日用产品修理业	其他服务业
泉州市	**325**	**1**	**28**	**293**	**3**	**2041**	**1501**	**136**	**404**
鲤城区									
丰泽区									
洛江区	9			9		44	30	4	10
泉港区	30		3	27		134	95	12	27
惠安县	56		3	52	1	308	222	23	63
安溪县	40		4	35	1	340	287	14	39
永春县	14			14		88	68	8	12
德化县	4			4		21	18		3
石狮市	14		3	11		112	90	9	13
晋江市	63		12	50	1	427	303	33	91
南安市	95	1	3	91		567	388	33	146
漳州市	**228**		**6**	**220**	**2**	**1497**	**1140**	**100**	**257**
芗城区	14			14		32	21	6	5
龙文区	12			12		19	13	4	2
云霄县	15		1	13	1	212	165	3	44
漳浦县	48			48		211	140	25	46
诏安县	27		1	26		279	228	4	47
长泰县	26		1	25		117	89	8	20
东山县	17			17		96	72	3	21
南靖县	13		1	12		157	121	10	26
平和县	3		1	2		57	46	3	8
华安县	2			2		59	48	6	5
龙海市	51		1	49	1	258	197	28	33
南平市	**67**		**5**	**62**		**547**	**445**	**21**	**81**
延平区	9		1	8		44	35	2	7
建阳区	4			4		106	86	2	18
顺昌县	9			9		78	62	1	15
浦城县	11		1	10		61	57	1	3
光泽县	5			5		17	9	3	5
松溪县	6		2	4		27	22		5
政和县	1			1		33	25	4	4
邵武市	7		1	6		17	16	1	
武夷山市	9			9		85	71	1	13
建瓯市	6			6		79	62	6	11
龙岩市	**82**	**1**	**6**	**75**		**573**	**444**	**48**	**81**
新罗区	26		2	24		91	65	8	18
永定区	8		1	7		98	74	10	14
长汀县	7			7		107	94	7	6
上杭县	18	1	1	16		126	97	8	21
武平县	10		2	8		57	46	5	6
连城县	9			9		50	31	7	12
漳平市	4			4		44	37	3	4
宁德市	**58**	**1**	**4**	**53**		**1206**	**1023**	**25**	**158**
蕉城区	17	1	1	15		606	541	8	57
霞浦县	6			6		112	88	4	20
古田县	1			1		87	79	2	6
屏南县	1			1		28	21	2	5
寿宁县	1			1		40	37		3
周宁县	6			6		69	58	1	10
柘荣县	3			3		24	21	3	
福安市	8			8		108	67	3	38
福鼎市	15		3	12		132	111	2	19

4-4c　续表 55

单位：人

地　区 性　别	教育		卫生和社会工作			文化、体育和娱乐业				
	小计	教育	小计	卫生	社会工作	小计	新闻和出版业	广播、电视、电影和录音制作业	文化艺术业	体育
合　计	**12114**	**12114**	**4635**	**4376**	**259**	**2238**	**52**	**138**	**742**	**225**
福州市	**2135**	**2135**	**786**	**724**	**62**	**417**	**13**	**29**	**109**	**47**
鼓楼区										
台江区										
仓山区										
马尾区	19	19	5	2	3	2			1	1
晋安区	43	43	11	9	2	6			1	1
长乐区	203	203	87	79	8	75		2	27	10
闽侯县	445	445	169	163	6	63	5	12	8	5
连江县	263	263	95	87	8	106	3	5	13	11
罗源县	27	27	16	13	3	14			2	
闽清县	122	122	63	55	8	18	1		6	2
永泰县	122	122	59	56	3	9		2	4	1
平潭县	194	194	107	99	8	40	3	4	5	7
福清市	697	697	174	161	13	84	1	4	42	9
厦门市	**921**	**921**	**336**	**312**	**24**	**221**	**5**	**26**	**38**	**23**
思明区										
海沧区	28	28	6	2	4	7		2		
湖里区										
集美区	143	143	44	32	12	39		4	2	7
同安区	393	393	126	122	4	98	2	7	10	5
翔安区	357	357	160	156	4	77	3	13	26	11
莆田市	**1034**	**1034**	**438**	**431**	**7**	**210**	**2**	**6**	**128**	**14**
城厢区	142	142	74	72	2	20			11	3
涵江区	85	85	48	48		15		1	11	
荔城区	133	133	65	63	2	40	1	1	23	3
秀屿区	282	282	113	113		48	1	1	35	3
仙游县	392	392	138	135	3	87		3	48	5
三明市	**673**	**673**	**310**	**296**	**14**	**104**	**5**	**7**	**17**	**11**
梅列区	5	5	3	3		4			1	2
三元区	13	13	1	1		1		1		
明溪县	37	37	29	29		5	1	2	1	
清流县	48	48	25	25		7			2	2
宁化县	115	115	53	48	5	29	2	1	5	4
大田县	107	107	29	28	1	17	1		1	
尤溪县	122	122	56	55	1	10				2
沙县	58	58	22	20	2	5			1	
将乐县	51	51	27	27		6		1	2	
泰宁县	29	29	10	9	1	4			1	1
建宁县	25	25	21	18	3	5			1	
永安市	63	63	34	33	1	11	1	2	2	
泉州市	**3034**	**3034**	**927**	**880**	**47**	**473**	**15**	**23**	**147**	**72**
鲤城区										
丰泽区										
洛江区	134	134	39	32	7	23		1	4	6
泉港区	222	222	81	78	3	38	1	1	18	3
惠安县	513	513	195	185	10	108	3	6	21	15
安溪县	403	403	104	99	5	40	3	4	12	4
永春县	142	142	45	45		21			12	2
德化县	53	53	23	23		7			3	3
石狮市	129	129	42	42		23	3	1	9	
晋江市	819	819	208	190	18	128	3	6	38	31
南安市	619	619	190	186	4	85	2	4	30	8
漳州市	**1815**	**1815**	**667**	**638**	**29**	**385**	**4**	**19**	**181**	**23**
芗城区	79	79	24	22	2	11			5	
龙文区	37	37	11	11		8		2	2	
云霄县	143	143	69	65	4	21	1		12	
漳浦县	390	390	133	131	2	53		1	23	6

4-4c 续表 56

单位：人

地区 性别	教育		卫生和社会工作			文化、体育和娱乐业				
	小计	教育	小计	卫生	社会工作	小计	新闻和出版业	广播、电视、电影和录音制作业	文化艺术业	体育
诏安县	257	257	91	84	7	57	1	4	43	4
长泰县	119	119	41	38	3	44		3	2	2
东山县	70	70	25	25		21	1	2	4	1
南靖县	121	121	66	61	5	28	1	3	13	
平和县	139	139	48	48		20		1	5	1
华安县	66	66	13	13		5		1	4	
龙海市	394	394	146	140	6	117		2	68	9
南平市	**706**	**706**	**318**	**287**	**31**	**111**	**1**	**4**	**18**	**7**
延平区	68	68	38	31	7	20				
建阳区	126	126	45	43	2	17		2	3	2
顺昌县	42	42	27	23	4	10				1
浦城县	77	77	22	22		11		1	1	
光泽县	51	51	14	14		8			4	
松溪县	62	62	25	25		6		1		1
政和县	50	50	34	31	3	3			1	
邵武市	14	14	21	19	2	7				1
武夷山市	67	67	29	26	3	20			6	
建瓯市	149	149	63	53	10	9	1		3	2
龙岩市	**960**	**960**	**371**	**356**	**15**	**146**	**4**	**5**	**51**	**12**
新罗区	130	130	63	63		36			1	6
永定区	188	188	51	45	6	21			11	
长汀县	200	200	95	93	2	39	1	2	17	1
上杭县	207	207	72	69	3	23	1		12	3
武平县	90	90	37	35	2	12	1	1	7	
连城县	95	95	32	31	1	9			3	2
漳平市	50	50	21	20	1	6	1	2		
宁德市	**836**	**836**	**482**	**452**	**30**	**171**	**3**	**19**	**53**	**16**
蕉城区	190	190	112	108	4	38		8	10	3
霞浦县	104	104	49	46	3	24			13	
古田县	83	83	50	47	3	16			6	1
屏南县	75	75	29	27	2	9			3	
寿宁县	44	44	46	45	1	6		2	3	
周宁县	47	47	24	22	2	9	1	1	1	2
柘荣县	27	27	18	18		3				
福安市	138	138	79	76	3	33		8	12	6
福鼎市	128	128	75	63	12	33	2		5	4
男	**4395**	**4395**	**2022**	**1927**	**95**	**1363**	**30**	**99**	**448**	**128**
福州市	**722**	**722**	**326**	**292**	**34**	**278**	**6**	**19**	**75**	**27**
鼓楼区										
台江区										
仓山区										
马尾区	5	5	2	1	1	2			1	1
晋安区	14	14	4	3	1	3				
长乐区	56	56	42	35	7	49		1	20	6
闽侯县	156	156	56	52	4	45	3	9	6	4
连江县	80	80	46	42	4	74	1	2	9	6
罗源县	6	6	7	5	2	4			1	
闽清县	48	48	23	19	4	11			4	1
永泰县	67	67	29	28	1	5		2	2	
平潭县	59	59	40	36	4	28	2	2	4	4
福清市	231	231	77	71	6	57		3	28	5
厦门市	**305**	**305**	**116**	**109**	**7**	**122**	**3**	**17**	**16**	**12**
思明区										
海沧区	7	7	2	1	1	4		1		
湖里区										
集美区	49	49	13	10	3	19		3		3
同安区	123	123	51	51		55	1	6	5	3
翔安区	126	126	50	47	3	44	2	7	11	6

4-4c　续表 57　　　　　　　　　　　　　　　　　　　　　单位：人

地区 性别	教育		卫生和社会工作			文化、体育和娱乐业				
	小计	教育	小计	卫生	社会工作	小计	新闻和出版业	广播、电视、电影和录音制作业	文化艺术业	体育
莆田市	**450**	**450**	**229**	**227**	**2**	**129**	**2**	**4**	**81**	**7**
城厢区	60	60	38	37	1	11			8	1
涵江区	36	36	27	27		10		1	6	
荔城区	63	63	32	32		25	1		14	1
秀屿区	127	127	70	70		28	1		20	3
仙游县	164	164	62	61	1	55		3	33	2
三明市	**251**	**251**	**125**	**121**	**4**	**61**	**4**	**5**	**6**	**8**
梅列区			1	1		2				1
三元区	4	4				1		1		
明溪县	15	15	6	6		4	1	1	1	
清流县	20	20	8	8		3				2
宁化县	48	48	22	20	2	14	2	1		2
大田县	42	42	19	18	1	11	1			
尤溪县	43	43	27	27		5				2
沙县	15	15	8	8		5			1	
将乐县	21	21	10	10		4		1	2	
泰宁县	10	10	5	4	1	2				1
建宁县	11	11	9	9		3				
永安市	22	22	10	10		7		1	2	
泉州市	**1099**	**1099**	**433**	**418**	**15**	**309**	**8**	**18**	**90**	**44**
鲤城区										
丰泽区										
洛江区	64	64	16	14	2	16		1	1	4
泉港区	72	72	34	33	1	24		1	9	3
惠安县	149	149	95	92	3	74	3	4	8	13
安溪县	188	188	55	53	2	29	2	4	9	2
永春县	59	59	29	29		13			7	
德化县	24	24	17	17		4			1	2
石狮市	53	53	16	16		14	1	1	6	
晋江市	248	248	87	82	5	75		4	26	16
南安市	242	242	84	82	2	60	2	3	23	4
漳州市	**648**	**648**	**265**	**261**	**4**	**217**	**3**	**15**	**105**	**9**
芗城区	16	16	8	8		6			3	
龙文区	8	8	2	2		6		1	2	
云霄县	61	61	28	28		9	1		5	
漳浦县	144	144	48	48		31		1	14	2
诏安县	118	118	39	39		32		4	24	2
长泰县	37	37	14	13	1	19		3		
东山县	18	18	6	6		12	1	2	2	
南靖县	39	39	28	26	2	19	1	1	9	
平和县	63	63	27	27		13		1	3	
华安县	24	24	10	10		3		1	2	
龙海市	120	120	55	54	1	67		1	41	5
南平市	**246**	**246**	**159**	**145**	**14**	**56**	**1**	**3**	**11**	**3**
延平区	29	29	19	18	1	10				
建阳区	38	38	17	15	2	7		1	2	1
顺昌县	21	21	11	9	2	4				1
浦城县	27	27	12	12		4		1	1	
光泽县	25	25	9	9		6			3	
松溪县	23	23	16	16		3		1		
政和县	14	14	20	17	3	1				
邵武市	4	4	9	9		2				
武夷山市	29	29	11	11		14			5	
建瓯市	36	36	35	29	6	5	1			1
龙岩市	**396**	**396**	**148**	**142**	**6**	**91**	**2**	**4**	**30**	**9**
新罗区	33	33	25	25		21			1	3
永定区	96	96	21	19	2	8			3	

4-4c 续表 58

单位：人

地区 性别	教育		卫生和社会工作			文化、体育和娱乐业				
	小计	教育	小计	卫生	社会工作	小计	新闻和出版业	广播、电视、电影和录音制作业	文化艺术业	体育
长汀县	85	85	24	24		28		2	12	1
上杭县	76	76	35	32	3	15			7	3
武平县	36	36	20	19	1	8	1		5	
连城县	45	45	12	12		6			2	2
漳平市	25	25	11	11		5	1	2		
宁德市	**278**	**278**	**221**	**212**	**9**	**100**	**1**	**14**	**34**	**9**
蕉城区	56	56	45	44	1	21		5	7	1
霞浦县	29	29	27	26	1	15			8	
古田县	30	30	24	23	1	7			4	
屏南县	23	23	13	11	2	3			1	
寿宁县	24	24	20	20		4		1	2	
周宁县	18	18	9	8	1	6		1	1	1
柘荣县	4	4	14	14		1				
福安市	49	49	41	41		23		7	7	5
福鼎市	45	45	28	25	3	20	1		4	2
女	**7719**	**7719**	**2613**	**2449**	**164**	**875**	**22**	**39**	**294**	**97**
福州市	**1413**	**1413**	**460**	**432**	**28**	**139**	**7**	**10**	**34**	**20**
鼓楼区										
台江区										
仓山区										
马尾区	14	14	3	1	2					
晋安区	29	29	7	6	1	3			1	1
长乐区	147	147	45	44	1	26		1	7	4
闽侯县	289	289	113	111	2	18	2	3	2	1
连江县	183	183	49	45	4	32	2	3	4	5
罗源县	21	21	9	8	1	10			1	
闽清县	74	74	40	36	4	7	1		2	1
永泰县	55	55	30	28	2	4			2	1
平潭县	135	135	67	63	4	12	1	2	1	3
福清市	466	466	97	90	7	27	1	1	14	4
厦门市	**616**	**616**	**220**	**203**	**17**	**99**	**2**	**9**	**22**	**11**
思明区										
海沧区	21	21	4	1	3	3		1		
湖里区										
集美区	94	94	31	22	9	20		1	2	4
同安区	270	270	75	71	4	43	1	1	5	2
翔安区	231	231	110	109	1	33	1	6	15	5
莆田市	**584**	**584**	**209**	**204**	**5**	**81**		**2**	**47**	**7**
城厢区	82	82	36	35	1	9			3	2
涵江区	49	49	21	21		5			5	
荔城区	70	70	33	31	2	15		1	9	2
秀屿区	155	155	43	43		20		1	15	
仙游县	228	228	76	74	2	32			15	3
三明市	**422**	**422**	**185**	**175**	**10**	**43**	**1**	**2**	**11**	**3**
梅列区	5	5	2	2		2			1	1
三元区	9	9	1	1						
明溪县	22	22	23	23		1		1		
清流县	28	28	17	17		4			2	
宁化县	67	67	31	28	3	15			5	2
大田县	65	65	10	10		6			1	
尤溪县	79	79	29	28	1	5				
沙县	43	43	14	12	2					
将乐县	30	30	17	17		2				
泰宁县	19	19	5	5		2			1	
建宁县	14	14	12	9	3	2			1	
永安市	41	41	24	23	1	4	1	1		

4-4c　续表 59　　　　单位：人

地区 性别	教育		卫生和社会工作			文化、体育和娱乐业				
	小计	教育	小计	卫生	社会工作	小计	新闻和出版业	广播、电视、电影和录音制作业	文化艺术业	体育
泉州市	**1935**	**1935**	**494**	**462**	**32**	**164**	**7**	**5**	**57**	**28**
鲤城区										
丰泽区										
洛江区	70	70	23	18	5	7			3	2
泉港区	150	150	47	45	2	14	1		9	
惠安县	364	364	100	93	7	34		2	13	2
安溪县	215	215	49	46	3	11	1		3	2
永春县	83	83	16	16		8			5	2
德化县	29	29	6	6		3			2	1
石狮市	76	76	26	26		9	2		3	
晋江市	571	571	121	108	13	53	3	2	12	15
南安市	377	377	106	104	2	25		1	7	4
漳州市	**1167**	**1167**	**402**	**377**	**25**	**168**	**1**	**4**	**76**	**14**
芗城区	63	63	16	14	2	5			2	
龙文区	29	29	9	9		2		1		
云霄县	82	82	41	37	4	12			7	
漳浦县	246	246	85	83	2	22			9	4
诏安县	139	139	52	45	7	25	1		19	2
长泰县	82	82	27	25	2	25			2	2
东山县	52	52	19	19		9			2	1
南靖县	82	82	38	35	3	9		2	4	
平和县	76	76	21	21		7			2	1
华安县	42	42	3	3		2			2	
龙海市	274	274	91	86	5	50		1	27	4
南平市	**460**	**460**	**159**	**142**	**17**	**55**		**1**	**7**	**4**
延平区	39	39	19	13	6	10				
建阳区	88	88	28	28		10		1	1	1
顺昌县	21	21	16	14	2	6				
浦城县	50	50	10	10		7				
光泽县	26	26	5	5		2			1	
松溪县	39	39	9	9		3				1
政和县	36	36	14	14		2			1	
邵武市	10	10	12	10	2	5				1
武夷山市	38	38	18	15	3	6			1	
建瓯市	113	113	28	24	4	4			3	1
龙岩市	**564**	**564**	**223**	**214**	**9**	**55**	**2**	**1**	**21**	**3**
新罗区	97	97	38	38		15				3
永定区	92	92	30	26	4	13			8	
长汀县	115	115	71	69	2	11	1		5	
上杭县	131	131	37	37		8	1		5	
武平县	54	54	17	16	1	4		1	2	
连城县	50	50	20	19	1	3			1	
漳平市	25	25	10	9	1	1				
宁德市	**558**	**558**	**261**	**240**	**21**	**71**	**2**	**5**	**19**	**7**
蕉城区	134	134	67	64	3	17		3	3	2
霞浦县	75	75	22	20	2	9			5	
古田县	53	53	26	24	2	9			2	1
屏南县	52	52	16	16		6			2	
寿宁县	20	20	26	25	1	2		1	1	
周宁县	29	29	15	14	1	3	1			1
柘荣县	23	23	4	4		2				
福安市	89	89	38	35	3	10		1	5	1
福鼎市	83	83	47	38	9	13	1		1	2

4-4c 续表 60

单位：人

地区 性别	娱乐业	公共管理、社会保障和社会组织							国际组织	
		小计	中国共产党机关	国家机构	人民政协、民主党派	社会保障	群众团体、社会团体和其他成员组织	基层群众自治组织	小计	国际组织
合　计	**1081**	**10755**	**68**	**5089**	**4**	**33**	**1152**	**4409**		
福州市	**219**	**2036**	**14**	**917**	**1**	**5**	**228**	**871**		
鼓楼区										
台江区										
仓山区										
马尾区		27		7			3	17		
晋安区	4	60	2	23			7	28		
长乐区	36	240	1	60		1	27	151		
闽侯县	33	395	4	239			12	140		
连江县	74	295	3	82			96	114		
罗源县	12	80	1	32			14	33		
闽清县	9	136	2	74		3	6	51		
永泰县	2	130		78		1		51		
平潭县	21	267		183	1		4	79		
福清市	28	406	1	139			59	207		
厦门市	**129**	**700**	**5**	**464**		**6**	**36**	**189**		
思明区										
海沧区	5	11		11						
湖里区										
集美区	26	108	1	80			2	25		
同安区	74	273	4	178		2	13	76		
翔安区	24	308		195		4	21	88		
莆田市	**60**	**927**	**4**	**360**	**1**	**1**	**134**	**427**		
城厢区	6	142		64			15	63		
涵江区	3	94	1	38			7	48		
荔城区	12	118	1	39	1		20	57		
秀屿区	8	234	1	94		1	41	97		
仙游县	31	339	1	125			51	162		
三明市	**64**	**883**	**7**	**433**		**1**	**116**	**326**		
梅列区	1	12		6			1	5		
三元区		18		7				11		
明溪县	1	72	1	46			6	19		
清流县	3	86		54		1	14	17		
宁化县	17	146	2	69			38	37		
大田县	15	73	1	24			5	43		
尤溪县	8	150		43			12	95		
沙县	4	64	2	19			17	26		
将乐县	3	96		63			12	21		
泰宁县	2	51		39			2	10		
建宁县	4	51		23			5	23		
永安市	6	64	1	40			4	19		
泉州市	**216**	**1978**	**13**	**827**	**2**	**8**	**264**	**864**		
鲤城区										
丰泽区										
洛江区	12	77		36			14	27		
泉港区	15	197	3	85	1		26	82		
惠安县	63	414	3	160	1	5	39	206		
安溪县	17	238	1	115			20	102		
永春县	7	116		43			28	45		
德化县	1	46	1	20			4	21		
石狮市	10	84		38			16	30		
晋江市	50	490	4	216		2	68	200		
南安市	41	316	1	114		1	49	151		
漳州市	**158**	**1225**	**2**	**591**		**5**	**123**	**504**		
芗城区	6	54		33		1	6	14		
龙文区	4	16		4			3	9		
云霄县	8	112		46			7	59		
漳浦县	23	266		110			20	136		

4-4c 续表 61

单位：人

地区 性别	娱乐业	公共管理、社会保障和社会组织						国际组织	
		小计	中国共产党机关	国家机构	人民政协、民主党派	社会保障	群众团体、社会团体和其他成员组织	基层群众自治组织	小计	国际组织
诏安县	5	151		68			23	60		
长泰县	37	80		45			5	30		
东山县	13	81	1	43		1	2	34		
南靖县	11	80		34		1	14	31		
平和县	13	74		37			11	26		
华安县		40		30		1	3	6		
龙海市	38	271	1	141		1	29	99		
南平市	**81**	**952**	**6**	**467**		**1**	**55**	**423**		
延平区	20	125		55			6	64		
建阳区	10	152	2	94			12	44		
顺昌县	9	85		38		1	2	44		
浦城县	9	117		42			6	69		
光泽县	4	70	1	33			1	35		
松溪县	4	51	2	37			3	9		
政和县	2	68		42			1	25		
邵武市	6	68		20			4	44		
武夷山市	14	117	1	67			5	44		
建瓯市	3	99		39			15	45		
龙岩市	**74**	**923**	**10**	**453**			**33**	**427**		
新罗区	29	132	2	65			5	60		
永定区	10	181	1	89			13	78		
长汀县	18	163	2	71			6	84		
上杭县	7	180	2	77			2	99		
武平县	3	114	2	49			3	60		
连城县	4	103		62			2	39		
漳平市	3	50	1	40			2	7		
宁德市	**80**	**1131**	**7**	**577**		**6**	**163**	**378**		
蕉城区	17	259	1	154			30	74		
霞浦县	11	104		39			18	47		
古田县	9	98	1	50		2	5	40		
屏南县	6	112	3	84		1	4	20		
寿宁县	1	68		31		2	1	34		
周宁县	4	96		55			4	37		
柘荣县	3	57		26			15	16		
福安市	7	141	2	59		1	26	53		
福鼎市	22	196		79			60	57		
男	**658**	**7386**	**55**	**3494**	**3**	**14**	**699**	**3121**		
福州市	**151**	**1375**	**13**	**602**	**1**	**2**	**147**	**610**		
鼓楼区										
台江区										
仓山区										
马尾区		20		4			3	13		
晋安区	3	44	1	17			5	21		
长乐区	22	176	1	40			21	114		
闽侯县	23	260	4	158			6	92		
连江县	56	206	3	57			62	84		
罗源县	3	54	1	18			9	26		
闽清县	6	99	2	51		1	3	42		
永泰县	1	79		42		1		36		
平潭县	16	167		114	1		2	50		
福清市	21	270	1	101			36	132		
厦门市	**74**	**478**	**5**	**334**		**3**	**18**	**118**		
思明区										
海沧区	3	8		8						
湖里区										
集美区	13	72	1	62			1	8		
同安区	40	196	4	131		2	7	52		
翔安区	18	202		133		1	10	58		

4-4c 续表 62

单位：人

地　区 性　别	娱乐业	公共管理、社会保障和社会组织						国际组织	
		小计	中国共产党机关	国家机构	人民政协、民主党派	社会保障	群众团体、社会团体和其他成员组织	基层群众自治组织	小计	国际组织
莆田市	**35**	**587**	**4**	**228**	**1**		**57**	**297**		
城厢区	2	83		39			4	40		
涵江区	3	61	1	26			6	28		
荔城区	9	76	1	25	1		5	44		
秀屿区	4	154	1	60			26	67		
仙游县	17	213	1	78			16	118		
三明市	**38**	**656**	**4**	**315**			**82**	**255**		
梅列区	1	8		4				4		
三元区		10		2				8		
明溪县	1	47		33				14		
清流县	1	60		39			7	14		
宁化县	9	116	1	54			31	30		
大田县	10	61	1	16			5	39		
尤溪县	3	114		31			8	75		
沙县	4	45	1	13			12	19		
将乐县	1	69		47			9	13		
泰宁县	1	38		28			1	9		
建宁县	3	40		15			5	20		
永安市	4	48	1	33			4	10		
泉州市	**149**	**1288**	**8**	**582**	**1**	**4**	**181**	**512**		
鲤城区										
丰泽区										
洛江区	10	53		24			11	18		
泉港区	11	111	1	58			14	38		
惠安县	46	192	2	101	1	2	18	68		
安溪县	12	186		90			18	78		
永春县	6	87		33			23	31		
德化县	1	31	1	11			4	15		
石狮市	6	58		30			15	13		
晋江市	29	345	3	153		1	43	145		
南安市	28	225	1	82		1	35	106		
漳州市	**85**	**884**	**2**	**422**		**1**	**75**	**384**		
芗城区	3	33		22			2	9		
龙文区	3	12		3			2	7		
云霄县	3	89		38			5	46		
漳浦县	14	191		75			13	103		
诏安县	2	106		55			4	47		
长泰县	16	51		28			3	20		
东山县	7	56	1	33		1	1	20		
南靖县	8	63		25			14	24		
平和县	9	57		27			6	24		
华安县		29		23			2	4		
龙海市	20	197	1	93			23	80		
南平市	**38**	**669**	**5**	**313**		**1**	**30**	**320**		
延平区	10	93		39			5	49		
建阳区	3	100	2	64			6	28		
顺昌县	3	64		26		1		37		
浦城县	2	78		25			5	48		
光泽县	3	55	1	26			1	27		
松溪县	2	34	1	25			2	6		
政和县	1	53		29			1	23		
邵武市	2	47		11			2	34		
武夷山市	9	81	1	44			3	33		
建瓯市	3	64		24			5	35		
龙岩市	**46**	**679**	**8**	**322**			**24**	**325**		
新罗区	17	89	1	38			2	48		
永定区	5	132	1	65			11	55		

4-4c　续表 63

单位：人

地　区 性　别	娱乐业	公共管理、社会保障和社会组织							国际组织	
		小计	中国共产党机关	国家机构	人民政协、民主党派	社会保障	群众团体、社会团体和其他成员组织	基层群众自治组织	小计	国际组织
长汀县	13	132	2	52			4	74		
上杭县	5	124	2	56			1	65		
武平县	2	79	2	31			3	43		
连城县	2	85		50			1	34		
漳平市	2	38		30			2	6		
宁德市	**42**	**770**	**6**	**376**		**3**	**85**	**300**		
蕉城区	8	187	1	113			15	58		
霞浦县	7	66		24			9	33		
古田县	3	62	1	29			2	30		
屏南县	2	70	2	48			1	19		
寿宁县	1	59		25		2	1	31		
周宁县	3	67		35			2	30		
柘荣县	1	32		13			5	14		
福安市	4	102	2	42		1	11	46		
福鼎市	13	125		47			39	39		
女	**423**	**3369**	**13**	**1595**	**1**	**19**	**453**	**1288**		
福州市	**68**	**661**	**1**	**315**		**3**	**81**	**261**		
鼓楼区										
台江区										
仓山区										
马尾区		7		3				4		
晋安区	1	16	1	6			2	7		
长乐区	14	64		20		1	6	37		
闽侯县	10	135		81			6	48		
连江县	18	89		25			34	30		
罗源县	9	26		14			5	7		
闽清县	3	37		23		2	3	9		
永泰县	1	51		36				15		
平潭县	5	100		69			2	29		
福清市	7	136		38			23	75		
厦门市	**55**	**222**		**130**		**3**	**18**	**71**		
思明区										
海沧区	2	3		3						
湖里区										
集美区	13	36		18			1	17		
同安区	34	77		47			6	24		
翔安区	6	106		62		3	11	30		
莆田市	**25**	**340**		**132**		**1**	**77**	**130**		
城厢区	4	59		25			11	23		
涵江区		33		12			1	20		
荔城区	3	42		14			15	13		
秀屿区	4	80		34		1	15	30		
仙游县	14	126		47			35	44		
三明市	**26**	**227**	**3**	**118**		**1**	**34**	**71**		
梅列区		4		2			1	1		
三元区		8		5				3		
明溪县		25	1	13			6	5		
清流县	2	26		15		1	7	3		
宁化县	8	30	1	15			7	7		
大田县	5	12		8				4		
尤溪县	5	36		12			4	20		
沙县		19	1	6			5	7		
将乐县	2	27		16			3	8		
泰宁县	1	13		11			1	1		
建宁县	1	11		8				3		
永安市	2	16		7				9		

4-4c 续表 64

单位：人

地区 性别	娱乐业	公共管理、社会保障和社会组织							国际组织	
		小计	中国共产党机关	国家机构	人民政协、民主党派	社会保障	群众团体、社会团体和其他成员组织	基层群众自治组织	小计	国际组织
泉州市	**67**	**690**	**5**	**245**	**1**	**4**	**83**	**352**		
鲤城区										
丰泽区										
洛江区	2	24		12			3	9		
泉港区	4	86	2	27	1		12	44		
惠安县	17	222	1	59		3	21	138		
安溪县	5	52	1	25			2	24		
永春县	1	29		10			5	14		
德化县		15		9				6		
石狮市	4	26		8			1	17		
晋江市	21	145	1	63		1	25	55		
南安市	13	91		32			14	45		
漳州市	**73**	**341**		**169**		**4**	**48**	**120**		
芗城区	3	21		11		1	4	5		
龙文区	1	4		1			1	2		
云霄县	5	23		8			2	13		
漳浦县	9	75		35			7	33		
诏安县	3	45		13			19	13		
长泰县	21	29		17			2	10		
东山县	6	25		10			1	14		
南靖县	3	17		9		1		7		
平和县	4	17		10			5	2		
华安县		11		7		1	1	2		
龙海市	18	74		48		1	6	19		
南平市	**43**	**283**	**1**	**154**			**25**	**103**		
延平区	10	32		16			1	15		
建阳区	7	52		30			6	16		
顺昌县	6	21		12			2	7		
浦城县	7	39		17			1	21		
光泽县	1	15		7				8		
松溪县	2	17	1	12			1	3		
政和县	1	15		13				2		
邵武市	4	21		9			2	10		
武夷山市	5	36		23			2	11		
建瓯市		35		15			10	10		
龙岩市	**28**	**244**	**2**	**131**			**9**	**102**		
新罗区	12	43	1	27			3	12		
永定区	5	49		24			2	23		
长汀县	5	31		19			2	10		
上杭县	2	56		21			1	34		
武平县	1	35		18				17		
连城县	2	18		12			1	5		
漳平市	1	12	1	10				1		
宁德市	**38**	**361**	**1**	**201**		**3**	**78**	**78**		
蕉城区	9	72		41			15	16		
霞浦县	4	38		15			9	14		
古田县	6	36		21		2	3	10		
屏南县	4	42	1	36		1	3	1		
寿宁县		9		6				3		
周宁县	1	29		20			2	7		
柘荣县	2	25		13			10	2		
福安市	3	39		17			15	7		
福鼎市	9	71		32			21	18		

4-5　全省分年龄、性别、行业大类的就业人口

单位：人

年龄组 性　别	合计	农、林、牧、渔业						采矿业	
		小计	农业	林业	畜牧业	渔业	农、林、牧、渔专业及辅助性活动	小计	煤炭开采和洗选业
总　计	**2052886**	**287461**	**225735**	**8760**	**18237**	**30569**	**4160**	**5725**	**2271**
16-19岁	25407	809	595	13	59	115	27	15	3
20-24岁	114935	3086	2123	75	227	541	120	76	9
25-29岁	219657	7532	5022	205	670	1433	202	261	47
30-34岁	319076	13871	9274	379	1186	2683	349	583	148
35-39岁	273339	16055	10915	418	1311	3049	362	570	194
40-44岁	250859	21060	14685	744	1602	3581	448	845	348
45-49岁	288483	37346	27453	1470	2636	5169	618	1370	666
50-54岁	238133	49249	38154	1975	3037	5401	682	1183	574
55-59岁	157015	45246	36657	1525	2539	4015	510	630	237
60-64岁	79759	38388	32573	944	1895	2602	374	126	36
65-69岁	54322	32229	28091	671	1725	1458	284	43	3
70-74岁	20880	14386	12858	239	757	411	121	13	1
75岁及以上	11021	8204	7335	102	593	111	63	10	5
男	**1211954**	**163346**	**120967**	**6520**	**10383**	**23244**	**2232**	**5017**	**2022**
16-19岁	15884	547	373	9	41	103	21	15	3
20-24岁	66626	2070	1310	63	165	453	79	68	9
25-29岁	128169	4698	2821	164	415	1168	130	231	46
30-34岁	182176	8280	4921	285	740	2133	201	514	130
35-39岁	154912	9332	5647	315	794	2380	196	492	175
40-44岁	141521	11566	7227	526	945	2647	221	699	293
45-49岁	164439	19730	13208	1012	1449	3756	305	1175	580
50-54岁	146954	26247	18699	1466	1727	4004	351	1063	520
55-59岁	104850	24464	18589	1152	1411	3038	274	579	221
60-64岁	50991	22161	18180	720	1044	2011	206	120	36
65-69岁	34288	19323	16568	520	941	1146	148	39	3
70-74岁	14030	9543	8532	205	411	324	71	12	1
75岁及以上	7114	5385	4892	83	300	81	29	10	5
女	**840932**	**124115**	**104768**	**2240**	**7854**	**7325**	**1928**	**708**	**249**
16-19岁	9523	262	222	4	18	12	6		
20-24岁	48309	1016	813	12	62	88	41	8	
25-29岁	91488	2834	2201	41	255	265	72	30	1
30-34岁	136900	5591	4353	94	446	550	148	69	18
35-39岁	118427	6723	5268	103	517	669	166	78	19
40-44岁	109338	9494	7458	218	657	934	227	146	55
45-49岁	124044	17616	14245	458	1187	1413	313	195	86
50-54岁	91179	23002	19455	509	1310	1397	331	120	54
55-59岁	52165	20782	18068	373	1128	977	236	51	16
60-64岁	28768	16227	14393	224	851	591	168	6	
65-69岁	20034	12906	11523	151	784	312	136	4	
70-74岁	6850	4843	4326	34	346	87	50	1	
75岁及以上	3907	2819	2443	19	293	30	34		

4-5 续表 1

单位：人

年龄组 性　别	采矿业						制造业		
	石油和天然气开采业	黑色金属矿采选业	有色金属矿采选业	非金属矿采选业	开采专业及辅助性活　动	其　他采矿业	小计	农副食品加工业	食　品制造业
总　计	**11**	**514**	**559**	**2136**	**144**	**90**	**486898**	**20894**	**16947**
16-19岁				11	1		8572	113	265
20-24岁	1	7	13	40	2	4	28344	522	885
25-29岁	1	23	41	139	6	4	49542	1203	1683
30-34岁	4	60	88	256	19	8	82897	2165	2575
35-39岁	3	54	63	217	25	14	73060	2147	2185
40-44岁		70	91	308	19	9	68969	2569	2193
45-49岁	1	121	106	429	26	21	77076	3688	2744
50-54岁	1	101	93	369	27	18	53490	3412	2238
55-59岁		63	52	255	13	10	27345	2401	1229
60-64岁		9	10	67	2	2	9853	1279	516
65-69岁		4	2	31	3		5340	893	307
70-74岁				12			1656	336	99
75岁及以上		2		2	1		754	166	28
男	**7**	**454**	**482**	**1844**	**131**	**77**	**277069**	**9625**	**7875**
16-19岁				11	1		5742	69	155
20-24岁		7	13	35	2	2	18741	322	451
25-29岁		20	33	123	5	4	30890	660	832
30-34岁	4	57	80	220	17	6	47374	1088	1209
35-39岁	3	46	53	184	20	11	39574	1026	1018
40-44岁		62	69	248	19	8	35531	1080	888
45-49岁		97	89	367	23	19	39304	1541	1112
50-54岁		93	86	323	26	15	30741	1537	987
55-59岁		58	48	230	12	10	17990	1169	663
60-64岁		9	10	61	2	2	6509	564	306
65-69岁		3	1	29	3		3316	386	179
70-74岁				11			1000	136	61
75岁及以上		2		2	1		357	47	14
女	**4**	**60**	**77**	**292**	**13**	**13**	**209829**	**11269**	**9072**
16-19岁							2830	44	110
20-24岁	1			5		2	9603	200	434
25-29岁	1	3	8	16	1		18652	543	851
30-34岁		3	8	36	2	2	35523	1077	1366
35-39岁		8	10	33	5	3	33486	1121	1167
40-44岁		8	22	60		1	33438	1489	1305
45-49岁	1	24	17	62	3	2	37772	2147	1632
50-54岁	1	8	7	46	1	3	22749	1875	1251
55-59岁		5	4	25	1		9355	1232	566
60-64岁				6			3344	715	210
65-69岁		1	1	2			2024	507	128
70-74岁				1			656	200	38
75岁及以上							397	119	14

4-5　续表 2　　　　单位：人

年龄组 性　别	制造业								
	酒、饮料和精制茶制造业	烟　草制品业	纺织业	纺织服装、服饰业	皮革、毛皮、羽毛及其制品和制鞋业	木材加工和木、竹、藤、棕、草制品业	家　具制造业	造纸和纸制品业	印刷和记录媒介复制业
总　计	**11009**	**899**	**22538**	**48472**	**67213**	**14820**	**11882**	**12174**	**5414**
16–19岁	107	1	334	535	1353	69	104	169	105
20–24岁	355	23	1235	1680	3813	285	508	652	292
25–29岁	934	59	2229	3928	6669	623	1021	1250	568
30–34岁	1535	164	3736	9165	12093	1314	1747	2028	1023
35–39岁	1381	132	3288	8504	11141	1450	1627	1712	915
40–44岁	1300	124	3150	8239	10434	1903	1695	1653	867
45–49岁	1717	202	3655	8631	10970	3042	2044	1936	753
50–54岁	1520	131	2745	4669	6443	3017	1835	1455	509
55–59岁	983	57	1329	2023	2841	1744	869	805	261
60–64岁	591	5	481	624	877	746	261	290	69
65–69岁	377	1	234	322	444	406	131	152	30
70–74岁	116		83	113	100	154	35	47	16
75岁及以上	93		39	39	35	67	5	25	6
男	**6096**	**519**	**11688**	**16899**	**31119**	**9575**	**8063**	**7014**	**3375**
16–19岁	58	1	200	256	858	53	80	108	74
20–24岁	207	18	782	730	2208	227	362	413	195
25–29岁	564	38	1266	1532	3509	437	740	795	383
30–34岁	890	102	1956	3273	5644	877	1156	1153	664
35–39岁	725	72	1649	2862	4915	882	1078	923	591
40–44岁	668	58	1405	2495	4380	1081	1087	893	492
45–49岁	876	81	1715	2734	4421	1744	1243	1013	407
50–54岁	862	90	1425	1580	2781	1936	1249	863	297
55–59岁	583	54	809	900	1507	1287	695	538	186
60–64岁	358	4	282	309	544	572	224	193	52
65–69岁	197	1	139	155	272	305	117	90	18
70–74岁	65		45	56	66	118	28	24	12
75岁及以上	43		15	17	14	56	4	8	4
女	**4913**	**380**	**10850**	**31573**	**36094**	**5245**	**3819**	**5160**	**2039**
16–19岁	49		134	279	495	16	24	61	31
20–24岁	148	5	453	950	1605	58	146	239	97
25–29岁	370	21	963	2396	3160	186	281	455	185
30–34岁	645	62	1780	5892	6449	437	591	875	359
35–39岁	656	60	1639	5642	6226	568	549	789	324
40–44岁	632	66	1745	5744	6054	822	608	760	375
45–49岁	841	121	1940	5897	6549	1298	801	923	346
50–54岁	658	41	1320	3089	3662	1081	586	592	212
55–59岁	400	3	520	1123	1334	457	174	267	75
60–64岁	233	1	199	315	333	174	37	97	17
65–69岁	180		95	167	172	101	14	62	12
70–74岁	51		38	57	34	36	7	23	4
75岁及以上	50		24	22	21	11	1	17	2

4-5 续表 3

单位：人

年龄组 性别	制造业								
	文教、工美、体育和娱乐用品制造业	石油、煤炭及其他燃料加工业	化学原料和化学制品制造业	医药制造业	化学纤维制造业	橡胶和塑料制品业	非金属矿物制品业	黑色金属冶炼和压延加工业	有色金属冶炼和压延加工业
总计	**24744**	**1279**	**8964**	**2976**	**2440**	**20926**	**41471**	**6603**	**4994**
16-19岁	326	4	70	30	62	341	284	31	43
20-24岁	1077	67	478	254	312	1161	1425	391	261
25-29岁	2192	159	847	439	394	2074	3413	713	516
30-34岁	4023	189	1498	581	436	3487	5853	1163	957
35-39岁	3810	170	1350	493	290	3219	5560	900	836
40-44岁	3992	154	1236	368	270	3203	6023	915	723
45-49岁	4255	233	1462	358	318	3481	7739	1089	824
50-54岁	2767	172	1173	256	217	2260	6035	896	529
55-59岁	1329	102	593	140	106	1087	3338	376	233
60-64岁	473	20	168	35	24	346	1141	86	45
65-69岁	325	9	65	14	11	182	522	28	20
70-74岁	101		15	6		50	111	12	5
75岁及以上	74		9	2		35	27	3	2
男	**13273**	**997**	**5947**	**1560**	**1602**	**12245**	**28946**	**5375**	**3700**
16-19岁	197	4	44	18	45	240	234	27	29
20-24岁	666	51	311	124	220	767	1088	326	212
25-29岁	1245	125	545	208	272	1332	2568	577	392
30-34岁	2135	147	964	315	270	2067	4035	943	725
35-39岁	1943	121	849	236	186	1812	3643	725	628
40-44岁	2007	113	777	177	160	1746	3883	705	515
45-49岁	2146	174	906	161	187	1812	5117	846	559
50-54岁	1519	143	856	168	148	1325	4360	778	401
55-59岁	846	94	482	106	87	740	2580	339	186
60-64岁	293	16	137	27	18	242	906	74	34
65-69岁	190	9	56	13	9	121	414	23	16
70-74岁	55		13	5		31	93	9	3
75岁及以上	31		7	2		10	25	3	
女	**11471**	**282**	**3017**	**1416**	**838**	**8681**	**12525**	**1228**	**1294**
16-19岁	129		26	12	17	101	50	4	14
20-24岁	411	16	167	130	92	394	337	65	49
25-29岁	947	34	302	231	122	742	845	136	124
30-34岁	1888	42	534	266	166	1420	1818	220	232
35-39岁	1867	49	501	257	104	1407	1917	175	208
40-44岁	1985	41	459	191	110	1457	2140	210	208
45-49岁	2109	59	556	197	131	1669	2622	243	265
50-54岁	1248	29	317	88	69	935	1675	118	128
55-59岁	483	8	111	34	19	347	758	37	47
60-64岁	180	4	31	8	6	104	235	12	11
65-69岁	135		9	1	2	61	108	5	4
70-74岁	46		2	1		19	18	3	2
75岁及以上	43		2			25	2		2

4-5　续表 4　　　　　　　　　　　　　　　　　　　　单位：人

年龄组 性　别	制造业								
	金　属 制品业	通用设备 制造业	专用设备 制造业	汽　车 制造业	铁路、船舶、 航空航天和 其他运输 设备制造业	电气机械 和器材 制造业	计算机、 通信和其 他电子设 备制造业	仪器仪表 制造业	其　他 制造业
总　计	**31838**	**15510**	**11776**	**8328**	**3583**	**22019**	**31546**	**2915**	**5949**
16–19岁	408	201	216	313	13	711	2163	62	78
20–24岁	1547	846	884	623	122	2636	5169	240	260
25–29岁	3214	1536	1533	954	319	3692	5803	409	504
30–34岁	5633	2828	2542	1630	540	4807	6677	601	894
35–39岁	5024	2513	2082	1386	581	3369	4628	542	898
40–44岁	4823	2209	1606	1134	537	2445	3029	404	883
45–49岁	5261	2459	1477	1109	642	2231	2394	321	1019
50–54岁	3438	1688	824	722	438	1302	1056	184	709
55–59岁	1671	835	387	339	264	568	421	86	377
60–64岁	531	250	136	66	70	157	120	38	163
65–69岁	213	109	64	38	39	81	67	16	95
70–74岁	55	27	17	12	15	14	16	7	50
75岁及以上	20	9	8	2	3	6	3	5	19
男	**23041**	**11171**	**8026**	**5808**	**2495**	**13835**	**17780**	**1411**	**2583**
16–19岁	327	167	165	275	12	503	1408	40	41
20–24岁	1170	669	631	494	104	1911	3488	150	139
25–29岁	2417	1170	1072	700	256	2495	3700	221	267
30–34岁	4129	2010	1731	1167	399	3071	3756	267	402
35–39岁	3596	1700	1350	932	405	2028	2283	242	389
40–44岁	3383	1536	1046	731	337	1343	1342	174	347
45–49岁	3568	1659	939	662	377	1103	899	138	395
50–54岁	2471	1251	595	483	303	783	510	86	296
55–59岁	1303	693	318	266	196	405	267	55	187
60–64岁	443	207	114	53	59	118	75	24	66
65–69岁	172	81	45	31	34	57	42	6	32
70–74岁	46	21	14	12	12	12	9	5	17
75岁及以上	16	7	6	2	1	6	1	3	5
女	**8797**	**4339**	**3750**	**2520**	**1088**	**8184**	**13766**	**1504**	**3366**
16–19岁	81	34	51	38	1	208	755	22	37
20–24岁	377	177	253	129	18	725	1681	90	121
25–29岁	797	366	461	254	63	1197	2103	188	237
30–34岁	1504	818	811	463	141	1736	2921	334	492
35–39岁	1428	813	732	454	176	1341	2345	300	509
40–44岁	1440	673	560	403	200	1102	1687	230	536
45–49岁	1693	800	538	447	265	1128	1495	183	624
50–54岁	967	437	229	239	135	519	546	98	413
55–59岁	368	142	69	73	68	163	154	31	190
60–64岁	88	43	22	13	11	39	45	14	97
65–69岁	41	28	19	7	5	24	25	10	63
70–74岁	9	6	3		3	2	7	2	33
75岁及以上	4	2	2		2		2	2	14

4-5 续表 5 单位：人

年龄组 性 别	制造业		电力、热力、燃气及水生产和供应业				建筑业		
	废弃资源综合利用业	金属制品、机械和设备修理业	小计	电力、热力生产和供应业	燃气生产和供应业	水的生产和供应业	小计	房屋建筑业	土木工程建筑业
总 计	**2799**	**3976**	**16962**	**12244**	**1807**	**2911**	**214780**	**104836**	**23996**
16-19岁	20	41	47	33	6	8	1183	542	131
20-24岁	61	280	698	535	62	101	7775	3380	1503
25-29岁	146	518	1827	1331	192	304	17587	7609	2705
30-34岁	262	751	2746	1934	350	462	28187	11757	3665
35-39岁	268	659	2263	1601	273	389	25895	10777	2816
40-44岁	338	550	2202	1583	216	403	27882	12678	2736
45-49岁	488	534	2879	2135	257	487	38544	19767	3725
50-54岁	514	336	2179	1569	247	363	35011	19078	3524
55-59岁	338	213	1550	1158	134	258	20592	11639	2162
60-64岁	193	52	346	223	42	81	7925	4892	682
65-69岁	115	30	174	114	19	41	3429	2225	280
70-74岁	33	11	36	18	7	11	645	410	51
75岁及以上	23	1	15	10	2	3	125	82	16
男	**1958**	**3468**	**12544**	**9205**	**1326**	**2013**	**179103**	**84479**	**20548**
16-19岁	17	37	40	31	4	5	1041	458	122
20-24岁	49	256	543	418	50	75	6591	2816	1263
25-29岁	114	458	1338	990	140	208	14975	6368	2294
30-34岁	179	650	1907	1375	236	296	23973	9764	3066
35-39岁	200	565	1520	1100	185	235	21829	8776	2385
40-44岁	217	465	1465	1081	132	252	22820	9942	2322
45-49岁	323	446	1981	1505	190	286	30593	14962	3112
50-54岁	353	305	1790	1303	205	282	28770	15042	3070
55-59岁	252	197	1432	1071	121	240	17741	9697	1965
60-64岁	148	47	320	203	38	79	7017	4262	630
65-69岁	76	30	159	102	16	41	3069	1962	257
70-74岁	21	11	36	18	7	11	583	366	48
75岁及以上	9	1	13	8	2	3	101	64	14
女	**841**	**508**	**4418**	**3039**	**481**	**898**	**35677**	**20357**	**3448**
16-19岁	3	4	7	2	2	3	142	84	9
20-24岁	12	24	155	117	12	26	1184	564	240
25-29岁	32	60	489	341	52	96	2612	1241	411
30-34岁	83	101	839	559	114	166	4214	1993	599
35-39岁	68	94	743	501	88	154	4066	2001	431
40-44岁	121	85	737	502	84	151	5062	2736	414
45-49岁	165	88	898	630	67	201	7951	4805	613
50-54岁	161	31	389	266	42	81	6241	4036	454
55-59岁	86	16	118	87	13	18	2851	1942	197
60-64岁	45	5	26	20	4	2	908	630	52
65-69岁	39		15	12	3		360	263	23
70-74岁	12						62	44	3
75岁及以上	14		2	2			24	18	2

4−5　续表 6　　　　单位：人

年龄组 性　别	建筑业		批发和零售业			交通运输、仓储和邮政业			
	建　筑 安装业	建筑装 饰、装修 和其他 建筑业	小计	批发业	零售业	小计	铁　路 运输业	道　路 运输业	水　上 运输业
总　计	**12900**	**73048**	**349719**	**87415**	**262304**	**97492**	**3059**	**59681**	**4060**
16−19岁	87	423	4203	593	3610	601	59	172	6
20−24岁	487	2405	21789	4293	17496	4761	384	2010	130
25−29岁	1189	6084	46015	10430	35585	9998	437	4918	349
30−34岁	2312	10453	67999	16469	51530	15901	413	8864	586
35−39岁	2167	10135	57246	15295	41951	14438	241	8942	595
40−44岁	2006	10462	46014	12220	33794	13818	283	9415	534
45−49岁	2046	13006	43972	11719	32253	15751	446	10807	680
50−54岁	1475	10934	30139	8334	21805	11678	381	7823	552
55−59岁	786	6005	17589	4849	12740	7249	372	4672	394
60−64岁	234	2117	7862	1826	6036	2218	36	1403	172
65−69岁	89	835	4606	988	3618	833	7	510	50
70−74岁	17	167	1521	299	1222	189		116	9
75岁及以上	5	22	764	100	664	57		29	3
男	**11849**	**62227**	**183749**	**53654**	**130095**	**82467**	**2383**	**53661**	**3487**
16−19岁	84	377	2258	369	1889	432	10	140	6
20−24岁	457	2055	11458	2474	8984	3498	265	1588	98
25−29岁	1092	5221	24936	6262	18674	7823	344	4154	245
30−34岁	2105	9038	34489	9558	24931	12821	332	7703	460
35−39岁	1982	8686	28242	8925	19317	12045	175	7957	494
40−44岁	1831	8725	22863	7345	15518	11657	206	8407	458
45−49岁	1850	10669	22096	7226	14870	13642	334	9868	611
50−54岁	1371	9287	16919	5611	11308	10653	330	7382	510
55−59岁	747	5332	10978	3542	7436	6845	354	4493	384
60−64岁	225	1900	5015	1338	3677	2066	29	1343	165
65−69岁	84	766	2963	723	2240	769	4	490	46
70−74岁	17	152	1039	210	829	173		109	8
75岁及以上	4	19	493	71	422	43		27	2
女	**1051**	**10821**	**165970**	**33761**	**132209**	**15025**	**676**	**6020**	**573**
16−19岁	3	46	1945	224	1721	169	49	32	
20−24岁	30	350	10331	1819	8512	1263	119	422	32
25−29岁	97	863	21079	4168	16911	2175	93	764	104
30−34岁	207	1415	33510	6911	26599	3080	81	1161	126
35−39岁	185	1449	29004	6370	22634	2393	66	985	101
40−44岁	175	1737	23151	4875	18276	2161	77	1008	76
45−49岁	196	2337	21876	4493	17383	2109	112	939	69
50−54岁	104	1647	13220	2723	10497	1025	51	441	42
55−59岁	39	673	6611	1307	5304	404	18	179	10
60−64岁	9	217	2847	488	2359	152	7	60	7
65−69岁	5	69	1643	265	1378	64	3	20	4
70−74岁		15	482	89	393	16		7	1
75岁及以上	1	3	271	29	242	14		2	1

4-5 续表 7 单位：人

年龄组 性 别	交通运输、仓储和邮政业					住宿和餐饮业		
	航 空 运输业	管 道 运输业	多式联运 和运输 代理业	装卸搬运 和仓储业	邮政业	小计	住宿业	餐饮业
总 计	**2724**	**28**	**3614**	**9324**	**15002**	**113776**	**13615**	**100161**
16-19岁	16		23	55	270	3747	571	3176
20-24岁	470		224	271	1272	9104	1346	7758
25-29岁	709	2	488	568	2527	13770	1708	12062
30-34岁	524	8	764	1001	3741	20000	2134	17866
35-39岁	345	3	676	978	2658	16936	1638	15298
40-44岁	218	5	522	1042	1799	14264	1561	12703
45-49岁	228	4	460	1694	1432	15270	1959	13311
50-54岁	145		282	1710	785	10920	1433	9487
55-59岁	63	4	138	1220	386	6039	839	5200
60-64岁	5	1	22	488	91	2323	279	2044
65-69岁	1	1	9	224	31	1104	113	991
70-74岁			4	57	3	218	25	193
75岁及以上			2	16	7	81	9	72
男	**1760**	**22**	**2442**	**7747**	**10965**	**60746**	**5921**	**54825**
16-19岁	7		16	50	203	2557	354	2203
20-24岁	243		107	223	974	5896	675	5221
25-29岁	420	2	281	464	1913	8695	793	7902
30-34岁	362	6	443	805	2710	11471	942	10529
35-39岁	245	2	455	803	1914	9137	700	8437
40-44岁	150	3	363	823	1247	6907	598	6309
45-49岁	158	3	355	1356	957	6532	592	5940
50-54岁	110		255	1451	615	4736	557	4179
55-59岁	61	4	134	1086	329	2865	448	2417
60-64岁	3	1	20	434	71	1174	159	1015
65-69岁	1	1	8	196	23	594	75	519
70-74岁			4	49	3	136	19	117
75岁及以上			1	7	6	46	9	37
女	**964**	**6**	**1172**	**1577**	**4037**	**53030**	**7694**	**45336**
16-19岁	9		7	5	67	1190	217	973
20-24岁	227		117	48	298	3208	671	2537
25-29岁	289		207	104	614	5075	915	4160
30-34岁	162	2	321	196	1031	8529	1192	7337
35-39岁	100	1	221	175	744	7799	938	6861
40-44岁	68	2	159	219	552	7357	963	6394
45-49岁	70	1	105	338	475	8738	1367	7371
50-54岁	35		27	259	170	6184	876	5308
55-59岁	2		4	134	57	3174	391	2783
60-64岁	2		2	54	20	1149	120	1029
65-69岁			1	28	8	510	38	472
70-74岁				8		82	6	76
75岁及以上			1	9	1	35		35

4-5　续表 8

单位：人

年龄组 性　别	信息传输、软件和信息技术服务业				金融业				
	小计	电信、广播电视和卫星传输服务	互联网和相关服务	软件和信息技术服务业	小计	货币金融服务	资本市场服务	保险业	其他金融业
总　计	**39667**	**8765**	**12813**	**18089**	**30118**	**15583**	**2844**	**9576**	**2115**
16-19岁	481	40	291	150	53	15	3	18	17
20-24岁	5434	497	2163	2774	1760	938	200	440	182
25-29岁	9807	1193	3408	5206	5175	2597	537	1553	488
30-34岁	10073	2066	3253	4754	7339	3751	693	2287	608
35-39岁	6459	1820	1709	2930	4981	2218	534	1907	322
40-44岁	3427	1261	932	1234	3331	1490	339	1330	172
45-49岁	2257	1013	628	616	3731	2107	289	1164	171
50-54岁	1082	547	282	253	2378	1517	152	608	101
55-59岁	537	285	122	130	1213	871	78	214	50
60-64岁	71	26	17	28	101	45	13	39	4
65-69岁	24	11	5	8	43	24	4	15	
70-74岁	11	4	3	4	10	7	2	1	
75岁及以上	4	2		2	3	3			
男	**26563**	**5226**	**8802**	**12535**	**14366**	**7892**	**1706**	**3510**	**1258**
16-19岁	321	22	184	115	27	6	3	8	10
20-24岁	3418	297	1321	1800	796	394	108	206	88
25-29岁	6532	625	2308	3599	2625	1307	297	751	270
30-34岁	6602	1042	2245	3315	3215	1639	367	849	360
35-39岁	4250	971	1215	2064	2084	975	319	608	182
40-44岁	2350	800	685	865	1376	686	213	371	106
45-49岁	1637	720	494	423	1698	1068	188	327	115
50-54岁	885	452	228	205	1428	997	119	236	76
55-59岁	476	257	104	115	1018	769	74	127	48
60-64岁	59	25	12	22	62	30	12	17	3
65-69岁	19	9	3	7	25	12	4	9	
70-74岁	10	4	3	3	9	6	2	1	
75岁及以上	4	2		2	3	3			
女	**13104**	**3539**	**4011**	**5554**	**15752**	**7691**	**1138**	**6066**	**857**
16-19岁	160	18	107	35	26	9		10	7
20-24岁	2016	200	842	974	964	544	92	234	94
25-29岁	3275	568	1100	1607	2550	1290	240	802	218
30-34岁	3471	1024	1008	1439	4124	2112	326	1438	248
35-39岁	2209	849	494	866	2897	1243	215	1299	140
40-44岁	1077	461	247	369	1955	804	126	959	66
45-49岁	620	293	134	193	2033	1039	101	837	56
50-54岁	197	95	54	48	950	520	33	372	25
55-59岁	61	28	18	15	195	102	4	87	2
60-64岁	12	1	5	6	39	15	1	22	1
65-69岁	5	2	2	1	18	12		6	
70-74岁	1			1	1	1			
75岁及以上									

4-5 续表 9

单位：人

年龄组 性 别	房地产业		租赁和商务服务业			科学研究和技术服务业			
	小计	房地产业	小计	租赁业	商 务 服务业	小计	研究和 试验发展	专业技术 服务业	科技推广 和应用 服务业
总 计	**37343**	**37343**	**44474**	**3183**	**41291**	**22127**	**2177**	**16748**	**3202**
16-19岁	269	269	464	32	432	147	15	93	39
20-24岁	2489	2489	3961	224	3737	2359	194	1844	321
25-29岁	5192	5192	7709	516	7193	4444	386	3419	639
30-34岁	6555	6555	9136	678	8458	5042	474	3842	726
35-39岁	4988	4988	6753	519	6234	3630	381	2698	551
40-44岁	3974	3974	4832	411	4421	2254	255	1663	336
45-49岁	4469	4469	4631	390	4241	1894	196	1417	281
50-54岁	3887	3887	3334	239	3095	1218	123	932	163
55-59岁	3046	3046	2292	119	2173	861	123	648	90
60-64岁	1503	1503	762	34	728	146	12	109	25
65-69岁	763	763	445	14	431	89	13	56	20
70-74岁	176	176	112	6	106	28	5	17	6
75岁及以上	32	32	43	1	42	15		10	5
男	**23036**	**23036**	**27241**	**2656**	**24585**	**14901**	**1395**	**11516**	**1990**
16-19岁	204	204	285	29	256	104	10	72	22
20-24岁	1519	1519	2024	185	1839	1472	121	1159	192
25-29岁	3086	3086	4149	419	3730	2843	241	2228	374
30-34岁	3643	3643	5145	566	4579	3267	290	2536	441
35-39岁	2782	2782	3965	431	3534	2395	223	1830	342
40-44岁	2232	2232	2991	337	2654	1541	152	1178	211
45-49岁	2610	2610	3049	328	2721	1339	136	1022	181
50-54岁	2679	2679	2549	214	2335	961	97	746	118
55-59岁	2356	2356	1949	102	1847	759	105	585	69
60-64岁	1151	1151	635	29	606	118	8	90	20
65-69岁	609	609	366	10	356	67	8	46	13
70-74岁	141	141	99	5	94	25	4	16	5
75岁及以上	24	24	35	1	34	10		8	2
女	**14307**	**14307**	**17233**	**527**	**16706**	**7226**	**782**	**5232**	**1212**
16-19岁	65	65	179	3	176	43	5	21	17
20-24岁	970	970	1937	39	1898	887	73	685	129
25-29岁	2106	2106	3560	97	3463	1601	145	1191	265
30-34岁	2912	2912	3991	112	3879	1775	184	1306	285
35-39岁	2206	2206	2788	88	2700	1235	158	868	209
40-44岁	1742	1742	1841	74	1767	713	103	485	125
45-49岁	1859	1859	1582	62	1520	555	60	395	100
50-54岁	1208	1208	785	25	760	257	26	186	45
55-59岁	690	690	343	17	326	102	18	63	21
60-64岁	352	352	127	5	122	28	4	19	5
65-69岁	154	154	79	4	75	22	5	10	7
70-74岁	35	35	13	1	12	3	1	1	1
75岁及以上	8	8	8		8	5		2	3

4-5 续表 10

单位：人

年龄组 性别	水利、环境和公共设施管理业					居民服务、修理和其他服务业			
	小计	水利管理业	生态保护和环境治理业	公共设施管理业	土地管理业	小计	居民服务业	机动车、电子产品和日用产品修理业	其他服务业
总计	**14443**	**753**	**1116**	**12411**	**163**	**78291**	**50328**	**17431**	**10532**
16-19岁	29		3	25	1	2161	1382	711	68
20-24岁	345	35	52	256	2	5463	3553	1687	223
25-29岁	916	79	121	686	30	8523	5593	2481	449
30-34岁	1384	105	187	1068	24	12368	8036	3516	816
35-39岁	1310	60	143	1084	23	10330	6641	2873	816
40-44岁	1451	90	136	1201	24	8860	5522	2276	1062
45-49岁	2134	124	156	1835	19	9934	6350	1793	1791
50-54岁	2266	116	140	1991	19	8496	5518	1085	1893
55-59岁	2085	107	102	1863	13	5598	3630	563	1405
60-64岁	1360	24	41	1290	5	3254	2004	261	989
65-69岁	884	8	29	845	2	2129	1278	124	727
70-74岁	224	3	4	216	1	794	519	39	236
75岁及以上	55	2	2	51		381	302	22	57
男	**8745**	**563**	**811**	**7273**	**98**	**34440**	**15496**	**14911**	**4033**
16-19岁	24		2	21	1	1417	690	692	35
20-24岁	213	18	37	156	2	3135	1429	1574	132
25-29岁	614	51	81	466	16	4537	2082	2204	251
30-34岁	895	72	130	684	9	5963	2605	2969	389
35-39岁	786	39	85	651	11	4876	2103	2402	371
40-44岁	866	59	101	690	16	3829	1561	1906	362
45-49岁	1138	82	117	929	10	3329	1404	1437	488
50-54岁	1364	104	114	1129	17	2726	1295	865	566
55-59岁	1341	103	87	1142	9	1921	964	478	479
60-64岁	807	23	30	749	5	1243	588	219	436
65-69岁	514	7	22	484	1	883	427	108	348
70-74岁	141	3	3	134	1	403	228	37	138
75岁及以上	42	2	2	38		178	120	20	38
女	**5698**	**190**	**305**	**5138**	**65**	**43851**	**34832**	**2520**	**6499**
16-19岁	5		1	4		744	692	19	33
20-24岁	132	17	15	100		2328	2124	113	91
25-29岁	302	28	40	220	14	3986	3511	277	198
30-34岁	489	33	57	384	15	6405	5431	547	427
35-39岁	524	21	58	433	12	5454	4538	471	445
40-44岁	585	31	35	511	8	5031	3961	370	700
45-49岁	996	42	39	906	9	6605	4946	356	1303
50-54岁	902	12	26	862	2	5770	4223	220	1327
55-59岁	744	4	15	721	4	3677	2666	85	926
60-64岁	553	1	11	541		2011	1416	42	553
65-69岁	370	1	7	361	1	1246	851	16	379
70-74岁	83		1	82		391	291	2	98
75岁及以上	13			13		203	182	2	19

4-5 续表 11

单位：人

年龄组 性别	教育		卫生和社会工作			文化、体育和娱乐业				
	小计	教育	小计	卫生	社会工作	小计	新闻和出版业	广播、电视、电影和录音制作业	文化艺术业	体育
总计	**86076**	**86076**	**36798**	**35447**	**1351**	**18175**	**1024**	**2010**	**3798**	**2213**
16-19岁	1507	1507	308	300	8	627	4	30	52	75
20-24岁	8305	8305	3714	3652	62	2466	57	337	303	396
25-29岁	12780	12780	6643	6513	130	3261	140	467	533	520
30-34岁	12846	12846	6735	6595	140	3237	177	358	631	416
35-39岁	11789	11789	4981	4839	142	2390	162	260	540	300
40-44岁	12784	12784	4148	3993	155	1807	147	157	417	174
45-49岁	11380	11380	3648	3488	160	1710	159	157	434	143
50-54岁	8461	8461	2832	2642	190	1274	92	112	397	86
55-59岁	4732	4732	1917	1767	150	853	74	94	261	72
60-64岁	951	951	833	732	101	275	6	22	89	17
65-69岁	377	377	639	561	78	183	6	9	84	13
70-74岁	101	101	259	239	20	67		3	43	1
75岁及以上	63	63	141	126	15	25		4	14	
男	**29041**	**29041**	**12919**	**12443**	**476**	**9502**	**587**	**1204**	**1960**	**1195**
16-19岁	376	376	46	43	3	310	1	19	24	38
20-24岁	1593	1593	636	629	7	1261	27	190	139	251
25-29岁	2585	2585	1486	1444	42	1683	58	282	237	328
30-34岁	2750	2750	1783	1748	35	1551	86	189	291	194
35-39岁	3275	3275	1646	1603	43	1158	85	147	256	125
40-44岁	4512	4512	1718	1665	53	897	87	85	197	75
45-49岁	5022	5022	1616	1559	57	844	102	90	195	69
50-54岁	4328	4328	1479	1418	61	746	62	95	223	45
55-59岁	3588	3588	1158	1090	68	618	67	81	195	46
60-64岁	637	637	565	520	45	203	6	15	71	14
65-69岁	252	252	447	410	37	145	6	5	76	9
70-74岁	73	73	215	200	15	62		3	42	1
75岁及以上	50	50	124	114	10	24		3	14	
女	**57035**	**57035**	**23879**	**23004**	**875**	**8673**	**437**	**806**	**1838**	**1018**
16-19岁	1131	1131	262	257	5	317	3	11	28	37
20-24岁	6712	6712	3078	3023	55	1205	30	147	164	145
25-29岁	10195	10195	5157	5069	88	1578	82	185	296	192
30-34岁	10096	10096	4952	4847	105	1686	91	169	340	222
35-39岁	8514	8514	3335	3236	99	1232	77	113	284	175
40-44岁	8272	8272	2430	2328	102	910	60	72	220	99
45-49岁	6358	6358	2032	1929	103	866	57	67	239	74
50-54岁	4133	4133	1353	1224	129	528	30	17	174	41
55-59岁	1144	1144	759	677	82	235	7	13	66	26
60-64岁	314	314	268	212	56	72		7	18	3
65-69岁	125	125	192	151	41	38		4	8	4
70-74岁	28	28	44	39	5	5			1	
75岁及以上	13	13	17	12	5	1		1		

4-5 续表 12

单位：人

年龄组 性 别	娱乐业	公共管理、社会保障和社会组织 小计	中国共产党机关	国家机构	人民政协、民主党派	社会保障	群众团体、社会团体和其他成员组织	基层群众自治组织	国际组织 小计	国际组织
总 计	**9130**	**72558**	**1476**	**55169**	**322**	**352**	**4223**	**11016**	**3**	**3**
16-19岁	466	184	1	151			18	14		
20-24岁	1373	3006	25	2641	3	13	148	176		
25-29岁	1601	8674	163	7533	8	60	330	580	1	1
30-34岁	1655	12176	286	9972	26	77	548	1267	1	1
35-39岁	1128	9265	234	7249	31	59	487	1205		
40-44岁	912	8937	205	6743	31	56	472	1430		
45-49岁	817	10486	217	7781	56	45	554	1833	1	1
50-54岁	587	9056	192	6620	81	20	485	1658		
55-59岁	352	7641	142	5624	76	21	418	1360		
60-64岁	141	1462	5	497	8		223	729		
65-69岁	71	988	3	239	1	1	229	515		
70-74岁	20	434	2	73	1		164	194		
75岁及以上	7	249	1	46			147	55		
男	**4556**	**47157**	**1024**	**36871**	**211**	**151**	**2359**	**6541**	**2**	**2**
16-19岁	228	138		126			6	6		
20-24岁	654	1694	10	1550	2	6	57	69		
25-29岁	778	4443	82	3975	3	23	128	232		
30-34岁	791	6532	160	5658	10	15	243	446	1	1
35-39岁	545	5524	153	4550	16	22	254	529		
40-44岁	453	5701	153	4501	13	26	241	767		
45-49岁	388	7103	178	5421	31	26	315	1132	1	1
50-54岁	321	6890	146	5196	65	12	285	1186		
55-59岁	229	6772	133	5195	63	20	295	1066		
60-64岁	97	1129	3	411	6		158	551		
65-69岁	49	729	3	190	1	1	156	378		
70-74岁	16	330	2	64	1		122	141		
75岁及以上	7	172	1	34			99	38		
女	**4574**	**25401**	**452**	**18298**	**111**	**201**	**1864**	**4475**	**1**	**1**
16-19岁	238	46	1	25			12	8		
20-24岁	719	1312	15	1091	1	7	91	107		
25-29岁	823	4231	81	3558	5	37	202	348	1	1
30-34岁	864	5644	126	4314	16	62	305	821		
35-39岁	583	3741	81	2699	15	37	233	676		
40-44岁	459	3236	52	2242	18	30	231	663		
45-49岁	429	3383	39	2360	25	19	239	701		
50-54岁	266	2166	46	1424	16	8	200	472		
55-59岁	123	869	9	429	13	1	123	294		
60-64岁	44	333	2	86	2		65	178		
65-69岁	22	259		49			73	137		
70-74岁	4	104		9			42	53		
75岁及以上		77		12			48	17		

4－5a　全省分年龄、性别、行业大类的就业人口(城市)

单位：人

年龄组 性　别	合计	农、林、牧、渔业						采矿业	
		小计	农业	林业	畜牧业	渔业	农、林、牧、渔专业及辅助性活动	小计	煤炭开采和洗选业
总　计	**873575**	**13385**	**8898**	**736**	**1506**	**1812**	**433**	**1068**	**435**
16－19岁	12777	25	19	1	2	1	2		
20－24岁	63515	143	91	5	23	15	9	18	2
25－29岁	114247	430	220	31	73	77	29	46	9
30－34岁	159975	796	413	61	126	149	47	128	34
35－39岁	135164	954	478	49	160	216	51	124	39
40－44岁	114616	1203	666	89	166	217	65	174	66
45－49岁	118309	1826	1106	147	223	293	57	246	122
50－54岁	83169	2345	1532	174	205	370	64	201	115
55－59岁	47531	2002	1398	106	195	244	59	107	43
60－64岁	14066	1562	1226	43	126	130	37	15	4
65－69岁	7410	1332	1070	24	156	74	8	6	1
70－74岁	1979	498	434	5	33	23	3	2	
75岁及以上	817	269	245	1	18	3	2	1	
男	**508633**	**8087**	**4962**	**556**	**874**	**1409**	**286**	**894**	**385**
16－19岁	7938	16	13		1	1	1		
20－24岁	35509	97	62	3	14	12	6	14	2
25－29岁	64821	283	127	22	50	66	18	38	8
30－34岁	89363	522	238	42	83	126	33	104	28
35－39岁	75057	637	291	35	108	170	33	98	34
40－44岁	64213	755	386	64	104	164	37	140	56
45－49岁	67278	1088	591	105	131	221	40	208	111
50－54岁	52963	1409	803	143	122	295	46	169	100
55－59岁	34986	1143	733	86	98	188	38	102	41
60－64岁	9657	865	659	30	61	91	24	13	4
65－69岁	4955	795	647	21	69	52	6	5	1
70－74岁	1353	313	265	4	21	20	3	2	
75岁及以上	540	164	147	1	12	3	1	1	
女	**364942**	**5298**	**3936**	**180**	**632**	**403**	**147**	**174**	**50**
16－19岁	4839	9	6	1	1		1		
20－24岁	28006	46	29	2	9	3	3	4	
25－29岁	49426	147	93	9	23	11	11	8	1
30－34岁	70612	274	175	19	43	23	14	24	6
35－39岁	60107	317	187	14	52	46	18	26	5
40－44岁	50403	448	280	25	62	53	28	34	10
45－49岁	51031	738	515	42	92	72	17	38	11
50－54岁	30206	936	729	31	83	75	18	32	15
55－59岁	12545	859	665	20	97	56	21	5	2
60－64岁	4409	697	567	13	65	39	13	2	
65－69岁	2455	537	423	3	87	22	2	1	
70－74岁	626	185	169	1	12	3			
75岁及以上	277	105	98		6		1		

4–5a　续表 1

单位：人

年龄组 性　别	采矿业						制造业		
	石油和天然气开采业	黑色金属矿采选业	有色金属矿采选业	非金属矿采选业	开采专业及辅助性活　动	其　他采矿业	小计	农副食品加工业	食　品制造业
总　计	**6**	**127**	**80**	**372**	**25**	**23**	**202704**	**3797**	**6339**
16–19岁							3995	22	103
20–24岁	1	3		9		3	14071	134	399
25–29岁	1	8	10	17	1		23016	308	725
30–34岁	2	18	14	51	7	2	37484	512	1124
35–39岁	1	20	12	45	5	2	32597	473	866
40–44岁		19	16	66	4	3	29333	548	828
45–49岁		33	11	71	3	6	30498	657	950
50–54岁	1	15	10	55	1	4	19119	562	743
55–59岁		10	6	42	3	3	8755	376	391
60–64岁		1	1	9			2335	126	120
65–69岁				5			1114	60	61
70–74岁				2			287	15	24
75岁及以上					1		100	4	5
男	**3**	**110**	**62**	**296**	**21**	**17**	**118245**	**2139**	**3168**
16–19岁							2737	13	60
20–24岁		3		8		1	9205	89	203
25–29岁		7	7	15	1		14332	196	367
30–34岁	2	18	11	38	6	1	21804	281	532
35–39岁	1	15	9	36	2	1	18265	263	439
40–44岁		16	12	49	4	3	15854	288	380
45–49岁		25	7	57	3	5	15887	332	442
50–54岁		15	9	41	1	3	11273	313	358
55–59岁		10	6	39	3	3	6162	240	246
60–64岁		1	1	7			1697	78	83
65–69岁				4			768	39	37
70–74岁				2			202	5	18
75岁及以上					1		59	2	3
女	**3**	**17**	**18**	**76**	**4**	**6**	**84459**	**1658**	**3171**
16–19岁							1258	9	43
20–24岁	1			1		2	4866	45	196
25–29岁	1	1	3	2			8684	112	358
30–34岁			3	13	1	1	15680	231	592
35–39岁		5	3	9	3	1	14332	210	427
40–44岁		3	4	17			13479	260	448
45–49岁		8	4	14		1	14611	325	508
50–54岁	1		1	14		1	7846	249	385
55–59岁				3			2593	136	145
60–64岁				2			638	48	37
65–69岁				1			346	21	24
70–74岁							85	10	6
75岁及以上							41	2	2

4-5a 续表 2

单位：人

年龄组 性别	制造业								
	酒、饮料和精制茶制造业	烟草制品业	纺织业	纺织服装、服饰业	皮革、毛皮、羽毛及其制品和制鞋业	木材加工和木、竹、藤、棕、草制品业	家具制造业	造纸和纸制品业	印刷和记录媒介复制业
总计	**2319**	**668**	**5850**	**18903**	**43203**	**3243**	**3857**	**4563**	**3355**
16-19岁	20	1	63	265	999	14	34	72	56
20-24岁	121	17	315	812	2828	71	185	257	166
25-29岁	299	48	554	1629	4554	159	360	490	342
30-34岁	456	134	978	3635	7683	352	632	779	620
35-39岁	407	108	935	3257	7004	361	584	677	579
40-44岁	312	82	889	3066	6564	453	525	661	545
45-49岁	300	142	997	3380	6965	675	639	708	481
50-54岁	240	90	701	1799	4079	639	568	496	332
55-59岁	100	43	297	744	1750	317	222	286	163
60-64岁	38	2	74	183	488	103	79	85	44
65-69岁	18	1	35	97	231	72	23	38	16
70-74岁	4		10	28	47	21	5	9	8
75岁及以上	4		2	8	11	6	1	5	3
男	**1320**	**410**	**3073**	**8021**	**21901**	**2185**	**2651**	**2653**	**2079**
16-19岁	7	1	41	133	647	12	27	49	40
20-24岁	60	14	203	350	1682	59	130	156	108
25-29岁	172	28	304	696	2521	113	267	304	220
30-34岁	257	83	513	1573	3984	248	419	426	398
35-39岁	228	63	475	1430	3468	235	398	368	373
40-44岁	170	44	411	1176	3124	269	349	365	304
45-49岁	157	64	464	1351	3087	409	395	390	260
50-54岁	139	67	378	723	1876	446	388	293	200
55-59岁	83	43	211	407	998	242	185	204	125
60-64岁	30	2	44	106	319	90	67	66	35
65-69岁	14	1	22	51	158	44	20	26	8
70-74岁	1		6	20	32	13	5	4	6
75岁及以上	2		1	5	5	5	1	2	2
女	**999**	**258**	**2777**	**10882**	**21302**	**1058**	**1206**	**1910**	**1276**
16-19岁	13		22	132	352	2	7	23	16
20-24岁	61	3	112	462	1146	12	55	101	58
25-29岁	127	20	250	933	2033	46	93	186	122
30-34岁	199	51	465	2062	3699	104	213	353	222
35-39岁	179	45	460	1827	3536	126	186	309	206
40-44岁	142	38	478	1890	3440	184	176	296	241
45-49岁	143	78	533	2029	3878	266	244	318	221
50-54岁	101	23	323	1076	2203	193	180	203	132
55-59岁	17		86	337	752	75	37	82	38
60-64岁	8		30	77	169	13	12	19	9
65-69岁	4		13	46	73	28	3	12	8
70-74岁	3		4	8	15	8		5	2
75岁及以上	2		1	3	6	1		3	1

4-5a　续表 3

单位：人

年龄组 性　别	制造业								
	文教、工美、体育和娱乐用品制造业	石油、煤炭及其他燃料加工业	化学原料和化学制品制造业	医　药制造业	化学纤维制造业	橡胶和塑　料制品业	非金属矿　物制品业	黑色金属冶炼和压延加工业	有色金属冶炼和压延加工业
总　计	**8286**	**575**	**3755**	**1733**	**452**	**10552**	**6992**	**1815**	**2072**
16-19岁	107	1	34	18	4	194	54	4	19
20-24岁	416	25	207	146	28	685	326	64	112
25-29岁	727	72	365	255	48	1141	675	154	228
30-34岁	1326	96	689	361	89	1865	1204	274	405
35-39岁	1360	70	616	309	72	1719	1046	227	349
40-44岁	1480	65	531	222	74	1618	1041	303	326
45-49岁	1441	127	582	189	69	1761	1194	383	327
50-54岁	920	75	444	145	45	965	852	259	203
55-59岁	357	40	215	72	17	427	420	125	85
60-64岁	91	3	50	13	3	109	112	17	10
65-69岁	48	1	16	2	3	52	47	2	6
70-74岁	10		3	1		11	14	3	1
75岁及以上	3		3			5	7		1
男	**4484**	**456**	**2427**	**871**	**305**	**6118**	**5218**	**1468**	**1501**
16-19岁	73	1	21	10	3	135	44	4	15
20-24岁	251	18	120	70	21	444	248	55	88
25-29岁	399	58	217	105	37	733	514	125	165
30-34岁	679	74	424	187	51	1086	861	227	307
35-39岁	706	51	370	148	49	953	727	183	253
40-44岁	760	48	343	105	41	890	745	210	225
45-49岁	731	98	350	84	48	884	878	294	213
50-54岁	540	64	338	94	34	572	678	237	156
55-59岁	245	40	187	55	15	293	368	115	68
60-64岁	63	3	39	10	3	81	95	14	6
65-69岁	29	1	13	2	3	38	41	2	4
70-74岁	8		3	1		7	13	2	1
75岁及以上			2			2	6		
女	**3802**	**119**	**1328**	**862**	**147**	**4434**	**1774**	**347**	**571**
16-19岁	34		13	8	1	59	10		4
20-24岁	165	7	87	76	7	241	78	9	24
25-29岁	328	14	148	150	11	408	161	29	63
30-34岁	647	22	265	174	38	779	343	47	98
35-39岁	654	19	246	161	23	766	319	44	96
40-44岁	720	17	188	117	33	728	296	93	101
45-49岁	710	29	232	105	21	877	316	89	114
50-54岁	380	11	106	51	11	393	174	22	47
55-59岁	112		28	17	2	134	52	10	17
60-64岁	28		11	3		28	17	3	4
65-69岁	19		3			14	6		2
70-74岁	2					4	1	1	
75岁及以上	3		1			3	1		1

4−5a 续表 4

单位：人

年龄组 性别	制造业								
	金属制品业	通用设备制造业	专用设备制造业	汽车制造业	铁路、船舶、航空航天和其他运输设备制造业	电气机械和器材制造业	计算机、通信和其他电子设备制造业	仪器仪表制造业	其他制造业
总计	**13147**	**7780**	**7023**	**4394**	**2026**	**13181**	**16490**	**2060**	**1430**
16−19岁	193	98	121	255	6	449	710	43	19
20−24岁	717	458	494	364	68	1782	2474	183	65
25−29岁	1386	806	925	499	173	2291	3074	288	129
30−34岁	2390	1463	1533	866	278	2953	3675	420	206
35−39岁	2138	1312	1320	700	350	2033	2669	383	244
40−44岁	2036	1140	1026	608	333	1411	1757	277	214
45−49岁	2130	1226	875	576	370	1176	1287	230	253
50−54岁	1321	785	428	335	242	664	548	132	190
55−59岁	581	349	213	154	150	315	216	56	73
60−64岁	170	85	53	18	30	68	46	28	19
65−69岁	67	42	21	15	16	34	28	11	12
70−74岁	13	11	8	4	8	3	6	6	5
75岁及以上	5	5	6		2	2		3	1
男	**9344**	**5566**	**4638**	**3167**	**1309**	**8597**	**9249**	**987**	**671**
16−19岁	153	80	89	228	5	324	475	23	10
20−24岁	532	353	342	287	60	1338	1653	106	31
25−29岁	1018	620	627	363	136	1594	1928	162	76
30−34岁	1717	1022	993	625	187	1954	2021	188	105
35−39岁	1478	871	809	481	230	1245	1351	167	106
40−44岁	1385	790	663	411	194	817	819	129	100
45−49岁	1422	820	555	364	190	595	508	96	97
50−54岁	960	600	308	253	161	417	286	59	88
55−59岁	463	299	180	123	102	229	150	33	43
60−64岁	143	64	45	16	25	51	33	17	10
65−69岁	57	35	16	12	11	28	20	1	4
70−74岁	11	9	7	4	7	3	5	4	1
75岁及以上	5	3	4		1	2		2	
女	**3803**	**2214**	**2385**	**1227**	**717**	**4584**	**7241**	**1073**	**759**
16−19岁	40	18	32	27	1	125	235	20	9
20−24岁	185	105	152	77	8	444	821	77	34
25−29岁	368	186	298	136	37	697	1146	126	53
30−34岁	673	441	540	241	91	999	1654	232	101
35−39岁	660	441	511	219	120	788	1318	216	138
40−44岁	651	350	363	197	139	594	938	148	114
45−49岁	708	406	320	212	180	581	779	134	156
50−54岁	361	185	120	82	81	247	262	73	102
55−59岁	118	50	33	31	48	86	66	23	30
60−64岁	27	21	8	2	5	17	13	11	9
65−69岁	10	7	5	3	5	6	8	10	8
70−74岁	2	2	1		1		1	2	4
75岁及以上		2	2		1			1	1

4-5a 续表 5

单位：人

年龄组 性 别	制造业		电力、热力、燃气及水生产和供应业				建筑业		
	废弃资源综合利用业	金属制品、机械和设备修理业	小计	电力、热力生产和供应业	燃气生产和供应业	水的生产和供应业	小计	房屋建筑业	土木工程建筑业
总 计	**936**	**1908**	**8224**	**5726**	**966**	**1532**	**84938**	**39969**	**8899**
16-19岁	4	13	14	9	3	2	490	221	40
20-24岁	14	138	376	273	35	68	3558	1599	508
25-29岁	53	259	930	653	100	177	8019	3553	1027
30-34岁	107	379	1496	1045	202	249	12739	5375	1551
35-39岁	91	338	1240	853	158	229	11035	4529	1227
40-44岁	127	271	1119	779	109	231	11381	5038	1073
45-49岁	153	255	1349	970	137	242	15228	7528	1398
50-54岁	169	148	980	662	138	180	12891	6871	1165
55-59岁	117	84	618	439	64	115	6882	3633	686
60-64岁	55	13	71	28	13	30	1851	1076	144
65-69岁	30	9	21	9	3	9	732	467	61
70-74岁	8	1	7	3	4		105	62	14
75岁及以上	8		3	3			27	17	5
男	**666**	**1603**	**5805**	**4086**	**704**	**1015**	**69660**	**32158**	**7162**
16-19岁	4	10	11	8	2	1	424	184	38
20-24岁	10	124	287	207	29	51	2884	1284	393
25-29岁	43	224	647	462	69	116	6519	2883	788
30-34岁	69	313	1009	715	141	153	10325	4297	1190
35-39岁	63	284	768	537	99	132	8914	3569	953
40-44岁	87	212	711	511	65	135	9121	3923	849
45-49岁	105	204	893	649	103	141	12115	5812	1112
50-54岁	115	132	795	537	120	138	10831	5619	1010
55-59岁	91	79	592	424	58	110	6070	3129	627
60-64岁	48	11	66	26	11	29	1675	971	128
65-69岁	22	9	17	5	3	9	665	419	56
70-74岁	5	1	7	3	4		96	56	13
75岁及以上	4		2	2			21	12	5
女	**270**	**305**	**2419**	**1640**	**262**	**517**	**15278**	**7811**	**1737**
16-19岁		3	3	1	1	1	66	37	2
20-24岁	4	14	89	66	6	17	674	315	115
25-29岁	10	35	283	191	31	61	1500	670	239
30-34岁	38	66	487	330	61	96	2414	1078	361
35-39岁	28	54	472	316	59	97	2121	960	274
40-44岁	40	59	408	268	44	96	2260	1115	224
45-49岁	48	51	456	321	34	101	3113	1716	286
50-54岁	54	16	185	125	18	42	2060	1252	155
55-59岁	26	5	26	15	6	5	812	504	59
60-64岁	7	2	5	2	2	1	176	105	16
65-69岁	8		4	4			67	48	5
70-74岁	3						9	6	1
75岁及以上	4		1	1			6	5	

4-5a 续表 6

单位：人

年龄组 性 别	建筑业		批发和零售业			交通运输、仓储和邮政业			
	建 筑 安装业	建筑装 饰、装修 和其他 建筑业	小计	批发业	零售业	小计	铁 路 运输业	道 路 运输业	水 上 运输业
总 计	**5331**	**30739**	**174487**	**50584**	**123903**	**48534**	**2334**	**27584**	**1634**
16-19岁	39	190	2123	337	1786	327	54	77	3
20-24岁	229	1222	12357	2704	9653	2859	287	1151	53
25-29岁	541	2898	23941	6244	17697	5560	297	2529	158
30-34岁	992	4821	35478	10084	25394	8192	310	4233	284
35-39岁	880	4399	30812	9728	21084	7426	200	4240	311
40-44岁	826	4444	24160	7526	16634	6976	220	4437	241
45-49岁	813	5489	21561	6589	14972	7687	360	4980	238
50-54岁	589	4266	13158	4058	9100	5236	288	3362	185
55-59岁	315	2248	6907	2242	4665	3322	293	2007	132
60-64岁	79	552	2323	643	1680	644	23	394	21
65-69岁	22	182	1187	322	865	231	2	133	5
70-74岁	5	24	350	87	263	54		32	2
75岁及以上	1	4	130	20	110	20		9	1
男	**4750**	**25590**	**91544**	**30097**	**61447**	**39462**	**1809**	**23917**	**1224**
16-19岁	37	165	1116	196	920	222	7	59	3
20-24岁	211	996	6262	1432	4830	1994	186	867	33
25-29岁	469	2379	12849	3566	9283	4128	230	2036	78
30-34岁	864	3974	18050	5606	12444	6361	249	3533	195
35-39岁	769	3623	15242	5479	9763	5961	150	3625	227
40-44岁	727	3622	12116	4418	7698	5633	159	3798	184
45-49岁	725	4466	10958	4059	6899	6416	269	4401	190
50-54岁	544	3658	7653	2798	4855	4740	257	3131	159
55-59岁	302	2012	4662	1750	2912	3152	282	1931	129
60-64岁	75	501	1554	478	1076	591	19	374	20
65-69岁	21	169	769	242	527	206	1	125	5
70-74岁	5	22	225	57	168	44		28	1
75岁及以上	1	3	88	16	72	14		9	
女	**581**	**5149**	**82943**	**20487**	**62456**	**9072**	**525**	**3667**	**410**
16-19岁	2	25	1007	141	866	105	47	18	
20-24岁	18	226	6095	1272	4823	865	101	284	20
25-29岁	72	519	11092	2678	8414	1432	67	493	80
30-34岁	128	847	17428	4478	12950	1831	61	700	89
35-39岁	111	776	15570	4249	11321	1465	50	615	84
40-44岁	99	822	12044	3108	8936	1343	61	639	57
45-49岁	88	1023	10603	2530	8073	1271	91	579	48
50-54岁	45	608	5505	1260	4245	496	31	231	26
55-59岁	13	236	2245	492	1753	170	11	76	3
60-64岁	4	51	769	165	604	53	4	20	1
65-69岁	1	13	418	80	338	25	1	8	
70-74岁		2	125	30	95	10		4	1
75岁及以上		1	42	4	38	6			1

4-5a　续表 7

单位：人

年龄组 性　别	交通运输、仓储和邮政业					住宿和餐饮业		
	航　空 运输业	管　道 运输业	多式联运 和运输 代理业	装卸搬运 和仓储业	邮政业	小计	住宿业	餐饮业
总　计	**2339**	**12**	**2769**	**4034**	**7828**	**55202**	**8416**	**46786**
16-19岁	11		12	21	149	2366	412	1954
20-24岁	374		180	136	678	5472	990	4482
25-29岁	605		383	272	1316	7232	1115	6117
30-34岁	442	4	598	452	1869	9350	1273	8077
35-39岁	315	2	518	443	1397	7861	977	6884
40-44岁	195	2	430	494	957	6698	940	5758
45-49岁	210	2	353	760	784	7143	1185	5958
50-54岁	127		180	679	415	5068	837	4231
55-59岁	57	2	102	516	213	2659	496	2163
60-64岁	3		7	161	35	903	139	764
65-69岁			5	72	14	366	38	328
70-74岁				19	1	60	11	49
75岁及以上			1	9		24	3	21
男	**1514**	**9**	**1769**	**3325**	**5895**	**29910**	**3773**	**26137**
16-19岁	5		8	20	120	1625	265	1360
20-24岁	196		82	114	516	3514	497	3017
25-29岁	351		202	212	1019	4569	504	4065
30-34岁	311	3	325	350	1395	5416	582	4834
35-39岁	221	1	316	356	1065	4303	424	3879
40-44岁	134	2	289	385	682	3283	376	2907
45-49岁	141	1	270	614	530	3000	363	2637
50-54岁	98		167	586	342	2182	348	1834
55-59岁	55	2	99	467	187	1278	285	993
60-64岁	2		5	142	29	475	91	384
65-69岁			5	61	9	208	28	180
70-74岁				14	1	40	7	33
75岁及以上			1	4		17	3	14
女	**825**	**3**	**1000**	**709**	**1933**	**25292**	**4643**	**20649**
16-19岁	6		4	1	29	741	147	594
20-24岁	178		98	22	162	1958	493	1465
25-29岁	254		181	60	297	2663	611	2052
30-34岁	131	1	273	102	474	3934	691	3243
35-39岁	94	1	202	87	332	3558	553	3005
40-44岁	61		141	109	275	3415	564	2851
45-49岁	69	1	83	146	254	4143	822	3321
50-54岁	29		13	93	73	2886	489	2397
55-59岁	2		3	49	26	1381	211	1170
60-64岁	1		2	19	6	428	48	380
65-69岁				11	5	158	10	148
70-74岁				5		20	4	16
75岁及以上				5		7		7

4－5a　续表 8

单位：人

年龄组 性　别	信息传输、软件和信息技术服务业				金融业				
	小计	电信、广播电视和卫星传输服务	互联网和相关服务	软件和信息技术服务业	小计	货币金融服务	资本市场服务	保险业	其他金融业
总　计	**28901**	**5659**	**8756**	**14486**	**21587**	**11175**	**2354**	**6378**	**1680**
16－19岁	322	23	193	106	40	14		12	14
20－24岁	4003	300	1562	2141	1209	593	166	316	134
25－29岁	7194	746	2357	4091	3594	1732	430	1040	392
30－34岁	7227	1306	2140	3781	5346	2741	562	1560	483
35－39岁	4867	1242	1169	2456	3801	1762	453	1312	274
40－44岁	2561	838	647	1076	2451	1157	295	862	137
45－49岁	1631	667	432	532	2682	1552	254	741	135
50－54岁	717	344	179	194	1612	1030	124	387	71
55－59岁	325	171	64	90	772	555	60	121	36
60－64岁	38	14	10	14	54	22	9	19	4
65－69岁	10	4	2	4	22	14	1	7	
70－74岁	4	2	1	1	4	3		1	
75岁及以上	2	2							
男	**19152**	**3292**	**5985**	**9875**	**10226**	**5486**	**1382**	**2363**	**995**
16－19岁	211	14	115	82	23	6		7	10
20－24岁	2443	167	929	1347	535	232	88	148	67
25－29岁	4729	387	1554	2788	1779	868	231	473	207
30－34岁	4750	658	1510	2582	2326	1179	291	569	287
35－39岁	3200	638	853	1709	1601	753	264	430	154
40－44岁	1738	510	475	753	1076	538	183	266	89
45－49岁	1166	463	340	363	1262	779	161	231	91
50－54岁	579	278	145	156	922	620	98	152	52
55－59岁	291	156	55	80	654	485	57	77	35
60－64岁	31	13	7	11	32	15	8	6	3
65－69岁	8	4	1	3	12	8	1	3	
70－74岁	4	2	1	1	4	3		1	
75岁及以上	2	2							
女	**9749**	**2367**	**2771**	**4611**	**11361**	**5689**	**972**	**4015**	**685**
16－19岁	111	9	78	24	17	8		5	4
20－24岁	1560	133	633	794	674	361	78	168	67
25－29岁	2465	359	803	1303	1815	864	199	567	185
30－34岁	2477	648	630	1199	3020	1562	271	991	196
35－39岁	1667	604	316	747	2200	1009	189	882	120
40－44岁	823	328	172	323	1375	619	112	596	48
45－49岁	465	204	92	169	1420	773	93	510	44
50－54岁	138	66	34	38	690	410	26	235	19
55－59岁	34	15	9	10	118	70	3	44	1
60－64岁	7	1	3	3	22	7	1	13	1
65－69岁	2		1	1	10	6		4	
70－74岁									
75岁及以上									

4-5a 续表 9　　单位：人

年龄组 性别	房地产业		租赁和商务服务业			科学研究和技术服务业			
	小计	房地产业	小计	租赁业	商务服务业	小计	研究和试验发展	专业技术服务业	科技推广和应用服务业
总　计	**25325**	**25325**	**29466**	**1732**	**27734**	**15679**	**1571**	**11829**	**2279**
16-19岁	159	159	280	18	262	96	8	62	26
20-24岁	1689	1689	2761	127	2634	1599	123	1236	240
25-29岁	3393	3393	5348	287	5061	3047	262	2333	452
30-34岁	4344	4344	6177	353	5824	3552	324	2690	538
35-39岁	3466	3466	4679	279	4400	2764	300	2034	430
40-44岁	2824	2824	3345	239	3106	1757	207	1291	259
45-49岁	3137	3137	3098	235	2863	1356	145	1017	194
50-54岁	2718	2718	1986	120	1866	805	87	638	80
55-59岁	2068	2068	1293	52	1241	582	102	434	46
60-64岁	941	941	297	14	283	67	5	51	11
65-69岁	461	461	159	6	153	40	7	31	2
70-74岁	105	105	30	2	28	7	1	5	1
75岁及以上	20	20	13		13	7		7	
男	**15634**	**15634**	**17317**	**1371**	**15946**	**10209**	**955**	**7855**	**1399**
16-19岁	125	125	170	16	154	72	6	50	16
20-24岁	1059	1059	1337	100	1237	955	67	746	142
25-29岁	2026	2026	2757	208	2549	1852	150	1449	253
30-34岁	2450	2450	3361	271	3090	2209	179	1712	318
35-39岁	1948	1948	2624	216	2408	1751	164	1322	265
40-44岁	1556	1556	2011	191	1820	1178	124	896	158
45-49岁	1820	1820	2014	195	1819	944	102	715	127
50-54岁	1866	1866	1502	107	1395	632	65	500	67
55-59岁	1603	1603	1131	47	1084	520	89	391	40
60-64岁	716	716	243	12	231	52	2	40	10
65-69岁	364	364	130	6	124	32	6	24	2
70-74岁	83	83	26	2	24	7	1	5	1
75岁及以上	18	18	11		11	5		5	
女	**9691**	**9691**	**12149**	**361**	**11788**	**5470**	**616**	**3974**	**880**
16-19岁	34	34	110	2	108	24	2	12	10
20-24岁	630	630	1424	27	1397	644	56	490	98
25-29岁	1367	1367	2591	79	2512	1195	112	884	199
30-34岁	1894	1894	2816	82	2734	1343	145	978	220
35-39岁	1518	1518	2055	63	1992	1013	136	712	165
40-44岁	1268	1268	1334	48	1286	579	83	395	101
45-49岁	1317	1317	1084	40	1044	412	43	302	67
50-54岁	852	852	484	13	471	173	22	138	13
55-59岁	465	465	162	5	157	62	13	43	6
60-64岁	225	225	54	2	52	15	3	11	1
65-69岁	97	97	29		29	8	1	7	
70-74岁	22	22	4		4				
75岁及以上	2	2	2		2	2		2	

4-5a 续表 10

单位：人

年龄组 性别	水利、环境和公共设施管理业					居民服务、修理和其他服务业			
	小计	水利管理业	生态保护和环境治理业	公共设施管理业	土地管理业	小计	居民服务业	机动车、电子产品和日用产品修理业	其他服务业
总计	**7642**	**398**	**511**	**6637**	**96**	**38069**	**25464**	**7616**	**4989**
16-19岁	8			8		1256	865	351	40
20-24岁	194	20	25	147	2	3216	2240	847	129
25-29岁	521	46	54	404	17	4394	3065	1081	248
30-34岁	839	61	97	667	14	6130	4181	1530	419
35-39岁	765	40	81	625	19	5048	3402	1243	403
40-44岁	826	54	70	689	13	4298	2850	937	511
45-49岁	1197	63	71	1051	12	5116	3411	769	936
50-54岁	1236	52	46	1129	9	4115	2680	476	959
55-59岁	1082	49	39	987	7	2434	1573	251	610
60-64岁	554	10	16	526	2	1163	686	77	400
65-69岁	352	2	9	340	1	643	353	36	254
70-74岁	61	1	2	58		186	109	10	67
75岁及以上	7		1	6		70	49	8	13
男	**4586**	**286**	**351**	**3898**	**51**	**16009**	**7722**	**6446**	**1841**
16-19岁	7			7		771	415	340	16
20-24岁	114	11	16	85	2	1774	908	789	77
25-29岁	340	29	36	265	10	2209	1113	956	140
30-34岁	505	38	62	404	1	2829	1367	1256	206
35-39岁	448	23	43	374	8	2251	1070	1009	172
40-44岁	473	35	47	384	7	1713	780	774	159
45-49岁	635	44	53	532	6	1553	702	616	235
50-54岁	758	46	40	663	9	1230	586	373	271
55-59岁	726	47	35	638	6	813	383	215	215
60-64岁	346	10	10	324	2	463	207	68	188
65-69岁	192	2	7	183		262	117	34	111
70-74岁	38	1	1	36		102	53	9	40
75岁及以上	4		1	3		39	21	7	11
女	**3056**	**112**	**160**	**2739**	**45**	**22060**	**17742**	**1170**	**3148**
16-19岁	1			1		485	450	11	24
20-24岁	80	9	9	62		1442	1332	58	52
25-29岁	181	17	18	139	7	2185	1952	125	108
30-34岁	334	23	35	263	13	3301	2814	274	213
35-39岁	317	17	38	251	11	2797	2332	234	231
40-44岁	353	19	23	305	6	2585	2070	163	352
45-49岁	562	19	18	519	6	3563	2709	153	701
50-54岁	478	6	6	466		2885	2094	103	688
55-59岁	356	2	4	349	1	1621	1190	36	395
60-64岁	208		6	202		700	479	9	212
65-69岁	160		2	157	1	381	236	2	143
70-74岁	23		1	22		84	56	1	27
75岁及以上	3			3		31	28	1	2

4-5a 续表 11

单位：人

年龄组 性 别	教育		卫生和社会工作			文化、体育和娱乐业				
	小计	教育	小计	卫生	社会工作	小计	新闻和出版业	广播、电视、电影和录音制作业	文 化艺术业	体育
总 计	**46432**	**46432**	**22333**	**21547**	**786**	**11838**	**841**	**1580**	**2152**	**1597**
16-19岁	634	634	152	148	4	427	1	23	32	57
20-24岁	4608	4608	2216	2167	49	1856	33	273	230	313
25-29岁	7243	7243	3870	3775	95	2275	104	355	369	369
30-34岁	7510	7510	4479	4388	91	2118	136	273	369	293
35-39岁	7095	7095	3450	3359	91	1584	140	224	313	214
40-44岁	6686	6686	2640	2540	100	1126	136	134	219	114
45-49岁	5808	5808	2139	2037	102	1069	138	130	237	103
50-54岁	4031	4031	1632	1517	115	692	79	82	185	61
55-59岁	2231	2231	1096	1018	78	481	64	68	126	51
60-64岁	376	376	319	289	30	115	5	11	36	12
65-69岁	155	155	225	199	26	73	5	3	29	9
70-74岁	38	38	73	70	3	11			4	1
75岁及以上	17	17	42	40	2	11		4	3	
男	**14480**	**14480**	**7298**	**7025**	**273**	**6180**	**484**	**935**	**1057**	**871**
16-19岁	140	140	18	16	2	203		13	13	27
20-24岁	954	954	381	376	5	957	18	153	100	193
25-29岁	1610	1610	895	863	32	1189	42	224	162	232
30-34岁	1697	1697	1160	1135	25	1027	67	144	170	140
35-39岁	1931	1931	1075	1046	29	776	74	124	149	93
40-44岁	2098	2098	1028	991	37	566	78	72	92	55
45-49岁	2230	2230	878	840	38	540	86	71	110	47
50-54岁	1823	1823	789	753	36	421	52	67	107	35
55-59岁	1614	1614	636	599	37	351	57	57	97	32
60-64岁	238	238	196	183	13	79	5	6	25	10
65-69岁	106	106	149	132	17	53	5	1	25	6
70-74岁	26	26	58	57	1	8			4	1
75岁及以上	13	13	35	34	1	10		3	3	
女	**31952**	**31952**	**15035**	**14522**	**513**	**5658**	**357**	**645**	**1095**	**726**
16-19岁	494	494	134	132	2	224	1	10	19	30
20-24岁	3654	3654	1835	1791	44	899	15	120	130	120
25-29岁	5633	5633	2975	2912	63	1086	62	131	207	137
30-34岁	5813	5813	3319	3253	66	1091	69	129	199	153
35-39岁	5164	5164	2375	2313	62	808	66	100	164	121
40-44岁	4588	4588	1612	1549	63	560	58	62	127	59
45-49岁	3578	3578	1261	1197	64	529	52	59	127	56
50-54岁	2208	2208	843	764	79	271	27	15	78	26
55-59岁	617	617	460	419	41	130	7	11	29	19
60-64岁	138	138	123	106	17	36		5	11	2
65-69岁	49	49	76	67	9	20		2	4	3
70-74岁	12	12	15	13	2	3				
75岁及以上	4	4	7	6	1	1		1		

4-5a 续表 12

单位：人

年龄组 性 别	娱乐业	公共管理、社会保障和社会组织						国际组织	
		小计	中国共产党机关	国家机构	人民政协、民主党派	社会保障	群众团体、社会团体和其他成员组织	基层群众自治组织	小计	国际组织
总 计	**5668**	**37759**	**1034**	**30846**	**219**	**199**	**1796**	**3665**	**2**	**2**
16-19岁	314	63	1	53			6	3		
20-24岁	1007	1310	15	1138	2	6	78	71		
25-29岁	1078	4193	101	3670	4	29	147	242	1	1
30-34岁	1047	6589	194	5518	18	42	273	544	1	1
35-39岁	693	5596	182	4557	25	39	245	548		
40-44岁	523	5058	140	4068	24	36	244	546		
45-49岁	461	5538	149	4489	35	24	237	604		
50-54岁	285	4627	141	3768	53	12	208	445		
55-59岁	172	3915	106	3245	52	10	165	337		
60-64岁	51	438	2	212	6		67	151		
65-69岁	27	281	2	94		1	58	126		
70-74岁	6	97	1	26			38	32		
75岁及以上	4	54		8			30	16		
男	**2833**	**23934**	**716**	**20403**	**138**	**83**	**941**	**1653**	**1**	**1**
16-19岁	150	47		44			2	1		
20-24岁	493	743	5	676	1	2	29	30		
25-29岁	529	2070	45	1870	2	12	56	85		
30-34岁	506	3457	107	3076	7	8	114	145	1	1
35-39岁	336	3264	119	2833	11	11	107	183		
40-44岁	269	3163	106	2703	9	20	114	211		
45-49岁	226	3671	128	3090	21	14	138	280		
50-54岁	160	3389	104	2856	41	6	128	254		
55-59岁	108	3486	97	2980	41	9	115	244		
60-64岁	33	325	2	172	5		46	100		
65-69岁	16	214	2	76		1	44	91		
70-74岁	3	68	1	21			27	19		
75岁及以上	4	37		6			21	10		
女	**2835**	**13825**	**318**	**10443**	**81**	**116**	**855**	**2012**	**1**	**1**
16-19岁	164	16	1	9			4	2		
20-24岁	514	567	10	462	1	4	49	41		
25-29岁	549	2123	56	1800	2	17	91	157	1	1
30-34岁	541	3132	87	2442	11	34	159	399		
35-39岁	357	2332	63	1724	14	28	138	365		
40-44岁	254	1895	34	1365	15	16	130	335		
45-49岁	235	1867	21	1399	14	10	99	324		
50-54岁	125	1238	37	912	12	6	80	191		
55-59岁	64	429	9	265	11	1	50	93		
60-64岁	18	113		40	1		21	51		
65-69岁	11	67		18			14	35		
70-74岁	3	29		5			11	13		
75岁及以上		17		2			9	6		

4-5b　全省分年龄、性别、行业大类的就业人口(镇)

单位：人

年龄组 性别	合计	农、林、牧、渔业						采矿业	
		小计	农业	林业	畜牧业	渔业	农、林、牧、渔专业及辅助性活动	小计	煤炭开采和洗选业
总　计	**552481**	**58712**	**42359**	**1787**	**3984**	**9215**	**1367**	**1636**	**636**
16-19岁	5850	152	97	1	13	29	12	2	
20-24岁	26516	662	426	14	51	123	48	24	1
25-29岁	55875	1725	1026	65	171	396	67	86	15
30-34岁	85086	3397	2030	93	292	855	127	198	49
35-39岁	73349	3875	2378	98	309	959	131	172	64
40-44岁	71357	5050	3124	198	398	1169	161	254	112
45-49岁	83702	8374	5487	367	617	1673	230	409	195
50-54岁	67793	10072	7165	415	674	1606	212	307	148
55-59岁	43399	9000	6827	274	545	1217	137	139	43
60-64岁	20384	7109	5765	132	383	714	115	27	6
65-69岁	12599	5687	4846	97	317	346	81	10	
70-74岁	4457	2370	2076	25	131	107	31	2	
75岁及以上	2114	1239	1112	8	83	21	15	6	3
男	**325501**	**34538**	**22700**	**1399**	**2324**	**7382**	**733**	**1433**	**557**
16-19岁	3608	114	68	1	10	25	10	2	
20-24岁	15596	443	255	11	44	102	31	22	1
25-29岁	32483	1132	588	54	108	341	41	75	15
30-34岁	48135	2104	1068	69	187	704	76	170	40
35-39岁	41100	2368	1265	76	181	770	76	152	60
40-44岁	39777	3003	1632	138	236	914	83	202	90
45-49岁	47834	4734	2713	271	351	1292	107	350	164
50-54岁	42090	5630	3508	345	399	1260	118	286	137
55-59岁	29306	5066	3470	227	306	995	68	130	41
60-64岁	13180	4152	3190	105	207	585	65	26	6
65-69岁	8010	3408	2817	75	187	289	40	10	
70-74岁	3018	1558	1367	21	67	91	12	2	
75岁及以上	1364	826	759	6	41	14	6	6	3
女	**226980**	**24174**	**19659**	**388**	**1660**	**1833**	**634**	**203**	**79**
16-19岁	2242	38	29		3	4	2		
20-24岁	10920	219	171	3	7	21	17	2	
25-29岁	23392	593	438	11	63	55	26	11	
30-34岁	36951	1293	962	24	105	151	51	28	9
35-39岁	32249	1507	1113	22	128	189	55	20	4
40-44岁	31580	2047	1492	60	162	255	78	52	22
45-49岁	35868	3640	2774	96	266	381	123	59	31
50-54岁	25703	4442	3657	70	275	346	94	21	11
55-59岁	14093	3934	3357	47	239	222	69	9	2
60-64岁	7204	2957	2575	27	176	129	50	1	
65-69岁	4589	2279	2029	22	130	57	41		
70-74岁	1439	812	709	4	64	16	19		
75岁及以上	750	413	353	2	42	7	9		

4-5b 续表 1

单位：人

年龄组 性别	采矿业						制造业		
	石油和天然气开采业	黑色金属矿采选业	有色金属矿采选业	非金属矿采选业	开采专业及辅助性活动	其他采矿业	小计	农副食品加工业	食品制造业
总 计	**2**	**130**	**190**	**602**	**48**	**28**	**144829**	**8374**	**5183**
16-19岁				2			2053	42	69
20-24岁		2	6	13	1	1	7403	178	241
25-29岁		4	15	48	2	2	13810	453	449
30-34岁		15	39	87	4	4	23452	856	728
35-39岁	2	16	26	53	8	3	21117	936	642
40-44岁		16	31	88	5	2	20885	1057	687
45-49岁		35	37	124	10	8	23916	1570	884
50-54岁		28	24	90	12	5	17316	1378	715
55-59岁		11	10	68	5	2	8975	971	413
60-64岁		1	2	17		1	3365	466	186
65-69岁		1		8	1		1760	320	116
70-74岁				2			546	101	43
75岁及以上		1		2			231	46	10
男	**2**	**115**	**164**	**526**	**43**	**26**	**82154**	**3826**	**2351**
16-19岁				2			1363	29	43
20-24岁		2	6	11	1	1	4978	111	119
25-29岁		3	13	41	1	2	8721	243	205
30-34岁		14	35	74	4	3	13521	427	342
35-39岁	2	13	20	47	8	2	11240	453	284
40-44岁		13	25	67	5	2	10614	431	269
45-49岁		29	32	109	8	8	12229	654	347
50-54岁		27	22	84	11	5	9951	619	310
55-59岁		11	9	63	4	2	5814	451	227
60-64岁		1	2	16		1	2208	210	107
65-69岁		1		8	1		1083	141	69
70-74岁				2			326	43	23
75岁及以上		1		2			106	14	6
女		**15**	**26**	**76**	**5**	**2**	**62675**	**4548**	**2832**
16-19岁							690	13	26
20-24岁				2			2425	67	122
25-29岁		1	2	7	1		5089	210	244
30-34岁		1	4	13		1	9931	429	386
35-39岁		3	6	6		1	9877	483	358
40-44岁		3	6	21			10271	626	418
45-49岁		6	5	15	2		11687	916	537
50-54岁		1	2	6	1		7365	759	405
55-59岁			1	5	1		3161	520	186
60-64岁				1			1157	256	79
65-69岁							677	179	47
70-74岁							220	58	20
75岁及以上							125	32	4

4-5b 续表 2

单位：人

年龄组 性别	制造业								
	酒、饮料和精制茶制造业	烟草制品业	纺织业	纺织服装、服饰业	皮革、毛皮、羽毛及其制品和制鞋业	木材加工和木、竹、藤、棕、草制品业	家具制造业	造纸和纸制品业	印刷和记录媒介复制业
总计	**2578**	**131**	**9079**	**13527**	**9860**	**4965**	**4402**	**3971**	**1005**
16-19岁	18		159	107	142	17	28	33	27
20-24岁	58	4	482	351	397	92	194	196	49
25-29岁	202	7	872	1020	897	234	360	387	97
30-34岁	370	22	1472	2415	1791	471	581	639	186
35-39岁	345	18	1301	2443	1697	508	610	569	170
40-44岁	326	17	1235	2447	1641	672	681	530	170
45-49岁	433	30	1463	2467	1585	1027	792	667	135
50-54岁	374	25	1170	1360	978	992	704	491	92
55-59岁	227	7	565	561	460	568	310	279	47
60-64岁	113	1	214	195	156	222	81	109	17
65-69岁	72		98	110	85	100	45	47	8
70-74岁	15		35	38	22	49	15	18	5
75岁及以上	25		13	13	9	13	1	6	2
男	**1323**	**69**	**4802**	**3684**	**4044**	**3217**	**2950**	**2287**	**614**
16-19岁	9		94	43	86	13	18	22	16
20-24岁	38	2	302	156	222	70	136	124	34
25-29岁	119	7	510	362	455	162	257	236	63
30-34岁	199	14	785	679	731	305	390	379	122
35-39岁	166	8	655	597	609	303	391	316	114
40-44岁	157	7	584	546	585	384	435	288	95
45-49岁	198	8	701	586	569	597	490	340	68
50-54岁	198	15	614	352	412	654	473	296	49
55-59岁	129	7	344	205	221	427	243	174	30
60-64岁	65	1	133	85	92	166	65	71	13
65-69岁	30		54	49	46	86	40	31	6
70-74岁	3		21	19	13	39	11	8	3
75岁及以上	12		5	5	3	11	1	2	1
女	**1255**	**62**	**4277**	**9843**	**5816**	**1748**	**1452**	**1684**	**391**
16-19岁	9		65	64	56	4	10	11	11
20-24岁	20	2	180	195	175	22	58	72	15
25-29岁	83		362	658	442	72	103	151	34
30-34岁	171	8	687	1736	1060	166	191	260	64
35-39岁	179	10	646	1846	1088	205	219	253	56
40-44岁	169	10	651	1901	1056	288	246	242	75
45-49岁	235	22	762	1881	1016	430	302	327	67
50-54岁	176	10	556	1008	566	338	231	195	43
55-59岁	98		221	356	239	141	67	105	17
60-64岁	48		81	110	64	56	16	38	4
65-69岁	42		44	61	39	14	5	16	2
70-74岁	12		14	19	9	10	4	10	2
75岁及以上	13		8	8	6	2		4	1

4－5b 续表 3

单位：人

年龄组 性 别	制造业								
	文教、工美、体育和娱乐用品制造业	石油、煤炭及其他燃料加工业	化学原料和化学制品制造业	医 药制造业	化学纤维制造业	橡胶和塑 料制品业	非金属矿 物制品业	黑色金属冶炼和压延加工业	有色金属冶炼和压延加工业
总 计	**9120**	**415**	**2950**	**648**	**1046**	**4964**	**19981**	**3252**	**1664**
16－19岁	97	2	23	4	23	59	134	19	9
20－24岁	304	28	166	45	142	242	624	247	78
25－29岁	739	68	291	76	163	441	1650	405	178
30－34岁	1493	65	491	139	177	731	2752	653	331
35－39岁	1389	54	427	98	112	714	2738	430	294
40－44岁	1473	44	388	88	104	765	3136	397	248
45－49岁	1602	61	487	89	143	840	3792	453	278
50－54岁	1046	46	398	66	102	642	2809	426	161
55－59岁	547	32	185	30	60	323	1511	156	66
60－64岁	209	9	64	8	16	111	547	39	11
65－69岁	137	6	23	3	4	60	229	18	9
70－74岁	49		6	1		21	49	7	1
75岁及以上	35		1	1		15	10	2	
男	**4947**	**327**	**2014**	**354**	**683**	**2915**	**13203**	**2649**	**1294**
16－19岁	52	2	15	2	19	39	120	15	4
20－24岁	206	23	121	24	105	164	467	203	65
25－29岁	422	52	201	42	107	282	1209	326	136
30－34岁	821	52	330	80	112	450	1805	526	260
35－39岁	707	37	270	48	67	407	1694	345	230
40－44岁	740	34	248	47	63	422	1894	328	188
45－49岁	827	46	307	37	85	449	2349	357	208
50－54岁	554	38	292	43	63	363	1919	359	135
55－59岁	360	29	149	22	46	214	1109	138	51
60－64岁	134	8	53	5	13	75	415	32	9
65－69岁	83	6	21	2	3	35	174	13	8
70－74岁	26		6	1		12	39	5	
75岁及以上	15		1	1		3	9	2	
女	**4173**	**88**	**936**	**294**	**363**	**2049**	**6778**	**603**	**370**
16－19岁	45		8	2	4	20	14	4	5
20－24岁	98	5	45	21	37	78	157	44	13
25－29岁	317	16	90	34	56	159	441	79	42
30－34岁	672	13	161	59	65	281	947	127	71
35－39岁	682	17	157	50	45	307	1044	85	64
40－44岁	733	10	140	41	41	343	1242	69	60
45－49岁	775	15	180	52	58	391	1443	96	70
50－54岁	492	8	106	23	39	279	890	67	26
55－59岁	187	3	36	8	14	109	402	18	15
60－64岁	75	1	11	3	3	36	132	7	2
65－69岁	54		2	1	1	25	55	5	1
70－74岁	23					9	10	2	1
75岁及以上	20					12	1		

4−5b　续表 4　　　　单位：人

年龄组 性　别	制造业								
	金　属 制品业	通用设备 制造业	专用设备 制造业	汽　车 制造业	铁路、船舶、 航空航天和 其他运输 设备制造业	电气机械 和器材 制造业	计算机、 通信和其 他电子设 备制造业	仪器仪表 制造业	其　他 制造业
总　计	**10184**	**4032**	**2607**	**2195**	**661**	**4635**	**9259**	**467**	**1827**
16−19岁	127	37	42	20	1	169	596	5	24
20−24岁	470	183	188	123	21	456	1657	30	68
25−29岁	1009	358	346	254	64	646	1776	72	137
30−34岁	1768	733	574	431	106	937	1951	96	268
35−39岁	1576	642	418	402	92	705	1212	86	253
40−44岁	1531	563	319	292	88	557	823	73	296
45−49岁	1706	656	318	296	122	623	714	51	333
50−54岁	1151	476	233	223	81	337	322	36	225
55−59岁	575	269	92	102	48	134	133	13	125
60−64岁	182	78	45	30	20	39	51	2	55
65−69岁	69	27	24	16	14	28	18	2	27
70−74岁	15	8	6	4	4	3	5	1	11
75岁及以上	5	2	2	2		1	1		5
男	**7337**	**2936**	**1848**	**1520**	**514**	**2703**	**5262**	**222**	**758**
16−19岁	96	31	34	17	1	114	389	4	17
20−24岁	343	153	133	106	18	298	1093	25	39
25−29岁	763	261	245	189	56	418	1150	35	72
30−34岁	1281	542	412	320	83	559	1163	41	113
35−39岁	1137	443	304	264	68	399	588	36	101
40−44岁	1083	396	208	193	66	268	316	25	93
45−49岁	1153	449	207	170	85	302	260	23	130
50−54岁	822	345	168	137	61	200	146	18	90
55−59岁	437	217	74	81	43	97	82	11	58
60−64岁	151	70	41	24	16	27	32	1	27
65−69岁	54	21	14	13	14	17	10	2	10
70−74岁	14	6	6	4	3	3	2	1	6
75岁及以上	3	2	2	2		1	1		2
女	**2847**	**1096**	**759**	**675**	**147**	**1932**	**3997**	**245**	**1069**
16−19岁	31	6	8	3		55	207	1	7
20−24岁	127	30	55	17	3	158	564	5	29
25−29岁	246	97	101	65	8	228	626	37	65
30−34岁	487	191	162	111	23	378	788	55	155
35−39岁	439	199	114	138	24	306	624	50	152
40−44岁	448	167	111	99	22	289	477	48	203
45−49岁	553	207	111	126	37	321	454	28	203
50−54岁	329	131	65	86	20	137	176	18	135
55−59岁	138	52	18	21	5	37	51	2	67
60−64岁	31	8	4	6	4	12	19	1	28
65−69岁	15	6	10	3		11	8		17
70−74岁	1	2			1		3		5
75岁及以上	2								3

4-5b 续表 5

单位：人

年龄组 性别	制造业		电力、热力、燃气及水生产和供应业				建筑业		
	废弃资源综合利用业	金属制品、机械和设备修理业	小计	电力、热力生产和供应业	燃气生产和供应业	水的生产和供应业	小计	房屋建筑业	土木工程建筑业
总计	**889**	**958**	**5400**	**3907**	**557**	**936**	**58929**	**29285**	**6078**
16-19岁	7	13	16	13	2	1	291	155	19
20-24岁	23	66	186	145	19	22	1890	851	344
25-29岁	50	109	566	413	66	87	4466	1961	732
30-34岁	73	152	815	563	106	146	7458	3162	967
35-39岁	79	157	677	482	81	114	7207	3109	692
40-44岁	101	136	712	525	65	122	7701	3571	668
45-49岁	159	140	1029	766	78	185	10938	5598	987
50-54岁	165	92	697	499	70	128	9815	5437	878
55-59岁	106	60	529	397	42	90	5809	3358	516
60-64岁	68	21	113	74	18	21	2238	1371	187
65-69岁	37	8	45	22	6	17	888	573	68
70-74岁	11	3	8	3	2	3	191	116	11
75岁及以上	10	1	7	5	2		37	23	9
男	**635**	**866**	**4003**	**2956**	**401**	**646**	**49721**	**23778**	**5365**
16-19岁	6	13	14	13	1		258	134	18
20-24岁	18	60	142	110	15	17	1628	731	291
25-29岁	38	98	414	301	49	64	3893	1676	651
30-34岁	57	141	556	396	66	94	6511	2689	848
35-39岁	64	135	476	349	57	70	6254	2593	622
40-44岁	65	126	477	357	42	78	6392	2837	588
45-49岁	107	120	706	547	56	103	8813	4289	860
50-54岁	123	83	573	421	53	99	7996	4204	767
55-59岁	80	58	485	368	37	80	4980	2792	469
60-64岁	47	20	104	67	16	21	1989	1193	173
65-69岁	23	8	42	20	5	17	796	511	61
70-74岁	6	3	8	3	2	3	180	109	10
75岁及以上	1	1	6	4	2		31	20	7
女	**254**	**92**	**1397**	**951**	**156**	**290**	**9208**	**5507**	**713**
16-19岁	1		2		1	1	33	21	1
20-24岁	5	6	44	35	4	5	262	120	53
25-29岁	12	11	152	112	17	23	573	285	81
30-34岁	16	11	259	167	40	52	947	473	119
35-39岁	15	22	201	133	24	44	953	516	70
40-44岁	36	10	235	168	23	44	1309	734	80
45-49岁	52	20	323	219	22	82	2125	1309	127
50-54岁	42	9	124	78	17	29	1819	1233	111
55-59岁	26	2	44	29	5	10	829	566	47
60-64岁	21	1	9	7	2		249	178	14
65-69岁	14		3	2	1		92	62	7
70-74岁	5						11	7	1
75岁及以上	9		1	1			6	3	2

4-5b 续表 6

单位：人

年龄组 性别	建筑业		批发和零售业			交通运输、仓储和邮政业			
	建筑安装业	建筑装饰、装修和其他建筑业	小计	批发业	零售业	小计	铁路运输业	道路运输业	水上运输业
总计	**3485**	**20081**	**100988**	**20014**	**80974**	**25816**	**363**	**16564**	**1359**
16-19岁	23	94	1007	135	872	127	4	42	1
20-24岁	124	571	4801	824	3977	957	40	427	44
25-29岁	286	1487	11927	2207	9720	2257	48	1203	99
30-34岁	607	2722	18815	3456	15359	4048	53	2312	168
35-39岁	604	2802	15983	3234	12749	3733	26	2420	169
40-44岁	541	2921	13446	2670	10776	3755	38	2674	181
45-49岁	590	3763	13757	2878	10879	4446	54	3164	244
50-54岁	406	3094	9848	2261	7587	3315	50	2253	209
55-59岁	216	1719	6028	1367	4661	2075	48	1353	147
60-64岁	57	623	2915	553	2362	742	2	487	73
65-69岁	27	220	1676	306	1370	278		173	22
70-74岁	3	61	528	83	445	65		45	2
75岁及以上	1	4	257	40	217	18		11	
男	**3265**	**17313**	**50872**	**12541**	**38331**	**22497**	**282**	**15192**	**1252**
16-19岁	23	83	575	90	485	98	2	37	1
20-24岁	119	487	2609	532	2077	765	29	358	36
25-29岁	274	1292	6302	1368	4934	1838	35	1037	80
30-34岁	566	2408	9067	2081	6986	3330	43	2048	145
35-39岁	571	2468	7450	1931	5519	3209	15	2197	156
40-44岁	505	2462	6291	1634	4657	3268	30	2442	166
45-49岁	536	3128	6509	1785	4724	3965	41	2953	235
50-54岁	381	2644	5228	1486	3742	3046	40	2143	200
55-59岁	203	1516	3500	936	2564	1941	46	1294	141
60-64岁	56	567	1753	393	1360	701	1	466	70
65-69岁	27	197	1052	216	836	260		165	20
70-74岁	3	58	372	63	309	62		43	2
75岁及以上	1	3	164	26	138	14		9	
女	**220**	**2768**	**50116**	**7473**	**42643**	**3319**	**81**	**1372**	**107**
16-19岁		11	432	45	387	29	2	5	
20-24岁	5	84	2192	292	1900	192	11	69	8
25-29岁	12	195	5625	839	4786	419	13	166	19
30-34岁	41	314	9748	1375	8373	718	10	264	23
35-39岁	33	334	8533	1303	7230	524	11	223	13
40-44岁	36	459	7155	1036	6119	487	8	232	15
45-49岁	54	635	7248	1093	6155	481	13	211	9
50-54岁	25	450	4620	775	3845	269	10	110	9
55-59岁	13	203	2528	431	2097	134	2	59	6
60-64岁	1	56	1162	160	1002	41	1	21	3
65-69岁		23	624	90	534	18		8	2
70-74岁		3	156	20	136	3		2	
75岁及以上		1	93	14	79	4		2	

4-5b 续表 7

单位：人

年龄组 性别	交通运输、仓储和邮政业					住宿和餐饮业		
	航空运输业	管道运输业	多式联运和运输代理业	装卸搬运和仓储业	邮政业	小计	住宿业	餐饮业
总计	**155**	**8**	**444**	**2721**	**4202**	**31563**	**3473**	**28090**
16-19岁	2		7	11	60	708	102	606
20-24岁	30		21	66	329	1838	239	1599
25-29岁	51	1	50	131	674	3466	397	3069
30-34岁	31	2	81	278	1123	5634	578	5056
35-39岁	15		82	278	743	4771	423	4348
40-44岁	8	1	48	284	521	4159	410	3749
45-49岁	7	2	64	520	391	4618	534	4084
50-54岁	7		52	547	197	3216	407	2809
55-59岁	3	1	24	379	120	1850	232	1618
60-64岁	1	1	9	140	29	775	92	683
65-69岁			3	70	10	411	43	368
70-74岁			3	15		84	11	73
75岁及以上				2	5	33	5	28
男	**109**	**7**	**349**	**2300**	**3006**	**15960**	**1370**	**14590**
16-19岁	1		6	9	42	457	54	403
20-24岁	23		8	53	258	1182	117	1065
25-29岁	33	1	40	111	501	2144	180	1964
30-34岁	17	2	59	227	789	3107	223	2884
35-39岁	12		71	238	520	2423	166	2257
40-44岁	6		36	229	359	1945	154	1791
45-49岁	7	2	49	419	259	1914	146	1768
50-54岁	6		43	466	148	1330	135	1195
55-59岁	3	1	23	336	97	835	111	724
60-64岁	1	1	9	131	22	348	46	302
65-69岁			2	66	7	210	24	186
70-74岁			3	14		49	9	40
75岁及以上				1	4	16	5	11
女	**46**	**1**	**95**	**421**	**1196**	**15603**	**2103**	**13500**
16-19岁	1		1	2	18	251	48	203
20-24岁	7		13	13	71	656	122	534
25-29岁	18		10	20	173	1322	217	1105
30-34岁	14		22	51	334	2527	355	2172
35-39岁	3		11	40	223	2348	257	2091
40-44岁	2	1	12	55	162	2214	256	1958
45-49岁			15	101	132	2704	388	2316
50-54岁	1		9	81	49	1886	272	1614
55-59岁			1	43	23	1015	121	894
60-64岁				9	7	427	46	381
65-69岁			1	4	3	201	19	182
70-74岁				1		35	2	33
75岁及以上				1	1	17		17

4-5b　续表 8　　　　单位：人

年龄组 性　别	信息传输、软件和信息技术服务业				金融业				
	小计	电信、广播电视和卫星传输服务	互联网和相关服务	软件和信息技术服务业	小计	货币金融服　务	资本市场服　务	保险业	其　他金融业
总　计	**6889**	**2266**	**2334**	**2289**	**6339**	**3502**	**329**	**2198**	**310**
16-19岁	95	9	55	31	9		2	4	3
20-24岁	872	129	338	405	354	230	20	73	31
25-29岁	1578	311	590	677	1064	631	61	311	61
30-34岁	1765	533	619	613	1425	770	93	477	85
35-39岁	1095	436	337	322	858	359	53	412	34
40-44岁	585	320	160	105	703	296	33	344	30
45-49岁	462	284	122	56	865	488	28	320	29
50-54岁	250	150	64	36	633	422	19	167	25
55-59岁	152	82	40	30	376	276	16	72	12
60-64岁	18	6	5	7	36	22	2	12	
65-69岁	9	4	3	2	12	5	1	6	
70-74岁	6	2	1	3	3	2	1		
75岁及以上	2			2	1	1			
男	**4652**	**1355**	**1604**	**1693**	**3033**	**1907**	**213**	**723**	**190**
16-19岁	61	3	38	20	3		2	1	
20-24岁	608	86	226	296	165	108	11	32	14
25-29岁	1079	169	416	494	561	317	37	168	39
30-34岁	1107	241	398	468	620	343	56	169	52
35-39岁	700	236	227	237	336	167	33	115	21
40-44岁	393	205	117	71	225	125	21	66	13
45-49岁	337	205	93	39	356	251	20	65	20
50-54岁	210	129	52	29	414	323	13	58	20
55-59岁	128	71	31	26	319	252	16	40	11
60-64岁	16	6	3	7	22	15	2	5	
65-69岁	6	2	2	2	8	3	1	4	
70-74岁	5	2	1	2	3	2	1		
75岁及以上	2			2	1	1			
女	**2237**	**911**	**730**	**596**	**3306**	**1595**	**116**	**1475**	**120**
16-19岁	34	6	17	11	6			3	3
20-24岁	264	43	112	109	189	122	9	41	17
25-29岁	499	142	174	183	503	314	24	143	22
30-34岁	658	292	221	145	805	427	37	308	33
35-39岁	395	200	110	85	522	192	20	297	13
40-44岁	192	115	43	34	478	171	12	278	17
45-49岁	125	79	29	17	509	237	8	255	9
50-54岁	40	21	12	7	219	99	6	109	5
55-59岁	24	11	9	4	57	24		32	1
60-64岁	2		2		14	7		7	
65-69岁	3	2	1		4	2		2	
70-74岁	1			1					
75岁及以上									

4-5b 续表 9

单位：人

年龄组 性别	房地产业		租赁和商务服务业			科学研究和技术服务业			
	小计	房地产业	小计	租赁业	商务服务业	小计	研究和试验发展	专业技术服务业	科技推广和应用服务业
总计	**7923**	**7923**	**8678**	**690**	**7988**	**3866**	**364**	**3004**	**498**
16-19岁	65	65	86	7	79	24	2	17	5
20-24岁	469	469	616	40	576	431	46	343	42
25-29岁	1077	1077	1335	95	1240	815	71	638	106
30-34岁	1448	1448	1765	154	1611	914	84	722	108
35-39岁	1056	1056	1223	110	1113	540	49	418	73
40-44岁	799	799	933	97	836	318	30	242	46
45-49岁	919	919	973	84	889	348	36	266	46
50-54岁	799	799	813	57	756	244	26	171	47
55-59岁	661	661	548	32	516	172	14	141	17
60-64岁	370	370	220	10	210	34	3	27	4
65-69岁	200	200	125	1	124	15	1	12	2
70-74岁	51	51	32	2	30	9	2	6	1
75岁及以上	9	9	9	1	8	2		1	1
男	**4693**	**4693**	**5606**	**601**	**5005**	**2814**	**271**	**2219**	**324**
16-19岁	43	43	51	7	44	14	1	11	2
20-24岁	261	261	347	36	311	306	37	241	28
25-29岁	627	627	770	87	683	571	51	449	71
30-34岁	726	726	1034	139	895	644	66	509	69
35-39岁	539	539	754	93	661	403	35	324	44
40-44岁	445	445	592	80	512	227	17	179	31
45-49岁	527	527	641	70	571	247	24	197	26
50-54岁	538	538	615	51	564	195	23	141	31
55-59岁	508	508	454	27	427	154	12	127	15
60-64岁	272	272	197	9	188	30	3	24	3
65-69岁	162	162	113		113	14	1	11	2
70-74岁	40	40	29	1	28	7	1	5	1
75岁及以上	5	5	9	1	8	2		1	1
女	**3230**	**3230**	**3072**	**89**	**2983**	**1052**	**93**	**785**	**174**
16-19岁	22	22	35		35	10	1	6	3
20-24岁	208	208	269	4	265	125	9	102	14
25-29岁	450	450	565	8	557	244	20	189	35
30-34岁	722	722	731	15	716	270	18	213	39
35-39岁	517	517	469	17	452	137	14	94	29
40-44岁	354	354	341	17	324	91	13	63	15
45-49岁	392	392	332	14	318	101	12	69	20
50-54岁	261	261	198	6	192	49	3	30	16
55-59岁	153	153	94	5	89	18	2	14	2
60-64岁	98	98	23	1	22	4		3	1
65-69岁	38	38	12	1	11	1		1	
70-74岁	11	11	3	1	2	2	1	1	
75岁及以上	4	4							

4-5b　续表 10　　　　　　　　　　　　　　　　　　　　　　　　　　　　单位：人

年龄组 性别	水利、环境和公共设施管理业					居民服务、修理和其他服务业			
	小计	水利管理业	生态保护和环境治理业	公共设施管理业	土地管理业	小计	居民服务业	机动车、电子产品和日用产品修理业	其他服务业
总　计	**3240**	**218**	**301**	**2686**	**35**	**22169**	**14046**	**5305**	**2818**
16-19岁	8		1	7		472	305	154	13
20-24岁	82	12	18	52		1231	776	405	50
25-29岁	219	22	38	155	4	2330	1495	727	108
30-34岁	294	27	56	204	7	3705	2405	1067	233
35-39岁	281	14	36	229	2	3049	1960	881	208
40-44岁	319	24	24	264	7	2640	1613	728	299
45-49岁	468	43	44	375	6	2767	1682	619	466
50-54岁	474	35	38	396	5	2397	1523	376	498
55-59岁	459	31	29	397	2	1640	1075	170	395
60-64岁	355	4	10	340	1	967	590	103	274
65-69岁	207	3	5	199		641	395	52	194
70-74岁	60	1	2	56	1	236	157	13	66
75岁及以上	14	2		12		94	70	10	14
男	**1976**	**153**	**228**	**1574**	**21**	**9987**	**4472**	**4497**	**1018**
16-19岁	7		1	6		317	157	150	10
20-24岁	58	5	15	38		718	315	377	26
25-29岁	144	14	25	105		1284	586	638	60
30-34岁	212	20	39	148	5	1787	772	910	105
35-39岁	180	10	26	143	1	1452	616	738	98
40-44岁	198	12	20	161	5	1175	476	603	96
45-49岁	250	22	33	192	3	1021	401	494	126
50-54岁	281	31	32	214	4	850	403	296	151
55-59岁	263	30	25	207	1	579	314	143	122
60-64岁	201	3	7	190	1	362	181	82	99
65-69岁	130	3	3	124		275	149	44	82
70-74岁	40	1	2	36	1	119	74	13	32
75岁及以上	12	2		10		48	28	9	11
女	**1264**	**65**	**73**	**1112**	**14**	**12182**	**9574**	**808**	**1800**
16-19岁	1			1		155	148	4	3
20-24岁	24	7	3	14		513	461	28	24
25-29岁	75	8	13	50	4	1046	909	89	48
30-34岁	82	7	17	56	2	1918	1633	157	128
35-39岁	101	4	10	86	1	1597	1344	143	110
40-44岁	121	12	4	103	2	1465	1137	125	203
45-49岁	218	21	11	183	3	1746	1281	125	340
50-54岁	193	4	6	182	1	1547	1120	80	347
55-59岁	196	1	4	190	1	1061	761	27	273
60-64岁	154	1	3	150		605	409	21	175
65-69岁	77		2	75		366	246	8	112
70-74岁	20			20		117	83		34
75岁及以上	2			2		46	42	1	3

4-5b 续表 11

单位：人

年龄组 性 别	教育		卫生和社会工作			文化、体育和娱乐业				
	小计	教育	小计	卫生	社会工作	小计	新闻和出版业	广播、电视、电影和录音制作业	文化艺术业	体育
总 计	**27530**	**27530**	**9830**	**9524**	**306**	**4099**	**131**	**292**	**904**	**391**
16-19岁	447	447	85	82	3	137	2	5	15	13
20-24岁	2187	2187	955	945	10	435	17	42	36	52
25-29岁	3500	3500	1879	1863	16	656	21	72	97	86
30-34岁	3555	3555	1620	1593	27	737	31	53	139	74
35-39岁	3446	3446	1112	1080	32	545	15	28	129	65
40-44岁	4622	4622	1108	1079	29	469	11	17	118	45
45-49岁	4319	4319	1094	1062	32	385	13	19	108	25
50-54岁	3308	3308	863	809	54	355	12	22	119	13
55-59岁	1649	1649	566	527	39	223	8	22	75	16
60-64岁	324	324	253	218	35	71		5	20	1
65-69岁	123	123	175	154	21	54	1	4	26	1
70-74岁	27	27	79	74	5	25		3	16	
75岁及以上	23	23	41	38	3	7			6	
男	**10166**	**10166**	**3599**	**3491**	**108**	**1959**	**73**	**170**	**455**	**196**
16-19岁	103	103	13	12	1	60		4	8	8
20-24岁	368	368	171	170	1	196	7	23	16	37
25-29岁	605	605	402	395	7	292	9	32	37	53
30-34岁	713	713	432	425	7	316	14	25	55	31
35-39岁	946	946	396	389	7	247	7	17	57	25
40-44岁	1809	1809	461	452	9	210	9	8	60	12
45-49岁	2121	2121	492	483	9	170	9	11	45	15
50-54岁	1851	1851	473	455	18	188	9	21	64	4
55-59岁	1311	1311	369	349	20	155	8	20	51	9
60-64岁	224	224	175	159	16	52		4	17	1
65-69岁	79	79	118	111	7	42	1	2	24	1
70-74岁	20	20	61	58	3	24		3	15	
75岁及以上	16	16	36	33	3	7			6	
女	**17364**	**17364**	**6231**	**6033**	**198**	**2140**	**58**	**122**	**449**	**195**
16-19岁	344	344	72	70	2	77	2	1	7	5
20-24岁	1819	1819	784	775	9	239	10	19	20	15
25-29岁	2895	2895	1477	1468	9	364	12	40	60	33
30-34岁	2842	2842	1188	1168	20	421	17	28	84	43
35-39岁	2500	2500	716	691	25	298	8	11	72	40
40-44岁	2813	2813	647	627	20	259	2	9	58	33
45-49岁	2198	2198	602	579	23	215	4	8	63	10
50-54岁	1457	1457	390	354	36	167	3	1	55	9
55-59岁	338	338	197	178	19	68		2	24	7
60-64岁	100	100	78	59	19	19		1	3	
65-69岁	44	44	57	43	14	12		2	2	
70-74岁	7	7	18	16	2	1			1	
75岁及以上	7	7	5	5						

4-5b　续表 12　　　　　　　　　　　　　　　　　　　　　　　　　　　单位：人

年龄组 性　别	娱乐业	公共管理、社会保障和社会组织							国际组织	
		小计	中国共产党机关	国家机构	人民政协、民主党派	社会保障	群众团体、社会团体和其他成员组织	基层群众自治组织	小计	国际组织
总　计	**2381**	**24044**	**374**	**19234**	**99**	**120**	**1275**	**2942**	**1**	**1**
16–19岁	102	66		59			4	3		
20–24岁	288	1123	8	1021		5	36	53		
25–29岁	380	3119	47	2782	3	22	93	172		
30–34岁	440	4041	77	3414	8	29	162	351		
35–39岁	308	2609	40	2119	5	16	132	297		
40–44岁	278	2899	55	2285	6	16	142	395		
45–49岁	220	3614	63	2823	21	16	179	512	1	1
50–54岁	189	3071	48	2403	28	7	157	428		
55–59岁	102	2548	31	2012	24	9	125	347		
60–64岁	45	452	3	186	2		74	187		
65–69岁	22	283		82	1		77	123		
70–74岁	6	135	1	28	1		46	59		
75岁及以上	1	84	1	20			48	15		
男	**1065**	**15837**	**253**	**12974**	**70**	**54**	**719**	**1767**	**1**	**1**
16–19岁	40	55		53			1	1		
20–24岁	113	629	3	589		3	15	19		
25–29岁	161	1629	25	1486	1	8	36	73		
30–34岁	191	2178	41	1932	3	5	65	132		
35–39岁	141	1575	26	1319	4	9	77	140		
40–44岁	121	1850	39	1498	3	6	72	232		
45–49岁	90	2451	45	1973	10	9	92	322	1	1
50–54岁	90	2435	40	1971	24	5	90	305		
55–59岁	67	2315	31	1886	22	9	97	270		
60–64岁	30	348	1	159	1		54	133		
65–69岁	14	202		68	1		50	83		
70–74岁	6	113	1	26	1		36	49		
75岁及以上	1	57	1	14			34	8		
女	**1316**	**8207**	**121**	**6260**	**29**	**66**	**556**	**1175**		
16–19岁	62	11		6			3	2		
20–24岁	175	494	5	432		2	21	34		
25–29岁	219	1490	22	1296	2	14	57	99		
30–34岁	249	1863	36	1482	5	24	97	219		
35–39岁	167	1034	14	800	1	7	55	157		
40–44岁	157	1049	16	787	3	10	70	163		
45–49岁	130	1163	18	850	11	7	87	190		
50–54岁	99	636	8	432	4	2	67	123		
55–59岁	35	233		126	2		28	77		
60–64岁	15	104	2	27	1		20	54		
65–69岁	8	81		14			27	40		
70–74岁		22		2			10	10		
75岁及以上		27		6			14	7		

4-5c 全省分年龄、性别、行业大类的就业人口(乡村)

单位：人

年龄组 性别	合计	农、林、牧、渔业						采矿业	
		小计	农业	林业	畜牧业	渔业	农、林、牧、渔专业及辅助性活动	小计	煤炭开采和洗选业
总 计	**626830**	**215364**	**174478**	**6237**	**12747**	**19542**	**2360**	**3021**	**1200**
16-19岁	6780	632	479	11	44	85	13	13	3
20-24岁	24904	2281	1606	56	153	403	63	34	6
25-29岁	49535	5377	3776	109	426	960	106	129	23
30-34岁	74015	9678	6831	225	768	1679	175	257	65
35-39岁	64826	11226	8059	271	842	1874	180	274	91
40-44岁	64886	14807	10895	457	1038	2195	222	417	170
45-49岁	86472	27146	20860	956	1796	3203	331	715	349
50-54岁	87171	36832	29457	1386	2158	3425	406	675	311
55-59岁	66085	34244	28432	1145	1799	2554	314	384	151
60-64岁	45309	29717	25582	769	1386	1758	222	84	26
65-69岁	34313	25210	22175	550	1252	1038	195	27	2
70-74岁	14444	11518	10348	209	593	281	87	9	1
75岁及以上	8090	6696	5978	93	492	87	46	3	2
男	**377820**	**120721**	**93305**	**4565**	**7185**	**14453**	**1213**	**2690**	**1080**
16-19岁	4338	417	292	8	30	77	10	13	3
20-24岁	15521	1530	993	49	107	339	42	32	6
25-29岁	30865	3283	2106	88	257	761	71	118	23
30-34岁	44678	5654	3615	174	470	1303	92	240	62
35-39岁	38755	6327	4091	204	505	1440	87	242	81
40-44岁	37531	7808	5209	324	605	1569	101	357	147
45-49岁	49327	13908	9904	636	967	2243	158	617	305
50-54岁	51901	19208	14388	978	1206	2449	187	608	283
55-59岁	40558	18255	14386	839	1007	1855	168	347	139
60-64岁	28154	17144	14331	585	776	1335	117	81	26
65-69岁	21323	15120	13104	424	685	805	102	24	2
70-74岁	9659	7672	6900	180	323	213	56	8	1
75岁及以上	5210	4395	3986	76	247	64	22	3	2
女	**249010**	**94643**	**81173**	**1672**	**5562**	**5089**	**1147**	**331**	**120**
16-19岁	2442	215	187	3	14	8	3		
20-24岁	9383	751	613	7	46	64	21	2	
25-29岁	18670	2094	1670	21	169	199	35	11	
30-34岁	29337	4024	3216	51	298	376	83	17	3
35-39岁	26071	4899	3968	67	337	434	93	32	10
40-44岁	27355	6999	5686	133	433	626	121	60	23
45-49岁	37145	13238	10956	320	829	960	173	98	44
50-54岁	35270	17624	15069	408	952	976	219	67	28
55-59岁	25527	15989	14046	306	792	699	146	37	12
60-64岁	17155	12573	11251	184	610	423	105	3	
65-69岁	12990	10090	9071	126	567	233	93	3	
70-74岁	4785	3846	3448	29	270	68	31	1	
75岁及以上	2880	2301	1992	17	245	23	24		

4-5c　续表 1　　　　单位：人

年龄组 性　别	采矿业						制造业		
	石油和天然气开采业	黑色金属矿采选业	有色金属矿采选业	非金属矿采选业	开采专业及辅助性活　动	其　他采矿业	小计	农副食品加工业	食　品制造业
总　计	**3**	**257**	**289**	**1162**	**71**	**39**	**139365**	**8723**	**5425**
16-19岁				9	1		2524	49	93
20-24岁		2	7	18	1		6870	210	245
25-29岁		11	16	74	3	2	12716	442	509
30-34岁	2	27	35	118	8	2	21961	797	723
35-39岁		18	25	119	12	9	19346	738	677
40-44岁		35	44	154	10	4	18751	964	678
45-49岁	1	53	58	234	13	7	22662	1461	910
50-54岁		58	59	224	14	9	17055	1472	780
55-59岁		42	36	145	5	5	9615	1054	425
60-64岁		7	7	41	2	1	4153	687	210
65-69岁		3	2	18	2		2466	513	130
70-74岁				8			823	220	32
75岁及以上		1					423	116	13
男	**2**	**229**	**256**	**1022**	**67**	**34**	**76670**	**3660**	**2356**
16-19岁				9	1		1642	27	52
20-24岁		2	7	16	1		4558	122	129
25-29岁		10	13	67	3	2	7837	221	260
30-34岁	2	25	34	108	7	2	12049	380	335
35-39岁		18	24	101	10	8	10069	310	295
40-44岁		33	32	132	10	3	9063	361	239
45-49岁		43	50	201	12	6	11188	555	323
50-54岁		51	55	198	14	7	9517	605	319
55-59岁		37	33	128	5	5	6014	478	190
60-64岁		7	7	38	2	1	2604	276	116
65-69岁		2	1	17	2		1465	206	73
70-74岁				7			472	88	20
75岁及以上		1					192	31	5
女	**1**	**28**	**33**	**140**	**4**	**5**	**62695**	**5063**	**3069**
16-19岁							882	22	41
20-24岁				2			2312	88	116
25-29岁		1	3	7			4879	221	249
30-34岁		2	1	10	1		9912	417	388
35-39岁			1	18	2	1	9277	428	382
40-44岁		2	12	22		1	9688	603	439
45-49岁	1	10	8	33	1	1	11474	906	587
50-54岁		7	4	26		2	7538	867	461
55-59岁		5	3	17			3601	576	235
60-64岁				3			1549	411	94
65-69岁		1	1	1			1001	307	57
70-74岁				1			351	132	12
75岁及以上							231	85	8

4－5c 续表 2

单位：人

年龄组 性 别	制造业								
	酒、饮料和精制茶制造业	烟 草制品业	纺织业	纺织服装、服饰业	皮革、毛皮、羽毛及其制品和制鞋业	木材加工和木、竹、藤、棕、草制品业	家 具制造业	造纸和纸制品业	印刷和记录媒介复制业
总 计	**6112**	**100**	**7609**	**16042**	**14150**	**6612**	**3623**	**3640**	**1054**
16－19岁	69		112	163	212	38	42	64	22
20－24岁	176	2	438	517	588	122	129	199	77
25－29岁	433	4	803	1279	1218	230	301	373	129
30－34岁	709	8	1286	3115	2619	491	534	610	217
35－39岁	629	6	1052	2804	2440	581	433	466	166
40－44岁	662	25	1026	2726	2229	778	489	462	152
45－49岁	984	30	1195	2784	2420	1340	613	561	137
50－54岁	906	16	874	1510	1386	1386	563	468	85
55－59岁	656	7	467	718	631	859	337	240	51
60－64岁	440	2	193	246	233	421	101	96	8
65－69岁	287		101	115	128	234	63	67	6
70－74岁	97		38	47	31	84	15	20	3
75岁及以上	64		24	18	15	48	3	14	1
男	**3453**	**40**	**3813**	**5194**	**5174**	**4173**	**2462**	**2074**	**682**
16－19岁	42		65	80	125	28	35	37	18
20－24岁	109	2	277	224	304	98	96	133	53
25－29岁	273	3	452	474	533	162	216	255	100
30－34岁	434	5	658	1021	929	324	347	348	144
35－39岁	331	1	519	835	838	344	289	239	104
40－44岁	341	7	410	773	671	428	303	240	93
45－49岁	521	9	550	797	765	738	358	283	79
50－54岁	525	8	433	505	493	836	388	274	48
55－59岁	371	4	254	288	288	618	267	160	31
60－64岁	263	1	105	118	133	316	92	56	4
65－69岁	153		63	55	68	175	57	33	4
70－74岁	61		18	17	21	66	12	12	3
75岁及以上	29		9	7	6	40	2	4	1
女	**2659**	**60**	**3796**	**10848**	**8976**	**2439**	**1161**	**1566**	**372**
16－19岁	27		47	83	87	10	7	27	4
20－24岁	67		161	293	284	24	33	66	24
25－29岁	160	1	351	805	685	68	85	118	29
30－34岁	275	3	628	2094	1690	167	187	262	73
35－39岁	298	5	533	1969	1602	237	144	227	62
40－44岁	321	18	616	1953	1558	350	186	222	59
45－49岁	463	21	645	1987	1655	602	255	278	58
50－54岁	381	8	441	1005	893	550	175	194	37
55－59岁	285	3	213	430	343	241	70	80	20
60－64岁	177	1	88	128	100	105	9	40	4
65－69岁	134		38	60	60	59	6	34	2
70－74岁	36		20	30	10	18	3	8	
75岁及以上	35		15	11	9	8	1	10	

4-5c 续表 3

单位：人

年龄组 性 别	制造业								
	文教、工美、体育和娱乐用品制造业	石油、煤炭及其他燃料加工业	化学原料和化学制品制造业	医 药制造业	化学纤维制造业	橡胶和塑 料制品业	非金属矿 物制品业	黑色金属冶炼和压延加工业	有色金属冶炼和压延加工业
总 计	**7338**	**289**	**2259**	**595**	**942**	**5410**	**14498**	**1536**	**1258**
16-19岁	122	1	13	8	35	88	96	8	15
20-24岁	357	14	105	63	142	234	475	80	71
25-29岁	726	19	191	108	183	492	1088	154	110
30-34岁	1204	28	318	81	170	891	1897	236	221
35-39岁	1061	46	307	86	106	786	1776	243	193
40-44岁	1039	45	317	58	92	820	1846	215	149
45-49岁	1212	45	393	80	106	880	2753	253	219
50-54岁	801	51	331	45	70	653	2374	211	165
55-59岁	425	30	193	38	29	337	1407	95	82
60-64岁	173	8	54	14	5	126	482	30	24
65-69岁	140	2	26	9	4	70	246	8	5
70-74岁	42		6	4		18	48	2	3
75岁及以上	36		5	1		15	10	1	1
男	**3842**	**214**	**1506**	**335**	**614**	**3212**	**10525**	**1258**	**905**
16-19岁	72	1	8	6	23	66	70	8	10
20-24岁	209	10	70	30	94	159	373	68	59
25-29岁	424	15	127	61	128	317	845	126	91
30-34岁	635	21	210	48	107	531	1369	190	158
35-39岁	530	33	209	40	70	452	1222	197	145
40-44岁	507	31	186	25	56	434	1244	167	102
45-49岁	588	30	249	40	54	479	1890	195	138
50-54岁	425	41	226	31	51	390	1763	182	110
55-59岁	241	25	146	29	26	233	1103	86	67
60-64岁	96	5	45	12	2	86	396	28	19
65-69岁	78	2	22	9	3	48	199	8	4
70-74岁	21		4	3		12	41	2	2
75岁及以上	16		4	1		5	10	1	
女	**3496**	**75**	**753**	**260**	**328**	**2198**	**3973**	**278**	**353**
16-19岁	50		5	2	12	22	26		5
20-24岁	148	4	35	33	48	75	102	12	12
25-29岁	302	4	64	47	55	175	243	28	19
30-34岁	569	7	108	33	63	360	528	46	63
35-39岁	531	13	98	46	36	334	554	46	48
40-44岁	532	14	131	33	36	386	602	48	47
45-49岁	624	15	144	40	52	401	863	58	81
50-54岁	376	10	105	14	19	263	611	29	55
55-59岁	184	5	47	9	3	104	304	9	15
60-64岁	77	3	9	2	3	40	86	2	5
65-69岁	62		4		1	22	47		1
70-74岁	21		2	1		6	7		1
75岁及以上	20		1			10			1

4-5c 续表 4　　　　单位：人

年龄组 性　别	制造业								
	金　属 制品业	通用设备 制造业	专用设备 制造业	汽　车 制造业	铁路、船舶、 航空航天和 其他运输 设备制造业	电气机械 和器材 制造业	计算机、 通信和其 他电子设 备制造业	仪器仪表 制造业	其　他 制造业
总　计	**8507**	**3698**	**2146**	**1739**	**896**	**4203**	**5797**	**388**	**2692**
16-19岁	88	66	53	38	6	93	857	14	35
20-24岁	360	205	202	136	33	398	1038	27	127
25-29岁	819	372	262	201	82	755	953	49	238
30-34岁	1475	632	435	333	156	917	1051	85	420
35-39岁	1310	559	344	284	139	631	747	73	401
40-44岁	1256	506	261	234	116	477	449	54	373
45-49岁	1425	577	284	237	150	432	393	40	433
50-54岁	966	427	163	164	115	301	186	16	294
55-59岁	515	217	82	83	66	119	72	17	179
60-64岁	179	87	38	18	20	50	23	8	89
65-69岁	77	40	19	7	9	19	21	3	56
70-74岁	27	8	3	4	3	8	5		34
75岁及以上	10	2			1	3	2	2	13
男	**6360**	**2669**	**1540**	**1121**	**672**	**2535**	**3269**	**202**	**1154**
16-19岁	78	56	42	30	6	65	544	13	14
20-24岁	295	163	156	101	26	275	742	19	69
25-29岁	636	289	200	148	64	483	622	24	119
30-34岁	1131	446	326	222	129	558	572	38	184
35-39岁	981	386	237	187	107	384	344	39	182
40-44岁	915	350	175	127	77	258	177	20	154
45-49岁	993	390	177	128	102	206	131	19	168
50-54岁	689	306	119	93	81	166	78	9	118
55-59岁	403	177	64	62	51	79	35	11	86
60-64岁	149	73	28	13	18	40	10	6	29
65-69岁	61	25	15	6	9	12	12	3	18
70-74岁	21	6	1	4	2	6	2		10
75岁及以上	8	2				3		1	3
女	**2147**	**1029**	**606**	**618**	**224**	**1668**	**2528**	**186**	**1538**
16-19岁	10	10	11	8		28	313	1	21
20-24岁	65	42	46	35	7	123	296	8	58
25-29岁	183	83	62	53	18	272	331	25	119
30-34岁	344	186	109	111	27	359	479	47	236
35-39岁	329	173	107	97	32	247	403	34	219
40-44岁	341	156	86	107	39	219	272	34	219
45-49岁	432	187	107	109	48	226	262	21	265
50-54岁	277	121	44	71	34	135	108	7	176
55-59岁	112	40	18	21	15	40	37	6	93
60-64岁	30	14	10	5	2	10	13	2	60
65-69岁	16	15	4	1		7	9		38
70-74岁	6	2	2		1	2	3		24
75岁及以上	2				1		2	1	10

4-5c 续表 5

单位：人

年龄组 性别	制造业		电力、热力、燃气及水生产和供应业				建筑业		
	废弃资源综合利用业	金属制品、机械和设备修理业	小计	电力、热力生产和供应业	燃气生产和供应业	水的生产和供应业	小计	房屋建筑业	土木工程建筑业
总　计	**974**	**1110**	**3338**	**2611**	**284**	**443**	**70913**	**35582**	**9019**
16-19岁	9	15	17	11	1	5	402	166	72
20-24岁	24	76	136	117	8	11	2327	930	651
25-29岁	43	150	331	265	26	40	5102	2095	946
30-34岁	82	220	435	326	42	67	7990	3220	1147
35-39岁	98	164	346	266	34	46	7653	3139	897
40-44岁	110	143	371	279	42	50	8800	4069	995
45-49岁	176	139	501	399	42	60	12378	6641	1340
50-54岁	180	96	502	408	39	55	12305	6770	1481
55-59岁	115	69	403	322	28	53	7901	4648	960
60-64岁	70	18	162	121	11	30	3836	2445	351
65-69岁	48	13	108	83	10	15	1809	1185	151
70-74岁	14	7	21	12	1	8	349	232	26
75岁及以上	5		5	2		3	61	42	2
男	**657**	**999**	**2736**	**2163**	**221**	**352**	**59722**	**28543**	**8021**
16-19岁	7	14	15	10	1	4	359	140	66
20-24岁	21	72	114	101	6	7	2079	801	579
25-29岁	33	136	277	227	22	28	4563	1809	855
30-34岁	53	196	342	264	29	49	7137	2778	1028
35-39岁	73	146	276	214	29	33	6661	2614	810
40-44岁	65	127	277	213	25	39	7307	3182	885
45-49岁	111	122	382	309	31	42	9665	4861	1140
50-54岁	115	90	422	345	32	45	9943	5219	1293
55-59岁	81	60	355	279	26	50	6691	3776	869
60-64岁	53	16	150	110	11	29	3353	2098	329
65-69岁	31	13	100	77	8	15	1608	1032	140
70-74岁	10	7	21	12	1	8	307	201	25
75岁及以上	4		5	2		3	49	32	2
女	**317**	**111**	**602**	**448**	**63**	**91**	**11191**	**7039**	**998**
16-19岁	2	1	2	1		1	43	26	6
20-24岁	3	4	22	16	2	4	248	129	72
25-29岁	10	14	54	38	4	12	539	286	91
30-34岁	29	24	93	62	13	18	853	442	119
35-39岁	25	18	70	52	5	13	992	525	87
40-44岁	45	16	94	66	17	11	1493	887	110
45-49岁	65	17	119	90	11	18	2713	1780	200
50-54岁	65	6	80	63	7	10	2362	1551	188
55-59岁	34	9	48	43	2	3	1210	872	91
60-64岁	17	2	12	11		1	483	347	22
65-69岁	17		8	6	2		201	153	11
70-74岁	4						42	31	1
75岁及以上	1						12	10	

4-5c 续表 6

单位：人

年龄组 性别	建筑业		批发和零售业			交通运输、仓储和邮政业			
	建筑安装业	建筑装饰、装修和其他建筑业	小计	批发业	零售业	小计	铁路运输业	道路运输业	水上运输业
总计	**4084**	**22228**	**74244**	**16817**	**57427**	**23142**	**362**	**15533**	**1067**
16-19岁	25	139	1073	121	952	147	1	53	2
20-24岁	134	612	4631	765	3866	945	57	432	33
25-29岁	362	1699	10147	1979	8168	2181	92	1186	92
30-34岁	713	2910	13706	2929	10777	3661	50	2319	134
35-39岁	683	2934	10451	2333	8118	3279	15	2282	115
40-44岁	639	3097	8408	2024	6384	3087	25	2304	112
45-49岁	643	3754	8654	2252	6402	3618	32	2663	198
50-54岁	480	3574	7133	2015	5118	3127	43	2208	158
55-59岁	255	2038	4654	1240	3414	1852	31	1312	115
60-64岁	98	942	2624	630	1994	832	11	522	78
65-69岁	40	433	1743	360	1383	324	5	204	23
70-74岁	9	82	643	129	514	70		39	5
75岁及以上	3	14	377	40	337	19		9	2
男	**3834**	**19324**	**41333**	**11016**	**30317**	**20508**	**292**	**14552**	**1011**
16-19岁	24	129	567	83	484	112	1	44	2
20-24岁	127	572	2587	510	2077	739	50	363	29
25-29岁	349	1550	5785	1328	4457	1857	79	1081	87
30-34岁	675	2656	7372	1871	5501	3130	40	2122	120
35-39岁	642	2595	5550	1515	4035	2875	10	2135	111
40-44岁	599	2641	4456	1293	3163	2756	17	2167	108
45-49岁	589	3075	4629	1382	3247	3261	24	2514	186
50-54岁	446	2985	4038	1327	2711	2867	33	2108	151
55-59岁	242	1804	2816	856	1960	1752	26	1268	114
60-64岁	94	832	1708	467	1241	774	9	503	75
65-69岁	36	400	1142	265	877	303	3	200	21
70-74岁	9	72	442	90	352	67		38	5
75岁及以上	2	13	241	29	212	15		9	2
女	**250**	**2904**	**32911**	**5801**	**27110**	**2634**	**70**	**981**	**56**
16-19岁	1	10	506	38	468	35		9	
20-24岁	7	40	2044	255	1789	206	7	69	4
25-29岁	13	149	4362	651	3711	324	13	105	5
30-34岁	38	254	6334	1058	5276	531	10	197	14
35-39岁	41	339	4901	818	4083	404	5	147	4
40-44岁	40	456	3952	731	3221	331	8	137	4
45-49岁	54	679	4025	870	3155	357	8	149	12
50-54岁	34	589	3095	688	2407	260	10	100	7
55-59岁	13	234	1838	384	1454	100	5	44	1
60-64岁	4	110	916	163	753	58	2	19	3
65-69岁	4	33	601	95	506	21	2	4	2
70-74岁		10	201	39	162	3		1	
75岁及以上	1	1	136	11	125	4			

4-5c 续表 7

单位：人

年龄组 性 别	交通运输、仓储和邮政业					住宿和餐饮业		
	航 空 运输业	管 道 运输业	多式联运 和运输 代理业	装卸搬运 和仓储业	邮政业	小计	住宿业	餐饮业
总 计	**230**	**8**	**401**	**2569**	**2972**	**27011**	**1726**	**25285**
16-19岁	3		4	23	61	673	57	616
20-24岁	66		23	69	265	1794	117	1677
25-29岁	53	1	55	165	537	3072	196	2876
30-34岁	51	2	85	271	749	5016	283	4733
35-39岁	15	1	76	257	518	4304	238	4066
40-44岁	15	2	44	264	321	3407	211	3196
45-49岁	11		43	414	257	3509	240	3269
50-54岁	11		50	484	173	2636	189	2447
55-59岁	3	1	12	325	53	1530	111	1419
60-64岁	1		6	187	27	645	48	597
65-69岁	1	1	1	82	7	327	32	295
70-74岁			1	23	2	74	3	71
75岁及以上			1	5	2	24	1	23
男	**137**	**6**	**324**	**2122**	**2064**	**14876**	**778**	**14098**
16-19岁	1		2	21	41	475	35	440
20-24岁	24		17	56	200	1200	61	1139
25-29岁	36	1	39	141	393	1982	109	1873
30-34岁	34	1	59	228	526	2948	137	2811
35-39岁	12	1	68	209	329	2411	110	2301
40-44岁	10	1	38	209	206	1679	68	1611
45-49岁	10		36	323	168	1618	83	1535
50-54岁	6		45	399	125	1224	74	1150
55-59岁	3	1	12	283	45	752	52	700
60-64岁			6	161	20	351	22	329
65-69岁	1	1	1	69	7	176	23	153
70-74岁			1	21	2	47	3	44
75岁及以上				2	2	13	1	12
女	**93**	**2**	**77**	**447**	**908**	**12135**	**948**	**11187**
16-19岁	2		2	2	20	198	22	176
20-24岁	42		6	13	65	594	56	538
25-29岁	17		16	24	144	1090	87	1003
30-34岁	17	1	26	43	223	2068	146	1922
35-39岁	3		8	48	189	1893	128	1765
40-44岁	5	1	6	55	115	1728	143	1585
45-49岁	1		7	91	89	1891	157	1734
50-54岁	5		5	85	48	1412	115	1297
55-59岁				42	8	778	59	719
60-64岁	1			26	7	294	26	268
65-69岁				13		151	9	142
70-74岁				2		27		27
75岁及以上			1	3		11		11

4-5c 续表 8

单位：人

年龄组 性别	信息传输、软件和信息技术服务业				金融业				
	小计	电信、广播电视和卫星传输服务	互联网和相关服务	软件和信息技术服务业	小计	货币金融服务	资本市场服务	保险业	其他金融业
总　计	**3877**	**840**	**1723**	**1314**	**2192**	**906**	**161**	**1000**	**125**
16-19岁	64	8	43	13	4	1	1	2	
20-24岁	559	68	263	228	197	115	14	51	17
25-29岁	1035	136	461	438	517	234	46	202	35
30-34岁	1081	227	494	360	568	240	38	250	40
35-39岁	497	142	203	152	322	97	28	183	14
40-44岁	281	103	125	53	177	37	11	124	5
45-49岁	164	62	74	28	184	67	7	103	7
50-54岁	115	53	39	23	133	65	9	54	5
55-59岁	60	32	18	10	65	40	2	21	2
60-64岁	15	6	2	7	11	1	2	8	
65-69岁	5	3		2	9	5	2	2	
70-74岁	1		1		3	2	1		
75岁及以上					2	2			
男	**2759**	**579**	**1213**	**967**	**1107**	**499**	**111**	**424**	**73**
16-19岁	49	5	31	13	1		1		
20-24岁	367	44	166	157	96	54	9	26	7
25-29岁	724	69	338	317	285	122	29	110	24
30-34岁	745	143	337	265	269	117	20	111	21
35-39岁	350	97	135	118	147	55	22	63	7
40-44岁	219	85	93	41	75	23	9	39	4
45-49岁	134	52	61	21	80	38	7	31	4
50-54岁	96	45	31	20	92	54	8	26	4
55-59岁	57	30	18	9	45	32	1	10	2
60-64岁	12	6	2	4	8		2	6	
65-69岁	5	3		2	5	1	2	2	
70-74岁	1		1		2	1	1		
75岁及以上					2	2			
女	**1118**	**261**	**510**	**347**	**1085**	**407**	**50**	**576**	**52**
16-19岁	15	3	12		3	1		2	
20-24岁	192	24	97	71	101	61	5	25	10
25-29岁	311	67	123	121	232	112	17	92	11
30-34岁	336	84	157	95	299	123	18	139	19
35-39岁	147	45	68	34	175	42	6	120	7
40-44岁	62	18	32	12	102	14	2	85	1
45-49岁	30	10	13	7	104	29		72	3
50-54岁	19	8	8	3	41	11	1	28	1
55-59岁	3	2		1	20	8	1	11	
60-64岁	3			3	3	1		2	
65-69岁					4	4			
70-74岁					1	1			
75岁及以上									

4-5c　续表 9　　　　单位：人

年龄组 性　别	房地产业		租赁和商务服务业			科学研究和技术服务业			
	小计	房地产业	小计	租赁业	商　务 服务业	小计	研究和 试验发展	专业技术 服务业	科技推广 和应用 服务业
总　计	**4095**	**4095**	**6330**	**761**	**5569**	**2582**	**242**	**1915**	**425**
16-19岁	45	45	98	7	91	27	5	14	8
20-24岁	331	331	584	57	527	329	25	265	39
25-29岁	722	722	1026	134	892	582	53	448	81
30-34岁	763	763	1194	171	1023	576	66	430	80
35-39岁	466	466	851	130	721	326	32	246	48
40-44岁	351	351	554	75	479	179	18	130	31
45-49岁	413	413	560	71	489	190	15	134	41
50-54岁	370	370	535	62	473	169	10	123	36
55-59岁	317	317	451	35	416	107	7	73	27
60-64岁	192	192	245	10	235	45	4	31	10
65-69岁	102	102	161	7	154	34	5	13	16
70-74岁	20	20	50	2	48	12	2	6	4
75岁及以上	3	3	21		21	6		2	4
男	**2709**	**2709**	**4318**	**684**	**3634**	**1878**	**169**	**1442**	**267**
16-19岁	36	36	64	6	58	18	3	11	4
20-24岁	199	199	340	49	291	211	17	172	22
25-29岁	433	433	622	124	498	420	40	330	50
30-34岁	467	467	750	156	594	414	45	315	54
35-39岁	295	295	587	122	465	241	24	184	33
40-44岁	231	231	388	66	322	136	11	103	22
45-49岁	263	263	394	63	331	148	10	110	28
50-54岁	275	275	432	56	376	134	9	105	20
55-59岁	245	245	364	28	336	85	4	67	14
60-64岁	163	163	195	8	187	36	3	26	7
65-69岁	83	83	123	4	119	21	1	11	9
70-74岁	18	18	44	2	42	11	2	6	3
75岁及以上	1	1	15		15	3		2	1
女	**1386**	**1386**	**2012**	**77**	**1935**	**704**	**73**	**473**	**158**
16-19岁	9	9	34	1	33	9	2	3	4
20-24岁	132	132	244	8	236	118	8	93	17
25-29岁	289	289	404	10	394	162	13	118	31
30-34岁	296	296	444	15	429	162	21	115	26
35-39岁	171	171	264	8	256	85	8	62	15
40-44岁	120	120	166	9	157	43	7	27	9
45-49岁	150	150	166	8	158	42	5	24	13
50-54岁	95	95	103	6	97	35	1	18	16
55-59岁	72	72	87	7	80	22	3	6	13
60-64岁	29	29	50	2	48	9	1	5	3
65-69岁	19	19	38	3	35	13	4	2	7
70-74岁	2	2	6		6	1			1
75岁及以上	2	2	6		6	3			3

中国人口普查
CHINA POPULATION CENSUS

2020

福建省人口普查年鉴

（第5册）

FUJIAN POPULATION CENSUS YEARBOOK 2020

(BOOK 5)

福建省第七次全国人口普查领导小组办公室
福　建　省　统　计　局　编

Compiled by
Office of the Leading Group of Fujian province for the Seventh National Population Census
Fujian Provincial Bureau of Statistics

中国统计出版社
China Statistics Press

图书在版编目（CIP）数据

福建省人口普查年鉴. 2020. 第 5 册 / 福建省第七次全国人口普查领导小组办公室，福建省统计局编. -- 北京：中国统计出版社，2022.9
ISBN 978-7-5037-9951-8

Ⅰ. ①福… Ⅱ. ①福… ②福… Ⅲ. ①人口普查－统计资料－福建－2020－年鉴 Ⅳ. ①C924.255.7-54

中国版本图书馆 CIP 数据核字(2022)第 154836 号

福建省人口普查年鉴-2020（第 5 册）

作　　者福建省第七次全国人口普查领导小组办公室　福建省统计局编
责任编辑/熊丹书
封面设计/李雪燕
出版发行/中国统计出版社有限公司
通信地址/北京市丰台区西三环南路甲 6 号　邮政编码/100073
发行电话/邮购（010）63376909　书店（010）68783171
网　　址/http://www.zgtjcbs.com/
印　　刷/福州万紫千红印刷有限公司
经　　销/新华书店
开　　本/880mm×1230mm　1/16
字　　数/1022 千字
印　　张/32.5
版　　别/2022 年 9 月第 1 版
版　　次/2022 年 9 月第 1 次印刷
定　　价/950.00 元（全五册附光盘）

目　　录

第 5 册

第二部分　长表数据资料(续)

第九卷 住房

第三部分　附　录

第二部分 长表数据资料

第七卷 迁移和户口登记地

7-1 各地区按现住地、户口登记地类型分的户口登记地在外乡镇街道人口

单位：人

现住地	合计					省内				
	合计	乡	镇的村委会	镇的居委会	街道	小计	乡	镇的村委会	镇的居委会	街道
合　计	**1543072**	**267655**	**929128**	**119720**	**226569**	**1030618**	**156278**	**587106**	**93919**	**193315**
福州市	**334793**	**58734**	**183668**	**31568**	**60823**	**235948**	**34504**	**121867**	**26241**	**53336**
鼓楼区	28055	3509	9894	4040	10612	23152	2456	7631	3449	9616
台江区	19950	1588	8865	1884	7613	17105	1149	7129	1623	7204
仓山区	65564	10812	34170	6454	14128	46162	4922	22786	5604	12850
马尾区	13678	2624	8373	1128	1553	7919	1219	4682	838	1180
晋安区	48312	7054	23816	7118	10324	34787	3803	15095	6265	9624
长乐区	26195	4656	18111	1328	2100	12181	1277	8546	881	1477
闽侯县	41555	9059	22885	2628	6983	27319	5819	14360	1860	5280
连江县	14323	3199	8823	1526	775	10183	2039	6187	1349	608
罗源县	11149	3621	6291	785	452	8669	3037	4770	585	277
闽清县	5410	774	3618	731	287	4617	640	3026	700	251
永泰县	6732	2582	3203	575	372	5953	2319	2810	521	303
平潭县	16476	4673	10465	875	463	15018	4260	9592	811	355
福清市	37394	4583	25154	2496	5161	22883	1564	15253	1755	4311
厦门市	**337802**	**52277**	**199238**	**26647**	**59640**	**186755**	**19932**	**101399**	**17585**	**47839**
思明区	56904	4959	25135	5426	21384	39977	2212	15754	3819	18192
海沧区	40585	5439	25784	2546	6816	19104	1675	10590	1392	5447
湖里区	80535	12643	47313	7041	13538	51125	6186	28671	4986	11282
集美区	76955	13369	45541	6029	12016	39996	5319	22189	3606	8882
同安区	54676	10830	37771	2886	3189	24685	3166	17342	1932	2245
翔安区	28147	5037	17694	2719	2697	11868	1374	6853	1850	1791
莆田市	**78856**	**11614**	**53686**	**5155**	**8401**	**56492**	**6540**	**38226**	**4308**	**7418**
城厢区	23156	2025	16106	1842	3183	17994	1144	12408	1594	2848
涵江区	16053	3015	10966	728	1344	10201	1293	7159	573	1176
荔城区	21011	2893	14361	1171	2586	13477	1236	8962	971	2308
秀屿区	5373	718	4053	271	331	3550	346	2788	198	218
仙游县	13263	2963	8200	1143	957	11270	2521	6909	972	868
三明市	**78598**	**20932**	**41456**	**5608**	**10602**	**68784**	**18754**	**35421**	**5013**	**9596**
梅列区	9505	1130	4551	808	3016	7918	865	3616	673	2764
三元区	9201	1358	5334	589	1920	7483	1028	4251	502	1702
明溪县	2400	767	1266	242	125	2179	710	1127	233	109
清流县	2862	797	1677	237	151	2584	695	1538	225	126
宁化县	7145	3224	3192	579	150	6712	3074	2991	535	112
大田县	6812	2906	3217	465	224	5937	2681	2693	385	178
尤溪县	6834	2168	3846	639	181	6250	1982	3526	604	138
沙县	10168	1794	6480	409	1485	8763	1487	5539	353	1384
将乐县	5418	2105	2685	541	87	4869	1996	2307	504	62
泰宁县	3080	1815	1010	162	93	2875	1740	898	156	81
建宁县	2779	1264	1234	211	70	2592	1196	1133	205	58
永安市	12394	1604	6964	726	3100	10622	1300	5802	638	2882
泉州市	**341314**	**56579**	**233659**	**19808**	**31268**	**177424**	**21551**	**116868**	**14102**	**24903**
鲤城区	26060	4114	16077	1727	4142	14673	1530	8258	1235	3650
丰泽区	44086	5294	24586	3665	10541	28703	2080	14589	2844	9190
洛江区	10177	2144	6160	569	1304	6173	1004	3703	379	1087
泉港区	5774	387	4678	329	380	4415	237	3625	249	304
惠安县	21005	3041	15662	1174	1128	11074	1020	8467	865	722
安溪县	26209	5467	18672	1256	814	22882	4817	16326	1097	642
永春县	7811	539	5402	1583	287	7027	438	4803	1516	270
德化县	17239	3667	12226	1092	254	16038	3412	11385	1032	209
石狮市	40804	6849	29330	1876	2749	17817	1807	13028	1113	1869
晋江市	108943	21083	76415	5017	6428	34183	3993	22952	2774	4464
南安市	33206	3994	24451	1520	3241	14439	1213	9732	998	2496

7-1 续表 1

单位：人

现住地	合计					省内				
	合计	乡	镇的村委会	镇的居委会	街道	小计	乡	镇的村委会	镇的居委会	街道
漳州市	**112347**	**14366**	**69077**	**12719**	**16185**	**80331**	**9068**	**46565**	**10587**	**14111**
芗城区	27950	2227	14462	2596	8665	21640	1291	10103	2158	8088
龙文区	14036	1507	9230	1219	2080	10609	887	6781	1025	1916
云霄县	9198	2919	4082	1559	638	8146	2624	3509	1485	528
漳浦县	12533	1240	9533	1220	540	9478	732	7390	1028	328
诏安县	3852	840	2290	427	295	3285	718	1954	370	243
长泰县	6681	951	4773	713	244	3339	362	2352	444	181
东山县	3708	302	2124	642	640	2866	190	1531	563	582
南靖县	4511	406	3137	750	218	3751	291	2579	706	175
平和县	3437	629	2145	441	222	2715	536	1560	417	202
华安县	2169	298	1479	192	200	1366	176	863	149	178
龙海市	24272	3047	15822	2960	2443	13136	1261	7943	2242	1690
南平市	**81259**	**18667**	**42700**	**4649**	**15243**	**72213**	**16563**	**37497**	**4147**	**14006**
延平区	14958	1093	8855	934	4076	13338	819	7776	856	3887
建阳区	10861	1428	6271	985	2177	9405	1180	5396	872	1957
顺昌县	3534	595	1972	373	594	2976	451	1656	330	539
浦城县	7291	1893	3861	440	1097	6525	1630	3487	404	1004
光泽县	4644	2633	1459	399	153	3953	2327	1150	367	109
松溪县	3496	2099	1029	116	252	3232	1995	913	108	216
政和县	4895	2015	2456	109	315	4306	1903	2063	80	260
邵武市	13128	1436	9180	452	2060	12041	1262	8475	400	1904
武夷山市	9444	3740	2729	424	2551	8108	3371	2154	346	2237
建瓯市	9008	1735	4888	417	1968	8329	1625	4427	384	1893
龙岩市	**81896**	**12794**	**52660**	**6977**	**9465**	**72072**	**11062**	**45788**	**6477**	**8745**
新罗区	42421	4692	27865	2981	6883	36904	3789	23886	2703	6526
永定区	5416	1350	3238	339	489	4569	1160	2664	312	433
长汀县	10728	1653	7677	971	427	10104	1544	7269	931	360
上杭县	8684	1733	4680	1914	357	7684	1576	4011	1839	258
武平县	5379	1675	3145	342	217	4768	1533	2724	320	191
连城县	3158	815	2047	158	138	2773	741	1800	135	97
漳平市	6110	876	4008	272	954	5270	719	3434	237	880
宁德市	**96207**	**21692**	**52984**	**6589**	**14942**	**80599**	**18304**	**43475**	**5459**	**13361**
蕉城区	27803	4099	16753	2674	4277	20745	2666	12405	2075	3599
霞浦县	11606	3564	4704	387	2951	10135	3168	4001	316	2650
古田县	7414	2054	3461	285	1614	6759	1886	3056	263	1554
屏南县	2560	1115	1007	345	93	2355	1059	903	324	69
寿宁县	2490	1431	682	314	63	2232	1354	542	290	46
周宁县	3380	954	2100	232	94	3055	851	1935	197	72
柘荣县	3535	2378	734	328	95	3238	2262	609	286	81
福安市	18928	4078	11147	1072	2631	16774	3517	9847	958	2452
福鼎市	18491	2019	12396	952	3124	15306	1541	10177	750	2838

7-1　续表 2

单位：人

现住地	省外									
	小计					北京				
	小计	乡	镇的村委会	镇的居委会	街道	小计	乡	镇的村委会	镇的居委会	街道
合　计	**512454**	**111377**	**342022**	**25801**	**33254**	**681**	**18**	**82**	**92**	**489**
福州市	**98845**	**24230**	**61801**	**5327**	**7487**	**175**	**6**	**21**	**23**	**125**
鼓楼区	4903	1053	2263	591	996	35		3	5	27
台江区	2845	439	1736	261	409	8		4		4
仓山区	19402	5890	11384	850	1278	43	4	1	6	32
马尾区	5759	1405	3691	290	373	2		2		
晋安区	13525	3251	8721	853	700	33		1	7	25
长乐区	14014	3379	9565	447	623	6				6
闽侯县	14236	3240	8525	768	1703	19	1	4	2	12
连江县	4140	1160	2636	177	167					
罗源县	2480	584	1521	200	175	2	1			1
闽清县	793	134	592	31	36	1		1		
永泰县	779	263	393	54	69	2				2
平潭县	1458	413	873	64	108	3			1	2
福清市	14511	3019	9901	741	850	21		5	2	14
厦门市	**151047**	**32345**	**97839**	**9062**	**11801**	**262**	**1**	**12**	**35**	**214**
思明区	16927	2747	9381	1607	3192	100		3	13	84
海沧区	21481	3764	15194	1154	1369	25		3	9	13
湖里区	29410	6457	18642	2055	2256	60		1	6	53
集美区	36959	8050	23352	2423	3134	59		5	5	49
同安区	29991	7664	20429	954	944	10				10
翔安区	16279	3663	10841	869	906	8	1		2	5
莆田市	**22364**	**5074**	**15460**	**847**	**983**	**18**	**5**	**6**		**7**
城厢区	5162	881	3698	248	335	5		1		4
涵江区	5852	1722	3807	155	168	4	2	2		
荔城区	7534	1657	5399	200	278	4	2	1		1
秀屿区	1823	372	1265	73	113	3	1	1		1
仙游县	1993	442	1291	171	89	2		1		1
三明市	**9814**	**2178**	**6035**	**595**	**1006**	**18**	**1**	**1**	**2**	**14**
梅列区	1587	265	935	135	252	8			1	7
三元区	1718	330	1083	87	218	2				2
明溪县	221	57	139	9	16	2	1			1
清流县	278	102	139	12	25					
宁化县	433	150	201	44	38					
大田县	875	225	524	80	46					
尤溪县	584	186	320	35	43	2			1	1
沙县	1405	307	941	56	101					
将乐县	549	109	378	37	25	1		1		
泰宁县	205	75	112	6	12	1				1
建宁县	187	68	101	6	12					
永安市	1772	304	1162	88	218	2				2
泉州市	**163890**	**35028**	**116791**	**5706**	**6365**	**88**	**5**	**16**	**8**	**59**
鲤城区	11387	2584	7819	492	492	14		2	2	10
丰泽区	15383	3214	9997	821	1351	23		2	3	18
洛江区	4004	1140	2457	190	217	4	2			2
泉港区	1359	150	1053	80	76					
惠安县	9931	2021	7195	309	406	19	2	1	2	14
安溪县	3327	650	2346	159	172	3		1	1	1
永春县	784	101	599	67	17					
德化县	1201	255	841	60	45	1				1
石狮市	22987	5042	16302	763	880	3				3
晋江市	74760	17090	53463	2243	1964	16	1	8		7
南安市	18767	2781	14719	522	745	5		2		3

7-1 续表 3

单位：人

现住地	省外									
	小计					北京				
	小计	乡	镇的村委会	镇的居委会	街道	小计	乡	镇的村委会	镇的居委会	街道
漳州市	**32016**	**5298**	**22512**	**2132**	**2074**	**50**		**9**	**13**	**28**
芗城区	6310	936	4359	438	577	8		1		7
龙文区	3427	620	2449	194	164	5			2	3
云霄县	1052	295	573	74	110	4				4
漳浦县	3055	508	2143	192	212	12		2	7	3
诏安县	567	122	336	57	52					
长泰县	3342	589	2421	269	63	3				3
东山县	842	112	593	79	58					
南靖县	760	115	558	44	43	2				2
平和县	722	93	585	24	20	1				1
华安县	803	122	616	43	22					
龙海市	11136	1786	7879	718	753	15		6	4	5
南平市	**9046**	**2104**	**5203**	**502**	**1237**	**17**		**2**	**2**	**13**
延平区	1620	274	1079	78	189	1				1
建阳区	1456	248	875	113	220	3		1		2
顺昌县	558	144	316	43	55					
浦城县	766	263	374	36	93					
光泽县	691	306	309	32	44	3			1	2
松溪县	264	104	116	8	36					
政和县	589	112	393	29	55	1				1
邵武市	1087	174	705	52	156	3				3
武夷山市	1336	369	575	78	314	2				2
建瓯市	679	110	461	33	75	4		1	1	2
龙岩市	**9824**	**1732**	**6872**	**500**	**720**	**19**		**5**	**3**	**11**
新罗区	5517	903	3979	278	357	9				9
永定区	847	190	574	27	56					
长汀县	624	109	408	40	67	3		3		
上杭县	1000	157	669	75	99	1		1		
武平县	611	142	421	22	26					
连城县	385	74	247	23	41	3		1		2
漳平市	840	157	574	35	74	3			3	
宁德市	**15608**	**3388**	**9509**	**1130**	**1581**	**34**		**10**	**6**	**18**
蕉城区	7058	1433	4348	599	678	14		1	5	8
霞浦县	1471	396	703	71	301	5		5		
古田县	655	168	405	22	60	1				1
屏南县	205	56	104	21	24	2		1		1
寿宁县	258	77	140	24	17					
周宁县	325	103	165	35	22					
柘荣县	297	116	125	42	14	1		1		
福安市	2154	561	1300	114	179	6				6
福鼎市	3185	478	2219	202	286	5		2	1	2

7-1　续表 4　　　　　　　　　　　　　　　　　　　　　　　　　　　　　　单位：人

现住地	省外									
	天津					河北				
	小计	乡	镇的村委会	镇的居委会	街道	小计	乡	镇的村委会	镇的居委会	街道
合　计	**494**	**14**	**94**	**67**	**319**	**3761**	**641**	**2095**	**343**	**682**
福州市	**98**	**1**	**31**	**12**	**54**	**999**	**167**	**548**	**93**	**191**
鼓楼区	8		2	4	2	94	14	30	11	39
台江区	7		1		6	67	5	50	3	9
仓山区	22		8	1	13	173	40	86	17	30
马尾区						38	3	20	4	11
晋安区	12		4	4	4	108	17	64	14	13
长乐区	6		1		5	97	23	51	10	13
闽侯县	35		10	1	24	182	34	86	14	48
连江县						27	5	13	3	6
罗源县						51	4	28	13	6
闽清县	2	1	1			12	2	9	1	
永泰县						7	3	3		1
平潭县						14	3	9		2
福清市	6		4	2		129	14	99	3	13
厦门市	**228**	**6**	**35**	**32**	**155**	**1152**	**194**	**603**	**132**	**223**
思明区	72		7	8	57	236	32	108	26	70
海沧区	22	2	2	1	17	118	18	70	15	15
湖里区	36	1	7	6	22	221	32	128	18	43
集美区	77	2	10	14	51	347	51	167	52	77
同安区	3		1		2	98	30	58	5	5
翔安区	18	1	8	3	6	132	31	72	16	13
莆田市	**15**	**1**	**4**	**4**	**6**	**154**	**19**	**97**	**11**	**27**
城厢区	5		1	3	1	47	5	27	5	10
涵江区	1				1	24	2	11	2	9
荔城区	7	1	2	1	3	28	2	21	1	4
秀屿区	1		1			43	8	30	2	3
仙游县	1				1	12	2	8	1	1
三明市	**7**			**2**	**5**	**100**	**21**	**49**	**10**	**20**
梅列区						13		7	6	
三元区	1				1	16	2	6	1	7
明溪县						5	3	2		
清流县						4	2	2		
宁化县						4	1	2	1	
大田县	2				2	16	3	6		7
尤溪县						10	6	1		3
沙县	1				1	3	1	1		1
将乐县	1			1						
泰宁县						3	2	1		
建宁县										
永安市	2			1	1	26	1	21	2	2
泉州市	**55**	**3**	**11**	**4**	**37**	**614**	**115**	**371**	**39**	**89**
鲤城区	5		1		4	44	4	32		8
丰泽区	19		4		15	130	26	58	9	37
洛江区						15	3	8	1	3
泉港区						23	6	14		3
惠安县	2				2	52	7	36	1	8
安溪县	2			1	1	30	7	16	3	4
永春县						5	1	4		
德化县						4		1	2	1
石狮市	8		2	1	5	75	15	46	10	4
晋江市	15	2	3	2	8	156	35	103	8	10
南安市	4	1	1		2	80	11	53	5	11

7-1 续表 5

单位：人

现住地	省外									
	天津					河北				
	小计	乡	镇的村委会	镇的居委会	街道	小计	乡	镇的村委会	镇的居委会	街道
漳州市	**45**	**2**	**6**	**10**	**27**	**355**	**58**	**219**	**32**	**46**
芗城区	2				2	75	14	47	8	6
龙文区	2		1		1	40	4	23	11	2
云霄县						22	2	13	1	6
漳浦县	11		2	4	5	50	11	37		2
诏安县						2		1	1	
长泰县	3			2	1	6		5	1	
东山县						4	1	1	2	
南靖县	2	2				11		9		2
平和县						8	7	1		
华安县						2	1	1		
龙海市	25		3	4	18	135	18	81	8	28
南平市	**9**				**9**	**82**	**12**	**40**	**3**	**27**
延平区	3				3	20	1	12	2	5
建阳区	1				1	6		3	1	2
顺昌县	1				1	3		1		2
浦城县						8	2	4		2
光泽县						7	3	2		2
松溪县						1	1			
政和县						5	2	2		1
邵武市						7		5		2
武夷山市	4				4	16	3	7		6
建瓯市						9		4		5
龙岩市	**17**	**1**	**1**	**2**	**13**	**101**	**19**	**66**	**8**	**8**
新罗区	10		1	1	8	63	10	47	4	2
永定区						2		1	1	
长汀县						11	5	5		1
上杭县						8		6	1	1
武平县						4	2	2		
连城县	4	1			3	7	2	1		4
漳平市	3			1	2	6		4	2	
宁德市	**20**		**6**	**1**	**13**	**204**	**36**	**102**	**15**	**51**
蕉城区	10		2	1	7	58	4	36	9	9
霞浦县	3		1		2	23	4	5	1	13
古田县						6		5		1
屏南县	1				1	5	1	1		3
寿宁县	1				1	1	1			
周宁县										
柘荣县						10	6	3		1
福安市	1		1			57	19	29	3	6
福鼎市	4		2		2	44	1	23	2	18

7-1　续表 6　　　　单位：人

现住地	省外									
	山西					内蒙古				
	小计	乡	镇的村委会	镇的居委会	街道	小计	乡	镇的村委会	镇的居委会	街道
合计	**3226**	**541**	**1702**	**263**	**720**	**1192**	**160**	**511**	**194**	**327**
福州市	**885**	**120**	**481**	**64**	**220**	**295**	**52**	**128**	**41**	**74**
鼓楼区	40	7	11	9	13	22	7	5	4	6
台江区	22	1	11	3	7	14	1	10		3
仓山区	119	22	59	7	31	50	9	19	8	14
马尾区	37	4	20	2	11	11	1	7	1	2
晋安区	71	10	39	6	16	35	5	9	12	9
长乐区	97	27	52	10	8	31	3	19	2	7
闽侯县	278	30	126	15	107	72	12	27	7	26
连江县	26	11	12	1	2	19	7	8	3	1
罗源县	60	3	49	4	4	4		4		
闽清县	2		1	1		3		3		
永泰县	16		11	3	2					
平潭县	6	1	3		2	3		2		1
福清市	111	4	87	3	17	31	7	15	4	5
厦门市	**1094**	**180**	**556**	**108**	**250**	**430**	**45**	**145**	**93**	**147**
思明区	197	24	78	25	70	125	11	34	22	58
海沧区	114	18	72	8	16	34	6	13	6	9
湖里区	174	29	93	17	35	79	11	32	10	26
集美区	344	68	118	48	110	126	5	40	44	37
同安区	138	23	112		3	33	7	12	6	8
翔安区	127	18	83	10	16	33	5	14	5	9
莆田市	**86**	**15**	**49**	**7**	**15**	**29**	**7**	**14**	**5**	**3**
城厢区	30	6	13	4	7	8		5	2	1
涵江区	15	5	7	1	2	2		2		
荔城区	28	3	20		5	7	3	3		1
秀屿区	11	1	7	2	1	9	2	3	3	1
仙游县	2		2			3	2	1		
三明市	**87**	**18**	**47**	**4**	**18**	**20**	**5**	**6**	**3**	**6**
梅列区	9	3	2	1	3	1		1		
三元区	21	4	9	2	6	6	2	1	1	2
明溪县	2		2							
清流县	2	1	1							
宁化县	3	2			1	2				2
大田县	10	3	7			2		1		1
尤溪县	7	2	4		1	1			1	
沙县	7		6		1					
将乐县	7		7			2	2			
泰宁县	1		1							
建宁县	4	1	2		1	1			1	
永安市	14	2	6	1	5	5	1	3		1
泉州市	**449**	**103**	**232**	**42**	**72**	**184**	**22**	**95**	**21**	**46**
鲤城区	53	34	10	2	7	7		7		
丰泽区	109	11	51	11	36	62	5	31	8	18
洛江区	16	8	4		4	7		1	3	3
泉港区	11		9	1	1	6	1	3	1	1
惠安县	20	3	14		3	8	4	4		
安溪县	14	2	7	3	2	5		1	1	3
永春县	3	1	2			5		5		
德化县	4		1	3		1		1		
石狮市	48	7	29	5	7	16	2	9	2	3
晋江市	134	33	78	14	9	43	8	17	2	16
南安市	37	4	27	3	3	24	2	16	4	2

7-1 续表 7 单位：人

现住地	省外									
	山西					内蒙古				
	小计	乡	镇的村委会	镇的居委会	街道	小计	乡	镇的村委会	镇的居委会	街道
漳州市	**241**	**30**	**132**	**17**	**62**	**114**	**11**	**59**	**17**	**27**
芗城区	87	10	33	11	33	12	3	3	4	2
龙文区	13	5	7		1	9	3	5	1	
云霄县	4		2		2	5	1	4		
漳浦县	23	5	15		3	6		5		1
诏安县	1		1							
长泰县	23	5	17	1		11		8	3	
东山县	3		2	1		5	1	1	3	
南靖县	5		4		1	2		2		
平和县	3		3			2		2		
华安县	7		6		1	3	1	2		
龙海市	72	5	42	4	21	59	2	27	6	24
南平市	**62**	**13**	**24**	**1**	**24**	**34**	**6**	**15**	**3**	**10**
延平区	12	4	5		3	6	1	3		2
建阳区	3			1	2	7	1	3	1	2
顺昌县	1		1							
浦城县	2		2			1			1	
光泽县	2		1		1	2		2		
松溪县										
政和县	4		2		2	1		1		
邵武市	4		4			3	1	1		1
武夷山市	32	8	9		15	14	3	5	1	5
建瓯市	2	1			1					
龙岩市	**76**	**9**	**44**	**5**	**18**	**32**	**4**	**20**	**3**	**5**
新罗区	53	8	33	4	8	20	2	11	3	4
永定区	3		2		1	2	2			
长汀县	4			1	3	1		1		
上杭县	6		5		1	1		1		
武平县										
连城县	4		2		2					
漳平市	6	1	2		3	8		7		1
宁德市	**246**	**53**	**137**	**15**	**41**	**54**	**8**	**29**	**8**	**9**
蕉城区	134	30	73	9	22	17	1	10	5	1
霞浦县	16	3	4	1	8	13	5	5		3
古田县	1		1			2		2		
屏南县	1		1			1				1
寿宁县	1	1				1				1
周宁县	1	1				1			1	
柘荣县	1	1				2		2		
福安市	63	8	44	5	6	8		5	1	2
福鼎市	28	9	14		5	9	2	5	1	1

7-1　续表 8　　　　单位：人

现住地	省外									
	辽宁					吉林				
	小计	乡	镇的村委会	镇的居委会	街道	小计	乡	镇的村委会	镇的居委会	街道
合　计	**2739**	**316**	**1168**	**297**	**958**	**2590**	**326**	**1251**	**313**	**700**
福州市	**689**	**66**	**302**	**94**	**227**	**498**	**71**	**240**	**51**	**136**
鼓楼区	98	8	31	18	41	48	7	11	9	21
台江区	14	1	9		4	24		10	3	11
仓山区	103	10	55	14	24	66	11	22	8	25
马尾区	44	4	18	7	15	25	3	12	4	6
晋安区	110	11	36	35	28	70	15	28	9	18
长乐区	88	8	48	3	29	56	8	34	5	9
闽侯县	116	11	43	5	57	79	8	50	6	15
连江县	26	3	14	4	5	15	3	6	1	5
罗源县	27	4	13		10	16	3	7	1	5
闽清县	3	2	1							
永泰县	5		3		2	5	1	2		2
平潭县	8	2	4		2	13	5	7		1
福清市	47	2	27	8	10	81	7	51	5	18
厦门市	**954**	**98**	**344**	**117**	**395**	**1026**	**121**	**435**	**146**	**324**
思明区	266	20	67	29	150	230	20	66	50	94
海沧区	120	12	47	19	42	117	24	39	13	41
湖里区	188	19	73	24	72	228	22	86	37	83
集美区	196	24	61	27	84	244	24	132	26	62
同安区	70	10	34	6	20	131	26	70	11	24
翔安区	114	13	62	12	27	76	5	42	9	20
莆田市	**89**	**11**	**38**	**3**	**37**	**99**	**16**	**47**	**13**	**23**
城厢区	18		7	1	10	33	2	18	2	11
涵江区	18	5	11		2	12	5	2	2	3
荔城区	15	4	7		4	33	5	15	5	8
秀屿区	29	2	7	2	18	11	2	4	4	1
仙游县	9		6		3	10	2	8		
三明市	**71**	**3**	**39**	**4**	**25**	**54**	**6**	**20**	**5**	**23**
梅列区	8		3	1	4	3		1		2
三元区	12		6		6	19	1	7	1	10
明溪县	4	2	1		1	2		2		
清流县						1		1		
宁化县	3	1		1	1	5	2			3
大田县	6		3	1	2	1		1		
尤溪县						4	2			2
沙县	4		3		1	6		2	1	3
将乐县	2		1		1					
泰宁县	11		11			2		2		
建宁县	2		1		1	1				1
永安市	19		10	1	8	10	1	4	3	2
泉州市	**434**	**62**	**225**	**23**	**124**	**423**	**58**	**232**	**43**	**90**
鲤城区	25	3	12	5	5	30	5	14	10	1
丰泽区	82	5	25	7	45	70	2	30	5	33
洛江区	15	3	7		5	19	8	8	1	2
泉港区	12	1	9		2	8	2	3	1	2
惠安县	64	22	28	3	11	33	6	21	3	3
安溪县	18	8	5		5	19	3	11	4	1
永春县	1		1			1			1	
德化县	6	1	3		2	3	1	2		
石狮市	40	6	26	1	7	36	2	24	3	7
晋江市	126	12	76	6	32	136	24	75	6	31
南安市	45	1	33	1	10	68	5	44	9	10

7-1 续表 9

单位：人

现住地	省外									
	辽宁					吉林				
	小计	乡	镇的村委会	镇的居委会	街道	小计	乡	镇的村委会	镇的居委会	街道
漳州市	**223**	**39**	**93**	**29**	**62**	**248**	**20**	**166**	**27**	**35**
芗城区	40		16	2	22	25	4	8	3	10
龙文区	6		3	1	2	17	2	11	4	
云霄县	9	2	1	4	2					
漳浦县	37	5	16	10	6	18	1	12		5
诏安县	4	2	2			3		3		
长泰县	18	3	12	1	2	64	6	51	7	
东山县	10	4	3	2	1					
南靖县	4		4			12		7		5
平和县	2	1	1			9	2	7		
华安县						3		2	1	
龙海市	93	22	35	9	27	97	5	65	12	15
南平市	**53**	**8**	**27**	**3**	**15**	**45**	**6**	**20**	**5**	**14**
延平区	5		3		2	7	2		1	4
建阳区	12	2	7		3	9		6		3
顺昌县	1				1	2				2
浦城县	1		1			1		1		
光泽县	3		3			12	1	6	2	3
松溪县						1				1
政和县	1				1					
邵武市	11	4	4		3	8	2	4	2	
武夷山市	11	2	3	2	4	4	1	2		1
建瓯市	8		6	1	1	1		1		
龙岩市	**51**	**3**	**26**	**4**	**18**	**48**	**3**	**23**	**4**	**18**
新罗区	27	2	12	3	10	19	1	11	3	4
永定区	1		1							
长汀县	4		3	1		9		1	1	7
上杭县	11		6		5	4		3		1
武平县	1		1			1	1			
连城县	3	1	1		1	5		3		2
漳平市	4		2		2	10	1	5		4
宁德市	**175**	**26**	**74**	**20**	**55**	**149**	**25**	**68**	**19**	**37**
蕉城区	83	20	28	10	25	84	13	39	11	21
霞浦县	34	2	14	1	17	9	2	2		5
古田县	5		3	1	1	12	3	6	1	2
屏南县	2	1			1	1				1
寿宁县						2		2		
周宁县	5		5			2				2
柘荣县	3		3			1				1
福安市	14	3	6	1	4	13	4	7		2
福鼎市	29		15	7	7	25	3	12	7	3

7-1　续表 10

单位：人

现住地	省外									
	黑龙江					上海				
	小计	乡	镇的村委会	镇的居委会	街道	小计	乡	镇的村委会	镇的居委会	街道
合计	**4740**	**676**	**2021**	**770**	**1273**	**678**	**29**	**96**	**79**	**474**
福州市	**976**	**140**	**435**	**135**	**266**	**179**	**4**	**31**	**19**	**125**
鼓楼区	93	5	32	24	32	32		4	2	26
台江区	45	3	18	11	13	6				6
仓山区	148	21	49	23	55	41	2	9		30
马尾区	30	5	12	4	9	7		2	3	2
晋安区	116	14	67	16	19	37	1		10	26
长乐区	137	14	79	10	34	4		1		3
闽侯县	147	32	56	8	51	15		5	1	9
连江县	34	3	21	9	1	9	1			8
罗源县	46	10	18	8	10	9		2		7
闽清县	7	1	5		1	2			2	
永泰县	5	1	4			1		1		
平潭县	28	13	3	3	9	2				2
福清市	140	18	71	19	32	14		7	1	6
厦门市	**2059**	**267**	**800**	**364**	**628**	**220**	**6**	**22**	**22**	**170**
思明区	515	49	145	93	228	92	3	5	7	77
海沧区	297	27	146	56	68	14		3	2	9
湖里区	489	59	188	96	146	52	1	2	5	44
集美区	395	66	155	65	109	47	1	8	5	33
同安区	211	48	97	22	44	6	1	2	2	1
翔安区	152	18	69	32	33	9		2	1	6
莆田市	**162**	**32**	**100**	**13**	**17**	**14**		**8**	**2**	**4**
城厢区	60	8	37	6	9	3			1	2
涵江区	28	3	22	1	2	1				1
荔城区	40	14	24		2	4		3		1
秀屿区	26	4	15	3	4	5		5		
仙游县	8	3	2	3		1			1	
三明市	**90**	**9**	**26**	**14**	**41**	**32**	**4**	**1**	**2**	**25**
梅列区	23	3	3	5	12	14				14
三元区	20	1	4	5	10	5				5
明溪县	3	3				1	1			
清流县	1		1			2				2
宁化县	2		1		1					
大田县						1	1			
尤溪县	5		2		3	2	1			1
沙县	5		3	2		1			1	
将乐县	1				1	1			1	
泰宁县	9	1	8							
建宁县	1	1				2	1	1		
永安市	20		4	2	14	3				3
泉州市	**724**	**100**	**358**	**102**	**164**	**84**	**2**	**15**	**7**	**60**
鲤城区	60	5	38	10	7	20	1	7		12
丰泽区	128	14	34	16	64	21		1	2	18
洛江区	20	8	4	1	7	2				2
泉港区	20	1	9	10		2		1	1	
惠安县	65	13	38	3	11	8	1	1		6
安溪县	35	5	21	4	5	2				2
永春县	3		2	1		2			1	1
德化县	13	7	4		2					
石狮市	82	6	45	12	19	4		2		2
晋江市	217	33	111	38	35	15		1	2	12
南安市	81	8	52	7	14	8		2	1	5

7-1 续表 11

单位：人

现住地	省外									
	黑龙江					上海				
	小计	乡	镇的村委会	镇的居委会	街道	小计	乡	镇的村委会	镇的居委会	街道
漳州市	**408**	**72**	**156**	**95**	**85**	**42**	**1**	**5**	**12**	**24**
芗城区	52	13	12	13	14	10		1	2	7
龙文区	18	3	5	7	3					
云霄县	6	3	3			1				1
漳浦县	36	1	20	3	12	6		3	2	1
诏安县	2		1	1		1	1			
长泰县	47		36	4	7	2				2
东山县	12	2	9	1		3		1		2
南靖县	8	1	4	3		2			2	
平和县	1		1							
华安县	5		3	1	1					
龙海市	221	49	62	62	48	17			6	11
南平市	**73**	**15**	**21**	**11**	**26**	**31**	**4**	**2**	**3**	**22**
延平区	11	1	4	2	4	5		1	1	3
建阳区	10	1	4	3	2	7	2			5
顺昌县	16	10	1	1	4	3				3
浦城县	3	1	2			2	1		1	
光泽县	2			2		1				1
松溪县						1				1
政和县	3		3			1		1		
邵武市	10	2		2	6	8			1	7
武夷山市	14		4	1	9	2	1			1
建瓯市	4		3		1	1				1
龙岩市	**90**	**14**	**45**	**12**	**19**	**17**		**4**	**4**	**9**
新罗区	50	4	27	7	12	10		3		7
永定区	1	1				3			3	
长汀县	13	5	4	4						
上杭县	1		1			1				1
武平县	3		2		1					
连城县	2	1	1			1			1	
漳平市	20	3	10	1	6	2		1		1
宁德市	**158**	**27**	**80**	**24**	**27**	**59**	**8**	**8**	**8**	**35**
蕉城区	85	13	42	14	16	24	1	1	7	15
霞浦县	16	1	7	3	5	10		3		7
古田县	2	1	1			2		1		1
屏南县	1				1	1	1			
寿宁县						1	1			
周宁县						5	1	2	1	1
柘荣县	4	1	3							
福安市	22	8	8	3	3	6	1	1		4
福鼎市	28	3	19	4	2	10	3			7

7-1　续表 12　　　　单位：人

现住地	省外									
	江苏					浙江				
	小计	乡	镇的村委会	镇的居委会	街道	小计	乡	镇的村委会	镇的居委会	街道
合　计	**5662**	**627**	**3189**	**689**	**1157**	**8434**	**1102**	**4976**	**828**	**1528**
福州市	**1280**	**159**	**691**	**166**	**264**	**1687**	**222**	**927**	**204**	**334**
鼓楼区	155	13	55	28	59	147	15	61	23	48
台江区	68	4	33	12	19	174	15	91	29	39
仓山区	171	22	92	10	47	321	40	178	39	64
马尾区	61	8	40	6	7	77	10	37	9	21
晋安区	156	18	83	25	30	210	34	111	33	32
长乐区	127	19	85	13	10	114	21	80	3	10
闽侯县	217	28	101	27	61	312	46	184	17	65
连江县	61	13	35	7	6	65	13	38	7	7
罗源县	68	6	43	17	2	33	4	18	7	4
闽清县	20	2	11	3	4	22	2	15	2	3
永泰县	4		4			12	1	9		2
平潭县	33	10	16	2	5	26	4	17	2	3
福清市	139	16	93	16	14	174	17	88	33	36
厦门市	**1781**	**181**	**949**	**225**	**426**	**1665**	**181**	**917**	**194**	**373**
思明区	397	26	194	47	130	392	28	181	51	132
海沧区	209	17	114	25	53	142	20	77	10	35
湖里区	346	44	183	52	67	335	35	221	40	39
集美区	493	51	240	74	128	453	63	224	62	104
同安区	173	28	115	9	21	157	13	115	10	19
翔安区	163	15	103	18	27	186	22	99	21	44
莆田市	**216**	**28**	**137**	**26**	**25**	**221**	**28**	**140**	**19**	**34**
城厢区	68	1	47	10	10	70	8	44	1	17
涵江区	43	4	28	3	8	40	10	17	5	8
荔城区	56	12	32	7	5	53	4	38	4	7
秀屿区	22	2	15	4	1	16	3	11	1	1
仙游县	27	9	15	2	1	42	3	30	8	1
三明市	**159**	**12**	**86**	**20**	**41**	**407**	**62**	**255**	**28**	**62**
梅列区	34	6	17	2	9	49	3	26	4	16
三元区	35	2	21	2	10	62	10	48	1	3
明溪县	1		1			17		14		3
清流县	1		1			25	6	13	4	2
宁化县	6			2	4	11	3	4	3	1
大田县	9		9			30	5	17	4	4
尤溪县	19	1	9	6	3	26	3	19	2	2
沙县	12	1	4	2	5	41	6	31	3	1
将乐县	7		1	5	1	35	5	17	5	8
泰宁县						8	3	5		
建宁县	3	1	1	1		17	6	8	1	2
永安市	32	1	22		9	86	12	53	1	20
泉州市	**1045**	**122**	**664**	**100**	**159**	**1517**	**184**	**986**	**130**	**217**
鲤城区	74	6	39	11	18	121	18	70	11	22
丰泽区	173	29	85	21	38	299	24	158	37	80
洛江区	42	6	29	2	5	45	4	10	14	17
泉港区	39		31	5	3	16		14		2
惠安县	78	8	55	3	12	141	10	100	12	19
安溪县	21	3	7	6	5	29	6	20	3	
永春县	4		4			7		7		
德化县	7		6		1	24		19	2	3
石狮市	167	14	124	11	18	222	34	155	17	16
晋江市	314	46	204	29	35	435	42	320	26	47
南安市	126	10	80	12	24	178	46	113	8	11

7−1 续表 13

单位：人

现 住 地	省外									
	江苏					浙江				
	小计	乡	镇的村委会	镇的居委会	街道	小计	乡	镇的村委会	镇的居委会	街道
漳州市	**547**	**50**	**337**	**68**	**92**	**542**	**67**	**289**	**65**	**121**
芗城区	84	7	43	13	21	80	8	40	10	22
龙文区	44	3	30	3	8	56	6	36	4	10
云霄县	22	2	10	4	6	40	7	17	11	5
漳浦县	120	17	79	12	12	59	7	27	11	14
诏安县	6	1	2	2	1	16	3	4	6	3
长泰县	24		16	7	1	31	4	14	8	5
东山县	6		5	1		30	10	16	4	
南靖县	14	2	11	1		19		15		4
平和县	3	1	1		1	8		7		1
华安县	21	1	18	1	1	3		2		1
龙海市	203	16	122	24	41	200	22	111	11	56
南平市	**184**	**25**	**86**	**26**	**47**	**888**	**160**	**483**	**59**	**186**
延平区	30		16	4	10	87	14	53	1	19
建阳区	21	2	10	4	5	136	15	97	7	17
顺昌县	6		5		1	45	4	29	4	8
浦城县	27	6	11	4	6	87	20	34	6	27
光泽县	16	4	9		3	38	11	13	8	6
松溪县	5	1	3	1		63	15	30	3	15
政和县	6	2	2	1	1	111	33	57	7	14
邵武市	28	3	10	3	12	97	3	57	10	27
武夷山市	31	5	12	7	7	133	34	51	5	43
建瓯市	14	2	8	2	2	91	11	62	8	10
龙岩市	**158**	**11**	**101**	**22**	**24**	**199**	**16**	**135**	**16**	**32**
新罗区	102	7	67	15	13	96	4	70	9	13
永定区	7		2	1	4	11	2	9		
长汀县	9		7	1	1	26	2	14	3	7
上杭县	20		14	3	3	29	4	19	2	4
武平县	2		2			4	1	2	1	
连城县	11	3	6	2		10	2	5	1	2
漳平市	7	1	3		3	23	1	16		6
宁德市	**292**	**39**	**138**	**36**	**79**	**1308**	**182**	**844**	**113**	**169**
蕉城区	104	16	53	8	27	140	13	83	18	26
霞浦县	63	7	16	11	29	111	11	50	7	43
古田县	9		4	1	4	28	9	14	4	1
屏南县	2			2		6		4	1	1
寿宁县	3	1	1	1		75	19	42	8	6
周宁县	18	3	6	3	6	15		10	1	4
柘荣县	8	3	2	3		92	37	34	19	2
福安市	30	4	19	2	5	105	14	61	11	19
福鼎市	55	5	37	5	8	736	79	546	44	67

7-1 续表 14

单位：人

现住地	省外									
	安徽					江西				
	小计	乡	镇的村委会	镇的居委会	街道	小计	乡	镇的村委会	镇的居委会	街道
合计	**30224**	**5805**	**21186**	**1582**	**1651**	**94328**	**21916**	**63989**	**4559**	**3864**
福州市	**4793**	**1002**	**3171**	**306**	**314**	**12274**	**3117**	**7810**	**704**	**643**
鼓楼区	305	55	136	60	54	786	197	398	85	106
台江区	114	20	61	19	14	428	66	269	40	53
仓山区	800	179	528	37	56	2951	899	1835	125	92
马尾区	278	72	177	14	15	660	183	400	36	41
晋安区	801	166	559	37	39	2037	531	1294	132	80
长乐区	565	107	424	14	20	716	147	498	37	34
闽侯县	866	176	556	70	64	1969	479	1275	113	102
连江县	199	51	136	6	6	475	130	311	19	15
罗源县	112	27	70	3	12	205	41	127	18	19
闽清县	26	7	17	2		62	6	52	3	1
永泰县	25	5	9	5	6	51	14	26	6	5
平潭县	140	33	96	6	5	201	50	131	9	11
福清市	562	104	402	33	23	1733	374	1194	81	84
厦门市	**8372**	**1524**	**5688**	**571**	**589**	**32127**	**7814**	**21122**	**1807**	**1384**
思明区	1263	223	783	101	156	2859	553	1722	259	325
海沧区	1119	148	804	91	76	3977	837	2728	231	181
湖里区	1699	331	1126	115	127	7970	1990	5175	505	300
集美区	2684	506	1842	173	163	8251	2101	5372	472	306
同安区	1059	212	768	46	33	6564	1740	4449	206	169
翔安区	548	104	365	45	34	2506	593	1676	134	103
莆田市	**902**	**172**	**635**	**55**	**40**	**2954**	**607**	**2109**	**121**	**117**
城厢区	263	31	197	20	15	1001	138	781	39	43
涵江区	199	62	114	15	8	547	166	352	21	8
荔城区	242	50	174	9	9	748	154	537	23	34
秀屿区	118	11	93	8	6	160	37	104	9	10
仙游县	80	18	57	3	2	498	112	335	29	22
三明市	**597**	**120**	**395**	**28**	**54**	**2184**	**479**	**1430**	**134**	**141**
梅列区	89	15	46	7	21	437	56	283	40	58
三元区	212	33	151	10	18	329	70	225	19	15
明溪县	16	9	5		2	60	23	30	6	1
清流县	7	2	3	1	1	39	8	25		6
宁化县	7		4	3		194	75	99	15	5
大田县	22	14	7	1		108	35	63	6	4
尤溪县	20	2	18			50	20	22	4	4
沙县	106	20	80	2	4	343	47	263	11	22
将乐县	18	6	11	1		115	17	89	8	1
泰宁县	13	3	10			61	34	25	2	
建宁县	3	1	2			52	22	27	2	1
永安市	84	15	58	3	8	396	72	279	21	24
泉州市	**12015**	**2462**	**8748**	**392**	**413**	**35018**	**7899**	**24928**	**1207**	**984**
鲤城区	610	152	418	20	20	3215	811	2172	117	115
丰泽区	1058	194	736	55	73	3202	657	2251	133	161
洛江区	202	58	128	7	9	814	262	466	46	40
泉港区	81	6	63	7	5	142	19	114	5	4
惠安县	760	134	575	19	32	1743	366	1288	55	34
安溪县	165	18	121	20	6	608	82	474	24	28
永春县	18	1	13	4		120	19	91	8	2
德化县	43	11	32			234	61	152	20	1
石狮市	2648	599	1880	67	102	6653	1439	4806	224	184
晋江市	5546	1170	4091	168	117	15007	3697	10555	480	275
南安市	884	119	691	25	49	3280	486	2559	95	140

7-1 续表 15

单位：人

现住地	省外									
	安徽					江西				
	小计	乡	镇的村委会	镇的居委会	街道	小计	乡	镇的村委会	镇的居委会	街道
漳州市	**2078**	**290**	**1541**	**142**	**105**	**4485**	**812**	**3197**	**299**	**177**
芗城区	663	99	484	40	40	999	155	715	67	62
龙文区	244	26	205	10	3	623	158	404	27	34
云霄县	23	5	17	1		96	25	61	6	4
漳浦县	158	25	108	10	15	297	47	217	22	11
诏安县	27	5	15	5	2	37	9	26	1	1
长泰县	112	13	87	10	2	463	84	341	34	4
东山县	50	9	37	3	1	72	5	54	7	6
南靖县	49	8	28	7	6	107	12	80	12	3
平和县	23	2	17	4		77	12	59	5	1
华安县	28	9	14	4	1	69	21	42	3	3
龙海市	701	89	529	48	35	1645	284	1198	115	48
南平市	**339**	**60**	**195**	**24**	**60**	**2031**	**480**	**1236**	**95**	**220**
延平区	60	15	30	8	7	321	36	227	23	35
建阳区	60	3	40	6	11	401	75	226	29	71
顺昌县	12	2	7		3	144	27	98	8	11
浦城县	41	14	22		5	109	21	69	7	12
光泽县	6	4	2			140	77	44	10	9
松溪县	15	6	9			36	23	10	1	2
政和县	16	2	11		3	42	7	35		
邵武市	42	6	24	1	11	321	62	230	4	25
武夷山市	49	7	20	9	13	380	124	199	10	47
建瓯市	38	1	30		7	137	28	98	3	8
龙岩市	**532**	**70**	**417**	**25**	**20**	**1960**	**415**	**1360**	**95**	**90**
新罗区	362	53	279	17	13	1153	240	806	61	46
永定区	21	1	16	4		201	31	156	2	12
长汀县	25	1	22	1	1	148	37	95	6	10
上杭县	31	2	23	3	3	116	19	74	11	12
武平县	36	2	34			147	47	90	8	2
连城县	12	1	9		2	72	18	45	7	2
漳平市	45	10	34		1	123	23	94		6
宁德市	**596**	**105**	**396**	**39**	**56**	**1295**	**293**	**797**	**97**	**108**
蕉城区	192	35	115	19	23	614	130	391	47	46
霞浦县	61	11	37	5	8	117	20	72	10	15
古田县	37	7	24	2	4	76	30	40		6
屏南县	8	6	1		1	29	1	21	6	1
寿宁县	6	2	4			16	2	12	2	
周宁县	14	5	8	1		52	28	18	5	1
柘荣县	14	3	8	3		17	4	10	2	1
福安市	91	14	58	5	14	171	51	92	12	16
福鼎市	173	22	141	4	6	203	27	141	13	22

7-1　续表 16　　　　单位：人

现住地	省外									
	山东					河南				
	小计	乡	镇的村委会	镇的居委会	街道	小计	乡	镇的村委会	镇的居委会	街道
合　计	**6640**	**964**	**4085**	**494**	**1097**	**43274**	**10910**	**28692**	**1619**	**2053**
福州市	**1611**	**226**	**933**	**130**	**322**	**7050**	**1783**	**4469**	**326**	**472**
鼓楼区	166	18	67	28	53	335	104	153	34	44
台江区	77	9	40	10	18	181	33	120	17	11
仓山区	294	38	161	27	68	1064	284	637	36	107
马尾区	84	10	55	3	16	423	94	297	16	16
晋安区	195	39	114	16	26	873	182	616	50	25
长乐区	155	34	100	5	16	801	247	505	19	30
闽侯县	226	28	103	23	72	1109	272	662	57	118
连江县	55	12	34	1	8	369	129	215	15	10
罗源县	81	14	57	3	7	313	75	197	27	14
闽清县	12	5	4	3		33	4	26	3	
永泰县	24	2	17		5	49	16	20	3	10
平潭县	24	8	9	1	6	117	34	73	2	8
福清市	218	9	172	10	27	1383	309	948	47	79
厦门市	**2320**	**383**	**1371**	**152**	**414**	**16802**	**4425**	**10912**	**665**	**800**
思明区	450	41	240	38	131	3394	893	2155	143	203
海沧区	338	80	217	15	26	2483	623	1658	95	107
湖里区	574	144	321	36	73	3228	837	2106	156	129
集美区	461	54	249	38	120	3194	911	1930	139	214
同安区	245	28	185	6	26	2549	690	1745	52	62
翔安区	252	36	159	19	38	1954	471	1318	80	85
莆田市	**160**	**22**	**99**	**15**	**24**	**1704**	**412**	**1192**	**46**	**54**
城厢区	63	5	42	6	10	461	105	305	22	29
涵江区	39	9	23	2	5	319	80	225	5	9
荔城区	24	5	16	2	1	653	171	462	12	8
秀屿区	18	1	13	1	3	193	43	143	1	6
仙游县	16	2	5	4	5	78	13	57	6	2
三明市	**182**	**22**	**112**	**21**	**27**	**504**	**134**	**302**	**19**	**49**
梅列区	34	1	22	2	9	47	17	24	2	4
三元区	29	5	17	2	5	116	32	61	4	19
明溪县	3		2	1		8	1	7		
清流县						11	6	5		
宁化县	7	3	3	1		20	10	10		
大田县	13		10	2	1	82	23	54	1	4
尤溪县	8		5	3		29	7	17		5
沙县	13	1	7	3	2	43	4	34	3	2
将乐县	17	6	10	1		30	10	16	2	2
泰宁县	7	1	5		1	7	3	3	1	
建宁县	4	2	2			6	1	3		2
永安市	47	3	29	6	9	105	20	68	6	11
泉州市	**1134**	**140**	**794**	**86**	**114**	**10087**	**2465**	**7056**	**241**	**325**
鲤城区	59	10	36	3	10	588	134	422	10	22
丰泽区	196	24	99	33	40	808	183	515	51	59
洛江区	28	8	11	1	8	180	59	109	6	6
泉港区	69	5	56	4	4	184	17	165	1	1
惠安县	146	17	109	10	10	742	169	534	16	23
安溪县	53	8	36	2	7	153	66	79	2	6
永春县	1		1			55	12	37	6	
德化县	11	1	8	1	1	78	33	38	1	6
石狮市	100	15	72	6	7	1261	313	858	34	56
晋江市	265	39	182	23	21	4815	1286	3333	83	113
南安市	206	13	184	3	6	1223	193	966	31	33

7-1 续表 17

单位：人

现住地	省外									
	山东					河南				
	小计	乡	镇的村委会	镇的居委会	街道	小计	乡	镇的村委会	镇的居委会	街道
漳州市	**592**	**83**	**396**	**36**	**77**	**3456**	**759**	**2416**	**151**	**130**
芗城区	77	3	53	3	18	786	184	537	34	31
龙文区	16		16			292	50	228	10	4
云霄县	26	9	7	2	8	119	39	69	6	5
漳浦县	202	36	142	6	18	398	79	274	15	30
诏安县	8	1	5	1	1	48	16	28	4	
长泰县	25	5	19	1		330	78	228	21	3
东山县	18		12	3	3	142	14	119	6	3
南靖县	6		4	1	1	47	14	32	1	
平和县	7	3	2	1	1	37	9	25		3
华安县	29	4	22	1	2	66	9	54	1	2
龙海市	178	22	114	17	25	1191	267	822	53	49
南平市	**167**	**21**	**98**	**17**	**31**	**386**	**99**	**219**	**18**	**50**
延平区	30	6	17	3	4	31		23		8
建阳区	26	2	19	3	2	43	5	31	3	4
顺昌县	13	2	10	1		36	21	13	2	
浦城县	16	1	12		3	44	20	19	4	1
光泽县	6		4		2	24	5	16	1	2
松溪县	5	2	2		1	20	11	8	1	
政和县	30	3	12	5	10	28	5	19	2	2
邵武市	14		8	3	3	29	5	20	1	3
武夷山市	16	5	10		1	92	23	39	3	27
建瓯市	11		4	2	5	39	4	31	1	3
龙岩市	**171**	**15**	**117**	**6**	**33**	**576**	**103**	**421**	**16**	**36**
新罗区	92	6	65	3	18	345	68	248	12	17
永定区	5		4		1	27	7	18		2
长汀县	5	1	2	2		40	6	31	1	2
上杭县	36		27	1	8	61	6	46	2	7
武平县	11	6	5			21	5	14		2
连城县	7		4		3	25	1	20	1	3
漳平市	15	2	10		3	57	10	44		3
宁德市	**303**	**52**	**165**	**31**	**55**	**2709**	**730**	**1705**	**137**	**137**
蕉城区	159	28	81	15	35	1754	436	1140	100	78
霞浦县	28	11	9		8	172	71	77	4	20
古田县	3		2		1	25	4	18		3
屏南县	5	1	2	2		7		5	1	1
寿宁县	1			1		6	2	3		1
周宁县	5	2	3			21	12	7		2
柘荣县	1		1			7	4	3		
福安市	49	8	33	6	2	458	141	275	19	23
福鼎市	52	2	34	7	9	259	60	177	13	9

7−1　续表 18　　　　单位：人

现住地	省外									
	湖北					湖南				
	小计	乡	镇的村委会	镇的居委会	街道	小计	乡	镇的村委会	镇的居委会	街道
合　计	**31881**	**5584**	**21895**	**1985**	**2417**	**28665**	**6382**	**19085**	**1615**	**1583**
福州市	**6693**	**1288**	**4381**	**443**	**581**	**5519**	**1380**	**3500**	**332**	**307**
鼓楼区	389	70	197	43	79	535	136	298	50	51
台江区	186	25	107	18	36	283	39	203	11	30
仓山区	950	268	546	60	76	1056	378	565	45	68
马尾区	290	48	193	10	39	238	41	167	14	16
晋安区	804	147	522	80	55	872	214	566	63	29
长乐区	1589	280	1157	56	96	587	145	378	39	25
闽侯县	769	173	478	35	83	612	157	371	42	42
连江县	214	44	153	10	7	213	44	159	2	8
罗源县	177	13	127	20	17	82	10	62	6	4
闽清县	33		27	4	2	31	5	21	1	4
永泰县	75	19	45	10	1	37	17	20		
平潭县	120	30	75	8	7	54	13	39	2	
福清市	1097	171	754	89	83	919	181	651	57	30
厦门市	**9028**	**1478**	**6046**	**674**	**830**	**7332**	**1532**	**4715**	**529**	**556**
思明区	867	103	486	87	191	659	78	376	79	126
海沧区	1699	214	1281	90	114	1056	172	752	59	73
湖里区	1776	332	1078	182	184	1168	262	718	98	90
集美区	2353	387	1595	161	210	1775	376	1086	160	153
同安区	1555	321	1073	90	71	1600	398	1056	80	66
翔安区	778	121	533	64	60	1074	246	727	53	48
莆田市	**2192**	**561**	**1457**	**72**	**102**	**1526**	**316**	**1090**	**66**	**54**
城厢区	428	67	315	20	26	406	64	308	19	15
涵江区	816	272	505	16	23	301	79	211	8	3
荔城区	673	139	480	21	33	576	119	408	24	25
秀屿区	141	29	88	9	15	115	29	76	4	6
仙游县	134	54	69	6	5	128	25	87	11	5
三明市	**460**	**75**	**259**	**41**	**85**	**486**	**151**	**247**	**32**	**56**
梅列区	64	10	29	9	16	50	13	30	1	6
三元区	69	6	46	8	9	86	28	37	2	19
明溪县	8		6		2	12	2	10		
清流县	12	2	8	1	1	68	36	24	2	6
宁化县	41	11	25	2	3	10	2	4	3	1
大田县	49	11	30	6	2	53	13	30	6	4
尤溪县	26	3	13	5	5	38	19	12	3	4
沙县	42	9	23	2	8	37	7	24	6	
将乐县	21	4	13	2	2	19	6	11	1	1
泰宁县	24	6	12		6	1		1		
建宁县	12	3	7		2	6	3	3		
永安市	92	10	47	6	29	106	22	61	8	15
泉州市	**9636**	**1577**	**7132**	**438**	**489**	**9805**	**2219**	**6893**	**367**	**326**
鲤城区	666	121	463	44	38	749	192	510	21	26
丰泽区	1020	164	696	59	101	971	214	645	48	64
洛江区	326	81	203	14	28	417	155	238	14	10
泉港区	94	3	77	7	7	116	9	79	12	16
惠安县	641	81	498	18	44	688	134	496	38	20
安溪县	177	11	147	12	7	174	40	119	5	10
永春县	48	1	43	1	3	72	3	63	4	2
德化县	54	5	42	2	5	82	11	65	3	3
石狮市	1490	254	1092	72	72	1136	251	826	30	29
晋江市	4133	748	3099	152	134	4279	1041	2967	166	105
南安市	987	108	772	57	50	1121	169	885	26	41

7-1 续表 19 单位：人

现住地	省外									
	湖北					湖南				
	小计	乡	镇的村委会	镇的居委会	街道	小计	乡	镇的村委会	镇的居委会	街道
漳州市	**2003**	**263**	**1461**	**157**	**122**	**2092**	**382**	**1456**	**144**	**110**
芗城区	540	51	428	32	29	397	76	270	20	31
龙文区	219	41	149	16	13	265	49	180	23	13
云霄县	69	17	41	4	7	105	27	60	9	9
漳浦县	187	19	133	12	23	199	42	143	9	5
诏安县	31	10	18	2	1	49	12	27	2	8
长泰县	192	20	141	24	7	200	34	143	18	5
东山县	48	5	31	11	1	48	7	30	8	3
南靖县	40		36	3	1	52	13	35	3	1
平和县	26	1	21	1	3	33	6	24	1	2
华安县	33	6	24	3		79	9	59	9	2
龙海市	618	93	439	49	37	665	107	485	42	31
南平市	**363**	**70**	**222**	**25**	**46**	**359**	**64**	**200**	**30**	**65**
延平区	84		69	6	9	64	13	40	1	10
建阳区	49	5	25	5	14	66	7	34	16	9
顺昌县	31	12	10	4	5	28	2	19	4	3
浦城县	43	25	10	2	6	44	10	23		11
光泽县	22	3	17		2	15	2	11	1	1
松溪县	1		1			8	3	3		2
政和县	25	7	16		2	20	6	14		
邵武市	44	3	32	3	6	53	9	32	4	8
武夷山市	30	9	16	3	2	26	4	10	4	8
建瓯市	34	6	26	2		35	8	14		13
龙岩市	**502**	**83**	**328**	**48**	**43**	**573**	**95**	**411**	**39**	**28**
新罗区	232	31	159	16	26	272	33	215	14	10
永定区	66	28	36	1	1	72	15	51	2	4
长汀县	19	1	15	1	2	28	1	18	7	2
上杭县	68	9	37	21	1	45	14	23	4	4
武平县	43	10	26	4	3	56	12	43		1
连城县	26		21	2	3	31	8	21	2	
漳平市	48	4	34	3	7	69	12	40	10	7
宁德市	**1004**	**189**	**609**	**87**	**119**	**973**	**243**	**573**	**76**	**81**
蕉城区	452	75	263	50	64	541	118	339	47	37
霞浦县	70	12	41	5	12	95	22	52	2	19
古田县	26	3	20	1	2	42	18	20	1	3
屏南县	12	6	4	1	1	7	5	1		1
寿宁县	24	7	9	3	5	12	8	2	2	
周宁县	10	3	4	3		15	6	6	3	
柘荣县	12	5	4	2	1	11	4	3	4	
福安市	170	34	118	6	12	103	35	53	5	10
福鼎市	228	44	146	16	22	147	27	97	12	11

7-1　续表 20　　　　单位：人

现住地	省外									
	广东					广西				
	小计	乡	镇的村委会	镇的居委会	街道	小计	乡	镇的村委会	镇的居委会	街道
合　计	**9547**	**1005**	**5416**	**1150**	**1976**	**10249**	**2188**	**6752**	**570**	**739**
福州市	**1565**	**200**	**775**	**202**	**388**	**2013**	**420**	**1260**	**125**	**208**
鼓楼区	184	22	79	18	65	88	19	37	16	16
台江区	80	4	41	8	27	50	13	24	6	7
仓山区	327	48	131	55	93	278	62	162	19	35
马尾区	83	8	31	17	27	84	18	43	7	16
晋安区	215	24	105	39	47	216	41	142	16	17
长乐区	117	18	83	5	11	319	75	230	6	8
闽侯县	224	27	109	27	61	493	98	275	33	87
连江县	57	13	25	8	11	89	21	61	3	4
罗源县	26	4	16	2	4	36	8	20	7	1
闽清县	20	1	15		4	51	3	47		1
永泰县	9	1	5	1	2	21	1	18		2
平潭县	36	6	20	2	8	62	15	43	3	1
福清市	187	24	115	20	28	226	46	158	9	13
厦门市	**3021**	**306**	**1564**	**414**	**737**	**2568**	**528**	**1633**	**175**	**232**
思明区	680	51	280	113	236	301	35	167	44	55
海沧区	322	21	183	43	75	408	73	300	16	19
湖里区	820	77	450	106	187	461	102	291	37	31
集美区	619	64	308	91	156	679	151	387	47	94
同安区	350	61	228	31	30	464	111	325	14	14
翔安区	230	32	115	30	53	255	56	163	17	19
莆田市	**386**	**43**	**240**	**44**	**59**	**374**	**84**	**250**	**23**	**17**
城厢区	119	11	75	12	21	90	18	57	6	9
涵江区	78	11	44	11	12	76	19	53	3	1
荔城区	75	9	41	9	16	118	25	83	6	4
秀屿区	24	3	18	1	2	31	7	22		2
仙游县	90	9	62	11	8	59	15	35	8	1
三明市	**222**	**31**	**103**	**25**	**63**	**208**	**56**	**110**	**15**	**27**
梅列区	48	3	26	8	11	25	4	9	4	8
三元区	14		10	1	3	61	9	38	3	11
明溪县	7		3		4	2		1		1
清流县	7		5	1	1	7	1	5		1
宁化县	18	6	7		5	10	5	2	3	
大田县	29	3	14	5	7	29	13	15	1	
尤溪县	11	2	4	2	3	12	3	8	1	
沙县	28	2	17	3	6	14	6	5	2	1
将乐县	11		4	2	5	2	1	1		
泰宁县	5	1	1	1	2	2		2		
建宁县	5	4			1	4	1	3		
永安市	39	10	12	2	15	40	13	21	1	5
泉州市	**2074**	**206**	**1340**	**218**	**310**	**3191**	**736**	**2251**	**92**	**112**
鲤城区	154	7	101	21	25	144	35	87	18	4
丰泽区	307	18	159	48	82	299	61	192	20	26
洛江区	48	12	21	7	8	100	30	60	4	6
泉港区	39		32	2	5	23	4	17		2
惠安县	151	18	82	23	28	206	42	150	4	10
安溪县	126	10	86	12	18	191	52	131	5	3
永春县	42	7	23	10	2	33	7	26		
德化县	45	2	31	6	6	23	2	14		7
石狮市	290	44	202	18	26	332	75	245	7	5
晋江市	611	61	416	57	77	1246	311	881	25	29
南安市	261	27	187	14	33	594	117	448	9	20

7-1 续表 21

单位：人

现住地	省外									
	广东					广西				
	小计	乡	镇的村委会	镇的居委会	街道	小计	乡	镇的村委会	镇的居委会	街道
漳州市	**1185**	**104**	**770**	**134**	**177**	**898**	**164**	**606**	**66**	**62**
芗城区	208	6	131	19	52	180	24	108	24	24
龙文区	120	5	78	17	20	87	27	53	6	1
云霄县	88	15	43	6	24	46	17	24	3	2
漳浦县	170	6	123	32	9	56	6	45	2	3
诏安县	136	20	78	15	23	38	9	22	6	1
长泰县	45	4	32	7	2	96	29	59	6	2
东山县	59	11	34	3	11	39	5	31	1	2
南靖县	24	2	20	1	1	44	5	37		2
平和县	54	8	41	2	3	27		26	1	
华安县	16	1	11	3	1	30	2	27	1	
龙海市	265	26	179	29	31	255	40	174	16	25
南平市	**156**	**20**	**62**	**13**	**61**	**203**	**52**	**105**	**13**	**33**
延平区	44	6	19	4	15	37	5	27	1	4
建阳区	16	3	3	2	8	24	2	14	3	5
顺昌县	6		4		2	13	4	5	3	1
浦城县	19		7	3	9	6	5		1	
光泽县	2			1	1	3		2		1
松溪县	8	1	1	1	5	7		1	1	5
政和县	12	5	6		1	14	4	9		1
邵武市	18	2	5	1	10	13	4	8	1	
武夷山市	17	1	6	1	9	66	23	26	3	14
建瓯市	14	2	11		1	20	5	13		2
龙岩市	**560**	**53**	**404**	**39**	**64**	**262**	**54**	**182**	**11**	**15**
新罗区	240	18	183	18	21	126	17	95	5	9
永定区	104	17	64	7	16	29	18	9		2
长汀县	29		23	1	5	25	4	20	1	
上杭县	62	6	42	5	9	35	6	25	2	2
武平县	76	6	59	4	7	22	2	18	1	1
连城县	20	1	16	1	2	14	6	7	1	
漳平市	29	5	17	3	4	11	1	8	1	1
宁德市	**378**	**42**	**158**	**61**	**117**	**532**	**94**	**355**	**50**	**33**
蕉城区	218	17	95	43	63	376	52	262	37	25
霞浦县	35	2	17	1	15	34	13	19	1	1
古田县	16	2	5	1	8	22	8	14		
屏南县	2	1			1	4	1	2	1	
寿宁县	8	3	2	2	1	5	3	2		
周宁县	6	1	3	1	1	16	7	9		
柘荣县	7	2	1	4		6	3	2		1
福安市	25	8	8	2	7	31	5	19	5	2
福鼎市	61	6	27	7	21	38	2	26	6	4

7-1　续表 22　　　　单位：人

现住地	省外									
	海南					重庆				
	小计	乡	镇的村委会	镇的居委会	街道	小计	乡	镇的村委会	镇的居委会	街道
合　计	**1133**	**131**	**613**	**168**	**221**	**38588**	**7836**	**27308**	**1656**	**1788**
福州市	**206**	**32**	**94**	**26**	**54**	**7028**	**1737**	**4624**	**283**	**384**
鼓楼区	19	1	9	2	7	159	44	91	6	18
台江区	8		5	1	2	205	37	141	7	20
仓山区	30	6	14	4	6	1771	548	1107	47	69
马尾区	5		2		3	519	143	329	25	22
晋安区	10	2	3	5		1828	434	1266	79	49
长乐区	37	9	11	5	12	681	130	477	33	41
闽侯县	54	8	25	6	15	601	136	371	29	65
连江县	6	1	3	1	1	216	60	137	10	9
罗源县	2		2			108	12	73	11	12
闽清县						65	21	39	2	3
永泰县	3	1			2	32	8	16	7	1
平潭县	4	1	2		1	69	20	40	4	5
福清市	28	3	18	2	5	774	144	537	23	70
厦门市	**380**	**31**	**204**	**64**	**81**	**6898**	**1264**	**4718**	**439**	**477**
思明区	82	5	36	12	29	426	30	255	54	87
海沧区	36	2	22	5	7	954	105	720	60	69
湖里区	86	9	42	22	13	1303	258	840	109	96
集美区	93	5	51	14	23	1708	302	1183	102	121
同安区	35	5	23	7		1685	409	1156	70	50
翔安区	48	5	30	4	9	822	160	564	44	54
莆田市	**39**	**4**	**24**	**9**	**2**	**1560**	**341**	**1092**	**60**	**67**
城厢区	9	3	5		1	276	54	197	13	12
涵江区	10		8	2		450	115	305	16	14
荔城区	10		4	5	1	603	123	450	11	19
秀屿区	6	1	5			127	28	83	4	12
仙游县	4		2	2		104	21	57	16	10
三明市	**20**	**5**	**9**	**2**	**4**	**532**	**90**	**355**	**47**	**40**
梅列区	7	3	3		1	107	11	69	16	11
三元区	9	1	4	2	2	67	9	54	1	3
明溪县	1				1	10	1	9		
清流县						19	8	10	1	
宁化县						9	2	7		
大田县	2	1	1			87	14	48	23	2
尤溪县						32	15	13	2	2
沙县	1		1			52	4	37		11
将乐县						37	9	26	2	
泰宁县						16	4	11		1
建宁县						3	3			
永安市						93	10	71	2	10
泉州市	**290**	**38**	**165**	**41**	**46**	**18806**	**3770**	**13841**	**592**	**603**
鲤城区	14	1	6	4	3	949	161	698	47	43
丰泽区	70	8	27	12	23	1016	238	663	43	72
洛江区	3		1		2	307	66	207	17	17
泉港区	19	1	13	3	2	79	22	50	3	4
惠安县	31	2	23	4	2	682	128	502	22	30
安溪县	22	4	10	5	3	176	28	131	6	11
永春县	2	1	1			66	3	49	11	3
德化县						77	3	68	5	1
石狮市	25	7	10	5	3	2381	508	1716	72	85
晋江市	62	10	44	5	3	10848	2250	7989	321	288
南安市	42	4	30	3	5	2225	363	1768	45	49

7-1 续表 23

单位：人

现住地	省外									
	海南					重庆				
	小计	乡	镇的村委会	镇的居委会	街道	小计	乡	镇的村委会	镇的居委会	街道
漳州市	**87**	**7**	**53**	**10**	**17**	**1969**	**271**	**1491**	**135**	**72**
芗城区	9		5		4	475	59	360	41	15
龙文区	8		5	2	1	341	56	261	10	14
云霄县	5	2	1		2	62	11	42	4	5
漳浦县	17		15	2		152	13	126	6	7
诏安县	1		1			13	3	7	2	1
长泰县	3		2		1	220	32	162	24	2
东山县	6		4	2		37	1	28	8	
南靖县	1		1			31		24	1	6
平和县	2		1	1		42	9	32		1
华安县	5		4		1	52	7	38	5	2
龙海市	30	5	14	3	8	544	80	411	34	19
南平市	**21**	**1**	**13**	**4**	**3**	**498**	**112**	**315**	**20**	**51**
延平区	7		4	2	1	51	15	29	2	5
建阳区	3		2		1	111	12	80	5	14
顺昌县						57	9	46	2	
浦城县						26	8	18		
光泽县						19	11	4		4
松溪县						29	12	17		
政和县	3		3			41	4	34		3
邵武市	2		2			73	18	42	5	8
武夷山市	5	1	2	2		59	16	25	4	14
建瓯市	1				1	32	7	20	2	3
龙岩市	**20**	**4**	**9**	**4**	**3**	**610**	**118**	**442**	**22**	**28**
新罗区	8	2	5	1		349	59	265	14	11
永定区	1		1			75	18	51		6
长汀县	4		1	2	1	27	1	19	3	4
上杭县	1			1		59	22	33	2	2
武平县	2		2			28	11	15	2	
连城县	1				1	21	6	13		2
漳平市	3	2			1	51	1	46	1	3
宁德市	**70**	**9**	**42**	**8**	**11**	**687**	**133**	**430**	**58**	**66**
蕉城区	18	1	11	4	2	160	26	101	14	19
霞浦县	15		11	1	3	99	21	62	2	14
古田县	23	4	14	2	3	44	10	24	5	5
屏南县	2	2				29	7	15	3	4
寿宁县						10	2	8		
周宁县	1		1			31	4	17	8	2
柘荣县	1			1		11	5	6		
福安市	5	2	1		2	100	29	62	4	5
福鼎市	5		4		1	203	29	135	22	17

7-1 续表 24

单位：人

现住地	省外									
	四川					贵州				
	小计	乡	镇的村委会	镇的居委会	街道	小计	乡	镇的村委会	镇的居委会	街道
合计	**83192**	**20957**	**56611**	**3019**	**2605**	**62268**	**14814**	**43901**	**1637**	**1916**
福州市	**26310**	**7496**	**17158**	**884**	**772**	**8487**	**2459**	**5381**	**270**	**377**
鼓楼区	725	208	380	62	75	154	42	73	13	26
台江区	536	120	338	36	42	93	12	63	9	9
仓山区	6579	2414	3877	175	113	1232	359	801	28	44
马尾区	2047	582	1352	63	50	359	92	243	15	9
晋安区	3805	1095	2538	110	62	472	145	297	17	13
长乐区	4587	1128	3240	109	110	1565	403	1084	34	44
闽侯县	3091	759	2084	96	152	1503	454	847	58	144
连江县	890	237	601	35	17	678	237	407	19	15
罗源县	373	93	246	21	13	315	128	163	16	8
闽清县	173	30	137	2	4	131	31	95	1	4
永泰县	122	45	62	9	6	161	97	58	3	3
平潭县	239	92	128	11	8	166	51	99	7	9
福清市	3143	693	2175	155	120	1658	408	1151	50	49
厦门市	**20830**	**5085**	**14094**	**885**	**766**	**18124**	**4152**	**12877**	**534**	**561**
思明区	1593	295	1000	146	152	755	96	534	54	71
海沧区	3033	540	2265	113	115	2679	423	2105	74	77
湖里区	4428	1077	2995	200	156	2169	528	1476	72	93
集美区	5528	1447	3661	233	187	4215	866	2987	163	199
同安区	4477	1254	2999	121	103	5474	1496	3813	88	77
翔安区	1771	472	1174	72	53	2832	743	1962	83	44
莆田市	**3390**	**836**	**2386**	**94**	**74**	**3596**	**941**	**2510**	**68**	**77**
城厢区	628	107	481	19	21	598	146	417	20	15
涵江区	1159	363	763	15	18	888	300	567	6	15
荔城区	981	230	702	21	28	1635	376	1207	23	29
秀屿区	321	59	253	7	2	250	67	172	3	8
仙游县	301	77	187	32	5	225	52	147	16	10
三明市	**1450**	**384**	**935**	**67**	**64**	**971**	**255**	**657**	**24**	**35**
梅列区	245	42	178	13	12	73	16	45	1	11
三元区	171	40	114	9	8	142	33	90	3	16
明溪县	10	4	6			17	4	13		
清流县	35	16	15	2	2	24	9	13		2
宁化县	30	14	13	2	1	14	6	6	1	1
大田县	99	20	61	14	4	131	30	91	10	
尤溪县	90	29	57	2	2	81	32	46	1	2
沙县	436	138	267	10	21	129	43	82	2	2
将乐县	101	19	77	3	2	79	21	58		
泰宁县	12	9	2	1		8	3	5		
建宁县	16	5	9	1	1	25	11	14		
永安市	205	48	136	10	11	248	47	194	6	1
泉州市	**23902**	**5628**	**16989**	**700**	**585**	**23792**	**5455**	**17220**	**516**	**601**
鲤城区	2130	455	1555	72	48	1264	341	852	44	27
丰泽区	3366	899	2257	104	106	1286	323	861	40	62
洛江区	566	156	375	22	13	604	161	420	15	8
泉港区	167	31	119	12	5	94	16	75	2	1
惠安县	1462	328	1067	32	35	1560	410	1100	23	27
安溪县	368	77	278	9	4	640	163	440	18	19
永春县	117	12	88	15	2	110	14	94	2	
德化县	170	34	127	6	3	251	77	170	3	1
石狮市	2871	725	1971	80	95	2199	524	1544	62	69
晋江市	10761	2580	7698	282	201	12137	2872	8742	239	284
南安市	1924	331	1454	66	73	3647	554	2922	68	103

7−1　续表 25　　　　　　　　　　　　　　　　　　　　　　　　　单位：人

现住地	省外									
	四川					贵州				
	小计	乡	镇的村委会	镇的居委会	街道	小计	乡	镇的村委会	镇的居委会	街道
漳州市	**3116**	**550**	**2251**	**200**	**115**	**4212**	**769**	**3188**	**134**	**121**
芗城区	406	63	282	34	27	654	101	485	36	32
龙文区	305	48	228	18	11	465	100	350	7	8
云霄县	116	42	59	5	10	98	49	41	5	3
漳浦县	286	56	209	16	5	283	79	193	4	7
诏安县	54	8	39	1	6	62	15	39	5	3
长泰县	383	71	282	25	5	541	107	395	35	4
东山县	75	18	44	2	11	125	11	103	4	7
南靖县	84	19	58	5	2	94	12	76	2	4
平和县	102	8	90	3	1	100	14	84		2
华安县	87	16	67	4		163	21	137	4	1
龙海市	1218	201	893	87	37	1627	260	1285	32	50
南平市	**1192**	**277**	**783**	**43**	**89**	**895**	**256**	**552**	**36**	**51**
延平区	506	105	362	11	28	119	26	91	1	1
建阳区	203	47	130	9	17	144	40	92	8	4
顺昌县	34	9	19	5	1	65	25	30	5	5
浦城县	51	22	23	2	4	62	20	40	1	1
光泽县	21	9	8	2	2	61	33	26	2	
松溪县	28	17	9		2	24	9	14		1
政和县	53	5	41	2	5	86	19	64	3	
邵武市	114	19	85	6	4	128	22	98	4	4
武夷山市	80	25	32	4	19	156	51	61	10	34
建瓯市	102	19	74	2	7	50	11	36	2	1
龙岩市	**1449**	**272**	**1075**	**53**	**49**	**1055**	**240**	**736**	**23**	**56**
新罗区	918	174	684	35	25	554	103	401	16	34
永定区	106	18	83	2	3	79	25	50	2	2
长汀县	81	21	55		5	45	8	35		2
上杭县	106	14	82	6	4	180	37	126	4	13
武平县	74	10	61		3	39	15	23		1
连城县	52	12	31	3	6	25	4	21		
漳平市	112	23	79	7	3	133	48	80	1	4
宁德市	**1553**	**429**	**940**	**93**	**91**	**1136**	**287**	**780**	**32**	**37**
蕉城区	605	176	358	41	30	390	80	282	19	9
霞浦县	154	51	67	9	27	134	61	64	1	8
古田县	175	41	123	3	8	52	22	27		3
屏南县	34	15	16	2	1	24	4	18		2
寿宁县	20	5	10	3	2	47	11	34	2	
周宁县	32	15	13	3	1	36	8	25	3	
柘荣县	11	7	2	1	1	45	13	26	1	5
福安市	281	80	172	16	13	119	28	88	1	2
福鼎市	241	39	179	15	8	289	60	216	5	8

7-1 续表 26

单位：人

现住地	省外									
	云南					西藏				
	小计	乡	镇的村委会	镇的居委会	街道	小计	乡	镇的村委会	镇的居委会	街道
合计	**23303**	**5658**	**16137**	**721**	**787**	**179**	**28**	**61**	**29**	**61**
福州市	**4110**	**1373**	**2431**	**147**	**159**	**60**	**13**	**19**	**7**	**21**
鼓楼区	75	21	32	8	14	4	1	1	1	1
台江区	35	10	20	4	1	1		1		
仓山区	332	122	181	12	17	6		3	1	2
马尾区	174	39	116	15	4	1	1			
晋安区	165	56	92	7	10	2	2			
长乐区	1175	459	688	14	14	1				1
闽侯县	604	140	377	29	58	38	9	9	3	17
连江县	230	83	137	7	3					
罗源县	191	87	93	7	4	2			2	
闽清县	56	6	47		3					
永泰县	85	26	49	4	6	1		1		
平潭县	35	11	22	1	1	3		3		
福清市	953	313	577	39	24	1		1		
厦门市	**6929**	**1552**	**4831**	**246**	**300**	**34**	**7**	**4**	**12**	**11**
思明区	250	33	146	23	48	5	3		1	1
海沧区	1267	229	951	48	39	2			2	
湖里区	677	137	467	34	39	1				1
集美区	1229	249	823	56	101	21	3	3	7	8
同安区	2137	567	1479	44	47	3	1	1		1
翔安区	1369	337	965	41	26	2			2	
莆田市	**1726**	**432**	**1226**	**33**	**35**	**4**		**2**		**2**
城厢区	313	78	211	11	13	1				1
涵江区	505	144	347	7	7					
荔城区	694	167	510	8	9	3		2		1
秀屿区	95	23	67	1	4					
仙游县	119	20	91	6	2					
三明市	**661**	**184**	**437**	**23**	**17**	**23**		**10**	**1**	**12**
梅列区	162	58	92	7	5	20		9	1	10
三元区	140	26	103	6	5	3		1		2
明溪县	24	2	21	1						
清流县	6	3	3							
宁化县	12	2	5	5						
大田县	75	33	42							
尤溪县	86	35	51							
沙县	61	14	41		6					
将乐县	34	2	30	2						
泰宁县	2		2							
建宁县	12		12							
永安市	47	9	35	2	1					
泉州市	**5728**	**1169**	**4302**	**143**	**114**	**21**	**2**	**11**	**3**	**5**
鲤城区	258	59	184	6	9					
丰泽区	290	60	208	12	10	10	2	2	3	3
洛江区	103	39	60	4		3		1		2
泉港区	52	2	49		1					
惠安县	391	86	286	6	13					
安溪县	189	44	127	10	8					
永春县	38	13	24		1					
德化县	30	2	28							
石狮市	517	124	358	12	23					
晋江市	2485	563	1821	79	22	8		8		
南安市	1375	177	1157	14	27					

7-1 续表 27　　　　单位：人

现住地	省外									
	云南					西藏				
	小计	乡	镇的村委会	镇的居委会	街道	小计	乡	镇的村委会	镇的居委会	街道
漳州市	**2142**	**362**	**1650**	**61**	**69**	**26**	**1**	**11**	**6**	**8**
芗城区	282	43	207	6	26	25	1	11	6	7
龙文区	176	28	135	4	9					
云霄县	58	12	44	2						
漳浦县	153	37	111		5					
诏安县	21	4	14	2	1					
长泰县	412	67	323	18	4					
东山县	29	2	15	7	5					
南靖县	89	25	61	2	1					
平和县	136	8	126	2						
华安县	80	11	69							
龙海市	706	125	545	18	18	1				1
南平市	**724**	**296**	**371**	**27**	**30**	**4**	**3**	**1**		
延平区	50	14	32	2	2	2	2			
建阳区	43	19	20		4					
顺昌县	26	15	8	3						
浦城县	166	87	72	4	3					
光泽县	271	140	129	1	1					
松溪县	10	3	7							
政和县	77	4	58	7	8					
邵武市	23	6	13		4	1		1		
武夷山市	34	7	16	3	8	1	1			
建瓯市	24	1	16	7						
龙岩市	**451**	**88**	**324**	**13**	**26**					
新罗区	243	43	180	6	14					
永定区	23	6	15	1	1					
长汀县	39	7	27	3	2					
上杭县	73	17	48	2	6					
武平县	24	4	19		1					
连城县	13	3	8	1	1					
漳平市	36	8	27		1					
宁德市	**832**	**202**	**565**	**28**	**37**	**7**	**2**	**3**		**2**
蕉城区	291	50	211	15	15	6	2	3		1
霞浦县	61	28	30	1	2					
古田县	30	3	26		1	1				1
屏南县	11	4	7							
寿宁县	15	6	9							
周宁县	17	1	14		2					
柘荣县	26	14	10	1	1					
福安市	165	53	101	3	8					
福鼎市	216	43	157	8	8					

7-1　续表 28　　　　单位：人

现住地	省外									
	陕西					甘肃				
	小计	乡	镇的村委会	镇的居委会	街道	小计	乡	镇的村委会	镇的居委会	街道
合　计	**7775**	**1250**	**5264**	**486**	**775**	**4704**	**1020**	**2773**	**316**	**595**
福州市	**1561**	**255**	**1018**	**103**	**185**	**1361**	**336**	**769**	**89**	**167**
鼓楼区	110	11	43	18	38	61	18	19	4	20
台江区	56	11	27	6	12	31	8	14	6	3
仓山区	218	47	128	22	21	199	45	112	14	28
马尾区	103	15	72	7	9	59	17	29	7	6
晋安区	159	31	106	12	10	81	11	47	14	9
长乐区	188	20	148	3	17	133	40	85	6	2
闽侯县	207	37	135	12	23	277	65	114	23	75
连江县	71	11	53	1	6	85	21	55	4	5
罗源县	46	9	27	4	6	88	27	56	2	3
闽清县	23	4	16	1	2	3	1	2		
永泰县	15	4	7	2	2	10	1	3	1	5
平潭县	36	8	19		9	15	3	12		
福清市	329	47	237	15	30	319	79	221	8	11
厦门市	**2764**	**418**	**1832**	**185**	**329**	**1797**	**399**	**1058**	**129**	**211**
思明区	312	29	148	29	106	217	33	103	29	52
海沧区	539	89	403	16	31	272	53	177	17	25
湖里区	457	67	306	39	45	258	36	179	16	27
集美区	646	94	411	56	85	476	131	216	45	84
同安区	458	90	326	20	22	254	74	166	5	9
翔安区	352	49	238	25	40	320	72	217	17	14
莆田市	**535**	**99**	**375**	**25**	**36**	**106**	**24**	**66**	**6**	**10**
城厢区	92	12	62	3	15	38	10	22	1	5
涵江区	235	57	156	13	9	14	4	10		
荔城区	159	23	125	5	6	30	8	18	1	3
秀屿区	24	5	15	1	3	11	2	6	1	2
仙游县	25	2	17	3	3	13		10	3	
三明市	**148**	**20**	**90**	**15**	**23**	**73**	**14**	**34**	**5**	**20**
梅列区	14		9	3	2	3	1	1	1	
三元区	19	5	8		6	31	6	12	3	10
明溪县	2		2			3	1	2		
清流县	5	2	2		1	2		2		
宁化县	7	1	2	2	2	10	1	2		7
大田县	10	2	8			3	1	2		
尤溪县	21	1	18	2		1		1		
沙县	16	2	9	3	2	2	1	1		
将乐县	6	1	4	1		1		1		
泰宁县	6		4	1	1	1		1		
建宁县	3	1	2			5	1	4		
永安市	39	5	22	3	9	11	2	5	1	3
泉州市	**1522**	**247**	**1111**	**70**	**94**	**695**	**97**	**487**	**37**	**74**
鲤城区	83	16	56	9	2	28	11	13	1	3
丰泽区	171	24	113	17	17	141	22	76	14	29
洛江区	40	10	25	4	1	38	1	29	5	3
泉港区	29	4	21	2	2	27		23	1	3
惠安县	141	11	119	4	7	60	8	48	3	1
安溪县	73	12	50	1	10	20	1	15	2	2
永春县	16	5	8	3		14	1	12		1
德化县	25	2	18	5		14	2	11		1
石狮市	191	41	134	1	15	93	14	67	4	8
晋江市	545	99	396	21	29	177	28	133	2	14
南安市	208	23	171	3	11	83	9	60	5	9

7-1 续表 29

单位：人

现住地	省外									
	陕西					甘肃				
	小计	乡	镇的村委会	镇的居委会	街道	小计	乡	镇的村委会	镇的居委会	街道
漳州市	**409**	**47**	**299**	**31**	**32**	**308**	**71**	**189**	**17**	**31**
芗城区	54	5	40	3	6	58	6	30	6	16
龙文区	27	2	19	4	2	13	4	7	1	1
云霄县	13	3	7	1	2	14	5	6		3
漳浦县	46	7	36	2	1	43	4	33	1	5
诏安县	4	2	2			2	1		1	
长泰县	52	5	36	10	1	33	22	10	1	
东山县	13	4	7		2	6	2	4		
南靖县	10		10			1				1
平和县	17	2	12	3		1		1		
华安县	17	3	11	1	2	5		3	1	1
龙海市	156	14	119	7	16	132	27	95	6	4
南平市	**121**	**21**	**71**	**9**	**20**	**60**	**15**	**24**	**6**	**15**
延平区	14	5	8		1	4	1	2		1
建阳区	38	2	23	5	8	5	3	1	1	
顺昌县	9		6	1	2	5	2	3		
浦城县	5		4		1	1				1
光泽县	12	2	8	1	1	1	1			
松溪县	1		1							
政和县	8	4	2	2						
邵武市	25	3	16		6	5		3		2
武夷山市	6	3	2		1	35	7	13	5	10
建瓯市	3	2	1			4	1	2		1
龙岩市	**151**	**24**	**105**	**6**	**16**	**102**	**15**	**44**	**10**	**33**
新罗区	86	9	68	2	7	45	6	23	4	12
永定区	8	1	5	1	1					
长汀县	12	5	7			17	4		1	12
上杭县	14	1	11		2	30		16	5	9
武平县	10	3	1	2	4	6	5	1		
连城县	9	4	5			2		2		
漳平市	12	1	8	1	2	2		2		
宁德市	**564**	**119**	**363**	**42**	**40**	**202**	**49**	**102**	**17**	**34**
蕉城区	359	65	243	32	19	126	29	61	13	23
霞浦县	60	26	23	4	7	25	11	10	1	3
古田县	11	2	8		1	2	1	1		
屏南县	3		3			2		1		1
寿宁县	3	3								
周宁县	18	3	13	2		3	2	1		
柘荣县	5	4		1		1		1		
福安市	35	8	24	2	1	22	3	14	2	3
福鼎市	70	8	49	1	12	21	3	13	1	4

7-1 续表 30

单位：人

现住地	省外									
	青海					宁夏				
	小计	乡	镇的村委会	镇的居委会	街道	小计	乡	镇的村委会	镇的居委会	街道
合计	**458**	**97**	**213**	**53**	**95**	**688**	**102**	**371**	**78**	**137**
福州市	**71**	**21**	**25**	**8**	**17**	**177**	**37**	**87**	**16**	**37**
鼓楼区	7		2		5	8			5	3
台江区	9		7		2	4		4		
仓山区	8		2	3	3	17	4	9	1	3
马尾区						16	1	14	1	
晋安区	1		1			15	1	5	3	6
长乐区	8	6	1		1	11	5	1	2	3
闽侯县	15	3	6		6	44	6	22	1	15
连江县	1			1		6	5	1		
罗源县						4		1	1	2
闽清县										
永泰县										
平潭县										
福清市	22	12	6	4		52	15	30	2	5
厦门市	**227**	**47**	**111**	**28**	**41**	**259**	**38**	**136**	**32**	**53**
思明区	47	3	25	6	13	46	5	19	5	17
海沧区	20	4	9	3	4	25	2	18	2	3
湖里区	25	2	12		11	36	8	21	5	2
集美区	80	18	35	15	12	63	6	21	17	19
同安区	12	3	9			13	7	4		2
翔安区	43	17	21	4	1	76	10	53	3	10
莆田市	**7**	**6**		**1**		**59**	**7**	**39**	**4**	**9**
城厢区	1			1		8		6		2
涵江区						25	5	19	1	
荔城区	6	6				16	1	7	1	7
秀屿区						10	1	7	2	
仙游县										
三明市	**5**	**1**			**4**	**14**	**4**	**6**	**2**	**2**
梅列区										
三元区	2				2	4	1	2	1	
明溪县						1			1	
清流县										
宁化县						3	3			
大田县	1				1	5		4		1
尤溪县	1	1								
沙县						1				1
将乐县	1				1					
泰宁县										
建宁县										
永安市										
泉州市	**69**	**14**	**39**	**6**	**10**	**110**	**7**	**74**	**12**	**17**
鲤城区	6		2	3	1	2	1	1		
丰泽区	11		5	2	4	12	1	3	1	7
洛江区	2		1	1		5		2		3
泉港区	1		1			1		1		
惠安县	11	4	7			5		5		
安溪县	7		7			5		4		1
永春县	1		1							
德化县										
石狮市	17	4	10		3	42	5	30	4	3
晋江市	13	6	5		2	30		25	3	2
南安市						8		3	4	1

7－1 续表 31

单位：人

现住地	省外									
	青海					宁夏				
	小计	乡	镇的村委会	镇的居委会	街道	小计	乡	镇的村委会	镇的居委会	街道
漳州市	**38**	**2**	**18**	**4**	**14**	**38**	**5**	**19**	**6**	**8**
芗城区	2		1		1	3		1		2
龙文区						2		2		
云霄县						1		1		
漳浦县	4	1	3			13	1	7	3	2
诏安县						1		1		
长泰县						1			1	
东山县										
南靖县										
平和县										
华安县										
龙海市	32	1	14	4	13	17	4	7	2	4
南平市	**14**	**5**	**4**	**1**	**4**	**6**		**3**		**3**
延平区										
建阳区	1				1					
顺昌县						1		1		
浦城县										
光泽县						1		1		
松溪县	1				1					
政和县										
邵武市	1			1		1		1		
武夷山市	10	4	4		2	3				3
建瓯市	1	1								
龙岩市	**6**		**3**	**2**	**1**	**11**	**2**	**5**	**4**	
新罗区	5		2	2	1	9	2	4	3	
永定区										
长汀县										
上杭县										
武平县	1		1							
连城县										
漳平市						2		1	1	
宁德市	**21**	**1**	**13**	**3**	**4**	**14**	**2**	**2**	**2**	**8**
蕉城区	11	1	8	1	1	6	1	1	2	2
霞浦县	3				3	3				3
古田县	2		2							
屏南县	3		1	2						
寿宁县										
周宁县						1	1			
柘荣县										
福安市	1		1			2				2
福鼎市	1		1			2		1		1

7-1　续表 32　　　　　　　　　　　　　　　　　　　　　　单位：人

现 住 地	省　　外				
	新　　疆				
	小计	乡	镇 的 村委会	镇 的 居委会	街道
合　计	**1161**	**280**	**485**	**129**	**267**
福州市	**195**	**47**	**61**	**24**	**63**
鼓楼区	21	10	3	1	7
台江区	19	2	14	2	1
仓山区	33	8	7	6	12
马尾区	4	3	1		
晋安区	16	5	6	2	3
长乐区	16	3	5	4	4
闽侯县	62	11	14	8	29
连江县	4	2	1		1
罗源县	3	1	2		
闽清县					
永泰县	2				2
平潭县	1		1		
福清市	14	2	7	1	4
厦门市	**364**	**82**	**105**	**53**	**124**
思明区	99	25	18	13	43
海沧区	40	5	15	10	10
湖里区	66	7	25	12	22
集美区	103	24	32	12	35
同安区	27	11	8	3	5
翔安区	29	10	7	3	9
莆田市	**41**	**5**	**28**	**2**	**6**
城厢区	20	2	17	1	
涵江区	3		3		
荔城区	13	1	7	1	4
秀屿区	3	1	1		1
仙游县	2	1			1
三明市	**29**	**12**	**14**		**3**
梅列区					
三元区	15	4	8		3
明溪县					
清流县					
宁化县	5		5		
大田县					
尤溪县	2	2			
沙县	1	1			
将乐县					
泰宁县	5	5			
建宁县					
永安市	1		1		
泉州市	**378**	**121**	**205**	**26**	**26**
鲤城区	15	1	11	1	2
丰泽区	33	6	10	7	10
洛江区	33		29	1	3
泉港区	5		5		
惠安县	21	7	8	5	1
安溪县	2		2		
永春县					
德化县	1			1	
石狮市	40	14	19	3	4
晋江市	185	93	82	4	6
南安市	43		39	4	

7-1 续表 33

单位：人

现住地	省外				
	新疆				
	小计	乡	镇的村委会	镇的居委会	街道
漳州市	**67**	**6**	**29**	**14**	**18**
芗城区	17	1	7	1	8
龙文区	14		8	6	
云霄县					
漳浦县	13	3	7	1	2
诏安县					
长泰县	2		2		
东山县	2		2		
南靖县					
平和县	1		1		
华安县					
龙海市	18	2	2	6	8
南平市	**29**	**3**	**9**	**5**	**12**
延平区	9	2	2	3	2
建阳区	8		4	1	3
顺昌县					
浦城县	1				1
光泽县	1		1		
松溪县					
政和县	1		1		
邵武市	1				1
武夷山市	8	1	1	1	5
建瓯市					
龙岩市	**25**	**1**	**19**	**1**	**4**
新罗区	19	1	15		3
永定区					
长汀县					
上杭县	1				1
武平县					
连城县	5		4	1	
漳平市					
宁德市	**33**	**3**	**15**	**4**	**11**
蕉城区	27		15	3	9
霞浦县	2	1			1
古田县					
屏南县					
寿宁县					
周宁县					
柘荣县					
福安市	1	1			
福鼎市	3	1		1	1

7-1a　各地区按现住地、户口登记地类型分的户口登记地在外乡镇街道人口(城市)

单位：人

现住地	合计					省内				
	合计	乡	镇的村委会	镇的居委会	街道	小计	乡	镇的村委会	镇的居委会	街道
合　计	**967078**	**139345**	**564025**	**79509**	**184199**	**646659**	**69115**	**355435**	**61560**	**160549**
福州市	**212120**	**29846**	**109358**	**23412**	**49504**	**153756**	**15169**	**73647**	**19917**	**45023**
鼓楼区	28055	3509	9894	4040	10612	23152	2456	7631	3449	9616
台江区	19950	1588	8865	1884	7613	17105	1149	7129	1623	7204
仓山区	65564	10812	34170	6454	14128	46162	4922	22786	5604	12850
马尾区	13548	2608	8270	1122	1548	7836	1215	4612	833	1176
晋安区	47655	6966	23385	7079	10225	34360	3741	14830	6235	9554
长乐区	12300	1552	8519	878	1351	7873	621	5488	695	1069
闽侯县										
连江县										
罗源县										
闽清县										
永泰县										
平潭县										
福清市	25048	2811	16255	1955	4027	17268	1065	11171	1478	3554
厦门市	**298882**	**45159**	**172771**	**24279**	**56673**	**172503**	**18200**	**92151**	**16196**	**45956**
思明区	56904	4959	25135	5426	21384	39977	2212	15754	3819	18192
海沧区	39425	5320	25150	2488	6467	18508	1652	10351	1375	5130
湖里区	80333	12615	47167	7023	13528	50968	6178	28549	4969	11272
集美区	69967	12373	40056	5774	11764	37804	5102	20471	3482	8749
同安区	46432	9210	31941	2502	2779	21421	2692	15032	1705	1992
翔安区	5821	682	3322	1066	751	3825	364	1994	846	621
莆田市	**60336**	**7826**	**41716**	**3740**	**7054**	**42065**	**3641**	**29003**	**3146**	**6275**
城厢区	21823	1845	15051	1788	3139	17313	1067	11865	1565	2816
涵江区	15248	2891	10386	690	1281	9764	1256	6838	541	1129
荔城区	19594	2671	13385	1086	2452	12506	1116	8262	908	2220
秀屿区	3671	419	2894	176	182	2482	202	2038	132	110
仙游县										
三明市	**29161**	**3759**	**15594**	**2041**	**7767**	**24838**	**3028**	**12942**	**1746**	**7122**
梅列区	9125	1062	4354	776	2933	7611	815	3467	642	2687
三元区	8817	1287	5074	577	1879	7295	1006	4115	497	1677
明溪县										
清流县										
宁化县										
大田县										
尤溪县										
沙县										
将乐县										
泰宁县										
建宁县										
永安市	11219	1410	6166	688	2955	9932	1207	5360	607	2758
泉州市	**182486**	**28429**	**117002**	**11702**	**25353**	**93670**	**9065**	**55634**	**8038**	**20933**
鲤城区	26060	4114	16077	1727	4142	14673	1530	8258	1235	3650
丰泽区	44086	5294	24586	3665	10541	28703	2080	14589	2844	9190
洛江区	6468	1435	3671	391	971	4084	696	2304	262	822
泉港区	3568	219	2942	207	200	2863	147	2395	164	157
惠安县										
安溪县										
永春县										
德化县										
石狮市	29079	4727	20642	1543	2167	14852	1497	10791	985	1579
晋江市	66338	11938	45793	3611	4996	24059	2842	15429	2115	3673
南安市	6887	702	3291	558	2336	4436	273	1868	433	1862

7−1a　续表 1　　　　单位：人

现住地	合计					省内				
	合计	乡	镇的村委会	镇的居委会	街道	小计	乡	镇的村委会	镇的居委会	街道
漳州市	**41779**	**3666**	**22690**	**4657**	**10766**	**33117**	**2204**	**16813**	**4067**	**10033**
芗城区	23194	1678	10968	2157	8391	18994	1045	8257	1826	7866
龙文区	13812	1477	9066	1213	2056	10455	875	6668	1019	1893
云霄县										
漳浦县										
诏安县										
长泰县										
东山县										
南靖县										
平和县										
华安县										
龙海市	4766	511	2656	1280	319	3662	284	1888	1216	274
南平市	**49742**	**8275**	**27200**	**2722**	**11545**	**45236**	**7402**	**24612**	**2454**	**10768**
延平区	12944	940	7515	781	3708	11664	726	6671	719	3548
建阳区	9139	1213	5131	833	1962	8095	1035	4530	749	1781
顺昌县										
浦城县										
光泽县										
松溪县										
政和县										
邵武市	11967	1295	8325	405	1942	11243	1181	7874	369	1819
武夷山市	8053	3317	2168	355	2213	6999	3025	1728	287	1959
建瓯市	7639	1510	4061	348	1720	7235	1435	3809	330	1661
龙岩市	**45404**	**5734**	**29109**	**3177**	**7384**	**40591**	**4889**	**25814**	**2892**	**6996**
新罗区	37531	4147	24282	2793	6309	33284	3409	21325	2553	5997
永定区	2764	879	1492	147	246	2638	842	1434	133	229
长汀县										
上杭县										
武平县										
连城县										
漳平市	5109	708	3335	237	829	4669	638	3055	206	770
宁德市	**47168**	**6651**	**28585**	**3779**	**8153**	**40883**	**5517**	**24819**	**3104**	**7443**
蕉城区	22347	3077	13481	2437	3352	17349	2147	10503	1880	2819
霞浦县										
古田县										
屏南县										
寿宁县										
周宁县										
柘荣县										
福安市	13479	2679	7818	704	2278	12930	2538	7527	661	2204
福鼎市	11342	895	7286	638	2523	10604	832	6789	563	2420

7-1a　续表 2

单位：人

现住地	省外									
	小计					北京				
	小计	乡	镇的村委会	镇的居委会	街道	小计	乡	镇的村委会	镇的居委会	街道
合　计	**320419**	**70230**	**208590**	**17949**	**23650**	**520**	**10**	**36**	**69**	**405**
福州市	**58364**	**14677**	**35711**	**3495**	**4481**	**142**	**4**	**15**	**20**	**103**
鼓楼区	4903	1053	2263	591	996	35		3	5	27
台江区	2845	439	1736	261	409	8		4		4
仓山区	19402	5890	11384	850	1278	43	4	1	6	32
马尾区	5712	1393	3658	289	372	2		2		
晋安区	13295	3225	8555	844	671	33		1	7	25
长乐区	4427	931	3031	183	282	1				1
闽侯县										
连江县										
罗源县										
闽清县										
永泰县										
平潭县										
福清市	7780	1746	5084	477	473	20		4	2	14
厦门市	**126379**	**26959**	**80620**	**8083**	**10717**	**251**		**9**	**33**	**209**
思明区	16927	2747	9381	1607	3192	100		3	13	84
海沧区	20917	3668	14799	1113	1337	25		3	9	13
湖里区	29365	6437	18618	2054	2256	60		1	6	53
集美区	32163	7271	19585	2292	3015	56		2	5	49
同安区	25011	6518	16909	797	787	10				10
翔安区	1996	318	1328	220	130					
莆田市	**18271**	**4185**	**12713**	**594**	**779**	**11**	**3**	**3**		**5**
城厢区	4510	778	3186	223	323	4				4
涵江区	5484	1635	3548	149	152	4	2	2		
荔城区	7088	1555	5123	178	232	2		1		1
秀屿区	1189	217	856	44	72	1	1			
仙游县										
三明市	**4323**	**731**	**2652**	**295**	**645**	**12**			**1**	**11**
梅列区	1514	247	887	134	246	8			1	7
三元区	1522	281	959	80	202	2				2
明溪县										
清流县										
宁化县										
大田县										
尤溪县										
沙县										
将乐县										
泰宁县										
建宁县										
永安市	1287	203	806	81	197	2				2
泉州市	**88816**	**19364**	**61368**	**3664**	**4420**	**55**	**3**	**8**	**5**	**39**
鲤城区	11387	2584	7819	492	492	14		2	2	10
丰泽区	15383	3214	9997	821	1351	23		2	3	18
洛江区	2384	739	1367	129	149	2	2			
泉港区	705	72	547	43	43					
惠安县										
安溪县										
永春县										
德化县										
石狮市	14227	3230	9851	558	588	3				3
晋江市	42279	9096	30364	1496	1323	12	1	4		7
南安市	2451	429	1423	125	474	1				1

7-1a 续表 3

单位：人

现住地	省外									
	小计					北京				
	小计	乡	镇的村委会	镇的居委会	街道	小计	乡	镇的村委会	镇的居委会	街道
漳州市	**8662**	**1462**	**5877**	**590**	**733**	**12**			**2**	**10**
芗城区	4200	633	2711	331	525	7				7
龙文区	3357	602	2398	194	163	5			2	3
云霄县										
漳浦县										
诏安县										
长泰县										
东山县										
南靖县										
平和县										
华安县										
龙海市	1104	227	768	64	45					
南平市	**4506**	**873**	**2588**	**268**	**777**	**9**		**1**		**8**
延平区	1280	214	844	62	160	1				1
建阳区	1044	178	601	84	181	3		1		2
顺昌县										
浦城县										
光泽县										
松溪县										
政和县										
邵武市	724	114	451	36	123	2				2
武夷山市	1054	292	440	68	254	2				2
建瓯市	404	75	252	18	59	1				1
龙岩市	**4813**	**845**	**3295**	**285**	**388**	**11**			**3**	**8**
新罗区	4247	738	2957	240	312	8				8
永定区	126	37	58	14	17					
长汀县										
上杭县										
武平县										
连城县										
漳平市	440	70	280	31	59	3			3	
宁德市	**6285**	**1134**	**3766**	**675**	**710**	**17**			**5**	**12**
蕉城区	4998	930	2978	557	533	13			5	8
霞浦县										
古田县										
屏南县										
寿宁县										
周宁县										
柘荣县										
福安市	549	141	291	43	74	4				4
福鼎市	738	63	497	75	103					

7-1a　续表 4

单位：人

现住地	省外									
	天津					河北				
	小计	乡	镇的村委会	镇的居委会	街道	小计	乡	镇的村委会	镇的居委会	街道
合　计	**355**	**9**	**57**	**49**	**240**	**2324**	**363**	**1262**	**247**	**452**
福州市	**53**		**16**	**10**	**27**	**584**	**97**	**316**	**53**	**118**
鼓楼区	8		2	4	2	94	14	30	11	39
台江区	7		1		6	67	5	50	3	9
仓山区	22		8	1	13	173	40	86	17	30
马尾区						36	3	19	3	11
晋安区	12		4	4	4	107	17	63	14	13
长乐区	2				2	32	7	17	3	5
闽侯县										
连江县										
罗源县										
闽清县										
永泰县										
平潭县										
福清市	2		1	1		75	11	51	2	11
厦门市	**209**	**5**	**27**	**28**	**149**	**995**	**161**	**507**	**119**	**208**
思明区	72		7	8	57	236	32	108	26	70
海沧区	22	2	2	1	17	117	18	69	15	15
湖里区	36	1	7	6	22	221	32	128	18	43
集美区	76	2	10	13	51	325	46	151	52	76
同安区	2				2	71	25	38	4	4
翔安区	1		1			25	8	13	4	
莆田市	**12**	**1**	**2**	**4**	**5**	**86**	**7**	**53**	**8**	**18**
城厢区	4			3	1	36	4	20	5	7
涵江区	1				1	22	2	11	2	7
荔城区	7	1	2	1	3	24	1	20		3
秀屿区						4		2	1	1
仙游县										
三明市	**3**			**1**	**2**	**50**	**2**	**31**	**8**	**9**
梅列区						12		7	5	
三元区	1				1	15	1	6	1	7
明溪县										
清流县										
宁化县										
大田县										
尤溪县										
沙县										
将乐县										
泰宁县										
建宁县										
永安市	2			1	1	23	1	18	2	2
泉州市	**45**	**3**	**10**	**3**	**29**	**360**	**69**	**204**	**22**	**65**
鲤城区	5		1		4	44	4	32		8
丰泽区	19		4		15	130	26	58	9	37
洛江区						13	3	7	1	2
泉港区						13	1	10		2
惠安县										
安溪县										
永春县										
德化县										
石狮市	8		2	1	5	50	8	31	8	3
晋江市	12	2	3	2	5	91	24	58	3	6
南安市	1	1				19	3	8	1	7

7-1a 续表 5

单位：人

现住地	省外									
	天津					河北				
	小计	乡	镇的村委会	镇的居委会	街道	小计	乡	镇的村委会	镇的居委会	街道
漳州市	**4**		**1**		**3**	**96**	**15**	**52**	**20**	**9**
芗城区	2				2	50	10	26	8	6
龙文区	2		1		1	40	4	23	11	2
云霄县										
漳浦县										
诏安县										
长泰县										
东山县										
南靖县										
平和县										
华安县										
龙海市						6	1	3	1	1
南平市	**7**				**7**	**41**	**3**	**23**	**1**	**14**
延平区	3				3	16	1	9	1	5
建阳区	1				1					
顺昌县										
浦城县										
光泽县										
松溪县										
政和县										
邵武市						5		4		1
武夷山市	3				3	14	2	7		5
建瓯市						6		3		3
龙岩市	**12**			**2**	**10**	**58**	**5**	**45**	**6**	**2**
新罗区	9			1	8	52	5	41	4	2
永定区						1			1	
长汀县										
上杭县										
武平县										
连城县										
漳平市	3			1	2	5		4	1	
宁德市	**10**		**1**	**1**	**8**	**54**	**4**	**31**	**10**	**9**
蕉城区	9		1	1	7	47	3	29	9	6
霞浦县										
古田县										
屏南县										
寿宁县										
周宁县										
柘荣县										
福安市						2	1		1	
福鼎市	1				1	5		2		3

7-1a 续表 6

单位：人

现住地	省外									
	山西					内蒙古				
	小计	乡	镇的村委会	镇的居委会	街道	小计	乡	镇的村委会	镇的居委会	街道
合计	**1970**	**335**	**957**	**198**	**480**	**784**	**100**	**295**	**149**	**240**
福州市	**345**	**47**	**177**	**31**	**90**	**155**	**26**	**60**	**30**	**39**
鼓楼区	40	7	11	9	13	22	7	5	4	6
台江区	22	1	11	3	7	14	1	10		3
仓山区	119	22	59	7	31	50	9	19	8	14
马尾区	36	4	19	2	11	11	1	7	1	2
晋安区	68	9	37	6	16	34	5	9	12	8
长乐区	21	3	9	4	5	10	1	5	1	3
闽侯县										
连江县										
罗源县										
闽清县										
永泰县										
平潭县										
福清市	39	1	31		7	14	2	5	4	3
厦门市	**937**	**153**	**450**	**103**	**231**	**389**	**42**	**122**	**87**	**138**
思明区	197	24	78	25	70	125	11	34	22	58
海沧区	112	18	71	8	15	34	6	13	6	9
湖里区	174	29	93	17	35	79	11	32	10	26
集美区	322	61	106	48	107	120	5	34	44	37
同安区	114	18	94		2	26	7	7	5	7
翔安区	18	3	8	5	2	5	2	2		1
莆田市	**64**	**9**	**40**	**6**	**9**	**17**	**3**	**8**	**3**	**3**
城厢区	29	6	12	4	7	5		2	2	1
涵江区	10	2	7	1		2		2		
荔城区	19	1	17		1	7	3	3		1
秀屿区	6		4	1	1	3		1	1	1
仙游县										
三明市	**38**	**8**	**16**	**4**	**10**	**11**	**3**	**4**	**1**	**3**
梅列区	9	3	2	1	3	1		1		
三元区	21	4	9	2	6	6	2	1	1	2
明溪县										
清流县										
宁化县										
大田县										
尤溪县										
沙县										
将乐县										
泰宁县										
建宁县										
永安市	8	1	5	1	1	4	1	2		1
泉州市	**299**	**68**	**140**	**31**	**60**	**130**	**12**	**62**	**17**	**39**
鲤城区	53	34	10	2	7	7		7		
丰泽区	109	11	51	11	36	62	5	31	8	18
洛江区	13	7	2		4	7		1	3	3
泉港区	10		8	1	1	5	1	2	1	1
惠安县										
安溪县										
永春县										
德化县										
石狮市	36	4	21	4	7	13	1	7	2	3
晋江市	73	12	46	11	4	29	5	10	2	12
南安市	5		2	2	1	7		4	1	2

7-1a 续表 7

单位：人

现住地	省外									
	山西					内蒙古				
	小计	乡	镇的村委会	镇的居委会	街道	小计	乡	镇的村委会	镇的居委会	街道
漳州市	**90**	**11**	**37**	**9**	**33**	**19**	**6**	**7**	**4**	**2**
芗城区	70	6	24	9	31	9	3	2	3	1
龙文区	13	5	7		1	9	3	5	1	
云霄县										
漳浦县										
诏安县										
长泰县										
东山县										
南靖县										
平和县										
华安县										
龙海市	7		6		1	1				1
南平市	**45**	**10**	**15**	**1**	**19**	**23**	**5**	**10**	**1**	**7**
延平区	9	3	3		3	4	1	2		1
建阳区	2			1	1	3	1	2		
顺昌县										
浦城县										
光泽县										
松溪县										
政和县										
邵武市	3		3			2		1		1
武夷山市	30	6	9		15	14	3	5	1	5
建瓯市	1	1								
龙岩市	**50**	**7**	**30**	**4**	**9**	**22**	**2**	**12**	**3**	**5**
新罗区	48	7	29	4	8	15	2	6	3	4
永定区										
长汀县										
上杭县										
武平县										
连城县										
漳平市	2		1		1	7		6		1
宁德市	**102**	**22**	**52**	**9**	**19**	**18**	**1**	**10**	**3**	**4**
蕉城区	92	19	48	9	16	13	1	8	3	1
霞浦县										
古田县										
屏南县										
寿宁县										
周宁县										
柘荣县										
福安市	1		1			3		1		2
福鼎市	9	3	3		3	2		1		1

7-1a　续表 8　　　　　　　　　　　　　　　　　　　　　　　　　　单位：人

现住地	省外									
	辽宁					吉林				
	小计	乡	镇的村委会	镇的居委会	街道	小计	乡	镇的村委会	镇的居委会	街道
合计	**1765**	**171**	**678**	**225**	**691**	**1771**	**216**	**762**	**250**	**543**
福州市	**431**	**37**	**173**	**82**	**139**	**305**	**41**	**128**	**42**	**94**
鼓楼区	98	8	31	18	41	48	7	11	9	21
台江区	14	1	9		4	24		10	3	11
仓山区	103	10	55	14	24	66	11	22	8	25
马尾区	44	4	18	7	15	25	3	12	4	6
晋安区	109	11	35	35	28	70	15	28	9	18
长乐区	46	2	18	2	24	21	1	14	4	2
闽侯县										
连江县										
罗源县										
闽清县										
永泰县										
平潭县										
福清市	17	1	7	6	3	51	4	31	5	11
厦门市	**834**	**85**	**285**	**104**	**360**	**938**	**111**	**383**	**137**	**307**
思明区	266	20	67	29	150	230	20	66	50	94
海沧区	115	12	45	19	39	115	23	38	13	41
湖里区	188	19	73	24	72	228	22	86	37	83
集美区	182	24	54	25	79	236	23	127	26	60
同安区	54	8	28	3	15	111	23	59	8	21
翔安区	29	2	18	4	5	18		7	3	8
莆田市	**69**	**10**	**28**	**2**	**29**	**85**	**13**	**36**	**13**	**23**
城厢区	18		7	1	10	33	2	18	2	11
涵江区	17	5	10		2	12	5	2	2	3
荔城区	13	4	7		2	31	4	14	5	8
秀屿区	21	1	4	1	15	9	2	2	4	1
仙游县										
三明市	**37**		**18**	**2**	**17**	**27**	**2**	**8**	**3**	**14**
梅列区	8		3	1	4	3		1		2
三元区	11		5		6	18	1	6	1	10
明溪县										
清流县										
宁化县										
大田县										
尤溪县										
沙县										
将乐县										
泰宁县										
建宁县										
永安市	18		10	1	7	6	1	1	2	2
泉州市	**233**	**22**	**119**	**16**	**76**	**243**	**26**	**124**	**30**	**63**
鲤城区	25	3	12	5	5	30	5	14	10	1
丰泽区	82	5	25	7	45	70	2	30	5	33
洛江区	13	3	6		4	12	3	6	1	2
泉港区	7		7			2		1	1	
惠安县										
安溪县										
永春县										
德化县										
石狮市	31	4	21	1	5	20		13	2	5
晋江市	73	7	48	3	15	96	15	56	6	19
南安市	2				2	13	1	4	5	3

7-1a 续表 9

单位：人

现住地	省外									
	辽宁					吉林				
	小计	乡	镇的村委会	镇的居委会	街道	小计	乡	镇的村委会	镇的居委会	街道
漳州市	**39**	**1**	**12**	**4**	**22**	**42**	**6**	**19**	**7**	**10**
芗城区	30		9	2	19	23	4	7	3	9
龙文区	5		2	1	2	17	2	11	4	
云霄县										
漳浦县										
诏安县										
长泰县										
东山县										
南靖县										
平和县										
华安县										
龙海市	4	1	1	1	1	2		1		1
南平市	**28**	**5**	**13**	**1**	**9**	**24**	**5**	**9**	**3**	**7**
延平区	4		2		2	6	2		1	3
建阳区	8		6		2	9		6		3
顺昌县										
浦城县										
光泽县										
松溪县										
政和县										
邵武市	6	4	1		1	4	2		2	
武夷山市	7	1	3		3	4	1	2		1
建瓯市	3		1	1	1	1		1		
龙岩市	**19**		**9**	**2**	**8**	**25**	**2**	**14**	**3**	**6**
新罗区	16		7	2	7	17	1	10	3	3
永定区										
长汀县										
上杭县										
武平县										
连城县										
漳平市	3		2		1	8	1	4		3
宁德市	**75**	**11**	**21**	**12**	**31**	**82**	**10**	**41**	**12**	**19**
蕉城区	64	11	19	10	24	66	7	33	10	16
霞浦县										
古田县										
屏南县										
寿宁县										
周宁县										
柘荣县										
福安市	5			1	4	2	1	1		
福鼎市	6		2	1	3	14	2	7	2	3

7-1a　续表 10　　　　单位：人

现住地	省外									
	黑龙江					上海				
	小计	乡	镇的村委会	镇的居委会	街道	小计	乡	镇的村委会	镇的居委会	街道
合　计	**3235**	**402**	**1286**	**571**	**976**	**504**	**12**	**56**	**57**	**379**
福州市	**538**	**60**	**229**	**93**	**156**	**131**	**3**	**16**	**16**	**96**
鼓楼区	93	5	32	24	32	32		4	2	26
台江区	45	3	18	11	13	6				6
仓山区	148	21	49	23	55	41	2	9		30
马尾区	30	5	12	4	9	7		2	3	2
晋安区	115	14	67	16	18	37	1		10	26
长乐区	43	4	24	3	12	2				2
闽侯县										
连江县										
罗源县										
闽清县										
永泰县										
平潭县										
福清市	64	8	27	12	17	6		1	1	4
厦门市	**1863**	**240**	**693**	**338**	**592**	**212**	**5**	**20**	**22**	**165**
思明区	515	49	145	93	228	92	3	5	7	77
海沧区	294	27	143	56	68	14		3	2	9
湖里区	489	59	188	96	146	52	1	2	5	44
集美区	363	66	128	63	106	46		8	5	33
同安区	158	36	71	18	33	5	1	2	2	
翔安区	44	3	18	12	11	3			1	2
莆田市	**125**	**19**	**84**	**9**	**13**	**11**		**7**	**1**	**3**
城厢区	50	4	31	6	9	3			1	2
涵江区	24		22	1	1					
荔城区	40	14	24		2	3		2		1
秀屿区	11	1	7	2	1	5		5		
仙游县										
三明市	**61**	**4**	**11**	**11**	**35**	**22**				**22**
梅列区	23	3	3	5	12	14				14
三元区	20	1	4	5	10	5				5
明溪县										
清流县										
宁化县										
大田县										
尤溪县										
沙县										
将乐县										
泰宁县										
建宁县										
永安市	18		4	1	13	3				3
泉州市	**421**	**51**	**181**	**72**	**117**	**57**	**1**	**10**	**3**	**43**
鲤城区	60	5	38	10	7	20	1	7		12
丰泽区	128	14	34	16	64	21		1	2	18
洛江区	18	8	3	1	6	2				2
泉港区	11		6	5		1			1	
惠安县										
安溪县										
永春县										
德化县										
石狮市	51	4	30	8	9	3		2		1
晋江市	144	20	68	31	25	10				10
南安市	9		2	1	6					

7−1a 续表 11

单位：人

现住地	省外									
	黑龙江					上海				
	小计	乡	镇的村委会	镇的居委会	街道	小计	乡	镇的村委会	镇的居委会	街道
漳州市	**64**	**15**	**11**	**20**	**18**	**9**			**3**	**6**
芗城区	38	11	3	12	12	8			2	6
龙文区	18	3	5	7	3					
云霄县										
漳浦县										
诏安县										
长泰县										
东山县										
南靖县										
平和县										
华安县										
龙海市	8	1	3	1	3	1			1	
南平市	**35**	**2**	**11**	**6**	**16**	**18**	**2**		**2**	**14**
延平区	4		1	1	2	4			1	3
建阳区	10	1	4	3	2	6	2			4
顺昌县										
浦城县										
光泽县										
松溪县										
政和县										
邵武市	7	1		1	5	7			1	6
武夷山市	11		4	1	6	1				1
建瓯市	3		2		1					
龙岩市	**58**	**5**	**32**	**7**	**14**	**14**		**3**	**3**	**8**
新罗区	46	4	27	6	9	9		2		7
永定区	1	1				3			3	
长汀县										
上杭县										
武平县										
连城县										
漳平市	11		5	1	5	2		1		1
宁德市	**70**	**6**	**34**	**15**	**15**	**30**	**1**		**7**	**22**
蕉城区	65	5	31	14	15	23	1		7	15
霞浦县										
古田县										
屏南县										
寿宁县										
周宁县										
柘荣县										
福安市	2	1	1			2				2
福鼎市	3		2	1		5				5

7-1a　续表 12　　　　单位：人

现住地	省外									
	江苏					浙江				
	小计	乡	镇的村委会	镇的居委会	街道	小计	乡	镇的村委会	镇的居委会	街道
合　计	**3554**	**376**	**1896**	**446**	**836**	**4862**	**551**	**2800**	**546**	**965**
福州市	**699**	**73**	**352**	**99**	**175**	**1057**	**132**	**547**	**157**	**221**
鼓楼区	155	13	55	28	59	147	15	61	23	48
台江区	68	4	33	12	19	174	15	91	29	39
仓山区	171	22	92	10	47	321	40	178	39	64
马尾区	59	8	38	6	7	77	10	37	9	21
晋安区	156	18	83	25	30	206	34	110	33	29
长乐区	32	3	20	4	5	50	12	31	1	6
闽侯县										
连江县										
罗源县										
闽清县										
永泰县										
平潭县										
福清市	58	5	31	14	8	82	6	39	23	14
厦门市	**1549**	**162**	**791**	**205**	**391**	**1468**	**157**	**801**	**186**	**324**
思明区	397	26	194	47	130	392	28	181	51	132
海沧区	203	17	108	25	53	141	20	77	10	34
湖里区	346	44	183	52	67	335	35	221	40	39
集美区	457	48	216	69	124	418	60	194	61	103
同安区	117	23	73	8	13	125	11	92	9	13
翔安区	29	4	17	4	4	57	3	36	15	3
莆田市	**158**	**15**	**99**	**22**	**22**	**157**	**21**	**92**	**11**	**33**
城厢区	64	1	44	9	10	68	8	42	1	17
涵江区	40	4	25	3	8	36	9	14	5	8
荔城区	47	10	26	7	4	49	4	34	4	7
秀屿区	7		4	3		4		2	1	1
仙游县										
三明市	**90**	**9**	**55**	**4**	**22**	**173**	**22**	**107**	**6**	**38**
梅列区	31	6	15	2	8	48	3	25	4	16
三元区	28	2	19	2	5	56	10	42	1	3
明溪县										
清流县										
宁化县										
大田县										
尤溪县										
沙县										
将乐县										
泰宁县										
建宁县										
永安市	31	1	21		9	69	9	40	1	19
泉州市	**660**	**84**	**390**	**65**	**121**	**931**	**102**	**571**	**95**	**163**
鲤城区	74	6	39	11	18	121	18	70	11	22
丰泽区	173	29	85	21	38	299	24	158	37	80
洛江区	25	6	13	1	5	36	4	4	11	17
泉港区	27		25		2	12		11		1
惠安县										
安溪县										
永春县										
德化县										
石狮市	124	10	93	8	13	183	30	126	15	12
晋江市	203	31	123	16	33	258	21	192	19	26
南安市	34	2	12	8	12	22	5	10	2	5

7-1a 续表 13

单位：人

现住地	省外									
	江苏					浙江				
	小计	乡	镇的村委会	镇的居委会	街道	小计	乡	镇的村委会	镇的居委会	街道
漳州市	**120**	**7**	**67**	**15**	**31**	**181**	**22**	**105**	**17**	**37**
芗城区	67	4	32	11	20	74	7	35	10	22
龙文区	43	3	29	3	8	56	6	36	4	10
云霄县										
漳浦县										
诏安县										
长泰县										
东山县										
南靖县										
平和县										
华安县										
龙海市	10		6	1	3	50	9	34	2	5
南平市	**93**	**9**	**38**	**16**	**30**	**370**	**63**	**205**	**20**	**82**
延平区	24		11	4	9	77	13	45		19
建阳区	17	1	8	3	5	90	11	58	6	15
顺昌县										
浦城县										
光泽县										
松溪县										
政和县										
邵武市	16	3	4	1	8	70	3	44	5	18
武夷山市	27	5	9	6	7	86	29	31	3	23
建瓯市	9		6	2	1	47	7	27	6	7
龙岩市	**81**	**7**	**55**	**9**	**10**	**109**	**4**	**77**	**9**	**19**
新罗区	78	7	53	9	9	89	4	63	9	13
永定区	1		1			2		2		
长汀县										
上杭县										
武平县										
连城县										
漳平市	2		1		1	18		12		6
宁德市	**104**	**10**	**49**	**11**	**34**	**416**	**28**	**295**	**45**	**48**
蕉城区	69	7	29	8	25	124	10	74	16	24
霞浦县										
古田县										
屏南县										
寿宁县										
周宁县										
柘荣县										
福安市	19	2	12	2	3	41	6	26	3	6
福鼎市	16	1	8	1	6	251	12	195	26	18

7-1a　续表 14　　　　单位：人

现住地	省外									
	安徽					江西				
	小计	乡	镇的村委会	镇的居委会	街道	小计	乡	镇的村委会	镇的居委会	街道
合　计	**19038**	**3763**	**12913**	**1127**	**1235**	**65353**	**15488**	**43565**	**3348**	**2952**
福州市	**2716**	**602**	**1718**	**199**	**197**	**8180**	**2186**	**5060**	**488**	**446**
鼓楼区	305	55	136	60	54	786	197	398	85	106
台江区	114	20	61	19	14	428	66	269	40	53
仓山区	800	179	528	37	56	2951	899	1835	125	92
马尾区	278	72	177	14	15	653	179	397	36	41
晋安区	781	166	540	37	38	2017	530	1276	132	79
长乐区	177	46	112	9	10	257	43	181	14	19
闽侯县										
连江县										
罗源县										
闽清县										
永泰县										
平潭县										
福清市	261	64	164	23	10	1088	272	704	56	56
厦门市	**7229**	**1360**	**4803**	**509**	**557**	**28129**	**6893**	**18342**	**1648**	**1246**
思明区	1263	223	783	101	156	2859	553	1722	259	325
海沧区	1094	148	786	87	73	3855	824	2634	220	177
湖里区	1698	331	1125	115	127	7962	1987	5170	505	300
集美区	2229	468	1447	153	161	7380	1935	4703	456	286
同安区	841	181	586	41	33	5676	1511	3853	174	138
翔安区	104	9	76	12	7	397	83	260	34	20
莆田市	**696**	**127**	**497**	**44**	**28**	**2253**	**449**	**1636**	**79**	**89**
城厢区	226	25	167	20	14	926	133	713	37	43
涵江区	182	57	106	15	4	509	148	334	19	8
荔城区	215	41	158	9	7	718	149	518	20	31
秀屿区	73	4	66		3	100	19	71	3	7
仙游县										
三明市	**357**	**62**	**231**	**20**	**44**	**1047**	**173**	**703**	**75**	**96**
梅列区	89	15	46	7	21	431	54	279	40	58
三元区	201	33	140	10	18	315	68	215	17	15
明溪县										
清流县										
宁化县										
大田县										
尤溪县										
沙县										
将乐县										
泰宁县										
建宁县										
永安市	67	14	45	3	5	301	51	209	18	23
泉州市	**6491**	**1369**	**4579**	**251**	**292**	**21622**	**4925**	**15174**	**809**	**714**
鲤城区	610	152	418	20	20	3215	811	2172	117	115
丰泽区	1058	194	736	55	73	3202	657	2251	133	161
洛江区	139	44	83	5	7	479	169	266	18	26
泉港区	35		29	1	5	63	7	50	3	3
惠安县										
安溪县										
永春县										
德化县										
石狮市	1879	474	1269	50	86	5115	1111	3679	180	145
晋江市	2663	501	1981	114	67	9137	2102	6522	339	174
南安市	107	4	63	6	34	411	68	234	19	90

7-1a 续表 15　　单位：人

现住地	省外									
	安徽					江西				
	小计	乡	镇的村委会	镇的居委会	街道	小计	乡	镇的村委会	镇的居委会	街道
漳州市	**824**	**130**	**614**	**38**	**42**	**1454**	**305**	**968**	**91**	**90**
芗城区	497	80	356	26	35	709	112	494	48	55
龙文区	238	26	199	10	3	590	145	385	27	33
云霄县										
漳浦县										
诏安县										
长泰县										
东山县										
南靖县										
平和县										
华安县										
龙海市	89	24	59	2	4	155	48	89	16	2
南平市	**172**	**19**	**96**	**22**	**35**	**1166**	**244**	**707**	**56**	**159**
延平区	39	10	19	6	4	274	27	197	21	29
建阳区	42	1	28	6	7	304	58	159	24	63
顺昌县										
浦城县										
光泽县										
松溪县										
政和县										
邵武市	30	2	19	1	8	240	54	159	2	25
武夷山市	44	6	18	9	11	267	86	137	8	36
建瓯市	17		12		5	81	19	55	1	6
龙岩市	**319**	**61**	**225**	**21**	**12**	**958**	**212**	**648**	**46**	**52**
新罗区	276	51	197	17	11	895	195	613	45	42
永定区	8		4	4		19	5	8	1	5
长汀县										
上杭县										
武平县										
连城县										
漳平市	35	10	24		1	44	12	27		5
宁德市	**234**	**33**	**150**	**23**	**28**	**544**	**101**	**327**	**56**	**60**
蕉城区	144	28	83	19	14	397	73	243	40	41
霞浦县										
古田县										
屏南县										
寿宁县										
周宁县										
柘荣县										
福安市	44	2	32		10	93	24	49	9	11
福鼎市	46	3	35	4	4	54	4	35	7	8

7−1a　续表 16　　　　单位：人

现住地	省外									
	山东					河南				
	小计	乡	镇的村委会	镇的居委会	街道	小计	乡	镇的村委会	镇的居委会	街道
合　计	**4161**	**618**	**2429**	**337**	**777**	**27355**	**6957**	**17860**	**1146**	**1392**
福州市	**948**	**128**	**532**	**92**	**196**	**3825**	**951**	**2419**	**184**	**271**
鼓楼区	166	18	67	28	53	335	104	153	34	44
台江区	77	9	40	10	18	181	33	120	17	11
仓山区	294	38	161	27	68	1064	284	637	36	107
马尾区	84	10	55	3	16	423	94	297	16	16
晋安区	189	39	108	16	26	857	180	603	49	25
长乐区	43	13	21	1	8	233	68	138	7	20
闽侯县										
连江县										
罗源县										
闽清县										
永泰县										
平潭县										
福清市	95	1	80	7	7	732	188	471	25	48
厦门市	**2030**	**346**	**1169**	**137**	**378**	**14207**	**3767**	**9145**	**592**	**703**
思明区	450	41	240	38	131	3394	893	2155	143	203
海沧区	332	80	211	15	26	2442	603	1641	94	104
湖里区	574	144	321	36	73	3222	836	2101	156	129
集美区	428	53	219	37	119	2788	827	1630	126	205
同安区	206	23	154	5	24	2103	565	1439	45	54
翔安区	40	5	24	6	5	258	43	179	28	8
莆田市	**118**	**15**	**80**	**8**	**15**	**1408**	**363**	**963**	**34**	**48**
城厢区	61	5	40	6	10	390	98	248	16	28
涵江区	24	5	16	1	2	286	78	194	5	9
荔城区	23	5	16	1	1	607	159	428	12	8
秀屿区	10		8		2	125	28	93	1	3
仙游县										
三明市	**94**	**6**	**55**	**10**	**23**	**215**	**55**	**117**	**12**	**31**
梅列区	27		16	2	9	37	11	20	2	4
三元区	26	3	16	2	5	106	27	58	4	17
明溪县										
清流县										
宁化县										
大田县										
尤溪县										
沙县										
将乐县										
泰宁县										
建宁县										
永安市	41	3	23	6	9	72	17	39	6	10
泉州市	**578**	**86**	**352**	**58**	**82**	**5084**	**1222**	**3505**	**157**	**200**
鲤城区	59	10	36	3	10	588	134	422	10	22
丰泽区	196	24	99	33	40	808	183	515	51	59
洛江区	24	8	9	1	6	107	31	69	5	2
泉港区	45	4	36	4	1	82	5	76	1	
惠安县										
安溪县										
永春县										
德化县										
石狮市	60	11	42	5	2	466	120	298	20	28
晋江市	174	28	117	11	18	2892	715	2051	58	68
南安市	20	1	13	1	5	141	34	74	12	21

7－1a 续表 17

单位：人

现住地	省外									
	山东					河南				
	小计	乡	镇的村委会	镇的居委会	街道	小计	乡	镇的村委会	镇的居委会	街道
漳州市	**76**		**58**	**1**	**17**	**871**	**198**	**602**	**41**	**30**
芗城区	56		38	1	17	481	121	309	26	25
龙文区	16		16			292	50	228	10	4
云霄县										
漳浦县										
诏安县										
长泰县										
东山县										
南靖县										
平和县										
华安县										
龙海市	4		4			98	27	65	5	1
南平市	**69**	**6**	**43**	**7**	**13**	**171**	**32**	**91**	**7**	**41**
延平区	17	3	10	2	2	21		14		7
建阳区	19	2	14	1	2	34	4	24	3	3
顺昌县										
浦城县										
光泽县										
松溪县										
政和县										
邵武市	12		7	2	3	16	4	9		3
武夷山市	12	1	10		1	78	22	28	3	25
建瓯市	9		2	2	5	22	2	16	1	3
龙岩市	**87**	**6**	**58**	**3**	**20**	**330**	**66**	**235**	**12**	**17**
新罗区	79	5	55	3	16	279	59	194	12	14
永定区	2		1		1	9	1	7		1
长汀县										
上杭县										
武平县										
连城县										
漳平市	6	1	2		3	42	6	34		2
宁德市	**161**	**25**	**82**	**21**	**33**	**1244**	**303**	**783**	**107**	**51**
蕉城区	127	21	62	15	29	1159	289	728	98	44
霞浦县										
古田县										
屏南县										
寿宁县										
周宁县										
柘荣县										
福安市	19	4	11	3	1	43	9	25	6	3
福鼎市	15		9	3	3	42	5	30	3	4

7-1a　续表 18　　　　单位：人

现住地	省外									
	湖北					湖南				
	小计	乡	镇的村委会	镇的居委会	街道	小计	乡	镇的村委会	镇的居委会	街道
合　计	**20054**	**3650**	**13299**	**1372**	**1733**	**17700**	**4028**	**11426**	**1116**	**1130**
福州市	**3621**	**717**	**2256**	**294**	**354**	**3576**	**939**	**2184**	**241**	**212**
鼓楼区	389	70	197	43	79	535	136	298	50	51
台江区	186	25	107	18	36	283	39	203	11	30
仓山区	950	268	546	60	76	1056	378	565	45	68
马尾区	288	48	191	10	39	226	41	155	14	16
晋安区	775	145	507	79	44	860	213	555	63	29
长乐区	400	63	284	20	33	146	35	88	20	3
闽侯县										
连江县										
罗源县										
闽清县										
永泰县										
平潭县										
福清市	633	98	424	64	47	470	97	320	38	15
厦门市	**7553**	**1278**	**4929**	**597**	**749**	**5858**	**1191**	**3723**	**454**	**490**
思明区	867	103	486	87	191	659	78	376	79	126
海沧区	1658	211	1250	83	114	1041	170	740	58	73
湖里区	1776	332	1078	182	184	1168	262	718	98	90
集美区	1872	345	1197	146	184	1588	354	939	146	149
同安区	1281	281	863	77	60	1277	307	859	62	49
翔安区	99	6	55	22	16	125	20	91	11	3
莆田市	**1879**	**470**	**1261**	**59**	**89**	**1244**	**262**	**893**	**47**	**42**
城厢区	365	57	267	16	25	338	56	253	14	15
涵江区	782	269	475	15	23	283	72	200	8	3
荔城区	647	127	467	21	32	549	116	391	21	21
秀屿区	85	17	52	7	9	74	18	49	4	3
仙游县										
三明市	**168**	**20**	**83**	**18**	**47**	**173**	**40**	**87**	**10**	**36**
梅列区	61	10	28	9	14	48	13	28	1	6
三元区	26	1	17	3	5	63	16	28	2	17
明溪县										
清流县										
宁化县										
大田县										
尤溪县										
沙县										
将乐县										
泰宁县										
建宁县										
永安市	81	9	38	6	28	62	11	31	7	13
泉州市	**5502**	**987**	**3896**	**281**	**338**	**5458**	**1344**	**3661**	**234**	**219**
鲤城区	666	121	463	44	38	749	192	510	21	26
丰泽区	1020	164	696	59	101	971	214	645	48	64
洛江区	182	59	103	9	11	242	97	125	11	9
泉港区	61	2	49	4	6	70	2	51	9	8
惠安县										
安溪县										
永春县										
德化县										
石狮市	856	162	599	53	42	488	107	344	21	16
晋江市	2594	464	1922	104	104	2807	711	1902	118	76
南安市	123	15	64	8	36	131	21	84	6	20

7-1a 续表 19

单位：人

现住地	省外									
	湖北					湖南				
	小计	乡	镇的村委会	镇的居委会	街道	小计	乡	镇的村委会	镇的居委会	街道
漳州市	**552**	**68**	**405**	**40**	**39**	**585**	**104**	**396**	**40**	**45**
芗城区	280	18	217	20	25	260	49	166	15	30
龙文区	219	41	149	16	13	258	48	174	23	13
云霄县										
漳浦县										
诏安县										
长泰县										
东山县										
南靖县										
平和县										
华安县										
龙海市	53	9	39	4	1	67	7	56	2	2
南平市	**160**	**13**	**107**	**15**	**25**	**174**	**30**	**81**	**22**	**41**
延平区	57		44	5	8	49	10	29	1	9
建阳区	34	5	13	4	12	46	5	21	13	7
顺昌县										
浦城县										
光泽县										
松溪县										
政和县										
邵武市	33	1	26	2	4	33	6	16	4	7
武夷山市	16	3	9	3	1	19	4	6	4	5
建瓯市	20	4	15	1		27	5	9		13
龙岩市	**213**	**28**	**143**	**16**	**26**	**216**	**37**	**143**	**21**	**15**
新罗区	186	25	124	14	23	174	28	128	10	8
永定区	9	2	7			6	4	1	1	
长汀县										
上杭县										
武平县										
连城县										
漳平市	18	1	12	2	3	36	5	14	10	7
宁德市	**406**	**69**	**219**	**52**	**66**	**416**	**81**	**258**	**47**	**30**
蕉城区	326	46	184	44	52	370	75	231	39	25
霞浦县										
古田县										
屏南县										
寿宁县										
周宁县										
柘荣县										
福安市	42	14	19	4	5	22	4	13	2	3
福鼎市	38	9	16	4	9	24	2	14	6	2

7-1a 续表 20

单位：人

现住地	省外									
	广东					广西				
	小计	乡	镇的村委会	镇的居委会	街道	小计	乡	镇的村委会	镇的居委会	街道
合计	**6111**	**582**	**3257**	**822**	**1450**	**5525**	**1157**	**3466**	**399**	**503**
福州市	**1014**	**117**	**463**	**155**	**279**	**878**	**183**	**521**	**74**	**100**
鼓楼区	184	22	79	18	65	88	19	37	16	16
台江区	80	4	41	8	27	50	13	24	6	7
仓山区	327	48	131	55	93	278	62	162	19	35
马尾区	83	8	31	17	27	83	18	42	7	16
晋安区	212	24	102	39	47	199	40	127	15	17
长乐区	35	3	25	2	5	81	12	60	5	4
闽侯县										
连江县										
罗源县										
闽清县										
永泰县										
平潭县										
福清市	93	8	54	16	15	99	19	69	6	5
厦门市	**2709**	**265**	**1381**	**383**	**680**	**2177**	**447**	**1365**	**154**	**211**
思明区	680	51	280	113	236	301	35	167	44	55
海沧区	312	21	179	40	72	401	73	295	14	19
湖里区	816	77	447	105	187	457	102	287	37	31
集美区	592	59	289	90	154	613	136	337	47	93
同安区	274	55	170	25	24	377	95	263	7	12
翔安区	35	2	16	10	7	28	6	16	5	1
莆田市	**273**	**26**	**167**	**33**	**47**	**253**	**54**	**173**	**14**	**12**
城厢区	113	9	71	12	21	75	11	49	6	9
涵江区	74	9	43	11	11	71	18	49	3	1
荔城区	67	8	36	9	14	92	24	61	5	2
秀屿区	19		17	1	1	15	1	14		
仙游县										
三明市	**90**	**12**	**41**	**11**	**26**	**103**	**16**	**55**	**8**	**24**
梅列区	48	3	26	8	11	22	2	8	4	8
三元区	12		8	1	3	59	7	38	3	11
明溪县										
清流县										
宁化县										
大田县										
尤溪县										
沙县										
将乐县										
泰宁县										
建宁县										
永安市	30	9	7	2	12	22	7	9	1	5
泉州市	**1155**	**93**	**722**	**127**	**213**	**1278**	**307**	**832**	**65**	**74**
鲤城区	154	7	101	21	25	144	35	87	18	4
丰泽区	307	18	159	48	82	299	61	192	20	26
洛江区	38	11	15	5	7	50	20	21	3	6
泉港区	20		16	2	2	13	3	9		1
惠安县										
安溪县										
永春县										
德化县										
石狮市	200	26	147	9	18	190	37	142	7	4
晋江市	401	30	267	40	64	494	126	334	14	20
南安市	35	1	17	2	15	88	25	47	3	13

7-1a 续表 21 单位：人

现住地	省外									
	广东					广西				
	小计	乡	镇的村委会	镇的居委会	街道	小计	乡	镇的村委会	镇的居委会	街道
漳州市	**326**	**10**	**206**	**42**	**68**	**255**	**51**	**148**	**30**	**26**
芗城区	166	3	99	16	48	152	24	83	21	24
龙文区	118	5	76	17	20	87	27	53	6	1
云霄县										
漳浦县										
诏安县										
长泰县										
东山县										
南靖县										
平和县										
华安县										
龙海市	42	2	31	9		16		12	3	1
南平市	**90**	**14**	**33**	**5**	**38**	**124**	**33**	**62**	**7**	**22**
延平区	36	6	13	3	14	30	5	21	1	3
建阳区	14	3	3		8	17	1	9	2	5
顺昌县										
浦城县										
光泽县										
松溪县										
政和县										
邵武市	18	2	5	1	10	3		2	1	
武夷山市	11	1	4	1	5	65	22	26	3	14
建瓯市	11	2	8		1	9	5	4		
龙岩市	**250**	**29**	**168**	**23**	**30**	**119**	**27**	**78**	**5**	**9**
新罗区	194	18	142	17	17	99	15	72	4	8
永定区	34	6	16	3	9	12	11	1		
长汀县										
上杭县										
武平县										
连城县										
漳平市	22	5	10	3	4	8	1	5	1	1
宁德市	**204**	**16**	**76**	**43**	**69**	**338**	**39**	**232**	**42**	**25**
蕉城区	167	11	62	39	55	313	37	220	35	21
霞浦县										
古田县										
屏南县										
寿宁县										
周宁县										
柘荣县										
福安市	14	3	3	2	6	7	2	3	1	1
福鼎市	23	2	11	2	8	18		9	6	3

7-1a　续表 22　　　　单位：人

现住地	省外									
	海南					重庆				
	小计	乡	镇的村委会	镇的居委会	街道	小计	乡	镇的村委会	镇的居委会	街道
合　计	**669**	**66**	**335**	**114**	**154**	**23998**	**4903**	**16771**	**1083**	**1241**
福州市	**110**	**13**	**48**	**17**	**32**	**5128**	**1323**	**3379**	**189**	**237**
鼓楼区	19	1	9	2	7	159	44	91	6	18
台江区	8		5	1	2	205	37	141	7	20
仓山区	30	6	14	4	6	1771	548	1107	47	69
马尾区	5		2		3	515	143	326	25	21
晋安区	10	2	3	5		1813	427	1262	79	45
长乐区	26	2	7	5	12	267	45	188	13	21
闽侯县										
连江县										
罗源县										
闽清县										
永泰县										
平潭县										
福清市	12	2	8		2	398	79	264	12	43
厦门市	**325**	**26**	**166**	**60**	**73**	**5589**	**974**	**3816**	**382**	**417**
思明区	82	5	36	12	29	426	30	255	54	87
海沧区	30	2	17	4	7	943	104	711	59	69
湖里区	86	9	42	22	13	1301	258	838	109	96
集美区	91	5	49	14	23	1477	264	1005	94	114
同安区	28	5	17	6		1370	314	949	60	47
翔安区	8		5	2	1	72	4	58	6	4
莆田市	**20**	**4**	**13**	**2**	**1**	**1339**	**291**	**959**	**39**	**50**
城厢区	7	3	3		1	243	47	173	12	11
涵江区	8		6	2		428	113	287	16	12
荔城区	3		3			580	112	441	10	17
秀屿区	2	1	1			88	19	58	1	10
仙游县										
三明市	**14**	**4**	**6**	**2**	**2**	**249**	**26**	**183**	**19**	**21**
梅列区	5	3	2			106	11	68	16	11
三元区	9	1	4	2	2	64	8	52	1	3
明溪县										
清流县										
宁化县										
大田县										
尤溪县										
沙县										
将乐县										
泰宁县										
建宁县										
永安市						79	7	63	2	7
泉州市	**142**	**16**	**69**	**23**	**34**	**10337**	**2053**	**7501**	**368**	**415**
鲤城区	14	1	6	4	3	949	161	698	47	43
丰泽区	70	8	27	12	23	1016	238	663	43	72
洛江区						192	47	125	12	8
泉港区	8		5	1	2	34	13	19	1	1
惠安县										
安溪县										
永春县										
德化县										
石狮市	15	2	7	4	2	1357	311	957	47	42
晋江市	28	5	18	2	3	6517	1232	4864	208	213
南安市	7		6		1	272	51	175	10	36

7-1a 续表 23 单位：人

现住地	省外									
	海南					重庆				
	小计	乡	镇的村委会	镇的居委会	街道	小计	乡	镇的村委会	镇的居委会	街道
漳州市	**19**		**12**	**2**	**5**	**705**	**113**	**523**	**39**	**30**
芗城区	9		5		4	270	37	195	25	13
龙文区	8		5	2	1	339	56	259	10	14
云霄县										
漳浦县										
诏安县										
长泰县										
东山县										
南靖县										
平和县										
华安县										
龙海市	2		2			96	20	69	4	3
南平市	**15**	**1**	**8**	**3**	**3**	**264**	**52**	**157**	**14**	**41**
延平区	4		2	1	1	49	14	28	2	5
建阳区	3		2		1	83	7	62	1	13
顺昌县										
浦城县										
光泽县										
松溪县										
政和县										
邵武市	2		2			57	11	33	5	8
武夷山市	5	1	2	2		51	13	21	4	13
建瓯市	1				1	24	7	13	2	2
龙岩市	**7**	**2**	**3**	**1**	**1**	**252**	**47**	**181**	**15**	**9**
新罗区	6	2	3	1		225	45	160	14	6
永定区						3	2	1		
长汀县										
上杭县										
武平县										
连城县										
漳平市	1				1	24		20	1	3
宁德市	**17**		**10**	**4**	**3**	**135**	**24**	**72**	**18**	**21**
蕉城区	13		7	4	2	98	16	52	14	16
霞浦县										
古田县										
屏南县										
寿宁县										
周宁县										
柘荣县										
福安市	1				1	18	8	9	1	
福鼎市	3		3			19		11	3	5

7-1a 续表 24

单位：人

现住地	省外									
	四川					贵州				
	小计	乡	镇的村委会	镇的居委会	街道	小计	乡	镇的村委会	镇的居委会	街道
合计	**54803**	**14200**	**36720**	**2099**	**1784**	**33406**	**7900**	**23306**	**958**	**1242**
福州市	**17293**	**5252**	**11002**	**589**	**450**	**3414**	**921**	**2243**	**115**	**135**
鼓楼区	725	208	380	62	75	154	42	73	13	26
台江区	536	120	338	36	42	93	12	63	9	9
仓山区	6579	2414	3877	175	113	1232	359	801	28	44
马尾区	2038	578	1347	63	50	358	92	242	15	9
晋安区	3756	1086	2508	106	56	458	145	283	17	13
长乐区	1833	412	1342	33	46	349	86	230	15	18
闽侯县										
连江县										
罗源县										
闽清县										
永泰县										
平潭县										
福清市	1826	434	1210	114	68	770	185	551	18	16
厦门市	**17717**	**4332**	**11890**	**807**	**688**	**13916**	**3112**	**9882**	**425**	**497**
思明区	1593	295	1000	146	152	755	96	534	54	71
海沧区	2964	529	2209	113	113	2635	413	2075	71	76
湖里区	4415	1066	2993	200	156	2163	523	1475	72	93
集美区	4717	1297	3026	221	173	3551	757	2454	151	189
同安区	3814	1095	2525	109	85	4550	1279	3141	68	62
翔安区	214	50	137	18	9	262	44	203	9	6
莆田市	**2839**	**710**	**2007**	**58**	**64**	**3044**	**803**	**2146**	**42**	**53**
城厢区	545	93	414	18	20	503	124	349	16	14
涵江区	1114	358	725	13	18	817	274	522	6	15
荔城区	915	214	657	20	24	1563	360	1162	19	22
秀屿区	265	45	211	7	2	161	45	113	1	2
仙游县										
三明市	**528**	**110**	**361**	**31**	**26**	**308**	**60**	**210**	**10**	**28**
梅列区	222	37	162	13	10	66	16	38	1	11
三元区	144	38	92	9	5	118	26	73	3	16
明溪县										
清流县										
宁化县										
大田县										
尤溪县										
沙县										
将乐县										
泰宁县										
建宁县										
永安市	162	35	107	9	11	124	18	99	6	1
泉州市	**13538**	**3186**	**9494**	**453**	**405**	**10491**	**2546**	**7267**	**279**	**399**
鲤城区	2130	455	1555	72	48	1264	341	852	44	27
丰泽区	3366	899	2257	104	106	1286	323	861	40	62
洛江区	349	104	220	17	8	297	90	191	10	6
泉港区	83	19	56	4	4	45	9	34	2	
惠安县										
安溪县										
永春县										
德化县										
石狮市	1774	485	1165	61	63	960	246	641	33	40
晋江市	5480	1149	4037	175	119	6188	1444	4413	142	189
南安市	356	75	204	20	57	451	93	275	8	75

7-1a 续表 25

单位：人

现住地	省外									
	四川					贵州				
	小计	乡	镇的村委会	镇的居委会	街道	小计	乡	镇的村委会	镇的居委会	街道
漳州市	**706**	**114**	**502**	**54**	**36**	**1044**	**205**	**758**	**34**	**47**
芗城区	314	49	211	29	25	369	63	253	25	28
龙文区	298	48	221	18	11	456	96	345	7	8
云霄县										
漳浦县										
诏安县										
长泰县										
东山县										
南靖县										
平和县										
华安县										
龙海市	94	17	70	7		219	46	160	2	11
南平市	**838**	**188**	**567**	**22**	**61**	**351**	**89**	**208**	**18**	**36**
延平区	451	101	318	10	22	63	7	55		1
建阳区	163	38	105	4	16	77	26	44	6	1
顺昌县										
浦城县										
光泽县										
松溪县										
政和县										
邵武市	77	12	58	4	3	61	8	49	3	1
武夷山市	64	22	27	2	13	131	42	48	9	32
建瓯市	83	15	59	2	7	19	6	12		1
龙岩市	**817**	**168**	**585**	**40**	**24**	**457**	**81**	**326**	**15**	**35**
新罗区	728	147	528	32	21	417	74	297	15	31
永定区	12	4	7	1		2		1		1
长汀县										
上杭县										
武平县										
连城县										
漳平市	77	17	50	7	3	38	7	28		3
宁德市	**527**	**140**	**312**	**45**	**30**	**381**	**83**	**266**	**20**	**12**
蕉城区	425	112	255	39	19	272	58	189	18	7
霞浦县										
古田县										
屏南县										
寿宁县										
周宁县										
柘荣县										
福安市	70	24	36	3	7	48	13	34	1	
福鼎市	32	4	21	3	4	61	12	43	1	5

7-1a 续表 26　　　　单位：人

现住地	省外									
	云南					西藏				
	小计	乡	镇的村委会	镇的居委会	街道	小计	乡	镇的村委会	镇的居委会	街道
合　计	**11153**	**2623**	**7613**	**425**	**492**	**125**	**17**	**45**	**22**	**41**
福州市	**1447**	**454**	**867**	**63**	**63**	**15**	**4**	**5**	**2**	**4**
鼓楼区	75	21	32	8	14	4	1	1	1	1
台江区	35	10	20	4	1	1		1		
仓山区	332	122	181	12	17	6		3	1	2
马尾区	170	35	116	15	4	1	1			
晋安区	153	54	83	6	10	2	2			
长乐区	214	50	154	6	4	1				1
闽侯县										
连江县										
罗源县										
闽清县										
永泰县										
平潭县										
福清市	468	162	281	12	13					
厦门市	**4894**	**1050**	**3393**	**190**	**261**	**32**	**7**	**4**	**10**	**11**
思明区	250	33	146	23	48	5	3		1	1
海沧区	1142	196	877	41	28	2			2	
湖里区	676	137	466	34	39	1				1
集美区	1002	189	659	54	100	21	3	3	7	8
同安区	1775	488	1203	38	46	3	1	1		1
翔安区	49	7	42							
莆田市	**1458**	**384**	**1021**	**25**	**28**	**1**				**1**
城厢区	257	71	164	10	12	1				1
涵江区	471	143	314	7	7					
荔城区	662	160	490	7	5					
秀屿区	68	10	53	1	4					
仙游县										
三明市	**309**	**84**	**199**	**15**	**11**	**23**		**10**	**1**	**12**
梅列区	158	56	90	7	5	20		9	1	10
三元区	133	25	97	6	5	3		1		2
明溪县										
清流县										
宁化县										
大田县										
尤溪县										
沙县										
将乐县										
泰宁县										
建宁县										
永安市	18	3	12	2	1					
泉州市	**2169**	**482**	**1537**	**93**	**57**	**21**	**2**	**11**	**3**	**5**
鲤城区	258	59	184	6	9					
丰泽区	290	60	208	12	10	10	2	2	3	3
洛江区	51	19	28	4		3		1		2
泉港区	24	2	22							
惠安县										
安溪县										
永春县										
德化县										
石狮市	146	32	93	8	13					
晋江市	1252	285	902	57	8	8		8		
南安市	148	25	100	6	17					

7－1a　续表 27　　　　单位：人

现住地	省外									
	云南					西藏				
	小计	乡	镇的村委会	镇的居委会	街道	小计	乡	镇的村委会	镇的居委会	街道
漳州市	**363**	**62**	**256**	**12**	**33**	**25**	**1**	**11**	**6**	**7**
芗城区	117	21	69	5	22	25	1	11	6	7
龙文区	174	28	133	4	9					
云霄县										
漳浦县										
诏安县										
长泰县										
东山县										
南靖县										
平和县										
华安县										
龙海市	72	13	54	3	2					
南平市	**85**	**23**	**47**	**5**	**10**	**2**	**1**	**1**		
延平区	19	5	12	2						
建阳区	21	11	10							
顺昌县										
浦城县										
光泽县										
松溪县										
政和县										
邵武市	7		4		3	1		1		
武夷山市	32	7	15	3	7	1	1			
建瓯市	6		6							
龙岩市	**170**	**33**	**117**	**6**	**14**					
新罗区	156	28	108	6	14					
永定区	1	1								
长汀县										
上杭县										
武平县										
连城县										
漳平市	13	4	9							
宁德市	**258**	**51**	**176**	**16**	**15**	**6**	**2**	**3**		**1**
蕉城区	199	30	144	13	12	6	2	3		1
霞浦县										
古田县										
屏南县										
寿宁县										
周宁县										
柘荣县										
福安市	25	19	3	1	2					
福鼎市	34	2	29	2	1					

7-1a 续表 28

单位：人

现住地	省外									
	陕西					甘肃				
	小计	乡	镇的村委会	镇的居委会	街道	小计	乡	镇的村委会	镇的居委会	街道
合计	**4911**	**784**	**3222**	**350**	**555**	**2809**	**604**	**1570**	**231**	**404**
福州市	**868**	**148**	**531**	**75**	**114**	**629**	**150**	**350**	**54**	**75**
鼓楼区	110	11	43	18	38	61	18	19	4	20
台江区	56	11	27	6	12	31	8	14	6	3
仓山区	218	47	128	22	21	199	45	112	14	28
马尾区	102	15	71	7	9	58	17	28	7	6
晋安区	154	31	103	11	9	80	11	46	14	9
长乐区	55	4	45	1	5	29	7	16	5	1
闽侯县										
连江县										
罗源县										
闽清县										
永泰县										
平潭县										
福清市	173	29	114	10	20	171	44	115	4	8
厦门市	**2249**	**347**	**1457**	**158**	**287**	**1416**	**314**	**792**	**114**	**196**
思明区	312	29	148	29	106	217	33	103	29	52
海沧区	524	88	389	16	31	267	52	173	17	25
湖里区	457	67	306	39	45	258	36	179	16	27
集美区	550	81	334	53	82	420	116	176	44	84
同安区	372	74	261	17	20	228	74	145	3	6
翔安区	34	8	19	4	3	26	3	16	5	2
莆田市	**479**	**87**	**339**	**21**	**32**	**76**	**22**	**46**	**3**	**5**
城厢区	85	9	58	3	15	32	10	18	1	3
涵江区	225	53	150	13	9	14	4	10		
荔城区	155	23	122	4	6	21	7	13	1	
秀屿区	14	2	9	1	2	9	1	5	1	2
仙游县										
三明市	**62**	**4**	**35**	**6**	**17**	**37**	**4**	**15**	**5**	**13**
梅列区	14		9	3	2	3	1	1	1	
三元区	14		8		6	25	2	10	3	10
明溪县										
清流县										
宁化县										
大田县										
尤溪县										
沙县										
将乐县										
泰宁县										
建宁县										
永安市	34	4	18	3	9	9	1	4	1	3
泉州市	**753**	**126**	**520**	**46**	**61**	**391**	**67**	**241**	**26**	**57**
鲤城区	83	16	56	9	2	28	11	13	1	3
丰泽区	171	24	113	17	17	141	22	76	14	29
洛江区	28	3	20	4	1	25	1	17	5	2
泉港区	17	4	9	2	2	11		10		1
惠安县										
安溪县										
永春县										
德化县										
石狮市	100	21	67	1	11	47	9	29	3	6
晋江市	331	57	240	12	22	117	21	86	2	8
南安市	23	1	15	1	6	22	3	10	1	8

7－1a 续表 29

单位：人

现住地	省外									
	陕西					甘肃				
	小计	乡	镇的村委会	镇的居委会	街道	小计	乡	镇的村委会	镇的居委会	街道
漳州市	**76**	**8**	**54**	**5**	**9**	**67**	**9**	**34**	**7**	**17**
芗城区	42	4	31	1	6	54	5	27	6	16
龙文区	27	2	19	4	2	13	4	7	1	1
云霄县										
漳浦县										
诏安县										
长泰县										
东山县										
南靖县										
平和县										
华安县										
龙海市	7	2	4		1					
南平市	**53**	**8**	**29**	**5**	**11**	**46**	**10**	**16**	**6**	**14**
延平区	13	5	7		1	4	1	2		1
建阳区	28		18	5	5	2	1		1	
顺昌县										
浦城县										
光泽县										
松溪县										
政和县										
邵武市	6	1	1		4	4		2		2
武夷山市	5	2	2		1	34	7	12	5	10
建瓯市	1		1			2	1			1
龙岩市	**81**	**7**	**63**	**2**	**9**	**44**	**6**	**23**	**3**	**12**
新罗区	71	7	55	2	7	43	6	22	3	12
永定区	1		1							
长汀县										
上杭县										
武平县										
连城县										
漳平市	9		7		2	1		1		
宁德市	**290**	**49**	**194**	**32**	**15**	**103**	**22**	**53**	**13**	**15**
蕉城区	268	46	180	31	11	91	20	45	11	15
霞浦县										
古田县										
屏南县										
寿宁县										
周宁县										
柘荣县										
福安市	9	2	5	1	1	10	2	6	2	
福鼎市	13	1	9		3	2		2		

7-1a　续表 30　　　　单位：人

现住地	省外									
	青海					宁夏				
	小计	乡	镇的村委会	镇的居委会	街道	小计	乡	镇的村委会	镇的居委会	街道
合　计	**297**	**61**	**137**	**35**	**64**	**438**	**64**	**222**	**62**	**90**
福州市	**42**	**14**	**15**	**3**	**10**	**108**	**23**	**52**	**14**	**19**
鼓楼区	7		2		5	8			5	3
台江区	9		7		2	4		4		
仓山区	8		2	3	3	17	4	9	1	3
马尾区						16	1	14	1	
晋安区	1		1			15	1	5	3	6
长乐区	5	5				6	2		2	2
闽侯县										
连江县										
罗源县										
闽清县										
永泰县										
平潭县										
福清市	12	9	3			42	15	20	2	5
厦门市	**180**	**30**	**88**	**22**	**40**	**182**	**26**	**84**	**29**	**43**
思明区	47	3	25	6	13	46	5	19	5	17
海沧区	20	4	9	3	4	23	2	16	2	3
湖里区	25	2	12		11	36	8	21	5	2
集美区	78	18	35	13	12	63	6	21	17	19
同安区	7	3	4			11	5	4		2
翔安区	3		3			3		3		
莆田市	**7**	**6**		**1**		**57**	**7**	**37**	**4**	**9**
城厢区	1			1		8		6		2
涵江区						25	5	19	1	
荔城区	6	6				16	1	7	1	7
秀屿区						8	1	5	2	
仙游县										
三明市	**2**				**2**	**4**	**1**	**2**	**1**	
梅列区										
三元区	2				2	4	1	2	1	
明溪县										
清流县										
宁化县										
大田县										
尤溪县										
沙县										
将乐县										
泰宁县										
建宁县										
永安市										
泉州市	**35**	**5**	**18**	**6**	**6**	**59**	**4**	**37**	**8**	**10**
鲤城区	6		2	3	1	2	1	1		
丰泽区	11		5	2	4	12	1	3	1	7
洛江区	2		1	1		3		2		1
泉港区						1		1		
惠安县										
安溪县										
永春县										
德化县										
石狮市	7		7			15	2	9	4	
晋江市	9	5	3		1	25		21	3	1
南安市						1				1

7-1a 续表 31

单位：人

现住地	省外									
	青海					宁夏				
	小计	乡	镇的村委会	镇的居委会	街道	小计	乡	镇的村委会	镇的居委会	街道
漳州市	**3**		**1**		**2**	**5**		**3**		**2**
芗城区	2		1		1	3		1		2
龙文区						2		2		
云霄县										
漳浦县										
诏安县										
长泰县										
东山县										
南靖县										
平和县										
华安县										
龙海市	1				1					
南平市	**12**	**5**	**4**	**1**	**2**	**4**		**1**		**3**
延平区										
建阳区	1				1					
顺昌县										
浦城县										
光泽县										
松溪县										
政和县										
邵武市	1			1		1		1		
武夷山市	9	4	4		1	3				3
建瓯市	1	1								
龙岩市	**4**		**2**	**1**	**1**	**11**	**2**	**5**	**4**	
新罗区	4		2	1	1	9	2	4	3	
永定区										
长汀县										
上杭县										
武平县										
连城县										
漳平市						2		1	1	
宁德市	**12**	**1**	**9**	**1**	**1**	**8**	**1**	**1**	**2**	**4**
蕉城区	11	1	8	1	1	6	1	1	2	2
霞浦县										
古田县										
屏南县										
寿宁县										
周宁县										
柘荣县										
福安市	1		1			2				2
福鼎市										

7-1a　续表 32　　单位：人

现住地	省外				
	新疆				
	小计	乡	镇的村委会	镇的居委会	街道
合　计	**869**	**220**	**349**	**96**	**204**
福州市	**112**	**32**	**37**	**14**	**29**
鼓楼区	21	10	3	1	7
台江区	19	2	14	2	1
仓山区	33	8	7	6	12
马尾区	4	3	1		
晋安区	16	5	6	2	3
长乐区	10	2	2	3	3
闽侯县					
连江县					
罗源县					
闽清县					
永泰县					
平潭县					
福清市	9	2	4		3
厦门市	**342**	**73**	**103**	**50**	**116**
思明区	99	25	18	13	43
海沧区	40	5	15	10	10
湖里区	66	7	25	12	22
集美区	102	23	32	12	35
同安区	25	10	8	3	4
翔安区	10	3	5		2
莆田市	**32**	**4**	**23**	**2**	**3**
城厢区	20	2	17	1	
涵江区	3		3		
荔城区	7	1	3	1	2
秀屿区	2	1			1
仙游县					
三明市	**16**	**4**	**9**		**3**
梅列区					
三元区	15	4	8		3
明溪县					
清流县					
宁化县					
大田县					
尤溪县					
沙县					
将乐县					
泰宁县					
建宁县					
永安市	1		1		
泉州市	**278**	**103**	**133**	**18**	**24**
鲤城区	15	1	11	1	2
丰泽区	33	6	10	7	10
洛江区	32		29	1	2
泉港区	5		5		
惠安县					
安溪县					
永春县					
德化县					
石狮市	30	13	10	3	4
晋江市	161	83	68	4	6
南安市	2			2	

7-1a 续表 33

单位：人

现住地	省外				
	新疆				
	小计	乡	镇的村委会	镇的居委会	街道
漳州市	**30**	**1**	**15**	**7**	**7**
芗城区	16	1	7	1	7
龙文区	14		8	6	
云霄县					
漳浦县					
诏安县					
长泰县					
东山县					
南靖县					
平和县					
华安县					
龙海市					
南平市	**17**	**1**	**5**	**2**	**9**
延平区	2				2
建阳区	7		4	1	2
顺昌县					
浦城县					
光泽县					
松溪县					
政和县					
邵武市					
武夷山市	8	1	1	1	5
建瓯市					
龙岩市	**19**	**1**	**15**		**3**
新罗区	19	1	15		3
永定区					
长汀县					
上杭县					
武平县					
连城县					
漳平市					
宁德市	**23**	**1**	**9**	**3**	**10**
蕉城区	21		9	3	9
霞浦县					
古田县					
屏南县					
寿宁县					
周宁县					
柘荣县					
福安市					
福鼎市	2	1			1

7-1b　各地区按现住地、户口登记地类型分的户口登记地在外乡镇街道人口(镇)

单位：人

现住地	合计					省内				
	合计	乡	镇的村委会	镇的居委会	街道	小计	乡	镇的村委会	镇的居委会	街道
合　计	**421202**	**95213**	**262277**	**32917**	**30795**	**309410**	**72773**	**184327**	**27612**	**24698**
福州市	**91771**	**21441**	**54576**	**6826**	**8928**	**67089**	**16015**	**38854**	**5498**	**6722**
鼓楼区										
台江区										
仓山区										
马尾区										
晋安区	172	7	137	9	19	124	4	95	8	17
长乐区	6923	1295	5027	255	346	2234	274	1659	109	192
闽侯县	33930	6860	18306	2408	6356	22985	4606	11843	1723	4813
连江县	11306	2457	6956	1386	507	8672	1735	5282	1251	404
罗源县	10297	3334	5790	753	420	8353	2945	4574	568	266
闽清县	3762	508	2421	618	215	3528	487	2235	602	204
永泰县	5599	2366	2621	474	138	5084	2185	2356	428	115
平潭县	13488	3772	8743	690	283	12758	3588	8304	656	210
福清市	6294	842	4575	233	644	3351	191	2506	153	501
厦门市	**15901**	**2981**	**10926**	**1000**	**994**	**5876**	**727**	**3831**	**620**	**698**
思明区										
海沧区										
湖里区	202	28	146	18	10	157	8	122	17	10
集美区	28	3	21	1	3	13	1	12		
同安区	499	34	415	23	27	231	16	188	7	20
翔安区	15172	2916	10344	958	954	5475	702	3509	596	668
莆田市	**13468**	**2947**	**8387**	**1152**	**982**	**11488**	**2479**	**7141**	**977**	**891**
城厢区	383	40	316	15	12	277	27	229	9	12
涵江区	96		75	9	12	63		47	9	7
荔城区	41	5	33	3		37	5	30	2	
秀屿区	828	152	566	55	55	580	60	432	40	48
仙游县	12120	2750	7397	1070	903	10531	2387	6403	917	824
三明市	**42998**	**15258**	**22145**	**3148**	**2447**	**39659**	**14409**	**20106**	**2943**	**2201**
梅列区	322	56	164	28	74	265	47	122	27	69
三元区	121	23	86	4	8	59	10	43	3	3
明溪县	1978	616	1059	196	107	1864	588	990	190	96
清流县	2454	640	1471	211	132	2338	621	1398	202	117
宁化县	6296	2773	2890	515	118	6017	2685	2761	478	93
大田县	5868	2696	2631	365	176	5462	2574	2416	329	143
尤溪县	5954	1930	3287	600	137	5578	1830	3068	574	106
沙县	9643	1602	6202	398	1441	8388	1351	5343	343	1351
将乐县	4506	1877	2087	488	54	4222	1807	1908	462	45
泰宁县	2822	1722	890	129	81	2670	1665	810	125	70
建宁县	2548	1224	1063	203	58	2437	1166	1022	199	50
永安市	486	99	315	11	61	359	65	225	11	58
泉州市	**114778**	**19227**	**84891**	**6706**	**3954**	**70011**	**10612**	**51320**	**5336**	**2743**
鲤城区										
丰泽区										
洛江区	1770	374	1129	80	187	1036	167	652	59	158
泉港区	1112	59	851	79	123	912	41	713	53	105
惠安县	15745	1878	12187	997	683	8880	696	6996	760	428
安溪县	24686	5115	17716	1139	716	21998	4614	15795	1014	575
永春县	7020	430	4823	1531	236	6450	362	4388	1478	222
德化县	15951	3380	11306	1031	234	14894	3158	10572	972	192
石狮市	7550	1192	5795	226	337	1790	119	1454	87	130
晋江市	19237	3899	13761	806	771	5581	578	4127	420	456
南安市	21707	2900	17323	817	667	8470	877	6623	493	477

7-1b 续表 1

单位：人

现住地	合计					省内				
	合计	乡	镇的村委会	镇的居委会	街道	小计	乡	镇的村委会	镇的居委会	街道
漳州市	**58511**	**9102**	**37599**	**7269**	**4541**	**39948**	**6064**	**24544**	**5930**	**3410**
芗城区	3848	473	2812	376	187	2055	219	1380	288	168
龙文区										
云霄县	8174	2633	3478	1487	576	7577	2480	3159	1434	504
漳浦县	10704	921	8175	1150	458	8514	581	6692	972	269
诏安县	3190	712	1850	387	241	2811	632	1630	342	207
长泰县	5724	840	4079	608	197	2789	309	1955	372	153
东山县	2923	293	1470	595	565	2299	187	1067	532	513
南靖县	3504	354	2393	623	134	2947	262	1994	588	103
平和县	2983	566	1853	386	178	2379	484	1365	367	163
华安县	1441	215	966	131	129	975	128	614	116	117
龙海市	16020	2095	10523	1526	1876	7602	782	4688	919	1213
南平市	**22709**	**7932**	**10528**	**1490**	**2759**	**20647**	**7420**	**9375**	**1357**	**2495**
延平区	639	61	358	72	148	552	31	313	69	139
建阳区	440	36	242	64	98	374	22	195	62	95
顺昌县	3077	438	1727	358	554	2703	386	1494	318	505
浦城县	6417	1623	3363	412	1019	6021	1495	3178	388	960
光泽县	3559	2090	1039	309	121	3306	1983	945	284	94
松溪县	2779	1706	748	106	219	2662	1653	718	100	191
政和县	4000	1718	1963	86	233	3632	1647	1720	66	199
邵武市	796	91	622	31	52	574	56	453	25	40
武夷山市	445	96	135	17	197	349	83	98	13	155
建瓯市	557	73	331	35	118	474	64	261	32	117
龙岩市	**27556**	**5509**	**17272**	**3344**	**1431**	**25281**	**5094**	**15768**	**3201**	**1218**
新罗区	2093	256	1428	95	314	1853	195	1278	77	303
永定区	1404	213	921	142	128	1120	161	714	134	111
长汀县	8780	1258	6304	830	388	8356	1200	6027	801	328
上杭县	7816	1570	4111	1856	279	7107	1455	3657	1795	200
武平县	4559	1477	2629	278	175	4226	1404	2395	269	158
连城县	2683	711	1732	140	100	2423	658	1572	122	71
漳平市	221	24	147	3	47	196	21	125	3	47
宁德市	**33510**	**10816**	**15953**	**1982**	**4759**	**29411**	**9953**	**13388**	**1750**	**4320**
蕉城区	545	78	420	11	36	316	68	212	9	27
霞浦县	10247	3154	4076	333	2684	9488	2992	3720	295	2481
古田县	6006	1504	2832	237	1433	5614	1422	2567	231	1394
屏南县	1993	878	809	269	37	1900	858	757	261	24
寿宁县	2106	1279	500	290	37	1999	1239	456	271	33
周宁县	2682	691	1740	191	60	2552	674	1665	167	46
柘荣县	2596	1798	505	227	66	2457	1744	460	196	57
福安市	3916	875	2542	282	217	2619	552	1719	218	130
福鼎市	3419	559	2529	142	189	2466	404	1832	102	128

7-1b　续表 2

单位：人

现住地	省外									
	小计					北京				
	小计	乡	镇的村委会	镇的居委会	街道	小计	乡	镇的村委会	镇的居委会	街道
合　计	**111792**	**22440**	**77950**	**5305**	**6097**	**87**	**4**	**20**	**16**	**47**
福州市	**24682**	**5426**	**15722**	**1328**	**2206**	**26**	**2**	**5**	**2**	**17**
鼓楼区										
台江区										
仓山区										
马尾区										
晋安区	48	3	42	1	2					
长乐区	4689	1021	3368	146	154	2				2
闽侯县	10945	2254	6463	685	1543	19	1	4	2	12
连江县	2634	722	1674	135	103					
罗源县	1944	389	1216	185	154	1	1			
闽清县	234	21	186	16	11	1		1		
永泰县	515	181	265	46	23	2				2
平潭县	730	184	439	34	73	1				1
福清市	2943	651	2069	80	143					
厦门市	**10025**	**2254**	**7095**	**380**	**296**	**1**				**1**
思明区										
海沧区										
湖里区	45	20	24	1						
集美区	15	2	9	1	3					
同安区	268	18	227	16	7					
翔安区	9697	2214	6835	362	286	1				1
莆田市	**1980**	**468**	**1246**	**175**	**91**	**2**		**1**		**1**
城厢区	106	13	87	6						
涵江区	33		28		5					
荔城区	4		3	1						
秀屿区	248	92	134	15	7					
仙游县	1589	363	994	153	79	2		1		1
三明市	**3339**	**849**	**2039**	**205**	**246**	**2**			**1**	**1**
梅列区	57	9	42	1	5					
三元区	62	13	43	1	5					
明溪县	114	28	69	6	11					
清流县	116	19	73	9	15					
宁化县	279	88	129	37	25					
大田县	406	122	215	36	33					
尤溪县	376	100	219	26	31	2			1	1
沙县	1255	251	859	55	90					
将乐县	284	70	179	26	9					
泰宁县	152	57	80	4	11					
建宁县	111	58	41	4	8					
永安市	127	34	90		3					
泉州市	**44767**	**8615**	**33571**	**1370**	**1211**	**11**	**2**	**4**	**3**	**2**
鲤城区										
丰泽区										
洛江区	734	207	477	21	29	1				1
泉港区	200	18	138	26	18					
惠安县	6865	1182	5191	237	255	4	2		2	
安溪县	2688	501	1921	125	141	2		1	1	
永春县	570	68	435	53	14					
德化县	1057	222	734	59	42	1				1
石狮市	5760	1073	4341	139	207					
晋江市	13656	3321	9634	386	315	1		1		
南安市	13237	2023	10700	324	190	2		2		

7-1b 续表 3 单位：人

现住地	省外									
	小计					北京				
	小计	乡	镇的村委会	镇的居委会	街道	小计	乡	镇的村委会	镇的居委会	街道
漳州市	**18563**	**3038**	**13055**	**1339**	**1131**	**29**		**4**	**9**	**16**
芗城区	1793	254	1432	88	19	1		1		
龙文区										
云霄县	597	153	319	53	72	4				4
漳浦县	2190	340	1483	178	189	11		2	6	3
诏安县	379	80	220	45	34					
长泰县	2935	531	2124	236	44	3				3
东山县	624	106	403	63	52					
南靖县	557	92	399	35	31					
平和县	604	82	488	19	15	1				1
华安县	466	87	352	15	12					
龙海市	8418	1313	5835	607	663	9		1	3	5
南平市	**2062**	**512**	**1153**	**133**	**264**	**3**			**1**	**2**
延平区	87	30	45	3	9					
建阳区	66	14	47	2	3					
顺昌县	374	52	233	40	49					
浦城县	396	128	185	24	59					
光泽县	253	107	94	25	27	2			1	1
松溪县	117	53	30	6	28					
政和县	368	71	243	20	34	1				1
邵武市	222	35	169	6	12					
武夷山市	96	13	37	4	42					
建瓯市	83	9	70	3	1					
龙岩市	**2275**	**415**	**1504**	**143**	**213**	**7**		**4**		**3**
新罗区	240	61	150	18	11	1				1
永定区	284	52	207	8	17					
长汀县	424	58	277	29	60	3		3		
上杭县	709	115	454	61	79					
武平县	333	73	234	9	17					
连城县	260	53	160	18	29	3		1		2
漳平市	25	3	22							
宁德市	**4099**	**863**	**2565**	**232**	**439**	**6**		**2**		**4**
蕉城区	229	10	208	2	9					
霞浦县	759	162	356	38	203					
古田县	392	82	265	6	39	1				1
屏南县	93	20	52	8	13	2		1		1
寿宁县	107	40	44	19	4					
周宁县	130	17	75	24	14					
柘荣县	139	54	45	31	9	1		1		
福安市	1297	323	823	64	87	2				2
福鼎市	953	155	697	40	61					

7-1b 续表 4 单位：人

现住地	省外									
	天津					河北				
	小计	乡	镇的村委会	镇的居委会	街道	小计	乡	镇的村委会	镇的居委会	街道
合计	**105**	**3**	**22**	**16**	**64**	**824**	**161**	**443**	**65**	**155**
福州市	**41**		**15**	**1**	**25**	**282**	**46**	**138**	**33**	**65**
鼓楼区										
台江区										
仓山区										
马尾区										
晋安区										
长乐区	3		1		2	45	9	27	3	6
闽侯县	34		10	1	23	138	24	53	14	47
连江县						20	4	11	3	2
罗源县						46	3	24	13	6
闽清县	1		1			1		1		
永泰县						5	3	1		1
平潭县						8	1	5		2
福清市	3		3			19	2	16		1
厦门市	**5**		**1**	**3**	**1**	**33**	**8**	**23**	**1**	**1**
思明区										
海沧区										
湖里区										
集美区										
同安区										
翔安区	5		1	3	1	33	8	23	1	1
莆田市	**1**				**1**	**19**	**9**	**9**		**1**
城厢区										
涵江区										
荔城区										
秀屿区						10	7	3		
仙游县	1				1	9	2	6		1
三明市	**4**			**1**	**3**	**27**	**8**	**9**	**2**	**8**
梅列区						1			1	
三元区										
明溪县						3	2	1		
清流县						1		1		
宁化县						3		2	1	
大田县	2				2	12	3	2		7
尤溪县										
沙县	1				1	3	1	1		1
将乐县	1			1						
泰宁县						3	2	1		
建宁县										
永安市						1		1		
泉州市	**6**		**1**	**1**	**4**	**153**	**27**	**97**	**13**	**16**
鲤城区										
丰泽区										
洛江区						1				1
泉港区						1				1
惠安县						28	3	21	1	3
安溪县	1			1		29	7	15	3	4
永春县						4	1	3		
德化县						4		1	2	1
石狮市						20	5	13	1	1
晋江市	3				3	24	3	14	4	3
南安市	2		1		1	42	8	30	2	2

7-1b 续表 5

单位：人

现住地	省外									
	天津					河北				
	小计	乡	镇的村委会	镇的居委会	街道	小计	乡	镇的村委会	镇的居委会	街道
漳州市	**39**	**2**	**4**	**10**	**23**	**177**	**27**	**104**	**11**	**35**
芗城区						8	1	7		
龙文区										
云霄县						8	1	1		6
漳浦县	11		2	4	5	32	6	24		2
诏安县						2		1	1	
长泰县	3			2	1	5		4	1	
东山县						3	1		2	
南靖县	2	2				10		9		1
平和县						8	7	1		
华安县						2	1	1		
龙海市	23		2	4	17	99	10	56	7	26
南平市	**1**				**1**	**19**	**4**	**9**	**1**	**5**
延平区						2		1	1	
建阳区										
顺昌县	1				1	3		1		2
浦城县						6		4		2
光泽县						2	1			1
松溪县						1	1			
政和县						4	2	2		
邵武市						1		1		
武夷山市										
建瓯市										
龙岩市	**4**	**1**			**3**	**31**	**11**	**13**	**1**	**6**
新罗区						4	4			
永定区										
长汀县						10	5	4		1
上杭县						8		6	1	1
武平县						3	1	2		
连城县	4	1			3	6	1	1		4
漳平市										
宁德市	**4**		**1**		**3**	**83**	**21**	**41**	**3**	**18**
蕉城区						2		2		
霞浦县	2				2	19	2	4	1	12
古田县						4		4		
屏南县	1				1					
寿宁县										
周宁县										
柘荣县						4	2	1		1
福安市	1		1			52	17	29	2	4
福鼎市						2		1		1

7-1b　续表 6　　　　　　　　　　　　　　　　　　　　　　　　　　单位：人

现住地	省外									
	山西					内蒙古				
	小计	乡	镇的村委会	镇的居委会	街道	小计	乡	镇的村委会	镇的居委会	街道
合计	**824**	**111**	**482**	**52**	**179**	**264**	**33**	**128**	**32**	**71**
福州市	**417**	**48**	**222**	**27**	**120**	**100**	**13**	**49**	**10**	**28**
鼓楼区										
台江区										
仓山区										
马尾区										
晋安区										
长乐区	42	6	32	2	2	17	2	12		3
闽侯县	256	27	109	15	105	56	5	21	7	23
连江县	18	10	6	1	1	16	5	7	3	1
罗源县	55	2	45	4	4	3		3		
闽清县						1		1		
永泰县	11		8	3						
平潭县	2		2			2		1		1
福清市	33	3	20	2	8	5	1	4		
厦门市	**69**	**12**	**51**	**1**	**5**	**17**	**2**	**10**	**1**	**4**
思明区										
海沧区										
湖里区										
集美区	1				1					
同安区	1		1			1		1		
翔安区	67	12	50	1	4	16	2	9	1	4
莆田市	**3**	**1**	**2**			**4**	**2**		**2**	
城厢区										
涵江区										
荔城区										
秀屿区	2	1	1			3	1		2	
仙游县	1		1			1	1			
三明市	**19**	**2**	**14**		**3**	**7**	**2**	**1**	**1**	**3**
梅列区										
三元区										
明溪县										
清流县	1		1							
宁化县	1				1	2				2
大田县	5	1	4			2		1		1
尤溪县	2		2			1			1	
沙县	7		6		1					
将乐县						2	2			
泰宁县	1		1							
建宁县	2	1			1					
永安市										
泉州市	**88**	**22**	**49**	**11**	**6**	**28**	**7**	**13**	**4**	**4**
鲤城区										
丰泽区										
洛江区										
泉港区										
惠安县	7		5		2	4	3	1		
安溪县	12	2	5	3	2	4		1	1	2
永春县	3	1	2			2		2		
德化县	4		1	3		1		1		
石狮市	9	3	5	1		1		1		
晋江市	37	12	20	3	2	6	2	2		2
南安市	16	4	11	1		10	2	5	3	

7-1b 续表 7

单位：人

现住地	省外									
	山西					内蒙古				
	小计	乡	镇的村委会	镇的居委会	街道	小计	乡	镇的村委会	镇的居委会	街道
漳州市	**112**	**13**	**68**	**7**	**24**	**80**	**2**	**43**	**11**	**24**
芗城区	5	1	3	1						
龙文区										
云霄县						1		1		
漳浦县	17	3	11		3	5		4		1
诏安县	1		1							
长泰县	23	5	17	1		10		8	2	
东山县	2		1	1		4	1		3	
南靖县	4		3		1	2		2		
平和县	3		3			2		2		
华安县	1		1			2		2		
龙海市	56	4	28	4	20	54	1	24	6	23
南平市	**5**		**3**		**2**	**6**	**1**	**1**	**1**	**3**
延平区	2		2			1				1
建阳区						2				2
顺昌县	1		1							
浦城县						1			1	
光泽县										
松溪县										
政和县	2				2	1		1		
邵武市						1	1			
武夷山市										
建瓯市										
龙岩市	**16**	**1**	**8**	**1**	**6**	**2**		**2**		
新罗区	1	1				1		1		
永定区	2		2							
长汀县	4			1	3					
上杭县	6		5		1	1		1		
武平县										
连城县	3		1		2					
漳平市										
宁德市	**95**	**12**	**65**	**5**	**13**	**20**	**4**	**9**	**2**	**5**
蕉城区	20		20			2		2		
霞浦县	10	1	2	1	6	8	3	2		3
古田县	1		1			1		1		
屏南县						1				1
寿宁县	1	1				1				1
周宁县	1	1				1			1	
柘荣县						1		1		
福安市	58	8	40	4	6	4		3	1	
福鼎市	4	1	2		1	1	1			

7-1b　续表 8　　　　　　　　　　　　　　　　　单位：人

现住地	省外									
	辽宁					吉林				
	小计	乡	镇的村委会	镇的居委会	街道	小计	乡	镇的村委会	镇的居委会	街道
合计	**587**	**97**	**271**	**40**	**179**	**555**	**69**	**336**	**48**	**102**
福州市	**183**	**18**	**83**	**7**	**75**	**135**	**19**	**78**	**9**	**29**
鼓楼区										
台江区										
仓山区										
马尾区										
晋安区										
长乐区	29	5	21	1	2	18	5	10	1	2
闽侯县	101	7	34	5	55	71	7	43	6	15
连江县	14	1	8	1	4	11	3	4	1	3
罗源县	23	4	9		10	14	1	7	1	5
闽清县	1	1								
永泰县	2		2			2				2
平潭县	5		3		2	8	2	5		1
福清市	8		6		2	11	1	9		1
厦门市	**34**	**4**	**19**		**11**	**26**	**3**	**16**	**2**	**5**
思明区										
海沧区										
湖里区										
集美区	2				2					
同安区	1				1					
翔安区	31	4	19		8	26	3	16	2	5
莆田市	**12**	**1**	**7**	**1**	**3**	**9**	**2**	**7**		
城厢区										
涵江区										
荔城区										
秀屿区	3	1	1	1						
仙游县	9		6		3	9	2	7		
三明市	**18**	**3**	**8**	**2**	**5**	**17**	**2**	**9**		**6**
梅列区										
三元区	1		1			1		1		
明溪县	3	2			1					
清流县						1		1		
宁化县	3	1		1	1	1	1			
大田县	4		2	1	1	1		1		
尤溪县						3	1			2
沙县	4		3		1	5		2		3
将乐县	2		1		1					
泰宁县						2		2		
建宁县	1		1			1				1
永安市						2		2		
泉州市	**135**	**29**	**68**	**4**	**34**	**121**	**22**	**70**	**12**	**17**
鲤城区										
丰泽区										
洛江区	1		1			7	5	2		
泉港区	2	1			1					
惠安县	52	16	24	2	10	18	1	12	3	2
安溪县	16	8	5		3	19	3	11	4	1
永春县	1		1			1			1	
德化县	6	1	3		2	3	1	2		
石狮市	5		3		2	12	2	7	1	2
晋江市	15	2	4	1	8	14	6	2		6
南安市	37	1	27	1	8	47	4	34	3	6

7–1b 续表 9

单位：人

现住地	省外									
	辽宁					吉林				
	小计	乡	镇的村委会	镇的居委会	街道	小计	乡	镇的村委会	镇的居委会	街道
漳州市	**152**	**35**	**59**	**24**	**34**	**188**	**13**	**133**	**19**	**23**
芗城区	2		2			1		1		
龙文区										
云霄县	5	2		3						
漳浦县	36	4	16	10	6	17		12		5
诏安县	3	2	1			3		3		
长泰县	15	1	11	1	2	61	6	49	6	
东山县	10	4	3	2	1					
南靖县	3		3			12		7		5
平和县	2	1	1			9	2	7		
华安县						3		2	1	
龙海市	76	21	22	8	25	82	5	52	12	13
南平市	**7**		**5**		**2**	**13**	**1**	**6**	**2**	**4**
延平区	1		1			1				1
建阳区										
顺昌县	1				1	2				2
浦城县						1		1		
光泽县	1		1			5	1	2	2	
松溪县						1				1
政和县	1				1					
邵武市	3		3			3		3		
武夷山市										
建瓯市										
龙岩市	**19**	**2**	**10**	**1**	**6**	**18**	**1**	**7**	**1**	**9**
新罗区	6	2	4							
永定区										
长汀县	4		3	1		9		1	1	7
上杭县	8		3		5	2		2		
武平县						1	1			
连城县	1				1	5		3		2
漳平市						1		1		
宁德市	**27**	**5**	**12**	**1**	**9**	**28**	**6**	**10**	**3**	**9**
蕉城区										
霞浦县	12	2	3		7	4	2			2
古田县	2		1		1	9	1	5	1	2
屏南县	2	1			1	1				1
寿宁县										
周宁县	1		1			2				2
柘荣县	3		3			1				1
福安市	6	2	4			7	3	3		1
福鼎市	1			1		4		2	2	

7-1b　续表 10　　　　单位：人

现住地	省外									
	黑龙江					上海				
	小计	乡	镇的村委会	镇的居委会	街道	小计	乡	镇的村委会	镇的居委会	街道
合　计	**984**	**159**	**472**	**150**	**203**	**116**	**10**	**17**	**20**	**69**
福州市	**299**	**47**	**142**	**30**	**80**	**32**		**5**	**3**	**24**
鼓楼区										
台江区										
仓山区										
马尾区										
晋安区										
长乐区	68	5	41	4	18	1				1
闽侯县	118	25	46	7	40	13		4	1	8
连江县	29	2	18	8	1	6				6
罗源县	32	7	11	7	7	7		1		6
闽清县	1		1			2			2	
永泰县	1		1							
平潭县	16	2	3	2	9	2				2
福清市	34	6	21	2	5	1				1
厦门市	**68**	**8**	**39**	**11**	**10**	**1**				**1**
思明区										
海沧区										
湖里区										
集美区										
同安区	6		3	1	2					
翔安区	62	8	36	10	8	1				1
莆田市	**14**	**4**	**5**	**3**	**2**	**1**				**1**
城厢区										
涵江区						1				1
荔城区										
秀屿区	6	1	3		2					
仙游县	8	3	2	3						
三明市	**18**	**4**	**8**	**2**	**4**	**7**	**2**		**2**	**3**
梅列区										
三元区										
明溪县	2	2								
清流县	1		1			2				2
宁化县	2		1		1					
大田县						1	1			
尤溪县	5		2		3	1				1
沙县	5		3	2		1			1	
将乐县						1			1	
泰宁县	2	1	1							
建宁县	1	1				1	1			
永安市										
泉州市	**212**	**31**	**124**	**25**	**32**	**15**	**1**	**1**	**4**	**9**
鲤城区										
丰泽区										
洛江区										
泉港区	6		1	5		1		1		
惠安县	40	7	24	2	7	4	1			3
安溪县	26	3	16	4	3	1				1
永春县	3		2	1		2			1	1
德化县	13	7	4		2					
石狮市	24		12	3	9					
晋江市	37	7	21	6	3	3			2	1
南安市	63	7	44	4	8	4			1	3

7-1b 续表 11

单位：人

现住地	省外									
	黑龙江					上海				
	小计	乡	镇的村委会	镇的居委会	街道	小计	乡	镇的村委会	镇的居委会	街道
漳州市	**312**	**53**	**127**	**72**	**60**	**30**		**4**	**9**	**17**
芗城区	11	2	8	1		1		1		
龙文区										
云霄县	5	3	2			1				1
漳浦县	34	1	18	3	12	5		2	2	1
诏安县	2		1	1						
长泰县	42		34	4	4	2				2
东山县	8	2	5	1		3		1		2
南靖县	6	1	4	1		2			2	
平和县										
华安县	2		1	1						
龙海市	202	44	54	60	44	16			5	11
南平市	**15**	**2**	**3**	**4**	**6**	**7**	**1**	**1**		**5**
延平区										
建阳区										
顺昌县	4			1	3	3				3
浦城县	3	1	2			1	1			
光泽县	2			2		1				1
松溪县						1				1
政和县	1		1			1		1		
邵武市	2	1		1						
武夷山市	3				3					
建瓯市										
龙岩市	**14**	**3**	**9**	**1**	**1**	**3**		**1**	**1**	**1**
新罗区						1		1		
永定区										
长汀县	8	3	4	1						
上杭县	1		1			1				1
武平县	3		2		1					
连城县	1		1			1			1	
漳平市	1		1							
宁德市	**32**	**7**	**15**	**2**	**8**	**20**	**6**	**5**	**1**	**8**
蕉城区										
霞浦县	9	1	2	1	5	7		2		5
古田县	2	1	1			2		1		1
屏南县						1	1			
寿宁县						1	1			
周宁县						4		2	1	1
柘荣县										
福安市	11	4	4	1	2	2	1			1
福鼎市	10	1	8		1	3	3			

7-1b　续表 12　　　　单位：人

现住地	省外									
	江苏					浙江				
	小计	乡	镇的村委会	镇的居委会	街道	小计	乡	镇的村委会	镇的居委会	街道
合　计	**1249**	**143**	**713**	**177**	**216**	**2215**	**321**	**1303**	**208**	**383**
福州市	**376**	**48**	**202**	**59**	**67**	**404**	**49**	**241**	**32**	**82**
鼓楼区										
台江区										
仓山区										
马尾区										
晋安区						1		1		
长乐区	48	6	32	8	2	28	5	21	1	1
闽侯县	190	22	84	26	58	248	30	144	14	60
连江县	41	10	21	5	5	34	7	19	7	1
罗源县	52	1	34	16	1	23	1	11	7	4
闽清县	7	1	4	1	1	16		13	1	2
永泰县	3		3			5		5		
平潭县	15	5	9	1		13		10		3
福清市	20	3	15	2		36	6	17	2	11
厦门市	**60**	**7**	**40**	**5**	**8**	**58**	**14**	**33**	**2**	**9**
思明区										
海沧区										
湖里区										
集美区										
同安区	2				2					
翔安区	58	7	40	5	6	58	14	33	2	9
莆田市	**37**	**10**	**23**	**3**	**1**	**37**	**5**	**23**	**8**	**1**
城厢区	1		1							
涵江区						1		1		
荔城区										
秀屿区	10	2	7	1		4	2	2		
仙游县	26	8	15	2	1	32	3	20	8	1
三明市	**39**	**2**	**12**	**13**	**12**	**151**	**20**	**102**	**17**	**12**
梅列区	3		2		1					
三元区						4		4		
明溪县						14		12		2
清流县						14		10	3	1
宁化县	6			2	4	10	3	4	2	1
大田县	3		3			13	5	5	2	1
尤溪县	11		3	6	2	20	1	15	2	2
沙县	12	1	4	2	5	33		29	3	1
将乐县	3			3		20	3	11	4	2
泰宁县						4	2	2		
建宁县	1	1				14	6	5	1	2
永安市						5		5		
泉州市	**232**	**25**	**159**	**20**	**28**	**408**	**57**	**287**	**27**	**37**
鲤城区										
丰泽区										
洛江区	9		9			6		5	1	
泉港区	7		1	5	1	2		2		
惠安县	42	6	25	2	9	96	3	75	9	9
安溪县	16	3	6	2	5	28	6	19	3	
永春县	3		3			5		5		
德化县	6		5		1	17		12	2	3
石狮市	30		22	3	5	28	2	22	1	3
晋江市	49	8	35	4	2	86	5	60	5	16
南安市	70	8	53	4	5	140	41	87	6	6

7－1b 续表 13 单位：人

现住地	省外									
	江苏					浙江				
	小计	乡	镇的村委会	镇的居委会	街道	小计	乡	镇的村委会	镇的居委会	街道
漳州市	**342**	**31**	**206**	**50**	**55**	**274**	**27**	**132**	**43**	**72**
芗城区	12		10	2		5		5		
龙文区										
云霄县	16	1	6	4	5	23	1	10	11	1
漳浦县	100	10	67	12	11	39	1	14	11	13
诏安县	5		2	2	1	12	2	4	4	2
长泰县	23		15	7	1	19	1	11	5	2
东山县	3		2	1		25	10	11	4	
南靖县	12	2	10			11		7		4
平和县	3	1	1		1	8		7		1
华安县	12	1	10		1	3		2		1
龙海市	156	16	83	22	35	129	12	61	8	48
南平市	**46**	**12**	**19**	**4**	**11**	**279**	**49**	**125**	**29**	**76**
延平区						1		1		
建阳区	1	1				15		14		1
顺昌县	6		5		1	26	1	15	3	7
浦城县	20	5	8	4	3	43	9	15	4	15
光泽县	11	4	4		3	34	8	12	8	6
松溪县	1		1			37	11	14	3	9
政和县	3	2			1	75	19	40	6	10
邵武市	4		1		3	17		8	2	7
武夷山市						21			1	20
建瓯市						10	1	6	2	1
龙岩市	**38**	**1**	**21**	**11**	**5**	**57**	**7**	**31**	**7**	**12**
新罗区	5		1	4						
永定区	4			1	3	5		5		
长汀县	8		6	1	1	22	2	10	3	7
上杭县	14		10	3	1	19	2	12	2	3
武平县	2		2			3	1	1	1	
连城县	5	1	2	2		7	2	2	1	2
漳平市						1		1		
宁德市	**79**	**7**	**31**	**12**	**29**	**547**	**93**	**329**	**43**	**82**
蕉城区	8		8							
霞浦县	28	1	7	1	19	86	5	40	6	35
古田县	5		2		3	12	4	6	2	
屏南县	2			2		6		4	1	1
寿宁县	2	1		1		37	14	16	4	3
周宁县	11		4	3	4	10		6		4
柘荣县	5	2		3		58	26	16	14	2
福安市	10	2	6		2	54	5	30	8	11
福鼎市	8	1	4	2	1	284	39	211	8	26

7-1b　续表 14　　　　单位：人

现住地	省外									
	安徽					江西				
	小计	乡	镇的村委会	镇的居委会	街道	小计	乡	镇的村委会	镇的居委会	街道
合　计	**6068**	**1094**	**4422**	**317**	**235**	**17251**	**3474**	**12365**	**849**	**563**
福州市	**1337**	**277**	**903**	**79**	**78**	**2682**	**574**	**1808**	**155**	**145**
鼓楼区										
台江区										
仓山区										
马尾区										
晋安区	1		1			1		1		
长乐区	209	32	172	3	2	206	45	150	10	1
闽侯县	732	156	461	58	57	1492	342	963	97	90
连江县	126	35	84	5	2	316	85	206	15	10
罗源县	76	20	41	3	12	186	32	119	16	19
闽清县	12	5	5	2		37	3	32	1	1
永泰县	12	4	3	4	1	28	9	13	4	2
平潭县	50	7	38	2	3	103	25	69	2	7
福清市	119	18	98	2	1	313	33	255	10	15
厦门市	**261**	**49**	**183**	**19**	**10**	**1598**	**357**	**1124**	**82**	**35**
思明区										
海沧区										
湖里区	1		1			8	3	5		
集美区	3		3							
同安区	22	4	17	1		49	4	38	7	
翔安区	235	45	162	18	10	1541	350	1081	75	35
莆田市	**94**	**17**	**65**	**6**	**6**	**437**	**106**	**281**	**30**	**20**
城厢区	6	1	5			13		13		
涵江区	5		1		4					
荔城区						3		2	1	
秀屿区	20	4	13	3		32	9	17	4	2
仙游县	63	12	46	3	2	389	97	249	25	18
三明市	**186**	**38**	**132**	**8**	**8**	**790**	**194**	**511**	**48**	**37**
梅列区						5	1	4		
三元区	8		8			6	1	4	1	
明溪县	7	2	4		1	38	10	24	3	1
清流县	4		2	1	1	20	3	13		4
宁化县	6		3	3		142	46	78	15	3
大田县	12	11		1		58	20	29	6	3
尤溪县	16	1	15			28	9	13	4	2
沙县	103	17	80	2	4	307	36	239	11	21
将乐县	11	3	7	1		78	15	57	5	1
泰宁县	10	2	8			52	28	23	1	
建宁县	3	1	2			30	19	8	2	1
永安市	6	1	3		2	26	6	19		1
泉州市	**2863**	**529**	**2174**	**99**	**61**	**8052**	**1553**	**6050**	**279**	**170**
鲤城区										
丰泽区										
洛江区	37	10	26		1	143	49	81	10	3
泉港区	14	1	11	2		30	2	27	1	
惠安县	542	78	430	15	19	1242	236	951	37	18
安溪县	134	18	93	17	6	520	65	413	18	24
永春县	13		10	3		99	13	77	7	2
德化县	30	7	23			224	56	147	20	1
石狮市	494	66	402	14	12	990	179	742	39	30
晋江市	978	250	675	33	20	2384	593	1658	81	52
南安市	621	99	504	15	3	2420	360	1954	66	40

7-1b 续表 15　　　　单位：人

现住地	省外									
	安徽					江西				
	小计	乡	镇的村委会	镇的居委会	街道	小计	乡	镇的村委会	镇的居委会	街道
漳州市	**1014**	**129**	**741**	**94**	**50**	**2500**	**422**	**1830**	**176**	**72**
芗城区	130	18	97	12	3	246	37	191	17	1
龙文区										
云霄县	19	5	13	1		65	18	39	4	4
漳浦县	112	13	75	10	14	200	34	142	16	8
诏安县	21	4	14	1	2	25	4	19	1	1
长泰县	97	12	73	10	2	408	75	298	32	3
东山县	42	9	29	3	1	36	4	22	5	5
南靖县	37	7	21	7	2	100	12	75	11	2
平和县	21	2	15	4		65	12	50	2	1
华安县	12	5	7			36	19	15	1	1
龙海市	523	54	397	46	26	1319	207	979	87	46
南平市	**58**	**20**	**34**		**4**	**457**	**116**	**282**	**22**	**37**
延平区	6	3	3			11	4	5		2
建阳区						15	5	10		
顺昌县	7	1	6			125	21	86	8	10
浦城县	12	4	7		1	52	9	28	6	9
光泽县	2	2				87	49	26	6	6
松溪县	6	4	2			11	7	1	1	2
政和县	14	2	10		2	31	5	26		
邵武市	8	3	5			56	6	50		
武夷山市	1				1	44	8	28		8
建瓯市	2	1	1			25	2	22	1	
龙岩市	**87**	**6**	**73**	**2**	**6**	**443**	**98**	**286**	**37**	**22**
新罗区	15	2	13			71	15	46	8	2
永定区	6		6			61	10	47	1	3
长汀县	24		22	1	1	95	18	65	5	7
上杭县	23	2	17	1	3	77	12	46	11	8
武平县	9	1	8			80	26	47	5	2
连城县	10	1	7		2	53	17	29	7	
漳平市						6		6		
宁德市	**168**	**29**	**117**	**10**	**12**	**292**	**54**	**193**	**20**	**25**
蕉城区	6		6			24	4	20		
霞浦县	28	5	16	2	5	99	16	61	10	12
古田县	23	3	18		2	31	8	21		2
屏南县	2	1			1	9	1	8		
寿宁县	3	1	2			8	1	5	2	
周宁县	1			1		18	4	9	5	
柘荣县	9	1	5	3		1				1
福安市	39	9	22	4	4	54	13	33	3	5
福鼎市	57	9	48			48	7	36		5

7-1b　续表 16　　　　　　　　　　　　　　　　　　　　　　单位：人

现住地	省外									
	山东					河南				
	小计	乡	镇的村委会	镇的居委会	街道	小计	乡	镇的村委会	镇的居委会	街道
合计	**1521**	**202**	**998**	**113**	**208**	**9461**	**2269**	**6459**	**325**	**408**
福州市	**424**	**60**	**234**	**32**	**98**	**2015**	**506**	**1261**	**99**	**149**
鼓楼区										
台江区										
仓山区										
马尾区										
晋安区	5		5							
长乐区	64	10	45	2	7	288	62	215	7	4
闽侯县	200	24	86	23	67	874	199	518	49	108
连江县	31	7	22	1	1	224	88	120	10	6
罗源县	50	11	29	3	7	260	54	166	26	14
闽清县						9		6	3	
永泰县	17		13		4	28	13	12	1	2
平潭县	11	1	3	1	6	54	22	27		5
福清市	46	7	31	2	6	278	68	197	3	10
厦门市	**100**	**22**	**70**	**4**	**4**	**1059**	**231**	**779**	**19**	**30**
思明区										
海沧区										
湖里区						6	1	5		
集美区										
同安区						22	4	17		1
翔安区	100	22	70	4	4	1031	226	757	19	29
莆田市	**14**	**1**	**5**	**4**	**4**	**105**	**22**	**70**	**11**	**2**
城厢区						20	3	12	5	
涵江区						3		3		
荔城区										
秀屿区	1			1		15	9	6		
仙游县	13	1	5	3	4	67	10	49	6	2
三明市	**49**	**7**	**30**	**8**	**4**	**173**	**49**	**107**	**7**	**10**
梅列区	4		4			9	5	4		
三元区	1	1				1	1			
明溪县	1			1		3		3		
清流县						4	1	3		
宁化县	1		1			16	8	8		
大田县	4		2	1	1	55	18	33	1	3
尤溪县	6		4	2		19	3	11		5
沙县	13	1	7	3	2	42	4	33	3	2
将乐县	13	4	8	1		10	6	2	2	
泰宁县	6	1	4		1	6	2	3	1	
建宁县						3	1	2		
永安市						5		5		
泉州市	**343**	**27**	**277**	**20**	**19**	**3285**	**792**	**2347**	**60**	**86**
鲤城区										
丰泽区										
洛江区	1		1			31	17	10		4
泉港区	12		9		3	12	4	8		
惠安县	64	5	50	5	4	469	93	354	11	11
安溪县	34	2	24	2	6	127	54	68	1	4
永春县	1		1			45	9	30	6	
德化县	10	1	7	1	1	72	32	34	1	5
石狮市	25	4	19	1	1	618	129	456	9	24
晋江市	39	3	24	9	3	993	305	645	15	28
南安市	157	12	142	2	1	918	149	742	17	10

7-1b 续表 17

单位：人

现住地	省外									
	山东					河南				
	小计	乡	镇的村委会	镇的居委会	街道	小计	乡	镇的村委会	镇的居委会	街道
漳州市	**431**	**69**	**273**	**34**	**55**	**2014**	**455**	**1378**	**100**	**81**
芗城区	20	3	15	2		262	59	195	8	
龙文区										
云霄县	9	2	1	1	5	39	16	19	2	2
漳浦县	171	30	117	6	18	265	55	170	14	26
诏安县	7	1	4	1	1	28	11	15	2	
长泰县	23	4	18	1		301	68	210	20	3
东山县	17		11	3	3	94	13	73	5	3
南靖县	5		3	1	1	38	11	26	1	
平和县	6	3	1	1	1	33	8	23		2
华安县	25	4	18	1	2	44	5	37	1	1
龙海市	148	22	85	17	24	910	209	610	47	44
南平市	**46**	**5**	**32**	**4**	**5**	**71**	**29**	**33**	**6**	**3**
延平区	6	3	2	1		2		2		
建阳区	2		2							
顺昌县	9		8	1		10	3	5	2	
浦城县	12		11		1	15	7	5	2	1
光泽县	1				1	4	2	1	1	
松溪县	3	2			1	14	10	4		
政和县	11		7	2	2	14	5	7	1	1
邵武市	1		1			9	1	8		
武夷山市						2	1			1
建瓯市	1		1			1		1		
龙岩市	**57**	**6**	**37**	**3**	**11**	**122**	**17**	**89**	**4**	**12**
新罗区						6	2	4		
永定区	2		2			10	5	5		
长汀县	4	1	1	2		17		14	1	2
上杭县	35		26	1	8	49	5	36	2	6
武平县	9	5	4			15	3	10		2
连城县	4		1		3	24	1	20	1	2
漳平市	3		3			1	1			
宁德市	**57**	**5**	**40**	**4**	**8**	**617**	**168**	**395**	**19**	**35**
蕉城区	11		8		3	70	3	65		2
霞浦县	9	1	4		4	56	12	32	2	10
古田县	2		2			19	3	14		2
屏南县						3		2	1	
寿宁县	1			1		1		1		
周宁县	2		2			3		1		2
柘荣县						1	1			
福安市	23	4	15	3	1	358	115	214	12	17
福鼎市	9		9			106	34	66	4	2

7-1b　续表 18　　　　单位：人

现住地	省外									
	湖北					湖南				
	小计	乡	镇的村委会	镇的居委会	街道	小计	乡	镇的村委会	镇的居委会	街道
合　计	**7081**	**1105**	**5185**	**378**	**413**	**6587**	**1355**	**4640**	**332**	**260**
福州市	**1886**	**341**	**1295**	**103**	**147**	**1126**	**250**	**750**	**64**	**62**
鼓楼区										
台江区										
仓山区										
马尾区										
晋安区	6		6			6	1	5		
长乐区	639	104	486	20	29	198	39	140	11	8
闽侯县	591	135	348	31	77	449	106	267	37	39
连江县	143	24	106	9	4	146	32	108	2	4
罗源县	159	8	117	18	16	66	5	51	6	4
闽清县	20		16	3	1	4		4		
永泰县	65	18	36	10	1	25	12	13		
平潭县	69	13	48	6	2	19	4	14	1	
福清市	194	39	132	6	17	213	51	148	7	7
厦门市	**432**	**65**	**325**	**20**	**22**	**671**	**159**	**465**	**31**	**16**
思明区										
海沧区										
湖里区										
集美区	4	1	3			2		2		
同安区	13		13			21		20	1	
翔安区	415	64	309	20	22	648	159	443	30	16
莆田市	**139**	**54**	**73**	**6**	**6**	**138**	**33**	**89**	**9**	**7**
城厢区	10	4	6			9		8	1	
涵江区	1		1			5		5		
荔城区										
秀屿区	16	4	11		1	20	10	8		2
仙游县	112	46	55	6	5	104	23	68	8	5
三明市	**141**	**32**	**80**	**5**	**24**	**146**	**35**	**86**	**18**	**7**
梅列区	3		1		2	2		2		
三元区	9	1	5		3	5	2	3		
明溪县	4		2		2	6	1	5		
清流县	6	1	4		1	15	3	9	2	1
宁化县	11	3	5		3	10	2	4	3	1
大田县	21	6	12	2	1	24	6	12	3	3
尤溪县	15	2	9		4	26	11	10	3	2
沙县	30	8	19	2	1	29	5	18	6	
将乐县	6	2	3	1		8	2	5	1	
泰宁县	24	6	12		6	1		1		
建宁县	9	3	5		1	2	1	1		
永安市	3		3			18	2	16		
泉州市	**2790**	**349**	**2227**	**116**	**98**	**2918**	**566**	**2194**	**88**	**70**
鲤城区										
丰泽区										
洛江区	67	14	43	2	8	92	25	65	1	1
泉港区	12		8	3	1	22	3	13	2	4
惠安县	461	41	375	14	31	491	75	375	31	10
安溪县	152	9	126	12	5	132	29	92	4	7
永春县	36	1	32	1	2	46	3	38	3	2
德化县	50	5	38	2	5	72	10	56	3	3
石狮市	480	65	384	8	23	477	117	340	8	12
晋江市	804	131	636	25	12	747	178	533	20	16
南安市	728	83	585	49	11	839	126	682	16	15

7-1b 续表 19 单位：人

现住地	省外									
	湖北					湖南				
	小计	乡	镇的村委会	镇的居委会	街道	小计	乡	镇的村委会	镇的居委会	街道
漳州市	**1226**	**174**	**894**	**86**	**72**	**1151**	**221**	**787**	**90**	**53**
芗城区	243	32	201	8	2	132	27	99	5	1
龙文区										
云霄县	46	12	27	2	5	59	10	34	7	8
漳浦县	154	17	102	12	23	146	27	106	9	4
诏安县	27	9	15	2	1	34	6	20	2	6
长泰县	159	17	125	15	2	149	30	100	15	4
东山县	22	4	15	2	1	43	7	26	8	2
南靖县	37		33	3	1	44	13	27	3	1
平和县	23	1	18	1	3	24	6	17	1	
华安县	26	5	21			35	7	24	3	1
龙海市	489	77	337	41	34	485	88	334	37	26
南平市	**73**	**16**	**35**	**6**	**16**	**89**	**15**	**56**	**3**	**15**
延平区	6		5	1		6	2	3		1
建阳区	2		2			1		1		
顺昌县	18	4	5	4	5	18		12	3	3
浦城县	12	4	2		6	20	3	11		6
光泽县	4		3		1	6	2	3		1
松溪县	1		1			3	1			2
政和县	19	6	11		2	15	5	10		
邵武市	7	2	3	1	1	11		11		
武夷山市	1				1	3		1		2
建瓯市	3		3			6	2	4		
龙岩市	**132**	**23**	**83**	**18**	**8**	**147**	**30**	**95**	**14**	**8**
新罗区	10	2	6	2		7		4	2	1
永定区	20	8	10	1	1	27	4	21		2
长汀县	15	1	12		2	22	1	12	7	2
上杭县	48	9	25	13	1	37	12	19	4	2
武平县	20	3	13	2	2	35	6	28		1
连城县	19		17		2	17	7	9	1	
漳平市						2		2		
宁德市	**262**	**51**	**173**	**18**	**20**	**201**	**46**	**118**	**15**	**22**
蕉城区	17		15		2	8		7	1	
霞浦县	35	4	19	4	8	54	6	34		14
古田县	16	3	11		2	19	6	11		2
屏南县	4	4				2	2			
寿宁县	3		1	2		5	3		2	
周宁县	4	2	1	1		3		1	2	
柘荣县	6	3		2	1	8	4		4	
福安市	111	19	83	2	7	59	20	33	2	4
福鼎市	66	16	43	7		43	5	32	4	2

7-1b 续表 20

单位：人

现住地	省外									
	广东					广西				
	小计	乡	镇的村委会	镇的居委会	街道	小计	乡	镇的村委会	镇的居委会	街道
合计	**2252**	**278**	**1370**	**230**	**374**	**2862**	**585**	**1980**	**125**	**172**
福州市	**390**	**55**	**206**	**37**	**92**	**721**	**130**	**449**	**43**	**99**
鼓楼区										
台江区										
仓山区										
马尾区										
晋安区	2		2			6		6		
长乐区	52	4	41	2	5	131	29	101	1	
闽侯县	189	23	83	25	58	364	58	189	31	86
连江县	45	13	17	5	10	66	17	44	2	3
罗源县	25	4	15	2	4	24	1	15	7	1
闽清县	11	1	7		3	14		13		1
永泰县	5	1	3		1	14	1	12		1
平潭县	22	1	13	2	6	40	9	28	2	1
福清市	39	8	25	1	5	62	15	41		6
厦门市	**117**	**20**	**77**	**11**	**9**	**159**	**37**	**114**	**4**	**4**
思明区										
海沧区										
湖里区	4		3	1		4		4		
集美区										
同安区	1		1			10		10		
翔安区	112	20	73	10	9	145	37	100	4	4
莆田市	**72**	**10**	**48**	**7**	**7**	**44**	**16**	**20**	**7**	**1**
城厢区	1		1							
涵江区						1		1		
荔城区	1		1							
秀屿区	2	1	1			6	5	1		
仙游县	68	9	45	7	7	37	11	18	7	1
三明市	**105**	**15**	**44**	**13**	**33**	**52**	**21**	**25**	**6**	
梅列区						2	2			
三元区	1		1			2	2			
明溪县	6		2		4	1		1		
清流县	4		3	1		5	1	4		
宁化县	14	4	5		5	9	4	2	3	
大田县	27	3	12	5	7	4	1	3		
尤溪县	9	1	3	2	3	9	3	5	1	
沙县	26	2	15	3	6	13	6	5	2	
将乐县	8		1	2	5	2	1	1		
泰宁县	3		1		2	2		2		
建宁县	5	4			1	1	1			
永安市	2	1	1			2		2		
泉州市	**645**	**84**	**415**	**64**	**82**	**1206**	**253**	**906**	**20**	**27**
鲤城区										
丰泽区										
洛江区	4	1	1	1	1	19	1	17	1	
泉港区	8		5		3					
惠安县	107	11	52	19	25	161	28	122	4	7
安溪县	112	10	72	12	18	150	36	108	3	3
永春县	28	6	13	8	1	21	4	17		
德化县	43	2	31	6	4	18	1	10		7
石狮市	64	17	38	3	6	88	21	66		1
晋江市	108	15	79	4	10	360	96	254	7	3
南安市	171	22	124	11	14	389	66	312	5	6

7-1b 续表 21 单位：人

现住地	省外									
	广东					广西				
	小计	乡	镇的村委会	镇的居委会	街道	小计	乡	镇的村委会	镇的居委会	街道
漳州市	**623**	**69**	**392**	**78**	**84**	**502**	**87**	**353**	**33**	**29**
芗城区	32	1	24	3	4	19		16	3	
龙文区										
云霄县	67	12	33	5	17	26	5	18	3	
漳浦县	132	5	93	28	6	38	3	32	2	1
诏安县	75	9	44	11	11	26	6	13	6	1
长泰县	38	4	26	6	2	80	24	50	5	1
东山县	45	10	23	2	10	33	5	25	1	2
南靖县	12	2	8	1	1	35	5	28		2
平和县	36	2	29	2	3	19		18	1	
华安县	13	1	9	2	1	19	2	16	1	
龙海市	173	23	103	18	29	207	37	137	11	22
南平市	**43**	**5**	**17**	**5**	**16**	**34**	**9**	**14**	**4**	**7**
延平区	2		2			1		1		
建阳区	1			1						
顺昌县	4		2		2	10	3	3	3	1
浦城县	16		5	3	8					
光泽县	1				1	2		2		
松溪县	7		1	1	5	6			1	5
政和县	11	5	6			5	2	2		1
邵武市						7	4	3		
武夷山市										
建瓯市	1		1			3		3		
龙岩市	**182**	**11**	**140**	**9**	**22**	**62**	**15**	**41**	**3**	**3**
新罗区	16		13		3	9	2	7		
永定区	40	2	33	2	3	5	1	2		2
长汀县	17		12		5	10	2	7	1	
上杭县	47	5	30	5	7	18	6	10	1	1
武平县	46	3	39	1	3	10		10		
连城县	14	1	11	1	1	10	4	5	1	
漳平市	2		2							
宁德市	**75**	**9**	**31**	**6**	**29**	**82**	**17**	**58**	**5**	**2**
蕉城区	4		3		1	10		10		
霞浦县	28	1	13	1	13	21	6	14	1	
古田县	9	1	3		5	10	3	7		
屏南县	2	1			1	3		2	1	
寿宁县	5	3		2		3	3			
周宁县	3		1	1	1	1		1		
柘荣县	2	1		1		3	1	1		1
福安市	5	1	3		1	18	2	13	3	
福鼎市	17	1	8	1	7	13	2	10		1

7-1b　续表 22　　　　　　　　　　　　　　　　　　单位：人

现住地	省外									
	海南					重庆				
	小计	乡	镇的村委会	镇的居委会	街道	小计	乡	镇的村委会	镇的居委会	街道
合　计	**283**	**35**	**167**	**41**	**40**	**8543**	**1658**	**6211**	**356**	**318**
福州市	**70**	**14**	**33**	**7**	**16**	**1109**	**226**	**720**	**76**	**87**
鼓楼区										
台江区										
仓山区										
马尾区										
晋安区						1		1		
长乐区	4	4				194	29	144	14	7
闽侯县	53	7	25	6	15	418	95	253	28	42
连江县	5	1	3	1		159	45	99	7	8
罗源县	2		2			79	5	56	9	9
闽清县						12	1	11		
永泰县	1	1				28	7	14	7	
平潭县	4	1	2		1	30	5	19	2	4
福清市	1		1			188	39	123	9	17
厦门市	**19**	**3**	**14**	**2**		**603**	**105**	**435**	**30**	**33**
思明区										
海沧区										
湖里区						2		2		
集美区										
同安区						25		25		
翔安区	19	3	14	2		576	105	408	30	33
莆田市	**8**		**6**	**2**		**109**	**20**	**62**	**18**	**9**
城厢区						5		5		
涵江区										
荔城区										
秀屿区	4		4			12	2	8	2	
仙游县	4		2	2		92	18	49	16	9
三明市	**3**		**2**		**1**	**157**	**41**	**100**	**4**	**12**
梅列区	2		1		1	1		1		
三元区						1		1		
明溪县						8	1	7		
清流县						8	3	5		
宁化县						7	2	5		
大田县						22	6	13	3	
尤溪县						20	11	8	1	
沙县	1		1			52	4	37		11
将乐县						19	5	14		
泰宁县						14	4	9		1
建宁县						3	3			
永安市						2	2			
泉州市	**99**	**14**	**59**	**17**	**9**	**5122**	**1039**	**3847**	**125**	**111**
鲤城区										
丰泽区										
洛江区	3		1		2	38	8	24	3	3
泉港区	6	1	3	2		8	2	5		1
惠安县	22	1	18	3		502	84	380	19	19
安溪县	21	4	9	5	3	155	26	118	2	9
永春县	2	1	1			48	3	35	7	3
德化县						69	2	61	5	1
石狮市	7	3	2	1	1	677	131	505	17	24
晋江市	11		8	3		1963	496	1376	51	40
南安市	27	4	17	3	3	1662	287	1343	21	11

7—1b 续表 23

单位：人

现住地	省外									
	海南					重庆				
	小计	乡	镇的村委会	镇的居委会	街道	小计	乡	镇的村委会	镇的居委会	街道
漳州市	**47**	**3**	**27**	**7**	**10**	**998**	**115**	**767**	**83**	**33**
芗城区						187	13	158	15	1
龙文区										
云霄县	3	2	1			45	1	36	3	5
漳浦县	12		10	2		95	9	76	5	5
诏安县	1		1			9	3	4	2	
长泰县	2		1		1	183	28	130	23	2
东山县	4		2	2		33		25	8	
南靖县						24		19	1	4
平和县	1		1			35	9	26		
华安县	3		2		1	29	4	22	2	1
龙海市	21	1	9	3	8	358	48	271	24	15
南平市	**4**		**4**			**112**	**30**	**73**	**3**	**6**
延平区	1		1							
建阳区						3		2	1	
顺昌县						42	4	36	2	
浦城县						6	1	5		
光泽县						11	7	1		3
松溪县						13	9	4		
政和县	3		3			24	4	17		3
邵武市						10	5	5		
武夷山市										
建瓯市						3		3		
龙岩市	**8**		**4**	**3**	**1**	**109**	**39**	**65**	**1**	**4**
新罗区	1		1			17	6	11		
永定区	1		1			13	1	10		2
长汀县	2			2		12	1	10		1
上杭县	1			1		38	17	20	1	
武平县	2		2			20	11	9		
连城县	1				1	9	3	5		1
漳平市										
宁德市	**25**	**1**	**18**	**3**	**3**	**224**	**43**	**142**	**16**	**23**
蕉城区						2		2		
霞浦县	12		9	1	2	39	10	21	1	7
古田县	10	1	7	1	1	26	7	15		4
屏南县						13	1	7	2	3
寿宁县						3	1	2		
周宁县	1		1			21		15	6	
柘荣县	1			1		2	2			
福安市	1		1			70	19	44	3	4
福鼎市						48	3	36	4	5

7-1b　续表 24　　　　单位：人

现住地	省外									
	四川					贵州				
	小计	乡	镇的村委会	镇的居委会	街道	小计	乡	镇的村委会	镇的居委会	街道
合　计	**16336**	**3696**	**11529**	**648**	**463**	**15599**	**3497**	**11300**	**395**	**407**
福州市	**5323**	**1286**	**3642**	**206**	**189**	**2784**	**786**	**1735**	**90**	**173**
鼓楼区										
台江区										
仓山区										
马尾区										
晋安区	16	2	11	1	2	2		2		
长乐区	1278	301	916	37	24	574	143	407	9	15
闽侯县	2280	522	1553	86	119	1099	265	659	46	129
连江县	637	166	428	30	13	320	112	194	9	5
罗源县	295	63	201	21	10	207	78	113	11	5
闽清县	35	5	28	1	1	24	2	21	1	
永泰县	88	29	49	9	1	109	68	37	2	2
平潭县	128	55	59	6	8	79	20	46	7	6
福清市	566	143	397	15	11	370	98	256	5	11
厦门市	**1091**	**290**	**743**	**38**	**20**	**2099**	**533**	**1493**	**50**	**23**
思明区										
海沧区										
湖里区	13	11	2			6	5	1		
集美区						2	1	1		
同安区	38	3	32	2	1	30	1	28	1	
翔安区	1040	276	709	36	19	2061	526	1463	49	23
莆田市	**309**	**78**	**195**	**31**	**5**	**205**	**44**	**138**	**16**	**7**
城厢区	20	3	17			7		7		
涵江区	2		2			8		8		
荔城区										
秀屿区	25	7	18			38	15	22	1	
仙游县	262	68	158	31	5	152	29	101	15	7
三明市	**681**	**217**	**407**	**26**	**31**	**311**	**95**	**206**	**6**	**4**
梅列区	16	1	14		1	7		7		
三元区	5		3		2	15	5	10		
明溪县	6	3	3			3	3			
清流县	14	5	5	2	2	10	1	7		2
宁化县	10	5	4		1	5	2	2	1	
大田县	52	15	27	9	1	48	12	34	2	
尤溪县	74	20	50	2	2	56	21	32	1	2
沙县	425	135	259	10	21	83	21	60	2	
将乐县	50	18	31	1		31	8	23		
泰宁县	7	4	2	1		3		3		
建宁县	12	5	5	1	1	12	8	4		
永安市	10	6	4			38	14	24		
泉州市	**6008**	**1272**	**4463**	**172**	**101**	**6972**	**1428**	**5317**	**126**	**101**
鲤城区										
丰泽区										
洛江区	112	34	75	2	1	126	35	91		
泉港区	21	1	14	5	1	11	3	7		1
惠安县	1066	192	826	23	25	1018	228	745	21	24
安溪县	295	54	232	8	1	498	120	343	17	18
永春县	91	7	70	12	2	80	13	65	2	
德化县	147	28	110	6	3	205	64	137	3	1
石狮市	578	120	436	9	13	747	142	568	17	20
晋江市	2443	605	1726	64	48	1899	472	1375	33	19
南安市	1255	231	974	43	7	2388	351	1986	33	18

7－1b 续表 25 单位：人

现住地	省外									
	四川					贵州				
	小计	乡	镇的村委会	镇的居委会	街道	小计	乡	镇的村委会	镇的居委会	街道
漳州市	**1964**	**339**	**1446**	**122**	**57**	**2517**	**446**	**1923**	**85**	**63**
芗城区	72	8	62	1	1	262	35	215	8	4
龙文区										
云霄县	44	16	25	1	2	62	36	20	3	3
漳浦县	199	34	144	16	5	173	50	116	3	4
诏安县	41	6	28	1	6	40	13	21	5	1
长泰县	344	64	255	22	3	480	103	343	31	3
东山县	65	17	35	2	11	97	11	76	4	6
南靖县	51	14	35	2		60	10	44	2	4
平和县	97	8	86	3		81	12	67		2
华安县	60	12	48			79	13	66		
龙海市	991	160	728	74	29	1183	163	955	29	36
南平市	**166**	**38**	**95**	**15**	**18**	**193**	**48**	**126**	**11**	**8**
延平区	12	2	6		4	13	7	6		
建阳区	8	7	1			10		10		
顺昌县	25		19	5	1	40	13	17	5	5
浦城县	35	15	16	2	2	16	4	10	1	1
光泽县	15	7	4	2	2	9	3	4	2	
松溪县	4	4				3	2			1
政和县	32	2	23	2	5	31	5	24	2	
邵武市	21	1	18	2		39	7	32		
武夷山市	6			2	4	14	4	8	1	1
建瓯市	8		8			18	3	15		
龙岩市	**302**	**51**	**228**	**10**	**13**	**224**	**44**	**157**	**6**	**17**
新罗区	23	10	11	1	1	32	7	21	1	3
永定区	54	10	42	1	1	27	8	18	1	
长汀县	59	11	43		5	35	2	31		2
上杭县	85	9	66	6	4	110	24	70	4	12
武平县	43	1	41		1	5	2	3		
连城县	35	8	24	2	1	10	1	9		
漳平市	3	2	1			5		5		
宁德市	**492**	**125**	**310**	**28**	**29**	**294**	**73**	**205**	**5**	**11**
蕉城区	13		12		1	11		11		
霞浦县	76	31	27	5	13	59	30	23		6
古田县	133	26	97	2	8	28	13	15		
屏南县	18	6	11	1		15	1	13		1
寿宁县	5	1	1	3		21	6	13	2	
周宁县	10	6	4			23	4	16	3	
柘荣县	8	4	2	1	1	12	1	10		1
福安市	166	42	105	13	6	45	7	37		1
福鼎市	63	9	51	3		80	11	67		2

7-1b 续表 26 单位：人

现住地	省外									
	云南					西藏				
	小计	乡	镇的村委会	镇的居委会	街道	小计	乡	镇的村委会	镇的居委会	街道
合计	**6811**	**1465**	**4976**	**180**	**190**	**42**	**9**	**9**	**5**	**19**
福州市	**1400**	**410**	**863**	**57**	**70**	**40**	**9**	**9**	**5**	**17**
鼓楼区										
台江区										
仓山区										
马尾区										
晋安区										
长乐区	444	158	274	8	4					
闽侯县	430	83	263	28	56	38	9	9	3	17
连江县	96	26	64	4	2					
罗源县	129	54	66	6	3	2			2	
闽清县	12	2	9		1					
永泰县	51	12	32	4	3					
平潭县	14	3	11							
福清市	224	72	144	7	1					
厦门市	**1015**	**234**	**737**	**29**	**15**					
思明区										
海沧区										
湖里区	1		1							
集美区										
同安区	21	2	16	3						
翔安区	993	232	720	26	15					
莆田市	**129**	**28**	**94**	**5**	**2**					
城厢区	11	2	9							
涵江区	6		6							
荔城区										
秀屿区	16	9	7							
仙游县	96	17	72	5	2					
三明市	**157**	**36**	**107**	**8**	**6**					
梅列区	2		2							
三元区	2		2							
明溪县	4	1	2	1						
清流县	1		1							
宁化县	11	2	4	5						
大田县	28	11	17							
尤溪县	36	14	22							
沙县	44	6	32		6					
将乐县	16		14	2						
泰宁县	1		1							
建宁县	5		5							
永安市	7	2	5							
泉州市	**2233**	**374**	**1791**	**24**	**44**					
鲤城区										
丰泽区										
洛江区	21	6	15							
泉港区	14		13		1					
惠安县	250	45	192	4	9					
安溪县	140	36	97		7					
永春县	18	1	17							
德化县	26	2	24							
石狮市	257	50	196	2	9					
晋江市	506	103	382	12	9					
南安市	1001	131	855	6	9					

7-1b 续表 27

单位：人

现住地	省外									
	云南					西藏				
	小计	乡	镇的村委会	镇的居委会	街道	小计	乡	镇的村委会	镇的居委会	街道
漳州市	**1286**	**212**	**1007**	**37**	**30**	**1**				**1**
芗城区	132	16	113	1	2					
龙文区										
云霄县	34	7	25	2						
漳浦县	82	23	55		4					
诏安县	13	1	9	2	1					
长泰县	382	62	300	18	2					
东山县	22	2	11	4	5					
南靖县	41	13	27		1					
平和县	111	6	104	1						
华安县	48	6	42							
龙海市	421	76	321	9	15	1				1
南平市	**269**	**101**	**151**	**11**	**6**					
延平区	13	9	4							
建阳区	5		5							
顺昌县	9	1	5	3						
浦城县	121	65	53	1	2					
光泽县	43	18	25							
松溪县	4	2	2							
政和县	64	4	50	7	3					
邵武市	7	2	5							
武夷山市	1				1					
建瓯市	2		2							
龙岩市	**99**	**29**	**62**	**2**	**6**					
新罗区	10	6	4							
永定区	6	3	3							
长汀县	22	5	14	1	2					
上杭县	42	11	28		3					
武平县	14	3	10		1					
连城县	5	1	3	1						
漳平市										
宁德市	**223**	**41**	**164**	**7**	**11**	**1**				**1**
蕉城区	8	2	5	1						
霞浦县	10	3	5		2					
古田县	18		17		1	1				1
屏南县	4	1	3							
寿宁县	5	2	3							
周宁县	6		6							
柘荣县	8	3	4	1						
福安市	105	23	75	2	5					
福鼎市	59	7	46	3	3					

7-1b　续表 28　　　　单位：人

现住地	省外									
	陕西					甘肃				
	小计	乡	镇的村委会	镇的居委会	街道	小计	乡	镇的村委会	镇的居委会	街道
合　计	**1586**	**253**	**1138**	**78**	**117**	**1273**	**274**	**801**	**66**	**132**
福州市	**404**	**52**	**294**	**19**	**39**	**537**	**132**	**293**	**32**	**80**
鼓楼区										
台江区										
仓山区										
马尾区										
晋安区						1		1		
长乐区	52	2	43	1	6	52	14	36	1	1
闽侯县	143	18	102	7	16	236	47	94	23	72
连江县	50	6	37	1	6	71	16	47	4	4
罗源县	36	8	22	4	2	85	25	55	2	3
闽清县	12		11	1		1		1		
永泰县	10	2	6	2		3	1	2		
平潭县	22	6	13		3	13	2	11		
福清市	79	10	60	3	6	75	27	46	2	
厦门市	**180**	**31**	**133**	**7**	**9**	**199**	**45**	**145**	**6**	**3**
思明区										
海沧区										
湖里区										
集美区										
同安区	5		5							
翔安区	175	31	128	7	9	199	45	145	6	3
莆田市	**24**	**4**	**14**	**3**	**3**	**12**		**9**	**3**	
城厢区	1		1			2		2		
涵江区										
荔城区										
秀屿区	3	2	1							
仙游县	20	2	12	3	3	10		7	3	
三明市	**50**	**9**	**29**	**6**	**6**	**13**	**5**	**8**		
梅列区										
三元区										
明溪县	2		2			2	1	1		
清流县	4	1	2		1	1		1		
宁化县	5	1	1	1	2	1	1			
大田县	2	2				2	1	1		
尤溪县	15	1	14			1		1		
沙县	12	2	5	3	2	2	1	1		
将乐县	3	1	1	1						
泰宁县	5		3	1	1	1		1		
建宁县	2	1	1			3	1	2		
永安市										
泉州市	**503**	**76**	**388**	**16**	**23**	**213**	**21**	**173**	**9**	**10**
鲤城区										
丰泽区										
洛江区	4	2	2			9		8		1
泉港区	5		5			6		5	1	
惠安县	92	6	76	3	7	51	7	41	2	1
安溪县	47	5	33	1	8	11	1	8	1	1
永春县	13	5	7	1		4		3		1
德化县	24	1	18	5		12	2	9		1
石狮市	67	11	54		2	35	3	30	1	1
晋江市	84	24	53	4	3	39	3	32		4
南安市	167	22	140	2	3	46	5	37	4	

7-1b 续表 29　　　　　　　　　　　　　　　　　　　　　　　　单位：人

现住地	省外									
	陕西					甘肃				
	小计	乡	镇的村委会	镇的居委会	街道	小计	乡	镇的村委会	镇的居委会	街道
漳州市	**253**	**31**	**181**	**22**	**19**	**207**	**52**	**134**	**10**	**11**
芗城区	8		7	1		2	1	1		
龙文区										
云霄县	5		2	1	2	10	3	5		2
漳浦县	38	7	28	2	1	38	4	29	1	4
诏安县	2	2				2	1		1	
长泰县	47	5	34	7	1	33	22	10	1	
东山县	7	4	3			6	2	4		
南靖县	8		8			1				1
平和县	16	2	11	3						
华安县	10	2	6	1	1	2			1	1
龙海市	112	9	82	7	14	113	19	85	6	3
南平市	**38**	**8**	**26**	**1**	**3**	**4**	**2**	**1**		**1**
延平区										
建阳区	1	1								
顺昌县	7		5		2	2	1	1		
浦城县	2		2			1				1
光泽县	8	2	5	1		1	1			
松溪县										
政和县	5	3	2							
邵武市	15	2	12		1					
武夷山市										
建瓯市										
龙岩市	**33**	**11**	**15**	**1**	**6**	**53**	**8**	**18**	**6**	**21**
新罗区	3	2	1			1		1		
永定区	1			1						
长汀县	6	3	3			16	3		1	12
上杭县	9	1	6		2	29		15	5	9
武平县	6	1	1		4	6	5	1		
连城县	8	4	4			1		1		
漳平市										
宁德市	**101**	**31**	**58**	**3**	**9**	**35**	**9**	**20**		**6**
蕉城区	8		8			5	1	4		
霞浦县	29	14	9	1	5	14	6	7		1
古田县	5	1	3		1	1	1			
屏南县	1		1			1				1
寿宁县	2	2								
周宁县	4		4							
柘荣县	4	3		1		1		1		
福安市	24	6	17	1		12	1	8		3
福鼎市	24	5	16		3	1				1

7-1b　续表 30　　　　　　　　　　　　　　　　　　　　单位：人

现住地	省外									
	青海					宁夏				
	小计	乡	镇的村委会	镇的居委会	街道	小计	乡	镇的村委会	镇的居委会	街道
合　计	**93**	**17**	**43**	**6**	**27**	**166**	**30**	**86**	**13**	**37**
福州市	**17**	**4**	**6**	**1**	**6**	**58**	**12**	**27**	**2**	**17**
鼓楼区										
台江区										
仓山区										
马尾区										
晋安区										
长乐区						3	2	1		
闽侯县	15	3	6		6	41	5	20	1	15
连江县	1			1		6	5	1		
罗源县						4		1	1	2
闽清县										
永泰县										
平潭县										
福清市	1	1				4		4		
厦门市	**15**	**6**	**8**	**1**		**30**	**7**	**18**		**5**
思明区										
海沧区										
湖里区										
集美区	1			1						
同安区										
翔安区	14	6	8			30	7	18		5
莆田市										
城厢区										
涵江区										
荔城区										
秀屿区										
仙游县										
三明市	**2**	**1**			**1**	**8**	**3**	**2**	**1**	**2**
梅列区										
三元区										
明溪县						1			1	
清流县										
宁化县						3	3			
大田县	1				1	3		2		1
尤溪县	1	1								
沙县						1				1
将乐县										
泰宁县										
建宁县										
永安市										
泉州市	**19**	**5**	**10**		**4**	**37**	**3**	**24**	**4**	**6**
鲤城区										
丰泽区										
洛江区						2				2
泉港区										
惠安县	10	4	6			3		3		
安溪县						4		4		
永春县	1		1							
德化县										
石狮市	4		1		3	18	3	12		3
晋江市	4	1	2		1	4		3		1
南安市						6		2	4	

7-1b 续表 31

单位：人

现住地	省外									
	青海					宁夏				
	小计	乡	镇的村委会	镇的居委会	街道	小计	乡	镇的村委会	镇的居委会	街道
漳州市	**32**	**1**	**15**	**4**	**12**	**30**	**5**	**13**	**6**	**6**
芗城区										
龙文区										
云霄县						1		1		
漳浦县	3		3			13	1	7	3	2
诏安县										
长泰县						1			1	
东山县										
南靖县										
平和县										
华安县										
龙海市	29	1	12	4	12	15	4	5	2	4
南平市	**1**				**1**	**2**		**2**		
延平区										
建阳区										
顺昌县						1		1		
浦城县										
光泽县						1		1		
松溪县	1				1					
政和县										
邵武市										
武夷山市										
建瓯市										
龙岩市	**1**		**1**							
新罗区										
永定区										
长汀县										
上杭县										
武平县	1		1							
连城县										
漳平市										
宁德市	**6**		**3**		**3**	**1**				**1**
蕉城区										
霞浦县	3				3	1				1
古田县	2		2							
屏南县										
寿宁县										
周宁县										
柘荣县										
福安市										
福鼎市	1		1							

7-1b　续表 32　　　　单位：人

现 住 地	省外				
	新疆				
	小计	乡	镇的村委会	镇的居委会	街道
合　计	**167**	**33**	**64**	**24**	**46**
福州市	**64**	**12**	**14**	**8**	**30**
鼓楼区					
台江区					
仓山区					
马尾区					
晋安区					
长乐区					
闽侯县	57	9	12	8	28
连江县	3	2			1
罗源县	3	1	2		
闽清县					
永泰县					
平潭县					
福清市	1				1
厦门市	**5**	**2**		**1**	**2**
思明区					
海沧区					
湖里区					
集美区					
同安区					
翔安区	5	2		1	2
莆田市	**2**	**1**			**1**
城厢区					
涵江区					
荔城区					
秀屿区					
仙游县	2	1			1
三明市	**6**	**6**			
梅列区					
三元区					
明溪县					
清流县					
宁化县					
大田县					
尤溪县					
沙县	1	1			
将乐县					
泰宁县	5	5			
建宁县					
永安市					
泉州市	**50**	**7**	**36**	**7**	
鲤城区					
丰泽区					
洛江区					
泉港区					
惠安县	19	6	8	5	
安溪县	2		2		
永春县					
德化县					
石狮市	5		5		
晋江市	15	1	14		
南安市	9		7	2	

7-1b 续表 33 单位：人

现住地	省外				
	新疆				
	小计	乡	镇的村委会	镇的居委会	街道
漳州市	**32**	**5**	**10**	**7**	**10**
芗城区					
龙文区					
云霄县					
漳浦县	12	3	6	1	2
诏安县					
长泰县	2		2		
东山县					
南靖县					
平和县					
华安县					
龙海市	18	2	2	6	8
南平市	**1**				**1**
延平区					
建阳区					
顺昌县					
浦城县	1				1
光泽县					
松溪县					
政和县					
邵武市					
武夷山市					
建瓯市					
龙岩市	**5**		**4**		**1**
新罗区					
永定区					
长汀县					
上杭县	1				1
武平县					
连城县	4		4		
漳平市					
宁德市	**2**			**1**	**1**
蕉城区					
霞浦县	1				1
古田县					
屏南县					
寿宁县					
周宁县					
柘荣县					
福安市					
福鼎市	1			1	

7-1c 各地区按现住地、户口登记地类型分的户口登记地在外乡镇街道人口(乡村)

单位：人

现住地	合计					省内				
	合计	乡	镇的村委会	镇的居委会	街道	小计	乡	镇的村委会	镇的居委会	街道
合　计	**154792**	**33097**	**102826**	**7294**	**11575**	**74549**	**14390**	**47344**	**4747**	**8068**
福州市	**30902**	**7447**	**19734**	**1330**	**2391**	**15103**	**3320**	**9366**	**826**	**1591**
鼓楼区										
台江区										
仓山区										
马尾区	130	16	103	6	5	83	4	70	5	4
晋安区	485	81	294	30	80	303	58	170	22	53
长乐区	6972	1809	4565	195	403	2074	382	1399	77	216
闽侯县	7625	2199	4579	220	627	4334	1213	2517	137	467
连江县	3017	742	1867	140	268	1511	304	905	98	204
罗源县	852	287	501	32	32	316	92	196	17	11
闽清县	1648	266	1197	113	72	1089	153	791	98	47
永泰县	1133	216	582	101	234	869	134	454	93	188
平潭县	2988	901	1722	185	180	2260	672	1288	155	145
福清市	6052	930	4324	308	490	2264	308	1576	124	256
厦门市	**23019**	**4137**	**15541**	**1368**	**1973**	**8376**	**1005**	**5417**	**769**	**1185**
思明区										
海沧区	1160	119	634	58	349	596	23	239	17	317
湖里区										
集美区	6960	993	5464	254	249	2179	216	1706	124	133
同安区	7745	1586	5415	361	383	3033	458	2122	220	233
翔安区	7154	1439	4028	695	992	2568	308	1350	408	502
莆田市	**5052**	**841**	**3583**	**263**	**365**	**2939**	**420**	**2082**	**185**	**252**
城厢区	950	140	739	39	32	404	50	314	20	20
涵江区	709	124	505	29	51	374	37	274	23	40
荔城区	1376	217	943	82	134	934	115	670	61	88
秀屿区	874	147	593	40	94	488	84	318	26	60
仙游县	1143	213	803	73	54	739	134	506	55	44
三明市	**6439**	**1915**	**3717**	**419**	**388**	**4287**	**1317**	**2373**	**324**	**273**
梅列区	58	12	33	4	9	42	3	27	4	8
三元区	263	48	174	8	33	129	12	93	2	22
明溪县	422	151	207	46	18	315	122	137	43	13
清流县	408	157	206	26	19	246	74	140	23	9
宁化县	849	451	302	64	32	695	389	230	57	19
大田县	944	210	586	100	48	475	107	277	56	35
尤溪县	880	238	559	39	44	672	152	458	30	32
沙县	525	192	278	11	44	375	136	196	10	33
将乐县	912	228	598	53	33	647	189	399	42	17
泰宁县	258	93	120	33	12	205	75	88	31	11
建宁县	231	40	171	8	12	155	30	111	6	8
永安市	689	95	483	27	84	331	28	217	20	66
泉州市	**44050**	**8923**	**31766**	**1400**	**1961**	**13743**	**1874**	**9914**	**728**	**1227**
鲤城区										
丰泽区										
洛江区	1939	335	1360	98	146	1053	141	747	58	107
泉港区	1094	109	885	43	57	640	49	517	32	42
惠安县	5260	1163	3475	177	445	2194	324	1471	105	294
安溪县	1523	352	956	117	98	884	203	531	83	67
永春县	791	109	579	52	51	577	76	415	38	48
德化县	1288	287	920	61	20	1144	254	813	60	17
石狮市	4175	930	2893	107	245	1175	191	783	41	160
晋江市	23368	5246	16861	600	661	4543	573	3396	239	335
南安市	4612	392	3837	145	238	1533	63	1241	72	157

7-1c 续表 1

单位：人

现住地	合计					省内				
	合计	乡	镇的村委会	镇的居委会	街道	小计	乡	镇的村委会	镇的居委会	街道
漳州市	**12057**	**1598**	**8788**	**793**	**878**	**7266**	**800**	**5208**	**590**	**668**
芗城区	908	76	682	63	87	591	27	466	44	54
龙文区	224	30	164	6	24	154	12	113	6	23
云霄县	1024	286	604	72	62	569	144	350	51	24
漳浦县	1829	319	1358	70	82	964	151	698	56	59
诏安县	655	128	440	33	54	468	86	324	22	36
长泰县	957	111	694	105	47	550	53	397	72	28
东山县	785	9	654	47	75	567	3	464	31	69
南靖县	1007	52	744	127	84	804	29	585	118	72
平和县	454	63	292	55	44	336	52	195	50	39
华安县	728	83	513	61	71	391	48	249	33	61
龙海市	3486	441	2643	154	248	1872	195	1367	107	203
南平市	**8808**	**2460**	**4972**	**437**	**939**	**6330**	**1741**	**3510**	**336**	**743**
延平区	1375	92	982	81	220	1122	62	792	68	200
建阳区	1282	179	898	88	117	936	123	671	61	81
顺昌县	457	157	245	15	40	273	65	162	12	34
浦城县	874	270	498	28	78	504	135	309	16	44
光泽县	1085	543	420	90	32	647	344	205	83	15
松溪县	717	393	281	10	33	570	342	195	8	25
政和县	895	297	493	23	82	674	256	343	14	61
邵武市	365	50	233	16	66	224	25	148	6	45
武夷山市	946	327	426	52	141	760	263	328	46	123
建瓯市	812	152	496	34	130	620	126	357	22	115
龙岩市	**8936**	**1551**	**6279**	**456**	**650**	**6200**	**1079**	**4206**	**384**	**531**
新罗区	2797	289	2155	93	260	1767	185	1283	73	226
永定区	1248	258	825	50	115	811	157	516	45	93
长汀县	1948	395	1373	141	39	1748	344	1242	130	32
上杭县	868	163	569	58	78	577	121	354	44	58
武平县	820	198	516	64	42	542	129	329	51	33
连城县	475	104	315	18	38	350	83	228	13	26
漳平市	780	144	526	32	78	405	60	254	28	63
宁德市	**15529**	**4225**	**8446**	**828**	**2030**	**10305**	**2834**	**5268**	**605**	**1598**
蕉城区	4911	944	2852	226	889	3080	451	1690	186	753
霞浦县	1359	410	628	54	267	647	176	281	21	169
古田县	1408	550	629	48	181	1145	464	489	32	160
屏南县	567	237	198	76	56	455	201	146	63	45
寿宁县	384	152	182	24	26	233	115	86	19	13
周宁县	698	263	360	41	34	503	177	270	30	26
柘荣县	939	580	229	101	29	781	518	149	90	24
福安市	1533	524	787	86	136	1225	427	601	79	118
福鼎市	3730	565	2581	172	412	2236	305	1556	85	290

7-1c　续表 2

单位：人

现住地	省外									
	小计					北京				
	小计	乡	镇的村委会	镇的居委会	街道	小计	乡	镇的村委会	镇的居委会	街道
合计	**80243**	**18707**	**55482**	**2547**	**3507**	**74**	**4**	**26**	**7**	**37**
福州市	**15799**	**4127**	**10368**	**504**	**800**	**7**		**1**	**1**	**5**
鼓楼区										
台江区										
仓山区										
马尾区	47	12	33	1	1					
晋安区	182	23	124	8	27					
长乐区	4898	1427	3166	118	187	3				3
闽侯县	3291	986	2062	83	160					
连江县	1506	438	962	42	64					
罗源县	536	195	305	15	21	1				1
闽清县	559	113	406	15	25					
永泰县	264	82	128	8	46					
平潭县	728	229	434	30	35	2			1	1
福清市	3788	622	2748	184	234	1		1		
厦门市	**14643**	**3132**	**10124**	**599**	**788**	**10**	**1**	**3**	**2**	**4**
思明区										
海沧区	564	96	395	41	32					
湖里区										
集美区	4781	777	3758	130	116	3		3		
同安区	4712	1128	3293	141	150					
翔安区	4586	1131	2678	287	490	7	1		2	4
莆田市	**2113**	**421**	**1501**	**78**	**113**	**5**	**2**	**2**		**1**
城厢区	546	90	425	19	12	1		1		
涵江区	335	87	231	6	11					
荔城区	442	102	273	21	46	2	2			
秀屿区	386	63	275	14	34	2		1		1
仙游县	404	79	297	18	10					
三明市	**2152**	**598**	**1344**	**95**	**115**	**4**	**1**	**1**		**2**
梅列区	16	9	6		1					
三元区	134	36	81	6	11					
明溪县	107	29	70	3	5	2	1			1
清流县	162	83	66	3	10					
宁化县	154	62	72	7	13					
大田县	469	103	309	44	13					
尤溪县	208	86	101	9	12					
沙县	150	56	82	1	11					
将乐县	265	39	199	11	16	1		1		
泰宁县	53	18	32	2	1	1				1
建宁县	76	10	60	2	4					
永安市	358	67	266	7	18					
泉州市	**30307**	**7049**	**21852**	**672**	**734**	**22**		**4**		**18**
鲤城区										
丰泽区										
洛江区	886	194	613	40	39	1				1
泉港区	454	60	368	11	15					
惠安县	3066	839	2004	72	151	15		1		14
安溪县	639	149	425	34	31	1				1
永春县	214	33	164	14	3					
德化县	144	33	107	1	3					
石狮市	3000	739	2110	66	85					
晋江市	18825	4673	13465	361	326	3		3		
南安市	3079	329	2596	73	81	2				2

7-1c 续表 3 单位：人

现住地	省外 小计 小计	省外 小计 乡	省外 小计 镇的村委会	省外 小计 镇的居委会	省外 小计 街道	北京 小计	北京 乡	北京 镇的村委会	北京 镇的居委会	北京 街道
漳州市	**4791**	**798**	**3580**	**203**	**210**	**9**		**5**	**2**	**2**
芗城区	317	49	216	19	33					
龙文区	70	18	51		1					
云霄县	455	142	254	21	38					
漳浦县	865	168	660	14	23	1			1	
诏安县	187	42	116	11	18					
长泰县	407	58	297	33	19					
东山县	218	6	190	16	6					
南靖县	203	23	159	9	12	2				2
平和县	118	11	97	5	5					
华安县	337	35	264	28	10					
龙海市	1614	246	1276	47	45	6		5	1	
南平市	**2478**	**719**	**1462**	**101**	**196**	**5**		**1**	**1**	**3**
延平区	253	30	190	13	20					
建阳区	346	56	227	27	36					
顺昌县	184	92	83	3	6					
浦城县	370	135	189	12	34					
光泽县	438	199	215	7	17	1				1
松溪县	147	51	86	2	8					
政和县	221	41	150	9	21					
邵武市	141	25	85	10	21	1				1
武夷山市	186	64	98	6	18					
建瓯市	192	26	139	12	15	3		1	1	1
龙岩市	**2736**	**472**	**2073**	**72**	**119**	**1**		**1**		
新罗区	1030	104	872	20	34					
永定区	437	101	309	5	22					
长汀县	200	51	131	11	7					
上杭县	291	42	215	14	20	1		1		
武平县	278	69	187	13	9					
连城县	125	21	87	5	12					
漳平市	375	84	272	4	15					
宁德市	**5224**	**1391**	**3178**	**223**	**432**	**11**		**8**	**1**	**2**
蕉城区	1831	493	1162	40	136	1		1		
霞浦县	712	234	347	33	98	5		5		
古田县	263	86	140	16	21					
屏南县	112	36	52	13	11					
寿宁县	151	37	96	5	13					
周宁县	195	86	90	11	8					
柘荣县	158	62	80	11	5					
福安市	308	97	186	7	18					
福鼎市	1494	260	1025	87	122	5		2	1	2

7-1c　续表 4　　　　　　　　　　　　　　　　　　　　　　　　　　　　单位：人

现住地	省外									
	天津					河北				
	小计	乡	镇的村委会	镇的居委会	街道	小计	乡	镇的村委会	镇的居委会	街道
合　计	**34**	**2**	**15**	**2**	**15**	**613**	**117**	**390**	**31**	**75**
福州市	**4**	**1**		**1**	**2**	**133**	**24**	**94**	**7**	**8**
鼓楼区										
台江区										
仓山区										
马尾区						2		1	1	
晋安区						1		1		
长乐区	1				1	20	7	7	4	2
闽侯县	1				1	44	10	33		1
连江县						7	1	2		4
罗源县						5	1	4		
闽清县	1	1				11	2	8	1	
永泰县						2		2		
平潭县						6	2	4		
福清市	1			1		35	1	32	1	1
厦门市	**14**	**1**	**7**	**1**	**5**	**124**	**25**	**73**	**12**	**14**
思明区										
海沧区						1		1		
湖里区										
集美区	1			1		22	5	16		1
同安区	1		1			27	5	20	1	1
翔安区	12	1	6		5	74	15	36	11	12
莆田市	**2**		**2**			**49**	**3**	**35**	**3**	**8**
城厢区	1		1			11	1	7		3
涵江区						2				2
荔城区						4	1	1	1	1
秀屿区	1		1			29	1	25	1	2
仙游县						3		2	1	
三明市						**23**	**11**	**9**		**3**
梅列区										
三元区						1	1			
明溪县						2	1	1		
清流县						3	2	1		
宁化县						1	1			
大田县						4		4		
尤溪县						10	6	1		3
沙县										
将乐县										
泰宁县										
建宁县										
永安市						2		2		
泉州市	**4**				**4**	**101**	**19**	**70**	**4**	**8**
鲤城区										
丰泽区										
洛江区						1		1		
泉港区						9	5	4		
惠安县	2				2	24	4	15		5
安溪县	1				1	1		1		
永春县						1		1		
德化县										
石狮市						5	2	2	1	
晋江市						41	8	31	1	1
南安市	1				1	19		15	2	2

7-1c 续表 5　　　　单位：人

现住地	省外									
	天津					河北				
	小计	乡	镇的村委会	镇的居委会	街道	小计	乡	镇的村委会	镇的居委会	街道
漳州市	**2**		**1**		**1**	**82**	**16**	**63**	**1**	**2**
芗城区						17	3	14		
龙文区										
云霄县						14	1	12	1	
漳浦县						18	5	13		
诏安县										
长泰县						1		1		
东山县						1		1		
南靖县						1				1
平和县										
华安县										
龙海市	2		1		1	30	7	22		1
南平市	**1**				**1**	**22**	**5**	**8**	**1**	**8**
延平区						2		2		
建阳区						6		3	1	2
顺昌县										
浦城县						2	2			
光泽县						5	2	2		1
松溪县										
政和县						1				1
邵武市						1				1
武夷山市	1				1	2	1			1
建瓯市						3		1		2
龙岩市	**1**		**1**			**12**	**3**	**8**	**1**	
新罗区	1		1			7	1	6		
永定区						1		1		
长汀县						1		1		
上杭县										
武平县						1	1			
连城县						1	1			
漳平市						1			1	
宁德市	**6**		**4**		**2**	**67**	**11**	**30**	**2**	**24**
蕉城区	1		1			9	1	5		3
霞浦县	1		1			4	2	1		1
古田县						2		1		1
屏南县						5	1	1		3
寿宁县	1				1	1	1			
周宁县										
柘荣县						6	4	2		
福安市						3	1			2
福鼎市	3		2		1	37	1	20	2	14

7-1c　续表 6

单位：人

现住地	省外									
	山西					内蒙古				
	小计	乡	镇的村委会	镇的居委会	街道	小计	乡	镇的村委会	镇的居委会	街道
合　计	**432**	**95**	**263**	**13**	**61**	**144**	**27**	**88**	**13**	**16**
福州市	**123**	**25**	**82**	**6**	**10**	**40**	**13**	**19**	**1**	**7**
鼓楼区										
台江区										
仓山区										
马尾区	1		1							
晋安区	3	1	2			1				1
长乐区	34	18	11	4	1	4		2	1	1
闽侯县	22	3	17		2	16	7	6		3
连江县	8	1	6		1	3	2	1		
罗源县	5	1	4			1		1		
闽清县	2		1	1		2		2		
永泰县	5		3		2					
平潭县	4	1	1		2	1		1		
福清市	39		36	1	2	12	4	6		2
厦门市	**88**	**15**	**55**	**4**	**14**	**24**	**1**	**13**	**5**	**5**
思明区										
海沧区	2		1		1					
湖里区										
集美区	21	7	12		2	6		6		
同安区	23	5	17		1	6		4	1	1
翔安区	42	3	25	4	10	12	1	3	4	4
莆田市	**19**	**5**	**7**	**1**	**6**	**8**	**2**	**6**		
城厢区	1		1			3		3		
涵江区	5	3			2					
荔城区	9	2	3		4					
秀屿区	3		2	1		3	1	2		
仙游县	1		1			2	1	1		
三明市	**30**	**8**	**17**		**5**	**2**		**1**	**1**	
梅列区										
三元区										
明溪县	2		2							
清流县	1	1								
宁化县	2	2								
大田县	5	2	3							
尤溪县	5	2	2		1					
沙县										
将乐县	7		7							
泰宁县										
建宁县	2		2			1			1	
永安市	6	1	1		4	1		1		
泉州市	**62**	**13**	**43**		**6**	**26**	**3**	**20**		**3**
鲤城区										
丰泽区										
洛江区	3	1	2							
泉港区	1		1			1		1		
惠安县	13	3	9		1	4	1	3		
安溪县	2		2			1				1
永春县						3		3		
德化县										
石狮市	3		3			2	1	1		
晋江市	24	9	12		3	8	1	5		2
南安市	16		14		2	7		7		

7-1c　续表 7　　　　单位：人

现住地	省外									
	山西					内蒙古				
	小计	乡	镇的村委会	镇的居委会	街道	小计	乡	镇的村委会	镇的居委会	街道
漳州市	**39**	**6**	**27**	**1**	**5**	**15**	**3**	**9**	**2**	**1**
芗城区	12	3	6	1	2	3		1	1	1
龙文区										
云霄县	4		2		2	4	1	3		
漳浦县	6	2	4			1		1		
诏安县										
长泰县						1			1	
东山县	1		1			1		1		
南靖县	1		1							
平和县										
华安县	6		5		1	1	1			
龙海市	9	1	8			4	1	3		
南平市	**12**	**3**	**6**		**3**	**5**		**4**	**1**	
延平区	1	1				1		1		
建阳区	1				1	2		1	1	
顺昌县										
浦城县	2		2							
光泽县	2		1		1	2		2		
松溪县										
政和县	2		2							
邵武市	1		1							
武夷山市	2	2								
建瓯市	1				1					
龙岩市	**10**	**1**	**6**		**3**	**8**	**2**	**6**		
新罗区	4		4			4		4		
永定区	1				1	2	2			
长汀县						1		1		
上杭县										
武平县										
连城县	1		1							
漳平市	4	1	1		2	1		1		
宁德市	**49**	**19**	**20**	**1**	**9**	**16**	**3**	**10**	**3**	
蕉城区	22	11	5		6	2			2	
霞浦县	6	2	2		2	5	2	3		
古田县						1		1		
屏南县	1		1							
寿宁县										
周宁县										
柘荣县	1	1				1		1		
福安市	4		3	1		1		1		
福鼎市	15	5	9		1	6	1	4	1	

7-1c 续表 8　　　　　　单位：人

现住地	省外									
	辽宁					吉林				
	小计	乡	镇的村委会	镇的居委会	街道	小计	乡	镇的村委会	镇的居委会	街道
合　计	**387**	**48**	**219**	**32**	**88**	**264**	**41**	**153**	**15**	**55**
福州市	**75**	**11**	**46**	**5**	**13**	**58**	**11**	**34**		**13**
鼓楼区										
台江区										
仓山区										
马尾区										
晋安区	1		1							
长乐区	13	1	9		3	17	2	10		5
闽侯县	15	4	9		2	8	1	7		
连江县	12	2	6	3	1	4		2		2
罗源县	4		4			2	2			
闽清县	2	1	1							
永泰县	3		1		2	3	1	2		
平潭县	3	2	1			5	3	2		
福清市	22	1	14	2	5	19	2	11		6
厦门市	**86**	**9**	**40**	**13**	**24**	**62**	**7**	**36**	**7**	**12**
思明区										
海沧区	5		2		3	2	1	1		
湖里区										
集美区	12		7	2	3	8	1	5		2
同安区	15	2	6	3	4	20	3	11	3	3
翔安区	54	7	25	8	14	32	2	19	4	7
莆田市	**8**		**3**		**5**	**5**	**1**	**4**		
城厢区										
涵江区	1		1							
荔城区	2				2	2	1	1		
秀屿区	5		2		3	2		2		
仙游县						1		1		
三明市	**16**		**13**		**3**	**10**	**2**	**3**	**2**	**3**
梅列区										
三元区										
明溪县	1		1			2		2		
清流县										
宁化县						4	1			3
大田县	2		1		1					
尤溪县						1	1			
沙县						1			1	
将乐县										
泰宁县	11		11							
建宁县	1				1					
永安市	1				1	2		1	1	
泉州市	**66**	**11**	**38**	**3**	**14**	**59**	**10**	**38**	**1**	**10**
鲤城区										
丰泽区										
洛江区	1				1					
泉港区	3		2		1	6	2	2		2
惠安县	12	6	4	1	1	15	5	9		1
安溪县	2				2					
永春县										
德化县										
石狮市	4	2	2			4		4		
晋江市	38	3	24	2	9	26	3	17		6
南安市	6		6			8		6	1	1

7-1c 续表 9 单位：人

现住地	省外									
	辽宁					吉林				
	小计	乡	镇的村委会	镇的居委会	街道	小计	乡	镇的村委会	镇的居委会	街道
漳州市	**32**	**3**	**22**	**1**	**6**	**18**	**1**	**14**	**1**	**2**
芗城区	8		5		3	1				1
龙文区	1		1							
云霄县	4		1	1	2					
漳浦县	1	1				1	1			
诏安县	1		1							
长泰县	3	2	1			3		2	1	
东山县										
南靖县	1		1							
平和县										
华安县										
龙海市	13		12		1	13		12		1
南平市	**18**	**3**	**9**	**2**	**4**	**8**		**5**		**3**
延平区										
建阳区	4	2	1		1					
顺昌县										
浦城县	1		1							
光泽县	2		2			7		4		3
松溪县										
政和县										
邵武市	2				2	1		1		
武夷山市	4	1		2	1					
建瓯市	5		5							
龙岩市	**13**	**1**	**7**	**1**	**4**	**5**		**2**		**3**
新罗区	5		1	1	3	2		1		1
永定区	1		1							
长汀县										
上杭县	3		3			2		1		1
武平县	1		1							
连城县	2	1	1							
漳平市	1				1	1				1
宁德市	**73**	**10**	**41**	**7**	**15**	**39**	**9**	**17**	**4**	**9**
蕉城区	19	9	9		1	18	6	6	1	5
霞浦县	22		11	1	10	5		2		3
古田县	3		2	1		3	2	1		
屏南县										
寿宁县						2		2		
周宁县	4		4							
柘荣县										
福安市	3	1	2			4		3		1
福鼎市	22		13	5	4	7	1	3	3	

7-1c　续表 10　　　　　　　　　　　　　　　　单位：人

现住地	省外									
	黑龙江					上海				
	小计	乡	镇的村委会	镇的居委会	街道	小计	乡	镇的村委会	镇的居委会	街道
合　计	**521**	**115**	**263**	**49**	**94**	**58**	**7**	**23**	**2**	**26**
福州市	**139**	**33**	**64**	**12**	**30**	**16**	**1**	**10**		**5**
鼓楼区										
台江区										
仓山区										
马尾区										
晋安区	1				1					
长乐区	26	5	14	3	4	1		1		
闽侯县	29	7	10	1	11	2		1		1
连江县	5	1	3	1		3	1			2
罗源县	14	3	7	1	3	2		1		1
闽清县	6	1	4		1					
永泰县	4	1	3			1		1		
平潭县	12	11		1						
福清市	42	4	23	5	10	7		6		1
厦门市	**128**	**19**	**68**	**15**	**26**	**7**	**1**	**2**		**4**
思明区										
海沧区	3		3							
湖里区										
集美区	32		27	2	3	1	1			
同安区	47	12	23	3	9	1				1
翔安区	46	7	15	10	14	5		2		3
莆田市	**23**	**9**	**11**	**1**	**2**	**2**		**1**	**1**	
城厢区	10	4	6							
涵江区	4	3			1					
荔城区						1		1		
秀屿区	9	2	5	1	1					
仙游县						1			1	
三明市	**11**	**1**	**7**	**1**	**2**	**3**	**2**	**1**		
梅列区										
三元区										
明溪县	1	1				1	1			
清流县										
宁化县										
大田县										
尤溪县						1	1			
沙县										
将乐县	1				1					
泰宁县	7		7							
建宁县						1		1		
永安市	2			1	1					
泉州市	**91**	**18**	**53**	**5**	**15**	**12**		**4**		**8**
鲤城区										
丰泽区										
洛江区	2		1		1					
泉港区	3	1	2							
惠安县	25	6	14	1	4	4		1		3
安溪县	9	2	5		2	1				1
永春县										
德化县										
石狮市	7	2	3	1	1	1				1
晋江市	36	6	22	1	7	2		1		1
南安市	9	1	6	2		4		2		2

7-1c 续表 11

单位：人

现住地	省外									
	黑龙江					上海				
	小计	乡	镇的村委会	镇的居委会	街道	小计	乡	镇的村委会	镇的居委会	街道
漳州市	**32**	**4**	**18**	**3**	**7**	**3**	**1**	**1**		**1**
芗城区	3		1		2	1				1
龙文区										
云霄县	1		1							
漳浦县	2		2			1		1		
诏安县						1	1			
长泰县	5		2		3					
东山县	4		4							
南靖县	2			2						
平和县	1		1							
华安县	3		2		1					
龙海市	11	4	5	1	1					
南平市	**23**	**11**	**7**	**1**	**4**	**6**	**1**	**1**	**1**	**3**
延平区	7	1	3	1	2	1		1		
建阳区						1				1
顺昌县	12	10	1		1					
浦城县						1			1	
光泽县										
松溪县										
政和县	2		2							
邵武市	1				1	1				1
武夷山市						1	1			
建瓯市	1		1			1				1
龙岩市	**18**	**6**	**4**	**4**	**4**					
新罗区	4			1	3					
永定区										
长汀县	5	2		3						
上杭县										
武平县										
连城县	1	1								
漳平市	8	3	4		1					
宁德市	**56**	**14**	**31**	**7**	**4**	**9**	**1**	**3**		**5**
蕉城区	20	8	11		1	1		1		
霞浦县	7		5	2		3		1		2
古田县										
屏南县	1				1					
寿宁县										
周宁县						1	1			
柘荣县	4	1	3							
福安市	9	3	3	2	1	2		1		1
福鼎市	15	2	9	3	1	2				2

7-1c　续表 12　　　　单位：人

现住地	省外									
	江苏					浙江				
	小计	乡	镇的村委会	镇的居委会	街道	小计	乡	镇的村委会	镇的居委会	街道
合计	**859**	**108**	**580**	**66**	**105**	**1357**	**230**	**873**	**74**	**180**
福州市	**205**	**38**	**137**	**8**	**22**	**226**	**41**	**139**	**15**	**31**
鼓楼区										
台江区										
仓山区										
马尾区	2		2							
晋安区						3				3
长乐区	47	10	33	1	3	36	4	28	1	3
闽侯县	27	6	17	1	3	64	16	40	3	5
连江县	20	3	14	2	1	31	6	19		6
罗源县	16	5	9	1	1	10	3	7		
闽清县	13	1	7	2	3	6	2	2	1	1
永泰县	1		1			7	1	4		2
平潭县	18	5	7	1	5	13	4	7	2	
福清市	61	8	47		6	56	5	32	8	11
厦门市	**172**	**12**	**118**	**15**	**27**	**139**	**10**	**83**	**6**	**40**
思明区										
海沧区	6		6			1				1
湖里区										
集美区	36	3	24	5	4	35	3	30	1	1
同安区	54	5	42	1	6	32	2	23	1	6
翔安区	76	4	46	9	17	71	5	30	4	32
莆田市	**21**	**3**	**15**	**1**	**2**	**27**	**2**	**25**		
城厢区	3		2	1		2		2		
涵江区	3		3			3	1	2		
荔城区	9	2	6		1	4		4		
秀屿区	5		4		1	8	1	7		
仙游县	1	1				10		10		
三明市	**30**	**1**	**19**	**3**	**7**	**83**	**20**	**46**	**5**	**12**
梅列区						1		1		
三元区	7		2		5	2		2		
明溪县	1		1			3		2		1
清流县	1		1			11	6	3	1	1
宁化县						1			1	
大田县	6		6			17		12	2	3
尤溪县	8	1	6		1	6	2	4		
沙县						8	6	2		
将乐县	4		1	2	1	15	2	6	1	6
泰宁县						4	1	3		
建宁县	2		1	1		3		3		
永安市	1		1			12	3	8		1
泉州市	**153**	**13**	**115**	**15**	**10**	**178**	**25**	**128**	**8**	**17**
鲤城区										
丰泽区										
洛江区	8		7	1		3		1	2	
泉港区	5		5			2		1		1
惠安县	36	2	30	1	3	45	7	25	3	10
安溪县	5		1	4		1		1		
永春县	1		1			2		2		
德化县	1		1			7		7		
石狮市	13	4	9			11	2	7	1	1
晋江市	62	7	46	9		91	16	68	2	5
南安市	22		15		7	16		16		

7－1c　续表 13　　　　单位：人

现住地	省外									
	江苏					浙江				
	小计	乡	镇的村委会	镇的居委会	街道	小计	乡	镇的村委会	镇的居委会	街道
漳州市	**85**	**12**	**64**	**3**	**6**	**87**	**18**	**52**	**5**	**12**
芗城区	5	3	1		1	1	1			
龙文区	1		1							
云霄县	6	1	4		1	17	6	7		4
漳浦县	20	7	12		1	20	6	13		1
诏安县	1	1				3	1		1	1
长泰县	1		1			12	3	3	3	3
东山县	3		3			5		5		
南靖县	2		1	1		8		8		
平和县										
华安县	9		8	1						
龙海市	37		33	1	3	21	1	16	1	3
南平市	**45**	**4**	**29**	**6**	**6**	**239**	**48**	**153**	**10**	**28**
延平区	6		5		1	9	1	7	1	
建阳区	3		2	1		31	4	25	1	1
顺昌县						19	3	14	1	1
浦城县	7	1	3		3	44	11	19	2	12
光泽县	5		5			4	3	1		
松溪县	4	1	2	1		26	4	16		6
政和县	3		2	1		36	14	17	1	4
邵武市	8		5	2	1	10		5	3	2
武夷山市	4		3	1		26	5	20	1	
建瓯市	5	2	2		1	34	3	29		2
龙岩市	**39**	**3**	**25**	**2**	**9**	**33**	**5**	**27**		**1**
新罗区	19		13	2	4	7		7		
永定区	2		1		1	4	2	2		
长汀县	1		1			4		4		
上杭县	6		4		2	10	2	7		1
武平县						1		1		
连城县	6	2	4			3		3		
漳平市	5	1	2		2	4	1	3		
宁德市	**109**	**22**	**58**	**13**	**16**	**345**	**61**	**220**	**25**	**39**
蕉城区	27	9	16		2	16	3	9	2	2
霞浦县	35	6	9	10	10	25	6	10	1	8
古田县	4		2	1	1	16	5	8	2	1
屏南县										
寿宁县	1		1			38	5	26	4	3
周宁县	7	3	2		2	5		4	1	
柘荣县	3	1	2			34	11	18	5	
福安市	1		1			10	3	5		2
福鼎市	31	3	25	2	1	201	28	140	10	23

7-1c 续表 14

单位：人

现住地	省外									
	安徽					江西				
	小计	乡	镇的村委会	镇的居委会	街道	小计	乡	镇的村委会	镇的居委会	街道
合计	**5118**	**948**	**3851**	**138**	**181**	**11724**	**2954**	**8059**	**362**	**349**
福州市	**740**	**123**	**550**	**28**	**39**	**1412**	**357**	**942**	**61**	**52**
鼓楼区										
台江区										
仓山区										
马尾区						7	4	3		
晋安区	19		18		1	19	1	17		1
长乐区	179	29	140	2	8	253	59	167	13	14
闽侯县	134	20	95	12	7	477	137	312	16	12
连江县	73	16	52	1	4	159	45	105	4	5
罗源县	36	7	29			19	9	8	2	
闽清县	14	2	12			25	3	20	2	
永泰县	13	1	6	1	5	23	5	13	2	3
平潭县	90	26	58	4	2	98	25	62	7	4
福清市	182	22	140	8	12	332	69	235	15	13
厦门市	**882**	**115**	**702**	**43**	**22**	**2400**	**564**	**1656**	**77**	**103**
思明区										
海沧区	25		18	4	3	122	13	94	11	4
湖里区										
集美区	452	38	392	20	2	871	166	669	16	20
同安区	196	27	165	4		839	225	558	25	31
翔安区	209	50	127	15	17	568	160	335	25	48
莆田市	**112**	**28**	**73**	**5**	**6**	**264**	**52**	**192**	**12**	**8**
城厢区	31	5	25		1	62	5	55	2	
涵江区	12	5	7			38	18	18	2	
荔城区	27	9	16		2	27	5	17	2	3
秀屿区	25	3	14	5	3	28	9	16	2	1
仙游县	17	6	11			109	15	86	4	4
三明市	**54**	**20**	**32**		**2**	**347**	**112**	**216**	**11**	**8**
梅列区						1	1			
三元区	3		3			8	1	6	1	
明溪县	9	7	1		1	22	13	6	3	
清流县	3	2	1			19	5	12		2
宁化县	1		1			52	29	21		2
大田县	10	3	7			50	15	34		1
尤溪县	4	1	3			22	11	9		2
沙县	3	3				36	11	24		1
将乐县	7	3	4			37	2	32	3	
泰宁县	3	1	2			9	6	2	1	
建宁县						22	3	19		
永安市	11		10		1	69	15	51	3	
泉州市	**2661**	**564**	**1995**	**42**	**60**	**5344**	**1421**	**3704**	**119**	**100**
鲤城区										
丰泽区										
洛江区	26	4	19	2	1	192	44	119	18	11
泉港区	32	5	23	4		49	10	37	1	1
惠安县	218	56	145	4	13	501	130	337	18	16
安溪县	31		28	3		88	17	61	6	4
永春县	5	1	3	1		21	6	14	1	
德化县	13	4	9			10	5	5		
石狮市	275	59	209	3	4	548	149	385	5	9
晋江市	1905	419	1435	21	30	3486	1002	2375	60	49
南安市	156	16	124	4	12	449	58	371	10	10

7-1c 续表 15

单位：人

现住地	省外									
	安徽					江西				
	小计	乡	镇的村委会	镇的居委会	街道	小计	乡	镇的村委会	镇的居委会	街道
漳州市	**240**	**31**	**186**	**10**	**13**	**531**	**85**	**399**	**32**	**15**
芗城区	36	1	31	2	2	44	6	30	2	6
龙文区	6		6			33	13	19		1
云霄县	4		4			31	7	22	2	
漳浦县	46	12	33		1	97	13	75	6	3
诏安县	6	1	1	4		12	5	7		
长泰县	15	1	14			55	9	43	2	1
东山县	8		8			36	1	32	2	1
南靖县	12	1	7		4	7		5	1	1
平和县	2		2			12		9	3	
华安县	16	4	7	4	1	33	2	27	2	2
龙海市	89	11	73		5	171	29	130	12	
南平市	**109**	**21**	**65**	**2**	**21**	**408**	**120**	**247**	**17**	**24**
延平区	15	2	8	2	3	36	5	25	2	4
建阳区	18	2	12		4	82	12	57	5	8
顺昌县	5	1	1		3	19	6	12		1
浦城县	29	10	15		4	57	12	41	1	3
光泽县	4	2	2			53	28	18	4	3
松溪县	9	2	7			25	16	9		
政和县	2		1		1	11	2	9		
邵武市	4	1			3	25	2	21	2	
武夷山市	4	1	2		1	69	30	34	2	3
建瓯市	19		17		2	31	7	21	1	2
龙岩市	**126**	**3**	**119**	**2**	**2**	**559**	**105**	**426**	**12**	**16**
新罗区	71		69		2	187	30	147	8	2
永定区	7	1	6			121	16	101		4
长汀县	1	1				53	19	30	1	3
上杭县	8		6	2		39	7	28		4
武平县	27	1	26			67	21	43	3	
连城县	2		2			19	1	16		2
漳平市	10		10			73	11	61		1
宁德市	**194**	**43**	**129**	**6**	**16**	**459**	**138**	**277**	**21**	**23**
蕉城区	42	7	26		9	193	53	128	7	5
霞浦县	33	6	21	3	3	18	4	11		3
古田县	14	4	6	2	2	45	22	19		4
屏南县	6	5	1			20		13	6	1
寿宁县	3	1	2			8	1	7		
周宁县	13	5	8			34	24	9		1
柘荣县	5	2	3			16	4	10	2	
福安市	8	3	4	1		24	14	10		
福鼎市	70	10	58		2	101	16	70	6	9

7-1c　续表 16　　　　单位：人

现住地	省外									
	山东					河南				
	小计	乡	镇的村委会	镇的居委会	街道	小计	乡	镇的村委会	镇的居委会	街道
合　计	**958**	**144**	**658**	**44**	**112**	**6458**	**1684**	**4373**	**148**	**253**
福州市	**239**	**38**	**167**	**6**	**28**	**1210**	**326**	**789**	**43**	**52**
鼓楼区										
台江区										
仓山区										
马尾区										
晋安区	1		1			16	2	13	1	
长乐区	48	11	34	2	1	280	117	152	5	6
闽侯县	26	4	17		5	235	73	144	8	10
连江县	24	5	12		7	145	41	95	5	4
罗源县	31	3	28			53	21	31	1	
闽清县	12	5	4	3		24	4	20		
永泰县	7	2	4		1	21	3	8	2	8
平潭县	13	7	6			63	12	46	2	3
福清市	77	1	61	1	14	373	53	280	19	21
厦门市	**190**	**15**	**132**	**11**	**32**	**1536**	**427**	**988**	**54**	**67**
思明区										
海沧区	6		6			41	20	17	1	3
湖里区										
集美区	33	1	30	1	1	406	84	300	13	9
同安区	39	5	31	1	2	424	121	289	7	7
翔安区	112	9	65	9	29	665	202	382	33	48
莆田市	**28**	**6**	**14**	**3**	**5**	**191**	**27**	**159**	**1**	**4**
城厢区	2		2			51	4	45	1	1
涵江区	15	4	7	1	3	30	2	28		
荔城区	1			1		46	12	34		
秀屿区	7	1	5		1	53	6	44		3
仙游县	3	1		1	1	11	3	8		
三明市	**39**	**9**	**27**	**3**		**116**	**30**	**78**		**8**
梅列区	3	1	2			1	1			
三元区	2	1	1			9	4	3		2
明溪县	2		2			5	1	4		
清流县						7	5	2		
宁化县	6	3	2	1		4	2	2		
大田县	9		8	1		27	5	21		1
尤溪县	2		1	1		10	4	6		
沙县						1		1		
将乐县	4	2	2			20	4	14		2
泰宁县	1		1			1	1			
建宁县	4	2	2			3		1		2
永安市	6		6			28	3	24		1
泉州市	**213**	**27**	**165**	**8**	**13**	**1718**	**451**	**1204**	**24**	**39**
鲤城区										
丰泽区										
洛江区	3		1		2	42	11	30	1	
泉港区	12	1	11			90	8	81		1
惠安县	82	12	59	5	6	273	76	180	5	12
安溪县	19	6	12		1	26	12	11	1	2
永春县						10	3	7		
德化县	1		1			6	1	4		1
石狮市	15		11		4	177	64	104	5	4
晋江市	52	8	41	3		930	266	637	10	17
南安市	29		29			164	10	150	2	2

7-1c 续表 17

单位：人

现住地	省外									
	山东					河南				
	小计	乡	镇的村委会	镇的居委会	街道	小计	乡	镇的村委会	镇的居委会	街道
漳州市	**85**	**14**	**65**	**1**	**5**	**571**	**106**	**436**	**10**	**19**
芗城区	1				1	43	4	33		6
龙文区										
云霄县	17	7	6	1	3	80	23	50	4	3
漳浦县	31	6	25			133	24	104	1	4
诏安县	1		1			20	5	13	2	
长泰县	2	1	1			29	10	18	1	
东山县	1		1			48	1	46	1	
南靖县	1		1			9	3	6		
平和县	1		1			4	1	2		1
华安县	4		4			22	4	17		1
龙海市	26		25		1	183	31	147	1	4
南平市	**52**	**10**	**23**	**6**	**13**	**144**	**38**	**95**	**5**	**6**
延平区	7		5		2	8		7		1
建阳区	5		3	2		9	1	7		1
顺昌县	4	2	2			26	18	8		
浦城县	4	1	1		2	29	13	14	2	
光泽县	5		4		1	20	3	15		2
松溪县	2		2			6	1	4	1	
政和县	19	3	5	3	8	14		12	1	1
邵武市	1			1		4		3	1	
武夷山市	4	4				12		11		1
建瓯市	1		1			16	2	14		
龙岩市	**27**	**3**	**22**		**2**	**124**	**20**	**97**		**7**
新罗区	13	1	10		2	60	7	50		3
永定区	1		1			8	1	6		1
长汀县	1		1			23	6	17		
上杭县	1		1			12	1	10		1
武平县	2	1	1			6	2	4		
连城县	3		3			1				1
漳平市	6	1	5			14	3	10		1
宁德市	**85**	**22**	**43**	**6**	**14**	**848**	**259**	**527**	**11**	**51**
蕉城区	21	7	11		3	525	144	347	2	32
霞浦县	19	10	5		4	116	59	45	2	10
古田县	1				1	6	1	4		1
屏南县	5	1	2	2		4		3		1
寿宁县						5	2	2		1
周宁县	3	2	1			18	12	6		
柘荣县	1		1			6	3	3		
福安市	7		7			57	17	36	1	3
福鼎市	28	2	16	4	6	111	21	81	6	3

7-1c　续表 18　　　　单位：人

现住地	省外									
	湖北					湖南				
	小计	乡	镇的村委会	镇的居委会	街道	小计	乡	镇的村委会	镇的居委会	街道
合　计	**4746**	**829**	**3411**	**235**	**271**	**4378**	**999**	**3019**	**167**	**193**
福州市	**1186**	**230**	**830**	**46**	**80**	**817**	**191**	**566**	**27**	**33**
鼓楼区										
台江区										
仓山区										
马尾区	2		2			12		12		
晋安区	23	2	9	1	11	6		6		
长乐区	550	113	387	16	34	243	71	150	8	14
闽侯县	178	38	130	4	6	163	51	104	5	3
连江县	71	20	47	1	3	67	12	51		4
罗源县	18	5	10	2	1	16	5	11		
闽清县	13		11	1	1	27	5	17	1	4
永泰县	10	1	9			12	5	7		
平潭县	51	17	27	2	5	35	9	25	1	
福清市	270	34	198	19	19	236	33	183	12	8
厦门市	**1043**	**135**	**792**	**57**	**59**	**803**	**182**	**527**	**44**	**50**
思明区										
海沧区	41	3	31	7		15	2	12	1	
湖里区										
集美区	477	41	395	15	26	185	22	145	14	4
同安区	261	40	197	13	11	302	91	177	17	17
翔安区	264	51	169	22	22	301	67	193	12	29
莆田市	**174**	**37**	**123**	**7**	**7**	**144**	**21**	**108**	**10**	**5**
城厢区	53	6	42	4	1	59	8	47	4	
涵江区	33	3	29	1		13	7	6		
荔城区	26	12	13		1	27	3	17	3	4
秀屿区	40	8	25	2	5	21	1	19		1
仙游县	22	8	14			24	2	19	3	
三明市	**151**	**23**	**96**	**18**	**14**	**167**	**76**	**74**	**4**	**13**
梅列区										
三元区	34	4	24	5	1	18	10	6		2
明溪县	4		4			6	1	5		
清流县	6	1	4	1		53	33	15		5
宁化县	30	8	20	2						
大田县	28	5	18	4	1	29	7	18	3	1
尤溪县	11	1	4	5	1	12	8	2		2
沙县	12	1	4		7	8	2	6		
将乐县	15	2	10	1	2	11	4	6		1
泰宁县										
建宁县	3		2		1	4	2	2		
永安市	8	1	6		1	26	9	14	1	2
泉州市	**1344**	**241**	**1009**	**41**	**53**	**1429**	**309**	**1038**	**45**	**37**
鲤城区										
丰泽区										
洛江区	77	8	57	3	9	83	33	48	2	
泉港区	21	1	20			24	4	15	1	4
惠安县	180	40	123	4	13	197	59	121	7	10
安溪县	25	2	21		2	42	11	27	1	3
永春县	12		11		1	26		25	1	
德化县	4		4			10	1	9		
石狮市	154	27	109	11	7	171	27	142	1	1
晋江市	735	153	541	23	18	725	152	532	28	13
南安市	136	10	123		3	151	22	119	4	6

7-1c 续表 19

单位：人

现住地	省外									
	湖北					湖南				
	小计	乡	镇的村委会	镇的居委会	街道	小计	乡	镇的村委会	镇的居委会	街道
漳州市	**225**	**21**	**162**	**31**	**11**	**356**	**57**	**273**	**14**	**12**
芗城区	17	1	10	4	2	5		5		
龙文区						7	1	6		
云霄县	23	5	14	2	2	46	17	26	2	1
漳浦县	33	2	31			53	15	37		1
诏安县	4	1	3			15	6	7		2
长泰县	33	3	16	9	5	51	4	43	3	1
东山县	26	1	16	9		5		4		1
南靖县	3		3			8		8		
平和县	3		3			9		7		2
华安县	7	1	3	3		44	2	35	6	1
龙海市	76	7	63	4	2	113	12	95	3	3
南平市	**130**	**41**	**80**	**4**	**5**	**96**	**19**	**63**	**5**	**9**
延平区	21		20		1	9	1	8		
建阳区	13		10	1	2	19	2	12	3	2
顺昌县	13	8	5			10	2	7	1	
浦城县	31	21	8	2		24	7	12		5
光泽县	18	3	14		1	9		8	1	
松溪县						5	2	3		
政和县	6	1	5			5	1	4		
邵武市	4		3		1	9	3	5		1
武夷山市	13	6	7			4		3		1
建瓯市	11	2	8	1		2	1	1		
龙岩市	**157**	**32**	**102**	**14**	**9**	**210**	**28**	**173**	**4**	**5**
新罗区	36	4	29		3	91	5	83	2	1
永定区	37	18	19			39	7	29	1	2
长汀县	4		3	1		6		6		
上杭县	20		12	8		8	2	4		2
武平县	23	7	13	2	1	21	6	15		
连城县	7		4	2	1	14	1	12	1	
漳平市	30	3	22	1	4	31	7	24		
宁德市	**336**	**69**	**217**	**17**	**33**	**356**	**116**	**197**	**14**	**29**
蕉城区	109	29	64	6	10	163	43	101	7	12
霞浦县	35	8	22	1	4	41	16	18	2	5
古田县	10		9	1		23	12	9	1	1
屏南县	8	2	4	1	1	5	3	1		1
寿宁县	21	7	8	1	5	7	5	2		
周宁县	6	1	3	2		12	6	5	1	
柘荣县	6	2	4			3		3		
福安市	17	1	16			22	11	7	1	3
福鼎市	124	19	87	5	13	80	20	51	2	7

7-1c 续表 20 单位：人

现住地	省外									
	广东					广西				
	小计	乡	镇的村委会	镇的居委会	街道	小计	乡	镇的村委会	镇的居委会	街道
合计	**1184**	**145**	**789**	**98**	**152**	**1862**	**446**	**1306**	**46**	**64**
福州市	**161**	**28**	**106**	**10**	**17**	**414**	**107**	**290**	**8**	**9**
鼓楼区										
台江区										
仓山区										
马尾区						1		1		
晋安区	1		1			11	1	9	1	
长乐区	30	11	17	1	1	107	34	69		4
闽侯县	35	4	26	2	3	129	40	86	2	1
连江县	12		8	3	1	23	4	17	1	1
罗源县	1		1			12	7	5		
闽清县	9		8		1	37	3	34		
永泰县	4		2	1	1	7		6		1
平潭县	14	5	7		2	22	6	15	1	
福清市	55	8	36	3	8	65	12	48	3	2
厦门市	**195**	**21**	**106**	**20**	**48**	**232**	**44**	**154**	**17**	**17**
思明区										
海沧区	10		4	3	3	7		5	2	
湖里区										
集美区	27	5	19	1	2	66	15	50		1
同安区	75	6	57	6	6	77	16	52	7	2
翔安区	83	10	26	10	37	82	13	47	8	14
莆田市	**41**	**7**	**25**	**4**	**5**	**77**	**14**	**57**	**2**	**4**
城厢区	5	2	3			15	7	8		
涵江区	4	2	1		1	4	1	3		
荔城区	7	1	4		2	26	1	22	1	2
秀屿区	3	2			1	10	1	7		2
仙游县	22		17	4	1	22	4	17	1	
三明市	**27**	**4**	**18**	**1**	**4**	**53**	**19**	**30**	**1**	**3**
梅列区						1		1		
三元区	1		1							
明溪县	1		1			1				1
清流县	3		2		1	2		1		1
宁化县	4	2	2			1	1			
大田县	2		2			25	12	12	1	
尤溪县	2	1	1			3		3		
沙县	2		2			1				1
将乐县	3		3							
泰宁县	2	1		1						
建宁县						3		3		
永安市	7		4		3	16	6	10		
泉州市	**274**	**29**	**203**	**27**	**15**	**707**	**176**	**513**	**7**	**11**
鲤城区										
丰泽区										
洛江区	6		5	1		31	9	22		
泉港区	11		11			10	1	8		1
惠安县	44	7	30	4	3	45	14	28		3
安溪县	14		14			41	16	23	2	
永春县	14	1	10	2	1	12	3	9		
德化县	2				2	5	1	4		
石狮市	26	1	17	6	2	54	17	37		
晋江市	102	16	70	13	3	392	89	293	4	6
南安市	55	4	46	1	4	117	26	89	1	1

7-1c 续表 21

单位：人

现住地	省外									
	广东					广西				
	小计	乡	镇的村委会	镇的居委会	街道	小计	乡	镇的村委会	镇的居委会	街道
漳州市	**236**	**25**	**172**	**14**	**25**	**141**	**26**	**105**	**3**	**7**
芗城区	10	2	8			9		9		
龙文区	2		2							
云霄县	21	3	10	1	7	20	12	6		2
漳浦县	38	1	30	4	3	18	3	13		2
诏安县	61	11	34	4	12	12	3	9		
长泰县	7		6	1		16	5	9	1	1
东山县	14	1	11	1	1	6		6		
南靖县	12		12			9		9		
平和县	18	6	12			8		8		
华安县	3		2	1		11		11		
龙海市	50	1	45	2	2	32	3	25	2	2
南平市	**23**	**1**	**12**	**3**	**7**	**45**	**10**	**29**	**2**	**4**
延平区	6		4	1	1	6		5		1
建阳区	1			1		7	1	5	1	
顺昌县	2		2			3	1	2		
浦城县	3		2		1	6	5		1	
光泽县	1			1		1				1
松溪县	1	1				1		1		
政和县	1				1	9	2	7		
邵武市						3		3		
武夷山市	6		2		4	1	1			
建瓯市	2		2			8		6		2
龙岩市	**128**	**13**	**96**	**7**	**12**	**81**	**12**	**63**	**3**	**3**
新罗区	30		28	1	1	18		16	1	1
永定区	30	9	15	2	4	12	6	6		
长汀县	12		11	1		15	2	13		
上杭县	15	1	12		2	17		15	1	1
武平县	30	3	20	3	4	12	2	8	1	1
连城县	6		5		1	4	2	2		
漳平市	5		5			3		3		
宁德市	**99**	**17**	**51**	**12**	**19**	**112**	**38**	**65**	**3**	**6**
蕉城区	47	6	30	4	7	53	15	32	2	4
霞浦县	7	1	4		2	13	7	5		1
古田县	7	1	2	1	3	12	5	7		
屏南县						1	1			
寿宁县	3		2		1	2		2		
周宁县	3	1	2			15	7	8		
柘荣县	5	1	1	3		3	2	1		
福安市	6	4	2			6	1	3	1	1
福鼎市	21	3	8	4	6	7		7		

7-1c 续表 22

单位：人

现住地	省外									
	海南					重庆				
	小计	乡	镇的村委会	镇的居委会	街道	小计	乡	镇的村委会	镇的居委会	街道
合　计	**181**	**30**	**111**	**13**	**27**	**6047**	**1275**	**4326**	**217**	**229**
福州市	**26**	**5**	**13**	**2**	**6**	**791**	**188**	**525**	**18**	**60**
鼓楼区										
台江区										
仓山区										
马尾区						4		3		1
晋安区						14	7	3		4
长乐区	7	3	4			220	56	145	6	13
闽侯县	1	1				183	41	118	1	23
连江县	1				1	57	15	38	3	1
罗源县						29	7	17	2	3
闽清县						53	20	28	2	3
永泰县	2				2	4	1	2		1
平潭县						39	15	21	2	1
福清市	15	1	9	2	3	188	26	150	2	10
厦门市	**36**	**2**	**24**	**2**	**8**	**706**	**185**	**467**	**27**	**27**
思明区										
海沧区	6		5	1		11	1	9	1	
湖里区										
集美区	2		2			231	38	178	8	7
同安区	7		6	1		290	95	182	10	3
翔安区	21	2	11		8	174	51	98	8	17
莆田市	**11**		**5**	**5**	**1**	**112**	**30**	**71**	**3**	**8**
城厢区	2		2			28	7	19	1	1
涵江区	2		2			22	2	18		2
荔城区	7		1	5	1	23	11	9	1	2
秀屿区						27	7	17	1	2
仙游县						12	3	8		1
三明市	**3**	**1**	**1**		**1**	**126**	**23**	**72**	**24**	**7**
梅列区										
三元区						2	1	1		
明溪县	1				1	2		2		
清流县						11	5	5	1	
宁化县						2		2		
大田县	2	1	1			65	8	35	20	2
尤溪县						12	4	5	1	2
沙县										
将乐县						18	4	12	2	
泰宁县						2		2		
建宁县										
永安市						12	1	8		3
泉州市	**49**	**8**	**37**	**1**	**3**	**3347**	**678**	**2493**	**99**	**77**
鲤城区										
丰泽区										
洛江区						77	11	58	2	6
泉港区	5		5			37	7	26	2	2
惠安县	9	1	5	1	2	180	44	122	3	11
安溪县	1		1			21	2	13	4	2
永春县						18		14	4	
德化县						8	1	7		
石狮市	3	2	1			347	66	254	8	19
晋江市	23	5	18			2368	522	1749	62	35
南安市	8		7		1	291	25	250	14	2

7—1c 续表 23

单位：人

现住地	省外									
	海南					重庆				
	小计	乡	镇的村委会	镇的居委会	街道	小计	乡	镇的村委会	镇的居委会	街道
漳州市	**21**	**4**	**14**	**1**	**2**	**266**	**43**	**201**	**13**	**9**
芗城区						18	9	7	1	1
龙文区						2		2		
云霄县	2				2	17	10	6	1	
漳浦县	5		5			57	4	50	1	2
诏安县						4		3		1
长泰县	1		1			37	4	32	1	
东山县	2		2			4	1	3		
南靖县	1		1			7		5		2
平和县	1			1		7		6		1
华安县	2		2			23	3	16	3	1
龙海市	7	4	3			90	12	71	6	1
南平市	**2**		**1**	**1**		**122**	**30**	**85**	**3**	**4**
延平区	2		1	1		2	1	1		
建阳区						25	5	16	3	1
顺昌县						15	5	10		
浦城县						20	7	13		
光泽县						8	4	3		1
松溪县						16	3	13		
政和县						17		17		
邵武市						6	2	4		
武夷山市						8	3	4		1
建瓯市						5		4		1
龙岩市	**5**	**2**	**2**		**1**	**249**	**32**	**196**	**6**	**15**
新罗区	1		1			107	8	94		5
永定区						59	15	40		4
长汀县	2		1		1	15		9	3	3
上杭县						21	5	13	1	2
武平县						8		6	2	
连城县						12	3	8		1
漳平市	2	2				27	1	26		
宁德市	**28**	**8**	**14**	**1**	**5**	**328**	**66**	**216**	**24**	**22**
蕉城区	5	1	4			60	10	47		3
霞浦县	3		2		1	60	11	41	1	7
古田县	13	3	7	1	2	18	3	9	5	1
屏南县	2	2				16	6	8	1	1
寿宁县						7	1	6		
周宁县						10	4	2	2	2
柘荣县						9	3	6		
福安市	3	2			1	12	2	9		1
福鼎市	2		1		1	136	26	88	15	7

7-1c　续表 24　　　　单位：人

现住地	省外									
	四川					贵州				
	小计	乡	镇的村委会	镇的居委会	街道	小计	乡	镇的村委会	镇的居委会	街道
合　计	**12053**	**3061**	**8362**	**272**	**358**	**13263**	**3417**	**9295**	**284**	**267**
福州市	**3694**	**958**	**2514**	**89**	**133**	**2289**	**752**	**1403**	**65**	**69**
鼓楼区										
台江区										
仓山区										
马尾区	9	4	5			1		1		
晋安区	33	7	19	3	4	12		12		
长乐区	1476	415	982	39	40	642	174	447	10	11
闽侯县	811	237	531	10	33	404	189	188	12	15
连江县	253	71	173	5	4	358	125	213	10	10
罗源县	78	30	45		3	108	50	50	5	3
闽清县	138	25	109	1	3	107	29	74		4
永泰县	34	16	13		5	52	29	21	1	1
平潭县	111	37	69	5		87	31	53		3
福清市	751	116	568	26	41	518	125	344	27	22
厦门市	**2022**	**463**	**1461**	**40**	**58**	**2109**	**507**	**1502**	**59**	**41**
思明区										
海沧区	69	11	56		2	44	10	30	3	1
湖里区										
集美区	811	150	635	12	14	662	108	532	12	10
同安区	625	156	442	10	17	894	216	644	19	15
翔安区	517	146	328	18	25	509	173	296	25	15
莆田市	**242**	**48**	**184**	**5**	**5**	**347**	**94**	**226**	**10**	**17**
城厢区	63	11	50	1	1	88	22	61	4	1
涵江区	43	5	36	2		63	26	37		
荔城区	66	16	45	1	4	72	16	45	4	7
秀屿区	31	7	24			51	7	37	1	6
仙游县	39	9	29	1		73	23	46	1	3
三明市	**241**	**57**	**167**	**10**	**7**	**352**	**100**	**241**	**8**	**3**
梅列区	7	4	2		1					
三元区	22	2	19		1	9	2	7		
明溪县	4	1	3			14	1	13		
清流县	21	11	10			14	8	6		
宁化县	20	9	9	2		9	4	4		1
大田县	47	5	34	5	3	83	18	57	8	
尤溪县	16	9	7			25	11	14		
沙县	11	3	8			46	22	22		2
将乐县	51	1	46	2	2	48	13	35		
泰宁县	5	5				5	3	2		
建宁县	4		4			13	3	10		
永安市	33	7	25	1		86	15	71		
泉州市	**4356**	**1170**	**3032**	**75**	**79**	**6329**	**1481**	**4636**	**111**	**101**
鲤城区										
丰泽区										
洛江区	105	18	80	3	4	181	36	138	5	2
泉港区	63	11	49	3		38	4	34		
惠安县	396	136	241	9	10	542	182	355	2	3
安溪县	73	23	46	1	3	142	43	97	1	1
永春县	26	5	18	3		30	1	29		
德化县	23	6	17			46	13	33		
石狮市	519	120	370	10	19	492	136	335	12	9
晋江市	2838	826	1935	43	34	4050	956	2954	64	76
南安市	313	25	276	3	9	808	110	661	27	10

7-1c 续表 25

单位：人

现住地	省外									
	四川					贵州				
	小计	乡	镇的村委会	镇的居委会	街道	小计	乡	镇的村委会	镇的居委会	街道
漳州市	**446**	**97**	**303**	**24**	**22**	**651**	**118**	**507**	**15**	**11**
芗城区	20	6	9	4	1	23	3	17	3	
龙文区	7		7			9	4	5		
云霄县	72	26	34	4	8	36	13	21	2	
漳浦县	87	22	65			110	29	77	1	3
诏安县	13	2	11			22	2	18		2
长泰县	39	7	27	3	2	61	4	52	4	1
东山县	10	1	9			28		27		1
南靖县	33	5	23	3	2	34	2	32		
平和县	5		4		1	19	2	17		
华安县	27	4	19	4		84	8	71	4	1
龙海市	133	24	95	6	8	225	51	170	1	3
南平市	**188**	**51**	**121**	**6**	**10**	**351**	**119**	**218**	**7**	**7**
延平区	43	2	38	1	2	43	12	30	1	
建阳区	32	2	24	5	1	57	14	38	2	3
顺昌县	9	9				25	12	13		
浦城县	16	7	7		2	46	16	30		
光泽县	6	2	4			52	30	22		
松溪县	24	13	9		2	21	7	14		
政和县	21	3	18			55	14	40	1	
邵武市	16	6	9		1	28	7	17	1	3
武夷山市	10	3	5		2	11	5	5		1
建瓯市	11	4	7			13	2	9	2	
龙岩市	**330**	**53**	**262**	**3**	**12**	**374**	**115**	**253**	**2**	**4**
新罗区	167	17	145	2	3	105	22	83		
永定区	40	4	34		2	50	17	31	1	1
长汀县	22	10	12			10	6	4		
上杭县	21	5	16			70	13	56		1
武平县	31	9	20		2	34	13	20		1
连城县	17	4	7	1	5	15	3	12		
漳平市	32	4	28			90	41	47	1	1
宁德市	**534**	**164**	**318**	**20**	**32**	**461**	**131**	**309**	**7**	**14**
蕉城区	167	64	91	2	10	107	22	82	1	2
霞浦县	78	20	40	4	14	75	31	41	1	2
古田县	42	15	26	1		24	9	12		3
屏南县	16	9	5	1	1	9	3	5		1
寿宁县	15	4	9		2	26	5	21		
周宁县	22	9	9	3	1	13	4	9		
柘荣县	3	3				33	12	16	1	4
福安市	45	14	31			26	8	17		1
福鼎市	146	26	107	9	4	148	37	106	4	1

7-1c 续表 26

单位：人

现住地	省外									
	云南					西藏				
	小计	乡	镇的村委会	镇的居委会	街道	小计	乡	镇的村委会	镇的居委会	街道
合计	**5339**	**1570**	**3548**	**116**	**105**	**12**	**2**	**7**	**2**	**1**
福州市	**1263**	**509**	**701**	**27**	**26**	**5**		**5**		
鼓楼区										
台江区										
仓山区										
马尾区	4	4								
晋安区	12	2	9	1						
长乐区	517	251	260		6					
闽侯县	174	57	114	1	2					
连江县	134	57	73	3	1					
罗源县	62	33	27	1	1					
闽清县	44	4	38		2					
永泰县	34	14	17		3	1		1		
平潭县	21	8	11	1	1	3		3		
福清市	261	79	152	20	10	1		1		
厦门市	**1020**	**268**	**701**	**27**	**24**	**2**			**2**	
思明区										
海沧区	125	33	74	7	11					
湖里区										
集美区	227	60	164	2	1					
同安区	341	77	260	3	1					
翔安区	327	98	203	15	11	2			2	
莆田市	**139**	**20**	**111**	**3**	**5**	**3**		**2**		**1**
城厢区	45	5	38	1	1					
涵江区	28	1	27							
荔城区	32	7	20	1	4	3		2		1
秀屿区	11	4	7							
仙游县	23	3	19	1						
三明市	**195**	**64**	**131**							
梅列区	2	2								
三元区	5	1	4							
明溪县	20	1	19							
清流县	5	3	2							
宁化县	1		1							
大田县	47	22	25							
尤溪县	50	21	29							
沙县	17	8	9							
将乐县	18	2	16							
泰宁县	1		1							
建宁县	7		7							
永安市	22	4	18							
泉州市	**1326**	**313**	**974**	**26**	**13**					
鲤城区										
丰泽区										
洛江区	31	14	17							
泉港区	14		14							
惠安县	141	41	94	2	4					
安溪县	49	8	30	10	1					
永春县	20	12	7		1					
德化县	4		4							
石狮市	114	42	69	2	1					
晋江市	727	175	537	10	5					
南安市	226	21	202	2	1					

7-1c 续表 27

单位：人

现住地	省外									
	云南					西藏				
	小计	乡	镇的村委会	镇的居委会	街道	小计	乡	镇的村委会	镇的居委会	街道
漳州市	**493**	**88**	**387**	**12**	**6**					
芗城区	33	6	25		2					
龙文区	2		2							
云霄县	24	5	19							
漳浦县	71	14	56		1					
诏安县	8	3	5							
长泰县	30	5	23		2					
东山县	7		4	3						
南靖县	48	12	34	2						
平和县	25	2	22	1						
华安县	32	5	27							
龙海市	213	36	170	6	1					
南平市	**370**	**172**	**173**	**11**	**14**	**2**	**2**			
延平区	18		16		2	2	2			
建阳区	17	8	5		4					
顺昌县	17	14	3							
浦城县	45	22	19	3	1					
光泽县	228	122	104	1	1					
松溪县	6	1	5							
政和县	13		8		5					
邵武市	9	4	4		1					
武夷山市	1		1							
建瓯市	16	1	8	7						
龙岩市	**182**	**26**	**145**	**5**	**6**					
新罗区	77	9	68							
永定区	16	2	12	1	1					
长汀县	17	2	13	2						
上杭县	31	6	20	2	3					
武平县	10	1	9							
连城县	8	2	5		1					
漳平市	23	4	18		1					
宁德市	**351**	**110**	**225**	**5**	**11**					
蕉城区	84	18	62	1	3					
霞浦县	51	25	25	1						
古田县	12	3	9							
屏南县	7	3	4							
寿宁县	10	4	6							
周宁县	11	1	8		2					
柘荣县	18	11	6		1					
福安市	35	11	23		1					
福鼎市	123	34	82	3	4					

7-1c 续表 28

单位：人

现住地	省外									
	陕西					甘肃				
	小计	乡	镇的村委会	镇的居委会	街道	小计	乡	镇的村委会	镇的居委会	街道
合计	**1278**	**213**	**904**	**58**	**103**	**622**	**142**	**402**	**19**	**59**
福州市	**289**	**55**	**193**	**9**	**32**	**195**	**54**	**126**	**3**	**12**
鼓楼区										
台江区										
仓山区										
马尾区	1		1			1		1		
晋安区	5		3	1	1					
长乐区	81	14	60	1	6	52	19	33		
闽侯县	64	19	33	5	7	41	18	20		3
连江县	21	5	16			14	5	8		1
罗源县	10	1	5		4	3	2	1		
闽清县	11	4	5		2	2	1	1		
永泰县	5	2	1		2	7		1	1	5
平潭县	14	2	6		6	2	1	1		
福清市	77	8	63	2	4	73	8	60	2	3
厦门市	**335**	**40**	**242**	**20**	**33**	**182**	**40**	**121**	**9**	**12**
思明区										
海沧区	15	1	14			5	1	4		
湖里区										
集美区	96	13	77	3	3	56	15	40	1	
同安区	81	16	60	3	2	26		21	2	3
翔安区	143	10	91	14	28	95	24	56	6	9
莆田市	**32**	**8**	**22**	**1**	**1**	**18**	**2**	**11**		**5**
城厢区	6	3	3			4		2		2
涵江区	10	4	6							
荔城区	4		3	1		9	1	5		3
秀屿区	7	1	5		1	2	1	1		
仙游县	5		5			3		3		
三明市	**36**	**7**	**26**	**3**		**23**	**5**	**11**		**7**
梅列区										
三元区	5	5				6	4	2		
明溪县						1		1		
清流县	1	1				1		1		
宁化县	2		1	1		9		2		7
大田县	8		8			1		1		
尤溪县	6		4	2						
沙县	4		4							
将乐县	3		3			1		1		
泰宁县	1		1							
建宁县	1		1			2		2		
永安市	5	1	4			2	1	1		
泉州市	**266**	**45**	**203**	**8**	**10**	**91**	**9**	**73**	**2**	**7**
鲤城区										
丰泽区										
洛江区	8	5	3			4		4		
泉港区	7		7			10		8		2
惠安县	49	5	43	1		9	1	7	1	
安溪县	26	7	17		2	9		7	1	1
永春县	3		1	2		10	1	9		
德化县	1	1				2		2		
石狮市	24	9	13		2	11	2	8		1
晋江市	130	18	103	5	4	21	4	15		2
南安市	18		16		2	15	1	13		1

7-1c 续表 29

单位：人

现住地	省外									
	陕西					甘肃				
	小计	乡	镇的村委会	镇的居委会	街道	小计	乡	镇的村委会	镇的居委会	街道
漳州市	**80**	**8**	**64**	**4**	**4**	**34**	**10**	**21**		**3**
芗城区	4	1	2	1		2		2		
龙文区										
云霄县	8	3	5			4	2	1		1
漳浦县	8		8			5		4		1
诏安县	2		2							
长泰县	5		2	3						
东山县	6		4		2					
南靖县	2		2							
平和县	1		1			1		1		
华安县	7	1	5		1	3		3		
龙海市	37	3	33		1	19	8	10		1
南平市	**30**	**5**	**16**	**3**	**6**	**10**	**3**	**7**		
延平区	1		1							
建阳区	9	1	5		3	3	2	1		
顺昌县	2		1	1		3	1	2		
浦城县	3		2		1					
光泽县	4		3		1					
松溪县	1		1							
政和县	3	1		2						
邵武市	4		3		1	1		1		
武夷山市	1	1				1		1		
建瓯市	2	2				2		2		
龙岩市	**37**	**6**	**27**	**3**	**1**	**5**	**1**	**3**	**1**	
新罗区	12		12			1			1	
永定区	6	1	4		1					
长汀县	6	2	4			1	1			
上杭县	5		5			1		1		
武平县	4	2		2						
连城县	1		1			1		1		
漳平市	3	1	1	1		1		1		
宁德市	**173**	**39**	**111**	**7**	**16**	**64**	**18**	**29**	**4**	**13**
蕉城区	83	19	55	1	8	30	8	12	2	8
霞浦县	31	12	14	3	2	11	5	3	1	2
古田县	6	1	5			1		1		
屏南县	2		2			1		1		
寿宁县	1	1								
周宁县	14	3	9	2		3	2	1		
柘荣县	1	1								
福安市	2		2							
福鼎市	33	2	24	1	6	18	3	11	1	3

7-1c　续表 30　　　　　　　　　　　　　　　　　　　　　　　　单位：人

现住地	省外									
	青海					宁夏				
	小计	乡	镇的村委会	镇的居委会	街道	小计	乡	镇的村委会	镇的居委会	街道
合　计	**68**	**19**	**33**	**12**	**4**	**84**	**8**	**63**	**3**	**10**
福州市	**12**	**3**	**4**	**4**	**1**	**11**	**2**	**8**		**1**
鼓楼区										
台江区										
仓山区										
马尾区										
晋安区										
长乐区	3	1	1		1	2	1			1
闽侯县						3	1	2		
连江县										
罗源县										
闽清县										
永泰县										
平潭县										
福清市	9	2	3	4		6		6		
厦门市	**32**	**11**	**15**	**5**	**1**	**47**	**5**	**34**	**3**	**5**
思明区										
海沧区						2		2		
湖里区										
集美区	1			1						
同安区	5		5			2	2			
翔安区	26	11	10	4	1	43	3	32	3	5
莆田市						**2**		**2**		
城厢区										
涵江区										
荔城区										
秀屿区						2		2		
仙游县										
三明市	**1**				**1**	**2**		**2**		
梅列区										
三元区										
明溪县										
清流县										
宁化县										
大田县						2		2		
尤溪县										
沙县										
将乐县	1				1					
泰宁县										
建宁县										
永安市										
泉州市	**15**	**4**	**11**			**14**		**13**		**1**
鲤城区										
丰泽区										
洛江区										
泉港区	1		1							
惠安县	1		1			2		2		
安溪县	7		7			1				1
永春县										
德化县										
石狮市	6	4	2			9		9		
晋江市						1		1		
南安市						1		1		

7-1c 续表 31

单位：人

现住地	省外									
	青海					宁夏				
	小计	乡	镇的村委会	镇的居委会	街道	小计	乡	镇的村委会	镇的居委会	街道
漳州市	**3**	**1**	**2**			**3**		**3**		
芗城区										
龙文区										
云霄县										
漳浦县	1	1								
诏安县						1		1		
长泰县										
东山县										
南靖县										
平和县										
华安县										
龙海市	2		2			2		2		
南平市	**1**				**1**					
延平区										
建阳区										
顺昌县										
浦城县										
光泽县										
松溪县										
政和县										
邵武市										
武夷山市	1				1					
建瓯市										
龙岩市	**1**			**1**						
新罗区	1			1						
永定区										
长汀县										
上杭县										
武平县										
连城县										
漳平市										
宁德市	**3**		**1**	**2**		**5**	**1**	**1**		**3**
蕉城区										
霞浦县						2				2
古田县										
屏南县	3		1	2						
寿宁县										
周宁县						1	1			
柘荣县										
福安市										
福鼎市						2		1		1

7-1c　续表 32　　　　单位：人

现住地	省外				
	新疆				
	小计	乡	镇的村委会	镇的居委会	街道
合　计	**125**	**27**	**72**	**9**	**17**
福州市	**19**	**3**	**10**	**2**	**4**
鼓楼区					
台江区					
仓山区					
马尾区					
晋安区					
长乐区	6	1	3	1	1
闽侯县	5	2	2		1
连江县	1		1		
罗源县					
闽清县					
永泰县	2				2
平潭县	1		1		
福清市	4		3	1	
厦门市	**17**	**7**	**2**	**2**	**6**
思明区					
海沧区					
湖里区					
集美区	1	1			
同安区	2	1			1
翔安区	14	5	2	2	5
莆田市	**7**		**5**		**2**
城厢区					
涵江区					
荔城区	6		4		2
秀屿区	1		1		
仙游县					
三明市	**7**	**2**	**5**		
梅列区					
三元区					
明溪县					
清流县					
宁化县	5		5		
大田县					
尤溪县	2	2			
沙县					
将乐县					
泰宁县					
建宁县					
永安市					
泉州市	**50**	**11**	**36**	**1**	**2**
鲤城区					
丰泽区					
洛江区	1				1
泉港区					
惠安县	2	1			1
安溪县					
永春县					
德化县	1			1	
石狮市	5	1	4		
晋江市	9	9			
南安市	32		32		

7-1c 续表 33 单位：人

现住地	省外				
	新疆				
	小计	乡	镇的村委会	镇的居委会	街道
漳州市	**5**		**4**		**1**
芗城区	1				1
龙文区					
云霄县					
漳浦县	1		1		
诏安县					
长泰县					
东山县	2		2		
南靖县					
平和县	1		1		
华安县					
龙海市					
南平市	**11**	**2**	**4**	**3**	**2**
延平区	7	2	2	3	
建阳区	1				1
顺昌县					
浦城县					
光泽县	1		1		
松溪县					
政和县	1		1		
邵武市	1				1
武夷山市					
建瓯市					
龙岩市	**1**			**1**	
新罗区					
永定区					
长汀县					
上杭县					
武平县					
连城县	1			1	
漳平市					
宁德市	**8**	**2**	**6**		
蕉城区	6		6		
霞浦县	1	1			
古田县					
屏南县					
寿宁县					
周宁县					
柘荣县					
福安市	1	1			
福鼎市					

7-2　各地区按现住地、职业和性别分的户口登记地在本省其他乡镇街道人口

单位：人

现住地	合计			党的机关、国家机关、群众团体和社会组织、企事业单位负责人		
	合计	男	女	小计	男	女
合　计	**548928**	**323793**	**225135**	**13711**	**10865**	**2846**
福州市	**113645**	**67758**	**45887**	**2782**	**2184**	**598**
鼓楼区	11822	6178	5644	456	324	132
台江区	8785	4848	3937	82	66	16
仓山区	22708	13661	9047	842	670	172
马尾区	3837	2409	1428	85	70	15
晋安区	18274	10671	7603	563	423	140
长乐区	5621	3503	2118	145	127	18
闽侯县	11816	7481	4335	144	121	23
连江县	4909	2932	1977	77	66	11
罗源县	4182	2840	1342	99	81	18
闽清县	2120	1305	815	34	29	5
永泰县	2906	1678	1228	59	44	15
平潭县	6024	3895	2129	75	66	9
福清市	10641	6357	4284	121	97	24
厦门市	**114178**	**66375**	**47803**	**3262**	**2604**	**658**
思明区	23695	12412	11283	999	778	221
海沧区	12106	7481	4625	387	302	85
湖里区	34980	19976	15004	818	666	152
集美区	22122	13361	8761	513	436	77
同安区	14473	8789	5684	265	212	53
翔安区	6802	4356	2446	280	210	70
莆田市	**28628**	**16517**	**12111**	**520**	**418**	**102**
城厢区	9860	5761	4099	152	133	19
涵江区	5250	2926	2324	66	52	14
荔城区	6770	3930	2840	163	125	38
秀屿区	1917	1137	780	42	33	9
仙游县	4831	2763	2068	97	75	22
三明市	**32174**	**18945**	**13229**	**622**	**504**	**118**
梅列区	4176	2532	1644	82	70	12
三元区	3413	2121	1292	81	63	18
明溪县	974	584	390	15	12	3
清流县	1455	741	714	37	27	10
宁化县	3034	1696	1338	45	37	8
大田县	3111	1807	1304	48	35	13
尤溪县	2841	1740	1101	84	74	10
沙县	3485	2071	1414	41	36	5
将乐县	2063	1253	810	39	33	6
泰宁县	1263	686	577	27	20	7
建宁县	1279	723	556	20	13	7
永安市	5080	2991	2089	103	84	19
泉州市	**101619**	**59493**	**42126**	**3442**	**2698**	**744**
鲤城区	8264	4725	3539	422	324	98
丰泽区	15806	9095	6711	411	343	68
洛江区	3138	1883	1255	119	103	16
泉港区	2253	1254	999	63	49	14
惠安县	6285	3652	2633	174	129	45
安溪县	11782	6611	5171	94	78	16
永春县	3495	1984	1511	100	73	27
德化县	9867	5835	4032	153	121	32
石狮市	9904	5878	4026	386	320	66
晋江市	21585	13087	8498	1265	963	302
南安市	9240	5489	3751	255	195	60

7-2 续表 1

单位：人

现住地	合计			党的机关、国家机关、群众团体和社会组织、企事业单位负责人		
	合计	男	女	小计	男	女
漳州市	**44397**	**25323**	**19074**	**1101**	**837**	**264**
芗城区	11062	6221	4841	395	304	91
龙文区	6964	3923	3041	86	63	23
云霄县	4434	2381	2053	118	85	33
漳浦县	4675	2679	1996	204	154	50
诏安县	1871	926	945	48	32	16
长泰县	2222	1298	924	44	38	6
东山县	1803	1030	773	31	22	9
南靖县	1989	1146	843	53	38	15
平和县	1436	845	591	33	25	8
华安县	837	487	350	10	8	2
龙海市	7104	4387	2717	79	68	11
南平市	**34947**	**21513**	**13434**	**787**	**625**	**162**
延平区	6734	4086	2648	126	104	22
建阳区	4517	2905	1612	94	74	20
顺昌县	1325	832	493	40	33	7
浦城县	2759	1731	1028	38	28	10
光泽县	2044	1261	783	56	47	9
松溪县	1325	864	461	29	25	4
政和县	1887	1193	694	39	34	5
邵武市	6007	3624	2383	94	75	19
武夷山市	4181	2486	1695	124	88	36
建瓯市	4168	2531	1637	147	117	30
龙岩市	**37262**	**22162**	**15100**	**649**	**540**	**109**
新罗区	19754	11911	7843	390	326	64
永定区	2169	1325	844	18	15	3
长汀县	4552	2460	2092	45	33	12
上杭县	4134	2415	1719	57	46	11
武平县	2329	1374	955	59	49	10
连城县	1318	782	536	35	32	3
漳平市	3006	1895	1111	45	39	6
宁德市	**42078**	**25707**	**16371**	**546**	**455**	**91**
蕉城区	11255	7045	4210	160	131	29
霞浦县	6503	3639	2864	85	66	19
古田县	3222	2060	1162	32	29	3
屏南县	1119	710	409	11	8	3
寿宁县	973	632	341	33	25	8
周宁县	1251	834	417	13	13	
柘荣县	1555	1013	542	25	21	4
福安市	8133	4939	3194	100	90	10
福鼎市	8067	4835	3232	87	72	15

7-2 续表 2 单位：人

现住地	专业技术人员			办事人员和有关人员			社会生产服务和生活服务人员		
	小计	男	女	小计	男	女	小计	男	女
合计	**84746**	**36436**	**48310**	**57120**	**33728**	**23392**	**256140**	**148086**	**108054**
福州市	**21338**	**9312**	**12026**	**15313**	**8918**	**6395**	**53963**	**31600**	**22363**
鼓楼区	3449	1401	2048	1930	975	955	5439	3043	2396
台江区	1791	712	1079	1490	836	654	4888	2810	2078
仓山区	4474	1900	2574	3634	2097	1537	10700	6648	4052
马尾区	637	308	329	434	239	195	1915	1174	741
晋安区	3476	1475	2001	2659	1466	1193	9489	5609	3880
长乐区	926	442	484	550	361	189	2696	1577	1119
闽侯县	2071	1061	1010	1275	787	488	5290	3309	1981
连江县	688	292	396	508	329	179	2508	1321	1187
罗源县	442	191	251	325	202	123	1911	1140	771
闽清县	306	131	175	228	135	93	804	450	354
永泰县	314	156	158	247	158	89	1025	491	534
平潭县	851	384	467	668	401	267	2728	1502	1226
福清市	1913	859	1054	1365	932	433	4570	2526	2044
厦门市	**20664**	**9124**	**11540**	**12793**	**6805**	**5988**	**55832**	**32791**	**23041**
思明区	4982	1954	3028	4123	2206	1917	12436	6565	5871
海沧区	2115	1059	1056	1008	613	395	5242	3205	2037
湖里区	6484	2732	3752	3207	1579	1628	19899	11735	8164
集美区	3738	1714	2024	2563	1367	1196	10174	6284	3890
同安区	2110	980	1130	1357	766	591	5440	3374	2066
翔安区	1235	685	550	535	274	261	2641	1628	1013
莆田市	**4235**	**1740**	**2495**	**2482**	**1590**	**892**	**14843**	**8844**	**5999**
城厢区	1430	576	854	977	610	367	5858	3536	2322
涵江区	681	278	403	348	222	126	2448	1432	1016
荔城区	974	391	583	578	370	208	3500	2189	1311
秀屿区	365	148	217	194	136	58	728	414	314
仙游县	785	347	438	385	252	133	2309	1273	1036
三明市	**4083**	**1764**	**2319**	**2841**	**1775**	**1066**	**14481**	**7874**	**6607**
梅列区	724	350	374	462	273	189	2047	1140	907
三元区	424	193	231	260	149	111	1683	995	688
明溪县	115	38	77	121	74	47	380	214	166
清流县	175	74	101	163	104	59	531	238	293
宁化县	327	152	175	193	134	59	1283	627	656
大田县	362	174	188	235	160	75	1243	673	570
尤溪县	331	120	211	140	92	48	1186	695	491
沙县	434	172	262	306	188	118	1690	994	696
将乐县	265	121	144	184	122	62	1007	531	476
泰宁县	148	49	99	160	98	62	558	238	320
建宁县	134	57	77	126	74	52	491	256	235
永安市	644	264	380	491	307	184	2382	1273	1109
泉州市	**14176**	**6128**	**8048**	**8615**	**5284**	**3331**	**46393**	**27595**	**18798**
鲤城区	1266	472	794	769	435	334	4071	2459	1612
丰泽区	3376	1448	1928	2204	1303	901	8089	4831	3258
洛江区	528	255	273	319	189	130	1214	751	463
泉港区	355	160	195	246	153	93	953	451	502
惠安县	963	430	533	522	276	246	2400	1345	1055
安溪县	1148	537	611	556	383	173	6821	3779	3042
永春县	594	285	309	312	190	122	1375	818	557
德化县	700	354	346	471	325	146	3302	2082	1220
石狮市	1168	447	721	727	466	261	4898	3031	1867
晋江市	2863	1203	1660	1758	1066	692	9296	5820	3476
南安市	1215	537	678	731	498	233	3974	2228	1746

7−2 续表 3

单位：人

现住地	专业技术人员			办事人员和有关人员			社会生产服务和生活服务人员		
	小计	男	女	小计	男	女	小计	男	女
漳州市	**6558**	**2667**	**3891**	**4606**	**2905**	**1701**	**19159**	**10509**	**8650**
芗城区	2000	760	1240	1304	775	529	5155	2862	2293
龙文区	1099	450	649	858	532	326	3458	1913	1545
云霄县	542	230	312	361	239	122	2206	1083	1123
漳浦县	651	260	391	434	285	149	1948	1083	865
诏安县	252	94	158	154	102	52	759	376	383
长泰县	263	133	130	213	143	70	660	350	310
东山县	200	80	120	159	99	60	720	361	359
南靖县	185	70	115	165	109	56	796	456	340
平和县	168	73	95	108	75	33	505	267	238
华安县	121	42	79	146	100	46	207	109	98
龙海市	1077	475	602	704	446	258	2745	1649	1096
南平市	**3767**	**1555**	**2212**	**3354**	**2029**	**1325**	**15742**	**8984**	**6758**
延平区	863	372	491	748	412	336	3213	1880	1333
建阳区	524	216	308	648	401	247	2010	1187	823
顺昌县	180	80	100	142	83	59	569	339	230
浦城县	316	140	176	340	211	129	1128	644	484
光泽县	192	73	119	161	108	53	786	449	337
松溪县	128	55	73	98	57	41	517	309	208
政和县	175	73	102	116	70	46	759	443	316
邵武市	532	212	320	435	262	173	2619	1481	1138
武夷山市	379	138	241	304	196	108	2166	1136	1030
建瓯市	478	196	282	362	229	133	1975	1116	859
龙岩市	**5194**	**2238**	**2956**	**3672**	**2245**	**1427**	**16853**	**9484**	**7369**
新罗区	2724	1114	1610	2010	1164	846	10023	5764	4259
永定区	332	162	170	227	152	75	850	476	374
长汀县	544	227	317	326	221	105	1712	932	780
上杭县	702	333	369	556	355	201	1494	721	773
武平县	369	165	204	211	133	78	845	474	371
连城县	191	95	96	128	82	46	495	267	228
漳平市	332	142	190	214	138	76	1434	850	584
宁德市	**4731**	**1908**	**2823**	**3444**	**2177**	**1267**	**18874**	**10405**	**8469**
蕉城区	1538	661	877	1298	786	512	5341	2989	2352
霞浦县	624	228	396	305	202	103	3316	1650	1666
古田县	336	142	194	253	156	97	1399	829	570
屏南县	103	42	61	101	56	45	521	290	231
寿宁县	140	56	84	85	64	21	325	191	134
周宁县	137	57	80	89	60	29	508	290	218
柘荣县	143	59	84	108	66	42	587	337	250
福安市	881	323	558	617	410	207	3496	2014	1482
福鼎市	829	340	489	588	377	211	3381	1815	1566

7-2　续表 4　　　　单位：人

现住地	农、林、牧、渔业生产及辅助人员			生产制造及有关人员			不便分类的其他从业人员		
	小计	男	女	小计	男	女	小计	男	女
合　计	**16282**	**10711**	**5571**	**120461**	**83665**	**36796**	**468**	**302**	**166**
福州市	**2295**	**1522**	**773**	**17894**	**14187**	**3707**	**60**	**35**	**25**
鼓楼区	18	12	6	525	419	106	5	4	1
台江区	28	16	12	486	394	92	20	14	6
仓山区	139	94	45	2915	2251	664	4	1	3
马尾区	42	31	11	724	587	137			
晋安区	106	66	40	1979	1632	347	2		2
长乐区	164	113	51	1140	883	257			
闽侯县	299	195	104	2722	1999	723	15	9	6
连江县	238	176	62	889	748	141	1		1
罗源县	298	243	55	1105	981	124	2	2	
闽清县	149	91	58	598	469	129	1		1
永泰县	138	68	70	1122	760	362	1	1	
平潭县	306	237	69	1387	1301	86	9	4	5
福清市	370	180	190	2302	1763	539			
厦门市	**330**	**217**	**113**	**21237**	**14795**	**6442**	**60**	**39**	**21**
思明区	32	25	7	1108	874	234	15	10	5
海沧区	46	29	17	3299	2266	1033	9	7	2
湖里区	25	18	7	4545	3245	1300	2	1	1
集美区	55	36	19	5079	3524	1555			
同安区	108	69	39	5192	3387	1805	1	1	
翔安区	64	40	24	2014	1499	515	33	20	13
莆田市	**318**	**206**	**112**	**6200**	**3698**	**2502**	**30**	**21**	**9**
城厢区	55	31	24	1374	864	510	14	11	3
涵江区	54	39	15	1652	903	749	1		1
荔城区	69	45	24	1482	807	675	4	3	1
秀屿区	78	43	35	507	361	146	3	2	1
仙游县	62	48	14	1185	763	422	8	5	3
三明市	**2008**	**1253**	**755**	**8106**	**5757**	**2349**	**33**	**18**	**15**
梅列区	45	30	15	816	669	147			
三元区	112	80	32	835	632	203	18	9	9
明溪县	98	66	32	243	179	64	2	1	1
清流县	184	74	110	365	224	141			
宁化县	365	204	161	821	542	279			
大田县	228	118	110	995	647	348			
尤溪县	144	106	38	954	652	302	2	1	1
沙县	164	117	47	848	562	286	2	2	
将乐县	152	120	32	413	325	88	3	1	2
泰宁县	86	61	25	283	219	64	1	1	
建宁县	151	97	54	353	223	130	4	3	1
永安市	279	180	99	1180	883	297	1		1
泉州市	**1350**	**810**	**540**	**27486**	**16874**	**10612**	**157**	**104**	**53**
鲤城区	15	9	6	1704	1018	686	17	8	9
丰泽区	34	22	12	1690	1147	543	2	1	1
洛江区	23	14	9	929	568	361	6	3	3
泉港区	44	28	16	592	413	179			
惠安县	82	62	20	2136	1403	733	8	7	1
安溪县	383	208	175	2767	1619	1148	13	7	6
永春县	129	82	47	984	535	449	1	1	
德化县	174	118	56	5066	2834	2232	1	1	
石狮市	75	66	9	2640	1541	1099	10	7	3
晋江市	184	130	54	6128	3842	2286	91	63	28
南安市	207	71	136	2850	1954	896	8	6	2

7-2 续表 5

单位：人

现住地	农、林、牧、渔业生产及辅助人员			生产制造及有关人员			不便分类的其他从业人员		
	小计	男	女	小计	男	女	小计	男	女
漳州市	**2608**	**1653**	**955**	**10304**	**6714**	**3590**	**61**	**38**	**23**
芗城区	112	76	36	2092	1442	650	4	2	2
龙文区	131	74	57	1314	881	433	18	10	8
云霄县	332	199	133	867	539	328	8	6	2
漳浦县	385	243	142	1051	652	399	2	2	
诏安县	178	94	84	480	228	252			
长泰县	85	46	39	946	582	364	11	6	5
东山县	346	274	72	344	193	151	3	1	2
南靖县	307	160	147	478	308	170	5	5	
平和县	379	241	138	236	160	76	7	4	3
华安县	44	22	22	309	206	103			
龙海市	309	224	85	2187	1523	664	3	2	1
南平市	**2287**	**1665**	**622**	**8965**	**6622**	**2343**	**45**	**33**	**12**
延平区	312	221	91	1469	1095	374	3	2	1
建阳区	142	108	34	1098	918	180	1	1	
顺昌县	113	78	35	280	218	62	1	1	
浦城县	236	169	67	695	534	161	6	5	1
光泽县	177	138	39	671	445	226	1	1	
松溪县	147	122	25	405	295	110	1	1	
政和县	222	150	72	576	423	153			
邵武市	373	269	104	1949	1322	627	5	3	2
武夷山市	219	169	50	979	754	225	10	5	5
建瓯市	346	241	105	843	618	225	17	14	3
龙岩市	**1244**	**776**	**468**	**9646**	**6875**	**2771**	**4**	**4**	
新罗区	362	234	128	4244	3308	936	1	1	
永定区	124	74	50	616	444	172	2	2	
长汀县	199	116	83	1726	931	795			
上杭县	119	69	50	1206	891	315			
武平县	138	86	52	707	467	240			
连城县	82	47	35	386	258	128	1	1	
漳平市	220	150	70	761	576	185			
宁德市	**3842**	**2609**	**1233**	**10623**	**8143**	**2480**	**18**	**10**	**8**
蕉城区	498	366	132	2418	2111	307	2	1	1
霞浦县	842	609	233	1331	884	447			
古田县	618	446	172	584	458	126			
屏南县	105	72	33	278	242	36			
寿宁县	139	91	48	244	201	43	7	4	3
周宁县	124	89	35	380	325	55			
柘荣县	174	124	50	516	405	111	2	1	1
福安市	476	278	198	2557	1821	736	6	3	3
福鼎市	866	534	332	2315	1696	619	1	1	

7-3 各地区按现住地、职业和性别分的户口登记地在外省人口

单位：人

现住地	合计			党的机关、国家机关、群众团体和社会组织、企事业单位负责人		
	合计	男	女	小计	男	女
合　计	**384469**	**244883**	**139586**	**3809**	**3047**	**762**
福州市	**72143**	**47118**	**25025**	**485**	**366**	**119**
鼓楼区	3072	1773	1299	76	55	21
台江区	2003	1229	774	9	7	2
仓山区	13767	8983	4784	140	103	37
马尾区	4087	2582	1505	27	21	6
晋安区	9812	6134	3678	97	79	18
长乐区	11349	7398	3951	35	28	7
闽侯县	8425	5738	2687	42	30	12
连江县	3208	2161	1047	12	10	2
罗源县	2151	1629	522	8	6	2
闽清县	623	395	228	6	5	1
永泰县	588	401	187	3	1	2
平潭县	1127	798	329	6	3	3
福清市	11931	7897	4034	24	18	6
厦门市	**111383**	**69510**	**41873**	**1151**	**921**	**230**
思明区	11585	6532	5053	196	142	54
海沧区	16502	10533	5969	151	114	37
湖里区	23121	14133	8988	221	185	36
集美区	24888	15750	9138	247	210	37
同安区	22598	14069	8529	158	134	24
翔安区	12689	8493	4196	178	136	42
莆田市	**18128**	**11407**	**6721**	**83**	**70**	**13**
城厢区	4131	2550	1581	18	18	
涵江区	4736	2941	1795	17	14	3
荔城区	6187	3800	2387	28	23	5
秀屿区	1536	1102	434	6	5	1
仙游县	1538	1014	524	14	10	4
三明市	**6633**	**4616**	**2017**	**65**	**51**	**14**
梅列区	1015	641	374	5	4	1
三元区	884	609	275	13	9	4
明溪县	179	136	43			
清流县	243	193	50	4	4	
宁化县	250	165	85	4	3	1
大田县	714	576	138	7	7	
尤溪县	446	290	156	9	5	4
沙县	916	596	320	3	1	2
将乐县	410	293	117	4	4	
泰宁县	158	104	54	2	2	
建宁县	150	103	47	2	1	1
永安市	1268	910	358	12	11	1
泉州市	**125524**	**77148**	**48376**	**1616**	**1294**	**322**
鲤城区	8313	4877	3436	172	133	39
丰泽区	10332	6423	3909	79	68	11
洛江区	2849	1735	1114	66	54	12
泉港区	1103	821	282	18	17	1
惠安县	7734	5188	2546	78	59	19
安溪县	2506	1545	961	25	19	6
永春县	589	402	187	6	4	2
德化县	949	633	316	10	7	3
石狮市	17298	10532	6766	218	172	46
晋江市	58683	35300	23383	820	656	164
南安市	15168	9692	5476	124	105	19

7-3 续表 1

单位：人

现住地	合计			党的机关、国家机关、群众团体和社会组织、企事业单位负责人		
	合计	男	女	小计	男	女
漳州市	**24305**	**16356**	**7949**	**183**	**157**	**26**
芗城区	4035	2600	1435	41	34	7
龙文区	2722	1732	990	20	17	3
云霄县	897	631	266	19	16	3
漳浦县	2645	1969	676	41	36	5
诏安县	478	244	234	8	5	3
长泰县	2810	1847	963	21	20	1
东山县	695	458	237	4	4	
南靖县	610	403	207	8	7	1
平和县	608	402	206	5	4	1
华安县	722	517	205			
龙海市	8083	5553	2530	16	14	2
南平市	**5968**	**3965**	**2003**	**104**	**86**	**18**
延平区	1087	701	386	14	12	2
建阳区	912	630	282	11	9	2
顺昌县	369	248	121	5	4	1
浦城县	658	439	219	5	4	1
光泽县	549	311	238	9	8	1
松溪县	182	126	56	3	3	
政和县	467	333	134	14	11	3
邵武市	712	488	224	14	11	3
武夷山市	560	361	199	20	15	5
建瓯市	472	328	144	9	9	
龙岩市	**7139**	**5109**	**2030**	**51**	**47**	**4**
新罗区	3849	2710	1139	24	22	2
永定区	648	517	131	2	2	
长汀县	411	248	163	2	2	
上杭县	803	611	192	4	4	
武平县	459	327	132	11	10	1
连城县	283	205	78	4	3	1
漳平市	686	491	195	4	4	
宁德市	**13246**	**9654**	**3592**	**71**	**55**	**16**
蕉城区	6246	4578	1668	22	15	7
霞浦县	1336	1003	333	7	6	1
古田县	465	319	146	1	1	
屏南县	155	112	43	3	2	1
寿宁县	195	134	61	6	5	1
周宁县	241	190	51	1	1	
柘荣县	202	146	56	4	4	
福安市	1901	1433	468	11	8	3
福鼎市	2505	1739	766	16	13	3

7−3　续表 2　　　　单位：人

现住地	专业技术人员			办事人员和有关人员			社会生产服务和生活服务人员		
	小计	男	女	小计	男	女	小计	男	女
合　计	**19154**	**11396**	**7758**	**13754**	**8531**	**5223**	**119604**	**70961**	**48643**
福州市	**3952**	**2346**	**1606**	**3216**	**2096**	**1120**	**25841**	**15023**	**10818**
鼓楼区	427	206	221	250	151	99	1859	977	882
台江区	201	104	97	159	102	57	1267	707	560
仓山区	725	415	310	663	435	228	5277	3142	2135
马尾区	217	113	104	195	112	83	1720	1073	647
晋安区	489	256	233	357	217	140	5017	2611	2406
长乐区	405	289	116	279	180	99	2778	1691	1087
闽侯县	568	350	218	417	280	137	3018	1951	1067
连江县	173	106	67	113	80	33	965	524	441
罗源县	120	92	28	68	44	24	293	180	113
闽清县	15	9	6	13	9	4	136	81	55
永泰县	20	13	7	15	14	1	114	71	43
平潭县	53	33	20	45	30	15	358	190	168
福清市	539	360	179	642	442	200	3039	1825	1214
厦门市	**7112**	**3987**	**3125**	**4963**	**2815**	**2148**	**41436**	**24840**	**16596**
思明区	1146	547	599	1076	608	468	7476	3941	3535
海沧区	972	611	361	553	334	219	4889	3113	1776
湖里区	1849	921	928	1084	597	487	12164	6980	5184
集美区	1395	820	575	1174	667	507	8568	5372	3196
同安区	982	596	386	690	376	314	5483	3604	1879
翔安区	768	492	276	386	233	153	2856	1830	1026
莆田市	**550**	**348**	**202**	**333**	**232**	**101**	**4459**	**2684**	**1775**
城厢区	127	67	60	78	59	19	1639	928	711
涵江区	148	104	44	76	57	19	985	600	385
荔城区	118	71	47	102	65	37	1179	779	400
秀屿区	111	88	23	39	27	12	284	178	106
仙游县	46	18	28	38	24	14	372	199	173
三明市	**443**	**284**	**159**	**173**	**107**	**66**	**1948**	**1118**	**830**
梅列区	69	39	30	30	14	16	415	213	202
三元区	57	31	26	20	12	8	281	164	117
明溪县	19	15	4	6	5	1	32	20	12
清流县	18	13	5	2	1	1	50	29	21
宁化县	41	28	13	5	3	2	75	40	35
大田县	60	47	13	17	11	6	157	105	52
尤溪县	26	14	12	11	7	4	90	55	35
沙县	34	14	20	19	13	6	329	182	147
将乐县	14	11	3	8	5	3	88	49	39
泰宁县	12	7	5	4	2	2	40	18	22
建宁县	20	16	4	8	5	3	46	24	22
永安市	73	49	24	43	29	14	345	219	126
泉州市	**3974**	**2318**	**1656**	**3383**	**2185**	**1198**	**33672**	**20331**	**13341**
鲤城区	289	144	145	226	142	84	2402	1470	932
丰泽区	532	242	290	393	268	125	4704	2742	1962
洛江区	102	61	41	121	83	38	555	340	215
泉港区	125	102	23	57	38	19	284	164	120
惠安县	250	181	69	158	109	49	1729	1106	623
安溪县	101	64	37	73	54	19	753	375	378
永春县	47	33	14	14	11	3	139	88	51
德化县	44	28	16	17	12	5	244	128	116
石狮市	551	316	235	522	326	196	5295	3292	2003
晋江市	1460	855	605	1403	877	526	13268	8396	4872
南安市	473	292	181	399	265	134	4299	2230	2069

7-3 续表 3

单位：人

现住地	专业技术人员			办事人员和有关人员			社会生产服务和生活服务人员		
	小计	男	女	小计	男	女	小计	男	女
漳州市	**1233**	**832**	**401**	**774**	**525**	**249**	**6089**	**3553**	**2536**
芗城区	220	124	96	114	63	51	1377	845	532
龙文区	135	78	57	106	76	30	935	521	414
云霄县	92	69	23	18	9	9	179	63	116
漳浦县	231	196	35	86	55	31	478	238	240
诏安县	39	25	14	11	2	9	169	60	109
长泰县	72	52	20	92	70	22	373	236	137
东山县	33	21	12	20	13	7	219	88	131
南靖县	33	26	7	15	12	3	139	73	66
平和县	33	20	13	9	7	2	84	44	40
华安县	26	14	12	19	18	1	53	32	21
龙海市	319	207	112	284	200	84	2083	1353	730
南平市	**366**	**193**	**173**	**201**	**126**	**75**	**1556**	**844**	**712**
延平区	95	49	46	41	26	15	362	185	177
建阳区	58	30	28	28	19	9	271	158	113
顺昌县	10	6	4	7	4	3	101	56	45
浦城县	49	32	17	31	20	11	90	44	46
光泽县	18	6	12	12	6	6	100	52	48
松溪县	9	5	4	1		1	38	17	21
政和县	18	10	8	20	16	4	50	26	24
邵武市	42	27	15	30	19	11	224	135	89
武夷山市	39	10	29	18	9	9	213	115	98
建瓯市	28	18	10	13	7	6	107	56	51
龙岩市	**383**	**259**	**124**	**219**	**144**	**75**	**2267**	**1239**	**1028**
新罗区	196	126	70	113	71	42	1457	788	669
永定区	27	20	7	18	14	4	122	65	57
长汀县	27	17	10	8	3	5	142	73	69
上杭县	55	41	14	36	31	5	172	102	70
武平县	31	20	11	20	14	6	95	49	46
连城县	24	21	3	13	5	8	71	35	36
漳平市	23	14	9	11	6	5	208	127	81
宁德市	**1141**	**829**	**312**	**492**	**301**	**191**	**2336**	**1329**	**1007**
蕉城区	633	497	136	195	102	93	854	512	342
霞浦县	161	125	36	42	28	14	262	131	131
古田县	13	9	4	5	5		123	69	54
屏南县	20	16	4	2	2		35	16	19
寿宁县	5	3	2	5	3	2	22	9	13
周宁县	29	21	8	7	5	2	43	28	15
柘荣县	16	12	4	8	4	4	41	18	23
福安市	110	53	57	104	66	38	411	236	175
福鼎市	154	93	61	124	86	38	545	310	235

7-3　续表 4　　　　单位：人

现住地	农、林、牧、渔业生产及辅助人员			生产制造及有关人员			不便分类的其他从业人员		
	小计	男	女	小计	男	女	小计	男	女
合　计	**5389**	**3337**	**2052**	**222297**	**147306**	**74991**	**462**	**305**	**157**
福州市	**1494**	**906**	**588**	**37136**	**26368**	**10768**	**19**	**13**	**6**
鼓楼区	1	1		455	382	73	4	1	3
台江区				362	305	57	5	4	1
仓山区	137	80	57	6825	4808	2017			
马尾区	40	20	20	1888	1243	645			
晋安区	32	20	12	3819	2950	869	1	1	
长乐区	135	81	54	7716	5129	2587	1		1
闽侯县	173	105	68	4199	3015	1184	8	7	1
连江县	332	236	96	1613	1205	408			
罗源县	245	144	101	1417	1163	254			
闽清县	14	7	7	439	284	155			
永泰县	31	18	13	405	284	121			
平潭县	124	86	38	541	456	85			
福清市	230	108	122	7457	5144	2313			
厦门市	**434**	**257**	**177**	**56187**	**36622**	**19565**	**100**	**68**	**32**
思明区	8	6	2	1677	1285	392	6	3	3
海沧区	59	37	22	9850	6305	3545	28	19	9
湖里区	18	9	9	7785	5441	2344			
集美区	111	69	42	13393	8612	4781			
同安区	164	96	68	15121	9263	5858			
翔安区	74	40	34	8361	5716	2645	66	46	20
莆田市	**117**	**73**	**44**	**12581**	**7996**	**4585**	**5**	**4**	**1**
城厢区	4	1	3	2262	1474	788	3	3	
涵江区	22	18	4	3488	2148	1340			
荔城区	18	9	9	4742	2853	1889			
秀屿区	29	22	7	1067	782	285			
仙游县	44	23	21	1022	739	283	2	1	1
三明市	**293**	**178**	**115**	**3706**	**2874**	**832**	**5**	**4**	**1**
梅列区	13	9	4	483	362	121			
三元区	29	23	6	484	370	114			
明溪县	5	3	2	113	90	23	4	3	1
清流县	10	6	4	159	140	19			
宁化县	27	15	12	98	76	22			
大田县	16	8	8	457	398	59			
尤溪县	25	14	11	285	195	90			
沙县	29	11	18	502	375	127			
将乐县	19	17	2	277	207	70			
泰宁县	24	15	9	76	60	16			
建宁县	6	2	4	67	54	13	1	1	
永安市	90	55	35	705	547	158			
泉州市	**1285**	**825**	**460**	**81303**	**50008**	**31295**	**291**	**187**	**104**
鲤城区	11	7	4	5195	2967	2228	18	14	4
丰泽区	27	23	4	4597	3080	1517			
洛江区	18	7	11	1985	1188	797	2	2	
泉港区	3	2	1	616	498	118			
惠安县	73	47	26	5445	3685	1760	1	1	
安溪县	39	19	20	1511	1012	499	4	2	2
永春县	32	8	24	351	258	93			
德化县	2	1	1	632	457	175			
石狮市	364	314	50	10340	6108	4232	8	4	4
晋江市	499	304	195	40985	24052	16933	248	160	88
南安市	217	93	124	9646	6703	2943	10	4	6

7-3 续表 5

单位：人

现住地	农、林、牧、渔业生产及辅助人员			生产制造及有关人员			不便分类的其他从业人员		
	小计	男	女	小计	男	女	小计	男	女
漳州市	**704**	**492**	**212**	**15285**	**10771**	**4514**	**37**	**26**	**11**
芗城区	17	11	6	2266	1523	743			
龙文区	3	2	1	1512	1029	483	11	9	2
云霄县	27	10	17	559	461	98	3	3	
漳浦县	76	44	32	1733	1400	333			
诏安县	35	12	23	216	140	76			
长泰县	90	56	34	2148	1404	744	14	9	5
东山县	147	133	14	272	199	73			
南靖县	65	35	30	350	250	100			
平和县	40	21	19	437	306	131			
华安县	8		8	616	453	163			
龙海市	196	168	28	5176	3606	1570	9	5	4
南平市	**516**	**315**	**201**	**3221**	**2399**	**822**	**4**	**2**	**2**
延平区	29	16	13	546	413	133			
建阳区	49	31	18	495	383	112			
顺昌县	36	21	15	210	157	53			
浦城县	68	39	29	415	300	115			
光泽县	152	87	65	258	152	106			
松溪县	9	6	3	122	95	27			
政和县	79	52	27	286	218	68			
邵武市	43	27	16	359	269	90			
武夷山市	27	18	9	241	193	48	2	1	1
建瓯市	24	18	6	289	219	70	2	1	1
龙岩市	**284**	**163**	**121**	**3935**	**3257**	**678**			
新罗区	58	38	20	2001	1665	336			
永定区	23	16	7	456	400	56			
长汀县	34	18	16	198	135	63			
上杭县	61	34	27	475	399	76			
武平县	27	12	15	275	222	53			
连城县	12	7	5	159	134	25			
漳平市	69	38	31	371	302	69			
宁德市	**262**	**128**	**134**	**8943**	**7011**	**1932**	**1**	**1**	
蕉城区	60	44	16	4482	3408	1074			
霞浦县	42	19	23	822	694	128			
古田县	45	18	27	278	217	61			
屏南县	13	4	9	82	72	10			
寿宁县	11	6	5	146	108	38			
周宁县	7	2	5	154	133	21			
柘荣县	5	1	4	127	106	21	1	1	
福安市	12	4	8	1253	1066	187			
福鼎市	67	30	37	1599	1207	392			

7-4　各地区按现住地、户口登记地类型、受教育程度分的户口登记地在本省其他乡镇街道人口

单位：人

现住地	合计					未上过学				
	合计	乡	镇的村委会	镇的居委会	街道	小计	乡	镇的村委会	镇的居委会	街道
合计	**1007943**	**152936**	**574833**	**91796**	**188378**	**18652**	**3566**	**11982**	**1131**	**1973**
福州市	**231689**	**33859**	**119605**	**25784**	**52441**	**2170**	**364**	**1311**	**171**	**324**
鼓楼区	22818	2421	7521	3390	9486	249	37	121	22	69
台江区	16832	1125	7029	1596	7082	60	4	29	3	24
仓山区	45326	4854	22343	5494	12635	340	37	158	51	94
马尾区	7774	1195	4596	821	1162	78	12	43	11	12
晋安区	34146	3737	14799	6169	9441	221	26	123	24	48
长乐区	12005	1261	8428	863	1453	111	14	89	1	7
闽侯县	26853	5705	14112	1837	5199	222	60	139	6	17
连江县	10010	2013	6076	1323	598	126	31	76	17	2
罗源县	8455	2965	4654	568	268	43	18	23	2	
闽清县	4534	631	2965	694	244	62	12	45	5	
永泰县	5835	2259	2764	511	301	38	19	16	2	1
平潭县	14673	4150	9376	795	352	288	79	197	10	2
福清市	22428	1543	14942	1723	4220	332	15	252	17	48
厦门市	**182447**	**19576**	**99445**	**17151**	**46275**	**4024**	**477**	**2766**	**254**	**527**
思明区	39167	2172	15526	3742	17727	703	54	453	36	160
海沧区	18605	1633	10379	1354	5239	525	61	343	22	99
湖里区	49987	6104	28163	4874	10846	1239	145	866	81	147
集美区	39088	5228	21771	3518	8571	669	116	447	35	71
同安区	24015	3094	16889	1877	2155	615	72	479	40	24
翔安区	11585	1345	6717	1786	1737	273	29	178	40	26
莆田市	**55464**	**6419**	**37568**	**4234**	**7243**	**1161**	**159**	**817**	**76**	**109**
城厢区	17704	1127	12218	1569	2790	251	14	182	26	29
涵江区	9971	1267	7002	562	1140	252	28	176	15	33
荔城区	13252	1223	8819	952	2258	218	35	142	12	29
秀屿区	3503	343	2750	195	215	112	7	100	2	3
仙游县	11034	2459	6779	956	840	328	75	217	21	15
三明市	**66953**	**18235**	**34459**	**4907**	**9352**	**1697**	**569**	**921**	**73**	**134**
梅列区	7712	844	3522	662	2684	216	49	107	17	43
三元区	7314	1000	4151	492	1671	145	27	87	8	23
明溪县	2118	693	1092	229	104	89	22	59	7	1
清流县	2525	678	1508	218	121	77	23	45	3	6
宁化县	6513	2987	2892	526	108	202	112	85	4	1
大田县	5802	2621	2632	378	171	91	54	31	3	3
尤溪县	6061	1921	3425	585	130	89	33	51	5	
沙县	8526	1455	5378	346	1347	333	61	230	11	31
将乐县	4716	1921	2240	496	59	163	62	90	7	4
泰宁县	2771	1684	857	153	77	84	68	15	1	
建宁县	2509	1157	1098	198	56	76	42	32	2	
永安市	10386	1274	5664	624	2824	132	16	89	5	22
泉州市	**173534**	**21135**	**114505**	**13713**	**24181**	**2724**	**406**	**1868**	**172**	**278**
鲤城区	14354	1502	8080	1217	3555	199	26	123	13	37
丰泽区	28127	2044	14333	2782	8968	342	24	210	22	86
洛江区	6038	981	3639	367	1051	149	30	88	8	23
泉港区	4294	233	3530	238	293	78	10	58	3	7
惠安县	10791	986	8274	841	690	216	24	168	14	10
安溪县	22386	4715	15999	1051	621	286	66	208	6	6
永春县	6858	432	4694	1475	257	73	10	48	14	1
德化县	15660	3346	11130	984	200	408	100	294	12	2
石狮市	17455	1787	12755	1094	1819	230	16	181	14	19
晋江市	33431	3921	22503	2698	4309	604	90	395	50	69
南安市	14140	1188	9568	966	2418	139	10	95	16	18

7-4 续表 1

单位：人

现住地	合计					未上过学				
	合计	乡	镇的村委会	镇的居委会	街道	小计	乡	镇的村委会	镇的居委会	街道
漳州市	**78461**	**8862**	**45516**	**10326**	**13757**	**1366**	**213**	**882**	**114**	**157**
芗城区	21237	1268	9916	2115	7938	337	27	196	24	90
龙文区	10270	859	6567	999	1845	179	18	134	11	16
云霄县	7991	2566	3447	1454	524	260	94	131	22	13
漳浦县	9221	709	7194	998	320	179	12	152	11	4
诏安县	3197	697	1909	354	237	53	17	29	4	3
长泰县	3254	357	2298	428	171	53	3	44	3	3
东山县	2798	186	1495	551	566	34	4	18	5	7
南靖县	3678	283	2535	694	166	38	5	24	8	1
平和县	2657	531	1527	408	191	38	8	22	6	2
华安县	1334	173	844	143	174	25	7	15	1	2
龙海市	12824	1233	7784	2182	1625	170	18	117	19	16
南平市	**70599**	**16181**	**36655**	**4069**	**13694**	**1770**	**463**	**996**	**99**	**212**
延平区	13086	811	7618	846	3811	309	29	221	13	46
建阳区	9192	1155	5273	845	1919	243	22	160	26	35
顺昌县	2911	437	1619	323	532	86	11	45	16	14
浦城县	6411	1602	3431	396	982	160	52	90	10	8
光泽县	3852	2276	1119	354	103	80	57	18	5	
松溪县	3161	1952	891	107	211	83	46	33	3	1
政和县	4192	1854	2007	80	251	219	104	105	3	7
邵武市	11749	1228	8263	397	1861	185	15	141	8	21
武夷山市	7922	3289	2110	341	2182	164	71	52	10	31
建瓯市	8123	1577	4324	380	1842	241	56	131	5	49
龙岩市	**70222**	**10837**	**44668**	**6267**	**8450**	**1692**	**325**	**1196**	**79**	**92**
新罗区	35994	3708	23342	2629	6315	907	132	671	39	65
永定区	4461	1145	2601	300	415	102	37	59	1	5
长汀县	9838	1502	7091	897	348	250	45	186	14	5
上杭县	7487	1550	3916	1774	247	144	36	90	14	4
武平县	4631	1514	2629	309	179	98	36	59	3	
连城县	2685	719	1741	132	93	55	18	33	3	1
漳平市	5126	699	3348	226	853	136	21	98	5	12
宁德市	**78574**	**17832**	**42412**	**5345**	**12985**	**2048**	**590**	**1225**	**93**	**140**
蕉城区	20198	2592	12082	2034	3490	452	77	307	29	39
霞浦县	9893	3084	3905	313	2591	190	84	80	4	22
古田县	6571	1829	2968	254	1520	73	29	35	3	6
屏南县	2309	1045	877	320	67	52	30	19	3	
寿宁县	2177	1325	530	280	42	116	75	34	6	1
周宁县	2990	830	1901	190	69	129	33	82	13	1
柘荣县	3148	2199	597	275	77	144	108	26	9	1
福安市	16421	3440	9649	937	2395	319	85	190	11	33
福鼎市	14867	1488	9903	742	2734	573	69	452	15	37

7-4 续表 2

单位：人

现住地	学前教育					小学				
	小计	乡	镇的村委会	镇的居委会	街道	小计	乡	镇的村委会	镇的居委会	街道
合计	**40399**	**6398**	**22960**	**3491**	**7550**	**201676**	**39114**	**125831**	**13174**	**23557**
福州市	**7527**	**1199**	**3973**	**818**	**1537**	**38186**	**7153**	**22425**	**3034**	**5574**
鼓楼区	614	64	193	99	258	2597	381	988	343	885
台江区	465	36	195	47	187	2282	166	1056	173	887
仓山区	1483	130	764	183	406	6124	717	3418	624	1365
马尾区	257	35	150	31	41	1174	193	804	83	94
晋安区	1145	140	508	190	307	4711	671	2410	673	957
长乐区	298	27	195	31	45	2579	293	1967	119	200
闽侯县	681	171	379	27	104	3091	973	1699	115	304
连江县	329	77	190	46	16	2219	466	1447	247	59
罗源县	382	133	214	24	11	2686	1096	1451	109	30
闽清县	142	16	96	19	11	1005	180	703	90	32
永泰县	256	131	105	17	3	1335	628	630	67	10
平潭县	623	189	403	27	4	3722	1089	2470	126	37
福清市	852	50	581	77	144	4661	300	3382	265	714
厦门市	**6829**	**643**	**3487**	**650**	**2049**	**27022**	**3253**	**17016**	**2007**	**4746**
思明区	1206	56	380	107	663	5779	381	2970	444	1984
海沧区	720	58	348	39	275	2963	297	1866	176	624
湖里区	1738	171	900	165	502	6746	897	4216	517	1116
集美区	1381	153	666	147	415	5093	797	3276	368	652
同安区	1349	161	940	114	134	4807	683	3616	255	253
翔安区	435	44	253	78	60	1634	198	1072	247	117
莆田市	**1913**	**226**	**1198**	**162**	**327**	**9693**	**1374**	**6793**	**590**	**936**
城厢区	597	38	380	51	128	2617	157	1892	226	342
涵江区	368	57	226	22	63	1899	286	1386	79	148
荔城区	415	26	264	35	90	2066	204	1439	110	313
秀屿区	102	5	83	7	7	612	59	516	23	14
仙游县	431	100	245	47	39	2499	668	1560	152	119
三明市	**3371**	**992**	**1843**	**180**	**356**	**18352**	**5793**	**10237**	**865**	**1457**
梅列区	305	28	156	20	101	1442	169	807	106	360
三元区	286	39	169	21	57	1749	270	1112	95	272
明溪县	101	24	61	8	8	651	223	368	50	10
清流县	144	43	85	8	8	675	200	426	35	14
宁化县	339	137	182	15	5	2087	954	1018	98	17
大田县	306	161	114	19	12	1806	923	789	77	17
尤溪县	290	95	166	26	3	1708	574	1018	103	13
沙县	435	89	297	5	44	2540	461	1762	50	267
将乐县	277	114	133	27	3	1610	723	788	92	7
泰宁县	214	141	61	9	3	899	584	293	13	9
建宁县	146	66	70	7	3	809	420	342	43	4
永安市	528	55	349	15	109	2376	292	1514	103	467
泉州市	**7648**	**944**	**4943**	**630**	**1131**	**35850**	**5201**	**25391**	**2108**	**3150**
鲤城区	603	54	354	60	135	2596	299	1579	178	540
丰泽区	1045	77	442	101	425	3863	318	2251	323	971
洛江区	252	44	154	11	43	954	187	613	43	111
泉港区	283	14	234	17	18	1050	65	871	68	46
惠安县	475	51	351	44	29	2049	215	1601	137	96
安溪县	1253	290	869	63	31	6098	1388	4465	175	70
永春县	339	19	235	77	8	1648	136	1261	218	33
德化县	836	157	597	72	10	4757	1076	3505	156	20
石狮市	660	48	497	45	70	3581	380	2756	192	253
晋江市	1317	150	839	104	224	6623	903	4648	468	604
南安市	585	40	371	36	138	2631	234	1841	150	406

7-4 续表 3 单位：人

现住地	学前教育					小学				
	小计	乡	镇的村委会	镇的居委会	街道	小计	乡	镇的村委会	镇的居委会	街道
漳州市	**3278**	**409**	**1918**	**400**	**551**	**15116**	**2089**	**9317**	**1679**	**2031**
芗城区	729	43	340	71	275	3381	214	1691	312	1164
龙文区	445	30	301	36	78	1948	178	1365	147	258
云霄县	365	123	166	64	12	1945	727	815	282	121
漳浦县	549	46	448	45	10	1914	163	1583	141	27
诏安县	178	57	92	20	9	819	206	482	80	51
长泰县	123	19	73	21	10	667	71	497	75	24
东山县	123	5	58	23	37	735	51	378	149	157
南靖县	113	15	76	15	7	698	69	508	106	15
平和县	90	19	52	9	10	526	94	338	60	34
华安县	46	5	29	6	6	268	36	186	28	18
龙海市	517	47	283	90	97	2215	280	1474	299	162
南平市	**2654**	**666**	**1417**	**95**	**476**	**18389**	**4987**	**10523**	**782**	**2097**
延平区	391	28	244	15	104	2985	234	2073	177	501
建阳区	350	43	203	22	82	2306	354	1513	152	287
顺昌县	86	11	51	5	19	687	115	422	62	88
浦城县	218	57	124	6	31	1764	462	1055	87	160
光泽县	154	95	43	13	3	1107	715	315	70	7
松溪县	139	87	42	3	7	961	627	272	20	42
政和县	184	88	79	5	12	1504	704	725	21	54
邵武市	549	42	424	12	71	3172	404	2375	83	310
武夷山市	306	154	72	6	74	1722	890	441	47	344
建瓯市	277	61	135	8	73	2181	482	1332	63	304
龙岩市	**3550**	**507**	**2176**	**344**	**523**	**14966**	**2822**	**10111**	**992**	**1041**
新罗区	1738	170	1054	134	380	6406	830	4530	316	730
永定区	197	43	106	23	25	977	274	595	50	58
长汀县	634	120	446	49	19	3208	549	2347	238	74
上杭县	395	58	203	106	28	1560	405	842	281	32
武平县	185	44	104	23	14	1047	391	581	53	22
连城县	146	32	104	3	7	607	168	414	19	6
漳平市	255	40	159	6	50	1161	205	802	35	119
宁德市	**3629**	**812**	**2005**	**212**	**600**	**24102**	**6442**	**14018**	**1117**	**2525**
蕉城区	867	98	548	87	134	5291	810	3562	346	573
霞浦县	403	131	148	7	117	2957	1152	1195	69	541
古田县	293	112	112	8	61	2038	696	970	62	310
屏南县	75	30	32	11	2	821	409	327	73	12
寿宁县	107	68	25	11	3	662	457	135	61	9
周宁县	117	32	74	8	3	1139	331	756	42	10
柘荣县	164	110	28	20	6	1171	863	217	81	10
福安市	790	166	486	28	110	4824	1138	3089	205	392
福鼎市	813	65	552	32	164	5199	586	3767	178	668

7-4　续表 4　　单位：人

现住地	初中 小计	初中 乡	初中 镇的村委会	初中 镇的居委会	初中 街道	高中 小计	高中 乡	高中 镇的村委会	高中 镇的居委会	高中 街道
合　计	**290332**	**50837**	**185442**	**19984**	**34069**	**195969**	**26124**	**110492**	**19821**	**39532**
福州市	**58253**	**10260**	**34290**	**5120**	**8583**	**49567**	**6358**	**25639**	**5719**	**11851**
鼓楼区	3714	493	1495	513	1213	4438	488	1458	650	1842
台江区	3982	311	1904	303	1464	4095	270	1708	373	1744
仓山区	10139	1281	5694	1126	2038	10021	959	4939	1228	2895
马尾区	1926	321	1275	139	191	1579	217	972	186	204
晋安区	8793	1228	4620	1275	1670	8269	823	3441	1590	2415
长乐区	3512	419	2681	171	241	2475	200	1836	132	307
闽侯县	5721	1639	3301	234	547	4753	1018	2603	264	868
连江县	3152	562	2102	368	120	2052	354	1284	297	117
罗源县	3126	1070	1826	166	64	1315	438	694	115	68
闽清县	1653	256	1164	178	55	981	105	648	173	55
永泰县	1903	839	917	124	23	1013	399	480	99	35
平潭县	4864	1457	3169	181	57	2632	770	1618	167	77
福清市	5768	384	4142	342	900	5944	317	3958	445	1224
厦门市	**44149**	**5931**	**29173**	**2994**	**6051**	**33222**	**3656**	**18037**	**3376**	**8153**
思明区	7999	585	4128	688	2598	6820	380	2618	780	3042
海沧区	4754	536	3350	247	621	3771	351	2023	303	1094
湖里区	12341	1877	8174	874	1416	9344	1176	5330	951	1887
集美区	8524	1364	5854	472	834	6660	968	3755	563	1374
同安区	7664	1226	5667	409	362	4524	545	3100	413	466
翔安区	2867	343	2000	304	220	2103	236	1211	366	290
莆田市	**16941**	**2213**	**12202**	**1051**	**1475**	**12788**	**1261**	**8950**	**1005**	**1572**
城厢区	4830	344	3627	346	513	4276	260	3028	367	621
涵江区	3659	480	2718	167	294	2031	237	1407	124	263
荔城区	4020	408	2891	255	466	3086	245	2150	229	462
秀屿区	1023	108	857	37	21	915	96	740	42	37
仙游县	3409	873	2109	246	181	2480	423	1625	243	189
三明市	**20104**	**5762**	**11106**	**1161**	**2075**	**12444**	**2998**	**6102**	**1112**	**2232**
梅列区	1967	254	1062	128	523	1589	172	670	159	588
三元区	2234	312	1377	140	405	1484	208	730	92	454
明溪县	633	216	337	67	13	295	109	138	35	13
清流县	736	192	484	46	14	489	132	295	37	25
宁化县	2010	990	888	117	15	1183	541	486	128	28
大田县	1907	900	878	95	34	975	358	522	66	29
尤溪县	2006	627	1221	144	14	1192	420	603	131	38
沙县	2505	443	1667	73	322	1621	248	892	128	353
将乐县	1459	647	688	111	13	630	211	309	104	6
泰宁县	812	501	272	27	12	384	226	121	29	8
建宁县	805	362	388	47	8	351	160	146	33	12
永安市	3030	318	1844	166	702	2251	213	1190	170	678
泉州市	**56657**	**7936**	**40998**	**3166**	**4557**	**31413**	**3149**	**20476**	**2756**	**5032**
鲤城区	4271	492	2666	318	795	2873	241	1591	264	777
丰泽区	6049	544	3508	514	1483	5673	367	2909	539	1858
洛江区	1379	260	946	65	108	1111	185	644	82	200
泉港区	1222	76	1032	56	58	839	37	698	44	60
惠安县	3437	346	2747	210	134	2307	131	1817	192	167
安溪县	9162	1915	6864	244	139	3259	703	2205	217	134
永春县	2394	172	1816	362	44	1207	48	821	290	48
德化县	5998	1274	4443	238	43	2050	449	1382	180	39
石狮市	6150	717	4816	255	362	2823	218	2130	182	293
晋江市	11422	1580	8336	674	832	6284	585	4188	541	970
南安市	5173	560	3824	230	559	2987	185	2091	225	486

7-4 续表 5

单位：人

现住地	初中					高中				
	小计	乡	镇的村委会	镇的居委会	街道	小计	乡	镇的村委会	镇的居委会	街道
漳州市	**24066**	**3126**	**15243**	**2552**	**3145**	**16257**	**1697**	**9415**	**2311**	**2834**
芗城区	5823	397	2966	495	1965	4300	211	1928	471	1690
龙文区	2936	312	2012	223	389	1913	149	1175	205	384
云霄县	2812	966	1279	413	154	1477	441	695	262	79
漳浦县	2849	228	2369	204	48	1877	153	1416	279	29
诏安县	1031	236	613	95	87	636	113	425	59	39
长泰县	1398	179	1038	156	25	475	42	347	55	31
东山县	1004	60	641	151	152	463	42	215	95	111
南靖县	1155	105	848	181	21	1137	54	796	212	75
平和县	985	146	654	138	47	634	215	303	84	32
华安县	381	68	250	31	32	322	30	224	24	44
龙海市	3692	429	2573	465	225	3023	247	1891	565	320
南平市	**25014**	**6243**	**14141**	**1197**	**3433**	**12275**	**2372**	**5826**	**920**	**3157**
延平区	4099	267	2698	250	884	2592	148	1260	189	995
建阳区	3109	368	2008	253	480	1780	282	903	210	385
顺昌县	1022	146	662	77	137	649	107	312	108	122
浦城县	2380	626	1388	96	270	1180	283	571	99	227
光泽县	1597	966	497	116	18	495	277	139	58	21
松溪县	1234	796	363	26	49	402	242	103	20	37
政和县	1495	655	734	27	79	480	196	235	10	39
邵武市	4479	519	3311	153	496	1933	147	1277	65	444
武夷山市	2722	1326	778	93	525	1338	456	334	56	492
建瓯市	2877	574	1702	106	495	1426	234	692	105	395
龙岩市	**21848**	**3703**	**15127**	**1395**	**1623**	**14456**	**1950**	**9022**	**1534**	**1950**
新罗区	11157	1259	8113	581	1204	7488	672	4691	639	1486
永定区	1508	422	913	86	87	987	244	600	59	84
长汀县	2963	479	2190	212	82	1678	203	1212	191	72
上杭县	2072	472	1225	344	31	1646	293	814	499	40
武平县	1545	546	886	79	34	1028	293	639	67	29
连城县	854	255	554	35	10	596	146	400	28	22
漳平市	1749	270	1246	58	175	1033	99	666	51	217
宁德市	**23300**	**5663**	**13162**	**1348**	**3127**	**13547**	**2683**	**7025**	**1088**	**2751**
蕉城区	5241	704	3451	449	637	3667	414	2146	405	702
霞浦县	3354	1110	1377	94	773	1793	422	735	83	553
古田县	2407	656	1175	84	492	981	205	423	52	301
屏南县	659	297	258	92	12	445	204	170	62	9
寿宁县	735	464	181	85	5	257	140	74	37	6
周宁县	890	269	556	49	16	462	128	284	32	18
柘荣县	970	686	180	84	20	419	271	94	40	14
福安市	4866	1010	3085	231	540	3296	695	1757	238	606
福鼎市	4178	467	2899	180	632	2227	204	1342	139	542

7-4　续表 6　　　　单位：人

现住地	大学专科					大学本科				
	小计	乡	镇的村委会	镇的居委会	街道	小计	乡	镇的村委会	镇的居委会	街道
合　计	**120561**	**14551**	**62118**	**14744**	**29148**	**130594**	**11877**	**53756**	**18124**	**46837**
福州市	**31381**	**4191**	**14822**	**4231**	**8137**	**40569**	**4094**	**16097**	**6070**	**14308**
鼓楼区	4231	437	1511	677	1606	6140	481	1625	956	3078
台江区	2628	171	1070	286	1101	2931	151	957	365	1458
仓山区	7926	1006	3814	1000	2106	8344	672	3319	1145	3208
马尾区	1047	185	544	118	200	1641	226	790	230	395
晋安区	5140	497	2063	1035	1545	5272	331	1544	1256	2141
长乐区	1115	111	724	106	174	1861	193	916	292	460
闽侯县	3496	688	1911	236	661	7967	1075	3717	847	2328
连江县	932	244	431	151	106	1180	276	541	190	173
罗源县	483	115	257	69	42	408	95	183	82	48
闽清县	385	34	194	119	38	302	28	114	109	51
永泰县	415	139	177	72	27	866	104	435	126	201
平潭县	1475	301	913	168	93	1023	256	587	112	68
福清市	2108	263	1213	194	438	2634	206	1369	360	699
厦门市	**29795**	**3172**	**15413**	**3466**	**7744**	**34275**	**2353**	**13103**	**4067**	**14752**
思明区	6831	397	2660	783	2991	8547	290	2162	812	5283
海沧区	2643	201	1421	233	788	2971	127	1011	308	1525
湖里区	9107	1049	4976	1113	1969	8860	769	3631	1094	3366
集美区	6216	906	3293	694	1323	9943	897	4367	1166	3513
同安区	2768	272	1867	283	346	2175	133	1189	339	514
翔安区	2230	347	1196	360	327	1779	137	743	348	551
莆田市	**6201**	**582**	**3905**	**600**	**1114**	**6502**	**587**	**3589**	**724**	**1602**
城厢区	2227	114	1487	213	413	2788	198	1570	327	693
涵江区	1066	109	704	84	169	678	67	376	70	165
荔城区	1422	146	824	117	335	1926	152	1068	184	522
秀屿区	313	29	203	38	43	419	37	250	46	86
仙游县	1173	184	687	148	154	691	133	325	97	136
三明市	**5864**	**1352**	**2402**	**698**	**1412**	**4940**	**756**	**1809**	**794**	**1581**
梅列区	1107	101	435	112	459	1018	69	271	115	563
三元区	525	57	248	39	181	867	87	423	93	264
明溪县	165	60	64	25	16	177	39	64	35	39
清流县	199	51	87	42	19	200	36	85	47	32
宁化县	383	162	122	77	22	302	88	109	85	20
大田县	411	139	185	50	37	300	85	112	67	36
尤溪县	467	122	238	79	28	303	50	127	96	30
沙县	603	85	311	47	160	471	66	213	28	164
将乐县	294	87	124	73	10	276	75	107	81	13
泰宁县	179	89	43	28	19	196	74	51	46	25
建宁县	187	63	80	27	17	131	44	40	38	9
永安市	1344	336	465	99	444	699	43	207	63	386
泉州市	**19245**	**1886**	**11411**	**2134**	**3814**	**18932**	**1560**	**9089**	**2596**	**5687**
鲤城区	2175	293	1087	206	589	1540	89	654	167	630
丰泽区	5211	385	2787	553	1486	5488	316	2126	675	2371
洛江区	1036	119	633	69	215	1093	152	546	82	313
泉港区	457	24	359	30	44	336	7	258	19	52
惠安县	1284	134	914	129	107	985	81	664	105	135
安溪县	1255	210	799	152	94	1030	136	575	186	133
永春县	620	33	293	226	68	561	13	220	276	52
德化县	945	161	587	162	35	647	125	312	160	50
石狮市	1356	88	958	104	206	2573	317	1374	289	593
晋江市	3689	353	2311	391	634	3316	253	1717	445	901
南安市	1217	86	683	112	336	1363	71	643	192	457

7-4 续表 7

单位：人

现 住 地	大学专科					大学本科				
	小计	乡	镇 的 村委会	镇 的 居委会	街道	小计	乡	镇 的 村委会	镇 的 居委会	街道
漳州市	**9522**	**785**	**5046**	**1595**	**2096**	**8382**	**528**	**3573**	**1595**	**2686**
芗城区	3309	200	1583	353	1173	3125	170	1161	360	1434
龙文区	1509	114	945	159	291	1282	57	612	206	407
云霄县	630	135	211	209	75	488	78	145	199	66
漳浦县	1174	69	801	162	142	650	37	409	149	55
诏安县	278	49	148	48	33	197	19	119	46	13
长泰县	292	32	163	68	29	239	11	135	49	44
东山县	280	18	121	74	67	155	6	64	53	32
南靖县	299	21	171	90	17	229	13	107	81	28
平和县	206	34	88	58	26	172	14	69	52	37
华安县	125	15	55	33	22	161	10	84	19	48
龙海市	1420	98	760	341	221	1684	113	668	381	522
南平市	**5514**	**833**	**2364**	**488**	**1829**	**4821**	**607**	**1361**	**475**	**2378**
延平区	1570	68	802	109	591	1097	35	312	91	659
建阳区	614	43	297	79	195	748	42	185	99	422
顺昌县	213	31	85	32	65	164	16	39	22	87
浦城县	403	85	130	52	136	299	37	73	46	143
光泽县	255	105	70	52	28	158	58	36	39	25
松溪县	202	104	44	20	34	136	49	33	15	39
政和县	198	77	84	8	29	110	30	45	6	29
邵武市	877	63	498	48	268	541	37	234	26	244
武夷山市	566	158	141	34	233	1074	232	287	92	463
建瓯市	616	99	213	54	250	494	71	117	39	267
龙岩市	**7085**	**838**	**4046**	**855**	**1346**	**6391**	**679**	**2923**	**1024**	**1765**
新罗区	4200	331	2490	377	1002	3930	310	1749	517	1354
永定区	339	69	171	38	61	344	56	153	42	93
长汀县	621	62	420	92	47	474	43	285	98	48
上杭县	816	155	378	242	41	826	126	357	277	66
武平县	410	113	216	50	31	307	88	139	33	47
连城县	227	68	131	15	13	196	32	105	28	31
漳平市	472	40	240	41	151	314	24	135	29	126
宁德市	**5954**	**912**	**2709**	**677**	**1656**	**5782**	**713**	**2212**	**779**	**2078**
蕉城区	1950	191	943	303	513	2601	289	1095	396	821
霞浦县	708	127	255	29	297	480	57	114	27	282
古田县	387	80	120	24	163	386	51	131	20	184
屏南县	144	45	32	46	21	112	30	39	32	11
寿宁县	165	71	46	36	12	131	50	32	43	6
周宁县	120	23	73	18	6	131	14	76	26	15
柘荣县	142	91	26	17	8	135	69	26	23	17
福安市	1341	220	669	115	337	946	121	358	105	362
福鼎市	997	64	545	89	299	860	32	341	107	380

7-4　续表 8　　　　单位：人

现住地	硕士研究生					博士研究生				
	小计	乡	镇的村委会	镇的居委会	街道	小计	乡	镇的村委会	镇的居委会	街道
合　计	**8725**	**437**	**2082**	**1206**	**5000**	**1035**	**32**	**170**	**121**	**712**
福州市	**3574**	**217**	**956**	**556**	**1845**	**462**	**23**	**92**	**65**	**282**
鼓楼区	751	35	125	118	473	84	5	5	12	62
台江区	358	13	106	44	195	31	3	4	2	22
仓山区	807	47	210	108	442	142	5	27	29	81
马尾区	68	6	17	22	23	4		1	1	2
晋安区	542	20	83	120	319	53	1	7	6	39
长乐区	54	4	20	11	19					
闽侯县	788	75	316	95	302	134	6	47	13	68
连江县	20	3	5	7	5					
罗源县	12		6	1	5					
闽清县	4		1	1	2					
永泰县	9		4	4	1					
平潭县	40	7	19	3	11	6	2		1	3
福清市	121	7	44	22	48	8	1	1	1	5
厦门市	**2729**	**88**	**413**	**297**	**1931**	**402**	**3**	**37**	**40**	**322**
思明区	1119	28	137	82	872	163	1	18	10	134
海沧区	242	2	17	23	200	16			3	13
湖里区	549	19	66	70	394	63	1	4	9	49
集美区	522	26	106	64	326	80	1	7	9	63
同安区	105	2	30	24	49	8		1		7
翔安区	192	11	57	34	90	72		7	9	56
莆田市	**247**	**15**	**108**	**24**	**100**	**18**	**2**	**6**	**2**	**8**
城厢区	108	2	49	12	45	10		3	1	6
涵江区	18	3	9	1	5					
荔城区	93	5	40	9	39	6	2	1	1	2
秀屿区	7	2	1		4					
仙游县	21	3	9	2	7	2		2		
三明市	**166**	**13**	**37**	**23**	**93**	**15**		**2**	**1**	**12**
梅列区	64	2	13	5	44	4		1		3
三元区	20		5	3	12	4			1	3
明溪县	6		1	2	3	1				1
清流县	4	1	1		2	1				1
宁化县	7	3	2	2						
大田县	6	1	1	1	3					
尤溪县	6		1	1	4					
沙县	17	2	6	4	5	1				1
将乐县	6	2	1	1	2	1				1
泰宁县	3	1	1		1					
建宁县	3			1	2	1				1
永安市	24	1	5	3	15	2		1		1
泉州市	**996**	**52**	**309**	**146**	**489**	**69**	**1**	**20**	**5**	**43**
鲤城区	94	8	25	11	50	3		1		2
丰泽区	423	13	97	51	262	33		3	4	26
洛江区	51	4	10	7	30	13		5		8
泉港区	26		17	1	8	3		3		
惠安县	37	4	12	10	11	1				1
安溪县	41	7	13	8	13	2		1		1
永春县	14	1		12	1	2				2
德化县	18	4	9	4	1	1		1		
石狮市	79	3	41	13	22	3		2		1
晋江市	169	6	66	24	73	7	1	3	1	2
南安市	44	2	19	5	18	1		1		

7-4 续表 9

单位：人

现住地	硕士研究生					博士研究生				
	小计	乡	镇的村委会	镇的居委会	街道	小计	乡	镇的村委会	镇的居委会	街道
漳州市	**439**	**14**	**117**	**74**	**234**	**35**	**1**	**5**	**6**	**23**
芗城区	210	6	49	27	128	23		2	2	19
龙文区	56		23	11	22	2	1		1	
云霄县	13	2	4	3	4	1		1		
漳浦县	28	1	16	6	5	1			1	
诏安县	5		1	2	2					
长泰县	7		1	1	5					
东山县	4			1	3					
南靖县	8	1	4	1	2	1		1		
平和县	5	1	1		3	1			1	
华安县	6	2	1	1	2					
龙海市	97	1	17	21	58	6		1	1	4
南平市	**154**	**10**	**27**	**12**	**105**	**8**			**1**	**7**
延平区	43	2	8	2	31					
建阳区	39	1	4	4	30	3				3
顺昌县	4		3	1						
浦城县	5				5	2				2
光泽县	6	3	1	1	1					
松溪县	4	1	1		2					
政和县	2				2					
邵武市	12	1	3	2	6	1				1
武夷山市	29	2	5	2	20	1			1	
建瓯市	10		2		8	1				1
龙岩市	**223**	**13**	**64**	**43**	**103**	**11**		**3**	**1**	**7**
新罗区	157	4	41	25	87	11		3	1	7
永定区	7		4	1	2					
长汀县	10	1	5	3	1					
上杭县	28	5	7	11	5					
武平县	11	3	5	1	2					
连城县	4			1	3					
漳平市	6		2	1	3					
宁德市	**197**	**15**	**51**	**31**	**100**	**15**	**2**	**5**		**8**
蕉城区	120	8	27	19	66	9	1	3		5
霞浦县	6	1	1		4	2				2
古田县	6		2	1	3					
屏南县	1			1						
寿宁县	3		2	1		1		1		
周宁县	2			2						
柘荣县	2	1		1		1				1
福安市	37	4	14	4	15	2	1	1		
福鼎市	20	1	5	2	12					

7–5　各地区按现住地、户口登记地类型、受教育程度分的户口登记地在外省人口

单位：人

现住地	合计					未上过学				
	合计	乡	镇的村委会	镇的居委会	街道	小计	乡	镇的村委会	镇的居委会	街道
合　计	**506632**	**110139**	**338012**	**25552**	**32929**	**6215**	**1536**	**4278**	**195**	**206**
福州市	**97863**	**23990**	**61166**	**5275**	**7432**	**661**	**183**	**422**	**24**	**32**
鼓楼区	4850	1043	2238	585	984	52	12	27	7	6
台江区	2802	433	1708	257	404	11	2	8		1
仓山区	19203	5831	11264	837	1271	143	49	83	7	4
马尾区	5688	1389	3640	288	371	37	12	22	1	2
晋安区	13380	3209	8630	845	696	72	20	44	2	6
长乐区	13862	3354	9450	442	616	140	39	97		4
闽侯县	14127	3206	8458	764	1699	65	20	43	1	1
连江县	4090	1146	2606	174	164	22	10	12		
罗源县	2465	582	1509	199	175	7	1	5		1
闽清县	783	131	587	30	35	13	3	7	1	2
永泰县	774	260	391	54	69	1		1		
平潭县	1447	412	865	64	106	13	4	9		
福清市	14392	2994	9820	736	842	85	11	64	5	5
厦门市	**149191**	**31950**	**96558**	**8989**	**11694**	**2539**	**662**	**1724**	**76**	**77**
思明区	16747	2710	9276	1601	3160	250	53	175	9	13
海沧区	21174	3705	14976	1137	1356	420	87	311	12	10
湖里区	29089	6394	18419	2044	2232	595	167	381	23	24
集美区	36479	7949	23007	2406	3117	506	147	335	10	14
同安区	29589	7571	20152	937	929	586	154	403	16	13
翔安区	16113	3621	10728	864	900	182	54	119	6	3
莆田市	**22150**	**5031**	**15305**	**840**	**974**	**201**	**38**	**150**	**8**	**5**
城厢区	5126	879	3668	246	333	37	5	30	1	1
涵江区	5798	1702	3775	154	167	83	20	62	1	
荔城区	7446	1642	5334	197	273	37	5	26	3	3
秀屿区	1807	369	1253	73	112	23	2	19	2	
仙游县	1973	439	1275	170	89	21	6	13	1	1
三明市	**9689**	**2157**	**5960**	**582**	**990**	**192**	**61**	**115**	**6**	**10**
梅列区	1566	262	921	133	250	54	17	30	2	5
三元区	1701	328	1072	85	216	25	6	18		1
明溪县	219	57	138	9	15	1		1		
清流县	277	102	138	12	25	3	2	1		
宁化县	430	150	201	42	37	8	4	4		
大田县	861	222	516	78	45	5	2	2		1
尤溪县	578	185	317	34	42	7	3	4		
沙县	1384	302	926	56	100	40	15	21	2	2
将乐县	540	107	373	37	23	9	3	5	1	
泰宁县	204	74	112	6	12	2		2		
建宁县	184	66	101	6	11	3	1	2		
永安市	1745	302	1145	84	214	35	8	25	1	1
泉州市	**161943**	**34624**	**115386**	**5649**	**6284**	**1880**	**437**	**1353**	**41**	**49**
鲤城区	11227	2538	7716	487	486	162	37	117	5	3
丰泽区	15163	3165	9849	812	1337	135	32	93	5	5
洛江区	3968	1131	2436	188	213	56	21	30	1	4
泉港区	1346	148	1043	80	75	5		5		
惠安县	9781	1989	7086	307	399	138	26	107	2	3
安溪县	3286	639	2319	157	171	22	4	17		1
永春县	771	101	588	66	16	3		3		
德化县	1187	251	832	59	45	11	1	9	1	
石狮市	22728	4997	16110	756	865	252	66	174	6	6
晋江市	73950	16918	52869	2221	1942	963	226	694	20	23
南安市	18536	2747	14538	516	735	133	24	104	1	4

7-5 续表 1

单位：人

现住地	合计					未上过学				
	合计	乡	镇的村委会	镇的居委会	街道	小计	乡	镇的村委会	镇的居委会	街道
漳州市	**31682**	**5231**	**22283**	**2106**	**2062**	**288**	**46**	**220**	**15**	**7**
芗城区	6246	920	4314	437	575	74	7	63	3	1
龙文区	3385	612	2420	190	163	31	7	21	1	2
云霄县	1044	294	570	72	108	6	2	4		
漳浦县	3031	500	2131	189	211	12	3	7	2	
诏安县	564	121	335	57	51	8	1	5	1	1
长泰县	3308	586	2394	265	63	24	3	21		
东山县	834	112	587	77	58	1		1		
南靖县	750	113	550	44	43	6		5	1	
平和县	713	93	576	24	20	4	2	2		
华安县	798	120	614	43	21	9		9		
龙海市	11009	1760	7792	708	749	113	21	82	7	3
南平市	**8919**	**2071**	**5131**	**498**	**1219**	**179**	**46**	**115**	**8**	**10**
延平区	1602	266	1070	77	189	29	7	21	1	
建阳区	1432	244	861	112	215	62	15	41	3	3
顺昌县	549	142	313	43	51	18	2	14	2	
浦城县	761	262	372	34	93	11	5	6		
光泽县	686	302	308	32	44	14	7	4	1	2
松溪县	259	103	114	8	34	3	2	1		
政和县	580	110	387	29	54	6	1	5		
邵武市	1067	171	689	52	155	10	3	7		
武夷山市	1322	365	568	78	311	12	3	6		3
建瓯市	661	106	449	33	73	14	1	10	1	2
龙岩市	**9704**	**1714**	**6789**	**493**	**708**	**165**	**33**	**118**	**10**	**4**
新罗区	5455	897	3931	275	352	107	15	83	6	3
永定区	837	188	569	26	54	15	6	8	1	
长汀县	615	105	404	40	66	10	1	8	1	
上杭县	983	156	655	74	98	19	6	11	1	1
武平县	602	141	415	22	24	5		5		
连城县	381	73	245	22	41	3	2	1		
漳平市	831	154	570	34	73	6	3	2	1	
宁德市	**15491**	**3371**	**9434**	**1120**	**1566**	**110**	**30**	**61**	**7**	**12**
蕉城区	7012	1424	4321	596	671	43	15	19	3	6
霞浦县	1462	395	698	71	298	4	2	1		1
古田县	649	168	401	21	59	1		1		
屏南县	203	56	103	20	24	1	1			
寿宁县	254	77	137	24	16	4	1	3		
周宁县	322	102	163	35	22	4	1	1		2
柘荣县	291	112	124	41	14	5	4		1	
福安市	2144	560	1293	112	179	8	2	4		2
福鼎市	3154	477	2194	200	283	40	4	32	3	1

7-5　续表 2

单位：人

现住地	学前教育					小　学				
	小计	乡	镇　的 村委会	镇　的 居委会	街道	小计	乡	镇　的 村委会	镇　的 居委会	街道
合　计	**10937**	**2478**	**7434**	**454**	**571**	**107019**	**25756**	**74977**	**3382**	**2904**
福州市	**1734**	**427**	**1107**	**90**	**110**	**18697**	**5290**	**12230**	**626**	**551**
鼓楼区	102	25	48	10	19	616	165	333	63	55
台江区	55	9	34	3	9	434	74	292	26	42
仓山区	357	103	224	13	17	3823	1352	2314	94	63
马尾区	172	35	122	5	10	1135	326	730	49	30
晋安区	258	67	158	20	13	2698	739	1822	76	61
长乐区	240	62	166	5	7	3308	906	2295	48	59
闽侯县	174	42	108	12	12	1635	408	1103	68	56
连江县	72	21	48	2	1	849	259	548	24	18
罗源县	30	11	13	4	2	504	192	279	18	15
闽清县	11	2	9			227	38	178	3	8
永泰县	7	2	4	1		144	63	72	9	
平潭县	21	3	12	2	4	275	83	172	10	10
福清市	235	45	161	13	16	3049	685	2092	138	134
厦门市	**3259**	**751**	**2208**	**140**	**160**	**27909**	**6744**	**19470**	**954**	**741**
思明区	285	57	173	16	39	2584	546	1761	123	154
海沧区	503	89	375	16	23	4159	738	3144	155	122
湖里区	562	124	370	37	31	4953	1253	3324	214	162
集美区	771	180	523	34	34	6529	1642	4543	195	149
同安区	887	236	603	26	22	7240	1938	5000	187	115
翔安区	251	65	164	11	11	2444	627	1698	80	39
莆田市	**372**	**91**	**254**	**9**	**18**	**4070**	**1065**	**2786**	**123**	**96**
城厢区	72	10	53	4	5	676	136	494	15	31
涵江区	114	35	73	2	4	1267	421	798	31	17
荔城区	125	32	83	3	7	1324	319	952	25	28
秀屿区	23	6	17			359	93	251	9	6
仙游县	38	8	28		2	444	96	291	43	14
三明市	**240**	**51**	**153**	**17**	**19**	**2553**	**594**	**1741**	**83**	**135**
梅列区	44	6	26	7	5	415	89	276	14	36
三元区	34	8	25		1	393	100	260	14	19
明溪县	2		2			61	12	46	1	2
清流县	6	3	1	1	1	71	30	36		5
宁化县	14	3	8	2	1	129	47	74	6	2
大田县	20	5	12	1	2	184	49	116	14	5
尤溪县	13	4	8	1		139	41	87	4	7
沙县	52	14	34	2	2	450	82	326	8	34
将乐县	4	1	1	1	1	157	38	114	5	
泰宁县	4	1	3			45	14	30	1	
建宁县	3	1	1		1	48	17	29	2	
永安市	44	5	32	2	5	461	75	347	14	25
泉州市	**4036**	**924**	**2842**	**115**	**155**	**39700**	**9248**	**28573**	**1020**	**859**
鲤城区	338	93	219	11	15	2696	662	1873	93	68
丰泽区	349	91	224	13	21	3206	764	2252	86	104
洛江区	101	28	64	4	5	903	295	548	39	21
泉港区	32	5	25	1	1	190	25	149	10	6
惠安县	258	57	186	5	10	2503	562	1839	55	47
安溪县	85	16	61	4	4	644	135	472	19	18
永春县	13	1	10	2		205	45	153	6	1
德化县	30	8	21	1		292	57	228	5	2
石狮市	573	135	402	14	22	5689	1326	4090	150	123
晋江市	1717	405	1208	52	52	19393	4809	13806	457	321
南安市	540	85	422	8	25	3979	568	3163	100	148

7-5 续表 3

单位：人

现住地	学前教育					小学				
	小计	乡	镇的村委会	镇的居委会	街道	小计	乡	镇的村委会	镇的居委会	街道
漳州市	**662**	**109**	**485**	**42**	**26**	**7057**	**1208**	**5376**	**286**	**187**
芗城区	143	30	97	7	9	1267	177	986	56	48
龙文区	100	18	72	8	2	867	162	658	28	19
云霄县	14	5	5	1	3	189	61	100	10	18
漳浦县	41	3	33	4	1	535	99	406	12	18
诏安县	11	3	2	3	3	121	26	81	10	4
长泰县	67	8	53	6		783	144	583	49	7
东山县	11	2	7		2	179	27	116	17	19
南靖县	18	5	12	1		183	27	146	4	6
平和县	17	3	14			229	24	192	8	5
华安县	14	2	11	1		210	27	172	9	2
龙海市	226	30	179	11	6	2494	434	1936	83	41
南平市	**196**	**42**	**108**	**11**	**35**	**2357**	**610**	**1497**	**96**	**154**
延平区	43	7	30	2	4	433	72	322	17	22
建阳区	41	8	17	4	12	412	98	256	18	40
顺昌县	16	6	7	1	2	165	41	105	7	12
浦城县	9	3	5		1	160	64	86	3	7
光泽县	10	3	4	1	2	266	126	129	9	2
松溪县	10	4	6			58	24	21	2	11
政和县	9	2	6		1	174	36	117	9	12
邵武市	25	1	16	1	7	258	51	187	8	12
武夷山市	22	7	9	1	5	227	64	126	11	26
建瓯市	11	1	8	1	1	204	34	148	12	10
龙岩市	**229**	**52**	**143**	**12**	**22**	**2248**	**462**	**1656**	**74**	**56**
新罗区	114	21	79	6	8	1295	249	973	50	23
永定区	22	5	10	2	5	240	55	175	5	5
长汀县	21	6	10		5	116	22	80	3	11
上杭县	26	4	18	3	1	173	40	123	5	5
武平县	18	5	12		1	102	28	67	4	3
连城县	15	3	11	1		68	11	55	1	1
漳平市	13	8	3		2	254	57	183	6	8
宁德市	**209**	**31**	**134**	**18**	**26**	**2428**	**535**	**1648**	**120**	**125**
蕉城区	67	9	40	13	5	557	125	375	27	30
霞浦县	13	4	4		5	223	62	134	8	19
古田县	13	4	7		2	181	39	127	5	10
屏南县	1		1			61	14	38	5	4
寿宁县	4		3	1		70	21	43	3	3
周宁县	8	3	5			81	16	54	6	5
柘荣县	6	2	3	1		96	39	38	15	4
福安市	24	6	13		5	278	76	174	13	15
福鼎市	73	3	58	3	9	881	143	665	38	35

7-5　续表 4

单位：人

现住地	初中					高中				
	小计	乡	镇的村委会	镇的居委会	街道	小计	乡	镇的村委会	镇的居委会	街道
合　计	**240375**	**55105**	**168966**	**8622**	**7682**	**78624**	**15750**	**51520**	**5294**	**6060**
福州市	**44103**	**11760**	**29386**	**1581**	**1376**	**16391**	**3724**	**10374**	**1052**	**1241**
鼓楼区	1325	352	748	103	122	977	228	464	127	158
台江区	910	175	597	53	85	655	99	407	53	96
仓山区	8801	2995	5382	245	179	2933	816	1791	159	167
马尾区	2431	594	1664	100	73	1107	273	693	58	83
晋安区	6145	1543	4247	229	126	2544	586	1551	221	186
长乐区	7126	1761	4991	185	189	2019	422	1384	89	124
闽侯县	5494	1444	3721	179	150	2055	507	1359	73	116
连江县	2187	591	1483	61	52	558	143	337	45	33
罗源县	1265	272	817	119	57	425	71	274	35	45
闽清县	419	79	322	5	13	57	7	37	5	8
永泰县	376	152	197	19	8	98	27	52	11	8
平潭县	755	239	460	22	34	200	59	109	7	25
福清市	6869	1563	4757	261	288	2763	486	1916	169	192
厦门市	**64021**	**14780**	**44462**	**2560**	**2219**	**26695**	**5407**	**17124**	**2016**	**2148**
思明区	5253	990	3498	349	416	3263	505	1818	399	541
海沧区	10036	1829	7391	405	411	3898	653	2575	289	381
湖里区	11653	2751	7811	607	484	5980	1248	3747	520	465
集美区	14977	3553	10441	577	406	5960	1327	3815	420	398
同安区	14912	3916	10292	367	337	4144	969	2774	193	208
翔安区	7190	1741	5029	255	165	3450	705	2395	195	155
莆田市	**12851**	**3005**	**9135**	**380**	**331**	**2983**	**574**	**2040**	**163**	**206**
城厢区	2721	481	2053	92	95	926	154	646	56	70
涵江区	3438	1008	2279	78	73	656	153	447	26	30
荔城区	4660	1074	3391	96	99	864	156	619	38	51
秀屿区	981	195	715	39	32	249	50	150	11	38
仙游县	1051	247	697	75	32	288	61	178	32	17
三明市	**3915**	**944**	**2526**	**184**	**261**	**1324**	**269**	**729**	**131**	**195**
梅列区	566	85	359	42	80	266	41	129	41	55
三元区	534	105	378	23	28	191	41	110	12	28
明溪县	81	15	58	4	4	34	13	16	1	4
清流县	141	55	72	4	10	24	4	12	2	6
宁化县	152	53	68	16	15	71	29	26	9	7
大田县	478	138	286	41	13	103	18	63	11	11
尤溪县	289	101	169	6	13	62	22	28	5	7
沙县	570	146	383	14	27	176	34	106	18	18
将乐县	262	47	194	10	11	69	9	47	7	6
泰宁县	93	38	52	2	1	37	18	14	2	3
建宁县	62	32	26	1	3	28	7	20	1	
永安市	687	129	481	21	56	263	33	158	22	50
泉州市	**85212**	**18463**	**62125**	**2440**	**2184**	**21413**	**4090**	**14963**	**1103**	**1257**
鲤城区	5838	1321	4131	215	171	1529	305	994	110	120
丰泽区	6391	1458	4456	222	255	2381	437	1548	165	231
洛江区	1900	529	1250	62	59	590	164	341	40	45
泉港区	635	91	493	32	19	258	18	211	12	17
惠安县	5085	1043	3786	122	134	1173	218	808	59	88
安溪县	1849	376	1367	54	52	395	63	270	32	30
永春县	406	41	321	37	7	99	11	69	14	5
德化县	619	143	426	28	22	124	27	83	10	4
石狮市	11951	2653	8600	351	347	3079	628	2152	123	176
晋江市	40070	9187	29029	1061	793	9145	1868	6437	437	403
南安市	10468	1621	8266	256	325	2640	351	2050	101	138

7-5 续表 5

单位：人

现住地	初中					高中				
	小计	乡	镇的村委会	镇的居委会	街道	小计	乡	镇的村委会	镇的居委会	街道
漳州市	**15284**	**2740**	**11334**	**755**	**455**	**4240**	**640**	**2852**	**420**	**328**
芗城区	2659	410	2001	141	107	769	97	500	84	88
龙文区	1535	306	1131	57	41	530	79	353	53	45
云霄县	563	173	324	32	34	134	35	76	10	13
漳浦县	1512	284	1111	61	56	459	69	316	33	41
诏安县	305	79	183	21	22	80	7	41	17	15
长泰县	1972	343	1458	145	26	321	60	211	35	15
东山县	454	52	344	40	18	134	22	93	11	8
南靖县	362	61	269	13	19	117	14	79	15	9
平和县	380	56	311	7	6	60	8	43	3	6
华安县	440	77	338	19	6	72	10	49	6	7
龙海市	5102	899	3864	219	120	1564	239	1091	153	81
南平市	**3735**	**924**	**2322**	**181**	**308**	**1074**	**189**	**558**	**75**	**252**
延平区	605	113	423	26	43	210	33	130	9	38
建阳区	613	92	398	45	78	180	26	94	21	39
顺昌县	257	70	143	26	18	59	16	30	5	8
浦城县	405	153	214	16	22	98	19	41	5	33
光泽县	315	144	150	11	10	41	14	10	4	13
松溪县	127	56	64	2	5	35	6	17	1	11
政和县	297	58	201	15	23	57	9	42	2	4
邵武市	463	72	331	16	44	175	26	98	15	36
武夷山市	345	111	174	15	45	144	27	57	5	55
建瓯市	308	55	224	9	20	75	13	39	8	15
龙岩市	**4316**	**794**	**3189**	**163**	**170**	**1389**	**200**	**952**	**107**	**130**
新罗区	2327	384	1789	85	69	764	104	537	58	65
永定区	418	94	297	8	19	92	21	56	5	10
长汀县	285	53	199	14	19	113	16	74	12	11
上杭县	453	80	322	24	27	157	20	95	25	17
武平县	321	77	220	13	11	92	18	70	1	3
连城县	169	41	111	9	8	63	10	43	2	8
漳平市	343	65	251	10	17	108	11	77	4	16
宁德市	**6938**	**1695**	**4487**	**378**	**378**	**3115**	**657**	**1928**	**227**	**303**
蕉城区	3134	676	2116	188	154	1570	320	1017	131	102
霞浦县	687	256	348	17	66	267	46	137	17	67
古田县	349	102	209	13	25	77	18	45	2	12
屏南县	84	25	47	7	5	26	10	6	3	7
寿宁县	145	46	77	14	8	22	8	8	3	3
周宁县	151	68	61	11	11	32	8	18	3	3
柘荣县	125	44	65	12	4	39	17	15	5	2
福安市	960	254	613	50	43	597	155	359	33	50
福鼎市	1303	224	951	66	62	485	75	323	30	57

7-5 续表 6

单位：人

现住地	大学专科					大学本科				
	小计	乡	镇的村委会	镇的居委会	街道	小计	乡	镇的村委会	镇的居委会	街道
合 计	**29850**	**5074**	**17057**	**3087**	**4632**	**29441**	**3910**	**12223**	**4017**	**9291**
福州市	**6294**	**1129**	**3519**	**671**	**975**	**8423**	**1234**	**3485**	**1063**	**2641**
鼓楼区	639	103	276	106	154	975	135	290	147	403
台江区	360	44	217	38	61	319	25	134	74	86
仓山区	1269	262	695	109	203	1420	181	584	167	488
马尾区	394	89	225	30	50	394	59	178	43	114
晋安区	965	160	529	154	122	627	83	254	129	161
长乐区	489	69	296	46	78	525	92	214	69	150
闽侯县	843	185	465	57	136	3140	478	1342	307	1013
连江县	193	55	97	16	25	205	67	78	25	35
罗源县	159	21	95	12	31	74	14	26	11	23
闽清县	37		23	11	3	19	2	11	5	1
永泰县	34	6	13	7	8	112	10	51	6	45
平潭县	127	17	79	18	13	53	7	23	4	19
福清市	785	118	509	67	91	560	81	300	76	103
厦门市	**12085**	**2175**	**6810**	**1271**	**1829**	**10821**	**1221**	**4128**	**1717**	**3755**
思明区	2094	263	956	296	579	2160	182	662	315	1001
海沧区	1355	223	831	130	171	732	81	320	122	209
湖里区	3317	609	1904	342	462	1884	231	847	280	526
集美区	2569	513	1443	266	347	4760	548	1734	827	1651
同安区	1323	277	820	93	133	471	79	245	51	96
翔安区	1427	290	856	144	137	814	100	320	122	272
莆田市	**880**	**140**	**517**	**69**	**154**	**767**	**116**	**413**	**85**	**153**
城厢区	349	37	204	34	74	337	56	185	44	52
涵江区	174	47	92	9	26	61	18	22	6	15
荔城区	158	22	105	8	23	273	33	154	24	62
秀屿区	111	16	68	7	20	57	6	32	4	15
仙游县	88	18	48	11	11	39	3	20	7	9
三明市	**666**	**131**	**304**	**72**	**159**	**768**	**105**	**382**	**82**	**199**
梅列区	143	12	78	9	44	70	11	22	14	23
三元区	71	9	34	2	26	450	59	245	34	112
明溪县	24	10	12	1	1	16	7	3	2	4
清流县	21	6	9	4	2	11	2	7	1	1
宁化县	28	8	11	5	4	27	6	10	4	7
大田县	31	5	15	6	5	38	4	22	5	7
尤溪县	40	10	13	12	5	23	4	6	4	9
沙县	61	8	34	9	10	34	3	21	3	7
将乐县	25	7	7	8	3	13	2	5	4	2
泰宁县	14	2	7		5	6	1	2	1	2
建宁县	24	6	15	1	2	16	2	8	1	5
永安市	184	48	69	15	52	64	4	31	9	20
泉州市	**5525**	**873**	**3504**	**446**	**702**	**3908**	**561**	**1914**	**463**	**970**
鲤城区	454	89	278	28	59	197	30	100	24	43
丰泽区	999	140	595	114	150	1587	233	637	198	519
洛江区	302	67	152	33	50	106	25	48	9	24
泉港区	125	6	93	9	17	75	2	47	15	11
惠安县	396	56	247	35	58	220	27	112	29	52
安溪县	134	16	80	19	19	150	27	52	29	42
永春县	32	3	22	7		13		10		3
德化县	78	12	53	5	8	32	2	12	9	9
石狮市	669	101	433	41	94	491	87	246	67	91
晋江市	1796	303	1186	116	191	810	111	486	72	141
南安市	540	80	365	39	56	227	17	164	11	35

7-5 续表 7

单位：人

现住地	大学专科					大学本科				
	小计	乡	镇的村委会	镇的居委会	街道	小计	乡	镇的村委会	镇的居委会	街道
漳州市	**1871**	**243**	**1102**	**266**	**260**	**2158**	**236**	**863**	**310**	**749**
芗城区	517	74	295	60	88	740	118	341	81	200
龙文区	204	32	128	26	18	111	8	53	16	34
云霄县	76	10	39	11	16	61	8	21	8	24
漳浦县	298	32	165	42	59	166	10	87	35	34
诏安县	31	3	22	4	2	7	2	1	1	3
长泰县	98	20	52	18	8	41	8	16	10	7
东山县	37	6	19	7	5	17	3	6	2	6
南靖县	39	5	22	4	8	23	1	15	6	1
平和县	11		6	4	1	11		8	2	1
华安县	33	3	20	5	5	20	1	15	3	1
龙海市	527	58	334	85	50	961	77	300	146	438
南平市	**553**	**89**	**241**	**51**	**172**	**791**	**170**	**279**	**70**	**272**
延平区	185	25	105	19	36	86	9	33	2	42
建阳区	73	4	35	10	24	46	1	20	9	16
顺昌县	22	6	10	1	5	11	1	4	1	5
浦城县	51	9	14	7	21	26	8	6	3	9
光泽县	21	7	4	2	8	18	1	6	4	7
松溪县	21	10	2	2	7	5	1	3	1	
政和县	19	2	11		6	18	2	5	3	8
邵武市	95	15	35	8	37	39	3	15	3	18
武夷山市	43	9	15	2	17	516	144	177	42	153
建瓯市	23	2	10		11	26		10	2	14
龙岩市	**668**	**68**	**413**	**70**	**117**	**645**	**104**	**303**	**50**	**188**
新罗区	358	37	233	32	56	471	87	230	35	119
永定区	26	4	16	3	3	22	3	7	1	11
长汀县	41	2	23	7	9	25	5	9	1	10
上杭县	75	4	55	7	9	64	1	25	8	30
武平县	47	8	33	3	3	16	5	8	1	2
连城县	37	5	13	8	11	26	1	11	1	13
漳平市	84	8	40	10	26	21	2	13	3	3
宁德市	**1308**	**226**	**647**	**171**	**264**	**1160**	**163**	**456**	**177**	**364**
蕉城区	698	132	363	105	98	749	117	328	109	195
霞浦县	124	13	41	13	57	140	11	33	15	81
古田县	23	4	10	1	8	5	1	2		2
屏南县	17	2	9	3	3	12	4	2	2	4
寿宁县	6		3	1	2	3	1		2	
周宁县	33	6	17	10		13		7	5	1
柘荣县	11	2	1	5	3	7	3	2	2	
福安市	191	50	100	6	35	78	16	24	10	28
福鼎市	205	17	103	27	58	153	10	58	32	53

7-5　续表 8　　　　单位：人

现住地	硕士研究生					博士研究生				
	小计	乡	镇的村委会	镇的居委会	街道	小计	乡	镇的村委会	镇的居委会	街道
合　计	**3656**	**480**	**1385**	**437**	**1354**	**515**	**50**	**172**	**64**	**229**
福州市	**1412**	**226**	**592**	**149**	**445**	**148**	**17**	**51**	**19**	**61**
鼓楼区	155	22	50	19	64	9	1	2	3	3
台江区	51	3	17	9	22	7	2	2	1	2
仓山区	409	72	171	37	129	48	1	20	6	21
马尾区	16	1	6	2	7	2				2
晋安区	62	10	23	11	18	9	1	2	3	3
长乐区	14	3	7		4	1				1
闽侯县	649	110	292	61	186	72	12	25	6	29
连江县	4		3	1						
罗源县	1				1					
闽清县										
永泰县	2		1	1						
平潭县	3		1	1	1					
福清市	46	5	21	7	13					
厦门市	**1561**	**182**	**526**	**220**	**633**	**301**	**28**	**106**	**35**	**132**
思明区	705	100	180	81	344	153	14	53	13	73
海沧区	67	5	27	8	27	4		2		2
湖里区	133	10	34	21	68	12	1	1		10
集美区	374	37	162	68	107	33	2	11	9	11
同安区	23	1	15	3	4	3	1		1	1
翔安区	259	29	108	39	83	96	10	39	12	35
莆田市	**25**	**2**	**10**	**3**	**10**	**1**				**1**
城厢区	7		3		4	1				1
涵江区	5		2	1	2					
荔城区	5	1	4							
秀屿区	4	1	1	1	1					
仙游县	4			1	3					
三明市	**28**	**2**	**10**	**5**	**11**	**3**			**2**	**1**
梅列区	6	1	1	2	2	2			2	
三元区	2		2			1				1
明溪县										
清流县										
宁化县	1				1					
大田县	2	1			1					
尤溪县	5		2	2	1					
沙县	1		1							
将乐县	1			1						
泰宁县	3		2		1					
建宁县										
永安市	7		2		5					
泉州市	**248**	**28**	**108**	**17**	**95**	**21**		**4**	**4**	**13**
鲤城区	10	1	3	1	5	3		1		2
丰泽区	105	10	42	7	46	10		2	2	6
洛江区	8	2	3		3	2				2
泉港区	25	1	20		4	1			1	
惠安县	8		1		7					
安溪县	7	2			5					
永春县										
德化县	1	1								
石狮市	23	1	13	4	5	1				1
晋江市	53	9	23	5	16	3			1	2
南安市	8	1	3		4	1		1		

7-5 续表 9

单位：人

现住地	硕士研究生					博士研究生				
	小计	乡	镇的村委会	镇的居委会	街道	小计	乡	镇的村委会	镇的居委会	街道
漳州市	**107**	**6**	**47**	**11**	**43**	**15**	**3**	**4**	**1**	**7**
芗城区	72	4	31	4	33	5	3		1	1
龙文区	7		4	1	2					
云霄县	1		1							
漳浦县	6		4		2	2		2		
诏安县	1				1					
长泰县	2			2						
东山县	1		1							
南靖县	1		1			1		1		
平和县						1				1
华安县										
龙海市	16	2	5	4	5	6		1		5
南平市	**30**	**1**	**11**	**5**	**13**	**4**			**1**	**3**
延平区	11		6	1	4					
建阳区	3			1	2	2			1	1
顺昌县	1				1					
浦城县	1	1								
光泽县	1		1							
松溪县										
政和县										
邵武市	2			1	1					
武夷山市	11		4	2	5	2				2
建瓯市										
龙岩市	**39**	**1**	**13**	**5**	**20**	**5**		**2**	**2**	**1**
新罗区	15		6	1	8	4		1	2	1
永定区	2			1	1					
长汀县	3			2	1	1		1		
上杭县	16	1	6	1	8					
武平县	1				1					
连城县										
漳平市	2		1		1					
宁德市	**206**	**32**	**68**	**22**	**84**	**17**	**2**	**5**		**10**
蕉城区	178	28	58	20	72	16	2	5		9
霞浦县	4	1		1	2					
古田县										
屏南县	1				1					
寿宁县										
周宁县										
柘荣县	2	1			1					
福安市	7	1	6			1				1
福鼎市	14	1	4	1	8					

7–6　各地区按现住地和出生地分的人口

单位：人

现住地	出生地							
	合计	省内		省外				
		本县市区	本省其他县市区	北京	天津	河北	山西	内蒙古
合　计	**3933085**	**2771527**	**611314**	**1177**	**569**	**4712**	**4306**	**1748**
福州市	**768407**	**507406**	**155128**	**234**	**121**	**1176**	**1073**	**398**
鼓楼区	63307	33106	22846	64	17	162	103	47
台江区	38956	24186	11618	10	7	63	28	21
仓山区	110714	52444	38537	48	35	205	132	67
马尾区	25222	12619	6710	7	1	39	46	11
晋安区	78263	33432	30259	33	16	149	99	48
长乐区	68371	48658	5447	4	4	102	103	37
闽侯县	89999	52148	22925	22	30	192	294	83
连江县	59533	51034	4087	8		33	34	26
罗源县	23827	19127	2149	7	1	53	61	13
闽清县	23544	21524	974	1	1	14	2	4
永泰县	24978	22807	1256	1		8	21	1
平潭县	36752	33635	1549	4	3	19	12	4
福清市	124941	102686	6771	25	6	137	138	36
厦门市	**523867**	**164404**	**191135**	**416**	**240**	**1612**	**1594**	**738**
思明区	107283	38327	43835	145	80	427	395	266
海沧区	59367	15509	20255	35	20	155	167	78
湖里区	105420	19559	53418	78	47	318	255	137
集美区	106504	24924	41440	89	68	426	467	170
同安区	87131	36691	20413	31	6	129	156	38
翔安区	58162	29394	11774	38	19	157	154	49
莆田市	**293477**	**251519**	**18837**	**126**	**38**	**192**	**116**	**38**
城厢区	51724	38752	7799	24	2	47	28	10
涵江区	44575	35497	3039	3	1	26	20	7
荔城区	62462	49935	5105	17	6	38	31	7
秀屿区	52068	48713	1112	76	25	64	32	10
仙游县	82648	78622	1782	6	4	17	5	4
三明市	**235595**	**191775**	**30295**	**31**	**14**	**145**	**125**	**36**
梅列区	21677	10999	8321	11	3	28	19	3
三元区	17931	9892	5791	6	4	25	27	10
明溪县	10070	8694	977	1		6	4	2
清流县	11228	9991	876			4	4	
宁化县	27196	25769	773			7	7	2
大田县	27329	25293	1139	1		15	10	2
尤溪县	31206	29363	1047	2		6	7	1
沙县	23794	18423	3587	2	4	10	11	2
将乐县	13198	11523	896	1		3	7	3
泰宁县	8954	8008	551	2		3	1	1
建宁县	10259	9348	484	2		3	5	1
永安市	32753	24472	5853	3	3	35	23	9
泉州市	**847493**	**575566**	**110552**	**197**	**67**	**685**	**587**	**221**
鲤城区	41792	18305	12174	25	4	50	62	8
丰泽区	67523	24125	27264	29	21	146	146	73
洛江区	23686	14566	4919	8		21	27	12
泉港区	32571	29838	1221		2	16	7	7
惠安县	101270	86155	5318	15	2	54	30	11
安溪县	94776	88855	2479	4	1	34	18	5
永春县	38653	35897	1737	1		11	4	5
德化县	32213	28899	2130	2	1	4	6	2
石狮市	66816	30581	14218	42	7	71	51	18
晋江市	201298	100174	29131	40	13	186	163	53
南安市	146895	118171	9961	31	16	92	73	27

7-6 续表 1

单位：人

现住地	出生地							
	合计	省内		省外				
		本县市区	本省其他县市区	北京	天津	河北	山西	内蒙古
漳州市	**486636**	**408902**	**42611**	**44**	**39**	**423**	**294**	**148**
芗城区	60092	39428	13619	8	5	101	104	22
龙文区	28495	15545	9352	7	1	49	20	11
云霄县	40156	38035	856	3		24	7	4
漳浦县	82438	77034	2133	13	5	58	32	14
诏安县	52133	50640	472		1	2	2	2
长泰县	23010	17822	1846	1	3	8	18	15
东山县	21723	19702	1089			5	5	2
南靖县	29110	26693	1485	2	2	10	7	3
平和县	41636	39825	843	2		8	4	2
华安县	12699	11187	775			3	8	3
龙海市	95144	72991	10141	8	22	155	87	70
南平市	**236264**	**203780**	**19482**	**32**	**9**	**107**	**93**	**45**
延平区	40337	32795	5122	5	5	33	26	12
建阳区	30046	23451	4451	7	1	9	7	9
顺昌县	15710	13370	1445			7	3	2
浦城县	24833	23275	494			5	3	2
光泽县	11925	10499	508	3		5	2	2
松溪县	11146	10545	308			2		
政和县	15025	13663	682	3		8	4	2
邵武市	25280	21342	2184	6		12	10	3
武夷山市	23496	19062	2632	3	3	15	31	11
建瓯市	38466	35778	1656	5		11	7	2
龙岩市	**259706**	**219454**	**27395**	**68**	**21**	**137**	**105**	**54**
新罗区	80994	53529	20766	25	5	84	72	31
永定区	29601	27603	909			7	4	2
长汀县	38388	36231	1031	34	1	15	3	3
上杭县	36658	33599	1641			14	10	3
武平县	26785	25190	648	1		4	5	5
连城县	23345	21912	894	7	12	5	5	
漳平市	23935	21390	1506	1	3	8	6	10
宁德市	**281640**	**248721**	**15879**	**29**	**20**	**235**	**319**	**70**
蕉城区	58027	42244	8524	16	10	81	163	29
霞浦县	42806	40257	1036	1	1	21	21	11
古田县	28339	26411	1092			3	3	2
屏南县	11758	11039	381	1		8	1	2
寿宁县	13259	12532	319	1	2	2	3	
周宁县	14220	13173	503	2	2		1	1
柘荣县	8777	7783	655			11	3	1
福安市	53230	49200	1910	2		54	69	11
福鼎市	51224	46082	1459	6	5	55	55	13

7-6 续表 2

单位：人

现住地	出生地 省外 辽宁	吉林	黑龙江	上海	江苏	浙江	安徽	江西	山东
合　计	**3908**	**3791**	**6760**	**2094**	**8407**	**11685**	**30914**	**98744**	**9818**
福州市	**864**	**706**	**1284**	**518**	**1899**	**2095**	**5014**	**13084**	**2281**
鼓楼区	155	106	158	127	361	314	456	1156	443
台江区	23	32	61	25	100	198	127	480	99
仓山区	154	107	227	95	270	402	827	3005	432
马尾区	53	36	47	22	78	100	276	681	117
晋安区	147	100	179	95	265	276	850	2234	314
长乐区	90	67	143	21	144	118	544	754	162
闽侯县	110	106	180	32	226	324	878	2012	262
连江县	28	17	46	55	90	79	190	509	57
罗源县	29	18	46	11	70	37	103	224	85
闽清县	3	2	7	2	91	21	29	74	18
永泰县	5	7	5	10	16	15	26	61	26
平潭县	10	13	33	1	27	32	136	204	27
福清市	57	95	152	22	161	179	572	1690	239
厦门市	**1631**	**1735**	**3247**	**494**	**2784**	**2490**	**9151**	**35021**	**3505**
思明区	554	500	974	218	891	786	1711	4099	998
海沧区	236	236	478	41	300	238	1239	4409	488
湖里区	305	353	727	87	548	517	1763	8405	761
集美区	295	366	584	110	638	556	2713	8880	647
同安区	94	168	272	24	224	190	1104	6592	290
翔安区	147	112	212	14	183	203	621	2636	321
莆田市	**130**	**119**	**172**	**65**	**261**	**226**	**910**	**2892**	**224**
城厢区	31	34	61	9	73	66	282	964	70
涵江区	12	15	29	10	46	45	203	557	40
荔城区	21	31	42	9	62	54	225	728	39
秀屿区	55	26	29	35	45	16	121	164	49
仙游县	11	13	11	2	35	45	79	479	26
三明市	**120**	**83**	**140**	**252**	**509**	**833**	**680**	**2698**	**590**
梅列区	32	9	38	108	129	167	106	502	148
三元区	19	18	21	40	115	152	202	373	142
明溪县	4	2	2		9	30	21	78	5
清流县	1	1	1	6	9	25	9	63	3
宁化县	1	5	2	2	7	13	12	290	9
大田县	7	2	2		8	33	21	103	14
尤溪县		7	9	3	45	37	19	62	11
沙县	10	12	13	15	54	89	110	365	59
将乐县	3	5	5	27	13	48	21	144	20
泰宁县	11	3	9	22	9	25	16	105	48
建宁县	2	2	1	12	8	46	9	163	24
永安市	30	17	37	17	103	168	134	450	107
泉州市	**567**	**546**	**916**	**171**	**1209**	**1677**	**11357**	**33755**	**1280**
鲤城区	37	42	70	32	87	143	585	3129	81
丰泽区	135	110	222	40	232	340	1074	3250	274
洛江区	25	26	38	3	46	49	226	824	31
泉港区	16	8	25	1	35	18	72	166	72
惠安县	65	42	67	7	98	136	758	1636	156
安溪县	15	17	35	6	29	25	156	580	44
永春县	1	1	4	3	6	10	23	131	4
德化县	9	2	14	3	13	25	46	218	14
石狮市	46	43	98	6	166	249	2377	6365	114
晋江市	152	176	251	41	352	478	5186	14341	301
南安市	66	79	92	29	145	204	854	3115	189

7-6 续表 3

单位：人

现住地	出生地								
	省外								
	辽宁	吉林	黑龙江	上海	江苏	浙江	安徽	江西	山东
漳州市	**265**	**301**	**576**	**91**	**632**	**600**	**2141**	**4839**	**738**
芗城区	47	25	77	29	131	122	710	1080	140
龙文区	16	19	30	3	58	62	222	654	37
云霄县	8	3	9	1	21	34	29	104	26
漳浦县	39	29	39	9	121	61	156	303	205
诏安县	4	4	5	1	7	14	35	51	7
长泰县	18	65	50	5	26	34	121	460	25
东山县	12	1	14	4	9	29	61	83	21
南靖县	2	11	9	3	16	22	52	104	9
平和县	3	4	3	3	5	8	29	92	9
华安县	1	6	5	1	21	3	28	76	19
龙海市	115	134	335	32	217	211	698	1832	240
南平市	**67**	**70**	**95**	**223**	**472**	**1844**	**443**	**2576**	**525**
延平区	8	14	19	54	115	183	89	400	146
建阳区	14	11	13	33	70	408	62	456	61
顺昌县	1	7	17	14	31	101	42	172	61
浦城县	1	1	4	46	30	176	43	145	22
光泽县	5	11	2	2	40	97	13	216	23
松溪县	1		1	4	9	77	14	37	5
政和县	1		3	17	7	135	15	45	28
邵武市	16	12	18	37	84	232	51	429	102
武夷山市	12	9	16	6	50	299	63	491	51
建瓯市	8	5	2	10	36	136	51	185	26
龙岩市	**78**	**71**	**131**	**78**	**305**	**275**	**606**	**2526**	**309**
新罗区	51	31	90	53	207	147	385	1300	209
永定区	3	1	3	3	9	11	26	220	5
长汀县	4	14	9	4	15	41	37	338	10
上杭县	13	8	2	6	27	26	44	175	36
武平县	2	1	5	1	4	9	40	240	16
连城县	1	7	2	4	14	8	16	99	8
漳平市	4	9	20	7	29	33	58	154	25
宁德市	**186**	**160**	**199**	**202**	**336**	**1645**	**612**	**1353**	**366**
蕉城区	87	86	106	75	121	173	207	622	195
霞浦县	34	9	20	6	60	108	63	118	31
古田县	3	9	4	3	11	41	45	86	7
屏南县	2	1	1	10	3	28	12	32	6
寿宁县	4	2	2	3	5	90	9	19	2
周宁县	5	3	2	80	37	27	16	58	7
柘荣县	3	1	4	4	10	104	11	19	3
福安市	14	12	24	10	31	124	78	160	41
福鼎市	34	37	36	11	58	950	171	239	74

7-6　续表 4　　　　单位：人

现住地	出生地								
	省外								
	河南	湖北	湖南	广东	广西	海南	重庆	四川	贵州
合　计	**44436**	**34549**	**30326**	**14045**	**12006**	**1462**	**36725**	**83858**	**60595**
福州市	**7239**	**7032**	**5836**	**1855**	**2402**	**269**	**6615**	**26524**	**8342**
鼓楼区	480	504	623	238	123	26	181	839	171
台江区	196	217	253	84	66	11	197	557	103
仓山区	1096	1041	1091	319	299	36	1561	6127	1181
马尾区	426	291	265	90	100	6	493	1966	350
晋安区	916	875	920	261	274	24	1705	3732	468
长乐区	766	1530	630	153	371	44	639	4772	1479
闽侯县	1127	782	655	255	521	62	590	3322	1512
连江县	359	208	199	87	116	8	223	945	664
罗源县	305	182	94	30	47	4	108	382	314
闽清县	41	38	44	36	93	2	60	225	141
永泰县	48	82	49	14	36	3	36	152	163
平潭县	119	137	69	59	62	7	72	242	168
福清市	1360	1145	944	229	294	36	750	3263	1628
厦门市	**17780**	**10650**	**8327**	**3849**	**2911**	**452**	**6889**	**20955**	**17674**
思明区	3766	1457	1128	955	402	102	562	1862	907
海沧区	2671	1881	1176	440	448	39	968	3025	2540
湖里区	3344	2094	1353	905	536	101	1244	4481	2159
集美区	3483	2738	1979	827	749	110	1674	5528	4099
同安区	2553	1638	1574	449	494	44	1621	4276	5158
翔安区	1963	842	1117	273	282	56	820	1783	2811
莆田市	**1674**	**2178**	**1535**	**528**	**404**	**41**	**1514**	**3510**	**3561**
城厢区	438	433	391	137	87	5	268	646	580
涵江区	317	808	318	90	92	10	445	1179	876
荔城区	633	644	550	110	116	13	554	984	1586
秀屿区	194	147	124	57	37	5	132	361	253
仙游县	92	146	152	134	72	8	115	340	266
三明市	**626**	**572**	**617**	**626**	**315**	**29**	**527**	**1687**	**1047**
梅列区	77	82	78	85	27	6	104	267	79
三元区	131	78	96	65	75	10	71	176	138
明溪县	13	13	16	30	8		11	21	28
清流县	14	17	57	25	15	1	21	45	27
宁化县	22	49	15	40	11	1	12	50	24
大田县	83	50	60	32	42	1	81	117	123
尤溪县	28	36	48	32	22		31	148	120
沙县	69	63	54	128	38	6	45	406	131
将乐县	39	32	32	52	11	1	41	144	75
泰宁县	11	30	8	14	5		8	27	13
建宁县	10	16	14	15	9	1	7	24	28
永安市	129	106	139	108	52	2	95	262	261
泉州市	**9818**	**9838**	**9661**	**2642**	**3683**	**422**	**17348**	**23120**	**22595**
鲤城区	580	680	724	194	165	20	879	2033	1204
丰泽区	865	1144	1011	365	322	80	978	3210	1258
洛江区	190	349	405	69	122	7	284	587	578
泉港区	181	101	123	37	46	65	79	198	119
惠安县	700	663	680	222	244	43	640	1394	1482
安溪县	166	186	172	160	285	22	164	387	648
永春县	53	55	67	73	79	6	80	136	133
德化县	63	57	85	49	32	2	91	156	214
石狮市	1221	1447	1093	324	345	31	2175	2751	2060
晋江市	4605	4128	4192	755	1276	85	9967	10286	11468
南安市	1194	1028	1109	394	767	61	2011	1982	3431

7-6 续表 5

单位：人

现住地	出生地 省外 河南	湖北	湖南	广东	广西	海南	重庆	四川	贵州
漳州市	**3595**	**2195**	**2176**	**2200**	**1014**	**108**	**1914**	**3198**	**4055**
芗城区	811	576	427	350	196	16	481	429	621
龙文区	311	228	281	186	99	8	301	317	421
云霄县	118	77	106	144	54	8	61	116	98
漳浦县	398	184	212	247	69	16	154	295	279
诏安县	50	32	56	496	38		20	63	70
长泰县	327	207	188	55	106	5	203	383	531
东山县	146	61	58	76	48	6	38	85	119
南靖县	50	47	57	62	57	1	41	86	102
平和县	38	27	36	233	43	4	38	111	113
华安县	64	35	61	24	17	4	46	80	140
龙海市	1282	721	694	327	287	40	531	1233	1561
南平市	**446**	**421**	**498**	**379**	**299**	**24**	**576**	**1606**	**1005**
延平区	42	98	105	117	57	6	68	558	136
建阳区	57	61	90	46	40	8	130	270	155
顺昌县	39	33	35	32	25		65	77	74
浦城县	55	47	48	33	15		31	70	112
光泽县	18	19	28	15	12		23	39	71
松溪县	15	3	9	9	6		30	32	29
政和县	36	24	21	21	22	1	44	63	80
邵武市	43	61	85	47	26	1	74	191	137
武夷山市	94	31	41	19	62	6	61	126	148
建瓯市	47	44	36	40	34	2	50	180	63
龙岩市	**608**	**619**	**687**	**1522**	**390**	**37**	**662**	**1528**	**1090**
新罗区	352	294	327	543	167	17	358	906	544
永定区	27	69	83	273	46	2	75	102	83
长汀县	44	29	43	139	42	3	43	95	52
上杭县	67	87	72	224	61	3	70	133	198
武平县	29	43	64	213	32	6	31	87	51
连城县	32	31	33	63	18	2	25	73	33
漳平市	57	66	65	67	24	4	60	132	129
宁德市	**2650**	**1044**	**989**	**444**	**588**	**80**	**680**	**1730**	**1226**
蕉城区	1672	440	539	209	363	18	166	603	385
霞浦县	173	76	103	34	45	12	91	172	130
古田县	33	39	49	29	37	27	46	234	64
屏南县	10	18	16	8	4	4	37	77	34
寿宁县	11	27	11	25	6		20	43	72
周宁县	24	11	21	27	33	4	32	49	44
柘荣县	9	14	12	13	12	2	12	19	41
福安市	436	166	89	37	35	7	98	255	139
福鼎市	282	253	149	62	53	6	178	278	317

7-6　续表 6　　　　单位：人

现住地	出生地							
	省外							港澳台或国外
	云南	西藏	陕西	甘肃	青海	宁夏	新疆	
合　计	**23467**	**156**	**8528**	**5343**	**588**	**774**	**1828**	**2925**
福州市	**4115**	**48**	**1744**	**1488**	**91**	**180**	**330**	**1016**
鼓楼区	89	3	167	91	14	12	48	77
台江区	43	1	58	36	10	5	24	17
仓山区	342	5	268	226	11	23	60	41
马尾区	183		108	63	1	6	6	25
晋安区	178	2	198	92	4	17	25	76
长乐区	1127		197	140	9	11	17	88
闽侯县	605	31	214	310	16	42	115	16
连江县	213	1	62	90	2	7	8	48
罗源县	190		48	80		4	2	3
闽清县	59		27	6		1		4
永泰县	88	1	24	10			3	4
平潭县	43	3	32	20				10
福清市	955	1	341	324	24	52	22	607
厦门市	**6974**	**33**	**3152**	**2164**	**296**	**326**	**736**	**502**
思明区	335	7	514	377	78	81	242	302
海沧区	1246	2	581	306	26	32	77	25
湖里区	725	2	539	357	42	49	134	77
集美区	1267	14	719	530	95	70	204	45
同安区	2042	2	475	272	13	15	38	45
翔安区	1359	6	324	322	42	79	41	8
莆田市	**1708**	**3**	**545**	**122**	**17**	**52**	**56**	**164**
城厢区	307		98	41	1	8	24	8
涵江区	475		233	16	2	22	7	135
荔城区	687	3	154	32	9	11	14	12
秀屿区	110		31	23	5	10	6	1
仙游县	129		29	10		1	5	8
三明市	**687**	**22**	**187**	**90**	**10**	**17**	**45**	**165**
梅列区	162	20	22	7	4	3	4	27
三元区	131	2	34	33	2	6	18	28
明溪县	28		2	3				62
清流县	5		4	3			1	
宁化县	17		10	10		2	5	29
大田县	67		14	4	1	4		
尤溪县	98		15	1	1		4	3
沙县	63		14	2		2	4	3
将乐县	39		6	5	1			1
泰宁县	6		8	4			5	1
建宁县	13		7	5				
永安市	58		51	13	1		4	11
泉州市	**5704**	**22**	**1550**	**745**	**71**	**115**	**452**	**354**
鲤城区	261		86	31	5	3	24	69
丰泽区	295	9	193	175	12	17	71	37
洛江区	117	2	54	40	2	3	35	21
泉港区	53	2	24	22	1	1	10	5
惠安县	384	1	143	68	11	6	25	14
安溪县	196		54	13	6	5	4	5
永春县	48		17	11	1			56
德化县	30		23	12	2		1	8
石狮市	506		186	98	17	39	40	31
晋江市	2453	8	550	190	11	30	183	73
南安市	1361		220	85	3	11	59	35

7-6 续表 7 单位：人

现住地	出生地							
	省外							港澳台或国外
	云南	西藏	陕西	甘肃	青海	宁夏	新疆	
漳州市	**2070**	**22**	**444**	**335**	**43**	**46**	**100**	**477**
芗城区	281	21	70	61	5	8	27	64
龙文区	170		42	18		3	16	8
云霄县	58	1	15	12		1		123
漳浦县	160		43	44	5	13	15	53
诏安县	22		4	1		1		33
长泰县	405		49	30		1	2	1
东山县	27		10	6	1		2	3
南靖县	85		11	1				80
平和县	133		13	3	1		2	1
华安县	71		14	7				
龙海市	658		173	152	31	19	36	111
南平市	**783**	**3**	**137**	**72**	**18**	**9**	**43**	**82**
延平区	73	2	21	8		1	9	10
建阳区	55		33	12	2	2	13	9
顺昌县	39		10	6		2		
浦城县	163		5	1			3	3
光泽县	257		12	1			1	1
松溪县	9				1			
政和县	84		8	1			1	6
邵武市	30		31	4	1	1	4	6
武夷山市	37	1	11	34	13	3	11	44
建瓯市	36		6	5	1		1	3
龙岩市	**529**		**192**	**108**	**19**	**10**	**38**	**54**
新罗区	260		106	49	13	8	28	37
永定区	24		8	1				2
长汀县	65		20	16	2		2	3
上杭县	86		18	30	1		1	3
武平县	33		10	6	3		2	4
连城县	20		10	2			5	4
漳平市	41		20	4		2		1
宁德市	**897**	**3**	**577**	**219**	**23**	**19**	**28**	**111**
蕉城区	291	3	344	125	13	8	20	89
霞浦县	65		62	31	3	3	3	6
古田县	38		10	3	2	1	1	6
屏南县	12		5	1	3			2
寿宁县	41		7					1
周宁县	26		26	5				1
柘荣县	23		5	3				
福安市	156		40	27	1	2	1	1
福鼎市	245		78	24	1	5	3	5

7-7　各地区按现住地和五年前常住地分的人口

单位：人

现住地	五年前常住地							
	合计	省内		省外				
		本县市区	本省其他县市区	北京	天津	河北	山西	内蒙古
合　计	**3698335**	**3248827**	**223460**	**2877**	**919**	**2841**	**2586**	**849**
福州市	**729175**	**619191**	**57026**	**464**	**131**	**711**	**734**	**219**
鼓楼区	60279	51509	6194	100	10	76	34	17
台江区	37136	33333	2648	27	2	31	12	9
仓山区	104790	86887	11412	90	28	87	77	31
马尾区	24036	18847	2483	14	6	19	31	7
晋安区	74454	64215	6689	58	15	68	38	15
长乐区	65165	53049	3110	26	13	85	84	30
闽侯县	85634	62628	14066	48	34	152	260	52
连江县	56659	50925	2731	15	3	14	24	12
罗源县	22502	19307	1444	9	5	49	36	7
闽清县	22211	21139	480	4	1	18	2	2
永泰县	23642	21953	1091	4		9	15	
平潭县	34641	32447	1173	9	5	10	13	1
福清市	118026	102952	3505	60	9	93	108	36
厦门市	**492738**	**370342**	**60353**	**1141**	**347**	**828**	**805**	**298**
思明区	101041	83614	9105	336	83	146	158	79
海沧区	55589	40752	6479	121	33	56	74	25
湖里区	99741	73402	15296	267	85	156	99	55
集美区	100126	68446	16849	290	97	294	312	98
同安区	81709	64238	7207	52	22	76	73	14
翔安区	54532	39890	5417	75	27	100	89	27
莆田市	**276693**	**254158**	**9050**	**332**	**109**	**188**	**98**	**32**
城厢区	48639	42768	3072	73	14	36	21	11
涵江区	42166	37109	1609	21	9	22	13	3
荔城区	58683	52442	2353	36	9	36	22	2
秀屿区	49463	46892	735	163	74	76	39	14
仙游县	77742	74947	1281	39	3	18	3	2
三明市	**220990**	**206170**	**8807**	**73**	**23**	**84**	**83**	**20**
梅列区	20282	17944	1672	16	1	7	5	1
三元区	17042	14666	1511	8		16	22	4
明溪县	9475	8904	254	2		6	7	
清流县	10570	10078	291	1	1	3	2	
宁化县	25507	24548	641	2		4	2	1
大田县	25367	24125	710	4		15	8	2
尤溪县	28920	28042	490	5	2	7	6	
沙县	22429	20139	1190	18	16	10	5	1
将乐县	12360	11586	299	6		4	5	4
泰宁县	8342	7868	230	2			1	2
建宁县	9672	9372	166		1		2	1
永安市	31024	28898	1353	9	2	12	18	4
泉州市	**794068**	**699508**	**42455**	**402**	**150**	**443**	**339**	**115**
鲤城区	39284	32408	4126	33	12	17	18	3
丰泽区	63336	48100	9929	58	16	101	105	38
洛江区	22015	18167	2578	14		11	13	4
泉港区	30076	28474	780	6	4	14	3	3
惠安县	93224	85971	3177	42	16	50	25	12
安溪县	89078	86139	1348	9	8	19	12	5
永春县	36253	34745	998	6	2	4	2	4
德化县	29722	28130	1010	10		6	2	
石狮市	63195	52775	4773	28	10	60	31	12
晋江市	190554	158086	9964	104	39	105	82	21
南安市	137331	126513	3772	92	43	56	46	13

7-7 续表 1　　　　单位：人

现住地	五年前常住地							
	合计	省内		省外				
		本县市区	本省其他县市区	北京	天津	河北	山西	内蒙古
漳州市	**455114**	**415827**	**22170**	**130**	**55**	**268**	**185**	**76**
芗城区	56942	49773	4585	14	4	51	76	9
龙文区	26244	20155	4685	22	5	24	5	3
云霄县	37643	36272	655	7		17	2	3
漳浦县	76003	71762	1844	25	11	47	22	9
诏安县	48502	47316	380	4		5	1	
长泰县	21544	18942	969	4	4	6	11	7
东山县	20391	19374	470			4	2	1
南靖县	27559	26412	696	4		8	3	2
平和县	39012	37525	754	5		6	3	1
华安县	11988	11104	448		1	4	5	
龙海市	89286	77192	6684	45	30	96	55	41
南平市	**224071**	**212354**	**6506**	**82**	**18**	**64**	**44**	**21**
延平区	38366	36266	1358	9	5	13	6	3
建阳区	28413	25780	1779	23	3	15	2	3
顺昌县	14982	14305	470	4	1	1	1	
浦城县	23894	22914	286	3	1	9		1
光泽县	11298	10732	194	8	1	5	2	
松溪县	10491	10195	136	1		1		
政和县	14052	13319	268	8	1	2	3	2
邵武市	23992	22803	615	16		7	3	
武夷山市	22117	20444	959	4	3	4	24	12
建瓯市	36466	35596	441	6	3	7	3	
龙岩市	**241143**	**224944**	**10589**	**110**	**39**	**80**	**84**	**30**
新罗区	75252	66785	6084	36	14	35	47	12
永定区	27760	26733	594	1		2	8	
长汀县	35546	34100	831	45	3	15	3	1
上杭县	33935	31734	1297	10	2	12	6	4
武平县	24686	23555	592	13	3	4	9	4
连城县	21490	20618	547	3	13	5	4	
漳平市	22474	21419	644	2	4	7	7	9
宁德市	**264343**	**246333**	**6504**	**143**	**47**	**175**	**214**	**38**
蕉城区	54323	45582	3354	61	27	40	118	11
霞浦县	40177	38694	417	4	6	21	16	4
古田县	26716	25856	465	8		2		1
屏南县	10996	10592	218	4	2	6	2	
寿宁县	12457	11971	223	1		3	4	1
周宁县	13438	12699	254	3	5	1	1	
柘荣县	8227	7846	190	2		7	2	1
福安市	50124	47942	686	24	1	56	53	6
福鼎市	47885	45151	697	36	6	39	18	14

7-7　续表 2

单位：人

现住地	五年前常住地								
	省　外								
	辽宁	吉林	黑龙江	上海	江苏	浙江	安徽	江西	山东
合　计	**2107**	**1721**	**2628**	**4376**	**5646**	**8937**	**8195**	**25175**	**4204**
福州市	**455**	**334**	**570**	**752**	**1098**	**1291**	**1848**	**4283**	**1007**
鼓楼区	60	39	44	81	127	115	123	235	89
台江区	18	11	20	30	49	49	44	132	25
仓山区	55	49	75	133	138	197	240	786	163
马尾区	25	7	18	31	38	71	65	156	42
晋安区	35	33	49	72	91	124	173	461	96
长乐区	81	44	99	51	125	143	230	293	118
闽侯县	84	56	106	64	196	253	435	1019	189
连江县	20	8	15	144	88	86	75	162	31
罗源县	21	6	28	40	51	43	81	120	72
闽清县	3	1	5	16	53	11	22	22	11
永泰县	3	5	4	33	11	13	20	36	31
平潭县	10	10	21	3	15	25	72	136	20
福清市	40	65	86	54	116	161	268	725	120
厦门市	**763**	**687**	**1069**	**1154**	**1714**	**2313**	**2016**	**8242**	**1269**
思明区	202	158	247	277	344	343	303	845	265
海沧区	86	74	142	170	251	314	214	951	143
湖里区	146	132	237	278	311	425	385	1880	249
集美区	174	179	264	290	496	630	623	1982	339
同安区	51	74	80	76	134	376	245	1583	86
翔安区	104	70	99	63	178	225	246	1001	187
莆田市	**115**	**95**	**111**	**255**	**359**	**361**	**363**	**1084**	**216**
城厢区	17	26	29	65	85	76	111	313	49
涵江区	11	7	20	27	47	65	62	194	34
荔城区	14	24	17	32	83	96	97	282	34
秀屿区	55	27	40	98	99	52	58	63	78
仙游县	18	11	5	33	45	72	35	232	21
三明市	**65**	**43**	**47**	**323**	**270**	**498**	**176**	**573**	**141**
梅列区	6	2	10	19	27	33	20	90	17
三元区	12	15	12	13	25	25	26	65	18
明溪县	5	3	3	4	4	12	9	21	3
清流县		1	2	16		14	4	8	
宁化县	1	6	1	5	14	27	6	60	10
大田县	5	2	1	8	14	34	12	52	16
尤溪县		2	5	13	26	28	9	15	4
沙县	9	5		41	99	149	54	88	27
将乐县	1		2	99	15	80	2	30	17
泰宁县	6		3	79	16	37	3	36	3
建宁县	3			14	7	11	1	19	2
永安市	17	7	8	12	23	48	30	89	24
泉州市	**315**	**237**	**376**	**615**	**997**	**1958**	**2566**	**7447**	**708**
鲤城区	25	17	32	57	46	123	92	497	21
丰泽区	54	37	79	122	163	292	272	672	126
洛江区	10	7	6	17	25	54	54	187	15
泉港区	9	10	15	9	21	20	30	54	42
惠安县	45	22	32	58	108	206	194	445	115
安溪县	9	12	10	23	27	69	55	188	38
永春县	6		2	17	14	11	7	45	1
德化县	7		11	6	7	21	13	75	13
石狮市	29	16	41	43	99	258	394	1004	60
晋江市	87	78	92	167	348	644	1209	3531	146
南安市	34	38	56	96	139	260	246	749	131

7-7 续表 3

单位：人

现住地	五年前常住地								
	省外								
	辽宁	吉林	黑龙江	上海	江苏	浙江	安徽	江西	山东
漳州市	**149**	**142**	**259**	**254**	**495**	**619**	**638**	**1627**	**458**
芗城区	21	13	32	49	58	96	142	258	54
龙文区	2	6	19	19	38	49	45	170	15
云霄县	6		5	7	12	39	7	44	24
漳浦县	22	20	32	44	129	92	88	170	195
诏安县	2	1	2	4	3	11	8	20	5
长泰县	15	33	20	13	37	44	52	167	17
东山县	6	1	6	8	7	23	18	46	15
南靖县	1	5	5	2	18	11	24	42	7
平和县	5	3		8	14	32	5	27	3
华安县	3	3	4	12	22	6	17	29	17
龙海市	66	57	134	88	157	216	232	654	106
南平市	**45**	**33**	**38**	**417**	**207**	**553**	**140**	**574**	**80**
延平区	12	6	7	27	43	48	41	65	16
建阳区	8	10	9	117	34	88	16	116	13
顺昌县	2		2	11	7	13	3	23	2
浦城县		1	2	100	18	120	19	51	7
光泽县	1	8		4	17	16	1	34	5
松溪县			1	12	6	19	7	19	1
政和县	1		3	48	6	66	7	24	13
邵武市	9	5	2	60	37	57	14	80	8
武夷山市	6	2	11	5	23	55	14	100	11
建瓯市	6	1	1	33	16	71	18	62	4
龙岩市	**54**	**45**	**49**	**105**	**143**	**181**	**176**	**674**	**98**
新罗区	33	19	29	51	69	88	90	314	51
永定区	2	1		5	11	15	12	45	4
长汀县	1	3	7	9	13	19	7	69	2
上杭县	10	11	2	21	25	21	25	74	27
武平县	4		3	7	10	9	23	78	5
连城县	1	3		2	9	15	7	37	4
漳平市	3	8	8	10	6	14	12	57	5
宁德市	**146**	**105**	**109**	**501**	**363**	**1163**	**272**	**671**	**227**
蕉城区	77	66	64	185	132	117	102	317	123
霞浦县	29	9	9	24	60	114	32	62	23
古田县		7		3	7	21	17	52	1
屏南县	1	1	1	39	13	5	2	15	5
寿宁县	1	2		6	7	98	2	2	4
周宁县	6	1	2	168	52	13	5	41	4
柘荣县	3	1	4	11	7	67	3	4	
福安市	10	9	17	31	24	96	40	84	31
福鼎市	19	9	12	34	61	632	69	94	36

7-7 续表 4

单位：人

现住地	五年前常住地								
	省外								
	河南	湖北	湖南	广东	广西	海南	重庆	四川	贵州
合计	**17681**	**10458**	**10256**	**18257**	**4957**	**1186**	**9805**	**21056**	**23043**
福州市	**3467**	**2434**	**1977**	**2033**	**1162**	**228**	**1947**	**7255**	**4156**
鼓楼区	165	146	129	189	49	15	47	231	64
台江区	59	60	62	61	17	5	74	139	51
仓山区	423	302	341	304	139	39	427	1357	409
马尾区	164	56	66	110	36	6	77	280	115
晋安区	269	201	185	224	94	13	227	589	123
长乐区	440	522	272	255	171	41	266	1400	760
闽侯县	705	353	349	308	371	59	298	1409	1000
连江县	166	88	86	95	45	5	78	244	290
罗源县	195	103	42	72	21	6	71	157	234
闽清县	28	16	17	41	18	6	23	67	67
永泰县	31	34	17	25	14	3	20	72	90
平潭县	64	67	33	53	40	7	45	105	109
福清市	758	486	378	296	147	23	294	1205	844
厦门市	**5883**	**2733**	**2706**	**5363**	**1181**	**386**	**1982**	**4851**	**6438**
思明区	941	374	302	764	156	70	166	505	293
海沧区	857	447	320	939	132	31	238	676	854
湖里区	984	501	422	1233	234	88	353	863	636
集美区	1183	611	646	1288	366	123	428	1026	1389
同安区	872	442	455	732	147	26	438	945	1851
翔安区	1046	358	561	407	146	48	359	836	1415
莆田市	**796**	**812**	**659**	**1004**	**202**	**39**	**577**	**1206**	**1679**
城厢区	232	160	159	215	48	11	124	239	335
涵江区	130	258	118	151	37	5	132	362	372
荔城区	307	238	259	274	60	10	233	372	745
秀屿区	93	70	49	139	11	5	43	96	95
仙游县	34	86	74	225	46	8	45	137	132
三明市	**300**	**296**	**290**	**759**	**124**	**34**	**132**	**350**	**375**
梅列区	32	29	31	82	10	8	10	31	24
三元区	74	50	52	51	44	10	11	48	83
明溪县	9	4	6	22	1	1	2	6	7
清流县	7	8	36	25	2		8	17	19
宁化县	9	29	9	58	2	1	5	20	11
大田县	33	35	32	54	23	1	24	50	45
尤溪县	16	17	20	47	3	3	15	28	31
沙县	46	45	43	265	7	6	8	51	32
将乐县	13	12	14	51	1		17	42	29
泰宁县		23	1	6		1	6	7	5
建宁县	1	6	7	12	4	1	3	9	13
永安市	60	38	39	86	27	2	23	41	76
泉州市	**3302**	**2484**	**2790**	**4207**	**1104**	**310**	**3972**	**4820**	**7070**
鲤城区	134	133	158	272	33	11	157	306	339
丰泽区	328	258	311	496	161	55	188	497	400
洛江区	71	65	93	92	42	3	61	132	176
泉港区	101	51	35	62	11	49	41	78	57
惠安县	314	203	227	426	89	41	169	342	455
安溪县	87	63	55	227	85	12	69	100	237
永春县	20	25	30	103	14	7	26	35	53
德化县	38	36	25	97	17		23	56	74
石狮市	375	275	265	484	85	28	407	471	556
晋江市	1420	1071	1217	1268	325	61	2362	2276	3699
南安市	414	304	374	680	242	43	469	527	1024

7-7 续表 5

单位：人

现住地	五年前常住地								
	省外								
	河南	湖北	湖南	广东	广西	海南	重庆	四川	贵州
漳州市	**1606**	**792**	**841**	**2461**	**527**	**68**	**564**	**1203**	**1735**
芗城区	276	113	147	263	131	4	84	145	275
龙文区	99	92	86	223	48	9	63	105	147
云霄县	58	28	36	164	37	3	37	52	64
漳浦县	307	132	131	249	45	10	61	162	153
诏安县	33	6	22	544	25	3	10	26	32
长泰县	149	87	72	106	46	1	68	144	241
东山县	114	32	24	47	24	2	14	48	69
南靖县	27	21	26	34	22		15	46	50
平和县	18	12	6	392	15	6	18	36	34
华安县	36	20	41	33	6		24	37	78
龙海市	489	249	250	406	128	30	170	402	592
南平市	**225**	**173**	**179**	**401**	**123**	**29**	**140**	**293**	**441**
延平区	23	39	27	129	17	8	6	48	46
建阳区	25	30	27	35	16	5	14	70	59
顺昌县	28	17	10	13	6	1	5	10	18
浦城县	27	17	30	48	5	3	17	33	41
光泽县	6	4	9	16	4		1	15	22
松溪县	3	2	5	13	3	1	20	20	16
政和县	21	15	17	31	11	1	29	27	46
邵武市	23	17	29	51	8		12	16	52
武夷山市	52	14	15	25	45	6	26	32	121
建瓯市	17	18	10	40	8	4	10	22	20
龙岩市	**288**	**195**	**248**	**1188**	**159**	**43**	**181**	**340**	**457**
新罗区	159	71	102	350	61	15	73	139	217
永定区	15	22	24	140	24	3	18	26	26
长汀县	23	15	11	178	12		20	43	32
上杭县	45	35	31	228	33	3	27	58	93
武平县	9	15	29	169	10	14	22	20	30
连城县	15	17	17	74	12	2	5	25	17
漳平市	22	20	34	49	7	6	16	29	42
宁德市	**1814**	**539**	**566**	**841**	**375**	**49**	**310**	**738**	**692**
蕉城区	1189	273	330	454	290	16	108	327	285
霞浦县	124	42	72	63	20	8	40	75	79
古田县	20	21	21	20	20	9	16	33	32
屏南县	3	7	2	14		5	6	18	18
寿宁县	3	10	5	46	3		2	3	25
周宁县	19	6	17	25	12	1	7	22	27
柘荣县	4	6	2	16	3		2	6	16
福安市	324	93	49	71	17	5	64	150	66
福鼎市	128	81	68	132	10	5	65	104	144

7-7 续表 6

单位：人

现住地	五年前常住地							
	省外							港澳台或国外
	云南	西藏	陕西	甘肃	青海	宁夏	新疆	
合　计	**12901**	**194**	**4027**	**3121**	**387**	**544**	**1521**	**13593**
福州市	**2504**	**50**	**861**	**1044**	**50**	**125**	**292**	**9476**
鼓楼区	56	2	64	47	6	10	15	191
台江区	24	1	25	16	2	3	14	83
仓山区	159	8	106	155	3	8	38	124
马尾区	87	1	37	42		7	4	1088
晋安区	101		55	24	3	5	19	90
长乐区	677	3	144	94	2	10	39	2488
闽侯县	415	28	144	272	12	38	118	113
连江县	95	1	31	60	2	4	4	1012
罗源县	133		32	65		4	12	36
闽清县	31		10	5	1			91
永泰县	65	1	15	6			3	18
平潭县	32	4	22	16	1		1	72
福清市	629	1	176	242	18	36	25	4070
厦门市	**3934**	**47**	**1290**	**1109**	**174**	**207**	**485**	**628**
思明区	184	4	187	116	35	35	111	293
海沧区	700	8	205	164	21	22	47	43
湖里区	396	6	210	130	19	24	85	154
集美区	721	18	307	335	59	52	163	48
同安区	1005	7	153	142	6	6	45	50
翔安区	928	4	228	222	34	68	34	40
莆田市	**1013**	**9**	**275**	**90**	**29**	**35**	**69**	**1273**
城厢区	176	3	55	33	4	6	20	53
涵江区	246		75	10	2	9	8	998
荔城区	419	5	71	20	4	4	17	66
秀屿区	91		49	22	18	16	18	85
仙游县	81	1	25	5	1		6	71
三明市	**309**	**23**	**93**	**56**	**5**	**14**	**19**	**415**
梅列区	60	20	7	2	1			65
三元区	38	2	12	26	2	4	15	82
明溪县	18		3	2				157
清流县	5		3	3				16
宁化县	3		7	9		3		13
大田县	31		9	2		5	2	13
尤溪县	66		9					11
沙县	37	1	13	2	1	1	1	19
将乐县	15		5	3	1	1		6
泰宁县	3						1	3
建宁县	9		2	4				2
永安市	24		23	3				28
泉州市	**2649**	**29**	**689**	**349**	**58**	**96**	**424**	**1084**
鲤城区	103		32	12	4	6	12	45
丰泽区	150	10	92	91	11	18	53	53
洛江区	31	2	18	22	1	2	36	6
泉港区	37	1	13	15	2		12	17
惠安县	211	2	91	31	11	7	32	55
安溪县	94		32	8	2	4	1	31
永春县	19	1	11	3	1		1	40
德化县	16		11	5	2		1	10
石狮市	275	1	54	42	11	32	28	173
晋江市	1086	10	215	73	7	14	173	574
南安市	627	2	120	47	6	13	75	80

7-7 续表 7

单位：人

现住地	五年前常住地							
	省外							港澳台或国外
	云南	西藏	陕西	甘肃	青海	宁夏	新疆	
漳州市	**1144**	**26**	**216**	**195**	**32**	**40**	**117**	**195**
芗城区	124	21	19	42	1	4	33	25
龙文区	72	1	16	4	1	1	13	2
云霄县	35	1	8	7			1	12
漳浦县	102		35	28	3	16	15	42
诏安县	20		2	1			3	13
长泰县	234	1	18	23	1	1	4	7
东山县	15		4	3			4	10
南靖县	55		10	1	1		1	10
平和县	65		9	3			1	6
华安县	25		5	2			1	5
龙海市	397	2	90	81	25	18	41	63
南平市	**519**	**3**	**70**	**54**	**10**	**4**	**29**	**202**
延平区	27	2	10	1	1		7	50
建阳区	28		17	11	1		6	53
顺昌县	12		1	3		1	1	11
浦城县	132		4	1				4
光泽县	172		10	1				10
松溪县	7		2					1
政和县	67		8		1		1	6
邵武市	18		10	4				36
武夷山市	31	1	4	32	6	3	11	16
建瓯市	25		4	1	1		3	15
龙岩市	**276**	**1**	**115**	**73**	**5**	**9**	**52**	**112**
新罗区	132	1	58	28	4	6	32	47
永定区	13		6	1		1	3	5
长汀县	28		13	17			1	25
上杭县	48		13	21	1		6	12
武平县	23		13	4		2	3	4
连城县	11		4	2			7	14
漳平市	21		8					5
宁德市	**553**	**6**	**418**	**151**	**24**	**14**	**34**	**208**
蕉城区	215	5	253	103	15	6	25	53
霞浦县	44		33	23	2	2	2	24
古田县	19	1	7	1	2			54
屏南县	2		8		2			5
寿宁县	9		14					12
周宁县	11		26	4				6
柘荣县	15		3	1	1			4
福安市	115		28	9	2	3	4	14
福鼎市	123		46	10		3	3	36

第二部分 长表数据资料

第八卷 老年人口

8-1　各地区分性别、健康状况的60岁及以上老年人口

单位：人

地　区	60岁及以上人口			健　康		
	合计	男	女	小计	男	女
合　计	**635334**	**308421**	**326913**	**400957**	**203959**	**196998**
福州市	**130861**	**64401**	**66460**	**85202**	**43759**	**41443**
鼓楼区	12461	5875	6586	8854	4337	4517
台江区	8055	3889	4166	5669	2835	2834
仓山区	14889	7324	7565	10411	5334	5077
马尾区	3604	1765	1839	2325	1210	1115
晋安区	11967	5975	5992	8470	4340	4130
长乐区	11784	5672	6112	6983	3504	3479
闽侯县	12904	6689	6215	7908	4285	3623
连江县	11803	5742	6061	8012	4090	3922
罗源县	4305	2198	2107	2542	1376	1166
闽清县	5568	2794	2774	2981	1549	1432
永泰县	5555	2830	2725	3392	1783	1609
平潭县	6309	3064	3245	3142	1673	1469
福清市	21657	10584	11073	14513	7443	7070
厦门市	**49518**	**23027**	**26491**	**37351**	**17886**	**19465**
思明区	15956	7295	8661	11492	5376	6116
海沧区	4799	2267	2532	3799	1840	1959
湖里区	7578	3602	3976	5778	2840	2938
集美区	7000	3286	3714	5451	2597	2854
同安区	7990	3737	4253	6026	2924	3102
翔安区	6195	2840	3355	4805	2309	2496
莆田市	**55109**	**25852**	**29257**	**33275**	**16408**	**16867**
城厢区	7672	3658	4014	5292	2624	2668
涵江区	8663	4114	4549	5007	2527	2480
荔城区	9564	4484	5080	6116	2992	3124
秀屿区	12343	5480	6863	7241	3373	3868
仙游县	16867	8116	8751	9619	4892	4727
三明市	**46518**	**22976**	**23542**	**30109**	**15540**	**14569**
梅列区	3205	1515	1690	2390	1177	1213
三元区	2981	1444	1537	2040	1040	1000
明溪县	2142	1082	1060	1502	772	730
清流县	2402	1168	1234	1601	818	783
宁化县	5839	2780	3059	4226	2075	2151
大田县	5052	2520	2532	2972	1581	1391
尤溪县	6908	3592	3316	3993	2178	1815
沙县	4589	2238	2351	2646	1334	1312
将乐县	2886	1438	1448	2055	1058	997
泰宁县	2004	967	1037	1328	677	651
建宁县	2384	1148	1236	1583	817	766
永安市	6126	3084	3042	3773	2013	1760
泉州市	**110416**	**51726**	**58690**	**70026**	**34562**	**35464**
鲤城区	5056	2340	2716	3372	1624	1748
丰泽区	6456	3066	3390	4980	2439	2541
洛江区	2760	1308	1452	1680	841	839
泉港区	5639	2494	3145	3207	1511	1696
惠安县	15056	6367	8689	9218	4139	5079
安溪县	14561	7039	7522	9170	4651	4519
永春县	7992	3925	4067	4715	2450	2265
德化县	4497	2237	2260	2662	1386	1276
石狮市	5950	2916	3034	3885	2008	1877
晋江市	19663	9402	10261	12069	6163	5906
南安市	22786	10632	12154	15068	7350	7718

8-1 续表 1 单位：人

地 区	60岁及以上人口			健 康		
	合计	男	女	小计	男	女
漳州市	**88228**	**42535**	**45693**	**57907**	**29381**	**28526**
芗城区	9569	4580	4989	7060	3509	3551
龙文区	3263	1566	1697	2382	1165	1217
云霄县	7470	3645	3825	4824	2480	2344
漳浦县	14783	6954	7829	9130	4582	4548
诏安县	10336	4901	5435	6330	3196	3134
长泰县	3701	1814	1887	2505	1307	1198
东山县	4205	1968	2237	2634	1326	1308
南靖县	6405	3101	3304	4294	2187	2107
平和县	9261	4715	4546	6104	3255	2849
华安县	2734	1332	1402	1598	810	788
龙海市	16501	7959	8542	11046	5564	5482
南平市	**52001**	**26055**	**25946**	**30012**	**15924**	**14088**
延平区	8938	4398	4540	5112	2666	2446
建阳区	6021	3017	3004	3504	1856	1648
顺昌县	3931	1909	2022	2100	1098	1002
浦城县	6754	3460	3294	4071	2169	1902
光泽县	2482	1223	1259	1314	694	620
松溪县	2514	1250	1264	1447	777	670
政和县	3078	1625	1453	1489	832	657
邵武市	5424	2697	2727	2982	1587	1395
武夷山市	3840	1942	1898	2316	1242	1074
建瓯市	9019	4534	4485	5677	3003	2674
龙岩市	**48679**	**23602**	**25077**	**27738**	**14410**	**13328**
新罗区	11275	5543	5732	7087	3661	3426
永定区	6544	3136	3408	3202	1655	1547
长汀县	7890	3818	4072	5213	2657	2556
上杭县	7807	3686	4121	4273	2198	2075
武平县	5753	2765	2988	3126	1634	1492
连城县	4937	2422	2515	2649	1420	1229
漳平市	4473	2232	2241	2188	1185	1003
宁德市	**54004**	**28247**	**25757**	**29337**	**16089**	**13248**
蕉城区	7789	4059	3730	4292	2352	1940
霞浦县	8634	4478	4156	6707	3528	3179
古田县	7136	3760	3376	3337	1870	1467
屏南县	2557	1363	1194	1122	644	478
寿宁县	3340	1792	1548	1460	854	606
周宁县	3221	1772	1449	1544	894	650
柘荣县	1711	906	805	791	447	344
福安市	9799	5123	4676	4542	2520	2022
福鼎市	9817	4994	4823	5542	2980	2562

8-1　续表 2　　　　单位：人

地　区	基本健康			不健康，但生活能自理			不健康，生活不能自理		
	小计	男	女	小计	男	女	小计	男	女
合　计	**178859**	**78689**	**100170**	**44566**	**20920**	**23646**	**10952**	**4853**	**6099**
福州市	**36545**	**16337**	**20208**	**7337**	**3460**	**3877**	**1777**	**845**	**932**
鼓楼区	2994	1270	1724	472	208	264	141	60	81
台江区	2123	941	1182	202	83	119	61	30	31
仓山区	3895	1731	2164	441	194	247	142	65	77
马尾区	1041	459	582	172	67	105	66	29	37
晋安区	3030	1414	1616	362	170	192	105	51	54
长乐区	3652	1604	2048	887	431	456	262	133	129
闽侯县	3966	1887	2079	862	436	426	168	81	87
连江县	3021	1280	1741	594	288	306	176	84	92
罗源县	1290	578	712	366	187	179	107	57	50
闽清县	1908	887	1021	583	315	268	96	43	53
永泰县	1629	768	861	460	241	219	74	38	36
平潭县	2464	1096	1368	618	256	362	85	39	46
福清市	5532	2422	3110	1318	584	734	294	135	159
厦门市	**9436**	**3953**	**5483**	**1881**	**826**	**1055**	**850**	**362**	**488**
思明区	3443	1490	1953	680	289	391	341	140	201
海沧区	784	333	451	143	66	77	73	28	45
湖里区	1369	572	797	295	134	161	136	56	80
集美区	1249	550	699	202	89	113	98	50	48
同安区	1522	614	908	321	148	173	121	51	70
翔安区	1069	394	675	240	100	140	81	37	44
莆田市	**16793**	**7221**	**9572**	**4191**	**1881**	**2310**	**850**	**342**	**508**
城厢区	1877	819	1058	428	188	240	75	27	48
涵江区	2679	1151	1528	820	372	448	157	64	93
荔城区	2856	1224	1632	468	214	254	124	54	70
秀屿区	3913	1620	2293	980	409	571	209	78	131
仙游县	5468	2407	3061	1495	698	797	285	119	166
三明市	**12428**	**5539**	**6889**	**3180**	**1537**	**1643**	**801**	**360**	**441**
梅列区	676	282	394	97	36	61	42	20	22
三元区	709	306	403	165	73	92	67	25	42
明溪县	494	242	252	105	48	57	41	20	21
清流县	600	258	342	164	72	92	37	20	17
宁化县	1231	521	710	317	155	162	65	29	36
大田县	1515	672	843	479	228	251	86	39	47
尤溪县	2295	1087	1208	508	275	233	112	52	60
沙县	1485	682	803	340	170	170	118	52	66
将乐县	574	246	328	209	109	100	48	25	23
泰宁县	507	207	300	135	66	69	34	17	17
建宁县	616	249	367	149	65	84	36	17	19
永安市	1726	787	939	512	240	272	115	44	71
泉州市	**30188**	**12570**	**17618**	**8308**	**3793**	**4515**	**1894**	**801**	**1093**
鲤城区	1294	534	760	291	133	158	99	49	50
丰泽区	1151	485	666	234	104	130	91	38	53
洛江区	761	313	448	285	135	150	34	19	15
泉港区	1822	730	1092	495	204	291	115	49	66
惠安县	4210	1554	2656	1316	557	759	312	117	195
安溪县	4159	1847	2312	1021	454	567	211	87	124
永春县	2516	1109	1407	621	308	313	140	58	82
德化县	1268	585	683	479	225	254	88	41	47
石狮市	1579	691	888	382	177	205	104	40	64
晋江市	5677	2371	3306	1598	728	870	319	140	179
南安市	5751	2351	3400	1586	768	818	381	163	218

8-1 续表 3

单位：人

地 区	基本健康			不健康，但生活能自理			不健康，生活不能自理		
	小计	男	女	小计	男	女	小计	男	女
漳州市	**23197**	**9997**	**13200**	**5622**	**2531**	**3091**	**1502**	**626**	**876**
芗城区	1952	832	1120	390	170	220	167	69	98
龙文区	676	310	366	156	70	86	49	21	28
云霄县	2012	886	1126	486	214	272	148	65	83
漳浦县	4287	1785	2502	1114	484	630	252	103	149
诏安县	3011	1272	1739	796	353	443	199	80	119
长泰县	933	384	549	202	96	106	61	27	34
东山县	1167	475	692	335	141	194	69	26	43
南靖县	1638	716	922	392	173	219	81	25	56
平和县	2423	1103	1320	553	263	290	181	94	87
华安县	804	368	436	274	134	140	58	20	38
龙海市	4294	1866	2428	924	433	491	237	96	141
南平市	**16553**	**7518**	**9035**	**4384**	**2144**	**2240**	**1052**	**469**	**583**
延平区	3043	1368	1675	611	285	326	172	79	93
建阳区	1891	852	1039	491	253	238	135	56	79
顺昌县	1396	623	773	355	153	202	80	35	45
浦城县	2002	930	1072	542	295	247	139	66	73
光泽县	866	404	462	239	102	137	63	23	40
松溪县	789	341	448	239	110	129	39	22	17
政和县	1141	556	585	362	192	170	86	45	41
邵武市	1863	834	1029	483	232	251	96	44	52
武夷山市	1153	522	631	282	133	149	89	45	44
建瓯市	2409	1088	1321	780	389	391	153	54	99
龙岩市	**15740**	**6835**	**8905**	**4063**	**1878**	**2185**	**1138**	**479**	**659**
新罗区	3194	1420	1774	722	347	375	272	115	157
永定区	2437	1075	1362	727	330	397	178	76	102
长汀县	2016	846	1170	509	248	261	152	67	85
上杭县	2754	1137	1617	586	268	318	194	83	111
武平县	1933	843	1090	554	238	316	140	50	90
连城县	1738	758	980	444	200	244	106	44	62
漳平市	1668	756	912	521	247	274	96	44	52
宁德市	**17979**	**8719**	**9260**	**5600**	**2870**	**2730**	**1088**	**569**	**519**
蕉城区	2502	1182	1320	813	437	376	182	88	94
霞浦县	1381	680	701	447	223	224	99	47	52
古田县	2892	1402	1490	770	418	352	137	70	67
屏南县	1059	524	535	322	166	156	54	29	25
寿宁县	1301	654	647	508	256	252	71	28	43
周宁县	1283	671	612	323	162	161	71	45	26
柘荣县	635	310	325	248	130	118	37	19	18
福安市	3701	1809	1892	1349	678	671	207	116	91
福鼎市	3225	1487	1738	820	400	420	230	127	103

8-1a　各地区分性别、健康状况的60岁及以上老年人口(城市)

单位：人

地　区	60岁及以上人口			健　康		
	合计	男	女	小计	男	女
合　计	**199623**	**95393**	**104230**	**140609**	**69692**	**70917**
福州市	**58813**	**28552**	**30261**	**41511**	**20899**	**20612**
鼓楼区	12461	5875	6586	8854	4337	4517
台江区	8055	3889	4166	5669	2835	2834
仓山区	14889	7324	7565	10411	5334	5077
马尾区	2958	1437	1521	1983	1013	970
晋安区	11402	5669	5733	8171	4166	4005
长乐区	3396	1626	1770	2208	1100	1108
闽侯县						
连江县						
罗源县						
闽清县						
永泰县						
平潭县						
福清市	5652	2732	2920	4215	2114	2101
厦门市	**39908**	**18526**	**21382**	**30196**	**14394**	**15802**
思明区	15956	7295	8661	11492	5376	6116
海沧区	4683	2206	2477	3694	1785	1909
湖里区	7572	3600	3972	5772	2838	2934
集美区	6052	2835	3217	4769	2259	2510
同安区	4669	2144	2525	3715	1767	1948
翔安区	976	446	530	754	369	385
莆田市	**18478**	**8703**	**9775**	**12328**	**6014**	**6314**
城厢区	3558	1706	1852	2781	1362	1419
涵江区	5674	2679	2995	3461	1723	1738
荔城区	6058	2903	3155	4106	2027	2079
秀屿区	3188	1415	1773	1980	902	1078
仙游县						
三明市	**8337**	**3974**	**4363**	**5959**	**2975**	**2984**
梅列区	2769	1301	1468	2130	1039	1091
三元区	2194	1042	1152	1570	779	791
明溪县						
清流县						
宁化县						
大田县						
尤溪县						
沙县						
将乐县						
泰宁县						
建宁县						
永安市	3374	1631	1743	2259	1157	1102
泉州市	**26752**	**12682**	**14070**	**18809**	**9312**	**9497**
鲤城区	5056	2340	2716	3372	1624	1748
丰泽区	6456	3066	3390	4980	2439	2541
洛江区	661	315	346	423	213	210
泉港区	1604	725	879	998	485	513
惠安县						
安溪县						
永春县						
德化县						
石狮市	3016	1455	1561	2160	1076	1084
晋江市	6867	3348	3519	4731	2442	2289
南安市	3092	1433	1659	2145	1033	1112

8-1a 续表 1

单位：人

地　区	60岁及以上人口			健　康		
	合计	男	女	小计	男	女
漳州市	**14270**	**6806**	**7464**	**10668**	**5259**	**5409**
芗城区	7011	3354	3657	5486	2715	2771
龙文区	2680	1282	1398	1985	966	1019
云霄县						
漳浦县						
诏安县						
长泰县						
东山县						
南靖县						
平和县						
华安县						
龙海市	4554	2159	2395	3181	1570	1611
南平市	**14128**	**6843**	**7285**	**9271**	**4730**	**4541**
延平区	4785	2330	2455	3024	1549	1475
建阳区	2292	1113	1179	1549	797	752
顺昌县						
浦城县						
光泽县						
松溪县						
政和县						
邵武市	2991	1419	1572	1832	932	900
武夷山市	1580	775	805	1122	573	549
建瓯市	2480	1206	1274	1744	879	865
龙岩市	**9750**	**4702**	**5048**	**6325**	**3191**	**3134**
新罗区	7371	3575	3796	4934	2489	2445
永定区	962	436	526	630	305	325
长汀县						
上杭县						
武平县						
连城县						
漳平市	1417	691	726	761	397	364
宁德市	**9187**	**4605**	**4582**	**5542**	**2918**	**2624**
蕉城区	3284	1661	1623	2120	1133	987
霞浦县						
古田县						
屏南县						
寿宁县						
周宁县						
柘荣县						
福安市	2957	1518	1439	1589	846	743
福鼎市	2946	1426	1520	1833	939	894

8-1a　续表 2

单位：人

地　区	基本健康			不健康，但生活能自理			不健康，生活不能自理		
	小计	男	女	小计	男	女	小计	男	女
合　计	**47442**	**20574**	**26868**	**8562**	**3843**	**4719**	**3010**	**1284**	**1726**
福州市	**14692**	**6500**	**8192**	**1994**	**880**	**1114**	**616**	**273**	**343**
鼓楼区	2994	1270	1724	472	208	264	141	60	81
台江区	2123	941	1182	202	83	119	61	30	31
仓山区	3895	1731	2164	441	194	247	142	65	77
马尾区	797	356	441	118	41	77	60	27	33
晋安区	2826	1310	1516	308	147	161	97	46	51
长乐区	923	406	517	207	97	110	58	23	35
闽侯县									
连江县									
罗源县									
闽清县									
永泰县									
平潭县									
福清市	1134	486	648	246	110	136	57	22	35
厦门市	**7602**	**3231**	**4371**	**1425**	**616**	**809**	**685**	**285**	**400**
思明区	3443	1490	1953	680	289	391	341	140	201
海沧区	775	328	447	141	65	76	73	28	45
湖里区	1369	572	797	295	134	161	136	56	80
集美区	1049	470	579	166	71	95	68	35	33
同安区	781	307	474	118	48	70	55	22	33
翔安区	185	64	121	25	9	16	12	4	8
莆田市	**4974**	**2165**	**2809**	**936**	**429**	**507**	**240**	**95**	**145**
城厢区	678	300	378	75	34	41	24	10	14
涵江区	1700	725	975	424	197	227	89	34	55
荔城区	1649	739	910	235	106	129	68	31	37
秀屿区	947	401	546	202	92	110	59	20	39
仙游县									
三明市	**1862**	**792**	**1070**	**361**	**148**	**213**	**155**	**59**	**96**
梅列区	538	225	313	64	20	44	37	17	20
三元区	460	194	266	113	49	64	51	20	31
明溪县									
清流县									
宁化县									
大田县									
尤溪县									
沙县									
将乐县									
泰宁县									
建宁县									
永安市	864	373	491	184	79	105	67	22	45
泉州市	**6124**	**2551**	**3573**	**1416**	**640**	**776**	**403**	**179**	**224**
鲤城区	1294	534	760	291	133	158	99	49	50
丰泽区	1151	485	666	234	104	130	91	38	53
洛江区	184	78	106	49	23	26	5	1	4
泉港区	453	179	274	120	49	71	33	12	21
惠安县									
安溪县									
永春县									
德化县									
石狮市	677	305	372	137	58	79	42	16	26
晋江市	1703	711	992	347	158	189	86	37	49
南安市	662	259	403	238	115	123	47	26	21

8-1a 续表 3

单位：人

地　区	基本健康			不健康，但生活能自理			不健康，生活不能自理		
	小计	男	女	小计	男	女	小计	男	女
漳州市	**2866**	**1232**	**1634**	**512**	**219**	**293**	**224**	**96**	**128**
芗城区	1213	517	696	192	70	122	120	52	68
龙文区	551	249	302	105	49	56	39	18	21
云霄县									
漳浦县									
诏安县									
长泰县									
东山县									
南靖县									
平和县									
华安县									
龙海市	1095	464	631	213	99	114	65	26	39
南平市	**3922**	**1690**	**2232**	**677**	**326**	**351**	**258**	**97**	**161**
延平区	1460	645	815	214	98	116	87	38	49
建阳区	616	253	363	87	47	40	40	16	24
顺昌县									
浦城县									
光泽县									
松溪县									
政和县									
邵武市	948	393	555	153	73	80	58	21	37
武夷山市	364	160	204	68	31	37	26	11	15
建瓯市	534	239	295	155	77	78	47	11	36
龙岩市	**2612**	**1150**	**1462**	**551**	**249**	**302**	**262**	**112**	**150**
新罗区	1871	830	1041	365	172	193	201	84	117
永定区	246	97	149	62	25	37	24	9	15
长汀县									
上杭县									
武平县									
连城县									
漳平市	495	223	272	124	52	72	37	19	18
宁德市	**2788**	**1263**	**1525**	**690**	**336**	**354**	**167**	**88**	**79**
蕉城区	914	400	514	194	101	93	56	27	29
霞浦县									
古田县									
屏南县									
寿宁县									
周宁县									
柘荣县									
福安市	1020	507	513	298	143	155	50	22	28
福鼎市	854	356	498	198	92	106	61	39	22

8-1b　各地区分性别、健康状况的60岁及以上老年人口(镇)

单位：人

地　区	60岁及以上人口			健　康		
	合计	男	女	小计	男	女
合　计	**159969**	**76925**	**83044**	**103659**	**52277**	**51382**
福州市	**25927**	**12835**	**13092**	**16879**	**8705**	**8174**
鼓楼区						
台江区						
仓山区						
马尾区						
晋安区	22	13	9	5	3	2
长乐区	2878	1399	1479	1694	862	832
闽侯县	5650	2881	2769	3901	2064	1837
连江县	4875	2348	2527	3303	1662	1641
罗源县	2347	1183	1164	1489	786	703
闽清县	2009	978	1031	1311	654	657
永泰县	1531	770	761	1013	518	495
平潭县	2454	1230	1224	1396	743	653
福清市	4161	2033	2128	2767	1413	1354
厦门市	**2216**	**1021**	**1195**	**1795**	**859**	**936**
思明区						
海沧区						
湖里区	6	2	4	6	2	4
集美区	3	2	1	3	2	1
同安区	241	118	123	165	88	77
翔安区	1966	899	1067	1621	767	854
莆田市	**10450**	**4929**	**5521**	**6127**	**3049**	**3078**
城厢区	653	301	352	417	206	211
涵江区	337	156	181	153	74	79
荔城区	143	63	80	64	33	31
秀屿区	1736	783	953	996	481	515
仙游县	7581	3626	3955	4497	2255	2242
三明市	**13974**	**6693**	**7281**	**9704**	**4802**	**4902**
梅列区	214	100	114	125	61	64
三元区	144	77	67	106	61	45
明溪县	922	434	488	659	318	341
清流县	839	389	450	561	274	287
宁化县	1923	905	1018	1469	705	764
大田县	1415	698	717	947	481	466
尤溪县	2294	1174	1120	1601	835	766
沙县	2718	1281	1437	1726	843	883
将乐县	1406	678	728	1070	528	542
泰宁县	929	405	524	647	304	343
建宁县	802	364	438	556	266	290
永安市	368	188	180	237	126	111
泉州市	**34784**	**16160**	**18624**	**23130**	**11270**	**11860**
鲤城区						
丰泽区						
洛江区	438	199	239	292	138	154
泉港区	1156	517	639	688	328	360
惠安县	7687	3274	4413	5078	2288	2790
安溪县	4478	2176	2302	2970	1491	1479
永春县	4123	1977	2146	2634	1323	1311
德化县	2260	1125	1135	1638	844	794
石狮市	1761	864	897	1086	565	521
晋江市	4362	2078	2284	2858	1435	1423
南安市	8519	3950	4569	5886	2858	3028

8-1b 续表 1

单位：人

地　区	60岁及以上人口			健　康		
	合计	男	女	小计	男	女
漳州市	**32329**	**15543**	**16786**	**21352**	**10805**	**10547**
芗城区	1098	529	569	680	343	337
龙文区						
云霄县	3372	1647	1725	2207	1126	1081
漳浦县	7078	3313	3765	4448	2229	2219
诏安县	4522	2179	2343	2892	1474	1418
长泰县	1729	840	889	1152	595	557
东山县	2609	1221	1388	1676	839	837
南靖县	2790	1335	1455	2038	1014	1024
平和县	3651	1819	1832	2516	1296	1220
华安县	1242	591	651	705	354	351
龙海市	4238	2069	2169	3038	1535	1503
南平市	**11194**	**5424**	**5770**	**7009**	**3586**	**3423**
延平区	1139	558	581	593	307	286
建阳区	599	302	297	399	205	194
顺昌县	1691	782	909	976	489	487
浦城县	2640	1266	1374	1878	941	937
光泽县	994	487	507	614	314	300
松溪县	914	428	486	584	293	291
政和县	1145	565	580	674	354	320
邵武市	534	275	259	265	148	117
武夷山市	254	125	129	145	77	68
建瓯市	1284	636	648	881	458	423
龙岩市	**13225**	**6255**	**6970**	**7889**	**4000**	**3889**
新罗区	1069	517	552	642	332	310
永定区	1516	708	808	742	371	371
长汀县	3349	1612	1737	2256	1131	1125
上杭县	2793	1278	1515	1684	835	849
武平县	2233	1058	1175	1393	706	687
连城县	1859	896	963	1011	540	471
漳平市	406	186	220	161	85	76
宁德市	**15870**	**8065**	**7805**	**9774**	**5201**	**4573**
蕉城区	742	382	360	355	186	169
霞浦县	4137	2088	2049	3607	1843	1764
古田县	2981	1491	1490	1528	812	716
屏南县	907	459	448	539	285	254
寿宁县	1096	582	514	558	318	240
周宁县	1381	736	645	781	442	339
柘荣县	771	386	385	323	177	146
福安市	1977	1003	974	993	548	445
福鼎市	1878	938	940	1090	590	500

8-1b 续表 2

单位：人

地 区	基本健康			不健康，但生活能自理			不健康，生活不能自理		
	小计	男	女	小计	男	女	小计	男	女
合 计	**43073**	**18543**	**24530**	**10424**	**4844**	**5580**	**2813**	**1261**	**1552**
福州市	**7198**	**3218**	**3980**	**1482**	**724**	**758**	**368**	**188**	**180**
鼓楼区									
台江区									
仓山区									
马尾区									
晋安区	13	7	6	4	3	1			
长乐区	895	389	506	219	108	111	70	40	30
闽侯县	1413	652	761	263	129	134	73	36	37
连江县	1293	545	748	204	104	100	75	37	38
罗源县	678	310	368	141	70	71	39	17	22
闽清县	527	238	289	145	74	71	26	12	14
永泰县	378	176	202	119	63	56	21	13	8
平潭县	890	411	479	149	67	82	19	9	10
福清市	1111	490	621	238	106	132	45	24	21
厦门市	**313**	**109**	**204**	**73**	**29**	**44**	**35**	**24**	**11**
思明区									
海沧区									
湖里区									
集美区									
同安区	53	23	30	16	2	14	7	5	2
翔安区	260	86	174	57	27	30	28	19	9
莆田市	**3299**	**1425**	**1874**	**847**	**385**	**462**	**177**	**70**	**107**
城厢区	147	60	87	80	31	49	9	4	5
涵江区	150	67	83	31	14	17	3	1	2
荔城区	71	28	43	4	1	3	4	1	3
秀屿区	520	215	305	176	76	100	44	11	33
仙游县	2411	1055	1356	556	263	293	117	53	64
三明市	**3291**	**1408**	**1883**	**720**	**366**	**354**	**259**	**117**	**142**
梅列区	69	29	40	20	10	10			
三元区	28	12	16	9	4	5	1		1
明溪县	191	85	106	42	17	25	30	14	16
清流县	212	83	129	50	24	26	16	8	8
宁化县	346	146	200	89	46	43	19	8	11
大田县	352	158	194	89	46	43	27	13	14
尤溪县	564	268	296	101	57	44	28	14	14
沙县	809	352	457	120	60	60	63	26	37
将乐县	238	93	145	72	43	29	26	14	12
泰宁县	211	67	144	48	24	24	23	10	13
建宁县	183	75	108	42	16	26	21	7	14
永安市	88	40	48	38	19	19	5	3	2
泉州市	**8683**	**3602**	**5081**	**2344**	**1043**	**1301**	**627**	**245**	**382**
鲤城区									
丰泽区									
洛江区	93	32	61	45	24	21	8	5	3
泉港区	369	149	220	79	32	47	20	8	12
惠安县	1906	708	1198	544	224	320	159	54	105
安溪县	1169	532	637	258	118	140	81	35	46
永春县	1153	505	648	264	120	144	72	29	43
德化县	433	196	237	145	68	77	44	17	27
石狮市	523	225	298	113	61	52	39	13	26
晋江市	1108	478	630	332	138	194	64	27	37
南安市	1929	777	1152	564	258	306	140	57	83

8-1b 续表 3

单位：人

地区	基本健康			不健康，但生活能自理			不健康，生活不能自理		
	小计	男	女	小计	男	女	小计	男	女
漳州市	**8465**	**3606**	**4859**	**1965**	**891**	**1074**	**547**	**241**	**306**
芗城区	311	134	177	83	43	40	24	9	15
龙文区									
云霄县	879	390	489	210	99	111	76	32	44
漳浦县	2031	836	1195	481	201	280	118	47	71
诏安县	1275	555	720	275	116	159	80	34	46
长泰县	445	184	261	105	50	55	27	11	16
东山县	715	287	428	179	77	102	39	18	21
南靖县	600	253	347	121	55	66	31	13	18
平和县	889	399	490	177	85	92	69	39	30
华安县	399	173	226	108	51	57	30	13	17
龙海市	921	395	526	226	114	112	53	25	28
南平市	**3127**	**1332**	**1795**	**818**	**384**	**434**	**240**	**122**	**118**
延平区	415	183	232	104	53	51	27	15	12
建阳区	132	65	67	44	18	26	24	14	10
顺昌县	549	227	322	130	51	79	36	15	21
浦城县	568	227	341	131	70	61	63	28	35
光泽县	285	130	155	67	29	38	28	14	14
松溪县	273	108	165	46	19	27	11	8	3
政和县	340	143	197	105	54	51	26	14	12
邵武市	186	95	91	80	31	49	3	1	2
武夷山市	85	39	46	17	7	10	7	2	5
建瓯市	294	115	179	94	52	42	15	11	4
龙岩市	**4116**	**1723**	**2393**	**918**	**408**	**510**	**302**	**124**	**178**
新罗区	357	147	210	58	31	27	12	7	5
永定区	559	239	320	172	78	94	43	20	23
长汀县	844	361	483	176	83	93	73	37	36
上杭县	868	346	522	169	71	98	72	26	46
武平县	622	260	362	161	71	90	57	21	36
连城县	673	290	383	139	57	82	36	9	27
漳平市	193	80	113	43	17	26	9	4	5
宁德市	**4581**	**2120**	**2461**	**1257**	**614**	**643**	**258**	**130**	**128**
蕉城区	292	146	146	76	41	35	19	9	10
霞浦县	402	183	219	91	46	45	37	16	21
古田县	1113	509	604	292	148	144	48	22	26
屏南县	285	130	155	73	40	33	10	4	6
寿宁县	379	188	191	137	65	72	22	11	11
周宁县	478	230	248	90	40	50	32	24	8
柘荣县	311	138	173	122	62	60	15	9	6
福安市	714	329	385	238	111	127	32	15	17
福鼎市	607	267	340	138	61	77	43	20	23

8-1c 各地区分性别、健康状况的60岁及以上老年人口(乡村)

单位：人

地 区	60岁及以上人口			健 康		
	合计	男	女	小计	男	女
合 计	**275742**	**136103**	**139639**	**156689**	**81990**	**74699**
福州市	**46121**	**23014**	**23107**	**26812**	**14155**	**12657**
鼓楼区						
台江区						
仓山区						
马尾区	646	328	318	342	197	145
晋安区	543	293	250	294	171	123
长乐区	5510	2647	2863	3081	1542	1539
闽侯县	7254	3808	3446	4007	2221	1786
连江县	6928	3394	3534	4709	2428	2281
罗源县	1958	1015	943	1053	590	463
闽清县	3559	1816	1743	1670	895	775
永泰县	4024	2060	1964	2379	1265	1114
平潭县	3855	1834	2021	1746	930	816
福清市	11844	5819	6025	7531	3916	3615
厦门市	**7394**	**3480**	**3914**	**5360**	**2633**	**2727**
思明区						
海沧区	116	61	55	105	55	50
湖里区						
集美区	945	449	496	679	336	343
同安区	3080	1475	1605	2146	1069	1077
翔安区	3253	1495	1758	2430	1173	1257
莆田市	**26181**	**12220**	**13961**	**14820**	**7345**	**7475**
城厢区	3461	1651	1810	2094	1056	1038
涵江区	2652	1279	1373	1393	730	663
荔城区	3363	1518	1845	1946	932	1014
秀屿区	7419	3282	4137	4265	1990	2275
仙游县	9286	4490	4796	5122	2637	2485
三明市	**24207**	**12309**	**11898**	**14446**	**7763**	**6683**
梅列区	222	114	108	135	77	58
三元区	643	325	318	364	200	164
明溪县	1220	648	572	843	454	389
清流县	1563	779	784	1040	544	496
宁化县	3916	1875	2041	2757	1370	1387
大田县	3637	1822	1815	2025	1100	925
尤溪县	4614	2418	2196	2392	1343	1049
沙县	1871	957	914	920	491	429
将乐县	1480	760	720	985	530	455
泰宁县	1075	562	513	681	373	308
建宁县	1582	784	798	1027	551	476
永安市	2384	1265	1119	1277	730	547
泉州市	**48880**	**22884**	**25996**	**28087**	**13980**	**14107**
鲤城区						
丰泽区						
洛江区	1661	794	867	965	490	475
泉港区	2879	1252	1627	1521	698	823
惠安县	7369	3093	4276	4140	1851	2289
安溪县	10083	4863	5220	6200	3160	3040
永春县	3869	1948	1921	2081	1127	954
德化县	2237	1112	1125	1024	542	482
石狮市	1173	597	576	639	367	272
晋江市	8434	3976	4458	4480	2286	2194
南安市	11175	5249	5926	7037	3459	3578

8-1c 续表 1

单位：人

地区	60岁及以上人口			健康		
	合计	男	女	小计	男	女
漳州市	**41629**	**20186**	**21443**	**25887**	**13317**	**12570**
芗城区	1460	697	763	894	451	443
龙文区	583	284	299	397	199	198
云霄县	4098	1998	2100	2617	1354	1263
漳浦县	7705	3641	4064	4682	2353	2329
诏安县	5789	2711	3078	3422	1714	1708
长泰县	1972	974	998	1353	712	641
东山县	1596	747	849	958	487	471
南靖县	3615	1766	1849	2256	1173	1083
平和县	5610	2896	2714	3588	1959	1629
华安县	1492	741	751	893	456	437
龙海市	7709	3731	3978	4827	2459	2368
南平市	**26679**	**13788**	**12891**	**13732**	**7608**	**6124**
延平区	3014	1510	1504	1495	810	685
建阳区	3130	1602	1528	1556	854	702
顺昌县	2240	1127	1113	1124	609	515
浦城县	4114	2194	1920	2193	1228	965
光泽县	1488	736	752	700	380	320
松溪县	1600	822	778	863	484	379
政和县	1933	1060	873	815	478	337
邵武市	1899	1003	896	885	507	378
武夷山市	2006	1042	964	1049	592	457
建瓯市	5255	2692	2563	3052	1666	1386
龙岩市	**25704**	**12645**	**13059**	**13524**	**7219**	**6305**
新罗区	2835	1451	1384	1511	840	671
永定区	4066	1992	2074	1830	979	851
长汀县	4541	2206	2335	2957	1526	1431
上杭县	5014	2408	2606	2589	1363	1226
武平县	3520	1707	1813	1733	928	805
连城县	3078	1526	1552	1638	880	758
漳平市	2650	1355	1295	1266	703	563
宁德市	**28947**	**15577**	**13370**	**14021**	**7970**	**6051**
蕉城区	3763	2016	1747	1817	1033	784
霞浦县	4497	2390	2107	3100	1685	1415
古田县	4155	2269	1886	1809	1058	751
屏南县	1650	904	746	583	359	224
寿宁县	2244	1210	1034	902	536	366
周宁县	1840	1036	804	763	452	311
柘荣县	940	520	420	468	270	198
福安市	4865	2602	2263	1960	1126	834
福鼎市	4993	2630	2363	2619	1451	1168

8-1c 续表 2

单位：人

地区	基本健康			不健康，但生活能自理			不健康，生活不能自理		
	小计	男	女	小计	男	女	小计	男	女
合 计	**88344**	**39572**	**48772**	**25580**	**12233**	**13347**	**5129**	**2308**	**2821**
福州市	**14655**	**6619**	**8036**	**3861**	**1856**	**2005**	**793**	**384**	**409**
鼓楼区									
台江区									
仓山区									
马尾区	244	103	141	54	26	28	6	2	4
晋安区	191	97	94	50	20	30	8	5	3
长乐区	1834	809	1025	461	226	235	134	70	64
闽侯县	2553	1235	1318	599	307	292	95	45	50
连江县	1728	735	993	390	184	206	101	47	54
罗源县	612	268	344	225	117	108	68	40	28
闽清县	1381	649	732	438	241	197	70	31	39
永泰县	1251	592	659	341	178	163	53	25	28
平潭县	1574	685	889	469	189	280	66	30	36
福清市	3287	1446	1841	834	368	466	192	89	103
厦门市	**1521**	**613**	**908**	**383**	**181**	**202**	**130**	**53**	**77**
思明区									
海沧区	9	5	4	2	1	1			
湖里区									
集美区	200	80	120	36	18	18	30	15	15
同安区	688	284	404	187	98	89	59	24	35
翔安区	624	244	380	158	64	94	41	14	27
莆田市	**8520**	**3631**	**4889**	**2408**	**1067**	**1341**	**433**	**177**	**256**
城厢区	1052	459	593	273	123	150	42	13	29
涵江区	829	359	470	365	161	204	65	29	36
荔城区	1136	457	679	229	107	122	52	22	30
秀屿区	2446	1004	1442	602	241	361	106	47	59
仙游县	3057	1352	1705	939	435	504	168	66	102
三明市	**7275**	**3339**	**3936**	**2099**	**1023**	**1076**	**387**	**184**	**203**
梅列区	69	28	41	13	6	7	5	3	2
三元区	221	100	121	43	20	23	15	5	10
明溪县	303	157	146	63	31	32	11	6	5
清流县	388	175	213	114	48	66	21	12	9
宁化县	885	375	510	228	109	119	46	21	25
大田县	1163	514	649	390	182	208	59	26	33
尤溪县	1731	819	912	407	218	189	84	38	46
沙县	676	330	346	220	110	110	55	26	29
将乐县	336	153	183	137	66	71	22	11	11
泰宁县	296	140	156	87	42	45	11	7	4
建宁县	433	174	259	107	49	58	15	10	5
永安市	774	374	400	290	142	148	43	19	24
泉州市	**15381**	**6417**	**8964**	**4548**	**2110**	**2438**	**864**	**377**	**487**
鲤城区									
丰泽区									
洛江区	484	203	281	191	88	103	21	13	8
泉港区	1000	402	598	296	123	173	62	29	33
惠安县	2304	846	1458	772	333	439	153	63	90
安溪县	2990	1315	1675	763	336	427	130	52	78
永春县	1363	604	759	357	188	169	68	29	39
德化县	835	389	446	334	157	177	44	24	20
石狮市	379	161	218	132	58	74	23	11	12
晋江市	2866	1182	1684	919	432	487	169	76	93
南安市	3160	1315	1845	784	395	389	194	80	114

8-1c 续表 3

单位：人

地 区	基本健康			不健康，但生活能自理			不健康，生活不能自理		
	小计	男	女	小计	男	女	小计	男	女
漳州市	**11866**	**5159**	**6707**	**3145**	**1421**	**1724**	**731**	**289**	**442**
芗城区	428	181	247	115	57	58	23	8	15
龙文区	125	61	64	51	21	30	10	3	7
云霄县	1133	496	637	276	115	161	72	33	39
漳浦县	2256	949	1307	633	283	350	134	56	78
诏安县	1729	715	1014	519	236	283	119	46	73
长泰县	488	200	288	97	46	51	34	16	18
东山县	452	188	264	156	64	92	30	8	22
南靖县	1038	463	575	271	118	153	50	12	38
平和县	1534	704	830	376	178	198	112	55	57
华安县	405	195	210	166	83	83	28	7	21
龙海市	2278	1007	1271	485	220	265	119	45	74
南平市	**9504**	**4496**	**5008**	**2889**	**1434**	**1455**	**554**	**250**	**304**
延平区	1168	540	628	293	134	159	58	26	32
建阳区	1143	534	609	360	188	172	71	26	45
顺昌县	847	396	451	225	102	123	44	20	24
浦城县	1434	703	731	411	225	186	76	38	38
光泽县	581	274	307	172	73	99	35	9	26
松溪县	516	233	283	193	91	102	28	14	14
政和县	801	413	388	257	138	119	60	31	29
邵武市	729	346	383	250	128	122	35	22	13
武夷山市	704	323	381	197	95	102	56	32	24
建瓯市	1581	734	847	531	260	271	91	32	59
龙岩市	**9012**	**3962**	**5050**	**2594**	**1221**	**1373**	**574**	**243**	**331**
新罗区	966	443	523	299	144	155	59	24	35
永定区	1632	739	893	493	227	266	111	47	64
长汀县	1172	485	687	333	165	168	79	30	49
上杭县	1886	791	1095	417	197	220	122	57	65
武平县	1311	583	728	393	167	226	83	29	54
连城县	1065	468	597	305	143	162	70	35	35
漳平市	980	453	527	354	178	176	50	21	29
宁德市	**10610**	**5336**	**5274**	**3653**	**1920**	**1733**	**663**	**351**	**312**
蕉城区	1296	636	660	543	295	248	107	52	55
霞浦县	979	497	482	356	177	179	62	31	31
古田县	1779	893	886	478	270	208	89	48	41
屏南县	774	394	380	249	126	123	44	25	19
寿宁县	922	466	456	371	191	180	49	17	32
周宁县	805	441	364	233	122	111	39	21	18
柘荣县	324	172	152	126	68	58	22	10	12
福安市	1967	973	994	813	424	389	125	79	46
福鼎市	1764	864	900	484	247	237	126	68	58

8-2 全省分年龄、性别、健康状况的60岁及以上老年人口

单位：人

年龄	60岁及以上人口			健康		
	合计	男	女	小计	男	女
总计	**635334**	**308421**	**326913**	**400957**	**203959**	**196998**
60-64岁	**194573**	**97985**	**96588**	**151678**	**77899**	**73779**
60	36151	18319	17832	29474	15136	14338
61	34714	17649	17065	27487	14265	13222
62	41226	20755	20471	32168	16515	15653
63	45606	23130	22476	34941	18116	16825
64	36876	18132	18744	27608	13867	13741
65-69岁	**174944**	**85578**	**89366**	**121300**	**61286**	**60014**
65	40250	19951	20299	29397	15071	14326
66	38352	18776	19576	27272	13731	13541
67	34402	16740	17662	23624	11812	11812
68	34057	16643	17414	22947	11612	11335
69	27883	13468	14415	18060	9060	9000
70-74岁	**109417**	**54607**	**54810**	**64528**	**33630**	**30898**
70	25696	12874	12822	16184	8431	7753
71	25220	12632	12588	15214	7930	7284
72	21592	10728	10864	12607	6550	6057
73	19013	9523	9490	10779	5665	5114
74	17896	8850	9046	9744	5054	4690
75-79岁	**68910**	**33443**	**35467**	**33590**	**17209**	**16381**
75	15470	7534	7936	8194	4185	4009
76	14932	7452	7480	7574	3976	3598
77	13609	6525	7084	6505	3305	3200
78	12755	6174	6581	5993	3094	2899
79	12144	5758	6386	5324	2649	2675
80-84岁	**49069**	**22183**	**26886**	**19024**	**9300**	**9724**
80	10532	4861	5671	4436	2190	2246
81	9873	4572	5301	3995	1998	1997
82	10389	4868	5521	4011	2012	1999
83	9800	4279	5521	3614	1720	1894
84	8475	3603	4872	2968	1380	1588
85-89岁	**26770**	**10602**	**16168**	**8171**	**3596**	**4575**
85	7315	2983	4332	2369	1068	1301
86	6095	2394	3701	1908	810	1098
87	5695	2204	3491	1728	719	1009
88	4236	1666	2570	1192	561	631
89	3429	1355	2074	974	438	536
90-94岁	**9455**	**3450**	**6005**	**2251**	**918**	**1333**
90	3043	1150	1893	812	336	476
91	2165	834	1331	510	227	283
92	2007	704	1303	448	173	275
93	1375	463	912	298	115	183
94	865	299	566	183	67	116
95-99岁	**1960**	**526**	**1434**	**387**	**115**	**272**
95	754	215	539	149	46	103
96	479	133	346	94	31	63
97	323	83	240	74	18	56
98	229	56	173	36	11	25
99	175	39	136	34	9	25
100岁及以上	**236**	**47**	**189**	**28**	**6**	**22**

8－2 续表

单位：人

年 龄	基本健康			不健康，但生活能自理			不健康，生活不能自理		
	小计	男	女	小计	男	女	小计	男	女
总 计	**178859**	**78689**	**100170**	**44566**	**20920**	**23646**	**10952**	**4853**	**6099**
60－64岁	**35927**	**16091**	**19836**	**5922**	**3386**	**2536**	**1046**	**609**	**437**
60	5597	2553	3044	914	540	374	166	90	76
61	6086	2702	3384	955	571	384	186	111	75
62	7629	3424	4205	1206	681	525	223	135	88
63	8881	3999	4882	1527	865	662	257	150	107
64	7734	3413	4321	1320	729	591	214	123	91
65－69岁	**44568**	**19437**	**25131**	**7785**	**4167**	**3618**	**1291**	**688**	**603**
65	9119	3922	5197	1493	824	669	241	134	107
66	9247	4045	5202	1579	858	721	254	142	112
67	8906	3927	4979	1596	857	739	276	144	132
68	9194	4006	5188	1647	883	764	269	142	127
69	8102	3537	4565	1470	745	725	251	126	125
70－74岁	**35879**	**16425**	**19454**	**7645**	**3837**	**3808**	**1365**	**715**	**650**
70	7782	3566	4216	1453	725	728	277	152	125
71	8049	3703	4346	1680	851	829	277	148	129
72	7162	3256	3906	1542	793	749	281	129	152
73	6495	2997	3498	1506	726	780	233	135	98
74	6391	2903	3488	1464	742	722	297	151	146
75－79岁	**26575**	**12023**	**14552**	**7201**	**3474**	**3727**	**1544**	**737**	**807**
75	5672	2565	3107	1344	655	689	260	129	131
76	5570	2592	2978	1489	737	752	299	147	152
77	5397	2413	2984	1410	660	750	297	147	150
78	5024	2242	2782	1411	685	726	327	153	174
79	4912	2211	2701	1547	737	810	361	161	200
80－84岁	**20304**	**8792**	**11512**	**7663**	**3180**	**4483**	**2078**	**911**	**1167**
80	4359	1922	2437	1383	591	792	354	158	196
81	4026	1742	2284	1450	648	802	402	184	218
82	4327	1958	2369	1596	696	900	455	202	253
83	4061	1687	2374	1681	676	1005	444	196	248
84	3531	1483	2048	1553	569	984	423	171	252
85－89岁	**11158**	**4298**	**6860**	**5447**	**1985**	**3462**	**1994**	**723**	**1271**
85	3110	1202	1908	1391	538	853	445	175	270
86	2574	995	1579	1165	428	737	448	161	287
87	2337	904	1433	1188	410	778	442	171	271
88	1776	664	1112	934	325	609	334	116	218
89	1361	533	828	769	284	485	325	100	225
90－94岁	**3659**	**1403**	**2256**	**2332**	**746**	**1586**	**1213**	**383**	**830**
90	1198	466	732	697	246	451	336	102	234
91	869	340	529	535	183	352	251	84	167
92	761	295	466	518	145	373	280	91	189
93	523	181	342	348	106	242	206	61	145
94	308	121	187	234	66	168	140	45	95
95－99岁	**710**	**202**	**508**	**516**	**136**	**380**	**347**	**73**	**274**
95	263	72	191	212	64	148	130	33	97
96	184	59	125	125	30	95	76	13	63
97	115	35	80	81	23	58	53	7	46
98	84	20	64	57	9	48	52	16	36
99	64	16	48	41	10	31	36	4	32
100岁及以上	**79**	**18**	**61**	**55**	**9**	**46**	**74**	**14**	**60**

8-2a　全省分年龄、性别、健康状况的60岁及以上老年人口(城市)

单位：人

年　龄	60岁及以上人口			健　康		
	合计	男	女	小计	男	女
总　计	**199623**	**95393**	**104230**	**140609**	**69692**	**70917**
60-64岁	**66025**	**32390**	**33635**	**54196**	**26878**	**27318**
60	12936	6284	6652	10947	5351	5596
61	11931	5873	6058	9885	4913	4972
62	14006	6916	7090	11537	5756	5781
63	14846	7372	7474	12017	6070	5947
64	12306	5945	6361	9810	4788	5022
65-69岁	**54939**	**26475**	**28464**	**41820**	**20645**	**21175**
65	12828	6307	6521	10143	5086	5057
66	12379	5965	6414	9591	4730	4861
67	10703	5056	5647	8126	3925	4201
68	10540	5035	5505	7807	3820	3987
69	8489	4112	4377	6153	3084	3069
70-74岁	**33571**	**16179**	**17392**	**22493**	**11258**	**11235**
70	7777	3818	3959	5461	2759	2702
71	7904	3795	4109	5366	2686	2680
72	6573	3131	3442	4398	2185	2213
73	5868	2807	3061	3838	1904	1934
74	5449	2628	2821	3430	1724	1706
75-79岁	**20145**	**9547**	**10598**	**11601**	**5830**	**5771**
75	4711	2241	2470	2916	1460	1456
76	4456	2167	2289	2673	1365	1308
77	3992	1839	2153	2220	1093	1127
78	3622	1741	1881	2019	1041	978
79	3364	1559	1805	1773	871	902
80-84岁	**14146**	**6477**	**7669**	**6782**	**3383**	**3399**
80	3069	1394	1675	1604	781	823
81	2841	1338	1503	1464	758	706
82	3000	1424	1576	1398	708	690
83	2806	1263	1543	1283	633	650
84	2430	1058	1372	1033	503	530
85-89岁	**7616**	**3145**	**4471**	**2833**	**1325**	**1508**
85	2044	861	1183	772	371	401
86	1803	743	1060	701	311	390
87	1605	635	970	575	240	335
88	1177	477	700	425	217	208
89	987	429	558	360	186	174
90-94岁	**2596**	**1018**	**1578**	**741**	**331**	**410**
90	875	368	507	292	136	156
91	591	232	359	175	82	93
92	553	200	353	124	52	72
93	365	131	234	86	37	49
94	212	87	125	64	24	40
95-99岁	**529**	**151**	**378**	**137**	**41**	**96**
95	199	60	139	50	14	36
96	131	40	91	35	13	22
97	88	25	63	25	6	19
98	57	15	42	13	5	8
99	54	11	43	14	3	11
100岁及以上	**56**	**11**	**45**	**6**	**1**	**5**

8-2a 续表

单位：人

年 龄	基本健康			不健康，但生活能自理			不健康，生活不能自理		
	小计	男	女	小计	男	女	小计	男	女
总 计	**47442**	**20574**	**26868**	**8562**	**3843**	**4719**	**3010**	**1284**	**1726**
60-64岁	**10264**	**4628**	**5636**	**1281**	**714**	**567**	**284**	**170**	**114**
60	1726	785	941	213	123	90	50	25	25
61	1789	810	979	201	116	85	56	34	22
62	2142	973	1169	267	149	118	60	38	22
63	2435	1079	1356	332	180	152	62	43	19
64	2172	981	1191	268	146	122	56	30	26
65-69岁	**11329**	**4918**	**6411**	**1468**	**740**	**728**	**322**	**172**	**150**
65	2329	1016	1313	295	167	128	61	38	23
66	2418	1046	1372	298	150	148	72	39	33
67	2237	975	1262	272	125	147	68	31	37
68	2332	1011	1321	334	167	167	67	37	30
69	2013	870	1143	269	131	138	54	27	27
70-74岁	**9250**	**4035**	**5215**	**1484**	**715**	**769**	**344**	**171**	**173**
70	1943	879	1064	293	141	152	80	39	41
71	2152	922	1230	321	153	168	65	34	31
72	1803	765	1038	293	149	144	79	32	47
73	1680	737	943	285	130	155	65	36	29
74	1672	732	940	292	142	150	55	30	25
75-79岁	**6884**	**2984**	**3900**	**1246**	**551**	**695**	**414**	**182**	**232**
75	1479	648	831	255	108	147	61	25	36
76	1442	646	796	256	116	140	85	40	45
77	1462	610	852	233	101	132	77	35	42
78	1272	551	721	239	106	133	92	43	49
79	1229	529	700	263	120	143	99	39	60
80-84岁	**5377**	**2317**	**3060**	**1407**	**540**	**867**	**580**	**237**	**343**
80	1147	494	653	230	85	145	88	34	54
81	992	426	566	265	108	157	120	46	74
82	1183	543	640	288	116	172	131	57	74
83	1101	461	640	310	119	191	112	50	62
84	954	393	561	314	112	202	129	50	79
85-89岁	**3067**	**1200**	**1867**	**1112**	**405**	**707**	**604**	**215**	**389**
85	872	348	524	262	89	173	138	53	85
86	740	299	441	240	91	149	122	42	80
87	617	234	383	262	105	157	151	56	95
88	468	169	299	185	55	130	99	36	63
89	370	150	220	163	65	98	94	28	66
90-94岁	**1049**	**429**	**620**	**448**	**145**	**303**	**358**	**113**	**245**
90	342	146	196	136	50	86	105	36	69
91	242	94	148	102	36	66	72	20	52
92	222	91	131	110	27	83	97	30	67
93	158	57	101	62	20	42	59	17	42
94	85	41	44	38	12	26	25	10	15
95-99岁	**197**	**58**	**139**	**107**	**31**	**76**	**88**	**21**	**67**
95	84	22	62	35	16	19	30	8	22
96	47	16	31	33	8	25	16	3	13
97	26	10	16	21	5	16	16	4	12
98	20	4	16	10	1	9	14	5	9
99	20	6	14	8	1	7	12	1	11
100岁及以上	**25**	**5**	**20**	**9**	**2**	**7**	**16**	**3**	**13**

8-2b　全省分年龄、性别、健康状况的60岁及以上老年人口(镇)

单位：人

年龄	60岁及以上人口			健康		
	合计	男	女	小计	男	女
总　计	**159969**	**76925**	**83044**	**103659**	**52277**	**51382**
60-64岁	**50682**	**25512**	**25170**	**39978**	**20522**	**19456**
60	9486	4822	4664	7799	4023	3776
61	9191	4711	4480	7300	3838	3462
62	10780	5428	5352	8538	4368	4170
63	11898	6027	5871	9250	4789	4461
64	9327	4524	4803	7091	3504	3587
65-69岁	**43944**	**21220**	**22724**	**31043**	**15407**	**15636**
65	10241	5023	5218	7600	3853	3747
66	9660	4638	5022	6981	3447	3534
67	8661	4193	4468	6027	2981	3046
68	8496	4115	4381	5834	2905	2929
69	6886	3251	3635	4601	2221	2380
70-74岁	**27122**	**13489**	**13633**	**16545**	**8593**	**7952**
70	6373	3200	3173	4139	2147	1992
71	6141	3103	3038	3869	2045	1824
72	5325	2589	2736	3234	1629	1605
73	4787	2400	2387	2780	1477	1303
74	4496	2197	2299	2523	1295	1228
75-79岁	**16921**	**8111**	**8810**	**8562**	**4348**	**4214**
75	3817	1809	2008	2091	1043	1048
76	3535	1754	1781	1895	1006	889
77	3386	1636	1750	1683	868	815
78	3193	1519	1674	1541	774	767
79	2990	1393	1597	1352	657	695
80-84岁	**11908**	**5194**	**6714**	**4781**	**2257**	**2524**
80	2565	1158	1407	1087	544	543
81	2353	1050	1303	975	449	526
82	2520	1128	1392	1011	493	518
83	2375	990	1385	925	420	505
84	2095	868	1227	783	351	432
85-89岁	**6517**	**2455**	**4062**	**2053**	**880**	**1173**
85	1824	736	1088	619	276	343
86	1455	529	926	464	177	287
87	1397	519	878	436	193	243
88	1034	389	645	304	140	164
89	807	282	525	230	94	136
90-94岁	**2300**	**794**	**1506**	**580**	**231**	**349**
90	703	244	459	185	80	105
91	535	210	325	145	64	81
92	507	165	342	123	45	78
93	355	111	244	81	26	55
94	200	64	136	46	16	30
95-99岁	**515**	**138**	**377**	**109**	**38**	**71**
95	207	65	142	49	21	28
96	132	38	94	27	9	18
97	82	17	65	20	2	18
98	54	12	42	6	3	3
99	40	6	34	7	3	4
100岁及以上	**60**	**12**	**48**	**8**	**1**	**7**

8-2b 续表

单位：人

年 龄	基本健康			不健康，但生活能自理			不健康，生活不能自理		
	小计	男	女	小计	男	女	小计	男	女
总 计	**43073**	**18543**	**24530**	**10424**	**4844**	**5580**	**2813**	**1261**	**1552**
60-64岁	**8960**	**3974**	**4986**	**1461**	**855**	**606**	**283**	**161**	**122**
60	1402	641	761	234	132	102	51	26	25
61	1598	686	912	240	157	83	53	30	23
62	1888	840	1048	299	182	117	55	38	17
63	2209	989	1220	368	213	155	71	36	35
64	1863	818	1045	320	171	149	53	31	22
65-69岁	**10677**	**4585**	**6092**	**1882**	**1038**	**844**	**342**	**190**	**152**
65	2216	929	1287	366	209	157	59	32	27
66	2246	945	1301	371	210	161	62	36	26
67	2152	947	1205	406	220	186	76	45	31
68	2161	938	1223	419	227	192	82	45	37
69	1902	826	1076	320	172	148	63	32	31
70-74岁	**8468**	**3822**	**4646**	**1716**	**864**	**852**	**393**	**210**	**183**
70	1833	834	999	341	182	159	60	37	23
71	1805	819	986	386	194	192	81	45	36
72	1691	769	922	310	151	159	90	40	50
73	1591	707	884	351	174	177	65	42	23
74	1548	693	855	328	163	165	97	46	51
75-79岁	**6316**	**2804**	**3512**	**1656**	**765**	**891**	**387**	**194**	**193**
75	1369	601	768	297	132	165	60	33	27
76	1242	568	674	324	148	176	74	32	42
77	1277	569	708	345	153	192	81	46	35
78	1233	533	700	335	173	162	84	39	45
79	1195	533	662	355	159	196	88	44	44
80-84岁	**4871**	**2010**	**2861**	**1723**	**698**	**1025**	**533**	**229**	**304**
80	1056	445	611	317	124	193	105	45	60
81	979	418	561	299	136	163	100	47	53
82	1030	411	619	371	177	194	108	47	61
83	947	373	574	390	147	243	113	50	63
84	859	363	496	346	114	232	107	40	67
85-89岁	**2703**	**981**	**1722**	**1287**	**430**	**857**	**474**	**164**	**310**
85	769	294	475	335	131	204	101	35	66
86	595	212	383	278	92	186	118	48	70
87	575	205	370	275	84	191	111	37	74
88	454	160	294	200	65	135	76	24	52
89	310	110	200	199	58	141	68	20	48
90-94岁	**867**	**308**	**559**	**559**	**164**	**395**	**294**	**91**	**203**
90	278	92	186	160	51	109	80	21	59
91	203	79	124	121	42	79	66	25	41
92	195	69	126	124	31	93	65	20	45
93	124	40	84	99	27	72	51	18	33
94	67	28	39	55	13	42	32	7	25
95-99岁	**193**	**54**	**139**	**127**	**29**	**98**	**86**	**17**	**69**
95	66	18	48	60	17	43	32	9	23
96	55	18	37	25	6	19	25	5	20
97	36	10	26	14	4	10	12	1	11
98	22	6	16	17	2	15	9	1	8
99	14	2	12	11		11	8	1	7
100岁及以上	**18**	**5**	**13**	**13**	**1**	**12**	**21**	**5**	**16**

8-2c 全省分年龄、性别、健康状况的60岁及以上老年人口(乡村)

单位：人

年龄	60岁及以上人口			健康		
	合计	男	女	小计	男	女
总计	**275742**	**136103**	**139639**	**156689**	**81990**	**74699**
60-64岁	**77866**	**40083**	**37783**	**57504**	**30499**	**27005**
60	13729	7213	6516	10728	5762	4966
61	13592	7065	6527	10302	5514	4788
62	16440	8411	8029	12093	6391	5702
63	18862	9731	9131	13674	7257	6417
64	15243	7663	7580	10707	5575	5132
65-69岁	**76061**	**37883**	**38178**	**48437**	**25234**	**23203**
65	17181	8621	8560	11654	6132	5522
66	16313	8173	8140	10700	5554	5146
67	15038	7491	7547	9471	4906	4565
68	15021	7493	7528	9306	4887	4419
69	12508	6105	6403	7306	3755	3551
70-74岁	**48724**	**24939**	**23785**	**25490**	**13779**	**11711**
70	11546	5856	5690	6584	3525	3059
71	11175	5734	5441	5979	3199	2780
72	9694	5008	4686	4975	2736	2239
73	8358	4316	4042	4161	2284	1877
74	7951	4025	3926	3791	2035	1756
75-79岁	**31844**	**15785**	**16059**	**13427**	**7031**	**6396**
75	6942	3484	3458	3187	1682	1505
76	6941	3531	3410	3006	1605	1401
77	6231	3050	3181	2602	1344	1258
78	5940	2914	3026	2433	1279	1154
79	5790	2806	2984	2199	1121	1078
80-84岁	**23015**	**10512**	**12503**	**7461**	**3660**	**3801**
80	4898	2309	2589	1745	865	880
81	4679	2184	2495	1556	791	765
82	4869	2316	2553	1602	811	791
83	4619	2026	2593	1406	667	739
84	3950	1677	2273	1152	526	626
85-89岁	**12637**	**5002**	**7635**	**3285**	**1391**	**1894**
85	3447	1386	2061	978	421	557
86	2837	1122	1715	743	322	421
87	2693	1050	1643	717	286	431
88	2025	800	1225	463	204	259
89	1635	644	991	384	158	226
90-94岁	**4559**	**1638**	**2921**	**930**	**356**	**574**
90	1465	538	927	335	120	215
91	1039	392	647	190	81	109
92	947	339	608	201	76	125
93	655	221	434	131	52	79
94	453	148	305	73	27	46
95-99岁	**916**	**237**	**679**	**141**	**36**	**105**
95	348	90	258	50	11	39
96	216	55	161	32	9	23
97	153	41	112	29	10	19
98	118	29	89	17	3	14
99	81	22	59	13	3	10
100岁及以上	**120**	**24**	**96**	**14**	**4**	**10**

8-2c　续表　　单位：人

年　龄	基本健康			不健康，但生活能自理			不健康，生活不能自理		
	小计	男	女	小计	男	女	小计	男	女
总　计	**88344**	**39572**	**48772**	**25580**	**12233**	**13347**	**5129**	**2308**	**2821**
60—64岁	**16703**	**7489**	**9214**	**3180**	**1817**	**1363**	**479**	**278**	**201**
60	2469	1127	1342	467	285	182	65	39	26
61	2699	1206	1493	514	298	216	77	47	30
62	3599	1611	1988	640	350	290	108	59	49
63	4237	1931	2306	827	472	355	124	71	53
64	3699	1614	2085	732	412	320	105	62	43
65—69岁	**22562**	**9934**	**12628**	**4435**	**2389**	**2046**	**627**	**326**	**301**
65	4574	1977	2597	832	448	384	121	64	57
66	4583	2054	2529	910	498	412	120	67	53
67	4517	2005	2512	918	512	406	132	68	64
68	4701	2057	2644	894	489	405	120	60	60
69	4187	1841	2346	881	442	439	134	67	67
70—74岁	**18161**	**8568**	**9593**	**4445**	**2258**	**2187**	**628**	**334**	**294**
70	4006	1853	2153	819	402	417	137	76	61
71	4092	1962	2130	973	504	469	131	69	62
72	3668	1722	1946	939	493	446	112	57	55
73	3224	1553	1671	870	422	448	103	57	46
74	3171	1478	1693	844	437	407	145	75	70
75—79岁	**13375**	**6235**	**7140**	**4299**	**2158**	**2141**	**743**	**361**	**382**
75	2824	1316	1508	792	415	377	139	71	68
76	2886	1378	1508	909	473	436	140	75	65
77	2658	1234	1424	832	406	426	139	66	73
78	2519	1158	1361	837	406	431	151	71	80
79	2488	1149	1339	929	458	471	174	78	96
80—84岁	**10056**	**4465**	**5591**	**4533**	**1942**	**2591**	**965**	**445**	**520**
80	2156	983	1173	836	382	454	161	79	82
81	2055	898	1157	886	404	482	182	91	91
82	2114	1004	1110	937	403	534	216	98	118
83	2013	853	1160	981	410	571	219	96	123
84	1718	727	991	893	343	550	187	81	106
85—89岁	**5388**	**2117**	**3271**	**3048**	**1150**	**1898**	**916**	**344**	**572**
85	1469	560	909	794	318	476	206	87	119
86	1239	484	755	647	245	402	208	71	137
87	1145	465	680	651	221	430	180	78	102
88	854	335	519	549	205	344	159	56	103
89	681	273	408	407	161	246	163	52	111
90—94岁	**1743**	**666**	**1077**	**1325**	**437**	**888**	**561**	**179**	**382**
90	578	228	350	401	145	256	151	45	106
91	424	167	257	312	105	207	113	39	74
92	344	135	209	284	87	197	118	41	77
93	241	84	157	187	59	128	96	26	70
94	156	52	104	141	41	100	83	28	55
95—99岁	**320**	**90**	**230**	**282**	**76**	**206**	**173**	**35**	**138**
95	113	32	81	117	31	86	68	16	52
96	82	25	57	67	16	51	35	5	30
97	53	15	38	46	14	32	25	2	23
98	42	10	32	30	6	24	29	10	19
99	30	8	22	22	9	13	16	2	14
100岁及以上	**36**	**8**	**28**	**33**	**6**	**27**	**37**	**6**	**31**

8-3　全省分性别、婚姻状况、健康状况的60岁及以上老年人口

单位：人

婚姻状况	60岁及以上人口			健康		
	合计	男	女	小计	男	女
总　计	**635334**	**308421**	**326913**	**400957**	**203959**	**196998**
未　婚	7371	6653	718	2813	2420	393
有配偶	475545	265213	210332	326652	184046	142606
离　婚	7066	4549	2517	4515	2769	1746
丧　偶	145352	32006	113346	66977	14724	52253

8-3　续表

单位：人

婚姻状况	基本健康			不健康，但生活能自理			不健康，生活不能自理		
	小计	男	女	小计	男	女	小计	男	女
总　计	**178859**	**78689**	**100170**	**44566**	**20920**	**23646**	**10952**	**4853**	**6099**
未　婚	2508	2335	173	1660	1558	102	390	340	50
有配偶	119872	63306	56566	23687	14502	9185	5334	3359	1975
离　婚	1893	1288	605	575	434	141	83	58	25
丧　偶	54586	11760	42826	18644	4426	14218	5145	1096	4049

8-3a　全省分性别、婚姻状况、健康状况的60岁及以上老年人口(城市)

单位：人

婚姻状况	60岁及以上人口			健康		
	合计	男	女	小计	男	女
总　计	**199623**	**95393**	**104230**	**140609**	**69692**	**70917**
未　婚	1508	1121	387	780	538	242
有配偶	155235	84942	70293	116366	63965	52401
离　婚	3499	1798	1701	2432	1209	1223
丧　偶	39381	7532	31849	21031	3980	17051

8-3a　续表

单位：人

婚姻状况	基本健康			不健康，但生活能自理			不健康，生活不能自理		
	小计	男	女	小计	男	女	小计	男	女
总　计	**47442**	**20574**	**26868**	**8562**	**3843**	**4719**	**3010**	**1284**	**1726**
未　婚	384	303	81	234	193	41	110	87	23
有配偶	32775	17228	15547	4681	2851	1830	1413	898	515
离　婚	825	446	379	201	116	85	41	27	14
丧　偶	13458	2597	10861	3446	683	2763	1446	272	1174

8-3b 全省分性别、婚姻状况、健康状况的60岁及以上老年人口(镇)

单位：人

婚姻状况	60岁及以上人口			健康		
	合计	男	女	小计	男	女
总　计	**159969**	**76925**	**83044**	**103659**	**52277**	**51382**
未　婚	1473	1311	162	519	434	85
有配偶	119869	66951	52918	84426	47582	36844
离　婚	1458	971	487	939	614	325
丧　偶	37169	7692	29477	17775	3647	14128

8-3b 续表

单位：人

婚姻状况	基本健康			不健康，但生活能自理			不健康，生活不能自理		
	小计	男	女	小计	男	女	小计	男	女
总　计	**43073**	**18543**	**24530**	**10424**	**4844**	**5580**	**2813**	**1261**	**1552**
未　婚	459	425	34	374	350	24	121	102	19
有配偶	28637	15106	13531	5454	3397	2057	1352	866	486
离　婚	386	253	133	117	91	26	16	13	3
丧　偶	13591	2759	10832	4479	1006	3473	1324	280	1044

8-3c 全省分性别、婚姻状况、健康状况的60岁及以上老年人口(乡村)

单位：人

婚姻状况	60岁及以上人口			健康		
	合计	男	女	小计	男	女
总　计	**275742**	**136103**	**139639**	**156689**	**81990**	**74699**
未　婚	4390	4221	169	1514	1448	66
有配偶	200441	113320	87121	125860	72499	53361
离　婚	2109	1780	329	1144	946	198
丧　偶	68802	16782	52020	28171	7097	21074

8-3c 续表

单位：人

婚姻状况	基本健康			不健康，但生活能自理			不健康，生活不能自理		
	小计	男	女	小计	男	女	小计	男	女
总　计	**88344**	**39572**	**48772**	**25580**	**12233**	**13347**	**5129**	**2308**	**2821**
未　婚	1665	1607	58	1052	1015	37	159	151	8
有配偶	58460	30972	27488	13552	8254	5298	2569	1595	974
离　婚	682	589	93	257	227	30	26	18	8
丧　偶	27537	6404	21133	10719	2737	7982	2375	544	1831

8-4　全省分性别、主要生活来源、健康状况的60岁及以上老年人口

单位：人

主要生活来源	60岁及以上人口			健　康		
	合计	男	女	小计	男	女
总　计	**635334**	**308421**	**326913**	**400957**	**203959**	**196998**
劳动收入	153411	100825	52586	122233	81422	40811
离退休金/养老金	157036	85404	71632	110648	60885	49763
最低生活保障金	15047	8572	6475	4643	2410	2233
失业保险金	34	14	20	19	7	12
财产性收入	5213	3117	2096	3792	2293	1499
家庭其他成员供养	288189	102353	185836	149474	51777	97697
其　他	16404	8136	8268	10148	5165	4983

8-4　续表

单位：人

主要生活来源	基本健康			不健康，但生活能自理			不健康，生活不能自理		
	小计	男	女	小计	男	女	小计	男	女
总　计	**178859**	**78689**	**100170**	**44566**	**20920**	**23646**	**10952**	**4853**	**6099**
劳动收入	29444	18248	11196	1651	1108	543	83	47	36
离退休金/养老金	37843	19772	18071	6402	3535	2867	2143	1212	931
最低生活保障金	5469	3150	2319	4054	2516	1538	881	496	385
失业保险金	14	6	8	1	1				
财产性收入	1185	675	510	210	133	77	26	16	10
家庭其他成员供养	100180	34648	65532	31046	13007	18039	7489	2921	4568
其　他	4724	2190	2534	1202	620	582	330	161	169

8-4a 全省分性别、主要生活来源、健康状况的60岁及以上老年人口(城市)

单位：人

主要生活来源	60岁及以上人口			健康		
	合计	男	女	小计	男	女
总　计	**199623**	**95393**	**104230**	**140609**	**69692**	**70917**
劳动收入	22827	15775	7052	19408	13540	5868
离退休金/养老金	105260	54093	51167	76293	39906	36387
最低生活保障金	2142	1015	1127	931	398	533
失业保险金	4	3	1	3	2	1
财产性收入	2993	1760	1233	2274	1362	912
家庭其他成员供养	62329	20791	41538	38839	13043	25796
其　他	4068	1956	2112	2861	1441	1420

8-4a 续表

单位：人

主要生活来源	基本健康			不健康，但生活能自理			不健康，生活不能自理		
	小计	男	女	小计	男	女	小计	男	女
总　计	**47442**	**20574**	**26868**	**8562**	**3843**	**4719**	**3010**	**1284**	**1726**
劳动收入	3253	2123	1130	157	105	52	9	7	2
离退休金/养老金	24143	11738	12405	3490	1743	1747	1334	706	628
最低生活保障金	703	333	370	381	224	157	127	60	67
失业保险金	1	1							
财产性收入	612	332	280	97	59	38	10	7	3
家庭其他成员供养	17831	5677	12154	4233	1621	2612	1426	450	976
其　他	899	370	529	204	91	113	104	54	50

8-4b 全省分性别、主要生活来源、健康状况的60岁及以上老年人口(镇)

单位：人

主要生活来源	60岁及以上人口			健康		
	合计	男	女	小计	男	女
总　计	**159969**	**76925**	**83044**	**103659**	**52277**	**51382**
劳动收入	36797	24331	12466	30228	20269	9959
离退休金/养老金	32889	19647	13242	23310	14065	9245
最低生活保障金	4043	2119	1924	1412	653	759
失业保险金	3	1	2	2	1	1
财产性收入	1439	857	582	1013	602	411
家庭其他成员供养	80070	27579	52491	44677	15126	29551
其　他	4728	2391	2337	3017	1561	1456

8-4b 续表

单位：人

主要生活来源	基本健康			不健康，但生活能自理			不健康，生活不能自理		
	小计	男	女	小计	男	女	小计	男	女
总　计	**43073**	**18543**	**24530**	**10424**	**4844**	**5580**	**2813**	**1261**	**1552**
劳动收入	6244	3845	2399	313	211	102	12	6	6
离退休金/养老金	7699	4452	3247	1387	830	557	493	300	193
最低生活保障金	1433	750	683	953	572	381	245	144	101
失业保险金	1		1						
财产性收入	351	205	146	62	44	18	13	6	7
家庭其他成员供养	26069	8691	17378	7367	2998	4369	1957	764	1193
其　他	1276	600	676	342	189	153	93	41	52

8－4c　全省分性别、主要生活来源、健康状况的60岁及以上老年人口(乡村)

单位：人

主要生活来源	60岁及以上人口			健康		
	合计	男	女	小计	男	女
总　计	**275742**	**136103**	**139639**	**156689**	**81990**	**74699**
劳动收入	93787	60719	33068	72597	47613	24984
离退休金/养老金	18887	11664	7223	11045	6914	4131
最低生活保障金	8862	5438	3424	2300	1359	941
失业保险金	27	10	17	14	4	10
财产性收入	781	500	281	505	329	176
家庭其他成员供养	145790	53983	91807	65958	23608	42350
其　他	7608	3789	3819	4270	2163	2107

8－4c　续表

单位：人

主要生活来源	基本健康			不健康，但生活能自理			不健康，生活不能自理		
	小计	男	女	小计	男	女	小计	男	女
总　计	**88344**	**39572**	**48772**	**25580**	**12233**	**13347**	**5129**	**2308**	**2821**
劳动收入	19947	12280	7667	1181	792	389	62	34	28
离退休金/养老金	6001	3582	2419	1525	962	563	316	206	110
最低生活保障金	3333	2067	1266	2720	1720	1000	509	292	217
失业保险金	12	5	7	1	1				
财产性收入	222	138	84	51	30	21	3	3	
家庭其他成员供养	56280	20280	36000	19446	8388	11058	4106	1707	2399
其　他	2549	1220	1329	656	340	316	133	66	67

8-5　全省分性别、居住状况、健康状况的60岁及以上老年人口

单位：人

居住状况	60岁及以上人口			健　康		
	合计	男	女	小计	男	女
总　计	**635334**	**308421**	**326913**	**400957**	**203959**	**196998**
与配偶和子女同住	190497	108316	82181	137942	79025	58917
与配偶同住	226823	125036	101787	146976	82124	64852
与子女同住	117303	30139	87164	63172	16968	46204
独居(有保姆)	1446	615	831	403	206	197
独居(无保姆)	75370	32000	43370	38858	18105	20753
养老机构	3277	1548	1729	429	221	208
其　他	20618	10767	9851	13177	7310	5867

8-5　续表

单位：人

居住状况	基本健康			不健康，但生活能自理			不健康，生活不能自理		
	小计	男	女	小计	男	女	小计	男	女
总　计	**178859**	**78689**	**100170**	**44566**	**20920**	**23646**	**10952**	**4853**	**6099**
与配偶和子女同住	42441	22852	19589	8158	5170	2988	1956	1269	687
与配偶同住	63984	33306	30678	13134	7879	5255	2729	1727	1002
与子女同住	38810	9358	29452	11805	3003	8802	3516	810	2706
独居(有保姆)	407	184	223	260	107	153	376	118	258
独居(无保姆)	27050	10110	16940	8721	3550	5171	741	235	506
养老机构	937	470	467	886	438	448	1025	419	606
其　他	5230	2409	2821	1602	773	829	609	275	334

8-5a 全省分性别、居住状况、健康状况的60岁及以上老年人口(城市)

单位：人

居住状况	60岁及以上人口			健　康		
	合计	男	女	小计	男	女
总　计	**199623**	**95393**	**104230**	**140609**	**69692**	**70917**
与配偶和子女同住	73940	41690	32250	57189	32368	24821
与配偶同住	59249	32580	26669	42112	23361	18751
与子女同住	40401	9630	30771	25685	6383	19302
独居(有保姆)	603	259	344	179	91	88
独居(无保姆)	17685	7372	10313	10744	4923	5821
养老机构	1276	468	808	116	44	72
其　他	6469	3394	3075	4584	2522	2062

8-5a 续表

单位：人

居住状况	基本健康			不健康，但生活能自理			不健康，生活不能自理		
	小计	男	女	小计	男	女	小计	男	女
总　计	**47442**	**20574**	**26868**	**8562**	**3843**	**4719**	**3010**	**1284**	**1726**
与配偶和子女同住	14098	7629	6469	2087	1316	771	566	377	189
与配偶同住	14505	7622	6883	2071	1237	834	561	360	201
与子女同住	11434	2541	8893	2380	520	1860	902	186	716
独居(有保姆)	174	79	95	110	49	61	140	40	100
独居(无保姆)	5511	1963	3548	1276	437	839	154	49	105
养老机构	333	112	221	328	141	187	499	171	328
其　他	1387	628	759	310	143	167	188	101	87

8-5b 全省分性别、居住状况、健康状况的60岁及以上老年人口(镇)

单位：人

居住状况	60岁及以上人口			健康		
	合计	男	女	小计	男	女
总 计	**159969**	**76925**	**83044**	**103659**	**52277**	**51382**
与配偶和子女同住	52466	29957	22509	38283	22021	16262
与配偶同住	52656	29150	23506	35422	19804	15618
与子女同住	31520	7901	23619	17237	4508	12729
独居(有保姆)	385	161	224	103	56	47
独居(无保姆)	16668	6562	10106	8914	3895	5019
养老机构	986	489	497	147	72	75
其 他	5288	2705	2583	3553	1921	1632

8-5b 续表

单位：人

居住状况	基本健康			不健康，但生活能自理			不健康，生活不能自理		
	小计	男	女	小计	男	女	小计	男	女
总 计	**43073**	**18543**	**24530**	**10424**	**4844**	**5580**	**2813**	**1261**	**1552**
与配偶和子女同住	11425	6176	5249	2195	1397	798	563	363	200
与配偶同住	13877	7235	6642	2719	1682	1037	638	429	209
与子女同住	10384	2467	7917	2995	720	2275	904	206	698
独居(有保姆)	105	43	62	73	29	44	104	33	71
独居(无保姆)	5784	1937	3847	1782	686	1096	188	44	144
养老机构	274	151	123	279	137	142	286	129	157
其 他	1224	534	690	381	193	188	130	57	73

8-5c 全省分性别、居住状况、健康状况的60岁及以上老年人口(乡村)

单位：人

居住状况	60岁及以上人口			健康		
	合计	男	女	小计	男	女
总　计	**275742**	**136103**	**139639**	**156689**	**81990**	**74699**
与配偶和子女同住	64091	36669	27422	42470	24636	17834
与配偶同住	114918	63306	51612	69442	38959	30483
与子女同住	45382	12608	32774	20250	6077	14173
独居(有保姆)	458	195	263	121	59	62
独居(无保姆)	41017	18066	22951	19200	9287	9913
养老机构	1015	591	424	166	105	61
其　他	8861	4668	4193	5040	2867	2173

8-5c 续表

单位：人

居住状况	基本健康			不健康，但生活能自理			不健康，生活不能自理		
	小计	男	女	小计	男	女	小计	男	女
总　计	**88344**	**39572**	**48772**	**25580**	**12233**	**13347**	**5129**	**2308**	**2821**
与配偶和子女同住	16918	9047	7871	3876	2457	1419	827	529	298
与配偶同住	35602	18449	17153	8344	4960	3384	1530	938	592
与子女同住	16992	4350	12642	6430	1763	4667	1710	418	1292
独居(有保姆)	128	62	66	77	29	48	132	45	87
独居(无保姆)	15755	6210	9545	5663	2427	3236	399	142	257
养老机构	330	207	123	279	160	119	240	119	121
其　他	2619	1247	1372	911	437	474	291	117	174

8-6 各地区分性别、主要生活来源的60岁及以上老年人口

单位：人

地区	60岁及以上人口			劳动收入		
	合计	男	女	小计	男	女
合 计	**635334**	**308421**	**326913**	**153411**	**100825**	**52586**
福州市	**130861**	**64401**	**66460**	**23953**	**16602**	**7351**
鼓楼区	12461	5875	6586	453	309	144
台江区	8055	3889	4166	209	159	50
仓山区	14889	7324	7565	951	743	208
马尾区	3604	1765	1839	567	448	119
晋安区	11967	5975	5992	804	617	187
长乐区	11784	5672	6112	2503	1867	636
闽侯县	12904	6689	6215	2633	2042	591
连江县	11803	5742	6061	4174	2625	1549
罗源县	4305	2198	2107	764	613	151
闽清县	5568	2794	2774	1061	768	293
永泰县	5555	2830	2725	1946	1242	704
平潭县	6309	3064	3245	1342	990	352
福清市	21657	10584	11073	6546	4179	2367
厦门市	**49518**	**23027**	**26491**	**6088**	**4178**	**1910**
思明区	15956	7295	8661	802	540	262
海沧区	4799	2267	2532	510	377	133
湖里区	7578	3602	3976	979	727	252
集美区	7000	3286	3714	942	662	280
同安区	7990	3737	4253	1373	911	462
翔安区	6195	2840	3355	1482	961	521
莆田市	**55109**	**25852**	**29257**	**10418**	**6534**	**3884**
城厢区	7672	3658	4014	1349	877	472
涵江区	8663	4114	4549	1566	980	586
荔城区	9564	4484	5080	1320	802	518
秀屿区	12343	5480	6863	3005	1588	1417
仙游县	16867	8116	8751	3178	2287	891
三明市	**46518**	**22976**	**23542**	**12165**	**8156**	**4009**
梅列区	3205	1515	1690	298	215	83
三元区	2981	1444	1537	420	298	122
明溪县	2142	1082	1060	555	396	159
清流县	2402	1168	1234	1225	699	526
宁化县	5839	2780	3059	1826	1164	662
大田县	5052	2520	2532	2109	1231	878
尤溪县	6908	3592	3316	1406	1109	297
沙县	4589	2238	2351	820	615	205
将乐县	2886	1438	1448	686	523	163
泰宁县	2004	967	1037	555	382	173
建宁县	2384	1148	1236	894	589	305
永安市	6126	3084	3042	1371	935	436
泉州市	**110416**	**51726**	**58690**	**28854**	**18011**	**10843**
鲤城区	5056	2340	2716	730	487	243
丰泽区	6456	3066	3390	950	610	340
洛江区	2760	1308	1452	694	426	268
泉港区	5639	2494	3145	1416	828	588
惠安县	15056	6367	8689	3133	1773	1360
安溪县	14561	7039	7522	5241	3138	2103
永春县	7992	3925	4067	2680	1739	941
德化县	4497	2237	2260	1570	977	593
石狮市	5950	2916	3034	1406	1030	376
晋江市	19663	9402	10261	4306	3042	1264
南安市	22786	10632	12154	6728	3961	2767

8-6 续表 1

单位：人

地　区	60岁及以上人口			劳动收入		
	合计	男	女	小计	男	女
漳州市	**88228**	**42535**	**45693**	**30572**	**18655**	**11917**
芗城区	9569	4580	4989	1515	996	519
龙文区	3263	1566	1697	1036	592	444
云霄县	7470	3645	3825	3167	1852	1315
漳浦县	14783	6954	7829	5345	3226	2119
诏安县	10336	4901	5435	4585	2529	2056
长泰县	3701	1814	1887	1258	778	480
东山县	4205	1968	2237	1299	784	515
南靖县	6405	3101	3304	3018	1722	1296
平和县	9261	4715	4546	3720	2461	1259
华安县	2734	1332	1402	915	547	368
龙海市	16501	7959	8542	4714	3168	1546
南平市	**52001**	**26055**	**25946**	**12914**	**9639**	**3275**
延平区	8938	4398	4540	1556	1124	432
建阳区	6021	3017	3004	1338	1028	310
顺昌县	3931	1909	2022	1054	773	281
浦城县	6754	3460	3294	1761	1338	423
光泽县	2482	1223	1259	516	414	102
松溪县	2514	1250	1264	714	539	175
政和县	3078	1625	1453	767	614	153
邵武市	5424	2697	2727	1196	849	347
武夷山市	3840	1942	1898	1069	787	282
建瓯市	9019	4534	4485	2943	2173	770
龙岩市	**48679**	**23602**	**25077**	**9605**	**6326**	**3279**
新罗区	11275	5543	5732	1767	1251	516
永定区	6544	3136	3408	1272	791	481
长汀县	7890	3818	4072	1620	1067	553
上杭县	7807	3686	4121	1325	866	459
武平县	5753	2765	2988	1004	622	382
连城县	4937	2422	2515	1136	777	359
漳平市	4473	2232	2241	1481	952	529
宁德市	**54004**	**28247**	**25757**	**18842**	**12724**	**6118**
蕉城区	7789	4059	3730	2099	1475	624
霞浦县	8634	4478	4156	3617	2362	1255
古田县	7136	3760	3376	1988	1498	490
屏南县	2557	1363	1194	632	492	140
寿宁县	3340	1792	1548	1183	819	364
周宁县	3221	1772	1449	783	611	172
柘荣县	1711	906	805	630	447	183
福安市	9799	5123	4676	3333	2256	1077
福鼎市	9817	4994	4823	4577	2764	1813

8-6　续表 2

单位：人

地　区	离退休金/养老金			最低生活保障金			失业保险金		
	小计	男	女	小计	男	女	小计	男	女
合　计	**157036**	**85404**	**71632**	**15047**	**8572**	**6475**	**34**	**14**	**20**
福州市	**47990**	**25307**	**22683**	**1966**	**1148**	**818**	**20**	**8**	**12**
鼓楼区	10812	5200	5612	28	11	17			
台江区	6935	3429	3506	31	18	13			
仓山区	9935	5099	4836	223	88	135			
马尾区	1017	561	456	49	27	22			
晋安区	8930	4560	4370	83	39	44			
长乐区	998	646	352	134	95	39	2	1	1
闽侯县	1690	1084	606	262	174	88			
连江县	1184	761	423	159	99	60	1		1
罗源县	1147	618	529	150	94	56			
闽清县	911	603	308	139	91	48			
永泰县	620	396	224	162	110	52	1	1	
平潭县	1008	614	394	289	132	157	16	6	10
福清市	2803	1736	1067	257	170	87			
厦门市	**31462**	**14912**	**16550**	**533**	**245**	**288**	**6**	**2**	**4**
思明区	12778	6044	6734	59	29	30	1	1	
海沧区	2882	1417	1465	24	15	9			
湖里区	4277	2104	2173	48	25	23			
集美区	4236	2002	2234	55	25	30	2		2
同安区	4239	2012	2227	120	55	65	3	1	2
翔安区	3050	1333	1717	227	96	131			
莆田市	**6271**	**4174**	**2097**	**1100**	**592**	**508**			
城厢区	1423	913	510	114	64	50			
涵江区	1367	895	472	198	113	85			
荔城区	1249	835	414	160	75	85			
秀屿区	717	507	210	208	102	106			
仙游县	1515	1024	491	420	238	182			
三明市	**10784**	**5915**	**4869**	**1090**	**615**	**475**	**1**	**1**	
梅列区	2275	1118	1157	18	3	15			
三元区	1633	828	805	42	17	25			
明溪县	315	193	122	48	26	22			
清流县	271	180	91	80	34	46			
宁化县	665	400	265	179	94	85			
大田县	531	330	201	176	110	66			
尤溪县	797	524	273	170	107	63			
沙县	991	526	465	80	47	33			
将乐县	498	291	207	51	39	12			
泰宁县	271	156	115	43	27	16			
建宁县	276	157	119	73	34	39			
永安市	2261	1212	1049	130	77	53	1	1	
泉州市	**17410**	**10239**	**7171**	**2257**	**1139**	**1118**	**3**	**2**	**1**
鲤城区	2473	1302	1171	40	14	26			
丰泽区	2770	1548	1222	39	17	22			
洛江区	312	210	102	62	33	29			
泉港区	890	526	364	198	96	102			
惠安县	3881	1948	1933	597	233	364	1	1	
安溪县	1047	764	283	297	167	130			
永春县	921	626	295	227	135	92			
德化县	470	325	145	117	71	46			
石狮市	634	371	263	45	26	19			
晋江市	2221	1369	852	240	121	119	2	1	1
南安市	1791	1250	541	395	226	169			

8-6 续表 3

单位：人

地　区	离退休金/养老金			最低生活保障金			失业保险金		
	小计	男	女	小计	男	女	小计	男	女
漳州市	**15509**	**8822**	**6687**	**3225**	**1735**	**1490**	**1**		**1**
芗城区	5289	2628	2661	152	84	68			
龙文区	568	329	239	86	48	38			
云霄县	1212	727	485	331	176	155			
漳浦县	1670	976	694	552	298	254			
诏安县	911	615	296	372	190	182	1		1
长泰县	660	377	283	172	80	92			
东山县	739	466	273	125	61	64			
南靖县	895	531	364	220	115	105			
平和县	916	590	326	460	282	178			
华安县	272	191	81	176	89	87			
龙海市	2377	1392	985	579	312	267			
南平市	**11785**	**6388**	**5397**	**1259**	**747**	**512**	**1**	**1**	
延平区	3358	1786	1572	182	96	86			
建阳区	1290	682	608	131	81	50			
顺昌县	883	502	381	75	34	41			
浦城县	1125	617	508	221	155	66			
光泽县	562	291	271	94	56	38			
松溪县	331	191	140	75	38	37			
政和县	347	211	136	100	58	42			
邵武市	1602	898	704	140	78	62			
武夷山市	865	451	414	95	62	33	1	1	
建瓯市	1422	759	663	146	89	57			
龙岩市	**8297**	**5285**	**3012**	**1753**	**1028**	**725**	**1**		**1**
新罗区	3517	2071	1446	224	125	99			
永定区	646	464	182	287	183	104			
长汀县	1120	707	413	266	145	121			
上杭县	1030	684	346	348	219	129			
武平县	742	542	200	257	144	113			
连城县	652	432	220	233	141	92			
漳平市	590	385	205	138	71	67	1		1
宁德市	**7528**	**4362**	**3166**	**1864**	**1323**	**541**	**1**		**1**
蕉城区	1568	893	675	275	182	93			
霞浦县	899	543	356	257	193	64			
古田县	948	551	397	184	139	45			
屏南县	269	156	113	77	51	26			
寿宁县	308	215	93	159	95	64			
周宁县	254	159	95	154	114	40			
柘荣县	181	119	62	91	63	28			
福安市	1571	910	661	368	266	102			
福鼎市	1530	816	714	299	220	79	1		1

8-6　续表 4

单位：人

地　区	财产性收入			家庭其他成员供养			其　他		
	小计	男	女	小计	男	女	小计	男	女
合　计	**5213**	**3117**	**2096**	**288189**	**102353**	**185836**	**16404**	**8136**	**8268**
福州市	**1240**	**752**	**488**	**52713**	**19023**	**33690**	**2979**	**1561**	**1418**
鼓楼区	21	14	7	1049	297	752	98	44	54
台江区	29	20	9	758	224	534	93	39	54
仓山区	213	129	84	3161	1054	2107	406	211	195
马尾区	42	23	19	1882	677	1205	47	29	18
晋安区	124	64	60	1856	603	1253	170	92	78
长乐区	137	83	54	7764	2839	4925	246	141	105
闽侯县	184	110	74	7601	2965	4636	534	314	220
连江县	68	45	23	5993	2122	3871	224	90	134
罗源县	21	11	10	2158	835	1323	65	27	38
闽清县	33	15	18	3268	1236	2032	156	81	75
永泰县	25	12	13	2678	1009	1669	123	60	63
平潭县	63	37	26	3230	1102	2128	361	183	178
福清市	280	189	91	11315	4060	7255	456	250	206
厦门市	**529**	**312**	**217**	**10017**	**2989**	**7028**	**883**	**389**	**494**
思明区	88	46	42	2029	562	1467	199	73	126
海沧区	98	59	39	1231	375	856	54	24	30
湖里区	189	107	82	1986	599	1387	99	40	59
集美区	58	35	23	1584	501	1083	123	61	62
同安区	50	33	17	1931	597	1334	274	128	146
翔安区	46	32	14	1256	355	901	134	63	71
莆田市	**626**	**380**	**246**	**35112**	**13374**	**21738**	**1582**	**798**	**784**
城厢区	185	102	83	4434	1605	2829	167	97	70
涵江区	60	32	28	5244	1977	3267	228	117	111
荔城区	180	122	58	6425	2526	3899	230	124	106
秀屿区	44	26	18	8095	3133	4962	274	124	150
仙游县	157	98	59	10914	4133	6781	683	336	347
三明市	**168**	**108**	**60**	**21006**	**7513**	**13493**	**1304**	**668**	**636**
梅列区	15	11	4	543	138	405	56	30	26
三元区	9	6	3	816	267	549	61	28	33
明溪县	3	2	1	1154	434	720	67	31	36
清流县	8	5	3	780	237	543	38	13	25
宁化县	13	10	3	3017	1048	1969	139	64	75
大田县	25	14	11	2094	782	1312	117	53	64
尤溪县	16	12	4	4203	1657	2546	316	183	133
沙县	24	14	10	2526	955	1571	148	81	67
将乐县	11	6	5	1585	548	1037	55	31	24
泰宁县	11	7	4	1071	368	703	53	27	26
建宁县	5	3	2	1069	336	733	67	29	38
永安市	28	18	10	2148	743	1405	187	98	89
泉州市	**1308**	**767**	**541**	**57538**	**20072**	**37466**	**3046**	**1496**	**1550**
鲤城区	59	28	31	1673	478	1195	81	31	50
丰泽区	206	107	99	2352	711	1641	139	73	66
洛江区	10	7	3	1567	578	989	115	54	61
泉港区	16	9	7	3046	1005	2041	73	30	43
惠安县	37	21	16	7020	2215	4805	387	176	211
安溪县	91	53	38	7360	2673	4687	525	244	281
永春县	54	31	23	4030	1366	2664	80	28	52
德化县	71	43	28	2073	718	1355	196	103	93
石狮市	219	137	82	3398	1220	2178	248	132	116
晋江市	453	281	172	11766	4236	7530	675	352	323
南安市	92	50	42	13253	4872	8381	527	273	254

8-6 续表 5

单位：人

地区	财产性收入			家庭其他成员供养			其他		
	小计	男	女	小计	男	女	小计	男	女
漳州市	**402**	**236**	**166**	**36473**	**12106**	**24367**	**2046**	**981**	**1065**
芗城区	41	26	15	2399	765	1634	173	81	92
龙文区	45	24	21	1451	537	914	77	36	41
云霄县	11	7	4	2629	819	1810	120	64	56
漳浦县	75	42	33	6791	2244	4547	350	168	182
诏安县	36	21	15	4098	1401	2697	333	145	188
长泰县	21	15	6	1544	547	997	46	17	29
东山县	25	16	9	1938	603	1335	79	38	41
南靖县	9	6	3	2155	679	1476	108	48	60
平和县	30	17	13	3853	1227	2626	282	138	144
华安县	19	8	11	1222	440	782	130	57	73
龙海市	90	54	36	8393	2844	5549	348	189	159
南平市	**243**	**147**	**96**	**24303**	**8408**	**15895**	**1496**	**725**	**771**
延平区	31	19	12	3704	1324	2380	107	49	58
建阳区	44	24	20	2983	1083	1900	235	119	116
顺昌县	11	6	5	1791	535	1256	117	59	58
浦城县	12	9	3	3405	1234	2171	230	107	123
光泽县	11	6	5	1248	428	820	51	28	23
松溪县	13	6	7	1268	417	851	113	59	54
政和县	9	8	1	1723	668	1055	132	66	66
邵武市	17	11	6	2318	795	1523	151	66	85
武夷山市	50	30	20	1622	541	1081	138	70	68
建瓯市	45	28	17	4241	1383	2858	222	102	120
龙岩市	**403**	**237**	**166**	**26933**	**9888**	**17045**	**1687**	**838**	**849**
新罗区	296	175	121	5056	1717	3339	415	204	211
永定区	9	7	2	3993	1525	2468	337	166	171
长汀县	11	7	4	4599	1752	2847	274	140	134
上杭县	26	15	11	4861	1797	3064	217	105	112
武平县	17	9	8	3533	1338	2195	200	110	90
连城县	10	4	6	2741	988	1753	165	80	85
漳平市	34	20	14	2150	771	1379	79	33	46
宁德市	**294**	**178**	**116**	**24094**	**8980**	**15114**	**1381**	**680**	**701**
蕉城区	25	18	7	3744	1444	2300	78	47	31
霞浦县	46	25	21	3628	1257	2371	187	98	89
古田县	25	17	8	3881	1495	2386	110	60	50
屏南县	2	1	1	1497	618	879	80	45	35
寿宁县	18	11	7	1489	561	928	183	91	92
周宁县	22	15	7	1861	790	1071	147	83	64
柘荣县	9	4	5	752	252	500	48	21	27
福安市	72	45	27	4123	1499	2624	332	147	185
福鼎市	75	42	33	3119	1064	2055	216	88	128

8-6a　各地区分性别、主要生活来源的60岁及以上老年人口(城市)

单位：人

地　　区	60岁及以上人口			劳动收入		
	合计	男	女	小计	男	女
合　计	**199623**	**95393**	**104230**	**22827**	**15775**	**7052**
福州市	**58813**	**28552**	**30261**	**4101**	**3098**	**1003**
鼓楼区	12461	5875	6586	453	309	144
台江区	8055	3889	4166	209	159	50
仓山区	14889	7324	7565	951	743	208
马尾区	2958	1437	1521	395	304	91
晋安区	11402	5669	5733	642	498	144
长乐区	3396	1626	1770	478	373	105
闽侯县						
连江县						
罗源县						
闽清县						
永泰县						
平潭县						
福清市	5652	2732	2920	973	712	261
厦门市	**39908**	**18526**	**21382**	**3812**	**2676**	**1136**
思明区	15956	7295	8661	802	540	262
海沧区	4683	2206	2477	500	369	131
湖里区	7572	3600	3972	977	727	250
集美区	6052	2835	3217	762	531	231
同安区	4669	2144	2525	634	415	219
翔安区	976	446	530	137	94	43
莆田市	**18478**	**8703**	**9775**	**2622**	**1648**	**974**
城厢区	3558	1706	1852	403	273	130
涵江区	5674	2679	2995	904	566	338
荔城区	6058	2903	3155	718	471	247
秀屿区	3188	1415	1773	597	338	259
仙游县						
三明市	**8337**	**3974**	**4363**	**648**	**447**	**201**
梅列区	2769	1301	1468	159	118	41
三元区	2194	1042	1152	145	97	48
明溪县						
清流县						
宁化县						
大田县						
尤溪县						
沙县						
将乐县						
泰宁县						
建宁县						
永安市	3374	1631	1743	344	232	112
泉州市	**26752**	**12682**	**14070**	**5075**	**3371**	**1704**
鲤城区	5056	2340	2716	730	487	243
丰泽区	6456	3066	3390	950	610	340
洛江区	661	315	346	109	72	37
泉港区	1604	725	879	329	205	124
惠安县						
安溪县						
永春县						
德化县						
石狮市	3016	1455	1561	604	437	167
晋江市	6867	3348	3519	1537	1125	412
南安市	3092	1433	1659	816	435	381

8-6a 续表 1

单位：人

地　　区	60岁及以上人口			劳动收入		
	合计	男	女	小计	男	女
漳州市	**14270**	**6806**	**7464**	**2179**	**1408**	**771**
芗城区	7011	3354	3657	544	362	182
龙文区	2680	1282	1398	740	426	314
云霄县						
漳浦县						
诏安县						
长泰县						
东山县						
南靖县						
平和县						
华安县						
龙海市	4554	2159	2395	893	618	275
南平市	**14128**	**6843**	**7285**	**1607**	**1155**	**452**
延平区	4785	2330	2455	403	284	119
建阳区	2292	1113	1179	262	194	68
顺昌县						
浦城县						
光泽县						
松溪县						
政和县						
邵武市	2991	1419	1572	349	252	97
武夷山市	1580	775	805	259	181	78
建瓯市	2480	1206	1274	334	244	90
龙岩市	**9750**	**4702**	**5048**	**1074**	**751**	**323**
新罗区	7371	3575	3796	769	537	232
永定区	962	436	526	98	59	39
长汀县						
上杭县						
武平县						
连城县						
漳平市	1417	691	726	207	155	52
宁德市	**9187**	**4605**	**4582**	**1709**	**1221**	**488**
蕉城区	3284	1661	1623	486	364	122
霞浦县						
古田县						
屏南县						
寿宁县						
周宁县						
柘荣县						
福安市	2957	1518	1439	566	413	153
福鼎市	2946	1426	1520	657	444	213

8-6a　续表 2

单位：人

地　区	离退休金/养老金			最低生活保障金			失业保险金		
	小计	男	女	小计	男	女	小计	男	女
合　计	**105260**	**54093**	**51167**	**2142**	**1015**	**1127**	**4**	**3**	**1**
福州市	**39733**	**20085**	**19648**	**467**	**213**	**254**	**1**	**1**	
鼓楼区	10812	5200	5612	28	11	17			
台江区	6935	3429	3506	31	18	13			
仓山区	9935	5099	4836	223	88	135			
马尾区	1002	547	455	35	16	19			
晋安区	8834	4497	4337	68	30	38			
长乐区	644	399	245	25	17	8	1	1	
闽侯县									
连江县									
罗源县									
闽清县									
永泰县									
平潭县									
福清市	1571	914	657	57	33	24			
厦门市	**26502**	**12719**	**13783**	**292**	**131**	**161**	**1**	**1**	
思明区	12778	6044	6734	59	29	30	1	1	
海沧区	2788	1368	1420	23	14	9			
湖里区	4277	2104	2173	48	25	23			
集美区	3634	1735	1899	46	21	25			
同安区	2500	1216	1284	63	26	37			
翔安区	525	252	273	53	16	37			
莆田市	**3592**	**2282**	**1310**	**320**	**159**	**161**			
城厢区	1170	706	464	38	20	18			
涵江区	1142	723	419	116	62	54			
荔城区	1107	731	376	126	58	68			
秀屿区	173	122	51	40	19	21			
仙游县									
三明市	**5816**	**2952**	**2864**	**93**	**38**	**55**			
梅列区	2149	1057	1092	12	1	11			
三元区	1553	779	774	26	10	16			
明溪县									
清流县									
宁化县									
大田县									
尤溪县									
沙县									
将乐县									
泰宁县									
建宁县									
永安市	2114	1116	998	55	27	28			
泉州市	**7824**	**4373**	**3451**	**281**	**130**	**151**			
鲤城区	2473	1302	1171	40	14	26			
丰泽区	2770	1548	1222	39	17	22			
洛江区	200	116	84	12	4	8			
泉港区	367	212	155	61	30	31			
惠安县									
安溪县									
永春县									
德化县									
石狮市	458	264	194	20	9	11			
晋江市	996	580	416	66	32	34			
南安市	560	351	209	43	24	19			

8-6a 续表 3

单位：人

地　区	离退休金/养老金			最低生活保障金			失业保险金		
	小计	男	女	小计	男	女	小计	男	女
漳州市	**6823**	**3501**	**3322**	**313**	**164**	**149**			
芗城区	5028	2483	2545	99	47	52			
龙文区	547	312	235	70	38	32			
云霄县									
漳浦县									
诏安县									
长泰县									
东山县									
南靖县									
平和县									
华安县									
龙海市	1229	697	532	142	79	63			
南平市	**7534**	**3994**	**3540**	**141**	**66**	**75**	**1**	**1**	
延平区	3080	1615	1465	39	18	21			
建阳区	1078	566	512	29	13	16			
顺昌县									
浦城县									
光泽县									
松溪县									
政和县									
邵武市	1467	812	655	37	12	25			
武夷山市	673	355	318	11	7	4	1	1	
建瓯市	1236	646	590	25	16	9			
龙岩市	**3933**	**2308**	**1625**	**130**	**54**	**76**			
新罗区	3228	1857	1371	78	32	46			
永定区	254	163	91	27	13	14			
长汀县									
上杭县									
武平县									
连城县									
漳平市	451	288	163	25	9	16			
宁德市	**3503**	**1879**	**1624**	**105**	**60**	**45**	**1**		**1**
蕉城区	1274	707	567	27	16	11			
霞浦县									
古田县									
屏南县									
寿宁县									
周宁县									
柘荣县									
福安市	1076	594	482	43	26	17			
福鼎市	1153	578	575	35	18	17	1		1

8-6a　续表 4　　单位：人

地　区	财产性收入			家庭其他成员供养			其　他		
	小计	男	女	小计	男	女	小计	男	女
合　计	**2993**	**1760**	**1233**	**62329**	**20791**	**41538**	**4068**	**1956**	**2112**
福州市	**635**	**385**	**250**	**12868**	**4248**	**8620**	**1008**	**522**	**486**
鼓楼区	21	14	7	1049	297	752	98	44	54
台江区	29	20	9	758	224	534	93	39	54
仓山区	213	129	84	3161	1054	2107	406	211	195
马尾区	39	21	18	1447	524	923	40	25	15
晋安区	114	60	54	1606	510	1096	138	74	64
长乐区	65	39	26	2119	761	1358	64	36	28
闽侯县									
连江县									
罗源县									
闽清县									
永泰县									
平潭县									
福清市	154	102	52	2728	878	1850	169	93	76
厦门市	**479**	**277**	**202**	**8134**	**2430**	**5704**	**688**	**292**	**396**
思明区	88	46	42	2029	562	1467	199	73	126
海沧区	98	59	39	1220	372	848	54	24	30
湖里区	189	107	82	1982	597	1385	99	40	59
集美区	54	32	22	1454	466	988	102	50	52
同安区	42	26	16	1238	378	860	192	83	109
翔安区	8	7	1	211	55	156	42	22	20
莆田市	**403**	**238**	**165**	**11104**	**4144**	**6960**	**437**	**232**	**205**
城厢区	162	85	77	1689	568	1121	96	54	42
涵江区	58	31	27	3331	1231	2100	123	66	57
荔城区	155	107	48	3780	1442	2338	172	94	78
秀屿区	28	15	13	2304	903	1401	46	18	28
仙游县									
三明市	**35**	**24**	**11**	**1575**	**434**	**1141**	**170**	**79**	**91**
梅列区	14	10	4	396	94	302	39	21	18
三元区	7	5	2	409	128	281	54	23	31
明溪县									
清流县									
宁化县									
大田县									
尤溪县									
沙县									
将乐县									
泰宁县									
建宁县									
永安市	14	9	5	770	212	558	77	35	42
泉州市	**814**	**468**	**346**	**12060**	**3983**	**8077**	**698**	**357**	**341**
鲤城区	59	28	31	1673	478	1195	81	31	50
丰泽区	206	107	99	2352	711	1641	139	73	66
洛江区	5	3	2	309	107	202	26	13	13
泉港区	6	5	1	821	265	556	20	8	12
惠安县									
安溪县									
永春县									
德化县									
石狮市	184	113	71	1618	560	1058	132	72	60
晋江市	335	202	133	3693	1281	2412	240	128	112
南安市	19	10	9	1594	581	1013	60	32	28

8-6a 续表 5

单位：人

地区	财产性收入			家庭其他成员供养			其他		
	小计	男	女	小计	男	女	小计	男	女
漳州市	**106**	**62**	**44**	**4594**	**1542**	**3052**	**255**	**129**	**126**
芗城区	35	22	13	1198	383	815	107	57	50
龙文区	44	24	20	1206	448	758	73	34	39
云霄县									
漳浦县									
诏安县									
长泰县									
东山县									
南靖县									
平和县									
华安县									
龙海市	27	16	11	2188	711	1477	75	38	37
南平市	**117**	**70**	**47**	**4388**	**1419**	**2969**	**340**	**138**	**202**
延平区	26	15	11	1196	384	812	41	14	27
建阳区	31	18	13	787	275	512	105	47	58
顺昌县									
浦城县									
光泽县									
松溪县									
政和县									
邵武市	15	9	6	1055	315	740	68	19	49
武夷山市	28	18	10	575	194	381	33	19	14
建瓯市	17	10	7	775	251	524	93	39	54
龙岩市	**291**	**169**	**122**	**4014**	**1285**	**2729**	**308**	**135**	**173**
新罗区	268	155	113	2803	889	1914	225	105	120
永定区	4	3	1	523	179	344	56	19	37
长汀县									
上杭县									
武平县									
连城县									
漳平市	19	11	8	688	217	471	27	11	16
宁德市	**113**	**67**	**46**	**3592**	**1306**	**2286**	**164**	**72**	**92**
蕉城区	17	13	4	1454	546	908	26	15	11
霞浦县									
古田县									
屏南县									
寿宁县									
周宁县									
柘荣县									
福安市	46	28	18	1146	423	723	80	34	46
福鼎市	50	26	24	992	337	655	58	23	35

8-6b　各地区分性别、主要生活来源的60岁及以上老年人口(镇)

单位：人

地　区	60岁及以上人口			劳动收入		
	合计	男	女	小计	男	女
合　计	**159969**	**76925**	**83044**	**36797**	**24331**	**12466**
福州市	**25927**	**12835**	**13092**	**5240**	**3732**	**1508**
鼓楼区						
台江区						
仓山区						
马尾区						
晋安区	22	13	9	6	5	1
长乐区	2878	1399	1479	719	517	202
闽侯县	5650	2881	2769	931	730	201
连江县	4875	2348	2527	1050	684	366
罗源县	2347	1183	1164	358	296	62
闽清县	2009	978	1031	305	214	91
永泰县	1531	770	761	297	208	89
平潭县	2454	1230	1224	376	300	76
福清市	4161	2033	2128	1198	778	420
厦门市	**2216**	**1021**	**1195**	**376**	**249**	**127**
思明区						
海沧区						
湖里区	6	2	4	2		2
集美区	3	2	1	3	2	1
同安区	241	118	123	45	30	15
翔安区	1966	899	1067	326	217	109
莆田市	**10450**	**4929**	**5521**	**1848**	**1250**	**598**
城厢区	653	301	352	125	87	38
涵江区	337	156	181	83	50	33
荔城区	143	63	80	17	14	3
秀屿区	1736	783	953	497	272	225
仙游县	7581	3626	3955	1126	827	299
三明市	**13974**	**6693**	**7281**	**2489**	**1713**	**776**
梅列区	214	100	114	43	33	10
三元区	144	77	67	29	24	5
明溪县	922	434	488	154	107	47
清流县	839	389	450	262	155	107
宁化县	1923	905	1018	392	250	142
大田县	1415	698	717	358	223	135
尤溪县	2294	1174	1120	312	244	68
沙县	2718	1281	1437	320	234	86
将乐县	1406	678	728	202	162	40
泰宁县	929	405	524	164	107	57
建宁县	802	364	438	168	117	51
永安市	368	188	180	85	57	28
泉州市	**34784**	**16160**	**18624**	**8843**	**5521**	**3322**
鲤城区						
丰泽区						
洛江区	438	199	239	98	56	42
泉港区	1156	517	639	269	163	106
惠安县	7687	3274	4413	1484	875	609
安溪县	4478	2176	2302	1149	728	421
永春县	4123	1977	2146	1139	741	398
德化县	2260	1125	1135	703	447	256
石狮市	1761	864	897	430	324	106
晋江市	4362	2078	2284	940	673	267
南安市	8519	3950	4569	2631	1514	1117

8-6b 续表 1

单位：人

地　区	60岁及以上人口			劳动收入		
	合计	男	女	小计	男	女
漳州市	**32329**	**15543**	**16786**	**9721**	**6047**	**3674**
芗城区	1098	529	569	384	260	124
龙文区						
云霄县	3372	1647	1725	1043	634	409
漳浦县	7078	3313	3765	2037	1260	777
诏安县	4522	2179	2343	1657	935	722
长泰县	1729	840	889	355	237	118
东山县	2609	1221	1388	626	406	220
南靖县	2790	1335	1455	990	561	429
平和县	3651	1819	1832	1247	822	425
华安县	1242	591	651	309	188	121
龙海市	4238	2069	2169	1073	744	329
南平市	**11194**	**5424**	**5770**	**2085**	**1558**	**527**
延平区	1139	558	581	266	186	80
建阳区	599	302	297	125	93	32
顺昌县	1691	782	909	232	171	61
浦城县	2640	1266	1374	355	272	83
光泽县	994	487	507	123	93	30
松溪县	914	428	486	127	104	23
政和县	1145	565	580	181	143	38
邵武市	534	275	259	158	110	48
武夷山市	254	125	129	54	44	10
建瓯市	1284	636	648	464	342	122
龙岩市	**13225**	**6255**	**6970**	**1901**	**1287**	**614**
新罗区	1069	517	552	199	152	47
永定区	1516	708	808	219	135	84
长汀县	3349	1612	1737	409	279	130
上杭县	2793	1278	1515	390	254	136
武平县	2233	1058	1175	268	175	93
连城县	1859	896	963	292	210	82
漳平市	406	186	220	124	82	42
宁德市	**15870**	**8065**	**7805**	**4294**	**2974**	**1320**
蕉城区	742	382	360	220	149	71
霞浦县	4137	2088	2049	1365	893	472
古田县	2981	1491	1490	492	383	109
屏南县	907	459	448	154	119	35
寿宁县	1096	582	514	250	189	61
周宁县	1381	736	645	271	214	57
柘荣县	771	386	385	171	128	43
福安市	1977	1003	974	530	386	144
福鼎市	1878	938	940	841	513	328

8-6b　续表 2　　　　单位：人

地　区	离退休金/养老金			最低生活保障金			失业保险金		
	小计	男	女	小计	男	女	小计	男	女
合　计	**32889**	**19647**	**13242**	**4043**	**2119**	**1924**	**3**	**1**	**2**
福州市	**5093**	**3088**	**2005**	**366**	**219**	**147**	**2**	**1**	**1**
鼓楼区									
台江区									
仓山区									
马尾区									
晋安区	3	2	1						
长乐区	160	112	48	25	17	8			
闽侯县	1130	684	446	84	51	33			
连江县	941	573	368	40	28	12	1		1
罗源县	767	412	355	38	22	16			
闽清县	641	389	252	27	15	12			
永泰县	408	247	161	30	15	15	1	1	
平潭县	587	355	232	66	35	31			
福清市	456	314	142	56	36	20			
厦门市	**1227**	**555**	**672**	**90**	**39**	**51**			
思明区									
海沧区									
湖里区									
集美区									
同安区	148	68	80						
翔安区	1079	487	592	90	39	51			
莆田市	**1204**	**818**	**386**	**205**	**116**	**89**			
城厢区	28	22	6	15	9	6			
涵江区	29	26	3	4	3	1			
荔城区	1	1							
秀屿区	110	86	24	26	15	11			
仙游县	1036	683	353	160	89	71			
三明市	**4086**	**2361**	**1725**	**253**	**129**	**124**			
梅列区	100	48	52						
三元区	45	26	19	4	3	1			
明溪县	283	169	114	12	5	7			
清流县	231	147	84	30	6	24			
宁化县	461	276	185	62	27	35			
大田县	373	225	148	44	30	14			
尤溪县	668	416	252	30	18	12			
沙县	950	497	453	37	21	16			
将乐县	418	235	183	12	8	4			
泰宁县	241	137	104	13	6	7			
建宁县	234	129	105	6	2	4			
永安市	82	56	26	3	3				
泉州市	**5782**	**3500**	**2282**	**762**	**341**	**421**			
鲤城区									
丰泽区									
洛江区	39	33	6	6	3	3			
泉港区	194	116	78	35	16	19			
惠安县	2359	1174	1185	305	109	196			
安溪县	635	467	168	100	53	47			
永春县	745	495	250	109	55	54			
德化县	378	259	119	27	15	12			
石狮市	99	65	34	20	12	8			
晋江市	647	405	242	49	22	27			
南安市	686	486	200	111	56	55			

8-6b 续表 3

单位：人

地　区	离退休金/养老金			最低生活保障金			失业保险金		
	小计	男	女	小计	男	女	小计	男	女
漳州市	**6395**	**3820**	**2575**	**1265**	**638**	**627**	**1**		**1**
芗城区	106	62	44	18	11	7			
龙文区									
云霄县	968	572	396	176	85	91			
漳浦县	1150	670	480	298	155	143			
诏安县	670	449	221	150	71	79	1		1
长泰县	538	295	243	74	33	41			
东山县	629	389	240	85	44	41			
南靖县	764	445	319	65	35	30			
平和县	656	403	253	171	84	87			
华安县	179	125	54	92	44	48			
龙海市	735	410	325	136	76	60			
南平市	**3212**	**1781**	**1431**	**253**	**135**	**118**			
延平区	118	78	40	44	22	22			
建阳区	87	47	40	8	5	3			
顺昌县	779	422	357	32	8	24			
浦城县	991	538	453	51	28	23			
光泽县	471	249	222	24	15	9			
松溪县	284	158	126	23	13	10			
政和县	275	165	110	25	15	10			
邵武市	54	35	19	24	14	10			
武夷山市	75	38	37	1		1			
建瓯市	78	51	27	21	15	6			
龙岩市	**2812**	**1850**	**962**	**433**	**236**	**197**			
新罗区	130	90	40	36	24	12			
永定区	134	111	23	48	30	18			
长汀县	857	532	325	90	46	44			
上杭县	730	446	284	86	53	33			
武平县	446	337	109	84	39	45			
连城县	483	312	171	65	38	27			
漳平市	32	22	10	24	6	18			
宁德市	**3078**	**1874**	**1204**	**416**	**266**	**150**			
蕉城区	54	41	13	44	27	17			
霞浦县	854	507	347	60	39	21			
古田县	828	470	358	59	43	16			
屏南县	196	115	81	15	7	8			
寿宁县	244	169	75	37	17	20			
周宁县	194	123	71	71	48	23			
柘荣县	153	100	53	20	13	7			
福安市	355	220	135	51	34	17			
福鼎市	200	129	71	59	38	21			

8-6b　续表 4

单位：人

地　区	财产性收入			家庭其他成员供养			其　他		
	小计	男	女	小计	男	女	小计	男	女
合　计	**1439**	**857**	**582**	**80070**	**27579**	**52491**	**4728**	**2391**	**2337**
福州市	**387**	**228**	**159**	**14021**	**5114**	**8907**	**818**	**453**	**365**
鼓楼区									
台江区									
仓山区									
马尾区									
晋安区	5	2	3	8	4	4			
长乐区	39	21	18	1840	676	1164	95	56	39
闽侯县	132	74	58	3071	1173	1898	302	169	133
连江县	43	26	17	2736	1003	1733	64	34	30
罗源县	20	11	9	1120	422	698	44	20	24
闽清县	22	10	12	969	326	643	45	24	21
永泰县	6	4	2	759	278	481	30	17	13
平潭县	49	29	20	1211	420	791	165	91	74
福清市	71	51	20	2307	812	1495	73	42	31
厦门市	**29**	**18**	**11**	**453**	**139**	**314**	**41**	**21**	**20**
思明区									
海沧区									
湖里区				4	2	2			
集美区									
同安区	1		1	45	19	26	2	1	1
翔安区	28	18	10	404	118	286	39	20	19
莆田市	**143**	**87**	**56**	**6703**	**2487**	**4216**	**347**	**171**	**176**
城厢区	10	6	4	456	166	290	19	11	8
涵江区				212	72	140	9	5	4
荔城区	3	1	2	122	47	75			
秀屿区	7	5	2	1079	396	683	17	9	8
仙游县	123	75	48	4834	1806	3028	302	146	156
三明市	**74**	**46**	**28**	**6676**	**2237**	**4439**	**396**	**207**	**189**
梅列区	1	1		66	16	50	4	2	2
三元区				65	23	42	1	1	
明溪县	1	1		446	142	304	26	10	16
清流县	2	1	1	302	75	227	12	5	7
宁化县	9	7	2	963	325	638	36	20	16
大田县	20	11	9	587	197	390	33	12	21
尤溪县	7	5	2	1196	441	755	81	50	31
沙县	13	8	5	1297	462	835	101	59	42
将乐县	5	2	3	749	260	489	20	11	9
泰宁县	11	7	4	482	141	341	18	7	11
建宁县	5	3	2	359	101	258	30	12	18
永安市				164	54	110	34	18	16
泉州市	**378**	**227**	**151**	**18063**	**6100**	**11963**	**956**	**471**	**485**
鲤城区									
丰泽区									
洛江区	3	2	1	263	91	172	29	14	15
泉港区	1	1		632	208	424	25	13	12
惠安县	31	18	13	3365	1034	2331	143	64	79
安溪县	77	44	33	2360	807	1553	157	77	80
永春县	50	30	20	2041	644	1397	39	12	27
德化县	63	37	26	993	319	674	96	48	48
石狮市	31	21	10	1109	402	707	72	40	32
晋江市	65	42	23	2490	848	1642	171	88	83
南安市	57	32	25	4810	1747	3063	224	115	109

8-6b 续表 5

单位：人

地区	财产性收入			家庭其他成员供养			其他		
	小计	男	女	小计	男	女	小计	男	女
漳州市	**176**	**101**	**75**	**13846**	**4504**	**9342**	**925**	**433**	**492**
芗城区	5	3	2	550	177	373	35	16	19
龙文区									
云霄县	9	6	3	1123	321	802	53	29	24
漳浦县	55	31	24	3253	1063	2190	285	134	151
诏安县	9	5	4	1900	659	1241	135	60	75
长泰县	15	11	4	718	251	467	29	13	16
东山县	13	8	5	1209	350	859	47	24	23
南靖县	4	2	2	911	268	643	56	24	32
平和县	19	11	8	1428	444	984	130	55	75
华安县	4	2	2	596	205	391	62	27	35
龙海市	43	22	21	2158	766	1392	93	51	42
南平市	**69**	**43**	**26**	**5210**	**1715**	**3495**	**365**	**192**	**173**
延平区	1	1		706	267	439	4	4	
建阳区	12	6	6	341	132	209	26	19	7
顺昌县	10	5	5	590	157	433	48	19	29
浦城县	7	6	1	1139	372	767	97	50	47
光泽县	9	5	4	343	114	229	24	11	13
松溪县	6	4	2	437	125	312	37	24	13
政和县	6	5	1	610	214	396	48	23	25
邵武市				258	94	164	40	22	18
武夷山市	5	3	2	100	31	69	19	9	10
建瓯市	13	8	5	686	209	477	22	11	11
龙岩市	**60**	**33**	**27**	**7543**	**2614**	**4929**	**476**	**235**	**241**
新罗区	3	2	1	653	226	427	48	23	25
永定区	3	2	1	1005	376	629	107	54	53
长汀县	11	7	4	1852	679	1173	130	69	61
上杭县	16	9	7	1510	487	1023	61	29	32
武平县	11	5	6	1364	475	889	60	27	33
连城县	5	2	3	946	302	644	68	32	36
漳平市	11	6	5	213	69	144	2	1	1
宁德市	**123**	**74**	**49**	**7555**	**2669**	**4886**	**404**	**208**	**196**
蕉城区				416	161	255	8	4	4
霞浦县	24	15	9	1762	593	1169	72	41	31
古田县	19	11	8	1534	556	978	49	28	21
屏南县	2	1	1	513	204	309	27	13	14
寿宁县	14	8	6	489	168	321	62	31	31
周宁县	21	15	6	764	304	460	60	32	28
柘荣县	8	3	5	394	131	263	25	11	14
福安市	12	7	5	966	325	641	63	31	32
福鼎市	23	14	9	717	227	490	38	17	21

8-6c　各地区分性别、主要生活来源的60岁及以上老年人口(乡村)

单位：人

地　区	60岁及以上人口			劳动收入		
	合计	男	女	小计	男	女
合　计	**275742**	**136103**	**139639**	**93787**	**60719**	**33068**
福州市	**46121**	**23014**	**23107**	**14612**	**9772**	**4840**
鼓楼区						
台江区						
仓山区						
马尾区	646	328	318	172	144	28
晋安区	543	293	250	156	114	42
长乐区	5510	2647	2863	1306	977	329
闽侯县	7254	3808	3446	1702	1312	390
连江县	6928	3394	3534	3124	1941	1183
罗源县	1958	1015	943	406	317	89
闽清县	3559	1816	1743	756	554	202
永泰县	4024	2060	1964	1649	1034	615
平潭县	3855	1834	2021	966	690	276
福清市	11844	5819	6025	4375	2689	1686
厦门市	**7394**	**3480**	**3914**	**1900**	**1253**	**647**
思明区						
海沧区	116	61	55	10	8	2
湖里区						
集美区	945	449	496	177	129	48
同安区	3080	1475	1605	694	466	228
翔安区	3253	1495	1758	1019	650	369
莆田市	**26181**	**12220**	**13961**	**5948**	**3636**	**2312**
城厢区	3461	1651	1810	821	517	304
涵江区	2652	1279	1373	579	364	215
荔城区	3363	1518	1845	585	317	268
秀屿区	7419	3282	4137	1911	978	933
仙游县	9286	4490	4796	2052	1460	592
三明市	**24207**	**12309**	**11898**	**9028**	**5996**	**3032**
梅列区	222	114	108	96	64	32
三元区	643	325	318	246	177	69
明溪县	1220	648	572	401	289	112
清流县	1563	779	784	963	544	419
宁化县	3916	1875	2041	1434	914	520
大田县	3637	1822	1815	1751	1008	743
尤溪县	4614	2418	2196	1094	865	229
沙县	1871	957	914	500	381	119
将乐县	1480	760	720	484	361	123
泰宁县	1075	562	513	391	275	116
建宁县	1582	784	798	726	472	254
永安市	2384	1265	1119	942	646	296
泉州市	**48880**	**22884**	**25996**	**14936**	**9119**	**5817**
鲤城区						
丰泽区						
洛江区	1661	794	867	487	298	189
泉港区	2879	1252	1627	818	460	358
惠安县	7369	3093	4276	1649	898	751
安溪县	10083	4863	5220	4092	2410	1682
永春县	3869	1948	1921	1541	998	543
德化县	2237	1112	1125	867	530	337
石狮市	1173	597	576	372	269	103
晋江市	8434	3976	4458	1829	1244	585
南安市	11175	5249	5926	3281	2012	1269

8－6c 续表 1

单位：人

地　　区	60岁及以上人口			劳动收入		
	合计	男	女	小计	男	女
漳州市	**41629**	**20186**	**21443**	**18672**	**11200**	**7472**
芗城区	1460	697	763	587	374	213
龙文区	583	284	299	296	166	130
云霄县	4098	1998	2100	2124	1218	906
漳浦县	7705	3641	4064	3308	1966	1342
诏安县	5789	2711	3078	2926	1592	1334
长泰县	1972	974	998	903	541	362
东山县	1596	747	849	673	378	295
南靖县	3615	1766	1849	2028	1161	867
平和县	5610	2896	2714	2473	1639	834
华安县	1492	741	751	606	359	247
龙海市	7709	3731	3978	2748	1806	942
南平市	**26679**	**13788**	**12891**	**9222**	**6926**	**2296**
延平区	3014	1510	1504	887	654	233
建阳区	3130	1602	1528	951	741	210
顺昌县	2240	1127	1113	822	602	220
浦城县	4114	2194	1920	1406	1066	340
光泽县	1488	736	752	393	321	72
松溪县	1600	822	778	587	435	152
政和县	1933	1060	873	586	471	115
邵武市	1899	1003	896	689	487	202
武夷山市	2006	1042	964	756	562	194
建瓯市	5255	2692	2563	2145	1587	558
龙岩市	**25704**	**12645**	**13059**	**6630**	**4288**	**2342**
新罗区	2835	1451	1384	799	562	237
永定区	4066	1992	2074	955	597	358
长汀县	4541	2206	2335	1211	788	423
上杭县	5014	2408	2606	935	612	323
武平县	3520	1707	1813	736	447	289
连城县	3078	1526	1552	844	567	277
漳平市	2650	1355	1295	1150	715	435
宁德市	**28947**	**15577**	**13370**	**12839**	**8529**	**4310**
蕉城区	3763	2016	1747	1393	962	431
霞浦县	4497	2390	2107	2252	1469	783
古田县	4155	2269	1886	1496	1115	381
屏南县	1650	904	746	478	373	105
寿宁县	2244	1210	1034	933	630	303
周宁县	1840	1036	804	512	397	115
柘荣县	940	520	420	459	319	140
福安市	4865	2602	2263	2237	1457	780
福鼎市	4993	2630	2363	3079	1807	1272

8-6c 续表 2

单位：人

地 区	离退休金/养老金			最低生活保障金			失业保险金		
	小计	男	女	小计	男	女	小计	男	女
合 计	**18887**	**11664**	**7223**	**8862**	**5438**	**3424**	**27**	**10**	**17**
福州市	**3164**	**2134**	**1030**	**1133**	**716**	**417**	**17**	**6**	**11**
鼓楼区									
台江区									
仓山区									
马尾区	15	14	1	14	11	3			
晋安区	93	61	32	15	9	6			
长乐区	194	135	59	84	61	23	1		1
闽侯县	560	400	160	178	123	55			
连江县	243	188	55	119	71	48			
罗源县	380	206	174	112	72	40			
闽清县	270	214	56	112	76	36			
永泰县	212	149	63	132	95	37			
平潭县	421	259	162	223	97	126	16	6	10
福清市	776	508	268	144	101	43			
厦门市	**3733**	**1638**	**2095**	**151**	**75**	**76**	**5**	**1**	**4**
思明区									
海沧区	94	49	45	1	1				
湖里区									
集美区	602	267	335	9	4	5	2		2
同安区	1591	728	863	57	29	28	3	1	2
翔安区	1446	594	852	84	41	43			
莆田市	**1475**	**1074**	**401**	**575**	**317**	**258**			
城厢区	225	185	40	61	35	26			
涵江区	196	146	50	78	48	30			
荔城区	141	103	38	34	17	17			
秀屿区	434	299	135	142	68	74			
仙游县	479	341	138	260	149	111			
三明市	**882**	**602**	**280**	**744**	**448**	**296**	**1**	**1**	
梅列区	26	13	13	6	2	4			
三元区	35	23	12	12	4	8			
明溪县	32	24	8	36	21	15			
清流县	40	33	7	50	28	22			
宁化县	204	124	80	117	67	50			
大田县	158	105	53	132	80	52			
尤溪县	129	108	21	140	89	51			
沙县	41	29	12	43	26	17			
将乐县	80	56	24	39	31	8			
泰宁县	30	19	11	30	21	9			
建宁县	42	28	14	67	32	35			
永安市	65	40	25	72	47	25	1	1	
泉州市	**3804**	**2366**	**1438**	**1214**	**668**	**546**	**3**	**2**	**1**
鲤城区									
丰泽区									
洛江区	73	61	12	44	26	18			
泉港区	329	198	131	102	50	52			
惠安县	1522	774	748	292	124	168	1	1	
安溪县	412	297	115	197	114	83			
永春县	176	131	45	118	80	38			
德化县	92	66	26	90	56	34			
石狮市	77	42	35	5	5				
晋江市	578	384	194	125	67	58	2	1	1
南安市	545	413	132	241	146	95			

8－6c 续表 3

单位：人

地 区	离退休金/养老金			最低生活保障金			失业保险金		
	小计	男	女	小计	男	女	小计	男	女
漳州市	**2291**	**1501**	**790**	**1647**	**933**	**714**			
芗城区	155	83	72	35	26	9			
龙文区	21	17	4	16	10	6			
云霄县	244	155	89	155	91	64			
漳浦县	520	306	214	254	143	111			
诏安县	222	157	65	220	119	101			
长泰县	122	82	40	98	47	51			
东山县	110	77	33	40	17	23			
南靖县	131	86	45	155	80	75			
平和县	260	187	73	289	198	91			
华安县	93	66	27	84	45	39			
龙海市	413	285	128	301	157	144			
南平市	**1039**	**613**	**426**	**865**	**546**	**319**			
延平区	160	93	67	99	56	43			
建阳区	125	69	56	94	63	31			
顺昌县	104	80	24	43	26	17			
浦城县	134	79	55	170	127	43			
光泽县	91	42	49	70	41	29			
松溪县	47	33	14	52	25	27			
政和县	72	46	26	75	43	32			
邵武市	81	51	30	79	52	27			
武夷山市	117	58	59	83	55	28			
建瓯市	108	62	46	100	58	42			
龙岩市	**1552**	**1127**	**425**	**1190**	**738**	**452**	**1**		**1**
新罗区	159	124	35	110	69	41			
永定区	258	190	68	212	140	72			
长汀县	263	175	88	176	99	77			
上杭县	300	238	62	262	166	96			
武平县	296	205	91	173	105	68			
连城县	169	120	49	168	103	65			
漳平市	107	75	32	89	56	33	1		1
宁德市	**947**	**609**	**338**	**1343**	**997**	**346**			
蕉城区	240	145	95	204	139	65			
霞浦县	45	36	9	197	154	43			
古田县	120	81	39	125	96	29			
屏南县	73	41	32	62	44	18			
寿宁县	64	46	18	122	78	44			
周宁县	60	36	24	83	66	17			
柘荣县	28	19	9	71	50	21			
福安市	140	96	44	274	206	68			
福鼎市	177	109	68	205	164	41			

8-6c 续表 4

单位：人

地区	财产性收入			家庭其他成员供养			其他		
	小计	男	女	小计	男	女	小计	男	女
合计	**781**	**500**	**281**	**145790**	**53983**	**91807**	**7608**	**3789**	**3819**
福州市	**218**	**139**	**79**	**25824**	**9661**	**16163**	**1153**	**586**	**567**
鼓楼区									
台江区									
仓山区									
马尾区	3	2	1	435	153	282	7	4	3
晋安区	5	2	3	242	89	153	32	18	14
长乐区	33	23	10	3805	1402	2403	87	49	38
闽侯县	52	36	16	4530	1792	2738	232	145	87
连江县	25	19	6	3257	1119	2138	160	56	104
罗源县	1		1	1038	413	625	21	7	14
闽清县	11	5	6	2299	910	1389	111	57	54
永泰县	19	8	11	1919	731	1188	93	43	50
平潭县	14	8	6	2019	682	1337	196	92	104
福清市	55	36	19	6280	2370	3910	214	115	99
厦门市	**21**	**17**	**4**	**1430**	**420**	**1010**	**154**	**76**	**78**
思明区									
海沧区				11	3	8			
湖里区									
集美区	4	3	1	130	35	95	21	11	10
同安区	7	7		648	200	448	80	44	36
翔安区	10	7	3	641	182	459	53	21	32
莆田市	**80**	**55**	**25**	**17305**	**6743**	**10562**	**798**	**395**	**403**
城厢区	13	11	2	2289	871	1418	52	32	20
涵江区	2	1	1	1701	674	1027	96	46	50
荔城区	22	14	8	2523	1037	1486	58	30	28
秀屿区	9	6	3	4712	1834	2878	211	97	114
仙游县	34	23	11	6080	2327	3753	381	190	191
三明市	**59**	**38**	**21**	**12755**	**4842**	**7913**	**738**	**382**	**356**
梅列区				81	28	53	13	7	6
三元区	2	1	1	342	116	226	6	4	2
明溪县	2	1	1	708	292	416	41	21	20
清流县	6	4	2	478	162	316	26	8	18
宁化县	4	3	1	2054	723	1331	103	44	59
大田县	5	3	2	1507	585	922	84	41	43
尤溪县	9	7	2	3007	1216	1791	235	133	102
沙县	11	6	5	1229	493	736	47	22	25
将乐县	6	4	2	836	288	548	35	20	15
泰宁县				589	227	362	35	20	15
建宁县				710	235	475	37	17	20
永安市	14	9	5	1214	477	737	76	45	31
泉州市	**116**	**72**	**44**	**27415**	**9989**	**17426**	**1392**	**668**	**724**
鲤城区									
丰泽区									
洛江区	2	2		995	380	615	60	27	33
泉港区	9	3	6	1593	532	1061	28	9	19
惠安县	6	3	3	3655	1181	2474	244	112	132
安溪县	14	9	5	5000	1866	3134	368	167	201
永春县	4	1	3	1989	722	1267	41	16	25
德化县	8	6	2	1080	399	681	100	55	45
石狮市	4	3	1	671	258	413	44	20	24
晋江市	53	37	16	5583	2107	3476	264	136	128
南安市	16	8	8	6849	2544	4305	243	126	117

8-6c 续表 5

单位：人

地　区	财产性收入			家庭其他成员供养			其　他		
	小计	男	女	小计	男	女	小计	男	女
漳州市	**120**	**73**	**47**	**18033**	**6060**	**11973**	**866**	**419**	**447**
芗城区	1	1		651	205	446	31	8	23
龙文区	1		1	245	89	156	4	2	2
云霄县	2	1	1	1506	498	1008	67	35	32
漳浦县	20	11	9	3538	1181	2357	65	34	31
诏安县	27	16	11	2196	742	1454	198	85	113
长泰县	6	4	2	826	296	530	17	4	13
东山县	12	8	4	729	253	476	32	14	18
南靖县	5	4	1	1244	411	833	52	24	28
平和县	11	6	5	2425	783	1642	152	83	69
华安县	15	6	9	626	235	391	68	30	38
龙海市	20	16	4	4047	1367	2680	180	100	80
南平市	**57**	**34**	**23**	**14705**	**5274**	**9431**	**791**	**395**	**396**
延平区	4	3	1	1802	673	1129	62	31	31
建阳区	1		1	1855	676	1179	104	53	51
顺昌县	1	1		1201	378	823	69	40	29
浦城县	5	3	2	2266	862	1404	133	57	76
光泽县	2	1	1	905	314	591	27	17	10
松溪县	7	2	5	831	292	539	76	35	41
政和县	3	3		1113	454	659	84	43	41
邵武市	2	2		1005	386	619	43	25	18
武夷山市	17	9	8	947	316	631	86	42	44
建瓯市	15	10	5	2780	923	1857	107	52	55
龙岩市	**52**	**35**	**17**	**15376**	**5989**	**9387**	**903**	**468**	**435**
新罗区	25	18	7	1600	602	998	142	76	66
永定区	2	2		2465	970	1495	174	93	81
长汀县				2747	1073	1674	144	71	73
上杭县	10	6	4	3351	1310	2041	156	76	80
武平县	6	4	2	2169	863	1306	140	83	57
连城县	5	2	3	1795	686	1109	97	48	49
漳平市	4	3	1	1249	485	764	50	21	29
宁德市	**58**	**37**	**21**	**12947**	**5005**	**7942**	**813**	**400**	**413**
蕉城区	8	5	3	1874	737	1137	44	28	16
霞浦县	22	10	12	1866	664	1202	115	57	58
古田县	6	6		2347	939	1408	61	32	29
屏南县				984	414	570	53	32	21
寿宁县	4	3	1	1000	393	607	121	60	61
周宁县	1		1	1097	486	611	87	51	36
柘荣县	1	1		358	121	237	23	10	13
福安市	14	10	4	2011	751	1260	189	82	107
福鼎市	2	2		1410	500	910	120	48	72

8-7　全省分年龄、性别、主要生活来源的人口

单位：人

年　龄	15岁及以上人口			劳动收入		
	合计	男	女	小计	男	女
总　计	**3188888**	**1624272**	**1564616**	**2029983**	**1206041**	**823942**
45岁以下	**1630084**	**844125**	**785959**	**1198332**	**689156**	**509176**
45-49岁	**342457**	**175929**	**166528**	**287319**	**164466**	**122853**
45	63169	32749	30420	54103	30869	23234
46	67460	34750	32710	57663	32729	24934
47	70666	36231	34435	59634	33947	25687
48	69342	35520	33822	57434	33017	24417
49	71820	36679	35141	58485	33904	24581
50-54岁	**322147**	**164784**	**157363**	**236537**	**147118**	**89419**
50	68746	35223	33523	53566	32300	21266
51	65871	33790	32081	49584	30574	19010
52	69551	35523	34028	51000	31813	19187
53	56719	29106	27613	40338	25590	14748
54	61260	31142	30118	42049	26841	15208
55-59岁	**258866**	**131013**	**127853**	**154384**	**104476**	**49908**
55	61377	31441	29936	39585	26309	13276
56	54762	27870	26892	33610	22818	10792
57	68367	34667	33700	40372	27575	12797
58	49594	24978	24616	27966	19158	8808
59	24766	12057	12709	12851	8616	4235
60-64岁	**194573**	**97985**	**96588**	**76370**	**49776**	**26594**
60	36151	18319	17832	15707	10279	5428
61	34714	17649	17065	14501	9576	4925
62	41226	20755	20471	16109	10455	5654
63	45606	23130	22476	17210	11227	5983
64	36876	18132	18744	12843	8239	4604
65-69岁	**174944**	**85578**	**89366**	**50443**	**32669**	**17774**
65	40250	19951	20299	13492	8692	4800
66	38352	18776	19576	11662	7536	4126
67	34402	16740	17662	9735	6268	3467
68	34057	16643	17414	8968	5910	3058
69	27883	13468	14415	6586	4263	2323

8-7 续表 1

单位：人

年 龄	15岁及以上人口			劳动收入		
	合计	男	女	小计	男	女
70—74岁	**109417**	**54607**	**54810**	**18248**	**12677**	**5571**
70	25696	12874	12822	5206	3539	1667
71	25220	12632	12588	4520	3158	1362
72	21592	10728	10864	3537	2492	1045
73	19013	9523	9490	2726	1908	818
74	17896	8850	9046	2259	1580	679
75—79岁	**68910**	**33443**	**35467**	**6011**	**4190**	**1821**
75	15470	7534	7936	1676	1167	509
76	14932	7452	7480	1533	1103	430
77	13609	6525	7084	1115	776	339
78	12755	6174	6581	943	643	300
79	12144	5758	6386	744	501	243
80—84岁	**49069**	**22183**	**26886**	**1784**	**1179**	**605**
80	10532	4861	5671	528	370	158
81	9873	4572	5301	418	270	148
82	10389	4868	5521	378	262	116
83	9800	4279	5521	263	149	114
84	8475	3603	4872	197	128	69
85—89岁	**26770**	**10602**	**16168**	**447**	**279**	**168**
85	7315	2983	4332	162	103	59
86	6095	2394	3701	109	75	34
87	5695	2204	3491	79	46	33
88	4236	1666	2570	51	27	24
89	3429	1355	2074	46	28	18
90—94岁	**9455**	**3450**	**6005**	**93**	**47**	**46**
90	3043	1150	1893	45	22	23
91	2165	834	1331	17	10	7
92	2007	704	1303	15	5	10
93	1375	463	912	10	6	4
94	865	299	566	6	4	2
95—99岁	**1960**	**526**	**1434**	**13**	**7**	**6**
95	754	215	539	4		4
96	479	133	346	5	5	
97	323	83	240			
98	229	56	173	3	2	1
99	175	39	136	1		1
100岁及以上	**236**	**47**	**189**	**2**	**1**	**1**

8-7 续表 2

单位：人

年 龄	离退休金/养老金			最低生活保障金			失业保险金		
	小计	男	女	小计	男	女	小计	男	女
总 计	**198509**	**90848**	**107661**	**26535**	**15849**	**10686**	**801**	**436**	**365**
45岁以下	**24**	**16**	**8**	**4891**	**2926**	**1965**	**353**	**172**	**181**
45-49岁	**723**	**32**	**691**	**2128**	**1415**	**713**	**212**	**82**	**130**
45	48	5	43	400	267	133	26	14	12
46	62	4	58	377	246	131	32	10	22
47	102	4	98	432	272	160	45	20	25
48	161	10	151	436	299	137	41	15	26
49	350	9	341	483	331	152	68	23	45
50-54岁	**13776**	**931**	**12845**	**2258**	**1517**	**741**	**130**	**100**	**30**
50	2306	76	2230	444	308	136	35	15	20
51	2637	135	2502	447	307	140	27	23	4
52	3077	201	2876	501	325	176	23	20	3
53	2637	199	2438	412	272	140	18	17	1
54	3119	320	2799	454	305	149	27	25	2
55-59岁	**26950**	**4465**	**22485**	**2211**	**1419**	**792**	**72**	**68**	**4**
55	5032	560	4472	490	344	146	20	20	
56	5534	834	4700	422	272	150	14	12	2
57	7275	1154	6121	596	381	215	10	9	1
58	5506	1068	4438	484	289	195	13	13	
59	3603	849	2754	219	133	86	15	14	1
60-64岁	**44113**	**22977**	**21136**	**3071**	**1859**	**1212**	**10**	**5**	**5**
60	8409	4252	4157	457	284	173	2	2	
61	7740	3958	3782	520	300	220	2		2
62	9372	4905	4467	697	436	261	3	1	2
63	10115	5419	4696	772	465	307	1	1	
64	8477	4443	4034	625	374	251	2	1	1
65-69岁	**40041**	**21215**	**18826**	**3760**	**2209**	**1551**	**8**	**1**	**7**
65	8920	4752	4168	786	447	339	1		1
66	8876	4683	4193	801	472	329	2		2
67	7714	4055	3659	761	445	316	2	1	1
68	7852	4163	3689	734	434	300	3		3
69	6679	3562	3117	678	411	267			

8–7 续表 3

单位：人

年 龄	离退休金/养老金			最低生活保障金			失业保险金		
	小计	男	女	小计	男	女	小计	男	女
70–74岁	**29286**	**16219**	**13067**	**2907**	**1731**	**1176**	**7**	**2**	**5**
70	6497	3588	2909	639	384	255	2	1	1
71	6665	3606	3059	625	368	257	1		1
72	5797	3185	2612	564	324	240	1		1
73	5237	2990	2247	537	324	213	3	1	2
74	5090	2850	2240	542	331	211			
75–79岁	**19924**	**11502**	**8422**	**2250**	**1317**	**933**	**6**	**4**	**2**
75	4497	2530	1967	474	292	182	1	1	
76	4328	2534	1794	507	307	200			
77	3953	2257	1696	447	264	183	2	2	
78	3694	2158	1536	413	236	177	3	1	2
79	3452	2023	1429	409	218	191			
80–84岁	**14196**	**8210**	**5986**	**1700**	**881**	**819**	**2**	**2**	
80	3157	1838	1319	342	183	159	1	1	
81	2887	1669	1218	362	200	162			
82	3056	1813	1243	362	183	179	1	1	
83	2761	1585	1176	354	172	182			
84	2335	1305	1030	280	143	137			
85–89岁	**6884**	**3815**	**3069**	**950**	**433**	**517**	**1**		**1**
85	1958	1067	891	287	141	146			
86	1612	872	740	196	84	112			
87	1393	770	623	195	92	103	1		1
88	1078	621	457	154	64	90			
89	843	485	358	118	52	66			
90–94岁	**2185**	**1263**	**922**	**317**	**119**	**198**			
90	757	443	314	99	43	56			
91	515	306	209	66	22	44			
92	470	257	213	66	20	46			
93	257	142	115	60	25	35			
94	186	115	71	26	9	17			
95–99岁	**377**	**192**	**185**	**68**	**17**	**51**			
95	155	78	77	28	9	19			
96	80	48	32	14	3	11			
97	65	33	32	14	3	11			
98	37	19	18	8	2	6			
99	40	14	26	4		4			
100岁及以上	**30**	**11**	**19**	**24**	**6**	**18**			

8-7 续表 4　　单位：人

年 龄	财产性收入			家庭其他成员供养			其 他		
	小计	男	女	小计	男	女	小计	男	女
总 计	**21166**	**12016**	**9150**	**833769**	**260041**	**573728**	**78125**	**39041**	**39084**
45岁以下	**7010**	**3798**	**3212**	**381138**	**129215**	**251923**	**38336**	**18842**	**19494**
45-49岁	**2880**	**1507**	**1373**	**41311**	**4572**	**36739**	**7884**	**3855**	**4029**
45	481	242	239	6720	673	6047	1391	679	712
46	528	273	255	7335	783	6552	1463	705	758
47	570	310	260	8295	890	7405	1588	788	800
48	645	344	301	8930	1014	7916	1695	821	874
49	656	338	318	10031	1212	8819	1747	862	885
50-54岁	**3166**	**1792**	**1374**	**58005**	**9051**	**48954**	**8275**	**4275**	**4000**
50	586	332	254	10175	1360	8815	1634	832	802
51	629	358	271	10870	1528	9342	1677	865	812
52	696	390	306	12458	1852	10606	1796	922	874
53	575	313	262	11208	1910	9298	1531	805	726
54	680	399	281	13294	2401	10893	1637	851	786
55-59岁	**2897**	**1802**	**1095**	**65126**	**14850**	**50276**	**7226**	**3933**	**3293**
55	670	425	245	13870	2853	11017	1710	930	780
56	570	336	234	13134	2797	10337	1478	801	677
57	777	497	280	17503	4033	13470	1834	1018	816
58	598	378	220	13548	3295	10253	1479	777	702
59	282	166	116	7071	1872	5199	725	407	318
60-64岁	**2017**	**1161**	**856**	**63948**	**19601**	**44347**	**5044**	**2606**	**2438**
60	373	224	149	10264	2791	7473	939	487	452
61	361	214	147	10691	3141	7550	899	460	439
62	425	236	189	13582	4182	9400	1038	540	498
63	498	294	204	15819	5092	10727	1191	632	559
64	360	193	167	13592	4395	9197	977	487	490
65-69岁	**1784**	**1082**	**702**	**74158**	**25936**	**48222**	**4750**	**2466**	**2284**
65	456	279	177	15531	5219	10312	1064	562	502
66	385	225	160	15560	5313	10247	1066	547	519
67	354	206	148	14902	5273	9629	934	492	442
68	354	228	126	15243	5441	9802	903	467	436
69	235	144	91	12922	4690	8232	783	398	385

8-7 续表 5

单位：人

年 龄	财产性收入			家庭其他成员供养			其 他		
	小计	男	女	小计	男	女	小计	男	女
70-74岁	**832**	**533**	**299**	**55324**	**22024**	**33300**	**2813**	**1421**	**1392**
70	229	148	81	12443	4874	7569	680	340	340
71	210	127	83	12553	5028	7525	646	345	301
72	144	85	59	11003	4378	6625	546	264	282
73	135	88	47	9886	3980	5906	489	232	257
74	114	85	29	9439	3764	5675	452	240	212
75-79岁	**356**	**220**	**136**	**38698**	**15406**	**23292**	**1665**	**804**	**861**
75	90	51	39	8309	3266	5043	423	227	196
76	87	62	25	8129	3272	4857	348	174	174
77	67	41	26	7709	3044	4665	316	141	175
78	58	33	25	7336	2967	4369	308	136	172
79	54	33	21	7215	2857	4358	270	126	144
80-84岁	**146**	**81**	**65**	**30053**	**11349**	**18704**	**1188**	**481**	**707**
80	39	24	15	6213	2344	3869	252	101	151
81	23	15	8	5937	2317	3620	246	101	145
82	30	15	15	6325	2490	3835	237	104	133
83	29	16	13	6151	2261	3890	242	96	146
84	25	11	14	5427	1937	3490	211	79	132
85-89岁	**58**	**29**	**29**	**17781**	**5791**	**11990**	**649**	**255**	**394**
85	15	11	4	4723	1595	3128	170	66	104
86	12	7	5	4011	1297	2714	155	59	96
87	14	5	9	3874	1240	2634	139	51	88
88	9	3	6	2849	908	1941	95	43	52
89	8	3	5	2324	751	1573	90	36	54
90-94岁	**16**	**9**	**7**	**6618**	**1930**	**4688**	**226**	**82**	**144**
90	6	3	3	2064	615	1449	72	24	48
91	6	4	2	1503	472	1031	58	20	38
92	3	2	1	1408	400	1008	45	20	25
93	1		1	1014	278	736	33	12	21
94				629	165	464	18	6	12
95-99岁	**4**	**2**	**2**	**1436**	**287**	**1149**	**62**	**21**	**41**
95	3	1	2	545	124	421	19	3	16
96	1	1		361	69	292	18	7	11
97				233	42	191	11	5	6
98				169	27	142	12	6	6
99				128	25	103	2		2
100岁及以上				**173**	**29**	**144**	**7**		**7**

8-7a　全省分年龄、性别、主要生活来源的人口(城市)

单位：人

年　龄	15岁及以上人口			劳动收入		
	合计	男	女	小计	男	女
总　计	**1358965**	**688204**	**670761**	**870197**	**507934**	**362263**
45岁以下	**804567**	**413082**	**391485**	**599352**	**337063**	**262289**
45-49岁	**140456**	**72201**	**68255**	**118067**	**67265**	**50802**
45	27179	14109	13070	23375	13273	10102
46	28048	14483	13565	24073	13622	10451
47	28940	14810	14130	24445	13828	10617
48	28163	14479	13684	23380	13378	10002
49	28126	14320	13806	22794	13164	9630
50-54岁	**119704**	**60469**	**59235**	**82926**	**52968**	**29958**
50	26394	13340	13054	19877	12146	7731
51	25142	12770	12372	17974	11370	6604
52	25817	12994	12823	17774	11387	6387
53	20434	10382	10052	13528	8909	4619
54	21917	10983	10934	13773	9156	4617
55-59岁	**94615**	**47059**	**47556**	**47025**	**34863**	**12162**
55	22073	11129	10944	12405	8866	3539
56	20352	10198	10154	10632	7871	2761
57	25183	12589	12594	12346	9296	3050
58	17687	8696	8991	7979	6028	1951
59	9320	4447	4873	3663	2802	861
60-64岁	**66025**	**32390**	**33635**	**13487**	**9408**	**4079**
60	12936	6284	6652	3099	2132	967
61	11931	5873	6058	2669	1875	794
62	14006	6916	7090	2873	2020	853
63	14846	7372	7474	2709	1906	803
64	12306	5945	6361	2137	1475	662
65-69岁	**54939**	**26475**	**28464**	**6951**	**4705**	**2246**
65	12828	6307	6521	2054	1401	653
66	12379	5965	6414	1692	1132	560
67	10703	5056	5647	1322	875	447
68	10540	5035	5505	1115	780	335
69	8489	4112	4377	768	517	251

8-7a　续表 1　　　　单位：人

年　龄	15岁及以上人口			劳动收入		
	合计	男	女	小计	男	女
70-74岁	**33571**	**16179**	**17392**	**1785**	**1247**	**538**
70	7777	3818	3959	561	383	178
71	7904	3795	4109	466	331	135
72	6573	3131	3442	342	245	97
73	5868	2807	3061	226	157	69
74	5449	2628	2821	190	131	59
75-79岁	**20145**	**9547**	**10598**	**447**	**311**	**136**
75	4711	2241	2470	133	87	46
76	4456	2167	2289	120	94	26
77	3992	1839	2153	88	58	30
78	3622	1741	1881	58	38	20
79	3364	1559	1805	48	34	14
80-84岁	**14146**	**6477**	**7669**	**111**	**75**	**36**
80	3069	1394	1675	39	28	11
81	2841	1338	1503	19	15	4
82	3000	1424	1576	23	14	9
83	2806	1263	1543	15	9	6
84	2430	1058	1372	15	9	6
85-89岁	**7616**	**3145**	**4471**	**35**	**22**	**13**
85	2044	861	1183	13	8	5
86	1803	743	1060	6	4	2
87	1605	635	970	6	3	3
88	1177	477	700	4	2	2
89	987	429	558	6	5	1
90-94岁	**2596**	**1018**	**1578**	**6**	**4**	**2**
90	875	368	507	5	3	2
91	591	232	359	1	1	
92	553	200	353			
93	365	131	234			
94	212	87	125			
95-99岁	**529**	**151**	**378**	**3**	**2**	**1**
95	199	60	139	1		1
96	131	40	91	1	1	
97	88	25	63			
98	57	15	42	1	1	
99	54	11	43			
100岁及以上	**56**	**11**	**45**	**2**	**1**	**1**

8-7a 续表 2

单位：人

年 龄	离退休金/养老金			最低生活保障金			失业保险金		
	小计	男	女	小计	男	女	小计	男	女
总 计	**136885**	**58108**	**78777**	**4113**	**2153**	**1960**	**594**	**328**	**266**
45岁以下	**19**	**11**	**8**	**759**	**419**	**340**	**262**	**128**	**134**
45-49岁	**541**	**22**	**519**	**368**	**217**	**151**	**174**	**69**	**105**
45	36	4	32	71	43	28	21	11	10
46	50	3	47	53	27	26	24	9	15
47	76	2	74	70	36	34	38	18	20
48	119	8	111	81	51	30	33	13	20
49	260	5	255	93	60	33	58	18	40
50-54岁	**10547**	**694**	**9853**	**414**	**256**	**158**	**97**	**74**	**23**
50	1755	55	1700	79	48	31	26	11	15
51	2047	103	1944	81	51	30	23	19	4
52	2401	147	2254	94	61	33	15	12	3
53	1983	138	1845	72	42	30	14	14	
54	2361	251	2110	88	54	34	19	18	1
55-59岁	**20518**	**3288**	**17230**	**430**	**246**	**184**	**57**	**54**	**3**
55	3782	423	3359	91	58	33	14	14	
56	4240	629	3611	85	50	35	11	10	1
57	5572	857	4715	110	64	46	6	5	1
58	4143	768	3375	101	52	49	12	12	
59	2781	611	2170	43	22	21	14	13	1
60-64岁	**31400**	**15677**	**15723**	**555**	**295**	**260**	**3**	**2**	**1**
60	6127	2973	3154	85	46	39	1	1	
61	5593	2747	2846	102	48	54	1		1
62	6654	3358	3296	150	87	63			
63	7034	3585	3449	120	70	50	1	1	
64	5992	3014	2978	98	44	54			
65-69岁	**27566**	**13988**	**13578**	**552**	**259**	**293**			
65	6195	3176	3019	113	56	57			
66	6151	3111	3040	118	57	61			
67	5314	2657	2657	117	50	67			
68	5344	2698	2646	101	44	57			
69	4562	2346	2216	103	52	51			

8－7a 续表 3

单位：人

年龄	离退休金/养老金			最低生活保障金			失业保险金		
	小计	男	女	小计	男	女	小计	男	女
70—74岁	**19110**	**9994**	**9116**	**389**	**200**	**189**			
70	4237	2228	2009	79	40	39			
71	4476	2305	2171	90	41	49			
72	3756	1944	1812	72	39	33			
73	3402	1805	1597	79	41	38			
74	3239	1712	1527	69	39	30			
75—79岁	**12312**	**6580**	**5732**	**277**	**130**	**147**	**1**	**1**	
75	2826	1476	1350	67	32	35			
76	2697	1467	1230	61	28	33			
77	2475	1282	1193	54	29	25			
78	2288	1265	1023	47	22	25	1	1	
79	2026	1090	936	48	19	29			
80—84岁	**8819**	**4703**	**4116**	**194**	**76**	**118**			
80	1943	1031	912	29	14	15			
81	1806	960	846	47	19	28			
82	1893	1038	855	37	13	24			
83	1723	920	803	46	17	29			
84	1454	754	700	35	13	22			
85—89岁	**4415**	**2289**	**2126**	**132**	**46**	**86**			
85	1235	642	593	30	8	22			
86	1085	545	540	38	10	28			
87	873	453	420	28	13	15			
88	677	353	324	20	6	14			
89	545	296	249	16	9	7			
90—94岁	**1403**	**755**	**648**	**31**	**5**	**26**			
90	503	281	222	11	1	10			
91	326	178	148	3		3			
92	294	146	148	8		8			
93	170	84	86	5	2	3			
94	110	66	44	4	2	2			
95—99岁	**221**	**101**	**120**	**10**	**3**	**7**			
95	91	39	52	3	2	1			
96	48	24	24	3		3			
97	36	19	17	1		1			
98	23	10	13	1	1				
99	23	9	14	2		2			
100岁及以上	**14**	**6**	**8**	**2**	**1**	**1**			

8-7a 续表 4

单位：人

年 龄	财产性收入			家庭其他成员供养			其 他		
	小计	男	女	小计	男	女	小计	男	女
总 计	**13843**	**7680**	**6163**	**302966**	**96494**	**206472**	**30367**	**15507**	**14860**
45岁以下	**4844**	**2547**	**2297**	**182061**	**64452**	**117609**	**17270**	**8462**	**8808**
45-49岁	**1964**	**1000**	**964**	**16160**	**1997**	**14163**	**3182**	**1631**	**1551**
45	332	169	163	2769	310	2459	575	299	276
46	372	183	189	2881	346	2535	595	293	302
47	374	206	168	3287	395	2892	650	325	325
48	453	235	218	3416	449	2967	681	345	336
49	433	207	226	3807	497	3310	681	369	312
50-54岁	**2152**	**1198**	**954**	**20458**	**3510**	**16948**	**3110**	**1769**	**1341**
50	387	221	166	3658	532	3126	612	327	285
51	437	246	191	3924	621	3303	656	360	296
52	476	271	205	4384	722	3662	673	394	279
53	388	197	191	3865	738	3127	584	344	240
54	464	263	201	4627	897	3730	585	344	241
55-59岁	**1890**	**1175**	**715**	**21958**	**5744**	**16214**	**2737**	**1689**	**1048**
55	432	264	168	4703	1113	3590	646	391	255
56	375	216	159	4454	1093	3361	555	329	226
57	510	344	166	5940	1574	4366	699	449	250
58	387	243	144	4514	1247	3267	551	346	205
59	186	108	78	2347	717	1630	286	174	112
60-64岁	**1237**	**711**	**526**	**17898**	**5546**	**12352**	**1445**	**751**	**694**
60	237	136	101	3094	845	2249	293	151	142
61	229	133	96	3058	927	2131	279	143	136
62	249	136	113	3787	1161	2626	293	154	139
63	300	180	120	4361	1458	2903	321	172	149
64	222	126	96	3598	1155	2443	259	131	128
65-69岁	**1007**	**595**	**412**	**17660**	**6298**	**11362**	**1203**	**630**	**573**
65	281	172	109	3891	1340	2551	294	162	132
66	215	121	94	3918	1401	2517	285	143	142
67	197	112	85	3528	1246	2282	225	116	109
68	193	121	72	3564	1276	2288	223	116	107
69	121	69	52	2759	1035	1724	176	93	83

8-7a 续表 5

单位：人

年 龄	财产性收入			家庭其他成员供养			其 他		
	小计	男	女	小计	男	女	小计	男	女
70-74岁	**454**	**285**	**169**	**11194**	**4140**	**7054**	**639**	**313**	**326**
70	127	79	48	2615	1002	1613	158	86	72
71	113	61	52	2611	987	1624	148	70	78
72	82	52	30	2198	795	1403	123	56	67
73	71	46	25	1986	710	1276	104	48	56
74	61	47	14	1784	646	1138	106	53	53
75-79岁	**181**	**109**	**72**	**6600**	**2292**	**4308**	**327**	**124**	**203**
75	51	30	21	1543	569	974	91	47	44
76	42	27	15	1471	527	944	65	24	41
77	35	22	13	1287	430	857	53	18	35
78	28	18	10	1138	382	756	62	15	47
79	25	12	13	1161	384	777	56	20	36
80-84岁	**77**	**40**	**37**	**4707**	**1510**	**3197**	**238**	**73**	**165**
80	20	13	7	988	290	698	50	18	32
81	12	7	5	913	323	590	44	14	30
82	19	9	10	977	336	641	51	14	37
83	13	6	7	969	301	668	40	10	30
84	13	5	8	860	260	600	53	17	36
85-89岁	**30**	**15**	**15**	**2864**	**728**	**2136**	**140**	**45**	**95**
85	9	7	2	722	187	535	35	9	26
86	6	2	4	640	171	469	28	11	17
87	7	3	4	661	157	504	30	6	24
88	5	1	4	449	106	343	22	9	13
89	3	2	1	392	107	285	25	10	15
90-94岁	**6**	**4**	**2**	**1097**	**235**	**862**	**53**	**15**	**38**
90	3	3		333	72	261	20	8	12
91	2		2	243	49	194	16	4	12
92	1	1		242	52	190	8	1	7
93				185	44	141	5	1	4
94				94	18	76	4	1	3
95-99岁	**1**	**1**		**271**	**39**	**232**	**23**	**5**	**18**
95				94	18	76	10	1	9
96	1	1		70	11	59	8	3	5
97				49	5	44	2	1	1
98				29	3	26	3		3
99				29	2	27			
100岁及以上				**38**	**3**	**35**			

8-7b　全省分年龄、性别、主要生活来源的人口(镇)

单位：人

年　龄	15岁及以上人口			劳动收入		
	合计	男	女	小计	男	女
总　计	**868364**	**436800**	**431564**	**546066**	**324006**	**222060**
45岁以下	**445414**	**225660**	**219754**	**316342**	**180624**	**135718**
45–49岁	**100102**	**50944**	**49158**	**83290**	**47823**	**35467**
45	18458	9408	9050	15697	8932	6765
46	19927	10105	9822	16884	9560	7324
47	20585	10527	10058	17203	9877	7326
48	20084	10181	9903	16487	9512	6975
49	21048	10723	10325	17019	9942	7077
50–54岁	**91879**	**47023**	**44856**	**67192**	**42129**	**25063**
50	19872	10205	9667	15450	9406	6044
51	18785	9636	9149	14130	8744	5386
52	19837	10177	9660	14523	9156	5367
53	16107	8220	7887	11289	7237	4052
54	17278	8785	8493	11800	7586	4214
55–59岁	**71000**	**36248**	**34752**	**42445**	**29099**	**13346**
55	17336	8935	8401	11161	7507	3654
56	14995	7703	7292	9215	6342	2873
57	18738	9587	9151	11105	7677	3428
58	13486	6887	6599	7575	5302	2273
59	6445	3136	3309	3389	2271	1118
60–64岁	**50682**	**25512**	**25170**	**19464**	**12810**	**6654**
60	9486	4822	4664	4114	2743	1371
61	9191	4711	4480	3838	2580	1258
62	10780	5428	5352	4113	2673	1440
63	11898	6027	5871	4355	2859	1496
64	9327	4524	4803	3044	1955	1089
65–69岁	**43944**	**21220**	**22724**	**11724**	**7642**	**4082**
65	10241	5023	5218	3207	2102	1105
66	9660	4638	5022	2716	1784	932
67	8661	4193	4468	2293	1493	800
68	8496	4115	4381	2042	1339	703
69	6886	3251	3635	1466	924	542

8-7b 续表 1 单位：人

年 龄	15岁及以上人口			劳动收入		
	合计	男	女	小计	男	女
70-74岁	**27122**	**13489**	**13633**	**3956**	**2757**	**1199**
70	6373	3200	3173	1140	798	342
71	6141	3103	3038	1017	719	298
72	5325	2589	2736	735	504	231
73	4787	2400	2387	579	401	178
74	4496	2197	2299	485	335	150
75-79岁	**16921**	**8111**	**8810**	**1179**	**829**	**350**
75	3817	1809	2008	346	239	107
76	3535	1754	1781	290	211	79
77	3386	1636	1750	232	164	68
78	3193	1519	1674	189	135	54
79	2990	1393	1597	122	80	42
80-84岁	**11908**	**5194**	**6714**	**365**	**227**	**138**
80	2565	1158	1407	97	65	32
81	2353	1050	1303	84	53	31
82	2520	1128	1392	91	57	34
83	2375	990	1385	52	31	21
84	2095	868	1227	41	21	20
85-89岁	**6517**	**2455**	**4062**	**88**	**56**	**32**
85	1824	736	1088	31	18	13
86	1455	529	926	21	16	5
87	1397	519	878	22	14	8
88	1034	389	645	8	3	5
89	807	282	525	6	5	1
90-94岁	**2300**	**794**	**1506**	**19**	**9**	**10**
90	703	244	459	4	2	2
91	535	210	325	4	3	1
92	507	165	342	7	2	5
93	355	111	244	1		1
94	200	64	136	3	2	1
95-99岁	**515**	**138**	**377**	**2**	**1**	**1**
95	207	65	142	1		1
96	132	38	94			
97	82	17	65			
98	54	12	42	1	1	
99	40	6	34			
100岁及以上	**60**	**12**	**48**			

8-7b　续表 2　　　　单位：人

年　龄	离退休金/养老金			最低生活保障金			失业保险金		
	小计	男	女	小计	男	女	小计	男	女
总　计	**41086**	**20731**	**20355**	**6864**	**3805**	**3059**	**110**	**61**	**49**
45岁以下	**2**	**2**		**1170**	**679**	**491**	**55**	**26**	**29**
45-49岁	**155**	**5**	**150**	**518**	**334**	**184**	**24**	**9**	**15**
45	10		10	93	53	40	3	1	2
46	10	1	9	98	68	30	6	1	5
47	18		18	94	58	36	5	2	3
48	39	2	37	101	71	30	5	2	3
49	78	2	76	132	84	48	5	3	2
50-54岁	**2797**	**170**	**2627**	**555**	**339**	**216**	**17**	**15**	**2**
50	482	14	468	108	72	36	4	2	2
51	511	28	483	111	67	44	3	3	
52	593	36	557	124	69	55	6	6	
53	568	47	521	102	63	39	1	1	
54	643	45	598	110	68	42	3	3	
55-59岁	**5243**	**907**	**4336**	**578**	**334**	**244**	**11**	**10**	**1**
55	1062	115	947	120	77	43	5	5	
56	1079	154	925	109	63	46	3	2	1
57	1380	225	1155	157	94	63	1	1	
58	1073	230	843	133	68	65	1	1	
59	649	183	466	59	32	27	1	1	
60-64岁	**9045**	**5165**	**3880**	**879**	**477**	**402**	**2**	**1**	**1**
60	1735	968	767	132	63	69	1	1	
61	1552	864	688	146	73	73			
62	1915	1085	830	206	127	79			
63	2135	1268	867	223	115	108			
64	1708	980	728	172	99	73	1		1
65-69岁	**8111**	**4711**	**3400**	**1010**	**563**	**447**	**1**		**1**
65	1808	1048	760	208	108	100			
66	1798	1048	750	210	110	100			
67	1559	896	663	207	113	94			
68	1611	949	662	211	122	89	1		1
69	1335	770	565	174	110	64			

8—7b 续表 3

单位：人

年 龄	离退休金/养老金			最低生活保障金			失业保险金		
	小计	男	女	小计	男	女	小计	男	女
70—74岁	**6257**	**3784**	**2473**	**810**	**447**	**363**			
70	1377	814	563	185	108	77			
71	1352	808	544	167	90	77			
72	1260	763	497	151	76	75			
73	1138	718	420	149	84	65			
74	1130	681	449	158	89	69			
75—79岁	**4474**	**2812**	**1662**	**558**	**298**	**260**			
75	1018	627	391	112	62	50			
76	929	598	331	117	70	47			
77	867	565	302	112	55	57			
78	819	489	330	113	58	55			
79	841	533	308	104	53	51			
80—84岁	**3105**	**1986**	**1119**	**417**	**205**	**212**			
80	703	461	242	83	37	46			
81	620	387	233	83	43	40			
82	659	440	219	90	42	48			
83	605	378	227	92	46	46			
84	518	320	198	69	37	32			
85—89岁	**1391**	**857**	**534**	**272**	**98**	**174**			
85	427	252	175	83	38	45			
86	293	182	111	51	20	31			
87	293	182	111	60	18	42			
88	225	149	76	46	15	31			
89	153	92	61	32	7	25			
90—94岁	**419**	**279**	**140**	**77**	**29**	**48**			
90	133	84	49	31	9	22			
91	106	74	32	16	5	11			
92	98	63	35	14	5	9			
93	46	33	13	12	7	5			
94	36	25	11	4	3	1			
95—99岁	**80**	**51**	**29**	**14**	**2**	**12**			
95	38	27	11	6	1	5			
96	19	14	5	2	1	1			
97	10	4	6	3		3			
98	7	4	3	2		2			
99	6	2	4	1		1			
100岁及以上	**7**	**2**	**5**	**6**		**6**			

8-7b 续表 4

单位：人

年 龄	财产性收入			家庭其他成员供养			其 他		
	小计	男	女	小计	男	女	小计	男	女
总 计	**4542**	**2582**	**1960**	**247590**	**74669**	**172921**	**22106**	**10946**	**11160**
45岁以下	**1250**	**672**	**578**	**116064**	**38563**	**77501**	**10531**	**5094**	**5437**
45-49岁	**554**	**297**	**257**	**13193**	**1345**	**11848**	**2368**	**1131**	**1237**
45	92	43	49	2158	185	1973	405	194	211
46	97	54	43	2397	222	2175	435	199	236
47	119	63	56	2669	283	2386	477	244	233
48	106	59	47	2831	283	2548	515	252	263
49	140	78	62	3138	372	2766	536	242	294
50-54岁	**634**	**352**	**282**	**18241**	**2780**	**15461**	**2443**	**1238**	**1205**
50	119	65	54	3218	399	2819	491	247	244
51	121	65	56	3414	462	2952	495	267	228
52	135	65	70	3915	580	3335	541	265	276
53	127	78	49	3572	573	2999	448	221	227
54	132	79	53	4122	766	3356	468	238	230
55-59岁	**665**	**404**	**261**	**20022**	**4402**	**15620**	**2036**	**1092**	**944**
55	153	108	45	4345	855	3490	490	268	222
56	127	80	47	4032	831	3201	430	231	199
57	183	94	89	5393	1215	4178	519	281	238
58	134	81	53	4152	989	3163	418	216	202
59	68	41	27	2100	512	1588	179	96	83
60-64岁	**527**	**299**	**228**	**19241**	**5927**	**13314**	**1524**	**833**	**691**
60	85	52	33	3141	837	2304	278	158	120
61	87	53	34	3299	1001	2298	269	140	129
62	132	75	57	4092	1297	2795	322	171	151
63	133	73	60	4694	1507	3187	358	205	153
64	90	46	44	4015	1285	2730	297	159	138
65-69岁	**512**	**311**	**201**	**21231**	**7297**	**13934**	**1355**	**696**	**659**
65	119	69	50	4576	1521	3055	323	175	148
66	117	68	49	4517	1481	3036	302	147	155
67	99	59	40	4236	1494	2742	267	138	129
68	98	64	34	4283	1514	2769	250	127	123
69	79	51	28	3619	1287	2332	213	109	104

8-7b 续表 5

单位：人

年 龄	财产性收入			家庭其他成员供养			其 他		
	小计	男	女	小计	男	女	小计	男	女
70—74岁	**236**	**153**	**83**	**15065**	**5937**	**9128**	**798**	**411**	**387**
70	60	39	21	3422	1353	2069	189	88	101
71	58	39	19	3360	1348	2012	187	99	88
72	40	22	18	2992	1142	1850	147	82	65
73	45	28	17	2735	1101	1634	141	68	73
74	33	25	8	2556	993	1563	134	74	60
75—79岁	**103**	**60**	**43**	**10147**	**3886**	**6261**	**460**	**226**	**234**
75	25	10	15	2191	801	1390	125	70	55
76	23	19	4	2089	813	1276	87	43	44
77	20	12	8	2071	804	1267	84	36	48
78	22	10	12	1955	776	1179	95	51	44
79	13	9	4	1841	692	1149	69	26	43
80—84岁	**38**	**22**	**16**	**7646**	**2612**	**5034**	**337**	**142**	**195**
80	14	8	6	1600	560	1040	68	27	41
81	7	4	3	1497	536	961	62	27	35
82	6	4	2	1598	551	1047	76	34	42
83	6	3	3	1548	502	1046	72	30	42
84	5	3	2	1403	463	940	59	24	35
85—89岁	**19**	**11**	**8**	**4572**	**1368**	**3204**	**175**	**65**	**110**
85	4	3	1	1225	404	821	54	21	33
86	4	4		1042	288	754	44	19	25
87	4	2	2	980	292	688	38	11	27
88	3	1	2	734	216	518	18	5	13
89	4	1	3	591	168	423	21	9	12
90—94岁	**3**	**1**	**2**	**1722**	**463**	**1259**	**60**	**13**	**47**
90	1		1	519	147	372	15	2	13
91	1	1		392	124	268	16	3	13
92				374	89	285	14	6	8
93	1		1	286	70	216	9	1	8
94				151	33	118	6	1	5
95—99岁	**1**		**1**	**403**	**79**	**324**	**15**	**5**	**10**
95	1		1	157	37	120	4		4
96				106	20	86	5	3	2
97				67	12	55	2	1	1
98				41	6	35	3	1	2
99				32	4	28	1		1
100岁及以上				**43**	**10**	**33**	**4**		**4**

8-7c 全省分年龄、性别、主要生活来源的人口(乡村)

单位：人

年 龄	15岁及以上人口			劳动收入		
	合计	男	女	小计	男	女
总 计	**961559**	**499268**	**462291**	**613720**	**374101**	**239619**
45岁以下	**380103**	**205383**	**174720**	**282638**	**171469**	**111169**
45-49岁	**101899**	**52784**	**49115**	**85962**	**49378**	**36584**
45	17532	9232	8300	15031	8664	6367
46	19485	10162	9323	16706	9547	7159
47	21141	10894	10247	17986	10242	7744
48	21095	10860	10235	17567	10127	7440
49	22646	11636	11010	18672	10798	7874
50-54岁	**110564**	**57292**	**53272**	**86419**	**52021**	**34398**
50	22480	11678	10802	18239	10748	7491
51	21944	11384	10560	17480	10460	7020
52	23897	12352	11545	18703	11270	7433
53	20178	10504	9674	15521	9444	6077
54	22065	11374	10691	16476	10099	6377
55-59岁	**93251**	**47706**	**45545**	**64914**	**40514**	**24400**
55	21968	11377	10591	16019	9936	6083
56	19415	9969	9446	13763	8605	5158
57	24446	12491	11955	16921	10602	6319
58	18421	9395	9026	12412	7828	4584
59	9001	4474	4527	5799	3543	2256
60-64岁	**77866**	**40083**	**37783**	**43419**	**27558**	**15861**
60	13729	7213	6516	8494	5404	3090
61	13592	7065	6527	7994	5121	2873
62	16440	8411	8029	9123	5762	3361
63	18862	9731	9131	10146	6462	3684
64	15243	7663	7580	7662	4809	2853
65-69岁	**76061**	**37883**	**38178**	**31768**	**20322**	**11446**
65	17181	8621	8560	8231	5189	3042
66	16313	8173	8140	7254	4620	2634
67	15038	7491	7547	6120	3900	2220
68	15021	7493	7528	5811	3791	2020
69	12508	6105	6403	4352	2822	1530

8-7c 续表 1

单位：人

年 龄	15岁及以上人口			劳动收入		
	合计	男	女	小计	男	女
70-74岁	**48724**	**24939**	**23785**	**12507**	**8673**	**3834**
70	11546	5856	5690	3505	2358	1147
71	11175	5734	5441	3037	2108	929
72	9694	5008	4686	2460	1743	717
73	8358	4316	4042	1921	1350	571
74	7951	4025	3926	1584	1114	470
75-79岁	**31844**	**15785**	**16059**	**4385**	**3050**	**1335**
75	6942	3484	3458	1197	841	356
76	6941	3531	3410	1123	798	325
77	6231	3050	3181	795	554	241
78	5940	2914	3026	696	470	226
79	5790	2806	2984	574	387	187
80-84岁	**23015**	**10512**	**12503**	**1308**	**877**	**431**
80	4898	2309	2589	392	277	115
81	4679	2184	2495	315	202	113
82	4869	2316	2553	264	191	73
83	4619	2026	2593	196	109	87
84	3950	1677	2273	141	98	43
85-89岁	**12637**	**5002**	**7635**	**324**	**201**	**123**
85	3447	1386	2061	118	77	41
86	2837	1122	1715	82	55	27
87	2693	1050	1643	51	29	22
88	2025	800	1225	39	22	17
89	1635	644	991	34	18	16
90-94岁	**4559**	**1638**	**2921**	**68**	**34**	**34**
90	1465	538	927	36	17	19
91	1039	392	647	12	6	6
92	947	339	608	8	3	5
93	655	221	434	9	6	3
94	453	148	305	3	2	1
95-99岁	**916**	**237**	**679**	**8**	**4**	**4**
95	348	90	258	2		2
96	216	55	161	4	4	
97	153	41	112			
98	118	29	89	1		1
99	81	22	59	1		1
100岁及以上	**120**	**24**	**96**			

8-7c　续表 2　　　　单位：人

年龄	离退休金/养老金			最低生活保障金			失业保险金		
	小计	男	女	小计	男	女	小计	男	女
总　计	**20538**	**12009**	**8529**	**15558**	**9891**	**5667**	**97**	**47**	**50**
45岁以下	**3**	**3**		**2962**	**1828**	**1134**	**36**	**18**	**18**
45-49岁	**27**	**5**	**22**	**1242**	**864**	**378**	**14**	**4**	**10**
45	2	1	1	236	171	65	2	2	
46	2		2	226	151	75	2		2
47	8	2	6	268	178	90	2		2
48	3		3	254	177	77	3		3
49	12	2	10	258	187	71	5	2	3
50-54岁	**432**	**67**	**365**	**1289**	**922**	**367**	**16**	**11**	**5**
50	69	7	62	257	188	69	5	2	3
51	79	4	75	255	189	66	1	1	
52	83	18	65	283	195	88	2	2	
53	86	14	72	238	167	71	3	2	1
54	115	24	91	256	183	73	5	4	1
55-59岁	**1189**	**270**	**919**	**1203**	**839**	**364**	**4**	**4**	
55	188	22	166	279	209	70	1	1	
56	215	51	164	228	159	69			
57	323	72	251	329	223	106	3	3	
58	290	70	220	250	169	81			
59	173	55	118	117	79	38			
60-64岁	**3668**	**2135**	**1533**	**1637**	**1087**	**550**	**5**	**2**	**3**
60	547	311	236	240	175	65			
61	595	347	248	272	179	93	1		1
62	803	462	341	341	222	119	3	1	2
63	946	566	380	429	280	149			
64	777	449	328	355	231	124	1	1	
65-69岁	**4364**	**2516**	**1848**	**2198**	**1387**	**811**	**7**	**1**	**6**
65	917	528	389	465	283	182	1		1
66	927	524	403	473	305	168	2		2
67	841	502	339	437	282	155	2	1	1
68	897	516	381	422	268	154	2		2
69	782	446	336	401	249	152			

8-7c　续表 3　　　　单位：人

年　龄	离退休金/养老金			最低生活保障金			失业保险金		
	小计	男	女	小计	男	女	小计	男	女
70-74岁	**3919**	**2441**	**1478**	**1708**	**1084**	**624**	**7**	**2**	**5**
70	883	546	337	375	236	139	2	1	1
71	837	493	344	368	237	131	1		1
72	781	478	303	341	209	132	1		1
73	697	467	230	309	199	110	3	1	2
74	721	457	264	315	203	112			
75-79岁	**3138**	**2110**	**1028**	**1415**	**889**	**526**	**5**	**3**	**2**
75	653	427	226	295	198	97	1	1	
76	702	469	233	329	209	120			
77	611	410	201	281	180	101	2	2	
78	587	404	183	253	156	97	2		2
79	585	400	185	257	146	111			
80-84岁	**2272**	**1521**	**751**	**1089**	**600**	**489**	**2**	**2**	
80	511	346	165	230	132	98	1	1	
81	461	322	139	232	138	94			
82	504	335	169	235	128	107	1	1	
83	433	287	146	216	109	107			
84	363	231	132	176	93	83			
85-89岁	**1078**	**669**	**409**	**546**	**289**	**257**	**1**		**1**
85	296	173	123	174	95	79			
86	234	145	89	107	54	53			
87	227	135	92	107	61	46	1		1
88	176	119	57	88	43	45			
89	145	97	48	70	36	34			
90-94岁	**363**	**229**	**134**	**209**	**85**	**124**			
90	121	78	43	57	33	24			
91	83	54	29	47	17	30			
92	78	48	30	44	15	29			
93	41	25	16	43	16	27			
94	40	24	16	18	4	14			
95-99岁	**76**	**40**	**36**	**44**	**12**	**32**			
95	26	12	14	19	6	13			
96	13	10	3	9	2	7			
97	19	10	9	10	3	7			
98	7	5	2	5	1	4			
99	11	3	8	1		1			
100岁及以上	**9**	**3**	**6**	**16**	**5**	**11**			

8-7c　续表 4　　单位：人

年　龄	财产性收入			家庭其他成员供养			其　他		
	小计	男	女	小计	男	女	小计	男	女
总　计	**2781**	**1754**	**1027**	**283213**	**88878**	**194335**	**25652**	**12588**	**13064**
45岁以下	**916**	**579**	**337**	**83013**	**26200**	**56813**	**10535**	**5286**	**5249**
45—49岁	**362**	**210**	**152**	**11958**	**1230**	**10728**	**2334**	**1093**	**1241**
45	57	30	27	1793	178	1615	411	186	225
46	59	36	23	2057	215	1842	433	213	220
47	77	41	36	2339	212	2127	461	219	242
48	86	50	36	2683	282	2401	499	224	275
49	83	53	30	3086	343	2743	530	251	279
50—54岁	**380**	**242**	**138**	**19306**	**2761**	**16545**	**2722**	**1268**	**1454**
50	80	46	34	3299	429	2870	531	258	273
51	71	47	24	3532	445	3087	526	238	288
52	85	54	31	4159	550	3609	582	263	319
53	60	38	22	3771	599	3172	499	240	259
54	84	57	27	4545	738	3807	584	269	315
55—59岁	**342**	**223**	**119**	**23146**	**4704**	**18442**	**2453**	**1152**	**1301**
55	85	53	32	4822	885	3937	574	271	303
56	68	40	28	4648	873	3775	493	241	252
57	84	59	25	6170	1244	4926	616	288	328
58	77	54	23	4882	1059	3823	510	215	295
59	28	17	11	2624	643	1981	260	137	123
60—64岁	**253**	**151**	**102**	**26809**	**8128**	**18681**	**2075**	**1022**	**1053**
60	51	36	15	4029	1109	2920	368	178	190
61	45	28	17	4334	1213	3121	351	177	174
62	44	25	19	5703	1724	3979	423	215	208
63	65	41	24	6764	2127	4637	512	255	257
64	48	21	27	5979	1955	4024	421	197	224
65—69岁	**265**	**176**	**89**	**35267**	**12341**	**22926**	**2192**	**1140**	**1052**
65	56	38	18	7064	2358	4706	447	225	222
66	53	36	17	7125	2431	4694	479	257	222
67	58	35	23	7138	2533	4605	442	238	204
68	63	43	20	7396	2651	4745	430	224	206
69	35	24	11	6544	2368	4176	394	196	198

8-7c 续表 5

单位：人

年 龄	财产性收入			家庭其他成员供养			其 他		
	小计	男	女	小计	男	女	小计	男	女
70-74岁	**142**	**95**	**47**	**29065**	**11947**	**17118**	**1376**	**697**	**679**
70	42	30	12	6406	2519	3887	333	166	167
71	39	27	12	6582	2693	3889	311	176	135
72	22	11	11	5813	2441	3372	276	126	150
73	19	14	5	5165	2169	2996	244	116	128
74	20	13	7	5099	2125	2974	212	113	99
75-79岁	**72**	**51**	**21**	**21951**	**9228**	**12723**	**878**	**454**	**424**
75	14	11	3	4575	1896	2679	207	110	97
76	22	16	6	4569	1932	2637	196	107	89
77	12	7	5	4351	1810	2541	179	87	92
78	8	5	3	4243	1809	2434	151	70	81
79	16	12	4	4213	1781	2432	145	80	65
80-84岁	**31**	**19**	**12**	**17700**	**7227**	**10473**	**613**	**266**	**347**
80	5	3	2	3625	1494	2131	134	56	78
81	4	4		3527	1458	2069	140	60	80
82	5	2	3	3750	1603	2147	110	56	54
83	10	7	3	3634	1458	2176	130	56	74
84	7	3	4	3164	1214	1950	99	38	61
85-89岁	**9**	**3**	**6**	**10345**	**3695**	**6650**	**334**	**145**	**189**
85	2	1	1	2776	1004	1772	81	36	45
86	2	1	1	2329	838	1491	83	29	54
87	3		3	2233	791	1442	71	34	37
88	1	1		1666	586	1080	55	29	26
89	1		1	1341	476	865	44	17	27
90-94岁	**7**	**4**	**3**	**3799**	**1232**	**2567**	**113**	**54**	**59**
90	2		2	1212	396	816	37	14	23
91	3	3		868	299	569	26	13	13
92	2	1	1	792	259	533	23	13	10
93				543	164	379	19	10	9
94				384	114	270	8	4	4
95-99岁	**2**	**1**	**1**	**762**	**169**	**593**	**24**	**11**	**13**
95	2	1	1	294	69	225	5	2	3
96				185	38	147	5	1	4
97				117	25	92	7	3	4
98				99	18	81	6	5	1
99				67	19	48	1		1
100岁及以上				**92**	**16**	**76**	**3**		**3**

8-8　全省分性别、婚姻状况、主要生活来源的60岁及以上老年人口

单位：人

婚姻状况	60岁及以上人口			劳动收入		
	合计	男	女	小计	男	女
总　计	**635334**	**308421**	**326913**	**153411**	**100825**	**52586**
未　婚	7371	6653	718	1374	1278	96
有配偶	475545	265213	210332	134641	92639	42002
离　婚	7066	4549	2517	1703	1416	287
丧　偶	145352	32006	113346	15693	5492	10201

8-8　续表 1

单位：人

婚姻状况	离退休金/养老金			最低生活保障金			失业保险金		
	小计	男	女	小计	男	女	小计	男	女
总　计	**157036**	**85404**	**71632**	**15047**	**8572**	**6475**	**34**	**14**	**20**
未　婚	894	630	264	3549	3448	101	1	1	
有配偶	125209	75897	49312	6794	3651	3143	20	10	10
离　婚	2891	1456	1435	398	348	50			
丧　偶	28042	7421	20621	4306	1125	3181	13	3	10

8-8　续表 2

单位：人

婚姻状况	财产性收入			家庭其他成员供养			其　他		
	小计	男	女	小计	男	女	小计	男	女
总　计	**5213**	**3117**	**2096**	**288189**	**102353**	**185836**	**16404**	**8136**	**8268**
未　婚	32	27	5	870	762	108	651	507	144
有配偶	4540	2873	1667	192350	83466	108884	11991	6677	5314
离　婚	58	45	13	1773	1109	664	243	175	68
丧　偶	583	172	411	93196	17016	76180	3519	777	2742

8－8a 全省分性别、婚姻状况、主要生活来源的60岁及以上老年人口(城市)

单位：人

婚姻状况	60岁及以上人口			劳动收入		
	合计	男	女	小计	男	女
总　计	**199623**	**95393**	**104230**	**22827**	**15775**	**7052**
未　婚	1508	1121	387	260	221	39
有配偶	155235	84942	70293	20326	14676	5650
离　婚	3499	1798	1701	447	327	120
丧　偶	39381	7532	31849	1794	551	1243

8－8a 续表 1

单位：人

婚姻状况	离退休金/养老金			最低生活保障金			失业保险金		
	小计	男	女	小计	男	女	小计	男	女
总　计	**105260**	**54093**	**51167**	**2142**	**1015**	**1127**	**4**	**3**	**1**
未　婚	606	384	222	275	244	31			
有配偶	84553	48620	35933	1171	591	580	3	2	1
离　婚	2326	1083	1243	92	69	23			
丧　偶	17775	4006	13769	604	111	493	1	1	

8－8a 续表 2

单位：人

婚姻状况	财产性收入			家庭其他成员供养			其　他		
	小计	男	女	小计	男	女	小计	男	女
总　计	**2993**	**1760**	**1233**	**62329**	**20791**	**41538**	**4068**	**1956**	**2112**
未　婚	15	12	3	184	148	36	168	112	56
有配偶	2609	1635	974	43606	17757	25849	2967	1661	1306
离　婚	36	26	10	518	239	279	80	54	26
丧　偶	333	87	246	18021	2647	15374	853	129	724

8-8b 全省分性别、婚姻状况、主要生活来源的60岁及以上老年人口(镇)

单位：人

婚姻状况	60岁及以上人口			劳动收入		
	合计	男	女	小计	男	女
总 计	**159969**	**76925**	**83044**	**36797**	**24331**	**12466**
未 婚	1473	1311	162	264	241	23
有配偶	119869	66951	52918	32478	22597	9881
离 婚	1458	971	487	376	301	75
丧 偶	37169	7692	29477	3679	1192	2487

8-8b 续表 1

单位：人

婚姻状况	离退休金/养老金			最低生活保障金			失业保险金		
	小计	男	女	小计	男	女	小计	男	女
总 计	**32889**	**19647**	**13242**	**4043**	**2119**	**1924**	**3**	**1**	**2**
未 婚	120	89	31	702	677	25			
有配偶	26542	17512	9030	2051	1111	940	1	1	
离 婚	413	256	157	101	81	20			
丧 偶	5814	1790	4024	1189	250	939	2		2

8-8b 续表 2

单位：人

婚姻状况	财产性收入			家庭其他成员供养			其 他		
	小计	男	女	小计	男	女	小计	男	女
总 计	**1439**	**857**	**582**	**80070**	**27579**	**52491**	**4728**	**2391**	**2337**
未 婚	10	8	2	206	169	37	171	127	44
有配偶	1267	796	471	54000	22906	31094	3530	2028	1502
离 婚	12	9	3	492	280	212	64	44	20
丧 偶	150	44	106	25372	4224	21148	963	192	771

8-8c 全省分性别、婚姻状况、主要生活来源的60岁及以上老年人口(乡村)

单位：人

婚姻状况	60岁及以上人口			劳动收入		
	合计	男	女	小计	男	女
总　计	**275742**	**136103**	**139639**	**93787**	**60719**	**33068**
未　婚	4390	4221	169	850	816	34
有配偶	200441	113320	87121	81837	55366	26471
离　婚	2109	1780	329	880	788	92
丧　偶	68802	16782	52020	10220	3749	6471

8-8c 续表 1

单位：人

婚姻状况	离退休金/养老金			最低生活保障金			失业保险金		
	小计	男	女	小计	男	女	小计	男	女
总　计	**18887**	**11664**	**7223**	**8862**	**5438**	**3424**	**27**	**10**	**17**
未　婚	168	157	11	2572	2527	45	1	1	
有配偶	14114	9765	4349	3572	1949	1623	16	7	9
离　婚	152	117	35	205	198	7			
丧　偶	4453	1625	2828	2513	764	1749	10	2	8

8-8c 续表 2

单位：人

婚姻状况	财产性收入			家庭其他成员供养			其　他		
	小计	男	女	小计	男	女	小计	男	女
总　计	**781**	**500**	**281**	**145790**	**53983**	**91807**	**7608**	**3789**	**3819**
未　婚	7	7		480	445	35	312	268	44
有配偶	664	442	222	94744	42803	51941	5494	2988	2506
离　婚	10	10		763	590	173	99	77	22
丧　偶	100	41	59	49803	10145	39658	1703	456	1247

8-9 全省分性别、居住状况、主要生活来源的60岁及以上老年人口

单位：人

居住状况	60岁及以上人口			劳动收入		
	合计	男	女	小计	男	女
总　计	**635334**	**308421**	**326913**	**153411**	**100825**	**52586**
与配偶和子女同住	190497	108316	82181	50576	35413	15163
与配偶同住	226823	125036	101787	66649	44093	22556
与子女同住	117303	30139	87164	13632	6009	7623
独居(有保姆)	1446	615	831	91	57	34
独居(无保姆)	75370	32000	43370	15303	10173	5130
养老机构	3277	1548	1729	77	40	37
其　他	20618	10767	9851	7083	5040	2043

8-9 续表 1

单位：人

居住状况	离退休金/养老金			最低生活保障金			失业保险金		
	小计	男	女	小计	男	女	小计	男	女
总　计	**157036**	**85404**	**71632**	**15047**	**8572**	**6475**	**34**	**14**	**20**
与配偶和子女同住	55453	33971	21482	2506	1349	1157	4	1	3
与配偶同住	57788	35038	22750	3616	1928	1688	13	7	6
与子女同住	24122	7386	16736	2805	774	2031	5	2	3
独居(有保姆)	553	289	264	29	12	17			
独居(无保姆)	15035	6596	8439	4441	3174	1267	11	3	8
养老机构	779	351	428	598	518	80			
其　他	3306	1773	1533	1052	817	235	1	1	

8-9 续表 2

单位：人

居住状况	财产性收入			家庭其他成员供养			其　他		
	小计	男	女	小计	男	女	小计	男	女
总　计	**5213**	**3117**	**2096**	**288189**	**102353**	**185836**	**16404**	**8136**	**8268**
与配偶和子女同住	2030	1333	697	75776	33800	41976	4152	2449	1703
与配偶同住	2119	1288	831	90736	39481	51255	5902	3201	2701
与子女同住	569	222	347	73645	15031	58614	2525	715	1810
独居(有保姆)	11	8	3	735	237	498	27	12	15
独居(无保姆)	391	215	176	38131	10903	27228	2058	936	1122
养老机构	2		2	1588	509	1079	233	130	103
其　他	91	51	40	7578	2392	5186	1507	693	814

8－9a 全省分性别、居住状况、主要生活来源的60岁及以上老年人口(城市)

单位：人

居住状况	60岁及以上人口			劳动收入		
	合计	男	女	小计	男	女
总　计	**199623**	**95393**	**104230**	**22827**	**15775**	**7052**
与配偶和子女同住	73940	41690	32250	8500	6240	2260
与配偶同住	59249	32580	26669	7173	4973	2200
与子女同住	40401	9630	30771	2137	932	1205
独居(有保姆)	603	259	344	19	15	4
独居(无保姆)	17685	7372	10313	2731	2067	664
养老机构	1276	468	808	14	6	8
其　他	6469	3394	3075	2253	1542	711

8－9a 续表 1

单位：人

居住状况	离退休金/养老金			最低生活保障金			失业保险金		
	小计	男	女	小计	男	女	小计	男	女
总　计	**105260**	**54093**	**51167**	**2142**	**1015**	**1127**	**4**	**3**	**1**
与配偶和子女同住	40242	23757	16485	523	276	247	2	1	1
与配偶同住	36306	20715	15591	481	239	242			
与子女同住	16797	4648	12149	525	130	395			
独居(有保姆)	363	177	186	8		8			
独居(无保姆)	8817	3464	5353	440	259	181	1	1	
养老机构	560	231	329	26	19	7			
其　他	2175	1101	1074	139	92	47	1	1	

8－9a 续表 2

单位：人

居住状况	财产性收入			家庭其他成员供养			其　他		
	小计	男	女	小计	男	女	小计	男	女
总　计	**2993**	**1760**	**1233**	**62329**	**20791**	**41538**	**4068**	**1956**	**2112**
与配偶和子女同住	1353	875	478	21962	9734	12228	1358	807	551
与配偶同住	1030	614	416	13254	5481	7773	1005	558	447
与子女同住	367	141	226	19714	3564	16150	861	215	646
独居(有保姆)	6	3	3	198	61	137	9	3	6
独居(无保姆)	189	102	87	5090	1315	3775	417	164	253
养老机构	1		1	613	183	430	62	29	33
其　他	47	25	22	1498	453	1045	356	180	176

8-9b　全省分性别、居住状况、主要生活来源的60岁及以上老年人口(镇)

单位：人

居住状况	60岁及以上人口			劳动收入		
	合计	男	女	小计	男	女
总　计	**159969**	**76925**	**83044**	**36797**	**24331**	**12466**
与配偶和子女同住	52466	29957	22509	14985	10587	4398
与配偶同住	52656	29150	23506	13334	8975	4359
与子女同住	31520	7901	23619	3773	1619	2154
独居(有保姆)	385	161	224	22	12	10
独居(无保姆)	16668	6562	10106	2865	1846	1019
养老机构	986	489	497	22	11	11
其　他	5288	2705	2583	1796	1281	515

8-9b　续表 1

单位：人

居住状况	离退休金/养老金			最低生活保障金			失业保险金		
	小计	男	女	小计	男	女	小计	男	女
总　计	**32889**	**19647**	**13242**	**4043**	**2119**	**1924**	**3**	**1**	**2**
与配偶和子女同住	10613	7081	3532	838	452	386			
与配偶同住	13331	8698	4633	1016	550	466	1	1	
与子女同住	4506	1630	2876	811	200	611	2		2
独居(有保姆)	132	70	62	12	6	6			
独居(无保姆)	3442	1671	1771	939	559	380			
养老机构	145	76	69	194	173	21			
其　他	720	421	299	233	179	54			

8-9b　续表 2

单位：人

居住状况	财产性收入			家庭其他成员供养			其　他		
	小计	男	女	小计	男	女	小计	男	女
总　计	**1439**	**857**	**582**	**80070**	**27579**	**52491**	**4728**	**2391**	**2337**
与配偶和子女同住	497	328	169	24199	10695	13504	1334	814	520
与配偶同住	671	407	264	22666	9606	13060	1637	913	724
与子女同住	135	50	85	21558	4196	17362	735	206	529
独居(有保姆)	2	2		211	69	142	6	2	4
独居(无保姆)	106	55	51	8777	2206	6571	539	225	314
养老机构	1		1	535	176	359	89	53	36
其　他	27	15	12	2124	631	1493	388	178	210

8-9c 全省分性别、居住状况、主要生活来源的60岁及以上老年人口(乡村)

单位：人

居住状况	60岁及以上人口			劳动收入		
	合计	男	女	小计	男	女
总　计	**275742**	**136103**	**139639**	**93787**	**60719**	**33068**
与配偶和子女同住	64091	36669	27422	27091	18586	8505
与配偶同住	114918	63306	51612	46142	30145	15997
与子女同住	45382	12608	32774	7722	3458	4264
独居(有保姆)	458	195	263	50	30	20
独居(无保姆)	41017	18066	22951	9707	6260	3447
养老机构	1015	591	424	41	23	18
其　他	8861	4668	4193	3034	2217	817

8-9c 续表 1

单位：人

居住状况	离退休金/养老金			最低生活保障金			失业保险金		
	小计	男	女	小计	男	女	小计	男	女
总　计	**18887**	**11664**	**7223**	**8862**	**5438**	**3424**	**27**	**10**	**17**
与配偶和子女同住	4598	3133	1465	1145	621	524	2		2
与配偶同住	8151	5625	2526	2119	1139	980	12	6	6
与子女同住	2819	1108	1711	1469	444	1025	3	2	1
独居(有保姆)	58	42	16	9	6	3			
独居(无保姆)	2776	1461	1315	3062	2356	706	10	2	8
养老机构	74	44	30	378	326	52			
其　他	411	251	160	680	546	134			

8-9c 续表 2

单位：人

居住状况	财产性收入			家庭其他成员供养			其　他		
	小计	男	女	小计	男	女	小计	男	女
总　计	**781**	**500**	**281**	**145790**	**53983**	**91807**	**7608**	**3789**	**3819**
与配偶和子女同住	180	130	50	29615	13371	16244	1460	828	632
与配偶同住	418	267	151	54816	24394	30422	3260	1730	1530
与子女同住	67	31	36	32373	7271	25102	929	294	635
独居(有保姆)	3	3		326	107	219	12	7	5
独居(无保姆)	96	58	38	24264	7382	16882	1102	547	555
养老机构				440	150	290	82	48	34
其　他	17	11	6	3956	1308	2648	763	335	428

8-10　各地区分性别、居住状况的60岁及以上老年人口

单位：人

地　区	60岁及以上人口			与配偶和子女同住		
	合计	男	女	小计	男	女
合　计	**635334**	**308421**	**326913**	**190497**	**108316**	**82181**
福州市	**130861**	**64401**	**66460**	**40958**	**23267**	**17691**
鼓楼区	12461	5875	6586	5328	2886	2442
台江区	8055	3889	4166	3110	1755	1355
仓山区	14889	7324	7565	6345	3548	2797
马尾区	3604	1765	1839	1032	586	446
晋安区	11967	5975	5992	4611	2606	2005
长乐区	11784	5672	6112	2636	1535	1101
闽侯县	12904	6689	6215	4275	2492	1783
连江县	11803	5742	6061	3075	1778	1297
罗源县	4305	2198	2107	1020	589	431
闽清县	5568	2794	2774	1574	881	693
永泰县	5555	2830	2725	796	463	333
平潭县	6309	3064	3245	1230	751	479
福清市	21657	10584	11073	5926	3397	2529
厦门市	**49518**	**23027**	**26491**	**18124**	**10100**	**8024**
思明区	15956	7295	8661	5952	3313	2639
海沧区	4799	2267	2532	1893	1058	835
湖里区	7578	3602	3976	2620	1476	1144
集美区	7000	3286	3714	2475	1360	1115
同安区	7990	3737	4253	2990	1659	1331
翔安区	6195	2840	3355	2194	1234	960
莆田市	**55109**	**25852**	**29257**	**17271**	**9520**	**7751**
城厢区	7672	3658	4014	2813	1529	1284
涵江区	8663	4114	4549	2819	1582	1237
荔城区	9564	4484	5080	3621	1963	1658
秀屿区	12343	5480	6863	3135	1681	1454
仙游县	16867	8116	8751	4883	2765	2118
三明市	**46518**	**22976**	**23542**	**11088**	**6250**	**4838**
梅列区	3205	1515	1690	729	406	323
三元区	2981	1444	1537	607	346	261
明溪县	2142	1082	1060	551	311	240
清流县	2402	1168	1234	507	293	214
宁化县	5839	2780	3059	1524	843	681
大田县	5052	2520	2532	878	483	395
尤溪县	6908	3592	3316	1686	951	735
沙县	4589	2238	2351	1286	728	558
将乐县	2886	1438	1448	919	527	392
泰宁县	2004	967	1037	489	265	224
建宁县	2384	1148	1236	483	272	211
永安市	6126	3084	3042	1429	825	604
泉州市	**110416**	**51726**	**58690**	**36210**	**20824**	**15386**
鲤城区	5056	2340	2716	1999	1127	872
丰泽区	6456	3066	3390	2721	1547	1174
洛江区	2760	1308	1452	807	465	342
泉港区	5639	2494	3145	1534	864	670
惠安县	15056	6367	8689	4545	2485	2060
安溪县	14561	7039	7522	3497	1986	1511
永春县	7992	3925	4067	1952	1119	833
德化县	4497	2237	2260	734	446	288
石狮市	5950	2916	3034	2478	1511	967
晋江市	19663	9402	10261	8142	4830	3312
南安市	22786	10632	12154	7801	4444	3357

8-10 续表 1

单位：人

地 区	60岁及以上人口			与配偶和子女同住		
	合计	男	女	小计	男	女
漳州市	**88228**	**42535**	**45693**	**27600**	**15537**	**12063**
芗城区	9569	4580	4989	3096	1774	1322
龙文区	3263	1566	1697	1219	695	524
云霄县	7470	3645	3825	2777	1576	1201
漳浦县	14783	6954	7829	4654	2578	2076
诏安县	10336	4901	5435	3031	1679	1352
长泰县	3701	1814	1887	1237	700	537
东山县	4205	1968	2237	1839	1035	804
南靖县	6405	3101	3304	1639	924	715
平和县	9261	4715	4546	2461	1405	1056
华安县	2734	1332	1402	567	308	259
龙海市	16501	7959	8542	5080	2863	2217
南平市	**52001**	**26055**	**25946**	**11994**	**6861**	**5133**
延平区	8938	4398	4540	2234	1277	957
建阳区	6021	3017	3004	1394	792	602
顺昌县	3931	1909	2022	782	435	347
浦城县	6754	3460	3294	1219	699	520
光泽县	2482	1223	1259	511	292	219
松溪县	2514	1250	1264	535	299	236
政和县	3078	1625	1453	691	404	287
邵武市	5424	2697	2727	1135	646	489
武夷山市	3840	1942	1898	1191	706	485
建瓯市	9019	4534	4485	2302	1311	991
龙岩市	**48679**	**23602**	**25077**	**11968**	**6904**	**5064**
新罗区	11275	5543	5732	3234	1898	1336
永定区	6544	3136	3408	1425	807	618
长汀县	7890	3818	4072	2075	1177	898
上杭县	7807	3686	4121	1972	1119	853
武平县	5753	2765	2988	1365	791	574
连城县	4937	2422	2515	1023	605	418
漳平市	4473	2232	2241	874	507	367
宁德市	**54004**	**28247**	**25757**	**15284**	**9053**	**6231**
蕉城区	7789	4059	3730	2430	1438	992
霞浦县	8634	4478	4156	2556	1492	1064
古田县	7136	3760	3376	1997	1162	835
屏南县	2557	1363	1194	624	364	260
寿宁县	3340	1792	1548	669	408	261
周宁县	3221	1772	1449	913	549	364
柘荣县	1711	906	805	542	328	214
福安市	9799	5123	4676	3000	1801	1199
福鼎市	9817	4994	4823	2553	1511	1042

8-10　续表 2　　　　单位：人

地　区	与配偶同住			与子女同住			独居(有保姆)		
	小计	男	女	小计	男	女	小计	男	女
合　计	**226823**	**125036**	**101787**	**117303**	**30139**	**87164**	**1446**	**615**	**831**
福州市	**48118**	**26411**	**21707**	**20390**	**5402**	**14988**	**490**	**241**	**249**
鼓楼区	3626	1919	1707	2186	513	1673	60	22	38
台江区	2408	1287	1121	1469	379	1090	18	11	7
仓山区	4083	2218	1865	2564	652	1912	29	11	18
马尾区	1302	733	569	599	164	435	27	11	16
晋安区	3724	2034	1690	2056	556	1500	31	17	14
长乐区	4887	2716	2171	1530	378	1152	97	55	42
闽侯县	4373	2426	1947	2267	700	1567	23	15	8
连江县	4562	2569	1993	1906	477	1429	56	27	29
罗源县	1756	975	781	623	181	442	11	5	6
闽清县	2247	1218	1029	794	224	570	19	13	6
永泰县	2794	1527	1267	698	227	471	8	5	3
平潭县	3267	1772	1495	636	170	466	17	8	9
福清市	9089	5017	4072	3062	781	2281	94	41	53
厦门市	**14043**	**7715**	**6328**	**10861**	**2345**	**8516**	**141**	**59**	**82**
思明区	4601	2506	2095	3376	645	2731	76	32	44
海沧区	1324	739	585	1091	218	873	5	2	3
湖里区	2099	1188	911	1766	383	1383	21	10	11
集美区	1944	1071	873	1639	415	1224	7	3	4
同安区	2312	1256	1056	1631	370	1261	18	6	12
翔安区	1763	955	808	1358	314	1044	14	6	8
莆田市	**18192**	**9769**	**8423**	**11580**	**3147**	**8433**	**101**	**48**	**53**
城厢区	2093	1114	979	1659	489	1170	14	7	7
涵江区	2559	1369	1190	1895	497	1398	35	16	19
荔城区	2516	1357	1159	2352	691	1661	15	8	7
秀屿区	4817	2577	2240	2587	603	1984	21	6	15
仙游县	6207	3352	2855	3087	867	2220	16	11	5
三明市	**18682**	**10302**	**8380**	**8312**	**2349**	**5963**	**93**	**39**	**54**
梅列区	1355	753	602	604	132	472	9	6	3
三元区	1268	695	573	497	132	365	7	3	4
明溪县	804	450	354	388	116	272	3	2	1
清流县	956	530	426	451	115	336	8	2	6
宁化县	2067	1126	941	1119	295	824	14	5	9
大田县	2394	1302	1092	785	237	548	6	4	2
尤溪县	3013	1659	1354	1102	385	717	15	7	8
沙县	1659	901	758	788	219	569	6	3	3
将乐县	934	517	417	566	158	408	5	1	4
泰宁县	737	406	331	356	94	262	9	3	6
建宁县	964	536	428	523	146	377	4		4
永安市	2531	1427	1104	1133	320	813	7	3	4
泉州市	**34843**	**19145**	**15698**	**23015**	**5341**	**17674**	**254**	**87**	**167**
鲤城区	1226	688	538	1160	254	906	19	7	12
丰泽区	1695	943	752	1404	291	1113	15	4	11
洛江区	878	489	389	657	171	486	7	2	5
泉港区	1993	1072	921	1188	277	911	9	4	5
惠安县	4724	2497	2227	3307	667	2640	26	4	22
安溪县	6123	3351	2772	2540	736	1804	25	8	17
永春县	3180	1767	1413	1413	403	1010	17	9	8
德化县	2246	1231	1015	566	161	405	15	9	6
石狮市	1398	809	589	1347	265	1082	12	3	9
晋江市	4305	2409	1896	4579	997	3582	44	15	29
南安市	7075	3889	3186	4854	1119	3735	65	22	43

8-10 续表 3　　单位：人

地区	与配偶同住			与子女同住			独居(有保姆)		
	小计	男	女	小计	男	女	小计	男	女
漳州市	**32649**	**17760**	**14889**	**15369**	**3890**	**11479**	**115**	**34**	**81**
芗城区	3452	1898	1554	1626	380	1246	17	7	10
龙文区	1065	564	501	650	156	494	6	4	2
云霄县	2361	1281	1080	1297	333	964	7	1	6
漳浦县	5665	3033	2632	2652	650	2002	23	10	13
诏安县	3813	2043	1770	1730	493	1237	12	1	11
长泰县	1240	683	557	725	198	527	4	1	3
东山县	993	549	444	993	230	763	3		3
南靖县	2698	1457	1241	1087	264	823	7	1	6
平和县	3710	2084	1626	1464	392	1072	9	3	6
华安县	1255	678	577	362	105	257	5	1	4
龙海市	6397	3490	2907	2783	689	2094	22	5	17
南平市	**22368**	**12490**	**9878**	**8684**	**2355**	**6329**	**84**	**42**	**42**
延平区	3564	1971	1593	1553	398	1155	21	10	11
建阳区	2496	1389	1107	1085	309	776	3	2	1
顺昌县	1683	932	751	731	197	534	10	5	5
浦城县	3352	1885	1467	939	261	678	6	3	3
光泽县	1090	603	487	410	96	314	3	2	1
松溪县	1223	681	542	351	99	252	1	1	
政和县	1361	804	557	558	164	394	3	3	
邵武市	2439	1350	1089	821	215	606	15	7	8
武夷山市	1307	745	562	785	215	570	6	3	3
建瓯市	3853	2130	1723	1451	401	1050	16	6	10
龙岩市	**17933**	**10019**	**7914**	**9886**	**2583**	**7303**	**72**	**28**	**44**
新罗区	4240	2375	1865	2061	518	1543	32	9	23
永定区	2435	1360	1075	1361	346	1015	8	5	3
长汀县	2655	1501	1154	1691	462	1229	9	5	4
上杭县	2353	1308	1045	1982	529	1453	10	4	6
武平县	2201	1218	983	1129	284	845	4	1	3
连城县	1934	1102	832	992	252	740	5	2	3
漳平市	2115	1155	960	670	192	478	4	2	2
宁德市	**19995**	**11425**	**8570**	**9206**	**2727**	**6479**	**96**	**37**	**59**
蕉城区	2430	1387	1043	1701	540	1161	15	3	12
霞浦县	3215	1811	1404	1511	466	1045	15	5	10
古田县	2733	1534	1199	1140	377	763	12	2	10
屏南县	963	553	410	452	150	302	4	3	1
寿宁县	1581	921	660	416	113	303	2	1	1
周宁县	1169	677	492	559	184	375	4	1	3
柘荣县	559	327	232	306	79	227	2	1	1
福安市	3444	2010	1434	1652	435	1217	19	12	7
福鼎市	3901	2205	1696	1469	383	1086	23	9	14

8-10 续表 4

单位：人

地区	独居(无保姆)			养老机构			其他		
	小计	男	女	小计	男	女	小计	男	女
合计	**75370**	**32000**	**43370**	**3277**	**1548**	**1729**	**20618**	**10767**	**9851**
福州市	**15805**	**6534**	**9271**	**974**	**366**	**608**	**4126**	**2180**	**1946**
鼓楼区	816	336	480	66	19	47	379	180	199
台江区	719	298	421	43	13	30	288	146	142
仓山区	1250	574	676	173	65	108	445	256	189
马尾区	522	216	306	44	11	33	78	44	34
晋安区	1072	479	593	71	35	36	402	248	154
长乐区	2129	754	1375	127	43	84	378	191	187
闽侯县	1446	736	710	56	33	23	464	287	177
连江县	1757	696	1061	81	23	58	366	172	194
罗源县	756	351	405	46	30	16	93	67	26
闽清县	717	348	369	48	20	28	169	90	79
永泰县	1044	510	534	32	15	17	183	83	100
平潭县	889	259	630	76	14	62	194	90	104
福清市	2688	977	1711	111	45	66	687	326	361
厦门市	**4479**	**1848**	**2631**	**338**	**133**	**205**	**1532**	**827**	**705**
思明区	1219	463	756	147	59	88	585	277	308
海沧区	324	151	173	27	13	14	135	86	49
湖里区	729	374	355	101	36	65	242	135	107
集美区	703	308	395	30	14	16	202	115	87
同安区	801	315	486	23	6	17	215	125	90
翔安区	703	237	466	10	5	5	153	89	64
莆田市	**5766**	**2379**	**3387**	**152**	**60**	**92**	**2047**	**929**	**1118**
城厢区	758	346	412	20	11	9	315	162	153
涵江区	938	446	492	44	18	26	373	186	187
荔城区	735	311	424	23	8	15	302	146	156
秀屿区	1369	457	912	5	2	3	409	154	255
仙游县	1966	819	1147	60	21	39	648	281	367
三明市	**6301**	**2964**	**3337**	**208**	**136**	**72**	**1834**	**936**	**898**
梅列区	410	167	243	5	3	2	93	48	45
三元区	439	184	255	16	9	7	147	75	72
明溪县	277	144	133	24	10	14	95	49	46
清流县	354	158	196	20	16	4	106	54	52
宁化县	795	363	432	15	12	3	305	136	169
大田县	790	371	419	42	37	5	157	86	71
尤溪县	849	457	392	14	11	3	229	122	107
沙县	602	262	340	10	4	6	238	121	117
将乐县	354	178	176	6	6		102	51	51
泰宁县	306	146	160	10	5	5	97	48	49
建宁县	324	157	167	12	7	5	74	30	44
永安市	801	377	424	34	16	18	191	116	75
泉州市	**12060**	**4252**	**7808**	**262**	**88**	**174**	**3772**	**1989**	**1783**
鲤城区	464	172	292	23	13	10	165	79	86
丰泽区	400	160	240	6		6	215	121	94
洛江区	310	124	186	6	5	1	95	52	43
泉港区	747	196	551	20	6	14	148	75	73
惠安县	2100	550	1550	12	2	10	342	162	180
安溪县	1814	684	1130	26	14	12	536	260	276
永春县	1236	529	707	19	7	12	175	91	84
德化县	754	294	460	27	9	18	155	87	68
石狮市	457	196	261	12	1	11	246	131	115
晋江市	1695	637	1058	76	19	57	822	495	327
南安市	2083	710	1373	35	12	23	873	436	437

8−10 续表 5 单位：人

地区	独居(无保姆)			养老机构			其他		
	小计	男	女	小计	男	女	小计	男	女
漳州市	**10328**	**4091**	**6237**	**156**	**87**	**69**	**2011**	**1136**	**875**
芗城区	1094	395	699	45	12	33	239	114	125
龙文区	251	103	148	1	1		71	43	28
云霄县	854	349	505	34	28	6	140	77	63
漳浦县	1550	545	1005	5	3	2	234	135	99
诏安县	1438	532	906	2	2		310	151	159
长泰县	399	170	229	1		1	95	62	33
东山县	281	98	183	5	2	3	91	54	37
南靖县	795	347	448	14	12	2	165	96	69
平和县	1369	684	685	13	9	4	235	138	97
华安县	455	184	271	10	8	2	80	48	32
龙海市	1842	684	1158	26	10	16	351	218	133
南平市	**6884**	**3305**	**3579**	**343**	**165**	**178**	**1644**	**837**	**807**
延平区	1235	582	653	69	25	44	262	135	127
建阳区	809	394	415	47	28	19	187	103	84
顺昌县	577	267	310	17	4	13	131	69	62
浦城县	916	463	453	53	26	27	269	123	146
光泽县	372	180	192	28	18	10	68	32	36
松溪县	311	134	177	36	14	22	57	22	35
政和县	342	176	166	19	12	7	104	62	42
邵武市	828	379	449	17	13	4	169	87	82
武夷山市	418	196	222	29	18	11	104	59	45
建瓯市	1076	534	542	28	7	21	293	145	148
龙岩市	**6652**	**2953**	**3699**	**441**	**241**	**200**	**1727**	**874**	**853**
新罗区	1250	499	751	122	47	75	336	197	139
永定区	999	458	541	73	40	33	243	120	123
长汀县	980	442	538	82	59	23	398	172	226
上杭县	1132	537	595	63	31	32	295	158	137
武平县	797	339	458	45	28	17	212	104	108
连城县	814	379	435	22	18	4	147	64	83
漳平市	680	299	381	34	18	16	96	59	37
宁德市	**7095**	**3674**	**3421**	**403**	**272**	**131**	**1925**	**1059**	**866**
蕉城区	995	550	445	51	36	15	167	105	62
霞浦县	981	478	503	54	39	15	302	187	115
古田县	965	522	443	49	31	18	240	132	108
屏南县	383	224	159	6	6		125	63	62
寿宁县	528	271	257	11	9	2	133	69	64
周宁县	386	237	149	25	24	1	165	100	65
柘荣县	229	129	100	5	5		68	37	31
福安市	1197	613	584	108	74	34	379	178	201
福鼎市	1431	650	781	94	48	46	346	188	158

8-10a 各地区分性别、居住状况的60岁及以上老年人口(城市)

单位：人

地区	60岁及以上人口			与配偶和子女同住		
	合计	男	女	小计	男	女
合 计	**199623**	**95393**	**104230**	**73940**	**41690**	**32250**
福州市	**58813**	**28552**	**30261**	**23037**	**12854**	**10183**
鼓楼区	12461	5875	6586	5328	2886	2442
台江区	8055	3889	4166	3110	1755	1355
仓山区	14889	7324	7565	6345	3548	2797
马尾区	2958	1437	1521	913	516	397
晋安区	11402	5669	5733	4498	2536	1962
长乐区	3396	1626	1770	952	548	404
闽侯县						
连江县						
罗源县						
闽清县						
永泰县						
平潭县						
福清市	5652	2732	2920	1891	1065	826
厦门市	**39908**	**18526**	**21382**	**14684**	**8183**	**6501**
思明区	15956	7295	8661	5952	3313	2639
海沧区	4683	2206	2477	1855	1037	818
湖里区	7572	3600	3972	2620	1476	1144
集美区	6052	2835	3217	2147	1185	962
同安区	4669	2144	2525	1819	1007	812
翔安区	976	446	530	291	165	126
莆田市	**18478**	**8703**	**9775**	**7269**	**3949**	**3320**
城厢区	3558	1706	1852	1678	895	783
涵江区	5674	2679	2995	2218	1239	979
荔城区	6058	2903	3155	2594	1404	1190
秀屿区	3188	1415	1773	779	411	368
仙游县						
三明市	**8337**	**3974**	**4363**	**1928**	**1093**	**835**
梅列区	2769	1301	1468	654	360	294
三元区	2194	1042	1152	459	260	199
明溪县						
清流县						
宁化县						
大田县						
尤溪县						
沙县						
将乐县						
泰宁县						
建宁县						
永安市	3374	1631	1743	815	473	342
泉州市	**26752**	**12682**	**14070**	**11017**	**6339**	**4678**
鲤城区	5056	2340	2716	1999	1127	872
丰泽区	6456	3066	3390	2721	1547	1174
洛江区	661	315	346	252	146	106
泉港区	1604	725	879	506	278	228
惠安县						
安溪县						
永春县						
德化县						
石狮市	3016	1455	1561	1207	733	474
晋江市	6867	3348	3519	3020	1784	1236
南安市	3092	1433	1659	1312	724	588

8-10a 续表 1　　　　单位：人

地　区	60岁及以上人口			与配偶和子女同住		
	合计	男	女	小计	男	女
漳州市	**14270**	**6806**	**7464**	**4809**	**2735**	**2074**
芗城区	7011	3354	3657	2342	1345	997
龙文区	2680	1282	1398	998	570	428
云霄县						
漳浦县						
诏安县						
长泰县						
东山县						
南靖县						
平和县						
华安县						
龙海市	4554	2159	2395	1466	819	647
南平市	**14128**	**6843**	**7285**	**4209**	**2430**	**1779**
延平区	4785	2330	2455	1401	810	591
建阳区	2292	1113	1179	573	329	244
顺昌县						
浦城县						
光泽县						
松溪县						
政和县						
邵武市	2991	1419	1572	819	463	356
武夷山市	1580	775	805	605	361	244
建瓯市	2480	1206	1274	811	467	344
龙岩市	**9750**	**4702**	**5048**	**3104**	**1812**	**1292**
新罗区	7371	3575	3796	2443	1430	1013
永定区	962	436	526	328	186	142
长汀县						
上杭县						
武平县						
连城县						
漳平市	1417	691	726	333	196	137
宁德市	**9187**	**4605**	**4582**	**3883**	**2295**	**1588**
蕉城区	3284	1661	1623	1331	783	548
霞浦县						
古田县						
屏南县						
寿宁县						
周宁县						
柘荣县						
福安市	2957	1518	1439	1331	798	533
福鼎市	2946	1426	1520	1221	714	507

8-10a 续表 2

单位：人

地区	与配偶同住			与子女同住			独居(有保姆)		
	小计	男	女	小计	男	女	小计	男	女
合　计	**59249**	**32580**	**26669**	**40401**	**9630**	**30771**	**603**	**259**	**344**
福州市	**17834**	**9654**	**8180**	**10152**	**2558**	**7594**	**210**	**96**	**114**
鼓楼区	3626	1919	1707	2186	513	1673	60	22	38
台江区	2408	1287	1121	1469	379	1090	18	11	7
仓山区	4083	2218	1865	2564	652	1912	29	11	18
马尾区	1005	561	444	519	143	376	23	9	14
晋安区	3491	1901	1590	1974	525	1449	31	17	14
长乐区	1268	698	570	494	121	373	28	16	12
闽侯县									
连江县									
罗源县									
闽清县									
永泰县									
平潭县									
福清市	1953	1070	883	946	225	721	21	10	11
厦门市	**11119**	**6140**	**4979**	**9002**	**1905**	**7097**	**123**	**53**	**70**
思明区	4601	2506	2095	3376	645	2731	76	32	44
海沧区	1272	712	560	1072	209	863	5	2	3
湖里区	2098	1188	910	1765	383	1382	21	10	11
集美区	1652	914	738	1479	370	1109	6	3	3
同安区	1210	658	552	1052	232	820	13	6	7
翔安区	286	162	124	258	66	192	2		2
莆田市	**4722**	**2532**	**2190**	**4297**	**1187**	**3110**	**49**	**22**	**27**
城厢区	676	358	318	799	234	565	9	4	5
涵江区	1368	742	626	1354	341	1013	20	8	12
荔城区	1353	732	621	1507	458	1049	9	6	3
秀屿区	1325	700	625	637	154	483	11	4	7
仙游县									
三明市	**3460**	**1927**	**1533**	**1555**	**362**	**1193**	**21**	**12**	**9**
梅列区	1172	649	523	540	119	421	9	6	3
三元区	916	500	416	380	101	279	6	3	3
明溪县									
清流县									
宁化县									
大田县									
尤溪县									
沙县									
将乐县									
泰宁县									
建宁县									
永安市	1372	778	594	635	142	493	6	3	3
泉州市	**6350**	**3530**	**2820**	**6146**	**1352**	**4794**	**75**	**25**	**50**
鲤城区	1226	688	538	1160	254	906	19	7	12
丰泽区	1695	943	752	1404	291	1113	15	4	11
洛江区	156	89	67	187	44	143	1		1
泉港区	507	272	235	345	97	248	3	2	1
惠安县									
安溪县									
永春县									
德化县									
石狮市	712	405	307	717	143	574	7		7
晋江市	1274	717	557	1670	367	1303	21	11	10
南安市	780	416	364	663	156	507	9	1	8

8-10a 续表 3

单位：人

地区	与配偶同住			与子女同住			独居(有保姆)		
	小计	男	女	小计	男	女	小计	男	女
漳州市	**4984**	**2739**	**2245**	**2577**	**595**	**1982**	**24**	**10**	**14**
芗城区	2427	1353	1074	1229	277	952	11	5	6
龙文区	850	453	397	555	133	422	6	4	2
云霄县									
漳浦县									
诏安县									
长泰县									
东山县									
南靖县									
平和县									
华安县									
龙海市	1698	928	770	784	181	603	7	1	6
南平市	**5126**	**2864**	**2262**	**2739**	**692**	**2047**	**44**	**21**	**23**
延平区	1736	978	758	877	209	668	17	7	10
建阳区	897	494	403	480	145	335	2	2	
顺昌县									
浦城县									
光泽县									
松溪县									
政和县									
邵武市	1138	640	498	569	138	431	10	4	6
武夷山市	446	251	195	376	99	277	5	3	2
建瓯市	909	501	408	437	101	336	10	5	5
龙岩市	**3314**	**1844**	**1470**	**2014**	**487**	**1527**	**31**	**10**	**21**
新罗区	2493	1392	1101	1499	368	1131	28	7	21
永定区	260	145	115	257	53	204	2	2	
长汀县									
上杭县									
武平县									
连城县									
漳平市	561	307	254	258	66	192	1	1	
宁德市	**2340**	**1350**	**990**	**1919**	**492**	**1427**	**26**	**10**	**16**
蕉城区	834	479	355	782	226	556	7	1	6
霞浦县									
古田县									
屏南县									
寿宁县									
周宁县									
柘荣县									
福安市	725	426	299	547	133	414	7	5	2
福鼎市	781	445	336	590	133	457	12	4	8

8-10a 续表 4

单位：人

地 区	独居(无保姆)			养老机构			其 他		
	小计	男	女	小计	男	女	小计	男	女
合 计	**17685**	**7372**	**10313**	**1276**	**468**	**808**	**6469**	**3394**	**3075**
福州市	**5225**	**2231**	**2994**	**476**	**163**	**313**	**1879**	**996**	**883**
鼓楼区	816	336	480	66	19	47	379	180	199
台江区	719	298	421	43	13	30	288	146	142
仓山区	1250	574	676	173	65	108	445	256	189
马尾区	387	162	225	43	11	32	68	35	33
晋安区	976	432	544	66	31	35	366	227	139
长乐区	505	181	324	30	10	20	119	52	67
闽侯县									
连江县									
罗源县									
闽清县									
永泰县									
平潭县									
福清市	572	248	324	55	14	41	214	100	114
厦门市	**3399**	**1454**	**1945**	**304**	**115**	**189**	**1277**	**676**	**601**
思明区	1219	463	756	147	59	88	585	277	308
海沧区	321	151	170	27	13	14	131	82	49
湖里区	725	372	353	101	36	65	242	135	107
集美区	591	266	325	17	5	12	160	92	68
同安区	428	164	264	12	2	10	135	75	60
翔安区	115	38	77				24	15	9
莆田市	**1404**	**659**	**745**	**54**	**18**	**36**	**683**	**336**	**347**
城厢区	234	130	104	2	1	1	160	84	76
涵江区	472	237	235	30	8	22	212	104	108
荔城区	380	189	191	19	7	12	196	107	89
秀屿区	318	103	215	3	2	1	115	41	74
仙游县									
三明市	**1038**	**410**	**628**	**45**	**19**	**26**	**290**	**151**	**139**
梅列区	322	135	187	1		1	71	32	39
三元区	306	114	192	14	7	7	113	57	56
明溪县									
清流县									
宁化县									
大田县									
尤溪县									
沙县									
将乐县									
泰宁县									
建宁县									
永安市	410	161	249	30	12	18	106	62	44
泉州市	**2112**	**858**	**1254**	**72**	**26**	**46**	**980**	**552**	**428**
鲤城区	464	172	292	23	13	10	165	79	86
丰泽区	400	160	240	6		6	215	121	94
洛江区	40	20	20				25	16	9
泉港区	172	43	129	12	1	11	59	32	27
惠安县									
安溪县									
永春县									
德化县									
石狮市	251	113	138				122	61	61
晋江市	560	272	288	15	5	10	307	192	115
南安市	225	78	147	16	7	9	87	51	36

8-10a 续表 5

单位：人

地　　区	独居(无保姆)			养老机构			其　　他		
	小计	男	女	小计	男	女	小计	男	女
漳州市	**1507**	**537**	**970**	**24**	**13**	**11**	**345**	**177**	**168**
芗城区	779	268	511	21	10	11	202	96	106
龙文区	204	82	122	1	1		66	39	27
云霄县									
漳浦县									
诏安县									
长泰县									
东山县									
南靖县									
平和县									
华安县									
龙海市	520	186	334	2	2		77	42	35
南平市	**1486**	**605**	**881**	**76**	**18**	**58**	**448**	**213**	**235**
延平区	539	231	308	46	13	33	169	82	87
建阳区	251	101	150	14	4	10	75	38	37
顺昌县									
浦城县									
光泽县									
松溪县									
政和县									
邵武市	359	137	222				96	37	59
武夷山市	108	40	68	1	1		39	20	19
建瓯市	229	96	133	15		15	69	36	33
龙岩市	**872**	**338**	**534**	**135**	**52**	**83**	**280**	**159**	**121**
新罗区	598	225	373	98	35	63	212	118	94
永定区	75	31	44	5		5	35	19	16
长汀县									
上杭县									
武平县									
连城县									
漳平市	199	82	117	32	17	15	33	22	11
宁德市	**642**	**280**	**362**	**90**	**44**	**46**	**287**	**134**	**153**
蕉城区	255	124	131				75	48	27
霞浦县									
古田县									
屏南县									
寿宁县									
周宁县									
柘荣县									
福安市	178	79	99	52	30	22	117	47	70
福鼎市	209	77	132	38	14	24	95	39	56

8-10b 各地区分性别、居住状况的60岁及以上老年人口(镇)

单位：人

地 区	60岁及以上人口			与配偶和子女同住		
	合计	男	女	小计	男	女
合 计	**159969**	**76925**	**83044**	**52466**	**29957**	**22509**
福州市	**25927**	**12835**	**13092**	**8283**	**4767**	**3516**
鼓楼区						
台江区						
仓山区						
马尾区						
晋安区	22	13	9	7	4	3
长乐区	2878	1399	1479	629	366	263
闽侯县	5650	2881	2769	2136	1247	889
连江县	4875	2348	2527	1548	883	665
罗源县	2347	1183	1164	780	451	329
闽清县	2009	978	1031	784	436	348
永泰县	1531	770	761	387	222	165
平潭县	2454	1230	1224	766	460	306
福清市	4161	2033	2128	1246	698	548
厦门市	**2216**	**1021**	**1195**	**757**	**419**	**338**
思明区						
海沧区						
湖里区	6	2	4			
集美区	3	2	1	2	1	1
同安区	241	118	123	73	40	33
翔安区	1966	899	1067	682	378	304
莆田市	**10450**	**4929**	**5521**	**3374**	**1908**	**1466**
城厢区	653	301	352	207	117	90
涵江区	337	156	181	86	49	37
荔城区	143	63	80	55	31	24
秀屿区	1736	783	953	464	251	213
仙游县	7581	3626	3955	2562	1460	1102
三明市	**13974**	**6693**	**7281**	**4457**	**2514**	**1943**
梅列区	214	100	114	49	30	19
三元区	144	77	67	26	17	9
明溪县	922	434	488	268	149	119
清流县	839	389	450	229	136	93
宁化县	1923	905	1018	653	364	289
大田县	1415	698	717	307	174	133
尤溪县	2294	1174	1120	849	477	372
沙县	2718	1281	1437	948	533	415
将乐县	1406	678	728	559	319	240
泰宁县	929	405	524	299	162	137
建宁县	802	364	438	192	108	84
永安市	368	188	180	78	45	33
泉州市	**34784**	**16160**	**18624**	**11743**	**6741**	**5002**
鲤城区						
丰泽区						
洛江区	438	199	239	154	84	70
泉港区	1156	517	639	272	163	109
惠安县	7687	3274	4413	2476	1365	1111
安溪县	4478	2176	2302	1397	799	598
永春县	4123	1977	2146	1291	741	550
德化县	2260	1125	1135	598	361	237
石狮市	1761	864	897	738	446	292
晋江市	4362	2078	2284	1788	1055	733
南安市	8519	3950	4569	3029	1727	1302

8-10b 续表 1

单位：人

地 区	60岁及以上人口			与配偶和子女同住		
	合计	男	女	小计	男	女
漳州市	**32329**	**15543**	**16786**	**11329**	**6368**	**4961**
芗城区	1098	529	569	352	203	149
龙文区						
云霄县	3372	1647	1725	1537	870	667
漳浦县	7078	3313	3765	2446	1349	1097
诏安县	4522	2179	2343	1518	847	671
长泰县	1729	840	889	599	339	260
东山县	2609	1221	1388	1106	634	472
南靖县	2790	1335	1455	838	471	367
平和县	3651	1819	1832	1267	724	543
华安县	1242	591	651	298	164	134
龙海市	4238	2069	2169	1368	767	601
南平市	**11194**	**5424**	**5770**	**2873**	**1627**	**1246**
延平区	1139	558	581	242	135	107
建阳区	599	302	297	175	103	72
顺昌县	1691	782	909	337	189	148
浦城县	2640	1266	1374	643	362	281
光泽县	994	487	507	261	151	110
松溪县	914	428	486	290	157	133
政和县	1145	565	580	374	213	161
邵武市	534	275	259	116	68	48
武夷山市	254	125	129	98	58	40
建瓯市	1284	636	648	337	191	146
龙岩市	**13225**	**6255**	**6970**	**4048**	**2323**	**1725**
新罗区	1069	517	552	255	148	107
永定区	1516	708	808	389	220	169
长汀县	3349	1612	1737	1224	692	532
上杭县	2793	1278	1515	899	517	382
武平县	2233	1058	1175	669	387	282
连城县	1859	896	963	496	292	204
漳平市	406	186	220	116	67	49
宁德市	**15870**	**8065**	**7805**	**5602**	**3290**	**2312**
蕉城区	742	382	360	219	130	89
霞浦县	4137	2088	2049	1519	882	637
古田县	2981	1491	1490	1044	600	444
屏南县	907	459	448	309	183	126
寿宁县	1096	582	514	373	225	148
周宁县	1381	736	645	497	298	199
柘荣县	771	386	385	356	210	146
福安市	1977	1003	974	693	414	279
福鼎市	1878	938	940	592	348	244

8-10b　续表 2　　　　单位：人

地　区	与配偶同住			与子女同住			独居(有保姆)		
	小计	男	女	小计	男	女	小计	男	女
合　计	**52656**	**29150**	**23506**	**31520**	**7901**	**23619**	**385**	**161**	**224**
福州市	**9289**	**5131**	**4158**	**4167**	**1099**	**3068**	**117**	**61**	**56**
鼓楼区									
台江区									
仓山区									
马尾区									
晋安区	7	4	3	1		1			
长乐区	1249	694	555	368	95	273	29	17	12
闽侯县	1648	911	737	1088	299	789	11	6	5
连江县	1643	920	723	829	200	629	22	9	13
罗源县	799	449	350	421	119	302	9	4	5
闽清县	641	348	293	337	83	254	7	4	3
永泰县	629	347	282	267	87	180	4	4	
平潭县	1030	557	473	293	64	229	9	5	4
福清市	1643	901	742	563	152	411	26	12	14
厦门市	**686**	**371**	**315**	**478**	**110**	**368**	**7**	**4**	**3**
思明区									
海沧区									
湖里区	1		1	1		1			
集美区				1	1				
同安区	103	57	46	37	11	26			
翔安区	582	314	268	439	98	341	7	4	3
莆田市	**3545**	**1911**	**1634**	**2102**	**537**	**1565**	**21**	**12**	**9**
城厢区	199	105	94	130	37	93	2	1	1
涵江区	129	65	64	70	16	54	1	1	
荔城区	45	23	22	32	4	28	1		1
秀屿区	654	363	291	346	65	281	3		3
仙游县	2518	1355	1163	1524	415	1109	14	10	4
三明市	**4449**	**2485**	**1964**	**2963**	**786**	**2177**	**44**	**15**	**29**
梅列区	90	50	40	28	4	24			
三元区	72	42	30	17	5	12			
明溪县	316	175	141	181	38	143	1	1	
清流县	265	148	117	178	38	140	6	1	5
宁化县	542	300	242	462	127	335	5	2	3
大田县	559	316	243	293	80	213	3	2	1
尤溪县	726	408	318	453	158	295	9	4	5
沙县	832	460	372	543	131	412	4	2	2
将乐县	354	199	155	320	84	236	4	1	3
泰宁县	282	155	127	204	44	160	7	2	5
建宁县	267	151	116	214	56	158	4		4
永安市	144	81	63	70	21	49	1		1
泉州市	**10616**	**5828**	**4788**	**7420**	**1694**	**5726**	**86**	**32**	**54**
鲤城区									
丰泽区									
洛江区	130	72	58	93	18	75	2	1	1
泉港区	444	244	200	224	53	171	2		2
惠安县	2295	1227	1068	1694	326	1368	12	2	10
安溪县	1559	848	711	948	278	670	15	4	11
永春县	1358	751	607	832	211	621	13	5	8
德化县	869	495	374	396	107	289	14	9	5
石狮市	430	248	182	384	76	308	3	3	
晋江市	1026	575	451	951	206	745	8	2	6
南安市	2505	1368	1137	1898	419	1479	17	6	11

8-10b 续表 3 单位：人

地 区	与配偶同住			与子女同住			独居(有保姆)		
	小计	男	女	小计	男	女	小计	男	女
漳州市	**10765**	**5874**	**4891**	**5985**	**1490**	**4495**	**48**	**13**	**35**
芗城区	395	213	182	176	49	127	2		2
龙文区									
云霄县	821	450	371	646	165	481	5		5
漳浦县	2536	1359	1177	1251	295	956	13	7	6
诏安县	1506	831	675	799	218	581	9	1	8
长泰县	525	283	242	364	93	271	2		2
东山县	645	362	283	613	121	492			
南靖县	1067	577	490	527	134	393	5	1	4
平和县	1216	679	537	652	162	490	3	1	2
华安县	531	286	245	174	45	129	3		3
龙海市	1523	834	689	783	208	575	6	3	3
南平市	**4361**	**2434**	**1927**	**2111**	**528**	**1583**	**18**	**7**	**11**
延平区	458	250	208	227	57	170	2	1	1
建阳区	183	106	77	119	34	85			
顺昌县	713	395	318	325	78	247	5	2	3
浦城县	1112	620	492	448	105	343	4	1	3
光泽县	378	213	165	192	45	147	1	1	
松溪县	326	184	142	168	35	133			
政和县	362	210	152	276	75	201	1	1	
邵武市	239	133	106	67	19	48	2	1	1
武夷山市	75	39	36	57	14	43			
建瓯市	515	284	231	232	66	166	3		3
龙岩市	**3972**	**2260**	**1712**	**3208**	**787**	**2421**	**18**	**7**	**11**
新罗区	437	245	192	175	42	133	1	1	
永定区	501	286	215	363	82	281	2		2
长汀县	849	497	352	827	214	613	6	2	4
上杭县	646	359	287	852	220	632	4	2	2
武平县	738	411	327	502	119	383	3	1	2
连城县	639	376	263	423	98	325	1		1
漳平市	162	86	76	66	12	54	1	1	
宁德市	**4973**	**2856**	**2117**	**3086**	**870**	**2216**	**26**	**10**	**16**
蕉城区	224	128	96	165	51	114	1		1
霞浦县	1319	751	568	804	223	581	10	3	7
古田县	942	529	413	560	168	392	5	2	3
屏南县	270	157	113	211	70	141			
寿宁县	395	236	159	183	49	134	1	1	
周宁县	414	238	176	271	83	188	3	1	2
柘荣县	156	95	61	173	44	129			
福安市	588	341	247	393	99	294	3	1	2
福鼎市	665	381	284	326	83	243	3	2	1

8-10b 续表 4

单位：人

地区	独居(无保姆)			养老机构			其他		
	小计	男	女	小计	男	女	小计	男	女
合计	**16668**	**6562**	**10106**	**986**	**489**	**497**	**5288**	**2705**	**2583**
福州市	**2991**	**1195**	**1796**	**209**	**86**	**123**	**871**	**496**	**375**
鼓楼区									
台江区									
仓山区									
马尾区									
晋安区	6	4	2				1	1	
长乐区	465	162	303	38	12	26	100	53	47
闽侯县	475	235	240	43	24	19	249	159	90
连江县	647	252	395	45	13	32	141	71	70
罗源县	274	112	162	13	8	5	51	40	11
闽清县	152	62	90	21	10	11	67	35	32
永泰县	175	81	94	12	4	8	57	25	32
平潭县	262	95	167	12	4	8	82	45	37
福清市	535	192	343	25	11	14	123	67	56
厦门市	**235**	**89**	**146**	**6**	**3**	**3**	**47**	**25**	**22**
思明区									
海沧区									
湖里区	4	2	2						
集美区									
同安区	15	4	11	6	3	3	7	3	4
翔安区	216	83	133				40	22	18
莆田市	**956**	**373**	**583**	**45**	**19**	**26**	**407**	**169**	**238**
城厢区	62	20	42	12	6	6	41	15	26
涵江区	28	13	15				23	12	11
荔城区	10	5	5						
秀屿区	203	73	130				66	31	35
仙游县	653	262	391	33	13	20	277	111	166
三明市	**1392**	**572**	**820**	**95**	**62**	**33**	**574**	**259**	**315**
梅列区	42	11	31				5	5	
三元区	22	9	13	1	1		6	3	3
明溪县	105	52	53	20	7	13	31	12	19
清流县	112	40	72	10	8	2	39	18	21
宁化县	162	70	92	5	4	1	94	38	56
大田县	168	68	100	23	21	2	62	37	25
尤溪县	185	93	92	7	4	3	65	30	35
沙县	262	96	166	8	4	4	121	55	66
将乐县	111	49	62	5	5		53	21	32
泰宁县	83	22	61	6	2	4	48	18	30
建宁县	83	30	53	9	5	4	33	14	19
永安市	57	32	25	1	1		17	8	9
泉州市	**3575**	**1179**	**2396**	**122**	**30**	**92**	**1222**	**656**	**566**
鲤城区									
丰泽区									
洛江区	43	14	29				16	10	6
泉港区	190	45	145	2	1	1	22	11	11
惠安县	1002	260	742	11	2	9	197	92	105
安溪县	392	158	234	11	6	5	156	83	73
永春县	498	206	292	18	6	12	113	57	56
德化县	253	92	161	23	5	18	107	56	51
石狮市	125	53	72	12	1	11	69	37	32
晋江市	385	124	261	35	7	28	169	109	60
南安市	687	227	460	10	2	8	373	201	172

8-10b 续表 5 单位：人

地区	独居(无保姆)			养老机构			其他		
	小计	男	女	小计	男	女	小计	男	女
漳州市	**3354**	**1309**	**2045**	**97**	**52**	**45**	**751**	**437**	**314**
芗城区	129	52	77	24	2	22	20	10	10
龙文区									
云霄县	271	102	169	32	28	4	60	32	28
漳浦县	705	237	468	4	2	2	123	64	59
诏安县	576	225	351	1	1		113	56	57
长泰县	173	80	93				66	45	21
东山县	178	67	111	4	2	2	63	35	28
南靖县	261	98	163	6	4	2	86	50	36
平和县	438	204	234	5	5		70	44	26
华安县	188	62	126	7	6	1	41	28	13
龙海市	435	182	253	14	2	12	109	73	36
南平市	**1278**	**568**	**710**	**158**	**86**	**72**	**395**	**174**	**221**
延平区	180	96	84	10	9	1	20	10	10
建阳区	66	28	38	26	18	8	30	13	17
顺昌县	241	90	151	10	1	9	60	27	33
浦城县	281	121	160	41	17	24	111	40	71
光泽县	107	51	56	22	14	8	33	12	21
松溪县	82	30	52	23	9	14	25	13	12
政和县	85	39	46	10	7	3	37	20	17
邵武市	89	37	52	6	5	1	15	12	3
武夷山市	13	8	5	1		1	10	6	4
建瓯市	134	68	66	9	6	3	54	21	33
龙岩市	**1340**	**562**	**778**	**153**	**84**	**69**	**486**	**232**	**254**
新罗区	166	59	107	5	4	1	30	18	12
永定区	189	85	104	16	6	10	56	29	27
长汀县	240	104	136	42	29	13	161	74	87
上杭县	246	105	141	51	25	26	95	50	45
武平县	222	95	127	27	12	15	72	33	39
连城县	227	99	128	12	8	4	61	23	38
漳平市	50	15	35				11	5	6
宁德市	**1547**	**715**	**832**	**101**	**67**	**34**	**535**	**257**	**278**
蕉城区	118	64	54	1	1		14	8	6
霞浦县	351	150	201	29	19	10	105	60	45
古田县	295	132	163	30	14	16	105	46	59
屏南县	64	23	41	1	1		52	25	27
寿宁县	102	53	49	1	1		41	17	24
周宁县	123	75	48	18	17	1	55	24	31
柘荣县	61	26	35				25	11	14
福安市	208	104	104	13	8	5	79	36	43
福鼎市	225	88	137	8	6	2	59	30	29

8-10c　各地区分性别、居住状况的60岁及以上老年人口(乡村)

单位：人

地　区	60岁及以上人口			与配偶和子女同住		
	合计	男	女	小计	男	女
合　计	**275742**	**136103**	**139639**	**64091**	**36669**	**27422**
福州市	**46121**	**23014**	**23107**	**9638**	**5646**	**3992**
鼓楼区						
台江区						
仓山区						
马尾区	646	328	318	119	70	49
晋安区	543	293	250	106	66	40
长乐区	5510	2647	2863	1055	621	434
闽侯县	7254	3808	3446	2139	1245	894
连江县	6928	3394	3534	1527	895	632
罗源县	1958	1015	943	240	138	102
闽清县	3559	1816	1743	790	445	345
永泰县	4024	2060	1964	409	241	168
平潭县	3855	1834	2021	464	291	173
福清市	11844	5819	6025	2789	1634	1155
厦门市	**7394**	**3480**	**3914**	**2683**	**1498**	**1185**
思明区						
海沧区	116	61	55	38	21	17
湖里区						
集美区	945	449	496	326	174	152
同安区	3080	1475	1605	1098	612	486
翔安区	3253	1495	1758	1221	691	530
莆田市	**26181**	**12220**	**13961**	**6628**	**3663**	**2965**
城厢区	3461	1651	1810	928	517	411
涵江区	2652	1279	1373	515	294	221
荔城区	3363	1518	1845	972	528	444
秀屿区	7419	3282	4137	1892	1019	873
仙游县	9286	4490	4796	2321	1305	1016
三明市	**24207**	**12309**	**11898**	**4703**	**2643**	**2060**
梅列区	222	114	108	26	16	10
三元区	643	325	318	122	69	53
明溪县	1220	648	572	283	162	121
清流县	1563	779	784	278	157	121
宁化县	3916	1875	2041	871	479	392
大田县	3637	1822	1815	571	309	262
尤溪县	4614	2418	2196	837	474	363
沙县	1871	957	914	338	195	143
将乐县	1480	760	720	360	208	152
泰宁县	1075	562	513	190	103	87
建宁县	1582	784	798	291	164	127
永安市	2384	1265	1119	536	307	229
泉州市	**48880**	**22884**	**25996**	**13450**	**7744**	**5706**
鲤城区						
丰泽区						
洛江区	1661	794	867	401	235	166
泉港区	2879	1252	1627	756	423	333
惠安县	7369	3093	4276	2069	1120	949
安溪县	10083	4863	5220	2100	1187	913
永春县	3869	1948	1921	661	378	283
德化县	2237	1112	1125	136	85	51
石狮市	1173	597	576	533	332	201
晋江市	8434	3976	4458	3334	1991	1343
南安市	11175	5249	5926	3460	1993	1467

8-10c 续表 1

单位：人

地 区	60岁及以上人口			与配偶和子女同住		
	合计	男	女	小计	男	女
漳州市	**41629**	**20186**	**21443**	**11462**	**6434**	**5028**
芗城区	1460	697	763	402	226	176
龙文区	583	284	299	221	125	96
云霄县	4098	1998	2100	1240	706	534
漳浦县	7705	3641	4064	2208	1229	979
诏安县	5789	2711	3078	1510	831	679
长泰县	1972	974	998	638	361	277
东山县	1596	747	849	733	401	332
南靖县	3615	1766	1849	801	453	348
平和县	5610	2896	2714	1194	681	513
华安县	1492	741	751	269	144	125
龙海市	7709	3731	3978	2246	1277	969
南平市	**26679**	**13788**	**12891**	**4912**	**2804**	**2108**
延平区	3014	1510	1504	591	332	259
建阳区	3130	1602	1528	646	360	286
顺昌县	2240	1127	1113	445	246	199
浦城县	4114	2194	1920	576	337	239
光泽县	1488	736	752	250	141	109
松溪县	1600	822	778	245	142	103
政和县	1933	1060	873	317	191	126
邵武市	1899	1003	896	200	115	85
武夷山市	2006	1042	964	488	287	201
建瓯市	5255	2692	2563	1154	653	501
龙岩市	**25704**	**12645**	**13059**	**4816**	**2769**	**2047**
新罗区	2835	1451	1384	536	320	216
永定区	4066	1992	2074	708	401	307
长汀县	4541	2206	2335	851	485	366
上杭县	5014	2408	2606	1073	602	471
武平县	3520	1707	1813	696	404	292
连城县	3078	1526	1552	527	313	214
漳平市	2650	1355	1295	425	244	181
宁德市	**28947**	**15577**	**13370**	**5799**	**3468**	**2331**
蕉城区	3763	2016	1747	880	525	355
霞浦县	4497	2390	2107	1037	610	427
古田县	4155	2269	1886	953	562	391
屏南县	1650	904	746	315	181	134
寿宁县	2244	1210	1034	296	183	113
周宁县	1840	1036	804	416	251	165
柘荣县	940	520	420	186	118	68
福安市	4865	2602	2263	976	589	387
福鼎市	4993	2630	2363	740	449	291

8-10c 续表 2

单位：人

地 区	与配偶同住			与子女同住			独居(有保姆)		
	小计	男	女	小计	男	女	小计	男	女
合 计	**114918**	**63306**	**51612**	**45382**	**12608**	**32774**	**458**	**195**	**263**
福州市	**20995**	**11626**	**9369**	**6071**	**1745**	**4326**	**163**	**84**	**79**
鼓楼区									
台江区									
仓山区									
马尾区	297	172	125	80	21	59	4	2	2
晋安区	226	129	97	81	31	50			
长乐区	2370	1324	1046	668	162	506	40	22	18
闽侯县	2725	1515	1210	1179	401	778	12	9	3
连江县	2919	1649	1270	1077	277	800	34	18	16
罗源县	957	526	431	202	62	140	2	1	1
闽清县	1606	870	736	457	141	316	12	9	3
永泰县	2165	1180	985	431	140	291	4	1	3
平潭县	2237	1215	1022	343	106	237	8	3	5
福清市	5493	3046	2447	1553	404	1149	47	19	28
厦门市	**2238**	**1204**	**1034**	**1381**	**330**	**1051**	**11**	**2**	**9**
思明区									
海沧区	52	27	25	19	9	10			
湖里区									
集美区	292	157	135	159	44	115	1		1
同安区	999	541	458	542	127	415	5		5
翔安区	895	479	416	661	150	511	5	2	3
莆田市	**9925**	**5326**	**4599**	**5181**	**1423**	**3758**	**31**	**14**	**17**
城厢区	1218	651	567	730	218	512	3	2	1
涵江区	1062	562	500	471	140	331	14	7	7
荔城区	1118	602	516	813	229	584	5	2	3
秀屿区	2838	1514	1324	1604	384	1220	7	2	5
仙游县	3689	1997	1692	1563	452	1111	2	1	1
三明市	**10773**	**5890**	**4883**	**3794**	**1201**	**2593**	**28**	**12**	**16**
梅列区	93	54	39	36	9	27			
三元区	280	153	127	100	26	74	1		1
明溪县	488	275	213	207	78	129	2	1	1
清流县	691	382	309	273	77	196	2	1	1
宁化县	1525	826	699	657	168	489	9	3	6
大田县	1835	986	849	492	157	335	3	2	1
尤溪县	2287	1251	1036	649	227	422	6	3	3
沙县	827	441	386	245	88	157	2	1	1
将乐县	580	318	262	246	74	172	1		1
泰宁县	455	251	204	152	50	102	2	1	1
建宁县	697	385	312	309	90	219			
永安市	1015	568	447	428	157	271			
泉州市	**17877**	**9787**	**8090**	**9449**	**2295**	**7154**	**93**	**30**	**63**
鲤城区									
丰泽区									
洛江区	592	328	264	377	109	268	4	1	3
泉港区	1042	556	486	619	127	492	4	2	2
惠安县	2429	1270	1159	1613	341	1272	14	2	12
安溪县	4564	2503	2061	1592	458	1134	10	4	6
永春县	1822	1016	806	581	192	389	4	4	
德化县	1377	736	641	170	54	116	1		1
石狮市	256	156	100	246	46	200	2		2
晋江市	2005	1117	888	1958	424	1534	15	2	13
南安市	3790	2105	1685	2293	544	1749	39	15	24

8-10c 续表 3 单位：人

地 区	与配偶同住			与子女同住			独居(有保姆)		
	小计	男	女	小计	男	女	小计	男	女
漳州市	**16900**	**9147**	**7753**	**6807**	**1805**	**5002**	**43**	**11**	**32**
芗城区	630	332	298	221	54	167	4	2	2
龙文区	215	111	104	95	23	72			
云霄县	1540	831	709	651	168	483	2	1	1
漳浦县	3129	1674	1455	1401	355	1046	10	3	7
诏安县	2298	1207	1091	922	271	651	3		3
长泰县	715	400	315	361	105	256	2	1	1
东山县	348	187	161	380	109	271	3		3
南靖县	1631	880	751	560	130	430	2		2
平和县	2494	1405	1089	812	230	582	6	2	4
华安县	724	392	332	188	60	128	2	1	1
龙海市	3176	1728	1448	1216	300	916	9	1	8
南平市	**12881**	**7192**	**5689**	**3834**	**1135**	**2699**	**22**	**14**	**8**
延平区	1370	743	627	449	132	317	2	2	
建阳区	1416	789	627	486	130	356	1		1
顺昌县	970	537	433	406	119	287	5	3	2
浦城县	2240	1265	975	491	156	335	2	2	
光泽县	712	390	322	218	51	167	2	1	1
松溪县	897	497	400	183	64	119	1	1	
政和县	999	594	405	282	89	193	2	2	
邵武市	1062	577	485	185	58	127	3	2	1
武夷山市	786	455	331	352	102	250	1		1
建瓯市	2429	1345	1084	782	234	548	3	1	2
龙岩市	**10647**	**5915**	**4732**	**4664**	**1309**	**3355**	**23**	**11**	**12**
新罗区	1310	738	572	387	108	279	3	1	2
永定区	1674	929	745	741	211	530	4	3	1
长汀县	1806	1004	802	864	248	616	3	3	
上杭县	1707	949	758	1130	309	821	6	2	4
武平县	1463	807	656	627	165	462	1		1
连城县	1295	726	569	569	154	415	4	2	2
漳平市	1392	762	630	346	114	232	2		2
宁德市	**12682**	**7219**	**5463**	**4201**	**1365**	**2836**	**44**	**17**	**27**
蕉城区	1372	780	592	754	263	491	7	2	5
霞浦县	1896	1060	836	707	243	464	5	2	3
古田县	1791	1005	786	580	209	371	7		7
屏南县	693	396	297	241	80	161	4	3	1
寿宁县	1186	685	501	233	64	169	1		1
周宁县	755	439	316	288	101	187	1		1
柘荣县	403	232	171	133	35	98	2	1	1
福安市	2131	1243	888	712	203	509	9	6	3
福鼎市	2455	1379	1076	553	167	386	8	3	5

8-10c 续表 4

单位：人

地区	独居(无保姆)			养老机构			其他		
	小计	男	女	小计	男	女	小计	男	女
合计	**41017**	**18066**	**22951**	**1015**	**591**	**424**	**8861**	**4668**	**4193**
福州市	**7589**	**3108**	**4481**	**289**	**117**	**172**	**1376**	**688**	**688**
鼓楼区									
台江区									
仓山区									
马尾区	135	54	81	1		1	10	9	1
晋安区	90	43	47	5	4	1	35	20	15
长乐区	1159	411	748	59	21	38	159	86	73
闽侯县	971	501	470	13	9	4	215	128	87
连江县	1110	444	666	36	10	26	225	101	124
罗源县	482	239	243	33	22	11	42	27	15
闽清县	565	286	279	27	10	17	102	55	47
永泰县	869	429	440	20	11	9	126	58	68
平潭县	627	164	463	64	10	54	112	45	67
福清市	1581	537	1044	31	20	11	350	159	191
厦门市	**845**	**305**	**540**	**28**	**15**	**13**	**208**	**126**	**82**
思明区									
海沧区	3		3				4	4	
湖里区									
集美区	112	42	70	13	9	4	42	23	19
同安区	358	147	211	5	1	4	73	47	26
翔安区	372	116	256	10	5	5	89	52	37
莆田市	**3406**	**1347**	**2059**	**53**	**23**	**30**	**957**	**424**	**533**
城厢区	462	196	266	6	4	2	114	63	51
涵江区	438	196	242	14	10	4	138	70	68
荔城区	345	117	228	4	1	3	106	39	67
秀屿区	848	281	567	2		2	228	82	146
仙游县	1313	557	756	27	8	19	371	170	201
三明市	**3871**	**1982**	**1889**	**68**	**55**	**13**	**970**	**526**	**444**
梅列区	46	21	25	4	3	1	17	11	6
三元区	111	61	50	1	1		28	15	13
明溪县	172	92	80	4	3	1	64	37	27
清流县	242	118	124	10	8	2	67	36	31
宁化县	633	293	340	10	8	2	211	98	113
大田县	622	303	319	19	16	3	95	49	46
尤溪县	664	364	300	7	7		164	92	72
沙县	340	166	174	2		2	117	66	51
将乐县	243	129	114	1	1		49	30	19
泰宁县	223	124	99	4	3	1	49	30	19
建宁县	241	127	114	3	2	1	41	16	25
永安市	334	184	150	3	3		68	46	22
泉州市	**6373**	**2215**	**4158**	**68**	**32**	**36**	**1570**	**781**	**789**
鲤城区									
丰泽区									
洛江区	227	90	137	6	5	1	54	26	28
泉港区	385	108	277	6	4	2	67	32	35
惠安县	1098	290	808	1		1	145	70	75
安溪县	1422	526	896	15	8	7	380	177	203
永春县	738	323	415	1	1		62	34	28
德化县	501	202	299	4	4		48	31	17
石狮市	81	30	51				55	33	22
晋江市	750	241	509	26	7	19	346	194	152
南安市	1171	405	766	9	3	6	413	184	229

8-10c 续表 5 单位：人

地 区	独居(无保姆)			养老机构			其 他		
	小计	男	女	小计	男	女	小计	男	女
漳州市	**5467**	**2245**	**3222**	**35**	**22**	**13**	**915**	**522**	**393**
芗城区	186	75	111				17	8	9
龙文区	47	21	26				5	4	1
云霄县	583	247	336	2		2	80	45	35
漳浦县	845	308	537	1	1		111	71	40
诏安县	858	306	552	1	1		197	95	102
长泰县	226	90	136	1		1	29	17	12
东山县	103	31	72	1		1	28	19	9
南靖县	534	249	285	8	8		79	46	33
平和县	931	480	451	8	4	4	165	94	71
华安县	267	122	145	3	2	1	39	20	19
龙海市	887	316	571	10	6	4	165	103	62
南平市	**4120**	**2132**	**1988**	**109**	**61**	**48**	**801**	**450**	**351**
延平区	516	255	261	13	3	10	73	43	30
建阳区	492	265	227	7	6	1	82	52	30
顺昌县	336	177	159	7	3	4	71	42	29
浦城县	635	342	293	12	9	3	158	83	75
光泽县	265	129	136	6	4	2	35	20	15
松溪县	229	104	125	13	5	8	32	9	23
政和县	257	137	120	9	5	4	67	42	25
邵武市	380	205	175	11	8	3	58	38	20
武夷山市	297	148	149	27	17	10	55	33	22
建瓯市	713	370	343	4	1	3	170	88	82
龙岩市	**4440**	**2053**	**2387**	**153**	**105**	**48**	**961**	**483**	**478**
新罗区	486	215	271	19	8	11	94	61	33
永定区	735	342	393	52	34	18	152	72	80
长汀县	740	338	402	40	30	10	237	98	139
上杭县	886	432	454	12	6	6	200	108	92
武平县	575	244	331	18	16	2	140	71	69
连城县	587	280	307	10	10		86	41	45
漳平市	431	202	229	2	1	1	52	32	20
宁德市	**4906**	**2679**	**2227**	**212**	**161**	**51**	**1103**	**668**	**435**
蕉城区	622	362	260	50	35	15	78	49	29
霞浦县	630	328	302	25	20	5	197	127	70
古田县	670	390	280	19	17	2	135	86	49
屏南县	319	201	118	5	5		73	38	35
寿宁县	426	218	208	10	8	2	92	52	40
周宁县	263	162	101	7	7		110	76	34
柘荣县	168	103	65	5	5		43	26	17
福安市	811	430	381	43	36	7	183	95	88
福鼎市	997	485	512	48	28	20	192	119	73

8-11　全省分年龄、性别、居住状况的60岁及以上老年人口

单位：人

年　龄	60岁及以上人口			与配偶和子女同住		
	合计	男	女	小计	男	女
总　计	**635334**	**308421**	**326913**	**190497**	**108316**	**82181**
60-64岁	**194573**	**97985**	**96588**	**76697**	**41036**	**35661**
60	36151	18319	17832	14912	7917	6995
61	34714	17649	17065	13995	7437	6558
62	41226	20755	20471	16337	8774	7563
63	45606	23130	22476	17604	9572	8032
64	36876	18132	18744	13849	7336	6513
65-69岁	**174944**	**85578**	**89366**	**59457**	**32621**	**26836**
65	40250	19951	20299	14628	7926	6702
66	38352	18776	19576	13519	7324	6195
67	34402	16740	17662	11684	6368	5316
68	34057	16643	17414	11037	6178	4859
69	27883	13468	14415	8589	4825	3764
70-74岁	**109417**	**54607**	**54810**	**29862**	**17992**	**11870**
70	25696	12874	12822	7596	4480	3116
71	25220	12632	12588	7216	4294	2922
72	21592	10728	10864	5871	3499	2372
73	19013	9523	9490	4853	2999	1854
74	17896	8850	9046	4326	2720	1606
75-79岁	**68910**	**33443**	**35467**	**14181**	**9332**	**4849**
75	15470	7534	7936	3630	2325	1305
76	14932	7452	7480	3233	2120	1113
77	13609	6525	7084	2779	1792	987
78	12755	6174	6581	2406	1616	790
79	12144	5758	6386	2133	1479	654
80-84岁	**49069**	**22183**	**26886**	**7183**	**5050**	**2133**
80	10532	4861	5671	1778	1237	541
81	9873	4572	5301	1475	1022	453
82	10389	4868	5521	1586	1127	459
83	9800	4279	5521	1314	942	372
84	8475	3603	4872	1030	722	308
85-89岁	**26770**	**10602**	**16168**	**2456**	**1751**	**705**
85	7315	2983	4332	783	554	229
86	6095	2394	3701	594	414	180
87	5695	2204	3491	483	341	142
88	4236	1666	2570	341	249	92
89	3429	1355	2074	255	193	62
90-94岁	**9455**	**3450**	**6005**	**590**	**472**	**118**
90	3043	1150	1893	187	150	37
91	2165	834	1331	155	117	38
92	2007	704	1303	112	93	19
93	1375	463	912	92	71	21
94	865	299	566	44	41	3
95-99岁	**1960**	**526**	**1434**	**69**	**60**	**9**
95	754	215	539	23	21	2
96	479	133	346	19	18	1
97	323	83	240	18	13	5
98	229	56	173	3	2	1
99	175	39	136	6	6	
100岁及以上	**236**	**47**	**189**	**2**	**2**	

8-11 续表 1

单位：人

年 龄	与配偶同住			与子女同住			独居(有保姆)		
	小计	男	女	小计	男	女	小计	男	女
总 计	**226823**	**125036**	**101787**	**117303**	**30139**	**87164**	**1446**	**615**	**831**
60-64岁	**70382**	**35898**	**34484**	**23906**	**6687**	**17219**	**102**	**61**	**41**
60	12618	6478	6140	4170	1150	3020	18	9	9
61	12308	6308	6000	4130	1214	2916	17	10	7
62	14874	7561	7313	5013	1366	3647	21	14	7
63	16909	8690	8219	5713	1626	4087	26	15	11
64	13673	6861	6812	4880	1331	3549	20	13	7
65-69岁	**68690**	**35003**	**33687**	**24933**	**6710**	**18223**	**103**	**49**	**54**
65	15485	7840	7645	5273	1485	3788	26	14	12
66	14934	7462	7472	5238	1459	3779	22	11	11
67	13462	6854	6608	4821	1272	3549	23	9	14
68	13542	7032	6510	5208	1360	3848	14	6	8
69	11267	5815	5452	4393	1134	3259	18	9	9
70-74岁	**43283**	**24752**	**18531**	**19572**	**4966**	**14606**	**127**	**49**	**78**
70	10343	5702	4641	4180	1089	3091	24	9	15
71	10042	5648	4394	4280	1109	3171	27	7	20
72	8499	4849	3650	3927	1044	2883	26	9	17
73	7458	4397	3061	3628	905	2723	23	11	12
74	6941	4156	2785	3557	819	2738	27	13	14
75-79岁	**24703**	**15384**	**9319**	**16172**	**4005**	**12167**	**181**	**80**	**101**
75	5880	3494	2386	3154	751	2403	35	11	24
76	5606	3480	2126	3299	853	2446	35	18	17
77	4779	2977	1802	3311	827	2484	36	16	20
78	4406	2813	1593	3227	817	2410	28	14	14
79	4032	2620	1412	3181	757	2424	47	21	26
80-84岁	**13719**	**9381**	**4338**	**15570**	**3721**	**11849**	**343**	**150**	**193**
80	3251	2138	1113	3049	713	2336	51	22	29
81	3003	2009	994	2980	746	2234	72	35	37
82	2939	2057	882	3229	796	2433	70	30	40
83	2536	1773	763	3293	756	2537	79	30	49
84	1990	1404	586	3019	710	2309	71	33	38
85-89岁	**4994**	**3748**	**1246**	**10994**	**2618**	**8376**	**343**	**129**	**214**
85	1561	1123	438	2803	672	2131	77	31	46
86	1219	898	321	2408	541	1867	67	25	42
87	984	757	227	2397	558	1839	84	32	52
88	728	576	152	1814	428	1386	67	23	44
89	502	394	108	1572	419	1153	48	18	30
90-94岁	**956**	**788**	**168**	**4829**	**1181**	**3648**	**194**	**81**	**113**
90	383	308	75	1495	364	1131	53	23	30
91	234	195	39	1061	278	783	42	20	22
92	175	141	34	1047	256	791	52	22	30
93	106	94	12	738	162	576	21	9	12
94	58	50	8	488	121	367	26	7	19
95-99岁	**89**	**76**	**13**	**1173**	**230**	**943**	**46**	**14**	**32**
95	42	34	8	442	99	343	21	6	15
96	22	22		283	53	230	13	4	9
97	10	8	2	196	37	159	4	1	3
98	9	8	1	141	27	114	6	2	4
99	6	4	2	111	14	97	2	1	1
100岁及以上	**7**	**6**	**1**	**154**	**21**	**133**	**7**	**2**	**5**

8-11　续表 2　　　　单位：人

年　龄	独居(无保姆)			养老机构			其　他		
	小计	男	女	小计	男	女	小计	男	女
总　计	**75370**	**32000**	**43370**	**3277**	**1548**	**1729**	**20618**	**10767**	**9851**
60-64岁	**15399**	**9287**	**6112**	**274**	**188**	**86**	**7813**	**4828**	**2985**
60	2742	1709	1033	37	24	13	1654	1032	622
61	2753	1730	1023	40	24	16	1471	926	545
62	3271	1959	1312	68	48	20	1642	1033	609
63	3560	2124	1436	70	50	20	1724	1053	671
64	3073	1765	1308	59	42	17	1322	784	538
65-69岁	**16095**	**8046**	**8049**	**327**	**220**	**107**	**5339**	**2929**	**2410**
65	3449	1873	1576	62	46	16	1327	767	560
66	3343	1779	1564	61	42	19	1235	699	536
67	3273	1613	1660	70	49	21	1069	575	494
68	3214	1511	1703	70	43	27	972	513	459
69	2816	1270	1546	64	40	24	736	375	361
70-74岁	**13436**	**5302**	**8134**	**391**	**237**	**154**	**2746**	**1309**	**1437**
70	2808	1209	1599	67	43	24	678	342	336
71	2954	1225	1729	78	49	29	623	300	323
72	2665	1018	1647	70	43	27	534	266	268
73	2500	949	1551	92	51	41	459	211	248
74	2509	901	1608	84	51	33	452	190	262
75-79岁	**11502**	**3735**	**7767**	**502**	**233**	**269**	**1669**	**674**	**995**
75	2319	767	1552	83	37	46	369	149	220
76	2338	782	1556	96	47	49	325	152	173
77	2273	733	1540	89	50	39	342	130	212
78	2248	731	1517	103	47	56	337	136	201
79	2324	722	1602	131	52	79	296	107	189
80-84岁	**10124**	**3055**	**7069**	**691**	**288**	**403**	**1439**	**538**	**901**
80	1975	577	1398	121	52	69	307	122	185
81	1956	609	1347	122	48	74	265	103	162
82	2133	688	1445	147	70	77	285	100	185
83	2137	611	1526	158	70	88	283	97	186
84	1923	570	1353	143	48	95	299	116	183
85-89岁	**6262**	**1796**	**4466**	**711**	**259**	**452**	**1010**	**301**	**709**
85	1685	473	1212	153	59	94	253	71	182
86	1427	384	1043	164	60	104	216	72	144
87	1361	398	963	151	58	93	235	60	175
88	985	283	702	140	55	85	161	52	109
89	804	258	546	103	27	76	145	46	99
90-94岁	**2131**	**678**	**1453**	**305**	**103**	**202**	**450**	**147**	**303**
90	706	226	480	81	34	47	138	45	93
91	510	173	337	61	19	42	102	32	70
92	457	139	318	79	24	55	85	29	56
93	282	87	195	55	17	38	81	23	58
94	176	53	123	29	9	20	44	18	26
95-99岁	**381**	**93**	**288**	**66**	**17**	**49**	**136**	**36**	**100**
95	153	36	117	19	4	15	54	15	39
96	93	25	68	20	3	17	29	8	21
97	62	12	50	11	4	7	22	8	14
98	45	11	34	7	3	4	18	3	15
99	28	9	19	9	3	6	13	2	11
100岁及以上	**40**	**8**	**32**	**10**	**3**	**7**	**16**	**5**	**11**

8-11a 全省分年龄、性别、居住状况的60岁及以上老年人口(城市)

单位：人

年龄	60岁及以上人口			与配偶和子女同住		
	合计	男	女	小计	男	女
总计	**199623**	**95393**	**104230**	**73940**	**41690**	**32250**
60-64岁	**66025**	**32390**	**33635**	**29982**	**15925**	**14057**
60	12936	6284	6652	6009	3126	2883
61	11931	5873	6058	5442	2836	2606
62	14006	6916	7090	6332	3419	2913
63	14846	7372	7474	6739	3665	3074
64	12306	5945	6361	5460	2879	2581
65-69岁	**54939**	**26475**	**28464**	**23049**	**12504**	**10545**
65	12828	6307	6521	5600	3052	2548
66	12379	5965	6414	5301	2794	2507
67	10703	5056	5647	4519	2414	2105
68	10540	5035	5505	4284	2359	1925
69	8489	4112	4377	3345	1885	1460
70-74岁	**33571**	**16179**	**17392**	**11744**	**7048**	**4696**
70	7777	3818	3959	2967	1754	1213
71	7904	3795	4109	2924	1710	1214
72	6573	3131	3442	2265	1353	912
73	5868	2807	3061	1884	1155	729
74	5449	2628	2821	1704	1076	628
75-79岁	**20145**	**9547**	**10598**	**5282**	**3441**	**1841**
75	4711	2241	2470	1390	896	494
76	4456	2167	2289	1209	799	410
77	3992	1839	2153	1059	650	409
78	3622	1741	1881	886	598	288
79	3364	1559	1805	738	498	240
80-84岁	**14146**	**6477**	**7669**	**2709**	**1893**	**816**
80	3069	1394	1675	659	454	205
81	2841	1338	1503	557	380	177
82	3000	1424	1576	600	423	177
83	2806	1263	1543	492	356	136
84	2430	1058	1372	401	280	121
85-89岁	**7616**	**3145**	**4471**	**917**	**666**	**251**
85	2044	861	1183	263	197	66
86	1803	743	1060	240	175	65
87	1605	635	970	203	132	71
88	1177	477	700	118	87	31
89	987	429	558	93	75	18
90-94岁	**2596**	**1018**	**1578**	**231**	**193**	**38**
90	875	368	507	81	69	12
91	591	232	359	55	40	15
92	553	200	353	47	41	6
93	365	131	234	32	27	5
94	212	87	125	16	16	
95-99岁	**529**	**151**	**378**	**25**	**19**	**6**
95	199	60	139	10	8	2
96	131	40	91	6	6	
97	88	25	63	7	3	4
98	57	15	42			
99	54	11	43	2	2	
100岁及以上	**56**	**11**	**45**	**1**	**1**	

8-11a　续表 1　　　　　　　　　　　　　　　　　　　　　　单位：人

年　龄	与配偶同住			与子女同住			独居(有保姆)		
	小计	男	女	小计	男	女	小计	男	女
总　计	**59249**	**32580**	**26669**	**40401**	**9630**	**30771**	**603**	**259**	**344**
60-64岁	**18659**	**9639**	**9020**	**9947**	**2473**	**7474**	**31**	**19**	**12**
60	3590	1854	1736	1786	410	1376	7	3	4
61	3355	1739	1616	1778	478	1300	8	4	4
62	3940	2036	1904	2103	509	1594	6	5	1
63	4265	2238	2027	2298	584	1714	5	3	2
64	3509	1772	1737	1982	492	1490	5	4	1
65-69岁	**16921**	**8727**	**8194**	**9398**	**2390**	**7008**	**34**	**15**	**19**
65	3827	1986	1841	2105	539	1566	8	4	4
66	3804	1973	1831	2047	523	1524	6	2	4
67	3251	1648	1603	1798	442	1356	10	5	5
68	3302	1695	1607	1915	497	1418	5	3	2
69	2737	1425	1312	1533	389	1144	5	1	4
70-74岁	**11068**	**5994**	**5074**	**6884**	**1606**	**5278**	**48**	**20**	**28**
70	2531	1355	1176	1459	349	1110	8	2	6
71	2542	1341	1201	1555	369	1186	11	4	7
72	2172	1166	1006	1384	339	1045	10	3	7
73	1943	1078	865	1317	305	1012	7	2	5
74	1880	1054	826	1169	244	925	12	9	3
75-79岁	**6712**	**4034**	**2678**	**5025**	**1118**	**3907**	**70**	**33**	**37**
75	1598	914	684	1089	241	848	14	4	10
76	1550	905	645	1065	256	809	15	9	6
77	1288	761	527	1040	228	812	14	7	7
78	1164	748	416	951	213	738	11	6	5
79	1112	706	406	880	180	700	16	7	9
80-84岁	**3990**	**2732**	**1258**	**4509**	**983**	**3526**	**133**	**54**	**79**
80	947	598	349	919	184	735	12	4	8
81	862	583	279	864	199	665	29	13	16
82	833	590	243	949	222	727	34	13	21
83	763	548	215	920	187	733	30	13	17
84	585	413	172	857	191	666	28	11	17
85-89岁	**1549**	**1162**	**387**	**3015**	**692**	**2323**	**171**	**64**	**107**
85	457	328	129	770	167	603	48	20	28
86	392	282	110	698	164	534	32	9	23
87	314	238	76	627	127	500	34	16	18
88	207	166	41	496	119	377	34	9	25
89	179	148	31	424	115	309	23	10	13
90-94岁	**321**	**265**	**56**	**1267**	**298**	**969**	**93**	**43**	**50**
90	141	113	28	406	99	307	24	12	12
91	76	64	12	282	70	212	23	13	10
92	53	47	6	274	57	217	21	9	12
93	32	26	6	199	44	155	11	6	5
94	19	15	4	106	28	78	14	3	11
95-99岁	**25**	**23**	**2**	**320**	**66**	**254**	**23**	**11**	**12**
95	11	9	2	120	26	94	11	5	6
96	9	9		80	15	65	8	4	4
97	1	1		54	12	42	1		1
98	3	3		31	7	24	1	1	
99	1	1		35	6	29	2	1	1
100岁及以上	**4**	**4**		**36**	**4**	**32**			

8-11a 续表 2

单位：人

年龄	独居(无保姆)			养老机构			其他		
	小计	男	女	小计	男	女	小计	男	女
总计	**17685**	**7372**	**10313**	**1276**	**468**	**808**	**6469**	**3394**	**3075**
60-64岁	**4493**	**2605**	**1888**	**77**	**49**	**28**	**2836**	**1680**	**1156**
60	896	514	382	9	6	3	639	371	268
61	796	473	323	20	10	10	532	333	199
62	988	565	423	17	13	4	620	369	251
63	933	532	401	17	13	4	589	337	252
64	880	521	359	14	7	7	456	270	186
65-69岁	**3776**	**1878**	**1898**	**67**	**33**	**34**	**1694**	**928**	**766**
65	833	446	387	13	10	3	442	270	172
66	819	438	381	9	5	4	393	230	163
67	778	374	404	9	3	6	338	170	168
68	708	322	386	22	11	11	304	148	156
69	638	298	340	14	4	10	217	110	107
70-74岁	**2947**	**1088**	**1859**	**129**	**64**	**65**	**751**	**359**	**392**
70	610	258	352	19	10	9	183	90	93
71	670	265	405	24	10	14	178	96	82
72	577	191	386	27	16	11	138	63	75
73	563	201	362	30	13	17	124	53	71
74	527	173	354	29	15	14	128	57	71
75-79岁	**2444**	**709**	**1735**	**195**	**58**	**137**	**417**	**154**	**263**
75	504	147	357	29	6	23	87	33	54
76	497	148	349	35	14	21	85	36	49
77	474	148	326	37	13	24	80	32	48
78	482	133	349	40	10	30	88	33	55
79	487	133	354	54	15	39	77	20	57
80-84岁	**2155**	**573**	**1582**	**283**	**102**	**181**	**367**	**140**	**227**
80	412	105	307	42	16	26	78	33	45
81	402	118	284	50	14	36	77	31	46
82	453	129	324	62	23	39	69	24	45
83	478	110	368	56	26	30	67	23	44
84	410	111	299	73	23	50	76	29	47
85-89岁	**1369**	**368**	**1001**	**331**	**103**	**228**	**264**	**90**	**174**
85	375	106	269	67	19	48	64	24	40
86	310	64	246	73	25	48	58	24	34
87	296	87	209	74	27	47	57	8	49
88	212	57	155	64	20	44	46	19	27
89	176	54	122	53	12	41	39	15	24
90-94岁	**417**	**130**	**287**	**161**	**52**	**109**	**106**	**37**	**69**
90	151	51	100	42	16	26	30	8	22
91	102	31	71	27	7	20	26	7	19
92	89	22	67	45	14	31	24	10	14
93	41	12	29	32	9	23	18	7	11
94	34	14	20	15	6	9	8	5	3
95-99岁	**78**	**21**	**57**	**27**	**5**	**22**	**31**	**6**	**25**
95	33	10	23	7	1	6	7	1	6
96	15	3	12	6	1	5	7	2	5
97	13	4	9	7	2	5	5	3	2
98	10	3	7	4	1	3	8		8
99	7	1	6	3		3	4		4
100岁及以上	**6**		**6**	**6**	**2**	**4**	**3**		**3**

8-11b　全省分年龄、性别、居住状况的60岁及以上老年人口(镇)

单位：人

年　龄	60岁及以上人口			与配偶和子女同住		
	合计	男	女	小计	男	女
总　计	**159969**	**76925**	**83044**	**52466**	**29957**	**22509**
60-64岁	**50682**	**25512**	**25170**	**21631**	**11590**	**10041**
60	9486	4822	4664	4088	2169	1919
61	9191	4711	4480	4009	2161	1848
62	10780	5428	5352	4694	2538	2156
63	11898	6027	5871	4976	2719	2257
64	9327	4524	4803	3864	2003	1861
65-69岁	**43944**	**21220**	**22724**	**16338**	**9029**	**7309**
65	10241	5023	5218	4081	2210	1871
66	9660	4638	5022	3700	2020	1680
67	8661	4193	4468	3242	1789	1453
68	8496	4115	4381	2947	1667	1280
69	6886	3251	3635	2368	1343	1025
70-74岁	**27122**	**13489**	**13633**	**8080**	**4925**	**3155**
70	6373	3200	3173	2031	1209	822
71	6141	3103	3038	1947	1184	763
72	5325	2589	2736	1615	945	670
73	4787	2400	2387	1320	854	466
74	4496	2197	2299	1167	733	434
75-79岁	**16921**	**8111**	**8810**	**3812**	**2559**	**1253**
75	3817	1809	2008	1013	647	366
76	3535	1754	1781	858	581	277
77	3386	1636	1750	721	492	229
78	3193	1519	1674	651	443	208
79	2990	1393	1597	569	396	173
80-84岁	**11908**	**5194**	**6714**	**1835**	**1292**	**543**
80	2565	1158	1407	460	325	135
81	2353	1050	1303	368	250	118
82	2520	1128	1392	410	295	115
83	2375	990	1385	343	242	101
84	2095	868	1227	254	180	74
85-89岁	**6517**	**2455**	**4062**	**596**	**428**	**168**
85	1824	736	1088	211	143	68
86	1455	529	926	149	106	43
87	1397	519	878	99	73	26
88	1034	389	645	80	63	17
89	807	282	525	57	43	14
90-94岁	**2300**	**794**	**1506**	**156**	**117**	**39**
90	703	244	459	41	29	12
91	535	210	325	55	38	17
92	507	165	342	26	24	2
93	355	111	244	21	15	6
94	200	64	136	13	11	2
95-99岁	**515**	**138**	**377**	**18**	**17**	**1**
95	207	65	142	6	6	
96	132	38	94	7	6	1
97	82	17	65	3	3	
98	54	12	42	1	1	
99	40	6	34	1	1	
100岁及以上	**60**	**12**	**48**			

8-11b 续表 1 单位：人

年 龄	与配偶同住			与子女同住			独居(有保姆)		
	小计	男	女	小计	男	女	小计	男	女
总 计	**52656**	**29150**	**23506**	**31520**	**7901**	**23619**	**385**	**161**	**224**
60-64岁	**17189**	**8907**	**8282**	**6438**	**1764**	**4674**	**29**	**15**	**14**
60	3232	1678	1554	1122	314	808	7	3	4
61	3039	1597	1442	1126	324	802	3	2	1
62	3573	1822	1751	1362	364	998	9	5	4
63	4162	2187	1975	1527	416	1111	5	2	3
64	3183	1623	1560	1301	346	955	5	3	2
65-69岁	**15606**	**7920**	**7686**	**6889**	**1800**	**5089**	**22**	**13**	**9**
65	3586	1821	1765	1431	404	1027	4	2	2
66	3397	1691	1706	1476	398	1078	7	6	1
67	3086	1561	1525	1295	323	972	3	2	1
68	3110	1609	1501	1455	378	1077	4	1	3
69	2427	1238	1189	1232	297	935	4	2	2
70-74岁	**9861**	**5710**	**4151**	**5344**	**1345**	**3999**	**40**	**16**	**24**
70	2386	1358	1028	1133	278	855	9	4	5
71	2244	1285	959	1117	294	823	9	2	7
72	1864	1066	798	1103	298	805	6	1	5
73	1755	1038	717	998	237	761	12	8	4
74	1612	963	649	993	238	755	4	1	3
75-79岁	**5618**	**3509**	**2109**	**4357**	**1035**	**3322**	**45**	**21**	**24**
75	1330	778	552	847	180	667	6	2	4
76	1230	784	446	864	201	663	9	4	5
77	1115	704	411	921	241	680	12	6	6
78	1048	652	396	868	209	659	5	3	2
79	895	591	304	857	204	653	13	6	7
80-84岁	**3056**	**2081**	**975**	**4130**	**976**	**3154**	**102**	**51**	**51**
80	707	475	232	859	208	651	16	7	9
81	667	428	239	735	192	543	20	10	10
82	665	456	209	889	209	680	13	7	6
83	545	385	160	843	177	666	23	11	12
84	472	337	135	804	190	614	30	16	14
85-89岁	**1092**	**834**	**258**	**2835**	**630**	**2205**	**87**	**29**	**58**
85	354	259	95	739	185	554	12	3	9
86	260	196	64	608	106	502	20	9	11
87	223	183	40	625	135	490	29	9	20
88	158	127	31	478	99	379	13	5	8
89	97	69	28	385	105	280	13	3	10
90-94岁	**212**	**171**	**41**	**1169**	**278**	**891**	**49**	**15**	**34**
90	80	64	16	348	77	271	11	2	9
91	51	42	9	251	67	184	10	5	5
92	41	28	13	267	68	199	18	6	12
93	27	25	2	185	42	143	5		5
94	13	12	1	118	24	94	5	2	3
95-99岁	**21**	**17**	**4**	**317**	**66**	**251**	**9**	**1**	**8**
95	14	12	2	128	33	95	5	1	4
96	2	2		78	19	59	3		3
97	2	2		51	7	44			
98	2	1	1	35	6	29	1		1
99	1		1	25	1	24			
100岁及以上	**1**	**1**		**41**	**7**	**34**	**2**		**2**

8-11b　续表 2　　　　单位：人

年　龄	独居(无保姆)			养老机构			其　他		
	小计	男	女	小计	男	女	小计	男	女
总　计	**16668**	**6562**	**10106**	**986**	**489**	**497**	**5288**	**2705**	**2583**
60-64岁	**3345**	**1985**	**1360**	**92**	**58**	**34**	**1958**	**1193**	**765**
60	620	395	225	11	4	7	406	259	147
61	625	373	252	9	5	4	380	249	131
62	694	420	274	32	23	9	416	256	160
63	778	440	338	22	13	9	428	250	178
64	628	357	271	18	13	5	328	179	149
65-69岁	**3506**	**1612**	**1894**	**124**	**84**	**40**	**1459**	**762**	**697**
65	745	376	369	19	13	6	375	197	178
66	718	333	385	27	20	7	335	170	165
67	700	329	371	30	23	7	305	166	139
68	707	311	396	21	12	9	252	137	115
69	636	263	373	27	16	11	192	92	100
70-74岁	**2911**	**1068**	**1843**	**119**	**71**	**48**	**767**	**354**	**413**
70	603	237	366	16	9	7	195	105	90
71	609	241	368	24	16	8	191	81	110
72	566	194	372	24	14	10	147	71	76
73	556	191	365	30	18	12	116	54	62
74	577	205	372	25	14	11	118	43	75
75-79岁	**2531**	**738**	**1793**	**145**	**78**	**67**	**413**	**171**	**242**
75	490	148	342	31	18	13	100	36	64
76	479	140	339	22	10	12	73	34	39
77	508	139	369	24	16	8	85	38	47
78	512	158	354	31	18	13	78	36	42
79	542	153	389	37	16	21	77	27	50
80-84岁	**2259**	**596**	**1663**	**201**	**85**	**116**	**325**	**113**	**212**
80	410	103	307	39	13	26	74	27	47
81	460	127	333	36	19	17	67	24	43
82	448	120	328	40	21	19	55	20	35
83	506	134	372	50	19	31	65	22	43
84	435	112	323	36	13	23	64	20	44
85-89岁	**1481**	**393**	**1088**	**203**	**75**	**128**	**223**	**66**	**157**
85	400	107	293	41	22	19	67	17	50
86	327	82	245	53	20	33	38	10	28
87	329	88	241	35	10	25	57	21	36
88	221	64	157	48	21	27	36	10	26
89	204	52	152	26	2	24	25	8	17
90-94岁	**526**	**147**	**379**	**80**	**31**	**49**	**108**	**35**	**73**
90	165	49	116	22	9	13	36	14	22
91	123	38	85	19	8	11	26	12	14
92	117	29	88	21	8	13	17	2	15
93	86	19	67	11	5	6	20	5	15
94	35	12	23	7	1	6	9	2	7
95-99岁	**100**	**21**	**79**	**20**	**7**	**13**	**30**	**9**	**21**
95	35	5	30	6	2	4	13	6	7
96	30	9	21	8	1	7	4	1	3
97	18	3	15	1	1		7	1	6
98	11	3	8	2	1	1	2		2
99	6	1	5	3	2	1	4	1	3
100岁及以上	**9**	**2**	**7**	**2**		**2**	**5**	**2**	**3**

8-11c 全省分年龄、性别、居住状况的60岁及以上老年人口(乡村)

单位：人

年 龄	60岁及以上人口			与配偶和子女同住		
	合计	男	女	小计	男	女
总 计	**275742**	**136103**	**139639**	**64091**	**36669**	**27422**
60-64岁	**77866**	**40083**	**37783**	**25084**	**13521**	**11563**
60	13729	7213	6516	4815	2622	2193
61	13592	7065	6527	4544	2440	2104
62	16440	8411	8029	5311	2817	2494
63	18862	9731	9131	5889	3188	2701
64	15243	7663	7580	4525	2454	2071
65-69岁	**76061**	**37883**	**38178**	**20070**	**11088**	**8982**
65	17181	8621	8560	4947	2664	2283
66	16313	8173	8140	4518	2510	2008
67	15038	7491	7547	3923	2165	1758
68	15021	7493	7528	3806	2152	1654
69	12508	6105	6403	2876	1597	1279
70-74岁	**48724**	**24939**	**23785**	**10038**	**6019**	**4019**
70	11546	5856	5690	2598	1517	1081
71	11175	5734	5441	2345	1400	945
72	9694	5008	4686	1991	1201	790
73	8358	4316	4042	1649	990	659
74	7951	4025	3926	1455	911	544
75-79岁	**31844**	**15785**	**16059**	**5087**	**3332**	**1755**
75	6942	3484	3458	1227	782	445
76	6941	3531	3410	1166	740	426
77	6231	3050	3181	999	650	349
78	5940	2914	3026	869	575	294
79	5790	2806	2984	826	585	241
80-84岁	**23015**	**10512**	**12503**	**2639**	**1865**	**774**
80	4898	2309	2589	659	458	201
81	4679	2184	2495	550	392	158
82	4869	2316	2553	576	409	167
83	4619	2026	2593	479	344	135
84	3950	1677	2273	375	262	113
85-89岁	**12637**	**5002**	**7635**	**943**	**657**	**286**
85	3447	1386	2061	309	214	95
86	2837	1122	1715	205	133	72
87	2693	1050	1643	181	136	45
88	2025	800	1225	143	99	44
89	1635	644	991	105	75	30
90-94岁	**4559**	**1638**	**2921**	**203**	**162**	**41**
90	1465	538	927	65	52	13
91	1039	392	647	45	39	6
92	947	339	608	39	28	11
93	655	221	434	39	29	10
94	453	148	305	15	14	1
95-99岁	**916**	**237**	**679**	**26**	**24**	**2**
95	348	90	258	7	7	
96	216	55	161	6	6	
97	153	41	112	8	7	1
98	118	29	89	2	1	1
99	81	22	59	3	3	
100岁及以上	**120**	**24**	**96**	**1**	**1**	

8-11c　续表 1　　　　　　　　　　　　　　　　　　　　　　　　　　　　　单位：人

年　龄	与配偶同住			与子女同住			独居(有保姆)		
	小计	男	女	小计	男	女	小计	男	女
总　计	**114918**	**63306**	**51612**	**45382**	**12608**	**32774**	**458**	**195**	**263**
60-64岁	**34534**	**17352**	**17182**	**7521**	**2450**	**5071**	**42**	**27**	**15**
60	5796	2946	2850	1262	426	836	4	3	1
61	5914	2972	2942	1226	412	814	6	4	2
62	7361	3703	3658	1548	493	1055	6	4	2
63	8482	4265	4217	1888	626	1262	16	10	6
64	6981	3466	3515	1597	493	1104	10	6	4
65-69岁	**36163**	**18356**	**17807**	**8646**	**2520**	**6126**	**47**	**21**	**26**
65	8072	4033	4039	1737	542	1195	14	8	6
66	7733	3798	3935	1715	538	1177	9	3	6
67	7125	3645	3480	1728	507	1221	10	2	8
68	7130	3728	3402	1838	485	1353	5	2	3
69	6103	3152	2951	1628	448	1180	9	6	3
70-74岁	**22354**	**13048**	**9306**	**7344**	**2015**	**5329**	**39**	**13**	**26**
70	5426	2989	2437	1588	462	1126	7	3	4
71	5256	3022	2234	1608	446	1162	7	1	6
72	4463	2617	1846	1440	407	1033	10	5	5
73	3760	2281	1479	1313	363	950	4	1	3
74	3449	2139	1310	1395	337	1058	11	3	8
75-79岁	**12373**	**7841**	**4532**	**6790**	**1852**	**4938**	**66**	**26**	**40**
75	2952	1802	1150	1218	330	888	15	5	10
76	2826	1791	1035	1370	396	974	11	5	6
77	2376	1512	864	1350	358	992	10	3	7
78	2194	1413	781	1408	395	1013	12	5	7
79	2025	1323	702	1444	373	1071	18	8	10
80-84岁	**6673**	**4568**	**2105**	**6931**	**1762**	**5169**	**108**	**45**	**63**
80	1597	1065	532	1271	321	950	23	11	12
81	1474	998	476	1381	355	1026	23	12	11
82	1441	1011	430	1391	365	1026	23	10	13
83	1228	840	388	1530	392	1138	26	6	20
84	933	654	279	1358	329	1029	13	6	7
85-89岁	**2353**	**1752**	**601**	**5144**	**1296**	**3848**	**85**	**36**	**49**
85	750	536	214	1294	320	974	17	8	9
86	567	420	147	1102	271	831	15	7	8
87	447	336	111	1145	296	849	21	7	14
88	363	283	80	840	210	630	20	9	11
89	226	177	49	763	199	564	12	5	7
90-94岁	**423**	**352**	**71**	**2393**	**605**	**1788**	**52**	**23**	**29**
90	162	131	31	741	188	553	18	9	9
91	107	89	18	528	141	387	9	2	7
92	81	66	15	506	131	375	13	7	6
93	47	43	4	354	76	278	5	3	2
94	26	23	3	264	69	195	7	2	5
95-99岁	**43**	**36**	**7**	**536**	**98**	**438**	**14**	**2**	**12**
95	17	13	4	194	40	154	5		5
96	11	11		125	19	106	2		2
97	7	5	2	91	18	73	3	1	2
98	4	4		75	14	61	4	1	3
99	4	3	1	51	7	44			
100岁及以上	**2**	**1**	**1**	**77**	**10**	**67**	**5**	**2**	**3**

8－11c 续表 2

单位：人

年龄	独居(无保姆)			养老机构			其他		
	小计	男	女	小计	男	女	小计	男	女
总计	**41017**	**18066**	**22951**	**1015**	**591**	**424**	**8861**	**4668**	**4193**
60－64岁	**7561**	**4697**	**2864**	**105**	**81**	**24**	**3019**	**1955**	**1064**
60	1226	800	426	17	14	3	609	402	207
61	1332	884	448	11	9	2	559	344	215
62	1589	974	615	19	12	7	606	408	198
63	1849	1152	697	31	24	7	707	466	241
64	1565	887	678	27	22	5	538	335	203
65－69岁	**8813**	**4556**	**4257**	**136**	**103**	**33**	**2186**	**1239**	**947**
65	1871	1051	820	30	23	7	510	300	210
66	1806	1008	798	25	17	8	507	299	208
67	1795	910	885	31	23	8	426	239	187
68	1799	878	921	27	20	7	416	228	188
69	1542	709	833	23	20	3	327	173	154
70－74岁	**7578**	**3146**	**4432**	**143**	**102**	**41**	**1228**	**596**	**632**
70	1595	714	881	32	24	8	300	147	153
71	1675	719	956	30	23	7	254	123	131
72	1522	633	889	19	13	6	249	132	117
73	1381	557	824	32	20	12	219	104	115
74	1405	523	882	30	22	8	206	90	116
75－79岁	**6527**	**2288**	**4239**	**162**	**97**	**65**	**839**	**349**	**490**
75	1325	472	853	23	13	10	182	80	102
76	1362	494	868	39	23	16	167	82	85
77	1291	446	845	28	21	7	177	60	117
78	1254	440	814	32	19	13	171	67	104
79	1295	436	859	40	21	19	142	60	82
80－84岁	**5710**	**1886**	**3824**	**207**	**101**	**106**	**747**	**285**	**462**
80	1153	369	784	40	23	17	155	62	93
81	1094	364	730	36	15	21	121	48	73
82	1232	439	793	45	26	19	161	56	105
83	1153	367	786	52	25	27	151	52	99
84	1078	347	731	34	12	22	159	67	92
85－89岁	**3412**	**1035**	**2377**	**177**	**81**	**96**	**523**	**145**	**378**
85	910	260	650	45	18	27	122	30	92
86	790	238	552	38	15	23	120	38	82
87	736	223	513	42	21	21	121	31	90
88	552	162	390	28	14	14	79	23	56
89	424	152	272	24	13	11	81	23	58
90－94岁	**1188**	**401**	**787**	**64**	**20**	**44**	**236**	**75**	**161**
90	390	126	264	17	9	8	72	23	49
91	285	104	181	15	4	11	50	13	37
92	251	88	163	13	2	11	44	17	27
93	155	56	99	12	3	9	43	11	32
94	107	27	80	7	2	5	27	11	16
95－99岁	**203**	**51**	**152**	**19**	**5**	**14**	**75**	**21**	**54**
95	85	21	64	6	1	5	34	8	26
96	48	13	35	6	1	5	18	5	13
97	31	5	26	3	1	2	10	4	6
98	24	5	19	1	1		8	3	5
99	15	7	8	3	1	2	5	1	4
100岁及以上	**25**	**6**	**19**	**2**	**1**	**1**	**8**	**3**	**5**

8-12　全省分性别、婚姻状况、居住状况的60岁及以上老年人口

单位：人

居住状况	60岁及以上人口			未婚		
	合计	男	女	小计	男	女
总　计	**635334**	**308421**	**326913**	**7371**	**6653**	**718**
与配偶和子女同住	190497	108316	82181			
与配偶同住	226823	125036	101787			
与子女同住	117303	30139	87164	352	317	35
独居(有保姆)	1446	615	831	35	29	6
独居(无保姆)	75370	32000	43370	4175	3947	228
养老机构	3277	1548	1729	736	667	69
其　他	20618	10767	9851	2073	1693	380

8-12　续表

单位：人

居住状况	有配偶			离婚			丧偶		
	小计	男	女	小计	男	女	小计	男	女
总　计	**475545**	**265213**	**210332**	**7066**	**4549**	**2517**	**145352**	**32006**	**113346**
与配偶和子女同住	190497	108316	82181						
与配偶同住	226823	125036	101787						
与子女同住	27753	11217	16536	2882	1586	1296	86316	17019	69297
独居(有保姆)	213	123	90	33	24	9	1165	439	726
独居(无保姆)	19035	13438	5597	3213	2297	916	48947	12318	36629
养老机构	631	331	300	55	43	12	1855	507	1348
其　他	10593	6752	3841	883	599	284	7069	1723	5346

8-12a 全省分性别、婚姻状况、居住状况的60岁及以上老年人口(城市)

单位：人

居住状况	60岁及以上人口			未婚		
	合计	男	女	小计	男	女
总 计	**199623**	**95393**	**104230**	**1508**	**1121**	**387**
与配偶和子女同住	73940	41690	32250			
与配偶同住	59249	32580	26669			
与子女同住	40401	9630	30771	56	36	20
独居(有保姆)	603	259	344	9	5	4
独居(无保姆)	17685	7372	10313	746	596	150
养老机构	1276	468	808	116	88	28
其 他	6469	3394	3075	581	396	185

8-12a 续表

单位：人

居住状况	有配偶			离婚			丧偶		
	小计	男	女	小计	男	女	小计	男	女
总 计	**155235**	**84942**	**70293**	**3499**	**1798**	**1701**	**39381**	**7532**	**31849**
与配偶和子女同住	73940	41690	32250						
与配偶同住	59249	32580	26669						
与子女同住	12532	4449	8083	1542	645	897	26271	4500	21771
独居(有保姆)	94	53	41	14	11	3	486	190	296
独居(无保姆)	5430	3694	1736	1436	824	612	10073	2258	7815
养老机构	325	174	151	21	14	7	814	192	622
其 他	3665	2302	1363	486	304	182	1737	392	1345

8-12b　全省分性别、婚姻状况、居住状况的60岁及以上老年人口(镇)

单位：人

居住状况	60岁及以上人口			未　婚		
	合计	男	女	小计	男	女
总　计	**159969**	**76925**	**83044**	**1473**	**1311**	**162**
与配偶和子女同住	52466	29957	22509			
与配偶同住	52656	29150	23506			
与子女同住	31520	7901	23619	72	64	8
独居(有保姆)	385	161	224	12	10	2
独居(无保姆)	16668	6562	10106	675	638	37
养老机构	986	489	497	241	218	23
其　他	5288	2705	2583	473	381	92

8-12b　续表

单位：人

居住状况	有配偶			离　婚			丧　偶		
	小计	男	女	小计	男	女	小计	男	女
总　计	**119869**	**66951**	**52918**	**1458**	**971**	**487**	**37169**	**7692**	**29477**
与配偶和子女同住	52466	29957	22509						
与配偶同住	52656	29150	23506						
与子女同住	7429	3038	4391	607	363	244	23412	4436	18976
独居(有保姆)	53	35	18	8	4	4	312	112	200
独居(无保姆)	4191	2896	1295	641	462	179	11161	2566	8595
养老机构	183	90	93	16	13	3	546	168	378
其　他	2891	1785	1106	186	129	57	1738	410	1328

8-12c 全省分性别、婚姻状况、居住状况的60岁及以上老年人口(乡村)

单位：人

居住状况	60岁及以上人口			未婚		
	合计	男	女	小计	男	女
总 计	**275742**	**136103**	**139639**	**4390**	**4221**	**169**
与配偶和子女同住	64091	36669	27422			
与配偶同住	114918	63306	51612			
与子女同住	45382	12608	32774	224	217	7
独居(有保姆)	458	195	263	14	14	
独居(无保姆)	41017	18066	22951	2754	2713	41
养老机构	1015	591	424	379	361	18
其 他	8861	4668	4193	1019	916	103

8-12c 续表

单位：人

居住状况	有配偶			离婚			丧偶		
	小计	男	女	小计	男	女	小计	男	女
总 计	**200441**	**113320**	**87121**	**2109**	**1780**	**329**	**68802**	**16782**	**52020**
与配偶和子女同住	64091	36669	27422						
与配偶同住	114918	63306	51612						
与子女同住	7792	3730	4062	733	578	155	36633	8083	28550
独居(有保姆)	66	35	31	11	9	2	367	137	230
独居(无保姆)	9414	6848	2566	1136	1011	125	27713	7494	20219
养老机构	123	67	56	18	16	2	495	147	348
其 他	4037	2665	1372	211	166	45	3594	921	2673

第二部分 长表数据资料

第九卷 住房

9-1　各地区按建筑层数、承重类型分的家庭户户数

单位：户

地　区	合　计	建筑层数				承重类型				
		平房	多层(7层及以下)	高层(8-33层)	超高层(34层及以上)	钢及钢筋混凝土结构	混合结构	砖木结构	竹草土坯结　构	其他结构
合　计	**1340352**	**113292**	**870304**	**271630**	**11745**	**759242**	**386145**	**68909**	**15710**	**36965**
福州市	**256390**	**18125**	**141536**	**83379**	**3988**	**168720**	**63024**	**10648**	**1717**	**2919**
鼓楼区	20280	158	8187	11032	544	17663	2080	115	1	62
台江区	13941	145	4648	7809	1166	12087	1577	84		20
仓山区	38449	1877	17804	17884	393	30689	6390	724	10	145
马尾区	8239	429	3596	3570	160	5567	1974	202	6	6
晋安区	27596	667	10820	14286	1338	22554	4017	463	26	51
长乐区	23238	2793	13985	3509	15	12724	5736	1714	27	101
闽侯县	27245	1861	17161	7284	291	18491	6676	1293	21	116
连江县	19846	1895	13313	4270	2	13741	4416	1200	10	113
罗源县	8342	1855	2945	2913	14	5058	1609	1017	5	38
闽清县	8083	591	6398	743		3764	2879	390	605	94
永泰县	9600	1056	6908	1313		3509	3369	1204	712	483
平潭县	12216	1809	7309	2747	16	6106	4582	484	12	697
福清市	39315	2989	28462	6019	49	16767	17719	1758	282	993
厦门市	**199928**	**4754**	**138089**	**46965**	**4140**	**134339**	**56012**	**1661**	**59**	**1877**
思明区	38017	849	19442	14779	1273	22997	12511	501	1	333
海沧区	23366	244	15193	6645	584	18508	3953	116	2	87
湖里区	45307	343	32687	10449	474	29826	14073	34	3	17
集美区	38901	667	28317	7868	1135	25442	12119	214	5	207
同安区	33925	1355	27125	4333	354	24845	7534	464	34	290
翔安区	20412	1296	15325	2891	320	12721	5822	332	14	943
莆田市	**92875**	**7847**	**67794**	**14030**	**512**	**43528**	**36144**	**6478**	**1790**	**2243**
城厢区	16791	608	11187	4458	105	9425	6167	435	208	123
涵江区	13566	805	9893	2500	2	7115	4668	1193	65	159
荔城区	18559	911	12144	4505	404	10361	6190	1171	124	118
秀屿区	17669	1970	14623	450		6810	6764	1951	242	1276
仙游县	26290	3553	19947	2117	1	9817	12355	1728	1151	567
三明市	**81009**	**6080**	**54442**	**16871**	**5**	**43907**	**24224**	**7128**	**883**	**1256**
梅列区	8034	160	3263	4320	1	6101	1263	293	22	65
三元区	6296	273	3204	2500		3755	1707	362	56	97
明溪县	3303	367	2570	193		1756	666	342	153	213
清流县	3897	369	2818	442		1702	1644	183	77	23
宁化县	8592	656	6364	1289		3568	4190	327	138	86
大田县	9294	833	7278	812		3966	3481	1253	77	146
尤溪县	10603	1018	7609	1475		4551	3658	1617	76	200
沙县	8231	695	5481	1636	3	4652	1842	1113	52	156
将乐县	4411	292	3215	718		2054	1824	316	13	18
泰宁县	3146	173	2645	223		2107	707	208	8	11
建宁县	3699	271	3028	301	1	2409	863	289	5	35
永安市	11503	973	6967	2962		7286	2379	825	206	206
泉州市	**282719**	**25653**	**172543**	**46694**	**1650**	**134198**	**81949**	**6769**	**1687**	**21937**
鲤城区	15147	663	9255	2804	137	7533	4180	325	10	811
丰泽区	22583	518	12177	7769	591	14700	5678	113	2	562
洛江区	7473	579	4014	1603	113	3269	2618	125	7	290
泉港区	10946	1253	8621	829	6	4040	4673	123	14	1859
惠安县	33748	2964	23410	4569	9	10936	16073	168	19	3756
安溪县	29358	4673	18947	4619	134	16422	8455	1715	656	1125
永春县	13435	1227	10500	1181		4370	6939	930	590	79
德化县	10722	986	6708	2777	1	7000	1921	996	264	291
石狮市	23806	1806	13034	4272	123	13075	1922	111	5	4122
晋江市	71533	5425	35577	11681	501	34602	12410	939	45	5188
南安市	43968	5559	30300	4590	35	18251	17080	1224	75	3854

9-1 续表

单位：户

地区	合计	建筑层数				承重类型				
		平房	多层(7层及以下)	高层(8-33层)	超高层(34层及以上)	钢及钢筋混凝土结构	混合结构	砖木结构	竹草土坯结构	其他结构
漳州市	**156067**	**20924**	**107385**	**22149**	**577**	**82484**	**53304**	**11032**	**1573**	**2642**
芗城区	20215	1406	10877	7144	302	13851	4759	1020	16	83
龙文区	9405	489	4027	4433	155	6711	2024	332	6	31
云霄县	11833	1793	8814	1077		8727	2156	573	68	160
漳浦县	24836	4733	16614	2805	4	9098	12396	1548	58	1056
诏安县	16124	3726	11673	471		9685	3472	2298	113	302
长泰县	7446	752	5672	477		3310	3030	440	49	72
东山县	6472	1009	4745	629		3718	2355	248	1	61
南靖县	9921	1489	7372	646	8	4894	2663	1109	565	284
平和县	14099	1817	11354	488	13	8260	3793	1102	319	198
华安县	4823	540	3619	187		1745	1776	343	367	115
龙海市	30893	3170	22618	3792	95	12485	14880	2019	11	280
南平市	**86898**	**11424**	**55488**	**16515**	**51**	**46667**	**21579**	**11744**	**2047**	**1441**
延平区	15014	911	7174	6327	44	9576	3385	1341	45	109
建阳区	11332	975	7185	2747	2	6458	2725	1365	200	161
顺昌县	6115	811	4083	1008	2	2862	1770	989	165	118
浦城县	9623	2351	6429	391		4400	2717	1682	191	181
光泽县	4376	745	2737	606		1484	1898	639	17	50
松溪县	4014	827	2868	231		1817	1319	475	199	116
政和县	5367	1098	3700	242		2997	715	639	345	344
邵武市	9680	384	6311	2738	3	6225	2237	744	165	65
武夷山市	7256	1194	5229	472		4085	1590	744	362	114
建瓯市	14121	2128	9772	1753		6763	3223	3126	358	183
龙岩市	**90174**	**6742**	**66417**	**12175**	**784**	**53531**	**24452**	**4044**	**2903**	**1188**
新罗区	28131	1261	16700	8087	781	18768	6466	908	447	240
永定区	10570	584	8934	623	1	7032	2011	328	606	165
长汀县	12339	1329	9903	524		7920	2664	661	318	193
上杭县	12538	510	10480	763		6280	4806	390	148	129
武平县	9135	563	7397	897	2	3942	3938	450	404	125
连城县	8556	1238	6640	477		5183	2270	695	93	114
漳平市	8905	1257	6363	804		4406	2297	612	887	222
宁德市	**94292**	**11743**	**66610**	**12852**	**38**	**51868**	**25457**	**9405**	**3051**	**1462**
蕉城区	17681	1366	10844	5051	34	12454	3248	1104	375	114
霞浦县	14414	2374	10004	1626		9909	3069	985		41
古田县	10449	1173	7816	1150	1	3777	3829	1440	859	235
屏南县	4351	552	3058	604		2296	550	528	730	110
寿宁县	5187	626	3723	590		2639	1263	496	284	257
周宁县	4751	806	3554	226		2553	1004	464	412	153
柘荣县	2839	354	2164	237		1261	1033	357	44	60
福安市	16960	3433	11577	1515	1	11267	2760	1832	310	357
福鼎市	17660	1059	13870	1853	2	5712	8701	2199	37	135

9-1a 各地区按建筑层数、承重类型分的家庭户户数(城市)

单位：户

地区	合计	建筑层数				承重类型				
		平房	多层(7层及以下)	高层(8-33层)	超高层(34层及以上)	钢及钢筋混凝土结构	混合结构	砖木结构	竹草土坯结构	其他结构
合计	**548807**	**16840**	**323379**	**197721**	**10867**	**405694**	**126311**	**9543**	**413**	**6846**
福州市	**125741**	**4408**	**55664**	**62006**	**3663**	**101930**	**21282**	**2096**	**63**	**370**
鼓楼区	19921	158	8187	11032	544	17663	2080	115	1	62
台江区	13768	145	4648	7809	1166	12087	1577	84		20
仓山区	37958	1877	17804	17884	393	30689	6390	724	10	145
马尾区	7068	359	2979	3570	160	5413	1512	136	3	4
晋安区	26346	549	10209	14250	1338	22222	3818	274	3	29
长乐区	7551	718	4374	2445	14	5582	1530	405	13	21
闽侯县										
连江县										
罗源县										
闽清县										
永泰县										
平潭县										
福清市	13129	602	7463	5016	48	8274	4375	358	33	89
厦门市	**165385**	**2371**	**114349**	**44761**	**3904**	**118072**	**45557**	**981**	**16**	**759**
思明区	36343	849	19442	14779	1273	22997	12511	501	1	333
海沧区	22260	233	14982	6494	551	18189	3869	114	1	87
湖里区	43953	343	32687	10449	474	29826	14073	34	3	17
集美区	33775	446	24420	7774	1135	23677	9825	147	2	124
同安区	25754	404	20903	4093	354	20899	4603	160	9	83
翔安区	3300	96	1915	1172	117	2484	676	25		115
莆田市	**38976**	**1584**	**25246**	**11635**	**511**	**24576**	**12002**	**1963**	**128**	**307**
城厢区	11144	187	6472	4380	105	7802	3216	94	4	28
涵江区	9931	528	6964	2437	2	6003	3092	768	22	46
荔城区	13321	499	7978	4440	404	8648	3894	690	41	48
秀屿区	4580	370	3832	378		2123	1800	411	61	185
仙游县										
三明市	**19212**	**366**	**9129**	**9716**	**1**	**14587**	**4200**	**333**	**15**	**77**
梅列区	7156	89	2778	4288	1	5896	1116	98	1	45
三元区	4962	74	2391	2497		3261	1575	90	11	25
明溪县										
清流县										
宁化县										
大田县										
尤溪县										
沙县										
将乐县										
泰宁县										
建宁县										
永安市	7094	203	3960	2931		5430	1509	145	3	7
泉州市	**88240**	**4016**	**54882**	**27873**	**1469**	**63662**	**18668**	**982**	**32**	**4896**
鲤城区	12859	663	9255	2804	137	7533	4180	325	10	811
丰泽区	21055	518	12177	7769	591	14700	5678	113	2	562
洛江区	2679	44	1174	1348	113	1942	650	4		83
泉港区	3597	285	2703	603	6	1841	1201	32	2	521
惠安县										
安溪县										
永春县										
德化县										
石狮市	12819	755	7833	4108	123	10170	927	69	2	1651
晋江市	28345	1319	17156	9373	497	23080	4089	316	5	855
南安市	6886	432	4584	1868	2	4396	1943	123	11	413

注：本表数据为居住在普通住宅的家庭户，下表同。

9－1a 续表 单位：户

地 区	合 计	建筑层数				承重类型				
		平房	多层(7层及以下)	高层(8－33层)	超高层(34层及以上)	钢及钢筋混凝土结构	混合结构	砖木结构	竹草土坯结 构	其他结构
漳州市	**30771**	**1796**	**15706**	**12812**	**457**	**21564**	**7712**	**1362**	**9**	**124**
芗城区	15057	650	6964	7141	302	11791	2682	522	3	59
龙文区	8309	389	3332	4433	155	6416	1600	265	5	23
云霄县										
漳浦县										
诏安县										
长泰县										
东山县										
南靖县										
平和县										
华安县										
龙海市	7366	752	5376	1238		3325	3429	569	1	42
南平市	**30367**	**812**	**16064**	**13442**	**49**	**23743**	**5803**	**733**	**17**	**71**
延平区	9362	221	3069	6028	44	7372	1788	184	3	15
建阳区	5782	80	3069	2631	2	4436	1206	110	3	27
顺昌县										
浦城县										
光泽县										
松溪县										
政和县										
邵武市	6484	107	3760	2614	3	5123	1242	111	3	5
武夷山市	3796	230	3096	470		2944	741	91	5	15
建瓯市	4943	174	3070	1699		3868	826	237	3	9
龙岩市	**26740**	**715**	**16574**	**8672**	**779**	**20372**	**5686**	**408**	**78**	**196**
新罗区	20667	586	11833	7469	779	15650	4556	306	39	116
永定区	2058	31	1608	419		1763	232	13	7	43
长汀县										
上杭县										
武平县										
连城县										
漳平市	4015	98	3133	784		2959	898	89	32	37
宁德市	**23375**	**772**	**15765**	**6804**	**34**	**17188**	**5401**	**685**	**55**	**46**
蕉城区	10356	211	5914	4199	32	8957	1220	140	25	14
霞浦县										
古田县										
屏南县										
寿宁县										
周宁县										
柘荣县										
福安市	6531	381	4935	1214	1	5265	990	237	25	14
福鼎市	6488	180	4916	1391	1	2966	3191	308	5	18

9-1b　各地区按建筑层数、承重类型分的家庭户户数(镇)

单位：户

地　区	合　计	建筑层数				承重类型				
		平房	多层(7层及以下)	高层(8-33层)	超高层(34层及以上)	钢及钢筋混凝土结构	混合结构	砖木结构	竹草土坯结　构	其他结构
合　计	**354318**	**26577**	**235931**	**67086**	**746**	**203809**	**102083**	**13094**	**1961**	**9393**
福州市	**59881**	**3870**	**33421**	**19024**	**259**	**38772**	**15284**	**1828**	**203**	**487**
鼓楼区										
台江区										
仓山区										
马尾区										
晋安区	45	2	40				40	2		
长乐区	5806	719	3415	567		2773	1512	379	1	36
闽侯县	16081	883	8438	6112	230	12316	3057	271		19
连江县	10091	644	5133	4102	1	7530	1900	424	3	23
罗源县	5875	506	1966	2912	14	4244	944	205		5
闽清县	3484	97	2509	732		1892	1302	48	76	20
永泰县	4024	155	2367	1284		2309	1238	150	69	40
平潭县	6664	383	3722	2420	13	4312	2005	32		189
福清市	7811	481	5831	895	1	3396	3286	317	54	155
厦门市	**11230**	**513**	**8953**	**1274**	**176**	**7611**	**3029**	**116**	**1**	**159**
思明区										
海沧区										
湖里区	55									
集美区	4	1	2			1		1		1
同安区	563	54	450	27		278	219	11		23
翔安区	10608	458	8501	1247	176	7332	2810	104	1	135
莆田市	**18187**	**1774**	**13538**	**2109**	**1**	**7429**	**7995**	**1188**	**363**	**447**
城厢区	950	63	803	29		312	518	34	21	10
涵江区	391	66	307	16		133	204	47	1	4
荔城区	237	14	206			49	161	8	2	
秀屿区	2917	299	2351	24		984	1154	328	22	186
仙游县	13692	1332	9871	2040	1	5951	5958	771	317	247
三明市	**30113**	**1055**	**20513**	**7016**	**4**	**18978**	**8500**	**908**	**87**	**115**
梅列区	362	17	275	30		143	110	57	7	5
三元区	235	30	175	2		143	30	21	4	9
明溪县	1641	78	1328	188		1133	346	74	26	15
清流县	1914	44	1285	440		1104	635	26	2	2
宁化县	3850	170	2272	1259		2267	1383	45	3	3
大田县	4620	133	3487	808		2504	1766	133	10	15
尤溪县	5054	109	3130	1425		3215	1341	87	2	19
沙县	5588	261	3406	1616	3	3810	1184	248	15	29
将乐县	2576	57	1766	707		1488	981	55	2	4
泰宁县	1812	43	1502	220		1366	338	56	3	2
建宁县	1742	71	1311	300	1	1396	215	67	1	4
永安市	719	42	576	21		409	171	39	12	8
泉州市	**91452**	**7198**	**55266**	**17612**	**180**	**46200**	**25288**	**1683**	**398**	**6687**
鲤城区										
丰泽区										
洛江区	1260	47	784	144		525	404	16	2	28
泉港区	2401	278	1887	184		940	1060	22	1	326
惠安县	19326	1227	11970	4159	8	8070	7533	75	8	1678
安溪县	13980	900	7635	4605	134	10436	2136	283	95	324
永春县	8008	455	6027	1162		2975	4029	410	198	32
德化县	7872	238	4783	2674	1	6019	1345	195	61	76
石狮市	5420	609	3366	142		2085	572	25	3	1432
晋江市	13252	1229	6190	1878	4	5758	2013	254	14	1262
南安市	19933	2215	12624	2664	33	9392	6196	403	16	1529

9−1b 续表

单位：户

地　区	合　计	建筑层数				承重类型				
		平房	多层(7层及以下)	高层(8−33层)	超高层(34层及以上)	钢及钢筋混凝土结构	混合结构	砖木结构	竹草土坯结　构	其他结构
漳州市	**64885**	**6916**	**45576**	**9317**	**120**	**36726**	**20485**	**3473**	**332**	**913**
芗城区	2829	359	2303	2		1411	1071	162	3	17
龙文区										
云霄县	6274	590	4499	1073		4904	1034	191	6	27
漳浦县	13438	1755	8474	2804	4	6529	5385	615	29	479
诏安县	7417	1272	5479	471		4247	1834	1025	43	73
长泰县	4450	263	3295	477		2151	1670	171	3	40
东山县	4378	638	3045	628		2551	1578	144	1	37
南靖县	5244	601	3654	646	8	3227	1246	325	58	53
平和县	6459	587	5033	488	13	4121	1620	279	49	52
华安县	2502	160	1928	187		1020	939	143	136	37
龙海市	11894	691	7866	2541	95	6565	4108	418	4	98
南平市	**21244**	**1728**	**15532**	**2799**	**2**	**12148**	**6173**	**1517**	**78**	**145**
延平区	1733	117	1248	217		828	578	168	4	4
建阳区	1094	97	891	35		506	378	126	5	8
顺昌县	3236	141	1982	1002	2	1954	960	172	10	31
浦城县	4714	484	3595	391		2811	1313	310	14	22
光泽县	2158	167	1354	562		1228	721	128		6
松溪县	1927	203	1469	224		1105	632	135	12	12
政和县	2761	210	2099	233		1934	454	99	24	31
邵武市	955	72	669	115		477	289	86	2	2
武夷山市	456	52	361			214	163	31	3	2
建瓯市	2210	185	1864	20		1091	685	262	4	27
龙岩市	**26597**	**1300**	**20173**	**3377**	**3**	**16475**	**7071**	**838**	**260**	**209**
新罗区	2336	133	1512	555	1	1348	666	113	53	21
永定区	2815	118	2306	183		1958	533	56	51	9
长汀县	6123	388	4836	496		4098	1236	286	30	70
上杭县	6057	137	4520	763		3609	1697	51	8	55
武平县	4499	141	3302	893	2	2581	1578	107	56	16
连城县	3977	279	3121	472		2628	1056	158	7	23
漳平市	790	104	576	15		253	305	67	55	15
宁德市	**30729**	**2223**	**22959**	**4558**	**1**	**19470**	**8258**	**1543**	**239**	**231**
蕉城区	1057	147	878	9		439	456	87	44	8
霞浦县	8550	434	6330	1614		6670	1535	168		5
古田县	5211	303	3611	1133	1	2763	1839	321	68	57
屏南县	2043	150	1319	543		1578	271	99	35	29
寿宁县	2374	95	1586	584		1558	586	82	30	9
周宁县	2273	212	1804	219		1620	431	119	28	37
柘荣县	1569	145	1201	197		848	630	55	3	7
福安市	3726	582	2814	141		2653	513	275	28	68
福鼎市	3926	155	3416	118		1341	1997	337	3	11

9-1c　各地区按建筑层数、承重类型分的家庭户户数(乡村)

单位：户

地　区	合　计	建筑层数				承重类型				
		平房	多层(7层及以下)	高层(8-33层)	超高层(34层及以上)	钢及钢筋混凝土结构	混合结构	砖木结构	竹草土坯结构	其他结构
合　计	**407694**	**69875**	**310994**	**6823**	**132**	**149739**	**157751**	**46272**	**13336**	**20726**
福州市	**67691**	**9847**	**52451**	**2349**	**66**	**28018**	**26458**	**6724**	**1451**	**2062**
鼓楼区										
台江区										
仓山区										
马尾区	694	70	617			154	462	66	3	2
晋安区	764	116	571	36		332	159	187	23	22
长乐区	9364	1356	6196	497	1	4369	2694	930	13	44
闽侯县	11164	978	8723	1172	61	6175	3619	1022	21	97
连江县	9755	1251	8180	168	1	6211	2516	776	7	90
罗源县	2467	1349	979	1		814	665	812	5	33
闽清县	4599	494	3889	11		1872	1577	342	529	74
永泰县	5576	901	4541	29		1200	2131	1054	643	443
平潭县	5552	1426	3587	327	3	1794	2577	452	12	508
福清市	17756	1906	15168	108		5097	10058	1083	195	749
厦门市	**18510**	**1870**	**14787**	**930**	**60**	**8656**	**7426**	**564**	**42**	**959**
思明区										
海沧区	419	11	211	151	33	319	84	2	1	
湖里区										
集美区	4316	220	3895	94		1764	2294	66	3	82
同安区	7301	897	5772	213		3668	2712	293	25	184
翔安区	6474	742	4909	472	27	2905	2336	203	13	693
莆田市	**34322**	**4489**	**29010**	**286**		**11523**	**16147**	**3327**	**1299**	**1489**
城厢区	4444	358	3912	49		1311	2433	307	183	85
涵江区	2931	211	2622	47		979	1372	378	42	109
荔城区	4458	398	3960	65		1664	2135	473	81	70
秀屿区	9891	1301	8440	48		3703	3810	1212	159	905
仙游县	12598	2221	10076	77		3866	6397	957	834	320
三明市	**30904**	**4659**	**24800**	**139**		**10342**	**11524**	**5887**	**781**	**1064**
梅列区	291	54	210	2		62	37	138	14	15
三元区	926	169	638	1		351	102	251	41	63
明溪县	1662	289	1242	5		623	320	268	127	198
清流县	1983	325	1533	2		598	1009	157	75	21
宁化县	4742	486	4092	30		1301	2807	282	135	83
大田县	4674	700	3791	4		1462	1715	1120	67	131
尤溪县	5549	909	4479	50		1336	2317	1530	74	181
沙县	2643	434	2075	20		842	658	865	37	127
将乐县	1835	235	1449	11		566	843	261	11	14
泰宁县	1334	130	1143	3		741	369	152	5	9
建宁县	1957	200	1717	1		1013	648	222	4	31
永安市	3308	728	2431	10		1447	699	641	191	191
泉州市	**86429**	**14439**	**62395**	**1209**	**1**	**24336**	**37993**	**4104**	**1257**	**10354**
鲤城区										
丰泽区										
洛江区	3044	488	2056	111		802	1564	105	5	179
泉港区	4858	690	4031	42		1259	2412	69	11	1012
惠安县	14422	1737	11440	410	1	2866	8540	93	11	2078
安溪县	15378	3773	11312	14		5986	6319	1432	561	801
永春县	5427	772	4473	19		1395	2910	520	392	47
德化县	2850	748	1925	103		981	576	801	203	215
石狮市	3195	442	1835	22		820	423	17		1039
晋江市	20537	2877	12231	430		5764	6308	369	26	3071
南安市	16718	2912	13092	58		4463	8941	698	48	1912

9-1c　续表　　　　　　　　　　　　　　　　　　　　单位：户

地　　区	合　计	建筑层数				承重类型				
		平房	多层(7层及以下)	高层(8−33层)	超高层(34层及以上)	钢及钢筋混凝土结构	混合结构	砖木结构	竹草土坯结构	其他结构
漳州市	**59785**	**12212**	**46103**	**20**		**24194**	**25107**	**6197**	**1232**	**1605**
芗城区	2125	397	1610	1		649	1006	336	10	7
龙文区	801	100	695			295	424	67	1	8
云霄县	5559	1203	4315	4		3823	1122	382	62	133
漳浦县	11398	2978	8140	1		2569	7011	933	29	577
诏安县	8668	2449	6160			5406	1637	1267	70	229
长泰县	2996	489	2377			1159	1360	269	46	32
东山县	2094	371	1700	1		1167	777	104		24
南靖县	4677	888	3718			1667	1417	784	507	231
平和县	7640	1230	6321			4139	2173	823	270	146
华安县	2321	380	1691			725	837	200	231	78
龙海市	11506	1727	9376	13		2595	7343	1032	6	140
南平市	**34501**	**8884**	**23892**	**274**		**10776**	**9603**	**9494**	**1952**	**1225**
延平区	3699	573	2857	82		1376	1019	989	38	90
建阳区	4290	798	3225	81		1516	1141	1129	192	126
顺昌县	2879	670	2101	6		908	810	817	155	87
浦城县	4909	1867	2834			1589	1404	1372	177	159
光泽县	2218	578	1383	44		256	1177	511	17	44
松溪县	2087	624	1399	7		712	687	340	187	104
政和县	2606	888	1601	9		1063	261	540	321	313
邵武市	2161	205	1882	9		625	706	547	160	58
武夷山市	2856	912	1772	2		927	686	622	354	97
建瓯市	6796	1769	4838	34		1804	1712	2627	351	147
龙岩市	**35918**	**4727**	**29670**	**126**	**2**	**16684**	**11695**	**2798**	**2565**	**783**
新罗区	4413	542	3355	63	1	1770	1244	489	355	103
永定区	5647	435	5020	21	1	3311	1246	259	548	113
长汀县	6216	941	5067	28		3822	1428	375	288	123
上杭县	6481	373	5960			2671	3109	339	140	74
武平县	4636	422	4095	4		1361	2360	343	348	109
连城县	4579	959	3519	5		2555	1214	537	86	91
漳平市	3946	1055	2654	5		1194	1094	456	800	170
宁德市	**39634**	**8748**	**27886**	**1490**	**3**	**15210**	**11798**	**7177**	**2757**	**1185**
蕉城区	5998	1008	4052	843	2	3058	1572	877	306	92
霞浦县	5864	1940	3674	12		3239	1534	817		36
古田县	5238	870	4205	17		1014	1990	1119	791	178
屏南县	2308	402	1739	61		718	279	429	695	81
寿宁县	2813	531	2137	6		1081	677	414	254	248
周宁县	2478	594	1750	7		933	573	345	384	116
柘荣县	1270	209	963	40		413	403	302	41	53
福安市	6584	2470	3828	160		3349	1257	1320	257	275
福鼎市	7081	724	5538	344	1	1405	3513	1554	29	106

9-2 各地区按住房建成时间分的家庭户住房状况

单位：户、间、平方米

地区	合计			1949年以前		
	户数	间数	面积	户数	间数	面积
合计	**1266971**	**4369041**	**169578698**	**12445**	**31828**	**931319**
福州市	**247028**	**823648**	**30921477**	**2271**	**5607**	**149551**
鼓楼区	19921	52152	1846511	22	52	1232
台江区	13768	34759	1206775	45	141	3762
仓山区	37958	97004	3168305	111	280	6928
马尾区	7755	21402	766675	42	94	2495
晋安区	27111	67737	2276646	103	277	6504
长乐区	20302	63993	2582826	402	743	21674
闽侯县	26597	99242	3161199	207	620	16804
连江县	19480	68477	2572506	312	653	17263
罗源县	7727	24583	838595	273	726	17283
闽清县	7732	35925	1322531	148	471	12972
永泰县	9277	36917	992797	235	760	15404
平潭县	11881	40433	1500679	96	182	5991
福清市	37519	181024	8685432	275	608	21239
厦门市	**193948**	**394238**	**12848133**	**1291**	**2388**	**67972**
思明区	36343	78167	2784410	908	1491	36185
海沧区	22666	42432	1370807	76	173	6854
湖里区	43953	69621	1935943	17	20	332
集美区	37987	69174	2067780	73	154	4450
同安区	33167	76404	2482283	120	298	10932
翔安区	19832	58440	2206910	97	252	9219
莆田市	**90183**	**414714**	**18157350**	**716**	**1955**	**64238**
城厢区	16358	61337	2634035	89	236	8712
涵江区	13200	56917	2241855	115	386	11230
荔城区	17964	73468	3218771	62	183	6355
秀屿区	17043	101159	5026077	51	171	6296
仙游县	25618	121833	5036612	399	979	31645
三明市	**77398**	**311633**	**10389494**	**562**	**1771**	**44424**
梅列区	7744	19944	684815	5	10	250
三元区	5977	16913	512592	69	168	3432
明溪县	3130	14135	436931	18	65	1789
清流县	3629	16237	633887	20	52	1644
宁化县	8309	40788	1419273	12	38	1329
大田县	8923	39955	1245975	105	340	9952
尤溪县	10102	48809	1384493	121	466	9626
沙县	7815	28937	1028797	89	229	5690
将乐县	4225	18919	730717	4	7	190
泰宁县	3041	12378	420573	8	28	586
建宁县	3601	14947	528786	9	37	1008
永安市	10902	39671	1362655	102	331	8928
泉州市	**246540**	**918766**	**38817426**	**1423**	**4122**	**130272**
鲤城区	12859	33430	1215677	129	307	10790
丰泽区	21055	52924	2040047	22	44	1480
洛江区	6309	25594	1103104	24	62	2520
泉港区	10709	50492	2438583	52	133	5061
惠安县	30952	133261	6923710	112	346	14156
安溪县	28373	120239	3881242	196	616	16559
永春县	12908	61916	2116666	244	749	19707
德化县	10472	30937	963386	113	295	6364
石狮市	19235	51474	2198794	44	118	4476
晋江市	53184	176568	7787322	273	799	26364
南安市	40484	181931	8148895	214	653	22795

9-2 续表 1

单位：户、间、平方米

地　区	合　计			1949年以前		
	户数	间数	面积	户数	间数	面积
漳州市	**151035**	**504209**	**22656603**	**2030**	**3776**	**131862**
芗城区	19729	50997	2089389	286	533	18762
龙文区	9104	25285	1121391	30	58	1947
云霄县	11684	37593	1742729	124	206	8117
漳浦县	24156	97191	4659843	209	384	13353
诏安县	15870	45791	2043123	371	549	19385
长泰县	6901	26681	1100895	37	88	2750
东山县	6383	21081	1085548	57	112	4322
南靖县	9515	35130	1317653	150	420	9566
平和县	13672	44993	1918695	191	367	14464
华安县	4346	19380	740756	61	167	4195
龙海市	29675	100087	4836581	514	892	35001
南平市	**83478**	**313440**	**10703854**	**810**	**2562**	**73932**
延平区	14456	45658	1559364	63	172	5089
建阳区	10909	39114	1394421	134	383	11931
顺昌县	5904	21393	739552	65	200	5932
浦城县	9171	40680	1191967	105	339	8325
光泽县	4088	15825	511535	25	83	2334
松溪县	3926	16384	615798	22	62	2133
政和县	5040	20493	650234	85	283	6863
邵武市	9436	31090	1005874	62	216	5745
武夷山市	6895	28860	1005242	68	244	7412
建瓯市	13653	53943	2029867	181	580	18168
龙岩市	**86118**	**352284**	**12703847**	**889**	**2745**	**67353**
新罗区	26829	78203	2661870	261	787	16902
永定区	10142	43140	1459835	219	632	13467
长汀县	11756	53154	1838368	97	318	8904
上杭县	11753	62670	2505278	27	63	2117
武平县	8859	43557	1638381	9	29	780
连城县	8355	37696	1451811	124	383	10447
漳平市	8424	33864	1148304	152	533	14736
宁德市	**91243**	**336109**	**12380514**	**2453**	**6902**	**201715**
蕉城区	17295	55490	2073005	410	1105	34968
霞浦县	14004	51048	1883651	208	543	15292
古田县	10140	41117	1282065	340	1007	26297
屏南县	4214	17117	585545	138	419	12138
寿宁县	4939	21954	703823	132	417	11594
周宁县	4586	20484	775071	158	531	14858
柘荣县	2755	10725	452939	72	198	6553
福安市	16526	62092	2073950	774	2259	64356
福鼎市	16784	56082	2550465	221	423	15659

9-2 续表 2

单位：户、间、平方米

地 区	1949–1959年			1960–1969年		
	户数	间数	面积	户数	间数	面积
合 计	**6926**	**19233**	**598611**	**15490**	**46371**	**1449323**
福州市	**1378**	**3590**	**106361**	**3263**	**8868**	**265504**
鼓楼区	18	54	1335	42	109	3356
台江区	11	29	614	42	121	3056
仓山区	72	171	4055	94	251	6408
马尾区	28	58	2126	90	225	7445
晋安区	30	82	2012	71	181	5461
长乐区	196	346	11977	572	1138	42663
闽侯县	149	490	14270	297	1000	28384
连江县	139	292	8565	386	958	25774
罗源县	104	269	7535	195	550	14574
闽清县	126	453	12669	267	953	26558
永泰县	162	500	10363	476	1657	37493
平潭县	143	316	10770	317	704	25567
福清市	200	530	20070	414	1021	38765
厦门市	**344**	**635**	**18183**	**618**	**1239**	**35907**
思明区	151	234	5775	329	505	11182
海沧区	9	19	669	16	45	2061
湖里区	35	40	726	36	56	1148
集美区	55	110	2954	74	151	4742
同安区	43	77	2489	77	207	7127
翔安区	51	155	5570	86	275	9647
莆田市	**576**	**1867**	**66844**	**1097**	**3883**	**144520**
城厢区	51	186	7082	90	328	12377
涵江区	106	336	11247	186	690	22574
荔城区	90	356	14237	181	694	26890
秀屿区	52	216	8493	206	813	36560
仙游县	277	773	25785	434	1358	46119
三明市	**399**	**1422**	**37269**	**1173**	**4349**	**115357**
梅列区	4	13	290	55	163	4822
三元区	30	84	2185	87	268	5768
明溪县	22	86	1987	63	244	6302
清流县	5	14	404	44	156	5348
宁化县	17	60	1766	96	392	11811
大田县	88	295	8438	146	603	16307
尤溪县	102	452	11146	246	1142	26394
沙县	64	198	4660	250	709	19355
将乐县	5	10	297	26	90	3053
泰宁县	6	29	620	15	67	1799
建宁县	11	36	1359	33	131	3802
永安市	45	145	4117	112	384	10596
泉州市	**1143**	**3602**	**118884**	**2514**	**8422**	**280378**
鲤城区	56	119	3559	128	327	9921
丰泽区	36	73	2188	68	182	6169
洛江区	11	38	1450	40	141	4814
泉港区	77	250	10123	169	636	26964
惠安县	177	587	21915	448	1637	63265
安溪县	163	602	16657	355	1423	39588
永春县	102	368	9904	166	599	15730
德化县	78	236	5589	197	605	13080
石狮市	76	175	7093	181	439	15421
晋江市	211	599	20998	486	1474	52246
南安市	156	555	19408	276	959	33180

9−2 续表 3

单位：户、间、平方米

地区	1949−1959年			1960−1969年		
	户数	间数	面积	户数	间数	面积
漳州市	**1031**	**1968**	**68695**	**2248**	**4671**	**160982**
芗城区	65	141	4390	172	331	10490
龙文区	18	32	1051	40	91	3361
云霄县	99	158	5916	205	362	13208
漳浦县	109	208	8656	219	464	17482
诏安县	275	408	14738	515	833	31220
长泰县	33	79	3048	78	198	6532
东山县	25	50	2260	73	168	6658
南靖县	123	354	8371	292	863	21258
平和县	117	209	8314	300	505	20478
华安县	22	81	2214	109	367	10551
龙海市	145	248	9737	245	489	19744
南平市	**606**	**1893**	**57326**	**1940**	**6257**	**193010**
延平区	86	252	7280	279	769	23190
建阳区	49	123	3862	174	556	16865
顺昌县	46	143	4839	168	522	19312
浦城县	117	404	11310	329	1184	30794
光泽县	16	57	1647	50	141	3666
松溪县	35	100	3441	88	290	9892
政和县	45	162	3615	141	504	13086
邵武市	28	77	1864	119	363	10664
武夷山市	35	116	3813	156	503	15484
建瓯市	149	459	15655	436	1425	50057
龙岩市	**367**	**1148**	**30097**	**757**	**2496**	**66838**
新罗区	100	284	6348	233	680	15902
永定区	74	228	5263	112	309	7286
长汀县	57	192	5239	97	341	9511
上杭县	7	27	770	29	106	3466
武平县	19	63	2150	34	141	4670
连城县	45	117	3442	70	234	6880
漳平市	65	237	6885	182	685	19123
宁德市	**1082**	**3108**	**94952**	**1880**	**6186**	**186827**
蕉城区	127	367	12883	218	707	24481
霞浦县	127	338	11311	256	766	23902
古田县	226	660	15467	356	1325	33585
屏南县	55	183	5863	141	471	13616
寿宁县	69	252	6930	164	669	18924
周宁县	82	287	9615	164	583	19770
柘荣县	47	141	3931	59	195	5755
福安市	216	605	18696	313	1007	28994
福鼎市	133	275	10256	209	463	17800

9-2　续表 4　　　　单位：户、间、平方米

地　区	1970—1979年			1980—1989年			1990—1999年		
	户数	间数	面积	户数	间数	面积	户数	间数	面积
合　计	**38772**	**124782**	**4084616**	**117465**	**405640**	**14215186**	**266239**	**951788**	**36204910**
福州市	**8582**	**24954**	**797453**	**24613**	**77727**	**2584379**	**58437**	**200526**	**7299188**
鼓楼区	281	668	19070	1843	4489	132384	8931	23197	768715
台江区	293	628	17456	1169	2575	73565	4096	10197	326777
仓山区	518	1542	37850	2829	7741	194518	5354	13446	368878
马尾区	315	825	26896	857	2445	81389	1450	4241	147339
晋安区	297	711	19586	1785	3775	103689	5985	14089	441481
长乐区	1733	4023	151828	4118	11279	418636	4708	16016	644499
闽侯县	724	2724	77056	2396	9765	293043	5543	23594	744724
连江县	600	1733	53200	2046	6938	229363	4334	15923	580206
罗源县	360	1098	28992	681	2219	66808	1327	4375	144897
闽清县	479	1913	58063	954	4266	147488	2242	10747	402013
永泰县	807	2986	69919	1105	4450	109520	1841	7736	204441
平潭县	905	2387	86965	1771	5322	197496	3024	11202	414714
福清市	1270	3716	150572	3059	12463	536480	9602	45763	2110504
厦门市	**1927**	**4021**	**121174**	**9443**	**21889**	**692487**	**31963**	**74939**	**2562397**
思明区	1013	1553	34793	4738	8802	241682	12023	25832	883651
海沧区	44	101	3249	174	595	26300	1511	4190	159821
湖里区	122	174	4206	1476	2358	57044	8378	14451	417239
集美区	247	524	18161	1046	2650	88543	3868	8187	251505
同安区	249	787	27433	1147	3704	129651	4131	13067	468007
翔安区	252	882	33332	862	3780	149267	2052	9212	382174
莆田市	**3092**	**12459**	**468506**	**8760**	**37810**	**1485793**	**21351**	**94507**	**3934391**
城厢区	231	1073	39364	1081	4345	168207	4727	15307	595262
涵江区	505	2030	70405	1901	8447	297194	3719	16830	646282
荔城区	454	1839	72827	1631	6961	284142	3814	16443	696584
秀屿区	794	3628	156002	1938	9222	412728	3457	18512	883573
仙游县	1108	3889	129908	2209	8835	323522	5634	27415	1112690
三明市	**2948**	**10851**	**289018**	**9586**	**34817**	**1032908**	**17896**	**72196**	**2401564**
梅列区	232	600	18271	1175	2891	83029	1767	4255	136532
三元区	326	997	23849	1185	3292	86046	1581	4277	128658
明溪县	241	1067	25461	583	2535	69526	603	2659	85515
清流县	107	363	12565	298	1052	40168	890	3734	147171
宁化县	226	841	24913	595	2598	86275	1810	9770	337993
大田县	239	1093	28948	924	3707	104807	2041	8305	264631
尤溪县	434	2117	49789	965	4765	121489	2346	11708	331674
沙县	466	1445	38827	1231	4491	139952	1791	7353	269100
将乐县	112	446	13420	486	2034	75227	976	4671	177236
泰宁县	68	262	7978	291	1064	34379	852	3554	117364
建宁县	111	407	11715	323	1230	39783	808	3213	113922
永安市	386	1213	33282	1530	5158	152227	2431	8697	291768
泉州市	**6951**	**25100**	**903921**	**24277**	**95700**	**3683023**	**57189**	**214970**	**8699045**
鲤城区	396	988	32409	1653	4794	162420	3387	9198	335478
丰泽区	171	424	14300	1684	4023	136107	6316	14942	526049
洛江区	112	412	16767	390	1835	72171	1190	5356	230401
泉港区	385	1558	64890	976	4440	201844	1817	8272	386261
惠安县	1175	5221	221227	3638	18002	827922	6208	28687	1460785
安溪县	830	3340	97522	2476	11055	331894	6391	28282	881547
永春县	429	1712	47631	1728	8421	268676	3831	19480	682130
德化县	411	1244	27421	910	2937	73563	2244	6675	205306
石狮市	620	1700	62422	2195	6069	235101	5160	12787	520766
晋江市	1547	5129	196036	5021	17882	727380	10849	35891	1544583
南安市	875	3372	123296	3606	16242	645945	9796	45400	1925739

9-2 续表 5

单位：户、间、平方米

地区	1970—1979年			1980—1989年			1990—1999年		
	户数	间数	面积	户数	间数	面积	户数	间数	面积
漳州市	**4484**	**10551**	**386436**	**12712**	**36069**	**1470620**	**27346**	**91000**	**4030585**
芗城区	406	872	29480	1514	3826	141213	4570	11676	461134
龙文区	100	267	10972	324	1019	48675	923	3136	154319
云霄县	462	922	37315	1158	3008	123513	2498	7892	365753
漳浦县	533	1261	52031	1842	5520	239728	3121	11165	507503
诏安县	836	1502	59114	1513	3062	126294	2412	6338	279455
长泰县	176	556	18832	619	2378	87490	1348	5658	226467
东山县	188	481	20334	727	2062	94289	1092	3626	185661
南靖县	602	1785	48382	1147	3640	110903	1822	7017	259989
平和县	450	902	35504	1152	2829	118974	2744	9276	395210
华安县	215	755	22691	382	1631	52518	869	3585	132506
龙海市	516	1248	51781	2334	7094	327023	5947	21631	1062588
南平市	**5000**	**16888**	**523181**	**12546**	**44154**	**1393525**	**18610**	**70285**	**2377779**
延平区	653	1821	55112	2077	5560	173283	3868	13228	426561
建阳区	570	1904	59322	1340	4768	154297	2257	8222	294112
顺昌县	469	1561	52496	1096	3880	129230	1256	4493	150065
浦城县	648	2402	62609	1395	5793	149275	2009	8713	261214
光泽县	231	718	20003	654	2229	66656	953	3581	116779
松溪县	245	850	26820	615	2324	81323	745	3096	115283
政和县	357	1372	35786	856	3474	100885	797	3186	106812
邵武市	438	1460	44631	1387	4434	124482	2590	8444	273811
武夷山市	395	1396	44842	854	3316	108579	1422	6079	204686
建瓯市	994	3404	121560	2272	8376	305515	2713	11243	428456
龙岩市	**2203**	**7870**	**224592**	**7102**	**26815**	**844519**	**15723**	**64460**	**2305652**
新罗区	764	2206	59924	2583	8015	234566	5075	15070	497589
永定区	227	792	19763	878	3216	96193	2341	10477	354227
长汀县	271	970	28920	816	3254	105636	2124	9641	338836
上杭县	100	361	14006	499	2373	91021	2068	11002	433431
武平县	184	755	22426	601	2778	88807	1418	7357	287238
连城县	181	564	17260	631	2450	82636	1128	5026	196028
漳平市	476	2222	62293	1094	4729	145660	1569	5887	198303
宁德市	**3585**	**12088**	**370335**	**8426**	**30659**	**1027932**	**17724**	**68905**	**2594309**
蕉城区	449	1441	48316	1212	4161	145839	2593	9011	333299
霞浦县	491	1468	46883	1117	3774	132057	2425	9107	344132
古田县	677	2542	65440	1325	5548	153487	2165	9738	301516
屏南县	300	1131	33623	643	2694	85799	776	3409	117763
寿宁县	227	906	26689	453	1896	55248	819	3801	121361
周宁县	263	1025	32162	461	1775	61326	886	3998	157819
柘荣县	102	353	14243	215	767	31529	543	2180	98081
福安市	640	2169	62612	1563	5742	179352	3686	14406	487373
福鼎市	436	1053	40367	1437	4302	183295	3831	13255	632965

9-2　续表 6　　　　单位：户、间、平方米

地　区	2000-2009年			2010-2014年			2015年以后		
	户数	间数	面积	户数	间数	面积	户数	间数	面积
合　计	**409279**	**1384341**	**55148889**	**252516**	**885723**	**36121790**	**147839**	**519335**	**20824054**
福州市	**79087**	**268787**	**10493066**	**43869**	**151615**	**6082958**	**25528**	**81974**	**3143017**
鼓楼区	6241	17145	678660	1795	4490	165906	748	1948	75853
台江区	5447	14406	539517	1377	3525	130335	1288	3137	111693
仓山区	17605	45307	1554551	6467	16050	564845	4908	12216	430272
马尾区	1922	5561	208190	1399	3810	148402	1652	4143	142393
晋安区	9725	25793	905707	5267	13253	458301	3848	9576	333905
长乐区	4149	14661	631531	3149	11261	478449	1275	4526	181569
闽侯县	7060	27543	900933	7036	23593	776188	3185	9913	309797
连江县	6034	22272	877240	3801	13440	544465	1828	6268	236430
罗源县	1909	6725	236853	2419	7169	272557	459	1452	49096
闽清县	1694	8678	334629	963	4682	185273	859	3762	142866
永泰县	2247	9013	258903	1525	6107	180698	879	3708	106056
平潭县	3082	12197	456175	1321	4511	164696	1222	3612	138305
福清市	11972	59486	2910177	7350	39724	2012843	3377	17713	884782
厦门市	**84655**	**160060**	**5150524**	**41232**	**81701**	**2648578**	**22475**	**47366**	**1550911**
思明区	13747	32161	1274842	2430	5681	222824	1004	1908	73476
海沧区	9757	17585	569895	6566	11383	357409	4513	8341	244549
湖里区	26634	39432	1000730	5256	9466	325495	1999	3624	129023
集美区	16545	26243	721039	10141	18981	589881	5938	12174	386505
同安区	12023	26883	892654	9885	19320	563679	5492	12061	380311
翔安区	5949	17756	691364	6954	16870	589290	3529	9258	337047
莆田市	**25916**	**124715**	**5572169**	**18484**	**89075**	**4156855**	**10191**	**48443**	**2264034**
城厢区	5122	19857	870168	2973	12251	580778	1994	7754	352085
涵江区	2957	13477	562115	2159	8565	365258	1552	6156	255550
荔城区	5683	22974	1021109	4134	16183	728343	1915	7835	368284
秀屿区	4625	29068	1458005	3773	25179	1327324	2147	14350	737096
仙游县	7529	39339	1660772	5445	26897	1155152	2583	12348	551019
三明市	**21292**	**90509**	**3165497**	**14995**	**61553**	**2127602**	**8547**	**34165**	**1175855**
梅列区	2066	5310	193982	1346	3726	137700	1094	2976	109939
三元区	1233	3631	125108	823	2416	79971	643	1780	57575
明溪县	828	3296	114801	438	2325	72776	334	1858	58774
清流县	945	4396	174418	958	4417	172773	362	2053	79396
宁化县	2911	15173	537026	1475	7257	258356	1167	4659	159804
大田县	2691	12526	401803	1701	8252	257148	988	4834	153941
尤溪县	2743	13896	410497	2232	10117	299778	913	4146	124100
沙县	1908	7147	284176	1225	4522	164813	791	2843	102224
将乐县	1017	5009	195862	1053	4349	173872	546	2303	91560
泰宁县	918	3843	136071	628	2575	89971	255	956	31805
建宁县	1234	5623	200565	766	3040	113161	306	1230	43471
永安市	2798	10659	391188	2350	8557	307283	1148	4527	163266
泉州市	**77578**	**285198**	**12387001**	**46240**	**171041**	**7720060**	**29225**	**110611**	**4894842**
鲤城区	4385	10695	403538	1498	3776	141575	1227	3226	115987
丰泽区	7211	18329	748379	3243	8961	374726	2304	5946	230649
洛江区	2144	8539	381116	1494	5657	244274	904	3554	149591
泉港区	3680	17432	843647	2324	11607	587106	1229	6164	312687
惠安县	10275	41861	2256473	5985	24754	1376599	2934	12166	681368
安溪县	9254	40464	1320665	5087	20065	693692	3621	14392	483118
永春县	3504	17968	632038	1820	8150	283700	1084	4469	157150
德化县	2851	8392	277858	1907	5382	177722	1761	5171	176483
石狮市	6088	14771	634668	2837	8751	411227	2034	6664	307620
晋江市	15874	50822	2275600	11522	37602	1727308	7401	26370	1216807
南安市	12312	55925	2613019	8523	36336	1702131	4726	22489	1063382

9-2 续表 7

单位：户、间、平方米

地　区	2000-2009年			2010-2014年			2015年以后		
	户数	间数	面积	户数	间数	面积	户数	间数	面积
漳州市	**44761**	**152498**	**6986413**	**36473**	**130019**	**6038301**	**19950**	**73657**	**3382709**
芗城区	7272	18660	801949	3582	9629	408711	1862	5329	213260
龙文区	2886	8097	378371	2543	6678	281904	2240	5907	240791
云霄县	2806	9645	472144	2479	8624	401572	1853	6776	315191
漳浦县	6057	25095	1205626	8348	35264	1727795	3718	17830	887669
诏安县	3988	12548	545793	3542	11911	550141	2418	8640	416983
长泰县	2336	8670	365113	1488	5672	245385	786	3382	145278
东山县	1644	5360	282543	1681	5764	302249	896	3458	187232
南靖县	2366	9435	383104	1952	7545	313763	1061	4071	162317
平和县	4191	14833	635638	3112	11020	474701	1415	5052	215412
华安县	1302	6215	246834	892	4253	179013	494	2326	90234
龙海市	9913	33940	1669298	6854	23659	1153067	3207	10886	508342
南平市	**19366**	**74668**	**2681477**	**15643**	**60801**	**2157478**	**8957**	**35932**	**1246146**
延平区	3554	10992	410653	2428	8111	288877	1448	4753	169319
建阳区	2301	8477	308094	2684	9409	351306	1400	5272	194632
顺昌县	1279	4977	177930	1009	3477	126368	516	2140	73380
浦城县	2120	9604	296849	1622	7865	245828	826	4376	125763
光泽县	747	3421	114405	1035	4031	134746	377	1564	51299
松溪县	1035	4222	167065	738	3408	132625	403	2032	77216
政和县	914	4027	135590	1120	4390	147468	725	3095	100129
邵武市	2218	7633	264790	1448	4776	161854	1146	3687	118033
武夷山市	2224	9247	334154	1103	5164	188240	638	2795	98032
建瓯市	2974	12068	471947	2456	10170	380166	1478	6218	238343
龙岩市	**27711**	**117025**	**4395279**	**18847**	**79295**	**2923942**	**12519**	**50430**	**1845575**
新罗区	8243	24126	878089	4973	13889	485669	4597	13146	466881
永定区	3253	14490	520826	2024	8665	295096	1014	4331	147714
长汀县	3877	17262	611121	2654	12902	448894	1763	8274	281307
上杭县	4577	25466	1012882	2996	15466	621747	1450	7806	325838
武平县	2909	15200	585484	2403	11326	428907	1282	5908	217919
连城县	2578	11912	474274	2101	10106	395061	1497	6904	265783
漳平市	2274	8569	312603	1696	6941	248568	916	4061	140133
宁德市	**28913**	**110881**	**4317463**	**16733**	**60623**	**2266016**	**10447**	**36757**	**1320965**
蕉城区	6255	20431	789167	3812	11629	437275	2219	6638	246777
霞浦县	4552	17489	668215	3030	11270	427875	1798	6293	213984
古田县	2460	10105	341865	1487	6084	208072	1104	4108	136336
屏南县	1011	4253	163612	627	2479	85488	523	2078	67643
寿宁县	1378	6443	212795	1098	4657	154504	599	2913	95778
周宁县	1226	5944	237144	811	3805	146797	535	2536	95580
柘荣县	881	3692	163139	510	1919	77767	326	1280	51941
福安市	5200	20912	734319	2641	9631	317428	1493	5361	180820
福鼎市	5950	21612	1007207	2717	9149	410810	1850	5550	232106

9-2a 各地区按住房建成时间分的家庭户住房状况(城市)

单位：户、间、平方米

地区	合计			1949年以前		
	户数	间数	面积	户数	间数	面积
合 计	**548807**	**1399382**	**50973357**	**2802**	**5963**	**174601**
福州市	**125741**	**339939**	**12010482**	**447**	**1027**	**25532**
鼓楼区	19921	52152	1846511	22	52	1232
台江区	13768	34759	1206775	45	141	3762
仓山区	37958	97004	3168305	111	280	6928
马尾区	7068	18554	648676	33	76	1865
晋安区	26346	64211	2159251	64	120	2460
长乐区	7551	23824	892795	116	241	6126
闽侯县						
连江县						
罗源县						
闽清县						
永泰县						
平潭县						
福清市	13129	49435	2088169	56	117	3159
厦门市	**165385**	**308984**	**9696490**	**1118**	**1945**	**52106**
思明区	36343	78167	2784410	908	1491	36185
海沧区	22260	41585	1342031	76	173	6854
湖里区	43953	69621	1935943	17	20	332
集美区	33775	60840	1806537	54	110	2904
同安区	25754	49014	1447936	54	123	4844
翔安区	3300	9757	379633	9	28	987
莆田市	**38976**	**141707**	**5879534**	**199**	**567**	**19218**
城厢区	11144	28969	1094642	57	145	5906
涵江区	9931	38798	1503453	77	233	6964
荔城区	13321	47417	1900099	52	154	5035
秀屿区	4580	26523	1381340	13	35	1313
仙游县						
三明市	**19212**	**50753**	**1764411**	**69**	**145**	**3181**
梅列区	7156	17765	617432	1	1	50
三元区	4962	11968	387966	56	111	2209
明溪县						
清流县						
宁化县						
大田县						
尤溪县						
沙县						
将乐县						
泰宁县						
建宁县						
永安市	7094	21020	759013	12	33	922
泉州市	**88240**	**238607**	**9534067**	**246**	**622**	**21471**
鲤城区	12859	33430	1215677	129	307	10790
丰泽区	21055	52924	2040047	22	44	1480
洛江区	2679	7591	290458	3	5	345
泉港区	3597	14810	678236	12	42	1305
惠安县						
安溪县						
永春县						
德化县						
石狮市	12819	30269	1163138	30	74	2411
晋江市	28345	71928	2807069	42	125	4030
南安市	6886	27655	1339442	8	25	1110

9-2a 续表 1　　　单位：户、间、平方米

地　区	合　计			1949年以前		
	户数	间数	面积	户数	间数	面积
漳州市	**30771**	**83012**	**3535655**	**379**	**721**	**26824**
芗城区	15057	36313	1400756	207	420	15250
龙文区	8309	22042	933677	23	49	1587
云霄县						
漳浦县						
诏安县						
长泰县						
东山县						
南靖县						
平和县						
华安县						
龙海市	7366	24553	1197382	149	252	9987
南平市	**30367**	**87612**	**3029856**	**63**	**229**	**6791**
延平区	9362	24304	834612	2	6	213
建阳区	5782	16198	576118	8	25	703
顺昌县						
浦城县						
光泽县						
松溪县						
政和县						
邵武市	6484	18364	593298	24	85	2591
武夷山市	3796	13339	452046	14	64	1734
建瓯市	4943	15407	573782	15	49	1550
龙岩市	**26740**	**74339**	**2608817**	**76**	**197**	**4570**
新罗区	20667	54964	1899613	55	151	3273
永定区	2058	7630	276755	4	9	230
长汀县						
上杭县						
武平县						
连城县						
漳平市	4015	11745	432449	17	37	1067
宁德市	**23375**	**74429**	**2914045**	**205**	**510**	**14908**
蕉城区	10356	29792	1115054	58	146	4761
霞浦县						
古田县						
屏南县						
寿宁县						
周宁县						
柘荣县						
福安市	6531	22993	795088	118	310	8052
福鼎市	6488	21644	1003903	29	54	2095

9-2a 续表 2

单位：户、间、平方米

地 区	1949—1959年			1960—1969年		
	户数	间数	面积	户数	间数	面积
合 计	**1119**	**2509**	**74106**	**2392**	**5846**	**179339**
福州市	**219**	**490**	**13460**	**486**	**1186**	**35653**
鼓楼区	18	54	1335	42	109	3356
台江区	11	29	614	42	121	3056
仓山区	72	171	4055	94	251	6408
马尾区	22	47	1801	73	190	6496
晋安区	20	38	744	45	96	2690
长乐区	45	77	2199	131	265	8293
闽侯县						
连江县						
罗源县						
闽清县						
永泰县						
平潭县						
福清市	31	74	2712	59	154	5354
厦门市	**283**	**461**	**12033**	**489**	**867**	**22960**
思明区	151	234	5775	329	505	11182
海沧区	8	18	657	16	45	2061
湖里区	35	40	726	36	56	1148
集美区	51	99	2734	61	124	3750
同安区	31	51	1619	37	97	3317
翔安区	7	19	522	10	40	1502
莆田市	**145**	**533**	**17448**	**271**	**1041**	**36400**
城厢区	6	15	493	15	42	1092
涵江区	67	227	7398	107	400	12365
荔城区	60	232	7633	111	458	15455
秀屿区	12	59	1924	38	141	7488
仙游县						
三明市	**27**	**56**	**1422**	**86**	**172**	**4645**
梅列区				17	31	764
三元区	18	41	1080	48	89	2222
明溪县						
清流县						
宁化县						
大田县						
尤溪县						
沙县						
将乐县						
泰宁县						
建宁县						
永安市	9	15	342	21	52	1659
泉州市	**207**	**448**	**13824**	**481**	**1256**	**40649**
鲤城区	56	119	3559	128	327	9921
丰泽区	36	73	2188	68	182	6169
洛江区	2	5	145	13	25	499
泉港区	17	47	1914	35	135	6040
惠安县						
安溪县						
永春县						
德化县						
石狮市	37	68	2351	87	204	6417
晋江市	51	106	2767	128	320	9203
南安市	8	30	900	22	63	2400

9—2a 续表 3

单位：户、间、平方米

地区	1949—1959年			1960—1969年		
	户数	间数	面积	户数	间数	面积
漳州市	**84**	**169**	**5664**	**185**	**375**	**13251**
芗城区	37	82	2491	82	149	4802
龙文区	15	29	911	28	68	2246
云霄县						
漳浦县						
诏安县						
长泰县						
东山县						
南靖县						
平和县						
华安县						
龙海市	32	58	2262	75	158	6203
南平市	**66**	**133**	**3609**	**209**	**505**	**13458**
延平区	22	45	1409	60	131	3837
建阳区	8	10	258	48	108	2599
顺昌县						
浦城县						
光泽县						
松溪县						
政和县						
邵武市	13	25	538	51	122	3130
武夷山市	5	12	190	26	85	2403
建瓯市	18	41	1214	24	59	1489
龙岩市	**37**	**96**	**2739**	**110**	**225**	**5707**
新罗区	30	66	1819	96	196	4817
永定区	3	17	440	6	16	530
长汀县						
上杭县						
武平县						
连城县						
漳平市	4	13	480	8	13	360
宁德市	**51**	**123**	**3907**	**75**	**219**	**6616**
蕉城区	14	32	1030	19	41	1744
霞浦县						
古田县						
屏南县						
寿宁县						
周宁县						
柘荣县						
福安市	21	55	1512	38	139	3428
福鼎市	16	36	1365	18	39	1444

9-2a 续表 4 单位：户、间、平方米

地区	1970-1979年			1980-1989年			1990-1999年		
	户数	间数	面积	户数	间数	面积	户数	间数	面积
合计	**8394**	**21125**	**650721**	**41194**	**110073**	**3573134**	**120171**	**322212**	**11550523**
福州市	**2115**	**5444**	**157500**	**10107**	**26559**	**777855**	**31245**	**85487**	**2886895**
鼓楼区	281	668	19070	1843	4489	132384	8931	23197	768715
台江区	293	628	17456	1169	2575	73565	4096	10197	326777
仓山区	518	1542	37850	2829	7741	194518	5354	13446	368878
马尾区	266	689	22008	734	2000	62957	1231	3333	109194
晋安区	237	477	11626	1663	3253	86197	5859	13468	419840
长乐区	351	935	29741	1071	3210	101996	1947	6323	234996
闽侯县									
连江县									
罗源县									
闽清县									
永泰县									
平潭县									
福清市	169	505	19749	798	3291	126238	3827	15523	658495
厦门市	**1485**	**2526**	**65714**	**7974**	**15834**	**458466**	**28383**	**59835**	**1966792**
思明区	1013	1553	34793	4738	8802	241682	12023	25832	883651
海沧区	41	98	3159	159	536	23800	1438	4028	153783
湖里区	122	174	4206	1476	2358	57044	8378	14451	417239
集美区	202	381	12405	853	1977	62141	3334	6686	199490
同安区	93	279	9545	671	1840	60554	2886	7487	254190
翔安区	14	41	1606	77	321	13245	324	1351	58439
莆田市	**759**	**3043**	**108300**	**3473**	**13667**	**511239**	**10447**	**37682**	**1495608**
城厢区	40	142	3750	521	1356	42258	3611	8205	279531
涵江区	291	1090	35883	1399	5721	200751	2914	12117	463977
荔城区	272	1071	36365	1074	4298	161088	2817	11185	441299
秀屿区	156	740	32302	479	2292	107142	1105	6175	310801
仙游县									
三明市	**485**	**1086**	**29685**	**2779**	**6671**	**193745**	**4591**	**11494**	**377965**
梅列区	133	281	8204	1008	2276	65911	1671	3844	123702
三元区	195	426	11151	918	2085	56917	1326	3066	96986
明溪县									
清流县									
宁化县									
大田县									
尤溪县									
沙县									
将乐县									
泰宁县									
建宁县									
永安市	157	379	10330	853	2310	70917	1594	4584	157277
泉州市	**1473**	**3882**	**133052**	**7159**	**20308**	**736213**	**21378**	**56065**	**2136789**
鲤城区	396	988	32409	1653	4794	162420	3387	9198	335478
丰泽区	171	424	14300	1684	4023	136107	6316	14942	526049
洛江区	25	45	990	94	371	13299	325	986	40759
泉港区	97	419	18162	285	1270	58384	533	2381	110609
惠安县									
安溪县									
永春县									
德化县									
石狮市	322	796	25195	1352	3381	115269	3693	7908	287231
晋江市	374	916	30640	1601	4360	160733	5545	14130	537098
南安市	88	294	11356	490	2109	90001	1579	6520	299565

9-2a 续表 5 单位：户、间、平方米

地 区	1970-1979年			1980-1989年			1990-1999年		
	户数	间数	面积	户数	间数	面积	户数	间数	面积
漳州市	**479**	**1056**	**38217**	**2168**	**5532**	**214231**	**6242**	**16983**	**723248**
芗城区	232	489	15829	1100	2575	88311	3773	8891	330499
龙文区	84	227	9138	264	813	36426	786	2553	121307
云霄县									
漳浦县									
诏安县									
长泰县									
东山县									
南靖县									
平和县									
华安县									
龙海市	160	337	13090	800	2140	89334	1681	5536	271292
南平市	**740**	**1831**	**52182**	**3518**	**9477**	**279701**	**7398**	**21523**	**726443**
延平区	216	462	12394	1396	3276	94827	2341	5687	188489
建阳区	133	313	8156	400	1081	31200	1237	3548	122999
顺昌县									
浦城县									
光泽县									
松溪县									
政和县									
邵武市	181	431	11347	854	2271	61127	1824	5048	161297
武夷山市	84	267	7354	359	1267	37186	909	3413	112715
建瓯市	126	358	12931	509	1582	55361	1087	3827	140943
龙岩市	**523**	**1309**	**36028**	**2372**	**6698**	**204741**	**5664**	**16397**	**557840**
新罗区	431	1031	27642	1795	4820	140604	4016	10682	352716
永定区	12	53	1710	143	555	19046	669	2823	99547
长汀县									
上杭县									
武平县									
连城县									
漳平市	80	225	6676	434	1323	45091	979	2892	105577
宁德市	**335**	**948**	**30043**	**1644**	**5327**	**196943**	**4823**	**16746**	**678943**
蕉城区	127	351	11413	562	1618	56443	1561	4857	180519
霞浦县									
古田县									
屏南县									
寿宁县									
周宁县									
柘荣县									
福安市	128	362	9747	562	1843	59087	1710	6378	221782
福鼎市	80	235	8883	520	1866	81413	1552	5511	276642

9-2a　续表 6　　　　单位：户、间、平方米

地　区	2000—2009年			2010—2014年			2015年以后		
	户数	间数	面积	户数	间数	面积	户数	间数	面积
合　计	**205977**	**507683**	**18955906**	**102565**	**258718**	**9746336**	**64193**	**165253**	**6068691**
福州市	**47343**	**130585**	**4851155**	**19621**	**52839**	**1959494**	**14158**	**36322**	**1302938**
鼓楼区	6241	17145	678660	1795	4490	165906	748	1948	75853
台江区	5447	14406	539517	1377	3525	130335	1288	3137	111693
仓山区	17605	45307	1554551	6467	16050	564845	4908	12216	430272
马尾区	1789	4901	182421	1301	3355	128556	1619	3963	133378
晋安区	9600	25116	883971	5098	12439	429615	3760	9204	322108
长乐区	1936	6457	266119	1355	4447	172069	599	1869	71256
闽侯县									
连江县									
罗源县									
闽清县									
永泰县									
平潭县									
福清市	4725	17253	745916	2228	8533	368168	1236	3985	158378
厦门市	**75122**	**132328**	**4120491**	**32872**	**60801**	**1917773**	**17659**	**34387**	**1080155**
思明区	13747	32161	1274842	2430	5681	222824	1004	1908	73476
海沧区	9673	17453	565764	6501	11231	351614	4348	8003	234339
湖里区	26634	39432	1000730	5256	9466	325495	1999	3624	129023
集美区	14690	23027	626620	9193	17384	543039	5337	11052	353454
同安区	9427	17462	540339	8274	13684	350570	4281	7991	222958
翔安区	951	2793	112196	1218	3355	124231	690	1809	66905
莆田市	**11486**	**42189**	**1802033**	**7761**	**27596**	**1220389**	**4435**	**15389**	**668899**
城厢区	3687	10335	412291	1871	5145	207243	1336	3584	142078
涵江区	2249	9401	388772	1644	5578	227487	1183	4031	159856
荔城区	4340	15029	619814	3245	10629	433656	1350	4361	179754
秀屿区	1210	7424	381156	1001	6244	352003	566	3413	187211
仙游县									
三明市	**5059**	**14258**	**531533**	**3672**	**10088**	**374539**	**2444**	**6783**	**247696**
梅列区	1977	5004	183721	1278	3468	128787	1071	2860	106293
三元区	1093	2888	104097	708	1724	62091	600	1538	51213
明溪县									
清流县									
宁化县									
大田县									
尤溪县									
沙县									
将乐县									
泰宁县									
建宁县									
永安市	1989	6366	243715	1686	4896	183661	773	2385	90190
泉州市	**30186**	**79691**	**3308414**	**16630**	**46706**	**1960087**	**10480**	**29629**	**1183568**
鲤城区	4385	10695	403538	1498	3776	141575	1227	3226	115987
丰泽区	7211	18329	748379	3243	8961	374726	2304	5946	230649
洛江区	972	2680	107817	764	2061	76781	481	1413	49823
泉港区	1413	5565	250306	780	3238	151509	425	1713	80007
惠安县									
安溪县									
永春县									
德化县									
石狮市	4242	8923	341767	1850	5357	234608	1206	3558	147889
晋江市	9527	23392	927413	6939	17522	703392	4138	11057	431793
南安市	2436	10107	529194	1556	5791	277496	699	2716	127420

9-2a 续表 7

单位：户、间、平方米

地区	2000-2009年			2010-2014年			2015年以后		
	户数	间数	面积	户数	间数	面积	户数	间数	面积
漳州市	**10209**	**28112**	**1260631**	**6638**	**18050**	**766760**	**4387**	**12014**	**486829**
芗城区	5562	13437	552603	2661	6639	259619	1403	3631	131352
龙文区	2562	6697	295062	2366	5891	237522	2181	5715	229478
云霄县									
漳浦县									
诏安县									
长泰县									
东山县									
南靖县									
平和县									
华安县									
龙海市	2062	7908	410362	1605	5499	268973	802	2665	125879
南平市	**8643**	**26097**	**966977**	**5841**	**16444**	**586512**	**3889**	**11373**	**394183**
延平区	2724	7386	277394	1522	4238	148511	1079	3073	107538
建阳区	1302	3864	141953	1772	4786	177227	874	2463	91023
顺昌县									
浦城县									
光泽县									
松溪县									
政和县									
邵武市	1622	4819	174152	983	2783	92311	932	2780	86805
武夷山市	1537	5439	193502	513	1692	60435	349	1100	36527
建瓯市	1458	4589	179976	1051	2945	108028	655	1957	72290
龙岩市	**8857**	**24683**	**918181**	**5134**	**13433**	**473044**	**3967**	**11301**	**405967**
新罗区	6717	17832	654236	3970	10152	353599	3557	10034	360907
永定区	752	2739	104950	339	997	34888	130	421	15414
长汀县									
上杭县									
武平县									
连城县									
漳平市	1388	4112	158995	825	2284	84557	280	846	29646
宁德市	**9072**	**29740**	**1196491**	**4396**	**12761**	**487738**	**2774**	**8055**	**298456**
蕉城区	4304	12467	476695	2365	6467	241272	1346	3813	141177
霞浦县									
古田县									
屏南县									
寿宁县									
周宁县									
柘荣县									
福安市	2409	9027	326800	959	3031	101718	586	1848	62962
福鼎市	2359	8246	392996	1072	3263	144748	842	2394	94317

9–2b　各地区按住房建成时间分的家庭户住房状况(镇)

单位：户、间、平方米

地　区	合　计			1949年以前		
	户数	间数	面积	户数	间数	面积
合　计	**330340**	**1187785**	**47492565**	**2935**	**7228**	**224692**
福州市	**56574**	**199807**	**7531722**	**483**	**1098**	**32164**
鼓楼区						
台江区						
仓山区						
马尾区						
晋安区	42	119	4597			
长乐区	4701	14397	592713	91	151	4970
闽侯县	15663	49721	1571778	50	152	4463
连江县	9880	32399	1230239	124	254	6798
罗源县	5398	16341	606617	96	205	5765
闽清县	3338	14389	552098	18	45	1232
永泰县	3806	13497	420818	21	74	1699
平潭县	6538	23610	879528	13	42	1166
福清市	7208	35334	1673334	70	175	6071
厦门市	**10916**	**22580**	**738360**	**31**	**75**	**2686**
思明区						
海沧区						
湖里区						
集美区	3	8	190			
同安区	531	2030	76656	4	9	340
翔安区	10382	20542	661514	27	66	2346
莆田市	**17422**	**78862**	**3314384**	**215**	**522**	**16566**
城厢区	895	5049	233054	2	5	220
涵江区	389	1725	73619	1	2	60
荔城区	220	1206	65063			
秀屿区	2674	14185	698853	9	26	1097
仙游县	13244	56697	2243795	203	489	15189
三明市	**28588**	**103100**	**3701396**	**111**	**326**	**8483**
梅列区	322	1095	34768	1	1	40
三元区	207	720	21134	1	1	10
明溪县	1594	5816	206600	6	17	455
清流县	1769	6241	244890			
宁化县	3701	15275	545962	4	10	410
大田县	4428	14510	509803	12	41	1447
尤溪县	4664	17998	572306	17	76	1096
沙县	5286	18015	683493	46	108	2764
将乐县	2530	9684	383703	4	7	190
泰宁县	1765	5949	210022	4	10	178
建宁县	1683	5405	194946	3	11	343
永安市	639	2392	93769	13	44	1550
泉州市	**80256**	**298394**	**12525226**	**531**	**1503**	**46906**
鲤城区						
丰泽区						
洛江区	975	4180	179125	6	14	445
泉港区	2349	9809	440001	12	22	945
惠安县	17364	67313	3369652	48	136	5481
安溪县	13274	45129	1456353	66	179	4567
永春县	7644	32510	1181801	148	457	12701
德化县	7696	20967	706676	40	84	2145
石狮市	4117	12755	628799	9	30	1175
晋江市	9301	34034	1495108	120	317	10124
南安市	17536	71697	3067711	82	264	9323

9-2b 续表 1 单位：户、间、平方米

地　区	合　计			1949年以前		
	户数	间数	面积	户数	间数	面积
漳州市	**61929**	**196907**	**8876080**	**771**	**1427**	**52043**
芗城区	2664	6911	312448	42	63	1943
龙文区						
云霄县	6162	19454	933623	51	94	3993
漳浦县	13037	47405	2256518	104	184	6327
诏安县	7222	20550	955670	190	292	10257
长泰县	4035	13434	542299	20	55	1672
东山县	4311	13329	672787	54	107	4102
南靖县	4909	16381	654043	42	102	3069
平和县	6121	19919	888101	100	191	7748
华安县	2275	9340	355535	29	78	2025
龙海市	11193	30184	1305056	139	261	10907
南平市	**20061**	**73988**	**2542827**	**159**	**444**	**12471**
延平区	1582	6524	202550	12	29	744
建阳区	1023	3792	136089	26	64	1822
顺昌县	3127	9531	326661	11	34	1058
浦城县	4470	17522	549491	41	121	2989
光泽县	2083	6217	202202	12	40	1094
松溪县	1896	6520	277813	9	18	593
政和县	2542	8822	292100	18	47	1126
邵武市	856	3184	108666	8	27	924
武夷山市	413	2227	83963	1	2	56
建瓯市	2069	9649	363292	21	62	2065
龙岩市	**24853**	**103516**	**3988516**	**220**	**685**	**17918**
新罗区	2201	7580	260262	56	178	3657
永定区	2607	11401	430768	33	101	2854
长汀县	5720	22775	798152	63	216	5591
上杭县	5420	24393	1005479	12	19	747
武平县	4338	18817	755777	2	7	220
连城县	3872	15516	631927	32	97	2879
漳平市	695	3034	106151	22	67	1970
宁德市	**29741**	**110631**	**4274054**	**414**	**1148**	**35455**
蕉城区	1034	4227	167369	58	184	6253
霞浦县	8378	28359	1098407	44	94	3002
古田县	5048	18131	588563	65	170	4225
屏南县	2012	7833	297548	18	49	1420
寿宁县	2265	9425	317658	21	48	1975
周宁县	2235	9735	399706	28	94	2390
柘荣县	1543	6147	278719	6	13	480
福安市	3537	13290	491598	144	438	13482
福鼎市	3689	13484	634486	30	58	2228

9-2b　续表 2　　　　单位：户、间、平方米

地　区	1949-1959年			1960-1969年		
	户数	间数	面积	户数	间数	面积
合　计	**1618**	**4135**	**133180**	**3088**	**8526**	**282109**
福州市	**286**	**695**	**22079**	**601**	**1466**	**47229**
鼓楼区						
台江区						
仓山区						
马尾区						
晋安区				1	1	15
长乐区	66	114	3755	158	319	11530
闽侯县	43	127	3985	70	165	5033
连江县	60	130	4046	119	292	7934
罗源县	23	61	1577	45	98	2779
闽清县	24	79	2050	46	152	5136
永泰县	9	27	810	31	94	2478
平潭县	23	57	1893	34	108	3953
福清市	38	100	3963	97	237	8371
厦门市	**10**	**33**	**1185**	**28**	**72**	**2150**
思明区						
海沧区						
湖里区						
集美区						
同安区				2	9	305
翔安区	10	33	1185	26	63	1845
莆田市	**127**	**357**	**12786**	**213**	**721**	**26848**
城厢区	6	19	850	7	29	1230
涵江区	1	4	120	4	14	428
荔城区				3	6	350
秀屿区	7	20	1250	50	183	7848
仙游县	113	314	10566	149	489	16992
三明市	**43**	**132**	**3546**	**183**	**548**	**16073**
梅列区	1	4	70	13	44	1313
三元区	2	5	150	6	18	425
明溪县	5	26	658	14	51	1270
清流县				8	20	754
宁化县	1	3	96	8	26	1050
大田县	6	16	506	15	58	1728
尤溪县	4	14	320	15	52	1245
沙县	12	32	779	67	156	4509
将乐县	4	7	187	8	19	627
泰宁县	1	3	60	10	48	1439
建宁县	4	10	300	8	19	698
永安市	3	12	420	11	37	1015
泉州市	**374**	**1078**	**35776**	**705**	**2309**	**76596**
鲤城区						
丰泽区						
洛江区	4	12	535	5	31	1290
泉港区	16	36	1363	34	110	4468
惠安县	76	220	7936	190	634	24363
安溪县	50	158	4331	83	306	8301
永春县	47	151	4284	55	165	4537
德化县	17	42	1275	37	84	2057
石狮市	23	56	2624	52	127	4733
晋江市	69	173	5920	117	382	12552
南安市	72	230	7508	132	470	14295

9-2b 续表 3

单位：户、间、平方米

地区	1949-1959年			1960-1969年		
	户数	间数	面积	户数	间数	面积
漳州市	**338**	**621**	**22080**	**686**	**1399**	**50209**
芗城区	11	19	674	29	58	1840
龙文区						
云霄县	26	49	1660	61	112	4430
漳浦县	55	95	4072	88	184	7182
诏安县	124	192	6688	203	334	12388
长泰县	10	19	597	35	88	2852
东山县	21	44	1861	52	125	4862
南靖县	20	58	1628	66	185	5154
平和县	29	61	2066	60	92	3851
华安县	7	20	630	46	132	3818
龙海市	35	64	2204	46	89	3832
南平市	**109**	**321**	**9609**	**246**	**702**	**20207**
延平区	11	33	960	31	84	2396
建阳区	10	21	769	14	39	1393
顺昌县	12	28	604	33	77	2417
浦城县	31	96	2884	78	254	5756
光泽县	6	25	748	30	80	2034
松溪县	13	30	1144	12	27	812
政和县	10	36	840	7	21	790
邵武市	2	9	246	8	25	1129
武夷山市	1	4	180	6	17	546
建瓯市	13	39	1234	27	78	2934
龙岩市	**71**	**200**	**5684**	**102**	**346**	**10151**
新罗区	8	25	569	20	76	1968
永定区	12	35	993	13	38	1165
长汀县	26	64	1898	33	109	3142
上杭县	2	4	125	9	29	951
武平县	4	14	400	5	12	580
连城县	10	31	944	12	40	1390
漳平市	9	27	755	10	42	955
宁德市	**260**	**698**	**20435**	**324**	**963**	**32646**
蕉城区	10	32	1140	16	46	1478
霞浦县	32	74	2418	67	165	5928
古田县	104	270	5350	53	143	3324
屏南县	17	56	1928	21	79	2589
寿宁县	5	9	330	13	57	2185
周宁县	25	97	3655	48	179	8010
柘荣县	5	14	415	7	41	805
福安市	39	98	3424	57	166	5387
福鼎市	23	48	1775	42	87	2940

9-2b 续表 4

单位：户、间、平方米

地区	1970—1979年			1980—1989年			1990—1999年		
	户数	间数	面积	户数	间数	面积	户数	间数	面积
合计	**8497**	**26601**	**915446**	**29434**	**105864**	**3899368**	**69819**	**273179**	**10788085**
福州市	**1710**	**5094**	**171486**	**5142**	**18341**	**642210**	**12058**	**47522**	**1773368**
鼓楼区									
台江区									
仓山区									
马尾区									
晋安区	1	1	75	4	13	600	18	63	2333
长乐区	490	1096	40662	1029	2741	106549	978	3286	134778
闽侯县	258	1023	28215	1155	4351	126446	3028	11578	358514
连江县	246	750	23628	920	3289	110951	1919	6780	250013
罗源县	86	242	7193	319	1011	33064	856	2614	93104
闽清县	94	392	14277	386	1760	69347	1135	5045	197852
永泰县	107	392	11063	306	1277	35708	830	3206	96680
平潭县	180	498	19586	463	1555	60330	1404	5481	201027
福清市	248	700	26787	560	2344	99215	1890	9469	439067
厦门市	**112**	**325**	**11737**	**282**	**919**	**33308**	**877**	**2975**	**113265**
思明区									
海沧区									
湖里区									
集美区	1	1	15	1	4	100	1	3	75
同安区	17	53	1556	34	123	4564	145	502	18466
翔安区	94	271	10166	247	792	28644	731	2470	94724
莆田市	**614**	**2295**	**85237**	**1674**	**6752**	**251933**	**4286**	**19542**	**791626**
城厢区	23	92	3258	85	401	15944	178	983	38918
涵江区	22	65	2461	55	204	8458	105	464	19057
荔城区	5	17	1000	19	79	4530	78	348	18370
秀屿区	146	651	28738	278	1220	54910	582	2586	120938
仙游县	418	1470	49780	1237	4848	168091	3343	15161	594343
三明市	**565**	**1748**	**50891**	**2844**	**9675**	**312599**	**6889**	**26372**	**949323**
梅列区	39	120	3726	96	323	8849	42	170	5327
三元区	17	41	1118	43	177	4472	90	291	8897
明溪县	49	151	4427	220	807	23926	364	1345	47785
清流县	21	58	1886	156	452	16737	501	1792	69405
宁化县	56	203	5887	281	1115	38363	774	3866	141575
大田县	44	155	4612	431	1257	38533	1229	3860	135842
尤溪县	50	187	5525	232	909	26054	1186	4853	152718
沙县	151	408	10903	737	2494	79475	1229	4797	186981
将乐县	35	100	3400	236	815	31424	511	2130	85264
泰宁县	35	123	3468	146	493	16216	434	1444	48486
建宁县	40	118	3111	138	456	14480	359	1146	39621
永安市	28	84	2828	128	377	14070	170	678	27422
泉州市	**2021**	**7356**	**267088**	**7638**	**30890**	**1195484**	**18358**	**72427**	**2941129**
鲤城区									
丰泽区									
洛江区	14	61	2400	84	395	16288	219	973	42677
泉港区	65	234	8703	152	571	24523	504	1752	71313
惠安县	529	2273	95500	1731	8350	372705	3371	14096	703372
安溪县	225	798	23504	809	3208	98202	3043	11197	348181
永春县	188	687	20625	1056	4829	163927	2462	11718	427618
德化县	96	220	5372	447	1146	31792	1643	4376	146112
石狮市	181	543	22245	543	1675	75535	904	2837	139588
晋江市	346	1146	40567	1217	4324	165076	2080	7573	325145
南安市	377	1394	48172	1599	6392	247436	4132	17905	737123

9-2b 续表 5 单位：户、间、平方米

地 区	1970-1979年			1980-1989年			1990-1999年		
	户数	间数	面积	户数	间数	面积	户数	间数	面积
漳州市	**1439**	**3362**	**128392**	**5189**	**14896**	**628847**	**11444**	**38379**	**1730839**
芗城区	58	112	4058	183	550	24639	448	1380	64355
龙文区									
云霄县	165	383	15489	581	1618	68619	1609	5240	254957
漳浦县	227	546	23046	962	2951	129511	1699	5906	272577
诏安县	299	536	21734	747	1540	64849	1311	3590	166739
长泰县	65	194	5974	342	1264	47316	797	3079	124342
东山县	129	333	14116	561	1622	73792	786	2602	134563
南靖县	200	505	16264	489	1364	47502	1025	3558	140496
平和县	122	233	9747	562	1441	63005	1434	4943	219846
华安县	82	262	7972	175	707	22472	556	2149	79516
龙海市	92	258	9992	587	1839	87142	1779	5932	273448
南平市	**877**	**2666**	**76533**	**2695**	**9234**	**290167**	**4988**	**19172**	**647951**
延平区	108	322	9665	164	504	16398	547	2921	81674
建阳区	70	205	5751	175	585	18892	234	924	33935
顺昌县	128	354	9875	478	1426	44285	755	2271	75571
浦城县	195	666	16330	650	2467	64513	1168	4649	150635
光泽县	140	410	11215	345	999	29383	531	1553	50800
松溪县	51	137	5338	245	783	32033	472	1663	66401
政和县	60	156	4353	224	784	24641	468	1567	53922
邵武市	29	89	3135	107	400	12732	230	915	30662
武夷山市	17	51	1978	42	185	7124	89	465	15782
建瓯市	79	276	8893	265	1101	40166	494	2244	88569
龙岩市	**409**	**1347**	**41848**	**1616**	**6480**	**232654**	**5018**	**23040**	**894753**
新罗区	75	274	7546	161	643	19955	372	1496	47002
永定区	41	128	3894	178	683	23020	599	2917	107878
长汀县	125	384	11188	453	1734	58398	1411	6270	222955
上杭县	44	130	5061	259	1190	49349	1092	5189	214708
武平县	35	142	4424	219	924	33718	789	3902	170671
连城县	55	157	5851	272	981	37969	613	2649	111388
漳平市	34	132	3884	74	325	10245	142	617	20151
宁德市	**750**	**2408**	**82234**	**2354**	**8677**	**312166**	**5901**	**23750**	**945831**
蕉城区	47	154	5838	119	518	18401	196	873	34639
霞浦县	161	434	15510	532	1817	69868	1335	4788	194085
古田县	122	384	9589	514	1911	54185	1087	4486	145622
屏南县	40	161	5588	186	771	28458	372	1656	62770
寿宁县	37	134	4202	137	551	17049	368	1633	52907
周宁县	71	272	8812	190	718	27782	542	2509	106676
柘荣县	34	157	7947	100	368	17423	350	1477	71634
福安市	142	481	15791	338	1287	45634	707	2777	103662
福鼎市	96	231	8957	238	736	33366	944	3551	173836

9-2b 续表 6

单位：户、间、平方米

地区	2000—2009年			2010—2014年			2015年以后		
	户数	间数	面积	户数	间数	面积	户数	间数	面积
合计	**98198**	**361812**	**14965860**	**76499**	**259249**	**10593823**	**40252**	**141191**	**5690002**
福州市	**16090**	**59929**	**2354197**	**13936**	**45198**	**1733250**	**6268**	**20464**	**755739**
鼓楼区									
台江区									
仓山区									
马尾区									
晋安区	12	24	726	5	16	830	1	1	18
长乐区	931	3221	140715	753	2717	119050	205	752	30704
闽侯县	4072	12887	426623	5001	13849	447845	1986	5589	170654
连江县	3104	10484	420912	2143	6719	272885	1245	3701	133072
罗源县	1359	4552	172717	2270	6538	253324	344	1020	37094
闽清县	767	3590	140812	386	1548	57504	482	1778	63888
永泰县	1274	4396	143656	748	2393	75683	480	1638	53041
平潭县	2385	9378	348461	1042	3602	130371	994	2889	112741
福清市	2186	11397	559575	1588	7816	375758	531	3096	154527
厦门市	**3512**	**7374**	**246226**	**4336**	**7368**	**216466**	**1728**	**3439**	**111337**
思明区									
海沧区									
湖里区									
集美区									
同安区	177	686	25750	117	497	20171	35	151	5504
翔安区	3335	6688	220476	4219	6871	196295	1693	3288	105833
莆田市	**4940**	**24189**	**1038450**	**3635**	**16633**	**736750**	**1718**	**7851**	**354188**
城厢区	261	1492	73170	201	1252	61926	132	776	37538
涵江区	109	513	20380	65	313	15813	27	146	6842
荔城区	72	467	24723	30	205	11400	13	84	4690
秀屿区	762	4396	218855	562	3243	170849	278	1860	94368
仙游县	3736	17321	701322	2777	11620	476762	1268	4985	210750
三明市	**8379**	**31347**	**1179310**	**6105**	**21020**	**757938**	**3469**	**11932**	**423233**
梅列区	71	229	8380	44	122	4552	15	82	2511
三元区	23	99	3454	20	72	2120	5	16	488
明溪县	628	2095	81923	172	697	24548	136	627	21608
清流县	469	1756	72070	521	1773	69625	93	390	14413
宁化县	1021	4366	160637	742	2946	105389	814	2740	92555
大田县	1429	4781	173915	793	2696	93432	469	1646	59788
尤溪县	1465	6279	202472	1214	4081	133526	481	1547	49350
沙县	1447	4892	208095	935	2990	111037	662	2138	78950
将乐县	632	2738	111110	710	2470	96081	390	1398	55420
泰宁县	557	1902	72093	399	1364	48587	179	562	19495
建宁县	492	1615	60852	457	1424	54166	182	606	21375
永安市	145	595	24309	98	385	14875	43	180	7280
泉州市	**24539**	**89936**	**3908085**	**15843**	**55406**	**2439352**	**10247**	**37489**	**1614810**
鲤城区									
丰泽区									
洛江区	347	1461	63459	190	779	34065	106	454	17966
泉港区	872	3841	175276	473	2150	100637	221	1093	52773
惠安县	6445	23071	1173731	3376	12378	653791	1598	6155	332773
安溪县	3946	13457	446433	2794	8571	290784	2258	7255	232050
永春县	1879	8088	312318	1080	3869	141217	729	2546	94574
德化县	2360	6542	224836	1610	4373	148221	1446	4100	144866
石狮市	1254	3704	183592	618	1904	102335	533	1879	96972
晋江市	2385	9163	417764	1683	6096	290009	1284	4860	227951
南安市	5051	20609	910676	4019	15286	678293	2072	9147	414885

9-2b 续表 7

单位：户、间、平方米

地区	2000—2009年			2010—2014年			2015年以后		
	户数	间数	面积	户数	间数	面积	户数	间数	面积
漳州市	**17995**	**57137**	**2617877**	**16263**	**52765**	**2417651**	**7804**	**26921**	**1228142**
芗城区	1091	2616	118356	556	1456	67248	246	657	29335
龙文区									
云霄县	1473	5014	268256	1245	3852	177035	951	3092	139184
漳浦县	3267	12293	594535	4961	18223	868886	1674	7023	350382
诏安县	1715	5437	257268	1568	5031	240444	1065	3598	175303
长泰县	1357	4130	166572	926	2879	120243	483	1726	72731
东山县	1175	3602	186599	1049	3197	161973	484	1697	90919
南靖县	1247	4402	183232	1149	3887	164180	671	2320	92518
平和县	1777	6250	280981	1464	4863	216826	573	1845	84031
华安县	700	3114	121373	450	1907	81151	230	971	36578
龙海市	4193	10279	440705	2895	7470	319665	1427	3992	157161
南平市	**4581**	**17378**	**637167**	**4499**	**16505**	**585477**	**1907**	**7566**	**263245**
延平区	209	831	28458	343	1190	41165	157	610	21090
建阳区	248	979	36478	172	664	25563	74	311	11486
顺昌县	749	2393	88084	680	2059	73774	281	889	30993
浦城县	1227	4811	160687	812	3309	110990	268	1149	34707
光泽县	228	687	23221	609	1851	63972	182	572	19735
松溪县	643	2224	95271	344	1221	56470	107	417	19751
政和县	573	2097	74044	771	2552	84341	411	1562	48043
邵武市	171	641	22106	193	681	24145	108	397	13587
武夷山市	150	856	35201	67	409	14048	40	238	9048
建瓯市	383	1859	73617	508	2569	91009	279	1421	54805
龙岩市	**8275**	**35861**	**1419395**	**5736**	**22758**	**883346**	**3406**	**12799**	**482767**
新罗区	473	1789	65315	356	1292	51157	680	1807	63093
永定区	881	4081	158275	598	2345	91657	252	1073	41032
长汀县	2034	7740	277997	998	4053	141461	577	2205	75522
上杭县	2059	9857	407919	1406	5602	225444	537	2373	101175
武平县	1349	6320	257285	1323	5112	199747	612	2384	88732
连城县	1321	5359	225755	916	3703	148834	641	2499	96917
漳平市	158	715	26849	139	651	25046	107	458	16296
宁德市	**9887**	**38661**	**1565153**	**6146**	**21596**	**823593**	**3705**	**12730**	**456541**
蕉城区	331	1382	57283	200	793	31994	57	245	10343
霞浦县	2881	10285	413549	1989	6487	250333	1337	4215	143714
古田县	1411	5089	173926	896	3097	105675	796	2581	86667
屏南县	653	2664	110805	369	1234	45275	336	1163	38715
寿宁县	717	3163	109720	747	2843	95681	220	987	33609
周宁县	743	3507	145984	380	1538	64191	208	821	32206
柘荣县	558	2300	106122	303	1097	45970	180	680	27923
福安市	1122	4564	176135	672	2366	87407	316	1113	40676
福鼎市	1471	5707	271629	590	2141	97067	255	925	42688

9-2c　各地区按住房建成时间分的家庭户住房状况(乡村)

单位：户、间、平方米

地　区	合　计			1949年以前		
	户数	间数	面积	户数	间数	面积
合　计	**387824**	**1781874**	**71112776**	**6708**	**18637**	**532026**
福州市	**64713**	**283902**	**11379273**	**1341**	**3482**	**91855**
鼓楼区						
台江区						
仓山区						
马尾区	687	2848	117999	9	18	630
晋安区	723	3407	112798	39	157	4044
长乐区	8050	25772	1097318	195	351	10578
闽侯县	10934	49521	1589421	157	468	12341
连江县	9600	36078	1342267	188	399	10465
罗源县	2329	8242	231978	177	521	11518
闽清县	4394	21536	770433	130	426	11740
永泰县	5471	23420	571979	214	686	13705
平潭县	5343	16823	621151	83	140	4825
福清市	17182	96255	4923929	149	316	12009
厦门市	**17647**	**62674**	**2413283**	**142**	**368**	**13180**
思明区						
海沧区	406	847	28776			
湖里区						
集美区	4209	8326	261053	19	44	1546
同安区	6882	25360	957691	62	166	5748
翔安区	6150	28141	1165763	61	158	5886
莆田市	**33785**	**194145**	**8963432**	**302**	**866**	**28454**
城厢区	4319	27319	1306339	30	86	2586
涵江区	2880	16394	664783	37	151	4206
荔城区	4423	24845	1253609	10	29	1320
秀屿区	9789	60451	2945884	29	110	3886
仙游县	12374	65136	2792817	196	490	16456
三明市	**29598**	**157780**	**4923687**	**382**	**1300**	**32760**
梅列区	266	1084	32615	3	8	160
三元区	808	4225	103492	12	56	1213
明溪县	1536	8319	230331	12	48	1334
清流县	1860	9996	388997	20	52	1644
宁化县	4608	25513	873311	8	28	919
大田县	4495	25445	736172	93	299	8505
尤溪县	5438	30811	812187	104	390	8530
沙县	2529	10922	345304	43	121	2926
将乐县	1695	9235	347014			
泰宁县	1276	6429	210551	4	18	408
建宁县	1918	9542	333840	6	26	665
永安市	3169	16259	509873	77	254	6456
泉州市	**78044**	**381765**	**16758133**	**646**	**1997**	**61895**
鲤城区						
丰泽区						
洛江区	2655	13823	633521	15	43	1730
泉港区	4763	25873	1320346	28	69	2811
惠安县	13588	65948	3554058	64	210	8675
安溪县	15099	75110	2424889	130	437	11992
永春县	5264	29406	934865	96	292	7006
德化县	2776	9970	256710	73	211	4219
石狮市	2299	8450	406857	5	14	890
晋江市	15538	70606	3485145	111	357	12210
南安市	16062	82579	3741742	124	364	12362

9-2c 续表 1 单位：户、间、平方米

地区	合计			1949年以前		
	户数	间数	面积	户数	间数	面积
漳州市	**58335**	**224290**	**10244868**	**880**	**1628**	**52995**
芗城区	2008	7773	376185	37	50	1569
龙文区	795	3243	187714	7	9	360
云霄县	5522	18139	809106	73	112	4124
漳浦县	11119	49786	2403325	105	200	7026
诏安县	8609	25137	1083613	181	257	9128
长泰县	2866	13247	558596	17	33	1078
东山县	2072	7752	412761	3	5	220
南靖县	4606	18749	663610	108	318	6497
平和县	7551	25074	1030594	91	176	6716
华安县	2071	10040	385221	32	89	2170
龙海市	11116	45350	2334143	226	379	14107
南平市	**33050**	**151840**	**5131171**	**588**	**1889**	**54670**
延平区	3512	14830	522202	49	137	4132
建阳区	4104	19124	682214	100	294	9406
顺昌县	2777	11862	412891	54	166	4874
浦城县	4701	23158	642476	64	218	5336
光泽县	2005	9608	309333	13	43	1240
松溪县	2030	9864	337985	13	44	1540
政和县	2498	11671	358134	67	236	5737
邵武市	2096	9542	303910	30	104	2230
武夷山市	2686	13294	469233	53	178	5622
建瓯市	6641	28887	1092793	145	469	14553
龙岩市	**34525**	**174429**	**6106514**	**593**	**1863**	**44865**
新罗区	3961	15659	501995	150	458	9972
永定区	5477	24109	752312	182	522	10383
长汀县	6036	30379	1040216	34	102	3313
上杭县	6333	38277	1499799	15	44	1370
武平县	4521	24740	882604	7	22	560
连城县	4483	22180	819884	92	286	7568
漳平市	3714	19085	609704	113	429	11699
宁德市	**38127**	**151049**	**5192415**	**1834**	**5244**	**151352**
蕉城区	5905	21471	790582	294	775	23954
霞浦县	5626	22689	785244	164	449	12290
古田县	5092	22986	693502	275	837	22072
屏南县	2202	9284	287997	120	370	10718
寿宁县	2674	12529	386165	111	369	9619
周宁县	2351	10749	375365	130	437	12468
柘荣县	1212	4578	174220	66	185	6073
福安市	6458	25809	787264	512	1511	42822
福鼎市	6607	20954	912076	162	311	11336

9-2c 续表 2

单位：户、间、平方米

地区	1949-1959年			1960-1969年		
	户数	间数	面积	户数	间数	面积
合　计	**4189**	**12589**	**391325**	**10010**	**31999**	**987875**
福州市	**873**	**2405**	**70822**	**2176**	**6216**	**182622**
鼓楼区						
台江区						
仓山区						
马尾区	6	11	325	17	35	949
晋安区	10	44	1268	25	84	2756
长乐区	85	155	6023	283	554	22840
闽侯县	106	363	10285	227	835	23351
连江县	79	162	4519	267	666	17840
罗源县	81	208	5958	150	452	11795
闽清县	102	374	10619	221	801	21422
永泰县	153	473	9553	445	1563	35015
平潭县	120	259	8877	283	596	21614
福清市	131	356	13395	258	630	25040
厦门市	**51**	**141**	**4965**	**101**	**300**	**10797**
思明区						
海沧区	1	1	12			
湖里区						
集美区	4	11	220	13	27	992
同安区	12	26	870	38	101	3505
翔安区	34	103	3863	50	172	6300
莆田市	**304**	**977**	**36610**	**613**	**2121**	**81272**
城厢区	39	152	5739	68	257	10055
涵江区	38	105	3729	75	276	9781
荔城区	30	124	6604	67	230	11085
秀屿区	33	137	5319	118	489	21224
仙游县	164	459	15219	285	869	29127
三明市	**329**	**1234**	**32301**	**904**	**3629**	**94639**
梅列区	3	9	220	25	88	2745
三元区	10	38	955	33	161	3121
明溪县	17	60	1329	49	193	5032
清流县	5	14	404	36	136	4594
宁化县	16	57	1670	88	366	10761
大田县	82	279	7932	131	545	14579
尤溪县	98	438	10826	231	1090	25149
沙县	52	166	3881	183	553	14846
将乐县	1	3	110	18	71	2426
泰宁县	5	26	560	5	19	360
建宁县	7	26	1059	25	112	3104
永安市	33	118	3355	80	295	7922
泉州市	**562**	**2076**	**69284**	**1328**	**4857**	**163133**
鲤城区						
丰泽区						
洛江区	5	21	770	22	85	3025
泉港区	44	167	6846	100	391	16456
惠安县	101	367	13979	258	1003	38902
安溪县	113	444	12326	272	1117	31287
永春县	55	217	5620	111	434	11193
德化县	61	194	4314	160	521	11023
石狮市	16	51	2118	42	108	4271
晋江市	91	320	12311	241	772	30491
南安市	76	295	11000	122	426	16485

9-2c 续表 3　　　　单位：户、间、平方米

地　区	1949-1959年			1960-1969年		
	户数	间数	面积	户数	间数	面积
漳州市	**609**	**1178**	**40951**	**1377**	**2897**	**97522**
芗城区	17	40	1225	61	124	3848
龙文区	3	3	140	12	23	1115
云霄县	73	109	4256	144	250	8778
漳浦县	54	113	4584	131	280	10300
诏安县	151	216	8050	312	499	18832
长泰县	23	60	2451	43	110	3680
东山县	4	6	399	21	43	1796
南靖县	103	296	6743	226	678	16104
平和县	88	148	6248	240	413	16627
华安县	15	61	1584	63	235	6733
龙海市	78	126	5271	124	242	9709
南平市	**431**	**1439**	**44108**	**1485**	**5050**	**159345**
延平区	53	174	4911	188	554	16957
建阳区	31	92	2835	112	409	12873
顺昌县	34	115	4235	135	445	16895
浦城县	86	308	8426	251	930	25038
光泽县	10	32	899	20	61	1632
松溪县	22	70	2297	76	263	9080
政和县	35	126	2775	134	483	12296
邵武市	13	43	1080	60	216	6405
武夷山市	29	100	3443	124	401	12535
建瓯市	118	379	13207	385	1288	45634
龙岩市	**259**	**852**	**21674**	**545**	**1925**	**50980**
新罗区	62	193	3960	117	408	9117
永定区	59	176	3830	93	255	5591
长汀县	31	128	3341	64	232	6369
上杭县	5	23	645	20	77	2515
武平县	15	49	1750	29	129	4090
连城县	35	86	2498	58	194	5490
漳平市	52	197	5650	164	630	17808
宁德市	**771**	**2287**	**70610**	**1481**	**5004**	**147565**
蕉城区	103	303	10713	183	620	21259
霞浦县	95	264	8893	189	601	17974
古田县	122	390	10117	303	1182	30261
屏南县	38	127	3935	120	392	11027
寿宁县	64	243	6600	151	612	16739
周宁县	57	190	5960	116	404	11760
柘荣县	42	127	3516	52	154	4950
福安市	156	452	13760	218	702	20179
福鼎市	94	191	7116	149	337	13416

9-2c　续表 4　　　　单位：户、间、平方米

地　区	1970-1979年			1980-1989年			1990-1999年		
	户数	间数	面积	户数	间数	面积	户数	间数	面积
合　计	**21881**	**77056**	**2518449**	**46837**	**189703**	**6742684**	**76249**	**356397**	**13866302**
福州市	**4757**	**14416**	**468467**	**9364**	**32827**	**1164314**	**15134**	**67517**	**2638925**
鼓楼区									
台江区									
仓山区									
马尾区	49	136	4888	123	445	18432	219	908	38145
晋安区	59	233	7885	118	509	16892	108	558	19308
长乐区	892	1992	81425	2018	5328	210091	1783	6407	274725
闽侯县	466	1701	48841	1241	5414	166597	2515	12016	386210
连江县	354	983	29572	1126	3649	118412	2415	9143	330193
罗源县	274	856	21799	362	1208	33744	471	1761	51793
闽清县	385	1521	43786	568	2506	78141	1107	5702	204161
永泰县	700	2594	58856	799	3173	73812	1011	4530	107761
平潭县	725	1889	67379	1308	3767	137166	1620	5721	213687
福清市	853	2511	104036	1701	6828	311027	3885	20771	1012942
厦门市	**330**	**1170**	**43723**	**1187**	**5136**	**200713**	**2703**	**12129**	**482340**
思明区									
海沧区	3	3	90	15	59	2500	73	162	6038
湖里区									
集美区	44	142	5741	192	669	26302	533	1498	51940
同安区	139	455	16332	442	1741	64533	1100	5078	195351
翔安区	144	570	21560	538	2667	107378	997	5391	229011
莆田市	**1719**	**7121**	**274969**	**3613**	**17391**	**722621**	**6618**	**37283**	**1647157**
城厢区	168	839	32356	475	2588	110005	938	6119	276813
涵江区	192	875	32061	447	2522	87985	700	4249	163248
荔城区	177	751	35462	538	2584	118524	919	4910	236915
秀屿区	492	2237	94962	1181	5710	250676	1770	9751	451834
仙游县	690	2419	80128	972	3987	155431	2291	12254	518347
三明市	**1898**	**8017**	**208442**	**3963**	**18471**	**526564**	**6416**	**34330**	**1074276**
梅列区	60	199	6341	71	292	8269	54	241	7503
三元区	114	530	11580	224	1030	24657	165	920	22775
明溪县	192	916	21034	363	1728	45600	239	1314	37730
清流县	86	305	10679	142	600	23431	389	1942	77766
宁化县	170	638	19026	314	1483	47912	1036	5904	196418
大田县	195	938	24336	493	2450	66274	812	4445	128789
尤溪县	384	1930	44264	733	3856	95435	1160	6855	178956
沙县	315	1037	27924	494	1997	60477	562	2556	82119
将乐县	77	346	10020	250	1219	43803	465	2541	91972
泰宁县	33	139	4510	145	571	18163	418	2110	68878
建宁县	71	289	8604	185	774	25303	449	2067	74301
永安市	201	750	20124	549	2471	67240	667	3435	107069
泉州市	**3457**	**13862**	**503781**	**9480**	**44502**	**1751326**	**17453**	**86478**	**3621127**
鲤城区									
丰泽区									
洛江区	73	306	13377	212	1069	42584	646	3397	146965
泉港区	223	905	38025	539	2599	118937	780	4139	204339
惠安县	646	2948	125727	1907	9652	455217	2837	14591	757413
安溪县	605	2542	74018	1667	7847	233692	3348	17085	533366
永春县	241	1025	27006	672	3592	104749	1369	7762	254512
德化县	315	1024	22049	463	1791	41771	601	2299	59194
石狮市	117	361	14982	300	1013	44297	563	2042	93947
晋江市	827	3067	124829	2203	9198	401571	3224	14188	682340
南安市	410	1684	63768	1517	7741	308508	4085	20975	889051

9−2c 续表 5

单位：户、间、平方米

地区	1970−1979年			1980−1989年			1990−1999年		
	户数	间数	面积	户数	间数	面积	户数	间数	面积
漳州市	**2566**	**6133**	**219827**	**5355**	**15641**	**627542**	**9660**	**35638**	**1576498**
芗城区	116	271	9593	231	701	28263	349	1405	66280
龙文区	16	40	1834	60	206	12249	137	583	33012
云霄县	297	539	21826	577	1390	54894	889	2652	110796
漳浦县	306	715	28985	880	2569	110217	1422	5259	234926
诏安县	534	963	37220	762	1518	61285	1099	2745	112566
长泰县	111	362	12858	277	1114	40174	551	2579	102125
东山县	59	148	6218	166	440	20497	306	1024	51098
南靖县	402	1280	32118	658	2276	63401	797	3459	119493
平和县	328	669	25757	590	1388	55969	1310	4333	175364
华安县	133	493	14719	207	924	30046	313	1436	52990
龙海市	264	653	28699	947	3115	150547	2487	10163	517848
南平市	**3383**	**12391**	**394466**	**6333**	**25443**	**823657**	**6224**	**29590**	**1003385**
延平区	329	1037	33053	517	1780	62058	980	4620	156398
建阳区	367	1386	45415	765	3102	104205	786	3750	137178
顺昌县	341	1207	42621	618	2454	84945	501	2222	74494
浦城县	453	1736	46279	745	3326	84762	841	4064	110579
光泽县	91	308	8788	309	1230	37273	422	2028	65979
松溪县	194	713	21482	370	1541	49290	273	1433	48882
政和县	297	1216	31433	632	2690	76244	329	1619	52890
邵武市	228	940	30149	426	1763	50623	536	2481	81852
武夷山市	294	1078	35510	453	1864	64269	424	2201	76189
建瓯市	789	2770	99736	1498	5693	209988	1132	5172	198944
龙岩市	**1271**	**5214**	**146716**	**3114**	**13637**	**407124**	**5041**	**25023**	**853059**
新罗区	258	901	24736	627	2552	74007	687	2892	97871
永定区	174	611	14159	557	1978	54127	1073	4737	146802
长汀县	146	586	17732	363	1520	47238	713	3371	115881
上杭县	56	231	8945	240	1183	41672	976	5813	218723
武平县	149	613	18002	382	1854	55089	629	3455	116567
连城县	126	407	11409	359	1469	44667	515	2377	84640
漳平市	362	1865	51733	586	3081	90324	448	2378	72575
宁德市	**2500**	**8732**	**258058**	**4428**	**16655**	**518823**	**7000**	**28409**	**969535**
蕉城区	275	936	31065	531	2025	70995	836	3281	118141
霞浦县	330	1034	31373	585	1957	62189	1090	4319	150047
古田县	555	2158	55851	811	3637	99302	1078	5252	155894
屏南县	260	970	28035	457	1923	57341	404	1753	54993
寿宁县	190	772	22487	316	1345	38199	451	2168	68454
周宁县	192	753	23350	271	1057	33544	344	1489	51143
柘荣县	68	196	6296	115	399	14106	193	703	26447
福安市	370	1326	37074	663	2612	74631	1269	5251	161929
福鼎市	260	587	22527	679	1700	68516	1335	4193	182487

9-2c　续表 6　　　　单位：户、间、平方米

地　区	2000—2009年			2010—2014年			2015年以后		
	户数	间数	面积	户数	间数	面积	户数	间数	面积
合　计	**105104**	**514846**	**21227123**	**73452**	**367756**	**15781631**	**43394**	**212891**	**9065361**
福州市	**15654**	**78273**	**3287714**	**10312**	**53578**	**2390214**	**5102**	**25188**	**1084340**
鼓楼区									
台江区									
仓山区									
马尾区	133	660	25769	98	455	19846	33	180	9015
晋安区	113	653	21010	164	798	27856	87	371	11779
长乐区	1282	4983	224697	1041	4097	187330	471	1905	79609
闽侯县	2988	14656	474310	2035	9744	328343	1199	4324	139143
连江县	2930	11788	456328	1658	6721	271580	583	2567	103358
罗源县	550	2173	64136	149	631	19233	115	432	12002
闽清县	927	5088	193817	577	3134	127769	377	1984	78978
永泰县	973	4617	115247	777	3714	105015	399	2070	53015
平潭县	697	2819	107714	279	909	34325	228	723	25564
福清市	5061	30836	1604686	3534	23375	1268917	1610	10632	571877
厦门市	**6021**	**20358**	**783807**	**4024**	**13532**	**514339**	**3088**	**9540**	**359419**
思明区									
海沧区	84	132	4131	65	152	5795	165	338	10210
湖里区									
集美区	1855	3216	94419	948	1597	46842	601	1122	33051
同安区	2419	8735	326565	1494	5139	192938	1176	3919	151849
翔安区	1663	8275	358692	1517	6644	268764	1146	4161	164309
莆田市	**9490**	**58337**	**2731686**	**7088**	**44846**	**2199716**	**4038**	**25203**	**1240947**
城厢区	1174	8030	384707	901	5854	311609	526	3394	172469
涵江区	599	3563	152963	450	2674	121958	342	1979	88852
荔城区	1271	7478	376572	859	5349	283287	552	3390	183840
秀屿区	2653	17248	857994	2210	15692	804472	1303	9077	455517
仙游县	3793	22018	959450	2668	15277	678390	1315	7363	340269
三明市	**7854**	**44904**	**1454654**	**5218**	**30445**	**995125**	**2634**	**15450**	**504926**
梅列区	18	77	1881	24	136	4361	8	34	1135
三元区	117	644	17557	95	620	15760	38	226	5874
明溪县	200	1201	32878	266	1628	48228	198	1231	37166
清流县	476	2640	102348	437	2644	103148	269	1663	64983
宁化县	1890	10807	376389	733	4311	152967	353	1919	67249
大田县	1262	7745	227888	908	5556	163716	519	3188	94153
尤溪县	1278	7617	208025	1018	6036	166252	432	2599	74750
沙县	461	2255	76081	290	1532	53776	129	705	23274
将乐县	385	2271	84752	343	1879	77791	156	905	36140
泰宁县	361	1941	63978	229	1211	41384	76	394	12310
建宁县	742	4008	139713	309	1616	58995	124	624	22096
永安市	664	3698	123164	566	3276	108747	332	1962	65796
泉州市	**22853**	**115571**	**5170502**	**13767**	**68929**	**3320621**	**8498**	**43493**	**2096464**
鲤城区									
丰泽区									
洛江区	825	4398	209840	540	2817	133428	317	1687	81802
泉港区	1395	8026	418065	1071	6219	334960	583	3358	179907
惠安县	3830	18790	1082742	2609	12376	722808	1336	6011	348595
安溪县	5308	27007	874232	2293	11494	402908	1363	7137	251068
永春县	1625	9880	319720	740	4281	142483	355	1923	62576
德化县	491	1850	53022	297	1009	29501	315	1071	31617
石狮市	592	2144	109309	369	1490	74284	295	1227	62759
晋江市	3962	18267	930423	2900	13984	733907	1979	10453	557063
南安市	4825	25209	1173149	2948	15259	746342	1955	10626	521077

9－2c 续表 7

单位：户、间、平方米

地 区	2000－2009年			2010－2014年			2015年以后		
	户数	间数	面积	户数	间数	面积	户数	间数	面积
漳州市	**16557**	**67249**	**3107905**	**13572**	**59204**	**2853890**	**7759**	**34722**	**1667738**
芗城区	619	2607	130990	365	1534	81844	213	1041	52573
龙文区	324	1400	83309	177	787	44382	59	192	11313
云霄县	1333	4631	203888	1234	4772	224537	902	3684	176007
漳浦县	2790	12802	611091	3387	17041	858909	2044	10807	537287
诏安县	2250	7041	285921	1968	6859	309051	1352	5039	241560
长泰县	979	4540	198541	562	2793	125142	303	1656	72547
东山县	469	1758	95944	632	2567	140276	412	1761	96313
南靖县	1119	5033	199872	803	3658	149583	390	1751	69799
平和县	2414	8583	354657	1648	6157	257875	842	3207	131381
华安县	602	3101	125461	442	2346	97862	264	1355	53656
龙海市	3658	15753	818231	2354	10690	564429	978	4229	225302
南平市	**6142**	**31193**	**1077333**	**5303**	**27852**	**985489**	**3161**	**16993**	**588718**
延平区	621	2775	104801	563	2683	99201	212	1070	40691
建阳区	751	3634	129663	740	3959	148516	452	2498	92123
顺昌县	530	2584	89846	329	1418	52594	235	1251	42387
浦城县	893	4793	136162	810	4556	134838	558	3227	91056
光泽县	519	2734	91184	426	2180	70774	195	992	31564
松溪县	392	1998	71794	394	2187	76155	296	1615	57465
政和县	341	1930	61546	349	1838	63127	314	1533	52086
邵武市	425	2173	68532	272	1312	45398	106	510	17641
武夷山市	537	2952	105451	523	3063	113757	249	1457	52457
建瓯市	1133	5620	218354	897	4656	181129	544	2840	111248
龙岩市	**10579**	**56481**	**2057703**	**7977**	**43104**	**1567552**	**5146**	**26330**	**956841**
新罗区	1053	4505	158538	647	2445	80913	360	1305	42881
永定区	1620	7670	257601	1087	5323	168551	632	2837	91268
长汀县	1843	9522	333124	1656	8849	307433	1186	6069	205785
上杭县	2518	15609	604963	1590	9864	396303	913	5433	224663
武平县	1560	8880	328199	1080	6214	229160	670	3524	129187
连城县	1257	6553	248519	1185	6403	246227	856	4405	168866
漳平市	728	3742	126759	732	4006	138965	529	2757	94191
宁德市	**9954**	**42480**	**1555819**	**6191**	**26266**	**954685**	**3968**	**15972**	**565968**
蕉城区	1620	6582	255189	1247	4369	164009	816	2580	95257
霞浦县	1671	7204	254666	1041	4783	177542	461	2078	70270
古田县	1049	5016	167939	591	2987	102397	308	1527	49669
屏南县	358	1589	52807	258	1245	40213	187	915	28928
寿宁县	661	3280	103075	351	1814	58823	379	1926	62169
周宁县	483	2437	91160	431	2267	82606	327	1715	63374
柘荣县	323	1392	57017	207	822	31797	146	600	24018
福安市	1669	7321	231384	1010	4234	128303	591	2400	77182
福鼎市	2120	7659	342582	1055	3745	168995	753	2231	95101

9-3 各地区按住房设施状况分的家庭户户数

单位：户

地 区	合 计	住房所在建筑有无电梯		主要炊事燃料				
		有	无	燃气	电	煤炭	柴草	其他
合 计	**1266971**	**284921**	**982050**	**740291**	**459535**	**1690**	**40318**	**25137**
福州市	**247028**	**79805**	**167223**	**177761**	**64457**	**153**	**2815**	**1842**
鼓楼区	19921	9216	10705	17406	2418	1		96
台江区	13768	6695	7073	11529	2148	2		89
仓山区	37958	17905	20053	29358	7960	13	5	622
马尾区	7755	3473	4282	5626	2089	9	5	26
晋安区	27111	13575	13536	24467	2286	6	156	196
长乐区	20302	3742	16560	12319	7823	31	71	58
闽侯县	26597	8171	18426	12433	13563	4	455	142
连江县	19480	3977	15503	13370	5928	34	71	77
罗源县	7727	2801	4926	7064	513		146	4
闽清县	7732	731	7001	633	6518	2	551	28
永泰县	9277	1202	8075	5294	2842	10	1102	29
平潭县	11881	2460	9421	9319	2328	4	76	154
福清市	37519	5857	31662	28943	8041	37	177	321
厦门市	**193948**	**55997**	**137951**	**102741**	**80141**	**113**	**93**	**10860**
思明区	36343	15003	21340	27464	7071	5	3	1800
海沧区	22666	8357	14309	11109	10674	8	13	862
湖里区	43953	11792	32161	21969	18609	18	1	3356
集美区	37987	10737	27250	20502	14322	63	7	3093
同安区	33167	6107	27060	13518	18104	15	38	1492
翔安区	19832	4001	15831	8179	11361	4	31	257
莆田市	**90183**	**15252**	**74931**	**38399**	**49186**	**230**	**1407**	**961**
城厢区	16358	4569	11789	7567	8195	15	244	337
涵江区	13200	2609	10591	5983	6749	41	198	229
荔城区	17964	5062	12902	8880	8874	22	97	91
秀屿区	17043	773	16270	7952	8543	42	354	152
仙游县	25618	2239	23379	8017	16825	110	514	152
三明市	**77398**	**14079**	**63319**	**30630**	**34464**	**154**	**11469**	**681**
梅列区	7744	3050	4694	6434	1006	6	212	86
三元区	5977	1524	4453	4371	1146	9	361	90
明溪县	3130	170	2960	1221	1330	3	547	29
清流县	3629	442	3187	677	2584	1	361	6
宁化县	8309	1390	6919	3248	2868	62	2050	81
大田县	8923	823	8100	508	7736	3	653	23
尤溪县	10102	988	9114	283	7323	1	2487	8
沙县	7815	1621	6194	4183	2010	3	1472	147
将乐县	4225	752	3473	1714	1153	23	1307	28
泰宁县	3041	295	2746	1302	1172	3	539	25
建宁县	3601	243	3358	1531	1242	9	800	19
永安市	10902	2781	8121	5158	4894	31	680	139
泉州市	**246540**	**54463**	**192077**	**161656**	**76470**	**540**	**1169**	**6705**
鲤城区	12859	3368	9491	9340	2818	41	6	654
丰泽区	21055	8703	12352	15765	3706	22	9	1553
洛江区	6309	1927	4382	5364	782	14	17	132
泉港区	10709	960	9749	6627	3966	3	65	48
惠安县	30952	4106	26846	21599	8471	111	250	521
安溪县	28373	5007	23366	19508	8645	67	49	104
永春县	12908	1371	11537	1073	11704	36	77	18
德化县	10472	2395	8077	3897	5824	28	589	134
石狮市	19235	5955	13280	10939	6900	57	2	1337
晋江市	53184	15060	38124	37837	13454	130	26	1737
南安市	40484	5611	34873	29707	10200	31	79	467

9-3 续表 1

单位：户

地　区	合　计	住房所在建筑有无电梯		主要炊事燃料				
		有	无	燃气	电	煤炭	柴草	其他
漳州市	**151035**	**23378**	**127657**	**87285**	**61290**	**184**	**752**	**1524**
芗城区	19729	6318	13411	13317	5938	7	47	420
龙文区	9104	4706	4398	6287	2621		13	183
云霄县	11684	1294	10390	10108	1476	12	48	40
漳浦县	24156	3183	20973	18134	5777	15	113	117
诏安县	15870	697	15173	9849	5791	110	87	33
长泰县	6901	556	6345	3293	3490		38	80
东山县	6383	713	5670	2745	3614	1	2	21
南靖县	9515	856	8659	3843	5576	3	60	33
平和县	13672	674	12998	5946	7541	13	97	75
华安县	4346	145	4201	926	3257	2	139	22
龙海市	29675	4236	25439	12837	16209	21	108	500
南平市	**83478**	**14293**	**69185**	**38116**	**31712**	**86**	**12644**	**920**
延平区	14456	4606	9850	4402	8631	10	1309	104
建阳区	10909	2400	8509	5232	3962	4	1299	412
顺昌县	5904	731	5173	763	4244	2	873	22
浦城县	9171	428	8743	7107	447	32	1463	122
光泽县	4088	624	3464	2065	1365	3	639	16
松溪县	3926	274	3652	1801	1579	1	491	54
政和县	5040	232	4808	2415	1143	3	1453	26
邵武市	9436	2515	6921	7131	1077	9	1164	55
武夷山市	6895	668	6227	5226	861	8	753	47
建瓯市	13653	1815	11838	1974	8403	14	3200	62
龙岩市	**86118**	**14000**	**72118**	**32376**	**51352**	**94**	**1507**	**789**
新罗区	26829	9285	17544	11742	14460	31	101	495
永定区	10142	715	9427	3468	6555	9	57	53
长汀县	11756	657	11099	2881	8580	9	214	72
上杭县	11753	973	10780	6598	4692	21	350	92
武平县	8859	994	7865	4575	3988	1	282	13
连城县	8355	616	7739	2099	5908	14	310	24
漳平市	8424	760	7664	1013	7169	9	193	40
宁德市	**91243**	**13654**	**77589**	**71327**	**10463**	**136**	**8462**	**855**
蕉城区	17295	5068	12227	14658	1796	60	620	161
霞浦县	14004	1920	12084	13699	302			3
古田县	10140	1209	8931	3453	4951	11	1687	38
屏南县	4214	655	3559	1064	1728	6	1381	35
寿宁县	4939	546	4393	3314	282	4	1296	43
周宁县	4586	312	4274	2944	376	4	1207	55
柘荣县	2755	266	2489	2060	81	2	602	10
福安市	16526	1708	14818	14157	612	12	1415	330
福鼎市	16784	1970	14814	15978	335	37	254	180

9-3　续表 2　　　　单位：户

地　区	住房内有无管道自来水		住房内有无厨房			住房内有无厕所	
	有	无	独立使用	与其他户合用	无	水冲式卫生厕所	水冲式非卫生厕所
合　计	**1163548**	**103423**	**1187289**	**23282**	**56400**	**1226130**	**14875**
福州市	**236483**	**10545**	**236475**	**4705**	**5848**	**243087**	**1944**
鼓楼区	19791	130	19488	142	291	19775	76
台江区	13681	87	13272	343	153	13716	24
仓山区	37679	279	35733	857	1368	37592	194
马尾区	7737	18	7016	411	328	7700	28
晋安区	26423	688	25885	527	699	26675	129
长乐区	19188	1114	19262	322	718	19912	88
闽侯县	25813	784	25477	509	611	26160	362
连江县	19067	413	19167	142	171	19374	53
罗源县	7544	183	7604	99	24	7655	25
闽清县	7053	679	7592	76	64	7507	138
永泰县	9007	270	9068	160	49	8878	219
平潭县	9108	2773	11344	347	190	11456	247
福清市	34392	3127	35567	770	1182	36687	361
厦门市	**190343**	**3605**	**175342**	**1723**	**16883**	**191062**	**1073**
思明区	35803	540	31362	561	4420	35504	175
海沧区	22527	139	21357	47	1262	22598	16
湖里区	43430	523	38712	402	4839	43265	305
集美区	37575	412	35369	134	2484	37563	211
同安区	31360	1807	30446	394	2327	32640	220
翔安区	19648	184	18096	185	1551	19492	146
莆田市	**81835**	**8348**	**84658**	**2088**	**3437**	**86963**	**1495**
城厢区	14598	1760	14707	336	1315	15946	222
涵江区	12210	990	12290	332	578	12827	142
荔城区	17471	493	16858	471	635	17631	231
秀屿区	15983	1060	16238	500	305	16000	563
仙游县	21573	4045	24565	449	604	24559	337
三明市	**73957**	**3441**	**75622**	**680**	**1096**	**71997**	**1410**
梅列区	7578	166	7486	30	228	7522	37
三元区	5785	192	5798	62	117	5608	85
明溪县	2986	144	3056	21	53	2890	48
清流县	3583	46	3529	60	40	3449	63
宁化县	7880	429	8214	52	43	7933	55
大田县	8266	657	8677	100	146	7838	266
尤溪县	9071	1031	9985	73	44	9283	342
沙县	7527	288	7556	110	149	6849	203
将乐县	4161	64	4132	42	51	3985	45
泰宁县	3025	16	2976	27	38	2933	22
建宁县	3473	128	3549	23	29	3343	112
永安市	10622	280	10664	80	158	10364	132
泉州市	**199745**	**46795**	**221947**	**8523**	**16070**	**238780**	**2850**
鲤城区	12459	400	10566	787	1506	12416	85
丰泽区	20307	748	17021	990	3044	20456	121
洛江区	5104	1205	5913	236	160	6175	62
泉港区	9037	1672	10200	333	176	10403	117
惠安县	20696	10256	29082	531	1339	29755	461
安溪县	17755	10618	27370	465	538	27875	329
永春县	9348	3560	12652	119	137	12398	150
德化县	9638	834	9794	449	229	10116	124
石狮市	18768	467	15021	1139	3075	18584	187
晋江市	51119	2065	45402	2812	4970	51061	687
南安市	25514	14970	38926	662	896	39541	527

9-3 续表 3 单位：户

地 区	住房内有无管道自来水		住房内有无厨房			住房内有无厕所	
	有	无	独立使用	与其他户合用	无	水冲式卫生厕所	水冲式非卫生厕所
漳州市	**129870**	**21165**	**141057**	**1661**	**8317**	**143666**	**2854**
芗城区	16863	2866	17934	135	1660	18835	430
龙文区	8357	747	7778	91	1235	8987	23
云霄县	10605	1079	10902	124	658	11023	150
漳浦县	16300	7856	23149	358	649	22212	1158
诏安县	15711	159	15262	180	428	15112	266
长泰县	5185	1716	6054	49	798	6690	63
东山县	6334	49	6278	30	75	6310	36
南靖县	7280	2235	9087	105	323	9098	85
平和县	12460	1212	12825	242	605	12897	159
华安县	3523	823	4194	48	104	4058	87
龙海市	27252	2423	27594	299	1782	28444	397
南平市	**78073**	**5405**	**80985**	**1248**	**1245**	**77503**	**1579**
延平区	14197	259	14180	125	151	13736	325
建阳区	9173	1736	10355	244	310	9877	162
顺昌县	5851	53	5795	50	59	5571	98
浦城县	8828	343	8823	169	179	8310	219
光泽县	2830	1258	3963	76	49	3743	90
松溪县	3819	107	3840	42	44	3653	80
政和县	4869	171	4860	129	51	4820	81
邵武市	9086	350	9172	114	150	8916	118
武夷山市	6642	253	6619	170	106	6365	96
建瓯市	12778	875	13378	129	146	12512	310
龙岩市	**82408**	**3710**	**82897**	**1030**	**2191**	**83975**	**532**
新罗区	26359	470	25305	322	1202	26367	102
永定区	9594	548	9752	151	239	9630	137
长汀县	10768	988	11417	128	211	11425	87
上杭县	11478	275	11363	135	255	11570	38
武平县	8429	430	8689	113	57	8687	66
连城县	8120	235	8083	119	153	8045	57
漳平市	7660	764	8288	62	74	8251	45
宁德市	**90834**	**409**	**88306**	**1624**	**1313**	**89097**	**1138**
蕉城区	17219	76	16727	223	345	17153	63
霞浦县	14004		13856	80	68	13637	360
古田县	9968	172	9906	163	71	9558	231
屏南县	4192	22	4124	63	27	4022	44
寿宁县	4935	4	4803	89	47	4827	14
周宁县	4569	17	4468	94	24	4392	49
柘荣县	2730	25	2680	53	22	2678	22
福安市	16482	44	15788	514	224	16274	214
福鼎市	16735	49	15954	345	485	16556	141

9-3　续表 4　　单位：户

地　区	住房内有无厕所			住房内有无洗澡设施			
	卫生旱厕	普通旱厕	无	统　一供热水	家庭自装热水器	其他	无
合　计	**4824**	**5273**	**15869**	**10044**	**1201233**	**22082**	**33612**
福州市	**248**	**296**	**1453**	**2640**	**238734**	**2452**	**3202**
鼓楼区	1	1	68	487	19330	30	74
台江区	1		27	116	13600	16	36
仓山区	18	15	139	549	35965	768	676
马尾区	2	2	23	71	7536	69	79
晋安区	16	58	233	428	25699	358	626
长乐区	19	23	260	31	19692	59	520
闽侯县			75	170	26054	223	150
连江县	4	6	43	247	18857	234	142
罗源县	3		44	18	7614	50	45
闽清县	14	36	37	39	7566	51	76
永泰县	75	40	65	42	8953	147	135
平潭县	30	54	94	72	11521	111	177
福清市	65	61	345	370	36347	336	466
厦门市	**127**	**153**	**1533**	**1861**	**177163**	**5133**	**9791**
思明区	4	5	655	201	34968	238	936
海沧区	3	5	44	270	19606	982	1808
湖里区	69	89	225	454	41250	542	1707
集美区	6	15	192	344	32763	2145	2735
同安区	22	28	257	385	29286	1120	2376
翔安区	23	11	160	207	19290	106	229
莆田市	**375**	**422**	**928**	**692**	**86894**	**964**	**1633**
城厢区	61	31	98	123	15958	79	198
涵江区	29	29	173	163	12409	261	367
荔城区	33	23	46	171	17366	220	207
秀屿区	154	177	149	77	16596	105	265
仙游县	98	162	462	158	24565	299	596
三明市	**1174**	**1332**	**1485**	**335**	**73254**	**1817**	**1992**
梅列区	12	24	149	45	7435	91	173
三元区	49	51	184	47	5678	100	152
明溪县	61	73	58	16	2973	102	39
清流县	37	44	36	15	3484	86	44
宁化县	55	115	151	42	7854	221	192
大田县	385	328	106	15	8280	251	377
尤溪县	181	209	87	33	9635	200	234
沙县	208	215	340	32	6963	443	377
将乐县	26	50	119	12	4026	71	116
泰宁县	18	37	31	19	2940	49	33
建宁县	34	46	66	18	3432	56	95
永安市	108	140	158	41	10554	147	160
泉州市	**790**	**780**	**3340**	**2060**	**233235**	**4181**	**7064**
鲤城区	6	12	340	274	11361	421	803
丰泽区	10	13	455	12	19598	455	990
洛江区	22	10	40	2	6026	134	147
泉港区	32	45	112	43	10449	41	176
惠安县	122	124	490	114	29640	277	921
安溪县	63	25	81	1	28180	68	124
永春县	126	139	95	6	12550	149	203
德化县	74	98	60		9545	383	544
石狮市	11	23	430	441	17628	340	826
晋江市	267	212	957	959	48719	1568	1938
南安市	57	79	280	208	39539	345	392

9-3 续表 5 单位：户

地 区	住房内有无厕所			住房内有无洗澡设施			
	卫生旱厕	普通旱厕	无	统一供热水	家庭自装热水器	其他	无
漳州市	**692**	**755**	**3068**	**837**	**142923**	**2994**	**4281**
芗城区	30	22	412	112	18516	325	776
龙文区	7	9	78	90	8493	251	270
云霄县	74	64	373	75	10966	233	410
漳浦县	180	145	461	87	23090	369	610
诏安县	167	153	172	103	15114	431	222
长泰县	20	26	102	58	6600	95	148
东山县	5	10	22	52	6235	46	50
南靖县	26	39	267	39	9170	119	187
平和县	86	151	379	38	13066	274	294
华安县	32	35	134	9	4116	70	151
龙海市	65	101	668	174	27557	781	1163
南平市	**798**	**877**	**2721**	**539**	**78261**	**1731**	**2947**
延平区	76	58	261	78	13920	183	275
建阳区	121	191	558	67	10098	184	560
顺昌县	39	12	184	23	5659	89	133
浦城县	120	150	372	73	8380	282	436
光泽县	40	61	154	16	3780	92	200
松溪县	42	67	84	16	3619	107	184
政和县	12	22	105	95	4657	98	190
邵武市	56	44	302	69	8863	220	284
武夷山市	113	132	189	39	6496	104	256
建瓯市	179	140	512	63	12789	372	429
龙岩市	**267**	**336**	**1008**	**519**	**83130**	**1331**	**1138**
新罗区	37	45	278	140	25903	409	377
永定区	42	120	213	91	9720	137	194
长汀县	34	41	169	110	11266	229	151
上杭县	41	22	82	60	11425	147	121
武平县	31	17	58	59	8580	144	76
连城县	54	59	140	33	8030	179	113
漳平市	28	32	68	26	8206	86	106
宁德市	**353**	**322**	**333**	**561**	**87639**	**1479**	**1564**
蕉城区	17	24	38	148	16801	118	228
霞浦县		1	6	8	13968	26	2
古田县	94	108	149	49	9671	199	221
屏南县	61	68	19	32	3781	156	245
寿宁县	85	13		49	4534	164	192
周宁县	63	62	20	35	4327	139	85
柘荣县	8	21	26	53	2504	93	105
福安市	5	7	26	76	16059	213	178
福鼎市	20	18	49	111	15994	371	308

9–3a　各地区按住房设施状况分的家庭户户数(城市)

单位：户

地　　区	合　计	住房所在建筑有无电梯		主要炊事燃料				
		有	无	燃气	电	煤炭	柴草	其他
合　计	**548807**	**203612**	**345195**	**364054**	**164781**	**514**	**521**	**18937**
福州市	**125741**	**57660**	**68081**	**102632**	**21769**	**34**	**38**	**1268**
鼓楼区	19921	9216	10705	17406	2418	1		96
台江区	13768	6695	7073	11529	2148	2		89
仓山区	37958	17905	20053	29358	7960	13	5	622
马尾区	7068	3450	3618	5261	1770	8	3	26
晋安区	26346	13533	12813	24033	2119	5	2	187
长乐区	7551	2382	5169	4446	3080	2	8	15
闽侯县								
连江县								
罗源县								
闽清县								
永泰县								
平潭县								
福清市	13129	4479	8650	10599	2274	3	20	233
厦门市	**165385**	**52485**	**112900**	**90698**	**64601**	**77**	**34**	**9975**
思明区	36343	15003	21340	27464	7071	5	3	1800
海沧区	22260	8157	14103	10866	10537	8	13	836
湖里区	43953	11792	32161	21969	18609	18	1	3356
集美区	33775	10466	23309	18272	12693	34	3	2773
同安区	25754	5668	20086	9837	14692	11	13	1201
翔安区	3300	1399	1901	2290	999	1	1	9
莆田市	**38976**	**12316**	**26660**	**20748**	**17381**	**63**	**134**	**650**
城厢区	11144	4429	6715	5742	5110	5	5	282
涵江区	9931	2514	7417	5331	4340	36	15	209
荔城区	13321	4919	8402	6789	6412	18	17	85
秀屿区	4580	454	4126	2886	1519	4	97	74
仙游县								
三明市	**19212**	**7235**	**11977**	**15161**	**3715**	**16**	**42**	**278**
梅列区	7156	3015	4141	6212	874	3	3	64
三元区	4962	1510	3452	4123	722	8	19	90
明溪县								
清流县								
宁化县								
大田县								
尤溪县								
沙县								
将乐县								
泰宁县								
建宁县								
永安市	7094	2710	4384	4826	2119	5	20	124
泉州市	**88240**	**33833**	**54407**	**62341**	**20935**	**186**	**35**	**4743**
鲤城区	12859	3368	9491	9340	2818	41	6	654
丰泽区	21055	8703	12352	15765	3706	22	9	1553
洛江区	2679	1579	1100	2293	293	13	1	79
泉港区	3597	664	2933	2317	1257		6	17
惠安县								
安溪县								
永春县								
德化县								
石狮市	12819	5568	7251	7447	4305	43		1024
晋江市	28345	12076	16269	19314	7714	60	1	1256
南安市	6886	1875	5011	5865	842	7	12	160

9-3a 续表 1

单位：户

地区	合计	住房所在建筑有无电梯		主要炊事燃料				
		有	无	燃气	电	煤炭	柴草	其他
漳州市	**30771**	**12186**	**18585**	**20181**	**10010**	**10**	**22**	**548**
芗城区	15057	6274	8783	11304	3435	6	6	306
龙文区	8309	4697	3612	5801	2323		8	177
云霄县								
漳浦县								
诏安县								
长泰县								
东山县								
南靖县								
平和县								
华安县								
龙海市	7366	1212	6154	3076	4213	4	8	65
南平市	**30367**	**11300**	**19067**	**18486**	**11194**	**26**	**173**	**488**
延平区	9362	4352	5010	4080	5149	9	52	72
建阳区	5782	2292	3490	3572	1863	4	35	308
顺昌县								
浦城县								
光泽县								
松溪县								
政和县								
邵武市	6484	2364	4120	5745	651	4	44	40
武夷山市	3796	624	3172	3248	499	2	19	28
建瓯市	4943	1668	3275	1841	3032	7	23	40
龙岩市	**26740**	**9736**	**17004**	**12298**	**13893**	**18**	**5**	**526**
新罗区	20667	8570	12097	10400	9784	15	2	466
永定区	2058	438	1620	1192	836			30
长汀县								
上杭县								
武平县								
连城县								
漳平市	4015	728	3287	706	3273	3	3	30
宁德市	**23375**	**6861**	**16514**	**21509**	**1283**	**84**	**38**	**461**
蕉城区	10356	4126	6230	9245	939	52	3	117
霞浦县								
古田县								
屏南县								
寿宁县								
周宁县								
柘荣县								
福安市	6531	1325	5206	5969	267	1	28	266
福鼎市	6488	1410	5078	6295	77	31	7	78

9-3a　续表 2

单位：户

地　　区	住房内有无管道自来水		住房内有无厨房			住房内有无厕所	
	有	无	独立使用	与其他户合用	无	水冲式卫生厕所	水冲式非卫生厕所
合　计	**539257**	**9550**	**501304**	**10862**	**36641**	**539720**	**3278**
福州市	**124394**	**1347**	**119167**	**2722**	**3852**	**124465**	**542**
鼓楼区	19791	130	19488	142	291	19775	76
台江区	13681	87	13272	343	153	13716	24
仓山区	37679	279	35733	857	1368	37592	194
马尾区	7051	17	6335	406	327	7023	19
晋安区	25880	466	25132	523	691	25925	126
长乐区	7444	107	7134	146	271	7444	40
闽侯县							
连江县							
罗源县							
闽清县							
永泰县							
平潭县							
福清市	12868	261	12073	305	751	12990	63
厦门市	**163211**	**2174**	**149665**	**1469**	**14251**	**163159**	**832**
思明区	35803	540	31362	561	4420	35504	175
海沧区	22126	134	20995	46	1219	22196	16
湖里区	43430	523	38712	402	4839	43265	305
集美区	33454	321	31441	116	2218	33435	175
同安区	25103	651	24001	292	1461	25490	150
翔安区	3295	5	3154	52	94	3269	11
莆田市	**38426**	**550**	**35466**	**1078**	**2432**	**38187**	**402**
城厢区	11022	122	9772	211	1161	11013	95
涵江区	9786	145	9117	281	533	9716	70
荔城区	13141	180	12304	413	604	13161	106
秀屿区	4477	103	4273	173	134	4297	131
仙游县							
三明市	**18942**	**270**	**18633**	**120**	**459**	**18788**	**92**
梅列区	7058	98	6914	25	217	7041	14
三元区	4855	107	4816	40	106	4786	53
明溪县							
清流县							
宁化县							
大田县							
尤溪县							
沙县							
将乐县							
泰宁县							
建宁县							
永安市	7029	65	6903	55	136	6961	25
泉州市	**84743**	**3497**	**73441**	**4105**	**10694**	**85666**	**734**
鲤城区	12459	400	10566	787	1506	12416	85
丰泽区	20307	748	17021	990	3044	20456	121
洛江区	2452	227	2398	161	120	2605	40
泉港区	3458	139	3473	61	63	3552	12
惠安县							
安溪县							
永春县							
德化县							
石狮市	12544	275	10084	677	2058	12373	143
晋江市	27725	620	23221	1346	3778	27468	291
南安市	5798	1088	6678	83	125	6796	42

9-3a 续表 3

单位：户

地 区	住房内有无管道自来水		住房内有无厨房			住房内有无厕所	
	有	无	独立使用	与其他户合用	无	水冲式卫生厕所	水冲式非卫生厕所
漳州市	**30064**	**707**	**27929**	**215**	**2627**	**29973**	**397**
芗城区	14735	322	13815	102	1140	14565	327
龙文区	7982	327	7042	78	1189	8227	20
云霄县							
漳浦县							
诏安县							
长泰县							
东山县							
南靖县							
平和县							
华安县							
龙海市	7308	58	7033	35	298	7142	50
南平市	**29841**	**526**	**29445**	**417**	**505**	**29811**	**156**
延平区	9192	170	9146	90	126	9207	46
建阳区	5617	165	5488	160	134	5672	18
顺昌县							
浦城县							
光泽县							
松溪县							
政和县							
邵武市	6431	53	6348	39	97	6364	32
武夷山市	3749	47	3654	82	60	3720	22
建瓯市	4852	91	4809	46	88	4848	38
龙岩市	**26348**	**392**	**25315**	**227**	**1198**	**26370**	**78**
新罗区	20353	314	19345	204	1118	20378	47
永定区	2042	16	2019	6	33	2022	23
长汀县							
上杭县							
武平县							
连城县							
漳平市	3953	62	3951	17	47	3970	8
宁德市	**23288**	**87**	**22243**	**509**	**623**	**23301**	**45**
蕉城区	10307	49	10015	94	247	10335	8
霞浦县							
古田县							
屏南县							
寿宁县							
周宁县							
柘荣县							
福安市	6525	6	6140	251	140	6517	11
福鼎市	6456	32	6088	164	236	6449	26

9-3a 续表 4

单位：户

地区	住房内有无厕所			住房内有无洗澡设施			
	卫生旱厕	普通旱厕	无	统一供热水	家庭自装热水器	其他	无
合计	**452**	**547**	**4810**	**6178**	**516188**	**9835**	**16606**
福州市	**49**	**86**	**599**	**1852**	**120758**	**1321**	**1810**
鼓楼区	1	1	68	487	19330	30	74
台江区	1		27	116	13600	16	36
仓山区	18	15	139	549	35965	768	676
马尾区	2	2	22	71	6857	63	77
晋安区	16	58	221	414	24966	348	618
长乐区	5	2	60		7364	15	172
闽侯县							
连江县							
罗源县							
闽清县							
永泰县							
平潭县							
福清市	6	8	62	215	12676	81	157
厦门市	**89**	**130**	**1175**	**1642**	**150687**	**4459**	**8597**
思明区	4	5	655	201	34968	238	936
海沧区	3	5	40	266	19231	975	1788
湖里区	69	89	225	454	41250	542	1707
集美区	6	10	149	313	29437	1703	2322
同安区	5	21	88	344	22597	989	1824
翔安区	2		18	64	3204	12	20
莆田市	**68**	**89**	**230**	**475**	**37343**	**512**	**646**
城厢区	2	4	30	110	10888	43	103
涵江区	7	11	127	154	9266	225	286
荔城区	10	12	32	159	12796	200	166
秀屿区	49	62	41	52	4393	44	91
仙游县							
三明市	**21**	**14**	**297**	**111**	**18630**	**172**	**299**
梅列区	3	3	95	42	6917	55	142
三元区	7	2	114	36	4761	65	100
明溪县							
清流县							
宁化县							
大田县							
尤溪县							
沙县							
将乐县							
泰宁县							
建宁县							
永安市	11	9	88	33	6952	52	57
泉州市	**131**	**117**	**1592**	**1379**	**81007**	**2227**	**3627**
鲤城区	6	12	340	274	11361	421	803
丰泽区	10	13	455	12	19598	455	990
洛江区	15	3	16	2	2474	89	114
泉港区	4	7	22	3	3557	7	30
惠安县							
安溪县							
永春县							
德化县							
石狮市	10	16	277	304	11853	190	472
晋江市	82	51	453	749	25386	1038	1172
南安市	4	15	29	35	6778	27	46

9-3a 续表 5

单位：户

地　　区	住房内有无厕所			住房内有无洗澡设施			
	卫生旱厕	普通旱厕	无	统一供热水	家庭自装热水器	其他	无
漳州市	**32**	**36**	**333**	**206**	**29109**	**588**	**868**
芗城区	12	6	147	82	14431	188	356
龙文区	7	1	54	82	7762	233	232
云霄县							
漳浦县							
诏安县							
长泰县							
东山县							
南靖县							
平和县							
华安县							
龙海市	13	29	132	40	6881	165	280
南平市	**49**	**49**	**302**	**231**	**29660**	**173**	**303**
延平区	16	6	87	52	9160	42	108
建阳区	13	10	69	59	5630	25	68
顺昌县							
浦城县							
光泽县							
松溪县							
政和县							
邵武市	8	6	74	52	6345	27	60
武夷山市	7	13	34	26	3703	35	32
建瓯市	5	14	38	42	4822	44	35
龙岩市	**12**	**24**	**256**	**106**	**25975**	**307**	**352**
新罗区	9	14	219	79	19996	282	310
永定区		3	10	12	2030	6	10
长汀县							
上杭县							
武平县							
连城县							
漳平市	3	7	27	15	3949	19	32
宁德市	**1**	**2**	**26**	**176**	**23019**	**76**	**104**
蕉城区	1	1	11	78	10190	34	54
霞浦县							
古田县							
屏南县							
寿宁县							
周宁县							
柘荣县							
福安市		1	2	39	6451	21	20
福鼎市			13	59	6378	21	30

9-3b　各地区按住房设施状况分的家庭户户数(镇)

单位：户

地　区	合　计	住房所在建筑有无电梯		主要炊事燃料				
		有	无	燃气	电	煤炭	柴草	其他
合　计	**330340**	**69638**	**260702**	**192258**	**131384**	**562**	**2936**	**3200**
福州市	**56574**	**18884**	**37690**	**37881**	**18142**	**63**	**121**	**367**
鼓楼区								
台江区								
仓山区								
马尾区								
晋安区	42		42	26	13		2	1
长乐区	4701	669	4032	3098	1544	16	24	19
闽侯县	15663	6773	8890	8015	7511		12	125
连江县	9880	3673	6207	6848	2930	34	6	62
罗源县	5398	2787	2611	5090	306			2
闽清县	3338	669	2669	575	2734	1	20	8
永泰县	3806	1120	2686	3001	744	6	42	13
平潭县	6538	2128	4410	5834	598	4		102
福清市	7208	1065	6143	5394	1762	2	15	35
厦门市	**10916**	**1986**	**8930**	**3338**	**7392**	**2**	**20**	**164**
思明区								
海沧区								
湖里区								
集美区	3		3	1	2			
同安区	531	37	494	372	138		2	19
翔安区	10382	1949	8433	2965	7252	2	18	145
莆田市	**17422**	**2204**	**15218**	**6180**	**10915**	**81**	**128**	**118**
城厢区	895	44	851	420	464	2	8	1
涵江区	389	12	377	27	358		2	2
荔城区	220	2	218	127	85		7	1
秀屿区	2674	62	2612	1047	1558	9	58	2
仙游县	13244	2084	11160	4559	8450	70	53	112
三明市	**28588**	**6450**	**22138**	**12340**	**15047**	**55**	**846**	**300**
梅列区	322	34	288	186	90	2	37	7
三元区	207	6	201	33	164	1	9	
明溪县	1594	140	1454	859	689	2	17	27
清流县	1769	431	1338	612	1103		49	5
宁化县	3701	1304	2397	2533	927	2	179	60
大田县	4428	783	3645	491	3875		40	22
尤溪县	4664	918	3746	273	4310		79	2
沙县	5286	1584	3702	3800	1264	2	107	113
将乐县	2530	733	1797	1562	696	17	233	22
泰宁县	1765	262	1503	1028	693		25	19
建宁县	1683	233	1450	899	710	3	57	14
永安市	639	22	617	64	526	26	14	9
泉州市	**80256**	**18161**	**62095**	**51630**	**27195**	**175**	**133**	**1123**
鲤城区								
丰泽区								
洛江区	975	184	791	845	125	1		4
泉港区	2349	212	2137	1108	1218	1	2	20
惠安县	17364	3552	13812	11904	5062	53	75	270
安溪县	13274	4823	8451	10465	2733	19	2	55
永春县	7644	1293	6351	838	6760	15	16	15
德化县	7696	2229	5467	3648	3885	18	21	124
石狮市	4117	300	3817	2196	1680	13	1	227
晋江市	9301	2167	7134	7276	1727	40	11	247
南安市	17536	3401	14135	13350	4005	15	5	161

9-3b 续表 1 单位：户

地　区	合　计	住房所在建筑有无电梯		主要炊事燃料				
		有	无	燃气	电	煤炭	柴草	其他
漳州市	**61929**	**10587**	**51342**	**35161**	**25841**	**109**	**141**	**677**
芗城区	2664	37	2627	1079	1492	1	12	80
龙文区								
云霄县	6162	1221	4941	5490	637	9	4	22
漳浦县	13037	3060	9977	10091	2820	8	17	101
诏安县	7222	586	6636	4263	2853	68	21	17
长泰县	4035	528	3507	1989	1990		8	48
东山县	4311	701	3610	1666	2624	1	2	18
南靖县	4909	815	4094	2046	2818	2	14	29
平和县	6121	590	5531	2651	3424	10	17	19
华安县	2275	134	2141	357	1885	2	21	10
龙海市	11193	2915	8278	5529	5298	8	25	333
南平市	**20061**	**2526**	**17535**	**10430**	**8714**	**23**	**737**	**157**
延平区	1582	160	1422	107	1373		98	4
建阳区	1023	32	991	409	542		53	19
顺昌县	3127	715	2412	544	2496	1	68	18
浦城县	4470	395	4075	4140	199	16	45	70
光泽县	2083	570	1513	1226	807	2	35	13
松溪县	1896	246	1650	1172	712		11	1
政和县	2542	217	2325	1858	535	2	129	18
邵武市	856	126	730	598	147	2	100	9
武夷山市	413	5	408	351	49		12	1
建瓯市	2069	60	2009	25	1854		186	4
龙岩市	**24853**	**3853**	**21000**	**11087**	**13498**	**40**	**85**	**143**
新罗区	2201	611	1590	603	1588	5	4	1
永定区	2607	199	2408	747	1849	4	3	4
长汀县	5720	547	5173	2307	3361	7	5	40
上杭县	5420	929	4491	3645	1658	17	30	70
武平县	4338	959	3379	2467	1835		26	10
连城县	3872	589	3283	1253	2590	7	5	17
漳平市	695	19	676	65	617		12	1
宁德市	**29741**	**4987**	**24754**	**24211**	**4640**	**14**	**725**	**151**
蕉城区	1034	25	1009	765	239		30	
霞浦县	8378	1854	6524	8302	75			1
古田县	5048	1139	3909	2189	2728	6	106	19
屏南县	2012	591	1421	815	1025	2	150	20
寿宁县	2265	522	1743	2106	71	1	81	6
周宁县	2235	288	1947	1759	243		193	40
柘荣县	1543	219	1324	1421	57	1	59	5
福安市	3537	187	3350	3322	104	2	100	9
福鼎市	3689	162	3527	3532	98	2	6	51

9-3b　续表 2　　　　单位：户

地　区	住房内有无管道自来水		住房内有无厨房			住房内有无厕所	
	有	无	独立使用	与其他户合用	无	水冲式卫生厕所	水冲式非卫生厕所
合　计	**307542**	**22798**	**314293**	**5006**	**11041**	**322662**	**3165**
福州市	**54858**	**1716**	**54681**	**794**	**1099**	**55904**	**400**
鼓楼区							
台江区							
仓山区							
马尾区							
晋安区		42	39	1	2	41	
长乐区	4454	247	4439	76	186	4614	25
闽侯县	15549	114	14892	258	513	15400	224
连江县	9787	93	9673	90	117	9850	12
罗源县	5383	15	5330	52	16	5383	3
闽清县	3208	130	3297	19	22	3315	14
永泰县	3776	30	3741	38	27	3748	45
平潭县	6149	389	6344	131	63	6474	35
福清市	6552	656	6926	129	153	7079	42
厦门市	**10655**	**261**	**9557**	**97**	**1262**	**10726**	**108**
思明区							
海沧区							
湖里区							
集美区	2	1	2	1		2	
同安区	386	145	421	19	91	519	2
翔安区	10267	115	9134	77	1171	10205	106
莆田市	**16107**	**1315**	**16720**	**328**	**374**	**16808**	**236**
城厢区	882	13	867	16	12	831	28
涵江区	323	66	356	17	16	368	9
荔城区	217	3	218	1	1	212	6
秀屿区	2476	198	2592	62	20	2539	77
仙游县	12209	1035	12687	232	325	12858	116
三明市	**28160**	**428**	**27895**	**224**	**469**	**27832**	**284**
梅列区	309	13	311	2	9	278	17
三元区	200	7	194	6	7	187	3
明溪县	1586	8	1555	10	29	1566	5
清流县	1736	33	1727	15	27	1737	20
宁化县	3666	35	3664	13	24	3668	10
大田县	4350	78	4274	42	112	4287	33
尤溪县	4552	112	4605	21	38	4613	23
沙县	5198	88	5093	63	130	5001	137
将乐县	2521	9	2487	16	27	2500	15
泰宁县	1756	9	1718	17	30	1735	15
建宁县	1653	30	1644	15	24	1652	2
永安市	633	6	623	4	12	608	4
泉州市	**68308**	**11948**	**74974**	**2025**	**3257**	**78405**	**667**
鲤城区							
丰泽区							
洛江区	938	37	950	7	18	959	5
泉港区	2127	222	2257	61	31	2283	21
惠安县	13997	3367	16288	247	829	16902	140
安溪县	10938	2336	13045	114	115	13154	79
永春县	6208	1436	7487	58	99	7483	22
德化县	7545	151	7152	336	208	7629	31
石狮市	4001	116	3043	306	768	3987	32
晋江市	9023	278	8242	518	541	8868	143
南安市	13531	4005	16510	378	648	17140	194

9-3b 续表 3

单位：户

地 区	住房内有无管道自来水		住房内有无厨房			住房内有无厕所	
	有	无	独立使用	与其他户合用	无	水冲式卫生厕所	水冲式非卫生厕所
漳州市	**56118**	**5811**	**57997**	**589**	**3343**	**59787**	**987**
芗城区	1336	1328	2272	20	372	2519	29
龙文区							
云霄县	6008	154	5909	32	221	6059	35
漳浦县	10745	2292	12530	136	371	12316	455
诏安县	7166	56	6924	82	216	6900	145
长泰县	3357	678	3301	20	714	3953	24
东山县	4271	40	4235	16	60	4283	12
南靖县	4454	455	4777	50	82	4824	31
平和县	5850	271	5890	75	156	5879	75
华安县	2008	267	2208	11	56	2152	56
龙海市	10923	270	9951	147	1095	10902	125
南平市	**19427**	**634**	**19501**	**255**	**305**	**19366**	**224**
延平区	1578	4	1573	3	6	1469	77
建阳区	866	157	960	21	42	937	10
顺昌县	3088	39	3046	35	46	3038	16
浦城县	4341	129	4289	94	87	4336	42
光泽县	2016	67	2012	42	29	2012	16
松溪县	1828	68	1865	11	20	1872	9
政和县	2513	29	2479	18	45	2496	6
邵武市	783	73	840	11	5	814	16
武夷山市	400	13	404	8	1	399	7
建瓯市	2014	55	2033	12	24	1993	25
龙岩市	**24231**	**622**	**23980**	**308**	**565**	**24510**	**75**
新罗区	2184	17	2144	42	15	2174	15
永定区	2491	116	2522	28	57	2528	6
长汀县	5610	110	5497	71	152	5618	33
上杭县	5314	106	5140	71	209	5383	6
武平县	4178	160	4262	40	36	4309	6
连城县	3837	35	3736	49	87	3813	7
漳平市	617	78	679	7	9	685	2
宁德市	**29678**	**63**	**28988**	**386**	**367**	**29324**	**184**
蕉城区	1033	1	1024	5	5	1025	6
霞浦县	8378		8281	31	66	8334	44
古田县	5018	30	4920	75	53	4917	47
屏南县	2002	10	1991	6	15	1962	22
寿宁县	2265		2229	8	28	2241	2
周宁县	2226	9	2174	43	18	2161	6
柘荣县	1536	7	1505	22	16	1518	8
福安市	3532	5	3381	119	37	3509	22
福鼎市	3688	1	3483	77	129	3657	27

9-3b　续表 4　　单位：户

地　区	住房内有无厕所			住房内有无洗澡设施			
	卫生旱厕	普通旱厕	无	统一供热水	家庭自装热水器	其他	无
合　计	**853**	**807**	**2853**	**2236**	**319495**	**3481**	**5128**
福州市	**29**	**34**	**207**	**481**	**55180**	**437**	**476**
鼓楼区							
台江区							
仓山区							
马尾区							
晋安区			1		39	3	
长乐区	2	5	55	12	4524	19	146
闽侯县			39	117	15313	130	103
连江县	3	2	13	161	9421	199	99
罗源县	1		11	9	5378	3	8
闽清县		2	7	34	3286	9	9
永泰县	9		4	25	3763	9	9
平潭县	7	13	9	47	6454	18	19
福清市	7	12	68	76	7002	47	83
厦门市	**21**	**12**	**49**	**85**	**10619**	**76**	**136**
思明区							
海沧区							
湖里区							
集美区			1		2	1	
同安区	2	3	5		488	20	23
翔安区	19	9	43	85	10129	55	113
莆田市	**67**	**89**	**222**	**108**	**16873**	**167**	**274**
城厢区	19	4	13	2	881	5	7
涵江区	2	4	6	1	364	7	17
荔城区	2				216	1	3
秀屿区	17	23	18	9	2613	18	34
仙游县	27	58	185	96	12799	136	213
三明市	**112**	**103**	**257**	**151**	**27850**	**285**	**302**
梅列区		8	19	3	296	14	9
三元区	1	2	14	4	191	3	9
明溪县	8	4	11	7	1559	23	5
清流县	3		9	8	1732	18	11
宁化县	3	7	13	36	3610	33	22
大田县	36	28	44	12	4298	45	73
尤溪县	8	13	7	17	4616	20	11
沙县	41	17	90	22	5078	70	116
将乐县	5		10	9	2491	22	8
泰宁县	2	4	9	15	1720	19	11
建宁县	2	12	15	15	1642	10	16
永安市	3	8	16	3	617	8	11
泉州市	**187**	**189**	**808**	**448**	**77142**	**960**	**1706**
鲤城区							
丰泽区							
洛江区	3	1	7		959	10	6
泉港区	5	8	32	40	2266	11	32
惠安县	50	25	247	68	16714	147	435
安溪县	10	6	25	1	13217	27	29
永春县	39	58	42	3	7510	47	84
德化县	2	5	29		7166	225	305
石狮市	1	6	91	127	3596	123	271
晋江市	46	46	198	82	8675	191	353
南安市	31	34	137	127	17039	179	191

9-3b 续表 5

单位：户

地 区	住房内有无厕所			住房内有无洗澡设施			
	卫生旱厕	普通旱厕	无	统一供热水	家庭自装热水器	其他	无
漳州市	**241**	**214**	**700**	**429**	**59212**	**909**	**1379**
芗城区	4	6	106	23	2258	79	304
龙文区							
云霄县	14	16	38	53	6001	37	71
漳浦县	69	44	153	70	12603	155	209
诏安县	85	38	54	49	6974	114	85
长泰县	13	10	35	37	3875	42	81
东山县	2	2	12	48	4205	25	33
南靖县	7	18	29	31	4811	40	27
平和县	24	47	96	19	5915	86	101
华安县	13	18	36	7	2192	27	49
龙海市	10	15	141	92	10378	304	419
南平市	**76**	**60**	**335**	**76**	**19382**	**200**	**403**
延平区	5	8	23	7	1546	11	18
建阳区	19	11	46	3	953	15	52
顺昌县	5	4	64	15	3024	28	60
浦城县	16	12	64	18	4320	44	88
光泽县	5	6	44	5	2013	10	55
松溪县		1	14	12	1846	12	26
政和县	2	7	31	7	2463	27	45
邵武市	5	3	18	5	816	17	18
武夷山市	5		2	1	406	3	3
建瓯市	14	8	29	3	1995	33	38
龙岩市	**27**	**58**	**183**	**256**	**24096**	**271**	**230**
新罗区	2	3	7	40	2125	21	15
永定区	4	35	34	38	2497	33	39
长汀县	5	6	58	81	5485	93	61
上杭县	5	2	24	33	5323	26	38
武平县	4	2	17	45	4233	38	22
连城县	6	8	38	19	3755	56	42
漳平市	1	2	5		678	4	13
宁德市	**93**	**48**	**92**	**202**	**29141**	**176**	**222**
蕉城区			3	3	1012	2	17
霞浦县					8375	3	
古田县	5	14	65	39	4909	34	66
屏南县	16	12		24	1932	24	32
寿宁县	22			24	2202	24	15
周宁县	46	17	5	17	2162	31	25
柘荣县	2	3	12	49	1463	10	21
福安市	1	1	4	15	3494	12	16
福鼎市	1	1	3	31	3592	36	30

9-3c　各地区按住房设施状况分的家庭户户数(乡村)

单位：户

地　区	合　计	住房所在建筑有无电梯		主要炊事燃料				
		有	无	燃气	电	煤炭	柴草	其他
合　计	**387824**	**11671**	**376153**	**183979**	**163370**	**614**	**36861**	**3000**
福州市	**64713**	**3261**	**61452**	**37248**	**24546**	**56**	**2656**	**207**
鼓楼区								
台江区								
仓山区								
马尾区	687	23	664	365	319	1	2	
晋安区	723	42	681	408	154	1	152	8
长乐区	8050	691	7359	4775	3199	13	39	24
闽侯县	10934	1398	9536	4418	6052	4	443	17
连江县	9600	304	9296	6522	2998		65	15
罗源县	2329	14	2315	1974	207		146	2
闽清县	4394	62	4332	58	3784	1	531	20
永泰县	5471	82	5389	2293	2098	4	1060	16
平潭县	5343	332	5011	3485	1730		76	52
福清市	17182	313	16869	12950	4005	32	142	53
厦门市	**17647**	**1526**	**16121**	**8705**	**8148**	**34**	**39**	**721**
思明区								
海沧区	406	200	206	243	137			26
湖里区								
集美区	4209	271	3938	2229	1627	29	4	320
同安区	6882	402	6480	3309	3274	4	23	272
翔安区	6150	653	5497	2924	3110	1	12	103
莆田市	**33785**	**732**	**33053**	**11471**	**20890**	**86**	**1145**	**193**
城厢区	4319	96	4223	1405	2621	8	231	54
涵江区	2880	83	2797	625	2051	5	181	18
荔城区	4423	141	4282	1964	2377	4	73	5
秀屿区	9789	257	9532	4019	5466	29	199	76
仙游县	12374	155	12219	3458	8375	40	461	40
三明市	**29598**	**394**	**29204**	**3129**	**15702**	**83**	**10581**	**103**
梅列区	266	1	265	36	42	1	172	15
三元区	808	8	800	215	260		333	
明溪县	1536	30	1506	362	641	1	530	2
清流县	1860	11	1849	65	1481	1	312	1
宁化县	4608	86	4522	715	1941	60	1871	21
大田县	4495	40	4455	17	3861	3	613	1
尤溪县	5438	70	5368	10	3013	1	2408	6
沙县	2529	37	2492	383	746	1	1365	34
将乐县	1695	19	1676	152	457	6	1074	6
泰宁县	1276	33	1243	274	479	3	514	6
建宁县	1918	10	1908	632	532	6	743	5
永安市	3169	49	3120	268	2249		646	6
泉州市	**78044**	**2469**	**75575**	**47685**	**28340**	**179**	**1001**	**839**
鲤城区								
丰泽区								
洛江区	2655	164	2491	2226	364		16	49
泉港区	4763	84	4679	3202	1491	2	57	11
惠安县	13588	554	13034	9695	3409	58	175	251
安溪县	15099	184	14915	9043	5912	48	47	49
永春县	5264	78	5186	235	4944	21	61	3
德化县	2776	166	2610	249	1939	10	568	10
石狮市	2299	87	2212	1296	915	1	1	86
晋江市	15538	817	14721	11247	4013	30	14	234
南安市	16062	335	15727	10492	5353	9	62	146

9-3c 续表 1　　单位：户

地区	合计	住房所在建筑有无电梯		主要炊事燃料				
		有	无	燃气	电	煤炭	柴草	其他
漳州市	**58335**	**605**	**57730**	**31943**	**25439**	**65**	**589**	**299**
芗城区	2008	7	2001	934	1011		29	34
龙文区	795	9	786	486	298		5	6
云霄县	5522	73	5449	4618	839	3	44	18
漳浦县	11119	123	10996	8043	2957	7	96	16
诏安县	8609	108	8501	5586	2899	42	66	16
长泰县	2866	28	2838	1304	1500		30	32
东山县	2072	12	2060	1079	990			3
南靖县	4606	41	4565	1797	2758	1	46	4
平和县	7551	84	7467	3295	4117	3	80	56
华安县	2071	11	2060	569	1372		118	12
龙海市	11116	109	11007	4232	6698	9	75	102
南平市	**33050**	**467**	**32583**	**9200**	**11804**	**37**	**11734**	**275**
延平区	3512	94	3418	215	2109	1	1159	28
建阳区	4104	76	4028	1251	1557		1211	85
顺昌县	2777	16	2761	219	1748	1	805	4
浦城县	4701	33	4668	2967	248	16	1418	52
光泽县	2005	54	1951	839	558	1	604	3
松溪县	2030	28	2002	629	867	1	480	53
政和县	2498	15	2483	557	608	1	1324	8
邵武市	2096	25	2071	788	279	3	1020	6
武夷山市	2686	39	2647	1627	313	6	722	18
建瓯市	6641	87	6554	108	3517	7	2991	18
龙岩市	**34525**	**411**	**34114**	**8991**	**23961**	**36**	**1417**	**120**
新罗区	3961	104	3857	739	3088	11	95	28
永定区	5477	78	5399	1529	3870	5	54	19
长汀县	6036	110	5926	574	5219	2	209	32
上杭县	6333	44	6289	2953	3034	4	320	22
武平县	4521	35	4486	2108	2153	1	256	3
连城县	4483	27	4456	846	3318	7	305	7
漳平市	3714	13	3701	242	3279	6	178	9
宁德市	**38127**	**1806**	**36321**	**25607**	**4540**	**38**	**7699**	**243**
蕉城区	5905	917	4988	4648	618	8	587	44
霞浦县	5626	66	5560	5397	227			2
古田县	5092	70	5022	1264	2223	5	1581	19
屏南县	2202	64	2138	249	703	4	1231	15
寿宁县	2674	24	2650	1208	211	3	1215	37
周宁县	2351	24	2327	1185	133	4	1014	15
柘荣县	1212	47	1165	639	24	1	543	5
福安市	6458	196	6262	4866	241	9	1287	55
福鼎市	6607	398	6209	6151	160	4	241	51

9-3c　续表 2　　　　单位：户

地　区	住房内有无管道自来水		住房内有无厨房			住房内有无厕所	
	有	无	独立使用	与其他户合用	无	水冲式卫生厕所	水冲式非卫生厕所
合　计	**316749**	**71075**	**371692**	**7414**	**8718**	**363748**	**8432**
福州市	**57231**	**7482**	**62627**	**1189**	**897**	**62718**	**1002**
鼓楼区							
台江区							
仓山区							
马尾区	686	1	681	5	1	677	9
晋安区	543	180	714	3	6	709	3
长乐区	7290	760	7689	100	261	7854	23
闽侯县	10264	670	10585	251	98	10760	138
连江县	9280	320	9494	52	54	9524	41
罗源县	2161	168	2274	47	8	2272	22
闽清县	3845	549	4295	57	42	4192	124
永泰县	5231	240	5327	122	22	5130	174
平潭县	2959	2384	5000	216	127	4982	212
福清市	14972	2210	16568	336	278	16618	256
厦门市	**16477**	**1170**	**16120**	**157**	**1370**	**17177**	**133**
思明区							
海沧区	401	5	362	1	43	402	
湖里区							
集美区	4119	90	3926	17	266	4126	36
同安区	5871	1011	6024	83	775	6631	68
翔安区	6086	64	5808	56	286	6018	29
莆田市	**27302**	**6483**	**32472**	**682**	**631**	**31968**	**857**
城厢区	2694	1625	4068	109	142	4102	99
涵江区	2101	779	2817	34	29	2743	63
荔城区	4113	310	4336	57	30	4258	119
秀屿区	9030	759	9373	265	151	9164	355
仙游县	9364	3010	11878	217	279	11701	221
三明市	**26855**	**2743**	**29094**	**336**	**168**	**25377**	**1034**
梅列区	211	55	261	3	2	203	6
三元区	730	78	788	16	4	635	29
明溪县	1400	136	1501	11	24	1324	43
清流县	1847	13	1802	45	13	1712	43
宁化县	4214	394	4550	39	19	4265	45
大田县	3916	579	4403	58	34	3551	233
尤溪县	4519	919	5380	52	6	4670	319
沙县	2329	200	2463	47	19	1848	66
将乐县	1640	55	1645	26	24	1485	30
泰宁县	1269	7	1258	10	8	1198	7
建宁县	1820	98	1905	8	5	1691	110
永安市	2960	209	3138	21	10	2795	103
泉州市	**46694**	**31350**	**73532**	**2393**	**2119**	**74709**	**1449**
鲤城区							
丰泽区							
洛江区	1714	941	2565	68	22	2611	17
泉港区	3452	1311	4470	211	82	4568	84
惠安县	6699	6889	12794	284	510	12853	321
安溪县	6817	8282	14325	351	423	14721	250
永春县	3140	2124	5165	61	38	4915	128
德化县	2093	683	2642	113	21	2487	93
石狮市	2223	76	1894	156	249	2224	12
晋江市	14371	1167	13939	948	651	14725	253
南安市	6185	9877	15738	201	123	15605	291

9－3c 续表 3 单位：户

地区	住房内有无管道自来水		住房内有无厨房			住房内有无厕所	
	有	无	独立使用	与其他户合用	无	水冲式卫生厕所	水冲式非卫生厕所
漳州市	**43688**	**14647**	**55131**	**857**	**2347**	**53906**	**1470**
芗城区	792	1216	1847	13	148	1751	74
龙文区	375	420	736	13	46	760	3
云霄县	4597	925	4993	92	437	4964	115
漳浦县	5555	5564	10619	222	278	9896	703
诏安县	8506	103	8299	98	212	8173	121
长泰县	1828	1038	2753	29	84	2737	39
东山县	2063	9	2043	14	15	2027	24
南靖县	2826	1780	4310	55	241	4274	54
平和县	6610	941	6935	167	449	7018	84
华安县	1515	556	1986	37	48	1906	31
龙海市	9021	2095	10610	117	389	10400	222
南平市	**28805**	**4245**	**32039**	**576**	**435**	**28326**	**1199**
延平区	3427	85	3461	32	19	3060	202
建阳区	2690	1414	3907	63	134	3268	134
顺昌县	2763	14	2749	15	13	2533	82
浦城县	4487	214	4534	75	92	3974	177
光泽县	814	1191	1951	34	20	1731	74
松溪县	1991	39	1975	31	24	1781	71
政和县	2356	142	2381	111	6	2324	75
邵武市	1872	224	1984	64	48	1738	70
武夷山市	2493	193	2561	80	45	2246	67
建瓯市	5912	729	6536	71	34	5671	247
龙岩市	**31829**	**2696**	**33602**	**495**	**428**	**33095**	**379**
新罗区	3822	139	3816	76	69	3815	40
永定区	5061	416	5211	117	149	5080	108
长汀县	5158	878	5920	57	59	5807	54
上杭县	6164	169	6223	64	46	6187	32
武平县	4251	270	4427	73	21	4378	60
连城县	4283	200	4347	70	66	4232	50
漳平市	3090	624	3658	38	18	3596	35
宁德市	**37868**	**259**	**37075**	**729**	**323**	**36472**	**909**
蕉城区	5879	26	5688	124	93	5793	49
霞浦县	5626		5575	49	2	5303	316
古田县	4950	142	4986	88	18	4641	184
屏南县	2190	12	2133	57	12	2060	22
寿宁县	2670	4	2574	81	19	2586	12
周宁县	2343	8	2294	51	6	2231	43
柘荣县	1194	18	1175	31	6	1160	14
福安市	6425	33	6267	144	47	6248	181
福鼎市	6591	16	6383	104	120	6450	88

9-3c　续表 4　　　　　　　　　　　　　　　　　　　　单位：户

地　区	住房内有无厕所			住房内有无洗澡设施			
	卫生旱厕	普通旱厕	无	统　一供热水	家庭自装热水器	其他	无
合　计	**3519**	**3919**	**8206**	**1630**	**365550**	**8766**	**11878**
福州市	**170**	**176**	**647**	**307**	**62796**	**694**	**916**
鼓楼区							
台江区							
仓山区							
马尾区			1		679	6	2
晋安区			11	14	694	7	8
长乐区	12	16	145	19	7804	25	202
闽侯县			36	53	10741	93	47
连江县	1	4	30	86	9436	35	43
罗源县	2		33	9	2236	47	37
闽清县	14	34	30	5	4280	42	67
永泰县	66	40	61	17	5190	138	126
平潭县	23	41	85	25	5067	93	158
福清市	52	41	215	79	16669	208	226
厦门市	**17**	**11**	**309**	**134**	**15857**	**598**	**1058**
思明区							
海沧区			4	4	375	7	20
湖里区							
集美区		5	42	31	3324	441	413
同安区	15	4	164	41	6201	111	529
翔安区	2	2	99	58	5957	39	96
莆田市	**240**	**244**	**476**	**109**	**32678**	**285**	**713**
城厢区	40	23	55	11	4189	31	88
涵江区	20	14	40	8	2779	29	64
荔城区	21	11	14	12	4354	19	38
秀屿区	88	92	90	16	9590	43	140
仙游县	71	104	277	62	11766	163	383
三明市	**1041**	**1215**	**931**	**73**	**26774**	**1360**	**1391**
梅列区	9	13	35		222	22	22
三元区	41	47	56	7	726	32	43
明溪县	53	69	47	9	1414	79	34
清流县	34	44	27	7	1752	68	33
宁化县	52	108	138	6	4244	188	170
大田县	349	300	62	3	3982	206	304
尤溪县	173	196	80	16	5019	180	223
沙县	167	198	250	10	1885	373	261
将乐县	21	50	109	3	1535	49	108
泰宁县	16	33	22	4	1220	30	22
建宁县	32	34	51	3	1790	46	79
永安市	94	123	54	5	2985	87	92
泉州市	**472**	**474**	**940**	**233**	**75086**	**994**	**1731**
鲤城区							
丰泽区							
洛江区	4	6	17		2593	35	27
泉港区	23	30	58		4626	23	114
惠安县	72	99	243	46	12926	130	486
安溪县	53	19	56		14963	41	95
永春县	87	81	53	3	5040	102	119
德化县	72	93	31		2379	158	239
石狮市		1	62	10	2179	27	83
晋江市	139	115	306	128	14658	339	413
南安市	22	30	114	46	15722	139	155

9-3c 续表 5

单位：户

地区	住房内有无厕所			住房内有无洗澡设施			
	卫生旱厕	普通旱厕	无	统一供热水	家庭自装热水器	其他	无
漳州市	**419**	**505**	**2035**	**202**	**54602**	**1497**	**2034**
芗城区	14	10	159	7	1827	58	116
龙文区		8	24	8	731	18	38
云霄县	60	48	335	22	4965	196	339
漳浦县	111	101	308	17	10487	214	401
诏安县	82	115	118	52	8105	315	137
长泰县	7	16	67	21	2725	53	67
东山县	3	8	10	4	2030	21	17
南靖县	19	21	238	8	4359	79	160
平和县	62	104	283	19	7151	188	193
华安县	19	17	98	2	1924	43	102
龙海市	42	57	395	42	10298	312	464
南平市	**673**	**768**	**2084**	**232**	**29219**	**1358**	**2241**
延平区	55	44	151	19	3214	130	149
建阳区	89	170	443	5	3515	144	440
顺昌县	34	8	120	8	2635	61	73
浦城县	104	138	308	55	4060	238	348
光泽县	35	55	110	11	1767	82	145
松溪县	42	66	70	4	1773	95	158
政和县	10	15	74	88	2194	71	145
邵武市	43	35	210	12	1702	176	206
武夷山市	101	119	153	12	2387	66	221
建瓯市	160	118	445	18	5972	295	356
龙岩市	**228**	**254**	**569**	**157**	**33059**	**753**	**556**
新罗区	26	28	52	21	3782	106	52
永定区	38	82	169	41	5193	98	145
长汀县	29	35	111	29	5781	136	90
上杭县	36	20	58	27	6102	121	83
武平县	27	15	41	14	4347	106	54
连城县	48	51	102	14	4275	123	71
漳平市	24	23	36	11	3579	63	61
宁德市	**259**	**272**	**215**	**183**	**35479**	**1227**	**1238**
蕉城区	16	23	24	67	5599	82	157
霞浦县		1	6	8	5593	23	2
古田县	89	94	84	10	4762	165	155
屏南县	45	56	19	8	1849	132	213
寿宁县	63	13		25	2332	140	177
周宁县	17	45	15	18	2165	108	60
柘荣县	6	18	14	4	1041	83	84
福安市	4	5	20	22	6114	180	142
福鼎市	19	17	33	21	6024	314	248

9-4 各地区按住房来源分的家庭户户数

单位：户

地区	合计	租赁廉租住房/公租房	租赁其他住房	购买新建商品房	购买二手房	购买原公有住房	购买经济适用房/两限房	自建住房	继承或赠予	其他
合计	**1266971**	**34555**	**286603**	**220750**	**74516**	**23390**	**12734**	**569702**	**14440**	**30281**
福州市	**247028**	**6430**	**50953**	**65346**	**16537**	**6025**	**2663**	**88073**	**2995**	**8006**
鼓楼区	19921	290	4385	6926	3666	2956	520	54	205	919
台江区	13768	147	3454	6831	1345	661	39	90	179	1022
仓山区	37958	1923	13594	13312	3260	374	333	2984	407	1771
马尾区	7755	192	2657	2294	527	72	60	1710	47	196
晋安区	27111	1580	8637	9743	3047	1313	802	1046	112	831
长乐区	20302	580	3843	3089	661	94	132	11125	283	495
闽侯县	26597	330	5921	5225	1070	89	170	12110	409	1273
连江县	19480	237	1766	4239	662	40	87	11927	214	308
罗源县	7727	93	639	3188	396	65	25	3244	55	22
闽清县	7732	58	292	735	236	64	64	5968	194	121
永泰县	9277	57	340	1478	97	16	12	6886	241	150
平潭县	11881	365	873	3204	487	39	99	6300	259	255
福清市	37519	578	4552	5082	1083	242	320	24629	390	643
厦门市	**193948**	**10477**	**115527**	**22382**	**15892**	**3374**	**1442**	**20898**	**734**	**3222**
思明区	36343	2309	15194	6242	6760	2564	468	859	334	1613
海沧区	22666	667	15150	2893	1830	8	61	1790	14	253
湖里区	43953	2230	32011	3948	3501	373	523	854	44	469
集美区	37987	1794	25262	4946	1938	290	224	3229	40	264
同安区	33167	2187	19088	2912	1401	125	13	7085	62	294
翔安区	19832	1290	8822	1441	462	14	153	7081	240	329
莆田市	**90183**	**1944**	**12542**	**13787**	**2004**	**697**	**675**	**56193**	**911**	**1430**
城厢区	16358	890	4739	3594	641	260	105	5767	76	286
涵江区	13200	321	2181	2631	462	108	157	6926	110	304
荔城区	17964	382	3485	4754	389	59	197	8431	59	208
秀屿区	17043	106	791	457	56	14	39	15235	100	245
仙游县	25618	245	1346	2351	456	256	177	19834	566	387
三明市	**77398**	**1583**	**7752**	**15180**	**6806**	**3556**	**1589**	**37758**	**1102**	**2072**
梅列区	7744	227	1457	2440	1608	1121	157	441	53	240
三元区	5977	203	1119	1379	962	795	276	930	64	249
明溪县	3130	99	282	485	275	107	46	1753	17	66
清流县	3629	75	261	634	145	100	9	2314	33	58
宁化县	8309	141	523	1370	280	73	122	5693	32	75
大田县	8923	135	865	780	409	146	205	5843	381	159
尤溪县	10102	107	446	1689	484	80	120	6511	151	514
沙县	7815	188	750	1788	628	227	48	3743	179	264
将乐县	4225	58	495	865	255	68	155	2269	13	47
泰宁县	3041	55	303	478	264	100	51	1661	18	111
建宁县	3601	75	250	419	227	69	59	2382	19	101
永安市	10902	220	1001	2853	1269	670	341	4218	142	188
泉州市	**246540**	**6231**	**56126**	**38329**	**8570**	**1731**	**1808**	**124345**	**2029**	**7371**
鲤城区	12859	359	5446	2605	843	475	108	2293	178	552
丰泽区	21055	404	9447	6009	1872	396	299	2216	62	350
洛江区	6309	129	1039	1400	306	15	57	3141	25	197
泉港区	10709	75	621	1233	261	30	59	8138	56	236
惠安县	30952	385	2455	4365	807	86	89	21990	227	548
安溪县	28373	439	2981	4708	456	64	118	18938	367	302
永春县	12908	111	934	1312	439	108	56	9606	241	101
德化县	10472	163	2286	1952	775	92	336	3925	128	815
石狮市	19235	1215	7557	3092	725	116	167	5319	136	908
晋江市	53184	2252	18846	7337	1458	210	178	20127	389	2387
南安市	40484	699	4514	4316	628	139	341	28652	220	975

9-4 续表 单位：户

地　区	合　计	租赁廉租住房/公租房	租　赁其他住房	购买新建商品房	购　买二手房	购买原公有住房	购买经济适用房/两限房	自建住房	继承或赠　予	其　他
漳州市	**151035**	**2927**	**15813**	**22033**	**6942**	**1779**	**1188**	**96322**	**1939**	**2092**
芗城区	19729	907	4523	6349	1821	879	435	4223	167	425
龙文区	9104	281	2508	3156	854	26	8	2161	21	89
云霄县	11684	153	508	1134	844	118	103	8519	212	93
漳浦县	24156	256	989	3133	411	122	98	18545	286	316
诏安县	15870	112	233	908	287	84	50	13639	435	122
长泰县	6901	234	1186	620	170	43	31	4513	32	72
东山县	6383	82	380	1100	384	16	22	4296	42	61
南靖县	9515	123	307	1560	196	108	117	6784	163	157
平和县	13672	121	326	865	354	141	53	11512	211	89
华安县	4346	95	157	340	125	54	37	3412	76	50
龙海市	29675	563	4696	2868	1496	188	234	18718	294	618
南平市	**83478**	**1585**	**8341**	**16507**	**7339**	**3645**	**962**	**41644**	**1360**	**2095**
延平区	14456	257	1313	3840	2027	1197	431	4819	142	430
建阳区	10909	301	1570	2543	734	392	160	4651	167	391
顺昌县	5904	83	452	1098	474	394	34	3119	106	144
浦城县	9171	104	787	970	718	214	25	6042	112	199
光泽县	4088	71	358	926	311	175	34	2085	33	95
松溪县	3926	53	458	329	110	66	88	2672	76	74
政和县	5040	144	676	536	148	85	35	3218	132	66
邵武市	9436	87	938	3311	965	700	83	3008	78	266
武夷山市	6895	164	696	1149	945	239	26	3425	115	136
建瓯市	13653	321	1093	1805	907	183	46	8605	399	294
龙岩市	**86118**	**1893**	**10367**	**13347**	**5110**	**1673**	**1461**	**49116**	**1026**	**2125**
新罗区	26829	988	6938	6634	2760	1214	826	6404	257	808
永定区	10142	103	449	1027	411	74	43	7563	208	264
长汀县	11756	193	901	1071	633	68	286	7942	170	492
上杭县	11753	238	759	914	434	49	93	9067	45	154
武平县	8859	105	347	1290	265	25	70	6586	49	122
连城县	8355	155	361	881	217	45	30	6426	124	116
漳平市	8424	111	612	1530	390	198	113	5128	173	169
宁德市	**91243**	**1485**	**9182**	**13839**	**5316**	**910**	**946**	**55353**	**2344**	**1868**
蕉城区	17295	498	2801	3981	1284	253	365	7655	252	206
霞浦县	14004	178	1025	2609	947	71	145	8364	206	459
古田县	10140	138	680	1519	277	162	117	6475	452	320
屏南县	4214	39	249	688	40	29	21	2878	179	91
寿宁县	4939	92	289	538	98	21	22	3610	161	108
周宁县	4586	76	385	277	34	30	25	3543	134	82
柘荣县	2755	26	146	446	68	19	41	1918	58	33
福安市	16526	227	1807	2243	486	262	133	10374	630	364
福鼎市	16784	211	1800	1538	2082	63	77	10536	272	205

9-4a 各地区按住房来源分的家庭户户数(城市)

单位：户

地 区	合 计	租赁廉租住房/公租房	租 赁其他住房	购买新建商品房	购 买二手房	购买原公有住房	购买经济适用房/两限房	自建住房	继承或赠 予	其 他
合 计	**548807**	**23245**	**211642**	**142877**	**53766**	**18410**	**7656**	**72435**	**3152**	**15624**
福州市	**125741**	**4848**	**37614**	**45485**	**13174**	**5565**	**2011**	**10754**	**1087**	**5203**
鼓楼区	19921	290	4385	6926	3666	2956	520	54	205	919
台江区	13768	147	3454	6831	1345	661	39	90	179	1022
仓山区	37958	1923	13594	13312	3260	374	333	2984	407	1771
马尾区	7068	192	2641	2294	522	72	60	1057	37	193
晋安区	26346	1578	8598	9659	3040	1313	802	436	96	824
长乐区	7551	276	1977	2548	430	89	105	1892	70	164
闽侯县										
连江县										
罗源县										
闽清县										
永泰县										
平潭县										
福清市	13129	442	2965	3915	911	100	152	4241	93	310
厦门市	**165385**	**9200**	**102079**	**21318**	**15611**	**3366**	**1339**	**9181**	**485**	**2806**
思明区	36343	2309	15194	6242	6760	2564	468	859	334	1613
海沧区	22260	559	14970	2864	1830	8	39	1744	14	232
湖里区	43953	2230	32011	3948	3501	373	523	854	44	469
集美区	33775	1733	22228	4924	1937	290	219	2200	36	208
同安区	25754	2002	16590	2745	1366	123	10	2697	16	205
翔安区	3300	367	1086	595	217	8	80	827	41	79
莆田市	**38976**	**1589**	**10652**	**11167**	**1504**	**433**	**470**	**12187**	**170**	**804**
城厢区	11144	854	4607	3514	629	258	98	900	26	258
涵江区	9931	305	2075	2622	441	106	152	3917	80	233
荔城区	13321	373	3410	4653	388	59	184	4007	52	195
秀屿区	4580	57	560	378	46	10	36	3363	12	118
仙游县										
三明市	**19212**	**604**	**3407**	**6464**	**3698**	**2481**	**756**	**1169**	**86**	**547**
梅列区	7156	214	1411	2418	1568	1081	142	82	38	202
三元区	4962	190	1084	1303	947	784	276	158	20	200
明溪县										
清流县										
宁化县										
大田县										
尤溪县										
沙县										
将乐县										
泰宁县										
建宁县										
永安市	7094	200	912	2743	1183	616	338	929	28	145
泉州市	**88240**	**3645**	**35366**	**20932**	**5373**	**1200**	**797**	**16965**	**517**	**3445**
鲤城区	12859	359	5446	2605	843	475	108	2293	178	552
丰泽区	21055	404	9447	6009	1872	396	299	2216	62	350
洛江区	2679	83	779	1126	270	4	17	308	2	90
泉港区	3597	51	407	898	169	3	13	1877	14	165
惠安县										
安溪县										
永春县										
德化县										
石狮市	12819	980	5637	2873	688	108	151	1692	92	598
晋江市	28345	1641	12915	5525	1213	133	99	5380	123	1316
南安市	6886	127	735	1896	318	81	110	3199	46	374

9－4a 续表

单位：户

地　　区	合　计	租赁廉租住房/公租房	租　　赁其他住房	购买新建商品房	购　买二手房	购买原公有住房	购买经济适用房/两限房	自建住房	继承或赠　予	其　他
漳州市	**30771**	**1226**	**6478**	**10805**	**3087**	**1038**	**609**	**6649**	**252**	**627**
芗城区	15057	722	3308	6339	1812	874	423	1087	141	351
龙文区	8309	277	2488	3142	854	26	8	1424	19	71
云霄县										
漳浦县										
诏安县										
长泰县										
东山县										
南靖县										
平和县										
华安县										
龙海市	7366	227	682	1324	421	138	178	4099	92	205
南平市	**30367**	**861**	**4437**	**11953**	**4943**	**2399**	**474**	**4126**	**217**	**957**
延平区	9362	191	1181	3631	1947	1093	224	683	60	352
建阳区	5782	221	1229	2377	503	292	125	729	37	269
顺昌县										
浦城县										
光泽县										
松溪县										
政和县										
邵武市	6484	69	792	3157	895	667	78	704	33	89
武夷山市	3796	130	555	1100	886	204	15	791	34	81
建瓯市	4943	250	680	1688	712	143	32	1219	53	166
龙岩市	**26740**	**739**	**7092**	**8341**	**3341**	**1431**	**950**	**3939**	**132**	**775**
新罗区	20667	599	6370	6187	2679	1189	811	2102	101	629
永定区	2058	59	218	677	294	50	29	674	6	51
长汀县										
上杭县										
武平县										
连城县										
漳平市	4015	81	504	1477	368	192	110	1163	25	95
宁德市	**23375**	**533**	**4517**	**6412**	**3035**	**497**	**250**	**7465**	**206**	**460**
蕉城区	10356	210	2284	3667	1256	247	94	2368	57	173
霞浦县										
古田县										
屏南县										
寿宁县										
周宁县										
柘荣县										
福安市	6531	178	1230	1666	391	192	118	2469	92	195
福鼎市	6488	145	1003	1079	1388	58	38	2628	57	92

9-4b　各地区按住房来源分的家庭户户数(镇)

单位：户

地　　区	合　计	租赁廉租住房/公租房	租　　赁其他住房	购买新建商品房	购　买二手房	购买原公有住房	购买经济适用房/两限房	自建住房	继承或赠　予	其　他
合　计	**330340**	**9119**	**55631**	**72071**	**18516**	**4356**	**4089**	**153145**	**3902**	**9511**
福州市	**56574**	**1202**	**9982**	**17916**	**2989**	**350**	**526**	**21080**	**697**	**1832**
鼓楼区										
台江区										
仓山区										
马尾区										
晋安区	42		19	2	2			18		1
长乐区	4701	171	927	310	151	5	24	2826	77	210
闽侯县	15663	304	4832	4278	961	81	162	3911	200	934
连江县	9880	183	1511	4005	602	35	85	3270	72	117
罗源县	5398	84	562	3169	388	64	18	1088	11	14
闽清县	3338	40	253	712	207	60	51	1869	73	73
永泰县	3806	56	303	1436	88	13	11	1766	24	109
平潭县	6538	301	674	2922	445	37	87	1721	138	213
福清市	7208	63	901	1082	145	55	88	4611	102	161
厦门市	**10916**	**842**	**6557**	**602**	**200**	**6**	**68**	**2352**	**79**	**210**
思明区										
海沧区										
湖里区										
集美区	3		2							1
同安区	531		155	34	11			319	7	5
翔安区	10382	842	6400	568	189	6	68	2033	72	204
莆田市	**17422**	**284**	**1547**	**2349**	**460**	**254**	**169**	**11677**	**322**	**360**
城厢区	895	20	43	35	7			776	4	10
涵江区	389		44	5	8			329	1	2
荔城区	220		16	3				200		1
秀屿区	2674	35	167	15	7	2		2414	12	22
仙游县	13244	229	1277	2291	438	252	169	7958	305	325
三明市	**28588**	**928**	**3922**	**8353**	**2816**	**1006**	**726**	**9366**	**357**	**1114**
梅列区	322	9	36	15	38	40	15	120	11	38
三元区	207	6	29	70	4	7		65		26
明溪县	1594	97	248	426	231	94	28	434	7	29
清流县	1769	71	240	627	135	98	9	538	9	42
宁化县	3701	136	410	1329	241	49	119	1363	6	48
大田县	4428	132	818	774	392	144	202	1704	147	115
尤溪县	4664	103	390	1607	451	75	107	1527	37	367
沙县	5286	183	715	1754	600	224	48	1438	94	230
将乐县	2530	52	432	826	222	64	103	798	6	27
泰宁县	1765	50	297	446	250	97	38	478	12	97
建宁县	1683	75	239	402	202	65	57	551	8	84
永安市	639	14	68	77	50	49		350	20	11
泉州市	**80256**	**2077**	**15761**	**16461**	**3005**	**483**	**930**	**38242**	**655**	**2642**
鲤城区										
丰泽区										
洛江区	975	21	184	169	34	9	40	447	10	61
泉港区	2349	13	109	269	79	25	46	1769	7	32
惠安县	17364	340	2011	4062	774	85	88	9542	115	347
安溪县	13274	417	2813	4626	443	52	108	4444	130	241
永春县	7644	108	881	1274	412	104	53	4595	137	80
德化县	7696	135	2162	1889	689	90	331	1607	41	752
石狮市	4117	141	1376	192	35	8	16	2118	27	204
晋江市	9301	373	2715	1620	234	67	37	3689	122	444
南安市	17536	529	3510	2360	305	43	211	10031	66	481

9-4b 续表 单位：户

地区	合计	租赁廉租住房/公租房	租赁其他住房	购买新建商品房	购买二手房	购买原公有住房	购买经济适用房/两限房	自建住房	继承或赠予	其他
漳州市	**61929**	**1576**	**8570**	**11133**	**3687**	**691**	**566**	**33825**	**813**	**1068**
芗城区	2664	181	1094	9	8	3	12	1283	15	59
龙文区										
云霄县	6162	148	481	1118	801	112	102	3231	101	68
漳浦县	13037	237	933	3130	389	116	96	7745	117	274
诏安县	7222	108	219	906	259	69	49	5264	278	70
长泰县	4035	205	1105	614	164	42	29	1806	12	58
东山县	4311	65	350	1090	377	16	19	2334	28	32
南靖县	4909	120	270	1540	185	105	115	2409	44	121
平和县	6121	118	317	852	337	139	53	4156	96	53
华安县	2275	93	145	340	112	51	37	1414	47	36
龙海市	11193	301	3656	1534	1055	38	54	4183	75	297
南平市	**20061**	**561**	**3185**	**4146**	**1873**	**966**	**358**	**8140**	**253**	**579**
延平区	1582	40	83	148	52	44	147	1024	12	32
建阳区	1023	54	172	77	126	50	5	474	23	42
顺昌县	3127	70	412	1041	417	353	30	677	38	89
浦城县	4470	100	751	962	632	199	20	1618	40	148
光泽县	2083	71	304	871	293	150	34	289	13	58
松溪县	1896	36	400	307	71	54	85	878	26	39
政和县	2542	123	561	502	114	65	15	1084	41	37
邵武市	856	17	109	142	47	24	5	433	5	74
武夷山市	413	3	56	26	21	7	7	275	8	10
建瓯市	2069	47	337	70	100	20	10	1388	47	50
龙岩市	**24853**	**1070**	**2646**	**4669**	**1622**	**220**	**395**	**13237**	**255**	**739**
新罗区	2201	367	196	354	72	18	10	1090	44	50
永定区	2607	31	165	279	79	21	4	1865	41	122
长汀县	5720	178	855	955	608	63	199	2504	76	282
上杭县	5420	236	715	908	409	46	87	2894	24	101
武平县	4338	100	328	1269	240	24	67	2190	21	99
连城县	3872	150	318	868	203	44	28	2166	30	65
漳平市	695	8	69	36	11	4		528	19	20
宁德市	**29741**	**579**	**3461**	**6442**	**1864**	**380**	**351**	**15226**	**471**	**967**
蕉城区	1034	19	69	7	18			887	28	6
霞浦县	8378	176	966	2545	890	68	141	3105	95	392
古田县	5048	121	552	1469	237	161	94	2077	99	238
屏南县	2012	35	183	628	27	19	11	1037	17	55
寿宁县	2265	84	213	531	84	20	21	1201	26	85
周宁县	2235	73	339	260	29	30	25	1409	19	51
柘荣县	1543	19	116	385	62	19	36	874	12	20
福安市	3537	22	466	420	73	59	15	2277	128	77
福鼎市	3689	30	557	197	444	4	8	2359	47	43

9-4c　各地区按住房来源分的家庭户户数(乡村)

单位：户

地　区	合　计	租赁廉租住房/公租房	租　赁其他住房	购买新建商品房	购　买二手房	购买原公有住房	购买经济适用房/两限房	自建住房	继承或赠　予	其　他
合　计	**387824**	**2191**	**19330**	**5802**	**2234**	**624**	**989**	**344122**	**7386**	**5146**
福州市	**64713**	**380**	**3357**	**1945**	**374**	**110**	**126**	**56239**	**1211**	**971**
鼓楼区										
台江区										
仓山区										
马尾区	687		16		5			653	10	3
晋安区	723	2	20	82	5			592	16	6
长乐区	8050	133	939	231	80		3	6407	136	121
闽侯县	10934	26	1089	947	109	8	8	8199	209	339
连江县	9600	54	255	234	60	5	2	8657	142	191
罗源县	2329	9	77	19	8	1	7	2156	44	8
闽清县	4394	18	39	23	29	4	13	4099	121	48
永泰县	5471	1	37	42	9	3	1	5120	217	41
平潭县	5343	64	199	282	42	2	12	4579	121	42
福清市	17182	73	686	85	27	87	80	15777	195	172
厦门市	**17647**	**435**	**6891**	**462**	**81**	**2**	**35**	**9365**	**170**	**206**
思明区										
海沧区	406	108	180	29			22	46		21
湖里区										
集美区	4209	61	3032	22	1		5	1029	4	55
同安区	6882	185	2343	133	24	2	3	4069	39	84
翔安区	6150	81	1336	278	56		5	4221	127	46
莆田市	**33785**	**71**	**343**	**271**	**40**	**10**	**36**	**32329**	**419**	**266**
城厢区	4319	16	89	45	5	2	7	4091	46	18
涵江区	2880	16	62	4	13	2	5	2680	29	69
荔城区	4423	9	59	98	1		13	4224	7	12
秀屿区	9789	14	64	64	3	2	3	9458	76	105
仙游县	12374	16	69	60	18	4	8	11876	261	62
三明市	**29598**	**51**	**423**	**363**	**292**	**69**	**107**	**27223**	**659**	**411**
梅列区	266	4	10	7	2			239	4	
三元区	808	7	6	6	11	4		707	44	23
明溪县	1536	2	34	59	44	13	18	1319	10	37
清流县	1860	4	21	7	10	2		1776	24	16
宁化县	4608	5	113	41	39	24	3	4330	26	27
大田县	4495	3	47	6	17	2	3	4139	234	44
尤溪县	5438	4	56	82	33	5	13	4984	114	147
沙县	2529	5	35	34	28	3		2305	85	34
将乐县	1695	6	63	39	33	4	52	1471	7	20
泰宁县	1276	5	6	32	14	3	13	1183	6	14
建宁县	1918		11	17	25	4	2	1831	11	17
永安市	3169	6	21	33	36	5	3	2939	94	32
泉州市	**78044**	**509**	**4999**	**936**	**192**	**48**	**81**	**69138**	**857**	**1284**
鲤城区										
丰泽区										
洛江区	2655	25	76	105	2	2		2386	13	46
泉港区	4763	11	105	66	13	2		4492	35	39
惠安县	13588	45	444	303	33	1	1	12448	112	201
安溪县	15099	22	168	82	13	12	10	14494	237	61
永春县	5264	3	53	38	27	4	3	5011	104	21
德化县	2776	28	124	63	86	2	5	2318	87	63
石狮市	2299	94	544	27	2			1509	17	106
晋江市	15538	238	3216	192	11	10	42	11058	144	627
南安市	16062	43	269	60	5	15	20	15422	108	120

9-4c 续表 单位：户

地　　区	合　计	租赁廉租住房/公租房	租　　赁其他住房	购买新建商品房	购　买二手房	购买原公有住房	购买经济适用房/两限房	自建住房	继承或赠　予	其　他
漳州市	**58335**	**125**	**765**	**95**	**168**	**50**	**13**	**55848**	**874**	**397**
芗城区	2008	4	121	1	1	2		1853	11	15
龙文区	795	4	20	14				737	2	18
云霄县	5522	5	27	16	43	6	1	5288	111	25
漳浦县	11119	19	56	3	22	6	2	10800	169	42
诏安县	8609	4	14	2	28	15	1	8336	157	52
长泰县	2866	29	81	6	6	1	2	2707	20	14
东山县	2072	17	30	10	7		3	1962	14	29
南靖县	4606	3	37	20	11	3	2	4375	119	36
平和县	7551	3	9	13	17	2		7356	115	36
华安县	2071	2	12		13	3		1998	29	14
龙海市	11116	35	358	10	20	12	2	10436	127	116
南平市	**33050**	**163**	**719**	**408**	**523**	**280**	**130**	**29378**	**890**	**559**
延平区	3512	26	49	61	28	60	60	3112	70	46
建阳区	4104	26	169	89	105	50	30	3448	107	80
顺昌县	2777	13	40	57	57	41	4	2442	68	55
浦城县	4701	4	36	8	86	15	5	4424	72	51
光泽县	2005		54	55	18	25		1796	20	37
松溪县	2030	17	58	22	39	12	3	1794	50	35
政和县	2498	21	115	34	34	20	20	2134	91	29
邵武市	2096	1	37	12	23	9		1871	40	103
武夷山市	2686	31	85	23	38	28	4	2359	73	45
建瓯市	6641	24	76	47	95	20	4	5998	299	78
龙岩市	**34525**	**84**	**629**	**337**	**147**	**22**	**116**	**31940**	**639**	**611**
新罗区	3961	22	372	93	9	7	5	3212	112	129
永定区	5477	13	66	71	38	3	10	5024	161	91
长汀县	6036	15	46	116	25	5	87	5438	94	210
上杭县	6333	2	44	6	25	3	6	6173	21	53
武平县	4521	5	19	21	25	1	3	4396	28	23
连城县	4483	5	43	13	14	1	2	4260	94	51
漳平市	3714	22	39	17	11	2	3	3437	129	54
宁德市	**38127**	**373**	**1204**	**985**	**417**	**33**	**345**	**32662**	**1667**	**441**
蕉城区	5905	269	448	307	10	6	271	4400	167	27
霞浦县	5626	2	59	64	57	3	4	5259	111	67
古田县	5092	17	128	50	40	1	23	4398	353	82
屏南县	2202	4	66	60	13	10	10	1841	162	36
寿宁县	2674	8	76	7	14	1	1	2409	135	23
周宁县	2351	3	46	17	5			2134	115	31
柘荣县	1212	7	30	61	6		5	1044	46	13
福安市	6458	27	111	157	22	11		5628	410	92
福鼎市	6607	36	240	262	250	1	31	5549	168	70

9-5 各地区按月租房费用分的家庭户户数

单位：户

地 区	合 计	200元以下	200-499元	500-999元	1000-1999元
合 计	**321158**	**25168**	**119283**	**87741**	**52876**
福州市	**57383**	**3640**	**15933**	**12566**	**11547**
鼓楼区	4675	152	86	258	705
台江区	3601	44	90	177	1262
仓山区	15517	586	4874	4778	2637
马尾区	2849	187	859	606	885
晋安区	10217	436	2012	1952	1836
长乐区	4423	681	1939	943	633
闽侯县	6251	166	2333	1540	1785
连江县	2003	328	837	408	276
罗源县	732	95	202	217	201
闽清县	350	63	82	137	60
永泰县	397	46	128	118	93
平潭县	1238	250	306	242	375
福清市	5130	606	2185	1190	799
厦门市	**126004**	**4848**	**55285**	**34845**	**16177**
思明区	17503	1221	1536	3843	4088
海沧区	15817	360	9797	3524	1042
湖里区	34241	347	7238	15703	6554
集美区	27056	1280	14711	6829	2541
同安区	21275	1264	14821	3687	1087
翔安区	10112	376	7182	1259	865
莆田市	**14486**	**999**	**4677**	**3806**	**3343**
城厢区	5629	159	1260	1770	1615
涵江区	2502	455	1073	558	337
荔城区	3867	127	1647	634	862
秀屿区	897	94	279	217	222
仙游县	1591	164	418	627	307
三明市	**9335**	**1617**	**2950**	**3188**	**1339**
梅列区	1684	210	396	435	504
三元区	1322	224	374	434	260
明溪县	381	121	100	140	18
清流县	336	101	108	110	16
宁化县	664	73	275	254	50
大田县	1000	124	290	530	49
尤溪县	553	40	216	167	125
沙县	938	257	313	238	109
将乐县	553	93	244	198	13
泰宁县	358	55	97	197	7
建宁县	325	80	102	104	38
永安市	1221	239	435	381	150
泉州市	**62357**	**6598**	**22431**	**18501**	**11687**
鲤城区	5805	588	2124	1453	1282
丰泽区	9851	534	2971	2657	2562
洛江区	1168	188	399	217	298
泉港区	696	22	161	263	216
惠安县	2840	328	958	862	568
安溪县	3420	129	489	1666	950
永春县	1045	152	348	416	121
德化县	2449	248	544	1237	396
石狮市	8772	711	3423	3083	1233
晋江市	21098	3055	9096	5150	3134
南安市	5213	643	1918	1497	927

9－5　续表 1　　　　单位：户

地　　区	合　计	200元以下	200－499元	500－999元	1000－1999元
漳州市	**18740**	**2445**	**7467**	**4224**	**3504**
芗城区	5430	633	1749	1358	1360
龙文区	2789	291	830	620	680
云霄县	661	121	119	234	133
漳浦县	1245	107	300	377	352
诏安县	345	99	68	66	82
长泰县	1420	114	1040	174	76
东山县	462	53	101	144	138
南靖县	430	138	136	102	46
平和县	447	98	176	96	53
华安县	252	52	132	42	19
龙海市	5259	739	2816	1011	565
南平市	**9926**	**2002**	**3192**	**3317**	**1145**
延平区	1570	346	436	454	299
建阳区	1871	307	434	805	283
顺昌县	535	168	149	189	27
浦城县	891	190	424	193	61
光泽县	429	88	174	139	26
松溪县	511	69	273	118	11
政和县	820	123	319	345	26
邵武市	1025	243	275	376	125
武夷山市	860	137	209	279	158
建瓯市	1414	331	499	419	129
龙岩市	**12260**	**1716**	**3870**	**3899**	**2213**
新罗区	7926	841	2247	2576	1841
永定区	552	138	193	159	53
长汀县	1094	160	446	311	96
上杭县	997	191	358	359	66
武平县	452	87	180	144	30
连城县	516	120	176	127	80
漳平市	723	179	270	223	47
宁德市	**10667**	**1303**	**3478**	**3395**	**1921**
蕉城区	3299	236	521	1019	1226
霞浦县	1203	123	517	407	96
古田县	818	242	299	196	65
屏南县	288	86	88	81	25
寿宁县	381	120	177	65	14
周宁县	461	66	179	177	31
柘荣县	172	28	67	57	18
福安市	2034	168	726	877	212
福鼎市	2011	234	904	516	234

9-5 续表 2

单位：户

地 区	2000—2999元	3000—3999元	4000—5999元	6000—7999元	8000—9999元	10000元及以上
合 计	**23758**	**7818**	**3214**	**756**	**268**	**276**
福州市	**9982**	**2800**	**756**	**115**	**24**	**20**
鼓楼区	2370	829	225	38	8	4
台江区	1497	380	130	19	2	
仓山区	1833	615	165	19	7	3
马尾区	277	29	5			1
晋安区	3078	730	150	21	2	
长乐区	149	41	25	6	1	5
闽侯县	367	41	12	2	2	3
连江县	117	25	10	2		
罗源县	14	3				
闽清县	3	2	3			
永泰县	11	1				
平潭县	51	11	3			
福清市	215	93	28	8	2	4
厦门市	**8077**	**3890**	**2026**	**506**	**194**	**156**
思明区	2980	1955	1308	336	133	103
海沧区	782	258	41	8	1	4
湖里区	2518	1135	520	145	47	34
集美区	1112	447	113	12	4	7
同安区	343	43	22	3	4	1
翔安区	342	52	22	2	5	7
莆田市	**1206**	**354**	**73**	**11**	**5**	**12**
城厢区	601	185	31	4	1	3
涵江区	52	18	6		3	
荔城区	462	118	11	4		2
秀屿区	51	15	10	3	1	5
仙游县	40	18	15			2
三明市	**192**	**29**	**14**	**3**	**1**	**2**
梅列区	122	14	2	1		
三元区	25	1	3	1		
明溪县	1	1				
清流县					1	
宁化县	6	3	3			
大田县	2	3	1			1
尤溪县	3		1			1
沙县	15	5		1		
将乐县	3	1	1			
泰宁县	1		1			
建宁县	1					
永安市	13	1	2			
泉州市	**2543**	**393**	**133**	**31**	**11**	**29**
鲤城区	307	39	6	4	1	1
丰泽区	908	176	32	6	2	3
洛江区	63	3				
泉港区	24	6	3			1
惠安县	94	14	11	1	1	3
安溪县	142	23	17	2		2
永春县	5	2	1			
德化县	21	2	1			
石狮市	257	36	18	4	3	4
晋江市	549	72	20	11	2	9
南安市	173	20	24	3	2	6

9-5 续表 3

单位：户

地　　区	2000- 2999元	3000- 3999元	4000- 5999元	6000- 7999元	8000- 9999元	10000元 及以上
漳州市	**812**	**171**	**61**	**25**	**10**	**21**
芗城区	267	41	13	6		3
龙文区	284	63	17	2	2	
云霄县	37	8	4		1	4
漳浦县	67	16	8	11	3	4
诏安县	17	9	3			1
长泰县	14	1				1
东山县	16	5	3	1		1
南靖县	7		1			
平和县	12	4	2		1	5
华安县	4	3				
龙海市	87	21	10	5	3	2
南平市	**137**	**44**	**58**	**14**	**6**	**11**
延平区	34	1				
建阳区	38	2	2			
顺昌县			1			1
浦城县	8	5	4	2	2	2
光泽县	2					
松溪县	6	9	21	3		1
政和县	2	1	2	2		
邵武市	6					
武夷山市	24	17	22	6	3	5
建瓯市	17	9	6	1	1	2
龙岩市	**425**	**62**	**42**	**19**	**7**	**7**
新罗区	349	34	24	7	3	4
永定区	4	2	1	2		
长汀县	43	15	10	10	3	
上杭县	12	5	3		1	2
武平县	7	3				1
连城县	8	2	3			
漳平市	2	1	1			
宁德市	**384**	**75**	**51**	**32**	**10**	**18**
蕉城区	242	39	9	2		5
霞浦县	29	5	8	9	4	5
古田县	10	2	1	2		1
屏南县	7		1			
寿宁县	3	1	1			
周宁县	1	5	2			
柘荣县	1					1
福安市	33	8	7	1	2	
福鼎市	58	15	22	18	4	6

9–5a　各地区按月租房费用分的家庭户户数(城市)

单位：户

地　区	合　计	200元以下	200–499元	500–999元	1000–1999元
合　计	**234887**	**13298**	**80810**	**65550**	**42034**
福州市	**42462**	**1795**	**10080**	**9231**	**8472**
鼓楼区	4675	152	86	258	705
台江区	3601	44	90	177	1262
仓山区	15517	586	4874	4778	2637
马尾区	2833	183	850	604	884
晋安区	10176	435	1993	1946	1825
长乐区	2253	154	896	585	480
闽侯县					
连江县					
罗源县					
闽清县					
永泰县					
平潭县					
福清市	3407	241	1291	883	679
厦门市	**111279**	**4083**	**44595**	**32734**	**15426**
思明区	17503	1221	1536	3843	4088
海沧区	15529	356	9700	3388	1024
湖里区	34241	347	7238	15703	6554
集美区	23961	1031	12502	6308	2472
同安区	18592	945	13029	3271	975
翔安区	1453	183	590	221	313
莆田市	**12241**	**772**	**4006**	**3035**	**2893**
城厢区	5461	144	1148	1746	1602
涵江区	2380	426	1017	542	320
荔城区	3783	124	1627	602	838
秀屿区	617	78	214	145	133
仙游县					
三明市	**4011**	**588**	**1101**	**1227**	**911**
梅列区	1625	182	379	422	504
三元区	1274	205	349	430	260
明溪县					
清流县					
宁化县					
大田县					
尤溪县					
沙县					
将乐县					
泰宁县					
建宁县					
永安市	1112	201	373	375	147
泉州市	**39011**	**3281**	**14255**	**10959**	**8068**
鲤城区	5805	588	2124	1453	1282
丰泽区	9851	534	2971	2657	2562
洛江区	862	146	257	136	258
泉港区	458	11	74	176	176
惠安县					
安溪县					
永春县					
德化县					
石狮市	6617	386	2156	2622	1151
晋江市	14556	1486	6464	3668	2405
南安市	862	130	209	247	234

9-5a 续表 1

单位：户

地　区	合　计	200元以下	200-499元	500-999元	1000-1999元
漳州市	**7704**	**925**	**2128**	**1860**	**2073**
芗城区	4030	447	1008	976	1285
龙文区	2765	287	818	614	679
云霄县					
漳浦县					
诏安县					
长泰县					
东山县					
南靖县					
平和县					
华安县					
龙海市	909	191	302	270	109
南平市	**5298**	**889**	**1216**	**2110**	**921**
延平区	1372	277	359	412	291
建阳区	1450	145	263	744	259
顺昌县					
浦城县					
光泽县					
松溪县					
政和县					
邵武市	861	159	243	335	118
武夷山市	685	101	154	226	143
建瓯市	930	207	197	393	110
龙岩市	**7831**	**662**	**2210**	**2713**	**1832**
新罗区	6969	490	1916	2396	1761
永定区	277	40	87	113	32
长汀县					
上杭县					
武平县					
连城县					
漳平市	585	132	207	204	39
宁德市	**5050**	**303**	**1219**	**1681**	**1438**
蕉城区	2494	98	295	756	1063
霞浦县					
古田县					
屏南县					
寿宁县					
周宁县					
柘荣县					
福安市	1408	71	553	552	191
福鼎市	1148	134	371	373	184

9–5a　续表 2　　　　　　　　　　　　　　　　　　　　　　　　单位：户

地　区	2000–2999元	3000–3999元	4000–5999元	6000–7999元	8000–9999元	10000元及以上
合　计	**21782**	**7375**	**2935**	**672**	**227**	**204**
福州市	**9349**	**2690**	**712**	**103**	**19**	**11**
鼓楼区	2370	829	225	38	8	4
台江区	1497	380	130	19	2	
仓山区	1833	615	165	19	7	3
马尾区	277	29	5			1
晋安区	3077	730	149	20	1	
长乐区	100	21	14	3		
闽侯县						
连江县						
罗源县						
闽清县						
永泰县						
平潭县						
福清市	195	86	24	4	1	3
厦门市	**7775**	**3840**	**1994**	**498**	**185**	**149**
思明区	2980	1955	1308	336	133	103
海沧区	759	250	40	7	1	4
湖里区	2518	1135	520	145	47	34
集美区	1084	440	107	9	3	5
同安区	316	40	13	1	1	1
翔安区	118	20	6			2
莆田市	**1135**	**327**	**53**	**8**	**4**	**8**
城厢区	598	184	31	4	1	3
涵江区	49	17	6		3	
荔城区	458	118	11	4		1
秀屿区	30	8	5			4
仙游县						
三明市	**160**	**15**	**7**	**2**		
梅列区	122	13	2	1		
三元区	25	1	3	1		
明溪县						
清流县						
宁化县						
大田县						
尤溪县						
沙县						
将乐县						
泰宁县						
建宁县						
永安市	13	1	2			
泉州市	**2043**	**300**	**67**	**16**	**6**	**16**
鲤城区	307	39	6	4	1	1
丰泽区	908	176	32	6	2	3
洛江区	63	2				
泉港区	17	4				
惠安县						
安溪县						
永春县						
德化县						
石狮市	247	30	16	2	3	4
晋江市	468	47	10	4		4
南安市	33	2	3			4

9-5a 续表 3 单位：户

地　区	2000-2999元	3000-3999元	4000-5999元	6000-7999元	8000-9999元	10000元及以上
漳州市	**568**	**106**	**30**	**10**	**2**	**2**
芗城区	258	36	12	6		2
龙文区	284	62	17	2	2	
云霄县						
漳浦县						
诏安县						
长泰县						
东山县						
南靖县						
平和县						
华安县						
龙海市	26	8	1	2		
南平市	**109**	**17**	**22**	**7**	**3**	**4**
延平区	32	1				
建阳区	36	1	2			
顺昌县						
浦城县						
光泽县						
松溪县						
政和县						
邵武市	6					
武夷山市	23	10	16	6	2	4
建瓯市	12	5	4	1	1	
龙岩市	**341**	**34**	**24**	**8**	**3**	**4**
新罗区	337	33	22	7	3	4
永定区	2	1	1	1		
长汀县						
上杭县						
武平县						
连城县						
漳平市	2		1			
宁德市	**302**	**46**	**26**	**20**	**5**	**10**
蕉城区	233	35	7	2		5
霞浦县						
古田县						
屏南县						
寿宁县						
周宁县						
柘荣县						
福安市	29	3	6	1	2	
福鼎市	40	8	13	17	3	5

9-5b　各地区按月租房费用分的家庭户户数(镇)

单位：户

地　区	合　计	200元以下	200-499元	500-999元	1000-1999元
合　计	**64750**	**8124**	**27487**	**17849**	**9060**
福州市	**11184**	**1138**	**3908**	**2680**	**2745**
鼓楼区					
台江区					
仓山区					
马尾区					
晋安区	19		14	2	3
长乐区	1098	275	475	192	89
闽侯县	5136	92	1729	1268	1654
连江县	1694	253	667	365	268
罗源县	646	71	181	191	191
闽清县	293	40	63	129	54
永泰县	359	42	110	106	89
平潭县	975	237	206	184	295
福清市	964	128	463	243	102
厦门市	**7399**	**232**	**5952**	**706**	**358**
思明区					
海沧区					
湖里区					
集美区	2	1	1		
同安区	155	50	70	26	6
翔安区	7242	181	5881	680	352
莆田市	**1831**	**168**	**478**	**687**	**385**
城厢区	63	7	30	16	8
涵江区	44	6	28	6	3
荔城区	16		2	6	5
秀屿区	202	8	44	46	71
仙游县	1506	147	374	613	298
三明市	**4850**	**855**	**1689**	**1852**	**403**
梅列区	45	21	13	11	
三元区	35	9	22	4	
明溪县	345	106	88	133	17
清流县	311	86	103	109	13
宁化县	546	62	231	196	45
大田县	950	104	273	521	47
尤溪县	493	20	200	152	116
沙县	898	231	304	235	108
将乐县	484	66	216	185	12
泰宁县	347	48	94	197	6
建宁县	314	76	96	104	37
永安市	82	26	49	5	2
泉州市	**17838**	**2045**	**5807**	**6341**	**3108**
鲤城区					
丰泽区					
洛江区	205	11	102	61	31
泉港区	122	3	54	40	23
惠安县	2351	284	743	755	483
安溪县	3230	95	430	1623	915
永春县	989	138	319	407	117
德化县	2297	231	517	1147	379
石狮市	1517	202	951	297	56
晋江市	3088	636	1130	828	432
南安市	4039	445	1561	1183	672

9-5b 续表 1 单位：户

地　区	合　计	200元以下	200-499元	500-999元	1000-1999元
漳州市	**10146**	**1365**	**4913**	**2202**	**1317**
芗城区	1275	175	676	358	55
龙文区					
云霄县	629	114	111	226	126
漳浦县	1170	97	281	351	341
诏安县	327	94	66	60	78
长泰县	1310	81	987	160	67
东山县	415	40	79	134	137
南靖县	390	119	124	96	44
平和县	435	95	173	92	51
华安县	238	47	128	40	16
龙海市	3957	503	2288	685	402
南平市	**3746**	**783**	**1657**	**1069**	**168**
延平区	123	39	51	29	3
建阳区	226	81	118	17	8
顺昌县	482	139	131	185	25
浦城县	851	175	405	192	57
光泽县	375	65	153	130	25
松溪县	436	48	247	113	8
政和县	684	67	253	333	24
邵武市	126	79	22	24	1
武夷山市	59	8	16	29	6
建瓯市	384	82	261	17	11
龙岩市	**3716**	**863**	**1397**	**1024**	**308**
新罗区	563	289	175	58	33
永定区	196	58	92	31	14
长汀县	1033	132	424	305	94
上杭县	951	180	344	350	61
武平县	428	79	174	139	28
连城县	468	107	152	122	74
漳平市	77	18	36	19	4
宁德市	**4040**	**675**	**1686**	**1288**	**268**
蕉城区	88	34	11	26	14
霞浦县	1142	97	499	395	93
古田县	673	181	245	178	57
屏南县	218	58	65	66	22
寿宁县	297	89	136	60	10
周宁县	412	49	165	164	27
柘荣县	135	18	50	50	15
福安市	488	80	149	240	12
福鼎市	587	69	366	109	18

9-5b　续表 2　　　　单位：户

地　区	2000—2999元	3000—3999元	4000—5999元	6000—7999元	8000—9999元	10000元及以上
合　计	**1573**	**311**	**204**	**64**	**24**	**54**
福州市	**572**	**86**	**34**	**9**	**3**	**9**
鼓楼区						
台江区						
仓山区						
马尾区						
晋安区						
长乐区	36	15	8	2	1	5
闽侯县	344	32	10	2	2	3
连江县	110	23	6	2		
罗源县	12					
闽清县	3	1	3			
永泰县	11	1				
平潭县	40	10	3			
福清市	16	4	4	3		1
厦门市	**123**	**9**	**12**	**2**	**1**	**4**
思明区						
海沧区						
湖里区						
集美区						
同安区	1		2			
翔安区	122	9	10	2	1	4
莆田市	**63**	**24**	**19**	**3**	**1**	**3**
城厢区	2					
涵江区	1					
荔城区	3					
秀屿区	17	6	5	3	1	1
仙游县	40	18	14			2
三明市	**31**	**11**	**7**	**1**		**1**
梅列区						
三元区						
明溪县		1				
清流县						
宁化县	6	3	3			
大田县	2	2	1			
尤溪县	3		1			1
沙县	15	4		1		
将乐县	3	1	1			
泰宁县	1		1			
建宁县	1					
永安市						
泉州市	**406**	**64**	**49**	**9**	**3**	**6**
鲤城区						
丰泽区						
洛江区						
泉港区	2					
惠安县	63	9	10	1	1	2
安溪县	128	21	15	2		1
永春县	5	2	1			
德化县	21	1	1			
石狮市	6	5				
晋江市	45	10	2	3		2
南安市	136	16	20	3	2	1

9－5b 续表 3 单位：户

地　　区	2000－2999元	3000－3999元	4000－5999元	6000－7999元	8000－9999元	10000元及以上
漳州市	**231**	**56**	**26**	**12**	**7**	**17**
芗城区	6	4	1			
龙文区						
云霄县	37	7	3		1	4
漳浦县	65	14	5	9	3	4
诏安县	17	8	3			1
长泰县	13	1				1
东山县	16	4	3	1		1
南靖县	6		1			
平和县	12	4	2		1	5
华安县	4	3				
龙海市	55	11	8	2	2	1
南平市	**20**	**15**	**20**	**7**	**2**	**5**
延平区	1					
建阳区	1	1				
顺昌县			1			1
浦城县	7	5	4	2	2	2
光泽县	2					
松溪县	2	4	11	3		
政和县	2	1	2	2		
邵武市						
武夷山市						
建瓯市	5	4	2			2
龙岩市	**70**	**23**	**17**	**10**	**3**	**1**
新罗区	6	1	1			
永定区	1					
长汀县	41	15	10	10	2	
上杭县	9	3	3		1	
武平县	5	2				1
连城县	8	2	3			
漳平市						
宁德市	**57**	**23**	**20**	**11**	**4**	**8**
蕉城区	2		1			
霞浦县	28	5	7	9	4	5
古田县	7	2	1	1		1
屏南县	6		1			
寿宁县	1	1				
周宁县	1	4	2			
柘荣县	1					1
福安市	2	5				
福鼎市	9	6	8	1		1

9–5c 各地区按月租房费用分的家庭户户数(乡村)

单位：户

地　区	合　计	200元以下	200–499元	500–999元	1000–1999元
合　计	**21521**	**3746**	**10986**	**4342**	**1782**
福州市	**3737**	**707**	**1945**	**655**	**330**
鼓楼区					
台江区					
仓山区					
马尾区	16	4	9	2	1
晋安区	22	1	5	4	8
长乐区	1072	252	568	166	64
闽侯县	1115	74	604	272	131
连江县	309	75	170	43	8
罗源县	86	24	21	26	10
闽清县	57	23	19	8	6
永泰县	38	4	18	12	4
平潭县	263	13	100	58	80
福清市	759	237	431	64	18
厦门市	**7326**	**533**	**4738**	**1405**	**393**
思明区					
海沧区	288	4	97	136	18
湖里区					
集美区	3093	248	2208	521	69
同安区	2528	269	1722	390	106
翔安区	1417	12	711	358	200
莆田市	**414**	**59**	**193**	**84**	**65**
城厢区	105	8	82	8	5
涵江区	78	23	28	10	14
荔城区	68	3	18	26	19
秀屿区	78	8	21	26	18
仙游县	85	17	44	14	9
三明市	**474**	**174**	**160**	**109**	**25**
梅列区	14	7	4	2	
三元区	13	10	3		
明溪县	36	15	12	7	1
清流县	25	15	5	1	3
宁化县	118	11	44	58	5
大田县	50	20	17	9	2
尤溪县	60	20	16	15	9
沙县	40	26	9	3	1
将乐县	69	27	28	13	1
泰宁县	11	7	3		1
建宁县	11	4	6		1
永安市	27	12	13	1	1
泉州市	**5508**	**1272**	**2369**	**1201**	**511**
鲤城区					
丰泽区					
洛江区	101	31	40	20	9
泉港区	116	8	33	47	17
惠安县	489	44	215	107	85
安溪县	190	34	59	43	35
永春县	56	14	29	9	4
德化县	152	17	27	90	17
石狮市	638	123	316	164	26
晋江市	3454	933	1502	654	297
南安市	312	68	148	67	21

9−5c 续表 1

单位：户

地　　区	合　计	200元以下	200−499元	500−999元	1000−1999元
漳州市	**890**	**155**	**426**	**162**	**114**
芗城区	125	11	65	24	20
龙文区	24	4	12	6	1
云霄县	32	7	8	8	7
漳浦县	75	10	19	26	11
诏安县	18	5	2	6	4
长泰县	110	33	53	14	9
东山县	47	13	22	10	1
南靖县	40	19	12	6	2
平和县	12	3	3	4	2
华安县	14	5	4	2	3
龙海市	393	45	226	56	54
南平市	**882**	**330**	**319**	**138**	**56**
延平区	75	30	26	13	5
建阳区	195	81	53	44	16
顺昌县	53	29	18	4	2
浦城县	40	15	19	1	4
光泽县	54	23	21	9	1
松溪县	75	21	26	5	3
政和县	136	56	66	12	2
邵武市	38	5	10	17	6
武夷山市	116	28	39	24	9
建瓯市	100	42	41	9	8
龙岩市	**713**	**191**	**263**	**162**	**73**
新罗区	394	62	156	122	47
永定区	79	40	14	15	7
长汀县	61	28	22	6	2
上杭县	46	11	14	9	5
武平县	24	8	6	5	2
连城县	48	13	24	5	6
漳平市	61	29	27		4
宁德市	**1577**	**325**	**573**	**426**	**215**
蕉城区	717	104	215	237	149
霞浦县	61	26	18	12	3
古田县	145	61	54	18	8
屏南县	70	28	23	15	3
寿宁县	84	31	41	5	4
周宁县	49	17	14	13	4
柘荣县	37	10	17	7	3
福安市	138	17	24	85	9
福鼎市	276	31	167	34	32

9-5c 续表 2

单位：户

地区	2000-2999元	3000-3999元	4000-5999元	6000-7999元	8000-9999元	10000元及以上
合计	**403**	**132**	**75**	**20**	**17**	**18**
福州市	**61**	**24**	**10**	**3**	**2**	
鼓楼区						
台江区						
仓山区						
马尾区						
晋安区	1		1	1	1	
长乐区	13	5	3	1		
闽侯县	23	9	2			
连江县	7	2	4			
罗源县	2	3				
闽清县		1				
永泰县						
平潭县	11	1				
福清市	4	3		1	1	
厦门市	**179**	**41**	**20**	**6**	**8**	**3**
思明区						
海沧区	23	8	1	1		
湖里区						
集美区	28	7	6	3	1	2
同安区	26	3	7	2	3	
翔安区	102	23	6		4	1
莆田市	**8**	**3**	**1**			**1**
城厢区	1	1				
涵江区	2	1				
荔城区	1					1
秀屿区	4	1				
仙游县			1			
三明市	**1**	**3**			**1**	**1**
梅列区		1				
三元区						
明溪县	1					
清流县					1	
宁化县						
大田县		1				1
尤溪县						
沙县		1				
将乐县						
泰宁县						
建宁县						
永安市						
泉州市	**94**	**29**	**17**	**6**	**2**	**7**
鲤城区						
丰泽区						
洛江区		1				
泉港区	5	2	3			1
惠安县	31	5	1			1
安溪县	14	2	2			1
永春县						
德化县		1				
石狮市	4	1	2	2		
晋江市	36	15	8	4	2	3
南安市	4	2	1			1

9－5c 续表 3

单位：户

地 区	2000－2999元	3000－3999元	4000－5999元	6000－7999元	8000－9999元	10000元及以上
漳州市	**13**	**9**	**5**	**3**	**1**	**2**
芗城区	3	1				1
龙文区		1				
云霄县		1	1			
漳浦县	2	2	3	2		
诏安县		1				
长泰县	1					
东山县		1				
南靖县	1					
平和县						
华安县						
龙海市	6	2	1	1	1	1
南平市	**8**	**12**	**16**		**1**	**2**
延平区	1					
建阳区	1					
顺昌县						
浦城县	1					
光泽县						
松溪县	4	5	10			1
政和县						
邵武市						
武夷山市	1	7	6		1	1
建瓯市						
龙岩市	**14**	**5**	**1**	**1**	**1**	**2**
新罗区	6		1			
永定区	1	1		1		
长汀县	2				1	
上杭县	3	2				2
武平县	2	1				
连城县						
漳平市		1				
宁德市	**25**	**6**	**5**	**1**	**1**	
蕉城区	7	4	1			
霞浦县	1		1			
古田县	3			1		
屏南县	1					
寿宁县	2		1			
周宁县		1				
柘荣县						
福安市	2		1			
福鼎市	9	1	1		1	

9-6 各地区按住房来源分的同时拥有厨房和厕所的家庭户户数

单位：户

地　　区	合　计	租赁廉租住房/公租房	租　赁其他住房	购买新建商品房	购　买二手房	购买原公有住房	购买经济适用房/两限房	自建住房	继承或赠　予	其　他
合　计	**1200678**	**30806**	**244034**	**220423**	**74022**	**23164**	**12715**	**556380**	**12577**	**26557**
福州市	**240397**	**6101**	**46234**	**65271**	**16510**	**6008**	**2660**	**87121**	**2803**	**7689**
鼓楼区	19607	280	4148	6911	3665	2955	520	51	198	879
台江区	13607	129	3338	6825	1342	661	39	86	176	1011
仓山区	36528	1888	12280	13302	3257	374	333	2961	398	1735
马尾区	7412	179	2357	2292	527	72	60	1699	47	179
晋安区	26359	1574	7942	9736	3041	1310	802	1028	109	817
长乐区	19432	497	3327	3087	653	94	132	10983	243	416
闽侯县	25942	289	5439	5201	1067	89	170	12046	394	1247
连江县	19278	234	1631	4237	662	40	84	11899	191	300
罗源县	7661	85	615	3187	396	65	25	3216	53	19
闽清县	7643	56	269	735	236	63	64	5932	177	111
永泰县	9169	57	312	1478	97	16	12	6825	225	147
平潭县	11647	363	829	3203	487	39	99	6141	243	243
福清市	36112	470	3747	5077	1080	230	320	24254	349	585
厦门市	**176515**	**9299**	**100784**	**22331**	**15764**	**3364**	**1441**	**20122**	**622**	**2788**
思明区	31756	2090	11136	6222	6699	2558	468	804	300	1479
海沧区	21391	608	14063	2881	1799	8	60	1750	11	211
湖里区	39063	2080	27407	3937	3478	373	523	808	38	419
集美区	35407	1576	23090	4942	1934	288	224	3107	39	207
同安区	30714	1898	17437	2909	1395	124	13	6711	35	192
翔安区	18184	1047	7651	1440	459	13	153	6942	199	280
莆田市	**86215**	**1752**	**10287**	**13781**	**1992**	**691**	**674**	**55035**	**759**	**1244**
城厢区	14996	777	3703	3593	637	259	104	5604	65	254
涵江区	12562	284	1762	2630	461	107	157	6829	101	231
荔城区	17309	366	2923	4751	389	59	197	8372	58	194
秀屿区	16649	98	686	456	56	14	39	14980	91	229
仙游县	24699	227	1213	2351	449	252	177	19250	444	336
三明市	**75124**	**1510**	**6849**	**15171**	**6772**	**3518**	**1588**	**36796**	**985**	**1935**
梅列区	7451	220	1236	2439	1606	1119	157	396	49	229
三元区	5729	195	990	1379	958	789	276	866	53	223
明溪县	3027	97	257	485	273	105	46	1692	15	57
清流县	3556	72	236	634	144	99	9	2279	31	52
宁化县	8134	141	506	1370	276	68	122	5560	20	71
大田县	8708	132	780	780	405	141	205	5752	365	148
尤溪县	9977	107	417	1689	483	80	120	6440	143	498
沙县	7362	172	605	1787	624	226	48	3513	146	241
将乐县	4067	55	450	864	251	68	155	2169	10	45
泰宁县	2974	51	278	478	262	100	50	1632	17	106
建宁县	3512	70	232	418	226	66	59	2333	14	94
永安市	10627	198	862	2848	1264	657	341	4164	122	171
泉州市	**228746**	**5075**	**43766**	**38301**	**8541**	**1724**	**1805**	**122079**	**1760**	**5695**
鲤城区	11202	259	4107	2603	836	469	108	2243	142	435
丰泽区	17871	335	6457	6003	1870	396	299	2158	50	303
洛江区	6128	121	902	1400	306	15	56	3115	21	192
泉港区	10457	65	574	1231	261	30	59	7970	45	222
惠安县	29337	319	1869	4361	802	86	88	21311	171	330
安溪县	27780	431	2888	4706	456	64	117	18495	333	290
永春县	12697	102	881	1307	438	108	56	9495	223	87
德化县	10195	153	2090	1952	772	92	336	3883	120	797
石狮市	16035	871	5100	3090	719	116	167	5252	123	597
晋江市	47660	1825	14867	7336	1455	209	178	19814	346	1630
南安市	39384	594	4031	4312	626	139	341	28343	186	812

9-6 续表 单位：户

地 区	合 计	租赁廉租住房/公租房	租赁其他住房	购买新建商品房	购买二手房	购买原公有住房	购买经济适用房/两限房	自建住房	继承或赠予	其 他
漳州市	**140928**	**2380**	**11445**	**21931**	**6833**	**1750**	**1183**	**92192**	**1436**	**1778**
芗城区	17858	635	3437	6305	1788	868	435	3877	143	370
龙文区	7838	206	1469	3133	845	26	8	2075	19	57
云霄县	10832	149	397	1133	831	118	103	7871	148	82
漳浦县	23223	197	834	3129	405	121	97	17969	205	266
诏安县	15337	102	208	901	272	80	50	13257	357	110
长泰县	6037	214	508	619	169	42	30	4371	21	63
东山县	6296	81	346	1097	384	16	22	4261	38	51
南靖县	9024	116	274	1560	196	108	114	6415	107	134
平和县	12835	115	285	864	350	133	53	10817	144	74
华安县	4155	86	145	339	120	54	37	3271	63	40
龙海市	27493	479	3542	2851	1473	184	234	18008	191	531
南平市	**79841**	**1461**	**7546**	**16491**	**7227**	**3543**	**957**	**39659**	**1091**	**1866**
延平区	14082	246	1166	3840	2018	1183	431	4666	122	410
建阳区	10120	269	1400	2536	705	380	160	4231	108	331
顺昌县	5683	76	417	1096	466	385	32	3000	91	120
浦城县	8657	89	714	970	695	203	25	5699	90	172
光泽县	3907	70	309	926	308	161	34	1993	26	80
松溪县	3804	47	435	329	103	65	87	2611	63	64
政和县	4896	134	645	534	147	78	35	3157	108	58
邵武市	9033	76	840	3310	956	675	83	2796	57	240
武夷山市	6635	159	614	1147	940	234	26	3291	96	128
建瓯市	13024	295	1006	1803	889	179	44	8215	330	263
龙岩市	**83274**	**1820**	**8897**	**13326**	**5083**	**1662**	**1461**	**48315**	**879**	**1831**
新罗区	25508	951	5898	6628	2744	1210	826	6306	236	709
永定区	9764	96	403	1025	409	73	43	7346	160	209
长汀县	11412	187	772	1063	630	67	286	7812	146	449
上杭县	11439	226	600	914	433	49	93	8983	33	108
武平县	8753	105	325	1288	263	24	70	6517	45	116
连城县	8098	151	325	879	216	44	30	6266	99	88
漳平市	8300	104	574	1529	388	195	113	5085	160	152
宁德市	**89638**	**1408**	**8226**	**13820**	**5300**	**904**	**946**	**55061**	**2242**	**1731**
蕉城区	16916	471	2540	3976	1280	253	365	7610	235	186
霞浦县	13931	173	983	2609	947	71	145	8359	197	447
古田县	9938	135	615	1509	274	157	117	6410	414	307
屏南县	4170	39	242	688	39	29	21	2854	174	84
寿宁县	4892	89	268	538	97	21	22	3599	155	103
周宁县	4543	76	367	277	34	30	25	3529	130	75
柘荣县	2709	24	130	446	68	19	41	1897	55	29
福安市	16283	220	1649	2243	486	261	133	10344	623	324
福鼎市	16256	181	1432	1534	2075	63	77	10459	259	176

9-6a　各地区按住房来源分的同时拥有厨房和厕所的家庭户户数(城市)

单位：户

地　区	合　计	租赁廉租住房/公租房	租　赁其他住房	购买新建商品房	购　买二手房	购买原公有住房	购买经济适用房/两限房	自建住房	继承或赠　予	其　他
合　计	**510312**	**20869**	**179516**	**142656**	**53503**	**18310**	**7653**	**71157**	**2916**	**13732**
福州市	**121674**	**4666**	**34108**	**45439**	**13157**	**5561**	**2011**	**10637**	**1051**	**5044**
鼓楼区	19607	280	4148	6911	3665	2955	520	51	198	879
台江区	13607	129	3338	6825	1342	661	39	86	176	1011
仓山区	36528	1888	12280	13302	3257	374	333	2961	398	1735
马尾区	6727	179	2341	2292	522	72	60	1047	37	177
晋安区	25610	1572	7904	9652	3034	1310	802	430	95	811
长乐区	7247	261	1741	2546	427	89	105	1877	64	137
闽侯县										
连江县										
罗源县										
闽清县										
永泰县										
平潭县										
福清市	12348	357	2356	3911	910	100	152	4185	83	294
厦门市	**150765**	**8367**	**89166**	**21268**	**15485**	**3356**	**1338**	**8875**	**431**	**2479**
思明区	31756	2090	11136	6222	6699	2558	468	804	300	1479
海沧区	21028	510	13916	2852	1799	8	38	1704	11	190
湖里区	39063	2080	27407	3937	3478	373	523	808	38	419
集美区	31480	1543	20256	4920	1933	288	219	2120	36	165
同安区	24244	1785	15435	2743	1360	122	10	2629	9	151
翔安区	3194	359	1016	594	216	7	80	810	37	75
莆田市	**36475**	**1421**	**8591**	**11161**	**1499**	**431**	**469**	**12049**	**162**	**692**
城厢区	9973	744	3608	3513	625	257	97	875	25	229
涵江区	9373	268	1668	2621	440	105	152	3877	76	166
荔城区	12706	357	2852	4650	388	59	184	3980	51	185
秀屿区	4423	52	463	377	46	10	36	3317	10	112
仙游县										
三明市	**18612**	**571**	**2944**	**6458**	**3689**	**2463**	**756**	**1139**	**85**	**507**
梅列区	6925	208	1198	2417	1566	1079	142	81	38	196
三元区	4785	184	959	1303	944	778	276	139	20	182
明溪县										
清流县										
宁化县										
大田县										
尤溪县										
沙县										
将乐县										
泰宁县										
建宁县										
永安市	6902	179	787	2738	1179	606	338	919	27	129
泉州市	**76924**	**2922**	**26248**	**20919**	**5355**	**1193**	**796**	**16604**	**445**	**2442**
鲤城区	11202	259	4107	2603	836	469	108	2243	142	435
丰泽区	17871	335	6457	6003	1870	396	299	2158	50	303
洛江区	2553	83	661	1126	270	4	16	305	1	87
泉港区	3523	47	375	896	169	3	13	1851	11	158
惠安县										
安溪县										
永春县										
德化县										
石狮市	10690	731	3999	2871	682	108	151	1666	86	396
晋江市	24348	1345	9954	5524	1210	132	99	5234	114	736
南安市	6737	122	695	1896	318	81	110	3147	41	327

9-6a 续表 单位：户

地区	合计	租赁廉租住房/公租房	租赁其他住房	购买新建商品房	购买二手房	购买原公有住房	购买经济适用房/两限房	自建住房	继承或赠予	其他
漳州市	**28000**	**898**	**4485**	**10729**	**3041**	**1026**	**609**	**6433**	**218**	**561**
芗城区	13867	495	2524	6295	1782	864	423	1040	128	316
龙文区	7103	204	1455	3119	845	26	8	1373	19	54
云霄县										
漳浦县										
诏安县										
长泰县										
东山县										
南靖县										
平和县										
华安县										
龙海市	6991	199	506	1315	414	136	178	3981	71	191
南平市	**29679**	**816**	**3963**	**11944**	**4926**	**2359**	**474**	**4088**	**207**	**902**
延平区	9185	185	1046	3631	1941	1084	224	673	60	341
建阳区	5614	207	1108	2373	502	289	125	724	31	255
顺昌县										
浦城县										
光泽县										
松溪县										
政和县										
邵武市	6336	58	703	3156	891	646	78	694	32	78
武夷山市	3718	127	494	1098	883	201	15	790	33	77
建瓯市	4826	239	612	1686	709	139	32	1207	51	151
龙岩市	**25450**	**696**	**6029**	**8333**	**3323**	**1424**	**950**	**3889**	**121**	**685**
新罗区	19474	564	5359	6181	2663	1185	811	2062	93	556
永定区	2024	56	200	676	294	49	29	671	6	43
长汀县										
上杭县										
武平县										
连城县										
漳平市	3952	76	470	1476	366	190	110	1156	22	86
宁德市	**22733**	**512**	**3982**	**6405**	**3028**	**497**	**250**	**7443**	**196**	**420**
蕉城区	10101	194	2080	3662	1252	247	94	2364	51	157
霞浦县										
古田县										
屏南县										
寿宁县										
周宁县										
柘荣县										
福安市	6389	174	1111	1666	391	192	118	2463	91	183
福鼎市	6243	144	791	1077	1385	58	38	2616	54	80

9-6b　各地区按住房来源分的同时拥有厨房和厕所的家庭户户数(镇)

单位：户

地　　区	合　计	租赁廉租住房/公租房	租　赁其他住房	购买新建商品房	购　买二手房	购买原公有住房	购买经济适用房/两限房	自建住房	继承或赠　予	其　他
合　计	**317511**	**8159**	**47915**	**71986**	**18386**	**4282**	**4077**	**150787**	**3388**	**8531**
福州市	**55358**	**1113**	**9148**	**17888**	**2982**	**346**	**523**	**20941**	**660**	**1757**
鼓楼区										
台江区										
仓山区										
马尾区										
晋安区	40		18	2	2			18		
长乐区	4484	139	806	310	147	5	24	2793	71	189
闽侯县	15131	264	4404	4254	958	81	162	3893	193	922
连江县	9756	180	1411	4003	602	35	82	3263	68	112
罗源县	5372	82	547	3168	388	64	18	1083	9	13
闽清县	3312	39	239	712	207	59	51	1864	70	71
永泰县	3776	56	277	1436	88	13	11	1763	24	108
平潭县	6472	299	637	2921	445	37	87	1711	129	206
福清市	7015	54	809	1082	145	52	88	4553	96	136
厦门市	**9628**	**637**	**5602**	**602**	**198**	**6**	**68**	**2278**	**62**	**175**
思明区										
海沧区										
湖里区										
集美区	2		2							
同安区	439		97	34	11			288	5	4
翔安区	9187	637	5503	568	187	6	68	1990	57	171
莆田市	**16914**	**265**	**1406**	**2349**	**455**	**252**	**169**	**11434**	**265**	**319**
城厢区	874	18	40	35	7			760	4	10
涵江区	370		35	5	8			321		1
荔城区	219		15	3				200		1
秀屿区	2640	35	163	15	7	2		2387	12	19
仙游县	12811	212	1153	2291	433	250	169	7766	249	288
三明市	**27951**	**894**	**3521**	**8351**	**2801**	**991**	**725**	**9278**	**331**	**1059**
梅列区	297	8	29	15	38	40	15	110	9	33
三元区	192	5	26	70	3	7		60		21
明溪县	1560	95	223	426	230	93	28	432	7	26
清流县	1735	68	219	627	134	98	9	533	8	39
宁化县	3671	136	393	1329	240	47	119	1357	5	45
大田县	4297	129	738	774	388	139	202	1676	141	110
尤溪县	4622	103	363	1607	451	75	107	1522	35	359
沙县	5092	169	577	1754	598	223	48	1424	85	214
将乐县	2494	49	403	825	221	64	103	798	5	26
泰宁县	1728	49	272	446	248	97	37	473	12	94
建宁县	1648	70	222	401	201	62	57	547	7	81
永安市	615	13	56	77	49	46		346	17	11
泉州市	**76503**	**1752**	**13459**	**16449**	**2995**	**483**	**929**	**37643**	**556**	**2237**
鲤城区										
丰泽区										
洛江区	953	21	169	169	34	9	40	441	9	61
泉港区	2295	11	103	269	79	25	46	1730	5	27
惠安县	16393	286	1569	4058	769	85	88	9241	76	221
安溪县	13142	412	2737	4625	443	52	107	4414	120	232
永春县	7515	99	834	1270	411	104	53	4551	123	70
德化县	7470	129	1970	1889	687	90	331	1597	39	738
石狮市	3321	85	745	192	35	8	16	2094	22	124
晋江市	8616	274	2244	1620	234	67	37	3653	105	382
南安市	16798	435	3088	2357	303	43	211	9922	57	382

9-6b 续表　　单位：户

地　区	合　计	租赁廉租住房/公租房	租　赁其他住房	购买新建商品房	购　买二手房	购买原公有住房	购买经济适用房/两限房	自建住房	继承或赠　予	其　他
漳州市	**58183**	**1389**	**6351**	**11108**	**3641**	**679**	**561**	**32867**	**644**	**943**
芗城区	2237	136	829	9	6	3	12	1187	11	44
龙文区										
云霄县	5923	144	376	1117	792	112	102	3131	88	61
漳浦县	12582	187	791	3126	385	115	95	7562	82	239
诏安县	6973	98	194	899	251	68	49	5118	234	62
长泰县	3304	194	440	613	163	41	28	1762	8	55
东山县	4245	64	319	1087	377	16	19	2315	24	24
南靖县	4805	114	246	1540	185	105	112	2364	29	110
平和县	5898	113	277	852	333	132	53	4021	72	45
华安县	2199	85	136	339	109	51	37	1368	42	32
龙海市	10017	254	2743	1526	1040	36	54	4039	54	271
南平市	**19497**	**501**	**2961**	**4143**	**1839**	**935**	**356**	**8045**	**211**	**506**
延平区	1554	35	80	148	52	42	147	1016	7	27
建阳区	944	42	150	77	118	46	5	463	17	26
顺昌县	3033	63	383	1040	413	347	28	658	34	67
浦城县	4337	85	679	962	620	191	20	1602	37	141
光泽县	2022	70	271	871	291	143	34	281	11	50
松溪县	1863	36	379	307	68	54	85	875	23	36
政和县	2474	115	533	500	114	62	15	1074	30	31
邵武市	835	17	103	142	45	23	5	427	3	70
武夷山市	411	3	55	26	21	7	7	275	7	10
建瓯市	2024	35	328	70	97	20	10	1374	42	48
龙岩市	**24189**	**1047**	**2282**	**4664**	**1617**	**216**	**395**	**13126**	**215**	**627**
新罗区	2183	367	185	354	72	18	10	1089	42	46
永定区	2534	27	147	278	79	21	4	1838	33	107
长汀县	5530	173	733	955	606	62	199	2489	63	250
上杭县	5201	226	561	908	408	46	87	2879	18	68
武平县	4290	100	307	1267	238	23	67	2175	19	94
连城县	3767	146	283	866	203	43	28	2130	23	45
漳平市	684	8	66	36	11	3		526	17	17
宁德市	**29288**	**561**	**3185**	**6432**	**1858**	**374**	**351**	**15175**	**444**	**908**
蕉城区	1026	19	66	7	18			883	27	6
霞浦县	8312	171	924	2545	890	68	141	3104	89	380
古田县	4936	120	492	1459	235	156	94	2062	88	230
屏南县	1997	35	178	628	26	19	11	1033	17	50
寿宁县	2237	82	195	531	83	20	21	1199	26	80
周宁县	2212	73	322	260	29	30	25	1409	19	45
柘荣县	1515	17	102	385	62	19	36	864	11	19
福安市	3496	22	447	420	73	58	15	2274	125	62
福鼎市	3557	22	459	197	442	4	8	2347	42	36

9-6c　各地区按住房来源分的同时拥有厨房和厕所的家庭户户数(乡村)

单位：户

地　区	合　计	租赁廉租住房/公租房	租　赁其他住房	购买新建商品房	购　买二手房	购买原公有住房	购买经济适用房/两限房	自建住房	继承或赠　予	其　他
合　计	**372855**	**1778**	**16603**	**5781**	**2133**	**572**	**985**	**334436**	**6273**	**4294**
福州市	**63365**	**322**	**2978**	**1944**	**371**	**101**	**126**	**55543**	**1092**	**888**
鼓楼区										
台江区										
仓山区										
马尾区	685		16		5			652	10	2
晋安区	709	2	20	82	5			580	14	6
长乐区	7701	97	780	231	79		3	6313	108	90
闽侯县	10811	25	1035	947	109	8	8	8153	201	325
连江县	9522	54	220	234	60	5	2	8636	123	188
罗源县	2289	3	68	19	8	1	7	2133	44	6
闽清县	4331	17	30	23	29	4	13	4068	107	40
永泰县	5393	1	35	42	9	3	1	5062	201	39
平潭县	5175	64	192	282	42	2	12	4430	114	37
福清市	16749	59	582	84	25	78	80	15516	170	155
厦门市	**16122**	**295**	**6016**	**461**	**81**	**2**	**35**	**8969**	**129**	**134**
思明区										
海沧区	363	98	147	29			22	46		21
湖里区										
集美区	3925	33	2832	22	1		5	987	3	42
同安区	6031	113	1905	132	24	2	3	3794	21	37
翔安区	5803	51	1132	278	56		5	4142	105	34
莆田市	**32826**	**66**	**290**	**271**	**38**	**8**	**36**	**31552**	**332**	**233**
城厢区	4149	15	55	45	5	2	7	3969	36	15
涵江区	2819	16	59	4	13	2	5	2631	25	64
荔城区	4384	9	56	98	1		13	4192	7	8
秀屿区	9586	11	60	64	3	2	3	9276	69	98
仙游县	11888	15	60	60	16	2	8	11484	195	48
三明市	**28561**	**45**	**384**	**362**	**282**	**64**	**107**	**26379**	**569**	**369**
梅列区	229	4	9	7	2			205	2	
三元区	752	6	5	6	11	4		667	33	20
明溪县	1467	2	34	59	43	12	18	1260	8	31
清流县	1821	4	17	7	10	1		1746	23	13
宁化县	4463	5	113	41	36	21	3	4203	15	26
大田县	4411	3	42	6	17	2	3	4076	224	38
尤溪县	5355	4	54	82	32	5	13	4918	108	139
沙县	2270	3	28	33	26	3		2089	61	27
将乐县	1573	6	47	39	30	4	52	1371	5	19
泰宁县	1246	2	6	32	14	3	13	1159	5	12
建宁县	1864		10	17	25	4	2	1786	7	13
永安市	3110	6	19	33	36	5	3	2899	78	31
泉州市	**75319**	**401**	**4059**	**933**	**191**	**48**	**80**	**67832**	**759**	**1016**
鲤城区										
丰泽区										
洛江区	2622	17	72	105	2	2		2369	11	44
泉港区	4639	7	96	66	13	2		4389	29	37
惠安县	12944	33	300	303	33	1		12070	95	109
安溪县	14638	19	151	81	13	12	10	14081	213	58
永春县	5182	3	47	37	27	4	3	4944	100	17
德化县	2725	24	120	63	85	2	5	2286	81	59
石狮市	2024	55	356	27	2			1492	15	77
晋江市	14696	206	2669	192	11	10	42	10927	127	512
南安市	15849	37	248	59	5	15	20	15274	88	103

9-6c 续表

单位：户

地　　区	合　计	租赁廉租住房/公租房	租　　赁其他住房	购买新建商品房	购　买二手房	购买原公有住房	购买经济适用房/两限房	自建住房	继承或赠　予	其　他
漳州市	**54745**	**93**	**609**	**94**	**151**	**45**	**13**	**52892**	**574**	**274**
芗城区	1754	4	84	1		1		1650	4	10
龙文区	735	2	14	14				702		3
云霄县	4909	5	21	16	39	6	1	4740	60	21
漳浦县	10641	10	43	3	20	6	2	10407	123	27
诏安县	8325	4	14	2	21	12	1	8100	123	48
长泰县	2733	20	68	6	6	1	2	2609	13	8
东山县	2051	17	27	10	7		3	1946	14	27
南靖县	4219	2	28	20	11	3	2	4051	78	24
平和县	6937	2	8	12	17	1		6796	72	29
华安县	1956	1	9		11	3		1903	21	8
龙海市	10485	26	293	10	19	12	2	9988	66	69
南平市	**30665**	**144**	**622**	**404**	**462**	**249**	**127**	**27526**	**673**	**458**
延平区	3343	26	40	61	25	57	60	2977	55	42
建阳区	3562	20	142	86	85	45	30	3044	60	50
顺昌县	2650	13	34	56	53	38	4	2342	57	53
浦城县	4320	4	35	8	75	12	5	4097	53	31
光泽县	1885		38	55	17	18		1712	15	30
松溪县	1941	11	56	22	35	11	2	1736	40	28
政和县	2422	19	112	34	33	16	20	2083	78	27
邵武市	1862	1	34	12	20	6		1675	22	92
武夷山市	2506	29	65	23	36	26	4	2226	56	41
建瓯市	6174	21	66	47	83	20	2	5634	237	64
龙岩市	**33635**	**77**	**586**	**329**	**143**	**22**	**116**	**31300**	**543**	**519**
新罗区	3851	20	354	93	9	7	5	3155	101	107
永定区	5206	13	56	71	36	3	10	4837	121	59
长汀县	5882	14	39	108	24	5	87	5323	83	199
上杭县	6238		39	6	25	3	6	6104	15	40
武平县	4463	5	18	21	25	1	3	4342	26	22
连城县	4331	5	42	13	13	1	2	4136	76	43
漳平市	3664	20	38	17	11	2	3	3403	121	49
宁德市	**37617**	**335**	**1059**	**983**	**414**	**33**	**345**	**32443**	**1602**	**403**
蕉城区	5789	258	394	307	10	6	271	4363	157	23
霞浦县	5619	2	59	64	57	3	4	5255	108	67
古田县	5002	15	123	50	39	1	23	4348	326	77
屏南县	2173	4	64	60	13	10	10	1821	157	34
寿宁县	2655	7	73	7	14	1	1	2400	129	23
周宁县	2331	3	45	17	5			2120	111	30
柘荣县	1194	7	28	61	6		5	1033	44	10
福安市	6398	24	91	157	22	11		5607	407	79
福鼎市	6456	15	182	260	248	1	31	5496	163	60

9-7　全省按户主的受教育程度、住房来源分的家庭户户数

单位：户

受教育程度	合　计	租赁廉租住房/公租房	租　赁其他住房	购买新建商品房	购　买二手房	购买原公有住房	购买经济适用房/两限房	自建住房	继承或赠　予	其　他
总　计	**1198904**	**34139**	**283608**	**215369**	**72608**	**22450**	**12428**	**515780**	**12981**	**29541**
未上过学	30936	554	2603	1730	701	413	145	23053	857	880
学前教育	1718	26	99	72	29	14	5	1398	38	37
小　学	323462	6083	43643	26392	9078	3464	1927	220548	4859	7468
初　中	458193	14463	129184	65129	19676	5967	3834	204321	4520	11099
高　中	186541	6645	53075	46999	14482	6079	2759	49903	1672	4927
大学专科	96672	3241	29450	33654	11404	3107	1637	11182	589	2408
大学本科	92939	2797	23678	38037	15264	3075	1909	5256	416	2507
硕士研究生	7326	241	1636	2956	1769	252	170	111	24	167
博士研究生	1117	89	240	400	205	79	42	8	6	48

9-7a　全省按户主的受教育程度、住房来源分的家庭户户数(城市)

单位：户

受教育程度	合　计	租赁廉租住房/公租房	租　赁其他住房	购买新建商品房	购　买二手房	购买原公有住房	购买经济适用房/两限房	自建住房	继承或赠　予	其　他
总　计	**536962**	**22987**	**209607**	**139589**	**52461**	**17660**	**7503**	**68817**	**3045**	**15293**
未上过学	7000	370	1835	917	336	284	69	2767	89	333
学前教育	248	14	66	38	10	9	2	95	1	13
小　学	81605	3616	28805	13634	4430	2435	712	24285	695	2993
初　中	187050	9445	89565	36280	11980	4533	1824	26959	1030	5434
高　中	110418	4835	41585	32348	10973	4932	1865	10062	663	3155
大学专科	69344	2418	25293	23924	9270	2492	1224	2883	290	1550
大学本科	73701	2014	20808	29457	13557	2654	1611	1717	252	1631
硕士研究生	6611	196	1450	2649	1709	243	156	46	19	143
博士研究生	985	79	200	342	196	78	40	3	6	41

9-7b 全省按户主的受教育程度、住房来源分的家庭户户数(镇)

单位：户

受教育程度	合 计	租赁廉租住房/公租房	租 赁其他住房	购买新建商品房	购 买二手房	购买原公有住房	购买经济适用房/两限房	自建住房	继承或赠 予	其 他
总 计	**316138**	**9002**	**54962**	**70365**	**18077**	**4202**	**4003**	**142546**	**3644**	**9337**
未上过学	7413	149	554	727	281	99	57	5075	221	250
学前教育	340	10	19	26	11	4	3	249	10	8
小 学	87402	1923	10599	11557	3803	777	949	53958	1235	2601
初 中	134340	3999	29194	26836	6937	1235	1661	59323	1359	3796
高 中	47895	1506	8805	13761	3310	1069	755	16846	518	1325
大学专科	21490	685	3225	9091	2046	598	336	4697	177	635
大学本科	16542	676	2376	8046	1625	410	231	2364	120	694
硕士研究生	598	44	156	267	56	9	10	31	4	21
博士研究生	118	10	34	54	8	1	1	3		7

9-7c 全省按户主的受教育程度、住房来源分的家庭户户数(乡村)

单位：户

受教育程度	合 计	租赁廉租住房/公租房	租 赁其他住房	购买新建商品房	购 买二手房	购买原公有住房	购买经济适用房/两限房	自建住房	继承或赠 予	其 他
总 计	**345804**	**2150**	**19039**	**5415**	**2070**	**588**	**922**	**304417**	**6292**	**4911**
未上过学	16523	35	214	86	84	30	19	15211	547	297
学前教育	1130	2	14	8	8	1		1054	27	16
小 学	154455	544	4239	1201	845	252	266	142305	2929	1874
初 中	136803	1019	10425	2013	759	199	349	118039	2131	1869
高 中	28228	304	2685	890	199	78	139	22995	491	447
大学专科	5838	138	932	639	88	17	77	3602	122	223
大学本科	2696	107	494	534	82	11	67	1175	44	182
硕士研究生	117	1	30	40	4		4	34	1	3
博士研究生	14		6	4	1		1	2		

9-8 全省按户主的受教育程度、月租房费用分的家庭户户数

单位：户

受教育程度	合 计	200元以下	200-499元	500-999元	1000-1999元
总 计	**317747**	**24906**	**118411**	**86884**	**52148**
未上过学	3157	665	1461	671	230
学前教育	125	27	49	32	8
小 学	49726	7602	23730	11701	4584
初 中	143647	11229	64594	41433	18045
高 中	59720	3326	19109	17640	11496
大学专科	32691	1035	6119	9119	9000
大学本科	26475	934	3157	5995	8232
硕士研究生	1877	80	151	242	484
博士研究生	329	8	41	51	69

9-8 续表

单位：户

受教育程度	2000-2999元	3000-3999元	4000-5999元	6000-7999元	8000-9999元	10000元及以上
总 计	**23363**	**7647**	**3136**	**732**	**257**	**263**
未上过学	90	26	12	1		1
学前教育	6	1		2		
小 学	1457	389	165	52	20	26
初 中	5884	1555	622	148	59	78
高 中	5665	1677	595	109	42	61
大学专科	4894	1645	640	155	42	42
大学本科	4847	2058	926	215	66	45
硕士研究生	452	259	132	44	26	7
博士研究生	68	37	44	6	2	3

9-8a 全省按户主的受教育程度、月租房费用分的家庭户户数(城市)

单位：户

受教育程度	合 计	200元以下	200-499元	500-999元	1000-1999元
总 计	**232594**	**13161**	**80303**	**65014**	**41541**
未上过学	2205	341	1060	504	184
学前教育	80	11	33	23	6
小 学	32421	3675	15563	8049	3346
初 中	99010	5860	43379	29356	13238
高 中	46420	2059	13438	13980	9344
大学专科	27711	642	4441	7740	7816
大学本科	22822	501	2243	5129	7148
硕士研究生	1646	64	118	187	408
博士研究生	279	8	28	46	51

9-8a 续表

单位：户

受教育程度	2000-2999元	3000-3999元	4000-5999元	6000-7999元	8000-9999元	10000元及以上
总 计	**21435**	**7215**	**2865**	**650**	**217**	**193**
未上过学	80	23	11	1		1
学前教育	5			2		
小 学	1267	331	124	41	12	13
初 中	5211	1323	466	93	39	45
高 中	5258	1610	542	101	40	48
大学专科	4600	1617	629	149	40	37
大学本科	4548	2025	917	213	59	39
硕士研究生	411	250	132	44	25	7
博士研究生	55	36	44	6	2	3

9-8b　全省按户主的受教育程度、月租房费用分的家庭户户数(镇)

单位：户

受教育程度	合　计	200元以下	200-499元	500-999元	1000-1999元
总　计	**63964**	**8047**	**27228**	**17611**	**8894**
未上过学	703	214	305	131	40
学前教育	29	11	9	6	2
小　学	12522	2598	5773	2934	977
初　中	33193	3559	15057	9747	3940
高　中	10311	958	4095	2937	1863
大学专科	3910	332	1221	1078	1008
大学本科	3052	360	728	723	979
硕士研究生	200	15	28	51	69
博士研究生	44		12	4	16

9-8b　续表

单位：户

受教育程度	2000-2999元	3000-3999元	4000-5999元	6000-7999元	8000-9999元	10000元及以上
总　计	**1538**	**307**	**199**	**63**	**24**	**53**
未上过学	9	3	1			
学前教育	1					
小　学	145	42	29	8	7	9
初　中	527	166	115	44	12	26
高　中	348	53	39	6		12
大学专科	235	17	10	4	1	4
大学本科	228	22	5	1	4	2
硕士研究生	33	4				
博士研究生	12					

9-8c 全省按户主的受教育程度、月租房费用分的家庭户户数(乡村)

单位：户

受教育程度	合 计	200元以下	200-499元	500-999元	1000-1999元
总 计	**21189**	**3698**	**10880**	**4259**	**1713**
未上过学	249	110	96	36	6
学前教育	16	5	7	3	
小 学	4783	1329	2394	718	261
初 中	11444	1810	6158	2330	867
高 中	2989	309	1576	723	289
大学专科	1070	61	457	301	176
大学本科	601	73	186	143	105
硕士研究生	31	1	5	4	7
博士研究生	6		1	1	2

9-8c 续表

单位：户

受教育程度	2000-2999元	3000-3999元	4000-5999元	6000-7999元	8000-9999元	10000元及以上
总 计	**390**	**125**	**72**	**19**	**16**	**17**
未上过学	1					
学前教育		1				
小 学	45	16	12	3	1	4
初 中	146	66	41	11	8	7
高 中	59	14	14	2	2	1
大学专科	59	11	1	2	1	1
大学本科	71	11	4	1	3	4
硕士研究生	8	5			1	
博士研究生	1	1				

9-9　全省按户主的职业、住房来源分的家庭户户数

单位：户

职业大类	合　计	租赁廉租住房/公租房	租　赁其他住房	购买新建商品房	购　买二手房
总　计	**868934**	**25963**	**251700**	**148477**	**53684**
党的机关、国家机关、群众团体和社会组织、企事业单位负责人	20306	319	4009	7589	2462
专业技术人员	78833	2589	20915	27450	10786
办事人员和有关人员	66797	2391	13870	23473	7998
社会生产服务和生活服务人员	322677	10959	113195	62494	22516
农、林、牧、渔业生产及辅助人员	138070	441	3111	4767	1929
生产制造及有关人员	241408	9217	96321	22577	7971
不便分类的其他从业人员	843	47	279	127	22

9-9　续表

单位：户

职业大类	购买原公有住房	购买经济适用房/两限房	自建住房	继承或赠　予	其　他
总　计	**8593**	**8415**	**345286**	**7806**	**19010**
党的机关、国家机关、群众团体和社会组织、企事业单位负责人	269	205	4943	141	369
专业技术人员	1815	1464	11130	424	2260
办事人员和有关人员	2007	1432	13013	515	2098
社会生产服务和生活服务人员	2923	3091	98237	2552	6710
农、林、牧、渔业生产及辅助人员	259	411	123463	2322	1367
生产制造及有关人员	1317	1799	94169	1843	6194
不便分类的其他从业人员	3	13	331	9	12

9–9a 全省按户主的职业、住房来源分的家庭户户数(城市)

单位：户

职业大类	合 计	租赁廉租住房/公租房	租 赁其他住房	购买新建商品房	购 买二手房
总 计	**395885**	**17149**	**186895**	**92365**	**39152**
党的机关、国家机关、群众团体和社会组织、企事业单位负责人	12760	214	3151	5652	2095
专业技术人员	53285	1764	17399	19048	8989
办事人员和有关人员	44267	1684	11488	16934	6721
社会生产服务和生活服务人员	176766	7637	88375	38558	16304
农、林、牧、渔业生产及辅助人员	6347	87	819	1083	435
生产制造及有关人员	102084	5737	65486	11004	4595
不便分类的其他从业人员	376	26	177	86	13

9–9a 续表

单位：户

职业大类	购买原公有住房	购买经济适用房/两限房	自建住房	继承或赠 予	其 他
总 计	**6192**	**4891**	**38663**	**1528**	**9050**
党的机关、国家机关、群众团体和社会组织、企事业单位负责人	189	146	1064	58	191
专业技术人员	1413	1069	2210	182	1211
办事人员和有关人员	1546	1101	3263	202	1328
社会生产服务和生活服务人员	2150	1737	17612	788	3605
农、林、牧、渔业生产及辅助人员	50	56	3644	29	144
生产制造及有关人员	842	777	10810	269	2564
不便分类的其他从业人员	2	5	60		7

9-9b　全省按户主的职业、住房来源分的家庭户户数(镇)

单位：户

职业大类	合　计	租赁廉租住房/公租房	租　赁其他住房	购买新建商品房	购　买二手房
总　计	**226471**	**7025**	**47451**	**51963**	**13047**
党的机关、国家机关、群众团体和社会组织、企事业单位负责人	4905	83	636	1842	351
专业技术人员	19127	714	2796	7925	1718
办事人员和有关人员	16083	608	1866	6212	1222
社会生产服务和生活服务人员	87877	2701	19303	22206	5723
农、林、牧、渔业生产及辅助人员	28452	240	1516	3194	998
生产制造及有关人员	69782	2661	21246	10549	3026
不便分类的其他从业人员	245	18	88	35	9

9-9b　续表　　单位：户

职业大类	购买原公有住房	购买经济适用房/两限房	自建住房	继承或赠　予	其　他
总　计	**2115**	**2847**	**93305**	**2160**	**6558**
党的机关、国家机关、群众团体和社会组织、企事业单位负责人	76	50	1703	29	135
专业技术人员	386	325	4375	134	754
办事人员和有关人员	446	259	4690	196	584
社会生产服务和生活服务人员	676	1109	33018	881	2260
农、林、牧、渔业生产及辅助人员	118	256	21317	321	492
生产制造及有关人员	412	840	28121	597	2330
不便分类的其他从业人员	1	8	81	2	3

9-9c 全省按户主的职业、住房来源分的家庭户户数(乡村)

单位：户

职业大类	合 计	租赁廉租住房/公租房	租 赁其他住房	购买新建商品房	购 买二手房
总 计	**246578**	**1789**	**17354**	**4149**	**1485**
党的机关、国家机关、群众团体和社会组织、企事业单位负责人	2641	22	222	95	16
专业技术人员	6421	111	720	477	79
办事人员和有关人员	6447	99	516	327	55
社会生产服务和生活服务人员	58034	621	5517	1730	489
农、林、牧、渔业生产及辅助人员	103271	114	776	490	496
生产制造及有关人员	69542	819	9589	1024	350
不便分类的其他从业人员	222	3	14	6	

9-9c 续表

单位：户

职业大类	购买原公有住房	购买经济适用房/两限房	自建住房	继承或赠 予	其 他
总 计	**286**	**677**	**213318**	**4118**	**3402**
党的机关、国家机关、群众团体和社会组织、企事业单位负责人	4	9	2176	54	43
专业技术人员	16	70	4545	108	295
办事人员和有关人员	15	72	5060	117	186
社会生产服务和生活服务人员	97	245	47607	883	845
农、林、牧、渔业生产及辅助人员	91	99	98502	1972	731
生产制造及有关人员	63	182	55238	977	1300
不便分类的其他从业人员			190	7	2

9-10 全省按户主的职业、月租房费用分的家庭户户数

单位：户

职业大类	合 计	200元以下	200-499元	500-999元	1000-1999元
总 计	**277663**	**19105**	**106783**	**77483**	**44855**
党的机关、国家机关、群众团体和社会组织、企事业单位负责人	4328	100	618	901	1166
专业技术人员	23504	1026	4759	6279	6071
办事人员和有关人员	16261	992	3837	4080	3746
社会生产服务和生活服务人员	124154	5855	36205	39573	26220
农、林、牧、渔业生产及辅助人员	3552	824	1548	748	323
生产制造及有关人员	105538	10272	59634	25851	7289
不便分类的其他从业人员	326	36	182	51	40

9-10 续表

单位：户

职业大类	2000-2999元	3000-3999元	4000-5999元	6000-7999元	8000-9999元	10000元及以上
总 计	**19485**	**6394**	**2562**	**580**	**206**	**210**
党的机关、国家机关、群众团体和社会组织、企事业单位负责人	782	392	221	70	41	37
专业技术人员	3331	1323	559	104	28	24
办事人员和有关人员	2172	889	397	100	29	19
社会生产服务和生活服务人员	11266	3363	1221	252	92	107
农、林、牧、渔业生产及辅助人员	69	21	8	5	4	2
生产制造及有关人员	1850	405	156	48	12	21
不便分类的其他从业人员	15	1		1		

9-10a　全省按户主的职业、月租房费用分的家庭户户数(城市)

单位：户

职业大类	合　计	200元以下	200-499元	500-999元	1000-1999元
总　计	**204044**	**9753**	**72933**	**58553**	**35857**
党的机关、国家机关、群众团体和社会组织、企事业单位负责人	3365	41	384	629	889
专业技术人员	19163	527	3276	5104	5185
办事人员和有关人员	13172	560	2693	3338	3134
社会生产服务和生活服务人员	96012	3238	25762	30969	21216
农、林、牧、渔业生产及辅助人员	906	85	358	248	159
生产制造及有关人员	71223	5283	40355	18226	5250
不便分类的其他从业人员	203	19	105	39	24

9-10a　续表

单位：户

职业大类	2000-2999元	3000-3999元	4000-5999元	6000-7999元	8000-9999元	10000元及以上
总　计	**17803**	**6006**	**2315**	**506**	**172**	**146**
党的机关、国家机关、群众团体和社会组织、企事业单位负责人	705	370	207	68	39	33
专业技术人员	3082	1299	548	101	24	17
办事人员和有关人员	2041	875	388	96	28	19
社会生产服务和生活服务人员	10299	3112	1067	210	74	65
农、林、牧、渔业生产及辅助人员	44	9	1	1	1	
生产制造及有关人员	1618	340	104	29	6	12
不便分类的其他从业人员	14	1		1		

9-10b　全省按户主的职业、月租房费用分的家庭户户数(镇)

单位：户

职业大类	合　计	200元以下	200-499元	500-999元	1000-1999元
总　计	**54476**	**6189**	**23843**	**15035**	**7495**
党的机关、国家机关、群众团体和社会组织、企事业单位负责人	719	35	144	214	235
专业技术人员	3510	406	1149	941	788
办事人员和有关人员	2474	349	867	596	533
社会生产服务和生活服务人员	22004	1881	7580	7109	4269
农、林、牧、渔业生产及辅助人员	1756	376	825	389	133
生产制造及有关人员	23907	3130	13209	5776	1523
不便分类的其他从业人员	106	12	69	10	14

9-10b　续表

单位：户

职业大类	2000-2999元	3000-3999元	4000-5999元	6000-7999元	8000-9999元	10000元及以上
总　计	**1329**	**281**	**181**	**57**	**19**	**47**
党的机关、国家机关、群众团体和社会组织、企事业单位负责人	63	14	10	1	1	2
专业技术人员	193	17	8	3	1	4
办事人员和有关人员	109	9	7	3	1	
社会生产服务和生活服务人员	778	193	117	33	10	34
农、林、牧、渔业生产及辅助人员	17	5	4	3	3	1
生产制造及有关人员	168	43	35	14	3	6
不便分类的其他从业人员	1					

9—10c 全省按户主的职业、月租房费用分的家庭户户数(乡村)

单位：户

职业大类	合 计	200元以下	200—499元	500—999元	1000—1999元
总 计	**19143**	**3163**	**10007**	**3895**	**1503**
党的机关、国家机关、群众团体和社会组织、企事业单位负责人	244	24	90	58	42
专业技术人员	831	93	334	234	98
办事人员和有关人员	615	83	277	146	79
社会生产服务和生活服务人员	6138	736	2863	1495	735
农、林、牧、渔业生产及辅助人员	890	363	365	111	31
生产制造及有关人员	10408	1859	6070	1849	516
不便分类的其他从业人员	17	5	8	2	2

9—10c 续表

单位：户

职业大类	2000—2999元	3000—3999元	4000—5999元	6000—7999元	8000—9999元	10000元及以上
总 计	**353**	**107**	**66**	**17**	**15**	**17**
党的机关、国家机关、群众团体和社会组织、企事业单位负责人	14	8	4	1	1	2
专业技术人员	56	7	3		3	3
办事人员和有关人员	22	5	2	1		
社会生产服务和生活服务人员	189	58	37	9	8	8
农、林、牧、渔业生产及辅助人员	8	7	3	1		1
生产制造及有关人员	64	22	17	5	3	3
不便分类的其他从业人员						

9-11　全省按户主的职业分的家庭户住房状况

职业大类	户　数 (户)	人　数 (人)	平均每户住房间数 (间/户)	人均住房建筑面积 (平方米/人)	人均住房间　数 (间/人)
总　计	**868934**	**2505150**	**3.27**	**43.83**	**1.14**
党的机关、国家机关、群众团体和社会组织、企事业单位负责人	20306	65262	3.47	45.82	1.08
专业技术人员	78833	216965	2.81	38.83	1.02
办事人员和有关人员	66797	194246	3.05	41.08	1.05
社会生产服务和生活服务人员	322677	921230	3.02	40.77	1.06
农、林、牧、渔业生产及辅助人员	138070	428322	4.58	57.40	1.47
生产制造及有关人员	241408	676809	3.06	41.60	1.09
不便分类的其他从业人员	843	2316	3.21	44.63	1.17

9-11a　全省按户主的职业分的家庭户住房状况(城市)

职业大类	户　数 (户)	人　数 (人)	平均每户住房间数 (间/户)	人均住房建筑面积 (平方米/人)	人均住房间　数 (间/人)
总　计	**395885**	**1041121**	**2.35**	**31.70**	**0.89**
党的机关、国家机关、群众团体和社会组织、企事业单位负责人	12760	40877	3.05	39.25	0.95
专业技术人员	53285	144247	2.50	33.88	0.92
办事人员和有关人员	44267	126618	2.69	35.70	0.94
社会生产服务和生活服务人员	176766	461501	2.31	31.21	0.89
农、林、牧、渔业生产及辅助人员	6347	21845	4.12	52.29	1.20
生产制造及有关人员	102084	245066	1.99	26.16	0.83
不便分类的其他从业人员	376	967	2.61	36.39	1.02

9-11b 全省按户主的职业分的家庭户住房状况(镇)

职业大类	户 数 (户)	人 数 (人)	平均每户 住房间数 (间/户)	人均住房 建筑面积 (平方米/人)	人均住房 间 数 (间/人)
总 计	**226471**	**697630**	**3.45**	**44.83**	**1.12**
党的机关、国家机关、群众团体和社会组织、企事业单位负责人	4905	15832	3.70	49.57	1.15
专业技术人员	19127	54200	3.17	44.09	1.12
办事人员和有关人员	16083	47820	3.42	46.38	1.15
社会生产服务和生活服务人员	87877	272656	3.43	43.89	1.10
农、林、牧、渔业生产及辅助人员	28452	95898	4.21	52.08	1.25
生产制造及有关人员	69782	210561	3.25	42.24	1.08
不便分类的其他从业人员	245	663	2.97	42.08	1.10

9-11c 全省按户主的职业分的家庭户住房状况(乡村)

职业大类	户 数 (户)	人 数 (人)	平均每户 住房间数 (间/户)	人均住房 建筑面积 (平方米/人)	人均住房 间 数 (间/人)
总 计	**246578**	**766399**	**4.59**	**59.40**	**1.48**
党的机关、国家机关、群众团体和社会组织、企事业单位负责人	2641	8553	5.09	70.29	1.57
专业技术人员	6421	18518	4.30	61.93	1.49
办事人员和有关人员	6447	19808	4.60	62.68	1.50
社会生产服务和生活服务人员	58034	187073	4.56	59.84	1.42
农、林、牧、渔业生产及辅助人员	103271	310579	4.70	59.40	1.56
生产制造及有关人员	69542	221182	4.45	58.11	1.40
不便分类的其他从业人员	222	686	4.47	58.71	1.45

9－12　全省按户主的职业、人均住房建筑面积分的家庭户户数

单位：户

职业大类	合　计	人均住房建筑面积(平方米)			
		8及以下	9－12	13－16	17－19
总　计	**868934**	**44249**	**55059**	**70538**	**30890**
党的机关、国家机关、群众团体和社会组织、企事业单位负责人	20306	418	559	854	664
专业技术人员	78833	1721	3403	5533	3594
办事人员和有关人员	66797	1644	2500	4009	2686
社会生产服务和生活服务人员	322677	17527	21736	28852	12922
农、林、牧、渔业生产及辅助人员	138070	771	2138	4040	1869
生产制造及有关人员	241408	22124	24646	27189	9127
不便分类的其他从业人员	843	44	77	61	28

9－12　续表　　单位：户

职业大类	人均住房建筑面积(平方米)					
	20－29	30－39	40－49	50－59	60－69	70及以上
总　计	**158950**	**122340**	**90605**	**57650**	**58450**	**180203**
党的机关、国家机关、群众团体和社会组织、企事业单位负责人	4096	3579	2750	1497	1431	4458
专业技术人员	17794	14126	10557	5085	4812	12208
办事人员和有关人员	14070	12005	9105	4759	4565	11454
社会生产服务和生活服务人员	64802	48027	33019	19669	19132	56991
农、林、牧、渔业生产及辅助人员	16091	17119	16856	13466	15142	50578
生产制造及有关人员	41958	27383	18223	13111	13301	44346
不便分类的其他从业人员	139	101	95	63	67	168

9-12a 全省按户主的职业、人均住房建筑面积分的家庭户户数(城市)

单位：户

职业大类	合 计	人均住房建筑面积(平方米)			
		8及以下	9-12	13-16	17-19
总 计	**395885**	**35094**	**39558**	**47364**	**19980**
党的机关、国家机关、群众团体和社会组织、企事业单位负责人	12760	329	405	622	495
专业技术人员	53285	1444	2838	4447	2842
办事人员和有关人员	44267	1388	1995	3168	2108
社会生产服务和生活服务人员	176766	14769	17045	21315	9087
农、林、牧、渔业生产及辅助人员	6347	136	206	292	173
生产制造及有关人员	102084	17000	17020	17486	5261
不便分类的其他从业人员	376	28	49	34	14

9-12a 续表

单位：户

职业大类	人均住房建筑面积(平方米)					
	20-29	30-39	40-49	50-59	60-69	70及以上
总 计	**86716**	**56934**	**37808**	**18258**	**15826**	**38347**
党的机关、国家机关、群众团体和社会组织、企事业单位负责人	2972	2447	1880	899	714	1997
专业技术人员	13224	9774	7050	3118	2648	5900
办事人员和有关人员	10367	8272	6187	2888	2510	5384
社会生产服务和生活服务人员	39843	26022	16906	7882	6971	16926
农、林、牧、渔业生产及辅助人员	1109	947	694	541	486	1763
生产制造及有关人员	19138	9416	5048	2905	2481	6329
不便分类的其他从业人员	63	56	43	25	16	48

9-12b　全省按户主的职业、人均住房建筑面积分的家庭户户数(镇)

单位：户

职业大类	合　计	人均住房建筑面积(平方米)			
		8及以下	9-12	13-16	17-19
总　计	**226471**	**5657**	**9195**	**14252**	**7359**
党的机关、国家机关、群众团体和社会组织、企事业单位负责人	4905	51	95	153	133
专业技术人员	19127	201	392	801	628
办事人员和有关人员	16083	146	339	599	472
社会生产服务和生活服务人员	87877	1754	3081	5384	2951
农、林、牧、渔业生产及辅助人员	28452	211	566	1053	549
生产制造及有关人员	69782	3281	4702	6237	2617
不便分类的其他从业人员	245	13	20	25	9

9-12b　续表

单位：户

职业大类	人均住房建筑面积(平方米)					
	20-29	30-39	40-49	50-59	60-69	70及以上
总　计	**43496**	**36813**	**26169**	**17035**	**17274**	**49221**
党的机关、国家机关、群众团体和社会组织、企事业单位负责人	885	859	645	408	451	1225
专业技术人员	3740	3601	2843	1444	1567	3910
办事人员和有关人员	2945	2942	2299	1347	1435	3559
社会生产服务和生活服务人员	17823	15038	10199	6654	6499	18494
农、林、牧、渔业生产及辅助人员	4045	4108	3586	2637	2891	8806
生产制造及有关人员	14014	10238	6568	4525	4410	13190
不便分类的其他从业人员	44	27	29	20	21	37

9-12c 全省按户主的职业、人均住房建筑面积分的家庭户户数(乡村)

单位：户

职业大类	合 计	人均住房建筑面积(平方米)			
		8及以下	9-12	13-16	17-19
总 计	**246578**	**3498**	**6306**	**8922**	**3551**
党的机关、国家机关、群众团体和社会组织、企事业单位负责人	2641	38	59	79	36
专业技术人员	6421	76	173	285	124
办事人员和有关人员	6447	110	166	242	106
社会生产服务和生活服务人员	58034	1004	1610	2153	884
农、林、牧、渔业生产及辅助人员	103271	424	1366	2695	1147
生产制造及有关人员	69542	1843	2924	3466	1249
不便分类的其他从业人员	222	3	8	2	5

9-12c 续表

单位：户

职业大类	人均住房建筑面积(平方米)					
	20-29	30-39	40-49	50-59	60-69	70及以上
总 计	**28738**	**28593**	**26628**	**22357**	**25350**	**92635**
党的机关、国家机关、群众团体和社会组织、企事业单位负责人	239	273	225	190	266	1236
专业技术人员	830	751	664	523	597	2398
办事人员和有关人员	758	791	619	524	620	2511
社会生产服务和生活服务人员	7136	6967	5914	5133	5662	21571
农、林、牧、渔业生产及辅助人员	10937	12064	12576	10288	11765	40009
生产制造及有关人员	8806	7729	6607	5681	6410	24827
不便分类的其他从业人员	32	18	23	18	30	83

9-13 各地区按拥有全部家用汽车总价分的家庭户户数

单位：户

地 区	合 计	不 满 10万元	10万元以上，不满20万元	20万元以上，不满30万元	30万元以上，不满50万元	50万元以上，不满100万元	100万元及以上	没有汽车
合 计	**1266971**	**126473**	**240748**	**71476**	**35683**	**15914**	**5867**	**770810**
福州市	**247028**	**16315**	**45879**	**17802**	**8076**	**3455**	**1374**	**154127**
鼓楼区	19921	1261	4583	2148	1169	511	192	10057
台江区	13768	878	2389	1000	477	205	113	8706
仓山区	37958	2710	8240	3077	1443	634	227	21627
马尾区	7755	470	1461	484	229	118	39	4954
晋安区	27111	2034	5521	2106	968	364	136	15982
长乐区	20302	1061	3049	1414	673	329	149	13627
闽侯县	26597	2520	6206	1649	606	231	74	15311
连江县	19480	1132	2520	856	351	123	40	14458
罗源县	7727	367	928	257	141	65	17	5952
闽清县	7732	769	1704	414	129	67	24	4625
永泰县	9277	611	1598	413	158	53	18	6426
平潭县	11881	563	1824	979	395	157	71	7892
福清市	37519	1939	5856	3005	1337	598	274	24510
厦门市	**193948**	**13163**	**35185**	**12691**	**8062**	**4072**	**1595**	**119180**
思明区	36343	1844	6367	3560	2614	1414	616	19928
海沧区	22666	1496	4345	1487	960	503	145	13730
湖里区	43953	2161	5833	2416	1633	944	453	30513
集美区	37987	2703	7616	2379	1404	605	178	23102
同安区	33167	3172	6738	1664	906	415	123	20149
翔安区	19832	1787	4286	1185	545	191	80	11758
莆田市	**90183**	**6290**	**17491**	**5702**	**2635**	**1144**	**388**	**56533**
城厢区	16358	1001	3474	1305	608	250	97	9623
涵江区	13200	869	2747	813	392	152	66	8161
荔城区	17964	1304	4088	1324	553	261	78	10356
秀屿区	17043	1264	2772	968	449	215	76	11299
仙游县	25618	1852	4410	1292	633	266	71	17094
三明市	**77398**	**10988**	**15255**	**3054**	**1189**	**399**	**119**	**46394**
梅列区	7744	734	1606	477	149	54	23	4701
三元区	5977	739	926	146	64	17	5	4080
明溪县	3130	405	584	103	56	16	4	1962
清流县	3629	684	813	145	61	16	2	1908
宁化县	8309	1327	1789	295	116	36	18	4728
大田县	8923	1407	1423	254	83	22	11	5723
尤溪县	10102	1495	1990	371	161	46	20	6019
沙县	7815	791	1642	369	155	53	13	4792
将乐县	4225	496	873	193	65	32	4	2562
泰宁县	3041	421	617	138	45	8	2	1810
建宁县	3601	653	910	130	48	28	4	1828
永安市	10902	1836	2082	433	186	71	13	6281
泉州市	**246540**	**28850**	**55989**	**15335**	**7901**	**3755**	**1502**	**133208**
鲤城区	12859	1268	2965	744	436	225	78	7143
丰泽区	21055	1529	5176	1900	1089	575	230	10556
洛江区	6309	810	1758	443	256	98	26	2918
泉港区	10709	1058	2228	476	213	104	26	6604
惠安县	30952	2455	6770	1672	763	356	138	18798
安溪县	28373	3951	6001	1434	510	190	49	16238
永春县	12908	1869	3176	569	232	85	27	6950
德化县	10472	1474	2468	456	220	114	29	5711
石狮市	19235	2007	4083	1281	744	393	165	10562
晋江市	53184	6435	11386	3518	1959	1016	441	28429
南安市	40484	5994	9978	2842	1479	599	293	19299

9-13 续表

单位：户

地　区	合　计	不　满 10万元	10万元以上， 不满20万元	20万元以上， 不满30万元	30万元以上， 不满50万元	50万元以上， 不满100万元	100万元 及以上	没有汽车
漳州市	**151035**	**18233**	**29284**	**7423**	**3387**	**1384**	**371**	**90953**
芗城区	19729	2130	4145	1084	497	185	62	11626
龙文区	9104	932	2294	745	444	236	76	4377
云霄县	11684	1904	1357	313	119	63	3	7925
漳浦县	24156	2584	4610	1346	606	227	50	14733
诏安县	15870	1851	1853	401	226	99	24	11416
长泰县	6901	861	1862	468	200	81	31	3398
东山县	6383	454	1108	236	126	64	19	4376
南靖县	9515	1471	2409	418	158	44	21	4994
平和县	13672	2570	2802	566	199	62	16	7457
华安县	4346	525	882	153	50	20	3	2713
龙海市	29675	2951	5962	1693	762	303	66	17938
南平市	**83478**	**9271**	**11536**	**2707**	**1244**	**468**	**121**	**58131**
延平区	14456	1256	1568	427	188	74	22	10921
建阳区	10909	1426	1617	386	177	73	19	7211
顺昌县	5904	621	761	185	67	15	6	4249
浦城县	9171	1238	1281	261	135	59	11	6186
光泽县	4088	524	678	107	48	21	7	2703
松溪县	3926	360	438	116	78	25	4	2905
政和县	5040	440	584	179	101	30	8	3698
邵武市	9436	975	1383	264	112	23	13	6666
武夷山市	6895	970	1589	419	195	80	18	3624
建瓯市	13653	1461	1637	363	143	68	13	9968
龙岩市	**86118**	**15532**	**18787**	**3867**	**1913**	**708**	**248**	**45063**
新罗区	26829	4860	6766	1771	980	373	132	11947
永定区	10142	2225	1847	310	112	45	14	5589
长汀县	11756	1869	2210	382	169	61	22	7043
上杭县	11753	2272	3048	543	288	101	46	5455
武平县	8859	1758	1989	422	168	45	12	4465
连城县	8355	1375	1421	188	98	47	9	5217
漳平市	8424	1173	1506	251	98	36	13	5347
宁德市	**91243**	**7831**	**11342**	**2895**	**1276**	**529**	**149**	**67221**
蕉城区	17295	1625	3040	721	355	147	41	11366
霞浦县	14004	779	1376	459	160	59	17	11154
古田县	10140	933	976	260	113	49	13	7796
屏南县	4214	417	629	115	49	21	2	2981
寿宁县	4939	421	517	109	69	15	7	3801
周宁县	4586	502	556	142	76	35	10	3265
柘荣县	2755	299	344	94	48	36	4	1930
福安市	16526	1267	1771	491	197	76	27	12697
福鼎市	16784	1588	2133	504	209	91	28	12231

9-13a　各地区按拥有全部家用汽车总价分的家庭户户数(城市)

单位：户

地　　区	合　计	不　满10万元	10万元以上，不满20万元	20万元以上，不满30万元	30万元以上，不满50万元	50万元以上，不满100万元	100万元及以上	没有汽车
合　计	**548807**	**44013**	**110830**	**39144**	**21158**	**10065**	**3935**	**319662**
福州市	**125741**	**8210**	**25778**	**11001**	**5315**	**2318**	**966**	**72153**
鼓楼区	19921	1261	4583	2148	1169	511	192	10057
台江区	13768	878	2389	1000	477	205	113	8706
仓山区	37958	2710	8240	3077	1443	634	227	21627
马尾区	7068	458	1388	463	214	110	38	4397
晋安区	26346	1914	5363	2068	955	356	136	15554
长乐区	7551	393	1329	750	367	183	102	4427
闽侯县								
连江县								
罗源县								
闽清县								
永泰县								
平潭县								
福清市	13129	596	2486	1495	690	319	158	7385
厦门市	**165385**	**10330**	**29142**	**11118**	**7276**	**3788**	**1496**	**102235**
思明区	36343	1844	6367	3560	2614	1414	616	19928
海沧区	22260	1449	4277	1461	940	494	143	13496
湖里区	43953	2161	5833	2416	1633	944	453	30513
集美区	33775	2298	6821	2194	1303	561	167	20431
同安区	25754	2228	4926	1223	678	331	99	16269
翔安区	3300	350	918	264	108	44	18	1598
莆田市	**38976**	**2616**	**8623**	**3109**	**1423**	**610**	**223**	**22372**
城厢区	11144	611	2468	1047	504	201	78	6235
涵江区	9931	621	2003	623	300	121	58	6205
荔城区	13321	970	3333	1104	452	209	55	7198
秀屿区	4580	414	819	335	167	79	32	2734
仙游县								
三明市	**19212**	**2132**	**3821**	**920**	**351**	**122**	**39**	**11827**
梅列区	7156	647	1504	464	144	50	23	4324
三元区	4962	564	796	130	56	15	5	3396
明溪县								
清流县								
宁化县								
大田县								
尤溪县								
沙县								
将乐县								
泰宁县								
建宁县								
永安市	7094	921	1521	326	151	57	11	4107
泉州市	**88240**	**8185**	**20522**	**6732**	**3778**	**1925**	**816**	**46282**
鲤城区	12859	1268	2965	744	436	225	78	7143
丰泽区	21055	1529	5176	1900	1089	575	230	10556
洛江区	2679	283	790	245	135	59	17	1150
泉港区	3597	352	797	213	100	49	11	2075
惠安县								
安溪县								
永春县								
德化县								
石狮市	12819	1168	2821	987	581	324	140	6798
晋江市	28345	2613	5958	1999	1089	554	261	15871
南安市	6886	972	2015	644	348	139	79	2689

9-13a 续表　　单位：户

地区	合计	不满10万元	10万元以上，不满20万元	20万元以上，不满30万元	30万元以上，不满50万元	50万元以上，不满100万元	100万元及以上	没有汽车
漳州市	**30771**	**3161**	**6754**	**1997**	**1031**	**474**	**146**	**17208**
芗城区	15057	1624	3267	911	434	170	57	8594
龙文区	8309	825	2132	711	437	228	75	3901
云霄县								
漳浦县								
诏安县								
长泰县								
东山县								
南靖县								
平和县								
华安县								
龙海市	7366	709	1354	374	160	76	14	4679
南平市	**30367**	**3053**	**4928**	**1316**	**521**	**232**	**63**	**20254**
延平区	9362	724	1118	345	137	56	18	6964
建阳区	5782	704	1054	294	123	58	15	3534
顺昌县								
浦城县								
光泽县								
松溪县								
政和县								
邵武市	6484	615	1047	203	75	18	8	4518
武夷山市	3796	525	949	273	105	50	13	1881
建瓯市	4943	485	760	201	81	50	9	3357
龙岩市	**26740**	**4194**	**6928**	**1781**	**936**	**359**	**120**	**12422**
新罗区	20667	3333	5549	1523	860	330	113	8959
永定区	2058	365	567	109	29	10	2	976
长汀县								
上杭县								
武平县								
连城县								
漳平市	4015	496	812	149	47	19	5	2487
宁德市	**23375**	**2132**	**4334**	**1170**	**527**	**237**	**66**	**14909**
蕉城区	10356	1009	2330	589	284	118	30	5996
霞浦县								
古田县								
屏南县								
寿宁县								
周宁县								
柘荣县								
福安市	6531	488	982	286	105	58	17	4595
福鼎市	6488	635	1022	295	138	61	19	4318

9-13b　各地区按拥有全部家用汽车总价分的家庭户户数(镇)

单位：户

地　区	合　计	不　满10万元	10万元以上，不满20万元	20万元以上，不满30万元	30万元以上，不满50万元	50万元以上，不满100万元	100万元及以上	没有汽车
合　计	**330340**	**34553**	**63785**	**17062**	**7647**	**3147**	**1016**	**203130**
福州市	**56574**	**3595**	**10694**	**3892**	**1595**	**651**	**210**	**35937**
鼓楼区								
台江区								
仓山区								
马尾区								
晋安区	42	9	3	2	1			27
长乐区	4701	241	600	287	137	67	22	3347
闽侯县	15663	1358	3838	1120	413	147	36	8751
连江县	9880	552	1490	558	228	75	26	6951
罗源县	5398	243	743	211	110	58	14	4019
闽清县	3338	307	894	227	74	44	12	1780
永泰县	3806	231	862	220	92	24	10	2367
平潭县	6538	315	1203	740	286	118	52	3824
福清市	7208	339	1061	527	254	118	38	4871
厦门市	**10916**	**796**	**1814**	**443**	**195**	**87**	**35**	**7546**
思明区								
海沧区								
湖里区								
集美区	3	1	1					1
同安区	531	78	138	21	8	5	2	279
翔安区	10382	717	1675	422	187	82	33	7266
莆田市	**17422**	**1160**	**2970**	**1004**	**477**	**204**	**65**	**11542**
城厢区	895	64	123	66	30	12	10	590
涵江区	389	56	102	18	8	2		203
荔城区	220	26	30	4	5			155
秀屿区	2674	138	372	136	62	35	13	1918
仙游县	13244	876	2343	780	372	155	42	8676
三明市	**28588**	**3933**	**5673**	**1203**	**462**	**165**	**56**	**17096**
梅列区	322	52	52	7	1	1		209
三元区	207	27	18	3	1			158
明溪县	1594	189	309	60	26	10	1	999
清流县	1769	339	400	69	33	7	1	920
宁化县	3701	593	791	161	63	22	7	2064
大田县	4428	630	710	131	40	9	9	2899
尤溪县	4664	670	911	210	88	30	17	2738
沙县	5286	550	1137	261	117	47	12	3162
将乐县	2530	280	520	125	42	20	4	1539
泰宁县	1765	196	355	91	25	5	2	1091
建宁县	1683	251	383	68	24	14	3	940
永安市	639	156	87	17	2			377
泉州市	**80256**	**9281**	**18539**	**4757**	**2319**	**1047**	**392**	**43921**
鲤城区								
丰泽区								
洛江区	975	139	250	49	19	6	2	510
泉港区	2349	220	419	73	26	12	5	1594
惠安县	17364	1328	3909	996	482	222	83	10344
安溪县	13274	1618	3089	802	300	97	32	7336
永春县	7644	971	1950	382	161	58	15	4107
德化县	7696	1029	1926	390	193	99	28	4031
石狮市	4117	452	734	206	114	40	15	2556
晋江市	9301	1217	2019	631	351	211	69	4803
南安市	17536	2307	4243	1228	673	302	143	8640

9-13b 续表

单位：户

地　区	合　计	不　满 10万元	10万元以上， 不满20万元	20万元以上， 不满30万元	30万元以上， 不满50万元	50万元以上， 不满100万元	100万元 及以上	没有汽车
漳州市	**61929**	**7143**	**12370**	**3147**	**1396**	**532**	**132**	**37209**
芗城区	2664	263	490	88	33	5	2	1783
龙文区								
云霄县	6162	1024	826	192	78	49	3	3990
漳浦县	13037	1238	2717	894	403	134	36	7615
诏安县	7222	796	891	164	77	35	11	5248
长泰县	4035	408	1058	269	123	37	15	2125
东山县	4311	315	741	167	97	39	5	2947
南靖县	4909	732	1350	243	90	26	13	2455
平和县	6121	1080	1367	299	128	43	8	3196
华安县	2275	257	469	92	18	11	2	1426
龙海市	11193	1030	2461	739	349	153	37	6424
南平市	**20061**	**2040**	**2608**	**596**	**290**	**110**	**22**	**14395**
延平区	1582	124	130	22	15	3	1	1287
建阳区	1023	140	102	18	10	5	1	747
顺昌县	3127	306	436	98	37	9	2	2239
浦城县	4470	580	635	146	71	36	6	2996
光泽县	2083	248	367	68	32	20	4	1344
松溪县	1896	155	246	61	35	14	3	1382
政和县	2542	170	321	104	56	17	3	1871
邵武市	856	94	81	13	8	2	1	657
武夷山市	413	50	88	24	10	1	1	239
建瓯市	2069	173	202	42	16	3		1633
龙岩市	**24853**	**4366**	**5621**	**1031**	**519**	**181**	**67**	**13068**
新罗区	2201	511	418	70	41	12	6	1143
永定区	2607	622	501	69	30	6	4	1375
长汀县	5720	795	1115	200	89	37	15	3469
上杭县	5420	898	1575	324	176	52	25	2370
武平县	4338	848	1124	236	108	34	10	1978
连城县	3872	586	777	112	61	33	7	2296
漳平市	695	106	111	20	14	7		437
宁德市	**29741**	**2239**	**3496**	**989**	**394**	**170**	**37**	**22416**
蕉城区	1034	59	86	13	18	6		852
霞浦县	8378	442	938	332	120	50	10	6486
古田县	5048	396	563	160	71	36	6	3816
屏南县	2012	199	397	77	34	7	2	1296
寿宁县	2265	199	283	73	29	11	4	1666
周宁县	2235	219	282	85	31	14	6	1598
柘荣县	1543	161	224	69	33	31	4	1021
福安市	3537	258	323	96	26	3	4	2827
福鼎市	3689	306	400	84	32	12	1	2854

9-13c　各地区按拥有全部家用汽车总价分的家庭户户数(乡村)

单位：户

地　　区	合　计	不　满 10万元	10万元以上， 不满20万元	20万元以上， 不满30万元	30万元以上， 不满50万元	50万元以上， 不满100万元	100万元 及以上	没有汽车
合　计	**387824**	**47907**	**66133**	**15270**	**6878**	**2702**	**916**	**248018**
福州市	**64713**	**4510**	**9407**	**2909**	**1166**	**486**	**198**	**46037**
鼓楼区								
台江区								
仓山区								
马尾区	687	12	73	21	15	8	1	557
晋安区	723	111	155	36	12	8		401
长乐区	8050	427	1120	377	169	79	25	5853
闽侯县	10934	1162	2368	529	193	84	38	6560
连江县	9600	580	1030	298	123	48	14	7507
罗源县	2329	124	185	46	31	7	3	1933
闽清县	4394	462	810	187	55	23	12	2845
永泰县	5471	380	736	193	66	29	8	4059
平潭县	5343	248	621	239	109	39	19	4068
福清市	17182	1004	2309	983	393	161	78	12254
厦门市	**17647**	**2037**	**4229**	**1130**	**591**	**197**	**64**	**9399**
思明区								
海沧区	406	47	68	26	20	9	2	234
湖里区								
集美区	4209	404	794	185	101	44	11	2670
同安区	6882	866	1674	420	220	79	22	3601
翔安区	6150	720	1693	499	250	65	29	2894
莆田市	**33785**	**2514**	**5898**	**1589**	**735**	**330**	**100**	**22619**
城厢区	4319	326	883	192	74	37	9	2798
涵江区	2880	192	642	172	84	29	8	1753
荔城区	4423	308	725	216	96	52	23	3003
秀屿区	9789	712	1581	497	220	101	31	6647
仙游县	12374	976	2067	512	261	111	29	8418
三明市	**29598**	**4923**	**5761**	**931**	**376**	**112**	**24**	**17471**
梅列区	266	35	50	6	4	3		168
三元区	808	148	112	13	7	2		526
明溪县	1536	216	275	43	30	6	3	963
清流县	1860	345	413	76	28	9	1	988
宁化县	4608	734	998	134	53	14	11	2664
大田县	4495	777	713	123	43	13	2	2824
尤溪县	5438	825	1079	161	73	16	3	3281
沙县	2529	241	505	108	38	6	1	1630
将乐县	1695	216	353	68	23	12		1023
泰宁县	1276	225	262	47	20	3		719
建宁县	1918	402	527	62	24	14	1	888
永安市	3169	759	474	90	33	14	2	1797
泉州市	**78044**	**11384**	**16928**	**3846**	**1804**	**783**	**294**	**43005**
鲤城区								
丰泽区								
洛江区	2655	388	718	149	102	33	7	1258
泉港区	4763	486	1012	190	87	43	10	2935
惠安县	13588	1127	2861	676	281	134	55	8454
安溪县	15099	2333	2912	632	210	93	17	8902
永春县	5264	898	1226	187	71	27	12	2843
德化县	2776	445	542	66	27	15	1	1680
石狮市	2299	387	528	88	49	29	10	1208
晋江市	15538	2605	3409	888	519	251	111	7755
南安市	16062	2715	3720	970	458	158	71	7970

9-13c 续表

单位：户

地　区	合　计	不　满10万元	10万元以上，不满20万元	20万元以上，不满30万元	30万元以上，不满50万元	50万元以上，不满100万元	100万元及以上	没有汽车
漳州市	**58335**	**7929**	**10160**	**2279**	**960**	**378**	**93**	**36536**
芗城区	2008	243	388	85	30	10	3	1249
龙文区	795	107	162	34	7	8	1	476
云霄县	5522	880	531	121	41	14		3935
漳浦县	11119	1346	1893	452	203	93	14	7118
诏安县	8609	1052	961	236	149	64	13	6134
长泰县	2866	453	804	199	77	44	16	1273
东山县	2072	139	367	69	29	25	14	1429
南靖县	4606	739	1059	175	68	18	8	2539
平和县	7551	1490	1435	267	71	19	8	4261
华安县	2071	268	413	61	32	9	1	1287
龙海市	11116	1212	2147	580	253	74	15	6835
南平市	**33050**	**4178**	**4000**	**795**	**433**	**126**	**36**	**23482**
延平区	3512	408	320	60	36	15	3	2670
建阳区	4104	582	461	74	44	10	3	2930
顺昌县	2777	315	325	87	30	6	4	2010
浦城县	4701	658	646	115	64	23	5	3190
光泽县	2005	276	311	39	16	1	3	1359
松溪县	2030	205	192	55	43	11	1	1523
政和县	2498	270	263	75	45	13	5	1827
邵武市	2096	266	255	48	29	3	4	1491
武夷山市	2686	395	552	122	80	29	4	1504
建瓯市	6641	803	675	120	46	15	4	4978
龙岩市	**34525**	**6972**	**6238**	**1055**	**458**	**168**	**61**	**19573**
新罗区	3961	1016	799	178	79	31	13	1845
永定区	5477	1238	779	132	53	29	8	3238
长汀县	6036	1074	1095	182	80	24	7	3574
上杭县	6333	1374	1473	219	112	49	21	3085
武平县	4521	910	865	186	60	11	2	2487
连城县	4483	789	644	76	37	14	2	2921
漳平市	3714	571	583	82	37	10	8	2423
宁德市	**38127**	**3460**	**3512**	**736**	**355**	**122**	**46**	**29896**
蕉城区	5905	557	624	119	53	23	11	4518
霞浦县	5626	337	438	127	40	9	7	4668
古田县	5092	537	413	100	42	13	7	3980
屏南县	2202	218	232	38	15	14		1685
寿宁县	2674	222	234	36	40	4	3	2135
周宁县	2351	283	274	57	45	21	4	1667
柘荣县	1212	138	120	25	15	5		909
福安市	6458	521	466	109	66	15	6	5275
福鼎市	6607	647	711	125	39	18	8	5059

第三部分 附录

附录 1 福建省第七次全国人口普查港澳台居民和外籍人员数据

1-1 按县区分的境外人员

单位：人

地 区	合计	香港居民	澳门居民	台湾地区居民	外国人
合 计	**106248**	**46403**	**5465**	**18731**	**35649**
福州市	27493	8342	432	3983	14736
鼓楼区	2698	1357	62	471	808
台江区	1412	520	33	282	577
仓山区	1900	685	52	405	758
马尾区	1826	408	5	177	1236
晋安区	1718	747	43	325	603
长乐区	3024	756	31	514	1723
闽侯县	1333	297	52	455	529
连江县	2162	310	8	157	1687
罗源县	322	30	2	40	250
闽清县	207	20	3	20	164
永泰县	88	31		11	46
平潭县	545	82	5	354	104
福清市	10258	3099	136	772	6251
厦门市	27552	10953	1126	9691	5782
思明区	12210	6201	608	3172	2229
海沧区	2233	578	23	1205	427
湖里区	4905	1958	177	1950	820
集美区	5655	1655	270	1903	1827
同安区	1196	275	19	698	204
翔安区	1353	286	29	763	275
莆田市	3949	847	306	492	2304
城厢区	518	184	42	115	177
涵江区	2848	496	247	216	1889
荔城区	298	94	10	58	136
秀屿区	82	5	1	36	40
仙游县	203	68	6	67	62
三明市	1372	291	17	136	928
梅列区	179	91	5	22	61
三元区	213	41	3	22	147
明溪县	53	2	1	2	48
清流县	31	12		7	12
宁化县	105	7		5	93
大田县	120	15	2	7	96
尤溪县	163	17	1	13	132
沙县	161	37	1	28	95
将乐县	35	4		4	27
泰宁县	41	6		4	31
建宁县	45	4	1	3	37
永安市	226	55	3	19	149
泉州市	31816	23823	3433	2135	2425
鲤城区	1650	1324	110	98	118
丰泽区	5335	3793	656	483	403
洛江区	307	171	9	68	59
泉港区	77	21	17	21	18
惠安县	853	515	77	171	90

注：本表为接受福建省第七次全国人口普查登记的港澳台居民和外籍人员数据(以下表同)

1－1　续表　　　　单位：人

地　区	合计	香港居民	澳门居民	台湾地区居民	外国人
安溪县	317	103	1	88	125
永春县	420	195	13	58	154
德化县	343	58	10	43	232
石狮市	7451	6020	834	157	440
晋江市	12067	9278	1346	809	634
南安市	2996	2345	360	139	152
漳州市	4915	943	64	1480	2428
芗城区	798	328	38	193	239
龙文区	243	83	3	106	51
云霄县	295	46	1	64	184
漳浦县	519	73	6	293	147
诏安县	255	102	4	30	119
长泰县	283	20	1	102	160
东山县	137	25		68	44
南靖县	827	21	3	100	703
平和县	379	6	1	36	336
华安县	236	4	1	35	196
龙海市	943	235	6	453	249
南平市	2876	150	21	218	2487
延平区	209	35	7	66	101
建阳区	490	21	8	32	429
顺昌县	126	13	1	18	94
浦城县	122	4		9	109
光泽县	65	4		12	49
松溪县	378	5		5	368
政和县	439	12	1	1	425
邵武市	252	19	2	14	217
武夷山市	297	19	2	41	235
建瓯市	498	18		20	460
龙岩市	2624	705	34	279	1606
新罗区	1132	575	22	140	395
永定区	368	57	9	16	286
长汀县	64	13		11	40
上杭县	248	15		40	193
武平县	75	19		18	38
连城县	102	14		4	84
漳平市	635	12	3	50	570
宁德市	3651	349	32	317	2953
蕉城区	872	148	15	173	536
霞浦县	557	31	2	58	466
古田县	795	68	1	15	711
屏南县	263	21	2	7	233
寿宁县	351	9	2	2	338
周宁县	68	3		1	64
柘荣县	112	5		16	91
福安市	335	41	2	27	265
福鼎市	298	23	8	18	249

1-2 按年龄、性别分的境外人员

单位：人

	合计			香港居民			澳门居民		
	合计	男	女	小计	男	女	小计	男	女
合　计	**106248**	**53215**	**53033**	**46403**	**24967**	**21436**	**5465**	**2847**	**2618**
0–4	7477	4076	3401	1743	970	773	406	232	174
5–9	15402	8613	6789	7894	4693	3201	501	280	221
10–14	14844	8482	6362	9904	5900	4004	333	185	148
15–19	7086	3676	3410	3965	2200	1765	456	261	195
20–24	7605	3321	4284	2788	1560	1228	661	397	264
25–29	6375	2088	4287	1539	832	707	239	115	124
30–34	7445	2252	5193	1404	664	740	372	176	196
35–39	6019	2283	3736	1301	580	721	290	132	158
40–44	5752	2746	3006	1617	685	932	342	152	190
45–49	6283	3167	3116	2955	1279	1676	357	174	183
50–54	6182	3409	2773	3124	1460	1664	281	130	151
55–59	4979	2933	2046	2255	1161	1094	268	125	143
60–64	3256	2116	1140	1360	766	594	228	136	92
65–69	2509	1470	1039	1195	613	582	261	126	135
70–74	1903	1092	811	1129	603	526	187	97	90
75–79	1157	593	564	818	394	424	108	50	58
80–84	1010	514	496	738	365	373	89	48	41
85岁及以上	964	384	580	674	242	432	86	31	55

1-2 续表

单位：人

	台湾地区居民			外国人		
	小计	男	女	小计	男	女
合　计	**18731**	**11830**	**6901**	**35649**	**13571**	**22078**
0–4	701	367	334	4627	2507	2120
5–9	1096	555	541	5911	3085	2826
10–14	990	497	493	3617	1900	1717
15–19	1180	563	617	1485	652	833
20–24	1217	601	616	2939	763	2176
25–29	967	564	403	3630	577	3053
30–34	970	673	297	4699	739	3960
35–39	1414	978	436	3014	593	2421
40–44	1997	1417	580	1796	492	1304
45–49	1864	1227	637	1107	487	620
50–54	1887	1304	583	890	515	375
55–59	1737	1192	545	719	455	264
60–64	1242	906	336	426	308	118
65–69	723	516	207	330	215	115
70–74	345	228	117	242	164	78
75–79	134	90	44	97	59	38
80–84	123	70	53	60	31	29
85岁及以上	144	82	62	60	29	31

1-3 按来大陆或来华目的分的境外人员

单位：人

境外人员	合计	商务	就业	学习	定居	探亲	其他
总　计	**106248**	**4524**	**12577**	**26861**	**37644**	**13484**	**11158**
香港居民	46403	1330	2482	13626	20069	5038	3858
澳门居民	5465	231	366	1430	2417	538	483
台湾地区居民	18731	2262	6848	3163	3775	1508	1175
外国人	35649	701	2881	8642	11383	6400	5642

1-4 按已在大陆或在华居住时间分的境外人员

单位：人

境外人员	合计	不满三个月	三个月以上，不满半年	半年以上，不满一年	一年以上，不满二年	二年以上，不满五年	五年以上
总　计	**106248**	**2946**	**2974**	**8673**	**11956**	**21522**	**58177**
香港居民	46403	1348	1325	3843	4107	5849	29931
澳门居民	5465	299	182	350	533	975	3126
台湾地区居民	18731	696	735	1574	2380	4072	9274
外国人	35649	603	732	2906	4936	10626	15846

1-5 按受教育程度分的3岁及以上境外人员

单位：人

境外人员	合计	未上过学	学前教育	小学	初中	高中	大学专科	大学本科	硕士研究生	博士研究生
总　计	**102821**	**2191**	**5833**	**30004**	**21236**	**15626**	**6692**	**16989**	**3155**	**1095**
香港居民	45460	495	1340	16015	10486	8202	2567	5816	476	63
澳门居民	5249	108	310	1026	1164	920	361	1267	87	6
台湾地区居民	18402	156	573	2043	2027	3403	2591	5403	1619	587
外国人	33710	1432	3610	10920	7559	3101	1173	4503	973	439

1-6 按国籍分的境外人员

国 籍	人口数
合 计	**35649**
越 南	9158
阿根廷	6328
美 国	5350
日 本	1379
加拿大	1190
菲律宾	1127
柬埔寨	907
巴 西	867
澳大利亚	727
缅 甸	685
韩 国	555
马来西亚	548
印度尼西亚	542
英 国	527
新加坡	466
泰 国	443
厄瓜多尔	295
秘 鲁	263
南 非	243
老 挝	221
西班牙	205
新西兰	188
马达加斯加	178
意大利	175
印 度	170
俄罗斯联邦	148
荷 兰	126
尼日利亚	119
加 纳	109
德 国	106
法 国	105
也 门	96
安哥拉	89
乌克兰	88
巴基斯坦	86
津巴布韦	62
爱尔兰	61
多民族玻利维亚国	60
智 利	54
朝 鲜	51
喀麦隆	49
阿富汗	49
孟加拉国	46
卢旺达	46
白俄罗斯	44

1-6 续表

国 籍	人口数
肯尼亚	41
非洲其他国家(地区)	37
利比里亚	37
墨西哥	35
巴布亚新几内亚	35
埃 及	33
瑞 典	33
土耳其	32
塞尔维亚	28
哈萨克斯坦	27
蒙 古	27
比利时	27
哥伦比亚	26
洪都拉斯	24
葡萄牙	23
丹 麦	22
赞比亚	22
叙利亚	22
斐 济	22
芬 兰	21
匈牙利	21
波 兰	21
瑞 士	20
沙特阿拉伯	20
塔吉克斯坦	19
埃塞俄比亚	19
亚美尼亚	18
多米尼加共和国	18
尼泊尔联邦民主共和国	16
奥地利	15
巴 林	15
伊 朗	15
马绍尔群岛	14
坦桑尼亚	13
巴勒斯坦	13
乌兹别克斯坦	13
牙买加	13
文 莱	13
乌干达	12
苏 丹	12
挪 威	12
哥斯达黎加	12
特立尼达和多巴哥	12
吉尔吉斯斯坦	10
刚果(布)	10
其他国家	368

第三部分 附录

附录 2 福建省第七次全国人口普查公报

福建省第七次全国人口普查公报[1]（第一号）

——全省人口情况

福建省统计局

福建省第七次全国人口普查领导小组办公室

2021 年 5 月 20 日

根据《中华人民共和国统计法》《全国人口普查条例》规定和《国务院关于开展第七次全国人口普查的通知》（国发〔2019〕24 号）、《福建省人民政府关于开展福建省第七次全国人口普查的通知》（闽政〔2019〕11 号）要求，我省认真组织开展了第七次全国人口普查[2]，普查标准时点为 2020 年 11 月 1 日零时。一年多以来，我省各级普查机构坚持以习近平新时代中国特色社会主义思想为指导，按照党中央、国务院的统一部署，在省委、省政府和各级党委政府的高度重视下，在参与普查工作的相关部门的大力支持下，经过广大普查人员的艰辛努力和普查对象的积极配合，圆满完成了人口普查任务。现将 2020 年 11 月 1 日零时我省常住人口[3]的基本情况公布如下：

一、常住人口

全省常住人口为 41540086 人，与 2010 年第六次全国人口普查的 36894216 人相比，十年共增加 4645870 人，增长 12.59%，年平均增长率为 1.19%。

二、户别人口

全省共有家庭户[4]14371078 户，集体户 935436 户；家庭户人口为 38462277 人，集体户人口为 3077809 人。平均每个家庭户的人口为 2.68 人，比 2010 年第六次全国人口普查减少 0.30 人。

三、民族人口

全省常住人口中，汉族人口为 40418616 人，占 97.30%；各少数民族人口为 1121470 人，占 2.70%。与 2010 年第六次全国人口普查相比，汉族人口增加 4321255 人，增长 11.97%；各少数民族人口增加 324615 人，增长 40.74%。

四、性别构成

全省常住人口中，男性人口为 21466757 人，占 51.68%；女性人口为 20073329 人，占 48.32%。常住人口性别比（以女性为 100，男性对女性的比例）为 106.94，与 2010 年第六次全国人口普查相比提高 0.98。

五、年龄构成

全省常住人口中，0−14 岁[5]人口为 8025225 人，占 19.32%；15−59 岁人口为 26876992 人，占 64.70%；60 岁及以上人口为 6637869 人，占 15.98%，其中 65 岁及以上人口为 4609999 人，占 11.10%。与 2010 年第六次全国人口普查相比，0−14 岁人口的比重上升 3.86 个百分点，15−59 岁人口的比重下降 8.42 个百分点，60 岁及以上人口的比重上升 4.56 个百分点，65 岁及以上人口的比重上升 3.21 个百分点。

六、受教育情况

全省常住人口中，拥有大学（指大专及以上）文化程度的人口为5877073人；拥有高中（含中专）文化程度的人口为5903843人；拥有初中文化程度的人口为13383222人；拥有小学文化程度的人口为11643957人（以上各种受教育程度的人包括各类学校的毕业生、肄业生和在校生）。与2010年第六次全国人口普查相比，每10万人中拥有大学文化程度的由8361人上升为14148人；拥有高中文化程度的由13876人上升为14212人；拥有初中文化程度的由37886人下降为32218人；拥有小学文化程度的由29801人下降为28031人。

全省常住人口中，15岁及以上人口的平均受教育年限[6]为9.66年，比2010年第六次全国人口普查提高0.64年。

全省常住人口中，文盲人口（15岁及以上不识字的人）为970202人，与2010年第六次全国人口普查相比，文盲率[7]由2.44%下降为2.34%，下降0.10个百分点。

七、城乡[8]人口

全省常住人口中，居住在城镇的人口为28557247人，占68.75%；居住在乡村的人口为12982839人，占31.25%。与2010年第六次全国人口普查相比，城镇人口增加7492818人，乡村人口减少2846948人，城镇人口比重上升11.66个百分点。

八、流动人口[9]

全省常住人口中，人户分离人口[10]为16464611人，其中，市辖区内人户分离[11]人口为2803364人，流动人口为13661247人。流动人口中，跨省流入人口为4889876人，省内流动人口为8771371人。

与2010年第六次全国人口普查相比，人户分离人口增加5390084人，增长48.67%；市辖区内人户分离人口增加1972918人，增长237.57%；流动人口增加3417166人，增长33.36%。

注释：

[1]本公报数据均为初步汇总数据。

[2]普查标准时点为2020年11月1日零时，普查对象是普查标准时点在中华人民共和国境内的自然人以及在中华人民共和国境外但未定居的中国公民，不包括在中华人民共和国境内短期停留的境外人员。

[3]常住人口包括：居住在本乡镇街道且户口在本乡镇街道或户口待定的人，居住在本乡镇街道且离开户口所在的乡镇街道半年以上的人，户口在本乡镇街道且外出不满半年或在境外工作学习的人。本公报不含金门、马祖等岛屿的人口数。

[4]家庭户是指以家庭成员关系为主、居住一处共同生活的人组成的户。

[5]0-15岁人口为8453900人，16-59岁人口为26448317人。

[6]平均受教育年限是将各种受教育程度折算成受教育年限计算平均数得出的，具体的折算标准是：小学=6年，初中=9年，高中=12年，大专及以上=16年。

[7]文盲率是指全省常住人口中15岁及以上不识字人口所占比例。

[8]城镇、乡村是按国家统计局《统计上划分城乡的规定》划分的。

[9]流动人口是指人户分离人口中扣除市辖区内人户分离的人口。

[10]人户分离人口是指居住地与户口登记地所在的乡镇街道不一致且离开户口登记地半年以上的人口。

[11]市辖区内人户分离人口是指设区市所辖的区内和区与区之间，居住地和户口登记地不在同一乡镇街道的人口。

福建省第七次全国人口普查公报[1]（第二号）

——地区人口情况

福建省统计局

福建省第七次全国人口普查领导小组办公室

2021 年 5 月 20 日

根据第七次全国人口普查[2]结果，现将 2020 年 11 月 1 日零时我省 9 个设区市及平潭的常住人口[3]基本情况公布如下：

一、地区常住人口

9 个设区市中，人口超过 800 万人的设区市有 2 个，在 500 万人至 600 万人之间的设区市有 2 个，在 300 万人至 400 万人之间的设区市有 2 个，少于 300 万人的设区市有 3 个。其中，人口居前三位的设区市合计人口占全省人口比重为 53.53%。

与 2010 年第六次全国人口普查相比，9 个设区市中，有 8 个设区市人口增加。人口增加较多的 3 个设区市依次为：厦门、福州、泉州，分别增加 1632623 人、1175898 人、653755 人。

表 2-1　各地区常住人口

单位：人、%

地　区	常住人口数	占全省常住人口比重	
		2020 年	2010 年
全　省	**41540086**	**100.00**	**100.00**
福　州	8291268	19.96	19.29
#平　潭	385981	0.93	0.97
厦　门	5163970	12.43	9.57
莆　田	3210714	7.73	7.53
三　明	2486450	5.99	6.78
泉　州	8782285	21.14	22.03
漳　州	5054328	12.17	13.04
南　平	2680645	6.45	7.17
龙　岩	2723637	6.56	6.94
宁　德	3146789	7.57	7.65

二、性别构成

9 个设区市中，常住人口性别比在 105 以下的设区市有 2 个，在 105 至 110 之间的设区市有 6 个，在 110 以上的设区市有 1 个。

表 2-2　各地区常住人口性别构成

单位：%

地　区	占常住人口比重		性别比
	男	女	
全　省	**51.68**	**48.32**	**106.94**
福　州	51.28	48.72	105.24
#平　潭	50.60	49.40	102.42
厦　门	52.68	47.32	111.34
莆　田	50.48	49.52	101.94
三　明	51.63	48.37	106.76
泉　州	52.22	47.78	109.31
漳　州	51.42	48.58	105.86
南　平	50.99	49.01	104.05
龙　岩	51.25	48.75	105.12
宁　德	52.17	47.83	109.09

三、年龄构成

9 个设区市中，15−59 岁人口比重在 65%以上的设区市有 3 个，在 60%−65%之间的设区市有 5 个，在 60%以下的设区市有 1 个。

8 个设区市 65 岁及以上老年人口比重超过 7%，其中，1 个设区市 65 岁及以上老年人口比重超过 14%。

表 2-3　各地区常住人口年龄构成

单位：%

地　区	占常住人口比重			
	0-14 岁	15-59 岁	60 岁及以上	
				其中：65 岁及以上
全　省	**19.32**	**64.70**	**15.98**	**11.10**
福　州	17.08	66.16	16.76	11.72
#平　潭	19.87	63.17	16.96	12.35
厦　门	17.16	73.28	9.56	6.17
莆　田	20.73	61.28	17.99	12.63
三　明	20.63	60.19	19.18	13.73
泉　州	20.62	66.17	13.21	9.00
漳　州	19.87	62.20	17.93	12.34
南　平	18.07	61.08	20.85	14.79
龙　岩	21.86	59.90	18.24	13.33
宁　德	20.64	61.00	18.36	12.70

四、受教育情况

9 个设区市中，6 个设区市每 10 万人中拥有大学文化程度的超过 1 万人，其中，2 个设区市每 10 万人中拥有大学文化程度的超过 1.5 万人。

9个设区市中，15岁及以上人口的平均受教育年限[4]在10年以上的设区市有2个，在9年至10年之间的设区市有5个，在9年以下的设区市有2个。

表2-4 各地区每10万人中拥有的各类受教育程度人数

单位：人/10万人

地 区	大学（大专及以上）	高中（含中专）	初中	小学
全 省	**14148**	**14212**	**32218**	**28031**
福 州	18589	17644	30512	24474
#平 潭	11976	15270	31479	28337
厦 门	26940	16168	27818	18621
莆 田	9807	14484	34509	28483
三 明	11827	13845	29995	31822
泉 州	10495	12341	36075	29509
漳 州	9912	11310	34004	31759
南 平	10481	13010	33971	31656
龙 岩	11845	14090	32353	28064
宁 德	9834	12991	28105	36154

表2-5 各地区15岁及以上人口平均受教育年限

单位：年

地 区	2020年	2010年
全 省	**9.66**	**9.02**
福 州	10.39	9.68
#平 潭	9.33	8.61
厦 门	11.17	10.29
莆 田	9.13	8.67
三 明	9.23	8.75
泉 州	9.30	8.78
漳 州	8.95	8.55
南 平	9.05	8.54
龙 岩	9.42	8.93
宁 德	8.83	8.28

注释：

[1]本公报数据均为初步汇总数据。

[2]普查标准时点为2020年11月1日零时，普查对象是普查标准时点在中华人民共和国境内的自然人以及在中华人民共和国境外但未定居的中国公民，不包括在中华人民共和国境内短期停留的境外人员。

[3]常住人口包括：居住在本乡镇街道且户口在本乡镇街道或户口待定的人，居住在本乡镇街道且离开户口所在的乡镇街道半年以上的人，户口在本乡镇街道且外出不满半年或在境外工作学习的人。本公报不含金门、马祖等岛屿的人口数。

[4]平均受教育年限是将各种受教育程度折算成受教育年限计算平均数得出的，具体的折算标准是：小学=6 年，初中=9 年，高中=12 年，大专及以上=16 年。

第三部分 附录

附录 3 全国人口普查条例

中华人民共和国国务院令

第 576 号

《全国人口普查条例》已经 2010 年 5 月 12 日国务院第 111 次常务会议通过，现予公布，自 2010 年 6 月 1 日起施行。

总理 温家宝

二〇一〇年五月二十四日

全国人口普查条例

第一章 总 则

第一条 为了科学、有效地组织实施全国人口普查，保障人口普查数据的真实性、准确性、完整性和及时性，根据《中华人民共和国统计法》，制定本条例。

第二条 人口普查的目的是全面掌握全国人口的基本情况，为研究制定人口政策和经济社会发展规划提供依据，为社会公众提供人口统计信息服务。

第三条 人口普查工作按照全国统一领导、部门分工协作、地方分级负责、各方共同参与的原则组织实施。

国务院统一领导全国人口普查工作，研究决定人口普查中的重大问题。地方各级人民政府按照国务院的统一规定和要求，领导本行政区域的人口普查工作。

在人口普查工作期间，各级人民政府设立由统计机构和有关部门组成的人口普查机构（以下简称普查机构），负责人口普查的组织实施工作。

村民委员会、居民委员会应当协助所在地人民政府动员和组织社会力量，做好本区域的人口普查工作。

国家机关、社会团体、企业事业单位应当按照《中华人民共和国统计法》和本条例的规定，参与并配合人口普查工作。

第四条 人口普查对象应当按照《中华人民共和国统计法》和本条例的规定，真实、准确、完整、及时地提供人口普查所需的资料。

人口普查对象提供的资料，应当依法予以保密。

第五条 普查机构和普查机构工作人员、普查指导员、普查员（以下统称普查人员）依法独立行使调查、报告、监督的职权，任何单位和个人不得干涉。

地方各级人民政府、各部门、各单位及其负责人，不得自行修改普查机构和普查人员依法搜集、整理的人口普查资料，不得以任何方式要求普查机构和普查人员及其他单位和个人伪造、篡改人口普查资料，不得对依法履行职责或者拒绝、抵制人口普查违法行为的普查人员打击报复。

第六条 各级人民政府应当利用报刊、广播、电视、互联网和户外广告等媒介，开展人口普查的宣传动员工作。

第七条 人口普查所需经费，由国务院和地方各级人民政府共同负担，并列入相应年度的财政预算，按时拨付，确保足额到位。

人口普查经费应当统一管理、专款专用，从严控制支出。

第八条 人口普查每 10 年进行一次，尾数逢 0 的年份为普查年度，标准时点为普查年度的 11 月 1 日零时。

第九条 国家统计局会同国务院有关部门制定全国人口普查方案（以下简称普查方案），报国务院批准。

人口普查应当按照普查方案的规定执行。

第十条 对认真执行本条例，忠于职守、坚持原则，做出显著成绩的单位和个人，按照国家有关规定给予表彰和奖励。

第二章 人口普查的对象、内容和方法

第十一条 人口普查对象是指普查标准时点在中华人民共和国境内的自然人以及在中华人民共和国境外但未定居的中国公民，不包括在中华人民共和国境内短期停留的境外人员。

第十二条 人口普查主要调查人口和住户的基本情况，内容包括姓名、性别、年龄、民族、国籍、受教育程度、行业、职业、迁移流动、社会保障、婚姻、生育、死亡、住房情况等。

第十三条 人口普查采用全面调查的方法，以户为单位进行登记。

第十四条 人口普查采用国家统计分类标准。

第三章 人口普查的组织实施

第十五条 人口普查登记前，公安机关应当按照普查方案的规定完成户口整顿工作，并将有关资料提交本级人口普查机构。

第十六条 人口普查登记前应当划分普查区，普查区以村民委员会、居民委员会所辖区域为基础划分，每个普查区划分为若干普查小区。

第十七条 每个普查小区应当至少有一名普查员，负责入户登记等普查工作。每个普查区应当至少有一名普查指导员，负责安排、指导、督促和检查普查员的工作，也可以直接进行入户登记。

第十八条 普查指导员和普查员应当具有初中以上文化水平，身体健康，责任心强。

第十九条 普查指导员和普查员可以从国家机关、社会团体、企业事业单位借调，也可以从村民委员会、居民委员会或者社会招聘。借调和招聘工作由县级人民政府负责。

国家鼓励符合条件的公民作为志愿者参与人口普查工作。

第二十条 借调的普查指导员和普查员的工资由原单位支付，其福利待遇保持不变，并保留其原有工作岗位。

招聘的普查指导员和普查员的劳动报酬，在人口普查经费中予以安排，由聘用单位支付。

第二十一条 普查机构应当对普查指导员和普查员进行业务培训，并对考核合格的人员颁发全国统一的普查指导员证或者普查员证。

普查指导员和普查员执行人口普查任务时，应当出示普查指导员证或者普查员证。

第二十二条 人口普查登记前，普查指导员、普查员应当绘制普查小区图，编制普查小区户主姓名底册。

第二十三条 普查指导员、普查员入户登记时，应当向人口普查对象说明人口普查的目的、法律依据以及人口普查对象的权利和义务。

第二十四条 人口普查对象应当按时提供人口普查所需的资料，如实回答相关问题，不得隐瞒有关情况，不得提供虚假信息，不得拒绝或者阻碍人口普查工作。

第二十五条 人口普查对象应当在普查表上签字或者盖章确认，并对其内容的真实性负责。

第二十六条 普查人员应当坚持实事求是，恪守职业道德，拒绝、抵制人口普查工作中的违法行为。

普查机构和普查人员不得伪造、篡改普查资料，不得以任何方式要求任何单位和个人提供虚假的普查资料。

第二十七条 人口普查实行质量控制岗位责任制，普查机构应当对人口普查实施中的每个环节实行质量控制和检查，对人口普查数据进行审核、复查和验收。

第二十八条 国家统计局统一组织人口普查数据的事后质量抽查工作。

第四章 人口普查资料的管理和公布

第二十九条 地方各级普查机构应当按照普查方案的规定进行数据处理，并按时上报人口普查资料。

第三十条 人口普查汇总资料，除依法应当保密的外，应当予以公布。

全国和各省、自治区、直辖市主要人口普查数据，由国家统计局以公报形式公布。

地方人民政府统计机构公布本行政区域主要人口普查数据，应当报经上一级人民政府统计机构核准。

第三十一条 各级人民政府统计机构应当做好人口普查资料的管理、开发和应用，为社会公众提供查询、咨询等服务。

第三十二条 人口普查中获得的原始普查资料，按照国家有关规定保存、销毁。

第三十三条 人口普查中获得的能够识别或者推断单个普查对象身份的资料，任何单位和个人不得对外提供、泄露，不得作为对人口普查对象作出具体行政行为的依据，不得用于人口普查以外的目的。

人口普查数据不得作为对地方人民政府进行政绩考核和责任追究的依据。

第五章 法律责任

第三十四条 地方人民政府、政府统计机构或者有关部门、单位的负责人有下列行为之一的，由任免机关或者监察机关依法给予处分，并由县级以上人民政府统计机构予以通报；构成犯罪的，依法追究刑事责任：

（一）自行修改人口普查资料、编造虚假人口普查数据的；

（二）要求有关单位和个人伪造、篡改人口普查资料的；

（三）不按照国家有关规定保存、销毁人口普查资料的；

（四）违法公布人口普查资料的；

（五）对依法履行职责或者拒绝、抵制人口普查违法行为的普查人员打击报复的；

（六）对本地方、本部门、本单位发生的严重人口普查违法行为失察的。

第三十五条 普查机构在组织实施人口普查活动中有下列违法行为之一的，由本级人民政府或者上级人民政府统计机构责令改正，予以通报；对直接负责的主管人员和其他直接责任人员，由任免机关或者监察机关依法给予处分：

（一）不执行普查方案的；

（二）伪造、篡改人口普查资料的；

（三）要求人口普查对象提供不真实的人口普查资料的；

（四）未按照普查方案的规定报送人口普查资料的；

（五）违反国家有关规定，造成人口普查资料毁损、灭失的；

（六）泄露或者向他人提供能够识别或者推断单个普查对象身份的资料的。

普查人员有前款所列行为之一的，责令其停止执行人口普查任务，予以通报，依法给予处分。

第三十六条　人口普查对象拒绝提供人口普查所需的资料，或者提供不真实、不完整的人口普查资料的，由县级以上人民政府统计机构责令改正，予以批评教育。

人口普查对象阻碍普查机构和普查人员依法开展人口普查工作，构成违反治安管理行为的，由公安机关依法给予处罚。

第三十七条　县级以上人民政府统计机构应当设立举报电话和信箱，接受社会各界对人口普查违法行为的检举和监督。

第六章　附　　则

第三十八条　中国人民解放军现役军人、人民武装警察等人员的普查内容和方法，由国家统计局会同国务院有关部门、军队有关部门规定。

交通极为不便地区的人口普查登记的时间和方法，由国家统计局会同国务院有关部门规定。

第三十九条　香港特别行政区、澳门特别行政区的人口数，按照香港特别行政区政府、澳门特别行政区政府公布的资料计算。

台湾地区的人口数，按照台湾地区有关主管部门公布的资料计算。

第四十条　为及时掌握人口发展变化情况，在两次人口普查之间进行全国1%人口抽样调查。全国1%人口抽样调查参照本条例执行。

第四十一条　本条例自2010年6月1日起施行。

第三部分　附录

附录 4　第七次全国人口普查方案

第七次全国人口普查方案

国家统计局

国务院第七次全国人口普查领导小组办公室

第一部分 总说明

根据《中华人民共和国统计法》《中华人民共和国统计法实施条例》《全国人口普查条例》和《国务院关于开展第七次全国人口普查的通知》，制定本方案。

一、普查目的

全面查清我国人口数量、结构、分布、城乡住房等方面情况，为完善人口发展战略和政策体系，促进人口长期均衡发展，科学制定国民经济和社会发展规划，推动经济高质量发展，开启全面建设社会主义现代化国家新征程，向第二个百年奋斗目标进军，提供科学准确的统计信息支持。

二、普查时点

普查的标准时点是2020年11月1日零时。

三、普查对象

普查对象是指普查标准时点在中华人民共和国境内的自然人以及在中华人民共和国境外但未定居的中国公民，不包括在中华人民共和国境内短期停留的境外人员。

四、普查内容和普查表

普查登记的主要内容包括：姓名、公民身份号码、性别、年龄、民族、受教育程度、行业、职业、迁移流动、婚姻生育、死亡、住房情况等。

根据不同的普查对象和普查内容，具体分为四种普查表。

（一）第七次全国人口普查短表

普查短表包括反映人口基本状况的项目，由全部住户（不包括港澳台居民和外籍人员）填报。

（二）第七次全国人口普查长表

普查长表包括所有短表项目和人口的经济活动、婚姻生育和住房等情况的项目，在全部住户中抽取10%的户（不包括港澳台居民和外籍人员）填报。

（三）第七次全国人口普查港澳台居民和外籍人员普查表

港澳台居民和外籍人员普查表包括反映人口基本状况的项目以及入境目的、居住时间、身份或国籍、就业情况等项目，由在境内居住的港澳台居民和外籍人员填报。

（四）第七次全国人口普查死亡人口调查表

死亡人口调查表包括死亡人口的基本信息，由2019年11月1日至2020年10月31日期间有死亡人口的户填报。

五、普查方法

普查采用全面调查的方法，以户为单位进行登记。

普查采用按现住地登记的原则，每个人必须在现住地进行登记。普查对象不在户口登记地居住的，户口登记地要登记相应信息。

普查登记采用普查员入户询问、当场填报，或由普查对象自主填报等方式进行。

普查数据采集原则上采用电子化的方式。采取普查员使用电子采集设备（PAD 或智能手机）登记普查对象信息并联网实时上报，或由普查对象通过互联网自主填报等方式进行。

普查员应按照工作要求，在户口整顿基础上对所负责普查小区进行全面摸底，掌握普查小区内的人口和居住情况，编制《户主姓名底册》，根据《户主姓名底册》进行入户登记工作，并参考部门行政记录等资料进行比对复查，确保普查登记真实准确、不重不漏。

六、普查数据处理

各级普查机构负责普查数据处理。国务院人口普查办公室统一编制数据采集、审核、编辑、汇总程序。

国务院人口普查办公室集中部署数据采集处理环境。各级普查机构应保障必要的数据处理办公环境和网络条件，采取必要的安全措施，确保数据处理工作安全、顺利地进行。

七、普查组织实施

（一）全国统一领导

国务院第七次全国人口普查领导小组负责普查组织实施中重大问题的研究和决策。普查领导小组办公室设在国家统计局，具体负责普查的组织实施。

（二）部门分工协作

领导小组各成员单位要按照职能分工，各负其责、通力协作、密切配合，共同做好普查工作。对普查工作中遇到的困难和问题，要及时采取措施予以解决。

（三）地方分级负责

地方各级人民政府设立相应的普查领导小组及其办公室，领导和组织实施本区域内的普查工作。村民委员会和居民委员会设立人口普查小组，协助街道办事处和乡镇政府动员和组织社会力量，做好本区域内的普查工作。

普查指导员和普查员可以从国家机关、社会团体、企业事业单位借调，也可以从村民委员会、居民委员会或者社会招聘。借调和招聘工作由县级人民政府负责。

（四）各方共同参与

国家机关、社会团体、企业事业单位应当按照《中华人民共和国统计法》《中华人民共和国统计法实施条例》和《全国人口普查条例》的规定，参与并配合普查工作。

八、普查质量控制

普查实行严格的质量控制制度，建立健全普查数据质量追溯和问责机制，确保普查数据可核查、可追溯、可问责。国务院人口普查办公室统一领导、统筹协调普查全过程质量控制的有关工作。地方各级普查机构主要负责人对本行政区域普查数据质量负总责，确保普查数据真实、准确、完整、及时。各级普查办公室必须严格执行各阶段工作要求，保证各阶段工作质量达到规定标准，确保普查工作质量与数据质量合格达标。

九、普查宣传

各级宣传部门和普查机构应制定宣传工作方案，深入开展普查宣传。

各级宣传部门应组织协调新闻媒体及有关部门，通过报刊、广播、电视、互联网、手机和户外广告等

多种渠道，充分利用微博、微信、短视频等新媒体传播手段，宣传普查的重大意义、政策规定和工作要求，积极营造良好的普查氛围。

各级普查机构要组织开展形式多样的宣传活动，动员社会各界支持、参与普查。

十、普查法规与纪律要求

坚持依法普查，普查工作要严格按照《中华人民共和国统计法》《中华人民共和国统计法实施条例》《全国人口普查条例》《国务院关于开展第七次全国人口普查的通知》及相关规定组织开展。

普查对象应当依法履行普查义务，如实提供普查信息，不得虚报、瞒报、拒报。拒绝提供普查所需的资料，或者提供不真实、不完整的普查资料的，由县级以上人民政府统计机构责令改正，予以批评教育，情节严重的依法严肃处理。普查取得的数据，严格限定用于普查目的，不得作为任何部门和单位对各级行政管理工作实施考核、奖惩的依据。普查中获得的能够识别或者推断单个普查对象身份的资料，任何单位和个人不得对外提供、泄露，不得作为对普查对象实施处罚等具体行政行为的依据，不得用于普查以外的目的。各级普查机构及其工作人员，必须严格履行保密义务。

十一、普查主要工作阶段

普查工作分三个阶段进行：

一是准备阶段（2019 年 10 月—2020 年 10 月）。这一阶段的主要工作是：组建各级普查机构，制定普查方案和工作计划，进行普查试点，落实普查经费和物资，准备数据采集处理环境，开展普查宣传，选聘培训普查指导员和普查员，普查区域划分及绘图，进行户口整顿，开展摸底等。

二是普查登记阶段（2020 年 11 月—12 月）。这一阶段的主要工作是：普查员入户登记，进行比对复查，开展事后质量抽查等。

三是数据汇总和发布阶段（2020 年 12 月—2022 年 12 月）。这一阶段的主要工作是：数据处理、汇总、评估，发布主要数据公报，普查资料开发利用等。

十二、其他

（一）香港特别行政区、澳门特别行政区的人口数，按照香港特别行政区政府、澳门特别行政区政府公布的资料计算。

台湾地区的人口数，按照台湾地区有关主管部门公布的资料计算。

（二）因交通极为不便等特殊因素，需采用其他登记时间和方法的地区，须报请国务院人口普查办公室批准。

（三）对认真执行本方案，忠于职守，坚持原则，在普查工作中做出显著成绩的单位和个人，按照国家有关规定给予表彰奖励。

（四）本方案由国务院人口普查办公室负责解释。

第二部分　普查表式

第七次全国人口普查短表

经国务院批准进行第七次全国人口普查
人口普查的标准时点为2020年11月1日零时
人口普查的原始资料不向任何单位和个人提供，仅供汇总使用
公民应履行如实申报普查项目的义务

表　　号：R 6 0 1 表
制定机关：国 家 统 计 局
国务院人口普查办公室
批准文号：国发（2019）24号
有效期至：2021年3月

地址：_____省（区、市）_____市（地、州、盟）_____县（市、区、旗）_____乡（镇、街道）_____普查区_____普查小区_____户编号

一、住户项目

H1．户别

1．家庭户
2．集体户

H2．本户应登记人数

2020年10月31日晚居住本户的人数_____人
户口在本户，2020年10月31日晚未住本户的人数_____人

H3．本户2019年11月1日至2020年10月31日期间的出生人口

男_____人 女_____人

H4．本户2019年11月1日至2020年10月31日期间的死亡人口

男_____人 女_____人

H5．住所类型

1．普通住宅
2．集体住所
3．工作地住所
4．其他住房
5．无住房
（选择2—5的，跳至个人项目。）

H6．本户现住房建筑面积

_____平方米

H7．本户现住房间数

_____间

二、个人项目

每个人都填报的项目

D1．姓名

____

D2．与户主关系

0．户主
1．配偶
2．子女
3．父母
4．岳父母或公婆
5．祖父母
6．媳婿
7．孙子女
8．兄弟姐妹
9．其他

D3．公民身份号码

□□□□□□□□□□□□□□□□□□

D4．性别

1．男
2．女

D5．出生年月

出生于：_______年_______月

D6．民族

_______族

D7．普查时点（2020年11月1日零时）居住地

1．本普查小区
2．本村（居）委会其他普查小区
3．本乡（镇、街道）其他村（居）委会
4．本县（市、区、旗）其他乡（镇、街道）
5．其他县（市、区、旗），请在下面填写地址

______省（区、市）
______市（地、州、盟）
______县（市、区、旗）
6．香港特别行政区、澳门特别行政区、台湾地区
7．国外

D8．户口登记地

1．本村（居）委会
2．本乡（镇、街道）其他村（居）委会
3．本县（市、区、旗）其他乡（镇、街道）
4．其他县（市、区、旗），请在下面填写地址
______省（区、市）
______市（地、州、盟）
______县（市、区、旗）
5．户口待定→D11

D9．离开户口登记地时间

1．没有离开户口登记地→D11
2．不满半年
3．半年以上，不满一年
4．一年以上，不满二年
5．二年以上，不满三年
6．三年以上，不满四年
7．四年以上，不满五年
8．五年以上，不满十年
9．十年以上

D10．离开户口登记地原因

0．工作就业
1．学习培训
2．随同离开/投亲靠友
3．拆迁/搬家
4．寄挂户口
5．婚姻嫁娶
6．照料孙子女
7．为子女就学
8．养老/康养
9．其他

3周岁及以上（2017年10月31日以前出生）的人填报的项目

D11．受教育程度

1．未上过学

2. 学前教育
3. 小学
4. 初中
5. 高中
6. 大学专科
7. 大学本科
8. 硕士研究生
9. 博士研究生

15 周岁及以上（2005 年 10 月 31 日以前出生）的人填报的项目

D12. 是否识字

1. 是
2. 否

第七次全国人口普查长表

经国务院批准进行第七次全国人口普查
人口普查的标准时点为2020年11月1日零时
人口普查的原始资料不向任何单位和个人提供，
仅供汇总使用
公民应履行如实申报普查项目的义务

表　　号：R 6 0 2 表
制定机关：国 家 统 计 局
国务院人口普查办公室
批准文号：国发（2019）24号
有效期至：2 0 2 1 年 3 月

地址：_____省（区、市）_____市（地、州、盟）_____县（市、区、旗）_____乡（镇、街道）_____普查区_____普查小区_____户编号

一、住户项目

H1．户别
1．家庭户
2．集体户

H2．本户应登记人数
2020年10月31日晚居住本户的人数_____人
户口在本户，2020年10月31日晚未住本户的人数_____人

H3．本户2019年11月1日至2020年10月31日期间的出生人口
男_____人　女_____人

H4．本户2019年11月1日至2020年10月31日期间的死亡人口
男_____人　女_____人

H5．住所类型
1．普通住宅
2．集体住所
3．工作地住所
4．其他住房
5．无住房
（选择2—5的，跳至个人项目。）

H6．本户现住房建筑面积
_____平方米

H7．本户现住房间数
_____间

H8．住房所在建筑的总层数

1．平房
2．多层（7 层及以下）
3．高层（8—33 层）
4．超高层（34 层及以上）

H9．承重类型

1．钢及钢筋混凝土结构
2．混合结构
3．砖木结构
4．竹草土坯结构
5．其他结构

H10．住房建成年代

1．1949 年以前
2．1949—1959 年
3．1960—1969 年
4．1970—1979 年
5．1980—1989 年
6．1990—1999 年
7．2000—2009 年
8．2010—2014 年
9．2015 年以后

H11．住房所在建筑有无电梯

1．有
2．无

H12．主要炊事燃料

1．燃气
2．电
3．煤炭
4．柴草
5．其他

H13．住房内有无管道自来水

1．有
2．无

H14．住房内有无厨房

1．独立使用
2．与其他户合用

3．无

H15．住房内有无厕所

1．水冲式卫生厕所

2．水冲式非卫生厕所

3．卫生旱厕

4．普通旱厕

5．无

H16．住房内有无洗澡设施

1．统一供热水

2．家庭自装热水器

3．其他

4．无

H17．住房来源

1．租赁廉租房/公租房

2．租赁其他住房

3．购买新建商品房

4．购买二手房

5．购买原公有住房

6．购买经济适用房/两限房

7．自建住房

8．继承或赠予

9．其他

（选择 3—9 的，跳至 H19。）

H18．月租房费用

0．200 元以下

1．200—499 元

2．500—999 元

3．1000—1999 元

4．2000—2999 元

5．3000—3999 元

6．4000—5999 元

7．6000—7999 元

8．8000—9999 元

9．10000 元以上

H19．拥有全部家用汽车的总价

1．不满 10 万元

2．10 万元以上，不满 20 万元

3．20 万元以上，不满 30 万元
4．30 万元以上，不满 50 万元
5．50 万元以上，不满 100 万元
6．100 万元以上
7．没有汽车

二、个人项目

每个人都填报的项目

C1．姓名

____

C2．与户主关系

0．户主
1．配偶
2．子女
3．父母
4．岳父母或公婆
5．祖父母
6．媳婿
7．孙子女
8．兄弟姐妹
9．其他

C3．公民身份号码

□□□□□□□□□□□□□□□□□□

C4．性别

1．男
2．女

C5．出生年月

出生于：_______年_______月

C6．民族

_______族

C7．普查时点（2020 年 11 月 1 日零时）居住地

1．本普查小区
2．本村（居）委会其他普查小区
3．本乡（镇、街道）其他村（居）委会
4．本县（市、区、旗）其他乡（镇、街道）

5．其他县（市、区、旗），请在下面填写地址

______省（区、市）

______市（地、州、盟）

______县（市、区、旗）

6．香港特别行政区、澳门特别行政区、台湾地区

7．国外

C8．户口登记地

1．本村（居）委会

2．本乡（镇、街道）其他村（居）委会

3．本县（市、区、旗）其他乡（镇、街道）

4．其他县（市、区、旗），请在下面填写地址

______省（区、市）

______市（地、州、盟）

______县（市、区、旗）

5．户口待定→C12

C9．离开户口登记地时间

1．没有离开户口登记地→C12

2．不满半年

3．半年以上，不满一年

4．一年以上，不满二年

5．二年以上，不满三年

6．三年以上，不满四年

7．四年以上，不满五年

8．五年以上，不满十年

9．十年以上

C10．离开户口登记地原因

0．工作就业

1．学习培训

2．随同离开/投亲靠友

3．拆迁/搬家

4．寄挂户口

5．婚姻嫁娶

6．照料孙子女

7．为子女就学

8．养老/康养

9．其他

C11．户口登记地类型

1．乡

2．镇的村委会
3．镇的居委会
4．街道

C12．是否有农村土地承包经营权
1．有
2．无

C13．出生地
1．本县（市、区、旗）
2．本省其他县（市、区、旗）
3．省外：______省（区、市）

5周岁及以上（2015年10月31日以前出生）的人填报的项目
C14．五年前常住地
2015年11月1日常住地：
1．本县（市、区、旗）
2．其他地区，请在下面填写地址
_____省（区、市）
_____市（地、州、盟）
_____县（市、区、旗）

3周岁及以上（2017年10月31日以前出生）的人填报的项目
C15．受教育程度
1．未上过学→C17
2．学前教育→C17
3．小学
4．初中
5．高中
6．大学专科
7．大学本科
8．硕士研究生
9．博士研究生

C16．学业完成情况
1．在校
2．毕业
3．肄业
4．辍学
5．其他

15 周岁及以上（2005 年 10 月 31 日以前出生）的人填报的项目

C17．是否识字

1．是

2．否

C18．工作情况

10 月 25—31 日是否为取得收入而工作了一小时以上（包括临时工、依托互联网平台灵活就业、家庭经营无酬帮工等）

1．是，上周工作时间________小时

2．在职休假、在职学习培训、临时停工（保留工资）

3．未做任何工作→C22

C19．工作单位或生产经营活动所属类型

1．企业、事业、机关或社会团体等法人单位

2．个体经营户

3．经营农村家庭承包地（家庭农林牧渔生产经营活动）

4．自由职业/灵活就业

C20．行业

单位详细名称：____

主要产品或主要业务：____

C21．职业

本人从事的具体工作：____→C23

C22．未工作原因

1．在校学习

2．离退休

3．料理家务

4．丧失工作能力

5．其他

C23．主要生活来源

1．劳动收入

2．离退休金/养老金

3．最低生活保障金

4．失业保险金

5．财产性收入

6．家庭其他成员供养

7．其他

C24．婚姻状况

1．未婚→C28

2．有配偶

3．离婚

4．丧偶

C25．初婚年月

______年______月

15至64周岁（1955年11月1日—2005年10月31日出生）的妇女填报的项目

C26．生育子女数

1．未生育→C28

2．有生育（请填报生育的子女数）

生过几个孩子：

男______人

女______人

其中现在存活几个孩子：

男______人

女______人

15至50周岁（1969年11月1日—2005年10月31日出生）的妇女填报的项目

C27．过去一年（2019年11月1日—2020年10月31日）的生育状况

1．一年内未生育（结束）

2．一年内有生育（请填报生育时间和孩子性别）

生育时间：

____月

婴儿性别：

1．男

2．女

一年内生育两个以上孩子的，请填报第二个孩子的状况。

生育时间：

____月

婴儿性别：

1．男

2．女

60周岁及以上（1960年10月31日以前出生）的人填报的项目

C28．居住状况

1．与配偶和子女同住

2．与配偶同住

3．与子女同住
4．独居（有保姆）
5．独居（无保姆）
6．养老机构
7．其他

C29．身体健康状况

1．健康
2．基本健康
3．不健康，但生活能自理
4．不健康，生活不能自理

第七次全国人口普查港澳台居民和外籍人员普查表

The Seventh National Population Census Form for Residents from Hong Kong, Macao, Taiwan and from Foreign Countries

中国政府决定进行第七次全国人口普查人口普查标准时点为2020年11月1日零时我们将对您在普查表中填写的信息给予保密，敬请合作。

The Government of China has decided to conduct the 7th National Population Census, with zero hour on 1 November 2020 as the reference time.
Information provided will be kept confidential.
Your cooperation is highly appreciated.

表号：R603表
制定机关：国家统计局
国务院人口普查办公室
批准文号：国发（2019）24号
有效期至：2021年3月

Form number: R603
Form issued by: National Bureau of Statistics
Office of the State Council for the Seventh National Population Census
Approval number: （2019）24
Valid until: March 2021

地址 Address：

_____省（区、市）Province

_____市（地、州、盟）City (prefecture)

_____县（市、区、旗）County (city, district)

_____乡（镇、街道）Town (township, street)

_____普查区 Enumeration area (village/community committee)

_____普查小区 Enumeration block

_____户编号 Household number

一、住户项目

Household Information

F1. 户别

Type of household

1. 家庭户 Family household
2. 集体户 Collective household

F2. 住所类型

Type of dwelling

1. 普通住宅 Conventional dwellings
2. 集体住所 Collective living quarters
3. 工作地住所 Living in work places
4. 其他住房 Other dwellings
5. 无住房 With no dwellings

（选择2—5的，跳至个人项目。）

(If the answer is 2-5, then skip to 'Individual Information'.)

F3. 本户现住房建筑面积

Floor space for this household

_____平方米 m^2

F4. 本户现住房间数

Number of rooms for this household

_____间 rooms

二、个人项目

Individual Information

R1. 姓名 Full name

____

R2. 与户主关系

Relationship with head of household

0. 户主 Head of household
1. 配偶 Spouse
2. 子女 Son or daughter
3. 父母 Parent
4. 岳父母或公婆 Parent-in-law
5. 祖父母 Grandparent
6. 媳婿 Son-in-law or daughter-in-law
7. 孙子女 Grandchild
8. 兄弟姐妹 Brother or sister
9. 其他 Other relationship

R3. 性别

Sex

1. 男 Male
2. 女 Female

R4. 出生年月

Date of birth

出生于 Born in：_______年 year_______月 month

R5. 来内地（大陆）或来华目的

Purpose for stay in the mainland of China

1. 商务 Business
2. 就业 Work
3. 学习 Study
4. 定居 Residence
5. 探亲 Visiting relatives

6. 其他 Others

R6. 已在内地（大陆）或在华居住时间

Duration of stay in the mainland of China

1. 不满三个月 Less than 3 months
2. 三个月以上，不满半年 3 months to less than 6 months
3. 半年以上，不满一年 6 months to less than 12 months
4. 一年以上，不满二年 1 year to less than 2 years
5. 二年以上，不满五年 2 years to less than 5 years
6. 五年以上 5 years or more

R7. 受教育程度

3 周岁及以上（2017 年 10 月 31 日以前出生）的人填报

Educational attainment

For persons aged 3 and over（Born before 31st Oct. 2017）

1. 未上过学 No schooling
2. 学前教育 Pre-primary education
3. 小学 Primary education
4. 初中 Junior secondary education
5. 高中 Senior secondary education
6. 大学专科 College
7. 大学本科 University
8. 硕士研究生 Master
9. 博士研究生 Doctor

R8. 身份或国籍

Citizenship

1. 香港特别行政区居民 Hong Kong SAR resident
2. 澳门特别行政区居民 Macao SAR resident
3. 台湾地区居民 Taiwan resident
4. 外国人 Foreigner：国籍 Country_______（结束）(End)

15 周岁及以上（2005 年 10 月 31 日以前出生）港澳台居民填报的项目

For persons aged 15 and over (Born before 31st Oct. 2005) from Hong Kong, Macao and Taiwan

R9. 工作情况

10 月 25—31 日是否为取得收入而工作了一小时以上

1．是
2．在职休假、在职学习培训、临时停工（保留工资）
3．未做任何工作→R12

R10．行业

1．农、林、牧、渔业

2．采矿业
3．制造业
4．电力、热力、燃气及水生产和供应业
5．建筑业
6．批发和零售业
7．交通运输、仓储和邮政业
8．住宿和餐饮业
9．信息传输、软件和信息技术服务业
10．金融业
11．房地产业
12．租赁和商务服务业
13．科学研究和技术服务业
14．水利、环境和公共设施管理业
15．居民服务、修理和其他服务业
16．教育
17．卫生和社会工作
18．文化、体育和娱乐业
19．公共管理、社会保障和社会组织
20．国际组织

R11．职业

1．党的机关、国家机关、群众团体和社会组织、企事业单位负责人
2．专业技术人员
3．办事人员和有关人员
4．社会生产服务和生活服务人员
5．农、林、牧、渔业生产及辅助人员
6．生产制造及有关人员
7．不便分类的其他从业人员

R12．婚姻状况

1．未婚
2．有配偶
3．离婚
4．丧偶

第七次全国人口普查死亡人口调查表

（2019 年 11 月 1 日至 2020 年 10 月 31 日死亡的人口登记）

经国务院批准进行第七次全国人口普查
人口普查的标准时点为 2020 年 11 月 1 日零时
人口普查的原始资料不向任何单位和个人提供，
仅供汇总使用
公民应履行如实申报普查项目的义务

表　　号：R 6 0 4 表
制定机关：国 家 统 计 局
国务院人口普查办公室
批准文号：国发（2019）24 号
有效期至：2 0 2 1 年 3 月

地址：_____省（区、市）_____市（地、州、盟）_____县（市、区、旗）_____乡（镇、街道）_____普查区_____普查小区_____户编号

每个死亡人口都登记的项目

S1．姓名

____

S2．公民身份号码

□□□□□□□□□□□□□□□□□□

S3．性别

1．男

2．女

S4．出生年月

出生于：_______年_______月

S5．死亡时间

死亡于：_______月

S6．民族

_______族

死亡时满 3 周岁的人登记的项目

S7．受教育程度

1．未上过学

2．学前教育

3．小学

4．初中

5．高中

6．大学专科

7．大学本科

8．硕士研究生

9．博士研究生

死亡时满 15 周岁的人登记的项目

S8．婚姻状况

1．未婚

2．有配偶

3．离婚

4．丧偶

第三部分　普查表填写说明

一、普查表的种类

第七次全国人口普查表分为《第七次全国人口普查短表》《第七次全国人口普查长表》《第七次全国人口普查港澳台居民和外籍人员普查表》和《第七次全国人口普查死亡人口调查表》四种表。

二、标准时点

第七次全国人口普查的标准时点为2020年11月1日零时。

普查员在掌握普查标准时点时，应注意以下两点：

（一）2020年11月1日零时以后出生的人不登记；2020年11月1日零时以后死亡的人仍要在普查短表中登记。

（二）2020年11月1日零时以后居住地发生变化的人，仍在原居住地登记。

三、普查对象

普查对象是指普查标准时点在中华人民共和国境内的自然人以及在中华人民共和国境外但未定居的中国公民，不包括在中华人民共和国境内短期停留的境外人员。

（一）普查短表和普查长表的普查对象具体是指2020年10月31日晚住本普查小区的人，以及户口登记在本普查小区但2020年10月31日晚未住本普查小区的人。

1.2020年10月31日晚住本普查小区的人，无论其户口登记在何处。

2.户口登记在本普查小区，但2020年10月31日晚未住本普查小区的人，无论其外出时间长短、外出原因如何。

（二）港澳台居民和外籍人员普查表的普查对象具体是指2020年10月31日晚住本普查小区的港澳台居民和外籍人员。

（三）死亡人口调查表的登记对象具体是指2019年11月1日至2020年10月31日期间本普查小区的死亡人口。

四、登记原则

人口普查采用按现住地登记的原则，每个人必须在现住地进行登记。普查对象不在户口登记地居住的，户口登记地要登记相应信息。

人口普查以户为单位进行登记，户分为家庭户和集体户。集体户以一个住房单元为一户进行普查登记。

为便于理解登记对象，并考虑到普查中可能遇到的特殊情况，普查员在入户登记时可采取以下方式询问住户：

应在您家普查登记的人包括：

•2020年10月31日晚住在您家里的人。

•经常居住在您家，由于临时出差、探亲、旅游或值夜班等原因，2020年10月31日晚未住在您家的人（视为2020年10月31日晚住在您家）。

•幼儿园全托孩子，小学、初中住校生（视为2020年10月31日晚住在您家）。

•户口登记在现住房地址的其他人。

不包括：

•现役军人和武警。

•由于临时出差、探亲、旅游等原因，2020 年 10 月 31 日晚暂住在您家的人。

•2020 年 11 月 1 日零时以后出生的人。

五、普查项目

（一）普查短表

按户填报的项目有：户别、本户应登记人数、本户 2019 年 11 月 1 日至 2020 年 10 月 31 日期间的出生人口、本户 2019 年 11 月 1 日至 2020 年 10 月 31 日期间的死亡人口、住所类型、本户现住房建筑面积、本户现住房间数。

按人填报的项目有：姓名、与户主关系、公民身份号码、性别、出生年月、民族、普查时点（2020 年 11 月 1 日零时）居住地、户口登记地、离开户口登记地时间、离开户口登记地原因、受教育程度、是否识字。

（二）普查长表

按户填报的项目有：户别、本户应登记人数、本户 2019 年 11 月 1 日至 2020 年 10 月 31 日期间的出生人口、本户 2019 年 11 月 1 日至 2020 年 10 月 31 日期间的死亡人口、住所类型、本户现住房建筑面积、本户现住房间数、住房所在建筑的总层数、承重类型、住房建成年代、住房所在建筑有无电梯、主要炊事燃料、住房内有无管道自来水、住房内有无厨房、住房内有无厕所、住房内有无洗澡设施、住房来源、月租房费用、拥有全部家用汽车的总价。

按人填报的项目有：姓名、与户主关系、公民身份号码、性别、出生年月、民族、普查时点（2020 年 11 月 1 日零时）居住地、户口登记地、离开户口登记地时间、离开户口登记地原因、户口登记地类型、是否有农村土地承包经营权、出生地、五年前常住地、受教育程度、学业完成情况、是否识字、工作情况、经常工作单位或生产经营活动所属类型、行业、职业、未工作原因、主要生活来源、婚姻状况、初婚年月、生育子女数、过去一年（2019 年 11 月 1 日—2020 年 10 月 31 日）的生育状况、居住状况、身体健康状况。

（三）港澳台居民和外籍人员普查表

按户填报的项目有：户别、住所类型、本户现住房建筑面积、本户现住房间数。

按人填报的项目有：姓名、与户主关系、性别、出生年月、来内地（大陆）或来华目的、已在内地（大陆）或在华居住时间、受教育程度、身份或国籍、工作情况、行业、职业、婚姻状况。

（四）死亡人口调查表

填报的项目有：姓名、公民身份号码、性别、出生年月、死亡时间、民族、受教育程度、婚姻状况。

六、普查表的填写方法

（一）普查表以户为单位进行登记。普查短表、死亡人口调查表采用普查员入户询问、当场填报，或由普查对象通过互联网自主填报等方式进行。普查长表、港澳台居民和外籍人员普查表采用普查指导员和普查员入户询问、当场填报的登记方式。

（二）普查小区中的每一户有且只有一个户编号，为“001”开始的 3 位顺序码，在《户主姓名底册》编制完成后自动生成，普查表上的户编号与其一致，不可修改。

（三）普查表的填写顺序：先填写住户项目，再逐人填写个人项目。

普查员填写普查短表时，填写按人登记的项目时，表内第一人应填户主，然后依次填户主的配偶和其他关系的人。全户死亡的户，只填写“H4.本户 2019 年 11 月 1 日至 2020 年 10 月 31 日期间的死亡人口”，其他住户项目和个人项目均不再登记。

普查员填写普查长表时，与普查短表相同的项目直接代入短表信息，经向普查对象核实确认后，再填报其他项目。

（四）普查表每户最多可以填写 20 人。对于超过 20 人的大集体户，可酌情分成若干集体户填写。

（五）有标准选项的项目，根据实际情况选填，并且每个问题只能选择一个标准选项。民族、普查时点（2020 年 11 月 1 日零时）居住地、户口登记地、出生地、五年前常住地等项目可根据列表栏进行选择。没有标准选项的项目，用文字或阿拉伯数字据情填报。

（六）如果填写错误或发生逻辑关系异常，数据采集程序会给出审核提示。审核类型分为强制性审核和确认性审核，若为强制性审核错误，必须根据提示信息对错误项目进行修改；若为确认性审核提示，应根据提示信息对异常项目进行核实，确认无误后，继续进行填报。

（七）普查员每填完一户，应即刻进行审核，将通过审核的信息向申报人当面宣读，核对无误后，由申报人签字确认。

第四部分　指标解释

一、普查短表

（一）住户项目

H1.户别——按家庭户、集体户的类别填报。

1.家庭户：以家庭成员关系为主，居住一处共同生活的人口，作为一个家庭户。单身居住独自生活的，也作为一个家庭户。

2.集体户：相互之间没有家庭成员关系，集体居住共同生活的人口作为一个集体户。

H2.本户应登记人数——包括两个部分。一部分是2020年10月31日晚居住本户的人数，既包括户口在本户、2020年10月31日晚居住本户的人数，也包括户口不在本户、2020年10月31日晚居住本户的人数，填写H2的第一项；另一部分是户口在本户，2020年10月31日晚未居住本户的人数，填写H2的第二项。

H3.本户2019年11月1日至2020年10月31日期间的出生人口——填写本户在2019年11月1日至2020年10月31日期间出生的人数。分别填写男、女的合计数。若本户在此期间没有出生人口，请填写“0”。

H4.本户2019年11月1日至2020年10月31日期间的死亡人口——填写本户在2019年11月1日至2020年10月31日期间死亡的人数。分别填写男、女的合计数。若本户在此期间没有死亡人口，请填写“0”。

填写H3、H4时应注意：

不要漏掉出生时有某种生命现象（如在胎儿脱离母体时，有呼吸或心跳，脐带搏动、随意肌收缩等）不久即死亡的婴儿，既要填写出生人数，也要填写死亡人数。

H5.住所类型——按居住的住所类型填报。

1.普通住宅：指人工建造的，有墙、顶、门、窗等结构，具有独立入口，专门供人居住的房屋或场所。如单元房、平房、四合院、独栋别墅、筒子楼、窑洞等传统意义上的住宅。

2.集体住所：指学生宿舍、职工宿舍、工棚、养老院、福利院、宗教场所等。

3.工作地住所：指居住在办公楼、发廊、商铺、餐馆等工作场所。

4.其他住房：指居住在上述场所以外的其他房屋或场所。

5.无住房：指本户没有住房，居无定所（如流动人口中那些睡在桥下、公园、车站或睡在运载货物、商品车辆上的人等）。

H6.本户现住房建筑面积——本户现住房的建筑面积以房屋所有权证（不动产权证）或租赁凭证上的相关信息为准。

若只知道使用面积的，可用使用面积乘以1.33，换算成建筑面积。填写本项目时应注意：

1.在租借房屋居住的户，按租借住房的实际情况填写其住房建筑面积。

2.合住在同一所住房里的住户，其建筑面积为各户所独立使用的房间面积加上公共使用面积（包括厨房、厕所、门厅、阳台等）的分摊部分：两户合住的，各按二分之一计算；三户合住的，各按三分之一计算，依此类推。

3.建筑面积应填写整数，不为整数时四舍五入获得。

H7.本户现住房间数——指除厨房、厕所、过道和厅以外的所有自然间数（包括扩建的房间）。填写本项目时应注意：

1.在租借房屋居住的户，按租借住房的实际居住情况填写其住房间数。

2.合住同一所住房的，在填写住房间数时，填写其独立使用的房间数。

（二）个人项目

D1.姓名——填写被登记人的正式姓名。没有正式姓名的可填小名或某某氏，但不能填笔名、代号等。婴儿未起名的，可填“未取名”。

D2.与户主关系——指被登记人与本户户主的关系。申报人不是户主的，不要将被登记人与申报人的关系错填为与户主的关系。

0.户主：按家庭日常生活习惯确定户主。

1.配偶：指户主的妻子或丈夫。

2.子女：指户主的子女。

3.父母：指户主的父母或继父母、养父母。

4.岳父母或公婆：指户主配偶的父母或继父母、养父母。

5.祖父母：指户主或配偶的祖父母、外祖父母、曾祖父母、外曾祖父母。

6.媳婿：指户主子女的配偶。

7.孙子女：指户主的孙子女、外孙子女、孙媳婿、外孙媳婿、重孙子女、重孙媳婿、重外孙子女、重外孙媳婿。

8.兄弟姐妹：指户主及其配偶的兄弟姐妹以及他们的配偶。

9.其他：指以上九种人以外的成员。

在登记家庭户时，户主应登记为第一人，选填“0.户主”。如果户主的配偶也在本户登记，应登记为第二人，选填“1.配偶”，然后再登记该户的其他成员；如果户主没有配偶，或户主配偶不在本户登记，第二人登记本户其他成员。

在登记集体户时，任选一人登记为户主，选填“0.户主”，本户其他成员与户主关系一律登记为其他，选填“9.其他”。

D3.公民身份号码——指 18 位公民身份号码。无公民身份号码的填写 18 位 0。

D4.性别——指被登记人的性别。

D5.出生年月——指被登记人的出生年、月。

出生年月按公历填写，只知道农历的，要换算成公历。按照一般的规律，农历的月份与公历的月份相差一个月左右，换算时农历的月份加 1 即可作为公历的月份，但要注意农历的 12 月应当是公历下一年的 1 月。

D6.民族——指被登记人的民族。

外国人加入中国籍，其民族和我国的某一民族相同的，就选填某一民族；没有相同民族的，按外国人加入中国籍填写，选填“入籍”。

D7.普查时点（2020 年 11 月 1 日零时）居住地——指被登记人在普查标准时点居住的地址。

1.本普查小区：指普查时点居住在本普查小区的人。如果本户在本普查小区拥有一套以上的住房，可确定其中一处进行登记。

2.本村（居）委会其他普查小区：指户口登记地在本普查小区，普查时点居住在本村（居）委会其他普查小区的人。

3.本乡（镇、街道）其他村（居）委会：指户口登记地在本普查小区，普查时点居住在本乡（镇、街道）其他村（居）委会的人。

4.本县（市、区、旗）其他乡（镇、街道）：指户口登记地在本普查小区，普查时点居住在本县（市、区、旗）的其他乡（镇、街道）的人。

5.其他县（市、区、旗）：指户口登记地在本普查小区，普查时点居住在本县（市、区、旗）以外地区的人。填报本选项的人还需选填普查时点居住地所在省（区、市）、市（地、州、盟）、县（市、区、旗）

的具体名称。

6.香港特别行政区、澳门特别行政区、台湾地区：指户口登记地在本户，普查时点居住在香港特别行政区、澳门特别行政区、台湾地区的人。

7.国外：指户口登记地在本户，普查时点居住在国外的人。

D8.户口登记地——指被登记人的居民户口簿上的地址。

1.本村（居）委会：指户口登记地在本村（居）委会的人。

2.本乡（镇、街道）其他村（居）委会：指普查时点居住本普查小区，户口登记地在本乡（镇、街道）其他村（居）委会的人。

3.本县（市、区、旗）其他乡（镇、街道）：指普查时点居住本普查小区，户口登记地在本县（市、区、旗）的其他乡（镇、街道）的人。

4.其他县（市、区、旗）：指普查时点居住本普查小区，户口登记地在本县（市、区、旗）以外地区的人。填报本选项的人还需填写户口登记地所在省（区、市）、市（地、州、盟）、县（市、区、旗）的具体名称。

5.户口待定：指普查时点居住本普查小区，在任何地方都没有登记户口的人。包括手持户口迁移证、出生证、退伍证等情况。

D9.离开户口登记地时间——指到普查标准时点为止，被登记人离开户口登记地（居住地与户口登记地不一致）的时间。

没有离开户口登记地是指户口登记地在本村（居）委会，普查标准时点居住在本普查小区或本村（居）委会其他普查小区。

若常年外出的人由于农忙、节假日等原因偶尔回家的，或回家后因疫情原因推迟外出的，还应该从第一次离开户口登记地的时间开始计算。

D10.离开户口登记地原因——指被登记人离开户口登记地（居住地与户口登记地不一致）的原因。

0.工作就业：指十五周岁及以上因务工经商、工作招聘、调动等原因离开户口登记地的人。

1.学习培训：指六周岁及以上因考入各级各类学校或参加各种学习班、培训班而离开户口登记地的人。

2.随同离开/投亲靠友：指因跟随亲属、投亲靠友而离开户口登记地的人。

3.拆迁/搬家：指因房屋拆迁、改造或者搬家而离开户口登记地的人。

4.寄挂户口：指户口落在集体户或没有在户口登记地居住过、只落户口的人。

5.婚姻嫁娶：指十五周岁及以上因结婚而离开户口登记地的人。

6.照料孙子女：指为照料孙子女而离开户口登记地的人。

7.为子女就学：指为子女就学而离开户口登记地的人。

8.养老/康养：指因旅游（度假）养老/康养、候鸟式养老/康养、回籍贯地养老/康养、居住在养老院而离开户口登记地的人，不包括跟随子女养老。

9.其他：指上述几种以外的原因。

凡具有两种以上原因的，按其主要的原因选填一个标准选项。

D11.受教育程度——指按照国家教育体制，被登记人接受教育的情况。通过自学或成人学历教育经国家统一考试合格的，分别归入相应的受教育程度。

1.未上过学：指从未接受过各级各类学校教育。包括参加过各种扫盲班或成人识字班学习，且以后再没有接受过各级各类学校教育的人。

2.学前教育：指仅接受过或正在接受专门学前教育机构教育，即在幼儿园或附设幼儿班接受保育和教育。

3.小学：指接受的最高一级教育为小学，无论其是否在校、毕业、肄业或辍学。

4.初中：指接受的最高一级教育为初中，无论其是否在校、毕业、肄业或辍学。

5.高中：指接受的最高一级教育为普通高中、成人高中和中等职业学校，无论其是否在校、毕业、肄业或辍学。

6.大学专科：指接受的最高一级教育为大学专科。在普通高等学校学习大学专科的，无论其是否在校、毕业、肄业或辍学，都填报此项。

凡国家授权承认学历的开放大学、广播电视大学、职工大学等成人高校和普通高等学校举办的函授大学、夜大学和其他形式的大学，按教育部颁布的大学专科教学大纲进行授课的，其毕业生选填此项；其肄业生、在校生按原有受教育程度填报。含成人专科和网络专科。

通过自学，经国家统一举办的自学考试合格，并取得大学专科毕业证书的，也选填此项。

7.大学本科：指接受的最高一级教育为大学本科。在普通高等学校学习大学本科的，无论其是否在校、毕业、肄业或辍学，都填报此项。

凡国家授权承认学历的开放大学、广播电视大学、职工大学等成人高校和普通高等学校举办的函授大学、夜大学和其他形式的大学，按教育部颁布的大学本科教学大纲进行授课的，其毕业生选填此项；其肄业生、在校生按原有受教育程度填报。含成人本科和网络本科。

通过自学和进修大学课程，经考试合格，并取得大学本科毕业证书的，也选填此项。

8.硕士研究生：指接受的最高一级教育为硕士研究生，无论其是否在校、毕业、肄业或辍学。含 2016 年 12 月 1 日以后录取的非全日制硕士研究生。

在职接受硕士研究生教育的，其毕业生选填此项；肄业生和在校生按原有受教育程度填报。

9.博士研究生：指接受的最高一级教育为博士研究生，无论其是否在校、毕业、肄业或辍学。含 2016 年 12 月 1 日以后录取的非全日制博士研究生。

在职接受博士研究生教育的，其毕业生选填此项；肄业生和在校生按原有受教育程度填报。

凡是没有按教育部的教学大纲培养或只学单科的人，不能填报“大学专科”“大学本科”“硕士研究生”或“博士研究生”，一律按原有受教育程度填报。

D12.是否识字：指被登记人是否达到国家规定的脱盲标准（城镇居民和企、事业单位职工识字 2000 个，农村居民识字 1500 个）。登记时可询问，日常生活中是否能读懂简单的书信或书写简短的句子。如果能阅读通俗书报、能写便条就认为具有识字能力。

二、普查长表

（一）住户项目

H1.户别——与短表 H1 相同。

H2.本户应登记人数——与短表 H2 相同。

H3.本户 2019 年 11 月 1 日至 2020 年 10 月 31 日期间的出生人口——与短表 H3 相同。

H4.本户 2019 年 11 月 1 日至 2020 年 10 月 31 日期间的死亡人口——与短表 H4 相同。

H5.住所类型——与短表 H5 相同。

H6.本户现住房建筑面积——与短表 H6 相同。

H7.本户现住房间数——与短表 H7 相同。

H8.住房所在建筑的总层数——层数是指建筑物的自然层数，一般按室内地坪以上计算。

采光窗在室外地坪以上的半地下室，其室内层高在 2.20m 以上（不含 2.20m）的，计算自然层数；假层、附层（夹层）、插层、阁楼（暗楼）、装饰性塔楼，以及突出屋面的楼梯间、水箱间不计层数。

其中，平房是指只有一层的房子。

H9.承重类型——指在房屋建筑中，由各种构件（屋架、梁、板、柱等）组成的能够承受各种作用的体系。

1.钢及钢筋混凝土结构：指承重的主要构件是用钢及钢筋混凝土建造的。它包括“钢结构”“钢、钢筋混凝土”和“钢筋混凝土”三种结构类型。

钢结构：承重的主要构件是钢材料建成的，包括悬索结构。

钢、钢筋混凝土结构：承重的主要构件是用钢、钢筋混凝土建造的。如一幢房屋一部分梁柱采用钢、钢筋混凝土构架建成。

钢筋混凝土结构：承重的主要构件是用钢筋混凝土建造的。包括薄壳结构、大模板现浇结构及使用滑模、升板等建造的钢筋混凝土结构的建筑物。

2.混合结构：指承重的主要构件是用钢筋混凝土和砖木建造的。如一幢房屋的梁是用钢筋混凝土制成，以砖墙为承重墙，或者梁是用木材建造，柱是用钢筋混凝土建造。

3.砖木结构：指承重的主要构件是用砖、木材建造的。如一幢房屋是木制房架、砖墙、木柱建成的。

4.竹草土坯结构：指承重的主要构件是用竹、草、土坯等建造的。如竹楼、土窑洞等。

5.其他结构：指不属于上述类型的结构。

H10.住房建成年代——指本户住房所属建筑物的建成年份。

本户住房所属建筑物翻修过的，按翻修时的年份选填。经过改建的，如改建面积大于原面积的，按改建时的年份选填；如改建面积小于原面积的，按原建成年份选填。

H11.住房所在建筑有无电梯——指本户住房所属建筑物内部、外部是否安装电梯。

H12.主要炊事燃料——指本户用于炊事的主要燃料。

如果本户用于炊事的燃料有两种以上，选填主要的一种。

H13.住房内有无管道自来水——指本户住房内是否有经过公用设施净化处理的管道输送水。

在院子里自己打的机井不能算作有自来水。

H14.住房内有无厨房——指本户住房内是否有专供做饭使用的房间，无论是否装有上下水道及固定灶具。

在公用过道、客堂等处烧饭的和在庭院、路边搭建的、临时简陋设施中做饭的都不算有厨房。

H15.住房内有无厕所——指本户住房内是否有厕所。

1.水冲式卫生厕所：指有上下水系统，或厕间有备水桶（瓢冲），坐便或蹲便器有水封或无水封的厕所，且粪便及污水冲入到下水道、化粪池和厕坑，无蝇，不会造成环境污染。

2.水冲式非卫生厕所：指虽然是水冲式厕所，但是粪便被冲到开放的水渠、沟塘等开放水体或者不确定冲到何处，会污染环境。

3.卫生旱厕：指有固定盖板的厕所，粪便基本无暴露，保持无蝇。比如通风改良厕所、堆肥厕所、双坑交替厕所、粪尿分集厕所、阁楼厕所、深坑防冻厕所等。

4.普通旱厕：包括无盖板的敞开式旱厕，有或无防渗处理。通常粪便暴露、有蛆蝇。

5.无：指没有厕所。

H16.住房内有无洗澡设施——指住房内是否有固定浴缸（浴盆）或淋浴龙头等能使用的洗浴设施。

1.统一供热水：指本户洗浴用热水由社区、物业管理部门或其他公共设施统一供应。

2.家庭自装热水器：指本户洗浴用热水是由自己安装的各种热水器，如电热水器、燃气（罐装、管道）热水器等。

3.其他：指上述两种以外的洗浴设施。

4.无：指住房内没有洗浴设施。

H17.住房来源——指本户获取现住房的方式。

1.租赁廉租房/公租房：指向政府相关部门申请并租住廉租房、公租房。

2.租赁其他住房：指通过私人、单位或房屋中介等渠道租住住房。

3.购买新建商品房：指按市场价购买的新建商品房。

4.购买二手房：指购买那些进入房屋市场进行交易，第二次及以上进行产权登记的住房，包括二手商品房、允许上市交易的已售公房、经济适用房等。

5.购买原公有住房：指个人以成本价或优惠价购买的、原作为福利分配给本单位职工的住房。

6.购买经济适用房/两限房：指向政府相关部门申请并购买经济适用房、两限房。

7.自建住房：指个人建造的住房，其产权属于个人所有。

8.继承或赠予：指从亲属处继承而来或者受他人赠予而获取住房。

9.其他：指上述几种住房来源以外的情况。

H18.月租房费用——指最近用于交纳房租的单月金额，不包括水电费、物业费、取暖费等附加费用。月租房费用不为整数时，按四舍五入计算。

若多人合租作一户登记时，则需将每人月租费加总计算。

H19.拥有全部家用汽车的总价——是指住户拥有的全部供家庭生活使用的汽车价格之和。

汽车价格按汽车实际购买价格（含税）的方式计算。

若住户有多辆家用汽车，则按全部家用汽车的价格总和选填。

（二）个人项目

C1.姓名——与短表 D1 相同。

C2.与户主关系——与短表 D2 相同。

C3.公民身份号码——与短表 D3 相同。

C4.性别——与短表 D4 相同。

C5.出生年月——与短表 D5 相同。

C6.民族——与短表 D6 相同。

C7.普查时点（2020 年 11 月 1 日零时）居住地——与短表 D7 相同。

C8.户口登记地——与短表 D8 相同。

C9.离开户口登记地时间——与短表 D9 相同。

C10.离开户口登记地原因——与短表 D10 相同。

C11.户口登记地类型——指离开户口登记地（居住地与户口登记地不一致）时的户口登记地类型。

若离开时户口登记地的类型是“乡”，而现在已改成“镇”，应选填“1.乡”，不要填报“2.镇的村委会”或“3.镇的居委会”。

C12.是否有农村土地承包经营权——指被登记人户口所在的户是否有农村土地承包经营权。

户口所在的户应以被登记人的户口簿为准。拥有农村土地承包经营权是指被登记人户口登记地在农村地区或以前的农村地区，目前户口所在的户与集体经济组织签订了农村土地承包合同。

拥有农村土地承包经营权的户，目前可能实际经营承包地，也可能因各种原因不再经营承包地，包括以转包、出租、入股、托管等方式流转所承包土地经营权。

C13.出生地——指被登记人的出生地点。

1.本县（市、区、旗）：指出生在本县、县级市、区、旗。

2.本省其他县（市、区、旗）：指出生在本省的其他县、县级市、区、旗。

3.省外：指出生在本省（区、市）以外其他地区，并选填出生地所在省（区、市）的名称。在港、澳、台或国外出生的，根据实际情况选填 “香港特别行政区”“澳门特别行政区”“台湾地区”或“国外”。

C14.五年前常住地——指被登记人在普查标准时点的五年前，即 2015 年 11 月 1 日零时的常住地。

五年前居住在本县（市、区、旗）以外其他地区的人，还需选填五年前常住地的地址。

五年前居住在港、澳、台或国外的，根据实际情况选填“香港特别行政区”“澳门特别行政区”“台湾地区”或“国外”。

C15.受教育程度——与短表 D11 项相同。

C16.学业完成情况——指受教育程度为小学及以上的人完成学业的情况。

1.在校：正在接受各级各类学校教育并有学籍。

2.毕业：已修完全部课程，并经过考试鉴定合格。

3.肄业：修完全部课程，但考试不及格或因种种原因未取得毕业资格。

4.辍学：未能修完所规定的全部课程，中途退学。

5.其他：私塾、自学等其他方式。

C17.是否识字——与短表 D12 项相同。

C18.工作情况——指被登记人在 10 月 25—31 日期间，即普查标准时点前一周，是否为取得收入而工作了 1 小时以上，包括临时工、互联网灵活就业、家庭经营无酬帮工。

工作是指为获取工资、实物报酬或经营收入而从事的各种生产、经营或服务性活动，其目的是为了取得收入，无论实际是否取得。不包括义务劳动和公益性劳动。

1.是：指在 10 月 25—31 日期间，为取得收入而干过固定的、临时的或兼职的工作，并且工作时间超过 1 小时。在校学生利用课余或假期以及退休人员为取得收入而从事了工作，也选填此项。

家庭成员在自家或亲属经营的公司、企业、商铺或网店工作，即使本人没有劳动报酬，也选填此项。

选填“1.是”的人，还需填写工作时间。工作时间按在 10 月 25—31 日期间实际的工作时间填写，而不是按国家或企业规定的制度工作时间填写。

计算工作时间，要注意把握以下几种情况：

（1）从事一种以上有收入工作的，几项工作时间相加计算。

（2）在规定的工作时间以外加班工作的，加班时间一并计算在内。

（3）农村既干家务又从事农业或其他有收入工作的人，家务劳动时间除外。

2.在职休假、在职学习培训、临时停工（保留工资）：

在职休假是指在 10 月 25—31 日期间，因各种休假或请假临时未工作，包括公休假、年休假、空勤人员、船员、火车乘务人员的轮休假、病假、工伤假、产假、事假、探亲假、婚丧假等。个人档案、人事关系已在某单位，但因各种原因尚未到新单位报到上班，如军人转业或工作调动等，也视为休假。

在职学习培训是指有工作单位，在 10 月 25—31 日期间参加脱产学习或培训。

临时停工（保留工资）是指在 10 月 25—31 日期间，由于机械或电力故障、原料或燃料短缺、天气或其他灾害等原因导致的暂时未工作，但仍可以有工资收入。

打零工、计件工等临时就业或灵活就业的人，因为上述原因停工并且没有收入，不填此项，应填“3.未做任何工作”。

3.未做任何工作：指在 10 月 25—31 日期间，没有工作单位，也未从事过任何可以有收入的工作。

对于下岗、内退人员，如果未与原单位解除劳动合同，仍有工资性收入的，选填“2.在职休假、在职学习培训、临时停工”；如果没有工资性收入，选填“3.未做任何工作”。对于承包土地的农民，在 10 月 25—31 日期间，如果干农活或其他有收入的工作超过 1 小时，选填“1.是”；如果外出打工，未从事任何工作，选填“3.未做任何工作”；如果正处于农业生产季节，没有外出打工，期间临时没有干农活，选填“2.在职休假、在职学习培训、临时停工”。

对于从事季节性生产经营的人，如果生产经营仍在进行中，只是在 10 月 25—31 日期间没有工作，选填“2.在职休假、在职学习培训、临时停工”；如果正处于季节性歇业，选填“3.未做任何工作”。

C19.工作单位或生产经营活动所属类型——指普查标准时点前一周的主要工作单位或生产经营活动类型。

1.企业、事业、机关或社会团体等法人单位：法人单位指依法成立，有自己的名称、组织机构和场所，能够独立承担民事责任，独立拥有和使用（或授权使用）资产承担负债，有权与其他单位签订合同，会计上独立核算，能够编制资产负债表的单位。包括企业、事业、机关、社会团体、民办非企业单位、基金会、居委会、村委会、农民专业合作社、农村集体经济组织和其他组织机构。

2.个体经营户：指资产归个人所有，以个体劳动为基础，劳动成果归劳动者个人占有和支配的一种经

济组织。既包括在各级工商行政管理机关登记注册、领取《营业执照》的个体工商户，也包括没有领取《营业执照》，但实际从事个体经营活动的人。

3.经营农村家庭承包地（家庭农林牧渔生产经营活动）：指在自家承包的耕地、林地、草地、池塘以及其他合法用于农业的土地上，从事农林牧渔业生产经营活动，也包括家庭在转包和租用他人农业用地上从事农林牧渔业生产经营活动，所从事的农业生产活动以自营劳动为主，不雇佣长期雇工，但可能雇佣临时短工。

农业生产季节在承包土地上从事农业生产，但上周未做任何工作的人，也选填此项。

普查标准时点前一周未在自家承包土地上工作而从事其他生产经营活动的人，或外出务工经商的人不填此项，选填上周实际工作单位或生产经营活动。

4.自由职业/灵活就业：指除个体经营户以外的自雇就业或自主型的个体就业。包括律师、自由撰稿人、歌手、模特等自主就业人员，也包括家庭自雇家政服务、街头小贩、其他类型打零工的临时就业人员，还包括依赖平台承接工作任务、不隶属于任何雇主的劳动者。

C20.行业——指普查标准时点前一周主要工作所在单位的生产经营活动。如果前一周从事两项不同工作，按工作时间长短确定主要工作；如果工作时间相同，再按报酬高低确定主要工作。

行业是按照经济活动的同一性进行分类的，不是按其所属的行政管理系统来分的。产业活动单位是划分行业的分类标准。产业活动单位是指：(1) 具有一个场所、从事一种或主要从事一种经济活动；(2) 单独组织生产、经营或业务活动；(3) 掌握收入和支出的会计核算资料。

填写行业时要注意以下情况：

有工作单位的，既要填写单位名称，也要填写单位的主要产品或从事的主要业务。单位名称要具体到分厂、分公司或营业部，即产业活动单位，不能笼统地只填写总厂名称。最重要的是单位的主要产品或主要业务要详细填写，要用动宾词组表达，如“生产服装”或“销售服装”，不能简写为“服装”。保密单位，填写其公开使用的名称和公开的主要产品或主要业务。

没有工作单位的，只填写主要产品或主要业务，如“送外卖”“当滴滴司机”。务农人员不能笼统地填写“农业”，要根据其具体的农业生产活动或农户具体从事的主要业务填写。如“种粮食”“养猪”等。

C21.职业——指普查标准时点前一周主要工作具体是干什么。如果前一周从事两项不同工作，按工作时间长短确定主要工作；如果工作时间相同，再按报酬高低确定主要工作。

职业分类是以工作性质的同一性为基本原则。所谓“同一性”，是指不论其所在工作单位是什么经济类型，不论用工形式是固定工还是临时工，也不论其隶属于哪个行业，凡是从事同一性质工作的人都划分为同一类。

填写职业时应注意以下情况：

填写职业要具体、详细。不能笼统地写“工人”“农民”“公务员”“工程师”等，而应具体填写其实际工作种类，如“铸轧工”“捕鱼”“统计人员”“通信工程技术员”等。具有专业技术职称的行政领导人员，应按行政领导职务填写其职业；同时担任两个以上职务的领导干部，应按主要职务填写其职业。工种尚未确定，暂时又无具体工作岗位的，要填写“工种未定”。

C22.未工作原因——指被登记人在普查标准时点前一周没有工作的主要原因。

1.在校学习：指在各级各类学校学习，并有正式学籍的人员。不包括有工作单位，脱产学习的人员。

2.离退休：指已办理离休、退休手续，定期领取离退休生活费，且未从事任何有收入劳动的人。

3.料理家务：指主要在自己家里从事家务劳动，且没有劳动收入的人。离、退休人员从事家务劳动的，选填“2.离退休”。为自家经营的摊位、商店、门市部、工厂工作的人，农村中既料理家务又务农或从事家庭副业的人，在别人家干家务活的临时工或小时工，均属于有工作的人，不选填此项。

4.丧失工作能力：指经专门机构鉴定或虽未鉴定但本人或其法定监护人认为，其因生理或心理疾患已丧失了从事劳动的能力。包括年老体弱生活不能自理的人员，但不包括离休、退休人员，这些人不论是身

体残疾还是年老体弱生活不能自理，均选填“2.离退休”。

5.其他：指上述几种以外的原因。

C23.主要生活来源——指被登记人主要依靠什么生活。

如果被登记人同时有几种生活来源，选填其认为最主要的一项。

1.劳动收入：指主要依靠劳动报酬、经营利润或家庭收益（包括现金和实物收入）生活。

2.离退休金/养老金：指办理了离休、退休或退职手续，主要依靠从原工作单位或社会保险经办机构领取的离退休金（包括退职费）生活。

3.最低生活保障金：指建立最低生活保障制度的地区，家庭人均收入低于当地规定的最低生活保障线，主要依靠从政府有关部门或集体领取最低生活保障金生活，以及依靠民政部门发放的烈军属、五保户、残疾人等的生活抚恤金生活。

4.失业保险金：指失业保险经办机构依法支付给符合条件的失业人员的基本生活费用，是对失业人员在失业期间失去工资收入的一种临时补偿。

5.财产性收入：指以资金储蓄、借贷入股以及财产运营、房屋租赁等所取得的利息、股息、红利、租金等收入。

6.家庭其他成员供养：指主要依靠家庭其他成员或亲属的供养和资助生活。

7.其他：指上述几种以外的情况。

C24.婚姻状况——指被登记人在普查标准时点的实际婚姻状况。

1.未婚：指从未结过婚。

2.有配偶：指有配偶，处于婚姻中。

3.离婚：指曾经结过婚，但已办理了离婚手续且没有再婚，或正在办理离婚手续。

4.丧偶：指配偶已去世，且没有再婚。

人口普查的婚姻是指事实婚姻，不是单指法律意义上的婚姻，对不到法定结婚年龄，或未办理结婚手续而同居、实际结婚的人，应根据其在普查标准时点的实际情况，按照被登记人的申报选填。

C25.初婚年月——指被登记人第一次结婚时的年、月。

C26.生育子女数——指截止到普查标准时点，15至64周岁妇女的生育状况。

1.未生育：指被登记妇女没有生育过子女。

2.有生育：指被登记妇女生育过子女，需分别填写生过和存活的子女数。

生过几个孩子：指生育的活产男孩和女孩数，包括产后不久就死亡的婴儿。胎儿脱离母体时（不管孕期长短），凡有过呼吸或心跳、脐带搏动、随意肌收缩等生命现象的，都视为“活产”。这里所说的“子女”是指该妇女的亲生子女，不包括丈夫前妻的子女和领养的子女，但鉴于有些家庭不愿公开领养关系，可尊重申报人的意愿，按亲生子女填报。

其中现在存活几个孩子：指活产子女中，仍然存活的男孩和女孩数，无论是否与父母一起居住。在普查标准时点前已死亡的孩子不包括在内。无存活子女的填写“0”。

C27.过去一年（2019年11月1日—2020年10月31日）的生育状况——指普查标准时点前12个月内，15至50周岁被登记妇女的生育状况。

1.一年内未生育：指过去一年内没有生育过子女。

2.一年内有生育：指过去一年内生育过子女，需选填生育时间和孩子性别。

一年内生育两个以上孩子的，包括两次生育或生育多胞胎，还需填报第二个孩子的状况，第三个或以上的孩子不用填报。

C28.居住状况——指普查标准时点前一个月，60周岁及以上被登记人的主要居住状况。

1.与配偶和子女同住：指与配偶和子女住在一起。

2.与配偶同住：指子女不在身边，与配偶住在一起。

3.与子女同住：指配偶不在身边，与子女住在一起。

4.独居（有保姆）：指本户中只有老人和保姆。

5.独居（无保姆）：指独身一人居住。

6.养老机构：指在提供养老服务的场所，包括敬老院、老年公寓等居住的情况。凡在养老机构居住的老年人，不论与谁同住。

7.其他：指上述几种以外的状况。

C29.身体健康状况——指60周岁及以上被登记人根据自身健康状况，对普查标准时点前一个月能否保证正常生活做出的自我判断。

1.健康：指过去一个月健康状况良好，完全可以保证日常的生活。

2.基本健康：指过去一个月健康状况一般，可以保证日常的生活。

3.不健康，但生活能自理：指普查标准时点前一个月健康状况不是太好，但可以基本保证正常的生活。

4.不健康，生活不能自理：指普查标准时点前一个月健康状况较差，不能照顾自己日常的生活起居，如吃饭、穿衣、自行走动等。

三、港澳台居民和外籍人员普查表

（一）住户项目

F1.户别——与短表H1相同。

F2.住所类型——与短表H5相同。

F3.本户现住房建筑面积——与短表H6相同。

F4.本户现住房间数——与短表H7相同。

（二）个人项目

R1.姓名——填写被登记人的正式姓名。婴儿未起名的，可填“未取名”。外籍人员的姓名最好用中文填写，也可以用其它文字填写。

R2.与户主关系——与短表D2相同。

R3.性别——与短表D4相同。

R4.出生年月——与短表D5相同。

R5.来内地（大陆）或来华目的——指被登记人来中华人民共和国境内居住的原因。

1.商务：指进行各种商务活动的人。

2.就业：指已有工作或正在寻找工作的人。

3.学习：指已经或准备在各类学校学习的人。

4.定居：指在中华人民共和国境内定居但没有工作或上学的人。包括在中华人民共和国境内工作人士的家属。

5.探亲：指探望亲戚或朋友的人。

6.其他：指上述以外的其他原因。

R6.已在内地（大陆）或在华居住时间——指到普查标准时点为止，被登记人在中华人民共和国境内居住的时间。

R7.受教育程度——指被登记人接受教育情况。按照被登记人的申报选填。

R8.身份或国籍——指被登记人是香港特别行政区居民、澳门特别行政区居民还是台湾地区居民。如果是外国人，还应填写国籍。

R9.工作情况——参照长表C18。

R10.行业——指被登记人的工作单位主要生产的产品或提供的服务类别，参照《国民经济行业分类（GB/T4754—2017)》，按标准选项据情选填。

R11.职业——指被登记人所从事的工作类别，按标准选项据情选填。

1.党的机关、国家机关、群众团体和社会组织、企事业单位负责人：指在中国共产党机关，国家机关，民主党派和工商联，人民团体和群众团体、社会组织及其工作机构，基层群众自治组织，企业、事业单位中担任领导职务并具有决策、管理权的人员。

2.专业技术人员：指从事科学研究和专业技术工作的人员。

3.办事人员和有关人员：指在公共管理和社会组织机构中从事行政业务、行政事务、行政执法和仲裁、安全保卫、消防和应急救援等工作的人员。

4.社会生产服务和生活服务人员：指从事商品批发零售、交通运输、仓储、邮政和快递、信息传输、软件和信息技术、住宿和餐饮以及金融、房地产、租赁和商务技术辅助、生态保护、文化、体育和娱乐等社会生产服务与生活服务工作的人员。

5.农、林、牧、渔业生产及辅助人员：指从事农、林、牧、渔业生产活动及辅助生产的人员。

6.生产制造及有关人员：指从事产品生产及设备制造，矿产开采，工程施工和运输设备操作的人员及有关人员。

7.不便分类的其他从业人员。

R12.婚姻状况——参照长表 C24。

四、死亡人口调查表

凡在普查短表户记录 H4 中，登记了 2019 年 11 月 1 日至 2020 年 10 月 31 日期间有死亡人口的户，还要登记死亡人口的具体情况。

S1.姓名——与短表 D1 相同。

S2.公民身份号码——与短表 D3 相同。

S3.性别——与短表 D4 相同。

S4.出生年月——与短表 D5 相同。

S5.死亡时间——指死亡人口死亡时的月份。

S6.民族——与短表 D6 相同。

S7.受教育程度——与短表 D11 相同。

S8.婚姻状况——与长表 C24 相同。

为保证死亡人口的登记质量，普查员在入户登记时应注意以下几点：

1.登记死亡人口时，一般以死亡前的常住地为登记地，而不以死亡发生时的地点（如医院等）为登记地。

2.本户常住人口中有死亡的，不论其与该户有无亲属关系，都应作为该户死亡人口予以登记。

3.对于无法确定死亡人口常住地，或登记时与死亡人口常住地联系不上的，如孤寡老人、流动人口等，一律在死亡发生地登记。

第三部分 附录

附录5 国务院关于统计上划分城乡规定的批复

国务院关于统计上划分城乡规定的批复

（国函〔2008〕60号）

统计局、民政部、住房城乡建设部、公安部、财政部、国土资源部、农业部：

你们《关于报请国务院批转统计上划分城乡规定的请示》(国统字〔2008〕19号)收悉。现批复如下：

一、原则同意《统计上划分城乡的规定》，请认真组织实施。

二、科学制订城乡划分统计标准是准确评价我国城镇化水平、合理规划城乡布局、统筹城乡发展的一项基础性工作，是国家制定和修订有关城乡发展法律法规、规划和政策的重要参考依据。统计局要会同有关部门认真组织指导实施工作，做好城乡地域库的建设和管理，促进信息共享。各地区、各有关部门要高度重视,依法配合统计部门 抓好组织实施，确保统计上划分城乡的各项工作顺利进行。

附件：统计上划分城乡的规定

二〇〇八年七月十二日

附件

统计上划分城乡的规定

一、为了科学、真实反映我国现阶段城乡人口、社会和经济发展情况，准确评价我国的城镇化水平，制定本规定。

二、本规定作为统计上划分城乡的依据，不改变现有的行政区划、隶属关系、管理 权限和机构编制,以及土地规划、城乡规划等有关规定。

三、本规定以我国的行政区划为基础，以民政部门确认的居民委员会和村民委员会辖区为划分对象，以实际建设为划分依据，将我国的地域划分为城镇和乡村。

实际建设是指已建成或在建的公共设施、居住设施和其他设施。

四、城镇包括城区和镇区。城区是指在市辖区和不设区的市，区、市政府驻地的实际建设连接到的居民委员会和其他区域。镇区是指在城区以外的县人民政府驻地和其他镇，政府驻地的实际建设连接到的居民委员会和其他区域。

与政府驻地的实际建设不连接，且常住人口在3000人以上的独立的工矿区、开发区、科研单位、大专院校等特殊区域及农场、林场的场部驻地视为镇区。

五、乡村是指本规定划定的城镇以外的区域。

六、本规定由国家统计部门负责解释。

七、本规定自2008年8月1日起施行。

第三部分 附录

附录6 福建省人民政府关于开展福建省第七次全国人口普查的通知

福建省人民政府关于开展福建省第七次全国人口普查的通知

闽政〔2019〕11号

各市、县（区）人民政府，平潭综合实验区管委会，省人民政府各部门、各直属机构，各大企业，各高等院校：

为切实做好我省第七次全国人口普查工作，根据《国务院关于开展第七次全国人口普查的通知》（国发〔2019〕24号）精神，现将有关事项通知如下：

一、深化认识、把握关键，确保中央部署有效落实

根据《中华人民共和国统计法》和《全国人口普查条例》规定，国务院决定于2020年开展第七次全国人口普查。普查标准时点是2020年11月1日零时。普查对象是普查标准时点在中华人民共和国境内的自然人以及在中华人民共和国境外但未定居的中国公民，不包括在中华人民共和国境内短期停留的境外人员。普查主要调查人口和住户的基本情况，内容包括：姓名、公民身份号码、性别、年龄、民族、受教育程度、行业、职业、迁移流动、婚姻生育、死亡、住房情况等。

第七次人口普查是中国特色社会主义进入新时代开展的重大国情国力调查，也是一项重大的省情省力调查。通过人口普查，全面查清我省人口数量、结构、分布、城乡住房等方面的情况，掌握我省人口变化和发展趋势，将为进一步优化生育政策，提高人口质量，积极应对人口老龄化，促进人口长期均衡发展提供科学准确的统计信息支持，对科学制定国民经济和社会发展规划，推动高质量发展，加快新时代新福建建设具有重要意义。各级各部门要坚持以习近平新时代中国特色社会主义思想为指导，全面贯彻落实党的十九大和十九届二中、三中、四中全会精神，认真落实党中央、国务院关于统计改革发展的决策部署，提高政治站位，增强责任意识，坚持实事求是、改革创新，科学设计、精心组织，周密部署、依法实施，确保我省第七次全国人口普查有力有效推进。

二、依法普查、提高效能，确保数据真实准确

要严格依法行政。各级各部门要严格执行《中华人民共和国统计法》《中华人民共和国统计法实施条例》《全国人口普查条例》等法律法规要求，把依法行政落实到普查工作的全过程各方面。普查取得的数据，严格限定用于普查目的，不得作为任何部门和单位对各级行政管理工作实施考核、奖惩的依据。普查中获得的能够识别或者推断单个普查对象身份的资料，不得作为对普查对象实施处罚等具体行政行为的依据。

要建立普查数据质量追溯和问责机制。各级政府统计机构要加大对普查工作中违纪违法行为的查处和通报曝光力度，坚决杜绝人为干扰普查工作的现象，确保普查工作顺利进行和普查数据真实准确。对普查中发现应当给予党纪政务处分或组织处理的统计违纪违法责任人，由统计机构按规定提出处分处理建议并及时移送任免机关、纪检监察机关或组织（人事）部门。

要强化全过程质量控制。各级各部门要认真执行全国人口普查方案和我省实施方案，加强普查指导员、普查员的培训和管理。各级普查机构要紧紧围绕普查数据质量这一核心要求，建立明确的岗位责任制度和数据质量控制制度，制定行之有效的数据质量控制办法，对普查各个环节实行严格的质量管理，加强工作检查和质量抽查，确保普查数据真实准确。

要推进信息技术应用和资料共享。普查登记采取电子化方式，探索使用智能手机采集数据，广泛应用部门行政记录，推进大数据在普查中的应用。领导小组各成员单位特别是公安、卫健、民政、医保、数字办等应积极向普查机构提供部门基础资料。全流程加强对公民个人信息的保护，各级普查机构及其工作人员必须严格履行保密义务，严禁向任何机构、单位、个人泄露或出售公民个人信息。

三、加强领导、精心组织，确保普查工作顺利实施

要加强协同配合。人口普查是一项庞大的社会系统工程，涉及范围广、参与部门多、技术要求高、工作难度大。各级各部门要按照“全国统一领导、部门分工协作、地方分级负责、各方共同参与”原则，认真抓好工作落实，对普查工作中遇到的困难和问题，要及时采取措施予以解决。省委、省政府高度重视第七次全国人口普查工作，成立省第七次全国人口普查领导小组，负责全省人口普查的组织与实施。领导小组办公室设在省统计局，具体负责人口普查的日常组织和协调。领导小组各成员单位要按照职能分工，各负其责、通力协作。各级政府要成立相应的普查领导小组及其办公室，各设区市、平潭综合实验区普查领导机构于 2019 年 12 月底前组建完成，各县（市、区）普查领导机构于 2020 年 1 月底前组建完成。要充分发挥街道办事处和乡镇政府、居民委员会和村民委员会的作用，广泛引导、动员和组织社会力量积极参与并认真配合做好普查工作。

要落实经费保障。国务院规定，这次人口普查经费由中央和地方各级人民政府共同承担。各市、县（区）对属于本级负担的普查经费，列入相应年度财政预算，及时足额拨付到位。各级普查机构要厉行节约，专款专用，提高资金使用效率，杜绝浪费和违规使用。各级普查机构根据工作需要，招聘或从有关单位借调符合条件的普查指导员和普查员，应及时支付招聘人员的劳动报酬，保证借调人员在原单位的工资、福利及其他待遇不变，并保留其原有工作岗位，确保普查工作队伍稳定。

要广泛宣传动员。普查机构要会同宣传部门共同研究制定普查宣传工作方案，做好普查宣传的策划、组织和具体实施。要充分运用新闻媒体以及网站、新媒体平台等，广泛深入宣传人口普查的重要意义和具体要求，引导广大普查对象依法配合普查，如实申报普查项目，为普查工作顺利实施营造良好舆论环境。

附件：福建省第七次全国人口普查领导小组组成人员名单

福建省人民政府

2019 年 12 月 2 日

（此件主动公开）

附件

福建省第七次全国人口普查领导小组组成人员名单

组　长：分管统计省领导
副组长：张国旺　省统计局局长
方寿中　省政府副秘书长
潘乙凡　省发改委副主任
杜清森　省公安厅副厅长
林　弘　省民政厅副厅长
林　辉　省自然资源厅副厅长级干部
王　海　省住建厅副厅长
方少雄　省卫健委党组成员
成　员：章锦德　省委宣传部二级巡视员
叶得盛　省委网信办副主任
刘良辉　省委台港澳办副主任
王飚省　教育厅副厅长
兰秀珍　省民族宗教厅副厅长
林德明　省司法厅副厅长
黄剑青　省财政厅副厅长
陈成武　省人社厅二级巡视员
陈明旺　省农业农村厅副厅长
张元榕　省市场监管局总工程师
张丽娟　省广电局副局长
杨洪春　省统计局副局长
梁步腾　省医保局副局长
廖荣天　省政府发展研究中心副主任
陈如明　省机关管理局副局长
陈同彩　省数字办副主任
李建功　国家税务总局福建省税务局总审计师
朱国勇　国家统计局福建调查总队副总队长
陈忠胜　省军区政治工作局副主任
陈永银　省军区保障局局长
陈国清　武警福建省总队政治工作部副主任
苏作琴　省消防救援总队参谋长

领导小组办公室主任由省统计局副局长杨洪春兼任。

中国人口普查
CHINA POPULATION CENSUS

2020

福建省人口普查年鉴

(第1册)

FUJIAN POPULATION CENSUS YEARBOOK 2020

(BOOK 1)

福建省第七次全国人口普查领导小组办公室
福　建　省　统　计　局　编

Compiled by
Office of the Leading Group of Fujian province for the Seventh National Population Census
Fujian Provincial Bureau of Statistics

中国统计出版社
China Statistics Press

图书在版编目（CIP）数据

福建省人口普查年鉴. 2020. 第 1 册 / 福建省第七次全国人口普查领导小组办公室, 福建省统计局编. -- 北京 : 中国统计出版社, 2022.9
ISBN 978-7-5037-9951-8

Ⅰ. ①福… Ⅱ. ①福… ②福… Ⅲ. ①人口普查－统计资料－福建－2020－年鉴 Ⅳ. ①C924.255.7-54

中国版本图书馆 CIP 数据核字(2022)第 154838 号

福建省人口普查年鉴-2020（第 1 册）

作　　者/福建省第七次全国人口普查领导小组办公室　福建省统计局编
责任编辑/熊丹书
封面设计/李雪燕
出版发行/中国统计出版社有限公司
通信地址/北京市丰台区西三环南路甲 6 号　邮政编码/100073
发行电话/邮购（010）63376909　书店（010）68783171
网　　址/http://www.zgtjcbs.com/
印　　刷/福州万紫千红印刷有限公司
经　　销/新华书店
开　　本/880mm×1230mm　1/16
字　　数/1280 千字
印　　张/41.25
版　　别/2022 年 9 月第 1 版
版　　次/2022 年 9 月第 1 次印刷
定　　价/950.00 元（全五册附光盘）

《福建省人口普查年鉴—2020》编委会和编辑工作人员

编 辑 说 明

以 2020 年 11 月 1 日零时为标准时点的第七次全国人口普查，在以习近平同志为核心的党中央坚强领导下，按照国务院第七次全国人口普查领导小组统一部署，全省各级党委政府精心组织、有力推进，普查机构砥砺攻坚、真抓实干，普查人员艰苦努力、无私奉献，普查对象共同参与、积极配合，新闻媒体广泛宣传、营造氛围，福建省第七次全国人口普查取得了圆满成功，获得了丰富详实的资料。为了满足社会各界的需要，现将汇总的数据资料编辑出版。

为便于读者使用本资料，现将有关情况说明如下:

一、第七次全国人口普查的普查对象是指普查标准时点在中华人民共和国境内的自然人以及在中华人民共和国境外但未定居的中国公民，不包括在中华人民共和国境内短期停留的境外人员。

二、第七次全国人口普查采用长、短两种普查表。普查短表包括反映人口基本状况的项目，由全部住户（不包括港澳台居民和外籍人员）填报；普查长表包括所有短表项目和人口的经济活动、婚姻生育和住房等情况的项目，在全部住户中抽取 10%的户（不包括港澳台居民和外籍人员）填报。

三、本资料分为三部分。第一部分是全部人口的数据，主要反映人口的基本状况，分为八卷，共 196 张表；第二部分是普查长表数据，主要反映人口的各种结构情况，分为九卷，共 218 张表；第三部分是附录，主要是普查的有关规定和技术文件等。

四、本资料是普查实际登记直接汇总的数据，读者在使用本资料时应注意:

（一）本资料中的人口数据是 2020 年 11 月 1 日零时时点的常住人口数据。常住人口包括：居住在本乡镇街道且户口在本乡镇街道或户口待定的人，居住在本乡镇街道且离开户口所在的乡镇街道半年以上的人，户口在本乡镇街道且外出不满半年或在境外工作学习的人。

（二）本资料不包括中国人民解放军驻福建的现役军人，不包括金门、马祖等岛屿的人口数。

（三）由于普查长表是按户抽样并进行登记，因此人口总数以及各种人口结构数据的抽样比会存在略微差异，请读者使用本资料推算总体时，对采用的方法予以注意。

（四）长表数据资料第四卷就业部分为 16 岁及以上人口数据，其他部分涉及有关就业方面的数据均为 15 岁及以上人口数据。

（五）全部数据资料第七卷户口登记地部分涉及受教育程度分组的数据均为 3 岁及以上人口数据。

（六）全部数据资料第八卷住房部分涉及家庭户方面的数据均为住所类型是“普通住宅”的家庭户数据。

（七）资料中各项指标的汇总结果未做任何误差校正，读者在使用时应考虑不同指标登记误差因素的影响。

五、本次人口普查关于城乡的划分，按照国家统计局《统计上划分城乡的规定》执行。

六、本资料中部分相对数由于单位取值问题而产生的计算误差，均未做机械调整。

七、本资料中空项表示无数字或数字很小。

目　录

第 1 册

第一部分　全部数据资料

第三卷　年龄

第四卷　教育

第2册

第一部分　全部数据资料(续)

第八卷 住房

第3册

第二部分　长表数据资料

第一卷　概要

第二卷　民族

第三卷 教育

第四卷 就业

第 4 册

第二部分　长表数据资料(续)

第六卷 生育

第5册

第二部分　长表数据资料(续)

第七卷　迁移和户口登记地

第八卷　老年人口

第九卷 住房

第三部分　附　录

第一部分　全部数据资料

第一卷　概要

1-1 各地区户数、

<table>
<tr><th rowspan="3">地　区</th><th colspan="3">户　　数</th><th colspan="4"></th></tr>
<tr><th rowspan="2">合计</th><th rowspan="2">家庭户</th><th rowspan="2">集体户</th><th colspan="4">合　　计</th></tr>
<tr><th>合计</th><th>男</th><th>女</th><th>性别比
(女=100)</th></tr>
<tr><td>合　计</td><td>15306514</td><td>14371078</td><td>935436</td><td>41540086</td><td>21466757</td><td>20073329</td><td>106.94</td></tr>
<tr><td>福州市</td><td>3064085</td><td>2817830</td><td>246255</td><td>8291268</td><td>4251512</td><td>4039756</td><td>105.24</td></tr>
<tr><td>鼓楼区</td><td>241713</td><td>215133</td><td>26580</td><td>669090</td><td>328155</td><td>340935</td><td>96.25</td></tr>
<tr><td>台江区</td><td>157649</td><td>144594</td><td>13055</td><td>411819</td><td>204299</td><td>207520</td><td>98.45</td></tr>
<tr><td>仓山区</td><td>429427</td><td>387349</td><td>42078</td><td>1142991</td><td>592944</td><td>550047</td><td>107.80</td></tr>
<tr><td>马尾区</td><td>107507</td><td>97414</td><td>10093</td><td>290554</td><td>150263</td><td>140291</td><td>107.11</td></tr>
<tr><td>晋安区</td><td>300371</td><td>279168</td><td>21203</td><td>789775</td><td>403170</td><td>386605</td><td>104.28</td></tr>
<tr><td>长乐区</td><td>299393</td><td>274790</td><td>24603</td><td>790262</td><td>409803</td><td>380459</td><td>107.71</td></tr>
<tr><td>闽侯县</td><td>352563</td><td>303754</td><td>48809</td><td>988200</td><td>513754</td><td>474446</td><td>108.29</td></tr>
<tr><td>连江县</td><td>235056</td><td>224472</td><td>10584</td><td>639498</td><td>328276</td><td>311222</td><td>105.48</td></tr>
<tr><td>罗源县</td><td>98472</td><td>92975</td><td>5497</td><td>255214</td><td>135496</td><td>119718</td><td>113.18</td></tr>
<tr><td>闽清县</td><td>94077</td><td>91881</td><td>2196</td><td>256181</td><td>131568</td><td>124613</td><td>105.58</td></tr>
<tr><td>永泰县</td><td>116924</td><td>113152</td><td>3772</td><td>281216</td><td>144590</td><td>136626</td><td>105.83</td></tr>
<tr><td>平潭县</td><td>142139</td><td>136843</td><td>5296</td><td>385981</td><td>195302</td><td>190679</td><td>102.42</td></tr>
<tr><td>福清市</td><td>488794</td><td>456305</td><td>32489</td><td>1390487</td><td>713892</td><td>676595</td><td>105.51</td></tr>
<tr><td>厦门市</td><td>2172698</td><td>1969770</td><td>202928</td><td>5163970</td><td>2720497</td><td>2443473</td><td>111.34</td></tr>
<tr><td>思明区</td><td>421169</td><td>384659</td><td>36510</td><td>1073315</td><td>523240</td><td>550075</td><td>95.12</td></tr>
<tr><td>海沧区</td><td>252442</td><td>228175</td><td>24267</td><td>582519</td><td>315979</td><td>266540</td><td>118.55</td></tr>
<tr><td>湖里区</td><td>490496</td><td>446981</td><td>43515</td><td>1036974</td><td>545047</td><td>491927</td><td>110.80</td></tr>
<tr><td>集美区</td><td>430017</td><td>376842</td><td>53175</td><td>1036987</td><td>557038</td><td>479949</td><td>116.06</td></tr>
<tr><td>同安区</td><td>351704</td><td>331340</td><td>20364</td><td>855920</td><td>462651</td><td>393269</td><td>117.64</td></tr>
<tr><td>翔安区</td><td>226870</td><td>201773</td><td>25097</td><td>578255</td><td>316542</td><td>261713</td><td>120.95</td></tr>
<tr><td>莆田市</td><td>1083511</td><td>1026345</td><td>57166</td><td>3210714</td><td>1620777</td><td>1589937</td><td>101.94</td></tr>
<tr><td>城厢区</td><td>192884</td><td>178415</td><td>14469</td><td>547422</td><td>277887</td><td>269535</td><td>103.10</td></tr>
<tr><td>涵江区</td><td>159389</td><td>149102</td><td>10287</td><td>479605</td><td>243475</td><td>236130</td><td>103.11</td></tr>
<tr><td>荔城区</td><td>219708</td><td>202126</td><td>17582</td><td>673935</td><td>340180</td><td>333755</td><td>101.93</td></tr>
<tr><td>秀屿区</td><td>207885</td><td>201375</td><td>6510</td><td>604684</td><td>303003</td><td>301681</td><td>100.44</td></tr>
<tr><td>仙游县</td><td>303645</td><td>295327</td><td>8318</td><td>905068</td><td>456232</td><td>448836</td><td>101.65</td></tr>
<tr><td>三明市</td><td>915648</td><td>884706</td><td>30942</td><td>2486450</td><td>1283874</td><td>1202576</td><td>106.76</td></tr>
<tr><td>梅列区</td><td>86029</td><td>81997</td><td>4032</td><td>220115</td><td>109761</td><td>110354</td><td>99.46</td></tr>
<tr><td>三元区</td><td>72504</td><td>66791</td><td>5713</td><td>187936</td><td>96845</td><td>91091</td><td>106.32</td></tr>
<tr><td>明溪县</td><td>37180</td><td>36296</td><td>884</td><td>98930</td><td>51447</td><td>47483</td><td>108.35</td></tr>
<tr><td>清流县</td><td>43017</td><td>41771</td><td>1246</td><td>118029</td><td>61084</td><td>56945</td><td>107.27</td></tr>
<tr><td>宁化县</td><td>92457</td><td>90844</td><td>1613</td><td>261579</td><td>132651</td><td>128928</td><td>102.89</td></tr>
<tr><td>大田县</td><td>106362</td><td>103785</td><td>2577</td><td>299513</td><td>159135</td><td>140378</td><td>113.36</td></tr>
<tr><td>尤溪县</td><td>122845</td><td>120275</td><td>2570</td><td>341638</td><td>179197</td><td>162441</td><td>110.32</td></tr>
<tr><td>沙县</td><td>94428</td><td>90633</td><td>3795</td><td>250503</td><td>128361</td><td>122142</td><td>105.09</td></tr>
<tr><td>将乐县</td><td>51951</td><td>50447</td><td>1504</td><td>144943</td><td>74044</td><td>70899</td><td>104.44</td></tr>
<tr><td>泰宁县</td><td>38608</td><td>37754</td><td>854</td><td>104071</td><td>52576</td><td>51495</td><td>102.10</td></tr>
<tr><td>建宁县</td><td>43254</td><td>42426</td><td>828</td><td>114400</td><td>58209</td><td>56191</td><td>103.59</td></tr>
<tr><td>永安市</td><td>127013</td><td>121687</td><td>5326</td><td>344793</td><td>180564</td><td>164229</td><td>109.95</td></tr>
<tr><td>泉州市</td><td>3169454</td><td>2959593</td><td>209861</td><td>8782285</td><td>4586453</td><td>4195832</td><td>109.31</td></tr>
<tr><td>鲤城区</td><td>167721</td><td>154395</td><td>13326</td><td>428361</td><td>219944</td><td>208417</td><td>105.53</td></tr>
<tr><td>丰泽区</td><td>263588</td><td>231919</td><td>31669</td><td>698557</td><td>358704</td><td>339853</td><td>105.55</td></tr>
<tr><td>洛江区</td><td>86045</td><td>77640</td><td>8405</td><td>247172</td><td>127393</td><td>119779</td><td>106.36</td></tr>
<tr><td>泉港区</td><td>123877</td><td>119127</td><td>4750</td><td>354296</td><td>178651</td><td>175645</td><td>101.71</td></tr>
<tr><td>惠安县</td><td>364872</td><td>349397</td><td>15475</td><td>1030626</td><td>516724</td><td>513902</td><td>100.55</td></tr>
<tr><td>安溪县</td><td>329995</td><td>321699</td><td>8296</td><td>1003599</td><td>530093</td><td>473506</td><td>111.95</td></tr>
<tr><td>永春县</td><td>152629</td><td>148226</td><td>4403</td><td>422531</td><td>216869</td><td>205662</td><td>105.45</td></tr>
<tr><td>德化县</td><td>117899</td><td>114613</td><td>3286</td><td>332148</td><td>175769</td><td>156379</td><td>112.40</td></tr>
<tr><td>石狮市</td><td>266734</td><td>242600</td><td>24134</td><td>685930</td><td>366614</td><td>319316</td><td>114.81</td></tr>
<tr><td>晋江市</td><td>798996</td><td>730998</td><td>67998</td><td>2061551</td><td>1100438</td><td>961113</td><td>114.50</td></tr>
<tr><td>南安市</td><td>497098</td><td>468979</td><td>28119</td><td>1517514</td><td>795254</td><td>722260</td><td>110.11</td></tr>
</table>

人口数和性别比

单位：户、人

人口数								平均家庭户规模（人/户）
家庭户				集体户				
小计	男	女	性别比（女=100）	小计	男	女	性别比（女=100）	
38462277	**19624877**	**18837400**	**104.18**	**3077809**	**1841880**	**1235929**	**149.03**	**2.68**
7438133	**3751374**	**3686759**	**101.75**	**853135**	**500138**	**352997**	**141.68**	**2.64**
577229	276931	300298	92.22	91861	51224	40637	126.05	2.68
371427	181285	190142	95.34	40392	23014	17378	132.43	2.57
989897	504266	485631	103.84	153094	88678	64416	137.66	2.56
255055	129691	125364	103.45	35499	20572	14927	137.82	2.62
719800	358943	360857	99.47	69975	44227	25748	171.77	2.58
722075	367817	354258	103.83	68187	41986	26201	160.25	2.63
797387	414888	382499	108.47	190813	98866	91947	107.52	2.63
603037	306222	296815	103.17	36461	22054	14407	153.08	2.69
240822	123965	116857	106.08	14392	11531	2861	403.04	2.59
247372	126133	121239	104.04	8809	5435	3374	161.08	2.69
266706	136508	130198	104.85	14510	8082	6428	125.73	2.36
367649	183570	184079	99.72	18332	11732	6600	177.76	2.69
1279677	641155	638522	100.41	110810	72737	38073	191.05	2.80
4591047	**2377541**	**2213506**	**107.41**	**572923**	**342956**	**229967**	**149.13**	**2.33**
969035	466446	502589	92.81	104280	56794	47486	119.60	2.52
523237	276346	246891	111.93	59282	39633	19649	201.70	2.29
937487	486856	450631	108.04	99487	58191	41296	140.91	2.10
855187	453155	402032	112.72	181800	103883	77917	133.33	2.27
798910	424399	374511	113.32	57010	38252	18758	203.92	2.41
507191	270339	236852	114.14	71064	46203	24861	185.85	2.51
2998963	**1498808**	**1500155**	**99.91**	**211751**	**121969**	**89782**	**135.85**	**2.92**
499981	249890	250091	99.92	47441	27997	19444	143.99	2.80
436544	217028	219516	98.87	43061	26447	16614	159.19	2.93
608420	304885	303535	100.44	65515	35295	30220	116.79	3.01
579645	287496	292149	98.41	25039	15507	9532	162.68	2.88
874373	439509	434864	101.07	30695	16723	13972	119.69	2.96
2376190	**1214260**	**1161930**	**104.50**	**110260**	**69614**	**40646**	**171.27**	**2.69**
207515	103385	104130	99.28	12600	6376	6224	102.44	2.53
167863	85929	81934	104.88	20073	10916	9157	119.21	2.51
95556	49272	46284	106.46	3374	2175	1199	181.40	2.63
112951	57383	55568	103.27	5078	3701	1377	268.77	2.70
255794	129261	126533	102.16	5785	3390	2395	141.54	2.82
288579	151447	137132	110.44	10934	7688	3246	236.85	2.78
332721	173599	159122	109.10	8917	5598	3319	168.67	2.77
237937	120957	116980	103.40	12566	7404	5162	143.43	2.63
141114	71368	69746	102.33	3829	2676	1153	232.09	2.80
101431	50907	50524	100.76	2640	1669	971	171.88	2.69
111667	56374	55293	101.96	2733	1835	898	204.34	2.63
323062	164378	158684	103.59	21731	16186	5545	291.90	2.65
8111003	**4183800**	**3927203**	**106.53**	**671282**	**402653**	**268629**	**149.89**	**2.74**
391152	199216	191936	103.79	37209	20728	16481	125.77	2.53
589979	299951	290028	103.42	108578	58753	49825	117.92	2.54
217692	112131	105561	106.22	29480	15262	14218	107.34	2.80
338866	168411	170455	98.80	15430	10240	5190	197.30	2.84
982359	486325	496034	98.04	48267	30399	17868	170.13	2.81
971407	511049	460358	111.01	32192	19044	13148	144.84	3.02
410813	210362	200451	104.94	11718	6507	5211	124.87	2.77
322541	169420	153121	110.64	9607	6349	3258	194.87	2.81
614670	323773	290897	111.30	71260	42841	28419	150.75	2.53
1856653	974283	882370	110.42	204898	126155	78743	160.21	2.54
1414871	728879	685992	106.25	102643	66375	36268	183.01	3.02

1-1 续表

地区	户数			合计			
	合计	家庭户	集体户	合计	男	女	性别比(女=100)
漳州市	**1731182**	**1650857**	**80325**	**5054328**	**2599071**	**2455257**	**105.86**
芗城区	236520	214816	21704	638060	318021	320039	99.37
龙文区	107048	99367	7681	301883	156280	145603	107.33
云霄县	130317	126937	3380	411558	214150	197408	108.48
漳浦县	272649	261985	10664	847535	436642	410893	106.27
诏安县	177098	174368	2730	560969	287850	273119	105.39
长泰县	80601	76155	4446	228235	119651	108584	110.19
东山县	69062	67347	1715	219511	111089	108422	102.46
南靖县	110678	106494	4184	305259	156089	149170	104.64
平和县	158323	155760	2563	455042	237722	217320	109.39
华安县	53411	51357	2054	134276	70304	63972	109.90
龙海市	335475	316271	19204	952000	491273	460727	106.63
南平市	**1024172**	**993561**	**30611**	**2680645**	**1366952**	**1313693**	**104.05**
延平区	177497	170669	6828	454605	229144	225461	101.63
建阳区	131859	127251	4608	340843	175674	165169	106.36
顺昌县	71804	69952	1852	179064	91365	87699	104.18
浦城县	118294	115783	2511	297719	150898	146821	102.78
光泽县	50436	48812	1624	130294	66896	63398	105.52
松溪县	48694	47949	745	130867	66913	63954	104.63
政和县	66341	64982	1359	179413	93725	85688	109.38
邵武市	108267	106126	2141	273721	138836	134885	102.93
武夷山市	86360	80510	5850	259668	132257	127411	103.80
建瓯市	164620	161527	3093	434451	221244	213207	103.77
龙岩市	**1003455**	**969982**	**33473**	**2723637**	**1395820**	**1327817**	**105.12**
新罗区	309072	292207	16865	841745	431890	409855	105.38
永定区	123720	120469	3251	325880	168486	157394	107.05
长汀县	139499	136949	2550	397470	202261	195209	103.61
上杭县	136644	132442	4202	376392	191167	185225	103.21
武平县	100831	98528	2303	278238	140080	138158	101.39
连城县	95968	94302	1666	250518	129186	121332	106.47
漳平市	97721	95085	2636	253394	132750	120644	110.03
宁德市	**1142309**	**1098434**	**43875**	**3146789**	**1641801**	**1504988**	**109.09**
蕉城区	217006	198063	18943	623840	329804	294036	112.16
霞浦县	170314	165360	4954	475936	248686	227250	109.43
古田县	127380	125319	2061	323771	166699	157072	106.13
屏南县	54761	53447	1314	139815	72977	66838	109.18
寿宁县	71996	71337	659	177960	93356	84604	110.34
周宁县	55904	54933	971	149567	78889	70678	111.62
柘荣县	32228	31534	694	92989	47787	45202	105.72
福安市	211212	203613	7599	609779	319474	290305	110.05
福鼎市	201508	194828	6680	553132	284129	269003	105.62

单位：户、人

人口数								平均家庭户规模（人/户）
家庭户				集体户				
小计	男	女	性别比（女=100）	小计	男	女	性别比（女=100）	
4781597	**2437495**	**2344102**	**103.98**	**272731**	**161576**	**111155**	**145.36**	**2.90**
562687	281069	281618	99.81	75373	36952	38421	96.18	2.62
279428	141516	137912	102.61	22455	14764	7691	191.96	2.81
398277	205698	192579	106.81	13281	8452	4829	175.03	3.14
809308	410915	398393	103.14	38227	25727	12500	205.82	3.09
551873	283031	268842	105.28	9096	4819	4277	112.67	3.16
211928	108775	103153	105.45	16307	10876	5431	200.26	2.78
212096	105849	106247	99.63	7415	5240	2175	240.92	3.15
289495	147263	142232	103.54	15764	8826	6938	127.21	2.72
445405	232234	213171	108.94	9637	5488	4149	132.27	2.86
127860	65975	61885	106.61	6416	4329	2087	207.43	2.49
893240	455170	438070	103.90	58760	36103	22657	159.35	2.82
2572647	**1304792**	**1267855**	**102.91**	**107998**	**62160**	**45838**	**135.61**	**2.59**
432387	216722	215665	100.49	22218	12422	9796	126.81	2.53
322886	164262	158624	103.55	17957	11412	6545	174.36	2.54
172665	87670	84995	103.15	6399	3695	2704	136.65	2.47
287590	144953	142637	101.62	10129	5945	4184	142.09	2.48
125239	63707	61532	103.53	5055	3189	1866	170.90	2.57
127775	65119	62656	103.93	3092	1794	1298	138.21	2.66
175587	91370	84217	108.49	3826	2355	1471	160.10	2.70
268501	135531	132970	101.93	5220	3305	1915	172.58	2.53
235651	119965	115686	103.70	24017	12292	11725	104.84	2.93
424366	215493	208873	103.17	10085	5751	4334	132.69	2.63
2602188	**1321158**	**1281030**	**103.13**	**121449**	**74662**	**46787**	**159.58**	**2.68**
777901	393565	384336	102.40	63844	38325	25519	150.18	2.66
311871	159476	152395	104.65	14009	9010	4999	180.24	2.59
388425	197060	191365	102.98	9045	5201	3844	135.30	2.84
362639	181960	180679	100.71	13753	9207	4546	202.53	2.74
269996	135036	134960	100.06	8242	5044	3198	157.72	2.74
245086	125821	119265	105.50	5432	3365	2067	162.80	2.60
246270	128240	118030	108.65	7124	4510	2614	172.53	2.59
2990509	**1535649**	**1454860**	**105.55**	**156280**	**106152**	**50128**	**211.76**	**2.72**
553326	280174	273152	102.57	70514	49630	20884	237.65	2.79
458892	236780	222112	106.60	17044	11906	5138	231.72	2.78
317298	162707	154591	105.25	6473	3992	2481	160.90	2.53
135039	70101	64938	107.95	4776	2876	1900	151.37	2.53
175881	92199	83682	110.18	2079	1157	922	125.49	2.47
146726	76910	69816	110.16	2841	1979	862	229.58	2.67
90904	46330	44574	103.94	2085	1457	628	232.01	2.88
578346	299154	279192	107.15	31433	20320	11113	182.85	2.84
534097	271294	262803	103.23	19035	12835	6200	207.02	2.74

1-1a 各地区户数、

地区	户数						
				合计			
	合计	家庭户	集体户	合计	男	女	性别比(女=100)
合 计	**6519000**	**5951707**	**567293**	**17105023**	**8780310**	**8324713**	**105.47**
福州市	**1488134**	**1346404**	**141730**	**4014789**	**2037384**	**1977405**	**103.03**
鼓楼区	241713	215133	26580	669090	328155	340935	96.25
台江区	157649	144594	13055	411819	204299	207520	98.45
仓山区	429427	387349	42078	1142991	592944	550047	107.80
马尾区	95590	85556	10034	255442	132244	123198	107.34
晋安区	291001	270562	20439	767633	390973	376660	103.80
长乐区	104460	93701	10759	288848	143951	144897	99.35
闽侯县							
连江县							
罗源县							
闽清县							
永泰县							
平潭县							
福清市	168294	149509	18785	478966	244818	234148	104.56
厦门市	**1853475**	**1677493**	**175982**	**4363835**	**2281881**	**2081954**	**109.60**
思明区	421169	384659	36510	1073315	523240	550075	95.12
海沧区	246879	223917	22962	569149	308435	260714	118.30
湖里区	489668	446421	43247	1035087	543750	491337	110.67
集美区	386343	335871	50472	936712	500891	435821	114.93
同安区	267193	252595	14598	626727	339276	287451	118.03
翔安区	42223	34030	8193	122845	66289	56556	117.21
莆田市	**472356**	**431459**	**40897**	**1382456**	**702708**	**679748**	**103.38**
城厢区	130121	117614	12507	357282	182528	174754	104.45
涵江区	119445	109833	9612	368017	186612	181405	102.87
荔城区	163854	148804	15050	491136	250019	241117	103.69
秀屿区	58936	55208	3728	166021	83549	82472	101.31
仙游县							
三明市	**221729**	**208443**	**13286**	**588024**	**298143**	**289881**	**102.85**
梅列区	79180	75496	3684	203528	100799	102729	98.12
三元区	59216	53960	5256	157976	79995	77981	102.58
明溪县							
清流县							
宁化县							
大田县							
尤溪县							
沙县							
将乐县							
泰宁县							
建宁县							
永安市	83333	78987	4346	226520	117349	109171	107.49
泉州市	**1181382**	**1068211**	**113171**	**3060264**	**1603295**	**1456969**	**110.04**
鲤城区	167721	154395	13326	428361	219944	208417	105.53
丰泽区	263588	231919	31669	698557	358704	339853	105.55
洛江区	35968	32162	3806	100873	50981	49892	102.18
泉港区	42826	40152	2674	126227	63502	62725	101.24
惠安县							
安溪县							
永春县							
德化县							
石狮市	169751	154495	15256	426674	224272	202402	110.81
晋江市	419199	377411	41788	1012524	546638	465886	117.33
南安市	82329	77677	4652	267048	139254	127794	108.97

人口数和性别比(城市)

单位：户、人

人口数								平均家庭户规模(人/户)
家庭户				集体户				
小计	男	女	性别比(女=100)	小计	男	女	性别比(女=100)	
15270274	**7711168**	**7559106**	**102.01**	**1834749**	**1069142**	**765607**	**139.65**	**2.57**
3527845	**1752784**	**1775061**	**98.75**	**486944**	**284600**	**202344**	**140.65**	**2.62**
577229	276931	300298	92.22	91861	51224	40637	126.05	2.68
371427	181285	190142	95.34	40392	23014	17378	132.43	2.57
989897	504266	485631	103.84	153094	88678	64416	137.66	2.56
220180	111848	108332	103.25	35262	20396	14866	137.20	2.57
700774	348923	351851	99.17	66859	42050	24809	169.49	2.59
255734	126247	129487	97.50	33114	17704	15410	114.89	2.73
412604	203284	209320	97.12	66362	41534	24828	167.29	2.76
3862221	**1985975**	**1876246**	**105.85**	**501614**	**295906**	**205708**	**143.85**	**2.30**
969035	466446	502589	92.81	104280	56794	47486	119.60	2.52
513035	271035	242000	112.00	56114	37400	18714	199.85	2.29
936310	486182	450128	108.01	98777	57568	41209	139.70	2.10
762354	402267	360087	111.71	174358	98624	75734	130.22	2.27
586371	311902	274469	113.64	40356	27374	12982	210.86	2.32
95116	48143	46973	102.49	27729	18146	9583	189.36	2.80
1231586	**614134**	**617452**	**99.46**	**150870**	**88574**	**62296**	**142.18**	**2.85**
317203	158860	158343	100.33	40079	23668	16411	144.22	2.70
327521	161909	165612	97.76	40496	24703	15793	156.42	2.98
435396	218530	216866	100.77	55740	31489	24251	129.85	2.93
151466	74835	76631	97.66	14555	8714	5841	149.19	2.74
540521	**269867**	**270654**	**99.71**	**47503**	**28276**	**19227**	**147.06**	**2.59**
192247	95432	96815	98.57	11281	5367	5914	90.75	2.55
139311	70230	69081	101.66	18665	9765	8900	109.72	2.58
208963	104205	104758	99.47	17557	13144	4413	297.85	2.65
2708410	**1401027**	**1307383**	**107.16**	**351854**	**202268**	**149586**	**135.22**	**2.54**
391152	199216	191936	103.79	37209	20728	16481	125.77	2.53
589979	299951	290028	103.42	108578	58753	49825	117.92	2.54
87766	44747	43019	104.02	13107	6234	6873	90.70	2.73
117189	57698	59491	96.99	9038	5804	3234	179.47	2.92
381470	198523	182947	108.51	45204	25749	19455	132.35	2.47
891925	472425	419500	112.62	120599	74213	46386	159.99	2.36
248929	128467	120462	106.65	18119	10787	7332	147.12	3.20

1-1a 续表

地区	户数			合计			
	合计	家庭户	集体户	合计	男	女	性别比(女=100)
漳州市	**362188**	**332799**	**29389**	**1007027**	**502742**	**504285**	**99.69**
芗城区	181757	162705	19052	489255	238642	250613	95.22
龙文区	98641	91072	7569	274581	142322	132259	107.61
云霄县							
漳浦县							
诏安县							
长泰县							
东山县							
南靖县							
平和县							
华安县							
龙海市	81393	78629	2764	241955	121148	120807	100.28
南平市	**350383**	**334287**	**16096**	**950059**	**470205**	**479854**	**97.99**
延平区	106270	102137	4133	277748	135988	141760	95.93
建阳区	68011	64383	3628	178179	90444	87735	103.09
顺昌县							
浦城县							
光泽县							
松溪县							
政和县							
邵武市	71025	69485	1540	192203	95335	96868	98.42
武夷山市	45322	40754	4568	141862	69965	71897	97.31
建瓯市	59755	57528	2227	160067	78473	81594	96.17
龙岩市	**305704**	**288259**	**17445**	**859065**	**433607**	**425458**	**101.92**
新罗区	235793	221286	14507	658143	333177	324966	102.53
永定区	24078	22880	1198	75438	36894	38544	95.72
长汀县							
上杭县							
武平县							
连城县							
漳平市	45833	44093	1740	125484	63536	61948	102.56
宁德市	**283649**	**264352**	**19297**	**879504**	**450345**	**429159**	**104.94**
蕉城区	129118	114545	14573	390652	204903	185749	110.31
霞浦县							
古田县							
屏南县							
寿宁县							
周宁县							
柘荣县							
福安市	81460	78854	2606	260986	132665	128321	103.39
福鼎市	73071	70953	2118	227866	112777	115089	97.99

单位：户、人

人口数								平均家庭户规模（人/户）
家庭户				集体户				
小计	男	女	性别比（女=100）	小计	男	女	性别比（女=100）	
907982	**451308**	**456674**	**98.82**	**99045**	**51434**	**47611**	**108.03**	**2.73**
421026	206479	214547	96.24	68229	32163	36066	89.18	2.59
252554	127820	124734	102.47	22027	14502	7525	192.72	2.77
233171	116382	116789	99.65	8784	4766	4018	118.62	2.97
895028	**440171**	**454857**	**96.77**	**55031**	**30034**	**24997**	**120.15**	**2.68**
266423	129791	136632	94.99	11325	6197	5128	120.85	2.61
163227	81000	82227	98.51	14952	9444	5508	171.46	2.54
188676	93223	95453	97.66	3527	2112	1415	149.26	2.72
123044	61104	61940	98.65	18818	8861	9957	88.99	3.02
153658	75053	78605	95.48	6409	3420	2989	114.42	2.67
792766	**396061**	**396705**	**99.84**	**66299**	**37546**	**28753**	**130.58**	**2.75**
602979	301649	301330	100.11	55164	31528	23636	133.39	2.72
69235	33612	35623	94.35	6203	3282	2921	112.36	3.03
120552	60800	59752	101.75	4932	2736	2196	124.59	2.73
803915	**399841**	**404074**	**98.95**	**75589**	**50504**	**25085**	**201.33**	**3.04**
335255	165668	169587	97.69	55397	39235	16162	242.76	2.93
247233	125161	122072	102.53	13753	7504	6249	120.08	3.14
221427	109012	112415	96.97	6439	3765	2674	140.80	3.12

1-1b 各地区户数、

地区	户数						
				合计			
	合计	家庭户	集体户	合计	男	女	性别比（女=100）
合 计	**4021742**	**3775966**	**245776**	**11452224**	**5858483**	**5593741**	**104.73**
福州市	**724485**	**650494**	**73991**	**1995453**	**1016839**	**978614**	**103.91**
鼓楼区							
台江区							
仓山区							
马尾区							
晋安区	684	481	203	2218	1132	1086	104.24
长乐区	73133	65081	8052	185413	98694	86719	113.81
闽侯县	214028	170698	43330	593963	304872	289091	105.46
连江县	118524	112460	6064	323972	161687	162285	99.63
罗源县	65586	61229	4357	182607	95469	87138	109.56
闽清县	39605	38220	1385	112260	55870	56390	99.08
永泰县	46826	45109	1717	121768	60549	61219	98.91
平潭县	70019	67808	2211	207444	103096	104348	98.80
福清市	96080	89408	6672	265808	135470	130338	103.94
厦门市	**117490**	**108209**	**9281**	**253416**	**140872**	**112544**	**125.17**
思明区							
海沧区							
湖里区	828	560	268	1887	1297	590	219.83
集美区	48	42	6	122	70	52	134.62
同安区	6042	5693	349	16150	8448	7702	109.69
翔安区	110572	101914	8658	235257	131057	104200	125.77
莆田市	**208691**	**199055**	**9636**	**630793**	**314528**	**316265**	**99.45**
城厢区	10801	10068	733	36461	18005	18456	97.56
涵江区	4505	4351	154	12578	6225	6353	97.99
荔城区	2659	2581	78	8604	4313	4291	100.51
秀屿区	33633	32021	1612	99290	49839	49451	100.78
仙游县	157093	150034	7059	473860	236146	237714	99.34
三明市	**338415**	**325320**	**13095**	**983476**	**494490**	**488986**	**101.13**
梅列区	4130	3834	296	10472	5724	4748	120.56
三元区	2832	2644	188	6447	3560	2887	123.31
明溪县	18917	18265	652	51851	25433	26418	96.27
清流县	20868	20095	773	59896	30127	29769	101.20
宁化县	41501	40112	1389	126219	62293	63926	97.45
大田县	52691	50984	1707	162066	84225	77841	108.20
尤溪县	55565	53461	2104	166631	84713	81918	103.41
沙县	63896	60496	3400	176226	88063	88163	99.89
将乐县	28543	27745	798	85175	41904	43271	96.84
泰宁县	20940	20263	677	60330	29365	30965	94.83
建宁县	20311	19686	625	56258	27643	28615	96.60
永安市	8221	7735	486	21905	11440	10465	109.32
泉州市	**1020040**	**952356**	**67684**	**2952387**	**1534717**	**1417670**	**108.26**
鲤城区							
丰泽区							
洛江区	15118	12309	2809	44176	22423	21753	103.08
泉港区	26688	25782	906	70963	35481	35482	100.00
惠安县	210116	199137	10979	584053	291527	292526	99.66
安溪县	155234	148621	6613	498061	260533	237528	109.69
永春县	88713	85079	3634	258934	129893	129041	100.66
德化县	83831	80912	2919	259496	136612	122884	111.17
石狮市	61904	55420	6484	163228	90881	72347	125.62
晋江市	151583	136767	14816	403627	211946	191681	110.57
南安市	226853	208329	18524	669849	355421	314428	113.04

人口数和性别比(镇)

单位：户、人

人口数								平均家庭户规模（人/户）
家庭户				集体户				
小计	男	女	性别比（女=100）	小计	男	女	性别比（女=100）	
10644969	**5382647**	**5262322**	**102.29**	**807255**	**475836**	**331419**	**143.58**	**2.82**
1744379	**878546**	**865833**	**101.47**	**251074**	**138293**	**112781**	**122.62**	**2.68**
1176	612	564	108.51	1042	520	522	99.62	2.44
165180	84966	80214	105.92	20233	13728	6505	211.04	2.54
432747	224440	208307	107.74	161216	80432	80784	99.56	2.54
303859	150295	153564	97.87	20113	11392	8721	130.63	2.70
171519	86801	84718	102.46	11088	8668	2420	358.18	2.80
107506	53145	54361	97.76	4754	2725	2029	134.30	2.81
116305	57204	59101	96.79	5463	3345	2118	157.93	2.58
200673	99004	101669	97.38	6771	4092	2679	152.74	2.96
245414	122079	123335	98.98	20394	13391	7003	191.22	2.74
231836	**126621**	**105215**	**120.35**	**21580**	**14251**	**7329**	**194.45**	**2.14**
1177	674	503	134.00	710	623	87	716.09	2.10
92	48	44	109.09	30	22	8	275.00	2.19
15359	7905	7454	106.05	791	543	248	218.95	2.70
215208	117994	97214	121.38	20049	13063	6986	186.99	2.11
594693	**294844**	**299849**	**98.33**	**36100**	**19684**	**16416**	**119.91**	**2.99**
33231	16295	16936	96.22	3230	1710	1520	112.50	3.30
12147	5962	6185	96.39	431	263	168	156.55	2.79
8327	4157	4170	99.69	277	156	121	128.93	3.23
92809	46045	46764	98.46	6481	3794	2687	141.20	2.90
448179	222385	225794	98.49	25681	13761	11920	115.44	2.99
940060	**468444**	**471616**	**99.33**	**43416**	**26046**	**17370**	**149.95**	**2.89**
9309	4810	4499	106.91	1163	914	249	367.07	2.43
5959	3182	2777	114.58	488	378	110	343.64	2.25
50090	24435	25655	95.24	1761	998	763	130.80	2.74
56539	27851	28688	97.08	3357	2276	1081	210.55	2.81
121358	59610	61748	96.54	4861	2683	2178	123.19	3.03
155548	80315	75233	106.76	6518	3910	2608	149.92	3.05
159534	80525	79009	101.92	7097	4188	2909	143.97	2.98
165436	81900	83536	98.04	10790	6163	4627	133.20	2.73
83239	40729	42510	95.81	1936	1175	761	154.40	3.00
58499	28213	30286	93.16	1831	1152	679	169.66	2.89
54379	26520	27859	95.19	1879	1123	756	148.54	2.76
20170	10354	9816	105.48	1735	1086	649	167.33	2.61
2733327	**1400821**	**1332506**	**105.13**	**219060**	**133896**	**85164**	**157.22**	**2.87**
35017	18052	16965	106.41	9159	4371	4788	91.29	2.84
68708	34044	34664	98.21	2255	1437	818	175.67	2.66
550070	271247	278823	97.28	33983	20280	13703	148.00	2.76
471854	245433	226421	108.40	26207	15100	11107	135.95	3.17
249870	125188	124682	100.41	9064	4705	4359	107.94	2.94
251167	131301	119866	109.54	8329	5311	3018	175.98	3.10
144083	77862	66221	117.58	19145	13019	6126	212.52	2.60
356632	183868	172764	106.43	46995	28078	18917	148.43	2.61
605926	313826	292100	107.44	63923	41595	22328	186.29	2.91

1-1b 续表

地区	户数			合计			
	合计	家庭户	集体户	合计	男	女	性别比(女=100)
漳州市	**720487**	**680149**	**40338**	**2094474**	**1077385**	**1017089**	**105.93**
芗城区	31288	29440	1848	81450	43742	37708	116.00
龙文区							
云霄县	69479	67091	2388	223883	114497	109386	104.67
漳浦县	151986	142861	9125	466953	239791	227162	105.56
诏安县	81952	79678	2274	253937	128253	125684	102.04
长泰县	48968	45032	3936	135414	71470	63944	111.77
东山县	47304	45894	1410	141511	70492	71019	99.26
南靖县	58077	55755	2322	162029	81818	80211	102.00
平和县	72613	70175	2438	215480	110832	104648	105.91
华安县	27956	26522	1434	71401	36942	34459	107.21
龙海市	130864	117701	13163	342416	179548	162868	110.24
南平市	**240946**	**233194**	**7752**	**649039**	**322835**	**326204**	**98.97**
延平区	19935	19346	589	49848	25560	24288	105.24
建阳区	11890	11551	339	31697	15728	15969	98.49
顺昌县	37132	35639	1493	92001	45326	46675	97.11
浦城县	52850	51212	1638	143301	69784	73517	94.92
光泽县	23911	23232	679	65611	32160	33451	96.14
松溪县	22374	21879	495	64444	31544	32900	95.88
政和县	32093	31104	989	93025	47063	45962	102.40
邵武市	10905	10570	335	25633	13571	12062	112.51
武夷山市	5519	4877	642	17446	9228	8218	112.29
建瓯市	24337	23784	553	66033	32871	33162	99.12
龙岩市	**289528**	**278720**	**10808**	**853558**	**429057**	**424501**	**101.07**
新罗区	24162	23568	594	64191	32918	31273	105.26
永定区	30809	29679	1130	88509	45707	42802	106.79
长汀县	68105	65848	2257	212617	106089	106528	99.59
上杭县	65146	61664	3482	193718	97217	96501	100.74
武平县	49115	47361	1754	147995	72810	75185	96.84
连城县	43984	42552	1432	124550	62809	61741	101.73
漳平市	8207	8048	159	21978	11507	10471	109.89
宁德市	**361660**	**348469**	**13191**	**1039628**	**527760**	**511868**	**103.10**
蕉城区	12683	11878	805	34847	18283	16564	110.38
霞浦县	96701	93306	3395	289598	146287	143311	102.08
古田县	59248	57732	1516	160506	79552	80954	98.27
屏南县	24727	23812	915	68975	34390	34585	99.44
寿宁县	32503	32008	495	88595	44792	43803	102.26
周宁县	27189	26665	524	78954	39765	39189	101.47
柘荣县	18214	17860	354	58596	29116	29480	98.77
福安市	47037	43360	3677	136082	72813	63269	115.08
福鼎市	43358	41848	1510	123475	62762	60713	103.37

单位：户、人

人口数								平均家庭户规模（人/户）
家庭户				集体户				
小计	男	女	性别比（女=100）	小计	男	女	性别比（女=100）	
1961664	**996644**	**965020**	**103.28**	**132810**	**80741**	**52069**	**155.07**	**2.88**
76483	40602	35881	113.16	4967	3140	1827	171.87	2.60
215058	109424	105634	103.59	8825	5073	3752	135.21	3.21
434958	219052	215906	101.46	31995	20739	11256	184.25	3.04
246943	124651	122292	101.93	6994	3602	3392	106.19	3.10
121183	62036	59147	104.88	14231	9434	4797	196.66	2.69
136361	67241	69120	97.28	5150	3251	1899	171.20	2.97
153294	76861	76433	100.56	8735	4957	3778	131.21	2.75
206331	105709	100622	105.06	9149	5123	4026	127.25	2.94
67011	34028	32983	103.17	4390	2914	1476	197.43	2.53
304042	157040	147002	106.83	38374	22508	15866	141.86	2.58
623038	**308238**	**314800**	**97.92**	**26001**	**14597**	**11404**	**128.00**	**2.67**
48082	24511	23571	103.99	1766	1049	717	146.30	2.49
30520	15095	15425	97.86	1177	633	544	116.36	2.64
87151	42732	44419	96.20	4850	2594	2256	114.98	2.45
136290	65954	70336	93.77	7011	3830	3181	120.40	2.66
63867	31229	32638	95.68	1744	931	813	114.51	2.75
62758	30743	32015	96.03	1686	801	885	90.51	2.87
90505	45645	44860	101.75	2520	1418	1102	128.68	2.91
24808	13023	11785	110.50	825	548	277	197.83	2.35
14861	7500	7361	101.89	2585	1728	857	201.63	3.05
64196	31806	32390	98.20	1837	1065	772	137.95	2.70
817658	**407149**	**410509**	**99.18**	**35900**	**21908**	**13992**	**156.58**	**2.93**
62385	31722	30663	103.45	1806	1196	610	196.07	2.65
84259	43010	41249	104.27	4250	2697	1553	173.66	2.84
204557	101529	103028	98.55	8060	4560	3500	130.29	3.11
182539	89792	92747	96.81	11179	7425	3754	197.79	2.96
142111	69564	72547	95.89	5884	3246	2638	123.05	3.00
120164	60254	59910	100.57	4386	2555	1831	139.54	2.82
21643	11278	10365	108.81	335	229	106	216.04	2.69
998314	**501340**	**496974**	**100.88**	**41314**	**26420**	**14894**	**177.39**	**2.86**
32383	16725	15658	106.81	2464	1558	906	171.96	2.73
277655	138823	138832	99.99	11943	7464	4479	166.64	2.98
156281	77193	79088	97.60	4225	2359	1866	126.42	2.71
66010	32811	33199	98.83	2965	1579	1386	113.92	2.77
87033	43965	43068	102.08	1562	827	735	112.52	2.72
77752	39056	38696	100.93	1202	709	493	143.81	2.92
57686	28591	29095	98.27	910	525	385	136.36	3.23
123901	63737	60164	105.94	12181	9076	3105	292.30	2.86
119613	60439	59174	102.14	3862	2323	1539	150.94	2.86

1－1c 各地区户数、

地　区	户　数						
				合　计			
	合计	家庭户	集体户	合计	男	女	性别比 (女=100)
合　计	**4765772**	**4643405**	**122367**	**12982839**	**6827964**	**6154875**	**110.94**
福州市	**851466**	**820932**	**30534**	**2281026**	**1197289**	**1083737**	**110.48**
鼓楼区							
台江区							
仓山区							
马尾区	11917	11858	59	35112	18019	17093	105.42
晋安区	8686	8125	561	19924	11065	8859	124.90
长乐区	121800	116008	5792	316001	167158	148843	112.30
闽侯县	138535	133056	5479	394237	208882	185355	112.69
连江县	116532	112012	4520	315526	166589	148937	111.85
罗源县	32886	31746	1140	72607	40027	32580	122.86
闽清县	54472	53661	811	143921	75698	68223	110.96
永泰县	70098	68043	2055	159448	84041	75407	111.45
平潭县	72120	69035	3085	178537	92206	86331	106.81
福清市	224420	217388	7032	645713	333604	312109	106.89
厦门市	**201733**	**184068**	**17665**	**546719**	**297744**	**248975**	**119.59**
思明区							
海沧区	5563	4258	1305	13370	7544	5826	129.49
湖里区							
集美区	43626	40929	2697	100153	56077	44076	127.23
同安区	78469	73052	5417	213043	114927	98116	117.13
翔安区	74075	65829	8246	220153	119196	100957	118.07
莆田市	**402464**	**395831**	**6633**	**1197465**	**603541**	**593924**	**101.62**
城厢区	51962	50733	1229	153679	77354	76325	101.35
涵江区	35439	34918	521	99010	50638	48372	104.68
荔城区	53195	50741	2454	174195	85848	88347	97.17
秀屿区	115316	114146	1170	339373	169615	169758	99.92
仙游县	146552	145293	1259	431208	220086	211122	104.25
三明市	**355504**	**350943**	**4561**	**914950**	**491241**	**423709**	**115.94**
梅列区	2719	2667	52	6115	3238	2877	112.55
三元区	10456	10187	269	23513	13290	10223	130.00
明溪县	18263	18031	232	47079	26014	21065	123.49
清流县	22149	21676	473	58133	30957	27176	113.91
宁化县	50956	50732	224	135360	70358	65002	108.24
大田县	53671	52801	870	137447	74910	62537	119.79
尤溪县	67280	66814	466	175007	94484	80523	117.34
沙县	30532	30137	395	74277	40298	33979	118.60
将乐县	23408	22702	706	59768	32140	27628	116.33
泰宁县	17668	17491	177	43741	23211	20530	113.06
建宁县	22943	22740	203	58142	30566	27576	110.84
永安市	35459	34965	494	96368	51775	44593	116.11
泉州市	**968032**	**939026**	**29006**	**2769634**	**1448441**	**1321193**	**109.63**
鲤城区							
丰泽区							
洛江区	34959	33169	1790	102123	53989	48134	112.16
泉港区	54363	53193	1170	157106	79668	77438	102.88
惠安县	154756	150260	4496	446573	225197	221376	101.73
安溪县	174761	173078	1683	505538	269560	235978	114.23
永春县	63916	63147	769	163597	86976	76621	113.51
德化县	34068	33701	367	72652	39157	33495	116.90
石狮市	35079	32685	2394	96028	51461	44567	115.47
晋江市	228214	216820	11394	645400	341854	303546	112.62
南安市	187916	182973	4943	580617	300579	280038	107.34

人口数和性别比(乡村)

单位：户、人

人口数								平均家庭户规模(人/户)
家庭户				集体户				
小计	男	女	性别比(女=100)	小计	男	女	性别比(女=100)	
12547034	**6531062**	**6015972**	**108.56**	**435805**	**296902**	**138903**	**213.75**	**2.70**
2165909	**1120044**	**1045865**	**107.09**	**115117**	**77245**	**37872**	**203.96**	**2.64**
34875	17843	17032	104.76	237	176	61	288.52	2.94
17850	9408	8442	111.44	2074	1657	417	397.36	2.20
301161	156604	144557	108.33	14840	10554	4286	246.24	2.60
364640	190448	174192	109.33	29597	18434	11163	165.13	2.74
299178	155927	143251	108.85	16348	10662	5686	187.51	2.67
69303	37164	32139	115.64	3304	2863	441	649.21	2.18
139866	72988	66878	109.14	4055	2710	1345	201.49	2.61
150401	79304	71097	111.54	9047	4737	4310	109.91	2.21
166976	84566	82410	102.62	11561	7640	3921	194.85	2.42
621659	315792	305867	103.24	24054	17812	6242	285.36	2.86
496990	**264945**	**232045**	**114.18**	**49729**	**32799**	**16930**	**193.73**	**2.70**
10202	5311	4891	108.59	3168	2233	935	238.82	2.40
92741	50840	41901	121.33	7412	5237	2175	240.78	2.27
197180	104592	92588	112.96	15863	10335	5528	186.96	2.70
196867	104202	92665	112.45	23286	14994	8292	180.82	2.99
1172684	**589830**	**582854**	**101.20**	**24781**	**13711**	**11070**	**123.86**	**2.96**
149547	74735	74812	99.90	4132	2619	1513	173.10	2.95
96876	49157	47719	103.01	2134	1481	653	226.80	2.77
164697	82198	82499	99.64	9498	3650	5848	62.41	3.25
335370	166616	168754	98.73	4003	2999	1004	298.71	2.94
426194	217124	209070	103.85	5014	2962	2052	144.35	2.93
895609	**475949**	**419660**	**113.41**	**19341**	**15292**	**4049**	**377.67**	**2.55**
5959	3143	2816	111.61	156	95	61	155.74	2.23
22593	12517	10076	124.23	920	773	147	525.85	2.22
45466	24837	20629	120.40	1613	1177	436	269.95	2.52
56412	29532	26880	109.87	1721	1425	296	481.42	2.60
134436	69651	64785	107.51	924	707	217	325.81	2.65
133031	71132	61899	114.92	4416	3778	638	592.16	2.52
173187	93074	80113	116.18	1820	1410	410	343.90	2.59
72501	39057	33444	116.78	1776	1241	535	231.96	2.41
57875	30639	27236	112.49	1893	1501	392	382.91	2.55
42932	22694	20238	112.14	809	517	292	177.05	2.45
57288	29854	27434	108.82	854	712	142	501.41	2.52
93929	49819	44110	112.94	2439	1956	483	404.97	2.69
2669266	**1381952**	**1287314**	**107.35**	**100368**	**66489**	**33879**	**196.25**	**2.84**
94909	49332	45577	108.24	7214	4657	2557	182.13	2.86
152969	76669	76300	100.48	4137	2999	1138	263.53	2.88
432289	215078	217211	99.02	14284	10119	4165	242.95	2.88
499553	265616	233937	113.54	5985	3944	2041	193.24	2.89
160943	85174	75769	112.41	2654	1802	852	211.50	2.55
71374	38119	33255	114.63	1278	1038	240	432.50	2.12
89117	47388	41729	113.56	6911	4073	2838	143.52	2.73
608096	317990	290106	109.61	37304	23864	13440	177.56	2.80
560016	286586	273430	104.81	20601	13993	6608	211.76	3.06

1-1c 续表

地　区	户　数						
				合　计			
	合计	家庭户	集体户	合计	男	女	性别比(女=100)
漳州市	**648507**	**637909**	**10598**	**1952827**	**1018944**	**933883**	**109.11**
芗城区	23475	22671	804	67355	35637	31718	112.36
龙文区	8407	8295	112	27302	13958	13344	104.60
云霄县	60838	59846	992	187675	99653	88022	113.21
漳浦县	120663	119124	1539	380582	196851	183731	107.14
诏安县	94749	94297	452	305796	158967	146829	108.27
长泰县	31633	31123	510	92821	48181	44640	107.93
东山县	21758	21453	305	78000	40597	37403	108.54
南靖县	52601	50739	1862	143230	74271	68959	107.70
平和县	85710	85585	125	239562	126890	112672	112.62
华安县	25455	24835	620	62875	33362	29513	113.04
龙海市	123218	119941	3277	367629	190577	177052	107.64
南平市	**432843**	**426080**	**6763**	**1081547**	**573912**	**507635**	**113.06**
延平区	51292	49186	2106	127009	67596	59413	113.77
建阳区	51958	51317	641	130967	69502	61465	113.08
顺昌县	34672	34313	359	87063	46039	41024	112.22
浦城县	65444	64571	873	154418	81114	73304	110.65
光泽县	26525	25580	945	64683	34736	29947	115.99
松溪县	26320	26070	250	66423	35369	31054	113.90
政和县	34248	33878	370	86388	46662	39726	117.46
邵武市	26337	26071	266	55885	29930	25955	115.31
武夷山市	35519	34879	640	100360	53064	47296	112.20
建瓯市	80528	80215	313	208351	109900	98451	111.63
龙岩市	**408223**	**403003**	**5220**	**1011014**	**533156**	**477858**	**111.57**
新罗区	49117	47353	1764	119411	65795	53616	122.72
永定区	68833	67910	923	161933	85885	76048	112.94
长汀县	71394	71101	293	184853	96172	88681	108.45
上杭县	71498	70778	720	182674	93950	88724	105.89
武平县	51716	51167	549	130243	67270	62973	106.82
连城县	51984	51750	234	125968	66377	59591	111.39
漳平市	43681	42944	737	105932	57707	48225	119.66
宁德市	**497000**	**485613**	**11387**	**1227657**	**663696**	**563961**	**117.68**
蕉城区	75205	71640	3565	198341	106618	91723	116.24
霞浦县	73613	72054	1559	186338	102399	83939	121.99
古田县	68132	67587	545	163265	87147	76118	114.49
屏南县	30034	29635	399	70840	38587	32253	119.64
寿宁县	39493	39329	164	89365	48564	40801	119.03
周宁县	28715	28268	447	70613	39124	31489	124.25
柘荣县	14014	13674	340	34393	18671	15722	118.76
福安市	82715	81399	1316	212711	113996	98715	115.48
福鼎市	85079	82027	3052	201791	108590	93201	116.51

单位：户、人

人口数								平均家庭户规模（人/户）
家庭户				集体户				
小计	男	女	性别比（女=100）	小计	男	女	性别比（女=100）	
1911951	**989543**	**922408**	**107.28**	**40876**	**29401**	**11475**	**256.22**	**3.00**
65178	33988	31190	108.97	2177	1649	528	312.31	2.87
26874	13696	13178	103.93	428	262	166	157.83	3.24
183219	96274	86945	110.73	4456	3379	1077	313.74	3.06
374350	191863	182487	105.14	6232	4988	1244	400.96	3.14
303699	157753	145946	108.09	2097	1214	883	137.49	3.22
90745	46739	44006	106.21	2076	1442	634	227.44	2.92
75735	38608	37127	103.99	2265	1989	276	720.65	3.53
136201	70402	65799	107.00	7029	3869	3160	122.44	2.68
239074	126525	112549	112.42	488	365	123	296.75	2.79
60849	31947	28902	110.54	2026	1415	611	231.59	2.45
356027	181748	174279	104.29	11602	8829	2773	318.39	2.97
1054581	**556383**	**498198**	**111.68**	**26966**	**17529**	**9437**	**185.75**	**2.48**
117882	62420	55462	112.55	9127	5176	3951	131.00	2.40
129139	68167	60972	111.80	1828	1335	493	270.79	2.52
85514	44938	40576	110.75	1549	1101	448	245.76	2.49
151300	78999	72301	109.26	3118	2115	1003	210.87	2.34
61372	32478	28894	112.40	3311	2258	1053	214.43	2.40
65017	34376	30641	112.19	1406	993	413	240.44	2.49
85082	45725	39357	116.18	1306	937	369	253.93	2.51
55017	29285	25732	113.81	868	645	223	289.24	2.11
97746	51361	46385	110.73	2614	1703	911	186.94	2.80
206512	108634	97878	110.99	1839	1266	573	220.94	2.57
991764	**517948**	**473816**	**109.31**	**19250**	**15208**	**4042**	**376.25**	**2.46**
112537	60194	52343	115.00	6874	5601	1273	439.98	2.38
158377	82854	75523	109.71	3556	3031	525	577.33	2.33
183868	95531	88337	108.14	985	641	344	186.34	2.59
180100	92168	87932	104.82	2574	1782	792	225.00	2.54
127885	65472	62413	104.90	2358	1798	560	321.07	2.50
124922	65567	59355	110.47	1046	810	236	343.22	2.41
104075	56162	47913	117.22	1857	1545	312	495.19	2.42
1188280	**634468**	**553812**	**114.56**	**39377**	**29228**	**10149**	**287.99**	**2.45**
185688	97781	87907	111.23	12653	8837	3816	231.58	2.59
181237	97957	83280	117.62	5101	4442	659	674.05	2.52
161017	85514	75503	113.26	2248	1633	615	265.53	2.38
69029	37290	31739	117.49	1811	1297	514	252.33	2.33
88848	48234	40614	118.76	517	330	187	176.47	2.26
68974	37854	31120	121.64	1639	1270	369	344.17	2.44
33218	17739	15479	114.60	1175	932	243	383.54	2.43
207212	110256	96956	113.72	5499	3740	1759	212.62	2.55
193057	101843	91214	111.65	8734	6747	1987	339.56	2.35

1-2 各地区分性别、

地区	人口数			居住本乡、镇、街道，户口在本乡、镇、街道		
	合计	男	女	小计	男	女
合计	**41540086**	**21466757**	**20073329**	**24314795**	**12260613**	**12054182**
福州市	**8291268**	**4251512**	**4039756**	**4223553**	**2105977**	**2117576**
鼓楼区	669090	328155	340935	321924	156309	165615
台江区	411819	204299	207520	169453	82734	86719
仓山区	1142991	592944	550047	438929	217991	220938
马尾区	290554	150263	140291	100123	48309	51814
晋安区	789775	403170	386605	282940	139306	143634
长乐区	790262	409803	380459	416839	208410	208429
闽侯县	988200	513754	474446	513487	260601	252886
连江县	639498	328276	311222	420307	212292	208015
罗源县	255214	135496	119718	137405	70562	66843
闽清县	256181	131568	124613	190334	97882	92452
永泰县	281216	144590	136626	201951	104640	97311
平潭县	385981	195302	190679	206681	103157	103524
福清市	1390487	713892	676595	823180	403784	419396
厦门市	**5163970**	**2720497**	**2443473**	**1761423**	**865884**	**895539**
思明区	1073315	523240	550075	468004	224958	243046
海沧区	582519	315979	266540	175323	85004	90319
湖里区	1036974	545047	491927	237583	116501	121082
集美区	1036987	557038	479949	281595	137038	144557
同安区	855920	462651	393269	312119	158251	153868
翔安区	578255	316542	261713	286799	144132	142667
莆田市	**3210714**	**1620777**	**1589937**	**2255676**	**1114593**	**1141083**
城厢区	547422	277887	269535	291210	142118	149092
涵江区	479605	243475	236130	276761	136141	140620
荔城区	673935	340180	333755	421122	205932	215190
秀屿区	604684	303003	301681	529392	259497	269895
仙游县	905068	456232	448836	737191	370905	366286
三明市	**2486450**	**1283874**	**1202576**	**1599828**	**822921**	**776907**
梅列区	220115	109761	110354	111910	53935	57975
三元区	187936	96845	91091	85095	42331	42764
明溪县	98930	51447	47483	62870	32370	30500
清流县	118029	61084	56945	85388	43978	41410
宁化县	261579	132651	128928	186241	95241	91000
大田县	299513	159135	140378	219646	115475	104171
尤溪县	341638	179197	162441	263728	138622	125106
沙县	250503	128361	122142	139968	71749	68219
将乐县	144943	74044	70899	88930	45997	42933
泰宁县	104071	52576	51495	70598	36225	34373
建宁县	114400	58209	56191	82077	41959	40118
永安市	344793	180564	164229	203377	105039	98338
泉州市	**8782285**	**4586453**	**4195832**	**5078983**	**2555978**	**2523005**
鲤城区	428361	219944	208417	151288	73176	78112
丰泽区	698557	358704	339853	227866	111351	116515
洛江区	247172	127393	119779	138962	69679	69283
泉港区	354296	178651	175645	279911	138931	140980
惠安县	1030626	516724	513902	797847	386822	411025
安溪县	1003599	530093	473506	690820	362363	328457
永春县	422531	216869	205662	331248	170156	161092
德化县	332148	175769	156379	150163	76348	73815
石狮市	685930	366614	319316	262680	132341	130339
晋江市	2061551	1100438	961113	913610	459213	454397
南安市	1517514	795254	722260	1134588	575598	558990

户口登记状况的人口

单位：人

居住本乡、镇、街道，户口在外乡、镇、街道，离开户口登记地半年以上			居住本乡、镇、街道，户口待定			原住本乡、镇、街道，现在港澳台或国外工作学习		
小计	男	女	小计	男	女	小计	男	女
16464611	**8798376**	**7666235**	**213777**	**110254**	**103523**	**546903**	**297514**	**249389**
3635431	**1913908**	**1721523**	**40764**	**21037**	**19727**	**391520**	**210590**	**180930**
338380	167645	170735	2364	1344	1020	6422	2857	3565
237091	119012	118079	1780	954	826	3495	1599	1896
693796	369844	323952	5356	2824	2532	4910	2285	2625
139974	76058	63916	1351	727	624	49106	25169	23937
498246	259563	238683	4236	2290	1946	4353	2011	2342
274274	148873	125401	4463	2270	2193	94686	50250	44436
464957	248348	216609	4790	2371	2419	4966	2434	2532
160080	84703	75377	3500	1693	1807	55611	29588	26023
114989	63601	51388	1191	585	606	1629	748	881
60948	31012	29936	1064	513	551	3835	2161	1674
76636	38591	38045	1224	584	640	1405	775	630
171390	87409	83981	1633	870	763	6277	3866	2411
404670	219249	185421	7812	4012	3800	154825	86847	67978
3368593	**1837684**	**1530909**	**16463**	**8678**	**7785**	**17491**	**8251**	**9240**
592580	292289	300291	2377	1319	1058	10354	4674	5680
404280	229543	174737	2001	1005	996	915	427	488
793436	425495	367941	3274	1765	1509	2681	1286	1395
750194	417364	332830	4010	2055	1955	1188	581	607
539375	302078	237297	3254	1674	1580	1172	648	524
288728	170915	117813	1547	860	687	1181	635	546
897148	**474452**	**422696**	**18800**	**9725**	**9075**	**39090**	**22007**	**17083**
251704	133265	118439	2769	1496	1273	1739	1008	731
174408	92165	82243	1660	874	786	26776	14295	12481
247145	131173	115972	3144	1681	1463	2524	1394	1130
66934	38563	28371	4154	2073	2081	4204	2870	1334
156957	79286	77671	7073	3601	3472	3847	2440	1407
858415	**445428**	**412987**	**11046**	**5814**	**5232**	**17161**	**9711**	**7450**
106079	54708	51371	798	464	334	1328	654	674
99963	53023	46940	738	359	379	2140	1132	1008
28085	14683	13402	286	131	155	7689	4263	3426
31510	16480	15030	400	199	201	731	427	304
73883	36606	37277	769	378	391	686	426	260
76436	41734	34702	2830	1488	1342	601	438	163
75435	39138	36297	1735	996	739	740	441	299
108602	55518	53084	997	512	485	936	582	354
54997	27485	27512	634	334	300	382	228	154
32858	15987	16871	359	207	152	256	157	99
31779	15946	15833	382	193	189	162	111	51
138788	74120	64668	1118	553	565	1510	852	658
3592797	**1968209**	**1624588**	**62924**	**33509**	**29415**	**47581**	**28757**	**18824**
273063	144711	128352	2499	1363	1136	1511	694	817
465326	244507	220819	4295	2316	1979	1070	530	540
106238	56576	49662	1515	814	701	457	324	133
70821	37707	33114	2773	1463	1310	791	550	241
224022	124922	99100	6382	3356	3026	2375	1624	751
297876	158753	139123	10233	5422	4811	4670	3555	1115
86494	43983	42511	2698	1455	1243	2091	1275	816
178458	97393	81065	3119	1754	1365	408	274	134
411006	227451	183555	4832	2583	2249	7412	4239	3173
1110721	620393	490328	14941	7928	7013	22279	12904	9375
368772	211813	156959	9637	5055	4582	4517	2788	1729

1-2 续表

地 区	人口数			居住本乡、镇、街道，户口在本乡、镇、街道		
	合计	男	女	小计	男	女
漳州市	**5054328**	**2599071**	**2455257**	**3805461**	**1935308**	**1870153**
芗城区	638060	318021	320039	322466	159292	163174
龙文区	301883	156280	145603	143160	69248	73912
云霄县	411558	214150	197408	313291	163978	149313
漳浦县	847535	436642	410893	699816	355968	343848
诏安县	560969	287850	273119	511920	264044	247876
长泰县	228235	119651	108584	160170	81043	79127
东山县	219511	111089	108422	176321	89042	87279
南靖县	305259	156089	149170	253170	128699	124471
平和县	455042	237722	217320	410079	214455	195624
华安县	134276	70304	63972	109612	56000	53612
龙海市	952000	491273	460727	705456	353539	351917
南平市	**2680645**	**1366952**	**1313693**	**1761285**	**897913**	**863372**
延平区	454605	229144	225461	283887	141351	142536
建阳区	340843	175674	165169	215527	109839	105688
顺昌县	179064	91365	87699	136831	69863	66968
浦城县	297719	150898	146821	217417	110980	106437
光泽县	130294	66896	63398	80145	41420	38725
松溪县	130867	66913	63954	89658	46478	43180
政和县	179413	93725	85688	123242	64677	58565
邵武市	273721	138836	134885	130904	66706	64198
武夷山市	259668	132257	127411	156471	79422	77049
建瓯市	434451	221244	213207	327203	167177	160026
龙岩市	**2723637**	**1395820**	**1327817**	**1820154**	**923347**	**896807**
新罗区	841745	431890	409855	384170	191215	192955
永定区	325880	168486	157394	260587	133754	126833
长汀县	397470	202261	195209	278680	142923	135757
上杭县	376392	191167	185225	282950	141981	140969
武平县	278238	140080	138158	220488	110777	109711
连城县	250518	129186	121332	211565	109074	102491
漳平市	253394	132750	120644	181714	93623	88091
宁德市	**3146789**	**1641801**	**1504988**	**2008432**	**1038692**	**969740**
蕉城区	623840	329804	294036	310424	156901	153523
霞浦县	475936	248686	227250	336897	173752	163145
古田县	323771	166699	157072	232138	120999	111139
屏南县	139815	72977	66838	104105	54453	49652
寿宁县	177960	93356	84604	139886	73944	65942
周宁县	149567	78889	70678	110605	58817	51788
柘荣县	92989	47787	45202	53455	27604	25851
福安市	609779	319474	290305	372529	194020	178509
福鼎市	553132	284129	269003	348393	178202	170191

单位：人

居住本乡、镇、街道，户口在外乡、镇、街道，离开户口登记地半年以上			居住本乡、镇、街道，户口待定			原住本乡、镇、街道，现在港澳台或国外工作学习		
小计	男	女	小计	男	女	小计	男	女
1217734	**647682**	**570052**	**24298**	**11936**	**12362**	**6835**	**4145**	**2690**
312192	157009	155183	2446	1247	1199	956	473	483
157013	86147	70866	1551	792	759	159	93	66
94431	48205	46226	3316	1650	1666	520	317	203
141813	77552	64261	4563	2235	2328	1343	887	456
45366	21975	23391	3225	1524	1701	458	307	151
66963	38002	28961	768	378	390	334	228	106
41824	21372	20452	1012	493	519	354	182	172
50730	26693	24037	755	347	408	604	350	254
41497	21492	20005	3070	1488	1582	396	287	109
23727	13782	9945	419	185	234	518	337	181
242178	135453	106725	3173	1597	1576	1193	684	509
900747	**459504**	**441243**	**8966**	**4325**	**4641**	**9647**	**5210**	**4437**
167386	86082	81304	1316	662	654	2016	1049	967
121901	64008	57893	963	472	491	2452	1355	1097
41101	20898	20203	497	236	261	635	368	267
78909	39229	39680	901	429	472	492	260	232
49244	25014	24230	437	212	225	468	250	218
40245	19910	20335	591	296	295	373	229	144
54614	28257	26357	1145	558	587	412	233	179
141181	71326	69855	655	320	335	981	484	497
101417	51942	49475	1070	521	549	710	372	338
104749	52838	51911	1391	619	772	1108	610	498
884946	**462702**	**422244**	**12367**	**6089**	**6278**	**6170**	**3682**	**2488**
452512	238168	214344	3247	1668	1579	1816	839	977
63347	33639	29708	1056	552	504	890	541	349
113769	56905	56864	4049	1791	2258	972	642	330
91094	47804	43290	1498	793	705	850	589	261
56462	28569	27893	828	452	376	460	282	178
37458	19287	18171	879	412	467	616	413	203
70304	38330	31974	810	421	389	566	376	190
1108800	**588807**	**519993**	**18149**	**9141**	**9008**	**11408**	**5161**	**6247**
307300	170046	137254	4183	2172	2011	1933	685	1248
134125	72517	61608	2895	1433	1462	2019	984	1035
87290	43962	43328	1003	449	554	3340	1289	2051
34670	18017	16653	455	199	256	585	308	277
36539	18571	17968	928	464	464	607	377	230
37902	19491	18411	742	385	357	318	196	122
38686	19781	18905	661	333	328	187	69	118
231537	122554	108983	4434	2258	2176	1279	642	637
200751	103868	96883	2848	1448	1400	1140	611	529

1-2a 各地区分性别、

地区	人口数			居住本乡、镇、街道，户口在本乡、镇、街道		
	合计	男	女	小计	男	女
合　计	**17105023**	**8780310**	**8324713**	**6666795**	**3256617**	**3410178**
福州市	**4014789**	**2037384**	**1977405**	**1603271**	**785134**	**818137**
鼓楼区	669090	328155	340935	321924	156309	165615
台江区	411819	204299	207520	169453	82734	86719
仓山区	1142991	592944	550047	438929	217991	220938
马尾区	255442	132244	123198	83328	40192	43136
晋安区	767633	390973	376660	268489	131848	136641
长乐区	288848	143951	144897	126026	60798	65228
闽侯县						
连江县						
罗源县						
闽清县						
永泰县						
平潭县						
福清市	478966	244818	234148	195122	95262	99860
厦门市	**4363835**	**2281881**	**2081954**	**1341379**	**653014**	**688365**
思明区	1073315	523240	550075	468004	224958	243046
海沧区	569149	308435	260714	172695	83717	88978
湖里区	1035087	543750	491337	237561	116489	121072
集美区	936712	500891	435821	246498	119546	126952
同安区	626727	339276	287451	167331	84260	83071
翔安区	122845	66289	56556	49290	24044	25246
莆田市	**1382456**	**702708**	**679748**	**695516**	**337520**	**357996**
城厢区	357282	182528	174754	123156	59191	63965
涵江区	368017	186612	181405	187410	91840	95570
荔城区	491136	250019	241117	262540	127397	135143
秀屿区	166021	83549	82472	122410	59092	63318
仙游县						
三明市	**588024**	**298143**	**289881**	**260168**	**127401**	**132767**
梅列区	203528	100799	102729	100173	47956	52217
三元区	157976	79995	77981	61023	29421	31602
明溪县						
清流县						
宁化县						
大田县						
尤溪县						
沙县						
将乐县						
泰宁县						
建宁县						
永安市	226520	117349	109171	98972	50024	48948
泉州市	**3060264**	**1603295**	**1456969**	**1128876**	**557382**	**571494**
鲤城区	428361	219944	208417	151288	73176	78112
丰泽区	698557	358704	339853	227866	111351	116515
洛江区	100873	50981	49892	33134	15423	17711
泉港区	126227	63502	62725	84906	41768	43138
惠安县						
安溪县						
永春县						
德化县						
石狮市	426674	224272	202402	122598	59805	62793
晋江市	1012524	546638	465886	321651	160669	160982
南安市	267048	139254	127794	187433	95190	92243

户口登记状况的人口(城市)

单位：人

居住本乡、镇、街道，户口在外乡、镇、街道，离开户口登记地半年以上			居住本乡、镇、街道，户口待定			原住本乡、镇、街道，现在港澳台或国外工作学习		
小计	男	女	小计	男	女	小计	男	女
10206105	**5405660**	**4800445**	**78664**	**41798**	**36866**	**153459**	**76235**	**77224**
2292249	**1192237**	**1100012**	**19179**	**10278**	**8901**	**100090**	**49735**	**50355**
338380	167645	170735	2364	1344	1020	6422	2857	3565
237091	119012	118079	1780	954	826	3495	1599	1896
693796	369844	323952	5356	2824	2532	4910	2285	2625
137465	74631	62834	1280	700	580	33369	16721	16648
491170	255132	236038	4149	2247	1902	3825	1746	2079
132059	67356	64703	1721	905	816	29042	14892	14150
262288	138617	123671	2529	1304	1225	19027	9635	9392
2992301	**1614005**	**1378296**	**14251**	**7499**	**6752**	**15904**	**7363**	**8541**
592580	292289	300291	2377	1319	1058	10354	4674	5680
393565	223298	170267	1977	995	982	912	425	487
791578	424212	367366	3267	1763	1504	2681	1286	1395
685446	378915	306531	3674	1891	1783	1094	539	555
456216	253391	202825	2636	1350	1286	544	275	269
72916	41900	31016	320	181	139	319	164	155
661377	**351593**	**309784**	**6386**	**3478**	**2908**	**19177**	**10117**	**9060**
231669	121998	109671	1843	1032	811	614	307	307
162701	85396	77305	1251	670	581	16655	8706	7949
225067	120697	104370	2187	1217	970	1342	708	634
41940	23502	18438	1105	559	546	566	396	170
322402	**167957**	**154445**	**2061**	**1106**	**955**	**3393**	**1679**	**1714**
101403	51812	49591	754	443	311	1198	588	610
95122	49667	45455	613	307	306	1218	600	618
125877	66478	59399	694	356	338	977	491	486
1902291	**1030414**	**871877**	**21165**	**11313**	**9852**	**7932**	**4186**	**3746**
273063	144711	128352	2499	1363	1136	1511	694	817
465326	244507	220819	4295	2316	1979	1070	530	540
66955	35128	31827	701	381	320	83	49	34
40248	21120	19128	847	457	390	226	157	69
298605	161569	137036	3010	1600	1410	2461	1298	1163
680390	380381	300009	8182	4317	3865	2301	1271	1030
77704	42998	34706	1631	879	752	280	187	93

1-2a 续表

地区	人口数			居住本乡、镇、街道，户口在本乡、镇、街道		
	合计	男	女	小计	男	女
漳州市	**1007027**	**502742**	**504285**	**534412**	**260719**	**273693**
芗城区	489255	238642	250613	224632	108931	115701
龙文区	274581	142322	132259	118939	56820	62119
云霄县						
漳浦县						
诏安县						
长泰县						
东山县						
南靖县						
平和县						
华安县						
龙海市	241955	121148	120807	189627	94352	95275
南平市	**950059**	**470205**	**479854**	**405122**	**194685**	**210437**
延平区	277748	135988	141760	135295	63801	71494
建阳区	178179	90444	87735	75673	37198	38475
顺昌县						
浦城县						
光泽县						
松溪县						
政和县						
邵武市	192203	95335	96868	63751	31344	32407
武夷山市	141862	69965	71897	58077	27863	30214
建瓯市	160067	78473	81594	72326	34479	37847
龙岩市	**859065**	**433607**	**425458**	**361455**	**175934**	**185521**
新罗区	658143	333177	324966	252721	123124	129597
永定区	75438	36894	38544	41723	20324	21399
长汀县						
上杭县						
武平县						
连城县						
漳平市	125484	63536	61948	67011	32486	34525
宁德市	**879504**	**450345**	**429159**	**336596**	**164828**	**171768**
蕉城区	390652	204903	185749	141440	68140	73300
霞浦县						
古田县						
屏南县						
寿宁县						
周宁县						
柘荣县						
福安市	260986	132665	128321	93438	46942	46496
福鼎市	227866	112777	115089	101718	49746	51972

单位：人

居住本乡、镇、街道，户口在外乡、镇、街道，离开户口登记地半年以上			居住本乡、镇、街道，户口待定			原住本乡、镇、街道，现在港澳台或国外工作学习		
小计	男	女	小计	男	女	小计	男	女
467487	**239433**	**228054**	**3889**	**1978**	**1911**	**1239**	**612**	**627**
262109	128480	133629	1688	856	832	826	375	451
154057	84681	69376	1450	741	709	135	80	55
51302	26260	25042	748	379	369	278	157	121
539574	**272947**	**266627**	**2735**	**1397**	**1338**	**2628**	**1176**	**1452**
140539	71289	69250	741	379	362	1173	519	654
101516	52753	48763	549	297	252	441	196	245
127460	63512	63948	466	244	222	526	235	291
82888	41668	41220	635	307	328	262	127	135
87171	43725	43446	344	170	174	226	99	127
492750	**255182**	**237568**	**3160**	**1674**	**1486**	**1700**	**817**	**883**
401475	208061	193414	2625	1394	1231	1322	598	724
33349	16384	16965	202	103	99	164	83	81
57926	30737	27189	333	177	156	214	136	78
535674	**281892**	**253782**	**5838**	**3075**	**2763**	**1396**	**550**	**846**
245606	134975	110631	2875	1520	1355	731	268	463
165382	84608	80774	1840	964	876	326	151	175
124686	62309	62377	1123	591	532	339	131	208

1-2b 各地区分性别、

地 区	人 口 数			居住本乡、镇、街道，户口在本乡、镇、街道		
	合计	男	女	小计	男	女
合 计	**11452224**	**5858483**	**5593741**	**6822926**	**3407113**	**3415813**
福州市	**1995453**	**1016839**	**978614**	**946731**	**468180**	**478551**
鼓楼区						
台江区						
仓山区						
马尾区						
晋安区	2218	1132	1086	735	369	366
长乐区	185413	98694	86719	98922	49841	49081
闽侯县	593963	304872	289091	223805	111044	112761
连江县	323972	161687	162285	181399	88172	93227
罗源县	182607	95469	87138	76352	37997	38355
闽清县	112260	55870	56390	69801	34969	34832
永泰县	121768	60549	61219	58349	28835	29514
平潭县	207444	103096	104348	69877	34683	35194
福清市	265808	135470	130338	167491	82270	85221
厦门市	**253416**	**140872**	**112544**	**99456**	**49876**	**49580**
思明区						
海沧区						
湖里区	1887	1297	590	22	12	10
集美区	122	70	52	35	17	18
同安区	16150	8448	7702	11029	5578	5451
翔安区	235257	131057	104200	88370	44269	44101
莆田市	**630793**	**314528**	**316265**	**468504**	**231903**	**236601**
城厢区	36461	18005	18456	31041	15116	15925
涵江区	12578	6225	6353	10638	5207	5431
荔城区	8604	4313	4291	7496	3724	3772
秀屿区	99290	49839	49451	86911	42644	44267
仙游县	473860	236146	237714	332418	165212	167206
三明市	**983476**	**494490**	**488986**	**514747**	**258370**	**256377**
梅列区	10472	5724	4748	6439	3207	3232
三元区	6447	3560	2887	4412	2272	2140
明溪县	51851	25433	26418	27545	13384	14161
清流县	59896	30127	29769	33050	16770	16280
宁化县	126219	62293	63926	61349	30568	30781
大田县	162066	84225	77841	94527	48736	45791
尤溪县	166631	84713	81918	101248	51143	50105
沙县	176226	88063	88163	72743	35656	37087
将乐县	85175	41904	43271	39222	19627	19595
泰宁县	60330	29365	30965	30219	14911	15308
建宁县	56258	27643	28615	27430	13595	13835
永安市	21905	11440	10465	16563	8501	8062
泉州市	**2952387**	**1534717**	**1417670**	**1713586**	**854132**	**859454**
鲤城区						
丰泽区						
洛江区	44176	22423	21753	25904	13084	12820
泉港区	70963	35481	35482	56058	27786	28272
惠安县	584053	291527	292526	414557	198736	215821
安溪县	498061	260533	237528	223895	115102	108793
永春县	258934	129893	129041	179795	90035	89760
德化县	259496	136612	122884	92597	45800	46797
石狮市	163228	90881	72347	85732	44481	41251
晋江市	403627	211946	191681	201683	100022	101661
南安市	669849	355421	314428	433365	219086	214279

户口登记状况的人口(镇)

单位：人

居住本乡、镇、街道，户口在外乡、镇、街道，离开户口登记地半年以上			居住本乡、镇、街道，户口待定			原住本乡、镇、街道，现在港澳台或国外工作学习		
小计	男	女	小计	男	女	小计	男	女
4471350	**2367245**	**2104105**	**61948**	**31786**	**30162**	**96000**	**52339**	**43661**
968665	**506213**	**462452**	**10879**	**5407**	**5472**	**69178**	**37039**	**32139**
1466	756	710	5	2	3	12	5	7
69268	39716	29552	1154	581	573	16069	8556	7513
365050	191381	173669	3103	1512	1591	2005	935	1070
121345	62466	58879	2166	1067	1099	19062	9982	9080
104602	56682	47920	941	480	461	712	310	402
40809	20005	20804	389	198	191	1261	698	563
62465	31250	31215	526	253	273	428	211	217
135093	67061	68032	1041	535	506	1433	817	616
68567	36896	31671	1554	779	775	28196	15525	12671
152802	**90369**	**62433**	**817**	**452**	**365**	**341**	**175**	**166**
1858	1283	575	7	2	5			
87	53	34						
4997	2801	2196	33	21	12	91	48	43
145860	86232	59628	777	429	348	250	127	123
155548	**78929**	**76619**	**4351**	**2230**	**2121**	**2390**	**1466**	**924**
5064	2694	2370	252	126	126	104	69	35
1502	785	717	40	20	20	398	213	185
1011	544	467	43	20	23	54	25	29
11149	6496	4653	695	332	363	535	367	168
136822	68410	68412	3321	1732	1589	1299	792	507
460299	**231667**	**228632**	**4446**	**2333**	**2113**	**3984**	**2120**	**1864**
3938	2465	1473	29	12	17	66	40	26
1771	1137	634	14	7	7	250	144	106
21990	10903	11087	136	62	74	2180	1084	1096
26479	13165	13314	174	85	89	193	107	86
64284	31417	32867	440	219	221	146	89	57
66085	34685	31400	1285	688	597	169	116	53
64454	33051	31403	694	403	291	235	116	119
102284	51783	50501	766	381	385	433	243	190
45349	21961	23388	471	240	231	133	76	57
29791	14262	15529	242	151	91	78	41	37
28661	13969	14692	140	63	77	27	16	11
5213	2869	2344	55	22	33	74	48	26
1206323	**662256**	**544067**	**20263**	**10886**	**9377**	**12215**	**7443**	**4772**
17923	9131	8792	292	165	127	57	43	14
14170	7286	6884	612	313	299	123	96	27
165048	90318	74730	3247	1659	1588	1201	814	387
267922	141747	126175	4891	2693	2198	1353	991	362
76746	38555	38191	1182	634	548	1211	669	542
164125	89240	74885	2639	1494	1145	135	78	57
73814	44279	29535	1152	621	531	2530	1500	1030
195624	108419	87205	2311	1232	1079	4009	2273	1736
230951	133281	97670	3937	2075	1862	1596	979	617

1-2b 续表

地　区	人　口　数			居住本乡、镇、街道，户口在本乡、镇、街道		
	合计	男	女	小计	男	女
漳州市	**2094474**	**1077385**	**1017089**	**1478625**	**745569**	**733056**
芗城区	81450	43742	37708	41315	21034	20281
龙文区						
云霄县	223883	114497	109386	139472	72205	67267
漳浦县	466953	239791	227162	346209	174606	171603
诏安县	253937	128253	125684	216229	109960	106269
长泰县	135414	71470	63944	79308	39453	39855
东山县	141511	70492	71019	107743	53666	54077
南靖县	162029	81818	80211	123910	61810	62100
平和县	215480	110832	104648	180909	92785	88124
华安县	71401	36942	34459	55109	27769	27340
龙海市	342416	179548	162868	188421	92281	96140
南平市	**649039**	**322835**	**326204**	**397120**	**197259**	**199861**
延平区	49848	25560	24288	42042	21341	20701
建阳区	31697	15728	15969	26981	13243	13738
顺昌县	92001	45326	46675	56961	27858	29103
浦城县	143301	69784	73517	74852	36676	38176
光泽县	65611	32160	33451	27682	13580	14102
松溪县	64444	31544	32900	32805	16251	16554
政和县	93025	47063	45962	47567	23887	23680
邵武市	25633	13571	12062	16629	8619	8010
武夷山市	17446	9228	8218	12444	6429	6015
建瓯市	66033	32871	33162	59157	29375	29782
龙岩市	**853558**	**429057**	**424501**	**559304**	**279063**	**280241**
新罗区	64191	32918	31273	42436	21547	20889
永定区	88509	45707	42802	72515	36922	35593
长汀县	212617	106089	106528	118365	59269	59096
上杭县	193718	97217	96501	112443	54857	57586
武平县	147995	72810	75185	101083	49603	51480
连城县	124550	62809	61741	93393	46952	46441
漳平市	21978	11507	10471	19069	9913	9156
宁德市	**1039628**	**527760**	**511868**	**644853**	**322761**	**322092**
蕉城区	34847	18283	16564	28169	14617	13552
霞浦县	289598	146287	143311	170709	83544	87165
古田县	160506	79552	80954	89779	44456	45323
屏南县	68975	34390	34585	42288	20816	21472
寿宁县	88595	44792	43803	56959	28955	28004
周宁县	78954	39765	39189	48081	24505	23576
柘荣县	58596	29116	29480	29683	14601	15082
福安市	136082	72813	63269	92810	47454	45356
福鼎市	123475	62762	60713	86375	43813	42562

单位：人

居住本乡、镇、街道，户口在外乡、镇、街道，离开户口登记地半年以上			居住本乡、镇、街道，户口待定			原住本乡、镇、街道，现在港澳台或国外工作学习		
小计	男	女	小计	男	女	小计	男	女
603729	**325589**	**278140**	**9615**	**4760**	**4855**	**2505**	**1467**	**1038**
39690	22482	17208	400	195	205	45	31	14
82199	41193	41006	1908	943	965	304	156	148
118012	63743	54269	2241	1126	1115	491	316	175
36243	17548	18695	1278	627	651	187	118	69
55513	31701	23812	429	214	215	164	102	62
32923	16411	16512	588	281	307	257	134	123
37481	19695	17786	322	144	178	316	169	147
33312	17394	15918	1135	572	563	124	81	43
15790	8883	6907	175	89	86	327	201	126
152566	86539	66027	1139	569	570	290	159	131
248210	**123714**	**124496**	**2331**	**1150**	**1181**	**1378**	**712**	**666**
7460	4030	3430	205	103	102	141	86	55
4473	2351	2122	75	32	43	168	102	66
34584	17238	17346	219	108	111	237	122	115
67937	32850	35087	362	188	174	150	70	80
37476	18365	19111	198	91	107	255	124	131
31230	15083	16147	343	179	164	66	31	35
44728	22822	21906	605	289	316	125	65	60
8850	4879	3971	72	35	37	82	38	44
4910	2749	2161	61	35	26	31	15	16
6562	3347	3215	191	90	101	123	59	64
288969	**147286**	**141683**	**3976**	**1914**	**2062**	**1309**	**794**	**515**
21379	11203	10176	250	110	140	126	58	68
15494	8496	6998	319	175	144	181	114	67
91999	45766	46233	1930	850	1080	323	204	119
80358	41841	38517	676	358	318	241	161	80
46313	22872	23441	412	233	179	187	102	85
30622	15575	15047	321	152	169	214	130	84
2804	1533	1271	68	36	32	37	25	12
386805	**201222**	**185583**	**5270**	**2654**	**2616**	**2700**	**1123**	**1577**
6365	3542	2823	170	86	84	143	38	105
116305	61490	54815	1931	982	949	653	271	382
69200	34498	34702	387	173	214	1140	425	715
26405	13454	12951	163	68	95	119	52	67
31097	15554	15543	470	245	225	69	38	31
30386	14990	15396	345	186	159	142	84	58
28455	14285	14170	383	203	180	75	27	48
42392	24912	17480	688	343	345	192	104	88
36200	18497	17703	733	368	365	167	84	83

1-2c 各地区分性别、

地区	人口数			居住本乡、镇、街道，户口在本乡、镇、街道		
	合计	男	女	小计	男	女
合计	**12982839**	**6827964**	**6154875**	**10825074**	**5596883**	**5228191**
福州市	**2281026**	**1197289**	**1083737**	**1673551**	**852663**	**820888**
鼓楼区						
台江区						
仓山区						
马尾区	35112	18019	17093	16795	8117	8678
晋安区	19924	11065	8859	13716	7089	6627
长乐区	316001	167158	148843	191891	97771	94120
闽侯县	394237	208882	185355	289682	149557	140125
连江县	315526	166589	148937	238908	124120	114788
罗源县	72607	40027	32580	61053	32565	28488
闽清县	143921	75698	68223	120533	62913	57620
永泰县	159448	84041	75407	143602	75805	67797
平潭县	178537	92206	86331	136804	68474	68330
福清市	645713	333604	312109	460567	226252	234315
厦门市	**546719**	**297744**	**248975**	**320588**	**162994**	**157594**
思明区						
海沧区	13370	7544	5826	2628	1287	1341
湖里区						
集美区	100153	56077	44076	35062	17475	17587
同安区	213043	114927	98116	133759	68413	65346
翔安区	220153	119196	100957	149139	75819	73320
莆田市	**1197465**	**603541**	**593924**	**1091656**	**545170**	**546486**
城厢区	153679	77354	76325	137013	67811	69202
涵江区	99010	50638	48372	78713	39094	39619
荔城区	174195	85848	88347	151086	74811	76275
秀屿区	339373	169615	169758	320071	157761	162310
仙游县	431208	220086	211122	404773	205693	199080
三明市	**914950**	**491241**	**423709**	**824913**	**437150**	**387763**
梅列区	6115	3238	2877	5298	2772	2526
三元区	23513	13290	10223	19660	10638	9022
明溪县	47079	26014	21065	35325	18986	16339
清流县	58133	30957	27176	52338	27208	25130
宁化县	135360	70358	65002	124892	64673	60219
大田县	137447	74910	62537	125119	66739	58380
尤溪县	175007	94484	80523	162480	87479	75001
沙县	74277	40298	33979	67225	36093	31132
将乐县	59768	32140	27628	49708	26370	23338
泰宁县	43741	23211	20530	40379	21314	19065
建宁县	58142	30566	27576	54647	28364	26283
永安市	96368	51775	44593	87842	46514	41328
泉州市	**2769634**	**1448441**	**1321193**	**2236521**	**1144464**	**1092057**
鲤城区						
丰泽区						
洛江区	102123	53989	48134	79924	41172	38752
泉港区	157106	79668	77438	138947	69377	69570
惠安县	446573	225197	221376	383290	188086	195204
安溪县	505538	269560	235978	466925	247261	219664
永春县	163597	86976	76621	151453	80121	71332
德化县	72652	39157	33495	57566	30548	27018
石狮市	96028	51461	44567	54350	28055	26295
晋江市	645400	341854	303546	390276	198522	191754
南安市	580617	300579	280038	513790	261322	252468

户口登记状况的人口(乡村)

单位：人

居住本乡、镇、街道，户口在外乡、镇、街道，离开户口登记地半年以上			居住本乡、镇、街道，户口待定			原住本乡、镇、街道，现在港澳台或国外工作学习		
小计	男	女	小计	男	女	小计	男	女
1787156	**1025471**	**761685**	**73165**	**36670**	**36495**	**297444**	**168940**	**128504**
374517	**215458**	**159059**	**10706**	**5352**	**5354**	**222252**	**123816**	**98436**
2509	1427	1082	71	27	44	15737	8448	7289
5610	3675	1935	82	41	41	516	260	256
72947	41801	31146	1588	784	804	49575	26802	22773
99907	56967	42940	1687	859	828	2961	1499	1462
38735	22237	16498	1334	626	708	36549	19606	16943
10387	6919	3468	250	105	145	917	438	479
20139	11007	9132	675	315	360	2574	1463	1111
14171	7341	6830	698	331	367	977	564	413
36297	20348	15949	592	335	257	4844	3049	1795
73815	43736	30079	3729	1929	1800	107602	61687	45915
223490	**133310**	**90180**	**1395**	**727**	**668**	**1246**	**713**	**533**
10715	6245	4470	24	10	14	3	2	1
64661	38396	26265	336	164	172	94	42	52
78162	45886	32276	585	303	282	537	325	212
69952	42783	27169	450	250	200	612	344	268
80223	**43930**	**36293**	**8063**	**4017**	**4046**	**17523**	**10424**	**7099**
14971	8573	6398	674	338	336	1021	632	389
10205	5984	4221	369	184	185	9723	5376	4347
21067	9932	11135	914	444	470	1128	661	467
13845	8565	5280	2354	1182	1172	3103	2107	996
20135	10876	9259	3752	1869	1883	2548	1648	900
75714	**45804**	**29910**	**4539**	**2375**	**2164**	**9784**	**5912**	**3872**
738	431	307	15	9	6	64	26	38
3070	2219	851	111	45	66	672	388	284
6095	3780	2315	150	69	81	5509	3179	2330
5031	3315	1716	226	114	112	538	320	218
9599	5189	4410	329	159	170	540	337	203
10351	7049	3302	1545	800	745	432	322	110
10981	6087	4894	1041	593	448	505	325	180
6318	3735	2583	231	131	100	503	339	164
9648	5524	4124	163	94	69	249	152	97
3067	1725	1342	117	56	61	178	116	62
3118	1977	1141	242	130	112	135	95	40
7698	4773	2925	369	175	194	459	313	146
484183	**275539**	**208644**	**21496**	**11310**	**10186**	**27434**	**17128**	**10306**
21360	12317	9043	522	268	254	317	232	85
16403	9301	7102	1314	693	621	442	297	145
58974	34604	24370	3135	1697	1438	1174	810	364
29954	17006	12948	5342	2729	2613	3317	2564	753
9748	5428	4320	1516	821	695	880	606	274
14333	8153	6180	480	260	220	273	196	77
38587	21603	16984	670	362	308	2421	1441	980
234707	131593	103114	4448	2379	2069	15969	9360	6609
60117	35534	24583	4069	2101	1968	2641	1622	1019

1-2c 续表

地 区	人 口 数			居住本乡、镇、街道，户口在本乡、镇、街道		
	合计	男	女	小计	男	女
漳州市	**1952827**	**1018944**	**933883**	**1792424**	**929020**	**863404**
芗城区	67355	35637	31718	56519	29327	27192
龙文区	27302	13958	13344	24221	12428	11793
云霄县	187675	99653	88022	173819	91773	82046
漳浦县	380582	196851	183731	353607	181362	172245
诏安县	305796	158967	146829	294477	153468	141009
长泰县	92821	48181	44640	80862	41590	39272
东山县	78000	40597	37403	68578	35376	33202
南靖县	143230	74271	68959	129260	66889	62371
平和县	239562	126890	112672	229170	121670	107500
华安县	62875	33362	29513	54503	28231	26272
龙海市	367629	190577	177052	327408	166906	160502
南平市	**1081547**	**573912**	**507635**	**959043**	**505969**	**453074**
延平区	127009	67596	59413	106550	56209	50341
建阳区	130967	69502	61465	112873	59398	53475
顺昌县	87063	46039	41024	79870	42005	37865
浦城县	154418	81114	73304	142565	74304	68261
光泽县	64683	34736	29947	52463	27840	24623
松溪县	66423	35369	31054	56853	30227	26626
政和县	86388	46662	39726	75675	40790	34885
邵武市	55885	29930	25955	50524	26743	23781
武夷山市	100360	53064	47296	85950	45130	40820
建瓯市	208351	109900	98451	195720	103323	92397
龙岩市	**1011014**	**533156**	**477858**	**899395**	**468350**	**431045**
新罗区	119411	65795	53616	89013	46544	42469
永定区	161933	85885	76048	146349	76508	69841
长汀县	184853	96172	88681	160315	83654	76661
上杭县	182674	93950	88724	170507	87124	83383
武平县	130243	67270	62973	119405	61174	58231
连城县	125968	66377	59591	118172	62122	56050
漳平市	105932	57707	48225	95634	51224	44410
宁德市	**1227657**	**663696**	**563961**	**1026983**	**551103**	**475880**
蕉城区	198341	106618	91723	140815	74144	66671
霞浦县	186338	102399	83939	166188	90208	75980
古田县	163265	87147	76118	142359	76543	65816
屏南县	70840	38587	32253	61817	33637	28180
寿宁县	89365	48564	40801	82927	44989	37938
周宁县	70613	39124	31489	62524	34312	28212
柘荣县	34393	18671	15722	23772	13003	10769
福安市	212711	113996	98715	186281	99624	86657
福鼎市	201791	108590	93201	160300	84643	75657

单位：人

居住本乡、镇、街道，户口在外乡、镇、街道，离开户口登记地半年以上			居住本乡、镇、街道，户口待定			原住本乡、镇、街道，现在港澳台或国外工作学习		
小计	男	女	小计	男	女	小计	男	女
146518	**82660**	**63858**	**10794**	**5198**	**5596**	**3091**	**2066**	**1025**
10393	6047	4346	358	196	162	85	67	18
2956	1466	1490	101	51	50	24	13	11
12232	7012	5220	1408	707	701	216	161	55
23801	13809	9992	2322	1109	1213	852	571	281
9104	4415	4689	1944	895	1049	271	189	82
11450	6301	5149	339	164	175	170	126	44
8901	4961	3940	424	212	212	97	48	49
13249	6998	6251	433	203	230	288	181	107
8185	4098	4087	1935	916	1019	272	206	66
7937	4899	3038	244	96	148	191	136	55
38310	22654	15656	1286	649	637	625	368	257
112963	**62843**	**50120**	**3900**	**1778**	**2122**	**5641**	**3322**	**2319**
19387	10763	8624	370	180	190	702	444	258
15912	8904	7008	339	143	196	1843	1057	786
6517	3660	2857	278	128	150	398	246	152
10972	6379	4593	539	241	298	342	190	152
11768	6649	5119	239	121	118	213	126	87
9015	4827	4188	248	117	131	307	198	109
9886	5435	4451	540	269	271	287	168	119
4871	2935	1936	117	41	76	373	211	162
13619	7525	6094	374	179	195	417	230	187
11016	5766	5250	856	359	497	759	452	307
103227	**60234**	**42993**	**5231**	**2501**	**2730**	**3161**	**2071**	**1090**
29658	18904	10754	372	164	208	368	183	185
14504	8759	5745	535	274	261	545	344	201
21770	11139	10631	2119	941	1178	649	438	211
10736	5963	4773	822	435	387	609	428	181
10149	5697	4452	416	219	197	273	180	93
6836	3712	3124	558	260	298	402	283	119
9574	6060	3514	409	208	201	315	215	100
186321	**105693**	**80628**	**7041**	**3412**	**3629**	**7312**	**3488**	**3824**
55329	31529	23800	1138	566	572	1059	379	680
17820	11027	6793	964	451	513	1366	713	653
18090	9464	8626	616	276	340	2200	864	1336
8265	4563	3702	292	131	161	466	256	210
5442	3017	2425	458	219	239	538	339	199
7516	4501	3015	397	199	198	176	112	64
10231	5496	4735	278	130	148	112	42	70
23763	13034	10729	1906	951	955	761	387	374
39865	23062	16803	992	489	503	634	396	238

1-3　各地区分性别的户口登记地在外乡镇街道的人口状况

单位：人

地　区	户口登记地					
	合　计			本县(市、区)		
	合计	男	女	小计	男	女
合　计	**16464611**	**8798376**	**7666235**	**5470570**	**2711061**	**2759509**
福州市	**3635431**	**1913908**	**1721523**	**1031800**	**503690**	**528110**
鼓楼区	338380	167645	170735	76309	36074	40235
台江区	237091	119012	118079	37361	17696	19665
仓山区	693796	369844	323952	106682	52131	54551
马尾区	139974	76058	63916	11393	5524	5869
晋安区	498246	259563	238683	72299	35628	36671
长乐区	274274	148873	125401	88116	42103	46013
闽侯县	464957	248348	216609	77631	39981	37650
连江县	160080	84703	75377	75183	37235	37948
罗源县	114989	63601	51388	68635	34798	33837
闽清县	60948	31012	29936	39567	19253	20314
永泰县	76636	38591	38045	54711	26842	27869
平潭县	171390	87409	83981	136304	65950	70354
福清市	404670	219249	185421	187609	90475	97134
厦门市	**3368593**	**1837684**	**1530909**	**341615**	**161078**	**180537**
思明区	592580	292289	300291	131868	61288	70580
海沧区	404280	229543	174737	27714	12829	14885
湖里区	793436	425495	367941	45269	21732	23537
集美区	750194	417364	332830	50270	23891	26379
同安区	539375	302078	237297	61328	29218	32110
翔安区	288728	170915	117813	25166	12120	13046
莆田市	**897148**	**474452**	**422696**	**333134**	**163102**	**170032**
城厢区	251704	133265	118439	57575	28499	29076
涵江区	174408	92165	82243	71576	34219	37357
荔城区	247145	131173	115972	64721	32285	32436
秀屿区	66934	38563	28371	26684	13276	13408
仙游县	156957	79286	77671	112578	54823	57755
三明市	**858415**	**445428**	**412987**	**508547**	**251456**	**257091**
梅列区	106079	54708	51371	22958	11330	11628
三元区	99963	53023	46940	24721	12489	12232
明溪县	28085	14683	13402	17709	8618	9091
清流县	31510	16480	15030	21917	10834	11083
宁化县	73883	36606	37277	62385	30457	31928
大田县	76436	41734	34702	59330	30744	28586
尤溪县	75435	39138	36297	61045	31180	29865
沙县	108602	55518	53084	66859	32562	34297
将乐县	54997	27485	27512	42957	20564	22393
泰宁县	32858	15987	16871	26537	12576	13961
建宁县	31779	15946	15833	25779	12341	13438
永安市	138788	74120	64668	76350	37761	38589
泉州市	**3592797**	**1968209**	**1624588**	**888065**	**452427**	**435638**
鲤城区	273063	144711	128352	35363	16700	18663
丰泽区	465326	244507	220819	37819	18107	19712
洛江区	106238	56576	49662	15181	8008	7173
泉港区	70821	37707	33114	36726	17401	19325
惠安县	224022	124922	99100	73435	36160	37275
安溪县	297876	158753	139123	222909	116598	106311
永春县	86494	43983	42511	66493	33287	33206
德化县	178458	97393	81065	143083	76858	66225
石狮市	411006	227451	183555	55505	27446	28059
晋江市	1110721	620393	490328	110684	53977	56707
南安市	368772	211813	156959	90867	47885	42982

1-3　续表 1　　　　单位：人

地　区	户口登记地					
	合　计			本县(市、区)		
	合计	男	女	小计	男	女
漳州市	**1217734**	**647682**	**570052**	**459635**	**222858**	**236777**
芗城区	312192	157009	155183	96324	46147	50177
龙文区	157013	86147	70866	19437	9477	9960
云霄县	94431	48205	46226	72915	35931	36984
漳浦县	141813	77552	64261	84759	41316	43443
诏安县	45366	21975	23391	32374	15125	17249
长泰县	66963	38002	28961	20228	9823	10405
东山县	41824	21372	20452	22310	10408	11902
南靖县	50730	26693	24037	27243	13520	13723
平和县	41497	21492	20005	23311	11528	11783
华安县	23727	13782	9945	8433	4213	4220
龙海市	242178	135453	106725	52301	25370	26931
南平市	**900747**	**459504**	**441243**	**630698**	**313978**	**316720**
延平区	167386	86082	81304	105294	53254	52040
建阳区	121901	64008	57893	71533	36413	35120
顺昌县	41101	20898	20203	25155	12057	13098
浦城县	78909	39229	39680	63280	30425	32855
光泽县	49244	25014	24230	37972	18810	19162
松溪县	40245	19910	20335	32574	15815	16759
政和县	54614	28257	26357	40857	20755	20102
邵武市	141181	71326	69855	112213	55622	56591
武夷山市	101417	51942	49475	59210	29878	29332
建瓯市	104749	52838	51911	82610	40949	41661
龙岩市	**884946**	**462702**	**422244**	**497141**	**247120**	**250021**
新罗区	452512	238168	214344	165874	82068	83806
永定区	63347	33639	29708	42445	20850	21595
长汀县	113769	56905	56864	98406	48789	49617
上杭县	91094	47804	43290	69359	34310	35049
武平县	56462	28569	27893	45499	22221	23278
连城县	37458	19287	18171	25992	12833	13159
漳平市	70304	38330	31974	49566	26049	23517
宁德市	**1108800**	**588807**	**519993**	**779935**	**395352**	**384583**
蕉城区	307300	170046	137254	155944	79491	76453
霞浦县	134125	72517	61608	102860	53489	49371
古田县	87290	43962	43328	66859	33285	33574
屏南县	34670	18017	16653	27837	14123	13714
寿宁县	36539	18571	17968	30439	15281	15158
周宁县	37902	19491	18411	28251	13878	14373
柘荣县	38686	19781	18905	29807	15010	14797
福安市	231537	122554	108983	183199	93726	89473
福鼎市	200751	103868	96883	154739	77069	77670

1-3 续表 2

单位：人

地区	户口登记地					
	本省其他县(市、区)			省外		
	小计	男	女	小计	男	女
合计	**6104165**	**3239196**	**2864969**	**4889876**	**2848119**	**2041757**
福州市	**1635334**	**843368**	**791966**	**968297**	**566850**	**401447**
鼓楼区	189319	90997	98322	72752	40574	32178
台江区	157640	77161	80479	42090	24155	17935
仓山区	411605	216787	194818	175509	100926	74583
马尾区	76737	40539	36198	51844	29995	21849
晋安区	301615	154098	147517	124332	69837	54495
长乐区	58307	30487	27820	127851	76283	51568
闽侯县	254271	132611	121660	133055	75756	57299
连江县	41611	21206	20405	43286	26262	17024
罗源县	22655	12523	10132	23699	16280	7419
闽清县	11299	5967	5332	10082	5792	4290
永泰县	13651	6733	6918	8274	5016	3258
平潭县	20352	11674	8678	14734	9785	4949
福清市	76272	42585	33687	140789	86189	54600
厦门市	**1635156**	**876680**	**758476**	**1391822**	**799926**	**591896**
思明区	288140	139921	148219	172572	91080	81492
海沧区	177435	98327	79108	199131	118387	80744
湖里区	486572	256393	230179	261595	147370	114225
集美区	368444	202968	165476	331480	190505	140975
同安区	197115	110249	86866	280932	162611	118321
翔安区	117450	68822	48628	146112	89973	56139
莆田市	**330090**	**173429**	**156661**	**233924**	**137921**	**96003**
城厢区	140941	74154	66787	53188	30612	22576
涵江区	44776	24122	20654	58056	33824	24232
荔城区	101995	51983	50012	80429	46905	33524
秀屿区	19097	11125	7972	21153	14162	6991
仙游县	23281	12045	11236	21098	12418	8680
三明市	**253955**	**136839**	**117116**	**95913**	**57133**	**38780**
梅列区	67471	34941	32530	15650	8437	7213
三元区	57742	30392	27350	17500	10142	7358
明溪县	7179	3977	3202	3197	2088	1109
清流县	6124	3370	2754	3469	2276	1193
宁化县	7163	3736	3427	4335	2413	1922
大田县	9222	5259	3963	7884	5731	2153
尤溪县	8599	4575	4024	5791	3383	2408
沙县	30106	16439	13667	11637	6517	5120
将乐县	6828	3819	3009	5212	3102	2110
泰宁县	4435	2353	2082	1886	1058	828
建宁县	3749	2184	1565	2251	1421	830
永安市	45337	25794	19543	17101	10565	6536
泉州市	**1152658**	**624559**	**528099**	**1552074**	**891223**	**660851**
鲤城区	130562	68708	61854	107138	59303	47835
丰泽区	283341	147700	135641	144166	78700	65466
洛江区	52819	26856	25963	38238	21712	16526
泉港区	14981	8102	6879	19114	12204	6910
惠安县	58157	32088	26069	92430	56674	35756
安溪县	37793	20602	17191	37174	21553	15621
永春县	11852	5891	5961	8149	4805	3344
德化县	23561	13301	10260	11814	7234	4580
石狮市	148372	81686	66686	207129	118319	88810
晋江市	297507	166880	130627	702530	399536	302994
南安市	93713	52745	40968	184192	111183	73009

1-3　续表 3　　单位：人

地　区	户口登记地					
	本省其他县(市、区)			省　外		
	小计	男	女	小计	男	女
漳州市	**448716**	**238956**	**209760**	**309383**	**185868**	**123515**
芗城区	153943	77482	76461	61925	33380	28545
龙文区	101950	55135	46815	35626	21535	14091
云霄县	11433	5904	5529	10083	6370	3713
漳浦县	23934	13457	10477	33120	22779	10341
诏安县	5729	3020	2709	7263	3830	3433
长泰县	15994	9391	6603	30741	18788	11953
东山县	10245	5653	4592	9269	5311	3958
南靖县	16070	8421	7649	7417	4752	2665
平和县	9811	5096	4715	8375	4868	3507
华安县	7285	4141	3144	8009	5428	2581
龙海市	92322	51256	41066	97555	58827	38728
南平市	**180086**	**94358**	**85728**	**89963**	**51168**	**38795**
延平区	46481	24134	22347	15611	8694	6917
建阳区	35883	19251	16632	14485	8344	6141
顺昌县	10294	5548	4746	5652	3293	2359
浦城县	7712	4154	3558	7917	4650	3267
光泽县	4190	2253	1937	7082	3951	3131
松溪县	4773	2464	2309	2898	1631	1267
政和县	7914	4143	3771	5843	3359	2484
邵武市	18445	9608	8837	10523	6096	4427
武夷山市	29179	14841	14338	13028	7223	5805
建瓯市	15215	7962	7253	6924	3927	2997
龙岩市	**293650**	**157866**	**135784**	**94155**	**57716**	**36439**
新罗区	235492	125593	109899	51146	30507	20639
永定区	11369	6409	4960	9533	6380	3153
长汀县	9691	5123	4568	5672	2993	2679
上杭县	12276	7048	5228	9459	6446	3013
武平县	5440	3041	2399	5523	3307	2216
连城县	7335	3913	3422	4131	2541	1590
漳平市	12047	6739	5308	8691	5542	3149
宁德市	**174520**	**93141**	**81379**	**154345**	**100314**	**54031**
蕉城区	85807	46500	39307	65549	44055	21494
霞浦县	15549	8129	7420	15716	10899	4817
古田县	12955	6512	6443	7476	4165	3311
屏南县	4283	2427	1856	2550	1467	1083
寿宁县	2946	1522	1424	3154	1768	1386
周宁县	6106	3381	2725	3545	2232	1313
柘荣县	5786	2962	2824	3093	1809	1284
福安市	26981	13958	13023	21357	14870	6487
福鼎市	14107	7750	6357	31905	19049	12856

1-3a 各地区分性别的户口登记地在外乡镇街道的人口状况(城市)

单位：人

地区	户口登记地					
	合计			本县(市、区)		
	合计	男	女	小计	男	女
合 计	**10206105**	**5405660**	**4800445**	**2549491**	**1254548**	**1294943**
福州市	**2292249**	**1192237**	**1100012**	**513102**	**249222**	**263880**
鼓楼区	338380	167645	170735	76309	36074	40235
台江区	237091	119012	118079	37361	17696	19665
仓山区	693796	369844	323952	106682	52131	54551
马尾区	137465	74631	62834	11174	5426	5748
晋安区	491170	255132	236038	71619	35249	36370
长乐区	132059	67356	64703	63880	30998	32882
闽侯县						
连江县						
罗源县						
闽清县						
永泰县						
平潭县						
福清市	262288	138617	123671	146077	71648	74429
厦门市	**2992301**	**1614005**	**1378296**	**316815**	**149718**	**167097**
思明区	592580	292289	300291	131868	61288	70580
海沧区	393565	223298	170267	25889	11954	13935
湖里区	791578	424212	367366	45228	21709	23519
集美区	685446	378915	306531	48151	22846	25305
同安区	456216	253391	202825	54907	26449	28458
翔安区	72916	41900	31016	10772	5472	5300
莆田市	**661377**	**351593**	**309784**	**203701**	**100134**	**103567**
城厢区	231669	121998	109671	54455	27025	27430
涵江区	162701	85396	77305	68913	33003	35910
荔城区	225067	120697	104370	61112	30612	30500
秀屿区	41940	23502	18438	19221	9494	9727
仙游县						
三明市	**322402**	**167957**	**154445**	**118416**	**58594**	**59822**
梅列区	101403	51812	49591	22185	10912	11273
三元区	95122	49667	45455	23847	11986	11861
明溪县						
清流县						
宁化县						
大田县						
尤溪县						
沙县						
将乐县						
泰宁县						
建宁县						
永安市	125877	66478	59399	72384	35696	36688
泉州市	**1902291**	**1030414**	**871877**	**268420**	**133287**	**135133**
鲤城区	273063	144711	128352	35363	16700	18663
丰泽区	465326	244507	220819	37819	18107	19712
洛江区	66955	35128	31827	11189	5939	5250
泉港区	40248	21120	19128	24907	11969	12938
惠安县						
安溪县						
永春县						
德化县						
石狮市	298605	161569	137036	48901	24677	24224
晋江市	680390	380381	300009	75117	37363	37754
南安市	77704	42998	34706	35124	18532	16592

1-3a　续表 1　　　　单位：人

地　区	户口登记地					
	合　计			本县(市、区)		
	合计	男	女	小计	男	女
漳州市	**467487**	**239433**	**228054**	**133877**	**64064**	**69813**
芗城区	262109	128480	133629	87126	41701	45425
龙文区	154057	84681	69376	18931	9312	9619
云霄县						
漳浦县						
诏安县						
长泰县						
东山县						
南靖县						
平和县						
华安县						
龙海市	51302	26260	25042	27817	13050	14767
南平市	**539574**	**272947**	**266627**	**390444**	**195274**	**195170**
延平区	140539	71289	69250	95768	48311	47457
建阳区	101516	52753	48763	62465	31684	30781
顺昌县						
浦城县						
光泽县						
松溪县						
政和县						
邵武市	127460	63512	63948	106491	52571	53920
武夷山市	82888	41668	41220	51817	26100	25717
建瓯市	87171	43725	43446	73903	36608	37295
龙岩市	**492750**	**255182**	**237568**	**221165**	**109905**	**111260**
新罗区	401475	208061	193414	147275	72525	74750
永定区	33349	16384	16965	28407	13571	14836
长汀县						
上杭县						
武平县						
连城县						
漳平市	57926	30737	27189	45483	23809	21674
宁德市	**535674**	**281892**	**253782**	**383551**	**194350**	**189201**
蕉城区	245606	134975	110631	129302	66040	63262
霞浦县						
古田县						
屏南县						
寿宁县						
周宁县						
柘荣县						
福安市	165382	84608	80774	143679	73360	70319
福鼎市	124686	62309	62377	110570	54950	55620

1-3a 续表 2

单位：人

地区	户口登记地					
	本省其他县(市、区)			省外		
	小计	男	女	小计	男	女
合计	**4614980**	**2422295**	**2192685**	**3041634**	**1728817**	**1312817**
福州市	**1203502**	**613754**	**589748**	**575645**	**329261**	**246384**
鼓楼区	189319	90997	98322	72752	40574	32178
台江区	157640	77161	80479	42090	24155	17935
仓山区	411605	216787	194818	175509	100926	74583
马尾区	75727	40003	35724	50564	29202	21362
晋安区	297756	151820	145936	121795	68063	53732
长乐区	28357	13470	14887	39822	22888	16934
闽侯县						
连江县						
罗源县						
闽清县						
永泰县						
平潭县						
福清市	43098	23516	19582	73113	43453	29660
厦门市	**1504009**	**799534**	**704475**	**1171477**	**664753**	**506724**
思明区	288140	139921	148219	172572	91080	81492
海沧区	173009	95745	77264	194667	115599	79068
湖里区	485202	255488	229714	261148	147015	114133
集美区	347541	190357	157184	289754	165712	124042
同安区	168367	93660	74707	232942	133282	99660
翔安区	41750	24363	17387	20394	12065	8329
莆田市	**276621**	**145919**	**130702**	**181055**	**105540**	**75515**
城厢区	133383	70134	63249	43831	24839	18992
涵江区	41338	22178	19160	52450	30215	22235
荔城区	91219	47470	43749	72736	42615	30121
秀屿区	10681	6137	4544	12038	7871	4167
仙游县						
三明市	**161065**	**85365**	**75700**	**42921**	**23998**	**18923**
梅列区	64538	33123	31415	14680	7777	6903
三元区	55813	29101	26712	15462	8580	6882
明溪县						
清流县						
宁化县						
大田县						
尤溪县						
沙县						
将乐县						
泰宁县						
建宁县						
永安市	40714	23141	17573	12779	7641	5138
泉州市	**798797**	**427942**	**370855**	**835074**	**469185**	**365889**
鲤城区	130562	68708	61854	107138	59303	47835
丰泽区	283341	147700	135641	144166	78700	65466
洛江区	33080	16514	16566	22686	12675	10011
泉港区	6690	3715	2975	8651	5436	3215
惠安县						
安溪县						
永春县						
德化县						
石狮市	121124	65988	55136	128580	70904	57676
晋江市	206284	115634	90650	398989	227384	171605
南安市	17716	9683	8033	24864	14783	10081

1−3a　续表 3

单位：人

地　区	户口登记地					
	本省其他县(市、区)			省　外		
	小计	男	女	小计	男	女
漳州市	**246293**	**126852**	**119441**	**87317**	**48517**	**38800**
芗城区	133090	65479	67611	41893	21300	20593
龙文区	100562	54519	46043	34564	20850	13714
云霄县						
漳浦县						
诏安县						
长泰县						
东山县						
南靖县						
平和县						
华安县						
龙海市	12636	6852	5784	10849	6358	4491
南平市	**107052**	**54803**	**52249**	**42078**	**22870**	**19208**
延平区	32910	16558	16352	11861	6420	5441
建阳区	29293	15585	13708	9758	5484	4274
顺昌县						
浦城县						
光泽县						
松溪县						
政和县						
邵武市	13993	7145	6848	6976	3796	3180
武夷山市	21527	10585	10942	9544	4983	4561
建瓯市	9329	4930	4399	3939	2187	1752
龙岩市	**225111**	**119004**	**106107**	**46474**	**26273**	**20201**
新罗区	214250	113130	101120	39950	22406	17544
永定区	2881	1581	1300	2061	1232	829
长汀县						
上杭县						
武平县						
连城县						
漳平市	7980	4293	3687	4463	2635	1828
宁德市	**92530**	**49122**	**43408**	**59593**	**38420**	**21173**
蕉城区	70253	37755	32498	46051	31180	14871
霞浦县						
古田县						
屏南县						
寿宁县						
周宁县						
柘荣县						
福安市	16494	8351	8143	5209	2897	2312
福鼎市	5783	3016	2767	8333	4343	3990

1-3b 各地区分性别的户口登记地在外乡镇街道的人口状况(镇)

单位：人

地 区	户口登记地					
	合 计			本县(市、区)		
	合计	男	女	小计	男	女
合 计	**4471350**	**2367245**	**2104105**	**2503251**	**1251207**	**1252044**
福州市	**968665**	**506213**	**462452**	**444546**	**219920**	**224626**
鼓楼区						
台江区						
仓山区						
马尾区						
晋安区	1466	756	710	50	28	22
长乐区	69268	39716	29552	14599	6933	7666
闽侯县	365050	191381	173669	62277	32318	29959
连江县	121345	62466	58879	67754	33838	33916
罗源县	104602	56682	47920	66475	33736	32739
闽清县	40809	20005	20804	31571	15193	16378
永泰县	62465	31250	31215	52938	25966	26972
平潭县	135093	67061	68032	119640	58178	61462
福清市	68567	36896	31671	29242	13730	15512
厦门市	**152802**	**90369**	**62433**	**11370**	**5372**	**5998**
思明区						
海沧区						
湖里区	1858	1283	575	41	23	18
集美区	87	53	34	4	1	3
同安区	4997	2801	2196	539	251	288
翔安区	145860	86232	59628	10786	5097	5689
莆田市	**155548**	**78929**	**76619**	**113395**	**55448**	**57947**
城厢区	5064	2694	2370	1657	768	889
涵江区	1502	785	717	607	273	334
荔城区	1011	544	467	384	196	188
秀屿区	11149	6496	4653	5091	2688	2403
仙游县	136822	68410	68412	105656	51523	54133
三明市	**460299**	**231667**	**228632**	**360201**	**177154**	**183047**
梅列区	3938	2465	1473	681	366	315
三元区	1771	1137	634	399	225	174
明溪县	21990	10903	11087	15558	7480	8078
清流县	26479	13165	13314	20432	9963	10469
宁化县	64284	31417	32867	56314	27399	28915
大田县	66085	34685	31400	56450	29190	27260
尤溪县	64454	33051	31403	55193	28097	27096
沙县	102284	51783	50501	65803	31989	33814
将乐县	45349	21961	23388	37740	17925	19815
泰宁县	29791	14262	15529	24898	11702	13196
建宁县	28661	13969	14692	24672	11740	12932
永安市	5213	2869	2344	2061	1078	983
泉州市	**1206323**	**662256**	**544067**	**556068**	**288108**	**267960**
鲤城区						
丰泽区						
洛江区	17923	9131	8792	1674	839	835
泉港区	14170	7286	6884	7283	3376	3907
惠安县	165048	90318	74730	61970	30624	31346
安溪县	267922	141747	126175	214921	112252	102669
永春县	76746	38555	38191	62834	31276	31558
德化县	164125	89240	74885	133786	71844	61942
石狮市	73814	44279	29535	4623	1999	2624
晋江市	195624	108419	87205	21308	10670	10638
南安市	230951	133281	97670	47669	25228	22441

1-3b　续表 1　　单位：人

地　区	户口登记地					
	合　计			本县(市、区)		
	合计	男	女	小计	男	女
漳州市	**603729**	**325589**	**278140**	**285073**	**140588**	**144485**
芗城区	39690	22482	17208	6998	3435	3563
龙文区						
云霄县	82199	41193	41006	68435	34007	34428
漳浦县	118012	63743	54269	77332	37915	39417
诏安县	36243	17548	18695	28473	13486	14987
长泰县	55513	31701	23812	16755	8354	8401
东山县	32923	16411	16512	18714	9036	9678
南靖县	37481	19695	17786	23992	11988	12004
平和县	33312	17394	15918	20921	10357	10564
华安县	15790	8883	6907	6843	3335	3508
龙海市	152566	86539	66027	16610	8675	7935
南平市	**248210**	**123714**	**124496**	**194937**	**95107**	**99830**
延平区	7460	4030	3430	4220	2181	2039
建阳区	4473	2351	2122	2390	1213	1177
顺昌县	34584	17238	17346	23295	11131	12164
浦城县	67937	32850	35087	58836	27936	30900
光泽县	37476	18365	19111	32508	15906	16602
松溪县	31230	15083	16147	27274	13120	14154
政和县	44728	22822	21906	35840	18136	17704
邵武市	8850	4879	3971	4468	2351	2117
武夷山市	4910	2749	2161	1967	1040	927
建瓯市	6562	3347	3215	4139	2093	2046
龙岩市	**288969**	**147286**	**141683**	**231423**	**114376**	**117047**
新罗区	21379	11203	10176	10152	4950	5202
永定区	15494	8496	6998	8595	4416	4179
长汀县	91999	45766	46233	82355	40709	41646
上杭县	80358	41841	38517	64922	32147	32775
武平县	46313	22872	23441	40471	19693	20778
连城县	30622	15575	15047	23428	11648	11780
漳平市	2804	1533	1271	1500	813	687
宁德市	**386805**	**201222**	**185583**	**306238**	**155134**	**151104**
蕉城区	6365	3542	2823	2547	1219	1328
霞浦县	116305	61490	54815	97489	50891	46598
古田县	69200	34498	34702	57558	28630	28928
屏南县	26405	13454	12951	23264	11823	11441
寿宁县	31097	15554	15543	28137	14086	14051
周宁县	30386	14990	15396	24876	12118	12758
柘荣县	28455	14285	14170	22948	11553	11395
福安市	42392	24912	17480	25712	13226	12486
福鼎市	36200	18497	17703	23707	11588	12119

1-3b 续表 2 单位：人

地 区	户口登记地					
	本省其他县(市、区)			省 外		
	小计	男	女	小计	男	女
合 计	**933090**	**503281**	**429809**	**1035009**	**612757**	**422252**
福州市	**296718**	**153779**	**142939**	**227401**	**132514**	**94887**
鼓楼区						
台江区						
仓山区						
马尾区						
晋安区	1099	544	555	317	184	133
长乐区	12470	7091	5379	42199	25692	16507
闽侯县	203945	104634	99311	98828	54429	44399
连江县	27595	13699	13896	25996	14929	11067
罗源县	20298	11050	9248	17829	11896	5933
闽清县	6133	3139	2994	3105	1673	1432
永泰县	4567	2328	2239	4960	2956	2004
平潭县	8410	4550	3860	7043	4333	2710
福清市	12201	6744	5457	27124	16422	10702
厦门市	**52550**	**31087**	**21463**	**88882**	**53910**	**34972**
思明区						
海沧区						
湖里区	1370	905	465	447	355	92
集美区	37	23	14	46	29	17
同安区	1782	982	800	2676	1568	1108
翔安区	49361	29177	20184	85713	51958	33755
莆田市	**22329**	**11546**	**10783**	**19824**	**11935**	**7889**
城厢区	1931	1004	927	1476	922	554
涵江区	428	224	204	467	288	179
荔城区	396	200	196	231	148	83
秀屿区	3064	1795	1269	2994	2013	981
仙游县	16510	8323	8187	14656	8564	6092
三明市	**69756**	**37242**	**32514**	**30342**	**17271**	**13071**
梅列区	2491	1570	921	766	529	237
三元区	761	484	277	611	428	183
明溪县	4891	2551	2340	1541	872	669
清流县	4489	2329	2160	1558	873	685
宁化县	5367	2682	2685	2603	1336	1267
大田县	6299	3353	2946	3336	2142	1194
尤溪县	5789	2980	2809	3472	1974	1498
沙县	26587	14346	12241	9894	5448	4446
将乐县	4878	2567	2311	2731	1469	1262
泰宁县	3591	1845	1746	1302	715	587
建宁县	2624	1439	1185	1365	790	575
永安市	1989	1096	893	1163	695	468
泉州市	**232519**	**128714**	**103805**	**417736**	**245434**	**172302**
鲤城区						
丰泽区						
洛江区	9989	4671	5318	6260	3621	2639
泉港区	3556	1889	1667	3331	2021	1310
惠安县	40588	22365	18223	62490	37329	25161
安溪县	26701	14505	12196	26300	14990	11310
永春县	8405	4100	4305	5507	3179	2328
德化县	20454	11456	8998	9885	5940	3945
石狮市	16576	9932	6644	52615	32348	20267
晋江市	46277	25770	20507	128039	71979	56060
南安市	59973	34026	25947	123309	74027	49282

1-3b　续表 3

单位：人

地　区	户口登记地					
	本省其他县(市、区)			省　外		
	小计	男	女	小计	男	女
漳州市	**148813**	**82686**	**66127**	**169843**	**102315**	**67528**
芗城区	15898	9118	6780	16794	9929	6865
龙文区						
云霄县	8115	4108	4007	5649	3078	2571
漳浦县	17953	10277	7676	22727	15551	7176
诏安县	3413	1848	1565	4357	2214	2143
长泰县	12728	7478	5250	26030	15869	10161
东山县	7396	3806	3590	6813	3569	3244
南靖县	8537	4576	3961	4952	3131	1821
平和县	6108	3250	2858	6283	3787	2496
华安县	4404	2436	1968	4543	3112	1431
龙海市	64261	35789	28472	71695	42075	29620
南平市	**33140**	**17409**	**15731**	**20133**	**11198**	**8935**
延平区	2440	1362	1078	800	487	313
建阳区	1143	614	529	940	524	416
顺昌县	7828	4141	3687	3461	1966	1495
浦城县	4814	2562	2252	4287	2352	1935
光泽县	2690	1374	1316	2278	1085	1193
松溪县	2638	1297	1341	1318	666	652
政和县	5237	2650	2587	3651	2036	1615
邵武市	2585	1391	1194	1797	1137	660
武夷山市	2138	1189	949	805	520	285
建瓯市	1627	829	798	796	425	371
龙岩市	**36875**	**20144**	**16731**	**20671**	**12766**	**7905**
新罗区	8778	4656	4122	2449	1597	852
永定区	4038	2256	1782	2861	1824	1037
长汀县	6127	3232	2895	3517	1825	1692
上杭县	8882	5174	3708	6554	4520	2034
武平县	3304	1795	1509	2538	1384	1154
连城县	4890	2562	2328	2304	1365	939
漳平市	856	469	387	448	251	197
宁德市	**40390**	**20674**	**19716**	**40177**	**25414**	**14763**
蕉城区	1709	902	807	2109	1421	688
霞浦县	10753	5596	5157	8063	5003	3060
古田县	7798	3778	4020	3844	2090	1754
屏南县	2127	1114	1013	1014	517	497
寿宁县	1682	832	850	1278	636	642
周宁县	4000	2126	1874	1510	746	764
柘荣县	4144	2073	2071	1363	659	704
福安市	4742	2508	2234	11938	9178	2760
福鼎市	3435	1745	1690	9058	5164	3894

1-3c 各地区分性别的户口登记地在外乡镇街道的人口状况(乡村)

单位：人

地区	户口登记地					
	合计			本县(市、区)		
	合计	男	女	小计	男	女
合计	**1787156**	**1025471**	**761685**	**417828**	**205306**	**212522**
福州市	**374517**	**215458**	**159059**	**74152**	**34548**	**39604**
鼓楼区						
台江区						
仓山区						
马尾区	2509	1427	1082	219	98	121
晋安区	5610	3675	1935	630	351	279
长乐区	72947	41801	31146	9637	4172	5465
闽侯县	99907	56967	42940	15354	7663	7691
连江县	38735	22237	16498	7429	3397	4032
罗源县	10387	6919	3468	2160	1062	1098
闽清县	20139	11007	9132	7996	4060	3936
永泰县	14171	7341	6830	1773	876	897
平潭县	36297	20348	15949	16664	7772	8892
福清市	73815	43736	30079	12290	5097	7193
厦门市	**223490**	**133310**	**90180**	**13430**	**5988**	**7442**
思明区						
海沧区	10715	6245	4470	1825	875	950
湖里区						
集美区	64661	38396	26265	2115	1044	1071
同安区	78162	45886	32276	5882	2518	3364
翔安区	69952	42783	27169	3608	1551	2057
莆田市	**80223**	**43930**	**36293**	**16038**	**7520**	**8518**
城厢区	14971	8573	6398	1463	706	757
涵江区	10205	5984	4221	2056	943	1113
荔城区	21067	9932	11135	3225	1477	1748
秀屿区	13845	8565	5280	2372	1094	1278
仙游县	20135	10876	9259	6922	3300	3622
三明市	**75714**	**45804**	**29910**	**29930**	**15708**	**14222**
梅列区	738	431	307	92	52	40
三元区	3070	2219	851	475	278	197
明溪县	6095	3780	2315	2151	1138	1013
清流县	5031	3315	1716	1485	871	614
宁化县	9599	5189	4410	6071	3058	3013
大田县	10351	7049	3302	2880	1554	1326
尤溪县	10981	6087	4894	5852	3083	2769
沙县	6318	3735	2583	1056	573	483
将乐县	9648	5524	4124	5217	2639	2578
泰宁县	3067	1725	1342	1639	874	765
建宁县	3118	1977	1141	1107	601	506
永安市	7698	4773	2925	1905	987	918
泉州市	**484183**	**275539**	**208644**	**63577**	**31032**	**32545**
鲤城区						
丰泽区						
洛江区	21360	12317	9043	2318	1230	1088
泉港区	16403	9301	7102	4536	2056	2480
惠安县	58974	34604	24370	11465	5536	5929
安溪县	29954	17006	12948	7988	4346	3642
永春县	9748	5428	4320	3659	2011	1648
德化县	14333	8153	6180	9297	5014	4283
石狮市	38587	21603	16984	1981	770	1211
晋江市	234707	131593	103114	14259	5944	8315
南安市	60117	35534	24583	8074	4125	3949

1–3c 续表 1

单位：人

地 区	户口登记地					
	合 计			本县(市、区)		
	合计	男	女	小计	男	女
漳州市	**146518**	**82660**	**63858**	**40685**	**18206**	**22479**
芗城区	10393	6047	4346	2200	1011	1189
龙文区	2956	1466	1490	506	165	341
云霄县	12232	7012	5220	4480	1924	2556
漳浦县	23801	13809	9992	7427	3401	4026
诏安县	9104	4415	4689	3898	1638	2260
长泰县	11450	6301	5149	3473	1469	2004
东山县	8901	4961	3940	3596	1372	2224
南靖县	13249	6998	6251	3251	1532	1719
平和县	8185	4098	4087	2390	1171	1219
华安县	7937	4899	3038	1590	878	712
龙海市	38310	22654	15656	7874	3645	4229
南平市	**112963**	**62843**	**50120**	**45317**	**23597**	**21720**
延平区	19387	10763	8624	5306	2762	2544
建阳区	15912	8904	7008	6678	3516	3162
顺昌县	6517	3660	2857	1860	926	934
浦城县	10972	6379	4593	4444	2489	1955
光泽县	11768	6649	5119	5464	2904	2560
松溪县	9015	4827	4188	5300	2695	2605
政和县	9886	5435	4451	5017	2619	2398
邵武市	4871	2935	1936	1254	700	554
武夷山市	13619	7525	6094	5426	2738	2688
建瓯市	11016	5766	5250	4568	2248	2320
龙岩市	**103227**	**60234**	**42993**	**44553**	**22839**	**21714**
新罗区	29658	18904	10754	8447	4593	3854
永定区	14504	8759	5745	5443	2863	2580
长汀县	21770	11139	10631	16051	8080	7971
上杭县	10736	5963	4773	4437	2163	2274
武平县	10149	5697	4452	5028	2528	2500
连城县	6836	3712	3124	2564	1185	1379
漳平市	9574	6060	3514	2583	1427	1156
宁德市	**186321**	**105693**	**80628**	**90146**	**45868**	**44278**
蕉城区	55329	31529	23800	24095	12232	11863
霞浦县	17820	11027	6793	5371	2598	2773
古田县	18090	9464	8626	9301	4655	4646
屏南县	8265	4563	3702	4573	2300	2273
寿宁县	5442	3017	2425	2302	1195	1107
周宁县	7516	4501	3015	3375	1760	1615
柘荣县	10231	5496	4735	6859	3457	3402
福安市	23763	13034	10729	13808	7140	6668
福鼎市	39865	23062	16803	20462	10531	9931

1-3c 续表 2

单位：人

地区	户口登记地					
	本省其他县(市、区)			省外		
	小计	男	女	小计	男	女
合计	**556095**	**313620**	**242475**	**813233**	**506545**	**306688**
福州市	**135114**	**75835**	**59279**	**165251**	**105075**	**60176**
鼓楼区						
台江区						
仓山区						
马尾区	1010	536	474	1280	793	487
晋安区	2760	1734	1026	2220	1590	630
长乐区	17480	9926	7554	45830	27703	18127
闽侯县	50326	27977	22349	34227	21327	12900
连江县	14016	7507	6509	17290	11333	5957
罗源县	2357	1473	884	5870	4384	1486
闽清县	5166	2828	2338	6977	4119	2858
永泰县	9084	4405	4679	3314	2060	1254
平潭县	11942	7124	4818	7691	5452	2239
福清市	20973	12325	8648	40552	26314	14238
厦门市	**78597**	**46059**	**32538**	**131463**	**81263**	**50200**
思明区						
海沧区	4426	2582	1844	4464	2788	1676
湖里区						
集美区	20866	12588	8278	41680	24764	16916
同安区	26966	15607	11359	45314	27761	17553
翔安区	26339	15282	11057	40005	25950	14055
莆田市	**31140**	**15964**	**15176**	**33045**	**20446**	**12599**
城厢区	5627	3016	2611	7881	4851	3030
涵江区	3010	1720	1290	5139	3321	1818
荔城区	10380	4313	6067	7462	4142	3320
秀屿区	5352	3193	2159	6121	4278	1843
仙游县	6771	3722	3049	6442	3854	2588
三明市	**23134**	**14232**	**8902**	**22650**	**15864**	**6786**
梅列区	442	248	194	204	131	73
三元区	1168	807	361	1427	1134	293
明溪县	2288	1426	862	1656	1216	440
清流县	1635	1041	594	1911	1403	508
宁化县	1796	1054	742	1732	1077	655
大田县	2923	1906	1017	4548	3589	959
尤溪县	2810	1595	1215	2319	1409	910
沙县	3519	2093	1426	1743	1069	674
将乐县	1950	1252	698	2481	1633	848
泰宁县	844	508	336	584	343	241
建宁县	1125	745	380	886	631	255
永安市	2634	1557	1077	3159	2229	930
泉州市	**121342**	**67903**	**53439**	**299264**	**176604**	**122660**
鲤城区						
丰泽区						
洛江区	9750	5671	4079	9292	5416	3876
泉港区	4735	2498	2237	7132	4747	2385
惠安县	17569	9723	7846	29940	19345	10595
安溪县	11092	6097	4995	10874	6563	4311
永春县	3447	1791	1656	2642	1626	1016
德化县	3107	1845	1262	1929	1294	635
石狮市	10672	5766	4906	25934	15067	10867
晋江市	44946	25476	19470	175502	100173	75329
南安市	16024	9036	6988	36019	22373	13646

1-3c 续表 3

单位：人

地区	户口登记地					
	本省其他县(市、区)			省外		
	小计	男	女	小计	男	女
漳州市	**53610**	**29418**	**24192**	**52223**	**35036**	**17187**
芗城区	4955	2885	2070	3238	2151	1087
龙文区	1388	616	772	1062	685	377
云霄县	3318	1796	1522	4434	3292	1142
漳浦县	5981	3180	2801	10393	7228	3165
诏安县	2311	1170	1141	2895	1607	1288
长泰县	3266	1913	1353	4711	2919	1792
东山县	2849	1847	1002	2456	1742	714
南靖县	7533	3845	3688	2465	1621	844
平和县	3703	1846	1857	2092	1081	1011
华安县	2881	1705	1176	3466	2316	1150
龙海市	15425	8615	6810	15011	10394	4617
南平市	**39894**	**22146**	**17748**	**27752**	**17100**	**10652**
延平区	11131	6214	4917	2950	1787	1163
建阳区	5447	3052	2395	3787	2336	1451
顺昌县	2466	1407	1059	2191	1327	864
浦城县	2898	1592	1306	3630	2298	1332
光泽县	1500	879	621	4804	2866	1938
松溪县	2135	1167	968	1580	965	615
政和县	2677	1493	1184	2192	1323	869
邵武市	1867	1072	795	1750	1163	587
武夷山市	5514	3067	2447	2679	1720	959
建瓯市	4259	2203	2056	2189	1315	874
龙岩市	**31664**	**18718**	**12946**	**27010**	**18677**	**8333**
新罗区	12464	7807	4657	8747	6504	2243
永定区	4450	2572	1878	4611	3324	1287
长汀县	3564	1891	1673	2155	1168	987
上杭县	3394	1874	1520	2905	1926	979
武平县	2136	1246	890	2985	1923	1062
连城县	2445	1351	1094	1827	1176	651
漳平市	3211	1977	1234	3780	2656	1124
宁德市	**41600**	**23345**	**18255**	**54575**	**36480**	**18095**
蕉城区	13845	7843	6002	17389	11454	5935
霞浦县	4796	2533	2263	7653	5896	1757
古田县	5157	2734	2423	3632	2075	1557
屏南县	2156	1313	843	1536	950	586
寿宁县	1264	690	574	1876	1132	744
周宁县	2106	1255	851	2035	1486	549
柘荣县	1642	889	753	1730	1150	580
福安市	5745	3099	2646	4210	2795	1415
福鼎市	4889	2989	1900	14514	9542	4972

1-4 各地区分性别、民族的人口

单位：人

地 区	合 计			汉 族		
	合计	男	女	小计	男	女
合 计	**41540086**	**21466757**	**20073329**	**40418616**	**20842446**	**19576170**
福州市	**8291268**	**4251512**	**4039756**	**8128669**	**4160724**	**3967945**
鼓楼区	669090	328155	340935	659606	323094	336512
台江区	411819	204299	207520	406827	201417	205410
仓山区	1142991	592944	550047	1128046	584657	543389
马尾区	290554	150263	140291	286731	148145	138586
晋安区	789775	403170	386605	778915	397166	381749
长乐区	790262	409803	380459	773413	400013	373400
闽侯县	988200	513754	474446	968469	503175	465294
连江县	639498	328276	311222	618790	316859	301931
罗源县	255214	135496	119718	234782	124593	110189
闽清县	256181	131568	124613	253972	130387	123585
永泰县	281216	144590	136626	276943	142124	134819
平潭县	385981	195302	190679	379681	191656	188025
福清市	1390487	713892	676595	1362494	697438	665056
厦门市	**5163970**	**2720497**	**2443473**	**4964350**	**2609060**	**2355290**
思明区	1073315	523240	550075	1049025	511207	537818
海沧区	582519	315979	266540	555435	300156	255279
湖里区	1036974	545047	491927	1004169	527413	476756
集美区	1036987	557038	479949	994058	533017	461041
同安区	855920	462651	393269	812137	437537	374600
翔安区	578255	316542	261713	549526	299730	249796
莆田市	**3210714**	**1620777**	**1589937**	**3155001**	**1588406**	**1566595**
城厢区	547422	277887	269535	539344	273411	265933
涵江区	479605	243475	236130	467425	236395	231030
荔城区	673935	340180	333755	656065	329986	326079
秀屿区	604684	303003	301681	600036	300045	299991
仙游县	905068	456232	448836	892131	448569	443562
三明市	**2486450**	**1283874**	**1202576**	**2456090**	**1266774**	**1189316**
梅列区	220115	109761	110354	217342	108349	108993
三元区	187936	96845	91091	185404	95473	89931
明溪县	98930	51447	47483	98216	51049	47167
清流县	118029	61084	56945	116106	59982	56124
宁化县	261579	132651	128928	257345	130172	127173
大田县	299513	159135	140378	297022	157521	139501
尤溪县	341638	179197	162441	339221	177935	161286
沙县	250503	128361	122142	248258	127177	121081
将乐县	144943	74044	70899	144078	73577	70501
泰宁县	104071	52576	51495	103453	52209	51244
建宁县	114400	58209	56191	113708	57848	55860
永安市	344793	180564	164229	335937	175482	160455
泉州市	**8782285**	**4586453**	**4195832**	**8472460**	**4410449**	**4062011**
鲤城区	428361	219944	208417	415387	212822	202565
丰泽区	698557	358704	339853	679401	348427	330974
洛江区	247172	127393	119779	237297	121761	115536
泉港区	354296	178651	175645	334275	167724	166551
惠安县	1030626	516724	513902	996599	497552	499047
安溪县	1003599	530093	473506	987410	521053	466357
永春县	422531	216869	205662	419840	215460	204380
德化县	332148	175769	156379	329023	173972	155051
石狮市	685930	366614	319316	659257	351011	308246
晋江市	2061551	1100438	961113	1933250	1027048	906202
南安市	1517514	795254	722260	1480721	773619	707102

1-4　续表 1　　　　单位：人

地　区	合　计			汉　族		
	合计	男	女	小计	男	女
漳州市	**5054328**	**2599071**	**2455257**	**4952602**	**2542989**	**2409613**
芗城区	638060	318021	320039	623554	310396	313158
龙文区	301883	156280	145603	294895	152245	142650
云霄县	411558	214150	197408	409256	212820	196436
漳浦县	847535	436642	410893	824699	424303	400396
诏安县	560969	287850	273119	549154	281544	267610
长泰县	228235	119651	108584	221616	115926	105690
东山县	219511	111089	108422	218250	110409	107841
南靖县	305259	156089	149170	303038	154825	148213
平和县	455042	237722	217320	451285	235607	215678
华安县	134276	70304	63972	131134	68592	62542
龙海市	952000	491273	460727	925721	476322	449399
南平市	**2680645**	**1366952**	**1313693**	**2643513**	**1347070**	**1296443**
延平区	454605	229144	225461	450335	226973	223362
建阳区	340843	175674	165169	335248	172555	162693
顺昌县	179064	91365	87699	173137	88301	84836
浦城县	297719	150898	146821	294424	149138	145286
光泽县	130294	66896	63398	125578	64365	61213
松溪县	130867	66913	63954	129482	66101	63381
政和县	179413	93725	85688	177783	92849	84934
邵武市	273721	138836	134885	269102	136219	132883
武夷山市	259668	132257	127411	257250	131049	126201
建瓯市	434451	221244	213207	431174	219520	211654
龙岩市	**2723637**	**1395820**	**1327817**	**2678446**	**1370590**	**1307856**
新罗区	841745	431890	409855	829792	425282	404510
永定区	325880	168486	157394	324251	167484	156767
长汀县	397470	202261	195209	396444	201776	194668
上杭县	376392	191167	185225	350988	176942	174046
武平县	278238	140080	138158	277300	139566	137734
连城县	250518	129186	121332	249557	128681	120876
漳平市	253394	132750	120644	250114	130859	119255
宁德市	**3146789**	**1641801**	**1504988**	**2967485**	**1546384**	**1421101**
蕉城区	623840	329804	294036	592925	313157	279768
霞浦县	475936	248686	227250	438317	228762	209555
古田县	323771	166699	157072	315697	162341	153356
屏南县	139815	72977	66838	138868	72471	66397
寿宁县	177960	93356	84604	176148	92430	83718
周宁县	149567	78889	70678	147711	77858	69853
柘荣县	92989	47787	45202	91254	46913	44341
福安市	609779	319474	290305	546890	285837	261053
福鼎市	553132	284129	269003	519675	266615	253060

1-4 续表 2

单位：人

地　区	蒙古族			回　族			藏　族		
	小计	男	女	小计	男	女	小计	男	女
合　计	**9154**	**4934**	**4220**	**128591**	**74461**	**54130**	**3600**	**1751**	**1849**
福州市	**1393**	**777**	**616**	**13218**	**7609**	**5609**	**689**	**323**	**366**
鼓楼区	231	114	117	1137	611	526	77	36	41
台江区	80	39	41	414	232	182	19	8	11
仓山区	223	119	104	1333	724	609	80	35	45
马尾区	43	22	21	351	216	135	9	6	3
晋安区	129	68	61	543	315	228	23	10	13
长乐区	146	89	57	789	427	362	39	25	14
闽侯县	264	148	116	1336	710	626	347	156	191
连江县	53	27	26	887	578	309	11	5	6
罗源县	25	16	9	79	54	25	6	2	4
闽清县	29	18	11	42	19	23	3	1	2
永泰县	1		1	70	29	41	11	4	7
平潭县	20	15	5	4182	2371	1811	23	12	11
福清市	149	102	47	2055	1323	732	41	23	18
厦门市	**2911**	**1497**	**1414**	**16976**	**9423**	**7553**	**1107**	**543**	**564**
思明区	811	376	435	4982	2539	2443	252	100	152
海沧区	347	194	153	2002	1217	785	250	152	98
湖里区	544	285	259	3003	1653	1350	80	36	44
集美区	660	326	334	3097	1716	1381	272	138	134
同安区	282	171	111	1791	1043	748	135	62	73
翔安区	267	145	122	2101	1255	846	118	55	63
莆田市	**386**	**221**	**165**	**16572**	**10014**	**6558**	**121**	**70**	**51**
城厢区	91	44	47	942	519	423	17	11	6
涵江区	63	38	25	2663	1627	1036	28	15	13
荔城区	92	56	36	1912	1122	790	53	30	23
秀屿区	59	37	22	1846	1160	686	16	10	6
仙游县	81	46	35	9209	5586	3623	7	4	3
三明市	**171**	**96**	**75**	**1472**	**842**	**630**	**260**	**123**	**137**
梅列区	33	14	19	197	88	109	183	79	104
三元区	23	18	5	178	87	91	36	20	16
明溪县	6	4	2	197	125	72	7	5	2
清流县	4	2	2	48	27	21	3	1	2
宁化县	4	3	1	15	12	3	5	4	1
大田县	11	8	3	389	241	148			
尤溪县	11	6	5	33	12	21	6	3	3
沙县	17	10	7	33	17	16	1	1	
将乐县	5	1	4	53	35	18			
泰宁县	1	1		26	16	10	1	1	
建宁县	4	2	2	16	10	6	3	2	1
永安市	52	27	25	287	172	115	15	7	8
泉州市	**2982**	**1622**	**1360**	**67176**	**38964**	**28212**	**668**	**344**	**324**
鲤城区	87	44	43	1210	662	548	55	39	16
丰泽区	373	159	214	3755	2001	1754	167	88	79
洛江区	83	51	32	2962	1886	1076	21	8	13
泉港区	1271	724	547	11356	6117	5239	19	6	13
惠安县	388	197	191	16912	9330	7582	53	25	28
安溪县	48	33	15	244	138	106	47	14	33
永春县	19	9	10	293	176	117	10	3	7
德化县	16	8	8	76	45	31	2	1	1
石狮市	115	61	54	6179	3841	2338	54	24	30
晋江市	405	225	180	23504	14348	9156	181	111	70
南安市	177	111	66	685	420	265	59	25	34

1-4　续表 3　　单位：人

地　区	蒙古族			回　族			藏　族		
	小计	男	女	小计	男	女	小计	男	女
漳州市	**617**	**335**	**282**	**2103**	**1143**	**960**	**478**	**223**	**255**
芗城区	120	58	62	433	213	220	236	84	152
龙文区	75	39	36	217	116	101	11	3	8
云霄县	20	14	6	39	22	17	6	4	2
漳浦县	50	40	10	135	76	59	11	4	7
诏安县	15	7	8	34	18	16	12	3	9
长泰县	91	48	43	87	52	35	17	7	10
东山县	11	6	5	26	8	18	2		2
南靖县	23	9	14	56	30	26	15	10	5
平和县	8	3	5	46	21	25	4	3	1
华安县	20	12	8	56	28	28			
龙海市	184	99	85	974	559	415	164	105	59
南平市	**218**	**110**	**108**	**1297**	**722**	**575**	**88**	**41**	**47**
延平区	28	18	10	201	109	92	14	6	8
建阳区	33	14	19	65	32	33	11	5	6
顺昌县	8	2	6	44	21	23	1		1
浦城县	10	3	7	34	16	18			
光泽县	13	7	6	55	36	19	8	3	5
松溪县	4	4		8	3	5	8	4	4
政和县	4	2	2	41	19	22	2	1	1
邵武市	44	21	23	635	369	266	2	1	1
武夷山市	67	34	33	124	68	56	36	18	18
建瓯市	7	5	2	90	49	41	6	3	3
龙岩市	**206**	**117**	**89**	**598**	**340**	**258**	**83**	**28**	**55**
新罗区	108	66	42	356	199	157	46	15	31
永定区	17	3	14	49	33	16	2	1	1
长汀县	6	3	3	27	14	13	6	3	3
上杭县	48	29	19	45	28	17	15	3	12
武平县	5	2	3	15	4	11	3	1	2
连城县	7	4	3	22	16	6	8	5	3
漳平市	15	10	5	84	46	38	3		3
宁德市	**270**	**159**	**111**	**9179**	**5404**	**3775**	**106**	**56**	**50**
蕉城区	146	94	52	414	210	204	66	36	30
霞浦县	13	8	5	1283	776	507	5	3	2
古田县	6	2	4	1183	688	495	3	1	2
屏南县	2	1	1	21	11	10	7	3	4
寿宁县	2		2	13	9	4			
周宁县	9	6	3	35	23	12	5	4	1
柘荣县	2		2	20	7	13	5	1	4
福安市	33	14	19	1601	996	605	6	1	5
福鼎市	57	34	23	4609	2684	1925	9	7	2

1-4 续表 4

单位：人

地区	维吾尔族			苗族			彝族		
	小计	男	女	小计	男	女	小计	男	女
合 计	**5502**	**2662**	**2840**	**168928**	**96884**	**72044**	**53930**	**30341**	**23589**
福州市	**1097**	**558**	**539**	**28334**	**16724**	**11610**	**11106**	**6393**	**4713**
鼓楼区	164	97	67	1363	784	579	533	306	227
台江区	121	66	55	930	567	363	327	214	113
仓山区	241	109	132	2433	1418	1015	981	586	395
马尾区	16	10	6	692	412	280	252	137	115
晋安区	67	32	35	1503	887	616	410	239	171
长乐区	123	56	67	4364	2527	1837	1837	1084	753
闽侯县	231	108	123	3817	2198	1619	1709	978	731
连江县	10	6	4	3819	2427	1392	528	278	250
罗源县	4	2	2	1860	1102	758	674	393	281
闽清县	5	1	4	529	310	219	211	107	104
永泰县	2	1	1	413	252	161	379	229	150
平潭县	10	6	4	707	431	276	164	108	56
福清市	103	64	39	5904	3409	2495	3101	1734	1367
厦门市	**1152**	**500**	**652**	**38284**	**21923**	**16361**	**13447**	**7639**	**5808**
思明区	323	146	177	2187	1160	1027	754	387	367
海沧区	132	71	61	5269	3138	2131	2170	1229	941
湖里区	95	52	43	3972	2148	1824	1168	602	566
集美区	378	134	244	8346	4854	3492	2813	1585	1228
同安区	113	49	64	11663	6667	4996	3669	2104	1565
翔安区	111	48	63	6847	3956	2891	2873	1732	1141
莆田市	**158**	**78**	**80**	**10149**	**5821**	**4328**	**5108**	**2829**	**2279**
城厢区	102	45	57	1552	864	688	909	506	403
涵江区	7	5	2	2526	1465	1061	1414	761	653
荔城区	14	11	3	4555	2596	1959	2118	1172	946
秀屿区	5	2	3	817	513	304	282	189	93
仙游县	30	15	15	699	383	316	385	201	184
三明市	**102**	**53**	**49**	**4661**	**2625**	**2036**	**1143**	**631**	**512**
梅列区	19	9	10	368	202	166	118	48	70
三元区	28	12	16	430	239	191	130	84	46
明溪县	5	2	3	141	71	70	30	19	11
清流县	1		1	147	86	61	69	43	26
宁化县	5	2	3	102	55	47	77	45	32
大田县	5	4	1	589	385	204	129	100	29
尤溪县	5	3	2	560	306	254	118	44	74
沙县	2	1	1	556	303	253	124	59	65
将乐县	8	6	2	167	95	72	76	38	38
泰宁县	10	4	6	90	49	41	22	15	7
建宁县	3	2	1	66	35	31	35	10	25
永安市	11	8	3	1445	799	646	215	126	89
泉州市	**2303**	**1083**	**1220**	**58615**	**33252**	**25363**	**14524**	**8218**	**6306**
鲤城区	64	45	19	2863	1563	1300	686	370	316
丰泽区	229	127	102	3205	1741	1464	790	431	359
洛江区	169	122	47	1643	896	747	445	239	206
泉港区	12	6	6	790	484	306	224	117	107
惠安县	108	29	79	6288	3615	2673	1092	661	431
安溪县	28	16	12	1630	959	671	475	233	242
永春县	12	8	4	498	284	214	161	76	85
德化县	26	22	4	1497	856	641	169	85	84
石狮市	153	82	71	6201	3559	2642	1188	660	528
晋江市	1247	561	686	26542	14906	11636	6800	3852	2948
南安市	255	65	190	7458	4389	3069	2494	1494	1000

1-4　续表 5　　　　单位：人

地　区	维吾尔族			苗　族			彝　族		
	小计	男	女	小计	男	女	小计	男	女
漳州市	**314**	**169**	**145**	**16005**	**9194**	**6811**	**3862**	**2073**	**1789**
芗城区	67	47	20	2644	1434	1210	446	216	230
龙文区	66	44	22	1758	1063	695	314	179	135
云霄县	8	3	5	514	307	207	103	60	43
漳浦县	83	21	62	1790	1098	692	523	221	302
诏安县	8	3	5	422	207	215	130	59	71
长泰县	11	8	3	1411	803	608	669	372	297
东山县	7	6	1	263	143	120	126	60	66
南靖县	8	5	3	681	366	315	72	37	35
平和县	9	7	2	1248	695	553	163	97	66
华安县				754	420	334	126	65	61
龙海市	47	25	22	4520	2658	1862	1190	707	483
南平市	**134**	**88**	**46**	**5205**	**2824**	**2381**	**1712**	**861**	**851**
延平区	26	15	11	530	277	253	189	96	93
建阳区	34	25	9	992	565	427	132	68	64
顺昌县	4	3	1	349	199	150	79	39	40
浦城县	12	9	3	518	248	270	348	182	166
光泽县	9	3	6	645	332	313	541	294	247
松溪县	9	7	2	94	49	45	49	18	31
政和县	8	6	2	364	215	149	106	38	68
邵武市	6	2	4	664	356	308	101	51	50
武夷山市	15	10	5	367	193	174	108	48	60
建瓯市	11	8	3	682	390	292	59	27	32
龙岩市	**162**	**79**	**83**	**4363**	**2559**	**1804**	**1289**	**713**	**576**
新罗区	117	54	63	1558	928	630	812	451	361
永定区	1	1		395	252	143	86	51	35
长汀县	5	3	2	174	89	85	72	23	49
上杭县	21	11	10	963	545	418	142	97	45
武平县	7	4	3	266	161	105	44	23	21
连城县	6	3	3	293	172	121	46	17	29
漳平市	5	3	2	714	412	302	87	51	36
宁德市	**80**	**54**	**26**	**3312**	**1962**	**1350**	**1739**	**984**	**755**
蕉城区	26	19	7	1023	663	360	575	364	211
霞浦县	14	9	5	366	220	146	259	160	99
古田县	5	4	1	309	167	142	122	57	65
屏南县				157	94	63	57	30	27
寿宁县	4	2	2	139	76	63	31	16	15
周宁县	8	5	3	127	75	52	45	28	17
柘荣县	1		1	90	51	39	40	25	15
福安市	9	5	4	353	211	142	149	86	63
福鼎市	13	10	3	748	405	343	461	218	243

1-4 续表 6 单位：人

地 区	壮 族			布依族			朝鲜族		
	小计	男	女	小计	男	女	小计	男	女
合 计	**53350**	**27017**	**26333**	**48893**	**27469**	**21424**	**2963**	**1499**	**1464**
福州市	**8982**	**4579**	**4403**	**7509**	**4307**	**3202**	**353**	**178**	**175**
鼓楼区	882	443	439	437	248	189	62	31	31
台江区	568	317	251	374	236	138	19	10	9
仓山区	943	438	505	795	423	372	44	17	27
马尾区	282	141	141	163	85	78	23	14	9
晋安区	706	373	333	342	205	137	29	11	18
长乐区	1326	748	578	949	516	433	12	9	3
闽侯县	1672	706	966	1351	704	647	38	18	20
连江县	523	266	257	1227	825	402	21	12	9
罗源县	181	101	80	232	143	89	4	2	2
闽清县	211	87	124	198	106	92	1	1	
永泰县	164	74	90	68	40	28	2	1	1
平潭县	175	119	56	122	68	54	5	2	3
福清市	1349	766	583	1251	708	543	93	50	43
厦门市	**12848**	**6632**	**6216**	**10240**	**5790**	**4450**	**1571**	**771**	**800**
思明区	1463	639	824	679	343	336	452	207	245
海沧区	2232	1229	1003	1671	1031	640	201	88	113
湖里区	1762	806	956	889	451	438	372	191	181
集美区	3012	1554	1458	2233	1249	984	320	165	155
同安区	2971	1631	1340	2724	1536	1188	119	62	57
翔安区	1408	773	635	2044	1180	864	107	58	49
莆田市	**2159**	**1144**	**1015**	**4361**	**2480**	**1881**	**50**	**31**	**19**
城厢区	508	261	247	610	324	286	21	13	8
涵江区	471	265	206	751	423	328	11	8	3
荔城区	776	394	382	2468	1437	1031	12	5	7
秀屿区	159	104	55	275	162	113	1	1	
仙游县	245	120	125	257	134	123	5	4	1
三明市	**1364**	**617**	**747**	**1039**	**571**	**468**	**26**	**13**	**13**
梅列区	173	71	102	64	30	34	4	3	1
三元区	226	107	119	182	96	86	1		1
明溪县	42	16	26	21	9	12	2	1	1
清流县	58	26	32	38	15	23	3	3	
宁化县	58	24	34	38	16	22	1	1	
大田县	187	114	73	126	89	37	2	2	
尤溪县	82	25	57	55	17	38	5		5
沙县	113	36	77	243	153	90	2		2
将乐县	62	25	37	62	32	30	1	1	
泰宁县	24	8	16	7	3	4	4	1	3
建宁县	88	44	44	34	14	20			
永安市	251	121	130	169	97	72	1	1	
泉州市	**18097**	**9320**	**8777**	**17267**	**9701**	**7566**	**725**	**384**	**341**
鲤城区	903	449	454	955	521	434	16	10	6
丰泽区	1286	634	652	718	381	337	101	45	56
洛江区	695	329	366	317	168	149	17	9	8
泉港区	370	209	161	185	112	73	3	1	2
惠安县	1159	609	550	1364	761	603	47	22	25
安溪县	1911	821	1090	1437	838	599	10	3	7
永春县	438	139	299	94	44	50	4	2	2
德化县	141	68	73	116	68	48	5	3	2
石狮市	1451	803	648	1711	955	756	20	8	12
晋江市	6521	3530	2991	8997	5054	3943	383	214	169
南安市	3222	1729	1493	1373	799	574	119	67	52

1-4 续表 7

单位：人

地区	壮族			布依族			朝鲜族		
	小计	男	女	小计	男	女	小计	男	女
漳州市	**5168**	**2572**	**2596**	**5641**	**3201**	**2440**	**113**	**57**	**56**
芗城区	902	360	542	874	458	416	25	12	13
龙文区	487	262	225	507	288	219	10	3	7
云霄县	175	80	95	58	25	33	4	3	1
漳浦县	526	255	271	377	214	163	22	16	6
诏安县	143	54	89	105	57	48	2	2	
长泰县	653	330	323	619	347	272	1	1	
东山县	128	58	70	99	71	28	2	2	
南靖县	216	118	98	120	75	45	2	1	1
平和县	304	139	165	145	82	63	1		1
华安县	220	107	113	126	81	45	1	1	
龙海市	1414	809	605	2611	1503	1108	43	16	27
南平市	**1182**	**418**	**764**	**830**	**315**	**515**	**39**	**16**	**23**
延平区	252	80	172	72	28	44	6	3	3
建阳区	178	73	105	86	36	50	4	1	3
顺昌县	96	31	65	41	18	23			
浦城县	47	18	29	193	26	167	3		3
光泽县	58	20	38	49	19	30			
松溪县	34	18	16	29	14	15	1	1	
政和县	89	45	44	31	19	12			
邵武市	96	27	69	74	43	31	17	8	9
武夷山市	229	76	153	177	74	103	6	3	3
建瓯市	103	30	73	78	38	40	2		2
龙岩市	**1381**	**571**	**810**	**869**	**472**	**397**	**34**	**21**	**13**
新罗区	697	310	387	364	193	171	21	14	7
永定区	115	44	71	89	56	33	1	1	
长汀县	107	31	76	37	16	21	4	1	3
上杭县	183	79	104	108	66	42	4	2	2
武平县	86	34	52	41	24	17	1	1	
连城县	71	28	43	56	19	37	1		1
漳平市	122	45	77	174	98	76	2	2	
宁德市	**2169**	**1164**	**1005**	**1137**	**632**	**505**	**52**	**28**	**24**
蕉城区	1043	683	360	388	235	153	29	18	11
霞浦县	357	218	139	141	82	59	2	1	1
古田县	159	40	119	157	87	70	2	1	1
屏南县	26	8	18	64	30	34	1		1
寿宁县	35	6	29	44	21	23			
周宁县	95	36	59	31	20	11			
柘荣县	31	7	24	34	18	16			
福安市	133	52	81	97	52	45	7	2	5
福鼎市	290	114	176	181	87	94	11	6	5

1-4 续表 8

单位：人

地　区	满族			侗族			瑶族		
	小计	男	女	小计	男	女	小计	男	女
合　计	**14034**	**7482**	**6552**	**31784**	**18439**	**13345**	**10782**	**5773**	**5009**
福州市	**3078**	**1654**	**1424**	**5279**	**3178**	**2101**	**1736**	**975**	**761**
鼓楼区	605	291	314	337	194	143	102	59	43
台江区	160	88	72	201	120	81	62	33	29
仓山区	479	248	231	644	383	261	190	99	91
马尾区	109	50	59	133	82	51	59	29	30
晋安区	389	220	169	300	175	125	109	48	61
长乐区	472	282	190	723	470	253	186	104	82
闽侯县	403	210	193	1048	605	443	305	160	145
连江县	118	66	52	355	188	167	205	134	71
罗源县	31	17	14	77	58	19	59	37	22
闽清县	19	10	9	158	91	67	75	33	42
永泰县	19	12	7	56	35	21	42	28	14
平潭县	33	16	17	95	64	31	19	12	7
福清市	241	144	97	1152	713	439	323	199	124
厦门市	**5160**	**2531**	**2629**	**7773**	**4427**	**3346**	**2530**	**1306**	**1224**
思明区	1721	784	937	650	330	320	304	134	170
海沧区	533	264	269	1334	818	516	413	229	184
湖里区	959	459	500	976	526	450	371	160	211
集美区	1156	592	564	1433	825	608	584	313	271
同安区	385	224	161	2077	1176	901	515	273	242
翔安区	406	208	198	1303	752	551	343	197	146
莆田市	**324**	**179**	**145**	**1813**	**1113**	**700**	**473**	**273**	**200**
城厢区	93	48	45	328	202	126	82	46	36
涵江区	62	44	18	373	209	164	152	99	53
荔城区	97	52	45	791	494	297	150	83	67
秀屿区	29	18	11	140	102	38	39	19	20
仙游县	43	17	26	181	106	75	50	26	24
三明市	**353**	**212**	**141**	**838**	**471**	**367**	**297**	**151**	**146**
梅列区	70	38	32	51	24	27	30	21	9
三元区	51	29	22	94	50	44	36	12	24
明溪县	16	13	3	13	9	4	8	5	3
清流县	15	9	6	21	14	7	9	5	4
宁化县	9	6	3	24	7	17	14	3	11
大田县	15	10	5	76	55	21	51	41	10
尤溪县	24	16	8	48	27	21	38	16	22
沙县	42	23	19	60	26	34	33	9	24
将乐县	8	5	3	42	23	19	24	12	12
泰宁县	16	7	9	20	11	9	4	2	2
建宁县	4	2	2	40	19	21	11	7	4
永安市	83	54	29	349	206	143	39	18	21
泉州市	**3339**	**1925**	**1414**	**10421**	**5963**	**4458**	**3547**	**1865**	**1682**
鲤城区	252	141	111	710	391	319	150	73	77
丰泽区	469	220	249	820	437	383	176	71	105
洛江区	89	40	49	333	198	135	74	36	38
泉港区	53	29	24	152	85	67	56	31	25
惠安县	159	100	59	651	377	274	218	115	103
安溪县	51	30	21	867	482	385	172	71	101
永春县	26	13	13	64	30	34	32	13	19
德化县	16	9	7	84	55	29	38	15	23
石狮市	170	89	81	1233	727	506	216	117	99
晋江市	1003	598	405	4349	2498	1851	1817	995	822
南安市	1051	656	395	1158	683	475	598	328	270

1-4　续表 9　　　　单位：人

地　区	满族			侗族			瑶族		
	小计	男	女	小计	男	女	小计	男	女
漳州市	**744**	**394**	**350**	**2868**	**1572**	**1296**	**1194**	**643**	**551**
芗城区	139	72	67	568	287	281	195	78	117
龙文区	82	40	42	295	177	118	166	106	60
云霄县	22	13	9	110	68	42	23	9	14
漳浦县	81	43	38	364	214	150	96	48	48
诏安县	13	5	8	202	97	105	25	10	15
长泰县	39	20	19	214	114	100	167	88	79
东山县	17	14	3	236	115	121	30	17	13
南靖县	10	8	2	75	41	34	43	26	17
平和县	11	5	6	77	44	33	36	16	20
华安县	9	6	3	132	81	51	66	35	31
龙海市	321	168	153	595	334	261	347	210	137
南平市	**342**	**176**	**166**	**629**	**334**	**295**	**263**	**133**	**130**
延平区	65	40	25	96	49	47	38	18	20
建阳区	52	20	32	130	73	57	68	48	20
顺昌县	21	10	11	72	37	35	20	10	10
浦城县	17	12	5	39	20	19	6	1	5
光泽县	12	3	9	45	30	15	17	7	10
松溪县	6	2	4	19	12	7	2	1	1
政和县	12	7	5	27	7	20	19	8	11
邵武市	64	35	29	77	46	31	48	24	24
武夷山市	45	20	25	71	39	32	34	11	23
建瓯市	48	27	21	53	21	32	11	5	6
龙岩市	**260**	**166**	**94**	**1287**	**824**	**463**	**401**	**229**	**172**
新罗区	148	86	62	694	437	257	180	98	82
永定区	27	23	4	126	89	37	37	20	17
长汀县	15	10	5	46	29	17	25	11	14
上杭县	41	29	12	138	82	56	45	24	21
武平县	6	3	3	52	34	18	25	16	9
连城县	5	2	3	61	34	27	53	32	21
漳平市	18	13	5	170	119	51	36	28	8
宁德市	**434**	**245**	**189**	**876**	**557**	**319**	**341**	**198**	**143**
蕉城区	183	107	76	388	264	124	193	132	61
霞浦县	70	39	31	87	59	28	20	9	11
古田县	14	3	11	31	19	12	22	5	17
屏南县	6	2	4	19	11	8	5	3	2
寿宁县	8	2	6	40	26	14	9	6	3
周宁县	8	2	6	14	4	10	14	7	7
柘荣县	1	1		27	17	10	4	1	3
福安市	38	21	17	79	52	27	37	18	19
福鼎市	106	68	38	191	105	86	37	17	20

1-4　续表 10　　　　　　　　　　　　　　　　　　　　单位：人

地　区	白　族			土家族			哈尼族		
	小计	男	女	小计	男	女	小计	男	女
合　计	**9612**	**5297**	**4315**	**142673**	**83766**	**58907**	**7074**	**3987**	**3087**
福州市	**1870**	**1039**	**831**	**13368**	**8064**	**5304**	**2210**	**1282**	**928**
鼓楼区	78	37	41	895	502	393	73	39	34
台江区	61	36	25	502	311	191	24	17	7
仓山区	173	92	81	1771	1072	699	122	72	50
马尾区	63	35	28	416	249	167	91	55	36
晋安区	77	41	36	1027	649	378	112	52	60
长乐区	641	383	258	1690	1057	633	1247	733	514
闽侯县	342	183	159	1623	949	674	139	75	64
连江县	76	28	48	752	449	303	68	37	31
罗源县	37	23	14	206	138	68	35	26	9
闽清县	10	4	6	196	115	81	34	14	20
永泰县	20	8	12	141	91	50	14	8	6
平潭县	11	5	6	360	240	120	22	10	12
福清市	281	164	117	3789	2242	1547	229	144	85
厦门市	**2208**	**1201**	**1007**	**40045**	**23195**	**16850**	**2630**	**1554**	**1076**
思明区	164	62	102	3118	1592	1526	111	52	59
海沧区	281	152	129	5064	3018	2046	467	269	198
湖里区	246	125	121	6561	3672	2889	265	152	113
集美区	388	204	184	9802	5778	4024	358	211	147
同安区	538	320	218	9888	5793	4095	838	458	380
翔安区	591	338	253	5612	3342	2270	591	412	179
莆田市	**1370**	**784**	**586**	**6360**	**3715**	**2645**	**317**	**192**	**125**
城厢区	405	224	181	1008	565	443	66	36	30
涵江区	376	222	154	2058	1171	887	125	77	48
荔城区	448	251	197	2323	1357	966	78	46	32
秀屿区	76	48	28	526	347	179	23	17	6
仙游县	65	39	26	445	275	170	25	16	9
三明市	**146**	**72**	**74**	**2022**	**1231**	**791**	**99**	**39**	**60**
梅列区	15	3	12	368	211	157	7	3	4
三元区	21	17	4	232	132	100	26	11	15
明溪县	2	1	1	71	44	27	7	3	4
清流县	9	5	4	138	89	49			
宁化县	7	4	3	109	70	39	2	1	1
大田县	11	4	7	266	190	76	4	2	2
尤溪县	8	5	3	97	54	43	17	6	11
沙县	13	5	8	171	93	78	13	5	8
将乐县	21	13	8	93	53	40	8	3	5
泰宁县				48	25	23	5	2	3
建宁县	5	1	4	52	27	25	4	1	3
永安市	34	14	20	377	243	134	6	2	4
泉州市	**2527**	**1409**	**1118**	**65379**	**38166**	**27213**	**1081**	**576**	**505**
鲤城区	119	55	64	3260	1856	1404	55	31	24
丰泽区	249	115	134	4225	2461	1764	76	37	39
洛江区	63	32	31	1306	717	589	48	27	21
泉港区	40	25	15	759	464	295	39	26	13
惠安县	151	87	64	3010	1886	1124	91	54	37
安溪县	64	31	33	1525	947	578	62	28	34
永春县	17	11	6	362	232	130	15	5	10
德化县	11	7	4	299	194	105	15	10	5
石狮市	182	102	80	5440	3215	2225	153	90	63
晋江市	1121	641	480	33709	19208	14501	416	212	204
南安市	510	303	207	11484	6986	4498	111	56	55

1-4　续表 11　　单位：人

地　区	白　族			土家族			哈尼族		
	小计	男	女	小计	男	女	小计	男	女
漳州市	**693**	**398**	**295**	**9984**	**6031**	**3953**	**377**	**179**	**198**
芗城区	151	71	80	2211	1281	930	30	10	20
龙文区	48	27	21	1503	901	602	18	9	9
云霄县	12	7	5	181	110	71	3	1	2
漳浦县	40	24	16	957	620	337	9	6	3
诏安县	7	3	4	133	84	49	3		3
长泰县	107	70	37	1157	695	462	68	36	32
东山县	9	5	4	137	90	47	6	1	5
南靖县	29	20	9	244	154	90	9	5	4
平和县	29	16	13	385	242	143	7	2	5
华安县	7	5	2	338	211	127	12	5	7
龙海市	254	150	104	2738	1643	1095	212	104	108
南平市	**357**	**164**	**193**	**1291**	**714**	**577**	**114**	**42**	**72**
延平区	17	6	11	217	106	111	39	15	24
建阳区	16	8	8	219	126	93	8	1	7
顺昌县	12	7	5	106	66	40	2	1	1
浦城县	108	50	58	178	101	77	4		4
光泽县	121	61	60	51	26	25	5		5
松溪县	6	1	5	23	12	11	6	2	4
政和县	17	7	10	52	28	24	9	3	6
邵武市	14	7	7	202	119	83	7	2	5
武夷山市	34	13	21	146	76	70	12	5	7
建瓯市	12	4	8	97	54	43	22	13	9
龙岩市	**210**	**119**	**91**	**2106**	**1323**	**783**	**80**	**36**	**44**
新罗区	84	51	33	969	589	380	26	16	10
永定区	27	20	7	362	244	118	10	2	8
长汀县	40	17	23	83	49	34	14	2	12
上杭县	12	7	5	273	181	92	4	2	2
武平县	15	7	8	96	65	31	4	1	3
连城县	17	8	9	72	39	33	12	8	4
漳平市	15	9	6	251	156	95	10	5	5
宁德市	**231**	**111**	**120**	**2118**	**1327**	**791**	**166**	**87**	**79**
蕉城区	90	50	40	652	431	221	52	36	16
霞浦县	17	6	11	156	100	56	9	4	5
古田县	7	1	6	133	77	56	11	3	8
屏南县	9	4	5	70	37	33	7	2	5
寿宁县	6	2	4	84	43	41	5	1	4
周宁县	8	5	3	60	41	19	17	12	5
柘荣县	8	5	3	21	13	8	3	2	1
福安市	41	24	17	258	177	81	15	8	7
福鼎市	45	14	31	684	408	276	47	19	28

1-4 续表 12

单位：人

地　区	哈萨克族			傣　族			黎　族		
	小计	男	女	小计	男	女	小计	男	女
合　计	**437**	**168**	**269**	**7622**	**4157**	**3465**	**5332**	**2592**	**2740**
福州市	**113**	**46**	**67**	**1693**	**915**	**778**	**909**	**454**	**455**
鼓楼区	3	2	1	62	37	25	88	37	51
台江区	5	1	4	50	31	19	54	27	27
仓山区	29	13	16	84	31	53	106	52	54
马尾区				27	14	13	50	22	28
晋安区	1	1		59	27	32	60	30	30
长乐区	18	6	12	331	180	151	87	42	45
闽侯县	46	17	29	318	180	138	234	125	109
连江县				87	35	52	33	11	22
罗源县	1	1		47	21	26	12	6	6
闽清县				15	4	11	7	1	6
永泰县				13	10	3	15	10	5
平潭县	1		1	17	6	11	12	4	8
福清市	9	5	4	583	339	244	151	87	64
厦门市	**238**	**85**	**153**	**2261**	**1321**	**940**	**1495**	**787**	**708**
思明区	82	26	56	100	50	50	123	55	68
海沧区	15	4	11	348	194	154	177	91	86
湖里区	10	4	6	136	67	69	227	101	126
集美区	92	35	57	297	163	134	245	113	132
同安区	12	6	6	1041	649	392	245	129	116
翔安区	27	10	17	339	198	141	478	298	180
莆田市	**13**	**4**	**9**	**389**	**205**	**184**	**419**	**226**	**193**
城厢区	12	3	9	108	60	48	78	46	32
涵江区				86	38	48	100	54	46
荔城区				166	88	78	163	80	83
秀屿区				17	11	6	45	30	15
仙游县	1	1		12	8	4	33	16	17
三明市	**10**	**3**	**7**	**169**	**73**	**96**	**119**	**54**	**65**
梅列区	6	1	5	9	2	7	3	1	2
三元区	1	1		7	5	2	22	11	11
明溪县				3	1	2	8	3	5
清流县				1		1	1	1	
宁化县				7	1	6	5	1	4
大田县				6	4	2	12	8	4
尤溪县				103	52	51	3	1	2
沙县	1		1	10	2	8	19	6	13
将乐县				4	1	3	3	1	2
泰宁县	2	1	1	1		1			
建宁县				1	1		7	2	5
永安市				17	4	13	36	19	17
泉州市	**33**	**13**	**20**	**1335**	**705**	**630**	**1365**	**638**	**727**
鲤城区	3	2	1	33	19	14	50	23	27
丰泽区	5	3	2	63	16	47	150	72	78
洛江区	2	1	1	28	14	14	28	8	20
泉港区	4		4	27	17	10	136	44	92
惠安县	4	1	3	62	29	33	112	38	74
安溪县	2	1	1	34	8	26	62	23	39
永春县				11	4	7	14	6	8
德化县				7	1	6	4	2	2
石狮市	2	1	1	147	77	70	160	79	81
晋江市	6	3	3	764	430	334	545	291	254
南安市	5	1	4	159	90	69	104	52	52

1-4　续表 13　　　　单位：人

地　区	哈萨克族			傣　族			黎　族		
	小计	男	女	小计	男	女	小计	男	女
漳州市	**13**	**8**	**5**	**710**	**390**	**320**	**426**	**183**	**243**
芗城区	3	1	2	55	28	27	61	25	36
龙文区	2	2		40	17	23	50	29	21
云霄县				13	3	10	11	5	6
漳浦县				30	11	19	48	12	36
诏安县	1	1		12	2	10	27	10	17
长泰县	1		1	358	200	158	31	20	11
东山县				16	9	7	26	5	21
南靖县				14	10	4	21	10	11
平和县				25	18	7	20	12	8
华安县				19	11	8	25	7	18
龙海市	6	4	2	128	81	47	106	48	58
南平市	**1**	**1**		**491**	**270**	**221**	**108**	**45**	**63**
延平区	1	1		60	19	41	18	5	13
建阳区				16	4	12	13	8	5
顺昌县				17	6	11	4	3	1
浦城县				56	28	28	14	6	8
光泽县				243	162	81	8	4	4
松溪县				2		2	4	2	2
政和县				54	32	22	4	1	3
邵武市				11	8	3	18	10	8
武夷山市				19	7	12	19	5	14
建瓯市				13	4	9	6	1	5
龙岩市	**16**	**8**	**8**	**212**	**114**	**98**	**152**	**73**	**79**
新罗区	16	8	8	135	86	49	71	41	30
永定区				18	8	10	18	5	13
长汀县				16	4	12	8	5	3
上杭县				13	6	7	23	6	17
武平县				6	2	4	6	4	2
连城县				5	1	4	9	3	6
漳平市				19	7	12	17	9	8
宁德市				**362**	**164**	**198**	**339**	**132**	**207**
蕉城区				123	70	53	70	35	35
霞浦县				109	40	69	20	7	13
古田县				26	10	16	101	15	86
屏南县				16	12	4	14	1	13
寿宁县				3		3	7	2	5
周宁县				12	2	10	7	4	3
柘荣县				1		1	3	1	2
福安市				39	19	20	76	46	30
福鼎市				33	11	22	41	21	20

1-4 续表 14 单位：人

地　区	傈僳族			佤　族			畲　族		
	小计	男	女	小计	男	女	小计	男	女
合　计	**1926**	**1000**	**926**	**2913**	**1607**	**1306**	**374663**	**201584**	**173079**
福州市	**490**	**278**	**212**	**492**	**283**	**209**	**51570**	**27143**	**24427**
鼓楼区	25	14	11	17	11	6	1822	891	931
台江区	17	5	12	17	11	6	667	335	332
仓山区	40	27	13	27	16	11	3245	1757	1488
马尾区	16	11	5	16	9	7	836	414	422
晋安区	11	7	4	46	24	22	4543	2369	2174
长乐区	189	104	85	41	20	21	546	292	254
闽侯县	42	22	20	122	71	51	3087	1589	1498
连江县	17	6	11	41	27	14	11328	5702	5626
罗源县	27	18	9	64	47	17	16564	8569	7995
闽清县				9	3	6	184	110	74
永泰县	6	5	1	10	5	5	2758	1586	1172
平潭县	5	2	3	15	8	7	185	92	93
福清市	95	57	38	67	31	36	5805	3437	2368
厦门市	**514**	**258**	**256**	**799**	**435**	**364**	**25993**	**14139**	**11854**
思明区	26	9	17	39	15	24	4967	2519	2448
海沧区	69	35	34	204	113	91	2572	1463	1109
湖里区	50	24	26	56	26	30	9935	5473	4462
集美区	96	52	44	211	128	83	5033	2717	2316
同安区	93	49	44	187	94	93	2113	1209	904
翔安区	180	89	91	102	59	43	1373	758	615
莆田市	**132**	**80**	**52**	**322**	**202**	**120**	**2492**	**1428**	**1064**
城厢区	18	11	7	148	96	52	592	331	261
涵江区	30	18	12	35	22	13	384	230	154
荔城区	46	22	24	126	72	54	483	273	210
秀屿区	23	18	5	8	8		106	58	48
仙游县	15	11	4	5	4	1	927	536	391
三明市	**42**	**15**	**27**	**41**	**17**	**24**	**14936**	**8635**	**6301**
梅列区	5		5	9	2	7	966	525	441
三元区	4	3	1				657	359	298
明溪县							105	53	52
清流县				7	4	3	1303	747	556
宁化县	1		1				3718	2210	1508
大田县	2	1	1	9	3	6	492	274	218
尤溪县	11	2	9	4	1	3	1064	623	441
沙县	5		5	2	1	1	697	396	301
将乐县	3	3					117	59	58
泰宁县				2	2		298	199	99
建宁县	1		1				305	175	130
永安市	10	6	4	8	4	4	5214	3015	2199
泉州市	**307**	**155**	**152**	**606**	**323**	**283**	**26534**	**15084**	**11450**
鲤城区	10	4	6	9	4	5	904	523	381
丰泽区	17	10	7	19	10	9	1670	905	765
洛江区	8	4	4	11	2	9	1104	607	497
泉港区	10	6	4	7	6	1	4259	2271	1988
惠安县	56	30	26	56	37	19	1231	658	573
安溪县	6	1	5	11	5	6	7070	4118	2952
永春县	5	1	4	3	1	2	520	300	220
德化县	8	5	3	37	18	19	490	289	201
石狮市	34	13	21	51	28	23	959	565	394
晋江市	109	56	53	344	190	154	3873	2221	1652
南安市	44	25	19	58	22	36	4454	2627	1827

1-4　续表 15　　　　单位：人

地　区	傈僳族			佤　族			畲　族		
	小计	男	女	小计	男	女	小计	男	女
漳州市	**188**	**104**	**84**	**267**	**148**	**119**	**46891**	**25307**	**21584**
芗城区	21	9	12	17	6	11	4669	2509	2160
龙文区	16	8	8	12	7	5	1082	568	514
云霄县	1	1		14	10	4	891	539	352
漳浦县	12	5	7	18	9	9	17453	9288	8165
诏安县				1		1	10469	5668	4801
长泰县	41	23	18	89	46	43	246	132	114
东山县	13	9	4	11	5	6	47	27	20
南靖县	3	2	1	2		2	497	282	215
平和县	2		2	7	3	4	1122	649	473
华安县	4	3	1	7	3	4	1098	560	538
龙海市	75	44	31	89	59	30	9317	5085	4232
南平市	**144**	**63**	**81**	**249**	**137**	**112**	**21078**	**11722**	**9356**
延平区	9	2	7	18	7	11	2216	1188	1028
建阳区	6	1	5	11	6	5	3352	1922	1430
顺昌县	2	1	1	5		5	4991	2587	2404
浦城县	82	40	42	11	2	9	1399	891	508
光泽县	16	5	11	116	64	52	2379	1265	1114
松溪县				1		1	1056	648	408
政和县	14	8	6	76	52	24	583	328	255
邵武市	2		2	1	1		2426	1432	994
武夷山市	8	3	5	7	5	2	789	449	340
建瓯市	5	3	2	3		3	1887	1012	875
龙岩市	**45**	**22**	**23**	**52**	**22**	**30**	**30197**	**16711**	**13486**
新罗区	22	9	13	31	12	19	4918	2599	2319
永定区				4	2	2	150	83	67
长汀县	2		2	9	4	5	284	155	129
上杭县	9	7	2	3	3		23160	12920	10240
武平县				1		1	225	112	113
连城县	1		1	1		1	79	39	40
漳平市	11	6	5	3	1	2	1381	803	578
宁德市	**64**	**25**	**39**	**85**	**40**	**45**	**154972**	**81415**	**73557**
蕉城区	24	16	8	36	24	12	24912	12866	12046
霞浦县	8	2	6	6	2	4	34529	18111	16418
古田县	4	1	3	4	1	3	5699	3140	2559
屏南县				3	1	2	404	226	178
寿宁县				6	1	5	1315	689	626
周宁县	5		5	2		2	1316	741	575
柘荣县	4		4	4	2	2	1407	707	700
福安市	9	3	6	9	7	2	59737	31751	27986
福鼎市	10	3	7	15	2	13	25653	13184	12469

1-4 续表 16

单位：人

地区	高山族			拉祜族			水族		
	小计	男	女	小计	男	女	小计	男	女
合 计	**417**	**234**	**183**	**1796**	**992**	**804**	**4838**	**2743**	**2095**
福州市	**25**	**13**	**12**	**291**	**160**	**131**	**1000**	**557**	**443**
鼓楼区				24	12	12	58	37	21
台江区				11	3	8	42	23	19
仓山区	10	6	4	20	11	9	162	80	82
马尾区	6	4	2	7	2	5	13	11	2
晋安区	2	1	1	12	7	5	48	30	18
长乐区				43	16	27	136	72	64
闽侯县	3	1	2	32	14	18	199	101	98
连江县				32	22	10	74	52	22
罗源县	4	1	3	14	12	2	46	27	19
闽清县				3		3	85	45	40
永泰县				2		2	15	9	6
平潭县				2	1	1	6	4	2
福清市				89	60	29	116	66	50
厦门市	**88**	**47**	**41**	**425**	**249**	**176**	**826**	**470**	**356**
思明区	25	12	13	34	22	12	69	32	37
海沧区	5	3	2	64	39	25	123	77	46
湖里区	18	8	10	34	19	15	76	34	42
集美区	24	15	9	67	32	35	194	109	85
同安区	13	9	4	162	102	60	273	168	105
翔安区	3		3	64	35	29	91	50	41
莆田市	**10**	**6**	**4**	**157**	**98**	**59**	**251**	**144**	**107**
城厢区				37	23	14	25	15	10
涵江区				32	25	7	80	47	33
荔城区	10	6	4	83	47	36	98	49	49
秀屿区				4	2	2	20	15	5
仙游县				1	1		28	18	10
三明市	**51**	**26**	**25**	**31**	**13**	**18**	**393**	**233**	**160**
梅列区				2	1	1	11	7	4
三元区	7	2	5	2	1	1	45	26	19
明溪县				1		1	12	8	4
清流县	20	10	10	2		2	8	6	2
宁化县	4	2	2	1	1		3	2	1
大田县				6	3	3	51	37	14
尤溪县	1		1	3		3	7	2	5
沙县	12	5	7	7	3	4	34	17	17
将乐县							71	46	25
泰宁县							24	17	7
建宁县				1		1	4	2	2
永安市	7	7		6	4	2	123	63	60
泉州市	**42**	**24**	**18**	**265**	**128**	**137**	**1061**	**600**	**461**
鲤城区	5	3	2	12	6	6	67	30	37
丰泽区	11	8	3	7	1	6	63	37	26
洛江区	5	3	2	11	1	10	20	14	6
泉港区				5	2	3	18	12	6
惠安县	4	2	2	16	5	11	43	26	17
安溪县	2	1	1	13	10	3	183	111	72
永春县	2	1	1	2		2	24	16	8
德化县				2	1	1	12	5	7
石狮市	2		2	27	16	11	86	53	33
晋江市	11	6	5	115	54	61	282	149	133
南安市				55	32	23	263	147	116

1-4　续表 17　　　　单位：人

地　区	高山族			拉祜族			水　族		
	小计	男	女	小计	男	女	小计	男	女
漳州市	**151**	**88**	**63**	**154**	**77**	**77**	**283**	**160**	**123**
芗城区	32	21	11	11	6	5	59	31	28
龙文区	10	6	4	17	11	6	22	13	9
云霄县	4	2	2	1		1	8	5	3
漳浦县	29	15	14	5	1	4	35	17	18
诏安县	2	1	1	4	1	3	3	1	2
长泰县	6	4	2	56	25	31	25	9	16
东山县	4	3	1	1		1	3	3	
南靖县				2	2		8	6	2
平和县	1		1	2		2	4	4	
华安县	50	32	18	4	1	3	2	1	1
龙海市	13	4	9	51	30	21	114	70	44
南平市	**35**	**21**	**14**	**365**	**209**	**156**	**332**	**176**	**156**
延平区	24	14	10	2	1	1	37	21	16
建阳区	2	1	1	4	2	2	98	53	45
顺昌县	5	4	1	4		4	16	9	7
浦城县				94	58	36	20	8	12
光泽县				201	119	82	18	9	9
松溪县							13	8	5
政和县				54	26	28	2	2	
邵武市	4	2	2				65	38	27
武夷山市				6	3	3	30	11	19
建瓯市							33	17	16
龙岩市	**11**	**8**	**3**	**43**	**29**	**14**	**403**	**236**	**167**
新罗区	5	4	1	26	18	8	207	120	87
永定区	5	4	1	1	1		14	11	3
长汀县				2	1	1	5	2	3
上杭县				11	9	2	19	14	5
武平县							9	5	4
连城县	1		1	1		1	104	62	42
漳平市				2		2	45	22	23
宁德市	**4**	**1**	**3**	**65**	**29**	**36**	**289**	**167**	**122**
蕉城区				9	3	6	167	106	61
霞浦县				9	4	5	18	6	12
古田县	2	1	1	9	4	5	12	7	5
屏南县				8	4	4	11	8	3
寿宁县				3		3	8	4	4
周宁县				2	1	1	6	4	2
柘荣县				3	2	1	2		2
福安市							21	12	9
福鼎市	2		2	22	11	11	44	20	24

1－4 续表 18 单位：人

地区	东乡族			纳西族			景颇族		
	小计	男	女	小计	男	女	小计	男	女
合　计	**3106**	**1973**	**1133**	**269**	**117**	**152**	**1453**	**702**	**751**
福州市	**696**	**415**	**281**	**41**	**17**	**24**	**234**	**118**	**116**
鼓楼区	72	44	28	7	2	5	21	9	12
台江区	30	17	13				11	5	6
仓山区	88	61	27	3	1	2	5	2	3
马尾区	24	12	12	1	1		4	2	2
晋安区	30	20	10	2		2	6	1	5
长乐区	46	20	26	2	1	1	81	49	32
闽侯县	60	38	22	11	5	6	23	12	11
连江县	130	74	56	3		3	17	7	10
罗源县	4	1	3				21	12	9
闽清县	3	3		1		1	6	1	5
永泰县							1	1	
平潭县	26	13	13	1		1	4		4
福清市	183	112	71	10	7	3	34	17	17
厦门市	**1771**	**1164**	**607**	**110**	**51**	**59**	**278**	**140**	**138**
思明区	203	129	74	24	10	14	16	7	9
海沧区	281	204	77	7	2	5	57	33	24
湖里区	342	240	102	9	2	7	29	14	15
集美区	507	306	201	38	18	20	45	22	23
同安区	157	98	59	6	2	4	96	47	49
翔安区	281	187	94	26	17	9	35	17	18
莆田市	**41**	**28**	**13**	**13**	**5**	**8**	**130**	**48**	**82**
城厢区	3	2	1	2	1	1	40	11	29
涵江区	10	7	3	2		2	22	15	7
荔城区	7	6	1	3	2	1	59	18	41
秀屿区	7	4	3	2	2		5	1	4
仙游县	14	9	5	4		4	4	3	1
三明市	**9**	**4**	**5**	**7**	**1**	**6**	**102**	**37**	**65**
梅列区				2		2	5	2	3
三元区	4	1	3	3	1	2	4	1	3
明溪县									
清流县							2		2
宁化县							1		1
大田县	2	1	1				4	2	2
尤溪县	1	1					69	28	41
沙县									
将乐县							12	3	9
泰宁县							2		2
建宁县							1		1
永安市	2	1	1	2		2	2	1	1
泉州市	**230**	**125**	**105**	**40**	**17**	**23**	**264**	**128**	**136**
鲤城区	13	6	7	3		3	23	6	17
丰泽区	40	21	19	6	2	4	15	8	7
洛江区	5	2	3	2		2	4	3	1
泉港区	14	5	9	2	2		86	47	39
惠安县	23	12	11	3	2	1	16	8	8
安溪县	3	2	1	4	3	1	3		3
永春县									
德化县	3	2	1				3	2	1
石狮市	49	29	20	4	1	3	15	10	5
晋江市	73	42	31	12	4	8	72	32	40
南安市	7	4	3	4	3	1	27	12	15

1-4　续表 19　　　　　　　　　　　　　　　　　　　　单位：人

地　　区	东 乡 族			纳 西 族			景 颇 族		
	小计	男	女	小计	男	女	小计	男	女
漳州市	**253**	**174**	**79**	**19**	**11**	**8**	**165**	**83**	**82**
芗城区				4	2	2	7	5	2
龙文区	1		1	4	3	1	6	3	3
云霄县	3	2	1						
漳浦县	1	1					5	1	4
诏安县							2	1	1
长泰县	110	87	23	2		2	122	63	59
东山县	2	1	1	1		1	3	1	2
南靖县							5	2	3
平和县	1	1					1		1
华安县							2	1	1
龙海市	135	82	53	8	6	2	12	6	6
南平市	**10**	**7**	**3**	**11**	**5**	**6**	**56**	**24**	**32**
延平区				1		1	4	2	2
建阳区	1	1		2	1	1	1		1
顺昌县									
浦城县	4	3	1	2	1	1	28	13	15
光泽县	3	2	1				14	7	7
松溪县									
政和县									
邵武市	1		1				3	1	2
武夷山市				4	3	1	1		1
建瓯市	1	1		2		2	5	1	4
龙岩市	**39**	**23**	**16**	**13**	**3**	**10**	**41**	**25**	**16**
新罗区	4	2	2	11	3	8	15	10	5
永定区	5	3	2				6	5	1
长汀县							5	1	4
上杭县	3	1	2				2	1	1
武平县	7	4	3						
连城县							8	6	2
漳平市	20	13	7	2		2	5	2	3
宁德市	**57**	**33**	**24**	**15**	**7**	**8**	**183**	**99**	**84**
蕉城区	22	12	10	6	2	4	53	33	20
霞浦县	3	2	1	2	1	1	30	10	20
古田县	5	3	2	2		2	5	1	4
屏南县							5	4	1
寿宁县	3	2	1				1	1	
周宁县				1	1		2	1	1
柘荣县	4	2	2				7	2	5
福安市	11	6	5	1	1		55	39	16
福鼎市	9	6	3	3	2	1	25	8	17

1-4 续表 20 单位：人

地 区	柯尔克孜族			土 族			达斡尔族		
	小计	男	女	小计	男	女	小计	男	女
合 计	**350**	**189**	**161**	**1883**	**1035**	**848**	**189**	**94**	**95**
福州市	**18**	**6**	**12**	**190**	**99**	**91**	**49**	**24**	**25**
鼓楼区	2		2	12	7	5	3	1	2
台江区				8	5	3	2		2
仓山区	6	2	4	25	9	16	12	8	4
马尾区				11	8	3			
晋安区				4	3	1	4	2	2
长乐区	1		1	24	14	10	1	1	
闽侯县	2	1	1	35	18	17	13	7	6
连江县				8	2	6			
罗源县				1	1				
闽清县				2		2			
永泰县				2	1	1			
平潭县	1	1		3	1	2	4		4
福清市	6	2	4	55	30	25	10	5	5
厦门市	**37**	**14**	**23**	**490**	**266**	**224**	**91**	**48**	**43**
思明区	7	2	5	44	13	31	25	15	10
海沧区	8	3	5	51	31	20	14	8	6
湖里区	3		3	101	48	53	18	9	9
集美区	10	3	7	130	71	59	19	7	12
同安区	5	5		103	63	40	8	3	5
翔安区	4	1	3	61	40	21	7	6	1
莆田市	**4**	**1**	**3**	**113**	**57**	**56**	**3**	**1**	**2**
城厢区	3		3	13	7	6	2	1	1
涵江区				36	20	16			
荔城区				36	17	19	1		1
秀屿区	1	1		10	6	4			
仙游县				18	7	11			
三明市				**29**	**16**	**13**	**4**	**3**	**1**
梅列区				5	3	2			
三元区				6	4	2	1	1	
明溪县				1		1			
清流县				3	3				
宁化县				2	2				
大田县				1	1				
尤溪县				2		2			
沙县				1		1			
将乐县				2		2			
泰宁县				2		2			
建宁县				1	1				
永安市				3	2	1	3	2	1
泉州市	**283**	**163**	**120**	**796**	**443**	**353**	**14**	**4**	**10**
鲤城区				47	26	21			
丰泽区	3	1	2	44	23	21	6	2	4
洛江区	150	87	63	59	29	30	2		2
泉港区				9	7	2			
惠安县				33	21	12			
安溪县	1	1		32	18	14			
永春县				4	2	2			
德化县				3	2	1			
石狮市	1	1		45	24	21	1	1	
晋江市	128	73	55	353	189	164	4	1	3
南安市				167	102	65	1		1

1-4　续表 21　　单位：人

地　区	柯尔克孜族			土　族			达斡尔族		
	小计	男	女	小计	男	女	小计	男	女
漳州市	**3**	**2**	**1**	**162**	**96**	**66**	**15**	**10**	**5**
芗城区	1		1	45	28	17	3	1	2
龙文区	2	2		7	2	5	1	1	
云霄县				5	2	3			
漳浦县				12	7	5			
诏安县									
长泰县				26	16	10	2	2	
东山县									
南靖县				10	8	2			
平和县				9	4	5			
华安县				9	7	2	1		1
龙海市				39	22	17	8	6	2
南平市	**1**	**1**		**17**	**8**	**9**	**8**	**3**	**5**
延平区				3	2	1	5	2	3
建阳区				2		2	1		1
顺昌县									
浦城县				2	1	1			
光泽县				3	1	2			
松溪县				1	1		1	1	
政和县	1	1		2	2				
邵武市				3	1	2			
武夷山市				1		1	1		1
建瓯市									
龙岩市	**3**	**1**	**2**	**43**	**27**	**16**	**4**	**1**	**3**
新罗区	2		2	31	23	8	3	1	2
永定区				3	2	1			
长汀县				1		1			
上杭县	1	1		1	1		1		1
武平县				5	1	4			
连城县				2		2			
漳平市									
宁德市	**1**	**1**		**43**	**23**	**20**	**1**		**1**
蕉城区	1	1		16	12	4			
霞浦县				1		1			
古田县				1		1			
屏南县				3	2	1			
寿宁县				3	2	1	1		1
周宁县				2		2			
柘荣县									
福安市				7	3	4			
福鼎市				10	4	6			

1-4 续表 22 单位：人

地区	仫佬族			羌族			布朗族		
	小计	男	女	小计	男	女	小计	男	女
合　计	**1891**	**999**	**892**	**575**	**328**	**247**	**581**	**306**	**275**
福州市	**303**	**144**	**159**	**148**	**82**	**66**	**158**	**87**	**71**
鼓楼区	19	11	8	6	4	2	2	2	
台江区	9	6	3	5	2	3			
仓山区	46	24	22	29	16	13	9	4	5
马尾区	6	2	4	5	4	1	2	1	1
晋安区	25	12	13	17	5	12	4	2	2
长乐区	49	25	24	15	10	5	14	8	6
闽侯县	71	27	44	27	17	10	87	51	36
连江县	14	5	9	12	5	7	2	2	
罗源县	5	2	3	1	1		20	7	13
闽清县	10	5	5	3	2	1	4	2	2
永泰县	6	3	3	2	2		2	1	1
平潭县	3	1	2	2		2			
福清市	40	21	19	24	14	10	12	7	5
厦门市	**456**	**261**	**195**	**170**	**93**	**77**	**109**	**47**	**62**
思明区	49	28	21	38	18	20	7	3	4
海沧区	45	23	22	12	7	5	17	9	8
湖里区	70	33	37	26	14	12	13	2	11
集美区	112	60	52	50	23	27	22	9	13
同安区	118	75	43	18	11	7	32	17	15
翔安区	62	42	20	26	20	6	18	7	11
莆田市	**103**	**55**	**48**	**16**	**7**	**9**	**41**	**23**	**18**
城厢区	16	10	6	3	1	2	3	3	
涵江区	21	14	7	4	2	2	12	9	3
荔城区	46	20	26	6	4	2	18	7	11
秀屿区	10	8	2	1		1	5	4	1
仙游县	10	3	7	2		2	3		3
三明市	**38**	**16**	**22**	**13**	**6**	**7**	**5**	**3**	**2**
梅列区	5		5	4	2	2			
三元区	5	2	3				2	1	1
明溪县	6	2	4						
清流县	3	1	2						
宁化县	3		3						
大田县	6	5	1				1	1	
尤溪县	1		1	1		1			
沙县	2		2	1	1				
将乐县	1	1		3	2	1			
泰宁县	1		1						
建宁县									
永安市	5	5		4	1	3	2	1	1
泉州市	**640**	**346**	**294**	**162**	**100**	**62**	**106**	**49**	**57**
鲤城区	37	15	22	35	25	10	3	2	1
丰泽区	38	14	24	17	9	8	6	3	3
洛江区	20	13	7	4	2	2	3	3	
泉港区	18	12	6	5	2	3	3	1	2
惠安县	44	29	15	19	12	7	8	5	3
安溪县	16	7	9	4	2	2	1		1
永春县	8	5	3				4		4
德化县	5	3	2	2	2				
石狮市	64	40	24	5	5		16	10	6
晋江市	318	173	145	39	20	19	49	18	31
南安市	72	35	37	32	21	11	13	7	6

1-4　续表 23　　　　单位：人

地　区	仫佬族			羌　族			布朗族		
	小计	男	女	小计	男	女	小计	男	女
漳州市	**184**	**90**	**94**	**25**	**17**	**8**	**41**	**23**	**18**
芗城区	47	19	28	1		1	2	1	1
龙文区	16	8	8	2	2		1		1
云霄县	7	3	4	3	2	1	5	2	3
漳浦县	19	11	8	5	5				
诏安县	2	2							
长泰县	13	7	6	1	1		25	17	8
东山县	4	2	2						
南靖县	3	3		4	4		3		3
平和县	25	15	10	1		1	1		1
华安县	5	1	4				2	1	1
龙海市	43	19	24	8	3	5	2	2	
南平市	**65**	**36**	**29**	**9**	**6**	**3**	**67**	**39**	**28**
延平区	17	10	7	1		1	2	2	
建阳区	7	3	4				1	1	
顺昌县	1		1	1	1				
浦城县	8	4	4				17	8	9
光泽县	4	3	1	1		1	33	22	11
松溪县	1		1	1	1				
政和县	9	4	5				11	5	6
邵武市	8	6	2	1		1	1		1
武夷山市	4	2	2				1	1	
建瓯市	6	4	2	4	4		1		1
龙岩市	**49**	**27**	**22**	**26**	**14**	**12**	**28**	**22**	**6**
新罗区	26	16	10	15	11	4	2	1	1
永定区	6	2	4				19	18	1
长汀县	2	1	1	5		5			
上杭县	3	2	1	2	1	1			
武平县	1	1		1		1			
连城县	2	1	1						
漳平市	9	4	5	3	2	1	7	3	4
宁德市	**53**	**24**	**29**	**6**	**3**	**3**	**26**	**13**	**13**
蕉城区	19	10	9	4	3	1	20	11	9
霞浦县	11	4	7						
古田县									
屏南县							1	1	
寿宁县	1		1				1		1
周宁县	4	1	3	1		1	1		1
柘荣县	2	2							
福安市	9	5	4	1		1	1		1
福鼎市	7	2	5				2	1	1

1−4 续表 24

单位：人

地 区	撒拉族			毛南族			仡佬族		
	小计	男	女	小计	男	女	小计	男	女
合 计	**331**	**192**	**139**	**701**	**371**	**330**	**8109**	**4847**	**3262**
福州市	**43**	**26**	**17**	**151**	**77**	**74**	**2008**	**1200**	**808**
鼓楼区	4	3	1	15	8	7	109	63	46
台江区	1		1	12	2	10	91	59	32
仓山区	7	5	2	19	12	7	293	185	108
马尾区	1	1		5	5		46	30	16
晋安区	2	1	1	3	2	1	106	71	35
长乐区	13	7	6	13	10	3	311	191	120
闽侯县	8	3	5	18	11	7	357	195	162
连江县				13	4	9	156	95	61
罗源县				5	3	2	62	41	21
闽清县				26	14	12	41	21	20
永泰县				3	1	2	24	14	10
平潭县				7	3	4	39	22	17
福清市	7	6	1	12	2	10	373	213	160
厦门市	**161**	**93**	**68**	**176**	**94**	**82**	**2225**	**1315**	**910**
思明区	35	17	18	10	3	7	157	83	74
海沧区	72	48	24	27	11	16	222	124	98
湖里区	10	3	7	18	12	6	188	100	88
集美区	32	18	14	62	39	23	518	299	219
同安区	7	5	2	48	22	26	587	343	244
翔安区	5	2	3	11	7	4	553	366	187
莆田市	**10**	**6**	**4**	**28**	**12**	**16**	**483**	**309**	**174**
城厢区	3	1	2	8	2	6	94	66	28
涵江区				9	6	3	101	64	37
荔城区	4	3	1	8	4	4	216	132	84
秀屿区	1	1					46	31	15
仙游县	2	1	1	3		3	26	16	10
三明市	**1**		**1**	**28**	**19**	**9**	**157**	**100**	**57**
梅列区	1		1				27	16	11
三元区				8	4	4	27	21	6
明溪县				2	1	1	3	1	2
清流县				1		1	4	3	1
宁化县							7	2	5
大田县				3	3		25	21	4
尤溪县				1		1	13	7	6
沙县							14	8	6
将乐县				1		1	6	3	3
泰宁县							4	2	2
建宁县							6	4	2
永安市				12	11	1	21	12	9
泉州市	**45**	**25**	**20**	**215**	**120**	**95**	**2065**	**1223**	**842**
鲤城区	1		1	7	4	3	177	102	75
丰泽区	2	1	1	18	10	8	182	98	84
洛江区				4		4	78	43	35
泉港区				2	2		34	20	14
惠安县				57	41	16	154	90	64
安溪县	1	1		7	3	4	74	36	38
永春县	1	1		1		1	23	19	4
德化县				1		1	20	14	6
石狮市	21	10	11	21	12	9	142	90	52
晋江市	19	12	7	56	28	28	931	541	390
南安市				41	20	21	250	170	80

1-4　续表 25　　　　单位：人

地　区	撒拉族			毛南族			仡佬族		
	小计	男	女	小计	男	女	小计	男	女
漳州市	**35**	**22**	**13**	**50**	**28**	**22**	**529**	**322**	**207**
芗城区	2	1	1	11	5	6	105	52	53
龙文区				9	6	3	53	39	14
云霄县				2	2		20	14	6
漳浦县				1	1		48	31	17
诏安县				3	1	2	11	5	6
长泰县				6	1	5	51	27	24
东山县	4	3	1	4	4		6	4	2
南靖县				3	3		20	16	4
平和县							38	27	11
华安县							23	15	8
龙海市	29	18	11	11	5	6	154	92	62
南平市	**7**	**4**	**3**	**13**	**3**	**10**	**123**	**54**	**69**
延平区				1	1		24	13	11
建阳区				3		3	12	6	6
顺昌县							10	4	6
浦城县				1		1	21	8	13
光泽县				2	1	1	13	5	8
松溪县	1	1		1		1			
政和县				2		2	3	1	2
邵武市							15	5	10
武夷山市	1	1		2		2	21	12	9
建瓯市	5	2	3	1	1		4		4
龙岩市	**15**	**8**	**7**	**14**	**7**	**7**	**291**	**176**	**115**
新罗区	11	6	5	3	1	2	167	105	62
永定区				1		1	16	12	4
长汀县				1	1		6	2	4
上杭县	4	2	2	4	3	1	48	31	17
武平县				2		2	6	4	2
连城县				1		1	11	5	6
漳平市				2	2		37	17	20
宁德市	**14**	**8**	**6**	**26**	**11**	**15**	**228**	**148**	**80**
蕉城区	1	1		11	5	6	75	55	20
霞浦县	4	2	2	6	5	1	31	22	9
古田县	3	1	2	3		3	10	8	2
屏南县	1	1					15	7	8
寿宁县							14	8	6
周宁县	1		1				6	3	3
柘荣县							8	7	1
福安市				1		1	21	13	8
福鼎市	4	3	1	5	1	4	48	25	23

1-4 续表 26

单位：人

地区	锡伯族			阿昌族			普米族		
	小计	男	女	小计	男	女	小计	男	女
合　计	**263**	**115**	**148**	**379**	**224**	**155**	**158**	**95**	**63**
福州市	**61**	**23**	**38**	**230**	**144**	**86**	**28**	**18**	**10**
鼓楼区	10	3	7	4	3	1			
台江区	5	2	3	1	1		5	4	1
仓山区	5	2	3	5	2	3	1		1
马尾区	4	1	3	1	1				
晋安区	5	2	3	3	1	2	1		1
长乐区	6	2	4	174	108	66	1	1	
闽侯县	17	7	10	17	12	5			
连江县	1		1	12	8	4	2	1	1
罗源县	1	1		3	2	1			
闽清县									
永泰县									
平潭县	1	1							
福清市	6	2	4	10	6	4	18	12	6
厦门市	**141**	**65**	**76**	**25**	**13**	**12**	**32**	**19**	**13**
思明区	62	28	34	1	1		4	2	2
海沧区	17	7	10	4	2	2	4	1	3
湖里区	11	6	5	2		2	3	1	2
集美区	41	22	19				6	4	2
同安区	7	2	5	8	4	4	12	10	2
翔安区	3		3	10	6	4	3	1	2
莆田市	**5**	**2**	**3**	**12**	**3**	**9**	**8**	**2**	**6**
城厢区	2	1	1	4	1	3	7	2	5
涵江区	1	1		5		5	1		1
荔城区				2	1	1			
秀屿区	1		1	1	1				
仙游县	1		1						
三明市	**3**	**2**	**1**	**20**	**13**	**7**			
梅列区	2	1	1						
三元区									
明溪县									
清流县									
宁化县				1	1				
大田县									
尤溪县				8	1	7			
沙县									
将乐县									
泰宁县									
建宁县									
永安市	1	1		11	11				
泉州市	**28**	**13**	**15**	**36**	**19**	**17**	**83**	**51**	**32**
鲤城区	8	1	7	1		1	1		1
丰泽区	5	3	2	1	1				
洛江区	1		1						
泉港区				2		2	2		2
惠安县	7	6	1	4	3	1	5	2	3
安溪县							2	2	
永春县									
德化县	1		1						
石狮市				4	1	3	2	1	1
晋江市	5	2	3	19	10	9	65	43	22
南安市	1	1		5	4	1	6	3	3

1-4　续表 27

单位：人

地　区	锡伯族			阿昌族			普米族		
	小计	男	女	小计	男	女	小计	男	女
漳州市	**16**	**6**	**10**	**43**	**23**	**20**	**7**	**5**	**2**
芗城区	4	1	3	3	1	2			
龙文区	4	3	1						
云霄县									
漳浦县	1		1	1		1	1	1	
诏安县	1		1						
长泰县				14	7	7	2	2	
东山县	1	1		1	1				
南靖县									
平和县				1	1				
华安县				7	3	4			
龙海市	5	1	4	16	10	6	4	2	2
南平市	**4**	**2**	**2**	**6**	**4**	**2**			
延平区	3	1	2	2	1	1			
建阳区									
顺昌县									
浦城县	1	1		1		1			
光泽县									
松溪县									
政和县									
邵武市									
武夷山市				3	3				
建瓯市									
龙岩市				**1**		**1**			
新罗区				1		1			
永定区									
长汀县									
上杭县									
武平县									
连城县									
漳平市									
宁德市	**5**	**2**	**3**	**6**	**5**	**1**			
蕉城区	3	1	2						
霞浦县				1		1			
古田县									
屏南县									
寿宁县									
周宁县				2	2				
柘荣县									
福安市	2	1	1	3	3				
福鼎市									

1－4 续表 28 　　单位：人

地　区	塔吉克族			怒　族			乌孜别克族		
	小计	男	女	小计	男	女	小计	男	女
合　计	**19**	**13**	**6**	**99**	**46**	**53**	**11**	**6**	**5**
福州市	**5**	**4**	**1**	**26**	**15**	**11**	**3**	**1**	**2**
鼓楼区									
台江区									
仓山区	3	2	1	6	4	2	1		1
马尾区				1	1				
晋安区									
长乐区	1	1		10	5	5			
闽侯县				3	2	1	2	1	1
连江县				5	3	2			
罗源县	1	1							
闽清县									
永泰县									
平潭县									
福清市				1		1			
厦门市	**5**	**3**	**2**	**24**	**10**	**14**	**3**	**3**	
思明区	1	1		4		4			
海沧区	1		1						
湖里区				5	2	3			
集美区	2	1	1	3	3		3	3	
同安区				10	4	6			
翔安区	1	1		2	1	1			
莆田市				**5**	**3**	**2**			
城厢区				1		1			
涵江区				1		1			
荔城区				1	1				
秀屿区				1	1				
仙游县				1	1				
三明市	**1**	**1**							
梅列区									
三元区	1	1							
明溪县									
清流县									
宁化县									
大田县									
尤溪县									
沙县									
将乐县									
泰宁县									
建宁县									
永安市									
泉州市	**6**	**4**	**2**	**11**	**3**	**8**	**1**		**1**
鲤城区				1		1			
丰泽区				1		1			
洛江区	4	4							
泉港区									
惠安县				2		2			
安溪县									
永春县									
德化县									
石狮市	1		1				1		1
晋江市	1		1	7	3	4			
南安市									

1-4　续表 29　单位：人

地　区	塔吉克族			怒　族			乌孜别克族		
	小计	男	女	小计	男	女	小计	男	女
漳州市	**2**	**1**	**1**	**21**	**12**	**9**			
芗城区				1		1			
龙文区									
云霄县				1		1			
漳浦县	2	1	1						
诏安县									
长泰县				15	10	5			
东山县									
南靖县									
平和县									
华安县									
龙海市				4	2	2			
南平市				**5**		**5**	**1**	**1**	
延平区							1	1	
建阳区				2		2			
顺昌县									
浦城县									
光泽县									
松溪县									
政和县									
邵武市				3		3			
武夷山市									
建瓯市									
龙岩市				**1**		**1**			
新罗区									
永定区				1		1			
长汀县									
上杭县									
武平县									
连城县									
漳平市									
宁德市				**6**	**3**	**3**	**3**	**1**	**2**
蕉城区				1	1				
霞浦县				1		1			
古田县									
屏南县									
寿宁县									
周宁县									
柘荣县									
福安市									
福鼎市				4	2	2	3	1	2

1-4 续表 30

单位：人

地区	俄罗斯族			鄂温克族			德昂族		
	小计	男	女	小计	男	女	小计	男	女
合计	**50**	**22**	**28**	**30**	**9**	**21**	**181**	**99**	**82**
福州市	**5**	**3**	**2**	**9**	**2**	**7**	**33**	**17**	**16**
鼓楼区				1	1				
台江区				1		1			
仓山区				4	1	3	2	2	
马尾区							4	1	3
晋安区							2		2
长乐区							13	11	2
闽侯县	3	2	1	2		2	1	1	
连江县							6	1	5
罗源县	1	1							
闽清县									
永泰县							1		1
平潭县	1		1						
福清市				1		1	4	1	3
厦门市	**29**	**10**	**19**	**9**	**3**	**6**	**16**	**7**	**9**
思明区	8	3	5	2	1	1	2	2	
海沧区	2	1	1	2		2	3	3	
湖里区	6	3	3	3	2	1	3		3
集美区	10	2	8	2		2	4		4
同安区	1		1				2	1	1
翔安区	2	1	1				2	1	1
莆田市	**3**	**2**	**1**				**6**	**5**	**1**
城厢区	3	2	1						
涵江区							2	2	
荔城区							2	1	1
秀屿区									
仙游县							2	2	
三明市	**2**	**2**							
梅列区	1	1							
三元区									
明溪县									
清流县	1	1							
宁化县									
大田县									
尤溪县									
沙县									
将乐县									
泰宁县									
建宁县									
永安市									
泉州市	**6**	**3**	**3**	**8**	**2**	**6**	**100**	**60**	**40**
鲤城区	5	3	2						
丰泽区	1		1						
洛江区				2	1	1	1	1	
泉港区									
惠安县							2		2
安溪县									
永春县									
德化县									
石狮市				1		1	29	15	14
晋江市				5	1	4	53	37	16
南安市							15	7	8

1-4　续表 31　　　　单位：人

地　区	俄罗斯族			鄂温克族			德 昂 族		
	小计	男	女	小计	男	女	小计	男	女
漳州市	**2**		**2**	**3**	**1**	**2**	**14**	**7**	**7**
芗城区									
龙文区									
云霄县							1	1	
漳浦县							1		1
诏安县									
长泰县							9	6	3
东山县									
南靖县									
平和县									
华安县									
龙海市	2		2	3	1	2	3		3
南平市	**1**	**1**					**8**	**3**	**5**
延平区									
建阳区									
顺昌县							2		2
浦城县									
光泽县							6	3	3
松溪县									
政和县									
邵武市									
武夷山市	1	1							
建瓯市									
龙岩市				**1**	**1**				
新罗区									
永定区									
长汀县									
上杭县				1	1				
武平县									
连城县									
漳平市									
宁德市	**2**	**1**	**1**				**4**		**4**
蕉城区									
霞浦县	2	1	1				3		3
古田县									
屏南县									
寿宁县									
周宁县							1		1
柘荣县									
福安市									
福鼎市									

1-4 续表 32

单位：人

地区	保安族			裕固族			京族		
	小计	男	女	小计	男	女	小计	男	女
合计	**188**	**125**	**63**	**14**	**6**	**8**	**144**	**44**	**100**
福州市	**11**	**7**	**4**				**17**	**5**	**12**
鼓楼区									
台江区									
仓山区	4	2	2				1		1
马尾区									
晋安区							2		2
长乐区	1	1					1		1
闽侯县	1		1				6	3	3
连江县							2		2
罗源县							1		1
闽清县									
永泰县									
平潭县									
福清市	5	4	1				4	2	2
厦门市	**160**	**112**	**48**	**8**	**3**	**5**	**30**	**16**	**14**
思明区	12	8	4	2		2	4	2	2
海沧区	133	94	39						
湖里区	9	6	3				16	9	7
集美区	1	1		4	2	2	5	2	3
同安区	1	1		2	1	1	4	2	2
翔安区	4	2	2				1	1	
莆田市				**1**		**1**	**1**		**1**
城厢区									
涵江区				1		1			
荔城区									
秀屿区									
仙游县							1		1
三明市							**6**	**1**	**5**
梅列区									
三元区									
明溪县									
清流县									
宁化县							1		1
大田县							2		2
尤溪县									
沙县							2		2
将乐县									
泰宁县									
建宁县									
永安市							1	1	
泉州市	**8**	**3**	**5**	**3**	**1**	**2**	**27**	**9**	**18**
鲤城区							3		3
丰泽区	1		1				1	1	
洛江区							1		1
泉港区									
惠安县							4	3	1
安溪县				1		1	3	1	2
永春县							1		1
德化县							1		1
石狮市	6	3	3	1		1			
晋江市	1		1				10	4	6
南安市				1	1		3		3

1-4 续表 33　　　　单位：人

地　区	保安族			裕固族			京　族		
	小计	男	女	小计	男	女	小计	男	女
漳州市	**8**	**3**	**5**				**27**	**9**	**18**
芗城区							3		3
龙文区							4	4	
云霄县							6	3	3
漳浦县							2		2
诏安县									
长泰县							2		2
东山县							1		1
南靖县							1		1
平和县							1		1
华安县							1	1	
龙海市	8	3	5				6	1	5
南平市	**1**		**1**				**13**	**2**	**11**
延平区									
建阳区							4	1	3
顺昌县	1		1						
浦城县									
光泽县									
松溪县									
政和县							1		1
邵武市									
武夷山市							5	1	4
建瓯市							3		3
龙岩市							**9**	**1**	**8**
新罗区							3	1	2
永定区							3		3
长汀县									
上杭县									
武平县									
连城县							3		3
漳平市									
宁德市				**2**	**2**		**14**	**1**	**13**
蕉城区				2	2		1		1
霞浦县							3	1	2
古田县							3		3
屏南县							3		3
寿宁县							1		1
周宁县									
柘荣县									
福安市							3		3
福鼎市									

1-4 续表 34 单位：人

地区	塔塔尔族			独龙族			鄂伦春族		
	小计	男	女	小计	男	女	小计	男	女
合计	**6**	**3**	**3**	**10**	**6**	**4**	**17**	**10**	**7**
福州市	**1**		**1**				**3**	**2**	**1**
鼓楼区									
台江区									
仓山区									
马尾区									
晋安区									
长乐区									
闽侯县	1		1				1	1	
连江县									
罗源县							1	1	
闽清县									
永泰县									
平潭县									
福清市							1		1
厦门市	**2**	**1**	**1**	**1**	**1**		**5**	**4**	**1**
思明区	2	1	1						
海沧区									
湖里区							4	3	1
集美区				1	1		1	1	
同安区									
翔安区									
莆田市									
城厢区									
涵江区									
荔城区									
秀屿区									
仙游县									
三明市				**1**		**1**			
梅列区				1		1			
三元区									
明溪县									
清流县									
宁化县									
大田县									
尤溪县									
沙县									
将乐县									
泰宁县									
建宁县									
永安市									
泉州市	**3**	**2**	**1**	**4**	**2**	**2**	**5**	**1**	**4**
鲤城区									
丰泽区							1		1
洛江区									
泉港区									
惠安县							1		1
安溪县				1	1				
永春县				1		1			
德化县									
石狮市									
晋江市	3	2	1	1	1		2	1	1
南安市				1		1	1		1

1-4　续表 35　　　　　　　　　　　　　　　　　　　　　　　　单位：人

地　区	塔塔尔族			独龙族			鄂伦春族		
	小计	男	女	小计	男	女	小计	男	女
漳州市				**3**	**3**		**3**	**2**	**1**
芗城区									
龙文区				1	1		2	1	1
云霄县									
漳浦县									
诏安县									
长泰县									
东山县									
南靖县									
平和县									
华安县									
龙海市				2	2		1	1	
南平市							**1**	**1**	
延平区									
建阳区									
顺昌县									
浦城县							1	1	
光泽县									
松溪县									
政和县									
邵武市									
武夷山市									
建瓯市									
龙岩市									
新罗区									
永定区									
长汀县									
上杭县									
武平县									
连城县									
漳平市									
宁德市				**1**		**1**			
蕉城区									
霞浦县									
古田县									
屏南县									
寿宁县									
周宁县									
柘荣县									
福安市				1		1			
福鼎市									

1-4 续表 36

单位：人

地 区	赫哲族			门巴族			珞巴族		
	小计	男	女	小计	男	女	小计	男	女
合 计	**24**	**9**	**15**	**27**	**11**	**16**	**5**	**1**	**4**
福州市	**3**	**1**	**2**	**2**	**2**		**2**		**2**
鼓楼区				1	1				
台江区									
仓山区	2	1	1	1	1		1		1
马尾区									
晋安区									
长乐区	1		1						
闽侯县							1		1
连江县									
罗源县									
闽清县									
永泰县									
平潭县									
福清市									
厦门市	**9**	**3**	**6**	**3**	**2**	**1**			
思明区	5	1	4	2	1	1			
海沧区	2	2							
湖里区	2		2						
集美区				1	1				
同安区									
翔安区									
莆田市				**2**		**2**			
城厢区									
涵江区				1		1			
荔城区				1		1			
秀屿区									
仙游县									
三明市	**1**	**1**		**2**	**1**	**1**			
梅列区				1		1			
三元区				1	1				
明溪县	1	1							
清流县									
宁化县									
大田县									
尤溪县									
沙县									
将乐县									
泰宁县									
建宁县									
永安市									
泉州市	**8**	**3**	**5**	**10**	**4**	**6**	**1**		**1**
鲤城区									
丰泽区									
洛江区									
泉港区									
惠安县	1		1						
安溪县									
永春县									
德化县									
石狮市									
晋江市	7	3	4	10	4	6			
南安市							1		1

1-4　续表 37　　　　　　　　　　　　　　　　　　　　　　　单位：人

地　区	赫哲族			门巴族			珞巴族		
	小计	男	女	小计	男	女	小计	男	女
漳州市	**1**		**1**	**6**	**2**	**4**	**1**		**1**
芗城区				6	2	4	1		1
龙文区									
云霄县									
漳浦县									
诏安县									
长泰县									
东山县									
南靖县									
平和县									
华安县									
龙海市	1		1						
南平市				**2**		**2**	**1**	**1**	
延平区									
建阳区									
顺昌县									
浦城县									
光泽县									
松溪县									
政和县									
邵武市									
武夷山市				2		2	1	1	
建瓯市									
龙岩市	**2**	**1**	**1**						
新罗区	2	1	1						
永定区									
长汀县									
上杭县									
武平县									
连城县									
漳平市									
宁德市									
蕉城区									
霞浦县									
古田县									
屏南县									
寿宁县									
周宁县									
柘荣县									
福安市									
福鼎市									

1−4 续表 38 单位：人

地　区	基诺族			未定族称人口			入　籍		
	小计	男	女	小计	男	女	小计	男	女
合　计	**25**	**7**	**18**	**9131**	**5329**	**3802**	**437**	**139**	**298**
福州市	**4**	**1**	**3**	**1250**	**735**	**515**	**62**	**24**	**38**
鼓楼区	1		1	114	65	49	6	1	5
台江区				86	49	37			
仓山区				185	109	76	7	4	3
马尾区				33	16	17	2	2	
晋安区				95	61	34	1		1
长乐区				129	81	48	7	2	5
闽侯县				246	134	112	10	3	7
连江县	2	1	1	52	26	26	6	2	4
罗源县				16	13	3			
闽清县				84	51	33	5	2	3
永泰县	1		1	9	5	4	1	1	
平潭县				16	8	8	1		1
福清市				185	117	68	16	7	9
厦门市	**12**	**5**	**7**	**1478**	**828**	**650**	**33**	**20**	**13**
思明区	4	2	2	123	60	63	1	1	
海沧区				160	92	68			
湖里区	2		2	98	46	52	9	5	4
集美区				180	91	89	9	4	5
同安区				692	405	287	12	9	3
翔安区	6	3	3	225	134	91	2	1	1
莆田市	**2**		**2**	**758**	**457**	**301**	**19**	**8**	**11**
城厢区	1		1	117	71	46	1	1	
涵江区	1		1	116	73	43	7	4	3
荔城区				393	233	160	5	2	3
秀屿区				38	26	12	3	1	2
仙游县				94	54	40	3		3
三明市				**124**	**54**	**70**	**22**	**4**	**18**
梅列区				8	4	4			
三元区				28	10	18	3	2	1
明溪县				4	1	3			
清流县				2	1	1	2		2
宁化县				7	3	4	3	1	2
大田县				7	5	2	1		1
尤溪县				13	4	9	5		5
沙县				11	4	7	4		4
将乐县				12	6	6			
泰宁县				3	1	2	1		1
建宁县									
永安市				29	15	14	3	1	2
泉州市	**5**	**1**	**4**	**4307**	**2572**	**1735**	**106**	**46**	**60**
鲤城区				126	65	61	5	3	2
丰泽区				121	69	52	3	1	2
洛江区				46	29	17	7	3	4
泉港区				48	34	14	1	1	
惠安县	1		1	367	243	124	1	1	
安溪县	1		1	70	38	32	11	3	8
永春县				13	8	5	9		9
德化县				11	5	6	4		4
石狮市				298	179	119	12	6	6
晋江市				2974	1770	1204	40	23	17
南安市	3	1	2	233	132	101	13	5	8

1-4 续表 39

单位：人

地区	基诺族			未定族称人口			入籍		
	小计	男	女	小计	男	女	小计	男	女
漳州市	**1**		**1**	**790**	**468**	**322**	**53**	**13**	**40**
芗城区				288	189	99	3	1	2
龙文区				64	40	24	3	2	1
云霄县	1		1	22	8	14	5		5
漳浦县				38	21	17	5	1	4
诏安县				17	4	13	6		6
长泰县				50	27	23	5	2	3
东山县				11	6	5	3		3
南靖县				17	10	7	5	1	4
平和县				17	9	8	6		6
华安县				13	6	7	3	2	1
龙海市				253	148	105	9	4	5
南平市				**143**	**66**	**77**	**55**	**9**	**46**
延平区				28	12	16	3		3
建阳区				27	14	13	2		2
顺昌县				11	4	7	2	1	1
浦城县				7	1	6	9		9
光泽县				27	18	9			
松溪县				3	2	1	2		2
政和县				13	3	10	20	6	14
邵武市				5	2	3	1		1
武夷山市				16	10	6	5	2	3
建瓯市				6		6	11		11
龙岩市	**1**		**1**	**114**	**61**	**53**	**36**	**12**	**24**
新罗区				41	23	18	5		5
永定区				13	5	8	2	1	1
长汀县	1		1	17	8	9	1		1
上杭县				33	20	13	21	11	10
武平县				2	1	1	1		1
连城县				1	1		2		2
漳平市				7	3	4	4		4
宁德市				**167**	**88**	**79**	**51**	**3**	**48**
蕉城区				60	36	24	11		11
霞浦县				15	10	5	8		8
古田县				19	11	8	2		2
屏南县				7	3	4	5		5
寿宁县				13	6	7	12	1	11
周宁县				8	2	6	1	1	
柘荣县				2	1	1	1		1
福安市				19	8	11	7	1	6
福鼎市				24	11	13	4		4

1-4a 各地区分性别、民族的人口(城市)

单位：人

地区	合计			汉族		
	合计	男	女	小计	男	女
合计	**17105023**	**8780310**	**8324713**	**16635233**	**8520370**	**8114863**
福州市	**4014789**	**2037384**	**1977405**	**3954064**	**2003274**	**1950790**
鼓楼区	669090	328155	340935	659606	323094	336512
台江区	411819	204299	207520	406827	201417	205410
仓山区	1142991	592944	550047	1128046	584657	543389
马尾区	255442	132244	123198	251876	130263	121613
晋安区	767633	390973	376660	758756	386042	372714
长乐区	288848	143951	144897	284651	141575	143076
闽侯县						
连江县						
罗源县						
闽清县						
永泰县						
平潭县						
福清市	478966	244818	234148	464302	236226	228076
厦门市	**4363835**	**2281881**	**2081954**	**4204313**	**2194030**	**2010283**
思明区	1073315	523240	550075	1049025	511207	537818
海沧区	569149	308435	260714	542743	293026	249717
湖里区	1035087	543750	491337	1002334	526158	476176
集美区	936712	500891	435821	899239	480104	419135
同安区	626727	339276	287451	592086	319486	272600
翔安区	122845	66289	56556	118886	64049	54837
莆田市	**1382456**	**702708**	**679748**	**1349655**	**683969**	**665686**
城厢区	357282	182528	174754	351559	179422	172137
涵江区	368017	186612	181405	358138	180915	177223
荔城区	491136	250019	241117	475504	241085	234419
秀屿区	166021	83549	82472	164454	82547	81907
仙游县						
三明市	**588024**	**298143**	**289881**	**579356**	**293479**	**285877**
梅列区	203528	100799	102729	201098	99603	101495
三元区	157976	79995	77981	155888	78891	76997
明溪县						
清流县						
宁化县						
大田县						
尤溪县						
沙县						
将乐县						
泰宁县						
建宁县						
永安市	226520	117349	109171	222370	114985	107385
泉州市	**3060264**	**1603295**	**1456969**	**2932464**	**1531163**	**1401301**
鲤城区	428361	219944	208417	415387	212822	202565
丰泽区	698557	358704	339853	679401	348427	330974
洛江区	100873	50981	49892	94489	47197	47292
泉港区	126227	63502	62725	120040	60323	59717
惠安县						
安溪县						
永春县						
德化县						
石狮市	426674	224272	202402	414521	217445	197076
晋江市	1012524	546638	465886	945966	508274	437692
南安市	267048	139254	127794	262660	136675	125985

1-4a 续表 1

单位：人

地区	合计			汉族		
	合计	男	女	小计	男	女
漳州市	**1007027**	**502742**	**504285**	**988596**	**492841**	**495755**
芗城区	489255	238642	250613	481474	234836	246638
龙文区	274581	142322	132259	267863	138444	129419
云霄县						
漳浦县						
诏安县						
长泰县						
东山县						
南靖县						
平和县						
华安县						
龙海市	241955	121148	120807	238029	118935	119094
南平市	**950059**	**470205**	**479854**	**940585**	**465449**	**475136**
延平区	277748	135988	141760	275837	135083	140754
建阳区	178179	90444	87735	175882	89214	86668
顺昌县						
浦城县						
光泽县						
松溪县						
政和县						
邵武市	192203	95335	96868	189467	93882	95585
武夷山市	141862	69965	71897	140250	69229	71021
建瓯市	160067	78473	81594	159149	78041	81108
龙岩市	**859065**	**433607**	**425458**	**847559**	**427453**	**420106**
新罗区	658143	333177	324966	648422	327990	320432
永定区	75438	36894	38544	75076	36688	38388
长汀县						
上杭县						
武平县						
连城县						
漳平市	125484	63536	61948	124061	62775	61286
宁德市	**879504**	**450345**	**429159**	**838641**	**428712**	**409929**
蕉城区	390652	204903	185749	375590	196745	178845
霞浦县						
古田县						
屏南县						
寿宁县						
周宁县						
柘荣县						
福安市	260986	132665	128321	243272	123316	119956
福鼎市	227866	112777	115089	219779	108651	111128

1-4a 续表 2

单位：人

地 区	蒙古族			回族			藏族		
	小计	男	女	小计	男	女	小计	男	女
合 计	**5289**	**2750**	**2539**	**63730**	**36559**	**27171**	**2306**	**1123**	**1183**
福州市	**839**	**448**	**391**	**5220**	**2997**	**2223**	**239**	**114**	**125**
鼓楼区	231	114	117	1137	611	526	77	36	41
台江区	80	39	41	414	232	182	19	8	11
仓山区	223	119	104	1333	724	609	80	35	45
马尾区	39	20	19	345	212	133	9	6	3
晋安区	128	68	60	534	307	227	23	10	13
长乐区	50	30	20	175	80	95	19	13	6
闽侯县									
连江县									
罗源县									
闽清县									
永泰县									
平潭县									
福清市	88	58	30	1282	831	451	12	6	6
厦门市	**2624**	**1338**	**1286**	**14801**	**8139**	**6662**	**944**	**471**	**473**
思明区	811	376	435	4982	2539	2443	252	100	152
海沧区	342	191	151	1967	1196	771	250	152	98
湖里区	544	285	259	2999	1651	1348	80	36	44
集美区	645	318	327	2834	1549	1285	267	135	132
同安区	212	131	81	1490	868	622	86	43	43
翔安区	70	37	33	529	336	193	9	5	4
莆田市	**223**	**126**	**97**	**4324**	**2529**	**1795**	**68**	**43**	**25**
城厢区	70	33	37	827	455	372	16	11	5
涵江区	49	27	22	1885	1137	748	25	14	11
荔城区	82	52	30	1442	833	609	17	12	5
秀屿区	22	14	8	170	104	66	10	6	4
仙游县									
三明市	**95**	**51**	**44**	**568**	**290**	**278**	**232**	**105**	**127**
梅列区	33	14	19	187	82	105	183	79	104
三元区	22	17	5	167	82	85	34	19	15
明溪县									
清流县									
宁化县									
大田县									
尤溪县									
沙县									
将乐县									
泰宁县									
建宁县									
永安市	40	20	20	214	126	88	15	7	8
泉州市	**919**	**456**	**463**	**34430**	**20185**	**14245**	**419**	**234**	**185**
鲤城区	87	44	43	1210	662	548	55	39	16
丰泽区	373	159	214	3755	2001	1754	167	88	79
洛江区	59	38	21	2742	1771	971	16	5	11
泉港区	38	21	17	4378	2258	2120	8	3	5
惠安县									
安溪县									
永春县									
德化县									
石狮市	84	43	41	2494	1473	1021	40	14	26
晋江市	257	141	116	19768	11969	7799	124	83	41
南安市	21	10	11	83	51	32	9	2	7

1-4a　续表 3　　　　单位：人

地　区	蒙古族			回　族			藏　族		
	小计	男	女	小计	男	女	小计	男	女
漳州市	**201**	**105**	**96**	**642**	**320**	**322**	**251**	**89**	**162**
芗城区	102	50	52	377	182	195	233	83	150
龙文区	74	38	36	204	110	94	9	2	7
云霄县									
漳浦县									
诏安县									
长泰县									
东山县									
南靖县									
平和县									
华安县									
龙海市	25	17	8	61	28	33	9	4	5
南平市	**145**	**75**	**70**	**873**	**485**	**388**	**44**	**21**	**23**
延平区	23	16	7	131	75	56	5	2	3
建阳区	23	11	12	50	26	24	10	4	6
顺昌县									
浦城县									
光泽县									
松溪县									
政和县									
邵武市	38	19	19	536	303	233	2	1	1
武夷山市	57	27	30	85	42	43	25	13	12
建瓯市	4	2	2	71	39	32	2	1	1
龙岩市	**102**	**64**	**38**	**385**	**210**	**175**	**46**	**13**	**33**
新罗区	89	55	34	322	178	144	42	12	30
永定区	5	2	3	10	4	6	1	1	
长汀县									
上杭县									
武平县									
连城县									
漳平市	8	7	1	53	28	25	3		3
宁德市	**141**	**87**	**54**	**2487**	**1404**	**1083**	**63**	**33**	**30**
蕉城区	106	73	33	345	176	169	59	32	27
霞浦县									
古田县									
屏南县									
寿宁县									
周宁县									
柘荣县									
福安市	18	7	11	587	366	221	2		2
福鼎市	17	7	10	1555	862	693	2	1	1

1-4a 续表 4

单位：人

地区	维吾尔族			苗族			彝族		
	小计	男	女	小计	男	女	小计	男	女
合计	**3992**	**2038**	**1954**	**75588**	**42973**	**32615**	**26205**	**14487**	**11718**
福州市	**773**	**395**	**378**	**10067**	**5853**	**4214**	**4391**	**2536**	**1855**
鼓楼区	164	97	67	1363	784	579	533	306	227
台江区	121	66	55	930	567	363	327	214	113
仓山区	241	109	132	2433	1418	1015	981	586	395
马尾区	14	9	5	633	378	255	248	135	113
晋安区	66	31	35	1392	810	582	377	214	163
长乐区	117	51	66	875	508	367	442	257	185
闽侯县									
连江县									
罗源县									
闽清县									
永泰县									
平潭县									
福清市	50	32	18	2441	1388	1053	1483	824	659
厦门市	**1074**	**467**	**607**	**28412**	**16171**	**12241**	**9250**	**5127**	**4123**
思明区	323	146	177	2187	1160	1027	754	387	367
海沧区	127	69	58	5148	3062	2086	1971	1110	861
湖里区	95	52	43	3969	2146	1823	1167	601	566
集美区	376	132	244	7133	4135	2998	2073	1160	913
同安区	111	48	63	9092	5162	3930	3092	1760	1332
翔安区	42	20	22	883	506	377	193	109	84
莆田市	**113**	**54**	**59**	**7539**	**4304**	**3235**	**3874**	**2131**	**1743**
城厢区	91	38	53	1080	592	488	609	337	272
涵江区	7	5	2	1946	1122	824	1256	674	582
荔城区	13	10	3	4103	2341	1762	1885	1040	845
秀屿区	2	1	1	410	249	161	124	80	44
仙游县									
三明市	**57**	**28**	**29**	**1338**	**749**	**589**	**328**	**180**	**148**
梅列区	19	9	10	323	179	144	92	36	56
三元区	28	12	16	314	170	144	94	59	35
明溪县									
清流县									
宁化县									
大田县									
尤溪县									
沙县									
将乐县									
泰宁县									
建宁县									
永安市	10	7	3	701	400	301	142	85	57
泉州市	**1620**	**877**	**743**	**21189**	**11892**	**9297**	**6065**	**3336**	**2729**
鲤城区	64	45	19	2863	1563	1300	686	370	316
丰泽区	229	127	102	3205	1741	1464	790	431	359
洛江区	159	116	43	827	462	365	244	141	103
泉港区	4	2	2	240	140	100	81	36	45
惠安县									
安溪县									
永春县									
德化县									
石狮市	78	53	25	2391	1351	1040	441	227	214
晋江市	1065	521	544	10694	6063	4631	3480	1941	1539
南安市	21	13	8	969	572	397	343	190	153

1-4a　续表 5

单位：人

地　区	维吾尔族			苗　族			彝　族		
	小计	男	女	小计	男	女	小计	男	女
漳州市	**130**	**90**	**40**	**3305**	**1855**	**1450**	**728**	**363**	**365**
芗城区	61	42	19	1174	592	582	283	128	155
龙文区	62	44	18	1663	1005	658	298	167	131
云霄县									
漳浦县									
诏安县									
长泰县									
东山县									
南靖县									
平和县									
华安县									
龙海市	7	4	3	468	258	210	147	68	79
南平市	**66**	**42**	**24**	**1554**	**849**	**705**	**300**	**144**	**156**
延平区	16	9	7	246	125	121	87	43	44
建阳区	29	21	8	597	345	252	64	35	29
顺昌县									
浦城县									
光泽县									
松溪县									
政和县									
邵武市	6	2	4	314	176	138	47	23	24
武夷山市	11	7	4	244	124	120	75	28	47
建瓯市	4	3	1	153	79	74	27	15	12
龙岩市	**119**	**57**	**62**	**1317**	**748**	**569**	**708**	**367**	**341**
新罗区	113	53	60	978	550	428	671	347	324
永定区	1	1		83	53	30	17	10	7
长汀县									
上杭县									
武平县									
连城县									
漳平市	5	3	2	256	145	111	20	10	10
宁德市	**40**	**28**	**12**	**867**	**552**	**315**	**561**	**303**	**258**
蕉城区	22	16	6	648	436	212	387	232	155
霞浦县									
古田县									
屏南县									
寿宁县									
周宁县									
柘荣县									
福安市	7	3	4	93	53	40	36	15	21
福鼎市	11	9	2	126	63	63	138	56	82

1−4a 续表 6 单位：人

地 区	壮 族			布 依 族			朝 鲜 族		
	小计	男	女	小计	男	女	小计	男	女
合 计	**27007**	**13667**	**13340**	**23661**	**13195**	**10466**	**2413**	**1211**	**1202**
福州市	**4378**	**2298**	**2080**	**2861**	**1612**	**1249**	**253**	**125**	**128**
鼓楼区	882	443	439	437	248	189	62	31	31
台江区	568	317	251	374	236	138	19	10	9
仓山区	943	438	505	795	423	372	44	17	27
马尾区	268	137	131	155	81	74	23	14	9
晋安区	666	346	320	313	183	130	26	10	16
长乐区	353	210	143	255	137	118	8	5	3
闽侯县									
连江县									
罗源县									
闽清县									
永泰县									
平潭县									
福清市	698	407	291	532	304	228	71	38	33
厦门市	**10481**	**5261**	**5220**	**7384**	**4120**	**3264**	**1512**	**743**	**769**
思明区	1463	639	824	679	343	336	452	207	245
海沧区	2192	1203	989	1625	1004	621	201	88	113
湖里区	1760	804	956	877	439	438	372	191	181
集美区	2548	1266	1282	1864	1025	839	317	164	153
同安区	2334	1273	1061	2188	1226	962	113	59	54
翔安区	184	76	108	151	83	68	57	34	23
莆田市	**1462**	**770**	**692**	**3476**	**1989**	**1487**	**39**	**24**	**15**
城厢区	394	196	198	438	229	209	19	13	6
涵江区	395	227	168	640	356	284	9	6	3
荔城区	612	310	302	2256	1320	936	11	5	6
秀屿区	61	37	24	142	84	58			
仙游县									
三明市	**465**	**224**	**241**	**309**	**160**	**149**	**6**	**4**	**2**
梅列区	147	51	96	51	23	28	4	3	1
三元区	178	89	89	162	86	76	1		1
明溪县									
清流县									
宁化县									
大田县									
尤溪县									
沙县									
将乐县									
泰宁县									
建宁县									
永安市	140	84	56	96	51	45	1	1	
泉州市	**6813**	**3533**	**3280**	**7184**	**4027**	**3157**	**490**	**256**	**234**
鲤城区	903	449	454	955	521	434	16	10	6
丰泽区	1286	634	652	718	381	337	101	45	56
洛江区	288	141	147	139	74	65	14	7	7
泉港区	125	73	52	67	44	23			
惠安县									
安溪县									
永春县									
德化县									
石狮市	770	388	382	938	501	437	15	7	8
晋江市	2846	1513	1333	4184	2402	1782	341	186	155
南安市	595	335	260	183	104	79	3	1	2

1-4a　续表 7　　　　单位：人

地　区	壮族			布依族			朝鲜族		
	小计	男	女	小计	男	女	小计	男	女
漳州市	**1240**	**547**	**693**	**1532**	**828**	**704**	**35**	**15**	**20**
芗城区	597	196	401	484	235	249	22	10	12
龙文区	468	252	216	485	275	210	10	3	7
云霄县									
漳浦县									
诏安县									
长泰县									
东山县									
南靖县									
平和县									
华安县									
龙海市	175	99	76	563	318	245	3	2	1
南平市	**561**	**182**	**379**	**300**	**129**	**171**	**31**	**14**	**17**
延平区	130	41	89	37	13	24	5	3	2
建阳区	118	46	72	45	21	24	4	1	3
顺昌县									
浦城县									
光泽县									
松溪县									
政和县									
邵武市	75	16	59	41	20	21	16	7	9
武夷山市	185	59	126	153	64	89	5	3	2
建瓯市	53	20	33	24	11	13	1		1
龙岩市	**636**	**249**	**387**	**316**	**165**	**151**	**14**	**10**	**4**
新罗区	532	205	327	268	138	130	14	10	4
永定区	41	20	21	19	12	7			
长汀县									
上杭县									
武平县									
连城县									
漳平市	63	24	39	29	15	14			
宁德市	**971**	**603**	**368**	**299**	**165**	**134**	**33**	**20**	**13**
蕉城区	847	566	281	226	134	92	26	17	9
霞浦县									
古田县									
屏南县									
寿宁县									
周宁县									
柘荣县									
福安市	50	12	38	36	18	18	5	2	3
福鼎市	74	25	49	37	13	24	2	1	1

1-4a 续表 8

单位：人

地 区	满族			侗族			瑶族		
	小计	男	女	小计	男	女	小计	男	女
合 计	**9484**	**4813**	**4671**	**16190**	**9255**	**6935**	**5154**	**2678**	**2476**
福州市	**2196**	**1164**	**1032**	**2226**	**1333**	**893**	**743**	**398**	**345**
鼓楼区	605	291	314	337	194	143	102	59	43
台江区	160	88	72	201	120	81	62	33	29
仓山区	479	248	231	644	383	261	190	99	91
马尾区	104	48	56	126	77	49	57	28	29
晋安区	385	219	166	279	165	114	100	43	57
长乐区	313	182	131	146	100	46	50	28	22
闽侯县									
连江县									
罗源县									
闽清县									
永泰县									
平潭县									
福清市	150	88	62	493	294	199	182	108	74
厦门市	**4750**	**2311**	**2439**	**5898**	**3316**	**2582**	**2082**	**1050**	**1032**
思明区	1721	784	937	650	330	320	304	134	170
海沧区	521	256	265	1315	807	508	406	226	180
湖里区	959	459	500	975	526	449	371	160	211
集美区	1122	572	550	1236	694	542	533	284	249
同安区	324	187	137	1591	887	704	428	227	201
翔安区	103	53	50	131	72	59	40	19	21
莆田市	**233**	**132**	**101**	**1295**	**786**	**509**	**342**	**196**	**146**
城厢区	80	41	39	230	128	102	61	33	28
涵江区	55	39	16	308	173	135	129	77	52
荔城区	91	48	43	693	441	252	132	74	58
秀屿区	7	4	3	64	44	20	20	12	8
仙游县									
三明市	**190**	**110**	**80**	**285**	**154**	**131**	**80**	**33**	**47**
梅列区	69	37	32	43	20	23	14	7	7
三元区	49	28	21	84	41	43	34	12	22
明溪县									
清流县									
宁化县									
大田县									
尤溪县									
沙县									
将乐县									
泰宁县									
建宁县									
永安市	72	45	27	158	93	65	32	14	18
泉州市	**1325**	**676**	**649**	**4505**	**2526**	**1979**	**1189**	**605**	**584**
鲤城区	252	141	111	710	391	319	150	73	77
丰泽区	469	220	249	820	437	383	176	71	105
洛江区	71	33	38	187	106	81	33	17	16
泉港区	28	17	11	51	29	22	15	9	6
惠安县									
安溪县									
永春县									
德化县									
石狮市	121	60	61	522	302	220	112	55	57
晋江市	345	182	163	2100	1194	906	530	289	241
南安市	39	23	16	115	67	48	173	91	82

1-4a 续表 9

单位：人

地区	满族			侗族			瑶族		
	小计	男	女	小计	男	女	小计	男	女
漳州市	**230**	**116**	**114**	**738**	**385**	**353**	**307**	**161**	**146**
芗城区	124	65	59	373	169	204	117	42	75
龙文区	80	38	42	285	171	114	164	105	59
云霄县									
漳浦县									
诏安县									
长泰县									
东山县									
南靖县									
平和县									
华安县									
龙海市	26	13	13	77	43	34	26	14	12
南平市	**199**	**101**	**98**	**248**	**135**	**113**	**116**	**49**	**67**
延平区	53	34	19	58	33	25	34	16	18
建阳区	48	18	30	54	32	22	29	16	13
顺昌县									
浦城县									
光泽县									
松溪县									
政和县									
邵武市	44	22	22	59	35	24	26	8	18
武夷山市	38	18	20	54	24	30	26	8	18
建瓯市	16	9	7	23	11	12	1	1	
龙岩市	**156**	**89**	**67**	**622**	**372**	**250**	**124**	**67**	**57**
新罗区	138	77	61	526	320	206	104	55	49
永定区	3	2	1	28	14	14	11	6	5
长汀县									
上杭县									
武平县									
连城县									
漳平市	15	10	5	68	38	30	9	6	3
宁德市	**205**	**114**	**91**	**373**	**248**	**125**	**171**	**119**	**52**
蕉城区	155	89	66	296	201	95	160	115	45
霞浦县									
古田县									
屏南县									
寿宁县									
周宁县									
柘荣县									
福安市	14	8	6	21	13	8	8	2	6
福鼎市	36	17	19	56	34	22	3	2	1

1-4a 续表 10

单位：人

地　区	白族			土家族			哈尼族		
	小计	男	女	小计	男	女	小计	男	女
合　计	**4877**	**2626**	**2251**	**77085**	**44628**	**32457**	**3054**	**1717**	**1337**
福州市	**755**	**415**	**340**	**7182**	**4279**	**2903**	**611**	**357**	**254**
鼓楼区	78	37	41	895	502	393	73	39	34
台江区	61	36	25	502	311	191	24	17	7
仓山区	173	92	81	1771	1072	699	122	72	50
马尾区	60	34	26	369	220	149	87	52	35
晋安区	73	40	33	972	613	359	90	40	50
长乐区	186	100	86	555	338	217	70	38	32
闽侯县									
连江县									
罗源县									
闽清县									
永泰县									
平潭县									
福清市	124	76	48	2118	1223	895	145	99	46
厦门市	**1481**	**774**	**707**	**31620**	**18154**	**13466**	**1553**	**904**	**649**
思明区	164	62	102	3118	1592	1526	111	52	59
海沧区	279	152	127	4983	2963	2020	450	261	189
湖里区	244	123	121	6553	3664	2889	265	152	113
集美区	339	178	161	8485	4997	3488	333	198	135
同安区	418	238	180	7761	4523	3238	382	232	150
翔安区	37	21	16	720	415	305	12	9	3
莆田市	**1098**	**630**	**468**	**5114**	**2974**	**2140**	**238**	**149**	**89**
城厢区	317	179	138	743	417	326	45	25	20
涵江区	325	192	133	1950	1108	842	99	66	33
荔城区	409	230	179	2091	1225	866	72	42	30
秀屿区	47	29	18	330	224	106	22	16	6
仙游县									
三明市	**54**	**27**	**27**	**840**	**499**	**341**	**33**	**12**	**21**
梅列区	14	3	11	351	200	151	7	3	4
三元区	17	13	4	208	115	93	20	7	13
明溪县									
清流县									
宁化县									
大田县									
尤溪县									
沙县									
将乐县									
泰宁县									
建宁县									
永安市	23	11	12	281	184	97	6	2	4
泉州市	**1095**	**583**	**512**	**27034**	**15623**	**11411**	**471**	**235**	**236**
鲤城区	119	55	64	3260	1856	1404	55	31	24
丰泽区	249	115	134	4225	2461	1764	76	37	39
洛江区	22	13	9	815	440	375	30	19	11
泉港区	9	5	4	358	210	148	6	2	4
惠安县									
安溪县									
永春县									
德化县									
石狮市	63	34	29	2621	1507	1114	78	41	37
晋江市	560	311	249	14457	8343	6114	218	104	114
南安市	73	50	23	1298	806	492	8	1	7

1-4a　续表 11

单位：人

地　区	白族 小计	白族 男	白族 女	土家族 小计	土家族 男	土家族 女	哈尼族 小计	哈尼族 男	哈尼族 女
漳州市	**161**	**79**	**82**	**3292**	**1938**	**1354**	**36**	**16**	**20**
芗城区	101	46	55	1198	697	501	15	5	10
龙文区	48	27	21	1463	877	586	17	8	9
云霄县									
漳浦县									
诏安县									
长泰县									
东山县									
南靖县									
平和县									
华安县									
龙海市	12	6	6	628	362	266	4	3	1
南平市	**74**	**29**	**45**	**532**	**280**	**252**	**48**	**14**	**34**
延平区	12	4	8	140	64	76	26	9	17
建阳区	11	7	4	115	71	44	5		5
顺昌县									
浦城县									
光泽县									
松溪县									
政和县									
邵武市	10	4	6	150	88	62	7	2	5
武夷山市	33	12	21	94	43	51	8	2	6
建瓯市	8	2	6	33	14	19	2	1	1
龙岩市	**74**	**44**	**30**	**883**	**500**	**383**	**15**	**4**	**11**
新罗区	66	40	26	703	404	299	10	2	8
永定区	2		2	68	40	28	2	1	1
长汀县									
上杭县									
武平县									
连城县									
漳平市	6	4	2	112	56	56	3	1	2
宁德市	**85**	**45**	**40**	**588**	**381**	**207**	**49**	**26**	**23**
蕉城区	68	40	28	480	320	160	35	20	15
霞浦县									
古田县									
屏南县									
寿宁县									
周宁县									
柘荣县									
福安市	13	4	9	52	33	19	5	2	3
福鼎市	4	1	3	56	28	28	9	4	5

1-4a 续表 12

单位：人

地 区	哈萨克族			傣 族			黎 族		
	小计	男	女	小计	男	女	小计	男	女
合 计	**340**	**129**	**211**	**3835**	**2108**	**1727**	**2690**	**1320**	**1370**
福州市	**61**	**26**	**35**	**694**	**368**	**326**	**442**	**216**	**226**
鼓楼区	3	2	1	62	37	25	88	37	51
台江区	5	1	4	50	31	19	54	27	27
仓山区	29	13	16	84	31	53	106	52	54
马尾区				27	14	13	49	21	28
晋安区	1	1		52	24	28	52	26	26
长乐区	18	6	12	40	18	22	33	15	18
闽侯县									
连江县									
罗源县									
闽清县									
永泰县									
平潭县									
福清市	5	3	2	379	213	166	60	38	22
厦门市	**220**	**79**	**141**	**1776**	**1033**	**743**	**1003**	**487**	**516**
思明区	82	26	56	100	50	50	123	55	68
海沧区	15	4	11	331	182	149	175	91	84
湖里区	10	4	6	136	67	69	227	101	126
集美区	92	35	57	256	141	115	221	104	117
同安区	12	6	6	945	587	358	203	106	97
翔安区	9	4	5	8	6	2	54	30	24
莆田市	**11**	**3**	**8**	**291**	**141**	**150**	**318**	**172**	**146**
城厢区	11	3	8	68	31	37	59	35	24
涵江区				74	31	43	89	50	39
荔城区				143	74	69	145	69	76
秀屿区				6	5	1	25	18	7
仙游县									
三明市	**7**	**2**	**5**	**25**	**10**	**15**	**46**	**25**	**21**
梅列区	6	1	5	8	2	6	3	1	2
三元区	1	1		6	4	2	18	10	8
明溪县									
清流县									
宁化县									
大田县									
尤溪县									
沙县									
将乐县									
泰宁县									
建宁县									
永安市				11	4	7	25	14	11
泉州市	**21**	**9**	**12**	**724**	**381**	**343**	**567**	**267**	**300**
鲤城区	3	2	1	33	19	14	50	23	27
丰泽区	5	3	2	63	16	47	150	72	78
洛江区				10	6	4	15	5	10
泉港区	4		4	13	6	7	51	17	34
惠安县									
安溪县									
永春县									
德化县									
石狮市	2	1	1	66	26	40	72	30	42
晋江市	6	3	3	520	299	221	220	115	105
南安市	1		1	19	9	10	9	5	4

1-4a 续表 13 单位：人

地 区	哈萨克族			傣 族			黎 族		
	小计	男	女	小计	男	女	小计	男	女
漳州市	**5**	**3**	**2**	**75**	**32**	**43**	**86**	**41**	**45**
芗城区	3	1	2	25	11	14	31	10	21
龙文区	2	2		40	17	23	47	28	19
云霄县									
漳浦县									
诏安县									
长泰县									
东山县									
南靖县									
平和县									
华安县									
龙海市				10	4	6	8	3	5
南平市				**55**	**21**	**34**	**48**	**18**	**30**
延平区				21	9	12	11	3	8
建阳区				12	3	9	8	5	3
顺昌县									
浦城县									
光泽县									
松溪县									
政和县									
邵武市				4	3	1	11	6	5
武夷山市				11	4	7	16	4	12
建瓯市				7	2	5	2		2
龙岩市	**15**	**7**	**8**	**110**	**71**	**39**	**65**	**33**	**32**
新罗区	15	7	8	94	61	33	55	29	26
永定区				6	5	1	7	3	4
长汀县									
上杭县									
武平县									
连城县									
漳平市				10	5	5	3	1	2
宁德市				**85**	**51**	**34**	**115**	**61**	**54**
蕉城区				69	45	24	44	22	22
霞浦县									
古田县									
屏南县									
寿宁县									
周宁县									
柘荣县									
福安市				5	2	3	57	30	27
福鼎市				11	4	7	14	9	5

1-4a 续表 14 单位：人

地区	傈僳族			佤族			畲族		
	小计	男	女	小计	男	女	小计	男	女
合计	**800**	**415**	**385**	**1312**	**717**	**595**	**95169**	**50419**	**44750**
福州市	**189**	**108**	**81**	**155**	**83**	**72**	**13243**	**7132**	**6111**
鼓楼区	25	14	11	17	11	6	1822	891	931
台江区	17	5	12	17	11	6	667	335	332
仓山区	40	27	13	27	16	11	3245	1757	1488
马尾区	14	9	5	16	9	7	759	378	381
晋安区	11	7	4	43	22	21	2951	1551	1400
长乐区	20	8	12	9	6	3	214	104	110
闽侯县									
连江县									
罗源县									
闽清县									
永泰县									
平潭县									
福清市	62	38	24	26	8	18	3585	2116	1469
厦门市	**302**	**148**	**154**	**595**	**319**	**276**	**24396**	**13234**	**11162**
思明区	26	9	17	39	15	24	4967	2519	2448
海沧区	64	31	33	202	112	90	2530	1437	1093
湖里区	50	24	26	56	26	30	9916	5460	4456
集美区	78	42	36	174	107	67	4722	2538	2184
同安区	76	38	38	106	47	59	1751	1010	741
翔安区	8	4	4	18	12	6	510	270	240
莆田市	**98**	**59**	**39**	**186**	**115**	**71**	**876**	**496**	**380**
城厢区	14	8	6	35	24	11	251	130	121
涵江区	28	17	11	29	19	10	209	125	84
荔城区	38	20	18	118	68	50	394	225	169
秀屿区	18	14	4	4	4		22	16	6
仙游县									
三明市	**15**	**8**	**7**	**14**	**5**	**9**	**3366**	**1822**	**1544**
梅列区	5		5	8	1	7	811	423	388
三元区	3	2	1				517	269	248
明溪县									
清流县									
宁化县									
大田县									
尤溪县									
沙县									
将乐县									
泰宁县									
建宁县									
永安市	7	6	1	6	4	2	2038	1130	908
泉州市	**114**	**59**	**55**	**268**	**150**	**118**	**6136**	**3321**	**2815**
鲤城区	10	4	6	9	4	5	904	523	381
丰泽区	17	10	7	19	10	9	1670	905	765
洛江区	5	4	1	6	1	5	375	203	172
泉港区	6	5	1	4	3	1	611	248	363
惠安县									
安溪县									
永春县									
德化县									
石狮市	14	6	8	30	16	14	780	455	325
晋江市	60	30	30	194	112	82	1590	865	725
南安市	2		2	6	4	2	206	122	84

1-4a　续表 15　　　　单位：人

地　区	傈僳族			佤　族			畲　族		
	小计	男	女	小计	男	女	小计	男	女
漳州市	**30**	**13**	**17**	**25**	**12**	**13**	**4659**	**2478**	**2181**
芗城区	13	5	8	10	4	6	2032	1008	1024
龙文区	16	8	8	11	6	5	1056	558	498
云霄县									
漳浦县									
诏安县									
长泰县									
东山县									
南靖县									
平和县									
华安县									
龙海市	1		1	4	2	2	1571	912	659
南平市	**20**	**6**	**14**	**16**	**7**	**9**	**3921**	**1992**	**1929**
延平区	7	1	6	10	5	5	769	350	419
建阳区	6	1	5	1		1	1018	542	476
顺昌县									
浦城县									
光泽县									
松溪县									
政和县									
邵武市	1		1				1272	684	588
武夷山市	4	3	1	4	2	2	415	213	202
建瓯市	2	1	1	1		1	447	203	244
龙岩市	**17**	**5**	**12**	**22**	**6**	**16**	**5293**	**2806**	**2487**
新罗区	15	4	11	21	6	15	4550	2398	2152
永定区							33	17	16
长汀县									
上杭县									
武平县									
连城县									
漳平市	2	1	1	1		1	710	391	319
宁德市	**15**	**9**	**6**	**31**	**20**	**11**	**33279**	**17138**	**16141**
蕉城区	15	9	6	24	17	7	10753	5416	5337
霞浦县									
古田县									
屏南县									
寿宁县									
周宁县									
柘荣县									
福安市				5	3	2	16665	8762	7903
福鼎市				2		2	5861	2960	2901

1-4a 续表 16

单位：人

地　区	高山族			拉祜族			水　族		
	小计	男	女	小计	男	女	小计	男	女
合　计	**226**	**132**	**94**	**760**	**414**	**346**	**2161**	**1208**	**953**
福州市	**18**	**11**	**7**	**141**	**73**	**68**	**389**	**226**	**163**
鼓楼区				24	12	12	58	37	21
台江区				11	3	8	42	23	19
仓山区	10	6	4	20	11	9	162	80	82
马尾区	6	4	2	7	2	5	12	10	2
晋安区	2	1	1	11	6	5	37	26	11
长乐区				8	1	7	25	13	12
闽侯县									
连江县									
罗源县									
闽清县									
永泰县									
平潭县									
福清市				60	38	22	53	37	16
厦门市	**83**	**47**	**36**	**322**	**189**	**133**	**674**	**385**	**289**
思明区	25	12	13	34	22	12	69	32	37
海沧区	5	3	2	63	39	24	121	76	45
湖里区	18	8	10	34	19	15	76	34	42
集美区	24	15	9	50	22	28	170	96	74
同安区	11	9	2	135	82	53	221	138	83
翔安区				6	5	1	17	9	8
莆田市	**10**	**6**	**4**	**119**	**71**	**48**	**187**	**102**	**85**
城厢区				14	5	9	19	11	8
涵江区				27	22	5	73	43	30
荔城区	10	6	4	77	43	34	86	42	44
秀屿区				1	1		9	6	3
仙游县									
三明市	**14**	**9**	**5**	**9**	**5**	**4**	**118**	**63**	**55**
梅列区				2	1	1	7	4	3
三元区	7	2	5	2	1	1	37	20	17
明溪县									
清流县									
宁化县									
大田县									
尤溪县									
沙县									
将乐县									
泰宁县									
建宁县									
永安市	7	7		5	3	2	74	39	35
泉州市	**22**	**15**	**7**	**88**	**32**	**56**	**390**	**208**	**182**
鲤城区	5	3	2	12	6	6	67	30	37
丰泽区	11	8	3	7	1	6	63	37	26
洛江区	3	2	1	9	1	8	9	6	3
泉港区							6	4	2
惠安县									
安溪县									
永春县									
德化县									
石狮市				7	4	3	38	22	16
晋江市	3	2	1	45	16	29	127	64	63
南安市				8	4	4	80	45	35

1-4a　续表 17

单位：人

地　　区	高山族			拉祜族			水　族		
	小计	男	女	小计	男	女	小计	男	女
漳州市	**43**	**23**	**20**	**31**	**16**	**15**	**63**	**32**	**31**
芗城区	25	15	10	9	5	4	37	18	19
龙文区	10	6	4	16	10	6	19	11	8
云霄县									
漳浦县									
诏安县									
长泰县									
东山县									
南靖县									
平和县									
华安县									
龙海市	8	2	6	6	1	5	7	3	4
南平市	**27**	**15**	**12**	**9**	**5**	**4**	**114**	**60**	**54**
延平区	21	12	9	2	1	1	18	11	7
建阳区	2	1	1	2	2		14	9	5
顺昌县									
浦城县									
光泽县									
松溪县									
政和县									
邵武市	4	2	2				46	25	21
武夷山市				5	2	3	17	5	12
建瓯市							19	10	9
龙岩市	**7**	**6**	**1**	**25**	**17**	**8**	**124**	**72**	**52**
新罗区	4	4		24	17	7	115	68	47
永定区	3	2	1				3	3	
长汀县									
上杭县									
武平县									
连城县									
漳平市				1		1	6	1	5
宁德市	**2**		**2**	**16**	**6**	**10**	**102**	**60**	**42**
蕉城区				8	3	5	84	51	33
霞浦县									
古田县									
屏南县									
寿宁县									
周宁县									
柘荣县									
福安市							2		2
福鼎市	2		2	8	3	5	16	9	7

1-4a 续表 18 单位：人

地 区	东乡族			纳西族			景颇族		
	小计	男	女	小计	男	女	小计	男	女
合 计	**1928**	**1238**	**690**	**157**	**59**	**98**	**611**	**281**	**330**
福州市	**353**	**225**	**128**	**23**	**10**	**13**	**76**	**33**	**43**
鼓楼区	72	44	28	7	2	5	21	9	12
台江区	30	17	13				11	5	6
仓山区	88	61	27	3	1	2	5	2	3
马尾区	22	11	11	1	1		3	2	1
晋安区	28	18	10	2		2	6	1	5
长乐区	11	4	7	1		1	11	6	5
闽侯县									
连江县									
罗源县									
闽清县									
永泰县									
平潭县									
福清市	102	70	32	9	6	3	19	8	11
厦门市	**1377**	**909**	**468**	**79**	**32**	**47**	**228**	**115**	**113**
思明区	203	129	74	24	10	14	16	7	9
海沧区	281	204	77	7	2	5	56	33	23
湖里区	342	240	102	9	2	7	29	14	15
集美区	394	240	154	34	16	18	39	20	19
同安区	138	84	54	5	2	3	82	38	44
翔安区	19	12	7				6	3	3
莆田市	**18**	**13**	**5**	**4**		**4**	**79**	**29**	**50**
城厢区	3	2	1	1		1	14	2	12
涵江区	6	5	1	2		2	16	11	5
荔城区	7	6	1	1		1	49	16	33
秀屿区	2		2						
仙游县									
三明市	**4**	**1**	**3**	**6**	**1**	**5**	**11**	**4**	**7**
梅列区				2		2	5	2	3
三元区	4	1	3	3	1	2	4	1	3
明溪县									
清流县									
宁化县									
大田县									
尤溪县									
沙县									
将乐县									
泰宁县									
建宁县									
永安市				1		1	2	1	1
泉州市	**129**	**67**	**62**	**18**	**3**	**15**	**118**	**48**	**70**
鲤城区	13	6	7	3		3	23	6	17
丰泽区	40	21	19	6	2	4	15	8	7
洛江区	4	2	2	1		1	2	1	1
泉港区	10	4	6				34	17	17
惠安县									
安溪县									
永春县									
德化县									
石狮市	17	9	8	3		3	8	4	4
晋江市	43	24	19	5	1	4	28	6	22
南安市	2	1	1				8	6	2

1-4a　续表 19

单位：人

地　区	东乡族			纳西族			景颇族		
	小计	男	女	小计	男	女	小计	男	女
漳州市	**6**	**2**	**4**	**9**	**6**	**3**	**11**	**6**	**5**
芗城区				4	2	2	3	2	1
龙文区	1		1	4	3	1	6	3	3
云霄县									
漳浦县									
诏安县									
长泰县									
东山县									
南靖县									
平和县									
华安县									
龙海市	5	2	3	1	1		2	1	1
南平市	**2**	**1**	**1**	**6**	**3**	**3**	**6**	**2**	**4**
延平区							1	1	
建阳区	1	1					1		1
顺昌县									
浦城县									
光泽县									
松溪县									
政和县									
邵武市	1		1				1		1
武夷山市				4	3	1			
建瓯市				2		2	3	1	2
龙岩市	**13**	**7**	**6**	**6**	**2**	**4**	**16**	**9**	**7**
新罗区	4	2	2	6	2	4	12	8	4
永定区	5	3	2						
长汀县									
上杭县									
武平县									
连城县									
漳平市	4	2	2				4	1	3
宁德市	**26**	**13**	**13**	**6**	**2**	**4**	**66**	**35**	**31**
蕉城区	17	9	8	6	2	4	41	27	14
霞浦县									
古田县									
屏南县									
寿宁县									
周宁县									
柘荣县									
福安市	8	4	4				5	2	3
福鼎市	1		1				20	6	14

1-4a 续表 20　　　　单位：人

地　区	柯尔克孜族			土　族			达斡尔族		
	小计	男	女	小计	男	女	小计	男	女
合　计	**330**	**176**	**154**	**1050**	**555**	**495**	**142**	**68**	**74**
福州市	**14**	**4**	**10**	**112**	**57**	**55**	**26**	**14**	**12**
鼓楼区	2		2	12	7	5	3	1	2
台江区				8	5	3	2		2
仓山区	6	2	4	25	9	16	12	8	4
马尾区				11	8	3			
晋安区				4	3	1	4	2	2
长乐区	1		1	12	6	6	1	1	
闽侯县									
连江县									
罗源县									
闽清县									
永泰县									
平潭县									
福清市	5	2	3	40	19	21	4	2	2
厦门市	**33**	**12**	**21**	**410**	**214**	**196**	**84**	**43**	**41**
思明区	7	2	5	44	13	31	25	15	10
海沧区	8	3	5	51	31	20	14	8	6
湖里区	3		3	101	48	53	18	9	9
集美区	10	3	7	120	65	55	19	7	12
同安区	4	4		88	53	35	7	3	4
翔安区	1		1	6	4	2	1	1	
莆田市	**2**		**2**	**88**	**45**	**43**	**3**	**1**	**2**
城厢区	2		2	9	3	6	2	1	1
涵江区				36	20	16			
荔城区				35	16	19	1		1
秀屿区				8	6	2			
仙游县									
三明市				**10**	**7**	**3**	**2**	**1**	**1**
梅列区				3	2	1			
三元区				5	3	2			
明溪县									
清流县									
宁化县									
大田县									
尤溪县									
沙县									
将乐县									
泰宁县									
建宁县									
永安市				2	2		2	1	1
泉州市	**275**	**157**	**118**	**365**	**202**	**163**	**13**	**3**	**10**
鲤城区				47	26	21			
丰泽区	3	1	2	44	23	21	6	2	4
洛江区	146	85	61	56	28	28	2		2
泉港区				1	1				
惠安县									
安溪县									
永春县									
德化县									
石狮市	1	1		30	17	13			
晋江市	125	70	55	172	95	77	4	1	3
南安市				15	12	3	1		1

1-4a 续表 21 单位：人

地 区	柯尔克孜族			土 族			达斡尔族		
	小计	男	女	小计	男	女	小计	男	女
漳州市	**3**	**2**	**1**	**28**	**13**	**15**	**4**	**3**	**1**
芗城区	1		1	7	4	3	1		1
龙文区	2	2		7	2	5	1	1	
云霄县									
漳浦县									
诏安县									
长泰县									
东山县									
南靖县									
平和县									
华安县									
龙海市				14	7	7	2	2	
南平市				**6**		**6**	**7**	**2**	**5**
延平区				1		1	5	2	3
建阳区				2		2	1		1
顺昌县									
浦城县									
光泽县									
松溪县									
政和县									
邵武市				2		2			
武夷山市				1		1	1		1
建瓯市									
龙岩市	**2**		**2**	**16**	**9**	**7**	**3**	**1**	**2**
新罗区	2		2	15	9	6	3	1	2
永定区				1		1			
长汀县									
上杭县									
武平县									
连城县									
漳平市									
宁德市	**1**	**1**		**15**	**8**	**7**			
蕉城区	1	1		11	7	4			
霞浦县									
古田县									
屏南县									
寿宁县									
周宁县									
柘荣县									
福安市				1		1			
福鼎市				3	1	2			

1－4a 续表 22 单位：人

地　　区	仫佬族			羌　　族			布朗族		
	小计	男	女	小计	男	女	小计	男	女
合　计	**976**	**508**	**468**	**356**	**198**	**158**	**198**	**91**	**107**
福州市	**133**	**69**	**64**	**80**	**41**	**39**	**25**	**14**	**11**
鼓楼区	19	11	8	6	4	2	2	2	
台江区	9	6	3	5	2	3			
仓山区	46	24	22	29	16	13	9	4	5
马尾区	6	2	4	5	4	1	2	1	1
晋安区	25	12	13	17	5	12	4	2	2
长乐区	7	3	4	3	2	1	1		1
闽侯县									
连江县									
罗源县									
闽清县									
永泰县									
平潭县									
福清市	21	11	10	15	8	7	7	5	2
厦门市	**361**	**200**	**161**	**148**	**79**	**69**	**84**	**33**	**51**
思明区	49	28	21	38	18	20	7	3	4
海沧区	42	21	21	11	7	4	16	8	8
湖里区	70	33	37	26	14	12	13	2	11
集美区	103	57	46	48	22	26	20	8	12
同安区	85	53	32	16	10	6	27	12	15
翔安区	12	8	4	9	8	1	1		1
莆田市	**69**	**38**	**31**	**12**	**6**	**6**	**30**	**16**	**14**
城厢区	9	6	3	3	1	2	2	2	
涵江区	18	13	5	3	2	1	7	5	2
荔城区	38	16	22	5	3	2	18	7	11
秀屿区	4	3	1	1		1	3	2	1
仙游县									
三明市	**11**	**4**	**7**	**8**	**3**	**5**	**4**	**2**	**2**
梅列区	5		5	4	2	2			
三元区	3	1	2				2	1	1
明溪县									
清流县									
宁化县									
大田县									
尤溪县									
沙县									
将乐县									
泰宁县									
建宁县									
永安市	3	3		4	1	3	2	1	1
泉州市	**290**	**145**	**145**	**87**	**53**	**34**	**29**	**12**	**17**
鲤城区	37	15	22	35	25	10	3	2	1
丰泽区	38	14	24	17	9	8	6	3	3
洛江区	13	8	5	3	1	2	1	1	
泉港区	6	3	3	1	1				
惠安县									
安溪县									
永春县									
德化县									
石狮市	22	14	8	2	2		4	3	1
晋江市	164	87	77	24	12	12	14	3	11
南安市	10	4	6	5	3	2	1		1

1-4a　续表 23　　　　单位：人

地区	仫佬族			羌族			布朗族		
	小计	男	女	小计	男	女	小计	男	女
漳州市	**38**	**12**	**26**	**4**	**3**	**1**	**3**	**1**	**2**
芗城区	21	4	17	1		1	2	1	1
龙文区	16	8	8	2	2		1		1
云霄县									
漳浦县									
诏安县									
长泰县									
东山县									
南靖县									
平和县									
华安县									
龙海市	1		1	1	1				
南平市	**28**	**15**	**13**	**3**	**3**		**3**	**3**	
延平区	13	8	5				1	1	
建阳区	5	2	3				1	1	
顺昌县									
浦城县									
光泽县									
松溪县									
政和县									
邵武市	4	2	2						
武夷山市	4	2	2				1	1	
建瓯市	2	1	1	3	3				
龙岩市	**23**	**14**	**9**	**12**	**9**	**3**	**5**	**2**	**3**
新罗区	16	11	5	11	8	3	2	1	1
永定区	2	1	1						
长汀县									
上杭县									
武平县									
连城县									
漳平市	5	2	3	1	1		3	1	2
宁德市	**23**	**11**	**12**	**2**	**1**	**1**	**15**	**8**	**7**
蕉城区	13	7	6	1	1		13	8	5
霞浦县									
古田县									
屏南县									
寿宁县									
周宁县									
柘荣县									
福安市	5	3	2	1		1	1		1
福鼎市	5	1	4				1		1

1-4a 续表 24

单位：人

地 区	撒拉族			毛南族			仡佬族		
	小计	男	女	小计	男	女	小计	男	女
合 计	**237**	**139**	**98**	**340**	**173**	**167**	**4404**	**2605**	**1799**
福州市	**33**	**22**	**11**	**65**	**34**	**31**	**886**	**548**	**338**
鼓楼区	4	3	1	15	8	7	109	63	46
台江区	1		1	12	2	10	91	59	32
仓山区	7	5	2	19	12	7	293	185	108
马尾区	1	1		5	5		42	29	13
晋安区	2	1	1	2	1	1	98	64	34
长乐区	12	6	6	5	4	1	67	44	23
闽侯县									
连江县									
罗源县									
闽清县									
永泰县									
平潭县									
福清市	6	6		7	2	5	186	104	82
厦门市	**147**	**86**	**61**	**138**	**70**	**68**	**1589**	**906**	**683**
思明区	35	17	18	10	3	7	157	83	74
海沧区	72	48	24	26	11	15	214	118	96
湖里区	10	3	7	18	12	6	188	100	88
集美区	27	16	11	50	30	20	472	271	201
同安区	3	2	1	34	14	20	468	278	190
翔安区							90	56	34
莆田市	**7**	**4**	**3**	**16**	**10**	**6**	**364**	**237**	**127**
城厢区	3	1	2	4	1	3	79	57	22
涵江区				6	5	1	85	55	30
荔城区	4	3	1	6	4	2	184	114	70
秀屿区							16	11	5
仙游县									
三明市	**1**		**1**	**10**	**5**	**5**	**57**	**37**	**20**
梅列区	1		1				16	8	8
三元区				8	4	4	26	20	6
明溪县									
清流县									
宁化县									
大田县									
尤溪县									
沙县									
将乐县									
泰宁县									
建宁县									
永安市				2	1	1	15	9	6
泉州市	**28**	**14**	**14**	**85**	**43**	**42**	**1095**	**629**	**466**
鲤城区	1		1	7	4	3	177	102	75
丰泽区	2	1	1	18	10	8	182	98	84
洛江区				2		2	44	26	18
泉港区							12	5	7
惠安县									
安溪县									
永春县									
德化县									
石狮市	18	8	10	11	6	5	71	45	26
晋江市	7	5	2	23	11	12	583	335	248
南安市				24	12	12	26	18	8

1-4a　续表 25　　　　单位：人

地　区	撒拉族			毛南族			仡佬族		
	小计	男	女	小计	男	女	小计	男	女
漳州市				**14**	**7**	**7**	**147**	**91**	**56**
芗城区				5	2	3	78	39	39
龙文区				8	5	3	50	38	12
云霄县									
漳浦县									
诏安县									
长泰县									
东山县									
南靖县									
平和县									
华安县									
龙海市				1		1	19	14	5
南平市	**5**	**3**	**2**	**1**	**1**		**45**	**19**	**26**
延平区							10	4	6
建阳区							4	1	3
顺昌县									
浦城县									
光泽县									
松溪县									
政和县									
邵武市							12	3	9
武夷山市	1	1					17	11	6
建瓯市	4	2	2	1	1		2		2
龙岩市	**11**	**6**	**5**	**3**		**3**	**158**	**93**	**65**
新罗区	11	6	5	2		2	133	83	50
永定区				1		1	7	4	3
长汀县									
上杭县									
武平县									
连城县									
漳平市							18	6	12
宁德市	**5**	**4**	**1**	**8**	**3**	**5**	**63**	**45**	**18**
蕉城区	1	1		8	3	5	48	37	11
霞浦县									
古田县									
屏南县									
寿宁县									
周宁县									
柘荣县									
福安市							8	4	4
福鼎市	4	3	1				7	4	3

1-4a 续表 26

单位：人

地区	锡伯族			阿昌族			普米族		
	小计	男	女	小计	男	女	小计	男	女
合　计	**208**	**91**	**117**	**92**	**45**	**47**	**68**	**36**	**32**
福州市	**34**	**13**	**21**	**49**	**28**	**21**	**21**	**12**	**9**
鼓楼区	10	3	7	4	3	1			
台江区	5	2	3	1	1		5	4	1
仓山区	5	2	3	5	2	3	1		1
马尾区	4	1	3						
晋安区	5	2	3	2		2	1		1
长乐区	2	1	1	28	16	12	1	1	
闽侯县									
连江县									
罗源县									
闽清县									
永泰县									
平潭县									
福清市	3	2	1	9	6	3	13	7	6
厦门市	**138**	**64**	**74**	**11**	**5**	**6**	**27**	**16**	**11**
思明区	62	28	34	1	1		4	2	2
海沧区	17	7	10	4	2	2	4	1	3
湖里区	11	6	5	2		2	3	1	2
集美区	40	21	19				5	3	2
同安区	7	2	5	3	1	2	11	9	2
翔安区	1		1	1	1				
莆田市	**4**	**2**	**2**	**12**	**3**	**9**	**8**	**2**	**6**
城厢区	2	1	1	4	1	3	7	2	5
涵江区	1	1		5		5	1		1
荔城区				2	1	1			
秀屿区	1		1	1	1				
仙游县									
三明市	**3**	**2**	**1**						
梅列区	2	1	1						
三元区									
明溪县									
清流县									
宁化县									
大田县									
尤溪县									
沙县									
将乐县									
泰宁县									
建宁县									
永安市	1	1							
泉州市	**15**	**4**	**11**	**15**	**6**	**9**	**12**	**6**	**6**
鲤城区	8	1	7	1		1	1		1
丰泽区	5	3	2	1	1				
洛江区	1		1						
泉港区							1		1
惠安县									
安溪县									
永春县									
德化县									
石狮市				4	1	3	1	1	
晋江市	1		1	8	3	5	9	5	4
南安市				1	1				

1-4a 续表 27 单位：人

地 区	锡伯族			阿昌族			普米族		
	小计	男	女	小计	男	女	小计	男	女
漳州市	**8**	**4**	**4**	**3**	**1**	**2**			
芗城区	4	1	3	2		2			
龙文区	4	3	1						
云霄县									
漳浦县									
诏安县									
长泰县									
东山县									
南靖县									
平和县									
华安县									
龙海市				1	1				
南平市	**3**	**1**	**2**	**2**	**2**				
延平区	3	1	2	1	1				
建阳区									
顺昌县									
浦城县									
光泽县									
松溪县									
政和县									
邵武市									
武夷山市				1	1				
建瓯市									
龙岩市									
新罗区									
永定区									
长汀县									
上杭县									
武平县									
连城县									
漳平市									
宁德市	**3**	**1**	**2**						
蕉城区	3	1	2						
霞浦县									
古田县									
屏南县									
寿宁县									
周宁县									
柘荣县									
福安市									
福鼎市									

1-4a 续表 28 单位：人

地 区	塔吉克族			怒 族			乌孜别克族		
	小计	男	女	小计	男	女	小计	男	女
合 计	**12**	**9**	**3**	**49**	**21**	**28**	**5**	**3**	**2**
福州市	**3**	**2**	**1**	**10**	**7**	**3**	**1**		**1**
鼓楼区									
台江区									
仓山区	3	2	1	6	4	2	1		1
马尾区				1	1				
晋安区									
长乐区				2	2				
闽侯县									
连江县									
罗源县									
闽清县									
永泰县									
平潭县									
福清市				1		1			
厦门市	**4**	**2**	**2**	**22**	**9**	**13**	**3**	**3**	
思明区	1	1		4		4			
海沧区	1		1						
湖里区				5	2	3			
集美区	2	1	1	3	3		3	3	
同安区				10	4	6			
翔安区									
莆田市				**3**	**1**	**2**			
城厢区				1		1			
涵江区				1		1			
荔城区									
秀屿区				1	1				
仙游县									
三明市	**1**	**1**							
梅列区									
三元区	1	1							
明溪县									
清流县									
宁化县									
大田县									
尤溪县									
沙县									
将乐县									
泰宁县									
建宁县									
永安市									
泉州市	**4**	**4**		**5**	**2**	**3**	**1**		**1**
鲤城区				1		1			
丰泽区				1		1			
洛江区	4	4							
泉港区									
惠安县									
安溪县									
永春县									
德化县									
石狮市							1		1
晋江市				3	2	1			
南安市									

1-4a　续表 29　　　　单位：人

地　　区	塔吉克族			怒　　族			乌孜别克族		
	小计	男	女	小计	男	女	小计	男	女
漳州市				**1**		**1**			
芗城区				1		1			
龙文区									
云霄县									
漳浦县									
诏安县									
长泰县									
东山县									
南靖县									
平和县									
华安县									
龙海市									
南平市				**5**		**5**			
延平区									
建阳区				2		2			
顺昌县									
浦城县									
光泽县									
松溪县									
政和县									
邵武市				3		3			
武夷山市									
建瓯市									
龙岩市				**1**		**1**			
新罗区									
永定区				1		1			
长汀县									
上杭县									
武平县									
连城县									
漳平市									
宁德市				**2**	**2**				
蕉城区				1	1				
霞浦县									
古田县									
屏南县									
寿宁县									
周宁县									
柘荣县									
福安市									
福鼎市				1	1				

1－4a　续表 30　　　　单位：人

地　　区	俄罗斯族			鄂温克族			德 昂 族		
	小计	男	女	小计	男	女	小计	男	女
合　计	**36**	**15**	**21**	**16**	**5**	**11**	**58**	**34**	**24**
福州市				**7**	**2**	**5**	**14**	**5**	**9**
鼓楼区				1	1				
台江区				1		1			
仓山区				4	1	3	2	2	
马尾区							4	1	3
晋安区							2		2
长乐区							2	1	1
闽侯县									
连江县									
罗源县									
闽清县									
永泰县									
平潭县									
福清市				1		1	4	1	3
厦门市	**26**	**9**	**17**	**9**	**3**	**6**	**12**	**5**	**7**
思明区	8	3	5	2	1	1	2	2	
海沧区	2	1	1	2		2	2	2	
湖里区	6	3	3	3	2	1	3		3
集美区	10	2	8	2		2	3		3
同安区							2	1	1
翔安区									
莆田市	**3**	**2**	**1**				**3**	**3**	
城厢区	3	2	1						
涵江区							2	2	
荔城区							1	1	
秀屿区									
仙游县									
三明市	**1**	**1**							
梅列区	1	1							
三元区									
明溪县									
清流县									
宁化县									
大田县									
尤溪县									
沙县									
将乐县									
泰宁县									
建宁县									
永安市									
泉州市	**6**	**3**	**3**				**29**	**21**	**8**
鲤城区	5	3	2						
丰泽区	1		1						
洛江区									
泉港区									
惠安县									
安溪县									
永春县									
德化县									
石狮市							4	2	2
晋江市							24	18	6
南安市							1	1	

1-4a　续表 31

单位：人

地　　区	俄罗斯族			鄂温克族			德 昂 族		
	小计	男	女	小计	男	女	小计	男	女
漳州市									
芗城区									
龙文区									
云霄县									
漳浦县									
诏安县									
长泰县									
东山县									
南靖县									
平和县									
华安县									
龙海市									
南平市									
延平区									
建阳区									
顺昌县									
浦城县									
光泽县									
松溪县									
政和县									
邵武市									
武夷山市									
建瓯市									
龙岩市									
新罗区									
永定区									
长汀县									
上杭县									
武平县									
连城县									
漳平市									
宁德市									
蕉城区									
霞浦县									
古田县									
屏南县									
寿宁县									
周宁县									
柘荣县									
福安市									
福鼎市									

1-4a 续表 32

单位：人

地　　区	保安族			裕固族			京　　族		
	小计	男	女	小计	男	女	小计	男	女
合　计	**169**	**118**	**51**	**13**	**6**	**7**	**53**	**24**	**29**
福州市	**10**	**7**	**3**				**6**	**2**	**4**
鼓楼区									
台江区									
仓山区	4	2	2				1		1
马尾区									
晋安区							2		2
长乐区	1	1							
闽侯县									
连江县									
罗源县									
闽清县									
永泰县									
平潭县									
福清市	5	4	1				3	2	1
厦门市	**157**	**111**	**46**	**8**	**3**	**5**	**25**	**12**	**13**
思明区	12	8	4	2		2	4	2	2
海沧区	133	94	39						
湖里区	9	6	3				16	9	7
集美区	1	1		4	2	2	4	1	3
同安区	1	1		2	1	1	1		1
翔安区	1	1							
莆田市				**1**		**1**			
城厢区									
涵江区				1		1			
荔城区									
秀屿区									
仙游县									
三明市									
梅列区									
三元区									
明溪县									
清流县									
宁化县									
大田县									
尤溪县									
沙县									
将乐县									
泰宁县									
建宁县									
永安市									
泉州市	**2**		**2**	**2**	**1**	**1**	**9**	**4**	**5**
鲤城区							3		3
丰泽区	1		1				1	1	
洛江区									
泉港区									
惠安县									
安溪县									
永春县									
德化县									
石狮市				1		1			
晋江市	1		1				5	3	2
南安市				1	1				

1-4a 续表 33

单位：人

地 区	保安族			裕固族			京 族		
	小计	男	女	小计	男	女	小计	男	女
漳州市							**8**	**5**	**3**
芗城区							3		3
龙文区							4	4	
云霄县									
漳浦县									
诏安县									
长泰县									
东山县									
南靖县									
平和县									
华安县									
龙海市							1	1	
南平市							**3**	**1**	**2**
延平区									
建阳区							2	1	1
顺昌县									
浦城县									
光泽县									
松溪县									
政和县									
邵武市									
武夷山市									
建瓯市							1		1
龙岩市							**1**		**1**
新罗区							1		1
永定区									
长汀县									
上杭县									
武平县									
连城县									
漳平市									
宁德市				**2**	**2**		**1**		**1**
蕉城区				2	2				
霞浦县									
古田县									
屏南县									
寿宁县									
周宁县									
柘荣县									
福安市							1		1
福鼎市									

1-4a 续表 34

单位：人

地区	塔塔尔族			独龙族			鄂伦春族		
	小计	男	女	小计	男	女	小计	男	女
合计	**5**	**3**	**2**	**4**	**3**	**1**	**9**	**5**	**4**
福州市									
鼓楼区									
台江区									
仓山区									
马尾区									
晋安区									
长乐区									
闽侯县									
连江县									
罗源县									
闽清县									
永泰县									
平潭县									
福清市									
厦门市	**2**	**1**	**1**	**1**	**1**		**5**	**4**	**1**
思明区	2	1	1						
海沧区									
湖里区							4	3	1
集美区				1	1		1	1	
同安区									
翔安区									
莆田市									
城厢区									
涵江区									
荔城区									
秀屿区									
仙游县									
三明市				**1**		**1**			
梅列区				1		1			
三元区									
明溪县									
清流县									
宁化县									
大田县									
尤溪县									
沙县									
将乐县									
泰宁县									
建宁县									
永安市									
泉州市	**3**	**2**	**1**	**1**	**1**		**2**		**2**
鲤城区									
丰泽区							1		1
洛江区									
泉港区									
惠安县									
安溪县									
永春县									
德化县									
石狮市									
晋江市	3	2	1	1	1		1		1
南安市									

1-4a　续表 35　　　　单位：人

地　　区	塔塔尔族			独 龙 族			鄂伦春族		
	小计	男	女	小计	男	女	小计	男	女
漳州市				**1**	**1**		**2**	**1**	**1**
芗城区									
龙文区				1	1		2	1	1
云霄县									
漳浦县									
诏安县									
长泰县									
东山县									
南靖县									
平和县									
华安县									
龙海市									
南平市									
延平区									
建阳区									
顺昌县									
浦城县									
光泽县									
松溪县									
政和县									
邵武市									
武夷山市									
建瓯市									
龙岩市									
新罗区									
永定区									
长汀县									
上杭县									
武平县									
连城县									
漳平市									
宁德市									
蕉城区									
霞浦县									
古田县									
屏南县									
寿宁县									
周宁县									
柘荣县									
福安市									
福鼎市									

1-4a 续表 36 单位：人

地　区	赫哲族			门巴族			珞巴族		
	小计	男	女	小计	男	女	小计	男	女
合　计	**20**	**8**	**12**	**24**	**10**	**14**	**3**	**1**	**2**
福州市	**2**	**1**	**1**	**2**	**2**		**1**		**1**
鼓楼区				1	1				
台江区									
仓山区	2	1	1	1	1		1		1
马尾区									
晋安区									
长乐区									
闽侯县									
连江县									
罗源县									
闽清县									
永泰县									
平潭县									
福清市									
厦门市	**9**	**3**	**6**	**3**	**2**	**1**			
思明区	5	1	4	2	1	1			
海沧区	2	2							
湖里区	2		2						
集美区				1	1				
同安区									
翔安区									
莆田市									
城厢区									
涵江区									
荔城区									
秀屿区									
仙游县									
三明市				**2**	**1**	**1**			
梅列区				1		1			
三元区				1	1				
明溪县									
清流县									
宁化县									
大田县									
尤溪县									
沙县									
将乐县									
泰宁县									
建宁县									
永安市									
泉州市	**7**	**3**	**4**	**9**	**3**	**6**			
鲤城区									
丰泽区									
洛江区									
泉港区									
惠安县									
安溪县									
永春县									
德化县									
石狮市									
晋江市	7	3	4	9	3	6			
南安市									

1-4a　续表 37　　　　　　　　　　　　　　　　　　　　　　　　单位：人

地　区	赫哲族			门巴族			珞巴族		
	小计	男	女	小计	男	女	小计	男	女
漳州市				**6**	**2**	**4**	**1**		**1**
芗城区				6	2	4	1		1
龙文区									
云霄县									
漳浦县									
诏安县									
长泰县									
东山县									
南靖县									
平和县									
华安县									
龙海市									
南平市				**2**		**2**	**1**	**1**	
延平区									
建阳区									
顺昌县									
浦城县									
光泽县									
松溪县									
政和县									
邵武市									
武夷山市				2		2	1	1	
建瓯市									
龙岩市	**2**	**1**	**1**						
新罗区	2	1	1						
永定区									
长汀县									
上杭县									
武平县									
连城县									
漳平市									
宁德市									
蕉城区									
霞浦县									
古田县									
屏南县									
寿宁县									
周宁县									
柘荣县									
福安市									
福鼎市									

1-4a 续表 38　　　　单位：人

地　区	基诺族			未定族称人口			入　籍		
	小计	男	女	小计	男	女	小计	男	女
合　计	**11**	**3**	**8**	**4757**	**2762**	**1995**	**121**	**65**	**56**
福州市	**1**		**1**	**648**	**381**	**267**	**24**	**10**	**14**
鼓楼区	1		1	114	65	49	6	1	5
台江区				86	49	37			
仓山区				185	109	76	7	4	3
马尾区				30	14	16	2	2	
晋安区				88	57	31	1		1
长乐区				46	29	17	2	1	1
闽侯县									
连江县									
罗源县									
闽清县									
永泰县									
平潭县									
福清市				99	58	41	6	2	4
厦门市	**8**	**3**	**5**	**1108**	**612**	**496**	**29**	**17**	**12**
思明区	4	2	2	123	60	63	1	1	
海沧区				158	91	67			
湖里区	2		2	98	46	52	9	5	4
集美区				156	81	75	9	4	5
同安区				555	324	231	10	7	3
翔安区	2	1	1	18	10	8			
莆田市	**2**		**2**	**531**	**319**	**212**	**8**	**6**	**2**
城厢区	1		1	83	50	33			
涵江区	1		1	75	44	31	6	4	2
荔城区				359	215	144	2	2	
秀屿区				14	10	4			
仙游县									
三明市				**39**	**16**	**23**	**3**	**3**	
梅列区				2	1	1			
三元区				26	9	17	2	2	
明溪县									
清流县									
宁化县									
大田县									
尤溪县									
沙县									
将乐县									
泰宁县									
建宁县									
永安市				11	6	5	1	1	
泉州市				**2025**	**1186**	**839**	**43**	**24**	**19**
鲤城区				126	65	61	5	3	2
丰泽区				121	69	52	3	1	2
洛江区				21	14	7	6	3	3
泉港区				19	16	3			
惠安县									
安溪县									
永春县									
德化县									
石狮市				171	93	78	7	5	2
晋江市				1538	914	624	22	12	10
南安市				29	15	14			

1-4a　续表 39　　　　单位：人

地　区	基诺族			未定族称人口			入　籍		
	小计	男	女	小计	男	女	小计	男	女
漳州市				**284**	**181**	**103**	**5**	**3**	**2**
芗城区				193	129	64	2	1	1
龙文区				59	35	24	3	2	1
云霄县									
漳浦县									
诏安县									
长泰县									
东山县									
南靖县									
平和县									
华安县									
龙海市				32	17	15			
南平市				**42**	**24**	**18**	**3**	**2**	**1**
延平区				14	8	6			
建阳区				13	7	6			
顺昌县									
浦城县									
光泽县									
松溪县									
政和县									
邵武市				3	2	1	1		1
武夷山市				12	7	5	2	2	
建瓯市									
龙岩市				**35**	**19**	**16**	**4**		**4**
新罗区				30	15	15	2		2
永定区				2	2				
长汀县									
上杭县									
武平县									
连城县									
漳平市				3	2	1	2		2
宁德市				**45**	**24**	**21**	**2**		**2**
蕉城区				38	21	17	1		1
霞浦县									
古田县									
屏南县									
寿宁县									
周宁县									
柘荣县									
福安市				3	1	2			
福鼎市				4	2	2	1		1

1-4b 各地区分性别、民族的人口(镇)

单位：人

地　区	合　计			汉　族		
	合计	男	女	小计	男	女
合　计	**11452224**	**5858483**	**5593741**	**11178404**	**5707804**	**5470600**
福州市	**1995453**	**1016839**	**978614**	**1949528**	**992416**	**957112**
鼓楼区						
台江区						
仓山区						
马尾区						
晋安区	2218	1132	1086	2064	1055	1009
长乐区	185413	98694	86719	179946	95509	84437
闽侯县	593963	304872	289091	580509	298155	282354
连江县	323972	161687	162285	315865	157421	158444
罗源县	182607	95469	87138	173428	90656	82772
闽清县	112260	55870	56390	111569	55497	56072
永泰县	121768	60549	61219	119864	59500	60364
平潭县	207444	103096	104348	204426	101424	103002
福清市	265808	135470	130338	261857	133199	128658
厦门市	**253416**	**140872**	**112544**	**234264**	**129704**	**104560**
思明区						
海沧区						
湖里区	1887	1297	590	1835	1255	580
集美区	122	70	52	119	68	51
同安区	16150	8448	7702	15700	8195	7505
翔安区	235257	131057	104200	216610	120186	96424
莆田市	**630793**	**314528**	**316265**	**624654**	**311017**	**313637**
城厢区	36461	18005	18456	36070	17767	18303
涵江区	12578	6225	6353	12437	6149	6288
荔城区	8604	4313	4291	8542	4271	4271
秀屿区	99290	49839	49451	98836	49545	49291
仙游县	473860	236146	237714	468769	233285	235484
三明市	**983476**	**494490**	**488986**	**974920**	**489948**	**484972**
梅列区	10472	5724	4748	10293	5619	4674
三元区	6447	3560	2887	6336	3493	2843
明溪县	51851	25433	26418	51500	25257	26243
清流县	59896	30127	29769	58910	29609	29301
宁化县	126219	62293	63926	124754	61485	63269
大田县	162066	84225	77841	160932	83551	77381
尤溪县	166631	84713	81918	165179	83953	81226
沙县	176226	88063	88163	174861	87376	87485
将乐县	85175	41904	43271	84764	41713	43051
泰宁县	60330	29365	30965	60046	29206	30840
建宁县	56258	27643	28615	55966	27513	28453
永安市	21905	11440	10465	21379	11173	10206
泉州市	**2952387**	**1534717**	**1417670**	**2859481**	**1481288**	**1378193**
鲤城区						
丰泽区						
洛江区	44176	22423	21753	43063	21838	21225
泉港区	70963	35481	35482	63705	31388	32317
惠安县	584053	291527	292526	568712	282918	285794
安溪县	498061	260533	237528	489230	255560	233670
永春县	258934	129893	129041	257491	129130	128361
德化县	259496	136612	122884	257022	135212	121810
石狮市	163228	90881	72347	153198	84724	68474
晋江市	403627	211946	191681	378394	197652	180742
南安市	669849	355421	314428	648666	342866	305800

1-4b　续表 1　　　　单位：人

地　区	合　计			汉　族		
	合计	男	女	小计	男	女
漳州市	**2094474**	**1077385**	**1017089**	**2054206**	**1055144**	**999062**
芗城区	81450	43742	37708	77742	41681	36061
龙文区						
云霄县	223883	114497	109386	222763	113910	108853
漳浦县	466953	239791	227162	461039	236747	224292
诏安县	253937	128253	125684	248223	125164	123059
长泰县	135414	71470	63944	130050	68433	61617
东山县	141511	70492	71019	140556	70022	70534
南靖县	162029	81818	80211	160606	81001	79605
平和县	215480	110832	104648	213182	109524	103658
华安县	71401	36942	34459	70035	36182	33853
龙海市	342416	179548	162868	330010	172480	157530
南平市	**649039**	**322835**	**326204**	**641372**	**318904**	**322468**
延平区	49848	25560	24288	49312	25257	24055
建阳区	31697	15728	15969	31182	15455	15727
顺昌县	92001	45326	46675	90406	44566	45840
浦城县	143301	69784	73517	142029	69153	72876
光泽县	65611	32160	33451	64302	31529	32773
松溪县	64444	31544	32900	63941	31277	32664
政和县	93025	47063	45962	92139	46591	45548
邵武市	25633	13571	12062	25130	13256	11874
武夷山市	17446	9228	8218	17307	9142	8165
建瓯市	66033	32871	33162	65624	32678	32946
龙岩市	**853558**	**429057**	**424501**	**841271**	**422513**	**418758**
新罗区	64191	32918	31273	63579	32577	31002
永定区	88509	45707	42802	88074	45443	42631
长汀县	212617	106089	106528	212147	105873	106274
上杭县	193718	97217	96501	183929	91977	91952
武平县	147995	72810	75185	147621	72632	74989
连城县	124550	62809	61741	124151	62612	61539
漳平市	21978	11507	10471	21770	11399	10371
宁德市	**1039628**	**527760**	**511868**	**998708**	**506870**	**491838**
蕉城区	34847	18283	16564	33027	17304	15723
霞浦县	289598	146287	143311	272701	137691	135010
古田县	160506	79552	80954	156766	77701	79065
屏南县	68975	34390	34585	68577	34191	34386
寿宁县	88595	44792	43803	87928	44466	43462
周宁县	78954	39765	39189	78126	39314	38812
柘荣县	58596	29116	29480	57948	28826	29122
福安市	136082	72813	63269	126614	67776	58838
福鼎市	123475	62762	60713	117021	59601	57420

1-4b 续表 2

单位：人

地 区	蒙古族			回 族			藏 族		
	小计	男	女	小计	男	女	小计	男	女
合 计	**1662**	**914**	**748**	**29241**	**16804**	**12437**	**716**	**344**	**372**
福州市	**348**	**198**	**150**	**4371**	**2373**	**1998**	**356**	**158**	**198**
鼓楼区									
台江区									
仓山区									
马尾区									
晋安区				2	2				
长乐区	45	29	16	447	246	201	4	3	1
闽侯县	212	115	97	1070	542	528	331	146	185
连江县	40	20	20	409	237	172	5	2	3
罗源县	22	14	8	61	42	19	5	2	3
闽清县	5	2	3	25	10	15	1	1	
永泰县				16	6	10	1		1
平潭县	11	8	3	2133	1170	963	2	1	1
福清市	13	10	3	208	118	90	7	3	4
厦门市	**103**	**61**	**42**	**984**	**625**	**359**	**32**	**18**	**14**
思明区									
海沧区									
湖里区				4	2	2			
集美区									
同安区	4	2	2	24	15	9	1		1
翔安区	99	59	40	956	608	348	31	18	13
莆田市	**48**	**29**	**19**	**3279**	**1891**	**1388**	**8**	**5**	**3**
城厢区	6	4	2	26	11	15			
涵江区	3	3		18	9	9			
荔城区	1	1							
秀屿区	24	16	8	32	11	21	4	3	1
仙游县	14	5	9	3203	1860	1343	4	2	2
三明市	**41**	**23**	**18**	**498**	**292**	**206**	**9**	**6**	**3**
梅列区				9	5	4			
三元区	1	1							
明溪县	3	1	2	67	38	29	1		1
清流县	4	2	2	44	25	19	1		1
宁化县	2	1	1	13	10	3	3	3	
大田县	2	2		225	140	85			
尤溪县	8	4	4	23	9	14	3	2	1
沙县	16	9	7	29	14	15			
将乐县	2		2	44	28	16			
泰宁县	1	1		23	14	9	1	1	
建宁县				11	6	5			
永安市	2	2		10	3	7			
泉州市	**685**	**374**	**311**	**15581**	**9091**	**6490**	**125**	**66**	**59**
鲤城区									
丰泽区									
洛江区	4	3	1	56	25	31	4	2	2
泉港区	70	33	37	6523	3712	2811			
惠安县	339	173	166	4078	2245	1833	31	17	14
安溪县	34	23	11	110	63	47	26	12	14
永春县	14	8	6	147	77	70	6	2	4
德化县	14	8	6	62	39	23	2	1	1
石狮市	23	15	8	2828	1828	1000	9	7	2
晋江市	83	46	37	1393	872	521	21	11	10
南安市	104	65	39	384	230	154	26	14	12

1-4b　续表 3　　　　单位：人

地　区	蒙古族			回　族			藏　族		
	小计	男	女	小计	男	女	小计	男	女
漳州市	**317**	**168**	**149**	**1125**	**626**	**499**	**146**	**77**	**69**
芗城区	15	6	9	30	15	15	2		2
龙文区									
云霄县	11	6	5	24	10	14	2		2
漳浦县	33	27	6	100	60	40	7	3	4
诏安县	6	4	2	16	9	7	11	3	8
长泰县	80	40	40	80	48	32	16	6	10
东山县	7	4	3	21	7	14	2		2
南靖县	17	7	10	40	21	19	11	7	4
平和县	5	2	3	31	13	18			
华安县	8	3	5	22	9	13			
龙海市	135	69	66	761	434	327	95	58	37
南平市	**31**	**13**	**18**	**171**	**95**	**76**	**8**	**4**	**4**
延平区	2	1	1	10	5	5			
建阳区	1		1	8	2	6			
顺昌县	4		4	30	16	14			
浦城县	4		4	22	13	9			
光泽县	9	5	4	39	23	16	7	3	4
松溪县	2	2		5	2	3			
政和县	3	1	2	16	7	9	1	1	
邵武市	4	2	2	26	19	7			
武夷山市	2	2		5	3	2			
建瓯市				10	5	5			
龙岩市	**53**	**32**	**21**	**111**	**65**	**46**	**16**	**3**	**13**
新罗区	3	3		17	8	9	1		1
永定区	1		1	13	12	1			
长汀县	3	1	2	16	6	10	4	2	2
上杭县	38	23	15	37	24	13	9	1	8
武平县	3	1	2	8	2	6			
连城县	5	4	1	13	10	3	2		2
漳平市				7	3	4			
宁德市	**36**	**16**	**20**	**3121**	**1746**	**1375**	**16**	**7**	**9**
蕉城区	3	3		7	5	2			
霞浦县	9	4	5	370	196	174	2	1	1
古田县	3	1	2	707	385	322	2	1	1
屏南县	1		1	14	8	6			
寿宁县	2		2	12	8	4			
周宁县	4	2	2	12	5	7	1		1
柘荣县	1		1	15	6	9	5	1	4
福安市	10	6	4	563	377	186	1		1
福鼎市	3		3	1421	756	665	5	4	1

1-4b 续表 4

单位：人

地区	维吾尔族			苗族			彝族		
	小计	男	女	小计	男	女	小计	男	女
合计	**931**	**422**	**509**	**45944**	**26178**	**19766**	**14451**	**8124**	**6327**
福州市	**253**	**121**	**132**	**7585**	**4360**	**3225**	**3209**	**1809**	**1400**
鼓楼区									
台江区									
仓山区									
马尾区									
晋安区				4	2	2	3	2	1
长乐区	1		1	1509	860	649	566	336	230
闽侯县	220	102	118	2281	1232	1049	1083	605	478
连江县	5	5		1099	683	416	195	91	104
罗源县	4	2	2	945	561	384	426	249	177
闽清县	4	1	3	148	92	56	66	35	31
永泰县	1		1	193	112	81	261	153	108
平潭县	5	3	2	284	167	117	77	47	30
福清市	13	8	5	1122	651	471	532	291	241
厦门市	**20**	**12**	**8**	**4864**	**2725**	**2139**	**2198**	**1303**	**895**
思明区									
海沧区									
湖里区				3	2	1	1	1	
集美区				1	1				
同安区	1	1		136	80	56	38	23	15
翔安区	19	11	8	4724	2642	2082	2159	1279	880
莆田市	**29**	**17**	**12**	**647**	**360**	**287**	**388**	**227**	**161**
城厢区	4	3	1	75	42	33	55	35	20
涵江区				29	12	17	6	3	3
荔城区	1	1		23	16	7	9	6	3
秀屿区	2	1	1	105	68	37	54	38	16
仙游县	22	12	10	415	222	193	264	145	119
三明市	**33**	**18**	**15**	**1574**	**863**	**711**	**358**	**182**	**176**
梅列区				28	15	13	22	11	11
三元区				69	39	30	3	2	1
明溪县	4	1	3	79	41	38	13	8	5
清流县	1		1	73	40	33	30	20	10
宁化县				41	22	19	33	17	16
大田县	5	4	1	274	174	100	60	42	18
尤溪县	2	1	1	372	196	176	47	16	31
沙县	1		1	304	167	137	66	32	34
将乐县	8	6	2	47	20	27	31	12	19
泰宁县	9	4	5	27	17	10	12	9	3
建宁县	3	2	1	37	20	17	24	6	18
永安市				223	112	111	17	7	10
泉州市	**342**	**133**	**209**	**19755**	**11350**	**8405**	**4844**	**2778**	**2066**
鲤城区									
丰泽区									
洛江区	4	4		268	133	135	76	37	39
泉港区	2	1	1	131	80	51	33	13	20
惠安县	90	20	70	3809	2151	1658	771	447	324
安溪县	23	14	9	998	597	401	324	161	163
永春县	11	7	4	292	183	109	104	43	61
德化县	22	19	3	1248	714	534	142	65	77
石狮市	35	20	15	2520	1467	1053	508	293	215
晋江市	118	28	90	6223	3523	2700	1275	747	528
南安市	37	20	17	4266	2502	1764	1611	972	639

1-4b　续表 5　　单位：人

地　区	维吾尔族			苗　族			彝　族		
	小计	男	女	小计	男	女	小计	男	女
漳州市	**145**	**56**	**89**	**8773**	**5040**	**3733**	**2252**	**1199**	**1053**
芗城区	4	3	1	1215	686	529	143	75	68
龙文区									
云霄县	7	2	5	283	162	121	49	22	27
漳浦县	81	19	62	978	594	384	340	138	202
诏安县	5	2	3	220	94	126	83	31	52
长泰县	10	8	2	1047	594	453	567	323	244
东山县	7	6	1	208	109	99	111	47	64
南靖县	5	3	2	359	203	156	39	20	19
平和县	1	1		1058	604	454	128	75	53
华安县				471	274	197	64	37	27
龙海市	25	12	13	2934	1720	1214	728	431	297
南平市	**43**	**28**	**15**	**1028**	**518**	**510**	**536**	**257**	**279**
延平区				47	21	26	13	9	4
建阳区	2	1	1	71	37	34	10	5	5
顺昌县	4	3	1	164	95	69	46	25	21
浦城县	10	7	3	148	66	82	221	108	113
光泽县	9	3	6	145	60	85	120	59	61
松溪县	9	7	2	23	13	10	23	10	13
政和县	8	6	2	153	80	73	74	25	49
邵武市				131	65	66	20	11	9
武夷山市	1	1		24	16	8	5	4	1
建瓯市				122	65	57	4	1	3
龙岩市	**36**	**19**	**17**	**930**	**531**	**399**	**205**	**122**	**83**
新罗区				120	73	47	18	13	5
永定区				109	62	47	18	9	9
长汀县	5	3	2	60	30	30	29	11	18
上杭县	19	10	9	460	273	187	85	66	19
武平县	6	3	3	50	27	23	14	6	8
连城县	6	3	3	69	34	35	37	15	22
漳平市				62	32	30	4	2	2
宁德市	**30**	**18**	**12**	**788**	**431**	**357**	**461**	**247**	**214**
蕉城区				39	27	12	29	18	11
霞浦县	12	7	5	167	96	71	121	77	44
古田县	4	3	1	125	61	64	79	30	49
屏南县				52	34	18	26	15	11
寿宁县	4	2	2	75	36	39	8	2	6
周宁县	6	3	3	57	30	27	11	4	7
柘荣县	1		1	23	11	12	9	5	4
福安市	2	2		127	81	46	67	46	21
福鼎市	1	1		123	55	68	111	50	61

1-4b 续表 6

单位：人

地　区	壮　族			布依族			朝鲜族		
	小计	男	女	小计	男	女	小计	男	女
合　计	**13677**	**6903**	**6774**	**12999**	**7241**	**5758**	**370**	**190**	**180**
福州市	**2517**	**1148**	**1369**	**2149**	**1131**	**1018**	**61**	**33**	**28**
鼓楼区									
台江区									
仓山区									
马尾区									
晋安区	26	18	8	6	3	3			
长乐区	511	290	221	276	146	130	4	4	
闽侯县	1196	447	749	895	416	479	31	14	17
连江县	236	108	128	524	317	207	21	12	9
罗源县	101	51	50	127	70	57	4	2	2
闽清县	63	24	39	51	25	26	1	1	
永泰县	41	14	27	19	11	8			
平潭县	88	54	34	60	35	25			
福清市	255	142	113	191	108	83			
厦门市	**814**	**457**	**357**	**1502**	**853**	**649**	**23**	**9**	**14**
思明区									
海沧区									
湖里区	2	2		12	12				
集美区									
同安区	40	22	18	19	6	13			
翔安区	772	433	339	1471	835	636	23	9	14
莆田市	**227**	**130**	**97**	**219**	**123**	**96**	**2**	**1**	**1**
城厢区	20	13	7	22	13	9			
涵江区	21	10	11	11	5	6			
荔城区				8	5	3			
秀屿区	43	34	9	37	25	12			
仙游县	143	73	70	141	75	66	2	1	1
三明市	**412**	**154**	**258**	**352**	**176**	**176**	**14**	**5**	**9**
梅列区	19	13	6	10	5	5			
三元区	4	2	2	8	4	4			
明溪县	25	9	16	16	8	8	2	1	1
清流县	33	13	20	21	6	15	3	3	
宁化县	41	16	25	20	7	13			
大田县	42	12	30	43	26	17	1	1	
尤溪县	45	13	32	26	5	21	5		5
沙县	78	26	52	159	95	64	2		2
将乐县	42	19	23	20	6	14			
泰宁县	19	6	13	2	2		1		1
建宁县	29	14	15	14	3	11			
永安市	35	11	24	13	9	4			
泉州市	**5843**	**3144**	**2699**	**4845**	**2759**	**2086**	**184**	**101**	**83**
鲤城区									
丰泽区									
洛江区	110	57	53	48	26	22	3	2	1
泉港区	59	23	36	35	22	13	1		1
惠安县	770	403	367	817	462	355	35	17	18
安溪县	1047	521	526	1057	600	457	6	3	3
永春县	203	72	131	51	23	28	3	2	1
德化县	109	52	57	87	52	35	5	3	2
石狮市	433	273	160	472	295	177	5	1	4
晋江市	1382	763	619	1558	866	692	15	10	5
南安市	1730	980	750	720	413	307	111	63	48

1-4b 续表 7

单位：人

地 区	壮族			布依族			朝鲜族		
	小计	男	女	小计	男	女	小计	男	女
漳州市	**2778**	**1436**	**1342**	**3295**	**1892**	**1403**	**63**	**32**	**31**
芗城区	250	133	117	349	200	149			
龙文区									
云霄县	133	63	70	36	16	20	4	3	1
漳浦县	323	155	168	200	114	86	17	11	6
诏安县	80	35	45	65	32	33	1	1	
长泰县	551	293	258	546	304	242	1	1	
东山县	91	34	57	75	55	20	2	2	
南靖县	107	52	55	80	50	30	2	1	1
平和县	227	118	109	106	63	43			
华安县	103	48	55	66	43	23			
龙海市	913	505	408	1772	1015	757	36	13	23
南平市	**266**	**97**	**169**	**191**	**78**	**113**	**5**	**2**	**3**
延平区	29	9	20	9	4	5			
建阳区	6	3	3	10	3	7			
顺昌县	57	19	38	26	13	13			
浦城县	29	11	18	58	11	47	2		2
光泽县	31	6	25	20	5	15			
松溪县	17	7	10	12	8	4	1	1	
政和县	62	31	31	21	14	7			
邵武市	14	8	6	20	15	5	1	1	
武夷山市	6	2	4	1		1	1		1
建瓯市	15	1	14	14	5	9			
龙岩市	**315**	**120**	**195**	**165**	**89**	**76**	**11**	**5**	**6**
新罗区	37	14	23	11	5	6	1	1	
永定区	25	9	16	12	6	6			
长汀县	53	17	36	17	8	9	4	1	3
上杭县	107	43	64	79	51	28	4	2	2
武平县	47	19	28	12	7	5	1	1	
连城县	39	15	24	16	3	13	1		1
漳平市	7	3	4	18	9	9			
宁德市	**505**	**217**	**288**	**281**	**140**	**141**	**7**	**2**	**5**
蕉城区	23	14	9	16	9	7			
霞浦县	154	88	66	78	43	35	1		1
古田县	87	22	65	40	21	19	1	1	
屏南县	10	5	5	29	15	14	1		1
寿宁县	19	3	16	21	9	12			
周宁县	36	11	25	8	3	5			
柘荣县	14	1	13	10	5	5			
福安市	42	25	17	23	15	8	2		2
福鼎市	120	48	72	56	20	36	2	1	1

1-4b 续表 8　　　　单位：人

地　区	满族			侗族			瑶族		
	小计	男	女	小计	男	女	小计	男	女
合　计	**2104**	**1148**	**956**	**7984**	**4492**	**3492**	**3387**	**1801**	**1586**
福州市	**604**	**335**	**269**	**1521**	**865**	**656**	**422**	**218**	**204**
鼓楼区									
台江区									
仓山区									
马尾区									
晋安区	2	1	1	5	1	4	1	1	
长乐区	99	67	32	250	159	91	52	34	18
闽侯县	338	173	165	701	374	327	199	89	110
连江县	83	47	36	164	81	83	49	26	23
罗源县	24	13	11	58	45	13	23	12	11
闽清县	7	5	2	59	35	24	20	9	11
永泰县	7	3	4	18	10	8	11	8	3
平潭县	12	6	6	36	19	17	10	7	3
福清市	32	20	12	230	141	89	57	32	25
厦门市	**139**	**75**	**64**	**946**	**534**	**412**	**175**	**94**	**81**
思明区									
海沧区									
湖里区				1		1			
集美区									
同安区	1	1		21	11	10	1		1
翔安区	138	74	64	924	523	401	174	94	80
莆田市	**39**	**20**	**19**	**155**	**95**	**60**	**42**	**23**	**19**
城厢区	3	3		16	12	4	1	1	
涵江区				19	12	7	1	1	
荔城区				2	1	1			
秀屿区	5	4	1	21	18	3	7	5	2
仙游县	31	13	18	97	52	45	33	16	17
三明市	**94**	**48**	**46**	**260**	**136**	**124**	**102**	**48**	**54**
梅列区	1	1		6	3	3	16	14	2
三元区	1		1	2	2				
明溪县	4	3	1	9	6	3			
清流县	10	5	5	10	6	4	6	4	2
宁化县	3	2	1	11	2	9	3	1	2
大田县	7	4	3	44	29	15	10	5	5
尤溪县	13	6	7	34	19	15	20	7	13
沙县	26	12	14	41	20	21	23	5	18
将乐县	6	4	2	23	9	14	14	6	8
泰宁县	14	6	8	14	8	6	2		2
建宁县	4	2	2	21	11	10	7	5	2
永安市	5	3	2	45	21	24	1	1	
泉州市	**610**	**346**	**264**	**3017**	**1739**	**1278**	**1740**	**938**	**802**
鲤城区									
丰泽区									
洛江区	7	3	4	40	24	16	6	4	2
泉港区	11	4	7	35	20	15	4	2	2
惠安县	93	55	38	428	243	185	158	83	75
安溪县	41	23	18	475	253	222	90	39	51
永春县	21	11	10	31	13	18	14	5	9
德化县	15	8	7	76	51	25	32	11	21
石狮市	32	21	11	450	276	174	80	49	31
晋江市	248	159	89	792	464	328	1044	573	471
南安市	142	62	80	690	395	295	312	172	140

1-4b　续表 9　　　　单位：人

地区	满族			侗族			瑶族		
	小计	男	女	小计	男	女	小计	男	女
漳州市	**417**	**215**	**202**	**1529**	**808**	**721**	**669**	**367**	**302**
芗城区	9	5	4	149	88	61	51	21	30
龙文区									
云霄县	17	9	8	70	38	32	18	7	11
漳浦县	63	35	28	222	126	96	58	33	25
诏安县	9	3	6	131	54	77	22	9	13
长泰县	30	13	17	167	92	75	134	72	62
东山县	7	5	2	176	66	110	20	12	8
南靖县	6	5	1	59	30	29	22	12	10
平和县	8	4	4	55	36	19	22	11	11
华安县	5	4	1	81	48	33	48	27	21
龙海市	263	132	131	419	230	189	274	163	111
南平市	**70**	**37**	**33**	**119**	**50**	**69**	**62**	**31**	**31**
延平区	2	2		5	2	3	1	1	
建阳区	1		1	9	2	7	6	4	2
顺昌县	16	7	9	30	12	18	17	10	7
浦城县	13	10	3	17	10	7	4	1	3
光泽县	5	1	4	10	6	4	10	4	6
松溪县	5	1	4	8	5	3	1	1	
政和县	5	2	3	18	5	13	7	1	6
邵武市	19	13	6	10	5	5	9	6	3
武夷山市				1	1		1	1	
建瓯市	4	1	3	11	2	9	6	2	4
龙岩市	**43**	**28**	**15**	**241**	**150**	**91**	**121**	**60**	**61**
新罗区	4	4		53	35	18	31	10	21
永定区	3	3		34	23	11	11	7	4
长汀县	12	7	5	14	10	4	9	4	5
上杭县	16	12	4	101	61	40	30	15	15
武平县	5	2	3	10	7	3	6	3	3
连城县	3		3	17	6	11	26	15	11
漳平市				12	8	4	8	6	2
宁德市	**88**	**44**	**44**	**196**	**115**	**81**	**54**	**22**	**32**
蕉城区	2	1	1	15	11	4	2	1	1
霞浦县	37	18	19	57	40	17	10	4	6
古田县	9	3	6	7	3	4	9	1	8
屏南县	4	1	3	12	5	7	1	1	
寿宁县	4		4	21	13	8	7	4	3
周宁县	6	2	4	4		4	4	2	2
柘荣县	1	1		4	2	2	2	1	1
福安市	12	8	4	27	21	6	11	7	4
福鼎市	13	10	3	49	20	29	8	1	7

1-4b 续表 10

单位：人

地区	白族			土家族			哈尼族		
	小计	男	女	小计	男	女	小计	男	女
合 计	**2620**	**1492**	**1128**	**36343**	**21392**	**14951**	**1978**	**1154**	**824**
福州市	**654**	**371**	**283**	**2908**	**1664**	**1244**	**629**	**362**	**267**
鼓楼区									
台江区									
仓山区									
马尾区									
晋安区				5	3	2	18	9	9
长乐区	247	164	83	428	257	171	409	239	170
闽侯县	261	136	125	1101	583	518	109	62	47
连江县	42	19	23	342	188	154	30	18	12
罗源县	20	10	10	158	100	58	25	18	7
闽清县	4	1	3	51	30	21	3		3
永泰县	9	6	3	73	41	32	2	2	
平潭县	5	3	2	133	81	52	18	9	9
福清市	66	32	34	617	381	236	15	5	10
厦门市	**471**	**266**	**205**	**3905**	**2293**	**1612**	**506**	**363**	**143**
思明区									
海沧区									
湖里区	2	2		8	8				
集美区				2	1	1			
同安区	5	3	2	81	42	39	16	12	4
翔安区	464	261	203	3814	2242	1572	490	351	139
莆田市	**71**	**43**	**28**	**373**	**225**	**148**	**13**	**10**	**3**
城厢区	17	9	8	47	27	20	4	3	1
涵江区	5	4	1	12	7	5			
荔城区				9	6	3	1		1
秀屿区	6	4	2	56	34	22			
仙游县	43	26	17	249	151	98	8	7	1
三明市	**28**	**9**	**19**	**545**	**311**	**234**	**43**	**17**	**26**
梅列区				13	9	4			
三元区	1	1		4	4		4	4	
明溪县	1		1	32	19	13	5	2	3
清流县	5	2	3	71	46	25			
宁化县	1	1		46	25	21	1		1
大田县	7	2	5	89	57	32			
尤溪县	3		3	54	30	24	12	4	8
沙县	4	2	2	135	74	61	10	4	6
将乐县	1		1	35	17	18	6	2	4
泰宁县				24	13	11	2		2
建宁县	4	1	3	25	9	16	3	1	2
永安市	1		1	17	8	9			
泉州市	**811**	**478**	**333**	**22321**	**13126**	**9195**	**393**	**220**	**173**
鲤城区									
丰泽区									
洛江区	25	13	12	156	88	68	11	6	5
泉港区	12	7	5	137	80	57	13	10	3
惠安县	94	49	45	2025	1241	784	73	40	33
安溪县	46	25	21	1083	676	407	47	22	25
永春县	10	8	2	218	138	80	7	3	4
德化县	9	5	4	234	147	87	14	10	4
石狮市	67	37	30	1967	1206	761	42	23	19
晋江市	233	143	90	8945	5005	3940	101	59	42
南安市	315	191	124	7556	4545	3011	85	47	38

1-4b　续表 11　　　　单位：人

地　区	白　族			土家族			哈尼族		
	小计	男	女	小计	男	女	小计	男	女
漳州市	**335**	**201**	**134**	**4948**	**2972**	**1976**	**302**	**141**	**161**
芗城区	40	19	21	939	540	399	15	5	10
龙文区									
云霄县	11	6	5	95	54	41	1		1
漳浦县	28	18	10	586	377	209	7	5	2
诏安县	4	2	2	64	37	27	2		2
长泰县	88	59	29	882	523	359	65	36	29
东山县	8	4	4	112	72	40	6	1	5
南靖县	20	13	7	155	99	56	5	2	3
平和县	19	11	8	263	166	97	3		3
华安县	5	4	1	172	100	72	8	5	3
龙海市	112	65	47	1680	1004	676	190	87	103
南平市	**113**	**55**	**58**	**264**	**145**	**119**	**22**	**9**	**13**
延平区				21	11	10	2	1	1
建阳区				33	16	17	2	1	1
顺昌县	2	2		54	34	20	2	1	1
浦城县	80	38	42	46	22	24	2		2
光泽县	15	8	7	22	11	11	1		1
松溪县	1		1	8	4	4			
政和县	13	6	7	29	14	15	5	2	3
邵武市	2	1	1	26	16	10			
武夷山市				15	13	2	1	1	
建瓯市				10	4	6	7	3	4
龙岩市	**73**	**39**	**34**	**477**	**299**	**178**	**21**	**10**	**11**
新罗区	6	4	2	68	42	26	1		1
永定区	9	8	1	95	64	31	2		2
长汀县	28	13	15	36	17	19	3		3
上杭县	7	4	3	190	128	62	4	2	2
武平县	5	2	3	44	23	21			
连城县	13	6	7	39	22	17	11	8	3
漳平市	5	2	3	5	3	2			
宁德市	**64**	**30**	**34**	**602**	**357**	**245**	**49**	**22**	**27**
蕉城区	1	1		12	6	6			
霞浦县	12	6	6	83	59	24	5	3	2
古田县	3		3	47	25	22	4	2	2
屏南县	2	1	1	17	10	7	1		1
寿宁县	3		3	31	17	14	1		1
周宁县	4	3	1	31	21	10	2	1	1
柘荣县	1	1		3		3	2	2	
福安市	16	12	4	117	79	38	8	5	3
福鼎市	22	6	16	261	140	121	26	9	17

1-4b 续表 12 单位：人

地 区	哈萨克族			傣 族			黎 族		
	小计	男	女	小计	男	女	小计	男	女
合 计	**69**	**27**	**42**	**1946**	**1043**	**903**	**1443**	**713**	**730**
福州市	**47**	**18**	**29**	**398**	**209**	**189**	**257**	**126**	**131**
鼓楼区									
台江区									
仓山区									
马尾区									
晋安区							1		1
长乐区				91	52	39	19	9	10
闽侯县	46	17	29	137	71	66	146	79	67
连江县				48	21	27	18	4	14
罗源县	1	1		30	15	15	6	2	4
闽清县				2		2	1		1
永泰县				5	4	1	4	2	2
平潭县				8	2	6	11	4	7
福清市				77	44	33	51	26	25
厦门市	**3**		**3**	**272**	**163**	**109**	**366**	**232**	**134**
思明区									
海沧区									
湖里区									
集美区									
同安区				7	5	2			
翔安区	3		3	265	158	107	366	232	134
莆田市	**1**	**1**		**14**	**11**	**3**	**41**	**21**	**20**
城厢区				4	4		4	1	3
涵江区							1	1	
荔城区							1	1	
秀屿区				3	2	1	12	6	6
仙游县	1	1		7	5	2	23	12	11
三明市	**2**	**1**	**1**	**108**	**52**	**56**	**48**	**20**	**28**
梅列区									
三元区				1	1				
明溪县				1	1		8	3	5
清流县				1		1	1	1	
宁化县				5		5	3	1	2
大田县				2		2	7	4	3
尤溪县				82	48	34			
沙县				9	2	7	19	6	13
将乐县				3		3	3	1	2
泰宁县	2	1	1	1		1			
建宁县							3	1	2
永安市				3		3	4	3	1
泉州市	**8**	**2**	**6**	**360**	**190**	**170**	**362**	**175**	**187**
鲤城区									
丰泽区									
洛江区	1		1	11	6	5	3		3
泉港区				8	5	3	24	11	13
惠安县	4	1	3	47	21	26	67	25	42
安溪县	1	1		21	6	15	42	19	23
永春县				8	3	5	6	3	3
德化县				6	1	5	2	2	
石狮市				55	36	19	64	33	31
晋江市				99	52	47	97	53	44
南安市	2		2	105	60	45	57	29	28

1-4b　续表 13　　　　单位：人

地　区	哈萨克族			傣　族			黎　族		
	小计	男	女	小计	男	女	小计	男	女
漳州市	**8**	**5**	**3**	**537**	**309**	**228**	**230**	**99**	**131**
芗城区				21	13	8	26	13	13
龙文区									
云霄县				8	2	6	6	2	4
漳浦县				21	9	12	33	9	24
诏安县	1	1		6	1	5	12	3	9
长泰县	1		1	341	191	150	21	15	6
东山县				13	7	6	24	4	20
南靖县				9	6	3	18	8	10
平和县				23	18	5	13	9	4
华安县				8	4	4	9	2	7
龙海市	6	4	2	87	58	29	68	34	34
南平市				**137**	**71**	**66**	**26**	**14**	**12**
延平区				4	3	1			
建阳区				1	1				
顺昌县				10	3	7	2	2	
浦城县				30	13	17	9	3	6
光泽县				43	21	22	3	2	1
松溪县							2	1	1
政和县				45	28	17	1	1	
邵武市				3	2	1	6	4	2
武夷山市				1		1	2	1	1
建瓯市							1		1
龙岩市				**23**	**3**	**20**	**38**	**12**	**26**
新罗区				1		1			
永定区				7	1	6	5	1	4
长汀县				4	1	3	2	1	1
上杭县				3		3	19	6	13
武平县				1		1	1		1
连城县				3	1	2	7	3	4
漳平市				4		4	4	1	3
宁德市				**97**	**35**	**62**	**75**	**14**	**61**
蕉城区				2	1	1			
霞浦县				42	11	31	12	3	9
古田县				15	6	9	44	5	39
屏南县				4	4		7	1	6
寿宁县				2		2	1		1
周宁县				6	1	5	2	1	1
柘荣县							2		2
福安市				19	10	9	5	4	1
福鼎市				7	2	5	2		2

1-4b 续表 14

单位：人

地区	傈僳族			佤族			畲族		
	小计	男	女	小计	男	女	小计	男	女
合计	**638**	**315**	**323**	**811**	**442**	**369**	**85195**	**44253**	**40942**
福州市	**131**	**73**	**58**	**178**	**107**	**71**	**15234**	**7645**	**7589**
鼓楼区									
台江区									
仓山区									
马尾区									
晋安区				2	1	1	69	30	39
长乐区	64	35	29	11	5	6	127	73	54
闽侯县	30	15	15	81	47	34	2093	1015	1078
连江县	10	6	4	19	13	6	4427	2191	2236
罗源县	6	4	2	38	26	12	6940	3482	3458
闽清县							75	44	31
永泰县	5	4	1	4	1	3	1202	655	547
平潭县	3	2	1	12	7	5	55	26	29
福清市	13	7	6	11	7	4	246	129	117
厦门市	**137**	**67**	**70**	**66**	**34**	**32**	**600**	**344**	**256**
思明区									
海沧区									
湖里区							19	13	6
集美区									
同安区	1		1	8	4	4	18	9	9
翔安区	136	67	69	58	30	28	563	322	241
莆田市	**12**	**9**	**3**	**3**	**3**		**349**	**159**	**190**
城厢区				1	1		70	43	27
涵江区				1	1		8	4	4
荔城区							1	1	
秀屿区	1		1				11	3	8
仙游县	11	9	2	1	1		259	108	151
三明市	**21**	**5**	**16**	**11**	**5**	**6**	**3659**	**1997**	**1662**
梅列区							42	21	21
三元区							11	6	5
明溪县							67	30	37
清流县				1		1	638	330	308
宁化县							1221	692	529
大田县	1		1	4	1	3	258	133	125
尤溪县	9	2	7	3	1	2	617	362	255
沙县	5		5	1	1		376	193	183
将乐县	3	3					85	41	44
泰宁县				2	2		121	73	48
建宁县							103	46	57
永安市	3		3				120	70	50
泉州市	**129**	**66**	**63**	**204**	**102**	**102**	**7785**	**4496**	**3289**
鲤城区									
丰泽区									
洛江区				1		1	247	130	117
泉港区	2		2	1	1		85	26	59
惠安县	43	23	20	37	21	16	1063	587	476
安溪县	4		4	8	5	3	3074	1756	1318
永春县	4		4	1	1		248	135	113
德化县	6	5	1	29	13	16	319	175	144
石狮市	18	7	11	12	5	7	126	80	46
晋江市	30	19	11	92	48	44	443	237	206
南安市	22	12	10	23	8	15	2180	1370	810

1-4b　续表 15　　　　　　　　　　　　　　　　　　　　　　　　　单位：人

地　区	傈僳族			佤　族			畲　族		
	小计	男	女	小计	男	女	小计	男	女
漳州市	**88**	**47**	**41**	**194**	**112**	**82**	**10381**	**5449**	**4932**
芗城区	8	4	4	5	1	4	237	114	123
龙文区									
云霄县				13	9	4	282	154	128
漳浦县	8	3	5	8	5	3	2653	1219	1434
诏安县				1		1	4957	2760	2197
长泰县	38	22	16	79	41	38	135	67	68
东山县	3	1	2	6	2	4	33	19	14
南靖县	3	2	1				423	247	176
平和县				5	3	2	270	142	128
华安县				7	3	4	216	109	107
龙海市	28	15	13	70	48	22	1175	618	557
南平市	**87**	**39**	**48**	**116**	**64**	**52**	**3948**	**2096**	**1852**
延平区							383	231	152
建阳区							341	189	152
顺昌县	1		1	3		3	1109	511	598
浦城县	69	34	35	10	2	8	339	192	147
光泽县	6	1	5	27	10	17	683	348	335
松溪县							378	200	178
政和县	7	4	3	75	52	23	257	150	107
邵武市							200	137	63
武夷山市	4		4				64	38	26
建瓯市				1		1	194	100	94
龙岩市	**5**	**1**	**4**	**14**	**8**	**6**	**9129**	**4799**	**4330**
新罗区	1		1	2	1	1	202	106	96
永定区				2	1	1	51	30	21
长汀县	1		1	6	4	2	134	69	65
上杭县	3	1	2	1	1		8487	4463	4024
武平县				1		1	142	68	74
连城县				1		1	49	27	22
漳平市				1	1		64	36	28
宁德市	**28**	**8**	**20**	**25**	**7**	**18**	**34110**	**17268**	**16842**
蕉城区	2	2					1646	870	776
霞浦县	4	2	2	2		2	15656	7911	7745
古田县	3	1	2	3	1	2	2521	1269	1252
屏南县				3	1	2	190	85	105
寿宁县				6	1	5	432	224	208
周宁县	5		5	1		1	613	353	260
柘荣县	3		3	2	1	1	539	250	289
福安市	8	3	5	2	2		8339	4285	4054
福鼎市	3		3	6	1	5	4174	2021	2153

1-4b 续表 16

单位：人

地　区	高山族			拉祜族			水　族		
	小计	男	女	小计	男	女	小计	男	女
合　计	**147**	**76**	**71**	**545**	**297**	**248**	**1157**	**619**	**538**
福州市	**7**	**2**	**5**	**51**	**28**	**23**	**319**	**156**	**163**
鼓楼区									
台江区									
仓山区									
马尾区									
晋安区				1	1		9	3	6
长乐区				10	6	4	47	26	21
闽侯县	3	1	2	21	7	14	150	70	80
连江县				1		1	24	14	10
罗源县	4	1	3	8	7	1	36	19	17
闽清县							24	12	12
永泰县							7	3	4
平潭县				1		1	1	1	
福清市				9	7	2	21	8	13
厦门市	**2**		**2**	**38**	**19**	**19**	**57**	**33**	**24**
思明区									
海沧区									
湖里区									
集美区									
同安区				1	1				
翔安区	2		2	37	18	19	57	33	24
莆田市				**2**	**1**	**1**	**20**	**13**	**7**
城厢区				1	1		2	1	1
涵江区							1		1
荔城区									
秀屿区				1		1	2	1	1
仙游县							15	11	4
三明市	**31**	**14**	**17**	**12**	**5**	**7**	**84**	**48**	**36**
梅列区							4	3	1
三元区									
明溪县				1		1	4	2	2
清流县	20	10	10	1		1	2	2	
宁化县	3	2	1				1	1	
大田县				3	2	1	27	17	10
尤溪县							1		1
沙县	8	2	6	7	3	4	16	8	8
将乐县							18	11	7
泰宁县									
建宁县									
永安市							11	4	7
泉州市	**16**	**8**	**8**	**109**	**64**	**45**	**359**	**197**	**162**
鲤城区									
丰泽区									
洛江区				1		1	2	1	1
泉港区							3	2	1
惠安县	4	2	2	14	5	9	17	11	6
安溪县	2	1	1	6	5	1	109	63	46
永春县	2	1	1	1		1	8	5	3
德化县				1	1		11	5	6
石狮市				19	12	7	29	18	11
晋江市	8	4	4	32	19	13	59	30	29
南安市				35	22	13	121	62	59

1-4b　续表 17　　　　单位：人

地　区	高山族			拉祜族			水　族		
	小计	男	女	小计	男	女	小计	男	女
漳州市	**81**	**45**	**36**	**100**	**52**	**48**	**149**	**79**	**70**
芗城区	3	2	1	2	1	1	15	9	6
龙文区									
云霄县	4	2	2	1		1	3	3	
漳浦县	29	15	14	3	1	2	23	10	13
诏安县	2	1	1	2		2			
长泰县	6	4	2	49	24	25	23	9	14
东山县				1		1	2	2	
南靖县				2	2		5	4	1
平和县	1		1	1		1	1	1	
华安县	35	21	14	2		2			
龙海市	1		1	37	24	13	77	41	36
南平市	**5**	**4**	**1**	**210**	**119**	**91**	**54**	**31**	**23**
延平区							2	1	1
建阳区							10	8	2
顺昌县	5	4	1				3	1	2
浦城县				91	56	35	12	7	5
光泽县				66	37	29	9	3	6
松溪县							5	3	2
政和县				52	25	27	1	1	
邵武市							7	5	2
武夷山市				1	1		1		1
建瓯市							4	2	2
龙岩市	**3**	**2**	**1**	**5**	**4**	**1**	**66**	**39**	**27**
新罗区				1	1		20	13	7
永定区	2	2					1		1
长汀县				2	1	1	2	1	1
上杭县				2	2		9	7	2
武平县							5	2	3
连城县	1		1				27	16	11
漳平市							2		2
宁德市	**2**	**1**	**1**	**18**	**5**	**13**	**49**	**23**	**26**
蕉城区							13	7	6
霞浦县				5	1	4	4	1	3
古田县	2	1	1	1		1	3	2	1
屏南县				7	4	3	9	6	3
寿宁县				3		3			
周宁县							3	2	1
柘荣县							2		2
福安市							5	3	2
福鼎市				2		2	10	2	8

1-4b 续表 18

单位：人

地区	东乡族			纳西族			景颇族		
	小计	男	女	小计	男	女	小计	男	女
合计	**782**	**499**	**283**	**60**	**29**	**31**	**495**	**265**	**230**
福州市	**237**	**129**	**108**	**14**	**5**	**9**	**67**	**35**	**32**
鼓楼区									
台江区									
仓山区									
马尾区									
晋安区									
长乐区	8	3	5				30	18	12
闽侯县	41	23	18	11	5	6	10	6	4
连江县	115	63	52	3		3	11	4	7
罗源县	3	1	2				10	5	5
闽清县	3	3					1		1
永泰县									
平潭县	15	7	8				2		2
福清市	52	29	23				3	2	1
厦门市	**237**	**159**	**78**	**13**	**9**	**4**	**23**	**11**	**12**
思明区									
海沧区									
湖里区									
集美区									
同安区									
翔安区	237	159	78	13	9	4	23	11	12
莆田市	**5**	**4**	**1**	**4**	**1**	**3**	**9**	**4**	**5**
城厢区							1		1
涵江区							1	1	
荔城区							1		1
秀屿区	1	1		1	1		3	1	2
仙游县	4	3	1	3		3	3	2	1
三明市	**3**	**2**	**1**				**66**	**29**	**37**
梅列区									
三元区									
明溪县									
清流县							1		1
宁化县							1		1
大田县	2	1	1				2	1	1
尤溪县	1	1					53	27	26
沙县									
将乐县							9	1	8
泰宁县									
建宁县									
永安市									
泉州市	**63**	**39**	**24**	**13**	**9**	**4**	**92**	**55**	**37**
鲤城区									
丰泽区									
洛江区							1	1	
泉港区				1	1		47	28	19
惠安县	23	12	11	1		1	11	7	4
安溪县	3	2	1	3	3				
永春县									
德化县	3	2	1						
石狮市	16	12	4	1	1		6	5	1
晋江市	14	9	5	5	2	3	14	9	5
南安市	4	2	2	2	2		13	5	8

1-4b　续表 19　　　　单位：人

地　区	东乡族			纳西族			景颇族		
	小计	男	女	小计	男	女	小计	男	女
漳州市	**200**	**142**	**58**	**6**	**1**	**5**	**138**	**72**	**66**
芗城区							4	3	1
龙文区									
云霄县	3	2	1						
漳浦县							4	1	3
诏安县									
长泰县	109	86	23	2		2	113	60	53
东山县	2	1	1	1		1	2	1	1
南靖县							5	2	3
平和县	1	1							
华安县							2	1	1
龙海市	85	52	33	3	1	2	8	4	4
南平市	**7**	**5**	**2**	**4**	**2**	**2**	**20**	**9**	**11**
延平区				1		1			
建阳区				2	1	1			
顺昌县									
浦城县	4	3	1	1	1		20	9	11
光泽县	3	2	1						
松溪县									
政和县									
邵武市									
武夷山市									
建瓯市									
龙岩市	**10**	**5**	**5**	**2**		**2**	**10**	**6**	**4**
新罗区				1		1	1		1
永定区									
长汀县							1		1
上杭县	3	1	2				1		1
武平县	7	4	3						
连城县							7	6	1
漳平市				1		1			
宁德市	**20**	**14**	**6**	**4**	**2**	**2**	**70**	**44**	**26**
蕉城区							1	1	
霞浦县	3	2	1	1		1	16	7	9
古田县	4	3	1	1		1	4	1	3
屏南县							1	1	
寿宁县	3	2	1						
周宁县				1	1		2	1	1
柘荣县							6	2	4
福安市	3	2	1	1	1		37	30	7
福鼎市	7	5	2				3	1	2

1-4b 续表 20　　　　单位：人

地　区	柯尔克孜族			土　族			达斡尔族		
	小计	男	女	小计	男	女	小计	男	女
合　计	**5**	**4**	**1**	**567**	**324**	**243**	**33**	**18**	**15**
福州市	**2**	**1**	**1**	**46**	**23**	**23**	**19**	**8**	**11**
鼓楼区									
台江区									
仓山区									
马尾区									
晋安区									
长乐区				3	2	1			
闽侯县	2	1	1	28	14	14	11	6	5
连江县				6	1	5			
罗源县				1	1				
闽清县				1		1			
永泰县				1	1				
平潭县							4		4
福清市				6	4	2	4	2	2
厦门市				**49**	**33**	**16**	**2**	**1**	**1**
思明区									
海沧区									
湖里区									
集美区									
同安区									
翔安区				49	33	16	2	1	1
莆田市				**17**	**7**	**10**			
城厢区				1	1				
涵江区									
荔城区									
秀屿区									
仙游县				16	6	10			
三明市				**8**	**4**	**4**	**1**	**1**	
梅列区									
三元区									
明溪县									
清流县				2	2				
宁化县				1	1				
大田县				1	1				
尤溪县									
沙县				1		1			
将乐县				2		2			
泰宁县				1		1			
建宁县									
永安市							1	1	
泉州市	**2**	**2**		**312**	**174**	**138**	**1**	**1**	
鲤城区									
丰泽区									
洛江区				1	1				
泉港区				1	1				
惠安县				18	9	9			
安溪县				30	17	13			
永春县				1	1				
德化县				3	2	1			
石狮市				14	6	8	1	1	
晋江市	2	2		115	67	48			
南安市				129	70	59			

1-4b 续表 21

单位：人

地 区	柯尔克孜族			土 族			达斡尔族		
	小计	男	女	小计	男	女	小计	男	女
漳州市				**115**	**70**	**45**	**10**	**7**	**3**
芗城区				36	23	13	2	1	1
龙文区									
云霄县				4	1	3			
漳浦县				11	6	5			
诏安县									
长泰县				26	16	10	2	2	
东山县									
南靖县				10	8	2			
平和县				8	3	5			
华安县				8	7	1			
龙海市				12	6	6	6	4	2
南平市	**1**	**1**		**4**	**3**	**1**			
延平区									
建阳区									
顺昌县									
浦城县				1	1				
光泽县				1		1			
松溪县									
政和县	1	1		2	2				
邵武市									
武夷山市									
建瓯市									
龙岩市				**9**	**5**	**4**			
新罗区				1	1				
永定区				2	2				
长汀县									
上杭县				1	1				
武平县				4	1	3			
连城县				1		1			
漳平市									
宁德市				**7**	**5**	**2**			
蕉城区									
霞浦县									
古田县									
屏南县									
寿宁县									
周宁县									
柘荣县									
福安市				5	3	2			
福鼎市				2	2				

1-4b 续表 22

单位：人

地区	仫佬族			羌族			布朗族		
	小计	男	女	小计	男	女	小计	男	女
合计	**503**	**256**	**247**	**112**	**64**	**48**	**198**	**115**	**83**
福州市	**115**	**50**	**65**	**25**	**14**	**11**	**67**	**37**	**30**
鼓楼区									
台江区									
仓山区									
马尾区									
晋安区									
长乐区	22	10	12	5	4	1	8	5	3
闽侯县	59	23	36	10	6	4	38	22	16
连江县	7	3	4	5	1	4	2	2	
罗源县	2		2				17	6	11
闽清县	7	3	4	1	1		1	1	
永泰县	5	3	2	1	1				
平潭县	2	1	1	2		2			
福清市	11	7	4	1	1		1	1	
厦门市	**29**	**22**	**7**	**8**	**4**	**4**	**14**	**6**	**8**
思明区									
海沧区									
湖里区									
集美区									
同安区							2	2	
翔安区	29	22	7	8	4	4	12	4	8
莆田市	**9**	**5**	**4**	**1**		**1**	**2**	**2**	
城厢区							1	1	
涵江区							1	1	
荔城区									
秀屿区	4	3	1						
仙游县	5	2	3	1		1			
三明市	**16**	**4**	**12**	**4**	**2**	**2**			
梅列区									
三元区	2	1	1						
明溪县	4	1	3						
清流县	3	1	2						
宁化县	3		3						
大田县	1		1						
尤溪县				1		1			
沙县	1		1	1	1				
将乐县				2	1	1			
泰宁县	1		1						
建宁县									
永安市	1	1							
泉州市	**198**	**108**	**90**	**52**	**35**	**17**	**40**	**22**	**18**
鲤城区									
丰泽区									
洛江区	4	3	1				2	2	
泉港区	1		1	2	1	1	2		2
惠安县	20	9	11	15	9	6	4	3	1
安溪县	8	5	3	3	2	1	1		1
永春县	5	3	2				2		2
德化县	4	2	2	1	1				
石狮市	38	24	14	3	3		8	6	2
晋江市	77	40	37	8	6	2	13	6	7
南安市	41	22	19	20	13	7	8	5	3

1-4b　续表 23　　　　单位：人

地　区	仫佬族			羌　族			布朗族		
	小计	男	女	小计	男	女	小计	男	女
漳州市	**104**	**52**	**52**	**11**	**6**	**5**	**23**	**14**	**9**
芗城区	24	14	10						
龙文区									
云霄县	5	1	4				2		2
漳浦县	8	5	3	4	4				
诏安县	2	2							
长泰县	6	4	2	1	1		19	12	7
东山县	2	1	1						
南靖县	1	1							
平和县	15	8	7						
华安县	2		2				1	1	
龙海市	39	16	23	6	1	5	1	1	
南平市	**21**	**12**	**9**	**3**	**2**	**1**	**32**	**16**	**16**
延平区	3	1	2	1		1	1	1	
建阳区									
顺昌县									
浦城县	4	2	2				16	8	8
光泽县							5	2	3
松溪县	1		1	1	1				
政和县	7	4	3				10	5	5
邵武市	4	4							
武夷山市									
建瓯市	2	1	1	1	1				
龙岩市	**3**	**1**	**2**	**6**		**6**	**19**	**18**	**1**
新罗区	1		1						
永定区							19	18	1
长汀县				4		4			
上杭县	1		1	1		1			
武平县				1		1			
连城县	1	1							
漳平市									
宁德市	**8**	**2**	**6**	**2**	**1**	**1**	**1**		**1**
蕉城区	1		1	2	1	1	1		1
霞浦县	2		2						
古田县									
屏南县									
寿宁县									
周宁县	3	1	2						
柘荣县									
福安市	2	1	1						
福鼎市									

1－4b 续表 24

单位：人

地　区	撒拉族			毛南族			仡佬族		
	小计	男	女	小计	男	女	小计	男	女
合　计	**63**	**35**	**28**	**180**	**99**	**81**	**1932**	**1144**	**788**
福州市	**8**	**3**	**5**	**44**	**21**	**23**	**620**	**348**	**272**
鼓楼区									
台江区									
仓山区									
马尾区									
晋安区									
长乐区				4	2	2	94	53	41
闽侯县	8	3	5	11	5	6	264	138	126
连江县				7	3	4	106	63	43
罗源县				4	3	1	53	33	20
闽清县				11	6	5	19	10	9
永泰县				1		1	13	7	6
平潭县				5	2	3	15	7	8
福清市				1		1	56	37	19
厦门市	**7**	**3**	**4**	**8**	**5**	**3**	**351**	**227**	**124**
思明区									
海沧区									
湖里区									
集美区									
同安区	2	1	1	3	2	1	10	5	5
翔安区	5	2	3	5	3	2	341	222	119
莆田市	**2**	**1**	**1**	**5**	**1**	**4**	**31**	**21**	**10**
城厢区				2	1	1	5	5	
涵江区							1	1	
荔城区							4	3	1
秀屿区							9	7	2
仙游县	2	1	1	3		3	12	5	7
三明市				**3**	**1**	**2**	**52**	**34**	**18**
梅列区							3	2	1
三元区									
明溪县				2	1	1			
清流县				1		1	1		1
宁化县							4	1	3
大田县							15	15	
尤溪县							6	4	2
沙县							13	7	6
将乐县									
泰宁县							4	2	2
建宁县							4	3	1
永安市							2		2
泉州市	**10**	**6**	**4**	**86**	**55**	**31**	**494**	**298**	**196**
鲤城区									
丰泽区									
洛江区							8	5	3
泉港区							4	3	1
惠安县				39	29	10	91	50	41
安溪县	1	1		4	1	3	56	27	29
永春县							16	13	3
德化县				1		1	6	3	3
石狮市	3	2	1	10	6	4	40	26	14
晋江市	6	3	3	19	12	7	126	76	50
南安市				13	7	6	147	95	52

1-4b　续表 25　　　　单位：人

地　区	撒拉族			毛南族			仡佬族		
	小计	男	女	小计	男	女	小计	男	女
漳州市	**32**	**20**	**12**	**22**	**10**	**12**	**270**	**150**	**120**
芗城区	2	1	1	6	3	3	19	8	11
龙文区									
云霄县				1	1		7	6	1
漳浦县							37	25	12
诏安县				2	1	1	8	4	4
长泰县				4		4	47	23	24
东山县	4	3	1	1	1		5	3	2
南靖县							8	5	3
平和县							22	13	9
华安县							12	6	6
龙海市	26	16	10	8	4	4	105	57	48
南平市				**2**		**2**	**14**	**5**	**9**
延平区									
建阳区									
顺昌县							4	1	3
浦城县							3	1	2
光泽县				1		1	4	1	3
松溪县									
政和县				1		1	2	1	1
邵武市							1	1	
武夷山市									
建瓯市									
龙岩市	**2**	**1**	**1**	**6**	**5**	**1**	**60**	**37**	**23**
新罗区							5	4	1
永定区							5	4	1
长汀县				1	1		5	2	3
上杭县	2	1	1	3	3		41	25	16
武平县				1		1			
连城县							2	1	1
漳平市				1	1		2	1	1
宁德市	**2**	**1**	**1**	**4**	**1**	**3**	**40**	**24**	**16**
蕉城区							2	1	1
霞浦县	1		1	2	1	1	15	9	6
古田县				1		1	5	3	2
屏南县	1	1					2	1	1
寿宁县							3	3	
周宁县							2	1	1
柘荣县									
福安市				1		1	4	3	1
福鼎市							7	3	4

1-4b 续表 26

单位：人

地区	锡伯族			阿昌族			普米族		
	小计	男	女	小计	男	女	小计	男	女
合计	**37**	**17**	**20**	**106**	**68**	**38**	**54**	**33**	**21**
福州市	**19**	**8**	**11**	**47**	**29**	**18**	**4**	**3**	**1**
鼓楼区									
台江区									
仓山区									
马尾区									
晋安区									
长乐区	1		1	29	18	11			
闽侯县	16	7	9	9	5	4			
连江县	1		1	8	5	3	2	1	1
罗源县				1	1				
闽清县									
永泰县									
平潭县	1	1							
福清市							2	2	
厦门市				**7**	**4**	**3**	**3**	**1**	**2**
思明区									
海沧区									
湖里区									
集美区									
同安区									
翔安区				7	4	3	3	1	2
莆田市	**1**		**1**						
城厢区									
涵江区									
荔城区									
秀屿区									
仙游县	1		1						
三明市				**14**	**12**	**2**			
梅列区									
三元区									
明溪县									
清流县									
宁化县									
大田县									
尤溪县				3	1	2			
沙县									
将乐县									
泰宁县									
建宁县									
永安市				11	11				
泉州市	**10**	**6**	**4**	**8**	**4**	**4**	**41**	**25**	**16**
鲤城区									
丰泽区									
洛江区									
泉港区									
惠安县	5	4	1	3	2	1	5	2	3
安溪县							2	2	
永春县									
德化县	1		1						
石狮市							1		1
晋江市	3	1	2	3	1	2	31	20	11
南安市	1	1		2	1	1	2	1	1

1–4b　续表 27　　　　单位：人

地　区	锡伯族			阿昌族			普米族		
	小计	男	女	小计	男	女	小计	男	女
漳州市	**5**	**1**	**4**	**25**	**14**	**11**	**6**	**4**	**2**
芗城区				1	1				
龙文区									
云霄县									
漳浦县	1		1				1	1	
诏安县									
长泰县				13	7	6	2	2	
东山县									
南靖县									
平和县				1	1				
华安县				2	1	1			
龙海市	4	1	3	8	4	4	3	1	2
南平市	**1**	**1**		**1**	**1**				
延平区									
建阳区									
顺昌县									
浦城县	1	1							
光泽县									
松溪县									
政和县									
邵武市									
武夷山市				1	1				
建瓯市									
龙岩市									
新罗区									
永定区									
长汀县									
上杭县									
武平县									
连城县									
漳平市									
宁德市	**1**	**1**		**4**	**4**				
蕉城区									
霞浦县									
古田县									
屏南县									
寿宁县									
周宁县				2	2				
柘荣县									
福安市	1	1		2	2				
福鼎市									

1－4b 续表 28 单位：人

地 区	塔吉克族			怒 族			乌孜别克族		
	小计	男	女	小计	男	女	小计	男	女
合 计	**4**	**3**	**1**	**35**	**18**	**17**	**5**	**2**	**3**
福州市	**2**	**2**		**13**	**7**	**6**	**2**	**1**	**1**
鼓楼区									
台江区									
仓山区									
马尾区									
晋安区									
长乐区	1	1		5	2	3			
闽侯县				3	2	1	2	1	1
连江县				5	3	2			
罗源县	1	1							
闽清县									
永泰县									
平潭县									
福清市									
厦门市				**2**	**1**	**1**			
思明区									
海沧区									
湖里区									
集美区									
同安区									
翔安区				2	1	1			
莆田市									
城厢区									
涵江区									
荔城区									
秀屿区									
仙游县									
三明市									
梅列区									
三元区									
明溪县									
清流县									
宁化县									
大田县									
尤溪县									
沙县									
将乐县									
泰宁县									
建宁县									
永安市									
泉州市				**3**		**3**			
鲤城区									
丰泽区									
洛江区									
泉港区									
惠安县									
安溪县									
永春县									
德化县									
石狮市									
晋江市				3		3			
南安市									

1-4b　续表 29　　　　单位：人

地　区	塔吉克族			怒　族			乌孜别克族		
	小计	男	女	小计	男	女	小计	男	女
漳州市	**2**	**1**	**1**	**16**	**10**	**6**			
芗城区									
龙文区									
云霄县				1		1			
漳浦县	2	1	1						
诏安县									
长泰县				13	9	4			
东山县									
南靖县									
平和县									
华安县									
龙海市				2	1	1			
南平市									
延平区									
建阳区									
顺昌县									
浦城县									
光泽县									
松溪县									
政和县									
邵武市									
武夷山市									
建瓯市									
龙岩市									
新罗区									
永定区									
长汀县									
上杭县									
武平县									
连城县									
漳平市									
宁德市				**1**		**1**	**3**	**1**	**2**
蕉城区									
霞浦县				1		1			
古田县									
屏南县									
寿宁县									
周宁县									
柘荣县									
福安市									
福鼎市							3	1	2

1-4b 续表 30

单位：人

地 区	俄罗斯族			鄂温克族			德昂族		
	小计	男	女	小计	男	女	小计	男	女
合 计	**7**	**4**	**3**	**7**	**1**	**6**	**93**	**51**	**42**
福州市	**4**	**3**	**1**	**2**		**2**	**11**	**10**	**1**
鼓楼区									
台江区									
仓山区									
马尾区									
晋安区									
长乐区							11	10	1
闽侯县	3	2	1	2		2			
连江县									
罗源县	1	1							
闽清县									
永泰县									
平潭县									
福清市									
厦门市	**1**	**1**					**2**	**1**	**1**
思明区									
海沧区									
湖里区									
集美区									
同安区									
翔安区	1	1					2	1	1
莆田市							**1**	**1**	
城厢区									
涵江区									
荔城区									
秀屿区									
仙游县							1	1	
三明市									
梅列区									
三元区									
明溪县									
清流县									
宁化县									
大田县									
尤溪县									
沙县									
将乐县									
泰宁县									
建宁县									
永安市									
泉州市				**2**		**2**	**58**	**32**	**26**
鲤城区									
丰泽区									
洛江区									
泉港区									
惠安县							1		1
安溪县									
永春县									
德化县									
石狮市							24	12	12
晋江市				2		2	22	14	8
南安市							11	6	5

1-4b 续表 31 单位：人

地区	俄罗斯族			鄂温克族			德昂族		
	小计	男	女	小计	男	女	小计	男	女
漳州市	**1**		**1**	**2**		**2**	**13**	**6**	**7**
芗城区									
龙文区									
云霄县									
漳浦县							1		1
诏安县									
长泰县							9	6	3
东山县									
南靖县									
平和县									
华安县									
龙海市	1		1	2		2	3		3
南平市							**6**	**1**	**5**
延平区									
建阳区									
顺昌县							2		2
浦城县									
光泽县							4	1	3
松溪县									
政和县									
邵武市									
武夷山市									
建瓯市									
龙岩市				**1**	**1**				
新罗区									
永定区									
长汀县									
上杭县				1	1				
武平县									
连城县									
漳平市									
宁德市	**1**		**1**				**2**		**2**
蕉城区									
霞浦县	1		1				2		2
古田县									
屏南县									
寿宁县									
周宁县									
柘荣县									
福安市									
福鼎市									

1-4b 续表 32　　单位：人

地　区	保安族			裕固族			京　族		
	小计	男	女	小计	男	女	小计	男	女
合　计	**9**	**2**	**7**	**1**		**1**	**34**	**7**	**27**
福州市	**1**		**1**				**7**	**2**	**5**
鼓楼区									
台江区									
仓山区									
马尾区									
晋安区									
长乐区									
闽侯县	1		1				5	2	3
连江县							1		1
罗源县							1		1
闽清县									
永泰县									
平潭县									
福清市									
厦门市	**2**	**1**	**1**				**1**		**1**
思明区									
海沧区									
湖里区									
集美区									
同安区							1		1
翔安区	2	1	1						
莆田市									
城厢区									
涵江区									
荔城区									
秀屿区									
仙游县									
三明市							**4**		**4**
梅列区									
三元区									
明溪县									
清流县									
宁化县							1		1
大田县							1		1
尤溪县									
沙县							2		2
将乐县									
泰宁县									
建宁县									
永安市									
泉州市	**2**	**1**	**1**	**1**		**1**	**4**	**2**	**2**
鲤城区									
丰泽区									
洛江区									
泉港区									
惠安县							2	2	
安溪县				1		1	1		1
永春县									
德化县									
石狮市	2	1	1						
晋江市							1		1
南安市									

1-4b 续表 33

单位：人

地 区	保安族			裕固族			京 族		
	小计	男	女	小计	男	女	小计	男	女
漳州市	**3**		**3**				**10**	**3**	**7**
芗城区									
龙文区									
云霄县							5	3	2
漳浦县									
诏安县									
长泰县							1		1
东山县							1		1
南靖县							1		1
平和县							1		1
华安县									
龙海市	3		3				1		1
南平市	**1**		**1**						
延平区									
建阳区									
顺昌县	1		1						
浦城县									
光泽县									
松溪县									
政和县									
邵武市									
武夷山市									
建瓯市									
龙岩市							**2**		**2**
新罗区							1		1
永定区									
长汀县									
上杭县									
武平县									
连城县							1		1
漳平市									
宁德市							**6**		**6**
蕉城区									
霞浦县									
古田县							1		1
屏南县							3		3
寿宁县							1		1
周宁县									
柘荣县									
福安市							1		1
福鼎市									

1-4b 续表 34

单位：人

地　区	塔塔尔族			独 龙 族			鄂伦春族		
	小计	男	女	小计	男	女	小计	男	女
合　计	**1**		**1**	**3**	**1**	**2**	**7**	**4**	**3**
福州市	**1**		**1**				**3**	**2**	**1**
鼓楼区									
台江区									
仓山区									
马尾区									
晋安区									
长乐区									
闽侯县	1		1				1	1	
连江县									
罗源县							1	1	
闽清县									
永泰县									
平潭县									
福清市							1		1
厦门市									
思明区									
海沧区									
湖里区									
集美区									
同安区									
翔安区									
莆田市									
城厢区									
涵江区									
荔城区									
秀屿区									
仙游县									
三明市									
梅列区									
三元区									
明溪县									
清流县									
宁化县									
大田县									
尤溪县									
沙县									
将乐县									
泰宁县									
建宁县									
永安市									
泉州市				**2**	**1**	**1**	**2**		**2**
鲤城区									
丰泽区									
洛江区									
泉港区									
惠安县							1		1
安溪县				1	1				
永春县									
德化县									
石狮市									
晋江市									
南安市				1		1	1		1

1-4b 续表 35

单位：人

地 区	塔塔尔族			独 龙 族			鄂伦春族		
	小计	男	女	小计	男	女	小计	男	女
漳州市							**1**	**1**	
芗城区									
龙文区									
云霄县									
漳浦县									
诏安县									
长泰县									
东山县									
南靖县									
平和县									
华安县									
龙海市							1	1	
南平市							**1**	**1**	
延平区									
建阳区									
顺昌县									
浦城县							1	1	
光泽县									
松溪县									
政和县									
邵武市									
武夷山市									
建瓯市									
龙岩市									
新罗区									
永定区									
长汀县									
上杭县									
武平县									
连城县									
漳平市									
宁德市				**1**		**1**			
蕉城区									
霞浦县									
古田县									
屏南县									
寿宁县									
周宁县									
柘荣县									
福安市				1		1			
福鼎市									

1-4b 续表 36　　单位：人

地　区	赫哲族			门巴族			珞巴族		
	小计	男	女	小计	男	女	小计	男	女
合　计	**1**		**1**	**1**	**1**		**1**		**1**
福州市							**1**		**1**
鼓楼区									
台江区									
仓山区									
马尾区									
晋安区									
长乐区									
闽侯县							1		1
连江县									
罗源县									
闽清县									
永泰县									
平潭县									
福清市									
厦门市									
思明区									
海沧区									
湖里区									
集美区									
同安区									
翔安区									
莆田市									
城厢区									
涵江区									
荔城区									
秀屿区									
仙游县									
三明市									
梅列区									
三元区									
明溪县									
清流县									
宁化县									
大田县									
尤溪县									
沙县									
将乐县									
泰宁县									
建宁县									
永安市									
泉州市				**1**	**1**				
鲤城区									
丰泽区									
洛江区									
泉港区									
惠安县									
安溪县									
永春县									
德化县									
石狮市									
晋江市				1	1				
南安市									

1-4b 续表 37

单位：人

地 区	赫 哲 族			门 巴 族			珞 巴 族		
	小计	男	女	小计	男	女	小计	男	女
漳州市	**1**		**1**						
芗城区									
龙文区									
云霄县									
漳浦县									
诏安县									
长泰县									
东山县									
南靖县									
平和县									
华安县									
龙海市	1		1						
南平市									
延平区									
建阳区									
顺昌县									
浦城县									
光泽县									
松溪县									
政和县									
邵武市									
武夷山市									
建瓯市									
龙岩市									
新罗区									
永定区									
长汀县									
上杭县									
武平县									
连城县									
漳平市									
宁德市									
蕉城区									
霞浦县									
古田县									
屏南县									
寿宁县									
周宁县									
柘荣县									
福安市									
福鼎市									

1-4b 续表 38

单位：人

地 区	基诺族			未定族称人口			入 籍		
	小计	男	女	小计	男	女	小计	男	女
合 计	**7**	**2**	**5**	**2019**	**1199**	**820**	**100**	**30**	**70**
福州市	**2**	**1**	**1**	**316**	**165**	**151**	**17**	**6**	**11**
鼓楼区									
台江区									
仓山区									
马尾区									
晋安区									
长乐区				28	17	11	1		1
闽侯县				178	86	92	4	1	3
连江县	1	1		30	11	19	6	2	4
罗源县				12	12				
闽清县				35	20	15	2	2	
永泰县	1		1	3	2	1			
平潭县				7	2	5			
福清市				23	15	8	4	1	3
厦门市				**169**	**98**	**71**	**1**	**1**	
思明区									
海沧区									
湖里区									
集美区									
同安区				9	6	3			
翔安区				160	92	68	1	1	
莆田市				**65**	**45**	**20**	**5**	**2**	**3**
城厢区				2	2		1	1	
涵江区				2	1	1			
荔城区				1	1				
秀屿区				9	7	2	1	1	
仙游县				51	34	17	3		3
三明市				**40**	**17**	**23**	**6**	**1**	**5**
梅列区				6	3	3			
三元区									
明溪县				3	1	2			
清流县				1		1	1		1
宁化县				3	2	1	1	1	
大田县				1	1				
尤溪县				8	2	6	1		1
沙县				10	4	6	2		2
将乐县				7	4	3			
泰宁县							1		1
建宁县									
永安市				1		1			
泉州市	**4**	**1**	**3**	**956**	**599**	**357**	**21**	**10**	**11**
鲤城区									
丰泽区									
洛江区				13	9	4			
泉港区				11	7	4			
惠安县	1		1	194	129	65			
安溪县				39	22	17	4	2	2
永春县				5	3	2	4		4
德化县				7	3	4	3		3
石狮市				68	50	18	1		1
晋江市				471	289	182	6	5	1
南安市	3	1	2	148	87	61	3	3	

1-4b　续表 39　　　　　　　　　　　　　　　　　单位：人

地　区	基诺族			未定族称人口			入　籍		
	小计	男	女	小计	男	女	小计	男	女
漳州市	**1**		**1**	**367**	**223**	**144**	**22**	**7**	**15**
芗城区				85	54	31	1		1
龙文区									
云霄县	1		1	10	3	7	3		3
漳浦县				21	14	7	3	1	2
诏安县				1		1	1		1
长泰县				38	23	15	2	1	1
东山县				2	1	1			
南靖县				10	6	4	1	1	
平和县				8	5	3	2		2
华安县				8	3	5	1		1
龙海市				184	114	70	8	4	4
南平市				**26**	**12**	**14**	**11**	**3**	**8**
延平区									
建阳区				2		2			
顺昌县				2		2	1	1	
浦城县				4		4	1		1
光泽县				11	9	2			
松溪县				1	1				
政和县				4	1	3	6	2	4
邵武市									
武夷山市				1	1		1		1
建瓯市				1		1	2		2
龙岩市				**49**	**25**	**24**	**7**		**7**
新罗区				3	3		1		1
永定区				9	2	7			
长汀县				14	6	8	1		1
上杭县				22	13	9	3		3
武平县									
连城县				1	1		1		1
漳平市							1		1
宁德市				**31**	**15**	**16**	**10**		**10**
蕉城区							1		1
霞浦县				9	6	3	1		1
古田县				4		4	1		1
屏南县				1		1			
寿宁县				3	2	1	5		5
周宁县				2	1	1			
柘荣县				2	1	1	1		1
福安市				4	3	1			
福鼎市				6	2	4	1		1

1-4c 各地区分性别、民族的人口(乡村)

单位：人

地区	合计			汉族		
	合计	男	女	小计	男	女
合 计	**12982839**	**6827964**	**6154875**	**12604979**	**6614272**	**5990707**
福州市	**2281026**	**1197289**	**1083737**	**2225077**	**1165034**	**1060043**
鼓楼区						
台江区						
仓山区						
马尾区	35112	18019	17093	34855	17882	16973
晋安区	19924	11065	8859	18095	10069	8026
长乐区	316001	167158	148843	308816	162929	145887
闽侯县	394237	208882	185355	387960	205020	182940
连江县	315526	166589	148937	302925	159438	143487
罗源县	72607	40027	32580	61354	33937	27417
闽清县	143921	75698	68223	142403	74890	67513
永泰县	159448	84041	75407	157079	82624	74455
平潭县	178537	92206	86331	175255	90232	85023
福清市	645713	333604	312109	636335	328013	308322
厦门市	**546719**	**297744**	**248975**	**525773**	**285326**	**240447**
思明区						
海沧区	13370	7544	5826	12692	7130	5562
湖里区						
集美区	100153	56077	44076	94700	52845	41855
同安区	213043	114927	98116	204351	109856	94495
翔安区	220153	119196	100957	214030	115495	98535
莆田市	**1197465**	**603541**	**593924**	**1180692**	**593420**	**587272**
城厢区	153679	77354	76325	151715	76222	75493
涵江区	99010	50638	48372	96850	49331	47519
荔城区	174195	85848	88347	172019	84630	87389
秀屿区	339373	169615	169758	336746	167953	168793
仙游县	431208	220086	211122	423362	215284	208078
三明市	**914950**	**491241**	**423709**	**901814**	**483347**	**418467**
梅列区	6115	3238	2877	5951	3127	2824
三元区	23513	13290	10223	23180	13089	10091
明溪县	47079	26014	21065	46716	25792	20924
清流县	58133	30957	27176	57196	30373	26823
宁化县	135360	70358	65002	132591	68687	63904
大田县	137447	74910	62537	136090	73970	62120
尤溪县	175007	94484	80523	174042	93982	80060
沙县	74277	40298	33979	73397	39801	33596
将乐县	59768	32140	27628	59314	31864	27450
泰宁县	43741	23211	20530	43407	23003	20404
建宁县	58142	30566	27576	57742	30335	27407
永安市	96368	51775	44593	92188	49324	42864
泉州市	**2769634**	**1448441**	**1321193**	**2680515**	**1397998**	**1282517**
鲤城区						
丰泽区						
洛江区	102123	53989	48134	99745	52726	47019
泉港区	157106	79668	77438	150530	76013	74517
惠安县	446573	225197	221376	427887	214634	213253
安溪县	505538	269560	235978	498180	265493	232687
永春县	163597	86976	76621	162349	86330	76019
德化县	72652	39157	33495	72001	38760	33241
石狮市	96028	51461	44567	91538	48842	42696
晋江市	645400	341854	303546	608890	321122	287768
南安市	580617	300579	280038	569395	294078	275317

1-4c 续表 1

单位：人

地 区	合 计			汉 族		
	合计	男	女	小计	男	女
漳州市	**1952827**	**1018944**	**933883**	**1909800**	**995004**	**914796**
芗城区	67355	35637	31718	64338	33879	30459
龙文区	27302	13958	13344	27032	13801	13231
云霄县	187675	99653	88022	186493	98910	87583
漳浦县	380582	196851	183731	363660	187556	176104
诏安县	305796	158967	146829	299701	155754	143947
长泰县	92821	48181	44640	91566	47493	44073
东山县	78000	40597	37403	77694	40387	37307
南靖县	143230	74271	68959	142432	73824	68608
平和县	239562	126890	112672	238103	126083	112020
华安县	62875	33362	29513	61099	32410	28689
龙海市	367629	190577	177052	357682	184907	172775
南平市	**1081547**	**573912**	**507635**	**1061556**	**562717**	**498839**
延平区	127009	67596	59413	125186	66633	58553
建阳区	130967	69502	61465	128184	67886	60298
顺昌县	87063	46039	41024	82731	43735	38996
浦城县	154418	81114	73304	152395	79985	72410
光泽县	64683	34736	29947	61276	32836	28440
松溪县	66423	35369	31054	65541	34824	30717
政和县	86388	46662	39726	85644	46258	39386
邵武市	55885	29930	25955	54505	29081	25424
武夷山市	100360	53064	47296	99693	52678	47015
建瓯市	208351	109900	98451	206401	108801	97600
龙岩市	**1011014**	**533156**	**477858**	**989616**	**520624**	**468992**
新罗区	119411	65795	53616	117791	64715	53076
永定区	161933	85885	76048	161101	85353	75748
长汀县	184853	96172	88681	184297	95903	88394
上杭县	182674	93950	88724	167059	84965	82094
武平县	130243	67270	62973	129679	66934	62745
连城县	125968	66377	59591	125406	66069	59337
漳平市	105932	57707	48225	104283	56685	47598
宁德市	**1227657**	**663696**	**563961**	**1130136**	**610802**	**519334**
蕉城区	198341	106618	91723	184308	99108	85200
霞浦县	186338	102399	83939	165616	91071	74545
古田县	163265	87147	76118	158931	84640	74291
屏南县	70840	38587	32253	70291	38280	32011
寿宁县	89365	48564	40801	88220	47964	40256
周宁县	70613	39124	31489	69585	38544	31041
柘荣县	34393	18671	15722	33306	18087	15219
福安市	212711	113996	98715	177004	94745	82259
福鼎市	201791	108590	93201	182875	98363	84512

1-4c 续表 2

单位：人

地 区	蒙古族			回 族			藏 族		
	小计	男	女	小计	男	女	小计	男	女
合 计	**2203**	**1270**	**933**	**35620**	**21098**	**14522**	**578**	**284**	**294**
福州市	**206**	**131**	**75**	**3627**	**2239**	**1388**	**94**	**51**	**43**
鼓楼区									
台江区									
仓山区									
马尾区	4	2	2	6	4	2			
晋安区	1		1	7	6	1			
长乐区	51	30	21	167	101	66	16	9	7
闽侯县	52	33	19	266	168	98	16	10	6
连江县	13	7	6	478	341	137	6	3	3
罗源县	3	2	1	18	12	6	1		1
闽清县	24	16	8	17	9	8	2		2
永泰县	1		1	54	23	31	10	4	6
平潭县	9	7	2	2049	1201	848	21	11	10
福清市	48	34	14	565	374	191	22	14	8
厦门市	**184**	**98**	**86**	**1191**	**659**	**532**	**131**	**54**	**77**
思明区									
海沧区	5	3	2	35	21	14			
湖里区									
集美区	15	8	7	263	167	96	5	3	2
同安区	66	38	28	277	160	117	48	19	29
翔安区	98	49	49	616	311	305	78	32	46
莆田市	**115**	**66**	**49**	**8969**	**5594**	**3375**	**45**	**22**	**23**
城厢区	15	7	8	89	53	36	1		1
涵江区	11	8	3	760	481	279	3	1	2
荔城区	9	3	6	470	289	181	36	18	18
秀屿区	13	7	6	1644	1045	599	2	1	1
仙游县	67	41	26	6006	3726	2280	3	2	1
三明市	**35**	**22**	**13**	**406**	**260**	**146**	**19**	**12**	**7**
梅列区				1	1				
三元区				11	5	6	2	1	1
明溪县	3	3		130	87	43	6	5	1
清流县				4	2	2	2	1	1
宁化县	2	2		2	2		2	1	1
大田县	9	6	3	164	101	63			
尤溪县	3	2	1	10	3	7	3	1	2
沙县	1	1		4	3	1	1	1	
将乐县	3	1	2	9	7	2			
泰宁县				3	2	1			
建宁县	4	2	2	5	4	1	3	2	1
永安市	10	5	5	63	43	20			
泉州市	**1378**	**792**	**586**	**17165**	**9688**	**7477**	**124**	**44**	**80**
鲤城区									
丰泽区									
洛江区	20	10	10	164	90	74	1	1	
泉港区	1163	670	493	455	147	308	11	3	8
惠安县	49	24	25	12834	7085	5749	22	8	14
安溪县	14	10	4	134	75	59	21	2	19
永春县	5	1	4	146	99	47	4	1	3
德化县	2		2	14	6	8			
石狮市	8	3	5	857	540	317	5	3	2
晋江市	65	38	27	2343	1507	836	36	17	19
南安市	52	36	16	218	139	79	24	9	15

1-4c　续表 3　　　　　　　　　　　　　　　　　　　　　　　　　　　　　单位：人

地　区	蒙古族			回　族			藏　族		
	小计	男	女	小计	男	女	小计	男	女
漳州市	**99**	**62**	**37**	**336**	**197**	**139**	**81**	**57**	**24**
芗城区	3	2	1	26	16	10	1	1	
龙文区	1	1		13	6	7	2	1	1
云霄县	9	8	1	15	12	3	4	4	
漳浦县	17	13	4	35	16	19	4	1	3
诏安县	9	3	6	18	9	9	1		1
长泰县	11	8	3	7	4	3	1	1	
东山县	4	2	2	5	1	4			
南靖县	6	2	4	16	9	7	4	3	1
平和县	3	1	2	15	8	7	4	3	1
华安县	12	9	3	34	19	15			
龙海市	24	13	11	152	97	55	60	43	17
南平市	**42**	**22**	**20**	**253**	**142**	**111**	**36**	**16**	**20**
延平区	3	1	2	60	29	31	9	4	5
建阳区	9	3	6	7	4	3	1	1	
顺昌县	4	2	2	14	5	9	1		1
浦城县	6	3	3	12	3	9			
光泽县	4	2	2	16	13	3	1		1
松溪县	2	2		3	1	2	8	4	4
政和县	1	1		25	12	13	1		1
邵武市	2		2	73	47	26			
武夷山市	8	5	3	34	23	11	11	5	6
建瓯市	3	3		9	5	4	4	2	2
龙岩市	**51**	**21**	**30**	**102**	**65**	**37**	**21**	**12**	**9**
新罗区	16	8	8	17	13	4	3	3	
永定区	11	1	10	26	17	9	1		1
长汀县	3	2	1	11	8	3	2	1	1
上杭县	10	6	4	8	4	4	6	2	4
武平县	2	1	1	7	2	5	3	1	2
连城县	2		2	9	6	3	6	5	1
漳平市	7	3	4	24	15	9			
宁德市	**93**	**56**	**37**	**3571**	**2254**	**1317**	**27**	**16**	**11**
蕉城区	37	18	19	62	29	33	7	4	3
霞浦县	4	4		913	580	333	3	2	1
古田县	3	1	2	476	303	173	1		1
屏南县	1	1		7	3	4	7	3	4
寿宁县				1	1				
周宁县	5	4	1	23	18	5	4	4	
柘荣县	1		1	5	1	4			
福安市	5	1	4	451	253	198	3	1	2
福鼎市	37	27	10	1633	1066	567	2	2	

1-4c 续表 4

单位：人

地　区	维吾尔族			苗　族			彝　族		
	小计	男	女	小计	男	女	小计	男	女
合　计	**579**	**202**	**377**	**47396**	**27733**	**19663**	**13274**	**7730**	**5544**
福州市	**71**	**42**	**29**	**10682**	**6511**	**4171**	**3506**	**2048**	**1458**
鼓楼区									
台江区									
仓山区									
马尾区	2	1	1	59	34	25	4	2	2
晋安区	1	1		107	75	32	30	23	7
长乐区	5	5		1980	1159	821	829	491	338
闽侯县	11	6	5	1536	966	570	626	373	253
连江县	5	1	4	2720	1744	976	333	187	146
罗源县				915	541	374	248	144	104
闽清县	1		1	381	218	163	145	72	73
永泰县	1	1		220	140	80	118	76	42
平潭县	5	3	2	423	264	159	87	61	26
福清市	40	24	16	2341	1370	971	1086	619	467
厦门市	**58**	**21**	**37**	**5008**	**3027**	**1981**	**1999**	**1209**	**790**
思明区									
海沧区	5	2	3	121	76	45	199	119	80
湖里区									
集美区	2	2		1212	718	494	740	425	315
同安区	1		1	2435	1425	1010	539	321	218
翔安区	50	17	33	1240	808	432	521	344	177
莆田市	**16**	**7**	**9**	**1963**	**1157**	**806**	**846**	**471**	**375**
城厢区	7	4	3	397	230	167	245	134	111
涵江区				551	331	220	152	84	68
荔城区				429	239	190	224	126	98
秀屿区	1		1	302	196	106	104	71	33
仙游县	8	3	5	284	161	123	121	56	65
三明市	**12**	**7**	**5**	**1749**	**1013**	**736**	**457**	**269**	**188**
梅列区				17	8	9	4	1	3
三元区				47	30	17	33	23	10
明溪县	1	1		62	30	32	17	11	6
清流县				74	46	28	39	23	16
宁化县	5	2	3	61	33	28	44	28	16
大田县				315	211	104	69	58	11
尤溪县	3	2	1	188	110	78	71	28	43
沙县	1	1		252	136	116	58	27	31
将乐县				120	75	45	45	26	19
泰宁县	1		1	63	32	31	10	6	4
建宁县				29	15	14	11	4	7
永安市	1	1		521	287	234	56	34	22
泉州市	**341**	**73**	**268**	**17671**	**10010**	**7661**	**3615**	**2104**	**1511**
鲤城区									
丰泽区									
洛江区	6	2	4	548	301	247	125	61	64
泉港区	6	3	3	419	264	155	110	68	42
惠安县	18	9	9	2479	1464	1015	321	214	107
安溪县	5	2	3	632	362	270	151	72	79
永春县	1	1		206	101	105	57	33	24
德化县	4	3	1	249	142	107	27	20	7
石狮市	40	9	31	1290	741	549	239	140	99
晋江市	64	12	52	9625	5320	4305	2045	1164	881
南安市	197	32	165	2223	1315	908	540	332	208

1-4c 续表 5

单位：人

地区	维吾尔族			苗族			彝族		
	小计	男	女	小计	男	女	小计	男	女
漳州市	**39**	**23**	**16**	**3927**	**2299**	**1628**	**882**	**511**	**371**
芗城区	2	2		255	156	99	20	13	7
龙文区	4		4	95	58	37	16	12	4
云霄县	1	1		231	145	86	54	38	16
漳浦县	2	2		812	504	308	183	83	100
诏安县	3	1	2	202	113	89	47	28	19
长泰县	1		1	364	209	155	102	49	53
东山县				55	34	21	15	13	2
南靖县	3	2	1	322	163	159	33	17	16
平和县	8	6	2	190	91	99	35	22	13
华安县				283	146	137	62	28	34
龙海市	15	9	6	1118	680	438	315	208	107
南平市	**25**	**18**	**7**	**2623**	**1457**	**1166**	**876**	**460**	**416**
延平区	10	6	4	237	131	106	89	44	45
建阳区	3	3		324	183	141	58	28	30
顺昌县				185	104	81	33	14	19
浦城县	2	2		370	182	188	127	74	53
光泽县				500	272	228	421	235	186
松溪县				71	36	35	26	8	18
政和县				211	135	76	32	13	19
邵武市				219	115	104	34	17	17
武夷山市	3	2	1	99	53	46	28	16	12
建瓯市	7	5	2	407	246	161	28	11	17
龙岩市	**7**	**3**	**4**	**2116**	**1280**	**836**	**376**	**224**	**152**
新罗区	4	1	3	460	305	155	123	91	32
永定区				203	137	66	51	32	19
长汀县				114	59	55	43	12	31
上杭县	2	1	1	503	272	231	57	31	26
武平县	1	1		216	134	82	30	17	13
连城县				224	138	86	9	2	7
漳平市				396	235	161	63	39	24
宁德市	**10**	**8**	**2**	**1657**	**979**	**678**	**717**	**434**	**283**
蕉城区	4	3	1	336	200	136	159	114	45
霞浦县	2	2		199	124	75	138	83	55
古田县	1	1		184	106	78	43	27	16
屏南县				105	60	45	31	15	16
寿宁县				64	40	24	23	14	9
周宁县	2	2		70	45	25	34	24	10
柘荣县				67	40	27	31	20	11
福安市				133	77	56	46	25	21
福鼎市	1		1	499	287	212	212	112	100

1-4c 续表 6

单位：人

地 区	壮族			布依族			朝鲜族		
	小计	男	女	小计	男	女	小计	男	女
合 计	**12666**	**6447**	**6219**	**12233**	**7033**	**5200**	**180**	**98**	**82**
福州市	**2087**	**1133**	**954**	**2499**	**1564**	**935**	**39**	**20**	**19**
鼓楼区									
台江区									
仓山区									
马尾区	14	4	10	8	4	4			
晋安区	14	9	5	23	19	4	3	1	2
长乐区	462	248	214	418	233	185			
闽侯县	476	259	217	456	288	168	7	4	3
连江县	287	158	129	703	508	195			
罗源县	80	50	30	105	73	32			
闽清县	148	63	85	147	81	66			
永泰县	123	60	63	49	29	20	2	1	1
平潭县	87	65	22	62	33	29	5	2	3
福清市	396	217	179	528	296	232	22	12	10
厦门市	**1553**	**914**	**639**	**1354**	**817**	**537**	**36**	**19**	**17**
思明区									
海沧区	40	26	14	46	27	19			
湖里区									
集美区	464	288	176	369	224	145	3	1	2
同安区	597	336	261	517	304	213	6	3	3
翔安区	452	264	188	422	262	160	27	15	12
莆田市	**470**	**244**	**226**	**666**	**368**	**298**	**9**	**6**	**3**
城厢区	94	52	42	150	82	68	2		2
涵江区	55	28	27	100	62	38	2	2	
荔城区	164	84	80	204	112	92	1		1
秀屿区	55	33	22	96	53	43	1	1	
仙游县	102	47	55	116	59	57	3	3	
三明市	**487**	**239**	**248**	**378**	**235**	**143**	**6**	**4**	**2**
梅列区	7	7		3	2	1			
三元区	44	16	28	12	6	6			
明溪县	17	7	10	5	1	4			
清流县	25	13	12	17	9	8			
宁化县	17	8	9	18	9	9	1	1	
大田县	145	102	43	83	63	20	1	1	
尤溪县	37	12	25	29	12	17			
沙县	35	10	25	84	58	26			
将乐县	20	6	14	42	26	16	1	1	
泰宁县	5	2	3	5	1	4	3	1	2
建宁县	59	30	29	20	11	9			
永安市	76	26	50	60	37	23			
泉州市	**5441**	**2643**	**2798**	**5238**	**2915**	**2323**	**51**	**27**	**24**
鲤城区									
丰泽区									
洛江区	297	131	166	130	68	62			
泉港区	186	113	73	83	46	37	2	1	1
惠安县	389	206	183	547	299	248	12	5	7
安溪县	864	300	564	380	238	142	4		4
永春县	235	67	168	43	21	22	1		1
德化县	32	16	16	29	16	13			
石狮市	248	142	106	301	159	142			
晋江市	2293	1254	1039	3255	1786	1469	27	18	9
南安市	897	414	483	470	282	188	5	3	2

1-4c 续表 7

单位：人

地区	壮族			布依族			朝鲜族		
	小计	男	女	小计	男	女	小计	男	女
漳州市	**1150**	**589**	**561**	**814**	**481**	**333**	**15**	**10**	**5**
芗城区	55	31	24	41	23	18	3	2	1
龙文区	19	10	9	22	13	9			
云霄县	42	17	25	22	9	13			
漳浦县	203	100	103	177	100	77	5	5	
诏安县	63	19	44	40	25	15	1	1	
长泰县	102	37	65	73	43	30			
东山县	37	24	13	24	16	8			
南靖县	109	66	43	40	25	15			
平和县	77	21	56	39	19	20	1		1
华安县	117	59	58	60	38	22	1	1	
龙海市	326	205	121	276	170	106	4	1	3
南平市	**355**	**139**	**216**	**339**	**108**	**231**	**3**		**3**
延平区	93	30	63	26	11	15	1		1
建阳区	54	24	30	31	12	19			
顺昌县	39	12	27	15	5	10			
浦城县	18	7	11	135	15	120	1		1
光泽县	27	14	13	29	14	15			
松溪县	17	11	6	17	6	11			
政和县	27	14	13	10	5	5			
邵武市	7	3	4	13	8	5			
武夷山市	38	15	23	23	10	13			
建瓯市	35	9	26	40	22	18	1		1
龙岩市	**430**	**202**	**228**	**388**	**218**	**170**	**9**	**6**	**3**
新罗区	128	91	37	85	50	35	6	3	3
永定区	49	15	34	58	38	20	1	1	
长汀县	54	14	40	20	8	12			
上杭县	76	36	40	29	15	14			
武平县	39	15	24	29	17	12			
连城县	32	13	19	40	16	24			
漳平市	52	18	34	127	74	53	2	2	
宁德市	**693**	**344**	**349**	**557**	**327**	**230**	**12**	**6**	**6**
蕉城区	173	103	70	146	92	54	3	1	2
霞浦县	203	130	73	63	39	24	1	1	
古田县	72	18	54	117	66	51	1		1
屏南县	16	3	13	35	15	20			
寿宁县	16	3	13	23	12	11			
周宁县	59	25	34	23	17	6			
柘荣县	17	6	11	24	13	11			
福安市	41	15	26	38	19	19			
福鼎市	96	41	55	88	54	34	7	4	3

1-4c 续表 8

单位：人

地区	满族			侗族			瑶族		
	小计	男	女	小计	男	女	小计	男	女
合计	**2446**	**1521**	**925**	**7610**	**4692**	**2918**	**2241**	**1294**	**947**
福州市	**278**	**155**	**123**	**1532**	**980**	**552**	**571**	**359**	**212**
鼓楼区									
台江区									
仓山区									
马尾区	5	2	3	7	5	2	2	1	1
晋安区	2		2	16	9	7	8	4	4
长乐区	60	33	27	327	211	116	84	42	42
闽侯县	65	37	28	347	231	116	106	71	35
连江县	35	19	16	191	107	84	156	108	48
罗源县	7	4	3	19	13	6	36	25	11
闽清县	12	5	7	99	56	43	55	24	31
永泰县	12	9	3	38	25	13	31	20	11
平潭县	21	10	11	59	45	14	9	5	4
福清市	59	36	23	429	278	151	84	59	25
厦门市	**271**	**145**	**126**	**929**	**577**	**352**	**273**	**162**	**111**
思明区									
海沧区	12	8	4	19	11	8	7	3	4
湖里区									
集美区	34	20	14	197	131	66	51	29	22
同安区	60	36	24	465	278	187	86	46	40
翔安区	165	81	84	248	157	91	129	84	45
莆田市	**52**	**27**	**25**	**363**	**232**	**131**	**89**	**54**	**35**
城厢区	10	4	6	82	62	20	20	12	8
涵江区	7	5	2	46	24	22	22	21	1
荔城区	6	4	2	96	52	44	18	9	9
秀屿区	17	10	7	55	40	15	12	2	10
仙游县	12	4	8	84	54	30	17	10	7
三明市	**69**	**54**	**15**	**293**	**181**	**112**	**115**	**70**	**45**
梅列区				2	1	1			
三元区	1	1		8	7	1	2		2
明溪县	12	10	2	4	3	1	8	5	3
清流县	5	4	1	11	8	3	3	1	2
宁化县	6	4	2	13	5	8	11	2	9
大田县	8	6	2	32	26	6	41	36	5
尤溪县	11	10	1	14	8	6	18	9	9
沙县	16	11	5	19	6	13	10	4	6
将乐县	2	1	1	19	14	5	10	6	4
泰宁县	2	1	1	6	3	3	2	2	
建宁县				19	8	11	4	2	2
永安市	6	6		146	92	54	6	3	3
泉州市	**1404**	**903**	**501**	**2899**	**1698**	**1201**	**618**	**322**	**296**
鲤城区									
丰泽区									
洛江区	11	4	7	106	68	38	35	15	20
泉港区	14	8	6	66	36	30	37	20	17
惠安县	66	45	21	223	134	89	60	32	28
安溪县	10	7	3	392	229	163	82	32	50
永春县	5	2	3	33	17	16	18	8	10
德化县	1	1		8	4	4	6	4	2
石狮市	17	8	9	261	149	112	24	13	11
晋江市	410	257	153	1457	840	617	243	133	110
南安市	870	571	299	353	221	132	113	65	48

1-4c　续表 9　　　　单位：人

地　区	满　族			侗　族			瑶　族		
	小计	男	女	小计	男	女	小计	男	女
漳州市	**97**	**63**	**34**	**601**	**379**	**222**	**218**	**115**	**103**
芗城区	6	2	4	46	30	16	27	15	12
龙文区	2	2		10	6	4	2	1	1
云霄县	5	4	1	40	30	10	5	2	3
漳浦县	18	8	10	142	88	54	38	15	23
诏安县	4	2	2	68	41	27	3	1	2
长泰县	9	7	2	47	22	25	33	16	17
东山县	10	9	1	60	49	11	10	5	5
南靖县	4	3	1	16	11	5	21	14	7
平和县	3	1	2	22	8	14	14	5	9
华安县	4	2	2	51	33	18	18	8	10
龙海市	32	23	9	99	61	38	47	33	14
南平市	**73**	**38**	**35**	**262**	**149**	**113**	**85**	**53**	**32**
延平区	10	4	6	33	14	19	3	1	2
建阳区	3	2	1	67	39	28	33	28	5
顺昌县	5	3	2	42	25	17	3		3
浦城县	4	2	2	22	10	12	2		2
光泽县	7	2	5	35	24	11	7	3	4
松溪县	1	1		11	7	4	1		1
政和县	7	5	2	9	2	7	12	7	5
邵武市	1		1	8	6	2	13	10	3
武夷山市	7	2	5	16	14	2	7	2	5
建瓯市	28	17	11	19	8	11	4	2	2
龙岩市	**61**	**49**	**12**	**424**	**302**	**122**	**156**	**102**	**54**
新罗区	6	5	1	115	82	33	45	33	12
永定区	21	18	3	64	52	12	15	7	8
长汀县	3	3		32	19	13	16	7	9
上杭县	25	17	8	37	21	16	15	9	6
武平县	1	1		42	27	15	19	13	6
连城县	2	2		44	28	16	27	17	10
漳平市	3	3		90	73	17	19	16	3
宁德市	**141**	**87**	**54**	**307**	**194**	**113**	**116**	**57**	**59**
蕉城区	26	17	9	77	52	25	31	16	15
霞浦县	33	21	12	30	19	11	10	5	5
古田县	5		5	24	16	8	13	4	9
屏南县	2	1	1	7	6	1	4	2	2
寿宁县	4	2	2	19	13	6	2	2	
周宁县	2		2	10	4	6	10	5	5
柘荣县				23	15	8	2		2
福安市	12	5	7	31	18	13	18	9	9
福鼎市	57	41	16	86	51	35	26	14	12

1－4c 续表 10

单位：人

地 区	白 族			土 家 族			哈 尼 族		
	小计	男	女	小计	男	女	小计	男	女
合 计	**2115**	**1179**	**936**	**29245**	**17746**	**11499**	**2042**	**1116**	**926**
福州市	**461**	**253**	**208**	**3278**	**2121**	**1157**	**970**	**563**	**407**
鼓楼区									
台江区									
仓山区									
马尾区	3	1	2	47	29	18	4	3	1
晋安区	4	1	3	50	33	17	4	3	1
长乐区	208	119	89	707	462	245	768	456	312
闽侯县	81	47	34	522	366	156	30	13	17
连江县	34	9	25	410	261	149	38	19	19
罗源县	17	13	4	48	38	10	10	8	2
闽清县	6	3	3	145	85	60	31	14	17
永泰县	11	2	9	68	50	18	12	6	6
平潭县	6	2	4	227	159	68	4	1	3
福清市	91	56	35	1054	638	416	69	40	29
厦门市	**256**	**161**	**95**	**4520**	**2748**	**1772**	**571**	**287**	**284**
思明区									
海沧区	2		2	81	55	26	17	8	9
湖里区									
集美区	49	26	23	1315	780	535	25	13	12
同安区	115	79	36	2046	1228	818	440	214	226
翔安区	90	56	34	1078	685	393	89	52	37
莆田市	**201**	**111**	**90**	**873**	**516**	**357**	**66**	**33**	**33**
城厢区	71	36	35	218	121	97	17	8	9
涵江区	46	26	20	96	56	40	26	11	15
荔城区	39	21	18	223	126	97	5	4	1
秀屿区	23	15	8	140	89	51	1	1	
仙游县	22	13	9	196	124	72	17	9	8
三明市	**64**	**36**	**28**	**637**	**421**	**216**	**23**	**10**	**13**
梅列区	1		1	4	2	2			
三元区	3	3		20	13	7	2		2
明溪县	1	1		39	25	14	2	1	1
清流县	4	3	1	67	43	24			
宁化县	6	3	3	63	45	18	1	1	
大田县	4	2	2	177	133	44	4	2	2
尤溪县	5	5		43	24	19	5	2	3
沙县	9	3	6	36	19	17	3	1	2
将乐县	20	13	7	58	36	22	2	1	1
泰宁县				24	12	12	3	2	1
建宁县	1		1	27	18	9	1		1
永安市	10	3	7	79	51	28			
泉州市	**621**	**348**	**273**	**16024**	**9417**	**6607**	**217**	**121**	**96**
鲤城区									
丰泽区									
洛江区	16	6	10	335	189	146	7	2	5
泉港区	19	13	6	264	174	90	20	14	6
惠安县	57	38	19	985	645	340	18	14	4
安溪县	18	6	12	442	271	171	15	6	9
永春县	7	3	4	144	94	50	8	2	6
德化县	2	2		65	47	18	1		1
石狮市	52	31	21	852	502	350	33	26	7
晋江市	328	187	141	10307	5860	4447	97	49	48
南安市	122	62	60	2630	1635	995	18	8	10

1-4c　续表 11　　　　单位：人

地　区	白　族			土家族			哈尼族		
	小计	男	女	小计	男	女	小计	男	女
漳州市	**197**	**118**	**79**	**1744**	**1121**	**623**	**39**	**22**	**17**
芗城区	10	6	4	74	44	30			
龙文区				40	24	16	1	1	
云霄县	1	1		86	56	30	2	1	1
漳浦县	12	6	6	371	243	128	2	1	1
诏安县	3	1	2	66	45	21	1		1
长泰县	19	11	8	275	172	103	3		3
东山县	1	1		25	18	7			
南靖县	9	7	2	89	55	34	4	3	1
平和县	10	5	5	122	76	46	4	2	2
华安县	2	1	1	166	111	55	4		4
龙海市	130	79	51	430	277	153	18	14	4
南平市	**170**	**80**	**90**	**495**	**289**	**206**	**44**	**19**	**25**
延平区	5	2	3	56	31	25	11	5	6
建阳区	5	1	4	71	39	32	1		1
顺昌县	10	5	5	52	32	20			
浦城县	28	12	16	132	79	53	2		2
光泽县	106	53	53	29	15	14	4		4
松溪县	5	1	4	15	8	7	6	2	4
政和县	4	1	3	23	14	9	4	1	3
邵武市	2	2		26	15	11			
武夷山市	1	1		37	20	17	3	2	1
建瓯市	4	2	2	54	36	18	13	9	4
龙岩市	**63**	**36**	**27**	**746**	**524**	**222**	**44**	**22**	**22**
新罗区	12	7	5	198	143	55	15	14	1
永定区	16	12	4	199	140	59	6	1	5
长汀县	12	4	8	47	32	15	11	2	9
上杭县	5	3	2	83	53	30			
武平县	10	5	5	52	42	10	4	1	3
连城县	4	2	2	33	17	16	1		1
漳平市	4	3	1	134	97	37	7	4	3
宁德市	**82**	**36**	**46**	**928**	**589**	**339**	**68**	**39**	**29**
蕉城区	21	9	12	160	105	55	17	16	1
霞浦县	5		5	73	41	32	4	1	3
古田县	4	1	3	86	52	34	7	1	6
屏南县	7	3	4	53	27	26	6	2	4
寿宁县	3	2	1	53	26	27	4	1	3
周宁县	4	2	2	29	20	9	15	11	4
柘荣县	7	4	3	18	13	5	1		1
福安市	12	8	4	89	65	24	2	1	1
福鼎市	19	7	12	367	240	127	12	6	6

1-4c 续表 12

单位：人

地区	哈萨克族			傣族			黎族		
	小计	男	女	小计	男	女	小计	男	女
合计	**28**	**12**	**16**	**1841**	**1006**	**835**	**1199**	**559**	**640**
福州市	**5**	**2**	**3**	**601**	**338**	**263**	**210**	**112**	**98**
鼓楼区									
台江区									
仓山区									
马尾区							1	1	
晋安区				7	3	4	7	4	3
长乐区				200	110	90	35	18	17
闽侯县				181	109	72	88	46	42
连江县				39	14	25	15	7	8
罗源县				17	6	11	6	4	2
闽清县				13	4	9	6	1	5
永泰县				8	6	2	11	8	3
平潭县	1		1	9	4	5	1		1
福清市	4	2	2	127	82	45	40	23	17
厦门市	**15**	**6**	**9**	**213**	**125**	**88**	**126**	**68**	**58**
思明区									
海沧区				17	12	5	2		2
湖里区									
集美区				41	22	19	24	9	15
同安区				89	57	32	42	23	19
翔安区	15	6	9	66	34	32	58	36	22
莆田市	**1**		**1**	**84**	**53**	**31**	**60**	**33**	**27**
城厢区	1		1	36	25	11	15	10	5
涵江区				12	7	5	10	3	7
荔城区				23	14	9	17	10	7
秀屿区				8	4	4	8	6	2
仙游县				5	3	2	10	4	6
三明市	**1**		**1**	**36**	**11**	**25**	**25**	**9**	**16**
梅列区				1		1			
三元区							4	1	3
明溪县				2		2			
清流县									
宁化县				2	1	1	2		2
大田县				4	4		5	4	1
尤溪县				21	4	17	3	1	2
沙县	1		1	1		1			
将乐县				1	1				
泰宁县									
建宁县				1	1		4	1	3
永安市				3		3	7	2	5
泉州市	**4**	**2**	**2**	**251**	**134**	**117**	**436**	**196**	**240**
鲤城区									
丰泽区									
洛江区	1	1		7	2	5	10	3	7
泉港区				6	6		61	16	45
惠安县				15	8	7	45	13	32
安溪县	1		1	13	2	11	20	4	16
永春县				3	1	2	8	3	5
德化县				1		1	2		2
石狮市				26	15	11	24	16	8
晋江市				145	79	66	228	123	105
南安市	2	1	1	35	21	14	38	18	20

1-4c　续表 13　　　　单位：人

地　区	哈萨克族			傣　族			黎　族		
	小计	男	女	小计	男	女	小计	男	女
漳州市				**98**	**49**	**49**	**110**	**43**	**67**
芗城区				9	4	5	4	2	2
龙文区							3	1	2
云霄县				5	1	4	5	3	2
漳浦县				9	2	7	15	3	12
诏安县				6	1	5	15	7	8
长泰县				17	9	8	10	5	5
东山县				3	2	1	2	1	1
南靖县				5	4	1	3	2	1
平和县				2		2	7	3	4
华安县				11	7	4	16	5	11
龙海市				31	19	12	30	11	19
南平市	**1**	**1**		**299**	**178**	**121**	**34**	**13**	**21**
延平区	1	1		35	7	28	7	2	5
建阳区				3		3	5	3	2
顺昌县				7	3	4	2	1	1
浦城县				26	15	11	5	3	2
光泽县				200	141	59	5	2	3
松溪县				2		2	2	1	1
政和县				9	4	5	3		3
邵武市				4	3	1	1		1
武夷山市				7	3	4	1		1
建瓯市				6	2	4	3	1	2
龙岩市	**1**	**1**		**79**	**40**	**39**	**49**	**28**	**21**
新罗区	1	1		40	25	15	16	12	4
永定区				5	2	3	6	1	5
长汀县				12	3	9	6	4	2
上杭县				10	6	4	4		4
武平县				5	2	3	5	4	1
连城县				2		2	2		2
漳平市				5	2	3	10	7	3
宁德市				**180**	**78**	**102**	**149**	**57**	**92**
蕉城区				52	24	28	26	13	13
霞浦县				67	29	38	8	4	4
古田县				11	4	7	57	10	47
屏南县				12	8	4	7		7
寿宁县				1		1	6	2	4
周宁县				6	1	5	5	3	2
柘荣县				1		1	1	1	
福安市				15	7	8	14	12	2
福鼎市				15	5	10	25	12	13

1-4c 续表 14

单位：人

地区	傈僳族			佤族			畲族		
	小计	男	女	小计	男	女	小计	男	女
合计	**488**	**270**	**218**	**790**	**448**	**342**	**194299**	**106912**	**87387**
福州市	**170**	**97**	**73**	**159**	**93**	**66**	**23093**	**12366**	**10727**
鼓楼区									
台江区									
仓山区									
马尾区	2	2					77	36	41
晋安区				1	1		1523	788	735
长乐区	105	61	44	21	9	12	205	115	90
闽侯县	12	7	5	41	24	17	994	574	420
连江县	7		7	22	14	8	6901	3511	3390
罗源县	21	14	7	26	21	5	9624	5087	4537
闽清县				9	3	6	109	66	43
永泰县	1	1		6	4	2	1556	931	625
平潭县	2		2	3	1	2	130	66	64
福清市	20	12	8	30	16	14	1974	1192	782
厦门市	**75**	**43**	**32**	**138**	**82**	**56**	**997**	**561**	**436**
思明区									
海沧区	5	4	1	2	1	1	42	26	16
湖里区									
集美区	18	10	8	37	21	16	311	179	132
同安区	16	11	5	73	43	30	344	190	154
翔安区	36	18	18	26	17	9	300	166	134
莆田市	**22**	**12**	**10**	**133**	**84**	**49**	**1267**	**773**	**494**
城厢区	4	3	1	112	71	41	271	158	113
涵江区	2	1	1	5	2	3	167	101	66
荔城区	8	2	6	8	4	4	88	47	41
秀屿区	4	4		4	4		73	39	34
仙游县	4	2	2	4	3	1	668	428	240
三明市	**6**	**2**	**4**	**16**	**7**	**9**	**7911**	**4816**	**3095**
梅列区				1	1		113	81	32
三元区	1	1					129	84	45
明溪县							38	23	15
清流县				6	4	2	665	417	248
宁化县	1		1				2497	1518	979
大田县	1	1		5	2	3	234	141	93
尤溪县	2		2	1		1	447	261	186
沙县				1		1	321	203	118
将乐县							32	18	14
泰宁县							177	126	51
建宁县	1		1				202	129	73
永安市				2		2	3056	1815	1241
泉州市	**64**	**30**	**34**	**134**	**71**	**63**	**12613**	**7267**	**5346**
鲤城区									
丰泽区									
洛江区	3		3	4	1	3	482	274	208
泉港区	2	1	1	2	2		3563	1997	1566
惠安县	13	7	6	19	16	3	168	71	97
安溪县	2	1	1	3		3	3996	2362	1634
永春县	1	1		2		2	272	165	107
德化县	2		2	8	5	3	171	114	57
石狮市	2		2	9	7	2	53	30	23
晋江市	19	7	12	58	30	28	1840	1119	721
南安市	20	13	7	29	10	19	2068	1135	933

1-4c　续表 15　　　　单位：人

地　区	傈僳族			佤　族			畲　族		
	小计	男	女	小计	男	女	小计	男	女
漳州市	**70**	**44**	**26**	**48**	**24**	**24**	**31851**	**17380**	**14471**
芗城区				2	1	1	2400	1387	1013
龙文区				1	1		26	10	16
云霄县	1	1		1	1		609	385	224
漳浦县	4	2	2	10	4	6	14800	8069	6731
诏安县							5512	2908	2604
长泰县	3	1	2	10	5	5	111	65	46
东山县	10	8	2	5	3	2	14	8	6
南靖县				2		2	74	35	39
平和县	2		2	2		2	852	507	345
华安县	4	3	1				882	451	431
龙海市	46	29	17	15	9	6	6571	3555	3016
南平市	**37**	**18**	**19**	**117**	**66**	**51**	**13209**	**7634**	**5575**
延平区	2	1	1	8	2	6	1064	607	457
建阳区				10	6	4	1993	1191	802
顺昌县	1	1		2		2	3882	2076	1806
浦城县	13	6	7	1		1	1060	699	361
光泽县	10	4	6	89	54	35	1696	917	779
松溪县				1		1	678	448	230
政和县	7	4	3	1		1	326	178	148
邵武市	1		1	1	1		954	611	343
武夷山市				3	3		310	198	112
建瓯市	3	2	1	1		1	1246	709	537
龙岩市	**23**	**16**	**7**	**16**	**8**	**8**	**15775**	**9106**	**6669**
新罗区	6	5	1	8	5	3	166	95	71
永定区				2	1	1	66	36	30
长汀县	1		1	3		3	150	86	64
上杭县	6	6		2	2		14673	8457	6216
武平县							83	44	39
连城县	1		1				30	12	18
漳平市	9	5	4	1		1	607	376	231
宁德市	**21**	**8**	**13**	**29**	**13**	**16**	**87583**	**47009**	**40574**
蕉城区	7	5	2	12	7	5	12513	6580	5933
霞浦县	4		4	4	2	2	18873	10200	8673
古田县	1		1	1		1	3178	1871	1307
屏南县							214	141	73
寿宁县							883	465	418
周宁县				1		1	703	388	315
柘荣县	1		1	2	1	1	868	457	411
福安市	1		1	2	2		34733	18704	16029
福鼎市	7	3	4	7	1	6	15618	8203	7415

1-4c 续表 16

单位：人

地　区	高山族			拉祜族			水　族		
	小计	男	女	小计	男	女	小计	男	女
合　计	**44**	**26**	**18**	**491**	**281**	**210**	**1520**	**916**	**604**
福州市				**99**	**59**	**40**	**292**	**175**	**117**
鼓楼区									
台江区									
仓山区									
马尾区							1	1	
晋安区							2	1	1
长乐区				25	9	16	64	33	31
闽侯县				11	7	4	49	31	18
连江县				31	22	9	50	38	12
罗源县				6	5	1	10	8	2
闽清县				3		3	61	33	28
永泰县				2		2	8	6	2
平潭县				1	1		5	3	2
福清市				20	15	5	42	21	21
厦门市	**3**		**3**	**65**	**41**	**24**	**95**	**52**	**43**
思明区									
海沧区				1		1	2	1	1
湖里区									
集美区				17	10	7	24	13	11
同安区	2		2	26	19	7	52	30	22
翔安区	1		1	21	12	9	17	8	9
莆田市				**36**	**26**	**10**	**44**	**29**	**15**
城厢区				22	17	5	4	3	1
涵江区				5	3	2	6	4	2
荔城区				6	4	2	12	7	5
秀屿区				2	1	1	9	8	1
仙游县				1	1		13	7	6
三明市	**6**	**3**	**3**	**10**	**3**	**7**	**191**	**122**	**69**
梅列区									
三元区							8	6	2
明溪县							8	6	2
清流县				1		1	6	4	2
宁化县	1		1	1	1		2	1	1
大田县				3	1	2	24	20	4
尤溪县	1		1	3		3	6	2	4
沙县	4	3	1				18	9	9
将乐县							53	35	18
泰宁县							24	17	7
建宁县				1		1	4	2	2
永安市				1	1		38	20	18
泉州市	**4**	**1**	**3**	**68**	**32**	**36**	**312**	**195**	**117**
鲤城区									
丰泽区									
洛江区	2	1	1	1		1	9	7	2
泉港区				5	2	3	9	6	3
惠安县				2		2	26	15	11
安溪县				7	5	2	74	48	26
永春县				1		1	16	11	5
德化县				1		1	1		1
石狮市	2		2	1		1	19	13	6
晋江市				38	19	19	96	55	41
南安市				12	6	6	62	40	22

1-4c 续表 17

单位：人

地区	高山族			拉祜族			水族		
	小计	男	女	小计	男	女	小计	男	女
漳州市	**27**	**20**	**7**	**23**	**9**	**14**	**71**	**49**	**22**
芗城区	4	4					7	4	3
龙文区				1	1		3	2	1
云霄县							5	2	3
漳浦县				2		2	12	7	5
诏安县				2	1	1	3	1	2
长泰县				7	1	6	2		2
东山县	4	3	1				1	1	
南靖县							3	2	1
平和县				1		1	3	3	
华安县	15	11	4	2	1	1	2	1	1
龙海市	4	2	2	8	5	3	30	26	4
南平市	**3**	**2**	**1**	**146**	**85**	**61**	**164**	**85**	**79**
延平区	3	2	1				17	9	8
建阳区				2		2	74	36	38
顺昌县				4		4	13	8	5
浦城县				3	2	1	8	1	7
光泽县				135	82	53	9	6	3
松溪县							8	5	3
政和县				2	1	1	1	1	
邵武市							12	8	4
武夷山市							12	6	6
建瓯市							10	5	5
龙岩市	**1**		**1**	**13**	**8**	**5**	**213**	**125**	**88**
新罗区	1		1	1		1	72	39	33
永定区				1	1		10	8	2
长汀县							3	1	2
上杭县				9	7	2	10	7	3
武平县							4	3	1
连城县				1		1	77	46	31
漳平市				1		1	37	21	16
宁德市				**31**	**18**	**13**	**138**	**84**	**54**
蕉城区				1		1	70	48	22
霞浦县				4	3	1	14	5	9
古田县				8	4	4	9	5	4
屏南县				1		1	2	2	
寿宁县							8	4	4
周宁县				2	1	1	3	2	1
柘荣县				3	2	1			
福安市							14	9	5
福鼎市				12	8	4	18	9	9

1-4c 续表 18

单位：人

地　区	东乡族			纳西族			景颇族		
	小计	男	女	小计	男	女	小计	男	女
合　计	**396**	**236**	**160**	**52**	**29**	**23**	**347**	**156**	**191**
福州市	**106**	**61**	**45**	**4**	**2**	**2**	**91**	**50**	**41**
鼓楼区									
台江区									
仓山区									
马尾区	2	1	1				1		1
晋安区	2	2							
长乐区	27	13	14	1	1		40	25	15
闽侯县	19	15	4				13	6	7
连江县	15	11	4				6	3	3
罗源县	1		1				11	7	4
闽清县				1		1	5	1	4
永泰县							1	1	
平潭县	11	6	5	1		1	2		2
福清市	29	13	16	1	1		12	7	5
厦门市	**157**	**96**	**61**	**18**	**10**	**8**	**27**	**14**	**13**
思明区									
海沧区							1		1
湖里区									
集美区	113	66	47	4	2	2	6	2	4
同安区	19	14	5	1		1	14	9	5
翔安区	25	16	9	13	8	5	6	3	3
莆田市	**18**	**11**	**7**	**5**	**4**	**1**	**42**	**15**	**27**
城厢区				1	1		25	9	16
涵江区	4	2	2				5	3	2
荔城区				2	2		9	2	7
秀屿区	4	3	1	1	1		2		2
仙游县	10	6	4	1		1	1	1	
三明市	**2**	**1**	**1**	**1**		**1**	**25**	**4**	**21**
梅列区									
三元区									
明溪县									
清流县							1		1
宁化县									
大田县							2	1	1
尤溪县							16	1	15
沙县									
将乐县							3	2	1
泰宁县							2		2
建宁县							1		1
永安市	2	1	1	1		1			
泉州市	**38**	**19**	**19**	**9**	**5**	**4**	**54**	**25**	**29**
鲤城区									
丰泽区									
洛江区	1		1	1		1	1	1	
泉港区	4	1	3	1	1		5	2	3
惠安县				2	2		5	1	4
安溪县				1		1	3		3
永春县									
德化县							3	2	1
石狮市	16	8	8				1	1	
晋江市	16	9	7	2	1	1	30	17	13
南安市	1	1		2	1	1	6	1	5

1-4c 续表 19

单位：人

地 区	东乡族			纳西族			景颇族		
	小计	男	女	小计	男	女	小计	男	女
漳州市	**47**	**30**	**17**	**4**	**4**		**16**	**5**	**11**
芗城区									
龙文区									
云霄县									
漳浦县	1	1					1		1
诏安县							2	1	1
长泰县	1	1					9	3	6
东山县							1		1
南靖县									
平和县							1		1
华安县									
龙海市	45	28	17	4	4		2	1	1
南平市	**1**	**1**		**1**		**1**	**30**	**13**	**17**
延平区							3	1	2
建阳区									
顺昌县									
浦城县				1		1	8	4	4
光泽县							14	7	7
松溪县									
政和县									
邵武市							2	1	1
武夷山市							1		1
建瓯市	1	1					2		2
龙岩市	**16**	**11**	**5**	**5**	**1**	**4**	**15**	**10**	**5**
新罗区				4	1	3	2	2	
永定区							6	5	1
长汀县							4	1	3
上杭县							1	1	
武平县									
连城县							1		1
漳平市	16	11	5	1		1	1	1	
宁德市	**11**	**6**	**5**	**5**	**3**	**2**	**47**	**20**	**27**
蕉城区	5	3	2				11	5	6
霞浦县				1	1		14	3	11
古田县	1		1	1		1	1		1
屏南县							4	3	1
寿宁县							1	1	
周宁县									
柘荣县	4	2	2				1		1
福安市							13	7	6
福鼎市	1	1		3	2	1	2	1	1

1-4c 续表 20 单位：人

地区	柯尔克孜族			土族			达斡尔族		
	小计	男	女	小计	男	女	小计	男	女
合计	**15**	**9**	**6**	**266**	**156**	**110**	**14**	**8**	**6**
福州市	**2**	**1**	**1**	**32**	**19**	**13**	**4**	**2**	**2**
鼓楼区									
台江区									
仓山区									
马尾区									
晋安区									
长乐区				9	6	3			
闽侯县				7	4	3	2	1	1
连江县				2	1	1			
罗源县									
闽清县				1		1			
永泰县				1		1			
平潭县	1	1		3	1	2			
福清市	1		1	9	7	2	2	1	1
厦门市	**4**	**2**	**2**	**31**	**19**	**12**	**5**	**4**	**1**
思明区									
海沧区									
湖里区									
集美区				10	6	4			
同安区	1	1		15	10	5	1		1
翔安区	3	1	2	6	3	3	4	4	
莆田市	**2**	**1**	**1**	**8**	**5**	**3**			
城厢区	1		1	3	3				
涵江区									
荔城区				1	1				
秀屿区	1	1		2		2			
仙游县				2	1	1			
三明市				**11**	**5**	**6**	**1**	**1**	
梅列区				2	1	1			
三元区				1	1		1	1	
明溪县				1		1			
清流县				1	1				
宁化县				1	1				
大田县									
尤溪县				2		2			
沙县									
将乐县									
泰宁县				1		1			
建宁县				1	1				
永安市				1		1			
泉州市	**6**	**4**	**2**	**119**	**67**	**52**			
鲤城区									
丰泽区									
洛江区	4	2	2	2		2			
泉港区				7	5	2			
惠安县				15	12	3			
安溪县	1	1		2	1	1			
永春县				3	1	2			
德化县									
石狮市				1	1				
晋江市	1	1		66	27	39			
南安市				23	20	3			

1-4c 续表 21 单位：人

地 区	柯尔克孜族			土 族			达斡尔族		
	小计	男	女	小计	男	女	小计	男	女
漳州市				**19**	**13**	**6**	**1**		**1**
芗城区				2	1	1			
龙文区									
云霄县				1	1				
漳浦县				1	1				
诏安县									
长泰县									
东山县									
南靖县									
平和县				1	1				
华安县				1		1	1		1
龙海市				13	9	4			
南平市				**7**	**5**	**2**	**1**	**1**	
延平区				2	2				
建阳区									
顺昌县									
浦城县				1		1			
光泽县				2	1	1			
松溪县				1	1		1	1	
政和县									
邵武市				1	1				
武夷山市									
建瓯市									
龙岩市	**1**	**1**		**18**	**13**	**5**	**1**		**1**
新罗区				15	13	2			
永定区									
长汀县				1		1			
上杭县	1	1					1		1
武平县				1		1			
连城县				1		1			
漳平市									
宁德市				**21**	**10**	**11**	**1**		**1**
蕉城区				5	5				
霞浦县				1		1			
古田县				1		1			
屏南县				3	2	1			
寿宁县				3	2	1	1		1
周宁县				2		2			
柘荣县									
福安市				1		1			
福鼎市				5	1	4			

1-4c 续表 22

单位：人

地区	仫佬族			羌族			布朗族		
	小计	男	女	小计	男	女	小计	男	女
合计	**412**	**235**	**177**	**107**	**66**	**41**	**185**	**100**	**85**
福州市	**55**	**25**	**30**	**43**	**27**	**16**	**66**	**36**	**30**
鼓楼区									
台江区									
仓山区									
马尾区									
晋安区									
长乐区	20	12	8	7	4	3	5	3	2
闽侯县	12	4	8	17	11	6	49	29	20
连江县	7	2	5	7	4	3			
罗源县	3	2	1	1	1		3	1	2
闽清县	3	2	1	2	1	1	3	1	2
永泰县	1		1	1	1		2	1	1
平潭县	1		1						
福清市	8	3	5	8	5	3	4	1	3
厦门市	**66**	**39**	**27**	**14**	**10**	**4**	**11**	**8**	**3**
思明区									
海沧区	3	2	1	1		1	1	1	
湖里区									
集美区	9	3	6	2	1	1	2	1	1
同安区	33	22	11	2	1	1	3	3	
翔安区	21	12	9	9	8	1	5	3	2
莆田市	**25**	**12**	**13**	**3**	**1**	**2**	**9**	**5**	**4**
城厢区	7	4	3						
涵江区	3	1	2	1		1	4	3	1
荔城区	8	4	4	1	1				
秀屿区	2	2					2	2	
仙游县	5	1	4	1		1	3		3
三明市	**11**	**8**	**3**	**1**	**1**		**1**	**1**	
梅列区									
三元区									
明溪县	2	1	1						
清流县									
宁化县									
大田县	5	5					1	1	
尤溪县	1		1						
沙县	1		1						
将乐县	1	1		1	1				
泰宁县									
建宁县									
永安市	1	1							
泉州市	**152**	**93**	**59**	**23**	**12**	**11**	**37**	**15**	**22**
鲤城区									
丰泽区									
洛江区	3	2	1	1	1				
泉港区	11	9	2	2		2	1	1	
惠安县	24	20	4	4	3	1	4	2	2
安溪县	8	2	6	1		1			
永春县	3	2	1				2		2
德化县	1	1		1	1				
石狮市	4	2	2				4	1	3
晋江市	77	46	31	7	2	5	22	9	13
南安市	21	9	12	7	5	2	4	2	2

1-4c 续表 23

单位：人

地 区	仫佬族			羌 族			布朗族		
	小计	男	女	小计	男	女	小计	男	女
漳州市	**42**	**26**	**16**	**10**	**8**	**2**	**15**	**8**	**7**
芗城区	2	1	1						
龙文区									
云霄县	2	2		3	2	1	3	2	1
漳浦县	11	6	5	1	1				
诏安县									
长泰县	7	3	4				6	5	1
东山县	2	1	1						
南靖县	2	2		4	4		3		3
平和县	10	7	3	1		1	1		1
华安县	3	1	2				1		1
龙海市	3	3		1	1		1	1	
南平市	**16**	**9**	**7**	**3**	**1**	**2**	**32**	**20**	**12**
延平区	1	1							
建阳区	2	1	1						
顺昌县	1		1	1	1				
浦城县	4	2	2				1		1
光泽县	4	3	1	1		1	28	20	8
松溪县									
政和县	2		2				1		1
邵武市				1		1	1		1
武夷山市									
建瓯市	2	2					1		1
龙岩市	**23**	**12**	**11**	**8**	**5**	**3**	**4**	**2**	**2**
新罗区	9	5	4	4	3	1			
永定区	4	1	3						
长汀县	2	1	1	1		1			
上杭县	2	2		1	1				
武平县	1	1							
连城县	1		1						
漳平市	4	2	2	2	1	1	4	2	2
宁德市	**22**	**11**	**11**	**2**	**1**	**1**	**10**	**5**	**5**
蕉城区	5	3	2	1	1		6	3	3
霞浦县	9	4	5						
古田县									
屏南县							1	1	
寿宁县	1		1				1		1
周宁县	1		1	1		1	1		1
柘荣县	2	2							
福安市	2	1	1						
福鼎市	2	1	1				1	1	

1-4c 续表 24

单位：人

地区	撒拉族			毛南族			仡佬族		
	小计	男	女	小计	男	女	小计	男	女
合计	**31**	**18**	**13**	**181**	**99**	**82**	**1773**	**1098**	**675**
福州市	**2**	**1**	**1**	**42**	**22**	**20**	**502**	**304**	**198**
鼓楼区									
台江区									
仓山区									
马尾区							4	1	3
晋安区				1	1		8	7	1
长乐区	1	1		4	4		150	94	56
闽侯县				7	6	1	93	57	36
连江县				6	1	5	50	32	18
罗源县				1		1	9	8	1
闽清县				15	8	7	22	11	11
永泰县				2	1	1	11	7	4
平潭县				2	1	1	24	15	9
福清市	1		1	4		4	131	72	59
厦门市	**7**	**4**	**3**	**30**	**19**	**11**	**285**	**182**	**103**
思明区									
海沧区				1		1	8	6	2
湖里区									
集美区	5	2	3	12	9	3	46	28	18
同安区	2	2		11	6	5	109	60	49
翔安区				6	4	2	122	88	34
莆田市	**1**	**1**		**7**	**1**	**6**	**88**	**51**	**37**
城厢区				2		2	10	4	6
涵江区				3	1	2	15	8	7
荔城区				2		2	28	15	13
秀屿区	1	1					21	13	8
仙游县							14	11	3
三明市				**15**	**13**	**2**	**48**	**29**	**19**
梅列区							8	6	2
三元区							1	1	
明溪县							3	1	2
清流县							3	3	
宁化县							3	1	2
大田县				3	3		10	6	4
尤溪县				1		1	7	3	4
沙县							1	1	
将乐县				1		1	6	3	3
泰宁县									
建宁县							2	1	1
永安市				10	10		4	3	1
泉州市	**7**	**5**	**2**	**44**	**22**	**22**	**476**	**296**	**180**
鲤城区									
丰泽区									
洛江区				2		2	26	12	14
泉港区				2	2		18	12	6
惠安县				18	12	6	63	40	23
安溪县				3	2	1	18	9	9
永春县	1	1		1		1	7	6	1
德化县							14	11	3
石狮市							31	19	12
晋江市	6	4	2	14	5	9	222	130	92
南安市				4	1	3	77	57	20

1-4c　续表 25　　　　单位：人

地　区	撒拉族			毛南族			仡佬族		
	小计	男	女	小计	男	女	小计	男	女
漳州市	**3**	**2**	**1**	**14**	**11**	**3**	**112**	**81**	**31**
芗城区							8	5	3
龙文区				1	1		3	1	2
云霄县				1	1		13	8	5
漳浦县				1	1		11	6	5
诏安县				1		1	3	1	2
长泰县				2	1	1	4	4	
东山县				3	3		1	1	
南靖县				3	3		12	11	1
平和县							16	14	2
华安县							11	9	2
龙海市	3	2	1	2	1	1	30	21	9
南平市	**2**	**1**	**1**	**10**	**2**	**8**	**64**	**30**	**34**
延平区				1	1		14	9	5
建阳区				3		3	8	5	3
顺昌县							6	3	3
浦城县				1		1	18	7	11
光泽县				1	1		9	4	5
松溪县	1	1		1		1			
政和县				1		1	1		1
邵武市							2	1	1
武夷山市				2		2	4	1	3
建瓯市	1		1				2		2
龙岩市	**2**	**1**	**1**	**5**	**2**	**3**	**73**	**46**	**27**
新罗区				1	1		29	18	11
永定区							4	4	
长汀县							1		1
上杭县	2	1	1	1		1	7	6	1
武平县				1		1	6	4	2
连城县				1		1	9	4	5
漳平市				1	1		17	10	7
宁德市	**7**	**3**	**4**	**14**	**7**	**7**	**125**	**79**	**46**
蕉城区				3	2	1	25	17	8
霞浦县	3	2	1	4	4		16	13	3
古田县	3	1	2	2		2	5	5	
屏南县							13	6	7
寿宁县							11	5	6
周宁县	1		1				4	2	2
柘荣县							8	7	1
福安市							9	6	3
福鼎市				5	1	4	34	18	16

1-4c 续表 26 单位：人

地区	锡伯族			阿昌族			普米族		
	小计	男	女	小计	男	女	小计	男	女
合计	**18**	**7**	**11**	**181**	**111**	**70**	**36**	**26**	**10**
福州市	**8**	**2**	**6**	**134**	**87**	**47**	**3**	**3**	
鼓楼区									
台江区									
仓山区									
马尾区				1	1				
晋安区				1	1				
长乐区	3	1	2	117	74	43			
闽侯县	1		1	8	7	1			
连江县				4	3	1			
罗源县	1	1		2	1	1			
闽清县									
永泰县									
平潭县									
福清市	3		3	1		1	3	3	
厦门市	**3**	**1**	**2**	**7**	**4**	**3**	**2**	**2**	
思明区									
海沧区									
湖里区									
集美区	1	1					1	1	
同安区				5	3	2	1	1	
翔安区	2		2	2	1	1			
莆田市									
城厢区									
涵江区									
荔城区									
秀屿区									
仙游县									
三明市				**6**	**1**	**5**			
梅列区									
三元区									
明溪县									
清流县									
宁化县				1	1				
大田县									
尤溪县				5		5			
沙县									
将乐县									
泰宁县									
建宁县									
永安市									
泉州市	**3**	**3**		**13**	**9**	**4**	**30**	**20**	**10**
鲤城区									
丰泽区									
洛江区									
泉港区				2		2	1		1
惠安县	2	2		1	1				
安溪县									
永春县									
德化县									
石狮市									
晋江市	1	1		8	6	2	25	18	7
南安市				2	2		4	2	2

1-4c　续表 27　　　　单位：人

地　区	锡伯族			阿昌族			普米族		
	小计	男	女	小计	男	女	小计	男	女
漳州市	**3**	**1**	**2**	**15**	**8**	**7**	**1**	**1**	
芗城区									
龙文区									
云霄县									
漳浦县				1		1			
诏安县	1		1						
长泰县				1		1			
东山县	1	1		1	1				
南靖县									
平和县									
华安县				5	2	3			
龙海市	1		1	7	5	2	1	1	
南平市				**3**	**1**	**2**			
延平区				1		1			
建阳区									
顺昌县									
浦城县				1		1			
光泽县									
松溪县									
政和县									
邵武市									
武夷山市				1	1				
建瓯市									
龙岩市				**1**		**1**			
新罗区				1		1			
永定区									
长汀县									
上杭县									
武平县									
连城县									
漳平市									
宁德市	**1**		**1**	**2**	**1**	**1**			
蕉城区									
霞浦县				1		1			
古田县									
屏南县									
寿宁县									
周宁县									
柘荣县									
福安市	1		1	1	1				
福鼎市									

1-4c 续表 28

单位：人

地 区	塔吉克族			怒 族			乌孜别克族		
	小计	男	女	小计	男	女	小计	男	女
合 计	**3**	**1**	**2**	**15**	**7**	**8**	**1**	**1**	
福州市				**3**	**1**	**2**			
鼓楼区									
台江区									
仓山区									
马尾区									
晋安区									
长乐区				3	1	2			
闽侯县									
连江县									
罗源县									
闽清县									
永泰县									
平潭县									
福清市									
厦门市	**1**	**1**							
思明区									
海沧区									
湖里区									
集美区									
同安区									
翔安区	1	1							
莆田市				**2**	**2**				
城厢区									
涵江区									
荔城区				1	1				
秀屿区									
仙游县				1	1				
三明市									
梅列区									
三元区									
明溪县									
清流县									
宁化县									
大田县									
尤溪县									
沙县									
将乐县									
泰宁县									
建宁县									
永安市									
泉州市	**2**		**2**	**3**	**1**	**2**			
鲤城区									
丰泽区									
洛江区									
泉港区									
惠安县				2		2			
安溪县									
永春县									
德化县									
石狮市	1		1						
晋江市	1		1	1	1				
南安市									

1-4c 续表 29

单位：人

地 区	塔吉克族			怒 族			乌孜别克族		
	小计	男	女	小计	男	女	小计	男	女
漳州市				**4**	**2**	**2**			
芗城区									
龙文区									
云霄县									
漳浦县									
诏安县									
长泰县				2	1	1			
东山县									
南靖县									
平和县									
华安县									
龙海市				2	1	1			
南平市							**1**	**1**	
延平区							1	1	
建阳区									
顺昌县									
浦城县									
光泽县									
松溪县									
政和县									
邵武市									
武夷山市									
建瓯市									
龙岩市									
新罗区									
永定区									
长汀县									
上杭县									
武平县									
连城县									
漳平市									
宁德市				**3**	**1**	**2**			
蕉城区									
霞浦县									
古田县									
屏南县									
寿宁县									
周宁县									
柘荣县									
福安市									
福鼎市				3	1	2			

1-4c 续表 30 单位：人

地　区	俄罗斯族			鄂温克族			德 昂 族		
	小计	男	女	小计	男	女	小计	男	女
合　计	**7**	**3**	**4**	**7**	**3**	**4**	**30**	**14**	**16**
福州市	**1**		**1**				**8**	**2**	**6**
鼓楼区									
台江区									
仓山区									
马尾区									
晋安区									
长乐区									
闽侯县							1	1	
连江县							6	1	5
罗源县									
闽清县									
永泰县							1		1
平潭县	1		1						
福清市									
厦门市	**2**		**2**				**2**	**1**	**1**
思明区									
海沧区							1	1	
湖里区									
集美区							1		1
同安区	1		1						
翔安区	1		1						
莆田市							**2**	**1**	**1**
城厢区									
涵江区									
荔城区							1		1
秀屿区									
仙游县							1	1	
三明市	**1**	**1**							
梅列区									
三元区									
明溪县									
清流县	1	1							
宁化县									
大田县									
尤溪县									
沙县									
将乐县									
泰宁县									
建宁县									
永安市									
泉州市				**6**	**2**	**4**	**13**	**7**	**6**
鲤城区									
丰泽区									
洛江区				2	1	1	1	1	
泉港区									
惠安县							1		1
安溪县									
永春县									
德化县									
石狮市				1		1	1	1	
晋江市				3	1	2	7	5	2
南安市							3		3

1-4c　续表 31　　单位：人

地　区	俄罗斯族			鄂温克族			德 昂 族		
	小计	男	女	小计	男	女	小计	男	女
漳州市	**1**		**1**	**1**	**1**		**1**	**1**	
芗城区									
龙文区									
云霄县							1	1	
漳浦县									
诏安县									
长泰县									
东山县									
南靖县									
平和县									
华安县									
龙海市	1		1	1	1				
南平市	**1**	**1**					**2**	**2**	
延平区									
建阳区									
顺昌县									
浦城县									
光泽县							2	2	
松溪县									
政和县									
邵武市									
武夷山市	1	1							
建瓯市									
龙岩市									
新罗区									
永定区									
长汀县									
上杭县									
武平县									
连城县									
漳平市									
宁德市	**1**	**1**					**2**		**2**
蕉城区									
霞浦县	1	1					1		1
古田县									
屏南县									
寿宁县									
周宁县							1		1
柘荣县									
福安市									
福鼎市									

1－4c 续表 32

单位：人

地区	保安族			裕固族			京族		
	小计	男	女	小计	男	女	小计	男	女
合计	**10**	**5**	**5**				**57**	**13**	**44**
福州市							**4**	**1**	**3**
鼓楼区									
台江区									
仓山区									
马尾区									
晋安区									
长乐区							1		1
闽侯县							1	1	
连江县							1		1
罗源县									
闽清县									
永泰县									
平潭县									
福清市							1		1
厦门市	**1**		**1**				**4**	**4**	
思明区									
海沧区									
湖里区									
集美区							1	1	
同安区							2	2	
翔安区	1		1				1	1	
莆田市							**1**		**1**
城厢区									
涵江区									
荔城区									
秀屿区									
仙游县							1		1
三明市							**2**	**1**	**1**
梅列区									
三元区									
明溪县									
清流县									
宁化县									
大田县							1		1
尤溪县									
沙县									
将乐县									
泰宁县									
建宁县									
永安市							1	1	
泉州市	**4**	**2**	**2**				**14**	**3**	**11**
鲤城区									
丰泽区									
洛江区							1		1
泉港区									
惠安县							2	1	1
安溪县							2	1	1
永春县							1		1
德化县							1		1
石狮市	4	2	2						
晋江市							4	1	3
南安市							3		3

1-4c　续表 33　　　　单位：人

地　区	保安族			裕固族			京　族		
	小计	男	女	小计	男	女	小计	男	女
漳州市	**5**	**3**	**2**				**9**	**1**	**8**
芗城区									
龙文区									
云霄县							1		1
漳浦县							2		2
诏安县									
长泰县							1		1
东山县									
南靖县									
平和县									
华安县							1	1	
龙海市	5	3	2				4		4
南平市							**10**	**1**	**9**
延平区									
建阳区							2		2
顺昌县									
浦城县									
光泽县									
松溪县									
政和县							1		1
邵武市									
武夷山市							5	1	4
建瓯市							2		2
龙岩市							**6**	**1**	**5**
新罗区							1	1	
永定区							3		3
长汀县									
上杭县									
武平县									
连城县							2		2
漳平市									
宁德市							**7**	**1**	**6**
蕉城区							1		1
霞浦县							3	1	2
古田县							2		2
屏南县									
寿宁县									
周宁县									
柘荣县									
福安市							1		1
福鼎市									

1-4c 续表 34　　　　单位：人

地 区	塔塔尔族			独 龙 族			鄂伦春族		
	小计	男	女	小计	男	女	小计	男	女
合 计				**3**	**2**	**1**	**1**	**1**	
福州市									
鼓楼区									
台江区									
仓山区									
马尾区									
晋安区									
长乐区									
闽侯县									
连江县									
罗源县									
闽清县									
永泰县									
平潭县									
福清市									
厦门市									
思明区									
海沧区									
湖里区									
集美区									
同安区									
翔安区									
莆田市									
城厢区									
涵江区									
荔城区									
秀屿区									
仙游县									
三明市									
梅列区									
三元区									
明溪县									
清流县									
宁化县									
大田县									
尤溪县									
沙县									
将乐县									
泰宁县									
建宁县									
永安市									
泉州市				**1**		**1**	**1**	**1**	
鲤城区									
丰泽区									
洛江区									
泉港区									
惠安县									
安溪县									
永春县				1		1			
德化县									
石狮市									
晋江市							1	1	
南安市									

1-4c　续表 35　　　　单位：人

地　区	塔塔尔族			独龙族			鄂伦春族		
	小计	男	女	小计	男	女	小计	男	女
漳州市				**2**	**2**				
芗城区									
龙文区									
云霄县									
漳浦县									
诏安县									
长泰县									
东山县									
南靖县									
平和县									
华安县									
龙海市				2	2				
南平市									
延平区									
建阳区									
顺昌县									
浦城县									
光泽县									
松溪县									
政和县									
邵武市									
武夷山市									
建瓯市									
龙岩市									
新罗区									
永定区									
长汀县									
上杭县									
武平县									
连城县									
漳平市									
宁德市									
蕉城区									
霞浦县									
古田县									
屏南县									
寿宁县									
周宁县									
柘荣县									
福安市									
福鼎市									

1-4c 续表 36

单位：人

地区	赫哲族			门巴族			珞巴族		
	小计	男	女	小计	男	女	小计	男	女
合计	**3**	**1**	**2**	**2**		**2**	**1**		**1**
福州市	**1**		**1**						
鼓楼区									
台江区									
仓山区									
马尾区									
晋安区									
长乐区	1		1						
闽侯县									
连江县									
罗源县									
闽清县									
永泰县									
平潭县									
福清市									
厦门市									
思明区									
海沧区									
湖里区									
集美区									
同安区									
翔安区									
莆田市				**2**		**2**			
城厢区									
涵江区				1		1			
荔城区				1		1			
秀屿区									
仙游县									
三明市	**1**	**1**							
梅列区									
三元区									
明溪县	1	1							
清流县									
宁化县									
大田县									
尤溪县									
沙县									
将乐县									
泰宁县									
建宁县									
永安市									
泉州市	**1**		**1**				**1**		**1**
鲤城区									
丰泽区									
洛江区									
泉港区									
惠安县	1		1						
安溪县									
永春县									
德化县									
石狮市									
晋江市									
南安市							1		1

1-4c 续表 37 单位：人

地 区	赫 哲 族			门 巴 族			珞 巴 族		
	小计	男	女	小计	男	女	小计	男	女
漳州市									
芗城区									
龙文区									
云霄县									
漳浦县									
诏安县									
长泰县									
东山县									
南靖县									
平和县									
华安县									
龙海市									
南平市									
延平区									
建阳区									
顺昌县									
浦城县									
光泽县									
松溪县									
政和县									
邵武市									
武夷山市									
建瓯市									
龙岩市									
新罗区									
永定区									
长汀县									
上杭县									
武平县									
连城县									
漳平市									
宁德市									
蕉城区									
霞浦县									
古田县									
屏南县									
寿宁县									
周宁县									
柘荣县									
福安市									
福鼎市									

1－4c 续表 38 单位：人

地区	基诺族			未定族称人口			入籍		
	小计	男	女	小计	男	女	小计	男	女
合计	**7**	**2**	**5**	**2355**	**1368**	**987**	**216**	**44**	**172**
福州市	**1**		**1**	**286**	**189**	**97**	**21**	**8**	**13**
鼓楼区									
台江区									
仓山区									
马尾区				3	2	1			
晋安区				7	4	3			
长乐区				55	35	20	4	1	3
闽侯县				68	48	20	6	2	4
连江县	1		1	22	15	7			
罗源县				4	1	3			
闽清县				49	31	18	3		3
永泰县				6	3	3	1	1	
平潭县				9	6	3	1		1
福清市				63	44	19	6	4	2
厦门市	**4**	**2**	**2**	**201**	**118**	**83**	**3**	**2**	**1**
思明区									
海沧区				2	1	1			
湖里区									
集美区				24	10	14			
同安区				128	75	53	2	2	
翔安区	4	2	2	47	32	15	1		1
莆田市				**162**	**93**	**69**	**6**		**6**
城厢区				32	19	13			
涵江区				39	28	11	1		1
荔城区				33	17	16	3		3
秀屿区				15	9	6	2		2
仙游县				43	20	23			
三明市				**45**	**21**	**24**	**13**		**13**
梅列区									
三元区				2	1	1	1		1
明溪县				1		1			
清流县				1	1		1		1
宁化县				4	1	3	2		2
大田县				6	4	2	1		1
尤溪县				5	2	3	4		4
沙县				1		1	2		2
将乐县				5	2	3			
泰宁县				3	1	2			
建宁县									
永安市				17	9	8	2		2
泉州市	**1**		**1**	**1326**	**787**	**539**	**42**	**12**	**30**
鲤城区									
丰泽区									
洛江区				12	6	6	1		1
泉港区				18	11	7	1	1	
惠安县				173	114	59	1	1	
安溪县	1		1	31	16	15	7	1	6
永春县				8	5	3	5		5
德化县				4	2	2	1		1
石狮市				59	36	23	4	1	3
晋江市				965	567	398	12	6	6
南安市				56	30	26	10	2	8

1-4c 续表 39

单位：人

地　区	基诺族			未定族称人口			入　籍		
	小计	男	女	小计	男	女	小计	男	女
漳州市				**139**	**64**	**75**	**26**	**3**	**23**
芗城区				10	6	4			
龙文区				5	5				
云霄县				12	5	7	2		2
漳浦县				17	7	10	2		2
诏安县				16	4	12	5		5
长泰县				12	4	8	3	1	2
东山县				9	5	4	3		3
南靖县				7	4	3	4		4
平和县				9	4	5	4		4
华安县				5	3	2	2	2	
龙海市				37	17	20	1		1
南平市				**75**	**30**	**45**	**41**	**4**	**37**
延平区				14	4	10	3		3
建阳区				12	7	5	2		2
顺昌县				9	4	5	1		1
浦城县				3	1	2	8		8
光泽县				16	9	7			
松溪县				2	1	1	2		2
政和县				9	2	7	14	4	10
邵武市				2		2			
武夷山市				3	2	1	2		2
建瓯市				5		5	9		9
龙岩市	**1**		**1**	**30**	**17**	**13**	**25**	**12**	**13**
新罗区				8	5	3	2		2
永定区				2	1	1	2	1	1
长汀县	1		1	3	2	1			
上杭县				11	7	4	18	11	7
武平县				2	1	1	1		1
连城县							1		1
漳平市				4	1	3	1		1
宁德市				**91**	**49**	**42**	**39**	**3**	**36**
蕉城区				22	15	7	9		9
霞浦县				6	4	2	7		7
古田县				15	11	4	1		1
屏南县				6	3	3	5		5
寿宁县				10	4	6	7	1	6
周宁县				6	1	5	1	1	
柘荣县									
福安市				12	4	8	7	1	6
福鼎市				14	7	7	2		2

1-5 各地区分年龄、性别的人口

单位：人

地 区	合 计			0岁		
	合计	男	女	小计	男	女
合 计	**41540086**	**21466757**	**20073329**	**380993**	**206764**	**174229**
福州市	**8291268**	**4251512**	**4039756**	**67734**	**36337**	**31397**
鼓楼区	669090	328155	340935	4775	2544	2231
台江区	411819	204299	207520	3344	1824	1520
仓山区	1142991	592944	550047	10017	5352	4665
马尾区	290554	150263	140291	1960	1079	881
晋安区	789775	403170	386605	6393	3348	3045
长乐区	790262	409803	380459	6126	3300	2826
闽侯县	988200	513754	474446	8140	4358	3782
连江县	639498	328276	311222	4489	2418	2071
罗源县	255214	135496	119718	2168	1147	1021
闽清县	256181	131568	124613	2217	1194	1023
永泰县	281216	144590	136626	2531	1366	1165
平潭县	385981	195302	190679	3810	2098	1712
福清市	1390487	713892	676595	11764	6309	5455
厦门市	**5163970**	**2720497**	**2443473**	**49330**	**26381**	**22949**
思明区	1073315	523240	550075	9420	4975	4445
海沧区	582519	315979	266540	6028	3198	2830
湖里区	1036974	545047	491927	9480	5055	4425
集美区	1036987	557038	479949	10213	5467	4746
同安区	855920	462651	393269	8321	4479	3842
翔安区	578255	316542	261713	5868	3207	2661
莆田市	**3210714**	**1620777**	**1589937**	**28301**	**15486**	**12815**
城厢区	547422	277887	269535	4963	2672	2291
涵江区	479605	243475	236130	3755	2025	1730
荔城区	673935	340180	333755	5635	3115	2520
秀屿区	604684	303003	301681	4943	2723	2220
仙游县	905068	456232	448836	9005	4951	4054
三明市	**2486450**	**1283874**	**1202576**	**22540**	**12397**	**10143**
梅列区	220115	109761	110354	1922	1062	860
三元区	187936	96845	91091	1313	705	608
明溪县	98930	51447	47483	821	444	377
清流县	118029	61084	56945	1090	568	522
宁化县	261579	132651	128928	2513	1410	1103
大田县	299513	159135	140378	3169	1795	1374
尤溪县	341638	179197	162441	3786	2138	1648
沙县	250503	128361	122142	2175	1185	990
将乐县	144943	74044	70899	1264	657	607
泰宁县	104071	52576	51495	925	513	412
建宁县	114400	58209	56191	917	484	433
永安市	344793	180564	164229	2645	1436	1209
泉州市	**8782285**	**4586453**	**4195832**	**85068**	**47305**	**37763**
鲤城区	428361	219944	208417	3731	2055	1676
丰泽区	698557	358704	339853	6257	3393	2864
洛江区	247172	127393	119779	2385	1337	1048
泉港区	354296	178651	175645	4327	2431	1896
惠安县	1030626	516724	513902	12251	6873	5378
安溪县	1003599	530093	473506	9601	5480	4121
永春县	422531	216869	205662	3698	2096	1602
德化县	332148	175769	156379	3578	2036	1542
石狮市	685930	366614	319316	5873	3233	2640
晋江市	2061551	1100438	961113	18394	9967	8427
南安市	1517514	795254	722260	14973	8404	6569

1-5 续表 1

单位：人

地区	合计			0岁		
	合计	男	女	小计	男	女
漳州市	**5054328**	**2599071**	**2455257**	**48089**	**25906**	**22183**
芗城区	638060	318021	320039	4781	2531	2250
龙文区	301883	156280	145603	3451	1804	1647
云霄县	411558	214150	197408	4065	2256	1809
漳浦县	847535	436642	410893	9322	5109	4213
诏安县	560969	287850	273119	5980	3158	2822
长泰县	228235	119651	108584	1992	1054	938
东山县	219511	111089	108422	2089	1108	981
南靖县	305259	156089	149170	2354	1227	1127
平和县	455042	237722	217320	4278	2366	1912
华安县	134276	70304	63972	1007	515	492
龙海市	952000	491273	460727	8770	4778	3992
南平市	**2680645**	**1366952**	**1313693**	**20904**	**11028**	**9876**
延平区	454605	229144	225461	3237	1701	1536
建阳区	340843	175674	165169	2665	1409	1256
顺昌县	179064	91365	87699	1314	681	633
浦城县	297719	150898	146821	1922	1021	901
光泽县	130294	66896	63398	1002	546	456
松溪县	130867	66913	63954	1203	640	563
政和县	179413	93725	85688	1964	1056	908
邵武市	273721	138836	134885	2080	1100	980
武夷山市	259668	132257	127411	2246	1150	1096
建瓯市	434451	221244	213207	3271	1724	1547
龙岩市	**2723637**	**1395820**	**1327817**	**27245**	**14904**	**12341**
新罗区	841745	431890	409855	8252	4396	3856
永定区	325880	168486	157394	2763	1516	1247
长汀县	397470	202261	195209	4161	2320	1841
上杭县	376392	191167	185225	3877	2168	1709
武平县	278238	140080	138158	3133	1705	1428
连城县	250518	129186	121332	2919	1637	1282
漳平市	253394	132750	120644	2140	1162	978
宁德市	**3146789**	**1641801**	**1504988**	**31782**	**17020**	**14762**
蕉城区	623840	329804	294036	6994	3676	3318
霞浦县	475936	248686	227250	4400	2435	1965
古田县	323771	166699	157072	2928	1544	1384
屏南县	139815	72977	66838	1344	704	640
寿宁县	177960	93356	84604	1954	1019	935
周宁县	149567	78889	70678	1423	761	662
柘荣县	92989	47787	45202	949	527	422
福安市	609779	319474	290305	6139	3373	2766
福鼎市	553132	284129	269003	5651	2981	2670

1-5 续表 2

单位：人

地区	1-4岁			5-9岁			10-14岁		
	小计	男	女	小计	男	女	小计	男	女
合计	**2168351**	**1173993**	**994358**	**2993870**	**1627920**	**1365950**	**2482011**	**1342664**	**1139347**
福州市	**371246**	**198778**	**172468**	**524954**	**279850**	**245104**	**452048**	**241210**	**210838**
鼓楼区	28084	14981	13103	40239	21507	18732	32753	17350	15403
台江区	17016	9097	7919	22391	11997	10394	18977	10147	8830
仓山区	55689	29668	26021	70897	37765	33132	54801	29078	25723
马尾区	10614	5700	4914	14224	7566	6658	12380	6612	5768
晋安区	35226	18869	16357	46740	24875	21865	40567	21551	19016
长乐区	31835	17357	14478	48003	25915	22088	43681	23926	19755
闽侯县	43374	23206	20168	54813	29394	25419	44105	23610	20495
连江县	25769	13964	11805	42777	23129	19648	40884	22275	18609
罗源县	12318	6476	5842	18603	9887	8716	14081	7454	6627
闽清县	12329	6644	5685	17487	9238	8249	16151	8540	7611
永泰县	13628	7353	6275	19562	10576	8986	17941	9692	8249
平潭县	20139	10643	9496	28121	14764	13357	24633	12990	11643
福清市	65225	34820	30405	101097	53237	47860	91094	47985	43109
厦门市	**273161**	**147804**	**125357**	**326650**	**178618**	**148032**	**237141**	**129405**	**107736**
思明区	53345	28781	24564	66992	36260	30732	52851	28618	24233
海沧区	33622	17873	15749	39499	21401	18098	26475	14272	12203
湖里区	49553	26828	22725	56715	31278	25437	44744	24737	20007
集美区	55676	29963	25713	63097	34504	28593	45416	25015	20401
同安区	48768	26778	21990	61746	34031	27715	44193	24242	19951
翔安区	32197	17581	14616	38601	21144	17457	23462	12521	10941
莆田市	**161684**	**87733**	**73951**	**251257**	**134160**	**117097**	**224402**	**120832**	**103570**
城厢区	29581	16134	13447	40138	21605	18533	34413	18696	15717
涵江区	22069	11697	10372	28746	14996	13750	25271	13346	11925
荔城区	36515	19802	16713	54861	29362	25499	45726	24609	21117
秀屿区	27475	15209	12266	55901	30160	25741	54301	29439	24862
仙游县	46044	24891	21153	71611	38037	33574	64691	34742	29949
三明市	**131739**	**71632**	**60107**	**195341**	**106178**	**89163**	**163267**	**89404**	**73863**
梅列区	11924	6443	5481	15111	8198	6913	12282	6447	5835
三元区	8158	4338	3820	11790	6396	5394	10156	5536	4620
明溪县	4945	2591	2354	6099	3185	2914	5037	2626	2411
清流县	6130	3331	2799	9084	4946	4138	8504	4716	3788
宁化县	14092	7661	6431	20762	11208	9554	19334	10702	8632
大田县	18203	10126	8077	33128	18911	14217	23168	13512	9656
尤溪县	21149	11759	9390	28367	15258	13109	19079	10719	8360
沙县	12455	6693	5762	19491	10419	9072	20169	10776	9393
将乐县	7594	4128	3466	11030	5957	5073	10959	5948	5011
泰宁县	6105	3293	2812	8131	4325	3806	6763	3682	3081
建宁县	5289	2798	2491	7912	4255	3657	7611	4140	3471
永安市	15695	8471	7224	24436	13120	11316	20205	10600	9605
泉州市	**490277**	**273681**	**216596**	**678595**	**387047**	**291548**	**556891**	**312032**	**244859**
鲤城区	22683	12604	10079	31134	17557	13577	24666	13620	11046
丰泽区	37219	20724	16495	42843	24038	18805	34485	18972	15513
洛江区	15050	8541	6509	18964	10704	8260	13445	7323	6122
泉港区	22715	12495	10220	31341	17079	14262	23911	12648	11263
惠安县	69989	39364	30625	82631	47034	35597	60190	32275	27915
安溪县	53623	30203	23420	92053	53327	38726	98095	57509	40586
永春县	22108	12289	9819	33269	19121	14148	30322	17037	13285
德化县	22559	12670	9889	29562	17159	12403	19600	10962	8638
石狮市	33874	18877	14997	46671	26643	20028	38820	21937	16883
晋江市	101739	56176	45563	142245	80617	61628	115494	64837	50657
南安市	88718	49738	38980	127882	73768	54114	97863	54912	42951

1-5　续表 3

单位：人

地　　区	1-4岁			5-9岁			10-14岁		
	小计	男	女	小计	男	女	小计	男	女
漳州市	**286494**	**152807**	**133687**	**367315**	**196583**	**170732**	**302204**	**160642**	**141562**
芗城区	29564	15517	14047	37897	20058	17839	33440	17617	15823
龙文区	20627	11148	9479	24254	12875	11379	17216	8999	8217
云霄县	22759	12193	10566	28585	15773	12812	25635	14203	11432
漳浦县	57416	30907	26509	67038	36664	30374	51710	28244	23466
诏安县	34297	18260	16037	49631	26484	23147	42495	22625	19870
长泰县	13051	6831	6220	16019	8554	7465	11849	6210	5639
东山县	11957	6260	5697	14461	7430	7031	11704	6050	5654
南靖县	14545	7679	6866	18343	9669	8674	16247	8421	7826
平和县	23936	12893	11043	33444	17801	15643	30454	16335	14119
华安县	6409	3376	3033	9123	4869	4254	8197	4196	4001
龙海市	51933	27743	24190	68520	36406	32114	53257	27742	25515
南平市	**117864**	**61580**	**56284**	**166697**	**86661**	**80036**	**179059**	**93294**	**85765**
延平区	19046	9969	9077	26454	13787	12667	27931	14759	13172
建阳区	15542	8115	7427	22789	11739	11050	21894	11395	10499
顺昌县	7103	3731	3372	9368	4824	4544	9637	4931	4706
浦城县	10109	5209	4900	16536	8446	8090	22655	11597	11058
光泽县	5614	2936	2678	7708	4083	3625	8868	4724	4144
松溪县	6310	3261	3049	9795	5096	4699	9272	4847	4425
政和县	9725	5083	4642	14142	7460	6682	14152	7547	6605
邵武市	12036	6200	5836	16060	8369	7691	15964	8367	7597
武夷山市	13347	7056	6291	15581	8034	7547	15896	8253	7643
建瓯市	19032	10020	9012	28264	14823	13441	32790	16874	15916
龙岩市	**169495**	**92339**	**77156**	**237214**	**129772**	**107442**	**161518**	**88816**	**72702**
新罗区	53056	28829	24227	66699	36244	30455	43908	23422	20486
永定区	17796	9772	8024	30604	16761	13843	22383	12201	10182
长汀县	25616	14086	11530	40531	22532	17999	27841	16243	11598
上杭县	23978	13118	10860	32930	17919	15011	21529	11688	9841
武平县	18764	10160	8604	23297	12538	10759	16529	9093	7436
连城县	16838	9184	7654	21540	12135	9405	14215	8074	6141
漳平市	13447	7190	6257	21613	11643	9970	15113	8095	7018
宁德市	**166391**	**87639**	**78752**	**245847**	**129051**	**116796**	**205481**	**107029**	**98452**
蕉城区	33885	17641	16244	49308	25747	23561	37863	19323	18540
霞浦县	25223	13301	11922	40854	21339	19515	31930	16632	15298
古田县	16349	8510	7839	21988	11424	10564	17567	9039	8528
屏南县	7594	3916	3678	10201	5367	4834	9254	4821	4433
寿宁县	9359	4929	4430	12521	6582	5939	12662	6735	5927
周宁县	7221	3907	3314	11922	6311	5611	10693	5641	5052
柘荣县	5182	2756	2426	7768	4028	3740	6615	3339	3276
福安市	30724	16321	14403	47879	25464	22415	45001	24008	20993
福鼎市	30854	16358	14496	43406	22789	20617	33896	17491	16405

1-5 续表 4 单位：人

地区	15-19岁			20-24岁			25-29岁		
	小计	男	女	小计	男	女	小计	男	女
合计	**2012096**	**1081131**	**930965**	**2039363**	**1098046**	**941317**	**2863711**	**1528514**	**1335197**
福州市	**459883**	**246218**	**213665**	**523044**	**276560**	**246484**	**599962**	**316777**	**283185**
鼓楼区	35602	18878	16724	45894	23367	22527	47163	23163	24000
台江区	14616	7868	6748	25637	12640	12997	35916	17810	18106
仓山区	76464	42979	33485	81913	42413	39500	91946	48826	43120
马尾区	19392	10716	8676	21965	11576	10389	21089	11544	9545
晋安区	32833	17913	14920	39801	20693	19108	62226	32018	30208
长乐区	37053	20058	16995	43489	23039	20450	57043	31078	25965
闽侯县	83684	40285	43399	113509	57825	55684	71233	39233	32000
连江县	29990	16184	13806	27494	15122	12372	32941	17445	15496
罗源县	8389	4581	3808	7543	4484	3059	18031	9778	8253
闽清县	11256	6074	5182	8232	4585	3647	11962	6346	5616
永泰县	13392	7196	6196	14658	7758	6900	15405	8209	7196
平潭县	21129	11678	9451	20926	11854	9072	36725	18475	18250
福清市	76083	41808	34275	71983	41204	30779	98282	52852	45430
厦门市	**267246**	**149483**	**117763**	**433693**	**236125**	**197568**	**527833**	**287180**	**240653**
思明区	39167	20857	18310	74057	36038	38019	94586	46200	48386
海沧区	22621	12860	9761	38860	22696	16164	60935	34421	26514
湖里区	36081	20098	15983	100515	51695	48820	139355	74107	65248
集美区	88505	47643	40862	123110	68043	55067	101258	56646	44612
同安区	38268	21960	16308	47807	27735	20072	74362	41962	32400
翔安区	42604	26065	16539	49344	29918	19426	57337	33844	23493
莆田市	**163850**	**89878**	**73972**	**144383**	**80160**	**64223**	**208874**	**109803**	**99071**
城厢区	30368	16935	13433	31842	17637	14205	39831	20904	18927
涵江区	23765	13129	10636	20480	11611	8869	28636	15035	13601
荔城区	34824	18379	16445	33340	17657	15683	45637	23709	21928
秀屿区	27997	15662	12335	20758	12220	8538	34580	19000	15580
仙游县	46896	25773	21123	37963	21035	16928	60190	31155	29035
三明市	**110125**	**59789**	**50336**	**80212**	**42576**	**37636**	**119526**	**62979**	**56547**
梅列区	10524	5021	5503	9844	4543	5301	13396	6930	6466
三元区	13132	6676	6456	12375	6048	6327	9496	5085	4411
明溪县	3167	1596	1571	3036	1633	1403	4397	2370	2027
清流县	4436	2435	2001	3174	1667	1507	4956	2626	2330
宁化县	11035	5954	5081	6794	3514	3280	11094	5964	5130
大田县	10417	5849	4568	5487	3147	2340	16743	8923	7820
尤溪县	11678	6539	5139	8848	4943	3905	19381	10380	9001
沙县	14735	7979	6756	7971	4147	3824	11254	5834	5420
将乐县	4951	2669	2282	3873	2023	1850	5359	2657	2702
泰宁县	3744	2022	1722	2776	1439	1337	4146	2085	2061
建宁县	3829	2066	1763	3352	1690	1662	4218	2055	2163
永安市	18477	10983	7494	12682	7782	4900	15086	8070	7016
泉州市	**413095**	**224091**	**189004**	**373876**	**205221**	**168655**	**648247**	**351330**	**296917**
鲤城区	23353	12095	11258	21997	11674	10323	31665	16492	15173
丰泽区	56279	28752	27527	61427	29631	31796	58630	30748	27882
洛江区	18243	8928	9315	13648	6916	6732	15859	8719	7140
泉港区	10810	5613	5197	8485	4909	3576	24279	12672	11607
惠安县	39383	21296	18087	26747	14918	11829	69806	36288	33518
安溪县	46435	26443	19992	30755	17744	13011	67855	37342	30513
永春县	17487	8995	8492	10903	6025	4878	18547	9906	8641
德化县	13751	7395	6356	8815	4846	3969	20602	10930	9672
石狮市	37540	20850	16690	39299	22089	17210	53992	29167	24825
晋江市	91282	51669	39613	102099	58456	43643	179352	98795	80557
南安市	58532	32055	26477	49701	28013	21688	107660	60271	47389

1-5　续表 5

单位：人

地　区	15-19岁			20-24岁			25-29岁		
	小计	男	女	小计	男	女	小计	男	女
漳州市	**240413**	**123959**	**116454**	**210535**	**110477**	**100058**	**284819**	**150875**	**133944**
芗城区	47995	22512	25483	44097	19570	24527	37502	19158	18344
龙文区	13272	7566	5706	15859	8566	7293	24552	12624	11928
云霄县	20453	10669	9784	16283	8970	7313	24112	13133	10979
漳浦县	33571	17781	15790	27963	14920	13043	43665	23034	20631
诏安县	22882	11912	10970	20723	11429	9294	28817	15409	13408
长泰县	6930	3874	3056	8747	5148	3599	13481	7264	6217
东山县	7615	3842	3773	7063	3803	3260	12980	6807	6173
南靖县	15484	7813	7671	9074	4860	4214	12768	6644	6124
平和县	23425	12678	10747	17205	9619	7586	20917	11466	9451
华安县	4807	2614	2193	4018	2193	1825	5393	2860	2533
龙海市	43979	22698	21281	39503	21399	18104	60632	32476	28156
南平市	**119899**	**61866**	**58033**	**93861**	**49294**	**44567**	**121493**	**63203**	**58290**
延平区	24875	13086	11789	17567	9446	8121	21276	11181	10095
建阳区	16725	8230	8495	11774	6259	5515	16326	8417	7909
顺昌县	7832	4134	3698	4413	2392	2021	8005	4255	3750
浦城县	13963	7206	6757	9875	5176	4699	9939	5127	4812
光泽县	5322	2805	2517	4406	2342	2064	6015	3085	2930
松溪县	4180	2104	2076	3484	1838	1646	6194	3178	3016
政和县	5869	3209	2660	5311	2923	2388	10225	5644	4581
邵武市	9717	5166	4551	8641	4609	4032	12246	6325	5921
武夷山市	14831	7336	7495	16544	7969	8575	13883	7028	6855
建瓯市	16585	8590	7995	11846	6340	5506	17384	8963	8421
龙岩市	**113064**	**59926**	**53138**	**78462**	**40531**	**37931**	**135769**	**69735**	**66034**
新罗区	42267	21626	20641	36172	17790	18382	50576	25707	24869
永定区	12395	6503	5892	6939	3748	3191	11614	6058	5556
长汀县	17408	9850	7558	10411	5665	4746	17843	9118	8725
上杭县	13786	7471	6315	8852	4816	4036	18220	9261	8959
武平县	10180	5407	4773	5841	2927	2914	12458	6203	6255
连城县	8233	4489	3744	4963	2719	2244	13470	7174	6296
漳平市	8795	4580	4215	5284	2866	2418	11588	6214	5374
宁德市	**124521**	**65921**	**58600**	**101297**	**57102**	**44195**	**217188**	**116632**	**100556**
蕉城区	28931	15341	13590	31023	18293	12730	57087	31829	25258
霞浦县	15670	8378	7292	11614	6442	5172	27416	14424	12992
古田县	10468	5323	5145	6976	3709	3267	17711	9319	8392
屏南县	5047	2665	2382	3446	1867	1579	8513	4629	3884
寿宁县	8205	4408	3797	6359	3543	2816	11443	6205	5238
周宁县	6305	3441	2864	4134	2352	1782	9374	5183	4191
柘荣县	3645	1844	1801	2592	1335	1257	5659	2801	2858
福安市	28439	15196	13243	18902	10967	7935	43145	23208	19937
福鼎市	17811	9325	8486	16251	8594	7657	36840	19034	17806

1－5　续表 6　　　　单位：人

地　区	30－34岁			35－39岁			40－44岁		
	小计	男	女	小计	男	女	小计	男	女
合　计	**4001865**	**2049194**	**1952671**	**3325154**	**1704483**	**1620671**	**3011449**	**1544982**	**1466467**
福州市	**791460**	**404118**	**387342**	**693776**	**353384**	**340392**	**608673**	**311363**	**297310**
鼓楼区	58509	27554	30955	61055	28024	33031	51175	24634	26541
台江区	41597	20407	21190	35314	17273	18041	28697	14207	14490
仓山区	124169	63658	60511	107635	55237	52398	86260	45313	40947
马尾区	30283	15981	14302	26579	13885	12694	23051	12175	10876
晋安区	81894	41017	40877	72065	35992	36073	63682	32271	31411
长乐区	76409	40400	36009	70143	36980	33163	61644	32464	29180
闽侯县	88922	47136	41786	75540	40913	34627	64376	34050	30326
连江县	57970	29778	28192	52978	27223	25755	47671	24176	23495
罗源县	22748	11942	10806	19363	10301	9062	19567	10148	9419
闽清县	18339	9339	9000	17138	8717	8421	18998	9522	9476
永泰县	22274	11394	10880	18169	9340	8829	18842	9273	9569
平潭县	35360	17400	17960	22906	11405	11501	24148	11975	12173
福清市	132986	68112	64874	114891	58094	56797	100562	51155	49407
厦门市	**648687**	**344035**	**304652**	**512619**	**269274**	**243345**	**393996**	**207903**	**186093**
思明区	111308	52381	58927	102142	47385	54757	84658	40344	44314
海沧区	83696	45775	37921	64598	35144	29454	48450	26966	21484
湖里区	139985	74744	65241	101332	53201	48131	81197	42686	38511
集美区	133104	71786	61318	101624	55253	46371	72328	39677	32651
同安区	108169	59069	49100	90008	49410	40598	71862	38825	33037
翔安区	72425	40280	32145	52915	28881	24034	35501	19405	16096
莆田市	**303521**	**148755**	**154766**	**229286**	**114548**	**114738**	**219797**	**109317**	**110480**
城厢区	58894	28823	30071	44213	21730	22483	39446	19450	19996
涵江区	46013	23310	22703	37641	19296	18345	35112	18185	16927
荔城区	77311	37914	39397	56025	28678	27347	47056	24002	23054
秀屿区	50233	23977	26256	36278	18030	18248	35828	17539	18289
仙游县	71070	34731	36339	55129	26814	28315	62355	30141	32214
三明市	**199703**	**100155**	**99548**	**151640**	**75137**	**76503**	**161004**	**80078**	**80926**
梅列区	21668	10571	11097	16517	8085	8432	16347	7749	8598
三元区	15055	7843	7212	12114	6161	5953	12905	6555	6350
明溪县	8534	4442	4092	6510	3438	3072	6426	3351	3075
清流县	8442	4180	4262	7355	3604	3751	7548	3813	3735
宁化县	18988	9269	9719	14853	7230	7623	15277	7407	7870
大田县	24331	12184	12147	17156	8442	8714	18893	9488	9405
尤溪县	29066	15082	13984	18274	9360	8914	17850	8837	9013
沙县	18071	8966	9105	13936	6693	7243	17087	8437	8650
将乐县	11042	5311	5731	9315	4600	4715	8842	4395	4447
泰宁县	7944	3771	4173	6429	2983	3446	7003	3429	3574
建宁县	8905	4439	4466	6844	3313	3531	6917	3496	3421
永安市	27657	14097	13560	22337	11228	11109	25909	13121	12788
泉州市	**947639**	**486542**	**461097**	**766704**	**396747**	**369957**	**682841**	**355637**	**327204**
鲤城区	50729	25690	25039	42846	21693	21153	35708	18722	16986
丰泽区	77411	39546	37865	62502	31697	30805	54069	28242	25827
洛江区	26723	13572	13151	22564	11603	10961	19414	10114	9300
泉港区	34647	17258	17389	31158	15597	15561	25178	12444	12734
惠安县	108750	52555	56195	92254	45599	46655	76735	38228	38507
安溪县	95232	47695	47537	72583	36827	35756	67063	34393	32670
永春县	33770	16664	17106	27855	13599	14256	31078	14956	16122
德化县	30042	15308	14734	26811	13508	13303	27578	14120	13458
石狮市	83118	43282	39836	67024	35394	31630	59690	31708	27982
晋江市	253960	134634	119326	197539	105947	91592	177958	95414	82544
南安市	153257	80338	72919	123568	65283	58285	108370	57296	51074

1-5 续表 7

单位：人

地区	30-34岁			35-39岁			40-44岁		
	小计	男	女	小计	男	女	小计	男	女
漳州市	**421069**	**216049**	**205020**	**371312**	**189916**	**181396**	**353241**	**180137**	**173104**
芗城区	54802	27324	27478	53222	26508	26714	47812	24330	23482
龙文区	36769	18491	18278	29537	15224	14313	21934	11651	10283
云霄县	29916	15334	14582	26922	13623	13299	32617	16324	16293
漳浦县	70056	35486	34570	61630	31090	30540	64256	32842	31414
诏安县	38020	19625	18395	38115	19354	18761	36242	18232	18010
长泰县	22443	11768	10675	18944	10050	8894	15394	7927	7467
东山县	18357	9403	8954	14251	7269	6982	16110	8177	7933
南靖县	21217	10792	10425	19487	9951	9536	19801	9795	10006
平和县	29617	15419	14198	28344	14289	14055	26602	13283	13319
华安县	10148	5436	4712	8397	4313	4084	8910	4465	4445
龙海市	89724	46971	42753	72463	38245	34218	63563	33111	30452
南平市	**184941**	**93204**	**91737**	**162638**	**82066**	**80572**	**179148**	**90021**	**89127**
延平区	30638	15136	15502	27844	13462	14382	30938	15082	15856
建阳区	26758	13707	13051	22969	12004	10965	24148	12696	11452
顺昌县	10969	5688	5281	10381	5302	5079	11419	5673	5746
浦城县	13933	6878	7055	14495	6925	7570	18873	9207	9666
光泽县	9138	4480	4658	7097	3582	3515	8499	4220	4279
松溪县	9513	4928	4585	6547	3350	3197	8366	4228	4138
政和县	14374	7584	6790	9771	5121	4650	11918	6071	5847
邵武市	19841	9953	9888	17786	8781	9005	18867	9392	9475
武夷山市	20856	10319	10537	19634	10042	9592	18088	9360	8728
建瓯市	28921	14531	14390	26114	13497	12617	28032	14092	13940
龙岩市	**229832**	**113361**	**116471**	**199912**	**99639**	**100273**	**184237**	**91950**	**92287**
新罗区	89407	44561	44846	74423	37653	36770	61585	31371	30214
永定区	23631	11907	11724	22317	11354	10963	21609	10881	10728
长汀县	29455	13724	15731	25428	12018	13410	26552	12904	13648
上杭县	29601	14573	15028	23015	11381	11634	22590	11134	11456
武平县	18713	9062	9651	17398	8343	9055	17407	8305	9102
连城县	18680	9277	9403	17603	8750	8853	15953	7875	8078
漳平市	20345	10257	10088	19728	10140	9588	18541	9480	9061
宁德市	**275013**	**142975**	**132038**	**237267**	**123772**	**113495**	**228512**	**118576**	**109936**
蕉城区	69819	37460	32359	53281	28007	25274	45450	23775	21675
霞浦县	40093	20382	19711	36478	19152	17326	34560	18430	16130
古田县	22914	11586	11328	22822	11824	10998	24554	12451	12103
屏南县	10385	5399	4986	9602	5076	4526	9203	4705	4498
寿宁县	12330	6575	5755	10253	5409	4844	11691	6081	5610
周宁县	11562	6179	5383	10407	5417	4990	9478	4811	4667
柘荣县	7335	3542	3793	6985	3517	3468	7319	3796	3523
福安市	52001	27429	24572	43794	23006	20788	44643	23220	21423
福鼎市	48574	24423	24151	43645	22364	21281	41614	21307	20307

1-5 续表 8

单位：人

地 区	45-49岁			50-54岁			55-59岁		
	小计	男	女	小计	男	女	小计	男	女
合 计	**3557534**	**1818519**	**1739015**	**3362556**	**1711798**	**1650758**	**2703264**	**1363368**	**1339896**
福州市	**668569**	**338544**	**330025**	**614463**	**308767**	**305696**	**525467**	**259119**	**266348**
鼓楼区	49970	24705	25265	43246	20949	22297	42483	20380	22103
台江区	29618	14396	15222	27838	13269	14569	28481	13579	14902
仓山区	87851	45523	42328	75711	39064	36647	64605	31986	32619
马尾区	24826	12723	12103	21778	10825	10953	17868	8557	9311
晋安区	69842	35676	34166	61902	31380	30522	52967	26709	26258
长乐区	67610	34211	33399	62287	31546	30741	50228	24450	25778
闽侯县	72905	37586	35319	68400	34974	33426	57159	28591	28568
连江县	56006	28395	27611	52673	26583	26090	44435	21912	22523
罗源县	23959	12761	11198	23720	12922	10798	18677	10243	8434
闽清县	22116	11036	11080	23094	11794	11300	19802	10073	9729
永泰县	23679	11670	12009	23003	11746	11257	20134	10105	10029
平潭县	29769	14497	15272	28430	13929	14501	24437	11787	12650
福清市	110418	55365	55053	102381	49786	52595	84191	40747	43444
厦门市	**408990**	**214469**	**194521**	**338293**	**174363**	**163930**	**252752**	**125224**	**127528**
思明区	85563	42090	43473	74369	35521	38848	65280	30575	34705
海沧区	47647	26154	21493	37286	20021	17265	26440	13363	13077
湖里区	86617	45465	41152	69101	35567	33534	47252	23921	23331
集美区	72550	39163	33387	58789	30796	27993	42172	20639	21533
同安区	77586	41164	36422	62364	33343	29021	41964	21839	20125
翔安区	39027	20433	18594	36384	19115	17269	29644	14887	14757
莆田市	**253382**	**124493**	**128889**	**237592**	**114704**	**122888**	**206856**	**99640**	**107216**
城厢区	42671	21202	21469	37596	18074	19522	32363	15496	16867
涵江区	42211	21248	20963	39103	18957	20146	35369	17206	18163
荔城区	51058	25360	25698	44935	21637	23298	40136	18981	21155
秀屿区	45318	21660	23658	43364	21175	22189	39383	18996	20387
仙游县	72124	35023	37101	72594	34861	37733	59605	28961	30644
三明市	**230978**	**117543**	**113435**	**248537**	**128459**	**120078**	**195021**	**101851**	**93170**
梅列区	20389	10236	10153	20474	10251	10223	17005	8705	8300
三元区	17721	9020	8701	19015	9893	9122	14511	7898	6613
明溪县	9841	5062	4779	10941	5732	5209	8347	4563	3784
清流县	11366	5846	5520	12449	6571	5878	9319	4972	4347
宁化县	22766	11050	11716	24932	12583	12349	21062	10782	10280
大田县	27391	14417	12974	27676	14876	12800	20523	10959	9564
尤溪县	31276	15847	15429	34028	17246	16782	27388	13989	13399
沙县	23107	11998	11109	24326	12580	11746	18641	9617	9024
将乐县	12801	6448	6353	14972	7751	7221	12346	6212	6134
泰宁县	9674	4893	4781	10485	5471	5014	8205	4216	3989
建宁县	11362	5763	5599	12725	6563	6162	9806	5081	4725
永安市	33284	16963	16321	36514	18942	17572	27868	14857	13011
泉州市	**770063**	**395430**	**374633**	**685859**	**345457**	**340402**	**523041**	**263219**	**259822**
鲤城区	34862	17926	16936	28184	13817	14367	23622	11465	12157
丰泽区	55523	28803	26720	46129	23157	22972	37151	18504	18647
洛江区	20661	10582	10079	17773	8825	8948	12770	6240	6530
泉港区	28688	14256	14432	27734	13848	13886	22156	10912	11244
惠安县	92935	45964	46971	84045	41648	42397	60976	30039	30937
安溪县	76760	38969	37791	78544	39434	39110	60646	30227	30419
永春县	39003	19285	19718	38979	19380	19599	32653	16603	16050
德化县	32393	16845	15548	28700	15371	13329	21531	11469	10062
石狮市	64557	34205	30352	51436	26919	24517	38180	20047	18133
晋江市	197917	103595	94322	161009	82388	78621	114264	59110	55154
南安市	126764	65000	61764	123326	60670	62656	99092	48603	50489

1-5 续表 9

单位：人

地 区	45-49岁			50-54岁			55-59岁		
	小计	男	女	小计	男	女	小计	男	女
漳州市	**451284**	**232965**	**218319**	**447590**	**233392**	**214198**	**363416**	**187735**	**175681**
芗城区	53680	26976	26704	50066	25387	24679	43005	22059	20946
龙文区	22704	12049	10655	20991	10742	10249	16351	8111	8240
云霄县	39048	20429	18619	35612	18849	16763	28935	15012	13923
漳浦县	79023	41260	37763	73141	38470	34671	58223	30119	28104
诏安县	48920	25215	23705	47718	24896	22822	40480	20763	19717
长泰县	20592	10638	9954	23086	12238	10848	17377	9274	8103
东山县	23594	12232	11362	20838	10747	10091	16876	8631	8245
南靖县	30481	15600	14881	32709	17109	15600	25981	13826	12155
平和县	40664	20941	19723	43092	22759	20333	36599	19121	17478
华安县	14079	7562	6517	13910	7747	6163	11501	6203	5298
龙海市	78499	40063	38436	86427	44448	41979	68088	34616	33472
南平市	**262082**	**132835**	**129247**	**285197**	**146031**	**139166**	**228062**	**117126**	**110936**
延平区	44176	21908	22268	47020	23504	23516	37675	19154	18521
建阳区	32448	16933	15515	34162	17966	16196	28182	14616	13566
顺昌县	18286	9187	9099	21211	11139	10072	16951	8946	8005
浦城县	28985	14381	14604	33989	17426	16563	27747	14045	13702
光泽县	13878	7046	6832	15560	8133	7427	11621	6227	5394
松溪县	13112	6696	6416	14025	7144	6881	11524	5887	5637
政和县	17399	8942	8457	17558	8939	8619	13370	6805	6565
邵武市	28200	14345	13855	30520	15661	14859	25016	12873	12143
武夷山市	23298	11872	11426	24376	12559	11817	18990	9912	9078
建瓯市	42300	21525	20775	46776	23560	23216	36986	18661	18325
龙岩市	**247143**	**126333**	**120810**	**248621**	**128305**	**120316**	**194288**	**99676**	**94612**
新罗区	74773	38682	36091	70408	36607	33801	55300	28569	26731
永定区	29340	15470	13870	30766	16578	14188	24640	12660	11980
长汀县	33377	16381	16996	33535	16258	17277	26387	13036	13351
上杭县	34445	17409	17036	36441	18436	18005	27802	14163	13639
武平县	27062	13503	13559	27957	14224	13733	21682	11031	10651
连城县	22951	11530	11421	23646	12013	11633	18359	9304	9055
漳平市	25195	13358	11837	25868	14189	11679	20118	10913	9205
宁德市	**265043**	**135907**	**129136**	**256404**	**132320**	**124084**	**214361**	**109778**	**104583**
蕉城区	48473	25398	23075	43872	22679	21193	34935	17926	17009
霞浦县	40308	21161	19147	39887	21049	18838	35272	18283	16989
古田县	29687	15128	14559	28900	14880	14020	24797	12477	12320
屏南县	13000	6487	6513	12200	6308	5892	10390	5435	4955
寿宁县	14761	7494	7267	15021	7645	7376	12599	6297	6302
周宁县	11370	5733	5637	12273	6245	6028	10581	5271	5310
柘荣县	8129	4184	3945	7775	4017	3758	6196	3117	3079
福安市	51654	26140	25514	49195	25105	24090	40359	20640	19719
福鼎市	47661	24182	23479	47281	24392	22889	39232	20332	18900

1-5 续表 10

单位：人

地区	60-64岁			65-69岁			70-74岁		
	小计	男	女	小计	男	女	小计	男	女
合计	**2027870**	**1021219**	**1006651**	**1819219**	**887915**	**931304**	**1133619**	**562879**	**570740**
福州市	**418395**	**206527**	**211868**	**389197**	**188908**	**200289**	**245281**	**126006**	**119275**
鼓楼区	35791	16641	19150	33008	15280	17728	22852	11035	11817
台江区	25129	12219	12910	22256	10785	11471	14560	7276	7284
仓山区	50816	24769	26047	44568	21769	22799	27260	14051	13209
马尾区	13882	6681	7201	13098	6176	6922	7906	3999	3907
晋安区	39622	19690	19932	34493	16682	17811	21660	10842	10818
长乐区	40564	19803	20761	39087	18217	20870	24161	12507	11654
闽侯县	43359	22366	20993	42129	21129	21000	25466	13750	11716
连江县	36815	18541	18274	34328	16971	17357	21952	10807	11145
罗源县	13951	7280	6671	12132	6119	6013	8311	4376	3935
闽清县	15953	7823	8130	17004	7811	9193	10190	5641	4549
永泰县	16118	8050	8068	16757	8052	8705	10681	5731	4950
平潭县	17770	9058	8712	17384	8823	8561	12181	6120	6061
福清市	68625	33606	35019	62953	31094	31859	38101	19871	18230
厦门市	**175066**	**83751**	**91315**	**138690**	**65165**	**73525**	**78180**	**37094**	**41086**
思明区	50934	23188	27746	43736	20207	23529	27198	12858	14340
海沧区	18107	8569	9538	13523	6384	7139	6890	3381	3509
湖里区	28507	13789	14718	21504	10137	11367	11721	5665	6056
集美区	27115	13105	14010	19531	9215	10316	9924	4693	5231
同安区	28309	14052	14257	22901	10694	12207	12925	6080	6845
翔安区	22094	11048	11046	17495	8528	8967	9522	4417	5105
莆田市	**172088**	**85349**	**86739**	**167310**	**80917**	**86393**	**96482**	**46654**	**49828**
城厢区	25662	12767	12895	23820	11440	12380	12854	6235	6619
涵江区	26271	13203	13068	27229	13192	14037	16336	8022	8314
荔城区	31329	15260	16069	29965	14318	15647	16920	8185	8735
秀屿区	35952	17438	18514	34877	16457	18420	21425	9745	11680
仙游县	52874	26681	26193	51419	25510	25909	28947	14467	14480
三明市	**135499**	**70242**	**65257**	**120144**	**59440**	**60704**	**84542**	**41488**	**43054**
梅列区	9687	4909	4778	7521	3549	3972	5706	2530	3176
三元区	8569	4612	3957	6581	3249	3332	5175	2381	2794
明溪县	5959	3210	2749	5030	2595	2435	3625	1782	1843
清流县	6651	3578	3073	6043	3026	3017	4019	1965	2054
宁化县	15749	8036	7713	14649	7255	7394	10638	5078	5560
大田县	14370	7251	7119	14240	6981	7259	9302	4649	4653
尤溪县	21725	11538	10187	18459	9270	9189	12465	6473	5992
沙县	13394	6733	6661	12217	5981	6236	8434	4144	4290
将乐县	8746	4545	4201	7975	3967	4008	5681	2827	2854
泰宁县	5600	2738	2862	5840	2848	2992	4236	2090	2146
建宁县	7222	3733	3489	6262	3074	3188	4668	2287	2381
永安市	17827	9359	8468	15327	7645	7682	10593	5282	5311
泉州市	**369512**	**184997**	**184515**	**324968**	**156252**	**168716**	**193057**	**91261**	**101796**
鲤城区	17497	8645	8852	14425	6933	7492	8689	3959	4730
丰泽区	24365	12039	12326	19446	9445	10001	11008	5056	5952
洛江区	9606	4792	4814	8656	4175	4481	4843	2299	2544
泉港区	18830	9070	9760	15568	7379	8189	9257	4255	5002
惠安县	46632	22001	24631	42984	19278	23706	26265	11257	15008
安溪县	47226	23912	23314	44672	21894	22778	25723	12340	13383
永春县	24004	12338	11666	23677	11829	11848	14369	7242	7127
德化县	14751	7618	7133	13015	6610	6405	7831	3890	3941
石狮市	23579	12177	11402	17680	8999	8681	10392	5125	5267
晋江市	70400	36015	34385	57120	27840	29280	34475	16375	18100
南安市	72622	36390	36232	67725	31870	35855	40205	19463	20742

1-5 续表 11 单位：人

地区	60-64岁			65-69岁			70-74岁		
	小计	男	女	小计	男	女	小计	男	女
漳州市	**283091**	**144510**	**138581**	**241658**	**118424**	**123234**	**149349**	**73085**	**76264**
芗城区	32355	16337	16018	26256	12811	13445	16771	8073	8698
龙文区	12090	5873	6217	10073	4684	5389	5580	2781	2799
云霄县	22734	11591	11143	20508	9978	10530	12359	6310	6049
漳浦县	45386	23194	22192	38898	18632	20266	24837	11841	12996
诏安县	32858	16525	16333	26997	13091	13906	16978	8311	8667
长泰县	12952	6789	6163	9949	4952	4997	5851	2854	2997
东山县	12461	6294	6167	10482	5092	5390	7284	3455	3829
南靖县	20460	10431	10029	18474	9163	9311	11020	5531	5489
平和县	29990	15812	14178	26800	13611	13189	15435	8083	7352
华安县	8707	4576	4131	7410	3657	3753	4589	2260	2329
龙海市	53098	27088	26010	45811	22753	23058	28645	13586	15059
南平市	**162351**	**82944**	**79407**	**149157**	**74189**	**74968**	**101025**	**50764**	**50261**
延平区	27460	13807	13653	24180	11785	12395	16972	8386	8586
建阳区	20105	10323	9782	17350	8568	8782	11180	5635	5545
顺昌县	12372	6413	5959	10534	5135	5399	7371	3481	3890
浦城县	19607	10006	9601	21708	11113	10595	14214	7445	6769
光泽县	6552	3439	3113	6102	3043	3059	5248	2553	2695
松溪县	8078	4017	4061	7243	3610	3633	4887	2565	2322
政和县	9675	4839	4836	9574	4671	4903	5955	3229	2726
邵武市	16377	8544	7833	14310	7152	7158	10314	4913	5401
武夷山市	12804	6729	6075	11293	5732	5561	7535	3821	3714
建瓯市	29321	14827	14494	26863	13380	13483	17349	8736	8613
龙岩市	**133711**	**69799**	**63912**	**127815**	**64099**	**63716**	**86356**	**42916**	**43440**
新罗区	35807	18519	17288	30332	15108	15224	18869	9343	9526
永定区	17780	9351	8429	18598	9227	9371	12057	5799	6258
长汀县	19818	10393	9425	19653	9957	9696	14515	7229	7286
上杭县	19729	10362	9367	19908	10059	9849	13340	6626	6714
武平县	13132	6798	6334	14884	7412	7472	10483	5219	5264
连城县	13921	7426	6495	13026	6599	6427	9499	4879	4620
漳平市	13524	6950	6574	11414	5737	5677	7593	3821	3772
宁德市	**178157**	**93100**	**85057**	**160280**	**80521**	**79759**	**99347**	**53611**	**45736**
蕉城区	25886	13555	12331	22725	11484	11241	14350	7698	6652
霞浦县	29222	15252	13970	25341	12624	12717	15438	8331	7107
古田县	22515	11478	11037	21527	10779	10748	13468	7576	5892
屏南县	9144	4778	4366	8047	4092	3955	5149	2923	2226
寿宁县	11108	5784	5324	10761	5475	5286	7017	3857	3160
周宁县	9537	5005	4532	9067	4647	4420	5744	3294	2450
柘荣县	4835	2531	2304	4791	2388	2403	2979	1729	1250
福安市	33767	17956	15811	30683	15313	15370	18258	9541	8717
福鼎市	32143	16761	15382	27338	13719	13619	16944	8662	8282

1-5 续表 12

单位：人

地区	75-79岁			80-84岁			85-89岁		
	小计	男	女	小计	男	女	小计	男	女
合计	**719402**	**349835**	**369567**	**517361**	**232858**	**284503**	**288234**	**115090**	**173144**
福州市	**146525**	**74736**	**71789**	**99995**	**47616**	**52379**	**60940**	**25829**	**35111**
鼓楼区	14674	6962	7712	11555	5516	6039	7071	3267	3804
台江区	8673	4281	4392	6304	2918	3386	3790	1644	2146
仓山区	14349	7438	6911	9510	4588	4922	5666	2377	3289
马尾区	4383	2263	2120	2797	1305	1492	1712	653	1059
晋安区	12289	6365	5924	8620	4189	4431	4777	2161	2616
长乐区	14375	7590	6785	8676	4228	4448	5202	1992	3210
闽侯县	13771	7740	6031	8759	4329	4430	5716	2309	3407
连江县	13738	6632	7106	9113	4001	5112	5158	1969	3189
罗源县	5289	2707	2582	3683	1732	1951	1869	834	1035
闽清县	5982	3406	2576	4296	2161	2135	2443	1145	1298
永泰县	6445	3427	3018	4334	2109	2225	2419	1085	1334
平潭县	7586	3472	4114	5235	2298	2937	3512	1442	2070
福清市	24971	12453	12518	17113	8242	8871	11605	4951	6654
厦门市	**45708**	**21153**	**24555**	**30706**	**13686**	**17020**	**17346**	**6790**	**10556**
思明区	16211	7590	8621	12466	5695	6771	6342	2709	3633
海沧区	3665	1791	1874	2272	1004	1268	1293	498	795
湖里区	6161	3000	3161	4002	1872	2130	2153	842	1311
集美区	5830	2657	3173	3664	1619	2045	2077	829	1248
同安区	7772	3593	4179	4540	1996	2544	2786	1003	1783
翔安区	6069	2522	3547	3762	1500	2262	2695	909	1786
莆田市	**62195**	**28533**	**33662**	**40881**	**17085**	**23796**	**25635**	**8963**	**16672**
城厢区	8223	3843	4380	5606	2465	3141	3254	1241	2013
涵江区	9547	4507	5040	6232	2681	3551	3988	1311	2677
荔城区	10337	4826	5511	6678	2622	4056	3833	1283	2550
秀屿区	14716	6137	8579	10296	4061	6235	7089	2354	4735
仙游县	19372	9220	10152	12069	5256	6813	7471	2774	4697
三明市	**59214**	**29111**	**30103**	**46753**	**21699**	**25054**	**21941**	**9986**	**11955**
梅列区	4264	1943	2321	3377	1554	1823	1574	739	835
三元区	4077	1771	2306	3460	1542	1918	1697	822	875
明溪县	2534	1302	1232	2192	937	1255	1049	437	612
清流县	3148	1472	1676	2618	1110	1508	1206	491	715
宁化县	7168	3359	3809	6187	2750	3437	2548	1018	1530
大田县	6977	3653	3324	4806	2318	2488	2515	1211	1304
尤溪县	8185	4346	3839	6082	3165	2917	3183	1648	1535
沙县	5635	2806	2829	4365	2078	2287	2223	963	1260
将乐县	3487	1770	1717	2942	1377	1565	1337	607	730
泰宁县	2808	1341	1467	2123	961	1162	852	362	490
建宁县	3080	1503	1577	2390	1047	1343	803	324	479
永安市	7851	3845	4006	6211	2860	3351	2954	1364	1590
泉州市	**116002**	**52530**	**63472**	**84126**	**33965**	**50161**	**50019**	**17251**	**32768**
鲤城区	4962	2221	2741	4004	1593	2411	2498	837	1661
丰泽区	6061	2863	3198	4396	1885	2511	2362	872	1490
洛江区	2982	1387	1595	2023	835	1188	1084	377	707
泉港区	6134	2530	3604	4342	1744	2598	3102	1057	2045
惠安县	14928	5776	9152	12055	3806	8249	7584	1882	5702
安溪县	17067	8177	8890	11056	4914	6142	5971	2384	3587
永春县	9367	4553	4814	6725	3110	3615	3407	1400	2007
德化县	5273	2534	2739	3445	1573	1872	1761	704	1057
石狮市	6052	2861	3191	4427	1782	2645	2669	964	1705
晋江市	18836	8500	10336	14404	5732	8672	8969	3114	5855
南安市	24340	11128	13212	17249	6991	10258	10612	3660	6952

1-5 续表 13 单位：人

地 区	75-79岁			80-84岁			85-89岁		
	小计	男	女	小计	男	女	小计	男	女
漳州市	**103406**	**49226**	**54180**	**72380**	**32087**	**40293**	**39580**	**15166**	**24414**
芗城区	10931	5095	5836	7590	3565	4025	4476	1906	2570
龙文区	3169	1515	1654	1897	917	980	1131	508	623
云霄县	9173	4603	4570	6884	3138	3746	3468	1320	2148
漳浦县	18632	8509	10123	12535	5213	7322	6850	2422	4428
诏安县	11936	5665	6271	9583	4060	5523	5617	2072	3545
长泰县	4506	2160	2346	3052	1321	1731	1511	600	911
东山县	4748	2183	2565	3517	1453	2064	2060	647	1413
南靖县	7524	3647	3877	5364	2427	2937	2824	1136	1688
平和县	11181	5711	5470	7639	3557	4082	3868	1525	2343
华安县	3504	1656	1848	2461	1147	1314	1244	505	739
龙海市	18102	8482	9620	11858	5289	6569	6531	2525	4006
南平市	**63995**	**32093**	**31902**	**48092**	**23126**	**24966**	**24521**	**11313**	**13208**
延平区	11425	5412	6013	9171	4469	4702	4785	2248	2537
建阳区	7060	3570	3490	5144	2487	2657	2616	1179	1437
顺昌县	5090	2392	2698	4046	1838	2208	1962	862	1100
浦城县	7966	4286	3680	6364	3209	3155	3466	1615	1851
光泽县	3369	1678	1691	2736	1249	1487	1084	508	576
松溪县	3040	1538	1502	2284	1115	1169	1354	657	697
政和县	3527	2034	1493	2716	1459	1257	1555	800	755
邵武市	6968	3212	3756	5177	2290	2887	2603	1152	1451
武夷山市	4958	2540	2418	3346	1543	1803	1472	683	789
建瓯市	10592	5431	5161	7108	3467	3641	3624	1609	2015
龙岩市	**62788**	**30311**	**32477**	**51546**	**21607**	**29939**	**23622**	**8498**	**15124**
新罗区	13153	6409	6744	9906	4342	5564	4776	1931	2845
永定区	8607	4075	4532	6925	2887	4038	3606	1274	2332
长汀县	10361	5004	5357	8871	3704	5167	3634	1249	2385
上杭县	10422	4967	5455	9581	3763	5818	4282	1346	2936
武平县	7580	3737	3843	6868	2911	3957	3360	1121	2239
连城县	6732	3164	3568	5152	2019	3133	1849	667	1182
漳平市	5933	2955	2978	4243	1981	2262	2115	910	1205
宁德市	**59569**	**32142**	**27427**	**42882**	**21987**	**20895**	**24630**	**11294**	**13336**
蕉城区	8561	4596	3965	6295	3139	3156	3366	1503	1863
霞浦县	9554	5081	4473	6653	3419	3234	3952	1691	2261
古田县	8248	4675	3573	5930	3011	2919	2973	1361	1612
屏南县	3009	1676	1333	2377	1224	1153	1247	607	640
寿宁县	3872	2203	1669	3133	1661	1472	1822	929	893
周宁县	3500	2052	1448	2607	1451	1156	1546	789	757
柘荣县	1790	1048	742	1193	695	498	812	387	425
福安市	10962	5760	5202	7309	3772	3537	4398	2023	2375
福鼎市	10073	5051	5022	7385	3615	3770	4514	2004	2510

1-5 续表 14

单位：人

地区	90-94岁			95-99岁			100岁及以上		
	小计	男	女	小计	男	女	小计	男	女
合计	**106738**	**38043**	**68695**	**22403**	**6787**	**15616**	**3023**	**755**	**2268**
福州市	**23819**	**9006**	**14813**	**5143**	**1671**	**3472**	**694**	**188**	**506**
鼓楼区	2583	1181	1402	547	221	326	61	16	45
台江区	1355	546	809	277	106	171	33	10	23
仓山区	2220	892	1328	537	172	365	107	26	81
马尾区	616	212	404	127	28	99	24	7	17
晋安区	1736	751	985	394	162	232	46	16	30
长乐区	2147	622	1525	445	111	334	54	9	45
闽侯县	2238	791	1447	513	158	355	89	21	68
连江县	1911	634	1277	370	105	265	36	12	24
罗源县	675	272	403	114	46	68	23	6	17
闽清县	956	399	557	220	73	147	16	7	9
永泰县	1019	390	629	206	63	143	19	5	14
平潭县	1433	486	947	298	94	204	49	14	35
福清市	4930	1830	3100	1095	332	763	137	39	98
厦门市	**6368**	**2206**	**4162**	**1328**	**348**	**980**	**187**	**40**	**147**
思明区	2185	824	1361	435	131	304	70	13	57
海沧区	496	180	316	104	24	80	12	4	8
湖里区	808	324	484	164	31	133	27	5	22
集美区	802	267	535	178	55	123	24	3	21
同安区	1035	332	703	205	55	150	29	9	20
翔安区	1042	279	763	242	52	190	25	6	19
莆田市	**10241**	**3131**	**7110**	**2375**	**566**	**1809**	**322**	**70**	**252**
城厢区	1355	446	909	293	83	210	36	9	27
涵江区	1500	444	1056	301	67	234	30	7	23
荔城区	1440	408	1032	321	65	256	53	8	45
秀屿区	2959	813	2146	873	180	693	138	28	110
仙游县	2987	1020	1967	587	171	416	65	18	47
三明市	**7171**	**3082**	**4089**	**1373**	**590**	**783**	**180**	**58**	**122**
梅列区	491	249	242	84	44	40	8	3	5
三元区	503	258	245	119	52	67	14	4	10
明溪县	358	121	237	64	24	40	18	6	12
清流县	394	133	261	82	27	55	15	7	8
宁化县	909	340	569	205	72	133	24	9	15
大田县	846	363	483	157	75	82	15	5	10
尤溪县	1134	551	583	213	104	109	22	5	17
沙县	678	280	398	123	49	74	16	3	13
将乐县	360	165	195	64	29	35	3	1	2
泰宁县	241	97	144	34	14	20	7	3	4
建宁县	248	83	165	36	14	22	4	1	3
永安市	1009	442	567	192	86	106	34	11	23
泉州市	**18057**	**5467**	**12590**	**3824**	**880**	**2944**	**524**	**111**	**413**
鲤城区	898	290	608	184	53	131	24	3	21
丰泽区	818	288	530	151	41	110	25	8	17
洛江区	398	107	291	74	15	59	7	2	5
泉港区	1278	374	904	313	74	239	43	6	37
惠安县	2844	545	2299	570	81	489	72	17	55
安溪县	2144	745	1399	429	121	308	66	13	53
永春县	1103	376	727	174	58	116	33	7	26
德化县	483	194	289	57	24	33	10	3	7
石狮市	827	290	537	201	59	142	29	6	23
晋江市	3265	1081	2184	739	154	585	91	22	69
南安市	3999	1177	2822	932	200	732	124	24	100

1-5 续表 15

单位：人

地 区	90-94岁			95-99岁			100岁及以上		
	小计	男	女	小计	男	女	小计	男	女
漳州市	**14047**	**4360**	**9687**	**2649**	**697**	**1952**	**387**	**73**	**314**
芗城区	1515	576	939	259	100	159	44	11	33
龙文区	350	131	219	67	19	48	9	2	7
云霄县	1225	378	847	231	51	180	34	13	21
漳浦县	2745	770	1975	546	122	424	92	13	79
诏安县	2136	631	1505	482	126	356	62	7	55
长泰县	430	118	312	68	25	43	11	2	9
东山县	860	174	686	175	28	147	29	4	25
南靖县	927	321	606	155	43	112	20	4	16
平和县	1310	398	912	214	51	163	28	4	24
华安县	388	133	255	61	18	43	13	3	10
龙海市	2161	730	1431	391	114	277	45	10	35
南平市	**7975**	**3612**	**4363**	**1490**	**638**	**852**	**194**	**64**	**130**
延平区	1586	720	866	308	127	181	41	15	26
建阳区	824	358	466	154	61	93	28	7	21
顺昌县	660	309	351	122	47	75	18	5	13
浦城县	1144	483	661	206	91	115	23	6	17
光泽县	389	181	208	79	34	45	7	2	5
松溪县	381	180	201	69	30	39	6	4	2
政和县	535	262	273	86	42	44	12	5	7
邵武市	835	364	471	147	63	84	16	5	11
武夷山市	551	256	295	118	57	61	21	6	15
建瓯市	1070	499	571	201	86	115	22	9	13
龙岩市	**8760**	**2723**	**6037**	**1981**	**524**	**1457**	**258**	**56**	**202**
新罗区	1682	656	1026	356	117	239	38	8	30
永定区	1184	382	802	286	77	209	40	5	35
长汀县	1613	460	1153	403	115	288	57	15	42
上杭县	1640	410	1230	372	82	290	52	15	37
武平县	1220	329	891	261	47	214	29	5	24
连城县	756	223	533	184	43	141	29	5	24
漳平市	665	263	402	119	43	76	13	3	10
宁德市	**10300**	**4456**	**5844**	**2240**	**873**	**1367**	**277**	**95**	**182**
蕉城区	1388	605	783	309	116	193	39	13	26
霞浦县	1647	720	927	383	144	239	41	16	25
古田县	1141	482	659	272	107	165	36	16	20
屏南县	531	237	294	117	56	61	15	5	10
寿宁县	879	429	450	185	87	98	25	9	16
周宁县	667	326	341	144	69	75	12	4	8
柘荣县	358	170	188	72	30	42	10	6	4
福安市	2024	853	1171	433	158	275	70	21	49
福鼎市	1665	634	1031	325	106	219	29	5	24

1-5a 各地区分年龄、性别的人口(城市)

单位：人

地 区	合计			0岁		
	合计	男	女	小计	男	女
合 计	**17105023**	**8780310**	**8324713**	**151777**	**81500**	**70277**
福州市	**4014789**	**2037384**	**1977405**	**32474**	**17392**	**15082**
鼓楼区	669090	328155	340935	4775	2544	2231
台江区	411819	204299	207520	3344	1824	1520
仓山区	1142991	592944	550047	10017	5352	4665
马尾区	255442	132244	123198	1854	1026	828
晋安区	767633	390973	376660	6221	3253	2968
长乐区	288848	143951	144897	2271	1240	1031
闽侯县						
连江县						
罗源县						
闽清县						
永泰县						
平潭县						
福清市	478966	244818	234148	3992	2153	1839
厦门市	**4363835**	**2281881**	**2081954**	**41301**	**22009**	**19292**
思明区	1073315	523240	550075	9420	4975	4445
海沧区	569149	308435	260714	5911	3130	2781
湖里区	1035087	543750	491337	9463	5045	4418
集美区	936712	500891	435821	9298	4971	4327
同安区	626727	339276	287451	5923	3199	2724
翔安区	122845	66289	56556	1286	689	597
莆田市	**1382456**	**702708**	**679748**	**11272**	**6227**	**5045**
城厢区	357282	182528	174754	3148	1752	1396
涵江区	368017	186612	181405	2827	1541	1286
荔城区	491136	250019	241117	4137	2291	1846
秀屿区	166021	83549	82472	1160	643	517
仙游县						
三明市	**588024**	**298143**	**289881**	**4594**	**2510**	**2084**
梅列区	203528	100799	102729	1820	1011	809
三元区	157976	79995	77981	1086	580	506
明溪县						
清流县						
宁化县						
大田县						
尤溪县						
沙县						
将乐县						
泰宁县						
建宁县						
永安市	226520	117349	109171	1688	919	769
泉州市	**3060264**	**1603295**	**1456969**	**28126**	**15325**	**12801**
鲤城区	428361	219944	208417	3731	2055	1676
丰泽区	698557	358704	339853	6257	3393	2864
洛江区	100873	50981	49892	1050	548	502
泉港区	126227	63502	62725	1509	829	680
惠安县						
安溪县						
永春县						
德化县						
石狮市	426674	224272	202402	3668	2006	1662
晋江市	1012524	546638	465886	9100	4913	4187
南安市	267048	139254	127794	2811	1581	1230

1-5a　续表 1　　　　单位：人

地　区	合　计			0岁		
	合计	男	女	小计	男	女
漳州市	**1007027**	**502742**	**504285**	**8880**	**4696**	**4184**
芗城区	489255	238642	250613	3640	1921	1719
龙文区	274581	142322	132259	3157	1651	1506
云霄县						
漳浦县						
诏安县						
长泰县						
东山县						
南靖县						
平和县						
华安县						
龙海市	241955	121148	120807	2068	1116	952
南平市	**950059**	**470205**	**479854**	**7365**	**3845**	**3520**
延平区	277748	135988	141760	2109	1109	1000
建阳区	178179	90444	87735	1438	763	675
顺昌县						
浦城县						
光泽县						
松溪县						
政和县						
邵武市	192203	95335	96868	1495	780	715
武夷山市	141862	69965	71897	1170	579	591
建瓯市	160067	78473	81594	1153	614	539
龙岩市	**859065**	**433607**	**425458**	**8456**	**4547**	**3909**
新罗区	658143	333177	324966	6738	3609	3129
永定区	75438	36894	38544	588	323	265
长汀县						
上杭县						
武平县						
连城县						
漳平市	125484	63536	61948	1130	615	515
宁德市	**879504**	**450345**	**429159**	**9309**	**4949**	**4360**
蕉城区	390652	204903	185749	4542	2382	2160
霞浦县						
古田县						
屏南县						
寿宁县						
周宁县						
柘荣县						
福安市	260986	132665	128321	2344	1275	1069
福鼎市	227866	112777	115089	2423	1292	1131

1-5a 续表 2

单位：人

地区	1-4岁			5-9岁			10-14岁		
	小计	男	女	小计	男	女	小计	男	女
合　计	**885515**	**478215**	**407300**	**1163198**	**631141**	**532057**	**923055**	**498368**	**424687**
福州市	**181067**	**96782**	**84285**	**246616**	**131424**	**115192**	**204855**	**109047**	**95808**
鼓楼区	28084	14981	13103	40239	21507	18732	32753	17350	15403
台江区	17016	9097	7919	22391	11997	10394	18977	10147	8830
仓山区	55689	29668	26021	70897	37765	33132	54801	29078	25723
马尾区	9985	5349	4636	13145	7005	6140	11109	5913	5196
晋安区	34464	18473	15991	45916	24425	21491	39867	21198	18669
长乐区	12606	6828	5778	18797	10070	8727	17049	9354	7695
闽侯县									
连江县									
罗源县									
闽清县									
永泰县									
平潭县									
福清市	23223	12386	10837	35231	18655	16576	30299	16007	14292
厦门市	**229716**	**124097**	**105619**	**273319**	**149186**	**124133**	**200995**	**110141**	**90854**
思明区	53345	28781	24564	66992	36260	30732	52851	28618	24233
海沧区	32838	17458	15380	38781	21014	17767	26090	14060	12030
湖里区	49481	26792	22689	56631	31239	25392	44704	24706	19998
集美区	50767	27341	23426	56895	31047	25848	40297	22233	18064
同安区	35668	19603	16065	45809	25208	20601	32484	18092	14392
翔安区	7617	4122	3495	8211	4418	3793	4569	2432	2137
莆田市	**73113**	**39537**	**33576**	**101238**	**54292**	**46946**	**84806**	**45746**	**39060**
城厢区	20331	11084	9247	25215	13632	11583	20572	11307	9265
涵江区	17391	9229	8162	23086	12086	11000	19821	10488	9333
荔城区	27894	15047	12847	38569	20745	17824	30093	16197	13896
秀屿区	7497	4177	3320	14368	7829	6539	14320	7754	6566
仙游县									
三明市	**29209**	**15689**	**13520**	**41074**	**22197**	**18877**	**34036**	**17982**	**16054**
梅列区	11296	6096	5200	14260	7740	6520	11536	6073	5463
三元区	7123	3781	3342	10544	5747	4797	9073	4926	4147
明溪县									
清流县									
宁化县									
大田县									
尤溪县									
沙县									
将乐县									
泰宁县									
建宁县									
永安市	10790	5812	4978	16270	8710	7560	13427	6983	6444
泉州市	**164670**	**91657**	**73013**	**220108**	**124791**	**95317**	**171889**	**96290**	**75599**
鲤城区	22683	12604	10079	31134	17557	13577	24666	13620	11046
丰泽区	37219	20724	16495	42843	24038	18805	34485	18972	15513
洛江区	6807	3788	3019	8440	4666	3774	5565	3013	2552
泉港区	8302	4584	3718	12069	6618	5451	8866	4671	4195
惠安县									
安溪县									
永春县									
德化县									
石狮市	22043	12313	9730	30705	17484	13221	25253	14302	10951
晋江市	50471	27917	22554	69489	39433	30056	53341	30365	22976
南安市	17145	9727	7418	25428	14995	10433	19713	11347	8366

1-5a　续表 3　　　　单位：人

地　区	1-4岁			5-9岁			10-14岁		
	小计	男	女	小计	男	女	小计	男	女
漳州市	**54551**	**29034**	**25517**	**68040**	**36022**	**32018**	**54939**	**28757**	**26182**
芗城区	22586	11846	10740	28347	14983	13364	25398	13352	12046
龙文区	18830	10184	8646	22522	11995	10527	15727	8264	7463
云霄县									
漳浦县									
诏安县									
长泰县									
东山县									
南靖县									
平和县									
华安县									
龙海市	13058	6961	6097	17036	8971	8065	13718	7093	6625
南平市	**46137**	**24090**	**22047**	**63845**	**33340**	**30505**	**60674**	**31660**	**29014**
延平区	12956	6724	6232	17779	9364	8415	16757	8834	7923
建阳区	8800	4582	4218	12888	6605	6283	10867	5648	5219
顺昌县									
浦城县									
光泽县									
松溪县									
政和县									
邵武市	9265	4792	4473	12838	6718	6120	12641	6621	6020
武夷山市	7409	3932	3477	8926	4662	4264	9023	4653	4370
建瓯市	7707	4060	3647	11414	5991	5423	11386	5904	5482
龙岩市	**55997**	**30425**	**25572**	**74398**	**40548**	**33850**	**49425**	**26659**	**22766**
新罗区	43574	23765	19809	54762	29868	24894	35106	18955	16151
永定区	4648	2505	2143	7583	4178	3405	5733	3131	2602
长汀县									
上杭县									
武平县									
连城县									
漳平市	7775	4155	3620	12053	6502	5551	8586	4573	4013
宁德市	**51055**	**26904**	**24151**	**74560**	**39341**	**35219**	**61436**	**32086**	**29350**
蕉城区	22232	11568	10664	31612	16639	14973	24479	12595	11884
霞浦县									
古田县									
屏南县									
寿宁县									
周宁县									
柘荣县									
福安市	14899	7943	6956	23329	12448	10881	21564	11580	9984
福鼎市	13924	7393	6531	19619	10254	9365	15393	7911	7482

1-5a 续表 4 单位：人

地区	15-19岁			20-24岁			25-29岁		
	小计	男	女	小计	男	女	小计	男	女
合　计	**971778**	**519434**	**452344**	**1103827**	**577765**	**526062**	**1399010**	**735220**	**663790**
福州市	**231006**	**125853**	**105153**	**263148**	**135363**	**127785**	**313489**	**162258**	**151231**
鼓楼区	35602	18878	16724	45894	23367	22527	47163	23163	24000
台江区	14616	7868	6748	25637	12640	12997	35916	17810	18106
仓山区	76464	42979	33485	81913	42413	39500	91946	48826	43120
马尾区	18415	10176	8239	20459	10754	9705	19268	10551	8717
晋安区	31455	17235	14220	38927	20140	18787	61011	31304	29707
长乐区	18257	9024	9233	20409	9395	11014	20511	10509	10002
闽侯县									
连江县									
罗源县									
闽清县									
永泰县									
平潭县									
福清市	36197	19693	16504	29909	16654	13255	37674	20095	17579
厦门市	**227990**	**126656**	**101334**	**375331**	**200391**	**174940**	**452532**	**242348**	**210184**
思明区	39167	20857	18310	74057	36038	38019	94586	46200	48386
海沧区	22033	12453	9580	37283	21621	15662	59320	33399	25921
湖里区	35985	20014	15971	100287	51514	48773	139133	73946	65187
集美区	84051	44942	39109	116846	64196	52650	91986	51219	40767
同安区	27506	16073	11433	36437	20881	15556	58095	32570	25525
翔安区	19248	12317	6931	10421	6141	4280	9412	5014	4398
莆田市	**79754**	**43901**	**35853**	**71828**	**40084**	**31744**	**100319**	**52580**	**47739**
城厢区	22465	12434	10031	25531	14079	11452	30383	15986	14397
涵江区	20985	11601	9384	16347	9279	7068	23045	12033	11012
荔城区	24747	13615	11132	23876	13228	10648	36853	19133	17720
秀屿区	11557	6251	5306	6074	3498	2576	10038	5428	4610
仙游县									
三明市	**38212**	**20542**	**17670**	**30264**	**15578**	**14686**	**32079**	**16656**	**15423**
梅列区	10170	4817	5353	9281	4204	5077	12717	6512	6205
三元区	12608	6367	6241	11468	5463	6005	8516	4480	4036
明溪县									
清流县									
宁化县									
大田县									
尤溪县									
沙县									
将乐县									
泰宁县									
建宁县									
永安市	15434	9358	6076	9515	5911	3604	10846	5664	5182
泉州市	**176846**	**93426**	**83420**	**186464**	**98194**	**88270**	**259339**	**138470**	**120869**
鲤城区	23353	12095	11258	21997	11674	10323	31665	16492	15173
丰泽区	56279	28752	27527	61427	29631	31796	58630	30748	27882
洛江区	7788	3065	4723	5449	2740	2709	7453	3931	3522
泉港区	5037	2495	2542	3440	2000	1440	8716	4444	4272
惠安县									
安溪县									
永春县									
德化县									
石狮市	25851	13903	11948	26127	14175	11952	34013	17546	16467
晋江市	45141	25780	19361	59282	33388	25894	99586	54861	44725
南安市	13397	7336	6061	8742	4586	4156	19276	10448	8828

1-5a　续表 5　　　　单位：人

地　区	15-19岁			20-24岁			25-29岁		
	小计	男	女	小计	男	女	小计	男	女
漳州市	**66246**	**31833**	**34413**	**59476**	**27659**	**31817**	**67200**	**34194**	**33006**
芗城区	43447	19953	23494	37100	15641	21459	28647	14273	14374
龙文区	12643	7229	5414	14898	8048	6850	23008	11872	11136
云霄县									
漳浦县									
诏安县									
长泰县									
东山县									
南靖县									
平和县									
华安县									
龙海市	10127	4636	5491	7434	3942	3492	15499	8028	7471
南平市	**54533**	**27126**	**27407**	**40561**	**20038**	**20523**	**49389**	**24214**	**25175**
延平区	14036	7309	6727	10150	5064	5086	14223	6963	7260
建阳区	12406	5909	6497	6901	3568	3333	10289	5189	5100
顺昌县									
浦城县									
光泽县									
松溪县									
政和县									
邵武市	8084	4243	3841	6251	3255	2996	9259	4562	4697
武夷山市	10313	4882	5431	12565	5780	6785	8205	3942	4263
建瓯市	9694	4783	4911	4694	2371	2323	7413	3558	3855
龙岩市	**50724**	**25583**	**25141**	**36647**	**17740**	**18907**	**52029**	**25828**	**26201**
新罗区	38595	19574	19021	31894	15355	16539	42417	21134	21283
永定区	5322	2568	2754	1799	861	938	2740	1232	1508
长汀县									
上杭县									
武平县									
连城县									
漳平市	6807	3441	3366	2954	1524	1430	6872	3462	3410
宁德市	**46467**	**24514**	**21953**	**40108**	**22718**	**17390**	**72634**	**38672**	**33962**
蕉城区	22624	12055	10569	24601	14622	9979	38226	21572	16654
霞浦县									
古田县									
屏南县									
寿宁县									
周宁县									
柘荣县									
福安市	14706	7778	6928	8167	4474	3693	18173	9207	8966
福鼎市	9137	4681	4456	7340	3622	3718	16235	7893	8342

1-5a 续表 6

单位：人

地区	30-34岁			35-39岁			40-44岁		
	小计	男	女	小计	男	女	小计	男	女
合 计	**1911430**	**970234**	**941196**	**1574058**	**796719**	**777339**	**1328105**	**679964**	**648141**
福州市	**407338**	**204264**	**203074**	**362286**	**179415**	**182871**	**307656**	**155436**	**152220**
鼓楼区	58509	27554	30955	61055	28024	33031	51175	24634	26541
台江区	41597	20407	21190	35314	17273	18041	28697	14207	14490
仓山区	124169	63658	60511	107635	55237	52398	86260	45313	40947
马尾区	26758	14091	12667	22717	11837	10880	19828	10469	9359
晋安区	80418	40157	40261	70613	35118	35495	62277	31447	30830
长乐区	27477	13827	13650	24675	12144	12531	22699	11296	11403
闽侯县									
连江县									
罗源县									
闽清县									
永泰县									
平潭县									
福清市	48410	24570	23840	40277	19782	20495	36720	18070	18650
厦门市	**553839**	**290655**	**263184**	**439045**	**228358**	**210687**	**338772**	**177625**	**161147**
思明区	111308	52381	58927	102142	47385	54757	84658	40344	44314
海沧区	81758	44738	37020	63395	34480	28915	47559	26516	21043
湖里区	139715	74553	65162	101182	53092	48090	81060	42603	38457
集美区	120487	64599	55888	91465	49476	41989	63609	34743	28866
同安区	85394	46584	38810	69548	38048	31500	55224	29818	25406
翔安区	15177	7800	7377	11313	5877	5436	6662	3601	3061
莆田市	**154904**	**76433**	**78471**	**118101**	**59248**	**58853**	**103228**	**52124**	**51104**
城厢区	42978	21049	21929	32215	15812	16403	27172	13359	13813
涵江区	37441	18831	18610	30563	15478	15085	28385	14592	13793
荔城区	60440	29745	30695	44403	22588	21815	37491	19133	18358
秀屿区	14045	6808	7237	10920	5370	5550	10180	5040	5140
仙游县									
三明市	**53288**	**26264**	**27024**	**42232**	**20608**	**21624**	**44463**	**21652**	**22811**
梅列区	20580	9953	10627	15584	7551	8033	15312	7195	8117
三元区	13021	6583	6438	10454	5131	5323	11188	5553	5635
明溪县									
清流县									
宁化县									
大田县									
尤溪县									
沙县									
将乐县									
泰宁县									
建宁县									
永安市	19687	9728	9959	16194	7926	8268	17963	8904	9059
泉州市	**380585**	**195293**	**185292**	**302712**	**157092**	**145620**	**255039**	**135478**	**119561**
鲤城区	50729	25690	25039	42846	21693	21153	35708	18722	16986
丰泽区	77411	39546	37865	62502	31697	30805	54069	28242	25827
洛江区	13272	6456	6816	11297	5782	5515	8240	4485	3755
泉港区	13237	6375	6862	12290	6010	6280	9706	4842	4864
惠安县									
安溪县									
永春县									
德化县									
石狮市	54737	27480	27257	44010	22617	21393	37724	19767	17957
晋江市	141143	74938	66205	105549	57032	48517	89867	49215	40652
南安市	30056	14808	15248	24218	12261	11957	19725	10205	9520

1-5a　续表 7　　　　单位：人

地　区	30–34岁			35–39岁			40–44岁		
	小计	男	女	小计	男	女	小计	男	女
漳州市	**98093**	**48486**	**49607**	**86110**	**42902**	**43208**	**73081**	**37072**	**36009**
芗城区	41637	20054	21583	40852	19690	21162	36669	18216	18453
龙文区	34491	17294	17197	27401	14115	13286	20269	10770	9499
云霄县									
漳浦县									
诏安县									
长泰县									
东山县									
南靖县									
平和县									
华安县									
龙海市	21881	11089	10792	17773	9057	8716	16067	8049	8018
南平市	**78555**	**37582**	**40973**	**70358**	**33902**	**36456**	**70466**	**34059**	**36407**
延平区	21651	10137	11514	19441	8999	10442	20296	9467	10829
建阳区	16888	8533	8355	14271	7357	6914	13394	6894	6500
顺昌县									
浦城县									
光泽县									
松溪县									
政和县									
邵武市	14995	7181	7814	13806	6438	7368	14432	6880	7552
武夷山市	11925	5607	6318	11291	5477	5814	10424	5178	5246
建瓯市	13096	6124	6972	11549	5631	5918	11920	5640	6280
龙岩市	**91922**	**44290**	**47632**	**77737**	**37904**	**39833**	**65268**	**31902**	**33366**
新罗区	74159	36230	37929	60573	29939	30634	48756	24279	24477
永定区	5636	2435	3201	5702	2510	3192	6113	2681	3432
长汀县									
上杭县									
武平县									
连城县									
漳平市	12127	5625	6502	11462	5455	6007	10399	4942	5457
宁德市	**92906**	**46967**	**45939**	**75477**	**37290**	**38187**	**70132**	**34616**	**35516**
蕉城区	47515	25213	22302	35100	17801	17299	29868	14973	14895
霞浦县									
古田县									
屏南县									
寿宁县									
周宁县									
柘荣县									
福安市	23556	11396	12160	20330	9841	10489	21368	10502	10866
福鼎市	21835	10358	11477	20047	9648	10399	18896	9141	9755

1-5a 续表 8　　单位：人

地区	45-49岁			50-54岁			55-59岁		
	小计	男	女	小计	男	女	小计	男	女
合　计	**1417327**	**724315**	**693012**	**1223239**	**614485**	**608754**	**977277**	**483478**	**493799**
福州市	**320060**	**161512**	**158548**	**280261**	**139605**	**140656**	**244778**	**119605**	**125173**
鼓楼区	49970	24705	25265	43246	20949	22297	42483	20380	22103
台江区	29618	14396	15222	27838	13269	14569	28481	13579	14902
仓山区	87851	45523	42328	75711	39064	36647	64605	31986	32619
马尾区	21700	11146	10554	18830	9441	9389	15126	7289	7837
晋安区	67988	34664	33324	59573	30141	29432	50944	25525	25419
长乐区	24692	12110	12582	21719	10555	11164	17103	8166	8937
闽侯县									
连江县									
罗源县									
闽清县									
永泰县									
平潭县									
福清市	38241	18968	19273	33344	16186	17158	26036	12680	13356
厦门市	**345356**	**180744**	**164612**	**280691**	**143312**	**137379**	**208174**	**101797**	**106377**
思明区	85563	42090	43473	74369	35521	38848	65280	30575	34705
海沧区	46693	25669	21024	36472	19601	16871	25799	13023	12776
湖里区	86394	45327	41067	68939	35461	33478	47141	23842	23299
集美区	62811	33790	29021	51101	26495	24606	37124	17823	19301
同安区	56918	30306	26612	43395	23063	20332	27493	14102	13391
翔安区	6977	3562	3415	6415	3171	3244	5337	2432	2905
莆田市	**112833**	**56407**	**56426**	**94675**	**45736**	**48939**	**81558**	**38913**	**42645**
城厢区	28514	14308	14206	22032	10589	11443	18783	8992	9791
涵江区	33270	16661	16609	29425	14231	15194	25411	12258	13153
荔城区	38777	19436	19341	32165	15494	16671	27391	12939	14452
秀屿区	12272	6002	6270	11053	5422	5631	9973	4724	5249
仙游县									
三明市	**54873**	**27315**	**27558**	**55811**	**28182**	**27629**	**43768**	**22896**	**20872**
梅列区	18636	9299	9337	18394	9067	9327	15374	7795	7579
三元区	14622	7237	7385	15044	7682	7362	11359	6093	5266
明溪县									
清流县									
宁化县									
大田县									
尤溪县									
沙县									
将乐县									
泰宁县									
建宁县									
永安市	21615	10779	10836	22373	11433	10940	17035	9008	8027
泉州市	**263150**	**138160**	**124990**	**209519**	**106052**	**103467**	**156899**	**78608**	**78291**
鲤城区	34862	17926	16936	28184	13817	14367	23622	11465	12157
丰泽区	55523	28803	26720	46129	23157	22972	37151	18504	18647
洛江区	7537	3923	3614	6196	3054	3142	4452	2090	2362
泉港区	9883	4965	4918	8719	4400	4319	7026	3399	3627
惠安县									
安溪县									
永春县									
德化县									
石狮市	38875	20681	18194	29104	14946	14158	21420	10956	10464
晋江市	95617	51030	44587	72404	37511	34893	48460	25061	23399
南安市	20853	10832	10021	18783	9167	9616	14768	7133	7635

1-5a 续表 9 单位：人

地 区	45-49岁			50-54岁			55-59岁		
	小计	男	女	小计	男	女	小计	男	女
漳州市	**79021**	**39808**	**39213**	**77069**	**38384**	**38685**	**64942**	**32302**	**32640**
芗城区	38892	19238	19654	35749	17641	18108	32200	16150	16050
龙文区	20426	10882	9544	18350	9346	9004	14198	7013	7185
云霄县									
漳浦县									
诏安县									
长泰县									
东山县									
南靖县									
平和县									
华安县									
龙海市	19594	9631	9963	22861	11344	11517	18472	9099	9373
南平市	**92862**	**45549**	**47313**	**93510**	**46522**	**46988**	**74605**	**37389**	**37216**
延平区	27745	13195	14550	28238	13703	14535	23187	11502	11685
建阳区	16387	8331	8056	16574	8628	7946	13361	6866	6495
顺昌县									
浦城县									
光泽县									
松溪县									
政和县									
邵武市	20650	10248	10402	20852	10556	10296	16668	8453	8215
武夷山市	12438	6161	6277	12199	6086	6113	9171	4663	4508
建瓯市	15642	7614	8028	15647	7549	8098	12218	5905	6313
龙岩市	**76482**	**38807**	**37675**	**68075**	**34801**	**33274**	**51937**	**26535**	**25402**
新罗区	56589	28850	27739	50819	25688	25131	39556	19930	19626
永定区	7499	3630	3869	6644	3436	3208	4703	2414	2289
长汀县									
上杭县									
武平县									
连城县									
漳平市	12394	6327	6067	10612	5677	4935	7678	4191	3487
宁德市	**72690**	**36013**	**36677**	**63628**	**31891**	**31737**	**50616**	**25433**	**25183**
蕉城区	29702	15137	14565	24707	12462	12245	19848	10017	9831
霞浦县									
古田县									
屏南县									
寿宁县									
周宁县									
柘荣县									
福安市	23284	11364	11920	20558	10350	10208	15719	7971	7748
福鼎市	19704	9512	10192	18363	9079	9284	15049	7445	7604

1-5a 续表 10　　　　单位：人

地区	60-64岁			65-69岁			70-74岁		
	小计	男	女	小计	男	女	小计	男	女
合　计	**685146**	**335442**	**349704**	**570308**	**272419**	**297889**	**346994**	**167960**	**179034**
福州市	**192791**	**93349**	**99442**	**172194**	**82167**	**90027**	**109076**	**54587**	**54489**
鼓楼区	35791	16641	19150	33008	15280	17728	22852	11035	11817
台江区	25129	12219	12910	22256	10785	11471	14560	7276	7284
仓山区	50816	24769	26047	44568	21769	22799	27260	14051	13209
马尾区	11293	5406	5887	10717	4957	5760	6518	3242	3276
晋安区	38034	18821	19213	32882	15810	17072	20693	10316	10377
长乐区	12554	6040	6514	11910	5407	6503	7314	3684	3630
闽侯县									
连江县									
罗源县									
闽清县									
永泰县									
平潭县									
福清市	19174	9453	9721	16853	8159	8694	9879	4983	4896
厦门市	**142005**	**66880**	**75125**	**111915**	**52141**	**59774**	**62842**	**29981**	**32861**
思明区	50934	23188	27746	43736	20207	23529	27198	12858	14340
海沧区	17701	8370	9331	13205	6237	6968	6702	3288	3414
湖里区	28480	13770	14710	21481	10122	11359	11715	5663	6052
集美区	23839	11375	12464	17120	8020	9100	8447	4008	4439
同安区	17227	8316	8911	13542	6210	7332	7301	3486	3815
翔安区	3824	1861	1963	2831	1345	1486	1479	678	801
莆田市	**60383**	**29425**	**30958**	**57437**	**27465**	**29972**	**33199**	**16020**	**17179**
城厢区	12902	6341	6561	11229	5343	5886	6161	2983	3178
涵江区	17947	8914	9033	18054	8642	9412	10786	5215	5571
荔城区	20400	9947	10453	19547	9404	10143	10874	5342	5532
秀屿区	9134	4223	4911	8607	4076	4531	5378	2480	2898
仙游县									
三明市	**24838**	**12770**	**12068**	**19224**	**9165**	**10059**	**14535**	**6592**	**7943**
梅列区	8650	4317	4333	6581	3084	3497	5035	2248	2787
三元区	6307	3342	2965	4595	2186	2409	3749	1642	2107
明溪县									
清流县									
宁化县									
大田县									
尤溪县									
沙县									
将乐县									
泰宁县									
建宁县									
永安市	9881	5111	4770	8048	3895	4153	5751	2702	3049
泉州市	**100595**	**50159**	**50436**	**79052**	**38248**	**40804**	**45602**	**21281**	**24321**
鲤城区	17497	8645	8852	14425	6933	7492	8689	3959	4730
丰泽区	24365	12039	12326	19446	9445	10001	11008	5056	5952
洛江区	3144	1508	1636	2097	1008	1089	973	476	497
泉港区	5751	2729	3022	4538	2137	2401	2793	1304	1489
惠安县									
安溪县									
永春县									
德化县									
石狮市	12297	6196	6101	9024	4570	4454	5210	2472	2738
晋江市	27087	13936	13151	20412	9949	10463	11677	5490	6187
南安市	10454	5106	5348	9110	4206	4904	5252	2524	2728

1-5a　续表 11　　单位：人

地　区	60-64岁			65-69岁			70-74岁		
	小计	男	女	小计	男	女	小计	男	女
漳州市	**48418**	**23903**	**24515**	**40295**	**19468**	**20827**	**25368**	**12224**	**13144**
芗城区	24059	11966	12093	19203	9346	9857	12327	5980	6347
龙文区	10265	4943	5322	8433	3918	4515	4610	2302	2308
云霄县									
漳浦县									
诏安县									
长泰县									
东山县									
南靖县									
平和县									
华安县									
龙海市	13999	6949	7050	12603	6175	6428	8396	3926	4470
南平市	**48290**	**24357**	**23933**	**37004**	**18001**	**19003**	**24456**	**11630**	**12826**
延平区	15511	7770	7741	11951	5830	6121	8142	3898	4244
建阳区	8420	4267	4153	6075	2951	3124	3751	1854	1897
顺昌县									
浦城县									
光泽县									
松溪县									
政和县									
邵武市	9799	5032	4767	7462	3585	3877	5219	2365	2854
武夷山市	5683	2943	2740	4435	2178	2257	2818	1385	1433
建瓯市	8877	4345	4532	7081	3457	3624	4526	2128	2398
龙岩市	**32236**	**16343**	**15893**	**25918**	**12471**	**13447**	**16249**	**7745**	**8504**
新罗区	24617	12501	12116	19634	9465	10169	12085	5804	6281
永定区	3011	1504	1507	2756	1301	1455	1813	807	1006
长汀县									
上杭县									
武平县									
连城县									
漳平市	4608	2338	2270	3528	1705	1823	2351	1134	1217
宁德市	**35590**	**18256**	**17334**	**27269**	**13293**	**13976**	**15667**	**7900**	**7767**
蕉城区	12997	6649	6348	9792	4741	5051	5812	3034	2778
霞浦县									
古田县									
屏南县									
寿宁县									
周宁县									
柘荣县									
福安市	11622	6068	5554	9348	4586	4762	5177	2598	2579
福鼎市	10971	5539	5432	8129	3966	4163	4678	2268	2410

1-5a 续表 12

单位：人

地 区	75-79岁			80-84岁			85-89岁		
	小计	男	女	小计	男	女	小计	男	女
合 计	**207668**	**99298**	**108370**	**147098**	**66925**	**80173**	**81857**	**33837**	**48020**
福州市	**63296**	**31919**	**31377**	**44200**	**21237**	**22963**	**26012**	**11350**	**14662**
鼓楼区	14674	6962	7712	11555	5516	6039	7071	3267	3804
台江区	8673	4281	4392	6304	2918	3386	3790	1644	2146
仓山区	14349	7438	6911	9510	4588	4922	5666	2377	3289
马尾区	3501	1807	1694	2253	1078	1175	1368	517	851
晋安区	11775	6083	5692	8141	3988	4153	4439	2039	2400
长乐区	4336	2304	2032	2530	1279	1251	1306	526	780
闽侯县									
连江县									
罗源县									
闽清县									
永泰县									
平潭县									
福清市	5988	3044	2944	3907	1870	2037	2372	980	1392
厦门市	**36025**	**16931**	**19094**	**24699**	**11200**	**13499**	**13356**	**5386**	**7970**
思明区	16211	7590	8621	12466	5695	6771	6342	2709	3633
海沧区	3550	1727	1823	2211	972	1239	1252	476	776
湖里区	6152	2994	3158	3997	1869	2128	2150	840	1310
集美区	4925	2246	2679	3097	1396	1701	1754	717	1037
同安区	4253	1944	2309	2349	1035	1314	1488	519	969
翔安区	934	430	504	579	233	346	370	125	245
莆田市	**19890**	**9334**	**10556**	**12630**	**5521**	**7109**	**7509**	**2612**	**4897**
城厢区	3775	1803	1972	2209	1073	1136	1149	440	709
涵江区	6112	2843	3269	3742	1629	2113	2330	760	1570
荔城区	6290	3070	3220	3890	1617	2273	2227	750	1477
秀屿区	3713	1618	2095	2789	1202	1587	1803	662	1141
仙游县									
三明市	**10771**	**4785**	**5986**	**8909**	**3939**	**4970**	**4245**	**2022**	**2223**
梅列区	3617	1639	1978	2869	1309	1560	1326	636	690
三元区	3007	1253	1754	2506	1093	1413	1269	631	638
明溪县									
清流县									
宁化县									
大田县									
尤溪县									
沙县									
将乐县									
泰宁县									
建宁县									
永安市	4147	1893	2254	3534	1537	1997	1650	755	895
泉州市	**25284**	**11697**	**13587**	**18687**	**7706**	**10981**	**10945**	**3869**	**7076**
鲤城区	4962	2221	2741	4004	1593	2411	2498	837	1661
丰泽区	6061	2863	3198	4396	1885	2511	2362	872	1490
洛江区	502	232	270	334	138	196	193	61	132
泉港区	1759	751	1008	1229	502	727	877	304	573
惠安县									
安溪县									
永春县									
德化县									
石狮市	2872	1372	1500	2056	865	1191	1236	453	783
晋江市	5920	2776	3144	4434	1839	2595	2480	879	1601
南安市	3208	1482	1726	2234	884	1350	1299	463	836

1-5a 续表 13

单位：人

地 区	75-79岁			80-84岁			85-89岁		
	小计	男	女	小计	男	女	小计	男	女
漳州市	**15959**	**7449**	**8510**	**10897**	**5060**	**5837**	**6093**	**2605**	**3488**
芗城区	8034	3716	4318	5806	2708	3098	3330	1455	1875
龙文区	2566	1233	1333	1534	735	799	901	400	501
云霄县									
漳浦县									
诏安县									
长泰县									
东山县									
南靖县									
平和县									
华安县									
龙海市	5334	2492	2842	3533	1605	1928	1848	745	1103
南平市	**16321**	**7397**	**8924**	**12386**	**5576**	**6810**	**6282**	**2808**	**3474**
延平区	5589	2500	3089	4597	2086	2511	2423	1110	1313
建阳区	2450	1126	1324	1756	828	928	925	385	540
顺昌县									
浦城县									
光泽县									
松溪县									
政和县									
邵武市	3640	1517	2123	2920	1230	1690	1405	645	760
武夷山市	1832	901	931	1221	535	686	550	283	267
建瓯市	2810	1353	1457	1892	897	995	979	385	594
龙岩市	**11111**	**5289**	**5822**	**8585**	**3810**	**4775**	**4121**	**1690**	**2431**
新罗区	8047	3835	4212	6080	2735	3345	2884	1172	1712
永定区	1324	618	706	1049	457	592	550	216	334
长汀县									
上杭县									
武平县									
连城县									
漳平市	1740	836	904	1456	618	838	687	302	385
宁德市	**9011**	**4497**	**4514**	**6105**	**2876**	**3229**	**3294**	**1495**	**1799**
蕉城区	3221	1644	1577	2192	1040	1152	1097	548	549
霞浦县									
古田县									
屏南县									
寿宁县									
周宁县									
柘荣县									
福安市	3099	1580	1519	1984	946	1038	1140	509	631
福鼎市	2691	1273	1418	1929	890	1039	1057	438	619

1-5a 续表 14

单位：人

地区	90-94岁			95-99岁			100岁及以上		
	小计	男	女	小计	男	女	小计	男	女
合 计	**29404**	**11415**	**17989**	**6126**	**1982**	**4144**	**826**	**194**	**632**
福州市	**9779**	**3988**	**5791**	**2115**	**756**	**1359**	**292**	**75**	**217**
鼓楼区	2583	1181	1402	547	221	326	61	16	45
台江区	1355	546	809	277	106	171	33	10	23
仓山区	2220	892	1328	537	172	365	107	26	81
马尾区	485	164	321	98	22	76	15	4	11
晋安区	1603	684	919	354	141	213	38	11	27
长乐区	513	156	357	108	35	73	12	2	10
闽侯县									
连江县									
罗源县									
闽清县									
永泰县									
平潭县									
福清市	1020	365	655	194	59	135	26	6	20
厦门市	**4816**	**1761**	**3055**	**975**	**257**	**718**	**141**	**25**	**116**
思明区	2185	824	1361	435	131	304	70	13	57
海沧区	484	176	308	102	24	78	10	3	7
湖里区	808	324	484	162	29	133	27	5	22
集美区	643	214	429	133	39	94	17	1	16
同安区	552	188	364	107	29	78	14	2	12
翔安区	144	35	109	36	5	31	3	1	2
莆田市	**2985**	**914**	**2071**	**709**	**170**	**539**	**85**	**19**	**66**
城厢区	421	131	290	89	29	60	8	2	6
涵江区	850	259	591	183	38	145	16	4	12
荔城区	861	258	603	185	38	147	26	2	24
秀屿区	853	266	587	252	65	187	35	11	24
仙游县									
三明市	**1310**	**661**	**649**	**261**	**129**	**132**	**28**	**9**	**19**
梅列区	410	213	197	74	38	36	6	2	4
三元区	346	186	160	84	37	47	7	2	5
明溪县									
清流县									
宁化县									
大田县									
尤溪县									
沙县									
将乐县									
泰宁县									
建宁县									
永安市	554	262	292	103	54	49	15	5	10
泉州市	**3807**	**1271**	**2536**	**835**	**209**	**626**	**111**	**19**	**92**
鲤城区	898	290	608	184	53	131	24	3	21
丰泽区	818	288	530	151	41	110	25	8	17
洛江区	74	16	58	10	1	9			
泉港区	379	118	261	89	23	66	12	2	10
惠安县									
安溪县									
永春县									
德化县									
石狮市	351	139	212	84	27	57	14	2	12
晋江市	812	276	536	223	46	177	29	3	26
南安市	475	144	331	94	18	76	7	1	6

1-5a　续表 15　　　　单位：人

地　区	90-94岁			95-99岁			100岁及以上		
	小计	男	女	小计	男	女	小计	男	女
漳州市	**1964**	**748**	**1216**	**328**	**122**	**206**	**57**	**14**	**43**
芗城区	1122	433	689	173	72	101	37	8	29
龙文区	289	113	176	55	14	41	8	1	7
云霄县									
漳浦县									
诏安县									
长泰县									
东山县									
南靖县									
平和县									
华安县									
龙海市	546	200	346	96	35	61	12	5	7
南平市	**2031**	**953**	**1078**	**383**	**154**	**229**	**46**	**13**	**33**
延平区	808	362	446	142	56	86	17	6	11
建阳区	286	146	140	44	13	31	8	1	7
顺昌县									
浦城县									
光泽县									
松溪县									
政和县									
邵武市	436	198	238	79	34	45	7	2	5
武夷山市	203	105	98	52	30	22	9	3	6
建瓯市	298	142	156	66	21	45	5	1	4
龙岩市	**1448**	**592**	**856**	**276**	**93**	**183**	**24**	**5**	**19**
新罗区	1049	420	629	197	67	130	12	2	10
永定区	180	75	105	37	11	26	8	1	7
长汀县									
上杭县									
武平县									
连城县									
漳平市	219	97	122	42	15	27	4	2	2
宁德市	**1264**	**527**	**737**	**244**	**92**	**152**	**42**	**15**	**27**
蕉城区	388	171	217	84	36	48	13	4	9
霞浦县									
古田县									
屏南县									
寿宁县									
周宁县									
柘荣县									
福安市	504	204	300	95	36	59	20	9	11
福鼎市	372	152	220	65	20	45	9	2	7

1-5b 各地区分年龄、性别的人口(镇)

单位：人

地区	合计 合计	合计 男	合计 女	0岁 小计	0岁 男	0岁 女
合计	**11452224**	**5858483**	**5593741**	**105351**	**57561**	**47790**
福州市	**1995453**	**1016839**	**978614**	**16714**	**8947**	**7767**
鼓楼区						
台江区						
仓山区						
马尾区						
晋安区	2218	1132	1086	8	2	6
长乐区	185413	98694	86719	1443	755	688
闽侯县	593963	304872	289091	4834	2605	2229
连江县	323972	161687	162285	2340	1258	1082
罗源县	182607	95469	87138	1648	875	773
闽清县	112260	55870	56390	960	521	439
永泰县	121768	60549	61219	1108	586	522
平潭县	207444	103096	104348	2069	1115	954
福清市	265808	135470	130338	2304	1230	1074
厦门市	**253416**	**140872**	**112544**	**2364**	**1277**	**1087**
思明区						
海沧区						
湖里区	1887	1297	590	17	10	7
集美区	122	70	52	2	1	1
同安区	16150	8448	7702	173	90	83
翔安区	235257	131057	104200	2172	1176	996
莆田市	**630793**	**314528**	**316265**	**5905**	**3225**	**2680**
城厢区	36461	18005	18456	380	213	167
涵江区	12578	6225	6353	105	54	51
荔城区	8604	4313	4291	75	41	34
秀屿区	99290	49839	49451	894	462	432
仙游县	473860	236146	237714	4451	2455	1996
三明市	**983476**	**494490**	**488986**	**9135**	**5005**	**4130**
梅列区	10472	5724	4748	65	32	33
三元区	6447	3560	2887	40	25	15
明溪县	51851	25433	26418	431	236	195
清流县	59896	30127	29769	512	267	245
宁化县	126219	62293	63926	1180	643	537
大田县	162066	84225	77841	1645	935	710
尤溪县	166631	84713	81918	1812	1013	799
沙县	176226	88063	88163	1555	846	709
将乐县	85175	41904	43271	760	388	372
泰宁县	60330	29365	30965	528	296	232
建宁县	56258	27643	28615	455	245	210
永安市	21905	11440	10465	152	79	73
泉州市	**2952387**	**1534717**	**1417670**	**28408**	**15896**	**12512**
鲤城区						
丰泽区						
洛江区	44176	22423	21753	375	214	161
泉港区	70963	35481	35482	833	459	374
惠安县	584053	291527	292526	6616	3646	2970
安溪县	498061	260533	237528	4754	2723	2031
永春县	258934	129893	129041	2186	1234	952
德化县	259496	136612	122884	2845	1632	1213
石狮市	163228	90881	72347	1369	765	604
晋江市	403627	211946	191681	3408	1857	1551
南安市	669849	355421	314428	6022	3366	2656

1-5b 续表 1

单位：人

地　区	合　计			0岁		
	合计	男	女	小计	男	女
漳州市	**2094474**	**1077385**	**1017089**	**19398**	**10481**	**8917**
芗城区	81450	43742	37708	619	322	297
龙文区						
云霄县	223883	114497	109386	2132	1195	937
漳浦县	466953	239791	227162	4804	2612	2192
诏安县	253937	128253	125684	2576	1379	1197
长泰县	135414	71470	63944	1090	570	520
东山县	141511	70492	71019	1317	699	618
南靖县	162029	81818	80211	1273	655	618
平和县	215480	110832	104648	1880	1036	844
华安县	71401	36942	34459	522	254	268
龙海市	342416	179548	162868	3185	1759	1426
南平市	**649039**	**322835**	**326204**	**4902**	**2625**	**2277**
延平区	49848	25560	24288	351	180	171
建阳区	31697	15728	15969	205	112	93
顺昌县	92001	45326	46675	654	354	300
浦城县	143301	69784	73517	857	452	405
光泽县	65611	32160	33451	517	287	230
松溪县	64444	31544	32900	555	301	254
政和县	93025	47063	45962	986	521	465
邵武市	25633	13571	12062	194	102	92
武夷山市	17446	9228	8218	147	75	72
建瓯市	66033	32871	33162	436	241	195
龙岩市	**853558**	**429057**	**424501**	**8477**	**4708**	**3769**
新罗区	64191	32918	31273	582	310	272
永定区	88509	45707	42802	779	441	338
长汀县	212617	106089	106528	1992	1110	882
上杭县	193718	97217	96501	1883	1045	838
武平县	147995	72810	75185	1681	911	770
连城县	124550	62809	61741	1386	787	599
漳平市	21978	11507	10471	174	104	70
宁德市	**1039628**	**527760**	**511868**	**10048**	**5397**	**4651**
蕉城区	34847	18283	16564	337	178	159
霞浦县	289598	146287	143311	2936	1626	1310
古田县	160506	79552	80954	1403	744	659
屏南县	68975	34390	34585	725	362	363
寿宁县	88595	44792	43803	976	499	477
周宁县	78954	39765	39189	715	372	343
柘荣县	58596	29116	29480	584	331	253
福安市	136082	72813	63269	1090	608	482
福鼎市	123475	62762	60713	1282	677	605

1-5b 续表 2

单位：人

地　区	1-4岁			5-9岁			10-14岁		
	小计	男	女	小计	男	女	小计	男	女
合　计	**646465**	**351181**	**295284**	**929371**	**507546**	**421825**	**768997**	**416904**	**352093**
福州市	**94401**	**50590**	**43811**	**136322**	**72736**	**63586**	**117315**	**62790**	**54525**
鼓楼区									
台江区									
仓山区									
马尾区									
晋安区	56	30	26	91	51	40	92	43	49
长乐区	7443	4091	3352	11398	6156	5242	10421	5690	4731
闽侯县	25317	13567	11750	31234	16736	14498	23788	12730	11058
连江县	14481	7812	6669	24275	13083	11192	22553	12324	10229
罗源县	9917	5228	4689	14825	7942	6883	11281	6014	5267
闽清县	5737	3116	2621	8341	4408	3933	7780	4123	3657
永泰县	7003	3799	3204	10244	5537	4707	9102	4924	4178
平潭县	11665	6239	5426	16487	8636	7851	14849	7804	7045
福清市	12782	6708	6074	19427	10187	9240	17449	9138	8311
厦门市	**13134**	**7133**	**6001**	**16986**	**9274**	**7712**	**10357**	**5583**	**4774**
思明区									
海沧区									
湖里区	72	36	36	84	39	45	40	31	9
集美区	1		1	4		4	5	3	2
同安区	953	539	414	1323	726	597	984	509	475
翔安区	12108	6558	5550	15575	8509	7066	9328	5040	4288
莆田市	**33081**	**18071**	**15010**	**53067**	**28273**	**24794**	**47835**	**25589**	**22246**
城厢区	1864	1028	836	3285	1784	1501	3129	1653	1476
涵江区	626	356	270	774	394	380	785	392	393
荔城区	417	226	191	811	443	368	891	506	385
秀屿区	4848	2726	2122	9512	5137	4375	8569	4659	3910
仙游县	25326	13735	11591	38685	20515	18170	34461	18379	16082
三明市	**60088**	**32906**	**27182**	**94044**	**51328**	**42716**	**77418**	**42600**	**34818**
梅列区	419	239	180	663	355	308	552	285	267
三元区	256	140	116	346	180	166	285	163	122
明溪县	3016	1543	1473	3874	2019	1855	3141	1615	1526
清流县	3472	1900	1572	5549	3052	2497	4998	2774	2224
宁化县	7817	4276	3541	11676	6366	5310	10508	5822	4686
大田县	11589	6521	5068	21632	12509	9123	14692	8701	5991
尤溪县	11316	6316	5000	15890	8557	7333	10912	6124	4788
沙县	9164	4911	4253	14727	7779	6948	14627	7693	6934
将乐县	4957	2687	2270	7477	3990	3487	7183	3825	3358
泰宁县	4000	2191	1809	5535	2932	2603	4513	2444	2069
建宁县	3069	1632	1437	4763	2555	2208	4471	2389	2082
永安市	1013	550	463	1912	1034	878	1536	765	771
泉州市	**175381**	**98238**	**77143**	**249130**	**142688**	**106442**	**203538**	**114167**	**89371**
鲤城区									
丰泽区									
洛江区	2419	1399	1020	3112	1759	1353	2269	1229	1040
泉港区	4559	2477	2082	6206	3418	2788	4748	2462	2286
惠安县	39450	22186	17264	47773	27050	20723	35326	18892	16434
安溪县	30625	17365	13260	52750	30832	21918	51266	30351	20915
永春县	14509	8025	6484	21571	12421	9150	19533	10936	8597
德化县	19253	10848	8405	25372	14747	10625	17045	9562	7483
石狮市	7333	4050	3283	9856	5684	4172	8310	4681	3629
晋江市	19579	10755	8824	27210	15198	12012	22913	12616	10297
南安市	37654	21133	16521	55280	31579	23701	42128	23438	18690

1-5b 续表 3

单位：人

地 区	1-4岁			5-9岁			10-14岁		
	小计	男	女	小计	男	女	小计	男	女
漳州市	**122405**	**65257**	**57148**	**155814**	**83661**	**72153**	**126269**	**67217**	**59052**
芗城区	3927	2071	1856	5315	2827	2488	4471	2374	2097
龙文区									
云霄县	12647	6804	5843	16229	9017	7212	14636	8075	6561
漳浦县	31715	17038	14677	36536	19917	16619	27311	14790	12521
诏安县	15555	8130	7425	21372	11377	9995	18347	9690	8657
长泰县	7713	4047	3666	9507	5144	4363	7080	3675	3405
东山县	7759	4051	3708	9046	4644	4402	7446	3846	3600
南靖县	8513	4485	4028	11027	5800	5227	9503	4953	4550
平和县	11922	6513	5409	16677	8893	7784	14186	7534	6652
华安县	3726	1969	1757	5198	2805	2393	4609	2393	2216
龙海市	18928	10149	8779	24907	13237	11670	18680	9887	8793
南平市	**29919**	**15513**	**14406**	**46906**	**24219**	**22687**	**51127**	**26349**	**24778**
延平区	1973	1035	938	2794	1400	1394	3686	1923	1763
建阳区	1470	758	712	2706	1426	1280	2854	1435	1419
顺昌县	3790	2003	1787	5382	2772	2610	5612	2873	2739
浦城县	5360	2730	2630	9323	4743	4580	11622	5880	5742
光泽县	3249	1687	1562	4643	2428	2215	5001	2679	2322
松溪县	3384	1723	1661	5635	2895	2740	5319	2740	2579
政和县	5639	2939	2700	8351	4358	3993	8208	4386	3822
邵武市	1023	510	513	1399	714	685	1480	762	718
武夷山市	906	478	428	1026	517	509	1019	536	483
建瓯市	3125	1650	1475	5647	2966	2681	6326	3135	3191
龙岩市	**58985**	**32308**	**26677**	**86075**	**47565**	**38510**	**57888**	**32303**	**25585**
新罗区	4052	2128	1924	5591	2972	2619	3839	1907	1932
永定区	5167	2892	2275	9657	5372	4285	6415	3468	2947
长汀县	14032	7761	6271	23127	12939	10188	16088	9422	6666
上杭县	13957	7630	6327	19035	10368	8667	11963	6538	5425
武平县	11331	6176	5155	14659	8005	6654	10237	5670	4567
连城县	9269	5092	4177	11773	6684	5089	7815	4467	3348
漳平市	1177	629	548	2233	1225	1008	1531	831	700
宁德市	**59071**	**31165**	**27906**	**91027**	**47802**	**43225**	**77250**	**40306**	**36944**
蕉城区	1695	907	788	2676	1359	1317	2193	1069	1124
霞浦县	17036	9005	8031	28015	14666	13349	21344	11103	10241
古田县	8868	4595	4273	12311	6446	5865	9736	5035	4701
屏南县	4533	2323	2210	6047	3210	2837	5412	2827	2585
寿宁县	5300	2795	2505	7535	4018	3517	7794	4198	3596
周宁县	4202	2262	1940	7325	3896	3429	6617	3474	3143
柘荣县	3638	1933	1705	5473	2815	2658	4823	2470	2353
福安市	6273	3345	2928	10504	5537	4967	10451	5551	4900
福鼎市	7526	4000	3526	11141	5855	5286	8880	4579	4301

1－5b 续表 4

单位：人

地区	15－19岁			20－24岁			25－29岁		
	小计	男	女	小计	男	女	小计	男	女
合计	**608035**	**318316**	**289719**	**477441**	**255792**	**221649**	**716672**	**373904**	**342768**
福州市	**135748**	**67942**	**67806**	**153979**	**79735**	**74244**	**141874**	**74875**	**66999**
鼓楼区									
台江区									
仓山区									
马尾区									
晋安区	932	428	504	36	18	18	73	44	29
长乐区	7064	3974	3090	8395	5000	3395	13941	7925	6016
闽侯县	67375	31383	35992	96473	47953	48520	45595	25147	20448
连江县	16545	8891	7654	13526	7027	6499	17597	8752	8845
罗源县	6628	3596	3032	5741	3409	2332	13341	7045	6296
闽清县	6508	3429	3079	3525	1824	1701	5303	2648	2655
永泰县	6969	3882	3087	4414	2378	2036	6938	3315	3623
平潭县	11022	5947	5075	10541	5738	4803	21331	10502	10829
福清市	12705	6412	6293	11328	6388	4940	17755	9497	8258
厦门市	**11802**	**6972**	**4830**	**23245**	**14482**	**8763**	**29797**	**18256**	**11541**
思明区									
海沧区									
湖里区	96	84	12	228	181	47	222	161	61
集美区	4	2	2	2	1	1	8	7	1
同安区	353	197	156	613	351	262	1015	563	452
翔安区	11349	6689	4660	22402	13949	8453	28552	17525	11027
莆田市	**39366**	**21222**	**18144**	**24061**	**13067**	**10994**	**40264**	**20378**	**19886**
城厢区	2550	1367	1183	1200	668	532	1893	934	959
涵江区	231	139	92	381	209	172	584	301	283
荔城区	442	219	223	339	198	141	460	238	222
秀屿区	5749	3041	2708	3344	1958	1386	5894	3147	2747
仙游县	30394	16456	13938	18797	10034	8763	31433	15758	15675
三明市	**52469**	**27989**	**24480**	**24994**	**12384**	**12610**	**47638**	**22959**	**24679**
梅列区	216	117	99	363	234	129	486	306	180
三元区	104	60	44	196	121	75	255	156	99
明溪县	2066	1014	1052	1494	717	777	2299	1118	1181
清流县	3159	1720	1439	1628	788	840	2721	1337	1384
宁化县	7511	3979	3532	2886	1317	1569	5550	2628	2922
大田县	8289	4527	3762	3076	1632	1444	9667	4580	5087
尤溪县	8640	4658	3982	4009	2066	1943	9420	4574	4846
沙县	12476	6655	5821	5530	2740	2790	8232	4104	4128
将乐县	3515	1834	1681	2120	1004	1116	3229	1467	1762
泰宁县	2852	1537	1315	1542	707	835	2529	1165	1364
建宁县	2637	1392	1245	1675	787	888	2442	1118	1324
永安市	1004	496	508	475	271	204	808	406	402
泉州市	**144311**	**77434**	**66877**	**101844**	**56727**	**45117**	**203221**	**108359**	**94862**
鲤城区									
丰泽区									
洛江区	3910	1792	2118	4945	2285	2660	2624	1439	1185
泉港区	1644	865	779	1762	1026	736	4851	2560	2291
惠安县	26051	13507	12544	15566	8530	7036	37910	19248	18662
安溪县	27786	15273	12513	15951	8711	7240	36220	18548	17672
永春县	12161	5982	6179	6640	3515	3125	11765	5929	5836
德化县	12050	6456	5594	6967	3774	3193	16289	8412	7877
石狮市	7671	4792	2879	7661	4841	2820	12623	7463	5160
晋江市	24921	13635	11286	17642	10163	7479	30721	16718	14003
南安市	28117	15132	12985	24710	13882	10828	50218	28042	22176

1-5b　续表 5　　　　单位：人

地　区	15-19岁			20-24岁			25-29岁		
	小计	男	女	小计	男	女	小计	男	女
漳州市	**108510**	**56098**	**52412**	**85654**	**46196**	**39458**	**121994**	**63933**	**58061**
芗城区	3024	1721	1303	4236	2344	1892	5549	3055	2494
龙文区									
云霄县	13079	6618	6461	9204	4871	4333	14395	7481	6914
漳浦县	24234	12529	11705	16926	8949	7977	26448	13736	12712
诏安县	11334	5644	5690	8988	4779	4209	13364	6875	6489
长泰县	5185	2900	2285	5900	3557	2343	9201	5047	4154
东山县	5164	2532	2632	4306	2232	2074	8099	4032	4067
南靖县	7334	3605	3729	4989	2642	2347	7450	3717	3733
平和县	12402	6474	5928	7876	4343	3533	10541	5485	5056
华安县	2769	1441	1328	2160	1161	999	3084	1614	1470
龙海市	23985	12634	11351	21069	11318	9751	23863	12891	10972
南平市	**30438**	**15623**	**14815**	**18380**	**9344**	**9036**	**27993**	**13718**	**14275**
延平区	1606	848	758	1533	872	661	2146	1185	961
建阳区	956	495	461	774	387	387	1095	498	597
顺昌县	6198	3194	3004	2270	1166	1104	4043	1970	2073
浦城县	8111	4033	4078	4338	2093	2245	5012	2394	2618
光泽县	3444	1721	1723	2068	1011	1057	3115	1476	1639
松溪县	2683	1296	1387	1688	829	859	2986	1379	1607
政和县	3761	1972	1789	2852	1475	1377	5428	2749	2679
邵武市	556	323	233	717	379	338	1011	552	459
武夷山市	1717	974	743	685	398	287	813	438	375
建瓯市	1406	767	639	1455	734	721	2344	1077	1267
龙岩市	**40832**	**21964**	**18868**	**18604**	**9516**	**9088**	**39971**	**19051**	**20920**
新罗区	1112	565	547	1325	694	631	2906	1445	1461
永定区	3548	1933	1615	1607	877	730	3340	1644	1696
长汀县	12676	7011	5665	5156	2632	2524	9281	4364	4917
上杭县	9649	5191	4458	4683	2493	2190	10156	4828	5328
武平县	7754	4047	3707	3131	1448	1683	6833	3109	3724
连城县	5785	3051	2734	2319	1171	1148	6648	3245	3403
漳平市	308	166	142	383	201	182	807	416	391
宁德市	**44559**	**23072**	**21487**	**26680**	**14341**	**12339**	**63920**	**32375**	**31545**
蕉城区	1269	636	633	765	418	347	2194	1169	1025
霞浦县	11642	6161	5481	6938	3626	3312	17207	8479	8728
古田县	6520	3252	3268	3306	1686	1620	8868	4334	4534
屏南县	3361	1694	1667	1703	876	827	4408	2242	2166
寿宁县	5344	2842	2502	3054	1624	1430	5597	2781	2816
周宁县	3754	2006	1748	1957	1053	904	4631	2390	2241
柘荣县	2730	1396	1334	1578	782	796	3511	1654	1857
福安市	5833	3009	2824	4385	2702	1683	10001	5611	4390
福鼎市	4106	2076	2030	2994	1574	1420	7503	3715	3788

1－5b 续表 6

单位：人

地区	30－34岁			35－39岁			40－44岁		
	小计	男	女	小计	男	女	小计	男	女
合　计	**1057669**	**523078**	**534591**	**897030**	**444773**	**452257**	**856205**	**426826**	**429379**
福州市	**186832**	**94223**	**92609**	**158538**	**80187**	**78351**	**144491**	**72272**	**72219**
鼓楼区									
台江区									
仓山区									
马尾区									
晋安区	94	53	41	116	59	57	94	60	34
长乐区	18773	10204	8569	16897	9190	7707	14573	7942	6631
闽侯县	54581	28887	25694	44302	23679	20623	35348	18665	16683
连江县	31146	14998	16148	28735	13870	14865	25518	12186	13332
罗源县	17446	8788	8658	14756	7482	7274	15001	7491	7510
闽清县	8223	3834	4389	8174	3823	4351	9168	4268	4900
永泰县	11007	4943	6064	9310	4286	5024	10019	4524	5495
平潭县	19776	9327	10449	13407	6260	7147	14848	6940	7908
福清市	25786	13189	12597	22841	11538	11303	19922	10196	9726
厦门市	**35729**	**20560**	**15169**	**25694**	**14252**	**11442**	**17374**	**9500**	**7874**
思明区									
海沧区									
湖里区	270	191	79	150	109	41	137	83	54
集美区	15	8	7	6	3	3	11	7	4
同安区	1499	789	710	1596	823	773	1248	647	601
翔安区	33945	19572	14373	23942	13317	10625	15978	8763	7215
莆田市	**53380**	**25127**	**28253**	**41661**	**19835**	**21826**	**44197**	**21243**	**22954**
城厢区	3095	1420	1675	2437	1133	1304	2349	1111	1238
涵江区	828	411	417	812	424	388	744	376	368
荔城区	896	418	478	585	285	300	487	245	242
秀屿区	8718	4073	4645	6245	3122	3123	6178	3033	3145
仙游县	39843	18805	21038	31582	14871	16711	34439	16478	17961
三明市	**83058**	**37788**	**45270**	**64750**	**29342**	**35408**	**68826**	**32350**	**36476**
梅列区	767	432	335	681	378	303	719	384	335
三元区	495	262	233	425	249	176	423	246	177
明溪县	4442	2062	2380	3523	1585	1938	3567	1731	1836
清流县	4893	2204	2689	4365	1902	2463	4460	2091	2369
宁化县	10444	4579	5865	8558	3824	4734	8580	3908	4672
大田县	15278	6888	8390	11195	5017	6178	12322	5841	6481
尤溪县	15501	7195	8306	10516	4905	5611	10748	5005	5743
沙县	13024	6150	6874	10350	4739	5611	12369	5835	6534
将乐县	6645	2896	3749	5684	2600	3084	5481	2538	2943
泰宁县	4727	1998	2729	3900	1628	2272	4337	1945	2392
建宁县	5203	2341	2862	4139	1819	2320	4028	1909	2119
永安市	1639	781	858	1414	696	718	1792	917	875
泉州市	**311827**	**156095**	**155732**	**260573**	**131598**	**128975**	**236636**	**121251**	**115385**
鲤城区									
丰泽区									
洛江区	4049	2050	1999	3581	1779	1802	3546	1785	1761
泉港区	6790	3365	3425	6230	3001	3229	5150	2437	2713
惠安县	63058	29754	33304	55221	26673	28548	46150	22927	23223
安溪县	55984	26440	29544	43342	21168	22174	37246	18791	18455
永春县	22679	10589	12090	19317	9084	10233	20914	9851	11063
德化县	24710	12206	12504	22759	11098	11661	23874	11966	11908
石狮市	17891	10190	7701	14516	8067	6449	14074	7763	6311
晋江市	43972	22808	21164	36125	18862	17263	33881	17704	16177
南安市	72694	38693	34001	59482	31866	27616	51801	28027	23774

1-5b 续表 7

单位：人

地 区	30-34岁			35-39岁			40-44岁		
	小计	男	女	小计	男	女	小计	男	女
漳州市	**184651**	**93937**	**90714**	**161362**	**81532**	**79830**	**155677**	**78648**	**77029**
芗城区	8185	4515	3670	7308	3997	3311	6538	3594	2944
龙文区									
云霄县	17992	8841	9151	16227	7907	8320	18874	9185	9689
漳浦县	42404	21374	21030	36165	18135	18030	36453	18585	17868
诏安县	17566	8779	8787	17894	8918	8976	17242	8563	8679
长泰县	14925	7843	7082	12487	6520	5967	10446	5412	5034
东山县	12240	6084	6156	9566	4597	4969	11020	5394	5626
南靖县	12630	6108	6522	11939	5902	6037	11851	5733	6118
平和县	16026	8012	8014	15210	7418	7792	13714	6694	7020
华安县	5918	3060	2858	4978	2456	2522	5235	2537	2698
龙海市	36765	19321	17444	29588	15682	13906	24304	12951	11353
南平市	**43526**	**20422**	**23104**	**39170**	**18383**	**20787**	**47118**	**22313**	**24805**
延平区	2708	1410	1298	2525	1252	1273	3338	1645	1693
建阳区	1997	850	1147	2008	926	1082	2354	1176	1178
顺昌县	5719	2682	3037	5653	2629	3024	6491	2953	3538
浦城县	7844	3637	4207	8289	3733	4556	10639	4835	5804
光泽县	5139	2287	2852	4206	1964	2242	4770	2234	2536
松溪县	5004	2322	2682	3695	1675	2020	4830	2222	2608
政和县	7765	3687	4078	5708	2682	3026	7253	3459	3794
邵武市	1777	947	830	1515	840	675	1674	931	743
武夷山市	1354	731	623	1310	687	623	1182	637	545
建瓯市	4219	1869	2350	4261	1995	2266	4587	2221	2366
龙岩市	**71692**	**32627**	**39065**	**64263**	**29737**	**34526**	**61536**	**29086**	**32450**
新罗区	5834	2824	3010	5494	2780	2714	4938	2571	2367
永定区	7469	3653	3816	6606	3262	3344	6046	3098	2948
长汀县	17087	7375	9712	15413	6761	8652	15950	7378	8572
上杭县	18204	8443	9761	14362	6790	7572	13618	6444	7174
武平县	11115	4829	6286	10670	4630	6040	10506	4630	5876
连城县	10411	4773	5638	9993	4666	5327	8868	4118	4750
漳平市	1572	730	842	1725	848	877	1610	847	763
宁德市	**86974**	**42299**	**44675**	**81019**	**39907**	**41112**	**80350**	**40163**	**40187**
蕉城区	2780	1480	1300	2429	1317	1112	2325	1299	1026
霞浦县	25799	12183	13616	24210	11762	12448	22461	11333	11128
古田县	12129	5627	6502	12404	5925	6479	13453	6364	7089
屏南县	5659	2650	3009	5206	2460	2746	5028	2398	2630
寿宁县	6517	3095	3422	5849	2780	3069	6715	3217	3498
周宁县	6120	2906	3214	5826	2710	3116	5498	2544	2954
柘荣县	4734	2105	2629	4642	2199	2443	5074	2499	2575
福安市	12780	7205	5575	10593	5849	4744	10025	5540	4485
福鼎市	10456	5048	5408	9860	4905	4955	9771	4969	4802

1-5b 续表 8

单位：人

地区	45-49岁			50-54岁			55-59岁		
	小计	男	女	小计	男	女	小计	男	女
合计	**1025323**	**517907**	**507416**	**951660**	**484654**	**467006**	**736611**	**373379**	**363232**
福州市	**162642**	**80913**	**81729**	**149408**	**75201**	**74207**	**121210**	**60467**	**60743**
鼓楼区									
台江区									
仓山区									
马尾区									
晋安区	114	64	50	147	72	75	117	69	48
长乐区	16471	8510	7961	15037	7988	7049	12253	6106	6147
闽侯县	38766	19880	18886	35394	17889	17505	29104	14468	14636
连江县	28444	13836	14608	25500	12440	13060	21071	10124	10947
罗源县	17687	9166	8521	16783	8941	7842	12809	7027	5782
闽清县	10010	4814	5196	9854	4904	4950	8202	4140	4062
永泰县	11584	5464	6120	9934	4970	4964	7790	3958	3832
平潭县	17809	8288	9521	16290	7840	8450	12837	6301	6536
福清市	21757	10891	10866	20469	10157	10312	17027	8274	8753
厦门市	**18002**	**9416**	**8586**	**15160**	**8057**	**7103**	**11540**	**5821**	**5719**
思明区									
海沧区									
湖里区	223	138	85	162	106	56	111	79	32
集美区	14	8	6	20	11	9	9	7	2
同安区	1591	812	779	1329	703	626	1099	592	507
翔安区	16174	8458	7716	13649	7237	6412	10321	5143	5178
莆田市	**50003**	**24139**	**25864**	**48800**	**23351**	**25449**	**40080**	**19147**	**20933**
城厢区	2582	1252	1330	2674	1247	1427	2208	976	1232
涵江区	986	502	484	1118	504	614	1171	561	610
荔城区	596	286	310	578	296	282	560	250	310
秀屿区	7533	3642	3891	7260	3593	3667	6232	3063	3169
仙游县	38306	18457	19849	37170	17711	19459	29909	14297	15612
三明市	**93344**	**46482**	**46862**	**91390**	**46470**	**44920**	**69133**	**35679**	**33454**
梅列区	1199	642	557	1271	764	507	936	539	397
三元区	677	384	293	779	425	354	644	368	276
明溪县	5127	2484	2643	5277	2647	2630	4089	2155	1934
清流县	5834	2938	2896	5564	2883	2681	4017	2113	1904
宁化县	11425	5348	6077	11109	5488	5621	9014	4568	4446
大田县	15048	7744	7304	12667	6751	5916	8549	4596	3953
尤溪县	16786	8320	8466	16009	7988	8021	11575	6031	5544
沙县	16349	8298	8051	16614	8331	8283	12863	6490	6373
将乐县	7485	3613	3872	8432	4212	4220	7106	3516	3590
泰宁县	5625	2751	2874	5698	2891	2807	4481	2264	2217
建宁县	5469	2731	2738	5517	2743	2774	4180	2107	2073
永安市	2320	1229	1091	2453	1347	1106	1679	932	747
泉州市	**266081**	**136231**	**129850**	**234278**	**119093**	**115185**	**172242**	**87477**	**84765**
鲤城区									
丰泽区									
洛江区	3730	1904	1826	3059	1563	1496	2114	1090	1024
泉港区	6144	2996	3148	5755	2818	2937	4535	2290	2245
惠安县	53291	26481	26810	45924	22871	23053	32808	16129	16679
安溪县	37307	18956	18351	33808	16898	16910	23109	11482	11627
永春县	24142	11707	12435	22529	10899	11630	18363	9150	9213
德化县	27435	14203	13232	22219	11867	10352	14967	8096	6871
石狮市	16709	8931	7778	14525	7946	6579	10830	5998	4832
晋江市	39194	20223	18971	33066	16878	16188	24921	12766	12155
南安市	58129	30830	27299	53393	27353	26040	40595	20476	20119

1-5b　续表 9　　　　单位：人

地　区	45-49岁			50-54岁			55-59岁		
	小计	男	女	小计	男	女	小计	男	女
漳州市	**197162**	**102051**	**95111**	**182289**	**95281**	**87008**	**142023**	**73535**	**68488**
芗城区	8206	4374	3832	7504	4088	3416	5329	2920	2409
龙文区									
云霄县	21286	10936	10350	18105	9419	8686	14441	7343	7098
漳浦县	43549	22907	20642	38306	20019	18287	29910	15333	14577
诏安县	22812	11569	11243	21646	11037	10609	18435	9318	9117
长泰县	12693	6559	6134	12651	6726	5925	8922	4830	4092
东山县	15845	8078	7767	13396	6815	6581	10719	5431	5288
南靖县	16930	8536	8394	16517	8604	7913	12558	6636	5922
平和县	20208	10269	9939	19950	10413	9537	16125	8405	7720
华安县	7809	4160	3649	6991	3873	3118	5546	2994	2552
龙海市	27824	14663	13161	27223	14287	12936	20038	10325	9713
南平市	**67498**	**33557**	**33941**	**69819**	**35613**	**34206**	**53763**	**27546**	**26217**
延平区	5038	2613	2425	5634	2879	2755	4402	2353	2049
建阳区	3100	1587	1513	3094	1633	1461	2744	1357	1387
顺昌县	9626	4678	4948	10346	5284	5062	8383	4362	4021
浦城县	14838	7074	7764	16155	8162	7993	12634	6218	6416
光泽县	6995	3414	3581	7307	3642	3665	5498	2761	2737
松溪县	6928	3430	3498	6733	3370	3363	5060	2611	2449
政和县	10060	5065	4995	8932	4625	4307	5905	3136	2769
邵武市	2817	1532	1285	3263	1750	1513	2410	1291	1119
武夷山市	1498	767	731	1604	840	764	1329	740	589
建瓯市	6598	3397	3201	6751	3428	3323	5398	2717	2681
龙岩市	**79190**	**39513**	**39677**	**74589**	**37994**	**36595**	**56018**	**28184**	**27834**
新罗区	6125	3224	2901	6006	3187	2819	4900	2557	2343
永定区	7719	4134	3585	8022	4335	3687	6427	3187	3240
长汀县	18556	8900	9656	16811	8061	8750	12799	6273	6526
上杭县	18148	9112	9036	16986	8695	8291	12347	6273	6074
武平县	14601	7082	7519	13408	6826	6582	9572	4841	4731
连城县	11816	5850	5966	10939	5536	5403	8110	4065	4045
漳平市	2225	1211	1014	2417	1354	1063	1863	988	875
宁德市	**91401**	**45605**	**45796**	**85927**	**43594**	**42333**	**70602**	**35523**	**35079**
蕉城区	2932	1608	1324	3137	1676	1461	2434	1198	1236
霞浦县	24417	12183	12234	23228	11804	11424	20383	10310	10073
古田县	15149	7443	7706	13989	7024	6965	11620	5754	5866
屏南县	6643	3173	3470	5467	2729	2738	4273	2136	2137
寿宁县	7927	3815	4112	7166	3543	3623	5428	2739	2689
周宁县	6259	3033	3226	6337	3074	3263	5229	2531	2698
柘荣县	5412	2679	2733	4733	2384	2349	3566	1744	1822
福安市	11696	6141	5555	11083	5791	5292	8989	4589	4400
福鼎市	10966	5530	5436	10787	5569	5218	8680	4522	4158

1-5b 续表 10

单位：人

地 区	60-64岁			65-69岁			70-74岁		
	小计	男	女	小计	男	女	小计	男	女
合 计	**526824**	**265967**	**260857**	**455707**	**221148**	**234559**	**281625**	**138684**	**142941**
福州市	**87524**	**43849**	**43675**	**78625**	**38572**	**40053**	**47481**	**24457**	**23024**
鼓楼区									
台江区									
仓山区									
马尾区									
晋安区	96	51	45	74	42	32	34	23	11
长乐区	9607	4792	4815	8938	4225	4713	5636	2909	2727
闽侯县	20400	10315	10085	18565	9301	9264	10487	5584	4903
连江县	16429	8097	8332	14861	7240	7621	9182	4531	4651
罗源县	8481	4409	4072	6529	3266	3263	4267	2215	2052
闽清县	5970	2944	3026	6138	2713	3425	3577	1883	1694
永泰县	5157	2534	2623	4485	2132	2353	2798	1414	1384
平潭县	7785	4064	3721	6734	3511	3223	4287	2122	2165
福清市	13599	6643	6956	12301	6142	6159	7213	3776	3437
厦门市	**8144**	**3967**	**4177**	**6228**	**3030**	**3198**	**3317**	**1532**	**1785**
思明区									
海沧区									
湖里区	27	19	8	23	15	8	6	2	4
集美区	8	5	3	5	4	1	3	2	1
同安区	791	394	397	655	310	345	400	174	226
翔安区	7318	3549	3769	5545	2701	2844	2908	1354	1554
莆田市	**33713**	**16772**	**16941**	**31088**	**15325**	**15763**	**17611**	**8615**	**8996**
城厢区	2048	988	1060	1921	908	1013	1044	523	521
涵江区	948	480	468	1003	487	516	591	267	324
荔城区	446	220	226	404	187	217	246	118	128
秀屿区	5184	2587	2597	4941	2393	2548	3108	1369	1739
仙游县	25087	12497	12590	22819	11350	11469	12622	6338	6284
三明市	**45793**	**23235**	**22558**	**37439**	**17951**	**19488**	**25402**	**12226**	**13176**
梅列区	533	299	234	493	238	255	358	134	224
三元区	452	252	200	352	204	148	257	123	134
明溪县	2855	1463	1392	2273	1042	1231	1698	813	885
清流县	2507	1329	1178	2101	1002	1099	1386	657	729
宁化县	6119	3067	3052	4972	2435	2537	3462	1643	1819
大田县	5094	2622	2472	4187	1992	2195	2690	1272	1418
尤溪县	7968	4167	3801	5996	2925	3071	3947	2043	1904
沙县	8806	4323	4483	7459	3577	3882	4980	2397	2583
将乐县	4691	2347	2344	3882	1822	2060	2706	1319	1387
泰宁县	2863	1352	1511	2708	1229	1479	1896	870	1026
建宁县	2779	1388	1391	2039	978	1061	1381	622	759
永安市	1126	626	500	977	507	470	641	333	308
泉州市	**117844**	**59018**	**58826**	**101570**	**48709**	**52861**	**60092**	**28160**	**31932**
鲤城区									
丰泽区									
洛江区	1436	732	704	1267	637	630	741	339	402
泉港区	3692	1816	1876	3047	1429	1618	1881	870	1011
惠安县	24593	11665	12928	21881	10028	11853	13472	5819	7653
安溪县	15991	8090	7901	13640	6629	7011	7710	3629	4081
永春县	12693	6382	6311	12182	6015	6167	7308	3580	3728
德化县	8656	4574	4082	6426	3275	3151	3544	1694	1850
石狮市	6892	3616	3276	5251	2716	2535	3097	1537	1560
晋江市	15680	8035	7645	12253	6086	6167	7470	3535	3935
南安市	28211	14108	14103	25623	11894	13729	14869	7157	7712

1-5b 续表 11 单位：人

地　区	60-64岁			65-69岁			70-74岁		
	小计	男	女	小计	男	女	小计	男	女
漳州市	**105537**	**53645**	**51892**	**87105**	**42481**	**44624**	**54266**	**26491**	**27775**
芗城区	3724	1968	1756	3006	1524	1482	1760	825	935
龙文区									
云霄县	10819	5437	5382	9148	4403	4745	5601	2849	2752
漳浦县	22144	11183	10961	18488	8783	9705	11882	5715	6167
诏安县	14499	7226	7273	11656	5670	5986	7682	3750	3932
长泰县	6090	3171	2919	4622	2287	2335	2662	1284	1378
东山县	7684	3894	3790	6448	3137	3311	4658	2241	2417
南靖县	9514	4806	4708	8123	3954	4169	4805	2365	2440
平和县	12552	6495	6057	10548	5236	5312	6254	3193	3061
华安县	4035	2086	1949	3394	1639	1755	2056	1015	1041
龙海市	14476	7379	7097	11672	5848	5824	6906	3254	3652
南平市	**35623**	**17968**	**17655**	**31495**	**15170**	**16325**	**20677**	**10135**	**10542**
延平区	3242	1642	1600	3239	1587	1652	2220	1129	1091
建阳区	1945	987	958	1728	826	902	1130	539	591
顺昌县	5435	2837	2598	4146	1975	2171	2917	1302	1615
浦城县	8269	4068	4201	8085	3863	4222	5028	2523	2505
光泽县	3020	1528	1492	2233	1086	1147	1713	772	941
松溪县	3170	1536	1634	2531	1195	1336	1642	818	824
政和县	3715	1859	1856	3373	1550	1823	2037	1027	1010
邵武市	1654	925	729	1477	767	710	1117	548	569
武夷山市	884	453	431	723	361	362	505	254	251
建瓯市	4289	2133	2156	3960	1960	2000	2368	1223	1145
龙岩市	**37039**	**18857**	**18182**	**34784**	**16903**	**17881**	**23865**	**11871**	**11994**
新罗区	3272	1681	1591	3117	1594	1523	1986	1043	943
永定区	4346	2260	2086	4220	2022	2198	2706	1297	1409
长汀县	9033	4567	4466	8503	4188	4315	6079	3047	3032
上杭县	7990	4066	3924	7133	3409	3724	4821	2337	2484
武平县	5500	2778	2722	5832	2768	3064	4086	1978	2108
连城县	5700	2907	2793	4977	2410	2567	3504	1820	1684
漳平市	1198	598	600	1002	512	490	683	349	334
宁德市	**55607**	**28656**	**26951**	**47373**	**23007**	**24366**	**28914**	**15197**	**13717**
蕉城区	2083	1089	994	2162	1122	1040	1400	743	657
霞浦县	15150	7740	7410	12165	5896	6269	7175	3735	3440
古田县	9748	4826	4922	8538	4056	4482	5305	2868	2437
屏南县	3468	1765	1703	2867	1367	1500	1781	932	849
寿宁县	4248	2241	2007	3600	1740	1860	2328	1217	1111
周宁县	4461	2285	2176	3955	1940	2015	2502	1363	1139
柘荣县	2554	1311	1243	2284	1060	1224	1399	769	630
福安市	7170	3854	3316	6433	3129	3304	3787	1936	1851
福鼎市	6725	3545	3180	5369	2697	2672	3237	1634	1603

1-5b 续表 12 单位：人

地区	75-79岁			80-84岁			85-89岁		
	小计	男	女	小计	男	女	小计	男	女
合　计	**179908**	**86502**	**93406**	**128296**	**56440**	**71856**	**70784**	**27268**	**43516**
福州市	**28078**	**14228**	**13850**	**18168**	**8577**	**9591**	**10968**	**4517**	**6451**
鼓楼区									
台江区									
仓山区									
马尾区									
晋安区	20	12	8	17	8	9	4	1	3
长乐区	3260	1670	1590	1960	929	1031	1258	465	793
闽侯县	5594	3079	2515	3452	1711	1741	2270	920	1350
连江县	5413	2591	2822	3549	1616	1933	1972	751	1221
罗源县	2584	1294	1290	1714	786	928	817	355	462
闽清县	2127	1178	949	1508	767	741	799	386	413
永泰县	1845	928	917	1137	558	579	628	300	328
平潭县	2508	1119	1389	1716	745	971	1030	434	596
福清市	4727	2357	2370	3115	1457	1658	2190	905	1285
厦门市	**2045**	**878**	**1167**	**1195**	**474**	**721**	**887**	**301**	**586**
思明区									
海沧区									
湖里区	9	6	3	5	3	2	3	2	1
集美区	3	1	2						
同安区	249	120	129	124	57	67	111	38	73
翔安区	1784	751	1033	1066	414	652	773	261	512
莆田市	**11848**	**5453**	**6395**	**7476**	**3211**	**4265**	**4862**	**1712**	**3150**
城厢区	711	333	378	548	240	308	353	161	192
涵江区	371	186	185	242	87	155	179	63	116
荔城区	150	70	80	120	36	84	62	25	37
秀屿区	2139	857	1282	1390	566	824	1018	295	723
仙游县	8477	4007	4470	5176	2282	2894	3250	1168	2082
三明市	**17071**	**8280**	**8791**	**12999**	**5843**	**7156**	**6087**	**2686**	**3401**
梅列区	341	159	182	251	125	126	116	42	74
三元区	184	81	103	159	71	88	86	33	53
明溪县	1128	568	560	917	366	551	439	187	252
清流县	1132	527	605	955	387	568	469	189	280
宁化县	2322	1087	1235	1908	842	1066	805	326	479
大田县	1921	967	954	1470	683	787	757	327	430
尤溪县	2517	1266	1251	1778	905	873	922	484	438
沙县	3236	1529	1707	2339	1020	1319	1118	479	639
将乐县	1653	827	826	1340	634	706	615	291	324
泰宁县	1234	574	660	892	384	508	348	154	194
建宁县	942	456	486	692	282	410	272	106	166
永安市	461	239	222	298	144	154	140	68	72
泉州市	**36104**	**16038**	**20066**	**26450**	**10365**	**16085**	**15725**	**5192**	**10533**
鲤城区									
丰泽区									
洛江区	444	225	219	304	118	186	171	58	113
泉港区	1337	559	778	894	364	530	575	190	385
惠安县	7592	2999	4593	6035	1899	4136	3645	888	2757
安溪县	4937	2329	2608	3167	1400	1767	1699	661	1038
永春县	4514	2122	2392	3412	1536	1876	1804	705	1099
德化县	2300	1052	1248	1654	706	948	858	337	521
石狮市	1913	886	1027	1455	533	922	877	308	569
晋江市	4265	1876	2389	3288	1244	2044	2148	696	1452
南安市	8802	3990	4812	6241	2565	3676	3948	1349	2599

1-5b 续表 13

单位：人

地区	75-79岁			80-84岁			85-89岁		
	小计	男	女	小计	男	女	小计	男	女
漳州市	**37607**	**17992**	**19615**	**26277**	**11654**	**14623**	**14229**	**5454**	**8775**
芗城区	1205	551	654	808	377	431	518	214	304
龙文区									
云霄县	3987	1985	2002	3017	1383	1634	1474	558	916
漳浦县	8788	4074	4714	6023	2490	3533	3282	1184	2098
诏安县	5282	2497	2785	4155	1796	2359	2364	920	1444
长泰县	1997	955	1042	1325	596	729	700	282	418
东山县	2968	1379	1589	2089	920	1169	1140	377	763
南靖县	3244	1627	1617	2238	1051	1187	1141	476	665
平和县	4426	2236	2190	2920	1383	1537	1470	610	860
华安县	1519	701	818	1070	501	569	583	221	362
龙海市	4191	1987	2204	2632	1157	1475	1557	612	945
南平市	**13216**	**6420**	**6796**	**10061**	**4596**	**5465**	**5270**	**2362**	**2908**
延平区	1457	698	759	1151	560	591	564	254	310
建阳区	677	336	341	496	225	271	264	132	132
顺昌县	2281	982	1299	1817	761	1056	869	374	495
浦城县	2905	1468	1437	2195	1075	1120	1256	571	685
光泽县	1095	504	591	994	415	579	422	178	244
松溪县	1109	519	590	832	378	454	486	223	263
政和县	1294	704	590	986	488	498	551	268	283
邵武市	707	343	364	480	207	273	259	107	152
武夷山市	325	169	156	245	105	140	123	45	78
建瓯市	1366	697	669	865	382	483	476	210	266
龙岩市	**16838**	**8176**	**8662**	**13839**	**5765**	**8074**	**6128**	**2103**	**4025**
新罗区	1405	742	663	1005	443	562	493	186	307
永定区	1953	890	1063	1491	611	880	698	239	459
长汀县	4205	2069	2136	3520	1487	2033	1486	508	978
上杭县	3556	1712	1844	3114	1228	1886	1446	446	1000
武平县	2782	1379	1403	2553	1121	1432	1198	435	763
连城县	2430	1129	1301	1824	716	1108	641	228	413
漳平市	507	255	252	332	159	173	166	61	105
宁德市	**17101**	**9037**	**8064**	**11831**	**5955**	**5876**	**6628**	**2941**	**3687**
蕉城区	888	472	416	626	318	308	333	152	181
霞浦县	4324	2216	2108	2811	1443	1368	1589	659	930
古田县	3245	1768	1477	2258	1095	1163	1164	517	647
屏南县	1028	566	462	802	417	385	372	175	197
寿宁县	1267	704	563	994	502	492	591	275	316
周宁县	1492	845	647	1111	599	512	628	321	307
柘荣县	817	456	361	533	299	234	340	149	191
福安市	2255	1152	1103	1396	710	686	855	366	489
福鼎市	1785	858	927	1300	572	728	756	327	429

1－5b 续表 14 单位：人

地 区	90－94岁			95－99岁			100岁及以上		
	小计	男	女	小计	男	女	小计	男	女
合 计	**26144**	**8937**	**17207**	**5413**	**1540**	**3873**	**693**	**176**	**517**
福州市	**4176**	**1487**	**2689**	**846**	**244**	**602**	**113**	**30**	**83**
鼓楼区									
台江区									
仓山区									
马尾区									
晋安区	3	2	1						
长乐区	521	150	371	114	23	91	10		10
闽侯县	848	301	547	196	60	136	40	12	28
连江县	697	219	478	130	39	91	8	2	6
罗源县	302	126	176	43	13	30	7	1	6
闽清县	287	124	163	65	22	43	4	1	3
永泰县	245	100	145	44	14	30	7	3	4
平潭县	377	137	240	66	24	42	10	3	7
福清市	896	328	568	188	49	139	27	8	19
厦门市	**317**	**81**	**236**	**91**	**25**	**66**	**8**	**1**	**7**
思明区									
海沧区									
湖里区				2	2				
集美区	1		1	1		1			
同安区	33	9	24	9	4	5	2	1	1
翔安区	283	72	211	79	19	60	6		6
莆田市	**2016**	**656**	**1360**	**426**	**107**	**319**	**53**	**10**	**43**
城厢区	150	57	93	38	9	29	2		2
涵江区	79	24	55	16	6	10	4	2	2
荔城区	31	5	26	6	1	5	2		2
秀屿区	402	96	306	115	17	98	17	3	14
仙游县	1354	474	880	251	74	177	28	5	23
三明市	**1977**	**809**	**1168**	**384**	**166**	**218**	**37**	**12**	**25**
梅列区	38	17	21	4	2	2	1	1	
三元区	26	14	12	6	3	3			
明溪县	159	52	107	29	13	16	7	3	4
清流县	137	52	85	32	11	21	5	4	1
宁化县	298	122	176	71	25	46	4		4
大田县	243	96	147	51	22	29	4	2	2
尤溪县	308	138	170	58	32	26	3	1	2
沙县	342	141	201	61	26	35	5		5
将乐县	182	79	103	31	15	16	1		1
泰宁县	101	45	56	18	7	11	3	1	2
建宁县	94	38	56	9	5	4	2		2
永安市	49	15	34	14	5	9	2		2
泉州市	**5819**	**1691**	**4128**	**1169**	**253**	**916**	**144**	**37**	**107**
鲤城区									
丰泽区									
洛江区	68	23	45	12	3	9			
泉港区	265	67	198	60	12	48	5		5
惠安县	1389	291	1098	271	37	234	31	7	24
安溪县	644	220	424	114	34	80	11	3	8
永春县	602	204	398	95	25	70	15	2	13
德化县	240	96	144	25	8	17	8	3	5
石狮市	294	98	196	71	14	57	10	2	8
晋江市	814	259	555	141	28	113	15	4	11
南安市	1503	433	1070	380	92	288	49	16	33

1−5b 续表 15

单位：人

地 区	90−94岁			95−99岁			100岁及以上		
	小计	男	女	小计	男	女	小计	男	女
漳州市	**5082**	**1557**	**3525**	**1006**	**253**	**753**	**157**	**31**	**126**
芗城区	179	65	114	37	15	22	2	1	1
龙文区									
云霄县	483	162	321	94	24	70	13	4	9
漳浦县	1272	370	902	264	60	204	49	8	41
诏安县	913	276	637	226	56	170	29	4	25
长泰县	186	54	132	28	11	17	4		4
东山县	492	93	399	89	13	76	20	3	17
南靖县	379	142	237	62	19	43	9	2	7
平和县	492	165	327	91	23	68	10	2	8
华安县	167	52	115	26	8	18	6	2	4
龙海市	519	178	341	89	24	65	15	5	10
南平市	**1767**	**804**	**963**	**327**	**137**	**190**	**44**	**18**	**26**
延平区	188	77	111	45	14	31	8	4	4
建阳区	81	35	46	15	8	7	4		4
顺昌县	310	148	162	53	25	28	6	2	4
浦城县	445	193	252	88	36	52	8	3	5
光泽县	151	73	78	28	12	16	3	1	2
松溪县	153	75	78	17	5	12	4	2	2
政和县	184	92	92	35	19	16	2	2	
邵武市	90	35	55	12	6	6	1		1
武夷山市	43	20	23	6	1	5	2	2	
建瓯市	122	56	66	28	11	17	6	2	4
龙岩市	**2306**	**670**	**1636**	**564**	**138**	**426**	**75**	**18**	**57**
新罗区	157	53	104	43	10	33	9	2	7
永定区	222	73	149	66	19	47	5		5
长汀县	627	181	446	171	46	125	25	9	16
上杭县	533	133	400	122	33	89	12	3	9
武平县	444	125	319	91	21	70	11	1	10
连城县	270	85	185	61	6	55	11	3	8
漳平市	53	20	33	10	3	7	2		2
宁德市	**2684**	**1182**	**1502**	**600**	**217**	**383**	**62**	**19**	**43**
蕉城区	153	63	90	33	10	23	3		3
霞浦县	604	293	311	154	60	94	10	4	6
古田县	386	159	227	98	31	67	8	3	5
屏南县	161	77	84	27	10	17	4	1	3
寿宁县	281	132	149	69	31	38	15	4	11
周宁县	276	133	143	55	27	28	4	1	3
柘荣县	141	66	75	27	13	14	3	2	1
福安市	394	163	231	77	21	56	12	4	8
福鼎市	288	96	192	60	14	46	3		3

1-5c 各地区分年龄、性别的人口(乡村)

单位：人

地　区	合　计			0岁		
	合计	男	女	小计	男	女
合　计	**12982839**	**6827964**	**6154875**	**123865**	**67703**	**56162**
福州市	**2281026**	**1197289**	**1083737**	**18546**	**9998**	**8548**
鼓楼区						
台江区						
仓山区						
马尾区	35112	18019	17093	106	53	53
晋安区	19924	11065	8859	164	93	71
长乐区	316001	167158	148843	2412	1305	1107
闽侯县	394237	208882	185355	3306	1753	1553
连江县	315526	166589	148937	2149	1160	989
罗源县	72607	40027	32580	520	272	248
闽清县	143921	75698	68223	1257	673	584
永泰县	159448	84041	75407	1423	780	643
平潭县	178537	92206	86331	1741	983	758
福清市	645713	333604	312109	5468	2926	2542
厦门市	**546719**	**297744**	**248975**	**5665**	**3095**	**2570**
思明区						
海沧区	13370	7544	5826	117	68	49
湖里区						
集美区	100153	56077	44076	913	495	418
同安区	213043	114927	98116	2225	1190	1035
翔安区	220153	119196	100957	2410	1342	1068
莆田市	**1197465**	**603541**	**593924**	**11124**	**6034**	**5090**
城厢区	153679	77354	76325	1435	707	728
涵江区	99010	50638	48372	823	430	393
荔城区	174195	85848	88347	1423	783	640
秀屿区	339373	169615	169758	2889	1618	1271
仙游县	431208	220086	211122	4554	2496	2058
三明市	**914950**	**491241**	**423709**	**8811**	**4882**	**3929**
梅列区	6115	3238	2877	37	19	18
三元区	23513	13290	10223	187	100	87
明溪县	47079	26014	21065	390	208	182
清流县	58133	30957	27176	578	301	277
宁化县	135360	70358	65002	1333	767	566
大田县	137447	74910	62537	1524	860	664
尤溪县	175007	94484	80523	1974	1125	849
沙县	74277	40298	33979	620	339	281
将乐县	59768	32140	27628	504	269	235
泰宁县	43741	23211	20530	397	217	180
建宁县	58142	30566	27576	462	239	223
永安市	96368	51775	44593	805	438	367
泉州市	**2769634**	**1448441**	**1321193**	**28534**	**16084**	**12450**
鲤城区						
丰泽区						
洛江区	102123	53989	48134	960	575	385
泉港区	157106	79668	77438	1985	1143	842
惠安县	446573	225197	221376	5635	3227	2408
安溪县	505538	269560	235978	4847	2757	2090
永春县	163597	86976	76621	1512	862	650
德化县	72652	39157	33495	733	404	329
石狮市	96028	51461	44567	836	462	374
晋江市	645400	341854	303546	5886	3197	2689
南安市	580617	300579	280038	6140	3457	2683

1−5c　续表 1

单位：人

地　区	合　计			0岁		
	合计	男	女	小计	男	女
漳州市	**1952827**	**1018944**	**933883**	**19811**	**10729**	**9082**
芗城区	67355	35637	31718	522	288	234
龙文区	27302	13958	13344	294	153	141
云霄县	187675	99653	88022	1933	1061	872
漳浦县	380582	196851	183731	4518	2497	2021
诏安县	305796	158967	146829	3389	1771	1618
长泰县	92821	48181	44640	902	484	418
东山县	78000	40597	37403	772	409	363
南靖县	143230	74271	68959	1081	572	509
平和县	239562	126890	112672	2398	1330	1068
华安县	62875	33362	29513	485	261	224
龙海市	367629	190577	177052	3517	1903	1614
南平市	**1081547**	**573912**	**507635**	**8637**	**4558**	**4079**
延平区	127009	67596	59413	777	412	365
建阳区	130967	69502	61465	1022	534	488
顺昌县	87063	46039	41024	660	327	333
浦城县	154418	81114	73304	1065	569	496
光泽县	64683	34736	29947	485	259	226
松溪县	66423	35369	31054	648	339	309
政和县	86388	46662	39726	978	535	443
邵武市	55885	29930	25955	391	218	173
武夷山市	100360	53064	47296	929	496	433
建瓯市	208351	109900	98451	1682	869	813
龙岩市	**1011014**	**533156**	**477858**	**10312**	**5649**	**4663**
新罗区	119411	65795	53616	932	477	455
永定区	161933	85885	76048	1396	752	644
长汀县	184853	96172	88681	2169	1210	959
上杭县	182674	93950	88724	1994	1123	871
武平县	130243	67270	62973	1452	794	658
连城县	125968	66377	59591	1533	850	683
漳平市	105932	57707	48225	836	443	393
宁德市	**1227657**	**663696**	**563961**	**12425**	**6674**	**5751**
蕉城区	198341	106618	91723	2115	1116	999
霞浦县	186338	102399	83939	1464	809	655
古田县	163265	87147	76118	1525	800	725
屏南县	70840	38587	32253	619	342	277
寿宁县	89365	48564	40801	978	520	458
周宁县	70613	39124	31489	708	389	319
柘荣县	34393	18671	15722	365	196	169
福安市	212711	113996	98715	2705	1490	1215
福鼎市	201791	108590	93201	1946	1012	934

1-5c 续表 2 单位：人

地区	1-4岁			5-9岁			10-14岁		
	小计	男	女	小计	男	女	小计	男	女
合 计	**636371**	**344597**	**291774**	**901301**	**489233**	**412068**	**789959**	**427392**	**362567**
福州市	**95778**	**51406**	**44372**	**142016**	**75690**	**66326**	**129878**	**69373**	**60505**
鼓楼区									
台江区									
仓山区									
马尾区	629	351	278	1079	561	518	1271	699	572
晋安区	706	366	340	733	399	334	608	310	298
长乐区	11786	6438	5348	17808	9689	8119	16211	8882	7329
闽侯县	18057	9639	8418	23579	12658	10921	20317	10880	9437
连江县	11288	6152	5136	18502	10046	8456	18331	9951	8380
罗源县	2401	1248	1153	3778	1945	1833	2800	1440	1360
闽清县	6592	3528	3064	9146	4830	4316	8371	4417	3954
永泰县	6625	3554	3071	9318	5039	4279	8839	4768	4071
平潭县	8474	4404	4070	11634	6128	5506	9784	5186	4598
福清市	29220	15726	13494	46439	24395	22044	43346	22840	20506
厦门市	**30311**	**16574**	**13737**	**36345**	**20158**	**16187**	**25789**	**13681**	**12108**
思明区									
海沧区	784	415	369	718	387	331	385	212	173
湖里区									
集美区	4908	2622	2286	6198	3457	2741	5114	2779	2335
同安区	12147	6636	5511	14614	8097	6517	10725	5641	5084
翔安区	12472	6901	5571	14815	8217	6598	9565	5049	4516
莆田市	**55490**	**30125**	**25365**	**96952**	**51595**	**45357**	**91761**	**49497**	**42264**
城厢区	7386	4022	3364	11638	6189	5449	10712	5736	4976
涵江区	4052	2112	1940	4886	2516	2370	4665	2466	2199
荔城区	8204	4529	3675	15481	8174	7307	14742	7906	6836
秀屿区	15130	8306	6824	32021	17194	14827	31412	17026	14386
仙游县	20718	11156	9562	32926	17522	15404	30230	16363	13867
三明市	**42442**	**23037**	**19405**	**60223**	**32653**	**27570**	**51813**	**28822**	**22991**
梅列区	209	108	101	188	103	85	194	89	105
三元区	779	417	362	900	469	431	798	447	351
明溪县	1929	1048	881	2225	1166	1059	1896	1011	885
清流县	2658	1431	1227	3535	1894	1641	3506	1942	1564
宁化县	6275	3385	2890	9086	4842	4244	8826	4880	3946
大田县	6614	3605	3009	11496	6402	5094	8476	4811	3665
尤溪县	9833	5443	4390	12477	6701	5776	8167	4595	3572
沙县	3291	1782	1509	4764	2640	2124	5542	3083	2459
将乐县	2637	1441	1196	3553	1967	1586	3776	2123	1653
泰宁县	2105	1102	1003	2596	1393	1203	2250	1238	1012
建宁县	2220	1166	1054	3149	1700	1449	3140	1751	1389
永安市	3892	2109	1783	6254	3376	2878	5242	2852	2390
泉州市	**150226**	**83786**	**66440**	**209357**	**119568**	**89789**	**181464**	**101575**	**79889**
鲤城区									
丰泽区									
洛江区	5824	3354	2470	7412	4279	3133	5611	3081	2530
泉港区	9854	5434	4420	13066	7043	6023	10297	5515	4782
惠安县	30539	17178	13361	34858	19984	14874	24864	13383	11481
安溪县	22998	12838	10160	39303	22495	16808	46829	27158	19671
永春县	7599	4264	3335	11698	6700	4998	10789	6101	4688
德化县	3306	1822	1484	4190	2412	1778	2555	1400	1155
石狮市	4498	2514	1984	6110	3475	2635	5257	2954	2303
晋江市	31689	17504	14185	45546	25986	19560	39240	21856	17384
南安市	33919	18878	15041	47174	27194	19980	36022	20127	15895

1-5c　续表 3　　　　单位：人

地　区	1-4岁			5-9岁			10-14岁		
	小计	男	女	小计	男	女	小计	男	女
漳州市	**109538**	**58516**	**51022**	**143461**	**76900**	**66561**	**120996**	**64668**	**56328**
芗城区	3051	1600	1451	4235	2248	1987	3571	1891	1680
龙文区	1797	964	833	1732	880	852	1489	735	754
云霄县	10112	5389	4723	12356	6756	5600	10999	6128	4871
漳浦县	25701	13869	11832	30502	16747	13755	24399	13454	10945
诏安县	18665	10087	8578	28124	15034	13090	24052	12887	11165
长泰县	5338	2784	2554	6512	3410	3102	4769	2535	2234
东山县	4198	2209	1989	5415	2786	2629	4258	2204	2054
南靖县	6032	3194	2838	7316	3869	3447	6744	3468	3276
平和县	12014	6380	5634	16767	8908	7859	16268	8801	7467
华安县	2683	1407	1276	3925	2064	1861	3588	1803	1785
龙海市	19947	10633	9314	26577	14198	12379	20859	10762	10097
南平市	**41808**	**21977**	**19831**	**55946**	**29102**	**26844**	**67258**	**35285**	**31973**
延平区	4117	2210	1907	5881	3023	2858	7488	4002	3486
建阳区	5272	2775	2497	7195	3708	3487	8173	4312	3861
顺昌县	3313	1728	1585	3986	2052	1934	4025	2058	1967
浦城县	4749	2479	2270	7213	3703	3510	11033	5717	5316
光泽县	2365	1249	1116	3065	1655	1410	3867	2045	1822
松溪县	2926	1538	1388	4160	2201	1959	3953	2107	1846
政和县	4086	2144	1942	5791	3102	2689	5944	3161	2783
邵武市	1748	898	850	1823	937	886	1843	984	859
武夷山市	5032	2646	2386	5629	2855	2774	5854	3064	2790
建瓯市	8200	4310	3890	11203	5866	5337	15078	7835	7243
龙岩市	**54513**	**29606**	**24907**	**76741**	**41659**	**35082**	**54205**	**29854**	**24351**
新罗区	5430	2936	2494	6346	3404	2942	4963	2560	2403
永定区	7981	4375	3606	13364	7211	6153	10235	5602	4633
长汀县	11584	6325	5259	17404	9593	7811	11753	6821	4932
上杭县	10021	5488	4533	13895	7551	6344	9566	5150	4416
武平县	7433	3984	3449	8638	4533	4105	6292	3423	2869
连城县	7569	4092	3477	9767	5451	4316	6400	3607	2793
漳平市	4495	2406	2089	7327	3916	3411	4996	2691	2305
宁德市	**56265**	**29570**	**26695**	**80260**	**41908**	**38352**	**66795**	**34637**	**32158**
蕉城区	9958	5166	4792	15020	7749	7271	11191	5659	5532
霞浦县	8187	4296	3891	12839	6673	6166	10586	5529	5057
古田县	7481	3915	3566	9677	4978	4699	7831	4004	3827
屏南县	3061	1593	1468	4154	2157	1997	3842	1994	1848
寿宁县	4059	2134	1925	4986	2564	2422	4868	2537	2331
周宁县	3019	1645	1374	4597	2415	2182	4076	2167	1909
柘荣县	1544	823	721	2295	1213	1082	1792	869	923
福安市	9552	5033	4519	14046	7479	6567	12986	6877	6109
福鼎市	9404	4965	4439	12646	6680	5966	9623	5001	4622

1-5c 续表 4 单位：人

地区	15-19岁			20-24岁			25-29岁		
	小计	男	女	小计	男	女	小计	男	女
合计	**432283**	**243381**	**188902**	**458095**	**264489**	**193606**	**748029**	**419390**	**328639**
福州市	**93129**	**52423**	**40706**	**105917**	**61462**	**44455**	**144599**	**79644**	**64955**
鼓楼区									
台江区									
仓山区									
马尾区	977	540	437	1506	822	684	1821	993	828
晋安区	446	250	196	838	535	303	1142	670	472
长乐区	11732	7060	4672	14685	8644	6041	22591	12644	9947
闽侯县	16309	8902	7407	17036	9872	7164	25638	14086	11552
连江县	13445	7293	6152	13968	8095	5873	15344	8693	6651
罗源县	1761	985	776	1802	1075	727	4690	2733	1957
闽清县	4748	2645	2103	4707	2761	1946	6659	3698	2961
永泰县	6423	3314	3109	10244	5380	4864	8467	4894	3573
平潭县	10107	5731	4376	10385	6116	4269	15394	7973	7421
福清市	27181	15703	11478	30746	18162	12584	42853	23260	19593
厦门市	**27454**	**15855**	**11599**	**35117**	**21252**	**13865**	**45504**	**26576**	**18928**
思明区									
海沧区	588	407	181	1577	1075	502	1615	1022	593
湖里区									
集美区	4450	2699	1751	6262	3846	2416	9264	5420	3844
同安区	10409	5690	4719	10757	6503	4254	15252	8829	6423
翔安区	12007	7059	4948	16521	9828	6693	19373	11305	8068
莆田市	**44730**	**24755**	**19975**	**48494**	**27009**	**21485**	**68291**	**36845**	**31446**
城厢区	5353	3134	2219	5111	2890	2221	7555	3984	3571
涵江区	2549	1389	1160	3752	2123	1629	5007	2701	2306
荔城区	9635	4545	5090	9125	4231	4894	8324	4338	3986
秀屿区	10691	6370	4321	11340	6764	4576	18648	10425	8223
仙游县	16502	9317	7185	19166	11001	8165	28757	15397	13360
三明市	**19444**	**11258**	**8186**	**24954**	**14614**	**10340**	**39809**	**23364**	**16445**
梅列区	138	87	51	200	105	95	193	112	81
三元区	420	249	171	711	464	247	725	449	276
明溪县	1101	582	519	1542	916	626	2098	1252	846
清流县	1277	715	562	1546	879	667	2235	1289	946
宁化县	3524	1975	1549	3908	2197	1711	5544	3336	2208
大田县	2128	1322	806	2411	1515	896	7076	4343	2733
尤溪县	3038	1881	1157	4839	2877	1962	9961	5806	4155
沙县	2259	1324	935	2441	1407	1034	3022	1730	1292
将乐县	1436	835	601	1753	1019	734	2130	1190	940
泰宁县	892	485	407	1234	732	502	1617	920	697
建宁县	1192	674	518	1677	903	774	1776	937	839
永安市	2039	1129	910	2692	1600	1092	3432	2000	1432
泉州市	**91938**	**53231**	**38707**	**85568**	**50300**	**35268**	**185687**	**104501**	**81186**
鲤城区									
丰泽区									
洛江区	6545	4071	2474	3254	1891	1363	5782	3349	2433
泉港区	4129	2253	1876	3283	1883	1400	10712	5668	5044
惠安县	13332	7789	5543	11181	6388	4793	31896	17040	14856
安溪县	18649	11170	7479	14804	9033	5771	31635	18794	12841
永春县	5326	3013	2313	4263	2510	1753	6782	3977	2805
德化县	1701	939	762	1848	1072	776	4313	2518	1795
石狮市	4018	2155	1863	5511	3073	2438	7356	4158	3198
晋江市	21220	12254	8966	25175	14905	10270	49045	27216	21829
南安市	17018	9587	7431	16249	9545	6704	38166	21781	16385

1-5c 续表 5

单位：人

地区	15-19岁			20-24岁			25-29岁		
	小计	男	女	小计	男	女	小计	男	女
漳州市	**65657**	**36028**	**29629**	**65405**	**36622**	**28783**	**95625**	**52748**	**42877**
芗城区	1524	838	686	2761	1585	1176	3306	1830	1476
龙文区	629	337	292	961	518	443	1544	752	792
云霄县	7374	4051	3323	7079	4099	2980	9717	5652	4065
漳浦县	9337	5252	4085	11037	5971	5066	17217	9298	7919
诏安县	11519	6253	5266	11691	6622	5069	15407	8513	6894
长泰县	1745	974	771	2847	1591	1256	4280	2217	2063
东山县	2451	1310	1141	2757	1571	1186	4881	2775	2106
南靖县	8150	4208	3942	4085	2218	1867	5318	2927	2391
平和县	11023	6204	4819	9329	5276	4053	10376	5981	4395
华安县	2038	1173	865	1858	1032	826	2309	1246	1063
龙海市	9867	5428	4439	11000	6139	4861	21270	11557	9713
南平市	**34928**	**19117**	**15811**	**34920**	**19912**	**15008**	**44111**	**25271**	**18840**
延平区	9233	4929	4304	5884	3510	2374	4907	3033	1874
建阳区	3363	1826	1537	4099	2304	1795	4942	2730	2212
顺昌县	1634	940	694	2143	1226	917	3962	2285	1677
浦城县	5852	3173	2679	5537	3083	2454	4927	2733	2194
光泽县	1878	1084	794	2338	1331	1007	2900	1609	1291
松溪县	1497	808	689	1796	1009	787	3208	1799	1409
政和县	2108	1237	871	2459	1448	1011	4797	2895	1902
邵武市	1077	600	477	1673	975	698	1976	1211	765
武夷山市	2801	1480	1321	3294	1791	1503	4865	2648	2217
建瓯市	5485	3040	2445	5697	3235	2462	7627	4328	3299
龙岩市	**21508**	**12379**	**9129**	**23211**	**13275**	**9936**	**43769**	**24856**	**18913**
新罗区	2560	1487	1073	2953	1741	1212	5253	3128	2125
永定区	3525	2002	1523	3533	2010	1523	5534	3182	2352
长汀县	4732	2839	1893	5255	3033	2222	8562	4754	3808
上杭县	4137	2280	1857	4169	2323	1846	8064	4433	3631
武平县	2426	1360	1066	2710	1479	1231	5625	3094	2531
连城县	2448	1438	1010	2644	1548	1096	6822	3929	2893
漳平市	1680	973	707	1947	1141	806	3909	2336	1573
宁德市	**33495**	**18335**	**15160**	**34509**	**20043**	**14466**	**80634**	**45585**	**35049**
蕉城区	5038	2650	2388	5657	3253	2404	16667	9088	7579
霞浦县	4028	2217	1811	4676	2816	1860	10209	5945	4264
古田县	3948	2071	1877	3670	2023	1647	8843	4985	3858
屏南县	1686	971	715	1743	991	752	4105	2387	1718
寿宁县	2861	1566	1295	3305	1919	1386	5846	3424	2422
周宁县	2551	1435	1116	2177	1299	878	4743	2793	1950
柘荣县	915	448	467	1014	553	461	2148	1147	1001
福安市	7900	4409	3491	6350	3791	2559	14971	8390	6581
福鼎市	4568	2568	2000	5917	3398	2519	13102	7426	5676

1－5c 续表 6 单位：人

地 区	30－34岁			35－39岁			40－44岁		
	小计	男	女	小计	男	女	小计	男	女
合 计	**1032766**	**555882**	**476884**	**854066**	**462991**	**391075**	**827139**	**438192**	**388947**
福州市	**197290**	**105631**	**91659**	**172952**	**93782**	**79170**	**156526**	**83655**	**72871**
鼓楼区									
台江区									
仓山区									
马尾区	3525	1890	1635	3862	2048	1814	3223	1706	1517
晋安区	1382	807	575	1336	815	521	1311	764	547
长乐区	30159	16369	13790	28571	15646	12925	24372	13226	11146
闽侯县	34341	18249	16092	31238	17234	14004	29028	15385	13643
连江县	26824	14780	12044	24243	13353	10890	22153	11990	10163
罗源县	5302	3154	2148	4607	2819	1788	4566	2657	1909
闽清县	10116	5505	4611	8964	4894	4070	9830	5254	4576
永泰县	11267	6451	4816	8859	5054	3805	8823	4749	4074
平潭县	15584	8073	7511	9499	5145	4354	9300	5035	4265
福清市	58790	30353	28437	51773	26774	24999	43920	22889	21031
厦门市	**59119**	**32820**	**26299**	**47880**	**26664**	**21216**	**37850**	**20778**	**17072**
思明区									
海沧区	1938	1037	901	1203	664	539	891	450	441
湖里区									
集美区	12602	7179	5423	10153	5774	4379	8708	4927	3781
同安区	21276	11696	9580	18864	10539	8325	15390	8360	7030
翔安区	23303	12908	10395	17660	9687	7973	12861	7041	5820
莆田市	**95237**	**47195**	**48042**	**69524**	**35465**	**34059**	**72372**	**35950**	**36422**
城厢区	12821	6354	6467	9561	4785	4776	9925	4980	4945
涵江区	7744	4068	3676	6266	3394	2872	5983	3217	2766
荔城区	15975	7751	8224	11037	5805	5232	9078	4624	4454
秀屿区	27470	13096	14374	19113	9538	9575	19470	9466	10004
仙游县	31227	15926	15301	23547	11943	11604	27916	13663	14253
三明市	**63357**	**36103**	**27254**	**44658**	**25187**	**19471**	**47715**	**26076**	**21639**
梅列区	321	186	135	252	156	96	316	170	146
三元区	1539	998	541	1235	781	454	1294	756	538
明溪县	4092	2380	1712	2987	1853	1134	2859	1620	1239
清流县	3549	1976	1573	2990	1702	1288	3088	1722	1366
宁化县	8544	4690	3854	6295	3406	2889	6697	3499	3198
大田县	9053	5296	3757	5961	3425	2536	6571	3647	2924
尤溪县	13565	7887	5678	7758	4455	3303	7102	3832	3270
沙县	5047	2816	2231	3586	1954	1632	4718	2602	2116
将乐县	4397	2415	1982	3631	2000	1631	3361	1857	1504
泰宁县	3217	1773	1444	2529	1355	1174	2666	1484	1182
建宁县	3702	2098	1604	2705	1494	1211	2889	1587	1302
永安市	6331	3588	2743	4729	2606	2123	6154	3300	2854
泉州市	**255227**	**135154**	**120073**	**203419**	**108057**	**95362**	**191166**	**98908**	**92258**
鲤城区									
丰泽区									
洛江区	9402	5066	4336	7686	4042	3644	7628	3844	3784
泉港区	14620	7518	7102	12638	6586	6052	10322	5165	5157
惠安县	45692	22801	22891	37033	18926	18107	30585	15301	15284
安溪县	39248	21255	17993	29241	15659	13582	29817	15602	14215
永春县	11091	6075	5016	8538	4515	4023	10164	5105	5059
德化县	5332	3102	2230	4052	2410	1642	3704	2154	1550
石狮市	10490	5612	4878	8498	4710	3788	7892	4178	3714
晋江市	68845	36888	31957	55865	30053	25812	54210	28495	25715
南安市	50507	26837	23670	39868	21156	18712	36844	19064	17780

1-5c　续表 7　　　　单位：人

地　区	30-34岁			35-39岁			40-44岁		
	小计	男	女	小计	男	女	小计	男	女
漳州市	**138325**	**73626**	**64699**	**123840**	**65482**	**58358**	**124483**	**64417**	**60066**
芗城区	4980	2755	2225	5062	2821	2241	4605	2520	2085
龙文区	2278	1197	1081	2136	1109	1027	1665	881	784
云霄县	11924	6493	5431	10695	5716	4979	13743	7139	6604
漳浦县	27652	14112	13540	25465	12955	12510	27803	14257	13546
诏安县	20370	10797	9573	20137	10396	9741	18924	9632	9292
长泰县	7518	3925	3593	6457	3530	2927	4948	2515	2433
东山县	6117	3319	2798	4685	2672	2013	5090	2783	2307
南靖县	8587	4684	3903	7548	4049	3499	7950	4062	3888
平和县	13591	7407	6184	13134	6871	6263	12888	6589	6299
华安县	4230	2376	1854	3419	1857	1562	3675	1928	1747
龙海市	31078	16561	14517	25102	13506	11596	23192	12111	11081
南平市	**62860**	**35200**	**27660**	**53110**	**29781**	**23329**	**61564**	**33649**	**27915**
延平区	6279	3589	2690	5878	3211	2667	7304	3970	3334
建阳区	7873	4324	3549	6690	3721	2969	8400	4626	3774
顺昌县	5250	3006	2244	4728	2673	2055	4928	2720	2208
浦城县	6089	3241	2848	6206	3192	3014	8234	4372	3862
光泽县	3999	2193	1806	2891	1618	1273	3729	1986	1743
松溪县	4509	2606	1903	2852	1675	1177	3536	2006	1530
政和县	6609	3897	2712	4063	2439	1624	4665	2612	2053
邵武市	3069	1825	1244	2465	1503	962	2761	1581	1180
武夷山市	7577	3981	3596	7033	3878	3155	6482	3545	2937
建瓯市	11606	6538	5068	10304	5871	4433	11525	6231	5294
龙岩市	**66218**	**36444**	**29774**	**57912**	**31998**	**25914**	**57433**	**30962**	**26471**
新罗区	9414	5507	3907	8356	4934	3422	7891	4521	3370
永定区	10526	5819	4707	10009	5582	4427	9450	5102	4348
长汀县	12368	6349	6019	10015	5257	4758	10602	5526	5076
上杭县	11397	6130	5267	8653	4591	4062	8972	4690	4282
武平县	7598	4233	3365	6728	3713	3015	6901	3675	3226
连城县	8269	4504	3765	7610	4084	3526	7085	3757	3328
漳平市	6646	3902	2744	6541	3837	2704	6532	3691	2841
宁德市	**95133**	**53709**	**41424**	**80771**	**46575**	**34196**	**78030**	**43797**	**34233**
蕉城区	19524	10767	8757	15752	8889	6863	13257	7503	5754
霞浦县	14294	8199	6095	12268	7390	4878	12099	7097	5002
古田县	10785	5959	4826	10418	5899	4519	11101	6087	5014
屏南县	4726	2749	1977	4396	2616	1780	4175	2307	1868
寿宁县	5813	3480	2333	4404	2629	1775	4976	2864	2112
周宁县	5442	3273	2169	4581	2707	1874	3980	2267	1713
柘荣县	2601	1437	1164	2343	1318	1025	2245	1297	948
福安市	15665	8828	6837	12871	7316	5555	13250	7178	6072
福鼎市	16283	9017	7266	13738	7811	5927	12947	7197	5750

1-5c 续表 8

单位：人

地 区	45-49岁			50-54岁			55-59岁		
	小计	男	女	小计	男	女	小计	男	女
合 计	**1114884**	**576297**	**538587**	**1187657**	**612659**	**574998**	**989376**	**506511**	**482865**
福州市	**185867**	**96119**	**89748**	**184794**	**93961**	**90833**	**159479**	**79047**	**80432**
鼓楼区									
台江区									
仓山区									
马尾区	3126	1577	1549	2948	1384	1564	2742	1268	1474
晋安区	1740	948	792	2182	1167	1015	1906	1115	791
长乐区	26447	13591	12856	25531	13003	12528	20872	10178	10694
闽侯县	34139	17706	16433	33006	17085	15921	28055	14123	13932
连江县	27562	14559	13003	27173	14143	13030	23364	11788	11576
罗源县	6272	3595	2677	6937	3981	2956	5868	3216	2652
闽清县	12106	6222	5884	13240	6890	6350	11600	5933	5667
永泰县	12095	6206	5889	13069	6776	6293	12344	6147	6197
平潭县	11960	6209	5751	12140	6089	6051	11600	5486	6114
福清市	50420	25506	24914	48568	23443	25125	41128	19793	21335
厦门市	**45632**	**24309**	**21323**	**42442**	**22994**	**19448**	**33038**	**17606**	**15432**
思明区									
海沧区	954	485	469	814	420	394	641	340	301
湖里区									
集美区	9725	5365	4360	7668	4290	3378	5039	2809	2230
同安区	19077	10046	9031	17640	9577	8063	13372	7145	6227
翔安区	15876	8413	7463	16320	8707	7613	13986	7312	6674
莆田市	**90546**	**43947**	**46599**	**94117**	**45617**	**48500**	**85218**	**41580**	**43638**
城厢区	11575	5642	5933	12890	6238	6652	11372	5528	5844
涵江区	7955	4085	3870	8560	4222	4338	8787	4387	4400
荔城区	11685	5638	6047	12192	5847	6345	12185	5792	6393
秀屿区	25513	12016	13497	25051	12160	12891	23178	11209	11969
仙游县	33818	16566	17252	35424	17150	18274	29696	14664	15032
三明市	**82761**	**43746**	**39015**	**101336**	**53807**	**47529**	**82120**	**43276**	**38844**
梅列区	554	295	259	809	420	389	695	371	324
三元区	2422	1399	1023	3192	1786	1406	2508	1437	1071
明溪县	4714	2578	2136	5664	3085	2579	4258	2408	1850
清流县	5532	2908	2624	6885	3688	3197	5302	2859	2443
宁化县	11341	5702	5639	13823	7095	6728	12048	6214	5834
大田县	12343	6673	5670	15009	8125	6884	11974	6363	5611
尤溪县	14490	7527	6963	18019	9258	8761	15813	7958	7855
沙县	6758	3700	3058	7712	4249	3463	5778	3127	2651
将乐县	5316	2835	2481	6540	3539	3001	5240	2696	2544
泰宁县	4049	2142	1907	4787	2580	2207	3724	1952	1772
建宁县	5893	3032	2861	7208	3820	3388	5626	2974	2652
永安市	9349	4955	4394	11688	6162	5526	9154	4917	4237
泉州市	**240832**	**121039**	**119793**	**242062**	**120312**	**121750**	**193900**	**97134**	**96766**
鲤城区									
丰泽区									
洛江区	9394	4755	4639	8518	4208	4310	6204	3060	3144
泉港区	12661	6295	6366	13260	6630	6630	10595	5223	5372
惠安县	39644	19483	20161	38121	18777	19344	28168	13910	14258
安溪县	39453	20013	19440	44736	22536	22200	37537	18745	18792
永春县	14861	7578	7283	16450	8481	7969	14290	7453	6837
德化县	4958	2642	2316	6481	3504	2977	6564	3373	3191
石狮市	8973	4593	4380	7807	4027	3780	5930	3093	2837
晋江市	63106	32342	30764	55539	27999	27540	40883	21283	19600
南安市	47782	23338	24444	51150	24150	27000	43729	20994	22735

1-5c 续表 9 单位：人

地 区	45–49岁			50–54岁			55–59岁		
	小计	男	女	小计	男	女	小计	男	女
漳州市	**175101**	**91106**	**83995**	**188232**	**99727**	**88505**	**156451**	**81898**	**74553**
芗城区	6582	3364	3218	6813	3658	3155	5476	2989	2487
龙文区	2278	1167	1111	2641	1396	1245	2153	1098	1055
云霄县	17762	9493	8269	17507	9430	8077	14494	7669	6825
漳浦县	35474	18353	17121	34835	18451	16384	28313	14786	13527
诏安县	25999	13589	12410	25963	13806	12157	21973	11405	10568
长泰县	7899	4079	3820	10435	5512	4923	8455	4444	4011
东山县	7749	4154	3595	7442	3932	3510	6157	3200	2957
南靖县	13551	7064	6487	16192	8505	7687	13423	7190	6233
平和县	20456	10672	9784	23142	12346	10796	20474	10716	9758
华安县	6270	3402	2868	6919	3874	3045	5955	3209	2746
龙海市	31081	15769	15312	36343	18817	17526	29578	15192	14386
南平市	**101722**	**53729**	**47993**	**121868**	**63896**	**57972**	**99694**	**52191**	**47503**
延平区	11393	6100	5293	13148	6922	6226	10086	5299	4787
建阳区	12961	7015	5946	14494	7705	6789	12077	6393	5684
顺昌县	8660	4509	4151	10865	5855	5010	8568	4584	3984
浦城县	14147	7307	6840	17834	9264	8570	15113	7827	7286
光泽县	6883	3632	3251	8253	4491	3762	6123	3466	2657
松溪县	6184	3266	2918	7292	3774	3518	6464	3276	3188
政和县	7339	3877	3462	8626	4314	4312	7465	3669	3796
邵武市	4733	2565	2168	6405	3355	3050	5938	3129	2809
武夷山市	9362	4944	4418	10573	5633	4940	8490	4509	3981
建瓯市	20060	10514	9546	24378	12583	11795	19370	10039	9331
龙岩市	**91471**	**48013**	**43458**	**105957**	**55510**	**50447**	**86333**	**44957**	**41376**
新罗区	12059	6608	5451	13583	7732	5851	10844	6082	4762
永定区	14122	7706	6416	16100	8807	7293	13510	7059	6451
长汀县	14821	7481	7340	16724	8197	8527	13588	6763	6825
上杭县	16297	8297	8000	19455	9741	9714	15455	7890	7565
武平县	12461	6421	6040	14549	7398	7151	12110	6190	5920
连城县	11135	5680	5455	12707	6477	6230	10249	5239	5010
漳平市	10576	5820	4756	12839	7158	5681	10577	5734	4843
宁德市	**100952**	**54289**	**46663**	**106849**	**56835**	**50014**	**93143**	**48822**	**44321**
蕉城区	15839	8653	7186	16028	8541	7487	12653	6711	5942
霞浦县	15891	8978	6913	16659	9245	7414	14889	7973	6916
古田县	14538	7685	6853	14911	7856	7055	13177	6723	6454
屏南县	6357	3314	3043	6733	3579	3154	6117	3299	2818
寿宁县	6834	3679	3155	7855	4102	3753	7171	3558	3613
周宁县	5111	2700	2411	5936	3171	2765	5352	2740	2612
柘荣县	2717	1505	1212	3042	1633	1409	2630	1373	1257
福安市	16674	8635	8039	17554	8964	8590	15651	8080	7571
福鼎市	16991	9140	7851	18131	9744	8387	15503	8365	7138

1-5c 续表 10　　　　单位：人

地　区	60-64岁			65-69岁			70-74岁		
	小计	男	女	小计	男	女	小计	男	女
合　计	**815900**	**419810**	**396090**	**793204**	**394348**	**398856**	**505000**	**256235**	**248765**
福州市	**138080**	**69329**	**68751**	**138378**	**68169**	**70209**	**88724**	**46962**	**41762**
鼓楼区									
台江区									
仓山区									
马尾区	2589	1275	1314	2381	1219	1162	1388	757	631
晋安区	1492	818	674	1537	830	707	933	503	430
长乐区	18403	8971	9432	18239	8585	9654	11211	5914	5297
闽侯县	22959	12051	10908	23564	11828	11736	14979	8166	6813
连江县	20386	10444	9942	19467	9731	9736	12770	6276	6494
罗源县	5470	2871	2599	5603	2853	2750	4044	2161	1883
闽清县	9983	4879	5104	10866	5098	5768	6613	3758	2855
永泰县	10961	5516	5445	12272	5920	6352	7883	4317	3566
平潭县	9985	4994	4991	10650	5312	5338	7894	3998	3896
福清市	35852	17510	18342	33799	16793	17006	21009	11112	9897
厦门市	**24917**	**12904**	**12013**	**20547**	**9994**	**10553**	**12021**	**5581**	**6440**
思明区									
海沧区	406	199	207	318	147	171	188	93	95
湖里区									
集美区	3268	1725	1543	2406	1191	1215	1474	683	791
同安区	10291	5342	4949	8704	4174	4530	5224	2420	2804
翔安区	10952	5638	5314	9119	4482	4637	5135	2385	2750
莆田市	**77992**	**39152**	**38840**	**78785**	**38127**	**40658**	**45672**	**22019**	**23653**
城厢区	10712	5438	5274	10670	5189	5481	5649	2729	2920
涵江区	7376	3809	3567	8172	4063	4109	4959	2540	2419
荔城区	10483	5093	5390	10014	4727	5287	5800	2725	3075
秀屿区	21634	10628	11006	21329	9988	11341	12939	5896	7043
仙游县	27787	14184	13603	28600	14160	14440	16325	8129	8196
三明市	**64868**	**34237**	**30631**	**63481**	**32324**	**31157**	**44605**	**22670**	**21935**
梅列区	504	293	211	447	227	220	313	148	165
三元区	1810	1018	792	1634	859	775	1169	616	553
明溪县	3104	1747	1357	2757	1553	1204	1927	969	958
清流县	4144	2249	1895	3942	2024	1918	2633	1308	1325
宁化县	9630	4969	4661	9677	4820	4857	7176	3435	3741
大田县	9276	4629	4647	10053	4989	5064	6612	3377	3235
尤溪县	13757	7371	6386	12463	6345	6118	8518	4430	4088
沙县	4588	2410	2178	4758	2404	2354	3454	1747	1707
将乐县	4055	2198	1857	4093	2145	1948	2975	1508	1467
泰宁县	2737	1386	1351	3132	1619	1513	2340	1220	1120
建宁县	4443	2345	2098	4223	2096	2127	3287	1665	1622
永安市	6820	3622	3198	6302	3243	3059	4201	2247	1954
泉州市	**151073**	**75820**	**75253**	**144346**	**69295**	**75051**	**87363**	**41820**	**45543**
鲤城区									
丰泽区									
洛江区	5026	2552	2474	5292	2530	2762	3129	1484	1645
泉港区	9387	4525	4862	7983	3813	4170	4583	2081	2502
惠安县	22039	10336	11703	21103	9250	11853	12793	5438	7355
安溪县	31235	15822	15413	31032	15265	15767	18013	8711	9302
永春县	11311	5956	5355	11495	5814	5681	7061	3662	3399
德化县	6095	3044	3051	6589	3335	3254	4287	2196	2091
石狮市	4390	2365	2025	3405	1713	1692	2085	1116	969
晋江市	27633	14044	13589	24455	11805	12650	15328	7350	7978
南安市	33957	17176	16781	32992	15770	17222	20084	9782	10302

1-5c 续表 11 单位：人

地区	60-64岁			65-69岁			70-74岁		
	小计	男	女	小计	男	女	小计	男	女
漳州市	**129136**	**66962**	**62174**	**114258**	**56475**	**57783**	**69715**	**34370**	**35345**
芗城区	4572	2403	2169	4047	1941	2106	2684	1268	1416
龙文区	1825	930	895	1640	766	874	970	479	491
云霄县	11915	6154	5761	11360	5575	5785	6758	3461	3297
漳浦县	23242	12011	11231	20410	9849	10561	12955	6126	6829
诏安县	18264	9254	9010	15285	7392	7893	9261	4545	4716
长泰县	6862	3618	3244	5327	2665	2662	3189	1570	1619
东山县	4777	2400	2377	4034	1955	2079	2626	1214	1412
南靖县	10946	5625	5321	10351	5209	5142	6215	3166	3049
平和县	17438	9317	8121	16252	8375	7877	9181	4890	4291
华安县	4672	2490	2182	4016	2018	1998	2533	1245	1288
龙海市	24623	12760	11863	21536	10730	10806	13343	6406	6937
南平市	**78438**	**40619**	**37819**	**80658**	**41018**	**39640**	**55892**	**28999**	**26893**
延平区	8707	4395	4312	8990	4368	4622	6610	3359	3251
建阳区	9740	5069	4671	9547	4791	4756	6299	3242	3057
顺昌县	6937	3576	3361	6388	3160	3228	4454	2179	2275
浦城县	11338	5938	5400	13623	7250	6373	9186	4922	4264
光泽县	3532	1911	1621	3869	1957	1912	3535	1781	1754
松溪县	4908	2481	2427	4712	2415	2297	3245	1747	1498
政和县	5960	2980	2980	6201	3121	3080	3918	2202	1716
邵武市	4924	2587	2337	5371	2800	2571	3978	2000	1978
武夷山市	6237	3333	2904	6135	3193	2942	4212	2182	2030
建瓯市	16155	8349	7806	15822	7963	7859	10455	5385	5070
龙岩市	**64436**	**34599**	**29837**	**67113**	**34725**	**32388**	**46242**	**23300**	**22942**
新罗区	7918	4337	3581	7581	4049	3532	4798	2496	2302
永定区	10423	5587	4836	11622	5904	5718	7538	3695	3843
长汀县	10785	5826	4959	11150	5769	5381	8436	4182	4254
上杭县	11739	6296	5443	12775	6650	6125	8519	4289	4230
武平县	7632	4020	3612	9052	4644	4408	6397	3241	3156
连城县	8221	4519	3702	8049	4189	3860	5995	3059	2936
漳平市	7718	4014	3704	6884	3520	3364	4559	2338	2221
宁德市	**86960**	**46188**	**40772**	**85638**	**44221**	**41417**	**54766**	**30514**	**24252**
蕉城区	10806	5817	4989	10771	5621	5150	7138	3921	3217
霞浦县	14072	7512	6560	13176	6728	6448	8263	4596	3667
古田县	12767	6652	6115	12989	6723	6266	8163	4708	3455
屏南县	5676	3013	2663	5180	2725	2455	3368	1991	1377
寿宁县	6860	3543	3317	7161	3735	3426	4689	2640	2049
周宁县	5076	2720	2356	5112	2707	2405	3242	1931	1311
柘荣县	2281	1220	1061	2507	1328	1179	1580	960	620
福安市	14975	8034	6941	14902	7598	7304	9294	5007	4287
福鼎市	14447	7677	6770	13840	7056	6784	9029	4760	4269

1-5c 续表 12

单位：人

地 区	75-79岁			80-84岁			85-89岁		
	小计	男	女	小计	男	女	小计	男	女
合 计	**331826**	**164035**	**167791**	**241967**	**109493**	**132474**	**135593**	**53985**	**81608**
福州市	**55151**	**28589**	**26562**	**37627**	**17802**	**19825**	**23960**	**9962**	**13998**
鼓楼区									
台江区									
仓山区									
马尾区	882	456	426	544	227	317	344	136	208
晋安区	494	270	224	462	193	269	334	121	213
长乐区	6779	3616	3163	4186	2020	2166	2638	1001	1637
闽侯县	8177	4661	3516	5307	2618	2689	3446	1389	2057
连江县	8325	4041	4284	5564	2385	3179	3186	1218	1968
罗源县	2705	1413	1292	1969	946	1023	1052	479	573
闽清县	3855	2228	1627	2788	1394	1394	1644	759	885
永泰县	4600	2499	2101	3197	1551	1646	1791	785	1006
平潭县	5078	2353	2725	3519	1553	1966	2482	1008	1474
福清市	14256	7052	7204	10091	4915	5176	7043	3066	3977
厦门市	**7638**	**3344**	**4294**	**4812**	**2012**	**2800**	**3103**	**1103**	**2000**
思明区									
海沧区	115	64	51	61	32	29	41	22	19
湖里区									
集美区	902	410	492	567	223	344	323	112	211
同安区	3270	1529	1741	2067	904	1163	1187	446	741
翔安区	3351	1341	2010	2117	853	1264	1552	523	1029
莆田市	**30457**	**13746**	**16711**	**20775**	**8353**	**12422**	**13264**	**4639**	**8625**
城厢区	3737	1707	2030	2849	1152	1697	1752	640	1112
涵江区	3064	1478	1586	2248	965	1283	1479	488	991
荔城区	3897	1686	2211	2668	969	1699	1544	508	1036
秀屿区	8864	3662	5202	6117	2293	3824	4268	1397	2871
仙游县	10895	5213	5682	6893	2974	3919	4221	1606	2615
三明市	**31372**	**16046**	**15326**	**24845**	**11917**	**12928**	**11609**	**5278**	**6331**
梅列区	306	145	161	257	120	137	132	61	71
三元区	886	437	449	795	378	417	342	158	184
明溪县	1406	734	672	1275	571	704	610	250	360
清流县	2016	945	1071	1663	723	940	737	302	435
宁化县	4846	2272	2574	4279	1908	2371	1743	692	1051
大田县	5056	2686	2370	3336	1635	1701	1758	884	874
尤溪县	5668	3080	2588	4304	2260	2044	2261	1164	1097
沙县	2399	1277	1122	2026	1058	968	1105	484	621
将乐县	1834	943	891	1602	743	859	722	316	406
泰宁县	1574	767	807	1231	577	654	504	208	296
建宁县	2138	1047	1091	1698	765	933	531	218	313
永安市	3243	1713	1530	2379	1179	1200	1164	541	623
泉州市	**54614**	**24795**	**29819**	**38989**	**15894**	**23095**	**23349**	**8190**	**15159**
鲤城区									
丰泽区									
洛江区	2036	930	1106	1385	579	806	720	258	462
泉港区	3038	1220	1818	2219	878	1341	1650	563	1087
惠安县	7336	2777	4559	6020	1907	4113	3939	994	2945
安溪县	12130	5848	6282	7889	3514	4375	4272	1723	2549
永春县	4853	2431	2422	3313	1574	1739	1603	695	908
德化县	2973	1482	1491	1791	867	924	903	367	536
石狮市	1267	603	664	916	384	532	556	203	353
晋江市	8651	3848	4803	6682	2649	4033	4341	1539	2802
南安市	12330	5656	6674	8774	3542	5232	5365	1848	3517

1-5c　续表 13　　　　单位：人

地　区	75-79岁			80-84岁			85-89岁		
	小计	男	女	小计	男	女	小计	男	女
漳州市	**49840**	**23785**	**26055**	**35206**	**15373**	**19833**	**19258**	**7107**	**12151**
芗城区	1692	828	864	976	480	496	628	237	391
龙文区	603	282	321	363	182	181	230	108	122
云霄县	5186	2618	2568	3867	1755	2112	1994	762	1232
漳浦县	9844	4435	5409	6512	2723	3789	3568	1238	2330
诏安县	6629	3160	3469	5404	2252	3152	3239	1147	2092
长泰县	2509	1205	1304	1727	725	1002	811	318	493
东山县	1780	804	976	1428	533	895	920	270	650
南靖县	4280	2020	2260	3126	1376	1750	1683	660	1023
平和县	6755	3475	3280	4719	2174	2545	2398	915	1483
华安县	1985	955	1030	1391	646	745	661	284	377
龙海市	8577	4003	4574	5693	2527	3166	3126	1168	1958
南平市	**34458**	**18276**	**16182**	**25645**	**12954**	**12691**	**12969**	**6143**	**6826**
延平区	4379	2214	2165	3423	1823	1600	1798	884	914
建阳区	3933	2108	1825	2892	1434	1458	1427	662	765
顺昌县	2809	1410	1399	2229	1077	1152	1093	488	605
浦城县	5061	2818	2243	4169	2134	2035	2210	1044	1166
光泽县	2274	1174	1100	1742	834	908	662	330	332
松溪县	1931	1019	912	1452	737	715	868	434	434
政和县	2233	1330	903	1730	971	759	1004	532	472
邵武市	2621	1352	1269	1777	853	924	939	400	539
武夷山市	2801	1470	1331	1880	903	977	799	355	444
建瓯市	6416	3381	3035	4351	2188	2163	2169	1014	1155
龙岩市	**34839**	**16846**	**17993**	**29122**	**12032**	**17090**	**13373**	**4705**	**8668**
新罗区	3701	1832	1869	2821	1164	1657	1399	573	826
永定区	5330	2567	2763	4385	1819	2566	2358	819	1539
长汀县	6156	2935	3221	5351	2217	3134	2148	741	1407
上杭县	6866	3255	3611	6467	2535	3932	2836	900	1936
武平县	4798	2358	2440	4315	1790	2525	2162	686	1476
连城县	4302	2035	2267	3328	1303	2025	1208	439	769
漳平市	3686	1864	1822	2455	1204	1251	1262	547	715
宁德市	**33457**	**18608**	**14849**	**24946**	**13156**	**11790**	**14708**	**6858**	**7850**
蕉城区	4452	2480	1972	3477	1781	1696	1936	803	1133
霞浦县	5230	2865	2365	3842	1976	1866	2363	1032	1331
古田县	5003	2907	2096	3672	1916	1756	1809	844	965
屏南县	1981	1110	871	1575	807	768	875	432	443
寿宁县	2605	1499	1106	2139	1159	980	1231	654	577
周宁县	2008	1207	801	1496	852	644	918	468	450
柘荣县	973	592	381	660	396	264	472	238	234
福安市	5608	3028	2580	3929	2116	1813	2403	1148	1255
福鼎市	5597	2920	2677	4156	2153	2003	2701	1239	1462

1-5c 续表 14

单位：人

地区	90-94岁			95-99岁			100岁及以上		
	小计	男	女	小计	男	女	小计	男	女
合计	**51190**	**17691**	**33499**	**10864**	**3265**	**7599**	**1504**	**385**	**1119**
福州市	**9864**	**3531**	**6333**	**2182**	**671**	**1511**	**289**	**83**	**206**
鼓楼区									
台江区									
仓山区									
马尾区	131	48	83	29	6	23	9	3	6
晋安区	130	65	65	40	21	19	8	5	3
长乐区	1113	316	797	223	53	170	32	7	25
闽侯县	1390	490	900	317	98	219	49	9	40
连江县	1214	415	799	240	66	174	28	10	18
罗源县	373	146	227	71	33	38	16	5	11
闽清县	669	275	394	155	51	104	12	6	6
永泰县	774	290	484	162	49	113	12	2	10
平潭县	1056	349	707	232	70	162	39	11	28
福清市	3014	1137	1877	713	224	489	84	25	59
厦门市	**1235**	**364**	**871**	**262**	**66**	**196**	**38**	**14**	**24**
思明区									
海沧区	12	4	8	2		2	2	1	1
湖里区									
集美区	158	53	105	44	16	28	7	2	5
同安区	450	135	315	89	22	67	13	6	7
翔安区	615	172	443	127	28	99	16	5	11
莆田市	**5240**	**1561**	**3679**	**1240**	**289**	**951**	**184**	**41**	**143**
城厢区	784	258	526	166	45	121	26	7	19
涵江区	571	161	410	102	23	79	10	1	9
荔城区	548	145	403	130	26	104	25	6	19
秀屿区	1704	451	1253	506	98	408	86	14	72
仙游县	1633	546	1087	336	97	239	37	13	24
三明市	**3884**	**1612**	**2272**	**728**	**295**	**433**	**115**	**37**	**78**
梅列区	43	19	24	6	4	2	1		1
三元区	131	58	73	29	12	17	7	2	5
明溪县	199	69	130	35	11	24	11	3	8
清流县	257	81	176	50	16	34	10	3	7
宁化县	611	218	393	134	47	87	20	9	11
大田县	603	267	336	106	53	53	11	3	8
尤溪县	826	413	413	155	72	83	19	4	15
沙县	336	139	197	62	23	39	11	3	8
将乐县	178	86	92	33	14	19	2	1	1
泰宁县	140	52	88	16	7	9	4	2	2
建宁县	154	45	109	27	9	18	2	1	1
永安市	406	165	241	75	27	48	17	6	11
泉州市	**8431**	**2505**	**5926**	**1820**	**418**	**1402**	**269**	**55**	**214**
鲤城区									
丰泽区									
洛江区	256	68	188	52	11	41	7	2	5
泉港区	634	189	445	164	39	125	26	4	22
惠安县	1455	254	1201	299	44	255	41	10	31
安溪县	1500	525	975	315	87	228	55	10	45
永春县	501	172	329	79	33	46	18	5	13
德化县	243	98	145	32	16	16	2		2
石狮市	182	53	129	46	18	28	5	2	3
晋江市	1639	546	1093	375	80	295	47	15	32
南安市	2021	600	1421	458	90	368	68	7	61

1-5c　续表 15　　　　单位：人

地　区	90-94岁			95-99岁			100岁及以上		
	小计	男	女	小计	男	女	小计	男	女
漳州市	**7001**	**2055**	**4946**	**1315**	**322**	**993**	**173**	**28**	**145**
芗城区	214	78	136	49	13	36	5	2	3
龙文区	61	18	43	12	5	7	1	1	
云霄县	742	216	526	137	27	110	21	9	12
漳浦县	1473	400	1073	282	62	220	43	5	38
诏安县	1216	353	863	252	69	183	33	3	30
长泰县	244	64	180	40	14	26	7	2	5
东山县	368	81	287	86	15	71	9	1	8
南靖县	548	179	369	93	24	69	11	2	9
平和县	818	233	585	123	28	95	18	2	16
华安县	221	81	140	35	10	25	7	1	6
龙海市	1096	352	744	206	55	151	18		18
南平市	**4177**	**1855**	**2322**	**780**	**347**	**433**	**104**	**33**	**71**
延平区	590	281	309	121	57	64	16	5	11
建阳区	457	177	280	95	40	55	16	6	10
顺昌县	350	161	189	69	22	47	12	3	9
浦城县	699	290	409	118	55	63	15	3	12
光泽县	238	108	130	51	22	29	4	1	3
松溪县	228	105	123	52	25	27	2	2	
政和县	351	170	181	51	23	28	10	3	7
邵武市	309	131	178	56	23	33	8	3	5
武夷山市	305	131	174	60	26	34	10	1	9
建瓯市	650	301	349	107	54	53	11	6	5
龙岩市	**5006**	**1461**	**3545**	**1141**	**293**	**848**	**159**	**33**	**126**
新罗区	476	183	293	116	40	76	17	4	13
永定区	782	234	548	183	47	136	27	4	23
长汀县	986	279	707	232	69	163	32	6	26
上杭县	1107	277	830	250	49	201	40	12	28
武平县	776	204	572	170	26	144	18	4	14
连城县	486	138	348	123	37	86	18	2	16
漳平市	393	146	247	67	25	42	7	1	6
宁德市	**6352**	**2747**	**3605**	**1396**	**564**	**832**	**173**	**61**	**112**
蕉城区	847	371	476	192	70	122	23	9	14
霞浦县	1043	427	616	229	84	145	31	12	19
古田县	755	323	432	174	76	98	28	13	15
屏南县	370	160	210	90	46	44	11	4	7
寿宁县	598	297	301	116	56	60	10	5	5
周宁县	391	193	198	89	42	47	8	3	5
柘荣县	217	104	113	45	17	28	7	4	3
福安市	1126	486	640	261	101	160	38	8	30
福鼎市	1005	386	619	200	72	128	17	3	14

1-6 各地区分性别、受教育程度的3岁及以上人口

单位：人

地　区	3岁及以上人口			未上过学		
	合计	男	女	小计	男	女
合　计	**40214295**	**20748300**	**19465995**	**1525902**	**385462**	**1140440**
福州市	**8061091**	**4127807**	**3933284**	**182805**	**53893**	**128912**
鼓楼区	652529	319328	333201	7419	2318	5101
台江区	401055	198432	202623	2699	984	1715
仓山区	1108886	574690	534196	14876	5385	9491
马尾区	283935	146658	137277	5513	1460	4053
晋安区	767893	391563	376330	8346	3149	5197
长乐区	770095	398770	371325	18292	6037	12255
闽侯县	960522	498888	461634	24579	7728	16851
连江县	624085	320015	304070	13431	3429	10002
罗源县	247658	131518	116140	5629	1928	3701
闽清县	248511	127402	121109	6507	1920	4587
永泰县	272676	139935	132741	7884	2281	5603
平潭县	373000	188259	184741	20075	4842	15233
福清市	1350246	692349	657897	47555	12432	35123
厦门市	**4993142**	**2628533**	**2364609**	**143426**	**33969**	**109457**
思明区	1040726	505759	534967	16027	3629	12398
海沧区	561433	304849	256584	18360	4580	13780
湖里区	1005376	528091	477285	24358	6166	18192
集美区	1001856	538212	463644	22277	5497	16780
同安区	826168	446405	379763	36101	8463	27638
翔安区	557583	305217	252366	26303	5634	20669
莆田市	**3113597**	**1567813**	**1545784**	**176600**	**35411**	**141189**
城厢区	529852	268289	261563	20573	4064	16509
涵江区	466174	236342	229832	18551	3996	14555
荔城区	652984	328729	324255	21452	4712	16740
秀屿区	588421	293963	294458	64729	10057	54672
仙游县	876166	440490	435676	51295	12582	38713
三明市	**2406657**	**1240339**	**1166318**	**113159**	**27799**	**85360**
梅列区	213008	105949	107059	6071	1392	4679
三元区	183162	94266	88896	5629	1447	4182
明溪县	95945	49856	46089	3977	1016	2961
清流县	114303	59113	55190	7667	1710	5957
宁化县	252944	127932	125012	16985	3259	13726
大田县	288705	153085	135620	13353	3402	9951
尤溪县	328389	171729	156660	15410	4436	10974
沙县	242817	124213	118604	12411	3458	8953
将乐县	140284	71523	68761	7811	1890	5921
泰宁县	100593	50704	49889	5277	1294	3983
建宁县	111142	56484	54658	6668	1553	5115
永安市	335365	175485	159880	11900	2942	8958
泉州市	**8485842**	**4421908**	**4063934**	**297724**	**75569**	**222155**
鲤城区	415002	212641	202361	7287	2111	5176
丰泽区	676001	346321	329680	13339	3338	10001
洛江区	238648	122588	116060	12804	2626	10178
泉港区	340015	170766	169249	14276	2919	11357
惠安县	987686	492776	494910	55167	9952	45215
安溪县	971159	511728	459431	40852	10839	30013
永春县	409441	209617	199824	10483	2815	7668
德化县	319200	168455	150745	13160	2798	10362
石狮市	665475	355319	310156	16561	5649	10912
晋江市	1998267	1065813	932454	70678	20305	50373
南安市	1464948	765884	699064	43117	12217	30900

1-6　续表 1　　　　　　　　　　　　　　　　　　　　　　　单位：人

地　区	3岁及以上人口			未上过学		
	合计	男	女	小计	男	女
漳州市	**4882290**	**2506861**	**2375429**	**224856**	**49516**	**175340**
芗城区	620405	308698	311707	15040	3285	11755
龙文区	289303	149528	139775	7257	1997	5260
云霄县	397677	206634	191043	24502	5167	19335
漳浦县	814437	418750	395687	51165	10274	40891
诏安县	540182	276674	263508	34637	8337	26300
长泰县	220832	115750	105082	8686	2140	6546
东山县	212102	107193	104909	8010	1395	6615
南靖县	296476	151479	144997	14620	2840	11780
平和县	440421	229838	210583	19767	4769	14998
华安县	130477	68296	62181	5690	1209	4481
龙海市	919978	474021	445957	35482	8103	27379
南平市	**2606899**	**1328235**	**1278664**	**118921**	**36104**	**82817**
延平区	442993	223021	219972	16754	4740	12014
建阳区	331355	170727	160628	15979	5072	10907
顺昌县	174519	88980	85539	7414	2042	5372
浦城县	291268	147560	143708	12437	4231	8206
光泽县	126774	65054	61720	4282	1208	3074
松溪县	126830	64786	62044	6213	2105	4108
政和县	172902	90285	82617	13883	4125	9758
邵武市	266307	134977	131330	7800	2052	5748
武夷山市	251275	127828	123447	7381	2484	4897
建瓯市	422676	215017	207659	26778	8045	18733
龙岩市	**2624272**	**1341501**	**1282771**	**116188**	**20388**	**95800**
新罗区	810904	415235	395669	25164	4712	20452
永定区	315734	162919	152815	15236	2390	12846
长汀县	382347	193811	188536	16617	2970	13647
上杭县	362389	183468	178921	20651	2919	17732
武平县	267185	134037	133148	14289	2296	11993
连城县	240238	123516	116722	9132	1924	7208
漳平市	245475	128515	116960	15099	3177	11922
宁德市	**3040505**	**1585303**	**1455202**	**152223**	**52813**	**99410**
蕉城区	601392	318106	283286	25191	9078	16113
霞浦县	460589	240427	220162	23357	8743	14614
古田县	313512	161308	152204	7925	3025	4900
屏南县	135071	70515	64556	5416	1796	3620
寿宁县	171773	90060	81713	12359	3895	8464
周宁县	144791	76309	68482	9950	3688	6262
柘荣县	89736	46022	43714	5871	2085	3786
福安市	589922	308758	281164	25138	8438	16700
福鼎市	533719	273798	259921	37016	12065	24951

1-6 续表 2

单位：人

地　区	学前教育			小　学		
	小计	男	女	小计	男	女
合　计	**1880298**	**1000943**	**879355**	**11643957**	**5335122**	**6308835**
福州市	**315038**	**164517**	**150521**	**2029218**	**929044**	**1100174**
鼓楼区	23932	12659	11273	89372	40421	48951
台江区	14292	7573	6719	64424	28423	36001
仓山区	46796	24769	22027	200228	94185	106043
马尾区	9406	4812	4594	68457	30899	37558
晋安区	29481	15570	13911	130537	59227	71310
长乐区	26618	14067	12551	247984	117264	130720
闽侯县	34634	18211	16423	228718	109263	119455
连江县	24642	12797	11845	219211	97891	121320
罗源县	11332	5922	5410	91005	44975	46030
闽清县	10501	5457	5044	73227	33394	39833
永泰县	11179	5854	5325	90593	40076	50517
平潭县	16879	8568	8311	109376	49437	59939
福清市	55346	28258	27088	416086	183589	232497
厦门市	**225552**	**122123**	**103429**	**961559**	**452483**	**509076**
思明区	45244	24326	20918	169035	73075	95960
海沧区	27758	14881	12877	112550	55432	57118
湖里区	40477	22003	18474	161049	76102	84947
集美区	45444	24585	20859	179630	85598	94032
同安区	41374	22582	18792	208163	99943	108220
翔安区	25255	13746	11509	131132	62333	68799
莆田市	**134584**	**70965**	**63619**	**914508**	**409459**	**505049**
城厢区	22776	12287	10489	122672	53060	69612
涵江区	17725	9254	8471	114241	48118	66123
荔城区	32740	17339	15401	174224	76074	98150
秀屿区	24363	12781	11582	205512	96824	108688
仙游县	36980	19304	17676	297859	135383	162476
三明市	**118137**	**62547**	**55590**	**791228**	**366944**	**424284**
梅列区	9821	5301	4520	41274	18964	22310
三元区	7450	3933	3517	46700	21783	24917
明溪县	4176	2129	2047	31369	14361	17008
清流县	5410	2880	2530	40039	18064	21975
宁化县	12657	6680	5977	94938	42453	52485
大田县	17562	9341	8221	117304	53956	63348
尤溪县	18614	9864	8750	114560	53394	61166
沙县	10766	5704	5062	79424	38393	41031
将乐县	6607	3514	3093	51669	24434	27235
泰宁县	5399	2847	2552	35225	15863	19362
建宁县	4651	2421	2230	43786	20327	23459
永安市	15024	7933	7091	94940	44952	49988
泉州市	**422802**	**235486**	**187316**	**2591607**	**1174137**	**1417470**
鲤城区	18919	10632	8287	91635	40258	51377
丰泽区	29651	16628	13023	124273	55263	69010
洛江区	13385	7508	5877	65601	29478	36123
泉港区	18930	10262	8668	115706	47579	68127
惠安县	56347	31868	24479	345678	150700	194978
安溪县	48775	26424	22351	351774	161973	189801
永春县	19289	10625	8664	147134	63552	83582
德化县	21125	11816	9309	101715	45594	56121
石狮市	28006	15795	12211	191888	91955	99933
晋江市	84666	47107	37559	591550	281810	309740
南安市	83709	46821	36888	464653	205975	258678

1-6　续表 3　　　　单位：人

地　区	学前教育			小　学		
	小计	男	女	小计	男	女
漳州市	**260994**	**134812**	**126182**	**1605184**	**700615**	**904569**
芗城区	26169	13676	12493	133031	57997	75034
龙文区	17659	9399	8260	75108	33058	42050
云霄县	20573	10800	9773	138114	59802	78312
漳浦县	52818	27141	25677	287326	124432	162894
诏安县	31767	16281	15486	217496	96537	120959
长泰县	11765	6101	5664	72144	30662	41482
东山县	11466	5725	5741	78137	32295	45842
南靖县	14314	7147	7167	96655	40851	55804
平和县	20441	10613	9828	153034	65391	87643
华安县	6072	3031	3041	48706	20779	27927
龙海市	47950	24898	23052	305433	138811	166622
南平市	**99067**	**50866**	**48201**	**848592**	**407846**	**440746**
延平区	16248	8300	7948	129225	60112	69113
建阳区	12946	6683	6263	104822	52241	52581
顺昌县	5974	3001	2973	56637	26413	30224
浦城县	8666	4375	4291	103386	50006	53380
光泽县	4669	2478	2191	43395	20409	22986
松溪县	5584	2829	2755	43980	21161	22819
政和县	7959	4084	3875	63175	31077	32098
邵武市	9516	4948	4568	77917	35058	42859
武夷山市	10473	5379	5094	70923	34368	36555
建瓯市	17032	8789	8243	155132	77001	78131
龙岩市	**156188**	**82813**	**73375**	**764363**	**324090**	**440273**
新罗区	46830	25287	21543	166130	74871	91259
永定区	17062	9054	8008	94889	41152	53737
长汀县	26063	13607	12456	143524	58209	85315
上杭县	22342	11799	10543	120266	48693	71573
武平县	16798	8753	8045	78643	30869	47774
连城县	14954	7872	7082	80618	33392	47226
漳平市	12139	6441	5698	80293	36904	43389
宁德市	**147936**	**76814**	**71122**	**1137698**	**570504**	**567194**
蕉城区	28699	14826	13873	187425	94532	92893
霞浦县	22824	11885	10939	190706	96972	93734
古田县	13855	7063	6792	119300	59300	60000
屏南县	6308	3288	3020	55658	27957	27701
寿宁县	8320	4258	4062	64459	31565	32894
周宁县	6007	3197	2810	58693	29694	28999
柘荣县	4405	2265	2140	33482	16833	16649
福安市	29454	15438	14016	216510	107497	109013
福鼎市	28064	14594	13470	211465	106154	105311

1-6 续表 4 单位：人

地区	初中			高中			大学专科		
	小计	男	女	小计	男	女	小计	男	女
合计	**13383222**	**7585075**	**5798147**	**5903843**	**3372383**	**2531460**	**2900588**	**1520534**	**1380054**
福州市	**2529818**	**1393348**	**1136470**	**1462938**	**795679**	**667259**	**680296**	**350541**	**329755**
鼓楼区	120507	59719	60788	134304	63853	70451	105836	51056	54780
台江区	106083	53754	52329	96757	49251	47506	53919	26782	27137
仓山区	301494	163848	137646	225781	122329	103452	147007	75975	71032
马尾区	95419	53363	42056	51503	28999	22504	22519	11451	11068
晋安区	230785	121060	109725	179407	93974	85433	94209	48216	45993
长乐区	284495	158763	125732	122047	67235	54812	32684	17693	14991
闽侯县	315169	177300	137869	138687	76879	61808	71347	36405	34942
连江县	226395	128213	98182	83859	47707	36152	27347	14631	12716
罗源县	84134	48206	35928	32922	18326	14596	12653	6798	5855
闽清县	104450	57246	47204	33925	18993	14932	11875	6264	5611
永泰县	98098	54897	43201	36244	21684	14560	14265	8035	6230
平潭县	121503	66765	54738	58941	33838	25103	26444	13990	12454
福清市	441286	250214	191072	268561	152611	115950	60191	33245	26946
厦门市	**1436517**	**824742**	**611775**	**834921**	**476007**	**358914**	**612028**	**316223**	**295805**
思明区	217366	112144	105222	176672	87943	88729	152160	72312	79848
海沧区	176373	104639	71734	100274	58952	41322	62151	32557	29594
湖里区	272432	153838	118594	191381	108612	82769	153679	78364	75315
集美区	281513	162037	119476	163465	96123	67342	116144	61989	54155
同安区	313838	185785	128053	117157	71056	46101	62243	33592	28651
翔安区	174995	106299	68696	85972	53321	32651	65651	37409	28242
莆田市	**1107984**	**612742**	**495242**	**465044**	**271214**	**193830**	**169991**	**90343**	**79648**
城厢区	170542	92391	78151	99114	56144	42970	45356	23916	21440
涵江区	191756	104571	87185	78915	45961	32954	27568	15173	12395
荔城区	247547	134731	112816	98891	55920	42971	37986	19434	18552
秀屿区	200991	117079	83912	62627	39139	23488	16008	9718	6290
仙游县	297148	163970	133178	125497	74050	51447	43073	22102	20971
三明市	**745803**	**423471**	**322332**	**344249**	**198209**	**146040**	**161441**	**89026**	**72415**
梅列区	54516	27891	26625	44507	23252	21255	28498	13601	14897
三元区	55822	30907	24915	34912	19470	15442	13722	7373	6349
明溪县	34344	19910	14434	12024	6977	5047	5607	2991	2616
清流县	34638	20468	14170	14352	8945	5407	6500	3665	2835
宁化县	75923	43917	32006	31423	19369	12054	12169	7094	5075
大田县	86529	52806	33723	30353	19412	10941	13744	8183	5561
尤溪县	111026	63408	47618	40018	24300	15718	17246	9813	7433
沙县	77195	42851	34344	37700	20745	16955	14059	7318	6741
将乐县	44679	25273	19406	15589	8805	6784	7414	4065	3349
泰宁县	32258	18183	14075	12167	7052	5115	5356	2807	2549
建宁县	34451	19844	14607	11563	6785	4778	5720	3248	2472
永安市	104422	58013	46409	59641	33097	26544	31406	18868	12538
泉州市	**3168222**	**1803331**	**1364891**	**1083780**	**648118**	**435662**	**491948**	**258798**	**233150**
鲤城区	148912	80649	68263	73133	40976	32157	41436	20518	20918
丰泽区	180813	101092	79721	120666	66832	53834	95453	47426	48027
洛江区	77696	45355	32341	30304	19048	11256	20431	9412	11019
泉港区	111324	62795	48529	42866	26088	16778	23443	13339	10104
惠安县	338214	190090	148124	100434	60960	39474	58451	31146	27305
安溪县	383481	222830	160651	90186	57070	33116	31284	17972	13312
永春县	156735	88035	68700	43780	26984	16796	17653	9388	8265
德化县	114759	66048	48711	38298	23819	14479	17433	10722	6711
石狮市	264757	149600	115157	92351	54134	38217	31734	17102	14632
晋江市	790855	455838	335017	273548	162885	110663	103537	54232	49305
南安市	600676	340999	259677	178214	109322	68892	51093	27541	23552

1-6 续表 5

单位：人

地区	初中			高中			大学专科		
	小计	男	女	小计	男	女	小计	男	女
漳州市	**1718673**	**1027506**	**691167**	**571621**	**336559**	**235062**	**289234**	**151409**	**137825**
芗城区	192929	108321	84608	107842	57809	50033	74588	35437	39151
龙文区	95175	54989	40186	40628	22959	17669	30321	15171	15150
云霄县	144822	89183	55639	43322	26867	16455	16528	9369	7159
漳浦县	278214	171633	106581	83379	51126	32253	40781	22430	18351
诏安县	186638	114307	72331	42886	26222	16664	18074	10254	7820
长泰县	88761	53746	35015	20332	12923	7409	11427	6118	5309
东山县	71492	42823	28669	24682	14661	10021	12646	7089	5557
南靖县	106656	64071	42585	40447	24017	16430	14897	7894	7003
平和县	180892	109288	71604	42733	26656	16077	15000	8393	6607
华安县	48279	30398	17881	11864	7419	4445	5520	3170	2350
龙海市	324815	188747	136068	113506	65900	47606	49452	26084	23368
南平市	**910631**	**499065**	**411566**	**348741**	**188535**	**160206**	**154145**	**80718**	**73427**
延平区	141756	76337	65419	70072	37675	32397	40179	21164	19015
建阳区	116143	64390	51753	45732	23815	21917	18068	9206	8862
顺昌县	66154	36696	29458	23394	12907	10487	8684	4604	4080
浦城县	108757	58449	50308	37388	19855	17533	12380	6367	6013
光泽县	48589	26801	21788	13923	7784	6139	7138	3790	3348
松溪县	45821	25183	20638	13847	7574	6273	6888	3594	3294
政和县	58020	33835	24185	16429	9675	6754	7942	4377	3565
邵武市	94763	50882	43881	44196	24763	19433	19171	10405	8766
武夷山市	85565	46419	39146	37003	19518	17485	15244	7851	7393
建瓯市	145063	80073	64990	46757	24969	21788	18451	9360	9091
龙岩市	**881167**	**508311**	**372856**	**383748**	**230498**	**153250**	**175234**	**94596**	**80638**
新罗区	262428	145257	117171	151943	84229	67714	79793	39900	39893
永定区	122013	70143	51870	39926	24774	15152	15419	8876	6543
长汀县	117667	69700	47967	47485	30800	16685	17992	10622	7370
上杭县	116659	69972	46687	44971	28693	16278	20650	11850	8800
武平县	97693	55798	41895	35620	22668	12952	13772	7661	6111
连城县	82830	47968	34862	30712	19590	11122	13130	7615	5515
漳平市	81877	49473	32404	33091	19744	13347	14478	8072	6406
宁德市	**884407**	**492559**	**391848**	**408801**	**227564**	**181237**	**166271**	**88880**	**77391**
蕉城区	167017	94952	72065	92467	51130	41337	44610	24035	20575
霞浦县	135077	74611	60466	57191	31224	25967	18768	9960	8808
古田县	114550	61913	52637	35968	19004	16964	12189	6176	6013
屏南县	36759	20864	15895	18300	10067	8233	6994	3565	3429
寿宁县	53670	30885	22785	18910	11468	7442	8285	4730	3555
周宁县	39711	22779	16932	19092	10821	8271	6122	3334	2788
柘荣县	25132	13577	11555	11481	6297	5184	5157	2755	2402
福安市	170463	94818	75645	89269	50843	38426	36443	19632	16811
福鼎市	142028	78160	63868	66123	36710	29413	27703	14693	13010

1-6 续表 6 单位：人

地区	大学本科			硕士研究生			博士研究生		
	小计	男	女	小计	男	女	小计	男	女
合　计	**2754214**	**1432220**	**1321994**	**196032**	**100063**	**95969**	**26239**	**16498**	**9741**
福州市	**784924**	**401197**	**383727**	**67359**	**34121**	**33238**	**8695**	**5467**	**3228**
鼓楼区	152425	79301	73124	16701	8685	8016	2033	1316	717
台江区	56380	28421	27959	5857	2866	2991	644	378	266
仓山区	153182	78943	74239	16930	7669	9261	2592	1587	1005
马尾区	29957	15070	14887	1067	539	528	94	65	29
晋安区	87688	46362	41326	6757	3565	3192	683	440	243
长乐区	36772	17055	19717	1080	573	507	123	83	40
闽侯县	131185	64148	67037	14174	7672	6502	2029	1282	747
连江县	28450	14978	13472	683	328	355	67	41	26
罗源县	9726	5224	4502	235	122	113	22	17	5
闽清县	7770	3993	3777	228	118	110	28	17	11
永泰县	14135	6959	7176	250	134	116	28	15	13
平潭县	18991	10384	8607	716	387	329	75	48	27
福清市	58263	30359	27904	2681	1463	1218	277	178	99
厦门市	**696137**	**359859**	**336278**	**71405**	**35935**	**35470**	**11597**	**7192**	**4405**
思明区	222593	111020	111573	35216	17369	17847	6413	3941	2472
海沧区	58928	31262	27666	4694	2356	2338	345	190	155
湖里区	149344	76260	73084	11487	6015	5472	1169	731	438
集美区	178825	94691	84134	12717	6522	6195	1841	1170	671
同安区	44933	23741	21192	2161	1116	1045	198	127	71
翔安区	41514	22885	18629	5130	2557	2573	1631	1033	598
莆田市	**138731**	**74373**	**64358**	**5506**	**2907**	**2599**	**649**	**399**	**250**
城厢区	46412	25130	21282	2111	1117	994	296	180	116
涵江区	16765	8944	7821	575	279	296	78	46	32
荔城区	38445	19600	18845	1574	834	740	125	85	40
秀屿区	13687	8053	5634	456	279	177	48	33	15
仙游县	23422	12646	10776	790	398	392	102	55	47
三明市	**127389**	**69400**	**57989**	**4747**	**2604**	**2143**	**504**	**339**	**165**
梅列区	26461	14455	12006	1713	990	723	147	103	44
三元区	18270	8998	9272	563	286	277	94	69	25
明溪县	4305	2390	1915	129	74	55	14	8	6
清流县	5559	3303	2256	124	69	55	14	9	5
宁化县	8591	5010	3581	229	128	101	29	22	7
大田县	9574	5803	3771	244	152	92	42	30	12
尤溪县	11147	6317	4830	328	169	159	40	28	12
沙县	10896	5553	5343	335	173	162	31	18	13
将乐县	6322	3424	2898	175	107	68	18	11	7
泰宁县	4795	2600	2195	107	53	54	9	5	4
建宁县	4208	2257	1951	86	45	41	9	4	5
永安市	17261	9290	7971	714	358	356	57	32	25
泉州市	**407483**	**214563**	**192920**	**20207**	**10563**	**9644**	**2069**	**1343**	**726**
鲤城区	31250	16225	15025	2254	1158	1096	176	114	62
丰泽区	103031	51223	51808	7907	3954	3953	868	565	303
洛江区	17384	8590	8794	951	505	446	92	66	26
泉港区	12753	7315	5438	616	399	217	101	70	31
惠安县	32218	17384	14834	1056	602	454	121	74	47
安溪县	23942	14129	9813	749	421	328	116	70	46
永春县	13909	7996	5913	399	183	216	59	39	20
德化县	12342	7452	4890	325	179	146	43	27	16
石狮市	38861	20413	18448	1225	620	605	92	51	41
晋江市	79592	41536	38056	3554	1908	1646	287	192	95
南安市	42201	22300	19901	1171	634	537	114	75	39

1-6　续表 7　　单位：人

地　区	大学本科			硕士研究生			博士研究生		
	小计	男	女	小计	男	女	小计	男	女
漳州市	**201288**	**101357**	**99931**	**9480**	**4502**	**4978**	**960**	**585**	**375**
芗城区	65461	29706	35755	4850	2161	2689	495	306	189
龙文区	21930	11314	10616	1150	587	563	75	54	21
云霄县	9495	5292	4203	286	138	148	35	16	19
漳浦县	20066	11356	8710	620	317	303	68	41	27
诏安县	8447	4609	3838	207	104	103	30	23	7
长泰县	7482	3931	3551	204	114	90	31	15	16
东山县	5469	3101	2368	191	99	92	9	5	4
南靖县	8619	4535	4084	239	110	129	29	14	15
平和县	8336	4614	3722	195	100	95	23	14	9
华安县	4227	2234	1993	114	53	61	5	3	2
龙海市	41756	20665	21091	1424	719	705	160	94	66
南平市	**121615**	**62379**	**59236**	**4676**	**2392**	**2284**	**511**	**330**	**181**
延平区	27239	13904	13335	1425	731	694	95	58	37
建阳区	16761	8802	7959	820	457	363	84	61	23
顺昌县	6061	3211	2850	176	89	87	25	17	8
浦城县	7973	4131	3842	254	129	125	27	17	10
光泽县	4603	2487	2116	158	85	73	17	12	5
松溪县	4376	2282	2094	109	49	60	12	9	3
政和县	5312	3006	2306	158	90	68	24	16	8
邵武市	12493	6642	5851	391	193	198	60	34	26
武夷山市	23753	11340	12413	811	387	424	122	82	40
建瓯市	13044	6574	6470	374	182	192	45	24	21
龙岩市	**140901**	**77293**	**63608**	**5912**	**3140**	**2772**	**571**	**372**	**199**
新罗区	74413	38774	35639	3894	2004	1890	309	201	108
永定区	10831	6329	4502	310	173	137	48	28	20
长汀县	12580	7638	4942	374	234	140	45	31	14
上杭县	16167	9148	7019	607	343	264	76	51	25
武平县	10032	5805	4227	298	159	139	40	28	12
连城县	8620	5013	3607	209	122	87	33	20	13
漳平市	8258	4586	3672	220	105	115	20	13	7
宁德市	**135746**	**71799**	**63947**	**6740**	**3899**	**2841**	**683**	**471**	**212**
蕉城区	51470	26740	24730	4087	2505	1582	426	308	118
霞浦县	12274	6818	5456	355	187	168	37	27	10
古田县	9380	4655	4725	312	153	159	33	19	14
屏南县	5461	2881	2580	153	81	72	22	16	6
寿宁县	5613	3166	2447	137	77	60	20	16	4
周宁县	5057	2708	2349	143	80	63	16	8	8
柘荣县	4105	2164	1941	90	41	49	13	5	8
福安市	21805	11655	10150	769	395	374	71	42	29
福鼎市	20581	11012	9569	694	380	314	45	30	15

1-6a 各地区分性别、受教育程度的3岁及以上人口(城市)

单位：人

地　区	3岁及以上人口			未上过学		
	合计	男	女	小计	男	女
合　计	**16568138**	**8491007**	**8077131**	**364974**	**97693**	**267281**
福州市	**3903977**	**1977961**	**1926016**	**50857**	**17047**	**33810**
鼓楼区	652529	319328	333201	7419	2318	5101
台江区	401055	198432	202623	2699	984	1715
仓山区	1108886	574690	534196	14876	5385	9491
马尾区	249210	128855	120355	4321	1193	3128
晋安区	746279	379653	366626	7515	2951	4564
长乐区	281193	139767	141426	4344	1559	2785
闽侯县						
连江县						
罗源县						
闽清县						
永泰县						
平潭县						
福清市	464825	237236	227589	9683	2657	7026
厦门市	**4220812**	**2205100**	**2015712**	**102106**	**24982**	**77124**
思明区	1040726	505759	534967	16027	3629	12398
海沧区	548514	297551	250963	17941	4480	13461
湖里区	1003539	526819	476720	24284	6144	18140
集美区	904646	483683	420963	18800	4620	14180
同安区	605280	327576	277704	21113	5330	15783
翔安区	118107	63712	54395	3941	779	3162
莆田市	**1340167**	**679708**	**660459**	**48536**	**10078**	**38458**
城厢区	345474	176050	169424	5838	1660	4178
涵江区	357667	181104	176563	12619	2964	9655
荔城区	475248	241396	233852	11698	2767	8931
秀屿区	161778	81158	80620	18381	2687	15694
仙游县						
三明市	**570929**	**288958**	**281971**	**12289**	**3103**	**9186**
梅列区	196797	97190	99607	4879	1147	3732
三元区	153875	77786	76089	3803	944	2859
明溪县						
清流县						
宁化县						
大田县						
尤溪县						
沙县						
将乐县						
泰宁县						
建宁县						
永安市	220257	113982	106275	3607	1012	2595
泉州市	**2960937**	**1548636**	**1412301**	**69616**	**20666**	**48950**
鲤城区	415002	212641	202361	7287	2111	5176
丰泽区	676001	346321	329680	13339	3338	10001
洛江区	96954	48852	48102	2911	662	2249
泉港区	121204	60746	60458	3812	863	2949
惠安县						
安溪县						
永春县						
德化县						
石狮市	413572	217024	196548	8346	2989	5357
晋江市	981199	529442	451757	27987	8955	19032
南安市	257005	133610	123395	5934	1748	4186

1-6a 续表 1

单位：人

地区	3岁及以上人口			未上过学		
	合计	男	女	小计	男	女
漳州市	**974057**	**485117**	**488940**	**21475**	**5382**	**16093**
芗城区	475757	231489	244268	7484	1936	5548
龙文区	263067	136135	126932	6048	1720	4328
云霄县						
漳浦县						
诏安县						
长泰县						
东山县						
南靖县						
平和县						
华安县						
龙海市	234041	116888	117153	7933	1724	6209
南平市	**922522**	**455764**	**466758**	**20582**	**5851**	**14731**
延平区	269972	131914	138058	6728	1736	4992
建阳区	173005	87732	85273	4416	1446	2970
顺昌县						
浦城县						
光泽县						
松溪县						
政和县						
邵武市	186657	92440	94217	3283	850	2433
武夷山市	137313	67579	69734	2094	684	1410
建瓯市	155575	76099	79476	4061	1135	2926
龙岩市	**827089**	**416354**	**410735**	**18464**	**3643**	**14821**
新罗区	632831	319489	313342	13365	2603	10762
永定区	73089	35649	37440	1492	244	1248
长汀县						
上杭县						
武平县						
连城县						
漳平市	121169	61216	59953	3607	796	2811
宁德市	**847648**	**433409**	**414239**	**21049**	**6941**	**14108**
蕉城区	376150	197334	178816	9139	3293	5846
霞浦县						
古田县						
屏南县						
寿宁县						
周宁县						
柘荣县						
福安市	252127	127838	124289	4439	1517	2922
福鼎市	219371	108237	111134	7471	2131	5340

1-6a 续表 2

单位：人

地 区	学前教育			小 学		
	小计	男	女	小计	男	女
合 计	**748588**	**402581**	**346007**	**3437469**	**1576944**	**1860525**
福州市	**152344**	**80573**	**71771**	**726031**	**330760**	**395271**
鼓楼区	23932	12659	11273	89372	40421	48951
台江区	14292	7573	6719	64424	28423	36001
仓山区	46796	24769	22027	200228	94185	106043
马尾区	8542	4423	4119	56566	25455	31111
晋安区	28845	15272	13573	123868	56166	67702
长乐区	10776	5734	5042	75731	35202	40529
闽侯县						
连江县						
罗源县						
闽清县						
永泰县						
平潭县						
福清市	19161	10143	9018	115842	50908	64934
厦门市	**190741**	**103064**	**87677**	**758393**	**355486**	**402907**
思明区	45244	24326	20918	169035	73075	95960
海沧区	27104	14545	12559	110279	54297	55982
湖里区	40414	21972	18442	160701	75894	84807
集美区	41171	22246	18925	154219	73111	81108
同安区	30848	16799	14049	142287	68920	73367
翔安区	5960	3176	2784	21872	10189	11683
莆田市	**60467**	**32175**	**28292**	**303253**	**135107**	**168146**
城厢区	15698	8485	7213	63356	27330	36026
涵江区	14160	7455	6705	83234	36432	46802
荔城区	23960	12770	11190	109247	47633	61614
秀屿区	6649	3465	3184	47416	23712	23704
仙游县						
三明市	**25877**	**13825**	**12052**	**117884**	**53468**	**64416**
梅列区	9260	5004	4256	35972	16364	19608
三元区	6484	3429	3055	34162	15454	18708
明溪县						
清流县						
宁化县						
大田县						
尤溪县						
沙县						
将乐县						
泰宁县						
建宁县						
永安市	10133	5392	4741	47750	21650	26100
泉州市	**138135**	**77325**	**60810**	**695250**	**320588**	**374662**
鲤城区	18919	10632	8287	91635	40258	51377
丰泽区	29651	16628	13023	124273	55263	69010
洛江区	5758	3217	2541	20583	9282	11301
泉港区	7153	3893	3260	36828	15375	21453
惠安县						
安溪县						
永春县						
德化县						
石狮市	18137	10218	7919	103152	48495	54657
晋江市	42628	23639	18989	247230	119459	127771
南安市	15889	9098	6791	71549	32456	39093

1-6a　续表 3　　　　单位：人

地　区	学前教育			小　学		
	小计	男	女	小计	男	女
漳州市	**47694**	**25067**	**22627**	**222313**	**98115**	**124198**
芗城区	19398	10105	9293	84648	37121	47527
龙文区	16099	8620	7479	65193	28909	36284
云霄县						
漳浦县						
诏安县						
长泰县						
东山县						
南靖县						
平和县						
华安县						
龙海市	12063	6295	5768	72025	31926	40099
南平市	**38430**	**19895**	**18535**	**216159**	**99251**	**116908**
延平区	10786	5550	5236	59898	26811	33087
建阳区	7420	3818	3602	40709	19828	20881
顺昌县						
浦城县						
光泽县						
松溪县						
政和县						
邵武市	7443	3861	3582	45749	19906	25843
武夷山市	6004	3123	2881	29562	13860	15702
建瓯市	6777	3543	3234	40241	18846	21395
龙岩市	**49580**	**26977**	**22603**	**163986**	**72531**	**91455**
新罗区	38039	20793	17246	117071	52179	64892
永定区	4555	2439	2116	16671	6926	9745
长汀县						
上杭县						
武平县						
连城县						
漳平市	6986	3745	3241	30244	13426	16818
宁德市	**45320**	**23680**	**21640**	**234200**	**111638**	**122562**
蕉城区	18915	9813	9102	90607	43688	46919
霞浦县						
古田县						
屏南县						
寿宁县						
周宁县						
柘荣县						
福安市	13681	7199	6482	72886	34673	38213
福鼎市	12724	6668	6056	70707	33277	37430

1-6a 续表 4

单位：人

地 区	初 中			高 中			大学专科		
	小计	男	女	小计	男	女	小计	男	女
合 计	**5016358**	**2731276**	**2285082**	**3077986**	**1674517**	**1403469**	**1816636**	**925278**	**891358**
福州市	**1063070**	**563797**	**499273**	**844350**	**442207**	**402143**	**467603**	**236342**	**231261**
鼓楼区	120507	59719	60788	134304	63853	70451	105836	51056	54780
台江区	106083	53754	52329	96757	49251	47506	53919	26782	27137
仓山区	301494	163848	137646	225781	122329	103452	147007	75975	71032
马尾区	81056	45258	35798	46676	26281	20395	21662	10967	10695
晋安区	221927	115558	106369	176514	92146	84368	93201	47610	45591
长乐区	92438	49305	43133	54045	27890	26155	16480	8332	8148
闽侯县									
连江县									
罗源县									
闽清县									
永泰县									
平潭县									
福清市	139565	76355	63210	110273	60457	49816	29498	15620	13878
厦门市	**1161614**	**656055**	**505559**	**724632**	**406240**	**318392**	**553094**	**283305**	**269789**
思明区	217366	112144	105222	176672	87943	88729	152160	72312	79848
海沧区	172096	102148	69948	97827	57415	40412	60695	31722	28973
湖里区	271536	153159	118377	191076	108371	82705	153591	78309	75282
集美区	241342	137686	103656	148994	86817	62177	110143	58614	51529
同安区	234269	136585	97684	91224	54522	36702	46513	24885	21628
翔安区	25005	14333	10672	18839	11172	7667	29992	17463	12529
莆田市	**479941**	**257196**	**222745**	**246292**	**137740**	**108552**	**102745**	**54156**	**48589**
城厢区	99476	51729	47747	76906	42039	34867	38908	20329	18579
涵江区	144743	77201	67542	64233	36173	28060	23550	12880	10670
荔城区	182088	97598	84490	81343	45721	35622	34164	17323	16841
秀屿区	53634	30668	22966	23810	13807	10003	6123	3624	2499
仙游县									
三明市	**160687**	**83050**	**77637**	**122945**	**65447**	**57498**	**68852**	**37064**	**31788**
梅列区	48542	24259	24283	42464	21928	20536	27829	13209	14620
三元区	45456	24095	21361	32645	17944	14701	12912	6892	6020
明溪县									
清流县									
宁化县									
大田县									
尤溪县									
沙县									
将乐县									
泰宁县									
建宁县									
永安市	66689	34696	31993	47836	25575	22261	28111	16963	11148
泉州市	**1057100**	**592413**	**464687**	**473283**	**269710**	**203573**	**263213**	**131869**	**131344**
鲤城区	148912	80649	68263	73133	40976	32157	41436	20518	20918
丰泽区	180813	101092	79721	120666	66832	53834	95453	47426	48027
洛江区	28704	15926	12778	13984	8147	5837	15232	6388	8844
泉港区	38360	20573	17787	17765	10332	7433	9969	5473	4496
惠安县									
安溪县									
永春县									
德化县									
石狮市	165614	90880	74734	64056	36200	27856	22025	11278	10747
晋江市	403562	232596	170966	144214	84465	59749	63590	32863	30727
南安市	91135	50697	40438	39465	22758	16707	15508	7923	7585

1-6a 续表 5

单位：人

地区	初中			高中			大学专科		
	小计	男	女	小计	男	女	小计	男	女
漳州市	**302291**	**165150**	**137141**	**165724**	**88338**	**77386**	**113061**	**54999**	**58062**
芗城区	133961	70616	63345	93399	48439	44960	68698	32441	36257
龙文区	85194	48721	36473	38557	21708	16849	29281	14708	14573
云霄县									
漳浦县									
诏安县									
长泰县									
东山县									
南靖县									
平和县									
华安县									
龙海市	82667	45514	37153	33681	18118	15563	15045	7829	7216
南平市	**300211**	**153156**	**147055**	**181156**	**93069**	**88087**	**82926**	**42562**	**40364**
延平区	83363	41879	41484	55103	28551	26552	28801	14495	14306
建阳区	58589	31095	27494	33906	16967	16939	13536	6907	6629
顺昌县									
浦城县									
光泽县									
松溪县									
政和县									
邵武市	64434	32536	31898	37474	20191	17283	16691	8982	7709
武夷山市	41548	21166	20382	24272	12276	11996	11560	5959	5601
建瓯市	52277	26480	25797	30401	15084	15317	12338	6219	6119
龙岩市	**251984**	**132373**	**119611**	**166700**	**89692**	**77008**	**89949**	**45563**	**44386**
新罗区	189269	100074	89195	128365	69051	59314	72627	36146	36481
永定区	22948	11182	11766	14857	7820	7037	6768	3677	3091
长汀县									
上杭县									
武平县									
连城县									
漳平市	39767	21117	18650	23478	12821	10657	10554	5740	4814
宁德市	**239460**	**128086**	**111374**	**152904**	**82074**	**70830**	**75193**	**39418**	**35775**
蕉城区	103481	57984	45497	67083	36475	30608	36043	19279	16764
霞浦县									
古田县									
屏南县									
寿宁县									
周宁县									
柘荣县									
福安市	74867	38822	36045	48830	26114	22716	22606	11708	10898
福鼎市	61112	31280	29832	36991	19485	17506	16544	8431	8113

1-6a 续表 6

单位：人

地 区	大学本科			硕士研究生			博士研究生		
	小计	男	女	小计	男	女	小计	男	女
合 计	**1929239**	**990866**	**938373**	**156740**	**79214**	**77526**	**20148**	**12638**	**7510**
福州市	**543704**	**278655**	**265049**	**49755**	**24646**	**25109**	**6263**	**3934**	**2329**
鼓楼区	152425	79301	73124	16701	8685	8016	2033	1316	717
台江区	56380	28421	27959	5857	2866	2991	644	378	266
仓山区	153182	78943	74239	16930	7669	9261	2592	1587	1005
马尾区	29250	14685	14565	1045	528	517	92	65	27
晋安区	86995	45965	41030	6734	3548	3186	680	437	243
长乐区	26734	11403	15331	585	302	283	60	40	20
闽侯县									
连江县									
罗源县									
闽清县									
永泰县									
平潭县									
福清市	38738	19937	18801	1903	1048	855	162	111	51
厦门市	**653583**	**336256**	**317327**	**66621**	**33518**	**33103**	**10028**	**6194**	**3834**
思明区	222593	111020	111573	35216	17369	17847	6413	3941	2472
海沧区	57623	30452	27171	4616	2310	2306	333	182	151
湖里区	149284	76226	73058	11484	6013	5471	1169	731	438
集美区	175541	92956	82585	12611	6471	6140	1825	1162	663
同安区	37070	19525	17545	1796	910	886	160	100	60
翔安区	11472	6077	5395	898	445	453	128	78	50
莆田市	**94428**	**50839**	**43589**	**4045**	**2136**	**1909**	**460**	**281**	**179**
城厢区	43052	23272	19780	1969	1046	923	271	160	111
涵江区	14595	7738	6857	470	225	245	63	36	27
荔城区	31183	16733	14450	1457	776	681	108	75	33
秀屿区	5598	3096	2502	149	89	60	18	10	8
仙游县									
三明市	**59250**	**31238**	**28012**	**2870**	**1573**	**1297**	**275**	**190**	**85**
梅列区	26012	14200	11812	1695	979	716	144	100	44
三元区	17775	8683	9092	548	277	271	90	68	22
明溪县									
清流县									
宁化县									
大田县									
尤溪县									
沙县									
将乐县									
泰宁县									
建宁县									
永安市	15463	8355	7108	627	317	310	41	22	19
泉州市	**247589**	**127216**	**120373**	**15282**	**7901**	**7381**	**1469**	**948**	**521**
鲤城区	31250	16225	15025	2254	1158	1096	176	114	62
丰泽区	103031	51223	51808	7907	3954	3953	868	565	303
洛江区	8957	4773	4184	747	403	344	78	54	24
泉港区	6843	3919	2924	397	265	132	77	53	24
惠安县									
安溪县									
永春县									
德化县									
石狮市	31135	16413	14722	1037	514	523	70	37	33
晋江市	49327	26015	23312	2490	1344	1146	171	106	65
南安市	17046	8648	8398	450	263	187	29	19	10

1−6a　续表 7　　　　　　　　　　　　　　　　　　　　　　　　　　　　单位：人

地　区	大学本科			硕士研究生			博士研究生		
	小计	男	女	小计	男	女	小计	男	女
漳州市	**94749**	**44828**	**49921**	**6180**	**2876**	**3304**	**570**	**362**	**208**
芗城区	62958	28424	34534	4735	2110	2625	476	297	179
龙文区	21498	11118	10380	1124	578	546	73	53	20
云霄县									
漳浦县									
诏安县									
长泰县									
东山县									
南靖县									
平和县									
华安县									
龙海市	10286	5282	5004	320	188	132	21	12	9
南平市	**79480**	**40103**	**39377**	**3242**	**1662**	**1580**	**336**	**215**	**121**
延平区	23944	12194	11750	1266	648	618	83	50	33
建阳区	13652	7216	6436	711	407	304	66	48	18
顺昌县									
浦城县									
光泽县									
松溪县									
政和县									
邵武市	11215	5934	5281	318	152	166	50	28	22
武夷山市	21451	10093	11358	708	340	368	114	78	36
建瓯市	9218	4666	4552	239	115	124	23	11	12
龙岩市	**82130**	**43311**	**38819**	**3986**	**2065**	**1921**	**310**	**199**	**111**
新罗区	70126	36555	33571	3692	1910	1782	277	178	99
永定区	5638	3270	2368	141	80	61	19	11	8
长汀县									
上杭县									
武平县									
连城县									
漳平市	6366	3486	2880	153	75	78	14	10	4
宁德市	**74326**	**38420**	**35906**	**4759**	**2837**	**1922**	**437**	**315**	**122**
蕉城区	46669	24158	22511	3834	2362	1472	379	282	97
霞浦县									
古田县									
屏南县									
寿宁县									
周宁县									
柘荣县									
福安市	14280	7529	6751	506	260	246	32	16	16
福鼎市	13377	6733	6644	419	215	204	26	17	9

1-6b 各地区分性别、受教育程度的3岁及以上人口(镇)

单位：人

地区	3岁及以上人口			未上过学		
	合计	男	女	小计	男	女
合计	**11071164**	**5651095**	**5420069**	**365083**	**93415**	**271668**
福州市	**1937480**	**985719**	**951761**	**38873**	**11798**	**27075**
鼓楼区						
台江区						
仓山区						
马尾区						
晋安区	2186	1118	1068	52	11	41
长乐区	180701	96139	84562	4994	1628	3366
闽侯县	577691	296095	281596	9236	3068	6168
连江县	315565	157218	158347	5313	1365	3948
罗源县	176667	92332	84335	2244	815	1429
闽清县	108820	54010	54810	1540	527	1013
永泰县	117691	58321	59370	1386	539	847
平潭县	200188	99166	101022	5261	1344	3917
福清市	257971	131320	126651	8847	2501	6346
厦门市	**245056**	**136316**	**108740**	**9992**	**2273**	**7719**
思明区						
海沧区						
湖里区	1837	1272	565	74	22	52
集美区	120	69	51	1		1
同安区	15549	8107	7442	994	192	802
翔安区	227550	126868	100682	8923	2059	6864
莆田市	**610930**	**303630**	**307300**	**32114**	**7556**	**24558**
城厢区	35327	17362	17965	2611	516	2095
涵江区	12195	6005	6190	678	94	584
荔城区	8358	4178	4180	393	76	317
秀屿区	96343	48205	48138	7461	1429	6032
仙游县	458707	227880	230827	20971	5441	15530
三明市	**949216**	**475767**	**473449**	**32496**	**8107**	**24389**
梅列区	10228	5595	4633	478	87	391
三元区	6303	3477	2826	333	92	241
明溪县	50137	24531	25606	1742	420	1322
清流县	58009	29138	28871	2649	554	2095
宁化县	121760	59875	61885	5099	961	4138
大田县	155875	80730	75145	4115	1134	2981
尤溪县	159942	80960	78982	4296	1353	2943
沙县	170661	85085	85576	6074	1666	4408
将乐县	82288	40348	41940	3075	719	2356
泰宁县	58168	28176	29992	1991	488	1503
建宁县	54492	26706	27786	1872	457	1415
永安市	21353	11146	10207	772	176	596
泉州市	**2849522**	**1477385**	**1372137**	**87750**	**22298**	**65452**
鲤城区						
丰泽区						
洛江区	42840	21650	21190	2073	382	1691
泉港区	68105	33928	34177	2686	577	2109
惠安县	560160	278303	281857	25185	4744	20441
安溪县	480754	250661	230093	12733	3927	8806
永春县	250668	125351	125317	4589	1403	3186
德化县	248774	130530	118244	6478	1507	4971
石狮市	158706	88394	70312	5190	1603	3587
晋江市	391507	205347	186160	12182	3328	8854
南安市	648008	343221	304787	16634	4827	11807

1-6b　续表 1　　单位：人

地　区	3岁及以上人口			未上过学		
	合计	男	女	小计	男	女
漳州市	**2022710**	**1039008**	**983702**	**80540**	**18171**	**62369**
芗城区	79137	42564	36573	3179	622	2557
龙文区						
云霄县	216308	110323	105985	10261	2257	8004
漳浦县	448927	230085	218842	22455	4565	17890
诏安县	244590	123286	121304	12560	3191	9369
长泰县	131179	69254	61925	3813	984	2829
东山县	136716	67995	68721	4006	773	3233
南靖县	157072	79248	77824	5614	1194	4420
平和县	208618	107128	101490	6476	1718	4758
华安县	69285	35826	33459	2321	506	1815
龙海市	330878	173299	157579	9855	2361	7494
南平市	**631286**	**313533**	**317753**	**22886**	**6865**	**16021**
延平区	48638	24929	23709	2346	730	1616
建阳区	30907	15327	15580	1463	455	1008
顺昌县	89702	44087	45615	2742	701	2041
浦城县	140156	68183	71973	3225	1088	2137
光泽县	63698	31144	32554	1702	452	1250
松溪县	62473	30500	31973	1865	629	1236
政和县	89504	45222	44282	4002	1154	2848
邵武市	25001	13256	11745	1155	322	833
武夷山市	16890	8942	7948	528	204	324
建瓯市	64317	31943	32374	3858	1130	2728
龙岩市	**820933**	**410991**	**409942**	**26367**	**4864**	**21503**
新罗区	61982	31751	30231	3075	517	2558
永定区	85649	44098	41551	3398	508	2890
长汀县	204790	101704	103086	5290	1076	4214
上杭县	186181	93081	93100	5873	994	4879
武平县	141779	69381	72398	4550	839	3711
连城县	119244	59825	59419	2821	641	2180
漳平市	21308	11151	10157	1360	289	1071
宁德市	**1004031**	**508746**	**495285**	**34065**	**11483**	**22582**
蕉城区	33777	17720	16057	1732	604	1128
霞浦县	279392	140781	138611	8631	3164	5467
古田县	155258	76786	78472	2238	860	1378
屏南县	66270	33006	33264	1364	480	884
寿宁县	85331	43061	42270	3834	1114	2720
周宁县	76357	38375	37982	3065	1028	2037
柘荣县	56441	27936	28505	2355	723	1632
福安市	132263	70743	61520	4432	1529	2903
福鼎市	118942	60338	58604	6414	1981	4433

1-6b 续表 2

单位：人

地 区	学前教育			小 学		
	小计	男	女	小计	男	女
合 计	**572258**	**306823**	**265435**	**3308190**	**1485300**	**1822890**
福州市	**80405**	**42285**	**38120**	**505299**	**229449**	**275850**
鼓楼区						
台江区						
仓山区						
马尾区						
晋安区	45	26	19	377	184	193
长乐区	6159	3284	2875	59329	28162	31167
闽侯县	19898	10566	9332	104645	49365	55280
连江县	13787	7291	6496	94261	41272	52989
罗源县	8894	4690	4204	56649	27256	29393
闽清县	4974	2665	2309	26143	11748	14395
永泰县	5859	3123	2736	30744	13448	17296
平潭县	9840	5124	4716	54455	23476	30979
福清市	10949	5516	5433	78696	34538	44158
厦门市	**10470**	**5680**	**4790**	**53895**	**25532**	**28363**
思明区						
海沧区						
湖里区	63	31	32	348	208	140
集美区	4	1	3	43	18	25
同安区	792	432	360	4898	2243	2655
翔安区	9611	5216	4395	48606	23063	25543
莆田市	**27185**	**14326**	**12859**	**188752**	**84609**	**104143**
城厢区	1485	811	674	11040	4920	6120
涵江区	444	251	193	3140	1093	2047
荔城区	426	223	203	3316	1511	1805
秀屿区	4294	2264	2030	33436	15056	18380
仙游县	20536	10777	9759	137820	62029	75791
三明市	**53995**	**29095**	**24900**	**289753**	**129597**	**160156**
梅列区	397	217	180	3132	1508	1624
三元区	252	130	122	2118	1046	1072
明溪县	2535	1271	1264	13986	5997	7989
清流县	3143	1723	1420	16115	7170	8945
宁化县	7017	3783	3234	37125	16015	21110
大田县	11006	6119	4887	51975	23480	28495
尤溪县	10100	5460	4640	45966	20824	25142
沙县	7875	4180	3695	50721	23457	27264
将乐县	4298	2279	2019	27010	12029	14981
泰宁县	3608	1925	1683	17536	7426	10110
建宁县	2709	1442	1267	16621	7190	9431
永安市	1055	566	489	7448	3455	3993
泉州市	**154329**	**86507**	**67822**	**874987**	**395253**	**479734**
鲤城区						
丰泽区						
洛江区	2211	1252	959	11210	4947	6263
泉港区	3768	2061	1707	23900	10058	13842
惠安县	31841	17958	13883	183343	79804	103539
安溪县	27603	15506	12097	144275	67463	76812
永春县	12635	6993	5642	76164	32565	43599
德化县	17953	10153	7800	73473	32277	41196
石狮市	6123	3468	2655	55097	27263	27834
晋江市	16435	9138	7297	119058	55480	63578
南安市	35760	19978	15782	188467	85396	103071

1-6b 续表 3 单位：人

地 区	学前教育			小 学		
	小计	男	女	小计	男	女
漳州市	**110315**	**57683**	**52632**	**616703**	**267312**	**349391**
芗城区	3794	2042	1752	25429	11266	14163
龙文区						
云霄县	11005	5843	5162	64602	27858	36744
漳浦县	28526	14926	13600	137923	59352	78571
诏安县	13995	7215	6780	88493	38335	50158
长泰县	7008	3673	3335	35982	15424	20558
东山县	7170	3698	3472	46335	18957	27378
南靖县	8203	4192	4011	44578	18742	25836
平和县	10132	5405	4727	61247	26129	35118
华安县	3344	1734	1610	22707	9506	13201
龙海市	17138	8955	8183	89407	41743	47664
南平市	**26045**	**13360**	**12685**	**188912**	**87360**	**101552**
延平区	1714	836	878	18093	8306	9787
建阳区	1342	726	616	11436	5368	6068
顺昌县	3193	1632	1561	22110	9873	12237
浦城县	4893	2474	2419	38675	17824	20851
光泽县	2820	1507	1313	15814	6991	8823
松溪县	2845	1432	1413	17787	8234	9553
政和县	4747	2425	2322	28368	13201	15167
邵武市	823	432	391	8467	3910	4557
武夷山市	608	323	285	4358	2117	2241
建瓯市	3060	1573	1487	23804	11536	12268
龙岩市	**55351**	**29733**	**25618**	**233932**	**95033**	**138899**
新罗区	3822	1992	1830	15960	7067	8893
永定区	5114	2781	2333	24425	10605	13820
长汀县	14123	7563	6560	66797	26543	40254
上杭县	12844	6936	5908	50907	19969	30938
武平县	10243	5453	4790	36147	14289	21858
连城县	8072	4384	3688	32587	13445	19142
漳平市	1133	624	509	7109	3115	3994
宁德市	**54163**	**28154**	**26009**	**355957**	**171155**	**184802**
蕉城区	1452	785	667	15301	7629	7672
霞浦县	15806	8233	7573	98280	48084	50196
古田县	7694	3921	3773	48167	22831	25336
屏南县	3733	1935	1798	22797	10769	12028
寿宁县	4875	2584	2291	25870	11903	13967
周宁县	3776	2002	1774	28800	13808	14992
柘荣县	3078	1592	1486	18777	8881	9896
福安市	6735	3499	3236	46750	22374	24376
福鼎市	7014	3603	3411	51215	24876	26339

1-6b 续表 4 单位：人

地区	初中			高中			大学专科		
	小计	男	女	小计	男	女	小计	男	女
合计	**3911016**	**2148461**	**1762555**	**1635130**	**934716**	**700414**	**669877**	**359654**	**310223**
福州市	**653458**	**353686**	**299772**	**327509**	**179541**	**147968**	**128708**	**66536**	**62172**
鼓楼区									
台江区									
仓山区									
马尾区									
晋安区	1408	714	694	182	113	69	65	38	27
长乐区	71395	40640	30755	28282	16474	11808	5809	3281	2528
闽侯县	162522	89547	72975	89261	48320	40941	54352	27381	26971
连江县	112182	59577	52605	52491	28612	23879	18366	9333	9033
罗源县	61769	34066	27703	27224	14865	12359	11012	5880	5132
闽清县	42237	21439	20798	20769	10911	9858	7413	3784	3629
永泰县	43248	21515	21733	22195	12095	10100	8859	4674	4185
平潭县	67235	35078	32157	36483	20019	16464	13593	7037	6556
福清市	91462	51110	40352	50622	28132	22490	9239	5128	4111
厦门市	**94427**	**57256**	**37171**	**41900**	**26340**	**15560**	**19110**	**10704**	**8406**
思明区									
海沧区									
湖里区	896	679	217	305	241	64	88	55	33
集美区	40	25	15	16	13	3	11	10	1
同安区	5638	3383	2255	1716	1083	633	951	489	462
翔安区	87853	53169	34684	39863	25003	14860	18060	10150	7910
莆田市	**210378**	**112652**	**97726**	**98363**	**56611**	**41752**	**33372**	**16713**	**16659**
城厢区	12518	6669	5849	5635	3328	2307	1345	761	584
涵江区	5654	3091	2563	1438	1001	437	547	303	244
荔城区	3200	1773	1427	780	462	318	97	53	44
秀屿区	33826	19111	14715	12071	7227	4844	2607	1555	1052
仙游县	155180	82008	73172	78439	44593	33846	28776	14041	14735
三明市	**294551**	**154893**	**139658**	**154811**	**86433**	**68378**	**67737**	**36721**	**31016**
梅列区	3880	2317	1563	1509	972	537	490	287	203
三元区	2472	1504	968	725	460	265	253	145	108
明溪县	15576	8117	7459	8275	4463	3812	4330	2227	2103
清流县	16782	8688	8094	9834	5594	4240	4863	2682	2181
宁化县	37304	19023	18281	20644	11849	8795	8191	4582	3609
大田县	48108	26164	21944	22246	13130	9116	10340	5879	4461
尤溪县	51826	26928	24898	26501	14820	11681	12109	6548	5561
沙县	51226	26970	24256	32376	17305	15071	12395	6434	5961
将乐县	24970	13005	11965	11776	6307	5469	5776	3116	2660
泰宁县	17449	8914	8535	9401	5117	4284	4107	2092	2015
建宁县	17319	8868	8451	8252	4514	3738	4181	2322	1859
永安市	7639	4395	3244	3272	1902	1370	702	407	295
泉州市	**1104061**	**612524**	**491537**	**367964**	**218916**	**149048**	**145984**	**79919**	**66065**
鲤城区									
丰泽区									
洛江区	14364	8356	6008	4333	2813	1520	1912	1062	850
泉港区	21134	11471	9663	8816	5275	3541	5252	2978	2274
惠安县	190847	104265	86582	67138	38643	28495	37538	19858	17680
安溪县	196482	106067	90415	58870	34685	24185	22239	12310	9929
永春县	98194	51044	47150	32882	19290	13592	14160	7239	6921
德化县	92402	51237	41165	32436	19630	12806	14920	9066	5854
石狮市	63234	37857	25377	18287	11747	6540	7248	4483	2765
晋江市	148668	84381	64287	57847	33735	24112	19894	10536	9358
南安市	278736	157846	120890	87355	53098	34257	22821	12387	10434

1-6b 续表 5

单位：人

地 区	初 中			高 中			大学专科		
	小计	男	女	小计	男	女	小计	男	女
漳州市	**729693**	**421907**	**307786**	**271630**	**158643**	**112987**	**125706**	**68718**	**56988**
芗城区	33781	21116	12665	8189	5154	3035	3331	1642	1689
龙文区									
云霄县	78959	44807	34152	31111	18347	12764	12237	6762	5475
漳浦县	150358	88625	61733	60403	35282	25121	32319	17761	14558
诏安县	83372	48206	35166	27204	15830	11374	12218	6862	5356
长泰县	54689	32107	22582	15009	9153	5856	8616	4702	3914
东山县	44113	24590	19523	19874	11409	8465	10312	5795	4517
南靖县	57189	32096	25093	24152	13865	10287	10450	5563	4887
平和县	87138	49046	38092	27310	15854	11456	10146	5620	4526
华安县	26165	15626	10539	7364	4363	3001	3932	2255	1677
龙海市	113929	65688	48241	51014	29386	21628	22145	11756	10389
南平市	**233687**	**121297**	**112390**	**93554**	**49869**	**43685**	**38374**	**20084**	**18290**
延平区	18318	10235	8083	5145	3135	2010	1778	1016	762
建阳区	11632	6166	5466	2946	1622	1324	1149	553	596
顺昌县	32486	16573	15913	17731	9284	8447	6263	3292	2971
浦城县	52040	25901	26139	25841	12891	12950	9200	4744	4456
光泽县	24203	12091	12112	10188	5383	4805	5194	2710	2484
松溪县	22166	11081	11085	9308	4738	4570	4986	2563	2423
政和县	30871	16641	14230	11206	6165	5041	5923	3172	2751
邵武市	10702	6209	4493	2517	1629	888	879	509	370
武夷山市	6189	3333	2856	3850	2202	1648	855	477	378
建瓯市	25080	13067	12013	4822	2820	2002	2147	1048	1099
龙岩市	**277440**	**148808**	**128632**	**129055**	**76834**	**52221**	**55447**	**30911**	**24536**
新罗区	25152	14314	10838	8673	5194	3479	3192	1605	1587
永定区	35227	19605	15622	11185	7001	4184	3792	2152	1640
长汀县	63222	33553	29669	32963	19942	13021	12720	7270	5450
上杭县	58347	31574	26773	30139	17801	12338	14925	8409	6516
武平县	48263	24642	23621	23749	13705	10044	10420	5616	4804
连城县	39230	20339	18891	20363	11871	8492	9259	5174	4085
漳平市	7999	4781	3218	1983	1320	663	1139	685	454
宁德市	**313321**	**165438**	**147883**	**150344**	**81529**	**68815**	**55439**	**29348**	**26091**
蕉城区	9615	5525	4090	4038	2295	1743	988	556	432
霞浦县	86326	44371	41955	44930	23527	21403	15154	7841	7313
古田县	56690	28840	27850	24339	12250	12089	8637	4384	4253
屏南县	18377	9560	8817	11729	6038	5691	4620	2324	2296
寿宁县	28720	15001	13719	11943	6863	5080	5828	3247	2581
周宁县	21285	11167	10118	11467	6183	5284	4142	2167	1975
柘荣县	15794	7972	7822	8929	4804	4125	4113	2179	1934
福安市	42716	24474	18242	20211	12398	7813	7160	4134	3026
福鼎市	33798	18528	15270	12758	7171	5587	4797	2516	2281

1-6b 续表 6

单位：人

地 区	大学本科			硕士研究生			博士研究生		
	小计	男	女	小计	男	女	小计	男	女
合 计	**579443**	**306340**	**273103**	**26825**	**14292**	**12533**	**3342**	**2094**	**1248**
福州市	**185435**	**92639**	**92796**	**15638**	**8426**	**7212**	**2155**	**1359**	**796**
鼓楼区									
台江区									
仓山区									
马尾区									
晋安区	57	32	25						
长乐区	4463	2513	1950	249	141	108	21	16	5
闽侯县	121988	59123	62865	13809	7474	6335	1980	1251	729
连江县	18656	9522	9134	467	223	244	42	23	19
罗源县	8656	4643	4013	202	103	99	17	14	3
闽清县	5603	2866	2737	128	63	65	13	7	6
永泰县	5248	2854	2394	134	63	71	18	10	8
平潭县	12918	6866	6052	369	202	167	34	20	14
福清市	7846	4220	3626	280	157	123	30	18	12
厦门市	**14377**	**8008**	**6369**	**788**	**462**	**326**	**97**	**61**	**36**
思明区									
海沧区									
湖里区	60	34	26	3	2	1			
集美区	5	2	3						
同安区	536	272	264	21	11	10	3	2	1
翔安区	13776	7700	6076	764	449	315	94	59	35
莆田市	**20071**	**10806**	**9265**	**624**	**318**	**306**	**71**	**39**	**32**
城厢区	669	342	327	18	11	7	6	4	2
涵江区	280	164	116	13	7	6	1	1	
荔城区	143	78	65	3	2	1			
秀屿区	2552	1504	1048	91	55	36	5	4	1
仙游县	16427	8718	7709	499	243	256	59	30	29
三明市	**54478**	**30165**	**24313**	**1274**	**680**	**594**	**121**	**76**	**45**
梅列区	326	197	129	13	7	6	3	3	
三元区	148	98	50	2	2				
明溪县	3579	1974	1605	103	57	46	11	5	6
清流县	4528	2677	1851	90	46	44	5	4	1
宁化县	6237	3582	2655	131	73	58	12	7	5
大田县	7912	4716	3196	149	93	56	24	15	9
尤溪县	8886	4898	3988	241	118	123	17	11	6
沙县	9693	4921	4772	277	138	139	24	14	10
将乐县	5245	2806	2439	126	79	47	12	8	4
泰宁县	3998	2177	1821	72	33	39	6	4	2
建宁县	3476	1881	1595	58	30	28	4	2	2
永安市	450	238	212	12	4	8	3	3	
泉州市	**111035**	**60152**	**50883**	**3098**	**1618**	**1480**	**314**	**198**	**116**
鲤城区									
丰泽区									
洛江区	6592	2773	3819	142	62	80	3	3	
泉港区	2464	1451	1013	78	53	25	7	4	3
惠安县	23485	12591	10894	713	398	315	70	42	28
安溪县	17998	10398	7600	493	271	222	61	34	27
永春县	11694	6653	5041	313	141	172	37	23	14
德化县	10833	6507	4326	255	137	118	24	16	8
石狮市	3406	1902	1504	106	62	44	15	9	6
晋江市	16847	8453	8394	530	264	266	46	32	14
南安市	17716	9424	8292	468	230	238	51	35	16

1-6b　续表 7

单位：人

地　区	大学本科			硕士研究生			博士研究生		
	小计	男	女	小计	男	女	小计	男	女
漳州市	**85357**	**45179**	**40178**	**2497**	**1243**	**1254**	**269**	**152**	**117**
芗城区	1365	691	674	58	24	34	11	7	4
龙文区									
云霄县	7898	4337	3561	212	102	110	23	10	13
漳浦县	16418	9297	7121	478	252	226	47	25	22
诏安县	6610	3575	3035	124	60	64	14	12	2
长泰县	5892	3118	2774	153	86	67	17	7	10
东山县	4739	2688	2051	159	81	78	8	4	4
南靖县	6703	3514	3189	162	73	89	21	9	12
平和县	6034	3285	2749	125	63	62	10	8	2
华安县	3362	1794	1568	88	40	48	2	2	
龙海市	26336	12880	13456	938	462	476	116	68	48
南平市	**27062**	**14306**	**12756**	**694**	**338**	**356**	**72**	**54**	**18**
延平区	1197	648	549	45	22	23	2	1	1
建阳区	912	422	490	22	10	12	5	5	
顺昌县	5038	2663	2375	126	61	65	13	8	5
浦城县	6114	3176	2938	154	74	80	14	11	3
光泽县	3657	1946	1711	111	58	53	9	6	3
松溪县	3437	1787	1650	70	30	40	9	6	3
政和县	4272	2401	1871	101	51	50	14	12	2
邵武市	429	231	198	29	14	15			
武夷山市	491	279	212	9	5	4	2	2	
建瓯市	1515	753	762	27	13	14	4	3	1
龙岩市	**42008**	**24042**	**17966**	**1212**	**684**	**528**	**121**	**82**	**39**
新罗区	2012	1013	999	89	44	45	7	5	2
永定区	2435	1400	1035	61	37	24	12	9	3
长汀县	9402	5584	3818	253	160	93	20	13	7
上杭县	12660	7121	5539	447	251	196	39	26	13
武平县	8167	4711	3456	213	107	106	27	19	8
连城县	6759	3881	2878	139	81	58	14	9	5
漳平市	573	332	241	10	4	6	2	1	1
宁德市	**39620**	**21043**	**18577**	**1000**	**523**	**477**	**122**	**73**	**49**
蕉城区	611	308	303	35	16	19	5	2	3
霞浦县	9978	5402	4576	260	140	120	27	19	8
古田县	7274	3595	3679	199	93	106	20	12	8
屏南县	3551	1841	1710	83	48	35	16	11	5
寿宁县	4178	2305	1873	75	39	36	8	5	3
周宁县	3722	1969	1753	88	46	42	12	5	7
柘荣县	3309	1749	1560	75	31	44	11	5	6
福安市	4136	2264	1872	104	59	45	19	12	7
福鼎市	2861	1610	1251	81	51	30	4	2	2

1-6c 各地区分性别、受教育程度的3岁及以上人口(乡村)

单位：人

地 区	3岁及以上人口			未上过学		
	合计	男	女	小计	男	女
合 计	**12574993**	**6606198**	**5968795**	**795845**	**194354**	**601491**
福州市	**2219634**	**1164127**	**1055507**	**93075**	**25048**	**68027**
鼓楼区						
台江区						
仓山区						
马尾区	34725	17803	16922	1192	267	925
晋安区	19428	10792	8636	779	187	592
长乐区	308201	162864	145337	8954	2850	6104
闽侯县	382831	202793	180038	15343	4660	10683
连江县	308520	162797	145723	8118	2064	6054
罗源县	70991	39186	31805	3385	1113	2272
闽清县	139691	73392	66299	4967	1393	3574
永泰县	154985	81614	73371	6498	1742	4756
平潭县	172812	89093	83719	14814	3498	11316
福清市	627450	323793	303657	29025	7274	21751
厦门市	**527274**	**287117**	**240157**	**31328**	**6714**	**24614**
思明区						
海沧区	12919	7298	5621	419	100	319
湖里区						
集美区	97090	54460	42630	3476	877	2599
同安区	205339	110722	94617	13994	2941	11053
翔安区	211926	114637	97289	13439	2796	10643
莆田市	**1162500**	**584475**	**578025**	**95950**	**17777**	**78173**
城厢区	149051	74877	74174	12124	1888	10236
涵江区	96312	49233	47079	5254	938	4316
荔城区	169378	83155	86223	9361	1869	7492
秀屿区	330300	164600	165700	38887	5941	32946
仙游县	417459	212610	204849	30324	7141	23183
三明市	**886512**	**475614**	**410898**	**68374**	**16589**	**51785**
梅列区	5983	3164	2819	714	158	556
三元区	22984	13003	9981	1493	411	1082
明溪县	45808	25325	20483	2235	596	1639
清流县	56294	29975	26319	5018	1156	3862
宁化县	131184	68057	63127	11886	2298	9588
大田县	132830	72355	60475	9238	2268	6970
尤溪县	168447	90769	77678	11114	3083	8031
沙县	72156	39128	33028	6337	1792	4545
将乐县	57996	31175	26821	4736	1171	3565
泰宁县	42425	22528	19897	3286	806	2480
建宁县	56650	29778	26872	4796	1096	3700
永安市	93755	50357	43398	7521	1754	5767
泉州市	**2675383**	**1395887**	**1279496**	**140358**	**32605**	**107753**
鲤城区						
丰泽区						
洛江区	98854	52086	46768	7820	1582	6238
泉港区	150706	76092	74614	7778	1479	6299
惠安县	427526	214473	213053	29982	5208	24774
安溪县	490405	261067	229338	28119	6912	21207
永春县	158773	84266	74507	5894	1412	4482
德化县	70426	37925	32501	6682	1291	5391
石狮市	93197	49901	43296	3025	1057	1968
晋江市	625561	331024	294537	30509	8022	22487
南安市	559935	289053	270882	20549	5642	14907

1-6c 续表 1 单位：人

地 区	3岁及以上人口			未上过学		
	合计	男	女	小计	男	女
漳州市	**1885523**	**982736**	**902787**	**122841**	**25963**	**96878**
芗城区	65511	34645	30866	4377	727	3650
龙文区	26236	13393	12843	1209	277	932
云霄县	181369	96311	85058	14241	2910	11331
漳浦县	365510	188665	176845	28710	5709	23001
诏安县	294400	152783	141617	22067	5144	16923
长泰县	89653	46496	43157	4873	1156	3717
东山县	75386	39198	36188	4004	622	3382
南靖县	139404	72231	67173	9006	1646	7360
平和县	231803	122710	109093	13291	3051	10240
华安县	61192	32470	28722	3369	703	2666
龙海市	355059	183834	171225	17694	4018	13676
南平市	**1053091**	**558938**	**494153**	**75453**	**23388**	**52065**
延平区	124383	66178	58205	7680	2274	5406
建阳区	127443	67668	59775	10100	3171	6929
顺昌县	84817	44893	39924	4672	1341	3331
浦城县	151112	79377	71735	9212	3143	6069
光泽县	63076	33910	29166	2580	756	1824
松溪县	64357	34286	30071	4348	1476	2872
政和县	83398	45063	38335	9881	2971	6910
邵武市	54649	29281	25368	3362	880	2482
武夷山市	97072	51307	45765	4759	1596	3163
建瓯市	202784	106975	95809	18859	5780	13079
龙岩市	**976250**	**514156**	**462094**	**71357**	**11881**	**59476**
新罗区	116091	63995	52096	8724	1592	7132
永定区	156996	83172	73824	10346	1638	8708
长汀县	177557	92107	85450	11327	1894	9433
上杭县	176208	90387	85821	14778	1925	12853
武平县	125406	64656	60750	9739	1457	8282
连城县	120994	63691	57303	6311	1283	5028
漳平市	102998	56148	46850	10132	2092	8040
宁德市	**1188826**	**643148**	**545678**	**97109**	**34389**	**62720**
蕉城区	191465	103052	88413	14320	5181	9139
霞浦县	181197	99646	81551	14726	5579	9147
古田县	158254	84522	73732	5687	2165	3522
屏南县	68801	37509	31292	4052	1316	2736
寿宁县	86442	46999	39443	8525	2781	5744
周宁县	68434	37934	30500	6885	2660	4225
柘荣县	33295	18086	15209	3516	1362	2154
福安市	205532	110177	95355	16267	5392	10875
福鼎市	195406	105223	90183	23131	7953	15178

1-6c 续表 2

单位：人

地　区	学前教育			小　学		
	小计	男	女	小计	男	女
合　计	**559452**	**291539**	**267913**	**4898298**	**2272878**	**2625420**
福州市	**82289**	**41659**	**40630**	**797888**	**368835**	**429053**
鼓楼区						
台江区						
仓山区						
马尾区	864	389	475	11891	5444	6447
晋安区	591	272	319	6292	2877	3415
长乐区	9683	5049	4634	112924	53900	59024
闽侯县	14736	7645	7091	124073	59898	64175
连江县	10855	5506	5349	124950	56619	68331
罗源县	2438	1232	1206	34356	17719	16637
闽清县	5527	2792	2735	47084	21646	25438
永泰县	5320	2731	2589	59849	26628	33221
平潭县	7039	3444	3595	54921	25961	28960
福清市	25236	12599	12637	221548	98143	123405
厦门市	**24341**	**13379**	**10962**	**149271**	**71465**	**77806**
思明区						
海沧区	654	336	318	2271	1135	1136
湖里区						
集美区	4269	2338	1931	25368	12469	12899
同安区	9734	5351	4383	60978	28780	32198
翔安区	9684	5354	4330	60654	29081	31573
莆田市	**46932**	**24464**	**22468**	**422503**	**189743**	**232760**
城厢区	5593	2991	2602	48276	20810	27466
涵江区	3121	1548	1573	27867	10593	17274
荔城区	8354	4346	4008	61661	26930	34731
秀屿区	13420	7052	6368	124660	58056	66604
仙游县	16444	8527	7917	160039	73354	86685
三明市	**38265**	**19627**	**18638**	**383591**	**183879**	**199712**
梅列区	164	80	84	2170	1092	1078
三元区	714	374	340	10420	5283	5137
明溪县	1641	858	783	17383	8364	9019
清流县	2267	1157	1110	23924	10894	13030
宁化县	5640	2897	2743	57813	26438	31375
大田县	6556	3222	3334	65329	30476	34853
尤溪县	8514	4404	4110	68594	32570	36024
沙县	2891	1524	1367	28703	14936	13767
将乐县	2309	1235	1074	24659	12405	12254
泰宁县	1791	922	869	17689	8437	9252
建宁县	1942	979	963	27165	13137	14028
永安市	3836	1975	1861	39742	19847	19895
泉州市	**130338**	**71654**	**58684**	**1021370**	**458296**	**563074**
鲤城区						
丰泽区						
洛江区	5416	3039	2377	33808	15249	18559
泉港区	8009	4308	3701	54978	22146	32832
惠安县	24506	13910	10596	162335	70896	91439
安溪县	21172	10918	10254	207499	94510	112989
永春县	6654	3632	3022	70970	30987	39983
德化县	3172	1663	1509	28242	13317	14925
石狮市	3746	2109	1637	33639	16197	17442
晋江市	25603	14330	11273	225262	106871	118391
南安市	32060	17745	14315	204637	88123	116514

1-6c 续表 3

单位：人

地 区	学前教育			小 学		
	小计	男	女	小计	男	女
漳州市	**102985**	**52062**	**50923**	**766168**	**335188**	**430980**
芗城区	2977	1529	1448	22954	9610	13344
龙文区	1560	779	781	9915	4149	5766
云霄县	9568	4957	4611	73512	31944	41568
漳浦县	24292	12215	12077	149403	65080	84323
诏安县	17638	9019	8619	128556	58043	70513
长泰县	4757	2428	2329	36162	15238	20924
东山县	4296	2027	2269	31802	13338	18464
南靖县	6111	2955	3156	52077	22109	29968
平和县	10309	5208	5101	91787	39262	52525
华安县	2728	1297	1431	25999	11273	14726
龙海市	18749	9648	9101	144001	65142	78859
南平市	**34592**	**17611**	**16981**	**443521**	**221235**	**222286**
延平区	3748	1914	1834	51234	24995	26239
建阳区	4184	2139	2045	52677	27045	25632
顺昌县	2781	1369	1412	34527	16540	17987
浦城县	3773	1901	1872	64711	32182	32529
光泽县	1849	971	878	27581	13418	14163
松溪县	2739	1397	1342	26193	12927	13266
政和县	3212	1659	1553	34807	17876	16931
邵武市	1250	655	595	23701	11242	12459
武夷山市	3861	1933	1928	37003	18391	18612
建瓯市	7195	3673	3522	91087	46619	44468
龙岩市	**51257**	**26103**	**25154**	**366445**	**156526**	**209919**
新罗区	4969	2502	2467	33099	15625	17474
永定区	7393	3834	3559	53793	23621	30172
长汀县	11940	6044	5896	76727	31666	45061
上杭县	9498	4863	4635	69359	28724	40635
武平县	6555	3300	3255	42496	16580	25916
连城县	6882	3488	3394	48031	19947	28084
漳平市	4020	2072	1948	42940	20363	22577
宁德市	**48453**	**24980**	**23473**	**547541**	**287711**	**259830**
蕉城区	8332	4228	4104	81517	43215	38302
霞浦县	7018	3652	3366	92426	48888	43538
古田县	6161	3142	3019	71133	36469	34664
屏南县	2575	1353	1222	32861	17188	15673
寿宁县	3445	1674	1771	38589	19662	18927
周宁县	2231	1195	1036	29893	15886	14007
柘荣县	1327	673	654	14705	7952	6753
福安市	9038	4740	4298	96874	50450	46424
福鼎市	8326	4323	4003	89543	48001	41542

1-6c 续表 4

单位：人

地　区	初中			高中			大学专科		
	小计	男	女	小计	男	女	小计	男	女
合　计	**4455848**	**2705338**	**1750510**	**1190727**	**763150**	**427577**	**414075**	**235602**	**178473**
福州市	**813290**	**475865**	**337425**	**291079**	**173931**	**117148**	**83985**	**47663**	**36322**
鼓楼区									
台江区									
仓山区									
马尾区	14363	8105	6258	4827	2718	2109	857	484	373
晋安区	7450	4788	2662	2711	1715	996	943	568	375
长乐区	120662	68818	51844	39720	22871	16849	10395	6080	4315
闽侯县	152647	87753	64894	49426	28559	20867	16995	9024	7971
连江县	114213	68636	45577	31368	19095	12273	8981	5298	3683
罗源县	22365	14140	8225	5698	3461	2237	1641	918	723
闽清县	62213	35807	26406	13156	8082	5074	4462	2480	1982
永泰县	54850	33382	21468	14049	9589	4460	5406	3361	2045
平潭县	54268	31687	22581	22458	13819	8639	12851	6953	5898
福清市	210259	122749	87510	107666	64022	43644	21454	12497	8957
厦门市	**180476**	**111431**	**69045**	**68389**	**43427**	**24962**	**39824**	**22214**	**17610**
思明区									
海沧区	4277	2491	1786	2447	1537	910	1456	835	621
湖里区									
集美区	40131	24326	15805	14455	9293	5162	5990	3365	2625
同安区	73931	45817	28114	24217	15451	8766	14779	8218	6561
翔安区	62137	38797	23340	27270	17146	10124	17599	9796	7803
莆田市	**417665**	**242894**	**174771**	**120389**	**76863**	**43526**	**33874**	**19474**	**14400**
城厢区	58548	33993	24555	16573	10777	5796	5103	2826	2277
涵江区	41359	24279	17080	13244	8787	4457	3471	1990	1481
荔城区	62259	35360	26899	16768	9737	7031	3725	2058	1667
秀屿区	113531	67300	46231	26746	18105	8641	7278	4539	2739
仙游县	141968	81962	60006	47058	29457	17601	14297	8061	6236
三明市	**290565**	**185528**	**105037**	**66493**	**46329**	**20164**	**24852**	**15241**	**9611**
梅列区	2094	1315	779	534	352	182	179	105	74
三元区	7894	5308	2586	1542	1066	476	557	336	221
明溪县	18768	11793	6975	3749	2514	1235	1277	764	513
清流县	17856	11780	6076	4518	3351	1167	1637	983	654
宁化县	38619	24894	13725	10779	7520	3259	3978	2512	1466
大田县	38421	26642	11779	8107	6282	1825	3404	2304	1100
尤溪县	59200	36480	22720	13517	9480	4037	5137	3265	1872
沙县	25969	15881	10088	5324	3440	1884	1664	884	780
将乐县	19709	12268	7441	3813	2498	1315	1638	949	689
泰宁县	14809	9269	5540	2766	1935	831	1249	715	534
建宁县	17132	10976	6156	3311	2271	1040	1539	926	613
永安市	30094	18922	11172	8533	5620	2913	2593	1498	1095
泉州市	**1007061**	**598394**	**408667**	**242533**	**159492**	**83041**	**82751**	**47010**	**35741**
鲤城区									
丰泽区									
洛江区	34628	21073	13555	11987	8088	3899	3287	1962	1325
泉港区	51830	30751	21079	16285	10481	5804	8222	4888	3334
惠安县	147367	85825	61542	33296	22317	10979	20913	11288	9625
安溪县	186999	116763	70236	31316	22385	8931	9045	5662	3383
永春县	58541	36991	21550	10898	7694	3204	3493	2149	1344
德化县	22357	14811	7546	5862	4189	1673	2513	1656	857
石狮市	35909	20863	15046	10008	6187	3821	2461	1341	1120
晋江市	238625	138861	99764	71487	44685	26802	20053	10833	9220
南安市	230805	132456	98349	51394	33466	17928	12764	7231	5533

1-6c 续表 5

单位：人

地区	初中			高中			大学专科		
	小计	男	女	小计	男	女	小计	男	女
漳州市	**686689**	**440449**	**246240**	**134267**	**89578**	**44689**	**50467**	**27692**	**22775**
芗城区	25187	16589	8598	6254	4216	2038	2559	1354	1205
龙文区	9981	6268	3713	2071	1251	820	1040	463	577
云霄县	65863	44376	21487	12211	8520	3691	4291	2607	1684
漳浦县	127856	83008	44848	22976	15844	7132	8462	4669	3793
诏安县	102797	65802	36995	15595	10319	5276	5819	3371	2448
长泰县	34072	21639	12433	5323	3770	1553	2811	1416	1395
东山县	27379	18233	9146	4808	3252	1556	2334	1294	1040
南靖县	49467	31975	17492	16295	10152	6143	4447	2331	2116
平和县	93754	60242	33512	15423	10802	4621	4854	2773	2081
华安县	22114	14772	7342	4500	3056	1444	1588	915	673
龙海市	128219	77545	50674	28811	18396	10415	12262	6499	5763
南平市	**376733**	**224612**	**152121**	**74031**	**45597**	**28434**	**32845**	**18072**	**14773**
延平区	40075	24223	15852	9824	5989	3835	9600	5653	3947
建阳区	45922	27129	18793	8880	5226	3654	3383	1746	1637
顺昌县	33668	20123	13545	5663	3623	2040	2421	1312	1109
浦城县	56717	32548	24169	11547	6964	4583	3180	1623	1557
光泽县	24386	14710	9676	3735	2401	1334	1944	1080	864
松溪县	23655	14102	9553	4539	2836	1703	1902	1031	871
政和县	27149	17194	9955	5223	3510	1713	2019	1205	814
邵武市	19627	12137	7490	4205	2943	1262	1601	914	687
武夷山市	37828	21920	15908	8881	5040	3841	2829	1415	1414
建瓯市	67706	40526	27180	11534	7065	4469	3966	2093	1873
龙岩市	**351743**	**227130**	**124613**	**87993**	**63972**	**24021**	**29838**	**18122**	**11716**
新罗区	48007	30869	17138	14905	9984	4921	3974	2149	1825
永定区	63838	39356	24482	13884	9953	3931	4859	3047	1812
长汀县	54445	36147	18298	14522	10858	3664	5272	3352	1920
上杭县	58312	38398	19914	14832	10892	3940	5725	3441	2284
武平县	49430	31156	18274	11871	8963	2908	3352	2045	1307
连城县	43600	27629	15971	10349	7719	2630	3871	2441	1430
漳平市	34111	23575	10536	7630	5603	2027	2785	1647	1138
宁德市	**331626**	**199035**	**132591**	**105553**	**63961**	**41592**	**35639**	**20114**	**15525**
蕉城区	53921	31443	22478	21346	12360	8986	7579	4200	3379
霞浦县	48751	30240	18511	12261	7697	4564	3614	2119	1495
古田县	57860	33073	24787	11629	6754	4875	3552	1792	1760
屏南县	18382	11304	7078	6571	4029	2542	2374	1241	1133
寿宁县	24950	15884	9066	6967	4605	2362	2457	1483	974
周宁县	18426	11612	6814	7625	4638	2987	1980	1167	813
柘荣县	9338	5605	3733	2552	1493	1059	1044	576	468
福安市	52880	31522	21358	20228	12331	7897	6677	3790	2887
福鼎市	47118	28352	18766	16374	10054	6320	6362	3746	2616

1-6c 续表 6 单位：人

地 区	大学本科			硕士研究生			博士研究生		
	小计	男	女	小计	男	女	小计	男	女
合 计	**245532**	**135014**	**110518**	**12467**	**6557**	**5910**	**2749**	**1766**	**983**
福州市	**55785**	**29903**	**25882**	**1966**	**1049**	**917**	**277**	**174**	**103**
鼓楼区									
台江区									
仓山区									
马尾区	707	385	322	22	11	11	2		2
晋安区	636	365	271	23	17	6	3	3	
长乐区	5575	3139	2436	246	130	116	42	27	15
闽侯县	9197	5025	4172	365	198	167	49	31	18
连江县	9794	5456	4338	216	105	111	25	18	7
罗源县	1070	581	489	33	19	14	5	3	2
闽清县	2167	1127	1040	100	55	45	15	10	5
永泰县	8887	4105	4782	116	71	45	10	5	5
平潭县	6073	3518	2555	347	185	162	41	28	13
福清市	11679	6202	5477	498	258	240	85	49	36
厦门市	**28177**	**15595**	**12582**	**3996**	**1955**	**2041**	**1472**	**937**	**535**
思明区									
海沧区	1305	810	495	78	46	32	12	8	4
湖里区									
集美区	3279	1733	1546	106	51	55	16	8	8
同安区	7327	3944	3383	344	195	149	35	25	10
翔安区	16266	9108	7158	3468	1663	1805	1409	896	513
莆田市	**24232**	**12728**	**11504**	**837**	**453**	**384**	**118**	**79**	**39**
城厢区	2691	1516	1175	124	60	64	19	16	3
涵江区	1890	1042	848	92	47	45	14	9	5
荔城区	7119	2789	4330	114	56	58	17	10	7
秀屿区	5537	3453	2084	216	135	81	25	19	6
仙游县	6995	3928	3067	291	155	136	43	25	18
三明市	**13661**	**7997**	**5664**	**603**	**351**	**252**	**108**	**73**	**35**
梅列区	123	58	65	5	4	1			
三元区	347	217	130	13	7	6	4	1	3
明溪县	726	416	310	26	17	9	3	3	
清流县	1031	626	405	34	23	11	9	5	4
宁化县	2354	1428	926	98	55	43	17	15	2
大田县	1662	1087	575	95	59	36	18	15	3
尤溪县	2261	1419	842	87	51	36	23	17	6
沙县	1203	632	571	58	35	23	7	4	3
将乐县	1077	618	459	49	28	21	6	3	3
泰宁县	797	423	374	35	20	15	3	1	2
建宁县	732	376	356	28	15	13	5	2	3
永安市	1348	697	651	75	37	38	13	7	6
泉州市	**48859**	**27195**	**21664**	**1827**	**1044**	**783**	**286**	**197**	**89**
鲤城区									
丰泽区									
洛江区	1835	1044	791	62	40	22	11	9	2
泉港区	3446	1945	1501	141	81	60	17	13	4
惠安县	8733	4793	3940	343	204	139	51	32	19
安溪县	5944	3731	2213	256	150	106	55	36	19
永春县	2215	1343	872	86	42	44	22	16	6
德化县	1509	945	564	70	42	28	19	11	8
石狮市	4320	2098	2222	82	44	38	7	5	2
晋江市	13418	7068	6350	534	300	234	70	54	16
南安市	7439	4228	3211	253	141	112	34	21	13

1-6c　续表 7　　单位：人

地　区	大学本科			硕士研究生			博士研究生		
	小计	男	女	小计	男	女	小计	男	女
漳州市	**21182**	**11350**	**9832**	**803**	**383**	**420**	**121**	**71**	**50**
芗城区	1138	591	547	57	27	30	8	2	6
龙文区	432	196	236	26	9	17	2	1	1
云霄县	1597	955	642	74	36	38	12	6	6
漳浦县	3648	2059	1589	142	65	77	21	16	5
诏安县	1830	1030	800	82	44	38	16	11	5
长泰县	1590	813	777	51	28	23	14	8	6
东山县	730	413	317	32	18	14	1	1	
南靖县	1916	1021	895	77	37	40	8	5	3
平和县	2302	1329	973	70	37	33	13	6	7
华安县	865	440	425	26	13	13	3	1	2
龙海市	5134	2503	2631	166	69	97	23	14	9
南平市	**15073**	**7970**	**7103**	**740**	**392**	**348**	**103**	**61**	**42**
延平区	2098	1062	1036	114	61	53	10	7	3
建阳区	2197	1164	1033	87	40	47	13	8	5
顺昌县	1023	548	475	50	28	22	12	9	3
浦城县	1859	955	904	100	55	45	13	6	7
光泽县	946	541	405	47	27	20	8	6	2
松溪县	939	495	444	39	19	20	3	3	
政和县	1040	605	435	57	39	18	10	4	6
邵武市	849	477	372	44	27	17	10	6	4
武夷山市	1811	968	843	94	42	52	6	2	4
建瓯市	2311	1155	1156	108	54	54	18	10	8
龙岩市	**16763**	**9940**	**6823**	**714**	**391**	**323**	**140**	**91**	**49**
新罗区	2275	1206	1069	113	50	63	25	18	7
永定区	2758	1659	1099	108	56	52	17	8	9
长汀县	3178	2054	1124	121	74	47	25	18	7
上杭县	3507	2027	1480	160	92	68	37	25	12
武平县	1865	1094	771	85	52	33	13	9	4
连城县	1861	1132	729	70	41	29	19	11	8
漳平市	1319	768	551	57	26	31	4	2	2
宁德市	**21800**	**12336**	**9464**	**981**	**539**	**442**	**124**	**83**	**41**
蕉城区	4190	2274	1916	218	127	91	42	24	18
霞浦县	2296	1416	880	95	47	48	10	8	2
古田县	2106	1060	1046	113	60	53	13	7	6
屏南县	1910	1040	870	70	33	37	6	5	1
寿宁县	1435	861	574	62	38	24	12	11	1
周宁县	1335	739	596	55	34	21	4	3	1
柘荣县	796	415	381	15	10	5	2		2
福安市	3389	1862	1527	159	76	83	20	14	6
福鼎市	4343	2669	1674	194	114	80	15	11	4

1-7 各地区分性别的15岁及以上文盲人口

单位：人、%

地区	15岁及以上人口			文盲人口			文盲人口占15岁及以上人口比重		
	合计	男	女	合计	男	女	合计	男	女
合　计	**33514861**	**17115416**	**16399445**	**969613**	**174329**	**795284**	**2.89**	**1.02**	**4.85**
福州市	**6875286**	**3495337**	**3379949**	**97557**	**20156**	**77401**	**1.42**	**0.58**	**2.29**
鼓楼区	563239	271773	291466	3781	642	3139	0.67	0.24	1.08
台江区	350091	171234	178857	1167	237	930	0.33	0.14	0.52
仓山区	951587	491081	460506	8592	2132	6460	0.90	0.43	1.40
马尾区	251376	129306	122070	3318	581	2737	1.32	0.45	2.24
晋安区	660849	334527	326322	3260	589	2671	0.49	0.18	0.82
长乐区	660617	339305	321312	8862	2095	6767	1.34	0.62	2.11
闽侯县	837768	433186	404582	15121	3330	11791	1.80	0.77	2.91
连江县	525579	266490	259089	5989	970	5019	1.14	0.36	1.94
罗源县	208044	110532	97512	3890	1147	2743	1.87	1.04	2.81
闽清县	207997	105952	102045	4344	942	3402	2.09	0.89	3.33
永泰县	227554	115603	111951	4952	954	3998	2.18	0.83	3.57
平潭县	309278	154807	154471	15980	3255	12725	5.17	2.10	8.24
福清市	1121307	571541	549766	18301	3282	15019	1.63	0.57	2.73
厦门市	**4277688**	**2238289**	**2039399**	**103271**	**17532**	**85739**	**2.41**	**0.78**	**4.20**
思明区	890707	424606	466101	9849	1420	8429	1.11	0.33	1.81
海沧区	476895	259235	217660	14421	2929	11492	3.02	1.13	5.28
湖里区	876482	457149	419333	16610	2907	13703	1.90	0.64	3.27
集美区	862585	462089	400496	13795	2257	11538	1.60	0.49	2.88
同安区	692892	373121	319771	27637	4689	22948	3.99	1.26	7.18
翔安区	478127	262089	216038	20959	3330	17629	4.38	1.27	8.16
莆田市	**2545070**	**1262566**	**1282504**	**127889**	**17010**	**110879**	**5.02**	**1.35**	**8.65**
城厢区	438327	218780	219547	16175	1977	14198	3.69	0.90	6.47
涵江区	399764	201411	198353	14194	1974	12220	3.55	0.98	6.16
荔城区	531198	263292	267906	13311	1773	11538	2.51	0.67	4.31
秀屿区	462064	225472	236592	52762	6319	46443	11.42	2.80	19.63
仙游县	713717	353611	360106	31447	4967	26480	4.41	1.40	7.35
三明市	**1973563**	**1004263**	**969300**	**76603**	**14625**	**61978**	**3.88**	**1.46**	**6.39**
梅列区	178876	87611	91265	4428	682	3746	2.48	0.78	4.10
三元区	156519	79870	76649	3410	679	2731	2.18	0.85	3.56
明溪县	82028	42601	39427	2736	565	2171	3.34	1.33	5.51
清流县	93221	47523	45698	3225	540	2685	3.46	1.14	5.88
宁化县	204878	101670	103208	12322	1729	10593	6.01	1.70	10.26
大田县	221845	114791	107054	8059	1450	6609	3.63	1.26	6.17
尤溪县	269257	139323	129934	10667	2242	8425	3.96	1.61	6.48
沙县	196213	99288	96925	10840	2669	8171	5.52	2.69	8.43
将乐县	114096	57354	56742	5721	1146	4575	5.01	2.00	8.06
泰宁县	82147	40763	41384	1868	355	1513	2.27	0.87	3.66
建宁县	92671	46532	46139	4778	900	3878	5.16	1.93	8.41
永安市	281812	146937	134875	8549	1668	6881	3.03	1.14	5.10
泉州市	**6971454**	**3566388**	**3405066**	**170120**	**25366**	**144754**	**2.44**	**0.71**	**4.25**
鲤城区	346147	174108	172039	3950	504	3446	1.14	0.29	2.00
丰泽区	577753	291577	286176	7999	996	7003	1.38	0.34	2.45
洛江区	197328	99488	97840	8258	953	7305	4.18	0.96	7.47
泉港区	272002	133998	138004	7318	898	6420	2.69	0.67	4.65
惠安县	805565	391178	414387	33264	3128	30136	4.13	0.80	7.27
安溪县	750227	383574	366653	19364	3076	16288	2.58	0.80	4.44
永春县	333134	166326	166808	4398	708	3690	1.32	0.43	2.21
德化县	256849	132942	123907	9858	1434	8424	3.84	1.08	6.80
石狮市	560692	295924	264768	8583	1951	6632	1.53	0.66	2.50
晋江市	1683679	888841	794838	46553	8918	37635	2.76	1.00	4.73
南安市	1188078	608432	579646	20575	2800	17775	1.73	0.46	3.07

1-7　续表　　　　单位：人、%

地　区	15岁及以上人口			文盲人口			文盲人口占15岁及以上人口比重		
	合计	男	女	合计	男	女	合计	男	女
漳州市	**4050226**	**2063133**	**1987093**	**137832**	**20656**	**117176**	**3.40**	**1.00**	**5.90**
芗城区	532378	262298	270080	10436	1625	8811	1.96	0.62	3.26
龙文区	236335	121454	114881	3453	529	2924	1.46	0.44	2.55
云霄县	330514	169725	160789	18250	2905	15345	5.52	1.71	9.54
漳浦县	662049	335718	326331	25874	3281	22593	3.91	0.98	6.92
诏安县	428566	217323	211243	21989	3318	18671	5.13	1.53	8.84
长泰县	185324	97002	88322	4905	873	4032	2.65	0.90	4.57
东山县	179300	90241	89059	4742	589	4153	2.64	0.65	4.66
南靖县	253770	129093	124677	10533	1620	8913	4.15	1.25	7.15
平和县	362930	188327	174603	11987	1690	10297	3.30	0.90	5.90
华安县	109540	57348	52192	3644	576	3068	3.33	1.00	5.88
龙海市	769520	394604	374916	22019	3650	18369	2.86	0.92	4.90
南平市	**2196121**	**1114389**	**1081732**	**90216**	**23978**	**66238**	**4.11**	**2.15**	**6.12**
延平区	377937	188928	189009	10781	2434	8347	2.85	1.29	4.42
建阳区	277953	143016	134937	12261	3403	8858	4.41	2.38	6.56
顺昌县	151642	77198	74444	5288	1194	4094	3.49	1.55	5.50
浦城县	246497	124625	121872	9826	3022	6804	3.99	2.42	5.58
光泽县	107102	54607	52495	2993	690	2303	2.79	1.26	4.39
松溪县	104287	53069	51218	4599	1337	3262	4.41	2.52	6.37
政和县	139430	72579	66851	11937	3210	8727	8.56	4.42	13.05
邵武市	227581	114800	112781	5352	1210	4142	2.35	1.05	3.67
武夷山市	212598	107764	104834	5741	1700	4041	2.70	1.58	3.85
建瓯市	351094	177803	173291	21438	5778	15660	6.11	3.25	9.04
龙岩市	**2128165**	**1069989**	**1058176**	**82000**	**10020**	**71980**	**3.85**	**0.94**	**6.80**
新罗区	669830	338999	330831	20668	2807	17861	3.09	0.83	5.40
永定区	252334	128236	124098	12531	1400	11131	4.97	1.09	8.97
长汀县	299321	147080	152241	9116	1054	8062	3.05	0.72	5.30
上杭县	294078	146274	147804	13799	1223	12576	4.69	0.84	8.51
武平县	216515	106584	109931	11193	1197	9996	5.17	1.12	9.09
连城县	195006	98156	96850	3531	448	3083	1.81	0.46	3.18
漳平市	201081	104660	96421	11162	1891	9271	5.55	1.81	9.62
宁德市	**2497288**	**1301062**	**1196226**	**84125**	**24986**	**59139**	**3.37**	**1.92**	**4.94**
蕉城区	495790	263417	232373	16432	5048	11384	3.31	1.92	4.90
霞浦县	373529	194979	178550	16016	5505	10511	4.29	2.82	5.89
古田县	264939	136182	128757	3287	994	2293	1.24	0.73	1.78
屏南县	111422	58169	53253	2654	702	1952	2.38	1.21	3.67
寿宁县	141464	74091	67373	5875	1432	4443	4.15	1.93	6.59
周宁县	118308	62269	56039	4012	1343	2669	3.39	2.16	4.76
柘荣县	72475	37137	35338	3678	1146	2532	5.07	3.09	7.17
福安市	480036	250308	229728	15692	4407	11285	3.27	1.76	4.91
福鼎市	439325	224510	214815	16479	4409	12070	3.75	1.96	5.62

1-7a 各地区分性别的15岁及以上文盲人口(城市)

单位：人、%

地区	15岁及以上人口			文盲人口			文盲人口占15岁及以上人口比重		
	合计	男	女	合计	男	女	合计	男	女
合计	**13981478**	**7091086**	**6890392**	**228572**	**39038**	**189534**	**1.63**	**0.55**	**2.75**
福州市	**3349777**	**1682739**	**1667038**	**24577**	**5012**	**19565**	**0.73**	**0.30**	**1.17**
鼓楼区	563239	271773	291466	3781	642	3139	0.67	0.24	1.08
台江区	350091	171234	178857	1167	237	930	0.33	0.14	0.52
仓山区	951587	491081	460506	8592	2132	6460	0.90	0.43	1.40
马尾区	219349	112951	106398	2431	416	2015	1.11	0.37	1.89
晋安区	641165	323624	317541	2648	497	2151	0.41	0.15	0.68
长乐区	238125	116459	121666	1509	357	1152	0.63	0.31	0.95
闽侯县									
连江县									
罗源县									
闽清县									
永泰县									
平潭县									
福清市	386221	195617	190604	4449	731	3718	1.15	0.37	1.95
厦门市	**3618504**	**1876448**	**1742056**	**69785**	**11975**	**57810**	**1.93**	**0.64**	**3.32**
思明区	890707	424606	466101	9849	1420	8429	1.11	0.33	1.81
海沧区	465529	252773	212756	14077	2860	11217	3.02	1.13	5.27
湖里区	874808	455968	418840	16554	2895	13659	1.89	0.63	3.26
集美区	779455	415299	364156	11380	1764	9616	1.46	0.42	2.64
同安区	506843	273174	233669	14952	2652	12300	2.95	0.97	5.26
翔安区	101162	54628	46534	2973	384	2589	2.94	0.70	5.56
莆田市	**1112027**	**556906**	**555121**	**35023**	**4458**	**30565**	**3.15**	**0.80**	**5.51**
城厢区	288016	144753	143263	3506	478	3028	1.22	0.33	2.11
涵江区	304892	153268	151624	9364	1424	7940	3.07	0.93	5.24
荔城区	390443	195739	194704	7087	878	6209	1.82	0.45	3.19
秀屿区	128676	63146	65530	15066	1678	13388	11.71	2.66	20.43
仙游县									
三明市	**479111**	**239765**	**239346**	**7862**	**1306**	**6556**	**1.64**	**0.54**	**2.74**
梅列区	164616	79879	84737	3419	504	2915	2.08	0.63	3.44
三元区	130150	64961	65189	2183	377	1806	1.68	0.58	2.77
明溪县									
清流县									
宁化县									
大田县									
尤溪县									
沙县									
将乐县									
泰宁县									
建宁县									
永安市	184345	94925	89420	2260	425	1835	1.23	0.45	2.05
泉州市	**2475471**	**1275232**	**1200239**	**38448**	**6376**	**32072**	**1.55**	**0.50**	**2.67**
鲤城区	346147	174108	172039	3950	504	3446	1.14	0.29	2.00
丰泽区	577753	291577	286176	7999	996	7003	1.38	0.34	2.45
洛江区	79011	38966	40045	1895	179	1716	2.40	0.46	4.29
泉港区	95481	46800	48681	2116	295	1821	2.22	0.63	3.74
惠安县									
安溪县									
永春县									
德化县									
石狮市	345005	178167	166838	3818	795	3023	1.11	0.45	1.81
晋江市	830123	444010	386113	16365	3332	13033	1.97	0.75	3.38
南安市	201951	101604	100347	2305	275	2030	1.14	0.27	2.02

1-7a　续表　　　　　　　　　　　　　　　　　　　　　　　　　　单位：人、%

地　区	15岁及以上人口			文盲人口			文盲人口占15岁及以上人口比重		
	合计	男	女	合计	男	女	合计	男	女
漳州市	**820617**	**404233**	**416384**	**12700**	**2087**	**10613**	**1.55**	**0.52**	**2.55**
芗城区	409284	196540	212744	4924	879	4045	1.20	0.45	1.90
龙文区	214345	110228	104117	2724	404	2320	1.27	0.37	2.23
云霄县									
漳浦县									
诏安县									
长泰县									
东山县									
南靖县									
平和县									
华安县									
龙海市	196075	97007	99068	5049	804	4245	2.58	0.83	4.28
南平市	**772038**	**377270**	**394768**	**13243**	**2814**	**10429**	**1.72**	**0.75**	**2.64**
延平区	228147	109957	118190	3862	661	3201	1.69	0.60	2.71
建阳区	144186	72846	71340	2889	682	2207	2.00	0.94	3.09
顺昌县									
浦城县									
光泽县									
松溪县									
政和县									
邵武市	155964	76424	79540	2005	407	1598	1.29	0.53	2.01
武夷山市	115334	56139	59195	1530	407	1123	1.33	0.72	1.90
建瓯市	128407	61904	66503	2957	657	2300	2.30	1.06	3.46
龙岩市	**670789**	**331428**	**339361**	**14148**	**1730**	**12418**	**2.11**	**0.52**	**3.66**
新罗区	517963	256980	260983	10555	1272	9283	2.04	0.49	3.56
永定区	56886	26757	30129	1128	81	1047	1.98	0.30	3.48
长汀县									
上杭县									
武平县									
连城县									
漳平市	95940	47691	48249	2465	377	2088	2.57	0.79	4.33
宁德市	**683144**	**347065**	**336079**	**12786**	**3280**	**9506**	**1.87**	**0.95**	**2.83**
蕉城区	307787	161719	146068	5661	1507	4154	1.84	0.93	2.84
霞浦县									
古田县									
屏南县									
寿宁县									
周宁县									
柘荣县									
福安市	198850	99419	99431	2688	731	1957	1.35	0.74	1.97
福鼎市	176507	85927	90580	4437	1042	3395	2.51	1.21	3.75

1-7b 各地区分性别的15岁及以上文盲人口(镇)

单位：人、%

地区	15岁及以上人口			文盲人口			文盲人口占15岁及以上人口比重		
	合计	男	女	合计	男	女	合计	男	女
合计	**9002040**	**4525291**	**4476749**	**222463**	**38060**	**184403**	**2.47**	**0.84**	**4.12**
福州市	**1630701**	**821776**	**808925**	**20078**	**4098**	**15980**	**1.23**	**0.50**	**1.98**
鼓楼区									
台江区									
仓山区									
马尾区									
晋安区	1971	1006	965	46	9	37	2.33	0.89	3.83
长乐区	154708	82002	72706	2656	621	2035	1.72	0.76	2.80
闽侯县	508790	259234	249556	4496	910	3586	0.88	0.35	1.44
连江县	260323	127210	133113	2300	321	1979	0.88	0.25	1.49
罗源县	144936	75410	69526	1568	480	1088	1.08	0.64	1.56
闽清县	89442	43702	45740	846	182	664	0.95	0.42	1.45
永泰县	94311	45703	48608	495	83	412	0.52	0.18	0.85
平潭县	162374	79302	83072	3997	712	3285	2.46	0.90	3.95
福清市	213846	108207	105639	3674	780	2894	1.72	0.72	2.74
厦门市	**210575**	**117605**	**92970**	**7747**	**1234**	**6513**	**3.68**	**1.05**	**7.01**
思明区									
海沧区									
湖里区	1674	1181	493	56	12	44	3.35	1.02	8.92
集美区	110	66	44	1		1	0.91		2.27
同安区	12717	6584	6133	790	120	670	6.21	1.82	10.92
翔安区	196074	109774	86300	6900	1102	5798	3.52	1.00	6.72
莆田市	**490905**	**239370**	**251535**	**21620**	**3277**	**18343**	**4.40**	**1.37**	**7.29**
城厢区	27803	13327	14476	2157	313	1844	7.76	2.35	12.74
涵江区	10288	5029	5259	569	45	524	5.53	0.89	9.96
荔城区	6410	3097	3313	202	17	185	3.15	0.55	5.58
秀屿区	75467	36855	38612	6051	881	5170	8.02	2.39	13.39
仙游县	370937	181062	189875	12641	2021	10620	3.41	1.12	5.59
三明市	**742791**	**362651**	**380140**	**21258**	**3882**	**17376**	**2.86**	**1.07**	**4.57**
梅列区	8773	4813	3960	410	58	352	4.67	1.21	8.89
三元区	5520	3052	2468	272	74	198	4.93	2.42	8.02
明溪县	41389	20020	21369	1138	216	922	2.75	1.08	4.31
清流县	45365	22134	23231	1312	181	1131	2.89	0.82	4.87
宁化县	95038	45186	49852	3688	439	3249	3.88	0.97	6.52
大田县	112508	55559	56949	2095	309	1786	1.86	0.56	3.14
尤溪县	126701	62703	63998	2565	545	2020	2.02	0.87	3.16
沙县	136153	66834	69319	5262	1234	4028	3.86	1.85	5.81
将乐县	64798	31014	33784	2205	396	1809	3.40	1.28	5.35
泰宁县	45754	21502	24252	576	111	465	1.26	0.52	1.92
建宁县	43500	20822	22678	1238	222	1016	2.85	1.07	4.48
永安市	17292	9012	8280	497	97	400	2.87	1.08	4.83
泉州市	**2295930**	**1163728**	**1132202**	**48527**	**6495**	**42032**	**2.11**	**0.56**	**3.71**
鲤城区									
丰泽区									
洛江区	36001	17822	18179	1479	137	1342	4.11	0.77	7.38
泉港区	54617	26665	27952	1331	163	1168	2.44	0.61	4.18
惠安县	454888	219753	235135	14960	1314	13646	3.29	0.60	5.80
安溪县	358666	179262	179404	5584	774	4810	1.56	0.43	2.68
永春县	201135	97277	103858	1976	333	1643	0.98	0.34	1.58
德化县	194981	99823	95158	4054	492	3562	2.08	0.49	3.74
石狮市	136360	75701	60659	2936	642	2294	2.15	0.85	3.78
晋江市	330517	171520	158997	8047	1457	6590	2.43	0.85	4.14
南安市	528765	275905	252860	8160	1183	6977	1.54	0.43	2.76

1-7b 续表

单位：人、%

地区	15岁及以上人口			文盲人口			文盲人口占15岁及以上人口比重		
	合计	男	女	合计	男	女	合计	男	女
漳州市	**1670588**	**850769**	**819819**	**50243**	**7537**	**42706**	**3.01**	**0.89**	**5.21**
芗城区	67118	36148	30970	2065	291	1774	3.08	0.81	5.73
龙文区									
云霄县	178239	89406	88833	8112	1278	6834	4.55	1.43	7.69
漳浦县	366587	185434	181153	12226	1604	10622	3.34	0.86	5.86
诏安县	196087	97677	98410	7565	1165	6400	3.86	1.19	6.50
长泰县	110024	58034	51990	2265	391	1874	2.06	0.67	3.60
东山县	115943	57252	58691	2283	324	1959	1.97	0.57	3.34
南靖县	131713	65925	65788	4193	666	3527	3.18	1.01	5.36
平和县	170815	86856	83959	3716	516	3200	2.18	0.59	3.81
华安县	57346	29521	27825	1553	245	1308	2.71	0.83	4.70
龙海市	276716	144516	132200	6265	1057	5208	2.26	0.73	3.94
南平市	**516185**	**254129**	**262056**	**16986**	**4307**	**12679**	**3.29**	**1.69**	**4.84**
延平区	41044	21022	20022	1696	452	1244	4.13	2.15	6.21
建阳区	24462	11997	12465	1154	317	837	4.72	2.64	6.71
顺昌县	76563	37324	39239	1849	359	1490	2.42	0.96	3.80
浦城县	116139	55979	60160	2403	674	1729	2.07	1.20	2.87
光泽县	52201	25079	27122	1241	255	986	2.38	1.02	3.64
松溪县	49551	23885	25666	1202	307	895	2.43	1.29	3.49
政和县	69841	34859	34982	3306	806	2500	4.73	2.31	7.15
邵武市	21537	11483	10054	754	189	565	3.50	1.65	5.62
武夷山市	14348	7622	6726	274	97	177	1.91	1.27	2.63
建瓯市	50499	24879	25620	3107	851	2256	6.15	3.42	8.81
龙岩市	**642133**	**312173**	**329960**	**16881**	**1889**	**14992**	**2.63**	**0.61**	**4.54**
新罗区	50127	25601	24526	2564	329	2235	5.12	1.29	9.11
永定区	66491	33534	32957	2800	284	2516	4.21	0.85	7.63
长汀县	157378	74857	82521	2759	341	2418	1.75	0.46	2.93
上杭县	146880	71636	75244	3548	299	3249	2.42	0.42	4.32
武平县	110087	52048	58039	3216	335	2881	2.92	0.64	4.96
连城县	94307	45779	48528	1023	137	886	1.08	0.30	1.83
漳平市	16863	8718	8145	971	164	807	5.76	1.88	9.91
宁德市	**802232**	**403090**	**399142**	**19123**	**5341**	**13782**	**2.38**	**1.33**	**3.45**
蕉城区	27946	14770	13176	940	285	655	3.36	1.93	4.97
霞浦县	220267	109887	110380	5867	1890	3977	2.66	1.72	3.60
古田县	128188	62732	65456	929	249	680	0.72	0.40	1.04
屏南县	52258	25668	26590	488	113	375	0.93	0.44	1.41
寿宁县	66990	33282	33708	2077	414	1663	3.10	1.24	4.93
周宁县	60095	29761	30334	1494	451	1043	2.49	1.52	3.44
柘荣县	44078	21567	22511	1746	491	1255	3.96	2.28	5.58
福安市	107764	57772	49992	2703	781	1922	2.51	1.35	3.84
福鼎市	94646	47651	46995	2879	667	2212	3.04	1.40	4.71

1-7c 各地区分性别的15岁及以上文盲人口(乡村)

单位：人、%

地　区	15岁及以上人口			文盲人口			文盲人口占15岁及以上人口比重		
	合计	男	女	合计	男	女	合计	男	女
合　计	**10531343**	**5499039**	**5032304**	**518578**	**97231**	**421347**	**4.92**	**1.77**	**8.37**
福州市	**1894808**	**990822**	**903986**	**52902**	**11046**	**41856**	**2.79**	**1.11**	**4.63**
鼓楼区									
台江区									
仓山区									
马尾区	32027	16355	15672	887	165	722	2.77	1.01	4.61
晋安区	17713	9897	7816	566	83	483	3.20	0.84	6.18
长乐区	267784	140844	126940	4697	1117	3580	1.75	0.79	2.82
闽侯县	328978	173952	155026	10625	2420	8205	3.23	1.39	5.29
连江县	265256	139280	125976	3689	649	3040	1.39	0.47	2.41
罗源县	63108	35122	27986	2322	667	1655	3.68	1.90	5.91
闽清县	118555	62250	56305	3498	760	2738	2.95	1.22	4.86
永泰县	133243	69900	63343	4457	871	3586	3.35	1.25	5.66
平潭县	146904	75505	71399	11983	2543	9440	8.16	3.37	13.22
福清市	521240	267717	253523	10178	1771	8407	1.95	0.66	3.32
厦门市	**448609**	**244236**	**204373**	**25739**	**4323**	**21416**	**5.74**	**1.77**	**10.48**
思明区									
海沧区	11366	6462	4904	344	69	275	3.03	1.07	5.61
湖里区									
集美区	83020	46724	36296	2414	493	1921	2.91	1.06	5.29
同安区	173332	93363	79969	11895	1917	9978	6.86	2.05	12.48
翔安区	180891	97687	83204	11086	1844	9242	6.13	1.89	11.11
莆田市	**942138**	**466290**	**475848**	**71246**	**9275**	**61971**	**7.56**	**1.99**	**13.02**
城厢区	122508	60700	61808	10512	1186	9326	8.58	1.95	15.09
涵江区	84584	43114	41470	4261	505	3756	5.04	1.17	9.06
荔城区	134345	64456	69889	6022	878	5144	4.48	1.36	7.36
秀屿区	257921	125471	132450	31645	3760	27885	12.27	3.00	21.05
仙游县	342780	172549	170231	18806	2946	15860	5.49	1.71	9.32
三明市	**751661**	**401847**	**349814**	**47483**	**9437**	**38046**	**6.32**	**2.35**	**10.88**
梅列区	5487	2919	2568	599	120	479	10.92	4.11	18.65
三元区	20849	11857	8992	955	228	727	4.58	1.92	8.08
明溪县	40639	22581	18058	1598	349	1249	3.93	1.55	6.92
清流县	47856	25389	22467	1913	359	1554	4.00	1.41	6.92
宁化县	109840	56484	53356	8634	1290	7344	7.86	2.28	13.76
大田县	109337	59232	50105	5964	1141	4823	5.45	1.93	9.63
尤溪县	142556	76620	65936	8102	1697	6405	5.68	2.21	9.71
沙县	60060	32454	27606	5578	1435	4143	9.29	4.42	15.01
将乐县	49298	26340	22958	3516	750	2766	7.13	2.85	12.05
泰宁县	36393	19261	17132	1292	244	1048	3.55	1.27	6.12
建宁县	49171	25710	23461	3540	678	2862	7.20	2.64	12.20
永安市	80175	43000	37175	5792	1146	4646	7.22	2.67	12.50
泉州市	**2200053**	**1127428**	**1072625**	**83145**	**12495**	**70650**	**3.78**	**1.11**	**6.59**
鲤城区									
丰泽区									
洛江区	82316	42700	39616	4884	637	4247	5.93	1.49	10.72
泉港区	121904	60533	61371	3871	440	3431	3.18	0.73	5.59
惠安县	350677	171425	179252	18304	1814	16490	5.22	1.06	9.20
安溪县	391561	204312	187249	13780	2302	11478	3.52	1.13	6.13
永春县	131999	69049	62950	2422	375	2047	1.83	0.54	3.25
德化县	61868	33119	28749	5804	942	4862	9.38	2.84	16.91
石狮市	79327	42056	37271	1829	514	1315	2.31	1.22	3.53
晋江市	523039	273311	249728	22141	4129	18012	4.23	1.51	7.21
南安市	457362	230923	226439	10110	1342	8768	2.21	0.58	3.87

1-7c　续表　　　　　　　　　　　　　　　　　　　　　　　　　　　　单位：人、%

地　区	15岁及以上人口			文盲人口			文盲人口占15岁及以上人口比重		
	合计	男	女	合计	男	女	合计	男	女
漳州市	**1559021**	**808131**	**750890**	**74889**	**11032**	**63857**	**4.80**	**1.37**	**8.50**
芗城区	55976	29610	26366	3447	455	2992	6.16	1.54	11.35
龙文区	21990	11226	10764	729	125	604	3.32	1.11	5.61
云霄县	152275	80319	71956	10138	1627	8511	6.66	2.03	11.83
漳浦县	295462	150284	145178	13648	1677	11971	4.62	1.12	8.25
诏安县	231566	119188	112378	14421	2153	12268	6.23	1.81	10.92
长泰县	75300	38968	36332	2640	482	2158	3.51	1.24	5.94
东山县	63357	32989	30368	2459	265	2194	3.88	0.80	7.22
南靖县	122057	63168	58889	6340	954	5386	5.19	1.51	9.15
平和县	192115	101471	90644	8271	1174	7097	4.31	1.16	7.83
华安县	52194	27827	24367	2091	331	1760	4.01	1.19	7.22
龙海市	296729	153081	143648	10705	1789	8916	3.61	1.17	6.21
南平市	**907898**	**482990**	**424908**	**59987**	**16857**	**43130**	**6.61**	**3.49**	**10.15**
延平区	108746	57949	50797	5223	1321	3902	4.80	2.28	7.68
建阳区	109305	58173	51132	8218	2404	5814	7.52	4.13	11.37
顺昌县	75079	39874	35205	3439	835	2604	4.58	2.09	7.40
浦城县	130358	68646	61712	7423	2348	5075	5.69	3.42	8.22
光泽县	54901	29528	25373	1752	435	1317	3.19	1.47	5.19
松溪县	54736	29184	25552	3397	1030	2367	6.21	3.53	9.26
政和县	69589	37720	31869	8631	2404	6227	12.40	6.37	19.54
邵武市	50080	26893	23187	2593	614	1979	5.18	2.28	8.53
武夷山市	82916	44003	38913	3937	1196	2741	4.75	2.72	7.04
建瓯市	172188	91020	81168	15374	4270	11104	8.93	4.69	13.68
龙岩市	**815243**	**426388**	**388855**	**50971**	**6401**	**44570**	**6.25**	**1.50**	**11.46**
新罗区	101740	56418	45322	7549	1206	6343	7.42	2.14	14.00
永定区	128957	67945	61012	8603	1035	7568	6.67	1.52	12.40
长汀县	141943	72223	69720	6357	713	5644	4.48	0.99	8.10
上杭县	147198	74638	72560	10251	924	9327	6.96	1.24	12.85
武平县	106428	54536	51892	7977	862	7115	7.50	1.58	13.71
连城县	100699	52377	48322	2508	311	2197	2.49	0.59	4.55
漳平市	88278	48251	40027	7726	1350	6376	8.75	2.80	15.93
宁德市	**1011912**	**550907**	**461005**	**52216**	**16365**	**35851**	**5.16**	**2.97**	**7.78**
蕉城区	160057	86928	73129	9831	3256	6575	6.14	3.75	8.99
霞浦县	153262	85092	68170	10149	3615	6534	6.62	4.25	9.58
古田县	136751	73450	63301	2358	745	1613	1.72	1.01	2.55
屏南县	59164	32501	26663	2166	589	1577	3.66	1.81	5.91
寿宁县	74474	40809	33665	3798	1018	2780	5.10	2.49	8.26
周宁县	58213	32508	25705	2518	892	1626	4.33	2.74	6.33
柘荣县	28397	15570	12827	1932	655	1277	6.80	4.21	9.96
福安市	173422	93117	80305	10301	2895	7406	5.94	3.11	9.22
福鼎市	168172	90932	77240	9163	2700	6463	5.45	2.97	8.37

1-8 各地区家庭户规模

单位：户、%

地区	家庭户户数	一人户		二人户		三人户	
		户数	比重	户数	比重	户数	比重
合 计	**14371078**	**3925247**	**27.31**	**3776762**	**26.28**	**2794833**	**19.45**
福州市	**2817830**	**768367**	**27.27**	**735828**	**26.11**	**583873**	**20.72**
鼓楼区	215133	48397	22.50	58664	27.27	54405	25.29
台江区	144594	39959	27.64	37946	26.24	32427	22.43
仓山区	387349	117830	30.42	94204	24.32	80625	20.81
马尾区	97414	28396	29.15	23434	24.06	20139	20.67
晋安区	279168	77115	27.62	72639	26.02	62113	22.25
长乐区	274790	80990	29.47	71198	25.91	51591	18.77
闽侯县	303754	88971	29.29	77093	25.38	58650	19.31
连江县	224472	56905	25.35	59693	26.59	48217	21.48
罗源县	92975	25063	26.96	26183	28.16	18919	20.35
闽清县	91881	23989	26.11	26097	28.40	17659	19.22
永泰县	113152	34840	30.79	35567	31.43	21469	18.97
平潭县	136843	35977	26.29	35924	26.25	27076	19.79
福清市	456305	109935	24.09	117186	25.68	90583	19.85
厦门市	**1969770**	**751604**	**38.16**	**497945**	**25.28**	**320370**	**16.26**
思明区	384659	111116	28.89	102697	26.70	84129	21.87
海沧区	228175	90940	39.86	57577	25.23	33939	14.87
湖里区	446981	203819	45.60	108461	24.27	64299	14.39
集美区	376842	152653	40.51	93420	24.79	56312	14.94
同安区	331340	119602	36.10	87596	26.44	50691	15.30
翔安区	201773	73474	36.41	48194	23.89	31000	15.36
莆田市	**1026345**	**245385**	**23.91**	**254068**	**24.75**	**190635**	**18.57**
城厢区	178415	49785	27.90	40780	22.86	32560	18.25
涵江区	149102	35785	24.00	36055	24.18	28517	19.13
荔城区	202126	46055	22.79	48059	23.78	37414	18.51
秀屿区	201375	47540	23.61	54141	26.89	36210	17.98
仙游县	295327	66220	22.42	75033	25.41	55934	18.94
三明市	**884706**	**221974**	**25.09**	**252408**	**28.53**	**177483**	**20.06**
梅列区	81997	21864	26.66	23522	28.69	18311	22.33
三元区	66791	18124	27.14	19961	29.89	13902	20.81
明溪县	36296	9833	27.09	10307	28.40	7182	19.79
清流县	41771	10471	25.07	11934	28.57	8279	19.82
宁化县	90844	21643	23.82	25038	27.56	17364	19.11
大田县	103785	25785	24.84	29121	28.06	18154	17.49
尤溪县	120275	28768	23.92	34396	28.60	23437	19.49
沙县	90633	23869	26.34	25429	28.06	18528	20.44
将乐县	50447	11904	23.60	13710	27.18	10362	20.54
泰宁县	37754	9844	26.07	10272	27.21	7624	20.19
建宁县	42426	10872	25.63	12664	29.85	8389	19.77
永安市	121687	28997	23.83	36054	29.63	25951	21.33
泉州市	**2959593**	**797508**	**26.95**	**739455**	**24.99**	**561083**	**18.96**
鲤城区	154395	49004	31.74	37560	24.33	28902	18.72
丰泽区	231919	76171	32.84	52769	22.75	45111	19.45
洛江区	77640	20352	26.21	18547	23.89	14761	19.01
泉港区	119127	23075	19.37	31799	26.69	27103	22.75
惠安县	349397	77598	22.21	92043	26.34	74884	21.43
安溪县	321699	66469	20.66	80385	24.99	61896	19.24
永春县	148226	34798	23.48	42623	28.76	29105	19.64
德化县	114613	25199	21.99	31000	27.05	22314	19.47
石狮市	242600	80058	33.00	58002	23.91	43318	17.86
晋江市	730998	242303	33.15	180738	24.72	124380	17.02
南安市	468979	102481	21.85	113989	24.31	89309	19.04

1-8 续表 1 单位：户、%

地 区	家庭户户数	一人户		二人户		三人户	
		户数	比重	户数	比重	户数	比重
漳州市	**1650857**	**347362**	**21.04**	**447120**	**27.08**	**341215**	**20.67**
芗城区	214816	54697	25.46	58853	27.40	49162	22.89
龙文区	99367	24378	24.53	23159	23.31	20826	20.96
云霄县	126937	22298	17.57	30752	24.23	27129	21.37
漳浦县	261985	45685	17.44	68181	26.02	54275	20.72
诏安县	174368	30606	17.55	43577	24.99	35010	20.08
长泰县	76155	18236	23.95	22124	29.05	13887	18.24
东山县	67347	10901	16.19	15956	23.69	15980	23.73
南靖县	106494	23050	21.64	33539	31.49	22414	21.05
平和县	155760	33536	21.53	44137	28.34	31057	19.94
华安县	51357	13904	27.07	17352	33.79	9357	18.22
龙海市	316271	70071	22.16	89490	28.30	62118	19.64
南平市	**993561**	**250195**	**25.18**	**301015**	**30.30**	**210983**	**21.24**
延平区	170669	44489	26.07	52085	30.52	36945	21.65
建阳区	127251	34947	27.46	36541	28.72	26898	21.14
顺昌县	69952	18769	26.83	23063	32.97	14253	20.38
浦城县	115783	30507	26.35	38283	33.06	23663	20.44
光泽县	48812	12502	25.61	15495	31.74	9580	19.63
松溪县	47949	10934	22.80	14393	30.02	10701	22.32
政和县	64982	16157	24.86	17691	27.22	13607	20.94
邵武市	106126	26835	25.29	33854	31.90	22527	21.23
武夷山市	80510	16937	21.04	19587	24.33	18344	22.78
建瓯市	161527	38118	23.60	50023	30.97	34465	21.34
龙岩市	**969982**	**254928**	**26.28**	**264734**	**27.29**	**189314**	**19.52**
新罗区	292207	77561	26.54	75080	25.69	61418	21.02
永定区	120469	34622	28.74	34425	28.58	21377	17.74
长汀县	136949	34314	25.06	35223	25.72	25657	18.73
上杭县	132442	36465	27.53	34059	25.72	24041	18.15
武平县	98528	24224	24.59	28237	28.66	18720	19.00
连城县	94302	24642	26.13	28050	29.74	18510	19.63
漳平市	95085	23100	24.29	29660	31.19	19591	20.60
宁德市	**1098434**	**287924**	**26.21**	**284189**	**25.87**	**219877**	**20.02**
蕉城区	198063	49234	24.86	46160	23.31	41896	21.15
霞浦县	165360	40426	24.45	43650	26.40	34383	20.79
古田县	125319	36280	28.95	36481	29.11	24222	19.33
屏南县	53447	15824	29.61	14791	27.67	10629	19.89
寿宁县	71337	22782	31.94	20107	28.19	12820	17.97
周宁县	54933	15550	28.31	14138	25.74	10648	19.38
柘荣县	31534	7983	25.32	7601	24.10	6000	19.03
福安市	203613	51325	25.21	48134	23.64	40720	20.00
福鼎市	194828	48520	24.90	53127	27.27	38559	19.79

1-8 续表 2

单位：户、%

地 区	四人户		五人户		六人户	
	户数	比重	户数	比重	户数	比重
合 计	**2047208**	**14.25**	**997876**	**6.94**	**568885**	**3.96**
福州市	**402851**	**14.30**	**191788**	**6.81**	**95263**	**3.38**
鼓楼区	30484	14.17	15286	7.11	6309	2.93
台江区	19516	13.50	9714	6.72	4005	2.77
仓山区	53803	13.89	25139	6.49	11863	3.06
马尾区	14481	14.87	6409	6.58	3172	3.26
晋安区	38647	13.84	18400	6.59	8240	2.95
长乐区	37748	13.74	17736	6.45	9346	3.40
闽侯县	42095	13.86	20436	6.73	11508	3.79
连江县	32832	14.63	15442	6.88	7928	3.53
罗源县	13127	14.12	5622	6.05	2994	3.22
闽清县	11809	12.85	6431	7.00	3888	4.23
永泰县	13615	12.03	5030	4.45	1966	1.74
平潭县	22006	16.08	8862	6.48	4413	3.22
福清市	72688	15.93	37281	8.17	19631	4.30
厦门市	**224517**	**11.40**	**102878**	**5.22**	**53218**	**2.70**
思明区	49598	12.89	24670	6.41	10059	2.62
海沧区	25636	11.24	11602	5.08	6310	2.77
湖里区	42468	9.50	17633	3.94	7809	1.75
集美区	43190	11.46	18673	4.96	9528	2.53
同安区	39318	11.87	18172	5.48	11324	3.42
翔安区	24307	12.05	12128	6.01	8188	4.06
莆田市	**155934**	**15.19**	**90574**	**8.82**	**56845**	**5.54**
城厢区	26488	14.85	15219	8.53	9153	5.13
涵江区	21954	14.72	13369	8.97	8792	5.90
荔城区	32159	15.91	19148	9.47	12120	6.00
秀屿区	29474	14.64	17524	8.70	10125	5.03
仙游县	45859	15.53	25314	8.57	16655	5.64
三明市	**122066**	**13.80**	**61198**	**6.92**	**33914**	**3.83**
梅列区	11088	13.52	4654	5.68	2044	2.49
三元区	8877	13.29	3715	5.56	1697	2.54
明溪县	4539	12.51	2428	6.69	1294	3.57
清流县	5719	13.69	2803	6.71	1644	3.94
宁化县	12697	13.98	7192	7.92	4617	5.08
大田县	15634	15.06	8179	7.88	3980	3.83
尤溪县	16183	13.45	9116	7.58	5605	4.66
沙县	12583	13.88	5826	6.43	3228	3.56
将乐县	6966	13.81	4015	7.96	2389	4.74
泰宁县	5101	13.51	2739	7.25	1553	4.11
建宁县	5321	12.54	2894	6.82	1702	4.01
永安市	17358	14.26	7637	6.28	4161	3.42
泉州市	**455167**	**15.38**	**217470**	**7.35**	**127973**	**4.32**
鲤城区	22679	14.69	10053	6.51	4791	3.10
丰泽区	31715	13.68	15318	6.60	8119	3.50
洛江区	12178	15.69	6300	8.11	3961	5.10
泉港区	22372	18.78	9245	7.76	4290	3.60
惠安县	57687	16.51	26787	7.67	15021	4.30
安溪县	56599	17.59	28420	8.83	16713	5.20
永春县	20446	13.79	11148	7.52	6925	4.67
德化县	21561	18.81	7913	6.90	4807	4.19
石狮市	34927	14.40	14647	6.04	8213	3.39
晋江市	98344	13.45	46166	6.32	26886	3.68
南安市	76659	16.35	41473	8.84	28247	6.02

1-8 续表 3

单位：户、%

地 区	四人户		五人户		六人户	
	户数	比重	户数	比重	户数	比重
漳州市	**252732**	**15.31**	**132581**	**8.03**	**90348**	**5.47**
芗城区	29832	13.89	13196	6.14	7026	3.27
龙文区	17115	17.22	7713	7.76	4730	4.76
云霄县	21410	16.87	11887	9.36	8920	7.03
漳浦县	43768	16.71	24072	9.19	17833	6.81
诏安县	28775	16.50	17003	9.75	12113	6.95
长泰县	10250	13.46	5667	7.44	4477	5.88
东山县	11113	16.50	6679	9.92	4607	6.84
南靖县	14245	13.38	7239	6.80	4365	4.10
平和县	22872	14.68	12212	7.84	8046	5.17
华安县	5766	11.23	2695	5.25	1708	3.33
龙海市	47586	15.05	24218	7.66	16523	5.22
南平市	**129512**	**13.04**	**58874**	**5.93**	**31907**	**3.21**
延平区	21142	12.39	9696	5.68	4954	2.90
建阳区	16677	13.11	7277	5.72	3844	3.02
顺昌县	7789	11.13	3621	5.18	1815	2.59
浦城县	13086	11.30	6031	5.21	3112	2.69
光泽县	6123	12.54	2948	6.04	1603	3.28
松溪县	6857	14.30	2917	6.08	1522	3.17
政和县	9764	15.03	4366	6.72	2198	3.38
邵武市	13228	12.46	5683	5.35	3226	3.04
武夷山市	13217	16.42	6382	7.93	4026	5.00
建瓯市	21629	13.39	9953	6.16	5607	3.47
龙岩市	**139226**	**14.35**	**66921**	**6.90**	**37821**	**3.90**
新罗区	44640	15.28	19466	6.66	10665	3.65
永定区	15864	13.17	7765	6.45	4307	3.58
长汀县	20020	14.62	11232	8.20	6434	4.70
上杭县	18144	13.70	10455	7.89	6139	4.64
武平县	13523	13.73	7305	7.41	4452	4.52
连城县	13129	13.92	5749	6.10	2910	3.09
漳平市	13906	14.62	4949	5.20	2914	3.06
宁德市	**165203**	**15.04**	**75592**	**6.88**	**41596**	**3.79**
蕉城区	35165	17.75	14521	7.33	7391	3.73
霞浦县	24657	14.91	11412	6.90	6644	4.02
古田县	15192	12.12	7198	5.74	4092	3.27
屏南县	6916	12.94	2995	5.60	1525	2.85
寿宁县	8671	12.15	3986	5.59	1821	2.55
周宁县	7623	13.88	3697	6.73	1970	3.59
柘荣县	4875	15.46	2445	7.75	1542	4.89
福安市	33491	16.45	15585	7.65	8588	4.22
福鼎市	28613	14.69	13753	7.06	8023	4.12

1-8 续表 4

单位：户、%

地区	七人户		八人户		九人户		十人及以上户	
	户数	比重	户数	比重	户数	比重	户数	比重
合计	**162312**	**1.13**	**52431**	**0.36**	**24113**	**0.17**	**21411**	**0.15**
福州市	**25533**	**0.91**	**8270**	**0.29**	**3434**	**0.12**	**2623**	**0.09**
鼓楼区	1053	0.49	340	0.16	99	0.05	96	0.04
台江区	751	0.52	170	0.12	72	0.05	34	0.02
仓山区	2423	0.63	840	0.22	377	0.10	245	0.06
马尾区	953	0.98	276	0.28	92	0.09	62	0.06
晋安区	1444	0.52	345	0.12	143	0.05	82	0.03
长乐区	3637	1.32	1373	0.50	610	0.22	561	0.20
闽侯县	3095	1.02	1022	0.34	485	0.16	399	0.13
连江县	2367	1.05	681	0.30	258	0.11	149	0.07
罗源县	708	0.76	224	0.24	81	0.09	54	0.06
闽清县	1230	1.34	418	0.45	196	0.21	164	0.18
永泰县	517	0.46	93	0.08	33	0.03	22	0.02
平潭县	1643	1.20	534	0.39	220	0.16	188	0.14
福清市	5712	1.25	1954	0.43	768	0.17	567	0.12
厦门市	**11392**	**0.58**	**3831**	**0.19**	**2082**	**0.11**	**1933**	**0.10**
思明区	1631	0.42	464	0.12	165	0.04	130	0.03
海沧区	1254	0.55	402	0.18	307	0.13	208	0.09
湖里区	1597	0.36	522	0.12	203	0.05	170	0.04
集美区	1926	0.51	594	0.16	323	0.09	223	0.06
同安区	2750	0.83	903	0.27	543	0.16	441	0.13
翔安区	2234	1.11	946	0.47	541	0.27	761	0.38
莆田市	**19728**	**1.92**	**6993**	**0.68**	**3109**	**0.30**	**3074**	**0.30**
城厢区	2783	1.56	908	0.51	415	0.23	324	0.18
涵江区	2805	1.88	1012	0.68	461	0.31	352	0.24
荔城区	4097	2.03	1497	0.74	700	0.35	877	0.43
秀屿区	3954	1.96	1383	0.69	524	0.26	500	0.25
仙游县	6089	2.06	2193	0.74	1009	0.34	1021	0.35
三明市	**10255**	**1.16**	**3058**	**0.35**	**1296**	**0.15**	**1054**	**0.12**
梅列区	379	0.46	95	0.12	27	0.03	13	0.02
三元区	369	0.55	89	0.13	33	0.05	24	0.04
明溪县	462	1.27	126	0.35	60	0.17	65	0.18
清流县	598	1.43	186	0.45	70	0.17	67	0.16
宁化县	1446	1.59	464	0.51	225	0.25	158	0.17
大田县	1754	1.69	630	0.61	285	0.27	263	0.25
尤溪县	1892	1.57	516	0.43	194	0.16	168	0.14
沙县	814	0.90	221	0.24	68	0.08	67	0.07
将乐县	671	1.33	245	0.49	107	0.21	78	0.15
泰宁县	383	1.01	136	0.36	62	0.16	40	0.11
建宁县	427	1.01	91	0.21	47	0.11	19	0.04
永安市	1060	0.87	259	0.21	118	0.10	92	0.08
泉州市	**36737**	**1.24**	**12081**	**0.41**	**6169**	**0.21**	**5950**	**0.20**
鲤城区	932	0.60	284	0.18	132	0.09	58	0.04
丰泽区	1683	0.73	581	0.25	273	0.12	179	0.08
洛江区	945	1.22	292	0.38	176	0.23	128	0.16
泉港区	823	0.69	233	0.20	110	0.09	77	0.06
惠安县	3432	0.98	989	0.28	557	0.16	399	0.11
安溪县	6564	2.04	2208	0.69	1073	0.33	1372	0.43
永春县	2014	1.36	650	0.44	263	0.18	254	0.17
德化县	1255	1.09	324	0.28	122	0.11	118	0.10
石狮市	2135	0.88	692	0.29	341	0.14	267	0.11
晋江市	7463	1.02	2488	0.34	1212	0.17	1018	0.14
南安市	9491	2.02	3340	0.71	1910	0.41	2080	0.44

1-8　续表 5　　　　单位：户、%

地　区	七人户		八人户		九人户		十人及以上户	
	户数	比重	户数	比重	户数	比重	户数	比重
漳州市	**26089**	**1.58**	**7595**	**0.46**	**3197**	**0.19**	**2618**	**0.16**
芗城区	1438	0.67	368	0.17	165	0.08	79	0.04
龙文区	1017	1.02	235	0.24	122	0.12	72	0.07
云霄县	2972	2.34	889	0.70	381	0.30	299	0.24
漳浦县	5397	2.06	1579	0.60	666	0.25	529	0.20
诏安县	4488	2.57	1540	0.88	622	0.36	634	0.36
长泰县	994	1.31	278	0.37	124	0.16	118	0.15
东山县	1455	2.16	406	0.60	152	0.23	98	0.15
南靖县	1022	0.96	310	0.29	151	0.14	159	0.15
平和县	2645	1.70	751	0.48	270	0.17	234	0.15
华安县	404	0.79	91	0.18	41	0.08	39	0.08
龙海市	4257	1.35	1148	0.36	503	0.16	357	0.11
南平市	**7561**	**0.76**	**2066**	**0.21**	**830**	**0.08**	**618**	**0.06**
延平区	1010	0.59	208	0.12	78	0.05	62	0.04
建阳区	745	0.59	194	0.15	75	0.06	53	0.04
顺昌县	429	0.61	126	0.18	48	0.07	39	0.06
浦城县	741	0.64	197	0.17	100	0.09	63	0.05
光泽县	413	0.85	96	0.20	35	0.07	17	0.03
松溪县	390	0.81	141	0.29	52	0.11	42	0.09
政和县	767	1.18	254	0.39	97	0.15	81	0.12
邵武市	589	0.56	119	0.11	38	0.04	27	0.03
武夷山市	1229	1.53	410	0.51	207	0.26	171	0.21
建瓯市	1248	0.77	321	0.20	100	0.06	63	0.04
龙岩市	**10539**	**1.09**	**3347**	**0.35**	**1664**	**0.17**	**1488**	**0.15**
新罗区	2088	0.71	644	0.22	372	0.13	273	0.09
永定区	1363	1.13	392	0.33	187	0.16	167	0.14
长汀县	2323	1.70	866	0.63	430	0.31	450	0.33
上杭县	1910	1.44	641	0.48	307	0.23	281	0.21
武平县	1336	1.36	396	0.40	176	0.18	159	0.16
连城县	828	0.88	257	0.27	116	0.12	111	0.12
漳平市	691	0.73	151	0.16	76	0.08	47	0.05
宁德市	**14478**	**1.32**	**5190**	**0.47**	**2332**	**0.21**	**2053**	**0.19**
蕉城区	2243	1.13	823	0.42	332	0.17	298	0.15
霞浦县	2509	1.52	877	0.53	437	0.26	365	0.22
古田县	1207	0.96	381	0.30	160	0.13	106	0.08
屏南县	460	0.86	167	0.31	67	0.13	73	0.14
寿宁县	714	1.00	233	0.33	98	0.14	105	0.15
周宁县	764	1.39	302	0.55	122	0.22	119	0.22
柘荣县	535	1.70	267	0.85	135	0.43	151	0.48
福安市	3367	1.65	1269	0.62	566	0.28	568	0.28
福鼎市	2679	1.38	871	0.45	415	0.21	268	0.14

1-8a 各地区家庭户规模(城市)

单位：户、%

地区	家庭户户数	一人户		二人户		三人户	
		户数	比重	户数	比重	户数	比重
合计	**5951707**	**1814201**	**30.48**	**1494653**	**25.11**	**1156565**	**19.43**
福州市	**1346404**	**368334**	**27.36**	**342804**	**25.46**	**293814**	**21.82**
鼓楼区	215133	48397	22.50	58664	27.27	54405	25.29
台江区	144594	39959	27.64	37946	26.24	32427	22.43
仓山区	387349	117830	30.42	94204	24.32	80625	20.81
马尾区	85556	26006	30.40	20843	24.36	17173	20.07
晋安区	270562	74023	27.36	69965	25.86	60556	22.38
长乐区	93701	24910	26.58	23292	24.86	18937	20.21
闽侯县							
连江县							
罗源县							
闽清县							
永泰县							
平潭县							
福清市	149509	37209	24.89	37890	25.34	29691	19.86
厦门市	**1677493**	**645626**	**38.49**	**425550**	**25.37**	**276427**	**16.48**
思明区	384659	111116	28.89	102697	26.70	84129	21.87
海沧区	223917	89473	39.96	56381	25.18	33227	14.84
湖里区	446421	203578	45.60	108305	24.26	64226	14.39
集美区	335871	136150	40.54	82242	24.49	50659	15.08
同安区	252595	96686	38.28	67170	26.59	37328	14.78
翔安区	34030	8623	25.34	8755	25.73	6858	20.15
莆田市	**431459**	**114470**	**26.53**	**102254**	**23.70**	**77225**	**17.90**
城厢区	117614	37049	31.50	25502	21.68	20259	17.22
涵江区	109833	25615	23.32	25683	23.38	21073	19.19
荔城区	148804	36515	24.54	35911	24.13	26780	18.00
秀屿区	55208	15291	27.70	15158	27.46	9113	16.51
仙游县							
三明市	**208443**	**52492**	**25.18**	**59392**	**28.49**	**46355**	**22.24**
梅列区	75496	19769	26.19	21450	28.41	17116	22.67
三元区	53960	13673	25.34	15734	29.16	11663	21.61
明溪县							
清流县							
宁化县							
大田县							
尤溪县							
沙县							
将乐县							
泰宁县							
建宁县							
永安市	78987	19050	24.12	22208	28.12	17576	22.25
泉州市	**1068211**	**354103**	**33.15**	**254485**	**23.82**	**189064**	**17.70**
鲤城区	154395	49004	31.74	37560	24.33	28902	18.72
丰泽区	231919	76171	32.84	52769	22.75	45111	19.45
洛江区	32162	9024	28.06	7146	22.22	6244	19.41
泉港区	40152	7505	18.69	9938	24.75	9072	22.59
惠安县							
安溪县							
永春县							
德化县							
石狮市	154495	53286	34.49	36398	23.56	27530	17.82
晋江市	377411	144430	38.27	93795	24.85	56641	15.01
南安市	77677	14683	18.90	16879	21.73	15564	20.04

1-8a　续表 1　　　　单位：户、%

地　区	家庭户户　数	一人户		二人户		三人户	
		户数	比重	户数	比重	户数	比重
漳州市	**332799**	**79150**	**23.78**	**87491**	**26.29**	**75147**	**22.58**
芗城区	162705	41209	25.33	44586	27.40	39082	24.02
龙文区	91072	23312	25.60	21087	23.15	18944	20.80
云霄县							
漳浦县							
诏安县							
长泰县							
东山县							
南靖县							
平和县							
华安县							
龙海市	78629	14587	18.55	21693	27.59	17040	21.67
南平市	**334287**	**77151**	**23.08**	**94826**	**28.37**	**76854**	**22.99**
延平区	102137	23754	23.26	30888	30.24	23708	23.21
建阳区	64383	18200	28.27	17303	26.88	13778	21.40
顺昌县							
浦城县							
光泽县							
松溪县							
政和县							
邵武市	69485	14372	20.68	20515	29.52	16583	23.87
武夷山市	40754	7699	18.89	9302	22.82	9847	24.16
建瓯市	57528	13126	22.82	16818	29.23	12938	22.49
龙岩市	**288259**	**70720**	**24.53**	**70930**	**24.61**	**62610**	**21.72**
新罗区	221286	57151	25.83	53078	23.99	47571	21.50
永定区	22880	4227	18.47	5860	25.61	4771	20.85
长汀县							
上杭县							
武平县							
连城县							
漳平市	44093	9342	21.19	11992	27.20	10268	23.29
宁德市	**264352**	**52155**	**19.73**	**56921**	**21.53**	**59069**	**22.34**
蕉城区	114545	24621	21.49	24747	21.60	26064	22.75
霞浦县							
古田县							
屏南县							
寿宁县							
周宁县							
柘荣县							
福安市	78854	15394	19.52	16125	20.45	16679	21.15
福鼎市	70953	12140	17.11	16049	22.62	16326	23.01

1-8a 续表 2

单位：户、%

地 区	四人户		五人户		六人户	
	户数	比重	户数	比重	户数	比重
合 计	**831404**	**13.97**	**383708**	**6.45**	**197680**	**3.32**
福州市	**192842**	**14.32**	**92290**	**6.85**	**42690**	**3.17**
鼓楼区	30484	14.17	15286	7.11	6309	2.93
台江区	19516	13.50	9714	6.72	4005	2.77
仓山区	53803	13.89	25139	6.49	11863	3.06
马尾区	12217	14.28	5468	6.39	2739	3.20
晋安区	37858	13.99	18105	6.69	8104	3.00
长乐区	14159	15.11	6817	7.28	3681	3.93
闽侯县						
连江县						
罗源县						
闽清县						
永泰县						
平潭县						
福清市	24805	16.59	11761	7.87	5989	4.01
厦门市	**190485**	**11.36**	**85658**	**5.11**	**40628**	**2.42**
思明区	49598	12.89	24670	6.41	10059	2.62
海沧区	25164	11.24	11386	5.08	6159	2.75
湖里区	42411	9.50	17610	3.94	7801	1.75
集美区	39160	11.66	16938	5.04	8206	2.44
同安区	28727	11.37	12689	5.02	7168	2.84
翔安区	5425	15.94	2365	6.95	1235	3.63
莆田市	**64340**	**14.91**	**37644**	**8.72**	**23405**	**5.42**
城厢区	17185	14.61	9663	8.22	5694	4.84
涵江区	16675	15.18	10336	9.41	6864	6.25
荔城区	23189	15.58	13494	9.07	8458	5.68
秀屿区	7291	13.21	4151	7.52	2389	4.33
仙游县						
三明市	**30474**	**14.62**	**12463**	**5.98**	**5650**	**2.71**
梅列区	10486	13.89	4356	5.77	1876	2.48
三元区	7761	14.38	3256	6.03	1444	2.68
明溪县						
清流县						
宁化县						
大田县						
尤溪县						
沙县						
将乐县						
泰宁县						
建宁县						
永安市	12227	15.48	4851	6.14	2330	2.95
泉州市	**151889**	**14.22**	**67298**	**6.30**	**36515**	**3.42**
鲤城区	22679	14.69	10053	6.51	4791	3.10
丰泽区	31715	13.68	15318	6.60	8119	3.50
洛江区	5468	17.00	2537	7.89	1310	4.07
泉港区	8342	20.78	3340	8.32	1462	3.64
惠安县						
安溪县						
永春县						
德化县						
石狮市	22711	14.70	8473	5.48	4329	2.80
晋江市	46346	12.28	20321	5.38	11308	3.00
南安市	14628	18.83	7256	9.34	5196	6.69

1-8a　续表 3　　　　单位：户、%

地　区	四人户		五人户		六人户	
	户数	比重	户数	比重	户数	比重
漳州市	**50674**	**15.23**	**23094**	**6.94**	**12900**	**3.88**
芗城区	22751	13.98	9694	5.96	4330	2.66
龙文区	15555	17.08	6888	7.56	4057	4.45
云霄县						
漳浦县						
诏安县						
长泰县						
东山县						
南靖县						
平和县						
华安县						
龙海市	12293	15.63	6470	8.23	4498	5.72
南平市	**49362**	**14.77**	**21302**	**6.37**	**11618**	**3.48**
延平区	13864	13.57	6178	6.05	3066	3.00
建阳区	9220	14.32	3619	5.62	1888	2.93
顺昌县						
浦城县						
光泽县						
松溪县						
政和县						
邵武市	10442	15.03	4437	6.39	2567	3.69
武夷山市	7383	18.12	3422	8.40	2051	5.03
建瓯市	8453	14.69	3646	6.34	2046	3.56
龙岩市	**48267**	**16.74**	**20920**	**7.26**	**11325**	**3.93**
新罗区	35985	16.26	16246	7.34	8737	3.95
永定区	4002	17.49	2131	9.31	1305	5.70
长汀县						
上杭县						
武平县						
连城县						
漳平市	8280	18.78	2543	5.77	1283	2.91
宁德市	**53071**	**20.08**	**23039**	**8.72**	**12949**	**4.90**
蕉城区	23062	20.13	9185	8.02	4724	4.12
霞浦县						
古田县						
屏南县						
寿宁县						
周宁县						
柘荣县						
福安市	16294	20.66	7311	9.27	4173	5.29
福鼎市	13715	19.33	6543	9.22	4052	5.71

1-8a 续表 4

单位：户、%

地 区	七人户		八人户		九人户		十人及以上户	
	户数	比重	户数	比重	户数	比重	户数	比重
合 计	**45895**	**0.77**	**14673**	**0.25**	**6989**	**0.12**	**5939**	**0.10**
福州市	**8996**	**0.67**	**2727**	**0.20**	**1131**	**0.08**	**776**	**0.06**
鼓楼区	1053	0.49	340	0.16	99	0.05	96	0.04
台江区	751	0.52	170	0.12	72	0.05	34	0.02
仓山区	2423	0.63	840	0.22	377	0.10	245	0.06
马尾区	773	0.90	209	0.24	77	0.09	51	0.06
晋安区	1399	0.52	333	0.12	139	0.05	80	0.03
长乐区	1203	1.28	408	0.44	174	0.19	120	0.13
闽侯县								
连江县								
罗源县								
闽清县								
永泰县								
平潭县								
福清市	1394	0.93	427	0.29	193	0.13	150	0.10
厦门市	**7993**	**0.48**	**2561**	**0.15**	**1355**	**0.08**	**1210**	**0.07**
思明区	1631	0.42	464	0.12	165	0.04	130	0.03
海沧区	1226	0.55	393	0.18	302	0.13	206	0.09
湖里区	1595	0.36	522	0.12	203	0.05	170	0.04
集美区	1618	0.48	475	0.14	256	0.08	167	0.05
同安区	1649	0.65	561	0.22	343	0.14	274	0.11
翔安区	274	0.81	146	0.43	86	0.25	263	0.77
莆田市	**7152**	**1.66**	**2538**	**0.59**	**1194**	**0.28**	**1237**	**0.29**
城厢区	1472	1.25	462	0.39	203	0.17	125	0.11
涵江区	2154	1.96	764	0.70	370	0.34	299	0.27
荔城区	2505	1.68	903	0.61	435	0.29	614	0.41
秀屿区	1021	1.85	409	0.74	186	0.34	199	0.36
仙游县								
三明市	**1152**	**0.55**	**283**	**0.14**	**109**	**0.05**	**73**	**0.04**
梅列区	330	0.44	86	0.11	19	0.03	8	0.01
三元区	313	0.58	72	0.13	25	0.05	19	0.04
明溪县								
清流县								
宁化县								
大田县								
尤溪县								
沙县								
将乐县								
泰宁县								
建宁县								
永安市	509	0.64	125	0.16	65	0.08	46	0.06
泉州市	**9063**	**0.85**	**3002**	**0.28**	**1485**	**0.14**	**1307**	**0.12**
鲤城区	932	0.60	284	0.18	132	0.09	58	0.04
丰泽区	1683	0.73	581	0.25	273	0.12	179	0.08
洛江区	277	0.86	78	0.24	46	0.14	32	0.10
泉港区	324	0.81	87	0.22	50	0.12	32	0.08
惠安县								
安溪县								
永春县								
德化县								
石狮市	1098	0.71	366	0.24	170	0.11	134	0.09
晋江市	2900	0.77	918	0.24	394	0.10	358	0.09
南安市	1849	2.38	688	0.89	420	0.54	514	0.66

1-8a　续表 5　　　　单位：户、%

地　区	七人户		八人户		九人户		十人及以上户	
	户数	比重	户数	比重	户数	比重	户数	比重
漳州市	**2900**	**0.87**	**804**	**0.24**	**409**	**0.12**	**230**	**0.07**
芗城区	697	0.43	211	0.13	104	0.06	41	0.03
龙文区	856	0.94	198	0.22	115	0.13	60	0.07
云霄县								
漳浦县								
诏安县								
长泰县								
东山县								
南靖县								
平和县								
华安县								
龙海市	1337	1.70	393	0.50	190	0.24	128	0.16
南平市	**2162**	**0.65**	**569**	**0.17**	**249**	**0.07**	**194**	**0.06**
延平区	528	0.52	86	0.08	35	0.03	30	0.03
建阳区	272	0.42	65	0.10	24	0.04	14	0.02
顺昌县								
浦城县								
光泽县								
松溪县								
政和县								
邵武市	444	0.64	82	0.12	27	0.04	16	0.02
武夷山市	580	1.42	227	0.56	132	0.32	111	0.27
建瓯市	338	0.59	109	0.19	31	0.05	23	0.04
龙岩市	**2233**	**0.77**	**644**	**0.22**	**332**	**0.12**	**278**	**0.10**
新罗区	1585	0.72	472	0.21	254	0.11	207	0.09
永定区	374	1.63	113	0.49	49	0.21	48	0.21
长汀县								
上杭县								
武平县								
连城县								
漳平市	274	0.62	59	0.13	29	0.07	23	0.05
宁德市	**4244**	**1.61**	**1545**	**0.58**	**725**	**0.27**	**634**	**0.24**
蕉城区	1315	1.15	454	0.40	209	0.18	164	0.14
霞浦县								
古田县								
屏南县								
寿宁县								
周宁县								
柘荣县								
福安市	1615	2.05	653	0.83	294	0.37	316	0.40
福鼎市	1314	1.85	438	0.62	222	0.31	154	0.22

1-8b 各地区家庭户规模(镇)

单位：户、%

地 区	家庭户户 数	一人户		二人户		三人户	
		户数	比重	户数	比重	户数	比重
合 计	**3775966**	**911687**	**24.14**	**962211**	**25.48**	**753148**	**19.95**
福州市	**650494**	**176022**	**27.06**	**166772**	**25.64**	**129318**	**19.88**
鼓楼区							
台江区							
仓山区							
马尾区							
晋安区	481	147	30.56	149	30.98	85	17.67
长乐区	65081	20877	32.08	17834	27.40	11039	16.96
闽侯县	170698	55034	32.24	42037	24.63	31602	18.51
连江县	112460	28832	25.64	28909	25.71	23867	21.22
罗源县	61229	13185	21.53	16108	26.31	13721	22.41
闽清县	38220	9009	23.57	10267	26.86	7738	20.25
永泰县	45109	11607	25.73	12664	28.07	9790	21.70
平潭县	67808	14108	20.81	15585	22.98	14520	21.41
福清市	89408	23223	25.97	23219	25.97	16956	18.96
厦门市	**108209**	**50393**	**46.57**	**26210**	**24.22**	**12772**	**11.80**
思明区							
海沧区							
湖里区	560	241	43.04	156	27.86	73	13.04
集美区	42	12	28.57	20	47.62	4	9.52
同安区	5693	1427	25.07	1584	27.82	1146	20.13
翔安区	101914	48713	47.80	24450	23.99	11549	11.33
莆田市	**199055**	**44508**	**22.36**	**48085**	**24.16**	**37931**	**19.06**
城厢区	10068	1778	17.66	2300	22.84	1965	19.52
涵江区	4351	1031	23.70	1191	27.37	855	19.65
荔城区	2581	529	20.50	571	22.12	440	17.05
秀屿区	32021	7814	24.40	7756	24.22	5872	18.34
仙游县	150034	33356	22.23	36267	24.17	28799	19.19
三明市	**325320**	**69236**	**21.28**	**83619**	**25.70**	**69155**	**21.26**
梅列区	3834	1212	31.61	1140	29.73	721	18.81
三元区	2644	895	33.85	889	33.62	451	17.06
明溪县	18265	4476	24.51	4973	27.23	3852	21.09
清流县	20095	4629	23.04	5186	25.81	4271	21.25
宁化县	40112	7704	19.21	10048	25.05	8363	20.85
大田县	50984	9707	19.04	11753	23.05	10202	20.01
尤溪县	53461	10213	19.10	13916	26.03	11424	21.37
沙县	60496	14517	24.00	15891	26.27	13173	21.77
将乐县	27745	5083	18.32	7067	25.47	6322	22.79
泰宁县	20263	4221	20.83	5228	25.80	4518	22.30
建宁县	19686	4521	22.97	5320	27.02	4287	21.78
永安市	7735	2058	26.61	2208	28.55	1571	20.31
泉州市	**952356**	**224844**	**23.61**	**233037**	**24.47**	**187195**	**19.66**
鲤城区							
丰泽区							
洛江区	12309	3167	25.73	2969	24.12	2264	18.39
泉港区	25782	5606	21.74	7550	29.28	5797	22.48
惠安县	199137	46996	23.60	52014	26.12	42269	21.23
安溪县	148621	27185	18.29	31560	21.24	29097	19.58
永春县	85079	16601	19.51	22547	26.50	18541	21.79
德化县	80912	12399	15.32	18863	23.31	18258	22.57
石狮市	55420	17369	31.34	13952	25.18	9579	17.28
晋江市	136767	42710	31.23	34237	25.03	24173	17.67
南安市	208329	52811	25.35	49345	23.69	37217	17.86

1-8b　续表 1　　　　单位：户、%

地　区	家庭户	一人户		二人户		三人户	
	户　数	户数	比重	户数	比重	户数	比重
漳州市	**680149**	**151597**	**22.29**	**178218**	**26.20**	**137119**	**20.16**
芗城区	29440	9043	30.72	7758	26.35	5049	17.15
龙文区							
云霄县	67091	11461	17.08	14683	21.89	14773	22.02
漳浦县	142861	27541	19.28	35369	24.76	29642	20.75
诏安县	79678	14394	18.07	20339	25.53	16758	21.03
长泰县	45032	12166	27.02	12760	28.34	7825	17.38
东山县	45894	8478	18.47	11538	25.14	11165	24.33
南靖县	55755	12121	21.74	16696	29.95	11891	21.33
平和县	70175	14433	20.57	18630	26.55	14297	20.37
华安县	26522	7130	26.88	8582	32.36	4923	18.56
龙海市	117701	34830	29.59	31863	27.07	20796	17.67
南平市	**233194**	**54137**	**23.22**	**69113**	**29.64**	**50903**	**21.83**
延平区	19346	5751	29.73	5703	29.48	3704	19.15
建阳区	11551	2817	24.39	3395	29.39	2531	21.91
顺昌县	35639	9606	26.95	11618	32.60	7547	21.18
浦城县	51212	10768	21.03	16577	32.37	11611	22.67
光泽县	23232	4955	21.33	6661	28.67	5261	22.65
松溪县	21879	4006	18.31	6055	27.67	5228	23.90
政和县	31104	6485	20.85	7569	24.33	6900	22.18
邵武市	10570	3373	31.91	3395	32.12	1878	17.77
武夷山市	4877	971	19.91	1218	24.97	984	20.18
建瓯市	23784	5405	22.73	6922	29.10	5259	22.11
龙岩市	**278720**	**60241**	**21.61**	**69910**	**25.08**	**56571**	**20.30**
新罗区	23568	5651	23.98	6885	29.21	5043	21.40
永定区	29679	7105	23.94	7726	26.03	5613	18.91
长汀县	65848	12890	19.58	15163	23.03	13380	20.32
上杭县	61664	14869	24.11	13789	22.36	11738	19.04
武平县	47361	8957	18.91	12188	25.73	9978	21.07
连城县	42552	8843	20.78	11718	27.54	9251	21.74
漳平市	8048	1926	23.93	2441	30.33	1568	19.48
宁德市	**348469**	**80709**	**23.16**	**87247**	**25.04**	**72184**	**20.71**
蕉城区	11878	3094	26.05	3140	26.44	2315	19.49
霞浦县	93306	18490	19.82	23485	25.17	20353	21.81
古田县	57732	14717	25.49	15440	26.74	12055	20.88
屏南县	23812	5775	24.25	6034	25.34	5036	21.15
寿宁县	32008	8644	27.01	7971	24.90	6359	19.87
周宁县	26665	6147	23.05	6295	23.61	5651	21.19
柘荣县	17860	3226	18.06	3814	21.35	3757	21.04
福安市	43360	11185	25.80	10261	23.66	8069	18.61
福鼎市	41848	9431	22.54	10807	25.82	8589	20.52

1-8b 续表 2

单位：户、%

地区	四人户		五人户		六人户	
	户数	比重	户数	比重	户数	比重
合计	**602360**	**15.95**	**289581**	**7.67**	**171980**	**4.55**
福州市	**98258**	**15.11**	**45217**	**6.95**	**23883**	**3.67**
鼓楼区						
台江区						
仓山区						
马尾区						
晋安区	51	10.60	28	5.82	17	3.53
长乐区	7896	12.13	3854	5.92	1967	3.02
闽侯县	22979	13.46	10885	6.38	5939	3.48
连江县	17208	15.30	7826	6.96	4051	3.60
罗源县	10542	17.22	4468	7.30	2423	3.96
闽清县	5510	14.42	2927	7.66	1890	4.95
永泰县	7033	15.59	2664	5.91	1052	2.33
平潭县	13569	20.01	5464	8.06	2826	4.17
福清市	13470	15.07	7101	7.94	3718	4.16
厦门市	**10096**	**9.33**	**4576**	**4.23**	**2804**	**2.59**
思明区						
海沧区						
湖里区	57	10.18	23	4.11	8	1.43
集美区	3	7.14	2	4.76	1	2.38
同安区	853	14.98	342	6.01	240	4.22
翔安区	9183	9.01	4209	4.13	2555	2.51
莆田市	**32789**	**16.47**	**17658**	**8.87**	**11200**	**5.63**
城厢区	1667	16.56	1082	10.75	653	6.49
涵江区	628	14.43	356	8.18	201	4.62
荔城区	457	17.71	267	10.34	165	6.39
秀屿区	5079	15.86	2963	9.25	1611	5.03
仙游县	24958	16.63	12990	8.66	8570	5.71
三明市	**53921**	**16.57**	**27262**	**8.38**	**15294**	**4.70**
梅列区	390	10.17	208	5.43	115	3.00
三元区	228	8.62	106	4.01	50	1.89
明溪县	2493	13.65	1365	7.47	727	3.98
清流县	3315	16.50	1455	7.24	809	4.03
宁化县	6814	16.99	3683	9.18	2425	6.05
大田县	10697	20.98	5128	10.06	2207	4.33
尤溪县	8830	16.52	4747	8.88	2990	5.59
沙县	9368	15.49	4324	7.15	2411	3.99
将乐县	4534	16.34	2574	9.28	1518	5.47
泰宁县	3241	15.99	1706	8.42	952	4.70
建宁县	2972	15.10	1476	7.50	827	4.20
永安市	1039	13.43	490	6.33	263	3.40
泉州市	**164703**	**17.29**	**75683**	**7.95**	**44616**	**4.68**
鲤城区						
丰泽区						
洛江区	1925	15.64	994	8.08	692	5.62
泉港区	4575	17.74	1493	5.79	588	2.28
惠安县	32699	16.42	14435	7.25	7840	3.94
安溪县	33346	22.44	14632	9.85	7909	5.32
永春县	13758	16.17	7272	8.55	4530	5.32
德化县	18899	23.36	6766	8.36	4161	5.14
石狮市	7409	13.37	3786	6.83	2385	4.30
晋江市	18493	13.52	9072	6.63	5286	3.86
南安市	33599	16.13	17233	8.27	11225	5.39

1-8b 续表 3

单位：户、%

地　区	四人户		五人户		六人户	
	户数	比重	户数	比重	户数	比重
漳州市	**105745**	**15.55**	**53750**	**7.90**	**36937**	**5.43**
芗城区	3859	13.11	1815	6.17	1365	4.64
龙文区						
云霄县	12434	18.53	6431	9.59	4787	7.14
漳浦县	24369	17.06	12577	8.80	9023	6.32
诏安县	12771	16.03	7286	9.14	5116	6.42
长泰县	6050	13.43	3060	6.80	2343	5.20
东山县	7268	15.84	3992	8.70	2452	5.34
南靖县	8041	14.42	3835	6.88	2287	4.10
平和县	11204	15.97	5779	8.24	4022	5.73
华安县	3181	11.99	1503	5.67	920	3.47
龙海市	16568	14.08	7472	6.35	4622	3.93
南平市	**33218**	**14.24**	**14865**	**6.37**	**7889**	**3.38**
延平区	2288	11.83	1093	5.65	587	3.03
建阳区	1532	13.26	703	6.09	420	3.64
顺昌县	4086	11.46	1752	4.92	795	2.23
浦城县	6910	13.49	3156	6.16	1628	3.18
光泽县	3542	15.25	1639	7.05	891	3.84
松溪县	3821	17.46	1576	7.20	825	3.77
政和县	5720	18.39	2460	7.91	1281	4.12
邵武市	1073	10.15	495	4.68	275	2.60
武夷山市	803	16.47	413	8.47	314	6.44
建瓯市	3443	14.48	1578	6.63	873	3.67
龙岩市	**46815**	**16.80**	**23766**	**8.53**	**14049**	**5.04**
新罗区	3672	15.58	1301	5.52	718	3.05
永定区	4757	16.03	2375	8.00	1342	4.52
长汀县	11692	17.76	6457	9.81	3862	5.87
上杭县	10035	16.27	5861	9.50	3582	5.81
武平县	8176	17.26	4261	9.00	2595	5.48
连城县	7347	17.27	3015	7.09	1606	3.77
漳平市	1136	14.12	496	6.16	344	4.27
宁德市	**56815**	**16.30**	**26804**	**7.69**	**15308**	**4.39**
蕉城区	1783	15.01	854	7.19	423	3.56
霞浦县	16335	17.51	7378	7.91	4381	4.70
古田县	8176	14.16	4005	6.94	2298	3.98
屏南县	3935	16.53	1691	7.10	882	3.70
寿宁县	4944	15.45	2257	7.05	1112	3.47
周宁县	4374	16.40	2132	8.00	1218	4.57
柘荣县	3418	19.14	1715	9.60	1112	6.23
福安市	7065	16.29	3467	8.00	1944	4.48
福鼎市	6785	16.21	3305	7.90	1938	4.63

1-8b 续表 4 单位：户、%

地 区	七人户		八人户		九人户		十人及以上户	
	户数	比重	户数	比重	户数	比重	户数	比重
合 计	**51675**	**1.37**	**17394**	**0.46**	**8169**	**0.22**	**7761**	**0.21**
福州市	**7001**	**1.08**	**2301**	**0.35**	**960**	**0.15**	**762**	**0.12**
鼓楼区								
台江区								
仓山区								
马尾区								
晋安区	3	0.62			1	0.21		
长乐区	881	1.35	366	0.56	166	0.26	201	0.31
闽侯县	1472	0.86	432	0.25	199	0.12	119	0.07
连江县	1177	1.05	373	0.33	132	0.12	85	0.08
罗源县	521	0.85	163	0.27	54	0.09	44	0.07
闽清县	543	1.42	189	0.49	85	0.22	62	0.16
永泰县	229	0.51	41	0.09	15	0.03	14	0.03
平潭县	1107	1.63	357	0.53	144	0.21	128	0.19
福清市	1068	1.19	380	0.43	164	0.18	109	0.12
厦门市	**764**	**0.71**	**293**	**0.27**	**164**	**0.15**	**137**	**0.13**
思明区								
海沧区								
湖里区	2	0.36						
集美区								
同安区	70	1.23	18	0.32	3	0.05	10	0.18
翔安区	692	0.68	275	0.27	161	0.16	127	0.12
莆田市	**4110**	**2.06**	**1454**	**0.73**	**660**	**0.33**	**660**	**0.33**
城厢区	343	3.41	139	1.38	65	0.65	76	0.75
涵江区	56	1.29	24	0.55	4	0.09	5	0.11
荔城区	84	3.25	39	1.51	17	0.66	12	0.46
秀屿区	609	1.90	184	0.57	70	0.22	63	0.20
仙游县	3018	2.01	1068	0.71	504	0.34	504	0.34
三明市	**4328**	**1.33**	**1397**	**0.43**	**582**	**0.18**	**526**	**0.16**
梅列区	33	0.86	6	0.16	5	0.13	4	0.10
三元区	19	0.72	2	0.08	1	0.04	3	0.11
明溪县	236	1.29	67	0.37	36	0.20	40	0.22
清流县	252	1.25	102	0.51	36	0.18	40	0.20
宁化县	674	1.68	211	0.53	112	0.28	78	0.19
大田县	786	1.54	261	0.51	108	0.21	135	0.26
尤溪县	866	1.62	279	0.52	93	0.17	103	0.19
沙县	569	0.94	160	0.26	49	0.08	34	0.06
将乐县	395	1.42	148	0.53	64	0.23	40	0.14
泰宁县	233	1.15	91	0.45	45	0.22	28	0.14
建宁县	194	0.99	47	0.24	28	0.14	14	0.07
永安市	71	0.92	23	0.30	5	0.06	7	0.09
泉州市	**13120**	**1.38**	**4409**	**0.46**	**2315**	**0.24**	**2434**	**0.26**
鲤城区								
丰泽区								
洛江区	185	1.50	53	0.43	39	0.32	21	0.17
泉港区	113	0.44	32	0.12	17	0.07	11	0.04
惠安县	1779	0.89	561	0.28	316	0.16	228	0.11
安溪县	2788	1.88	962	0.65	457	0.31	685	0.46
永春县	1159	1.36	381	0.45	156	0.18	134	0.16
德化县	1059	1.31	290	0.36	113	0.14	104	0.13
石狮市	599	1.08	172	0.31	98	0.18	71	0.13
晋江市	1614	1.18	580	0.42	334	0.24	268	0.20
南安市	3824	1.84	1378	0.66	785	0.38	912	0.44

1-8b　续表 5　　　　单位：户、%

地　区	七人户		八人户		九人户		十人及以上户	
	户数	比重	户数	比重	户数	比重	户数	比重
漳州市	**10670**	**1.57**	**3304**	**0.49**	**1474**	**0.22**	**1335**	**0.20**
芗城区	414	1.41	81	0.28	36	0.12	20	0.07
龙文区								
云霄县	1587	2.37	516	0.77	225	0.34	194	0.29
漳浦县	2722	1.91	892	0.62	395	0.28	331	0.23
诏安县	1814	2.28	642	0.81	281	0.35	277	0.35
长泰县	503	1.12	160	0.36	78	0.17	87	0.19
东山县	685	1.49	180	0.39	78	0.17	58	0.13
南靖县	500	0.90	182	0.33	86	0.15	116	0.21
平和县	1211	1.73	325	0.46	146	0.21	128	0.18
华安县	198	0.75	39	0.15	23	0.09	23	0.09
龙海市	1036	0.88	287	0.24	126	0.11	101	0.09
南平市	**1978**	**0.85**	**612**	**0.26**	**275**	**0.12**	**204**	**0.09**
延平区	148	0.77	43	0.22	18	0.09	11	0.06
建阳区	95	0.82	35	0.30	18	0.16	5	0.04
顺昌县	154	0.43	41	0.12	22	0.06	18	0.05
浦城县	354	0.69	101	0.20	61	0.12	46	0.09
光泽县	209	0.90	50	0.22	15	0.06	9	0.04
松溪县	218	1.00	83	0.38	39	0.18	28	0.13
政和县	411	1.32	160	0.51	66	0.21	52	0.17
邵武市	64	0.61	12	0.11	1	0.01	4	0.04
武夷山市	111	2.28	30	0.62	15	0.31	18	0.37
建瓯市	214	0.90	57	0.24	20	0.08	13	0.05
龙岩市	**4291**	**1.54**	**1534**	**0.55**	**772**	**0.28**	**771**	**0.28**
新罗区	173	0.73	59	0.25	40	0.17	26	0.11
永定区	451	1.52	154	0.52	86	0.29	70	0.24
长汀县	1308	1.99	532	0.81	264	0.40	300	0.46
上杭县	1062	1.72	362	0.59	177	0.29	189	0.31
武平县	764	1.61	232	0.49	113	0.24	97	0.20
连城县	446	1.05	170	0.40	73	0.17	83	0.20
漳平市	87	1.08	25	0.31	19	0.24	6	0.07
宁德市	**5413**	**1.55**	**2090**	**0.60**	**967**	**0.28**	**932**	**0.27**
蕉城区	141	1.19	76	0.64	21	0.18	31	0.26
霞浦县	1617	1.73	646	0.69	327	0.35	294	0.32
古田县	647	1.12	218	0.38	100	0.17	76	0.13
屏南县	267	1.12	101	0.42	48	0.20	43	0.18
寿宁县	432	1.35	143	0.45	65	0.20	81	0.25
周宁县	480	1.80	207	0.78	82	0.31	79	0.30
柘荣县	386	2.16	202	1.13	103	0.58	127	0.71
福安市	790	1.82	296	0.68	137	0.32	146	0.34
福鼎市	653	1.56	201	0.48	84	0.20	55	0.13

1－8c　各地区家庭户规模(乡村)

单位：户、%

地　区	家庭户户　数	一人户		二人户		三人户	
		户数	比重	户数	比重	户数	比重
合　计	**4643405**	**1199359**	**25.83**	**1319898**	**28.43**	**885120**	**19.06**
福州市	**820932**	**224011**	**27.29**	**226252**	**27.56**	**160741**	**19.58**
鼓楼区							
台江区							
仓山区							
马尾区	11858	2390	20.16	2591	21.85	2966	25.01
晋安区	8125	2945	36.25	2525	31.08	1472	18.12
长乐区	116008	35203	30.35	30072	25.92	21615	18.63
闽侯县	133056	33937	25.51	35056	26.35	27048	20.33
连江县	112012	28073	25.06	30784	27.48	24350	21.74
罗源县	31746	11878	37.42	10075	31.74	5198	16.37
闽清县	53661	14980	27.92	15830	29.50	9921	18.49
永泰县	68043	23233	34.14	22903	33.66	11679	17.16
平潭县	69035	21869	31.68	20339	29.46	12556	18.19
福清市	217388	49503	22.77	56077	25.80	43936	20.21
厦门市	**184068**	**55585**	**30.20**	**46185**	**25.09**	**31171**	**16.93**
思明区							
海沧区	4258	1467	34.45	1196	28.09	712	16.72
湖里区							
集美区	40929	16491	40.29	11158	27.26	5649	13.80
同安区	73052	21489	29.42	18842	25.79	12217	16.72
翔安区	65829	16138	24.52	14989	22.77	12593	19.13
莆田市	**395831**	**86407**	**21.83**	**103729**	**26.21**	**75479**	**19.07**
城厢区	50733	10958	21.60	12978	25.58	10336	20.37
涵江区	34918	9139	26.17	9181	26.29	6589	18.87
荔城区	50741	9011	17.76	11577	22.82	10194	20.09
秀屿区	114146	24435	21.41	31227	27.36	21225	18.59
仙游县	145293	32864	22.62	38766	26.68	27135	18.68
三明市	**350943**	**100246**	**28.56**	**109397**	**31.17**	**61973**	**17.66**
梅列区	2667	883	33.11	932	34.95	474	17.77
三元区	10187	3556	34.91	3338	32.77	1788	17.55
明溪县	18031	5357	29.71	5334	29.58	3330	18.47
清流县	21676	5842	26.95	6748	31.13	4008	18.49
宁化县	50732	13939	27.48	14990	29.55	9001	17.74
大田县	52801	16078	30.45	17368	32.89	7952	15.06
尤溪县	66814	18555	27.77	20480	30.65	12013	17.98
沙县	30137	9352	31.03	9538	31.65	5355	17.77
将乐县	22702	6821	30.05	6643	29.26	4040	17.80
泰宁县	17491	5623	32.15	5044	28.84	3106	17.76
建宁县	22740	6351	27.93	7344	32.30	4102	18.04
永安市	34965	7889	22.56	11638	33.28	6804	19.46
泉州市	**939026**	**218561**	**23.28**	**251933**	**26.83**	**184824**	**19.68**
鲤城区							
丰泽区							
洛江区	33169	8161	24.60	8432	25.42	6253	18.85
泉港区	53193	9964	18.73	14311	26.90	12234	23.00
惠安县	150260	30602	20.37	40029	26.64	32615	21.71
安溪县	173078	39284	22.70	48825	28.21	32799	18.95
永春县	63147	18197	28.82	20076	31.79	10564	16.73
德化县	33701	12800	37.98	12137	36.01	4056	12.04
石狮市	32685	9403	28.77	7652	23.41	6209	19.00
晋江市	216820	55163	25.44	52706	24.31	43566	20.09
南安市	182973	34987	19.12	47765	26.10	36528	19.96

1-8c　续表 1

单位：户、%

地　区	家庭户	一人户		二人户		三人户	
	户　数	户数	比重	户数	比重	户数	比重
漳州市	**637909**	**116615**	**18.28**	**181411**	**28.44**	**128949**	**20.21**
芗城区	22671	4445	19.61	6509	28.71	5031	22.19
龙文区	8295	1066	12.85	2072	24.98	1882	22.69
云霄县	59846	10837	18.11	16069	26.85	12356	20.65
漳浦县	119124	18144	15.23	32812	27.54	24633	20.68
诏安县	94297	16170	17.15	23113	24.51	18171	19.27
长泰县	31123	6070	19.50	9364	30.09	6062	19.48
东山县	21453	2423	11.29	4418	20.59	4815	22.44
南靖县	50739	10929	21.54	16843	33.20	10523	20.74
平和县	85585	19103	22.32	25507	29.80	16760	19.58
华安县	24835	6774	27.28	8770	35.31	4434	17.85
龙海市	119941	20654	17.22	35934	29.96	24282	20.24
南平市	**426080**	**118907**	**27.91**	**137076**	**32.17**	**83226**	**19.53**
延平区	49186	14984	30.46	15494	31.50	9533	19.38
建阳区	51317	13930	27.15	15843	30.87	10589	20.63
顺昌县	34313	9163	26.70	11445	33.35	6706	19.54
浦城县	64571	19739	30.57	21706	33.62	12052	18.66
光泽县	25580	7547	29.50	8834	34.53	4319	16.88
松溪县	26070	6928	26.57	8338	31.98	5473	20.99
政和县	33878	9672	28.55	10122	29.88	6707	19.80
邵武市	26071	9090	34.87	9944	38.14	4066	15.60
武夷山市	34879	8267	23.70	9067	26.00	7513	21.54
建瓯市	80215	19587	24.42	26283	32.77	16268	20.28
龙岩市	**403003**	**123967**	**30.76**	**123894**	**30.74**	**70133**	**17.40**
新罗区	47353	14759	31.17	15117	31.92	8804	18.59
永定区	67910	23290	34.30	20839	30.69	10993	16.19
长汀县	71101	21424	30.13	20060	28.21	12277	17.27
上杭县	70778	21596	30.51	20270	28.64	12303	17.38
武平县	51167	15267	29.84	16049	31.37	8742	17.09
连城县	51750	15799	30.53	16332	31.56	9259	17.89
漳平市	42944	11832	27.55	15227	35.46	7755	18.06
宁德市	**485613**	**155060**	**31.93**	**140021**	**28.83**	**88624**	**18.25**
蕉城区	71640	21519	30.04	18273	25.51	13517	18.87
霞浦县	72054	21936	30.44	20165	27.99	14030	19.47
古田县	67587	21563	31.90	21041	31.13	12167	18.00
屏南县	29635	10049	33.91	8757	29.55	5593	18.87
寿宁县	39329	14138	35.95	12136	30.86	6461	16.43
周宁县	28268	9403	33.26	7843	27.75	4997	17.68
柘荣县	13674	4757	34.79	3787	27.69	2243	16.40
福安市	81399	24746	30.40	21748	26.72	15972	19.62
福鼎市	82027	26949	32.85	26271	32.03	13644	16.63

1-8c 续表 2 单位：户、%

地　　区	四人户		五人户		六人户	
	户数	比重	户数	比重	户数	比重
合　计	**613444**	**13.21**	**324587**	**6.99**	**199225**	**4.29**
福州市	**111751**	**13.61**	**54281**	**6.61**	**28690**	**3.49**
鼓楼区						
台江区						
仓山区						
马尾区	2264	19.09	941	7.94	433	3.65
晋安区	738	9.08	267	3.29	119	1.46
长乐区	15693	13.53	7065	6.09	3698	3.19
闽侯县	19116	14.37	9551	7.18	5569	4.19
连江县	15624	13.95	7616	6.80	3877	3.46
罗源县	2585	8.14	1154	3.64	571	1.80
闽清县	6299	11.74	3504	6.53	1998	3.72
永泰县	6582	9.67	2366	3.48	914	1.34
平潭县	8437	12.22	3398	4.92	1587	2.30
福清市	34413	15.83	18419	8.47	9924	4.57
厦门市	**23936**	**13.00**	**12644**	**6.87**	**9786**	**5.32**
思明区						
海沧区	472	11.09	216	5.07	151	3.55
湖里区						
集美区	4027	9.84	1733	4.23	1321	3.23
同安区	9738	13.33	5141	7.04	3916	5.36
翔安区	9699	14.73	5554	8.44	4398	6.68
莆田市	**58805**	**14.86**	**35272**	**8.91**	**22240**	**5.62**
城厢区	7636	15.05	4474	8.82	2806	5.53
涵江区	4651	13.32	2677	7.67	1727	4.95
荔城区	8513	16.78	5387	10.62	3497	6.89
秀屿区	17104	14.98	10410	9.12	6125	5.37
仙游县	20901	14.39	12324	8.48	8085	5.56
三明市	**37671**	**10.73**	**21473**	**6.12**	**12970**	**3.70**
梅列区	212	7.95	90	3.37	53	1.99
三元区	888	8.72	353	3.47	203	1.99
明溪县	2046	11.35	1063	5.90	567	3.14
清流县	2404	11.09	1348	6.22	835	3.85
宁化县	5883	11.60	3509	6.92	2192	4.32
大田县	4937	9.35	3051	5.78	1773	3.36
尤溪县	7353	11.01	4369	6.54	2615	3.91
沙县	3215	10.67	1502	4.98	817	2.71
将乐县	2432	10.71	1441	6.35	871	3.84
泰宁县	1860	10.63	1033	5.91	601	3.44
建宁县	2349	10.33	1418	6.24	875	3.85
永安市	4092	11.70	2296	6.57	1568	4.48
泉州市	**138575**	**14.76**	**74489**	**7.93**	**46842**	**4.99**
鲤城区						
丰泽区						
洛江区	4785	14.43	2769	8.35	1959	5.91
泉港区	9455	17.77	4412	8.29	2240	4.21
惠安县	24988	16.63	12352	8.22	7181	4.78
安溪县	23253	13.43	13788	7.97	8804	5.09
永春县	6688	10.59	3876	6.14	2395	3.79
德化县	2662	7.90	1147	3.40	646	1.92
石狮市	4807	14.71	2388	7.31	1499	4.59
晋江市	33505	15.45	16773	7.74	10292	4.75
南安市	28432	15.54	16984	9.28	11826	6.46

1-8c　续表 3　　　　单位：户、%

地　区	四人户		五人户		六人户	
	户数	比重	户数	比重	户数	比重
漳州市	**96313**	**15.10**	**55737**	**8.74**	**40511**	**6.35**
芗城区	3222	14.21	1687	7.44	1331	5.87
龙文区	1560	18.81	825	9.95	673	8.11
云霄县	8976	15.00	5456	9.12	4133	6.91
漳浦县	19399	16.28	11495	9.65	8810	7.40
诏安县	15929	16.89	9675	10.26	6982	7.40
长泰县	4200	13.49	2607	8.38	2134	6.86
东山县	3845	17.92	2687	12.53	2155	10.05
南靖县	6204	12.23	3404	6.71	2078	4.10
平和县	11668	13.63	6433	7.52	4024	4.70
华安县	2585	10.41	1192	4.80	788	3.17
龙海市	18725	15.61	10276	8.57	7403	6.17
南平市	**46932**	**11.01**	**22707**	**5.33**	**12400**	**2.91**
延平区	4990	10.15	2425	4.93	1301	2.65
建阳区	5925	11.55	2955	5.76	1536	2.99
顺昌县	3703	10.79	1869	5.45	1020	2.97
浦城县	6176	9.56	2875	4.45	1484	2.30
光泽县	2581	10.09	1309	5.12	712	2.78
松溪县	3036	11.65	1341	5.14	697	2.67
政和县	4044	11.94	1906	5.63	917	2.71
邵武市	1713	6.57	751	2.88	384	1.47
武夷山市	5031	14.42	2547	7.30	1661	4.76
建瓯市	9733	12.13	4729	5.90	2688	3.35
龙岩市	**44144**	**10.95**	**22235**	**5.52**	**12447**	**3.09**
新罗区	4983	10.52	1919	4.05	1210	2.56
永定区	7105	10.46	3259	4.80	1660	2.44
长汀县	8328	11.71	4775	6.72	2572	3.62
上杭县	8109	11.46	4594	6.49	2557	3.61
武平县	5347	10.45	3044	5.95	1857	3.63
连城县	5782	11.17	2734	5.28	1304	2.52
漳平市	4490	10.46	1910	4.45	1287	3.00
宁德市	**55317**	**11.39**	**25749**	**5.30**	**13339**	**2.75**
蕉城区	10320	14.41	4482	6.26	2244	3.13
霞浦县	8322	11.55	4034	5.60	2263	3.14
古田县	7016	10.38	3193	4.72	1794	2.65
屏南县	2981	10.06	1304	4.40	643	2.17
寿宁县	3727	9.48	1729	4.40	709	1.80
周宁县	3249	11.49	1565	5.54	752	2.66
柘荣县	1457	10.66	730	5.34	430	3.14
福安市	10132	12.45	4807	5.91	2471	3.04
福鼎市	8113	9.89	3905	4.76	2033	2.48

1-8c 续表 4

单位：户、%

地 区	七人户		八人户		九人户		十人及以上户	
	户数	比重	户数	比重	户数	比重	户数	比重
合 计	**64742**	**1.39**	**20364**	**0.44**	**8955**	**0.19**	**7711**	**0.17**
福州市	**9536**	**1.16**	**3242**	**0.39**	**1343**	**0.16**	**1085**	**0.13**
鼓楼区								
台江区								
仓山区								
马尾区	180	1.52	67	0.57	15	0.13	11	0.09
晋安区	42	0.52	12	0.15	3	0.04	2	0.02
长乐区	1553	1.34	599	0.52	270	0.23	240	0.21
闽侯县	1623	1.22	590	0.44	286	0.21	280	0.21
连江县	1190	1.06	308	0.27	126	0.11	64	0.06
罗源县	187	0.59	61	0.19	27	0.09	10	0.03
闽清县	687	1.28	229	0.43	111	0.21	102	0.19
永泰县	288	0.42	52	0.08	18	0.03	8	0.01
平潭县	536	0.78	177	0.26	76	0.11	60	0.09
福清市	3250	1.50	1147	0.53	411	0.19	308	0.14
厦门市	**2635**	**1.43**	**977**	**0.53**	**563**	**0.31**	**586**	**0.32**
思明区								
海沧区	28	0.66	9	0.21	5	0.12	2	0.05
湖里区								
集美区	308	0.75	119	0.29	67	0.16	56	0.14
同安区	1031	1.41	324	0.44	197	0.27	157	0.21
翔安区	1268	1.93	525	0.80	294	0.45	371	0.56
莆田市	**8466**	**2.14**	**3001**	**0.76**	**1255**	**0.32**	**1177**	**0.30**
城厢区	968	1.91	307	0.61	147	0.29	123	0.24
涵江区	595	1.70	224	0.64	87	0.25	48	0.14
荔城区	1508	2.97	555	1.09	248	0.49	251	0.49
秀屿区	2324	2.04	790	0.69	268	0.23	238	0.21
仙游县	3071	2.11	1125	0.77	505	0.35	517	0.36
三明市	**4775**	**1.36**	**1378**	**0.39**	**605**	**0.17**	**455**	**0.13**
梅列区	16	0.60	3	0.11	3	0.11	1	0.04
三元区	37	0.36	15	0.15	7	0.07	2	0.02
明溪县	226	1.25	59	0.33	24	0.13	25	0.14
清流县	346	1.60	84	0.39	34	0.16	27	0.12
宁化县	772	1.52	253	0.50	113	0.22	80	0.16
大田县	968	1.83	369	0.70	177	0.34	128	0.24
尤溪县	1026	1.54	237	0.35	101	0.15	65	0.10
沙县	245	0.81	61	0.20	19	0.06	33	0.11
将乐县	276	1.22	97	0.43	43	0.19	38	0.17
泰宁县	150	0.86	45	0.26	17	0.10	12	0.07
建宁县	233	1.02	44	0.19	19	0.08	5	0.02
永安市	480	1.37	111	0.32	48	0.14	39	0.11
泉州市	**14554**	**1.55**	**4670**	**0.50**	**2369**	**0.25**	**2209**	**0.24**
鲤城区								
丰泽区								
洛江区	483	1.46	161	0.49	91	0.27	75	0.23
泉港区	386	0.73	114	0.21	43	0.08	34	0.06
惠安县	1653	1.10	428	0.28	241	0.16	171	0.11
安溪县	3776	2.18	1246	0.72	616	0.36	687	0.40
永春县	855	1.35	269	0.43	107	0.17	120	0.19
德化县	196	0.58	34	0.10	9	0.03	14	0.04
石狮市	438	1.34	154	0.47	73	0.22	62	0.19
晋江市	2949	1.36	990	0.46	484	0.22	392	0.18
南安市	3818	2.09	1274	0.70	705	0.39	654	0.36

1-8c 续表 5

单位：户、%

地　区	七人户		八人户		九人户		十人及以上户	
	户数	比重	户数	比重	户数	比重	户数	比重
漳州市	**12519**	**1.96**	**3487**	**0.55**	**1314**	**0.21**	**1053**	**0.17**
芗城区	327	1.44	76	0.34	25	0.11	18	0.08
龙文区	161	1.94	37	0.45	7	0.08	12	0.14
云霄县	1385	2.31	373	0.62	156	0.26	105	0.18
漳浦县	2675	2.25	687	0.58	271	0.23	198	0.17
诏安县	2664	2.83	896	0.95	341	0.36	356	0.38
长泰县	491	1.58	118	0.38	46	0.15	31	0.10
东山县	770	3.59	226	1.05	74	0.34	40	0.19
南靖县	522	1.03	128	0.25	65	0.13	43	0.08
平和县	1434	1.68	426	0.50	124	0.14	106	0.12
华安县	206	0.83	52	0.21	18	0.07	16	0.06
龙海市	1884	1.57	468	0.39	187	0.16	128	0.11
南平市	**3421**	**0.80**	**885**	**0.21**	**306**	**0.07**	**220**	**0.05**
延平区	334	0.68	79	0.16	25	0.05	21	0.04
建阳区	378	0.74	94	0.18	33	0.06	34	0.07
顺昌县	275	0.80	85	0.25	26	0.08	21	0.06
浦城县	387	0.60	96	0.15	39	0.06	17	0.03
光泽县	204	0.80	46	0.18	20	0.08	8	0.03
松溪县	172	0.66	58	0.22	13	0.05	14	0.05
政和县	356	1.05	94	0.28	31	0.09	29	0.09
邵武市	81	0.31	25	0.10	10	0.04	7	0.03
武夷山市	538	1.54	153	0.44	60	0.17	42	0.12
建瓯市	696	0.87	155	0.19	49	0.06	27	0.03
龙岩市	**4015**	**1.00**	**1169**	**0.29**	**560**	**0.14**	**439**	**0.11**
新罗区	330	0.70	113	0.24	78	0.16	40	0.08
永定区	538	0.79	125	0.18	52	0.08	49	0.07
长汀县	1015	1.43	334	0.47	166	0.23	150	0.21
上杭县	848	1.20	279	0.39	130	0.18	92	0.13
武平县	572	1.12	164	0.32	63	0.12	62	0.12
连城县	382	0.74	87	0.17	43	0.08	28	0.05
漳平市	330	0.77	67	0.16	28	0.07	18	0.04
宁德市	**4821**	**0.99**	**1555**	**0.32**	**640**	**0.13**	**487**	**0.10**
蕉城区	787	1.10	293	0.41	102	0.14	103	0.14
霞浦县	892	1.24	231	0.32	110	0.15	71	0.10
古田县	560	0.83	163	0.24	60	0.09	30	0.04
屏南县	193	0.65	66	0.22	19	0.06	30	0.10
寿宁县	282	0.72	90	0.23	33	0.08	24	0.06
周宁县	284	1.00	95	0.34	40	0.14	40	0.14
柘荣县	149	1.09	65	0.48	32	0.23	24	0.18
福安市	962	1.18	320	0.39	135	0.17	106	0.13
福鼎市	712	0.87	232	0.28	109	0.13	59	0.07

1-9 各地区家庭户类别

单位：户、%

地 区	家庭户 户 数	一代户 户数	一代户 比重	二代户 户数	二代户 比重
合 计	**14371078**	**6904602**	**48.05**	**5193171**	**36.14**
福州市	**2817830**	**1331315**	**47.25**	**1076557**	**38.21**
鼓楼区	215133	93895	43.65	86991	40.44
台江区	144594	70305	48.62	53425	36.95
仓山区	387349	192684	49.74	142518	36.79
马尾区	97414	46065	47.29	38344	39.36
晋安区	279168	135110	48.40	106170	38.03
长乐区	274790	134276	48.86	102221	37.20
闽侯县	303754	153985	50.69	102465	33.73
连江县	224472	97878	43.60	90345	40.25
罗源县	92975	44137	47.47	35796	38.50
闽清县	91881	43592	47.44	31585	34.38
永泰县	113152	59994	53.02	42046	37.16
平潭县	136843	62875	45.95	57980	42.37
福清市	456305	196519	43.07	186671	40.91
厦门市	**1969770**	**1183655**	**60.09**	**565573**	**28.71**
思明区	384659	195574	50.84	136531	35.49
海沧区	228175	141072	61.83	61828	27.10
湖里区	446981	298561	66.80	113348	25.36
集美区	376842	234365	62.19	103381	27.43
同安区	331340	196101	59.18	95293	28.76
翔安区	201773	117982	58.47	55192	27.35
莆田市	**1026345**	**437622**	**42.64**	**363508**	**35.42**
城厢区	178415	81033	45.42	60445	33.88
涵江区	149102	62812	42.13	49979	33.52
荔城区	202126	85985	42.54	70026	34.64
秀屿区	201375	87384	43.39	72574	36.04
仙游县	295327	120408	40.77	110484	37.41
三明市	**884706**	**413492**	**46.74**	**329062**	**37.19**
梅列区	81997	40491	49.38	31783	38.76
三元区	66791	33777	50.57	25598	38.33
明溪县	36296	17172	47.31	12951	35.68
清流县	41771	19389	46.42	15272	36.56
宁化县	90844	39335	43.30	32148	35.39
大田县	103785	48865	47.08	40443	38.97
尤溪县	120275	54888	45.64	43042	35.79
沙县	90633	42816	47.24	34781	38.38
将乐县	50447	21842	43.30	18388	36.45
泰宁县	37754	16938	44.86	13613	36.06
建宁县	42426	20401	48.09	14518	34.22
永安市	121687	57578	47.32	46525	38.23
泉州市	**2959593**	**1393986**	**47.10**	**1089794**	**36.82**
鲤城区	154395	78647	50.94	54801	35.49
丰泽区	231919	118157	50.95	80751	34.82
洛江区	77640	35452	45.66	27693	35.67
泉港区	119127	46470	39.01	53892	45.24
惠安县	349397	147471	42.21	139713	39.99
安溪县	321699	132035	41.04	132983	41.34
永春县	148226	67068	45.25	54015	36.44
德化县	114613	51144	44.62	49253	42.97
石狮市	242600	127890	52.72	84852	34.98
晋江市	730998	396384	54.23	237246	32.46
南安市	468979	193268	41.21	174595	37.23

1-9　续表 1

单位：户、%

地　　区	家庭户户　数	一代户		二代户	
		户数	比重	户数	比重
漳州市	**1650857**	**711163**	**43.08**	**612611**	**37.11**
芗城区	214816	100912	46.98	83623	38.93
龙文区	99367	43453	43.73	39055	39.30
云霄县	126937	46270	36.45	49840	39.26
漳浦县	261985	102406	39.09	98662	37.66
诏安县	174368	65429	37.52	69629	39.93
长泰县	76155	36857	48.40	23972	31.48
东山县	67347	23115	34.32	26257	38.99
南靖县	106494	50439	47.36	36656	34.42
平和县	155760	68198	43.78	57266	36.77
华安县	51357	28253	55.01	16004	31.16
龙海市	316271	145831	46.11	111647	35.30
南平市	**993561**	**482156**	**48.53**	**365100**	**36.75**
延平区	170669	83065	48.67	63029	36.93
建阳区	127251	62731	49.30	46428	36.49
顺昌县	69952	36130	51.65	23862	34.11
浦城县	115783	61498	53.11	39561	34.17
光泽县	48812	24575	50.35	16955	34.74
松溪县	47949	22395	46.71	18913	39.44
政和县	64982	29719	45.73	25756	39.64
邵武市	106126	53821	50.71	38163	35.96
武夷山市	80510	32348	40.18	32376	40.21
建瓯市	161527	75874	46.97	60057	37.18
龙岩市	**969982**	**456374**	**47.05**	**354697**	**36.57**
新罗区	292207	137390	47.02	111388	38.12
永定区	120469	60173	49.95	41369	34.34
长汀县	136949	59982	43.80	50833	37.12
上杭县	132442	60508	45.69	43724	33.01
武平县	98528	45601	46.28	34526	35.04
连城县	94302	45661	48.42	36075	38.25
漳平市	95085	47059	49.49	36782	38.68
宁德市	**1098434**	**494839**	**45.05**	**436269**	**39.72**
蕉城区	198063	82311	41.56	86796	43.82
霞浦县	165360	73028	44.16	65361	39.53
古田县	125319	62052	49.52	43770	34.93
屏南县	53447	26274	49.16	20004	37.43
寿宁县	71337	37238	52.20	25878	36.28
周宁县	54933	24583	44.75	21473	39.09
柘荣县	31534	13395	42.48	12619	40.02
福安市	203613	87259	42.86	85184	41.84
福鼎市	194828	88699	45.53	75184	38.59

1-9 续表 2

单位：户、%

地 区	三代户		四代户		五代及以上户	
	户数	比重	户数	比重	户数	比重
合 计	**2196570**	**15.28**	**76661**	**0.53**	**74**	
福州市	**401575**	**14.25**	**8373**	**0.30**	**10**	
鼓楼区	33745	15.69	502	0.23		
台江区	20489	14.17	375	0.26		
仓山区	51303	13.24	844	0.22		
马尾区	12825	13.17	180	0.18		
晋安区	37248	13.34	640	0.23		
长乐区	37526	13.66	766	0.28	1	
闽侯县	46130	15.19	1171	0.39	3	
连江县	35388	15.76	860	0.38	1	
罗源县	12791	13.76	250	0.27	1	
闽清县	16155	17.58	549	0.60		
永泰县	10880	9.62	232	0.21		
平潭县	15741	11.50	247	0.18		
福清市	71354	15.64	1757	0.39	4	
厦门市	**215718**	**10.95**	**4820**	**0.24**	**4**	
思明区	51920	13.50	633	0.16	1	
海沧区	24669	10.81	606	0.27		
湖里区	34681	7.76	391	0.09		
集美区	38213	10.14	883	0.23		
同安区	38711	11.68	1234	0.37	1	
翔安区	27524	13.64	1073	0.53	2	
莆田市	**211688**	**20.63**	**13509**	**1.32**	**18**	
城厢区	34854	19.54	2082	1.17	1	
涵江区	34168	22.92	2139	1.43	4	
荔城区	42940	21.24	3169	1.57	6	
秀屿区	38354	19.05	3058	1.52	5	
仙游县	61372	20.78	3061	1.04	2	
三明市	**136218**	**15.40**	**5931**	**0.67**	**3**	
梅列区	9606	11.72	117	0.14		
三元区	7297	10.93	119	0.18		
明溪县	5893	16.24	280	0.77		
清流县	6726	16.10	384	0.92		
宁化县	18422	20.28	937	1.03	2	
大田县	13739	13.24	738	0.71		
尤溪县	21054	17.50	1290	1.07	1	
沙县	12666	13.98	370	0.41		
将乐县	9716	19.26	501	0.99		
泰宁县	6921	18.33	282	0.75		
建宁县	7148	16.85	359	0.85		
永安市	17030	13.99	554	0.46		
泉州市	**459925**	**15.54**	**15878**	**0.54**	**10**	
鲤城区	20462	13.25	485	0.31		
丰泽区	32119	13.85	891	0.38	1	
洛江区	14108	18.17	387	0.50		
泉港区	18325	15.38	440	0.37		
惠安县	60361	17.28	1852	0.53		
安溪县	54786	17.03	1893	0.59	2	
永春县	26287	17.73	856	0.58		
德化县	13932	12.16	284	0.25		
石狮市	29147	12.01	711	0.29		
晋江市	94354	12.91	3013	0.41	1	
南安市	96044	20.48	5066	1.08	6	

1-9 续表 3

单位：户、%

地 区	三代户		四代户		五代及以上户	
	户数	比重	户数	比重	户数	比重
漳州市	**314667**	**19.06**	**12402**	**0.75**	**14**	
芗城区	29548	13.76	733	0.34		
龙文区	16401	16.51	457	0.46	1	
云霄县	29844	23.51	979	0.77	4	
漳浦县	58067	22.16	2845	1.09	5	
诏安县	38054	21.82	1256	0.72		
长泰县	14439	18.96	887	1.16		
东山县	17108	25.40	866	1.29	1	
南靖县	18687	17.55	712	0.67		
平和县	29191	18.74	1104	0.71	1	
华安县	6862	13.36	238	0.46		
龙海市	56466	17.85	2325	0.74	2	
南平市	**142208**	**14.31**	**4096**	**0.41**	**1**	
延平区	24009	14.07	566	0.33		
建阳区	17654	13.87	438	0.34		
顺昌县	9592	13.71	368	0.53		
浦城县	14331	12.38	393	0.34		
光泽县	7026	14.39	256	0.52		
松溪县	6478	13.51	163	0.34		
政和县	9152	14.08	355	0.55		
邵武市	13816	13.02	326	0.31		
武夷山市	15326	19.04	460	0.57		
建瓯市	24824	15.37	771	0.48	1	
龙岩市	**152026**	**15.67**	**6879**	**0.71**	**6**	
新罗区	42220	14.45	1208	0.41	1	
永定区	18060	14.99	867	0.72		
长汀县	24933	18.21	1200	0.88	1	
上杭县	26235	19.81	1972	1.49	3	
武平县	17462	17.72	939	0.95		
连城县	12176	12.91	390	0.41		
漳平市	10940	11.51	303	0.32	1	
宁德市	**162545**	**14.80**	**4773**	**0.43**	**8**	
蕉城区	28296	14.29	660	0.33		
霞浦县	26160	15.82	807	0.49	4	
古田县	18886	15.07	610	0.49	1	
屏南县	6968	13.04	201	0.38		
寿宁县	8002	11.22	219	0.31		
周宁县	8564	15.59	313	0.57		
柘荣县	5290	16.78	229	0.73	1	
福安市	30312	14.89	857	0.42	1	
福鼎市	30067	15.43	877	0.45	1	

1-9a 各地区家庭户类别(城市)

单位：户、%

地区	家庭户户数	一代户		二代户	
		户数	比重	户数	比重
合计	**5951707**	**3014135**	**50.64**	**2120030**	**35.62**
福州市	**1346404**	**634117**	**47.10**	**520600**	**38.67**
鼓楼区	215133	93895	43.65	86991	40.44
台江区	144594	70305	48.62	53425	36.95
仓山区	387349	192684	49.74	142518	36.79
马尾区	85556	41786	48.84	32581	38.08
晋安区	270562	129705	47.94	103778	38.36
长乐区	93701	41318	44.10	38600	41.19
闽侯县					
连江县					
罗源县					
闽清县					
永泰县					
平潭县					
福清市	149509	64424	43.09	62707	41.94
厦门市	**1677493**	**1011763**	**60.31**	**486958**	**29.03**
思明区	384659	195574	50.84	136531	35.49
海沧区	223917	138515	61.86	60678	27.10
湖里区	446421	298179	66.79	113189	25.35
集美区	335871	207580	61.80	93257	27.77
同安区	252595	155147	61.42	70968	28.10
翔安区	34030	16768	49.27	12335	36.25
莆田市	**431459**	**194755**	**45.14**	**146996**	**34.07**
城厢区	117614	56773	48.27	39508	33.59
涵江区	109833	45186	41.14	37525	34.17
荔城区	148804	66187	44.48	51190	34.40
秀屿区	55208	26609	48.20	18773	34.00
仙游县					
三明市	**208443**	**98830**	**47.41**	**84210**	**40.40**
梅列区	75496	36663	48.56	29867	39.56
三元区	53960	25851	47.91	21990	40.75
明溪县					
清流县					
宁化县					
大田县					
尤溪县					
沙县					
将乐县					
泰宁县					
建宁县					
永安市	78987	36316	45.98	32353	40.96
泉州市	**1068211**	**560850**	**52.50**	**368893**	**34.53**
鲤城区	154395	78647	50.94	54801	35.49
丰泽区	231919	118157	50.95	80751	34.82
洛江区	32162	14783	45.96	12312	38.28
泉港区	40152	14346	35.73	19443	48.42
惠安县					
安溪县					
永春县					
德化县					
石狮市	154495	82573	53.45	56109	36.32
晋江市	377411	224942	59.60	112191	29.73
南安市	77677	27402	35.28	33286	42.85

1-9a　续表 1　　　　单位：户、%

地　区	家庭户	一代户		二代户	
	户　数	户数	比重	户数	比重
漳州市	**332799**	**148123**	**44.51**	**132310**	**39.76**
芗城区	162705	75115	46.17	66300	40.75
龙文区	91072	40457	44.42	35908	39.43
云霄县					
漳浦县					
诏安县					
长泰县					
东山县					
南靖县					
平和县					
华安县					
龙海市	78629	32398	41.20	29922	38.05
南平市	**334287**	**147612**	**44.16**	**136018**	**40.69**
延平区	102137	46222	45.25	41048	40.19
建阳区	64383	30845	47.91	25008	38.84
顺昌县					
浦城县					
光泽县					
松溪县					
政和县					
邵武市	69485	30304	43.61	28505	41.02
武夷山市	40754	14554	35.71	18311	44.93
建瓯市	57528	25687	44.65	23146	40.23
龙岩市	**288259**	**125362**	**43.49**	**117559**	**40.78**
新罗区	221286	98391	44.46	87701	39.63
永定区	22880	8509	37.19	9294	40.62
长汀县					
上杭县					
武平县					
连城县					
漳平市	44093	18462	41.87	20564	46.64
宁德市	**264352**	**92723**	**35.08**	**126486**	**47.85**
蕉城区	114545	41545	36.27	55652	48.59
霞浦县					
古田县					
屏南县					
寿宁县					
周宁县					
柘荣县					
福安市	78854	27337	34.67	38045	48.25
福鼎市	70953	23841	33.60	32789	46.21

1-9a 续表 2

单位：户、%

地区	三代户		四代户		五代及以上户	
	户数	比重	户数	比重	户数	比重
合 计	**797654**	**13.40**	**19866**	**0.33**	**22**	
福州市	**188496**	**14.00**	**3188**	**0.24**	**3**	
鼓楼区	33745	15.69	502	0.23		
台江区	20489	14.17	375	0.26		
仓山区	51303	13.24	844	0.22		
马尾区	11035	12.90	154	0.18		
晋安区	36455	13.47	624	0.23		
长乐区	13522	14.43	260	0.28	1	
闽侯县						
连江县						
罗源县						
闽清县						
永泰县						
平潭县						
福清市	21947	14.68	429	0.29	2	
厦门市	**175718**	**10.48**	**3052**	**0.18**	**2**	
思明区	51920	13.50	633	0.16	1	
海沧区	24141	10.78	583	0.26		
湖里区	34662	7.76	391	0.09		
集美区	34349	10.23	685	0.20		
同安区	25824	10.22	655	0.26	1	
翔安区	4822	14.17	105	0.31		
莆田市	**84757**	**19.64**	**4943**	**1.15**	**8**	
城厢区	20434	17.37	899	0.76		
涵江区	25675	23.38	1444	1.31	3	
荔城区	29636	19.92	1787	1.20	4	
秀屿区	9012	16.32	813	1.47	1	
仙游县						
三明市	**25013**	**12.00**	**390**	**0.19**		
梅列区	8865	11.74	101	0.13		
三元区	6042	11.20	77	0.14		
明溪县						
清流县						
宁化县						
大田县						
尤溪县						
沙县						
将乐县						
泰宁县						
建宁县						
永安市	10106	12.79	212	0.27		
泉州市	**134609**	**12.60**	**3856**	**0.36**	**3**	
鲤城区	20462	13.25	485	0.31		
丰泽区	32119	13.85	891	0.38	1	
洛江区	4978	15.48	89	0.28		
泉港区	6233	15.52	130	0.32		
惠安县						
安溪县						
永春县						
德化县						
石狮市	15510	10.04	303	0.20		
晋江市	39122	10.37	1155	0.31	1	
南安市	16185	20.84	803	1.03	1	

1-9a　续表 3　　　　单位：户、%

地　区	三代户		四代户		五代及以上户	
	户数	比重	户数	比重	户数	比重
漳州市	**51081**	**15.35**	**1282**	**0.39**	**3**	
芗城区	20979	12.89	311	0.19		
龙文区	14370	15.78	336	0.37	1	
云霄县						
漳浦县						
诏安县						
长泰县						
东山县						
南靖县						
平和县						
华安县						
龙海市	15677	19.94	630	0.80	2	
南平市	**49699**	**14.87**	**958**	**0.29**		
延平区	14631	14.32	236	0.23		
建阳区	8383	13.02	147	0.23		
顺昌县						
浦城县						
光泽县						
松溪县						
政和县						
邵武市	10469	15.07	207	0.30		
武夷山市	7697	18.89	192	0.47		
建瓯市	8519	14.81	176	0.31		
龙岩市	**44174**	**15.32**	**1163**	**0.40**	**1**	
新罗区	34349	15.52	844	0.38	1	
永定区	4847	21.18	230	1.01		
长汀县						
上杭县						
武平县						
连城县						
漳平市	4978	11.29	89	0.20		
宁德市	**44107**	**16.68**	**1034**	**0.39**	**2**	
蕉城区	17047	14.88	301	0.26		
霞浦县						
古田县						
屏南县						
寿宁县						
周宁县						
柘荣县						
福安市	13166	16.70	305	0.39	1	
福鼎市	13894	19.58	428	0.60	1	

1-9b 各地区家庭户类别(镇)

单位：户、%

地　区	家庭户户　数	一代户		二代户	
		户数	比重	户数	比重
合　计	**3775966**	**1648515**	**43.66**	**1478232**	**39.15**
福州市	**650494**	**299908**	**46.10**	**254727**	**39.16**
鼓楼区					
台江区					
仓山区					
马尾区					
晋安区	481	274	56.96	151	31.39
长乐区	65081	34477	52.98	22072	33.91
闽侯县	170698	90471	53.00	56244	32.95
连江县	112460	48140	42.81	46569	41.41
罗源县	61229	24730	40.39	26694	43.60
闽清县	38220	16323	42.71	14596	38.19
永泰县	45109	20340	45.09	19463	43.15
平潭县	67808	25036	36.92	33312	49.13
福清市	89408	40117	44.87	35626	39.85
厦门市	**108209**	**73600**	**68.02**	**24116**	**22.29**
思明区					
海沧区					
湖里区	560	382	68.21	159	28.39
集美区	42	31	73.81	7	16.67
同安区	5693	2710	47.60	2149	37.75
翔安区	101914	70477	69.15	21801	21.39
莆田市	**199055**	**78962**	**39.67**	**76970**	**38.67**
城厢区	10068	3404	33.81	3766	37.41
涵江区	4351	1791	41.16	1493	34.31
荔城区	2581	981	38.01	967	37.47
秀屿区	32021	13468	42.06	12066	37.68
仙游县	150034	59318	39.54	58678	39.11
三明市	**325320**	**130884**	**40.23**	**136287**	**41.89**
梅列区	3834	2154	56.18	1202	31.35
三元区	2644	1605	60.70	790	29.88
明溪县	18265	8026	43.94	6886	37.70
清流县	20095	8325	41.43	8412	41.86
宁化县	40112	14663	36.56	16275	40.57
大田县	50984	18726	36.73	25385	49.79
尤溪县	53461	20917	39.13	21934	41.03
沙县	60496	26285	43.45	25042	41.39
将乐县	27745	10128	36.50	11443	41.24
泰宁县	20263	7830	38.64	8247	40.70
建宁县	19686	8439	42.87	7777	39.51
永安市	7735	3786	48.95	2894	37.41
泉州市	**952356**	**408216**	**42.86**	**384830**	**40.41**
鲤城区					
丰泽区					
洛江区	12309	5559	45.16	4461	36.24
泉港区	25782	11049	42.86	11834	45.90
惠安县	199137	85201	42.79	81107	40.73
安溪县	148621	52263	35.17	71873	48.36
永春县	85079	33393	39.25	34634	40.71
德化县	80912	27847	34.42	41035	50.72
石狮市	55420	29110	52.53	17748	32.02
晋江市	136767	70465	51.52	46561	34.04
南安市	208329	93329	44.80	75577	36.28

1-9b 续表 1

单位：户、%

地 区	家庭户	一代户		二代户	
	户 数	户数	比重	户数	比重
漳州市	**680149**	**295081**	**43.38**	**252848**	**37.18**
芗城区	29440	15641	53.13	9374	31.84
龙文区					
云霄县	67091	22471	33.49	28592	42.62
漳浦县	142861	56257	39.38	55309	38.72
诏安县	79678	30623	38.43	32003	40.17
长泰县	45032	22868	50.78	14154	31.43
东山县	45894	17099	37.26	18410	40.11
南靖县	55755	25521	45.77	20341	36.48
平和县	70175	29073	41.43	26868	38.29
华安县	26522	14172	53.43	8665	32.67
龙海市	117701	61356	52.13	39132	33.25
南平市	**233194**	**106467**	**45.66**	**92220**	**39.55**
延平区	19346	9960	51.48	6559	33.90
建阳区	11551	5250	45.45	4540	39.30
顺昌县	35639	18243	51.19	12934	36.29
浦城县	51212	23924	46.72	20080	39.21
光泽县	23232	10009	43.08	9397	40.45
松溪县	21879	8540	39.03	10024	45.82
政和县	31104	12135	39.01	13988	44.97
邵武市	10570	6082	57.54	3271	30.95
武夷山市	4877	1933	39.64	1816	37.24
建瓯市	23784	10391	43.69	9611	40.41
龙岩市	**278720**	**111716**	**40.08**	**111186**	**39.89**
新罗区	23568	11114	47.16	9387	39.83
永定区	29679	12885	43.41	11238	37.87
长汀县	65848	23721	36.02	27447	41.68
上杭县	61664	24695	40.05	22172	35.96
武平县	47361	17901	37.80	19353	40.86
连城县	42552	17486	41.09	18651	43.83
漳平市	8048	3914	48.63	2938	36.51
宁德市	**348469**	**143681**	**41.23**	**145048**	**41.62**
蕉城区	11878	5412	45.56	4558	38.37
霞浦县	93306	35766	38.33	40788	43.71
古田县	57732	25615	44.37	21852	37.85
屏南县	23812	9975	41.89	10135	42.56
寿宁县	32008	14288	44.64	13615	42.54
周宁县	26665	10231	38.37	11464	42.99
柘荣县	17860	5877	32.91	8232	46.09
福安市	43360	18851	43.48	17542	40.46
福鼎市	41848	17666	42.21	16862	40.29

1-9b 续表 2

单位：户、%

地 区	三代户		四代户		五代及以上户	
	户数	比重	户数	比重	户数	比重
合 计	**627072**	**16.61**	**22123**	**0.59**	**24**	
福州市	**93886**	**14.43**	**1971**	**0.30**	**2**	
鼓楼区						
台江区						
仓山区						
马尾区						
晋安区	56	11.64				
长乐区	8371	12.86	161	0.25		
闽侯县	23511	13.77	471	0.28	1	
连江县	17358	15.43	392	0.35	1	
罗源县	9649	15.76	156	0.25		
闽清县	7075	18.51	226	0.59		
永泰县	5211	11.55	95	0.21		
平潭县	9312	13.73	148	0.22		
福清市	13343	14.92	322	0.36		
厦门市	**10141**	**9.37**	**351**	**0.32**	**1**	
思明区						
海沧区						
湖里区	19	3.39				
集美区	4	9.52				
同安区	802	14.09	32	0.56		
翔安区	9316	9.14	319	0.31	1	
莆田市	**41017**	**20.61**	**2105**	**1.06**	**1**	
城厢区	2650	26.32	248	2.46		
涵江区	988	22.71	79	1.82		
荔城区	586	22.70	47	1.82		
秀屿区	6086	19.01	401	1.25		
仙游县	30707	20.47	1330	0.89	1	
三明市	**55962**	**17.20**	**2185**	**0.67**	**2**	
梅列区	469	12.23	9	0.23		
三元区	242	9.15	7	0.26		
明溪县	3213	17.59	140	0.77		
清流县	3216	16.00	142	0.71		
宁化县	8802	21.94	370	0.92	2	
大田县	6663	13.07	210	0.41		
尤溪县	10078	18.85	532	1.00		
沙县	8941	14.78	228	0.38		
将乐县	5917	21.33	257	0.93		
泰宁县	4042	19.95	144	0.71		
建宁县	3364	17.09	106	0.54		
永安市	1015	13.12	40	0.52		
泉州市	**154099**	**16.18**	**5208**	**0.55**	**3**	
鲤城区						
丰泽区						
洛江区	2219	18.03	70	0.57		
泉港区	2833	10.99	66	0.26		
惠安县	31940	16.04	889	0.45		
安溪县	23821	16.03	663	0.45	1	
永春县	16550	19.45	502	0.59		
德化县	11779	14.56	251	0.31		
石狮市	8309	14.99	253	0.46		
晋江市	19134	13.99	607	0.44		
南安市	37514	18.01	1907	0.92	2	

1-9b 续表 3

单位：户、%

地 区	三代户		四代户		五代及以上户	
	户数	比重	户数	比重	户数	比重
漳州市	**127266**	**18.71**	**4948**	**0.73**	**6**	
芗城区	4224	14.35	201	0.68		
龙文区						
云霄县	15543	23.17	482	0.72	3	
漳浦县	29891	20.92	1401	0.98	3	
诏安县	16517	20.73	535	0.67		
长泰县	7613	16.91	397	0.88		
东山县	9978	21.74	407	0.89		
南靖县	9587	17.19	306	0.55		
平和县	13735	19.57	499	0.71		
华安县	3573	13.47	112	0.42		
龙海市	16605	14.11	608	0.52		
南平市	**33523**	**14.38**	**984**	**0.42**		
延平区	2741	14.17	86	0.44		
建阳区	1717	14.86	44	0.38		
顺昌县	4350	12.21	112	0.31		
浦城县	7038	13.74	170	0.33		
光泽县	3730	16.06	96	0.41		
松溪县	3230	14.76	85	0.39		
政和县	4806	15.45	175	0.56		
邵武市	1175	11.12	42	0.40		
武夷山市	1093	22.41	35	0.72		
建瓯市	3643	15.32	139	0.58		
龙岩市	**53204**	**19.09**	**2610**	**0.94**	**4**	
新罗区	2937	12.46	130	0.55		
永定区	5275	17.77	281	0.95		
长汀县	14077	21.38	602	0.91	1	
上杭县	13905	22.55	890	1.44	2	
武平县	9645	20.36	462	0.98		
连城县	6223	14.62	192	0.45		
漳平市	1142	14.19	53	0.66	1	0.01
宁德市	**57974**	**16.64**	**1761**	**0.51**	**5**	
蕉城区	1858	15.64	50	0.42		
霞浦县	16280	17.45	469	0.50	3	
古田县	9961	17.25	303	0.52	1	
屏南县	3605	15.14	97	0.41		
寿宁县	3993	12.48	112	0.35		
周宁县	4801	18.00	169	0.63		
柘荣县	3596	20.13	154	0.86	1	0.01
福安市	6763	15.60	204	0.47		
福鼎市	7117	17.01	203	0.49		

1-9c 各地区家庭户类别(乡村)

单位：户、%

地　区	家庭户户　数	一代户		二代户	
		户数	比重	户数	比重
合　计	**4643405**	**2241952**	**48.28**	**1594909**	**34.35**
福州市	**820932**	**397290**	**48.39**	**301230**	**36.69**
鼓楼区					
台江区					
仓山区					
马尾区	11858	4279	36.09	5763	48.60
晋安区	8125	5131	63.15	2241	27.58
长乐区	116008	58481	50.41	41549	35.82
闽侯县	133056	63514	47.73	46221	34.74
连江县	112012	49738	44.40	43776	39.08
罗源县	31746	19407	61.13	9102	28.67
闽清县	53661	27269	50.82	16989	31.66
永泰县	68043	39654	58.28	22583	33.19
平潭县	69035	37839	54.81	24668	35.73
福清市	217388	91978	42.31	88338	40.64
厦门市	**184068**	**98292**	**53.40**	**54499**	**29.61**
思明区					
海沧区	4258	2557	60.05	1150	27.01
湖里区					
集美区	40929	26754	65.37	10117	24.72
同安区	73052	38244	52.35	22176	30.36
翔安区	65829	30737	46.69	21056	31.99
莆田市	**395831**	**163905**	**41.41**	**139542**	**35.25**
城厢区	50733	20856	41.11	17171	33.85
涵江区	34918	15835	45.35	10961	31.39
荔城区	50741	18817	37.08	17869	35.22
秀屿区	114146	47307	41.44	41735	36.56
仙游县	145293	61090	42.05	51806	35.66
三明市	**350943**	**183778**	**52.37**	**108565**	**30.94**
梅列区	2667	1674	62.77	714	26.77
三元区	10187	6321	62.05	2818	27.66
明溪县	18031	9146	50.72	6065	33.64
清流县	21676	11064	51.04	6860	31.65
宁化县	50732	24672	48.63	15873	31.29
大田县	52801	30139	57.08	15058	28.52
尤溪县	66814	33971	50.84	21108	31.59
沙县	30137	16531	54.85	9739	32.32
将乐县	22702	11714	51.60	6945	30.59
泰宁县	17491	9108	52.07	5366	30.68
建宁县	22740	11962	52.60	6741	29.64
永安市	34965	17476	49.98	11278	32.26
泉州市	**939026**	**424920**	**45.25**	**336071**	**35.79**
鲤城区					
丰泽区					
洛江区	33169	15110	45.55	10920	32.92
泉港区	53193	21075	39.62	22615	42.51
惠安县	150260	62270	41.44	58606	39.00
安溪县	173078	79772	46.09	61110	35.31
永春县	63147	33675	53.33	19381	30.69
德化县	33701	23297	69.13	8218	24.39
石狮市	32685	16207	49.59	10995	33.64
晋江市	216820	100977	46.57	78494	36.20
南安市	182973	72537	39.64	65732	35.92

1-9c 续表 1

单位：户、%

地 区	家庭户	一代户		二代户	
	户 数	户数	比重	户数	比重
漳州市	**637909**	**267959**	**42.01**	**227453**	**35.66**
芗城区	22671	10156	44.80	7949	35.06
龙文区	8295	2996	36.12	3147	37.94
云霄县	59846	23799	39.77	21248	35.50
漳浦县	119124	46149	38.74	43353	36.39
诏安县	94297	34653	36.75	37446	39.71
长泰县	31123	13989	44.95	9818	31.55
东山县	21453	6016	28.04	7847	36.58
南靖县	50739	24918	49.11	16315	32.15
平和县	85585	39125	45.71	30398	35.52
华安县	24835	14081	56.70	7339	29.55
龙海市	119941	52077	43.42	42593	35.51
南平市	**426080**	**228077**	**53.53**	**136862**	**32.12**
延平区	49186	26883	54.66	15422	31.35
建阳区	51317	26636	51.90	16880	32.89
顺昌县	34313	17887	52.13	10928	31.85
浦城县	64571	37574	58.19	19481	30.17
光泽县	25580	14566	56.94	7558	29.55
松溪县	26070	13855	53.15	8889	34.10
政和县	33878	17584	51.90	11768	34.74
邵武市	26071	17435	66.88	6387	24.50
武夷山市	34879	15861	45.47	12249	35.12
建瓯市	80215	39796	49.61	27300	34.03
龙岩市	**403003**	**219296**	**54.42**	**125952**	**31.25**
新罗区	47353	27885	58.89	14300	30.20
永定区	67910	38779	57.10	20837	30.68
长汀县	71101	36261	51.00	23386	32.89
上杭县	70778	35813	50.60	21552	30.45
武平县	51167	27700	54.14	15173	29.65
连城县	51750	28175	54.44	17424	33.67
漳平市	42944	24683	57.48	13280	30.92
宁德市	**485613**	**258435**	**53.22**	**164735**	**33.92**
蕉城区	71640	35354	49.35	26586	37.11
霞浦县	72054	37262	51.71	24573	34.10
古田县	67587	36437	53.91	21918	32.43
屏南县	29635	16299	55.00	9869	33.30
寿宁县	39329	22950	58.35	12263	31.18
周宁县	28268	14352	50.77	10009	35.41
柘荣县	13674	7518	54.98	4387	32.08
福安市	81399	41071	50.46	29597	36.36
福鼎市	82027	47192	57.53	25533	31.13

1-9c 续表 2　　单位：户、%

地　区	三代户		四代户		五代及以上户	
	户数	比重	户数	比重	户数	比重
合　计	**771844**	**16.62**	**34672**	**0.75**	**28**	
福州市	**119193**	**14.52**	**3214**	**0.39**	**5**	
鼓楼区						
台江区						
仓山区						
马尾区	1790	15.10	26	0.22		
晋安区	737	9.07	16	0.20		
长乐区	15633	13.48	345	0.30		
闽侯县	22619	17.00	700	0.53	2	
连江县	18030	16.10	468	0.42		
罗源县	3142	9.90	94	0.30	1	
闽清县	9080	16.92	323	0.60		
永泰县	5669	8.33	137	0.20		
平潭县	6429	9.31	99	0.14		
福清市	36064	16.59	1006	0.46	2	
厦门市	**29859**	**16.22**	**1417**	**0.77**	**1**	
思明区						
海沧区	528	12.40	23	0.54		
湖里区						
集美区	3860	9.43	198	0.48		
同安区	12085	16.54	547	0.75		
翔安区	13386	20.33	649	0.99	1	
莆田市	**85914**	**21.70**	**6461**	**1.63**	**9**	
城厢区	11770	23.20	935	1.84	1	
涵江区	7505	21.49	616	1.76	1	
荔城区	12718	25.06	1335	2.63	2	
秀屿区	23256	20.37	1844	1.62	4	
仙游县	30665	21.11	1731	1.19	1	
三明市	**55243**	**15.74**	**3356**	**0.96**	**1**	
梅列区	272	10.20	7	0.26		
三元区	1013	9.94	35	0.34		
明溪县	2680	14.86	140	0.78		
清流县	3510	16.19	242	1.12		
宁化县	9620	18.96	567	1.12		
大田县	7076	13.40	528	1.00		
尤溪县	10976	16.43	758	1.13	1	
沙县	3725	12.36	142	0.47		
将乐县	3799	16.73	244	1.07		
泰宁县	2879	16.46	138	0.79		
建宁县	3784	16.64	253	1.11		
永安市	5909	16.90	302	0.86		
泉州市	**171217**	**18.23**	**6814**	**0.73**	**4**	
鲤城区						
丰泽区						
洛江区	6911	20.84	228	0.69		
泉港区	9259	17.41	244	0.46		
惠安县	28421	18.91	963	0.64		
安溪县	30965	17.89	1230	0.71	1	
永春县	9737	15.42	354	0.56		
德化县	2153	6.39	33	0.10		
石狮市	5328	16.30	155	0.47		
晋江市	36098	16.65	1251	0.58		
南安市	42345	23.14	2356	1.29	3	

1-9c 续表 3

单位：户、%

地区	三代户		四代户		五代及以上户	
	户数	比重	户数	比重	户数	比重
漳州市	**136320**	**21.37**	**6172**	**0.97**	**5**	
芗城区	4345	19.17	221	0.97		
龙文区	2031	24.48	121	1.46		
云霄县	14301	23.90	497	0.83	1	
漳浦县	28176	23.65	1444	1.21	2	
诏安县	21482	22.78	716	0.76		
长泰县	6826	21.93	490	1.57		
东山县	7130	33.24	459	2.14	1	
南靖县	9100	17.93	406	0.80		
平和县	15456	18.06	605	0.71	1	
华安县	3289	13.24	126	0.51		
龙海市	24184	20.16	1087	0.91		
南平市	**58986**	**13.84**	**2154**	**0.51**	**1**	
延平区	6637	13.49	244	0.50		
建阳区	7554	14.72	247	0.48		
顺昌县	5242	15.28	256	0.75		
浦城县	7293	11.29	223	0.35		
光泽县	3296	12.89	160	0.63		
松溪县	3248	12.46	78	0.30		
政和县	4346	12.83	180	0.53		
邵武市	2172	8.33	77	0.30		
武夷山市	6536	18.74	233	0.67		
建瓯市	12662	15.79	456	0.57	1	
龙岩市	**54648**	**13.56**	**3106**	**0.77**	**1**	
新罗区	4934	10.42	234	0.49		
永定区	7938	11.69	356	0.52		
长汀县	10856	15.27	598	0.84		
上杭县	12330	17.42	1082	1.53	1	
武平县	7817	15.28	477	0.93		
连城县	5953	11.50	198	0.38		
漳平市	4820	11.22	161	0.37		
宁德市	**60464**	**12.45**	**1978**	**0.41**	**1**	
蕉城区	9391	13.11	309	0.43		
霞浦县	9880	13.71	338	0.47	1	
古田县	8925	13.21	307	0.45		
屏南县	3363	11.35	104	0.35		
寿宁县	4009	10.19	107	0.27		
周宁县	3763	13.31	144	0.51		
柘荣县	1694	12.39	75	0.55		
福安市	10383	12.76	348	0.43		
福鼎市	9056	11.04	246	0.30		

1-10 各地区分性别、月份的出生人口
(2019.11.1-2020.10.31)

单位：人

地区	出生人口			2019年11月		
	合计	男	女	小计	男	女
合计	**381804**	**207241**	**174563**	**42005**	**22640**	**19365**
福州市	**67841**	**36407**	**31434**	**8020**	**4350**	**3670**
鼓楼区	4782	2547	2235	540	289	251
台江区	3346	1826	1520	425	237	188
仓山区	10026	5357	4669	1257	694	563
马尾区	1962	1081	881	235	139	96
晋安区	6399	3350	3049	730	389	341
长乐区	6138	3305	2833	732	384	348
闽侯县	8144	4361	3783	969	517	452
连江县	4496	2423	2073	531	299	232
罗源县	2173	1150	1023	240	119	121
闽清县	2221	1197	1024	263	144	119
永泰县	2537	1371	1166	305	173	132
平潭县	3823	2110	1713	442	247	195
福清市	11794	6329	5465	1351	719	632
厦门市	**49419**	**26433**	**22986**	**5353**	**2865**	**2488**
思明区	9431	4978	4453	1012	536	476
海沧区	6038	3203	2835	655	366	289
湖里区	9483	5057	4426	1066	560	506
集美区	10221	5473	4748	1119	604	515
同安区	8368	4507	3861	871	472	399
翔安区	5878	3215	2663	630	327	303
莆田市	**28347**	**15512**	**12835**	**3158**	**1733**	**1425**
城厢区	4971	2676	2295	558	317	241
涵江区	3762	2029	1733	415	223	192
荔城区	5640	3118	2522	678	383	295
秀屿区	4951	2728	2223	555	315	240
仙游县	9023	4961	4062	952	495	457
三明市	**22625**	**12446**	**10179**	**2369**	**1263**	**1106**
梅列区	1941	1077	864	222	125	97
三元区	1334	714	620	129	69	60
明溪县	821	444	377	100	53	47
清流县	1092	570	522	120	68	52
宁化县	2517	1412	1105	289	148	141
大田县	3183	1804	1379	332	179	153
尤溪县	3795	2140	1655	371	198	173
沙县	2180	1188	992	245	124	121
将乐县	1266	658	608	109	55	54
泰宁县	926	514	412	109	65	44
建宁县	919	485	434	92	46	46
永安市	2651	1440	1211	251	133	118
泉州市	**85215**	**47394**	**37821**	**9432**	**5195**	**4237**
鲤城区	3733	2057	1676	394	224	170
丰泽区	6268	3397	2871	718	376	342
洛江区	2389	1339	1050	256	151	105
泉港区	4333	2435	1898	447	253	194
惠安县	12277	6892	5385	1350	748	602
安溪县	9620	5493	4127	1059	587	472
永春县	3705	2100	1605	421	242	179
德化县	3593	2046	1547	381	219	162
石狮市	5881	3239	2642	643	362	281
晋江市	18414	9976	8438	2081	1086	995
南安市	15002	8420	6582	1682	947	735

1-10 续表 1

单位：人

地　区	出生人口			2019年11月		
	合计	男	女	小计	男	女
漳州市	**48197**	**25964**	**22233**	**5183**	**2717**	**2466**
芗城区	4784	2533	2251	536	286	250
龙文区	3454	1805	1649	363	182	181
云霄县	4070	2260	1810	419	234	185
漳浦县	9344	5123	4221	979	522	457
诏安县	6007	3170	2837	682	350	332
长泰县	1999	1060	939	195	121	74
东山县	2096	1112	984	177	87	90
南靖县	2356	1228	1128	251	113	138
平和县	4295	2373	1922	484	236	248
华安县	1009	516	493	106	59	47
龙海市	8783	4784	3999	991	527	464
南平市	**20983**	**11078**	**9905**	**2211**	**1136**	**1075**
延平区	3267	1718	1549	360	194	166
建阳区	2678	1417	1261	281	132	149
顺昌县	1318	684	634	150	83	67
浦城县	1930	1028	902	184	92	92
光泽县	1007	549	458	101	58	43
松溪县	1207	642	565	114	63	51
政和县	1969	1060	909	219	102	117
邵武市	2083	1102	981	233	103	130
武夷山市	2250	1151	1099	235	116	119
建瓯市	3274	1727	1547	334	193	141
龙岩市	**27282**	**14927**	**12355**	**2914**	**1576**	**1338**
新罗区	8261	4402	3859	892	494	398
永定区	2770	1520	1250	282	146	136
长汀县	4165	2322	1843	460	261	199
上杭县	3883	2172	1711	374	209	165
武平县	3137	1709	1428	349	191	158
连城县	2923	1639	1284	327	171	156
漳平市	2143	1163	980	230	104	126
宁德市	**31895**	**17080**	**14815**	**3365**	**1805**	**1560**
蕉城区	7001	3683	3318	744	375	369
霞浦县	4423	2446	1977	475	265	210
古田县	2943	1549	1394	329	183	146
屏南县	1356	710	646	144	71	73
寿宁县	1955	1019	936	203	106	97
周宁县	1451	779	672	153	79	74
柘荣县	949	527	422	85	53	32
福安市	6150	3379	2771	677	384	293
福鼎市	5667	2988	2679	555	289	266

1-10 续表 2

单位：人

地　区	2019年12月			2020年1月		
	小计	男	女	小计	男	女
合　计	**37658**	**20253**	**17405**	**35085**	**18863**	**16222**
福州市	**6970**	**3690**	**3280**	**6296**	**3249**	**3047**
鼓楼区	501	269	232	424	215	209
台江区	327	183	144	347	180	167
仓山区	1098	590	508	918	481	437
马尾区	181	90	91	184	102	82
晋安区	706	362	344	591	284	307
长乐区	600	329	271	560	284	276
闽侯县	852	463	389	784	418	366
连江县	488	249	239	417	213	204
罗源县	228	113	115	226	133	93
闽清县	205	115	90	186	98	88
永泰县	231	113	118	192	106	86
平潭县	347	179	168	367	193	174
福清市	1206	635	571	1100	542	558
厦门市	**4961**	**2654**	**2307**	**4581**	**2417**	**2164**
思明区	932	514	418	840	433	407
海沧区	623	301	322	553	294	259
湖里区	974	544	430	916	474	442
集美区	1031	552	479	930	488	442
同安区	816	440	376	796	430	366
翔安区	585	303	282	546	298	248
莆田市	**2869**	**1525**	**1344**	**2627**	**1391**	**1236**
城厢区	514	260	254	408	220	188
涵江区	382	211	171	352	180	172
荔城区	622	334	288	564	295	269
秀屿区	506	276	230	474	262	212
仙游县	845	444	401	829	434	395
三明市	**2169**	**1156**	**1013**	**2036**	**1119**	**917**
梅列区	193	109	84	200	102	98
三元区	115	60	55	117	58	59
明溪县	84	45	39	78	43	35
清流县	98	48	50	105	57	48
宁化县	248	143	105	261	142	119
大田县	285	159	126	284	167	117
尤溪县	373	203	170	313	182	131
沙县	212	109	103	191	101	90
将乐县	135	64	71	115	65	50
泰宁县	91	36	55	83	52	31
建宁县	74	34	40	56	28	28
永安市	261	146	115	233	122	111
泉州市	**8373**	**4654**	**3719**	**7837**	**4416**	**3421**
鲤城区	384	217	167	396	216	180
丰泽区	664	370	294	599	343	256
洛江区	254	143	111	242	145	97
泉港区	397	215	182	391	207	184
惠安县	1145	651	494	1034	595	439
安溪县	877	498	379	879	507	372
永春县	341	180	161	326	182	144
德化县	357	219	138	325	172	153
石狮市	609	328	281	521	310	211
晋江市	1842	998	844	1687	930	757
南安市	1503	835	668	1437	809	628

1-10 续表 3

单位：人

地　区	2019年12月			2020年1月		
	小计	男	女	小计	男	女
漳州市	**4742**	**2567**	**2175**	**4331**	**2274**	**2057**
芗城区	497	253	244	445	241	204
龙文区	361	195	166	304	152	152
云霄县	381	219	162	381	215	166
漳浦县	947	532	415	863	476	387
诏安县	551	299	252	529	253	276
长泰县	204	115	89	157	74	83
东山县	200	110	90	194	100	94
南靖县	241	115	126	198	103	95
平和县	395	200	195	384	189	195
华安县	82	36	46	80	39	41
龙海市	883	493	390	796	432	364
南平市	**1955**	**1029**	**926**	**1918**	**1035**	**883**
延平区	302	187	115	273	144	129
建阳区	235	125	110	286	158	128
顺昌县	124	67	57	118	63	55
浦城县	157	84	73	181	94	87
光泽县	93	59	34	90	48	42
松溪县	104	50	54	113	62	51
政和县	218	102	116	180	106	74
邵武市	202	95	107	176	94	82
武夷山市	208	103	105	194	114	80
建瓯市	312	157	155	307	152	155
龙岩市	**2545**	**1369**	**1176**	**2501**	**1377**	**1124**
新罗区	868	438	430	778	424	354
永定区	229	133	96	240	125	115
长汀县	404	215	189	385	214	171
上杭县	328	191	137	350	202	148
武平县	277	143	134	263	140	123
连城县	248	133	115	289	165	124
漳平市	191	116	75	196	107	89
宁德市	**3074**	**1609**	**1465**	**2958**	**1585**	**1373**
蕉城区	711	378	333	631	322	309
霞浦县	409	220	189	421	226	195
古田县	276	139	137	284	152	132
屏南县	139	81	58	136	68	68
寿宁县	186	94	92	169	84	85
周宁县	138	68	70	128	73	55
柘荣县	88	41	47	82	48	34
福安市	580	320	260	586	326	260
福鼎市	547	268	279	521	286	235

1-10 续表 4

单位：人

地区	2020年2月			2020年3月			2020年4月		
	小计	男	女	小计	男	女	小计	男	女
合　计	**30836**	**16650**	**14186**	**31813**	**17219**	**14594**	**29495**	**16062**	**13433**
福州市	**5544**	**2927**	**2617**	**5820**	**3169**	**2651**	**5335**	**2851**	**2484**
鼓楼区	367	201	166	419	222	197	375	182	193
台江区	270	141	129	261	150	111	232	123	109
仓山区	807	407	400	867	482	385	782	412	370
马尾区	153	82	71	173	98	75	146	84	62
晋安区	504	273	231	543	299	244	532	287	245
长乐区	531	271	260	524	297	227	503	289	214
闽侯县	680	349	331	684	348	336	653	355	298
连江县	372	212	160	379	189	190	340	182	158
罗源县	172	95	77	181	98	83	170	79	91
闽清县	190	99	91	198	121	77	168	93	75
永泰县	231	126	105	233	134	99	208	112	96
平潭县	329	165	164	328	185	143	285	146	139
福清市	938	506	432	1030	546	484	941	507	434
厦门市	**3879**	**2057**	**1822**	**3902**	**2045**	**1857**	**3707**	**2003**	**1704**
思明区	727	378	349	751	390	361	655	352	303
海沧区	488	254	234	463	234	229	503	283	220
湖里区	745	399	346	793	400	393	683	375	308
集美区	788	408	380	791	420	371	794	412	382
同安区	684	364	320	656	364	292	624	332	292
翔安区	447	254	193	448	237	211	448	249	199
莆田市	**2348**	**1309**	**1039**	**2478**	**1363**	**1115**	**2163**	**1183**	**980**
城厢区	437	243	194	421	227	194	380	208	172
涵江区	271	144	127	316	177	139	272	138	134
荔城区	448	260	188	487	251	236	453	255	198
秀屿区	424	219	205	475	261	214	359	194	165
仙游县	768	443	325	779	447	332	699	388	311
三明市	**1826**	**994**	**832**	**1786**	**974**	**812**	**1733**	**950**	**783**
梅列区	161	93	68	148	79	69	151	83	68
三元区	109	53	56	110	61	49	121	67	54
明溪县	72	34	38	49	25	24	61	35	26
清流县	84	38	46	79	36	43	68	44	24
宁化县	206	115	91	202	104	98	182	102	80
大田县	232	137	95	244	133	111	230	123	107
尤溪县	305	167	138	330	190	140	304	169	135
沙县	214	128	86	178	98	80	173	88	85
将乐县	101	50	51	106	51	55	95	38	57
泰宁县	67	36	31	71	40	31	74	44	30
建宁县	85	45	40	75	46	29	63	44	19
永安市	190	98	92	194	111	83	211	113	98
泉州市	**6786**	**3706**	**3080**	**7015**	**3869**	**3146**	**6533**	**3654**	**2879**
鲤城区	282	150	132	307	157	150	291	173	118
丰泽区	523	285	238	507	281	226	461	248	213
洛江区	182	96	86	195	105	90	181	102	79
泉港区	336	198	138	361	210	151	309	173	136
惠安县	926	485	441	965	539	426	911	503	408
安溪县	778	425	353	805	457	348	775	438	337
永春县	301	175	126	294	163	131	268	150	118
德化县	285	152	133	270	163	107	318	193	125
石狮市	500	277	223	482	261	221	443	251	192
晋江市	1454	789	665	1536	818	718	1361	726	635
南安市	1219	674	545	1293	715	578	1215	697	518

1-10 续表 5 单位：人

地 区	2020年2月			2020年3月			2020年4月		
	小计	男	女	小计	男	女	小计	男	女
漳州市	**3965**	**2114**	**1851**	**3946**	**2144**	**1802**	**3732**	**2060**	**1672**
芗城区	416	227	189	424	223	201	360	195	165
龙文区	271	145	126	305	162	143	279	147	132
云霄县	326	187	139	344	194	150	310	179	131
漳浦县	721	392	329	715	394	321	703	394	309
诏安县	480	243	237	479	261	218	472	246	226
长泰县	168	78	90	138	68	70	169	95	74
东山县	198	110	88	182	93	89	140	75	65
南靖县	184	95	89	227	119	108	184	104	80
平和县	376	213	163	335	192	143	380	228	152
华安县	92	45	47	91	40	51	85	38	47
龙海市	733	379	354	706	398	308	650	359	291
南平市	**1759**	**923**	**836**	**1773**	**948**	**825**	**1708**	**865**	**843**
延平区	290	161	129	275	140	135	297	139	158
建阳区	211	109	102	245	131	114	191	94	97
顺昌县	105	46	59	112	59	53	90	41	49
浦城县	183	94	89	160	82	78	163	89	74
光泽县	87	41	46	82	41	41	75	38	37
松溪县	102	48	54	110	54	56	113	61	52
政和县	158	84	74	156	91	65	172	86	86
邵武市	169	100	69	161	88	73	172	84	88
武夷山市	198	100	98	194	112	82	173	91	82
建瓯市	256	140	116	278	150	128	262	142	120
龙岩市	**2086**	**1162**	**924**	**2325**	**1284**	**1041**	**2048**	**1091**	**957**
新罗区	611	349	262	720	382	338	607	332	275
永定区	212	116	96	220	112	108	208	118	90
长汀县	312	172	140	343	196	147	313	172	141
上杭县	311	184	127	344	179	165	292	153	139
武平县	245	120	125	263	154	109	214	100	114
连城县	227	136	91	264	161	103	257	137	120
漳平市	168	85	83	171	100	71	157	79	78
宁德市	**2643**	**1458**	**1185**	**2768**	**1423**	**1345**	**2536**	**1405**	**1131**
蕉城区	593	341	252	599	302	297	558	310	248
霞浦县	363	205	158	385	196	189	348	213	135
古田县	235	121	114	264	132	132	212	123	89
屏南县	110	59	51	114	61	53	110	63	47
寿宁县	204	114	90	158	78	80	159	79	80
周宁县	101	54	47	139	78	61	137	78	59
柘荣县	73	43	30	93	47	46	72	36	36
福安市	518	285	233	544	295	249	501	271	230
福鼎市	446	236	210	472	234	238	439	232	207

1-10 续表 6 单位：人

地　区	2020年5月			2020年6月			2020年7月		
	小计	男	女	小计	男	女	小计	男	女
合　计	**28856**	**15803**	**13053**	**29307**	**15963**	**13344**	**29630**	**16251**	**13379**
福州市	**5092**	**2747**	**2345**	**5244**	**2828**	**2416**	**5190**	**2861**	**2329**
鼓楼区	345	188	157	356	200	156	393	208	185
台江区	251	140	111	243	127	116	240	124	116
仓山区	767	412	355	810	442	368	751	387	364
马尾区	150	89	61	155	71	84	137	74	63
晋安区	473	257	216	522	270	252	482	272	210
长乐区	435	236	199	454	254	200	438	236	202
闽侯县	629	326	303	660	349	311	620	349	271
连江县	336	178	158	336	173	163	374	214	160
罗源县	155	82	73	170	97	73	174	94	80
闽清县	153	86	67	163	83	80	173	102	71
永泰县	186	95	91	205	111	94	206	105	101
平潭县	310	174	136	275	167	108	306	180	126
福清市	902	484	418	895	484	411	896	516	380
厦门市	**3574**	**1944**	**1630**	**3703**	**2006**	**1697**	**3794**	**2036**	**1758**
思明区	710	383	327	743	412	331	751	394	357
海沧区	430	233	197	430	223	207	437	240	197
湖里区	675	352	323	691	385	306	711	374	337
集美区	732	398	334	769	421	348	805	454	351
同安区	606	356	250	598	303	295	634	330	304
翔安区	421	222	199	472	262	210	456	244	212
莆田市	**2205**	**1221**	**984**	**2152**	**1199**	**953**	**2102**	**1143**	**959**
城厢区	356	194	162	395	219	176	356	190	166
涵江区	286	145	141	303	161	142	274	144	130
荔城区	421	246	175	410	239	171	422	228	194
秀屿区	408	233	175	338	181	157	344	186	158
仙游县	734	403	331	706	399	307	706	395	311
三明市	**1749**	**933**	**816**	**1706**	**936**	**770**	**1758**	**1032**	**726**
梅列区	129	62	67	157	85	72	136	83	53
三元区	110	61	49	119	59	60	102	59	43
明溪县	62	36	26	53	23	30	65	39	26
清流县	80	37	43	81	36	45	96	54	42
宁化县	180	95	85	192	110	82	194	117	77
大田县	259	150	109	227	129	98	263	156	107
尤溪县	308	169	139	262	149	113	286	173	113
沙县	170	83	87	162	90	72	178	99	79
将乐县	107	63	44	99	52	47	93	53	40
泰宁县	75	39	36	68	39	29	66	37	29
建宁县	77	41	36	76	42	34	76	37	39
永安市	192	97	95	210	122	88	203	125	78
泉州市	**6339**	**3578**	**2761**	**6483**	**3589**	**2894**	**6628**	**3671**	**2957**
鲤城区	282	156	126	290	166	124	309	168	141
丰泽区	469	263	206	462	233	229	507	272	235
洛江区	148	87	61	188	90	98	197	113	84
泉港区	297	150	147	314	178	136	366	204	162
惠安县	896	518	378	971	538	433	991	549	442
安溪县	789	451	338	704	412	292	724	420	304
永春县	279	152	127	274	153	121	286	164	122
德化县	285	169	116	291	159	132	274	153	121
石狮市	408	233	175	417	220	197	458	252	206
晋江市	1382	747	635	1405	778	627	1375	754	621
南安市	1104	652	452	1167	662	505	1141	622	519

1-10　续表 7　　　　单位：人

地　区	2020年5月			2020年6月			2020年7月		
	小计	男	女	小计	男	女	小计	男	女
漳州市	**3720**	**2015**	**1705**	**3727**	**1998**	**1729**	**3852**	**2101**	**1751**
芗城区	373	191	182	359	197	162	404	220	184
龙文区	264	140	124	277	139	138	242	119	123
云霄县	318	177	141	307	187	120	325	162	163
漳浦县	740	404	336	697	385	312	727	422	305
诏安县	482	261	221	500	258	242	484	257	227
长泰县	141	71	70	158	84	74	177	104	73
东山县	203	115	88	161	72	89	181	97	84
南靖县	175	84	91	192	102	90	184	92	92
平和县	320	196	124	334	179	155	335	184	151
华安县	76	42	34	58	36	22	90	48	42
龙海市	628	334	294	684	359	325	703	396	307
南平市	**1622**	**894**	**728**	**1684**	**887**	**797**	**1695**	**910**	**785**
延平区	219	109	110	255	123	132	265	129	136
建阳区	200	110	90	221	121	100	221	113	108
顺昌县	94	54	40	93	51	42	115	59	56
浦城县	154	92	62	152	78	74	156	85	71
光泽县	77	46	31	94	55	39	85	47	38
松溪县	102	56	46	100	58	42	93	48	45
政和县	180	111	69	151	86	65	147	88	59
邵武市	154	94	60	179	88	91	161	99	62
武夷山市	178	89	89	187	92	95	192	96	96
建瓯市	264	133	131	252	135	117	260	146	114
龙岩市	**2078**	**1161**	**917**	**2022**	**1103**	**919**	**2175**	**1191**	**984**
新罗区	642	338	304	600	320	280	661	337	324
永定区	208	106	102	215	118	97	250	144	106
长汀县	299	185	114	332	186	146	352	198	154
上杭县	289	163	126	291	159	132	304	179	125
武平县	258	147	111	206	107	99	254	148	106
连城县	226	129	97	206	119	87	202	107	95
漳平市	156	93	63	172	94	78	152	78	74
宁德市	**2477**	**1310**	**1167**	**2586**	**1417**	**1169**	**2436**	**1306**	**1130**
蕉城区	495	244	251	546	288	258	542	274	268
霞浦县	344	178	166	381	221	160	326	181	145
古田县	230	126	104	234	120	114	219	122	97
屏南县	117	60	57	109	61	48	93	44	49
寿宁县	162	92	70	166	90	76	152	90	62
周宁县	118	64	54	125	67	58	104	57	47
柘荣县	79	44	35	78	51	27	82	44	38
福安市	516	282	234	512	273	239	491	264	227
福鼎市	416	220	196	435	246	189	427	230	197

1−10 续表 8

单位：人

地区	2020年8月			2020年9月			2020年10月		
	小计	男	女	小计	男	女	小计	男	女
合 计	**30630**	**16609**	**14021**	**28018**	**15318**	**12700**	**28471**	**15610**	**12861**
福州市	**5284**	**2848**	**2436**	**4784**	**2545**	**2239**	**4262**	**2342**	**1920**
鼓楼区	409	228	181	367	199	168	286	146	140
台江区	257	150	107	237	133	104	256	138	118
仓山区	839	440	399	699	374	325	431	236	195
马尾区	158	95	63	147	72	75	143	85	58
晋安区	481	232	249	478	245	233	357	180	177
长乐区	478	252	226	417	220	197	466	253	213
闽侯县	690	376	314	526	285	241	397	226	171
连江县	338	185	153	329	185	144	256	144	112
罗源县	145	80	65	156	76	80	156	84	72
闽清县	188	88	100	161	77	84	173	91	82
永泰县	179	97	82	201	103	98	160	96	64
平潭县	276	146	130	267	159	108	291	169	122
福清市	846	479	367	799	417	382	890	494	396
厦门市	**4117**	**2232**	**1885**	**3938**	**2101**	**1837**	**3910**	**2073**	**1837**
思明区	785	420	365	772	388	384	753	378	375
海沧区	482	257	225	510	273	237	464	245	219
湖里区	746	399	347	758	405	353	725	390	335
集美区	873	473	400	766	407	359	823	436	387
同安区	707	393	314	662	352	310	714	371	343
翔安区	524	290	234	470	276	194	431	253	178
莆田市	**2135**	**1167**	**968**	**1998**	**1088**	**910**	**2112**	**1190**	**922**
城厢区	406	200	206	381	205	176	359	193	166
涵江区	299	185	114	290	161	129	302	160	142
荔城区	408	237	171	358	177	181	369	213	156
秀屿区	351	183	168	341	201	140	376	217	159
仙游县	671	362	309	628	344	284	706	407	299
三明市	**1841**	**1017**	**824**	**1746**	**998**	**748**	**1906**	**1074**	**832**
梅列区	151	87	64	147	87	60	146	82	64
三元区	124	64	60	92	51	41	86	52	34
明溪县	69	42	27	66	40	26	62	29	33
清流县	96	53	43	73	44	29	112	55	57
宁化县	179	114	65	176	103	73	208	119	89
大田县	278	155	123	263	153	110	286	163	123
尤溪县	282	155	127	303	173	130	358	212	146
沙县	166	94	72	144	86	58	147	88	59
将乐县	106	51	55	97	49	48	103	67	36
泰宁县	85	43	42	76	48	28	61	35	26
建宁县	79	40	39	71	32	39	95	50	45
永安市	226	119	107	238	132	106	242	122	120
泉州市	**6770**	**3766**	**3004**	**6171**	**3458**	**2713**	**6848**	**3838**	**3010**
鲤城区	301	164	137	269	137	132	228	129	99
丰泽区	471	242	229	484	275	209	403	209	194
洛江区	193	107	86	175	98	77	178	102	76
泉港区	385	223	162	353	203	150	377	221	156
惠安县	966	540	426	899	512	387	1223	714	509
安溪县	761	460	301	669	394	275	800	444	356
永春县	297	177	120	305	175	130	313	187	126
德化县	303	148	155	251	147	104	253	152	101
石狮市	482	255	227	449	233	216	469	257	212
晋江市	1449	799	650	1304	727	577	1538	824	714
南安市	1162	651	511	1013	557	456	1066	599	467

1-10　续表 9　　　　单位：人

地　区	2020年8月			2020年9月			2020年10月		
	小计	男	女	小计	男	女	小计	男	女
漳州市	**3884**	**2093**	**1791**	**3583**	**1980**	**1603**	**3532**	**1901**	**1631**
芗城区	364	192	172	354	190	164	252	118	134
龙文区	266	142	124	252	133	119	270	149	121
云霄县	323	177	146	319	172	147	317	157	160
漳浦县	763	397	366	714	384	330	775	421	354
诏安县	493	277	216	389	210	179	466	255	211
长泰县	174	86	88	177	95	82	141	69	72
东山县	164	81	83	148	86	62	148	86	62
南靖县	192	116	76	187	107	80	141	78	63
平和县	341	189	152	297	188	109	314	179	135
华安县	83	46	37	70	37	33	96	50	46
龙海市	721	390	331	676	378	298	612	339	273
南平市	**1690**	**862**	**828**	**1494**	**820**	**674**	**1474**	**769**	**705**
延平区	273	144	129	238	131	107	220	117	103
建阳区	188	112	76	198	119	79	201	93	108
顺昌县	101	53	48	104	53	51	112	55	57
浦城县	165	90	75	132	69	63	143	79	64
光泽县	91	43	48	68	38	30	64	35	29
松溪县	94	48	46	72	44	28	90	50	40
政和县	155	80	75	115	60	55	118	64	54
邵武市	177	94	83	146	80	66	153	83	70
武夷山市	207	86	121	144	86	58	140	66	74
建瓯市	239	112	127	277	140	137	233	127	106
龙岩市	**2275**	**1241**	**1034**	**2129**	**1176**	**953**	**2184**	**1196**	**988**
新罗区	691	374	317	618	318	300	573	296	277
永定区	241	129	112	227	136	91	238	137	101
长汀县	330	185	145	306	173	133	329	165	164
上杭县	324	174	150	322	175	147	354	204	150
武平县	244	137	107	266	153	113	298	169	129
连城县	247	137	110	216	125	91	214	119	95
漳平市	198	105	93	174	96	78	178	106	72
宁德市	**2634**	**1383**	**1251**	**2175**	**1152**	**1023**	**2243**	**1227**	**1016**
蕉城区	599	322	277	429	218	211	554	309	245
霞浦县	366	204	162	311	168	143	294	169	125
古田县	234	110	124	213	110	103	213	111	102
屏南县	101	52	49	95	43	52	88	47	41
寿宁县	152	69	83	128	56	72	116	67	49
周宁县	106	50	56	93	56	37	109	55	54
柘荣县	79	47	32	79	40	39	59	33	26
福安市	481	255	226	384	210	174	360	214	146
福鼎市	516	274	242	443	251	192	450	222	228

1-10a 各地区分性别、月份的出生人口 (2019.11.1-2020.10.31)(城市)

单位：人

地　区	出生人口			2019年11月		
	合计	男	女	小计	男	女
合　计	**151977**	**81615**	**70362**	**17227**	**9257**	**7970**
福州市	**32506**	**17409**	**15097**	**3935**	**2133**	**1802**
鼓楼区	4782	2547	2235	540	289	251
台江区	3346	1826	1520	425	237	188
仓山区	10026	5357	4669	1257	694	563
马尾区	1856	1028	828	229	135	94
晋安区	6227	3255	2972	715	381	334
长乐区	2272	1240	1032	285	145	140
闽侯县						
连江县						
罗源县						
闽清县						
永泰县						
平潭县						
福清市	3997	2156	1841	484	252	232
厦门市	**41345**	**22030**	**19315**	**4500**	**2412**	**2088**
思明区	9431	4978	4453	1012	536	476
海沧区	5921	3135	2786	650	364	286
湖里区	9466	5047	4419	1066	560	506
集美区	9305	4976	4329	1017	549	468
同安区	5932	3202	2730	630	342	288
翔安区	1290	692	598	125	61	64
莆田市	**11285**	**6234**	**5051**	**1307**	**738**	**569**
城厢区	3153	1755	1398	374	207	167
涵江区	2832	1544	1288	301	168	133
荔城区	4139	2291	1848	499	282	217
秀屿区	1161	644	517	133	81	52
仙游县						
三明市	**4627**	**2529**	**2098**	**489**	**272**	**217**
梅列区	1837	1025	812	212	120	92
三元区	1100	584	516	103	58	45
明溪县						
清流县						
宁化县						
大田县						
尤溪县						
沙县						
将乐县						
泰宁县						
建宁县						
永安市	1690	920	770	174	94	80
泉州市	**28158**	**15344**	**12814**	**3260**	**1772**	**1488**
鲤城区	3733	2057	1676	394	224	170
丰泽区	6268	3397	2871	718	376	342
洛江区	1052	550	502	123	67	56
泉港区	1511	830	681	177	97	80
惠安县						
安溪县						
永春县						
德化县						
石狮市	3671	2008	1663	418	238	180
晋江市	9105	4916	4189	1093	580	513
南安市	2818	1586	1232	337	190	147

1-10a 续表 1

单位：人

地区	出生人口			2019年11月		
	合计	男	女	小计	男	女
漳州市	**8890**	**4702**	**4188**	**992**	**505**	**487**
芗城区	3643	1923	1720	406	214	192
龙文区	3158	1651	1507	340	170	170
云霄县						
漳浦县						
诏安县						
长泰县						
东山县						
南靖县						
平和县						
华安县						
龙海市	2074	1120	954	243	121	122
南平市	**7379**	**3854**	**3525**	**804**	**408**	**396**
延平区	2119	1116	1003	237	135	102
建阳区	1439	764	675	165	75	90
顺昌县						
浦城县						
光泽县						
松溪县						
政和县						
邵武市	1495	780	715	167	76	91
武夷山市	1172	579	593	118	54	64
建瓯市	1154	615	539	117	68	49
龙岩市	**8461**	**4551**	**3910**	**924**	**494**	**430**
新罗区	6743	3613	3130	730	414	316
永定区	588	323	265	70	33	37
长汀县						
上杭县						
武平县						
连城县						
漳平市	1130	615	515	124	47	77
宁德市	**9326**	**4962**	**4364**	**1016**	**523**	**493**
蕉城区	4549	2389	2160	485	236	249
霞浦县						
古田县						
屏南县						
寿宁县						
周宁县						
柘荣县						
福安市	2348	1278	1070	287	155	132
福鼎市	2429	1295	1134	244	132	112

1-10a 续表 2

单位：人

地 区	2019年12月			2020年1月		
	小计	男	女	小计	男	女
合 计	**15569**	**8357**	**7212**	**14185**	**7503**	**6682**
福州市	**3435**	**1825**	**1610**	**3009**	**1529**	**1480**
鼓楼区	501	269	232	424	215	209
台江区	327	183	144	347	180	167
仓山区	1098	590	508	918	481	437
马尾区	171	85	86	172	95	77
晋安区	688	352	336	570	273	297
长乐区	218	114	104	218	106	112
闽侯县						
连江县						
罗源县						
闽清县						
永泰县						
平潭县						
福清市	432	232	200	360	179	181
厦门市	**4169**	**2228**	**1941**	**3846**	**2015**	**1831**
思明区	932	514	418	840	433	407
海沧区	610	291	319	544	288	256
湖里区	972	542	430	912	474	438
集美区	944	507	437	847	449	398
同安区	580	302	278	576	303	273
翔安区	131	72	59	127	68	59
莆田市	**1195**	**645**	**550**	**1064**	**566**	**498**
城厢区	342	185	157	265	151	114
涵江区	295	153	142	273	142	131
荔城区	447	246	201	412	213	199
秀屿区	111	61	50	114	60	54
仙游县						
三明市	**453**	**251**	**202**	**442**	**222**	**220**
梅列区	186	106	80	188	96	92
三元区	96	50	46	103	50	53
明溪县						
清流县						
宁化县						
大田县						
尤溪县						
沙县						
将乐县						
泰宁县						
建宁县						
永安市	171	95	76	151	76	75
泉州市	**2882**	**1596**	**1286**	**2659**	**1479**	**1180**
鲤城区	384	217	167	396	216	180
丰泽区	664	370	294	599	343	256
洛江区	118	65	53	109	59	50
泉港区	127	70	57	142	66	76
惠安县						
安溪县						
永春县						
德化县						
石狮市	378	211	167	319	191	128
晋江市	935	514	421	821	440	381
南安市	276	149	127	273	164	109

1-10a　续表 3　　　　单位：人

地　区	2019年12月			2020年1月		
	小计	男	女	小计	男	女
漳州市	**910**	**481**	**429**	**807**	**430**	**377**
芗城区	407	213	194	346	191	155
龙文区	320	165	155	279	141	138
云霄县						
漳浦县						
诏安县						
长泰县						
东山县						
南靖县						
平和县						
华安县						
龙海市	181	102	79	181	98	83
南平市	**715**	**370**	**345**	**681**	**363**	**318**
延平区	193	117	76	187	100	87
建阳区	147	71	76	140	77	63
顺昌县						
浦城县						
光泽县						
松溪县						
政和县						
邵武市	147	72	75	126	66	60
武夷山市	104	49	55	110	59	51
建瓯市	124	61	63	118	61	57
龙岩市	**876**	**461**	**415**	**810**	**440**	**370**
新罗区	729	377	352	638	341	297
永定区	40	21	19	69	38	31
长汀县						
上杭县						
武平县						
连城县						
漳平市	107	63	44	103	61	42
宁德市	**934**	**500**	**434**	**867**	**459**	**408**
蕉城区	468	256	212	404	196	208
霞浦县						
古田县						
屏南县						
寿宁县						
周宁县						
柘荣县						
福安市	242	131	111	231	128	103
福鼎市	224	113	111	232	135	97

1-10a 续表 4

单位：人

地区	2020年2月			2020年3月			2020年4月		
	小计	男	女	小计	男	女	小计	男	女
合　计	**12143**	**6560**	**5583**	**12698**	**6827**	**5871**	**11555**	**6208**	**5347**
福州市	**2567**	**1351**	**1216**	**2819**	**1566**	**1253**	**2550**	**1363**	**1187**
鼓楼区	367	201	166	419	222	197	375	182	193
台江区	270	141	129	261	150	111	232	123	109
仓山区	807	407	400	867	482	385	782	412	370
马尾区	144	75	69	162	92	70	141	82	59
晋安区	491	264	227	535	294	241	515	279	236
长乐区	196	104	92	207	120	87	194	111	83
闽侯县									
连江县									
罗源县									
闽清县									
永泰县									
平潭县									
福清市	292	159	133	368	206	162	311	174	137
厦门市	**3279**	**1723**	**1556**	**3252**	**1698**	**1554**	**3106**	**1679**	**1427**
思明区	727	378	349	751	390	361	655	352	303
海沧区	480	249	231	452	229	223	497	280	217
湖里区	744	399	345	789	397	392	681	373	308
集美区	724	378	346	717	379	338	723	365	358
同安区	486	256	230	462	262	200	448	246	202
翔安区	118	63	55	81	41	40	102	63	39
莆田市	**913**	**515**	**398**	**990**	**545**	**445**	**838**	**463**	**375**
城厢区	285	170	115	275	159	116	234	134	100
涵江区	198	107	91	237	137	100	206	105	101
荔城区	316	180	136	364	186	178	313	181	132
秀屿区	114	58	56	114	63	51	85	43	42
仙游县									
三明市	**351**	**187**	**164**	**355**	**198**	**157**	**360**	**198**	**162**
梅列区	148	83	65	141	74	67	143	79	64
三元区	87	42	45	87	45	42	91	51	40
明溪县									
清流县									
宁化县									
大田县									
尤溪县									
沙县									
将乐县									
泰宁县									
建宁县									
永安市	116	62	54	127	79	48	126	68	58
泉州市	**2215**	**1231**	**984**	**2344**	**1272**	**1072**	**2089**	**1120**	**969**
鲤城区	282	150	132	307	157	150	291	173	118
丰泽区	523	285	238	507	281	226	461	248	213
洛江区	72	35	37	80	47	33	79	34	45
泉港区	111	63	48	143	85	58	102	56	46
惠安县									
安溪县									
永春县									
德化县									
石狮市	316	178	138	302	168	134	280	149	131
晋江市	684	388	296	770	408	362	671	351	320
南安市	227	132	95	235	126	109	205	109	96

1-10a　续表 5

单位：人

地　区	2020年2月			2020年3月			2020年4月		
	小计	男	女	小计	男	女	小计	男	女
漳州市	**776**	**420**	**356**	**776**	**407**	**369**	**665**	**352**	**313**
芗城区	324	173	151	326	171	155	267	142	125
龙文区	249	137	112	285	153	132	244	131	113
云霄县									
漳浦县									
诏安县									
长泰县									
东山县									
南靖县									
平和县									
华安县									
龙海市	203	110	93	164	82	82	151	77	74
南平市	**614**	**336**	**278**	**637**	**345**	**292**	**583**	**283**	**300**
延平区	184	99	85	184	95	89	185	85	100
建阳区	118	62	56	127	70	57	98	48	50
顺昌县									
浦城县									
光泽县									
松溪县									
政和县									
邵武市	120	70	50	121	65	56	116	52	64
武夷山市	112	56	56	101	58	43	87	42	45
建瓯市	80	49	31	104	57	47	97	56	41
龙岩市	**657**	**368**	**289**	**724**	**390**	**334**	**628**	**331**	**297**
新罗区	522	293	229	583	306	277	501	267	234
永定区	53	36	17	53	31	22	40	20	20
长汀县									
上杭县									
武平县									
连城县									
漳平市	82	39	43	88	53	35	87	44	43
宁德市	**771**	**429**	**342**	**801**	**406**	**395**	**736**	**419**	**317**
蕉城区	363	210	153	393	191	202	352	197	155
霞浦县									
古田县									
屏南县									
寿宁县									
周宁县									
柘荣县									
福安市	201	105	96	207	114	93	194	111	83
福鼎市	207	114	93	201	101	100	190	111	79

1－10a 续表 6

单位：人

地区	2020年5月			2020年6月			2020年7月		
	小计	男	女	小计	男	女	小计	男	女
合　计	**11234**	**6102**	**5132**	**11629**	**6296**	**5333**	**11601**	**6185**	**5416**
福州市	**2433**	**1338**	**1095**	**2519**	**1346**	**1173**	**2439**	**1312**	**1127**
鼓楼区	345	188	157	356	200	156	393	208	185
台江区	251	140	111	243	127	116	240	124	116
仓山区	767	412	355	810	442	368	751	387	364
马尾区	142	83	59	146	69	77	126	70	56
晋安区	455	243	212	514	265	249	470	265	205
长乐区	159	96	63	153	87	66	162	86	76
闽侯县									
连江县									
罗源县									
闽清县									
永泰县									
平潭县									
福清市	314	176	138	297	156	141	297	172	125
厦门市	**3008**	**1635**	**1373**	**3061**	**1658**	**1403**	**3146**	**1685**	**1461**
思明区	710	383	327	743	412	331	751	394	357
海沧区	421	227	194	421	218	203	423	234	189
湖里区	673	350	323	691	385	306	710	374	336
集美区	666	361	305	697	383	314	729	411	318
同安区	448	268	180	408	208	200	422	220	202
翔安区	90	46	44	101	52	49	111	52	59
莆田市	**838**	**474**	**364**	**881**	**491**	**390**	**826**	**446**	**380**
城厢区	234	126	108	255	148	107	220	120	100
涵江区	206	103	103	245	129	116	213	115	98
荔城区	310	181	129	313	184	129	320	173	147
秀屿区	88	64	24	68	30	38	73	38	35
仙游县									
三明市	**344**	**176**	**168**	**384**	**211**	**173**	**347**	**207**	**140**
梅列区	122	61	61	149	82	67	128	79	49
三元区	92	49	43	107	53	54	86	50	36
明溪县									
清流县									
宁化县									
大田县									
尤溪县									
沙县									
将乐县									
泰宁县									
建宁县									
永安市	130	66	64	128	76	52	133	78	55
泉州市	**2046**	**1127**	**919**	**2145**	**1162**	**983**	**2210**	**1189**	**1021**
鲤城区	282	156	126	290	166	124	309	168	141
丰泽区	469	263	206	462	233	229	507	272	235
洛江区	65	39	26	75	38	37	95	47	48
泉港区	113	52	61	101	62	39	120	72	48
惠安县									
安溪县									
永春县									
德化县									
石狮市	250	140	110	262	131	131	312	168	144
晋江市	666	363	303	723	396	327	662	354	308
南安市	201	114	87	232	136	96	205	108	97

1-10a　续表 7

单位：人

地　区	2020年5月			2020年6月			2020年7月		
	小计	男	女	小计	男	女	小计	男	女
漳州市	**687**	**360**	**327**	**691**	**381**	**310**	**674**	**343**	**331**
芗城区	296	151	145	269	157	112	294	154	140
龙文区	244	130	114	255	128	127	218	106	112
云霄县									
漳浦县									
诏安县									
长泰县									
东山县									
南靖县									
平和县									
华安县									
龙海市	145	77	68	167	96	71	162	83	79
南平市	**551**	**288**	**263**	**601**	**304**	**297**	**614**	**320**	**294**
延平区	142	76	66	181	87	94	165	81	84
建阳区	113	65	48	109	64	45	121	56	65
顺昌县									
浦城县									
光泽县									
松溪县									
政和县									
邵武市	110	68	42	131	62	69	115	71	44
武夷山市	92	41	51	104	53	51	109	54	55
建瓯市	94	38	56	76	38	38	104	58	46
龙岩市	**646**	**355**	**291**	**615**	**339**	**276**	**666**	**334**	**332**
新罗区	511	271	240	491	267	224	532	268	264
永定区	38	21	17	37	21	16	55	29	26
长汀县									
上杭县									
武平县									
连城县									
漳平市	97	63	34	87	51	36	79	37	42
宁德市	**681**	**349**	**332**	**732**	**404**	**328**	**679**	**349**	**330**
蕉城区	308	158	150	356	185	171	327	167	160
霞浦县									
古田县									
屏南县									
寿宁县									
周宁县									
柘荣县									
福安市	198	100	98	184	104	80	171	91	80
福鼎市	175	91	84	192	115	77	181	91	90

1-10a 续表 8

单位：人

地区	2020年8月			2020年9月			2020年10月		
	小计	男	女	小计	男	女	小计	男	女
合 计	**12346**	**6718**	**5628**	**11212**	**5969**	**5243**	**10578**	**5633**	**4945**
福州市	**2628**	**1416**	**1212**	**2307**	**1227**	**1080**	**1865**	**1003**	**862**
鼓楼区	409	228	181	367	199	168	286	146	140
台江区	257	150	107	237	133	104	256	138	118
仓山区	839	440	399	699	374	325	431	236	195
马尾区	149	90	59	140	72	68	134	80	54
晋安区	468	226	242	458	237	221	348	176	172
长乐区	187	109	78	139	80	59	154	82	72
闽侯县									
连江县									
罗源县									
闽清县									
永泰县									
平潭县									
福清市	319	173	146	267	132	135	256	145	111
厦门市	**3410**	**1865**	**1545**	**3300**	**1734**	**1566**	**3268**	**1698**	**1570**
思明区	785	420	365	772	388	384	753	378	375
海沧区	470	251	219	497	264	233	456	240	216
湖里区	746	399	347	758	405	353	724	389	335
集美区	795	429	366	695	371	324	751	394	357
同安区	499	300	199	472	248	224	501	247	254
翔安区	115	66	49	106	58	48	83	50	33
莆田市	**882**	**501**	**381**	**794**	**417**	**377**	**757**	**433**	**324**
城厢区	253	128	125	216	114	102	200	113	87
涵江区	215	139	76	225	126	99	218	120	98
荔城区	313	185	128	276	134	142	256	146	110
秀屿区	101	49	52	77	43	34	83	54	29
仙游县									
三明市	**401**	**216**	**185**	**363**	**208**	**155**	**338**	**183**	**155**
梅列区	146	85	61	137	83	54	137	77	60
三元区	105	56	49	77	40	37	66	40	26
明溪县									
清流县									
宁化县									
大田县									
尤溪县									
沙县									
将乐县									
泰宁县									
建宁县									
永安市	150	75	75	149	85	64	135	66	69
泉州市	**2265**	**1213**	**1052**	**2025**	**1106**	**919**	**2018**	**1077**	**941**
鲤城区	301	164	137	269	137	132	228	129	99
丰泽区	471	242	229	484	275	209	403	209	194
洛江区	91	44	47	68	33	35	77	42	35
泉港区	144	85	59	118	64	54	113	58	55
惠安县									
安溪县									
永春县									
德化县									
石狮市	306	152	154	252	133	119	276	149	127
晋江市	711	394	317	633	341	292	736	387	349
南安市	241	132	109	201	123	78	185	103	82

1-10a 续表 9

单位：人

地区	2020年8月			2020年9月			2020年10月		
	小计	男	女	小计	男	女	小计	男	女
漳州市	**693**	**383**	**310**	**648**	**347**	**301**	**571**	**293**	**278**
芗城区	267	148	119	259	137	122	182	72	110
龙文区	245	131	114	227	121	106	252	138	114
云霄县									
漳浦县									
诏安县									
长泰县									
东山县									
南靖县									
平和县									
华安县									
龙海市	180	104	76	161	88	73	136	82	54
南平市	**569**	**304**	**265**	**538**	**296**	**242**	**472**	**237**	**235**
延平区	175	91	84	155	81	74	131	69	62
建阳区	98	65	33	97	59	38	106	52	54
顺昌县									
浦城县									
光泽县									
松溪县									
政和县									
邵武市	124	64	60	112	60	52	106	54	52
武夷山市	93	40	53	76	42	34	66	31	35
建瓯市	79	44	35	98	54	44	63	31	32
龙岩市	**710**	**391**	**319**	**633**	**331**	**302**	**572**	**317**	**255**
新罗区	550	307	243	498	250	248	458	252	206
永定区	51	26	25	43	26	17	39	21	18
长汀县									
上杭县									
武平县									
连城县									
漳平市	109	58	51	92	55	37	75	44	31
宁德市	**788**	**429**	**359**	**604**	**303**	**301**	**717**	**392**	**325**
蕉城区	393	219	174	297	146	151	403	228	175
霞浦县									
古田县									
屏南县									
寿宁县									
周宁县									
柘荣县									
福安市	180	98	82	127	64	63	126	77	49
福鼎市	215	112	103	180	93	87	188	87	101

1-10b 各地区分性别、月份的出生人口 (2019.11.1-2020.10.31)(镇)

单位：人

地区	出生人口			2019年11月		
	合计	男	女	小计	男	女
合 计	**105561**	**57680**	**47881**	**11800**	**6333**	**5467**
福州市	**16738**	**8964**	**7774**	**1951**	**1074**	**877**
鼓楼区						
台江区						
仓山区						
马尾区						
晋安区	8	2	6	1		1
长乐区	1444	756	688	156	86	70
闽侯县	4835	2606	2229	567	307	260
连江县	2344	1260	1084	277	156	121
罗源县	1650	876	774	182	92	90
闽清县	960	521	439	121	69	52
永泰县	1110	587	523	141	82	59
平潭县	2075	1120	955	243	135	108
福清市	2312	1236	1076	263	147	116
厦门市	**2367**	**1279**	**1088**	**261**	**130**	**131**
思明区						
海沧区						
湖里区	17	10	7			
集美区	2	1	1			
同安区	174	91	83	21	11	10
翔安区	2174	1177	997	240	119	121
莆田市	**5914**	**3228**	**2686**	**637**	**339**	**298**
城厢区	381	213	168	37	27	10
涵江区	105	54	51	10	4	6
荔城区	75	41	34	9	5	4
秀屿区	894	462	432	95	51	44
仙游县	4459	2458	2001	486	252	234
三明市	**9146**	**5010**	**4136**	**1018**	**524**	**494**
梅列区	66	33	33	5	3	2
三元区	43	26	17	10	4	6
明溪县	431	236	195	51	24	27
清流县	513	268	245	54	29	25
宁化县	1181	644	537	155	76	79
大田县	1646	936	710	194	106	88
尤溪县	1814	1013	801	186	89	97
沙县	1556	846	710	184	94	90
将乐县	761	388	373	67	38	29
泰宁县	528	296	232	59	35	24
建宁县	455	245	210	44	22	22
永安市	152	79	73	9	4	5
泉州市	**28452**	**15925**	**12527**	**3181**	**1750**	**1431**
鲤城区						
丰泽区						
洛江区	375	214	161	22	11	11
泉港区	833	459	374	101	52	49
惠安县	6631	3657	2974	745	401	344
安溪县	4755	2724	2031	557	300	257
永春县	2190	1236	954	251	157	94
德化县	2856	1640	1216	315	176	139
石狮市	1371	767	604	140	78	62
晋江市	3409	1857	1552	387	199	188
南安市	6032	3371	2661	663	376	287

1-10b　续表 1　　　　单位：人

地　区	出生人口			2019年11月		
	合计	男	女	小计	男	女
漳州市	**19435**	**10497**	**8938**	**2138**	**1112**	**1026**
芗城区	619	322	297	80	42	38
龙文区						
云霄县	2133	1196	937	217	124	93
漳浦县	4813	2618	2195	495	255	240
诏安县	2585	1381	1204	314	173	141
长泰县	1092	572	520	100	58	42
东山县	1320	700	620	107	54	53
南靖县	1273	655	618	144	64	80
平和县	1890	1039	851	228	96	132
华安县	523	255	268	68	37	31
龙海市	3187	1759	1428	385	209	176
南平市	**4920**	**2637**	**2283**	**563**	**284**	**279**
延平区	357	185	172	37	16	21
建阳区	205	112	93	18	6	12
顺昌县	656	355	301	81	45	36
浦城县	858	453	405	92	45	47
光泽县	520	288	232	50	27	23
松溪县	557	302	255	54	29	25
政和县	989	523	466	132	66	66
邵武市	194	102	92	27	12	15
武夷山市	147	75	72	21	10	11
建瓯市	437	242	195	51	28	23
龙岩市	**8487**	**4713**	**3774**	**943**	**507**	**436**
新罗区	584	310	274	66	32	34
永定区	784	444	340	71	39	32
长汀县	1992	1110	882	242	127	115
上杭县	1885	1046	839	201	107	94
武平县	1681	911	770	172	96	76
连城县	1387	788	599	167	88	79
漳平市	174	104	70	24	18	6
宁德市	**10102**	**5427**	**4675**	**1108**	**613**	**495**
蕉城区	337	178	159	42	24	18
霞浦县	2950	1632	1318	322	188	134
古田县	1406	746	660	178	100	78
屏南县	730	364	366	82	36	46
寿宁县	976	499	477	108	62	46
周宁县	742	390	352	82	39	43
柘荣县	584	331	253	46	32	14
福安市	1092	609	483	117	64	53
福鼎市	1285	678	607	131	68	63

1-10b 续表 2

单位：人

地 区	2019年12月			2020年1月		
	小计	男	女	小计	男	女
合 计	**10370**	**5559**	**4811**	**9821**	**5330**	**4491**
福州市	**1725**	**910**	**815**	**1577**	**814**	**763**
鼓楼区						
台江区						
仓山区						
马尾区						
晋安区				2		2
长乐区	134	76	58	125	59	66
闽侯县	522	289	233	465	249	216
连江县	271	141	130	227	115	112
罗源县	170	81	89	170	97	73
闽清县	91	52	39	88	46	42
永泰县	97	41	56	86	52	34
平潭县	201	98	103	195	97	98
福清市	239	132	107	219	99	120
厦门市	**247**	**127**	**120**	**224**	**119**	**105**
思明区						
海沧区						
湖里区	2	2		4		4
集美区	1		1			
同安区	24	12	12	9	7	2
翔安区	220	113	107	211	112	99
莆田市	**572**	**296**	**276**	**562**	**288**	**274**
城厢区	40	19	21	31	17	14
涵江区	11	7	4	13	5	8
荔城区	11	7	4	7	5	2
秀屿区	95	48	47	92	44	48
仙游县	415	215	200	419	217	202
三明市	**895**	**452**	**443**	**830**	**469**	**361**
梅列区	4	2	2	10	5	5
三元区	3	1	2	3	2	1
明溪县	45	28	17	45	28	17
清流县	50	23	27	52	30	22
宁化县	107	59	48	119	59	60
大田县	159	82	77	134	77	57
尤溪县	192	103	89	167	100	67
沙县	159	76	83	148	83	65
将乐县	71	33	38	66	32	34
泰宁县	53	22	31	41	27	14
建宁县	36	16	20	25	15	10
永安市	16	7	9	20	11	9
泉州市	**2789**	**1569**	**1220**	**2674**	**1493**	**1181**
鲤城区						
丰泽区						
洛江区	42	26	16	40	28	12
泉港区	81	51	30	81	45	36
惠安县	610	354	256	572	322	250
安溪县	437	261	176	444	261	183
永春县	210	108	102	200	110	90
德化县	310	190	120	269	144	125
石狮市	141	72	69	130	74	56
晋江市	333	167	166	327	177	150
南安市	625	340	285	611	332	279

1-10b 续表 3

单位：人

地区	2019年12月			2020年1月		
	小计	男	女	小计	男	女
漳州市	**1935**	**1043**	**892**	**1771**	**953**	**818**
芗城区	52	21	31	50	27	23
龙文区						
云霄县	211	124	87	200	117	83
漳浦县	507	292	215	451	252	199
诏安县	234	125	109	226	108	118
长泰县	116	61	55	95	50	45
东山县	127	71	56	122	61	61
南靖县	133	58	75	106	60	46
平和县	174	84	90	163	81	82
华安县	44	18	26	51	25	26
龙海市	337	189	148	307	172	135
南平市	**463**	**255**	**208**	**445**	**237**	**208**
延平区	41	29	12	24	16	8
建阳区	16	8	8	24	14	10
顺昌县	67	39	28	72	37	35
浦城县	74	38	36	93	50	43
光泽县	46	30	16	45	25	20
松溪县	50	25	25	48	23	25
政和县	101	48	53	74	39	35
邵武市	17	9	8	19	10	9
武夷山市	11	5	6	10	6	4
建瓯市	40	24	16	36	17	19
龙岩市	**792**	**436**	**356**	**795**	**441**	**354**
新罗区	56	24	32	53	35	18
永定区	70	39	31	60	30	30
长汀县	198	109	89	210	113	97
上杭县	179	106	73	178	100	78
武平县	150	71	79	138	71	67
连城县	128	77	51	141	83	58
漳平市	11	10	1	15	9	6
宁德市	**952**	**471**	**481**	**943**	**516**	**427**
蕉城区	29	16	13	31	18	13
霞浦县	272	146	126	269	146	123
古田县	147	73	74	129	79	50
屏南县	77	39	38	82	40	42
寿宁县	83	38	45	97	46	51
周宁县	72	36	36	54	33	21
柘荣县	60	23	37	55	32	23
福安市	98	55	43	108	60	48
福鼎市	114	45	69	118	62	56

1－10b 续表 4

单位：人

地区	2020年2月			2020年3月			2020年4月		
	小计	男	女	小计	男	女	小计	男	女
合计	**8638**	**4663**	**3975**	**8893**	**4909**	**3984**	**8109**	**4487**	**3622**
福州市	**1439**	**735**	**704**	**1414**	**759**	**655**	**1312**	**698**	**614**
鼓楼区									
台江区									
仓山区									
马尾区									
晋安区	1	1							
长乐区	138	67	71	104	62	42	111	63	48
闽侯县	420	212	208	390	205	185	385	205	180
连江县	183	109	74	210	99	111	175	99	76
罗源县	126	68	58	139	74	65	139	70	69
闽清县	78	37	41	88	53	35	66	38	28
永泰县	107	52	55	109	64	45	84	39	45
平潭县	186	87	99	167	94	73	163	87	76
福清市	200	102	98	207	108	99	189	97	92
厦门市	**174**	**97**	**77**	**189**	**104**	**85**	**190**	**102**	**88**
思明区									
海沧区									
湖里区	1		1	4	3	1	2	2	
集美区									
同安区	10	4	6	14	7	7	14	6	8
翔安区	163	93	70	171	94	77	174	94	80
莆田市	**518**	**288**	**230**	**537**	**309**	**228**	**445**	**251**	**194**
城厢区	33	12	21	28	18	10	33	20	13
涵江区	8	4	4	10	3	7	7	6	1
荔城区	9	1	8	10	7	3	8	5	3
秀屿区	70	35	35	85	48	37	70	36	34
仙游县	398	236	162	404	233	171	327	184	143
三明市	**735**	**404**	**331**	**722**	**392**	**330**	**682**	**366**	**316**
梅列区	10	7	3	5	3	2	5	2	3
三元区	4	2	2	6	5	1	3	2	1
明溪县	31	12	19	26	14	12	24	13	11
清流县	35	21	14	36	19	17	30	18	12
宁化县	94	48	46	102	50	52	85	48	37
大田县	116	67	49	127	69	58	134	74	60
尤溪县	140	76	64	154	90	64	145	85	60
沙县	146	88	58	114	59	55	121	58	63
将乐县	58	32	26	64	30	34	53	18	35
泰宁县	44	22	22	43	23	20	39	22	17
建宁县	45	25	20	36	23	13	29	21	8
永安市	12	4	8	9	7	2	14	5	9
泉州市	**2231**	**1216**	**1015**	**2357**	**1349**	**1008**	**2189**	**1257**	**932**
鲤城区									
丰泽区									
洛江区	36	18	18	30	13	17	29	20	9
泉港区	73	43	30	61	33	28	47	30	17
惠安县	489	266	223	536	302	234	486	266	220
安溪县	370	206	164	396	240	156	366	201	165
永春县	184	100	84	174	94	80	169	94	75
德化县	227	126	101	214	135	79	237	147	90
石狮市	108	54	54	118	65	53	113	73	40
晋江市	256	139	117	269	148	121	250	141	109
南安市	488	264	224	559	319	240	492	285	207

1-10b　续表 5

单位：人

地　区	2020年2月			2020年3月			2020年4月		
	小计	男	女	小计	男	女	小计	男	女
漳州市	**1591**	**851**	**740**	**1628**	**883**	**745**	**1467**	**825**	**642**
芗城区	43	20	23	57	26	31	48	30	18
龙文区									
云霄县	150	87	63	182	105	77	165	102	63
漳浦县	383	203	180	379	198	181	358	195	163
诏安县	231	117	114	214	123	91	205	113	92
长泰县	95	45	50	84	41	43	91	49	42
东山县	122	71	51	123	62	61	87	47	40
南靖县	100	51	49	124	71	53	98	53	45
平和县	149	91	58	156	90	66	163	92	71
华安县	51	25	26	54	21	33	35	12	23
龙海市	267	141	126	255	146	109	217	132	85
南平市	**430**	**217**	**213**	**412**	**217**	**195**	**393**	**218**	**175**
延平区	33	14	19	24	10	14	32	17	15
建阳区	13	5	8	24	11	13	13	11	2
顺昌县	61	24	37	55	29	26	35	18	17
浦城县	82	42	40	66	35	31	73	43	30
光泽县	41	18	23	46	23	23	33	21	12
松溪县	43	23	20	51	25	26	53	28	25
政和县	82	46	36	80	49	31	91	39	52
邵武市	26	18	8	10	5	5	17	10	7
武夷山市	11	6	5	11	6	5	13	9	4
建瓯市	38	21	17	45	24	21	33	22	11
龙岩市	**651**	**369**	**282**	**726**	**425**	**301**	**630**	**336**	**294**
新罗区	34	19	15	57	33	24	43	27	16
永定区	60	29	31	51	25	26	70	41	29
长汀县	148	84	64	172	112	60	147	80	67
上杭县	142	85	57	162	89	73	126	65	61
武平县	138	73	65	143	85	58	111	52	59
连城县	115	71	44	126	70	56	122	68	54
漳平市	14	8	6	15	11	4	11	3	8
宁德市	**869**	**486**	**383**	**908**	**471**	**437**	**801**	**434**	**367**
蕉城区	42	26	16	37	19	18	22	11	11
霞浦县	241	139	102	258	137	121	226	127	99
古田县	109	58	51	137	65	72	104	60	44
屏南县	57	30	27	66	39	27	54	29	25
寿宁县	102	60	42	85	39	46	78	38	40
周宁县	59	34	25	69	42	27	72	42	30
柘荣县	41	24	17	57	28	29	48	29	19
福安市	113	64	49	94	50	44	93	50	43
福鼎市	105	51	54	105	52	53	104	48	56

1−10b 续表 6

单位：人

地 区	2020年5月			2020年6月			2020年7月		
	小计	男	女	小计	男	女	小计	男	女
合 计	**8223**	**4453**	**3770**	**8131**	**4473**	**3658**	**8147**	**4596**	**3551**
福州市	**1299**	**684**	**615**	**1291**	**701**	**590**	**1296**	**748**	**548**
鼓楼区									
台江区									
仓山区									
马尾区									
晋安区							1		1
长乐区	117	65	52	113	61	52	91	46	45
闽侯县	389	205	184	391	208	183	365	217	148
连江县	177	85	92	171	83	88	201	120	81
罗源县	119	67	52	126	74	52	127	71	56
闽清县	71	43	28	79	37	42	67	39	28
永泰县	89	41	48	90	50	40	95	44	51
平潭县	168	89	79	140	84	56	170	105	65
福清市	169	89	80	181	104	77	179	106	73
厦门市	**162**	**78**	**84**	**191**	**100**	**91**	**180**	**112**	**68**
思明区									
海沧区									
湖里区	2	2					1		1
集美区									
同安区	17	8	9	16	7	9	6	4	2
翔安区	143	68	75	175	93	82	173	108	65
莆田市	**447**	**236**	**211**	**465**	**259**	**206**	**411**	**226**	**185**
城厢区	25	14	11	31	16	15	19	10	9
涵江区	9	3	6	8	5	3	4	3	1
荔城区	5	4	1	5	3	2	4	1	3
秀屿区	76	33	43	55	30	25	53	24	29
仙游县	332	182	150	366	205	161	331	188	143
三明市	**707**	**375**	**332**	**662**	**372**	**290**	**719**	**413**	**306**
梅列区	4		4	4	3	1	6	3	3
三元区	3	1	2	1	1		4	4	
明溪县	42	26	16	23	9	14	38	23	15
清流县	32	13	19	40	16	24	46	27	19
宁化县	81	46	35	85	47	38	86	52	34
大田县	120	71	49	111	65	46	144	85	59
尤溪县	137	74	63	127	73	54	122	67	55
沙县	125	57	68	114	75	39	118	65	53
将乐县	66	38	28	63	33	30	64	35	29
泰宁县	47	23	24	36	21	15	42	24	18
建宁县	39	21	18	39	18	21	40	22	18
永安市	11	5	6	19	11	8	9	6	3
泉州市	**2198**	**1219**	**979**	**2180**	**1206**	**974**	**2167**	**1195**	**972**
鲤城区									
丰泽区									
洛江区	26	12	14	29	9	20	31	17	14
泉港区	55	25	30	57	27	30	67	33	34
惠安县	502	273	229	552	300	252	542	287	255
安溪县	405	216	189	345	199	146	359	212	147
永春县	170	93	77	163	88	75	161	92	69
德化县	225	129	96	238	134	104	207	116	91
石狮市	93	60	33	99	51	48	85	51	34
晋江市	269	135	134	232	138	94	252	142	110
南安市	453	276	177	465	260	205	463	245	218

1-10b　续表 7　　　　单位：人

地　区	2020年5月			2020年6月			2020年7月		
	小计	男	女	小计	男	女	小计	男	女
漳州市	**1556**	**833**	**723**	**1481**	**820**	**661**	**1555**	**878**	**677**
芗城区	47	24	23	51	22	29	60	37	23
龙文区									
云霄县	172	92	80	167	107	60	163	84	79
漳浦县	401	222	179	352	205	147	362	214	148
诏安县	202	102	100	203	102	101	208	112	96
长泰县	66	33	33	94	53	41	99	55	44
东山县	138	77	61	103	45	58	105	55	50
南靖县	103	50	53	92	53	39	101	48	53
平和县	167	96	71	140	80	60	150	89	61
华安县	31	17	14	29	17	12	42	23	19
龙海市	229	120	109	250	136	114	265	161	104
南平市	**386**	**224**	**162**	**394**	**220**	**174**	**387**	**204**	**183**
延平区	24	6	18	25	11	14	27	11	16
建阳区	14	9	5	20	12	8	22	17	5
顺昌县	49	31	18	41	25	16	48	29	19
浦城县	61	37	24	74	36	38	61	28	33
光泽县	47	31	16	47	29	18	46	23	23
松溪县	50	28	22	49	30	19	50	22	28
政和县	88	57	31	77	38	39	73	44	29
邵武市	10	3	7	19	10	9	13	4	9
武夷山市	12	5	7	11	7	4	12	4	8
建瓯市	31	17	14	31	22	9	35	22	13
龙岩市	**688**	**388**	**300**	**622**	**338**	**284**	**690**	**395**	**295**
新罗区	49	29	20	33	15	18	54	31	23
永定区	64	34	30	64	41	23	72	44	28
长汀县	141	87	54	142	80	62	164	84	80
上杭县	154	84	70	146	80	66	158	97	61
武平县	151	83	68	120	57	63	145	88	57
连城县	118	65	53	101	60	41	87	46	41
漳平市	11	6	5	16	5	11	10	5	5
宁德市	**780**	**416**	**364**	**845**	**457**	**388**	**742**	**425**	**317**
蕉城区	26	10	16	26	17	9	15	10	5
霞浦县	217	111	106	266	155	111	215	124	91
古田县	106	60	46	110	50	60	109	64	45
屏南县	60	26	34	64	37	27	47	23	24
寿宁县	75	43	32	90	44	46	70	45	25
周宁县	61	31	30	60	30	30	63	32	31
柘荣县	46	26	20	50	31	19	49	26	23
福安市	90	54	36	80	43	37	88	54	34
福鼎市	99	55	44	99	50	49	86	47	39

1-10b 续表 8

单位：人

地区	2020年8月			2020年9月			2020年10月		
	小计	男	女	小计	男	女	小计	男	女
合计	**8257**	**4481**	**3776**	**7619**	**4224**	**3395**	**7553**	**4172**	**3381**
福州市	**1257**	**675**	**582**	**1150**	**599**	**551**	**1027**	**567**	**460**
鼓楼区									
台江区									
仓山区									
马尾区									
晋安区	1	1		1		1	1		1
长乐区	115	49	66	115	54	61	125	68	57
闽侯县	430	237	193	291	152	139	220	120	100
连江县	160	91	69	172	92	80	120	70	50
罗源县	112	61	51	123	57	66	117	64	53
闽清县	71	34	37	68	37	31	72	36	36
永泰县	75	42	33	78	42	36	59	38	21
平潭县	135	73	62	151	80	71	156	91	65
福清市	158	87	71	151	85	66	157	80	77
厦门市	**193**	**102**	**91**	**194**	**111**	**83**	**162**	**97**	**65**
思明区									
海沧区									
湖里区							1	1	
集美区	1	1							
同安区	16	11	5	14	4	10	13	10	3
翔安区	176	90	86	180	107	73	148	86	62
莆田市	**439**	**231**	**208**	**406**	**246**	**160**	**475**	**259**	**216**
城厢区	32	17	15	33	23	10	39	20	19
涵江区	11	8	3	3	1	2	11	5	6
荔城区	4	2	2				3	1	2
秀屿区	68	34	34	66	45	21	69	34	35
仙游县	324	170	154	304	177	127	353	199	154
三明市	**717**	**399**	**318**	**698**	**403**	**295**	**761**	**441**	**320**
梅列区	4	1	3	6	2	4	3	2	1
三元区	2	1	1	2	2		2	1	1
明溪县	40	22	18	35	20	15	31	17	14
清流县	38	22	16	42	24	18	58	26	32
宁化县	81	56	25	92	50	42	94	53	41
大田县	125	71	54	135	85	50	147	84	63
尤溪县	152	80	72	135	76	59	157	100	57
沙县	122	68	54	104	62	42	101	61	40
将乐县	60	29	31	65	30	35	64	40	24
泰宁县	46	23	23	43	31	12	35	23	12
建宁县	45	25	20	32	16	16	45	21	24
永安市	2	1	1	7	5	2	24	13	11
泉州市	**2203**	**1242**	**961**	**2059**	**1179**	**880**	**2224**	**1250**	**974**
鲤城区									
丰泽区									
洛江区	32	22	10	31	20	11	27	18	9
泉港区	59	31	28	72	44	28	79	45	34
惠安县	511	280	231	499	279	220	587	327	260
安溪县	374	229	145	317	187	130	385	212	173
永春县	177	111	66	171	97	74	160	92	68
德化县	223	111	112	203	118	85	188	114	74
石狮市	107	63	44	118	59	59	119	67	52
晋江市	275	152	123	267	161	106	292	158	134
南安市	445	243	202	381	214	167	387	217	170

1-10b　续表 9　　单位：人

地　区	2020年8月			2020年9月			2020年10月		
	小计	男	女	小计	男	女	小计	男	女
漳州市	**1568**	**807**	**761**	**1421**	**782**	**639**	**1324**	**710**	**614**
芗城区	53	30	23	51	27	24	27	16	11
龙文区									
云霄县	174	90	84	176	89	87	156	75	81
漳浦县	397	191	206	363	193	170	365	198	167
诏安县	182	104	78	161	91	70	205	111	94
长泰县	103	49	54	95	51	44	54	27	27
东山县	105	54	51	84	47	37	97	56	41
南靖县	107	62	45	98	52	46	67	33	34
平和县	145	77	68	133	92	41	122	71	51
华安县	44	23	21	33	17	16	41	20	21
龙海市	258	127	131	227	123	104	190	103	87
南平市	**409**	**212**	**197**	**335**	**176**	**159**	**303**	**173**	**130**
延平区	32	18	14	27	15	12	31	22	9
建阳区	15	8	7	15	8	7	11	3	8
顺昌县	49	24	25	54	31	23	44	23	21
浦城县	67	41	26	59	28	31	56	30	26
光泽县	57	29	28	40	20	20	22	12	10
松溪县	42	21	21	27	21	6	40	27	13
政和县	77	40	37	64	28	36	50	29	21
邵武市	15	10	5	8	4	4	13	7	6
武夷山市	13	5	8	10	6	4	12	6	6
建瓯市	42	16	26	31	15	16	24	14	10
龙岩市	**662**	**374**	**288**	**635**	**358**	**277**	**653**	**346**	**307**
新罗区	55	29	26	41	20	21	43	16	27
永定区	70	42	28	60	38	22	72	42	30
长汀县	147	84	63	138	77	61	143	73	70
上杭县	140	77	63	144	71	73	155	85	70
武平县	136	80	56	133	80	53	144	75	69
连城县	98	54	44	107	64	43	77	42	35
漳平市	16	8	8	12	8	4	19	13	6
宁德市	**809**	**439**	**370**	**721**	**370**	**351**	**624**	**329**	**295**
蕉城区	19	7	12	23	9	14	25	11	14
霞浦县	244	143	101	208	100	108	212	116	96
古田县	100	48	52	99	51	48	78	38	40
屏南县	54	27	27	48	21	27	39	17	22
寿宁县	70	30	40	73	33	40	45	21	24
周宁县	57	23	34	48	26	22	45	22	23
柘荣县	51	35	16	41	20	21	40	25	15
福安市	86	41	45	73	42	31	52	32	20
福鼎市	128	85	43	108	68	40	88	47	41

1-10c 各地区分性别、月份的出生人口 (2019.11.1-2020.10.31)(乡村)

单位：人

地　区	出生人口			2019年11月		
	合计	男	女	小计	男	女
合　计	**124266**	**67946**	**56320**	**12978**	**7050**	**5928**
福州市	**18597**	**10034**	**8563**	**2134**	**1143**	**991**
鼓楼区						
台江区						
仓山区						
马尾区	106	53	53	6	4	2
晋安区	164	93	71	14	8	6
长乐区	2422	1309	1113	291	153	138
闽侯县	3309	1755	1554	402	210	192
连江县	2152	1163	989	254	143	111
罗源县	523	274	249	58	27	31
闽清县	1261	676	585	142	75	67
永泰县	1427	784	643	164	91	73
平潭县	1748	990	758	199	112	87
福清市	5485	2937	2548	604	320	284
厦门市	**5707**	**3124**	**2583**	**592**	**323**	**269**
思明区						
海沧区	117	68	49	5	2	3
湖里区						
集美区	914	496	418	102	55	47
同安区	2262	1214	1048	220	119	101
翔安区	2414	1346	1068	265	147	118
莆田市	**11148**	**6050**	**5098**	**1214**	**656**	**558**
城厢区	1437	708	729	147	83	64
涵江区	825	431	394	104	51	53
荔城区	1426	786	640	170	96	74
秀屿区	2896	1622	1274	327	183	144
仙游县	4564	2503	2061	466	243	223
三明市	**8852**	**4907**	**3945**	**862**	**467**	**395**
梅列区	38	19	19	5	2	3
三元区	191	104	87	16	7	9
明溪县	390	208	182	49	29	20
清流县	579	302	277	66	39	27
宁化县	1336	768	568	134	72	62
大田县	1537	868	669	138	73	65
尤溪县	1981	1127	854	185	109	76
沙县	624	342	282	61	30	31
将乐县	505	270	235	42	17	25
泰宁县	398	218	180	50	30	20
建宁县	464	240	224	48	24	24
永安市	809	441	368	68	35	33
泉州市	**28605**	**16125**	**12480**	**2991**	**1673**	**1318**
鲤城区						
丰泽区						
洛江区	962	575	387	111	73	38
泉港区	1989	1146	843	169	104	65
惠安县	5646	3235	2411	605	347	258
安溪县	4865	2769	2096	502	287	215
永春县	1515	864	651	170	85	85
德化县	737	406	331	66	43	23
石狮市	839	464	375	85	46	39
晋江市	5900	3203	2697	601	307	294
南安市	6152	3463	2689	682	381	301

1-10c　续表 1　　　　单位：人

地　区	出生人口			2019年11月		
	合计	男	女	小计	男	女
漳州市	**19872**	**10765**	**9107**	**2053**	**1100**	**953**
芗城区	522	288	234	50	30	20
龙文区	296	154	142	23	12	11
云霄县	1937	1064	873	202	110	92
漳浦县	4531	2505	2026	484	267	217
诏安县	3407	1781	1626	365	177	188
长泰县	907	488	419	95	63	32
东山县	776	412	364	70	33	37
南靖县	1083	573	510	107	49	58
平和县	2405	1334	1071	256	140	116
华安县	486	261	225	38	22	16
龙海市	3522	1905	1617	363	197	166
南平市	**8684**	**4587**	**4097**	**844**	**444**	**400**
延平区	791	417	374	86	43	43
建阳区	1034	541	493	98	51	47
顺昌县	662	329	333	69	38	31
浦城县	1072	575	497	92	47	45
光泽县	487	261	226	51	31	20
松溪县	650	340	310	60	34	26
政和县	980	537	443	87	36	51
邵武市	394	220	174	39	15	24
武夷山市	931	497	434	96	52	44
建瓯市	1683	870	813	166	97	69
龙岩市	**10334**	**5663**	**4671**	**1047**	**575**	**472**
新罗区	934	479	455	96	48	48
永定区	1398	753	645	141	74	67
长汀县	2173	1212	961	218	134	84
上杭县	1998	1126	872	173	102	71
武平县	1456	798	658	177	95	82
连城县	1536	851	685	160	83	77
漳平市	839	444	395	82	39	43
宁德市	**12467**	**6691**	**5776**	**1241**	**669**	**572**
蕉城区	2115	1116	999	217	115	102
霞浦县	1473	814	659	153	77	76
古田县	1537	803	734	151	83	68
屏南县	626	346	280	62	35	27
寿宁县	979	520	459	95	44	51
周宁县	709	389	320	71	40	31
柘荣县	365	196	169	39	21	18
福安市	2710	1492	1218	273	165	108
福鼎市	1953	1015	938	180	89	91

1-10c 续表 2

单位：人

地 区	2019年12月			2020年1月		
	小计	男	女	小计	男	女
合 计	**11719**	**6337**	**5382**	**11079**	**6030**	**5049**
福州市	**1810**	**955**	**855**	**1710**	**906**	**804**
鼓楼区						
台江区						
仓山区						
马尾区	10	5	5	12	7	5
晋安区	18	10	8	19	11	8
长乐区	248	139	109	217	119	98
闽侯县	330	174	156	319	169	150
连江县	217	108	109	190	98	92
罗源县	58	32	26	56	36	20
闽清县	114	63	51	98	52	46
永泰县	134	72	62	106	54	52
平潭县	146	81	65	172	96	76
福清市	535	271	264	521	264	257
厦门市	**545**	**299**	**246**	**511**	**283**	**228**
思明区						
海沧区	13	10	3	9	6	3
湖里区						
集美区	86	45	41	83	39	44
同安区	212	126	86	211	120	91
翔安区	234	118	116	208	118	90
莆田市	**1102**	**584**	**518**	**1001**	**537**	**464**
城厢区	132	56	76	112	52	60
涵江区	76	51	25	66	33	33
荔城区	164	81	83	145	77	68
秀屿区	300	167	133	268	158	110
仙游县	430	229	201	410	217	193
三明市	**821**	**453**	**368**	**764**	**428**	**336**
梅列区	3	1	2	2	1	1
三元区	16	9	7	11	6	5
明溪县	39	17	22	33	15	18
清流县	48	25	23	53	27	26
宁化县	141	84	57	142	83	59
大田县	126	77	49	150	90	60
尤溪县	181	100	81	146	82	64
沙县	53	33	20	43	18	25
将乐县	64	31	33	49	33	16
泰宁县	38	14	24	42	25	17
建宁县	38	18	20	31	13	18
永安市	74	44	30	62	35	27
泉州市	**2702**	**1489**	**1213**	**2504**	**1444**	**1060**
鲤城区						
丰泽区						
洛江区	94	52	42	93	58	35
泉港区	189	94	95	168	96	72
惠安县	535	297	238	462	273	189
安溪县	440	237	203	435	246	189
永春县	131	72	59	126	72	54
德化县	47	29	18	56	28	28
石狮市	90	45	45	72	45	27
晋江市	574	317	257	539	313	226
南安市	602	346	256	553	313	240

1-10c　续表 3　　　　单位：人

地　区	2019年12月			2020年1月		
	小计	男	女	小计	男	女
漳州市	**1897**	**1043**	**854**	**1753**	**891**	**862**
芗城区	38	19	19	49	23	26
龙文区	41	30	11	25	11	14
云霄县	170	95	75	181	98	83
漳浦县	440	240	200	412	224	188
诏安县	315	173	142	302	145	157
长泰县	88	54	34	62	24	38
东山县	73	39	34	72	39	33
南靖县	108	57	51	92	43	49
平和县	221	116	105	221	108	113
华安县	38	18	20	29	14	15
龙海市	365	202	163	308	162	146
南平市	**777**	**404**	**373**	**792**	**435**	**357**
延平区	68	41	27	62	28	34
建阳区	72	46	26	122	67	55
顺昌县	57	28	29	46	26	20
浦城县	83	46	37	88	44	44
光泽县	47	29	18	45	23	22
松溪县	54	25	29	65	39	26
政和县	117	54	63	106	67	39
邵武市	38	14	24	31	18	13
武夷山市	93	49	44	74	49	25
建瓯市	148	72	76	153	74	79
龙岩市	**877**	**472**	**405**	**896**	**496**	**400**
新罗区	83	37	46	87	48	39
永定区	119	73	46	111	57	54
长汀县	206	106	100	175	101	74
上杭县	149	85	64	172	102	70
武平县	127	72	55	125	69	56
连城县	120	56	64	148	82	66
漳平市	73	43	30	78	37	41
宁德市	**1188**	**638**	**550**	**1148**	**610**	**538**
蕉城区	214	106	108	196	108	88
霞浦县	137	74	63	152	80	72
古田县	129	66	63	155	73	82
屏南县	62	42	20	54	28	26
寿宁县	103	56	47	72	38	34
周宁县	66	32	34	74	40	34
柘荣县	28	18	10	27	16	11
福安市	240	134	106	247	138	109
福鼎市	209	110	99	171	89	82

1－10c　续表 4　　　　　　　　　　　　　　　　　　　　　　　　　　　　　　单位：人

地　区	2020年2月			2020年3月			2020年4月		
	小计	男	女	小计	男	女	小计	男	女
合　计	**10055**	**5427**	**4628**	**10222**	**5483**	**4739**	**9831**	**5367**	**4464**
福州市	**1538**	**841**	**697**	**1587**	**844**	**743**	**1473**	**790**	**683**
鼓楼区									
台江区									
仓山区									
马尾区	9	7	2	11	6	5	5	2	3
晋安区	12	8	4	8	5	3	17	8	9
长乐区	197	100	97	213	115	98	198	115	83
闽侯县	260	137	123	294	143	151	268	150	118
连江县	189	103	86	169	90	79	165	83	82
罗源县	46	27	19	42	24	18	31	9	22
闽清县	112	62	50	110	68	42	102	55	47
永泰县	124	74	50	124	70	54	124	73	51
平潭县	143	78	65	161	91	70	122	59	63
福清市	446	245	201	455	232	223	441	236	205
厦门市	**426**	**237**	**189**	**461**	**243**	**218**	**411**	**222**	**189**
思明区									
海沧区	8	5	3	11	5	6	6	3	3
湖里区									
集美区	64	30	34	74	41	33	71	47	24
同安区	188	104	84	180	95	85	162	80	82
翔安区	166	98	68	196	102	94	172	92	80
莆田市	**917**	**506**	**411**	**951**	**509**	**442**	**880**	**469**	**411**
城厢区	119	61	58	118	50	68	113	54	59
涵江区	65	33	32	69	37	32	59	27	32
荔城区	123	79	44	113	58	55	132	69	63
秀屿区	240	126	114	276	150	126	204	115	89
仙游县	370	207	163	375	214	161	372	204	168
三明市	**740**	**403**	**337**	**709**	**384**	**325**	**691**	**386**	**305**
梅列区	3	3		2	2		3	2	1
三元区	18	9	9	17	11	6	27	14	13
明溪县	41	22	19	23	11	12	37	22	15
清流县	49	17	32	43	17	26	38	26	12
宁化县	112	67	45	100	54	46	97	54	43
大田县	116	70	46	117	64	53	96	49	47
尤溪县	165	91	74	176	100	76	159	84	75
沙县	68	40	28	64	39	25	52	30	22
将乐县	43	18	25	42	21	21	42	20	22
泰宁县	23	14	9	28	17	11	35	22	13
建宁县	40	20	20	39	23	16	34	23	11
永安市	62	32	30	58	25	33	71	40	31
泉州市	**2340**	**1259**	**1081**	**2314**	**1248**	**1066**	**2255**	**1277**	**978**
鲤城区									
丰泽区									
洛江区	74	43	31	85	45	40	73	48	25
泉港区	152	92	60	157	92	65	160	87	73
惠安县	437	219	218	429	237	192	425	237	188
安溪县	408	219	189	409	217	192	409	237	172
永春县	117	75	42	120	69	51	99	56	43
德化县	58	26	32	56	28	28	81	46	35
石狮市	76	45	31	62	28	34	50	29	21
晋江市	514	262	252	497	262	235	440	234	206
南安市	504	278	226	499	270	229	518	303	215

1-10c　续表 5　　　　单位：人

地　区	2020年2月			2020年3月			2020年4月		
	小计	男	女	小计	男	女	小计	男	女
漳州市	**1598**	**843**	**755**	**1542**	**854**	**688**	**1600**	**883**	**717**
芗城区	49	34	15	41	26	15	45	23	22
龙文区	22	8	14	20	9	11	35	16	19
云霄县	176	100	76	162	89	73	145	77	68
漳浦县	338	189	149	336	196	140	345	199	146
诏安县	249	126	123	264	137	127	264	131	133
长泰县	73	33	40	54	27	27	78	46	32
东山县	76	39	37	59	31	28	53	28	25
南靖县	84	44	40	103	48	55	86	51	35
平和县	227	122	105	179	102	77	217	136	81
华安县	41	20	21	37	19	18	50	26	24
龙海市	263	128	135	287	170	117	282	150	132
南平市	**715**	**370**	**345**	**724**	**386**	**338**	**732**	**364**	**368**
延平区	73	48	25	67	35	32	80	37	43
建阳区	80	42	38	94	50	44	80	35	45
顺昌县	44	22	22	57	30	27	55	23	32
浦城县	101	52	49	94	47	47	90	46	44
光泽县	46	23	23	36	18	18	42	17	25
松溪县	59	25	34	59	29	30	60	33	27
政和县	76	38	38	76	42	34	81	47	34
邵武市	23	12	11	30	18	12	39	22	17
武夷山市	75	38	37	82	48	34	73	40	33
建瓯市	138	70	68	129	69	60	132	64	68
龙岩市	**778**	**425**	**353**	**875**	**469**	**406**	**790**	**424**	**366**
新罗区	55	37	18	80	43	37	63	38	25
永定区	99	51	48	116	56	60	98	57	41
长汀县	164	88	76	171	84	87	166	92	74
上杭县	169	99	70	182	90	92	166	88	78
武平县	107	47	60	120	69	51	103	48	55
连城县	112	65	47	138	91	47	135	69	66
漳平市	72	38	34	68	36	32	59	32	27
宁德市	**1003**	**543**	**460**	**1059**	**546**	**513**	**999**	**552**	**447**
蕉城区	188	105	83	169	92	77	184	102	82
霞浦县	122	66	56	127	59	68	122	86	36
古田县	126	63	63	127	67	60	108	63	45
屏南县	53	29	24	48	22	26	56	34	22
寿宁县	102	54	48	73	39	34	81	41	40
周宁县	42	20	22	70	36	34	65	36	29
柘荣县	32	19	13	36	19	17	24	7	17
福安市	204	116	88	243	131	112	214	110	104
福鼎市	134	71	63	166	81	85	145	73	72

1-10c 续表 6 单位：人

地区	2020年5月			2020年6月			2020年7月		
	小计	男	女	小计	男	女	小计	男	女
合 计	**9399**	**5248**	**4151**	**9547**	**5194**	**4353**	**9882**	**5470**	**4412**
福州市	**1360**	**725**	**635**	**1434**	**781**	**653**	**1455**	**801**	**654**
鼓楼区									
台江区									
仓山区									
马尾区	8	6	2	9	2	7	11	4	7
晋安区	18	14	4	8	5	3	11	7	4
长乐区	159	75	84	188	106	82	185	104	81
闽侯县	240	121	119	269	141	128	255	132	123
连江县	159	93	66	165	90	75	173	94	79
罗源县	36	15	21	44	23	21	47	23	24
闽清县	82	43	39	84	46	38	106	63	43
永泰县	97	54	43	115	61	54	111	61	50
平潭县	142	85	57	135	83	52	136	75	61
福清市	419	219	200	417	224	193	420	238	182
厦门市	**404**	**231**	**173**	**451**	**248**	**203**	**468**	**239**	**229**
思明区									
海沧区	9	6	3	9	5	4	14	6	8
湖里区									
集美区	66	37	29	72	38	34	76	43	33
同安区	141	80	61	174	88	86	206	106	100
翔安区	188	108	80	196	117	79	172	84	88
莆田市	**920**	**511**	**409**	**806**	**449**	**357**	**865**	**471**	**394**
城厢区	97	54	43	109	55	54	117	60	57
涵江区	71	39	32	50	27	23	57	26	31
荔城区	106	61	45	92	52	40	98	54	44
秀屿区	244	136	108	215	121	94	218	124	94
仙游县	402	221	181	340	194	146	375	207	168
三明市	**698**	**382**	**316**	**660**	**353**	**307**	**692**	**412**	**280**
梅列区	3	1	2	4		4	2	1	1
三元区	15	11	4	11	5	6	12	5	7
明溪县	20	10	10	30	14	16	27	16	11
清流县	48	24	24	41	20	21	50	27	23
宁化县	99	49	50	107	63	44	108	65	43
大田县	139	79	60	116	64	52	119	71	48
尤溪县	171	95	76	135	76	59	164	106	58
沙县	45	26	19	48	15	33	60	34	26
将乐县	41	25	16	36	19	17	29	18	11
泰宁县	28	16	12	32	18	14	24	13	11
建宁县	38	20	18	37	24	13	36	15	21
永安市	51	26	25	63	35	28	61	41	20
泉州市	**2095**	**1232**	**863**	**2158**	**1221**	**937**	**2251**	**1287**	**964**
鲤城区									
丰泽区									
洛江区	57	36	21	84	43	41	71	49	22
泉港区	129	73	56	156	89	67	179	99	80
惠安县	394	245	149	419	238	181	449	262	187
安溪县	384	235	149	359	213	146	365	208	157
永春县	109	59	50	111	65	46	125	72	53
德化县	60	40	20	53	25	28	67	37	30
石狮市	65	33	32	56	38	18	61	33	28
晋江市	447	249	198	450	244	206	461	258	203
南安市	450	262	188	470	266	204	473	269	204

1-10c　续表 7　　　　单位：人

地　区	2020年5月			2020年6月			2020年7月		
	小计	男	女	小计	男	女	小计	男	女
漳州市	**1477**	**822**	**655**	**1555**	**797**	**758**	**1623**	**880**	**743**
芗城区	30	16	14	39	18	21	50	29	21
龙文区	20	10	10	22	11	11	24	13	11
云霄县	146	85	61	140	80	60	162	78	84
漳浦县	339	182	157	345	180	165	365	208	157
诏安县	278	157	121	297	156	141	276	145	131
长泰县	75	38	37	64	31	33	78	49	29
东山县	65	38	27	58	27	31	76	42	34
南靖县	72	34	38	100	49	51	83	44	39
平和县	153	100	53	194	99	95	185	95	90
华安县	45	25	20	29	19	10	48	25	23
龙海市	254	137	117	267	127	140	276	152	124
南平市	**685**	**382**	**303**	**689**	**363**	**326**	**694**	**386**	**308**
延平区	53	27	26	49	25	24	73	37	36
建阳区	73	36	37	92	45	47	78	40	38
顺昌县	45	23	22	52	26	26	67	30	37
浦城县	93	55	38	78	42	36	95	57	38
光泽县	30	15	15	47	26	21	39	24	15
松溪县	52	28	24	51	28	23	43	26	17
政和县	92	54	38	74	48	26	74	44	30
邵武市	34	23	11	29	16	13	33	24	9
武夷山市	74	43	31	72	32	40	71	38	33
建瓯市	139	78	61	145	75	70	121	66	55
龙岩市	**744**	**418**	**326**	**785**	**426**	**359**	**819**	**462**	**357**
新罗区	82	38	44	76	38	38	75	38	37
永定区	106	51	55	114	56	58	123	71	52
长汀县	158	98	60	190	106	84	188	114	74
上杭县	135	79	56	145	79	66	146	82	64
武平县	107	64	43	86	50	36	109	60	49
连城县	108	64	44	105	59	46	115	61	54
漳平市	48	24	24	69	38	31	63	36	27
宁德市	**1016**	**545**	**471**	**1009**	**556**	**453**	**1015**	**532**	**483**
蕉城区	161	76	85	164	86	78	200	97	103
霞浦县	127	67	60	115	66	49	111	57	54
古田县	124	66	58	124	70	54	110	58	52
屏南县	57	34	23	45	24	21	46	21	25
寿宁县	87	49	38	76	46	30	82	45	37
周宁县	57	33	24	65	37	28	41	25	16
柘荣县	33	18	15	28	20	8	33	18	15
福安市	228	128	100	248	126	122	232	119	113
福鼎市	142	74	68	144	81	63	160	92	68

1-10c 续表 8　　　　单位：人

地区	2020年8月			2020年9月			2020年10月		
	小计	男	女	小计	男	女	小计	男	女
合　计	**10027**	**5410**	**4617**	**9187**	**5125**	**4062**	**10340**	**5805**	**4535**
福州市	**1399**	**757**	**642**	**1327**	**719**	**608**	**1370**	**772**	**598**
鼓楼区									
台江区									
仓山区									
马尾区	9	5	4	7		7	9	5	4
晋安区	12	5	7	19	8	11	8	4	4
长乐区	176	94	82	163	86	77	187	103	84
闽侯县	260	139	121	235	133	102	177	106	71
连江县	178	94	84	157	93	64	136	74	62
罗源县	33	19	14	33	19	14	39	20	19
闽清县	117	54	63	93	40	53	101	55	46
永泰县	104	55	49	123	61	62	101	58	43
平潭县	141	73	68	116	79	37	135	78	57
福清市	369	219	150	381	200	181	477	269	208
厦门市	**514**	**265**	**249**	**444**	**256**	**188**	**480**	**278**	**202**
思明区									
海沧区	12	6	6	13	9	4	8	5	3
湖里区									
集美区	77	43	34	71	36	35	72	42	30
同安区	192	82	110	176	100	76	200	114	86
翔安区	233	134	99	184	111	73	200	117	83
莆田市	**814**	**435**	**379**	**798**	**425**	**373**	**880**	**498**	**382**
城厢区	121	55	66	132	68	64	120	60	60
涵江区	73	38	35	62	34	28	73	35	38
荔城区	91	50	41	82	43	39	110	66	44
秀屿区	182	100	82	198	113	85	224	129	95
仙游县	347	192	155	324	167	157	353	208	145
三明市	**723**	**402**	**321**	**685**	**387**	**298**	**807**	**450**	**357**
梅列区	1	1		4	2	2	6	3	3
三元区	17	7	10	13	9	4	18	11	7
明溪县	29	20	9	31	20	11	31	12	19
清流县	58	31	27	31	20	11	54	29	25
宁化县	98	58	40	84	53	31	114	66	48
大田县	153	84	69	128	68	60	139	79	60
尤溪县	130	75	55	168	97	71	201	112	89
沙县	44	26	18	40	24	16	46	27	19
将乐县	46	22	24	32	19	13	39	27	12
泰宁县	39	20	19	33	17	16	26	12	14
建宁县	34	15	19	39	16	23	50	29	21
永安市	74	43	31	82	42	40	83	43	40
泉州市	**2302**	**1311**	**991**	**2087**	**1173**	**914**	**2606**	**1511**	**1095**
鲤城区									
丰泽区									
洛江区	70	41	29	76	45	31	74	42	32
泉港区	182	107	75	163	95	68	185	118	67
惠安县	455	260	195	400	233	167	636	387	249
安溪县	387	231	156	352	207	145	415	232	183
永春县	120	66	54	134	78	56	153	95	58
德化县	80	37	43	48	29	19	65	38	27
石狮市	69	40	29	79	41	38	74	41	33
晋江市	463	253	210	404	225	179	510	279	231
南安市	476	276	200	431	220	211	494	279	215

1-10c　续表 9　　单位：人

地　区	2020年8月			2020年9月			2020年10月		
	小计	男	女	小计	男	女	小计	男	女
漳州市	**1623**	**903**	**720**	**1514**	**851**	**663**	**1637**	**898**	**739**
芗城区	44	14	30	44	26	18	43	30	13
龙文区	21	11	10	25	12	13	18	11	7
云霄县	149	87	62	143	83	60	161	82	79
漳浦县	366	206	160	351	191	160	410	223	187
诏安县	310	173	137	227	118	109	260	143	117
长泰县	71	37	34	82	44	38	87	42	45
东山县	59	27	32	64	39	25	51	30	21
南靖县	85	54	31	89	55	34	74	45	29
平和县	196	112	84	164	96	68	192	108	84
华安县	39	23	16	37	20	17	55	30	25
龙海市	283	159	124	288	167	121	286	154	132
南平市	**712**	**346**	**366**	**621**	**348**	**273**	**699**	**359**	**340**
延平区	66	35	31	56	35	21	58	26	32
建阳区	75	39	36	86	52	34	84	38	46
顺昌县	52	29	23	50	22	28	68	32	36
浦城县	98	49	49	73	41	32	87	49	38
光泽县	34	14	20	28	18	10	42	23	19
松溪县	52	27	25	45	23	22	50	23	27
政和县	78	40	38	51	32	19	68	35	33
邵武市	38	20	18	26	16	10	34	22	12
武夷山市	101	41	60	58	38	20	62	29	33
建瓯市	118	52	66	148	71	77	146	82	64
龙岩市	**903**	**476**	**427**	**861**	**487**	**374**	**959**	**533**	**426**
新罗区	86	38	48	79	48	31	72	28	44
永定区	120	61	59	124	72	52	127	74	53
长汀县	183	101	82	168	96	72	186	92	94
上杭县	184	97	87	178	104	74	199	119	80
武平县	108	57	51	133	73	60	154	94	60
连城县	149	83	66	109	61	48	137	77	60
漳平市	73	39	34	70	33	37	84	49	35
宁德市	**1037**	**515**	**522**	**850**	**479**	**371**	**902**	**506**	**396**
蕉城区	187	96	91	109	63	46	126	70	56
霞浦县	122	61	61	103	68	35	82	53	29
古田县	134	62	72	114	59	55	135	73	62
屏南县	47	25	22	47	22	25	49	30	19
寿宁县	82	39	43	55	23	32	71	46	25
周宁县	49	27	22	45	30	15	64	33	31
柘荣县	28	12	16	38	20	18	19	8	11
福安市	215	116	99	184	104	80	182	105	77
福鼎市	173	77	96	155	90	65	174	88	86

1-11 各地区分性别、月份的死亡人口
(2019.11.1-2020.10.31)

单位：人

地 区	死亡人口			2019年11月		
	合计	男	女	小计	男	女
合 计	**212654**	**124528**	**88126**	**16970**	**10007**	**6963**
福州市	**35952**	**20597**	**15355**	**2785**	**1650**	**1135**
鼓楼区	2743	1606	1137	216	135	81
台江区	2138	1186	952	176	97	79
仓山区	2886	1580	1306	220	132	88
马尾区	1151	650	501	99	55	44
晋安区	2139	1244	895	161	85	76
长乐区	3559	1996	1563	283	170	113
闽侯县	3543	2010	1533	276	163	113
连江县	3587	2042	1545	252	164	88
罗源县	1646	988	658	143	89	54
闽清县	1679	986	693	146	86	60
永泰县	2063	1252	811	153	98	55
平潭县	1879	1074	805	144	75	69
福清市	6939	3983	2956	516	301	215
厦门市	**11623**	**6654**	**4969**	**912**	**517**	**395**
思明区	4044	2301	1743	306	176	130
海沧区	786	450	336	52	30	22
湖里区	1190	681	509	83	44	39
集美区	1187	680	507	103	52	51
同安区	2624	1545	1079	216	137	79
翔安区	1792	997	795	152	78	74
莆田市	**18540**	**10613**	**7927**	**1381**	**773**	**608**
城厢区	2433	1427	1006	168	92	76
涵江区	3036	1671	1365	236	128	108
荔城区	2973	1683	1290	230	124	106
秀屿区	4185	2445	1740	290	165	125
仙游县	5913	3387	2526	457	264	193
三明市	**16800**	**9954**	**6846**	**1369**	**813**	**556**
梅列区	929	566	363	70	51	19
三元区	1101	637	464	78	49	29
明溪县	771	460	311	67	45	22
清流县	856	511	345	81	42	39
宁化县	2263	1330	933	174	94	80
大田县	2035	1259	776	187	106	81
尤溪县	2382	1418	964	192	112	80
沙县	1629	961	668	124	67	57
将乐县	983	562	421	81	50	31
泰宁县	790	469	321	80	55	25
建宁县	882	486	396	73	47	26
永安市	2179	1295	884	162	95	67
泉州市	**41648**	**24648**	**17000**	**3272**	**1969**	**1303**
鲤城区	1734	969	765	122	67	55
丰泽区	1272	730	542	78	36	42
洛江区	986	610	376	62	34	28
泉港区	2228	1332	896	169	99	70
惠安县	6041	3527	2514	465	274	191
安溪县	5649	3332	2317	478	285	193
永春县	3457	1952	1505	274	159	115
德化县	2127	1289	838	185	114	71
石狮市	2114	1332	782	144	98	46
晋江市	6634	4026	2608	565	350	215
南安市	9406	5549	3857	730	453	277

1-11 续表 1

单位：人

地 区	死亡人口			2019年11月		
	合计	男	女	小计	男	女
漳州市	**29163**	**16684**	**12479**	**2286**	**1278**	**1008**
芗城区	2736	1651	1085	213	130	83
龙文区	829	477	352	68	43	25
云霄县	2492	1383	1109	174	97	77
漳浦县	4826	2792	2034	412	225	187
诏安县	3695	2068	1627	257	132	125
长泰县	1256	690	566	116	66	50
东山县	1333	759	574	119	70	49
南靖县	2092	1184	908	148	79	69
平和县	3502	2048	1454	256	138	118
华安县	1023	580	443	90	58	32
龙海市	5379	3052	2327	433	240	193
南平市	**20175**	**11969**	**8206**	**1740**	**1040**	**700**
延平区	3462	2084	1378	285	162	123
建阳区	2214	1290	924	188	106	82
顺昌县	1490	860	630	137	85	52
浦城县	2705	1627	1078	217	138	79
光泽县	971	585	386	95	59	36
松溪县	968	576	392	88	47	41
政和县	1263	764	499	116	66	50
邵武市	2157	1247	910	194	122	72
武夷山市	1431	875	556	110	70	40
建瓯市	3514	2061	1453	310	185	125
龙岩市	**18369**	**10611**	**7758**	**1495**	**864**	**631**
新罗区	3662	2137	1525	297	173	124
永定区	2903	1659	1244	218	126	92
长汀县	2784	1602	1182	218	129	89
上杭县	3001	1668	1333	250	142	108
武平县	2276	1354	922	215	136	79
连城县	2181	1265	916	191	103	88
漳平市	1562	926	636	106	55	51
宁德市	**20384**	**12798**	**7586**	**1730**	**1103**	**627**
蕉城区	2784	1779	1005	238	156	82
霞浦县	3134	1922	1212	281	158	123
古田县	2660	1603	1057	222	136	86
屏南县	1213	768	445	91	56	35
寿宁县	1332	843	489	106	76	30
周宁县	1305	827	478	106	74	32
柘荣县	607	389	218	47	30	17
福安市	3541	2289	1252	313	205	108
福鼎市	3808	2378	1430	326	212	114

1-11 续表 2

单位：人

地 区	2019年12月			2020年1月		
	小计	男	女	小计	男	女
合 计	**18707**	**10882**	**7825**	**17794**	**10367**	**7427**
福州市	**3096**	**1759**	**1337**	**3013**	**1707**	**1306**
鼓楼区	250	146	104	267	146	121
台江区	191	104	87	175	94	81
仓山区	237	117	120	263	146	117
马尾区	103	57	46	103	61	42
晋安区	197	116	81	177	111	66
长乐区	294	150	144	299	169	130
闽侯县	321	184	137	273	147	126
连江县	288	175	113	315	177	138
罗源县	140	92	48	123	74	49
闽清县	156	87	69	117	73	44
永泰县	162	94	68	163	105	58
平潭县	148	89	59	131	62	69
福清市	609	348	261	607	342	265
厦门市	**978**	**549**	**429**	**1008**	**567**	**441**
思明区	325	172	153	353	189	164
海沧区	68	40	28	70	41	29
湖里区	90	55	35	100	61	39
集美区	101	57	44	100	61	39
同安区	236	133	103	233	144	89
翔安区	158	92	66	152	71	81
莆田市	**1499**	**839**	**660**	**1528**	**895**	**633**
城厢区	194	110	84	209	130	79
涵江区	250	120	130	263	150	113
荔城区	260	159	101	252	149	103
秀屿区	320	188	132	330	194	136
仙游县	475	262	213	474	272	202
三明市	**1567**	**949**	**618**	**1326**	**785**	**541**
梅列区	75	48	27	63	43	20
三元区	100	50	50	98	48	50
明溪县	75	44	31	56	36	20
清流县	67	46	21	78	43	35
宁化县	242	163	79	172	100	72
大田县	179	114	65	172	106	66
尤溪县	232	135	97	198	126	72
沙县	156	89	67	122	57	65
将乐县	81	46	35	66	42	24
泰宁县	65	43	22	57	37	20
建宁县	75	42	33	65	34	31
永安市	220	129	91	179	113	66
泉州市	**3557**	**2097**	**1460**	**3671**	**2186**	**1485**
鲤城区	136	73	63	170	103	67
丰泽区	80	45	35	98	54	44
洛江区	64	44	20	76	53	23
泉港区	216	130	86	192	111	81
惠安县	534	292	242	532	312	220
安溪县	494	283	211	471	275	196
永春县	307	175	132	325	171	154
德化县	201	128	73	152	86	66
石狮市	177	112	65	167	112	55
晋江市	567	357	210	611	369	242
南安市	781	458	323	877	540	337

1-11 续表 3

单位：人

地区	2019年12月			2020年1月		
	小计	男	女	小计	男	女
漳州市	**2646**	**1491**	**1155**	**2375**	**1334**	**1041**
芗城区	263	154	109	214	112	102
龙文区	78	39	39	72	45	27
云霄县	230	135	95	187	105	82
漳浦县	442	248	194	404	207	197
诏安县	334	184	150	331	176	155
长泰县	107	60	47	93	45	48
东山县	100	54	46	94	61	33
南靖县	193	104	89	150	93	57
平和县	316	181	135	263	150	113
华安县	97	62	35	80	50	30
龙海市	486	270	216	487	290	197
南平市	**1935**	**1152**	**783**	**1708**	**1021**	**687**
延平区	347	201	146	286	185	101
建阳区	202	111	91	156	82	74
顺昌县	148	85	63	128	77	51
浦城县	268	152	116	252	146	106
光泽县	84	46	38	77	43	34
松溪县	91	58	33	67	38	29
政和县	108	75	33	109	66	43
邵武市	195	114	81	199	108	91
武夷山市	145	89	56	106	69	37
建瓯市	347	221	126	328	207	121
龙岩市	**1724**	**989**	**735**	**1531**	**870**	**661**
新罗区	343	203	140	341	208	133
永定区	255	152	103	228	130	98
长汀县	243	142	101	222	116	106
上杭县	314	158	156	253	135	118
武平县	209	124	85	195	106	89
连城县	219	125	94	166	95	71
漳平市	141	85	56	126	80	46
宁德市	**1705**	**1057**	**648**	**1634**	**1002**	**632**
蕉城区	239	157	82	234	161	73
霞浦县	267	161	106	227	143	84
古田县	214	115	99	229	135	94
屏南县	103	65	38	107	59	48
寿宁县	126	81	45	129	78	51
周宁县	96	59	37	116	70	46
柘荣县	53	28	25	54	31	23
福安市	313	201	112	246	155	91
福鼎市	294	190	104	292	170	122

1-11 续表 4

单位：人

地　区	2020年2月			2020年3月			2020年4月		
	小计	男	女	小计	男	女	小计	男	女
合　计	**18691**	**10624**	**8067**	**18293**	**10727**	**7566**	**17796**	**10354**	**7442**
福州市	**3194**	**1770**	**1424**	**3115**	**1789**	**1326**	**2999**	**1694**	**1305**
鼓楼区	253	149	104	232	133	99	227	134	93
台江区	200	118	82	186	99	87	168	90	78
仓山区	247	130	117	259	152	107	256	127	129
马尾区	100	47	53	99	52	47	99	62	37
晋安区	185	101	84	197	108	89	174	98	76
长乐区	332	172	160	333	188	145	275	147	128
闽侯县	297	163	134	308	170	138	290	172	118
连江县	347	177	170	318	179	139	332	188	144
罗源县	155	85	70	146	84	62	151	83	68
闽清县	125	71	54	130	73	57	148	85	63
永泰县	172	94	78	200	137	63	182	108	74
平潭县	135	79	56	148	88	60	144	82	62
福清市	646	384	262	559	326	233	553	318	235
厦门市	**1086**	**606**	**480**	**1031**	**604**	**427**	**936**	**554**	**382**
思明区	405	217	188	365	208	157	297	187	110
海沧区	77	38	39	74	44	30	64	32	32
湖里区	100	59	41	99	52	47	115	70	45
集美区	133	79	54	88	50	38	108	61	47
同安区	212	123	89	267	168	99	211	118	93
翔安区	159	90	69	138	82	56	141	86	55
莆田市	**1645**	**915**	**730**	**1618**	**930**	**688**	**1589**	**876**	**713**
城厢区	203	122	81	210	124	86	203	121	82
涵江区	281	168	113	268	155	113	254	124	130
荔城区	276	149	127	247	133	114	247	148	99
秀屿区	381	215	166	369	218	151	366	198	168
仙游县	504	261	243	524	300	224	519	285	234
三明市	**1477**	**834**	**643**	**1416**	**826**	**590**	**1401**	**836**	**565**
梅列区	90	56	34	62	37	25	70	42	28
三元区	99	53	46	100	58	42	86	47	39
明溪县	63	37	26	64	35	29	62	42	20
清流县	80	46	34	65	45	20	72	40	32
宁化县	209	110	99	184	113	71	195	120	75
大田县	168	95	73	166	90	76	182	111	71
尤溪县	211	125	86	214	132	82	188	115	73
沙县	140	85	55	159	101	58	126	76	50
将乐县	97	48	49	74	44	30	102	58	44
泰宁县	68	39	29	77	44	33	80	45	35
建宁县	80	39	41	64	34	30	68	33	35
永安市	172	101	71	187	93	94	170	107	63
泉州市	**3593**	**2067**	**1526**	**3557**	**2115**	**1442**	**3500**	**2056**	**1444**
鲤城区	154	83	71	168	94	74	151	92	59
丰泽区	113	59	54	92	58	34	107	61	46
洛江区	88	53	35	96	58	38	74	44	30
泉港区	192	105	87	201	135	66	194	119	75
惠安县	480	277	203	502	277	225	507	287	220
安溪县	507	290	217	485	282	203	503	309	194
永春县	305	164	141	280	165	115	302	166	136
德化县	175	111	64	186	104	82	149	97	52
石狮市	174	95	79	164	110	54	196	129	67
晋江市	582	345	237	547	336	211	521	301	220
南安市	823	485	338	836	496	340	796	451	345

1-11 续表 5 单位：人

地区	2020年2月			2020年3月			2020年4月		
	小计	男	女	小计	男	女	小计	男	女
漳州市	**2660**	**1498**	**1162**	**2556**	**1467**	**1089**	**2426**	**1375**	**1051**
芗城区	237	128	109	264	174	90	250	155	95
龙文区	62	41	21	70	39	31	65	37	28
云霄县	229	120	109	244	127	117	203	110	93
漳浦县	449	250	199	399	217	182	415	250	165
诏安县	325	183	142	314	177	137	302	175	127
长泰县	115	55	60	122	65	57	89	51	38
东山县	131	74	57	120	64	56	102	53	49
南靖县	204	116	88	187	115	72	163	84	79
平和县	329	194	135	307	183	124	328	175	153
华安县	114	80	34	81	44	37	81	43	38
龙海市	465	257	208	448	262	186	428	242	186
南平市	**1738**	**1000**	**738**	**1618**	**951**	**667**	**1653**	**981**	**672**
延平区	307	175	132	291	166	125	243	140	103
建阳区	172	95	77	185	110	75	181	106	75
顺昌县	134	68	66	133	85	48	121	70	51
浦城县	246	141	105	236	138	98	192	115	77
光泽县	83	43	40	86	59	27	75	46	29
松溪县	104	67	37	60	38	22	115	77	38
政和县	115	65	50	99	57	42	118	78	40
邵武市	164	93	71	160	92	68	190	117	73
武夷山市	113	72	41	108	65	43	141	78	63
建瓯市	300	181	119	260	141	119	277	154	123
龙岩市	**1566**	**871**	**695**	**1560**	**915**	**645**	**1593**	**895**	**698**
新罗区	333	182	151	349	206	143	305	179	126
永定区	251	142	109	226	132	94	233	138	95
长汀县	249	144	105	257	150	107	274	144	130
上杭县	262	144	118	224	119	105	267	152	115
武平县	165	95	70	182	111	71	205	116	89
连城县	181	98	83	191	121	70	180	96	84
漳平市	125	66	59	131	76	55	129	70	59
宁德市	**1732**	**1063**	**669**	**1822**	**1130**	**692**	**1699**	**1087**	**612**
蕉城区	266	161	105	236	148	88	219	147	72
霞浦县	251	146	105	268	156	112	249	164	85
古田县	211	126	85	233	137	96	191	121	70
屏南县	113	75	38	101	59	42	108	62	46
寿宁县	97	60	37	100	54	46	119	72	47
周宁县	105	71	34	122	80	42	131	94	37
柘荣县	57	41	16	45	25	20	65	40	25
福安市	301	181	120	360	239	121	280	174	106
福鼎市	331	202	129	357	232	125	337	213	124

1-11 续表 6

单位：人

地区	2020年5月			2020年6月			2020年7月		
	小计	男	女	小计	男	女	小计	男	女
合计	**17498**	**10267**	**7231**	**16975**	**9891**	**7084**	**16682**	**9904**	**6778**
福州市	**2941**	**1685**	**1256**	**2860**	**1603**	**1257**	**2829**	**1644**	**1185**
鼓楼区	218	120	98	179	112	67	217	130	87
台江区	163	94	69	174	92	82	183	104	79
仓山区	225	125	100	221	100	121	229	127	102
马尾区	84	54	30	97	60	37	74	36	38
晋安区	173	98	75	137	83	54	162	102	60
长乐区	270	151	119	287	165	122	258	150	108
闽侯县	308	181	127	286	158	128	282	173	109
连江县	299	169	130	299	160	139	269	146	123
罗源县	147	93	54	129	75	54	118	73	45
闽清县	129	72	57	130	80	50	142	94	48
永泰县	183	104	79	158	87	71	161	95	66
平潭县	150	92	58	171	105	66	159	85	74
福清市	592	332	260	592	326	266	575	329	246
厦门市	**991**	**588**	**403**	**902**	**496**	**406**	**914**	**532**	**382**
思明区	377	221	156	285	155	130	305	167	138
海沧区	57	35	22	76	44	32	61	36	25
湖里区	91	53	38	96	52	44	92	59	33
集美区	90	59	31	79	50	29	87	50	37
同安区	228	127	101	218	120	98	218	136	82
翔安区	148	93	55	148	75	73	151	84	67
莆田市	**1629**	**955**	**674**	**1570**	**922**	**648**	**1473**	**825**	**648**
城厢区	230	132	98	208	133	75	209	106	103
涵江区	232	126	106	268	145	123	239	137	102
荔城区	253	141	112	242	136	106	232	125	107
秀屿区	404	252	152	349	204	145	322	183	139
仙游县	510	304	206	503	304	199	471	274	197
三明市	**1343**	**797**	**546**	**1358**	**793**	**565**	**1291**	**785**	**506**
梅列区	78	44	34	79	44	35	72	40	32
三元区	77	47	30	90	53	37	97	48	49
明溪县	80	44	36	63	32	31	43	25	18
清流县	65	35	30	74	48	26	61	35	26
宁化县	192	117	75	201	120	81	176	101	75
大田县	158	99	59	142	89	53	170	121	49
尤溪县	186	110	76	193	113	80	167	106	61
沙县	136	79	57	135	85	50	131	85	46
将乐县	71	42	29	87	48	39	59	36	23
泰宁县	63	38	25	55	28	27	48	35	13
建宁县	68	38	30	69	31	38	80	49	31
永安市	169	104	65	170	102	68	187	104	83
泉州市	**3401**	**2007**	**1394**	**3341**	**1934**	**1407**	**3383**	**2030**	**1353**
鲤城区	130	83	47	137	74	63	151	72	79
丰泽区	123	70	53	101	51	50	120	66	54
洛江区	80	45	35	85	51	34	88	59	29
泉港区	166	95	71	193	106	87	167	107	60
惠安县	488	293	195	465	267	198	516	290	226
安溪县	529	327	202	446	253	193	412	253	159
永春县	304	177	127	268	152	116	252	145	107
德化县	166	108	58	169	101	68	193	120	73
石狮市	159	100	59	164	101	63	198	141	57
晋江市	530	300	230	529	335	194	535	330	205
南安市	726	409	317	784	443	341	751	447	304

1-11　续表 7　　　　单位：人

地　区	2020年5月			2020年6月			2020年7月		
	小计	男	女	小计	男	女	小计	男	女
漳州市	**2373**	**1360**	**1013**	**2374**	**1374**	**1000**	**2368**	**1391**	**977**
芗城区	225	136	89	221	140	81	218	127	91
龙文区	69	39	30	71	39	32	65	38	27
云霄县	213	118	95	216	110	106	203	121	82
漳浦县	362	222	140	352	221	131	400	239	161
诏安县	303	168	135	320	174	146	303	173	130
长泰县	105	57	48	100	64	36	96	54	42
东山县	106	58	48	121	67	54	109	63	46
南靖县	160	83	77	168	102	66	159	85	74
平和县	292	178	114	270	166	104	267	176	91
华安县	80	41	39	75	38	37	87	44	43
龙海市	458	260	198	460	253	207	461	271	190
南平市	**1645**	**976**	**669**	**1546**	**925**	**621**	**1509**	**914**	**595**
延平区	290	183	107	264	170	94	278	176	102
建阳区	194	108	86	179	109	70	182	110	72
顺昌县	124	70	54	105	57	48	93	51	42
浦城县	222	129	93	183	110	73	193	126	67
光泽县	83	51	32	78	48	30	70	47	23
松溪县	63	34	29	90	51	39	54	34	20
政和县	106	63	43	100	62	38	88	49	39
邵武市	172	105	67	171	99	72	172	92	80
武夷山市	111	71	40	115	74	41	107	65	42
建瓯市	280	162	118	261	145	116	272	164	108
龙岩市	**1495**	**863**	**632**	**1370**	**798**	**572**	**1418**	**862**	**556**
新罗区	329	181	148	286	161	125	288	176	112
永定区	240	144	96	227	129	98	242	135	107
长汀县	230	133	97	182	106	76	168	98	70
上杭县	229	129	100	236	131	105	224	138	86
武平县	166	93	73	168	102	66	190	120	70
连城县	165	98	67	160	104	56	160	96	64
漳平市	136	85	51	111	65	46	146	99	47
宁德市	**1680**	**1036**	**644**	**1654**	**1046**	**608**	**1497**	**921**	**576**
蕉城区	239	151	88	224	144	80	194	121	73
霞浦县	265	163	102	238	144	94	245	149	96
古田县	221	131	90	231	136	95	205	125	80
屏南县	107	65	42	108	73	35	78	57	21
寿宁县	79	48	31	120	76	44	103	57	46
周宁县	116	64	52	123	81	42	94	51	43
柘荣县	34	21	13	54	37	17	46	36	10
福安市	310	207	103	267	182	85	259	163	96
福鼎市	309	186	123	289	173	116	273	162	111

1-11 续表 8 单位：人

地 区	2020年8月			2020年9月			2020年10月		
	小计	男	女	小计	男	女	小计	男	女
合 计	**16813**	**9971**	**6842**	**16572**	**9873**	**6699**	**19863**	**11661**	**8202**
福州市	**2978**	**1724**	**1254**	**2768**	**1640**	**1128**	**3374**	**1932**	**1442**
鼓楼区	253	155	98	198	114	84	233	132	101
台江区	165	98	67	166	92	74	191	104	87
仓山区	239	134	105	246	150	96	244	140	104
马尾区	95	50	45	93	52	41	105	64	41
晋安区	189	105	84	178	116	62	209	121	88
长乐区	301	161	140	285	172	113	342	201	141
闽侯县	298	172	126	260	144	116	344	183	161
连江县	268	160	108	257	159	98	343	188	155
罗源县	145	87	58	112	70	42	137	83	54
闽清县	134	71	63	125	76	49	197	118	79
永泰县	154	97	57	154	89	65	221	144	77
平潭县	193	113	80	160	97	63	196	107	89
福清市	544	321	223	534	309	225	612	347	265
厦门市	**917**	**545**	**372**	**899**	**508**	**391**	**1049**	**588**	**461**
思明区	334	204	130	343	206	137	349	199	150
海沧区	56	29	27	60	38	22	71	43	28
湖里区	103	64	39	100	49	51	121	63	58
集美区	78	45	33	94	51	43	126	65	61
同安区	212	124	88	170	95	75	203	120	83
翔安区	134	79	55	132	69	63	179	98	81
莆田市	**1529**	**888**	**641**	**1472**	**851**	**621**	**1607**	**944**	**663**
城厢区	197	121	76	201	123	78	201	113	88
涵江区	250	135	115	223	128	95	272	155	117
荔城区	251	141	110	252	141	111	231	137	94
秀屿区	345	202	143	321	191	130	388	235	153
仙游县	486	289	197	475	268	207	515	304	211
三明市	**1277**	**736**	**541**	**1336**	**819**	**517**	**1639**	**981**	**658**
梅列区	74	43	31	87	51	36	109	67	42
三元区	94	56	38	77	51	26	105	77	28
明溪县	54	28	26	73	45	28	71	47	24
清流县	49	32	17	75	55	20	89	44	45
宁化县	156	84	72	160	95	65	202	113	89
大田县	150	96	54	166	103	63	195	129	66
尤溪县	187	93	94	177	113	64	237	138	99
沙县	141	92	49	114	61	53	145	84	61
将乐县	81	47	34	84	47	37	100	54	46
泰宁县	61	36	25	63	32	31	73	37	36
建宁县	65	33	32	71	43	28	104	63	41
永安市	165	96	69	189	123	66	209	128	81
泉州市	**3281**	**1973**	**1308**	**3283**	**1969**	**1314**	**3809**	**2245**	**1564**
鲤城区	148	75	73	130	67	63	137	86	51
丰泽区	113	72	41	118	73	45	129	85	44
洛江区	88	56	32	88	52	36	97	61	36
泉港区	183	119	64	165	101	64	190	105	85
惠安县	496	301	195	482	313	169	574	344	230
安溪县	432	261	171	374	210	164	518	304	214
永春县	259	144	115	277	167	110	304	167	137
德化县	168	103	65	165	88	77	218	129	89
石狮市	167	94	73	195	131	64	209	109	100
晋江市	499	318	181	535	314	221	613	371	242
南安市	728	430	298	754	453	301	820	484	336

1-11　续表 9

单位：人

地　区	2020年8月			2020年9月			2020年10月		
	小计	男	女	小计	男	女	小计	男	女
漳州市	**2252**	**1300**	**952**	**2165**	**1245**	**920**	**2682**	**1571**	**1111**
芗城区	214	137	77	180	104	76	237	154	83
龙文区	68	43	25	60	37	23	81	37	44
云霄县	199	112	87	172	90	82	222	138	84
漳浦县	344	203	141	377	234	143	470	276	194
诏安县	277	145	132	301	180	121	328	201	127
长泰县	90	52	38	112	60	52	111	61	50
东山县	104	58	46	106	64	42	121	73	48
南靖县	178	109	69	170	91	79	212	123	89
平和县	276	152	124	246	146	100	352	209	143
华安县	90	47	43	64	31	33	84	42	42
龙海市	412	242	170	377	208	169	464	257	207
南平市	**1564**	**946**	**618**	**1620**	**972**	**648**	**1899**	**1091**	**808**
延平区	288	185	103	272	169	103	311	172	139
建阳区	167	94	73	201	122	79	207	137	70
顺昌县	112	58	54	113	70	43	142	84	58
浦城县	219	143	76	234	143	91	243	146	97
光泽县	63	33	30	74	52	22	103	58	45
松溪县	85	55	30	73	42	31	78	35	43
政和县	91	55	36	89	55	34	124	73	51
邵武市	164	95	69	166	97	69	210	113	97
武夷山市	105	68	37	127	67	60	143	87	56
建瓯市	270	160	110	271	155	116	338	186	152
龙岩市	**1428**	**861**	**567**	**1389**	**808**	**581**	**1800**	**1015**	**785**
新罗区	259	155	104	230	141	89	302	172	130
永定区	255	145	110	264	145	119	264	141	123
长汀县	189	121	68	220	124	96	332	195	137
上杭县	217	130	87	241	129	112	284	161	123
武平县	193	104	89	184	122	62	204	125	79
连城县	183	115	68	141	84	57	244	130	114
漳平市	132	91	41	109	63	46	170	91	79
宁德市	**1587**	**998**	**589**	**1640**	**1061**	**579**	**2004**	**1294**	**710**
蕉城区	224	144	80	203	123	80	268	166	102
霞浦县	252	148	104	294	192	102	297	198	99
古田县	206	126	80	219	144	75	278	171	107
屏南县	100	66	34	90	58	32	107	73	34
寿宁县	83	63	20	121	76	45	149	102	47
周宁县	100	55	45	86	56	30	110	72	38
柘荣县	39	21	18	43	31	12	70	48	22
福安市	296	194	102	270	175	95	326	213	113
福鼎市	287	181	106	314	206	108	399	251	148

1-11a 各地区分性别、月份的死亡人口 (2019.11.1-2020.10.31)(城市)

单位：人

地　区	死亡人口			2019年11月		
	合计	男	女	小计	男	女
合　计	**50167**	**29231**	**20936**	**3777**	**2248**	**1529**
福州市	**12654**	**7198**	**5456**	**992**	**593**	**399**
鼓楼区	2743	1606	1137	216	135	81
台江区	2138	1186	952	176	97	79
仓山区	2886	1580	1306	220	132	88
马尾区	876	514	362	69	44	25
晋安区	1884	1100	784	145	81	64
长乐区	762	429	333	59	35	24
闽侯县						
连江县						
罗源县						
闽清县						
永泰县						
平潭县						
福清市	1304	753	551	103	67	36
厦门市	**8463**	**4836**	**3627**	**629**	**356**	**273**
思明区	4044	2301	1743	306	176	130
海沧区	764	437	327	50	29	21
湖里区	1190	681	509	83	44	39
集美区	1016	592	424	89	45	44
同安区	1264	725	539	83	52	31
翔安区	185	100	85	18	10	8
莆田市	**5419**	**3102**	**2317**	**380**	**217**	**163**
城厢区	910	573	337	60	35	25
涵江区	1756	984	772	125	67	58
荔城区	1789	990	799	134	80	54
秀屿区	964	555	409	61	35	26
仙游县						
三明市	**2731**	**1630**	**1101**	**192**	**121**	**71**
梅列区	797	488	309	65	46	19
三元区	730	411	319	47	30	17
明溪县						
清流县						
宁化县						
大田县						
尤溪县						
沙县						
将乐县						
泰宁县						
建宁县						
永安市	1204	731	473	80	45	35
泉州市	**8055**	**4763**	**3292**	**567**	**327**	**240**
鲤城区	1734	969	765	122	67	55
丰泽区	1272	730	542	78	36	42
洛江区	144	89	55	11	8	3
泉港区	734	459	275	59	38	21
惠安县						
安溪县						
永春县						
德化县						
石狮市	786	488	298	47	37	10
晋江市	2066	1205	861	159	94	65
南安市	1319	823	496	91	47	44

1-11a　续表 1

单位：人

地　区	死亡人口			2019年11月		
	合计	男	女	小计	男	女
漳州市	**4402**	**2571**	**1831**	**355**	**205**	**150**
芗城区	1947	1189	758	150	92	58
龙文区	689	394	295	60	39	21
云霄县						
漳浦县						
诏安县						
长泰县						
东山县						
南靖县						
平和县						
华安县						
龙海市	1762	986	776	145	74	71
南平市	**4109**	**2478**	**1631**	**335**	**209**	**126**
延平区	1433	865	568	115	70	45
建阳区	547	312	235	44	26	18
顺昌县						
浦城县						
光泽县						
松溪县						
政和县						
邵武市	826	501	325	66	44	22
武夷山市	475	315	160	34	23	11
建瓯市	828	485	343	76	46	30
龙岩市	**2217**	**1359**	**858**	**136**	**91**	**45**
新罗区	1556	947	609	103	68	35
永定区	234	146	88	8	4	4
长汀县						
上杭县						
武平县						
连城县						
漳平市	427	266	161	25	19	6
宁德市	**2117**	**1294**	**823**	**191**	**129**	**62**
蕉城区	791	485	306	64	45	19
霞浦县						
古田县						
屏南县						
寿宁县						
周宁县						
柘荣县						
福安市	662	409	253	70	47	23
福鼎市	664	400	264	57	37	20

1-11a 续表 2

单位：人

地 区	2019年12月			2020年1月		
	小计	男	女	小计	男	女
合 计	**4274**	**2444**	**1830**	**4335**	**2527**	**1808**
福州市	**1125**	**607**	**518**	**1097**	**618**	**479**
鼓楼区	250	146	104	267	146	121
台江区	191	104	87	175	94	81
仓山区	237	117	120	263	146	117
马尾区	74	41	33	77	48	29
晋安区	172	102	70	151	94	57
长乐区	63	27	36	61	35	26
闽侯县						
连江县						
罗源县						
闽清县						
永泰县						
平潭县						
福清市	134	69	65	97	51	46
厦门市	**687**	**384**	**303**	**721**	**406**	**315**
思明区	325	172	153	353	189	164
海沧区	66	39	27	69	40	29
湖里区	90	55	35	100	61	39
集美区	81	49	32	79	47	32
同安区	111	60	51	106	65	41
翔安区	14	9	5	14	4	10
莆田市	**448**	**258**	**190**	**447**	**257**	**190**
城厢区	63	37	26	71	43	28
涵江区	139	72	67	160	94	66
荔城区	168	102	66	135	73	62
秀屿区	78	47	31	81	47	34
仙游县						
三明市	**239**	**144**	**95**	**233**	**141**	**92**
梅列区	63	42	21	51	36	15
三元区	68	40	28	72	33	39
明溪县						
清流县						
宁化县						
大田县						
尤溪县						
沙县						
将乐县						
泰宁县						
建宁县						
永安市	108	62	46	110	72	38
泉州市	**619**	**380**	**239**	**746**	**446**	**300**
鲤城区	136	73	63	170	103	67
丰泽区	80	45	35	98	54	44
洛江区	8	5	3	16	10	6
泉港区	70	51	19	60	33	27
惠安县						
安溪县						
永春县						
德化县						
石狮市	63	37	26	60	39	21
晋江市	151	95	56	219	125	94
南安市	111	74	37	123	82	41

1-11a　续表 3　　　　单位：人

地　　区	2019年12月			2020年1月		
	小计	男	女	小计	男	女
漳州市	**383**	**208**	**175**	**369**	**211**	**158**
芗城区	172	98	74	147	83	64
龙文区	59	30	29	64	41	23
云霄县						
漳浦县						
诏安县						
长泰县						
东山县						
南靖县						
平和县						
华安县						
龙海市	151	79	72	158	87	71
南平市	**396**	**234**	**162**	**360**	**215**	**145**
延平区	137	81	56	125	74	51
建阳区	53	24	29	41	24	17
顺昌县						
浦城县						
光泽县						
松溪县						
政和县						
邵武市	71	45	26	85	46	39
武夷山市	51	29	22	40	28	12
建瓯市	84	55	29	69	43	26
龙岩市	**192**	**110**	**82**	**185**	**121**	**64**
新罗区	140	82	58	142	95	47
永定区	15	9	6	15	6	9
长汀县						
上杭县						
武平县						
连城县						
漳平市	37	19	18	28	20	8
宁德市	**185**	**119**	**66**	**177**	**112**	**65**
蕉城区	66	43	23	67	47	20
霞浦县						
古田县						
屏南县						
寿宁县						
周宁县						
柘荣县						
福安市	60	35	25	57	36	21
福鼎市	59	41	18	53	29	24

1-11a 续表 4

单位：人

地 区	2020年2月			2020年3月			2020年4月		
	小计	男	女	小计	男	女	小计	男	女
合 计	**4457**	**2550**	**1907**	**4343**	**2536**	**1807**	**4189**	**2425**	**1764**
福州市	**1138**	**642**	**496**	**1123**	**638**	**485**	**1053**	**584**	**469**
鼓楼区	253	149	104	232	133	99	227	134	93
台江区	200	118	82	186	99	87	168	90	78
仓山区	247	130	117	259	152	107	256	127	129
马尾区	76	38	38	86	47	39	77	49	28
晋安区	166	91	75	172	98	74	152	83	69
长乐区	73	39	34	91	55	36	64	34	30
闽侯县									
连江县									
罗源县									
闽清县									
永泰县									
平潭县									
福清市	115	76	39	92	52	40	100	61	39
厦门市	**808**	**447**	**361**	**757**	**443**	**314**	**695**	**410**	**285**
思明区	405	217	188	365	208	157	297	187	110
海沧区	75	37	38	72	43	29	62	31	31
湖里区	100	59	41	99	52	47	115	70	45
集美区	113	70	43	75	45	30	95	54	41
同安区	101	56	45	130	84	46	114	59	55
翔安区	14	8	6	16	11	5	12	9	3
莆田市	**484**	**281**	**203**	**448**	**263**	**185**	**463**	**254**	**209**
城厢区	65	45	20	73	46	27	81	50	31
涵江区	160	96	64	151	90	61	141	74	67
荔城区	169	87	82	146	74	72	165	94	71
秀屿区	90	53	37	78	53	25	76	36	40
仙游县									
三明市	**229**	**130**	**99**	**221**	**117**	**104**	**205**	**125**	**80**
梅列区	75	46	29	54	33	21	59	37	22
三元区	61	31	30	62	32	30	57	29	28
明溪县									
清流县									
宁化县									
大田县									
尤溪县									
沙县									
将乐县									
泰宁县									
建宁县									
永安市	93	53	40	105	52	53	89	59	30
泉州市	**698**	**392**	**306**	**668**	**402**	**266**	**693**	**414**	**279**
鲤城区	154	83	71	168	94	74	151	92	59
丰泽区	113	59	54	92	58	34	107	61	46
洛江区	13	6	7	15	6	9	7	5	2
泉港区	58	32	26	67	46	21	64	42	22
惠安县									
安溪县									
永春县									
德化县									
石狮市	60	35	25	55	35	20	78	50	28
晋江市	179	98	81	154	88	66	164	93	71
南安市	121	79	42	117	75	42	122	71	51

1-11a 续表 5

单位：人

地区	2020年2月			2020年3月			2020年4月		
	小计	男	女	小计	男	女	小计	男	女
漳州市	**366**	**208**	**158**	**409**	**259**	**150**	**388**	**230**	**158**
芗城区	177	101	76	184	124	60	183	116	67
龙文区	48	30	18	55	30	25	52	27	25
云霄县									
漳浦县									
诏安县									
长泰县									
东山县									
南靖县									
平和县									
华安县									
龙海市	141	77	64	170	105	65	152	87	65
南平市	**338**	**209**	**129**	**318**	**184**	**134**	**329**	**186**	**143**
延平区	118	73	45	129	72	57	91	51	40
建阳区	43	26	17	44	27	17	38	20	18
顺昌县									
浦城县									
光泽县									
松溪县									
政和县									
邵武市	66	39	27	44	26	18	80	48	32
武夷山市	34	24	10	32	20	12	49	30	19
建瓯市	77	47	30	69	39	30	71	37	34
龙岩市	**206**	**122**	**84**	**213**	**122**	**91**	**181**	**109**	**72**
新罗区	144	81	63	150	89	61	123	76	47
永定区	23	18	5	21	12	9	26	17	9
长汀县									
上杭县									
武平县									
连城县									
漳平市	39	23	16	42	21	21	32	16	16
宁德市	**190**	**119**	**71**	**186**	**108**	**78**	**182**	**113**	**69**
蕉城区	79	52	27	57	34	23	59	37	22
霞浦县									
古田县									
屏南县									
寿宁县									
周宁县									
柘荣县									
福安市	51	30	21	74	45	29	59	34	25
福鼎市	60	37	23	55	29	26	64	42	22

1-11a 续表 6

单位：人

地 区	2020年5月			2020年6月			2020年7月		
	小计	男	女	小计	男	女	小计	男	女
合 计	**4142**	**2444**	**1698**	**3916**	**2255**	**1661**	**4055**	**2348**	**1707**
福州市	**1015**	**568**	**447**	**939**	**519**	**420**	**998**	**580**	**418**
鼓楼区	218	120	98	179	112	67	217	130	87
台江区	163	94	69	174	92	82	183	104	79
仓山区	225	125	100	221	100	121	229	127	102
马尾区	64	41	23	74	49	25	61	32	29
晋安区	162	88	74	120	72	48	141	89	52
长乐区	60	37	23	53	27	26	49	29	20
闽侯县									
连江县									
罗源县									
闽清县									
永泰县									
平潭县									
福清市	120	62	58	114	63	51	116	68	48
厦门市	**720**	**421**	**299**	**639**	**349**	**290**	**661**	**386**	**275**
思明区	377	221	156	285	155	130	305	167	138
海沧区	55	33	22	75	43	32	60	36	24
湖里区	91	53	38	96	52	44	92	59	33
集美区	75	49	26	68	42	26	79	48	31
同安区	104	53	51	94	50	44	116	72	44
翔安区	18	12	6	21	7	14	9	4	5
莆田市	**503**	**302**	**201**	**455**	**264**	**191**	**422**	**221**	**201**
城厢区	91	58	33	75	59	16	92	45	47
涵江区	149	87	62	164	84	80	135	73	62
荔城区	151	84	67	146	80	66	136	74	62
秀屿区	112	73	39	70	41	29	59	29	30
仙游县									
三明市	**214**	**129**	**85**	**228**	**135**	**93**	**225**	**126**	**99**
梅列区	71	40	31	68	37	31	58	35	23
三元区	44	27	17	57	33	24	70	32	38
明溪县									
清流县									
宁化县									
大田县									
尤溪县									
沙县									
将乐县									
泰宁县									
建宁县									
永安市	99	62	37	103	65	38	97	59	38
泉州市	**648**	**380**	**268**	**641**	**381**	**260**	**723**	**417**	**306**
鲤城区	130	83	47	137	74	63	151	72	79
丰泽区	123	70	53	101	51	50	120	66	54
洛江区	12	8	4	14	8	6	10	9	1
泉港区	56	32	24	65	38	27	57	36	21
惠安县									
安溪县									
永春县									
德化县									
石狮市	66	42	24	62	38	24	81	59	22
晋江市	173	92	81	158	102	56	183	108	75
南安市	88	53	35	104	70	34	121	67	54

1-11a 续表 7

单位：人

地 区	2020年5月			2020年6月			2020年7月		
	小计	男	女	小计	男	女	小计	男	女
漳州市	**350**	**212**	**138**	**386**	**225**	**161**	**368**	**208**	**160**
芗城区	143	90	53	156	96	60	162	92	70
龙文区	57	32	25	59	31	28	59	35	24
云霄县									
漳浦县									
诏安县									
长泰县									
东山县									
南靖县									
平和县									
华安县									
龙海市	150	90	60	171	98	73	147	81	66
南平市	**334**	**210**	**124**	**314**	**197**	**117**	**332**	**204**	**128**
延平区	132	80	52	111	71	40	112	68	44
建阳区	44	26	18	51	31	20	46	30	16
顺昌县									
浦城县									
光泽县									
松溪县									
政和县									
邵武市	65	41	24	59	37	22	68	39	29
武夷山市	35	25	10	39	30	9	41	29	12
建瓯市	58	38	20	54	28	26	65	38	27
龙岩市	**176**	**107**	**69**	**165**	**107**	**58**	**205**	**126**	**79**
新罗区	131	75	56	117	76	41	137	82	55
永定区	15	11	4	20	12	8	26	16	10
长汀县									
上杭县									
武平县									
连城县									
漳平市	30	21	9	28	19	9	42	28	14
宁德市	**182**	**115**	**67**	**149**	**78**	**71**	**121**	**80**	**41**
蕉城区	71	43	28	59	29	30	58	39	19
霞浦县									
古田县									
屏南县									
寿宁县									
周宁县									
柘荣县									
福安市	63	38	25	44	26	18	30	20	10
福鼎市	48	34	14	46	23	23	33	21	12

1-11a 续表 8

单位：人

地 区	2020年8月			2020年9月			2020年10月		
	小计	男	女	小计	男	女	小计	男	女
合 计	**4157**	**2455**	**1702**	**4025**	**2401**	**1624**	**4497**	**2598**	**1899**
福州市	**1070**	**611**	**459**	**1005**	**599**	**406**	**1099**	**639**	**460**
鼓楼区	253	155	98	198	114	84	233	132	101
台江区	165	98	67	166	92	74	191	104	87
仓山区	239	134	105	246	150	96	244	140	104
马尾区	69	39	30	74	43	31	75	43	32
晋安区	168	94	74	155	100	55	180	108	72
长乐区	61	33	28	66	39	27	62	39	23
闽侯县									
连江县									
罗源县									
闽清县									
永泰县									
平潭县									
福清市	114	57	57	94	59	35	105	68	37
厦门市	**688**	**409**	**279**	**690**	**392**	**298**	**768**	**433**	**335**
思明区	334	204	130	343	206	137	349	199	150
海沧区	52	26	26	59	38	21	69	42	27
湖里区	103	64	39	100	49	51	121	63	58
集美区	73	42	31	84	45	39	105	56	49
同安区	111	65	46	85	44	41	109	65	44
翔安区	15	8	7	19	10	9	15	8	7
莆田市	**468**	**267**	**201**	**432**	**246**	**186**	**469**	**272**	**197**
城厢区	86	56	30	88	58	30	65	41	24
涵江区	147	84	63	130	70	60	155	93	62
荔城区	143	77	66	145	81	64	151	84	67
秀屿区	92	50	42	69	37	32	98	54	44
仙游县									
三明市	**238**	**135**	**103**	**234**	**153**	**81**	**273**	**174**	**99**
梅列区	67	38	29	76	43	33	90	55	35
三元区	71	41	30	51	33	18	70	50	20
明溪县									
清流县									
宁化县									
大田县									
尤溪县									
沙县									
将乐县									
泰宁县									
建宁县									
永安市	100	56	44	107	77	30	113	69	44
泉州市	**667**	**403**	**264**	**675**	**401**	**274**	**710**	**420**	**290**
鲤城区	148	75	73	130	67	63	137	86	51
丰泽区	113	72	41	118	73	45	129	85	44
洛江区	13	8	5	14	9	5	11	7	4
泉港区	65	41	24	60	41	19	53	29	24
惠安县									
安溪县									
永春县									
德化县									
石狮市	57	28	29	77	51	26	80	37	43
晋江市	159	105	54	182	100	82	185	105	80
南安市	112	74	38	94	60	34	115	71	44

1-11a 续表 9

单位：人

地　　区	2020年8月			2020年9月			2020年10月		
	小计	男	女	小计	男	女	小计	男	女
漳州市	**354**	**213**	**141**	**298**	**176**	**122**	**376**	**216**	**160**
芗城区	165	104	61	136	80	56	172	113	59
龙文区	59	40	19	46	27	19	71	32	39
云霄县									
漳浦县									
诏安县									
长泰县									
东山县									
南靖县									
平和县									
华安县									
龙海市	130	69	61	114	68	46	133	71	62
南平市	**351**	**222**	**129**	**336**	**208**	**128**	**366**	**200**	**166**
延平区	129	85	44	113	72	41	121	68	53
建阳区	51	25	26	42	22	20	50	31	19
顺昌县									
浦城县									
光泽县									
松溪县									
政和县									
邵武市	72	45	27	76	54	22	74	37	37
武夷山市	37	30	7	44	26	18	39	21	18
建瓯市	62	37	25	61	34	27	82	43	39
龙岩市	**161**	**104**	**57**	**173**	**116**	**57**	**224**	**124**	**100**
新罗区	103	63	40	117	77	40	149	83	66
永定区	19	12	7	21	16	5	25	13	12
长汀县									
上杭县									
武平县									
连城县									
漳平市	39	29	10	35	23	12	50	28	22
宁德市	**160**	**91**	**69**	**182**	**110**	**72**	**212**	**120**	**92**
蕉城区	64	33	31	62	34	28	85	49	36
霞浦县									
古田县									
屏南县									
寿宁县									
周宁县									
柘荣县									
福安市	45	29	16	54	33	21	55	36	19
福鼎市	51	29	22	66	43	23	72	35	37

1-11b 各地区分性别、月份的死亡人口
(2019.11.1-2020.10.31)(镇)

单位：人

地　区	死亡人口			2019年11月		
	合计	男	女	小计	男	女
合　计	**54231**	**31817**	**22414**	**4339**	**2531**	**1808**
福州市	**7674**	**4397**	**3277**	**585**	**361**	**224**
鼓楼区						
台江区						
仓山区						
马尾区						
晋安区	5	3	2	1	1	
长乐区	882	489	393	68	39	29
闽侯县	1520	845	675	122	71	51
连江县	1579	880	699	99	68	31
罗源县	590	344	246	59	38	21
闽清县	469	278	191	41	22	19
永泰县	462	280	182	45	31	14
平潭县	521	298	223	44	26	18
福清市	1646	980	666	106	65	41
厦门市	**590**	**357**	**233**	**48**	**26**	**22**
思明区						
海沧区						
湖里区						
集美区						
同安区	78	49	29	7	6	1
翔安区	512	308	204	41	20	21
莆田市	**4004**	**2316**	**1688**	**316**	**181**	**135**
城厢区	303	170	133	16	8	8
涵江区	139	63	76	12	4	8
荔城区	86	51	35	8	3	5
秀屿区	547	331	216	39	20	19
仙游县	2929	1701	1228	241	146	95
三明市	**4134**	**2465**	**1669**	**332**	**207**	**125**
梅列区	51	30	21	2	2	
三元区	82	45	37	3	1	2
明溪县	273	159	114	15	8	7
清流县	251	156	95	17	10	7
宁化县	608	367	241	46	27	19
大田县	570	360	210	53	33	20
尤溪县	624	372	252	61	38	23
沙县	651	389	262	49	29	20
将乐县	370	217	153	32	23	9
泰宁县	249	146	103	26	21	5
建宁县	206	116	90	13	10	3
永安市	199	108	91	15	5	10
泉州市	**13601**	**8041**	**5560**	**1089**	**643**	**446**
鲤城区						
丰泽区						
洛江区	128	80	48	7	4	3
泉港区	462	286	176	35	20	15
惠安县	2842	1649	1193	215	122	93
安溪县	1715	1033	682	148	88	60
永春县	1711	974	737	138	78	60
德化县	812	514	298	72	44	28
石狮市	688	436	252	51	26	25
晋江市	1665	1007	658	155	98	57
南安市	3578	2062	1516	268	163	105

1-11b 续表 1

单位：人

地 区	死亡人口			2019年11月		
	合计	男	女	小计	男	女
漳州市	**10738**	**6190**	**4548**	**851**	**477**	**374**
芗城区	312	176	136	25	17	8
龙文区						
云霄县	1041	564	477	76	46	30
漳浦县	2455	1429	1026	218	124	94
诏安县	1584	907	677	112	58	54
长泰县	682	365	317	62	30	32
东山县	760	463	297	67	40	27
南靖县	793	447	346	49	26	23
平和县	1416	867	549	105	57	48
华安县	462	263	199	40	24	16
龙海市	1233	709	524	97	55	42
南平市	**3961**	**2351**	**1610**	**352**	**207**	**145**
延平区	438	293	145	33	21	12
建阳区	273	152	121	30	19	11
顺昌县	589	342	247	46	31	15
浦城县	700	436	264	54	39	15
光泽县	303	181	122	30	19	11
松溪县	279	156	123	27	13	14
政和县	520	293	227	47	20	27
邵武市	229	133	96	26	16	10
武夷山市	155	89	66	16	9	7
建瓯市	475	276	199	43	20	23
龙岩市	**4691**	**2742**	**1949**	**369**	**203**	**166**
新罗区	335	180	155	25	12	13
永定区	619	338	281	47	20	27
长汀县	891	511	380	61	38	23
上杭县	984	562	422	82	43	39
武平县	911	575	336	86	53	33
连城县	723	446	277	59	34	25
漳平市	228	130	98	9	3	6
宁德市	**4838**	**2958**	**1880**	**397**	**226**	**171**
蕉城区	344	206	138	32	17	15
霞浦县	1005	597	408	93	43	50
古田县	774	466	308	52	28	24
屏南县	343	212	131	25	16	9
寿宁县	378	236	142	24	16	8
周宁县	419	269	150	35	26	9
柘荣县	187	113	74	16	9	7
福安市	664	407	257	60	38	22
福鼎市	724	452	272	60	33	27

1-11b 续表 2

单位：人

地 区	2019年12月			2020年1月		
	小计	男	女	小计	男	女
合 计	**4786**	**2822**	**1964**	**4567**	**2666**	**1901**
福州市	**637**	**382**	**255**	**656**	**364**	**292**
鼓楼区						
台江区						
仓山区						
马尾区						
晋安区				1	1	
长乐区	69	39	30	70	40	30
闽侯县	147	84	63	113	58	55
连江县	127	74	53	144	77	67
罗源县	51	33	18	42	24	18
闽清县	37	23	14	39	21	18
永泰县	34	23	11	37	20	17
平潭县	42	25	17	35	18	17
福清市	130	81	49	175	105	70
厦门市	**56**	**30**	**26**	**46**	**23**	**23**
思明区						
海沧区						
湖里区						
集美区						
同安区	6	2	4	6	3	3
翔安区	50	28	22	40	20	20
莆田市	**311**	**178**	**133**	**338**	**203**	**135**
城厢区	30	16	14	27	17	10
涵江区	14	7	7	11	6	5
荔城区	4	2	2	15	10	5
秀屿区	42	27	15	33	22	11
仙游县	221	126	95	252	148	104
三明市	**361**	**228**	**133**	**338**	**204**	**134**
梅列区	4	2	2	5	3	2
三元区	5		5	12	6	6
明溪县	29	16	13	19	13	6
清流县	22	15	7	29	18	11
宁化县	71	50	21	37	24	13
大田县	47	30	17	42	28	14
尤溪县	39	23	16	65	43	22
沙县	56	32	24	52	23	29
将乐县	25	18	7	29	15	14
泰宁县	25	18	7	15	11	4
建宁县	22	13	9	14	8	6
永安市	16	11	5	19	12	7
泉州市	**1242**	**742**	**500**	**1205**	**716**	**489**
鲤城区						
丰泽区						
洛江区	10	8	2	8	7	1
泉港区	49	29	20	51	34	17
惠安县	252	137	115	242	143	99
安溪县	154	93	61	146	94	52
永春县	151	87	64	174	91	83
德化县	78	55	23	63	36	27
石狮市	59	39	20	40	32	8
晋江市	168	109	59	146	83	63
南安市	321	185	136	335	196	139

1-11b 续表 3　　单位：人

地　区	2019年12月			2020年1月		
	小计	男	女	小计	男	女
漳州市	**976**	**544**	**432**	**840**	**471**	**369**
芗城区	41	23	18	29	15	14
龙文区						
云霄县	98	54	44	85	50	35
漳浦县	212	116	96	202	96	106
诏安县	158	87	71	122	66	56
长泰县	58	31	27	51	23	28
东山县	58	32	26	48	34	14
南靖县	74	35	39	50	30	20
平和县	105	64	41	98	64	34
华安县	41	30	11	38	22	16
龙海市	131	72	59	117	71	46
南平市	**360**	**213**	**147**	**352**	**231**	**121**
延平区	36	25	11	36	29	7
建阳区	21	14	7	23	15	8
顺昌县	68	35	33	53	34	19
浦城县	59	30	29	62	42	20
光泽县	20	13	7	26	13	13
松溪县	39	22	17	20	13	7
政和县	47	29	18	56	35	21
邵武市	20	10	10	12	9	3
武夷山市	16	10	6	13	10	3
建瓯市	34	25	9	51	31	20
龙岩市	**433**	**262**	**171**	**387**	**213**	**174**
新罗区	32	18	14	38	17	21
永定区	59	34	25	50	28	22
长汀县	79	47	32	73	35	38
上杭县	91	50	41	82	49	33
武平县	76	45	31	70	43	27
连城县	70	51	19	54	29	25
漳平市	26	17	9	20	12	8
宁德市	**410**	**243**	**167**	**405**	**241**	**164**
蕉城区	37	22	15	26	17	9
霞浦县	73	40	33	65	42	23
古田县	65	32	33	72	48	24
屏南县	32	22	10	37	20	17
寿宁县	36	25	11	41	27	14
周宁县	30	18	12	32	15	17
柘荣县	16	7	9	23	12	11
福安市	57	38	19	51	24	27
福鼎市	64	39	25	58	36	22

1-11b 续表 4

单位：人

地 区	2020年2月			2020年3月			2020年4月		
	小计	男	女	小计	男	女	小计	男	女
合 计	**4731**	**2675**	**2056**	**4648**	**2698**	**1950**	**4546**	**2642**	**1904**
福州市	**639**	**337**	**302**	**634**	**355**	**279**	**641**	**355**	**286**
鼓楼区									
台江区									
仓山区									
马尾区									
晋安区				1		1			
长乐区	71	31	40	69	39	30	75	38	37
闽侯县	116	67	49	121	65	56	125	70	55
连江县	156	77	79	146	82	64	140	78	62
罗源县	53	29	24	47	24	23	54	25	29
闽清县	34	19	15	31	16	15	39	19	20
永泰县	29	15	14	48	33	15	55	31	24
平潭县	44	19	25	39	22	17	35	21	14
福清市	136	80	56	132	74	58	118	73	45
厦门市	**61**	**36**	**25**	**48**	**31**	**17**	**48**	**31**	**17**
思明区									
海沧区									
湖里区									
集美区									
同安区	8	3	5	8	5	3	6	5	1
翔安区	53	33	20	40	26	14	42	26	16
莆田市	**321**	**163**	**158**	**356**	**205**	**151**	**353**	**188**	**165**
城厢区	23	10	13	32	21	11	22	13	9
涵江区	10	5	5	11	4	7	9	4	5
荔城区	6	4	2	5	4	1	7	6	1
秀屿区	41	22	19	46	33	13	56	30	26
仙游县	241	122	119	262	143	119	259	135	124
三明市	**379**	**217**	**162**	**339**	**196**	**143**	**349**	**204**	**145**
梅列区	8	7	1	3	1	2	2		2
三元区	7	2	5	13	7	6	3	1	2
明溪县	34	21	13	21	13	8	25	13	12
清流县	25	17	8	15	10	5	23	15	8
宁化县	56	33	23	50	30	20	58	37	21
大田县	51	26	25	48	27	21	49	28	21
尤溪县	43	27	16	50	30	20	49	29	20
沙县	59	35	24	59	40	19	46	28	18
将乐县	36	17	19	27	15	12	38	21	17
泰宁县	17	10	7	26	13	13	25	13	12
建宁县	16	8	8	15	7	8	11	8	3
永安市	27	14	13	12	3	9	20	11	9
泉州市	**1165**	**664**	**501**	**1189**	**689**	**500**	**1122**	**669**	**453**
鲤城区									
丰泽区									
洛江区	12	7	5	17	10	7	13	7	6
泉港区	44	25	19	50	33	17	39	25	14
惠安县	224	129	95	236	126	110	243	149	94
安溪县	142	84	58	158	95	63	135	89	46
永春县	159	78	81	131	76	55	143	79	64
德化县	69	44	25	55	29	26	58	45	13
石狮市	71	40	31	58	40	18	62	37	25
晋江市	156	92	64	155	91	64	128	71	57
南安市	288	165	123	329	189	140	301	167	134

1-11b　续表 5

单位：人

地　区	2020年2月			2020年3月			2020年4月		
	小计	男	女	小计	男	女	小计	男	女
漳州市	**1027**	**599**	**428**	**921**	**518**	**403**	**902**	**519**	**383**
芗城区	24	13	11	24	13	11	26	12	14
龙文区									
云霄县	110	54	56	97	49	48	96	51	45
漳浦县	227	136	91	199	101	98	213	132	81
诏安县	139	84	55	147	84	63	119	66	53
长泰县	72	34	38	64	36	28	56	34	22
东山县	78	49	29	70	38	32	55	32	23
南靖县	80	48	32	60	37	23	71	34	37
平和县	129	80	49	124	77	47	135	76	59
华安县	55	37	18	35	21	14	36	20	16
龙海市	113	64	49	101	62	39	95	62	33
南平市	**350**	**194**	**156**	**341**	**193**	**148**	**321**	**193**	**128**
延平区	52	31	21	46	28	18	32	14	18
建阳区	19	7	12	21	9	12	22	14	8
顺昌县	51	25	26	56	34	22	47	28	19
浦城县	61	41	20	77	46	31	47	29	18
光泽县	23	9	14	27	19	8	29	19	10
松溪县	27	16	11	12	7	5	32	19	13
政和县	47	22	25	41	21	20	47	30	17
邵武市	18	11	7	18	9	9	17	13	4
武夷山市	10	7	3	11	5	6	12	6	6
建瓯市	42	25	17	32	15	17	36	21	15
龙岩市	**385**	**220**	**165**	**391**	**233**	**158**	**408**	**235**	**173**
新罗区	27	18	9	36	20	16	27	11	16
永定区	56	30	26	44	23	21	45	25	20
长汀县	81	44	37	73	41	32	86	53	33
上杭县	82	49	33	68	37	31	90	51	39
武平县	59	37	22	84	52	32	83	53	30
连城县	66	37	29	64	43	21	60	32	28
漳平市	14	5	9	22	17	5	17	10	7
宁德市	**404**	**245**	**159**	**429**	**278**	**151**	**402**	**248**	**154**
蕉城区	33	22	11	41	27	14	35	25	10
霞浦县	90	54	36	83	45	38	77	47	30
古田县	66	42	24	69	46	23	54	30	24
屏南县	21	14	7	24	17	7	27	12	15
寿宁县	26	13	13	28	14	14	34	21	13
周宁县	26	19	7	44	31	13	50	38	12
柘荣县	16	10	6	9	6	3	20	12	8
福安市	63	36	27	69	46	23	55	34	21
福鼎市	63	35	28	62	46	16	50	29	21

1-11b 续表 6

单位：人

地　区	2020年5月			2020年6月			2020年7月		
	小计	男	女	小计	男	女	小计	男	女
合　计	**4335**	**2549**	**1786**	**4357**	**2562**	**1795**	**4348**	**2600**	**1748**
福州市	**655**	**376**	**279**	**644**	**368**	**276**	**628**	**361**	**267**
鼓楼区									
台江区									
仓山区									
马尾区									
晋安区									
长乐区	64	34	30	77	50	27	55	26	29
闽侯县	126	70	56	138	75	63	125	74	51
连江县	136	80	56	135	67	68	111	57	54
罗源县	49	27	22	43	24	19	46	27	19
闽清县	42	24	18	32	19	13	57	42	15
永泰县	46	25	21	31	20	11	36	23	13
平潭县	47	33	14	58	37	21	38	16	22
福清市	145	83	62	130	76	54	160	96	64
厦门市	**50**	**33**	**17**	**50**	**34**	**16**	**51**	**30**	**21**
思明区									
海沧区									
湖里区									
集美区									
同安区	7	5	2	11	7	4	2	1	1
翔安区	43	28	15	39	27	12	49	29	20
莆田市	**363**	**224**	**139**	**332**	**197**	**135**	**347**	**208**	**139**
城厢区	33	16	17	32	20	12	28	16	12
涵江区	14	3	11	10	3	7	15	9	6
荔城区	7	3	4	7	5	2	10	7	3
秀屿区	57	41	16	50	27	23	42	27	15
仙游县	252	161	91	233	142	91	252	149	103
三明市	**297**	**171**	**126**	**362**	**216**	**146**	**321**	**199**	**122**
梅列区	1	1		4	2	2	8	3	5
三元区	6	2	4	7	5	2	10	7	3
明溪县	26	14	12	21	8	13	16	11	5
清流县	14	9	5	19	14	5	16	9	7
宁化县	51	29	22	60	32	28	49	26	23
大田县	37	26	11	42	27	15	47	36	11
尤溪县	48	29	19	63	38	25	48	28	20
沙县	48	24	24	61	44	17	52	32	20
将乐县	22	13	9	30	18	12	22	14	8
泰宁县	21	13	8	20	9	11	16	13	3
建宁县	12	6	6	22	10	12	19	12	7
永安市	11	5	6	13	9	4	18	8	10
泉州市	**1092**	**641**	**451**	**1096**	**640**	**456**	**1075**	**661**	**414**
鲤城区									
丰泽区									
洛江区	10	5	5	8	4	4	12	9	3
泉港区	32	22	10	35	20	15	40	27	13
惠安县	240	142	98	228	127	101	230	131	99
安溪县	141	83	58	150	90	60	133	78	55
永春县	146	91	55	126	71	55	137	78	59
德化县	66	43	23	66	40	26	77	53	24
石狮市	56	34	22	47	32	15	57	38	19
晋江市	135	77	58	121	81	40	119	76	43
南安市	266	144	122	315	175	140	270	171	99

1-11b 续表 7

单位：人

地 区	2020年5月			2020年6月			2020年7月		
	小计	男	女	小计	男	女	小计	男	女
漳州市	**813**	**474**	**339**	**843**	**484**	**359**	**874**	**534**	**340**
芗城区	26	14	12	22	13	9	24	16	8
龙文区									
云霄县	81	43	38	81	49	32	91	49	42
漳浦县	163	103	60	184	114	70	199	120	79
诏安县	121	70	51	137	74	63	132	74	58
长泰县	49	30	19	54	35	19	41	24	17
东山县	62	35	27	70	42	28	56	33	23
南靖县	57	30	27	61	35	26	62	34	28
平和县	112	68	44	102	60	42	126	95	31
华安县	39	21	18	34	14	20	40	22	18
龙海市	103	60	43	98	48	50	103	67	36
南平市	**333**	**200**	**133**	**312**	**179**	**133**	**272**	**170**	**102**
延平区	32	23	9	34	24	10	41	30	11
建阳区	26	12	14	27	15	12	24	13	11
顺昌县	51	30	21	37	19	18	29	19	10
浦城县	52	30	22	55	34	21	49	33	16
光泽县	27	15	12	20	14	6	24	15	9
松溪县	18	10	8	28	16	12	13	7	6
政和县	44	28	16	39	23	16	38	21	17
邵武市	27	19	8	24	11	13	14	10	4
武夷山市	17	9	8	6	3	3	6	2	4
建瓯市	39	24	15	42	20	22	34	20	14
龙岩市	**359**	**206**	**153**	**345**	**200**	**145**	**393**	**229**	**164**
新罗区	24	17	7	29	14	15	18	11	7
永定区	49	24	25	45	23	22	61	32	29
长汀县	83	41	42	52	28	24	60	40	20
上杭县	71	41	30	82	45	37	79	44	35
武平县	61	38	23	65	41	24	84	53	31
连城县	52	33	19	52	37	15	70	39	31
漳平市	19	12	7	20	12	8	21	10	11
宁德市	**373**	**224**	**149**	**373**	**244**	**129**	**387**	**208**	**179**
蕉城区	28	11	17	20	12	8	20	12	8
霞浦县	90	56	34	76	46	30	86	46	40
古田县	54	35	19	63	41	22	63	33	30
屏南县	29	16	13	34	23	11	26	15	11
寿宁县	18	11	7	32	19	13	28	12	16
周宁县	36	21	15	36	25	11	29	12	17
柘荣县	11	9	2	19	11	8	11	8	3
福安市	47	29	18	40	31	9	53	26	27
福鼎市	60	36	24	53	36	17	71	44	27

1-11b 续表 8

单位：人

地区	2020年8月			2020年9月			2020年10月		
	小计	男	女	小计	男	女	小计	男	女
合 计	**4195**	**2527**	**1668**	**4252**	**2520**	**1732**	**5127**	**3025**	**2102**
福州市	**605**	**372**	**233**	**594**	**346**	**248**	**756**	**420**	**336**
鼓楼区									
台江区									
仓山区									
马尾区									
晋安区				1	1		1		1
长乐区	85	44	41	82	55	27	97	54	43
闽侯县	125	82	43	112	57	55	150	72	78
连江县	115	69	46	119	68	51	151	83	68
罗源县	59	37	22	37	22	15	50	34	16
闽清县	27	16	11	30	19	11	60	38	22
永泰县	29	21	8	30	15	15	42	23	19
平潭县	48	27	21	38	21	17	53	33	20
福清市	117	76	41	145	88	57	152	83	69
厦门市	**39**	**28**	**11**	**36**	**19**	**17**	**57**	**36**	**21**
思明区									
海沧区									
湖里区									
集美区									
同安区	5	5		4	3	1	8	4	4
翔安区	34	23	11	32	16	16	49	32	17
莆田市	**317**	**190**	**127**	**300**	**174**	**126**	**350**	**205**	**145**
城厢区	21	12	9	17	11	6	22	10	12
涵江区	11	7	4	13	8	5	9	3	6
荔城区	8	4	4	6	1	5	3	2	1
秀屿区	48	26	22	40	25	15	53	31	22
仙游县	229	141	88	224	129	95	263	159	104
三明市	**313**	**184**	**129**	**340**	**208**	**132**	**403**	**231**	**172**
梅列区	2	1	1	4	3	1	8	5	3
三元区	5	4	1	3	3		8	7	1
明溪县	21	10	11	25	18	7	21	14	7
清流县	18	8	10	26	21	5	27	10	17
宁化县	41	24	17	42	27	15	47	28	19
大田县	45	31	14	50	29	21	59	39	20
尤溪县	48	19	29	50	32	18	60	36	24
沙县	61	43	18	45	22	23	63	37	26
将乐县	30	21	9	35	20	15	44	22	22
泰宁县	16	7	9	17	8	9	25	10	15
建宁县	19	11	8	17	11	6	26	12	14
永安市	7	5	2	26	14	12	15	11	4
泉州市	**1045**	**612**	**433**	**1055**	**641**	**414**	**1226**	**723**	**503**
鲤城区									
丰泽区									
洛江区	11	9	2	7	2	5	13	8	5
泉港区	34	23	11	28	14	14	25	14	11
惠安县	236	137	99	219	142	77	277	164	113
安溪县	145	91	54	115	66	49	148	82	66
永春县	120	73	47	134	84	50	152	88	64
德化县	59	33	26	72	39	33	77	53	24
石狮市	53	30	23	72	47	25	62	41	21
晋江市	111	62	49	124	80	44	147	87	60
南安市	276	154	122	284	167	117	325	186	139

1-11b　续表 9　　　　　单位：人

地　区	2020年8月			2020年9月			2020年10月		
	小计	男	女	小计	男	女	小计	男	女
漳州市	**814**	**478**	**336**	**849**	**491**	**358**	**1028**	**601**	**427**
芗城区	14	9	5	20	8	12	37	23	14
龙文区									
云霄县	75	31	44	64	32	32	87	56	31
漳浦县	174	107	67	212	135	77	252	145	107
诏安县	119	66	53	138	85	53	140	93	47
长泰县	57	28	29	59	33	26	59	27	32
东山县	59	38	21	66	44	22	71	46	25
南靖县	66	49	17	75	40	35	88	49	39
平和县	114	71	43	112	64	48	154	91	63
华安县	40	20	20	28	15	13	36	17	19
龙海市	96	59	37	75	35	40	104	54	50
南平市	**304**	**193**	**111**	**305**	**172**	**133**	**359**	**206**	**153**
延平区	34	28	6	26	16	10	36	24	12
建阳区	16	9	7	25	14	11	19	11	8
顺昌县	43	20	23	54	31	23	54	36	18
浦城县	53	38	15	57	30	27	74	44	30
光泽县	20	11	9	20	15	5	37	19	18
松溪县	22	16	6	20	11	9	21	6	15
政和县	41	25	16	33	18	15	40	21	19
邵武市	21	10	11	15	6	9	17	9	8
武夷山市	20	14	6	14	5	9	14	9	5
建瓯市	34	22	12	41	26	15	47	27	20
龙岩市	**374**	**242**	**132**	**367**	**218**	**149**	**480**	**281**	**199**
新罗区	20	12	8	27	12	15	32	18	14
永定区	43	27	16	66	38	28	54	34	20
长汀县	59	41	18	66	32	34	118	71	47
上杭县	89	55	34	76	42	34	92	56	36
武平县	85	50	35	80	61	19	78	49	29
连城县	60	43	17	39	27	12	77	41	36
漳平市	18	14	4	13	6	7	29	12	17
宁德市	**384**	**228**	**156**	**406**	**251**	**155**	**468**	**322**	**146**
蕉城区	26	16	10	20	9	11	26	16	10
霞浦县	80	41	39	90	62	28	102	75	27
古田县	63	38	25	63	34	29	90	59	31
屏南县	31	21	10	31	20	11	26	16	10
寿宁县	19	16	3	49	32	17	43	30	13
周宁县	36	20	16	29	16	13	36	28	8
柘荣县	15	8	7	11	8	3	20	13	7
福安市	55	35	20	61	35	26	53	35	18
福鼎市	59	33	26	52	35	17	72	50	22

1-11c 各地区分性别、月份的死亡人口 (2019.11.1-2020.10.31)(乡村)

单位：人

地区	死亡人口			2019年11月		
	合计	男	女	小计	男	女
合 计	**108256**	**63480**	**44776**	**8854**	**5228**	**3626**
福州市	**15624**	**9002**	**6622**	**1208**	**696**	**512**
鼓楼区						
台江区						
仓山区						
马尾区	275	136	139	30	11	19
晋安区	250	141	109	15	3	12
长乐区	1915	1078	837	156	96	60
闽侯县	1962	1135	827	150	90	60
连江县	2008	1162	846	153	96	57
罗源县	1056	644	412	84	51	33
闽清县	1210	708	502	105	64	41
永泰县	1601	972	629	108	67	41
平潭县	1358	776	582	100	49	51
福清市	3989	2250	1739	307	169	138
厦门市	**2570**	**1461**	**1109**	**235**	**135**	**100**
思明区						
海沧区	22	13	9	2	1	1
湖里区						
集美区	171	88	83	14	7	7
同安区	1282	771	511	126	79	47
翔安区	1095	589	506	93	48	45
莆田市	**9117**	**5195**	**3922**	**685**	**375**	**310**
城厢区	1220	684	536	92	49	43
涵江区	1141	624	517	99	57	42
荔城区	1098	642	456	88	41	47
秀屿区	2674	1559	1115	190	110	80
仙游县	2984	1686	1298	216	118	98
三明市	**9935**	**5859**	**4076**	**845**	**485**	**360**
梅列区	81	48	33	3	3	
三元区	289	181	108	28	18	10
明溪县	498	301	197	52	37	15
清流县	605	355	250	64	32	32
宁化县	1655	963	692	128	67	61
大田县	1465	899	566	134	73	61
尤溪县	1758	1046	712	131	74	57
沙县	978	572	406	75	38	37
将乐县	613	345	268	49	27	22
泰宁县	541	323	218	54	34	20
建宁县	676	370	306	60	37	23
永安市	776	456	320	67	45	22
泉州市	**19992**	**11844**	**8148**	**1616**	**999**	**617**
鲤城区						
丰泽区						
洛江区	714	441	273	44	22	22
泉港区	1032	587	445	75	41	34
惠安县	3199	1878	1321	250	152	98
安溪县	3934	2299	1635	330	197	133
永春县	1746	978	768	136	81	55
德化县	1315	775	540	113	70	43
石狮市	640	408	232	46	35	11
晋江市	2903	1814	1089	251	158	93
南安市	4509	2664	1845	371	243	128

1-11c 续表 1

单位：人

地　区	死亡人口			2019年11月		
	合计	男	女	小计	男	女
漳州市	**14023**	**7923**	**6100**	**1080**	**596**	**484**
芗城区	477	286	191	38	21	17
龙文区	140	83	57	8	4	4
云霄县	1451	819	632	98	51	47
漳浦县	2371	1363	1008	194	101	93
诏安县	2107	1159	948	145	74	71
长泰县	574	325	249	54	36	18
东山县	573	296	277	52	30	22
南靖县	1299	737	562	99	53	46
平和县	2086	1181	905	151	81	70
华安县	561	317	244	50	34	16
龙海市	2384	1357	1027	191	111	80
南平市	**12105**	**7140**	**4965**	**1053**	**624**	**429**
延平区	1591	926	665	137	71	66
建阳区	1394	826	568	114	61	53
顺昌县	901	518	383	91	54	37
浦城县	2005	1191	814	163	99	64
光泽县	668	404	264	65	40	25
松溪县	689	420	269	61	34	27
政和县	743	471	272	69	46	23
邵武市	1102	613	489	102	62	40
武夷山市	801	471	330	60	38	22
建瓯市	2211	1300	911	191	119	72
龙岩市	**11461**	**6510**	**4951**	**990**	**570**	**420**
新罗区	1771	1010	761	169	93	76
永定区	2050	1175	875	163	102	61
长汀县	1893	1091	802	157	91	66
上杭县	2017	1106	911	168	99	69
武平县	1365	779	586	129	83	46
连城县	1458	819	639	132	69	63
漳平市	907	530	377	72	33	39
宁德市	**13429**	**8546**	**4883**	**1142**	**748**	**394**
蕉城区	1649	1088	561	142	94	48
霞浦县	2129	1325	804	188	115	73
古田县	1886	1137	749	170	108	62
屏南县	870	556	314	66	40	26
寿宁县	954	607	347	82	60	22
周宁县	886	558	328	71	48	23
柘荣县	420	276	144	31	21	10
福安市	2215	1473	742	183	120	63
福鼎市	2420	1526	894	209	142	67

1-11c 续表 2

单位：人

地区	2019年12月			2020年1月		
	小计	男	女	小计	男	女
合 计	**9647**	**5616**	**4031**	**8892**	**5174**	**3718**
福州市	**1334**	**770**	**564**	**1260**	**725**	**535**
鼓楼区						
台江区						
仓山区						
马尾区	29	16	13	26	13	13
晋安区	25	14	11	25	16	9
长乐区	162	84	78	168	94	74
闽侯县	170	99	71	154	85	69
连江县	161	101	60	171	100	71
罗源县	89	59	30	81	50	31
闽清县	119	64	55	78	52	26
永泰县	128	71	57	126	85	41
平潭县	106	64	42	96	44	52
福清市	345	198	147	335	186	149
厦门市	**235**	**135**	**100**	**241**	**138**	**103**
思明区						
海沧区	2	1	1	1	1	
湖里区						
集美区	20	8	12	21	14	7
同安区	119	71	48	121	76	45
翔安区	94	55	39	98	47	51
莆田市	**740**	**403**	**337**	**743**	**435**	**308**
城厢区	101	57	44	111	70	41
涵江区	97	41	56	92	50	42
荔城区	88	55	33	102	66	36
秀屿区	200	114	86	216	125	91
仙游县	254	136	118	222	124	98
三明市	**967**	**577**	**390**	**755**	**440**	**315**
梅列区	8	4	4	7	4	3
三元区	27	10	17	14	9	5
明溪县	46	28	18	37	23	14
清流县	45	31	14	49	25	24
宁化县	171	113	58	135	76	59
大田县	132	84	48	130	78	52
尤溪县	193	112	81	133	83	50
沙县	100	57	43	70	34	36
将乐县	56	28	28	37	27	10
泰宁县	40	25	15	42	26	16
建宁县	53	29	24	51	26	25
永安市	96	56	40	50	29	21
泉州市	**1696**	**975**	**721**	**1720**	**1024**	**696**
鲤城区						
丰泽区						
洛江区	46	31	15	52	36	16
泉港区	97	50	47	81	44	37
惠安县	282	155	127	290	169	121
安溪县	340	190	150	325	181	144
永春县	156	88	68	151	80	71
德化县	123	73	50	89	50	39
石狮市	55	36	19	67	41	26
晋江市	248	153	95	246	161	85
南安市	349	199	150	419	262	157

1-11c　续表 3　　　　　　　　　　　　　　　　　　　　　　　　单位：人

地　区	2019年12月			2020年1月		
	小计	男	女	小计	男	女
漳州市	**1287**	**739**	**548**	**1166**	**652**	**514**
芗城区	50	33	17	38	14	24
龙文区	19	9	10	8	4	4
云霄县	132	81	51	102	55	47
漳浦县	230	132	98	202	111	91
诏安县	175	96	79	209	110	99
长泰县	49	29	20	42	22	20
东山县	42	22	20	46	27	19
南靖县	119	69	50	100	63	37
平和县	211	117	94	165	86	79
华安县	56	32	24	42	28	14
龙海市	204	119	85	212	132	80
南平市	**1179**	**705**	**474**	**996**	**575**	**421**
延平区	174	95	79	125	82	43
建阳区	128	73	55	92	43	49
顺昌县	80	50	30	75	43	32
浦城县	209	122	87	190	104	86
光泽县	64	33	31	51	30	21
松溪县	52	36	16	47	25	22
政和县	61	46	15	53	31	22
邵武市	104	59	45	102	53	49
武夷山市	78	50	28	53	31	22
建瓯市	229	141	88	208	133	75
龙岩市	**1099**	**617**	**482**	**959**	**536**	**423**
新罗区	171	103	68	161	96	65
永定区	181	109	72	163	96	67
长汀县	164	95	69	149	81	68
上杭县	223	108	115	171	86	85
武平县	133	79	54	125	63	62
连城县	149	74	75	112	66	46
漳平市	78	49	29	78	48	30
宁德市	**1110**	**695**	**415**	**1052**	**649**	**403**
蕉城区	136	92	44	141	97	44
霞浦县	194	121	73	162	101	61
古田县	149	83	66	157	87	70
屏南县	71	43	28	70	39	31
寿宁县	90	56	34	88	51	37
周宁县	66	41	25	84	55	29
柘荣县	37	21	16	31	19	12
福安市	196	128	68	138	95	43
福鼎市	171	110	61	181	105	76

1-11c 续表 4

单位：人

地区	2020年2月			2020年3月			2020年4月		
	小计	男	女	小计	男	女	小计	男	女
合计	**9503**	**5399**	**4104**	**9302**	**5493**	**3809**	**9061**	**5287**	**3774**
福州市	**1417**	**791**	**626**	**1358**	**796**	**562**	**1305**	**755**	**550**
鼓楼区									
台江区									
仓山区									
马尾区	24	9	15	13	5	8	22	13	9
晋安区	19	10	9	24	10	14	22	15	7
长乐区	188	102	86	173	94	79	136	75	61
闽侯县	173	95	78	182	103	79	156	96	60
连江县	191	100	91	172	97	75	192	110	82
罗源县	102	56	46	99	60	39	97	58	39
闽清县	91	52	39	99	57	42	109	66	43
永泰县	143	79	64	152	104	48	127	77	50
平潭县	91	60	31	109	66	43	109	61	48
福清市	395	228	167	335	200	135	335	184	151
厦门市	**217**	**123**	**94**	**226**	**130**	**96**	**193**	**113**	**80**
思明区									
海沧区	2	1	1	2	1	1	2	1	1
湖里区									
集美区	20	9	11	13	5	8	13	7	6
同安区	103	64	39	129	79	50	91	54	37
翔安区	92	49	43	82	45	37	87	51	36
莆田市	**840**	**471**	**369**	**814**	**462**	**352**	**773**	**434**	**339**
城厢区	115	67	48	105	57	48	100	58	42
涵江区	111	67	44	106	61	45	104	46	58
荔城区	101	58	43	96	55	41	75	48	27
秀屿区	250	140	110	245	132	113	234	132	102
仙游县	263	139	124	262	157	105	260	150	110
三明市	**869**	**487**	**382**	**856**	**513**	**343**	**847**	**507**	**340**
梅列区	7	3	4	5	3	2	9	5	4
三元区	31	20	11	25	19	6	26	17	9
明溪县	29	16	13	43	22	21	37	29	8
清流县	55	29	26	50	35	15	49	25	24
宁化县	153	77	76	134	83	51	137	83	54
大田县	117	69	48	118	63	55	133	83	50
尤溪县	168	98	70	164	102	62	139	86	53
沙县	81	50	31	100	61	39	80	48	32
将乐县	61	31	30	47	29	18	64	37	27
泰宁县	51	29	22	51	31	20	55	32	23
建宁县	64	31	33	49	27	22	57	25	32
永安市	52	34	18	70	38	32	61	37	24
泉州市	**1730**	**1011**	**719**	**1700**	**1024**	**676**	**1685**	**973**	**712**
鲤城区									
丰泽区									
洛江区	63	40	23	64	42	22	54	32	22
泉港区	90	48	42	84	56	28	91	52	39
惠安县	256	148	108	266	151	115	264	138	126
安溪县	365	206	159	327	187	140	368	220	148
永春县	146	86	60	149	89	60	159	87	72
德化县	106	67	39	131	75	56	91	52	39
石狮市	43	20	23	51	35	16	56	42	14
晋江市	247	155	92	238	157	81	229	137	92
南安市	414	241	173	390	232	158	373	213	160

1-11c　续表 5　　单位：人

地　区	2020年2月			2020年3月			2020年4月		
	小计	男	女	小计	男	女	小计	男	女
漳州市	**1267**	**691**	**576**	**1226**	**690**	**536**	**1136**	**626**	**510**
芗城区	36	14	22	56	37	19	41	27	14
龙文区	14	11	3	15	9	6	13	10	3
云霄县	119	66	53	147	78	69	107	59	48
漳浦县	222	114	108	200	116	84	202	118	84
诏安县	186	99	87	167	93	74	182	109	73
长泰县	43	21	22	58	29	29	33	17	16
东山县	53	25	28	50	26	24	47	21	26
南靖县	124	68	56	127	78	49	92	50	42
平和县	200	114	86	183	106	77	193	99	94
华安县	59	43	16	46	23	23	45	23	22
龙海市	211	116	95	177	95	82	181	93	88
南平市	**1050**	**597**	**453**	**959**	**574**	**385**	**1003**	**602**	**401**
延平区	137	71	66	116	66	50	120	75	45
建阳区	110	62	48	120	74	46	121	72	49
顺昌县	83	43	40	77	51	26	74	42	32
浦城县	185	100	85	159	92	67	145	86	59
光泽县	60	34	26	59	40	19	46	27	19
松溪县	77	51	26	48	31	17	83	58	25
政和县	68	43	25	58	36	22	71	48	23
邵武市	80	43	37	98	57	41	93	56	37
武夷山市	69	41	28	65	40	25	80	42	38
建瓯市	181	109	72	159	87	72	170	96	74
龙岩市	**975**	**529**	**446**	**956**	**560**	**396**	**1004**	**551**	**453**
新罗区	162	83	79	163	97	66	155	92	63
永定区	172	94	78	161	97	64	162	96	66
长汀县	168	100	68	184	109	75	188	91	97
上杭县	180	95	85	156	82	74	177	101	76
武平县	106	58	48	98	59	39	122	63	59
连城县	115	61	54	127	78	49	120	64	56
漳平市	72	38	34	67	38	29	80	44	36
宁德市	**1138**	**699**	**439**	**1207**	**744**	**463**	**1115**	**726**	**389**
蕉城区	154	87	67	138	87	51	125	85	40
霞浦县	161	92	69	185	111	74	172	117	55
古田县	145	84	61	164	91	73	137	91	46
屏南县	92	61	31	77	42	35	81	50	31
寿宁县	71	47	24	72	40	32	85	51	34
周宁县	79	52	27	78	49	29	81	56	25
柘荣县	41	31	10	36	19	17	45	28	17
福安市	187	115	72	217	148	69	166	106	60
福鼎市	208	130	78	240	157	83	223	142	81

1-11c 续表 6 单位：人

地区	2020年5月			2020年6月			2020年7月		
	小计	男	女	小计	男	女	小计	男	女
合 计	**9021**	**5274**	**3747**	**8702**	**5074**	**3628**	**8279**	**4956**	**3323**
福州市	**1271**	**741**	**530**	**1277**	**716**	**561**	**1203**	**703**	**500**
鼓楼区									
台江区									
仓山区									
马尾区	20	13	7	23	11	12	13	4	9
晋安区	11	10	1	17	11	6	21	13	8
长乐区	146	80	66	157	88	69	154	95	59
闽侯县	179	110	69	144	79	65	155	98	57
连江县	163	89	74	164	93	71	158	89	69
罗源县	98	66	32	86	51	35	72	46	26
闽清县	87	48	39	98	61	37	85	52	33
永泰县	137	79	58	127	67	60	125	72	53
平潭县	103	59	44	113	68	45	121	69	52
福清市	327	187	140	348	187	161	299	165	134
厦门市	**221**	**134**	**87**	**213**	**113**	**100**	**202**	**116**	**86**
思明区									
海沧区	2	2		1	1		1		1
湖里区									
集美区	15	10	5	11	8	3	8	2	6
同安区	117	69	48	113	63	50	100	63	37
翔安区	87	53	34	88	41	47	93	51	42
莆田市	**763**	**429**	**334**	**783**	**461**	**322**	**704**	**396**	**308**
城厢区	106	58	48	101	54	47	89	45	44
涵江区	69	36	33	94	58	36	89	55	34
荔城区	95	54	41	89	51	38	86	44	42
秀屿区	235	138	97	229	136	93	221	127	94
仙游县	258	143	115	270	162	108	219	125	94
三明市	**832**	**497**	**335**	**768**	**442**	**326**	**745**	**460**	**285**
梅列区	6	3	3	7	5	2	6	2	4
三元区	27	18	9	26	15	11	17	9	8
明溪县	54	30	24	42	24	18	27	14	13
清流县	51	26	25	55	34	21	45	26	19
宁化县	141	88	53	141	88	53	127	75	52
大田县	121	73	48	100	62	38	123	85	38
尤溪县	138	81	57	130	75	55	119	78	41
沙县	88	55	33	74	41	33	79	53	26
将乐县	49	29	20	57	30	27	37	22	15
泰宁县	42	25	17	35	19	16	32	22	10
建宁县	56	32	24	47	21	26	61	37	24
永安市	59	37	22	54	28	26	72	37	35
泉州市	**1661**	**986**	**675**	**1604**	**913**	**691**	**1585**	**952**	**633**
鲤城区									
丰泽区									
洛江区	58	32	26	63	39	24	66	41	25
泉港区	78	41	37	93	48	45	70	44	26
惠安县	248	151	97	237	140	97	286	159	127
安溪县	388	244	144	296	163	133	279	175	104
永春县	158	86	72	142	81	61	115	67	48
德化县	100	65	35	103	61	42	116	67	49
石狮市	37	24	13	55	31	24	60	44	16
晋江市	222	131	91	250	152	98	233	146	87
南安市	372	212	160	365	198	167	360	209	151

1-11c 续表 7　　单位：人

地　区	2020年5月			2020年6月			2020年7月		
	小计	男	女	小计	男	女	小计	男	女
漳州市	**1210**	**674**	**536**	**1145**	**665**	**480**	**1126**	**649**	**477**
芗城区	56	32	24	43	31	12	32	19	13
龙文区	12	7	5	12	8	4	6	3	3
云霄县	132	75	57	135	61	74	112	72	40
漳浦县	199	119	80	168	107	61	201	119	82
诏安县	182	98	84	183	100	83	171	99	72
长泰县	56	27	29	46	29	17	55	30	25
东山县	44	23	21	51	25	26	53	30	23
南靖县	103	53	50	107	67	40	97	51	46
平和县	180	110	70	168	106	62	141	81	60
华安县	41	20	21	41	24	17	47	22	25
龙海市	205	110	95	191	107	84	211	123	88
南平市	**978**	**566**	**412**	**920**	**549**	**371**	**905**	**540**	**365**
延平区	126	80	46	119	75	44	125	78	47
建阳区	124	70	54	101	63	38	112	67	45
顺昌县	73	40	33	68	38	30	64	32	32
浦城县	170	99	71	128	76	52	144	93	51
光泽县	56	36	20	58	34	24	46	32	14
松溪县	45	24	21	62	35	27	41	27	14
政和县	62	35	27	61	39	22	50	28	22
邵武市	80	45	35	88	51	37	90	43	47
武夷山市	59	37	22	70	41	29	60	34	26
建瓯市	183	100	83	165	97	68	173	106	67
龙岩市	**960**	**550**	**410**	**860**	**491**	**369**	**820**	**507**	**313**
新罗区	174	89	85	140	71	69	133	83	50
永定区	176	109	67	162	94	68	155	87	68
长汀县	147	92	55	130	78	52	108	58	50
上杭县	158	88	70	154	86	68	145	94	51
武平县	105	55	50	103	61	42	106	67	39
连城县	113	65	48	108	67	41	90	57	33
漳平市	87	52	35	63	34	29	83	61	22
宁德市	**1125**	**697**	**428**	**1132**	**724**	**408**	**989**	**633**	**356**
蕉城区	140	97	43	145	103	42	116	70	46
霞浦县	175	107	68	162	98	64	159	103	56
古田县	167	96	71	168	95	73	142	92	50
屏南县	78	49	29	74	50	24	52	42	10
寿宁县	61	37	24	88	57	31	75	45	30
周宁县	80	43	37	87	56	31	65	39	26
柘荣县	23	12	11	35	26	9	35	28	7
福安市	200	140	60	183	125	58	176	117	59
福鼎市	201	116	85	190	114	76	169	97	72

1-11c 续表 8 单位：人

地 区	2020年8月			2020年9月			2020年10月		
	小计	男	女	小计	男	女	小计	男	女
合 计	**8461**	**4989**	**3472**	**8295**	**4952**	**3343**	**10239**	**6038**	**4201**
福州市	**1303**	**741**	**562**	**1169**	**695**	**474**	**1519**	**873**	**646**
鼓楼区									
台江区									
仓山区									
马尾区	26	11	15	19	9	10	30	21	9
晋安区	21	11	10	22	15	7	28	13	15
长乐区	155	84	71	137	78	59	183	108	75
闽侯县	172	89	83	142	85	57	185	106	79
连江县	153	91	62	138	91	47	192	105	87
罗源县	86	50	36	75	48	27	87	49	38
闽清县	107	55	52	95	57	38	137	80	57
永泰县	125	76	49	124	74	50	179	121	58
平潭县	145	86	59	122	76	46	143	74	69
福清市	313	188	125	295	162	133	355	196	159
厦门市	**190**	**108**	**82**	**173**	**97**	**76**	**224**	**119**	**105**
思明区									
海沧区	4	3	1	1		1	2	1	1
湖里区									
集美区	5	3	2	10	6	4	21	9	12
同安区	96	54	42	81	48	33	86	51	35
翔安区	85	48	37	81	43	38	115	58	57
莆田市	**744**	**431**	**313**	**740**	**431**	**309**	**788**	**467**	**321**
城厢区	90	53	37	96	54	42	114	62	52
涵江区	92	44	48	80	50	30	108	59	49
荔城区	100	60	40	101	59	42	77	51	26
秀屿区	205	126	79	212	129	83	237	150	87
仙游县	257	148	109	251	139	112	252	145	107
三明市	**726**	**417**	**309**	**762**	**458**	**304**	**963**	**576**	**387**
梅列区	5	4	1	7	5	2	11	7	4
三元区	18	11	7	23	15	8	27	20	7
明溪县	33	18	15	48	27	21	50	33	17
清流县	31	24	7	49	34	15	62	34	28
宁化县	115	60	55	118	68	50	155	85	70
大田县	105	65	40	116	74	42	136	90	46
尤溪县	139	74	65	127	81	46	177	102	75
沙县	80	49	31	69	39	30	82	47	35
将乐县	51	26	25	49	27	22	56	32	24
泰宁县	45	29	16	46	24	22	48	27	21
建宁县	46	22	24	54	32	22	78	51	27
永安市	58	35	23	56	32	24	81	48	33
泉州市	**1569**	**958**	**611**	**1553**	**927**	**626**	**1873**	**1102**	**771**
鲤城区									
丰泽区									
洛江区	64	39	25	67	41	26	73	46	27
泉港区	84	55	29	77	46	31	112	62	50
惠安县	260	164	96	263	171	92	297	180	117
安溪县	287	170	117	259	144	115	370	222	148
永春县	139	71	68	143	83	60	152	79	73
德化县	109	70	39	93	49	44	141	76	65
石狮市	57	36	21	46	33	13	67	31	36
晋江市	229	151	78	229	134	95	281	179	102
南安市	340	202	138	376	226	150	380	227	153

1-11c　续表 9　　　　单位：人

地　区	2020年8月			2020年9月			2020年10月		
	小计	男	女	小计	男	女	小计	男	女
漳州市	**1084**	**609**	**475**	**1018**	**578**	**440**	**1278**	**754**	**524**
芗城区	35	24	11	24	16	8	28	18	10
龙文区	9	3	6	14	10	4	10	5	5
云霄县	124	81	43	108	58	50	135	82	53
漳浦县	170	96	74	165	99	66	218	131	87
诏安县	158	79	79	161	94	67	188	108	80
长泰县	33	24	9	53	27	26	52	34	18
东山县	45	20	25	40	20	20	50	27	23
南靖县	112	60	52	95	51	44	124	74	50
平和县	162	81	81	134	82	52	198	118	80
华安县	50	27	23	36	16	20	48	25	23
龙海市	186	114	72	188	105	83	227	132	95
南平市	**909**	**531**	**378**	**979**	**592**	**387**	**1174**	**685**	**489**
延平区	125	72	53	133	81	52	154	80	74
建阳区	100	60	40	134	86	48	138	95	43
顺昌县	69	38	31	59	39	20	88	48	40
浦城县	166	105	61	177	113	64	169	102	67
光泽县	43	22	21	54	37	17	66	39	27
松溪县	63	39	24	53	31	22	57	29	28
政和县	50	30	20	56	37	19	84	52	32
邵武市	71	40	31	75	37	38	119	67	52
武夷山市	48	24	24	69	36	33	90	57	33
建瓯市	174	101	73	169	95	74	209	116	93
龙岩市	**893**	**515**	**378**	**849**	**474**	**375**	**1096**	**610**	**486**
新罗区	136	80	56	86	52	34	121	71	50
永定区	193	106	87	177	91	86	185	94	91
长汀县	130	80	50	154	92	62	214	124	90
上杭县	128	75	53	165	87	78	192	105	87
武平县	108	54	54	104	61	43	126	76	50
连城县	123	72	51	102	57	45	167	89	78
漳平市	75	48	27	61	34	27	91	51	40
宁德市	**1043**	**679**	**364**	**1052**	**700**	**352**	**1324**	**852**	**472**
蕉城区	134	95	39	121	80	41	157	101	56
霞浦县	172	107	65	204	130	74	195	123	72
古田县	143	88	55	156	110	46	188	112	76
屏南县	69	45	24	59	38	21	81	57	24
寿宁县	64	47	17	72	44	28	106	72	34
周宁县	64	35	29	57	40	17	74	44	30
柘荣县	24	13	11	32	23	9	50	35	15
福安市	196	130	66	155	107	48	218	142	76
福鼎市	177	119	58	196	128	68	255	166	89

1-12 各地区家庭户的住房间数和面积

地　区	家庭户户数（户）	家庭户人数（人）	平均每户住房建筑面积（平方米/户）	平均每户住房间数（间/户）	人均住房建筑面积（平方米/人）	人均住房间数（间/人）
合　计	**13350262**	**36614006**	**133.63**	**3.46**	**48.72**	**1.26**
福州市	**2630124**	**7077503**	**126.19**	**3.36**	**46.89**	**1.25**
鼓楼区	204323	555162	92.74	2.63	34.13	0.97
台江区	138942	360731	87.27	2.52	33.61	0.97
仓山区	368306	951062	85.11	2.60	32.96	1.01
马尾区	86566	234462	102.89	2.88	37.99	1.06
晋安区	266424	696308	84.50	2.51	32.33	0.96
长乐区	237862	654544	124.96	3.12	45.41	1.14
闽侯县	282532	751265	117.24	3.70	44.09	1.39
连江县	213939	582654	128.38	3.45	47.14	1.27
罗源县	85893	228861	105.05	3.17	39.43	1.19
闽清县	84637	234464	165.64	4.52	59.79	1.63
永泰县	107885	258049	102.71	3.89	42.94	1.63
平潭县	129136	353238	122.72	3.34	44.87	1.22
福清市	423679	1216703	230.74	4.80	80.35	1.67
厦门市	**1889017**	**4445070**	**67.58**	**2.06**	**28.72**	**0.88**
思明区	362548	929877	77.21	2.16	30.10	0.84
海沧区	219257	507654	61.17	1.88	26.42	0.81
湖里区	429296	904768	44.97	1.60	21.34	0.76
集美区	365332	835320	55.65	1.85	24.34	0.81
同安区	319859	776756	76.74	2.35	31.60	0.97
翔安区	192725	490695	114.54	3.02	44.99	1.19
莆田市	**976241**	**2899248**	**199.11**	**4.57**	**67.04**	**1.54**
城厢区	168984	480341	160.49	3.80	56.46	1.34
涵江区	141327	420643	168.61	4.29	56.65	1.44
荔城区	190685	583367	178.45	4.05	58.33	1.32
秀屿区	192310	563233	289.58	5.86	98.87	2.00
仙游县	282935	851664	189.83	4.64	63.07	1.54
三明市	**825142**	**2277019**	**132.82**	**4.02**	**48.13**	**1.46**
梅列区	77898	201339	88.21	2.57	34.13	0.99
三元区	62122	160114	85.98	2.85	33.36	1.11
明溪县	33076	90219	136.63	4.44	50.09	1.63
清流县	37902	106798	174.83	4.51	62.05	1.60
宁化县	85297	246437	170.35	4.89	58.96	1.69
大田县	98030	277739	135.87	4.41	47.96	1.56
尤溪县	112685	319990	133.70	4.79	47.08	1.69
沙县	83804	226063	130.13	3.68	48.24	1.36
将乐县	46683	135442	169.78	4.46	58.52	1.54
泰宁县	34786	96881	137.17	4.10	49.25	1.47
建宁县	39327	106646	143.83	4.06	53.04	1.50
永安市	113532	309351	123.88	3.64	45.46	1.34
泉州市	**2577756**	**7423054**	**156.25**	**3.73**	**54.26**	**1.29**
鲤城区	130879	349884	94.11	2.60	35.20	0.97
丰泽区	214048	558501	97.29	2.52	37.29	0.97
洛江区	65567	196979	175.24	4.10	58.33	1.36
泉港区	112748	325629	223.33	4.65	77.33	1.61
惠安县	318956	929133	222.11	4.28	76.25	1.47
安溪县	304627	935751	136.02	4.23	44.28	1.38
永春县	141248	399048	159.71	4.80	56.53	1.70
德化县	110359	314181	90.57	2.95	31.81	1.04
石狮市	196526	531859	117.24	2.73	43.32	1.01
晋江市	555473	1547202	145.79	3.31	52.34	1.19
南安市	427325	1334887	196.82	4.44	63.01	1.42

注：本表数据为居住在普通住宅的家庭户。

1-12 续表

地区	家庭户户数（户）	家庭户人数（人）	平均每户住房建筑面积（平方米/户）	平均每户住房间数（间/户）	人均住房建筑面积（平方米/人）	人均住房间数（间/人）
漳州市	**1569067**	**4636838**	**148.24**	**3.32**	**50.16**	**1.12**
芗城区	206526	548158	104.65	2.57	39.43	0.97
龙文区	94344	270456	122.96	2.78	42.89	0.97
云霄县	121793	388824	147.23	3.19	46.12	1.00
漳浦县	249021	785475	189.34	3.99	60.03	1.26
诏安县	168360	541076	127.30	2.87	39.61	0.89
长泰县	70190	200985	157.89	3.84	55.14	1.34
东山县	64828	207387	169.32	3.29	52.93	1.03
南靖县	100513	278911	136.39	3.69	49.15	1.33
平和县	147739	431288	137.84	3.26	47.22	1.12
华安县	45864	119605	168.79	4.43	64.73	1.70
龙海市	299889	864673	163.42	3.39	56.68	1.17
南平市	**934728**	**2469199**	**125.31**	**3.72**	**47.44**	**1.41**
延平区	161322	416514	106.98	3.15	41.44	1.22
建阳区	119967	310857	125.95	3.57	48.61	1.38
顺昌县	65384	164827	122.80	3.59	48.71	1.42
浦城县	107793	272788	126.50	4.38	49.99	1.73
光泽县	45200	119233	121.93	3.81	46.22	1.44
松溪县	44958	121891	151.19	4.11	55.76	1.51
政和县	59959	166885	122.49	3.96	44.01	1.42
邵武市	102062	261813	106.32	3.30	41.45	1.29
武夷山市	75008	224307	143.50	4.15	47.99	1.39
建瓯市	153075	410084	142.58	3.86	53.22	1.44
龙岩市	**913739**	**2509954**	**144.99**	**4.05**	**52.78**	**1.48**
新罗区	275307	748910	98.30	2.90	36.13	1.07
永定区	113950	301331	138.07	4.19	52.21	1.58
长汀县	127584	371491	153.33	4.47	52.66	1.53
上杭县	123020	348866	210.07	5.30	74.08	1.87
武平县	94022	263099	180.93	4.84	64.66	1.73
连城县	90177	238306	169.91	4.44	64.30	1.68
漳平市	89679	237951	133.26	3.93	50.22	1.48
宁德市	**1034448**	**2876121**	**131.00**	**3.61**	**47.12**	**1.30**
蕉城区	187866	534497	117.23	3.17	41.20	1.11
霞浦县	154882	440342	129.86	3.57	45.67	1.26
古田县	119577	307137	122.43	3.97	47.67	1.55
屏南县	50376	129644	136.11	4.01	52.89	1.56
寿宁县	67324	169679	131.92	4.18	52.34	1.66
周宁县	51353	140340	162.94	4.31	59.62	1.58
柘荣县	29723	87601	159.83	3.82	54.23	1.29
福安市	192827	556201	119.51	3.63	41.43	1.26
福鼎市	180520	510680	148.65	3.29	52.55	1.16

1-12a 各地区家庭户的住房间数和面积(城市)

地 区	家庭户户 数(户)	家庭户人 数(人)	平均每户住房建筑面积(平方米/户)	平均每户住房间数(间/户)	人均住房建筑面积(平方米/人)	人 均住房间数(间/人)
合 计	**5567356**	**14582638**	**93.93**	**2.57**	**35.86**	**0.98**
福州市	**1269373**	**3378988**	**97.08**	**2.74**	**36.47**	**1.03**
鼓楼区	204323	555162	92.74	2.63	34.13	0.97
台江区	138942	360731	87.27	2.52	33.61	0.97
仓山区	368306	951062	85.11	2.60	32.96	1.01
马尾区	76045	202734	95.80	2.73	35.93	1.03
晋安区	258982	679681	82.60	2.45	31.47	0.93
长乐区	84630	238436	118.49	3.19	42.06	1.13
闽侯县						
连江县						
罗源县						
闽清县						
永泰县						
平潭县						
福清市	138145	391182	159.97	3.78	56.49	1.33
厦门市	**1613971**	**3748136**	**59.70**	**1.89**	**25.71**	**0.81**
思明区	362548	929877	77.21	2.16	30.10	0.84
海沧区	215371	498205	61.00	1.88	26.37	0.81
湖里区	429295	904767	44.97	1.60	21.34	0.76
集美区	325861	745499	54.84	1.83	23.97	0.80
同安区	247524	576578	57.34	1.92	24.62	0.83
翔安区	33372	93210	115.62	2.99	41.39	1.07
莆田市	**409416**	**1188209**	**151.62**	**3.65**	**52.24**	**1.26**
城厢区	112753	308015	99.05	2.63	36.26	0.96
涵江区	104272	316431	150.59	3.91	49.62	1.29
荔城区	140254	417944	141.29	3.52	47.41	1.18
秀屿区	52137	145819	295.16	5.69	105.53	2.03
仙游县						
三明市	**197283**	**522339**	**91.46**	**2.65**	**34.54**	**1.00**
梅列区	72337	187630	86.26	2.49	33.26	0.96
三元区	51034	134175	78.11	2.43	29.71	0.93
明溪县						
清流县						
宁化县						
大田县						
尤溪县						
沙县						
将乐县						
泰宁县						
建宁县						
永安市	73912	200534	105.76	2.95	38.98	1.09
泉州市	**905587**	**2427821**	**107.91**	**2.71**	**40.25**	**1.01**
鲤城区	130879	349884	94.11	2.60	35.20	0.97
丰泽区	214048	558501	97.29	2.52	37.29	0.97
洛江区	27214	79863	106.38	2.85	36.25	0.97
泉港区	38091	113121	185.74	4.08	62.54	1.37
惠安县						
安溪县						
永春县						
德化县						
石狮市	130440	337031	93.34	2.42	36.13	0.93
晋江市	292493	750515	97.57	2.52	38.02	0.98
南安市	72422	238906	191.89	3.97	58.17	1.20

注：本表数据为居住在普通住宅的家庭户。

1-12a　续表

地　　区	家庭户户　数(户)	家庭户人　数(人)	平均每户住房建筑面积(平方米/户)	平均每户住房间数(间/户)	人均住房建筑面积(平方米/人)	人　　均住房间数(间/人)
漳州市	**320370**	**886567**	**113.62**	**2.69**	**41.06**	**0.97**
芗城区	158385	413619	92.11	2.40	35.27	0.92
龙文区	86355	244310	111.69	2.65	39.48	0.94
云霄县						
漳浦县						
诏安县						
长泰县						
东山县						
南靖县						
平和县						
华安县						
龙海市	75240	227414	161.19	3.32	53.33	1.10
南平市	**321853**	**874488**	**98.70**	**2.86**	**36.33**	**1.05**
延平区	98865	261056	88.85	2.59	33.65	0.98
建阳区	61529	158816	98.85	2.79	38.30	1.08
顺昌县						
浦城县						
光泽县						
松溪县						
政和县						
邵武市	68100	186389	90.60	2.81	33.10	1.03
武夷山市	38820	119605	118.76	3.51	38.55	1.14
建瓯市	54539	148622	112.25	3.02	41.19	1.11
龙岩市	**275452**	**771142**	**96.74**	**2.76**	**34.56**	**0.99**
新罗区	211251	585931	91.28	2.64	32.91	0.95
永定区	21875	67465	132.00	3.65	42.80	1.18
长汀县						
上杭县						
武平县						
连城县						
漳平市	42326	117746	105.75	2.87	38.01	1.03
宁德市	**254051**	**784948**	**120.95**	**3.13**	**39.15**	**1.01**
蕉城区	110307	328219	106.59	2.86	35.82	0.96
霞浦县						
古田县						
屏南县						
寿宁县						
周宁县						
柘荣县						
福安市	75683	240437	114.12	3.37	35.92	1.06
福鼎市	68061	216292	151.82	3.28	47.77	1.03

1-12b 各地区家庭户的住房间数和面积(镇)

地　区	家庭户户　数(户)	家庭户人　数(人)	平均每户住房建筑面积(平方米/户)	平均每户住房间数(间/户)	人均住房建筑面积(平方米/人)	人　均住房间数(间/人)
合　计	**3469319**	**10107671**	**142.21**	**3.57**	**48.81**	**1.23**
福州市	**601053**	**1656154**	**132.28**	**3.51**	**48.01**	**1.28**
鼓楼区						
台江区						
仓山区						
马尾区						
晋安区	424	1065	120.80	2.97	48.09	1.18
长乐区	54040	145972	122.35	3.02	45.29	1.12
闽侯县	159455	410721	100.79	3.19	39.13	1.24
连江县	107009	293833	122.47	3.25	44.60	1.18
罗源县	56495	163765	109.96	3.00	37.93	1.03
闽清县	34770	101920	162.93	4.24	55.58	1.45
永泰县	42083	111520	107.56	3.48	40.59	1.31
平潭县	65380	196362	133.89	3.60	44.58	1.20
福清市	81397	230996	227.44	4.82	80.14	1.70
厦门市	**103935**	**224630**	**70.24**	**2.14**	**32.50**	**0.99**
思明区						
海沧区						
湖里区	1	1	15.00	1.00	15.00	1.00
集美区	31	70	63.58	2.48	28.16	1.10
同安区	5309	14687	141.59	3.84	51.18	1.39
翔安区	98594	209872	66.40	2.05	31.19	0.96
莆田市	**188456**	**575934**	**184.91**	**4.40**	**60.51**	**1.44**
城厢区	9382	31779	260.98	5.68	77.05	1.68
涵江区	4227	11918	195.40	4.40	69.30	1.56
荔城区	2422	8014	282.02	5.23	85.23	1.58
秀屿区	29735	89030	256.36	5.21	85.62	1.74
仙游县	142690	435193	163.06	4.13	53.46	1.35
三明市	**300615**	**897527**	**127.43**	**3.57**	**42.68**	**1.20**
梅列区	3174	8192	106.66	3.28	41.33	1.27
三元区	2233	5299	100.10	3.47	42.18	1.46
明溪县	16948	47847	127.61	3.58	45.20	1.27
清流县	18364	53786	140.07	3.59	47.82	1.23
宁化县	37666	117168	147.12	4.15	47.30	1.33
大田县	48048	149340	111.43	3.23	35.85	1.04
尤溪县	48571	151092	120.09	3.79	38.60	1.22
沙县	55775	157388	128.86	3.41	45.67	1.21
将乐县	26331	81048	148.23	3.75	48.16	1.22
泰宁县	18896	56341	116.81	3.32	39.18	1.11
建宁县	17942	51483	112.33	3.11	39.15	1.08
永安市	6667	18543	145.48	3.81	52.30	1.37
泉州市	**833854**	**2522751**	**154.75**	**3.71**	**51.15**	**1.23**
鲤城区						
丰泽区						
洛江区	9724	30795	185.83	4.31	58.68	1.36
泉港区	24817	66880	183.91	4.14	68.24	1.54
惠安县	179447	517046	192.10	3.87	66.67	1.34
安溪县	138979	452091	108.68	3.39	33.41	1.04
永春县	81053	242962	150.03	4.24	50.05	1.42
德化县	78215	245618	91.30	2.72	29.07	0.87
石狮市	42303	121829	155.47	3.16	53.98	1.10
晋江市	96952	287451	162.08	3.64	54.67	1.23
南安市	182364	558079	172.74	4.07	56.45	1.33

注：本表数据为居住在普通住宅的家庭户。

1-12b　续表

地　区	家庭户户　数(户)	家庭户人　数(人)	平均每户住房建筑面积(平方米/户)	平均每户住房间数(间/户)	人均住房建筑面积(平方米/人)	人　均住房间数(间/人)
漳州市	**637381**	**1888601**	**142.58**	**3.18**	**48.12**	**1.07**
芗城区	27378	73018	116.59	2.55	43.71	0.96
龙文区						
云霄县	63705	209176	150.38	3.15	45.80	0.96
漳浦县	134574	420411	170.18	3.61	54.48	1.16
诏安县	76291	240340	131.03	2.83	41.59	0.90
长泰县	40934	113849	133.20	3.30	47.89	1.19
东山县	43931	133065	155.41	3.09	51.31	1.02
南靖县	51555	146206	131.45	3.34	46.35	1.18
平和县	64963	197682	142.53	3.22	46.84	1.06
华安县	23632	62701	156.53	4.09	59.00	1.54
龙海市	110418	292153	119.46	2.74	45.15	1.03
南平市	**215981**	**594179**	**124.07**	**3.63**	**45.10**	**1.32**
延平区	17490	45411	123.19	3.99	47.45	1.54
建阳区	10706	29247	129.52	3.65	47.41	1.33
顺昌县	33465	83518	103.23	3.03	41.36	1.21
浦城县	47403	129270	120.22	3.88	44.08	1.42
光泽县	22202	62228	95.77	2.97	34.17	1.06
松溪县	20434	60111	141.73	3.39	48.18	1.15
政和县	28187	85701	114.96	3.46	37.81	1.14
邵武市	9455	23223	127.62	3.71	51.96	1.51
武夷山市	4214	13439	199.94	5.28	62.69	1.65
建瓯市	22425	62031	169.06	4.44	61.12	1.61
龙岩市	**258426**	**782569**	**157.74**	**4.11**	**52.09**	**1.36**
新罗区	22114	59894	119.03	3.49	43.95	1.29
永定区	27841	80855	157.87	4.25	54.36	1.46
长汀县	59975	193067	138.27	3.94	42.95	1.22
上杭县	55395	173039	182.53	4.46	58.43	1.43
武平县	45283	138592	170.87	4.26	55.83	1.39
连城县	40599	116759	160.64	3.96	55.86	1.38
漳平市	7219	20363	148.64	4.20	52.70	1.49
宁德市	**329618**	**965326**	**139.37**	**3.64**	**47.59**	**1.24**
蕉城区	11324	31448	157.74	3.98	56.80	1.43
霞浦县	88902	270057	129.81	3.37	42.73	1.11
古田县	55501	152246	115.11	3.56	41.96	1.30
屏南县	22702	63920	144.26	3.80	51.24	1.35
寿宁县	30318	84275	126.00	3.78	45.33	1.36
周宁县	25196	74952	168.17	4.15	56.53	1.40
柘荣县	16904	55930	172.30	3.86	52.08	1.17
福安市	40046	117904	133.67	3.67	45.40	1.25
福鼎市	38725	114594	171.11	3.66	57.82	1.24

1-12c 各地区家庭户的住房间数和面积(乡村)

地　区	家庭户户数(户)	家庭户人数(人)	平均每户住房建筑面积(平方米/户)	平均每户住房间数(间/户)	人均住房建筑面积(平方米/人)	人均住房间数(间/人)
合　计	**4313587**	**11923697**	**177.96**	**4.52**	**64.38**	**1.63**
福州市	**759698**	**2042361**	**170.00**	**4.26**	**63.23**	**1.58**
鼓楼区						
台江区						
仓山区						
马尾区	10521	31728	154.14	3.92	51.11	1.30
晋安区	7018	15562	152.18	4.59	68.63	2.07
长乐区	99192	270136	131.90	3.12	48.43	1.14
闽侯县	123077	340544	138.55	4.36	50.07	1.58
连江县	106930	288821	134.29	3.66	49.72	1.35
罗源县	29398	65096	95.62	3.48	43.18	1.57
闽清县	49867	132544	167.53	4.70	63.03	1.77
永泰县	65802	146529	99.61	4.15	44.73	1.86
平潭县	63756	156876	111.28	3.07	45.22	1.25
福清市	204137	594525	279.95	5.47	96.12	1.88
厦门市	**171111**	**472304**	**140.28**	**3.62**	**50.82**	**1.31**
思明区						
海沧区	3886	9449	70.80	2.10	29.12	0.86
湖里区						
集美区	39440	89751	62.34	1.97	27.39	0.87
同安区	67026	185491	143.23	3.80	51.76	1.37
翔安区	60759	187613	192.05	4.60	62.20	1.49
莆田市	**378369**	**1135105**	**257.56**	**5.65**	**85.85**	**1.88**
城厢区	46849	140547	288.23	6.23	96.08	2.08
涵江区	32828	92294	222.39	5.50	79.10	1.96
荔城区	48009	157409	281.77	5.52	85.94	1.68
秀屿区	110438	328384	295.88	6.12	99.51	2.06
仙游县	140245	416471	217.07	5.16	73.10	1.74
三明市	**327244**	**857153**	**162.70**	**5.26**	**62.12**	**2.01**
梅列区	2387	5517	122.63	3.99	53.06	1.73
三元区	8855	20640	127.73	5.10	54.80	2.19
明溪县	16128	42372	146.11	5.35	55.61	2.04
清流县	19538	53012	207.50	5.37	76.48	1.98
宁化县	47631	129269	188.71	5.47	69.53	2.02
大田县	49982	128399	159.36	5.55	62.04	2.16
尤溪县	64114	168898	144.00	5.54	54.66	2.10
沙县	28029	68675	132.66	4.21	54.14	1.72
将乐县	20352	54394	197.66	5.38	73.96	2.01
泰宁县	15890	40540	161.39	5.03	63.26	1.97
建宁县	21385	55163	170.25	4.86	66.00	1.88
永安市	32953	90274	160.15	5.16	58.46	1.88
泉州市	**838315**	**2472482**	**209.96**	**4.84**	**71.19**	**1.64**
鲤城区						
丰泽区						
洛江区	28629	86321	237.11	5.21	78.64	1.73
泉港区	49840	145628	271.70	5.33	92.99	1.82
惠安县	139509	412087	260.71	4.82	88.26	1.63
安溪县	165648	483660	158.95	4.94	54.44	1.69
永春县	60195	156086	172.75	5.55	66.62	2.14
德化县	32144	68563	88.80	3.52	41.63	1.65
石狮市	23783	72999	180.28	3.69	58.74	1.20
晋江市	166028	509236	221.22	4.51	72.13	1.47
南安市	172539	537902	224.35	5.03	71.96	1.61

注：本表数据为居住在普通住宅的家庭户。

1－12c 续表

地　区	家庭户户　数（户）	家庭户人　数（人）	平均每户住房建筑面积（平方米/户）	平均每户住房间数（间/户）	人均住房建筑面积（平方米/人）	人　均住房间数（间/人）
漳州市	**611316**	**1861670**	**172.30**	**3.80**	**56.58**	**1.25**
芗城区	20763	61521	184.49	3.84	62.26	1.30
龙文区	7989	26146	244.79	4.12	74.80	1.26
云霄县	58088	179648	143.77	3.24	46.49	1.05
漳浦县	114447	365064	211.86	4.43	66.42	1.39
诏安县	91679	299512	124.32	2.89	38.05	0.89
长泰县	29256	87136	192.45	4.58	64.61	1.54
东山县	20897	74322	198.56	3.70	55.83	1.04
南靖县	48958	132705	141.59	4.05	52.24	1.49
平和县	82776	233606	134.15	3.29	47.54	1.16
华安县	22232	56904	181.82	4.79	71.04	1.87
龙海市	114231	345106	207.38	4.06	68.64	1.35
南平市	**396894**	**1000532**	**147.55**	**4.46**	**58.53**	**1.77**
延平区	44967	110047	140.54	4.06	57.43	1.66
建阳区	47732	122794	160.09	4.56	62.23	1.77
顺昌县	31919	81309	143.33	4.18	56.26	1.64
浦城县	60390	143518	131.43	4.77	55.30	2.01
光泽县	22998	57005	147.18	4.62	59.38	1.86
松溪县	24524	61780	159.07	4.70	63.14	1.87
政和县	31772	81184	129.17	4.41	50.55	1.72
邵武市	24507	52201	141.79	4.49	66.57	2.11
武夷山市	31974	91263	166.10	4.78	58.19	1.68
建瓯市	76111	199431	156.52	4.28	59.73	1.63
龙岩市	**379861**	**956243**	**171.31**	**4.95**	**68.05**	**1.97**
新罗区	41942	103085	122.69	3.86	49.92	1.57
永定区	64234	153011	131.56	4.34	55.23	1.82
长汀县	67609	178424	166.69	4.94	63.16	1.87
上杭县	67625	175827	232.63	5.98	89.47	2.30
武平县	48739	124507	190.27	5.37	74.48	2.10
连城县	49578	121547	177.50	4.84	72.40	1.98
漳平市	40134	99842	159.50	4.99	64.11	2.01
宁德市	**450779**	**1125847**	**130.54**	**3.86**	**52.27**	**1.54**
蕉城区	66235	174830	128.02	3.53	48.50	1.34
霞浦县	65980	170285	129.92	3.84	50.34	1.49
古田县	64076	154891	128.77	4.33	53.27	1.79
屏南县	27674	65724	129.43	4.18	54.50	1.76
寿宁县	37006	85404	136.77	4.52	59.26	1.96
周宁县	26157	65388	157.91	4.47	63.17	1.79
柘荣县	12819	31671	143.39	3.76	58.04	1.52
福安市	77098	197860	117.45	3.86	45.77	1.50
福鼎市	73734	179794	133.92	3.11	54.92	1.28

第一部分　全部数据资料

第二卷　民族

2-1　全省各民族人口及比重

单位：人、%

民　族	人口数	男	女	各民族人口占总人口的比重
总　计	**41540086**	**21466757**	**20073329**	**100.00**
汉　族	40418616	20842446	19576170	97.30
蒙古族	9154	4934	4220	0.02
回　族	128591	74461	54130	0.31
藏　族	3600	1751	1849	0.01
维吾尔族	5502	2662	2840	0.01
苗　族	168928	96884	72044	0.41
彝　族	53930	30341	23589	0.13
壮　族	53350	27017	26333	0.13
布依族	48893	27469	21424	0.12
朝鲜族	2963	1499	1464	0.01
满　族	14034	7482	6552	0.03
侗　族	31784	18439	13345	0.08
瑶　族	10782	5773	5009	0.03
白　族	9612	5297	4315	0.02
土家族	142673	83766	58907	0.34
哈尼族	7074	3987	3087	0.02
哈萨克族	437	168	269	
傣　族	7622	4157	3465	0.02
黎　族	5332	2592	2740	0.01
傈僳族	1926	1000	926	
佤　族	2913	1607	1306	0.01
畲　族	374663	201584	173079	0.90
高山族	417	234	183	
拉祜族	1796	992	804	
水　族	4838	2743	2095	0.01
东乡族	3106	1973	1133	0.01
纳西族	269	117	152	
景颇族	1453	702	751	
柯尔克孜族	350	189	161	
土　族	1883	1035	848	
达斡尔族	189	94	95	
仫佬族	1891	999	892	
羌　族	575	328	247	
布朗族	581	306	275	
撒拉族	331	192	139	
毛南族	701	371	330	
仡佬族	8109	4847	3262	0.02
锡伯族	263	115	148	
阿昌族	379	224	155	
普米族	158	95	63	
塔吉克族	19	13	6	
怒　族	99	46	53	
乌孜别克族	11	6	5	
俄罗斯族	50	22	28	
鄂温克族	30	9	21	
德昂族	181	99	82	
保安族	188	125	63	
裕固族	14	6	8	
京　族	144	44	100	
塔塔尔族	6	3	3	
独龙族	10	6	4	
鄂伦春族	17	10	7	
赫哲族	24	9	15	
门巴族	27	11	16	
珞巴族	5	1	4	
基诺族	25	7	18	
未定族称人口	9131	5329	3802	0.02
入　籍	437	139	298	

2-1a 全省各民族人口及比重(城市)

单位：人、%

民 族	人口数	男	女	各民族人口占总人口的比重
总 计	**17105023**	**8780310**	**8324713**	**100.00**
汉 族	16635233	8520370	8114863	97.25
蒙古族	5289	2750	2539	0.03
回 族	63730	36559	27171	0.37
藏 族	2306	1123	1183	0.01
维吾尔族	3992	2038	1954	0.02
苗 族	75588	42973	32615	0.44
彝 族	26205	14487	11718	0.15
壮 族	27007	13667	13340	0.16
布依族	23661	13195	10466	0.14
朝鲜族	2413	1211	1202	0.01
满 族	9484	4813	4671	0.06
侗 族	16190	9255	6935	0.09
瑶 族	5154	2678	2476	0.03
白 族	4877	2626	2251	0.03
土家族	77085	44628	32457	0.45
哈尼族	3054	1717	1337	0.02
哈萨克族	340	129	211	
傣 族	3835	2108	1727	0.02
黎 族	2690	1320	1370	0.02
傈僳族	800	415	385	
佤 族	1312	717	595	0.01
畲 族	95169	50419	44750	0.56
高山族	226	132	94	
拉祜族	760	414	346	
水 族	2161	1208	953	0.01
东乡族	1928	1238	690	0.01
纳西族	157	59	98	
景颇族	611	281	330	
柯尔克孜族	330	176	154	
土 族	1050	555	495	0.01
达斡尔族	142	68	74	
仫佬族	976	508	468	0.01
羌 族	356	198	158	
布朗族	198	91	107	
撒拉族	237	139	98	
毛南族	340	173	167	
仡佬族	4404	2605	1799	0.03
锡伯族	208	91	117	
阿昌族	92	45	47	
普米族	68	36	32	
塔吉克族	12	9	3	
怒 族	49	21	28	
乌孜别克族	5	3	2	
俄罗斯族	36	15	21	
鄂温克族	16	5	11	
德昂族	58	34	24	
保安族	169	118	51	
裕固族	13	6	7	
京 族	53	24	29	
塔塔尔族	5	3	2	
独龙族	4	3	1	
鄂伦春族	9	5	4	
赫哲族	20	8	12	
门巴族	24	10	14	
珞巴族	3	1	2	
基诺族	11	3	8	
未定族称人口	4757	2762	1995	0.03
入 籍	121	65	56	

2–1b　全省各民族人口及比重(镇)

单位：人、%

民　族	人口数	男	女	各民族人口占总人口的比重
总　计	**11452224**	**5858483**	**5593741**	**100.00**
汉　族	11178404	5707804	5470600	97.61
蒙古族	1662	914	748	0.01
回　族	29241	16804	12437	0.26
藏　族	716	344	372	0.01
维吾尔族	931	422	509	0.01
苗　族	45944	26178	19766	0.40
彝　族	14451	8124	6327	0.13
壮　族	13677	6903	6774	0.12
布依族	12999	7241	5758	0.11
朝鲜族	370	190	180	
满　族	2104	1148	956	0.02
侗　族	7984	4492	3492	0.07
瑶　族	3387	1801	1586	0.03
白　族	2620	1492	1128	0.02
土家族	36343	21392	14951	0.32
哈尼族	1978	1154	824	0.02
哈萨克族	69	27	42	
傣　族	1946	1043	903	0.02
黎　族	1443	713	730	0.01
傈僳族	638	315	323	0.01
佤　族	811	442	369	0.01
畲　族	85195	44253	40942	0.74
高山族	147	76	71	
拉祜族	545	297	248	
水　族	1157	619	538	0.01
东乡族	782	499	283	0.01
纳西族	60	29	31	
景颇族	495	265	230	
柯尔克孜族	5	4	1	
土　族	567	324	243	
达斡尔族	33	18	15	
仫佬族	503	256	247	
羌　族	112	64	48	
布朗族	198	115	83	
撒拉族	63	35	28	
毛南族	180	99	81	
仡佬族	1932	1144	788	0.02
锡伯族	37	17	20	
阿昌族	106	68	38	
普米族	54	33	21	
塔吉克族	4	3	1	
怒　族	35	18	17	
乌孜别克族	5	2	3	
俄罗斯族	7	4	3	
鄂温克族	7	1	6	
德昂族	93	51	42	
保安族	9	2	7	
裕固族	1		1	
京　族	34	7	27	
塔塔尔族	1		1	
独龙族	3	1	2	
鄂伦春族	7	4	3	
赫哲族	1		1	
门巴族	1	1		
珞巴族	1		1	
基诺族	7	2	5	
未定族称人口	2019	1199	820	0.02
入　籍	100	30	70	

2-1c 全省各民族人口及比重(乡村)

单位：人、%

民 族	人口数	男	女	各民族人口占总人口的比重
总 计	**12982839**	**6827964**	**6154875**	**100.00**
汉 族	12604979	6614272	5990707	97.09
蒙古族	2203	1270	933	0.02
回 族	35620	21098	14522	0.27
藏 族	578	284	294	
维吾尔族	579	202	377	
苗 族	47396	27733	19663	0.37
彝 族	13274	7730	5544	0.10
壮 族	12666	6447	6219	0.10
布依族	12233	7033	5200	0.09
朝鲜族	180	98	82	
满 族	2446	1521	925	0.02
侗 族	7610	4692	2918	0.06
瑶 族	2241	1294	947	0.02
白 族	2115	1179	936	0.02
土家族	29245	17746	11499	0.23
哈尼族	2042	1116	926	0.02
哈萨克族	28	12	16	
傣 族	1841	1006	835	0.01
黎 族	1199	559	640	0.01
傈僳族	488	270	218	
佤 族	790	448	342	0.01
畲 族	194299	106912	87387	1.50
高山族	44	26	18	
拉祜族	491	281	210	
水 族	1520	916	604	0.01
东乡族	396	236	160	
纳西族	52	29	23	
景颇族	347	156	191	
柯尔克孜族	15	9	6	
土 族	266	156	110	
达斡尔族	14	8	6	
仫佬族	412	235	177	
羌 族	107	66	41	
布朗族	185	100	85	
撒拉族	31	18	13	
毛南族	181	99	82	
仡佬族	1773	1098	675	0.01
锡伯族	18	7	11	
阿昌族	181	111	70	
普米族	36	26	10	
塔吉克族	3	1	2	
怒 族	15	7	8	
乌孜别克族	1	1		
俄罗斯族	7	3	4	
鄂温克族	7	3	4	
德昂族	30	14	16	
保安族	10	5	5	
裕固族				
京 族	57	13	44	
塔塔尔族				
独龙族	3	2	1	
鄂伦春族	1	1		
赫哲族	3	1	2	
门巴族	2		2	
珞巴族	1		1	
基诺族	7	2	5	
未定族称人口	2355	1368	987	0.02
入 籍	216	44	172	

2-2　全省各民族分年龄、性别的人口

单位：人

年龄组	合　计			汉　族		
	合计	男	女	小计	男	女
总　计	**41540086**	**21466757**	**20073329**	**40418616**	**20842446**	**19576170**
0–4岁	2549344	1380757	1168587	2484823	1346544	1138279
5–9岁	2993870	1627920	1365950	2919535	1588055	1331480
10–14岁	2482011	1342664	1139347	2423199	1311310	1111889
15–19岁	2012096	1081131	930965	1943495	1043656	899839
20–24岁	2039363	1098046	941317	1928156	1036385	891771
25–29岁	2863711	1528514	1335197	2752291	1465060	1287231
30–34岁	4001865	2049194	1952671	3877601	1978579	1899022
35–39岁	3325154	1704483	1620671	3223937	1646454	1577483
40–44岁	3011449	1544982	1466467	2920765	1494392	1426373
45–49岁	3557534	1818519	1739015	3455363	1761699	1693664
50–54岁	3362556	1711798	1650758	3282387	1666919	1615468
55–59岁	2703264	1363368	1339896	2654224	1335260	1318964
60–64岁	2027870	1021219	1006651	1999002	1004550	994452
65–69岁	1819219	887915	931304	1795512	874730	920782
70–74岁	1133619	562879	570740	1119791	555100	564691
75–79岁	719402	349835	369567	711070	345257	365813
80–84岁	517361	232858	284503	511598	229811	281787
85–89岁	288234	115090	173144	285144	113680	171464
90–94岁	106738	38043	68695	105564	37564	68000
95–99岁	22403	6787	15616	22170	6699	15471
100岁及以上	3023	755	2268	2989	742	2247

2-2　续表 1

单位：人

年龄组	蒙古族			回　族			藏　族		
	小计	男	女	小计	男	女	小计	男	女
总　计	**9154**	**4934**	**4220**	**128591**	**74461**	**54130**	**3600**	**1751**	**1849**
0–4岁	639	343	296	9674	5272	4402	69	36	33
5–9岁	595	306	289	10670	5978	4692	66	37	29
10–14岁	402	201	201	8364	4554	3810	189	92	97
15–19岁	600	286	314	8317	4515	3802	783	394	389
20–24岁	1258	671	587	9186	5056	4130	1221	584	637
25–29岁	986	555	431	11392	6527	4865	350	186	164
30–34岁	1140	622	518	13251	7651	5600	263	128	135
35–39岁	972	544	428	9477	5590	3887	181	96	85
40–44岁	600	330	270	8326	4905	3421	136	60	76
45–49岁	569	320	249	9130	5350	3780	143	53	90
50–54岁	435	235	200	8383	4952	3431	101	49	52
55–59岁	351	201	150	6798	4160	2638	54	23	31
60–64岁	256	144	112	5123	3304	1819	24	8	16
65–69岁	187	86	101	4302	2754	1548	8	2	6
70–74岁	90	53	37	2728	1763	965	6		6
75–79岁	32	18	14	1572	1023	549	3	1	2
80–84岁	24	10	14	1080	675	405			
85–89岁	15	7	8	592	321	271	2	1	1
90–94岁	3	2	1	193	99	94	1	1	
95–99岁				31	12	19			
100岁及以上				2		2			

2-2 续表 2

单位：人

年龄组	维吾尔族			苗 族			彝 族		
	小计	男	女	小计	男	女	小计	男	女
总 计	**5502**	**2662**	**2840**	**168928**	**96884**	**72044**	**53930**	**30341**	**23589**
0-4岁	141	75	66	7595	4044	3551	1820	933	887
5-9岁	199	110	89	7749	4152	3597	1879	1008	871
10-14岁	62	33	29	5732	3116	2616	1345	705	640
15-19岁	961	368	593	10931	6171	4760	4689	2766	1923
20-24岁	1777	791	986	22562	12998	9564	10498	6135	4363
25-29岁	853	431	422	21098	12353	8745	7874	4572	3302
30-34岁	697	347	350	21963	12917	9046	7241	4125	3116
35-39岁	343	208	135	18043	10669	7374	5368	3042	2326
40-44岁	154	105	49	16425	9284	7141	4769	2468	2301
45-49岁	112	75	37	17780	10049	7731	4354	2333	2021
50-54岁	92	53	39	11827	6811	5016	2661	1450	1211
55-59岁	59	35	24	4951	3034	1917	1020	600	420
60-64岁	23	15	8	1208	743	465	236	120	116
65-69岁	13	5	8	625	350	275	85	44	41
70-74岁	4	3	1	238	108	130	49	17	32
75-79岁	5	4	1	112	50	62	19	11	8
80-84岁	5	3	2	55	21	34	11	5	6
85-89岁	2	1	1	28	14	14	9	6	3
90-94岁				5		5	2		2
95-99岁				1		1	1	1	
100岁及以上									

2-2 续表 3

单位：人

年龄组	壮 族			布 依 族			朝 鲜 族		
	小计	男	女	小计	男	女	小计	男	女
总 计	**53350**	**27017**	**26333**	**48893**	**27469**	**21424**	**2963**	**1499**	**1464**
0-4岁	2029	1029	1000	2031	1057	974	202	105	97
5-9岁	2591	1389	1202	2564	1408	1156	271	151	120
10-14岁	2116	1198	918	1925	1058	867	188	95	93
15-19岁	3335	1661	1674	3158	1827	1331	148	70	78
20-24岁	6847	3227	3620	7177	3969	3208	221	100	121
25-29岁	5377	2684	2693	6138	3591	2547	206	96	110
30-34岁	7264	3638	3626	6450	3809	2641	307	153	154
35-39岁	7297	3826	3471	5147	3014	2133	308	143	165
40-44岁	5718	3089	2629	4680	2616	2064	335	183	152
45-49岁	4631	2438	2193	4505	2411	2094	269	151	118
50-54岁	3465	1672	1793	3142	1659	1483	155	93	62
55-59岁	1740	777	963	1327	740	587	113	65	48
60-64岁	487	201	286	405	212	193	74	31	43
65-69岁	275	111	164	158	74	84	80	30	50
70-74岁	95	39	56	45	17	28	39	15	24
75-79岁	40	17	23	23	2	21	23	9	14
80-84岁	31	15	16	11	2	9	15	6	9
85-89岁	10	4	6	3		3	7	3	4
90-94岁	1	1		4	3	1	2		2
95-99岁									
100岁及以上	1	1							

2-2　续表 4　　　　单位：人

年龄组	满族			侗族			瑶族		
	小计	男	女	小计	男	女	小计	男	女
总　计	**14034**	**7482**	**6552**	**31784**	**18439**	**13345**	**10782**	**5773**	**5009**
0–4岁	1098	562	536	1441	760	681	445	223	222
5–9岁	939	469	470	1629	940	689	584	306	278
10–14岁	580	293	287	1093	576	517	496	259	237
15–19岁	825	414	411	1567	872	695	756	427	329
20–24岁	1604	829	775	3604	2025	1579	1364	661	703
25–29岁	1387	751	636	3646	2147	1499	1138	581	557
30–34岁	1744	926	818	4356	2622	1734	1537	802	735
35–39岁	1387	719	668	3555	2172	1383	1357	754	603
40–44岁	986	548	438	2970	1765	1205	1087	619	468
45–49岁	913	527	386	3597	2056	1541	864	512	352
50–54岁	715	412	303	2591	1482	1109	662	365	297
55–59岁	613	338	275	1218	736	482	306	176	130
60–64岁	490	260	230	315	185	130	106	54	52
65–69岁	331	196	135	123	69	54	40	20	20
70–74岁	184	110	74	52	23	29	25	7	18
75–79岁	97	50	47	14	4	10	10	4	6
80–84岁	76	46	30	10	2	8	2	1	1
85–89岁	53	27	26	3	3		1	1	
90–94岁	9	4	5				2	1	1
95–99岁	1		1						
100岁及以上	2	1	1						

2-2　续表 5　　　　单位：人

年龄组	白族			土家族			哈尼族		
	小计	男	女	小计	男	女	小计	男	女
总　计	**9612**	**5297**	**4315**	**142673**	**83766**	**58907**	**7074**	**3987**	**3087**
0–4岁	358	201	157	6105	3217	2888	207	115	92
5–9岁	430	221	209	6740	3640	3100	173	92	81
10–14岁	311	151	160	6050	3248	2802	131	62	69
15–19岁	702	397	305	7719	4392	3327	672	454	218
20–24岁	1643	923	720	15569	9270	6299	1334	807	527
25–29岁	1211	695	516	16434	10101	6333	1187	693	494
30–34岁	1395	798	597	16107	9850	6257	1152	637	515
35–39岁	970	530	440	13448	8190	5258	777	394	383
40–44岁	1005	517	488	11734	6809	4925	642	303	339
45–49岁	823	453	370	19207	11031	8176	496	244	252
50–54岁	483	261	222	14161	8274	5887	214	128	86
55–59岁	175	103	72	6425	4005	2420	66	45	21
60–64岁	43	26	17	1489	945	544	14	7	7
65–69岁	35	12	23	892	525	367	6	5	1
70–74岁	13	5	8	347	169	178	1		1
75–79岁	9	3	6	123	49	74	2	1	1
80–84岁	5	1	4	81	32	49			
85–89岁	1		1	29	13	16			
90–94岁				9	4	5			
95–99岁				2	1	1			
100岁及以上				2	1	1			

2-2 续表 6 单位：人

年龄组	哈萨克族			傣族			黎族		
	小计	男	女	小计	男	女	小计	男	女
总　计	**437**	**168**	**269**	**7622**	**4157**	**3465**	**5332**	**2592**	**2740**
0-4岁	3		3	121	61	60	244	136	108
5-9岁	4	2	2	132	79	53	284	143	141
10-14岁	3	1	2	129	65	64	210	117	93
15-19岁	142	52	90	474	301	173	457	248	209
20-24岁	213	80	133	1251	719	532	878	457	421
25-29岁	34	15	19	1217	649	568	759	361	398
30-34岁	15	7	8	1416	763	653	758	349	409
35-39岁	3	2	1	1057	567	490	599	264	335
40-44岁	6	2	4	750	369	381	400	179	221
45-49岁	4	1	3	641	331	310	373	158	215
50-54岁	7	5	2	310	180	130	216	101	115
55-59岁	1	1		98	58	40	89	47	42
60-64岁	2		2	21	13	8	42	21	21
65-69岁				1		1	17	8	9
70-74岁				3	1	2	3	1	2
75-79岁				1	1		1		1
80-84岁									
85-89岁							1	1	
90-94岁									
95-99岁							1	1	
100岁及以上									

2-2 续表 7 单位：人

年龄组	傈僳族			佤族			畲族		
	小计	男	女	小计	男	女	小计	男	女
总　计	**1926**	**1000**	**926**	**2913**	**1607**	**1306**	**374663**	**201584**	**173079**
0-4岁	41	22	19	46	23	23	28445	15072	13373
5-9岁	41	20	21	48	27	21	34806	18360	16446
10-14岁	23	13	10	19	8	11	28179	14817	13362
15-19岁	185	107	78	242	134	108	19169	9987	9182
20-24岁	416	239	177	528	289	239	15907	8373	7534
25-29岁	351	163	188	522	278	244	24284	13181	11103
30-34岁	326	161	165	552	312	240	31052	16961	14091
35-39岁	225	108	117	376	206	170	26478	14738	11740
40-44岁	148	77	71	258	149	109	26271	14372	11899
45-49岁	92	47	45	189	104	85	30327	16377	13950
50-54岁	59	34	25	92	54	38	28414	15465	12949
55-59岁	13	5	8	33	18	15	22710	12386	10324
60-64岁	5	3	2	5	3	2	18271	10228	8043
65-69岁				3	2	1	16420	8844	7576
70-74岁	1	1					9872	5430	4442
75-79岁							6227	3321	2906
80-84岁							4341	2222	2119
85-89岁							2328	1006	1322
90-94岁							941	363	578
95-99岁							194	71	123
100岁及以上							27	10	17

2-2 续表 8 单位：人

年龄组	高山族			拉祜族			水族		
	小计	男	女	小计	男	女	小计	男	女
总 计	**417**	**234**	**183**	**1796**	**992**	**804**	**4838**	**2743**	**2095**
0–4岁	43	26	17	36	22	14	195	104	91
5–9岁	50	30	20	43	23	20	275	150	125
10–14岁	31	18	13	12	8	4	147	81	66
15–19岁	24	15	9	169	96	73	225	127	98
20–24岁	20	8	12	415	224	191	620	331	289
25–29岁	29	17	12	305	174	131	536	309	227
30–34岁	36	13	23	327	180	147	650	376	274
35–39岁	38	23	15	242	139	103	639	359	280
40–44岁	26	10	16	125	60	65	553	324	229
45–49岁	21	13	8	74	40	34	478	266	212
50–54岁	28	19	9	42	23	19	342	204	138
55–59岁	32	15	17	4	2	2	138	90	48
60–64岁	18	13	5	1	1		24	15	9
65–69岁	8	5	3	1		1	15	7	8
70–74岁	3	3							
75–79岁	4	2	2						
80–84岁	3	2	1				1		1
85–89岁									
90–94岁	2	1	1						
95 99岁	1	1							
100岁及以上									

2-2 续表 9 单位：人

年龄组	东乡族			纳西族			景颇族		
	小计	男	女	小计	男	女	小计	男	女
总 计	**3106**	**1973**	**1133**	**269**	**117**	**152**	**1453**	**702**	**751**
0–4岁	155	83	72	6	5	1	20	16	4
5–9岁	153	87	66	5	3	2	23	8	15
10 14岁	85	48	37	5	1	4	16	9	7
15–19岁	262	189	73	29	12	17	106	67	39
20–24岁	636	439	197	92	35	57	217	109	108
25–29岁	716	433	283	33	16	17	239	97	142
30–34岁	499	319	180	35	17	18	310	149	161
35–39岁	228	139	89	16	9	7	230	119	111
40–44岁	153	98	55	18	6	12	151	67	84
45–49岁	113	72	41	14	7	7	82	33	49
50–54岁	68	43	25	8	2	6	42	21	21
55–59岁	25	17	8	3	1	2	9	5	4
60–64岁	4	2	2	2	2		3	2	1
65–69岁	3	1	2	1		1	3		3
70–74岁	1	1		1		1			
75–79岁	1		1				1		1
80–84岁	2	1	1						
85–89岁	1		1	1	1		1		1
90–94岁									
95–99岁	1	1							
100岁及以上									

2-2 续表 10

单位：人

年龄组	柯尔克孜族			土族			达斡尔族		
	小计	男	女	小计	男	女	小计	男	女
总计	**350**	**189**	**161**	**1883**	**1035**	**848**	**189**	**94**	**95**
0–4岁	5	2	3	83	44	39	17	11	6
5–9岁	4	1	3	98	53	45	12	8	4
10–14岁	1	1		64	35	29	3	2	1
15–19岁	32	13	19	120	70	50	17	8	9
20–24岁	65	37	28	220	104	116	31	14	17
25–29岁	86	50	36	229	127	102	20	8	12
30–34岁	61	35	26	247	138	109	22	10	12
35–39岁	44	21	23	166	100	66	31	16	15
40–44岁	25	13	12	140	81	59	11	5	6
45–49岁	18	11	7	237	128	109	5	2	3
50–54岁	4	2	2	187	99	88	6	2	4
55–59岁	4	3	1	69	41	28	5	3	2
60–64岁				12	8	4	3	3	
65–69岁				6	4	2	3		3
70–74岁	1		1	2	1	1	3	2	1
75–79岁				1	1				
80–84岁				1		1			
85–89岁				1	1				
90–94岁									
95–99岁									
100岁及以上									

2-2 续表 11

单位：人

年龄组	仫佬族			羌族			布朗族		
	小计	男	女	小计	男	女	小计	男	女
总计	**1891**	**999**	**892**	**575**	**328**	**247**	**581**	**306**	**275**
0–4岁	76	45	31	24	14	10	15	9	6
5–9岁	99	50	49	22	12	10	16	5	11
10–14岁	54	32	22	17	5	12	8	3	5
15–19岁	128	62	66	34	25	9	58	41	17
20–24岁	263	135	128	90	44	46	114	62	52
25–29岁	215	105	110	65	25	40	92	46	46
30–34岁	262	134	128	74	44	30	109	59	50
35–39岁	224	120	104	50	32	18	78	38	40
40–44岁	170	87	83	56	40	16	43	18	25
45–49岁	183	101	82	69	39	30	23	15	8
50–54岁	127	73	54	45	30	15	10	5	5
55–59岁	63	38	25	20	14	6	11	5	6
60–64岁	19	13	6	5	3	2	1		1
65–69岁	6	2	4	2		2	1		1
70–74岁	2	2					1		1
75–79岁							1		1
80–84岁				2	1	1			
85–89岁									
90–94岁									
95–99岁									
100岁及以上									

2–2　续表 12　　　　单位：人

年龄组	撒拉族			毛南族			仡佬族		
	小计	男	女	小计	男	女	小计	男	女
总　计	**331**	**192**	**139**	**701**	**371**	**330**	**8109**	**4847**	**3262**
0–4岁	23	14	9	21	10	11	392	185	207
5–9岁	26	12	14	30	18	12	400	211	189
10–14岁	17	10	7	26	11	15	280	151	129
15–19岁	23	11	12	35	16	19	465	267	198
20–24岁	56	35	21	119	58	61	1212	702	510
25–29岁	55	35	20	66	41	25	917	565	352
30–34岁	49	24	25	81	42	39	922	582	340
35–39岁	27	18	9	90	52	38	714	455	259
40–44岁	17	13	4	84	43	41	746	463	283
45–49岁	13	7	6	67	38	29	966	579	387
50–54岁	15	7	8	50	25	25	659	389	270
55–59岁	5	3	2	24	15	9	319	216	103
60–64岁	2	2		4	1	3	76	55	21
65–69岁	2	1	1	4	1	3	25	18	7
70–74岁							8	3	5
75–79岁	1		1				6	5	1
80–84岁							2	1	1
85–89岁									
90–94岁									
95–99岁									
100岁及以上									

2–2　续表 13　　　　单位：人

年龄组	锡伯族			阿昌族			普米族		
	小计	男	女	小计	男	女	小计	男	女
总　计	**263**	**115**	**148**	**379**	**224**	**155**	**158**	**95**	**63**
0–4岁	18	6	12	7	3	4	2	1	1
5–9岁	21	14	7	12	5	7	4	3	1
10–14岁	10	4	6	6	4	2			
15–19岁	20	10	10	31	22	9	5	2	3
20–24岁	46	20	26	69	52	17	27	17	10
25–29岁	31	17	14	83	45	38	38	23	15
30–34岁	35	14	21	73	44	29	30	20	10
35–39岁	17	4	13	35	20	15	23	13	10
40–44岁	22	9	13	39	19	20	17	7	10
45–49岁	7	1	6	13	5	8	8	6	2
50–54岁	14	6	8	7	3	4	2	1	1
55–59岁	11	5	6	4	2	2	2	2	
60–64岁	6	3	3						
65–69岁	1		1						
70–74岁	3	2	1						
75–79岁									
80–84岁	1		1						
85–89岁									
90–94岁									
95–99岁									
100岁及以上									

2-2 续表 14 单位：人

年龄组	塔吉克族			怒族			乌孜别克族		
	小计	男	女	小计	男	女	小计	男	女
总计	**19**	**13**	**6**	**99**	**46**	**53**	**11**	**6**	**5**
0–4岁				5	2	3			
5–9岁				2		2	1		1
10–14岁									
15–19岁	1		1	6	5	1	1	1	
20–24岁	9	6	3	25	13	12	5	3	2
25–29岁	2	1	1	18	7	11	2	1	1
30–34岁	3	2	1	16	9	7	2	1	1
35–39岁	3	3		14	5	9			
40–44岁	1	1		7	5	2			
45–49岁				4		4			
50–54岁				2		2			
55–59岁									
60–64岁									
65–69岁									
70–74岁									
75–79岁									
80–84岁									
85–89岁									
90–94岁									
95–99岁									
100岁及以上									

2-2 续表 15 单位：人

年龄组	俄罗斯族			鄂温克族			德昂族		
	小计	男	女	小计	男	女	小计	男	女
总计	**50**	**22**	**28**	**30**	**9**	**21**	**181**	**99**	**82**
0–4岁	5	3	2	1		1	4	2	2
5–9岁	2	1	1	2		2	4	1	3
10–14岁	2	2		2	1	1	4	1	3
15–19岁	8	1	7	2		2	18	13	5
20–24岁	10	4	6	5	2	3	31	20	11
25–29岁	1		1	4	2	2	32	20	12
30–34岁	7	2	5	4		4	29	13	16
35–39岁	3	1	2	5	3	2	22	13	9
40–44岁	1	1		1		1	13	6	7
45–49岁	2	2		1	1		16	6	10
50–54岁				2		2	6	3	3
55–59岁	2	1	1				1	1	
60–64岁	4	3	1	1		1	1		1
65–69岁	1		1						
70–74岁	2	1	1						
75–79岁									
80–84岁									
85–89岁									
90–94岁									
95–99岁									
100岁及以上									

2–2　续表 16　　　单位：人

年龄组	保安族			裕固族			京族		
	小计	男	女	小计	男	女	小计	男	女
总　计	**188**	**125**	**63**	**14**	**6**	**8**	**144**	**44**	**100**
0–4岁	3	3		1	1		8	4	4
5–9岁	1	1					8	4	4
10–14岁	4	2	2				4	2	2
15–19岁	18	9	9	3	2	1	6	2	4
20–24岁	35	22	13	3	2	1	16	4	12
25–29岁	41	28	13	3	1	2	16	6	10
30–34岁	41	27	14	2		2	31	4	27
35–39岁	16	13	3				9	4	5
40–44岁	13	8	5				19	4	15
45–49岁	12	8	4	1		1	7	4	3
50–54岁	4	4					7	3	4
55–59岁				1		1	1		1
60–64岁							3	1	2
65–69岁							7	2	5
70–74岁							1		1
75–79岁									
80–84岁									
85–89岁							1		1
90–94岁									
95–99岁									
100岁及以上									

2–2　续表 17　　　单位：人

年龄组	塔塔尔族			独龙族			鄂伦春族		
	小计	男	女	小计	男	女	小计	男	女
总　计	**6**	**3**	**3**	**10**	**6**	**4**	**17**	**10**	**7**
0–4岁							1	1	
5–9岁	1	1							
10–14岁									
15–19岁				3	3		2	1	1
20–24岁	3	1	2	3	1	2	3	2	1
25–29岁	1		1	1	1		1		1
30–34岁				1		1	4	2	2
35–39岁				1		1	1	1	
40–44岁				1	1				
45–49岁							1		1
50–54岁	1	1					1	1	
55–59岁							3	2	1
60–64岁									
65–69岁									
70–74岁									
75–79岁									
80–84岁									
85–89岁									
90–94岁									
95–99岁									
100岁及以上									

2-2 续表 18

单位：人

年龄组	赫哲族			门巴族			珞巴族		
	小计	男	女	小计	男	女	小计	男	女
总　计	**24**	**9**	**15**	**27**	**11**	**16**	**5**	**1**	**4**
0–4岁	3	1	2	2		2			
5–9岁	1	1		3	1	2			
10–14岁									
15–19岁				6	2	4	1		1
20–24岁	3	1	2	8	4	4	3	1	2
25–29岁	2		2						
30–34岁	4	2	2	1		1			
35–39岁	3		3	3	2	1	1		1
40–44岁	3	2	1	1		1			
45–49岁	2		2	3	2	1			
50–54岁	2	1	1						
55–59岁	1	1							
60–64岁									
65–69岁									
70–74岁									
75–79岁									
80–84岁									
85–89岁									
90–94岁									
95–99岁									
100岁及以上									

2-2 续表 19

单位：人

年龄组	基诺族			未定族称人口			入籍		
	小计	男	女	小计	男	女	小计	男	女
总　计	**25**	**7**	**18**	**9131**	**5329**	**3802**	**437**	**139**	**298**
0–4岁				572	301	271	24	9	15
5–9岁	3	2	1	599	310	289	21	12	9
10–14岁	1	1		455	254	201	11	6	5
15–19岁	1		1	887	529	358	23	11	12
20–24岁	6	2	4	1607	918	689	62	26	36
25–29岁	4	1	3	1030	629	401	63	14	49
30–34岁	3		3	1227	756	471	81	19	62
35–39岁	2		2	828	522	306	46	9	37
40–44岁	2	1	1	792	439	353	34	10	24
45–49岁	2		2	680	404	276	30	9	21
50–54岁				285	171	114	18	6	12
55–59岁				112	69	43	11	4	7
60–64岁	1		1	33	18	15	6	1	5
65–69岁				13	6	7	4	1	3
70–74岁				5	2	3			
75–79岁				3	1	2	1	1	
80–84岁				3		3	1	1	
85–89岁							1		1
90–94岁									
95–99岁									
100岁及以上									

2–2a　全省各民族分年龄、性别的人口(城市)

单位：人

年龄组	合计			汉族		
	合计	男	女	小计	男	女
总　计	**17105023**	**8780310**	**8324713**	**16635233**	**8520370**	**8114863**
0–4岁	1037292	559715	477577	1011128	545749	465379
5–9岁	1163198	631141	532057	1135290	615958	519332
10–14岁	923055	498368	424687	902110	487198	414912
15–19岁	971778	519434	452344	936217	500325	435892
20–24岁	1103827	577765	526062	1042434	544877	497557
25–29岁	1399010	735220	663790	1343652	704179	639473
30–34岁	1911430	970234	941196	1852601	936987	915614
35–39岁	1574058	796719	777339	1528897	770950	757947
40–44岁	1328105	679964	648141	1290257	658851	631406
45–49岁	1417327	724315	693012	1378456	702695	675761
50–54岁	1223239	614485	608754	1195678	599214	596464
55–59岁	977277	483478	493799	961457	474489	486968
60–64岁	685146	335442	349704	677612	331023	346589
65–69岁	570308	272419	297889	565165	269480	295685
70–74岁	346994	167960	179034	344278	166403	177875
75–79岁	207668	99298	108370	206293	98515	107778
80–84岁	147098	66925	80173	146145	66374	79771
85–89岁	81857	33837	48020	81380	33581	47799
90–94岁	29404	11415	17989	29263	11361	17902
95–99岁	6126	1982	4144	6099	1967	4132
100岁及以上	826	194	632	821	194	627

2–2a　续表 1

单位：人

年龄组	蒙古族			回族			藏族		
	小计	男	女	小计	男	女	小计	男	女
总　计	**5289**	**2750**	**2539**	**63730**	**36559**	**27171**	**2306**	**1123**	**1183**
0–4岁	389	216	173	4853	2696	2157	43	18	25
5–9岁	347	180	167	5114	2846	2268	40	26	14
10–14岁	219	102	117	3844	2126	1718	170	80	90
15–19岁	371	163	208	4575	2474	2101	584	301	283
20–24岁	845	417	428	5335	2885	2450	754	347	407
25–29岁	602	320	282	6272	3508	2764	220	122	98
30–34岁	670	338	332	7185	4091	3094	153	76	77
35–39岁	587	337	250	4944	2879	2065	91	42	49
40–44岁	372	204	168	4122	2455	1667	77	33	44
45–49岁	288	160	128	4140	2442	1698	74	31	43
50–54岁	183	95	88	3707	2157	1550	46	24	22
55–59岁	164	89	75	3106	1867	1239	32	15	17
60–64岁	118	63	55	2306	1466	840	11	6	5
65–69岁	67	27	40	1785	1132	653	5	1	4
70–74岁	38	23	15	1121	711	410	3		3
75–79岁	17	10	7	606	397	209	1		1
80–84岁	5	2	3	421	274	147			
85–89岁	5	3	2	221	123	98	1		1
90–94岁	2	1	1	60	22	38	1	1	
95–99岁				12	8	4			
100岁及以上				1		1			

2-2a 续表 2

单位：人

年龄组	维吾尔族			苗族			彝族		
	小计	男	女	小计	男	女	小计	男	女
总计	**3992**	**2038**	**1954**	**75588**	**42973**	**32615**	**26205**	**14487**	**11718**
0–4岁	81	44	37	3156	1668	1488	850	418	432
5–9岁	131	71	60	3024	1674	1350	807	442	365
10–14岁	43	21	22	2241	1253	988	564	297	267
15–19岁	859	339	520	5614	3137	2477	2629	1529	1100
20–24岁	1281	601	680	11612	6449	5163	5749	3226	2523
25–29岁	584	337	247	10321	5913	4408	4072	2324	1748
30–34岁	436	255	181	10054	5914	4140	3560	2028	1532
35–39岁	250	153	97	7850	4675	3175	2458	1360	1098
40–44岁	111	79	32	6849	3877	2972	2092	1078	1014
45–49岁	82	58	24	7232	4068	3164	1729	907	822
50–54岁	63	40	23	4691	2643	2048	1083	563	520
55–59岁	40	22	18	2013	1193	820	434	229	205
60–64岁	18	12	6	519	308	211	112	53	59
65–69岁	6	2	4	238	130	108	27	14	13
70–74岁	1		1	103	44	59	23	10	13
75–79岁	4	3	1	33	13	20	8	4	4
80–84岁	2	1	1	21	9	12	3	1	2
85–89岁				15	5	10	5	4	1
90–94岁				1		1			
95–99岁				1		1			
100岁及以上									

2-2a 续表 3

单位：人

年龄组	壮族			布依族			朝鲜族		
	小计	男	女	小计	男	女	小计	男	女
总计	**27007**	**13667**	**13340**	**23661**	**13195**	**10466**	**2413**	**1211**	**1202**
0–4岁	1016	515	501	963	501	462	151	74	77
5–9岁	1168	625	543	1093	609	484	227	129	98
10–14岁	1001	566	435	724	385	339	158	79	79
15–19岁	2004	943	1061	1754	1015	739	126	58	68
20–24岁	4332	1978	2354	4119	2185	1934	170	77	93
25–29岁	2955	1449	1506	3366	1943	1423	166	79	87
30–34岁	3791	1917	1874	3274	1967	1307	244	121	123
35–39岁	3530	1862	1668	2300	1372	928	248	115	133
40–44岁	2723	1490	1233	2062	1136	926	277	146	131
45–49岁	1974	1106	868	1866	975	891	224	122	102
50–54岁	1358	705	653	1291	666	625	128	80	48
55–59岁	746	346	400	571	311	260	85	47	38
60–64岁	186	79	107	181	96	85	63	30	33
65–69岁	132	52	80	52	23	29	71	26	45
70–74岁	47	15	32	23	7	16	34	13	21
75–79岁	19	8	11	11	1	10	20	8	12
80–84岁	18	9	9	9	2	7	13	4	9
85–89岁	6	1	5	1		1	6	3	3
90–94岁	1	1		1	1		2		2
95–99岁									
100岁及以上									

2–2a　续表 4　　　　单位：人

年龄组	满族			侗族			瑶族		
	小计	男	女	小计	男	女	小计	男	女
总　计	**9484**	**4813**	**4671**	**16190**	**9255**	**6935**	**5154**	**2678**	**2476**
0–4岁	753	378	375	696	386	310	226	117	109
5–9岁	627	301	326	757	440	317	251	125	126
10–14岁	379	182	197	505	256	249	187	101	86
15–19岁	586	295	291	953	515	438	421	210	211
20–24岁	1136	574	562	2130	1158	972	859	403	456
25–29岁	944	494	450	2013	1171	842	634	319	315
30–34岁	1208	601	607	2319	1375	944	750	391	359
35–39岁	957	464	493	1771	1095	676	616	326	290
40–44岁	652	344	308	1455	873	582	509	291	218
45–49岁	536	290	246	1652	905	747	311	188	123
50–54岁	421	224	197	1144	642	502	213	114	99
55–59岁	400	209	191	543	304	239	110	64	46
60–64岁	350	169	181	151	84	67	34	15	19
65–69岁	238	133	105	63	32	31	16	8	8
70–74岁	122	68	54	27	14	13	12	3	9
75–79岁	73	35	38	5	2	3	3	2	1
80–84岁	54	31	23	4	1	3			
85–89岁	39	18	21	2	2				
90–94岁	7	3	4				2	1	1
95–99岁	1		1						
100岁及以上	1		1						

2–2a　续表 5　　　　单位：人

年龄组	白族			土家族			哈尼族		
	小计	男	女	小计	男	女	小计	男	女
总　计	**4877**	**2626**	**2251**	**77085**	**44628**	**32457**	**3054**	**1717**	**1337**
0–4岁	190	99	91	3276	1716	1560	73	38	35
5–9岁	224	117	107	3272	1810	1462	61	32	29
10–14岁	148	69	79	2904	1570	1334	47	16	31
15–19岁	387	200	187	4660	2635	2025	267	161	106
20–24岁	894	478	416	9470	5474	3996	673	400	273
25–29岁	625	344	281	9421	5620	3801	591	346	245
30–34岁	690	390	300	9173	5518	3655	568	320	248
35–39岁	448	249	199	7484	4541	2943	327	180	147
40–44岁	523	274	249	6276	3641	2635	225	101	124
45–49岁	410	219	191	9597	5414	4183	150	78	72
50–54岁	220	125	95	6909	3920	2989	45	28	17
55–59岁	71	40	31	3223	1943	1280	18	10	8
60–64岁	21	14	7	713	442	271	5	5	
65–69岁	14	6	8	427	250	177	2	2	
70–74岁	7	2	5	166	83	83	1		1
75–79岁	2		2	61	23	38	1		1
80–84岁	3		3	35	19	16			
85–89岁				16	9	7			
90–94岁				1		1			
95–99岁									
100岁及以上				1		1			

2-2a 续表 6 单位：人

年龄组	哈萨克族			傣族			黎族		
	小计	男	女	小计	男	女	小计	男	女
总　计	**340**	**129**	**211**	**3835**	**2108**	**1727**	**2690**	**1320**	**1370**
0-4岁	3		3	53	26	27	134	79	55
5-9岁	2	1	1	66	43	23	119	56	63
10-14岁	1	1		60	33	27	90	50	40
15-19岁	128	44	84	242	148	94	271	137	134
20-24岁	153	58	95	726	426	300	534	263	271
25-29岁	27	12	15	650	348	302	411	198	213
30-34岁	14	7	7	736	391	345	346	169	177
35-39岁	2	2		460	248	212	263	116	147
40-44岁	4	2	2	332	157	175	186	95	91
45-49岁	2		2	303	158	145	168	73	95
50-54岁	1	1		147	92	55	87	37	50
55-59岁	1	1		51	32	19	38	23	15
60-64岁	2		2	9	6	3	25	15	10
65-69岁							13	6	7
70-74岁							3	1	2
75-79岁									
80-84岁									
85-89岁							1	1	
90-94岁									
95-99岁							1	1	
100岁及以上									

2-2a 续表 7 单位：人

年龄组	傈僳族			佤族			畲族		
	小计	男	女	小计	男	女	小计	男	女
总　计	**800**	**415**	**385**	**1312**	**717**	**595**	**95169**	**50419**	**44750**
0-4岁	17	11	6	18	11	7	8319	4468	3851
5-9岁	15	10	5	12	5	7	9623	5126	4497
10-14岁	7	3	4	4	2	2	7073	3670	3403
15-19岁	87	51	36	112	60	52	7283	3749	3534
20-24岁	180	96	84	266	146	120	6564	3255	3309
25-29岁	152	68	84	255	135	120	8318	4407	3911
30-34岁	127	68	59	278	158	120	10430	5531	4899
35-39岁	90	46	44	160	85	75	8437	4516	3921
40-44岁	63	35	28	93	53	40	7252	3847	3405
45-49岁	36	17	19	73	38	35	6600	3554	3046
50-54岁	22	10	12	26	16	10	4937	2617	2320
55-59岁	4		4	10	5	5	3754	1994	1760
60-64岁				5	3	2	2593	1485	1108
65-69岁							1928	1066	862
70-74岁							964	551	413
75-79岁							503	274	229
80-84岁							357	194	163
85-89岁							157	85	72
90-94岁							63	24	39
95-99岁							12	6	6
100岁及以上							2		2

2-2a　续表 8　　　　单位：人

年龄组	高山族			拉祜族			水族		
	小计	男	女	小计	男	女	小计	男	女
总　计	**226**	**132**	**94**	**760**	**414**	**346**	**2161**	**1208**	**953**
0–4岁	27	18	9	19	13	6	83	50	33
5–9岁	26	18	8	19	10	9	110	66	44
10–14岁	12	5	7	6	3	3	62	35	27
15–19岁	14	8	6	72	39	33	126	72	54
20–24岁	7	4	3	202	110	92	365	181	184
25–29岁	17	9	8	125	74	51	272	153	119
30–34岁	24	10	14	145	75	70	308	170	138
35–39岁	25	16	9	89	49	40	264	153	111
40–44岁	13	7	6	44	21	23	240	137	103
45–49岁	11	8	3	29	15	14	162	93	69
50–54岁	11	7	4	8	4	4	113	63	50
55–59岁	17	7	10				42	27	15
60–64岁	12	9	3	1	1		7	4	3
65–69岁	4	2	2	1		1	7	4	3
70–74岁	2	2							
75–79岁	3	1	2						
80–84岁	1	1							
85–89岁									
90–94岁									
95–99岁									
100岁及以上									

2-2a　续表 9　　　　单位：人

年龄组	东乡族			纳西族			景颇族		
	小计	男	女	小计	男	女	小计	男	女
总　计	**1928**	**1238**	**690**	**157**	**59**	**98**	**611**	**281**	**330**
0–4岁	86	46	40	2	1	1	6	4	2
5–9岁	72	40	32	3	2	1	11	4	7
10–14岁	44	25	19	2		2	9	5	4
15–19岁	183	135	48	18	6	12	65	34	31
20–24岁	434	302	132	56	21	35	106	48	58
25–29岁	473	287	186	17	6	11	104	39	65
30–34岁	302	192	110	18	7	11	129	63	66
35–39岁	125	80	45	10	7	3	85	42	43
40–44岁	97	62	35	11	2	9	58	25	33
45–49岁	62	38	24	8	4	4	20	10	10
50–54岁	31	20	11	6	1	5	11	4	7
55–59岁	12	8	4	2		2	3	1	2
60–64岁	3	1	2	1	1		2	2	
65–69岁	1		1	1		1	2		2
70–74岁	1	1		1		1			
75–79岁									
80–84岁	2	1	1						
85–89岁				1	1				
90–94岁									
95–99岁									
100岁及以上									

2-2a 续表 10

单位：人

年龄组	柯尔克孜族			土 族			达斡尔族		
	小计	男	女	小计	男	女	小计	男	女
总 计	**330**	**176**	**154**	**1050**	**555**	**495**	**142**	**68**	**74**
0–4岁	3		3	49	23	26	14	10	4
5–9岁	3	1	2	52	28	24	11	7	4
10–14岁	1	1		32	17	15	3	2	1
15–19岁	31	13	18	76	41	35	12	4	8
20–24岁	59	34	25	143	62	81	22	9	13
25–29岁	84	48	36	131	74	57	17	6	11
30–34岁	56	32	24	153	80	73	15	7	8
35–39岁	43	20	23	87	53	34	23	11	12
40–44岁	25	13	12	79	42	37	8	4	4
45–49岁	17	10	7	121	69	52	3	1	2
50–54岁	4	2	2	75	35	40	2		2
55–59岁	3	2	1	36	20	16	5	3	2
60–64岁				7	5	2	2	2	
65–69岁				6	4	2	3		3
70–74岁	1		1	1	1		2	2	
75–79岁									
80–84岁				1		1			
85–89岁				1	1				
90–94岁									
95–99岁									
100岁及以上									

2-2a 续表 11

单位：人

年龄组	仫佬族			羌 族			布朗族		
	小计	男	女	小计	男	女	小计	男	女
总 计	**976**	**508**	**468**	**356**	**198**	**158**	**198**	**91**	**107**
0–4岁	40	27	13	16	11	5	7	4	3
5–9岁	47	29	18	17	9	8	5		5
10–14岁	20	10	10	13	3	10	1		1
15–19岁	70	34	36	29	20	9	22	13	9
20–24岁	151	69	82	64	29	35	44	22	22
25–29岁	128	66	62	43	19	24	35	13	22
30–34岁	145	71	74	50	32	18	35	20	15
35–39岁	108	52	56	31	20	11	31	12	19
40–44岁	88	45	43	24	16	8	9	4	5
45–49岁	86	46	40	39	21	18	3	2	1
50–54岁	44	30	14	18	12	6	2	1	1
55–59岁	34	20	14	5	3	2	3		3
60–64岁	9	6	3	4	2	2			
65–69岁	4	1	3	2		2			
70–74岁	2	2					1		1
75–79岁									
80–84岁				1	1				
85–89岁									
90–94岁									
95–99岁									
100岁及以上									

2-2a 续表 12

单位：人

年龄组	撒拉族			毛南族			仡佬族		
	小计	男	女	小计	男	女	小计	男	女
总　计	**237**	**139**	**98**	**340**	**173**	**167**	**4404**	**2605**	**1799**
0–4岁	13	9	4	15	7	8	214	109	105
5–9岁	19	6	13	11	7	4	201	115	86
10–14岁	12	7	5	11	3	8	136	72	64
15–19岁	14	7	7	21	6	15	294	172	122
20–24岁	41	26	15	69	34	35	749	428	321
25–29岁	42	28	14	38	24	14	515	314	201
30–34岁	37	16	21	37	17	20	530	323	207
35–39岁	22	16	6	37	21	16	380	239	141
40–44岁	10	10		35	19	16	403	243	160
45–49岁	8	4	4	30	17	13	448	262	186
50–54岁	11	6	5	24	12	12	315	184	131
55–59岁	4	2	2	9	5	4	161	103	58
60–64岁	1	1		2		2	37	25	12
65–69岁	2	1	1	1	1		15	12	3
70–74岁							4	2	2
75–79岁	1		1				1	1	
80–84岁							1	1	
85–89岁									
90–94岁									
95–99岁									
100岁及以上									

2-2a 续表 13

单位：人

年龄组	锡伯族			阿昌族			普米族		
	小计	男	女	小计	男	女	小计	男	女
总　计	**208**	**91**	**117**	**92**	**45**	**47**	**68**	**36**	**32**
0–4岁	15	6	9	3	1	2	1		1
5–9岁	21	14	7	1	1		3	2	1
10–14岁	8	4	4	1		1			
15–19岁	17	9	8	10	6	4	4	1	3
20–24岁	29	13	16	14	9	5	13	6	7
25–29岁	22	9	13	19	9	10	9	6	3
30–34岁	29	12	17	19	9	10	13	7	6
35–39岁	15	4	11	9	4	5	12	5	7
40–44岁	20	9	11	6	3	3	8	4	4
45–49岁	6	1	5	5	1	4	2	2	
50–54岁	9	4	5	3	1	2	1	1	
55–59岁	8	3	5	2	1	1	2	2	
60–64岁	5	2	3						
65–69岁	1		1						
70–74岁	2	1	1						
75–79岁									
80–84岁	1		1						
85–89岁									
90–94岁									
95–99岁									
100岁及以上									

2–2a 续表 14

单位：人

年龄组	塔吉克族			怒　族			乌孜别克族		
	小计	男	女	小计	男	女	小计	男	女
总　计	**12**	**9**	**3**	**49**	**21**	**28**	**5**	**3**	**2**
0–4岁				4	1	3			
5–9岁				2		2			
10–14岁									
15–19岁	1		1	2	2		1	1	
20–24岁	7	5	2	16	9	7	2	1	1
25–29岁	1	1		12	5	7	2	1	1
30–34岁	1	1		6	2	4			
35–39岁	2	2		4	2	2			
40–44岁				1		1			
45–49岁				1		1			
50–54岁				1		1			
55–59岁									
60–64岁									
65–69岁									
70–74岁									
75–79岁									
80–84岁									
85–89岁									
90–94岁									
95–99岁									
100岁及以上									

2–2a 续表 15

单位：人

年龄组	俄罗斯族			鄂温克族			德 昂 族		
	小计	男	女	小计	男	女	小计	男	女
总　计	**36**	**15**	**21**	**16**	**5**	**11**	**58**	**34**	**24**
0–4岁	4	2	2				1		1
5–9岁	1		1	1		1			
10–14岁	2	2					1	1	
15–19岁	5	1	4				7	5	2
20–24岁	5	1	4	3	1	2	12	8	4
25–29岁	1		1	3	2	1	12	9	3
30–34岁	5	1	4	2		2	6	2	4
35–39岁	3	1	2	3	1	2	8	5	3
40–44岁	1	1		1		1	7	2	5
45–49岁	2	2		1	1		3	2	1
50–54岁				1		1	1		1
55–59岁									
60–64岁	4	3	1	1		1			
65–69岁	1		1						
70–74岁	2	1	1						
75–79岁									
80–84岁									
85–89岁									
90–94岁									
95–99岁									
100岁及以上									

2–2a　续表 16　　　　单位：人

年龄组	保安族			裕固族			京　族		
	小计	男	女	小计	男	女	小计	男	女
总　计	**169**	**118**	**51**	**13**	**6**	**7**	**53**	**24**	**29**
0–4岁	3	3		1	1		4	2	2
5–9岁	1	1					2	2	
10–14岁	4	2	2				1		1
15–19岁	16	8	8	3	2	1	4	1	3
20–24岁	31	22	9	3	2	1	8	2	6
25–29岁	36	24	12	2	1	1	9	5	4
30–34岁	37	27	10	2		2	4	2	2
35–39岁	16	13	3				2	2	
40–44岁	11	7	4				5	3	2
45–49岁	10	7	3	1		1	3	3	
50–54岁	4	4					4	1	3
55–59岁				1		1	1		1
60–64岁							1		1
65–69岁							4	1	3
70–74岁							1		1
75–79岁									
80–84岁									
85–89岁									
90–94岁									
95–99岁									
100岁及以上									

2–2a　续表 17　　　　单位：人

年龄组	塔塔尔族			独龙族			鄂伦春族		
	小计	男	女	小计	男	女	小计	男	女
总　计	**5**	**3**	**2**	**4**	**3**	**1**	**9**	**5**	**4**
0–4岁							1	1	
5–9岁	1	1							
10–14岁									
15–19岁				3	3		1		1
20–24岁	2	1	1	1		1	2	1	1
25–29岁	1		1				1		1
30–34岁							3	2	1
35–39岁									
40–44岁									
45–49岁									
50–54岁	1	1							
55–59岁							1	1	
60–64岁									
65–69岁									
70–74岁									
75–79岁									
80–84岁									
85–89岁									
90–94岁									
95–99岁									
100岁及以上									

2-2a 续表 18 单位：人

年龄组	赫哲族			门巴族			珞巴族		
	小计	男	女	小计	男	女	小计	男	女
总　计	**20**	**8**	**12**	**24**	**10**	**14**	**3**	**1**	**2**
0–4岁	3	1	2	2		2			
5–9岁	1	1		2	1	1			
10–14岁									
15–19岁				5	2	3	1		1
20–24岁	2	1	1	8	4	4	2	1	1
25–29岁	1		1						
30–34岁	4	2	2	1		1			
35–39岁	2		2	2	1	1			
40–44岁	3	2	1	1		1			
45–49岁	2		2	3	2	1			
50–54岁	1		1						
55–59岁	1	1							
60–64岁									
65–69岁									
70–74岁									
75–79岁									
80–84岁									
85–89岁									
90–94岁									
95–99岁									
100岁及以上									

2-2a 续表 19 单位：人

年龄组	基诺族			未定族称人口			入　籍		
	小计	男	女	小计	男	女	小计	男	女
总　计	**11**	**3**	**8**	**4757**	**2762**	**1995**	**121**	**65**	**56**
0–4岁				265	136	129	3	1	2
5–9岁	1	1		274	144	130	10	5	5
10–14岁				189	107	82	6	4	2
15–19岁				510	293	217	11	7	4
20–24岁	5	2	3	915	510	405	19	14	5
25–29岁	1		1	568	344	224	18	8	10
30–34岁				683	427	256	24	12	12
35–39岁	1		1	442	274	168	7	1	6
40–44岁				375	214	161	10	7	3
45–49岁	2		2	330	191	139	6	5	1
50–54岁				136	79	57	2		2
55–59岁				51	35	16	3	1	2
60–64岁	1		1	10	4	6	2		2
65–69岁				4	3	1			
70–74岁				1		1			
75–79岁				3	1	2			
80–84岁				1		1			
85–89岁									
90–94岁									
95–99岁									
100岁及以上									

2-2b 全省各民族分年龄、性别的人口(镇)

单位：人

年龄组	合计			汉族		
	合计	男	女	小计	男	女
总 计	**11452224**	**5858483**	**5593741**	**11178404**	**5707804**	**5470600**
0-4岁	751816	408742	343074	735505	400108	335397
5-9岁	929371	507546	421825	909417	496947	412470
10-14岁	768997	416904	352093	753334	408522	344812
15-19岁	608035	318316	289719	590232	308726	281506
20-24岁	477441	255792	221649	450714	240998	209716
25-29岁	716672	373904	342768	690381	358999	331382
30-34岁	1057669	523078	534591	1027246	506347	520899
35-39岁	897030	444773	452257	871214	430444	440770
40-44岁	856205	426826	429379	833112	414261	418851
45-49岁	1025323	517907	507416	999008	503393	495615
50-54岁	951660	484654	467006	931834	473596	458238
55-59岁	736611	373379	363232	725832	367073	358759
60-64岁	526824	265967	260857	521326	262775	258551
65-69岁	455707	221148	234559	451608	218863	232745
70-74岁	281625	138684	142941	279343	137427	141916
75-79岁	179908	86502	93406	178550	85763	92787
80-84岁	128296	56440	71856	127378	55948	71430
85-89岁	70784	27268	43516	70326	27052	43274
90-94岁	26144	8937	17207	25973	8862	17111
95-99岁	5413	1540	3873	5382	1526	3856
100岁及以上	693	176	517	689	174	515

2-2b 续表 1

单位：人

年龄组	蒙古族			回族			藏族		
	小计	男	女	小计	男	女	小计	男	女
总 计	**1662**	**914**	**748**	**29241**	**16804**	**12437**	**716**	**344**	**372**
0-4岁	109	50	59	2235	1177	1058	17	13	4
5-9岁	118	53	65	2525	1418	1107	15	6	9
10-14岁	71	40	31	2023	1112	911	8	5	3
15-19岁	116	66	50	2050	1099	951	93	43	50
20-24岁	248	140	108	1996	1100	896	333	157	176
25-29岁	179	108	71	2470	1427	1043	71	33	38
30-34岁	223	134	89	2771	1580	1191	52	26	26
35-39岁	198	100	98	2141	1247	894	35	21	14
40-44岁	103	59	44	1980	1109	871	28	14	14
45-49岁	118	68	50	2248	1309	939	26	9	17
50-54岁	79	45	34	1944	1123	821	20	10	10
55-59岁	50	31	19	1463	901	562	8	3	5
60-64岁	15	6	9	1128	725	403	5	2	3
65-69岁	26	10	16	924	613	311	2	1	1
70-74岁	5	3	2	586	394	192	2		2
75-79岁	2		2	339	229	110	1	1	
80-84岁	1		1	233	148	85			
85-89岁				133	67	66			
90-94岁	1	1		45	23	22			
95-99岁				7	3	4			
100岁及以上									

2−2b 续表 2

单位：人

年龄组	维吾尔族			苗　　族			彝　　族		
	小计	男	女	小计	男	女	小计	男	女
总　计	**931**	**422**	**509**	**45944**	**26178**	**19766**	**14451**	**8124**	**6327**
0−4岁	37	19	18	2070	1125	945	504	263	241
5−9岁	48	27	21	2284	1210	1074	530	271	259
10−14岁	13	8	5	1760	937	823	392	212	180
15−19岁	68	16	52	2997	1624	1373	1194	703	491
20−24岁	336	145	191	5915	3428	2487	2851	1689	1162
25−29岁	160	67	93	5395	3162	2233	2028	1189	839
30−34岁	131	57	74	5841	3415	2426	1892	1048	844
35−39岁	46	25	21	4915	2838	2077	1392	767	625
40−44岁	31	20	11	4468	2495	1973	1324	686	638
45−49岁	19	13	6	5008	2818	2190	1226	673	553
50−54岁	19	10	9	3415	1969	1446	736	393	343
55−59岁	11	7	4	1307	830	477	279	172	107
60−64岁	2	2		300	191	109	65	39	26
65−69岁	4	1	3	173	98	75	22	13	9
70−74岁	2	2		50	21	29	9	1	8
75−79岁	1	1		31	12	19	2	1	1
80−84岁	2	1	1	11	1	10	3	2	1
85−89岁	1	1		4	4		1	1	
90−94岁									
95−99岁							1	1	
100岁及以上									

2−2b 续表 3

单位：人

年龄组	壮　　族			布 依 族			朝 鲜 族		
	小计	男	女	小计	男	女	小计	男	女
总　计	**13677**	**6903**	**6774**	**12999**	**7241**	**5758**	**370**	**190**	**180**
0−4岁	561	278	283	560	290	270	39	21	18
5−9岁	761	417	344	701	380	321	35	15	20
10−14岁	600	339	261	618	347	271	24	11	13
15−19岁	807	386	421	860	470	390	11	6	5
20−24岁	1591	704	887	1812	1024	788	29	13	16
25−29岁	1335	640	695	1449	880	569	17	8	9
30−34岁	1830	863	967	1653	944	709	49	25	24
35−39岁	1965	1043	922	1436	808	628	41	21	20
40−44岁	1494	819	675	1295	711	584	38	25	13
45−49岁	1242	661	581	1238	666	572	29	18	11
50−54岁	906	466	440	886	451	435	21	11	10
55−59岁	395	210	185	345	204	141	16	9	7
60−64岁	116	50	66	79	40	39	8	1	7
65−69岁	45	16	29	44	22	22	8	4	4
70−74岁	17	7	10	11	3	8	1	1	
75−79岁	7	1	6	8		8	2		2
80−84岁	4	2	2	1		1	1	1	
85−89岁	1	1		1		1	1		1
90−94岁				2	1	1			
95−99岁									
100岁及以上									

2-2b　续表 4　　　　单位：人

年龄组	满　族			侗　族			瑶　族		
	小计	男	女	小计	男	女	小计	男	女
总　计	**2104**	**1148**	**956**	**7984**	**4492**	**3492**	**3387**	**1801**	**1586**
0–4岁	160	84	76	366	187	179	146	70	76
5–9岁	148	74	74	456	249	207	229	125	104
10–14岁	80	41	39	300	153	147	225	116	109
15–19岁	136	61	75	370	200	170	196	118	78
20–24岁	291	152	139	899	486	413	314	146	168
25–29岁	195	108	87	881	512	369	291	149	142
30–34岁	250	144	106	1052	604	448	448	223	225
35–39岁	222	123	99	936	540	396	431	244	187
40–44岁	169	105	64	716	421	295	334	184	150
45–49岁	143	86	57	931	527	404	320	186	134
50–54岁	105	63	42	661	367	294	268	145	123
55–59岁	77	40	37	309	187	122	115	62	53
60–64岁	57	30	27	60	37	23	42	22	20
65–69岁	33	19	14	28	16	12	13	7	6
70–74岁	21	10	11	13	4	9	10	3	7
75–79岁	5	2	3	4	1	3	3		3
80–84岁	6	3	3	1		1	2	1	1
85–89岁	4	1	3	1	1				
90–94岁	1	1							
95–99岁									
100岁及以上	1	1							

2-2b　续表 5　　　　单位：人

年龄组	白　族			土家族			哈尼族		
	小计	男	女	小计	男	女	小计	男	女
总　计	**2620**	**1492**	**1128**	**36343**	**21392**	**14951**	**1978**	**1154**	**824**
0–4岁	87	49	38	1605	855	750	69	42	27
5–9岁	101	54	47	1961	1037	924	54	27	27
10–14岁	73	40	33	1714	927	787	41	22	19
15–19岁	185	107	78	1906	1078	828	270	211	59
20–24岁	479	273	206	3607	2197	1410	359	216	143
25–29岁	357	217	140	4077	2586	1491	282	166	116
30–34岁	416	236	180	3884	2377	1507	271	146	125
35–39岁	286	156	130	3252	1942	1310	212	109	103
40–44岁	239	128	111	2964	1681	1283	176	86	90
45–49岁	211	129	82	5120	2926	2194	145	72	73
50–54岁	120	65	55	3813	2271	1542	74	40	34
55–59岁	45	27	18	1641	1051	590	22	16	6
60–64岁	7	4	3	409	265	144	3	1	2
65–69岁	5	2	3	220	127	93			
70–74岁	4	2	2	96	41	55			
75–79岁	3	2	1	38	17	21			
80–84岁	2	1	1	24	7	17			
85–89岁				6	3	3			
90–94岁				5	3	2			
95–99岁				1	1				
100岁及以上									

2-2b 续表 6

单位：人

年龄组	哈萨克族			傣　族			黎　族		
	小计	男	女	小计	男	女	小计	男	女
总　计	**69**	**27**	**42**	**1946**	**1043**	**903**	**1443**	**713**	**730**
0–4岁				31	15	16	68	33	35
5–9岁	2	1	1	34	19	15	82	43	39
10–14岁	2		2	31	13	18	54	34	20
15–19岁	5	3	2	132	92	40	125	82	43
20–24岁	48	16	32	291	149	142	233	140	93
25–29岁	4	3	1	310	162	148	190	87	103
30–34岁	1		1	346	188	158	216	93	123
35–39岁				303	162	141	173	66	107
40–44岁	2		2	220	121	99	111	41	70
45–49岁				154	79	75	97	41	56
50–54岁	5	4	1	69	31	38	64	38	26
55–59岁				20	10	10	19	8	11
60–64岁				3	1	2	7	5	2
65–69岁							4	2	2
70–74岁				1		1			
75–79岁				1	1				
80–84岁									
85–89岁									
90–94岁									
95–99岁									
100岁及以上									

2-2b 续表 7

单位：人

年龄组	傈 僳 族			佤　族			畲　族		
	小计	男	女	小计	男	女	小计	男	女
总　计	**638**	**315**	**323**	**811**	**442**	**369**	**85195**	**44253**	**40942**
0–4岁	13	7	6	12	4	8	7171	3817	3354
5–9岁	15	6	9	20	13	7	9332	4898	4434
10–14岁	9	6	3	8	2	6	7261	3822	3439
15–19岁	54	29	25	51	30	21	5472	2742	2730
20–24岁	146	80	66	120	67	53	3351	1649	1702
25–29岁	121	56	65	140	73	67	5199	2642	2557
30–34岁	111	51	60	161	84	77	7561	3766	3795
35–39岁	61	25	36	107	61	46	6668	3437	3231
40–44岁	45	22	23	87	50	37	6467	3337	3130
45–49岁	33	13	20	63	36	27	7165	3750	3415
50–54岁	23	16	7	34	17	17	6031	3207	2824
55–59岁	5	3	2	6	4	2	4422	2380	2042
60–64岁	2	1	1				3139	1734	1405
65–69岁				2	1	1	2533	1326	1207
70–74岁							1449	763	686
75–79岁							906	467	439
80–84岁							626	325	301
85–89岁							302	137	165
90–94岁							116	45	71
95–99岁							21	8	13
100岁及以上							3	1	2

2-2b　续表 8

单位：人

年龄组	高山族			拉祜族			水族		
	小计	男	女	小计	男	女	小计	男	女
总　计	**147**	**76**	**71**	**545**	**297**	**248**	**1157**	**619**	**538**
0–4岁	15	8	7	7	4	3	56	26	30
5–9岁	19	10	9	8	5	3	78	38	40
10–14岁	13	9	4	4	3	1	41	20	21
15–19岁	8	5	3	55	31	24	63	33	30
20–24岁	11	4	7	122	59	63	145	73	72
25–29岁	9	5	4	98	56	42	107	52	55
30–34岁	11	3	8	85	49	36	148	86	62
35–39岁	11	7	4	82	48	34	175	90	85
40–44岁	11	3	8	51	22	29	123	78	45
45–49岁	6	2	4	17	11	6	110	56	54
50–54岁	12	7	5	14	8	6	79	44	35
55–59岁	10	5	5	2	1	1	28	21	7
60–64岁	6	4	2				4	2	2
65–69岁	3	2	1						
70–74岁									
75–79岁									
80–84岁									
85–89岁									
90–94岁	1	1							
95–99岁	1	1							
100岁及以上									

2-2b　续表 9

单位：人

年龄组	东乡族			纳西族			景颇族		
	小计	男	女	小计	男	女	小计	男	女
总　计	**782**	**499**	**283**	**60**	**29**	**31**	**495**	**265**	**230**
0–4岁	43	24	19	1	1		6	5	1
5–9岁	54	28	26	1	1		3	1	2
10–14岁	29	14	15	1	1		3	2	1
15–19岁	56	42	14	9	4	5	29	24	5
20–24岁	131	94	37	19	6	13	72	41	31
25–29岁	155	93	62	9	5	4	82	39	43
30–34岁	133	92	41	10	7	3	105	54	51
35–39岁	79	45	34	1		1	77	44	33
40–44岁	36	23	13	4	2	2	60	28	32
45–49岁	31	20	11	4	1	3	36	14	22
50–54岁	24	16	8				14	9	5
55–59岁	9	6	3	1	1		6	4	2
60–64岁	1	1							
65–69岁	1	1							
70–74岁									
75–79岁							1		1
80–84岁									
85–89岁							1		1
90–94岁									
95–99岁									
100岁及以上									

2-2b 续表 10

单位：人

年龄组	柯尔克孜族			土族			达斡尔族		
	小计	男	女	小计	男	女	小计	男	女
总 计	**5**	**4**	**1**	**567**	**324**	**243**	**33**	**18**	**15**
0-4岁	1	1		20	12	8	3	1	2
5-9岁				36	19	17	1	1	
10-14岁				24	13	11			
15-19岁				32	19	13	2	1	1
20-24岁	2	1	1	46	26	20	9	5	4
25-29岁				72	38	34	2	1	1
30-34岁	1	1		63	36	27	5	2	3
35-39岁				63	38	25	3	3	
40-44岁				46	29	17	1	1	
45-49岁	1	1		69	36	33	2	1	1
50-54岁				72	43	29	4	2	2
55-59岁				22	14	8			
60-64岁				2	1	1			
65-69岁									
70-74岁							1		1
75-79岁									
80-84岁									
85-89岁									
90-94岁									
95-99岁									
100岁及以上									

2-2b 续表 11

单位：人

年龄组	仫佬族			羌族			布朗族		
	小计	男	女	小计	男	女	小计	男	女
总 计	**503**	**256**	**247**	**112**	**64**	**48**	**198**	**115**	**83**
0-4岁	26	13	13	7	3	4	3	3	
5-9岁	33	13	20	2	1	1	5	2	3
10-14岁	20	12	8	2	1	1	5	2	3
15-19岁	43	22	21	2	2		20	15	5
20-24岁	68	34	34	16	8	8	41	21	20
25-29岁	45	23	22	9	3	6	28	18	10
30-34岁	62	31	31	17	8	9	39	22	17
35-39岁	68	39	29	13	8	5	22	13	9
40-44岁	25	12	13	9	7	2	16	7	9
45-49岁	37	16	21	18	10	8	10	6	4
50-54岁	52	25	27	10	8	2	2	1	1
55-59岁	18	13	5	6	5	1	6	5	1
60-64岁	5	3	2				1		1
65-69岁	1		1						
70-74岁									
75-79岁									
80-84岁				1		1			
85-89岁									
90-94岁									
95-99岁									
100岁及以上									

2-2b　续表 12

单位：人

年龄组	撒拉族			毛南族			仡佬族		
	小计	男	女	小计	男	女	小计	男	女
总　计	**63**	**35**	**28**	**180**	**99**	**81**	**1932**	**1144**	**788**
0–4岁	6	3	3	4	3	1	91	42	49
5–9岁	3	3		15	8	7	108	53	55
10–14岁	4	3	1	11	6	5	79	41	38
15–19岁	9	4	5	10	7	3	99	54	45
20–24岁	10	6	4	28	13	15	274	158	116
25–29岁	7	4	3	11	7	4	210	122	88
30–34岁	8	5	3	19	8	11	214	130	84
35–39岁	4	2	2	23	15	8	163	105	58
40–44岁	7	3	4	22	9	13	173	110	63
45–49岁	4	2	2	17	12	5	248	148	100
50–54岁	1		1	10	5	5	163	105	58
55–59岁				9	5	4	81	53	28
60–64岁				1	1		21	18	3
65–69岁							3	2	1
70–74岁							2		2
75–79岁							3	3	
80–84岁									
85–89岁									
90–94岁									
95–99岁									
100岁及以上									

2-2b　续表 13

单位：人

年龄组	锡伯族			阿昌族			普米族		
	小计	男	女	小计	男	女	小计	男	女
总　计	**37**	**17**	**20**	**106**	**68**	**38**	**54**	**33**	**21**
0–4岁	2		2	2	1	1	1	1	
5–9岁				2	1	1	1	1	
10–14岁	1		1	3	3				
15–19岁	3	1	2	10	9	1	1	1	
20–24岁	14	7	7	22	15	7	10	8	2
25–29岁	5	4	1	21	13	8	17	7	10
30–34岁	3	1	2	21	13	8	8	6	2
35–39岁				12	8	4	8	6	2
40–44岁	1		1	8	3	5	3	1	2
45–49岁	1		1	2	1	1	4	2	2
50–54岁	3	1	2	3	1	2	1		1
55–59岁	2	1	1						
60–64岁	1	1							
65–69岁									
70–74岁	1	1							
75–79岁									
80–84岁									
85–89岁									
90–94岁									
95–99岁									
100岁及以上									

2-2b 续表 14

单位：人

年龄组	塔吉克族			怒 族			乌孜别克族		
	小计	男	女	小计	男	女	小计	男	女
总 计	**4**	**3**	**1**	**35**	**18**	**17**	**5**	**2**	**3**
0–4岁									
5–9岁							1		1
10–14岁									
15–19岁				3	2	1			
20–24岁	1	1		8	4	4	2	1	1
25–29岁				6	2	4			
30–34岁	1		1	6	4	2	2	1	1
35–39岁	1	1		6	2	4			
40–44岁	1	1		5	4	1			
45–49岁				1		1			
50–54岁									
55–59岁									
60–64岁									
65–69岁									
70–74岁									
75–79岁									
80–84岁									
85–89岁									
90–94岁									
95–99岁									
100岁及以上									

2-2b 续表 15

单位：人

年龄组	俄罗斯族			鄂温克族			德 昂 族		
	小计	男	女	小计	男	女	小计	男	女
总 计	**7**	**4**	**3**	**7**	**1**	**6**	**93**	**51**	**42**
0–4岁	1	1					3	2	1
5–9岁							1		1
10–14岁							2		2
15–19岁	1		1	2		2	9	8	1
20–24岁	4	2	2	2	1	1	15	10	5
25–29岁							13	5	8
30–34岁	1	1		2		2	18	9	9
35–39岁							9	6	3
40–44岁							5	3	2
45–49岁							12	4	8
50–54岁				1		1	5	3	2
55–59岁							1	1	
60–64岁									
65–69岁									
70–74岁									
75–79岁									
80–84岁									
85–89岁									
90–94岁									
95–99岁									
100岁及以上									

2-2b 续表 16

单位：人

年龄组	保安族			裕固族			京 族		
	小计	男	女	小计	男	女	小计	男	女
总 计	**9**	**2**	**7**	**1**		**1**	**34**	**7**	**27**
0-4岁							1		1
5-9岁							3	1	2
10-14岁							1	1	
15-19岁	1	1					1		1
20-24岁	2		2				5	2	3
25-29岁	2	1	1	1		1	1		1
30-34岁	3		3				11	1	10
35-39岁							3	1	2
40-44岁							4		4
45-49岁	1		1						
50-54岁							1		1
55-59岁									
60-64岁							2	1	1
65-69岁									
70-74岁									
75-79岁									
80-84岁									
85-89岁							1		1
90-94岁									
95-99岁									
100岁及以上									

2-2b 续表 17

单位：人

年龄组	塔塔尔族			独 龙 族			鄂伦春族		
	小计	男	女	小计	男	女	小计	男	女
总 计	**1**		**1**	**3**	**1**	**2**	**7**	**4**	**3**
0-4岁									
5-9岁									
10-14岁									
15-19岁									
20-24岁	1		1	1		1	1	1	
25-29岁				1	1				
30-34岁							1		1
35-39岁				1		1	1	1	
40-44岁									
45-49岁							1		1
50-54岁							1	1	
55-59岁							2	1	1
60-64岁									
65-69岁									
70-74岁									
75-79岁									
80-84岁									
85-89岁									
90-94岁									
95-99岁									
100岁及以上									

2-2b　续表 18　　　　单位：人

年龄组	赫哲族			门巴族			珞巴族		
	小计	男	女	小计	男	女	小计	男	女
总　计	**1**		**1**	**1**	**1**		**1**		**1**
0-4岁									
5-9岁									
10-14岁									
15-19岁									
20-24岁							1		1
25-29岁									
30-34岁									
35-39岁	1		1	1	1				
40-44岁									
45-49岁									
50-54岁									
55-59岁									
60-64岁									
65-69岁									
70-74岁									
75-79岁									
80-84岁									
85-89岁									
90-94岁									
95-99岁									
100岁及以上									

2-2b　续表 19　　　　单位：人

年龄组	基诺族			未定族称人口			入　籍		
	小计	男	女	小计	男	女	小计	男	女
总　计	**7**	**2**	**5**	**2019**	**1199**	**820**	**100**	**30**	**70**
0-4岁				143	79	64	9	2	7
5-9岁	1	1		121	65	56	7	4	3
10-14岁				111	64	47	2		2
15-19岁	1		1	229	135	94	7	4	3
20-24岁	1		1	379	216	163	15	6	9
25-29岁	1	1		217	128	89	11	2	9
30-34岁	2		2	246	154	92	19	3	16
35-39岁				161	109	52	8	2	6
40-44岁	1		1	183	103	80	7	2	5
45-49岁				141	89	52	6	2	4
50-54岁				57	36	21	4	1	3
55-59岁				19	14	5	2	1	1
60-64岁				6	4	2	1		1
65-69岁				5	2	3			
70-74岁				1	1				
75-79岁							1	1	
80-84岁									
85-89岁							1		1
90-94岁									
95-99岁									
100岁及以上									

2–2c 全省各民族分年龄、性别的人口(乡村)

单位：人

年龄组	合计			汉族		
	合计	男	女	小计	男	女
总 计	**12982839**	**6827964**	**6154875**	**12604979**	**6614272**	**5990707**
0–4岁	760236	412300	347936	738190	400687	337503
5–9岁	901301	489233	412068	874828	475150	399678
10–14岁	789959	427392	362567	767755	415590	352165
15–19岁	432283	243381	188902	417046	234605	182441
20–24岁	458095	264489	193606	435008	250510	184498
25–29岁	748029	419390	328639	718258	401882	316376
30–34岁	1032766	555882	476884	997754	535245	462509
35–39岁	854066	462991	391075	823826	445060	378766
40–44岁	827139	438192	388947	797396	421280	376116
45–49岁	1114884	576297	538587	1077899	555611	522288
50–54岁	1187657	612659	574998	1154875	594109	560766
55–59岁	989376	506511	482865	966935	493698	473237
60–64岁	815900	419810	396090	800064	410752	389312
65–69岁	793204	394348	398856	778739	386387	392352
70–74岁	505000	256235	248765	496170	251270	244900
75–79岁	331826	164035	167791	326227	160979	165248
80–84岁	241967	109493	132474	238075	107489	130586
85–89岁	135593	53985	81608	133438	53047	80391
90–94岁	51190	17691	33499	50328	17341	32987
95–99岁	10864	3265	7599	10689	3206	7483
100岁及以上	1504	385	1119	1479	374	1105

2–2c 续表 1

单位：人

年龄组	蒙古族			回族			藏族		
	小计	男	女	小计	男	女	小计	男	女
总 计	**2203**	**1270**	**933**	**35620**	**21098**	**14522**	**578**	**284**	**294**
0–4岁	141	77	64	2586	1399	1187	9	5	4
5–9岁	130	73	57	3031	1714	1317	11	5	6
10–14岁	112	59	53	2497	1316	1181	11	7	4
15–19岁	113	57	56	1692	942	750	106	50	56
20–24岁	165	114	51	1855	1071	784	134	80	54
25–29岁	205	127	78	2650	1592	1058	59	31	28
30–34岁	247	150	97	3295	1980	1315	58	26	32
35–39岁	187	107	80	2392	1464	928	55	33	22
40–44岁	125	67	58	2224	1341	883	31	13	18
45–49岁	163	92	71	2742	1599	1143	43	13	30
50–54岁	173	95	78	2732	1672	1060	35	15	20
55–59岁	137	81	56	2229	1392	837	14	5	9
60–64岁	123	75	48	1689	1113	576	8		8
65–69岁	94	49	45	1593	1009	584	1		1
70–74岁	47	27	20	1021	658	363	1		1
75–79岁	13	8	5	627	397	230	1		1
80–84岁	18	8	10	426	253	173			
85–89岁	10	4	6	238	131	107	1	1	
90–94岁				88	54	34			
95–99岁				12	1	11			
100岁及以上				1		1			

2-2c 续表 2 单位：人

年龄组	维吾尔族			苗族			彝族		
	小计	男	女	小计	男	女	小计	男	女
总 计	**579**	**202**	**377**	**47396**	**27733**	**19663**	**13274**	**7730**	**5544**
0-4岁	23	12	11	2369	1251	1118	466	252	214
5-9岁	20	12	8	2441	1268	1173	542	295	247
10-14岁	6	4	2	1731	926	805	389	196	193
15-19岁	34	13	21	2320	1410	910	866	534	332
20-24岁	160	45	115	5035	3121	1914	1898	1220	678
25-29岁	109	27	82	5382	3278	2104	1774	1059	715
30-34岁	130	35	95	6068	3588	2480	1789	1049	740
35-39岁	47	30	17	5278	3156	2122	1518	915	603
40-44岁	12	6	6	5108	2912	2196	1353	704	649
45-49岁	11	4	7	5540	3163	2377	1399	753	646
50-54岁	10	3	7	3721	2199	1522	842	494	348
55-59岁	8	6	2	1631	1011	620	307	199	108
60-64岁	3	1	2	389	244	145	59	28	31
65-69岁	3	2	1	214	122	92	36	17	19
70-74岁	1	1		85	43	42	17	6	11
75-79岁				48	25	23	9	6	3
80-84岁	1	1		23	11	12	5	2	3
85-89岁	1		1	9	5	4	3	1	2
90-94岁				4		4	2		2
95-99岁									
100岁及以上									

2-2c 续表 3 单位：人

年龄组	壮族			布依族			朝鲜族		
	小计	男	女	小计	男	女	小计	男	女
总 计	**12666**	**6447**	**6219**	**12233**	**7033**	**5200**	**180**	**98**	**82**
0-4岁	452	236	216	508	266	242	12	10	2
5-9岁	662	347	315	770	419	351	9	7	2
10-14岁	515	293	222	583	326	257	6	5	1
15-19岁	524	332	192	544	342	202	11	6	5
20-24岁	924	545	379	1246	760	486	22	10	12
25-29岁	1087	595	492	1323	768	555	23	9	14
30-34岁	1643	858	785	1523	898	625	14	7	7
35-39岁	1802	921	881	1411	834	577	19	7	12
40-44岁	1501	780	721	1323	769	554	20	12	8
45-49岁	1415	671	744	1401	770	631	16	11	5
50-54岁	1201	501	700	965	542	423	6	2	4
55-59岁	599	221	378	411	225	186	12	9	3
60-64岁	185	72	113	145	76	69	3		3
65-69岁	98	43	55	62	29	33	1		1
70-74岁	31	17	14	11	7	4	4	1	3
75-79岁	14	8	6	4	1	3	1	1	
80-84岁	9	4	5	1		1	1	1	
85-89岁	3	2	1	1		1			
90-94岁				1	1				
95-99岁									
100岁及以上	1	1							

2–2c　续表 4　　　　单位：人

年龄组	满族			侗族			瑶族		
	小计	男	女	小计	男	女	小计	男	女
总　计	**2446**	**1521**	**925**	**7610**	**4692**	**2918**	**2241**	**1294**	**947**
0–4岁	185	100	85	379	187	192	73	36	37
5–9岁	164	94	70	416	251	165	104	56	48
10–14岁	121	70	51	288	167	121	84	42	42
15–19岁	103	58	45	244	157	87	139	99	40
20–24岁	177	103	74	575	381	194	191	112	79
25–29岁	248	149	99	752	464	288	213	113	100
30–34岁	286	181	105	985	643	342	339	188	151
35–39岁	208	132	76	848	537	311	310	184	126
40–44岁	165	99	66	799	471	328	244	144	100
45–49岁	234	151	83	1014	624	390	233	138	95
50–54岁	189	125	64	786	473	313	181	106	75
55–59岁	136	89	47	366	245	121	81	50	31
60–64岁	83	61	22	104	64	40	30	17	13
65–69岁	60	44	16	32	21	11	11	5	6
70–74岁	41	32	9	12	5	7	3	1	2
75–79岁	19	13	6	5	1	4	4	2	2
80–84岁	16	12	4	5	1	4			
85–89岁	10	8	2				1	1	
90–94岁	1		1						
95–99岁									
100岁及以上									

2–2c　续表 5　　　　单位：人

年龄组	白族			土家族			哈尼族		
	小计	男	女	小计	男	女	小计	男	女
总　计	**2115**	**1179**	**936**	**29245**	**17746**	**11499**	**2042**	**1116**	**926**
0–4岁	81	53	28	1224	646	578	65	35	30
5–9岁	105	50	55	1507	793	714	58	33	25
10–14岁	90	42	48	1432	751	681	43	24	19
15–19岁	130	90	40	1153	679	474	135	82	53
20–24岁	270	172	98	2492	1599	893	302	191	111
25–29岁	229	134	95	2936	1895	1041	314	181	133
30–34岁	289	172	117	3050	1955	1095	313	171	142
35–39岁	236	125	111	2712	1707	1005	238	105	133
40–44岁	243	115	128	2494	1487	1007	241	116	125
45–49岁	202	105	97	4490	2691	1799	201	94	107
50–54岁	143	71	72	3439	2083	1356	95	60	35
55–59岁	59	36	23	1561	1011	550	26	19	7
60–64岁	15	8	7	367	238	129	6	1	5
65–69岁	16	4	12	245	148	97	4	3	1
70–74岁	2	1	1	85	45	40			
75–79岁	4	1	3	24	9	15	1	1	
80–84岁				22	6	16			
85–89岁	1		1	7	1	6			
90–94岁				3	1	2			
95–99岁				1		1			
100岁及以上				1	1				

2-2c 续表 6

单位：人

年龄组	哈萨克族			傣族			黎族		
	小计	男	女	小计	男	女	小计	男	女
总 计	**28**	**12**	**16**	**1841**	**1006**	**835**	**1199**	**559**	**640**
0–4岁				37	20	17	42	24	18
5–9岁				32	17	15	83	44	39
10–14岁				38	19	19	66	33	33
15–19岁	9	5	4	100	61	39	61	29	32
20–24岁	12	6	6	234	144	90	111	54	57
25–29岁	3		3	257	139	118	158	76	82
30–34岁				334	184	150	196	87	109
35–39岁	1		1	294	157	137	163	82	81
40–44岁				198	91	107	103	43	60
45–49岁	2	1	1	184	94	90	108	44	64
50–54岁	1		1	94	57	37	65	26	39
55–59岁				27	16	11	32	16	16
60–64岁				9	6	3	10	1	9
65–69岁				1		1			
70–74岁				2	1	1			
75–79岁							1		1
80–84岁									
85–89岁									
90–94岁									
95–99岁									
100岁及以上									

2-2c 续表 7

单位：人

年龄组	傈僳族			佤族			畲族		
	小计	男	女	小计	男	女	小计	男	女
总 计	**488**	**270**	**218**	**790**	**448**	**342**	**194299**	**106912**	**87387**
0–4岁	11	4	7	16	8	8	12955	6787	6168
5–9岁	11	4	7	16	9	7	15851	8336	7515
10–14岁	7	4	3	7	4	3	13845	7325	6520
15–19岁	44	27	17	79	44	35	6414	3496	2918
20–24岁	90	63	27	142	76	66	5992	3469	2523
25–29岁	78	39	39	127	70	57	10767	6132	4635
30–34岁	88	42	46	113	70	43	13061	7664	5397
35–39岁	74	37	37	109	60	49	11373	6785	4588
40–44岁	40	20	20	78	46	32	12552	7188	5364
45–49岁	23	17	6	53	30	23	16562	9073	7489
50–54岁	14	8	6	32	21	11	17446	9641	7805
55–59岁	4	2	2	17	9	8	14534	8012	6522
60–64岁	3	2	1				12539	7009	5530
65–69岁				1	1		11959	6452	5507
70–74岁	1	1					7459	4116	3343
75–79岁							4818	2580	2238
80–84岁							3358	1703	1655
85–89岁							1869	784	1085
90–94岁							762	294	468
95–99岁							161	57	104
100岁及以上							22	9	13

2-2c　续表 8　　　　单位：人

年龄组	高山族			拉祜族			水族		
	小计	男	女	小计	男	女	小计	男	女
总　计	**44**	**26**	**18**	**491**	**281**	**210**	**1520**	**916**	**604**
0–4岁	1		1	10	5	5	56	28	28
5–9岁	5	2	3	16	8	8	87	46	41
10–14岁	6	4	2	2	2		44	26	18
15–19岁	2	2		42	26	16	36	22	14
20–24岁	2		2	91	55	36	110	77	33
25–29岁	3	3		82	44	38	157	104	53
30–34岁	1		1	97	56	41	194	120	74
35–39岁	2		2	71	42	29	200	116	84
40–44岁	2		2	30	17	13	190	109	81
45–49岁	4	3	1	28	14	14	206	117	89
50–54岁	5	5		20	11	9	150	97	53
55–59岁	5	3	2	2	1	1	68	42	26
60–64岁							13	9	4
65–69岁	1	1					8	3	5
70–74岁	1	1							
75–79岁	1	1							
80–84岁	2	1	1				1		1
85–89岁									
90–94岁	1		1						
95–99岁									
100岁及以上									

2-2c　续表 9　　　　单位：人

年龄组	东乡族			纳西族			景颇族		
	小计	男	女	小计	男	女	小计	男	女
总　计	**396**	**236**	**160**	**52**	**29**	**23**	**347**	**156**	**191**
0–4岁	26	13	13	3	3		8	7	1
5–9岁	27	19	8	1		1	9	3	6
10–14岁	12	9	3	2		2	4	2	2
15–19岁	23	12	11	2	2		12	9	3
20–24岁	71	43	28	17	8	9	39	20	19
25–29岁	88	53	35	7	5	2	53	19	34
30–34岁	64	35	29	7	3	4	76	32	44
35–39岁	24	14	10	5	2	3	68	33	35
40–44岁	20	13	7	3	2	1	33	14	19
45–49岁	20	14	6	2	2		26	9	17
50–54岁	13	7	6	2	1	1	17	8	9
55–59岁	4	3	1						
60–64岁				1	1		1		1
65–69岁	1		1				1		1
70–74岁									
75–79岁	1		1						
80–84岁									
85–89岁	1		1						
90–94岁									
95–99岁	1	1							
100岁及以上									

2-2c 续表 10

单位：人

年龄组	柯尔克孜族			土族			达斡尔族		
	小计	男	女	小计	男	女	小计	男	女
总　计	**15**	**9**	**6**	**266**	**156**	**110**	**14**	**8**	**6**
0-4岁	1	1		14	9	5			
5-9岁	1		1	10	6	4			
10-14岁				8	5	3			
15-19岁	1		1	12	10	2	3	3	
20-24岁	4	2	2	31	16	15			
25-29岁	2	2		26	15	11	1	1	
30-34岁	4	2	2	31	22	9	2	1	1
35-39岁	1	1		16	9	7	5	2	3
40-44岁				15	10	5	2		2
45-49岁				47	23	24			
50-54岁				40	21	19			
55-59岁	1	1		11	7	4			
60-64岁				3	2	1	1	1	
65-69岁									
70-74岁				1		1			
75-79岁				1	1				
80-84岁									
85-89岁									
90-94岁									
95-99岁									
100岁及以上									

2-2c 续表 11

单位：人

年龄组	仫佬族			羌族			布朗族		
	小计	男	女	小计	男	女	小计	男	女
总　计	**412**	**235**	**177**	**107**	**66**	**41**	**185**	**100**	**85**
0-4岁	10	5	5	1		1	5	2	3
5-9岁	19	8	11	3	2	1	6	3	3
10-14岁	14	10	4	2	1	1	2	1	1
15-19岁	15	6	9	3	3		16	13	3
20-24岁	44	32	12	10	7	3	29	19	10
25-29岁	42	16	26	13	3	10	29	15	14
30-34岁	55	32	23	7	4	3	35	17	18
35-39岁	48	29	19	6	4	2	25	13	12
40-44岁	57	30	27	23	17	6	18	7	11
45-49岁	60	39	21	12	8	4	10	7	3
50-54岁	31	18	13	17	10	7	6	3	3
55-59岁	11	5	6	9	6	3	2		2
60-64岁	5	4	1	1	1				
65-69岁	1	1					1		1
70-74岁									
75-79岁							1		1
80-84岁									
85-89岁									
90-94岁									
95-99岁									
100岁及以上									

2-2c　续表 12　　　　单位：人

年龄组	撒拉族			毛南族			仡佬族		
	小计	男	女	小计	男	女	小计	男	女
总　计	**31**	**18**	**13**	**181**	**99**	**82**	**1773**	**1098**	**675**
0–4岁	4	2	2	2		2	87	34	53
5–9岁	4	3	1	4	3	1	91	43	48
10–14岁	1		1	4	2	2	65	38	27
15–19岁				4	3	1	72	41	31
20–24岁	5	3	2	22	11	11	189	116	73
25–29岁	6	3	3	17	10	7	192	129	63
30–34岁	4	3	1	25	17	8	178	129	49
35–39岁	1		1	30	16	14	171	111	60
40–44岁				27	15	12	170	110	60
45–49岁	1	1		20	9	11	270	169	101
50–54岁	3	1	2	16	8	8	181	100	81
55–59岁	1	1		6	5	1	77	60	17
60–64岁	1	1		1		1	18	12	6
65–69岁				3		3	7	4	3
70–74岁							2	1	1
75–79岁							2	1	1
80–84岁							1		1
85–89岁									
90–94岁									
95–99岁									
100岁及以上									

2 2c　续表 13　　　　单位：人

年龄组	锡伯族			阿昌族			普米族		
	小计	男	女	小计	男	女	小计	男	女
总　计	**18**	**7**	**11**	**181**	**111**	**70**	**36**	**26**	**10**
0–4岁	1		1	2	1	1			
5–9岁				9	3	6			
10–14岁	1		1	2	1	1			
15–19岁				11	7	4			
20–24岁	3		3	33	28	5	4	3	1
25–29岁	4	4		43	23	20	12	10	2
30–34岁	3	1	2	33	22	11	9	7	2
35–39岁	2		2	14	8	6	3	2	1
40–44岁	1		1	25	13	12	6	2	4
45–49岁				6	3	3	2	2	
50–54岁	2	1	1	1	1				
55–59岁	1	1		2	1	1			
60–64岁									
65–69岁									
70–74岁									
75–79岁									
80–84岁									
85–89岁									
90–94岁									
95–99岁									
100岁及以上									

2-2c 续表 14 单位：人

年龄组	塔吉克族			怒族			乌孜别克族		
	小计	男	女	小计	男	女	小计	男	女
总 计	**3**	**1**	**2**	**15**	**7**	**8**	**1**	**1**	
0-4岁				1	1				
5-9岁									
10-14岁									
15-19岁				1	1				
20-24岁	1		1	1		1	1	1	
25-29岁	1		1						
30-34岁	1	1		4	3	1			
35-39岁				4	1	3			
40-44岁				1	1				
45-49岁				2		2			
50-54岁				1		1			
55-59岁									
60-64岁									
65-69岁									
70-74岁									
75-79岁									
80-84岁									
85-89岁									
90-94岁									
95-99岁									
100岁及以上									

2-2c 续表 15 单位：人

年龄组	俄罗斯族			鄂温克族			德昂族		
	小计	男	女	小计	男	女	小计	男	女
总 计	**7**	**3**	**4**	**7**	**3**	**4**	**30**	**14**	**16**
0-4岁				1		1			
5-9岁	1	1		1		1	3	1	2
10-14岁				2	1	1	1		1
15-19岁	2		2				2		2
20-24岁	1	1					4	2	2
25-29岁				1		1	7	6	1
30-34岁	1		1				5	2	3
35-39岁				2	2		5	2	3
40-44岁							1	1	
45-49岁							1		1
50-54岁									
55-59岁	2	1	1						
60-64岁							1		1
65-69岁									
70-74岁									
75-79岁									
80-84岁									
85-89岁									
90-94岁									
95-99岁									
100岁及以上									

2-2c　续表 16　　单位：人

年龄组	保安族			裕固族			京族		
	小计	男	女	小计	男	女	小计	男	女
总　计	**10**	**5**	**5**				**57**	**13**	**44**
0–4岁							3	2	1
5–9岁							3	1	2
10–14岁							2	1	1
15–19岁	1		1				1	1	
20–24岁	2		2				3		3
25–29岁	3	3					6	1	5
30–34岁	1		1				16	1	15
35–39岁							4	1	3
40–44岁	2	1	1				10	1	9
45–49岁	1	1					4	1	3
50–54岁							2	2	
55–59岁									
60–64岁									
65–69岁							3	1	2
70–74岁									
75–79岁									
80–84岁									
85–89岁									
90–94岁									
95–99岁									
100岁及以上									

2-2c　续表 17　　单位：人

年龄组	塔塔尔族			独龙族			鄂伦春族		
	小计	男	女	小计	男	女	小计	男	女
总　计				**3**	**2**	**1**	**1**	**1**	
0–4岁									
5–9岁									
10–14岁									
15–19岁							1	1	
20–24岁				1	1				
25–29岁									
30–34岁				1		1			
35–39岁									
40–44岁				1	1				
45–49岁									
50–54岁									
55–59岁									
60–64岁									
65–69岁									
70–74岁									
75–79岁									
80–84岁									
85–89岁									
90–94岁									
95–99岁									
100岁及以上									

2-2c　续表 18　　单位：人

年龄组	赫哲族			门巴族			珞巴族		
	小计	男	女	小计	男	女	小计	男	女
总　计	**3**	**1**	**2**	**2**		**2**	**1**		**1**
0-4岁									
5-9岁				1		1			
10-14岁									
15-19岁				1		1			
20-24岁	1		1						
25-29岁	1		1						
30-34岁									
35-39岁							1		1
40-44岁									
45-49岁									
50-54岁	1	1							
55-59岁									
60-64岁									
65-69岁									
70-74岁									
75-79岁									
80-84岁									
85-89岁									
90-94岁									
95-99岁									
100岁及以上									

2-2c　续表 19　　单位：人

年龄组	基诺族			未定族称人口			入　籍		
	小计	男	女	小计	男	女	小计	男	女
总　计	**7**	**2**	**5**	**2355**	**1368**	**987**	**216**	**44**	**172**
0-4岁				164	86	78	12	6	6
5-9岁	1		1	204	101	103	4	3	1
10-14岁	1	1		155	83	72	3	2	1
15-19岁				148	101	47	5		5
20-24岁				313	192	121	28	6	22
25-29岁	2		2	245	157	88	34	4	30
30-34岁	1		1	298	175	123	38	4	34
35-39岁	1		1	225	139	86	31	6	25
40-44岁	1	1		234	122	112	17	1	16
45-49岁				209	124	85	18	2	16
50-54岁				92	56	36	12	5	7
55-59岁				42	20	22	6	2	4
60-64岁				17	10	7	3	1	2
65-69岁				4	1	3	4	1	3
70-74岁				3	1	2			
75-79岁									
80-84岁				2		2	1	1	
85-89岁									
90-94岁									
95-99岁									
100岁及以上									

2–3　全省各民族分性别、受教育程度的3岁及以上人口

单位：人

民　族	3岁及以上人口			未上过学		
	合计	男	女	小计	男	女
总　计	**40214295**	**20748300**	**19465995**	**1525902**	**385462**	**1140440**
汉　族	39127668	20142437	18985231	1491564	374542	1117022
蒙古族	8817	4754	4063	147	56	91
回　族	123466	71624	51842	4146	1570	2576
藏　族	3555	1729	1826	32	13	19
维吾尔族	5460	2640	2820	70	37	33
苗　族	164589	94592	69997	4409	1413	2996
彝　族	52872	29813	23059	1079	412	667
壮　族	52309	26496	25813	600	204	396
布依族	47765	26883	20882	1089	296	793
朝鲜族	2855	1439	1416	23	8	15
满　族	13426	7167	6259	151	66	85
侗　族	30981	18032	12949	574	178	396
瑶　族	10538	5659	4879	166	55	111
白　族	9429	5192	4237	124	47	77
土家族	139322	81992	57330	2227	797	1430
哈尼族	6950	3921	3029	192	42	150
哈萨克族	434	168	266	1		1
傣　族	7559	4128	3431	111	49	62
黎　族	5182	2511	2671	90	23	67
傈僳族	1903	985	918	41	13	28
佤　族	2888	1595	1293	36	15	21
畲　族	359650	193646	166004	18112	5325	12787
高山族	395	218	177	4	2	2
拉祜族	1776	980	796	45	23	22
水　族	4722	2677	2045	142	35	107
东乡族	3036	1936	1100	152	57	95
纳西族	268	116	152	1	1	
景颇族	1443	694	749	25	11	14
柯尔克孜族	348	189	159	2	1	1
土　族	1835	1013	822	28	14	14
达斡尔族	182	89	93	2	2	
仫佬族	1854	976	878	24	11	13
羌　族	557	318	239	9	4	5
布朗族	570	300	270	6	1	5
撒拉族	318	185	133	6	3	3
毛南族	692	367	325	10	4	6
仡佬族	7896	4748	3148	154	45	109
锡伯族	251	110	141	1	1	
阿昌族	374	222	152	1	1	
普米族	157	95	62	2		2
塔吉克族	19	13	6			
怒　族	96	45	51	3	2	1
乌孜别克族	11	6	5			
俄罗斯族	47	20	27	1		1
鄂温克族	29	9	20			
德昂族	177	97	80			
保安族	186	123	63	5	4	1
裕固族	13	5	8			
京　族	140	42	98	11	1	10
塔塔尔族	6	3	3			
独龙族	10	6	4			
鄂伦春族	17	10	7			
赫哲族	22	8	14			
门巴族	26	11	15	1		1
珞巴族	5	1	4			
基诺族	25	7	18			
未定族称人口	8752	5123	3629	241	74	167
入　籍	422	135	287	42	4	38

2-3 续表 1 单位：人

民族	学前教育			小学		
	小计	男	女	小计	男	女
总 计	**1880298**	**1000943**	**879355**	**11643957**	**5335122**	**6308835**
汉 族	1835063	977013	858050	11309722	5163207	6146515
蒙古族	420	230	190	1471	726	745
回 族	6731	3658	3073	35360	19466	15894
藏 族	40	23	17	493	229	264
维吾尔族	147	85	62	601	298	303
苗 族	4492	2407	2085	48544	25239	23305
彝 族	1089	568	521	14095	7237	6858
壮 族	1489	794	695	11423	5316	6107
布依族	1406	756	650	13441	6767	6674
朝鲜族	150	81	69	391	193	198
满 族	671	346	325	2021	1034	987
侗 族	874	485	389	7679	3948	3731
瑶 族	328	179	149	2640	1323	1317
白 族	258	133	125	1995	978	1017
土家族	4051	2159	1892	37469	19706	17763
哈尼族	120	66	54	1743	868	875
哈萨克族	1		1	10	6	4
傣 族	102	60	42	1693	869	824
黎 族	148	77	71	1101	528	573
傈僳族	27	13	14	467	219	248
佤 族	25	15	10	817	437	380
畲 族	21584	11242	10342	140736	71224	69512
高山族	34	18	16	81	39	42
拉祜族	24	17	7	588	321	267
水 族	148	80	68	1501	779	722
东乡族	97	53	44	1042	595	447
纳西族	7	5	2	24	11	13
景颇族	17	10	7	351	156	195
柯尔克孜族	3	1	2	16	8	8
土 族	54	28	26	384	187	197
达斡尔族	11	7	4	17	9	8
仫佬族	59	29	30	445	236	209
羌 族	15	5	10	108	65	43
布朗族	7	3	4	146	63	83
撒拉族	13	7	6	126	68	58
毛南族	16	9	7	157	71	86
仡佬族	252	122	130	2095	1143	952
锡伯族	11	5	6	20	13	7
阿昌族	5	1	4	72	33	39
普米族	1	1		38	21	17
塔吉克族				1	1	
怒 族	2		2	17	6	11
乌孜别克族	1		1	1		1
俄罗斯族	2	1	1	4	4	
鄂温克族				5	2	3
德昂族	1	1		60	26	34
保安族	1	1		90	59	31
裕固族				1		1
京 族	7	3	4	35	8	27
塔塔尔族				1	1	
独龙族				1		1
鄂伦春族	1	1		3	2	1
赫哲族	1		1	1	1	
门巴族	1		1	2	1	1
珞巴族						
基诺族				6	2	4
未定族称人口	277	138	139	2482	1346	1136
入 籍	14	7	7	124	27	97

2-3 续表 2

单位：人

民族	初中			高中			大学专科		
	小计	男	女	小计	男	女	小计	男	女
总计	**13383222**	**7585075**	**5798147**	**5903843**	**3372383**	**2531460**	**2900588**	**1520534**	**1380054**
汉族	12936909	7310924	5625985	5783111	3299782	2483329	2853700	1495690	1358010
蒙古族	2475	1525	950	1130	601	529	1026	583	443
回族	38816	24730	14086	18195	11448	6747	9131	5160	3971
藏族	914	479	435	617	335	282	333	188	145
维吾尔族	2152	1207	945	1289	538	751	289	133	156
苗族	85551	53085	32466	14370	8893	5477	3505	1865	1640
彝族	27956	16748	11208	5635	3403	2232	1419	769	650
壮族	26049	14502	11547	6033	3116	2917	2506	1065	1441
布依族	24771	15338	9433	3922	2377	1545	1021	502	519
朝鲜族	456	242	214	613	343	270	388	195	193
满族	3308	2027	1281	1851	1006	845	1625	860	765
侗族	16092	10195	5897	3271	2039	1232	969	520	449
瑶族	4843	2816	2027	1307	770	537	451	219	232
白族	4877	2936	1941	1132	658	474	357	169	188
土家族	71745	45364	26381	16174	10111	6063	3840	2014	1826
哈尼族	3515	2120	1395	1001	657	344	215	113	102
哈萨克族	29	12	17	120	43	77	25	13	12
傣族	4345	2498	1847	934	494	440	210	96	114
黎族	2465	1244	1221	687	337	350	338	147	191
傈僳族	1058	573	485	210	112	98	53	32	21
佤族	1687	947	740	259	147	112	44	25	19
畲族	105261	64356	40905	38496	23073	15423	18068	9639	8429
高山族	93	56	37	65	36	29	47	28	19
拉祜族	928	527	401	124	69	55	38	15	23
水族	2184	1382	802	383	240	143	113	61	52
东乡族	1426	1008	418	252	192	60	39	19	20
纳西族	89	44	45	41	16	25	27	10	17
景颇族	854	406	448	147	86	61	33	15	18
柯尔克孜族	266	156	110	31	13	18	9	3	6
土族	936	568	368	245	133	112	73	40	33
达斡尔族	24	17	7	29	14	15	18	10	8
仫佬族	872	505	367	203	107	96	72	34	38
羌族	226	141	85	84	51	33	30	15	15
布朗族	331	193	138	55	28	27	15	5	10
撒拉族	131	83	48	21	11	10	7	5	2
毛南族	351	214	137	76	42	34	22	11	11
仡佬族	3824	2542	1282	830	523	307	241	135	106
锡伯族	35	15	20	40	16	24	30	11	19
阿昌族	261	164	97	30	22	8	2	1	1
普米族	81	51	30	21	15	6	6	2	4
塔吉克族	9	7	2	1		1	4	3	1
怒族	59	30	29	9	5	4	3	1	2
乌孜别克族	1	1					3	2	1
俄罗斯族	5	2	3	2	2		4	1	3
鄂温克族	9	3	6	3		3	5	2	3
德昂族	88	58	30	25	11	14	1		1
保安族	72	49	23	14	9	5	1	1	
裕固族	1		1	2		2	1		1
京族	49	14	35	20	12	8	6		6
塔塔尔族	3	2	1	1		1			
独龙族	5	3	2	3	2	1			
鄂伦春族	4	1	3	1	1		3	1	2
赫哲族	10	3	7	4	3	1	2	1	1
门巴族	7	5	2	4		4	5	2	3
珞巴族	1		1	1		1			
基诺族	10	2	8	4	1	3	5	2	3
未定族称人口	4538	2896	1642	671	421	250	200	96	104
入籍	165	59	106	44	19	25	10	5	5

2-3 续表 3

单位：人

民 族	大学本科			硕士研究生			博士研究生		
	小计	男	女	小计	男	女	小计	男	女
总 计	**2754214**	**1432220**	**1321994**	**196032**	**100063**	**95969**	**26239**	**16498**	**9741**
汉 族	2699428	1406558	1292870	192527	98550	93977	25644	16171	9473
蒙古族	1876	928	948	218	78	140	54	27	27
回 族	10203	5138	5065	774	386	388	110	68	42
藏 族	1098	459	639	20	2	18	8	1	7
维吾尔族	886	329	557	17	9	8	9	4	5
苗 族	3557	1628	1929	138	47	91	23	15	8
彝 族	1541	653	888	51	19	32	7	4	3
壮 族	3992	1418	2574	182	61	121	35	20	15
布依族	2059	829	1230	48	15	33	8	3	5
朝鲜族	716	327	389	88	33	55	30	17	13
满 族	3222	1586	1636	472	193	279	105	49	56
侗 族	1445	635	810	68	29	39	9	3	6
瑶 族	740	273	467	50	19	31	13	5	8
白 族	645	260	385	32	8	24	9	3	6
土家族	3439	1678	1761	321	124	197	56	39	17
哈尼族	159	55	104	4		4	1		1
哈萨克族	239	92	147	7	2	5	2		2
傣 族	160	61	99	3	1	2	1		1
黎 族	339	148	191	10	6	4	4	1	3
傈僳族	45	23	22	2		2			
佤 族	19	9	10	1		1			
畲 族	16417	8280	8137	890	449	441	86	58	28
高山族	60	35	25	9	3	6	2	1	1
拉祜族	27	6	21	1	1		1	1	
水 族	246	99	147	4	1	3	1		1
东乡族	25	12	13	3		3			
纳西族	75	28	47	2		2	2	1	1
景颇族	13	8	5	1		1	2	2	
柯尔克孜族	20	7	13	1		1			
土 族	105	41	64	7	2	5	3		3
达斡尔族	71	27	44	9	3	6	1		1
仫佬族	166	51	115	10	2	8	3	1	2
羌 族	75	32	43	9	4	5	1	1	
布朗族	10	7	3						
撒拉族	14	8	6						
毛南族	58	16	42	2		2			
仡佬族	479	232	247	20	6	14	1		1
锡伯族	96	47	49	15	2	13	3		3
阿昌族	3		3						
普米族	8	5	3						
塔吉克族	4	2	2						
怒 族	2	1	1	1		1			
乌孜别克族	5	3	2						
俄罗斯族	25	9	16	3	1	2	1		1
鄂温克族	7	2	5						
德昂族	2	1	1						
保安族	2		2	1		1			
裕固族	7	5	2	1		1			
京 族	11	3	8				1	1	
塔塔尔族	1		1						
独龙族	1	1							
鄂伦春族	4	3	1	1	1				
赫哲族	3		3				1		1
门巴族	6	3	3						
珞巴族	3	1	2						
基诺族									
未定族称人口	337	147	190	5	4	1	1	1	
入 籍	18	11	7	4	2	2	1	1	

2–3a　全省各民族分性别、受教育程度的3岁及以上人口(城市)

单位：人

民　族	3岁及以上人口			未上过学		
	合计	男	女	小计	男	女
总　计	**16568138**	**8491007**	**8077131**	**364974**	**97693**	**267281**
汉　族	16112461	8238559	7873902	355507	94478	261029
蒙古族	5078	2634	2444	52	25	27
回　族	61198	35132	26066	1657	633	1024
藏　族	2273	1110	1163	18	9	9
维吾尔族	3967	2025	1942	48	28	20
苗　族	73808	42037	31771	1759	554	1205
彝　族	25715	14264	11451	563	213	350
壮　族	26450	13386	13064	271	94	177
布依族	23120	12920	10200	507	146	361
朝鲜族	2334	1172	1162	17	6	11
满　族	9065	4598	4467	70	28	42
侗　族	15805	9040	6765	314	96	218
瑶　族	5018	2616	2402	85	28	57
白　族	4781	2574	2207	49	16	33
土家族	75266	43683	31583	1313	470	843
哈尼族	3012	1695	1317	43	12	31
哈萨克族	337	129	208			
傣　族	3806	2096	1710	45	21	24
黎　族	2611	1273	1338	56	16	40
傈僳族	789	407	382	15	4	11
佤　族	1302	712	590	18	9	9
畲　族	90848	48114	42734	2135	657	1478
高山族	213	122	91	1		1
拉祜族	750	407	343	9	4	5
水　族	2112	1176	936	50	9	41
东乡族	1888	1215	673	99	33	66
纳西族	157	59	98	1	1	
景颇族	610	281	329	13	8	5
柯尔克孜族	328	176	152	1		1
土　族	1022	544	478	18	9	9
达斡尔族	138	64	74	2	2	
仫佬族	959	497	462	10	4	6
羌　族	343	190	153	7	2	5
布朗族	194	89	105	1		1
撒拉族	228	133	95	3	2	1
毛南族	334	170	164	5	1	4
仡佬族	4284	2544	1740	91	28	63
锡伯族	197	86	111	1	1	
阿昌族	90	45	45			
普米族	67	36	31	1		1
塔吉克族	12	9	3			
怒　族	47	21	26	3	2	1
乌孜别克族	5	3	2			
俄罗斯族	34	14	20	1		1
鄂温克族	16	5	11			
德昂族	57	34	23			
保安族	167	116	51	5	4	1
裕固族	12	5	7			
京　族	52	23	29	1		1
塔塔尔族	5	3	2			
独龙族	4	3	1			
鄂伦春族	9	5	4			
赫哲族	18	7	11			
门巴族	23	10	13	1		1
珞巴族	3	1	2			
基诺族	11	3	8			
未定族称人口	4585	2670	1915	105	39	66
入　籍	120	65	55	3	1	2

2-3a 续表 1 单位：人

民族	学前教育			小学		
	小计	男	女	小计	男	女
总计	**748588**	**402581**	**346007**	**3437469**	**1576944**	**1860525**
汉族	730622	392935	337687	3329272	1520993	1808279
蒙古族	250	139	111	657	346	311
回族	3403	1837	1566	15442	8608	6834
藏族	21	12	9	281	152	129
维吾尔族	93	54	39	453	219	234
苗族	1916	1042	874	18716	9867	8849
彝族	502	263	239	6280	3192	3088
壮族	672	364	308	4905	2389	2516
布依族	651	362	289	5436	2736	2700
朝鲜族	116	63	53	310	161	149
满族	468	235	233	1097	517	580
侗族	434	234	200	3494	1761	1733
瑶族	150	84	66	1006	511	495
白族	144	72	72	925	469	456
土家族	2119	1133	986	18372	9590	8782
哈尼族	47	27	20	598	309	289
哈萨克族	1		1	5	2	3
傣族	48	30	18	746	380	366
黎族	74	40	34	486	244	242
傈僳族	8	4	4	177	89	88
佤族	9	6	3	346	189	157
畲族	6295	3357	2938	23800	11725	12075
高山族	20	14	6	32	17	15
拉祜族	14	10	4	226	128	98
水族	64	39	25	528	271	257
东乡族	49	24	25	644	362	282
纳西族	3	1	2	13	6	7
景颇族	7	4	3	159	71	88
柯尔克孜族	1		1	15	7	8
土族	33	17	16	188	87	101
达斡尔族	10	6	4	12	8	4
仫佬族	31	21	10	199	106	93
羌族	11	4	7	54	32	22
布朗族	5	2	3	30	11	19
撒拉族	8	3	5	93	49	44
毛南族	8	4	4	69	32	37
仡佬族	125	66	59	1020	558	462
锡伯族	9	5	4	18	11	7
阿昌族	1	1		18	7	11
普米族				17	7	10
塔吉克族						
怒族	1		1	8	2	6
乌孜别克族				1		1
俄罗斯族	2	1	1	3	3	
鄂温克族				3	1	2
德昂族				21	8	13
保安族	1	1		85	57	28
裕固族				1		1
京族	5	3	2	8	1	7
塔塔尔族				1	1	
独龙族						
鄂伦春族	1	1				
赫哲族	1		1	1	1	
门巴族	1		1	1	1	
珞巴族						
基诺族				3	1	2
未定族称人口	132	61	71	1173	638	535
入籍	2		2	21	11	10

2-3a　续表 2　　　　单位：人

民　族	初　中			高　中			大学专科		
	小计	男	女	小计	男	女	小计	男	女
总　计	**5016358**	**2731276**	**2285082**	**3077986**	**1674517**	**1403469**	**1816636**	**925278**	**891358**
汉　族	4825496	2615705	2209791	3016734	1638863	1377871	1788791	911192	877599
蒙古族	1151	690	461	672	323	349	643	342	301
回　族	17819	11322	6497	9657	5977	3680	5381	2916	2465
藏　族	554	283	271	473	253	220	229	127	102
维吾尔族	1538	958	580	934	432	502	225	97	128
苗　族	38914	23711	15203	7703	4617	3086	2254	1132	1122
彝　族	13545	8077	5468	2866	1640	1226	880	444	436
壮　族	12483	7080	5403	3386	1689	1697	1705	681	1024
布依族	12243	7512	4731	2229	1307	922	645	293	352
朝鲜族	345	175	170	510	279	231	329	170	159
满　族	1812	1046	766	1340	687	653	1218	618	600
侗　族	7999	5029	2970	1892	1153	739	634	318	316
瑶　族	2180	1260	920	718	382	336	302	131	171
白　族	2399	1425	974	580	319	261	216	88	128
土家族	38249	23917	14332	9811	5951	3860	2683	1355	1328
哈尼族	1649	986	663	441	260	181	126	62	64
哈萨克族	13	8	5	112	39	73	21	10	11
傣　族	2173	1267	906	535	284	251	150	69	81
黎　族	1141	583	558	376	192	184	213	87	126
傈僳族	430	230	200	102	47	55	29	15	14
佤　族	773	433	340	120	57	63	23	13	10
畲　族	24158	13810	10348	14762	8547	6215	9252	4795	4457
高山族	33	18	15	35	20	15	36	22	14
拉祜族	401	216	185	60	34	26	26	10	16
水　族	1033	637	396	208	129	79	69	32	37
东乡族	871	636	235	166	134	32	35	16	19
纳西族	40	17	23	24	8	16	19	8	11
景颇族	345	155	190	53	26	27	21	10	11
柯尔克孜族	260	153	107	27	10	17	7	2	5
土　族	489	290	199	155	82	73	55	31	24
达斡尔族	14	11	3	22	7	15	14	8	6
仫佬族	442	255	187	117	59	58	52	23	29
羌　族	123	78	45	59	37	22	20	7	13
布朗族	115	55	60	23	10	13	10	4	6
撒拉族	91	59	32	14	8	6	7	5	2
毛南族	152	94	58	47	25	22	9	4	5
仡佬族	2077	1350	727	507	319	188	143	72	71
锡伯族	22	8	14	35	15	20	22	9	13
阿昌族	54	27	27	16	10	6			
普米族	30	19	11	7	4	3	4	1	3
塔吉克族	5	5		1		1	2	2	
怒　族	25	12	13	7	4	3	1		1
乌孜别克族	1	1							
俄罗斯族	4	2	2	2	2		4	1	3
鄂温克族	3	1	2	3		3	2	1	1
德昂族	18	16	2	16	9	7	1		1
保安族	62	45	17	12	8	4	1	1	
裕固族	1		1	1		1	1		1
京　族	14	8	6	12	9	3	4		4
塔塔尔族	3	2	1	1		1			
独龙族				3	2	1			
鄂伦春族	2		2				2	1	1
赫哲族	8	2	6	3	3		2	1	1
门巴族	6	4	2	3		3	5	2	3
珞巴族				1		1			
基诺族	4		4				4	2	2
未定族称人口	2494	1565	929	373	234	139	103	45	58
入　籍	52	28	24	20	11	9	6	3	3

2-3a 续表 3　　　　　　　　　　　　　　　　　　　　　　　　单位：人

民 族	大学本科			硕士研究生			博士研究生		
	小计	男	女	小计	男	女	小计	男	女
总 计	**1929239**	**990866**	**938373**	**156740**	**79214**	**77526**	**20148**	**12638**	**7510**
汉 族	1892272	973919	918353	154077	78079	75998	19690	12395	7295
蒙古族	1424	680	744	185	67	118	44	22	22
回 族	7141	3490	3651	616	301	315	82	48	34
藏 族	679	273	406	12	1	11	6		6
维吾尔族	659	227	432	10	7	3	7	3	4
苗 族	2419	1068	1351	107	34	73	20	12	8
彝 族	1041	421	620	33	11	22	5	3	2
壮 族	2875	1036	1839	131	41	90	22	12	10
布依族	1367	552	815	35	9	26	7	3	4
朝鲜族	604	274	330	76	29	47	27	15	12
满 族	2590	1269	1321	383	157	226	87	41	46
侗 族	979	426	553	51	20	31	8	3	5
瑶 族	526	201	325	38	14	24	13	5	8
白 族	432	175	257	30	8	22	6	2	4
土家族	2429	1146	1283	245	90	155	45	31	14
哈尼族	105	39	66	2		2	1		1
哈萨克族	176	68	108	7	2	5	2		2
傣 族	105	44	61	3	1	2	1		1
黎 族	256	106	150	6	4	2	3	1	2
傈僳族	27	18	9	1		1			
佤 族	12	5	7	1		1			
畲 族	9789	4872	4917	607	317	290	50	34	16
高山族	46	27	19	8	3	5	2	1	1
拉祜族	14	5	9						
水 族	156	58	98	3	1	2	1		1
东乡族	21	10	11	3		3			
纳西族	54	17	37	1		1	2	1	1
景颇族	9	5	4	1		1	2	2	
柯尔克孜族	16	4	12	1		1			
土 族	77	27	50	5	1	4	2		2
达斡尔族	56	20	36	7	2	5	1		1
仫佬族	96	27	69	9	1	8	3	1	2
羌 族	61	26	35	7	3	4	1	1	
布朗族	10	7	3						
撒拉族	12	7	5						
毛南族	42	10	32	2		2			
仡佬族	306	148	158	14	3	11	1		1
锡伯族	75	35	40	12	2	10	3		3
阿昌族	1		1						
普米族	8	5	3						
塔吉克族	4	2	2						
怒 族	2	1	1						
乌孜别克族	3	2	1						
俄罗斯族	15	4	11	2	1	1	1		1
鄂温克族	5	2	3						
德昂族	1	1							
保安族	1		1						
裕固族	7	5	2	1		1			
京 族	7	1	6				1	1	
塔塔尔族									
独龙族	1	1							
鄂伦春族	3	2	1	1	1				
赫哲族	2		2				1		1
门巴族	6	3	3						
珞巴族	2	1	1						
基诺族									
未定族称人口	201	85	116	4	3	1			
入 籍	12	9	3	3	1	2	1	1	

2-3b　全省各民族分性别、受教育程度的3岁及以上人口(镇)

单位：人

民　族	3岁及以上人口			未上过学		
	合计	男	女	小计	男	女
总　计	**11071164**	**5651095**	**5420069**	**365083**	**93415**	**271668**
汉　族	10805842	5504940	5300902	358808	91312	267496
蒙古族	1609	894	715	27	12	15
回　族	28069	16168	11901	882	297	585
藏　族	708	337	371	5	2	3
维吾尔族	919	416	503	12	5	7
苗　族	44803	25556	19247	1120	368	752
彝　族	14163	7976	6187	260	103	157
壮　族	13410	6763	6647	139	53	86
布依族	12689	7076	5613	273	81	192
朝鲜族	349	176	173	3	1	2
满　族	2018	1105	913	24	9	15
侗　族	7780	4391	3389	132	43	89
瑶　族	3310	1767	1543	45	12	33
白　族	2577	1469	1108	30	15	15
土家族	35472	20903	14569	413	152	261
哈尼族	1937	1129	808	27	9	18
哈萨克族	69	27	42	1		1
傣　族	1934	1038	896	30	18	12
黎　族	1397	693	704	17	4	13
傈僳族	633	311	322	10	2	8
佤　族	806	439	367	9	1	8
畲　族	81617	42369	39248	2623	840	1783
高山族	138	70	68	2	2	
拉祜族	542	295	247	22	11	11
水　族	1126	604	522	27	7	20
东乡族	762	490	272	24	14	10
纳西族	60	29	31			
景颇族	491	262	229	2		2
柯尔克孜族	5	4	1			
土　族	556	318	238	8	5	3
达斡尔族	30	17	13			
仫佬族	487	246	241	12	5	7
羌　族	108	62	46	2	2	
布朗族	196	113	83			
撒拉族	61	35	26	1	1	
毛南族	178	98	80	1	1	
仡佬族	1888	1125	763	32	9	23
锡伯族	36	17	19			
阿昌族	104	67	37	1	1	
普米族	54	33	21			
塔吉克族	4	3	1			
怒　族	35	18	17			
乌孜别克族	5	2	3			
俄罗斯族	6	3	3			
鄂温克族	7	1	6			
德昂族	90	49	41			
保安族	9	2	7			
裕固族	1		1			
京　族	33	7	26	4		4
塔塔尔族	1		1			
独龙族	3	1	2			
鄂伦春族	7	4	3			
赫哲族	1		1			
门巴族	1	1				
珞巴族	1		1			
基诺族	7	2	5			
未定族称人口	1925	1145	780	46	16	30
入　籍	95	29	66	9	2	7

2-3b 续表 1

单位：人

民族	学前教育			小学		
	小计	男	女	小计	男	女
总 计	**572258**	**306823**	**265435**	**3308190**	**1485300**	**1822890**
汉 族	560292	300498	259794	3228860	1445513	1783347
蒙古族	74	36	38	256	129	127
回 族	1594	867	727	8293	4452	3841
藏 族	13	7	6	92	41	51
维吾尔族	37	21	16	94	56	38
苗 族	1317	692	625	13662	6956	6706
彝 族	325	169	156	3720	1884	1836
壮 族	437	213	224	2971	1414	1557
布依族	399	202	197	3860	1934	1926
朝鲜族	27	13	14	56	19	37
满 族	103	57	46	308	141	167
侗 族	227	124	103	1963	963	1000
瑶 族	122	67	55	975	483	492
白 族	64	36	28	471	240	231
土家族	1137	593	544	9988	5220	4768
哈尼族	41	22	19	499	233	266
哈萨克族				5	4	1
傣 族	25	14	11	418	207	211
黎 族	39	21	18	291	135	156
傈僳族	10	4	6	158	71	87
佤 族	9	5	4	232	117	115
畲 族	5669	3020	2649	28533	13777	14756
高山族	11	3	8	35	14	21
拉祜族	6	4	2	184	99	85
水 族	42	17	25	394	194	200
东乡族	31	17	14	247	144	103
纳西族	2	2		3	1	2
景颇族	4	2	2	84	36	48
柯尔克孜族	1	1		1	1	
土 族	14	6	8	132	67	65
达斡尔族	1	1		5	1	4
仫佬族	18	4	14	118	59	59
羌 族	2		2	22	13	9
布朗族	2	1	1	53	27	26
撒拉族	3	2	1	24	14	10
毛南族	5	4	1	49	23	26
仡佬族	70	32	38	508	274	234
锡伯族	1		1	2	2	
阿昌族	1		1	27	15	12
普米族	1	1		11	6	5
塔吉克族				1	1	
怒 族				5	3	2
乌孜别克族	1		1			
俄罗斯族						
鄂温克族						
德昂族				31	15	16
保安族				1		1
裕固族						
京 族	2		2	10	2	8
塔塔尔族						
独龙族						
鄂伦春族				3	2	1
赫哲族						
门巴族						
珞巴族						
基诺族				2	1	1
未定族称人口	73	42	31	507	290	217
入 籍	6	3	3	26	7	19

2-3b　续表 2

单位：人

民　族	初　中			高　中			大学专科		
	小计	男	女	小计	男	女	小计	男	女
总　计	**3911016**	**2148461**	**1762555**	**1635130**	**934716**	**700414**	**669877**	**359654**	**310223**
汉　族	3796657	2080201	1716456	1604115	916332	687783	660267	354380	305887
蒙古族	526	304	222	242	144	98	154	94	60
回　族	8940	5591	3349	4377	2706	1671	1960	1189	771
藏　族	176	93	83	59	31	28	33	18	15
维吾尔族	347	173	174	209	52	157	35	20	15
苗　族	23274	14371	8903	3781	2324	1457	704	400	304
彝　族	7599	4487	3112	1571	981	590	294	168	126
壮　族	6983	3823	3160	1505	784	721	439	189	250
布依族	6413	3948	2465	975	593	382	180	91	89
朝鲜族	76	42	34	65	42	23	40	18	22
满　族	566	350	216	269	161	108	230	132	98
侗　族	4086	2492	1594	803	500	303	181	105	76
瑶　族	1583	904	679	318	190	128	94	52	42
白　族	1414	859	555	348	208	140	82	43	39
土家族	18618	11718	6900	3820	2435	1385	704	389	315
哈尼族	908	549	359	373	281	92	48	25	23
哈萨克族	10	3	7	6	3	3	1		1
傣　族	1177	659	518	215	116	99	32	13	19
黎　族	720	379	341	193	90	103	57	25	32
傈僳族	371	188	183	55	33	22	16	9	7
佤　族	451	249	202	84	56	28	16	9	7
畲　族	25623	14270	11353	10921	6174	4747	4102	2180	1922
高山族	39	24	15	27	14	13	9	5	4
拉祜族	277	162	115	31	14	17	10	5	5
水　族	481	295	186	81	44	37	23	13	10
东乡族	394	271	123	63	44	19	1		1
纳西族	29	18	11	7	1	6	6	2	4
景颇族	322	173	149	71	45	26	6	4	2
柯尔克孜族				2	1	1			
土　族	309	191	118	60	36	24	12	4	8
达斡尔族	6	4	2	4	4		1	1	
仫佬族	230	132	98	48	25	23	7	3	4
羌　族	52	32	20	14	8	6	4	2	2
布朗族	122	74	48	16	10	6	3	1	2
撒拉族	26	14	12	5	3	2			
毛南族	94	53	41	16	12	4	3	1	2
仡佬族	895	594	301	181	113	68	53	34	19
锡伯族	5	2	3	2		2	4	1	3
阿昌族	69	49	20	4	2	2			
普米族	31	19	12	9	6	3	2	1	1
塔吉克族	2	1	1				1	1	
怒　族	27	14	13	1	1		1		1
乌孜别克族							2	1	1
俄罗斯族									
鄂温克族	2		2				3	1	2
德昂族	51	33	18	8	1	7			
保安族	5	1	4	2	1	1			
裕固族				1		1			
京　族	9	2	7	3	1	2	1		1
塔塔尔族									
独龙族	3	1	2						
鄂伦春族	2	1	1				1		1
赫哲族	1		1						
门巴族	1	1							
珞巴族									
基诺族	2		2	2	1	1	1		1
未定族称人口	972	634	338	161	91	70	51	24	27
入　籍	40	13	27	7	2	5	3	1	2

2-3b 续表 3

单位：人

民族	大学本科			硕士研究生			博士研究生		
	小计	男	女	小计	男	女	小计	男	女
总　计	**579443**	**306340**	**273103**	**26825**	**14292**	**12533**	**3342**	**2094**	**1248**
汉　族	567214	300583	266631	26346	14068	12278	3283	2053	1230
蒙古族	307	165	142	17	6	11	6	4	2
回　族	1919	1009	910	90	47	43	14	10	4
藏　族	326	144	182	4	1	3			
维吾尔族	182	87	95	3	2	1			
苗　族	923	434	489	21	10	11	1	1	
彝　族	381	179	202	12	4	8	1	1	
壮　族	904	275	629	29	10	19	3	2	1
布依族	580	222	358	9	5	4			
朝鲜族	74	37	37	6	2	4	2	2	
满　族	454	225	229	54	26	28	10	4	6
侗　族	378	158	220	9	6	3	1		1
瑶　族	166	56	110	7	3	4			
白　族	165	68	97	2		2	1		1
土家族	738	371	367	49	21	28	5	4	1
哈尼族	41	10	31						
哈萨克族	46	17	29						
傣　族	37	11	26						
黎　族	76	38	38	3	1	2	1		1
傈僳族	13	4	9						
佤　族	5	2	3						
畲　族	3981	2020	1961	151	75	76	14	13	1
高山族	14	8	6	1		1			
拉祜族	12		12						
水　族	77	34	43	1		1			
东乡族	2		2						
纳西族	13	5	8						
景颇族	2	2							
柯尔克孜族	1	1							
土　族	19	8	11	2	1	1			
达斡尔族	13	6	7						
仫佬族	54	18	36						
羌　族	12	5	7						
布朗族									
撒拉族	2	1	1						
毛南族	10	4	6						
仡佬族	143	66	77	6	3	3			
锡伯族	21	12	9	1		1			
阿昌族	2		2						
普米族									
塔吉克族									
怒　族				1		1			
乌孜别克族	2	1	1						
俄罗斯族	6	3	3						
鄂温克族	2		2						
德昂族									
保安族	1		1						
裕固族									
京　族	4	2	2						
塔塔尔族	1		1						
独龙族									
鄂伦春族	1	1							
赫哲族									
门巴族									
珞巴族	1		1						
基诺族									
未定族称人口	114	47	67	1	1				
入　籍	4	1	3						

2−3c　全省各民族分性别、受教育程度的3岁及以上人口(乡村)

单位：人

民　族	3岁及以上人口			未上过学		
	合计	男	女	小计	男	女
总　计	**12574993**	**6606198**	**5968795**	**795845**	**194354**	**601491**
汉　族	12209365	6398938	5810427	777249	188752	588497
蒙古族	2130	1226	904	68	19	49
回　族	34199	20324	13875	1607	640	967
藏　族	574	282	292	9	2	7
维吾尔族	574	199	375	10	4	6
苗　族	45978	26999	18979	1530	491	1039
彝　族	12994	7573	5421	256	96	160
壮　族	12449	6347	6102	190	57	133
布依族	11956	6887	5069	309	69	240
朝鲜族	172	91	81	3	1	2
满　族	2343	1464	879	57	29	28
侗　族	7396	4601	2795	128	39	89
瑶　族	2210	1276	934	36	15	21
白　族	2071	1149	922	45	16	29
土家族	28584	17406	11178	501	175	326
哈尼族	2001	1097	904	122	21	101
哈萨克族	28	12	16			
傣　族	1819	994	825	36	10	26
黎　族	1174	545	629	17	3	14
傈僳族	481	267	214	16	7	9
佤　族	780	444	336	9	5	4
畲　族	187185	103163	84022	13354	3828	9526
高山族	44	26	18	1		1
拉祜族	484	278	206	14	8	6
水　族	1484	897	587	65	19	46
东乡族	386	231	155	29	10	19
纳西族	51	28	23			
景颇族	342	151	191	10	3	7
柯尔克孜族	15	9	6	1	1	
土　族	257	151	106	2		2
达斡尔族	14	8	6			
仫佬族	408	233	175	2	2	
羌　族	106	66	40			
布朗族	180	98	82	5	1	4
撒拉族	29	17	12	2		2
毛南族	180	99	81	4	2	2
仡佬族	1724	1079	645	31	8	23
锡伯族	18	7	11			
阿昌族	180	110	70			
普米族	36	26	10	1		1
塔吉克族	3	1	2			
怒　族	14	6	8			
乌孜别克族	1	1				
俄罗斯族	7	3	4			
鄂温克族	6	3	3			
德昂族	30	14	16			
保安族	10	5	5			
裕固族						
京　族	55	12	43	6	1	5
塔塔尔族						
独龙族	3	2	1			
鄂伦春族	1	1				
赫哲族	3	1	2			
门巴族	2		2			
珞巴族	1		1			
基诺族	7	2	5			
未定族称人口	2242	1308	934	90	19	71
入　籍	207	41	166	30	1	29

2-3c 续表 1

单位：人

民族	学前教育			小学		
	小计	男	女	小计	男	女
总计	**559452**	**291539**	**267913**	**4898298**	**2272878**	**2625420**
汉族	544149	283580	260569	4751590	2196701	2554889
蒙古族	96	55	41	558	251	307
回族	1734	954	780	11625	6406	5219
藏族	6	4	2	120	36	84
维吾尔族	17	10	7	54	23	31
苗族	1259	673	586	16166	8416	7750
彝族	262	136	126	4095	2161	1934
壮族	380	217	163	3547	1513	2034
布依族	356	192	164	4145	2097	2048
朝鲜族	7	5	2	25	13	12
满族	100	54	46	616	376	240
侗族	213	127	86	2222	1224	998
瑶族	56	28	28	659	329	330
白族	50	25	25	599	269	330
土家族	795	433	362	9109	4896	4213
哈尼族	32	17	15	646	326	320
哈萨克族						
傣族	29	16	13	529	282	247
黎族	35	16	19	324	149	175
傈僳族	9	5	4	132	59	73
佤族	7	4	3	239	131	108
畲族	9620	4865	4755	88403	45722	42681
高山族	3	1	2	14	8	6
拉祜族	4	3	1	178	94	84
水族	42	24	18	579	314	265
东乡族	17	12	5	151	89	62
纳西族	2	2		8	4	4
景颇族	6	4	2	108	49	59
柯尔克孜族	1		1			
土族	7	5	2	64	33	31
达斡尔族						
仫佬族	10	4	6	128	71	57
羌族	2	1	1	32	20	12
布朗族				63	25	38
撒拉族	2	2		9	5	4
毛南族	3	1	2	39	16	23
仡佬族	57	24	33	567	311	256
锡伯族	1		1			
阿昌族	3		3	27	11	16
普米族				10	8	2
塔吉克族						
怒族	1		1	4	1	3
乌孜别克族						
俄罗斯族				1	1	
鄂温克族				2	1	1
德昂族	1	1		8	3	5
保安族				4	2	2
裕固族						
京族				17	5	12
塔塔尔族						
独龙族				1		1
鄂伦春族						
赫哲族						
门巴族				1		1
珞巴族						
基诺族				1		1
未定族称人口	72	35	37	802	418	384
入籍	6	4	2	77	9	68

2–3c 续表 2 单位：人

民族	初中			高中			大学专科		
	小计	男	女	小计	男	女	小计	男	女
总　计	**4455848**	**2705338**	**1750510**	**1190727**	**763150**	**427577**	**414075**	**235602**	**178473**
汉　族	4314756	2615018	1699738	1162262	744587	417675	404642	230118	174524
蒙古族	798	531	267	216	134	82	229	147	82
回　族	12057	7817	4240	4161	2765	1396	1790	1055	735
藏　族	184	103	81	85	51	34	71	43	28
维吾尔族	267	76	191	146	54	92	29	16	13
苗　族	23363	15003	8360	2886	1952	934	547	333	214
彝　族	6812	4184	2628	1198	782	416	245	157	88
壮　族	6583	3599	2984	1142	643	499	362	195	167
布依族	6115	3878	2237	718	477	241	196	118	78
朝鲜族	35	25	10	38	22	16	19	7	12
满　族	930	631	299	242	158	84	177	110	67
侗　族	4007	2674	1333	576	386	190	154	97	57
瑶　族	1080	652	428	271	198	73	55	36	19
白　族	1064	652	412	204	131	73	59	38	21
土家族	14878	9729	5149	2543	1725	818	453	270	183
哈尼族	958	585	373	187	116	71	41	26	15
哈萨克族	6	1	5	2	1	1	3	3	
傣　族	995	572	423	184	94	90	28	14	14
黎　族	604	282	322	118	55	63	68	35	33
傈僳族	257	155	102	53	32	21	8	8	
佤　族	463	265	198	55	34	21	5	3	2
畲　族	55480	36276	19204	12813	8352	4461	4714	2664	2050
高山族	21	14	7	3	2	1	2	1	1
拉祜族	250	149	101	33	21	12	2		2
水　族	670	450	220	94	67	27	21	16	5
东乡族	161	101	60	23	14	9	3	3	
纳西族	20	9	11	10	7	3	2		2
景颇族	187	78	109	23	15	8	6	1	5
柯尔克孜族	6	3	3	2	2		2	1	1
土　族	138	87	51	30	15	15	6	5	1
达斡尔族	4	2	2	3	3		3	1	2
仫佬族	200	118	82	38	23	15	13	8	5
羌　族	51	31	20	11	6	5	6	6	
布朗族	94	64	30	16	8	8	2		2
撒拉族	14	10	4	2		2			
毛南族	105	67	38	13	5	8	10	6	4
仡佬族	852	598	254	142	91	51	45	29	16
锡伯族	8	5	3	3	1	2	4	1	3
阿昌族	138	88	50	10	10		2	1	1
普米族	20	13	7	5	5				
塔吉克族	2	1	1				1		1
怒　族	7	4	3	1		1	1	1	
乌孜别克族							1	1	
俄罗斯族	1		1						
鄂温克族	4	2	2						
德昂族	19	9	10	1	1				
保安族	5	3	2						
裕固族									
京　族	26	4	22	5	2	3	1		1
塔塔尔族									
独龙族	2	2							
鄂伦春族				1	1				
赫哲族	1	1		1		1			
门巴族				1		1			
珞巴族	1		1						
基诺族	4	2	2	2		2			
未定族称人口	1072	697	375	137	96	41	46	27	19
入　籍	73	18	55	17	6	11	1	1	

2-3c 续表 3　　　　单位：人

民族	大学本科			硕士研究生			博士研究生		
	小计	男	女	小计	男	女	小计	男	女
总　计	**245532**	**135014**	**110518**	**12467**	**6557**	**5910**	**2749**	**1766**	**983**
汉　族	239942	132056	107886	12104	6403	5701	2671	1723	948
蒙古族	145	83	62	16	5	11	4	1	3
回　族	1143	639	504	68	38	30	14	10	4
藏　族	93	42	51	4		4	2	1	1
维吾尔族	45	15	30	4		4	2	1	1
苗　族	215	126	89	10	3	7	2	2	
彝　族	119	53	66	6	4	2	1		1
壮　族	213	107	106	22	10	12	10	6	4
布依族	112	55	57	4	1	3	1		1
朝鲜族	38	16	22	6	2	4	1		1
满　族	178	92	86	35	10	25	8	4	4
侗　族	88	51	37	8	3	5			
瑶　族	48	16	32	5	2	3			
白　族	48	17	31				2	1	1
土家族	272	161	111	27	13	14	6	4	2
哈尼族	13	6	7	2		2			
哈萨克族	17	7	10						
傣　族	18	6	12						
黎　族	7	4	3	1	1				
傈僳族	5	1	4	1		1			
佤　族	2	2							
畲　族	2647	1388	1259	132	57	75	22	11	11
高山族									
拉祜族	1	1		1	1		1	1	
水　族	13	7	6						
东乡族	2	2							
纳西族	8	6	2	1		1			
景颇族	2	1	1						
柯尔克孜族	3	2	1						
土　族	9	6	3				1		1
达斡尔族	2	1	1	2	1	1			
仫佬族	16	6	10	1	1				
羌　族	2	1	1	2	1	1			
布朗族									
撒拉族									
毛南族	6	2	4						
仡佬族	30	18	12						
锡伯族				2		2			
阿昌族									
普米族									
塔吉克族									
怒　族									
乌孜别克族									
俄罗斯族	4	2	2	1		1			
鄂温克族									
德昂族	1		1						
保安族				1		1			
裕固族									
京　族									
塔塔尔族									
独龙族									
鄂伦春族									
赫哲族	1		1						
门巴族									
珞巴族									
基诺族									
未定族称人口	22	15	7				1	1	
入　籍	2	1	1	1	1				

2-4　全省各民族按户口登记地、性别分的户口登记地在外乡镇街道的人口

单位：人

民　族	户口登记地					
	合　　计			省　　内		
	合计	男	女	小计	男	女
总　计	**16464611**	**8798376**	**7666235**	**11574735**	**5950257**	**5624478**
汉　族	15722323	8379831	7342492	11422980	5872683	5550297
蒙古族	6152	3431	2721	1311	652	659
回　族	41958	23302	18656	21642	11401	10241
藏　族	3265	1644	1621	110	45	65
维吾尔族	5102	2493	2609	128	57	71
苗　族	163498	94568	68930	2440	889	1551
彝　族	52069	29533	22536	816	280	536
壮　族	48291	25585	22706	2340	635	1705
布依族	47321	26901	20420	787	241	546
朝鲜族	1939	1005	934	466	217	249
满　族	8885	4796	4089	2032	960	1072
侗　族	30397	17875	12522	762	292	470
瑶　族	9967	5492	4475	414	122	292
白　族	9091	5083	4008	276	113	163
土家族	137414	81180	56234	2759	1115	1644
哈尼族	6862	3917	2945	91	21	70
哈萨克族	363	138	225	18	10	8
傣　族	7251	4045	3206	154	48	106
黎　族	4948	2476	2472	170	56	114
傈僳族	1858	975	883	41	11	30
佤　族	2831	1577	1254	46	12	34
畲　族	117424	61954	55470	114136	60099	54037
高山族	145	76	69	130	66	64
拉祜族	1738	969	769	32	11	21
水　族	4689	2677	2012	64	18	46
东乡族	3086	1960	1126	5	4	1
纳西族	244	109	135	16	3	13
景颇族	1372	683	689	30	4	26
柯尔克孜族	343	186	157	2	1	1
土　族	1752	984	768	79	24	55
达斡尔族	131	65	66	26	11	15
仫佬族	1772	957	815	73	25	48
羌　族	533	311	222	20	6	14
布朗族	564	303	261	13	6	7
撒拉族	322	188	134	1	1	
毛南族	662	365	297	17	6	11
仡佬族	7831	4717	3114	131	42	89
锡伯族	161	78	83	28	11	17
阿昌族	370	222	148	7	3	4
普米族	153	93	60	4	2	2
塔吉克族	19	13	6	1	1	
怒　族	97	46	51	8	1	7
乌孜别克族	9	5	4	1		1
俄罗斯族	30	11	19	16	5	11
鄂温克族	25	8	17	2	1	1
德昂族	167	96	71	1	1	
保安族	188	125	63			
裕固族	11	5	6			
京　族	73	37	36	16	7	9
塔塔尔族	4	2	2			
独龙族	9	5	4	2	2	
鄂伦春族	13	7	6			
赫哲族	16	6	10	4	1	3
门巴族	23	10	13			
珞巴族	4	1	3			
基诺族	24	6	18	2	1	1
未定族称人口	8662	5150	3512	73	31	42
入　籍	160	99	61	12	3	9

2−4 续表

单位：人

民 族	户口登记地					
	省 内			省 外		
	其中市辖区内人户分离					
	小计	男	女	小计	男	女
总 计	**2803364**	**1374494**	**1428870**	**4889876**	**2848119**	**2041757**
汉 族	2779972	1363188	1416784	4299343	2507148	1792195
蒙古族	584	280	304	4841	2779	2062
回 族	5222	2565	2657	20316	11901	8415
藏 族	47	20	27	3155	1599	1556
维吾尔族	76	32	44	4974	2436	2538
苗 族	589	252	337	161058	93679	67379
彝 族	203	69	134	51253	29253	22000
壮 族	571	212	359	45951	24950	21001
布依族	137	52	85	46534	26660	19874
朝鲜族	274	127	147	1473	788	685
满 族	1207	564	643	6853	3836	3017
侗 族	202	92	110	29635	17583	12052
瑶 族	133	45	88	9553	5370	4183
白 族	86	36	50	8815	4970	3845
土家族	909	397	512	134655	80065	54590
哈尼族	19	5	14	6771	3896	2875
哈萨克族	17	9	8	345	128	217
傣 族	36	15	21	7097	3997	3100
黎 族	59	17	42	4778	2420	2358
傈僳族	8	4	4	1817	964	853
佤 族	2		2	2785	1565	1220
畲 族	12749	6409	6340	3288	1855	1433
高山族	44	21	23	15	10	5
拉祜族	6	2	4	1706	958	748
水 族	13	6	7	4625	2659	1966
东乡族	4	3	1	3081	1956	1125
纳西族	7	3	4	228	106	122
景颇族	8	2	6	1342	679	663
柯尔克孜族	2	1	1	341	185	156
土 族	29	11	18	1673	960	713
达斡尔族	14	7	7	105	54	51
仫佬族	27	10	17	1699	932	767
羌 族	5	2	3	513	305	208
布朗族	1	1		551	297	254
撒拉族	1	1		321	187	134
毛南族	3	1	2	645	359	286
仡佬族	31	9	22	7700	4675	3025
锡伯族	25	9	16	133	67	66
阿昌族				363	219	144
普米族	3	1	2	149	91	58
塔吉克族	1	1		18	12	6
怒 族	1		1	89	45	44
乌孜别克族				8	5	3
俄罗斯族	12	2	10	14	6	8
鄂温克族	2	1	1	23	7	16
德昂族				166	95	71
保安族				188	125	63
裕固族				11	5	6
京 族	3	2	1	57	30	27
塔塔尔族				4	2	2
独龙族				7	3	4
鄂伦春族				13	7	6
赫哲族				12	5	7
门巴族				23	10	13
珞巴族				4	1	3
基诺族				22	5	17
未定族称人口	15	6	9	8589	5119	3470
入 籍	5	2	3	148	96	52

2-4a 全省各民族按户口登记地、性别分的户口登记地在外乡镇街道的人口(城市)

单位：人

民族	户口登记地					
	合计			省内		
	合计	男	女	小计	男	女
总计	**10206105**	**5405660**	**4800445**	**7164471**	**3676843**	**3487628**
汉族	9821530	5192262	4629268	7078334	3632671	3445663
蒙古族	4014	2149	1865	891	427	464
回族	27296	15003	12293	14519	7577	6942
藏族	2129	1060	1069	65	28	37
维吾尔族	3696	1915	1781	89	41	48
苗族	73536	41942	31594	1438	511	927
彝族	25514	14083	11431	452	145	307
壮族	25301	12925	12376	1431	395	1036
布依族	23061	12884	10177	400	127	273
朝鲜族	1502	767	735	376	174	202
满族	6220	3230	2990	1610	765	845
侗族	15456	8885	6571	472	180	292
瑶族	4784	2514	2270	276	79	197
白族	4644	2523	2121	173	77	96
土家族	74145	43068	31077	1865	746	1119
哈尼族	2974	1681	1293	52	13	39
哈萨克族	281	107	174	12	7	5
傣族	3741	2063	1678	77	32	45
黎族	2541	1258	1283	107	37	70
傈僳族	777	402	375	16	8	8
佤族	1293	707	586	13	4	9
畲族	63037	33604	29433	61261	32599	28662
高山族	103	56	47	98	52	46
拉祜族	736	399	337	17	5	12
水族	2091	1161	930	42	14	28
东乡族	1913	1227	686	3	2	1
纳西族	140	54	86	12	3	9
景颇族	598	274	324	17	3	14
柯尔克孜族	323	173	150	1		1
土族	970	519	451	50	12	38
达斡尔族	89	41	48	20	8	12
仫佬族	926	484	442	51	18	33
羌族	328	186	142	12	4	8
布朗族	195	91	104	9	3	6
撒拉族	232	136	96	1	1	
毛南族	318	170	148	8	3	5
仡佬族	4270	2535	1735	87	31	56
锡伯族	121	57	64	28	11	17
阿昌族	91	45	46	1		1
普米族	66	35	31	3	1	2
塔吉克族	12	9	3			
怒族	47	21	26	7	1	6
乌孜别克族	4	2	2	1		1
俄罗斯族	21	7	14	11	2	9
鄂温克族	11	4	7	2	1	1
德昂族	54	33	21			
保安族	169	118	51			
裕固族	10	5	5			
京族	46	23	23	14	7	7
塔塔尔族	4	2	2			
独龙族	3	2	1			
鄂伦春族	5	2	3			
赫哲族	12	5	7	2	1	1
门巴族	20	9	11			
珞巴族	3	1	2			
基诺族	10	2	8			
未定族称人口	4607	2684	1923	36	14	22
入籍	85	56	29	9	3	6

2-4a 续表

单位：人

民族	户口登记地					
	省内			省外		
	其中市辖区内人户分离					
	小计	男	女	小计	男	女
总计	**2587784**	**1267820**	**1319964**	**3041634**	**1728817**	**1312817**
汉族	2567471	1258017	1309454	2743196	1559591	1183605
蒙古族	543	261	282	3123	1722	1401
回族	4699	2328	2371	12777	7426	5351
藏族	33	18	15	2064	1032	1032
维吾尔族	64	29	35	3607	1874	1733
苗族	522	221	301	72098	41431	30667
彝族	178	56	122	25062	13938	11124
壮族	509	194	315	23870	12530	11340
布依族	122	44	78	22661	12757	9904
朝鲜族	258	120	138	1126	593	533
满族	1148	539	609	4610	2465	2145
侗族	185	84	101	14984	8705	6279
瑶族	124	42	82	4508	2435	2073
白族	77	35	42	4471	2446	2025
土家族	825	350	475	72280	42322	29958
哈尼族	17	5	12	2922	1668	1254
哈萨克族	11	6	5	269	100	169
傣族	31	14	17	3664	2031	1633
黎族	56	17	39	2434	1221	1213
傈僳族	7	4	3	761	394	367
佤族	2		2	1280	703	577
畲族	10672	5345	5327	1776	1005	771
高山族	40	19	21	5	4	1
拉祜族	6	2	4	719	394	325
水族	12	6	6	2049	1147	902
东乡族	3	2	1	1910	1225	685
纳西族	6	3	3	128	51	77
景颇族	6	2	4	581	271	310
柯尔克孜族	1		1	322	173	149
土族	25	8	17	920	507	413
达斡尔族	13	6	7	69	33	36
仫佬族	24	9	15	875	466	409
羌族	4	2	2	316	182	134
布朗族	1	1		186	88	98
撒拉族	1	1		231	135	96
毛南族	1		1	310	167	143
仡佬族	25	8	17	4183	2504	1679
锡伯族	25	9	16	93	46	47
阿昌族				90	45	45
普米族	3	1	2	63	34	29
塔吉克族				12	9	3
怒族	1		1	40	20	20
乌孜别克族				3	2	1
俄罗斯族	11	2	9	10	5	5
鄂温克族	2	1	1	9	3	6
德昂族				54	33	21
保安族				169	118	51
裕固族				10	5	5
京族	3	2	1	32	16	16
塔塔尔族				4	2	2
独龙族				3	2	1
鄂伦春族				5	2	3
赫哲族				10	4	6
门巴族				20	9	11
珞巴族				3	1	2
基诺族				10	2	8
未定族称人口	12	5	7	4571	2670	1901
入籍	5	2	3	76	53	23

2-4b　全省各民族按户口登记地、性别分的户口登记地在外乡镇街道的人口(镇)

单位：人

民　族	户口登记地					
	合　计			省　内		
	合计	男	女	小计	男	女
总　计	**4471350**	**2367245**	**2104105**	**3436341**	**1754488**	**1681853**
汉　族	4268652	2253842	2014810	3387681	1729828	1657853
蒙古族	1304	765	539	316	175	141
回　族	9929	5574	4355	5233	2801	2432
藏　族	653	320	333	27	13	14
维吾尔族	855	384	471	14	6	8
苗　族	44783	25721	19062	714	262	452
彝　族	13991	7937	6054	273	93	180
壮　族	12554	6588	5966	698	180	518
布依族	12638	7131	5507	289	80	209
朝鲜族	289	155	134	53	25	28
满　族	1558	876	682	292	135	157
侗　族	7674	4384	3290	206	81	125
瑶　族	3167	1724	1443	108	35	73
白　族	2528	1452	1076	73	28	45
土家族	35257	20876	14381	644	255	389
哈尼族	1938	1140	798	29	6	23
哈萨克族	56	19	37			
傣　族	1845	1016	829	61	14	47
黎　族	1354	694	660	45	14	31
傈僳族	621	310	311	23	2	21
佤　族	785	430	355	24	6	18
畲　族	40145	20821	19324	39346	20388	18958
高山族	35	15	20	27	10	17
拉祜族	536	295	241	12	4	8
水　族	1131	609	522	17	4	13
东乡族	778	498	280			
纳西族	56	27	29	2		2
景颇族	476	261	215	11	1	10
柯尔克孜族	5	4	1			
土　族	546	318	228	17	6	11
达斡尔族	29	16	13	3	2	1
仫佬族	476	246	230	14	4	10
羌　族	102	60	42	7	2	5
布朗族	196	113	83	4	3	1
撒拉族	62	35	27			
毛南族	175	97	78	5	2	3
仡佬族	1875	1118	757	35	8	27
锡伯族	26	14	12			
阿昌族	105	67	38	3	1	2
普米族	52	32	20	1	1	
塔吉克族	4	3	1	1	1	
怒　族	35	18	17	1		1
乌孜别克族	4	2	2			
俄罗斯族	4	1	3	2	1	1
鄂温克族	7	1	6			
德昂族	88	51	37	1	1	
保安族	9	2	7			
裕固族	1		1			
京　族	9	4	5	2		2
塔塔尔族						
独龙族	3	1	2			
鄂伦春族	7	4	3			
赫哲族	1		1			
门巴族	1	1				
珞巴族	1		1			
基诺族	7	2	5	2	1	1
未定族称人口	1894	1149	745	22	9	13
入　籍	38	22	16	3		3

2-4b 续表 单位：人

民族	户口登记地					
	省内			省外		
	其中市辖区内人户分离					
	小计	男	女	小计	男	女
总　计	**95754**	**47317**	**48437**	**1035009**	**612757**	**422252**
汉　族	94928	46933	47995	880971	524014	356957
蒙古族	15	6	9	988	590	398
回　族	335	146	189	4696	2773	1923
藏　族	3	1	2	626	307	319
维吾尔族				841	378	463
苗　族	27	11	16	44069	25459	18610
彝　族	8	4	4	13718	7844	5874
壮　族	22	6	16	11856	6408	5448
布依族	3	2	1	12349	7051	5298
朝鲜族	7	2	5	236	130	106
满　族	20	10	10	1266	741	525
侗　族	7	6	1	7468	4303	3165
瑶　族	5	1	4	3059	1689	1370
白　族	3		3	2455	1424	1031
土家族	30	18	12	34613	20621	13992
哈尼族	1		1	1909	1134	775
哈萨克族				56	19	37
傣　族				1784	1002	782
黎　族	2		2	1309	680	629
傈僳族	1		1	598	308	290
佤　族				761	424	337
畲　族	324	168	156	799	433	366
高山族	2		2	8	5	3
拉祜族				524	291	233
水　族				1114	605	509
东乡族				778	498	280
纳西族	1		1	54	27	27
景颇族	2		2	465	260	205
柯尔克孜族				5	4	1
土　族				529	312	217
达斡尔族				26	14	12
仫佬族	1		1	462	242	220
羌　族				95	58	37
布朗族				192	110	82
撒拉族				62	35	27
毛南族	2	1	1	170	95	75
仡佬族	4	1	3	1840	1110	730
锡伯族				26	14	12
阿昌族				102	66	36
普米族				51	31	20
塔吉克族	1	1		3	2	1
怒　族				34	18	16
乌孜别克族				4	2	2
俄罗斯族				2		2
鄂温克族				7	1	6
德昂族				87	50	37
保安族				9	2	7
裕固族				1		1
京　族				7	4	3
塔塔尔族						
独龙族				3	1	2
鄂伦春族				7	4	3
赫哲族				1		1
门巴族				1	1	
珞巴族				1		1
基诺族				5	1	4
未定族称人口				1872	1140	732
入　籍				35	22	13

2-4c　全省各民族按户口登记地、性别分的户口登记地在外乡镇街道的人口(乡村)

单位：人

民　族	户口登记地					
	合　计			省　内		
	合计	男	女	小计	男	女
总　计	**1787156**	**1025471**	**761685**	**973923**	**518926**	**454997**
汉　族	1632141	933727	698414	956965	510184	446781
蒙古族	834	517	317	104	50	54
回　族	4733	2725	2008	1890	1023	867
藏　族	483	264	219	18	4	14
维吾尔族	551	194	357	25	10	15
苗　族	45179	26905	18274	288	116	172
彝　族	12564	7513	5051	91	42	49
壮　族	10436	6072	4364	211	60	151
布依族	11622	6886	4736	98	34	64
朝鲜族	148	83	65	37	18	19
满　族	1107	690	417	130	60	70
侗　族	7267	4606	2661	84	31	53
瑶　族	2016	1254	762	30	8	22
白　族	1919	1108	811	30	8	22
土家族	28012	17236	10776	250	114	136
哈尼族	1950	1096	854	10	2	8
哈萨克族	26	12	14	6	3	3
傣　族	1665	966	699	16	2	14
黎　族	1053	524	529	18	5	13
傈僳族	460	263	197	2	1	1
佤　族	753	440	313	9	2	7
畲　族	14242	7529	6713	13529	7112	6417
高山族	7	5	2	5	4	1
拉祜族	466	275	191	3	2	1
水　族	1467	907	560	5		5
东乡族	395	235	160	2	2	
纳西族	48	28	20	2		2
景颇族	298	148	150	2		2
柯尔克孜族	15	9	6	1	1	
土　族	236	147	89	12	6	6
达斡尔族	13	8	5	3	1	2
仫佬族	370	227	143	8	3	5
羌　族	103	65	38	1		1
布朗族	173	99	74			
撒拉族	28	17	11			
毛南族	169	98	71	4	1	3
仡佬族	1686	1064	622	9	3	6
锡伯族	14	7	7			
阿昌族	174	110	64	3	2	1
普米族	35	26	9			
塔吉克族	3	1	2			
怒　族	15	7	8			
乌孜别克族	1	1				
俄罗斯族	5	3	2	3	2	1
鄂温克族	7	3	4			
德昂族	25	12	13			
保安族	10	5	5			
裕固族						
京　族	18	10	8			
塔塔尔族						
独龙族	3	2	1	2	2	
鄂伦春族	1	1				
赫哲族	3	1	2	2		2
门巴族	2		2			
珞巴族						
基诺族	7	2	5			
未定族称人口	2161	1317	844	15	8	7
入　籍	37	21	16			

2-4c 续表

单位：人

民族	户口登记地					
	省内			省外		
	其中市辖区内人户分离					
	小计	男	女	小计	男	女
总计	**119826**	**59357**	**60469**	**813233**	**506545**	**306688**
汉族	117573	58238	59335	675176	423543	251633
蒙古族	26	13	13	730	467	263
回族	188	91	97	2843	1702	1141
藏族	11	1	10	465	260	205
维吾尔族	12	3	9	526	184	342
苗族	40	20	20	44891	26789	18102
彝族	17	9	8	12473	7471	5002
壮族	40	12	28	10225	6012	4213
布依族	12	6	6	11524	6852	4672
朝鲜族	9	5	4	111	65	46
满族	39	15	24	977	630	347
侗族	10	2	8	7183	4575	2608
瑶族	4	2	2	1986	1246	740
白族	6	1	5	1889	1100	789
土家族	54	29	25	27762	17122	10640
哈尼族	1		1	1940	1094	846
哈萨克族	6	3	3	20	9	11
傣族	5	1	4	1649	964	685
黎族	1		1	1035	519	516
傈僳族				458	262	196
佤族				744	438	306
畲族	1753	896	857	713	417	296
高山族	2	2		2	1	1
拉祜族				463	273	190
水族	1		1	1462	907	555
东乡族	1	1		393	233	160
纳西族				46	28	18
景颇族				296	148	148
柯尔克孜族	1	1		14	8	6
土族	4	3	1	224	141	83
达斡尔族	1	1		10	7	3
仫佬族	2	1	1	362	224	138
羌族	1		1	102	65	37
布朗族				173	99	74
撒拉族				28	17	11
毛南族				165	97	68
仡佬族	2		2	1677	1061	616
锡伯族				14	7	7
阿昌族				171	108	63
普米族				35	26	9
塔吉克族				3	1	2
怒族				15	7	8
乌孜别克族				1	1	
俄罗斯族	1		1	2	1	1
鄂温克族				7	3	4
德昂族				25	12	13
保安族				10	5	5
裕固族						
京族				18	10	8
塔塔尔族						
独龙族				1		1
鄂伦春族				1	1	
赫哲族				1	1	
门巴族				2		2
珞巴族						
基诺族				7	2	5
未定族称人口	3	1	2	2146	1309	837
入籍				37	21	16

第一部分　全部数据资料

第三卷　年龄

3-1　全省分年龄、性别的人口

单位：人、%

年　龄	人　口　数			占总人口比重			性别比
	合计	男	女	合计	男	女	(女=100)
总　计	**41540086**	**21466757**	**20073329**	**100.00**	**51.68**	**48.32**	**106.94**
0-4岁	**2549344**	**1380757**	**1168587**	**6.14**	**3.32**	**2.81**	**118.16**
0	380993	206764	174229	0.92	0.50	0.42	118.67
1	444284	240740	203544	1.07	0.58	0.49	118.27
2	500514	270953	229561	1.20	0.65	0.55	118.03
3	625966	337895	288071	1.51	0.81	0.69	117.30
4	597587	324405	273182	1.44	0.78	0.66	118.75
5-9岁	**2993870**	**1627920**	**1365950**	**7.21**	**3.92**	**3.29**	**119.18**
5	610100	332369	277731	1.47	0.80	0.67	119.67
6	630412	344261	286151	1.52	0.83	0.69	120.31
7	593771	321486	272285	1.43	0.77	0.66	118.07
8	626379	340214	286165	1.51	0.82	0.69	118.89
9	533208	289590	243618	1.28	0.70	0.59	118.87
10-14岁	**2482011**	**1342664**	**1139347**	**5.97**	**3.23**	**2.74**	**117.85**
10	499618	271535	228083	1.20	0.65	0.55	119.05
11	522636	283628	239008	1.26	0.68	0.58	118.67
12	516680	279596	237084	1.24	0.67	0.57	117.93
13	487688	263413	224275	1.17	0.63	0.54	117.45
14	455389	244492	210897	1.10	0.59	0.51	115.93
15-19岁	**2012096**	**1081131**	**930965**	**4.84**	**2.60**	**2.24**	**116.13**
15	428675	230351	198324	1.03	0.55	0.48	116.15
16	419130	225807	193323	1.01	0.54	0.47	116.80
17	391848	211593	180255	0.94	0.51	0.43	117.39
18	375620	202642	172978	0.90	0.49	0.42	117.15
19	396823	210738	186085	0.96	0.51	0.45	113.25
20-24岁	**2039363**	**1098046**	**941317**	**4.91**	**2.64**	**2.27**	**116.65**
20	405693	214891	190802	0.98	0.52	0.46	112.63
21	374309	199973	174336	0.90	0.48	0.42	114.71
22	405061	218961	186100	0.98	0.53	0.45	117.66
23	413028	224253	188775	0.99	0.54	0.45	118.79
24	441272	239968	201304	1.06	0.58	0.48	119.21
25-29岁	**2863711**	**1528514**	**1335197**	**6.89**	**3.68**	**3.21**	**114.48**
25	517190	281558	235632	1.25	0.68	0.57	119.49
26	508898	274481	234417	1.23	0.66	0.56	117.09
27	540825	288209	252616	1.30	0.69	0.61	114.09
28	588116	312245	275871	1.42	0.75	0.66	113.19
29	708682	372021	336661	1.71	0.90	0.81	110.50

3-1 续表 1

单位：人、%

年 龄	人 口 数			占总人口比重			性别比
	合计	男	女	合计	男	女	(女=100)
30-34岁	**4001865**	**2049194**	**1952671**	**9.63**	**4.93**	**4.70**	**104.94**
30	878625	453697	424928	2.12	1.09	1.02	106.77
31	841983	428723	413260	2.03	1.03	0.99	103.74
32	777120	395825	381295	1.87	0.95	0.92	103.81
33	791333	405397	385936	1.90	0.98	0.93	105.04
34	712804	365552	347252	1.72	0.88	0.84	105.27
35-39岁	**3325154**	**1704483**	**1620671**	**8.00**	**4.10**	**3.90**	**105.17**
35	676065	346793	329272	1.63	0.83	0.79	105.32
36	691628	354671	336957	1.66	0.85	0.81	105.26
37	650312	333708	316604	1.57	0.80	0.76	105.40
38	731785	374766	357019	1.76	0.90	0.86	104.97
39	575364	294545	280819	1.39	0.71	0.68	104.89
40-44岁	**3011449**	**1544982**	**1466467**	**7.25**	**3.72**	**3.53**	**105.35**
40	481968	247038	234930	1.16	0.59	0.57	105.15
41	590464	303809	286655	1.42	0.73	0.69	105.98
42	625432	320175	305257	1.51	0.77	0.73	104.89
43	630589	323442	307147	1.52	0.78	0.74	105.31
44	682996	350518	332478	1.64	0.84	0.80	105.43
45-49岁	**3557534**	**1818519**	**1739015**	**8.56**	**4.38**	**4.19**	**104.57**
45	659632	338210	321422	1.59	0.81	0.77	105.22
46	694816	356087	338729	1.67	0.86	0.82	105.12
47	737034	377563	359471	1.77	0.91	0.87	105.03
48	716983	365794	351189	1.73	0.88	0.85	104.16
49	749069	380865	368204	1.80	0.92	0.89	103.44
50-54岁	**3362556**	**1711798**	**1650758**	**8.09**	**4.12**	**3.97**	**103.70**
50	716380	363811	352569	1.72	0.88	0.85	103.19
51	691896	352841	339055	1.67	0.85	0.82	104.07
52	724166	368651	355515	1.74	0.89	0.86	103.69
53	589129	298941	290188	1.42	0.72	0.70	103.02
54	640985	327554	313431	1.54	0.79	0.75	104.51
55-59岁	**2703264**	**1363368**	**1339896**	**6.51**	**3.28**	**3.23**	**101.75**
55	641939	327400	314539	1.55	0.79	0.76	104.09
56	572603	288687	283916	1.38	0.69	0.68	101.68
57	714627	361836	352791	1.72	0.87	0.85	102.56
58	515370	259017	256353	1.24	0.62	0.62	101.04
59	258725	126428	132297	0.62	0.30	0.32	95.56
60-64岁	**2027870**	**1021219**	**1006651**	**4.88**	**2.46**	**2.42**	**101.45**
60	377059	190536	186523	0.91	0.46	0.45	102.15
61	363805	185101	178704	0.88	0.45	0.43	103.58
62	430390	217827	212563	1.04	0.52	0.51	102.48
63	474994	239290	235704	1.14	0.58	0.57	101.52
64	381622	188465	193157	0.92	0.45	0.46	97.57

3-1　续表 2　　　　单位：人、%

年　龄	人　口　数			占总人口比重			性别比
	合计	男	女	合计	男	女	(女=100)
65-69岁	**1819219**	**887915**	**931304**	**4.38**	**2.14**	**2.24**	**95.34**
65	420209	208152	212057	1.01	0.50	0.51	98.16
66	398464	194856	203608	0.96	0.47	0.49	95.70
67	358952	174055	184897	0.86	0.42	0.45	94.14
68	351592	170868	180724	0.85	0.41	0.44	94.55
69	290002	139984	150018	0.70	0.34	0.36	93.31
70-74岁	**1133619**	**562879**	**570740**	**2.73**	**1.36**	**1.37**	**98.62**
70	268029	133495	134534	0.65	0.32	0.32	99.23
71	259597	130314	129283	0.62	0.31	0.31	100.80
72	222145	109696	112449	0.53	0.26	0.27	97.55
73	197179	97328	99851	0.47	0.23	0.24	97.47
74	186669	92046	94623	0.45	0.22	0.23	97.28
75-79岁	**719402**	**349835**	**369567**	**1.73**	**0.84**	**0.89**	**94.66**
75	159625	77815	81810	0.38	0.19	0.20	95.12
76	157186	77833	79353	0.38	0.19	0.19	98.08
77	142840	69282	73558	0.34	0.17	0.18	94.19
78	133275	64423	68852	0.32	0.16	0.17	93.57
79	126476	60482	65994	0.30	0.15	0.16	91.65
80-84岁	**517361**	**232858**	**284503**	**1.25**	**0.56**	**0.68**	**81.85**
80	109715	51479	58236	0.26	0.12	0.14	88.40
81	105131	48464	56667	0.25	0.12	0.14	85.52
82	108631	50084	58547	0.26	0.12	0.14	85.54
83	102628	44426	58202	0.25	0.11	0.14	76.33
84	91256	38405	52851	0.22	0.09	0.13	72.67
85-89岁	**288234**	**115090**	**173144**	**0.69**	**0.28**	**0.42**	**66.47**
85	77652	31847	45805	0.19	0.08	0.11	69.53
86	65193	26324	38869	0.16	0.06	0.09	67.72
87	61647	24496	37151	0.15	0.06	0.09	65.94
88	45896	17840	28056	0.11	0.04	0.07	63.59
89	37846	14583	23263	0.09	0.04	0.06	62.69
90-94岁	**106738**	**38043**	**68695**	**0.26**	**0.09**	**0.17**	**55.38**
90	33188	12468	20720	0.08	0.03	0.05	60.17
91	25072	9052	16020	0.06	0.02	0.04	56.50
92	22431	7739	14692	0.05	0.02	0.04	52.67
93	15424	5101	10323	0.04	0.01	0.02	49.41
94	10623	3683	6940	0.03	0.01	0.02	53.07
95-99岁	**22403**	**6787**	**15616**	**0.05**	**0.02**	**0.04**	**43.46**
95	8455	2578	5877	0.02	0.01	0.01	43.87
96	5505	1739	3766	0.01		0.01	46.18
97	3813	1124	2689	0.01		0.01	41.80
98	2635	774	1861	0.01			41.59
99	1995	572	1423				40.20
100岁及以上	**3023**	**755**	**2268**	**0.01**		**0.01**	**33.29**

3-1a 全省分年龄、性别的人口(城市)

单位：人、%

年 龄	人口数 合计	人口数 男	人口数 女	占总人口比重 合计	占总人口比重 男	占总人口比重 女	性别比 (女=100)
总 计	**17105023**	**8780310**	**8324713**	**100.00**	**51.33**	**48.67**	**105.47**
0-4岁	**1037292**	**559715**	**477577**	**6.06**	**3.27**	**2.79**	**117.20**
0	151777	81500	70277	0.89	0.48	0.41	115.97
1	181749	97983	83766	1.06	0.57	0.49	116.97
2	203359	109820	93539	1.19	0.64	0.55	117.41
3	258730	139351	119379	1.51	0.81	0.70	116.73
4	241677	131061	110616	1.41	0.77	0.65	118.48
5-9岁	**1163198**	**631141**	**532057**	**6.80**	**3.69**	**3.11**	**118.62**
5	239567	130289	109278	1.40	0.76	0.64	119.23
6	245298	133755	111543	1.43	0.78	0.65	119.91
7	232266	125600	106666	1.36	0.73	0.62	117.75
8	243889	132171	111718	1.43	0.77	0.65	118.31
9	202178	109326	92852	1.18	0.64	0.54	117.74
10-14岁	**923055**	**498368**	**424687**	**5.40**	**2.91**	**2.48**	**117.35**
10	186287	101075	85212	1.09	0.59	0.50	118.62
11	196345	106306	90039	1.15	0.62	0.53	118.07
12	193434	104424	89010	1.13	0.61	0.52	117.32
13	181213	97476	83737	1.06	0.57	0.49	116.41
14	165776	89087	76689	0.97	0.52	0.45	116.17
15-19岁	**971778**	**519434**	**452344**	**5.68**	**3.04**	**2.64**	**114.83**
15	181179	97649	83530	1.06	0.57	0.49	116.90
16	197896	106994	90902	1.16	0.63	0.53	117.70
17	185668	100754	84914	1.09	0.59	0.50	118.65
18	188527	100951	87576	1.10	0.59	0.51	115.27
19	218508	113086	105422	1.28	0.66	0.62	107.27
20-24岁	**1103827**	**577765**	**526062**	**6.45**	**3.38**	**3.08**	**109.83**
20	228689	116976	111713	1.34	0.68	0.65	104.71
21	206882	107651	99231	1.21	0.63	0.58	108.49
22	218279	114899	103380	1.28	0.67	0.60	111.14
23	219853	116482	103371	1.29	0.68	0.60	112.68
24	230124	121757	108367	1.35	0.71	0.63	112.36
25-29岁	**1399010**	**735220**	**663790**	**8.18**	**4.30**	**3.88**	**110.76**
25	261180	138910	122270	1.53	0.81	0.71	113.61
26	251511	132676	118835	1.47	0.78	0.69	111.65
27	264968	139304	125664	1.55	0.81	0.73	110.85
28	284691	149363	135328	1.66	0.87	0.79	110.37
29	336660	174967	161693	1.97	1.02	0.95	108.21

3−1a　续表 1　　单位：人、%

年　龄	人　口　数			占总人口比重			性别比
	合计	男	女	合计	男	女	(女=100)
30−34岁	**1911430**	**970234**	**941196**	**11.17**	**5.67**	**5.50**	**103.09**
30	415858	213123	202735	2.43	1.25	1.19	105.12
31	401060	202624	198436	2.34	1.18	1.16	102.11
32	372736	188358	184378	2.18	1.10	1.08	102.16
33	379288	192424	186864	2.22	1.12	1.09	102.98
34	342488	173705	168783	2.00	1.02	0.99	102.92
35−39岁	**1574058**	**796719**	**777339**	**9.20**	**4.66**	**4.54**	**102.49**
35	320398	162126	158272	1.87	0.95	0.93	102.44
36	329129	166603	162526	1.92	0.97	0.95	102.51
37	310436	156671	153765	1.81	0.92	0.90	101.89
38	346248	175108	171140	2.02	1.02	1.00	102.32
39	267847	136211	131636	1.57	0.80	0.77	103.48
40−44岁	**1328105**	**679964**	**648141**	**7.76**	**3.98**	**3.79**	**104.91**
40	221813	113426	108387	1.30	0.66	0.63	104.65
41	267175	137135	130040	1.56	0.80	0.76	105.46
42	276840	141169	135671	1.62	0.83	0.79	104.05
43	274127	140121	134006	1.60	0.82	0.78	104.56
44	288150	148113	140037	1.68	0.87	0.82	105.77
45−49岁	**1417327**	**724315**	**693012**	**8.29**	**4.23**	**4.05**	**104.52**
45	274344	140747	133597	1.60	0.82	0.78	105.35
46	280577	144081	136496	1.64	0.84	0.80	105.56
47	293889	150493	143396	1.72	0.88	0.84	104.95
48	282411	144022	138389	1.65	0.84	0.81	104.07
49	286106	144972	141134	1.67	0.85	0.83	102.72
50−54岁	**1223239**	**614485**	**608754**	**7.15**	**3.59**	**3.56**	**100.94**
50	270730	136259	134471	1.58	0.80	0.79	101.33
51	257347	129443	127904	1.50	0.76	0.75	101.20
52	263224	132244	130980	1.54	0.77	0.77	100.97
53	207815	103734	104081	1.21	0.61	0.61	99.67
54	224123	112805	111318	1.31	0.66	0.65	101.34
55−59岁	**977277**	**483478**	**493799**	**5.71**	**2.83**	**2.89**	**97.91**
55	229144	114705	114439	1.34	0.67	0.67	100.23
56	211576	104952	106624	1.24	0.61	0.62	98.43
57	259491	128645	130846	1.52	0.75	0.76	98.32
58	181623	89191	92432	1.06	0.52	0.54	96.49
59	95443	45985	49458	0.56	0.27	0.29	92.98
60−64岁	**685146**	**335442**	**349704**	**4.01**	**1.96**	**2.04**	**95.92**
60	133670	64944	68726	0.78	0.38	0.40	94.50
61	124229	61072	63157	0.73	0.36	0.37	96.70
62	145144	71455	73689	0.85	0.42	0.43	96.97
63	155253	76398	78855	0.91	0.45	0.46	96.88
64	126850	61573	65277	0.74	0.36	0.38	94.33

3-1a 续表 2 单位：人、%

年 龄	人口数			占总人口比重			性别比
	合计	男	女	合计	男	女	(女=100)
65-69岁	**570308**	**272419**	**297889**	**3.33**	**1.59**	**1.74**	**91.45**
65	134774	65237	69537	0.79	0.38	0.41	93.82
66	127319	61179	66140	0.74	0.36	0.39	92.50
67	111720	52795	58925	0.65	0.31	0.34	89.60
68	108437	51401	57036	0.63	0.30	0.33	90.12
69	88058	41807	46251	0.51	0.24	0.27	90.39
70-74岁	**346994**	**167960**	**179034**	**2.03**	**0.98**	**1.05**	**93.81**
70	82389	40083	42306	0.48	0.23	0.25	94.75
71	80786	39376	41410	0.47	0.23	0.24	95.09
72	67430	32342	35088	0.39	0.19	0.21	92.17
73	60600	29092	31508	0.35	0.17	0.18	92.33
74	55789	27067	28722	0.33	0.16	0.17	94.24
75-79岁	**207668**	**99298**	**108370**	**1.21**	**0.58**	**0.63**	**91.63**
75	47579	22718	24861	0.28	0.13	0.15	91.38
76	46385	22672	23713	0.27	0.13	0.14	95.61
77	41484	19772	21712	0.24	0.12	0.13	91.06
78	37799	18060	19739	0.22	0.11	0.12	91.49
79	34421	16076	18345	0.20	0.09	0.11	87.63
80-84岁	**147098**	**66925**	**80173**	**0.86**	**0.39**	**0.47**	**83.48**
80	30982	14422	16560	0.18	0.08	0.10	87.09
81	30294	14062	16232	0.18	0.08	0.09	86.63
82	30829	14512	16317	0.18	0.08	0.10	88.94
83	29116	12822	16294	0.17	0.07	0.10	78.69
84	25877	11107	14770	0.15	0.06	0.09	75.20
85-89岁	**81857**	**33837**	**48020**	**0.48**	**0.20**	**0.28**	**70.46**
85	21996	9104	12892	0.13	0.05	0.08	70.62
86	19177	7964	11213	0.11	0.05	0.07	71.02
87	17175	7120	10055	0.10	0.04	0.06	70.81
88	12901	5324	7577	0.08	0.03	0.04	70.27
89	10608	4325	6283	0.06	0.03	0.04	68.84
90-94岁	**29404**	**11415**	**17989**	**0.17**	**0.07**	**0.11**	**63.46**
90	9338	3866	5472	0.05	0.02	0.03	70.65
91	6905	2649	4256	0.04	0.02	0.02	62.24
92	6107	2297	3810	0.04	0.01	0.02	60.29
93	4235	1525	2710	0.02	0.01	0.02	56.27
94	2819	1078	1741	0.02	0.01	0.01	61.92
95-99岁	**6126**	**1982**	**4144**	**0.04**	**0.01**	**0.02**	**47.83**
95	2278	744	1534	0.01		0.01	48.50
96	1499	499	1000	0.01		0.01	49.90
97	1002	340	662	0.01			51.36
98	773	234	539				43.41
99	574	165	409				40.34
100岁及以上	**826**	**194**	**632**				**30.70**

3-1b　全省分年龄、性别的人口(镇)

单位：人、%

年　龄	人　口　数			占总人口比重			性别比
	合计	男	女	合计	男	女	(女=100)
总　计	**11452224**	**5858483**	**5593741**	**100.00**	**51.16**	**48.84**	**104.73**
0-4岁	**751816**	**408742**	**343074**	**6.56**	**3.57**	**3.00**	**119.14**
0	105351	57561	47790	0.92	0.50	0.42	120.45
1	128308	69916	58392	1.12	0.61	0.51	119.74
2	147401	79911	67490	1.29	0.70	0.59	118.40
3	190137	102780	87357	1.66	0.90	0.76	117.66
4	180619	98574	82045	1.58	0.86	0.72	120.15
5-9岁	**929371**	**507546**	**421825**	**8.12**	**4.43**	**3.68**	**120.32**
5	186188	101708	84480	1.63	0.89	0.74	120.39
6	196141	107609	88532	1.71	0.94	0.77	121.55
7	185063	100659	84404	1.62	0.88	0.74	119.26
8	195170	106357	88813	1.70	0.93	0.78	119.75
9	166809	91213	75596	1.46	0.80	0.66	120.66
10-14岁	**768997**	**416904**	**352093**	**6.71**	**3.64**	**3.07**	**118.41**
10	156062	85223	70839	1.36	0.74	0.62	120.31
11	162278	88603	73675	1.42	0.77	0.64	120.26
12	159854	86809	73045	1.40	0.76	0.64	118.84
13	150535	81189	69346	1.31	0.71	0.61	117.08
14	140268	75080	65188	1.22	0.66	0.57	115.17
15-19岁	**608035**	**318316**	**289719**	**5.31**	**2.78**	**2.53**	**109.87**
15	139349	73278	66071	1.22	0.64	0.58	110.91
16	141571	74086	67485	1.24	0.65	0.59	109.78
17	128926	67349	61577	1.13	0.59	0.54	109.37
18	100802	52973	47829	0.88	0.46	0.42	110.75
19	97387	50630	46757	0.85	0.44	0.41	108.28
20-24岁	**477441**	**255792**	**221649**	**4.17**	**2.23**	**1.94**	**115.40**
20	97723	51239	46484	0.85	0.45	0.41	110.23
21	89257	47083	42174	0.78	0.41	0.37	111.64
22	93852	50743	43109	0.82	0.44	0.38	117.71
23	94357	51187	43170	0.82	0.45	0.38	118.57
24	102252	55540	46712	0.89	0.48	0.41	118.90
25-29岁	**716672**	**373904**	**342768**	**6.26**	**3.26**	**2.99**	**109.08**
25	123766	66967	56799	1.08	0.58	0.50	117.90
26	125564	67065	58499	1.10	0.59	0.51	114.64
27	134482	70144	64338	1.17	0.61	0.56	109.02
28	148644	76499	72145	1.30	0.67	0.63	106.04
29	184216	93229	90987	1.61	0.81	0.79	102.46

3－1b 续表 1

单位：人、%

年龄	人口数			占总人口比重			性别比
	合计	男	女	合计	男	女	(女=100)
30－34岁	**1057669**	**523078**	**534591**	**9.24**	**4.57**	**4.67**	**97.85**
30	230027	114410	115617	2.01	1.00	1.01	98.96
31	221898	108977	112921	1.94	0.95	0.99	96.51
32	205618	100866	104752	1.80	0.88	0.91	96.29
33	209960	104199	105761	1.83	0.91	0.92	98.52
34	190166	94626	95540	1.66	0.83	0.83	99.04
35－39岁	**897030**	**444773**	**452257**	**7.83**	**3.88**	**3.95**	**98.35**
35	182566	90798	91768	1.59	0.79	0.80	98.94
36	185754	92250	93504	1.62	0.81	0.82	98.66
37	173641	86731	86910	1.52	0.76	0.76	99.79
38	197532	97510	100022	1.72	0.85	0.87	97.49
39	157537	77484	80053	1.38	0.68	0.70	96.79
40－44岁	**856205**	**426826**	**429379**	**7.48**	**3.73**	**3.75**	**99.41**
40	133640	65867	67773	1.17	0.58	0.59	97.19
41	167033	83111	83922	1.46	0.73	0.73	99.03
42	177702	88244	89458	1.55	0.77	0.78	98.64
43	180352	90349	90003	1.57	0.79	0.79	100.38
44	197478	99255	98223	1.72	0.87	0.86	101.05
45－49岁	**1025323**	**517907**	**507416**	**8.95**	**4.52**	**4.43**	**102.07**
45	189888	95639	94249	1.66	0.84	0.82	101.47
46	201551	101623	99928	1.76	0.89	0.87	101.70
47	212376	107358	105018	1.85	0.94	0.92	102.23
48	205681	103730	101951	1.80	0.91	0.89	101.74
49	215827	109557	106270	1.88	0.96	0.93	103.09
50－54岁	**951660**	**484654**	**467006**	**8.31**	**4.23**	**4.08**	**103.78**
50	204491	103812	100679	1.79	0.91	0.88	103.11
51	195832	99887	95945	1.71	0.87	0.84	104.11
52	205663	105031	100632	1.80	0.92	0.88	104.37
53	165858	84159	81699	1.45	0.73	0.71	103.01
54	179816	91765	88051	1.57	0.80	0.77	104.22
55－59岁	**736611**	**373379**	**363232**	**6.43**	**3.26**	**3.17**	**102.79**
55	178995	91559	87436	1.56	0.80	0.76	104.72
56	155723	79019	76704	1.36	0.69	0.67	103.02
57	194062	99019	95043	1.69	0.86	0.83	104.18
58	140005	70648	69357	1.22	0.62	0.61	101.86
59	67826	33134	34692	0.59	0.29	0.30	95.51
60－64岁	**526824**	**265967**	**260857**	**4.60**	**2.32**	**2.28**	**101.96**
60	99542	50715	48827	0.87	0.44	0.43	103.87
61	95633	48650	46983	0.84	0.42	0.41	103.55
62	111424	56586	54838	0.97	0.49	0.48	103.19
63	123024	62110	60914	1.07	0.54	0.53	101.96
64	97201	47906	49295	0.85	0.42	0.43	97.18

3-1b　续表 2　　　　单位：人、%

年　龄	人　口　数			占总人口比重			性别比
	合计	男	女	合计	男	女	(女=100)
65-69岁	**455707**	**221148**	**234559**	**3.98**	**1.93**	**2.05**	**94.28**
65	106527	52595	53932	0.93	0.46	0.47	97.52
66	99430	48347	51083	0.87	0.42	0.45	94.64
67	89882	43386	46496	0.78	0.38	0.41	93.31
68	87434	42154	45280	0.76	0.37	0.40	93.10
69	72434	34666	37768	0.63	0.30	0.33	91.79
70-74岁	**281625**	**138684**	**142941**	**2.46**	**1.21**	**1.25**	**97.02**
70	66893	33066	33827	0.58	0.29	0.30	97.75
71	64389	32158	32231	0.56	0.28	0.28	99.77
72	54783	26594	28189	0.48	0.23	0.25	94.34
73	48867	23869	24998	0.43	0.21	0.22	95.48
74	46693	22997	23696	0.41	0.20	0.21	97.05
75-79岁	**179908**	**86502**	**93406**	**1.57**	**0.76**	**0.82**	**92.61**
75	40087	19338	20749	0.35	0.17	0.18	93.20
76	38993	19052	19941	0.34	0.17	0.17	95.54
77	35487	17149	18338	0.31	0.15	0.16	93.52
78	33439	15909	17530	0.29	0.14	0.15	90.75
79	31902	15054	16848	0.28	0.13	0.15	89.35
80-84岁	**128296**	**56440**	**71856**	**1.12**	**0.49**	**0.63**	**78.55**
80	27582	12772	14810	0.24	0.11	0.13	86.24
81	26046	11726	14320	0.23	0.10	0.13	81.89
82	26785	12062	14723	0.23	0.11	0.13	81.93
83	25275	10611	14664	0.22	0.09	0.13	72.36
84	22608	9269	13339	0.20	0.08	0.12	69.49
85-89岁	**70784**	**27268**	**43516**	**0.62**	**0.24**	**0.38**	**62.66**
85	19097	7607	11490	0.17	0.07	0.10	66.21
86	15851	6102	9749	0.14	0.05	0.09	62.59
87	15252	5925	9327	0.13	0.05	0.08	63.53
88	11170	4153	7017	0.10	0.04	0.06	59.18
89	9414	3481	5933	0.08	0.03	0.05	58.67
90-94岁	**26144**	**8937**	**17207**	**0.23**	**0.08**	**0.15**	**51.94**
90	8087	2963	5124	0.07	0.03	0.04	57.83
91	6188	2174	4014	0.05	0.02	0.04	54.16
92	5480	1749	3731	0.05	0.02	0.03	46.88
93	3777	1189	2588	0.03	0.01	0.02	45.94
94	2612	862	1750	0.02	0.01	0.02	49.26
95-99岁	**5413**	**1540**	**3873**	**0.05**	**0.01**	**0.03**	**39.76**
95	2018	584	1434	0.02	0.01	0.01	40.73
96	1349	410	939	0.01		0.01	43.66
97	929	233	696	0.01		0.01	33.48
98	619	167	452	0.01			36.95
99	498	146	352				41.48
100岁及以上	**693**	**176**	**517**	**0.01**			**34.04**

3-1c 全省分年龄、性别的人口(乡村)

单位：人、%

年龄	人口数			占总人口比重			性别比
	合计	男	女	合计	男	女	(女=100)
总计	**12982839**	**6827964**	**6154875**	**100.00**	**52.59**	**47.41**	**110.94**
0-4岁	**760236**	**412300**	**347936**	**5.86**	**3.18**	**2.68**	**118.50**
0	123865	67703	56162	0.95	0.52	0.43	120.55
1	134227	72841	61386	1.03	0.56	0.47	118.66
2	149754	81222	68532	1.15	0.63	0.53	118.52
3	177099	95764	81335	1.36	0.74	0.63	117.74
4	175291	94770	80521	1.35	0.73	0.62	117.70
5-9岁	**901301**	**489233**	**412068**	**6.94**	**3.77**	**3.17**	**118.73**
5	184345	100372	83973	1.42	0.77	0.65	119.53
6	188973	102897	86076	1.46	0.79	0.66	119.54
7	176442	95227	81215	1.36	0.73	0.63	117.25
8	187320	101686	85634	1.44	0.78	0.66	118.74
9	164221	89051	75170	1.26	0.69	0.58	118.47
10-14岁	**789959**	**427392**	**362567**	**6.08**	**3.29**	**2.79**	**117.88**
10	157269	85237	72032	1.21	0.66	0.55	118.33
11	164013	88719	75294	1.26	0.68	0.58	117.83
12	163392	88363	75029	1.26	0.68	0.58	117.77
13	155940	84748	71192	1.20	0.65	0.55	119.04
14	149345	80325	69020	1.15	0.62	0.53	116.38
15-19岁	**432283**	**243381**	**188902**	**3.33**	**1.87**	**1.46**	**128.84**
15	108147	59424	48723	0.83	0.46	0.38	121.96
16	79663	44727	34936	0.61	0.34	0.27	128.03
17	77254	43490	33764	0.60	0.33	0.26	128.81
18	86291	48718	37573	0.66	0.38	0.29	129.66
19	80928	47022	33906	0.62	0.36	0.26	138.68
20-24岁	**458095**	**264489**	**193606**	**3.53**	**2.04**	**1.49**	**136.61**
20	79281	46676	32605	0.61	0.36	0.25	143.16
21	78170	45239	32931	0.60	0.35	0.25	137.38
22	92930	53319	39611	0.72	0.41	0.31	134.61
23	98818	56584	42234	0.76	0.44	0.33	133.98
24	108896	62671	46225	0.84	0.48	0.36	135.58
25-29岁	**748029**	**419390**	**328639**	**5.76**	**3.23**	**2.53**	**127.61**
25	132244	75681	56563	1.02	0.58	0.44	133.80
26	131823	74740	57083	1.02	0.58	0.44	130.93
27	141375	78761	62614	1.09	0.61	0.48	125.79
28	154781	86383	68398	1.19	0.67	0.53	126.29
29	187806	103825	83981	1.45	0.80	0.65	123.63

3-1c　续表 1　　　　单位：人、%

年　龄	人　口　数			占总人口比重			性别比
	合计	男	女	合计	男	女	(女=100)
30-34岁	**1032766**	**555882**	**476884**	**7.95**	**4.28**	**3.67**	**116.57**
30	232740	126164	106576	1.79	0.97	0.82	118.38
31	219025	117122	101903	1.69	0.90	0.78	114.93
32	198766	106601	92165	1.53	0.82	0.71	115.66
33	202085	108774	93311	1.56	0.84	0.72	116.57
34	180150	97221	82929	1.39	0.75	0.64	117.23
35-39岁	**854066**	**462991**	**391075**	**6.58**	**3.57**	**3.01**	**118.39**
35	173101	93869	79232	1.33	0.72	0.61	118.47
36	176745	95818	80927	1.36	0.74	0.62	118.40
37	166235	90306	75929	1.28	0.70	0.58	118.93
38	188005	102148	85857	1.45	0.79	0.66	118.97
39	149980	80850	69130	1.16	0.62	0.53	116.95
40-44岁	**827139**	**438192**	**388947**	**6.37**	**3.38**	**3.00**	**112.66**
40	126515	67745	58770	0.97	0.52	0.45	115.27
41	156256	83563	72693	1.20	0.64	0.56	114.95
42	170890	90762	80128	1.32	0.70	0.62	113.27
43	176110	92972	83138	1.36	0.72	0.64	111.83
44	197368	103150	94218	1.52	0.79	0.73	109.48
45-49岁	**1114884**	**576297**	**538587**	**8.59**	**4.44**	**4.15**	**107.00**
45	195400	101824	93576	1.51	0.78	0.72	108.81
46	212688	110383	102305	1.64	0.85	0.79	107.90
47	230769	119712	111057	1.78	0.92	0.86	107.79
48	228891	118042	110849	1.76	0.91	0.85	106.49
49	247136	126336	120800	1.90	0.97	0.93	104.58
50-54岁	**1187657**	**612659**	**574998**	**9.15**	**4.72**	**4.43**	**106.55**
50	241159	123740	117419	1.86	0.95	0.90	105.38
51	238717	123511	115206	1.84	0.95	0.89	107.21
52	255279	131376	123903	1.97	1.01	0.95	106.03
53	215456	111048	104408	1.66	0.86	0.80	106.36
54	237046	122984	114062	1.83	0.95	0.88	107.82
55-59岁	**989376**	**506511**	**482865**	**7.62**	**3.90**	**3.72**	**104.90**
55	233800	121136	112664	1.80	0.93	0.87	107.52
56	205304	104716	100588	1.58	0.81	0.77	104.10
57	261074	134172	126902	2.01	1.03	0.98	105.73
58	193742	99178	94564	1.49	0.76	0.73	104.88
59	95456	47309	48147	0.74	0.36	0.37	98.26
60-64岁	**815900**	**419810**	**396090**	**6.28**	**3.23**	**3.05**	**105.99**
60	143847	74877	68970	1.11	0.58	0.53	108.56
61	143943	75379	68564	1.11	0.58	0.53	109.94
62	173822	89786	84036	1.34	0.69	0.65	106.84
63	196717	100782	95935	1.52	0.78	0.74	105.05
64	157571	78986	78585	1.21	0.61	0.61	100.51

3-1c 续表 2

单位：人、%

年 龄	人 口 数			占总人口比重			性别比
	合计	男	女	合计	男	女	(女=100)
65-69岁	**793204**	**394348**	**398856**	**6.11**	**3.04**	**3.07**	**98.87**
65	178908	90320	88588	1.38	0.70	0.68	101.96
66	171715	85330	86385	1.32	0.66	0.67	98.78
67	157350	77874	79476	1.21	0.60	0.61	97.98
68	155721	77313	78408	1.20	0.60	0.60	98.60
69	129510	63511	65999	1.00	0.49	0.51	96.23
70-74岁	**505000**	**256235**	**248765**	**3.89**	**1.97**	**1.92**	**103.00**
70	118747	60346	58401	0.91	0.46	0.45	103.33
71	114422	58780	55642	0.88	0.45	0.43	105.64
72	99932	50760	49172	0.77	0.39	0.38	103.23
73	87712	44367	43345	0.68	0.34	0.33	102.36
74	84187	41982	42205	0.65	0.32	0.33	99.47
75-79岁	**331826**	**164035**	**167791**	**2.56**	**1.26**	**1.29**	**97.76**
75	71959	35759	36200	0.55	0.28	0.28	98.78
76	71808	36109	35699	0.55	0.28	0.27	101.15
77	65869	32361	33508	0.51	0.25	0.26	96.58
78	62037	30454	31583	0.48	0.23	0.24	96.43
79	60153	29352	30801	0.46	0.23	0.24	95.30
80-84岁	**241967**	**109493**	**132474**	**1.86**	**0.84**	**1.02**	**82.65**
80	51151	24285	26866	0.39	0.19	0.21	90.39
81	48791	22676	26115	0.38	0.17	0.20	86.83
82	51017	23510	27507	0.39	0.18	0.21	85.47
83	48237	20993	27244	0.37	0.16	0.21	77.06
84	42771	18029	24742	0.33	0.14	0.19	72.87
85-89岁	**135593**	**53985**	**81608**	**1.04**	**0.42**	**0.63**	**66.15**
85	36559	15136	21423	0.28	0.12	0.17	70.65
86	30165	12258	17907	0.23	0.09	0.14	68.45
87	29220	11451	17769	0.23	0.09	0.14	64.44
88	21825	8363	13462	0.17	0.06	0.10	62.12
89	17824	6777	11047	0.14	0.05	0.09	61.35
90-94岁	**51190**	**17691**	**33499**	**0.39**	**0.14**	**0.26**	**52.81**
90	15763	5639	10124	0.12	0.04	0.08	55.70
91	11979	4229	7750	0.09	0.03	0.06	54.57
92	10844	3693	7151	0.08	0.03	0.06	51.64
93	7412	2387	5025	0.06	0.02	0.04	47.50
94	5192	1743	3449	0.04	0.01	0.03	50.54
95-99岁	**10864**	**3265**	**7599**	**0.08**	**0.03**	**0.06**	**42.97**
95	4159	1250	2909	0.03	0.01	0.02	42.97
96	2657	830	1827	0.02	0.01	0.01	45.43
97	1882	551	1331	0.01		0.01	41.40
98	1243	373	870	0.01		0.01	42.87
99	923	261	662	0.01		0.01	39.43
100岁及以上	**1504**	**385**	**1119**	**0.01**		**0.01**	**34.41**

3-2 各地区人口年龄构成(一)

单位：人、%

地区	人口数				比重			
	合计	0-14岁	15-64岁	65岁及以上	合计	0-14岁	15-64岁	65岁及以上
合计	**41540086**	**8025225**	**28904862**	**4609999**	**100.00**	**19.32**	**69.58**	**11.10**
福州市	**8291268**	**1415982**	**5903692**	**971594**	**100.00**	**17.08**	**71.20**	**11.72**
鼓楼区	669090	105851	470888	92351	100.00	15.82	70.38	13.80
台江区	411819	61728	292843	57248	100.00	14.99	71.11	13.90
仓山区	1142991	191404	847370	104217	100.00	16.75	74.14	9.12
马尾区	290554	39178	220713	30663	100.00	13.48	75.96	10.55
晋安区	789775	128926	576834	84015	100.00	16.32	73.04	10.64
长乐区	790262	129645	566470	94147	100.00	16.41	71.68	11.91
闽侯县	988200	150432	739087	98681	100.00	15.22	74.79	9.99
连江县	639498	113919	438973	86606	100.00	17.81	68.64	13.54
罗源县	255214	47170	175948	32096	100.00	18.48	68.94	12.58
闽清县	256181	48184	166890	41107	100.00	18.81	65.15	16.05
永泰县	281216	53662	185674	41880	100.00	19.08	66.03	14.89
平潭县	385981	76703	261600	47678	100.00	19.87	67.78	12.35
福清市	1390487	269180	960402	160905	100.00	19.36	69.07	11.57
厦门市	**5163970**	**886282**	**3959175**	**318513**	**100.00**	**17.16**	**76.67**	**6.17**
思明区	1073315	182608	782064	108643	100.00	17.01	72.86	10.12
海沧区	582519	105624	448640	28255	100.00	18.13	77.02	4.85
湖里区	1036974	160492	829942	46540	100.00	15.48	80.03	4.49
集美区	1036987	174402	820555	42030	100.00	16.82	79.13	4.05
同安区	855920	163028	640699	52193	100.00	19.05	74.86	6.10
翔安区	578255	100128	437275	40852	100.00	17.32	75.62	7.06
莆田市	**3210714**	**665644**	**2139629**	**405441**	**100.00**	**20.73**	**66.64**	**12.63**
城厢区	547422	109095	382886	55441	100.00	19.93	69.94	10.13
涵江区	479605	79841	334601	65163	100.00	16.65	69.77	13.59
荔城区	673935	142737	461651	69547	100.00	21.18	68.50	10.32
秀屿区	604684	142620	369691	92373	100.00	23.59	61.14	15.28
仙游县	905068	191351	590800	122917	100.00	21.14	65.28	13.58
三明市	**2486450**	**512887**	**1632245**	**341318**	**100.00**	**20.63**	**65.65**	**13.73**
梅列区	220115	41239	155851	23025	100.00	18.74	70.80	10.46
三元区	187936	31417	134893	21626	100.00	16.72	71.78	11.51
明溪县	98930	16902	67158	14870	100.00	17.08	67.88	15.03
清流县	118029	24808	75696	17525	100.00	21.02	64.13	14.85
宁化县	261579	56701	162550	42328	100.00	21.68	62.14	16.18
大田县	299513	77668	182987	38858	100.00	25.93	61.09	12.97
尤溪县	341638	72381	219514	49743	100.00	21.19	64.25	14.56
沙县	250503	54290	162522	33691	100.00	21.67	64.88	13.45
将乐县	144943	30847	92247	21849	100.00	21.28	63.64	15.07
泰宁县	104071	21924	66006	16141	100.00	21.07	63.42	15.51
建宁县	114400	21729	75180	17491	100.00	18.99	65.72	15.29
永安市	344793	62981	237641	44171	100.00	18.27	68.92	12.81
泉州市	**8782285**	**1810831**	**6180877**	**790577**	**100.00**	**20.62**	**70.38**	**9.00**
鲤城区	428361	82214	310463	35684	100.00	19.19	72.48	8.33
丰泽区	698557	120804	533486	44267	100.00	17.29	76.37	6.34
洛江区	247172	49844	177261	20067	100.00	20.17	71.72	8.12
泉港区	354296	82294	231965	40037	100.00	23.23	65.47	11.30
惠安县	1030626	225061	698263	107302	100.00	21.84	67.75	10.41
安溪县	1003599	253372	643099	107128	100.00	25.25	64.08	10.67
永春县	422531	89397	274279	58855	100.00	21.16	64.91	13.93
德化县	332148	75299	224974	31875	100.00	22.67	67.73	9.60
石狮市	685930	125238	518415	42277	100.00	18.26	75.58	6.16
晋江市	2061551	377872	1545780	137899	100.00	18.33	74.98	6.69
南安市	1517514	329436	1022892	165186	100.00	21.71	67.41	10.89

3-2 续表 单位：人、%

地区	人口数				比重			
	合计	0-14岁	15-64岁	65岁及以上	合计	0-14岁	15-64岁	65岁及以上
漳州市	**5054328**	**1004102**	**3426770**	**623456**	**100.00**	**19.87**	**67.80**	**12.34**
芗城区	638060	105682	464536	67842	100.00	16.56	72.80	10.63
龙文区	301883	65548	214059	22276	100.00	21.71	70.91	7.38
云霄县	411558	81044	276632	53882	100.00	19.69	67.22	13.09
漳浦县	847535	185486	556914	105135	100.00	21.89	65.71	12.40
诏安县	560969	132403	354775	73791	100.00	23.60	63.24	13.15
长泰县	228235	42911	159946	25378	100.00	18.80	70.08	11.12
东山县	219511	40211	150145	29155	100.00	18.32	68.40	13.28
南靖县	305259	51489	207462	46308	100.00	16.87	67.96	15.17
平和县	455042	92112	296455	66475	100.00	20.24	65.15	14.61
华安县	134276	24736	89870	19670	100.00	18.42	66.93	14.65
龙海市	952000	182480	655976	113544	100.00	19.17	68.91	11.93
南平市	**2680645**	**484524**	**1799672**	**396449**	**100.00**	**18.07**	**67.14**	**14.79**
延平区	454605	76668	309469	68468	100.00	16.86	68.07	15.06
建阳区	340843	62890	233597	44356	100.00	18.45	68.54	13.01
顺昌县	179064	27422	121839	29803	100.00	15.31	68.04	16.64
浦城县	297719	51222	191406	55091	100.00	17.20	64.29	18.50
光泽县	130294	23192	88088	19014	100.00	17.80	67.61	14.59
松溪县	130867	26580	85023	19264	100.00	20.31	64.97	14.72
政和县	179413	39983	115470	23960	100.00	22.29	64.36	13.35
邵武市	273721	46140	187211	40370	100.00	16.86	68.39	14.75
武夷山市	259668	47070	183304	29294	100.00	18.13	70.59	11.28
建瓯市	434451	83357	284265	66829	100.00	19.19	65.43	15.38
龙岩市	**2723637**	**595472**	**1765039**	**363126**	**100.00**	**21.86**	**64.80**	**13.33**
新罗区	841745	171915	590718	79112	100.00	20.42	70.18	9.40
永定区	325880	73546	201031	51303	100.00	22.57	61.69	15.74
长汀县	397470	98149	240214	59107	100.00	24.69	60.44	14.87
上杭县	376392	82314	234481	59597	100.00	21.87	62.30	15.83
武平县	278238	61723	171830	44685	100.00	22.18	61.76	16.06
连城县	250518	55512	157779	37227	100.00	22.16	62.98	14.86
漳平市	253394	52313	168986	32095	100.00	20.64	66.69	12.67
宁德市	**3146789**	**649501**	**2097763**	**399525**	**100.00**	**20.64**	**66.66**	**12.70**
蕉城区	623840	128050	438757	57033	100.00	20.53	70.33	9.14
霞浦县	475936	102407	310520	63009	100.00	21.52	65.24	13.24
古田县	323771	58832	211344	53595	100.00	18.17	65.28	16.55
屏南县	139815	28393	90930	20492	100.00	20.31	65.04	14.66
寿宁县	177960	36496	113770	27694	100.00	20.51	63.93	15.56
周宁县	149567	31259	95021	23287	100.00	20.90	63.53	15.57
柘荣县	92989	20514	60470	12005	100.00	22.06	65.03	12.91
福安市	609779	129743	405899	74137	100.00	21.28	66.56	12.16
福鼎市	553132	113807	371052	68273	100.00	20.58	67.08	12.34

3-2a 各地区人口年龄构成(一)(城市)

单位：人、%

地区	人口数				比重			
	合计	0-14岁	15-64岁	65岁及以上	合计	0-14岁	15-64岁	65岁及以上
合计	**17105023**	**3123545**	**12591197**	**1390281**	**100.00**	**18.26**	**73.61**	**8.13**
福州市	**4014789**	**665012**	**2922813**	**426964**	**100.00**	**16.56**	**72.80**	**10.63**
鼓楼区	669090	105851	470888	92351	100.00	15.82	70.38	13.80
台江区	411819	61728	292843	57248	100.00	14.99	71.11	13.90
仓山区	1142991	191404	847370	104217	100.00	16.75	74.14	9.12
马尾区	255442	36093	194394	24955	100.00	14.13	76.10	9.77
晋安区	767633	126468	561240	79925	100.00	16.48	73.11	10.41
长乐区	288848	50723	210096	28029	100.00	17.56	72.74	9.70
闽侯县								
连江县								
罗源县								
闽清县								
永泰县								
平潭县								
福清市	478966	92745	345982	40239	100.00	19.36	72.24	8.40
厦门市	**4363835**	**745331**	**3363735**	**254769**	**100.00**	**17.08**	**77.08**	**5.84**
思明区	1073315	182608	782064	108643	100.00	17.01	72.86	10.12
海沧区	569149	103620	438013	27516	100.00	18.21	76.96	4.83
湖里区	1035087	160279	828316	46492	100.00	15.48	80.02	4.49
集美区	936712	157257	743319	36136	100.00	16.79	79.35	3.86
同安区	626727	119884	477237	29606	100.00	19.13	76.15	4.72
翔安区	122845	21683	94786	6376	100.00	17.65	77.16	5.19
莆田市	**1382456**	**270429**	**977583**	**134444**	**100.00**	**19.56**	**70.71**	**9.73**
城厢区	357282	69266	262975	25041	100.00	19.39	73.60	7.01
涵江区	368017	63125	262819	42073	100.00	17.15	71.41	11.43
荔城区	491136	100693	346543	43900	100.00	20.50	70.56	8.94
秀屿区	166021	37345	105246	23430	100.00	22.49	63.39	14.11
仙游县								
三明市	**588024**	**108913**	**419828**	**59283**	**100.00**	**18.52**	**71.40**	**10.08**
梅列区	203528	38912	144698	19918	100.00	19.12	71.09	9.79
三元区	157976	27826	114587	15563	100.00	17.61	72.53	9.85
明溪县								
清流县								
宁化县								
大田县								
尤溪县								
沙县								
将乐县								
泰宁县								
建宁县								
永安市	226520	42175	160543	23802	100.00	18.62	70.87	10.51
泉州市	**3060264**	**584793**	**2291148**	**184323**	**100.00**	**19.11**	**74.87**	**6.02**
鲤城区	428361	82214	310463	35684	100.00	19.19	72.48	8.33
丰泽区	698557	120804	533486	44267	100.00	17.29	76.37	6.34
洛江区	100873	21862	74828	4183	100.00	21.67	74.18	4.15
泉港区	126227	30746	83805	11676	100.00	24.36	66.39	9.25
惠安县								
安溪县								
永春县								
德化县								
石狮市	426674	81669	324158	20847	100.00	19.14	75.97	4.89
晋江市	1012524	182401	784136	45987	100.00	18.01	77.44	4.54
南安市	267048	65097	180272	21679	100.00	24.38	67.51	8.12

3-2a 续表

单位：人、%

地区	人口数				比重			
	合计	0-14岁	15-64岁	65岁及以上	合计	0-14岁	15-64岁	65岁及以上
漳州市	**1007027**	**186410**	**719656**	**100961**	**100.00**	**18.51**	**71.46**	**10.03**
芗城区	489255	79971	359252	50032	100.00	16.35	73.43	10.23
龙文区	274581	60236	195949	18396	100.00	21.94	71.36	6.70
云霄县								
漳浦县								
诏安县								
长泰县								
东山县								
南靖县								
平和县								
华安县								
龙海市	241955	45880	163707	32368	100.00	18.96	67.66	13.38
南平市	**950059**	**178021**	**673129**	**98909**	**100.00**	**18.74**	**70.85**	**10.41**
延平区	277748	49601	194478	33669	100.00	17.86	70.02	12.12
建阳区	178179	33993	128891	15295	100.00	19.08	72.34	8.58
顺昌县								
浦城县								
光泽县								
松溪县								
政和县								
邵武市	192203	36239	134796	21168	100.00	18.85	70.13	11.01
武夷山市	141862	26528	104214	11120	100.00	18.70	73.46	7.84
建瓯市	160067	31660	110750	17657	100.00	19.78	69.19	11.03
龙岩市	**859065**	**188276**	**603057**	**67732**	**100.00**	**21.92**	**70.20**	**7.88**
新罗区	658143	140180	467975	49988	100.00	21.30	71.11	7.60
永定区	75438	18552	49169	7717	100.00	24.59	65.18	10.23
长汀县								
上杭县								
武平县								
连城县								
漳平市	125484	29544	85913	10027	100.00	23.54	68.47	7.99
宁德市	**879504**	**196360**	**620248**	**62896**	**100.00**	**22.33**	**70.52**	**7.15**
蕉城区	390652	82865	285188	22599	100.00	21.21	73.00	5.78
霞浦县								
古田县								
屏南县								
寿宁县								
周宁县								
柘荣县								
福安市	260986	62136	177483	21367	100.00	23.81	68.00	8.19
福鼎市	227866	51359	157577	18930	100.00	22.54	69.15	8.31

3-2b 各地区人口年龄构成(一)(镇)

单位：人、%

地 区	人口数				比重			
	合计	0-14岁	15-64岁	65岁及以上	合计	0-14岁	15-64岁	65岁及以上
合 计	**11452224**	**2450184**	**7853470**	**1148570**	**100.00**	**21.39**	**68.58**	**10.03**
福州市	**1995453**	**364752**	**1442246**	**188455**	**100.00**	**18.28**	**72.28**	**9.44**
鼓楼区								
台江区								
仓山区								
马尾区								
晋安区	2218	247	1819	152	100.00	11.14	82.01	6.85
长乐区	185413	30705	133011	21697	100.00	16.56	71.74	11.70
闽侯县	593963	85173	467338	41452	100.00	14.34	78.68	6.98
连江县	323972	63649	224511	35812	100.00	19.65	69.30	11.05
罗源县	182607	37671	128673	16263	100.00	20.63	70.46	8.91
闽清县	112260	22818	74937	14505	100.00	20.33	66.75	12.92
永泰县	121768	27457	83122	11189	100.00	22.55	68.26	9.19
平潭县	207444	45070	145646	16728	100.00	21.73	70.21	8.06
福清市	265808	51962	183189	30657	100.00	19.55	68.92	11.53
厦门市	**253416**	**42841**	**196487**	**14088**	**100.00**	**16.91**	**77.54**	**5.56**
思明区								
海沧区								
湖里区	1887	213	1626	48	100.00	11.29	86.17	2.54
集美区	122	12	97	13	100.00	9.84	79.51	10.66
同安区	16150	3433	11134	1583	100.00	21.26	68.94	9.80
翔安区	235257	39183	183630	12444	100.00	16.66	78.06	5.29
莆田市	**630793**	**139888**	**415525**	**75380**	**100.00**	**22.18**	**65.87**	**11.95**
城厢区	36461	8658	23036	4767	100.00	23.75	63.18	13.07
涵江区	12578	2290	7803	2485	100.00	18.21	62.04	19.76
荔城区	8604	2194	5389	1021	100.00	25.50	62.63	11.87
秀屿区	99290	23823	62337	13130	100.00	23.99	62.78	13.22
仙游县	473860	102923	316960	53977	100.00	21.72	66.89	11.39
三明市	**983476**	**240685**	**641395**	**101396**	**100.00**	**24.47**	**65.22**	**10.31**
梅列区	10472	1699	7171	1602	100.00	16.22	68.48	15.30
三元区	6447	927	4450	1070	100.00	14.38	69.02	16.60
明溪县	51851	10462	34739	6650	100.00	20.18	67.00	12.83
清流县	59896	14531	39148	6217	100.00	24.26	65.36	10.38
宁化县	126219	31181	81196	13842	100.00	24.70	64.33	10.97
大田县	162066	49558	101185	11323	100.00	30.58	62.43	6.99
尤溪县	166631	39930	111172	15529	100.00	23.96	66.72	9.32
沙县	176226	40073	116613	19540	100.00	22.74	66.17	11.09
将乐县	85175	20377	54388	10410	100.00	23.92	63.85	12.22
泰宁县	60330	14576	38554	7200	100.00	24.16	63.91	11.93
建宁县	56258	12758	38069	5431	100.00	22.68	67.67	9.65
永安市	21905	4613	14710	2582	100.00	21.06	67.15	11.79
泉州市	**2952387**	**656457**	**2048857**	**247073**	**100.00**	**22.23**	**69.40**	**8.37**
鲤城区								
丰泽区								
洛江区	44176	8175	32994	3007	100.00	18.51	74.69	6.81
泉港区	70963	16346	46553	8064	100.00	23.03	65.60	11.36
惠安县	584053	129165	400572	54316	100.00	22.12	68.58	9.30
安溪县	498061	139395	326744	31922	100.00	27.99	65.60	6.41
永春县	258934	57799	171203	29932	100.00	22.32	66.12	11.56
德化县	259496	64515	179926	15055	100.00	24.86	69.34	5.80
石狮市	163228	26868	123392	12968	100.00	16.46	75.59	7.94
晋江市	403627	73110	300123	30394	100.00	18.11	74.36	7.53
南安市	669849	141084	467350	61415	100.00	21.06	69.77	9.17

3-2b 续表 单位：人、%

地区	人口数				比重			
	合计	0-14岁	15-64岁	65岁及以上	合计	0-14岁	15-64岁	65岁及以上
漳州市	**2094474**	**423886**	**1444859**	**225729**	**100.00**	**20.24**	**68.98**	**10.78**
芗城区	81450	14332	59603	7515	100.00	17.60	73.18	9.23
龙文区								
云霄县	223883	45644	154422	23817	100.00	20.39	68.97	10.64
漳浦县	466953	100366	316539	50048	100.00	21.49	67.79	10.72
诏安县	253937	57850	163780	32307	100.00	22.78	64.50	12.72
长泰县	135414	25390	98500	11524	100.00	18.75	72.74	8.51
东山县	141511	25568	98039	17904	100.00	18.07	69.28	12.65
南靖县	162029	30316	111712	20001	100.00	18.71	68.95	12.34
平和县	215480	44665	144604	26211	100.00	20.73	67.11	12.16
华安县	71401	14055	48525	8821	100.00	19.68	67.96	12.35
龙海市	342416	65700	249135	27581	100.00	19.19	72.76	8.05
南平市	**649039**	**132854**	**433328**	**82857**	**100.00**	**20.47**	**66.76**	**12.77**
延平区	49848	8804	32172	8872	100.00	17.66	64.54	17.80
建阳区	31697	7235	20067	4395	100.00	22.83	63.31	13.87
顺昌县	92001	15438	64164	12399	100.00	16.78	69.74	13.48
浦城县	143301	27162	96129	20010	100.00	18.95	67.08	13.96
光泽县	65611	13410	45562	6639	100.00	20.44	69.44	10.12
松溪县	64444	14893	42777	6774	100.00	23.11	66.38	10.51
政和县	93025	23184	61379	8462	100.00	24.92	65.98	9.10
邵武市	25633	4096	17394	4143	100.00	15.98	67.86	16.16
武夷山市	17446	3098	12376	1972	100.00	17.76	70.94	11.30
建瓯市	66033	15534	41308	9191	100.00	23.52	62.56	13.92
龙岩市	**853558**	**211425**	**543734**	**98399**	**100.00**	**24.77**	**63.70**	**11.53**
新罗区	64191	14064	41912	8215	100.00	21.91	65.29	12.80
永定区	88509	22018	55130	11361	100.00	24.88	62.29	12.84
长汀县	212617	55239	132762	24616	100.00	25.98	62.44	11.58
上杭县	193718	46838	126143	20737	100.00	24.18	65.12	10.70
武平县	147995	37908	93090	16997	100.00	25.61	62.90	11.48
连城县	124550	30243	80589	13718	100.00	24.28	64.70	11.01
漳平市	21978	5115	14108	2755	100.00	23.27	64.19	12.54
宁德市	**1039628**	**237396**	**687039**	**115193**	**100.00**	**22.83**	**66.09**	**11.08**
蕉城区	34847	6901	22348	5598	100.00	19.80	64.13	16.06
霞浦县	289598	69331	191435	28832	100.00	23.94	66.10	9.96
古田县	160506	32318	107186	21002	100.00	20.14	66.78	13.08
屏南县	68975	16717	45216	7042	100.00	24.24	65.55	10.21
寿宁县	88595	21605	57845	9145	100.00	24.39	65.29	10.32
周宁县	78954	18859	50072	10023	100.00	23.89	63.42	12.69
柘荣县	58596	14518	38534	5544	100.00	24.78	65.76	9.46
福安市	136082	28318	92555	15209	100.00	20.81	68.01	11.18
福鼎市	123475	28829	81848	12798	100.00	23.35	66.29	10.36

3-2c　各地区人口年龄构成(一)(乡村)

单位：人、%

地　区	人口数				比重			
	合计	0-14岁	15-64岁	65岁及以上	合计	0-14岁	15-64岁	65岁及以上
合　计	**12982839**	**2451496**	**8460195**	**2071148**	**100.00**	**18.88**	**65.16**	**15.95**
福州市	**2281026**	**386218**	**1538633**	**356175**	**100.00**	**16.93**	**67.45**	**15.61**
鼓楼区								
台江区								
仓山区								
马尾区	35112	3085	26319	5708	100.00	8.79	74.96	16.26
晋安区	19924	2211	13775	3938	100.00	11.10	69.14	19.77
长乐区	316001	48217	223363	44421	100.00	15.26	70.68	14.06
闽侯县	394237	65259	271749	57229	100.00	16.55	68.93	14.52
连江县	315526	50270	214462	50794	100.00	15.93	67.97	16.10
罗源县	72607	9499	47275	15833	100.00	13.08	65.11	21.81
闽清县	143921	25366	91953	26602	100.00	17.62	63.89	18.48
永泰县	159448	26205	102552	30691	100.00	16.43	64.32	19.25
平潭县	178537	31633	115954	30950	100.00	17.72	64.95	17.34
福清市	645713	124473	431231	90009	100.00	19.28	66.78	13.94
厦门市	**546719**	**98110**	**398953**	**49656**	**100.00**	**17.95**	**72.97**	**9.08**
思明区								
海沧区	13370	2004	10627	739	100.00	14.99	79.48	5.53
湖里区								
集美区	100153	17133	77139	5881	100.00	17.11	77.02	5.87
同安区	213043	39711	152328	21004	100.00	18.64	71.50	9.86
翔安区	220153	39262	158859	22032	100.00	17.83	72.16	10.01
莆田市	**1197465**	**255327**	**746521**	**195617**	**100.00**	**21.32**	**62.34**	**16.34**
城厢区	153679	31171	96875	25633	100.00	20.28	63.04	16.68
涵江区	99010	14426	63979	20605	100.00	14.57	64.62	20.81
荔城区	174195	39850	109719	24626	100.00	22.88	62.99	14.14
秀屿区	339373	81452	202108	55813	100.00	24.00	59.55	16.45
仙游县	431208	88428	273840	68940	100.00	20.51	63.51	15.99
三明市	**914950**	**163289**	**571022**	**180639**	**100.00**	**17.85**	**62.41**	**19.74**
梅列区	6115	628	3982	1505	100.00	10.27	65.12	24.61
三元区	23513	2664	15856	4993	100.00	11.33	67.44	21.24
明溪县	47079	6440	32419	8220	100.00	13.68	68.86	17.46
清流县	58133	10277	36548	11308	100.00	17.68	62.87	19.45
宁化县	135360	25520	81354	28486	100.00	18.85	60.10	21.04
大田县	137447	28110	81802	27535	100.00	20.45	59.52	20.03
尤溪县	175007	32451	108342	34214	100.00	18.54	61.91	19.55
沙县	74277	14217	45909	14151	100.00	19.14	61.81	19.05
将乐县	59768	10470	37859	11439	100.00	17.52	63.34	19.14
泰宁县	43741	7348	27452	8941	100.00	16.80	62.76	20.44
建宁县	58142	8971	37111	12060	100.00	15.43	63.83	20.74
永安市	96368	16193	62388	17787	100.00	16.80	64.74	18.46
泉州市	**2769634**	**569581**	**1840872**	**359181**	**100.00**	**20.57**	**66.47**	**12.97**
鲤城区								
丰泽区								
洛江区	102123	19807	69439	12877	100.00	19.40	68.00	12.61
泉港区	157106	35202	101607	20297	100.00	22.41	64.67	12.92
惠安县	446573	95896	297691	52986	100.00	21.47	66.66	11.87
安溪县	505538	113977	316355	75206	100.00	22.55	62.58	14.88
永春县	163597	31598	103076	28923	100.00	19.31	63.01	17.68
德化县	72652	10784	45048	16820	100.00	14.84	62.01	23.15
石狮市	96028	16701	70865	8462	100.00	17.39	73.80	8.81
晋江市	645400	122361	461521	61518	100.00	18.96	71.51	9.53
南安市	580617	123255	375270	82092	100.00	21.23	64.63	14.14

3-2c 续表

单位：人、%

地区	人口数				比重			
	合计	0-14岁	15-64岁	65岁及以上	合计	0-14岁	15-64岁	65岁及以上
漳州市	**1952827**	**393806**	**1262255**	**296766**	**100.00**	**20.17**	**64.64**	**15.20**
芗城区	67355	11379	45681	10295	100.00	16.89	67.82	15.28
龙文区	27302	5312	18110	3880	100.00	19.46	66.33	14.21
云霄县	187675	35400	122210	30065	100.00	18.86	65.12	16.02
漳浦县	380582	85120	240375	55087	100.00	22.37	63.16	14.47
诏安县	305796	74230	190247	41319	100.00	24.27	62.21	13.51
长泰县	92821	17521	61446	13854	100.00	18.88	66.20	14.93
东山县	78000	14643	52106	11251	100.00	18.77	66.80	14.42
南靖县	143230	21173	95750	26307	100.00	14.78	66.85	18.37
平和县	239562	47447	151851	40264	100.00	19.81	63.39	16.81
华安县	62875	10681	41345	10849	100.00	16.99	65.76	17.25
龙海市	367629	70900	243134	53595	100.00	19.29	66.14	14.58
南平市	**1081547**	**173649**	**693215**	**214683**	**100.00**	**16.06**	**64.09**	**19.85**
延平区	127009	18263	82819	25927	100.00	14.38	65.21	20.41
建阳区	130967	21662	84639	24666	100.00	16.54	64.63	18.83
顺昌县	87063	11984	57675	17404	100.00	13.76	66.25	19.99
浦城县	154418	24060	95277	35081	100.00	15.58	61.70	22.72
光泽县	64683	9782	42526	12375	100.00	15.12	65.75	19.13
松溪县	66423	11687	42246	12490	100.00	17.59	63.60	18.80
政和县	86388	16799	54091	15498	100.00	19.45	62.61	17.94
邵武市	55885	5805	35021	15059	100.00	10.39	62.67	26.95
武夷山市	100360	17444	66714	16202	100.00	17.38	66.47	16.14
建瓯市	208351	36163	132207	39981	100.00	17.36	63.45	19.19
龙岩市	**1011014**	**195771**	**618248**	**196995**	**100.00**	**19.36**	**61.15**	**19.48**
新罗区	119411	17671	80831	20909	100.00	14.80	67.69	17.51
永定区	161933	32976	96732	32225	100.00	20.36	59.74	19.90
长汀县	184853	42910	107452	34491	100.00	23.21	58.13	18.66
上杭县	182674	35476	108338	38860	100.00	19.42	59.31	21.27
武平县	130243	23815	78740	27688	100.00	18.29	60.46	21.26
连城县	125968	25269	77190	23509	100.00	20.06	61.28	18.66
漳平市	105932	17654	68965	19313	100.00	16.67	65.10	18.23
宁德市	**1227657**	**215745**	**790476**	**221436**	**100.00**	**17.57**	**64.39**	**18.04**
蕉城区	198341	38284	131221	28836	100.00	19.30	66.16	14.54
霞浦县	186338	33076	119085	34177	100.00	17.75	63.91	18.34
古田县	163265	26514	104158	32593	100.00	16.24	63.80	19.96
屏南县	70840	11676	45714	13450	100.00	16.48	64.53	18.99
寿宁县	89365	14891	55925	18549	100.00	16.66	62.58	20.76
周宁县	70613	12400	44949	13264	100.00	17.56	63.66	18.78
柘荣县	34393	5996	21936	6461	100.00	17.43	63.78	18.79
福安市	212711	39289	135861	37561	100.00	18.47	63.87	17.66
福鼎市	201791	33619	131627	36545	100.00	16.66	65.23	18.11

3-3　各地区人口年龄构成(二)

单位：人、%

地　区	人　口　数				比　重			
	合计	0-15岁	16-59岁	60岁及以上	合计	0-15岁	16-59岁	60岁及以上
合　计	**41540086**	**8453900**	**26448317**	**6637869**	**100.00**	**20.35**	**63.67**	**15.98**
福州市	**8291268**	**1502762**	**5398517**	**1389989**	**100.00**	**18.12**	**65.11**	**16.76**
鼓楼区	669090	112410	428538	128142	100.00	16.80	64.05	19.15
台江区	411819	64947	264495	82377	100.00	15.77	64.23	20.00
仓山区	1142991	204265	783693	155033	100.00	17.87	68.57	13.56
马尾区	290554	42697	203312	44545	100.00	14.70	69.97	15.33
晋安区	789775	136461	529677	123637	100.00	17.28	67.07	15.65
长乐区	790262	137122	518429	134711	100.00	17.35	65.60	17.05
闽侯县	988200	159114	687046	142040	100.00	16.10	69.52	14.37
连江县	639498	120469	395608	123421	100.00	18.84	61.86	19.30
罗源县	255214	49359	159808	46047	100.00	19.34	62.62	18.04
闽清县	256181	51137	147984	57060	100.00	19.96	57.77	22.27
永泰县	281216	56779	166439	57998	100.00	20.19	59.19	20.62
平潭县	385981	81165	239368	65448	100.00	21.03	62.02	16.96
福清市	1390487	286837	874120	229530	100.00	20.63	62.86	16.51
厦门市	**5163970**	**927092**	**3743299**	**493579**	**100.00**	**17.95**	**72.49**	**9.56**
思明区	1073315	189621	724117	159577	100.00	17.67	67.47	14.87
海沧区	582519	110160	425997	46362	100.00	18.91	73.13	7.96
湖里区	1036974	167025	794902	75047	100.00	16.11	76.66	7.24
集美区	1036987	183989	783853	69145	100.00	17.74	75.59	6.67
同安区	855920	171125	604293	80502	100.00	19.99	70.60	9.41
翔安区	578255	105172	410137	62946	100.00	18.19	70.93	10.89
莆田市	**3210714**	**706263**	**1926922**	**577529**	**100.00**	**22.00**	**60.02**	**17.99**
城厢区	547422	115635	350684	81103	100.00	21.12	64.06	14.82
涵江区	479605	84921	303250	91434	100.00	17.71	63.23	19.06
荔城区	673935	151087	421972	100876	100.00	22.42	62.61	14.97
秀屿区	604684	151028	325331	128325	100.00	24.98	53.80	21.22
仙游县	905068	203592	525685	175791	100.00	22.49	58.08	19.42
三明市	**2486450**	**539963**	**1469670**	**476817**	**100.00**	**21.72**	**59.11**	**19.18**
梅列区	220115	43450	143953	32712	100.00	19.74	65.40	14.86
三元区	187936	33885	123856	30195	100.00	18.03	65.90	16.07
明溪县	98930	17699	60402	20829	100.00	17.89	61.06	21.05
清流县	118029	25996	67857	24176	100.00	22.03	57.49	20.48
宁化县	261579	59633	143869	58077	100.00	22.80	55.00	22.20
大田县	299513	80861	165424	53228	100.00	27.00	55.23	17.77
尤溪县	341638	75458	194712	71468	100.00	22.09	56.99	20.92
沙县	250503	58219	145199	47085	100.00	23.24	57.96	18.80
将乐县	144943	32226	82122	30595	100.00	22.23	56.66	21.11
泰宁县	104071	22937	59393	21741	100.00	22.04	57.07	20.89
建宁县	114400	22826	66861	24713	100.00	19.95	58.44	21.60
永安市	344793	66773	216022	61998	100.00	19.37	62.65	17.98
泉州市	**8782285**	**1900079**	**5722117**	**1160089**	**100.00**	**21.64**	**65.16**	**13.21**
鲤城区	428361	86483	288697	53181	100.00	20.19	67.40	12.41
丰泽区	698557	129528	500397	68632	100.00	18.54	71.63	9.82
洛江区	247172	52620	164879	29673	100.00	21.29	66.71	12.01
泉港区	354296	85344	210085	58867	100.00	24.09	59.30	16.62
惠安县	1030626	234896	641796	153934	100.00	22.79	62.27	14.94
安溪县	1003599	267048	582197	154354	100.00	26.61	58.01	15.38
永春县	422531	93888	245784	82859	100.00	22.22	58.17	19.61
德化县	332148	78501	207021	46626	100.00	23.63	62.33	14.04
石狮市	685930	131717	488357	65856	100.00	19.20	71.20	9.60
晋江市	2061551	396262	1456990	208299	100.00	19.22	70.67	10.10
南安市	1517514	343792	935914	237808	100.00	22.65	61.67	15.67

3-3 续表

单位：人、%

地　　区	人　口　数				比　　重			
	合计	0-15岁	16-59岁	60岁及以上	合计	0-15岁	16-59岁	60岁及以上
漳州市	**5054328**	**1059542**	**3088239**	**906547**	**100.00**	**20.96**	**61.10**	**17.94**
芗城区	638060	112917	424946	100197	100.00	17.70	66.60	15.70
龙文区	301883	68299	199218	34366	100.00	22.62	65.99	11.38
云霄县	411558	86193	248749	76616	100.00	20.94	60.44	18.62
漳浦县	847535	193959	503055	150521	100.00	22.89	59.36	17.76
诏安县	560969	138738	315582	106649	100.00	24.73	56.26	19.01
长泰县	228235	44525	145380	38330	100.00	19.51	63.70	16.79
东山县	219511	42139	135756	41616	100.00	19.20	61.84	18.96
南靖县	305259	55565	182926	66768	100.00	18.20	59.92	21.87
平和县	455042	98636	259941	96465	100.00	21.68	57.12	21.20
华安县	134276	26214	79685	28377	100.00	19.52	59.34	21.13
龙海市	952000	192357	593001	166642	100.00	20.21	62.29	17.50
南平市	**2680645**	**513448**	**1608397**	**558800**	**100.00**	**19.15**	**60.00**	**20.85**
延平区	454605	81554	277123	95928	100.00	17.94	60.96	21.10
建阳区	340843	67254	209128	64461	100.00	19.73	61.36	18.91
顺昌县	179064	29373	107516	42175	100.00	16.40	60.04	23.55
浦城县	297719	55001	168020	74698	100.00	18.47	56.44	25.09
光泽县	130294	24543	80185	25566	100.00	18.84	61.54	19.62
松溪县	130867	27738	75787	27342	100.00	21.20	57.91	20.89
政和县	179413	41599	104179	33635	100.00	23.19	58.07	18.75
邵武市	273721	48755	168219	56747	100.00	17.81	61.46	20.73
武夷山市	259668	49755	167815	42098	100.00	19.16	64.63	16.21
建瓯市	434451	87876	250425	96150	100.00	20.23	57.64	22.13
龙岩市	**2723637**	**623767**	**1603033**	**496837**	**100.00**	**22.90**	**58.86**	**18.24**
新罗区	841745	180466	546360	114919	100.00	21.44	64.91	13.65
永定区	325880	77167	179630	69083	100.00	23.68	55.12	21.20
长汀县	397470	102877	215668	78925	100.00	25.88	54.26	19.86
上杭县	376392	86192	210874	79326	100.00	22.90	56.03	21.08
武平县	278238	64500	155921	57817	100.00	23.18	56.04	20.78
连城县	250518	57769	141601	51148	100.00	23.06	56.52	20.42
漳平市	253394	54796	152979	45619	100.00	21.62	60.37	18.00
宁德市	**3146789**	**680984**	**1888123**	**577682**	**100.00**	**21.64**	**60.00**	**18.36**
蕉城区	623840	133665	407256	82919	100.00	21.43	65.28	13.29
霞浦县	475936	106738	276967	92231	100.00	22.43	58.19	19.38
古田县	323771	61506	186155	76110	100.00	19.00	57.50	23.51
屏南县	139815	29764	80415	29636	100.00	21.29	57.52	21.20
寿宁县	177960	38756	100402	38802	100.00	21.78	56.42	21.80
周宁县	149567	32962	83781	32824	100.00	22.04	56.02	21.95
柘荣县	92989	21607	54542	16840	100.00	23.24	58.65	18.11
福安市	609779	137302	364573	107904	100.00	22.52	59.79	17.70
福鼎市	553132	118684	334032	100416	100.00	21.46	60.39	18.15

3-3a　各地区人口年龄构成(二)(城市)

单位：人、%

地　区	人口数				比重			
	合计	0-15岁	16-59岁	60岁及以上	合计	0-15岁	16-59岁	60岁及以上
合　计	**17105023**	**3304724**	**11724872**	**2075427**	**100.00**	**19.32**	**68.55**	**12.13**
福州市	**4014789**	**709647**	**2685387**	**619755**	**100.00**	**17.68**	**66.89**	**15.44**
鼓楼区	669090	112410	428538	128142	100.00	16.80	64.05	19.15
台江区	411819	64947	264495	82377	100.00	15.77	64.23	20.00
仓山区	1142991	204265	783693	155033	100.00	17.87	68.57	13.56
马尾区	255442	39419	179775	36248	100.00	15.43	70.38	14.19
晋安区	767633	133879	515795	117959	100.00	17.44	67.19	15.37
长乐区	288848	54249	194016	40583	100.00	18.78	67.17	14.05
闽侯县								
连江县								
罗源县								
闽清县								
永泰县								
平潭县								
福清市	478966	100478	319075	59413	100.00	20.98	66.62	12.40
厦门市	**4363835**	**780218**	**3186843**	**396774**	**100.00**	**17.88**	**73.03**	**9.09**
思明区	1073315	189621	724117	159577	100.00	17.67	67.47	14.87
海沧区	569149	108117	415815	45217	100.00	19.00	73.06	7.94
湖里区	1035087	166806	793309	74972	100.00	16.12	76.64	7.24
集美区	936712	165850	710887	59975	100.00	17.71	75.89	6.40
同安区	626727	125832	454062	46833	100.00	20.08	72.45	7.47
翔安区	122845	23992	88653	10200	100.00	19.53	72.17	8.30
莆田市	**1382456**	**288477**	**899152**	**194827**	**100.00**	**20.87**	**65.04**	**14.09**
城厢区	357282	73693	245646	37943	100.00	20.63	68.75	10.62
涵江区	368017	67611	240386	60020	100.00	18.37	65.32	16.31
荔城区	491136	106593	320243	64300	100.00	21.70	65.20	13.09
秀屿区	166021	40580	92877	32564	100.00	24.44	55.94	19.61
仙游县								
三明市	**588024**	**116276**	**387627**	**84121**	**100.00**	**19.77**	**65.92**	**14.31**
梅列区	203528	41052	133908	28568	100.00	20.17	65.79	14.04
三元区	157976	30159	105947	21870	100.00	19.09	67.07	13.84
明溪县								
清流县								
宁化县								
大田县								
尤溪县								
沙县								
将乐县								
泰宁县								
建宁县								
永安市	226520	45065	147772	33683	100.00	19.89	65.24	14.87
泉州市	**3060264**	**616167**	**2159179**	**284918**	**100.00**	**20.13**	**70.56**	**9.31**
鲤城区	428361	86483	288697	53181	100.00	20.19	67.40	12.41
丰泽区	698557	129528	500397	68632	100.00	18.54	71.63	9.82
洛江区	100873	22824	70722	7327	100.00	22.63	70.11	7.26
泉港区	126227	31988	76812	17427	100.00	25.34	60.85	13.81
惠安县								
安溪县								
永春县								
德化县								
石狮市	426674	86140	307390	33144	100.00	20.19	72.04	7.77
晋江市	1012524	190924	748526	73074	100.00	18.86	73.93	7.22
南安市	267048	68280	166635	32133	100.00	25.57	62.40	12.03

3-3a 续表

单位：人、%

地区	人口数				比重			
	合计	0-15岁	16-59岁	60岁及以上	合计	0-15岁	16-59岁	60岁及以上
漳州市	**1007027**	**197641**	**660007**	**149379**	**100.00**	**19.63**	**65.54**	**14.83**
芗城区	489255	86095	329069	74091	100.00	17.60	67.26	15.14
龙文区	274581	62785	183135	28661	100.00	22.87	66.70	10.44
云霄县								
漳浦县								
诏安县								
长泰县								
东山县								
南靖县								
平和县								
华安县								
龙海市	241955	48427	147161	46367	100.00	20.01	60.82	19.16
南平市	**950059**	**190763**	**612097**	**147199**	**100.00**	**20.08**	**64.43**	**15.49**
延平区	277748	52844	175724	49180	100.00	19.03	63.27	17.71
建阳区	178179	37200	117264	23715	100.00	20.88	65.81	13.31
顺昌县								
浦城县								
光泽县								
松溪县								
政和县								
邵武市	192203	38476	122760	30967	100.00	20.02	63.87	16.11
武夷山市	141862	28010	97049	16803	100.00	19.74	68.41	11.84
建瓯市	160067	34233	99300	26534	100.00	21.39	62.04	16.58
龙岩市	**859065**	**198958**	**560139**	**99968**	**100.00**	**23.16**	**65.20**	**11.64**
新罗区	658143	147591	435947	74605	100.00	22.43	66.24	11.34
永定区	75438	20009	44701	10728	100.00	26.52	59.26	14.22
长汀县								
上杭县								
武平县								
连城县								
漳平市	125484	31358	79491	14635	100.00	24.99	63.35	11.66
宁德市	**879504**	**206577**	**574441**	**98486**	**100.00**	**23.49**	**65.31**	**11.20**
蕉城区	390652	86789	268267	35596	100.00	22.22	68.67	9.11
霞浦县								
古田县								
屏南县								
寿宁县								
周宁县								
柘荣县								
福安市	260986	65863	162134	32989	100.00	25.24	62.12	12.64
福鼎市	227866	53925	144040	29901	100.00	23.67	63.21	13.12

3-3b　各地区人口年龄构成(二)(镇)

单位：人、%

地　区	人口数				比重			
	合计	0-15岁	16-59岁	60岁及以上	合计	0-15岁	16-59岁	60岁及以上
合　计	**11452224**	**2589533**	**7187297**	**1675394**	**100.00**	**22.61**	**62.76**	**14.63**
福州市	**1995453**	**386411**	**1333063**	**275979**	**100.00**	**19.36**	**66.81**	**13.83**
鼓楼区								
台江区								
仓山区								
马尾区								
晋安区	2218	272	1698	248	100.00	12.26	76.56	11.18
长乐区	185413	32456	121653	31304	100.00	17.50	65.61	16.88
闽侯县	593963	90005	442106	61852	100.00	15.15	74.43	10.41
连江县	323972	67264	204467	52241	100.00	20.76	63.11	16.13
罗源县	182607	39451	118412	24744	100.00	21.60	64.85	13.55
闽清县	112260	24557	67228	20475	100.00	21.88	59.89	18.24
永泰县	121768	29255	76167	16346	100.00	24.03	62.55	13.42
平潭县	207444	47857	135074	24513	100.00	23.07	65.11	11.82
福清市	265808	55294	166258	44256	100.00	20.80	62.55	16.65
厦门市	**253416**	**44478**	**186706**	**22232**	**100.00**	**17.55**	**73.68**	**8.77**
思明区								
海沧区								
湖里区	1887	219	1593	75	100.00	11.61	84.42	3.97
集美区	122	13	88	21	100.00	10.66	72.13	17.21
同安区	16150	3527	10249	2374	100.00	21.84	63.46	14.70
翔安区	235257	40719	174776	19762	100.00	17.31	74.29	8.40
莆田市	**630793**	**150488**	**371212**	**109093**	**100.00**	**23.86**	**58.85**	**17.29**
城厢区	36461	9392	20254	6815	100.00	25.76	55.55	18.69
涵江区	12578	2356	6789	3433	100.00	18.73	53.98	27.29
荔城区	8604	2309	4828	1467	100.00	26.84	56.11	17.05
秀屿区	99290	25500	55476	18314	100.00	25.68	55.87	18.44
仙游县	473860	110931	283865	79064	100.00	23.41	59.90	16.69
三明市	**983476**	**254948**	**581339**	**147189**	**100.00**	**25.92**	**59.11**	**14.97**
梅列区	10472	1746	6591	2135	100.00	16.67	62.94	20.39
三元区	6447	952	3973	1522	100.00	14.77	61.63	23.61
明溪县	51851	11016	31330	9505	100.00	21.25	60.42	18.33
清流县	59896	15345	35827	8724	100.00	25.62	59.82	14.57
宁化县	126219	33004	73254	19961	100.00	26.15	58.04	15.81
大田县	162066	52050	93599	16417	100.00	32.12	57.75	10.13
尤溪县	166631	42263	100871	23497	100.00	25.36	60.54	14.10
沙县	176226	43434	104446	28346	100.00	24.65	59.27	16.09
将乐县	85175	21379	48695	15101	100.00	25.10	57.17	17.73
泰宁县	60330	15377	34890	10063	100.00	25.49	57.83	16.68
建宁县	56258	13499	34549	8210	100.00	23.99	61.41	14.59
永安市	21905	4883	13314	3708	100.00	22.29	60.78	16.93
泉州市	**2952387**	**690573**	**1896897**	**364917**	**100.00**	**23.39**	**64.25**	**12.36**
鲤城区								
丰泽区								
洛江区	44176	8669	31064	4443	100.00	19.62	70.32	10.06
泉港区	70963	16837	42370	11756	100.00	23.73	59.71	16.57
惠安县	584053	135634	369510	78909	100.00	23.22	63.27	13.51
安溪县	498061	147461	302687	47913	100.00	29.61	60.77	9.62
永春县	258934	60848	155461	42625	100.00	23.50	60.04	16.46
德化县	259496	67329	168456	23711	100.00	25.95	64.92	9.14
石狮市	163228	28232	115136	19860	100.00	17.30	70.54	12.17
晋江市	403627	77819	279734	46074	100.00	19.28	69.31	11.41
南安市	669849	147744	432479	89626	100.00	22.06	64.56	13.38

3-3b 续表

单位：人、%

地区	人口数				比重			
	合计	0-15岁	16-59岁	60岁及以上	合计	0-15岁	16-59岁	60岁及以上
漳州市	**2094474**	**449235**	**1313973**	**331266**	**100.00**	**21.45**	**62.74**	**15.82**
芗城区	81450	14980	55231	11239	100.00	18.39	67.81	13.80
龙文区								
云霄县	223883	48847	140400	34636	100.00	21.82	62.71	15.47
漳浦县	466953	105824	288937	72192	100.00	22.66	61.88	15.46
诏安县	253937	60947	146184	46806	100.00	24.00	57.57	18.43
长泰县	135414	26539	91261	17614	100.00	19.60	67.39	13.01
东山县	141511	26851	89072	25588	100.00	18.97	62.94	18.08
南靖县	162029	32398	100116	29515	100.00	20.00	61.79	18.22
平和县	215480	48043	128674	38763	100.00	22.30	59.72	17.99
华安县	71401	14843	43702	12856	100.00	20.79	61.21	18.01
龙海市	342416	69963	230396	42057	100.00	20.43	67.29	12.28
南平市	**649039**	**141157**	**389402**	**118480**	**100.00**	**21.75**	**60.00**	**18.25**
延平区	49848	9296	28438	12114	100.00	18.65	57.05	24.30
建阳区	31697	7518	17839	6340	100.00	23.72	56.28	20.00
顺昌县	92001	16904	57263	17834	100.00	18.37	62.24	19.38
浦城县	143301	29387	85635	28279	100.00	20.51	59.76	19.73
光泽县	65611	14265	41687	9659	100.00	21.74	63.54	14.72
松溪县	64444	15671	38829	9944	100.00	24.32	60.25	15.43
政和县	93025	24271	56577	12177	100.00	26.09	60.82	13.09
邵武市	25633	4265	15571	5797	100.00	16.64	60.75	22.62
武夷山市	17446	3582	11008	2856	100.00	20.53	63.10	16.37
建瓯市	66033	15998	36555	13480	100.00	24.23	55.36	20.41
龙岩市	**853558**	**222326**	**495794**	**135438**	**100.00**	**26.05**	**58.09**	**15.87**
新罗区	64191	14437	38267	11487	100.00	22.49	59.61	17.90
永定区	88509	23063	49739	15707	100.00	26.06	56.20	17.75
长汀县	212617	58517	120451	33649	100.00	27.52	56.65	15.83
上杭县	193718	49362	115629	28727	100.00	25.48	59.69	14.83
武平县	147995	39947	85551	22497	100.00	26.99	57.81	15.20
连城县	124550	31743	73389	19418	100.00	25.49	58.92	15.59
漳平市	21978	5257	12768	3953	100.00	23.92	58.09	17.99
宁德市	**1039628**	**249917**	**618911**	**170800**	**100.00**	**24.04**	**59.53**	**16.43**
蕉城区	34847	7271	19895	7681	100.00	20.87	57.09	22.04
霞浦县	289598	72568	173048	43982	100.00	25.06	59.75	15.19
古田县	160506	33998	95758	30750	100.00	21.18	59.66	19.16
屏南县	68975	17664	40801	10510	100.00	25.61	59.15	15.24
寿宁县	88595	23129	52073	13393	100.00	26.11	58.78	15.12
周宁县	78954	19907	44563	14484	100.00	25.21	56.44	18.34
柘荣县	58596	15352	35146	8098	100.00	26.20	59.98	13.82
福安市	136082	29962	83741	22379	100.00	22.02	61.54	16.45
福鼎市	123475	30066	73886	19523	100.00	24.35	59.84	15.81

3-3c 各地区人口年龄构成(二)(乡村)

单位：人、%

地 区	人口数				比重			
	合计	0-15岁	16-59岁	60岁及以上	合计	0-15岁	16-59岁	60岁及以上
合 计	**12982839**	**2559643**	**7536148**	**2887048**	**100.00**	**19.72**	**58.05**	**22.24**
福州市	**2281026**	**406704**	**1380067**	**494255**	**100.00**	**17.83**	**60.50**	**21.67**
鼓楼区								
台江区								
仓山区								
马尾区	35112	3278	23537	8297	100.00	9.34	67.03	23.63
晋安区	19924	2310	12184	5430	100.00	11.59	61.15	27.25
长乐区	316001	50417	202760	62824	100.00	15.95	64.16	19.88
闽侯县	394237	69109	244940	80188	100.00	17.53	62.13	20.34
连江县	315526	53205	191141	71180	100.00	16.86	60.58	22.56
罗源县	72607	9908	41396	21303	100.00	13.65	57.01	29.34
闽清县	143921	26580	80756	36585	100.00	18.47	56.11	25.42
永泰县	159448	27524	90272	41652	100.00	17.26	56.62	26.12
平潭县	178537	33308	104294	40935	100.00	18.66	58.42	22.93
福清市	645713	131065	388787	125861	100.00	20.30	60.21	19.49
厦门市	**546719**	**102396**	**369750**	**74573**	**100.00**	**18.73**	**67.63**	**13.64**
思明区								
海沧区	13370	2043	10182	1145	100.00	15.28	76.16	8.56
湖里区								
集美区	100153	18126	72878	9149	100.00	18.10	72.77	9.14
同安区	213043	41766	139982	31295	100.00	19.60	65.71	14.69
翔安区	220153	40461	146708	32984	100.00	18.38	66.64	14.98
莆田市	**1197465**	**267298**	**656558**	**273609**	**100.00**	**22.32**	**54.83**	**22.85**
城厢区	153679	32550	84784	36345	100.00	21.18	55.17	23.65
涵江区	99010	14954	56075	27981	100.00	15.10	56.64	28.26
荔城区	174195	42185	96901	35109	100.00	24.22	55.63	20.15
秀屿区	339373	84948	176978	77447	100.00	25.03	52.15	22.82
仙游县	431208	92661	241820	96727	100.00	21.49	56.08	22.43
三明市	**914950**	**168739**	**500704**	**245507**	**100.00**	**18.44**	**54.72**	**26.83**
梅列区	6115	652	3454	2009	100.00	10.66	56.48	32.85
三元区	23513	2774	13936	6803	100.00	11.80	59.27	28.93
明溪县	47079	6683	29072	11324	100.00	14.20	61.75	24.05
清流县	58133	10651	32030	15452	100.00	18.32	55.10	26.58
宁化县	135360	26629	70615	38116	100.00	19.67	52.17	28.16
大田县	137447	28811	71825	36811	100.00	20.96	52.26	26.78
尤溪县	175007	33195	93841	47971	100.00	18.97	53.62	27.41
沙县	74277	14785	40753	18739	100.00	19.91	54.87	25.23
将乐县	59768	10847	33427	15494	100.00	18.15	55.93	25.92
泰宁县	43741	7560	24503	11678	100.00	17.28	56.02	26.70
建宁县	58142	9327	32312	16503	100.00	16.04	55.57	28.38
永安市	96368	16825	54936	24607	100.00	17.46	57.01	25.53
泉州市	**2769634**	**593339**	**1666041**	**510254**	**100.00**	**21.42**	**60.15**	**18.42**
鲤城区								
丰泽区								
洛江区	102123	21127	63093	17903	100.00	20.69	61.78	17.53
泉港区	157106	36519	90903	29684	100.00	23.24	57.86	18.89
惠安县	446573	99262	272286	75025	100.00	22.23	60.97	16.80
安溪县	505538	119587	279510	106441	100.00	23.66	55.29	21.05
永春县	163597	33040	90323	40234	100.00	20.20	55.21	24.59
德化县	72652	11172	38565	22915	100.00	15.38	53.08	31.54
石狮市	96028	17345	65831	12852	100.00	18.06	68.55	13.38
晋江市	645400	127519	428730	89151	100.00	19.76	66.43	13.81
南安市	580617	127768	336800	116049	100.00	22.01	58.01	19.99

3-3c　续表　　　　单位：人、%

地　区	人口数				比重			
	合计	0-15岁	16-59岁	60岁及以上	合计	0-15岁	16-59岁	60岁及以上
漳州市	**1952827**	**412666**	**1114259**	**425902**	**100.00**	**21.13**	**57.06**	**21.81**
芗城区	67355	11842	40646	14867	100.00	17.58	60.35	22.07
龙文区	27302	5514	16083	5705	100.00	20.20	58.91	20.90
云霄县	187675	37346	108349	41980	100.00	19.90	57.73	22.37
漳浦县	380582	88135	214118	78329	100.00	23.16	56.26	20.58
诏安县	305796	77457	168756	59583	100.00	25.33	55.19	19.48
长泰县	92821	17986	54119	20716	100.00	19.38	58.30	22.32
东山县	78000	15288	46684	16028	100.00	19.60	59.85	20.55
南靖县	143230	23167	82810	37253	100.00	16.17	57.82	26.01
平和县	239562	50593	131267	57702	100.00	21.12	54.79	24.09
华安县	62875	11371	35983	15521	100.00	18.09	57.23	24.69
龙海市	367629	73967	215444	78218	100.00	20.12	58.60	21.28
南平市	**1081547**	**181528**	**606898**	**293121**	**100.00**	**16.78**	**56.11**	**27.10**
延平区	127009	19414	72961	34634	100.00	15.29	57.45	27.27
建阳区	130967	22536	74025	34406	100.00	17.21	56.52	26.27
顺昌县	87063	12469	50253	24341	100.00	14.32	57.72	27.96
浦城县	154418	25614	82385	46419	100.00	16.59	53.35	30.06
光泽县	64683	10278	38498	15907	100.00	15.89	59.52	24.59
松溪县	66423	12067	36958	17398	100.00	18.17	55.64	26.19
政和县	86388	17328	47602	21458	100.00	20.06	55.10	24.84
邵武市	55885	6014	29888	19983	100.00	10.76	53.48	35.76
武夷山市	100360	18163	59758	22439	100.00	18.10	59.54	22.36
建瓯市	208351	37645	114570	56136	100.00	18.07	54.99	26.94
龙岩市	**1011014**	**202483**	**547100**	**261431**	**100.00**	**20.03**	**54.11**	**25.86**
新罗区	119411	18438	72146	28827	100.00	15.44	60.42	24.14
永定区	161933	34095	85190	42648	100.00	21.06	52.61	26.34
长汀县	184853	44360	95217	45276	100.00	24.00	51.51	24.49
上杭县	182674	36830	95245	50599	100.00	20.16	52.14	27.70
武平县	130243	24553	70370	35320	100.00	18.85	54.03	27.12
连城县	125968	26026	68212	31730	100.00	20.66	54.15	25.19
漳平市	105932	18181	60720	27031	100.00	17.16	57.32	25.52
宁德市	**1227657**	**224490**	**694771**	**308396**	**100.00**	**18.29**	**56.59**	**25.12**
蕉城区	198341	39605	119094	39642	100.00	19.97	60.05	19.99
霞浦县	186338	34170	103919	48249	100.00	18.34	55.77	25.89
古田县	163265	27508	90397	45360	100.00	16.85	55.37	27.78
屏南县	70840	12100	39614	19126	100.00	17.08	55.92	27.00
寿宁县	89365	15627	48329	25409	100.00	17.49	54.08	28.43
周宁县	70613	13055	39218	18340	100.00	18.49	55.54	25.97
柘荣县	34393	6255	19396	8742	100.00	18.19	56.40	25.42
福安市	212711	41477	118698	52536	100.00	19.50	55.80	24.70
福鼎市	201791	34693	116106	50992	100.00	17.19	57.54	25.27

第一部分　全部数据资料

第四卷　教育

4-1 全省分年龄、性别、受教育程度的3岁及以上人口

单位：人

年 龄	3岁及以上人口			未上过学		
	合计	男	女	小计	男	女
总 计	**40214295**	**20748300**	**19465995**	**1525902**	**385462**	**1140440**
3	625966	337895	288071	164874	89565	75309
4	597587	324405	273182	51848	27903	23945
5-9岁	**2993870**	**1627920**	**1365950**	**36762**	**20201**	**16561**
5	610100	332369	277731	23901	13213	10688
6	630412	344261	286151	7824	4268	3556
7	593771	321486	272285	2194	1163	1031
8	626379	340214	286165	1621	887	734
9	533208	289590	243618	1222	670	552
10-14岁	**2482011**	**1342664**	**1139347**	**6674**	**3556**	**3118**
10	499618	271535	228083	1237	655	582
11	522636	283628	239008	1471	783	688
12	516680	279596	237084	1577	811	766
13	487688	263413	224275	1350	726	624
14	455389	244492	210897	1039	581	458
15-19岁	**2012096**	**1081131**	**930965**	**2766**	**1680**	**1086**
15	428675	230351	198324	618	368	250
16	419130	225807	193323	525	307	218
17	391848	211593	180255	524	328	196
18	375620	202642	172978	546	332	214
19	396823	210738	186085	553	345	208
20-24岁	**2039363**	**1098046**	**941317**	**3017**	**1845**	**1172**
20	405693	214891	190802	605	371	234
21	374309	199973	174336	558	357	201
22	405061	218961	186100	564	344	220
23	413028	224253	188775	632	387	245
24	441272	239968	201304	658	386	272
25-29岁	**2863711**	**1528514**	**1335197**	**4564**	**2594**	**1970**
25	517190	281558	235632	791	461	330
26	508898	274481	234417	831	488	343
27	540825	288209	252616	864	505	359
28	588116	312245	275871	939	523	416
29	708682	372021	336661	1139	617	522
30-34岁	**4001865**	**2049194**	**1952671**	**7829**	**3893**	**3936**
30	878625	453697	424928	1500	788	712
31	841983	428723	413260	1601	841	760
32	777120	395825	381295	1596	766	830
33	791333	405397	385936	1614	785	829
34	712804	365552	347252	1518	713	805
35-39岁	**3325154**	**1704483**	**1620671**	**9728**	**4016**	**5712**
35	676065	346793	329272	1635	761	874
36	691628	354671	336957	1780	794	986
37	650312	333708	316604	1859	792	1067
38	731785	374766	357019	2301	913	1388
39	575364	294545	280819	2153	756	1397
40-44岁	**3011449**	**1544982**	**1466467**	**19607**	**5579**	**14028**
40	481968	247038	234930	2224	742	1482
41	590464	303809	286655	3154	969	2185
42	625432	320175	305257	3963	1202	2761
43	630589	323442	307147	4568	1246	3322
44	682996	350518	332478	5698	1420	4278

4-1 续表 1　　单位：人

年龄	3岁及以上人口			未上过学		
	合计	男	女	小计	男	女
45-49岁	**3557534**	**1818519**	**1739015**	**47622**	**10072**	**37550**
45	659632	338210	321422	6539	1544	4995
46	694816	356087	338729	8004	1766	6238
47	737034	377563	359471	9667	2050	7617
48	716983	365794	351189	10730	2190	8540
49	749069	380865	368204	12682	2522	10160
50-54岁	**3362556**	**1711798**	**1650758**	**88542**	**15935**	**72607**
50	716380	363811	352569	13997	2606	11391
51	691896	352841	339055	16257	3100	13157
52	724166	368651	355515	18911	3344	15567
53	589129	298941	290188	17996	3143	14853
54	640985	327554	313431	21381	3742	17639
55-59岁	**2703264**	**1363368**	**1339896**	**116552**	**17987**	**98565**
55	641939	327400	314539	23823	3950	19873
56	572603	288687	283916	22659	3607	19052
57	714627	361836	352791	30320	4715	25605
58	515370	259017	256353	25009	3640	21369
59	258725	126428	132297	14741	2075	12666
60-64岁	**2027870**	**1021219**	**1006651**	**162267**	**27769**	**134498**
60	377059	190536	186523	24156	3953	20203
61	363805	185101	178704	26999	4746	22253
62	430390	217827	212563	35123	6110	29013
63	474994	239290	235704	41272	7091	34181
64	381622	188465	193157	34717	5869	28848
65-69岁	**1819219**	**887915**	**931304**	**193485**	**32818**	**160667**
65	420209	208152	212057	40737	6837	33900
66	398464	194856	203608	40500	6616	33884
67	358952	174055	184897	39182	6637	32545
68	351592	170868	180724	39351	6819	32532
69	290002	139984	150018	33715	5909	27806
70-74岁	**1133619**	**562879**	**570740**	**159909**	**30418**	**129491**
70	268029	133495	134534	33302	6147	27155
71	259597	130314	129283	35070	6854	28216
72	222145	109696	112449	32126	6048	26078
73	197179	97328	99851	29430	5612	23818
74	186669	92046	94623	29981	5757	24224
75-79岁	**719402**	**349835**	**369567**	**143641**	**28343**	**115298**
75	159625	77815	81810	27746	5196	22550
76	157186	77833	79353	29823	5998	23825
77	142840	69282	73558	28494	5633	22861
78	133275	64423	68852	28613	5631	22982
79	126476	60482	65994	28965	5885	23080
80-84岁	**517361**	**232858**	**284503**	**145136**	**30337**	**114799**
80	109715	51479	58236	26927	5603	21324
81	105131	48464	56667	28046	6015	22031
82	108631	50084	58547	30742	6732	24010
83	102628	44426	58202	30896	6348	24548
84	91256	38405	52851	28525	5639	22886
85岁及以上	**420398**	**160675**	**259723**	**161079**	**30951**	**130128**

4-1　续表 2　　　　单位：人

年　龄	学前教育			小　学		
	小计	男	女	小计	男	女
总　计	**1880298**	**1000943**	**879355**	**11643957**	**5335122**	**6308835**
3	461092	248330	212762			
4	545739	296502	249237			
5—9岁	**778644**	**422562**	**356082**	**2157709**	**1173389**	**984320**
5	529828	287910	241918	56371	31246	25125
6	193584	105424	88160	425044	232318	192726
7	31053	16365	14688	555974	301370	254604
8	14722	7808	6914	604199	328202	275997
9	9457	5055	4402	516121	280253	235868
10—14岁	**26658**	**13903**	**12755**	**1269394**	**688994**	**580400**
10	7729	4095	3634	479814	260735	219079
11	6553	3479	3074	480657	260932	219725
12	4424	2346	2078	214559	116756	97803
13	3777	1897	1880	68527	36945	31582
14	4175	2086	2089	25837	13626	12211
15—19岁	**4635**	**2376**	**2259**	**29428**	**16211**	**13217**
15	2351	1182	1169	8855	4741	4114
16	1079	554	525	5015	2746	2269
17	552	301	251	5112	2760	2352
18	381	197	184	5118	2872	2246
19	272	142	130	5328	3092	2236
20—24岁	**831**	**444**	**387**	**28783**	**16698**	**12085**
20	237	125	112	5066	2992	2074
21	161	87	74	4667	2746	1921
22	139	74	65	5551	3216	2335
23	145	75	70	6292	3682	2610
24	149	83	66	7207	4062	3145
25—29岁	**763**	**369**	**394**	**65716**	**34130**	**31586**
25	209	101	108	9056	4970	4086
26	170	87	83	10810	5959	4851
27	117	63	54	12749	6664	6085
28	121	57	64	14574	7462	7112
29	146	61	85	18527	9075	9452
30—34岁	**863**	**404**	**459**	**158853**	**71374**	**87479**
30	191	95	96	26071	12407	13664
31	185	84	101	30333	13738	16595
32	148	72	76	31374	14130	17244
33	187	87	100	35877	15766	20111
34	152	66	86	35198	15333	19865
35—39岁	**813**	**344**	**469**	**226401**	**89939**	**136462**
35	137	63	74	36076	15242	20834
36	173	67	106	39776	16525	23251
37	139	73	66	42172	17009	25163
38	200	78	122	55267	21394	33873
39	164	63	101	53110	19769	33341
40—44岁	**1424**	**454**	**970**	**513100**	**191099**	**322001**
40	188	57	131	55484	20418	35066
41	216	80	136	84271	31661	52610
42	305	100	205	103406	38152	65254
43	306	98	208	120347	44907	75440
44	409	119	290	149592	55961	93631

4-1 续表 3

单位：人

年龄	学前教育			小学		
	小计	男	女	小计	男	女
45-49岁	**3171**	**852**	**2319**	**1024560**	**381351**	**643209**
45	472	152	320	161651	60940	100711
46	548	156	392	186962	69638	117324
47	640	171	469	211147	79235	131912
48	700	174	526	218677	80823	137854
49	811	199	612	246123	90715	155408
50-54岁	**5839**	**1336**	**4503**	**1365558**	**535736**	**829822**
50	976	221	755	255896	96561	159335
51	1117	261	856	273957	108110	165847
52	1254	292	962	298519	117649	180870
53	1112	249	863	254605	100655	153950
54	1380	313	1067	282581	112761	169820
55-59岁	**7046**	**1497**	**5549**	**1187703**	**465353**	**722350**
55	1453	351	1102	278855	110599	168256
56	1392	275	1117	246766	96850	149916
57	1854	411	1443	311506	122320	189186
58	1543	306	1237	231585	90141	141444
59	804	154	650	118991	45443	73548
60-64岁	**8680**	**2013**	**6667**	**1078818**	**472573**	**606245**
60	1385	330	1055	183866	76603	107263
61	1417	316	1101	188412	82104	106308
62	1898	454	1444	230536	101872	128664
63	2200	516	1684	261656	116782	144874
64	1780	397	1383	214348	95212	119136
65-69岁	**10495**	**2518**	**7977**	**1065037**	**486075**	**578962**
65	2190	529	1661	242021	110220	131801
66	2146	513	1633	232711	106159	126552
67	2104	496	1608	212551	97213	115338
68	2173	539	1634	207561	95339	112222
69	1882	441	1441	170193	77144	93049
70-74岁	**7805**	**2171**	**5634**	**641424**	**311115**	**330309**
70	1724	457	1267	154147	72971	81176
71	1735	503	1232	148544	72831	75713
72	1545	434	1111	126817	61982	64835
73	1408	383	1025	110092	53718	56374
74	1393	394	999	101824	49613	52211
75-79岁	**5963**	**1785**	**4178**	**375598**	**186261**	**189337**
75	1257	367	890	84479	40927	43552
76	1224	354	870	82287	41289	40998
77	1213	344	869	74535	36980	37555
78	1158	357	801	68650	34237	34413
79	1111	363	748	65647	32828	32819
80-84岁	**5163**	**1683**	**3480**	**260257**	**127113**	**133144**
80	1047	365	682	55808	27573	28235
81	982	307	675	53253	26385	26868
82	1068	361	707	54457	27253	27204
83	1089	351	738	51463	24628	26835
84	977	299	678	45276	21274	24002
85岁及以上	**4674**	**1400**	**3274**	**195618**	**87711**	**107907**

4-1　续表 4

单位：人

年　龄	初　中			高　中			大学专科		
	小计	男	女	小计	男	女	小计	男	女
总　计	**13383222**	**7585075**	**5798147**	**5903843**	**3372383**	**2531460**	**2900588**	**1520534**	**1380054**
3									
4									
5–9岁	**20729**	**11749**	**8980**	**26**	**19**	**7**			
5									
6	3960	2251	1709						
7	4550	2588	1962						
8	5824	3307	2517	13	10	3			
9	6395	3603	2792	13	9	4			
10–14岁	**1150532**	**621262**	**529270**	**28661**	**14909**	**13752**	**65**	**26**	**39**
10	10819	6040	4779	14	9	5	3		3
11	33939	18425	15514	14	9	5	2		2
12	296033	159640	136393	73	37	36	8	3	5
13	407281	220168	187113	6731	3666	3065	15	6	9
14	402460	216989	185471	21829	11188	10641	37	17	20
15–19岁	**470964**	**277514**	**193450**	**1060085**	**569076**	**491009**	**225960**	**113643**	**112317**
15	177195	98665	78530	232847	121672	111175	6241	3432	2809
16	87935	50903	37032	314267	165370	148897	9314	5424	3890
17	69624	41841	27783	287684	152661	135023	19097	9738	9359
18	64373	40467	23906	136794	77405	59389	81149	40512	40637
19	71837	45638	26199	88493	51968	36525	110159	54537	55622
20–24岁	**526445**	**319505**	**206940**	**446391**	**261953**	**184438**	**444916**	**222734**	**222182**
20	80573	50972	29601	84423	49738	34685	104225	51601	52624
21	87930	54498	33432	78804	46277	32527	79951	39926	40025
22	107137	65005	42132	88272	51645	36627	84312	42362	41950
23	116423	69719	46704	93015	54714	38301	86223	43242	42981
24	134382	79311	55071	101877	59579	42298	90205	45603	44602
25–29岁	**1040792**	**580637**	**460155**	**677567**	**381991**	**295576**	**514508**	**257670**	**256838**
25	168973	98486	70487	120905	69878	51027	102163	52051	50112
26	175938	100466	75472	119125	68162	50963	96242	48460	47782
27	195482	108911	86571	127297	71497	55800	96767	48400	48367
28	221552	121891	99661	140817	79009	61808	101136	50306	50830
29	278847	150883	127964	169423	93445	75978	118200	58453	59747
30–34岁	**1796235**	**928617**	**867618**	**888556**	**479121**	**409435**	**578497**	**282897**	**295600**
30	363328	190943	172385	209993	114116	95877	140005	68211	71794
31	364759	188274	176485	195047	104462	90585	127174	61530	65644
32	349428	179446	169982	174150	93713	80437	111128	53925	57203
33	375033	193086	181947	166472	89751	76721	106881	52799	54082
34	343687	176868	166819	142894	77079	65815	93309	46432	46877
35–39岁	**1708989**	**884346**	**824643**	**624615**	**338485**	**286130**	**373796**	**187687**	**186109**
35	336951	173142	163809	130540	70475	60065	83939	42285	41654
36	351919	181125	170794	131010	70780	60230	81924	40963	40961
37	337186	174825	162361	121829	65675	56154	72345	36050	36295
38	381336	198151	183185	135718	73618	62100	78290	39238	39052
39	301597	157103	144494	105518	57937	47581	57298	29151	28147
40–44岁	**1544716**	**831228**	**713488**	**473768**	**267439**	**206329**	**235422**	**124641**	**110781**
40	251073	132447	118626	85399	47490	37909	44873	22945	21928
41	305289	163207	142082	99520	55441	44079	50331	26469	23862
42	321919	172834	149085	100042	56244	43798	49597	26054	23543
43	321780	174354	147426	94139	53573	40566	45975	24638	21337
44	344655	188386	156269	94668	54691	39977	44646	24535	20111

4-1 续表 5

单位：人

年 龄	初 中			高 中			大学专科		
	小计	男	女	小计	男	女	小计	男	女
45-49岁	**1696185**	**959321**	**736864**	**432153**	**255440**	**176713**	**182198**	**103663**	**78535**
45	329885	181917	147968	85412	49635	35777	38753	21740	17013
46	342375	191660	150715	84591	49882	34709	37096	21075	16021
47	354772	200717	154055	88471	52110	36361	37338	21218	16120
48	334180	190928	143252	85631	51099	34532	34575	19816	14759
49	334973	194099	140874	88048	52714	35334	34436	19814	14622
50-54岁	**1314498**	**793631**	**520867**	**353211**	**215457**	**137754**	**121226**	**73014**	**48212**
50	306183	179525	126658	81958	49389	32569	29845	17454	12391
51	274404	164056	110348	75105	45457	29648	26364	15484	10880
52	279058	168891	110167	75430	45847	29583	26119	15823	10296
53	221308	135867	85441	57556	35306	22250	18979	11644	7335
54	233545	145292	88253	63162	39458	23704	19919	12609	7310
55-59岁	**864051**	**538746**	**325305**	**366678**	**228273**	**138405**	**91455**	**59775**	**31680**
55	225448	140091	85357	73071	45708	27363	20857	13321	7536
56	190883	117251	73632	74774	46097	28677	19851	12689	7162
57	224549	140320	84229	102392	63481	38911	25266	16543	8723
58	152776	96734	56042	76267	48117	28150	16994	11495	5499
59	70395	44350	26045	40174	24870	15304	8487	5727	2760
60-64岁	**459645**	**307680**	**151965**	**245825**	**159501**	**86324**	**49455**	**34408**	**15047**
60	95892	62688	33204	55448	35443	20005	10910	7415	3495
61	85801	57347	28454	48192	31319	16873	8900	6254	2646
62	96772	65443	31329	51759	33778	17981	9868	6926	2942
63	102125	69411	32714	51749	34007	17742	10936	7659	3277
64	79055	52791	26264	38677	24954	13723	8841	6154	2687
65-69岁	**374111**	**250258**	**123853**	**128609**	**82569**	**46040**	**32803**	**23107**	**9696**
65	84632	57022	27610	37730	24339	13391	8726	6151	2575
66	79463	53043	26420	32216	20468	11748	7805	5427	2378
67	72997	48670	24327	23573	14983	8590	5990	4242	1748
68	74892	49985	24907	19756	12635	7121	5582	3931	1651
69	62127	41538	20589	15334	10144	5190	4700	3356	1344
70-74岁	**214387**	**144057**	**70330**	**76213**	**49922**	**26291**	**21877**	**16221**	**5656**
70	56377	38203	18174	15366	10441	4925	4853	3601	1252
71	49795	33475	16320	16958	11078	5880	5094	3764	1330
72	39300	26155	13145	15753	10121	5632	4550	3376	1174
73	35352	23463	11889	14679	9475	5204	4031	3014	1017
74	33563	22761	10802	13457	8807	4650	3349	2466	883
75-79岁	**113972**	**77900**	**36072**	**54458**	**36553**	**17905**	**13362**	**9778**	**3584**
75	28804	19588	9216	11645	7557	4088	2845	2066	779
76	26571	18321	8250	11844	7845	3999	2812	2063	749
77	22435	15152	7283	11325	7626	3699	2543	1847	696
78	19456	13410	6046	10460	7155	3305	2637	1924	713
79	16706	11429	5277	9184	6370	2814	2525	1878	647
80-84岁	**54338**	**36561**	**17777**	**30789**	**20672**	**10117**	**10274**	**7720**	**2554**
80	13407	9038	4369	7712	5281	2431	2385	1782	603
81	11331	7646	3685	6802	4507	2295	2295	1714	581
82	11217	7692	3525	6429	4381	2048	2179	1690	489
83	9780	6491	3289	5334	3547	1787	1863	1355	508
84	8603	5694	2909	4512	2956	1556	1552	1179	373
85岁及以上	**32633**	**22063**	**10570**	**16238**	**11003**	**5235**	**4774**	**3550**	**1224**

4-1　续表 6

单位：人

年　龄	大学本科			硕士研究生			博士研究生		
	小计	男	女	小计	男	女	小计	男	女
总　计	**2754214**	**1432220**	**1321994**	**196032**	**100063**	**95969**	**26239**	**16498**	**9741**
3									
4									
5-9岁									
5									
6									
7									
8									
9									
10-14岁	**21**	**9**	**12**	**5**	**4**	**1**	**1**	**1**	
10	2	1	1						
11									
12	3	1	2	3	2	1			
13	5	3	2	2	2				
14	11	4	7				1	1	
15-19岁	**218060**	**100524**	**117536**	**173**	**88**	**85**	**25**	**19**	**6**
15	566	289	277	1	1		1	1	
16	991	500	491				4	3	1
17	9233	3953	5280	21	10	11	1	1	
18	87207	40829	46378	51	28	23	1		1
19	120063	54953	65110	100	49	51	18	14	4
20-24岁	**550853**	**257910**	**292943**	**37026**	**16377**	**20649**	**1101**	**580**	**521**
20	130341	58992	71349	210	94	116	13	6	7
21	120695	55434	65261	1499	623	876	44	25	19
22	109934	52341	57593	8937	3867	5070	215	107	108
23	96890	46498	50392	13089	5768	7321	319	168	151
24	92993	44645	48348	13291	6025	7266	510	274	236
25-29岁	**508454**	**246814**	**261640**	**45020**	**20731**	**24289**	**6327**	**3578**	**2749**
25	102026	49586	52440	12082	5513	6569	985	512	473
26	95390	45916	49474	9168	4262	4906	1224	681	543
27	98162	47677	50485	8026	3706	4320	1361	786	575
28	100006	48695	51311	7600	3497	4103	1371	805	566
29	112870	54940	57930	8144	3753	4391	1386	794	592
30-34岁	**522745**	**259426**	**263319**	**42417**	**19874**	**22543**	**5870**	**3588**	**2282**
30	126459	61837	64622	9649	4428	5221	1429	872	557
31	112439	54805	57634	9166	4231	4935	1279	758	521
32	99926	49296	50630	8255	3801	4454	1115	676	439
33	96228	48633	47595	7982	3808	4174	1059	682	377
34	87693	44855	42838	7365	3606	3759	988	600	388
35-39岁	**343115**	**179546**	**163569**	**32781**	**17081**	**15700**	**4916**	**3039**	**1877**
35	79098	40846	38252	6739	3389	3350	950	590	360
36	76946	40146	36800	7092	3614	3478	1008	657	351
37	67075	35165	31910	6718	3530	3188	989	589	400
38	70454	36940	33514	7108	3789	3319	1111	645	466
39	49542	26449	23093	5124	2759	2365	858	558	300
40-44岁	**203756**	**112633**	**91123**	**16558**	**9919**	**6639**	**3098**	**1990**	**1108**
40	38156	20332	17824	3862	2156	1706	709	451	258
41	43158	23260	19898	3800	2245	1555	725	477	248
42	42257	23210	19047	3324	1991	1333	619	388	231
43	39977	22411	17566	2915	1827	1088	582	388	194
44	40208	23420	16788	2657	1700	957	463	286	177

4-1 续表 7

单位：人

年 龄	大学本科			硕士研究生			博士研究生		
	小计	男	女	小计	男	女	小计	男	女
45-49岁	**159748**	**99650**	**60098**	**9785**	**6681**	**3104**	**2112**	**1489**	**623**
45	34309	20502	13807	2132	1457	675	479	323	156
46	32786	20255	12531	2037	1356	681	417	299	118
47	32534	20357	12177	2012	1391	621	453	314	139
48	30290	19221	11069	1812	1261	551	388	282	106
49	29829	19315	10514	1792	1216	576	375	271	104
50-54岁	**106367**	**71410**	**34957**	**6062**	**4317**	**1745**	**1253**	**962**	**291**
50	25731	16795	8936	1489	1030	459	305	230	75
51	23138	15283	7855	1294	894	400	260	196	64
52	23319	15684	7635	1287	919	368	269	202	67
53	16498	11286	5212	889	653	236	186	138	48
54	17681	12362	5319	1103	821	282	233	196	37
55-59岁	**64989**	**47898**	**17091**	**3838**	**3059**	**779**	**952**	**780**	**172**
55	17131	12348	4783	1055	837	218	246	195	51
56	15114	11000	4114	939	736	203	225	182	43
57	17448	12988	4460	1033	843	190	259	215	44
58	10475	8003	2472	559	441	118	162	140	22
59	4821	3559	1262	252	202	50	60	48	12
60-64岁	**21700**	**16058**	**5642**	**1191**	**975**	**216**	**289**	**242**	**47**
60	5079	3831	1248	272	232	40	51	41	10
61	3829	2813	1016	204	162	42	51	40	11
62	4136	2998	1138	237	192	45	61	54	7
63	4701	3530	1171	271	221	50	84	73	11
64	3955	2886	1069	207	168	39	42	34	8
65-69岁	**13982**	**10017**	**3965**	**537**	**427**	**110**	**160**	**126**	**34**
65	3956	2876	1080	172	139	33	45	39	6
66	3420	2477	943	162	122	40	41	31	10
67	2433	1718	715	89	72	17	33	24	9
68	2197	1554	643	62	50	12	18	16	2
69	1976	1392	584	52	44	8	23	16	7
70-74岁	**11679**	**8704**	**2975**	**272**	**225**	**47**	**53**	**46**	**7**
70	2171	1607	564	81	62	19	8	6	2
71	2331	1751	580	58	48	10	12	10	2
72	1993	1528	465	42	35	7	19	17	2
73	2134	1612	522	43	41	2	10	10	
74	3050	2206	844	48	39	9	4	3	1
75-79岁	**12237**	**9068**	**3169**	**152**	**132**	**20**	**19**	**15**	**4**
75	2796	2066	730	47	43	4	6	5	1
76	2588	1932	656	31	26	5	6	5	1
77	2259	1668	591	35	31	4	1	1	
78	2276	1688	588	23	19	4	2	2	
79	2318	1714	604	16	13	3	4	2	2
80-84岁	**11252**	**8652**	**2600**	**115**	**95**	**20**	**37**	**25**	**12**
80	2394	1813	581	24	17	7	11	7	4
81	2390	1867	523	26	20	6	6	3	3
82	2508	1947	561	23	21	2	8	7	1
83	2174	1683	491	22	18	4	7	5	2
84	1786	1342	444	20	19	1	5	3	2
85岁及以上	**5256**	**3901**	**1355**	**100**	**78**	**22**	**26**	**18**	**8**

4-1a 全省分年龄、性别、受教育程度的3岁及以上人口(城市)

单位：人

年 龄	3岁及以上人口			未上过学		
	合计	男	女	小计	男	女
总 计	**16568138**	**8491007**	**8077131**	**364974**	**97693**	**267281**
3	258730	139351	119379	55875	30361	25514
4	241677	131061	110616	15624	8509	7115
5-9岁	**1163198**	**631141**	**532057**	**11803**	**6534**	**5269**
5	239567	130289	109278	7752	4307	3445
6	245298	133755	111543	2373	1306	1067
7	232266	125600	106666	685	384	301
8	243889	132171	111718	564	303	261
9	202178	109326	92852	429	234	195
10-14岁	**923055**	**498368**	**424687**	**2248**	**1221**	**1027**
10	186287	101075	85212	458	239	219
11	196345	106306	90039	519	284	235
12	193434	104424	89010	530	291	239
13	181213	97476	83737	441	239	202
14	165776	89087	76689	300	168	132
15-19岁	**971778**	**519434**	**452344**	**847**	**513**	**334**
15	181179	97649	83530	185	118	67
16	197896	106994	90902	147	82	65
17	185668	100754	84914	151	94	57
18	188527	100951	87576	175	104	71
19	218508	113086	105422	189	115	74
20-24岁	**1103827**	**577765**	**526062**	**944**	**562**	**382**
20	228689	116976	111713	200	114	86
21	206882	107651	99231	162	98	64
22	218279	114899	103380	166	96	70
23	219853	116482	103371	217	142	75
24	230124	121757	108367	199	112	87
25-29岁	**1399010**	**735220**	**663790**	**1270**	**734**	**536**
25	261180	138910	122270	248	146	102
26	251511	132676	118835	253	153	100
27	264968	139304	125664	218	133	85
28	284691	149363	135328	252	147	105
29	336660	174967	161693	299	155	144
30-34岁	**1911430**	**970234**	**941196**	**2315**	**1156**	**1159**
30	415858	213123	202735	436	222	214
31	401060	202624	198436	496	258	238
32	372736	188358	184378	481	240	241
33	379288	192424	186864	455	228	227
34	342488	173705	168783	447	208	239
35-39岁	**1574058**	**796719**	**777339**	**2713**	**1180**	**1533**
35	320398	162126	158272	450	216	234
36	329129	166603	162526	466	228	238
37	310436	156671	153765	492	227	265
38	346248	175108	171140	676	278	398
39	267847	136211	131636	629	231	398
40-44岁	**1328105**	**679964**	**648141**	**5757**	**1690**	**4067**
40	221813	113426	108387	646	208	438
41	267175	137135	130040	923	312	611
42	276840	141169	135671	1189	363	826
43	274127	140121	134006	1365	386	979
44	288150	148113	140037	1634	421	1213

4-1a 续表 1 单位：人

年 龄	3岁及以上人口			未上过学		
	合计	男	女	小计	男	女
45-49岁	**1417327**	**724315**	**693012**	**14599**	**3124**	**11475**
45	274344	140747	133597	1973	476	1497
46	280577	144081	136496	2435	533	1902
47	293889	150493	143396	3015	645	2370
48	282411	144022	138389	3319	689	2630
49	286106	144972	141134	3857	781	3076
50-54岁	**1223239**	**614485**	**608754**	**26675**	**4834**	**21841**
50	270730	136259	134471	4312	794	3518
51	257347	129443	127904	4945	995	3950
52	263224	132244	130980	5750	1072	4678
53	207815	103734	104081	5365	894	4471
54	224123	112805	111318	6303	1079	5224
55-59岁	**977277**	**483478**	**493799**	**33627**	**5120**	**28507**
55	229144	114705	114439	7035	1149	5886
56	211576	104952	106624	6615	990	5625
57	259491	128645	130846	8684	1340	7344
58	181623	89191	92432	7095	1045	6050
59	95443	45985	49458	4198	596	3602
60-64岁	**685146**	**335442**	**349704**	**42243**	**7029**	**35214**
60	133670	64944	68726	6727	1044	5683
61	124229	61072	63157	7440	1235	6205
62	145144	71455	73689	9193	1577	7616
63	155253	76398	78855	10471	1776	8695
64	126850	61573	65277	8412	1397	7015
65-69岁	**570308**	**272419**	**297889**	**41694**	**6868**	**34826**
65	134774	65237	69537	9438	1555	7883
66	127319	61179	66140	9194	1489	7705
67	111720	52795	58925	8562	1406	7156
68	108437	51401	57036	7989	1351	6638
69	88058	41807	46251	6511	1067	5444
70-74岁	**346994**	**167960**	**179034**	**28202**	**4970**	**23232**
70	82389	40083	42306	6202	1054	5148
71	80786	39376	41410	6386	1167	5219
72	67430	32342	35088	5560	953	4607
73	60600	29092	31508	5121	930	4191
74	55789	27067	28722	4933	866	4067
75-79岁	**207668**	**99298**	**108370**	**23395**	**3940**	**19455**
75	47579	22718	24861	4643	754	3889
76	46385	22672	23713	4966	873	4093
77	41484	19772	21712	4591	767	3824
78	37799	18060	19739	4537	754	3783
79	34421	16076	18345	4658	792	3866
80-84岁	**147098**	**66925**	**80173**	**24621**	**4349**	**20272**
80	30982	14422	16560	4433	764	3669
81	30294	14062	16232	4778	870	3908
82	30829	14512	16317	5049	980	4069
83	29116	12822	16294	5410	945	4465
84	25877	11107	14770	4951	790	4161
85岁及以上	**118213**	**47428**	**70785**	**30522**	**4999**	**25523**

4-1a　续表 2　　　　单位：人

年　龄	学前教育			小　学		
	小计	男	女	小计	男	女
总　计	**748588**	**402581**	**346007**	**3437469**	**1576944**	**1860525**
3	202855	108990	93865			
4	226053	122552	103501			
5-9岁	**299155**	**162375**	**136780**	**844062**	**457689**	**386373**
5	212292	115178	97114	19523	10804	8719
6	67166	36680	30486	174247	94926	79321
7	10294	5468	4826	219489	118751	100738
8	5682	3047	2635	235279	127495	107784
9	3721	2002	1719	195524	105713	89811
10-14岁	**9735**	**5115**	**4620**	**456391**	**247271**	**209120**
10	2949	1538	1411	178697	96985	81712
11	2602	1419	1183	180343	97705	82638
12	1547	813	734	69727	37910	31817
13	1282	647	635	19800	10488	9312
14	1355	698	657	7824	4183	3641
15-19岁	**1731**	**879**	**852**	**10858**	**6097**	**4761**
15	841	434	407	2935	1564	1371
16	406	194	212	1848	1017	831
17	206	105	101	2020	1120	900
18	150	76	74	1953	1148	805
19	128	70	58	2102	1248	854
20-24岁	**351**	**186**	**165**	**11992**	**7171**	**4821**
20	111	57	54	2055	1258	797
21	76	43	33	1906	1142	764
22	48	27	21	2317	1388	929
23	62	34	28	2709	1622	1087
24	54	25	29	3005	1761	1244
25-29岁	**272**	**127**	**145**	**23594**	**13302**	**10292**
25	77	34	43	3543	2059	1484
26	55	27	28	4041	2397	1644
27	41	14	27	4530	2559	1971
28	49	22	27	5213	2935	2278
29	50	30	20	6267	3352	2915
30-34岁	**314**	**128**	**186**	**53743**	**26449**	**27294**
30	74	27	47	8806	4579	4227
31	77	26	51	10245	5086	5159
32	48	24	24	10705	5247	5458
33	61	25	36	12271	5924	6347
34	54	26	28	11716	5613	6103
35-39岁	**248**	**105**	**143**	**70725**	**31181**	**39544**
35	37	17	20	11493	5385	6108
36	66	24	42	12647	5814	6833
37	38	17	21	13174	5860	7314
38	67	28	39	16922	7295	9627
39	40	19	21	16489	6827	9662
40-44岁	**320**	**122**	**198**	**154161**	**61729**	**92432**
40	42	17	25	17073	6929	10144
41	43	13	30	26118	10718	15400
42	72	31	41	30803	12217	18586
43	74	31	43	36030	14326	21704
44	89	30	59	44137	17539	26598

4-1a 续表 3

单位：人

年 龄	学前教育			小 学		
	小计	男	女	小计	男	女
45-49岁	**633**	**200**	**433**	**296217**	**115714**	**180503**
45	106	40	66	48299	19320	28979
46	110	37	73	55695	21901	33794
47	122	34	88	61431	24347	37084
48	133	43	90	62522	24083	38439
49	162	46	116	68270	26063	42207
50-54岁	**1036**	**285**	**751**	**372497**	**148461**	**224036**
50	181	56	125	71756	27684	44072
51	204	53	151	76849	30930	45919
52	215	54	161	81539	32652	48887
53	195	47	148	68039	27311	40728
54	241	75	166	74314	29884	44430
55-59岁	**1133**	**271**	**862**	**301376**	**116500**	**184876**
55	247	60	187	72221	28685	43536
56	233	64	169	64394	25219	39175
57	273	71	202	78217	30039	48178
58	247	46	201	56821	21588	35233
59	133	30	103	29723	10969	18754
60-64岁	**1125**	**290**	**835**	**257133**	**104430**	**152703**
60	200	49	151	44836	17251	27585
61	188	48	140	45507	18463	27044
62	255	69	186	55551	22905	32646
63	254	66	188	60928	25304	35624
64	228	58	170	50311	20507	29804
65-69岁	**1120**	**284**	**836**	**244541**	**100983**	**143558**
65	248	69	179	56142	23345	32797
66	249	68	181	53658	22489	31169
67	214	50	164	49132	20413	28719
68	226	58	168	47630	19534	28096
69	183	39	144	37979	15202	22777
70-74岁	**801**	**221**	**580**	**146565**	**61590**	**84975**
70	196	45	151	35183	14495	20688
71	166	50	116	34800	14824	19976
72	162	46	116	28909	12254	16655
73	144	40	104	25183	10542	14641
74	133	40	93	22490	9475	13015
75-79岁	**563**	**156**	**407**	**81352**	**33777**	**47575**
75	127	40	87	18654	7699	10955
76	133	40	93	18106	7773	10333
77	119	28	91	16243	6699	9544
78	97	28	69	14702	6058	8644
79	87	20	67	13647	5548	8099
80-84岁	**536**	**146**	**390**	**60669**	**24605**	**36064**
80	112	30	82	12249	4993	7256
81	91	27	64	12298	5060	7238
82	114	37	77	12774	5309	7465
83	121	30	91	12340	4925	7415
84	98	22	76	11008	4318	6690
85岁及以上	**607**	**149**	**458**	**51593**	**19995**	**31598**

4-1a　续表 4　　　　　　　　　　　　　　　　　　　　　　单位：人

年　龄	初　　中			高　　中			大学专科		
	小计	男	女	小计	男	女	小计	男	女
总　计	**5016358**	**2731276**	**2285082**	**3077986**	**1674517**	**1403469**	**1816636**	**925278**	**891358**
3									
4									
5-9岁	**8166**	**4533**	**3633**	**12**	**10**	**2**			
5									
6	1512	843	669						
7	1798	997	801						
8	2357	1319	1038	7	7				
9	2499	1374	1125	5	3	2			
10-14岁	**442742**	**238603**	**204139**	**11887**	**6137**	**5750**	**40**	**15**	**25**
10	4174	2308	1866	5	4	1	2		2
11	12874	6895	5979	5	3	2	2		2
12	121589	65391	56198	33	16	17	5	2	3
13	156892	84606	72286	2787	1493	1294	9	2	7
14	147213	79403	67810	9057	4621	4436	22	11	11
15-19岁	**182676**	**108918**	**73758**	**508633**	**275328**	**233305**	**135852**	**68557**	**67295**
15	61188	34087	27101	112371	59389	52982	3334	1892	1442
16	33684	19906	13778	155972	82342	73630	5243	3157	2086
17	28562	17538	11024	138507	73891	64616	10993	5833	5160
18	27377	17270	10107	60856	35241	25615	47169	23803	23366
19	31865	20117	11748	40927	24465	16462	69113	33872	35241
20-24岁	**223469**	**135279**	**88190**	**216881**	**125952**	**90929**	**268705**	**132712**	**135993**
20	35778	22355	13423	40807	23990	16817	66323	31972	34351
21	38461	23671	14790	38743	22646	16097	48468	23881	24587
22	46080	27811	18269	43410	24971	18439	49507	24741	24766
23	48733	29268	19465	45211	26247	18964	51162	25462	25700
24	54417	32174	22243	48710	28098	20612	53245	26656	26589
25-29岁	**381676**	**216898**	**164778**	**316676**	**176732**	**139944**	**296549**	**147075**	**149474**
25	65112	38206	26906	56774	32396	24378	59040	29941	29099
26	65574	38020	27554	55187	31112	24075	55184	27422	27762
27	72250	40937	31313	59219	33046	26173	55778	27720	28058
28	80603	45229	35374	66071	36784	29287	58106	28637	29469
29	98137	54506	43631	79425	43394	36031	68441	33355	35086
30-34岁	**647546**	**341751**	**305795**	**436957**	**230588**	**206369**	**356721**	**169650**	**187071**
30	128934	69626	59308	99156	53369	45787	82769	39530	43239
31	130349	68833	61516	94676	49943	44733	77038	36393	40645
32	126478	66609	59869	86126	45207	40919	69098	32644	36454
33	137112	71827	65285	83968	44038	39930	67658	32229	35429
34	124673	64856	59817	73031	38031	35000	60158	28854	31304
35-39岁	**613450**	**316681**	**296769**	**333936**	**172182**	**161754**	**253547**	**121746**	**131801**
35	119482	61604	57878	66936	34700	32236	55309	26650	28659
36	125414	64739	60675	68660	35512	33148	55154	26352	28802
37	121730	62801	58929	65737	33633	32104	49633	23611	26022
38	137211	70824	66387	74603	38369	36234	54157	25970	28187
39	109613	56713	52900	58000	29968	28032	39294	19163	20131
40-44岁	**565497**	**296860**	**268637**	**272325**	**144580**	**127745**	**159612**	**81245**	**78367**
40	92275	48272	44003	47659	25093	22566	30627	15086	15541
41	112039	58864	53175	56986	29846	27140	34264	17432	16832
42	117941	61718	56223	57791	30533	27258	33855	17076	16779
43	117949	61913	56036	54876	29250	25626	31072	15986	15086
44	125293	66093	59200	55013	29858	25155	29794	15665	14129

4-1a 续表 5 单位：人

年 龄	初 中			高 中			大学专科		
	小计	男	女	小计	男	女	小计	男	女
45-49岁	**611603**	**326628**	**284975**	**248526**	**136536**	**111990**	**118750**	**64205**	**54545**
45	121318	64166	57152	49548	26899	22649	25795	13771	12024
46	124083	66132	57951	48300	26711	21589	24297	13153	11144
47	127748	68295	59453	51078	27893	23185	24418	13210	11208
48	120071	64316	55755	49641	27445	22196	22387	12217	10170
49	118383	63719	54664	49959	27588	22371	21853	11854	9999
50-54岁	**468616**	**256395**	**212221**	**196798**	**108663**	**88135**	**75002**	**41994**	**33008**
50	108974	58913	50061	46593	25792	20801	18886	10302	8584
51	98224	53485	44739	42689	23455	19234	16544	9068	7476
52	99515	54542	44973	42208	23261	18947	16035	8955	7080
53	78691	43336	35355	31326	17244	14082	11504	6495	5009
54	83212	46119	37093	33982	18911	15071	12033	7174	4859
55-59岁	**325767**	**178129**	**147638**	**202015**	**108874**	**93141**	**58930**	**35460**	**23470**
55	82602	45189	37413	39893	21962	17931	13043	7754	5289
56	72678	39326	33352	42046	22711	19335	12894	7597	5297
57	84949	46673	38276	56314	30076	26238	16390	9807	6583
58	56983	31333	25650	40865	21969	18896	10836	6684	4152
59	28555	15608	12947	22897	12156	10741	5767	3618	2149
60-64岁	**187608**	**107205**	**80403**	**143294**	**79886**	**63408**	**34513**	**22582**	**11931**
60	38624	21406	17218	31355	17129	14226	7530	4805	2725
61	34452	19786	14666	27164	15099	12065	6128	4027	2101
62	39561	22939	16622	30051	16785	13266	6844	4527	2317
63	41251	23837	17414	30542	17305	13237	7579	4980	2599
64	33720	19237	14483	24182	13568	10614	6432	4243	2189
65-69岁	**166375**	**94488**	**71887**	**80352**	**45096**	**35256**	**23964**	**16036**	**7928**
65	35623	20394	15229	23541	13183	10358	6277	4171	2106
66	34661	19592	15069	20722	11557	9165	5800	3824	1976
67	32466	18274	14192	14801	8196	6605	4417	2971	1446
68	34618	19661	14957	12039	6736	5303	4059	2749	1310
69	29007	16567	12440	9249	5424	3825	3411	2321	1090
70-74岁	**98611**	**55649**	**42962**	**47263**	**27257**	**20006**	**15443**	**10863**	**4580**
70	26318	15136	11182	9096	5464	3632	3509	2511	998
71	23199	13145	10054	10540	6084	4456	3681	2606	1075
72	17884	9887	7997	10002	5674	4328	3207	2234	973
73	16170	8935	7235	9372	5328	4044	2773	1952	821
74	15040	8546	6494	8253	4707	3546	2273	1560	713
75-79岁	**50415**	**28851**	**21564**	**32556**	**18966**	**13590**	**8725**	**5899**	**2826**
75	12763	7254	5509	7019	3926	3093	1885	1245	640
76	11713	6797	4916	7294	4224	3070	1886	1286	600
77	10114	5733	4381	6762	3990	2772	1709	1164	545
78	8560	4945	3615	6238	3706	2532	1681	1133	548
79	7265	4122	3143	5243	3120	2123	1564	1071	493
80-84岁	**25540**	**14485**	**11055**	**19118**	**11193**	**7925**	**6839**	**4813**	**2026**
80	6038	3386	2652	4545	2664	1881	1526	1052	474
81	5314	3032	2282	4217	2423	1794	1514	1067	447
82	5250	3039	2211	4007	2420	1587	1464	1077	387
83	4697	2651	2046	3412	2002	1410	1257	851	406
84	4241	2377	1864	2937	1684	1253	1078	766	312
85岁及以上	**16601**	**9923**	**6678**	**10757**	**6537**	**4220**	**3444**	**2426**	**1018**

4-1a　续表 6

单位：人

年　龄	大学本科			硕士研究生			博士研究生		
	小计	男	女	小计	男	女	小计	男	女
总　计	**1929239**	**990866**	**938373**	**156740**	**79214**	**77526**	**20148**	**12638**	**7510**
3									
4									
5-9岁									
5									
6									
7									
8									
9									
10-14岁	**10**	**5**	**5**	**2**	**1**	**1**			
10	2	1	1						
11									
12	1		1	2	1	1			
13	2	1	1						
14	5	3	2						
15-19岁	**131063**	**59079**	**71984**	**100**	**50**	**50**	**18**	**13**	**5**
15	323	163	160	1	1		1	1	
16	593	294	299				3	2	1
17	5214	2165	3049	14	7	7	1	1	
18	50816	23296	27520	31	13	18			
19	74117	33161	40956	54	29	25	13	9	4
20-24岁	**357601**	**166251**	**191350**	**23203**	**9285**	**13918**	**681**	**367**	**314**
20	83282	37171	46111	125	56	69	8	3	5
21	78078	35804	42274	961	349	612	27	17	10
22	71253	33781	37472	5368	2019	3349	130	65	65
23	63404	30359	33045	8144	3231	4913	211	117	94
24	61584	29136	32448	8605	3630	4975	305	165	140
25-29岁	**341715**	**163445**	**178270**	**33323**	**14755**	**18568**	**3935**	**2152**	**1783**
25	67642	32347	35295	8148	3479	4669	596	302	294
26	63832	30208	33624	6632	2931	3701	753	406	347
27	66053	31702	34351	6078	2734	3344	801	459	342
28	67509	32412	35097	6011	2708	3303	877	489	388
29	76679	36776	39903	6454	2903	3551	908	496	412
30-34岁	**374013**	**181482**	**192531**	**35552**	**16477**	**19075**	**4269**	**2553**	**1716**
30	86956	41704	45252	7773	3504	4269	954	562	392
31	79585	38010	41575	7673	3536	4137	921	539	382
32	72020	34726	37294	6962	3179	3783	818	482	336
33	70168	34450	35718	6794	3194	3600	801	509	292
34	65284	32592	32692	6350	3064	3286	775	461	314
35-39岁	**265928**	**135968**	**129960**	**29339**	**15118**	**14221**	**4172**	**2558**	**1614**
35	59990	30142	29848	5926	2931	2995	775	481	294
36	59578	30203	29375	6282	3167	3115	862	564	298
37	52737	26883	25854	6060	3148	2912	835	491	344
38	55221	28404	26817	6429	3393	3036	962	547	415
39	38402	20336	18066	4642	2479	2163	738	475	263
40-44岁	**152501**	**82998**	**69503**	**15178**	**8991**	**6187**	**2754**	**1749**	**1005**
40	29320	15474	13846	3555	1959	1596	616	388	228
41	32650	17478	15172	3494	2045	1449	658	427	231
42	31601	17090	14511	3045	1807	1238	543	334	209
43	29546	16212	13334	2690	1674	1016	525	343	182
44	29384	16744	12640	2394	1506	888	412	257	155

4-1a 续表 7 单位：人

年 龄	大学本科			硕士研究生			博士研究生		
	小计	男	女	小计	男	女	小计	男	女
45-49岁	**116233**	**70536**	**45697**	**8897**	**6066**	**2831**	**1869**	**1306**	**563**
45	24930	14455	10475	1944	1334	610	431	286	145
46	23424	14110	9314	1862	1239	623	371	265	106
47	23875	14557	9318	1809	1240	569	393	272	121
48	22350	13846	8504	1652	1145	507	336	238	98
49	21654	13568	8086	1630	1108	522	338	245	93
50-54岁	**76008**	**49107**	**26901**	**5488**	**3892**	**1596**	**1119**	**854**	**265**
50	18408	11586	6822	1348	927	421	272	205	67
51	16495	10479	6016	1167	807	360	230	171	59
52	16582	10720	5862	1140	809	331	240	179	61
53	11711	7684	4027	817	599	218	167	124	43
54	12812	8638	4174	1016	750	266	210	175	35
55-59岁	**50079**	**35625**	**14454**	**3516**	**2814**	**702**	**834**	**685**	**149**
55	12927	8974	3953	958	756	202	218	176	42
56	11666	8205	3461	856	683	173	194	157	37
57	13480	9667	3813	952	780	172	232	192	40
58	8127	6003	2124	514	407	107	135	116	19
59	3879	2776	1103	236	188	48	55	44	11
60-64岁	**17890**	**12912**	**4978**	**1087**	**900**	**187**	**253**	**208**	**45**
60	4102	3009	1093	251	216	35	45	35	10
61	3121	2234	887	185	147	38	44	33	11
62	3418	2427	991	218	179	39	53	47	6
63	3911	2866	1045	244	201	43	73	63	10
64	3338	2376	962	189	157	32	38	30	8
65-69岁	**11639**	**8163**	**3476**	**491**	**396**	**95**	**132**	**105**	**27**
65	3312	2363	949	156	125	31	37	32	5
66	2846	2014	832	151	117	34	38	29	9
67	2024	1400	624	76	64	12	28	21	7
68	1802	1251	551	60	49	11	14	12	2
69	1655	1135	520	48	41	7	15	11	4
70-74岁	**9828**	**7173**	**2655**	**231**	**194**	**37**	**50**	**43**	**7**
70	1810	1319	491	67	53	14	8	6	2
71	1951	1447	504	52	44	8	11	9	2
72	1653	1247	406	34	30	4	19	17	2
73	1793	1323	470	35	33	2	9	9	
74	2621	1837	784	43	34	9	3	2	1
75-79岁	**10513**	**7581**	**2932**	**137**	**118**	**19**	**12**	**10**	**2**
75	2439	1755	684	45	41	4	4	4	
76	2253	1651	602	30	25	5	4	3	1
77	1917	1366	551	28	24	4	1	1	
78	1963	1418	545	20	17	3	1	1	
79	1941	1391	550	14	11	3	2	1	1
80-84岁	**9646**	**7230**	**2416**	**102**	**85**	**17**	**27**	**19**	**8**
80	2051	1512	539	20	15	5	8	6	2
81	2053	1563	490	24	18	6	5	2	3
82	2145	1625	520	21	20	1	5	5	
83	1856	1400	456	19	15	4	4	3	1
84	1541	1130	411	18	17	1	5	3	2
85岁及以上	**4572**	**3311**	**1261**	**94**	**72**	**22**	**23**	**16**	**7**

4-1b　全省分年龄、性别、受教育程度的3岁及以上人口(镇)

单位：人

年　龄	3岁及以上人口			未上过学		
	合计	男	女	小计	男	女
总　计	**11071164**	**5651095**	**5420069**	**365083**	**93415**	**271668**
3	190137	102780	87357	48216	26195	22021
4	180619	98574	82045	14728	7872	6856
5-9岁	**929371**	**507546**	**421825**	**10283**	**5600**	**4683**
5	186188	101708	84480	6642	3663	2979
6	196141	107609	88532	2242	1191	1051
7	185063	100659	84404	600	310	290
8	195170	106357	88813	467	256	211
9	166809	91213	75596	332	180	152
10-14岁	**768997**	**416904**	**352093**	**1903**	**1008**	**895**
10	156062	85223	70839	349	192	157
11	162278	88603	73675	422	234	188
12	159854	86809	73045	466	215	251
13	150535	81189	69346	365	195	170
14	140268	75080	65188	301	172	129
15-19岁	**608035**	**318316**	**289719**	**730**	**435**	**295**
15	139349	73278	66071	153	91	62
16	141571	74086	67485	144	80	64
17	128926	67349	61577	148	96	52
18	100802	52973	47829	141	81	60
19	97387	50630	46757	144	87	57
20-24岁	**477441**	**255792**	**221649**	**799**	**477**	**322**
20	97723	51239	46484	172	111	61
21	89257	47083	42174	157	103	54
22	93852	50743	43109	153	97	56
23	94357	51187	43170	152	79	73
24	102252	55540	46712	165	87	78
25-29岁	**716672**	**373904**	**342768**	**1185**	**658**	**527**
25	123766	66967	56799	189	104	85
26	125564	67065	58499	194	112	82
27	134482	70144	64338	244	139	105
28	148644	76499	72145	243	127	116
29	184216	93229	90987	315	176	139
30-34岁	**1057669**	**523078**	**534591**	**1808**	**911**	**897**
30	230027	114410	115617	355	188	167
31	221898	108977	112921	358	184	174
32	205618	100866	104752	366	181	185
33	209960	104199	105761	371	182	189
34	190166	94626	95540	358	176	182
35-39岁	**897030**	**444773**	**452257**	**2359**	**910**	**1449**
35	182566	90798	91768	397	177	220
36	185754	92250	93504	448	185	263
37	173641	86731	86910	443	179	264
38	197532	97510	100022	545	212	333
39	157537	77484	80053	526	157	369
40-44岁	**856205**	**426826**	**429379**	**4802**	**1265**	**3537**
40	133640	65867	67773	555	173	382
41	167033	83111	83922	805	229	576
42	177702	88244	89458	929	273	656
43	180352	90349	90003	1122	278	844
44	197478	99255	98223	1391	312	1079

4-1b 续表 1　　单位：人

年龄	3岁及以上人口			未上过学		
	合计	男	女	小计	男	女
45-49岁	**1025323**	**517907**	**507416**	**11227**	**2192**	**9035**
45	189888	95639	94249	1544	320	1224
46	201551	101623	99928	1921	391	1530
47	212376	107358	105018	2216	447	1769
48	205681	103730	101951	2540	482	2058
49	215827	109557	106270	3006	552	2454
50-54岁	**951660**	**484654**	**467006**	**20657**	**3551**	**17106**
50	204491	103812	100679	3224	582	2642
51	195832	99887	95945	3841	661	3180
52	205663	105031	100632	4440	750	3690
53	165858	84159	81699	4217	737	3480
54	179816	91765	88051	4935	821	4114
55-59岁	**736611**	**373379**	**363232**	**26498**	**3901**	**22597**
55	178995	91559	87436	5549	866	4683
56	155723	79019	76704	5195	807	4388
57	194062	99019	95043	6724	1023	5701
58	140005	70648	69357	5758	789	4969
59	67826	33134	34692	3272	416	2856
60-64岁	**526824**	**265967**	**260857**	**36540**	**5906**	**30634**
60	99542	50715	48827	5473	847	4626
61	95633	48650	46983	6007	1003	5004
62	111424	56586	54838	7892	1300	6592
63	123024	62110	60914	9302	1517	7785
64	97201	47906	49295	7866	1239	6627
65-69岁	**455707**	**221148**	**234559**	**42631**	**6751**	**35880**
65	106527	52595	53932	9053	1420	7633
66	99430	48347	51083	8923	1395	7528
67	89882	43386	46496	8636	1346	7290
68	87434	42154	45280	8702	1381	7321
69	72434	34666	37768	7317	1209	6108
70-74岁	**281625**	**138684**	**142941**	**36163**	**6446**	**29717**
70	66893	33066	33827	7508	1330	6178
71	64389	32158	32231	7878	1494	6384
72	54783	26594	28189	7289	1261	6028
73	48867	23869	24998	6644	1195	5449
74	46693	22997	23696	6844	1166	5678
75-79岁	**179908**	**86502**	**93406**	**32960**	**6002**	**26958**
75	40087	19338	20749	6471	1131	5340
76	38993	19052	19941	6796	1300	5496
77	35487	17149	18338	6417	1185	5232
78	33439	15909	17530	6590	1146	5444
79	31902	15054	16848	6686	1240	5446
80-84岁	**128296**	**56440**	**71856**	**33674**	**6611**	**27063**
80	27582	12772	14810	6158	1191	4967
81	26046	11726	14320	6510	1286	5224
82	26785	12062	14723	7112	1460	5652
83	25275	10611	14664	7212	1431	5781
84	22608	9269	13339	6682	1243	5439
85岁及以上	**103034**	**37921**	**65113**	**37920**	**6724**	**31196**

4-1b 续表 2 单位：人

年 龄	学前教育			小 学		
	小计	男	女	小计	男	女
总 计	**572258**	**306823**	**265435**	**3308190**	**1485300**	**1822890**
3	141921	76585	65336			
4	165891	90702	75189			
5-9岁	**240522**	**130768**	**109754**	**671485**	**367150**	**304335**
5	162493	88526	73967	17053	9519	7534
6	61181	33370	27811	131344	72273	59071
7	9569	5009	4560	173301	94442	78859
8	4379	2340	2039	188336	102654	85682
9	2900	1523	1377	161451	88262	73189
10-14岁	**8335**	**4337**	**3998**	**393309**	**214434**	**178875**
10	2332	1263	1069	149857	81800	68057
11	1980	1029	951	149070	81349	67721
12	1408	731	677	66004	36098	29906
13	1193	610	583	20672	11117	9555
14	1422	704	718	7706	4070	3636
15-19岁	**1580**	**811**	**769**	**8425**	**4534**	**3891**
15	787	397	390	2558	1346	1212
16	404	214	190	1502	809	693
17	177	93	84	1462	774	688
18	127	67	60	1484	805	679
19	85	40	45	1419	800	619
20-24岁	**252**	**141**	**111**	**7047**	**4070**	**2977**
20	57	32	25	1335	791	544
21	45	26	19	1137	635	502
22	55	30	25	1358	790	568
23	47	25	22	1496	889	607
24	48	28	20	1721	965	756
25-29岁	**272**	**132**	**140**	**17659**	**8793**	**8866**
25	78	40	38	2335	1259	1076
26	67	35	32	2852	1472	1380
27	45	28	17	3443	1743	1700
28	33	13	20	3911	1885	2026
29	49	16	33	5118	2434	2684
30-34岁	**248**	**120**	**128**	**45696**	**19215**	**26481**
30	48	27	21	7321	3321	4000
31	49	25	24	8871	3737	5134
32	51	25	26	9068	3849	5219
33	54	24	30	10325	4234	6091
34	46	19	27	10111	4074	6037
35-39岁	**212**	**96**	**116**	**65414**	**23871**	**41543**
35	49	25	24	10616	4180	6436
36	45	18	27	11453	4351	7102
37	37	22	15	12005	4482	7523
38	49	18	31	16009	5701	10308
39	32	13	19	15331	5157	10174
40-44岁	**390**	**129**	**261**	**151546**	**53021**	**98525**
40	55	19	36	15979	5325	10654
41	66	26	40	24781	8706	16075
42	83	29	54	30776	10641	20135
43	88	27	61	35846	12587	23259
44	98	28	70	44164	15762	28402

4-1b 续表 3 单位：人

年 龄	学前教育			小 学		
	小计	男	女	小计	男	女
45-49岁	**697**	**184**	**513**	**290489**	**104069**	**186420**
45	105	39	66	46934	16856	30078
46	130	30	100	53584	19190	34394
47	134	38	96	59734	21444	38290
48	153	36	117	61470	21938	39532
49	175	41	134	68767	24641	44126
50-54岁	**1277**	**307**	**970**	**376346**	**143276**	**233070**
50	226	55	171	71018	26209	44809
51	259	62	197	75990	29236	46754
52	269	70	199	82255	31422	50833
53	237	57	180	69765	26633	43132
54	286	63	223	77318	29776	47542
55-59岁	**1526**	**305**	**1221**	**325891**	**123005**	**202886**
55	346	88	258	77066	29610	47456
56	286	36	250	67255	25445	41810
57	407	96	311	85463	32256	53207
58	321	56	265	63494	23684	39810
59	166	29	137	32613	12010	20603
60-64岁	**1804**	**393**	**1411**	**291443**	**122936**	**168507**
60	299	59	240	50203	20258	29945
61	303	64	239	51451	21466	29985
62	401	94	307	62090	26455	35635
63	432	96	336	70537	30258	40279
64	369	80	289	57162	24499	32663
65-69岁	**2147**	**488**	**1659**	**278725**	**121721**	**157004**
65	450	105	345	64361	28199	36162
66	416	91	325	60865	26508	34357
67	458	106	352	55415	24313	31102
68	447	114	333	53548	23447	30101
69	376	72	304	44536	19254	25282
70-74岁	**1609**	**371**	**1238**	**166424**	**76777**	**89647**
70	376	83	293	40012	18086	21926
71	350	79	271	38620	18107	20513
72	313	78	235	32675	15027	17648
73	291	63	228	28521	13169	15352
74	279	68	211	26596	12388	14208
75-79岁	**1314**	**341**	**973**	**98424**	**45810**	**52614**
75	271	63	208	22094	10005	12089
76	260	72	188	21325	9990	11335
77	280	63	217	19446	9172	10274
78	250	72	178	18172	8477	9695
79	253	71	182	17387	8166	9221
80-84岁	**1167**	**327**	**840**	**68750**	**31307**	**37443**
80	232	73	159	14982	6907	8075
81	201	45	156	14051	6538	7513
82	238	79	159	14252	6656	7596
83	256	69	187	13492	5979	7513
84	240	61	179	11973	5227	6746
85岁及以上	**1094**	**286**	**808**	**51117**	**21311**	**29806**

4-1b　续表 4

单位：人

年　龄	初　中			高　中			大学专科		
	小计	男	女	小计	男	女	小计	男	女
总　计	**3911016**	**2148461**	**1762555**	**1635130**	**934716**	**700414**	**669877**	**359654**	**310223**
3									
4									
5–9岁	**7076**	**4024**	**3052**	**5**	**4**	**1**			
5									
6	1374	775	599						
7	1593	898	695						
8	1986	1106	880	2	1	1			
9	2123	1245	878	3	3				
10–14岁	**355519**	**192054**	**163465**	**9908**	**5060**	**4848**	**15**	**8**	**7**
10	3517	1964	1553	7	4	3			
11	10803	5989	4814	3	2	1			
12	91953	49752	42201	20	12	8	2		2
13	126070	68045	58025	2228	1218	1010	5	3	2
14	123176	66304	56872	7650	3824	3826	8	5	3
15–19岁	**134449**	**77346**	**57103**	**358543**	**186309**	**172234**	**44928**	**21055**	**23873**
15	54214	29736	24478	79884	40763	39121	1593	861	732
16	26745	15004	11741	110181	56549	53632	2349	1305	1044
17	19607	11335	8272	100809	52055	48754	4222	1921	2301
18	16411	10222	6189	43843	23728	20115	16199	7303	8896
19	17472	11049	6423	23826	13214	10612	20565	9665	10900
20–24岁	**129985**	**77304**	**52681**	**108871**	**62792**	**46079**	**89404**	**44553**	**44851**
20	19274	12085	7189	21358	11988	9370	19114	9546	9568
21	21413	13115	8298	18950	10890	8060	15546	7700	7846
22	26464	15762	10702	20855	12210	8645	17549	8721	8828
23	28976	16888	12088	22429	13093	9336	17976	8955	9021
24	33858	19454	14404	25279	14611	10668	19219	9631	9588
25–29岁	**286656**	**152111**	**134545**	**180509**	**99520**	**80989**	**120351**	**59133**	**61218**
25	44214	25047	19167	30692	17473	13219	22953	11543	11410
26	47815	26210	21605	31509	17888	13621	22370	11166	11204
27	53261	28369	24892	34081	18641	15440	22601	11146	11455
28	61583	32100	29483	37760	20589	17171	23987	11622	12365
29	79783	40385	39398	46467	24929	21538	28440	13656	14784
30–34岁	**525709**	**255260**	**270449**	**241899**	**127596**	**114303**	**135944**	**66393**	**69551**
30	104119	51208	52911	57581	30291	27290	33608	16170	17438
31	106101	51416	54685	53068	27778	25290	30358	14547	15811
32	102499	49085	53414	47498	24947	22551	25925	12608	13317
33	110287	53612	56675	44916	23775	21141	24799	12344	12455
34	102703	49939	52764	38836	20805	18031	21254	10724	10530
35–39岁	**519309**	**253819**	**265490**	**168102**	**91040**	**77062**	**80883**	**42120**	**38763**
35	102407	49654	52753	35688	19081	16607	18832	9809	9023
36	107109	52030	55079	35487	19061	16426	17792	9269	8523
37	102123	50147	51976	32437	17662	14775	15286	7937	7349
38	116080	56905	59175	36058	19519	16539	16486	8530	7956
39	91590	45083	46507	28432	15717	12715	12487	6575	5912
40–44岁	**473369**	**245023**	**228346**	**125871**	**72277**	**53594**	**56154**	**30415**	**25739**
40	76478	38281	38197	23081	12929	10152	10156	5281	4875
41	94281	48291	45990	26403	14914	11489	11722	6199	5523
42	98621	50756	47865	26441	15145	11296	11668	6280	5388
43	98329	51654	46675	24699	14393	10306	11215	6171	5044
44	105660	56041	49619	25247	14896	10351	11393	6484	4909

4-1b 续表 5

单位：人

年龄	初中			高中			大学专科		
	小计	男	女	小计	男	女	小计	男	女
45—49岁	**516109**	**284470**	**231639**	**118611**	**72052**	**46559**	**49939**	**29672**	**20267**
45	100117	53631	46486	23002	13704	9298	9975	5872	4103
46	104439	56900	47539	23231	13907	9324	10082	5926	4156
47	108238	59656	48582	24190	14677	9513	10217	6029	4188
48	101418	56345	45073	23385	14421	8964	9690	5796	3894
49	101897	57938	43959	24803	15343	9460	9975	6049	3926
50—54岁	**389687**	**230717**	**158970**	**99410**	**62825**	**36585**	**37296**	**24283**	**13013**
50	92121	52821	39300	22885	14260	8625	8617	5387	3230
51	81278	47710	33568	20598	12957	7641	7934	5013	2921
52	83088	49479	33609	21408	13475	7933	8185	5414	2771
53	64810	38960	25850	16523	10501	6022	6060	4078	1982
54	68390	41747	26643	17996	11632	6364	6500	4391	2109
55—59岁	**245969**	**151716**	**94253**	**96927**	**64014**	**32913**	**26615**	**19589**	**7026**
55	65410	40129	25281	20380	13323	7057	6491	4534	1957
56	54243	33018	21225	19892	13053	6839	5768	4175	1593
57	63856	39509	24347	26808	17761	9047	7293	5427	1866
58	43486	27243	16243	20004	13341	6663	4911	3800	1111
59	18974	11817	7157	9843	6536	3307	2152	1653	499
60—64岁	**124554**	**84222**	**40332**	**57928**	**41002**	**16926**	**11407**	**8898**	**2509**
60	26382	17383	8999	13730	9451	4279	2639	2022	617
61	23226	15557	7669	11923	8368	3555	2132	1707	425
62	26014	17769	8245	12097	8680	3417	2326	1807	519
63	27727	19172	8555	11890	8573	3317	2496	1958	538
64	21205	14341	6864	8288	5930	2358	1814	1404	410
65—69岁	**96082**	**65914**	**30168**	**27893**	**19856**	**8037**	**6347**	**4955**	**1392**
65	22347	15287	7060	8013	5768	2245	1776	1404	372
66	20661	14141	6520	6676	4725	1951	1427	1121	306
67	18717	12809	5908	5214	3687	1527	1119	878	241
68	18875	12991	5884	4466	3164	1302	1084	820	264
69	15482	10686	4796	3524	2512	1012	941	732	209
70—74岁	**54461**	**37858**	**16603**	**17097**	**12461**	**4636**	**4425**	**3584**	**841**
70	14216	9970	4246	3545	2622	923	937	739	198
71	12432	8689	3743	3810	2756	1054	1008	803	205
72	9929	6819	3110	3393	2427	966	923	772	151
73	9055	6163	2892	3242	2361	881	850	696	154
74	8829	6217	2612	3107	2295	812	707	574	133
75—79岁	**29806**	**20928**	**8878**	**13067**	**9852**	**3215**	**3009**	**2427**	**582**
75	7527	5296	2231	2814	2066	748	635	534	101
76	7060	4968	2092	2652	1984	668	628	512	116
77	5769	3991	1778	2776	2079	697	536	423	113
78	5051	3581	1470	2526	1949	577	620	487	133
79	4399	3092	1307	2299	1774	525	590	471	119
80—84岁	**14040**	**9822**	**4218**	**7131**	**5414**	**1717**	**2321**	**1896**	**425**
80	3521	2462	1059	1856	1447	409	564	458	106
81	2908	2026	882	1576	1166	410	545	439	106
82	2953	2110	843	1479	1123	356	478	395	83
83	2452	1675	777	1218	916	302	412	334	78
84	2206	1549	657	1002	762	240	322	270	52
85岁及以上	**8236**	**5873**	**2363**	**3358**	**2642**	**716**	**839**	**673**	**166**

4-1b　续表 6　　　　单位：人

年　龄	大学本科			硕士研究生			博士研究生		
	小计	男	女	小计	男	女	小计	男	女
总　计	**579443**	**306340**	**273103**	**26825**	**14292**	**12533**	**3342**	**2094**	**1248**
3									
4									
5-9岁									
5									
6									
7									
8									
9									
10-14岁	**7**	**2**	**5**				**1**	**1**	
10									
11									
12	1	1							
13	2	1	1						
14	4		4				1	1	
15-19岁	**59336**	**27804**	**31532**	**41**	**20**	**21**	**3**	**2**	**1**
15	160	84	76						
16	246	125	121						
17	2494	1072	1422	7	3	4			
18	22588	10761	11827	8	6	2	1		1
19	33848	15762	18086	26	11	15	2	2	
20-24岁	**131365**	**61291**	**70074**	**9547**	**5081**	**4466**	**171**	**83**	**88**
20	36364	16664	19700	47	21	26	2	1	1
21	31681	14431	17250	320	179	141	8	4	4
22	25018	11827	13191	2362	1288	1074	38	18	20
23	19795	9417	10378	3441	1822	1619	45	19	26
24	18507	8952	9555	3377	1771	1606	78	41	37
25-29岁	**101517**	**49210**	**52307**	**7446**	**3733**	**3713**	**1077**	**614**	**463**
25	20473	10035	10438	2651	1372	1279	181	94	87
26	18961	9244	9717	1586	827	759	210	111	99
27	19365	9352	10013	1194	585	609	248	141	107
28	19953	9577	10376	954	447	507	220	139	81
29	22765	11002	11763	1061	502	559	218	129	89
30-34岁	**100856**	**50813**	**50043**	**4654**	**2232**	**2422**	**855**	**538**	**317**
30	25567	12474	13093	1197	580	617	231	151	80
31	21918	10769	11149	1007	424	583	168	97	71
32	19165	9639	9526	885	431	454	161	101	60
33	18207	9504	8703	851	424	427	150	100	50
34	15999	8427	7572	714	373	341	145	89	56
35-39岁	**57738**	**31207**	**26531**	**2502**	**1391**	**1111**	**511**	**319**	**192**
35	13879	7474	6405	588	327	261	110	71	39
36	12732	6962	5770	594	321	273	94	53	41
37	10727	5966	4761	473	265	208	110	71	39
38	11700	6275	5425	505	290	215	100	60	40
39	8700	4530	4170	342	188	154	97	64	33
40-44岁	**42722**	**23804**	**18918**	**1074**	**704**	**370**	**277**	**188**	**89**
40	7019	3660	3359	245	151	94	72	48	24
41	8688	4553	4135	233	153	80	54	40	14
42	8904	4938	3966	216	139	77	64	43	21
43	8826	5085	3741	180	118	62	47	36	11
44	9285	5568	3717	200	143	57	40	21	19

4-1b 续表 7

单位：人

年 龄	大学本科			硕士研究生			博士研究生		
	小计	男	女	小计	男	女	小计	男	女
45-49岁	**37378**	**24658**	**12720**	**690**	**474**	**216**	**183**	**136**	**47**
45	8027	5097	2930	144	90	54	40	30	10
46	7988	5159	2829	141	93	48	35	27	8
47	7448	4918	2530	159	123	36	40	26	14
48	6862	4592	2270	123	86	37	40	34	6
49	7053	4892	2161	123	82	41	28	19	9
50-54岁	**26424**	**19267**	**7157**	**462**	**348**	**114**	**101**	**80**	**21**
50	6265	4395	1870	112	86	26	23	17	6
51	5806	4154	1652	103	75	28	23	19	4
52	5874	4314	1560	120	89	31	24	18	6
53	4171	3137	1034	59	44	15	16	12	4
54	4308	3267	1041	68	54	14	15	14	1
55-59岁	**12836**	**10577**	**2259**	**253**	**196**	**57**	**96**	**76**	**20**
55	3655	2932	723	75	62	13	23	15	8
56	2994	2423	571	66	43	23	24	19	5
57	3422	2874	548	67	55	12	22	18	4
58	1975	1689	286	33	26	7	23	20	3
59	790	659	131	12	10	2	4	4	
60-64岁	**3037**	**2523**	**514**	**81**	**58**	**23**	**30**	**29**	**1**
60	792	676	116	18	13	5	6	6	
61	571	468	103	15	12	3	5	5	
62	582	464	118	16	12	4	6	5	1
63	611	513	98	20	14	6	9	9	
64	481	402	79	12	7	5	4	4	
65-69岁	**1827**	**1424**	**403**	**32**	**22**	**10**	**23**	**17**	**6**
65	509	396	113	12	11	1	6	5	1
66	452	362	90	7	2	5	3	2	1
67	311	239	72	8	6	2	4	2	2
68	307	233	74	2	1	1	3	3	
69	248	194	54	3	2	1	7	5	2
70-74岁	**1419**	**1168**	**251**	**25**	**17**	**8**	**2**	**2**	
70	288	229	59	11	7	4			
71	287	227	60	3	2	1	1	1	
72	257	209	48	4	1	3			
73	259	217	42	4	4		1	1	
74	328	286	42	3	3				
75-79岁	**1318**	**1133**	**185**	**8**	**7**	**1**	**2**	**2**	
75	274	242	32	1	1				
76	270	224	46				2	2	
77	258	231	27	5	5				
78	229	197	32	1		1			
79	287	239	48	1	1				
80-84岁	**1199**	**1053**	**146**	**6**	**5**	**1**	**8**	**5**	**3**
80	265	232	33	2	1	1	2	1	1
81	254	225	29				1	1	
82	270	237	33				3	2	1
83	228	203	25	3	3		2	1	1
84	182	156	26	1	1				
85岁及以上	**464**	**406**	**58**	**4**	**4**		**2**	**2**	

4-1c 全省分年龄、性别、受教育程度的3岁及以上人口(乡村)

单位：人

年 龄	3岁及以上人口			未上过学		
	合计	男	女	小计	男	女
总 计	**12574993**	**6606198**	**5968795**	**795845**	**194354**	**601491**
3	177099	95764	81335	60783	33009	27774
4	175291	94770	80521	21496	11522	9974
5-9岁	**901301**	**489233**	**412068**	**14676**	**8067**	**6609**
5	184345	100372	83973	9507	5243	4264
6	188973	102897	86076	3209	1771	1438
7	176442	95227	81215	909	469	440
8	187320	101686	85634	590	328	262
9	164221	89051	75170	461	256	205
10-14岁	**789959**	**427392**	**362567**	**2523**	**1327**	**1196**
10	157269	85237	72032	430	224	206
11	164013	88719	75294	530	265	265
12	163392	88363	75029	581	305	276
13	155940	84748	71192	544	292	252
14	149345	80325	69020	438	241	197
15-19岁	**432283**	**243381**	**188902**	**1189**	**732**	**457**
15	108147	59424	48723	280	159	121
16	79663	44727	34936	234	145	89
17	77254	43490	33764	225	138	87
18	86291	48718	37573	230	147	83
19	80928	47022	33906	220	143	77
20-24岁	**458095**	**264489**	**193606**	**1274**	**806**	**468**
20	79281	46676	32605	233	146	87
21	78170	45239	32931	239	156	83
22	92930	53319	39611	245	151	94
23	98818	56584	42234	263	166	97
24	108896	62671	46225	294	187	107
25-29岁	**748029**	**419390**	**328639**	**2109**	**1202**	**907**
25	132244	75681	56563	354	211	143
26	131823	74740	57083	384	223	161
27	141375	78761	62614	402	233	169
28	154781	86383	68398	444	249	195
29	187806	103825	83981	525	286	239
30-34岁	**1032766**	**555882**	**476884**	**3706**	**1826**	**1880**
30	232740	126164	106576	709	378	331
31	219025	117122	101903	747	399	348
32	198766	106601	92165	749	345	404
33	202085	108774	93311	788	375	413
34	180150	97221	82929	713	329	384
35-39岁	**854066**	**462991**	**391075**	**4656**	**1926**	**2730**
35	173101	93869	79232	788	368	420
36	176745	95818	80927	866	381	485
37	166235	90306	75929	924	386	538
38	188005	102148	85857	1080	423	657
39	149980	80850	69130	998	368	630
40-44岁	**827139**	**438192**	**388947**	**9048**	**2624**	**6424**
40	126515	67745	58770	1023	361	662
41	156256	83563	72693	1426	428	998
42	170890	90762	80128	1845	566	1279
43	176110	92972	83138	2081	582	1499
44	197368	103150	94218	2673	687	1986

4-1c 续表 1

单位：人

年龄	3岁及以上人口			未上过学		
	合计	男	女	小计	男	女
45-49岁	**1114884**	**576297**	**538587**	**21796**	**4756**	**17040**
45	195400	101824	93576	3022	748	2274
46	212688	110383	102305	3648	842	2806
47	230769	119712	111057	4436	958	3478
48	228891	118042	110849	4871	1019	3852
49	247136	126336	120800	5819	1189	4630
50-54岁	**1187657**	**612659**	**574998**	**41210**	**7550**	**33660**
50	241159	123740	117419	6461	1230	5231
51	238717	123511	115206	7471	1444	6027
52	255279	131376	123903	8721	1522	7199
53	215456	111048	104408	8414	1512	6902
54	237046	122984	114062	10143	1842	8301
55-59岁	**989376**	**506511**	**482865**	**56427**	**8966**	**47461**
55	233800	121136	112664	11239	1935	9304
56	205304	104716	100588	10849	1810	9039
57	261074	134172	126902	14912	2352	12560
58	193742	99178	94564	12156	1806	10350
59	95456	47309	48147	7271	1063	6208
60-64岁	**815900**	**419810**	**396090**	**83484**	**14834**	**68650**
60	143847	74877	68970	11956	2062	9894
61	143943	75379	68564	13552	2508	11044
62	173822	89786	84036	18038	3233	14805
63	196717	100782	95935	21499	3798	17701
64	157571	78986	78585	18439	3233	15206
65-69岁	**793204**	**394348**	**398856**	**109160**	**19199**	**89961**
65	178908	90320	88588	22246	3862	18384
66	171715	85330	86385	22383	3732	18651
67	157350	77874	79476	21984	3885	18099
68	155721	77313	78408	22660	4087	18573
69	129510	63511	65999	19887	3633	16254
70-74岁	**505000**	**256235**	**248765**	**95544**	**19002**	**76542**
70	118747	60346	58401	19592	3763	15829
71	114422	58780	55642	20806	4193	16613
72	99932	50760	49172	19277	3834	15443
73	87712	44367	43345	17665	3487	14178
74	84187	41982	42205	18204	3725	14479
75-79岁	**331826**	**164035**	**167791**	**87286**	**18401**	**68885**
75	71959	35759	36200	16632	3311	13321
76	71808	36109	35699	18061	3825	14236
77	65869	32361	33508	17486	3681	13805
78	62037	30454	31583	17486	3731	13755
79	60153	29352	30801	17621	3853	13768
80-84岁	**241967**	**109493**	**132474**	**86841**	**19377**	**67464**
80	51151	24285	26866	16336	3648	12688
81	48791	22676	26115	16758	3859	12899
82	51017	23510	27507	18581	4292	14289
83	48237	20993	27244	18274	3972	14302
84	42771	18029	24742	16892	3606	13286
85岁及以上	**199151**	**75326**	**123825**	**92637**	**19228**	**73409**

4-1c　续表 2　　　　单位：人

年　龄	学前教育			小　学		
	小计	男	女	小计	男	女
总　计	**559452**	**291539**	**267913**	**4898298**	**2272878**	**2625420**
3	116316	62755	53561			
4	153795	83248	70547			
5-9岁	**238967**	**129419**	**109548**	**642162**	**348550**	**293612**
5	155043	84206	70837	19795	10923	8872
6	65237	35374	29863	119453	65119	54334
7	11190	5888	5302	163184	88177	75007
8	4661	2421	2240	180584	98053	82531
9	2836	1530	1306	159146	86278	72868
10-14岁	**8588**	**4451**	**4137**	**419694**	**227289**	**192405**
10	2448	1294	1154	151260	81950	69310
11	1971	1031	940	151244	81878	69366
12	1469	802	667	78828	42748	36080
13	1302	640	662	28055	15340	12715
14	1398	684	714	10307	5373	4934
15-19岁	**1324**	**686**	**638**	**10145**	**5580**	**4565**
15	723	351	372	3362	1831	1531
16	269	146	123	1665	920	745
17	169	103	66	1630	866	764
18	104	54	50	1681	919	762
19	59	32	27	1807	1044	763
20-24岁	**228**	**117**	**111**	**9744**	**5457**	**4287**
20	69	36	33	1676	943	733
21	40	18	22	1624	969	655
22	36	17	19	1876	1038	838
23	36	16	20	2087	1171	916
24	47	30	17	2481	1336	1145
25-29岁	**219**	**110**	**109**	**24463**	**12035**	**12428**
25	54	27	27	3178	1652	1526
26	48	25	23	3917	2090	1827
27	31	21	10	4776	2362	2414
28	39	22	17	5450	2642	2808
29	47	15	32	7142	3289	3853
30-34岁	**301**	**156**	**145**	**59414**	**25710**	**33704**
30	69	41	28	9944	4507	5437
31	59	33	26	11217	4915	6302
32	49	23	26	11601	5034	6567
33	72	38	34	13281	5608	7673
34	52	21	31	13371	5646	7725
35-39岁	**353**	**143**	**210**	**90262**	**34887**	**55375**
35	51	21	30	13967	5677	8290
36	62	25	37	15676	6360	9316
37	64	34	30	16993	6667	10326
38	84	32	52	22336	8398	13938
39	92	31	61	21290	7785	13505
40-44岁	**714**	**203**	**511**	**207393**	**76349**	**131044**
40	91	21	70	22432	8164	14268
41	107	41	66	33372	12237	21135
42	150	40	110	41827	15294	26533
43	144	40	104	48471	17994	30477
44	222	61	161	61291	22660	38631

4-1c　续表 3　　　　单位：人

年　龄	学前教育			小　学		
	小计	男	女	小计	男	女
45-49岁	**1841**	**468**	**1373**	**437854**	**161568**	**276286**
45	261	73	188	66418	24764	41654
46	308	89	219	77683	28547	49136
47	384	99	285	89982	33444	56538
48	414	95	319	94685	34802	59883
49	474	112	362	109086	40011	69075
50-54岁	**3526**	**744**	**2782**	**616715**	**243999**	**372716**
50	569	110	459	113122	42668	70454
51	654	146	508	121118	47944	73174
52	770	168	602	134725	53575	81150
53	680	145	535	116801	46711	70090
54	853	175	678	130949	53101	77848
55-59岁	**4387**	**921**	**3466**	**560436**	**225848**	**334588**
55	860	203	657	129568	52304	77264
56	873	175	698	115117	46186	68931
57	1174	244	930	147826	60025	87801
58	975	204	771	111270	44869	66401
59	505	95	410	56655	22464	34191
60-64岁	**5751**	**1330**	**4421**	**530242**	**245207**	**285035**
60	886	222	664	88827	39094	49733
61	926	204	722	91454	42175	49279
62	1242	291	951	112895	52512	60383
63	1514	354	1160	130191	61220	68971
64	1183	259	924	106875	50206	56669
65-69岁	**7228**	**1746**	**5482**	**541771**	**263371**	**278400**
65	1492	355	1137	121518	58676	62842
66	1481	354	1127	118188	57162	61026
67	1432	340	1092	108004	52487	55517
68	1500	367	1133	106383	52358	54025
69	1323	330	993	87678	42688	44990
70-74岁	**5395**	**1579**	**3816**	**328435**	**172748**	**155687**
70	1152	329	823	78952	40390	38562
71	1219	374	845	75124	39900	35224
72	1070	310	760	65233	34701	30532
73	973	280	693	56388	30007	26381
74	981	286	695	52738	27750	24988
75-79岁	**4086**	**1288**	**2798**	**195822**	**106674**	**89148**
75	859	264	595	43731	23223	20508
76	831	242	589	42856	23526	19330
77	814	253	561	38846	21109	17737
78	811	257	554	35776	19702	16074
79	771	272	499	34613	19114	15499
80-84岁	**3460**	**1210**	**2250**	**130838**	**71201**	**59637**
80	703	262	441	28577	15673	12904
81	690	235	455	26904	14787	12117
82	716	245	471	27431	15288	12143
83	712	252	460	25631	13724	11907
84	639	216	423	22295	11729	10566
85岁及以上	**2973**	**965**	**2008**	**92908**	**46405**	**46503**

4-1c 续表 4

单位：人

年 龄	初 中			高 中			大学专科		
	小计	男	女	小计	男	女	小计	男	女
总 计	**4455848**	**2705338**	**1750510**	**1190727**	**763150**	**427577**	**414075**	**235602**	**178473**
3									
4									
5-9岁	**5487**	**3192**	**2295**	**9**	**5**	**4**			
5									
6	1074	633	441						
7	1159	693	466						
8	1481	882	599	4	2	2			
9	1773	984	789	5	3	2			
10-14岁	**352271**	**190605**	**161666**	**6866**	**3712**	**3154**	**10**	**3**	**7**
10	3128	1768	1360	2	1	1	1		1
11	10262	5541	4721	6	4	2			
12	82491	44497	37994	20	9	11	1	1	
13	124319	67517	56802	1716	955	761	1	1	
14	132071	71282	60789	5122	2743	2379	7	1	6
15-19岁	**153839**	**91250**	**62589**	**192909**	**107439**	**85470**	**45180**	**24031**	**21149**
15	61793	34842	26951	40592	21520	19072	1314	679	635
16	27506	15993	11513	48114	26479	21635	1722	962	760
17	21455	12968	8487	48368	26715	21653	3882	1984	1898
18	20585	12975	7610	32095	18436	13659	17781	9406	8375
19	22500	14472	8028	23740	14289	9451	20481	11000	9481
20-24岁	**172991**	**106922**	**66069**	**120639**	**73209**	**47430**	**86807**	**45469**	**41338**
20	25521	16532	8989	22258	13760	8498	18788	10083	8705
21	28056	17712	10344	21111	12741	8370	15937	8345	7592
22	34593	21432	13161	24007	14464	9543	17256	8900	8356
23	38714	23563	15151	25375	15374	10001	17085	8825	8260
24	46107	27683	18424	27888	16870	11018	17741	9316	8425
25-29岁	**372460**	**211628**	**160832**	**180382**	**105739**	**74643**	**97608**	**51462**	**46146**
25	59647	35233	24414	33439	20009	13430	20170	10567	9603
26	62549	36236	26313	32429	19162	13267	18688	9872	8816
27	69971	39605	30366	33997	19810	14187	18388	9534	8854
28	79366	44562	34804	36986	21636	15350	19043	10047	8996
29	100927	55992	44935	43531	25122	18409	21319	11442	9877
30-34岁	**622980**	**331606**	**291374**	**209700**	**120937**	**88763**	**85832**	**46854**	**38978**
30	130275	70109	60166	53256	30456	22800	23628	12511	11117
31	128309	68025	60284	47303	26741	20562	19778	10590	9188
32	120451	63752	56699	40526	23559	16967	16105	8673	7432
33	127634	67647	59987	37588	21938	15650	14424	8226	6198
34	116311	62073	54238	31027	18243	12784	11897	6854	5043
35-39岁	**576230**	**313846**	**262384**	**122577**	**75263**	**47314**	**39366**	**23821**	**15545**
35	115062	61884	53178	27916	16694	11222	9798	5826	3972
36	119396	64356	55040	26863	16207	10656	8978	5342	3636
37	113333	61877	51456	23655	14380	9275	7426	4502	2924
38	128045	70422	57623	25057	15730	9327	7647	4738	2909
39	100394	55307	45087	19086	12252	6834	5517	3413	2104
40-44岁	**505850**	**289345**	**216505**	**75572**	**50582**	**24990**	**19656**	**12981**	**6675**
40	82320	45894	36426	14659	9468	5191	4090	2578	1512
41	98969	56052	42917	16131	10681	5450	4345	2838	1507
42	105357	60360	44997	15810	10566	5244	4074	2698	1376
43	105502	60787	44715	14564	9930	4634	3688	2481	1207
44	113702	66252	47450	14408	9937	4471	3459	2386	1073

4-1c 续表 5

单位：人

年 龄	初 中			高 中			大学专科		
	小计	男	女	小计	男	女	小计	男	女
45-49岁	**568473**	**348223**	**220250**	**65016**	**46852**	**18164**	**13509**	**9786**	**3723**
45	108450	64120	44330	12862	9032	3830	2983	2097	886
46	113853	68628	45225	13060	9264	3796	2717	1996	721
47	118786	72766	46020	13203	9540	3663	2703	1979	724
48	112691	70267	42424	12605	9233	3372	2498	1803	695
49	114693	72442	42251	13286	9783	3503	2608	1911	697
50-54岁	**456195**	**306519**	**149676**	**57003**	**43969**	**13034**	**8928**	**6737**	**2191**
50	105088	67791	37297	12480	9337	3143	2342	1765	577
51	94902	62861	32041	11818	9045	2773	1886	1403	483
52	96455	64870	31585	11814	9111	2703	1899	1454	445
53	77807	53571	24236	9707	7561	2146	1415	1071	344
54	81943	57426	24517	11184	8915	2269	1386	1044	342
55-59岁	**292315**	**208901**	**83414**	**67736**	**55385**	**12351**	**5910**	**4726**	**1184**
55	77436	54773	22663	12798	10423	2375	1323	1033	290
56	63962	44907	19055	12836	10333	2503	1189	917	272
57	75744	54138	21606	19270	15644	3626	1583	1309	274
58	52307	38158	14149	15398	12807	2591	1247	1011	236
59	22866	16925	5941	7434	6178	1256	568	456	112
60-64岁	**147483**	**116253**	**31230**	**44603**	**38613**	**5990**	**3535**	**2928**	**607**
60	30886	23899	6987	10363	8863	1500	741	588	153
61	28123	22004	6119	9105	7852	1253	640	520	120
62	31197	24735	6462	9611	8313	1298	698	592	106
63	33147	26402	6745	9317	8129	1188	861	721	140
64	24130	19213	4917	6207	5456	751	595	507	88
65-69岁	**111654**	**89856**	**21798**	**20364**	**17617**	**2747**	**2492**	**2116**	**376**
65	26662	21341	5321	6176	5388	788	673	576	97
66	24141	19310	4831	4818	4186	632	578	482	96
67	21814	17587	4227	3558	3100	458	454	393	61
68	21399	17333	4066	3251	2735	516	439	362	77
69	17638	14285	3353	2561	2208	353	348	303	45
70-74岁	**61315**	**50550**	**10765**	**11853**	**10204**	**1649**	**2009**	**1774**	**235**
70	15843	13097	2746	2725	2355	370	407	351	56
71	14164	11641	2523	2608	2238	370	405	355	50
72	11487	9449	2038	2358	2020	338	420	370	50
73	10127	8365	1762	2065	1786	279	408	366	42
74	9694	7998	1696	2097	1805	292	369	332	37
75-79岁	**33751**	**28121**	**5630**	**8835**	**7735**	**1100**	**1628**	**1452**	**176**
75	8514	7038	1476	1812	1565	247	325	287	38
76	7798	6556	1242	1898	1637	261	298	265	33
77	6552	5428	1124	1787	1557	230	298	260	38
78	5845	4884	961	1696	1500	196	336	304	32
79	5042	4215	827	1642	1476	166	371	336	35
80-84岁	**14758**	**12254**	**2504**	**4540**	**4065**	**475**	**1114**	**1011**	**103**
80	3848	3190	658	1311	1170	141	295	272	23
81	3109	2588	521	1009	918	91	236	208	28
82	3014	2543	471	943	838	105	237	218	19
83	2631	2165	466	704	629	75	194	170	24
84	2156	1768	388	573	510	63	152	143	9
85岁及以上	**7796**	**6267**	**1529**	**2123**	**1824**	**299**	**491**	**451**	**40**

4-1c 续表 6

单位：人

年 龄	大学本科			硕士研究生			博士研究生		
	小计	男	女	小计	男	女	小计	男	女
总 计	**245532**	**135014**	**110518**	**12467**	**6557**	**5910**	**2749**	**1766**	**983**
3									
4									
5-9岁									
5									
6									
7									
8									
9									
10-14岁	**4**	**2**	**2**	**3**	**3**				
10									
11									
12	1		1	1	1				
13	1	1		2	2				
14	2	1	1						
15-19岁	**27661**	**13641**	**14020**	**32**	**18**	**14**	**4**	**4**	
15	83	42	41						
16	152	81	71				1	1	
17	1525	716	809						
18	13803	6772	7031	12	9	3			
19	12098	6030	6068	20	9	11	3	3	
20-24岁	**61887**	**30368**	**31519**	**4276**	**2011**	**2265**	**249**	**130**	**119**
20	10695	5157	5538	38	17	21	3	2	1
21	10936	5199	5737	218	95	123	9	4	5
22	13663	6733	6930	1207	560	647	47	24	23
23	13691	6722	6969	1504	715	789	63	32	31
24	12902	6557	6345	1309	624	685	127	68	59
25-29岁	**65222**	**34159**	**31063**	**4251**	**2243**	**2008**	**1315**	**812**	**503**
25	13911	7204	6707	1283	662	621	208	116	92
26	12597	6464	6133	950	504	446	261	164	97
27	12744	6623	6121	754	387	367	312	186	126
28	12544	6706	5838	635	342	293	274	177	97
29	13426	7162	6264	629	348	281	260	169	91
30-34岁	**47876**	**27131**	**20745**	**2211**	**1165**	**1046**	**746**	**497**	**249**
30	13936	7659	6277	679	344	335	244	159	85
31	10936	6026	4910	486	271	215	190	122	68
32	8741	4931	3810	408	191	217	136	93	43
33	7853	4679	3174	337	190	147	108	73	35
34	6410	3836	2574	301	169	132	68	50	18
35-39岁	**19449**	**12371**	**7078**	**940**	**572**	**368**	**233**	**162**	**71**
35	5229	3230	1999	225	131	94	65	38	27
36	4636	2981	1655	216	126	90	52	40	12
37	3611	2316	1295	185	117	68	44	27	17
38	3533	2261	1272	174	106	68	49	38	11
39	2440	1583	857	140	92	48	23	19	4
40-44岁	**8533**	**5831**	**2702**	**306**	**224**	**82**	**67**	**53**	**14**
40	1817	1198	619	62	46	16	21	15	6
41	1820	1229	591	73	47	26	13	10	3
42	1752	1182	570	63	45	18	12	11	1
43	1605	1114	491	45	35	10	10	9	1
44	1539	1108	431	63	51	12	11	8	3

4-1c 续表 7 单位：人

年 龄	大学本科			硕士研究生			博士研究生		
	小计	男	女	小计	男	女	小计	男	女
45-49岁	**6137**	**4456**	**1681**	**198**	**141**	**57**	**60**	**47**	**13**
45	1352	950	402	44	33	11	8	7	1
46	1374	986	388	34	24	10	11	7	4
47	1211	882	329	44	28	16	20	16	4
48	1078	783	295	37	30	7	12	10	2
49	1122	855	267	39	26	13	9	7	2
50-54岁	**3935**	**3036**	**899**	**112**	**77**	**35**	**33**	**28**	**5**
50	1058	814	244	29	17	12	10	8	2
51	837	650	187	24	12	12	7	6	1
52	863	650	213	27	21	6	5	5	
53	616	465	151	13	10	3	3	2	1
54	561	457	104	19	17	2	8	7	1
55-59岁	**2074**	**1696**	**378**	**69**	**49**	**20**	**22**	**19**	**3**
55	549	442	107	22	19	3	5	4	1
56	454	372	82	17	10	7	7	6	1
57	546	447	99	14	8	6	5	5	
58	373	311	62	12	8	4	4	4	
59	152	124	28	4	4		1		1
60-64岁	**773**	**623**	**150**	**23**	**17**	**6**	**6**	**5**	**1**
60	185	146	39	3	3				
61	137	111	26	4	3	1	2	2	
62	136	107	29	3	1	2	2	2	
63	179	151	28	7	6	1	2	1	1
64	136	108	28	6	4	2			
65-69岁	**516**	**430**	**86**	**14**	**9**	**5**	**5**	**4**	**1**
65	135	117	18	4	3	1	2	2	
66	122	101	21	4	3	1			
67	98	79	19	5	2	3	1	1	
68	88	70	18				1	1	
69	73	63	10	1	1		1		1
70-74岁	**432**	**363**	**69**	**16**	**14**	**2**	**1**	**1**	
70	73	59	14	3	2	1			
71	93	77	16	3	2	1			
72	83	72	11	4	4				
73	82	72	10	4	4				
74	101	83	18	2	2		1	1	
75-79岁	**406**	**354**	**52**	**7**	**7**		**5**	**3**	**2**
75	83	69	14	1	1		2	1	1
76	65	57	8	1	1				
77	84	71	13	2	2				
78	84	73	11	2	2		1	1	
79	90	84	6	1	1		2	1	1
80-84岁	**407**	**369**	**38**	**7**	**5**	**2**	**2**	**1**	**1**
80	78	69	9	2	1	1	1		1
81	83	79	4	2	2				
82	93	85	8	2	1	1			
83	90	80	10				1	1	
84	63	56	7	1	1				
85岁及以上	**220**	**184**	**36**	**2**	**2**		**1**		**1**

4-2　各地区分性别、受教育程度的15岁及以上人口

单位：人

地　区	15岁及以上人口			未上过学		
	合计	男	女	小计	男	女
合　计	**33514861**	**17115416**	**16399445**	**1265744**	**244237**	**1021507**
福州市	**6875286**	**3495337**	**3379949**	**137650**	**29590**	**108060**
鼓楼区	563239	271773	291466	4858	940	3918
台江区	350091	171234	178857	1489	345	1144
仓山区	951587	491081	460506	9145	2337	6808
马尾区	251376	129306	122070	4323	814	3509
晋安区	660849	334527	326322	4414	949	3465
长乐区	660617	339305	321312	13607	3461	10146
闽侯县	837768	433186	404582	18448	4470	13978
连江县	525579	266490	259089	10664	1895	8769
罗源县	208044	110532	97512	4892	1539	3353
闽清县	207997	105952	102045	5006	1121	3885
永泰县	227554	115603	111951	5881	1183	4698
平潭县	309278	154807	154471	17794	3648	14146
福清市	1121307	571541	549766	37129	6888	30241
厦门市	**4277688**	**2238289**	**2039399**	**120769**	**21593**	**99176**
思明区	890707	424606	466101	13181	2082	11099
海沧区	476895	259235	217660	16074	3369	12705
湖里区	876482	457149	419333	19975	3745	16230
集美区	862585	462089	400496	17931	3186	14745
同安区	692892	373121	319771	30757	5491	25266
翔安区	478127	262089	216038	22851	3720	19131
莆田市	**2545070**	**1262566**	**1282504**	**151659**	**21889**	**129770**
城厢区	438327	218780	219547	17128	2144	14984
涵江区	399764	201411	198353	15266	2254	13012
荔城区	531198	263292	267906	17289	2487	14802
秀屿区	462064	225472	236592	60070	7470	52600
仙游县	713717	353611	360106	41906	7534	34372
三明市	**1973563**	**1004263**	**969300**	**99067**	**20144**	**78923**
梅列区	178876	87611	91265	4975	812	4163
三元区	156519	79870	76649	4752	977	3775
明溪县	82028	42601	39427	3582	814	2768
清流县	93221	47523	45698	6911	1289	5622
宁化县	204878	101670	103208	15202	2320	12882
大田县	221845	114791	107054	11176	2213	8963
尤溪县	269257	139323	129934	12702	2901	9801
沙县	196213	99288	96925	11110	2776	8334
将乐县	114096	57354	56742	7085	1503	5582
泰宁县	82147	40763	41384	4703	968	3735
建宁县	92671	46532	46139	6221	1318	4903
永安市	281812	146937	134875	10648	2253	8395
泉州市	**6971454**	**3566388**	**3405066**	**227033**	**35964**	**191069**
鲤城区	346147	174108	172039	4800	699	4101
丰泽区	577753	291577	286176	9774	1361	8413
洛江区	197328	99488	97840	10565	1357	9208
泉港区	272002	133998	138004	11538	1404	10134
惠安县	805565	391178	414387	45421	4446	40975
安溪县	750227	383574	366653	31303	5433	25870
永春县	333134	166326	166808	7832	1304	6528
德化县	256849	132942	123907	11328	1777	9551
石狮市	560692	295924	264768	11643	2863	8780
晋江市	1683679	888841	794838	53597	10796	42801
南安市	1188078	608432	579646	29232	4524	24708

4-2 续表 1 单位：人

地 区	15岁及以上人口			未上过学		
	合计	男	女	小计	男	女
漳州市	**4050226**	**2063133**	**1987093**	**187884**	**29667**	**158217**
芗城区	532378	262298	270080	12561	2012	10549
龙文区	236335	121454	114881	5351	913	4438
云霄县	330514	169725	160789	21342	3478	17864
漳浦县	662049	335718	326331	42695	5692	37003
诏安县	428566	217323	211243	27663	4615	23048
长泰县	185324	97002	88322	7257	1355	5902
东山县	179300	90241	89059	7169	940	6229
南靖县	253770	129093	124677	13156	2042	11114
平和县	362930	188327	174603	15233	2330	12903
华安县	109540	57348	52192	4933	821	4112
龙海市	769520	394604	374916	30524	5469	25055
南平市	**2196121**	**1114389**	**1081732**	**104905**	**28853**	**76052**
延平区	377937	188928	189009	14579	3613	10966
建阳区	277953	143016	134937	14053	4070	9983
顺昌县	151642	77198	74444	6481	1558	4923
浦城县	246497	124625	121872	10872	3406	7466
光泽县	107102	54607	52495	3667	880	2787
松溪县	104287	53069	51218	5267	1613	3654
政和县	139430	72579	66851	12636	3479	9157
邵武市	227581	114800	112781	6778	1569	5209
武夷山市	212598	107764	104834	6033	1781	4252
建瓯市	351094	177803	173291	24539	6884	17655
龙岩市	**2128165**	**1069989**	**1058176**	**103049**	**13352**	**89697**
新罗区	669830	338999	330831	22111	3073	19038
永定区	252334	128236	124098	13841	1629	12212
长汀县	299321	147080	152241	14444	1815	12629
上杭县	294078	146274	147804	18827	1931	16896
武平县	216515	106584	109931	12684	1448	11236
连城县	195006	98156	96850	7378	974	6404
漳平市	201081	104660	96421	13764	2482	11282
宁德市	**2497288**	**1301062**	**1196226**	**133728**	**43185**	**90543**
蕉城区	495790	263417	232373	20597	6621	13976
霞浦县	373529	194979	178550	20383	7241	13142
古田县	264939	136182	128757	5735	1905	3830
屏南县	111422	58169	53253	4572	1373	3199
寿宁县	141464	74091	67373	10728	3070	7658
周宁县	118308	62269	56039	9083	3239	5844
柘荣县	72475	37137	35338	5482	1893	3589
福安市	480036	250308	229728	22288	6895	15393
福鼎市	439325	224510	214815	34860	10948	23912

4-2　续表 2　　单位：人

地　区	学前教育			小　学		
	小计	男	女	小计	男	女
合　计	**68165**	**19646**	**48519**	**8216854**	**3472739**	**4744115**
福州市	**12417**	**3613**	**8804**	**1415118**	**601651**	**813467**
鼓楼区	271	81	190	42955	15618	27337
台江区	146	59	87	38886	14774	24112
仓山区	641	247	394	121790	52479	69311
马尾区	596	155	441	52092	22159	29933
晋安区	297	94	203	77978	31209	46769
长乐区	1212	398	814	189415	85450	103965
闽侯县	1456	527	929	166177	75716	90461
连江县	1762	415	1347	166588	69264	97324
罗源县	387	159	228	69378	33458	35920
闽清县	327	81	246	52182	22329	29853
永泰县	606	169	437	66906	27326	39580
平潭县	752	209	543	76661	32311	44350
福清市	3964	1019	2945	294110	119558	174552
厦门市	**2932**	**1083**	**1849**	**608810**	**259449**	**349361**
思明区	531	199	332	94755	32812	61943
海沧区	175	58	117	70915	32885	38030
湖里区	608	210	398	98983	41807	57176
集美区	512	193	319	112101	48491	63610
同安区	765	281	484	141415	63120	78295
翔安区	341	142	199	90641	40334	50307
莆田市	**4929**	**1399**	**3530**	**612384**	**247820**	**364564**
城厢区	42	14	28	75326	27614	47712
涵江区	489	133	356	80945	30666	50279
荔城区	1415	463	952	109662	41535	68127
秀屿区	1327	266	1061	132985	57726	75259
仙游县	1656	523	1133	213466	90279	123187
三明市	**5983**	**1805**	**4178**	**563513**	**242399**	**321114**
梅列区	108	32	76	24657	9973	14684
三元区	243	80	163	33412	14575	18837
明溪县	140	47	93	24389	10664	13725
清流县	317	100	217	28901	11932	16969
宁化县	735	216	519	69192	28380	40812
大田县	1491	363	1128	79486	32152	47334
尤溪县	1048	363	685	84180	36813	47367
沙县	444	139	305	54499	25039	29460
将乐县	372	130	242	37802	16931	20871
泰宁县	201	51	150	25895	10876	15019
建宁县	167	55	112	33965	14970	18995
永安市	717	229	488	67135	30094	37041
泉州市	**11285**	**2964**	**8321**	**1817549**	**734925**	**1082624**
鲤城区	196	64	132	55967	20306	35661
丰泽区	245	51	194	76292	28680	47612
洛江区	565	176	389	45565	18348	27217
泉港区	477	99	378	79733	28201	51532
惠安县	1116	213	903	256414	101065	155349
安溪县	3023	608	2415	234806	93335	141471
永春县	784	183	601	105885	40045	65840
德化县	370	90	280	71459	28119	43340
石狮市	523	259	264	137414	61016	76398
晋江市	1485	518	967	428595	189716	238879
南安市	2501	703	1798	325419	126094	199325

4-2 续表 3 单位：人

地区	学前教育			小学		
	小计	男	女	小计	男	女
漳州市	**14227**	**3450**	**10777**	**1197705**	**482511**	**715194**
芗城区	346	80	266	90694	35600	55094
龙文区	311	88	223	49796	19726	30070
云霄县	1107	324	783	105935	41873	64062
漳浦县	3831	641	3190	215788	85095	130693
诏安县	2238	715	1523	160083	65828	94255
长泰县	338	111	227	54868	21445	33423
东山县	712	110	602	61347	23704	37643
南靖县	1228	292	936	76279	30174	46105
平和县	1545	434	1111	114044	44608	69436
华安县	459	79	380	38225	15284	22941
龙海市	2112	576	1536	230646	99174	131472
南平市	**4749**	**1796**	**2953**	**638088**	**298160**	**339928**
延平区	944	319	625	96161	42753	53408
建阳区	394	140	254	77675	38212	39463
顺昌县	475	157	318	45069	20416	24653
浦城县	517	205	312	80146	38155	41991
光泽县	141	60	81	33718	15283	18435
松溪县	438	187	251	31985	14864	17121
政和县	217	84	133	45418	21636	23782
邵武市	57	20	37	58028	24730	33298
武夷山市	354	129	225	51688	24376	27312
建瓯市	1212	495	717	118200	57735	60465
龙岩市	**5763**	**1139**	**4624**	**511960**	**184953**	**327007**
新罗区	804	198	606	96710	37255	59455
永定区	573	114	459	60992	22470	38522
长汀县	1559	282	1277	100077	33438	66639
上杭县	1011	158	853	85638	29790	55848
武平县	503	79	424	54130	17506	36624
连城县	819	190	629	58193	20504	37689
漳平市	494	118	376	56220	23990	32230
宁德市	**5880**	**2397**	**3483**	**851727**	**420871**	**430856**
蕉城区	640	280	360	131658	65624	66034
霞浦县	558	238	320	143011	72082	70929
古田县	563	228	335	94686	46468	48218
屏南县	241	94	147	43244	21555	21689
寿宁县	645	219	426	49817	23836	25981
周宁县	229	87	142	44001	21954	22047
柘荣县	106	44	62	24262	12074	12188
福安市	1623	674	949	159008	76962	82046
福鼎市	1275	533	742	162040	80316	81724

4-2 续表 4 单位：人

地区	初中			高中			大学专科		
	小计	男	女	小计	男	女	小计	男	女
合　计	**12211961**	**6952064**	**5259897**	**5875156**	**3357455**	**2517701**	**2900523**	**1520508**	**1380015**
福州市	**2312364**	**1276880**	**1035484**	**1456490**	**792283**	**664207**	**680279**	**350538**	**329741**
鼓楼区	104453	51245	53208	133716	63533	70183	105828	51054	54774
台江区	96439	48584	47855	96332	49025	47307	53918	26782	27136
仓山区	275438	149990	125448	224866	121855	103011	147003	75974	71029
马尾区	89391	50143	39248	51337	28910	22427	22519	11451	11068
晋安区	210164	110126	100038	178659	93566	85093	94209	48216	45993
长乐区	264206	147620	116586	121518	66972	54546	32684	17693	14991
闽侯县	294959	166459	128500	137997	76508	61489	71347	36405	34942
连江县	206516	117425	89091	83506	47514	35992	27345	14631	12714
罗源县	77863	44907	32956	32888	18308	14580	12653	6798	5855
闽清县	96840	53121	43719	33741	18908	14833	11875	6264	5611
永泰县	89531	50249	39282	35954	21533	14421	14263	8035	6228
平潭县	109439	60262	49177	58408	33569	24839	26444	13990	12454
福清市	397125	226749	170376	267568	152082	115486	60191	33245	26946
厦门市	**1320737**	**761757**	**558980**	**833288**	**475205**	**358083**	**612020**	**316219**	**295801**
思明区	189584	97116	92468	176277	87757	88520	152159	72311	79848
海沧区	163491	97673	65818	100123	58886	41237	62150	32556	29594
湖里区	250192	141588	108604	191046	108429	82617	153678	78364	75314
集美区	259415	149907	109508	163108	95943	67165	116140	61988	54152
同安区	293490	174713	118777	116931	70941	45990	62242	33591	28651
翔安区	164565	100760	63805	85803	53249	32554	65651	37409	28242
莆田市	**1000673**	**554585**	**446088**	**460555**	**268856**	**191699**	**169988**	**90342**	**79646**
城厢区	153394	83000	70394	98264	55667	42597	45356	23916	21440
涵江区	179627	98185	81442	78452	45731	32721	27567	15173	12394
荔城区	226419	123238	103181	98284	55617	42667	37986	19434	18552
秀屿区	175654	103228	72426	61832	38701	23131	16006	9717	6289
仙游县	265579	146934	118645	123723	73140	50583	43073	22102	20971
三明市	**668685**	**381378**	**287307**	**342237**	**197170**	**145067**	**161438**	**89024**	**72414**
梅列区	47982	24476	23506	44337	23170	21167	28496	13600	14896
三元区	50700	28122	22578	34763	19390	15373	13722	7373	6349
明溪县	31915	18669	13246	11947	6944	5003	5607	2991	2616
清流县	30681	18279	12402	14214	8877	5337	6500	3665	2835
宁化县	67531	39253	28278	31200	19247	11953	12169	7094	5075
大田县	75948	46609	29339	30140	19286	10854	13744	8183	5561
尤溪县	102758	58736	44022	39808	24183	15625	17246	9813	7433
沙县	67419	37654	29765	37420	20618	16802	14059	7318	6741
将乐县	39503	22475	17028	15405	8708	6697	7414	4065	3349
泰宁县	28964	16377	12587	12117	7026	5091	5356	2807	2549
建宁县	30804	17893	12911	11491	6742	4749	5720	3248	2472
永安市	94480	52835	41645	59395	32979	26416	31405	18867	12538
泉州市	**2915903**	**1662219**	**1253684**	**1077994**	**645057**	**432937**	**491932**	**258791**	**233141**
鲤城区	137233	74202	63031	72835	40822	32013	41436	20518	20918
丰泽区	164093	91776	72317	120093	66542	53551	95451	47426	48025
洛江区	71622	42059	29563	30154	18975	11179	20430	9412	11018
泉港区	100692	57204	43488	42650	25967	16683	23442	13339	10103
惠安县	310943	175594	135349	99831	60657	39174	58445	31143	27302
安溪县	335797	195075	140722	89207	56531	32676	31284	17972	13312
永春县	143049	80320	62729	43564	26868	16696	17653	9388	8265
德化县	105516	60902	44614	38033	23674	14359	17433	10722	6711
石狮市	247200	139639	107561	92005	53964	38041	31729	17099	14630
晋江市	740578	427647	312931	272455	162297	110158	103536	54231	49305
南安市	559180	317801	241379	177167	108760	68407	51093	27541	23552

4-2 续表 5 单位：人

地区	初中			高中			大学专科		
	小计	男	女	小计	男	女	小计	男	女
漳州市	**1580598**	**954528**	**626070**	**568857**	**335128**	**233729**	**289228**	**151405**	**137823**
芗城区	175941	99389	76552	107444	57608	49836	74586	35436	39150
龙文区	86882	50699	36183	40520	22903	17617	30320	15170	15150
云霄县	132691	82474	50217	43096	26762	16334	16527	9368	7159
漳浦县	255148	159202	95946	83052	50944	32108	40781	22430	18351
诏安县	169346	105171	64175	42479	26004	16475	18073	10254	7819
长泰县	83481	51031	32450	20236	12882	7354	11427	6118	5309
东山县	67137	40569	26568	24620	14624	9996	12646	7089	5557
南靖县	99091	60122	38969	40232	23910	16322	14897	7894	7003
平和县	166131	101361	64770	42424	26473	15951	15000	8393	6607
华安县	44231	28301	15930	11826	7403	4423	5520	3170	2350
龙海市	300519	176209	124310	112928	65615	47313	49451	26083	23368
南平市	**820570**	**452171**	**368399**	**346868**	**187594**	**159274**	**154141**	**80716**	**73425**
延平区	127512	68857	58655	69805	37530	32275	40178	21164	19014
建阳区	104578	58343	46235	45521	23726	21795	18067	9205	8862
顺昌县	61374	34284	27090	23297	12862	10435	8684	4604	4080
浦城县	97253	52505	44748	37076	19711	17365	12380	6367	6013
光泽县	43791	24266	19525	13869	7744	6125	7138	3790	3348
松溪县	41482	22956	18526	13731	7515	6216	6887	3594	3293
政和县	51456	30291	21165	16267	9600	6667	7942	4377	3565
邵武市	86547	46519	40028	44057	24689	19368	19170	10404	8766
武夷山市	77881	42452	35429	36712	19366	17346	15244	7851	7393
建瓯市	128696	71698	56998	46533	24851	21682	18451	9360	9091
龙岩市	**802436**	**465353**	**337083**	**382344**	**229794**	**152550**	**175231**	**94594**	**80637**
新罗区	240220	133533	106687	151578	84063	67515	79791	39898	39893
永定区	110572	63924	46648	39749	24693	15056	15418	8876	6542
长汀县	104977	62337	42640	47273	30683	16590	17992	10622	7370
上杭县	106347	64428	41919	44756	28576	16180	20650	11850	8800
武平县	89619	51320	38299	35438	22578	12860	13772	7661	6111
连城县	76027	44191	31836	30597	19527	11070	13130	7615	5515
漳平市	74674	45620	29054	32953	19674	13279	14478	8072	6406
宁德市	**789995**	**443193**	**346802**	**406523**	**226368**	**180155**	**166266**	**88879**	**77387**
蕉城区	150172	86363	63809	92132	50942	41190	44608	24034	20574
霞浦县	121228	67342	53886	56915	31084	25831	18768	9960	8808
古田县	106243	57660	48583	35799	18918	16881	12188	6176	6012
屏南县	32584	18607	13977	18151	9997	8154	6994	3565	3429
寿宁县	47497	27612	19885	18722	11365	7357	8285	4730	3555
周宁县	34739	20123	14616	18918	10736	8182	6122	3334	2788
柘荣县	21848	11902	9946	11412	6259	5153	5157	2755	2402
福安市	149349	83532	65817	88680	50521	38159	36443	19632	16811
福鼎市	126335	70052	56283	65794	36546	29248	27701	14693	13008

4-2 续表 6

单位：人

地 区	大学本科			硕士研究生			博士研究生		
	小计	男	女	小计	男	女	小计	男	女
合 计	**2754193**	**1432211**	**1321982**	**196027**	**100059**	**95968**	**26238**	**16497**	**9741**
福州市	**784916**	**401195**	**383721**	**67358**	**34121**	**33237**	**8694**	**5466**	**3228**
鼓楼区	152424	79301	73123	16701	8685	8016	2033	1316	717
台江区	56380	28421	27959	5857	2866	2991	644	378	266
仓山区	153182	78943	74239	16930	7669	9261	2592	1587	1005
马尾区	29957	15070	14887	1067	539	528	94	65	29
晋安区	87688	46362	41326	6757	3565	3192	683	440	243
长乐区	36772	17055	19717	1080	573	507	123	83	40
闽侯县	131181	64147	67034	14174	7672	6502	2029	1282	747
连江县	28449	14978	13471	683	328	355	66	40	26
罗源县	9726	5224	4502	235	122	113	22	17	5
闽清县	7770	3993	3777	228	118	110	28	17	11
永泰县	14135	6959	7176	250	134	116	28	15	13
平潭县	18989	10383	8606	716	387	329	75	48	27
福清市	58263	30359	27904	2680	1463	1217	277	178	99
厦门市	**696131**	**359857**	**336274**	**71404**	**35934**	**35470**	**11597**	**7192**	**4405**
思明区	222592	111020	111572	35215	17368	17847	6413	3941	2472
海沧区	58928	31262	27666	4694	2356	2338	345	190	155
湖里区	149344	76260	73084	11487	6015	5472	1169	731	438
集美区	178820	94689	84131	12717	6522	6195	1841	1170	671
同安区	44933	23741	21192	2161	1116	1045	198	127	71
翔安区	41514	22885	18629	5130	2557	2573	1631	1033	598
莆田市	**138728**	**74370**	**64358**	**5505**	**2906**	**2599**	**649**	**399**	**250**
城厢区	46410	25128	21282	2111	1117	994	296	180	116
涵江区	16765	8944	7821	575	279	296	78	46	32
荔城区	38445	19600	18845	1573	833	740	125	85	40
秀屿区	13686	8052	5634	456	279	177	48	33	15
仙游县	23422	12646	10776	790	398	392	102	55	47
三明市	**127389**	**69400**	**57989**	**4747**	**2604**	**2143**	**504**	**339**	**165**
梅列区	26461	14455	12006	1713	990	723	147	103	44
三元区	18270	8998	9272	563	286	277	94	69	25
明溪县	4305	2390	1915	129	74	55	14	8	6
清流县	5559	3303	2256	124	69	55	14	9	5
宁化县	8591	5010	3581	229	128	101	29	22	7
大田县	9574	5803	3771	244	152	92	42	30	12
尤溪县	11147	6317	4830	328	169	159	40	28	12
沙县	10896	5553	5343	335	173	162	31	18	13
将乐县	6322	3424	2898	175	107	68	18	11	7
泰宁县	4795	2600	2195	107	53	54	9	5	4
建宁县	4208	2257	1951	86	45	41	9	4	5
永安市	17261	9290	7971	714	358	356	57	32	25
泉州市	**407482**	**214562**	**192920**	**20207**	**10563**	**9644**	**2069**	**1343**	**726**
鲤城区	31250	16225	15025	2254	1158	1096	176	114	62
丰泽区	103030	51222	51808	7907	3954	3953	868	565	303
洛江区	17384	8590	8794	951	505	446	92	66	26
泉港区	12753	7315	5438	616	399	217	101	70	31
惠安县	32218	17384	14834	1056	602	454	121	74	47
安溪县	23942	14129	9813	749	421	328	116	70	46
永春县	13909	7996	5913	399	183	216	59	39	20
德化县	12342	7452	4890	325	179	146	43	27	16
石狮市	38861	20413	18448	1225	620	605	92	51	41
晋江市	79592	41536	38056	3554	1908	1646	287	192	95
南安市	42201	22300	19901	1171	634	537	114	75	39

4-2 续表 7 单位：人

地　区	大学本科			硕士研究生			博士研究生		
	小计	男	女	小计	男	女	小计	男	女
漳州市	**201287**	**101357**	**99930**	**9480**	**4502**	**4978**	**960**	**585**	**375**
芗城区	65461	29706	35755	4850	2161	2689	495	306	189
龙文区	21930	11314	10616	1150	587	563	75	54	21
云霄县	9495	5292	4203	286	138	148	35	16	19
漳浦县	20066	11356	8710	620	317	303	68	41	27
诏安县	8447	4609	3838	207	104	103	30	23	7
长泰县	7482	3931	3551	204	114	90	31	15	16
东山县	5469	3101	2368	191	99	92	9	5	4
南靖县	8619	4535	4084	239	110	129	29	14	15
平和县	8335	4614	3721	195	100	95	23	14	9
华安县	4227	2234	1993	114	53	61	5	3	2
龙海市	41756	20665	21091	1424	719	705	160	94	66
南平市	**121614**	**62378**	**59236**	**4675**	**2391**	**2284**	**511**	**330**	**181**
延平区	27238	13903	13335	1425	731	694	95	58	37
建阳区	16761	8802	7959	820	457	363	84	61	23
顺昌县	6061	3211	2850	176	89	87	25	17	8
浦城县	7973	4131	3842	253	128	125	27	17	10
光泽县	4603	2487	2116	158	85	73	17	12	5
松溪县	4376	2282	2094	109	49	60	12	9	3
政和县	5312	3006	2306	158	90	68	24	16	8
邵武市	12493	6642	5851	391	193	198	60	34	26
武夷山市	23753	11340	12413	811	387	424	122	82	40
建瓯市	13044	6574	6470	374	182	192	45	24	21
龙岩市	**140900**	**77293**	**63607**	**5911**	**3139**	**2772**	**571**	**372**	**199**
新罗区	74413	38774	35639	3894	2004	1890	309	201	108
永定区	10831	6329	4502	310	173	137	48	28	20
长汀县	12580	7638	4942	374	234	140	45	31	14
上杭县	16167	9148	7019	606	342	264	76	51	25
武平县	10031	5805	4226	298	159	139	40	28	12
连城县	8620	5013	3607	209	122	87	33	20	13
漳平市	8258	4586	3672	220	105	115	20	13	7
宁德市	**135746**	**71799**	**63947**	**6740**	**3899**	**2841**	**683**	**471**	**212**
蕉城区	51470	26740	24730	4087	2505	1582	426	308	118
霞浦县	12274	6818	5456	355	187	168	37	27	10
古田县	9380	4655	4725	312	153	159	33	19	14
屏南县	5461	2881	2580	153	81	72	22	16	6
寿宁县	5613	3166	2447	137	77	60	20	16	4
周宁县	5057	2708	2349	143	80	63	16	8	8
柘荣县	4105	2164	1941	90	41	49	13	5	8
福安市	21805	11655	10150	769	395	374	71	42	29
福鼎市	20581	11012	9569	694	380	314	45	30	15

4-2a　各地区分性别、受教育程度的15岁及以上人口(城市)

单位：人

地　区	15岁及以上人口			未上过学		
	合计	男	女	小计	男	女
合　计	**13981478**	**7091086**	**6890392**	**279424**	**51068**	**228356**
福州市	**3349777**	**1682739**	**1667038**	**32112**	**6910**	**25202**
鼓楼区	563239	271773	291466	4858	940	3918
台江区	350091	171234	178857	1489	345	1144
仓山区	951587	491081	460506	9145	2337	6808
马尾区	219349	112951	106398	3229	599	2630
晋安区	641165	323624	317541	3667	799	2868
长乐区	238125	116459	121666	2893	755	2138
闽侯县						
连江县						
罗源县						
闽清县						
永泰县						
平潭县						
福清市	386221	195617	190604	6831	1135	5696
厦门市	**3618504**	**1876448**	**1742056**	**84361**	**15286**	**69075**
思明区	890707	424606	466101	13181	2082	11099
海沧区	465529	252773	212756	15694	3290	12404
湖里区	874808	455968	418840	19911	3728	16183
集美区	779455	415299	364156	14898	2550	12348
同安区	506843	273174	233669	17359	3198	14161
翔安区	101162	54628	46534	3318	438	2880
莆田市	**1112027**	**556906**	**555121**	**39682**	**5312**	**34370**
城厢区	288016	144753	143263	3862	560	3302
涵江区	304892	153268	151624	10117	1646	8471
荔城区	390443	195739	194704	8571	1102	7469
秀屿区	128676	63146	65530	17132	2004	15128
仙游县						
三明市	**479111**	**239765**	**239346**	**9688**	**1710**	**7978**
梅列区	164616	79879	84737	3851	609	3242
三元区	130150	64961	65189	3036	531	2505
明溪县						
清流县						
宁化县						
大田县						
尤溪县						
沙县						
将乐县						
泰宁县						
建宁县						
永安市	184345	94925	89420	2801	570	2231
泉州市	**2475471**	**1275232**	**1200239**	**48342**	**8734**	**39608**
鲤城区	346147	174108	172039	4800	699	4101
丰泽区	577753	291577	286176	9774	1361	8413
洛江区	79011	38966	40045	2167	241	1926
泉港区	95481	46800	48681	3060	430	2630
惠安县						
安溪县						
永春县						
德化县						
石狮市	345005	178167	166838	5153	1184	3969
晋江市	830123	444010	386113	19631	4301	15330
南安市	201951	101604	100347	3757	518	3239

4-2a 续表 1

单位：人

地区	15岁及以上人口			未上过学		
	合计	男	女	小计	男	女
漳州市	**820617**	**404233**	**416384**	**16991**	**2974**	**14017**
芗城区	409284	196540	212744	5800	1065	4735
龙文区	214345	110228	104117	4271	708	3563
云霄县						
漳浦县						
诏安县						
长泰县						
东山县						
南靖县						
平和县						
华安县						
龙海市	196075	97007	99068	6917	1201	5716
南平市	**772038**	**377270**	**394768**	**16527**	**3747**	**12780**
延平区	228147	109957	118190	5406	1053	4353
建阳区	144186	72846	71340	3509	970	2539
顺昌县						
浦城县						
光泽县						
松溪县						
政和县						
邵武市	155964	76424	79540	2595	521	2074
武夷山市	115334	56139	59195	1562	392	1170
建瓯市	128407	61904	66503	3455	811	2644
龙岩市	**670789**	**331428**	**339361**	**15281**	**1938**	**13343**
新罗区	517963	256980	260983	11079	1361	9718
永定区	56886	26757	30129	1227	100	1127
长汀县						
上杭县						
武平县						
连城县						
漳平市	95940	47691	48249	2975	477	2498
宁德市	**683144**	**347065**	**336079**	**16440**	**4457**	**11983**
蕉城区	307787	161719	146068	6233	1729	4504
霞浦县						
古田县						
屏南县						
寿宁县						
周宁县						
柘荣县						
福安市	198850	99419	99431	3466	979	2487
福鼎市	176507	85927	90580	6741	1749	4992

4-2a 续表 2

单位：人

地 区	学前教育			小 学		
	小计	男	女	小计	男	女
合 计	**10790**	**3549**	**7241**	**2137016**	**871984**	**1265032**
福州市	**2216**	**746**	**1470**	**445050**	**181046**	**264004**
鼓楼区	271	81	190	42955	15618	27337
台江区	146	59	87	38886	14774	24112
仓山区	641	247	394	121790	52479	69311
马尾区	304	73	231	41668	17495	24173
晋安区	197	63	134	72278	28655	43623
长乐区	276	82	194	53144	23022	30122
闽侯县						
连江县						
罗源县						
闽清县						
永泰县						
平潭县						
福清市	381	141	240	74329	29003	45326
厦门市	**2439**	**912**	**1527**	**462782**	**193647**	**269135**
思明区	531	199	332	94755	32812	61943
海沧区	172	57	115	69299	32116	37183
湖里区	608	210	398	98707	41640	57067
集美区	419	169	250	93667	39867	53800
同安区	605	232	373	92891	41537	51354
翔安区	104	45	59	13463	5675	7788
莆田市	**1316**	**336**	**980**	**186342**	**72301**	**114041**
城厢区	27	8	19	34815	11858	22957
涵江区	290	92	198	56855	22527	34328
荔城区	529	159	370	65643	24184	41459
秀屿区	470	77	393	29029	13732	15297
仙游县						
三明市	**438**	**137**	**301**	**72209**	**28848**	**43361**
梅列区	71	15	56	20348	7897	12451
三元区	135	39	96	22272	8980	13292
明溪县						
清流县						
宁化县						
大田县						
尤溪县						
沙县						
将乐县						
泰宁县						
建宁县						
永安市	232	83	149	29589	11971	17618
泉州市	**1908**	**605**	**1303**	**448068**	**181044**	**267024**
鲤城区	196	64	132	55967	20306	35661
丰泽区	245	51	194	76292	28680	47612
洛江区	79	31	48	11616	4362	7254
泉港区	155	33	122	23035	7912	15123
惠安县						
安溪县						
永春县						
德化县						
石狮市	215	87	128	67695	28359	39336
晋江市	769	275	494	170302	75638	94664
南安市	249	64	185	43161	15787	27374

4-2a 续表 3

单位：人

地区	学前教育			小学		
	小计	男	女	小计	男	女
漳州市	**873**	**223**	**650**	**147922**	**58860**	**89062**
芗城区	222	48	174	52565	20190	32375
龙文区	225	70	155	41779	16545	25234
云霄县						
漳浦县						
诏安县						
长泰县						
东山县						
南靖县						
平和县						
华安县						
龙海市	365	101	264	53297	22055	31242
南平市	**527**	**169**	**358**	**140156**	**59559**	**80597**
延平区	258	78	180	38969	15741	23228
建阳区	78	29	49	26051	12290	13761
顺昌县						
浦城县						
光泽县						
松溪县						
政和县						
邵武市	11	3	8	29933	11659	18274
武夷山市	58	18	40	18627	8186	10441
建瓯市	122	41	81	26576	11683	14893
龙岩市	**355**	**106**	**249**	**85680**	**29883**	**55797**
新罗区	211	69	142	60488	21341	39147
永定区	49	12	37	8365	2289	6076
长汀县						
上杭县						
武平县						
连城县						
漳平市	95	25	70	16827	6253	10574
宁德市	**718**	**315**	**403**	**148807**	**66796**	**82011**
蕉城区	209	80	129	55203	25198	30005
霞浦县						
古田县						
屏南县						
寿宁县						
周宁县						
柘荣县						
福安市	256	109	147	45086	19862	25224
福鼎市	253	126	127	48518	21736	26782

4-2a 续表 4 单位：人

地区	初中			高中			大学专科		
	小计	男	女	小计	男	女	小计	男	女
合 计	**4565450**	**2488140**	**2077310**	**3066087**	**1668370**	**1397717**	**1816596**	**925263**	**891333**
福州市	**962191**	**510094**	**452097**	**840898**	**440369**	**400529**	**467590**	**236339**	**231251**
鼓楼区	104453	51245	53208	133716	63533	70183	105828	51054	54774
台江区	96439	48584	47855	96332	49025	47307	53918	26782	27136
仓山区	275438	149990	125448	224866	121855	103011	147003	75974	71029
马尾区	75569	42334	33235	46530	26205	20325	21662	10967	10695
晋安区	201639	104805	96834	175774	91742	84032	93201	47610	45591
长乐区	84170	44763	39407	53783	27760	26023	16480	8332	8148
闽侯县									
连江县									
罗源县									
闽清县									
永泰县									
平潭县									
福清市	124483	68373	56110	109897	60249	49648	29498	15620	13878
厦门市	**1062439**	**601825**	**460614**	**723172**	**405512**	**317660**	**553086**	**283301**	**269785**
思明区	189584	97116	92468	176277	87757	88520	152159	72311	79848
海沧区	159419	95294	64125	97679	57351	40328	60694	31721	28973
湖里区	249314	140923	108391	190741	108188	82553	153590	78309	75281
集美区	221693	126859	94834	148667	86654	62013	110139	58613	51526
同安区	219415	128367	91048	91035	54421	36614	46512	24884	21628
翔安区	23014	13266	9748	18773	11141	7632	29992	17463	12529
莆田市	**438467**	**234704**	**203763**	**244547**	**136844**	**107703**	**102742**	**54155**	**48587**
城厢区	88790	45801	42989	76324	41721	34603	38908	20329	18579
涵江区	135118	72143	62975	63835	35981	27854	23549	12880	10669
荔城区	167928	89903	78025	80860	45484	35376	34164	17323	16841
秀屿区	46631	26857	19774	23528	13658	9870	6121	3623	2498
仙游县									
三明市	**143104**	**73814**	**69290**	**122428**	**65193**	**57235**	**68849**	**37062**	**31787**
梅列区	42363	21020	21343	42305	21851	20454	27827	13208	14619
三元区	40880	21624	19256	32502	17867	14635	12912	6892	6020
明溪县									
清流县									
宁化县									
大田县									
尤溪县									
沙县									
将乐县									
泰宁县									
建宁县									
永安市	59861	31170	28691	47621	25475	22146	28110	16962	11148
泉州市	**978384**	**548292**	**430092**	**471221**	**268624**	**202597**	**263209**	**131869**	**131340**
鲤城区	137233	74202	63031	72835	40822	32013	41436	20518	20918
丰泽区	164093	91776	72317	120093	66542	53551	95451	47426	48025
洛江区	26211	14596	11615	13925	8118	5807	15231	6388	8843
泉港区	34260	18427	15833	17686	10288	7398	9968	5473	4495
惠安县									
安溪县									
永春县									
德化县									
石狮市	153864	84215	69649	63811	36080	27731	22025	11278	10747
晋江市	380179	219313	160866	143664	84155	59509	63590	32863	30727
南安市	82544	45763	36781	39207	22619	16588	15508	7923	7585

4-2a 续表 5

单位：人

地区	初中			高中			大学专科		
	小计	男	女	小计	男	女	小计	男	女
漳州市	**275190**	**151092**	**124098**	**165084**	**88021**	**77063**	**113058**	**54997**	**58061**
芗城区	120804	63712	57092	93028	48254	44774	68696	32440	36256
龙文区	77639	44794	32845	38456	21655	16801	29280	14707	14573
云霄县									
漳浦县									
诏安县									
长泰县									
东山县									
南靖县									
平和县									
华安县									
龙海市	76311	42300	34011	33513	18039	15474	15045	7829	7216
南平市	**268483**	**136586**	**131897**	**180362**	**92667**	**87695**	**82925**	**42562**	**40363**
延平区	74510	37254	37256	54911	28444	26467	28800	14495	14305
建阳区	52838	28075	24763	33745	16904	16841	13536	6907	6629
顺昌县									
浦城县									
光泽县									
松溪县									
政和县									
邵武市	57787	29009	28778	37364	20136	17228	16691	8982	7709
武夷山市	37181	18901	18280	24073	12172	11901	11560	5959	5601
建瓯市	46167	23347	22820	30269	15011	15258	12338	6219	6119
龙岩市	**226905**	**118904**	**108001**	**166196**	**89461**	**76735**	**89946**	**45561**	**44385**
新罗区	171416	90512	80904	128049	68910	59139	72625	36144	36481
永定区	19894	9530	10364	14786	7788	6998	6767	3677	3090
长汀县									
上杭县									
武平县									
连城县									
漳平市	35595	18862	16733	23361	12763	10598	10554	5740	4814
宁德市	**210287**	**112829**	**97458**	**152179**	**81679**	**70500**	**75191**	**39417**	**35774**
蕉城区	92356	52281	40075	66863	36351	30512	36041	19278	16763
霞浦县									
古田县									
屏南县									
寿宁县									
周宁县									
柘荣县									
福安市	64132	33032	31100	48486	25924	22562	22606	11708	10898
福鼎市	53799	27516	26283	36830	19404	17426	16544	8431	8113

4-2a 续表 6

单位：人

地 区	大学本科			硕士研究生			博士研究生		
	小计	男	女	小计	男	女	小计	男	女
合 计	**1929229**	**990861**	**938368**	**156738**	**79213**	**77525**	**20148**	**12638**	**7510**
福州市	**543703**	**278655**	**265048**	**49754**	**24646**	**25108**	**6263**	**3934**	**2329**
鼓楼区	152424	79301	73123	16701	8685	8016	2033	1316	717
台江区	56380	28421	27959	5857	2866	2991	644	378	266
仓山区	153182	78943	74239	16930	7669	9261	2592	1587	1005
马尾区	29250	14685	14565	1045	528	517	92	65	27
晋安区	86995	45965	41030	6734	3548	3186	680	437	243
长乐区	26734	11403	15331	585	302	283	60	40	20
闽侯县									
连江县									
罗源县									
闽清县									
永泰县									
平潭县									
福清市	38738	19937	18801	1902	1048	854	162	111	51
厦门市	**653577**	**336254**	**317323**	**66620**	**33517**	**33103**	**10028**	**6194**	**3834**
思明区	222592	111020	111572	35215	17368	17847	6413	3941	2472
海沧区	57623	30452	27171	4616	2310	2306	333	182	151
湖里区	149284	76226	73058	11484	6013	5471	1169	731	438
集美区	175536	92954	82582	12611	6471	6140	1825	1162	663
同安区	37070	19525	17545	1796	910	886	160	100	60
翔安区	11472	6077	5395	898	445	453	128	78	50
莆田市	**94426**	**50837**	**43589**	**4045**	**2136**	**1909**	**460**	**281**	**179**
城厢区	43050	23270	19780	1969	1046	923	271	160	111
涵江区	14595	7738	6857	470	225	245	63	36	27
荔城区	31183	16733	14450	1457	776	681	108	75	33
秀屿区	5598	3096	2502	149	89	60	18	10	8
仙游县									
三明市	**59250**	**31238**	**28012**	**2870**	**1573**	**1297**	**275**	**190**	**85**
梅列区	26012	14200	11812	1695	979	716	144	100	44
三元区	17775	8683	9092	548	277	271	90	68	22
明溪县									
清流县									
宁化县									
大田县									
尤溪县									
沙县									
将乐县									
泰宁县									
建宁县									
永安市	15463	8355	7108	627	317	310	41	22	19
泉州市	**247588**	**127215**	**120373**	**15282**	**7901**	**7381**	**1469**	**948**	**521**
鲤城区	31250	16225	15025	2254	1158	1096	176	114	62
丰泽区	103030	51222	51808	7907	3954	3953	868	565	303
洛江区	8957	4773	4184	747	403	344	78	54	24
泉港区	6843	3919	2924	397	265	132	77	53	24
惠安县									
安溪县									
永春县									
德化县									
石狮市	31135	16413	14722	1037	514	523	70	37	33
晋江市	49327	26015	23312	2490	1344	1146	171	106	65
南安市	17046	8648	8398	450	263	187	29	19	10

4-2a 续表 7

单位：人

地区	大学本科			硕士研究生			博士研究生		
	小计	男	女	小计	男	女	小计	男	女
漳州市	**94749**	**44828**	**49921**	**6180**	**2876**	**3304**	**570**	**362**	**208**
芗城区	62958	28424	34534	4735	2110	2625	476	297	179
龙文区	21498	11118	10380	1124	578	546	73	53	20
云霄县									
漳浦县									
诏安县									
长泰县									
东山县									
南靖县									
平和县									
华安县									
龙海市	10286	5282	5004	320	188	132	21	12	9
南平市	**79480**	**40103**	**39377**	**3242**	**1662**	**1580**	**336**	**215**	**121**
延平区	23944	12194	11750	1266	648	618	83	50	33
建阳区	13652	7216	6436	711	407	304	66	48	18
顺昌县									
浦城县									
光泽县									
松溪县									
政和县									
邵武市	11215	5934	5281	318	152	166	50	28	22
武夷山市	21451	10093	11358	708	340	368	114	78	36
建瓯市	9218	4666	4552	239	115	124	23	11	12
龙岩市	**82130**	**43311**	**38819**	**3986**	**2065**	**1921**	**310**	**199**	**111**
新罗区	70126	36555	33571	3692	1910	1782	277	178	99
永定区	5638	3270	2368	141	80	61	19	11	8
长汀县									
上杭县									
武平县									
连城县									
漳平市	6366	3486	2880	153	75	78	14	10	4
宁德市	**74326**	**38420**	**35906**	**4759**	**2837**	**1922**	**437**	**315**	**122**
蕉城区	46669	24158	22511	3834	2362	1472	379	282	97
霞浦县									
古田县									
屏南县									
寿宁县									
周宁县									
柘荣县									
福安市	14280	7529	6751	506	260	246	32	16	16
福鼎市	13377	6733	6644	419	215	204	26	17	9

4-2b　各地区分性别、受教育程度的15岁及以上人口(镇)

单位：人

地　区	15岁及以上人口			未上过学		
	合计	男	女	小计	男	女
合　计	**9002040**	**4525291**	**4476749**	**289953**	**52740**	**237213**
福州市	**1630701**	**821776**	**808925**	**28185**	**6094**	**22091**
鼓楼区						
台江区						
仓山区						
马尾区						
晋安区	1971	1006	965	50	10	40
长乐区	154708	82002	72706	3745	945	2800
闽侯县	508790	259234	249556	6242	1500	4742
连江县	260323	127210	133113	3874	571	3303
罗源县	144936	75410	69526	1733	544	1189
闽清县	89442	43702	45740	968	217	751
永泰县	94311	45703	48608	647	125	522
平潭县	162374	79302	83072	4161	756	3405
福清市	213846	108207	105639	6765	1426	5339
厦门市	**210575**	**117605**	**92970**	**8353**	**1386**	**6967**
思明区						
海沧区						
湖里区	1674	1181	493	64	17	47
集美区	110	66	44	1		1
同安区	12717	6584	6133	900	143	757
翔安区	196074	109774	86300	7388	1226	6162
莆田市	**490905**	**239370**	**251535**	**26186**	**4335**	**21851**
城厢区	27803	13327	14476	2273	328	1945
涵江区	10288	5029	5259	573	41	532
荔城区	6410	3097	3313	375	68	307
秀屿区	75467	36855	38612	6784	1039	5745
仙游县	370937	181062	189875	16181	2859	13322
三明市	**742791**	**362651**	**380140**	**27022**	**5072**	**21950**
梅列区	8773	4813	3960	439	61	378
三元区	5520	3052	2468	307	81	226
明溪县	41389	20020	21369	1529	308	1221
清流县	45365	22134	23231	2242	325	1917
宁化县	95038	45186	49852	4287	535	3752
大田县	112508	55559	56949	2956	478	2478
尤溪县	126701	62703	63998	3298	751	2547
沙县	136153	66834	69319	5257	1231	4026
将乐县	64798	31014	33784	2666	514	2152
泰宁县	45754	21502	24252	1670	303	1367
建宁县	43500	20822	22678	1662	344	1318
永安市	17292	9012	8280	709	141	568
泉州市	**2295930**	**1163728**	**1132202**	**64979**	**9559**	**55420**
鲤城区						
丰泽区						
洛江区	36001	17822	18179	1716	175	1541
泉港区	54617	26665	27952	2112	271	1841
惠安县	454888	219753	235135	20283	1984	18299
安溪县	358666	179262	179404	8113	1305	6808
永春县	201135	97277	103858	3089	544	2545
德化县	194981	99823	95158	5006	691	4315
石狮市	136360	75701	60659	4139	1008	3131
晋江市	330517	171520	158997	9391	1768	7623
南安市	528765	275905	252860	11130	1813	9317

4-2b 续表 1 单位：人

地区	15岁及以上人口			未上过学		
	合计	男	女	小计	男	女
漳州市	**1670588**	**850769**	**819819**	**65728**	**10235**	**55493**
芗城区	67118	36148	30970	2705	389	2316
龙文区						
云霄县	178239	89406	88833	8625	1406	7219
漳浦县	366587	185434	181153	18482	2424	16058
诏安县	196087	97677	98410	9796	1738	8058
长泰县	110024	58034	51990	3040	548	2492
东山县	115943	57252	58691	3583	537	3046
南靖县	131713	65925	65788	4879	785	4094
平和县	170815	86856	83959	4551	660	3891
华安县	57346	29521	27825	1917	295	1622
龙海市	276716	144516	132200	8150	1453	6697
南平市	**516185**	**254129**	**262056**	**19364**	**5068**	**14296**
延平区	41044	21022	20022	2103	595	1508
建阳区	24462	11997	12465	1265	356	909
顺昌县	76563	37324	39239	2333	495	1838
浦城县	116139	55979	60160	2553	743	1810
光泽县	52201	25079	27122	1397	300	1097
松溪县	49551	23885	25666	1349	359	990
政和县	69841	34859	34982	3427	856	2571
邵武市	21537	11483	10054	1021	258	763
武夷山市	14348	7622	6726	392	136	256
建瓯市	50499	24879	25620	3524	970	2554
龙岩市	**642133**	**312173**	**329960**	**22103**	**2591**	**19512**
新罗区	50127	25601	24526	2744	351	2393
永定区	66491	33534	32957	3026	307	2719
长汀县	157378	74857	82521	4338	555	3783
上杭县	146880	71636	75244	4957	492	4465
武平县	110087	52048	58039	3752	430	3322
连城县	94307	45779	48528	2064	242	1822
漳平市	16863	8718	8145	1222	214	1008
宁德市	**802232**	**403090**	**399142**	**28033**	**8400**	**19633**
蕉城区	27946	14770	13176	1507	486	1021
霞浦县	220267	109887	110380	7056	2377	4679
古田县	128188	62732	65456	1255	360	895
屏南县	52258	25668	26590	907	252	655
寿宁县	66990	33282	33708	3017	705	2312
周宁县	60095	29761	30334	2672	822	1850
柘荣县	44078	21567	22511	2090	600	1490
福安市	107764	57772	49992	3630	1094	2536
福鼎市	94646	47651	46995	5899	1704	4195

4-2b 续表 2

单位：人

地 区	学前教育			小 学		
	小计	男	女	小计	男	女
合 计	**15589**	**4431**	**11158**	**2243396**	**903716**	**1339680**
福州市	**2506**	**755**	**1751**	**345248**	**143906**	**201342**
鼓楼区						
台江区						
仓山区						
马尾区						
晋安区				269	127	142
长乐区	296	129	167	45360	20561	24799
闽侯县	398	157	241	69817	30673	39144
连江县	559	114	445	65001	25362	39639
罗源县	107	48	59	39324	17961	21363
闽清县	82	25	57	16251	6539	9712
永泰县	71	20	51	18764	6997	11767
平潭县	183	67	116	35112	13367	21745
福清市	810	195	615	55350	22319	33031
厦门市	**90**	**30**	**60**	**36058**	**15801**	**20257**
思明区						
海沧区						
湖里区				276	167	109
集美区				37	16	21
同安区	8	2	6	3407	1436	1971
翔安区	82	28	54	32338	14182	18156
莆田市	**970**	**295**	**675**	**125225**	**50664**	**74561**
城厢区	1	1		6770	2653	4117
涵江区	14	5	9	2153	610	1543
荔城区	6	1	5	2178	876	1302
秀屿区	186	42	144	21308	8469	12839
仙游县	763	246	517	92816	38056	54760
三明市	**1224**	**343**	**881**	**179760**	**69221**	**110539**
梅列区	11	5	6	2373	1105	1268
三元区	14	3	11	1752	839	913
明溪县	30	5	25	9581	3688	5893
清流县	114	40	74	9334	3424	5910
宁化县	180	59	121	23007	8232	14775
大田县	273	51	222	27642	9273	18369
尤溪县	234	82	152	28827	11488	17339
沙县	136	36	100	32192	13643	18549
将乐县	126	35	91	17749	7095	10654
泰宁县	59	13	46	11288	4103	7185
建宁县	27	11	16	10795	4044	6751
永安市	20	3	17	5220	2287	2933
泉州市	**3319**	**1006**	**2313**	**591700**	**233625**	**358075**
鲤城区						
丰泽区						
洛江区	51	16	35	7935	3119	4816
泉港区	78	21	57	16833	6258	10575
惠安县	550	124	426	130917	50681	80236
安溪县	774	208	566	79784	29290	50494
永春县	320	58	262	49783	17471	32312
德化县	107	26	81	47359	17176	30183
石狮市	223	145	78	43473	20624	22849
晋江市	235	87	148	87394	37893	49501
南安市	981	321	660	128222	51113	77109

4-2b 续表 3 单位：人

地区	学前教育			小学		
	小计	男	女	小计	男	女
漳州市	**4186**	**1037**	**3149**	**444591**	**174863**	**269728**
芗城区	57	19	38	19761	8236	11525
龙文区						
云霄县	339	112	227	46030	17432	28598
漳浦县	1439	264	1175	99235	38198	61037
诏安县	595	156	439	64065	25410	38655
长泰县	172	63	109	25682	9895	15787
东山县	236	50	186	35853	13610	22243
南靖县	394	108	286	32565	12433	20132
平和县	307	80	227	42246	15989	26257
华安县	106	25	81	16634	6271	10363
龙海市	541	160	381	62520	27389	35131
南平市	**753**	**256**	**497**	**129325**	**56533**	**72792**
延平区	219	65	154	14135	6302	7833
建阳区	30	12	18	7952	3580	4372
顺昌县	107	34	73	15472	6427	9045
浦城县	133	51	82	26411	11571	14840
光泽县	28	14	14	10179	4043	6136
松溪县	40	12	28	10947	4700	6247
政和县	58	20	38	18017	7712	10305
邵武市	9	2	7	6715	3026	3689
武夷山市	6	1	5	3110	1489	1621
建瓯市	123	45	78	16387	7683	8704
龙岩市	**1142**	**193**	**949**	**141901**	**43682**	**98219**
新罗区	152	30	122	10029	3975	6054
永定区	114	20	94	13812	4717	9095
长汀县	461	68	393	41564	12103	29461
上杭县	192	32	160	30983	9109	21874
武平县	72	10	62	20634	5719	14915
连城县	104	20	84	20257	6306	13951
漳平市	47	13	34	4622	1753	2869
宁德市	**1399**	**516**	**883**	**249588**	**115421**	**134167**
蕉城区	27	14	13	12052	6007	6045
霞浦县	152	57	95	66073	31214	34859
古田县	173	64	109	34422	15605	18817
屏南县	81	30	51	15499	6972	8527
寿宁县	101	30	71	17138	7252	9886
周宁县	132	53	79	19790	9049	10741
柘荣县	43	17	26	12221	5511	6710
福安市	342	122	220	34020	15665	18355
福鼎市	348	129	219	38373	18146	20227

4-2b 续表 4

单位：人

地 区	初 中			高 中			大学专科		
	小计	男	女	小计	男	女	小计	男	女
合 计	**3548421**	**1952383**	**1596038**	**1625217**	**929652**	**695565**	**669862**	**359646**	**310216**
福州市	**596917**	**323325**	**273592**	**325917**	**178738**	**147179**	**128706**	**66536**	**62170**
鼓楼区									
台江区									
仓山区									
马尾区									
晋安区	1348	686	662	182	113	69	65	38	27
长乐区	66608	38002	28606	28157	16414	11743	5809	3281	2528
闽侯县	151364	83579	67785	88843	48096	40747	54352	27381	26971
连江县	101071	53555	47516	52290	28508	23782	18364	9333	9031
罗源县	56684	31363	25321	27201	14854	12347	11012	5880	5132
闽清县	38333	19344	18989	20651	10857	9794	7413	3784	3629
永泰县	38563	18957	19606	22007	12003	10004	8859	4674	4185
平潭县	59852	31130	28722	36154	19858	16296	13593	7037	6556
福清市	83094	46709	36385	50432	28035	22397	9239	5128	4111
厦门市	**89855**	**54835**	**35020**	**41847**	**26318**	**15529**	**19110**	**10704**	**8406**
思明区									
海沧区									
湖里区	878	665	213	305	241	64	88	55	33
集美区	40	25	15	16	13	3	11	10	1
同安区	5175	3146	2029	1716	1083	633	951	489	462
翔安区	83762	50999	32763	39810	24981	14829	18060	10150	7910
莆田市	**187434**	**100309**	**87125**	**96952**	**55891**	**41061**	**33372**	**16713**	**16659**
城厢区	11175	5954	5221	5546	3273	2273	1345	761	584
涵江区	5283	2907	2376	1424	991	433	547	303	244
荔城区	2831	1558	1273	777	461	316	97	53	44
秀屿区	30008	17040	12968	11926	7147	4779	2607	1555	1052
仙游县	138137	72850	65287	77279	44019	33260	28776	14041	14735
三明市	**257479**	**134496**	**122983**	**153696**	**85877**	**67819**	**67737**	**36721**	**31016**
梅列区	3616	2180	1436	1502	968	534	490	287	203
三元区	2321	1426	895	723	458	265	253	145	108
明溪县	14010	7317	6693	8216	4439	3777	4330	2227	2103
清流县	14464	7392	7072	9725	5544	4181	4863	2682	2181
宁化县	32491	16339	16152	20502	11777	8725	8191	4582	3609
大田县	41147	22027	19120	22065	13027	9038	10340	5879	4461
尤溪县	46736	24065	22671	26353	14742	11611	12109	6548	5561
沙县	44037	23215	20822	32142	17202	14940	12395	6434	5961
将乐县	21467	11123	10344	11631	6238	5393	5776	3116	2660
泰宁县	15190	7679	7511	9364	5098	4266	4107	2092	2015
建宁县	15087	7700	7387	8210	4488	3722	4181	2322	1859
永安市	6913	4033	2880	3263	1896	1367	702	407	295
泉州市	**1009903**	**559973**	**449930**	**365608**	**217684**	**147924**	**145974**	**79913**	**66061**
鲤城区									
丰泽区									
洛江区	13332	7810	5522	4318	2802	1516	1912	1062	850
泉港区	19040	10389	8651	8753	5240	3513	5252	2978	2274
惠安县	174633	95651	78982	66704	38427	28277	37533	19855	17678
安溪县	170953	91090	79863	58251	34356	23895	22239	12310	9929
永春县	89005	45936	43069	32734	19212	13522	14160	7239	6921
德化县	84281	46706	37575	32196	19498	12698	14920	9066	5854
石狮市	59533	35754	23779	18222	11717	6505	7243	4480	2763
晋江市	138615	78884	59731	57565	33603	23962	19894	10536	9358
南安市	260511	147753	112758	86865	52829	34036	22821	12387	10434

4−2b 续表 5

单位：人

地 区	初 中			高 中			大学专科		
	小计	男	女	小计	男	女	小计	男	女
漳州市	**671915**	**391368**	**280547**	**270340**	**157975**	**112365**	**125705**	**68717**	**56988**
芗城区	31655	19994	11661	8175	5146	3029	3331	1642	1689
龙文区									
云霄县	71911	40964	30947	30965	18282	12683	12236	6761	5475
漳浦县	137981	82048	55933	60188	35165	25023	32319	17761	14558
诏安县	75697	44166	31531	26968	15698	11270	12218	6862	5356
长泰县	51513	30490	21023	14939	9125	5814	8616	4702	3914
东山县	41224	23105	18119	19829	11382	8447	10312	5795	4517
南靖县	52505	29640	22865	24034	13800	10234	10450	5563	4887
平和县	80258	45393	34865	27138	15758	11380	10146	5620	4526
华安县	23960	14486	9474	7345	4353	2992	3932	2255	1677
龙海市	105211	61082	44129	50759	29266	21493	22145	11756	10389
南平市	**207622**	**107924**	**99698**	**92922**	**49568**	**43354**	**38372**	**20083**	**18289**
延平区	16448	9252	7196	5118	3122	1996	1778	1016	762
建阳区	10193	5444	4749	2934	1615	1319	1149	553	596
顺昌县	29551	15089	14462	17660	9255	8405	6263	3292	2971
浦城县	45929	22814	23115	25631	12795	12836	9200	4744	4456
光泽县	21477	10649	10828	10149	5353	4796	5194	2710	2484
松溪县	19495	9731	9764	9219	4697	4522	4985	2563	2422
政和县	26940	14519	12421	11089	6116	4973	5923	3172	2751
邵武市	9952	5822	4130	2504	1622	882	878	508	370
武夷山市	5666	3050	2616	3817	2183	1634	855	477	378
建瓯市	21971	11554	10417	4801	2810	1991	2147	1048	1099
龙岩市	**249698**	**133447**	**116251**	**128502**	**76541**	**51961**	**55447**	**30911**	**24536**
新罗区	23242	13390	9852	8660	5188	3472	3192	1605	1587
永定区	32104	17915	14189	11135	6977	4158	3792	2152	1640
长汀县	55806	29245	26561	32814	19859	12955	12720	7270	5450
上杭县	52680	28477	24203	29997	17719	12278	14925	8409	6516
武平县	43176	21788	21388	23627	13648	9979	10420	5616	4804
连城县	35424	18235	17189	20287	11831	8456	9259	5174	4085
漳平市	7266	4397	2869	1982	1319	663	1139	685	454
宁德市	**277598**	**146706**	**130892**	**149433**	**81060**	**68373**	**55439**	**29348**	**26091**
蕉城区	8702	5096	3606	4019	2285	1734	988	556	432
霞浦县	76840	39417	37423	44727	23420	21307	15154	7841	7313
古田县	51961	26413	25548	24247	12206	12041	8637	4384	4253
屏南县	15888	8204	7684	11613	5986	5627	4620	2324	2296
寿宁县	24834	12910	11924	11811	6789	5022	5828	3247	2581
周宁县	18184	9525	8659	11353	6125	5228	4142	2167	1975
柘荣县	13339	6699	6640	8877	4776	4101	4113	2179	1934
福安市	38245	22080	16165	20108	12342	7766	7160	4134	3026
福鼎市	29605	16362	13243	12678	7131	5547	4797	2516	2281

4–2b　续表 6　　　　单位：人

地　区	大学本科			硕士研究生			博士研究生		
	小计	男	女	小计	男	女	小计	男	女
合　计	**579436**	**306338**	**273098**	**26825**	**14292**	**12533**	**3341**	**2093**	**1248**
福州市	**185430**	**92638**	**92792**	**15638**	**8426**	**7212**	**2154**	**1358**	**796**
鼓楼区									
台江区									
仓山区									
马尾区									
晋安区	57	32	25						
长乐区	4463	2513	1950	249	141	108	21	16	5
闽侯县	121985	59123	62862	13809	7474	6335	1980	1251	729
连江县	18656	9522	9134	467	223	244	41	22	19
罗源县	8656	4643	4013	202	103	99	17	14	3
闽清县	5603	2866	2737	128	63	65	13	7	6
永泰县	5248	2854	2394	134	63	71	18	10	8
平潭县	12916	6865	6051	369	202	167	34	20	14
福清市	7846	4220	3626	280	157	123	30	18	12
厦门市	**14377**	**8008**	**6369**	**788**	**462**	**326**	**97**	**61**	**36**
思明区									
海沧区									
湖里区	60	34	26	3	2	1			
集美区	5	2	3						
同安区	536	272	264	21	11	10	3	2	1
翔安区	13776	7700	6076	764	449	315	94	59	35
莆田市	**20071**	**10806**	**9265**	**624**	**318**	**306**	**71**	**39**	**32**
城厢区	669	342	327	18	11	7	6	4	2
涵江区	280	164	116	13	7	6	1	1	
荔城区	143	78	65	3	2	1			
秀屿区	2552	1504	1048	91	55	36	5	4	1
仙游县	16427	8718	7709	499	243	256	59	30	29
三明市	**54478**	**30165**	**24313**	**1274**	**680**	**594**	**121**	**76**	**45**
梅列区	326	197	129	13	7	6	3	3	
三元区	148	98	50	2	2				
明溪县	3579	1974	1605	103	57	46	11	5	6
清流县	4528	2677	1851	90	46	44	5	4	1
宁化县	6237	3582	2655	131	73	58	12	7	5
大田县	7912	4716	3196	149	93	56	24	15	9
尤溪县	8886	4898	3988	241	118	123	17	11	6
沙县	9693	4921	4772	277	138	139	24	14	10
将乐县	5245	2806	2439	126	79	47	12	8	4
泰宁县	3998	2177	1821	72	33	39	6	4	2
建宁县	3476	1881	1595	58	30	28	4	2	2
永安市	450	238	212	12	4	8	3	3	
泉州市	**111035**	**60152**	**50883**	**3098**	**1618**	**1480**	**314**	**198**	**116**
鲤城区									
丰泽区									
洛江区	6592	2773	3819	142	62	80	3	3	
泉港区	2464	1451	1013	78	53	25	7	4	3
惠安县	23485	12591	10894	713	398	315	70	42	28
安溪县	17998	10398	7600	493	271	222	61	34	27
永春县	11694	6653	5041	313	141	172	37	23	14
德化县	10833	6507	4326	255	137	118	24	16	8
石狮市	3406	1902	1504	106	62	44	15	9	6
晋江市	16847	8453	8394	530	264	266	46	32	14
南安市	17716	9424	8292	468	230	238	51	35	16

4-2b 续表 7 单位：人

地　区	大学本科			硕士研究生			博士研究生		
	小计	男	女	小计	男	女	小计	男	女
漳州市	**85357**	**45179**	**40178**	**2497**	**1243**	**1254**	**269**	**152**	**117**
芗城区	1365	691	674	58	24	34	11	7	4
龙文区									
云霄县	7898	4337	3561	212	102	110	23	10	13
漳浦县	16418	9297	7121	478	252	226	47	25	22
诏安县	6610	3575	3035	124	60	64	14	12	2
长泰县	5892	3118	2774	153	86	67	17	7	10
东山县	4739	2688	2051	159	81	78	8	4	4
南靖县	6703	3514	3189	162	73	89	21	9	12
平和县	6034	3285	2749	125	63	62	10	8	2
华安县	3362	1794	1568	88	40	48	2	2	
龙海市	26336	12880	13456	938	462	476	116	68	48
南平市	**27061**	**14305**	**12756**	**694**	**338**	**356**	**72**	**54**	**18**
延平区	1196	647	549	45	22	23	2	1	1
建阳区	912	422	490	22	10	12	5	5	
顺昌县	5038	2663	2375	126	61	65	13	8	5
浦城县	6114	3176	2938	154	74	80	14	11	3
光泽县	3657	1946	1711	111	58	53	9	6	3
松溪县	3437	1787	1650	70	30	40	9	6	3
政和县	4272	2401	1871	101	51	50	14	12	2
邵武市	429	231	198	29	14	15			
武夷山市	491	279	212	9	5	4	2	2	
建瓯市	1515	753	762	27	13	14	4	3	1
龙岩市	**42007**	**24042**	**17965**	**1212**	**684**	**528**	**121**	**82**	**39**
新罗区	2012	1013	999	89	44	45	7	5	2
永定区	2435	1400	1035	61	37	24	12	9	3
长汀县	9402	5584	3818	253	160	93	20	13	7
上杭县	12660	7121	5539	447	251	196	39	26	13
武平县	8166	4711	3455	213	107	106	27	19	8
连城县	6759	3881	2878	139	81	58	14	9	5
漳平市	573	332	241	10	4	6	2	1	1
宁德市	**39620**	**21043**	**18577**	**1000**	**523**	**477**	**122**	**73**	**49**
蕉城区	611	308	303	35	16	19	5	2	3
霞浦县	9978	5402	4576	260	140	120	27	19	8
古田县	7274	3595	3679	199	93	106	20	12	8
屏南县	3551	1841	1710	83	48	35	16	11	5
寿宁县	4178	2305	1873	75	39	36	8	5	3
周宁县	3722	1969	1753	88	46	42	12	5	7
柘荣县	3309	1749	1560	75	31	44	11	5	6
福安市	4136	2264	1872	104	59	45	19	12	7
福鼎市	2861	1610	1251	81	51	30	4	2	2

4-2c 各地区分性别、受教育程度的15岁及以上人口(乡村)

单位：人

地 区	15岁及以上人口			未上过学		
	合计	男	女	小计	男	女
合 计	**10531343**	**5499039**	**5032304**	**696367**	**140429**	**555938**
福州市	**1894808**	**990822**	**903986**	**77353**	**16586**	**60767**
鼓楼区						
台江区						
仓山区						
马尾区	32027	16355	15672	1094	215	879
晋安区	17713	9897	7816	697	140	557
长乐区	267784	140844	126940	6969	1761	5208
闽侯县	328978	173952	155026	12206	2970	9236
连江县	265256	139280	125976	6790	1324	5466
罗源县	63108	35122	27986	3159	995	2164
闽清县	118555	62250	56305	4038	904	3134
永泰县	133243	69900	63343	5234	1058	4176
平潭县	146904	75505	71399	13633	2892	10741
福清市	521240	267717	253523	23533	4327	19206
厦门市	**448609**	**244236**	**204373**	**28055**	**4921**	**23134**
思明区						
海沧区	11366	6462	4904	380	79	301
湖里区						
集美区	83020	46724	36296	3032	636	2396
同安区	173332	93363	79969	12498	2150	10348
翔安区	180891	97687	83204	12145	2056	10089
莆田市	**942138**	**466290**	**475848**	**85791**	**12242**	**73549**
城厢区	122508	60700	61808	10993	1256	9737
涵江区	84584	43114	41470	4576	567	4009
荔城区	134345	64456	69889	8343	1317	7026
秀屿区	257921	125471	132450	36154	4427	31727
仙游县	342780	172549	170231	25725	4675	21050
三明市	**751661**	**401847**	**349814**	**62357**	**13362**	**48995**
梅列区	5487	2919	2568	685	142	543
三元区	20849	11857	8992	1409	365	1044
明溪县	40639	22581	18058	2053	506	1547
清流县	47856	25389	22467	4669	964	3705
宁化县	109840	56484	53356	10915	1785	9130
大田县	109337	59232	50105	8220	1735	6485
尤溪县	142556	76620	65936	9404	2150	7254
沙县	60060	32454	27606	5853	1545	4308
将乐县	49298	26340	22958	4419	989	3430
泰宁县	36393	19261	17132	3033	665	2368
建宁县	49171	25710	23461	4559	974	3585
永安市	80175	43000	37175	7138	1542	5596
泉州市	**2200053**	**1127428**	**1072625**	**113712**	**17671**	**96041**
鲤城区						
丰泽区						
洛江区	82316	42700	39616	6682	941	5741
泉港区	121904	60533	61371	6366	703	5663
惠安县	350677	171425	179252	25138	2462	22676
安溪县	391561	204312	187249	23190	4128	19062
永春县	131999	69049	62950	4743	760	3983
德化县	61868	33119	28749	6322	1086	5236
石狮市	79327	42056	37271	2351	671	1680
晋江市	523039	273311	249728	24575	4727	19848
南安市	457362	230923	226439	14345	2193	12152

4-2c 续表 1

单位：人

地区	15岁及以上人口			未上过学		
	合计	男	女	小计	男	女
漳州市	**1559021**	**808131**	**750890**	**105165**	**16458**	**88707**
芗城区	55976	29610	26366	4056	558	3498
龙文区	21990	11226	10764	1080	205	875
云霄县	152275	80319	71956	12717	2072	10645
漳浦县	295462	150284	145178	24213	3268	20945
诏安县	231566	119188	112378	17864	2877	14987
长泰县	75300	38968	36332	4217	807	3410
东山县	63357	32989	30368	3586	403	3183
南靖县	122057	63168	58889	8277	1257	7020
平和县	192115	101471	90644	10682	1670	9012
华安县	52194	27827	24367	3016	526	2490
龙海市	296729	153081	143648	15457	2815	12642
南平市	**907898**	**482990**	**424908**	**69014**	**20038**	**48976**
延平区	108746	57949	50797	7070	1965	5105
建阳区	109305	58173	51132	9279	2744	6535
顺昌县	75079	39874	35205	4148	1063	3085
浦城县	130358	68646	61712	8319	2663	5656
光泽县	54901	29528	25373	2270	580	1690
松溪县	54736	29184	25552	3918	1254	2664
政和县	69589	37720	31869	9209	2623	6586
邵武市	50080	26893	23187	3162	790	2372
武夷山市	82916	44003	38913	4079	1253	2826
建瓯市	172188	91020	81168	17560	5103	12457
龙岩市	**815243**	**426388**	**388855**	**65665**	**8823**	**56842**
新罗区	101740	56418	45322	8288	1361	6927
永定区	128957	67945	61012	9588	1222	8366
长汀县	141943	72223	69720	10106	1260	8846
上杭县	147198	74638	72560	13870	1439	12431
武平县	106428	54536	51892	8932	1018	7914
连城县	100699	52377	48322	5314	732	4582
漳平市	88278	48251	40027	9567	1791	7776
宁德市	**1011912**	**550907**	**461005**	**89255**	**30328**	**58927**
蕉城区	160057	86928	73129	12857	4406	8451
霞浦县	153262	85092	68170	13327	4864	8463
古田县	136751	73450	63301	4480	1545	2935
屏南县	59164	32501	26663	3665	1121	2544
寿宁县	74474	40809	33665	7711	2365	5346
周宁县	58213	32508	25705	6411	2417	3994
柘荣县	28397	15570	12827	3392	1293	2099
福安市	173422	93117	80305	15192	4822	10370
福鼎市	168172	90932	77240	22220	7495	14725

4-2c 续表 2

单位：人

地　区	学前教育			小　学		
	小计	男	女	小计	男	女
合　计	**41786**	**11666**	**30120**	**3836442**	**1697039**	**2139403**
福州市	**7695**	**2112**	**5583**	**624820**	**276699**	**348121**
鼓楼区						
台江区						
仓山区						
马尾区	292	82	210	10424	4664	5760
晋安区	100	31	69	5431	2427	3004
长乐区	640	187	453	90911	41867	49044
闽侯县	1058	370	688	96360	45043	51317
连江县	1203	301	902	101587	43902	57685
罗源县	280	111	169	30054	15497	14557
闽清县	245	56	189	35931	15790	20141
永泰县	535	149	386	48142	20329	27813
平潭县	569	142	427	41549	18944	22605
福清市	2773	683	2090	164431	68236	96195
厦门市	**403**	**141**	**262**	**109970**	**50001**	**59969**
思明区						
海沧区	3	1	2	1616	769	847
湖里区						
集美区	93	24	69	18397	8608	9789
同安区	152	47	105	45117	20147	24970
翔安区	155	69	86	44840	20477	24363
莆田市	**2643**	**768**	**1875**	**300817**	**124855**	**175962**
城厢区	14	5	9	33741	13103	20638
涵江区	185	36	149	21937	7529	14408
荔城区	880	303	577	41841	16475	25366
秀屿区	671	147	524	82648	35525	47123
仙游县	893	277	616	120650	52223	68427
三明市	**4321**	**1325**	**2996**	**311544**	**144330**	**167214**
梅列区	26	12	14	1936	971	965
三元区	94	38	56	9388	4756	4632
明溪县	110	42	68	14808	6976	7832
清流县	203	60	143	19567	8508	11059
宁化县	555	157	398	46185	20148	26037
大田县	1218	312	906	51844	22879	28965
尤溪县	814	281	533	55353	25325	30028
沙县	308	103	205	22307	11396	10911
将乐县	246	95	151	20053	9836	10217
泰宁县	142	38	104	14607	6773	7834
建宁县	140	44	96	23170	10926	12244
永安市	465	143	322	32326	15836	16490
泉州市	**6058**	**1353**	**4705**	**777781**	**320256**	**457525**
鲤城区						
丰泽区						
洛江区	435	129	306	26014	10867	15147
泉港区	244	45	199	39865	14031	25834
惠安县	566	89	477	125497	50384	75113
安溪县	2249	400	1849	155022	64045	90977
永春县	464	125	339	56102	22574	33528
德化县	263	64	199	24100	10943	13157
石狮市	85	27	58	26246	12033	14213
晋江市	481	156	325	170899	76185	94714
南安市	1271	318	953	154036	59194	94842

4-2c 续表 3 单位：人

地　区	学前教育			小　学		
	小计	男	女	小计	男	女
漳州市	**9168**	**2190**	**6978**	**605192**	**248788**	**356404**
芗城区	67	13	54	18368	7174	11194
龙文区	86	18	68	8017	3181	4836
云霄县	768	212	556	59905	24441	35464
漳浦县	2392	377	2015	116553	46897	69656
诏安县	1582	555	1027	95737	40348	55389
长泰县	166	48	118	29186	11550	17636
东山县	476	60	416	25494	10094	15400
南靖县	834	184	650	43714	17741	25973
平和县	1238	354	884	71798	28619	43179
华安县	353	54	299	21591	9013	12578
龙海市	1206	315	891	114829	49730	65099
南平市	**3469**	**1371**	**2098**	**368607**	**182068**	**186539**
延平区	467	176	291	43057	20710	22347
建阳区	286	99	187	43672	22342	21330
顺昌县	368	123	245	29597	13989	15608
浦城县	384	154	230	53735	26584	27151
光泽县	113	46	67	23539	11240	12299
松溪县	398	175	223	21038	10164	10874
政和县	159	64	95	27401	13924	13477
邵武市	37	15	22	21380	10045	11335
武夷山市	290	110	180	29951	14701	15250
建瓯市	967	409	558	75237	38369	36868
龙岩市	**4266**	**840**	**3426**	**284379**	**111388**	**172991**
新罗区	441	99	342	26193	11939	14254
永定区	410	82	328	38815	15464	23351
长汀县	1098	214	884	58513	21335	37178
上杭县	819	126	693	54655	20681	33974
武平县	431	69	362	33496	11787	21709
连城县	715	170	545	37936	14198	23738
漳平市	352	80	272	34771	15984	18787
宁德市	**3763**	**1566**	**2197**	**453332**	**238654**	**214678**
蕉城区	404	186	218	64403	34419	29984
霞浦县	406	181	225	76938	40868	36070
古田县	390	164	226	60264	30863	29401
屏南县	160	64	96	27745	14583	13162
寿宁县	544	189	355	32679	16584	16095
周宁县	97	34	63	24211	12905	11306
柘荣县	63	27	36	12041	6563	5478
福安市	1025	443	582	79902	41435	38467
福鼎市	674	278	396	75149	40434	34715

4-2c　续表 4　　　　单位：人

地　区	初　中			高　中			大学专科		
	小计	男	女	小计	男	女	小计	男	女
合　计	**4098090**	**2511541**	**1586549**	**1183852**	**759433**	**424419**	**414065**	**235599**	**178466**
福州市	**753256**	**443461**	**309795**	**289675**	**173176**	**116499**	**83983**	**47663**	**36320**
鼓楼区									
台江区									
仓山区									
马尾区	13822	7809	6013	4807	2705	2102	857	484	373
晋安区	7177	4635	2542	2703	1711	992	943	568	375
长乐区	113428	64855	48573	39578	22798	16780	10395	6080	4315
闽侯县	143595	82880	60715	49154	28412	20742	16995	9024	7971
连江县	105445	63870	41575	31216	19006	12210	8981	5298	3683
罗源县	21179	13544	7635	5687	3454	2233	1641	918	723
闽清县	58507	33777	24730	13090	8051	5039	4462	2480	1982
永泰县	50968	31292	19676	13947	9530	4417	5404	3361	2043
平潭县	49587	29132	20455	22254	13711	8543	12851	6953	5898
福清市	189548	111667	77881	107239	63798	43441	21454	12497	8957
厦门市	**168443**	**105097**	**63346**	**68269**	**43375**	**24894**	**39824**	**22214**	**17610**
思明区									
海沧区	4072	2379	1693	2444	1535	909	1456	835	621
湖里区									
集美区	37682	23023	14659	14425	9276	5149	5990	3365	2625
同安区	68900	43200	25700	24180	15437	8743	14779	8218	6561
翔安区	57789	36495	21294	27220	17127	10093	17599	9796	7803
莆田市	**374772**	**219572**	**155200**	**119056**	**76121**	**42935**	**33874**	**19474**	**14400**
城厢区	53429	31245	22184	16394	10673	5721	5103	2826	2277
涵江区	39226	23135	16091	13193	8759	4434	3471	1990	1481
荔城区	55660	31777	23883	16647	9672	6975	3725	2058	1667
秀屿区	99015	59331	39684	26378	17896	8482	7278	4539	2739
仙游县	127442	74084	53358	46444	29121	17323	14297	8061	6236
三明市	**268102**	**173068**	**95034**	**66113**	**46100**	**20013**	**24852**	**15241**	**9611**
梅列区	2003	1276	727	530	351	179	179	105	74
三元区	7499	5072	2427	1538	1065	473	557	336	221
明溪县	17905	11352	6553	3731	2505	1226	1277	764	513
清流县	16217	10887	5330	4489	3333	1156	1637	983	654
宁化县	35040	22914	12126	10698	7470	3228	3978	2512	1466
大田县	34801	24582	10219	8075	6259	1816	3404	2304	1100
尤溪县	56022	34671	21351	13455	9441	4014	5137	3265	1872
沙县	23382	14439	8943	5278	3416	1862	1664	884	780
将乐县	18036	11352	6684	3774	2470	1304	1638	949	689
泰宁县	13774	8698	5076	2753	1928	825	1249	715	534
建宁县	15717	10193	5524	3281	2254	1027	1539	926	613
永安市	27706	17632	10074	8511	5608	2903	2593	1498	1095
泉州市	**927616**	**553954**	**373662**	**241165**	**158749**	**82416**	**82749**	**47009**	**35740**
鲤城区									
丰泽区									
洛江区	32079	19653	12426	11911	8055	3856	3287	1962	1325
泉港区	47392	28388	19004	16211	10439	5772	8222	4888	3334
惠安县	136310	79943	56367	33127	22230	10897	20912	11288	9624
安溪县	164844	103985	60859	30956	22175	8781	9045	5662	3383
永春县	54044	34384	19660	10830	7656	3174	3493	2149	1344
德化县	21235	14196	7039	5837	4176	1661	2513	1656	857
石狮市	33803	19670	14133	9972	6167	3805	2461	1341	1120
晋江市	221784	129450	92334	71226	44539	26687	20052	10832	9220
南安市	216125	124285	91840	51095	33312	17783	12764	7231	5533

4-2c 续表 5

单位：人

地区	初中			高中			大学专科		
	小计	男	女	小计	男	女	小计	男	女
漳州市	**633493**	**412068**	**221425**	**133433**	**89132**	**44301**	**50465**	**27691**	**22774**
芗城区	23482	15683	7799	6241	4208	2033	2559	1354	1205
龙文区	9243	5905	3338	2064	1248	816	1040	463	577
云霄县	60780	41510	19270	12131	8480	3651	4291	2607	1684
漳浦县	117167	77154	40013	22864	15779	7085	8462	4669	3793
诏安县	93213	60719	32494	15424	10233	5191	5818	3371	2447
长泰县	31968	20541	11427	5297	3757	1540	2811	1416	1395
东山县	25913	17464	8449	4791	3242	1549	2334	1294	1040
南靖县	46586	30482	16104	16198	10110	6088	4447	2331	2116
平和县	85873	55968	29905	15286	10715	4571	4854	2773	2081
华安县	20271	13815	6456	4481	3050	1431	1588	915	673
龙海市	118997	72827	46170	28656	18310	10346	12261	6498	5763
南平市	**344465**	**207661**	**136804**	**73584**	**45359**	**28225**	**32844**	**18071**	**14773**
延平区	36554	22351	14203	9776	5964	3812	9600	5653	3947
建阳区	41547	24824	16723	8842	5207	3635	3382	1745	1637
顺昌县	31823	19195	12628	5637	3607	2030	2421	1312	1109
浦城县	51324	29691	21633	11445	6916	4529	3180	1623	1557
光泽县	22314	13617	8697	3720	2391	1329	1944	1080	864
松溪县	21987	13225	8762	4512	2818	1694	1902	1031	871
政和县	24516	15772	8744	5178	3484	1694	2019	1205	814
邵武市	18808	11688	7120	4189	2931	1258	1601	914	687
武夷山市	35034	20501	14533	8822	5011	3811	2829	1415	1414
建瓯市	60558	36797	23761	11463	7030	4433	3966	2093	1873
龙岩市	**325833**	**213002**	**112831**	**87646**	**63792**	**23854**	**29838**	**18122**	**11716**
新罗区	45562	29631	15931	14869	9965	4904	3974	2149	1825
永定区	58574	36479	22095	13828	9928	3900	4859	3047	1812
长汀县	49171	33092	16079	14459	10824	3635	5272	3352	1920
上杭县	53667	35951	17716	14759	10857	3902	5725	3441	2284
武平县	46443	29532	16911	11811	8930	2881	3352	2045	1307
连城县	40603	25956	14647	10310	7696	2614	3871	2441	1430
漳平市	31813	22361	9452	7610	5592	2018	2785	1647	1138
宁德市	**302110**	**183658**	**118452**	**104911**	**63629**	**41282**	**35636**	**20114**	**15522**
蕉城区	49114	28986	20128	21250	12306	8944	7579	4200	3379
霞浦县	44388	27925	16463	12188	7664	4524	3614	2119	1495
古田县	54282	31247	23035	11552	6712	4840	3551	1792	1759
屏南县	16696	10403	6293	6538	4011	2527	2374	1241	1133
寿宁县	22663	14702	7961	6911	4576	2335	2457	1483	974
周宁县	16555	10598	5957	7565	4611	2954	1980	1167	813
柘荣县	8509	5203	3306	2535	1483	1052	1044	576	468
福安市	46972	28420	18552	20086	12255	7831	6677	3790	2887
福鼎市	42931	26174	16757	16286	10011	6275	6360	3746	2614

4-2c 续表 6 单位：人

地 区	大学本科			硕士研究生			博士研究生		
	小计	男	女	小计	男	女	小计	男	女
合 计	**245528**	**135012**	**110516**	**12464**	**6554**	**5910**	**2749**	**1766**	**983**
福州市	**55783**	**29902**	**25881**	**1966**	**1049**	**917**	**277**	**174**	**103**
鼓楼区									
台江区									
仓山区									
马尾区	707	385	322	22	11	11	2		2
晋安区	636	365	271	23	17	6	3	3	
长乐区	5575	3139	2436	246	130	116	42	27	15
闽侯县	9196	5024	4172	365	198	167	49	31	18
连江县	9793	5456	4337	216	105	111	25	18	7
罗源县	1070	581	489	33	19	14	5	3	2
闽清县	2167	1127	1040	100	55	45	15	10	5
永泰县	8887	4105	4782	116	71	45	10	5	5
平潭县	6073	3518	2555	347	185	162	41	28	13
福清市	11679	6202	5477	498	258	240	85	49	36
厦门市	**28177**	**15595**	**12582**	**3996**	**1955**	**2041**	**1472**	**937**	**535**
思明区									
海沧区	1305	810	495	78	46	32	12	8	4
湖里区									
集美区	3279	1733	1546	106	51	55	16	8	8
同安区	7327	3944	3383	344	195	149	35	25	10
翔安区	16266	9108	7158	3468	1663	1805	1409	896	513
莆田市	**24231**	**12727**	**11504**	**836**	**452**	**384**	**118**	**79**	**39**
城厢区	2691	1516	1175	124	60	64	19	16	3
涵江区	1890	1042	848	92	47	45	14	9	5
荔城区	7119	2789	4330	113	55	58	17	10	7
秀屿区	5536	3452	2084	216	135	81	25	19	6
仙游县	6995	3928	3067	291	155	136	43	25	18
三明市	**13661**	**7997**	**5664**	**603**	**351**	**252**	**108**	**73**	**35**
梅列区	123	58	65	5	4	1			
三元区	347	217	130	13	7	6	4	1	3
明溪县	726	416	310	26	17	9	3	3	
清流县	1031	626	405	34	23	11	9	5	4
宁化县	2354	1428	926	98	55	43	17	15	2
大田县	1662	1087	575	95	59	36	18	15	3
尤溪县	2261	1419	842	87	51	36	23	17	6
沙县	1203	632	571	58	35	23	7	4	3
将乐县	1077	618	459	49	28	21	6	3	3
泰宁县	797	423	374	35	20	15	3	1	2
建宁县	732	376	356	28	15	13	5	2	3
永安市	1348	697	651	75	37	38	13	7	6
泉州市	**48859**	**27195**	**21664**	**1827**	**1044**	**783**	**286**	**197**	**89**
鲤城区									
丰泽区									
洛江区	1835	1044	791	62	40	22	11	9	2
泉港区	3446	1945	1501	141	81	60	17	13	4
惠安县	8733	4793	3940	343	204	139	51	32	19
安溪县	5944	3731	2213	256	150	106	55	36	19
永春县	2215	1343	872	86	42	44	22	16	6
德化县	1509	945	564	70	42	28	19	11	8
石狮市	4320	2098	2222	82	44	38	7	5	2
晋江市	13418	7068	6350	534	300	234	70	54	16
南安市	7439	4228	3211	253	141	112	34	21	13

4-2c 续表 7 单位：人

地　区	大学本科			硕士研究生			博士研究生		
	小计	男	女	小计	男	女	小计	男	女
漳州市	**21181**	**11350**	**9831**	**803**	**383**	**420**	**121**	**71**	**50**
芗城区	1138	591	547	57	27	30	8	2	6
龙文区	432	196	236	26	9	17	2	1	1
云霄县	1597	955	642	74	36	38	12	6	6
漳浦县	3648	2059	1589	142	65	77	21	16	5
诏安县	1830	1030	800	82	44	38	16	11	5
长泰县	1590	813	777	51	28	23	14	8	6
东山县	730	413	317	32	18	14	1	1	
南靖县	1916	1021	895	77	37	40	8	5	3
平和县	2301	1329	972	70	37	33	13	6	7
华安县	865	440	425	26	13	13	3	1	2
龙海市	5134	2503	2631	166	69	97	23	14	9
南平市	**15073**	**7970**	**7103**	**739**	**391**	**348**	**103**	**61**	**42**
延平区	2098	1062	1036	114	61	53	10	7	3
建阳区	2197	1164	1033	87	40	47	13	8	5
顺昌县	1023	548	475	50	28	22	12	9	3
浦城县	1859	955	904	99	54	45	13	6	7
光泽县	946	541	405	47	27	20	8	6	2
松溪县	939	495	444	39	19	20	3	3	
政和县	1040	605	435	57	39	18	10	4	6
邵武市	849	477	372	44	27	17	10	6	4
武夷山市	1811	968	843	94	42	52	6	2	4
建瓯市	2311	1155	1156	108	54	54	18	10	8
龙岩市	**16763**	**9940**	**6823**	**713**	**390**	**323**	**140**	**91**	**49**
新罗区	2275	1206	1069	113	50	63	25	18	7
永定区	2758	1659	1099	108	56	52	17	8	9
长汀县	3178	2054	1124	121	74	47	25	18	7
上杭县	3507	2027	1480	159	91	68	37	25	12
武平县	1865	1094	771	85	52	33	13	9	4
连城县	1861	1132	729	70	41	29	19	11	8
漳平市	1319	768	551	57	26	31	4	2	2
宁德市	**21800**	**12336**	**9464**	**981**	**539**	**442**	**124**	**83**	**41**
蕉城区	4190	2274	1916	218	127	91	42	24	18
霞浦县	2296	1416	880	95	47	48	10	8	2
古田县	2106	1060	1046	113	60	53	13	7	6
屏南县	1910	1040	870	70	33	37	6	5	1
寿宁县	1435	861	574	62	38	24	12	11	1
周宁县	1335	739	596	55	34	21	4	3	1
柘荣县	796	415	381	15	10	5	2		2
福安市	3389	1862	1527	159	76	83	20	14	6
福鼎市	4343	2669	1674	194	114	80	15	11	4

4-3 各地区分性别、受教育程度的16-59岁人口

单位：人

地区	16-59岁人口			未上过学		
	合计	男	女	小计	男	女
合 计	**26448317**	**13669684**	**12778633**	**299609**	**63233**	**236376**
福州市	**5398517**	**2768054**	**2630463**	**27575**	**7003**	**20572**
鼓楼区	428538	208259	220279	1442	327	1115
台江区	264495	129796	134699	359	106	253
仓山区	783693	407952	375741	2561	938	1623
马尾区	203312	105807	97505	428	121	307
晋安区	529677	269585	260092	1217	354	863
长乐区	518429	270137	248292	2707	838	1869
闽侯县	687046	356128	330918	4407	1303	3104
连江县	395608	203178	192430	2036	466	1570
罗源县	159808	86048	73760	463	161	302
闽清县	147984	75935	72049	761	284	477
永泰县	166439	84997	81442	523	169	354
平潭县	239368	120641	118727	3419	662	2757
福清市	874120	449591	424529	7252	1274	5978
厦门市	**3743299**	**1985587**	**1757712**	**45457**	**8730**	**36727**
思明区	724117	347648	376469	4683	805	3878
海沧区	425997	234915	191082	6460	1450	5010
湖里区	794902	417884	377018	9284	1747	7537
集美区	783853	424537	359316	7013	1313	5700
同安区	604293	330740	273553	11122	2135	8987
翔安区	410137	229863	180274	6895	1280	5615
莆田市	**1926922**	**969214**	**957708**	**30872**	**5216**	**25656**
城厢区	350684	176567	174117	3629	585	3044
涵江区	303250	155390	147860	2918	811	2107
荔城区	421972	211903	210069	2626	524	2102
秀屿区	325331	163614	161717	13455	1557	11898
仙游县	525685	261740	263945	8244	1739	6505
三明市	**1469670**	**753927**	**715743**	**18703**	**3691**	**15012**
梅列区	143953	70890	73063	1314	211	1103
三元区	123856	63784	60072	1247	277	970
明溪县	60402	31786	28616	455	131	324
清流县	67857	35067	32790	1357	221	1136
宁化县	143869	72167	71702	2824	390	2434
大田县	165424	86471	78953	2497	403	2094
尤溪县	194712	100493	94219	1747	440	1307
沙县	145199	74213	70986	2023	538	1485
将乐县	82122	41329	40793	1158	232	926
泰宁县	59393	29766	29627	749	142	607
建宁县	66861	33887	32974	1105	215	890
永安市	216022	114074	101948	2227	491	1736
泉州市	**5722117**	**2974868**	**2747249**	**61260**	**12367**	**48893**
鲤城区	288697	147450	141247	1555	346	1209
丰泽区	500397	254185	246212	2772	517	2255
洛江区	164879	83990	80889	3154	441	2713
泉港区	210085	105910	104175	2503	415	2088
惠安县	641796	321280	320516	11357	1785	9572
安溪县	582197	301434	280763	8919	1487	7432
永春县	245784	122975	122809	2138	492	1646
德化县	207021	108083	98938	2601	492	2109
石狮市	488357	260097	228260	4237	1088	3149
晋江市	1456990	779874	677116	15399	3796	11603
南安市	935914	489590	446324	6625	1508	5117

4–3 续表 1

单位：人

地　区	16–59岁人口			未上过学		
	合计	男	女	小计	男	女
漳州市	**3088239**	**1596439**	**1491800**	**48480**	**8554**	**39926**
芗城区	424946	209992	214954	3473	690	2783
龙文区	199218	103545	95673	1558	266	1292
云霄县	248749	129629	119120	6416	988	5428
漳浦县	503055	260525	242530	11754	1561	10193
诏安县	315582	163480	152102	8122	1494	6628
长泰县	145380	77304	68076	1396	312	1084
东山县	135756	69928	65828	1639	276	1363
南靖县	182926	94444	88482	2588	504	2084
平和县	259941	136010	123931	3294	647	2647
华安县	79685	42608	37077	1085	236	849
龙海市	593001	308974	284027	7155	1580	5575
南平市	**1608397**	**820878**	**787519**	**16556**	**4806**	**11750**
延平区	277123	139409	137714	1916	539	1377
建阳区	209128	108730	100398	2678	842	1836
顺昌县	107516	55698	51818	692	248	444
浦城县	168020	84497	83523	1600	565	1035
光泽县	80185	41224	38961	645	179	466
松溪县	75787	38757	37030	690	222	468
政和县	104179	54373	49806	2836	574	2262
邵武市	168219	85719	82500	803	270	533
武夷山市	167815	84995	82820	1061	351	710
建瓯市	250425	127476	122949	3635	1016	2619
龙岩市	**1603033**	**814153**	**788880**	**20568**	**3651**	**16917**
新罗区	546360	277934	268426	5889	1070	4819
永定区	179630	93293	86337	2171	481	1690
长汀县	215668	106235	109433	3140	427	2713
上杭县	210874	106527	104347	2961	457	2504
武平县	155921	77534	78387	1987	451	1536
连城县	141601	71922	69679	1344	221	1123
漳平市	152979	80708	72271	3076	544	2532
宁德市	**1888123**	**986564**	**901559**	**30138**	**9215**	**20923**
蕉城区	407256	217853	189403	5127	1675	3452
霞浦县	276967	145404	131563	4272	1550	2722
古田县	186155	95351	90804	883	353	530
屏南县	80415	41886	38529	907	274	633
寿宁县	100402	52446	47956	1949	460	1489
周宁县	83781	43722	40059	1622	468	1154
柘荣县	54542	27599	26943	1327	379	948
福安市	364573	190882	173691	4916	1507	3409
福鼎市	334032	171421	162611	9135	2549	6586

4-3 续表 2

单位：人

地 区	学前教育			小 学		
	小计	男	女	小计	男	女
合 计	**23034**	**6894**	**16140**	**4591247**	**1797150**	**2794097**
福州市	**3474**	**1062**	**2412**	**697244**	**280029**	**417215**
鼓楼区	108	38	70	18258	7054	11204
台江区	43	22	21	15443	6205	9238
仓山区	310	131	179	63442	28291	35151
马尾区	141	51	90	25973	10478	15495
晋安区	85	23	62	38753	16118	22635
长乐区	329	128	201	93241	40554	52687
闽侯县	419	157	262	82177	35176	47001
连江县	352	80	272	78407	29590	48817
罗源县	136	60	76	37737	17723	20014
闽清县	52	15	37	20145	8272	11873
永泰县	133	45	88	29105	10076	19029
平潭县	196	53	143	41661	15287	26374
福清市	1170	259	911	152902	55205	97697
厦门市	**1770**	**675**	**1095**	**412917**	**174184**	**238733**
思明区	300	118	182	49847	17541	32306
海沧区	100	36	64	51815	23750	28065
湖里区	382	137	245	71828	30049	41779
集美区	267	102	165	79488	34145	45343
同安区	509	190	319	102255	44465	57790
翔安区	212	92	120	57684	24234	33450
莆田市	**1913**	**578**	**1335**	**323566**	**115859**	**207707**
城厢区	22	9	13	38693	12699	25994
涵江区	157	59	98	40218	15256	24962
荔城区	531	196	335	59240	21196	38044
秀屿区	510	82	428	72914	24759	48155
仙游县	693	232	461	112501	41949	70552
三明市	**1493**	**421**	**1072**	**285714**	**104859**	**180855**
梅列区	41	10	31	12969	5178	7791
三元区	57	22	35	17918	7585	10333
明溪县	27	3	24	11588	4522	7066
清流县	79	29	50	15424	5249	10175
宁化县	254	84	170	34183	10815	23368
大田县	377	63	314	44111	14430	29681
尤溪县	207	69	138	38968	13806	25162
沙县	103	29	74	26891	11076	15815
将乐县	83	31	52	19035	7069	11966
泰宁县	38	10	28	12123	4182	7941
建宁县	35	16	19	18247	6948	11299
永安市	192	55	137	34257	13999	20258
泉州市	**4412**	**1389**	**3023**	**1138870**	**440251**	**698619**
鲤城区	103	39	64	34442	13136	21306
丰泽区	107	26	81	50032	19137	30895
洛江区	279	92	187	30417	10839	19578
泉港区	137	33	104	43303	13599	29704
惠安县	461	119	342	165811	61999	103812
安溪县	1015	201	814	137486	49044	88442
永春县	258	62	196	54945	18569	36376
德化县	93	25	68	44642	15175	29467
石狮市	377	209	168	94835	41114	53721
晋江市	771	293	478	306937	132336	174601
南安市	811	290	521	176020	65303	110717

4-3 续表 3 单位：人

地 区	学前教育			小 学		
	小计	男	女	小计	男	女
漳州市	**5263**	**1251**	**4012**	**673187**	**244728**	**428459**
芗城区	156	38	118	48740	18368	30372
龙文区	127	37	90	29035	11059	17976
云霄县	501	152	349	62307	21205	41102
漳浦县	1521	191	1330	127923	43484	84439
诏安县	894	309	585	94817	35672	59145
长泰县	135	51	84	31550	11155	20395
东山县	232	41	191	33757	11601	22156
南靖县	363	90	273	37678	12659	25019
平和县	522	158	364	58417	20303	38114
华安县	155	27	128	20262	7267	12995
龙海市	657	157	500	128701	51955	76746
南平市	**1204**	**460**	**744**	**317081**	**137607**	**179474**
延平区	244	89	155	45074	18365	26709
建阳区	127	41	86	41873	19924	21949
顺昌县	76	26	50	20029	8635	11394
浦城县	128	49	79	34384	14878	19506
光泽县	35	21	14	17708	7580	10128
松溪县	123	60	63	15636	6719	8917
政和县	65	26	39	27217	11348	15869
邵武市	11	1	10	25517	9879	15638
武夷山市	90	30	60	26400	11847	14553
建瓯市	305	117	188	63243	28432	34811
龙岩市	**1553**	**312**	**1241**	**261092**	**76300**	**184792**
新罗区	281	77	204	54847	19780	35067
永定区	117	23	94	26247	7992	18255
长汀县	400	69	331	51744	12458	39286
上杭县	235	34	201	42460	10362	32098
武平县	132	12	120	25493	5904	19589
连城县	234	69	165	27488	7691	19797
漳平市	154	28	126	32813	12113	20700
宁德市	**1952**	**746**	**1206**	**481576**	**223333**	**258243**
蕉城区	263	107	156	82387	39081	43306
霞浦县	156	74	82	81119	39410	41709
古田县	113	45	68	41804	19787	22017
屏南县	75	25	50	22778	10640	12138
寿宁县	179	46	133	26241	10704	15537
周宁县	76	26	50	23062	10195	12867
柘荣县	42	15	27	13911	6263	7648
福安市	583	218	365	88843	39995	48848
福鼎市	465	190	275	101431	47258	54173

4-3 续表 4

单位：人

地 区	初 中			高 中			大学专科		
	小计	男	女	小计	男	女	小计	男	女
合 计	**10785680**	**6014880**	**4770800**	**5090177**	**2875563**	**2214614**	**2761737**	**1422292**	**1339445**
福州市	**1950898**	**1061142**	**889756**	**1249540**	**675557**	**573983**	**639972**	**324467**	**315505**
鼓楼区	67654	34210	33444	92532	44233	48299	91246	42484	48762
台江区	64185	32183	32002	74761	37642	37119	50017	24230	25787
仓山区	221415	120615	100800	188400	101990	86410	140503	71806	68697
马尾区	77846	42916	34930	46312	25843	20469	21803	10954	10849
晋安区	162735	85106	77629	148189	76719	71470	87934	44059	43875
长乐区	240049	132407	107642	112704	61722	50982	31811	17087	14724
闽侯县	257608	142586	115022	126926	69584	57342	69296	35025	34271
连江县	185303	102527	82776	74268	41536	32732	26448	13959	12489
罗源县	69720	39833	29887	29692	16522	13170	12238	6517	5721
闽清县	80022	42477	37545	28066	15210	12856	11125	5729	5396
永泰县	77036	41612	35424	31672	18508	13164	13694	7589	6105
平潭县	96425	50997	45428	52266	29490	22776	25840	13507	12333
福清市	350900	193673	157227	243752	136558	107194	58017	31521	26496
厦门市	**1200206**	**690985**	**509221**	**737087**	**422217**	**314870**	**586354**	**299631**	**286723**
思明区	142835	73829	69006	136806	68259	68547	137989	63426	74563
海沧区	153924	91894	62030	90696	53547	37149	60256	31323	28933
湖里区	230140	129992	100148	175033	99619	75414	149437	75647	73790
集美区	243000	139806	103194	148868	87719	61149	113490	60263	53227
同安区	276754	162905	113849	106116	64009	42107	60931	32586	28345
翔安区	153553	92559	60994	79568	49064	30504	64251	36386	27865
莆田市	**866651**	**459846**	**406805**	**399706**	**228267**	**171439**	**162535**	**84410**	**78125**
城厢区	131776	68005	63771	85678	47475	38203	43248	22315	20933
涵江区	149622	78249	71373	67000	37943	29057	26391	14194	12197
荔城区	198967	104932	94035	85050	47139	37911	36286	18131	18155
秀屿区	154884	86390	68494	54203	33469	20734	15323	9116	6207
仙游县	231402	122270	109132	107775	62241	45534	41287	20654	20633
三明市	**589374**	**327658**	**261716**	**292413**	**165445**	**126968**	**152273**	**81935**	**70338**
梅列区	38844	19437	19407	37062	19138	17924	26435	12154	14281
三元区	43463	23747	19716	29673	16318	13355	12913	6758	6155
明溪县	28325	16152	12173	10307	5807	4500	5300	2742	2558
清流县	27249	15658	11591	12048	7296	4752	6109	3326	2783
宁化县	59307	33042	26265	27021	16228	10793	11569	6569	5000
大田县	69572	41679	27893	26030	16389	9641	13094	7630	5464
尤溪县	91969	50578	41391	34404	20365	14039	16105	8904	7201
沙县	60164	32926	27238	31748	17379	14369	13218	6697	6521
将乐县	35465	19645	15820	13034	7210	5824	6941	3694	3247
泰宁县	26120	14329	11791	10431	5906	4525	5085	2595	2490
建宁县	27883	15762	12121	9875	5657	4218	5467	3033	2434
永安市	81013	44703	36310	50780	27752	23028	30037	17833	12204
泉州市	**2663517**	**1489324**	**1174193**	**957041**	**565449**	**391592**	**475802**	**246434**	**229368**
鲤城区	119133	64042	55091	61593	34284	27309	39631	19208	20423
丰泽区	144440	80065	64375	102536	56202	46334	91675	44765	46910
洛江区	66186	37948	28238	26564	16544	10020	20031	9108	10923
泉港区	89715	48688	41027	38190	22629	15561	22936	12911	10025
惠安县	288075	158396	129679	87006	52011	34995	56401	29516	26885
安溪县	303648	171845	131803	76714	47679	29035	29957	16861	13096
永春县	123972	67194	56778	34077	20334	13743	16446	8450	7996
德化县	96479	54080	42399	33859	20611	13248	16838	10215	6623
石狮市	232775	130344	102431	85350	49984	35366	31026	16589	14437
晋江市	697468	398326	299142	252254	149433	102821	101685	52848	48837
南安市	501626	278396	223230	158898	95738	63160	49176	25963	23213

4-3 续表 5

单位：人

地 区	初 中			高 中			大学专科		
	小计	男	女	小计	男	女	小计	男	女
漳州市	**1391001**	**817063**	**573938**	**487247**	**280815**	**206432**	**276104**	**141331**	**134773**
芗城区	144641	80709	63932	89088	47196	41892	70316	32494	37822
龙文区	79470	45390	34080	36613	20470	16143	29594	14622	14972
云霄县	117363	70995	46368	37011	22433	14578	15647	8670	6977
漳浦县	229553	139073	90480	72603	43564	29039	39281	21235	18046
诏安县	150016	90610	59406	36101	21365	14736	17159	9485	7674
长泰县	76687	45642	31045	17171	10557	6614	10868	5651	5217
东山县	59824	35091	24733	22489	13059	9430	12249	6747	5502
南靖县	85503	49650	35853	33882	19720	14162	14170	7285	6885
平和县	140987	82360	58627	34413	20470	13943	13962	7527	6435
华安县	38966	24056	14910	9693	5855	3838	5235	2926	2309
龙海市	267991	153487	114504	98183	56126	42057	47623	24689	22934
南平市	**717306**	**388123**	**329183**	**288308**	**153451**	**134857**	**144249**	**73780**	**70469**
延平区	107712	56982	50730	56820	30160	26660	37602	19365	18237
建阳区	92709	51108	41601	37508	19342	18166	16962	8466	8496
顺昌县	53477	29210	24267	19083	10240	8843	8072	4175	3897
浦城县	82315	43376	38939	30239	15844	14395	11313	5678	5635
光泽县	38791	21104	17687	11590	6349	5241	6698	3451	3247
松溪县	36982	20077	16905	11523	6143	5380	6436	3270	3166
政和县	47055	27222	19833	14054	8114	5940	7552	4061	3491
邵武市	74430	39131	35299	36857	20297	16560	18028	9569	8459
武夷山市	69222	37133	32089	32204	16755	15449	14418	7270	7148
建瓯市	114613	62780	51833	38430	20207	18223	17168	8475	8693
龙岩市	**694730**	**386523**	**308207**	**316396**	**183547**	**132849**	**165030**	**86247**	**78783**
新罗区	207062	112752	94310	126478	68568	57910	75382	36548	38834
永定区	93726	51487	42239	32196	19138	13058	14257	7896	6361
长汀县	91142	51119	40023	39587	24827	14760	16939	9683	7256
上杭县	93008	53638	39370	36364	22100	14264	19370	10740	8630
武平县	76737	41286	35451	28647	17318	11329	12804	6803	6001
连城县	66077	36365	29712	25418	15628	9790	12364	6960	5404
漳平市	66978	39876	27102	27706	15968	11738	13914	7617	6297
宁德市	**711997**	**394216**	**317781**	**362439**	**200815**	**161624**	**159418**	**84057**	**75361**
蕉城区	138008	78986	59022	83691	46381	37310	42734	22790	19944
霞浦县	109826	60378	49448	51076	27668	23408	18047	9438	8609
古田县	92703	49338	43365	29848	15605	14243	11342	5597	5745
屏南县	28821	16189	12632	15703	8562	7141	6624	3317	3307
寿宁县	41893	23804	18089	16616	9877	6739	7853	4383	3470
周宁县	31075	17679	13396	16990	9526	7464	5836	3115	2721
柘荣县	19903	10633	9270	10204	5505	4699	4994	2630	2364
福安市	133190	73445	59745	79583	45164	34419	35277	18814	16463
福鼎市	116578	63764	52814	58728	32527	26201	26711	13973	12738

4-3 续表 6

单位：人

地 区	大学本科			硕士研究生			博士研究生		
	小计	男	女	小计	男	女	小计	男	女
合 计	**2677521**	**1375522**	**1301999**	**193659**	**98126**	**95533**	**25653**	**16024**	**9629**
福州市	**754960**	**380161**	**374799**	**66365**	**33329**	**33036**	**8489**	**5304**	**3185**
鼓楼区	139133	70361	68772	16210	8295	7915	1955	1257	698
台江区	53278	26236	27042	5780	2807	2973	629	365	264
仓山区	147802	75150	72652	16722	7492	9230	2538	1539	999
马尾区	29654	14843	14811	1062	536	526	93	65	28
晋安区	83451	43307	40144	6648	3472	3176	665	427	238
长乐区	36394	16752	19642	1075	569	506	119	80	39
闽侯县	130117	63417	66700	14097	7621	6476	1999	1259	740
连江县	28052	14657	13395	677	324	353	65	39	26
罗源县	9568	5096	4472	232	119	113	22	17	5
闽清县	7558	3814	3744	227	117	110	28	17	11
永泰县	14000	6850	7150	248	133	115	28	15	13
平潭县	18774	10212	8562	712	385	327	75	48	27
福清市	57179	29466	27713	2675	1459	1216	273	176	97
厦门市	**677641**	**346960**	**330681**	**70530**	**35222**	**35308**	**11337**	**6983**	**4354**
思明区	210806	102986	107820	34628	16895	17733	6223	3789	2434
海沧区	57755	30409	27346	4653	2321	2332	338	185	153
湖里区	146301	74078	72223	11352	5903	5449	1145	712	433
集美区	177288	93596	83692	12627	6448	6179	1812	1145	667
同安区	44264	23221	21043	2147	1103	1044	195	126	69
翔安区	41227	22670	18557	5123	2552	2571	1624	1026	598
莆田市	**135596**	**71787**	**63809**	**5444**	**2860**	**2584**	**639**	**391**	**248**
城厢区	45265	24207	21058	2082	1097	985	291	175	116
涵江区	16302	8560	7742	566	272	294	76	46	30
荔城区	37586	18877	18709	1561	823	738	125	85	40
秀屿区	13542	7932	5610	452	276	176	48	33	15
仙游县	22901	12211	10690	783	392	391	99	52	47
三明市	**124493**	**67016**	**57477**	**4705**	**2565**	**2140**	**502**	**337**	**165**
梅列区	25453	13692	11761	1690	969	721	145	101	44
三元区	17934	8727	9207	557	281	276	94	69	25
明溪县	4257	2347	1910	129	74	55	14	8	6
清流县	5454	3211	2243	123	68	55	14	9	5
宁化县	8457	4893	3564	225	124	101	29	22	7
大田县	9458	5696	3762	243	151	92	42	30	12
尤溪县	10946	6136	4810	326	167	159	40	28	12
沙县	10687	5378	5309	334	172	162	31	18	13
将乐县	6215	3332	2883	173	105	68	18	11	7
泰宁县	4731	2544	2187	107	53	54	9	5	4
建宁县	4154	2207	1947	86	45	41	9	4	5
永安市	16747	8853	7894	712	356	356	57	32	25
泉州市	**399173**	**207949**	**191224**	**20032**	**10415**	**9617**	**2010**	**1290**	**720**
鲤城区	29839	15147	14692	2230	1138	1092	171	110	61
丰泽区	100174	49057	51117	7819	3876	3943	842	540	302
洛江区	17212	8453	8759	947	502	445	89	63	26
泉港区	12589	7170	5419	613	397	216	99	68	31
惠安县	31523	16790	14733	1046	595	451	116	69	47
安溪县	23598	13829	9769	745	419	326	115	69	46
永春县	13493	7654	5839	396	181	215	59	39	20
德化县	12143	7280	4863	324	179	145	42	26	16
石狮市	38456	20112	18344	1213	608	605	88	49	39
晋江市	78657	40759	37898	3537	1895	1642	282	188	94
南安市	41489	21698	19791	1162	625	537	107	69	38

4-3 续表 7

单位：人

地区	大学本科			硕士研究生			博士研究生		
	小计	男	女	小计	男	女	小计	男	女
漳州市	**196649**	**97720**	**98929**	**9378**	**4416**	**4962**	**930**	**561**	**369**
芗城区	63252	28086	35166	4790	2109	2681	490	302	188
龙文区	21606	11070	10536	1142	579	563	73	52	21
云霄县	9187	5034	4153	284	137	147	33	15	18
漳浦县	19737	11064	8673	618	315	303	65	38	27
诏安县	8237	4419	3818	207	104	103	29	22	7
长泰县	7343	3810	3533	201	112	89	29	14	15
东山县	5369	3011	2358	188	97	91	9	5	4
南靖县	8476	4413	4063	238	109	129	28	14	14
平和县	8131	4434	3697	193	98	95	22	13	9
华安县	4171	2186	1985	113	52	61	5	3	2
龙海市	41140	20193	20947	1404	704	700	147	83	64
南平市	**118564**	**59979**	**58585**	**4627**	**2349**	**2278**	**502**	**323**	**179**
延平区	26253	13137	13116	1410	716	694	92	56	36
建阳区	16373	8494	7879	814	452	362	84	61	23
顺昌县	5889	3061	2828	173	86	87	25	17	8
浦城县	7762	3963	3799	252	127	125	27	17	10
光泽县	4547	2445	2102	154	83	71	17	12	5
松溪县	4278	2210	2068	108	48	60	11	8	3
政和县	5219	2923	2296	157	89	68	24	16	8
邵武市	12129	6351	5778	386	189	197	58	32	26
武夷山市	23497	11148	12349	802	380	422	121	81	40
建瓯市	12617	6247	6370	371	179	192	43	23	20
龙岩市	**137233**	**74110**	**63123**	**5865**	**3096**	**2769**	**566**	**367**	**199**
新罗区	72263	36976	35287	3853	1966	1887	305	197	108
永定区	10560	6077	4483	308	171	137	48	28	20
长汀县	12298	7388	4910	373	233	140	45	31	14
上杭县	15795	8804	6991	606	342	264	75	50	25
武平县	9784	5574	4210	297	158	139	40	28	12
连城县	8435	4847	3588	208	121	87	33	20	13
漳平市	8098	4444	3654	220	105	115	20	13	7
宁德市	**133212**	**69840**	**63372**	**6713**	**3874**	**2839**	**678**	**468**	**210**
蕉城区	50550	26036	24514	4071	2489	1582	425	308	117
霞浦县	12080	6673	5407	354	186	168	37	27	10
古田县	9118	4455	4663	312	153	159	32	18	14
屏南县	5334	2784	2550	151	79	72	22	16	6
寿宁县	5515	3080	2435	137	77	60	19	15	4
周宁县	4961	2625	2336	143	80	63	16	8	8
柘荣县	4058	2128	1930	90	41	49	13	5	8
福安市	21347	11306	10041	765	392	373	69	41	28
福鼎市	20249	10753	9496	690	377	313	45	30	15

4-3a 各地区分性别、受教育程度的16-59岁人口(城市)

单位：人

地区	16-59岁人口			未上过学		
	合计	男	女	小计	男	女
合 计	**11724872**	**6003965**	**5720907**	**88562**	**18795**	**69767**
福州市	**2685387**	**1358913**	**1326474**	**8046**	**2241**	**5805**
鼓楼区	428538	208259	220279	1442	327	1115
台江区	264495	129796	134699	359	106	253
仓山区	783693	407952	375741	2561	938	1623
马尾区	179775	93678	86097	353	95	258
晋安区	515795	261706	254089	1099	317	782
长乐区	194016	95065	98951	614	172	442
闽侯县						
连江县						
罗源县						
闽清县						
永泰县						
平潭县						
福清市	319075	162457	156618	1618	286	1332
厦门市	**3186843**	**1672695**	**1514148**	**34362**	**6629**	**27733**
思明区	724117	347648	376469	4683	805	3878
海沧区	415815	229038	186777	6328	1422	4906
湖里区	793309	416756	376553	9240	1735	7505
集美区	710887	382728	328159	5998	1056	4942
同安区	454062	248009	206053	7085	1474	5611
翔安区	88653	48516	40137	1028	137	891
莆田市	**899152**	**455779**	**443373**	**9008**	**1497**	**7511**
城厢区	245646	124119	121527	1087	212	875
涵江区	240386	122713	117673	2216	624	1592
荔城区	320243	162120	158123	1683	321	1362
秀屿区	92877	46827	46050	4022	340	3682
仙游县						
三明市	**387627**	**195692**	**191935**	**2923**	**592**	**2331**
梅列区	133908	65227	68681	1171	182	989
三元区	105947	53267	52680	1014	196	818
明溪县						
清流县						
宁化县						
大田县						
尤溪县						
沙县						
将乐县						
泰宁县						
建宁县						
永安市	147772	77198	70574	738	214	524
泉州市	**2159179**	**1123580**	**1035599**	**15842**	**3546**	**12296**
鲤城区	288697	147450	141247	1555	346	1209
丰泽区	500397	254185	246212	2772	517	2255
洛江区	70722	34981	35741	845	107	738
泉港区	76812	38304	38508	672	112	560
惠安县						
安溪县						
永春县						
德化县						
石狮市	307390	159627	147763	2128	519	1609
晋江市	748526	404095	344431	6836	1743	5093
南安市	166635	84938	81697	1034	202	832

4－3a 续表 1

单位：人

地 区	16－59岁人口			未上过学		
	合计	男	女	小计	男	女
漳州市	**660007**	**326803**	**333204**	**4547**	**986**	**3561**
芗城区	329069	157609	171460	1809	445	1364
龙文区	183135	95189	87946	1310	217	1093
云霄县						
漳浦县						
诏安县						
长泰县						
东山县						
南靖县						
平和县						
华安县						
龙海市	147161	73671	73490	1428	324	1104
南平市	**612097**	**300007**	**312090**	**3462**	**989**	**2473**
延平区	175724	84632	91092	1135	274	861
建阳区	117264	59800	57464	920	309	611
顺昌县						
浦城县						
光泽县						
松溪县						
政和县						
邵武市	122760	60644	62116	378	139	239
武夷山市	97049	47006	50043	377	113	264
建瓯市	99300	47925	51375	652	154	498
龙岩市	**560139**	**277721**	**282418**	**4877**	**782**	**4095**
新罗区	435947	216951	218996	3930	617	3313
永定区	44701	21059	23642	178	32	146
长汀县						
上杭县						
武平县						
连城县						
漳平市	79491	39711	39780	769	133	636
宁德市	**574441**	**292775**	**281666**	**5495**	**1533**	**3962**
蕉城区	268267	141842	126425	2143	626	1517
霞浦县						
古田县						
屏南县						
寿宁县						
周宁县						
柘荣县						
福安市	162134	80850	81284	954	307	647
福鼎市	144040	70083	73957	2398	600	1798

4-3a 续表 2

单位：人

地 区	学前教育			小 学		
	小计	男	女	小计	男	女
合 计	**5197**	**1869**	**3328**	**1292228**	**525040**	**767188**
福州市	**850**	**330**	**520**	**224705**	**92724**	**131981**
鼓楼区	108	38	70	18258	7054	11204
台江区	43	22	21	15443	6205	9238
仓山区	310	131	179	63442	28291	35151
马尾区	76	24	52	21394	8771	12623
晋安区	74	21	53	36307	15085	21222
长乐区	63	20	43	27068	11414	15654
闽侯县						
连江县						
罗源县						
闽清县						
永泰县						
平潭县						
福清市	176	74	102	42793	15904	26889
厦门市	**1510**	**582**	**928**	**318321**	**133905**	**184416**
思明区	300	118	182	49847	17541	32306
海沧区	97	35	62	50741	23255	27486
湖里区	382	137	245	71588	29909	41679
集美区	226	90	136	66478	28228	38250
同安区	433	167	266	71213	31661	39552
翔安区	72	35	37	8454	3311	5143
莆田市	**565**	**151**	**414**	**101364**	**37572**	**63792**
城厢区	14	5	9	18846	6367	12479
涵江区	125	50	75	30719	12297	18422
荔城区	212	75	137	36116	13167	22949
秀屿区	214	21	193	15683	5741	9942
仙游县						
三明市	**148**	**56**	**92**	**37987**	**15348**	**22639**
梅列区	34	7	27	10870	4273	6597
三元区	40	16	24	12415	5032	7383
明溪县						
清流县						
宁化县						
大田县						
尤溪县						
沙县						
将乐县						
泰宁县						
建宁县						
永安市	74	33	41	14702	6043	8659
泉州市	**1029**	**355**	**674**	**309394**	**124960**	**184434**
鲤城区	103	39	64	34442	13136	21306
丰泽区	107	26	81	50032	19137	30895
洛江区	61	23	38	8509	3011	5498
泉港区	42	8	34	12390	3816	8574
惠安县						
安溪县						
永春县						
德化县						
石狮市	154	65	89	48460	19944	28516
晋江市	467	167	300	130522	56986	73536
南安市	95	27	68	25039	8930	16109

4-3a 续表 3　　单位：人

地　区	学前教育			小　学		
	小计	男	女	小计	男	女
漳州市	**347**	**89**	**258**	**78062**	**30151**	**47911**
芗城区	95	21	74	25966	10074	15892
龙文区	108	34	74	24742	9550	15192
云霄县						
漳浦县						
诏安县						
长泰县						
东山县						
南靖县						
平和县						
华安县						
龙海市	133	34	99	27210	10504	16706
南平市	**228**	**84**	**144**	**75740**	**31671**	**44069**
延平区	109	41	68	19466	7567	11899
建阳区	35	15	20	15987	7671	8316
顺昌县						
浦城县						
光泽县						
松溪县						
政和县						
邵武市	4		4	15132	5645	9487
武夷山市	31	11	20	10519	4511	6008
建瓯市	49	17	32	14636	6277	8359
龙岩市	**170**	**66**	**104**	**50197**	**16940**	**33257**
新罗区	124	51	73	36513	12708	23805
永定区	21	5	16	3657	825	2832
长汀县						
上杭县						
武平县						
连城县						
漳平市	25	10	15	10027	3407	6620
宁德市	**350**	**156**	**194**	**96458**	**41769**	**54689**
蕉城区	89	30	59	37457	16549	20908
霞浦县						
古田县						
屏南县						
寿宁县						
周宁县						
柘荣县						
福安市	117	55	62	26757	11295	15462
福鼎市	144	71	73	32244	13925	18319

4−3a　续表 4　　　　单位：人

地　　区	初　　中			高　　中			大学专科		
	小计	男	女	小计	男	女	小计	男	女
合　计	**3959112**	**2143452**	**1815660**	**2620376**	**1420046**	**1200330**	**1720334**	**860752**	**859582**
福州市	**757585**	**401489**	**356096**	**689308**	**359921**	**329387**	**433656**	**214936**	**218720**
鼓楼区	67654	34210	33444	92532	44233	48299	91246	42484	48762
台江区	64185	32183	32002	74761	37642	37119	50017	24230	25787
仓山区	221415	120615	100800	188400	101990	86410	140503	71806	68697
马尾区	65187	35959	29228	41721	23295	18426	20961	10483	10478
晋安区	155534	80744	74790	145738	75241	70497	86978	43495	43483
长乐区	74663	39242	35421	48674	24818	23856	15857	7895	7962
闽侯县									
连江县									
罗源县									
闽清县									
永泰县									
平潭县									
福清市	108947	58536	50411	97482	52702	44780	28094	14543	13551
厦门市	**958729**	**543914**	**414815**	**634912**	**358031**	**276881**	**528096**	**267254**	**260842**
思明区	142835	73829	69006	136806	68259	68547	137989	63426	74563
海沧区	150106	89685	60421	88375	52088	36287	58812	30497	28315
湖里区	229277	129340	99937	174737	99385	75352	149350	75593	73757
集美区	206857	117936	88921	135439	79067	56372	107549	56940	50609
同安区	208599	121214	87385	82919	49399	33520	45382	24025	21357
翔安区	21055	11910	9145	16636	9833	6803	29014	16773	12241
莆田市	**381177**	**198008**	**183169**	**212340**	**116624**	**95716**	**98169**	**50632**	**47537**
城厢区	77441	38971	38470	66963	35978	30985	37109	18993	18116
涵江区	115007	59589	55418	54962	30347	24615	22645	12146	10499
荔城区	147720	77013	70707	69991	38516	31475	32601	16140	16461
秀屿区	41009	22435	18574	20424	11783	8641	5814	3353	2461
仙游县									
三明市	**118086**	**59970**	**58116**	**103166**	**54094**	**49072**	**64779**	**34102**	**30677**
梅列区	33963	16501	17462	35249	17981	17268	25793	11783	14010
三元区	34596	17986	16610	27677	14983	12694	12130	6299	5831
明溪县									
清流县									
宁化县									
大田县									
尤溪县									
沙县									
将乐县									
泰宁县									
建宁县									
永安市	49527	25483	24044	40240	21130	19110	26856	16020	10836
泉州市	**899683**	**499666**	**400017**	**419806**	**237635**	**182171**	**254942**	**125899**	**129043**
鲤城区	119133	64042	55091	61593	34284	27309	39631	19208	20423
丰泽区	144440	80065	64375	102536	56202	46334	91675	44765	46910
洛江区	24282	13343	10939	12386	7152	5234	14980	6207	8773
泉港区	30726	15796	14930	15966	9088	6878	9770	5312	4458
惠安县									
安溪县									
永春县									
德化县									
石狮市	144505	78394	66111	58727	33096	25631	21536	10921	10615
晋江市	362973	207996	154977	133876	78181	55695	62449	32039	30410
南安市	73624	40030	33594	34722	19632	15090	14901	7447	7454

4-3a 续表 5

单位：人

地区	初中			高中			大学专科		
	小计	男	女	小计	男	女	小计	男	女
漳州市	**232204**	**125619**	**106585**	**138954**	**73145**	**65809**	**107278**	**50898**	**56380**
芗城区	94681	49363	45318	76089	38964	37125	64515	29570	34945
龙文区	71241	40306	30935	34794	19408	15386	28575	14177	14398
云霄县									
漳浦县									
诏安县									
长泰县									
东山县									
南靖县									
平和县									
华安县									
龙海市	65898	35710	30188	28012	14726	13286	14152	7131	7021
南平市	**227253**	**113892**	**113361**	**147804**	**74896**	**72908**	**76835**	**38285**	**38550**
延平区	60413	29465	30948	43854	22308	21546	26418	12834	13584
建阳区	46168	24464	21704	27471	13688	13783	12621	6277	6344
顺昌县									
浦城县									
光泽县									
松溪县									
政和县									
邵武市	49292	24351	24941	31100	16473	14627	15617	8202	7415
武夷山市	32294	16143	16151	20909	10413	10496	10872	5477	5395
建瓯市	39086	19469	19617	24470	12014	12456	11307	5495	5812
龙岩市	**196571**	**101054**	**95517**	**139444**	**73643**	**65801**	**84853**	**41682**	**43171**
新罗区	147531	76801	70730	107363	56852	50511	68486	33028	35458
永定区	16917	7640	9277	12083	6116	5967	6212	3231	2981
长汀县									
上杭县									
武平县									
连城县									
漳平市	32123	16613	15510	19998	10675	9323	10155	5423	4732
宁德市	**187824**	**99840**	**87984**	**134642**	**72057**	**62585**	**71726**	**37064**	**34662**
蕉城区	84324	47684	36640	59956	32700	27256	34310	18138	16172
霞浦县									
古田县									
屏南县									
寿宁县									
周宁县									
柘荣县									
福安市	55525	28051	27474	42706	22598	20108	21655	11048	10607
福鼎市	47975	24105	23870	31980	16759	15221	15761	7878	7883

4-3a 续表 6

单位：人

地区	大学本科			硕士研究生			博士研究生		
	小计	男	女	小计	男	女	小计	男	女
合 计	**1864818**	**944328**	**920490**	**154595**	**77447**	**77148**	**19650**	**12236**	**7414**
福州市	**516288**	**259557**	**256731**	**48857**	**23918**	**24939**	**6092**	**3797**	**2295**
鼓楼区	139133	70361	68772	16210	8295	7915	1955	1257	698
台江区	53278	26236	27042	5780	2807	2973	629	365	264
仓山区	147802	75150	72652	16722	7492	9230	2538	1539	999
马尾区	28952	14461	14491	1040	525	515	91	65	26
晋安区	82778	42924	39854	6625	3455	3170	662	424	238
长乐区	26438	11168	15270	582	299	283	57	37	20
闽侯县									
连江县									
罗源县									
闽清县									
永泰县									
平潭县									
福清市	37907	19257	18650	1898	1045	853	160	110	50
厦门市	**635386**	**323579**	**311807**	**65754**	**32811**	**32943**	**9773**	**5990**	**3783**
思明区	210806	102986	107820	34628	16895	17733	6223	3789	2434
海沧区	56455	29604	26851	4575	2275	2300	326	177	149
湖里区	146241	74044	72197	11349	5901	5448	1145	712	433
集美区	174023	91877	82146	12521	6397	6124	1796	1137	659
同安区	36490	19071	17419	1784	899	885	157	99	58
翔安区	11371	5997	5374	897	444	453	126	76	50
莆田市	**92076**	**48917**	**43159**	**4000**	**2102**	**1898**	**453**	**276**	**177**
城厢区	41975	22409	19566	1945	1029	916	266	155	111
涵江区	14188	7405	6783	463	219	244	61	36	25
荔城区	30367	16047	14320	1445	766	679	108	75	33
秀屿区	5546	3056	2490	147	88	59	18	10	8
仙游县									
三明市	**57425**	**29796**	**27629**	**2840**	**1546**	**1294**	**273**	**188**	**85**
梅列区	25014	13444	11570	1672	958	714	142	98	44
三元区	17442	8414	9028	543	273	270	90	68	22
明溪县									
清流县									
宁化县									
大田县									
尤溪县									
沙县									
将乐县									
泰宁县									
建宁县									
永安市	14969	7938	7031	625	315	310	41	22	19
泉州市	**241908**	**122825**	**119083**	**15149**	**7784**	**7365**	**1426**	**910**	**516**
鲤城区	29839	15147	14692	2230	1138	1092	171	110	61
丰泽区	100174	49057	51117	7819	3876	3943	842	540	302
洛江区	8837	4684	4153	746	402	344	76	52	24
泉港区	6773	3855	2918	397	265	132	76	52	24
惠安县									
安溪县									
永春县									
德化县									
石狮市	30786	16148	14638	1028	505	523	66	35	31
晋江市	48754	25542	23212	2482	1338	1144	167	103	64
南安市	16745	8392	8353	447	260	187	28	18	10

4-3a 续表 7 单位：人

地 区	大学本科			硕士研究生			博士研究生		
	小计	男	女	小计	男	女	小计	男	女
漳州市	**91946**	**42747**	**49199**	**6108**	**2813**	**3295**	**561**	**355**	**206**
芗城区	60768	26821	33947	4675	2058	2617	471	293	178
龙文区	21178	10876	10302	1116	570	546	71	51	20
云霄县									
漳浦县									
诏安县									
长泰县									
东山县									
南靖县									
平和县									
华安县									
龙海市	9993	5046	4947	316	185	131	19	11	8
南平市	**77240**	**38351**	**38889**	**3205**	**1629**	**1576**	**330**	**210**	**120**
延平区	22997	11461	11536	1252	634	618	80	48	32
建阳区	13291	6926	6365	705	402	303	66	48	18
顺昌县									
浦城县									
光泽县									
松溪县									
政和县									
邵武市	10876	5660	5216	313	148	165	48	26	22
武夷山市	21235	9928	11307	699	333	366	113	77	36
建瓯市	8841	4376	4465	236	112	124	23	11	12
龙岩市	**79776**	**41332**	**38444**	**3945**	**2027**	**1918**	**306**	**195**	**111**
新罗区	68074	34846	33228	3653	1874	1779	273	174	99
永定区	5475	3121	2354	139	78	61	19	11	8
长汀县									
上杭县									
武平县									
连城县									
漳平市	6227	3365	2862	153	75	78	14	10	4
宁德市	**72773**	**37224**	**35549**	**4737**	**2817**	**1920**	**436**	**315**	**121**
蕉城区	45792	23487	22305	3818	2346	1472	378	282	96
霞浦县									
古田县									
屏南县									
寿宁县									
周宁县									
柘荣县									
福安市	13885	7222	6663	503	258	245	32	16	16
福鼎市	13096	6515	6581	416	213	203	26	17	9

4-3b 各地区分性别、受教育程度的16-59岁人口(镇)

单位：人

地区	16-59岁人口			未上过学		
	合计	男	女	小计	男	女
合计	**7187297**	**3645351**	**3541946**	**69912**	**14209**	**55703**
福州市	**1333063**	**674600**	**658463**	**6227**	**1532**	**4695**
鼓楼区						
台江区						
仓山区						
马尾区						
晋安区	1698	859	839	16	4	12
长乐区	121653	65911	55742	772	228	544
闽侯县	442106	225519	216587	1907	543	1364
连江县	204467	100090	104377	942	164	778
罗源县	118412	62046	56366	84	27	57
闽清县	67228	32808	34420	177	71	106
永泰县	76167	36768	39399	83	24	59
平潭县	135074	65674	69400	1059	166	893
福清市	166258	84925	81333	1187	305	882
厦门市	**186706**	**106353**	**80353**	**2754**	**488**	**2266**
思明区						
海沧区						
湖里区	1593	1128	465	44	12	32
集美区	88	54	34			
同安区	10249	5432	4817	258	42	216
翔安区	174776	99739	75037	2452	434	2018
莆田市	**371212**	**181780**	**189432**	**5292**	**1107**	**4185**
城厢区	20254	9714	10540	445	77	368
涵江区	6789	3388	3401	57	15	42
荔城区	4828	2383	2445	37	4	33
秀屿区	55476	27829	27647	1342	309	1033
仙游县	283865	138466	145399	3411	702	2709
三明市	**581339**	**283884**	**297455**	**5809**	**981**	**4828**
梅列区	6591	3774	2817	83	14	69
三元区	3973	2257	1716	51	14	37
明溪县	31330	15242	16088	194	50	144
清流县	35827	17524	18303	500	78	422
宁化县	73254	34672	38582	1026	110	916
大田县	93599	46191	47408	893	104	789
尤溪县	100871	49468	51403	530	96	434
沙县	104446	51626	52820	1123	277	846
将乐县	48695	23179	25516	493	80	413
泰宁县	34890	16453	18437	344	54	290
建宁县	34549	16568	17981	416	75	341
永安市	13314	6930	6384	156	29	127
泉州市	**1896897**	**975985**	**920912**	**17408**	**3316**	**14092**
鲤城区						
丰泽区						
洛江区	31064	15422	15642	522	58	464
泉港区	42370	21101	21269	513	81	432
惠安县	369510	182847	186663	4774	695	4079
安溪县	302687	151848	150839	2925	443	2482
永春县	155461	75064	80397	881	221	660
德化县	168456	86583	81873	1380	238	1142
石狮市	115136	65216	49920	1389	368	1021
晋江市	279734	147247	132487	2543	593	1950
南安市	432479	230657	201822	2481	619	1862

4-3b 续表 1 单位：人

地　区	16-59岁人口			未上过学		
	合计	男	女	小计	男	女
漳州市	**1313973**	**678188**	**635785**	**18043**	**3145**	**14898**
芗城区	55231	30257	24974	801	127	674
龙文区						
云霄县	140400	70941	69459	2928	442	2486
漳浦县	288937	148775	140162	5245	676	4569
诏安县	146184	73885	72299	2990	615	2375
长泰县	91261	48803	42458	611	151	460
东山县	89072	44563	44509	921	188	733
南靖县	100116	50497	49619	976	195	781
平和县	128674	65735	62939	937	189	748
华安县	43702	22880	20822	390	92	298
龙海市	230396	121852	108544	2244	470	1774
南平市	**389402**	**192290**	**197112**	**3422**	**957**	**2465**
延平区	28438	14795	13643	195	59	136
建阳区	17839	8774	9065	277	89	188
顺昌县	57263	28159	29104	287	96	191
浦城县	85635	41096	44539	537	187	350
光泽县	41687	20076	21611	315	69	246
松溪县	38829	18741	20088	183	55	128
政和县	56577	28298	28279	942	195	747
邵武市	15571	8441	7130	154	39	115
武夷山市	11008	5963	5045	56	34	22
建瓯市	36555	17947	18608	476	134	342
龙岩市	**495794**	**241802**	**253992**	**4426**	**775**	**3651**
新罗区	38267	19658	18609	521	97	424
永定区	49739	25561	24178	476	103	373
长汀县	120451	56896	63555	1140	145	995
上杭县	115629	56902	58727	889	138	751
武平县	85551	40383	45168	738	170	568
连城县	73389	35717	37672	410	73	337
漳平市	12768	6685	6083	252	49	203
宁德市	**618911**	**310469**	**308442**	**6531**	**1908**	**4623**
蕉城区	19895	10624	9271	305	109	196
霞浦县	173048	86108	86940	1578	536	1042
古田县	95758	46573	49185	218	87	131
屏南县	40801	19918	20883	224	62	162
寿宁县	52073	25628	26445	663	127	536
周宁县	44563	21707	22856	432	106	326
柘荣县	35146	17010	18136	540	137	403
福安市	83741	45641	38100	850	257	593
福鼎市	73886	37260	36626	1721	487	1234

4-3b　续表 2　　　　单位：人

地　区	学前教育			小　学		
	小计	男	女	小计	男	女
合　计	**5667**	**1828**	**3839**	**1285955**	**482508**	**803447**
福州市	**813**	**279**	**534**	**182825**	**72063**	**110762**
鼓楼区						
台江区						
仓山区						
马尾区						
晋安区				153	68	85
长乐区	132	59	73	23129	10124	13005
闽侯县	216	88	128	36467	15510	20957
连江县	115	27	88	32293	11545	20748
罗源县	44	17	27	23610	10502	13108
闽清县	21	7	14	6464	2649	3815
永泰县	18	7	11	9662	3369	6293
平潭县	73	26	47	22118	7691	14427
福清市	194	48	146	28929	10605	18324
厦门市	**44**	**16**	**28**	**25070**	**10639**	**14431**
思明区						
海沧区						
湖里区				240	140	100
集美区				25	12	13
同安区	4	1	3	2213	861	1352
翔安区	40	15	25	22592	9626	12966
莆田市	**455**	**149**	**306**	**67486**	**24293**	**43193**
城厢区				3544	1101	2443
涵江区	3	1	2	777	197	580
荔城区	1	1		1272	466	806
秀屿区	82	12	70	12065	4081	7984
仙游县	369	135	234	49828	18448	31380
三明市	**341**	**100**	**241**	**97773**	**32633**	**65140**
梅列区	3	3		1209	560	649
三元区	2	1	1	902	421	481
明溪县	9	1	8	4649	1653	2996
清流县	25	11	14	5266	1636	3630
宁化县	63	25	38	12322	3542	8780
大田县	72	10	62	18137	5208	12929
尤溪县	73	20	53	15363	5264	10099
沙县	50	15	35	16305	6343	9962
将乐县	19	4	15	9088	3055	6033
泰宁县	13	4	9	5375	1701	3674
建宁县	10	6	4	6193	2110	4083
永安市	2		2	2964	1140	1824
泉州市	**1456**	**559**	**897**	**377210**	**143720**	**233490**
鲤城区						
丰泽区						
洛江区	21	4	17	5725	1999	3726
泉港区	25	8	17	9098	3068	6030
惠安县	245	76	169	85190	31577	53613
安溪县	342	89	253	52214	18107	34107
永春县	120	29	91	26912	8734	18178
德化县	46	12	34	34224	11267	22957
石狮市	187	131	56	29561	13813	15748
晋江市	124	50	74	60813	25956	34857
南安市	346	160	186	73473	29199	44274

4-3b 续表 3

单位：人

地区	学前教育			小学		
	小计	男	女	小计	男	女
漳州市	**1586**	**406**	**1180**	**255799**	**92671**	**163128**
芗城区	35	12	23	13005	5215	7790
龙文区						
云霄县	158	54	104	27900	9480	18420
漳浦县	565	84	481	58580	19788	38792
诏安县	227	69	158	36282	13371	22911
长泰县	71	33	38	15718	5692	10026
东山县	79	22	57	18948	6440	12508
南靖县	141	46	95	16567	5608	10959
平和县	100	31	69	21676	7767	13909
华安县	53	18	35	8896	3120	5776
龙海市	157	37	120	38227	16190	22037
南平市	**188**	**72**	**116**	**65889**	**27150**	**38739**
延平区	35	10	25	6403	2540	3863
建阳区	12	4	8	4041	1710	2331
顺昌县	21	11	10	6952	2852	4100
浦城县	48	20	28	12208	5106	7102
光泽县	18	11	7	5801	2220	3581
松溪县	14	5	9	5778	2433	3345
政和县	14	4	10	11792	4748	7044
邵武市	2		2	3096	1303	1793
武夷山市	3	1	2	1357	651	706
建瓯市	21	6	15	8461	3587	4874
龙岩市	**319**	**71**	**248**	**72125**	**17547**	**54578**
新罗区	30	3	27	5058	1724	3334
永定区	18	6	12	6231	1757	4474
长汀县	141	31	110	21909	4745	17164
上杭县	50	11	39	16353	3769	12584
武平县	26	4	22	10149	2240	7909
连城县	27	9	18	9730	2493	7237
漳平市	27	7	20	2695	819	1876
宁德市	**465**	**176**	**289**	**141778**	**61792**	**79986**
蕉城区	11	5	6	6450	3039	3411
霞浦县	33	14	19	38724	17691	21033
古田县	43	16	27	16163	7157	9006
屏南县	20	5	15	8767	3710	5057
寿宁县	37	9	28	9817	3604	6213
周宁县	51	19	32	10583	4305	6278
柘荣县	23	9	14	7441	3071	4370
福安市	120	45	75	18637	8005	10632
福鼎市	127	54	73	25196	11210	13986

4-3b　续表 4　　　　单位：人

地　区	初　中			高　中			大学专科		
	小计	男	女	小计	男	女	小计	男	女
合　计	**3167028**	**1698030**	**1468998**	**1418859**	**797662**	**621197**	**639921**	**336352**	**303569**
福州市	**524280**	**277602**	**246678**	**293591**	**158939**	**134652**	**124217**	**63346**	**60871**
鼓楼区									
台江区									
仓山区									
马尾区									
晋安区	1264	632	632	151	90	61	60	35	25
长乐区	60824	34300	26524	26409	15351	11058	5696	3216	2480
闽侯县	132130	71967	60163	81852	43893	37959	52755	26338	26417
连江县	88825	45588	43237	45843	24489	21354	17633	8791	8842
罗源县	50969	27950	23019	24357	13291	11066	10623	5622	5001
闽清县	30869	15088	15781	17224	8780	8444	6895	3418	3477
永泰县	33136	15722	17414	19453	10396	9057	8522	4411	4111
平潭县	53378	26844	26534	32132	17304	14828	13155	6684	6471
福清市	72885	39511	33374	46170	25345	20825	8878	4831	4047
厦门市	**85412**	**51599**	**33813**	**39426**	**24664**	**14762**	**18874**	**10517**	**8357**
思明区									
海沧区									
湖里区	863	652	211	296	234	62	87	54	33
集美区	34	19	15	13	11	2	11	10	1
同安区	4763	2832	1931	1541	947	594	933	480	453
翔安区	79752	48096	31656	37576	23472	14104	17843	9973	7870
莆田市	**162759**	**83029**	**79730**	**83046**	**46907**	**36139**	**31884**	**15531**	**16353**
城厢区	9543	4708	4835	4749	2764	1985	1294	719	575
涵江区	4006	1977	2029	1148	758	390	509	272	237
荔城区	2580	1377	1203	699	404	295	94	51	43
秀屿区	26587	14334	12253	10274	6094	4180	2506	1462	1044
仙游县	120043	60633	59410	66176	36887	29289	27481	13027	14454
三明市	**228152**	**115254**	**112898**	**130746**	**71431**	**59315**	**63594**	**33400**	**30194**
梅列区	3149	1867	1282	1341	854	487	473	275	198
三元区	1996	1191	805	625	389	236	249	142	107
明溪县	11806	5914	5892	6949	3612	3337	4072	2014	2058
清流县	12727	6216	6511	8232	4532	3700	4545	2404	2141
宁化县	28153	13399	14754	17706	9865	7841	7716	4169	3547
大田县	37808	19728	18080	18861	10944	7917	9846	5469	4377
尤溪县	42129	21028	21101	22575	12321	10254	11222	5859	5363
沙县	38574	19894	18680	27008	14350	12658	11598	5846	5752
将乐县	18796	9403	9393	9654	5036	4618	5360	2793	2567
泰宁县	13340	6455	6885	7931	4173	3758	3871	1906	1965
建宁县	13488	6657	6831	6983	3710	3273	3973	2145	1828
永安市	6186	3502	2684	2881	1645	1236	669	378	291
泉州市	**924565**	**502501**	**422064**	**323030**	**189876**	**133154**	**140777**	**75721**	**65056**
鲤城区									
丰泽区									
洛江区	12429	7121	5308	3799	2408	1391	1867	1026	841
泉港区	17074	8900	8174	8018	4689	3329	5140	2883	2257
惠安县	161528	86261	75267	57834	32911	24923	36196	18751	17445
安溪县	157084	81833	75251	50450	29301	21149	21364	11584	9780
永春县	77038	38445	38593	25725	14674	11051	13127	6458	6669
德化县	78520	42680	35840	28931	17232	11699	14417	8645	5772
石狮市	56326	33570	22756	17104	11021	6083	7079	4365	2714
晋江市	127515	71660	55855	52051	30202	21849	19517	10246	9271
南安市	237051	132031	105020	79118	47438	31680	22070	11763	10307

4-3b 续表 5

单位：人

地区	初中			高中			大学专科		
	小计	男	女	小计	男	女	小计	男	女
漳州市	**597539**	**338436**	**259103**	**234207**	**133913**	**100294**	**120250**	**64372**	**55878**
芗城区	29203	17968	11235	7475	4612	2863	3285	1607	1678
龙文区									
云霄县	63415	35159	28256	26605	15368	11237	11541	6222	5319
漳浦县	123930	71713	52217	52795	30333	22462	31160	16857	14303
诏安县	65803	37206	28597	22770	12830	9940	11540	6306	5234
长泰县	47912	27835	20077	12803	7622	5181	8202	4360	3842
东山县	36210	19543	16667	18127	10172	7955	9963	5497	4466
南靖县	45486	24690	20796	20316	11387	8929	9869	5083	4786
平和县	68319	37148	31171	22208	12355	9853	9437	5042	4395
华安县	21165	12337	8828	6069	3440	2629	3722	2076	1646
龙海市	96096	54837	41259	45039	25794	19245	21531	11322	10209
南平市	**180333**	**91562**	**88771**	**76864**	**40309**	**36555**	**35523**	**18073**	**17450**
延平区	14482	7903	6579	4406	2672	1734	1688	954	734
建阳区	9046	4698	4348	2455	1323	1132	1079	519	560
顺昌县	24848	12327	12521	14374	7351	7023	5766	2933	2833
浦城县	37914	18406	19508	20563	10129	10434	8277	4144	4133
光泽县	18585	9024	9561	8412	4355	4057	4832	2426	2406
松溪县	17162	8371	8791	7666	3830	3836	4597	2288	2309
政和县	24503	12977	11526	9425	5076	4349	5602	2912	2690
邵武市	8843	5011	3832	2183	1371	812	844	479	365
武夷山市	4990	2655	2335	3298	1899	1399	810	444	366
建瓯市	19960	10190	9770	4082	2303	1779	2028	974	1054
龙岩市	**217716**	**110414**	**107302**	**106831**	**61113**	**45718**	**52024**	**27974**	**24050**
新罗区	20271	11186	9085	7259	4127	3132	3058	1495	1563
永定区	27911	14904	13007	9095	5452	3643	3555	1946	1609
长汀县	48437	23799	24638	27517	16114	11403	11874	6522	5352
上杭县	46584	24122	22462	24861	14067	10794	14039	7663	6376
武平县	37259	17625	19634	19468	10701	8767	9699	4984	4715
连城县	30767	14989	15778	16987	9603	7384	8716	4724	3992
漳平市	6487	3789	2698	1644	1049	595	1083	640	443
宁德市	**246272**	**127633**	**118639**	**131118**	**70510**	**60608**	**52778**	**27418**	**25360**
蕉城区	7855	4530	3325	3666	2081	1585	966	540	426
霞浦县	68538	34597	33941	39598	20482	19116	14491	7361	7130
古田县	44436	22079	22357	19727	9825	9902	7907	3884	4023
屏南县	13934	7085	6849	9944	5081	4863	4350	2144	2206
寿宁县	21518	10806	10712	10384	5842	4542	5478	2967	2511
周宁县	15931	8110	7821	9947	5252	4695	3885	1970	1915
柘荣县	11976	5842	6134	7842	4128	3714	3969	2069	1900
福安市	34346	19563	14783	18528	11419	7109	7039	4044	2995
福鼎市	27738	15021	12717	11482	6400	5082	4693	2439	2254

4-3b　续表 6　　　　单位：人

地　区	大学本科			硕士研究生			博士研究生		
	小计	男	女	小计	男	女	小计	男	女
合　计	**570012**	**298547**	**271465**	**26669**	**14179**	**12490**	**3274**	**2036**	**1238**
福州市	**183433**	**91134**	**92299**	**15553**	**8371**	**7182**	**2124**	**1334**	**790**
鼓楼区									
台江区									
仓山区									
马尾区									
晋安区	54	30	24						
长乐区	4421	2476	1945	249	141	108	21	16	5
闽侯县	121092	58525	62567	13736	7427	6309	1951	1228	723
连江县	18312	9244	9068	463	220	243	41	22	19
罗源县	8508	4522	3986	200	101	99	17	14	3
闽清县	5438	2726	2712	127	62	65	13	7	6
永泰县	5142	2766	2376	133	63	70	18	10	8
平潭县	12759	6738	6021	366	201	165	34	20	14
福清市	7707	4107	3600	279	156	123	29	17	12
厦门市	**14244**	**7910**	**6334**	**785**	**459**	**326**	**97**	**61**	**36**
思明区									
海沧区									
湖里区	60	34	26	3	2	1			
集美区	5	2	3						
同安区	513	256	257	21	11	10	3	2	1
翔安区	13666	7618	6048	761	446	315	94	59	35
莆田市	**19601**	**10413**	**9188**	**621**	**315**	**306**	**68**	**36**	**32**
城厢区	655	330	325	18	11	7	6	4	2
涵江区	275	160	115	13	7	6	1	1	
荔城区	142	78	64	3	2	1			
秀屿区	2524	1478	1046	91	55	36	5	4	1
仙游县	16005	8367	7638	496	240	256	56	27	29
三明市	**53536**	**29336**	**24200**	**1267**	**673**	**594**	**121**	**76**	**45**
梅列区	317	191	126	13	7	6	3	3	
三元区	146	97	49	2	2				
明溪县	3537	1936	1601	103	57	46	11	5	6
清流县	4438	2598	1840	89	45	44	5	4	1
宁化县	6128	3485	2643	128	70	58	12	7	5
大田县	7810	4621	3189	148	92	56	24	15	9
尤溪县	8721	4751	3970	241	118	123	17	11	6
沙县	9488	4750	4738	276	137	139	24	14	10
将乐县	5148	2722	2426	125	78	47	12	8	4
泰宁县	3938	2123	1815	72	33	39	6	4	2
建宁县	3424	1833	1591	58	30	28	4	2	2
永安市	441	229	212	12	4	8	3	3	
泉州市	**109076**	**58505**	**50571**	**3073**	**1600**	**1473**	**302**	**187**	**115**
鲤城区									
丰泽区									
洛江区	6560	2744	3816	139	60	79	2	2	
泉港区	2419	1416	1003	76	52	24	7	4	3
惠安县	22966	12141	10825	710	396	314	67	39	28
安溪县	17757	10188	7569	491	270	221	60	33	27
永春县	11310	6340	4970	311	140	171	37	23	14
德化县	10660	6357	4303	255	137	118	23	15	8
石狮市	3370	1878	1492	105	61	44	15	9	6
晋江市	16603	8250	8353	523	259	264	45	31	14
南安市	17431	9191	8240	463	225	238	46	31	15

4－3b 续表 7　　　　单位：人

地　区	大学本科			硕士研究生			博士研究生		
	小计	男	女	小计	男	女	小计	男	女
漳州市	**83824**	**43883**	**39941**	**2475**	**1226**	**1249**	**250**	**136**	**114**
芗城区	1358	685	673	58	24	34	11	7	4
龙文区									
云霄县	7619	4105	3514	212	102	110	22	9	13
漳浦县	16141	9051	7090	476	250	226	45	23	22
诏安县	6435	3417	3018	124	60	64	13	11	2
长泰县	5777	3019	2758	152	85	67	15	6	9
东山县	4660	2618	2042	156	79	77	8	4	4
南靖县	6579	3406	3173	162	73	89	20	9	11
平和县	5865	3135	2730	123	61	62	9	7	2
华安县	3317	1755	1562	88	40	48	2	2	
龙海市	26073	12692	13381	924	452	472	105	58	47
南平市	**26424**	**13781**	**12643**	**688**	**333**	**355**	**71**	**53**	**18**
延平区	1182	634	548	45	22	23	2	1	1
建阳区	902	416	486	22	10	12	5	5	
顺昌县	4879	2523	2356	123	58	65	13	8	5
浦城县	5921	3020	2901	153	73	80	14	11	3
光泽县	3606	1908	1698	109	57	52	9	6	3
松溪县	3351	1724	1627	70	30	40	8	5	3
政和县	4184	2323	1861	101	51	50	14	12	2
邵武市	420	224	196	29	14	15			
武夷山市	483	272	211	9	5	4	2	2	
建瓯市	1496	737	759	27	13	14	4	3	1
龙岩市	**41024**	**23146**	**17878**	**1209**	**681**	**528**	**120**	**81**	**39**
新罗区	1975	978	997	88	43	45	7	5	2
永定区	2380	1347	1033	61	37	24	12	9	3
长汀县	9161	5368	3793	252	159	93	20	13	7
上杭县	12368	6856	5512	447	251	196	38	25	13
武平县	7973	4534	3439	212	106	106	27	19	8
连城县	6599	3736	2863	139	81	58	14	9	5
漳平市	568	327	241	10	4	6	2	1	1
宁德市	**38850**	**20439**	**18411**	**998**	**521**	**477**	**121**	**72**	**49**
蕉城区	602	302	300	35	16	19	5	2	3
霞浦县	9800	5269	4531	259	139	120	27	19	8
古田县	7045	3420	3625	199	93	106	20	12	8
屏南县	3464	1773	1691	82	47	35	16	11	5
寿宁县	4094	2230	1864	75	39	36	7	4	3
周宁县	3634	1894	1740	88	46	42	12	5	7
柘荣县	3269	1718	1551	75	31	44	11	5	6
福安市	4098	2237	1861	104	59	45	19	12	7
福鼎市	2844	1596	1248	81	51	30	4	2	2

4-3c　各地区分性别、受教育程度的16-59岁人口(乡村)

单位：人

地　区	16-59岁人口			未上过学		
	合计	男	女	小计	男	女
合　计	**7536148**	**4020368**	**3515780**	**141135**	**30229**	**110906**
福州市	**1380067**	**734541**	**645526**	**13302**	**3230**	**10072**
鼓楼区						
台江区						
仓山区						
马尾区	23537	12129	11408	75	26	49
晋安区	12184	7020	5164	102	33	69
长乐区	202760	109161	93599	1321	438	883
闽侯县	244940	130609	114331	2500	760	1740
连江县	191141	103088	88053	1094	302	792
罗源县	41396	24002	17394	379	134	245
闽清县	80756	43127	37629	584	213	371
永泰县	90272	48229	42043	440	145	295
平潭县	104294	54967	49327	2360	496	1864
福清市	388787	202209	186578	4447	683	3764
厦门市	**369750**	**206539**	**163211**	**8341**	**1613**	**6728**
思明区						
海沧区	10182	5877	4305	132	28	104
湖里区						
集美区	72878	41755	31123	1015	257	758
同安区	139982	77299	62683	3779	619	3160
翔安区	146708	81608	65100	3415	709	2706
莆田市	**656558**	**331655**	**324903**	**16572**	**2612**	**13960**
城厢区	84784	42734	42050	2097	296	1801
涵江区	56075	29289	26786	645	172	473
荔城区	96901	47400	49501	906	199	707
秀屿区	176978	88958	88020	8091	908	7183
仙游县	241820	123274	118546	4833	1037	3796
三明市	**500704**	**274351**	**226353**	**9971**	**2118**	**7853**
梅列区	3454	1889	1565	60	15	45
三元区	13936	8260	5676	182	67	115
明溪县	29072	16544	12528	261	81	180
清流县	32030	17543	14487	857	143	714
宁化县	70615	37495	33120	1798	280	1518
大田县	71825	40280	31545	1604	299	1305
尤溪县	93841	51025	42816	1217	344	873
沙县	40753	22587	18166	900	261	639
将乐县	33427	18150	15277	665	152	513
泰宁县	24503	13313	11190	405	88	317
建宁县	32312	17319	14993	689	140	549
永安市	54936	29946	24990	1333	248	1085
泉州市	**1666041**	**875303**	**790738**	**28010**	**5505**	**22505**
鲤城区						
丰泽区						
洛江区	63093	33587	29506	1787	276	1511
泉港区	90903	46505	44398	1318	222	1096
惠安县	272286	138433	133853	6583	1090	5493
安溪县	279510	149586	129924	5994	1044	4950
永春县	90323	47911	42412	1257	271	986
德化县	38565	21500	17065	1221	254	967
石狮市	65831	35254	30577	720	201	519
晋江市	428730	228532	200198	6020	1460	4560
南安市	336800	173995	162805	3110	687	2423

4-3c 续表 1

单位：人

地区	16-59岁人口			未上过学		
	合计	男	女	小计	男	女
漳州市	**1114259**	**591448**	**522811**	**25890**	**4423**	**21467**
芗城区	40646	22126	18520	863	118	745
龙文区	16083	8356	7727	248	49	199
云霄县	108349	58688	49661	3488	546	2942
漳浦县	214118	111750	102368	6509	885	5624
诏安县	168756	89261	79495	5132	879	4253
长泰县	54119	28501	25618	785	161	624
东山县	46684	25365	21319	718	88	630
南靖县	82810	43947	38863	1612	309	1303
平和县	131267	70275	60992	2357	458	1899
华安县	35983	19728	16255	695	144	551
龙海市	215444	113451	101993	3483	786	2697
南平市	**606898**	**328581**	**278317**	**9672**	**2860**	**6812**
延平区	72961	39982	32979	586	206	380
建阳区	74025	40156	33869	1481	444	1037
顺昌县	50253	27539	22714	405	152	253
浦城县	82385	43401	38984	1063	378	685
光泽县	38498	21148	17350	330	110	220
松溪县	36958	20016	16942	507	167	340
政和县	47602	26075	21527	1894	379	1515
邵武市	29888	16634	13254	271	92	179
武夷山市	59758	32026	27732	628	204	424
建瓯市	114570	61604	52966	2507	728	1779
龙岩市	**547100**	**294630**	**252470**	**11265**	**2094**	**9171**
新罗区	72146	41325	30821	1438	356	1082
永定区	85190	46673	38517	1517	346	1171
长汀县	95217	49339	45878	2000	282	1718
上杭县	95245	49625	45620	2072	319	1753
武平县	70370	37151	33219	1249	281	968
连城县	68212	36205	32007	934	148	786
漳平市	60720	34312	26408	2055	362	1693
宁德市	**694771**	**383320**	**311451**	**18112**	**5774**	**12338**
蕉城区	119094	65387	53707	2679	940	1739
霞浦县	103919	59296	44623	2694	1014	1680
古田县	90397	48778	41619	665	266	399
屏南县	39614	21968	17646	683	212	471
寿宁县	48329	26818	21511	1286	333	953
周宁县	39218	22015	17203	1190	362	828
柘荣县	19396	10589	8807	787	242	545
福安市	118698	64391	54307	3112	943	2169
福鼎市	116106	64078	52028	5016	1462	3554

4-3c 续表 2 单位：人

地 区	学前教育			小 学		
	小计	男	女	小计	男	女
合 计	**12170**	**3197**	**8973**	**2013064**	**789602**	**1223462**
福州市	**1811**	**453**	**1358**	**289714**	**115242**	**174472**
鼓楼区						
台江区						
仓山区						
马尾区	65	27	38	4579	1707	2872
晋安区	11	2	9	2293	965	1328
长乐区	134	49	85	43044	19016	24028
闽侯县	203	69	134	45710	19666	26044
连江县	237	53	184	46114	18045	28069
罗源县	92	43	49	14127	7221	6906
闽清县	31	8	23	13681	5623	8058
永泰县	115	38	77	19443	6707	12736
平潭县	123	27	96	19543	7596	11947
福清市	800	137	663	81180	28696	52484
厦门市	**216**	**77**	**139**	**69526**	**29640**	**39886**
思明区						
海沧区	3	1	2	1074	495	579
湖里区						
集美区	41	12	29	12985	5905	7080
同安区	72	22	50	28829	11943	16886
翔安区	100	42	58	26638	11297	15341
莆田市	**893**	**278**	**615**	**154716**	**53994**	**100722**
城厢区	8	4	4	16303	5231	11072
涵江区	29	8	21	8722	2762	5960
荔城区	318	120	198	21852	7563	14289
秀屿区	214	49	165	45166	14937	30229
仙游县	324	97	227	62673	23501	39172
三明市	**1004**	**265**	**739**	**149954**	**56878**	**93076**
梅列区	4		4	890	345	545
三元区	15	5	10	4601	2132	2469
明溪县	18	2	16	6939	2869	4070
清流县	54	18	36	10158	3613	6545
宁化县	191	59	132	21861	7273	14588
大田县	305	53	252	25974	9222	16752
尤溪县	134	49	85	23605	8542	15063
沙县	53	14	39	10586	4733	5853
将乐县	64	27	37	9947	4014	5933
泰宁县	25	6	19	6748	2481	4267
建宁县	25	10	15	12054	4838	7216
永安市	116	22	94	16591	6816	9775
泉州市	**1927**	**475**	**1452**	**452266**	**171571**	**280695**
鲤城区						
丰泽区						
洛江区	197	65	132	16183	5829	10354
泉港区	70	17	53	21815	6715	15100
惠安县	216	43	173	80621	30422	50199
安溪县	673	112	561	85272	30937	54335
永春县	138	33	105	28033	9835	18198
德化县	47	13	34	10418	3908	6510
石狮市	36	13	23	16814	7357	9457
晋江市	180	76	104	115602	49394	66208
南安市	370	103	267	77508	27174	50334

4-3c 续表 3 单位：人

地 区	学前教育			小 学		
	小计	男	女	小计	男	女
漳州市	**3330**	**756**	**2574**	**339326**	**121906**	**217420**
芗城区	26	5	21	9769	3079	6690
龙文区	19	3	16	4293	1509	2784
云霄县	343	98	245	34407	11725	22682
漳浦县	956	107	849	69343	23696	45647
诏安县	656	240	416	58391	22278	36113
长泰县	64	18	46	15832	5463	10369
东山县	153	19	134	14809	5161	9648
南靖县	222	44	178	21111	7051	14060
平和县	422	127	295	36741	12536	24205
华安县	102	9	93	11366	4147	7219
龙海市	367	86	281	63264	25261	38003
南平市	**788**	**304**	**484**	**175452**	**78786**	**96666**
延平区	100	38	62	19205	8258	10947
建阳区	80	22	58	21845	10543	11302
顺昌县	55	15	40	13077	5783	7294
浦城县	80	29	51	22176	9772	12404
光泽县	17	10	7	11907	5360	6547
松溪县	109	55	54	9858	4286	5572
政和县	51	22	29	15425	6600	8825
邵武市	5	1	4	7289	2931	4358
武夷山市	56	18	38	14524	6685	7839
建瓯市	235	94	141	40146	18568	21578
龙岩市	**1064**	**175**	**889**	**138770**	**41813**	**96957**
新罗区	127	23	104	13276	5348	7928
永定区	78	12	66	16359	5410	10949
长汀县	259	38	221	29835	7713	22122
上杭县	185	23	162	26107	6593	19514
武平县	106	8	98	15344	3664	11680
连城县	207	60	147	17758	5198	12560
漳平市	102	11	91	20091	7887	12204
宁德市	**1137**	**414**	**723**	**243340**	**119772**	**123568**
蕉城区	163	72	91	38480	19493	18987
霞浦县	123	60	63	42395	21719	20676
古田县	70	29	41	25641	12630	13011
屏南县	55	20	35	14011	6930	7081
寿宁县	142	37	105	16424	7100	9324
周宁县	25	7	18	12479	5890	6589
柘荣县	19	6	13	6470	3192	3278
福安市	346	118	228	43449	20695	22754
福鼎市	194	65	129	43991	22123	21868

4-3c 续表 4

单位：人

地区	初中			高中			大学专科		
	小计	男	女	小计	男	女	小计	男	女
合计	**3659540**	**2173398**	**1486142**	**1050942**	**657855**	**393087**	**401482**	**225188**	**176294**
福州市	**669033**	**382051**	**286982**	**266641**	**156697**	**109944**	**82099**	**46185**	**35914**
鼓楼区									
台江区									
仓山区									
马尾区	12659	6957	5702	4591	2548	2043	842	471	371
晋安区	5937	3730	2207	2300	1388	912	896	529	367
长乐区	104562	58865	45697	37621	21553	16068	10258	5976	4282
闽侯县	125478	70619	54859	45074	25691	19383	16541	8687	7854
连江县	96478	56939	39539	28425	17047	11378	8815	5168	3647
罗源县	18751	11883	6868	5335	3231	2104	1615	895	720
闽清县	49153	27389	21764	10842	6430	4412	4230	2311	1919
永泰县	43900	25890	18010	12219	8112	4107	5172	3178	1994
平潭县	43047	24153	18894	20134	12186	7948	12685	6823	5862
福清市	169068	95626	73442	100100	58511	41589	21045	12147	8898
厦门市	**156065**	**95472**	**60593**	**62749**	**39522**	**23227**	**39384**	**21860**	**17524**
思明区									
海沧区	3818	2209	1609	2321	1459	862	1444	826	618
湖里区									
集美区	36109	21851	14258	13416	8641	4775	5930	3313	2617
同安区	63392	38859	24533	21656	13663	7993	14616	8081	6535
翔安区	52746	32553	20193	25356	15759	9597	17394	9640	7754
莆田市	**322715**	**178809**	**143906**	**104320**	**64736**	**39584**	**32482**	**18247**	**14235**
城厢区	44792	24326	20466	13966	8733	5233	4845	2603	2242
涵江区	30609	16683	13926	10890	6838	4052	3237	1776	1461
荔城区	48667	26542	22125	14360	8219	6141	3591	1940	1651
秀屿区	87288	49621	37667	23505	15592	7913	7003	4301	2702
仙游县	111359	61637	49722	41599	25354	16245	13806	7627	6179
三明市	**243136**	**152434**	**90702**	**58501**	**39920**	**18581**	**23900**	**14433**	**9467**
梅列区	1732	1069	663	472	303	169	169	96	73
三元区	6871	4570	2301	1371	946	425	534	317	217
明溪县	16519	10238	6281	3358	2195	1163	1228	728	500
清流县	14522	9442	5080	3816	2764	1052	1564	922	642
宁化县	31154	19643	11511	9315	6363	2952	3853	2400	1453
大田县	31764	21951	9813	7169	5445	1724	3248	2161	1087
尤溪县	49840	29550	20290	11829	8044	3785	4883	3045	1838
沙县	21590	13032	8558	4740	3029	1711	1620	851	769
将乐县	16669	10242	6427	3380	2174	1206	1581	901	680
泰宁县	12780	7874	4906	2500	1733	767	1214	689	525
建宁县	14395	9105	5290	2892	1947	945	1494	888	606
永安市	25300	15718	9582	7659	4977	2682	2512	1435	1077
泉州市	**839269**	**487157**	**352112**	**214205**	**137938**	**76267**	**80083**	**44814**	**35269**
鲤城区									
丰泽区									
洛江区	29475	17484	11991	10379	6984	3395	3184	1875	1309
泉港区	41915	23992	17923	14206	8852	5354	8026	4716	3310
惠安县	126547	72135	54412	29172	19100	10072	20205	10765	9440
安溪县	146564	90012	56552	26264	18378	7886	8593	5277	3316
永春县	46934	28749	18185	8352	5660	2692	3319	1992	1327
德化县	17959	11400	6559	4928	3379	1549	2421	1570	851
石狮市	31944	18380	13564	9519	5867	3652	2411	1303	1108
晋江市	206980	118670	88310	66327	41050	25277	19719	10563	9156
南安市	190951	106335	84616	45058	28668	16390	12205	6753	5452

4-3c 续表 5

单位：人

地区	初中			高中			大学专科		
	小计	男	女	小计	男	女	小计	男	女
漳州市	**561258**	**353008**	**208250**	**114086**	**73757**	**40329**	**48576**	**26061**	**22515**
芗城区	20757	13378	7379	5524	3620	1904	2516	1317	1199
龙文区	8229	5084	3145	1819	1062	757	1019	445	574
云霄县	53948	35836	18112	10406	7065	3341	4106	2448	1658
漳浦县	105623	67360	38263	19808	13231	6577	8121	4378	3743
诏安县	83829	53164	30665	13272	8488	4784	5583	3159	2424
长泰县	28775	17807	10968	4368	2935	1433	2666	1291	1375
东山县	23614	15548	8066	4362	2887	1475	2286	1250	1036
南靖县	40017	24960	15057	13566	8333	5233	4301	2202	2099
平和县	72668	45212	27456	12205	8115	4090	4525	2485	2040
华安县	17801	11719	6082	3624	2415	1209	1513	850	663
龙海市	105997	62940	43057	25132	15606	9526	11940	6236	5704
南平市	**309720**	**182669**	**127051**	**63640**	**38246**	**25394**	**31891**	**17422**	**14469**
延平区	32817	19614	13203	8560	5180	3380	9496	5577	3919
建阳区	37495	21946	15549	7582	4331	3251	3262	1670	1592
顺昌县	28629	16883	11746	4709	2889	1820	2306	1242	1064
浦城县	44401	24970	19431	9676	5715	3961	3036	1534	1502
光泽县	20206	12080	8126	3178	1994	1184	1866	1025	841
松溪县	19820	11706	8114	3857	2313	1544	1839	982	857
政和县	22552	14245	8307	4629	3038	1591	1950	1149	801
邵武市	16295	9769	6526	3574	2453	1121	1567	888	679
武夷山市	31938	18335	13603	7997	4443	3554	2736	1349	1387
建瓯市	55567	33121	22446	9878	5890	3988	3833	2006	1827
龙岩市	**280443**	**175055**	**105388**	**70121**	**48791**	**21330**	**28153**	**16591**	**11562**
新罗区	39260	24765	14495	11856	7589	4267	3838	2025	1813
永定区	48898	28943	19955	11018	7570	3448	4490	2719	1771
长汀县	42705	27320	15385	12070	8713	3357	5065	3161	1904
上杭县	46424	29516	16908	11503	8033	3470	5331	3077	2254
武平县	39478	23661	15817	9179	6617	2562	3105	1819	1286
连城县	35310	21376	13934	8431	6025	2406	3648	2236	1412
漳平市	28368	19474	8894	6064	4244	1820	2676	1554	1122
宁德市	**277901**	**166743**	**111158**	**96679**	**58248**	**38431**	**34914**	**19575**	**15339**
蕉城区	45829	26772	19057	20069	11600	8469	7458	4112	3346
霞浦县	41288	25781	15507	11478	7186	4292	3556	2077	1479
古田县	48267	27259	21008	10121	5780	4341	3435	1713	1722
屏南县	14887	9104	5783	5759	3481	2278	2274	1173	1101
寿宁县	20375	12998	7377	6232	4035	2197	2375	1416	959
周宁县	15144	9569	5575	7043	4274	2769	1951	1145	806
柘荣县	7927	4791	3136	2362	1377	985	1025	561	464
福安市	43319	25831	17488	18349	11147	7202	6583	3722	2861
福鼎市	40865	24638	16227	15266	9368	5898	6257	3656	2601

4-3c 续表 6 单位：人

地区	大学本科			硕士研究生			博士研究生		
	小计	男	女	小计	男	女	小计	男	女
合 计	**242691**	**132647**	**110044**	**12395**	**6500**	**5895**	**2729**	**1752**	**977**
福州市	**55239**	**29470**	**25769**	**1955**	**1040**	**915**	**273**	**173**	**100**
鼓楼区									
台江区									
仓山区									
马尾区	702	382	320	22	11	11	2		2
晋安区	619	353	266	23	17	6	3	3	
长乐区	5535	3108	2427	244	129	115	41	27	14
闽侯县	9025	4892	4133	361	194	167	48	31	17
连江县	9740	5413	4327	214	104	110	24	17	7
罗源县	1060	574	486	32	18	14	5	3	2
闽清县	2120	1088	1032	100	55	45	15	10	5
永泰县	8858	4084	4774	115	70	45	10	5	5
平潭县	6015	3474	2541	346	184	162	41	28	13
福清市	11565	6102	5463	498	258	240	84	49	35
厦门市	**28011**	**15471**	**12540**	**3991**	**1952**	**2039**	**1467**	**932**	**535**
思明区									
海沧区	1300	805	495	78	46	32	12	8	4
湖里区									
集美区	3260	1717	1543	106	51	55	16	8	8
同安区	7261	3894	3367	342	193	149	35	25	10
翔安区	16190	9055	7135	3465	1662	1803	1404	891	513
莆田市	**23919**	**12457**	**11462**	**823**	**443**	**380**	**118**	**79**	**39**
城厢区	2635	1468	1167	119	57	62	19	16	3
涵江区	1839	995	844	90	46	44	14	9	5
荔城区	7077	2752	4325	113	55	58	17	10	7
秀屿区	5472	3398	2074	214	133	81	25	19	6
仙游县	6896	3844	3052	287	152	135	43	25	18
三明市	**13532**	**7884**	**5648**	**598**	**346**	**252**	**108**	**73**	**35**
梅列区	122	57	65	5	4	1			
三元区	346	216	130	12	6	6	4	1	3
明溪县	720	411	309	26	17	9	3	3	
清流县	1016	613	403	34	23	11	9	5	4
宁化县	2329	1408	921	97	54	43	17	15	2
大田县	1648	1075	573	95	59	36	18	15	3
尤溪县	2225	1385	840	85	49	36	23	17	6
沙县	1199	628	571	58	35	23	7	4	3
将乐县	1067	610	457	48	27	21	6	3	3
泰宁县	793	421	372	35	20	15	3	1	2
建宁县	730	374	356	28	15	13	5	2	3
永安市	1337	686	651	75	37	38	13	7	6
泉州市	**48189**	**26619**	**21570**	**1810**	**1031**	**779**	**282**	**193**	**89**
鲤城区									
丰泽区									
洛江区	1815	1025	790	62	40	22	11	9	2
泉港区	3397	1899	1498	140	80	60	16	12	4
惠安县	8557	4649	3908	336	199	137	49	30	19
安溪县	5841	3641	2200	254	149	105	55	36	19
永春县	2183	1314	869	85	41	44	22	16	6
德化县	1483	923	560	69	42	27	19	11	8
石狮市	4300	2086	2214	80	42	38	7	5	2
晋江市	13300	6967	6333	532	298	234	70	54	16
南安市	7313	4115	3198	252	140	112	33	20	13

4-3c 续表 7 单位：人

地　区	大学本科			硕士研究生			博士研究生		
	小计	男	女	小计	男	女	小计	男	女
漳州市	**20879**	**11090**	**9789**	**795**	**377**	**418**	**119**	**70**	**49**
芗城区	1126	580	546	57	27	30	8	2	6
龙文区	428	194	234	26	9	17	2	1	1
云霄县	1568	929	639	72	35	37	11	6	5
漳浦县	3596	2013	1583	142	65	77	20	15	5
诏安县	1795	998	797	82	44	38	16	11	5
长泰县	1566	791	775	49	27	22	14	8	6
东山县	709	393	316	32	18	14	1	1	
南靖县	1897	1007	890	76	36	40	8	5	3
平和县	2266	1299	967	70	37	33	13	6	7
华安县	854	431	423	25	12	13	3	1	2
龙海市	5074	2455	2619	164	67	97	23	14	9
南平市	**14900**	**7847**	**7053**	**734**	**387**	**347**	**101**	**60**	**41**
延平区	2074	1042	1032	113	60	53	10	7	3
建阳区	2180	1152	1028	87	40	47	13	8	5
顺昌县	1010	538	472	50	28	22	12	9	3
浦城县	1841	943	898	99	54	45	13	6	7
光泽县	941	537	404	45	26	19	8	6	2
松溪县	927	486	441	38	18	20	3	3	
政和县	1035	600	435	56	38	18	10	4	6
邵武市	833	467	366	44	27	17	10	6	4
武夷山市	1779	948	831	94	42	52	6	2	4
建瓯市	2280	1134	1146	108	54	54	16	9	7
龙岩市	**16433**	**9632**	**6801**	**711**	**388**	**323**	**140**	**91**	**49**
新罗区	2214	1152	1062	112	49	63	25	18	7
永定区	2705	1609	1096	108	56	52	17	8	9
长汀县	3137	2020	1117	121	74	47	25	18	7
上杭县	3427	1948	1479	159	91	68	37	25	12
武平县	1811	1040	771	85	52	33	13	9	4
连城县	1836	1111	725	69	40	29	19	11	8
漳平市	1303	752	551	57	26	31	4	2	2
宁德市	**21589**	**12177**	**9412**	**978**	**536**	**442**	**121**	**81**	**40**
蕉城区	4156	2247	1909	218	127	91	42	24	18
霞浦县	2280	1404	876	95	47	48	10	8	2
古田县	2073	1035	1038	113	60	53	12	6	6
屏南县	1870	1011	859	69	32	37	6	5	1
寿宁县	1421	850	571	62	38	24	12	11	1
周宁县	1327	731	596	55	34	21	4	3	1
柘荣县	789	410	379	15	10	5	2		2
福安市	3364	1847	1517	158	75	83	18	13	5
福鼎市	4309	2642	1667	193	113	80	15	11	4

中国人口普查
CHINA POPULATION CENSUS

2020

福建省人口普查年鉴

(第2册)

FUJIAN POPULATION CENSUS YEARBOOK 2020

(BOOK 2)

福建省第七次全国人口普查领导小组办公室
福　　建　　省　　统　　计　　局　编

Compiled by
Office of the Leading Group of Fujian province for the Seventh National Population Census
Fujian Provincial Bureau of Statistics

中国统计出版社
China Statistics Press

图书在版编目（CIP）数据

福建省人口普查年鉴. 2020. 第 2 册 / 福建省第七次全国人口普查领导小组办公室，福建省统计局编. -- 北京：中国统计出版社，2022.9
ISBN 978-7-5037-9951-8

Ⅰ. ①福… Ⅱ. ①福… ②福… Ⅲ. ①人口普查－统计资料－福建－2020－年鉴 Ⅳ. ①C924.255.7-54

中国版本图书馆 CIP 数据核字(2022)第 154835 号

福建省人口普查年鉴-2020（第 2 册）

作　　者/福建省第七次全国人口普查领导小组办公室　福建省统计局编
责任编辑/熊丹书
封面设计/李雪燕
出版发行/中国统计出版社有限公司
通信地址/北京市丰台区西三环南路甲 6 号　邮政编码/100073
发行电话/邮购（010）63376909　书店（010）68783171
网　　址/http://www.zgtjcbs.com/
印　　刷/福州万紫千红印刷有限公司
经　　销/新华书店
开　　本/880mm×1230mm　1/16
字　　数/1280 千字
印　　张/40.5
版　　别/2022 年 9 月第 1 版
版　　次/2022 年 9 月第 1 次印刷
定　　价/950.00 元（全五册附光盘）

目　　录

第2册

第一部分　全部数据资料(续)

第八卷 住房

4-4 各地区分性别、受教育程度的25岁及以上人口

单位：人

地区	25岁及以上人口			未上过学		
	合计	男	女	小计	男	女
合 计	**29463402**	**14936239**	**14527163**	**1259961**	**240712**	**1019249**
福州市	**5892359**	**2972559**	**2919800**	**136738**	**29014**	**107724**
鼓楼区	481743	229528	252215	4791	902	3889
台江区	309838	150726	159112	1466	330	1136
仓山区	793210	405689	387521	9011	2256	6755
马尾区	210019	107014	103005	4302	799	3503
晋安区	588215	295921	292294	4397	937	3460
长乐区	580075	296208	283867	13527	3404	10123
闽侯县	640575	335076	305499	18236	4344	13892
连江县	468095	235184	232911	10623	1868	8755
罗源县	192112	101467	90645	4875	1524	3351
闽清县	188509	95293	93216	4955	1084	3871
永泰县	199504	100649	98855	5846	1160	4686
平潭县	267223	131275	135948	17734	3608	14126
福清市	973241	488529	484712	36975	6798	30177
厦门市	**3576749**	**1852681**	**1724068**	**120207**	**21268**	**98939**
思明区	777483	367711	409772	13063	2013	11050
海沧区	415414	223679	191735	16007	3337	12670
湖里区	739886	385356	354530	19863	3677	16186
集美区	650970	346403	304567	17839	3130	14709
同安区	606817	323426	283391	30664	5447	25217
翔安区	386179	206106	180073	22771	3664	19107
莆田市	**2236837**	**1092528**	**1144309**	**150945**	**21442**	**129503**
城厢区	376117	184208	191909	17033	2088	14945
涵江区	355519	176671	178848	15155	2183	12972
荔城区	463034	227256	235778	17206	2434	14772
秀屿区	413309	197590	215719	59885	7356	52529
仙游县	628858	306803	322055	41666	7381	34285
三明市	**1783226**	**901898**	**881328**	**98737**	**19932**	**78805**
梅列区	158508	78047	80461	4955	798	4157
三元区	131012	67146	63866	4707	952	3755
明溪县	75825	39372	36453	3571	805	2766
清流县	85611	43421	42190	6891	1281	5610
宁化县	187049	92202	94847	15176	2306	12870
大田县	205941	105795	100146	11145	2192	8953
尤溪县	248731	127841	120890	12654	2871	9783
沙县	173507	87162	86345	11067	2750	8317
将乐县	105272	52662	52610	7059	1482	5577
泰宁县	75627	37302	38325	4690	959	3731
建宁县	85490	42776	42714	6208	1309	4899
永安市	250653	128172	122481	10614	2227	8387
泉州市	**6184483**	**3137076**	**3047407**	**225891**	**35270**	**190621**
鲤城区	300797	150339	150458	4754	674	4080
丰泽区	460047	233194	226853	9728	1328	8400
洛江区	165437	83644	81793	10514	1325	9189
泉港区	252707	123476	129231	11495	1375	10120
惠安县	739435	354964	384471	45253	4349	40904
安溪县	673037	339387	333650	31158	5344	25814
永春县	304744	151306	153438	7745	1245	6500
德化县	234283	120701	113582	11288	1753	9535
石狮市	483853	252985	230868	11560	2811	8749
晋江市	1490298	778716	711582	53314	10630	42684
南安市	1079845	548364	531481	29082	4436	24646

4-4　续表 1　　　　单位：人

地　　区	25岁及以上人口			未上过学		
	合计	男	女	小计	男	女
漳州市	**3599278**	**1828697**	**1770581**	**186919**	**29093**	**157826**
芗城区	440286	220216	220070	12491	1968	10523
龙文区	207204	105322	101882	5318	899	4419
云霄县	293778	150086	143692	21230	3410	17820
漳浦县	600515	303017	297498	42558	5626	36932
诏安县	384961	193982	190979	27487	4504	22983
长泰县	169647	87980	81667	7214	1330	5884
东山县	164622	82596	82026	7130	923	6207
南靖县	229212	116420	112792	13107	2007	11100
平和县	322300	166030	156270	15113	2247	12866
华安县	100715	52541	48174	4894	798	4096
龙海市	686038	350507	335531	30377	5381	24996
南平市	**1982361**	**1003229**	**979132**	**104496**	**28597**	**75899**
延平区	335495	166396	169099	14498	3557	10941
建阳区	249454	128527	120927	13997	4034	9963
顺昌县	139397	70672	68725	6449	1541	4908
浦城县	222659	112243	110416	10815	3366	7449
光泽县	97374	49460	47914	3646	868	2778
松溪县	96623	49127	47496	5253	1604	3649
政和县	128250	66447	61803	12593	3456	9137
邵武市	209223	105025	104198	6762	1562	5200
武夷山市	181223	92459	88764	6005	1761	4244
建瓯市	322663	162873	159790	24478	6848	17630
龙岩市	**1936639**	**969532**	**967107**	**102660**	**13121**	**89539**
新罗区	591391	299583	291808	22014	3011	19003
永定区	233000	117985	115015	13766	1585	12181
长汀县	271502	131565	139937	14395	1785	12610
上杭县	271440	133987	137453	18785	1903	16882
武平县	200494	98250	102244	12620	1415	11205
连城县	181810	90948	90862	7356	961	6395
漳平市	187002	97214	89788	13724	2461	11263
宁德市	**2271470**	**1178039**	**1093431**	**133368**	**42975**	**90393**
蕉城区	435836	229783	206053	20522	6585	13937
霞浦县	346245	180159	166086	20334	7209	13125
古田县	247495	127150	120345	5713	1892	3821
屏南县	102929	53637	49292	4569	1372	3197
寿宁县	126900	66140	60760	10706	3052	7654
周宁县	107869	56476	51393	9067	3228	5839
柘荣县	66238	33958	32280	5472	1886	3586
福安市	432695	224145	208550	22202	6843	15359
福鼎市	405263	206591	198672	34783	10908	23875

4-4　续表 2

单位：人

地　区	学前教育			小　学		
	小计	男	女	小计	男	女
合　计	**62699**	**16826**	**45873**	**8158643**	**3439830**	**4718813**
福州市	**11460**	**3140**	**8320**	**1405437**	**596145**	**809292**
鼓楼区	205	53	152	42412	15304	27108
台江区	98	29	69	38569	14591	23978
仓山区	408	126	282	119873	51376	68497
马尾区	555	136	419	51838	22008	29830
晋安区	283	86	197	77762	31074	46688
长乐区	1160	369	791	188252	84758	103494
闽侯县	1273	439	834	164851	74938	89913
连江县	1712	391	1321	166221	69076	97145
罗源县	367	149	218	68999	33225	35774
闽清县	289	61	228	51758	22091	29667
永泰县	548	142	406	66639	27181	39458
平潭县	718	194	524	76194	32068	44126
福清市	3844	965	2879	292069	118455	173614
厦门市	**2312**	**750**	**1562**	**601244**	**254863**	**346381**
思明区	423	135	288	93779	32200	61579
海沧区	115	25	90	69805	32241	37564
湖里区	469	136	333	97736	41016	56720
集美区	365	111	254	110711	47659	63052
同安区	669	233	436	139458	61948	77510
翔安区	271	110	161	89755	39799	49956
莆田市	**4453**	**1143**	**3310**	**606393**	**244402**	**361991**
城厢区	34	11	23	74598	27180	47418
涵江区	438	104	334	80015	30131	49884
荔城区	1319	411	908	108129	40673	67456
秀屿区	1237	215	1022	131861	57099	74762
仙游县	1425	402	1023	211790	89319	122471
三明市	**5600**	**1585**	**4015**	**560770**	**240900**	**319870**
梅列区	97	28	69	24492	9874	14618
三元区	217	69	148	33152	14430	18722
明溪县	135	45	90	24258	10585	13673
清流县	303	90	213	28778	11874	16904
宁化县	661	168	493	68977	28279	40698
大田县	1446	335	1111	79132	31961	47171
尤溪县	990	331	659	83833	36621	47212
沙县	405	118	287	54098	24831	29267
将乐县	352	117	235	37688	16866	20822
泰宁县	190	46	144	25813	10837	14976
建宁县	149	46	103	33834	14896	18938
永安市	655	192	463	66715	29846	36869
泉州市	**10260**	**2423**	**7837**	**1803211**	**726847**	**1076364**
鲤城区	146	36	110	55324	19950	35374
丰泽区	216	43	173	75612	28281	47331
洛江区	508	143	365	45225	18153	27072
泉港区	446	85	361	79441	28045	51396
惠安县	1032	164	868	255265	100386	154879
安溪县	2862	517	2345	233113	92432	140681
永春县	714	157	557	105267	39722	65545
德化县	350	82	268	71208	27980	43228
石狮市	435	215	220	135893	60157	75736
晋江市	1264	401	863	423459	186764	236695
南安市	2287	580	1707	323404	124977	198427

4-4 续表 3

单位：人

地　区	学前教育			小　学		
	小计	男	女	小计	男	女
漳州市	**13348**	**3023**	**10325**	**1189148**	**477795**	**711353**
芗城区	289	57	232	89853	35110	54743
龙文区	269	69	200	49540	19568	29972
云霄县	1010	272	738	104955	41348	63607
漳浦县	3673	563	3110	214928	84644	130284
诏安县	2070	620	1450	158555	65003	93552
长泰县	308	95	213	54416	21176	33240
东山县	687	99	588	61112	23584	37528
南靖县	1129	243	886	75935	29978	45957
平和县	1475	401	1074	112556	43779	68777
华安县	444	73	371	38079	15202	22877
龙海市	1994	531	1463	229219	98403	130816
南平市	**4412**	**1633**	**2779**	**634816**	**296374**	**338442**
延平区	883	285	598	95778	42526	53252
建阳区	369	128	241	77139	37920	39219
顺昌县	451	148	303	44949	20352	24597
浦城县	452	171	281	79550	37843	41707
光泽县	132	55	77	33429	15133	18296
松溪县	416	177	239	31767	14757	17010
政和县	184	65	119	45183	21501	23682
邵武市	49	16	33	57941	24686	33255
武夷山市	314	116	198	51271	24151	27120
建瓯市	1162	472	690	117809	57505	60304
龙岩市	**5491**	**1003**	**4488**	**509771**	**183800**	**325971**
新罗区	738	160	578	96112	36914	59198
永定区	535	102	433	60666	22298	38368
长汀县	1466	230	1236	99493	33126	66367
上杭县	997	151	846	85447	29697	55750
武平县	492	74	418	53975	17434	36541
连城县	783	176	607	57952	20399	37553
漳平市	480	110	370	56126	23932	32194
宁德市	**5363**	**2126**	**3237**	**847853**	**418704**	**429149**
蕉城区	566	245	321	131006	65226	65780
霞浦县	493	211	282	142589	71840	70749
古田县	515	204	311	94480	46359	48121
屏南县	232	86	146	43127	21490	21637
寿宁县	609	200	409	49468	23646	25822
周宁县	193	66	127	43783	21835	21948
柘荣县	94	36	58	24134	12004	12130
福安市	1470	591	879	157884	76348	81536
福鼎市	1191	487	704	161382	79956	81426

4-4　续表 4　　　　单位：人

地　区	初　中			高　中			大学专科		
	小计	男	女	小计	男	女	小计	男	女
合　计	**11214552**	**6355045**	**4859507**	**4368680**	**2526426**	**1842254**	**2229647**	**1184131**	**1045516**
福州市	**2128548**	**1166385**	**962163**	**1114962**	**602465**	**512497**	**516323**	**266000**	**250323**
鼓楼区	96094	46293	49801	110565	51277	59288	86753	41707	45046
台江区	90705	45112	45593	82134	41390	40744	45575	22728	22847
仓山区	252510	135663	116847	175803	93320	82483	108669	55520	53149
马尾区	79851	43976	35875	39603	21885	17718	17150	9161	7989
晋安区	196268	102130	94138	147944	76638	71306	80296	41185	39111
长乐区	243083	134670	108413	91225	50001	41224	23268	12371	10897
闽侯县	267900	150487	117413	97461	55482	41979	44609	23871	20738
连江县	192994	109443	83551	60323	34735	25588	19575	10596	8979
罗源县	74203	42667	31536	24596	13685	10911	10691	5675	5016
闽清县	91115	49739	41376	24717	14037	10680	9255	4914	4341
永泰县	83524	46730	36794	25840	15727	10113	11032	6250	4782
平潭县	100380	55066	45314	41048	23477	17571	16460	8736	7724
福清市	359921	204409	155512	193703	110811	82892	42990	23286	19704
厦门市	**1169658**	**668543**	**501115**	**629357**	**357025**	**272332**	**465647**	**239909**	**225738**
思明区	172846	86672	86174	146926	71627	75299	127407	60857	66550
海沧区	143023	84927	58096	77317	45565	31752	52730	27485	25245
湖里区	222393	124815	97578	146717	83673	63044	117716	61010	56706
集美区	230598	132349	98249	114304	67366	46938	79920	42510	37410
同安区	258926	153677	105249	85980	52804	33176	50360	27452	22908
翔安区	141872	86103	55769	58113	35990	22123	37514	20595	16919
莆田市	**911414**	**502422**	**408992**	**326336**	**194208**	**132128**	**131628**	**70657**	**60971**
城厢区	140761	75520	65241	72577	41225	31352	37678	19884	17794
涵江区	166162	90061	76101	61288	36518	24770	18781	10199	8582
荔城区	203374	109983	93391	71036	40955	30081	31968	16439	15529
秀屿区	160411	94330	66081	38344	25573	12771	11624	7072	4552
仙游县	240706	132528	108178	83091	49937	33154	31577	17063	14514
三明市	**632973**	**360303**	**272670**	**255905**	**149867**	**106038**	**126029**	**70427**	**55602**
梅列区	45218	22951	22267	36479	18825	17654	22163	11515	10648
三元区	48075	26541	21534	26049	14677	11372	10716	5923	4793
明溪县	30265	17678	12587	9316	5603	3713	4668	2565	2103
清流县	29131	17382	11749	10537	6817	3720	5419	3166	2253
宁化县	63459	37054	26405	21970	14189	7781	9915	5993	3922
大田县	72045	44247	27798	21849	14673	7176	12009	7237	4772
尤溪县	97620	55676	41944	29438	18351	11087	14345	8295	6050
沙县	63057	35012	28045	24782	13796	10986	11184	5910	5274
将乐县	37428	21215	16213	11198	6472	4726	6237	3510	2727
泰宁县	27573	15546	12027	8949	5270	3679	4465	2425	2040
建宁县	29105	16926	12179	8276	5015	3261	4613	2706	1907
永安市	89997	50075	39922	47062	26179	20883	20295	11182	9113
泉州市	**2668107**	**1513828**	**1154279**	**783672**	**480898**	**302774**	**374009**	**202319**	**171690**
鲤城区	125232	67195	58037	55803	31806	23997	31236	15904	15332
丰泽区	148557	82348	66209	83045	46178	36867	65205	33290	31915
洛江区	65629	38429	27200	19688	12567	7121	12602	6794	5808
泉港区	96080	54562	41518	33834	21298	12536	20253	11614	8639
惠安县	293456	165097	128359	70384	44201	26183	45947	25271	20676
安溪县	302611	175027	127584	58999	39450	19549	24818	14691	10127
永春县	134618	75183	59435	31743	20612	11131	13164	7622	5542
德化县	99216	57439	41777	26916	17788	9128	14420	8923	5497
石狮市	223501	125467	98034	66889	39781	27108	23970	12965	11005
晋江市	660165	379239	280926	202713	122650	80063	81389	42822	38567
南安市	519042	293842	225200	133658	84567	49091	41005	22423	18582

4-4 续表 5

单位：人

地区	初中			高中			大学专科		
	小计	男	女	小计	男	女	小计	男	女
漳州市	**1437972**	**870190**	**567782**	**407507**	**250479**	**157028**	**213440**	**116278**	**97162**
芗城区	163403	91931	71472	79920	42768	37152	48305	24424	23881
龙文区	78620	45693	32927	29442	16473	12969	23496	11817	11679
云霄县	117357	73730	43627	29111	19552	9559	12509	7395	5114
漳浦县	234220	146830	87390	60288	39353	20935	28078	16077	12001
诏安县	147720	92465	55255	28820	19347	9473	13604	8223	5381
长泰县	76121	46214	29907	15867	10573	5294	9414	5169	4245
东山县	60868	37074	23794	19666	12110	7556	10519	6087	4432
南靖县	94099	57084	37015	26358	16877	9481	11770	6513	5257
平和县	147454	90355	57099	28548	19208	9340	10985	6502	4483
华安县	41413	26597	14816	8068	5389	2679	4364	2609	1755
龙海市	276697	162217	114480	81419	48829	32590	40396	21462	18934
南平市	**767349**	**420605**	**346744**	**257440**	**141624**	**115816**	**120490**	**64208**	**56282**
延平区	118946	63790	55156	54724	29545	25179	26786	14151	12635
建阳区	97540	54039	43501	30830	16645	14185	14738	7671	7067
顺昌县	58541	32544	25997	16711	9436	7275	7167	3858	3309
浦城县	89115	47806	41309	26672	14453	12219	9877	5273	4604
光泽县	40888	22514	18374	9725	5655	4070	5768	3143	2625
松溪县	39193	21606	17587	10563	5926	4637	5792	3104	2688
政和县	47409	27856	19553	11823	7244	4579	6537	3688	2849
邵武市	82554	44250	38304	35417	19993	15424	16031	8801	7230
武夷山市	72987	39638	33349	27812	14712	13100	12660	6644	6016
建瓯市	120176	66562	53614	33163	18015	15148	15134	7875	7259
龙岩市	**765467**	**443405**	**322062**	**290781**	**180158**	**110623**	**144927**	**80803**	**64124**
新罗区	229749	127316	102433	118141	65833	52308	63637	32944	30693
永定区	106144	61230	44914	29686	19478	10208	13176	7779	5397
长汀县	98087	58292	39795	33306	22798	10508	14756	9052	5704
上杭县	101167	61314	39853	33158	22244	10914	17706	10412	7294
武平县	85973	49252	36721	27013	18092	8921	11714	6764	4950
连城县	72813	42288	30525	23942	15853	8089	11372	6740	4632
漳平市	71534	43713	27821	25535	15860	9675	12566	7112	5454
宁德市	**733064**	**409364**	**323700**	**302720**	**169702**	**133018**	**137154**	**73530**	**63624**
蕉城区	135129	76433	58696	68718	37521	31197	38002	20133	17869
霞浦县	114060	63265	50795	43080	23656	19424	15603	8331	7272
古田县	101061	54679	46382	27446	14680	12766	10223	5272	4951
屏南县	30922	17613	13309	13543	7526	6017	5935	3056	2879
寿宁县	41966	24484	17482	13072	8268	4804	6565	3853	2712
周宁县	32167	18605	13562	13492	7775	5717	5055	2757	2298
柘荣县	20537	11223	9314	8337	4650	3687	4281	2352	1929
福安市	138698	77339	61359	66013	37999	28014	28514	15477	13037
福鼎市	118524	65723	52801	49019	27627	21392	22976	12299	10677

4-4 续表 6 单位：人

地　　区	大学本科			硕士研究生			博士研究生		
	小计	男	女	小计	男	女	小计	男	女
合　计	**1985280**	**1073777**	**911503**	**158828**	**83594**	**75234**	**25112**	**15898**	**9214**
福州市	**518568**	**276997**	**241571**	**51887**	**27081**	**24806**	**8436**	**5332**	**3104**
鼓楼区	123587	64571	59016	15349	8132	7217	1987	1289	698
台江区	45806	23720	22086	4852	2453	2399	633	373	260
仓山区	111756	59541	52215	12640	6324	6316	2540	1563	977
马尾区	15651	8487	7164	983	502	481	86	60	26
晋安区	74189	40029	34160	6401	3408	2993	675	434	241
长乐区	18520	10071	8449	927	486	441	113	78	35
闽侯县	37605	20681	16924	6678	3585	3093	1962	1249	713
连江县	16037	8770	7267	554	272	282	56	33	23
罗源县	8164	4422	3742	197	105	92	20	15	5
闽清县	6221	3259	2962	172	91	81	27	17	10
永泰县	5850	3340	2510	203	106	97	22	13	9
平潭县	14017	7750	6267	602	329	273	70	47	23
福清市	41165	22356	18809	2329	1288	1041	245	161	84
厦门市	**519130**	**273243**	**245887**	**58103**	**30167**	**27936**	**11091**	**6913**	**4178**
思明区	188751	95845	92906	28170	14587	13583	6118	3775	2343
海沧区	51613	27655	23958	4472	2259	2213	332	185	147
湖里区	123072	64573	58499	10783	5746	5037	1137	710	427
集美区	85842	47214	38628	9580	4909	4671	1811	1155	656
同安区	38522	20665	17857	2050	1078	972	188	122	66
翔安区	31330	17291	14039	3048	1588	1460	1505	966	539
莆田市	**100499**	**55430**	**45069**	**4577**	**2457**	**2120**	**592**	**367**	**225**
城厢区	31262	17100	14162	1892	1027	865	282	173	109
涵江区	13168	7216	5952	442	218	224	70	41	29
荔城区	28535	15557	12978	1349	725	624	118	79	39
秀屿区	9596	5726	3870	312	190	122	39	29	10
仙游县	17938	9831	8107	582	297	285	83	45	38
三明市	**98680**	**56259**	**42421**	**4068**	**2302**	**1766**	**464**	**323**	**141**
梅列区	23377	13024	10353	1589	933	656	138	99	39
三元区	7506	4230	3276	499	255	244	91	69	22
明溪县	3495	2022	1473	104	62	42	13	7	6
清流县	4440	2747	1693	101	55	46	11	9	2
宁化县	6702	4094	2608	164	98	66	25	21	4
大田县	8078	4989	3089	198	131	67	39	30	9
尤溪县	9546	5527	4019	268	142	126	37	27	10
沙县	8616	4581	4035	268	146	122	30	18	12
将乐县	5169	2907	2262	128	85	43	13	8	5
泰宁县	3864	2174	1690	76	41	35	7	4	3
建宁县	3241	1843	1398	56	32	24	8	3	5
永安市	14646	8121	6525	617	322	295	52	28	24
泉州市	**299976**	**164903**	**135073**	**17380**	**9290**	**8090**	**1977**	**1298**	**679**
鲤城区	26076	13603	12473	2057	1061	996	169	110	59
丰泽区	70113	37631	32482	6730	3544	3186	841	551	290
洛江区	10284	5687	4597	899	482	417	88	64	24
泉港区	10690	6199	4491	368	228	140	100	70	30
惠安县	27089	14912	12177	895	512	383	114	72	42
安溪县	18746	11499	7247	621	359	262	109	68	41
永春县	11133	6583	4550	305	145	160	55	37	18
德化县	10580	6560	4020	265	151	114	40	25	15
石狮市	20404	10978	9426	1112	562	550	89	49	40
晋江市	64598	34329	30269	3131	1701	1430	265	180	85
南安市	30263	16922	13341	997	545	452	107	72	35

4-4 续表 7

单位：人

地　区	大学本科			硕士研究生			博士研究生		
	小计	男	女	小计	男	女	小计	男	女
漳州市	**142185**	**77336**	**64849**	**7843**	**3940**	**3903**	**916**	**563**	**353**
芗城区	41632	21750	19882	3908	1908	2000	485	300	185
龙文区	19359	10196	9163	1088	556	532	72	51	21
云霄县	7353	4255	3098	221	108	113	32	16	16
漳浦县	16210	9616	6594	501	271	230	59	37	22
诏安县	6534	3722	2812	143	76	67	28	22	6
长泰县	6118	3318	2800	160	91	69	29	14	15
东山县	4483	2638	1845	148	76	72	9	5	4
南靖县	6615	3618	2997	172	86	86	27	14	13
平和县	6013	3456	2557	137	71	66	19	11	8
华安县	3371	1832	1539	78	39	39	4	2	2
龙海市	24497	12935	11562	1287	658	629	152	91	61
南平市	**89074**	**47853**	**41221**	**3825**	**2034**	**1791**	**459**	**301**	**158**
延平区	22559	11831	10728	1232	656	576	89	55	34
建阳区	14059	7619	6440	709	417	292	73	54	19
顺昌县	4978	2708	2270	130	71	59	21	14	7
浦城县	5998	3237	2761	159	82	77	21	12	9
光泽县	3649	2011	1638	122	70	52	15	11	4
松溪县	3544	1903	1641	83	41	42	12	9	3
政和县	4387	2558	1829	113	65	48	21	14	7
邵武市	10131	5537	4594	282	148	134	56	32	24
武夷山市	9324	5006	4318	735	353	382	115	78	37
建瓯市	10445	5443	5002	260	131	129	36	22	14
龙岩市	**111868**	**64100**	**47768**	**5146**	**2792**	**2354**	**528**	**350**	**178**
新罗区	57144	31339	25805	3561	1872	1689	295	194	101
永定区	8768	5358	3410	223	133	90	36	22	14
长汀县	9680	6077	3603	276	176	100	43	29	14
上杭县	13605	7928	5677	506	289	217	69	49	20
武平县	8422	5057	3365	249	136	113	36	26	10
连城县	7395	4410	2985	168	104	64	29	17	12
漳平市	6854	3931	2923	163	82	81	20	13	7
宁德市	**105300**	**57656**	**47644**	**5999**	**3531**	**2468**	**649**	**451**	**198**
蕉城区	37603	20950	16653	3876	2389	1487	414	301	113
霞浦县	9769	5473	4296	281	148	133	36	26	10
古田县	7782	3920	3862	244	126	118	31	18	13
屏南县	4461	2409	2052	118	69	49	22	16	6
寿宁县	4396	2566	1830	101	57	44	17	14	3
周宁县	3994	2144	1850	104	59	45	14	7	7
柘荣县	3300	1768	1532	70	34	36	13	5	8
福安市	17211	9181	8030	641	331	310	62	36	26
福鼎市	16784	9245	7539	564	318	246	40	28	12

4-4a　各地区分性别、受教育程度的25岁及以上人口(城市)

单位：人

地　　区	25岁及以上人口			未上过学		
	合计	男	女	小计	男	女
合　计	**11905873**	**5993887**	**5911986**	**277633**	**49993**	**227640**
福州市	**2855623**	**1421523**	**1434100**	**31786**	**6705**	**25081**
鼓楼区	481743	229528	252215	4791	902	3889
台江区	309838	150726	159112	1466	330	1136
仓山区	793210	405689	387521	9011	2256	6755
马尾区	180475	92021	88454	3208	584	2624
晋安区	570783	286249	284534	3654	789	2865
长乐区	199459	98040	101419	2871	738	2133
闽侯县						
连江县						
罗源县						
闽清县						
永泰县						
平潭县						
福清市	320115	159270	160845	6785	1106	5679
厦门市	**3015183**	**1549401**	**1465782**	**83915**	**15032**	**68883**
思明区	777483	367711	409772	13063	2013	11050
海沧区	406213	218699	187514	15631	3261	12370
湖里区	738536	384440	354096	19799	3660	16139
集美区	578558	306161	272397	14820	2504	12316
同安区	442900	236220	206680	17293	3163	14130
翔安区	71493	36170	35323	3309	431	2878
莆田市	**960445**	**472921**	**487524**	**39469**	**5184**	**34285**
城厢区	240020	118240	121780	3820	536	3284
涵江区	267560	132388	135172	10039	1594	8445
荔城区	341820	168896	172924	8516	1070	7446
秀屿区	111045	53397	57648	17094	1984	15110
仙游县						
三明市	**410635**	**203645**	**206990**	**9615**	**1659**	**7956**
梅列区	145165	70858	74307	3833	596	3237
三元区	106074	53131	52943	2999	507	2492
明溪县						
清流县						
宁化县						
大田县						
尤溪县						
沙县						
将乐县						
泰宁县						
建宁县						
永安市	159396	79656	79740	2783	556	2227
泉州市	**2112161**	**1083612**	**1028549**	**48002**	**8527**	**39475**
鲤城区	300797	150339	150458	4754	674	4080
丰泽区	460047	233194	226853	9728	1328	8400
洛江区	65774	33161	32613	2143	224	1919
泉港区	87004	42305	44699	3044	420	2624
惠安县						
安溪县						
永春县						
德化县						
石狮市	293027	150089	142938	5115	1162	3953
晋江市	725700	384842	340858	19481	4212	15269
南安市	179812	89682	90130	3737	507	3230

4-4a 续表 1

单位：人

地区	25岁及以上人口			未上过学		
	合计	男	女	小计	男	女
漳州市	**694895**	**344741**	**350154**	**16889**	**2921**	**13968**
芗城区	328737	160946	167791	5758	1039	4719
龙文区	186804	94951	91853	4239	694	3545
云霄县						
漳浦县						
诏安县						
长泰县						
东山县						
南靖县						
平和县						
华安县						
龙海市	178514	88429	90085	6889	1188	5701
南平市	**676944**	**330106**	**346838**	**16428**	**3684**	**12744**
延平区	203961	97584	106377	5353	1021	4332
建阳区	124879	63369	61510	3492	958	2534
顺昌县						
浦城县						
光泽县						
松溪县						
政和县						
邵武市	141629	68926	72703	2588	517	2071
武夷山市	92456	45477	46979	1548	382	1166
建瓯市	114019	54750	59269	3447	806	2641
龙岩市	**583418**	**288105**	**295313**	**15184**	**1873**	**13311**
新罗区	447474	222051	225423	11005	1312	9693
永定区	49765	23328	26437	1214	91	1123
长汀县						
上杭县						
武平县						
连城县						
漳平市	86179	42726	43453	2965	470	2495
宁德市	**596569**	**299833**	**296736**	**16345**	**4408**	**11937**
蕉城区	260562	135042	125520	6192	1708	4484
霞浦县						
古田县						
屏南县						
寿宁县						
周宁县						
柘荣县						
福安市	175977	87167	88810	3438	962	2476
福鼎市	160030	77624	82406	6715	1738	4977

4-4a　续表 2　　　　单位：人

地　区	学前教育			小　学		
	小计	男	女	小计	男	女
合　计	**8708**	**2484**	**6224**	**2114166**	**858716**	**1255450**
福州市	**1745**	**504**	**1241**	**440666**	**178541**	**262125**
鼓楼区	205	53	152	42412	15304	27108
台江区	98	29	69	38569	14591	23978
仓山区	408	126	282	119873	51376	68497
马尾区	269	56	213	41487	17385	24102
晋安区	183	55	128	72074	28524	43550
长乐区	251	68	183	52766	22807	29959
闽侯县						
连江县						
罗源县						
闽清县						
永泰县						
平潭县						
福清市	331	117	214	73485	28554	44931
厦门市	**1893**	**613**	**1280**	**456582**	**189908**	**266674**
思明区	423	135	288	93779	32200	61579
海沧区	112	24	88	68220	31494	36726
湖里区	469	136	333	97466	40854	56612
集美区	290	96	194	92456	39148	53308
同安区	532	196	336	91330	40614	50716
翔安区	67	26	41	13331	5598	7733
莆田市	**1163**	**252**	**911**	**183649**	**70738**	**112911**
城厢区	23	7	16	34349	11584	22765
涵江区	242	63	179	56056	22060	33996
荔城区	449	118	331	64504	23522	40982
秀屿区	449	64	385	28740	13572	15168
仙游县						
三明市	**348**	**92**	**256**	**71539**	**28452**	**43087**
梅列区	61	12	49	20205	7808	12397
三元区	110	29	81	22061	8863	13198
明溪县						
清流县						
宁化县						
大田县						
尤溪县						
沙县						
将乐县						
泰宁县						
建宁县						
永安市	177	51	126	29273	11781	17492
泉州市	**1585**	**443**	**1142**	**442833**	**178028**	**264805**
鲤城区	146	36	110	55324	19950	35374
丰泽区	216	43	173	75612	28281	47331
洛江区	53	18	35	11500	4295	7205
泉港区	146	30	116	22940	7857	15083
惠安县						
安溪县						
永春县						
德化县						
石狮市	159	61	98	66810	27864	38946
晋江市	638	203	435	167762	74155	93607
南安市	227	52	175	42885	15626	27259

4-4a 续表 3 单位：人

地区	学前教育			小学		
	小计	男	女	小计	男	女
漳州市	**754**	**181**	**573**	**146889**	**58267**	**88622**
芗城区	186	35	151	52079	19917	32162
龙文区	186	52	134	41544	16397	25147
云霄县						
漳浦县						
诏安县						
长泰县						
东山县						
南靖县						
平和县						
华安县						
龙海市	321	90	231	52987	21885	31102
南平市	**429**	**122**	**307**	**139272**	**59085**	**80187**
延平区	211	52	159	38789	15637	23152
建阳区	65	22	43	25735	12124	13611
顺昌县						
浦城县						
光泽县						
松溪县						
政和县						
邵武市	6	1	5	29881	11633	18248
武夷山市	39	13	26	18361	8051	10310
建瓯市	108	34	74	26506	11640	14866
龙岩市	**278**	**64**	**214**	**85133**	**29590**	**55543**
新罗区	153	34	119	60051	21103	38948
永定区	33	8	25	8289	2250	6039
长汀县						
上杭县						
武平县						
连城县						
漳平市	92	22	70	16793	6237	10556
宁德市	**513**	**213**	**300**	**147603**	**66107**	**81496**
蕉城区	155	59	96	54744	24917	29827
霞浦县						
古田县						
屏南县						
寿宁县						
周宁县						
柘荣县						
福安市	164	60	104	44650	19624	25026
福鼎市	194	94	100	48209	21566	26643

4-4a　续表 4　　　　　　　　　　　　　　　　　　　　　　　单位：人

地　区	初　中			高　中			大学专科		
	小计	男	女	小计	男	女	小计	男	女
合　计	**4159305**	**2243943**	**1915362**	**2340573**	**1267090**	**1073483**	**1412039**	**723994**	**688045**
福州市	**884379**	**462480**	**421899**	**665758**	**342233**	**323525**	**374491**	**188879**	**185612**
鼓楼区	96094	46293	49801	110565	51277	59288	86753	41707	45046
台江区	90705	45112	45593	82134	41390	40744	45575	22728	22847
仓山区	252510	135663	116847	175803	93320	82483	108669	55520	53149
马尾区	66901	36657	30244	35836	19742	16094	16501	8797	7704
晋安区	189097	97529	91568	145535	75085	70450	79548	40736	38812
长乐区	77882	40948	36934	39922	20217	19705	13691	6943	6748
闽侯县									
连江县									
罗源县									
闽清县									
永泰县									
平潭县									
福清市	111190	60278	50912	75963	41202	34761	23754	12448	11306
厦门市	**943452**	**529314**	**414138**	**552970**	**307893**	**245077**	**422851**	**215855**	**206996**
思明区	172846	86672	86174	146926	71627	75299	127407	60857	66550
海沧区	139720	83067	56653	75587	44532	31055	51653	26913	24740
湖里区	221706	124321	97385	146495	83495	63000	117655	60972	56683
集美区	196569	111671	84898	104312	60878	43434	75484	39996	35488
同安区	191566	111530	80036	67853	40815	27038	40132	21658	18474
翔安区	21045	12053	8992	11797	6546	5251	10520	5459	5061
莆田市	**398229**	**211015**	**187214**	**180106**	**101596**	**78510**	**82449**	**43052**	**39397**
城厢区	80561	40910	39651	57286	31085	26201	32949	17176	15773
涵江区	124062	65452	58610	49180	28216	20964	15852	8441	7411
荔城区	150758	79992	70766	60443	34126	26317	29173	14852	14321
秀屿区	42848	24661	18187	13197	8169	5028	4475	2583	1892
仙游县									
三明市	**135728**	**69605**	**66123**	**96933**	**51298**	**45635**	**49838**	**26591**	**23247**
梅列区	39822	19642	20180	34763	17709	17054	21693	11232	10461
三元区	38775	20409	18366	24217	13419	10798	10138	5569	4569
明溪县									
清流县									
宁化县									
大田县									
尤溪县									
沙县									
将乐县									
泰宁县									
建宁县									
永安市	57131	29554	27577	37953	20170	17783	18007	9790	8217
泉州市	**881477**	**490718**	**390759**	**344656**	**198771**	**145885**	**196242**	**101281**	**94961**
鲤城区	125232	67195	58037	55803	31806	23997	31236	15904	15332
丰泽区	148557	82348	66209	83045	46178	36867	65205	33290	31915
洛江区	24005	13229	10776	10460	6080	4380	8789	4526	4263
泉港区	32642	17510	15132	13254	8068	5186	8858	4869	3989
惠安县									
安溪县									
永春县									
德化县									
石狮市	139966	76389	63577	45553	26038	19515	17853	9320	8533
晋江市	334448	191833	142615	107387	63674	43713	51022	26579	24443
南安市	76627	42214	34413	29154	16927	12227	13279	6793	6486

4-4a 续表 5

单位：人

地区	初中			高中			大学专科		
	小计	男	女	小计	男	女	小计	男	女
漳州市	**254350**	**139009**	**115341**	**122344**	**65219**	**57125**	**80042**	**40651**	**39391**
芗城区	113163	59288	53875	68845	35277	33568	44459	22380	22079
龙文区	70085	40226	29859	27822	15466	12356	22739	11459	11280
云霄县									
漳浦县									
诏安县									
长泰县									
东山县									
南靖县									
平和县									
华安县									
龙海市	70705	39234	31471	25603	14410	11193	12821	6797	6024
南平市	**253127**	**127810**	**125317**	**137640**	**71080**	**66560**	**69688**	**36400**	**33288**
延平区	69707	34496	35211	44825	23061	21764	23288	12021	11267
建阳区	49442	26067	23375	22109	11400	10709	11468	5939	5529
顺昌县									
浦城县									
光泽县									
松溪县									
政和县									
邵武市	55144	27563	27581	30060	16232	13828	14298	7770	6528
武夷山市	34926	17645	17281	19245	9751	9494	9917	5193	4724
建瓯市	43908	22039	21869	21401	10636	10765	10717	5477	5240
龙岩市	**216394**	**112849**	**103545**	**125158**	**67814**	**57344**	**73169**	**38277**	**34892**
新罗区	163165	85705	77460	97965	52619	45346	57661	29767	27894
永定区	19129	9109	10020	9966	5493	4473	6077	3361	2716
长汀县									
上杭县									
武平县									
连城县									
漳平市	34100	18035	16065	17227	9702	7525	9431	5149	4282
宁德市	**192169**	**101143**	**91026**	**115008**	**61186**	**53822**	**63269**	**33008**	**30261**
蕉城区	81312	44626	36686	49307	26119	23188	31025	16234	14791
霞浦县									
古田县									
屏南县									
寿宁县									
周宁县									
柘荣县									
福安市	60072	30588	29484	37505	20125	17380	17908	9398	8510
福鼎市	50785	25929	24856	28196	14942	13254	14336	7376	6960

4-4a　续表 6　　　　单位：人

地　区	大学本科			硕士研究生			博士研究生		
	小计	男	女	小计	男	女	小计	男	女
合　计	**1440565**	**765531**	**675034**	**133435**	**69878**	**63557**	**19449**	**12258**	**7191**
福州市	**408266**	**216309**	**191957**	**42417**	**22015**	**20402**	**6115**	**3857**	**2258**
鼓楼区	123587	64571	59016	15349	8132	7217	1987	1289	698
台江区	45806	23720	22086	4852	2453	2399	633	373	260
仓山区	111756	59541	52215	12640	6324	6316	2540	1563	977
马尾区	15219	8245	6974	970	495	475	84	60	24
晋安区	73636	39704	33932	6383	3395	2988	673	432	241
长乐区	11506	6016	5490	516	266	250	54	37	17
闽侯县									
连江县									
罗源县									
闽清县									
永泰县									
平潭县									
福清市	26756	14512	12244	1707	950	757	144	103	41
厦门市	**488455**	**256084**	**232371**	**55413**	**28718**	**26695**	**9652**	**5984**	**3668**
思明区	188751	95845	92906	28170	14587	13583	6118	3775	2343
海沧区	50570	27015	23555	4399	2215	2184	321	178	143
湖里区	123029	64548	58481	10780	5744	5036	1137	710	427
集美区	83350	45862	37488	9481	4859	4622	1796	1147	649
同安区	32334	17268	15066	1707	880	827	153	96	57
翔安区	10421	5546	4875	876	433	443	127	78	49
莆田市	**71399**	**38908**	**32491**	**3551**	**1912**	**1639**	**430**	**264**	**166**
城厢区	28980	15814	13166	1793	974	819	259	154	105
涵江区	11699	6347	5352	374	183	191	56	32	24
荔城区	26594	14449	12145	1280	696	584	103	71	32
秀屿区	4126	2298	1828	104	59	45	12	7	5
仙游县									
三明市	**43751**	**24302**	**19449**	**2624**	**1464**	**1160**	**259**	**182**	**77**
梅列区	23075	12836	10239	1578	927	651	135	96	39
三元区	7195	4018	3177	491	249	242	88	68	20
明溪县									
清流县									
宁化县									
大田县									
尤溪县									
沙县									
将乐县									
泰宁县									
建宁县									
永安市	13481	7448	6033	555	288	267	36	18	18
泉州市	**182586**	**97832**	**84754**	**13364**	**7089**	**6275**	**1416**	**923**	**493**
鲤城区	26076	13603	12473	2057	1061	996	169	110	59
丰泽区	70113	37631	32482	6730	3544	3186	841	551	290
洛江区	8029	4348	3681	718	387	331	77	54	23
泉港区	5857	3383	2474	187	115	72	76	53	23
惠安县									
安溪县									
永春县									
德化县									
石狮市	16545	8744	7801	957	474	483	69	37	32
晋江市	42491	22815	19676	2314	1271	1043	157	100	57
南安市	13475	7308	6167	401	237	164	27	18	9

4-4a 续表 7 单位：人

地区	大学本科			硕士研究生			博士研究生		
	小计	男	女	小计	男	女	小计	男	女
漳州市	**67906**	**35549**	**32357**	**5163**	**2590**	**2573**	**558**	**354**	**204**
芗城区	39954	20846	19108	3826	1872	1954	467	292	175
龙文区	19052	10056	8996	1066	550	516	71	51	20
云霄县									
漳浦县									
诏安县									
长泰县									
东山县									
南靖县									
平和县									
华安县									
龙海市	8897	4646	4251	271	168	103	20	11	9
南平市	**57215**	**30221**	**26994**	**2835**	**1504**	**1331**	**310**	**200**	**110**
延平区	20584	10654	9930	1126	595	531	78	47	31
建阳区	11871	6438	5433	639	379	260	58	42	16
顺昌县									
浦城县									
光泽县									
松溪县									
政和县									
邵武市	9362	5058	4304	242	124	118	48	28	20
武夷山市	7654	4049	3605	657	319	338	109	74	35
建瓯市	7744	4022	3722	171	87	84	17	9	8
龙岩市	**64182**	**35530**	**28652**	**3630**	**1919**	**1711**	**290**	**189**	**101**
新罗区	53807	29543	24264	3404	1797	1607	263	171	92
永定区	4936	2948	1988	108	60	48	13	8	5
长汀县									
上杭县									
武平县									
连城县									
漳平市	5439	3039	2400	118	62	56	14	10	4
宁德市	**56805**	**30796**	**26009**	**4438**	**2667**	**1771**	**419**	**305**	**114**
蕉城区	33813	18850	14963	3644	2254	1390	370	275	95
霞浦县									
古田县									
屏南县									
寿宁县									
周宁县									
柘荣县									
福安市	11770	6167	5603	442	228	214	28	15	13
福鼎市	11222	5779	5443	352	185	167	21	15	6

4-4b　各地区分性别、受教育程度的25岁及以上人口(镇)

单位：人

地　区	25岁及以上人口			未上过学		
	合计	男	女	小计	男	女
合　计	**7916564**	**3951183**	**3965381**	**288424**	**51828**	**236596**
福州市	**1340974**	**674099**	**666875**	**27948**	**5951**	**21997**
鼓楼区						
台江区						
仓山区						
马尾区						
晋安区	1003	560	443	50	10	40
长乐区	139249	73028	66221	3724	929	2795
闽侯县	344942	179898	165044	6115	1431	4684
连江县	230252	111292	118960	3864	565	3299
罗源县	132567	68405	64162	1725	537	1188
闽清县	79409	38449	40960	952	205	747
永泰县	82928	39443	43485	642	121	521
平潭县	140811	67617	73194	4143	745	3398
福清市	189813	95407	94406	6733	1408	5325
厦门市	**175528**	**96151**	**79377**	**8327**	**1367**	**6960**
思明区						
海沧区						
湖里区	1350	916	434	64	17	47
集美区	104	63	41	1		1
同安区	11751	6036	5715	899	142	757
翔安区	162323	89136	73187	7363	1208	6155
莆田市	**427478**	**205081**	**222397**	**26000**	**4222**	**21778**
城厢区	24053	11292	12761	2266	323	1943
涵江区	9676	4681	4995	571	40	531
荔城区	5629	2680	2949	375	68	307
秀屿区	66374	31856	34518	6742	1013	5729
仙游县	321746	154572	167174	16046	2778	13268
三明市	**665328**	**322278**	**343050**	**26925**	**5012**	**21913**
梅列区	8194	4462	3732	439	61	378
三元区	5220	2871	2349	307	81	226
明溪县	37829	18289	19540	1525	305	1220
清流县	40578	19626	20952	2234	321	1913
宁化县	84641	39890	44751	4275	529	3746
大田县	101143	49400	51743	2947	471	2476
尤溪县	114052	55979	58073	3285	744	2541
沙县	118147	57439	60708	5232	1217	4015
将乐县	59163	28176	30987	2653	505	2148
泰宁县	41360	19258	22102	1665	298	1367
建宁县	39188	18643	20545	1657	341	1316
永安市	15813	8245	7568	706	139	567
泉州市	**2049775**	**1029567**	**1020208**	**64660**	**9377**	**55283**
鲤城区						
丰泽区						
洛江区	27146	13745	13401	1707	170	1537
泉港区	51211	24774	26437	2102	264	1838
惠安县	413271	197716	215555	20211	1942	18269
安溪县	314929	155278	159651	8068	1282	6786
永春县	182334	87780	94554	3046	518	2528
德化县	175964	89593	86371	4981	676	4305
石狮市	121028	66068	54960	4117	994	3123
晋江市	287954	147722	140232	9364	1753	7611
南安市	475938	246891	229047	11064	1778	9286

4-4b 续表 1

单位：人

地 区	25岁及以上人口			未上过学		
	合计	男	女	小计	男	女
漳州市	**1476424**	**748475**	**727949**	**65331**	**10000**	**55331**
芗城区	59858	32083	27775	2695	384	2311
龙文区						
云霄县	155956	77917	78039	8571	1375	7196
漳浦县	325427	163956	161471	18411	2387	16024
诏安县	175765	87254	88511	9714	1685	8029
长泰县	98939	51577	47362	3015	532	2483
东山县	106473	52488	53985	3553	525	3028
南靖县	119390	59678	59712	4862	774	4088
平和县	150537	76039	74498	4511	634	3877
华安县	52417	26919	25498	1898	283	1615
龙海市	231662	120564	111098	8101	1421	6680
南平市	**467367**	**229162**	**238205**	**19278**	**5019**	**14259**
延平区	37905	19302	18603	2097	591	1506
建阳区	22732	11115	11617	1257	352	905
顺昌县	68095	32964	35131	2315	488	1827
浦城县	103690	49853	53837	2533	728	1805
光泽县	46689	22347	24342	1392	297	1095
松溪县	45180	21760	23420	1344	356	988
政和县	63228	31412	31816	3412	849	2563
邵武市	20264	10781	9483	1019	257	762
武夷山市	11946	6250	5696	392	136	256
建瓯市	47638	23378	24260	3517	965	2552
龙岩市	**582697**	**280693**	**302004**	**21996**	**2530**	**19466**
新罗区	47690	24342	23348	2736	345	2391
永定区	61336	30724	30612	3006	296	2710
长汀县	139546	65214	74332	4311	541	3770
上杭县	132548	63952	68596	4939	482	4457
武平县	99202	46553	52649	3726	415	3311
连城县	86203	41557	44646	2060	240	1820
漳平市	16172	8351	7821	1218	211	1007
宁德市	**730993**	**365677**	**365316**	**27959**	**8350**	**19609**
蕉城区	25912	13716	12196	1504	485	1019
霞浦县	201687	100100	101587	7035	2358	4677
古田县	118362	57794	60568	1251	360	891
屏南县	47194	23098	24096	907	252	655
寿宁县	58592	28816	29776	3010	699	2311
周宁县	54384	26702	27682	2668	820	1848
柘荣县	39770	19389	20381	2085	596	1489
福安市	97546	52061	45485	3612	1082	2530
福鼎市	87546	44001	43545	5887	1698	4189

4-4b 续表 2

单位：人

地 区	学前教育			小 学		
	小计	男	女	小计	男	女
合 计	**13757**	**3479**	**10278**	**2227924**	**895112**	**1332812**
福州市	**2250**	**631**	**1619**	**342960**	**142634**	**200326**
鼓楼区						
台江区						
仓山区						
马尾区						
晋安区				269	127	142
长乐区	290	124	166	45018	20352	24666
闽侯县	258	90	168	69171	30316	38855
连江县	541	104	437	64791	25259	39532
罗源县	100	45	55	39110	17825	21285
闽清县	60	14	46	16045	6435	9610
永泰县	43	5	38	18708	6959	11749
平潭县	171	64	107	34895	13255	21640
福清市	787	185	602	54953	22106	32847
厦门市	**76**	**24**	**52**	**35502**	**15465**	**20037**
思明区						
海沧区						
湖里区				270	162	108
集美区				37	16	21
同安区	8	2	6	3391	1428	1963
翔安区	68	22	46	31804	13859	17945
莆田市	**782**	**199**	**583**	**124133**	**50015**	**74118**
城厢区	1	1		6705	2612	4093
涵江区	13	5	8	2144	605	1539
荔城区	5		5	2166	866	1300
秀屿区	166	33	133	21137	8359	12778
仙游县	597	160	437	91981	37573	54408
三明市	**1081**	**261**	**820**	**178780**	**68723**	**110057**
梅列区	10	4	6	2357	1097	1260
三元区	14	3	11	1735	835	900
明溪县	28	5	23	9523	3661	5862
清流县	108	35	73	9281	3397	5884
宁化县	133	29	104	22923	8194	14729
大田县	258	43	215	27442	9172	18270
尤溪县	224	77	147	28694	11410	17284
沙县	103	20	83	31930	13509	18421
将乐县	117	29	88	17699	7067	10632
泰宁县	49	8	41	11246	4086	7160
建宁县	17	5	12	10749	4019	6730
永安市	20	3	17	5201	2276	2925
泉州市	**2900**	**782**	**2118**	**587333**	**231158**	**356175**
鲤城区						
丰泽区						
洛江区	40	8	32	7886	3090	4796
泉港区	69	17	52	16766	6226	10540
惠安县	480	84	396	130255	50302	79953
安溪县	697	166	531	79060	28880	50180
永春县	269	40	229	49440	17298	32142
德化县	92	21	71	47141	17061	30080
石狮市	201	131	70	43069	20383	22686
晋江市	189	61	128	86414	37340	49074
南安市	863	254	609	127302	50578	76724

4-4b 续表 3

单位：人

地　区	学前教育			小　学		
	小计	男	女	小计	男	女
漳州市	**3759**	**815**	**2944**	**440959**	**172843**	**268116**
芗城区	46	13	33	19514	8093	11421
龙文区						
云霄县	278	80	198	45503	17144	28359
漳浦县	1339	212	1127	98774	37953	60821
诏安县	526	114	412	63427	25059	38368
长泰县	153	54	99	25350	9691	15659
东山县	217	42	175	35724	13547	22177
南靖县	323	69	254	32394	12334	20060
平和县	268	63	205	41611	15621	25990
华安县	97	22	75	16561	6227	10334
龙海市	512	146	366	62101	27174	34927
南平市	**652**	**210**	**442**	**128579**	**56137**	**72442**
延平区	212	61	151	14090	6273	7817
建阳区	27	11	16	7925	3564	4361
顺昌县	93	30	63	15420	6398	9022
浦城县	87	26	61	26173	11446	14727
光泽县	21	11	10	10078	3992	6086
松溪县	28	7	21	10837	4652	6185
政和县	52	17	35	17930	7655	10275
邵武市	8	2	6	6705	3024	3681
武夷山市	6	1	5	3095	1478	1617
建瓯市	118	44	74	16326	7655	8671
龙岩市	**1039**	**137**	**902**	**141220**	**43324**	**97896**
新罗区	151	30	121	9991	3951	6040
永定区	107	16	91	13741	4678	9063
长汀县	391	28	363	41274	11947	29327
上杭县	183	27	156	30874	9048	21826
武平县	69	8	61	20578	5692	14886
连城县	96	17	79	20147	6260	13887
漳平市	42	11	31	4615	1748	2867
宁德市	**1218**	**420**	**798**	**248458**	**114813**	**133645**
蕉城区	27	14	13	12028	5993	6035
霞浦县	107	40	67	65873	31096	34777
古田县	139	45	94	34313	15551	18762
屏南县	78	28	50	15465	6954	8511
寿宁县	85	20	65	16962	7156	9806
周宁县	99	34	65	19668	8980	10688
柘荣县	36	11	25	12137	5463	6674
福安市	307	104	203	33773	15542	18231
福鼎市	340	124	216	38239	18078	20161

4-4b 续表 4

单位：人

地区	初中			高中			大学专科		
	小计	男	女	小计	男	女	小计	男	女
合计	**3283987**	**1797733**	**1486254**	**1157803**	**680551**	**477252**	**535530**	**294038**	**241492**
福州市	**550740**	**296332**	**254408**	**236768**	**131691**	**105077**	**91652**	**48638**	**43014**
鼓楼区									
台江区									
仓山区									
马尾区									
晋安区	426	258	168	163	107	56	47	29	18
长乐区	61118	34632	26486	21083	12402	8681	4437	2522	1915
闽侯县	136881	75079	61802	61793	34615	27178	32029	17113	14916
连江县	94741	49842	44899	39041	21248	17793	14127	7293	6834
罗源县	54190	29851	24339	20410	11084	9326	9457	4966	4491
闽清县	36209	18151	18058	15286	8056	7230	6049	3091	2958
永泰县	36204	17635	18569	15641	8440	7201	7262	3845	3417
平潭县	55088	28466	26622	25735	14126	11609	10856	5634	5222
福清市	75883	42418	33465	37616	21613	16003	7388	4145	3243
厦门市	**73585**	**44399**	**29186**	**29489**	**18856**	**10633**	**15373**	**8587**	**6786**
思明区									
海沧区									
湖里区	687	494	193	222	178	44	61	38	23
集美区	37	24	13	14	12	2	10	9	1
同安区	4805	2905	1900	1438	932	506	772	396	376
翔安区	68056	40976	27080	27815	17734	10081	14530	8144	6386
莆田市	**172020**	**91446**	**80574**	**62679**	**36662**	**26017**	**25201**	**13428**	**11773**
城厢区	10362	5500	4862	3235	2024	1211	993	576	417
涵江区	5093	2780	2313	1223	867	356	425	252	173
荔城区	2419	1351	1068	476	293	183	70	38	32
秀屿区	27480	15589	11891	6838	4461	2377	2001	1203	798
仙游县	126666	66226	60440	50907	29017	21890	21712	11359	10353
三明市	**245138**	**127628**	**117510**	**107142**	**61013**	**46129**	**58786**	**32505**	**26281**
梅列区	3480	2085	1395	1289	834	455	371	222	149
三元区	2228	1364	864	636	407	229	195	107	88
明溪县	13417	6983	6434	6443	3561	2882	3776	1997	1779
清流县	13814	7042	6772	6918	4002	2916	4317	2439	1878
宁化县	30770	15523	15247	13960	8248	5712	7237	4171	3066
大田县	39154	20866	18288	14966	9201	5765	9357	5389	3968
尤溪县	44697	22924	21773	18517	10509	8008	10481	5755	4726
沙县	41431	21708	19723	21007	11265	9742	10159	5333	4826
将乐县	20632	10647	9985	8441	4615	3826	5050	2771	2279
泰宁县	14543	7336	7207	6776	3682	3094	3642	1917	1725
建宁县	14338	7296	7042	5851	3248	2603	3645	2069	1576
永安市	6634	3854	2780	2338	1441	897	556	335	221
泉州市	**932921**	**514481**	**418440**	**259856**	**160463**	**99393**	**115925**	**64531**	**51394**
鲤城区									
丰泽区									
洛江区	12036	7080	4956	2978	1994	984	1410	780	630
泉港区	18130	9884	8246	7493	4538	2955	4506	2567	1939
惠安县	164754	89888	74866	45767	27527	18240	30873	16564	14309
安溪县	156059	82413	73646	37671	23150	14521	18369	10382	7987
永春县	84617	43367	41250	24032	14639	9393	10883	6089	4794
德化县	79184	43961	35223	22290	14282	8008	12483	7587	4896
石狮市	53239	31531	21708	13449	8820	4629	4201	2589	1612
晋江市	124451	70397	54054	40641	24274	16367	14632	7673	6959
南安市	240451	135960	104491	65535	41239	24296	18568	10300	8268

4-4b 续表 5 单位：人

地区	初中			高中			大学专科		
	小计	男	女	小计	男	女	小计	男	女
漳州市	**613171**	**356813**	**256358**	**191050**	**117302**	**73748**	**99367**	**55629**	**43738**
芗城区	28414	18009	10405	6013	3948	2065	2179	1126	1053
龙文区									
云霄县	64116	36734	27382	21100	13282	7818	9831	5607	4224
漳浦县	127547	75989	51558	42736	26431	16305	22354	12591	9763
诏安县	67389	39336	28053	19136	12055	7081	10015	5877	4138
长泰县	46375	27080	19295	11495	7338	4157	7374	4071	3303
东山县	37813	21329	16484	16208	9553	6655	8857	5106	3751
南靖县	50015	28169	21846	17513	10528	6985	8733	4793	3940
平和县	72852	41035	31817	18247	11260	6987	8200	4704	3496
华安县	22552	13644	8908	5138	3246	1892	3275	1933	1342
龙海市	96098	55488	40610	33464	19661	13803	18549	9821	8728
南平市	**196273**	**101509**	**94764**	**66694**	**36227**	**30467**	**32846**	**17527**	**15319**
延平区	15501	8689	6812	3710	2361	1349	1338	789	549
建阳区	9679	5132	4547	2182	1231	951	937	468	469
顺昌县	28349	14413	13936	12131	6395	5736	5423	2878	2545
浦城县	42984	21228	21756	18769	9451	9318	8003	4214	3789
光泽县	20365	10041	10324	7140	3889	3251	4505	2391	2114
松溪县	18537	9182	9355	7070	3674	3396	4402	2308	2094
政和县	25178	13495	11683	7841	4471	3370	5068	2770	2298
邵武市	9488	5549	3939	2053	1365	688	681	405	276
武夷山市	5438	2919	2519	1910	1079	831	688	389	299
建瓯市	20754	10861	9893	3888	2311	1577	1801	915	886
龙岩市	**238990**	**127367**	**111623**	**92955**	**57392**	**35563**	**49127**	**28022**	**21105**
新罗区	22604	13010	9594	7654	4659	2995	2770	1405	1365
永定区	30989	17239	13750	8150	5350	2800	3298	1913	1385
长汀县	52590	27469	25121	21983	13863	8120	11052	6526	4526
上杭县	50288	27078	23210	21244	12978	8266	13393	7663	5730
武平县	41430	20841	20589	16822	10133	6689	9234	5127	4107
连城县	34081	17484	16597	15299	9183	6116	8368	4770	3598
漳平市	7008	4246	2762	1803	1226	577	1012	618	394
宁德市	**261149**	**137758**	**123391**	**111170**	**60945**	**50225**	**47253**	**25171**	**22082**
蕉城区	8201	4824	3377	2842	1671	1171	788	455	333
霞浦县	72948	37282	35666	34149	17868	16281	13022	6768	6254
古田县	49696	25173	24523	18811	9509	9302	7658	3920	3738
屏南县	15141	7789	7352	8492	4399	4093	4026	2040	1986
寿宁县	21873	11288	10585	8248	4870	3378	4881	2770	2111
周宁县	16991	8858	8133	8152	4418	3734	3636	1905	1731
柘荣县	12639	6365	6274	6540	3551	2989	3524	1909	1615
福安市	35708	20686	15022	15115	9514	5601	5781	3317	2464
福鼎市	27952	15493	12459	8821	5145	3676	3937	2087	1850

4-4b 续表 6

单位：人

地　区	大学本科			硕士研究生			博士研究生		
	小计	男	女	小计	男	女	小计	男	女
合　计	**388735**	**217243**	**171492**	**17237**	**9191**	**8046**	**3167**	**2008**	**1159**
福州市	**78647**	**42671**	**35976**	**7938**	**4234**	**3704**	**2071**	**1317**	**754**
鼓楼区									
台江区									
仓山区									
马尾区									
晋安区	48	29	19						
长乐区	3329	1922	1407	230	129	101	20	16	4
闽侯县	30404	16620	13784	6377	3416	2961	1914	1218	696
连江县	12713	6769	5944	398	193	205	36	19	17
罗源县	7389	3994	3395	171	91	80	15	12	3
闽清县	4696	2443	2253	99	47	52	13	7	6
永泰县	4299	2377	1922	114	52	62	15	9	6
平潭县	9581	5138	4443	311	170	141	31	19	12
福清市	6188	3379	2809	238	136	102	27	17	10
厦门市	**12319**	**6945**	**5374**	**761**	**447**	**314**	**96**	**61**	**35**
思明区									
海沧区									
湖里区	43	25	18	3	2	1			
集美区	5	2	3						
同安区	418	218	200	17	11	6	3	2	1
翔安区	11853	6700	5153	741	434	307	93	59	34
莆田市	**16120**	**8830**	**7290**	**483**	**244**	**239**	**60**	**35**	**25**
城厢区	476	248	228	10	5	5	5	3	2
涵江区	197	125	72	9	6	3	1	1	
荔城区	116	63	53	2	1	1			
秀屿区	1936	1153	783	69	41	28	5	4	1
仙游县	13395	7241	6154	393	191	202	49	27	22
三明市	**46324**	**26487**	**19837**	**1041**	**576**	**465**	**111**	**73**	**38**
梅列区	237	153	84	8	3	5	3	3	
三元区	104	73	31	1	1				
明溪县	3020	1723	1297	86	49	37	11	5	6
清流县	3828	2349	1479	74	37	37	4	4	
宁化县	5232	3132	2100	102	58	44	9	6	3
大田县	6871	4160	2711	127	83	44	21	15	6
尤溪县	7934	4444	3490	203	105	98	17	11	6
沙县	8028	4253	3775	234	120	114	23	14	9
将乐县	4461	2472	1989	100	64	36	10	6	4
泰宁县	3380	1899	1481	53	28	25	6	4	2
建宁县	2883	1639	1244	44	24	20	4	2	2
永安市	346	190	156	9	4	5	3	3	
泉州市	**83292**	**47219**	**36073**	**2598**	**1370**	**1228**	**290**	**186**	**104**
鲤城区									
丰泽区									
洛江区	952	560	392	134	60	74	3	3	
泉港区	2072	1227	845	66	47	19	7	4	3
惠安县	20266	11029	9237	601	340	261	64	40	24
安溪县	14523	8732	5791	426	240	186	56	33	23
永春县	9760	5690	4070	252	117	135	35	22	13
德化县	9550	5868	3682	220	122	98	23	15	8
石狮市	2653	1560	1093	85	52	33	14	8	6
晋江市	11817	6007	5810	406	190	216	40	27	13
南安市	11699	6546	5153	408	202	206	48	34	14

4-4b 续表 7 单位：人

地 区	大学本科			硕士研究生			博士研究生		
	小计	男	女	小计	男	女	小计	男	女
漳州市	**60425**	**33862**	**26563**	**2113**	**1067**	**1046**	**249**	**144**	**105**
芗城区	945	487	458	42	17	25	10	6	4
龙文区									
云霄县	6367	3603	2764	170	82	88	20	10	10
漳浦县	13824	8147	5677	401	223	178	41	23	18
诏安县	5454	3072	2382	91	45	46	13	11	2
长泰县	5036	2733	2303	124	71	53	17	7	10
东山县	3971	2320	1651	122	62	60	8	4	4
南靖县	5409	2942	2467	121	60	61	20	9	11
平和县	4754	2674	2080	87	42	45	7	6	1
华安县	2832	1533	1299	63	30	33	1	1	
龙海市	11833	6351	5482	892	435	457	112	67	45
南平市	**22470**	**12227**	**10243**	**510**	**258**	**252**	**65**	**48**	**17**
延平区	919	517	402	36	20	16	2	1	1
建阳区	707	346	361	13	6	7	5	5	
顺昌县	4259	2307	1952	94	48	46	11	7	4
浦城县	5025	2700	2325	106	53	53	10	7	3
光泽县	3085	1669	1416	94	51	43	9	6	3
松溪县	2899	1549	1350	54	26	28	9	6	3
政和县	3659	2106	1553	75	38	37	13	11	2
邵武市	293	172	121	17	7	10			
武夷山市	407	242	165	8	4	4	2	2	
建瓯市	1217	619	598	13	5	8	4	3	1
龙岩市	**36252**	**21269**	**14983**	**1006**	**576**	**430**	**112**	**76**	**36**
新罗区	1702	900	802	75	37	38	7	5	2
永定区	1990	1194	796	44	30	14	11	8	3
长汀县	7732	4705	3027	194	123	71	19	12	7
上杭县	11201	6431	4770	390	221	169	36	24	12
武平县	7135	4226	2909	184	93	91	24	18	6
连城县	6028	3526	2502	111	69	42	13	8	5
漳平市	464	287	177	8	3	5	2	1	1
宁德市	**32886**	**17733**	**15153**	**787**	**419**	**368**	**113**	**68**	**45**
蕉城区	486	256	230	32	16	16	4	2	2
霞浦县	8326	4563	3763	201	107	94	26	18	8
古田县	6306	3145	3161	170	80	90	18	11	7
屏南县	3004	1584	1420	65	41	24	16	11	5
寿宁县	3468	1979	1489	59	30	29	6	4	2
周宁县	3098	1648	1450	62	35	27	10	4	6
柘荣县	2741	1465	1276	57	24	33	11	5	6
福安市	3147	1755	1392	85	50	35	18	11	7
福鼎市	2310	1338	972	56	36	20	4	2	2

4-4c　各地区分性别、受教育程度的25岁及以上人口(乡村)

单位：人

地　区	25岁及以上人口			未上过学		
	合计	男	女	小计	男	女
合　计	**9640965**	**4991169**	**4649796**	**693904**	**138891**	**555013**
福州市	**1695762**	**876937**	**818825**	**77004**	**16358**	**60646**
鼓楼区						
台江区						
仓山区						
马尾区	29544	14993	14551	1094	215	879
晋安区	16429	9112	7317	693	138	555
长乐区	241367	125140	116227	6932	1737	5195
闽侯县	295633	155178	140455	12121	2913	9208
连江县	237843	123892	113951	6759	1303	5456
罗源县	59545	33062	26483	3150	987	2163
闽清县	109100	56844	52256	4003	879	3124
永泰县	116576	61206	55370	5204	1039	4165
平潭县	126412	63658	62754	13591	2863	10728
福清市	463313	233852	229461	23457	4284	19173
厦门市	**386038**	**207129**	**178909**	**27965**	**4869**	**23096**
思明区						
海沧区	9201	4980	4221	376	76	300
湖里区						
集美区	72308	40179	32129	3018	626	2392
同安区	152166	81170	70996	12472	2142	10330
翔安区	152363	80800	71563	12099	2025	10074
莆田市	**848914**	**414526**	**434388**	**85476**	**12036**	**73440**
城厢区	112044	54676	57368	10947	1229	9718
涵江区	78283	39602	38681	4545	549	3996
荔城区	115585	55680	59905	8315	1296	7019
秀屿区	235890	112337	123553	36049	4359	31690
仙游县	307112	152231	154881	25620	4603	21017
三明市	**707263**	**375975**	**331288**	**62197**	**13261**	**48936**
梅列区	5149	2727	2422	683	141	542
三元区	19718	11144	8574	1401	364	1037
明溪县	37996	21083	16913	2046	500	1546
清流县	45033	23795	21238	4657	960	3697
宁化县	102408	52312	50096	10901	1777	9124
大田县	104798	56395	48403	8198	1721	6477
尤溪县	134679	71862	62817	9369	2127	7242
沙县	55360	29723	25637	5835	1533	4302
将乐县	46109	24486	21623	4406	977	3429
泰宁县	34267	18044	16223	3025	661	2364
建宁县	46302	24133	22169	4551	968	3583
永安市	75444	40271	35173	7125	1532	5593
泉州市	**2022547**	**1023897**	**998650**	**113229**	**17366**	**95863**
鲤城区						
丰泽区						
洛江区	72517	36738	35779	6664	931	5733
泉港区	114492	56397	58095	6349	691	5658
惠安县	326164	157248	168916	25042	2407	22635
安溪县	358108	184109	173999	23090	4062	19028
永春县	122410	63526	58884	4699	727	3972
德化县	58319	31108	27211	6307	1077	5230
石狮市	69798	36828	32970	2328	655	1673
晋江市	476644	246152	230492	24469	4665	19804
南安市	424095	211791	212304	14281	2151	12130

4-4c 续表 1

单位：人

地区	25岁及以上人口			未上过学		
	合计	男	女	小计	男	女
漳州市	**1427959**	**735481**	**692478**	**104699**	**16172**	**88527**
芗城区	51691	27187	24504	4038	545	3493
龙文区	20400	10371	10029	1079	205	874
云霄县	137822	72169	65653	12659	2035	10624
漳浦县	275088	139061	136027	24147	3239	20908
诏安县	208356	106313	102043	17770	2819	14951
长泰县	70708	36403	34305	4199	798	3401
东山县	58149	30108	28041	3577	398	3179
南靖县	109822	56742	53080	8245	1233	7012
平和县	171763	89991	81772	10602	1613	8989
华安县	48298	25622	22676	2996	515	2481
龙海市	275862	141514	134348	15387	2772	12615
南平市	**838050**	**443961**	**394089**	**68790**	**19894**	**48896**
延平区	93629	49510	44119	7048	1945	5103
建阳区	101843	54043	47800	9248	2724	6524
顺昌县	71302	37708	33594	4134	1053	3081
浦城县	118969	62390	56579	8282	2638	5644
光泽县	50685	27113	23572	2254	571	1683
松溪县	51443	27367	24076	3909	1248	2661
政和县	65022	35035	29987	9181	2607	6574
邵武市	47330	25318	22012	3155	788	2367
武夷山市	76821	40732	36089	4065	1243	2822
建瓯市	161006	84745	76261	17514	5077	12437
龙岩市	**770524**	**400734**	**369790**	**65480**	**8718**	**56762**
新罗区	96227	53190	43037	8273	1354	6919
永定区	121899	63933	57966	9546	1198	8348
长汀县	131956	66351	65605	10084	1244	8840
上杭县	138892	70035	68857	13846	1421	12425
武平县	101292	51697	49595	8894	1000	7894
连城县	95607	49391	46216	5296	721	4575
漳平市	84651	46137	38514	9541	1780	7761
宁德市	**943908**	**512529**	**431379**	**89064**	**30217**	**58847**
蕉城区	149362	81025	68337	12826	4392	8434
霞浦县	144558	80059	64499	13299	4851	8448
古田县	129133	69356	59777	4462	1532	2930
屏南县	55735	30539	25196	3662	1120	2542
寿宁县	68308	37324	30984	7696	2353	5343
周宁县	53485	29774	23711	6399	2408	3991
柘荣县	26468	14569	11899	3387	1290	2097
福安市	159172	84917	74255	15152	4799	10353
福鼎市	157687	84966	72721	22181	7472	14709

4-4c 续表 2

单位：人

地 区	学前教育			小 学		
	小计	男	女	小计	男	女
合 计	**40234**	**10863**	**29371**	**3816553**	**1686002**	**2130551**
福州市	**7465**	**2005**	**5460**	**621811**	**274970**	**346841**
鼓楼区						
台江区						
仓山区						
马尾区	286	80	206	10351	4623	5728
晋安区	100	31	69	5419	2423	2996
长乐区	619	177	442	90468	41599	48869
闽侯县	1015	349	666	95680	44622	51058
连江县	1171	287	884	101430	43817	57613
罗源县	267	104	163	29889	15400	14489
闽清县	229	47	182	35713	15656	20057
永泰县	505	137	368	47931	20222	27709
平潭县	547	130	417	41299	18813	22486
福清市	2726	663	2063	163631	67795	95836
厦门市	**343**	**113**	**230**	**109160**	**49490**	**59670**
思明区						
海沧区	3	1	2	1585	747	838
湖里区						
集美区	75	15	60	18218	8495	9723
同安区	129	35	94	44737	19906	24831
翔安区	136	62	74	44620	20342	24278
莆田市	**2508**	**692**	**1816**	**298611**	**123649**	**174962**
城厢区	10	3	7	33544	12984	20560
涵江区	183	36	147	21815	7466	14349
荔城区	865	293	572	41459	16285	25174
秀屿区	622	118	504	81984	35168	46816
仙游县	828	242	586	119809	51746	68063
三明市	**4171**	**1232**	**2939**	**310451**	**143725**	**166726**
梅列区	26	12	14	1930	969	961
三元区	93	37	56	9356	4732	4624
明溪县	107	40	67	14735	6924	7811
清流县	195	55	140	19497	8477	11020
宁化县	528	139	389	46054	20085	25969
大田县	1188	292	896	51690	22789	28901
尤溪县	766	254	512	55139	25211	29928
沙县	302	98	204	22168	11322	10846
将乐县	235	88	147	19989	9799	10190
泰宁县	141	38	103	14567	6751	7816
建宁县	132	41	91	23085	10877	12208
永安市	458	138	320	32241	15789	16452
泉州市	**5775**	**1198**	**4577**	**773045**	**317661**	**455384**
鲤城区						
丰泽区						
洛江区	415	117	298	25839	10768	15071
泉港区	231	38	193	39735	13962	25773
惠安县	552	80	472	125010	50084	74926
安溪县	2165	351	1814	154053	63552	90501
永春县	445	117	328	55827	22424	33403
德化县	258	61	197	24067	10919	13148
石狮市	75	23	52	26014	11910	14104
晋江市	437	137	300	169283	75269	94014
南安市	1197	274	923	153217	58773	94444

4－4c 续表 3

单位：人

地 区	学前教育			小 学		
	小计	男	女	小计	男	女
漳州市	**8835**	**2027**	**6808**	**601300**	**246685**	**354615**
芗城区	57	9	48	18260	7100	11160
龙文区	83	17	66	7996	3171	4825
云霄县	732	192	540	59452	24204	35248
漳浦县	2334	351	1983	116154	46691	69463
诏安县	1483	502	981	94849	39876	54973
长泰县	155	41	114	29066	11485	17581
东山县	470	57	413	25388	10037	15351
南靖县	806	174	632	43541	17644	25897
平和县	1207	338	869	70945	28158	42787
华安县	347	51	296	21518	8975	12543
龙海市	1161	295	866	114131	49344	64787
南平市	**3331**	**1301**	**2030**	**366965**	**181152**	**185813**
延平区	460	172	288	42899	20616	22283
建阳区	277	95	182	43479	22232	21247
顺昌县	358	118	240	29529	13954	15575
浦城县	365	145	220	53377	26397	26980
光泽县	111	44	67	23351	11141	12210
松溪县	388	170	218	20930	10105	10825
政和县	132	48	84	27253	13846	13407
邵武市	35	13	22	21355	10029	11326
武夷山市	269	102	167	29815	14622	15193
建瓯市	936	394	542	74977	38210	36767
龙岩市	**4174**	**802**	**3372**	**283418**	**110886**	**172532**
新罗区	434	96	338	26070	11860	14210
永定区	395	78	317	38636	15370	23266
长汀县	1075	202	873	58219	21179	37040
上杭县	814	124	690	54573	20649	33924
武平县	423	66	357	33397	11742	21655
连城县	687	159	528	37805	14139	23666
漳平市	346	77	269	34718	15947	18771
宁德市	**3632**	**1493**	**2139**	**451792**	**237784**	**214008**
蕉城区	384	172	212	64234	34316	29918
霞浦县	386	171	215	76716	40744	35972
古田县	376	159	217	60167	30808	29359
屏南县	154	58	96	27662	14536	13126
寿宁县	524	180	344	32506	16490	16016
周宁县	94	32	62	24115	12855	11260
柘荣县	58	25	33	11997	6541	5456
福安市	999	427	572	79461	41182	38279
福鼎市	657	269	388	74934	40312	34622

4-4c 续表 4

单位：人

地区	初中			高中			大学专科		
	小计	男	女	小计	男	女	小计	男	女
合 计	**3771260**	**2313369**	**1457891**	**870304**	**578785**	**291519**	**282078**	**166099**	**115979**
福州市	**693429**	**407573**	**285856**	**212436**	**128541**	**83895**	**50180**	**28483**	**21697**
鼓楼区									
台江区									
仓山区									
马尾区	12950	7319	5631	3767	2143	1624	649	364	285
晋安区	6745	4343	2402	2246	1446	800	701	420	281
长乐区	104083	59090	44993	30220	17382	12838	5140	2906	2234
闽侯县	131019	75408	55611	35668	20867	14801	12580	6758	5822
连江县	98253	59601	38652	21282	13487	7795	5448	3303	2145
罗源县	20013	12816	7197	4186	2601	1585	1234	709	525
闽清县	54906	31588	23318	9431	5981	3450	3206	1823	1383
永泰县	47320	29095	18225	10199	7287	2912	3770	2405	1365
平潭县	45292	26600	18692	15313	9351	5962	5604	3102	2502
福清市	172848	101713	71135	80124	47996	32128	11848	6693	5155
厦门市	**152621**	**94830**	**57791**	**46898**	**30276**	**16622**	**27423**	**15467**	**11956**
思明区									
海沧区	3303	1860	1443	1730	1033	697	1077	572	505
湖里区									
集美区	33992	20654	13338	9978	6476	3502	4426	2505	1921
同安区	62555	39242	23313	16689	11057	5632	9456	5398	4058
翔安区	52771	33074	19697	18501	11710	6791	12464	6992	5472
莆田市	**341165**	**199961**	**141204**	**83551**	**55950**	**27601**	**23978**	**14177**	**9801**
城厢区	49838	29110	20728	12056	8116	3940	3736	2132	1604
涵江区	37007	21829	15178	10885	7435	3450	2504	1506	998
荔城区	50197	28640	21557	10117	6536	3581	2725	1549	1176
秀屿区	90083	54080	36003	18309	12943	5366	5148	3286	1862
仙游县	114040	66302	47738	32184	20920	11264	9865	5704	4161
三明市	**252107**	**163070**	**89037**	**51830**	**37556**	**14274**	**17405**	**11331**	**6074**
梅列区	1916	1224	692	427	282	145	99	61	38
三元区	7072	4768	2304	1196	851	345	383	247	136
明溪县	16848	10695	6153	2873	2042	831	892	568	324
清流县	15317	10340	4977	3619	2815	804	1102	727	375
宁化县	32689	21531	11158	8010	5941	2069	2678	1822	856
大田县	32891	23381	9510	6883	5472	1411	2652	1848	804
尤溪县	52923	32752	20171	10921	7842	3079	3864	2540	1324
沙县	21626	13304	8322	3775	2531	1244	1025	577	448
将乐县	16796	10568	6228	2757	1857	900	1187	739	448
泰宁县	13030	8210	4820	2173	1588	585	823	508	315
建宁县	14767	9630	5137	2425	1767	658	968	637	331
永安市	26232	16667	9565	6771	4568	2203	1732	1057	675
泉州市	**853709**	**508629**	**345080**	**179160**	**121664**	**57496**	**61842**	**36507**	**25335**
鲤城区									
丰泽区									
洛江区	29588	18120	11468	6250	4493	1757	2403	1488	915
泉港区	45308	27168	18140	13087	8692	4395	6889	4178	2711
惠安县	128702	75209	53493	24617	16674	7943	15074	8707	6367
安溪县	146552	92614	53938	21328	16300	5028	6449	4309	2140
永春县	50001	31816	18185	7711	5973	1738	2281	1533	748
德化县	20032	13478	6554	4626	3506	1120	1937	1336	601
石狮市	30296	17547	12749	7887	4923	2964	1916	1056	860
晋江市	201266	117009	84257	54685	34702	19983	15735	8570	7165
南安市	201964	115668	86296	38969	26401	12568	9158	5330	3828

4-4c 续表 5

单位：人

地区	初中			高中			大学专科		
	小计	男	女	小计	男	女	小计	男	女
漳州市	**570451**	**374368**	**196083**	**94113**	**67958**	**26155**	**34031**	**19998**	**14033**
芗城区	21826	14634	7192	5062	3543	1519	1667	918	749
龙文区	8535	5467	3068	1620	1007	613	757	358	399
云霄县	53241	36996	16245	8011	6270	1741	2678	1788	890
漳浦县	106673	70841	35832	17552	12922	4630	5724	3486	2238
诏安县	79934	52868	27066	9610	7226	2384	3566	2331	1235
长泰县	29746	19134	10612	4372	3235	1137	2040	1098	942
东山县	23055	15745	7310	3458	2557	901	1662	981	681
南靖县	44084	28915	15169	8845	6349	2496	3037	1720	1317
平和县	74602	49320	25282	10301	7948	2353	2785	1798	987
华安县	18861	12953	5908	2930	2143	787	1089	676	413
龙海市	109894	67495	42399	22352	14758	7594	9026	4844	4182
南平市	**317949**	**191286**	**126663**	**53106**	**34317**	**18789**	**17956**	**10281**	**7675**
延平区	33738	20605	13133	6189	4123	2066	2160	1341	819
建阳区	38419	22840	15579	6539	4014	2525	2333	1264	1069
顺昌县	30192	18131	12061	4580	3041	1539	1744	980	764
浦城县	46131	26578	19553	7903	5002	2901	1874	1059	815
光泽县	20523	12473	8050	2585	1766	819	1263	752	511
松溪县	20656	12424	8232	3493	2252	1241	1390	796	594
政和县	22231	14361	7870	3982	2773	1209	1469	918	551
邵武市	17922	11138	6784	3304	2396	908	1052	626	426
武夷山市	32623	19074	13549	6657	3882	2775	2055	1062	993
建瓯市	55514	33662	21852	7874	5068	2806	2616	1483	1133
龙岩市	**310083**	**203189**	**106894**	**72668**	**54952**	**17716**	**22631**	**14504**	**8127**
新罗区	43980	28601	15379	12522	8555	3967	3206	1772	1434
永定区	56026	34882	21144	11570	8635	2935	3801	2505	1296
长汀县	45497	30823	14674	11323	8935	2388	3704	2526	1178
上杭县	50879	34236	16643	11914	9266	2648	4313	2749	1564
武平县	44543	28411	16132	10191	7959	2232	2480	1637	843
连城县	38732	24804	13928	8643	6670	1973	3004	1970	1034
漳平市	30426	21432	8994	6505	4932	1573	2123	1345	778
宁德市	**279746**	**170463**	**109283**	**76542**	**47571**	**28971**	**26632**	**15351**	**11281**
蕉城区	45616	26983	18633	16569	9731	6838	6189	3444	2745
霞浦县	41112	25983	15129	8931	5788	3143	2581	1563	1018
古田县	51365	29506	21859	8635	5171	3464	2565	1352	1213
屏南县	15781	9824	5957	5051	3127	1924	1909	1016	893
寿宁县	20093	13196	6897	4824	3398	1426	1684	1083	601
周宁县	15176	9747	5429	5340	3357	1983	1419	852	567
柘荣县	7898	4858	3040	1797	1099	698	757	443	314
福安市	42918	26065	16853	13393	8360	5033	4825	2762	2063
福鼎市	39787	24301	15486	12002	7540	4462	4703	2836	1867

4-4c 续表 6

单位：人

地 区	大学本科			硕士研究生			博士研究生		
	小计	男	女	小计	男	女	小计	男	女
合 计	**155980**	**91003**	**64977**	**8156**	**4525**	**3631**	**2496**	**1632**	**864**
福州市	**31655**	**18017**	**13638**	**1532**	**832**	**700**	**250**	**158**	**92**
鼓楼区									
台江区									
仓山区									
马尾区	432	242	190	13	7	6	2		2
晋安区	505	296	209	18	13	5	2	2	
长乐区	3685	2133	1552	181	91	90	39	25	14
闽侯县	7201	4061	3140	301	169	132	48	31	17
连江县	3324	2001	1323	156	79	77	20	14	6
罗源县	775	428	347	26	14	12	5	3	2
闽清县	1525	816	709	73	44	29	14	10	4
永泰县	1551	963	588	89	54	35	7	4	3
平潭县	4436	2612	1824	291	159	132	39	28	11
福清市	8221	4465	3756	384	202	182	74	41	33
厦门市	**18356**	**10214**	**8142**	**1929**	**1002**	**927**	**1343**	**868**	**475**
思明区									
海沧区	1043	640	403	73	44	29	11	7	4
湖里区									
集美区	2487	1350	1137	99	50	49	15	8	7
同安区	5770	3179	2591	326	187	139	32	24	8
翔安区	9056	5045	4011	1431	721	710	1285	829	456
莆田市	**12980**	**7692**	**5288**	**543**	**301**	**242**	**102**	**68**	**34**
城厢区	1806	1038	768	89	48	41	18	16	2
涵江区	1272	744	528	59	29	30	13	8	5
荔城区	1825	1045	780	67	28	39	15	8	7
秀屿区	3534	2275	1259	139	90	49	22	18	4
仙游县	4543	2590	1953	189	106	83	34	18	16
三明市	**8605**	**5470**	**3135**	**403**	**262**	**141**	**94**	**68**	**26**
梅列区	65	35	30	3	3				
三元区	207	139	68	7	5	2	3	1	2
明溪县	475	299	176	18	13	5	2	2	
清流县	612	398	214	27	18	9	7	5	2
宁化县	1470	962	508	62	40	22	16	15	1
大田县	1207	829	378	71	48	23	18	15	3
尤溪县	1612	1083	529	65	37	28	20	16	4
沙县	588	328	260	34	26	8	7	4	3
将乐县	708	435	273	28	21	7	3	2	1
泰宁县	484	275	209	23	13	10	1		1
建宁县	358	204	154	12	8	4	4	1	3
永安市	819	483	336	53	30	23	13	7	6
泉州市	**34098**	**19852**	**14246**	**1418**	**831**	**587**	**271**	**189**	**82**
鲤城区									
丰泽区									
洛江区	1303	779	524	47	35	12	8	7	1
泉港区	2761	1589	1172	115	66	49	17	13	4
惠安县	6823	3883	2940	294	172	122	50	32	18
安溪县	4223	2767	1456	195	119	76	53	35	18
永春县	1373	893	480	53	28	25	20	15	5
德化县	1030	692	338	45	29	16	17	10	7
石狮市	1206	674	532	70	36	34	6	4	2
晋江市	10290	5507	4783	411	240	171	68	53	15
南安市	5089	3068	2021	188	106	82	32	20	12

4-4c 续表 7

单位：人

地 区	大学本科			硕士研究生			博士研究生		
	小计	男	女	小计	男	女	小计	男	女
漳州市	**13854**	**7925**	**5929**	**567**	**283**	**284**	**109**	**65**	**44**
芗城区	733	417	316	40	19	21	8	2	6
龙文区	307	140	167	22	6	16	1		1
云霄县	986	652	334	51	26	25	12	6	6
漳浦县	2386	1469	917	100	48	52	18	14	4
诏安县	1077	649	428	52	31	21	15	11	4
长泰县	1082	585	497	36	20	16	12	7	5
东山县	512	318	194	26	14	12	1	1	
南靖县	1206	676	530	51	26	25	7	5	2
平和县	1259	782	477	50	29	21	12	5	7
华安县	539	299	240	15	9	6	3	1	2
龙海市	3767	1938	1829	124	55	69	20	13	7
南平市	**9389**	**5405**	**3984**	**480**	**272**	**208**	**84**	**53**	**31**
延平区	1056	660	396	70	41	29	9	7	2
建阳区	1481	835	646	57	32	25	10	7	3
顺昌县	719	401	318	36	23	13	10	7	3
浦城县	973	537	436	53	29	24	11	5	6
光泽县	564	342	222	28	19	9	6	5	1
松溪县	645	354	291	29	15	14	3	3	
政和县	728	452	276	38	27	11	8	3	5
邵武市	476	307	169	23	17	6	8	4	4
武夷山市	1263	715	548	70	30	40	4	2	2
建瓯市	1484	802	682	76	39	37	15	10	5
龙岩市	**11434**	**7301**	**4133**	**510**	**297**	**213**	**126**	**85**	**41**
新罗区	1635	896	739	82	38	44	25	18	7
永定区	1842	1216	626	71	43	28	12	6	6
长汀县	1948	1372	576	82	53	29	24	17	7
上杭县	2404	1497	907	116	68	48	33	25	8
武平县	1287	831	456	65	43	22	12	8	4
连城县	1367	884	483	57	35	22	16	9	7
漳平市	951	605	346	37	17	20	4	2	2
宁德市	**15609**	**9127**	**6482**	**774**	**445**	**329**	**117**	**78**	**39**
蕉城区	3304	1844	1460	200	119	81	40	24	16
霞浦县	1443	910	533	80	41	39	10	8	2
古田县	1476	775	701	74	46	28	13	7	6
屏南县	1457	825	632	53	28	25	6	5	1
寿宁县	928	587	341	42	27	15	11	10	1
周宁县	896	496	400	42	24	18	4	3	1
柘荣县	559	303	256	13	10	3	2		2
福安市	2294	1259	1035	114	53	61	16	10	6
福鼎市	3252	2128	1124	156	97	59	15	11	4

4–5　全省分年龄、性别的15岁及以上文盲人口

单位：人、%

年　龄	15岁及以上人口			文盲人口			文盲人口占15岁及以上人口比重		
	合计	男	女	合计	男	女	合计	男	女
总　计	**33514861**	**17115416**	**16399445**	**969613**	**174329**	**795284**	**2.89**	**1.02**	**4.85**
15–19岁	**2012096**	**1081131**	**930965**	**2646**	**1598**	**1048**	**0.13**	**0.15**	**0.11**
15	428675	230351	198324	786	451	335	0.18	0.20	0.17
16	419130	225807	193323	538	319	219	0.13	0.14	0.11
17	391848	211593	180255	458	289	169	0.12	0.14	0.09
18	375620	202642	172978	447	273	174	0.12	0.13	0.10
19	396823	210738	186085	417	266	151	0.11	0.13	0.08
20–24岁	**2039363**	**1098046**	**941317**	**2289**	**1407**	**882**	**0.11**	**0.13**	**0.09**
20	405693	214891	190802	468	282	186	0.12	0.13	0.10
21	374309	199973	174336	428	268	160	0.11	0.13	0.09
22	405061	218961	186100	434	256	178	0.11	0.12	0.10
23	413028	224253	188775	475	303	172	0.12	0.14	0.09
24	441272	239968	201304	484	298	186	0.11	0.12	0.09
25–29岁	**2863711**	**1528514**	**1335197**	**3291**	**1899**	**1392**	**0.11**	**0.12**	**0.10**
25	517190	281558	235632	577	339	238	0.11	0.12	0.10
26	508898	274481	234417	591	354	237	0.12	0.13	0.10
27	540825	288209	252616	633	382	251	0.12	0.13	0.10
28	588116	312245	275871	662	379	283	0.11	0.12	0.10
29	708682	372021	336661	828	445	383	0.12	0.12	0.11
30–34岁	**4001865**	**2049194**	**1952671**	**5544**	**2766**	**2778**	**0.14**	**0.13**	**0.14**
30	878625	453697	424928	1055	565	490	0.12	0.12	0.12
31	841983	428723	413260	1130	599	531	0.13	0.14	0.13
32	777120	395825	381295	1112	538	574	0.14	0.14	0.15
33	791333	405397	385936	1161	550	611	0.15	0.14	0.16
34	712804	365552	347252	1086	514	572	0.15	0.14	0.16
35–39岁	**3325154**	**1704483**	**1620671**	**6968**	**2865**	**4103**	**0.21**	**0.17**	**0.25**
35	676065	346793	329272	1187	562	625	0.18	0.16	0.19
36	691628	354671	336957	1282	556	726	0.19	0.16	0.22
37	650312	333708	316604	1349	565	784	0.21	0.17	0.25
38	731785	374766	357019	1623	659	964	0.22	0.18	0.27
39	575364	294545	280819	1527	523	1004	0.27	0.18	0.36
40–44岁	**3011449**	**1544982**	**1466467**	**14055**	**3999**	**10056**	**0.47**	**0.26**	**0.69**
40	481968	247038	234930	1619	550	1069	0.34	0.22	0.46
41	590464	303809	286655	2273	707	1566	0.38	0.23	0.55
42	625432	320175	305257	2821	857	1964	0.45	0.27	0.64
43	630589	323442	307147	3254	881	2373	0.52	0.27	0.77
44	682996	350518	332478	4088	1004	3084	0.60	0.29	0.93

4-5 续表

单位：人、%

年龄	15岁及以上人口			文盲人口			文盲人口占15岁及以上人口比重		
	合计	男	女	合计	男	女	合计	男	女
45-49岁	**3557534**	**1818519**	**1739015**	**33566**	**7016**	**26550**	**0.94**	**0.39**	**1.53**
45	659632	338210	321422	4730	1098	3632	0.72	0.32	1.13
46	694816	356087	338729	5644	1223	4421	0.81	0.34	1.31
47	737034	377563	359471	6821	1436	5385	0.93	0.38	1.50
48	716983	365794	351189	7505	1489	6016	1.05	0.41	1.71
49	749069	380865	368204	8866	1770	7096	1.18	0.46	1.93
50-54岁	**3362556**	**1711798**	**1650758**	**62922**	**10941**	**51981**	**1.87**	**0.64**	**3.15**
50	716380	363811	352569	9936	1834	8102	1.39	0.50	2.30
51	691896	352841	339055	11482	2097	9385	1.66	0.59	2.77
52	724166	368651	355515	13393	2326	11067	1.85	0.63	3.11
53	589129	298941	290188	12857	2156	10701	2.18	0.72	3.69
54	640985	327554	313431	15254	2528	12726	2.38	0.77	4.06
55-59岁	**2703264**	**1363368**	**1339896**	**84672**	**12380**	**72292**	**3.13**	**0.91**	**5.40**
55	641939	327400	314539	17288	2715	14573	2.69	0.83	4.63
56	572603	288687	283916	16411	2480	13931	2.87	0.86	4.91
57	714627	361836	352791	21963	3228	18735	3.07	0.89	5.31
58	515370	259017	256353	18273	2535	15738	3.55	0.98	6.14
59	258725	126428	132297	10737	1422	9315	4.15	1.12	7.04
60-64岁	**2027870**	**1021219**	**1006651**	**120490**	**18896**	**101594**	**5.94**	**1.85**	**10.09**
60	377059	190536	186523	17701	2651	15050	4.69	1.39	8.07
61	363805	185101	178704	19944	3253	16691	5.48	1.76	9.34
62	430390	217827	212563	26119	4217	21902	6.07	1.94	10.30
63	474994	239290	235704	30890	4790	26100	6.50	2.00	11.07
64	381622	188465	193157	25836	3985	21851	6.77	2.11	11.31
65-69岁	**1819219**	**887915**	**931304**	**145057**	**22306**	**122751**	**7.97**	**2.51**	**13.18**
65	420209	208152	212057	30422	4635	25787	7.24	2.23	12.16
66	398464	194856	203608	30299	4541	25758	7.60	2.33	12.65
67	358952	174055	184897	29538	4484	25054	8.23	2.58	13.55
68	351592	170868	180724	29417	4660	24757	8.37	2.73	13.70
69	290002	139984	150018	25381	3986	21395	8.75	2.85	14.26
70-74岁	**1133619**	**562879**	**570740**	**123680**	**21263**	**102417**	**10.91**	**3.78**	**17.94**
70	268029	133495	134534	25223	4221	21002	9.41	3.16	15.61
71	259597	130314	129283	27059	4753	22306	10.42	3.65	17.25
72	222145	109696	112449	25106	4238	20868	11.30	3.86	18.56
73	197179	97328	99851	22945	3939	19006	11.64	4.05	19.03
74	186669	92046	94623	23347	4112	19235	12.51	4.47	20.33
75-79岁	**719402**	**349835**	**369567**	**113656**	**20521**	**93135**	**15.80**	**5.87**	**25.20**
75	159625	77815	81810	21780	3687	18093	13.64	4.74	22.12
76	157186	77833	79353	23513	4279	19234	14.96	5.50	24.24
77	142840	69282	73558	22553	4097	18456	15.79	5.91	25.09
78	133275	64423	68852	22688	4141	18547	17.02	6.43	26.94
79	126476	60482	65994	23122	4317	18805	18.28	7.14	28.50
80-84岁	**517361**	**232858**	**284503**	**117263**	**22611**	**94652**	**22.67**	**9.71**	**33.27**
80	109715	51479	58236	21531	4149	17382	19.62	8.06	29.85
81	105131	48464	56667	22651	4474	18177	21.55	9.23	32.08
82	108631	50084	58547	24703	4970	19733	22.74	9.92	33.70
83	102628	44426	58202	25123	4762	20361	24.48	10.72	34.98
84	91256	38405	52851	23255	4256	18999	25.48	11.08	35.95
85岁及以上	**420398**	**160675**	**259723**	**133514**	**23861**	**109653**	**31.76**	**14.85**	**42.22**

4–5a 全省分年龄、性别的15岁及以上文盲人口(城市)

单位：人、%

年 龄	15岁及以上人口			文盲人口			文盲人口占15岁及以上人口比重		
	合计	男	女	合计	男	女	合计	男	女
总 计	**13981478**	**7091086**	**6890392**	**228572**	**39038**	**189534**	**1.63**	**0.55**	**2.75**
15–19岁	**971778**	**519434**	**452344**	**762**	**459**	**303**	**0.08**	**0.09**	**0.07**
15	181179	97649	83530	237	141	96	0.13	0.14	0.11
16	197896	106994	90902	141	85	56	0.07	0.08	0.06
17	185668	100754	84914	124	77	47	0.07	0.08	0.06
18	188527	100951	87576	132	81	51	0.07	0.08	0.06
19	218508	113086	105422	128	75	53	0.06	0.07	0.05
20–24岁	**1103827**	**577765**	**526062**	**633**	**380**	**253**	**0.06**	**0.07**	**0.05**
20	228689	116976	111713	137	75	62	0.06	0.06	0.06
21	206882	107651	99231	116	67	49	0.06	0.06	0.05
22	218279	114899	103380	105	61	44	0.05	0.05	0.04
23	219853	116482	103371	148	102	46	0.07	0.09	0.04
24	230124	121757	108367	127	75	52	0.06	0.06	0.05
25–29岁	**1399010**	**735220**	**663790**	**760**	**438**	**322**	**0.05**	**0.06**	**0.05**
25	261180	138910	122270	151	89	62	0.06	0.06	0.05
26	251511	132676	118835	150	95	55	0.06	0.07	0.05
27	264968	139304	125664	131	80	51	0.05	0.06	0.04
28	284691	149363	135328	139	79	60	0.05	0.05	0.04
29	336660	174967	161693	189	95	94	0.06	0.05	0.06
30–34岁	**1911430**	**970234**	**941196**	**1415**	**709**	**706**	**0.07**	**0.07**	**0.08**
30	415858	213123	202735	259	128	131	0.06	0.06	0.06
31	401060	202624	198436	307	162	145	0.08	0.08	0.07
32	372736	188358	184378	287	150	137	0.08	0.08	0.07
33	379288	192424	186864	286	147	139	0.08	0.08	0.07
34	342488	173705	168783	276	122	154	0.08	0.07	0.09
35–39岁	**1574058**	**796719**	**777339**	**1776**	**724**	**1052**	**0.11**	**0.09**	**0.14**
35	320398	162126	158272	286	141	145	0.09	0.09	0.09
36	329129	166603	162526	301	135	166	0.09	0.08	0.10
37	310436	156671	153765	328	143	185	0.11	0.09	0.12
38	346248	175108	171140	433	171	262	0.13	0.10	0.15
39	267847	136211	131636	428	134	294	0.16	0.10	0.22
40–44岁	**1328105**	**679964**	**648141**	**4107**	**1138**	**2969**	**0.31**	**0.17**	**0.46**
40	221813	113426	108387	465	146	319	0.21	0.13	0.29
41	267175	137135	130040	649	202	447	0.24	0.15	0.34
42	276840	141169	135671	834	244	590	0.30	0.17	0.43
43	274127	140121	134006	977	263	714	0.36	0.19	0.53
44	288150	148113	140037	1182	283	899	0.41	0.19	0.64

4-5a 续表

单位：人、%

年 龄	15岁及以上人口			文盲人口			文盲人口占15岁及以上人口比重		
	合计	男	女	合计	男	女	合计	男	女
45-49岁	**1417327**	**724315**	**693012**	**10860**	**2150**	**8710**	**0.77**	**0.30**	**1.26**
45	274344	140747	133597	1465	312	1153	0.53	0.22	0.86
46	280577	144081	136496	1768	371	1397	0.63	0.26	1.02
47	293889	150493	143396	2208	439	1769	0.75	0.29	1.23
48	282411	144022	138389	2526	482	2044	0.89	0.33	1.48
49	286106	144972	141134	2893	546	2347	1.01	0.38	1.66
50-54岁	**1223239**	**614485**	**608754**	**20823**	**3555**	**17268**	**1.70**	**0.58**	**2.84**
50	270730	136259	134471	3298	578	2720	1.22	0.42	2.02
51	257347	129443	127904	3836	697	3139	1.49	0.54	2.45
52	263224	132244	130980	4479	808	3671	1.70	0.61	2.80
53	207815	103734	104081	4227	670	3557	2.03	0.65	3.42
54	224123	112805	111318	4983	802	4181	2.22	0.71	3.76
55-59岁	**977277**	**483478**	**493799**	**27232**	**3963**	**23269**	**2.79**	**0.82**	**4.71**
55	229144	114705	114439	5646	857	4789	2.46	0.75	4.18
56	211576	104952	106624	5344	787	4557	2.53	0.75	4.27
57	259491	128645	130846	6997	1022	5975	2.70	0.79	4.57
58	181623	89191	92432	5798	836	4962	3.19	0.94	5.37
59	95443	45985	49458	3447	461	2986	3.61	1.00	6.04
60-64岁	**685146**	**335442**	**349704**	**35049**	**5564**	**29485**	**5.12**	**1.66**	**8.43**
60	133670	64944	68726	5489	819	4670	4.11	1.26	6.80
61	124229	61072	63157	6156	991	5165	4.96	1.62	8.18
62	145144	71455	73689	7675	1287	6388	5.29	1.80	8.67
63	155253	76398	78855	8715	1391	7324	5.61	1.82	9.29
64	126850	61573	65277	7014	1076	5938	5.53	1.75	9.10
65-69岁	**570308**	**272419**	**297889**	**34722**	**5431**	**29291**	**6.09**	**1.99**	**9.83**
65	134774	65237	69537	7822	1222	6600	5.80	1.87	9.49
66	127319	61179	66140	7692	1190	6502	6.04	1.95	9.83
67	111720	52795	58925	7092	1105	5987	6.35	2.09	10.16
68	108437	51401	57036	6675	1078	5597	6.16	2.10	9.81
69	88058	41807	46251	5441	836	4605	6.18	2.00	9.96
70-74岁	**346994**	**167960**	**179034**	**23732**	**3972**	**19760**	**6.84**	**2.36**	**11.04**
70	82389	40083	42306	5195	845	4350	6.31	2.11	10.28
71	80786	39376	41410	5403	922	4481	6.69	2.34	10.82
72	67430	32342	35088	4689	764	3925	6.95	2.36	11.19
73	60600	29092	31508	4302	739	3563	7.10	2.54	11.31
74	55789	27067	28722	4143	702	3441	7.43	2.59	11.98
75-79岁	**207668**	**99298**	**108370**	**19923**	**3138**	**16785**	**9.59**	**3.16**	**15.49**
75	47579	22718	24861	3906	591	3315	8.21	2.60	13.33
76	46385	22672	23713	4255	697	3558	9.17	3.07	15.00
77	41484	19772	21712	3925	625	3300	9.46	3.16	15.20
78	37799	18060	19739	3866	597	3269	10.23	3.31	16.56
79	34421	16076	18345	3971	628	3343	11.54	3.91	18.22
80-84岁	**147098**	**66925**	**80173**	**20728**	**3430**	**17298**	**14.09**	**5.13**	**21.58**
80	30982	14422	16560	3754	605	3149	12.12	4.19	19.02
81	30294	14062	16232	4014	687	3327	13.25	4.89	20.50
82	30829	14512	16317	4228	768	3460	13.71	5.29	21.20
83	29116	12822	16294	4543	741	3802	15.60	5.78	23.33
84	25877	11107	14770	4189	629	3560	16.19	5.66	24.10
85岁及以上	**118213**	**47428**	**70785**	**26050**	**3987**	**22063**	**22.04**	**8.41**	**31.17**

4-5b 全省分年龄、性别的15岁及以上文盲人口(镇)

单位：人、%

年 龄	15岁及以上人口			文盲人口			文盲人口占15岁及以上人口比重		
	合计	男	女	合计	男	女	合计	男	女
总 计	**9002040**	**4525291**	**4476749**	**222463**	**38060**	**184403**	**2.47**	**0.84**	**4.12**
15-19岁	**608035**	**318316**	**289719**	**725**	**424**	**301**	**0.12**	**0.13**	**0.10**
15	139349	73278	66071	221	125	96	0.16	0.17	0.15
16	141571	74086	67485	161	85	76	0.11	0.11	0.11
17	128926	67349	61577	129	84	45	0.10	0.12	0.07
18	100802	52973	47829	116	67	49	0.12	0.13	0.10
19	97387	50630	46757	98	63	35	0.10	0.12	0.07
20-24岁	**477441**	**255792**	**221649**	**591**	**351**	**240**	**0.12**	**0.14**	**0.11**
20	97723	51239	46484	130	82	48	0.13	0.16	0.10
21	89257	47083	42174	109	66	43	0.12	0.14	0.10
22	93852	50743	43109	120	69	51	0.13	0.14	0.12
23	94357	51187	43170	115	66	49	0.12	0.13	0.11
24	102252	55540	46712	117	68	49	0.11	0.12	0.10
25-29岁	**716672**	**373904**	**342768**	**830**	**470**	**360**	**0.12**	**0.13**	**0.11**
25	123766	66967	56799	137	74	63	0.11	0.11	0.11
26	125564	67065	58499	134	80	54	0.11	0.12	0.09
27	134482	70144	64338	176	101	75	0.13	0.14	0.12
28	148644	76499	72145	169	96	73	0.11	0.13	0.10
29	184216	93229	90987	214	119	95	0.12	0.13	0.10
30-34岁	**1057669**	**523078**	**534591**	**1225**	**620**	**605**	**0.12**	**0.12**	**0.11**
30	230027	114410	115617	236	129	107	0.10	0.11	0.09
31	221898	108977	112921	243	125	118	0.11	0.11	0.10
32	205618	100866	104752	252	128	124	0.12	0.13	0.12
33	209960	104199	105761	243	110	133	0.12	0.11	0.13
34	190166	94626	95540	251	128	123	0.13	0.14	0.13
35-39岁	**897030**	**444773**	**452257**	**1651**	**608**	**1043**	**0.18**	**0.14**	**0.23**
35	182566	90798	91768	290	133	157	0.16	0.15	0.17
36	185754	92250	93504	311	117	194	0.17	0.13	0.21
37	173641	86731	86910	298	110	188	0.17	0.13	0.22
38	197532	97510	100022	381	145	236	0.19	0.15	0.24
39	157537	77484	80053	371	103	268	0.24	0.13	0.33
40-44岁	**856205**	**426826**	**429379**	**3418**	**883**	**2535**	**0.40**	**0.21**	**0.59**
40	133640	65867	67773	396	122	274	0.30	0.19	0.40
41	167033	83111	83922	578	158	420	0.35	0.19	0.50
42	177702	88244	89458	645	188	457	0.36	0.21	0.51
43	180352	90349	90003	800	193	607	0.44	0.21	0.67
44	197478	99255	98223	999	222	777	0.51	0.22	0.79

4-5b 续表 单位：人、%

年龄	15岁及以上人口			文盲人口			文盲人口占15岁及以上人口比重		
	合计	男	女	合计	男	女	合计	男	女
45—49岁	**1025323**	**517907**	**507416**	**7900**	**1497**	**6403**	**0.77**	**0.29**	**1.26**
45	189888	95639	94249	1098	227	871	0.58	0.24	0.92
46	201551	101623	99928	1341	263	1078	0.67	0.26	1.08
47	212376	107358	105018	1587	310	1277	0.75	0.29	1.22
48	205681	103730	101951	1745	314	1431	0.85	0.30	1.40
49	215827	109557	106270	2129	383	1746	0.99	0.35	1.64
50—54岁	**951660**	**484654**	**467006**	**14595**	**2356**	**12239**	**1.53**	**0.49**	**2.62**
50	204491	103812	100679	2260	395	1865	1.11	0.38	1.85
51	195832	99887	95945	2746	435	2311	1.40	0.44	2.41
52	205663	105031	100632	3139	500	2639	1.53	0.48	2.62
53	165858	84159	81699	2997	480	2517	1.81	0.57	3.08
54	179816	91765	88051	3453	546	2907	1.92	0.59	3.30
55—59岁	**736611**	**373379**	**363232**	**19291**	**2675**	**16616**	**2.62**	**0.72**	**4.57**
55	178995	91559	87436	4061	621	3440	2.27	0.68	3.93
56	155723	79019	76704	3762	537	3225	2.42	0.68	4.20
57	194062	99019	95043	4891	678	4213	2.52	0.68	4.43
58	140005	70648	69357	4181	539	3642	2.99	0.76	5.25
59	67826	33134	34692	2396	300	2096	3.53	0.91	6.04
60—64岁	**526824**	**265967**	**260857**	**27282**	**4104**	**23178**	**5.18**	**1.54**	**8.89**
60	99542	50715	48827	4047	578	3469	4.07	1.14	7.10
61	95633	48650	46983	4465	700	3765	4.67	1.44	8.01
62	111424	56586	54838	5885	897	4988	5.28	1.59	9.10
63	123024	62110	60914	6977	1038	5939	5.67	1.67	9.75
64	97201	47906	49295	5908	891	5017	6.08	1.86	10.18
65—69岁	**455707**	**221148**	**234559**	**32141**	**4686**	**27455**	**7.05**	**2.12**	**11.70**
65	106527	52595	53932	6858	993	5865	6.44	1.89	10.87
66	99430	48347	51083	6716	987	5729	6.75	2.04	11.22
67	89882	43386	46496	6515	928	5587	7.25	2.14	12.02
68	87434	42154	45280	6513	958	5555	7.45	2.27	12.27
69	72434	34666	37768	5539	820	4719	7.65	2.37	12.49
70—74岁	**281625**	**138684**	**142941**	**28186**	**4653**	**23533**	**10.01**	**3.36**	**16.46**
70	66893	33066	33827	5701	947	4754	8.52	2.86	14.05
71	64389	32158	32231	6118	1071	5047	9.50	3.33	15.66
72	54783	26594	28189	5756	916	4840	10.51	3.44	17.17
73	48867	23869	24998	5262	876	4386	10.77	3.67	17.55
74	46693	22997	23696	5349	843	4506	11.46	3.67	19.02
75—79岁	**179908**	**86502**	**93406**	**26149**	**4453**	**21696**	**14.53**	**5.15**	**23.23**
75	40087	19338	20749	5117	830	4287	12.76	4.29	20.66
76	38993	19052	19941	5354	942	4412	13.73	4.94	22.13
77	35487	17149	18338	5079	871	4208	14.31	5.08	22.95
78	33439	15909	17530	5233	872	4361	15.65	5.48	24.88
79	31902	15054	16848	5366	938	4428	16.82	6.23	26.28
80—84岁	**128296**	**56440**	**71856**	**27029**	**4971**	**22058**	**21.07**	**8.81**	**30.70**
80	27582	12772	14810	4882	894	3988	17.70	7.00	26.93
81	26046	11726	14320	5269	992	4277	20.23	8.46	29.87
82	26785	12062	14723	5661	1067	4594	21.13	8.85	31.20
83	25275	10611	14664	5846	1094	4752	23.13	10.31	32.41
84	22608	9269	13339	5371	924	4447	23.76	9.97	33.34
85岁及以上	**103034**	**37921**	**65113**	**31450**	**5309**	**26141**	**30.52**	**14.00**	**40.15**

4-5c　全省分年龄、性别的15岁及以上文盲人口(乡村)

单位：人、%

年　龄	15岁及以上人口			文盲人口			文盲人口占15岁及以上人口比重		
	合计	男	女	合计	男	女	合计	男	女
总　计	**10531343**	**5499039**	**5032304**	**518578**	**97231**	**421347**	**4.92**	**1.77**	**8.37**
15-19岁	**432283**	**243381**	**188902**	**1159**	**715**	**444**	**0.27**	**0.29**	**0.24**
15	108147	59424	48723	328	185	143	0.30	0.31	0.29
16	79663	44727	34936	236	149	87	0.30	0.33	0.25
17	77254	43490	33764	205	128	77	0.27	0.29	0.23
18	86291	48718	37573	199	125	74	0.23	0.26	0.20
19	80928	47022	33906	191	128	63	0.24	0.27	0.19
20-24岁	**458095**	**264489**	**193606**	**1065**	**676**	**389**	**0.23**	**0.26**	**0.20**
20	79281	46676	32605	201	125	76	0.25	0.27	0.23
21	78170	45239	32931	203	135	68	0.26	0.30	0.21
22	92930	53319	39611	209	126	83	0.22	0.24	0.21
23	98818	56584	42234	212	135	77	0.21	0.24	0.18
24	108896	62671	46225	240	155	85	0.22	0.25	0.18
25-29岁	**748029**	**419390**	**328639**	**1701**	**991**	**710**	**0.23**	**0.24**	**0.22**
25	132244	75681	56563	289	176	113	0.22	0.23	0.20
26	131823	74740	57083	307	179	128	0.23	0.24	0.22
27	141375	78761	62614	326	201	125	0.23	0.26	0.20
28	154781	86383	68398	354	204	150	0.23	0.24	0.22
29	187806	103825	83981	425	231	194	0.23	0.22	0.23
30-34岁	**1032766**	**555882**	**476884**	**2904**	**1437**	**1467**	**0.28**	**0.26**	**0.31**
30	232740	126164	106576	560	308	252	0.24	0.24	0.24
31	219025	117122	101903	580	312	268	0.26	0.27	0.26
32	198766	106601	92165	573	260	313	0.29	0.24	0.34
33	202085	108774	93311	632	293	339	0.31	0.27	0.36
34	180150	97221	82929	559	264	295	0.31	0.27	0.36
35-39岁	**854066**	**462991**	**391075**	**3541**	**1533**	**2008**	**0.41**	**0.33**	**0.51**
35	173101	93869	79232	611	288	323	0.35	0.31	0.41
36	176745	95818	80927	670	304	366	0.38	0.32	0.45
37	166235	90306	75929	723	312	411	0.43	0.35	0.54
38	188005	102148	85857	809	343	466	0.43	0.34	0.54
39	149980	80850	69130	728	286	442	0.49	0.35	0.64
40-44岁	**827139**	**438192**	**388947**	**6530**	**1978**	**4552**	**0.79**	**0.45**	**1.17**
40	126515	67745	58770	758	282	476	0.60	0.42	0.81
41	156256	83563	72693	1046	347	699	0.67	0.42	0.96
42	170890	90762	80128	1342	425	917	0.79	0.47	1.14
43	176110	92972	83138	1477	425	1052	0.84	0.46	1.27
44	197368	103150	94218	1907	499	1408	0.97	0.48	1.49

4-5c　续表　　　　单位：人、%

年　龄	15岁及以上人口			文盲人口			文盲人口占15岁及以上人口比重		
	合计	男	女	合计	男	女	合计	男	女
45—49岁	**1114884**	**576297**	**538587**	**14806**	**3369**	**11437**	**1.33**	**0.58**	**2.12**
45	195400	101824	93576	2167	559	1608	1.11	0.55	1.72
46	212688	110383	102305	2535	589	1946	1.19	0.53	1.90
47	230769	119712	111057	3026	687	2339	1.31	0.57	2.11
48	228891	118042	110849	3234	693	2541	1.41	0.59	2.29
49	247136	126336	120800	3844	841	3003	1.56	0.67	2.49
50—54岁	**1187657**	**612659**	**574998**	**27504**	**5030**	**22474**	**2.32**	**0.82**	**3.91**
50	241159	123740	117419	4378	861	3517	1.82	0.70	3.00
51	238717	123511	115206	4900	965	3935	2.05	0.78	3.42
52	255279	131376	123903	5775	1018	4757	2.26	0.77	3.84
53	215456	111048	104408	5633	1006	4627	2.61	0.91	4.43
54	237046	122984	114062	6818	1180	5638	2.88	0.96	4.94
55—59岁	**989376**	**506511**	**482865**	**38149**	**5742**	**32407**	**3.86**	**1.13**	**6.71**
55	233800	121136	112664	7581	1237	6344	3.24	1.02	5.63
56	205304	104716	100588	7305	1156	6149	3.56	1.10	6.11
57	261074	134172	126902	10075	1528	8547	3.86	1.14	6.74
58	193742	99178	94564	8294	1160	7134	4.28	1.17	7.54
59	95456	47309	48147	4894	661	4233	5.13	1.40	8.79
60—64岁	**815900**	**419810**	**396090**	**58159**	**9228**	**48931**	**7.13**	**2.20**	**12.35**
60	143847	74877	68970	8165	1254	6911	5.68	1.67	10.02
61	143943	75379	68564	9323	1562	7761	6.48	2.07	11.32
62	173822	89786	84036	12559	2033	10526	7.23	2.26	12.53
63	196717	100782	95935	15198	2361	12837	7.73	2.34	13.38
64	157571	78986	78585	12914	2018	10896	8.20	2.55	13.87
65—69岁	**793204**	**394348**	**398856**	**78194**	**12189**	**66005**	**9.86**	**3.09**	**16.55**
65	178908	90320	88588	15742	2420	13322	8.80	2.68	15.04
66	171715	85330	86385	15891	2364	13527	9.25	2.77	15.66
67	157350	77874	79476	15931	2451	13480	10.12	3.15	16.96
68	155721	77313	78408	16229	2624	13605	10.42	3.39	17.35
69	129510	63511	65999	14401	2330	12071	11.12	3.67	18.29
70—74岁	**505000**	**256235**	**248765**	**71762**	**12638**	**59124**	**14.21**	**4.93**	**23.77**
70	118747	60346	58401	14327	2429	11898	12.07	4.03	20.37
71	114422	58780	55642	15538	2760	12778	13.58	4.70	22.96
72	99932	50760	49172	14661	2558	12103	14.67	5.04	24.61
73	87712	44367	43345	13381	2324	11057	15.26	5.24	25.51
74	84187	41982	42205	13855	2567	11288	16.46	6.11	26.75
75—79岁	**331826**	**164035**	**167791**	**67584**	**12930**	**54654**	**20.37**	**7.88**	**32.57**
75	71959	35759	36200	12757	2266	10491	17.73	6.34	28.98
76	71808	36109	35699	13904	2640	11264	19.36	7.31	31.55
77	65869	32361	33508	13549	2601	10948	20.57	8.04	32.67
78	62037	30454	31583	13589	2672	10917	21.90	8.77	34.57
79	60153	29352	30801	13785	2751	11034	22.92	9.37	35.82
80—84岁	**241967**	**109493**	**132474**	**69506**	**14210**	**55296**	**28.73**	**12.98**	**41.74**
80	51151	24285	26866	12895	2650	10245	25.21	10.91	38.13
81	48791	22676	26115	13368	2795	10573	27.40	12.33	40.49
82	51017	23510	27507	14814	3135	11679	29.04	13.33	42.46
83	48237	20993	27244	14734	2927	11807	30.55	13.94	43.34
84	42771	18029	24742	13695	2703	10992	32.02	14.99	44.43
85岁及以上	**199151**	**75326**	**123825**	**76014**	**14565**	**61449**	**38.17**	**19.34**	**49.63**

第一部分　全部数据资料

第五卷　家庭

5-1　全省不同规模的家庭户类别

单位：户

家庭户规模	家庭户户　数	一代户	二代户	三代户	四代户	五代及以上户
总　计	**14371078**	**6904602**	**5193171**	**2196570**	**76661**	**74**
一人户	3925247	3925247				
二人户	3776762	2786398	990364			
三人户	2794833	129963	2515199	149671		
四人户	2047208	36843	1414871	592307	3187	
五人户	997876	12833	224387	745651	15002	3
六人户	568885	5991	35216	503242	24425	11
七人户	162312	2547	8259	130433	21052	21
八人户	52431	1431	2879	40094	8008	19
九人户	24113	946	1033	19479	2647	8
十人及以上户	21411	2403	963	15693	2340	12

5-1a　全省不同规模的家庭户类别(城市)

单位：户

家庭户规模	家庭户户　数	一代户	二代户	三代户	四代户	五代及以上户
总　计	**5951707**	**3014135**	**2120030**	**797654**	**19866**	**22**
一人户	1814201	1814201				
二人户	1494653	1123894	370759			
三人户	1156565	48151	1058490	49924		
四人户	831404	15665	591200	223846	693	
五人户	383708	6365	81904	291829	3608	2
六人户	197680	2884	12938	175005	6851	2
七人户	45895	1146	3059	36164	5523	3
八人户	14673	583	1070	11070	1945	5
九人户	6989	382	341	5635	629	2
十人及以上户	5939	864	269	4181	617	8

5-1b 全省不同规模的家庭户类别(镇)

单位：户

家庭户规模	家庭户户数	一代户	二代户	三代户	四代户	五代及以上户
总计	**3775966**	**1648515**	**1478232**	**627072**	**22123**	**24**
一人户	911687	911687				
二人户	962211	696517	265694			
三人户	753148	24489	689171	39488		
四人户	602360	8033	435907	157596	824	
五人户	289581	3620	72069	209724	4168	
六人户	171980	1812	10953	152292	6919	4
七人户	51675	770	2706	41991	6201	7
八人户	17394	485	984	13463	2456	6
九人户	8169	281	355	6738	791	4
十人及以上户	7761	821	393	5780	764	3

5-1c 全省不同规模的家庭户类别(乡村)

单位：户

家庭户规模	家庭户户数	一代户	二代户	三代户	四代户	五代及以上户
总计	**4643405**	**2241952**	**1594909**	**771844**	**34672**	**28**
一人户	1199359	1199359				
二人户	1319898	965987	353911			
三人户	885120	57323	767538	60259		
四人户	613444	13145	387764	210865	1670	
五人户	324587	2848	70414	244098	7226	1
六人户	199225	1295	11325	175945	10655	5
七人户	64742	631	2494	52278	9328	11
八人户	20364	363	825	15561	3607	8
九人户	8955	283	337	7106	1227	2
十人及以上户	7711	718	301	5732	959	1

5-2　各地区分年龄、性别的一人户

单位：户

地　区	合　计			14岁及以下		
	合计	男	女	小计	男	女
合　计	**3925247**	**2244976**	**1680271**	**133961**	**74307**	**59654**
福州市	**768367**	**419267**	**349100**	**26251**	**14364**	**11887**
鼓楼区	48397	22234	26163	1797	974	823
台江区	39959	19609	20350	846	436	410
仓山区	117830	70370	47460	2566	1423	1143
马尾区	28396	16876	11520	426	236	190
晋安区	77115	41045	36070	1648	877	771
长乐区	80990	44497	36493	2501	1386	1115
闽侯县	88971	52472	36499	3139	1701	1438
连江县	56905	30602	26303	2354	1286	1068
罗源县	25063	14621	10442	965	527	438
闽清县	23989	12955	11034	1212	645	567
永泰县	34840	18845	15995	2500	1429	1071
平潭县	35977	17460	18517	2228	1165	1063
福清市	109935	57681	52254	4069	2279	1790
厦门市	**751604**	**472036**	**279568**	**9059**	**5111**	**3948**
思明区	111116	55440	55676	1656	915	741
海沧区	90940	62172	28768	960	552	408
湖里区	203819	124968	78851	1671	947	724
集美区	152653	102379	50274	1792	1027	765
同安区	119602	79201	40401	1852	1059	793
翔安区	73474	47876	25598	1128	611	517
莆田市	**245385**	**129673**	**115712**	**13179**	**7285**	**5894**
城厢区	49785	27203	22582	1735	933	802
涵江区	35785	19266	16519	1192	636	556
荔城区	46055	25303	20752	2388	1325	1063
秀屿区	47540	23698	23842	3903	2205	1698
仙游县	66220	34203	32017	3961	2186	1775
三明市	**221974**	**126625**	**95349**	**9314**	**5306**	**4008**
梅列区	21864	12076	9788	440	228	212
三元区	18124	10609	7515	341	185	156
明溪县	9833	5893	3940	314	167	147
清流县	10471	5919	4552	433	248	185
宁化县	21643	11937	9706	1040	565	475
大田县	25785	14978	10807	1285	764	521
尤溪县	28768	16940	11828	1417	851	566
沙县	23869	13595	10274	1799	1035	764
将乐县	11904	6836	5068	615	341	274
泰宁县	9844	5448	4396	494	291	203
建宁县	10872	6173	4699	429	245	184
永安市	28997	16221	12776	707	386	321
泉州市	**797508**	**454958**	**342550**	**25723**	**14726**	**10997**
鲤城区	49004	28807	20197	1019	603	416
丰泽区	76171	44871	31300	1103	630	473
洛江区	20352	11969	8383	679	390	289
泉港区	23075	10806	12269	1265	698	567
惠安县	77598	37627	39971	2424	1384	1040
安溪县	66469	35466	31003	4410	2534	1876
永春县	34798	19121	15677	1479	863	616
德化县	25199	14122	11077	1170	664	506
石狮市	80058	49401	30657	1677	954	723
晋江市	242303	146581	95722	5439	3057	2382
南安市	102481	56187	46294	5058	2949	2109

5−2 续表 1 单位：户

地　区	合　计			14岁及以下		
	合计	男	女	小计	男	女
漳州市	**347362**	**193284**	**154078**	**12403**	**6909**	**5494**
芗城区	54697	29964	24733	1175	628	547
龙文区	24378	14793	9585	593	338	255
云霄县	22298	11656	10642	810	422	388
漳浦县	45685	23636	22049	2221	1252	969
诏安县	30606	15739	14867	1374	782	592
长泰县	18236	11184	7052	486	264	222
东山县	10901	5200	5701	341	186	155
南靖县	23050	12662	10388	903	521	382
平和县	33536	19527	14009	1741	991	750
华安县	13904	8135	5769	579	323	256
龙海市	70071	40788	29283	2180	1202	978
南平市	**250195**	**140491**	**109704**	**10951**	**5877**	**5074**
延平区	44489	23992	20497	1392	746	646
建阳区	34947	20470	14477	1287	710	577
顺昌县	18769	10490	8279	599	325	274
浦城县	30507	17202	13305	1989	1065	924
光泽县	12502	7216	5286	499	257	242
松溪县	10934	6021	4913	762	387	375
政和县	16157	9391	6766	1156	643	513
邵武市	26835	14703	12132	673	348	325
武夷山市	16937	9509	7428	747	379	368
建瓯市	38118	21497	16621	1847	1017	830
龙岩市	**254928**	**145510**	**109418**	**11278**	**6285**	**4993**
新罗区	77561	45522	32039	1842	1026	816
永定区	34622	19932	14690	2035	1130	905
长汀县	34314	18761	15553	2438	1376	1062
上杭县	36465	20902	15563	1463	815	648
武平县	24224	13028	11196	1397	775	622
连城县	24642	13568	11074	1355	751	604
漳平市	23100	13797	9303	748	412	336
宁德市	**287924**	**163132**	**124792**	**15803**	**8444**	**7359**
蕉城区	49234	28109	21125	2450	1270	1180
霞浦县	40426	22850	17576	2118	1108	1010
古田县	36280	20470	15810	1742	930	812
屏南县	15824	9295	6529	945	493	452
寿宁县	22782	13153	9629	1625	896	729
周宁县	15550	9299	6251	1112	592	520
柘荣县	7983	4571	3412	497	259	238
福安市	51325	28404	22921	3254	1778	1476
福鼎市	48520	26981	21539	2060	1118	942

5-2 续表 2

单位：户

地 区	15-19岁			20-24岁		
	小计	男	女	小计	男	女
合 计	**109122**	**64781**	**44341**	**313909**	**185090**	**128819**
福州市	**17207**	**10108**	**7099**	**54549**	**31248**	**23301**
鼓楼区	1021	554	467	3825	1795	2030
台江区	905	524	381	4161	2054	2107
仓山区	2365	1427	938	11604	6915	4689
马尾区	526	330	196	2360	1487	873
晋安区	1434	760	674	6175	3108	3067
长乐区	1787	1124	663	4594	2781	1813
闽侯县	1918	1162	756	7411	4640	2771
连江县	1193	693	500	2551	1548	1003
罗源县	491	294	197	925	578	347
闽清县	785	455	330	1085	609	476
永泰县	930	548	382	1547	911	636
平潭县	1068	609	459	2011	1184	827
福清市	2784	1628	1156	6300	3638	2662
厦门市	**24193**	**15139**	**9054**	**115599**	**69795**	**45804**
思明区	2523	1415	1108	13689	6697	6992
海沧区	2900	1883	1017	12399	8062	4337
湖里区	5258	3134	2124	38142	21070	17072
集美区	4737	3019	1718	24556	15467	9089
同安区	4897	3137	1760	13521	9129	4392
翔安区	3878	2551	1327	13292	9370	3922
莆田市	**7796**	**4630**	**3166**	**15402**	**9266**	**6136**
城厢区	1666	911	755	4744	2727	2017
涵江区	859	517	342	1770	1073	697
荔城区	1398	854	544	3119	1927	1192
秀屿区	1632	989	643	2020	1269	751
仙游县	2241	1359	882	3749	2270	1479
三明市	**5556**	**3276**	**2280**	**11205**	**6435**	**4770**
梅列区	471	258	213	1745	938	807
三元区	347	224	123	899	514	385
明溪县	208	111	97	374	222	152
清流县	240	128	112	504	255	249
宁化县	541	324	217	980	577	403
大田县	548	356	192	825	514	311
尤溪县	702	439	263	1291	781	510
沙县	976	556	420	1411	795	616
将乐县	390	245	145	652	344	308
泰宁县	276	152	124	521	299	222
建宁县	213	115	98	486	287	199
永安市	644	368	276	1517	909	608
泉州市	**23809**	**14343**	**9466**	**59424**	**35263**	**24161**
鲤城区	1785	1069	716	4749	2698	2051
丰泽区	2608	1451	1157	10980	5890	5090
洛江区	577	369	208	1338	853	485
泉港区	431	239	192	764	463	301
惠安县	1441	927	514	3049	1939	1110
安溪县	2195	1353	842	3159	1947	1212
永春县	1024	631	393	1348	811	537
德化县	587	357	230	1041	611	430
石狮市	2594	1529	1065	6657	3953	2704
晋江市	7823	4822	3001	20981	12962	8019
南安市	2744	1596	1148	5358	3136	2222

5-2 续表 3

单位：户

地　区	15-19岁			20-24岁		
	小计	男	女	小计	男	女
漳州市	**8828**	**5151**	**3677**	**20596**	**12125**	**8471**
芗城区	1392	789	603	4596	2468	2128
龙文区	688	412	276	3179	1849	1330
云霄县	551	308	243	1039	554	485
漳浦县	1102	596	506	2243	1233	1010
诏安县	661	381	280	1076	607	469
长泰县	455	294	161	1113	762	351
东山县	227	112	115	425	202	223
南靖县	442	266	176	815	458	357
平和县	1394	797	597	1333	835	498
华安县	281	188	93	638	404	234
龙海市	1635	1008	627	4139	2753	1386
南平市	**7295**	**4009**	**3286**	**12736**	**7171**	**5565**
延平区	1025	584	441	2345	1293	1052
建阳区	974	509	465	2198	1192	1006
顺昌县	461	258	203	616	366	250
浦城县	1318	703	615	1700	941	759
光泽县	418	256	162	659	395	264
松溪县	317	160	157	475	274	201
政和县	554	332	222	895	524	371
邵武市	501	273	228	1289	762	527
武夷山市	398	203	195	828	449	379
建瓯市	1329	731	598	1731	975	756
龙岩市	**6678**	**3842**	**2836**	**12435**	**7027**	**5408**
新罗区	1938	1060	878	5580	2945	2635
永定区	1038	599	439	1248	736	512
长汀县	1008	633	375	1708	1005	703
上杭县	865	486	379	1432	892	540
武平县	613	365	248	886	492	394
连城县	707	400	307	749	469	280
漳平市	509	299	210	832	488	344
宁德市	**7760**	**4283**	**3477**	**11963**	**6760**	**5203**
蕉城区	1051	584	467	2304	1250	1054
霞浦县	966	546	420	1558	881	677
古田县	821	452	369	1176	642	534
屏南县	343	213	130	534	300	234
寿宁县	1008	554	454	1083	606	477
周宁县	489	270	219	686	413	273
柘荣县	195	91	104	339	185	154
福安市	1344	749	595	2050	1195	855
福鼎市	1543	824	719	2233	1288	945

5-2　续表 4

单位：户

地　区	25-29岁			30-34岁			35-39岁		
	小计	男	女	小计	男	女	小计	男	女
合　计	**453280**	**282232**	**171048**	**458641**	**297127**	**161514**	**307348**	**199991**	**107357**
福州市	**85277**	**50990**	**34287**	**87846**	**54034**	**33812**	**62930**	**38582**	**24348**
鼓楼区	6293	3058	3235	5695	2791	2904	3904	1958	1946
台江区	6364	3462	2902	5095	2738	2357	3139	1713	1426
仓山区	18018	11532	6486	17718	11702	6016	11471	7382	4089
马尾区	3719	2448	1271	3595	2433	1162	2520	1659	861
晋安区	10535	5772	4763	10267	5875	4392	6704	3859	2845
长乐区	7216	4483	2733	8184	5040	3144	6955	4360	2595
闽侯县	11032	7138	3894	11272	7444	3828	7788	4870	2918
连江县	3727	2256	1471	5206	3178	2028	4340	2713	1627
罗源县	1990	1272	718	2159	1390	769	1628	1096	532
闽清县	1389	798	591	1647	955	692	1292	792	500
永泰县	2174	1275	899	2542	1639	903	1966	1281	685
平潭县	3609	1968	1641	3167	1866	1301	1999	1260	739
福清市	9211	5528	3683	11299	6983	4316	9224	5639	3585
厦门市	**151829**	**98042**	**53787**	**130997**	**90209**	**40788**	**74114**	**50922**	**23192**
思明区	22427	11704	10723	17043	9081	7962	9045	4870	4175
海沧区	17147	11915	5232	17277	12775	4502	10399	7609	2790
湖里区	50099	30307	19792	37222	24523	12699	18718	12711	6007
集美区	30514	21136	9378	27794	20438	7356	16069	11774	4295
同安区	17480	12635	4845	19663	14569	5094	13523	9663	3860
翔安区	14162	10345	3817	11998	8823	3175	6360	4295	2065
莆田市	**21350**	**12860**	**8490**	**24045**	**14309**	**9736**	**16963**	**10172**	**6791**
城厢区	6516	3814	2702	7146	4047	3099	4639	2639	2000
涵江区	2673	1591	1082	3422	2015	1407	2667	1576	1091
荔城区	4592	2824	1768	6051	3655	2396	4295	2571	1724
秀屿区	2791	1820	971	3167	2115	1052	2321	1577	744
仙游县	4778	2811	1967	4259	2477	1782	3041	1809	1232
三明市	**16210**	**10216**	**5994**	**18192**	**11924**	**6268**	**11192**	**7419**	**3773**
梅列区	2564	1631	933	2686	1741	945	1491	985	506
三元区	1352	896	456	1573	1119	454	1076	759	317
明溪县	602	359	243	860	550	310	603	430	173
清流县	713	426	287	725	479	246	523	338	185
宁化县	1282	843	439	1412	898	514	820	510	310
大田县	1951	1280	671	1887	1299	588	1128	790	338
尤溪县	2192	1373	819	2269	1479	790	1240	812	428
沙县	1624	987	637	1857	1222	635	1131	752	379
将乐县	710	418	292	957	598	359	631	396	235
泰宁县	647	375	272	738	446	292	487	316	171
建宁县	522	322	200	676	473	203	462	287	175
永安市	2051	1306	745	2552	1620	932	1600	1044	556
泉州市	**91862**	**57074**	**34788**	**103765**	**66320**	**37445**	**72960**	**47651**	**25309**
鲤城区	7104	4370	2734	7807	5066	2741	5161	3384	1777
丰泽区	14831	8723	6108	12079	7630	4449	7172	4590	2582
洛江区	2296	1512	784	2654	1723	931	2004	1317	687
泉港区	1598	988	610	1839	1160	679	1448	962	486
惠安县	6120	3806	2314	7549	4805	2744	5840	3787	2053
安溪县	5804	3588	2216	6031	3752	2279	3786	2530	1256
永春县	1721	1154	567	2228	1557	671	1572	1051	521
德化县	1964	1279	685	2063	1403	660	1382	991	391
石狮市	10272	6332	3940	12939	8142	4797	9309	6040	3269
晋江市	30758	19390	11368	37787	24089	13698	27386	17754	9632
南安市	9394	5932	3462	10789	6993	3796	7900	5245	2655

5-2 续表 5

单位：户

地　区	25-29岁			30-34岁			35-39岁		
	小计	男	女	小计	男	女	小计	男	女
漳州市	**27519**	**17138**	**10381**	**30275**	**19629**	**10646**	**22550**	**14602**	**7948**
芗城区	5812	3490	2322	6115	3767	2348	4614	2857	1757
龙文区	3925	2497	1428	3774	2468	1306	2410	1606	804
云霄县	1432	769	663	1488	772	716	1213	700	513
漳浦县	3062	1793	1269	3607	2165	1442	2628	1601	1027
诏安县	1432	880	552	1441	940	501	1264	849	415
长泰县	1557	1073	484	1948	1362	586	1517	1023	494
东山县	763	352	411	960	480	480	654	313	341
南靖县	1239	729	510	1339	861	478	1031	655	376
平和县	1401	878	523	1434	956	478	1342	875	467
华安县	789	522	267	966	691	275	700	488	212
龙海市	6107	4155	1952	7203	5167	2036	5177	3635	1542
南平市	**16125**	**10002**	**6123**	**17202**	**11217**	**5985**	**12250**	**8011**	**4239**
延平区	3277	1999	1278	3167	2084	1083	2169	1388	781
建阳区	2753	1622	1131	3088	2049	1039	2103	1407	696
顺昌县	1016	657	359	1029	691	338	810	522	288
浦城县	1341	820	521	1273	856	417	1044	690	354
光泽县	727	469	258	741	472	269	539	350	189
松溪县	675	428	247	735	490	245	427	287	140
政和县	1396	907	489	1358	862	496	845	597	248
邵武市	1692	1136	556	1806	1251	555	1328	840	488
武夷山市	1142	676	466	1537	916	621	1199	733	466
建瓯市	2106	1288	818	2468	1546	922	1786	1197	589
龙岩市	**18890**	**11835**	**7055**	**22372**	**14887**	**7485**	**15771**	**10794**	**4977**
新罗区	8531	5271	3260	10222	6825	3397	6591	4377	2214
永定区	1579	1027	552	2149	1472	677	1779	1282	497
长汀县	2246	1349	897	2512	1520	992	1793	1163	630
上杭县	2347	1470	877	2789	1865	924	1798	1211	587
武平县	1337	824	513	1424	908	516	1086	742	344
连城县	1435	968	467	1591	1108	483	1329	940	389
漳平市	1415	926	489	1685	1189	496	1395	1079	316
宁德市	**24218**	**14075**	**10143**	**23947**	**14598**	**9349**	**18618**	**11838**	**6780**
蕉城区	5958	3391	2567	5704	3456	2248	3940	2508	1432
霞浦县	2870	1657	1213	3228	1917	1311	2594	1678	916
古田县	2524	1498	1026	2429	1476	953	2284	1424	860
屏南县	1180	700	480	1210	778	432	1008	651	357
寿宁县	1654	948	706	1587	987	600	1214	804	410
周宁县	1161	690	471	1097	707	390	931	623	308
柘荣县	599	322	277	572	332	240	503	274	229
福安市	4235	2391	1844	4256	2494	1762	3207	1990	1217
福鼎市	4037	2478	1559	3864	2451	1413	2937	1886	1051

5-2　续表 6　　　　单位：户

地　区	40-44岁			45-49岁			50-54岁		
	小计	男	女	小计	男	女	小计	男	女
合　计	**284455**	**175063**	**109392**	**366463**	**213392**	**153071**	**341754**	**206734**	**135020**
福州市	**58412**	**34461**	**23951**	**73374**	**41257**	**32117**	**66979**	**38726**	**28253**
鼓楼区	3084	1553	1531	3788	1699	2089	3402	1625	1777
台江区	2401	1236	1165	2619	1207	1412	2463	1209	1254
仓山区	9539	5940	3599	11057	6590	4467	9526	5815	3711
马尾区	2464	1569	895	2905	1780	1125	2520	1537	983
晋安区	6082	3428	2654	7529	4111	3418	6656	3776	2880
长乐区	7196	4387	2809	8874	5126	3748	8173	4873	3300
闽侯县	6684	3948	2736	8171	4773	3398	7269	4434	2835
连江县	4318	2685	1633	5993	3549	2444	5715	3312	2403
罗源县	1740	1085	655	2568	1533	1035	2587	1689	898
闽清县	1574	883	691	2411	1292	1119	2531	1480	1051
永泰县	2276	1391	885	3144	1748	1396	3062	1766	1296
平潭县	2276	1346	930	3002	1682	1320	2711	1485	1226
福清市	8778	5010	3768	11313	6167	5146	10364	5725	4639
厦门市	**55974**	**36169**	**19805**	**60406**	**36614**	**23792**	**46073**	**28950**	**17123**
思明区	6927	3526	3401	8343	4109	4234	7597	3966	3631
海沧区	8011	5565	2446	8428	5477	2951	5827	4050	1777
湖里区	13187	8662	4525	13762	8495	5267	10789	6814	3975
集美区	11956	8189	3767	12527	8048	4479	9132	6033	3099
同安区	11525	7525	4000	12710	7766	4944	9281	5975	3306
翔安区	4368	2702	1666	4636	2719	1917	3447	2112	1335
莆田市	**17753**	**9751**	**8002**	**21807**	**11311**	**10496**	**20202**	**10957**	**9245**
城厢区	4131	2231	1900	4539	2345	2194	3557	1942	1615
涵江区	2890	1601	1289	3696	1942	1754	3354	1890	1464
荔城区	4072	2238	1834	4363	2265	2098	3565	1920	1645
秀屿区	2655	1573	1082	3657	1880	1777	3925	2037	1888
仙游县	4005	2108	1897	5552	2879	2673	5801	3168	2633
三明市	**12262**	**7552**	**4710**	**21511**	**12215**	**9296**	**25547**	**15485**	**10062**
梅列区	1444	841	603	2179	1178	1001	2286	1241	1045
三元区	1230	817	413	1962	1175	787	2306	1436	870
明溪县	685	440	245	1155	681	474	1312	816	496
清流县	537	334	203	1022	619	403	1177	726	451
宁化县	921	549	372	1870	953	917	2378	1415	963
大田县	1221	803	418	2339	1439	900	2981	1924	1057
尤溪县	1348	789	559	2757	1502	1255	3137	1904	1233
沙县	1444	912	532	2306	1383	923	2628	1598	1030
将乐县	632	388	244	1043	585	458	1326	835	491
泰宁县	545	334	211	927	481	446	1157	695	462
建宁县	520	299	221	1097	644	453	1350	855	495
永安市	1735	1046	689	2854	1575	1279	3509	2040	1469
泉州市	**68736**	**42846**	**25890**	**84261**	**49400**	**34861**	**70537**	**42437**	**28100**
鲤城区	4363	2786	1577	4780	2806	1974	3587	2155	1432
丰泽区	6148	3889	2259	6705	4037	2668	5237	3203	2034
洛江区	1909	1143	766	2205	1300	905	1827	1093	734
泉港区	1490	835	655	2120	989	1131	2012	995	1017
惠安县	6081	3447	2634	8419	4295	4124	7181	3800	3381
安溪县	3710	2260	1450	5340	3032	2308	5782	3384	2398
永春县	2041	1211	830	3343	1857	1486	3887	2324	1563
德化县	1466	1033	433	2016	1262	754	2058	1316	742
石狮市	8397	5400	2997	9687	6101	3586	7289	4850	2439
晋江市	25313	15899	9414	29385	17610	11775	21930	13656	8274
南安市	7818	4943	2875	10261	6111	4150	9747	5661	4086

5-2 续表 7 单位：户

地区	40-44岁			45-49岁			50-54岁		
	小计	男	女	小计	男	女	小计	男	女
漳州市	**22634**	**13957**	**8677**	**31124**	**18740**	**12384**	**31024**	**20124**	**10900**
芗城区	4420	2641	1779	5474	3133	2341	4718	2866	1852
龙文区	1933	1243	690	2077	1336	741	1624	1084	540
云霄县	1359	750	609	1877	1106	771	1928	1253	675
漳浦县	2697	1572	1125	3903	2261	1642	3845	2467	1378
诏安县	1379	848	531	2275	1373	902	2617	1660	957
长泰县	1445	959	486	1791	1128	663	1862	1265	597
东山县	772	418	354	1147	633	514	1041	599	442
南靖县	1219	715	504	2035	1197	838	2469	1595	874
平和县	1529	952	577	2779	1746	1033	3161	2142	1019
华安县	877	559	318	1433	928	505	1516	1077	439
龙海市	5004	3300	1704	6333	3899	2434	6243	4116	2127
南平市	**13766**	**8574**	**5192**	**23217**	**13744**	**9473**	**28494**	**16995**	**11499**
延平区	2401	1388	1013	4226	2284	1942	5119	2780	2339
建阳区	2328	1498	830	3424	2116	1308	4002	2624	1378
顺昌县	929	546	383	1874	1103	771	2503	1474	1029
浦城县	1368	867	501	2478	1501	977	3254	2009	1245
光泽县	596	376	220	1126	656	470	1497	895	602
松溪县	513	333	180	900	544	356	1166	678	488
政和县	980	661	319	1484	912	572	1694	1036	658
邵武市	1407	861	546	2563	1477	1086	3084	1788	1296
武夷山市	1174	721	453	1702	1030	672	1837	1126	711
建瓯市	2070	1323	747	3440	2121	1319	4338	2585	1753
龙岩市	**15398**	**9803**	**5595**	**24207**	**14434**	**9773**	**26194**	**16475**	**9719**
新罗区	5714	3585	2129	8142	5014	3128	7814	5097	2717
永定区	1859	1236	623	3220	2032	1188	3696	2427	1269
长汀县	2030	1241	789	2871	1520	1351	3138	1676	1462
上杭县	1915	1224	691	3208	1878	1330	3794	2360	1434
武平县	1148	685	463	2000	1093	907	2548	1530	1018
连城县	1226	784	442	2233	1280	953	2497	1502	995
漳平市	1506	1048	458	2533	1617	916	2707	1883	824
宁德市	**19520**	**11950**	**7570**	**26556**	**15677**	**10879**	**26704**	**16585**	**10119**
蕉城区	3477	2108	1369	4490	2621	1869	4285	2615	1670
霞浦县	2635	1721	914	3816	2296	1520	3830	2371	1459
古田县	2586	1473	1113	3677	2064	1613	3686	2256	1430
屏南县	972	631	341	1533	899	634	1542	966	576
寿宁县	1586	1023	563	2095	1300	795	2124	1311	813
周宁县	886	568	318	1166	723	443	1461	950	511
柘荣县	536	320	216	768	444	324	731	479	252
福安市	3556	2105	1451	4383	2612	1771	4444	2697	1747
福鼎市	3286	2001	1285	4628	2718	1910	4601	2940	1661

5-2　续表 8　　　　单位：户

地　区	55-59岁			60-64岁			65岁及以上		
	小计	男	女	小计	男	女	小计	男	女
合　计	**269097**	**166256**	**102841**	**193908**	**113185**	**80723**	**693309**	**266818**	**426491**
福州市	**54076**	**30913**	**23163**	**39485**	**21441**	**18044**	**141981**	**53143**	**88838**
鼓楼区	3325	1582	1743	2605	1224	1381	9658	3421	6237
台江区	2464	1184	1280	2171	1126	1045	7331	2720	4611
仓山区	7092	4177	2915	4523	2498	2025	12351	4969	7382
马尾区	2064	1268	796	1326	689	637	3971	1440	2531
晋安区	5683	3165	2518	3820	1999	1821	10582	4315	6267
长乐区	6151	3595	2556	4293	2307	1986	15066	5035	10031
闽侯县	5705	3492	2213	4128	2467	1661	14454	6403	8051
连江县	4610	2723	1887	3607	1995	1612	13291	4664	8627
罗源县	2165	1439	726	1596	1019	577	6249	2699	3550
闽清县	2013	1232	781	1684	990	694	6366	2824	3542
永泰县	2847	1632	1215	2355	1316	1039	9497	3909	5588
平潭县	2360	1228	1132	1908	889	1019	9638	2778	6860
福清市	7597	4196	3401	5469	2922	2547	23527	7966	15561
厦门市	**29076**	**18525**	**10551**	**15288**	**8851**	**6437**	**38996**	**13709**	**25287**
思明区	6065	3228	2837	4152	1991	2161	11649	3938	7711
海沧区	3270	2288	982	1385	866	519	2937	1130	1807
湖里区	6735	4379	2356	3070	1855	1215	5166	2071	3095
集美区	5529	3650	1879	2490	1563	927	5557	2035	3522
同安区	5160	3490	1670	2541	1634	907	7449	2619	4830
翔安区	2317	1490	827	1650	942	708	6238	1916	4322
莆田市	**17722**	**10031**	**7691**	**15297**	**8294**	**7003**	**53869**	**20807**	**33062**
城厢区	2673	1616	1057	2185	1299	886	6254	2699	3555
涵江区	2981	1784	1197	2184	1284	900	8097	3357	4740
荔城区	2860	1620	1240	2192	1170	1022	7160	2934	4226
秀屿区	3925	1884	2041	3963	1745	2218	13581	4604	8977
仙游县	5283	3127	2156	4773	2796	1977	18777	7213	11564
三明市	**21736**	**14054**	**7682**	**15131**	**9600**	**5531**	**54118**	**23143**	**30975**
梅列区	2007	1209	798	1039	589	450	3512	1237	2275
三元区	1993	1297	696	1116	731	385	3929	1456	2473
明溪县	971	693	278	661	432	229	2088	992	1096
清流县	1053	720	333	740	483	257	2804	1163	1641
宁化县	2209	1453	756	1745	1112	633	6445	2738	3707
大田县	2446	1563	883	1825	1077	748	7349	3169	4180
尤溪县	2721	1743	978	2338	1612	726	7356	3655	3701
沙县	2048	1321	727	1353	834	519	5292	2200	3092
将乐县	1138	763	375	831	556	275	2979	1367	1612
泰宁县	901	579	322	602	384	218	2549	1096	1453
建宁县	1236	830	406	940	604	336	2941	1212	1729
永安市	3013	1883	1130	1941	1186	755	6874	2858	4016
泉州市	**49818**	**30600**	**19218**	**32392**	**17834**	**14558**	**114221**	**36464**	**77757**
鲤城区	2495	1497	998	1509	877	632	4645	1496	3149
丰泽区	3488	2221	1267	1818	1077	741	4002	1530	2472
洛江区	1199	745	454	906	543	363	2758	981	1777
泉港区	1749	885	864	1658	742	916	6701	1850	4851
惠安县	5237	2850	2387	4211	1913	2298	20046	4674	15372
安溪县	5130	2914	2216	4368	2331	2037	16754	5841	10913
永春县	3407	2136	1271	2684	1564	1120	10064	3962	6102
德化县	2025	1241	784	1823	1009	814	7604	2956	4648
石狮市	4502	3117	1385	2063	1320	743	4672	1663	3009
晋江市	13010	8533	4477	6046	3681	2365	16445	5128	11317
南安市	7576	4461	3115	5306	2777	2529	20530	6383	14147

5-2 续表 9 单位：户

地　区	55-59岁			60-64岁			65岁及以上		
	小计	男	女	小计	男	女	小计	男	女
漳州市	**26711**	**17476**	**9235**	**22139**	**13438**	**8701**	**91559**	**33995**	**57564**
芗城区	3913	2285	1628	2725	1530	1195	9743	3510	6233
龙文区	1075	734	341	629	389	240	2471	837	1634
云霄县	1773	1186	587	1605	1012	593	7223	2824	4399
漳浦县	3488	2290	1198	2990	1798	1192	13899	4608	9291
诏安县	2625	1686	939	2335	1396	939	12127	4337	7790
长泰县	1387	997	390	1066	669	397	3609	1388	2221
东山县	869	503	366	754	408	346	2948	994	1954
南靖县	2219	1522	697	1941	1213	728	7398	2930	4468
平和县	3019	2147	872	2988	1978	1010	11415	5230	6185
华安县	1295	913	382	972	630	342	3858	1412	2446
龙海市	5048	3213	1835	4134	2415	1719	16868	5925	10943
南平市	**25509**	**16131**	**9378**	**18212**	**11218**	**6994**	**64438**	**27542**	**36896**
延平区	4609	2720	1889	3283	1948	1335	11476	4778	6698
建阳区	3546	2364	1182	2250	1420	830	6994	2959	4035
顺昌县	2206	1390	816	1574	1022	552	5152	2136	3016
浦城县	3019	1941	1078	2274	1441	833	9449	4368	5081
光泽县	1364	919	445	828	551	277	3508	1620	1888
松溪县	1026	647	379	721	424	297	3217	1369	1848
政和县	1333	848	485	986	575	411	3476	1494	1982
邵武市	2909	1798	1111	2058	1268	790	7525	2901	4624
武夷山市	1604	1017	587	1143	694	449	3626	1565	2061
建瓯市	3893	2487	1406	3095	1875	1220	10015	4352	5663
龙岩市	**21660**	**14087**	**7573**	**15895**	**10034**	**5861**	**64150**	**26007**	**38143**
新罗区	5741	3807	1934	3346	2081	1265	12100	4434	7666
永定区	3307	2179	1128	2509	1592	917	10203	4220	5983
长汀县	2630	1586	1044	2268	1434	834	9672	4258	5414
上杭县	3397	2243	1154	2761	1802	959	10696	4656	6040
武平县	2272	1456	816	1601	1021	580	7912	3137	4775
连城县	2106	1268	838	1921	1175	746	7493	2923	4570
漳平市	2207	1548	659	1489	929	560	6074	2379	3695
宁德市	**22789**	**14439**	**8350**	**20069**	**12475**	**7594**	**69977**	**32008**	**37969**
蕉城区	3409	2105	1304	2780	1767	1013	9386	4434	4952
霞浦县	3310	2129	1181	2930	1832	1098	10571	4714	5857
古田县	3208	2021	1187	2870	1877	993	9277	4357	4920
屏南县	1469	962	507	1246	778	468	3842	1924	1918
寿宁县	1757	1149	608	1553	977	576	5496	2598	2898
周宁县	1263	798	465	1292	804	488	4006	2161	1845
柘荣县	629	400	229	566	354	212	2048	1111	937
福安市	4053	2452	1601	3691	2235	1456	12852	5706	7146
福鼎市	3691	2423	1268	3141	1851	1290	12499	5003	7496

5-2a 各地区分年龄、性别的一人户(城市)

单位：户

地 区	合 计			14岁及以下		
	合计	男	女	小计	男	女
合 计	**1814201**	**1052854**	**761347**	**35754**	**19827**	**15927**
福州市	**368334**	**199451**	**168883**	**8886**	**4809**	**4077**
鼓楼区	48397	22234	26163	1797	974	823
台江区	39959	19609	20350	846	436	410
仓山区	117830	70370	47460	2566	1423	1143
马尾区	26006	15534	10472	392	219	173
晋安区	74023	39303	34720	1531	813	718
长乐区	24910	12974	11936	785	415	370
闽侯县						
连江县						
罗源县						
闽清县						
永泰县						
平潭县						
福清市	37209	19427	17782	969	529	440
厦门市	**645626**	**400689**	**244937**	**7299**	**4171**	**3128**
思明区	111116	55440	55676	1656	915	741
海沧区	89473	61193	28280	941	539	402
湖里区	203578	124775	78803	1669	945	724
集美区	136150	90496	45654	1525	881	644
同安区	96686	64140	32546	1308	778	530
翔安区	8623	4645	3978	200	113	87
莆田市	**114470**	**63041**	**51429**	**4143**	**2278**	**1865**
城厢区	37049	20696	16353	872	463	409
涵江区	25615	13764	11851	745	396	349
荔城区	36515	20653	15862	1500	811	689
秀屿区	15291	7928	7363	1026	608	418
仙游县						
三明市	**52492**	**28662**	**23830**	**870**	**460**	**410**
梅列区	19769	10837	8932	370	196	174
三元区	13673	7656	6017	209	110	99
明溪县						
清流县						
宁化县						
大田县						
尤溪县						
沙县						
将乐县						
泰宁县						
建宁县						
永安市	19050	10169	8881	291	154	137
泉州市	**354103**	**210673**	**143430**	**6978**	**3996**	**2982**
鲤城区	49004	28807	20197	1019	603	416
丰泽区	76171	44871	31300	1103	630	473
洛江区	9024	5476	3548	180	105	75
泉港区	7505	3441	4064	332	173	159
惠安县						
安溪县						
永春县						
德化县						
石狮市	53286	31054	22232	1092	626	466
晋江市	144430	89048	55382	2571	1443	1128
南安市	14683	7976	6707	681	416	265

5-2a 续表 1

单位：户

地 区	合 计			14岁及以下		
	合计	男	女	小计	男	女
漳州市	**79150**	**42551**	**36599**	**1863**	**1030**	**833**
芗城区	41209	21130	20079	894	483	411
龙文区	23312	14181	9131	569	322	247
云霄县						
漳浦县						
诏安县						
长泰县						
东山县						
南靖县						
平和县						
华安县						
龙海市	14587	7221	7366	399	224	175
南平市	**77151**	**40186**	**36965**	**1861**	**986**	**875**
延平区	23754	11742	12012	497	265	232
建阳区	18200	10416	7784	430	235	195
顺昌县						
浦城县						
光泽县						
松溪县						
政和县						
邵武市	14372	7302	7070	225	113	112
武夷山市	7699	4050	3649	288	151	137
建瓯市	13126	6676	6450	421	222	199
龙岩市	**70720**	**40170**	**30550**	**1652**	**905**	**747**
新罗区	57151	32750	24401	1272	709	563
永定区	4227	2159	2068	177	91	86
长汀县						
上杭县						
武平县						
连城县						
漳平市	9342	5261	4081	203	105	98
宁德市	**52155**	**27431**	**24724**	**2202**	**1192**	**1010**
蕉城区	24621	13563	11058	919	499	420
霞浦县						
古田县						
屏南县						
寿宁县						
周宁县						
柘荣县						
福安市	15394	8011	7383	861	468	393
福鼎市	12140	5857	6283	422	225	197

5-2a　续表 2　　　　单位：户

地　区	15-19岁			20-24岁		
	小计	男	女	小计	男	女
合　计	**51376**	**30201**	**21175**	**201600**	**114931**	**86669**
福州市	**7624**	**4400**	**3224**	**32158**	**17513**	**14645**
鼓楼区	1021	554	467	3825	1795	2030
台江区	905	524	381	4161	2054	2107
仓山区	2365	1427	938	11604	6915	4689
马尾区	488	307	181	2275	1438	837
晋安区	1375	725	650	6066	3036	3030
长乐区	485	293	192	1431	784	647
闽侯县						
连江县						
罗源县						
闽清县						
永泰县						
平潭县						
福清市	985	570	415	2796	1491	1305
厦门市	**19164**	**11815**	**7349**	**99233**	**58039**	**41194**
思明区	2523	1415	1108	13689	6697	6992
海沧区	2846	1844	1002	12191	7904	4287
湖里区	5253	3130	2123	38123	21055	17068
集美区	4206	2675	1531	22474	13956	8518
同安区	4069	2593	1476	11770	7864	3906
翔安区	267	158	109	986	563	423
莆田市	**3578**	**2080**	**1498**	**9299**	**5513**	**3786**
城厢区	1294	694	600	4277	2433	1844
涵江区	640	395	245	1456	873	583
荔城区	1036	643	393	2712	1672	1040
秀屿区	608	348	260	854	535	319
仙游县						
三明市	**1110**	**642**	**468**	**3500**	**1932**	**1568**
梅列区	429	233	196	1637	866	771
三元区	272	174	98	745	400	345
明溪县						
清流县						
宁化县						
大田县						
尤溪县						
沙县						
将乐县						
泰宁县						
建宁县						
永安市	409	235	174	1118	666	452
泉州市	**12026**	**7066**	**4960**	**36872**	**20987**	**15885**
鲤城区	1785	1069	716	4749	2698	2051
丰泽区	2608	1451	1157	10980	5890	5090
洛江区	223	134	89	729	461	268
泉港区	147	80	67	311	166	145
惠安县						
安溪县						
永春县						
德化县						
石狮市	1783	1003	780	4839	2659	2180
晋江市	5104	3108	1996	14531	8692	5839
南安市	376	221	155	733	421	312

5-2a 续表 3

单位：户

地区	15-19岁			20-24岁		
	小计	男	女	小计	男	女
漳州市	**2004**	**1129**	**875**	**7568**	**4087**	**3481**
芗城区	1085	594	491	3785	1906	1879
龙文区	678	403	275	3143	1820	1323
云霄县						
漳浦县						
诏安县						
长泰县						
东山县						
南靖县						
平和县						
华安县						
龙海市	241	132	109	639	360	279
南平市	**2002**	**1026**	**976**	**4346**	**2316**	**2030**
延平区	483	256	227	1231	631	600
建阳区	517	255	262	1345	718	627
顺昌县						
浦城县						
光泽县						
松溪县						
政和县						
邵武市	228	123	105	652	390	262
武夷山市	175	83	92	435	211	224
建瓯市	599	309	290	683	366	317
龙岩市	**2165**	**1156**	**1009**	**5685**	**2966**	**2719**
新罗区	1648	882	766	5027	2593	2434
永定区	225	114	111	230	110	120
长汀县						
上杭县						
武平县						
连城县						
漳平市	292	160	132	428	263	165
宁德市	**1703**	**887**	**816**	**2939**	**1578**	**1361**
蕉城区	649	355	294	1525	798	727
霞浦县						
古田县						
屏南县						
寿宁县						
周宁县						
柘荣县						
福安市	450	254	196	693	395	298
福鼎市	604	278	326	721	385	336

5-2a　续表 4　　　　单位：户

地　区	25-29岁			30-34岁			35-39岁		
	小计	男	女	小计	男	女	小计	男	女
合　计	**290720**	**178101**	**112619**	**279021**	**178730**	**100291**	**174482**	**111649**	**62833**
福州市	**51539**	**30029**	**21510**	**49547**	**29803**	**19744**	**32995**	**19621**	**13374**
鼓楼区	6293	3058	3235	5695	2791	2904	3904	1958	1946
台江区	6364	3462	2902	5095	2738	2357	3139	1713	1426
仓山区	18018	11532	6486	17718	11702	6016	11471	7382	4089
马尾区	3567	2357	1210	3394	2307	1087	2289	1510	779
晋安区	10359	5667	4692	10085	5763	4322	6532	3744	2788
长乐区	2488	1451	1037	2729	1590	1139	2182	1307	875
闽侯县									
连江县									
罗源县									
闽清县									
永泰县									
平潭县									
福清市	4450	2502	1948	4831	2912	1919	3478	2007	1471
厦门市	**134156**	**84800**	**49356**	**114923**	**77919**	**37004**	**64602**	**43997**	**20605**
思明区	22427	11704	10723	17043	9081	7962	9045	4870	4175
海沧区	16888	11720	5168	17059	12619	4440	10258	7511	2747
湖里区	50071	30285	19786	37183	24490	12693	18694	12691	6003
集美区	28066	19261	8805	25087	18274	6813	14246	10338	3908
同安区	15265	10930	4335	17115	12560	4555	11459	8083	3376
翔安区	1439	900	539	1436	895	541	900	504	396
莆田市	**13507**	**8141**	**5366**	**16073**	**9442**	**6631**	**11053**	**6449**	**4604**
城厢区	5973	3490	2483	6405	3586	2819	4067	2270	1797
涵江区	2201	1303	898	2939	1699	1240	2210	1273	937
荔城区	4231	2610	1621	5491	3314	2177	3868	2291	1577
秀屿区	1102	738	364	1238	843	395	908	615	293
仙游县									
三明市	**5275**	**3371**	**1904**	**5849**	**3798**	**2051**	**3489**	**2270**	**1219**
梅列区	2462	1550	912	2567	1644	923	1372	892	480
三元区	1190	791	399	1296	905	391	883	609	274
明溪县									
清流县									
宁化县									
大田县									
尤溪县									
沙县									
将乐县									
泰宁县									
建宁县									
永安市	1623	1030	593	1986	1249	737	1234	769	465
泉州市	**54164**	**32736**	**21428**	**59138**	**36943**	**22195**	**40081**	**25620**	**14461**
鲤城区	7104	4370	2734	7807	5066	2741	5161	3384	1777
丰泽区	14831	8723	6108	12079	7630	4449	7172	4590	2582
洛江区	1379	884	495	1499	913	586	1112	714	398
泉港区	702	401	301	793	435	358	589	351	238
惠安县									
安溪县									
永春县									
德化县									
石狮市	7410	4236	3174	9452	5583	3869	6510	3987	2523
晋江市	21115	13130	7985	25590	16196	9394	18115	11731	6384
南安市	1623	992	631	1918	1120	798	1422	863	559

5-2a 续表 5

单位：户

地区	25-29岁			30-34岁			35-39岁		
	小计	男	女	小计	男	女	小计	男	女
漳州市	**9731**	**5829**	**3902**	**9583**	**5829**	**3754**	**6534**	**3983**	**2551**
芗城区	4810	2749	2061	4702	2696	2006	3337	1896	1441
龙文区	3883	2463	1420	3728	2432	1296	2358	1567	791
云霄县									
漳浦县									
诏安县									
长泰县									
东山县									
南靖县									
平和县									
华安县									
龙海市	1037	616	421	1151	699	452	837	518	319
南平市	**6541**	**3892**	**2649**	**7189**	**4589**	**2600**	**5027**	**3074**	**1953**
延平区	1976	1135	841	2010	1281	729	1354	798	556
建阳区	1931	1129	802	2081	1368	713	1442	954	488
顺昌县									
浦城县									
光泽县									
松溪县									
政和县									
邵武市	1038	684	354	1004	684	320	762	441	321
武夷山市	649	358	291	912	529	383	698	407	291
建瓯市	947	586	361	1182	727	455	771	474	297
龙岩市	**8773**	**5334**	**3439**	**9953**	**6447**	**3506**	**6297**	**4048**	**2249**
新罗区	7601	4605	2996	8658	5601	3057	5319	3377	1942
永定区	292	155	137	313	178	135	233	137	96
长汀县									
上杭县									
武平县									
连城县									
漳平市	880	574	306	982	668	314	745	534	211
宁德市	**7034**	**3969**	**3065**	**6766**	**3960**	**2806**	**4404**	**2587**	**1817**
蕉城区	3961	2221	1740	3784	2251	1533	2327	1421	906
霞浦县									
古田县									
屏南县									
寿宁县									
周宁县									
柘荣县									
福安市	1670	937	733	1713	955	758	1226	696	530
福鼎市	1403	811	592	1269	754	515	851	470	381

5-2a　续表 6　　　　单位：户

地　区	40-44岁			45-49岁			50-54岁		
	小计	男	女	小计	男	女	小计	男	女
合　计	**146306**	**88228**	**58078**	**168989**	**95627**	**73362**	**139372**	**81555**	**57817**
福州市	**28711**	**16355**	**12356**	**34258**	**18483**	**15775**	**30110**	**16856**	**13254**
鼓楼区	3084	1553	1531	3788	1699	2089	3402	1625	1777
台江区	2401	1236	1165	2619	1207	1412	2463	1209	1254
仓山区	9539	5940	3599	11057	6590	4467	9526	5815	3711
马尾区	2230	1406	824	2681	1610	1071	2295	1405	890
晋安区	5905	3316	2589	7298	3959	3339	6364	3600	2764
长乐区	2359	1268	1091	2868	1444	1424	2560	1382	1178
闽侯县									
连江县									
罗源县									
闽清县									
永泰县									
平潭县									
福清市	3193	1636	1557	3947	1974	1973	3500	1820	1680
厦门市	**48355**	**31007**	**17348**	**51883**	**31144**	**20739**	**39619**	**24641**	**14978**
思明区	6927	3526	3401	8343	4109	4234	7597	3966	3631
海沧区	7880	5486	2394	8275	5393	2882	5731	3992	1739
湖里区	13164	8643	4521	13729	8469	5260	10757	6790	3967
集美区	10302	6965	3337	10715	6805	3910	7887	5137	2750
同安区	9464	6073	3391	10174	6055	4119	7148	4504	2644
翔安区	618	314	304	647	313	334	499	252	247
莆田市	**10537**	**5759**	**4778**	**11648**	**6006**	**5642**	**9058**	**4973**	**4085**
城厢区	3396	1813	1583	3563	1841	1722	2474	1385	1089
涵江区	2427	1309	1118	2996	1515	1481	2510	1365	1145
荔城区	3641	2002	1639	3730	1949	1781	2817	1557	1260
秀屿区	1073	635	438	1359	701	658	1257	666	591
仙游县									
三明市	**3562**	**2077**	**1485**	**5473**	**2866**	**2607**	**6154**	**3323**	**2831**
梅列区	1327	757	570	1992	1063	929	2045	1065	980
三元区	952	604	348	1472	798	674	1709	982	727
明溪县									
清流县									
宁化县									
大田县									
尤溪县									
沙县									
将乐县									
泰宁县									
建宁县									
永安市	1283	716	567	2009	1005	1004	2400	1276	1124
泉州市	**34458**	**21464**	**12994**	**37543**	**22295**	**15248**	**27381**	**16711**	**10670**
鲤城区	4363	2786	1577	4780	2806	1974	3587	2155	1432
丰泽区	6148	3889	2259	6705	4037	2668	5237	3203	2034
洛江区	975	581	394	1070	630	440	746	441	305
泉港区	578	299	279	692	291	401	659	304	355
惠安县									
安溪县									
永春县									
德化县									
石狮市	5453	3263	2190	6091	3584	2507	4318	2673	1645
晋江市	15684	9915	5769	16768	10143	6625	11537	7212	4325
南安市	1257	731	526	1437	804	633	1297	723	574

5-2a 续表 7

单位：户

地区	40-44岁			45-49岁			50-54岁		
	小计	男	女	小计	男	女	小计	男	女
漳州市	**5831**	**3382**	**2449**	**7100**	**3906**	**3194**	**6195**	**3630**	**2565**
芗城区	3096	1681	1415	3909	2007	1902	3383	1866	1517
龙文区	1868	1196	672	1985	1273	712	1524	1012	512
云霄县									
漳浦县									
诏安县									
长泰县									
东山县									
南靖县									
平和县									
华安县									
龙海市	867	505	362	1206	626	580	1285	751	534
南平市	**5198**	**2837**	**2361**	**8255**	**4100**	**4155**	**9333**	**4781**	**4552**
延平区	1437	709	728	2553	1108	1445	2974	1374	1600
建阳区	1428	858	570	1916	1087	829	2097	1290	807
顺昌县									
浦城县									
光泽县									
松溪县									
政和县									
邵武市	837	452	385	1565	771	794	1790	904	886
武夷山市	614	343	271	882	483	399	873	449	424
建瓯市	882	475	407	1339	651	688	1599	764	835
龙岩市	**5371**	**3103**	**2268**	**7614**	**4237**	**3377**	**6796**	**4104**	**2692**
新罗区	4386	2575	1811	5966	3448	2518	5312	3267	2045
永定区	298	126	172	520	214	306	508	269	239
长汀县									
上杭县									
武平县									
连城县									
漳平市	687	402	285	1128	575	553	976	568	408
宁德市	**4283**	**2244**	**2039**	**5215**	**2590**	**2625**	**4726**	**2536**	**2190**
蕉城区	2011	1131	880	2385	1247	1138	2075	1200	875
霞浦县									
古田县									
屏南县									
寿宁县									
周宁县									
柘荣县									
福安市	1328	679	649	1583	805	778	1485	785	700
福鼎市	944	434	510	1247	538	709	1166	551	615

5-2a　续表 8　　　　单位：户

地　区	55-59岁			60-64岁			65岁及以上		
	小计	男	女	小计	男	女	小计	男	女
合　计	**100440**	**59754**	**40686**	**59085**	**33085**	**26000**	**167056**	**61166**	**105890**
福州市	**24633**	**13475**	**11158**	**16844**	**8846**	**7998**	**51029**	**19261**	**31768**
鼓楼区	3325	1582	1743	2605	1224	1381	9658	3421	6237
台江区	2464	1184	1280	2171	1126	1045	7331	2720	4611
仓山区	7092	4177	2915	4523	2498	2025	12351	4969	7382
马尾区	1870	1146	724	1165	599	566	3360	1230	2130
晋安区	5398	2975	2423	3550	1846	1704	9560	3859	5701
长乐区	1964	1070	894	1257	669	588	3802	1301	2501
闽侯县									
连江县									
罗源县									
闽清县									
永泰县									
平潭县									
福清市	2520	1341	1179	1573	884	689	4967	1761	3206
厦门市	**24926**	**15660**	**9266**	**12580**	**7143**	**5437**	**28886**	**10353**	**18533**
思明区	6065	3228	2837	4152	1991	2161	11649	3938	7711
海沧区	3201	2245	956	1358	847	511	2845	1093	1752
湖里区	6711	4362	2349	3065	1850	1215	5159	2065	3094
集美区	4856	3153	1703	2181	1348	833	4605	1703	2902
同安区	3713	2461	1252	1531	957	574	3670	1282	2388
翔安区	380	211	169	293	150	143	958	272	686
莆田市	**6737**	**3910**	**2827**	**4640**	**2563**	**2077**	**14197**	**5927**	**8270**
城厢区	1561	1013	548	954	623	331	2213	1085	1128
涵江区	1957	1135	822	1264	750	514	4270	1751	2519
荔城区	2036	1196	840	1325	763	562	4128	1845	2283
秀屿区	1183	566	617	1097	427	670	3586	1246	2340
仙游县									
三明市	**5244**	**3145**	**2099**	**2795**	**1626**	**1169**	**9171**	**3152**	**6019**
梅列区	1785	1055	730	906	506	400	2877	1010	1867
三元区	1508	928	580	785	482	303	2652	873	1779
明溪县									
清流县									
宁化县									
大田县									
尤溪县									
沙县									
将乐县									
泰宁县									
建宁县									
永安市	1951	1162	789	1104	638	466	3642	1269	2373
泉州市	**16723**	**10673**	**6050**	**8369**	**5039**	**3330**	**20370**	**7143**	**13227**
鲤城区	2495	1497	998	1509	877	632	4645	1496	3149
丰泽区	3488	2221	1267	1818	1077	741	4002	1530	2472
洛江区	445	273	172	242	165	77	424	175	249
泉港区	494	244	250	467	204	263	1741	493	1248
惠安县									
安溪县									
永春县									
德化县									
石狮市	2661	1751	910	1203	767	436	2474	922	1552
晋江市	6136	4062	2074	2525	1622	903	4754	1794	2960
南安市	1004	625	379	605	327	278	2330	733	1597

5-2a 续表 9 单位：户

地区	55-59岁			60-64岁			65岁及以上		
	小计	男	女	小计	男	女	小计	男	女
漳州市	**5142**	**2929**	**2213**	**3675**	**2000**	**1675**	**13924**	**4817**	**9107**
芗城区	2977	1594	1383	2109	1126	983	7122	2532	4590
龙文区	971	668	303	538	331	207	2067	694	1373
云霄县									
漳浦县									
诏安县									
长泰县									
东山县									
南靖县									
平和县									
华安县									
龙海市	1192	666	526	1024	541	483	4709	1583	3126
南平市	**8275**	**4664**	**3611**	**5004**	**2850**	**2154**	**14120**	**5071**	**9049**
延平区	2687	1426	1261	1682	963	719	4870	1796	3074
建阳区	1798	1125	673	921	535	386	2294	862	1432
顺昌县									
浦城县									
光泽县									
松溪县									
政和县									
邵武市	1725	989	736	1072	630	442	3474	1121	2353
武夷山市	703	388	315	444	252	192	1026	396	630
建瓯市	1362	736	626	885	470	415	2456	896	1560
龙岩市	**5029**	**3273**	**1756**	**2624**	**1585**	**1039**	**8761**	**3012**	**5749**
新罗区	3775	2422	1353	1977	1179	798	6210	2092	4118
永定区	417	285	132	213	147	66	801	333	468
长汀县									
上杭县									
武平县									
连城县									
漳平市	837	566	271	434	259	175	1750	587	1163
宁德市	**3731**	**2025**	**1706**	**2554**	**1433**	**1121**	**6598**	**2430**	**4168**
蕉城区	1542	888	654	1004	597	407	2439	955	1484
霞浦县									
古田县									
屏南县									
寿宁县									
周宁县									
柘荣县									
福安市	1219	658	561	893	512	381	2273	867	1406
福鼎市	970	479	491	657	324	333	1886	608	1278

5-2b　各地区分年龄、性别的一人户(镇)

单位：户

地　区	合　计			14岁及以下		
	合计	男	女	小计	男	女
合　计	**911687**	**509784**	**401903**	**32236**	**17877**	**14359**
福州市	**176022**	**96840**	**79182**	**5791**	**3179**	**2612**
鼓楼区						
台江区						
仓山区						
马尾区						
晋安区	147	101	46	2	1	1
长乐区	20877	11627	9250	563	319	244
闽侯县	55034	33197	21837	1550	867	683
连江县	28832	14844	13988	1008	541	467
罗源县	13185	7706	5479	388	211	177
闽清县	9009	4634	4375	374	196	178
永泰县	11607	5898	5709	570	321	249
平潭县	14108	6755	7353	614	316	298
福清市	23223	12078	11145	722	407	315
厦门市	**50393**	**34501**	**15892**	**558**	**291**	**267**
思明区						
海沧区						
湖里区	241	193	48	2	2	
集美区	12	7	5			
同安区	1427	879	548	38	18	20
翔安区	48713	33422	15291	518	271	247
莆田市	**44508**	**22720**	**21788**	**2430**	**1366**	**1064**
城厢区	1778	895	883	121	67	54
涵江区	1031	515	516	45	25	20
荔城区	529	254	275	48	23	25
秀屿区	7814	4078	3736	529	304	225
仙游县	33356	16978	16378	1687	947	740
三明市	**69236**	**37850**	**31386**	**2687**	**1549**	**1138**
梅列区	1212	710	502	33	14	19
三元区	895	572	323	17	10	7
明溪县	4476	2425	2051	119	61	58
清流县	4629	2518	2111	162	100	62
宁化县	7704	4095	3609	264	149	115
大田县	9707	5480	4227	395	237	158
尤溪县	10213	5580	4633	318	190	128
沙县	14517	7923	6594	805	456	349
将乐县	5083	2739	2344	188	105	83
泰宁县	4221	2175	2046	160	98	62
建宁县	4521	2416	2105	169	99	70
永安市	2058	1217	841	57	30	27
泉州市	**224844**	**126006**	**98838**	**7118**	**4067**	**3051**
鲤城区						
丰泽区						
洛江区	3167	1882	1285	77	37	40
泉港区	5606	2670	2936	331	180	151
惠安县	46996	23506	23490	1283	723	560
安溪县	27185	14708	12477	1184	695	489
永春县	16601	8699	7902	560	334	226
德化县	12399	7030	5369	432	240	192
石狮市	17369	12178	5191	352	204	148
晋江市	42710	24838	17872	1055	602	453
南安市	52811	30495	22316	1844	1052	792

5-2b 续表 1

单位：户

地区	合计			14岁及以下		
	合计	男	女	小计	男	女
漳州市	**151597**	**86212**	**65385**	**5204**	**2823**	**2381**
芗城区	9043	6138	2905	142	68	74
龙文区						
云霄县	11461	5674	5787	385	194	191
漳浦县	27541	14250	13291	1164	632	532
诏安县	14394	7237	7157	579	313	266
长泰县	12166	7610	4556	280	143	137
东山县	8478	3967	4511	293	156	137
南靖县	12121	6651	5470	476	276	200
平和县	14433	8213	6220	611	327	284
华安县	7130	4104	3026	254	149	105
龙海市	34830	22368	12462	1020	565	455
南平市	**54137**	**29352**	**24785**	**1924**	**1028**	**896**
延平区	5751	3321	2430	188	102	86
建阳区	2817	1578	1239	77	48	29
顺昌县	9606	5036	4570	265	149	116
浦城县	10768	5520	5248	403	201	202
光泽县	4955	2506	2449	95	56	39
松溪县	4006	2000	2006	210	99	111
政和县	6485	3603	2882	346	190	156
邵武市	3373	2132	1241	93	50	43
武夷山市	971	570	401	27	14	13
建瓯市	5405	3086	2319	220	119	101
龙岩市	**60241**	**33151**	**27090**	**2494**	**1414**	**1080**
新罗区	5651	3288	2363	152	91	61
永定区	7105	4233	2872	300	177	123
长汀县	12890	6541	6349	603	340	263
上杭县	14869	8691	6178	437	253	184
武平县	8957	4734	4223	569	322	247
连城县	8843	4491	4352	378	196	182
漳平市	1926	1173	753	55	35	20
宁德市	**80709**	**43152**	**37557**	**4030**	**2160**	**1870**
蕉城区	3094	1721	1373	132	70	62
霞浦县	18490	9556	8934	851	452	399
古田县	14717	7772	6945	516	286	230
屏南县	5775	3038	2737	420	221	199
寿宁县	8644	4629	4015	639	337	302
周宁县	6147	3309	2838	428	226	202
柘荣县	3226	1612	1614	208	114	94
福安市	11185	6185	5000	504	273	231
福鼎市	9431	5330	4101	332	181	151

5-2b 续表 2

单位：户

地 区	15—19岁			20—24岁		
	小计	男	女	小计	男	女
合 计	**25138**	**14826**	**10312**	**57787**	**35397**	**22390**
福州市	**3945**	**2327**	**1618**	**11854**	**7257**	**4597**
鼓楼区						
台江区						
仓山区						
马尾区						
晋安区	3	1	2	6	3	3
长乐区	468	302	166	1128	709	419
闽侯县	1098	651	447	5725	3604	2121
连江县	565	324	241	1496	920	576
罗源县	215	130	85	547	364	183
闽清县	312	177	135	449	218	231
永泰县	340	200	140	583	310	273
平潭县	354	192	162	786	442	344
福清市	590	350	240	1134	687	447
厦门市	**2725**	**1818**	**907**	**9757**	**6945**	**2812**
思明区						
海沧区						
湖里区	5	4	1	19	15	4
集美区						
同安区	26	20	6	95	69	26
翔安区	2694	1794	900	9643	6861	2782
莆田市	**1416**	**849**	**567**	**2340**	**1336**	**1004**
城厢区	51	29	22	77	44	33
涵江区	16	9	7	39	16	23
荔城区	24	11	13	28	18	10
秀屿区	224	146	78	320	191	129
仙游县	1101	654	447	1876	1067	809
三明市	**1828**	**1048**	**780**	**3587**	**1921**	**1666**
梅列区	27	18	9	77	51	26
三元区	5	5		27	19	8
明溪县	88	48	40	194	106	88
清流县	98	46	52	271	119	152
宁化县	172	91	81	325	168	157
大田县	232	151	81	396	236	160
尤溪县	271	154	117	467	255	212
沙县	521	292	229	927	511	416
将乐县	156	98	58	308	147	161
泰宁县	122	67	55	251	122	129
建宁县	99	54	45	265	147	118
永安市	37	24	13	79	40	39
泉州市	**5682**	**3389**	**2293**	**12692**	**7661**	**5031**
鲤城区						
丰泽区						
洛江区	76	52	24	218	136	82
泉港区	80	40	40	204	133	71
惠安县	928	584	344	2085	1276	809
安溪县	798	464	334	1614	905	709
永春县	495	285	210	625	362	263
德化县	240	158	82	467	271	196
石狮市	476	307	169	1103	797	306
晋江市	1179	716	463	2979	1921	1058
南安市	1410	783	627	3397	1860	1537

5-2b 续表 3　　单位：户

地区	15-19岁			20-24岁		
	小计	男	女	小计	男	女
漳州市	**4193**	**2437**	**1756**	**9264**	**5723**	**3541**
芗城区	249	163	86	644	452	192
龙文区						
云霄县	250	127	123	630	325	305
漳浦县	725	368	357	1757	948	809
诏安县	299	168	131	546	299	247
长泰县	378	250	128	968	664	304
东山县	199	97	102	387	177	210
南靖县	229	135	94	515	289	226
平和县	638	352	286	559	356	203
华安县	139	91	48	359	231	128
龙海市	1087	686	401	2899	1982	917
南平市	**1409**	**744**	**665**	**2429**	**1315**	**1114**
延平区	100	59	41	266	149	117
建阳区	46	26	20	150	67	83
顺昌县	296	154	142	324	194	130
浦城县	377	187	190	540	277	263
光泽县	121	67	54	244	137	107
松溪县	99	43	56	152	80	72
政和县	210	117	93	365	196	169
邵武市	52	26	26	129	86	43
武夷山市	27	17	10	36	20	16
建瓯市	81	48	33	223	109	114
龙岩市	**1627**	**916**	**711**	**2634**	**1458**	**1176**
新罗区	54	33	21	158	94	64
永定区	137	84	53	209	127	82
长汀县	376	227	149	705	366	339
上杭县	412	202	210	779	469	310
武平县	258	166	92	401	209	192
连城县	372	193	179	295	158	137
漳平市	18	11	7	87	35	52
宁德市	**2313**	**1298**	**1015**	**3230**	**1781**	**1449**
蕉城区	51	31	20	84	42	42
霞浦县	452	257	195	845	470	375
古田县	303	168	135	463	252	211
屏南县	156	101	55	179	85	94
寿宁县	517	283	234	406	206	200
周宁县	191	112	79	260	148	112
柘荣县	94	47	47	138	70	68
福安市	238	123	115	478	282	196
福鼎市	311	176	135	377	226	151

5-2b　续表 4　　　　单位：户

地　区	25-29岁			30-34岁			35-39岁		
	小计	男	女	小计	男	女	小计	男	女
合　计	**88205**	**55359**	**32846**	**96848**	**61998**	**34850**	**69509**	**43536**	**25973**
福州市	**18733**	**11742**	**6991**	**20259**	**12738**	**7521**	**14916**	**9003**	**5913**
鼓楼区									
台江区									
仓山区									
马尾区									
晋安区	10	8	2	13	10	3	17	10	7
长乐区	1782	1148	634	2060	1299	761	1787	1126	661
闽侯县	8515	5564	2951	8289	5557	2732	5386	3377	2009
连江县	2337	1366	971	3074	1806	1268	2481	1414	1067
罗源县	1201	803	398	1365	911	454	983	659	324
闽清县	662	368	294	698	379	319	556	318	238
永泰县	937	526	411	1038	602	436	774	427	347
平潭县	1648	941	707	1388	798	590	878	484	394
福清市	1641	1018	623	2334	1376	958	2054	1188	866
厦门市	**10212**	**7699**	**2513**	**8992**	**6787**	**2205**	**4828**	**3376**	**1452**
思明区									
海沧区									
湖里区	28	22	6	39	33	6	24	20	4
集美区				2		2			
同安区	110	91	19	134	99	35	133	96	37
翔安区	10074	7586	2488	8817	6655	2162	4671	3260	1411
莆田市	**3282**	**1885**	**1397**	**3545**	**2013**	**1532**	**2613**	**1496**	**1117**
城厢区	72	48	24	124	71	53	98	58	40
涵江区	48	24	24	39	25	14	32	18	14
荔城区	40	17	23	55	28	27	32	15	17
秀屿区	500	313	187	661	416	245	496	312	184
仙游县	2622	1483	1139	2666	1473	1193	1955	1093	862
三明市	**5705**	**3315**	**2390**	**5932**	**3680**	**2252**	**3747**	**2248**	**1499**
梅列区	74	62	12	83	70	13	81	62	19
三元区	37	20	17	49	34	15	48	39	9
明溪县	350	198	152	395	230	165	253	157	96
清流县	446	254	192	430	275	155	287	151	136
宁化县	517	296	221	583	334	249	389	210	179
大田县	999	615	384	932	603	329	561	349	212
尤溪县	920	518	402	957	568	389	558	311	247
沙县	1177	706	471	1252	807	445	744	470	274
将乐县	378	215	163	407	236	171	268	158	110
泰宁县	351	184	167	336	193	143	201	125	76
建宁县	320	174	146	335	224	111	246	144	102
永安市	136	73	63	173	106	67	111	72	39
泉州市	**22268**	**13966**	**8302**	**26819**	**17030**	**9789**	**20036**	**12813**	**7223**
鲤城区									
丰泽区									
洛江区	333	225	108	380	262	118	363	230	133
泉港区	387	257	130	459	313	146	329	212	117
惠安县	4239	2516	1723	5324	3173	2151	4076	2458	1618
安溪县	3337	2007	1330	3483	2020	1463	2268	1392	876
永春县	980	617	363	1253	849	404	861	527	334
德化县	998	647	351	1242	833	409	866	595	271
石狮市	1776	1314	462	2277	1714	563	1860	1372	488
晋江市	4602	2893	1709	5663	3490	2173	4359	2677	1682
南安市	5616	3490	2126	6738	4376	2362	5054	3350	1704

5-2b 续表 5 单位：户

地区	25-29岁			30-34岁			35-39岁		
	小计	男	女	小计	男	女	小计	男	女
漳州市	**13486**	**8426**	**5060**	**15703**	**10189**	**5514**	**11787**	**7486**	**4301**
芗城区	817	600	217	1143	851	292	951	694	257
龙文区									
云霄县	959	491	468	1106	533	573	903	473	430
漳浦县	2513	1418	1095	2892	1668	1224	2052	1195	857
诏安县	875	502	373	843	524	319	708	446	262
长泰县	1328	916	412	1621	1113	508	1243	813	430
东山县	694	303	391	878	429	449	574	245	329
南靖县	875	500	375	921	580	341	734	462	272
平和县	780	484	296	832	536	296	790	463	327
华安县	500	332	168	583	394	189	409	279	130
龙海市	4145	2880	1265	4884	3561	1323	3423	2416	1007
南平市	**3400**	**1992**	**1408**	**3465**	**2171**	**1294**	**2509**	**1577**	**932**
延平区	401	244	157	337	223	114	221	161	60
建阳区	172	90	82	169	100	69	96	57	39
顺昌县	553	333	220	552	364	188	424	258	166
浦城县	610	349	261	562	365	197	459	281	178
光泽县	313	185	128	329	193	136	230	127	103
松溪县	270	149	121	290	175	115	185	103	82
政和县	599	363	236	611	361	250	401	257	144
邵武市	158	107	51	234	178	56	195	143	52
武夷山市	40	27	13	71	46	25	55	38	17
建瓯市	284	145	139	310	166	144	243	152	91
龙岩市	**4462**	**2573**	**1889**	**5322**	**3295**	**2027**	**3693**	**2315**	**1378**
新罗区	309	186	123	440	304	136	352	247	105
永定区	295	186	109	454	306	148	364	260	104
长汀县	1040	554	486	1140	621	519	771	426	345
上杭县	1418	847	571	1771	1148	623	1116	718	398
武平县	619	346	273	678	401	277	457	266	191
连城县	632	377	255	727	447	280	537	326	211
漳平市	149	77	72	112	68	44	96	72	24
宁德市	**6657**	**3761**	**2896**	**6811**	**4095**	**2716**	**5380**	**3222**	**2158**
蕉城区	211	106	105	192	107	85	139	94	45
霞浦县	1585	872	713	1728	1001	727	1353	789	564
古田县	1164	678	486	1171	705	466	1005	582	423
屏南县	512	285	227	551	330	221	403	230	173
寿宁县	719	386	333	710	414	296	489	291	198
周宁县	519	292	227	459	267	192	386	216	170
柘荣县	276	137	139	271	141	130	252	126	126
福安市	934	535	399	979	608	371	735	469	266
福鼎市	737	470	267	750	522	228	618	425	193

5-2b 续表 6 单位：户

地区	40-44岁			45-49岁			50-54岁		
	小计	男	女	小计	男	女	小计	男	女
合 计	**71148**	**41430**	**29718**	**97010**	**53564**	**43446**	**91045**	**53606**	**37439**
福州市	**14680**	**8180**	**6500**	**18924**	**10035**	**8889**	**17118**	**9580**	**7538**
鼓楼区									
台江区									
仓山区									
马尾区									
晋安区	12	8	4	11	9	2	17	15	2
长乐区	1842	1126	716	2380	1391	989	2273	1369	904
闽侯县	4366	2574	1792	5086	2922	2164	4344	2546	1798
连江县	2426	1299	1127	3251	1653	1598	2985	1530	1455
罗源县	1074	630	444	1575	866	709	1471	920	551
闽清县	754	383	371	1074	496	578	1043	546	497
永泰县	974	478	496	1381	621	760	1272	659	613
平潭县	1129	544	585	1494	675	819	1279	626	653
福清市	2103	1138	965	2672	1402	1270	2434	1369	1065
厦门市	**3280**	**2078**	**1202**	**3314**	**1950**	**1364**	**2363**	**1475**	**888**
思明区									
海沧区									
湖里区	23	19	4	33	26	7	32	24	8
集美区	1		1				1	1	
同安区	123	88	35	172	105	67	137	82	55
翔安区	3133	1971	1162	3109	1819	1290	2193	1368	825
莆田市	**3214**	**1657**	**1557**	**4310**	**2162**	**2148**	**4109**	**2207**	**1902**
城厢区	131	66	65	194	99	95	146	70	76
涵江区	49	31	18	81	41	40	87	47	40
荔城区	25	15	10	54	33	21	47	25	22
秀屿区	563	321	242	695	392	303	715	408	307
仙游县	2446	1224	1222	3286	1597	1689	3114	1657	1457
三明市	**4386**	**2384**	**2002**	**8173**	**4201**	**3972**	**8722**	**4997**	**3725**
梅列区	72	49	23	126	76	50	146	104	42
三元区	56	44	12	104	74	30	138	100	38
明溪县	292	159	133	564	275	289	632	341	291
清流县	284	151	133	532	282	250	556	321	235
宁化县	442	214	228	917	413	504	973	526	447
大田县	625	378	247	1157	648	509	1187	729	458
尤溪县	680	320	360	1384	625	759	1352	756	596
沙县	948	550	398	1617	910	707	1766	978	788
将乐县	314	165	149	520	252	268	642	377	265
泰宁县	253	130	123	507	234	273	553	306	247
建宁县	289	138	151	513	269	244	522	299	223
永安市	131	86	45	232	143	89	255	160	95
泉州市	**20450**	**12440**	**8010**	**25969**	**14970**	**10999**	**22360**	**13426**	**8934**
鲤城区									
丰泽区									
洛江区	351	193	158	366	218	148	309	193	116
泉港区	364	203	161	533	254	279	454	246	208
惠安县	4221	2367	1854	5444	2767	2677	4397	2365	2032
安溪县	2166	1184	982	2659	1426	1233	2414	1411	1003
永春县	1163	640	523	1792	885	907	1843	1000	843
德化县	976	660	316	1333	779	554	1219	739	480
石狮市	2006	1493	513	2422	1737	685	2035	1537	498
晋江市	4275	2540	1735	5561	3204	2357	4609	2778	1831
南安市	4928	3160	1768	5859	3700	2159	5080	3157	1923

5-2b 续表 7 单位：户

地区	40-44岁			45-49岁			50-54岁		
	小计	男	女	小计	男	女	小计	男	女
漳州市	**11820**	**7125**	**4695**	**15421**	**9079**	**6342**	**14103**	**9041**	**5062**
芗城区	1027	739	288	1134	813	321	912	684	228
龙文区									
云霄县	928	460	468	1128	584	544	1000	602	398
漳浦县	1953	1073	880	2520	1405	1115	2239	1384	855
诏安县	735	405	330	1127	617	510	1251	744	507
长泰县	1178	771	407	1312	790	522	1137	739	398
东山县	645	327	318	926	472	454	814	437	377
南靖县	852	468	384	1287	695	592	1372	868	504
平和县	831	485	346	1432	831	601	1458	926	532
华安县	515	297	218	822	500	322	745	499	246
龙海市	3156	2100	1056	3733	2372	1361	3175	2158	1017
南平市	**3188**	**1833**	**1355**	**5682**	**3176**	**2506**	**7071**	**4025**	**3046**
延平区	270	182	88	503	338	165	651	405	246
建阳区	192	118	74	312	197	115	370	228	142
顺昌县	505	267	238	1041	549	492	1362	708	654
浦城县	588	294	294	1081	551	530	1360	726	634
光泽县	279	147	132	548	258	290	714	361	353
松溪县	226	112	114	407	192	215	525	265	260
政和县	511	301	210	731	414	317	802	462	340
邵武市	222	161	61	364	250	114	477	332	145
武夷山市	77	51	26	106	55	51	110	78	32
建瓯市	318	200	118	589	372	217	700	460	240
龙岩市	**4165**	**2394**	**1771**	**6810**	**3597**	**3213**	**6914**	**4133**	**2781**
新罗区	424	286	138	710	430	280	716	475	241
永定区	482	311	171	892	607	285	952	690	262
长汀县	898	453	445	1398	593	805	1363	636	727
上杭县	1146	683	463	1754	958	796	1633	1028	605
武平县	561	279	282	921	411	510	1027	591	436
连城县	496	267	229	906	431	475	970	522	448
漳平市	158	115	43	229	167	62	253	191	62
宁德市	**5965**	**3339**	**2626**	**8407**	**4394**	**4013**	**8285**	**4722**	**3563**
蕉城区	176	111	65	264	164	100	305	198	107
霞浦县	1380	784	596	1900	934	966	1843	996	847
古田县	1193	599	594	1737	834	903	1661	919	742
屏南县	414	214	200	639	295	344	570	304	266
寿宁县	649	366	283	850	453	397	885	468	417
周宁县	354	187	167	484	249	235	630	363	267
柘荣县	273	140	133	388	189	199	305	164	141
福安市	782	470	312	1062	634	428	1053	630	423
福鼎市	744	468	276	1083	642	441	1033	680	353

5-2b 续表 8

单位：户

地 区	55-59岁			60-64岁			65岁及以上		
	小计	男	女	小计	男	女	小计	男	女
合 计	**70005**	**43144**	**26861**	**47592**	**27850**	**19742**	**165164**	**61197**	**103967**
福州市	**13101**	**7559**	**5542**	**8472**	**4664**	**3808**	**28229**	**10576**	**17653**
鼓楼区									
台江区									
仓山区									
马尾区									
晋安区	23	18	5	13	6	7	20	12	8
长乐区	1698	992	706	1116	595	521	3780	1251	2529
闽侯县	3193	1942	1251	1864	1088	776	5618	2505	3113
连江县	2329	1246	1083	1683	888	795	5197	1857	3340
罗源县	1219	800	419	741	462	279	2406	950	1456
闽清县	795	466	329	551	327	224	1741	760	981
永泰县	1056	601	455	661	361	300	2021	792	1229
平潭县	1078	539	539	694	335	359	2766	863	1903
福清市	1710	955	755	1149	602	547	4680	1586	3094
厦门市	**1385**	**929**	**456**	**775**	**453**	**322**	**2204**	**700**	**1504**
思明区									
海沧区									
湖里区	24	17	7	5	5		7	6	1
集美区	4	4		1		1	3	2	1
同安区	105	70	35	82	51	31	272	90	182
翔安区	1252	838	414	687	397	290	1922	602	1320
莆田市	**3574**	**2013**	**1561**	**2919**	**1644**	**1275**	**10756**	**4092**	**6664**
城厢区	151	69	82	152	84	68	461	190	271
涵江区	118	78	40	88	48	40	389	153	236
荔城区	39	14	25	37	20	17	100	35	65
秀屿区	649	334	315	558	270	288	1904	671	1233
仙游县	2617	1518	1099	2084	1222	862	7902	3043	4859
三明市	**6871**	**4410**	**2461**	**4285**	**2730**	**1555**	**13313**	**5367**	**7946**
梅列区	123	86	37	58	32	26	312	86	226
三元区	104	73	31	80	60	20	230	94	136
明溪县	461	310	151	284	181	103	844	359	485
清流县	439	286	153	247	173	74	877	360	517
宁化县	834	570	264	570	360	210	1718	764	954
大田县	885	539	346	527	315	212	1811	680	1131
尤溪县	1017	655	362	659	474	185	1630	754	876
沙县	1339	824	515	805	468	337	2616	951	1665
将乐县	545	354	191	344	211	133	1013	421	592
泰宁县	405	266	139	232	146	86	850	304	546
建宁县	504	304	200	323	202	121	936	362	574
永安市	215	143	72	156	108	48	476	232	244
泉州市	**15859**	**9846**	**6013**	**9969**	**5536**	**4433**	**35622**	**10862**	**24760**
鲤城区									
丰泽区									
洛江区	177	118	59	125	83	42	392	135	257
泉港区	466	238	228	382	157	225	1617	437	1180
惠安县	3096	1774	1322	2214	1097	1117	9689	2406	7283
安溪县	1824	1079	745	1301	755	546	4137	1370	2767
永春县	1565	957	608	1109	659	450	4355	1584	2771
德化县	1065	658	407	774	443	331	2787	1007	1780
石狮市	1228	942	286	519	328	191	1315	433	882
晋江市	2999	1908	1091	1436	875	561	3993	1234	2759
南安市	3439	2172	1267	2109	1139	970	7337	2256	5081

5-2b 续表 9

单位：户

地　区	55-59岁			60-64岁			65岁及以上		
	小计	男	女	小计	男	女	小计	男	女
漳州市	**10792**	**7044**	**3748**	**8001**	**4846**	**3155**	**31823**	**11993**	**19830**
芗城区	580	435	145	300	199	101	1144	440	704
龙文区									
云霄县	803	487	316	638	375	263	2731	1023	1708
漳浦县	1836	1149	687	1445	856	589	6445	2154	4291
诏安县	1147	684	463	1043	599	444	5241	1936	3305
长泰县	718	498	220	458	301	157	1545	612	933
东山县	641	360	281	532	289	243	1895	675	1220
南靖县	1046	687	359	814	498	316	3000	1193	1807
平和县	1265	859	406	1094	703	391	4143	1891	2252
华安县	628	448	180	417	264	153	1759	620	1139
龙海市	2128	1437	691	1260	762	498	3920	1449	2471
南平市	**6074**	**3811**	**2263**	**4021**	**2458**	**1563**	**12965**	**5222**	**7743**
延平区	612	421	191	433	275	158	1769	762	1007
建阳区	323	226	97	207	141	66	703	280	423
顺昌县	1220	722	498	767	491	276	2297	847	1450
浦城县	1199	706	493	836	487	349	2753	1096	1657
光泽县	623	368	255	332	196	136	1127	411	716
松溪县	461	269	192	279	160	119	902	353	549
政和县	586	361	225	357	205	152	966	376	590
邵武市	354	248	106	284	190	94	811	361	450
武夷山市	114	88	26	68	36	32	240	100	140
建瓯市	582	402	180	458	277	181	1397	636	761
龙岩市	**5264**	**3400**	**1864**	**3645**	**2293**	**1352**	**13211**	**5363**	**7848**
新罗区	544	359	185	348	214	134	1444	569	875
永定区	698	457	241	504	307	197	1818	721	1097
长汀县	1036	618	418	795	490	305	2765	1217	1548
上杭县	1196	816	380	753	510	243	2454	1059	1395
武平县	828	558	270	500	340	160	2138	845	1293
连城县	779	459	320	601	337	264	2150	778	1372
漳平市	183	133	50	144	95	49	442	174	268
宁德市	**7085**	**4132**	**2953**	**5505**	**3226**	**2279**	**17041**	**7022**	**10019**
蕉城区	263	164	99	242	150	92	1035	484	551
霞浦县	1636	907	729	1193	668	525	3724	1426	2298
古田县	1489	855	634	1071	659	412	2944	1235	1709
屏南县	518	299	219	410	223	187	1003	451	552
寿宁县	668	400	268	522	311	211	1590	714	876
周宁县	534	293	241	496	294	202	1406	662	744
柘荣县	263	145	118	204	117	87	554	222	332
福安市	970	573	397	804	489	315	2646	1099	1547
福鼎市	744	496	248	563	315	248	2139	729	1410

5-2c　各地区分年龄、性别的一人户(乡村)

单位：户

地　区	合　计			14岁及以下		
	合计	男	女	小计	男	女
合　计	**1199359**	**682338**	**517021**	**65971**	**36603**	**29368**
福州市	**224011**	**122976**	**101035**	**11574**	**6376**	**5198**
鼓楼区						
台江区						
仓山区						
马尾区	2390	1342	1048	34	17	17
晋安区	2945	1641	1304	115	63	52
长乐区	35203	19896	15307	1153	652	501
闽侯县	33937	19275	14662	1589	834	755
连江县	28073	15758	12315	1346	745	601
罗源县	11878	6915	4963	577	316	261
闽清县	14980	8321	6659	838	449	389
永泰县	23233	12947	10286	1930	1108	822
平潭县	21869	10705	11164	1614	849	765
福清市	49503	26176	23327	2378	1343	1035
厦门市	**55585**	**36846**	**18739**	**1202**	**649**	**553**
思明区						
海沧区	1467	979	488	19	13	6
湖里区						
集美区	16491	11876	4615	267	146	121
同安区	21489	14182	7307	506	263	243
翔安区	16138	9809	6329	410	227	183
莆田市	**86407**	**43912**	**42495**	**6606**	**3641**	**2965**
城厢区	10958	5612	5346	742	403	339
涵江区	9139	4987	4152	402	215	187
荔城区	9011	4396	4615	840	491	349
秀屿区	24435	11692	12743	2348	1293	1055
仙游县	32864	17225	15639	2274	1239	1035
三明市	**100246**	**60113**	**40133**	**5757**	**3297**	**2460**
梅列区	883	529	354	37	18	19
三元区	3556	2381	1175	115	65	50
明溪县	5357	3468	1889	195	106	89
清流县	5842	3401	2441	271	148	123
宁化县	13939	7842	6097	776	416	360
大田县	16078	9498	6580	890	527	363
尤溪县	18555	11360	7195	1099	661	438
沙县	9352	5672	3680	994	579	415
将乐县	6821	4097	2724	427	236	191
泰宁县	5623	3273	2350	334	193	141
建宁县	6351	3757	2594	260	146	114
永安市	7889	4835	3054	359	202	157
泉州市	**218561**	**118279**	**100282**	**11627**	**6663**	**4964**
鲤城区						
丰泽区						
洛江区	8161	4611	3550	422	248	174
泉港区	9964	4695	5269	602	345	257
惠安县	30602	14121	16481	1141	661	480
安溪县	39284	20758	18526	3226	1839	1387
永春县	18197	10422	7775	919	529	390
德化县	12800	7092	5708	738	424	314
石狮市	9403	6169	3234	233	124	109
晋江市	55163	32695	22468	1813	1012	801
南安市	34987	17716	17271	2533	1481	1052

5-2c 续表 1

单位：户

地　区	合　计			14岁及以下		
	合计	男	女	小计	男	女
漳州市	**116615**	**64521**	**52094**	**5336**	**3056**	**2280**
芗城区	4445	2696	1749	139	77	62
龙文区	1066	612	454	24	16	8
云霄县	10837	5982	4855	425	228	197
漳浦县	18144	9386	8758	1057	620	437
诏安县	16170	8483	7687	794	468	326
长泰县	6070	3574	2496	206	121	85
东山县	2423	1233	1190	48	30	18
南靖县	10929	6011	4918	427	245	182
平和县	19103	11314	7789	1130	664	466
华安县	6774	4031	2743	325	174	151
龙海市	20654	11199	9455	761	413	348
南平市	**118907**	**70953**	**47954**	**7166**	**3863**	**3303**
延平区	14984	8929	6055	707	379	328
建阳区	13930	8476	5454	780	427	353
顺昌县	9163	5454	3709	334	176	158
浦城县	19739	11682	8057	1586	864	722
光泽县	7547	4710	2837	404	201	203
松溪县	6928	4021	2907	552	288	264
政和县	9672	5788	3884	810	453	357
邵武市	9090	5269	3821	355	185	170
武夷山市	8267	4889	3378	432	214	218
建瓯市	19587	11735	7852	1206	676	530
龙岩市	**123967**	**72189**	**51778**	**7132**	**3966**	**3166**
新罗区	14759	9484	5275	418	226	192
永定区	23290	13540	9750	1558	862	696
长汀县	21424	12220	9204	1835	1036	799
上杭县	21596	12211	9385	1026	562	464
武平县	15267	8294	6973	828	453	375
连城县	15799	9077	6722	977	555	422
漳平市	11832	7363	4469	490	272	218
宁德市	**155060**	**92549**	**62511**	**9571**	**5092**	**4479**
蕉城区	21519	12825	8694	1399	701	698
霞浦县	21936	13294	8642	1267	656	611
古田县	21563	12698	8865	1226	644	582
屏南县	10049	6257	3792	525	272	253
寿宁县	14138	8524	5614	986	559	427
周宁县	9403	5990	3413	684	366	318
柘荣县	4757	2959	1798	289	145	144
福安市	24746	14208	10538	1889	1037	852
福鼎市	26949	15794	11155	1306	712	594

5-2c　续表 2　　　　单位：户

地　区	15-19岁			20-24岁		
	小计	男	女	小计	男	女
合　计	**32608**	**19754**	**12854**	**54522**	**34762**	**19760**
福州市	**5638**	**3381**	**2257**	**10537**	**6478**	**4059**
鼓楼区						
台江区						
仓山区						
马尾区	38	23	15	85	49	36
晋安区	56	34	22	103	69	34
长乐区	834	529	305	2035	1288	747
闽侯县	820	511	309	1686	1036	650
连江县	628	369	259	1055	628	427
罗源县	276	164	112	378	214	164
闽清县	473	278	195	636	391	245
永泰县	590	348	242	964	601	363
平潭县	714	417	297	1225	742	483
福清市	1209	708	501	2370	1460	910
厦门市	**2304**	**1506**	**798**	**6609**	**4811**	**1798**
思明区						
海沧区	54	39	15	208	158	50
湖里区						
集美区	531	344	187	2082	1511	571
同安区	802	524	278	1656	1196	460
翔安区	917	599	318	2663	1946	717
莆田市	**2802**	**1701**	**1101**	**3763**	**2417**	**1346**
城厢区	321	188	133	390	250	140
涵江区	203	113	90	275	184	91
荔城区	338	200	138	379	237	142
秀屿区	800	495	305	846	543	303
仙游县	1140	705	435	1873	1203	670
三明市	**2618**	**1586**	**1032**	**4118**	**2582**	**1536**
梅列区	15	7	8	31	21	10
三元区	70	45	25	127	95	32
明溪县	120	63	57	180	116	64
清流县	142	82	60	233	136	97
宁化县	369	233	136	655	409	246
大田县	316	205	111	429	278	151
尤溪县	431	285	146	824	526	298
沙县	455	264	191	484	284	200
将乐县	234	147	87	344	197	147
泰宁县	154	85	69	270	177	93
建宁县	114	61	53	221	140	81
永安市	198	109	89	320	203	117
泉州市	**6101**	**3888**	**2213**	**9860**	**6615**	**3245**
鲤城区						
丰泽区						
洛江区	278	183	95	391	256	135
泉港区	204	119	85	249	164	85
惠安县	513	343	170	964	663	301
安溪县	1397	889	508	1545	1042	503
永春县	529	346	183	723	449	274
德化县	347	199	148	574	340	234
石狮市	335	219	116	715	497	218
晋江市	1540	998	542	3471	2349	1122
南安市	958	592	366	1228	855	373

5-2c 续表 3

单位：户

地 区	15-19岁			20-24岁		
	小计	男	女	小计	男	女
漳州市	**2631**	**1585**	**1046**	**3764**	**2315**	**1449**
芗城区	58	32	26	167	110	57
龙文区	10	9	1	36	29	7
云霄县	301	181	120	409	229	180
漳浦县	377	228	149	486	285	201
诏安县	362	213	149	529	307	222
长泰县	77	44	33	145	98	47
东山县	28	15	13	38	25	13
南靖县	213	131	82	300	169	131
平和县	756	445	311	774	479	295
华安县	142	97	45	279	173	106
龙海市	307	190	117	601	411	190
南平市	**3884**	**2239**	**1645**	**5961**	**3540**	**2421**
延平区	442	269	173	848	513	335
建阳区	411	228	183	703	407	296
顺昌县	165	104	61	292	172	120
浦城县	941	516	425	1160	664	496
光泽县	297	189	108	415	258	157
松溪县	218	117	101	323	194	129
政和县	344	215	129	530	328	202
邵武市	221	124	97	508	286	222
武夷山市	196	103	93	357	218	139
建瓯市	649	374	275	825	500	325
龙岩市	**2886**	**1770**	**1116**	**4116**	**2603**	**1513**
新罗区	236	145	91	395	258	137
永定区	676	401	275	809	499	310
长汀县	632	406	226	1003	639	364
上杭县	453	284	169	653	423	230
武平县	355	199	156	485	283	202
连城县	335	207	128	454	311	143
漳平市	199	128	71	317	190	127
宁德市	**3744**	**2098**	**1646**	**5794**	**3401**	**2393**
蕉城区	351	198	153	695	410	285
霞浦县	514	289	225	713	411	302
古田县	518	284	234	713	390	323
屏南县	187	112	75	355	215	140
寿宁县	491	271	220	677	400	277
周宁县	298	158	140	426	265	161
柘荣县	101	44	57	201	115	86
福安市	656	372	284	879	518	361
福鼎市	628	370	258	1135	677	458

5-2c　续表 4　　　　单位：户

地　区	25-29岁			30-34岁			35-39岁		
	小计	男	女	小计	男	女	小计	男	女
合　计	**74355**	**48772**	**25583**	**82772**	**56399**	**26373**	**63357**	**44806**	**18551**
福州市	**15005**	**9219**	**5786**	**18040**	**11493**	**6547**	**15019**	**9958**	**5061**
鼓楼区									
台江区									
仓山区									
马尾区	152	91	61	201	126	75	231	149	82
晋安区	166	97	69	169	102	67	155	105	50
长乐区	2946	1884	1062	3395	2151	1244	2986	1927	1059
闽侯县	2517	1574	943	2983	1887	1096	2402	1493	909
连江县	1390	890	500	2132	1372	760	1859	1299	560
罗源县	789	469	320	794	479	315	645	437	208
闽清县	727	430	297	949	576	373	736	474	262
永泰县	1237	749	488	1504	1037	467	1192	854	338
平潭县	1961	1027	934	1779	1068	711	1121	776	345
福清市	3120	2008	1112	4134	2695	1439	3692	2444	1248
厦门市	**7461**	**5543**	**1918**	**7082**	**5503**	**1579**	**4684**	**3549**	**1135**
思明区									
海沧区	259	195	64	218	156	62	141	98	43
湖里区									
集美区	2448	1875	573	2705	2164	541	1823	1436	387
同安区	2105	1614	491	2414	1910	504	1931	1484	447
翔安区	2649	1859	790	1745	1273	472	789	531	258
莆田市	**4561**	**2834**	**1727**	**4427**	**2854**	**1573**	**3297**	**2227**	**1070**
城厢区	471	276	195	617	390	227	474	311	163
涵江区	424	264	160	444	291	153	425	285	140
荔城区	321	197	124	505	313	192	395	265	130
秀屿区	1189	769	420	1268	856	412	917	650	267
仙游县	2156	1328	828	1593	1004	589	1086	716	370
三明市	**5230**	**3530**	**1700**	**6411**	**4446**	**1965**	**3956**	**2901**	**1055**
梅列区	28	19	9	36	27	9	38	31	7
三元区	125	85	40	228	180	48	145	111	34
明溪县	252	161	91	465	320	145	350	273	77
清流县	267	172	95	295	204	91	236	187	49
宁化县	765	547	218	829	564	265	431	300	131
大田县	952	665	287	955	696	259	567	441	126
尤溪县	1272	855	417	1312	911	401	682	501	181
沙县	447	281	166	605	415	190	387	282	105
将乐县	332	203	129	550	362	188	363	238	125
泰宁县	296	191	105	402	253	149	286	191	95
建宁县	202	148	54	341	249	92	216	143	73
永安市	292	203	89	393	265	128	255	203	52
泉州市	**15430**	**10372**	**5058**	**17808**	**12347**	**5461**	**12843**	**9218**	**3625**
鲤城区									
丰泽区									
洛江区	584	403	181	775	548	227	529	373	156
泉港区	509	330	179	587	412	175	530	399	131
惠安县	1881	1290	591	2225	1632	593	1764	1329	435
安溪县	2467	1581	886	2548	1732	816	1518	1138	380
永春县	741	537	204	975	708	267	711	524	187
德化县	966	632	334	821	570	251	516	396	120
石狮市	1086	782	304	1210	845	365	939	681	258
晋江市	5041	3367	1674	6534	4403	2131	4912	3346	1566
南安市	2155	1450	705	2133	1497	636	1424	1032	392

5-2c 续表 5 单位：户

地区	25-29岁			30-34岁			35-39岁		
	小计	男	女	小计	男	女	小计	男	女
漳州市	**4302**	**2883**	**1419**	**4989**	**3611**	**1378**	**4229**	**3133**	**1096**
芗城区	185	141	44	270	220	50	326	267	59
龙文区	42	34	8	46	36	10	52	39	13
云霄县	473	278	195	382	239	143	310	227	83
漳浦县	549	375	174	715	497	218	576	406	170
诏安县	556	377	179	596	414	182	554	401	153
长泰县	229	157	72	327	249	78	274	210	64
东山县	69	49	20	82	51	31	80	68	12
南靖县	364	229	135	418	281	137	297	193	104
平和县	621	394	227	602	420	182	552	412	140
华安县	289	190	99	383	297	86	291	209	82
龙海市	925	659	266	1168	907	261	917	701	216
南平市	**6184**	**4118**	**2066**	**6548**	**4457**	**2091**	**4714**	**3360**	**1354**
延平区	900	620	280	820	580	240	594	429	165
建阳区	650	403	247	838	581	257	565	396	169
顺昌县	463	324	139	477	327	150	386	264	122
浦城县	731	471	260	711	491	220	585	409	176
光泽县	414	284	130	412	279	133	309	223	86
松溪县	405	279	126	445	315	130	242	184	58
政和县	797	544	253	747	501	246	444	340	104
邵武市	496	345	151	568	389	179	371	256	115
武夷山市	453	291	162	554	341	213	446	288	158
建瓯市	875	557	318	976	653	323	772	571	201
龙岩市	**5655**	**3928**	**1727**	**7097**	**5145**	**1952**	**5781**	**4431**	**1350**
新罗区	621	480	141	1124	920	204	920	753	167
永定区	992	686	306	1382	988	394	1182	885	297
长汀县	1206	795	411	1372	899	473	1022	737	285
上杭县	929	623	306	1018	717	301	682	493	189
武平县	718	478	240	746	507	239	629	476	153
连城县	803	591	212	864	661	203	792	614	178
漳平市	386	275	111	591	453	138	554	473	81
宁德市	**10527**	**6345**	**4182**	**10370**	**6543**	**3827**	**8834**	**6029**	**2805**
蕉城区	1786	1064	722	1728	1098	630	1474	993	481
霞浦县	1285	785	500	1500	916	584	1241	889	352
古田县	1360	820	540	1258	771	487	1279	842	437
屏南县	668	415	253	659	448	211	605	421	184
寿宁县	935	562	373	877	573	304	725	513	212
周宁县	642	398	244	638	440	198	545	407	138
柘荣县	323	185	138	301	191	110	251	148	103
福安市	1631	919	712	1564	931	633	1246	825	421
福鼎市	1897	1197	700	1845	1175	670	1468	991	477

5-2c 续表 6

单位：户

地 区	40-44岁			45-49岁			50-54岁		
	小计	男	女	小计	男	女	小计	男	女
合 计	**67001**	**45405**	**21596**	**100464**	**64201**	**36263**	**111337**	**71573**	**39764**
福州市	**15021**	**9926**	**5095**	**20192**	**12739**	**7453**	**19751**	**12290**	**7461**
鼓楼区									
台江区									
仓山区									
马尾区	234	163	71	224	170	54	225	132	93
晋安区	165	104	61	220	143	77	275	161	114
长乐区	2995	1993	1002	3626	2291	1335	3340	2122	1218
闽侯县	2318	1374	944	3085	1851	1234	2925	1888	1037
连江县	1892	1386	506	2742	1896	846	2730	1782	948
罗源县	666	455	211	993	667	326	1116	769	347
闽清县	820	500	320	1337	796	541	1488	934	554
永泰县	1302	913	389	1763	1127	636	1790	1107	683
平潭县	1147	802	345	1508	1007	501	1432	859	573
福清市	3482	2236	1246	4694	2791	1903	4430	2536	1894
厦门市	**4339**	**3084**	**1255**	**5209**	**3520**	**1689**	**4091**	**2834**	**1257**
思明区									
海沧区	131	79	52	153	84	69	96	58	38
湖里区									
集美区	1653	1224	429	1812	1243	569	1244	895	349
同安区	1938	1364	574	2364	1606	758	1996	1389	607
翔安区	617	417	200	880	587	293	755	492	263
莆田市	**4002**	**2335**	**1667**	**5849**	**3143**	**2706**	**7035**	**3777**	**3258**
城厢区	604	352	252	782	405	377	937	487	450
涵江区	414	261	153	619	386	233	757	478	279
荔城区	406	221	185	579	283	296	701	338	363
秀屿区	1019	617	402	1603	787	816	1953	963	990
仙游县	1559	884	675	2266	1282	984	2687	1511	1176
三明市	**4314**	**3091**	**1223**	**7865**	**5148**	**2717**	**10671**	**7165**	**3506**
梅列区	45	35	10	61	39	22	95	72	23
三元区	222	169	53	386	303	83	459	354	105
明溪县	393	281	112	591	406	185	680	475	205
清流县	253	183	70	490	337	153	621	405	216
宁化县	479	335	144	953	540	413	1405	889	516
大田县	596	425	171	1182	791	391	1794	1195	599
尤溪县	668	469	199	1373	877	496	1785	1148	637
沙县	496	362	134	689	473	216	862	620	242
将乐县	318	223	95	523	333	190	684	458	226
泰宁县	292	204	88	420	247	173	604	389	215
建宁县	231	161	70	584	375	209	828	556	272
永安市	321	244	77	613	427	186	854	604	250
泉州市	**13828**	**8942**	**4886**	**20749**	**12135**	**8614**	**20796**	**12300**	**8496**
鲤城区									
丰泽区									
洛江区	583	369	214	769	452	317	772	459	313
泉港区	548	333	215	895	444	451	899	445	454
惠安县	1860	1080	780	2975	1528	1447	2784	1435	1349
安溪县	1544	1076	468	2681	1606	1075	3368	1973	1395
永春县	878	571	307	1551	972	579	2044	1324	720
德化县	490	373	117	683	483	200	839	577	262
石狮市	938	644	294	1174	780	394	936	640	296
晋江市	5354	3444	1910	7056	4263	2793	5784	3666	2118
南安市	1633	1052	581	2965	1607	1358	3370	1781	1589

5−2c 续表 7 单位：户

地区	40−44岁			45−49岁			50−54岁		
	小计	男	女	小计	男	女	小计	男	女
漳州市	**4983**	**3450**	**1533**	**8603**	**5755**	**2848**	**10726**	**7453**	**3273**
芗城区	297	221	76	431	313	118	423	316	107
龙文区	65	47	18	92	63	29	100	72	28
云霄县	431	290	141	749	522	227	928	651	277
漳浦县	744	499	245	1383	856	527	1606	1083	523
诏安县	644	443	201	1148	756	392	1363	915	448
长泰县	267	188	79	479	338	141	725	526	199
东山县	127	91	36	221	161	60	227	162	65
南靖县	367	247	120	748	502	246	1097	727	370
平和县	698	467	231	1347	915	432	1703	1216	487
华安县	362	262	100	611	428	183	771	578	193
龙海市	981	695	286	1394	901	493	1783	1207	576
南平市	**5380**	**3904**	**1476**	**9280**	**6468**	**2812**	**12090**	**8189**	**3901**
延平区	694	497	197	1170	838	332	1494	1001	493
建阳区	708	522	186	1196	832	364	1535	1106	429
顺昌县	424	279	145	833	554	279	1141	766	375
浦城县	780	573	207	1397	950	447	1894	1283	611
光泽县	317	229	88	578	398	180	783	534	249
松溪县	287	221	66	493	352	141	641	413	228
政和县	469	360	109	753	498	255	892	574	318
邵武市	348	248	100	634	456	178	817	552	265
武夷山市	483	327	156	714	492	222	854	599	255
建瓯市	870	648	222	1512	1098	414	2039	1361	678
龙岩市	**5862**	**4306**	**1556**	**9783**	**6600**	**3183**	**12484**	**8238**	**4246**
新罗区	904	724	180	1466	1136	330	1786	1355	431
永定区	1079	799	280	1808	1211	597	2236	1468	768
长汀县	1132	788	344	1473	927	546	1775	1040	735
上杭县	769	541	228	1454	920	534	2161	1332	829
武平县	587	406	181	1079	682	397	1521	939	582
连城县	730	517	213	1327	849	478	1527	980	547
漳平市	661	531	130	1176	875	301	1478	1124	354
宁德市	**9272**	**6367**	**2905**	**12934**	**8693**	**4241**	**13693**	**9327**	**4366**
蕉城区	1290	866	424	1841	1210	631	1905	1217	688
霞浦县	1255	937	318	1916	1362	554	1987	1375	612
古田县	1393	874	519	1940	1230	710	2025	1337	688
屏南县	558	417	141	894	604	290	972	662	310
寿宁县	937	657	280	1245	847	398	1239	843	396
周宁县	532	381	151	682	474	208	831	587	244
柘荣县	263	180	83	380	255	125	426	315	111
福安市	1446	956	490	1738	1173	565	1906	1282	624
福鼎市	1598	1099	499	2298	1538	760	2402	1709	693

5-2c　续表 8　　　　　　　　　　　　　　　　　　　　　　单位：户

地　区	55-59岁			60-64岁			65岁及以上		
	小计	男	女	小计	男	女	小计	男	女
合　计	**98652**	**63358**	**35294**	**87231**	**52250**	**34981**	**361089**	**144455**	**216634**
福州市	**16342**	**9879**	**6463**	**14169**	**7931**	**6238**	**62723**	**23306**	**39417**
鼓楼区									
台江区									
仓山区									
马尾区	194	122	72	161	90	71	611	210	401
晋安区	262	172	90	257	147	110	1002	444	558
长乐区	2489	1533	956	1920	1043	877	7484	2483	5001
闽侯县	2512	1550	962	2264	1379	885	8836	3898	4938
连江县	2281	1477	804	1924	1107	817	8094	2807	5287
罗源县	946	639	307	855	557	298	3843	1749	2094
闽清县	1218	766	452	1133	663	470	4625	2064	2561
永泰县	1791	1031	760	1694	955	739	7476	3117	4359
平潭县	1282	689	593	1214	554	660	6872	1915	4957
福清市	3367	1900	1467	2747	1436	1311	13880	4619	9261
厦门市	**2765**	**1936**	**829**	**1933**	**1255**	**678**	**7906**	**2656**	**5250**
思明区									
海沧区	69	43	26	27	19	8	92	37	55
湖里区									
集美区	669	493	176	308	215	93	949	330	619
同安区	1342	959	383	928	626	302	3507	1247	2260
翔安区	685	441	244	670	395	275	3358	1042	2316
莆田市	**7411**	**4108**	**3303**	**7738**	**4087**	**3651**	**28916**	**10788**	**18128**
城厢区	961	534	427	1079	592	487	3580	1424	2156
涵江区	906	571	335	832	486	346	3438	1453	1985
荔城区	785	410	375	830	387	443	2932	1054	1878
秀屿区	2093	984	1109	2308	1048	1260	8091	2687	5404
仙游县	2666	1609	1057	2689	1574	1115	10875	4170	6705
三明市	**9621**	**6499**	**3122**	**8051**	**5244**	**2807**	**31634**	**14624**	**17010**
梅列区	99	68	31	75	51	24	323	141	182
三元区	381	296	85	251	189	62	1047	489	558
明溪县	510	383	127	377	251	126	1244	633	611
清流县	614	434	180	493	310	183	1927	803	1124
宁化县	1375	883	492	1175	752	423	4727	1974	2753
大田县	1561	1024	537	1298	762	536	5538	2489	3049
尤溪县	1704	1088	616	1679	1138	541	5726	2901	2825
沙县	709	497	212	548	366	182	2676	1249	1427
将乐县	593	409	184	487	345	142	1966	946	1020
泰宁县	496	313	183	370	238	132	1699	792	907
建宁县	732	526	206	617	402	215	2005	850	1155
永安市	847	578	269	681	440	241	2756	1357	1399
泉州市	**17236**	**10081**	**7155**	**14054**	**7259**	**6795**	**58229**	**18459**	**39770**
鲤城区									
丰泽区									
洛江区	577	354	223	539	295	244	1942	671	1271
泉港区	789	403	386	809	381	428	3343	920	2423
惠安县	2141	1076	1065	1997	816	1181	10357	2268	8089
安溪县	3306	1835	1471	3067	1576	1491	12617	4471	8146
永春县	1842	1179	663	1575	905	670	5709	2378	3331
德化县	960	583	377	1049	566	483	4817	1949	2868
石狮市	613	424	189	341	225	116	883	308	575
晋江市	3875	2563	1312	2085	1184	901	7698	2100	5598
南安市	3133	1664	1469	2592	1311	1281	10863	3394	7469

5-2c 续表 9 单位：户

地 区	55-59岁			60-64岁			65岁及以上		
	小计	男	女	小计	男	女	小计	男	女
漳州市	**10777**	**7503**	**3274**	**10463**	**6592**	**3871**	**45812**	**17185**	**28627**
芗城区	356	256	100	316	205	111	1477	538	939
龙文区	104	66	38	91	58	33	404	143	261
云霄县	970	699	271	967	637	330	4492	1801	2691
漳浦县	1652	1141	511	1545	942	603	7454	2454	5000
诏安县	1476	1001	475	1288	795	493	6860	2393	4467
长泰县	669	499	170	608	368	240	2064	776	1288
东山县	228	143	85	222	119	103	1053	319	734
南靖县	1173	835	338	1127	715	412	4398	1737	2661
平和县	1754	1288	466	1894	1275	619	7272	3339	3933
华安县	667	465	202	555	366	189	2099	792	1307
龙海市	1728	1110	618	1850	1112	738	8239	2893	5346
南平市	**11160**	**7656**	**3504**	**9187**	**5910**	**3277**	**37353**	**17249**	**20104**
延平区	1310	873	437	1168	710	458	4837	2220	2617
建阳区	1425	1013	412	1122	744	378	3997	1817	2180
顺昌县	986	668	318	807	531	276	2855	1289	1566
浦城县	1820	1235	585	1438	954	484	6696	3272	3424
光泽县	741	551	190	496	355	141	2381	1209	1172
松溪县	565	378	187	442	264	178	2315	1016	1299
政和县	747	487	260	629	370	259	2510	1118	1392
邵武市	830	561	269	702	448	254	3240	1419	1821
武夷山市	787	541	246	631	406	225	2360	1069	1291
建瓯市	1949	1349	600	1752	1128	624	6162	2820	3342
龙岩市	**11367**	**7414**	**3953**	**9626**	**6156**	**3470**	**42178**	**17632**	**24546**
新罗区	1422	1026	396	1021	688	333	4446	1773	2673
永定区	2192	1437	755	1792	1138	654	7584	3166	4418
长汀县	1594	968	626	1473	944	529	6907	3041	3866
上杭县	2201	1427	774	2008	1292	716	8242	3597	4645
武平县	1444	898	546	1101	681	420	5774	2292	3482
连城县	1327	809	518	1320	838	482	5343	2145	3198
漳平市	1187	849	338	911	575	336	3882	1618	2264
宁德市	**11973**	**8282**	**3691**	**12010**	**7816**	**4194**	**46338**	**22556**	**23782**
蕉城区	1604	1053	551	1534	1020	514	5912	2995	2917
霞浦县	1674	1222	452	1737	1164	573	6847	3288	3559
古田县	1719	1166	553	1799	1218	581	6333	3122	3211
屏南县	951	663	288	836	555	281	2839	1473	1366
寿宁县	1089	749	340	1031	666	365	3906	1884	2022
周宁县	729	505	224	796	510	286	2600	1499	1101
柘荣县	366	255	111	362	237	125	1494	889	605
福安市	1864	1221	643	1994	1234	760	7933	3740	4193
福鼎市	1977	1448	529	1921	1212	709	8474	3666	4808

5-3　各地区家庭户中民族混合户户数

单位：户、%

地　　区	家庭户户　数	单一民族户		二个民族户		三个民族户		四个及以上民族户	
		户数	占家庭户比重	户数	占家庭户比重	户数	占家庭户比重	户数	占家庭户比重
合　计	**14371078**	**14126718**	**98.30**	**241158**	**1.68**	**3019**	**0.02**	**183**	
福州市	**2817830**	**2787380**	**98.92**	**29942**	**1.06**	**489**	**0.02**	**19**	
鼓楼区	215133	213378	99.18	1740	0.81	15	0.01		
台江区	144594	143991	99.58	597	0.41	5		1	
仓山区	387349	384740	99.33	2593	0.67	16			
马尾区	97414	96679	99.25	730	0.75	5	0.01		
晋安区	279168	277014	99.23	2139	0.77	15	0.01		
长乐区	274790	271935	98.96	2760	1.00	89	0.03	6	
闽侯县	303754	301000	99.09	2652	0.87	97	0.03	5	
连江县	224472	220273	98.13	4140	1.84	59	0.03		
罗源县	92975	90365	97.19	2592	2.79	18	0.02		
闽清县	91881	91327	99.40	545	0.59	8	0.01	1	
永泰县	113152	111655	98.68	1490	1.32	6	0.01	1	
平潭县	136843	134497	98.29	2335	1.71	11	0.01		
福清市	456305	450526	98.73	5629	1.23	145	0.03	5	
厦门市	**1969770**	**1929275**	**97.94**	**40029**	**2.03**	**436**	**0.02**	**30**	
思明区	384659	378244	98.33	6359	1.65	51	0.01	5	
海沧区	228175	223450	97.93	4691	2.06	32	0.01	2	
湖里区	446981	439199	98.26	7745	1.73	36	0.01	1	
集美区	376842	369070	97.94	7718	2.05	51	0.01	3	
同安区	331340	323014	97.49	8216	2.48	106	0.03	4	
翔安区	201773	196298	97.29	5300	2.63	160	0.08	15	0.01
莆田市	**1026345**	**1013639**	**98.76**	**12334**	**1.20**	**325**	**0.03**	**47**	
城厢区	178415	176900	99.15	1460	0.82	48	0.03	7	
涵江区	149102	146756	98.43	2281	1.53	60	0.04	5	
荔城区	202126	198642	98.28	3256	1.61	195	0.10	33	0.02
秀屿区	201375	200200	99.42	1165	0.58	9		1	
仙游县	295327	291141	98.58	4172	1.41	13		1	
三明市	**884706**	**874864**	**98.89**	**9801**	**1.11**	**38**		**3**	
梅列区	81997	81253	99.09	739	0.90	5	0.01		
三元区	66791	66298	99.26	487	0.73	6	0.01		
明溪县	36296	36091	99.44	205	0.56				
清流县	41771	40957	98.05	809	1.94	5	0.01		
宁化县	90844	88994	97.96	1848	2.03	2			
大田县	103785	103137	99.38	641	0.62	4		3	
尤溪县	120275	119408	99.28	864	0.72	3			
沙县	90633	89942	99.24	688	0.76	3			
将乐县	50447	50197	99.50	249	0.49	1			
泰宁县	37754	37537	99.43	217	0.57				
建宁县	42426	42148	99.34	277	0.65	1			
永安市	121687	118902	97.71	2777	2.28	8	0.01		
泉州市	**2959593**	**2894764**	**97.81**	**63536**	**2.15**	**1227**	**0.04**	**66**	
鲤城区	154395	151784	98.31	2587	1.68	24	0.02		
丰泽区	231919	227964	98.29	3925	1.69	29	0.01	1	
洛江区	77640	75113	96.75	2474	3.19	49	0.06	4	0.01
泉港区	119127	113268	95.08	5797	4.87	59	0.05	3	
惠安县	349397	341539	97.75	7743	2.22	110	0.03	5	
安溪县	321699	316560	98.40	5051	1.57	86	0.03	2	
永春县	148226	147275	99.36	940	0.63	9	0.01	2	
德化县	114613	113930	99.40	675	0.59	7	0.01	1	
石狮市	242600	237496	97.90	5040	2.08	64	0.03		
晋江市	730998	707751	96.82	22595	3.09	614	0.08	38	0.01
南安市	468979	462084	98.53	6709	1.43	176	0.04	10	

5-3 续表 单位：户、%

地区	家庭户户数	单一民族户		二个民族户		三个民族户		四个及以上民族户	
		户数	占家庭户比重	户数	占家庭户比重	户数	占家庭户比重	户数	占家庭户比重
漳州市	**1650857**	**1628554**	**98.65**	**22116**	**1.34**	**177**	**0.01**	**10**	
芗城区	214816	212175	98.77	2619	1.22	20	0.01	2	
龙文区	99367	98083	98.71	1266	1.27	17	0.02	1	
云霄县	126937	126239	99.45	693	0.55	5			
漳浦县	261985	255987	97.71	5963	2.28	34	0.01	1	
诏安县	174368	171778	98.51	2582	1.48	7		1	
长泰县	76155	75093	98.61	1035	1.36	27	0.04		
东山县	67347	67070	99.59	270	0.40	7	0.01		
南靖县	106494	105897	99.44	595	0.56	2			
平和县	155760	154708	99.32	1046	0.67	6			
华安县	51357	50793	98.90	554	1.08	8	0.02	2	
龙海市	316271	310731	98.25	5493	1.74	44	0.01	3	
南平市	**993561**	**981130**	**98.75**	**12360**	**1.24**	**69**	**0.01**	**2**	
延平区	170669	169203	99.14	1458	0.85	8			
建阳区	127251	125240	98.42	2000	1.57	11	0.01		
顺昌县	69952	68461	97.87	1484	2.12	6	0.01	1	
浦城县	115783	114466	98.86	1309	1.13	8	0.01		
光泽县	48812	47396	97.10	1407	2.88	9	0.02		
松溪县	47949	47344	98.74	603	1.26	2			
政和县	64982	64435	99.16	544	0.84	3			
邵武市	106126	104347	98.32	1770	1.67	9	0.01		
武夷山市	80510	79979	99.34	520	0.65	10	0.01	1	
建瓯市	161527	160259	99.21	1265	0.78	3			
龙岩市	**969982**	**955505**	**98.51**	**14399**	**1.48**	**75**	**0.01**	**3**	
新罗区	292207	289190	98.97	2992	1.02	23	0.01	2	
永定区	120469	120085	99.68	380	0.32	4			
长汀县	136949	136491	99.67	455	0.33	3			
上杭县	132442	123164	92.99	9247	6.98	31	0.02		
武平县	98528	98247	99.71	278	0.28	3			
连城县	94302	94022	99.70	277	0.29	3			
漳平市	95085	94306	99.18	770	0.81	8	0.01	1	
宁德市	**1098434**	**1061607**	**96.65**	**36641**	**3.34**	**183**	**0.02**	**3**	
蕉城区	198063	191672	96.77	6369	3.22	22	0.01		
霞浦县	165360	157609	95.31	7723	4.67	28	0.02		
古田县	125319	122096	97.43	3206	2.56	16	0.01	1	
屏南县	53447	53104	99.36	341	0.64	2			
寿宁县	71337	70796	99.24	536	0.75	5	0.01		
周宁县	54933	54398	99.03	531	0.97	3	0.01	1	
柘荣县	31534	31051	98.47	482	1.53	1			
福安市	203613	194174	95.36	9396	4.61	42	0.02	1	
福鼎市	194828	186707	95.83	8057	4.14	64	0.03		

5-3a　各地区家庭户中民族混合户户数(城市)

单位：户、%

地　　区	家庭户户　数	单一民族户		二个民族户		三个民族户		四个及以上民族户	
		户数	占家庭户比重	户数	占家庭户比重	户数	占家庭户比重	户数	占家庭户比重
合　计	**5951707**	**5854531**	**98.37**	**96278**	**1.62**	**828**	**0.01**	**70**	
福州市	**1346404**	**1335583**	**99.20**	**10724**	**0.80**	**93**	**0.01**	**4**	
鼓楼区	215133	213378	99.18	1740	0.81	15	0.01		
台江区	144594	143991	99.58	597	0.41	5		1	
仓山区	387349	384740	99.33	2593	0.67	16			
马尾区	85556	84937	99.28	617	0.72	2			
晋安区	270562	268705	99.31	1845	0.68	12			
长乐区	93701	93087	99.34	606	0.65	7	0.01	1	
闽侯县									
连江县									
罗源县									
闽清县									
永泰县									
平潭县									
福清市	149509	146745	98.15	2726	1.82	36	0.02	2	
厦门市	**1677493**	**1644246**	**98.02**	**32981**	**1.97**	**245**	**0.01**	**21**	
思明区	384659	378244	98.33	6359	1.65	51	0.01	5	
海沧区	223917	219299	97.94	4592	2.05	24	0.01	2	
湖里区	446421	438647	98.26	7737	1.73	36	0.01	1	
集美区	335871	329088	97.98	6744	2.01	36	0.01	3	
同安区	252595	245943	97.37	6605	2.61	46	0.02	1	
翔安区	34030	33025	97.05	944	2.77	52	0.15	9	0.03
莆田市	**431459**	**425994**	**98.73**	**5240**	**1.21**	**190**	**0.04**	**35**	**0.01**
城厢区	117614	116781	99.29	825	0.70	7	0.01	1	
涵江区	109833	108204	98.52	1599	1.46	27	0.02	3	
荔城区	148804	146048	98.15	2574	1.73	151	0.10	31	0.02
秀屿区	55208	54961	99.55	242	0.44	5	0.01		
仙游县									
三明市	**208443**	**206402**	**99.02**	**2031**	**0.97**	**10**			
梅列区	75496	74848	99.14	643	0.85	5	0.01		
三元区	53960	53607	99.35	350	0.65	3	0.01		
明溪县									
清流县									
宁化县									
大田县									
尤溪县									
沙县									
将乐县									
泰宁县									
建宁县									
永安市	78987	77947	98.68	1038	1.31	2			
泉州市	**1068211**	**1042238**	**97.57**	**25774**	**2.41**	**194**	**0.02**	**5**	
鲤城区	154395	151784	98.31	2587	1.68	24	0.02		
丰泽区	231919	227964	98.29	3925	1.69	29	0.01	1	
洛江区	32162	30695	95.44	1458	4.53	9	0.03		
泉港区	40152	37957	94.53	2188	5.45	6	0.01	1	
惠安县									
安溪县									
永春县									
德化县									
石狮市	154495	152176	98.50	2301	1.49	18	0.01		
晋江市	377411	364617	96.61	12702	3.37	90	0.02	2	
南安市	77677	77045	99.19	613	0.79	18	0.02	1	

5-3a 续表

单位：户、%

地 区	家庭户户 数	单一民族户		二个民族户		三个民族户		四个及以上民族户	
		户数	占家庭户比重	户数	占家庭户比重	户数	占家庭户比重	户数	占家庭户比重
漳州市	**332799**	**329393**	**98.98**	**3376**	**1.01**	**28**	**0.01**	**2**	
芗城区	162705	161425	99.21	1270	0.78	10	0.01		
龙文区	91072	89872	98.68	1187	1.30	12	0.01	1	
云霄县									
漳浦县									
诏安县									
长泰县									
东山县									
南靖县									
平和县									
华安县									
龙海市	78629	77703	98.82	919	1.17	6	0.01	1	
南平市	**334287**	**331359**	**99.12**	**2913**	**0.87**	**14**		**1**	
延平区	102137	101470	99.35	665	0.65	2			
建阳区	64383	63765	99.04	617	0.96	1			
顺昌县									
浦城县									
光泽县									
松溪县									
政和县									
邵武市	69485	68395	98.43	1085	1.56	5	0.01		
武夷山市	40754	40526	99.44	222	0.54	5	0.01	1	
建瓯市	57528	57203	99.44	324	0.56	1			
龙岩市	**288259**	**285326**	**98.98**	**2918**	**1.01**	**13**		**2**	
新罗区	221286	218782	98.87	2490	1.13	12	0.01	2	
永定区	22880	22811	99.70	69	0.30				
长汀县									
上杭县									
武平县									
连城县									
漳平市	44093	43733	99.18	359	0.81	1			
宁德市	**264352**	**253990**	**96.08**	**10321**	**3.90**	**41**	**0.02**		
蕉城区	114545	111013	96.92	3519	3.07	13	0.01		
霞浦县									
古田县									
屏南县									
寿宁县									
周宁县									
柘荣县									
福安市	78854	74770	94.82	4068	5.16	16	0.02		
福鼎市	70953	68207	96.13	2734	3.85	12	0.02		

5-3b 各地区家庭户中民族混合户户数(镇)

单位：户、%

地区	家庭户户数	单一民族户		二个民族户		三个民族户		四个及以上民族户	
		户数	占家庭户比重	户数	占家庭户比重	户数	占家庭户比重	户数	占家庭户比重
合 计	**3775966**	**3718037**	**98.47**	**57405**	**1.52**	**495**	**0.01**	**29**	
福州市	**650494**	**642657**	**98.80**	**7766**	**1.19**	**66**	**0.01**	**5**	
鼓楼区									
台江区									
仓山区									
马尾区									
晋安区	481	459	95.43	22	4.57				
长乐区	65081	64376	98.92	694	1.07	10	0.02	1	
闽侯县	170698	169475	99.28	1193	0.70	27	0.02	3	
连江县	112460	110762	98.49	1683	1.50	15	0.01		
罗源县	61229	59513	97.20	1712	2.80	4	0.01		
闽清县	38220	38076	99.62	143	0.37	1			
永泰县	45109	44462	98.57	644	1.43	3	0.01		
平潭县	67808	66641	98.28	1164	1.72	3			
福清市	89408	88893	99.42	511	0.57	3		1	
厦门市	**108209**	**105083**	**97.11**	**3105**	**2.87**	**21**	**0.02**		
思明区									
海沧区									
湖里区	560	552	98.57	8	1.43				
集美区	42	42	100.00						
同安区	5693	5628	98.86	63	1.11	2	0.04		
翔安区	101914	98861	97.00	3034	2.98	19	0.02		
莆田市	**199055**	**197286**	**99.11**	**1755**	**0.88**	**12**	**0.01**	**2**	
城厢区	10068	10005	99.37	59	0.59	4	0.04		
涵江区	4351	4323	99.36	28	0.64				
荔城区	2581	2577	99.85	4	0.15				
秀屿区	32021	31955	99.79	64	0.20	1		1	
仙游县	150034	148426	98.93	1600	1.07	7		1	
三明市	**325320**	**322544**	**99.15**	**2766**	**0.85**	**10**			
梅列区	3834	3796	99.01	38	0.99				
三元区	2644	2633	99.58	11	0.42				
明溪县	18265	18169	99.47	96	0.53				
清流县	20095	19711	98.09	382	1.90	2	0.01		
宁化县	40112	39520	98.52	592	1.48				
大田县	50984	50652	99.35	330	0.65	2			
尤溪县	53461	52983	99.11	477	0.89	1			
沙县	60496	60113	99.37	380	0.63	3			
将乐县	27745	27598	99.47	146	0.53	1			
泰宁县	20263	20159	99.49	104	0.51				
建宁县	19686	19583	99.48	103	0.52				
永安市	7735	7627	98.60	107	1.38	1	0.01		
泉州市	**952356**	**935654**	**98.25**	**16452**	**1.73**	**233**	**0.02**	**17**	
鲤城区									
丰泽区									
洛江区	12309	12085	98.18	223	1.81	1	0.01		
泉港区	25782	24026	93.19	1753	6.80	3	0.01		
惠安县	199137	195545	98.20	3569	1.79	22	0.01	1	
安溪县	148621	146569	98.62	2005	1.35	45	0.03	2	
永春县	85079	84644	99.49	428	0.50	6	0.01	1	
德化县	80912	80445	99.42	459	0.57	7	0.01	1	
石狮市	55420	53687	96.87	1719	3.10	14	0.03		
晋江市	136767	133334	97.49	3354	2.45	73	0.05	6	
南安市	208329	205319	98.56	2942	1.41	62	0.03	6	

5-3b 续表

单位：户、%

地　　区	家庭户户　数	单一民族户		二个民族户		三个民族户		四个及以上民族户	
		户数	占家庭户比重	户数	占家庭户比重	户数	占家庭户比重	户数	占家庭户比重
漳州市	**680149**	**672544**	**98.88**	**7534**	**1.11**	**66**	**0.01**	**5**	
芗城区	29440	28806	97.85	625	2.12	8	0.03	1	
龙文区									
云霄县	67091	66820	99.60	268	0.40	3			
漳浦县	142861	141325	98.92	1527	1.07	8	0.01	1	
诏安县	79678	78227	98.18	1446	1.81	5	0.01		
长泰县	45032	44307	98.39	713	1.58	12	0.03		
东山县	45894	45772	99.73	121	0.26	1			
南靖县	55755	55421	99.40	333	0.60	1			
平和县	70175	69837	99.52	334	0.48	4	0.01		
华安县	26522	26257	99.00	258	0.97	5	0.02	2	0.01
龙海市	117701	115772	98.36	1909	1.62	19	0.02	1	
南平市	**233194**	**230640**	**98.90**	**2539**	**1.09**	**15**	**0.01**		
延平区	19346	19173	99.11	170	0.88	3	0.02		
建阳区	11551	11341	98.18	209	1.81	1	0.01		
顺昌县	35639	35118	98.54	517	1.45	4	0.01		
浦城县	51212	50780	99.16	430	0.84	2			
光泽县	23232	22776	98.04	454	1.95	2	0.01		
松溪县	21879	21666	99.03	212	0.97	1			
政和县	31104	30861	99.22	242	0.78	1			
邵武市	10570	10435	98.72	134	1.27	1	0.01		
武夷山市	4877	4844	99.32	33	0.68				
建瓯市	23784	23646	99.42	138	0.58				
龙岩市	**278720**	**274257**	**98.40**	**4443**	**1.59**	**20**	**0.01**		
新罗区	23568	23412	99.34	154	0.65	2	0.01		
永定区	29679	29563	99.61	114	0.38	2	0.01		
长汀县	65848	65663	99.72	185	0.28				
上杭县	61664	57980	94.03	3669	5.95	15	0.02		
武平县	47361	47209	99.68	151	0.32	1			
连城县	42552	42435	99.73	117	0.27				
漳平市	8048	7995	99.34	53	0.66				
宁德市	**348469**	**337372**	**96.82**	**11045**	**3.17**	**52**	**0.01**		
蕉城区	11878	11617	97.80	261	2.20				
霞浦县	93306	88632	94.99	4663	5.00	11	0.01		
古田县	57732	56154	97.27	1573	2.72	5	0.01		
屏南县	23812	23681	99.45	130	0.55	1			
寿宁县	32008	31785	99.30	220	0.69	3	0.01		
周宁县	26665	26389	98.96	276	1.04				
柘荣县	17860	17604	98.57	255	1.43	1	0.01		
福安市	43360	41708	96.19	1643	3.79	9	0.02		
福鼎市	41848	39802	95.11	2024	4.84	22	0.05		

5-3c 各地区家庭户中民族混合户户数(乡村)

单位：户、%

地区	家庭户户数	单一民族户		二个民族户		三个民族户		四个及以上民族户	
		户数	占家庭户比重	户数	占家庭户比重	户数	占家庭户比重	户数	占家庭户比重
合计	**4643405**	**4554150**	**98.08**	**87475**	**1.88**	**1696**	**0.04**	**84**	
福州市	**820932**	**809140**	**98.56**	**11452**	**1.39**	**330**	**0.04**	**10**	
鼓楼区									
台江区									
仓山区									
马尾区	11858	11742	99.02	113	0.95	3	0.03		
晋安区	8125	7850	96.62	272	3.35	3	0.04		
长乐区	116008	114472	98.68	1460	1.26	72	0.06	4	
闽侯县	133056	131525	98.85	1459	1.10	70	0.05	2	
连江县	112012	109511	97.77	2457	2.19	44	0.04		
罗源县	31746	30852	97.18	880	2.77	14	0.04		
闽清县	53661	53251	99.24	402	0.75	7	0.01	1	
永泰县	68043	67193	98.75	846	1.24	3		1	
平潭县	69035	67856	98.29	1171	1.70	8	0.01		
福清市	217388	214888	98.85	2392	1.10	106	0.05	2	
厦门市	**184068**	**179946**	**97.76**	**3943**	**2.14**	**170**	**0.09**	**9**	
思明区									
海沧区	4258	4151	97.49	99	2.33	8	0.19		
湖里区									
集美区	40929	39940	97.58	974	2.38	15	0.04		
同安区	73052	71443	97.80	1548	2.12	58	0.08	3	
翔安区	65829	64412	97.85	1322	2.01	89	0.14	6	0.01
莆田市	**395831**	**390359**	**98.62**	**5339**	**1.35**	**123**	**0.03**	**10**	
城厢区	50733	50114	98.78	576	1.14	37	0.07	6	0.01
涵江区	34918	34229	98.03	654	1.87	33	0.09	2	0.01
荔城区	50741	50017	98.57	678	1.34	44	0.09	2	
秀屿区	114146	113284	99.24	859	0.75	3			
仙游县	145293	142715	98.23	2572	1.77	6			
三明市	**350943**	**345918**	**98.57**	**5004**	**1.43**	**18**	**0.01**	**3**	
梅列区	2667	2609	97.83	58	2.17				
三元区	10187	10058	98.73	126	1.24	3	0.03		
明溪县	18031	17922	99.40	109	0.60				
清流县	21676	21246	98.02	427	1.97	3	0.01		
宁化县	50732	49474	97.52	1256	2.48	2			
大田县	52801	52485	99.40	311	0.59	2		3	0.01
尤溪县	66814	66425	99.42	387	0.58	2			
沙县	30137	29829	98.98	308	1.02				
将乐县	22702	22599	99.55	103	0.45				
泰宁县	17491	17378	99.35	113	0.65				
建宁县	22740	22565	99.23	174	0.77	1			
永安市	34965	33328	95.32	1632	4.67	5	0.01		
泉州市	**939026**	**916872**	**97.64**	**21310**	**2.27**	**800**	**0.09**	**44**	
鲤城区									
丰泽区									
洛江区	33169	32333	97.48	793	2.39	39	0.12	4	0.01
泉港区	53193	51285	96.41	1856	3.49	50	0.09	2	
惠安县	150260	145994	97.16	4174	2.78	88	0.06	4	
安溪县	173078	169991	98.22	3046	1.76	41	0.02		
永春县	63147	62631	99.18	512	0.81	3		1	
德化县	33701	33485	99.36	216	0.64				
石狮市	32685	31633	96.78	1020	3.12	32	0.10		
晋江市	216820	209800	96.76	6539	3.02	451	0.21	30	0.01
南安市	182973	179720	98.22	3154	1.72	96	0.05	3	

5-3c　续表　　单位：户、%

地　　区	家庭户户　数	单一民族户		二个民族户		三个民族户		四个及以上民族户	
		户数	占家庭户比重	户数	占家庭户比重	户数	占家庭户比重	户数	占家庭户比重
漳州市	**637909**	**626617**	**98.23**	**11206**	**1.76**	**83**	**0.01**	**3**	
芗城区	22671	21944	96.79	724	3.19	2	0.01	1	
龙文区	8295	8211	98.99	79	0.95	5	0.06		
云霄县	59846	59419	99.29	425	0.71	2			
漳浦县	119124	114662	96.25	4436	3.72	26	0.02		
诏安县	94297	93158	98.79	1136	1.20	2		1	
长泰县	31123	30786	98.92	322	1.03	15	0.05		
东山县	21453	21298	99.28	149	0.69	6	0.03		
南靖县	50739	50476	99.48	262	0.52	1			
平和县	85585	84871	99.17	712	0.83	2			
华安县	24835	24536	98.80	296	1.19	3	0.01		
龙海市	119941	117256	97.76	2665	2.22	19	0.02	1	
南平市	**426080**	**419131**	**98.37**	**6908**	**1.62**	**40**	**0.01**	**1**	
延平区	49186	48560	98.73	623	1.27	3	0.01		
建阳区	51317	50134	97.69	1174	2.29	9	0.02		
顺昌县	34313	33343	97.17	967	2.82	2	0.01	1	
浦城县	64571	63686	98.63	879	1.36	6	0.01		
光泽县	25580	24620	96.25	953	3.73	7	0.03		
松溪县	26070	25678	98.50	391	1.50	1			
政和县	33878	33574	99.10	302	0.89	2	0.01		
邵武市	26071	25517	97.88	551	2.11	3	0.01		
武夷山市	34879	34609	99.23	265	0.76	5	0.01		
建瓯市	80215	79410	99.00	803	1.00	2			
龙岩市	**403003**	**395922**	**98.24**	**7038**	**1.75**	**42**	**0.01**	**1**	
新罗区	47353	46996	99.25	348	0.73	9	0.02		
永定区	67910	67711	99.71	197	0.29	2			
长汀县	71101	70828	99.62	270	0.38	3			
上杭县	70778	65184	92.10	5578	7.88	16	0.02		
武平县	51167	51038	99.75	127	0.25	2			
连城县	51750	51587	99.69	160	0.31	3	0.01		
漳平市	42944	42578	99.15	358	0.83	7	0.02	1	
宁德市	**485613**	**470245**	**96.84**	**15275**	**3.15**	**90**	**0.02**	**3**	
蕉城区	71640	69042	96.37	2589	3.61	9	0.01		
霞浦县	72054	68977	95.73	3060	4.25	17	0.02		
古田县	67587	65942	97.57	1633	2.42	11	0.02	1	
屏南县	29635	29423	99.28	211	0.71	1			
寿宁县	39329	39011	99.19	316	0.80	2	0.01		
周宁县	28268	28009	99.08	255	0.90	3	0.01	1	
柘荣县	13674	13447	98.34	227	1.66				
福安市	81399	77696	95.45	3685	4.53	17	0.02	1	
福鼎市	82027	78698	95.94	3299	4.02	30	0.04		

5-4　各地区有60岁及以上人口的家庭户户数

单位：户

地　区	合　计	有一个60岁及以上人口的户				有二个60岁及以上人口的户				有三个60岁及以上人口的户
		小计	独自居住	只与未成年人口共同居住	其他	小计	只有一对60岁及以上夫妇居住	只有一对60岁及以上夫妇与未成年人口共同居住	其他	
合　计	**4569393**	**2673488**	**887217**	**52737**	**1733534**	**1850530**	**809882**	**66220**	**974428**	**45375**
福州市	**933712**	**525909**	**181466**	**7500**	**336943**	**398541**	**171729**	**10180**	**216632**	**9262**
鼓楼区	80837	39677	12263	485	26929	39811	15621	931	23259	1349
台江区	53056	27792	9502	262	18028	24507	10323	457	13727	757
仓山区	99564	53623	16874	500	36249	44731	17299	694	26738	1210
马尾区	30311	17743	5297	117	12329	12309	3796	161	8352	259
晋安区	80851	44019	14402	382	29235	35912	15204	561	20147	920
长乐区	93613	56016	19359	816	35841	36889	13945	987	21957	708
闽侯县	96876	57639	18582	836	38221	38184	16242	962	20980	1053
连江县	86851	52622	16898	885	34839	33654	12976	1062	19616	575
罗源县	32324	19468	7845	382	11241	12626	6372	407	5847	230
闽清县	38762	21624	8050	543	13031	16772	7425	886	8461	366
永泰县	40666	24128	11852	608	11668	16281	10260	597	5424	257
平潭县	44914	25613	11546	356	13711	19063	11738	444	6881	238
福清市	155087	85945	28996	1328	55621	67802	30528	2031	35243	1340
厦门市	**333384**	**191120**	**54284**	**2260**	**134576**	**138894**	**57024**	**2538**	**79332**	**3370**
思明区	105547	57291	15801	592	40898	47069	19973	1011	26085	1187
海沧区	30979	17649	4322	236	13091	13027	4976	225	7826	303
湖里区	51158	30976	8236	416	22324	19797	7993	333	11471	385
集美区	47656	28734	8047	348	20339	18524	7324	283	10917	398
同安区	55055	31687	9990	418	21279	22863	9359	398	13106	505
翔安区	42989	24783	7888	250	16645	17614	7399	288	9927	592
莆田市	**398973**	**236091**	**69166**	**6301**	**160624**	**156678**	**57563**	**6664**	**92451**	**6204**
城厢区	55573	32738	8439	825	23474	21878	6712	780	14386	957
涵江区	62675	36800	10281	784	25735	24851	7451	792	16608	1024
荔城区	69206	41593	9352	949	31292	26359	8128	879	17352	1254
秀屿区	90314	54959	17544	1733	35682	33723	15010	1655	17058	1632
仙游县	121205	70001	23550	2010	44441	49867	20262	2558	27047	1337
三明市	**331694**	**196065**	**69249**	**6670**	**120146**	**132343**	**61415**	**8267**	**62661**	**3286**
梅列区	22505	13078	4551	187	8340	9235	4987	271	3977	192
三元区	21011	12680	5045	196	7439	8160	4519	250	3391	171
明溪县	14481	8712	2749	276	5687	5553	2135	294	3124	216
清流县	16890	10197	3544	303	6350	6490	2893	375	3222	203
宁化县	40715	24290	8190	931	15169	15981	6182	1149	8650	444
大田县	36782	21395	9174	731	11490	15093	8793	852	5448	294
尤溪县	49230	28060	9694	948	17418	20614	9229	1334	10051	556
沙县	32675	19272	6645	1141	11486	13085	5626	1429	6030	318
将乐县	21424	12824	3810	721	8293	8365	2898	873	4594	235
泰宁县	15489	9555	3151	518	5886	5831	2223	545	3063	103
建宁县	17629	10847	3881	364	6602	6643	3122	372	3149	139
永安市	42863	25155	8815	354	15986	17293	8808	523	7962	415
泉州市	**805119**	**480816**	**146613**	**7873**	**326330**	**316834**	**132203**	**9822**	**174809**	**7469**
鲤城区	36305	21292	6154	238	14900	14531	5296	337	8898	482
丰泽区	45594	25768	5820	262	19686	19321	6817	342	12162	505
洛江区	20721	12518	3664	219	8635	8030	3136	252	4642	173
泉港区	40537	23440	8359	411	14670	16706	8379	583	7744	391
惠安县	108195	64845	24257	876	39712	42535	20899	932	20704	815
安溪县	106698	62056	21122	1583	39351	43761	21212	1944	20605	881
永春县	58185	34734	12748	943	21043	23020	11004	955	11061	431
德化县	32368	19008	9427	174	9407	13190	8842	276	4072	170
石狮市	46387	29558	6735	297	22526	16425	5209	310	10906	404
晋江市	146484	92167	22491	1037	68639	53009	16523	1148	35338	1308
南安市	163645	95430	25836	1833	67761	66306	24886	2743	38677	1909

5-4 续表

单位：户

地区	合计	有一个60岁及以上人口的户				有二个60岁及以上人口的户				有三个60岁及以上人口的户
		小计	独自居住	只与未成年人口共同居住	其他	小计	只有一对60岁及以上夫妇居住	只有一对60岁及以上夫妇与未成年人口共同居住	其他	
漳州市	**616060**	**342364**	**113698**	**5591**	**223075**	**268035**	**119177**	**9394**	**139464**	**5661**
芗城区	66614	36639	12468	299	23872	29395	13921	542	14932	580
龙文区	22418	11920	3100	111	8709	10297	4323	196	5778	201
云霄县	52565	29471	8828	482	20161	22691	8065	811	13815	403
漳浦县	101081	53780	16889	904	35987	46221	19760	1987	24474	1080
诏安县	73029	40568	14462	1042	25064	31851	13422	1470	16959	610
长泰县	26132	14754	4675	189	9890	11125	4979	368	5778	253
东山县	28534	16232	3702	153	12377	11907	3666	280	7961	395
南靖县	45553	25587	9339	403	15845	19516	9611	671	9234	450
平和县	67535	40114	14403	1052	24659	26888	11867	1447	13574	533
华安县	19547	11065	4830	239	5996	8348	4859	425	3064	134
龙海市	113052	62234	21002	717	40515	49796	24704	1197	23895	1022
南平市	**388270**	**228438**	**82650**	**5513**	**140275**	**156587**	**78686**	**7396**	**70505**	**3245**
延平区	66796	39521	14759	877	23885	26607	13302	1021	12284	668
建阳区	44938	26623	9244	652	16727	17979	8765	962	8252	336
顺昌县	29464	17501	6726	351	10424	11672	5897	522	5253	291
浦城县	51350	29617	11723	934	16960	21269	11647	1345	8277	464
光泽县	18126	11007	4336	260	6411	7003	3766	296	2941	116
松溪县	18515	10293	3938	233	6122	8078	4324	384	3370	144
政和县	23840	14433	4462	394	9577	9258	4341	522	4395	149
邵武市	39813	23655	9583	438	13634	15854	9042	555	6257	304
武夷山市	29031	17603	4769	252	12582	11208	4255	314	6639	220
建瓯市	66397	38185	13110	1122	23953	27659	13347	1475	12837	553
龙岩市	**351927**	**217233**	**80045**	**6013**	**131175**	**131513**	**65164**	**6518**	**59831**	**3181**
新罗区	78995	46550	15446	464	30640	31768	16085	629	15054	677
永定区	49319	30981	12712	1121	17148	17919	9479	1095	7345	419
长汀县	56913	36200	11940	1523	22737	20130	8338	1574	10218	583
上杭县	57792	37700	13457	1184	23059	19460	8244	1270	9946	632
武平县	40834	24921	9513	788	14620	15499	7523	959	7017	414
连城县	37005	23447	9414	570	13463	13344	7382	556	5406	214
漳平市	31069	17434	7563	363	9508	13393	8113	435	4845	242
宁德市	**410254**	**255452**	**90046**	**5016**	**160390**	**151105**	**66921**	**5441**	**78743**	**3697**
蕉城区	59025	37662	12166	548	24948	20876	8805	535	11536	487
霞浦县	64674	38905	13501	712	24692	25114	10786	920	13408	655
古田县	53315	31562	12147	756	18659	21297	9707	928	10662	456
屏南县	21587	13990	5088	370	8532	7391	3243	314	3834	206
寿宁县	27966	17542	7049	521	9972	10199	5256	506	4437	225
周宁县	23949	15495	5298	410	9787	8222	3100	382	4740	232
柘荣县	12197	7836	2614	116	5106	4244	1749	123	2372	117
福安市	77392	49872	16543	789	32540	26816	11208	841	14767	704
福鼎市	70149	42588	15640	794	26154	26946	13067	892	12987	615

5-4a　各地区有60岁及以上人口的家庭户户数(城市)

单位：户

地　　区	合　计	有一个60岁及以上人口的户				有二个60岁及以上人口的户				有三个60岁及以上人口的户
		小计	独自居住	只与未成年人口共同居住	其他	小计	只有一对60岁及以上夫妇居住	只有一对60岁及以上夫妇与未成年人口共同居住	其他	
合　计	**1390280**	**789972**	**226141**	**9986**	**553845**	**584769**	**233833**	**12938**	**337998**	**15539**
福州市	**401586**	**214259**	**67873**	**2271**	**144115**	**182278**	**72297**	**3552**	**106429**	**5049**
鼓楼区	80837	39677	12263	485	26929	39811	15621	931	23259	1349
台江区	53056	27792	9502	262	18028	24507	10323	457	13727	757
仓山区	99564	53623	16874	500	36249	44731	17299	694	26738	1210
马尾区	24540	14415	4525	98	9792	9914	3300	140	6474	211
晋安区	76766	41342	13110	355	27877	34538	14389	525	19624	886
长乐区	27570	15888	5059	221	10608	11430	3950	265	7215	252
闽侯县										
连江县										
罗源县										
闽清县										
永泰县										
平潭县										
福清市	39253	21522	6540	350	14632	17347	7415	540	9392	384
厦门市	**267533**	**153693**	**41466**	**1827**	**110400**	**111238**	**44910**	**2055**	**64273**	**2602**
思明区	105547	57291	15801	592	40898	47069	19973	1011	26085	1187
海沧区	30213	17225	4203	232	12790	12690	4799	213	7678	298
湖里区	51118	30948	8224	414	22310	19785	7988	331	11466	385
集美区	41505	25196	6786	291	18119	15968	6164	249	9555	341
同安区	32185	18911	5201	262	13448	12995	4758	213	8024	279
翔安区	6965	4122	1251	36	2835	2731	1228	38	1465	112
莆田市	**131418**	**76301**	**18837**	**1595**	**55869**	**52826**	**16252**	**1540**	**35034**	**2291**
城厢区	25484	14688	3167	296	11225	10411	2629	257	7525	385
涵江区	40440	23108	5534	385	17189	16686	4481	456	11749	646
荔城区	43110	25278	5453	522	19303	17070	4870	450	11750	762
秀屿区	22384	13227	4683	392	8152	8659	4272	377	4010	498
仙游县										
三明市	**58046**	**34260**	**11966**	**440**	**21854**	**23276**	**12365**	**617**	**10294**	**510**
梅列区	19668	11421	3783	154	7484	8073	4324	229	3520	174
三元区	15153	9129	3437	132	5560	5913	3258	158	2497	111
明溪县										
清流县										
宁化县										
大田县										
尤溪县										
沙县										
将乐县										
泰宁县										
建宁县										
永安市	23225	13710	4746	154	8810	9290	4783	230	4277	225
泉州市	**194551**	**116303**	**28739**	**1336**	**86228**	**76262**	**26290**	**1601**	**48371**	**1986**
鲤城区	36305	21292	6154	238	14900	14531	5296	337	8898	482
丰泽区	45594	25768	5820	262	19686	19321	6817	342	12162	505
洛江区	5163	3273	666	34	2573	1849	558	28	1263	41
泉港区	11799	6732	2208	107	4417	4964	2356	168	2440	103
惠安县										
安溪县										
永春县										
德化县										
石狮市	23261	14940	3677	166	11097	8128	2751	155	5222	193
晋江市	50749	32208	7279	368	24561	18128	5218	319	12591	413
南安市	21680	12090	2935	161	8994	9341	3294	252	5795	249

5-4a 续表

单位：户

地 区	合 计	有一个60岁及以上人口的户				有二个60岁及以上人口的户				有三个60岁及以上人口的户
		小计	独自居住	只与未成年人口共同居住	其他	小计	只有一对60岁及以上夫妇居住	只有一对60岁及以上夫妇与未成年人口共同居住	其他	
漳州市	**99567**	**54654**	**17599**	**454**	**36601**	**44073**	**20344**	**860**	**22869**	**840**
芗城区	49369	27396	9231	212	17953	21579	10205	399	10975	394
龙文区	18678	10066	2605	100	7361	8455	3502	170	4783	157
云霄县										
漳浦县										
诏安县										
长泰县										
东山县										
南靖县										
平和县										
华安县										
龙海市	31357	17123	5733	141	11249	13947	6577	289	7081	287
南平市	**101483**	**59339**	**19124**	**920**	**39295**	**41197**	**19635**	**1336**	**20226**	**947**
延平区	33745	19423	6552	258	12613	13954	6836	392	6726	368
建阳区	16456	9809	3215	161	6433	6511	3196	260	3055	136
顺昌县										
浦城县										
光泽县										
松溪县										
政和县										
邵武市	21903	13241	4546	255	8440	8503	4339	307	3857	159
武夷山市	11301	6723	1470	69	5184	4466	1506	104	2856	112
建瓯市	18078	10143	3341	177	6625	7763	3758	273	3732	172
龙岩市	**68030**	**39844**	**11385**	**560**	**27899**	**27542**	**12623**	**727**	**14192**	**644**
新罗区	50842	29697	8187	294	21216	20653	9281	412	10960	492
永定区	7322	4460	1014	175	3271	2772	971	193	1608	90
长汀县										
上杭县										
武平县										
连城县										
漳平市	9866	5687	2184	91	3412	4117	2371	122	1624	62
宁德市	**68066**	**41319**	**9152**	**583**	**31584**	**26077**	**9117**	**650**	**16310**	**670**
蕉城区	24669	15064	3443	205	11416	9418	3497	213	5708	187
霞浦县										
古田县										
屏南县										
寿宁县										
周宁县										
柘荣县										
福安市	22899	14267	3166	197	10904	8393	2752	207	5434	239
福鼎市	20498	11988	2543	181	9264	8266	2868	230	5168	244

5-4b　各地区有60岁及以上人口的家庭户户数(镇)

单位：户

地　区	合　计	有一个60岁及以上人口的户				有二个60岁及以上人口的户				有三个60岁及以上人口的户
		小计	独自居住	只与未成年人口共同居住	其他	小计	只有一对60岁及以上夫妇居住	只有一对60岁及以上夫妇与未成年人口共同居住	其他	
合　计	**1153339**	**679318**	**212756**	**16048**	**450514**	**462513**	**190715**	**18944**	**252854**	**11508**
福州市	**187482**	**109079**	**36701**	**1948**	**70430**	**76800**	**32991**	**2320**	**41489**	**1603**
鼓楼区										
台江区										
仓山区										
马尾区										
晋安区	161	96	33	3	60	62	31	2	29	3
长乐区	21496	12921	4896	222	7803	8420	3529	263	4628	155
闽侯县	41246	24453	7482	336	16635	16357	6672	323	9362	436
连江县	36226	21689	6880	327	14482	14249	5340	418	8491	288
罗源县	17093	10012	3147	205	6660	6953	2983	239	3731	128
闽清县	13615	7335	2292	204	4839	6121	2319	309	3493	159
永泰县	11359	6785	2682	228	3875	4481	2448	180	1853	93
平潭县	16687	9391	3460	147	5784	7198	3781	184	3233	98
福清市	29599	16397	5829	276	10292	12959	5888	402	6669	243
厦门市	**15281**	**9033**	**2979**	**113**	**5941**	**6076**	**2580**	**95**	**3401**	**172**
思明区										
海沧区										
湖里区	40	28	12	2	14	12	5	2	5	
集美区	12	8	4		4	4	2		2	
同安区	1590	911	354	21	536	668	358	13	297	11
翔安区	13639	8086	2609	90	5387	5392	2215	80	3097	161
莆田市	**74994**	**43945**	**13675**	**1371**	**28899**	**30039**	**11449**	**1474**	**17116**	**1010**
城厢区	4532	2621	613	123	1885	1809	507	85	1217	102
涵江区	2402	1514	477	96	941	841	298	55	488	47
荔城区	1011	609	137	16	456	385	125	18	242	17
秀屿区	12969	8054	2462	234	5358	4733	1903	251	2579	182
仙游县	54080	31147	9986	902	20259	22271	8616	1065	12590	662
三明市	**101944**	**60534**	**17598**	**2888**	**40048**	**40327**	**15562**	**3251**	**21514**	**1083**
梅列区	1435	825	370	23	432	603	334	27	242	7
三元区	1052	632	310	10	312	415	245	12	158	5
明溪县	6510	3840	1128	157	2555	2583	946	169	1468	87
清流县	6054	3684	1124	123	2437	2282	903	120	1259	88
宁化县	13949	8450	2288	392	5770	5339	1721	395	3223	160
大田县	11333	6850	2338	268	4244	4374	2290	264	1820	109
尤溪县	16053	9162	2289	289	6584	6704	2441	429	3834	187
沙县	19495	11327	3421	746	7160	7978	3161	899	3918	190
将乐县	10474	6141	1357	393	4391	4200	1226	462	2512	133
泰宁县	7076	4237	1082	290	2865	2791	933	307	1551	48
建宁县	5930	3782	1259	164	2359	2107	914	125	1068	41
永安市	2583	1604	632	33	939	951	448	42	461	28
泉州市	**251306**	**149693**	**45591**	**2406**	**101696**	**99140**	**40912**	**2923**	**55305**	**2473**
鲤城区										
丰泽区										
洛江区	3029	1802	517	39	1246	1199	452	32	715	28
泉港区	8141	4761	1999	67	2695	3302	1970	84	1248	78
惠安县	55160	33056	11903	474	20679	21663	10165	494	11004	441
安溪县	32587	19161	5438	428	13295	13129	5642	445	7042	297
永春县	29557	17388	5464	386	11538	11910	4939	439	6532	259
德化县	16409	9846	3561	93	6192	6456	3465	165	2826	107
石狮市	13723	8477	1834	79	6564	5116	1570	99	3447	130
晋江市	32069	20092	5429	229	14434	11640	3764	263	7613	337
南安市	60631	35110	9446	611	25053	24725	8945	902	14878	796

5-4b 续表

单位：户

地区	合计	有一个60岁及以上人口的户				有二个60岁及以上人口的户				有三个60岁及以上人口的户
		小计	独自居住	只与未成年人口共同居住	其他	小计	只有一对60岁及以上夫妇居住	只有一对60岁及以上夫妇与未成年人口共同居住	其他	
漳州市	**224747**	**125875**	**39824**	**2007**	**84044**	**96642**	**39920**	**3178**	**53544**	**2230**
芗城区	7279	4023	1444	42	2537	3170	1377	56	1737	86
龙文区										
云霄县	23528	13069	3369	161	9539	10255	3196	272	6787	204
漳浦县	48355	25830	7890	363	17577	21996	8947	763	12286	529
诏安县	32097	18063	6284	404	11375	13729	5517	608	7604	305
长泰县	11892	6743	2003	69	4671	5014	2059	128	2827	135
东山县	17725	10344	2427	103	7814	7177	2308	159	4710	204
南靖县	19876	11123	3814	170	7139	8542	4042	265	4235	211
平和县	26460	15262	5237	356	9669	10962	4439	469	6054	236
华安县	8835	5050	2176	117	2757	3723	2130	192	1401	62
龙海市	28700	16368	5180	222	10966	12074	5905	266	5903	258
南平市	**81807**	**48507**	**16986**	**1698**	**29823**	**32509**	**15206**	**1903**	**15400**	**791**
延平区	8511	5217	2202	182	2833	3221	1580	179	1462	73
建阳区	4412	2716	910	186	1620	1661	751	121	789	35
顺昌县	12550	7655	3064	169	4422	4777	2504	194	2079	118
浦城县	18926	10627	3589	416	6622	8070	3902	568	3600	229
光泽县	6925	4317	1459	107	2751	2569	1237	114	1218	39
松溪县	6662	3715	1181	99	2435	2875	1252	149	1474	72
政和县	8587	5213	1323	133	3757	3305	1258	180	1867	69
邵武市	4059	2468	1095	48	1325	1552	875	79	598	39
武夷山市	1893	1101	308	13	780	771	284	19	468	21
建瓯市	9282	5478	1855	345	3278	3708	1563	300	1845	96
龙岩市	**95483**	**59033**	**16856**	**1907**	**40270**	**35490**	**14395**	**1968**	**19127**	**960**
新罗区	7826	4565	1792	61	2712	3205	1845	98	1262	56
永定区	11117	6891	2322	229	4340	4126	1948	260	1918	100
长汀县	23846	14838	3560	573	10705	8739	2692	608	5439	269
上杭县	20510	13131	3207	376	9548	7141	2421	380	4340	238
武平县	15644	9465	2638	367	6460	6007	2432	377	3198	172
连城县	13852	8638	2751	262	5625	5114	2443	202	2469	100
漳平市	2688	1505	586	39	880	1158	614	43	501	25
宁德市	**120295**	**73619**	**22546**	**1710**	**49363**	**45490**	**17700**	**1832**	**25958**	**1186**
蕉城区	5397	3393	1277	60	2056	1945	854	60	1031	59
霞浦县	30166	17574	4917	335	12322	12283	4772	459	7052	309
古田县	21297	12402	4015	340	8047	8684	3481	384	4819	211
屏南县	7615	4910	1413	153	3344	2622	922	110	1590	83
寿宁县	9742	6292	2112	259	3921	3355	1411	197	1747	95
周宁县	10428	6572	1902	190	4480	3756	1245	176	2335	100
柘荣县	5791	3598	758	49	2791	2129	636	49	1444	64
福安市	16007	10360	3450	136	6774	5480	2129	147	3204	167
福鼎市	13852	8518	2702	188	5628	5236	2250	250	2736	98

5-4c　各地区有60岁及以上人口的家庭户户数(乡村)

单位：户

地　区	合　计	有一个60岁及以上人口的户				有二个60岁及以上人口的户				有三个60岁及以上人口的户
		小计	独自居住	只与未成年人口共同居住	其他	小计	只有一对60岁及以上夫妇居住	只有一对60岁及以上夫妇与未成年人口共同居住	其他	
合　计	**2025774**	**1204198**	**448320**	**26703**	**729175**	**803248**	**385334**	**34338**	**383576**	**18328**
福州市	**344644**	**202571**	**76892**	**3281**	**122398**	**139463**	**66441**	**4308**	**68714**	**2610**
鼓楼区										
台江区										
仓山区										
马尾区	5771	3328	772	19	2537	2395	496	21	1878	48
晋安区	3924	2581	1259	24	1298	1312	784	34	494	31
长乐区	44547	27207	9404	373	17430	17039	6466	459	10114	301
闽侯县	55630	33186	11100	500	21586	21827	9570	639	11618	617
连江县	50625	30933	10018	558	20357	19405	7636	644	11125	287
罗源县	15231	9456	4698	177	4581	5673	3389	168	2116	102
闽清县	25147	14289	5758	339	8192	10651	5106	577	4968	207
永泰县	29307	17343	9170	380	7793	11800	7812	417	3571	164
平潭县	28227	16222	8086	209	7927	11865	7957	260	3648	140
福清市	86235	48026	16627	702	30697	37496	17225	1089	19182	713
厦门市	**50570**	**28394**	**9839**	**320**	**18235**	**21580**	**9534**	**388**	**11658**	**596**
思明区										
海沧区	766	424	119	4	301	337	177	12	148	5
湖里区										
集美区	6139	3530	1257	57	2216	2552	1158	34	1360	57
同安区	21280	11865	4435	135	7295	9200	4243	172	4785	215
翔安区	22385	12575	4028	124	8423	9491	3956	170	5365	319
莆田市	**192561**	**115845**	**36654**	**3335**	**75856**	**73813**	**29862**	**3650**	**40301**	**2903**
城厢区	25557	15429	4659	406	10364	9658	3576	438	5644	470
涵江区	19833	12178	4270	303	7605	7324	2672	281	4371	331
荔城区	25085	15706	3762	411	11533	8904	3133	411	5360	475
秀屿区	54961	33678	10399	1107	22172	20331	8835	1027	10469	952
仙游县	67125	38854	13564	1108	24182	27596	11646	1493	14457	675
三明市	**171704**	**101271**	**39685**	**3342**	**58244**	**68740**	**33488**	**4399**	**30853**	**1693**
梅列区	1402	832	398	10	424	559	329	15	215	11
三元区	4806	2919	1298	54	1567	1832	1016	80	736	55
明溪县	7971	4872	1621	119	3132	2970	1189	125	1656	129
清流县	10836	6513	2420	180	3913	4208	1990	255	1963	115
宁化县	26766	15840	5902	539	9399	10642	4461	754	5427	284
大田县	25449	14545	6836	463	7246	10719	6503	588	3628	185
尤溪县	33177	18898	7405	659	10834	13910	6788	905	6217	369
沙县	13180	7945	3224	395	4326	5107	2465	530	2112	128
将乐县	10950	6683	2453	328	3902	4165	1672	411	2082	102
泰宁县	8413	5318	2069	228	3021	3040	1290	238	1512	55
建宁县	11699	7065	2622	200	4243	4536	2208	247	2081	98
永安市	17055	9841	3437	167	6237	7052	3577	251	3224	162
泉州市	**359262**	**214820**	**72283**	**4131**	**138406**	**141432**	**65001**	**5298**	**71133**	**3010**
鲤城区										
丰泽区										
洛江区	12529	7443	2481	146	4816	4982	2126	192	2664	104
泉港区	20597	11947	4152	237	7558	8440	4053	331	4056	210
惠安县	53035	31789	12354	402	19033	20872	10734	438	9700	374
安溪县	74111	42895	15684	1155	26056	30632	15570	1499	13563	584
永春县	28628	17346	7284	557	9505	11110	6065	516	4529	172
德化县	15959	9162	5866	81	3215	6734	5377	111	1246	63
石狮市	9403	6141	1224	52	4865	3181	888	56	2237	81
晋江市	63666	39867	9783	440	29644	23241	7541	566	15134	558
南安市	81334	48230	13455	1061	33714	32240	12647	1589	18004	864

5-4c 续表　　单位：户

地　区	合　计	有一个60岁及以上人口的户				有二个60岁及以上人口的户				有三个60岁及以上人口的户
		小计	独自居住	只与未成年人口共同居住	其他	小计	只有一对60岁及以上夫妇居住	只有一对60岁及以上夫妇与未成年人口共同居住	其他	
漳州市	**291746**	**161835**	**56275**	**3130**	**102430**	**127320**	**58913**	**5356**	**63051**	**2591**
芗城区	9966	5220	1793	45	3382	4646	2339	87	2220	100
龙文区	3740	1854	495	11	1348	1842	821	26	995	44
云霄县	29037	16402	5459	321	10622	12436	4869	539	7028	199
漳浦县	52726	27950	8999	541	18410	24225	10813	1224	12188	551
诏安县	40769	22436	8148	637	13651	18030	7845	860	9325	303
长泰县	14240	8011	2672	120	5219	6111	2920	240	2951	118
东山县	10809	5888	1275	50	4563	4730	1358	121	3251	191
南靖县	25677	14464	5525	233	8706	10974	5569	406	4999	239
平和县	41075	24852	9166	696	14990	15926	7428	978	7520	297
华安县	10712	6015	2654	122	3239	4625	2729	233	1663	72
龙海市	52995	28743	10089	354	18300	23775	12222	642	10911	477
南平市	**204980**	**120592**	**46540**	**2895**	**71157**	**82881**	**43845**	**4157**	**34879**	**1507**
延平区	24540	14881	6005	437	8439	9432	4886	450	4096	227
建阳区	24070	14098	5119	305	8674	9807	4818	581	4408	165
顺昌县	16914	9846	3662	182	6002	6895	3393	328	3174	173
浦城县	32424	18990	8134	518	10338	13199	7745	777	4677	235
光泽县	11201	6690	2877	153	3660	4434	2529	182	1723	77
松溪县	11853	6578	2757	134	3687	5203	3072	235	1896	72
政和县	15253	9220	3139	261	5820	5953	3083	342	2528	80
邵武市	13851	7946	3942	135	3869	5799	3828	169	1802	106
武夷山市	15837	9779	2991	170	6618	5971	2465	191	3315	87
建瓯市	39037	22564	7914	600	14050	16188	8026	902	7260	285
龙岩市	**188414**	**118356**	**51804**	**3546**	**63006**	**68481**	**38146**	**3823**	**26512**	**1577**
新罗区	20327	12288	5467	109	6712	7910	4959	119	2832	129
永定区	30880	19630	9376	717	9537	11021	6560	642	3819	229
长汀县	33067	21362	8380	950	12032	11391	5646	966	4779	314
上杭县	37282	24569	10250	808	13511	12319	5823	890	5606	394
武平县	25190	15456	6875	421	8160	9492	5091	582	3819	242
连城县	23153	14809	6663	308	7838	8230	4939	354	2937	114
漳平市	18515	10242	4793	233	5216	8118	5128	270	2720	155
宁德市	**221893**	**140514**	**58348**	**2723**	**79443**	**79538**	**40104**	**2959**	**36475**	**1841**
蕉城区	28959	19205	7446	283	11476	9513	4454	262	4797	241
霞浦县	34508	21331	8584	377	12370	12831	6014	461	6356	346
古田县	32018	19160	8132	416	10612	12613	6226	544	5843	245
屏南县	13972	9080	3675	217	5188	4769	2321	204	2244	123
寿宁县	18224	11250	4937	262	6051	6844	3845	309	2690	130
周宁县	13521	8923	3396	220	5307	4466	1855	206	2405	132
柘荣县	6406	4238	1856	67	2315	2115	1113	74	928	53
福安市	38486	25245	9927	456	14862	12943	6327	487	6129	298
福鼎市	35799	22082	10395	425	11262	13444	7949	412	5083	273

5-5 各地区有65岁及以上人口的家庭户户数

单位：户

地区	合计	有一个65岁及以上人口的户				有二个65岁及以上人口的户				有三个65岁及以上人口的户
		小计	独自居住	只与未成年人口共同居住	其他	小计	只有一对65岁及以上夫妇居住	只有一对65岁及以上夫妇与未成年人口共同居住	其他	
合计	**3368771**	**2225049**	**693309**	**32727**	**1499013**	**1128191**	**538833**	**29813**	**559545**	**15531**
福州市	**691336**	**440520**	**141981**	**4675**	**293864**	**247427**	**118089**	**4747**	**124591**	**3389**
鼓楼区	61706	34682	9658	330	24694	26524	11328	516	14680	500
台江区	39259	23758	7331	168	16259	15259	6907	224	8128	242
仓山区	70788	43606	12351	299	30956	26767	11496	351	14920	415
马尾区	21988	14374	3971	72	10331	7523	2694	77	4752	91
晋安区	58007	35570	10582	234	24754	22134	10170	247	11717	303
长乐区	69293	46496	15066	479	30951	22513	9756	449	12308	284
闽侯县	71457	47880	14454	529	32897	23150	11023	419	11708	427
连江县	64660	44034	13291	617	30126	20437	8696	487	11254	189
罗源县	23886	16124	6249	233	9642	7677	4228	182	3267	85
闽清县	29714	18978	6366	325	12287	10600	5090	413	5097	136
永泰县	30994	20586	9497	386	10703	10306	6852	255	3199	102
平潭县	34163	21439	9638	237	11564	12616	8524	237	3855	108
福清市	115421	72993	23527	766	48700	41921	21325	890	19706	507
厦门市	**226429**	**144592**	**38996**	**1302**	**104294**	**80706**	**36963**	**1203**	**42540**	**1131**
思明区	75644	46085	11649	372	34064	29171	13515	524	15132	388
海沧区	19930	12740	2937	124	9679	7081	3002	98	3981	109
湖里区	32897	21619	5166	231	16222	11147	4806	141	6200	131
集美区	30429	20289	5557	189	14543	10006	4556	119	5331	134
同安区	37773	24378	7449	235	16694	13222	6163	178	6881	173
翔安区	29756	19481	6238	151	13092	10079	4921	143	5015	196
莆田市	**298836**	**200272**	**53869**	**3737**	**142666**	**96361**	**38623**	**2881**	**54857**	**2203**
城厢区	40533	26968	6254	484	20230	13203	4500	330	8373	362
涵江区	47807	31885	8097	431	23357	15566	5260	366	9940	356
荔城区	51233	35039	7160	581	27298	15791	5241	374	10176	403
秀屿区	69277	47379	13581	1063	32735	21319	9717	754	10848	579
仙游县	89986	59001	18777	1178	39046	30482	13905	1057	15520	503
三明市	**250780**	**165292**	**54118**	**4048**	**107126**	**84445**	**41423**	**3886**	**39136**	**1043**
梅列区	16477	10335	3512	100	6723	6088	3448	138	2502	54
三元区	15739	10327	3929	117	6281	5356	3147	112	2097	56
明溪县	10957	7347	2088	160	5099	3548	1427	138	1983	62
清流县	12939	8655	2804	172	5679	4217	1943	194	2080	67
宁化县	31403	20985	6445	595	13945	10279	4213	520	5546	139
大田县	28348	18495	7349	455	10691	9738	5841	413	3484	115
尤溪县	36396	23520	7356	539	15625	12711	6074	567	6070	165
沙县	24744	16379	5292	764	10323	8256	3921	725	3610	109
将乐县	16213	10863	2979	431	7453	5282	1946	424	2912	68
泰宁县	12094	8223	2549	301	5373	3835	1544	268	2023	36
建宁县	13211	9048	2941	203	5904	4124	2022	155	1947	39
永安市	32259	21115	6874	211	14030	11011	5897	232	4882	133
泉州市	**583000**	**391653**	**114221**	**4830**	**272602**	**188905**	**86982**	**4256**	**97667**	**2442**
鲤城区	25918	17164	4645	131	12388	8613	3457	141	5015	141
丰泽区	31105	19759	4002	131	15626	11193	4306	147	6740	153
洛江区	14787	9883	2758	132	6993	4856	2142	111	2603	48
泉港区	29288	19248	6701	264	12283	9888	5495	273	4120	152
惠安县	79657	53241	20046	541	32654	26130	14381	418	11331	286
安溪县	78518	51659	16754	1037	33868	26542	13774	885	11883	317
永春县	43714	29287	10064	537	18686	14261	7247	387	6627	166
德化县	23322	15338	7604	119	7615	7919	5775	114	2030	65
石狮市	31952	23039	4672	180	18187	8827	3148	124	5555	86
晋江市	103560	72901	16445	635	55821	30291	10736	460	19095	368
南安市	121179	80134	20530	1123	58481	40385	16521	1196	22668	660

5－5 续表 单位：户

地 区	合 计	有一个65岁及以上人口的户				有二个65岁及以上人口的户				有三个65岁及以上人口的户
		小计	独自居住	只与未成年人口共同居住	其他	小计	只有一对65岁及以上夫妇居住	只有一对65岁及以上夫妇与未成年人口共同居住	其他	
漳州市	**452497**	**290503**	**91559**	**3466**	**195478**	**160117**	**78507**	**3826**	**77784**	**1877**
芗城区	47953	30296	9743	184	20369	17485	9142	234	8109	172
龙文区	15412	9451	2471	58	6922	5896	2806	72	3018	65
云霄县	39382	25383	7223	296	17864	13865	5484	366	8015	134
漳浦县	75303	46459	13899	545	32015	28454	13429	793	14232	390
诏安县	54028	34864	12127	672	22065	18946	9019	648	9279	218
长泰县	18641	12255	3609	113	8533	6322	3189	140	2993	64
东山县	21393	13976	2948	93	10935	7283	2476	108	4699	134
南靖县	33892	22154	7398	252	14504	11576	6114	252	5210	162
平和县	49720	33880	11415	677	21788	15669	7555	586	7528	171
华安县	14388	9280	3858	149	5273	5060	3224	158	1678	48
龙海市	82385	52505	16868	427	35210	29561	16069	469	13023	319
南平市	**292286**	**194443**	**64438**	**3505**	**126500**	**96790**	**51071**	**3297**	**42422**	**1053**
延平区	50462	33540	11476	581	21483	16717	8782	450	7485	205
建阳区	32967	22214	6994	387	14833	10658	5364	441	4853	95
顺昌县	22130	14871	5152	216	9503	7182	3773	214	3195	77
浦城县	40097	26161	9449	641	16071	13754	7770	616	5368	182
光泽县	14119	9401	3508	161	5732	4674	2644	144	1886	44
松溪县	13931	9010	3217	145	5648	4877	2778	165	1934	44
政和县	18213	12676	3476	275	8925	5488	2714	247	2527	49
邵武市	29737	19538	7525	257	11756	10087	6113	247	3727	112
武夷山市	21430	14583	3626	166	10791	6780	2748	142	3890	67
建瓯市	49200	32449	10015	676	21758	16573	8385	631	7557	178
龙岩市	**271050**	**184898**	**64150**	**3946**	**116802**	**85018**	**44744**	**3182**	**37092**	**1134**
新罗区	57473	37772	12100	284	25388	19469	10679	277	8513	232
永定区	38514	26565	10203	766	15596	11800	6601	525	4674	149
长汀县	44878	31402	9672	1013	20717	13262	5797	829	6636	214
上杭县	45657	32519	10696	757	21066	12913	5804	636	6473	225
武平县	33120	22222	7912	545	13765	10735	5538	483	4714	163
连城县	28232	19557	7493	376	11688	8608	5043	269	3296	67
漳平市	23176	14861	6074	205	8582	8231	5282	163	2786	84
宁德市	**302557**	**212876**	**69977**	**3218**	**139681**	**88422**	**42431**	**2535**	**43456**	**1259**
蕉城区	43235	30788	9386	339	21063	12262	5671	266	6325	185
霞浦县	47180	32352	10571	439	21342	14610	6845	418	7347	218
古田县	40086	27149	9277	475	17397	12785	6240	421	6124	152
屏南县	16024	11775	3842	236	7697	4182	1910	151	2121	67
寿宁县	21227	14969	5496	347	9126	6177	3368	252	2557	81
周宁县	18078	13054	4006	270	8778	4962	2018	197	2747	62
柘荣县	9273	6667	2048	90	4529	2564	1140	57	1367	42
福安市	56774	41244	12852	541	27851	15302	6913	405	7984	228
福鼎市	50680	34878	12499	481	21898	15578	8326	368	6884	224

5–5a　各地区有65岁及以上人口的家庭户户数(城市)

单位：户

地　　区	合　计	有一个65岁及以上人口的户				有二个65岁及以上人口的户				有三个65岁及以上人口的户
		小计	独自居住	只与未成年人口共同居住	其他	小计	只有一对65岁及以上夫妇居住	只有一对65岁及以上夫妇与未成年人口共同居住	其他	
合　计	**984486**	**628285**	**167056**	**5795**	**455434**	**351065**	**154509**	**5902**	**190654**	**5136**
福州市	**292471**	**177087**	**51029**	**1376**	**124682**	**113630**	**49554**	**1737**	**62339**	**1754**
鼓楼区	61706	34682	9658	330	24694	26524	11328	516	14680	500
台江区	39259	23758	7331	168	16259	15259	6907	224	8128	242
仓山区	70788	43606	12351	299	30956	26767	11496	351	14920	415
马尾区	17708	11489	3360	59	8070	6142	2330	66	3746	77
晋安区	54883	33322	9560	221	23541	21270	9625	231	11414	291
长乐区	20085	12928	3802	121	9005	7055	2795	119	4141	102
闽侯县										
连江县										
罗源县										
闽清县										
永泰县										
平潭县										
福清市	28042	17302	4967	178	12157	10613	5073	230	5310	127
厦门市	**180159**	**114572**	**28886**	**1052**	**84634**	**64712**	**28964**	**970**	**34778**	**875**
思明区	75644	46085	11649	372	34064	29171	13515	524	15132	388
海沧区	19414	12433	2845	123	9465	6874	2880	90	3904	107
湖里区	32871	21601	5159	231	16211	11139	4802	139	6198	131
集美区	26219	17522	4605	155	12762	8586	3824	105	4657	111
同安区	21429	13948	3670	146	10132	7382	3114	96	4172	99
翔安区	4582	2983	958	25	2000	1560	829	16	715	39
莆田市	**96874**	**63633**	**14197**	**920**	**48516**	**32436**	**10996**	**708**	**20732**	**805**
城厢区	17782	11334	2213	160	8961	6306	1817	109	4380	142
涵江区	30370	19824	4270	208	15346	10319	3175	213	6931	227
荔城区	31487	20906	4128	316	16462	10332	3237	214	6881	249
秀屿区	17235	11569	3586	236	7747	5479	2767	172	2540	187
仙游县										
三明市	**42692**	**27395**	**9171**	**233**	**17991**	**15145**	**8559**	**284**	**6302**	**152**
梅列区	14257	8933	2877	81	5975	5276	2962	115	2199	48
三元区	11211	7265	2652	73	4540	3913	2314	68	1531	33
明溪县										
清流县										
宁化县										
大田县										
尤溪县										
沙县										
将乐县										
泰宁县										
建宁县										
永安市	17224	11197	3642	79	7476	5956	3283	101	2572	71
泉州市	**133745**	**89622**	**20370**	**772**	**68480**	**43544**	**16734**	**683**	**26127**	**579**
鲤城区	25918	17164	4645	131	12388	8613	3457	141	5015	141
丰泽区	31105	19759	4002	131	15626	11193	4306	147	6740	153
洛江区	3118	2175	424	22	1729	936	351	6	579	7
泉港区	8377	5432	1741	70	3621	2910	1577	80	1253	35
惠安县										
安溪县										
永春县										
德化县										
石狮市	15654	11292	2474	104	8714	4316	1649	64	2603	46
晋江市	33987	23843	4754	217	18872	10027	3206	126	6695	117
南安市	15586	9957	2330	97	7530	5549	2188	119	3242	80

5-5a 续表

单位：户

地区	合计	有一个65岁及以上人口的户				有二个65岁及以上人口的户				有三个65岁及以上人口的户
		小计	独自居住	只与未成年人口共同居住	其他	小计	只有一对65岁及以上夫妇居住	只有一对65岁及以上夫妇与未成年人口共同居住	其他	
漳州市	**71639**	**45241**	**13924**	**289**	**31028**	**26148**	**13341**	**359**	**12448**	**250**
芗城区	35402	22428	7122	134	15172	12866	6663	181	6022	108
龙文区	12671	7814	2067	55	5692	4803	2303	62	2438	54
云霄县										
漳浦县										
诏安县										
长泰县										
东山县										
南靖县										
平和县										
华安县										
龙海市	23451	14932	4709	99	10124	8432	4340	115	3977	87
南平市	**72086**	**47302**	**14120**	**487**	**32695**	**24487**	**12442**	**547**	**11498**	**297**
延平区	24341	15706	4870	147	10689	8522	4444	156	3922	113
建阳区	11292	7580	2294	88	5198	3676	1886	114	1676	36
顺昌县										
浦城县										
光泽县										
松溪县										
政和县										
邵武市	15743	10540	3474	131	6935	5152	2845	136	2171	51
武夷山市	7921	5248	1026	36	4186	2641	933	42	1666	32
建瓯市	12789	8228	2456	85	5687	4496	2334	99	2063	65
龙岩市	**48480**	**31532**	**8761**	**335**	**22436**	**16737**	**8393**	**313**	**8031**	**211**
新罗区	35821	23136	6210	175	16751	12526	6180	182	6164	159
永定区	5545	3735	801	107	2827	1778	678	89	1011	32
长汀县										
上杭县										
武平县										
连城县										
漳平市	7114	4661	1750	53	2858	2433	1535	42	856	20
宁德市	**46340**	**31901**	**6598**	**331**	**24972**	**14226**	**5526**	**301**	**8399**	**213**
蕉城区	16675	11348	2439	110	8799	5266	2212	118	2936	61
霞浦县										
古田县										
屏南县										
寿宁县										
周宁县										
柘荣县										
福安市	15822	11251	2273	127	8851	4489	1603	88	2798	82
福鼎市	13843	9302	1886	94	7322	4471	1711	95	2665	70

5-5b　各地区有65岁及以上人口的家庭户户数(镇)

单位：户

地　区	合　计	有一个65岁及以上人口的户				有二个65岁及以上人口的户				有三个65岁及以上人口的户
		小计	独自居住	只与未成年人口共同居住	其他	小计	只有一对65岁及以上夫妇居住	只有一对65岁及以上夫妇与未成年人口共同居住	其他	
合　计	**839161**	**558602**	**165164**	**9408**	**384030**	**276602**	**125724**	**8154**	**142724**	**3957**
福州市	**135319**	**88546**	**28229**	**1113**	**59204**	**46174**	**22226**	**1026**	**22922**	**599**
鼓楼区										
台江区										
仓山区										
马尾区										
晋安区	105	73	20		53	31	15	1	15	1
长乐区	15760	10612	3780	121	6711	5086	2418	118	2550	62
闽侯县	29197	19467	5618	203	13646	9556	4433	136	4987	174
连江县	26287	17639	5197	198	12244	8547	3548	174	4825	101
罗源县	11911	7839	2406	113	5320	4032	1919	109	2004	40
闽清县	10178	6206	1741	107	4358	3914	1599	159	2156	58
永泰县	8176	5431	2021	137	3273	2712	1574	65	1073	33
平潭县	11895	7405	2766	85	4554	4448	2637	100	1711	42
福清市	21810	13874	4680	149	9045	7848	4083	164	3601	88
厦门市	**10281**	**6856**	**2204**	**61**	**4591**	**3363**	**1620**	**47**	**1696**	**62**
思明区										
海沧区										
湖里区	26	18	7		11	8	4	2	2	
集美区	7	4	3		1	3	2		1	
同安区	1126	743	272	13	458	377	226	5	146	6
翔安区	9122	6091	1922	48	4121	2975	1388	40	1547	56
莆田市	**55108**	**36621**	**10756**	**772**	**25093**	**18119**	**7729**	**602**	**9788**	**368**
城厢区	3383	2242	461	72	1709	1098	333	39	726	43
涵江区	1838	1278	389	47	842	546	215	20	311	14
荔城区	743	502	100	8	394	234	84	5	145	7
秀屿区	9848	6776	1904	147	4725	3008	1237	107	1664	64
仙游县	39296	25823	7902	498	17423	13233	5860	431	6942	240
三明市	**74134**	**49203**	**13313**	**1639**	**34251**	**24598**	**10276**	**1480**	**12842**	**333**
梅列区	1123	700	312	12	376	421	258	10	153	2
三元区	788	529	230	6	293	258	168	5	85	1
明溪县	4782	3128	844	85	2199	1625	665	86	874	29
清流县	4547	3057	877	58	2122	1465	595	60	810	25
宁化县	10217	6911	1718	228	4965	3264	1154	165	1945	42
大田县	8169	5457	1811	146	3500	2667	1478	122	1067	45
尤溪县	11249	7261	1630	161	5470	3929	1535	168	2226	59
沙县	14255	9385	2616	477	6292	4815	2126	427	2262	55
将乐县	7627	5002	1013	204	3785	2586	785	219	1582	39
泰宁县	5315	3519	850	151	2518	1779	642	153	984	17
建宁县	4149	2928	936	89	1903	1208	578	49	581	13
永安市	1913	1326	476	22	828	581	292	16	273	6
泉州市	**180785**	**121390**	**35622**	**1400**	**84368**	**58547**	**26938**	**1193**	**30416**	**848**
鲤城区										
丰泽区										
洛江区	2179	1462	392	22	1048	707	298	12	397	10
泉港区	5923	3916	1617	42	2257	1973	1273	34	666	34
惠安县	40087	26798	9689	278	16831	13134	6927	214	5993	155
安溪县	22921	15127	4137	235	10755	7689	3665	183	3841	105
永春县	22028	14672	4355	218	10099	7259	3261	160	3838	97
德化县	10992	7427	2787	59	4581	3525	2131	69	1325	40
石狮市	9650	6850	1315	49	5486	2778	962	41	1775	22
晋江市	22707	16118	3993	133	11992	6495	2462	94	3939	94
南安市	44298	29020	7337	364	21319	14987	5959	386	8642	291

5-5b 续表

单位：户

地区	合计	有一个65岁及以上人口的户				有二个65岁及以上人口的户				有三个65岁及以上人口的户
		小计	独自居住	只与未成年人口共同居住	其他	小计	只有一对65岁及以上夫妇居住	只有一对65岁及以上夫妇与未成年人口共同居住	其他	
漳州市	**163365**	**105349**	**31823**	**1173**	**72353**	**57257**	**26299**	**1278**	**29680**	**759**
芗城区	5152	3302	1144	18	2140	1823	938	19	866	27
龙文区										
云霄县	17227	11007	2731	86	8190	6155	2171	132	3852	65
漳浦县	35754	22110	6445	209	15456	13451	6040	300	7111	193
诏安县	23719	15502	5241	254	10007	8103	3665	261	4177	114
长泰县	8346	5436	1545	40	3851	2875	1358	52	1465	35
东山县	13196	8734	1895	64	6775	4398	1539	60	2799	64
南靖县	14383	9294	3000	94	6200	5000	2599	92	2309	89
平和县	19111	12754	4143	212	8399	6282	2829	197	3256	75
华安县	6433	4179	1759	76	2344	2231	1406	62	763	23
龙海市	20044	13031	3920	120	8991	6939	3754	103	3082	74
南平市	**60570**	**40541**	**12965**	**1009**	**26567**	**19774**	**9734**	**774**	**9266**	**255**
延平区	6630	4571	1769	122	2680	2037	1063	70	904	22
建阳区	3246	2264	703	108	1453	972	460	50	462	10
顺昌县	9189	6220	2297	95	3828	2939	1601	77	1261	30
浦城县	14155	9048	2753	263	6032	5021	2518	247	2256	86
光泽县	5011	3465	1127	52	2286	1532	800	42	690	14
松溪县	4819	3117	902	55	2160	1682	765	54	863	20
政和县	6374	4409	966	89	3354	1944	760	73	1111	21
邵武市	3008	1964	811	25	1128	1031	614	30	387	13
武夷山市	1399	939	240	6	693	452	186	8	258	8
建瓯市	6739	4544	1397	194	2953	2164	967	123	1074	31
龙岩市	**73094**	**50049**	**13211**	**1220**	**35618**	**22716**	**9806**	**947**	**11963**	**329**
新罗区	5947	3950	1444	37	2469	1973	1209	46	718	24
永定区	8485	5830	1818	153	3859	2619	1340	112	1167	36
长汀县	18426	12724	2765	397	9562	5614	1815	310	3489	88
上杭县	15572	10944	2454	216	8274	4549	1655	176	2718	79
武平县	12351	8191	2138	237	5816	4093	1795	190	2108	67
连城县	10309	7109	2150	161	4798	3173	1605	95	1473	27
漳平市	2004	1301	442	19	840	695	387	18	290	8
宁德市	**86505**	**60047**	**17041**	**1021**	**41985**	**26054**	**11096**	**807**	**14151**	**404**
蕉城区	4201	2985	1035	44	1906	1189	561	22	606	27
霞浦县	21114	14139	3724	183	10232	6871	2952	202	3717	104
古田县	15519	10360	2944	201	7215	5086	2171	165	2750	73
屏南县	5445	3950	1003	86	2861	1465	570	49	846	30
寿宁县	7036	5032	1590	155	3287	1968	904	96	968	36
周宁县	7662	5400	1406	113	3881	2233	797	90	1346	29
柘荣县	4229	2970	554	36	2380	1236	402	24	810	23
福安市	11628	8471	2646	88	5737	3108	1325	66	1717	49
福鼎市	9671	6740	2139	115	4486	2898	1414	93	1391	33

5-5c　各地区有65岁及以上人口的家庭户户数(乡村)

单位：户

地　区	合　计	有一个65岁及以上人口的户				有二个65岁及以上人口的户				有三个65岁及以上人口的户
		小计	独自居住	只与未成年人口共同居住	其他	小计	只有一对65岁及以上夫妇居住	只有一对65岁及以上夫妇与未成年人口共同居住	其他	
合　计	**1545124**	**1038162**	**361089**	**17524**	**659549**	**500524**	**258600**	**15757**	**226167**	**6438**
福州市	**263546**	**174887**	**62723**	**2186**	**109978**	**87623**	**46309**	**1984**	**39330**	**1036**
鼓楼区										
台江区										
仓山区										
马尾区	4280	2885	611	13	2261	1381	364	11	1006	14
晋安区	3019	2175	1002	13	1160	833	530	15	288	11
长乐区	33448	22956	7484	237	15235	10372	4543	212	5617	120
闽侯县	42260	28413	8836	326	19251	13594	6590	283	6721	253
连江县	38373	26395	8094	419	17882	11890	5148	313	6429	88
罗源县	11975	8285	3843	120	4322	3645	2309	73	1263	45
闽清县	19536	12772	4625	218	7929	6686	3491	254	2941	78
永泰县	22818	15155	7476	249	7430	7594	5278	190	2126	69
平潭县	22268	14034	6872	152	7010	8168	5887	137	2144	66
福清市	65569	41817	13880	439	27498	23460	12169	496	10795	292
厦门市	**35989**	**23164**	**7906**	**189**	**15069**	**12631**	**6379**	**186**	**6066**	**194**
思明区										
海沧区	516	307	92	1	214	207	122	8	77	2
湖里区										
集美区	4203	2763	949	34	1780	1417	730	14	673	23
同安区	15218	9687	3507	76	6104	5463	2823	77	2563	68
翔安区	16052	10407	3358	78	6971	5544	2704	87	2753	101
莆田市	**146854**	**100018**	**28916**	**2045**	**69057**	**45806**	**19898**	**1571**	**24337**	**1030**
城厢区	19368	13392	3580	252	9560	5799	2350	182	3267	177
涵江区	15599	10783	3438	176	7169	4701	1870	133	2698	115
荔城区	19003	13631	2932	257	10442	5225	1920	155	3150	147
秀屿区	42194	29034	8091	680	20263	12832	5713	475	6644	328
仙游县	50690	33178	10875	680	21623	17249	8045	626	8578	263
三明市	**133954**	**88694**	**31634**	**2176**	**54884**	**44702**	**22588**	**2122**	**19992**	**558**
梅列区	1097	702	323	7	372	391	228	13	150	4
三元区	3740	2533	1047	38	1448	1185	665	39	481	22
明溪县	6175	4219	1244	75	2900	1923	762	52	1109	33
清流县	8392	5598	1927	114	3557	2752	1348	134	1270	42
宁化县	21186	14074	4727	367	8980	7015	3059	355	3601	97
大田县	20179	13038	5538	309	7191	7071	4363	291	2417	70
尤溪县	25147	16259	5726	378	10155	8782	4539	399	3844	106
沙县	10489	6994	2676	287	4031	3441	1795	298	1348	54
将乐县	8586	5861	1966	227	3668	2696	1161	205	1330	29
泰宁县	6779	4704	1699	150	2855	2056	902	115	1039	19
建宁县	9062	6120	2005	114	4001	2916	1444	106	1366	26
永安市	13122	8592	2756	110	5726	4474	2322	115	2037	56
泉州市	**268470**	**180641**	**58229**	**2658**	**119754**	**86814**	**43310**	**2380**	**41124**	**1015**
鲤城区										
丰泽区										
洛江区	9490	6246	1942	88	4216	3213	1493	93	1627	31
泉港区	14988	9900	3343	152	6405	5005	2645	159	2201	83
惠安县	39570	26443	10357	263	15823	12996	7454	204	5338	131
安溪县	55597	36532	12617	802	23113	18853	10109	702	8042	212
永春县	21686	14615	5709	319	8587	7002	3986	227	2789	69
德化县	12330	7911	4817	60	3034	4394	3644	45	705	25
石狮市	6648	4897	883	27	3987	1733	537	19	1177	18
晋江市	46866	32940	7698	285	24957	13769	5068	240	8461	157
南安市	61295	41157	10863	662	29632	19849	8374	691	10784	289

5-5c　续表　　　　单位：户

地　区	合　计	有一个65岁及以上人口的户				有二个65岁及以上人口的户				有三个65岁及以上人口的户
		小计	独自居住	只与未成年人口共同居住	其他	小计	只有一对65岁及以上夫妇居住	只有一对65岁及以上夫妇与未成年人口共同居住	其他	
漳州市	**217493**	**139913**	**45812**	**2004**	**92097**	**76712**	**38867**	**2189**	**35656**	**868**
芗城区	7399	4566	1477	32	3057	2796	1541	34	1221	37
龙文区	2741	1637	404	3	1230	1093	503	10	580	11
云霄县	22155	14376	4492	210	9674	7710	3313	234	4163	69
漳浦县	39549	24349	7454	336	16559	15003	7389	493	7121	197
诏安县	30194	19295	6860	417	12018	10796	5319	386	5091	103
长泰县	10295	6819	2064	73	4682	3447	1831	88	1528	29
东山县	8197	5242	1053	29	4160	2885	937	48	1900	70
南靖县	19509	12860	4398	158	8304	6576	3515	160	2901	73
平和县	30609	21126	7272	465	13389	9387	4726	389	4272	96
华安县	7955	5101	2099	73	2929	2829	1818	96	915	25
龙海市	38890	24542	8239	208	16095	14190	7975	251	5964	158
南平市	**159630**	**106600**	**37353**	**2009**	**67238**	**52529**	**28895**	**1976**	**21658**	**501**
延平区	19491	13263	4837	312	8114	6158	3275	224	2659	70
建阳区	18429	12370	3997	191	8182	6010	3018	277	2715	49
顺昌县	12941	8651	2855	121	5675	4243	2172	137	1934	47
浦城县	25942	17113	6696	378	10039	8733	5252	369	3112	96
光泽县	9108	5936	2381	109	3446	3142	1844	102	1196	30
松溪县	9112	5893	2315	90	3488	3195	2013	111	1071	24
政和县	11839	8267	2510	186	5571	3544	1954	174	1416	28
邵武市	10986	7034	3240	101	3693	3904	2654	81	1169	48
武夷山市	12110	8396	2360	124	5912	3687	1629	92	1966	27
建瓯市	29672	19677	6162	397	13118	9913	5084	409	4420	82
龙岩市	**149476**	**103317**	**42178**	**2391**	**58748**	**45565**	**26545**	**1922**	**17098**	**594**
新罗区	15705	10686	4446	72	6168	4970	3290	49	1631	49
永定区	24484	17000	7584	506	8910	7403	4583	324	2496	81
长汀县	26452	18678	6907	616	11155	7648	3982	519	3147	126
上杭县	30085	21575	8242	541	12792	8364	4149	460	3755	146
武平县	20769	14031	5774	308	7949	6642	3743	293	2606	96
连城县	17923	12448	5343	215	6890	5435	3438	174	1823	40
漳平市	14058	8899	3882	133	4884	5103	3360	103	1640	56
宁德市	**169712**	**120928**	**46338**	**1866**	**72724**	**48142**	**25809**	**1427**	**20906**	**642**
蕉城区	22359	16455	5912	185	10358	5807	2898	126	2783	97
霞浦县	26066	18213	6847	256	11110	7739	3893	216	3630	114
古田县	24567	16789	6333	274	10182	7699	4069	256	3374	79
屏南县	10579	7825	2839	150	4836	2717	1340	102	1275	37
寿宁县	14191	9937	3906	192	5839	4209	2464	156	1589	45
周宁县	10416	7654	2600	157	4897	2729	1221	107	1401	33
柘荣县	5044	3697	1494	54	2149	1328	738	33	557	19
福安市	29324	21522	7933	326	13263	7705	3985	251	3469	97
福鼎市	27166	18836	8474	272	10090	8209	5201	180	2828	121

5-6 各地区有80岁及以上人口的家庭户户数

单位：户

地区	合计	有一个80岁及以上人口的户				有二个80岁及以上人口的户				有三个80岁及以上人口的户
		小计	独自居住	只与未成年人口共同居住	其他	小计	只有一对80岁及以上夫妇居住	只有一对80岁及以上夫妇与未成年人口共同居住	其他	
合计	**826811**	**742176**	**224879**	**4291**	**513006**	**84397**	**47184**	**589**	**36624**	**238**
福州市	**163497**	**144816**	**48008**	**617**	**96191**	**18632**	**10910**	**82**	**7640**	**49**
鼓楼区	17608	14360	3806	45	10509	3239	1698	8	1533	9
台江区	9753	8434	2482	24	5928	1318	751	6	561	1
仓山区	14441	12795	3795	40	8960	1645	892	7	746	1
马尾区	4505	4103	1170	11	2922	402	216		186	
晋安区	12999	11257	3218	14	8025	1739	999	3	737	3
长乐区	14850	13804	4701	52	9051	1041	616	5	420	5
闽侯县	15365	14162	4317	62	9783	1191	688	7	496	12
连江县	14978	13758	4239	85	9434	1219	619	9	591	1
罗源县	5752	5251	2113	31	3107	499	305	5	189	2
闽清县	7012	6299	1952	45	4302	712	393	8	311	1
永泰县	7197	6542	2946	46	3550	655	447	2	206	
平潭县	9019	7845	3822	41	3982	1164	909	5	250	10
福清市	30018	26206	9447	121	16638	3808	2377	17	1414	4
厦门市	**47049**	**41418**	**11701**	**85**	**29632**	**5611**	**3280**	**9**	**2322**	**20**
思明区	17573	14935	3638	27	11270	2631	1496	6	1129	7
海沧区	3457	3039	791	4	2244	416	235		181	2
湖里区	5623	4956	1307	11	3638	663	371		292	4
集美区	5686	5032	1574	7	3451	652	415		237	2
同安区	7660	6960	2272	16	4672	699	428	1	270	1
翔安区	7050	6496	2119	20	4357	550	335	2	213	4
莆田市	**70977**	**64052**	**15853**	**511**	**47688**	**6903**	**3157**	**62**	**3684**	**22**
城厢区	9377	8407	1761	66	6580	969	390	12	567	1
涵江区	10717	9677	2272	47	7358	1037	462	4	571	3
荔城区	10941	9995	1774	64	8157	944	354	11	579	2
秀屿区	19243	17319	4038	182	13099	1914	812	23	1079	10
仙游县	20699	18654	6008	152	12494	2039	1139	12	888	6
三明市	**68680**	**61164**	**17309**	**493**	**43362**	**7508**	**3937**	**92**	**3479**	**8**
梅列区	4728	4008	1170	8	2830	720	431	2	287	
三元区	5005	4337	1445	10	2882	668	421	1	246	
明溪县	3225	2881	687	16	2178	344	142	4	198	
清流县	3828	3414	880	24	2510	412	199	4	209	2
宁化县	8877	7998	1999	97	5902	879	350	19	510	
大田县	7356	6562	2270	57	4235	792	478	11	303	2
尤溪县	9554	8538	2202	68	6268	1015	484	15	516	1
沙县	6528	5818	1787	99	3932	709	407	16	286	1
将乐县	4240	3814	897	44	2873	425	173	9	243	1
泰宁县	2949	2679	746	24	1909	269	122	3	144	1
建宁县	3208	2950	823	21	2106	258	136	2	120	
永安市	9182	8165	2403	25	5737	1017	594	6	417	
泉州市	**139352**	**126053**	**37885**	**615**	**87553**	**13262**	**7421**	**77**	**5764**	**37**
鲤城区	6651	5932	1713	8	4211	719	395	3	321	
丰泽区	6533	5741	1084	10	4647	790	409	1	380	2
洛江区	3187	2872	828	18	2026	314	142	5	167	1
泉港区	7975	7081	2459	36	4586	893	562	7	324	1
惠安县	20684	18501	7740	61	10700	2178	1492	9	677	5
安溪县	17645	16065	5091	158	10816	1575	923	13	639	5
永春县	10340	9401	3108	41	6252	937	558	3	376	2
德化县	5018	4517	2292	23	2202	497	389	3	105	4
石狮市	7269	6723	1301	25	5397	545	236	1	308	1
晋江市	24628	22584	5444	75	17065	2037	925	10	1102	7
南安市	29422	26636	6825	160	19651	2777	1390	22	1365	9

5-6 续表　　　　　　　　　　　　　　　　　　　　　　　　单位：户

地　区	合　计	有一个80岁及以上人口的户				有二个80岁及以上人口的户				有三个80岁及以上人口的户
		小计	独自居住	只与未成年人口共同居住	其他	小计	只有一对80岁及以上夫妇居住	只有一对80岁及以上夫妇与未成年人口共同居住	其他	
漳州市	**114846**	**102763**	**32684**	**469**	**69610**	**12060**	**7019**	**77**	**4964**	**23**
芗城区	11779	10412	3340	21	7051	1366	874	4	488	1
龙文区	2915	2620	787	1	1832	290	179		111	5
云霄县	10551	9375	2748	43	6584	1176	596	11	569	
漳浦县	20180	17744	5294	78	12372	2434	1328	22	1084	2
诏安县	15819	13911	5224	104	8583	1902	1183	21	698	6
长泰县	4574	4136	1185	8	2943	436	264	1	171	2
东山县	5933	5274	1060	12	4202	658	261	2	395	1
南靖县	8398	7630	2441	52	5137	765	430	3	332	3
平和县	11920	10990	3555	90	7345	929	508	6	415	1
华安县	3766	3400	1391	21	1988	365	250	3	112	1
龙海市	19011	17271	5659	39	11573	1739	1146	4	589	1
南平市	**73584**	**66747**	**19397**	**457**	**46893**	**6824**	**3910**	**58**	**2856**	**13**
延平区	14075	12610	3734	81	8795	1463	805	9	649	2
建阳区	7952	7314	2037	36	5241	638	359	3	276	
顺昌县	6120	5570	1626	34	3910	546	309	9	228	4
浦城县	9885	8926	2787	97	6042	955	566	10	379	4
光泽县	3867	3463	1037	31	2395	404	243	4	157	
松溪县	3544	3181	1033	24	2124	362	235	4	123	1
政和县	4525	4200	1019	35	3146	325	169	7	149	
邵武市	7850	7006	2427	29	4550	843	552	6	285	1
武夷山市	4841	4417	970	24	3423	423	201	2	220	1
建瓯市	10925	10060	2727	66	7267	865	471	4	390	
龙岩市	**76196**	**68118**	**20892**	**540**	**46686**	**8052**	**4565**	**84**	**3403**	**26**
新罗区	14443	12751	4135	22	8594	1687	1077	2	608	5
永定区	10746	9724	3157	91	6476	1018	615	15	388	4
长汀县	13040	11722	3092	153	8477	1311	631	26	654	7
上杭县	14250	12821	3388	114	9319	1427	673	13	741	2
武平县	10285	9058	2782	87	6189	1223	665	17	541	4
连城县	7248	6590	2233	42	4315	655	409	3	243	3
漳平市	6184	5452	2105	31	3316	731	495	8	228	1
宁德市	**72630**	**67045**	**21150**	**504**	**45391**	**5545**	**2985**	**48**	**2512**	**40**
蕉城区	10281	9480	2831	59	6590	801	437	4	360	
霞浦县	11389	10402	3470	67	6865	979	540	11	428	8
古田县	9414	8628	2710	54	5864	785	428	7	350	1
屏南县	3985	3724	1057	32	2635	261	108	1	152	
寿宁县	5597	5182	1716	61	3405	415	243	6	166	
周宁县	4619	4290	1101	42	3147	328	134	4	190	1
柘荣县	2279	2144	610	11	1523	134	59	3	72	1
福安市	12886	12077	3555	101	8421	801	401	8	392	8
福鼎市	12180	11118	4100	77	6941	1041	635	4	402	21

5-6a 各地区有80岁及以上人口的家庭户户数(城市)

单位：户

地区	合计	有一个80岁及以上人口的户				有二个80岁及以上人口的户				有三个80岁及以上人口的户
		小计	独自居住	只与未成年人口共同居住	其他	小计	只有一对80岁及以上夫妇居住	只有一对80岁及以上夫妇与未成年人口共同居住	其他	
合计	**224079**	**197010**	**52882**	**509**	**143619**	**26993**	**15002**	**80**	**11911**	**76**
福州市	**67589**	**58305**	**16731**	**154**	**41420**	**9266**	**5076**	**28**	**4162**	**18**
鼓楼区	17608	14360	3806	45	10509	3239	1698	8	1533	9
台江区	9753	8434	2482	24	5928	1318	751	6	561	1
仓山区	14441	12795	3795	40	8960	1645	892	7	746	1
马尾区	3537	3212	956	9	2247	325	181		144	
晋安区	12098	10435	2873	13	7549	1660	945	3	712	3
长乐区	3941	3625	1103	7	2515	314	174		140	2
闽侯县										
连江县										
罗源县										
闽清县										
永泰县										
平潭县										
福清市	6211	5444	1716	16	3712	765	435	4	326	2
厦门市	**36283**	**31547**	**8461**	**57**	**23029**	**4717**	**2723**	**8**	**1986**	**19**
思明区	17573	14935	3638	27	11270	2631	1496	6	1129	7
海沧区	3357	2956	770	4	2182	399	222		177	2
湖里区	5620	4953	1307	11	3635	663	371		292	4
集美区	4754	4185	1279	5	2901	567	355		212	2
同安区	3979	3610	1146	7	2457	369	218	1	150	
翔安区	1000	908	321	3	584	88	61	1	26	4
莆田市	**20905**	**18781**	**3871**	**103**	**14807**	**2115**	**915**	**19**	**1181**	**9**
城厢区	3370	2981	573	10	2398	388	157	3	228	1
涵江区	6285	5695	1188	17	4490	589	259	1	329	1
荔城区	6221	5658	1022	27	4609	561	217	7	337	2
秀屿区	5029	4447	1088	49	3310	577	282	8	287	5
仙游县										
三明市	**12614**	**10833**	**3273**	**14**	**7546**	**1781**	**1102**	**5**	**674**	
梅列区	3985	3348	935	6	2407	637	382	2	253	
三元区	3577	3056	985	3	2068	521	341		180	
明溪县										
清流县										
宁化县										
大田县										
尤溪县										
沙县										
将乐县										
泰宁县										
建宁县										
永安市	5052	4429	1353	5	3071	623	379	3	241	
泉州市	**29853**	**26849**	**6357**	**80**	**20412**	**2996**	**1551**	**11**	**1434**	**8**
鲤城区	6651	5932	1713	8	4211	719	395	3	321	
丰泽区	6533	5741	1084	10	4647	790	409	1	380	2
洛江区	537	493	108	2	383	44	19		25	
泉港区	2183	1919	646	11	1262	264	163	1	100	
惠安县										
安溪县										
永春县										
德化县										
石狮市	3303	3046	685	16	2345	257	134	1	122	
晋江市	7053	6517	1339	21	5157	531	235	3	293	5
南安市	3593	3201	782	12	2407	391	196	2	193	1

5-6a 续表

单位：户

地　区	合　计	有一个80岁及以上人口的户				有二个80岁及以上人口的户				有三个80岁及以上人口的户
		小计	独自居住	只与未成年人口共同居住	其他	小计	只有一对80岁及以上夫妇居住	只有一对80岁及以上夫妇与未成年人口共同居住	其他	
漳州市	**16687**	**14857**	**4707**	**24**	**10126**	**1825**	**1169**	**4**	**652**	**5**
芗城区	8885	7803	2469	13	5321	1081	689	3	389	1
龙文区	2320	2089	659	1	1429	227	145		82	4
云霄县										
漳浦县										
诏安县										
长泰县										
东山县										
南靖县										
平和县										
华安县										
龙海市	5444	4937	1566	10	3361	507	328	1	178	
南平市	**18543**	**16520**	**4542**	**34**	**11944**	**2021**	**1161**	**3**	**857**	**2**
延平区	6870	6024	1627	13	4384	844	474	1	369	2
建阳区	2707	2471	680	4	1787	236	137		99	
顺昌县										
浦城县										
光泽县										
松溪县										
政和县										
邵武市	4321	3849	1244	7	2598	472	299	2	171	
武夷山市	1754	1548	280	5	1263	206	88		118	
建瓯市	2891	2628	711	5	1912	263	163		100	
龙岩市	**12123**	**10674**	**3104**	**12**	**7558**	**1441**	**886**	**2**	**553**	**8**
新罗区	8667	7626	2184	4	5438	1037	635		402	4
永定区	1507	1332	248	7	1077	172	77	1	94	3
长汀县										
上杭县										
武平县										
连城县										
漳平市	1949	1716	672	1	1043	232	174	1	57	1
宁德市	**9482**	**8644**	**1836**	**31**	**6777**	**831**	**419**		**412**	**7**
蕉城区	3340	2991	730	8	2253	349	192		157	
霞浦县										
古田县										
屏南县										
寿宁县										
周宁县										
柘荣县										
福安市	3187	2956	556	14	2386	225	103		122	6
福鼎市	2955	2697	550	9	2138	257	124		133	1

5-6b　各地区有80岁及以上人口的家庭户户数(镇)

单位：户

地　　区	合　计	有一个80岁及以上人口的户				有二个80岁及以上人口的户				有三个80岁及以上人口的户
		小计	独自居住	只与未成年人口共同居住	其他	小计	只有一对80岁及以上夫妇居住	只有一对80岁及以上夫妇与未成年人口共同居住	其他	
合　计	**202910**	**182890**	**54015**	**885**	**127990**	**19938**	**10887**	**127**	**8924**	**82**
福州市	**29407**	**26417**	**8954**	**108**	**17355**	**2975**	**1797**	**13**	**1165**	**15**
鼓楼区										
台江区										
仓山区										
马尾区										
晋安区	17	16	3		13	1			1	
长乐区	3348	3116	1169	16	1931	231	137	2	92	1
闽侯县	5765	5267	1611	22	3634	491	299	2	190	7
连江县	5597	5102	1557	18	3527	494	241	1	252	1
罗源县	2573	2325	839	9	1477	247	138	2	107	1
闽清县	2277	2016	485	10	1521	260	122	2	136	1
永泰县	1783	1600	567	9	1024	183	114		69	
平潭县	2706	2344	967	7	1370	358	268	3	87	4
福清市	5341	4631	1756	17	2858	710	478	1	231	
厦门市	**2213**	**2034**	**675**	**8**	**1351**	**179**	**109**		**70**	
思明区										
海沧区										
湖里区	3	3			3					
集美区										
同安区	227	213	72	2	139	14	8		6	
翔安区	1983	1818	603	6	1209	165	101		64	
莆田市	**13086**	**11776**	**3346**	**76**	**8354**	**1305**	**677**	**4**	**624**	**5**
城厢区	926	819	133	14	672	107	36		71	
涵江区	439	394	94	2	298	45	23		22	
荔城区	187	165	26	1	138	22	11		11	
秀屿区	2655	2411	553	20	1838	242	94	3	145	2
仙游县	8879	7987	2540	39	5408	889	513	1	375	3
三明市	**18789**	**16806**	**4213**	**94**	**12499**	**1977**	**983**	**17**	**977**	**6**
梅列区	350	309	112		197	41	24		17	
三元区	243	214	97		117	29	21		8	
明溪县	1301	1151	272	6	873	150	72	3	75	
清流县	1376	1208	297	6	905	166	80	1	85	2
宁化县	2698	2411	501	17	1893	287	117	4	166	
大田县	2137	1913	630	11	1272	223	137	1	85	1
尤溪县	2724	2436	464	10	1962	287	126	3	158	1
沙县	3373	3019	814	26	2179	354	201	4	149	
将乐县	1930	1719	319	7	1393	210	83	1	126	1
泰宁县	1222	1109	280	2	827	112	55		57	1
建宁县	982	905	301	7	597	77	39		38	
永安市	453	412	126	2	284	41	28		13	
泉州市	**43225**	**39102**	**12277**	**162**	**26663**	**4107**	**2327**	**16**	**1764**	**16**
鲤城区										
丰泽区										
洛江区	477	423	124	3	296	54	15	1	38	
泉港区	1604	1437	580	10	847	167	124	2	41	
惠安县	10074	9014	3739	31	5244	1058	699	6	353	2
安溪县	4839	4405	1262	27	3116	434	258		176	
永春县	5310	4823	1459	16	3348	486	271		215	1
德化县	2344	2131	922	11	1198	209	146	1	62	4
石狮市	2368	2178	369	7	1802	189	71		118	1
晋江市	5621	5130	1337	13	3780	491	235	2	254	
南安市	10588	9561	2485	44	7032	1019	508	4	507	8

5-6b 续表 单位：户

地区	合计	有一个80岁及以上人口的户				有二个80岁及以上人口的户				有三个80岁及以上人口的户
		小计	独自居住	只与未成年人口共同居住	其他	小计	只有一对80岁及以上夫妇居住	只有一对80岁及以上夫妇与未成年人口共同居住	其他	
漳州市	**41237**	**36829**	**11408**	**141**	**25280**	**4394**	**2505**	**31**	**1858**	**14**
芗城区	1194	1071	403	2	666	123	83	1	39	
龙文区										
云霄县	4436	3897	1032	4	2861	539	261	5	273	
漳浦县	9573	8383	2521	33	5829	1189	624	11	554	1
诏安县	6813	6025	2168	44	3813	782	479	8	295	6
长泰县	2015	1837	530	1	1306	176	100	1	75	2
东山县	3422	3062	612	5	2445	359	149		210	1
南靖县	3391	3057	981	14	2062	331	200	2	129	3
平和县	4428	4070	1312	21	2737	358	210	3	145	
华安县	1675	1531	655	11	865	144	105		39	
龙海市	4290	3896	1194	6	2696	393	294		99	1
南平市	**15212**	**13765**	**3944**	**76**	**9745**	**1441**	**801**	**14**	**626**	**6**
延平区	1777	1631	598	17	1016	146	78	3	65	
建阳区	734	681	194	5	482	53	36		17	
顺昌县	2688	2420	799	11	1610	267	162	3	102	1
浦城县	3336	2979	775	15	2189	353	187	3	163	4
光泽县	1431	1279	392	3	884	152	97	1	54	
松溪县	1223	1098	267	4	827	124	68	1	55	1
政和县	1582	1449	261	9	1179	133	52	1	80	
邵武市	744	661	229	1	431	83	54	2	27	
武夷山市	356	322	74		248	34	25		9	
建瓯市	1341	1245	355	11	879	96	42		54	
龙岩市	**20070**	**18000**	**4213**	**121**	**13666**	**2057**	**946**	**21**	**1090**	**13**
新罗区	1454	1282	473	5	804	171	114	1	56	1
永定区	2237	2048	532	18	1498	188	110	3	75	1
长汀县	5141	4615	909	37	3669	520	186	8	326	6
上杭县	4551	4092	748	25	3319	459	174	2	283	
武平县	3637	3181	738	25	2418	453	213	5	235	3
连城县	2539	2317	660	10	1647	220	123	1	96	2
漳平市	511	465	153	1	311	46	26	1	19	
宁德市	**19671**	**18161**	**4985**	**99**	**13077**	**1503**	**742**	**11**	**750**	**7**
蕉城区	1046	985	320	9	656	61	35		26	
霞浦县	4523	4118	1126	12	2980	400	216	1	183	5
古田县	3509	3210	814	13	2383	299	146	4	149	
屏南县	1258	1168	271	9	888	90	35		55	
寿宁县	1799	1665	501	18	1146	134	71	1	62	
周宁县	1892	1731	379	15	1337	160	57	3	100	1
柘荣县	967	910	158	3	749	56	19	1	36	1
福安市	2475	2326	711	15	1600	149	74		75	
福鼎市	2202	2048	705	5	1338	154	89	1	64	

5-6c　各地区有80岁及以上人口的家庭户户数(乡村)

单位：户

地　　区	合　计	有一个80岁及以上人口的户				有二个80岁及以上人口的户				有三个80岁及以上人口的户
		小计	独自居住	只与未成年人口共同居住	其他	小计	只有一对80岁及以上夫妇居住	只有一对80岁及以上夫妇与未成年人口共同居住	其他	
合　计	**399822**	**362276**	**117982**	**2897**	**241397**	**37466**	**21295**	**382**	**15789**	**80**
福州市	**66501**	**60094**	**22323**	**355**	**37416**	**6391**	**4037**	**41**	**2313**	**16**
鼓楼区										
台江区										
仓山区										
马尾区	968	891	214	2	675	77	35		42	
晋安区	884	806	342	1	463	78	54		24	
长乐区	7561	7063	2429	29	4605	496	305	3	188	2
闽侯县	9600	8895	2706	40	6149	700	389	5	306	5
连江县	9381	8656	2682	67	5907	725	378	8	339	
罗源县	3179	2926	1274	22	1630	252	167	3	82	1
闽清县	4735	4283	1467	35	2781	452	271	6	175	
永泰县	5414	4942	2379	37	2526	472	333	2	137	
平潭县	6313	5501	2855	34	2612	806	641	2	163	6
福清市	18466	16131	5975	88	10068	2333	1464	12	857	2
厦门市	**8553**	**7837**	**2565**	**20**	**5252**	**715**	**448**	**1**	**266**	**1**
思明区										
海沧区	100	83	21		62	17	13		4	
湖里区										
集美区	932	847	295	2	550	85	60		25	
同安区	3454	3137	1054	7	2076	316	202		114	1
翔安区	4067	3770	1195	11	2564	297	173	1	123	
莆田市	**36986**	**33495**	**8636**	**332**	**24527**	**3483**	**1565**	**39**	**1879**	**8**
城厢区	5081	4607	1055	42	3510	474	197	9	268	
涵江区	3993	3588	990	28	2570	403	180	3	220	2
荔城区	4533	4172	726	36	3410	361	126	4	231	
秀屿区	11559	10461	2397	113	7951	1095	436	12	647	3
仙游县	11820	10667	3468	113	7086	1150	626	11	513	3
三明市	**37277**	**33525**	**9823**	**385**	**23317**	**3750**	**1852**	**70**	**1828**	**2**
梅列区	393	351	123	2	226	42	25		17	
三元区	1185	1067	363	7	697	118	59	1	58	
明溪县	1924	1730	415	10	1305	194	70	1	123	
清流县	2452	2206	583	18	1605	246	119	3	124	
宁化县	6179	5587	1498	80	4009	592	233	15	344	
大田县	5219	4649	1640	46	2963	569	341	10	218	1
尤溪县	6830	6102	1738	58	4306	728	358	12	358	
沙县	3155	2799	973	73	1753	355	206	12	137	1
将乐县	2310	2095	578	37	1480	215	90	8	117	
泰宁县	1727	1570	466	22	1082	157	67	3	87	
建宁县	2226	2045	522	14	1509	181	97	2	82	
永安市	3677	3324	924	18	2382	353	187	3	163	
泉州市	**66274**	**60102**	**19251**	**373**	**40478**	**6159**	**3543**	**50**	**2566**	**13**
鲤城区										
丰泽区										
洛江区	2173	1956	596	13	1347	216	108	4	104	1
泉港区	4188	3725	1233	15	2477	462	275	4	183	1
惠安县	10610	9487	4001	30	5456	1120	793	3	324	3
安溪县	12806	11660	3829	131	7700	1141	665	13	463	5
永春县	5030	4578	1649	25	2904	451	287	3	161	1
德化县	2674	2386	1370	12	1004	288	243	2	43	
石狮市	1598	1499	247	2	1250	99	31		68	
晋江市	11954	10937	2768	41	8128	1015	455	5	555	2
南安市	15241	13874	3558	104	10212	1367	686	16	665	

5-6c 续表

单位：户

地区	合计	有一个80岁及以上人口的户				有二个80岁及以上人口的户				有三个80岁及以上人口的户
		小计	独自居住	只与未成年人口共同居住	其他	小计	只有一对80岁及以上夫妇居住	只有一对80岁及以上夫妇与未成年人口共同居住	其他	
漳州市	**56922**	**51077**	**16569**	**304**	**34204**	**5841**	**3345**	**42**	**2454**	**4**
芗城区	1700	1538	468	6	1064	162	102		60	
龙文区	595	531	128		403	63	34		29	1
云霄县	6115	5478	1716	39	3723	637	335	6	296	
漳浦县	10607	9361	2773	45	6543	1245	704	11	530	1
诏安县	8968	7858	3043	60	4755	1110	697	13	400	
长泰县	2559	2299	655	7	1637	260	164		96	
东山县	2511	2212	448	7	1757	299	112	2	185	
南靖县	5007	4573	1460	38	3075	434	230	1	203	
平和县	7492	6920	2243	69	4608	571	298	3	270	1
华安县	2091	1869	736	10	1123	221	145	3	73	1
龙海市	9277	8438	2899	23	5516	839	524	3	312	
南平市	**39829**	**36462**	**10911**	**347**	**25204**	**3362**	**1948**	**41**	**1373**	**5**
延平区	5428	4955	1509	51	3395	473	253	5	215	
建阳区	4511	4162	1163	27	2972	349	186	3	160	
顺昌县	3432	3150	827	23	2300	279	147	6	126	3
浦城县	6549	5947	2012	82	3853	602	379	7	216	
光泽县	2436	2184	645	28	1511	252	146	3	103	
松溪县	2321	2083	766	20	1297	238	167	3	68	
政和县	2943	2751	758	26	1967	192	117	6	69	
邵武市	2785	2496	954	21	1521	288	199	2	87	1
武夷山市	2731	2547	616	19	1912	183	88	2	93	1
建瓯市	6693	6187	1661	50	4476	506	266	4	236	
龙岩市	**44003**	**39444**	**13575**	**407**	**25462**	**4554**	**2733**	**61**	**1760**	**5**
新罗区	4322	3843	1478	13	2352	479	328	1	150	
永定区	7002	6344	2377	66	3901	658	428	11	219	
长汀县	7899	7107	2183	116	4808	791	445	18	328	1
上杭县	9699	8729	2640	89	6000	968	499	11	458	2
武平县	6648	5877	2044	62	3771	770	452	12	306	1
连城县	4709	4273	1573	32	2668	435	286	2	147	1
漳平市	3724	3271	1280	29	1962	453	295	6	152	
宁德市	**43477**	**40240**	**14329**	**374**	**25537**	**3211**	**1824**	**37**	**1350**	**26**
蕉城区	5895	5504	1781	42	3681	391	210	4	177	
霞浦县	6866	6284	2344	55	3885	579	324	10	245	3
古田县	5905	5418	1896	41	3481	486	282	3	201	1
屏南县	2727	2556	786	23	1747	171	73	1	97	
寿宁县	3798	3517	1215	43	2259	281	172	5	104	
周宁县	2727	2559	722	27	1810	168	77	1	90	
柘荣县	1312	1234	452	8	774	78	40	2	36	
福安市	7224	6795	2288	72	4435	427	224	8	195	2
福鼎市	7023	6373	2845	63	3465	630	422	3	205	20

第一部分　全部数据资料

第六卷　死亡

6-1 各地区分年龄、性别的死亡人口
(2019.11.1—2020.10.31)

单位：人

地 区	死亡人口			0岁		
	合计	男	女	小计	男	女
合 计	**212654**	**124528**	**88126**	**943**	**557**	**386**
福州市	**35952**	**20597**	**15355**	**119**	**75**	**44**
鼓楼区	2743	1606	1137	7	3	4
台江区	2138	1186	952	2	2	
仓山区	2886	1580	1306	9	5	4
马尾区	1151	650	501	2	2	
晋安区	2139	1244	895	7	2	5
长乐区	3559	1996	1563	12	5	7
闽侯县	3543	2010	1533	7	4	3
连江县	3587	2042	1545	8	6	2
罗源县	1646	988	658	7	5	2
闽清县	1679	986	693	4	3	1
永泰县	2063	1252	811	7	5	2
平潭县	1879	1074	805	15	13	2
福清市	6939	3983	2956	32	20	12
厦门市	**11623**	**6654**	**4969**	**107**	**67**	**40**
思明区	4044	2301	1743	13	5	8
海沧区	786	450	336	10	5	5
湖里区	1190	681	509	3	2	1
集美区	1187	680	507	8	6	2
同安区	2624	1545	1079	60	40	20
翔安区	1792	997	795	13	9	4
莆田市	**18540**	**10613**	**7927**	**55**	**32**	**23**
城厢区	2433	1427	1006	10	5	5
涵江区	3036	1671	1365	7	4	3
荔城区	2973	1683	1290	7	4	3
秀屿区	4185	2445	1740	13	9	4
仙游县	5913	3387	2526	18	10	8
三明市	**16800**	**9954**	**6846**	**95**	**53**	**42**
梅列区	929	566	363	19	15	4
三元区	1101	637	464	21	9	12
明溪县	771	460	311			
清流县	856	511	345	3	2	1
宁化县	2263	1330	933	6	3	3
大田县	2035	1259	776	16	9	7
尤溪县	2382	1418	964	11	4	7
沙县	1629	961	668	7	4	3
将乐县	983	562	421	2	1	1
泰宁县	790	469	321	1	1	
建宁县	882	486	396	2	1	1
永安市	2179	1295	884	7	4	3
泉州市	**41648**	**24648**	**17000**	**184**	**110**	**74**
鲤城区	1734	969	765	2	2	
丰泽区	1272	730	542	11	4	7
洛江区	986	610	376	6	3	3
泉港区	2228	1332	896	8	5	3
惠安县	6041	3527	2514	31	23	8
安溪县	5649	3332	2317	22	16	6
永春县	3457	1952	1505	14	7	7
德化县	2127	1289	838	17	11	6
石狮市	2114	1332	782	13	9	4
晋江市	6634	4026	2608	24	11	13
南安市	9406	5549	3857	36	19	17

6-1 续表 1

单位：人

地　区	死亡人口			0岁		
	合计	男	女	小计	男	女
漳州市	**29163**	**16684**	**12479**	**124**	**68**	**56**
芗城区	2736	1651	1085	3	2	1
龙文区	829	477	352	5	3	2
云霄县	2492	1383	1109	7	5	2
漳浦县	4826	2792	2034	23	14	9
诏安县	3695	2068	1627	29	13	16
长泰县	1256	690	566	8	7	1
东山县	1333	759	574	9	5	4
南靖县	2092	1184	908	2	1	1
平和县	3502	2048	1454	19	9	10
华安县	1023	580	443	3	2	1
龙海市	5379	3052	2327	16	7	9
南平市	**20175**	**11969**	**8206**	**86**	**54**	**32**
延平区	3462	2084	1378	33	20	13
建阳区	2214	1290	924	14	8	6
顺昌县	1490	860	630	4	3	1
浦城县	2705	1627	1078	8	7	1
光泽县	971	585	386	6	4	2
松溪县	968	576	392	4	2	2
政和县	1263	764	499	6	4	2
邵武市	2157	1247	910	3	2	1
武夷山市	1431	875	556	4	1	3
建瓯市	3514	2061	1453	4	3	1
龙岩市	**18369**	**10611**	**7758**	**48**	**31**	**17**
新罗区	3662	2137	1525	11	7	4
永定区	2903	1659	1244	8	5	3
长汀县	2784	1602	1182	9	6	3
上杭县	3001	1668	1333	7	5	2
武平县	2276	1354	922	4	4	
连城县	2181	1265	916	5	2	3
漳平市	1562	926	636	4	2	2
宁德市	**20384**	**12798**	**7586**	**125**	**67**	**58**
蕉城区	2784	1779	1005	7	7	
霞浦县	3134	1922	1212	23	11	12
古田县	2660	1603	1057	16	6	10
屏南县	1213	768	445	13	7	6
寿宁县	1332	843	489	2		2
周宁县	1305	827	478	30	19	11
柘荣县	607	389	218			
福安市	3541	2289	1252	13	8	5
福鼎市	3808	2378	1430	21	9	12

6-1　续表 2　　　　单位：人

地　区	1–4岁			5–9岁			10–14岁		
	小计	男	女	小计	男	女	小计	男	女
合　计	**450**	**259**	**191**	**376**	**223**	**153**	**387**	**231**	**156**
福州市	**53**	**30**	**23**	**52**	**33**	**19**	**50**	**20**	**30**
鼓楼区				1	1		1		1
台江区	1		1				2		2
仓山区	1		1	4	3	1	4		4
马尾区	2	1	1						
晋安区	6	4	2	1	1		3	1	2
长乐区	7	6	1	6	4	2	2	2	
闽侯县	3	2	1	3	2	1	11	3	8
连江县	3	1	2	7	4	3	9	4	5
罗源县				1		1	4		4
闽清县	8	3	5	2	1	1	1		1
永泰县	3	1	2	4	4		2	2	
平潭县	8	4	4	6	2	4	3	2	1
福清市	11	8	3	17	11	6	8	6	2
厦门市	**41**	**21**	**20**	**26**	**19**	**7**	**29**	**21**	**8**
思明区	6	3	3	4	4		10	8	2
海沧区	6	3	3	7	7		2	1	1
湖里区	2	2		3	2	1	2	1	1
集美区	6	3	3	3		3	5	3	2
同安区	18	7	11	6	5	1	8	6	2
翔安区	3	3		3	1	2	2	2	
莆田市	**34**	**16**	**18**	**29**	**16**	**13**	**35**	**24**	**11**
城厢区	5	3	2	2		2	7	5	2
涵江区	5	1	4	5	3	2	1		1
荔城区	3	2	1	6	3	3	2	2	
秀屿区	12	5	7	8	5	3	11	7	4
仙游县	9	5	4	8	5	3	14	10	4
三明市	**35**	**17**	**18**	**28**	**17**	**11**	**31**	**12**	**19**
梅列区				3	1	2			
三元区	1	1		2	2		1	1	
明溪县	1		1	1	1				
清流县	1	1		5	3	2			
宁化县	5	4	1	3	1	2	7	2	5
大田县	9	5	4	3	2	1	5	2	3
尤溪县	7	2	5	4		4	1	1	
沙县	1	1		1	1		5	3	2
将乐县	2	1	1	2	2		1	1	
泰宁县	2		2	2	2		3		3
建宁县	1		1				2		2
永安市	5	2	3	2	2		6	2	4
泉州市	**109**	**65**	**44**	**78**	**43**	**35**	**89**	**61**	**28**
鲤城区	2	2		4	2	2	2	2	
丰泽区	6	3	3	1	1		4	3	1
洛江区	2	2					2	2	
泉港区	9	5	4	3	2	1	3	1	2
惠安县	15	11	4	9	5	4	13	9	4
安溪县	14	7	7	12	7	5	21	12	9
永春县	12	8	4	8	5	3	10	7	3
德化县	9	6	3	13	6	7	2	2	
石狮市	6	3	3	4	2	2	6	4	2
晋江市	14	9	5	12	6	6	15	11	4
南安市	20	9	11	12	7	5	11	8	3

6-1 续表 3

单位：人

地区	1-4岁			5-9岁			10-14岁		
	小计	男	女	小计	男	女	小计	男	女
漳州市	**74**	**42**	**32**	**50**	**25**	**25**	**53**	**27**	**26**
芗城区	7	6	1	3	1	2	5	3	2
龙文区	4	2	2	3	1	2	2		2
云霄县	8	5	3	3	1	2	9	4	5
漳浦县	13	8	5	8	3	5	9	6	3
诏安县	10	2	8	9	4	5	5	1	4
长泰县	3	2	1	4	3	1	1	1	
东山县	3	2	1	2	2		3	1	2
南靖县				1	1		1	1	
平和县	8	2	6	8	4	4	9	5	4
华安县	2	2		1	1		2	2	
龙海市	16	11	5	8	4	4	7	3	4
南平市	**29**	**19**	**10**	**40**	**29**	**11**	**38**	**29**	**9**
延平区	11	8	3	6	2	4	6	5	1
建阳区	4	3	1	7	6	1	5	4	1
顺昌县	1		1				4	4	
浦城县	4	2	2	3	1	2	6	2	4
光泽县	1	1		2	1	1	1	1	
松溪县	1	1		2	2		2	2	
政和县	1	1							
邵武市	2	1	1	4	4		7	7	
武夷山市	1		1	1		1	1	1	
建瓯市	3	2	1	15	13	2	6	3	3
龙岩市	**47**	**30**	**17**	**33**	**16**	**17**	**28**	**18**	**10**
新罗区	8	5	3	5		5	5	1	4
永定区	7	3	4	12	7	5	7	5	2
长汀县	4	3	1	2	1	1	6	5	1
上杭县	11	8	3	4	3	1	3	3	
武平县	7	4	3	4	3	1	3	2	1
连城县	5	3	2	2		2	2		2
漳平市	5	4	1	4	2	2	2	2	
宁德市	**28**	**19**	**9**	**40**	**25**	**15**	**34**	**19**	**15**
蕉城区	4	3	1	6	5	1	5	3	2
霞浦县	3	3		5	5		4	3	1
古田县	3	1	2	5	4	1	4	1	3
屏南县	4	3	1	9	5	4	3	2	1
寿宁县	2	1	1	1		1	2	2	
周宁县	3	3		1		1	3	2	1
柘荣县									
福安市	8	4	4	3	1	2	4	3	1
福鼎市	1	1		10	5	5	9	3	6

6-1　续表 4　　单位：人

地　　区	15-19岁			20-24岁			25-29岁		
	小计	男	女	小计	男	女	小计	男	女
合　计	**485**	**329**	**156**	**601**	**429**	**172**	**1096**	**793**	**303**
福州市	**66**	**47**	**19**	**96**	**67**	**29**	**163**	**117**	**46**
鼓楼区	1	1		4	3	1	8	2	6
台江区							6	4	2
仓山区	5	5		4	2	2	14	11	3
马尾区	8	6	2	2	1	1	8	5	3
晋安区	3	2	1	4	2	2	6	3	3
长乐区	8	5	3	8	5	3	18	13	5
闽侯县	13	8	5	13	11	2	13	10	3
连江县	4	3	1	5	3	2	13	9	4
罗源县	2	2		3	3		4	3	1
闽清县	5	4	1	7	4	3	5	5	
永泰县	5	3	2	7	6	1	13	13	
平潭县	3	1	2	21	14	7	14	10	4
福清市	9	7	2	18	13	5	41	29	12
厦门市	**35**	**20**	**15**	**52**	**29**	**23**	**68**	**38**	**30**
思明区	7	4	3	6	5	1	9	4	5
海沧区	2	2		2	1	1	8	4	4
湖里区	3	3		2	2		11	5	6
集美区	1	1		4	1	3	7	5	2
同安区	17	8	9	32	17	15	25	15	10
翔安区	5	2	3	6	3	3	8	5	3
莆田市	**45**	**31**	**14**	**81**	**56**	**25**	**102**	**68**	**34**
城厢区	12	8	4	15	12	3	23	17	6
涵江区	3	2	1	8	7	1	8	3	5
荔城区	5	4	1	9	3	6	14	11	3
秀屿区	8	5	3	21	15	6	24	16	8
仙游县	17	12	5	28	19	9	33	21	12
三明市	**46**	**30**	**16**	**35**	**28**	**7**	**100**	**80**	**20**
梅列区	3	3		1	1		4	3	1
三元区				5	4	1	6	6	
明溪县	4	3	1	1	1		2	2	
清流县	3	3					3	3	
宁化县	7	2	5	4	3	1	22	18	4
大田县	7	7		5	5		26	16	10
尤溪县	3	1	2	7	5	2	16	14	2
沙县	7	3	4	1	1		3	3	
将乐县	3	2	1	1	1		1	1	
泰宁县	1	1		1	1		3	2	1
建宁县				1	1		3	2	1
永安市	8	5	3	8	5	3	11	10	1
泉州市	**96**	**63**	**33**	**128**	**90**	**38**	**243**	**190**	**53**
鲤城区	2	2		3	3		1	1	
丰泽区	5	2	3	4	3	1	7	6	1
洛江区	2	1	1	4	4		8	7	1
泉港区	6	3	3	5	3	2	16	12	4
惠安县	8	3	5	19	14	5	31	20	11
安溪县	19	11	8	20	11	9	36	32	4
永春县	8	6	2	10	6	4	20	17	3
德化县	9	6	3	8	8		13	12	1
石狮市	8	7	1	13	9	4	18	15	3
晋江市	11	8	3	14	9	5	36	25	11
南安市	18	14	4	28	20	8	57	43	14

6-1 续表 5　　　　单位：人

地区	15—19岁			20—24岁			25—29岁		
	小计	男	女	小计	男	女	小计	男	女
漳州市	**89**	**69**	**20**	**82**	**60**	**22**	**138**	**94**	**44**
芗城区	7	4	3	5	4	1	8	5	3
龙文区	3	3		3	2	1	6	5	1
云霄县	9	6	3	5	4	1	13	6	7
漳浦县	10	10		13	10	3	30	20	10
诏安县	13	13		11	9	2	14	8	6
长泰县	4	3	1	7	3	4	8	5	3
东山县	3	3		2	2		4	4	
南靖县	5	3	2	5	4	1	9	4	5
平和县	24	17	7	10	7	3	17	15	2
华安县				5	4	1	1		1
龙海市	11	7	4	16	11	5	28	22	6
南平市	**42**	**23**	**19**	**58**	**46**	**12**	**93**	**64**	**29**
延平区	10	6	4	9	5	4	20	13	7
建阳区	2	2		5	4	1	8	4	4
顺昌县				7	7		4	3	1
浦城县	3	2	1	6	4	2	4	4	
光泽县	1		1	1	1		3	3	
松溪县	4		4				10	6	4
政和县	4	3	1	3	3		7	5	2
邵武市	3	2	1	3	1	2	13	11	2
武夷山市	5	4	1	8	8		9	5	4
建瓯市	10	4	6	16	13	3	15	10	5
龙岩市	**26**	**18**	**8**	**28**	**20**	**8**	**83**	**65**	**18**
新罗区	4	4		6	3	3	11	9	2
永定区	7	4	3	4	2	2	10	8	2
长汀县	3	2	1	4	4		8	4	4
上杭县	6	4	2	6	5	1	19	13	6
武平县	1	1		2	2		15	13	2
连城县	3	3		3	2	1	10	9	1
漳平市	2		2	3	2	1	10	9	1
宁德市	**40**	**28**	**12**	**41**	**33**	**8**	**106**	**77**	**29**
蕉城区	8	3	5				9	5	4
霞浦县	4	2	2	5	4	1	12	10	2
古田县	9	7	2	4	3	1	16	12	4
屏南县				2	2		9	7	2
寿宁县	4	4		6	5	1	5	3	2
周宁县	3	3					9	6	3
柘荣县				2	2		2	1	1
福安市	6	4	2	13	10	3	26	20	6
福鼎市	6	5	1	9	7	2	18	13	5

6-1　续表 6　　　　单位：人

地　区	30–34岁			35–39岁			40–44岁		
	小计	男	女	小计	男	女	小计	男	女
合　计	**1854**	**1289**	**565**	**2208**	**1554**	**654**	**3466**	**2448**	**1018**
福州市	**284**	**200**	**84**	**337**	**231**	**106**	**543**	**377**	**166**
鼓楼区	9	5	4	15	9	6	35	21	14
台江区	9	6	3	10	7	3	24	13	11
仓山区	24	18	6	24	12	12	26	20	6
马尾区	11	6	5	14	9	5	16	13	3
晋安区	13	10	3	14	9	5	24	17	7
长乐区	31	23	8	30	18	12	80	69	11
闽侯县	17	11	6	40	32	8	51	33	18
连江县	28	20	8	41	31	10	55	34	21
罗源县	20	15	5	6	2	4	27	20	7
闽清县	12	5	7	14	11	3	25	13	12
永泰县	21	15	6	19	12	7	30	19	11
平潭县	26	18	8	29	21	8	36	26	10
福清市	63	48	15	81	58	23	114	79	35
厦门市	**122**	**83**	**39**	**155**	**105**	**50**	**236**	**148**	**88**
思明区	25	21	4	32	20	12	43	25	18
海沧区	9	7	2	14	11	3	18	10	8
湖里区	9	5	4	23	14	9	24	11	13
集美区	17	6	11	27	20	7	27	18	9
同安区	48	35	13	43	28	15	77	50	27
翔安区	14	9	5	16	12	4	47	34	13
莆田市	**173**	**121**	**52**	**184**	**136**	**48**	**314**	**238**	**76**
城厢区	38	31	7	40	29	11	52	42	10
涵江区	19	14	5	20	14	6	42	33	9
荔城区	30	20	10	27	20	7	35	25	10
秀屿区	36	24	12	44	36	8	79	56	23
仙游县	50	32	18	53	37	16	106	82	24
三明市	**134**	**94**	**40**	**129**	**92**	**37**	**245**	**188**	**57**
梅列区	2	1	1	4	1	3	11	5	6
三元区	8	6	2	8	6	2	8	5	3
明溪县	7	5	2	6	6		15	12	3
清流县	2	2		13	13		7	5	2
宁化县	19	13	6	12	11	1	25	20	5
大田县	31	24	7	17	11	6	44	35	9
尤溪县	19	14	5	12	8	4	20	14	6
沙县	2	2		13	4	9	31	26	5
将乐县	7	7		10	6	4	17	12	5
泰宁县	4	3	1	9	9		20	15	5
建宁县	10	4	6	9	6	3	16	15	1
永安市	23	13	10	16	11	5	31	24	7
泉州市	**441**	**298**	**143**	**537**	**372**	**165**	**821**	**588**	**233**
鲤城区	14	9	5	10	5	5	24	16	8
丰泽区	12	9	3	13	5	8	26	18	8
洛江区	11	9	2	14	9	5	31	23	8
泉港区	27	14	13	27	15	12	52	37	15
惠安县	60	42	18	62	40	22	105	74	31
安溪县	68	45	23	81	63	18	111	78	33
永春县	30	20	10	38	22	16	67	47	20
德化县	22	18	4	37	19	18	49	36	13
石狮市	26	20	6	42	31	11	66	49	17
晋江市	74	44	30	81	56	25	138	106	32
南安市	97	68	29	132	107	25	152	104	48

6-1 续表 7 单位：人

地　区	30-34岁			35-39岁			40-44岁		
	小计	男	女	小计	男	女	小计	男	女
漳州市	**219**	**171**	**48**	**284**	**197**	**87**	**451**	**305**	**146**
芗城区	8	7	1	19	7	12	34	20	14
龙文区	5	4	1	4	3	1	9	6	3
云霄县	22	18	4	25	16	9	45	33	12
漳浦县	46	34	12	48	33	15	94	65	29
诏安县	24	21	3	27	21	6	60	43	17
长泰县	13	10	3	10	6	4	17	10	7
东山县	7	4	3	12	8	4	16	12	4
南靖县	14	8	6	15	14	1	19	14	5
平和县	24	19	5	43	30	13	51	36	15
华安县	8	8		13	8	5	28	20	8
龙海市	48	38	10	68	51	17	78	46	32
南平市	**155**	**106**	**49**	**158**	**119**	**39**	**293**	**205**	**88**
延平区	30	22	8	34	26	8	35	22	13
建阳区	21	10	11	23	17	6	41	27	14
顺昌县	10	5	5	13	11	2	13	11	2
浦城县	13	8	5	12	5	7	54	38	16
光泽县	9	6	3	7	6	1	11	7	4
松溪县	11	7	4	7	7		17	10	7
政和县	12	9	3	10	2	8	28	18	10
邵武市	13	9	4	21	18	3	31	25	6
武夷山市	7	6	1	15	15		25	19	6
建瓯市	29	24	5	16	12	4	38	28	10
龙岩市	**159**	**102**	**57**	**196**	**138**	**58**	**261**	**186**	**75**
新罗区	34	22	12	40	30	10	44	34	10
永定区	20	11	9	33	29	4	39	25	14
长汀县	24	18	6	29	20	9	37	24	13
上杭县	25	18	7	37	24	13	33	26	7
武平县	19	11	8	21	10	11	44	33	11
连城县	26	16	10	21	14	7	32	24	8
漳平市	11	6	5	15	11	4	32	20	12
宁德市	**167**	**114**	**53**	**228**	**164**	**64**	**302**	**213**	**89**
蕉城区	21	14	7	23	16	7	40	27	13
霞浦县	26	14	12	35	23	12	38	29	9
古田县	19	13	6	33	23	10	37	31	6
屏南县	12	10	2	19	16	3	16	10	6
寿宁县	10	9	1	18	11	7	23	20	3
周宁县	17	12	5	24	17	7	19	13	6
柘荣县	3	1	2	1	1		8	5	3
福安市	31	22	9	46	38	8	66	44	22
福鼎市	28	19	9	29	19	10	55	34	21

6-1　续表 8　　　　单位：人

地　区	45-49岁			50-54岁			55-59岁		
	小计	男	女	小计	男	女	小计	男	女
合　计	**6409**	**4465**	**1944**	**9438**	**6644**	**2794**	**11506**	**8159**	**3347**
福州市	**858**	**602**	**256**	**1181**	**779**	**402**	**1733**	**1140**	**593**
鼓楼区	49	34	15	53	31	22	91	61	30
台江区	23	18	5	62	40	22	95	68	27
仓山区	51	34	17	81	55	26	139	82	57
马尾区	34	22	12	41	27	14	47	33	14
晋安区	43	29	14	61	38	23	105	69	36
长乐区	104	82	22	131	92	39	148	90	58
闽侯县	102	62	40	102	61	41	188	128	60
连江县	96	68	28	132	91	41	175	114	61
罗源县	45	32	13	72	51	21	80	49	31
闽清县	41	33	8	53	34	19	78	55	23
永泰县	51	35	16	63	42	21	128	97	31
平潭县	51	34	17	75	48	27	99	67	32
福清市	168	119	49	255	169	86	360	227	133
厦门市	**388**	**267**	**121**	**478**	**328**	**150**	**674**	**479**	**195**
思明区	91	65	26	142	100	42	198	132	66
海沧区	27	13	14	31	20	11	44	31	13
湖里区	43	29	14	53	36	17	76	52	24
集美区	43	22	21	52	32	20	77	61	16
同安区	114	87	27	128	88	40	170	118	52
翔安区	70	51	19	72	52	20	109	85	24
莆田市	**590**	**399**	**191**	**775**	**545**	**230**	**1005**	**694**	**311**
城厢区	94	71	23	120	87	33	138	101	37
涵江区	80	48	32	106	58	48	160	110	50
荔城区	87	58	29	116	84	32	154	96	58
秀屿区	144	98	46	185	151	34	264	199	65
仙游县	185	124	61	248	165	83	289	188	101
三明市	**492**	**334**	**158**	**762**	**531**	**231**	**833**	**594**	**239**
梅列区	21	13	8	39	25	14	59	48	11
三元区	22	13	9	43	32	11	58	32	26
明溪县	25	18	7	22	18	4	40	30	10
清流县	21	15	6	40	23	17	42	32	10
宁化县	51	40	11	106	81	25	115	77	38
大田县	61	45	16	116	85	31	105	81	24
尤溪县	63	41	22	130	85	45	102	68	34
沙县	53	39	14	73	47	26	83	59	24
将乐县	36	23	13	46	32	14	34	25	9
泰宁县	35	20	15	39	29	10	33	24	9
建宁县	25	15	10	34	25	9	47	27	20
永安市	79	52	27	74	49	25	115	91	24
泉州市	**1494**	**1088**	**406**	**2343**	**1722**	**621**	**2787**	**2075**	**712**
鲤城区	40	24	16	64	43	21	95	61	34
丰泽区	30	22	8	60	44	16	81	57	24
洛江区	41	31	10	52	39	13	64	38	26
泉港区	80	62	18	159	124	35	145	110	35
惠安县	238	189	49	404	328	76	440	347	93
安溪县	214	156	58	299	205	94	370	267	103
永春县	141	93	48	167	117	50	198	136	62
德化县	113	83	30	137	92	45	131	89	42
石狮市	85	67	18	109	82	27	169	128	41
晋江市	219	149	70	369	269	100	473	373	100
南安市	293	212	81	523	379	144	621	469	152

6-1 续表 9

单位：人

地区	45-49岁			50-54岁			55-59岁		
	小计	男	女	小计	男	女	小计	男	女
漳州市	**858**	**604**	**254**	**1261**	**876**	**385**	**1579**	**1109**	**470**
芗城区	57	41	16	96	64	32	150	103	47
龙文区	19	11	8	32	26	6	48	26	22
云霄县	84	66	18	106	71	35	99	67	32
漳浦县	175	126	49	214	148	66	289	217	72
诏安县	96	68	28	154	102	52	201	148	53
长泰县	31	19	12	58	42	16	73	49	24
东山县	47	35	12	63	49	14	87	63	24
南靖县	56	38	18	87	62	25	79	60	19
平和县	106	72	34	149	99	50	183	130	53
华安县	42	33	9	29	22	7	51	34	17
龙海市	145	95	50	273	191	82	319	212	107
南平市	**640**	**415**	**225**	**921**	**641**	**280**	**1061**	**733**	**328**
延平区	110	71	39	150	105	45	182	140	42
建阳区	74	51	23	105	75	30	113	73	40
顺昌县	34	24	10	62	53	9	70	44	26
浦城县	82	56	26	123	86	37	137	90	47
光泽县	44	31	13	48	40	8	43	30	13
松溪县	34	21	13	47	29	18	50	35	15
政和县	43	26	17	51	30	21	63	40	23
邵武市	72	43	29	104	76	28	114	78	36
武夷山市	38	20	18	85	56	29	75	52	23
建瓯市	109	72	37	146	91	55	214	151	63
龙岩市	**506**	**350**	**156**	**832**	**594**	**238**	**801**	**580**	**221**
新罗区	101	70	31	158	110	48	155	109	46
永定区	75	50	25	148	98	50	143	109	34
长汀县	85	57	28	127	88	39	124	87	37
上杭县	72	48	24	98	70	28	114	84	30
武平县	63	46	17	111	90	21	92	62	30
连城县	69	50	19	105	74	31	116	89	27
漳平市	41	29	12	85	64	21	57	40	17
宁德市	**583**	**406**	**177**	**885**	**628**	**257**	**1033**	**755**	**278**
蕉城区	80	57	23	121	87	34	146	100	46
霞浦县	79	58	21	129	90	39	166	129	37
古田县	74	49	25	113	77	36	125	81	44
屏南县	39	25	14	62	44	18	63	45	18
寿宁县	37	32	5	38	23	15	63	41	22
周宁县	33	20	13	47	38	9	47	34	13
柘荣县	19	15	4	28	16	12	38	29	9
福安市	102	59	43	168	120	48	164	120	44
福鼎市	120	91	29	179	133	46	221	176	45

6-1　续表 10　　　　单位：人

地　区	60-64岁			65-69岁			70-74岁		
	小计	男	女	小计	男	女	小计	男	女
合　计	**15350**	**10888**	**4462**	**20542**	**14155**	**6387**	**22189**	**14577**	**7612**
福州市	**2351**	**1619**	**732**	**3330**	**2174**	**1156**	**3850**	**2556**	**1294**
鼓楼区	126	85	41	189	112	77	286	193	93
台江区	140	95	45	181	120	61	221	150	71
仓山区	208	131	77	284	187	97	316	202	114
马尾区	66	54	12	111	66	45	123	74	49
晋安区	151	111	40	178	123	55	224	142	82
长乐区	233	158	75	352	221	131	383	251	132
闽侯县	233	150	83	385	238	147	438	311	127
连江县	257	178	79	340	228	112	391	268	123
罗源县	131	99	32	161	108	53	181	120	61
闽清县	112	72	40	163	104	59	191	117	74
永泰县	123	87	36	221	158	63	228	156	72
平潭县	123	89	34	171	111	60	181	113	68
福清市	448	310	138	594	398	196	687	459	228
厦门市	**841**	**590**	**251**	**1048**	**723**	**325**	**1151**	**723**	**428**
思明区	259	173	86	350	245	105	440	275	165
海沧区	73	46	27	61	42	19	76	51	25
湖里区	92	65	27	114	80	34	125	73	52
集美区	82	59	23	101	69	32	108	59	49
同安区	184	144	40	247	159	88	242	161	81
翔安区	151	103	48	175	128	47	160	104	56
莆田市	**1439**	**1034**	**405**	**2024**	**1427**	**597**	**1982**	**1292**	**690**
城厢区	192	135	57	248	175	73	243	155	88
涵江区	210	146	64	320	217	103	368	247	121
荔城区	237	179	58	353	258	95	321	201	120
秀屿区	297	234	63	433	313	120	402	273	129
仙游县	503	340	163	670	464	206	648	416	232
三明市	**1063**	**725**	**338**	**1377**	**931**	**446**	**1642**	**1039**	**603**
梅列区	57	38	19	66	45	21	74	53	21
三元区	77	59	18	72	47	25	105	58	47
明溪县	48	30	18	70	53	17	58	39	19
清流县	64	48	16	76	57	19	69	43	26
宁化县	145	104	41	170	108	62	218	147	71
大田县	127	81	46	160	103	57	223	146	77
尤溪县	159	97	62	202	136	66	240	141	99
沙县	95	66	29	159	101	58	158	91	67
将乐县	54	33	21	77	44	33	107	72	35
泰宁县	51	37	14	80	60	20	79	50	29
建宁县	55	31	24	72	47	25	90	61	29
永安市	131	101	30	173	130	43	221	138	83
泉州市	**3485**	**2534**	**951**	**4531**	**3244**	**1287**	**4314**	**2829**	**1485**
鲤城区	111	81	30	160	119	41	180	113	67
丰泽区	102	77	25	120	83	37	135	94	41
洛江区	78	54	24	136	104	32	102	67	35
泉港区	200	160	40	225	165	60	187	123	64
惠安县	590	440	150	734	539	195	549	387	162
安溪县	467	298	169	584	393	191	654	404	250
永春县	278	181	97	375	235	140	388	228	160
德化县	178	122	56	249	177	72	217	141	76
石狮市	183	141	42	204	150	54	214	146	68
晋江市	514	398	116	718	517	201	698	474	224
南安市	784	582	202	1026	762	264	990	652	338

6-1 续表 11

单位：人

地 区	60-64岁			65-69岁			70-74岁		
	小计	男	女	小计	男	女	小计	男	女
漳州市	**2083**	**1500**	**583**	**2730**	**1869**	**861**	**2928**	**1950**	**978**
芗城区	199	144	55	244	159	85	291	217	74
龙文区	58	38	20	78	53	25	77	57	20
云霄县	159	105	54	237	155	82	262	165	97
漳浦县	342	259	83	405	296	109	470	313	157
诏安县	278	202	76	341	236	105	337	219	118
长泰县	80	60	20	113	79	34	131	91	40
东山县	100	76	24	114	82	32	136	96	40
南靖县	161	116	45	208	130	78	200	124	76
平和县	244	167	77	356	242	114	357	240	117
华安县	66	50	16	101	59	42	98	61	37
龙海市	396	283	113	533	378	155	569	367	202
南平市	**1350**	**915**	**435**	**1824**	**1189**	**635**	**2170**	**1342**	**828**
延平区	219	149	70	267	178	89	343	219	124
建阳区	161	111	50	217	125	92	243	141	102
顺昌县	94	62	32	137	97	40	159	89	70
浦城县	157	107	50	255	183	72	286	170	116
光泽县	49	35	14	77	45	32	93	56	37
松溪县	60	36	24	79	51	28	112	79	33
政和县	87	54	33	112	65	47	134	80	54
邵武市	131	98	33	192	128	64	215	136	79
武夷山市	107	75	32	139	99	40	162	103	59
建瓯市	285	188	97	349	218	131	423	269	154
龙岩市	**1146**	**845**	**301**	**1654**	**1185**	**469**	**1896**	**1234**	**662**
新罗区	227	169	58	312	200	112	395	245	150
永定区	200	145	55	309	226	83	315	193	122
长汀县	170	124	46	248	176	72	285	195	90
上杭县	175	128	47	225	172	53	294	188	106
武平县	129	95	34	214	163	51	206	151	55
连城县	170	135	35	204	155	49	217	146	71
漳平市	75	49	26	142	93	49	184	116	68
宁德市	**1592**	**1126**	**466**	**2024**	**1413**	**611**	**2256**	**1612**	**644**
蕉城区	221	149	72	259	193	66	301	230	71
霞浦县	256	180	76	291	190	101	345	248	97
古田县	195	127	68	277	193	84	292	192	100
屏南县	99	74	25	107	69	38	123	94	29
寿宁县	75	46	29	130	86	44	161	123	38
周宁县	103	72	31	145	94	51	121	95	26
柘荣县	53	35	18	61	45	16	72	50	22
福安市	278	205	73	381	269	112	430	313	117
福鼎市	312	238	74	373	274	99	411	267	144

6-1　续表 12　　　　单位：人

地　区	75—79岁			80—84岁			85—89岁		
	小计	男	女	小计	男	女	小计	男	女
合　计	**25296**	**15445**	**9851**	**33842**	**18578**	**15264**	**31208**	**14557**	**16651**
福州市	**4184**	**2643**	**1541**	**5557**	**3118**	**2439**	**5935**	**2833**	**3102**
鼓楼区	315	205	110	500	289	211	572	331	241
台江区	246	134	112	376	199	177	406	202	204
仓山区	311	193	118	444	252	192	524	240	284
马尾区	151	100	51	196	93	103	180	85	95
晋安区	249	164	85	361	195	166	380	194	186
长乐区	453	264	189	482	272	210	553	242	311
闽侯县	398	269	129	500	286	214	556	252	304
连江县	475	297	178	556	317	239	538	210	328
罗源县	214	140	74	263	158	105	235	108	127
闽清县	201	134	67	266	154	112	254	135	119
永泰县	236	166	70	321	185	136	304	133	171
平潭县	178	110	68	271	138	133	275	150	125
福清市	757	467	290	1021	580	441	1158	551	607
厦门市	**1249**	**753**	**496**	**1680**	**947**	**733**	**1733**	**811**	**922**
思明区	427	261	166	706	409	297	684	343	341
海沧区	84	51	33	106	56	50	119	57	62
湖里区	127	79	48	167	97	70	167	77	90
集美区	135	88	47	153	85	68	183	93	90
同安区	278	167	111	321	178	143	319	138	181
翔安区	198	107	91	227	122	105	261	103	158
莆田市	**2126**	**1281**	**845**	**2561**	**1304**	**1257**	**2676**	**1203**	**1473**
城厢区	266	153	113	317	160	157	337	152	185
涵江区	356	216	140	453	239	214	480	202	278
荔城区	348	233	115	466	225	241	431	176	255
秀屿区	420	246	174	536	269	267	612	299	313
仙游县	736	433	303	789	411	378	816	374	442
三明市	**2199**	**1329**	**870**	**3180**	**1731**	**1449**	**2595**	**1366**	**1229**
梅列区	140	77	63	180	102	78	154	90	64
三元区	144	80	64	216	125	91	200	110	90
明溪县	101	73	28	142	74	68	132	60	72
清流县	107	70	37	169	85	84	135	68	67
宁化县	290	174	116	468	258	210	342	166	176
大田县	241	153	88	347	199	148	265	145	120
尤溪县	329	201	128	388	226	162	406	237	169
沙县	205	126	79	313	177	136	266	145	121
将乐县	125	70	55	215	117	98	146	76	70
泰宁县	102	66	36	163	73	90	107	56	51
建宁县	150	79	71	175	93	82	98	44	54
永安市	265	160	105	404	202	202	344	169	175
泉州市	**4479**	**2623**	**1856**	**5911**	**3129**	**2782**	**5427**	**2283**	**3144**
鲤城区	185	100	85	305	179	126	279	115	164
丰泽区	144	81	63	211	118	93	154	61	93
洛江区	101	66	35	152	83	69	105	48	57
泉港区	206	125	81	280	160	120	304	136	168
惠安县	534	311	223	786	353	433	777	263	514
安溪县	692	400	292	807	432	375	674	320	354
永春县	462	269	193	513	273	240	468	199	269
德化县	280	164	116	294	145	149	221	101	120
石狮市	190	122	68	266	146	120	288	134	154
晋江市	685	420	265	922	504	418	935	411	524
南安市	1000	565	435	1375	736	639	1222	495	727

6－1　续表 13　　　　单位：人

地　区	75－79岁			80－84岁			85－89岁		
	小计	男	女	小计	男	女	小计	男	女
漳州市	**3703**	**2220**	**1483**	**4789**	**2578**	**2211**	**4433**	**1900**	**2533**
芗城区	327	216	111	442	253	189	492	249	243
龙文区	104	62	42	140	76	64	144	69	75
云霄县	327	188	139	458	252	206	357	150	207
漳浦县	598	373	225	724	398	326	694	279	415
诏安县	440	266	174	608	328	280	571	221	350
长泰县	173	93	80	217	99	118	192	74	118
东山县	148	95	53	203	116	87	184	77	107
南靖县	274	162	112	389	204	185	345	156	189
平和县	489	310	179	588	324	264	504	220	284
华安县	133	71	62	182	98	84	162	68	94
龙海市	690	384	306	838	430	408	788	337	451
南平市	**2602**	**1536**	**1066**	**3691**	**2062**	**1629**	**2900**	**1506**	**1394**
延平区	421	251	170	625	347	278	542	295	247
建阳区	288	168	120	384	222	162	310	161	149
顺昌县	192	96	96	309	166	143	223	113	110
浦城县	319	210	109	473	277	196	443	227	216
光泽县	145	83	62	220	122	98	119	65	54
松溪县	113	72	41	166	90	76	159	84	75
政和县	150	93	57	227	149	78	194	104	90
邵武市	303	153	150	399	221	178	296	139	157
武夷山市	206	130	76	264	135	129	167	87	80
建瓯市	465	280	185	624	333	291	447	231	216
龙岩市	**2442**	**1544**	**898**	**3419**	**1842**	**1577**	**2584**	**1076**	**1508**
新罗区	508	318	190	636	367	269	560	244	316
永定区	348	210	138	509	261	248	389	170	219
长汀县	374	250	124	541	301	240	343	124	219
上杭县	385	250	135	624	328	296	435	171	264
武平县	273	189	84	419	228	191	356	149	207
连城县	322	186	136	412	195	217	258	95	163
漳平市	232	141	91	278	162	116	243	123	120
宁德市	**2312**	**1516**	**796**	**3054**	**1867**	**1187**	**2925**	**1579**	**1346**
蕉城区	333	225	108	466	292	174	404	225	179
霞浦县	368	233	135	458	282	176	478	240	238
古田县	310	210	100	428	241	187	377	201	176
屏南县	145	90	55	192	111	81	157	89	68
寿宁县	140	95	45	190	115	75	201	97	104
周宁县	144	97	47	189	123	66	199	121	78
柘荣县	79	55	24	72	42	30	81	46	35
福安市	385	242	143	485	311	174	463	267	196
福鼎市	408	269	139	574	350	224	565	293	272

6-1 续表 14

单位：人

地 区	90-94岁			95-99岁			100岁及以上		
	小计	男	女	小计	男	女	小计	男	女
合 计	**18739**	**7124**	**11615**	**5345**	**1627**	**3718**	**924**	**197**	**727**
福州市	**3827**	**1511**	**2316**	**1212**	**382**	**830**	**171**	**43**	**128**
鼓楼区	348	164	184	108	45	63	25	11	14
台江区	247	105	142	78	22	56	9	1	8
仓山区	304	97	207	97	28	69	12	3	9
马尾区	105	44	61	33	9	24	1		1
晋安区	214	100	114	77	25	52	15	3	12
长乐区	384	141	243	120	30	90	14	3	11
闽侯县	359	105	254	103	30	73	8	2	6
连江县	352	127	225	87	26	61	15	3	12
罗源县	145	61	84	39	11	28	6	1	5
闽清县	173	79	94	61	19	42	3	1	2
永泰县	209	92	117	60	20	40	8	1	7
平潭县	203	70	133	75	28	47	16	5	11
福清市	784	326	458	274	89	185	39	9	30
厦门市	**1119**	**388**	**731**	**327**	**82**	**245**	**64**	**12**	**52**
思明区	439	163	276	135	33	102	18	3	15
海沧区	59	24	35	22	7	15	6	1	5
湖里区	111	34	77	23	6	17	10	6	4
集美区	109	40	69	30	8	22	9	1	8
同安区	218	77	141	57	17	40	12		12
翔安区	183	50	133	60	11	49	9	1	8
莆田市	**1695**	**549**	**1146**	**501**	**127**	**374**	**114**	**20**	**94**
城厢区	199	62	137	62	20	42	13	4	9
涵江区	299	89	210	74	16	58	12	2	10
荔城区	242	64	178	69	13	56	11	2	9
秀屿区	430	140	290	159	39	120	47	6	41
仙游县	525	194	331	137	39	98	31	6	25
三明市	**1374**	**619**	**755**	**357**	**132**	**225**	**48**	**12**	**36**
梅列区	75	38	37	17	7	10			
三元区	80	36	44	20	4	16	4	1	3
明溪县	74	27	47	14	5	9	8	3	5
清流县	73	30	43	19	5	14	4	3	1
宁化县	194	75	119	49	21	28	5	2	3
大田县	175	85	90	48	20	28	4		4
尤溪县	190	96	94	68	27	41	5		5
沙县	110	46	64	37	14	23	6	2	4
将乐县	83	31	52	10	5	5	4		4
泰宁县	42	17	25	11	3	8	2		2
建宁县	74	30	44	18	5	13			
永安市	204	108	96	46	16	30	6	1	5
泉州市	**3077**	**999**	**2078**	**908**	**221**	**687**	**166**	**21**	**145**
鲤城区	195	67	128	46	21	25	10	2	8
丰泽区	103	34	69	35	5	30	8		8
洛江区	63	17	46	10	2	8	2	1	1
泉港区	196	50	146	69	16	53	21	4	17
惠安县	463	99	364	141	26	115	32	4	28
安溪县	367	141	226	99	30	69	18	4	14
永春县	193	60	133	44	15	29	13	1	12
德化县	102	41	61	22	10	12	4		4
石狮市	146	53	93	52	13	39	6	1	5
晋江市	508	189	319	157	36	121	17	1	16
南安市	741	248	493	233	47	186	35	3	32

6-1 续表 15

单位：人

地　区	90-94岁			95-99岁			100岁及以上		
	小计	男	女	小计	男	女	小计	男	女
漳州市	**2519**	**856**	**1663**	**592**	**147**	**445**	**124**	**17**	**107**
芗城区	270	119	151	62	27	35	7		7
龙文区	67	25	42	13	5	8	5		5
云霄县	200	47	153	50	17	33	7	2	5
漳浦县	475	157	318	110	20	90	36	3	33
诏安县	352	116	236	92	21	71	23	6	17
长泰县	89	27	62	22	7	15	2		2
东山县	142	20	122	36	4	32	12	3	9
南靖县	170	71	99	44	10	34	8	1	7
平和县	252	88	164	55	12	43	6		6
华安县	74	29	45	20	8	12	2		2
龙海市	428	157	271	88	16	72	16	2	14
南平市	**1578**	**744**	**834**	**386**	**167**	**219**	**60**	**25**	**35**
延平区	304	144	160	90	50	40	15	6	9
建阳区	154	62	92	28	12	16	7	4	3
顺昌县	118	56	62	29	12	17	7	4	3
浦城县	261	127	134	49	19	30	7	2	5
光泽县	73	39	34	16	8	8	2	1	1
松溪县	71	36	35	18	6	12	1		1
政和县	97	64	33	30	13	17	4	1	3
邵武市	179	76	103	47	16	31	5	3	2
武夷山市	87	43	44	24	16	8	1		1
建瓯市	234	97	137	55	15	40	11	4	7
龙岩市	**1584**	**562**	**1022**	**505**	**158**	**347**	**91**	**17**	**74**
新罗区	329	151	178	96	34	62	17	5	12
永定区	234	79	155	71	18	53	15	1	14
长汀县	248	81	167	91	28	63	22	4	18
上杭县	319	96	223	92	21	71	17	3	14
武平县	218	76	142	68	22	46	7		7
连城县	145	48	97	46	17	29	8	2	6
漳平市	91	31	60	41	18	23	5	2	3
宁德市	**1966**	**896**	**1070**	**557**	**211**	**346**	**86**	**30**	**56**
蕉城区	250	111	139	69	22	47	11	5	6
霞浦县	292	131	161	103	33	70	14	4	10
古田县	244	97	147	74	32	42	5	2	3
屏南县	110	53	57	27	11	16	2	1	1
寿宁县	161	97	64	50	29	21	13	4	9
周宁县	143	52	91	20	4	16	5	2	3
柘荣县	65	36	29	22	10	12	1		1
福安市	339	172	167	106	48	58	24	9	15
福鼎市	362	147	215	86	22	64	11	3	8

6-1a　各地区分年龄、性别的死亡人口
(2019.11.1-2020.10.31)(城市)

单位：人

地　　区	死亡人口			0岁		
	合计	男	女	小计	男	女
合　计	**50167**	**29231**	**20936**	**225**	**131**	**94**
福州市	**12654**	**7198**	**5456**	**33**	**17**	**16**
鼓楼区	2743	1606	1137	7	3	4
台江区	2138	1186	952	2	2	
仓山区	2886	1580	1306	9	5	4
马尾区	876	514	362	2	2	
晋安区	1884	1100	784	7	2	5
长乐区	762	429	333	1		1
闽侯县						
连江县						
罗源县						
闽清县						
永泰县						
平潭县						
福清市	1304	753	551	5	3	2
厦门市	**8463**	**4836**	**3627**	**48**	**25**	**23**
思明区	4044	2301	1743	13	5	8
海沧区	764	437	327	10	5	5
湖里区	1190	681	509	3	2	1
集美区	1016	592	424	7	5	2
同安区	1264	725	539	11	5	6
翔安区	185	100	85	4	3	1
莆田市	**5419**	**3102**	**2317**	**19**	**11**	**8**
城厢区	910	573	337	7	4	3
涵江区	1756	984	772	5	3	2
荔城区	1789	990	799	4	1	3
秀屿区	964	555	409	3	3	
仙游县						
三明市	**2731**	**1630**	**1101**	**34**	**19**	**15**
梅列区	797	488	309	17	14	3
三元区	730	411	319	14	4	10
明溪县						
清流县						
宁化县						
大田县						
尤溪县						
沙县						
将乐县						
泰宁县						
建宁县						
永安市	1204	731	473	3	1	2
泉州市	**8055**	**4763**	**3292**	**38**	**23**	**15**
鲤城区	1734	969	765	2	2	
丰泽区	1272	730	542	11	4	7
洛江区	144	89	55	2	2	
泉港区	734	459	275	2	1	1
惠安县						
安溪县						
永春县						
德化县						
石狮市	786	488	298	5	4	1
晋江市	2066	1205	861	6	4	2
南安市	1319	823	496	10	6	4

6-1a 续表 1

单位：人

地 区	死亡人口			0岁		
	合计	男	女	小计	男	女
漳州市	**4402**	**2571**	**1831**	**13**	**8**	**5**
芗城区	1947	1189	758	3	2	1
龙文区	689	394	295	3	2	1
云霄县						
漳浦县						
诏安县						
长泰县						
东山县						
南靖县						
平和县						
华安县						
龙海市	1762	986	776	7	4	3
南平市	**4109**	**2478**	**1631**	**15**	**9**	**6**
延平区	1433	865	568	10	7	3
建阳区	547	312	235	2	1	1
顺昌县						
浦城县						
光泽县						
松溪县						
政和县						
邵武市	826	501	325			
武夷山市	475	315	160	2		2
建瓯市	828	485	343	1	1	
龙岩市	**2217**	**1359**	**858**	**8**	**6**	**2**
新罗区	1556	947	609	7	5	2
永定区	234	146	88			
长汀县						
上杭县						
武平县						
连城县						
漳平市	427	266	161	1	1	
宁德市	**2117**	**1294**	**823**	**17**	**13**	**4**
蕉城区	791	485	306	7	7	
霞浦县						
古田县						
屏南县						
寿宁县						
周宁县						
柘荣县						
福安市	662	409	253	4	3	1
福鼎市	664	400	264	6	3	3

6-1a 续表 2

单位：人

地区	1-4岁			5-9岁			10-14岁		
	小计	男	女	小计	男	女	小计	男	女
合计	**118**	**67**	**51**	**81**	**45**	**36**	**89**	**56**	**33**
福州市	**14**	**6**	**8**	**10**	**7**	**3**	**11**	**3**	**8**
鼓楼区				1	1		1		1
台江区	1		1				2		2
仓山区	1		1	4	3	1	4		4
马尾区	1		1						
晋安区	5	3	2	1	1		2	1	1
长乐区	2	1	1	2	1	1			
闽侯县									
连江县									
罗源县									
闽清县									
永泰县									
平潭县									
福清市	4	2	2	2	1	1	2	2	
厦门市	**28**	**13**	**15**	**18**	**14**	**4**	**24**	**18**	**6**
思明区	6	3	3	4	4		10	8	2
海沧区	6	3	3	7	7		2	1	1
湖里区	2	2		3	2	1	2	1	1
集美区	6	3	3	3		3	5	3	2
同安区	7	1	6	1	1		4	4	
翔安区	1	1					1	1	
莆田市	**12**	**7**	**5**	**10**	**4**	**6**	**5**	**3**	**2**
城厢区	3	2	1	1		1	2	1	1
涵江区	4	1	3	3	1	2			
荔城区	1	1		4	2	2			
秀屿区	4	3	1	2	1	1	3	2	1
仙游县									
三明市	**2**	**2**		**5**	**3**	**2**	**5**	**1**	**4**
梅列区				3	1	2			
三元区									
明溪县									
清流县									
宁化县									
大田县									
尤溪县									
沙县									
将乐县									
泰宁县									
建宁县									
永安市	2	2		2	2		5	1	4
泉州市	**30**	**17**	**13**	**9**	**4**	**5**	**14**	**10**	**4**
鲤城区	2	2		4	2	2	2	2	
丰泽区	6	3	3	1	1		4	3	1
洛江区	1	1							
泉港区	8	5	3				1		1
惠安县									
安溪县									
永春县									
德化县									
石狮市	2	1	1	2		2	2	1	1
晋江市	7	2	5	1		1	4	3	1
南安市	4	3	1	1	1		1	1	

6-1a 续表 3

单位：人

地区	1-4岁			5-9岁			10-14岁		
	小计	男	女	小计	男	女	小计	男	女
漳州市	**16**	**11**	**5**	**8**	**3**	**5**	**9**	**3**	**6**
芗城区	4	3	1	1		1	3	1	2
龙文区	4	2	2	3	1	2	2		2
云霄县									
漳浦县									
诏安县									
长泰县									
东山县									
南靖县									
平和县									
华安县									
龙海市	8	6	2	4	2	2	4	2	2
南平市	**9**	**7**	**2**	**11**	**7**	**4**	**9**	**8**	**1**
延平区	6	5	1	4	1	3	3	3	
建阳区	1		1	2	1	1	2	1	1
顺昌县									
浦城县									
光泽县									
松溪县									
政和县									
邵武市	1	1		2	2		3	3	
武夷山市							1	1	
建瓯市	1	1		3	3				
龙岩市	**6**	**3**	**3**	**5**		**5**	**6**	**5**	**1**
新罗区	5	3	2	3		3	2	1	1
永定区	1		1				2	2	
长汀县									
上杭县									
武平县									
连城县									
漳平市				2		2	2	2	
宁德市	**1**	**1**		**5**	**3**	**2**	**6**	**5**	**1**
蕉城区	1	1		4	3	1	3	2	1
霞浦县									
古田县									
屏南县									
寿宁县									
周宁县									
柘荣县									
福安市				1		1	1	1	
福鼎市							2	2	

6-1a　续表 4　　　　单位：人

地　　区	15-19岁			20-24岁			25-29岁		
	小计	男	女	小计	男	女	小计	男	女
合　计	**117**	**75**	**42**	**144**	**102**	**42**	**239**	**162**	**77**
福州市	**21**	**16**	**5**	**18**	**10**	**8**	**51**	**32**	**19**
鼓楼区	1	1		4	3	1	8	2	6
台江区							6	4	2
仓山区	5	5		4	2	2	14	11	3
马尾区	8	6	2	2	1	1	8	5	3
晋安区	2	1	1	4	2	2	3		3
长乐区	3	1	2	1	1		5	4	1
闽侯县									
连江县									
罗源县									
闽清县									
永泰县									
平潭县									
福清市	2	2		3	1	2	7	6	1
厦门市	**20**	**13**	**7**	**26**	**17**	**9**	**48**	**25**	**23**
思明区	7	4	3	6	5	1	9	4	5
海沧区	2	2		2	1	1	8	4	4
湖里区	3	3		2	2		11	5	6
集美区	1	1		4	1	3	6	4	2
同安区	6	2	4	10	8	2	14	8	6
翔安区	1	1		2		2			
莆田市	**17**	**11**	**6**	**28**	**20**	**8**	**32**	**23**	**9**
城厢区	8	5	3	9	8	1	18	14	4
涵江区	2	1	1	6	5	1	3	1	2
荔城区	2	2		5	1	4	4	4	
秀屿区	5	3	2	8	6	2	7	4	3
仙游县									
三明市	**6**	**4**	**2**	**8**	**8**		**18**	**16**	**2**
梅列区	3	3		1	1		3	2	1
三元区				4	4		5	5	
明溪县									
清流县									
宁化县									
大田县									
尤溪县									
沙县									
将乐县									
泰宁县									
建宁县									
永安市	3	1	2	3	3		10	9	1
泉州市	**16**	**11**	**5**	**22**	**17**	**5**	**37**	**28**	**9**
鲤城区	2	2		3	3		1	1	
丰泽区	5	2	3	4	3	1	7	6	1
洛江区				1	1				
泉港区	2	1	1				4	4	
惠安县									
安溪县									
永春县									
德化县									
石狮市	2	2					4	4	
晋江市	4	3	1	7	6	1	15	8	7
南安市	1	1		7	4	3	6	5	1

6-1a 续表 5

单位：人

地区	15-19岁			20-24岁			25-29岁		
	小计	男	女	小计	男	女	小计	男	女
漳州市	**16**	**13**	**3**	**14**	**10**	**4**	**18**	**14**	**4**
芗城区	6	4	2	5	4	1	6	5	1
龙文区	3	3		2	1	1	5	4	1
云霄县									
漳浦县									
诏安县									
长泰县									
东山县									
南靖县									
平和县									
华安县									
龙海市	7	6	1	7	5	2	7	5	2
南平市	**11**	**4**	**7**	**20**	**15**	**5**	**19**	**12**	**7**
延平区	7	3	4	7	4	3	8	4	4
建阳区	1	1		1		1	3	2	1
顺昌县									
浦城县									
光泽县									
松溪县									
政和县									
邵武市	1		1	2	1	1	5	4	1
武夷山市				4	4		2	1	1
建瓯市	2		2	6	6		1	1	
龙岩市	**3**	**2**	**1**	**2**	**1**	**1**	**9**	**7**	**2**
新罗区	1	1		1	1		3	2	1
永定区	1	1					2	2	
长汀县									
上杭县									
武平县									
连城县									
漳平市	1		1	1		1	4	3	1
宁德市	**7**	**1**	**6**	**6**	**4**	**2**	**7**	**5**	**2**
蕉城区	4		4				3	2	1
霞浦县									
古田县									
屏南县									
寿宁县									
周宁县									
柘荣县									
福安市	3	1	2	5	4	1	4	3	1
福鼎市				1		1			

6-1a　续表 6　　　　单位：人

地　区	30-34岁			35-39岁			40-44岁		
	小计	男	女	小计	男	女	小计	男	女
合　计	**433**	**301**	**132**	**504**	**339**	**165**	**793**	**525**	**268**
福州市	**86**	**61**	**25**	**90**	**56**	**34**	**161**	**112**	**49**
鼓楼区	9	5	4	15	9	6	35	21	14
台江区	9	6	3	10	7	3	24	13	11
仓山区	24	18	6	24	12	12	26	20	6
马尾区	10	6	4	13	9	4	13	10	3
晋安区	12	10	2	11	8	3	22	16	6
长乐区	8	6	2	3	1	2	15	13	2
闽侯县									
连江县									
罗源县									
闽清县									
永泰县									
平潭县									
福清市	13	9	4	14	10	4	25	19	6
厦门市	**84**	**56**	**28**	**115**	**79**	**36**	**165**	**96**	**69**
思明区	25	21	4	32	20	12	43	25	18
海沧区	9	7	2	14	11	3	18	10	8
湖里区	9	5	4	23	14	9	24	11	13
集美区	16	5	11	25	19	6	26	18	8
同安区	22	16	6	16	11	5	46	26	20
翔安区	3	2	1	5	4	1	8	6	2
莆田市	**66**	**48**	**18**	**62**	**46**	**16**	**101**	**76**	**25**
城厢区	30	25	5	24	19	5	23	19	4
涵江区	10	7	3	15	10	5	32	25	7
荔城区	19	12	7	15	11	4	23	17	6
秀屿区	7	4	3	8	6	2	23	15	8
仙游县									
三明市	**12**	**7**	**5**	**13**	**8**	**5**	**34**	**23**	**11**
梅列区	2	1	1	4	1	3	10	5	5
三元区	3	2	1	1	1		4	3	1
明溪县									
清流县									
宁化县									
大田县									
尤溪县									
沙县									
将乐县									
泰宁县									
建宁县									
永安市	7	4	3	8	6	2	20	15	5
泉州市	**86**	**56**	**30**	**88**	**55**	**33**	**150**	**107**	**43**
鲤城区	14	9	5	10	5	5	24	16	8
丰泽区	12	9	3	13	5	8	26	18	8
洛江区	1	1		3	1	2	4	2	2
泉港区	12	8	4	11	6	5	18	12	6
惠安县									
安溪县									
永春县									
德化县									
石狮市	8	6	2	4	3	1	17	13	4
晋江市	19	10	9	28	19	9	41	29	12
南安市	20	13	7	19	16	3	20	17	3

6-1a 续表 7

单位：人

地　区	30-34岁			35-39岁			40-44岁		
	小计	男	女	小计	男	女	小计	男	女
漳州市	**33**	**28**	**5**	**53**	**36**	**17**	**62**	**35**	**27**
芗城区	5	4	1	12	2	10	23	10	13
龙文区	4	3	1	4	3	1	9	6	3
云霄县									
漳浦县									
诏安县									
长泰县									
东山县									
南靖县									
平和县									
华安县									
龙海市	24	21	3	37	31	6	30	19	11
南平市	**35**	**23**	**12**	**40**	**32**	**8**	**58**	**38**	**20**
延平区	15	10	5	18	14	4	21	12	9
建阳区	8	3	5	8	5	3	11	5	6
顺昌县									
浦城县									
光泽县									
松溪县									
政和县									
邵武市	5	3	2	6	5	1	12	10	2
武夷山市	3	3		6	6		7	7	
建瓯市	4	4		2	2		7	4	3
龙岩市	**12**	**9**	**3**	**31**	**20**	**11**	**30**	**21**	**9**
新罗区	8	6	2	21	12	9	20	16	4
永定区	1	1		3	2	1	2	1	1
长汀县									
上杭县									
武平县									
连城县									
漳平市	3	2	1	7	6	1	8	4	4
宁德市	**19**	**13**	**6**	**12**	**7**	**5**	**32**	**17**	**15**
蕉城区	4	3	1	4	3	1	9	4	5
霞浦县									
古田县									
屏南县									
寿宁县									
周宁县									
柘荣县									
福安市	9	5	4	2	1	1	11	4	7
福鼎市	6	5	1	6	3	3	12	9	3

6-1a　续表 8　　单位：人

地　区	45-49岁			50-54岁			55-59岁		
	小计	男	女	小计	男	女	小计	男	女
合　计	**1360**	**922**	**438**	**2001**	**1383**	**618**	**2773**	**1947**	**826**
福州市	**241**	**168**	**73**	**354**	**227**	**127**	**543**	**353**	**190**
鼓楼区	49	34	15	53	31	22	91	61	30
台江区	23	18	5	62	40	22	95	68	27
仓山区	51	34	17	81	55	26	139	82	57
马尾区	28	20	8	32	22	10	37	26	11
晋安区	34	23	11	51	30	21	83	53	30
长乐区	23	15	8	25	17	8	22	13	9
闽侯县									
连江县									
罗源县									
闽清县									
永泰县									
平潭县									
福清市	31	22	9	49	32	17	70	47	23
厦门市	**250**	**169**	**81**	**332**	**230**	**102**	**467**	**324**	**143**
思明区	91	65	26	142	100	42	198	132	66
海沧区	26	12	14	30	20	10	44	31	13
湖里区	43	29	14	53	36	17	76	52	24
集美区	37	22	15	46	30	16	65	51	14
同安区	44	35	9	59	43	16	72	49	23
翔安区	9	6	3	2	1	1	12	9	3
莆田市	**191**	**135**	**56**	**236**	**157**	**79**	**273**	**184**	**89**
城厢区	52	45	7	57	45	12	43	30	13
涵江区	51	35	16	72	36	36	92	63	29
荔城区	50	34	16	61	42	19	82	49	33
秀屿区	38	21	17	46	34	12	56	42	14
仙游县									
三明市	**78**	**48**	**30**	**110**	**73**	**37**	**167**	**124**	**43**
梅列区	18	11	7	35	23	12	53	43	10
三元区	19	11	8	32	22	10	36	21	15
明溪县									
清流县									
宁化县									
大田县									
尤溪县									
沙县									
将乐县									
泰宁县									
建宁县									
永安市	41	26	15	43	28	15	78	60	18
泉州市	**251**	**166**	**85**	**379**	**286**	**93**	**554**	**414**	**140**
鲤城区	40	24	16	64	43	21	95	61	34
丰泽区	30	22	8	60	44	16	81	57	24
洛江区	4	2	2	10	9	1	10	4	6
泉港区	29	20	9	55	46	9	48	36	12
惠安县									
安溪县									
永春县									
德化县									
石狮市	28	20	8	29	21	8	76	55	21
晋江市	76	46	30	103	75	28	137	110	27
南安市	44	32	12	58	48	10	107	91	16

6-1a 续表 9

单位：人

地区	45-49岁			50-54岁			55-59岁		
	小计	男	女	小计	男	女	小计	男	女
漳州市	**108**	**77**	**31**	**194**	**138**	**56**	**263**	**171**	**92**
芗城区	34	27	7	74	48	26	105	73	32
龙文区	16	9	7	26	22	4	41	22	19
云霄县									
漳浦县									
诏安县									
长泰县									
东山县									
南靖县									
平和县									
华安县									
龙海市	58	41	17	94	68	26	117	76	41
南平市	**120**	**79**	**41**	**190**	**132**	**58**	**262**	**193**	**69**
延平区	41	24	17	59	42	17	85	67	18
建阳区	17	10	7	26	20	6	35	24	11
顺昌县									
浦城县									
光泽县									
松溪县									
政和县									
邵武市	20	15	5	47	36	11	48	33	15
武夷山市	15	8	7	33	21	12	28	21	7
建瓯市	27	22	5	25	13	12	66	48	18
龙岩市	**62**	**45**	**17**	**114**	**81**	**33**	**104**	**79**	**25**
新罗区	51	37	14	67	49	18	69	51	18
永定区	4	3	1	20	14	6	14	13	1
长汀县									
上杭县									
武平县									
连城县									
漳平市	7	5	2	27	18	9	21	15	6
宁德市	**59**	**35**	**24**	**92**	**59**	**33**	**140**	**105**	**35**
蕉城区	21	12	9	38	22	16	60	41	19
霞浦县									
古田县									
屏南县									
寿宁县									
周宁县									
柘荣县									
福安市	15	8	7	31	21	10	40	33	7
福鼎市	23	15	8	23	16	7	40	31	9

6-1a　续表 10　　　　单位：人

地　区	60-64岁			65-69岁			70-74岁		
	小计	男	女	小计	男	女	小计	男	女
合　计	**3494**	**2499**	**995**	**4543**	**3050**	**1493**	**5232**	**3421**	**1811**
福州市	**776**	**529**	**247**	**1077**	**687**	**390**	**1362**	**885**	**477**
鼓楼区	126	85	41	189	112	77	286	193	93
台江区	140	95	45	181	120	61	221	150	71
仓山区	208	131	77	284	187	97	316	202	114
马尾区	56	46	10	82	46	36	100	62	38
晋安区	126	94	32	158	108	50	203	127	76
长乐区	43	30	13	68	34	34	98	66	32
闽侯县									
连江县									
罗源县									
闽清县									
永泰县									
平潭县									
福清市	77	48	29	108	73	35	129	78	51
厦门市	**585**	**405**	**180**	**737**	**507**	**230**	**869**	**542**	**327**
思明区	259	173	86	350	245	105	440	275	165
海沧区	69	44	25	58	41	17	76	51	25
湖里区	92	65	27	114	80	34	125	73	52
集美区	73	53	20	86	58	28	83	47	36
同安区	78	63	15	123	79	44	130	85	45
翔安区	14	7	7	6	4	2	15	11	4
莆田市	**383**	**285**	**98**	**589**	**405**	**184**	**619**	**400**	**219**
城厢区	61	45	16	92	62	30	95	59	36
涵江区	124	94	30	182	124	58	228	150	78
荔城区	138	98	40	230	162	68	203	125	78
秀屿区	60	48	12	85	57	28	93	66	27
仙游县									
三明市	**166**	**125**	**41**	**202**	**142**	**60**	**242**	**152**	**90**
梅列区	48	30	18	61	42	19	54	40	14
三元区	50	38	12	44	25	19	72	37	35
明溪县									
清流县									
宁化县									
大田县									
尤溪县									
沙县									
将乐县									
泰宁县									
建宁县									
永安市	68	57	11	97	75	22	116	75	41
泉州市	**653**	**495**	**158**	**801**	**559**	**242**	**850**	**559**	**291**
鲤城区	111	81	30	160	119	41	180	113	67
丰泽区	102	77	25	120	83	37	135	94	41
洛江区	10	6	4	14	13	1	9	5	4
泉港区	76	63	13	77	61	16	71	47	24
惠安县									
安溪县									
永春县									
德化县									
石狮市	71	50	21	79	55	24	85	61	24
晋江市	155	123	32	230	143	87	235	149	86
南安市	128	95	33	121	85	36	135	90	45

6-1a 续表 11　　　　单位：人

地区	60-64岁			65-69岁			70-74岁		
	小计	男	女	小计	男	女	小计	男	女
漳州市	**327**	**225**	**102**	**384**	**256**	**128**	**463**	**335**	**128**
芗城区	144	104	40	165	106	59	207	163	44
龙文区	50	33	17	65	43	22	63	49	14
云霄县									
漳浦县									
诏安县									
长泰县									
东山县									
南靖县									
平和县									
华安县									
龙海市	133	88	45	154	107	47	193	123	70
南平市	**310**	**223**	**87**	**353**	**228**	**125**	**397**	**267**	**130**
延平区	95	69	26	113	80	33	129	92	37
建阳区	48	33	15	45	21	24	53	28	25
顺昌县									
浦城县									
光泽县									
松溪县									
政和县									
邵武市	56	43	13	64	43	21	75	48	27
武夷山市	37	29	8	46	37	9	39	31	8
建瓯市	74	49	25	85	47	38	101	68	33
龙岩市	**135**	**103**	**32**	**188**	**119**	**69**	**225**	**141**	**84**
新罗区	97	75	22	136	86	50	156	94	62
永定区	17	13	4	23	15	8	26	13	13
长汀县									
上杭县									
武平县									
连城县									
漳平市	21	15	6	29	18	11	43	34	9
宁德市	**159**	**109**	**50**	**212**	**147**	**65**	**205**	**140**	**65**
蕉城区	58	36	22	71	52	19	67	51	16
霞浦县									
古田县									
屏南县									
寿宁县									
周宁县									
柘荣县									
福安市	45	33	12	72	45	27	80	54	26
福鼎市	56	40	16	69	50	19	58	35	23

6-1a 续表 12

单位：人

地 区	75-79岁			80-84岁			85-89岁		
	小计	男	女	小计	男	女	小计	男	女
合 计	**5727**	**3499**	**2228**	**8024**	**4466**	**3558**	**8008**	**3918**	**4090**
福州市	**1465**	**919**	**546**	**2124**	**1173**	**951**	**2311**	**1177**	**1134**
鼓楼区	315	205	110	500	289	211	572	331	241
台江区	246	134	112	376	199	177	406	202	204
仓山区	311	193	118	444	252	192	524	240	284
马尾区	110	74	36	144	68	76	138	67	71
晋安区	223	147	76	325	177	148	340	178	162
长乐区	92	57	35	124	72	52	105	48	57
闽侯县									
连江县									
罗源县									
闽清县									
永泰县									
平潭县									
福清市	160	105	55	205	111	94	213	110	103
厦门市	**896**	**548**	**348**	**1308**	**750**	**558**	**1314**	**637**	**677**
思明区	427	261	166	706	409	297	684	343	341
海沧区	78	45	33	104	55	49	115	55	60
湖里区	127	79	48	167	97	70	167	77	90
集美区	110	72	38	136	74	62	156	82	74
同安区	133	78	55	162	96	66	169	72	97
翔安区	21	13	8	33	19	14	23	8	15
莆田市	**567**	**361**	**206**	**754**	**405**	**349**	**822**	**343**	**479**
城厢区	95	58	37	107	62	45	115	50	65
涵江区	201	120	81	248	140	108	277	111	166
荔城区	182	131	51	269	135	134	283	112	171
秀屿区	89	52	37	130	68	62	147	70	77
仙游县									
三明市	**346**	**200**	**146**	**527**	**277**	**250**	**470**	**261**	**209**
梅列区	122	64	58	155	90	65	131	80	51
三元区	86	43	43	152	87	65	142	81	61
明溪县									
清流县									
宁化县									
大田县									
尤溪县									
沙县									
将乐县									
泰宁县									
建宁县									
永安市	138	93	45	220	100	120	197	100	97
泉州市	**857**	**500**	**357**	**1224**	**696**	**528**	**1109**	**486**	**623**
鲤城区	185	100	85	305	179	126	279	115	164
丰泽区	144	81	63	211	118	93	154	61	93
洛江区	16	10	6	30	20	10	17	9	8
泉港区	64	41	23	80	41	39	89	43	46
惠安县									
安溪县									
永春县									
德化县									
石狮市	61	37	24	106	60	46	125	65	60
晋江市	235	135	100	299	164	135	273	123	150
南安市	152	96	56	193	114	79	172	70	102

6-1a 续表 13

单位：人

地 区	75-79岁			80-84岁			85-89岁		
	小计	男	女	小计	男	女	小计	男	女
漳州市	**554**	**330**	**224**	**666**	**352**	**314**	**719**	**333**	**386**
芗城区	231	160	71	315	175	140	356	180	176
龙文区	90	50	40	117	64	53	117	56	61
云霄县									
漳浦县									
诏安县									
长泰县									
东山县									
南靖县									
平和县									
华安县									
龙海市	232	119	113	233	113	120	246	97	149
南平市	**495**	**297**	**198**	**702**	**370**	**332**	**604**	**333**	**271**
延平区	140	86	54	263	134	129	229	122	107
建阳区	75	44	31	82	45	37	76	46	30
顺昌县									
浦城县									
光泽县									
松溪县									
政和县									
邵武市	103	51	52	142	82	60	130	73	57
武夷山市	71	46	25	82	43	39	67	38	29
建瓯市	106	70	36	133	66	67	102	54	48
龙岩市	**302**	**185**	**117**	**379**	**238**	**141**	**350**	**186**	**164**
新罗区	216	133	83	260	168	92	250	124	126
永定区	27	16	11	37	19	18	31	21	10
长汀县									
上杭县									
武平县									
连城县									
漳平市	59	36	23	82	51	31	69	41	28
宁德市	**245**	**159**	**86**	**340**	**205**	**135**	**309**	**162**	**147**
蕉城区	87	60	27	143	85	58	119	66	53
霞浦县									
古田县									
屏南县									
寿宁县									
周宁县									
柘荣县									
福安市	66	38	28	91	56	35	98	54	44
福鼎市	92	61	31	106	64	42	92	42	50

6-1a　续表 14　　　　单位：人

地　区	90-94岁			95-99岁			100岁及以上		
	小计	男	女	小计	男	女	小计	男	女
合　计	**4691**	**1857**	**2834**	**1336**	**415**	**921**	**235**	**51**	**184**
福州市	**1394**	**598**	**796**	**443**	**143**	**300**	**69**	**19**	**50**
鼓楼区	348	164	184	108	45	63	25	11	14
台江区	247	105	142	78	22	56	9	1	8
仓山区	304	97	207	97	28	69	12	3	9
马尾区	69	37	32	22	7	15	1		1
晋安区	191	95	96	67	21	46	14	3	11
长乐区	95	41	54	22	7	15	5	1	4
闽侯县									
连江县									
罗源县									
闽清县									
永泰县									
平潭县									
福清市	135	59	76	47	13	34	3		3
厦门市	**844**	**296**	**548**	**237**	**61**	**176**	**48**	**11**	**37**
思明区	439	163	276	135	33	102	18	3	15
海沧区	59	24	35	21	7	14	6	1	5
湖里区	111	34	77	23	6	17	10	6	4
集美区	95	36	59	23	7	16	7	1	6
同安区	121	35	86	30	8	22	6		6
翔安区	19	4	15	5		5	1		1
莆田市	**470**	**141**	**329**	**134**	**34**	**100**	**29**	**3**	**26**
城厢区	49	14	35	16	6	10	3		3
涵江区	157	47	110	39	10	29	5		5
荔城区	164	42	122	43	7	36	7	2	5
秀屿区	100	38	62	36	11	25	14	1	13
仙游县									
三明市	**233**	**117**	**116**	**49**	**19**	**30**	**4**	**1**	**3**
梅列区	62	30	32	15	7	8			
三元区	55	23	32	9	3	6	2	1	1
明溪县									
清流县									
宁化县									
大田县									
尤溪县									
沙县									
将乐县									
泰宁县									
建宁县									
永安市	116	64	52	25	9	16	2		2
泉州市	**649**	**219**	**430**	**193**	**48**	**145**	**45**	**7**	**38**
鲤城区	195	67	128	46	21	25	10	2	8
丰泽区	103	34	69	35	5	30	8		8
洛江区	9	3	6	3		3			
泉港区	54	15	39	23	7	16	10	2	8
惠安县									
安溪县									
永春县									
德化县									
石狮市	55	25	30	22	4	18	3	1	2
晋江市	143	46	97	38	6	32	10	1	9
南安市	90	29	61	26	5	21	4	1	3

6-1a 续表 15

单位：人

地区	90-94岁			95-99岁			100岁及以上		
	小计	男	女	小计	男	女	小计	男	女
漳州市	**379**	**159**	**220**	**88**	**33**	**55**	**15**	**1**	**14**
芗城区	192	94	98	49	24	25	7		7
龙文区	50	16	34	13	5	8	2		2
云霄县									
漳浦县									
诏安县									
长泰县									
东山县									
南靖县									
平和县									
华安县									
龙海市	135	48	87	26	4	22	6	1	5
南平市	**349**	**161**	**188**	**88**	**37**	**51**	**12**	**3**	**9**
延平区	139	68	71	36	18	18	5		5
建阳区	42	18	24	7	3	4	2	1	1
顺昌县									
浦城县									
光泽县									
松溪县									
政和县									
邵武市	85	41	44	17	6	11	2	1	1
武夷山市	26	16	10	6	3	3			
建瓯市	57	18	39	22	7	15	3	1	2
龙岩市	**188**	**90**	**98**	**53**	**18**	**35**	**5**		**5**
新罗区	146	72	74	34	11	23	3		3
永定区	15	7	8	7	3	4	1		1
长汀县									
上杭县									
武平县									
连城县									
漳平市	27	11	16	12	4	8	1		1
宁德市	**185**	**76**	**109**	**51**	**22**	**29**	**8**	**6**	**2**
蕉城区	63	26	37	23	7	16	2	2	
霞浦县									
古田县									
屏南县									
寿宁县									
周宁县									
柘荣县									
福安市	64	31	33	16	11	5	4	3	1
福鼎市	58	19	39	12	4	8	2	1	1

6-1b　各地区分年龄、性别的死亡人口
(2019.11.1-2020.10.31)(镇)

单位：人

地　区	死亡人口			0岁		
	合计	男	女	小计	男	女
合　计	**54231**	**31817**	**22414**	**250**	**142**	**108**
福州市	**7674**	**4397**	**3277**	**29**	**20**	**9**
鼓楼区						
台江区						
仓山区						
马尾区						
晋安区	5	3	2			
长乐区	882	489	393	1	1	
闽侯县	1520	845	675	3	2	1
连江县	1579	880	699	4	2	2
罗源县	590	344	246	3	2	1
闽清县	469	278	191			
永泰县	462	280	182	2	1	1
平潭县	521	298	223	8	6	2
福清市	1646	980	666	8	6	2
厦门市	**590**	**357**	**233**	**5**	**3**	**2**
思明区						
海沧区						
湖里区						
集美区						
同安区	78	49	29	2	2	
翔安区	512	308	204	3	1	2
莆田市	**4004**	**2316**	**1688**	**9**	**3**	**6**
城厢区	303	170	133	1		1
涵江区	139	63	76			
荔城区	86	51	35			
秀屿区	547	331	216			
仙游县	2929	1701	1228	8	3	5
三明市	**4134**	**2465**	**1669**	**13**	**6**	**7**
梅列区	51	30	21	1	1	
三元区	82	45	37	3	1	2
明溪县	273	159	114			
清流县	251	156	95	1	1	
宁化县	608	367	241	1	1	
大田县	570	360	210	2	1	1
尤溪县	624	372	252	3	1	2
沙县	651	389	262	1		1
将乐县	370	217	153	1		1
泰宁县	249	146	103			
建宁县	206	116	90			
永安市	199	108	91			
泉州市	**13601**	**8041**	**5560**	**58**	**37**	**21**
鲤城区						
丰泽区						
洛江区	128	80	48	1	1	
泉港区	462	286	176			
惠安县	2842	1649	1193	16	12	4
安溪县	1715	1033	682	1	1	
永春县	1711	974	737	9	5	4
德化县	812	514	298	12	9	3
石狮市	688	436	252	4	2	2
晋江市	1665	1007	658	3	1	2
南安市	3578	2062	1516	12	6	6

6-1b 续表 1

单位：人

地 区	死亡人口			0岁		
	合计	男	女	小计	男	女
漳州市	**10738**	**6190**	**4548**	**45**	**21**	**24**
芗城区	312	176	136			
龙文区						
云霄县	1041	564	477	3	2	1
漳浦县	2455	1429	1026	9	6	3
诏安县	1584	907	677	10	2	8
长泰县	682	365	317	3	3	
东山县	760	463	297	4	1	3
南靖县	793	447	346			
平和县	1416	867	549	11	4	7
华安县	462	263	199	2	2	
龙海市	1233	709	524	3	1	2
南平市	**3961**	**2351**	**1610**	**20**	**13**	**7**
延平区	438	293	145	6	5	1
建阳区	273	152	121			
顺昌县	589	342	247	2	1	1
浦城县	700	436	264	1	1	
光泽县	303	181	122	4	2	2
松溪县	279	156	123	2	1	1
政和县	520	293	227	3	2	1
邵武市	229	133	96			
武夷山市	155	89	66			
建瓯市	475	276	199	2	1	1
龙岩市	**4691**	**2742**	**1949**	**12**	**6**	**6**
新罗区	335	180	155	2		2
永定区	619	338	281	6	4	2
长汀县	891	511	380			
上杭县	984	562	422	2	1	1
武平县	911	575	336			
连城县	723	446	277	2	1	1
漳平市	228	130	98			
宁德市	**4838**	**2958**	**1880**	**59**	**33**	**26**
蕉城区	344	206	138			
霞浦县	1005	597	408	14	6	8
古田县	774	466	308	4	3	1
屏南县	343	212	131	6	3	3
寿宁县	378	236	142			
周宁县	419	269	150	28	18	10
柘荣县	187	113	74			
福安市	664	407	257	2	1	1
福鼎市	724	452	272	5	2	3

6-1b　续表 2　　　　单位：人

地　区	1-4岁			5-9岁			10-14岁		
	小计	男	女	小计	男	女	小计	男	女
合　计	**111**	**71**	**40**	**81**	**44**	**37**	**81**	**49**	**32**
福州市	**14**	**8**	**6**	**12**	**6**	**6**	**18**	**6**	**12**
鼓楼区									
台江区									
仓山区									
马尾区									
晋安区									
长乐区	2	2					2	2	
闽侯县	1		1	1		1	5	1	4
连江县	2	1	1	2	1	1	7	3	4
罗源县				1		1	3		3
闽清县	3	1	2				1		1
永泰县									
平潭县	4	2	2	3	1	2			
福清市	2	2		5	4	1			
厦门市	**2**	**2**		**1**	**1**				
思明区									
海沧区									
湖里区									
集美区									
同安区									
翔安区	2	2		1	1				
莆田市	**6**	**3**	**3**	**4**	**2**	**2**	**6**	**3**	**3**
城厢区				1		1	1	1	
涵江区									
荔城区									
秀屿区							1		1
仙游县	6	3	3	3	2	1	4	2	2
三明市	**5**	**2**	**3**	**5**	**4**	**1**	**5**	**3**	**2**
梅列区									
三元区	1	1		1	1		1	1	
明溪县									
清流县				4	3	1			
宁化县	1		1						
大田县	2		2				1	1	
尤溪县									
沙县							2	1	1
将乐县	1	1							
泰宁县							1		1
建宁县									
永安市									
泉州市	**33**	**21**	**12**	**17**	**8**	**9**	**26**	**19**	**7**
鲤城区									
丰泽区									
洛江区							1	1	
泉港区	1		1						
惠安县	5	5		2	2		5	2	3
安溪县	5	2	3				7	5	2
永春县	6	3	3	1		1	5	4	1
德化县	6	4	2	7	3	4	1	1	
石狮市	1	1							
晋江市	2	2		4	2	2	4	4	
南安市	7	4	3	3	1	2	3	2	1

6-1b 续表 3 单位：人

地　区	1-4岁			5-9岁			10-14岁		
	小计	男	女	小计	男	女	小计	男	女
漳州市	**27**	**15**	**12**	**16**	**9**	**7**	**13**	**8**	**5**
芗城区	1	1		1		1			
龙文区									
云霄县	3	3		1		1	3	1	2
漳浦县	9	4	5	3	2	1	3	2	1
诏安县	3	2	1	1		1			
长泰县				2	2		1	1	
东山县	2	1	1	2	2				
南靖县									
平和县	3		3	5	2	3	5	3	2
华安县				1	1				
龙海市	6	4	2				1	1	
南平市	**3**	**2**	**1**	**4**	**2**	**2**	**6**	**5**	**1**
延平区							2	2	
建阳区	1	1		2	2				
顺昌县							2	2	
浦城县				1		1	1		1
光泽县	1	1					1	1	
松溪县									
政和县									
邵武市									
武夷山市	1		1	1		1			
建瓯市									
龙岩市	**15**	**12**	**3**	**10**	**4**	**6**	**3**	**2**	**1**
新罗区									
永定区	1	1		6	3	3			
长汀县	2	1	1				1	1	
上杭县	5	5		2	1	1	1	1	
武平县	4	2	2				1		1
连城县	2	2		2		2			
漳平市	1	1							
宁德市	**6**	**6**		**12**	**8**	**4**	**4**	**3**	**1**
蕉城区									
霞浦县	1	1		3	3		2	1	1
古田县	1	1		3	2	1			
屏南县	1	1		3	3		1	1	
寿宁县				1		1			
周宁县	2	2					1	1	
柘荣县									
福安市	1	1		1		1			
福鼎市				1		1			

6-1b 续表 4

单位：人

地 区	15-19岁			20-24岁			25-29岁		
	小计	男	女	小计	男	女	小计	男	女
合 计	**138**	**98**	**40**	**142**	**99**	**43**	**288**	**213**	**75**
福州市	**18**	**14**	**4**	**26**	**18**	**8**	**32**	**26**	**6**
鼓楼区									
台江区									
仓山区									
马尾区									
晋安区									
长乐区	2	2		2	1	1	3	3	
闽侯县	7	4	3	6	5	1	4	3	1
连江县	2	1	1	4	2	2	5	5	
罗源县	1	1		1	1		2	2	
闽清县	2	2		2		2			
永泰县	2	2					3	3	
平潭县				6	4	2	7	4	3
福清市	2	2		5	5		8	6	2
厦门市	**3**	**1**	**2**	**3**	**2**	**1**	**2**	**1**	**1**
思明区									
海沧区									
湖里区									
集美区									
同安区							1		1
翔安区	3	1	2	3	2	1	1	1	
莆田市	**13**	**10**	**3**	**18**	**12**	**6**	**21**	**14**	**7**
城厢区	3	3		1		1	1	1	
涵江区									
荔城区				1		1	1	1	
秀屿区	1	1		2	2		1	1	
仙游县	9	6	3	14	10	4	18	11	7
三明市	**19**	**13**	**6**	**8**	**4**	**4**	**24**	**17**	**7**
梅列区							1	1	
三元区									
明溪县							2	2	
清流县	1	1					2	2	
宁化县	1		1	2	1	1	5	3	2
大田县	6	6		1	1		6	3	3
尤溪县				4	2	2	5	4	1
沙县	4	1	3				1	1	
将乐县	2	1	1				1	1	
泰宁县	1	1							
建宁县							1		1
永安市	4	3	1	1		1			
泉州市	**27**	**17**	**10**	**33**	**23**	**10**	**78**	**60**	**18**
鲤城区									
丰泽区									
洛江区							1		1
泉港区	1		1				2	1	1
惠安县	5		5	10	7	3	8	7	1
安溪县	1	1		4	2	2	9	8	1
永春县				5	3	2	14	12	2
德化县	5	2	3	5	5		4	4	
石狮市	1	1					3	2	1
晋江市	2	1	1	3	2	1	7	6	1
南安市	12	12		6	4	2	30	20	10

6−1b 续表 5

单位：人

地 区	15−19岁			20−24岁			25−29岁		
	小计	男	女	小计	男	女	小计	男	女
漳州市	**37**	**28**	**9**	**32**	**23**	**9**	**66**	**42**	**24**
芗城区	1		1						
龙文区									
云霄县	4	4		3	3		7	3	4
漳浦县	4	4		8	6	2	20	13	7
诏安县	5	5		3	2	1	7	4	3
长泰县	2	1	1	5	2	3	4	2	2
东山县	2	2		1	1		2	2	
南靖县	1		1	2	1	1	6	2	4
平和县	16	12	4	4	3	1	10	9	1
华安县				2	2				
龙海市	2		2	4	3	1	10	7	3
南平市	**12**	**8**	**4**	**9**	**8**	**1**	**15**	**11**	**4**
延平区							1	1	
建阳区							2	2	
顺昌县				5	5		1		1
浦城县	1	1		1	1				
光泽县							3	3	
松溪县	4		4				3	2	1
政和县	2	2		1	1		1		1
邵武市	2	2							
武夷山市	1	1		1	1		1		1
建瓯市	2	2		1		1	3	3	
龙岩市	**2**	**2**		**7**	**4**	**3**	**25**	**19**	**6**
新罗区							1	1	
永定区				2		2	1	1	
长汀县				2	2		2		2
上杭县	1	1					7	5	2
武平县				1	1		7	6	1
连城县	1	1		2	1	1	7	6	1
漳平市									
宁德市	**7**	**5**	**2**	**6**	**5**	**1**	**25**	**23**	**2**
蕉城区							2	2	
霞浦县	1	1					3	3	
古田县	2	1	1				4	3	1
屏南县				1	1		4	3	1
寿宁县	1	1		3	2	1			
周宁县							1	1	
柘荣县				2	2		1	1	
福安市							3	3	
福鼎市	3	2	1				7	7	

6-1b　续表 6　　　　　　　　　　　　　　　　　　　　单位：人

地　区	30-34岁			35-39岁			40-44岁		
	小计	男	女	小计	男	女	小计	男	女
合　计	**478**	**335**	**143**	**577**	**408**	**169**	**904**	**613**	**291**
福州市	**65**	**46**	**19**	**85**	**62**	**23**	**121**	**82**	**39**
鼓楼区									
台江区									
仓山区									
马尾区									
晋安区									
长乐区	8	6	2	7	4	3	21	18	3
闽侯县	5	2	3	22	18	4	20	10	10
连江县	11	7	4	19	14	5	25	18	7
罗源县	7	5	2	2	1	1	12	9	3
闽清县	4	1	3	3	2	1	7	3	4
永泰县	7	6	1	5	2	3	13	9	4
平潭县	10	8	2	8	7	1	7	4	3
福清市	13	11	2	19	14	5	16	11	5
厦门市	**6**	**4**	**2**	**6**	**3**	**3**	**12**	**7**	**5**
思明区									
海沧区									
湖里区									
集美区									
同安区				2	1	1	1		1
翔安区	6	4	2	4	2	2	11	7	4
莆田市	**32**	**20**	**12**	**48**	**37**	**11**	**57**	**44**	**13**
城厢区				4	4		6	5	1
涵江区				1	1		3	2	1
荔城区	2	1	1	1	1				
秀屿区	5	2	3	13	11	2	8	6	2
仙游县	25	17	8	29	20	9	40	31	9
三明市	**25**	**20**	**5**	**28**	**23**	**5**	**63**	**47**	**16**
梅列区									
三元区	1	1		1	1		3	2	1
明溪县	3	2	1	2	2		4	3	1
清流县				5	5		3	1	2
宁化县	4	3	1	2	2		6	4	2
大田县	6	5	1	4	4		14	10	4
尤溪县	4	3	1	3	3		6	4	2
沙县				5	1	4	11	9	2
将乐县	3	3		3	2	1	4	4	
泰宁县				3	3		4	3	1
建宁县	1	1					7	6	1
永安市	3	2	1				1	1	
泉州市	**132**	**88**	**44**	**170**	**119**	**51**	**255**	**173**	**82**
鲤城区									
丰泽区									
洛江区	1	1		2	1	1	5	3	2
泉港区	3	2	1	6	5	1	10	7	3
惠安县	34	22	12	28	19	9	44	32	12
安溪县	16	9	7	19	15	4	36	25	11
永春县	12	6	6	19	11	8	32	23	9
德化县	7	5	2	15	10	5	23	17	6
石狮市	4	3	1	11	7	4	16	11	5
晋江市	22	15	7	21	14	7	31	21	10
南安市	33	25	8	49	37	12	58	34	24

6-1b 续表 7

单位：人

地区	30-34岁			35-39岁			40-44岁		
	小计	男	女	小计	男	女	小计	男	女
漳州市	**99**	**78**	**21**	**114**	**83**	**31**	**185**	**116**	**69**
芗城区	1	1		4	3	1	3	3	
龙文区									
云霄县	9	6	3	10	6	4	25	15	10
漳浦县	31	25	6	24	19	5	50	34	16
诏安县	9	8	1	10	9	1	25	17	8
长泰县	9	8	1	9	6	3	12	7	5
东山县	4	2	2	9	6	3	10	7	3
南靖县	8	5	3	7	6	1	8	4	4
平和县	10	7	3	20	16	4	25	14	11
华安县	4	4		9	4	5	13	8	5
龙海市	14	12	2	12	8	4	14	7	7
南平市	**31**	**22**	**9**	**28**	**18**	**10**	**61**	**39**	**22**
延平区	3	3		1	1		3	2	1
建阳区	4	3	1	4	4		5	2	3
顺昌县	3	1	2	6	5	1	5	5	
浦城县	6	4	2	3	1	2	16	10	6
光泽县	2		2	2	2		7	4	3
松溪县	2	1	1	1	1		3	2	1
政和县	5	4	1	8	2	6	9	4	5
邵武市				2	1	1	1	1	
武夷山市				1	1		6	3	3
建瓯市	6	6					6	6	
龙岩市	**48**	**31**	**17**	**39**	**21**	**18**	**81**	**56**	**25**
新罗区	3	1	2				5	3	2
永定区	11	7	4	2	1	1	12	8	4
长汀县	7	5	2	9	5	4	10	5	5
上杭县	8	6	2	10	5	5	16	12	4
武平县	6	3	3	10	4	6	24	19	5
连城县	12	8	4	8	6	2	10	7	3
漳平市	1	1					4	2	2
宁德市	**40**	**26**	**14**	**59**	**42**	**17**	**69**	**49**	**20**
蕉城区	4	2	2	2	1	1	9	7	2
霞浦县	9	5	4	16	12	4	10	8	2
古田县	1		1	8	5	3	9	8	1
屏南县	5	5		8	6	2	5	1	4
寿宁县	4	3	1	3	3		9	8	1
周宁县	10	7	3	7	5	2	6	2	4
柘荣县	1	1					2	1	1
福安市	4	2	2	7	5	2	13	11	2
福鼎市	2	1	1	8	5	3	6	3	3

6-1b　续表 8　　　　单位：人

地　区	45-49岁			50-54岁			55-59岁		
	小计	男	女	小计	男	女	小计	男	女
合　计	**1702**	**1182**	**520**	**2513**	**1766**	**747**	**3069**	**2221**	**848**
福州市	**192**	**126**	**66**	**254**	**171**	**83**	**413**	**276**	**137**
鼓楼区									
台江区									
仓山区									
马尾区									
晋安区							1		1
长乐区	23	18	5	35	26	9	42	27	15
闽侯县	43	24	19	35	23	12	77	57	20
连江县	41	25	16	52	37	15	76	52	24
罗源县	22	15	7	26	18	8	30	17	13
闽清县	11	8	3	13	7	6	20	13	7
永泰县	10	7	3	16	11	5	40	29	11
平潭县	8	5	3	20	13	7	32	22	10
福清市	34	24	10	57	36	21	95	59	36
厦门市	**22**	**17**	**5**	**34**	**26**	**8**	**37**	**28**	**9**
思明区									
海沧区									
湖里区									
集美区									
同安区	3	1	2	4	2	2	8	5	3
翔安区	19	16	3	30	24	6	29	23	6
莆田市	**118**	**83**	**35**	**169**	**114**	**55**	**209**	**135**	**74**
城厢区	4	3	1	11	4	7	15	11	4
涵江区	1		1	1	1		5	1	4
荔城区	5	2	3	5	5		10	6	4
秀屿区	26	20	6	28	23	5	28	22	6
仙游县	82	58	24	124	81	43	151	95	56
三明市	**138**	**96**	**42**	**212**	**138**	**74**	**204**	**154**	**50**
梅列区	1	1		2	1	1	4	3	1
三元区				4	4		2		2
明溪县	9	7	2	8	5	3	19	14	5
清流县	6	5	1	14	7	7	13	10	3
宁化县	14	11	3	31	27	4	30	21	9
大田县	18	13	5	39	29	10	33	31	2
尤溪县	21	11	10	35	16	19	32	24	8
沙县	21	15	6	36	17	19	30	21	9
将乐县	15	10	5	17	13	4	16	11	5
泰宁县	13	9	4	14	9	5	7	6	1
建宁县	7	5	2	7	6	1	11	6	5
永安市	13	9	4	5	4	1	7	7	
泉州市	**486**	**346**	**140**	**767**	**561**	**206**	**906**	**678**	**228**
鲤城区									
丰泽区									
洛江区	5	5		7	4	3	9	6	3
泉港区	12	10	2	34	25	9	28	26	2
惠安县	113	86	27	188	144	44	215	166	49
安溪县	64	45	19	102	69	33	117	81	36
永春县	59	37	22	66	47	19	101	72	29
德化县	54	41	13	51	34	17	56	40	16
石狮市	16	13	3	33	25	8	45	38	7
晋江市	55	35	20	91	68	23	125	96	29
南安市	108	74	34	195	145	50	210	153	57

6-1b 续表 9

单位：人

地　区	45-49岁			50-54岁			55-59岁		
	小计	男	女	小计	男	女	小计	男	女
漳州市	**371**	**262**	**109**	**474**	**328**	**146**	**601**	**454**	**147**
芗城区	8	6	2	7	4	3	19	14	5
龙文区									
云霄县	38	29	9	40	26	14	49	36	13
漳浦县	108	79	29	107	74	33	157	122	35
诏安县	40	28	12	61	41	20	87	67	20
长泰县	19	13	6	33	27	6	35	26	9
东山县	31	22	9	39	32	7	51	42	9
南靖县	24	14	10	44	27	17	30	25	5
平和县	49	33	16	67	47	20	81	61	20
华安县	22	19	3	13	10	3	23	15	8
龙海市	32	19	13	63	40	23	69	46	23
南平市	**114**	**75**	**39**	**171**	**127**	**44**	**220**	**151**	**69**
延平区	13	11	2	24	19	5	24	21	3
建阳区	7	3	4	9	7	2	12	8	4
顺昌县	11	7	4	19	18	1	30	18	12
浦城县	19	13	6	27	23	4	43	32	11
光泽县	15	13	2	21	18	3	16	11	5
松溪县	15	9	6	11	7	4	14	10	4
政和县	16	9	7	21	11	10	27	18	9
邵武市	6	2	4	13	10	3	13	9	4
武夷山市	4	3	1	9	4	5	10	4	6
建瓯市	8	5	3	17	10	7	31	20	11
龙岩市	**128**	**89**	**39**	**226**	**158**	**68**	**231**	**176**	**55**
新罗区	4	3	1	20	11	9	18	14	4
永定区	20	12	8	33	23	10	35	26	9
长汀县	27	17	10	48	31	17	48	32	16
上杭县	24	18	6	28	16	12	49	40	9
武平县	25	19	6	51	40	11	40	29	11
连城县	22	16	6	30	25	5	36	30	6
漳平市	6	4	2	16	12	4	5	5	
宁德市	**133**	**88**	**45**	**206**	**143**	**63**	**248**	**169**	**79**
蕉城区	5	4	1	12	7	5	13	5	8
霞浦县	29	18	11	35	25	10	45	32	13
古田县	23	15	8	29	21	8	41	30	11
屏南县	9	5	4	19	14	5	17	10	7
寿宁县	12	10	2	12	8	4	21	13	8
周宁县	8	4	4	15	14	1	16	11	5
柘荣县	5	5		9	3	6	14	9	5
福安市	24	15	9	31	19	12	34	22	12
福鼎市	18	12	6	44	32	12	47	37	10

6-1b 续表 10

单位：人

地 区	60-64岁			65-69岁			70-74岁		
	小计	男	女	小计	男	女	小计	男	女
合 计	**4007**	**2865**	**1142**	**5378**	**3742**	**1636**	**5600**	**3704**	**1896**
福州市	**521**	**353**	**168**	**759**	**480**	**279**	**852**	**573**	**279**
鼓楼区									
台江区									
仓山区									
马尾区									
晋安区									
长乐区	53	35	18	93	54	39	92	59	33
闽侯县	96	66	30	174	109	65	196	139	57
连江县	103	73	30	152	91	61	183	123	60
罗源县	41	29	12	57	36	21	52	36	16
闽清县	29	16	13	48	34	14	52	32	20
永泰县	29	23	6	46	30	16	53	36	17
平潭县	40	25	15	49	29	20	51	32	19
福清市	130	86	44	140	97	43	173	116	57
厦门市	**53**	**41**	**12**	**61**	**39**	**22**	**62**	**46**	**16**
思明区									
海沧区									
湖里区									
集美区									
同安区	7	6	1	4	2	2	8	6	2
翔安区	46	35	11	57	37	20	54	40	14
莆田市	**354**	**258**	**96**	**438**	**309**	**129**	**412**	**277**	**135**
城厢区	25	21	4	22	17	5	21	12	9
涵江区	10	6	4	13	7	6	13	9	4
荔城区	11	9	2	12	8	4	3	3	
秀屿区	56	46	10	58	41	17	45	33	12
仙游县	252	176	76	333	236	97	330	220	110
三明市	**282**	**196**	**86**	**346**	**225**	**121**	**395**	**241**	**154**
梅列区				1	1		10	5	5
三元区	6	4	2	7	4	3	3	2	1
明溪县	15	9	6	21	16	5	20	12	8
清流县	19	13	6	22	16	6	22	11	11
宁化县	44	30	14	53	31	22	51	36	15
大田县	38	29	9	44	25	19	53	35	18
尤溪县	48	32	16	45	30	15	62	35	27
沙县	51	45	6	57	39	18	64	41	23
将乐县	22	14	8	30	16	14	41	27	14
泰宁县	11	6	5	25	16	9	27	12	15
建宁县	12	6	6	23	16	7	14	9	5
永安市	16	8	8	18	15	3	28	16	12
泉州市	**1113**	**820**	**293**	**1535**	**1118**	**417**	**1379**	**905**	**474**
鲤城区									
丰泽区									
洛江区	14	10	4	19	14	5	12	9	3
泉港区	44	37	7	45	36	9	34	25	9
惠安县	284	212	72	358	263	95	253	172	81
安溪县	117	85	32	173	124	49	193	118	75
永春县	128	84	44	185	114	71	198	119	79
德化县	63	42	21	95	71	24	80	50	30
石狮市	62	50	12	73	55	18	77	53	24
晋江市	132	103	29	187	145	42	158	106	52
南安市	269	197	72	400	296	104	374	253	121

6-1b 续表 11

单位：人

地 区	60-64岁			65-69岁			70-74岁		
	小计	男	女	小计	男	女	小计	男	女
漳州市	**746**	**559**	**187**	**1003**	**712**	**291**	**1049**	**669**	**380**
芗城区	18	13	5	29	24	5	36	19	17
龙文区									
云霄县	62	39	23	99	70	29	110	57	53
漳浦县	172	135	37	204	157	47	218	148	70
诏安县	120	93	27	155	102	53	149	98	51
长泰县	51	36	15	56	37	19	65	40	25
东山县	61	48	13	68	50	18	79	57	22
南靖县	65	45	20	68	40	28	82	48	34
平和县	86	59	27	139	103	36	146	95	51
华安县	30	26	4	49	32	17	37	19	18
龙海市	81	65	16	136	97	39	127	88	39
南平市	**241**	**169**	**72**	**332**	**233**	**99**	**415**	**262**	**153**
延平区	25	20	5	27	19	8	40	26	14
建阳区	18	14	4	28	19	9	32	20	12
顺昌县	33	24	9	47	37	10	55	32	23
浦城县	52	38	14	61	46	15	83	58	25
光泽县	15	12	3	18	11	7	26	15	11
松溪县	17	10	7	15	8	7	31	23	8
政和县	31	16	15	51	29	22	54	26	28
邵武市	13	9	4	25	18	7	27	18	9
武夷山市	6	4	2	13	10	3	17	11	6
建瓯市	31	22	9	47	36	11	50	33	17
龙岩市	**306**	**210**	**96**	**405**	**302**	**103**	**467**	**311**	**156**
新罗区	29	20	9	29	21	8	32	23	9
永定区	40	26	14	53	40	13	62	38	24
长汀县	62	42	20	75	62	13	82	56	26
上杭县	60	43	17	68	50	18	102	67	35
武平县	51	38	13	85	65	20	83	60	23
连城县	55	38	17	67	48	19	75	50	25
漳平市	9	3	6	28	16	12	31	17	14
宁德市	**391**	**259**	**132**	**499**	**324**	**175**	**569**	**420**	**149**
蕉城区	19	10	9	29	24	5	42	29	13
霞浦县	97	66	31	93	63	30	116	84	32
古田县	62	38	24	82	53	29	84	61	23
屏南县	27	17	10	33	18	15	35	26	9
寿宁县	19	11	8	41	24	17	48	40	8
周宁县	33	25	8	49	25	24	38	36	2
柘荣县	20	11	9	20	15	5	26	17	9
福安市	48	29	19	80	55	25	100	71	29
福鼎市	66	52	14	72	47	25	80	56	24

6-1b　续表 12　　　　单位：人

地　区	75-79岁			80-84岁			85-89岁		
	小计	男	女	小计	男	女	小计	男	女
合　计	**6525**	**3982**	**2543**	**8544**	**4673**	**3871**	**7638**	**3494**	**4144**
福州市	**918**	**595**	**323**	**1145**	**657**	**488**	**1164**	**521**	**643**
鼓楼区									
台江区									
仓山区									
马尾区									
晋安区				1	1		2	2	
长乐区	125	72	53	107	58	49	139	63	76
闽侯县	170	115	55	209	106	103	234	103	131
连江县	215	129	86	257	148	109	232	90	142
罗源县	86	60	26	82	49	33	79	34	45
闽清县	51	36	15	85	54	31	70	38	32
永泰县	56	35	21	61	37	24	70	30	40
平潭县	51	34	17	82	44	38	70	43	27
福清市	164	114	50	261	160	101	268	118	150
厦门市	**53**	**35**	**18**	**73**	**38**	**35**	**83**	**36**	**47**
思明区									
海沧区									
湖里区									
集美区									
同安区	8	5	3	13	8	5	11	7	4
翔安区	45	30	15	60	30	30	72	29	43
莆田市	**486**	**277**	**209**	**519**	**269**	**250**	**576**	**278**	**298**
城厢区	41	21	20	32	16	16	64	32	32
涵江区	17	8	9	31	14	17	24	8	16
荔城区	9	6	3	10	4	6	8	5	3
秀屿区	55	31	24	70	35	35	72	40	32
仙游县	364	211	153	376	200	176	408	193	215
三明市	**542**	**337**	**205**	**743**	**418**	**325**	**634**	**340**	**294**
梅列区	8	5	3	9	3	6	10	5	5
三元区	13	8	5	11	5	6	16	7	9
明溪县	37	29	8	52	24	28	44	24	20
清流县	28	19	9	40	20	20	42	29	13
宁化县	82	49	33	132	79	53	87	41	46
大田县	71	44	27	98	59	39	69	34	35
尤溪县	77	50	27	94	54	40	110	70	40
沙县	86	52	34	118	69	49	107	54	53
将乐县	52	30	22	68	42	26	56	29	27
泰宁县	38	25	13	46	24	22	41	26	15
建宁县	34	20	14	39	18	21	25	14	11
永安市	16	6	10	36	21	15	27	7	20
泉州市	**1465**	**861**	**604**	**1981**	**1043**	**938**	**1774**	**739**	**1035**
鲤城区									
丰泽区									
洛江区	11	8	3	17	8	9	15	7	8
泉港区	45	26	19	73	46	27	58	23	35
惠安县	252	149	103	396	181	215	350	120	230
安溪县	214	122	92	285	160	125	210	109	101
永春县	232	143	89	251	138	113	242	106	136
德化县	96	56	40	111	62	49	79	38	41
石狮市	81	57	24	100	52	48	83	42	41
晋江市	150	92	58	249	133	116	237	97	140
南安市	384	208	176	499	263	236	500	197	303

6-1b 续表 13 单位：人

地区	75-79岁			80-84岁			85-89岁		
	小计	男	女	小计	男	女	小计	男	女
漳州市	**1371**	**834**	**537**	**1740**	**949**	**791**	**1541**	**648**	**893**
芗城区	39	24	15	52	29	23	59	27	32
龙文区									
云霄县	144	85	59	170	96	74	151	60	91
漳浦县	287	180	107	366	202	164	356	131	225
诏安县	195	116	79	276	150	126	230	102	128
长泰县	95	44	51	112	53	59	106	37	69
东山县	92	60	32	116	70	46	94	44	50
南靖县	107	67	40	144	77	67	110	52	58
平和县	205	139	66	230	128	102	187	90	97
华安县	55	28	27	82	45	37	72	29	43
龙海市	152	91	61	192	99	93	176	76	100
南平市	**535**	**300**	**235**	**752**	**420**	**332**	**580**	**305**	**275**
延平区	59	30	29	92	64	28	72	50	22
建阳区	26	9	17	52	25	27	45	26	19
顺昌县	91	45	46	132	67	65	87	47	40
浦城县	77	52	25	98	57	41	119	61	58
光泽县	40	21	19	67	32	35	38	20	18
松溪县	35	21	14	55	25	30	37	20	17
政和县	75	46	29	81	54	27	85	42	43
邵武市	45	25	20	40	21	19	20	8	12
武夷山市	20	12	8	35	20	15	18	9	9
建瓯市	67	39	28	100	55	45	59	22	37
龙岩市	**616**	**409**	**207**	**872**	**458**	**414**	**626**	**275**	**351**
新罗区	48	25	23	59	27	32	50	20	30
永定区	72	45	27	125	57	68	73	27	46
长汀县	116	81	35	170	91	79	118	47	71
上杭县	130	84	46	197	100	97	134	65	69
武平县	108	84	24	153	85	68	128	65	63
连城县	108	70	38	134	76	58	86	34	52
漳平市	34	20	14	34	22	12	37	17	20
宁德市	**539**	**334**	**205**	**719**	**421**	**298**	**660**	**352**	**308**
蕉城区	46	23	23	69	45	24	48	26	22
霞浦县	115	63	52	153	88	65	146	70	76
古田县	83	61	22	125	60	65	122	70	52
屏南县	34	22	12	59	34	25	42	22	20
寿宁县	34	23	11	50	29	21	58	28	30
周宁县	44	26	18	52	36	16	57	39	18
柘荣县	25	16	9	23	14	9	17	6	11
福安市	79	54	25	83	52	31	73	40	33
福鼎市	79	46	33	105	63	42	97	51	46

6-1b　续表 14　　　　单位：人

地　区	90–94岁			95–99岁			100岁及以上		
	小计	男	女	小计	男	女	小计	男	女
合　计	**4643**	**1698**	**2945**	**1311**	**379**	**932**	**251**	**39**	**212**
福州市	**784**	**284**	**500**	**229**	**70**	**159**	**23**	**3**	**20**
鼓楼区									
台江区									
仓山区									
马尾区									
晋安区	1		1						
长乐区	88	30	58	36	7	29	1	1	
闽侯县	165	46	119	44	11	33	3	1	2
连江县	147	47	100	31	10	21	9	1	8
罗源县	69	27	42	12	2	10	2		2
闽清县	48	25	23	20	6	14			
永泰县	36	12	24	12	7	5	1		1
平潭县	46	12	34	17	3	14	2		2
福清市	184	85	99	57	24	33	5		5
厦门市	**50**	**19**	**31**	**20**	**8**	**12**	**2**		**2**
思明区									
海沧区									
湖里区									
集美区									
同安区	4	3	1	2	1	1			
翔安区	46	16	30	18	7	11	2		2
莆田市	**384**	**137**	**247**	**93**	**26**	**67**	**32**	**5**	**27**
城厢区	34	12	22	13	6	7	3	1	2
涵江区	17	5	12	2	1	1	1		1
荔城区	5		5	1		1	2		2
秀屿区	57	15	42	15	2	13	6		6
仙游县	271	105	166	62	17	45	20	4	16
三明市	**333**	**143**	**190**	**93**	**34**	**59**	**17**	**4**	**13**
梅列区	4	4							
三元区	6	3	3	2		2	1		1
明溪县	27	7	20	5	2	3	5	1	4
清流县	19	9	10	8	3	5	2	1	1
宁化县	50	20	30	10	7	3	2	1	1
大田县	49	23	26	15	7	8	1		1
尤溪县	53	26	27	20	7	13	2		2
沙县	39	18	21	16	4	12	2	1	1
将乐县	32	10	22	4	3	1	2		2
泰宁县	16	6	10	2		2			
建宁县	20	9	11	5		5			
永安市	18	8	10	6	1	5			
泉州市	**999**	**327**	**672**	**308**	**72**	**236**	**59**	**6**	**53**
鲤城区									
丰泽区									
洛江区	7	2	5	1		1			
泉港区	45	12	33	16	4	12	5	1	4
惠安县	211	39	172	57	9	48	8		8
安溪县	99	42	57	33	8	25	10	2	8
永春县	106	34	72	31	12	19	9	1	8
德化县	32	16	16	8	4	4	2		2
石狮市	59	18	41	16	6	10	3		3
晋江市	135	58	77	44	6	38	3		3
南安市	305	106	199	102	23	79	19	2	17

6-1b 续表 15 单位：人

地　　区	90-94岁			95-99岁			100岁及以上		
	小计	男	女	小计	男	女	小计	男	女
漳州市	**914**	**288**	**626**	**235**	**55**	**180**	**59**	**9**	**50**
芗城区	32	8	24	2		2			
龙文区									
云霄县	83	15	68	25	8	17	2		2
漳浦县	234	71	163	61	12	49	24	3	21
诏安县	144	49	95	42	10	32	12	2	10
长泰县	49	14	35	14	6	8			
东山县	65	10	55	21	2	19	7	2	5
南靖县	72	31	41	10	2	8	5	1	4
平和县	94	37	57	20	5	15	3		3
华安县	36	14	22	11	5	6	1		1
龙海市	105	39	66	29	5	24	5	1	4
南平市	**316**	**142**	**174**	**82**	**33**	**49**	**14**	**6**	**8**
延平区	34	12	22	11	6	5	1	1	
建阳区	20	5	15	6	2	4			
顺昌县	46	23	23	9	3	6	5	2	3
浦城县	66	29	37	22	8	14	3	1	2
光泽县	21	11	10	6	4	2			
松溪县	27	13	14	7	3	4			
政和县	39	24	15	10	3	7	1		1
邵武市	19	8	11	2		2	1	1	
武夷山市	7	3	4	4	3	1			
建瓯市	37	14	23	5	1	4	3	1	2
龙岩市	**411**	**148**	**263**	**142**	**48**	**94**	**19**	**1**	**18**
新罗区	28	7	21	5	3	2	2	1	1
永定区	43	11	32	19	8	11	3		3
长汀县	76	24	52	30	9	21	6		6
上杭县	106	34	72	31	8	23	3		3
武平县	99	44	55	33	11	22	2		2
连城县	46	23	23	16	4	12	2		2
漳平市	13	5	8	8	5	3	1		1
宁德市	**452**	**210**	**242**	**109**	**33**	**76**	**26**	**5**	**21**
蕉城区	35	18	17	4	2	2	5	1	4
霞浦县	92	39	53	22	8	14	3	1	2
古田县	69	27	42	19	6	13	3	1	2
屏南县	24	16	8	10	4	6			
寿宁县	43	27	16	14	6	8	5		5
周宁县	47	15	32	4	1	3	1	1	
柘荣县	18	11	7	4	1	3			
福安市	60	25	35	15	1	14	6	1	5
福鼎市	64	32	32	17	4	13	3		3

6-1c　各地区分年龄、性别的死亡人口
(2019.11.1-2020.10.31)(乡村)

单位：人

地　区	死亡人口			0岁		
	合计	男	女	小计	男	女
合　计	**108256**	**63480**	**44776**	**468**	**284**	**184**
福州市	**15624**	**9002**	**6622**	**57**	**38**	**19**
鼓楼区						
台江区						
仓山区						
马尾区	275	136	139			
晋安区	250	141	109			
长乐区	1915	1078	837	10	4	6
闽侯县	1962	1135	827	4	2	2
连江县	2008	1162	846	4	4	
罗源县	1056	644	412	4	3	1
闽清县	1210	708	502	4	3	1
永泰县	1601	972	629	5	4	1
平潭县	1358	776	582	7	7	
福清市	3989	2250	1739	19	11	8
厦门市	**2570**	**1461**	**1109**	**54**	**39**	**15**
思明区						
海沧区	22	13	9			
湖里区						
集美区	171	88	83	1	1	
同安区	1282	771	511	47	33	14
翔安区	1095	589	506	6	5	1
莆田市	**9117**	**5195**	**3922**	**27**	**18**	**9**
城厢区	1220	684	536	2	1	1
涵江区	1141	624	517	2	1	1
荔城区	1098	642	456	3	3	
秀屿区	2674	1559	1115	10	6	4
仙游县	2984	1686	1298	10	7	3
三明市	**9935**	**5859**	**4076**	**48**	**28**	**20**
梅列区	81	48	33	1		1
三元区	289	181	108	4	4	
明溪县	498	301	197			
清流县	605	355	250	2	1	1
宁化县	1655	963	692	5	2	3
大田县	1465	899	566	14	8	6
尤溪县	1758	1046	712	8	3	5
沙县	978	572	406	6	4	2
将乐县	613	345	268	1	1	
泰宁县	541	323	218	1	1	
建宁县	676	370	306	2	1	1
永安市	776	456	320	4	3	1
泉州市	**19992**	**11844**	**8148**	**88**	**50**	**38**
鲤城区						
丰泽区						
洛江区	714	441	273	3		3
泉港区	1032	587	445	6	4	2
惠安县	3199	1878	1321	15	11	4
安溪县	3934	2299	1635	21	15	6
永春县	1746	978	768	5	2	3
德化县	1315	775	540	5	2	3
石狮市	640	408	232	4	3	1
晋江市	2903	1814	1089	15	6	9
南安市	4509	2664	1845	14	7	7

6-1c 续表 1

单位：人

地区	死亡人口			0岁		
	合计	男	女	小计	男	女
漳州市	**14023**	**7923**	**6100**	**66**	**39**	**27**
芗城区	477	286	191			
龙文区	140	83	57	2	1	1
云霄县	1451	819	632	4	3	1
漳浦县	2371	1363	1008	14	8	6
诏安县	2107	1159	948	19	11	8
长泰县	574	325	249	5	4	1
东山县	573	296	277	5	4	1
南靖县	1299	737	562	2	1	1
平和县	2086	1181	905	8	5	3
华安县	561	317	244	1		1
龙海市	2384	1357	1027	6	2	4
南平市	**12105**	**7140**	**4965**	**51**	**32**	**19**
延平区	1591	926	665	17	8	9
建阳区	1394	826	568	12	7	5
顺昌县	901	518	383	2	2	
浦城县	2005	1191	814	7	6	1
光泽县	668	404	264	2	2	
松溪县	689	420	269	2	1	1
政和县	743	471	272	3	2	1
邵武市	1102	613	489	3	2	1
武夷山市	801	471	330	2	1	1
建瓯市	2211	1300	911	1	1	
龙岩市	**11461**	**6510**	**4951**	**28**	**19**	**9**
新罗区	1771	1010	761	2	2	
永定区	2050	1175	875	2	1	1
长汀县	1893	1091	802	9	6	3
上杭县	2017	1106	911	5	4	1
武平县	1365	779	586	4	4	
连城县	1458	819	639	3	1	2
漳平市	907	530	377	3	1	2
宁德市	**13429**	**8546**	**4883**	**49**	**21**	**28**
蕉城区	1649	1088	561			
霞浦县	2129	1325	804	9	5	4
古田县	1886	1137	749	12	3	9
屏南县	870	556	314	7	4	3
寿宁县	954	607	347	2		2
周宁县	886	558	328	2	1	1
柘荣县	420	276	144			
福安市	2215	1473	742	7	4	3
福鼎市	2420	1526	894	10	4	6

6-1c　续表 2　　　　单位：人

地　区	1-4岁			5-9岁			10-14岁		
	小计	男	女	小计	男	女	小计	男	女
合　计	**221**	**121**	**100**	**214**	**134**	**80**	**217**	**126**	**91**
福州市	**25**	**16**	**9**	**30**	**20**	**10**	**21**	**11**	**10**
鼓楼区									
台江区									
仓山区									
马尾区	1	1							
晋安区	1	1					1		1
长乐区	3	3		4	3	1			
闽侯县	2	2		2	2		6	2	4
连江县	1		1	5	3	2	2	1	1
罗源县							1		1
闽清县	5	2	3	2	1	1			
永泰县	3	1	2	4	4		2	2	
平潭县	4	2	2	3	1	2	3	2	1
福清市	5	4	1	10	6	4	6	4	2
厦门市	**11**	**6**	**5**	**7**	**4**	**3**	**5**	**3**	**2**
思明区									
海沧区									
湖里区									
集美区									
同安区	11	6	5	5	4	1	4	2	2
翔安区				2		2	1	1	
莆田市	**16**	**6**	**10**	**15**	**10**	**5**	**24**	**18**	**6**
城厢区	2	1	1				4	3	1
涵江区	1		1	2	2		1		1
荔城区	2	1	1	2	1	1	2	2	
秀屿区	8	2	6	6	4	2	7	5	2
仙游县	3	2	1	5	3	2	10	8	2
三明市	**28**	**13**	**15**	**18**	**10**	**8**	**21**	**8**	**13**
梅列区									
三元区				1	1				
明溪县	1		1	1	1				
清流县	1	1		1		1			
宁化县	4	4		3	1	2	7	2	5
大田县	7	5	2	3	2	1	4	1	3
尤溪县	7	2	5	4		4	1	1	
沙县	1	1		1	1		3	2	1
将乐县	1		1	2	2		1	1	
泰宁县	2		2	2	2		2		2
建宁县	1		1				2		2
永安市	3		3				1	1	
泉州市	**46**	**27**	**19**	**52**	**31**	**21**	**49**	**32**	**17**
鲤城区									
丰泽区									
洛江区	1	1					1	1	
泉港区				3	2	1	2	1	1
惠安县	10	6	4	7	3	4	8	7	1
安溪县	9	5	4	12	7	5	14	7	7
永春县	6	5	1	7	5	2	5	3	2
德化县	3	2	1	6	3	3	1	1	
石狮市	3	1	2	2	2		4	3	1
晋江市	5	5		7	4	3	7	4	3
南安市	9	2	7	8	5	3	7	5	2

6-1c 续表 3

单位：人

地 区	1-4岁			5-9岁			10-14岁		
	小计	男	女	小计	男	女	小计	男	女
漳州市	**31**	**16**	**15**	**26**	**13**	**13**	**31**	**16**	**15**
芗城区	2	2		1	1		2	2	
龙文区									
云霄县	5	2	3	2	1	1	6	3	3
漳浦县	4	4		5	1	4	6	4	2
诏安县	7		7	8	4	4	5	1	4
长泰县	3	2	1	2	1	1			
东山县	1	1					3	1	2
南靖县				1	1		1	1	
平和县	5	2	3	3	2	1	4	2	2
华安县	2	2					2	2	
龙海市	2	1	1	4	2	2	2		2
南平市	**17**	**10**	**7**	**25**	**20**	**5**	**23**	**16**	**7**
延平区	5	3	2	2	1	1	1		1
建阳区	2	2		3	3		3	3	
顺昌县	1		1				2	2	
浦城县	4	2	2	2	1	1	5	2	3
光泽县				2	1	1			
松溪县	1	1		2	2		2	2	
政和县	1	1							
邵武市	1		1	2	2		4	4	
武夷山市									
建瓯市	2	1	1	12	10	2	6	3	3
龙岩市	**26**	**15**	**11**	**18**	**12**	**6**	**19**	**11**	**8**
新罗区	3	2	1	2		2	3		3
永定区	5	2	3	6	4	2	5	3	2
长汀县	2	2		2	1	1	5	4	1
上杭县	6	3	3	2	2		2	2	
武平县	3	2	1	4	3	1	2	2	
连城县	3	1	2				2		2
漳平市	4	3	1	2	2				
宁德市	**21**	**12**	**9**	**23**	**14**	**9**	**24**	**11**	**13**
蕉城区	3	2	1	2	2		2	1	1
霞浦县	2	2		2	2		2	2	
古田县	2		2	2	2		4	1	3
屏南县	3	2	1	6	2	4	2	1	1
寿宁县	2	1	1				2	2	
周宁县	1	1		1		1	2	1	1
柘荣县									
福安市	7	3	4	1	1		3	2	1
福鼎市	1	1		9	5	4	7	1	6

6-1c 续表 4 单位：人

地区	15-19岁			20-24岁			25-29岁		
	小计	男	女	小计	男	女	小计	男	女
合 计	**230**	**156**	**74**	**315**	**228**	**87**	**569**	**418**	**151**
福州市	**27**	**17**	**10**	**52**	**39**	**13**	**80**	**59**	**21**
鼓楼区									
台江区									
仓山区									
马尾区									
晋安区	1	1					3	3	
长乐区	3	2	1	5	3	2	10	6	4
闽侯县	6	4	2	7	6	1	9	7	2
连江县	2	2		1	1		8	4	4
罗源县	1	1		2	2		2	1	1
闽清县	3	2	1	5	4	1	5	5	
永泰县	3	1	2	7	6	1	10	10	
平潭县	3	1	2	15	10	5	7	6	1
福清市	5	3	2	10	7	3	26	17	9
厦门市	**12**	**6**	**6**	**23**	**10**	**13**	**18**	**12**	**6**
思明区									
海沧区									
湖里区									
集美区							1	1	
同安区	11	6	5	22	9	13	10	7	3
翔安区	1		1	1	1		7	4	3
莆田市	**15**	**10**	**5**	**35**	**24**	**11**	**49**	**31**	**18**
城厢区	1		1	5	4	1	4	2	2
涵江区	1	1		2	2		5	2	3
荔城区	3	2	1	3	2	1	9	6	3
秀屿区	2	1	1	11	7	4	16	11	5
仙游县	8	6	2	14	9	5	15	10	5
三明市	**21**	**13**	**8**	**19**	**16**	**3**	**58**	**47**	**11**
梅列区									
三元区				1		1	1	1	
明溪县	4	3	1	1	1				
清流县	2	2					1	1	
宁化县	6	2	4	2	2		17	15	2
大田县	1	1		4	4		20	13	7
尤溪县	3	1	2	3	3		11	10	1
沙县	3	2	1	1	1		2	2	
将乐县	1	1		1	1				
泰宁县				1	1		3	2	1
建宁县				1	1		2	2	
永安市	1	1		4	2	2	1	1	
泉州市	**53**	**35**	**18**	**73**	**50**	**23**	**128**	**102**	**26**
鲤城区									
丰泽区									
洛江区	2	1	1	3	3		7	7	
泉港区	3	2	1	5	3	2	10	7	3
惠安县	3	3		9	7	2	23	13	10
安溪县	18	10	8	16	9	7	27	24	3
永春县	8	6	2	5	3	2	6	5	1
德化县	4	4		3	3		9	8	1
石狮市	5	4	1	13	9	4	11	9	2
晋江市	5	4	1	4	1	3	14	11	3
南安市	5	1	4	15	12	3	21	18	3

6—1c 续表 5　　　单位：人

地　区	15—19岁			20—24岁			25—29岁		
	小计	男	女	小计	男	女	小计	男	女
漳州市	**36**	**28**	**8**	**36**	**27**	**9**	**54**	**38**	**16**
芗城区							2		2
龙文区				1	1		1	1	
云霄县	5	2	3	2	1	1	6	3	3
漳浦县	6	6		5	4	1	10	7	3
诏安县	8	8		8	7	1	7	4	3
长泰县	2	2		2	1	1	4	3	1
东山县	1	1		1	1		2	2	
南靖县	4	3	1	3	3		3	2	1
平和县	8	5	3	6	4	2	7	6	1
华安县				3	2	1	1		1
龙海市	2	1	1	5	3	2	11	10	1
南平市	**19**	**11**	**8**	**29**	**23**	**6**	**59**	**41**	**18**
延平区	3	3		2	1	1	11	8	3
建阳区	1	1		4	4		3		3
顺昌县				2	2		3	3	
浦城县	2	1	1	5	3	2	4	4	
光泽县	1		1	1	1				
松溪县							7	4	3
政和县	2	1	1	2	2		6	5	1
邵武市				1		1	8	7	1
武夷山市	4	3	1	3	3		6	4	2
建瓯市	6	2	4	9	7	2	11	6	5
龙岩市	**21**	**14**	**7**	**19**	**15**	**4**	**49**	**39**	**10**
新罗区	3	3		5	2	3	7	6	1
永定区	6	3	3	2	2		7	5	2
长汀县	3	2	1	2	2		6	4	2
上杭县	5	3	2	6	5	1	12	8	4
武平县	1	1		1	1		8	7	1
连城县	2	2		1	1		3	3	
漳平市	1		1	2	2		6	6	
宁德市	**26**	**22**	**4**	**29**	**24**	**5**	**74**	**49**	**25**
蕉城区	4	3	1				4	1	3
霞浦县	3	1	2	5	4	1	9	7	2
古田县	7	6	1	4	3	1	12	9	3
屏南县				1	1		5	4	1
寿宁县	3	3		3	3		5	3	2
周宁县	3	3					8	5	3
柘荣县							1		1
福安市	3	3		8	6	2	19	14	5
福鼎市	3	3		8	7	1	11	6	5

6-1c　续表 6　　　　单位：人

地　区	30-34岁			35-39岁			40-44岁		
	小计	男	女	小计	男	女	小计	男	女
合　计	**943**	**653**	**290**	**1127**	**807**	**320**	**1769**	**1310**	**459**
福州市	**133**	**93**	**40**	**162**	**113**	**49**	**261**	**183**	**78**
鼓楼区									
台江区									
仓山区									
马尾区	1		1	1		1	3	3	
晋安区	1		1	3	1	2	2	1	1
长乐区	15	11	4	20	13	7	44	38	6
闽侯县	11	8	3	18	14	4	30	23	7
连江县	17	13	4	22	17	5	30	16	14
罗源县	13	10	3	4	1	3	15	11	4
闽清县	8	4	4	11	9	2	18	10	8
永泰县	14	9	5	14	10	4	17	10	7
平潭县	16	10	6	21	14	7	29	22	7
福清市	37	28	9	48	34	14	73	49	24
厦门市	**32**	**23**	**9**	**34**	**23**	**11**	**59**	**45**	**14**
思明区									
海沧区									
湖里区									
集美区	1	1		2	1	1	1		1
同安区	26	19	7	25	16	9	30	24	6
翔安区	5	3	2	7	6	1	28	21	7
莆田市	**75**	**53**	**22**	**74**	**53**	**21**	**156**	**118**	**38**
城厢区	8	6	2	12	6	6	23	18	5
涵江区	9	7	2	4	3	1	7	6	1
荔城区	9	7	2	11	8	3	12	8	4
秀屿区	24	18	6	23	19	4	48	35	13
仙游县	25	15	10	24	17	7	66	51	15
三明市	**97**	**67**	**30**	**88**	**61**	**27**	**148**	**118**	**30**
梅列区							1		1
三元区	4	3	1	6	4	2	1		1
明溪县	4	3	1	4	4		11	9	2
清流县	2	2		8	8		4	4	
宁化县	15	10	5	10	9	1	19	16	3
大田县	25	19	6	13	7	6	30	25	5
尤溪县	15	11	4	9	5	4	14	10	4
沙县	2	2		8	3	5	20	17	3
将乐县	4	4		7	4	3	13	8	5
泰宁县	4	3	1	6	6		16	12	4
建宁县	9	3	6	9	6	3	9	9	
永安市	13	7	6	8	5	3	10	8	2
泉州市	**223**	**154**	**69**	**279**	**198**	**81**	**416**	**308**	**108**
鲤城区									
丰泽区									
洛江区	9	7	2	9	7	2	22	18	4
泉港区	12	4	8	10	4	6	24	18	6
惠安县	26	20	6	34	21	13	61	42	19
安溪县	52	36	16	62	48	14	75	53	22
永春县	18	14	4	19	11	8	35	24	11
德化县	15	13	2	22	9	13	26	19	7
石狮市	14	11	3	27	21	6	33	25	8
晋江市	33	19	14	32	23	9	66	56	10
南安市	44	30	14	64	54	10	74	53	21

6-1c 续表 7 单位：人

地区	30-34岁			35-39岁			40-44岁		
	小计	男	女	小计	男	女	小计	男	女
漳州市	**87**	**65**	**22**	**117**	**78**	**39**	**204**	**154**	**50**
芗城区	2	2		3	2	1	8	7	1
龙文区	1	1							
云霄县	13	12	1	15	10	5	20	18	2
漳浦县	15	9	6	24	14	10	44	31	13
诏安县	15	13	2	17	12	5	35	26	9
长泰县	4	2	2	1		1	5	3	2
东山县	3	2	1	3	2	1	6	5	1
南靖县	6	3	3	8	8		11	10	1
平和县	14	12	2	23	14	9	26	22	4
华安县	4	4		4	4		15	12	3
龙海市	10	5	5	19	12	7	34	20	14
南平市	**89**	**61**	**28**	**90**	**69**	**21**	**174**	**128**	**46**
延平区	12	9	3	15	11	4	11	8	3
建阳区	9	4	5	11	8	3	25	20	5
顺昌县	7	4	3	7	6	1	8	6	2
浦城县	7	4	3	9	4	5	38	28	10
光泽县	7	6	1	5	4	1	4	3	1
松溪县	9	6	3	6	6		14	8	6
政和县	7	5	2	2		2	19	14	5
邵武市	8	6	2	13	12	1	18	14	4
武夷山市	4	3	1	8	8		12	9	3
建瓯市	19	14	5	14	10	4	25	18	7
龙岩市	**99**	**62**	**37**	**126**	**97**	**29**	**150**	**109**	**41**
新罗区	23	15	8	19	18	1	19	15	4
永定区	8	3	5	28	26	2	25	16	9
长汀县	17	13	4	20	15	5	27	19	8
上杭县	17	12	5	27	19	8	17	14	3
武平县	13	8	5	11	6	5	20	14	6
连城县	14	8	6	13	8	5	22	17	5
漳平市	7	3	4	8	5	3	20	14	6
宁德市	**108**	**75**	**33**	**157**	**115**	**42**	**201**	**147**	**54**
蕉城区	13	9	4	17	12	5	22	16	6
霞浦县	17	9	8	19	11	8	28	21	7
古田县	18	13	5	25	18	7	28	23	5
屏南县	7	5	2	11	10	1	11	9	2
寿宁县	6	6		15	8	7	14	12	2
周宁县	7	5	2	17	12	5	13	11	2
柘荣县	2		2	1	1		6	4	2
福安市	18	15	3	37	32	5	42	29	13
福鼎市	20	13	7	15	11	4	37	22	15

6-1c 续表 8

单位：人

地区	45-49岁			50-54岁			55-59岁		
	小计	男	女	小计	男	女	小计	男	女
合计	**3347**	**2361**	**986**	**4924**	**3495**	**1429**	**5664**	**3991**	**1673**
福州市	**425**	**308**	**117**	**573**	**381**	**192**	**777**	**511**	**266**
鼓楼区									
台江区									
仓山区									
马尾区	6	2	4	9	5	4	10	7	3
晋安区	9	6	3	10	8	2	21	16	5
长乐区	58	49	9	71	49	22	84	50	34
闽侯县	57	36	21	66	38	28	105	68	37
连江县	55	43	12	80	54	26	99	62	37
罗源县	23	17	6	46	33	13	50	32	18
闽清县	30	25	5	40	27	13	58	42	16
永泰县	41	28	13	47	31	16	88	68	20
平潭县	43	29	14	55	35	20	67	45	22
福清市	103	73	30	149	101	48	195	121	74
厦门市	**116**	**81**	**35**	**112**	**72**	**40**	**170**	**127**	**43**
思明区									
海沧区	1	1		1		1			
湖里区									
集美区	6		6	6	2	4	12	10	2
同安区	67	51	16	65	43	22	90	64	26
翔安区	42	29	13	40	27	13	68	53	15
莆田市	**281**	**181**	**100**	**370**	**274**	**96**	**523**	**375**	**148**
城厢区	38	23	15	52	38	14	80	60	20
涵江区	28	13	15	33	21	12	63	46	17
荔城区	32	22	10	50	37	13	62	41	21
秀屿区	80	57	23	111	94	17	180	135	45
仙游县	103	66	37	124	84	40	138	93	45
三明市	**276**	**190**	**86**	**440**	**320**	**120**	**462**	**316**	**146**
梅列区	2	1	1	2	1	1	2	2	
三元区	3	2	1	7	6	1	20	11	9
明溪县	16	11	5	14	13	1	21	16	5
清流县	15	10	5	26	16	10	29	22	7
宁化县	37	29	8	75	54	21	85	56	29
大田县	43	32	11	77	56	21	72	50	22
尤溪县	42	30	12	95	69	26	70	44	26
沙县	32	24	8	37	30	7	53	38	15
将乐县	21	13	8	29	19	10	18	14	4
泰宁县	22	11	11	25	20	5	26	18	8
建宁县	18	10	8	27	19	8	36	21	15
永安市	25	17	8	26	17	9	30	24	6
泉州市	**757**	**576**	**181**	**1197**	**875**	**322**	**1327**	**983**	**344**
鲤城区									
丰泽区									
洛江区	32	24	8	35	26	9	45	28	17
泉港区	39	32	7	70	53	17	69	48	21
惠安县	125	103	22	216	184	32	225	181	44
安溪县	150	111	39	197	136	61	253	186	67
永春县	82	56	26	101	70	31	97	64	33
德化县	59	42	17	86	58	28	75	49	26
石狮市	41	34	7	47	36	11	48	35	13
晋江市	88	68	20	175	126	49	211	167	44
南安市	141	106	35	270	186	84	304	225	79

6－1c 续表 9

单位：人

地区	45－49岁			50－54岁			55－59岁		
	小计	男	女	小计	男	女	小计	男	女
漳州市	**379**	**265**	**114**	**593**	**410**	**183**	**715**	**484**	**231**
芗城区	15	8	7	15	12	3	26	16	10
龙文区	3	2	1	6	4	2	7	4	3
云霄县	46	37	9	66	45	21	50	31	19
漳浦县	67	47	20	107	74	33	132	95	37
诏安县	56	40	16	93	61	32	114	81	33
长泰县	12	6	6	25	15	10	38	23	15
东山县	16	13	3	24	17	7	36	21	15
南靖县	32	24	8	43	35	8	49	35	14
平和县	57	39	18	82	52	30	102	69	33
华安县	20	14	6	16	12	4	28	19	9
龙海市	55	35	20	116	83	33	133	90	43
南平市	**406**	**261**	**145**	**560**	**382**	**178**	**579**	**389**	**190**
延平区	56	36	20	67	44	23	73	52	21
建阳区	50	38	12	70	48	22	66	41	25
顺昌县	23	17	6	43	35	8	40	26	14
浦城县	63	43	20	96	63	33	94	58	36
光泽县	29	18	11	27	22	5	27	19	8
松溪县	19	12	7	36	22	14	36	25	11
政和县	27	17	10	30	19	11	36	22	14
邵武市	46	26	20	44	30	14	53	36	17
武夷山市	19	9	10	43	31	12	37	27	10
建瓯市	74	45	29	104	68	36	117	83	34
龙岩市	**316**	**216**	**100**	**492**	**355**	**137**	**466**	**325**	**141**
新罗区	46	30	16	71	50	21	68	44	24
永定区	51	35	16	95	61	34	94	70	24
长汀县	58	40	18	79	57	22	76	55	21
上杭县	48	30	18	70	54	16	65	44	21
武平县	38	27	11	60	50	10	52	33	19
连城县	47	34	13	75	49	26	80	59	21
漳平市	28	20	8	42	34	8	31	20	11
宁德市	**391**	**283**	**108**	**587**	**426**	**161**	**645**	**481**	**164**
蕉城区	54	41	13	71	58	13	73	54	19
霞浦县	50	40	10	94	65	29	121	97	24
古田县	51	34	17	84	56	28	84	51	33
屏南县	30	20	10	43	30	13	46	35	11
寿宁县	25	22	3	26	15	11	42	28	14
周宁县	25	16	9	32	24	8	31	23	8
柘荣县	14	10	4	19	13	6	24	20	4
福安市	63	36	27	106	80	26	90	65	25
福鼎市	79	64	15	112	85	27	134	108	26

6-1c 续表 10

单位：人

地 区	60-64岁			65-69岁			70-74岁		
	小计	男	女	小计	男	女	小计	男	女
合 计	**7849**	**5524**	**2325**	**10621**	**7363**	**3258**	**11357**	**7452**	**3905**
福州市	**1054**	**737**	**317**	**1494**	**1007**	**487**	**1636**	**1098**	**538**
鼓楼区									
台江区									
仓山区									
马尾区	10	8	2	29	20	9	23	12	11
晋安区	25	17	8	20	15	5	21	15	6
长乐区	137	93	44	191	133	58	193	126	67
闽侯县	137	84	53	204	122	82	233	165	68
连江县	154	105	49	188	137	51	208	145	63
罗源县	90	70	20	104	72	32	129	84	45
闽清县	83	56	27	115	70	45	139	85	54
永泰县	94	64	30	175	128	47	175	120	55
平潭县	83	64	19	122	82	40	130	81	49
福清市	241	176	65	346	228	118	385	265	120
厦门市	**203**	**144**	**59**	**250**	**177**	**73**	**220**	**135**	**85**
思明区									
海沧区	4	2	2	3	1	2			
湖里区									
集美区	9	6	3	15	11	4	25	12	13
同安区	99	75	24	120	78	42	104	70	34
翔安区	91	61	30	112	87	25	91	53	38
莆田市	**702**	**491**	**211**	**997**	**713**	**284**	**951**	**615**	**336**
城厢区	106	69	37	134	96	38	127	84	43
涵江区	76	46	30	125	86	39	127	88	39
荔城区	88	72	16	111	88	23	115	73	42
秀屿区	181	140	41	290	215	75	264	174	90
仙游县	251	164	87	337	228	109	318	196	122
三明市	**615**	**404**	**211**	**829**	**564**	**265**	**1005**	**646**	**359**
梅列区	9	8	1	4	2	2	10	8	2
三元区	21	17	4	21	18	3	30	19	11
明溪县	33	21	12	49	37	12	38	27	11
清流县	45	35	10	54	41	13	47	32	15
宁化县	101	74	27	117	77	40	167	111	56
大田县	89	52	37	116	78	38	170	111	59
尤溪县	111	65	46	157	106	51	178	106	72
沙县	44	21	23	102	62	40	94	50	44
将乐县	32	19	13	47	28	19	66	45	21
泰宁县	40	31	9	55	44	11	52	38	14
建宁县	43	25	18	49	31	18	76	52	24
永安市	47	36	11	58	40	18	77	47	30
泉州市	**1719**	**1219**	**500**	**2195**	**1567**	**628**	**2085**	**1365**	**720**
鲤城区									
丰泽区									
洛江区	54	38	16	103	77	26	81	53	28
泉港区	80	60	20	103	68	35	82	51	31
惠安县	306	228	78	376	276	100	296	215	81
安溪县	350	213	137	411	269	142	461	286	175
永春县	150	97	53	190	121	69	190	109	81
德化县	115	80	35	154	106	48	137	91	46
石狮市	50	41	9	52	40	12	52	32	20
晋江市	227	172	55	301	229	72	305	219	86
南安市	387	290	97	505	381	124	481	309	172

6-1c 续表 11

单位：人

地　区	60-64岁			65-69岁			70-74岁		
	小计	男	女	小计	男	女	小计	男	女
漳州市	**1010**	**716**	**294**	**1343**	**901**	**442**	**1416**	**946**	**470**
芗城区	37	27	10	50	29	21	48	35	13
龙文区	8	5	3	13	10	3	14	8	6
云霄县	97	66	31	138	85	53	152	108	44
漳浦县	170	124	46	201	139	62	252	165	87
诏安县	158	109	49	186	134	52	188	121	67
长泰县	29	24	5	57	42	15	66	51	15
东山县	39	28	11	46	32	14	57	39	18
南靖县	96	71	25	140	90	50	118	76	42
平和县	158	108	50	217	139	78	211	145	66
华安县	36	24	12	52	27	25	61	42	19
龙海市	182	130	52	243	174	69	249	156	93
南平市	**799**	**523**	**276**	**1139**	**728**	**411**	**1358**	**813**	**545**
延平区	99	60	39	127	79	48	174	101	73
建阳区	95	64	31	144	85	59	158	93	65
顺昌县	61	38	23	90	60	30	104	57	47
浦城县	105	69	36	194	137	57	203	112	91
光泽县	34	23	11	59	34	25	67	41	26
松溪县	43	26	17	64	43	21	81	56	25
政和县	56	38	18	61	36	25	80	54	26
邵武市	62	46	16	103	67	36	113	70	43
武夷山市	64	42	22	80	52	28	106	61	45
建瓯市	180	117	63	217	135	82	272	168	104
龙岩市	**705**	**532**	**173**	**1061**	**764**	**297**	**1204**	**782**	**422**
新罗区	101	74	27	147	93	54	207	128	79
永定区	143	106	37	233	171	62	227	142	85
长汀县	108	82	26	173	114	59	203	139	64
上杭县	115	85	30	157	122	35	192	121	71
武平县	78	57	21	129	98	31	123	91	32
连城县	115	97	18	137	107	30	142	96	46
漳平市	45	31	14	85	59	26	110	65	45
宁德市	**1042**	**758**	**284**	**1313**	**942**	**371**	**1482**	**1052**	**430**
蕉城区	144	103	41	159	117	42	192	150	42
霞浦县	159	114	45	198	127	71	229	164	65
古田县	133	89	44	195	140	55	208	131	77
屏南县	72	57	15	74	51	23	88	68	20
寿宁县	56	35	21	89	62	27	113	83	30
周宁县	70	47	23	96	69	27	83	59	24
柘荣县	33	24	9	41	30	11	46	33	13
福安市	185	143	42	229	169	60	250	188	62
福鼎市	190	146	44	232	177	55	273	176	97

6-1c 续表 12　　单位：人

地区	75-79岁			80-84岁			85-89岁		
	小计	男	女	小计	男	女	小计	男	女
合计	**13044**	**7964**	**5080**	**17274**	**9439**	**7835**	**15562**	**7145**	**8417**
福州市	**1801**	**1129**	**672**	**2288**	**1288**	**1000**	**2460**	**1135**	**1325**
鼓楼区									
台江区									
仓山区									
马尾区	41	26	15	52	25	27	42	18	24
晋安区	26	17	9	35	17	18	38	14	24
长乐区	236	135	101	251	142	109	309	131	178
闽侯县	220	150	70	285	175	110	309	148	161
连江县	260	168	92	299	169	130	306	120	186
罗源县	128	80	48	181	109	72	156	74	82
闽清县	150	98	52	181	100	81	184	97	87
永泰县	180	131	49	260	148	112	234	103	131
平潭县	127	76	51	189	94	95	205	107	98
福清市	433	248	185	555	309	246	677	323	354
厦门市	**300**	**170**	**130**	**299**	**159**	**140**	**336**	**138**	**198**
思明区									
海沧区	6	6		2	1	1	4	2	2
湖里区									
集美区	25	16	9	17	11	6	27	11	16
同安区	137	84	53	146	74	72	139	59	80
翔安区	132	64	68	134	73	61	166	66	100
莆田市	**1073**	**643**	**430**	**1288**	**630**	**658**	**1278**	**582**	**696**
城厢区	130	74	56	178	82	96	158	70	88
涵江区	138	88	50	174	85	89	179	83	96
荔城区	157	96	61	187	86	101	140	59	81
秀屿区	276	163	113	336	166	170	393	189	204
仙游县	372	222	150	413	211	202	408	181	227
三明市	**1311**	**792**	**519**	**1910**	**1036**	**874**	**1491**	**765**	**726**
梅列区	10	8	2	16	9	7	13	5	8
三元区	45	29	16	53	33	20	42	22	20
明溪县	64	44	20	90	50	40	88	36	52
清流县	79	51	28	129	65	64	93	39	54
宁化县	208	125	83	336	179	157	255	125	130
大田县	170	109	61	249	140	109	196	111	85
尤溪县	252	151	101	294	172	122	296	167	129
沙县	119	74	45	195	108	87	159	91	68
将乐县	73	40	33	147	75	72	90	47	43
泰宁县	64	41	23	117	49	68	66	30	36
建宁县	116	59	57	136	75	61	73	30	43
永安市	111	61	50	148	81	67	120	62	58
泉州市	**2157**	**1262**	**895**	**2706**	**1390**	**1316**	**2544**	**1058**	**1486**
鲤城区									
丰泽区									
洛江区	74	48	26	105	55	50	73	32	41
泉港区	97	58	39	127	73	54	157	70	87
惠安县	282	162	120	390	172	218	427	143	284
安溪县	478	278	200	522	272	250	464	211	253
永春县	230	126	104	262	135	127	226	93	133
德化县	184	108	76	183	83	100	142	63	79
石狮市	48	28	20	60	34	26	80	27	53
晋江市	300	193	107	374	207	167	425	191	234
南安市	464	261	203	683	359	324	550	228	322

6-1c 续表 13

单位：人

地区	75-79岁			80-84岁			85-89岁		
	小计	男	女	小计	男	女	小计	男	女
漳州市	**1778**	**1056**	**722**	**2383**	**1277**	**1106**	**2173**	**919**	**1254**
芗城区	57	32	25	75	49	26	77	42	35
龙文区	14	12	2	23	12	11	27	13	14
云霄县	183	103	80	288	156	132	206	90	116
漳浦县	311	193	118	358	196	162	338	148	190
诏安县	244	149	95	331	178	153	341	119	222
长泰县	78	49	29	105	46	59	86	37	49
东山县	56	35	21	87	46	41	90	33	57
南靖县	167	95	72	245	127	118	235	104	131
平和县	284	171	113	358	196	162	317	130	187
华安县	78	43	35	100	53	47	90	39	51
龙海市	306	174	132	413	218	195	366	164	202
南平市	**1572**	**939**	**633**	**2237**	**1272**	**965**	**1716**	**868**	**848**
延平区	222	135	87	270	149	121	241	123	118
建阳区	187	115	72	250	152	98	189	89	100
顺昌县	101	51	50	177	99	78	136	66	70
浦城县	242	158	84	375	220	155	324	166	158
光泽县	105	62	43	153	90	63	81	45	36
松溪县	78	51	27	111	65	46	122	64	58
政和县	75	47	28	146	95	51	109	62	47
邵武市	155	77	78	217	118	99	146	58	88
武夷山市	115	72	43	147	72	75	82	40	42
建瓯市	292	171	121	391	212	179	286	155	131
龙岩市	**1524**	**950**	**574**	**2168**	**1146**	**1022**	**1608**	**615**	**993**
新罗区	244	160	84	317	172	145	260	100	160
永定区	249	149	100	347	185	162	285	122	163
长汀县	258	169	89	371	210	161	225	77	148
上杭县	255	166	89	427	228	199	301	106	195
武平县	165	105	60	266	143	123	228	84	144
连城县	214	116	98	278	119	159	172	61	111
漳平市	139	85	54	162	89	73	137	65	72
宁德市	**1528**	**1023**	**505**	**1995**	**1241**	**754**	**1956**	**1065**	**891**
蕉城区	200	142	58	254	162	92	237	133	104
霞浦县	253	170	83	305	194	111	332	170	162
古田县	227	149	78	303	181	122	255	131	124
屏南县	111	68	43	133	77	56	115	67	48
寿宁县	106	72	34	140	86	54	143	69	74
周宁县	100	71	29	137	87	50	142	82	60
柘荣县	54	39	15	49	28	21	64	40	24
福安市	240	150	90	311	203	108	292	173	119
福鼎市	237	162	75	363	223	140	376	200	176

6-1c　续表 14　　　　单位：人

地　区	90-94岁			95-99岁			100岁及以上		
	小计	男	女	小计	男	女	小计	男	女
合　计	**9405**	**3569**	**5836**	**2698**	**833**	**1865**	**438**	**107**	**331**
福州市	**1649**	**629**	**1020**	**540**	**169**	**371**	**79**	**21**	**58**
鼓楼区									
台江区									
仓山区									
马尾区	36	7	29	11	2	9			
晋安区	22	5	17	10	4	6	1		1
长乐区	201	70	131	62	16	46	8	1	7
闽侯县	189	59	130	57	19	38	5	1	4
连江县	205	80	125	56	16	40	6	2	4
罗源县	76	34	42	27	9	18	4	1	3
闽清县	125	54	71	41	13	28	3	1	2
永泰县	173	80	93	48	13	35	7	1	6
平潭县	157	58	99	58	25	33	14	5	9
福清市	465	182	283	170	52	118	31	9	22
厦门市	**225**	**73**	**152**	**70**	**13**	**57**	**14**	**1**	**13**
思明区									
海沧区				1		1			
湖里区									
集美区	14	4	10	7	1	6	2		2
同安区	93	39	54	25	8	17	6		6
翔安区	118	30	88	37	4	33	6	1	5
莆田市	**841**	**271**	**570**	**274**	**67**	**207**	**53**	**12**	**41**
城厢区	116	36	80	33	8	25	7	3	4
涵江区	125	37	88	33	5	28	6	2	4
荔城区	73	22	51	25	6	19	2		2
秀屿区	273	87	186	108	26	82	27	5	22
仙游县	254	89	165	75	22	53	11	2	9
三明市	**808**	**359**	**449**	**215**	**79**	**136**	**27**	**7**	**20**
梅列区	9	4	5	2		2			
三元区	19	10	9	9	1	8	1		1
明溪县	47	20	27	9	3	6	3	2	1
清流县	54	21	33	11	2	9	2	2	
宁化县	144	55	89	39	14	25	3	1	2
大田县	126	62	64	33	13	20	3		3
尤溪县	137	70	67	48	20	28	3		3
沙县	71	28	43	21	10	11	4	1	3
将乐县	51	21	30	6	2	4	2		2
泰宁县	26	11	15	9	3	6	2		2
建宁县	54	21	33	13	5	8			
永安市	70	36	34	15	6	9	4	1	3
泉州市	**1429**	**453**	**976**	**407**	**101**	**306**	**62**	**8**	**54**
鲤城区									
丰泽区									
洛江区	47	12	35	6	2	4	2	1	1
泉港区	97	23	74	30	5	25	6	1	5
惠安县	252	60	192	84	17	67	24	4	20
安溪县	268	99	169	66	22	44	8	2	6
永春县	87	26	61	13	3	10	4		4
德化县	70	25	45	14	6	8	2		2
石狮市	32	10	22	14	3	11			
晋江市	230	85	145	75	24	51	4		4
南安市	346	113	233	105	19	86	12		12

6-1c 续表 15 单位：人

地 区	90-94岁			95-99岁			100岁及以上		
	小计	男	女	小计	男	女	小计	男	女
漳州市	**1226**	**409**	**817**	**269**	**59**	**210**	**50**	**7**	**43**
芗城区	46	17	29	11	3	8			
龙文区	17	9	8				3		3
云霄县	117	32	85	25	9	16	5	2	3
漳浦县	241	86	155	49	8	41	12		12
诏安县	206	66	140	50	11	39	11	4	7
长泰县	40	13	27	8	1	7	2		2
东山县	77	10	67	15	2	13	5	1	4
南靖县	98	40	58	34	8	26	3		3
平和县	158	51	107	35	7	28	3		3
华安县	38	15	23	9	3	6	1		1
龙海市	188	70	118	33	7	26	5		5
南平市	**913**	**441**	**472**	**216**	**97**	**119**	**34**	**16**	**18**
延平区	131	64	67	43	26	17	9	5	4
建阳区	92	39	53	15	7	8	5	3	2
顺昌县	72	33	39	20	9	11	2	2	
浦城县	195	98	97	27	11	16	4	1	3
光泽县	52	28	24	10	4	6	2	1	1
松溪县	44	23	21	11	3	8	1		1
政和县	58	40	18	20	10	10	3	1	2
邵武市	75	27	48	28	10	18	2	1	1
武夷山市	54	24	30	14	10	4	1		1
建瓯市	140	65	75	28	7	21	5	2	3
龙岩市	**985**	**324**	**661**	**310**	**92**	**218**	**67**	**16**	**51**
新罗区	155	72	83	57	20	37	12	4	8
永定区	176	61	115	45	7	38	11	1	10
长汀县	172	57	115	61	19	42	16	4	12
上杭县	213	62	151	61	13	48	14	3	11
武平县	119	32	87	35	11	24	5		5
连城县	99	25	74	30	13	17	6	2	4
漳平市	51	15	36	21	9	12	3	2	1
宁德市	**1329**	**610**	**719**	**397**	**156**	**241**	**52**	**19**	**33**
蕉城区	152	67	85	42	13	29	4	2	2
霞浦县	200	92	108	81	25	56	11	3	8
古田县	175	70	105	55	26	29	2	1	1
屏南县	86	37	49	17	7	10	2	1	1
寿宁县	118	70	48	36	23	13	8	4	4
周宁县	96	37	59	16	3	13	4	1	3
柘荣县	47	25	22	18	9	9	1		1
福安市	215	116	99	75	36	39	14	5	9
福鼎市	240	96	144	57	14	43	6	2	4

6-2　各地区分性别、受教育程度的3岁及以上死亡人口
(2019.11.1-2020.10.31)

单位：人

地　区	3岁及以上死亡人口			未上过学		
	合计	男	女	小计	男	女
合　计	**211460**	**123828**	**87632**	**57902**	**19049**	**38853**
福州市	**35812**	**20512**	**15300**	**7734**	**2480**	**5254**
鼓楼区	2736	1603	1133	136	44	92
台江区	2136	1184	952	81	22	59
仓山区	2877	1575	1302	365	102	263
马尾区	1149	648	501	295	97	198
晋安区	2129	1241	888	174	35	139
长乐区	3544	1988	1556	854	289	565
闽侯县	3535	2005	1530	768	229	539
连江县	3579	2036	1543	874	245	629
罗源县	1639	983	656	406	182	224
闽清县	1670	983	687	312	90	222
永泰县	2055	1246	809	516	167	349
平潭县	1861	1060	801	730	273	457
福清市	6902	3960	2942	2223	705	1518
厦门市	**11490**	**6573**	**4917**	**2756**	**759**	**1997**
思明区	4028	2295	1733	350	57	293
海沧区	772	443	329	269	84	185
湖里区	1185	677	508	241	57	184
集美区	1175	672	503	277	68	209
同安区	2553	1500	1053	862	283	579
翔安区	1777	986	791	757	210	547
莆田市	**18468**	**10574**	**7894**	**6123**	**1749**	**4374**
城厢区	2422	1422	1000	735	194	541
涵江区	3025	1666	1359	744	155	589
荔城区	2963	1677	1286	777	195	582
秀屿区	4169	2435	1734	1833	553	1280
仙游县	5889	3374	2515	2034	652	1382
三明市	**16688**	**9893**	**6795**	**4599**	**1661**	**2938**
梅列区	910	551	359	112	46	66
三元区	1080	628	452	207	70	137
明溪县	771	460	311	208	72	136
清流县	852	508	344	322	117	205
宁化县	2254	1324	930	692	227	465
大田县	2015	1248	767	597	233	364
尤溪县	2366	1412	954	642	235	407
沙县	1622	957	665	494	210	284
将乐县	981	561	420	313	112	201
泰宁县	787	468	319	232	77	155
建宁县	880	485	395	269	87	182
永安市	2170	1291	879	511	175	336
泉州市	**41409**	**24507**	**16902**	**10180**	**2725**	**7455**
鲤城区	1732	967	765	148	25	123
丰泽区	1256	724	532	234	40	194
洛江区	980	607	373	366	101	265
泉港区	2215	1324	891	642	173	469
惠安县	6005	3501	2504	1934	407	1527
安溪县	5623	3313	2310	1621	503	1118
永春县	3437	1941	1496	615	166	449
德化县	2106	1275	831	519	125	394
石狮市	2097	1321	776	470	169	301
晋江市	6599	4008	2591	1815	572	1243
南安市	9359	5526	3833	1816	444	1372

6-2 续表 1 单位：人

地区	3岁及以上死亡人口			未上过学		
	合计	男	女	小计	男	女
漳州市	**28992**	**16590**	**12402**	**8163**	**2302**	**5861**
芗城区	2729	1646	1083	485	153	332
龙文区	821	473	348	213	70	143
云霄县	2478	1374	1104	864	301	563
漳浦县	4799	2775	2024	1622	425	1197
诏安县	3660	2053	1607	1194	342	852
长泰县	1246	682	564	424	122	302
东山县	1321	752	569	291	58	233
南靖县	2090	1183	907	718	210	508
平和县	3476	2037	1439	757	208	549
华安县	1019	577	442	262	62	200
龙海市	5353	3038	2315	1333	351	982
南平市	**20070**	**11902**	**8168**	**5240**	**2158**	**3082**
延平区	3420	2058	1362	775	322	453
建阳区	2198	1280	918	640	256	384
顺昌县	1485	857	628	337	119	218
浦城县	2694	1618	1076	627	275	352
光泽县	964	580	384	173	81	92
松溪县	963	573	390	280	129	151
政和县	1256	759	497	496	240	256
邵武市	2154	1245	909	441	139	302
武夷山市	1427	874	553	296	106	190
建瓯市	3509	2058	1451	1175	491	684
龙岩市	**18289**	**10559**	**7730**	**5102**	**1137**	**3965**
新罗区	3647	2126	1521	846	203	643
永定区	2891	1653	1238	737	151	586
长汀县	2772	1594	1178	665	151	514
上杭县	2987	1658	1329	1006	191	815
武平县	2266	1346	920	657	126	531
连城县	2171	1260	911	618	133	485
漳平市	1555	922	633	573	182	391
宁德市	**20242**	**12718**	**7524**	**8005**	**4078**	**3927**
蕉城区	2776	1771	1005	1195	638	557
霞浦县	3109	1909	1200	1440	756	684
古田县	2642	1596	1046	437	188	249
屏南县	1197	758	439	283	133	150
寿宁县	1329	843	486	699	359	340
周宁县	1273	806	467	583	283	300
柘荣县	607	389	218	303	167	136
福安市	3523	2278	1245	1149	588	561
福鼎市	3786	2368	1418	1916	966	950

6-2　续表 2　　单位：人

地　区	学前教育			小　学		
	小计	男	女	小计	男	女
合　计	**1533**	**674**	**859**	**101617**	**63895**	**37722**
福州市	**283**	**125**	**158**	**17690**	**10397**	**7293**
鼓楼区	2	1	1	787	354	433
台江区	3	1	2	1000	447	553
仓山区	12	6	6	1329	653	676
马尾区	17	5	12	534	325	209
晋安区	12	6	6	965	491	474
长乐区	31	10	21	2094	1243	851
闽侯县	17	8	9	1958	1149	809
连江县	46	19	27	2061	1309	752
罗源县	13	8	5	972	611	361
闽清县	15	3	12	909	544	365
永泰县	27	12	15	1092	718	374
平潭县	15	6	9	708	450	258
福清市	73	40	33	3281	2103	1178
厦门市	**48**	**23**	**25**	**4291**	**2577**	**1714**
思明区	22	8	14	1411	642	769
海沧区	5	5		293	202	91
湖里区	1	1		397	236	161
集美区	4	1	3	495	314	181
同安区	11	6	5	1001	690	311
翔安区	5	2	3	694	493	201
莆田市	**111**	**40**	**71**	**7947**	**5174**	**2773**
城厢区	25	4	21	862	549	313
涵江区	11	4	7	1294	708	586
荔城区	23	11	12	1445	878	567
秀屿区	31	14	17	1579	1217	362
仙游县	21	7	14	2767	1822	945
三明市	**152**	**65**	**87**	**8449**	**5375**	**3074**
梅列区	2	1	1	421	226	195
三元区	4	4		534	293	241
明溪县	6	1	5	424	270	154
清流县	5	1	4	368	260	108
宁化县	15	1	14	1142	751	391
大田县	35	17	18	1004	672	332
尤溪县	35	15	20	1298	841	457
沙县	17	7	10	837	524	313
将乐县	14	4	10	487	316	171
泰宁县	4	3	1	393	267	126
建宁县	4	2	2	488	300	188
永安市	11	9	2	1053	655	398
泉州市	**209**	**88**	**121**	**20673**	**13061**	**7612**
鲤城区	4		4	762	332	430
丰泽区	2		2	454	235	219
洛江区	6	5	1	381	295	86
泉港区	4	3	1	1018	669	349
惠安县	23	12	11	2910	2098	812
安溪县	51	28	23	2741	1750	991
永春县	30	8	22	1871	1017	854
德化县	23	8	15	1016	660	356
石狮市	4	2	2	1115	734	381
晋江市	16	8	8	3368	2262	1106
南安市	46	14	32	5037	3009	2028

6-2 续表 3　　单位：人

地　区	学前教育			小　学		
	小计	男	女	小计	男	女
漳州市	**286**	**115**	**171**	**14292**	**8954**	**5338**
芗城区	19	6	13	1249	742	507
龙文区	7	3	4	463	284	179
云霄县	15	6	9	1118	675	443
漳浦县	62	26	36	2151	1475	676
诏安县	29	9	20	1800	1147	653
长泰县	4	3	1	542	335	207
东山县	12	3	9	760	468	292
南靖县	25	6	19	925	603	322
平和县	49	22	27	1821	1089	732
华安县	8	3	5	560	344	216
龙海市	56	28	28	2903	1792	1111
南平市	**169**	**90**	**79**	**10594**	**6557**	**4037**
延平区	33	12	21	1774	1086	688
建阳区	16	12	4	1121	725	396
顺昌县	15	7	8	839	491	348
浦城县	12	5	7	1554	956	598
光泽县	5	2	3	599	347	252
松溪县	19	11	8	493	309	184
政和县	6	4	2	580	381	199
邵武市	18	11	7	1120	640	480
武夷山市	10	6	4	804	521	283
建瓯市	35	20	15	1710	1101	609
龙岩市	**141**	**50**	**91**	**8027**	**5103**	**2924**
新罗区	19	4	15	1369	806	563
永定区	16	6	10	1306	790	516
长汀县	43	17	26	1490	919	571
上杭县	36	13	23	1322	898	424
武平县	8	2	6	908	591	317
连城县	12	3	9	989	641	348
漳平市	7	5	2	643	458	185
宁德市	**134**	**78**	**56**	**9654**	**6697**	**2957**
蕉城区	15	12	3	1221	876	345
霞浦县	16	8	8	1336	901	435
古田县	27	16	11	1701	1038	663
屏南县	9	4	5	751	504	247
寿宁县	10	6	4	484	355	129
周宁县	2	1	1	540	400	140
柘荣县	2	1	1	242	176	66
福安市	34	17	17	1887	1325	562
福鼎市	19	13	6	1492	1122	370

6-2　续表 4　　　　单位：人

地　区	初　中			高　中			大学专科		
	小计	男	女	小计	男	女	小计	男	女
合　计	**35677**	**28374**	**7303**	**10357**	**8353**	**2004**	**2619**	**2070**	**549**
福州市	**6770**	**4964**	**1806**	**2285**	**1731**	**554**	**510**	**390**	**120**
鼓楼区	774	472	302	611	407	204	169	124	45
台江区	706	462	244	238	172	66	46	33	13
仓山区	734	500	234	290	211	79	70	48	22
马尾区	184	135	49	74	54	20	26	18	8
晋安区	625	415	210	258	210	48	52	46	6
长乐区	437	340	97	108	87	21	13	13	
闽侯县	654	499	155	100	87	13	25	21	4
连江县	492	386	106	83	63	20	15	8	7
罗源县	199	146	53	33	24	9	12	9	3
闽清县	348	272	76	64	58	6	15	11	4
永泰县	328	266	62	72	64	8	16	15	1
平潭县	305	244	61	76	63	13	15	14	1
福清市	984	827	157	278	231	47	36	30	6
厦门市	**2313**	**1704**	**609**	**1207**	**852**	**355**	**438**	**312**	**126**
思明区	1026	707	319	682	465	217	259	194	65
海沧区	111	82	29	51	38	13	28	20	8
湖里区	240	161	79	169	125	44	66	42	24
集美区	230	168	62	95	68	27	32	21	11
同安区	470	375	95	150	104	46	38	24	14
翔安区	236	211	25	60	52	8	15	11	4
莆田市	**3196**	**2663**	**533**	**777**	**676**	**101**	**216**	**184**	**32**
城厢区	494	412	82	179	153	26	89	77	12
涵江区	732	590	142	193	164	29	37	31	6
荔城区	535	437	98	137	116	21	31	26	5
秀屿区	620	554	66	82	76	6	15	13	2
仙游县	815	670	145	186	167	19	44	37	7
三明市	**2469**	**1968**	**501**	**737**	**583**	**154**	**196**	**168**	**28**
梅列区	211	160	51	113	79	34	31	24	7
三元区	227	174	53	80	62	18	17	14	3
明溪县	93	83	10	34	29	5	4	3	1
清流县	111	94	17	31	24	7	9	6	3
宁化县	308	255	53	67	62	5	20	18	2
大田县	269	231	38	79	68	11	27	25	2
尤溪县	294	241	53	64	51	13	20	19	1
沙县	207	167	40	51	37	14	12	9	3
将乐县	120	88	32	35	30	5	11	10	1
泰宁县	118	87	31	28	23	5	10	9	1
建宁县	93	75	18	24	19	5	1	1	
永安市	418	313	105	131	99	32	34	30	4
泉州市	**7755**	**6440**	**1315**	**1893**	**1634**	**259**	**453**	**362**	**91**
鲤城区	484	352	132	239	184	55	49	37	12
丰泽区	309	241	68	154	127	27	49	38	11
洛江区	171	155	16	44	40	4	9	8	1
泉港区	417	371	46	99	79	20	25	20	5
惠安县	827	712	115	215	191	24	70	60	10
安溪县	976	824	152	173	158	15	43	36	7
永春县	702	554	148	167	153	14	34	27	7
德化县	402	351	51	118	107	11	20	17	3
石狮市	411	340	71	74	59	15	14	9	5
晋江市	1053	883	170	263	220	43	60	44	16
南安市	2003	1657	346	347	316	31	80	66	14

6-2 续表 5　　单位：人

地　区	初　中			高　中			大学专科		
	小计	男	女	小计	男	女	小计	男	女
漳州市	**4842**	**4035**	**807**	**1063**	**905**	**158**	**246**	**199**	**47**
芗城区	630	489	141	250	177	73	54	44	10
龙文区	106	90	16	23	19	4	5	4	1
云霄县	386	311	75	76	66	10	14	11	3
漳浦县	762	671	91	148	137	11	45	36	9
诏安县	510	440	70	96	88	8	26	22	4
长泰县	209	169	40	51	42	9	13	8	5
东山县	188	159	29	55	51	4	13	11	2
南靖县	325	280	45	66	60	6	21	17	4
平和县	737	614	123	98	93	5	14	11	3
华安县	153	133	20	25	25		8	8	
龙海市	836	679	157	175	147	28	33	27	6
南平市	**3012**	**2294**	**718**	**810**	**617**	**193**	**174**	**132**	**42**
延平区	552	422	130	216	164	52	50	38	12
建阳区	310	211	99	89	61	28	14	9	5
顺昌县	207	169	38	67	56	11	13	9	4
浦城县	390	299	91	88	64	24	17	14	3
光泽县	153	122	31	22	19	3	8	6	2
松溪县	132	98	34	36	25	11	3	1	2
政和县	141	106	35	18	16	2	14	11	3
邵武市	432	336	96	110	89	21	21	20	1
武夷山市	251	189	62	56	46	10	7	4	3
建瓯市	444	342	102	108	77	31	27	20	7
龙岩市	**3487**	**2921**	**566**	**1112**	**978**	**134**	**294**	**255**	**39**
新罗区	933	724	209	331	262	69	92	75	17
永定区	600	498	102	159	143	16	52	45	7
长汀县	409	351	58	131	125	6	23	21	2
上杭县	418	371	47	158	143	15	36	34	2
武平县	488	438	50	154	140	14	43	41	2
连城县	414	353	61	98	94	4	30	26	4
漳平市	225	186	39	81	71	10	18	13	5
宁德市	**1833**	**1385**	**448**	**473**	**377**	**96**	**92**	**68**	**24**
蕉城区	258	187	71	63	44	19	15	9	6
霞浦县	242	186	56	62	49	13	8	6	2
古田县	402	302	100	58	43	15	12	7	5
屏南县	114	82	32	32	28	4	6	5	1
寿宁县	103	93	10	27	26	1	5	4	1
周宁县	115	93	22	24	21	3	6	6	
柘荣县	39	29	10	11	9	2	6	4	2
福安市	312	231	81	108	91	17	18	13	5
福鼎市	248	182	66	88	66	22	16	14	2

6-2 续表 6　　单位：人

地区	大学本科			硕士研究生			博士研究生		
	小计	男	女	小计	男	女	小计	男	女
合　计	**1699**	**1379**	**320**	**43**	**26**	**17**	**13**	**8**	**5**
福州市	**523**	**417**	**106**	**14**	**6**	**8**	**3**	**2**	**1**
鼓楼区	248	197	51	6	2	4	3	2	1
台江区	62	47	15						
仓山区	72	53	19	5	2	3			
马尾区	18	13	5	1	1				
晋安区	42	38	4	1		1			
长乐区	7	6	1						
闽侯县	13	12	1						
连江县	8	6	2						
罗源县	4	3	1						
闽清县	7	5	2						
永泰县	3	3		1	1				
平潭县	12	10	2						
福清市	27	24	3						
厦门市	**412**	**329**	**83**	**16**	**12**	**4**	**9**	**5**	**4**
思明区	257	207	50	13	11	2	8	4	4
海沧区	15	12	3						
湖里区	68	54	14	3	1	2			
集美区	41	31	10				1	1	
同安区	21	18	3						
翔安区	10	7	3						
莆田市	**97**	**88**	**9**	**1**		**1**			
城厢区	38	33	5						
涵江区	14	14							
荔城区	15	14	1						
秀屿区	9	8	1						
仙游县	21	19	2	1		1			
三明市	**86**	**73**	**13**						
梅列区	20	15	5						
三元区	11	11							
明溪县	2	2							
清流县	6	6							
宁化县	10	10							
大田县	4	2	2						
尤溪县	13	10	3						
沙县	4	3	1						
将乐县	1	1							
泰宁县	2	2							
建宁县	1	1							
永安市	12	10	2						
泉州市	**243**	**196**	**47**	**3**	**1**	**2**			
鲤城区	45	36	9	1	1				
丰泽区	54	43	11						
洛江区	3	3							
泉港区	10	9	1						
惠安县	26	21	5						
安溪县	17	14	3	1		1			
永春县	17	16	1	1		1			
德化县	8	7	1						
石狮市	9	8	1						
晋江市	24	19	5						
南安市	30	20	10						

6-2 续表 7

单位：人

地　区	大学本科			硕士研究生			博士研究生		
	小计	男	女	小计	男	女	小计	男	女
漳州市	**98**	**78**	**20**	**1**	**1**		**1**	**1**	
芗城区	42	35	7						
龙文区	3	2	1	1	1				
云霄县	5	4	1						
漳浦县	9	5	4						
诏安县	4	4					1	1	
长泰县	3	3							
东山县	2	2							
南靖县	10	7	3						
平和县									
华安县	3	2	1						
龙海市	17	14	3						
南平市	**67**	**52**	**15**	**4**	**2**	**2**			
延平区	17	13	4	3	1	2			
建阳区	8	6	2						
顺昌县	7	6	1						
浦城县	6	5	1						
光泽县	4	3	1						
松溪县									
政和县	1	1							
邵武市	12	10	2						
武夷山市	2	1	1	1	1				
建瓯市	10	7	3						
龙岩市	**123**	**112**	**11**	**3**	**3**				
新罗区	54	49	5	3	3				
永定区	21	20	1						
长汀县	11	10	1						
上杭县	11	8	3						
武平县	8	8							
连城县	10	10							
漳平市	8	7	1						
宁德市	**50**	**34**	**16**	**1**	**1**				
蕉城区	8	4	4	1	1				
霞浦县	5	3	2						
古田县	5	2	3						
屏南县	2	2							
寿宁县	1		1						
周宁县	3	2	1						
柘荣县	4	3	1						
福安市	15	13	2						
福鼎市	7	5	2						

6-2a　各地区分性别、受教育程度的3岁及以上死亡人口 (2019.11.1-2020.10.31)(城市)

单位：人

地　区	3岁及以上死亡人口			未上过学		
	合计	男	女	小计	男	女
合　计	**49877**	**29067**	**20810**	**8033**	**2195**	**5838**
福州市	**12614**	**7178**	**5436**	**1359**	**382**	**977**
鼓楼区	2736	1603	1133	136	44	92
台江区	2136	1184	952	81	22	59
仓山区	2877	1575	1302	365	102	263
马尾区	874	512	362	194	66	128
晋安区	1874	1097	777	122	23	99
长乐区	760	428	332	160	48	112
闽侯县						
连江县						
罗源县						
闽清县						
永泰县						
平潭县						
福清市	1296	749	547	272	68	204
厦门市	**8398**	**4803**	**3595**	**1518**	**366**	**1152**
思明区	4028	2295	1733	350	57	293
海沧区	750	430	320	261	80	181
湖里区	1185	677	508	241	57	184
集美区	1005	585	420	218	51	167
同安区	1250	720	530	389	114	275
翔安区	180	96	84	59	7	52
莆田市	**5396**	**3089**	**2307**	**1400**	**339**	**1061**
城厢区	903	569	334	140	28	112
涵江区	1748	980	768	426	102	324
荔城区	1784	988	796	408	86	322
秀屿区	961	552	409	426	123	303
仙游县						
三明市	**2697**	**1611**	**1086**	**268**	**88**	**180**
梅列区	780	474	306	59	22	37
三元区	716	407	309	67	17	50
明溪县						
清流县						
宁化县						
大田县						
尤溪县						
沙县						
将乐县						
泰宁县						
建宁县						
永安市	1201	730	471	142	49	93
泉州市	**7997**	**4731**	**3266**	**1473**	**378**	**1095**
鲤城区	1732	967	765	148	25	123
丰泽区	1256	724	532	234	40	194
洛江区	142	87	55	33	6	27
泉港区	727	455	272	166	38	128
惠安县						
安溪县						
永春县						
德化县						
石狮市	779	483	296	133	45	88
晋江市	2055	1200	855	562	181	381
南安市	1306	815	491	197	43	154

6-2a 续表 1

单位：人

地　区	3岁及以上死亡人口			未上过学		
	合计	男	女	小计	男	女
漳州市	**4380**	**2558**	**1822**	**702**	**205**	**497**
芗城区	1941	1185	756	208	69	139
龙文区	683	391	292	167	54	113
云霄县						
漳浦县						
诏安县						
长泰县						
东山县						
南靖县						
平和县						
华安县						
龙海市	1752	980	772	326	81	245
南平市	**4089**	**2465**	**1624**	**524**	**181**	**343**
延平区	1418	854	564	167	51	116
建阳区	545	311	234	71	22	49
顺昌县						
浦城县						
光泽县						
松溪县						
政和县						
邵武市	826	501	325	85	30	55
武夷山市	473	315	158	60	22	38
建瓯市	827	484	343	141	56	85
龙岩市	**2206**	**1351**	**855**	**362**	**75**	**287**
新罗区	1547	940	607	239	45	194
永定区	233	146	87	33	3	30
长汀县						
上杭县						
武平县						
连城县						
漳平市	426	265	161	90	27	63
宁德市	**2100**	**1281**	**819**	**427**	**181**	**246**
蕉城区	784	478	306	165	66	99
霞浦县						
古田县						
屏南县						
寿宁县						
周宁县						
柘荣县						
福安市	658	406	252	94	42	52
福鼎市	658	397	261	168	73	95

6-2a　续表 2　　　　单位：人

地　区	学前教育			小　学		
	小计	男	女	小计	男	女
合　计	**225**	**98**	**127**	**21927**	**12184**	**9743**
福州市	**52**	**25**	**27**	**5468**	**2777**	**2691**
鼓楼区	2	1	1	787	354	433
台江区	3	1	2	1000	447	553
仓山区	12	6	6	1329	653	676
马尾区	10	4	6	403	247	156
晋安区	4	2	2	824	405	419
长乐区	8	2	6	448	265	183
闽侯县						
连江县						
罗源县						
闽清县						
永泰县						
平潭县						
福清市	13	9	4	655	394	261
厦门市	**37**	**18**	**19**	**3042**	**1686**	**1356**
思明区	22	8	14	1411	642	769
海沧区	5	5		285	195	90
湖里区	1	1		397	236	161
集美区	3	1	2	413	258	155
同安区	6	3	3	458	298	160
翔安区				78	57	21
莆田市	**29**	**10**	**19**	**2265**	**1359**	**906**
城厢区	8	2	6	317	180	137
涵江区	7	3	4	743	424	319
荔城区	9	3	6	851	481	370
秀屿区	5	2	3	354	274	80
仙游县						
三明市	**10**	**9**	**1**	**1330**	**692**	**638**
梅列区	2	1	1	365	190	175
三元区	2	2		363	169	194
明溪县						
清流县						
宁化县						
大田县						
尤溪县						
沙县						
将乐县						
泰宁县						
建宁县						
永安市	6	6		602	333	269
泉州市	**22**	**8**	**14**	**3727**	**2118**	**1609**
鲤城区	4		4	762	332	430
丰泽区	2		2	454	235	219
洛江区	1	1		62	42	20
泉港区	4	3	1	355	231	124
惠安县						
安溪县						
永春县						
德化县						
石狮市	2		2	413	252	161
晋江市	6	3	3	1015	632	383
南安市	3	1	2	666	394	272

6-2a 续表 3

单位：人

地 区	学前教育			小 学		
	小计	男	女	小计	男	女
漳州市	**39**	**14**	**25**	**2210**	**1258**	**952**
芗城区	14	4	10	865	480	385
龙文区	5	3	2	385	230	155
云霄县						
漳浦县						
诏安县						
长泰县						
东山县						
南靖县						
平和县						
华安县						
龙海市	18	7	11	960	548	412
南平市	**21**	**8**	**13**	**1974**	**1132**	**842**
延平区	13	4	9	645	358	287
建阳区	1	1		261	154	107
顺昌县						
浦城县						
光泽县						
松溪县						
政和县						
邵武市	2	1	1	405	214	191
武夷山市				242	168	74
建瓯市	5	2	3	421	238	183
龙岩市	**6**	**1**	**5**	**820**	**465**	**355**
新罗区	4	1	3	549	295	254
永定区				85	43	42
长汀县						
上杭县						
武平县						
连城县						
漳平市	2		2	186	127	59
宁德市	**9**	**5**	**4**	**1091**	**697**	**394**
蕉城区	4	4		412	274	138
霞浦县						
古田县						
屏南县						
寿宁县						
周宁县						
柘荣县						
福安市	3		3	341	202	139
福鼎市	2	1	1	338	221	117

6-2a 续表 4

单位：人

地 区	初 中			高 中			大学专科		
	小计	男	女	小计	男	女	小计	男	女
合 计	**11742**	**8585**	**3157**	**5171**	**3851**	**1320**	**1460**	**1100**	**360**
福州市	**3278**	**2182**	**1096**	**1594**	**1152**	**442**	**385**	**288**	**97**
鼓楼区	774	472	302	611	407	204	169	124	45
台江区	706	462	244	238	172	66	46	33	13
仓山区	734	500	234	290	211	79	70	48	22
马尾区	154	114	40	68	49	19	26	18	8
晋安区	581	383	198	248	200	48	52	46	6
长乐区	94	71	23	39	32	7	6	6	
闽侯县									
连江县									
罗源县									
闽清县									
永泰县									
平潭县									
福清市	228	174	54	97	78	19	16	13	3
厦门市	**1878**	**1340**	**538**	**1085**	**765**	**320**	**414**	**293**	**121**
思明区	1026	707	319	682	465	217	259	194	65
海沧区	106	80	26	50	38	12	28	20	8
湖里区	240	161	79	169	125	44	66	42	24
集美区	212	159	53	88	66	22	31	20	11
同安区	267	210	57	86	64	22	27	16	11
翔安区	27	23	4	10	7	3	3	1	2
莆田市	**1143**	**912**	**231**	**380**	**319**	**61**	**126**	**103**	**23**
城厢区	211	166	45	124	107	17	76	64	12
涵江区	420	325	95	120	99	21	22	17	5
荔城区	363	291	72	114	94	20	25	20	5
秀屿区	149	130	19	22	19	3	3	2	1
仙游县									
三明市	**691**	**520**	**171**	**284**	**207**	**77**	**75**	**62**	**13**
梅列区	195	147	48	108	75	33	31	24	7
三元区	187	143	44	71	53	18	16	13	3
明溪县									
清流县									
宁化县									
大田县									
尤溪县									
沙县									
将乐县									
泰宁县									
建宁县									
永安市	309	230	79	105	79	26	28	25	3
泉州市	**1834**	**1471**	**363**	**640**	**521**	**119**	**158**	**121**	**37**
鲤城区	484	352	132	239	184	55	49	37	12
丰泽区	309	241	68	154	127	27	49	38	11
洛江区	34	27	7	10	9	1	1	1	
泉港区	152	138	14	35	30	5	8	8	
惠安县									
安溪县									
永春县									
德化县									
石狮市	167	134	33	43	36	7	12	8	4
晋江市	340	279	61	95	79	16	23	15	8
南安市	348	300	48	64	56	8	16	14	2

6-2a 续表 5

单位：人

地　区	初　中			高　中			大学专科		
	小计	男	女	小计	男	女	小计	男	女
漳州市	**972**	**738**	**234**	**341**	**249**	**92**	**66**	**52**	**14**
芗城区	520	387	133	240	168	72	52	42	10
龙文区	97	81	16	20	16	4	5	4	1
云霄县									
漳浦县									
诏安县									
长泰县									
东山县									
南靖县									
平和县									
华安县									
龙海市	354	269	85	81	65	16	9	6	3
南平市	**1024**	**737**	**287**	**406**	**300**	**106**	**95**	**73**	**22**
延平区	348	257	91	182	136	46	45	35	10
建阳区	139	81	58	58	42	16	8	5	3
顺昌县									
浦城县									
光泽县									
松溪县									
政和县									
邵武市	231	173	58	77	60	17	15	14	1
武夷山市	130	95	35	34	26	8	6	3	3
建瓯市	176	131	45	55	36	19	21	16	5
龙岩市	**575**	**449**	**126**	**273**	**218**	**55**	**104**	**81**	**23**
新罗区	428	337	91	199	154	45	78	61	17
永定区	63	53	10	29	26	3	13	11	2
长汀县									
上杭县									
武平县									
连城县									
漳平市	84	59	25	45	38	7	13	9	4
宁德市	**347**	**236**	**111**	**168**	**120**	**48**	**37**	**27**	**10**
蕉城区	133	88	45	51	34	17	12	8	4
霞浦县									
古田县									
屏南县									
寿宁县									
周宁县									
柘荣县									
福安市	123	86	37	72	57	15	15	10	5
福鼎市	91	62	29	45	29	16	10	9	1

6-2a　续表 6　　　　单位：人

地　区	大学本科			硕士研究生			博士研究生		
	小计	男	女	小计	男	女	小计	男	女
合　计	**1271**	**1024**	**247**	**36**	**23**	**13**	**12**	**7**	**5**
福州市	**462**	**365**	**97**	**13**	**5**	**8**	**3**	**2**	**1**
鼓楼区	248	197	51	6	2	4	3	2	1
台江区	62	47	15						
仓山区	72	53	19	5	2	3			
马尾区	18	13	5	1	1				
晋安区	42	38	4	1		1			
长乐区	5	4	1						
闽侯县									
连江县									
罗源县									
闽清县									
永泰县									
平潭县									
福清市	15	13	2						
厦门市	**399**	**318**	**81**	**16**	**12**	**4**	**9**	**5**	**4**
思明区	257	207	50	13	11	2	8	4	4
海沧区	15	12	3						
湖里区	68	54	14	3	1	2			
集美区	39	29	10				1	1	
同安区	17	15	2						
翔安区	3	1	2						
莆田市	**53**	**47**	**6**						
城厢区	27	22	5						
涵江区	10	10							
荔城区	14	13	1						
秀屿区	2	2							
仙游县									
三明市	**39**	**33**	**6**						
梅列区	20	15	5						
三元区	10	10							
明溪县									
清流县									
宁化县									
大田县									
尤溪县									
沙县									
将乐县									
泰宁县									
建宁县									
永安市	9	8	1						
泉州市	**142**	**113**	**29**	**1**	**1**				
鲤城区	45	36	9	1	1				
丰泽区	54	43	11						
洛江区	1	1							
泉港区	7	7							
惠安县									
安溪县									
永春县									
德化县									
石狮市	9	8	1						
晋江市	14	11	3						
南安市	12	7	5						

6-2a 续表 7　　单位：人

地　区	大学本科			硕士研究生			博士研究生		
	小计	男	女	小计	男	女	小计	男	女
漳州市	**49**	**41**	**8**	**1**	**1**				
芗城区	42	35	7						
龙文区	3	2	1	1	1				
云霄县									
漳浦县									
诏安县									
长泰县									
东山县									
南靖县									
平和县									
华安县									
龙海市	4	4							
南平市	**42**	**32**	**10**	**3**	**2**	**1**			
延平区	16	12	4	2	1	1			
建阳区	7	6	1						
顺昌县									
浦城县									
光泽县									
松溪县									
政和县									
邵武市	11	9	2						
武夷山市				1	1				
建瓯市	8	5	3						
龙岩市	**64**	**60**	**4**	**2**	**2**				
新罗区	48	45	3	2	2				
永定区	10	10							
长汀县									
上杭县									
武平县									
连城县									
漳平市	6	5	1						
宁德市	**21**	**15**	**6**						
蕉城区	7	4	3						
霞浦县									
古田县									
屏南县									
寿宁县									
周宁县									
柘荣县									
福安市	10	9	1						
福鼎市	4	2	2						

6-2b　各地区分性别、受教育程度的3岁及以上死亡人口 (2019.11.1-2020.10.31)(镇)

单位：人

地　区	3岁及以上死亡人口			未上过学		
	合计	男	女	小计	男	女
合　计	**53920**	**31632**	**22288**	**13596**	**4226**	**9370**
福州市	**7641**	**4375**	**3266**	**1713**	**558**	**1155**
鼓楼区						
台江区						
仓山区						
马尾区						
晋安区	5	3	2	1		1
长乐区	880	487	393	203	72	131
闽侯县	1517	843	674	269	80	189
连江县	1575	878	697	325	96	229
罗源县	587	342	245	127	51	76
闽清县	467	278	189	58	16	42
永泰县	460	279	181	52	14	38
平潭县	513	292	221	125	42	83
福清市	1637	973	664	553	187	366
厦门市	**584**	**353**	**231**	**226**	**71**	**155**
思明区						
海沧区						
湖里区						
集美区						
同安区	76	47	29	26	8	18
翔安区	508	306	202	200	63	137
莆田市	**3991**	**2311**	**1680**	**1336**	**445**	**891**
城厢区	302	170	132	148	50	98
涵江区	139	63	76	35	3	32
荔城区	86	51	35	24	9	15
秀屿区	547	331	216	222	77	145
仙游县	2917	1696	1221	907	306	601
三明市	**4120**	**2459**	**1661**	**959**	**342**	**617**
梅列区	50	29	21	12	3	9
三元区	79	44	35	20	3	17
明溪县	273	159	114	56	17	39
清流县	250	155	95	66	25	41
宁化县	607	366	241	133	40	93
大田县	567	359	208	153	58	95
尤溪县	621	371	250	124	53	71
沙县	650	389	261	132	55	77
将乐县	369	217	152	83	32	51
泰宁县	249	146	103	57	18	39
建宁县	206	116	90	55	18	37
永安市	199	108	91	68	20	48
泉州市	**13528**	**7994**	**5534**	**3102**	**793**	**2309**
鲤城区						
丰泽区						
洛江区	127	79	48	46	11	35
泉港区	462	286	176	130	41	89
惠安县	2824	1635	1189	841	175	666
安溪县	1714	1032	682	390	115	275
永春县	1699	967	732	215	50	165
德化县	797	503	294	155	32	123
石狮市	683	433	250	191	71	120
晋江市	1660	1004	656	398	111	287
南安市	3562	2055	1507	736	187	549

6-2b 续表 1

单位：人

地　区	3岁及以上死亡人口			未上过学		
	合计	男	女	小计	男	女
漳州市	**10673**	**6155**	**4518**	**2825**	**774**	**2051**
芗城区	311	175	136	96	23	73
龙文区						
云霄县	1035	559	476	323	104	219
漳浦县	2442	1420	1022	754	183	571
诏安县	1572	903	669	448	150	298
长泰县	679	362	317	228	60	168
东山县	754	461	293	106	21	85
南靖县	793	447	346	224	60	164
平和县	1402	863	539	222	64	158
华安县	460	261	199	102	24	78
龙海市	1225	704	521	322	85	237
南平市	**3939**	**2336**	**1603**	**900**	**348**	**552**
延平区	432	288	144	110	57	53
建阳区	272	151	121	74	25	49
顺昌县	587	341	246	109	34	75
浦城县	699	435	264	91	36	55
光泽县	298	178	120	33	13	20
松溪县	277	155	122	71	28	43
政和县	517	291	226	143	64	79
邵武市	229	133	96	55	13	42
武夷山市	155	89	66	28	10	18
建瓯市	473	275	198	186	68	118
龙岩市	**4668**	**2727**	**1941**	**1123**	**239**	**884**
新罗区	333	180	153	109	25	84
永定区	613	334	279	150	20	130
长汀县	889	510	379	142	33	109
上杭县	978	557	421	303	60	243
武平县	908	573	335	196	41	155
连城县	719	443	276	132	29	103
漳平市	228	130	98	91	31	60
宁德市	**4776**	**2922**	**1854**	**1412**	**656**	**756**
蕉城区	344	206	138	143	68	75
霞浦县	991	591	400	328	158	170
古田县	769	462	307	73	31	42
屏南县	336	208	128	46	20	26
寿宁县	378	236	142	149	72	77
周宁县	390	250	140	143	63	80
柘荣县	187	113	74	56	22	34
福安市	662	406	256	183	85	98
福鼎市	719	450	269	291	137	154

6-2b　续表 2　　　　单位：人

地　区	学前教育			小　学		
	小计	男	女	小计	男	女
合　计	**333**	**132**	**201**	**26611**	**16366**	**10245**
福州市	**68**	**27**	**41**	**4006**	**2345**	**1661**
鼓楼区						
台江区						
仓山区						
马尾区						
晋安区				4	3	1
长乐区	5		5	531	303	228
闽侯县	7	4	3	835	450	385
连江县	24	8	16	887	519	368
罗源县	4	4		321	189	132
闽清县	1		1	235	130	105
永泰县	3		3	247	140	107
平潭县	7	4	3	212	119	93
福清市	17	7	10	734	492	242
厦门市	**3**	**2**	**1**	**224**	**165**	**59**
思明区						
海沧区						
湖里区						
集美区						
同安区				34	27	7
翔安区	3	2	1	190	138	52
莆田市	**17**	**6**	**11**	**1864**	**1203**	**661**
城厢区	3	1	2	96	72	24
涵江区	1		1	54	18	36
荔城区	2	1	1	47	30	17
秀屿区	1		1	228	167	61
仙游县	10	4	6	1439	916	523
三明市	**33**	**9**	**24**	**1993**	**1201**	**792**
梅列区				27	16	11
三元区				47	31	16
明溪县	2		2	133	71	62
清流县	3	1	2	97	66	31
宁化县	4		4	294	177	117
大田县	4	1	3	251	167	84
尤溪县	9	5	4	324	185	139
沙县	6	1	5	345	206	139
将乐县	4		4	180	106	74
泰宁县				107	66	41
建宁县				93	50	43
永安市	1	1		95	60	35
泉州市	**68**	**25**	**43**	**6806**	**4257**	**2549**
鲤城区						
丰泽区						
洛江区				48	38	10
泉港区				220	150	70
惠安县	12	6	6	1358	938	420
安溪县	11	6	5	791	473	318
永春县	16	3	13	906	470	436
德化县	8	4	4	358	233	125
石狮市				386	276	110
晋江市	2	2		861	567	294
南安市	19	4	15	1878	1112	766

6-2b 续表 3

单位：人

地　区	学前教育			小　学		
	小计	男	女	小计	男	女
漳州市	**61**	**24**	**37**	**5142**	**3147**	**1995**
芗城区	3		3	153	98	55
龙文区						
云霄县	6	1	5	420	235	185
漳浦县	17	7	10	1054	695	359
诏安县	4		4	782	467	315
长泰县	1	1		284	168	116
东山县	5	3	2	472	293	179
南靖县	3		3	357	215	142
平和县	8	5	3	716	418	298
华安县	2	1	1	245	140	105
龙海市	12	6	6	659	418	241
南平市	**19**	**10**	**9**	**2056**	**1239**	**817**
延平区	7	2	5	244	171	73
建阳区	1	1		146	93	53
顺昌县	2	1	1	304	173	131
浦城县	1	1		368	208	160
光泽县				160	81	79
松溪县	1	1		132	78	54
政和县	4	2	2	270	153	117
邵武市	1	1		120	76	44
武夷山市	1		1	96	59	37
建瓯市	1	1		216	147	69
龙岩市	**28**	**10**	**18**	**2048**	**1224**	**824**
新罗区	1		1	124	69	55
永定区	4	3	1	261	151	110
长汀县	7	1	6	492	268	224
上杭县	9	4	5	397	263	134
武平县	2	1	1	346	209	137
连城县	5	1	4	333	202	131
漳平市				95	62	33
宁德市	**36**	**19**	**17**	**2472**	**1585**	**887**
蕉城区				157	107	50
霞浦县	5	3	2	453	272	181
古田县	10	4	6	476	276	200
屏南县	2	1	1	206	128	78
寿宁县	4	1	3	172	115	57
周宁县	1		1	176	127	49
柘荣县	1	1		90	60	30
福安市	4	2	2	390	248	142
福鼎市	9	7	2	352	252	100

6−2b　续表 4　　单位：人

地　区	初中			高中			大学专科		
	小计	男	女	小计	男	女	小计	男	女
合　计	**9731**	**7825**	**1906**	**2688**	**2292**	**396**	**706**	**582**	**124**
福州市	**1401**	**1077**	**324**	**344**	**280**	**64**	**71**	**56**	**15**
鼓楼区									
台江区									
仓山区									
马尾区									
晋安区									
长乐区	117	92	25	20	16	4	3	3	
闽侯县	315	229	86	69	61	8	14	12	2
连江县	267	203	64	54	40	14	11	6	5
罗源县	95	70	25	27	19	8	9	6	3
闽清县	139	104	35	22	19	3	8	6	2
永泰县	108	82	26	39	33	6	10	9	1
平潭县	110	81	29	39	29	10	11	10	1
福清市	250	216	34	74	63	11	5	4	1
厦门市	**95**	**85**	**10**	**27**	**23**	**4**	**6**	**6**	
思明区									
海沧区									
湖里区									
集美区									
同安区	10	7	3	4	4		1	1	
翔安区	85	78	7	23	19	4	5	5	
莆田市	**590**	**494**	**96**	**132**	**119**	**13**	**37**	**31**	**6**
城厢区	43	36	7	5	4	1	6	6	
涵江区	39	32	7	7	7		2	2	
荔城区	13	11	2						
秀屿区	86	77	9	9	9		1	1	
仙游县	409	338	71	111	99	12	28	22	6
三明市	**722**	**565**	**157**	**293**	**236**	**57**	**90**	**81**	**9**
梅列区	9	8	1	2	2				
三元区	8	6	2	4	4				
明溪县	51	45	6	27	23	4	3	2	1
清流县	52	40	12	20	14	6	7	4	3
宁化县	113	91	22	41	37	4	15	14	1
大田县	90	73	17	46	38	8	21	21	
尤溪县	106	82	24	36	27	9	14	14	
沙县	106	82	24	46	33	13	11	9	2
将乐县	64	45	19	28	25	3	9	8	1
泰宁县	61	42	19	17	13	4	6	6	
建宁县	41	34	7	15	12	3	1	1	
永安市	21	17	4	11	8	3	3	2	1
泉州市	**2620**	**2119**	**501**	**689**	**606**	**83**	**173**	**137**	**36**
鲤城区									
丰泽区									
洛江区	24	22	2	6	6		3	2	1
泉港区	77	69	8	28	21	7	6	4	2
惠安县	423	356	67	137	119	18	35	27	8
安溪县	385	316	69	101	91	10	27	23	4
永春县	399	296	103	115	108	7	31	25	6
德化县	181	150	31	72	65	7	16	13	3
石狮市	88	72	16	18	14	4			
晋江市	300	248	52	73	54	19	20	17	3
南安市	743	590	153	139	128	11	35	26	9

6-2b 续表 5

单位：人

地　区	初　中			高　中			大学专科		
	小计	男	女	小计	男	女	小计	男	女
漳州市	**2030**	**1678**	**352**	**456**	**407**	**49**	**125**	**100**	**25**
芗城区	51	46	5	6	6		2	2	
龙文区									
云霄县	223	168	55	50	42	8	9	6	3
漳浦县	477	416	61	95	86	9	36	28	8
诏安县	268	224	44	53	49	4	15	11	4
长泰县	120	98	22	35	26	9	9	7	2
东山县	115	94	21	44	40	4	11	9	2
南靖县	134	106	28	49	46	3	18	15	3
平和县	389	315	74	59	55	4	8	6	2
华安县	87	73	14	18	18		4	4	
龙海市	166	138	28	47	39	8	13	12	1
南平市	**686**	**531**	**155**	**205**	**150**	**55**	**57**	**45**	**12**
延平区	58	47	11	9	7	2	3	3	
建阳区	41	30	11	9	2	7			
顺昌县	105	80	25	50	41	9	13	9	4
浦城县	159	131	28	61	43	18	16	13	3
光泽县	84	65	19	13	12	1	5	4	1
松溪县	47	34	13	25	14	11	1		1
政和县	74	51	23	12	10	2	13	10	3
邵武市	40	32	8	9	7	2	3	3	
武夷山市	27	18	9	2	2				
建瓯市	51	43	8	15	12	3	3	3	
龙岩市	**973**	**812**	**161**	**353**	**314**	**39**	**110**	**98**	**12**
新罗区	72	62	10	24	21	3	3	3	
永定区	139	112	27	34	28	6	22	17	5
长汀县	158	122	36	68	65	3	15	15	
上杭县	171	146	25	73	62	11	17	16	1
武平县	232	203	29	94	83	11	31	29	2
连城县	169	139	30	52	48	4	20	16	4
漳平市	32	28	4	8	7	1	2	2	
宁德市	**614**	**464**	**150**	**189**	**157**	**32**	**37**	**28**	**9**
蕉城区	36	26	10	5	3	2	1	1	
霞浦县	149	111	38	48	40	8	5	4	1
古田县	163	120	43	37	25	12	9	5	4
屏南县	52	33	19	23	20	3	5	4	1
寿宁县	36	32	4	14	14		3	2	1
周宁县	50	43	7	14	12	2	4	4	
柘荣县	21	16	5	10	8	2	5	3	2
福安市	65	52	13	17	16	1	2	2	
福鼎市	42	31	11	21	19	2	3	3	

6–2b　续表 6　　　　单位：人

地　区	大学本科			硕士研究生			博士研究生		
	小计	男	女	小计	男	女	小计	男	女
合　计	**252**	**207**	**45**	**3**	**2**	**1**			
福州市	**37**	**31**	**6**	**1**	**1**				
鼓楼区									
台江区									
仓山区									
马尾区									
晋安区									
长乐区	1	1							
闽侯县	8	7	1						
连江县	7	6	1						
罗源县	4	3	1						
闽清县	4	3	1						
永泰县				1	1				
平潭县	9	7	2						
福清市	4	4							
厦门市	**3**	**1**	**2**						
思明区									
海沧区									
湖里区									
集美区									
同安区	1		1						
翔安区	2	1	1						
莆田市	**15**	**13**	**2**						
城厢区	1	1							
涵江区	1	1							
荔城区									
秀屿区									
仙游县	13	11	2						
三明市	**30**	**25**	**5**						
梅列区									
三元区									
明溪县	1	1							
清流县	5	5							
宁化县	7	7							
大田县	2	1	1						
尤溪县	8	5	3						
沙县	4	3	1						
将乐县	1	1							
泰宁县	1	1							
建宁县	1	1							
永安市									
泉州市	**69**	**57**	**12**	**1**		**1**			
鲤城区									
丰泽区									
洛江区									
泉港区	1	1							
惠安县	18	14	4						
安溪县	9	8	1						
永春县	16	15	1	1		1			
德化县	7	6	1						
石狮市									
晋江市	6	5	1						
南安市	12	8	4						

6－2b　续表 7　　　　单位：人

地　区	大学本科			硕士研究生			博士研究生		
	小计	男	女	小计	男	女	小计	男	女
漳州市	**34**	**25**	**9**						
芗城区									
龙文区									
云霄县	4	3	1						
漳浦县	9	5	4						
诏安县	2	2							
长泰县	2	2							
东山县	1	1							
南靖县	8	5	3						
平和县									
华安县	2	1	1						
龙海市	6	6							
南平市	**16**	**13**	**3**						
延平区	1	1							
建阳区	1		1						
顺昌县	4	3	1						
浦城县	3	3							
光泽县	3	3							
松溪县									
政和县	1	1							
邵武市	1	1							
武夷山市	1		1						
建瓯市	1	1							
龙岩市	**33**	**30**	**3**						
新罗区									
永定区	3	3							
长汀县	7	6	1						
上杭县	8	6	2						
武平县	7	7							
连城县	8	8							
漳平市									
宁德市	**15**	**12**	**3**	**1**	**1**				
蕉城区	1		1	1	1				
霞浦县	3	3							
古田县	1	1							
屏南县	2	2							
寿宁县									
周宁县	2	1	1						
柘荣县	4	3	1						
福安市	1	1							
福鼎市	1	1							

6-2c　各地区分性别、受教育程度的3岁及以上死亡人口 (2019.11.1-2020.10.31)(乡村)

单位：人

地　区	3岁及以上死亡人口			未上过学		
	合计	男	女	小计	男	女
合　计	**107663**	**63129**	**44534**	**36273**	**12628**	**23645**
福州市	**15557**	**8959**	**6598**	**4662**	**1540**	**3122**
鼓楼区						
台江区						
仓山区						
马尾区	275	136	139	101	31	70
晋安区	250	141	109	51	12	39
长乐区	1904	1073	831	491	169	322
闽侯县	1957	1132	825	470	140	330
连江县	2004	1158	846	549	149	400
罗源县	1052	641	411	279	131	148
闽清县	1203	705	498	254	74	180
永泰县	1595	967	628	464	153	311
平潭县	1348	768	580	605	231	374
福清市	3969	2238	1731	1398	450	948
厦门市	**2508**	**1417**	**1091**	**1012**	**322**	**690**
思明区						
海沧区	22	13	9	8	4	4
湖里区						
集美区	170	87	83	59	17	42
同安区	1227	733	494	447	161	286
翔安区	1089	584	505	498	140	358
莆田市	**9081**	**5174**	**3907**	**3387**	**965**	**2422**
城厢区	1217	683	534	447	116	331
涵江区	1138	623	515	283	50	233
荔城区	1093	638	455	345	100	245
秀屿区	2661	1552	1109	1185	353	832
仙游县	2972	1678	1294	1127	346	781
三明市	**9871**	**5823**	**4048**	**3372**	**1231**	**2141**
梅列区	80	48	32	41	21	20
三元区	285	177	108	120	50	70
明溪县	498	301	197	152	55	97
清流县	602	353	249	256	92	164
宁化县	1647	958	689	559	187	372
大田县	1448	889	559	444	175	269
尤溪县	1745	1041	704	518	182	336
沙县	972	568	404	362	155	207
将乐县	612	344	268	230	80	150
泰宁县	538	322	216	175	59	116
建宁县	674	369	305	214	69	145
永安市	770	453	317	301	106	195
泉州市	**19884**	**11782**	**8102**	**5605**	**1554**	**4051**
鲤城区						
丰泽区						
洛江区	711	441	270	287	84	203
泉港区	1026	583	443	346	94	252
惠安县	3181	1866	1315	1093	232	861
安溪县	3909	2281	1628	1231	388	843
永春县	1738	974	764	400	116	284
德化县	1309	772	537	364	93	271
石狮市	635	405	230	146	53	93
晋江市	2884	1804	1080	855	280	575
南安市	4491	2656	1835	883	214	669

6-2c 续表 1

单位：人

地区	3岁及以上死亡人口			未上过学		
	合计	男	女	小计	男	女
漳州市	**13939**	**7877**	**6062**	**4636**	**1323**	**3313**
芗城区	477	286	191	181	61	120
龙文区	138	82	56	46	16	30
云霄县	1443	815	628	541	197	344
漳浦县	2357	1355	1002	868	242	626
诏安县	2084	1148	936	745	191	554
长泰县	567	320	247	196	62	134
东山县	567	291	276	185	37	148
南靖县	1297	736	561	494	150	344
平和县	2074	1174	900	535	144	391
华安县	559	316	243	160	38	122
龙海市	2376	1354	1022	685	185	500
南平市	**12042**	**7101**	**4941**	**3816**	**1629**	**2187**
延平区	1570	916	654	498	214	284
建阳区	1381	818	563	495	209	286
顺昌县	898	516	382	228	85	143
浦城县	1995	1183	812	536	239	297
光泽县	666	402	264	140	68	72
松溪县	686	418	268	209	101	108
政和县	739	468	271	353	176	177
邵武市	1099	611	488	301	96	205
武夷山市	799	470	329	208	74	134
建瓯市	2209	1299	910	848	367	481
龙岩市	**11415**	**6481**	**4934**	**3617**	**823**	**2794**
新罗区	1767	1006	761	498	133	365
永定区	2045	1173	872	554	128	426
长汀县	1883	1084	799	523	118	405
上杭县	2009	1101	908	703	131	572
武平县	1358	773	585	461	85	376
连城县	1452	817	635	486	104	382
漳平市	901	527	374	392	124	268
宁德市	**13366**	**8515**	**4851**	**6166**	**3241**	**2925**
蕉城区	1648	1087	561	887	504	383
霞浦县	2118	1318	800	1112	598	514
古田县	1873	1134	739	364	157	207
屏南县	861	550	311	237	113	124
寿宁县	951	607	344	550	287	263
周宁县	883	556	327	440	220	220
柘荣县	420	276	144	247	145	102
福安市	2203	1466	737	872	461	411
福鼎市	2409	1521	888	1457	756	701

6-2c　续表 2　　单位：人

地　区	学前教育			小　学		
	小计	男	女	小计	男	女
合　计	**975**	**444**	**531**	**53079**	**35345**	**17734**
福州市	**163**	**73**	**90**	**8216**	**5275**	**2941**
鼓楼区						
台江区						
仓山区						
马尾区	7	1	6	131	78	53
晋安区	8	4	4	137	83	54
长乐区	18	8	10	1115	675	440
闽侯县	10	4	6	1101	687	414
连江县	22	11	11	1174	790	384
罗源县	9	4	5	651	422	229
闽清县	14	3	11	674	414	260
永泰县	24	12	12	845	578	267
平潭县	8	2	6	496	331	165
福清市	43	24	19	1892	1217	675
厦门市	**8**	**3**	**5**	**1025**	**726**	**299**
思明区						
海沧区				8	7	1
湖里区						
集美区	1		1	82	56	26
同安区	5	3	2	509	365	144
翔安区	2		2	426	298	128
莆田市	**65**	**24**	**41**	**3818**	**2612**	**1206**
城厢区	14	1	13	449	297	152
涵江区	3	1	2	497	266	231
荔城区	12	7	5	547	367	180
秀屿区	25	12	13	997	776	221
仙游县	11	3	8	1328	906	422
三明市	**109**	**47**	**62**	**5126**	**3482**	**1644**
梅列区				29	20	9
三元区	2	2		124	93	31
明溪县	4	1	3	291	199	92
清流县	2		2	271	194	77
宁化县	11	1	10	848	574	274
大田县	31	16	15	753	505	248
尤溪县	26	10	16	974	656	318
沙县	11	6	5	492	318	174
将乐县	10	4	6	307	210	97
泰宁县	4	3	1	286	201	85
建宁县	4	2	2	395	250	145
永安市	4	2	2	356	262	94
泉州市	**119**	**55**	**64**	**10140**	**6686**	**3454**
鲤城区						
丰泽区						
洛江区	5	4	1	271	215	56
泉港区				443	288	155
惠安县	11	6	5	1552	1160	392
安溪县	40	22	18	1950	1277	673
永春县	14	5	9	965	547	418
德化县	15	4	11	658	427	231
石狮市	2	2		316	206	110
晋江市	8	3	5	1492	1063	429
南安市	24	9	15	2493	1503	990

6-2c 续表 3　　单位：人

地　区	学前教育			小　学		
	小计	男	女	小计	男	女
漳州市	**186**	**77**	**109**	**6940**	**4549**	**2391**
芗城区	2	2		231	164	67
龙文区	2		2	78	54	24
云霄县	9	5	4	698	440	258
漳浦县	45	19	26	1097	780	317
诏安县	23	9	14	1018	680	338
长泰县	3	2	1	258	167	91
东山县	7		7	288	175	113
南靖县	22	6	16	568	388	180
平和县	41	17	24	1105	671	434
华安县	6	2	4	315	204	111
龙海市	26	15	11	1284	826	458
南平市	**129**	**72**	**57**	**6564**	**4186**	**2378**
延平区	13	6	7	885	557	328
建阳区	14	10	4	714	478	236
顺昌县	13	6	7	535	318	217
浦城县	11	4	7	1186	748	438
光泽县	5	2	3	439	266	173
松溪县	18	10	8	361	231	130
政和县	2	2		310	228	82
邵武市	15	9	6	595	350	245
武夷山市	9	6	3	466	294	172
建瓯市	29	17	12	1073	716	357
龙岩市	**107**	**39**	**68**	**5159**	**3414**	**1745**
新罗区	14	3	11	696	442	254
永定区	12	3	9	960	596	364
长汀县	36	16	20	998	651	347
上杭县	27	9	18	925	635	290
武平县	6	1	5	562	382	180
连城县	7	2	5	656	439	217
漳平市	5	5		362	269	93
宁德市	**89**	**54**	**35**	**6091**	**4415**	**1676**
蕉城区	11	8	3	652	495	157
霞浦县	11	5	6	883	629	254
古田县	17	12	5	1225	762	463
屏南县	7	3	4	545	376	169
寿宁县	6	5	1	312	240	72
周宁县	1	1		364	273	91
柘荣县	1		1	152	116	36
福安市	27	15	12	1156	875	281
福鼎市	8	5	3	802	649	153

6-2c　续表 4　　　　单位：人

地　区	初　中			高　中			大学专科		
	小计	男	女	小计	男	女	小计	男	女
合　计	**14204**	**11964**	**2240**	**2498**	**2210**	**288**	**453**	**388**	**65**
福州市	**2091**	**1705**	**386**	**347**	**299**	**48**	**54**	**46**	**8**
鼓楼区									
台江区									
仓山区									
马尾区	30	21	9	6	5	1			
晋安区	44	32	12	10	10				
长乐区	226	177	49	49	39	10	4	4	
闽侯县	332	264	68	28	23	5	11	9	2
连江县	225	183	42	29	23	6	4	2	2
罗源县	104	76	28	6	5	1	3	3	
闽清县	209	168	41	42	39	3	7	5	2
永泰县	220	184	36	33	31	2	6	6	
平潭县	195	163	32	37	34	3	4	4	
福清市	506	437	69	107	90	17	15	13	2
厦门市	**340**	**279**	**61**	**95**	**64**	**31**	**18**	**13**	**5**
思明区									
海沧区	5	2	3	1		1			
湖里区									
集美区	18	9	9	7	2	5	1	1	
同安区	193	158	35	60	36	24	10	7	3
翔安区	124	110	14	27	26	1	7	5	2
莆田市	**1463**	**1257**	**206**	**265**	**238**	**27**	**53**	**50**	**3**
城厢区	240	210	30	50	42	8	7	7	
涵江区	273	233	40	66	58	8	13	12	1
荔城区	159	135	24	23	22	1	6	6	
秀屿区	385	347	38	51	48	3	11	10	1
仙游县	406	332	74	75	68	7	16	15	1
三明市	**1056**	**883**	**173**	**160**	**140**	**20**	**31**	**25**	**6**
梅列区	7	5	2	3	2	1			
三元区	32	25	7	5	5		1	1	
明溪县	42	38	4	7	6	1	1	1	
清流县	59	54	5	11	10	1	2	2	
宁化县	195	164	31	26	25	1	5	4	1
大田县	179	158	21	33	30	3	6	4	2
尤溪县	188	159	29	28	24	4	6	5	1
沙县	101	85	16	5	4	1	1		1
将乐县	56	43	13	7	5	2	2	2	
泰宁县	57	45	12	11	10	1	4	3	1
建宁县	52	41	11	9	7	2			
永安市	88	66	22	15	12	3	3	3	
泉州市	**3301**	**2850**	**451**	**564**	**507**	**57**	**122**	**104**	**18**
鲤城区									
丰泽区									
洛江区	113	106	7	28	25	3	5	5	
泉港区	188	164	24	36	28	8	11	8	3
惠安县	404	356	48	78	72	6	35	33	2
安溪县	591	508	83	72	67	5	16	13	3
永春县	303	258	45	52	45	7	3	2	1
德化县	221	201	20	46	42	4	4	4	
石狮市	156	134	22	13	9	4	2	1	1
晋江市	413	356	57	95	87	8	17	12	5
南安市	912	767	145	144	132	12	29	26	3

6-2c 续表 5

单位：人

地区	初中			高中			大学专科		
	小计	男	女	小计	男	女	小计	男	女
漳州市	**1840**	**1619**	**221**	**266**	**249**	**17**	**55**	**47**	**8**
芗城区	59	56	3	4	3	1			
龙文区	9	9		3	3				
云霄县	163	143	20	26	24	2	5	5	
漳浦县	285	255	30	53	51	2	9	8	1
诏安县	241	215	26	43	39	4	11	11	
长泰县	89	71	18	16	16		4	1	3
东山县	73	65	8	11	11		2	2	
南靖县	191	174	17	17	14	3	3	2	1
平和县	348	299	49	39	38	1	6	5	1
华安县	66	60	6	7	7		4	4	
龙海市	316	272	44	47	43	4	11	9	2
南平市	**1302**	**1026**	**276**	**199**	**167**	**32**	**22**	**14**	**8**
延平区	146	118	28	25	21	4	2		2
建阳区	130	100	30	22	17	5	6	4	2
顺昌县	102	89	13	17	15	2			
浦城县	231	168	63	27	21	6	1	1	
光泽县	69	57	12	9	7	2	3	2	1
松溪县	85	64	21	11	11		2	1	1
政和县	67	55	12	6	6		1	1	
邵武市	161	131	30	24	22	2	3	3	
武夷山市	94	76	18	20	18	2	1	1	
建瓯市	217	168	49	38	29	9	3	1	2
龙岩市	**1939**	**1660**	**279**	**486**	**446**	**40**	**80**	**76**	**4**
新罗区	433	325	108	108	87	21	11	11	
永定区	398	333	65	96	89	7	17	17	
长汀县	251	229	22	63	60	3	8	6	2
上杭县	247	225	22	85	81	4	19	18	1
武平县	256	235	21	60	57	3	12	12	
连城县	245	214	31	46	46		10	10	
漳平市	109	99	10	28	26	2	3	2	1
宁德市	**872**	**685**	**187**	**116**	**100**	**16**	**18**	**13**	**5**
蕉城区	89	73	16	7	7		2		2
霞浦县	93	75	18	14	9	5	3	2	1
古田县	239	182	57	21	18	3	3	2	1
屏南县	62	49	13	9	8	1	1	1	
寿宁县	67	61	6	13	12	1	2	2	
周宁县	65	50	15	10	9	1	2	2	
柘荣县	18	13	5	1	1		1	1	
福安市	124	93	31	19	18	1	1	1	
福鼎市	115	89	26	22	18	4	3	2	1

6−2c　续表 6　　　　单位：人

地　区	大学本科			硕士研究生			博士研究生		
	小计	男	女	小计	男	女	小计	男	女
合　计	**176**	**148**	**28**	**4**	**1**	**3**	**1**	**1**	
福州市	**24**	**21**	**3**						
鼓楼区									
台江区									
仓山区									
马尾区									
晋安区									
长乐区	1	1							
闽侯县	5	5							
连江县	1		1						
罗源县									
闽清县	3	2	1						
永泰县	3	3							
平潭县	3	3							
福清市	8	7	1						
厦门市	**10**	**10**							
思明区									
海沧区									
湖里区									
集美区	2	2							
同安区	3	3							
翔安区	5	5							
莆田市	**29**	**28**	**1**	**1**		**1**			
城厢区	10	10							
涵江区	3	3							
荔城区	1	1							
秀屿区	7	6	1						
仙游县	8	8		1		1			
三明市	**17**	**15**	**2**						
梅列区									
三元区	1	1							
明溪县	1	1							
清流县	1	1							
宁化县	3	3							
大田县	2	1	1						
尤溪县	5	5							
沙县									
将乐县									
泰宁县	1	1							
建宁县									
永安市	3	2	1						
泉州市	**32**	**26**	**6**	**1**		**1**			
鲤城区									
丰泽区									
洛江区	2	2							
泉港区	2	1	1						
惠安县	8	7	1						
安溪县	8	6	2	1		1			
永春县	1	1							
德化县	1	1							
石狮市									
晋江市	4	3	1						
南安市	6	5	1						

6-2c 续表 7

单位：人

地 区	大学本科			硕士研究生			博士研究生		
	小计	男	女	小计	男	女	小计	男	女
漳州市	**15**	**12**	**3**				**1**	**1**	
芗城区									
龙文区									
云霄县	1	1							
漳浦县									
诏安县	2	2					1	1	
长泰县	1	1							
东山县	1	1							
南靖县	2	2							
平和县									
华安县	1	1							
龙海市	7	4	3						
南平市	**9**	**7**	**2**	**1**		**1**			
延平区				1		1			
建阳区									
顺昌县	3	3							
浦城县	3	2	1						
光泽县	1		1						
松溪县									
政和县									
邵武市									
武夷山市	1	1							
建瓯市	1	1							
龙岩市	**26**	**22**	**4**	**1**	**1**				
新罗区	6	4	2	1	1				
永定区	8	7	1						
长汀县	4	4							
上杭县	3	2	1						
武平县	1	1							
连城县	2	2							
漳平市	2	2							
宁德市	**14**	**7**	**7**						
蕉城区									
霞浦县	2		2						
古田县	4	1	3						
屏南县									
寿宁县	1		1						
周宁县	1	1							
柘荣县									
福安市	4	3	1						
福鼎市	2	2							

6-3 各地区分性别、婚姻状况的15岁及以上死亡人口 (2019.11.1-2020.10.31)

单位：人

地 区	15岁及以上死亡人口			未 婚		
	合计	男	女	小计	男	女
合 计	**210498**	**123258**	**87240**	**8345**	**7330**	**1015**
福州市	**35678**	**20439**	**15239**	**1196**	**1035**	**161**
鼓楼区	2734	1602	1132	60	46	14
台江区	2133	1184	949	39	31	8
仓山区	2868	1572	1296	85	68	17
马尾区	1147	647	500	56	45	11
晋安区	2122	1236	886	56	44	12
长乐区	3532	1979	1553	117	107	10
闽侯县	3519	1999	1520	151	135	16
连江县	3560	2027	1533	99	89	10
罗源县	1634	983	651	82	78	4
闽清县	1664	979	685	65	59	6
永泰县	2047	1240	807	115	109	6
平潭县	1847	1053	794	59	41	18
福清市	6871	3938	2933	212	183	29
厦门市	**11420**	**6526**	**4894**	**425**	**307**	**118**
思明区	4011	2281	1730	138	104	34
海沧区	761	434	327	39	28	11
湖里区	1180	674	506	35	28	7
集美区	1165	668	497	42	26	16
同安区	2532	1487	1045	120	82	38
翔安区	1771	982	789	51	39	12
莆田市	**18387**	**10525**	**7862**	**518**	**414**	**104**
城厢区	2409	1414	995	71	52	19
涵江区	3018	1663	1355	69	56	13
荔城区	2955	1672	1283	76	59	17
秀屿区	4141	2419	1722	91	67	24
仙游县	5864	3357	2507	211	180	31
三明市	**16611**	**9855**	**6756**	**611**	**551**	**60**
梅列区	907	550	357	33	26	7
三元区	1076	624	452	40	37	3
明溪县	769	459	310	26	24	2
清流县	847	505	342	30	28	2
宁化县	2242	1320	922	72	63	9
大田县	2002	1241	761	95	89	6
尤溪县	2359	1411	948	109	103	6
沙县	1615	952	663	47	40	7
将乐县	976	557	419	28	26	2
泰宁县	782	466	316	27	24	3
建宁县	877	485	392	14	13	1
永安市	2159	1285	874	90	78	12
泉州市	**41188**	**24369**	**16819**	**1293**	**1102**	**191**
鲤城区	1724	961	763	45	32	13
丰泽区	1250	719	531	34	21	13
洛江区	976	603	373	36	32	4
泉港区	2205	1319	886	69	54	15
惠安县	5973	3479	2494	153	120	33
安溪县	5580	3290	2290	169	150	19
永春县	3413	1925	1488	137	126	11
德化县	2086	1264	822	94	89	5
石狮市	2085	1314	771	97	84	13
晋江市	6569	3989	2580	197	161	36
南安市	9327	5506	3821	262	233	29

6-3 续表 1

单位：人

地区	15岁及以上死亡人口			未婚		
	合计	男	女	小计	男	女
漳州市	**28862**	**16522**	**12340**	**1229**	**1099**	**130**
芗城区	2718	1639	1079	105	87	18
龙文区	815	471	344	33	28	5
云霄县	2465	1368	1097	120	107	13
漳浦县	4773	2761	2012	162	147	15
诏安县	3642	2048	1594	165	161	4
长泰县	1240	677	563	42	35	7
东山县	1316	749	567	46	43	3
南靖县	2088	1181	907	90	80	10
平和县	3458	2028	1430	227	208	19
华安县	1015	573	442	41	36	5
龙海市	5332	3027	2305	198	167	31
南平市	**19982**	**11838**	**8144**	**730**	**644**	**86**
延平区	3406	2049	1357	122	101	21
建阳区	2184	1269	915	93	80	13
顺昌县	1481	853	628	43	39	4
浦城县	2684	1615	1069	124	115	9
光泽县	961	578	383	44	42	2
松溪县	959	569	390	36	31	5
政和县	1256	759	497	45	43	2
邵武市	2141	1233	908	45	40	5
武夷山市	1424	873	551	58	51	7
建瓯市	3486	2040	1446	120	102	18
龙岩市	**18213**	**10516**	**7697**	**723**	**664**	**59**
新罗区	3633	2124	1509	110	99	11
永定区	2869	1639	1230	126	119	7
长汀县	2763	1587	1176	105	95	10
上杭县	2976	1649	1327	124	114	10
武平县	2258	1341	917	76	72	4
连城县	2167	1260	907	121	112	9
漳平市	1547	916	631	61	53	8
宁德市	**20157**	**12668**	**7489**	**1620**	**1514**	**106**
蕉城区	2762	1761	1001	226	209	17
霞浦县	3099	1900	1199	262	246	16
古田县	2632	1591	1041	128	118	10
屏南县	1184	751	433	63	59	4
寿宁县	1325	840	485	80	76	4
周宁县	1268	803	465	113	102	11
柘荣县	607	389	218	74	73	1
福安市	3513	2273	1240	347	318	29
福鼎市	3767	2360	1407	327	313	14

6-3 续表 2

单位：人

地 区	有配偶			离婚			丧偶		
	小计	男	女	小计	男	女	小计	男	女
合 计	**117699**	**85600**	**32099**	**3642**	**3003**	**639**	**80812**	**27325**	**53487**
福州市	**19915**	**14337**	**5578**	**703**	**569**	**134**	**13864**	**4498**	**9366**
鼓楼区	1658	1169	489	45	33	12	971	354	617
台江区	1182	844	338	51	42	9	861	267	594
仓山区	1611	1150	461	40	25	15	1132	329	803
马尾区	653	467	186	22	13	9	416	122	294
晋安区	1235	889	346	52	38	14	779	265	514
长乐区	1868	1379	489	69	63	6	1478	430	1048
闽侯县	1955	1376	579	73	62	11	1340	426	914
连江县	1965	1446	519	73	62	11	1423	430	993
罗源县	849	621	228	38	32	6	665	252	413
闽清县	944	668	276	33	29	4	622	223	399
永泰县	1093	799	294	46	39	7	793	293	500
平潭县	1073	773	300	22	14	8	693	225	468
福清市	3829	2756	1073	139	117	22	2691	882	1809
厦门市	**6655**	**4861**	**1794**	**242**	**175**	**67**	**4098**	**1183**	**2915**
思明区	2309	1693	616	111	77	34	1453	407	1046
海沧区	468	337	131	8	1	7	246	68	178
湖里区	745	520	225	33	23	10	367	103	264
集美区	714	521	193	26	21	5	383	100	283
同安区	1448	1067	381	37	29	8	927	309	618
翔安区	971	723	248	27	24	3	722	196	526
莆田市	**10430**	**7426**	**3004**	**232**	**173**	**59**	**7207**	**2512**	**4695**
城厢区	1406	993	413	27	22	5	905	347	558
涵江区	1688	1153	535	49	33	16	1212	421	791
荔城区	1645	1180	465	24	18	6	1210	415	795
秀屿区	2417	1813	604	37	25	12	1596	514	1082
仙游县	3274	2287	987	95	75	20	2284	815	1469
三明市	**9278**	**6521**	**2757**	**291**	**238**	**53**	**6431**	**2545**	**3886**
梅列区	566	396	170	22	12	10	286	116	170
三元区	613	427	186	27	20	7	396	140	256
明溪县	424	296	128	19	18	1	300	121	179
清流县	457	339	118	9	9		351	129	222
宁化县	1226	877	349	21	16	5	923	364	559
大田县	1160	815	345	32	30	2	715	307	408
尤溪县	1309	891	418	38	30	8	903	387	516
沙县	922	640	282	31	28	3	615	244	371
将乐县	543	365	178	14	13	1	391	153	238
泰宁县	437	314	123	17	16	1	301	112	189
建宁县	464	329	135	14	12	2	385	131	254
永安市	1157	832	325	47	34	13	865	341	524
泉州市	**23807**	**17962**	**5845**	**627**	**532**	**95**	**15461**	**4773**	**10688**
鲤城区	930	702	228	39	33	6	710	194	516
丰泽区	759	573	186	31	24	7	426	101	325
洛江区	596	447	149	20	18	2	324	106	218
泉港区	1278	964	314	35	28	7	823	273	550
惠安县	3473	2728	745	89	76	13	2258	555	1703
安溪县	3226	2310	916	59	55	4	2126	775	1351
永春县	1935	1335	600	42	36	6	1299	428	871
德化县	1226	871	355	32	28	4	734	276	458
石狮市	1224	972	252	50	44	6	714	214	500
晋江市	3860	3035	825	100	81	19	2412	712	1700
南安市	5300	4025	1275	130	109	21	3635	1139	2496

6-3 续表 3 单位：人

地　区	有配偶			离　婚			丧　偶		
	小计	男	女	小计	男	女	小计	男	女
漳州市	**15960**	**11556**	**4404**	**329**	**277**	**52**	**11344**	**3590**	**7754**
芗城区	1531	1151	380	52	35	17	1030	366	664
龙文区	469	340	129	3	2	1	310	101	209
云霄县	1329	914	415	17	15	2	999	332	667
漳浦县	2674	2002	672	42	37	5	1895	575	1320
诏安县	1962	1385	577	36	32	4	1479	470	1009
长泰县	678	477	201	13	13		507	152	355
东山县	751	562	189	19	15	4	500	129	371
南靖县	1095	796	299	29	27	2	874	278	596
平和县	1821	1305	516	45	40	5	1365	475	890
华安县	556	395	161	16	14	2	402	128	274
龙海市	3094	2229	865	57	47	10	1983	584	1399
南平市	**10981**	**7760**	**3221**	**435**	**359**	**76**	**7836**	**3075**	**4761**
延平区	1863	1328	535	90	71	19	1331	549	782
建阳区	1246	864	382	44	34	10	801	291	510
顺昌县	813	567	246	32	29	3	593	218	375
浦城县	1413	1012	401	48	45	3	1099	443	656
光泽县	524	372	152	22	18	4	371	146	225
松溪县	547	381	166	23	21	2	353	136	217
政和县	650	447	203	20	14	6	541	255	286
邵武市	1199	855	344	59	49	10	838	289	549
武夷山市	815	598	217	28	23	5	523	201	322
建瓯市	1911	1336	575	69	55	14	1386	547	839
龙岩市	**10149**	**7391**	**2758**	**322**	**272**	**50**	**7019**	**2189**	**4830**
新罗区	2201	1581	620	69	54	15	1253	390	863
永定区	1600	1152	448	52	46	6	1091	322	769
长汀县	1520	1114	406	49	41	8	1089	337	752
上杭县	1579	1149	430	52	43	9	1221	343	878
武平县	1257	951	306	34	30	4	891	288	603
连城县	1128	830	298	32	30	2	886	288	598
漳平市	864	614	250	34	28	6	588	221	367
宁德市	**10524**	**7786**	**2738**	**461**	**408**	**53**	**7552**	**2960**	**4592**
蕉城区	1442	1086	356	57	49	8	1037	417	620
霞浦县	1552	1131	421	54	52	2	1231	471	760
古田县	1479	1052	427	80	70	10	945	351	594
屏南县	675	493	182	26	25	1	420	174	246
寿宁县	692	493	199	37	33	4	516	238	278
周宁县	616	463	153	30	25	5	509	213	296
柘荣县	314	223	91	19	14	5	200	79	121
福安市	1850	1395	455	75	67	8	1241	493	748
福鼎市	1904	1450	454	83	73	10	1453	524	929

6-3a　各地区分性别、婚姻状况的15岁及以上死亡人口 (2019.11.1-2020.10.31)(城市)

单位：人

地　区	15岁及以上死亡人口			未　婚		
	合计	男	女	小计	男	女
合　计	**49654**	**28932**	**20722**	**1515**	**1184**	**331**
福州市	**12586**	**7165**	**5421**	**333**	**264**	**69**
鼓楼区	2734	1602	1132	60	46	14
台江区	2133	1184	949	39	31	8
仓山区	2868	1572	1296	85	68	17
马尾区	873	512	361	47	36	11
晋安区	1869	1093	776	40	28	12
长乐区	757	427	330	24	21	3
闽侯县						
连江县						
罗源县						
闽清县						
永泰县						
平潭县						
福清市	1291	745	546	37	33	4
厦门市	**8345**	**4766**	**3579**	**307**	**223**	**84**
思明区	4011	2281	1730	138	104	34
海沧区	739	421	318	38	27	11
湖里区	1180	674	506	35	28	7
集美区	995	581	414	35	22	13
同安区	1241	714	527	52	36	16
翔安区	179	95	84	9	6	3
莆田市	**5373**	**3077**	**2296**	**145**	**111**	**34**
城厢区	897	566	331	31	23	8
涵江区	1744	979	765	42	32	10
荔城区	1780	986	794	44	36	8
秀屿区	952	546	406	28	20	8
仙游县						
三明市	**2685**	**1605**	**1080**	**80**	**68**	**12**
梅列区	777	473	304	28	21	7
三元区	716	407	309	20	19	1
明溪县						
清流县						
宁化县						
大田县						
尤溪县						
沙县						
将乐县						
泰宁县						
建宁县						
永安市	1192	725	467	32	28	4
泉州市	**7964**	**4709**	**3255**	**215**	**166**	**49**
鲤城区	1724	961	763	45	32	13
丰泽区	1250	719	531	34	21	13
洛江区	141	86	55	3	2	1
泉港区	723	453	270	14	12	2
惠安县						
安溪县						
永春县						
德化县						
石狮市	775	482	293	21	20	1
晋江市	2048	1196	852	63	49	14
南安市	1303	812	491	35	30	5

6-3a 续表 1

单位：人

地　　区	15岁及以上死亡人口			未　　婚		
	合计	男	女	小计	男	女
漳州市	**4356**	**2546**	**1810**	**166**	**137**	**29**
芗城区	1936	1183	753	72	57	15
龙文区	677	389	288	26	21	5
云霄县						
漳浦县						
诏安县						
长泰县						
东山县						
南靖县						
平和县						
华安县						
龙海市	1739	972	767	68	59	9
南平市	**4065**	**2447**	**1618**	**117**	**88**	**29**
延平区	1410	849	561	54	38	16
建阳区	540	309	231	13	11	2
顺昌县						
浦城县						
光泽县						
松溪县						
政和县						
邵武市	820	495	325	12	9	3
武夷山市	472	314	158	16	13	3
建瓯市	823	480	343	22	17	5
龙岩市	**2192**	**1345**	**847**	**53**	**47**	**6**
新罗区	1539	938	601	29	27	2
永定区	231	144	87	8	8	
长汀县						
上杭县						
武平县						
连城县						
漳平市	422	263	159	16	12	4
宁德市	**2088**	**1272**	**816**	**99**	**80**	**19**
蕉城区	776	472	304	38	29	9
霞浦县						
古田县						
屏南县						
寿宁县						
周宁县						
柘荣县						
福安市	656	405	251	37	29	8
福鼎市	656	395	261	24	22	2

6-3a　续表 2　　　　　　　　　　　　　　　　　　　　　　　　　单位：人

地　区	有配偶			离　婚			丧　偶		
	小计	男	女	小计	男	女	小计	男	女
合　计	**29021**	**21233**	**7788**	**1009**	**724**	**285**	**18109**	**5791**	**12318**
福州市	**7283**	**5205**	**2078**	**248**	**184**	**64**	**4722**	**1512**	**3210**
鼓楼区	1658	1169	489	45	33	12	971	354	617
台江区	1182	844	338	51	42	9	861	267	594
仓山区	1611	1150	461	40	25	15	1132	329	803
马尾区	523	378	145	18	9	9	285	89	196
晋安区	1106	800	306	41	31	10	682	234	448
长乐区	414	304	110	12	9	3	307	93	214
闽侯县									
连江县									
罗源县									
闽清县									
永泰县									
平潭县									
福清市	755	536	219	41	35	6	458	141	317
厦门市	**4943**	**3604**	**1339**	**201**	**139**	**62**	**2894**	**800**	**2094**
思明区	2309	1693	616	111	77	34	1453	407	1046
海沧区	452	328	124	8	1	7	241	65	176
湖里区	745	520	225	33	23	10	367	103	264
集美区	627	459	168	23	18	5	310	82	228
同安区	712	536	176	25	19	6	452	123	329
翔安区	98	68	30	1	1		71	20	51
莆田市	**3128**	**2225**	**903**	**60**	**39**	**21**	**2040**	**702**	**1338**
城厢区	555	411	144	8	6	2	303	126	177
涵江区	990	692	298	32	21	11	680	234	446
荔城区	995	694	301	15	10	5	726	246	480
秀屿区	588	428	160	5	2	3	331	96	235
仙游县									
三明市	**1578**	**1137**	**441**	**61**	**38**	**23**	**966**	**362**	**604**
梅列区	488	343	145	20	10	10	241	99	142
三元区	417	291	126	19	13	6	260	84	176
明溪县									
清流县									
宁化县									
大田县									
尤溪县									
沙县									
将乐县									
泰宁县									
建宁县									
永安市	673	503	170	22	15	7	465	179	286
泉州市	**4696**	**3574**	**1122**	**149**	**121**	**28**	**2904**	**848**	**2056**
鲤城区	930	702	228	39	33	6	710	194	516
丰泽区	759	573	186	31	24	7	426	101	325
洛江区	91	68	23	1	1		46	15	31
泉港区	450	341	109	12	8	4	247	92	155
惠安县									
安溪县									
永春县									
德化县									
石狮市	463	359	104	13	12	1	278	91	187
晋江市	1221	913	308	37	30	7	727	204	523
南安市	782	618	164	16	13	3	470	151	319

6-3a 续表 3

单位：人

地　区	有配偶			离　婚			丧　偶		
	小计	男	女	小计	男	女	小计	男	女
漳州市	**2519**	**1856**	**663**	**69**	**44**	**25**	**1602**	**509**	**1093**
芗城区	1081	828	253	46	29	17	737	269	468
龙文区	393	283	110	3	2	1	255	83	172
云霄县									
漳浦县									
诏安县									
长泰县									
东山县									
南靖县									
平和县									
华安县									
龙海市	1043	743	300	20	13	7	608	157	451
南平市	**2400**	**1746**	**654**	**117**	**85**	**32**	**1431**	**528**	**903**
延平区	782	576	206	52	39	13	522	196	326
建阳区	374	242	132	13	7	6	140	49	91
顺昌县									
浦城县									
光泽县									
松溪县									
政和县									
邵武市	493	371	122	23	17	6	292	98	194
武夷山市	290	224	66	9	8	1	157	69	88
建瓯市	461	333	128	20	14	6	320	116	204
龙岩市	**1304**	**1003**	**301**	**55**	**38**	**17**	**780**	**257**	**523**
新罗区	914	714	200	37	23	14	559	174	385
永定区	140	102	38	6	5	1	77	29	48
长汀县									
上杭县									
武平县									
连城县									
漳平市	250	187	63	12	10	2	144	54	90
宁德市	**1170**	**883**	**287**	**49**	**36**	**13**	**770**	**273**	**497**
蕉城区	439	337	102	15	10	5	284	96	188
霞浦县									
古田县									
屏南县									
寿宁县									
周宁县									
柘荣县									
福安市	370	279	91	16	13	3	233	84	149
福鼎市	361	267	94	18	13	5	253	93	160

6–3b　各地区分性别、婚姻状况的15岁及以上死亡人口 (2019.11.1–2020.10.31)(镇)

单位：人

地　区	15岁及以上死亡人口			未　婚		
	合计	男	女	小计	男	女
合　计	**53708**	**31511**	**22197**	**1903**	**1647**	**256**
福州市	**7601**	**4357**	**3244**	**239**	**202**	**37**
鼓楼区						
台江区						
仓山区						
马尾区						
晋安区	5	3	2			
长乐区	877	484	393	26	25	1
闽侯县	1510	842	668	58	49	9
连江县	1564	873	691	35	30	5
罗源县	583	342	241	26	24	2
闽清县	465	277	188	16	13	3
永泰县	460	279	181	13	11	2
平潭县	506	289	217	15	9	6
福清市	1631	968	663	50	41	9
厦门市	**582**	**351**	**231**	**21**	**15**	**6**
思明区						
海沧区						
湖里区						
集美区						
同安区	76	47	29	4	3	1
翔安区	506	304	202	17	12	5
莆田市	**3979**	**2305**	**1674**	**138**	**119**	**19**
城厢区	300	169	131	8	7	1
涵江区	139	63	76	1	1	
荔城区	86	51	35	4	2	2
秀屿区	546	331	215	13	11	2
仙游县	2908	1691	1217	112	98	14
三明市	**4106**	**2450**	**1656**	**121**	**100**	**21**
梅列区	50	29	21	3	3	
三元区	76	41	35	3	3	
明溪县	273	159	114	9	8	1
清流县	246	152	94	5	4	1
宁化县	606	366	240	16	13	3
大田县	565	358	207	18	16	2
尤溪县	621	371	250	16	14	2
沙县	648	388	260	16	11	5
将乐县	368	216	152	13	12	1
泰宁县	248	146	102	4	2	2
建宁县	206	116	90	2	1	1
永安市	199	108	91	16	13	3
泉州市	**13467**	**7956**	**5511**	**389**	**329**	**60**
鲤城区						
丰泽区						
洛江区	126	78	48	5	3	2
泉港区	461	286	175	15	13	2
惠安县	2814	1628	1186	76	58	18
安溪县	1702	1025	677	24	21	3
永春县	1690	962	728	64	59	5
德化县	786	497	289	33	28	5
石狮市	683	433	250	23	20	3
晋江市	1652	998	654	45	38	7
南安市	3553	2049	1504	104	89	15

6－3b 续表 1

单位：人

地区	15岁及以上死亡人口			未婚		
	合计	男	女	小计	男	女
漳州市	**10637**	**6137**	**4500**	**459**	**404**	**55**
芗城区	310	175	135	10	9	1
龙文区						
云霄县	1031	558	473	50	44	6
漳浦县	2431	1415	1016	80	72	8
诏安县	1570	903	667	69	66	3
长泰县	676	359	317	22	17	5
东山县	752	459	293	32	30	2
南靖县	793	447	346	31	25	6
平和县	1392	858	534	102	89	13
华安县	459	260	199	18	17	1
龙海市	1223	703	520	45	35	10
南平市	**3928**	**2329**	**1599**	**130**	**113**	**17**
延平区	430	286	144	15	15	
建阳区	270	149	121	16	13	3
顺昌县	585	339	246	20	16	4
浦城县	697	435	262	21	19	2
光泽县	297	177	120	8	8	
松溪县	277	155	122	9	4	5
政和县	517	291	226	11	10	1
邵武市	229	133	96	2	2	
武夷山市	153	89	64	8	6	2
建瓯市	473	275	198	20	20	
龙岩市	**4651**	**2718**	**1933**	**182**	**162**	**20**
新罗区	333	180	153	10	9	1
永定区	606	330	276	21	19	2
长汀县	888	509	379	28	24	4
上杭县	974	554	420	33	30	3
武平县	906	573	333	37	34	3
连城县	717	443	274	48	41	7
漳平市	227	129	98	5	5	
宁德市	**4757**	**2908**	**1849**	**224**	**203**	**21**
蕉城区	344	206	138	13	10	3
霞浦县	985	586	399	41	38	3
古田县	766	460	306	23	20	3
屏南县	332	204	128	10	9	1
寿宁县	377	236	141	22	21	1
周宁县	388	248	140	21	19	2
柘荣县	187	113	74	11	11	
福安市	660	405	255	49	43	6
福鼎市	718	450	268	34	32	2

6-3b 续表 2 单位：人

地 区	有配偶			离 婚			丧 偶		
	小计	男	女	小计	男	女	小计	男	女
合 计	**30525**	**22434**	**8091**	**831**	**686**	**145**	**20449**	**6744**	**13705**
福州市	**4275**	**3109**	**1166**	**141**	**109**	**32**	**2946**	**937**	**2009**
鼓楼区									
台江区									
仓山区									
马尾区									
晋安区	4	3	1				1		1
长乐区	469	347	122	15	15		367	97	270
闽侯县	844	600	244	26	21	5	582	172	410
连江县	877	636	241	37	30	7	615	177	438
罗源县	319	233	86	13	9	4	225	76	149
闽清县	284	204	80	6	4	2	159	56	103
永泰县	249	188	61	11	7	4	187	73	114
平潭县	318	224	94	6	4	2	167	52	115
福清市	911	674	237	27	19	8	643	234	409
厦门市	**340**	**256**	**84**	**13**	**10**	**3**	**208**	**70**	**138**
思明区									
海沧区									
湖里区									
集美区									
同安区	43	31	12	2	1	1	27	12	15
翔安区	297	225	72	11	9	2	181	58	123
莆田市	**2239**	**1600**	**639**	**59**	**44**	**15**	**1543**	**542**	**1001**
城厢区	168	112	56	2	2		122	48	74
涵江区	76	44	32	1		1	61	18	43
荔城区	49	37	12	1	1		32	11	21
秀屿区	318	250	68	3	2	1	212	68	144
仙游县	1628	1157	471	52	39	13	1116	397	719
三明市	**2367**	**1685**	**682**	**76**	**61**	**15**	**1542**	**604**	**938**
梅列区	29	20	9				18	6	12
三元区	34	20	14	3	3		36	15	21
明溪县	161	107	54	7	6	1	96	38	58
清流县	137	102	35	1	1		103	45	58
宁化县	338	247	91	8	5	3	244	101	143
大田县	347	257	90	8	8		192	77	115
尤溪县	351	244	107	14	9	5	240	104	136
沙县	395	285	110	17	14	3	220	78	142
将乐县	209	144	65	4	3	1	142	57	85
泰宁县	147	110	37	3	3		94	31	63
建宁县	110	85	25	5	4	1	89	26	63
永安市	109	64	45	6	5	1	68	26	42
泉州市	**7830**	**5944**	**1886**	**183**	**159**	**24**	**5065**	**1524**	**3541**
鲤城区									
丰泽区									
洛江区	76	61	15	4	2	2	41	12	29
泉港区	262	204	58	8	8		176	61	115
惠安县	1660	1289	371	43	40	3	1035	241	794
安溪县	1017	761	256	17	15	2	644	228	416
永春县	949	675	274	17	14	3	660	214	446
德化县	511	379	132	11	9	2	231	81	150
石狮市	414	339	75	16	15	1	230	59	171
晋江市	972	760	212	19	16	3	616	184	432
南安市	1969	1476	493	48	40	8	1432	444	988

6-3b 续表 3

单位：人

地区	有配偶			离婚			丧偶		
	小计	男	女	小计	男	女	小计	男	女
漳州市	**6035**	**4407**	**1628**	**114**	**99**	**15**	**4029**	**1227**	**2802**
芗城区	169	127	42	2	2		129	37	92
龙文区									
云霄县	583	391	192	6	5	1	392	118	274
漳浦县	1392	1062	330	23	20	3	936	261	675
诏安县	881	639	242	13	11	2	607	187	420
长泰县	377	266	111	5	5		272	71	201
东山县	441	345	96	12	11	1	267	73	194
南靖县	436	308	128	14	12	2	312	102	210
平和县	774	566	208	18	15	3	498	188	310
华安县	257	183	74	10	8	2	174	52	122
龙海市	725	520	205	11	10	1	442	138	304
南平市	**2092**	**1496**	**596**	**81**	**66**	**15**	**1625**	**654**	**971**
延平区	217	169	48	14	11	3	184	91	93
建阳区	136	93	43	5	5		113	38	75
顺昌县	332	236	96	14	13	1	219	74	145
浦城县	390	296	94	14	14		272	106	166
光泽县	182	124	58	9	6	3	98	39	59
松溪县	174	117	57	3	2	1	91	32	59
政和县	228	149	79	5	3	2	273	129	144
邵武市	131	96	35	2	2		94	33	61
武夷山市	68	47	21	5	3	2	72	33	39
建瓯市	234	169	65	10	7	3	209	79	130
龙岩市	**2619**	**1965**	**654**	**76**	**64**	**12**	**1774**	**527**	**1247**
新罗区	189	137	52	4	4		130	30	100
永定区	339	244	95	6	5	1	240	62	178
长汀县	485	360	125	16	15	1	359	110	249
上杭县	541	407	134	17	13	4	383	104	279
武平县	537	417	120	20	17	3	312	105	207
连城县	394	303	91	8	7	1	267	92	175
漳平市	134	97	37	5	3	2	83	24	59
宁德市	**2728**	**1972**	**756**	**88**	**74**	**14**	**1717**	**659**	**1058**
蕉城区	182	127	55	6	5	1	143	64	79
霞浦县	561	407	154	15	14	1	368	127	241
古田县	471	329	142	23	21	2	249	90	159
屏南县	220	150	70	4	4		98	41	57
寿宁县	212	148	64	10	7	3	133	60	73
周宁县	211	159	52	6	3	3	150	67	83
柘荣县	110	77	33	6	4	2	60	21	39
福安市	360	265	95	4	4		247	93	154
福鼎市	401	310	91	14	12	2	269	96	173

6-3c　各地区分性别、婚姻状况的15岁及以上死亡人口 (2019.11.1-2020.10.31)(乡村)

单位：人

地　区	15岁及以上死亡人口			未　婚		
	合计	男	女	小计	男	女
合　计	**107136**	**62815**	**44321**	**4927**	**4499**	**428**
福州市	**15491**	**8917**	**6574**	**624**	**569**	**55**
鼓楼区						
台江区						
仓山区						
马尾区	274	135	139	9	9	
晋安区	248	140	108	16	16	
长乐区	1898	1068	830	67	61	6
闽侯县	1948	1127	821	92	85	7
连江县	1996	1154	842	64	59	5
罗源县	1051	641	410	56	54	2
闽清县	1199	702	497	49	46	3
永泰县	1587	961	626	102	98	4
平潭县	1341	764	577	44	32	12
福清市	3949	2225	1724	125	109	16
厦门市	**2493**	**1409**	**1084**	**97**	**69**	**28**
思明区						
海沧区	22	13	9	1	1	
湖里区						
集美区	170	87	83	7	4	3
同安区	1215	726	489	64	43	21
翔安区	1086	583	503	25	21	4
莆田市	**9035**	**5143**	**3892**	**235**	**184**	**51**
城厢区	1212	679	533	32	22	10
涵江区	1135	621	514	26	23	3
荔城区	1089	635	454	28	21	7
秀屿区	2643	1542	1101	50	36	14
仙游县	2956	1666	1290	99	82	17
三明市	**9820**	**5800**	**4020**	**410**	**383**	**27**
梅列区	80	48	32	2	2	
三元区	284	176	108	17	15	2
明溪县	496	300	196	17	16	1
清流县	601	353	248	25	24	1
宁化县	1636	954	682	56	50	6
大田县	1437	883	554	77	73	4
尤溪县	1738	1040	698	93	89	4
沙县	967	564	403	31	29	2
将乐县	608	341	267	15	14	1
泰宁县	534	320	214	23	22	1
建宁县	671	369	302	12	12	
永安市	768	452	316	42	37	5
泉州市	**19757**	**11704**	**8053**	**689**	**607**	**82**
鲤城区						
丰泽区						
洛江区	709	439	270	28	27	1
泉港区	1021	580	441	40	29	11
惠安县	3159	1851	1308	77	62	15
安溪县	3878	2265	1613	145	129	16
永春县	1723	963	760	73	67	6
德化县	1300	767	533	61	61	
石狮市	627	399	228	53	44	9
晋江市	2869	1795	1074	89	74	15
南安市	4471	2645	1826	123	114	9

6-3c 续表 1

单位：人

地区	15岁及以上死亡人口			未婚		
	合计	男	女	小计	男	女
漳州市	**13869**	**7839**	**6030**	**604**	**558**	**46**
芗城区	472	281	191	23	21	2
龙文区	138	82	56	7	7	
云霄县	1434	810	624	70	63	7
漳浦县	2342	1346	996	82	75	7
诏安县	2068	1143	925	96	95	1
长泰县	564	318	246	20	18	2
东山县	564	290	274	14	13	1
南靖县	1295	734	561	59	55	4
平和县	2066	1170	896	125	119	6
华安县	556	313	243	23	19	4
龙海市	2370	1352	1018	85	73	12
南平市	**11989**	**7062**	**4927**	**483**	**443**	**40**
延平区	1566	914	652	53	48	5
建阳区	1374	811	563	64	56	8
顺昌县	896	514	382	23	23	
浦城县	1987	1180	807	103	96	7
光泽县	664	401	263	36	34	2
松溪县	682	414	268	27	27	
政和县	739	468	271	34	33	1
邵武市	1092	605	487	31	29	2
武夷山市	799	470	329	34	32	2
建瓯市	2190	1285	905	78	65	13
龙岩市	**11370**	**6453**	**4917**	**488**	**455**	**33**
新罗区	1761	1006	755	71	63	8
永定区	2032	1165	867	97	92	5
长汀县	1875	1078	797	77	71	6
上杭县	2002	1095	907	91	84	7
武平县	1352	768	584	39	38	1
连城县	1450	817	633	73	71	2
漳平市	898	524	374	40	36	4
宁德市	**13312**	**8488**	**4824**	**1297**	**1231**	**66**
蕉城区	1642	1083	559	175	170	5
霞浦县	2114	1314	800	221	208	13
古田县	1866	1131	735	105	98	7
屏南县	852	547	305	53	50	3
寿宁县	948	604	344	58	55	3
周宁县	880	555	325	92	83	9
柘荣县	420	276	144	63	62	1
福安市	2197	1463	734	261	246	15
福鼎市	2393	1515	878	269	259	10

6-3c 续表 2

单位：人

地 区	有配偶			离婚			丧偶		
	小计	男	女	小计	男	女	小计	男	女
合 计	**58153**	**41933**	**16220**	**1802**	**1593**	**209**	**42254**	**14790**	**27464**
福州市	**8357**	**6023**	**2334**	**314**	**276**	**38**	**6196**	**2049**	**4147**
鼓楼区									
台江区									
仓山区									
马尾区	130	89	41	4	4		131	33	98
晋安区	125	86	39	11	7	4	96	31	65
长乐区	985	728	257	42	39	3	804	240	564
闽侯县	1077	752	325	47	41	6	732	249	483
连江县	1088	810	278	36	32	4	808	253	555
罗源县	530	388	142	25	23	2	440	176	264
闽清县	660	464	196	27	25	2	463	167	296
永泰县	844	611	233	35	32	3	606	220	386
平潭县	755	549	206	16	10	6	526	173	353
福清市	2163	1546	617	71	63	8	1590	507	1083
厦门市	**1372**	**1001**	**371**	**28**	**26**	**2**	**996**	**313**	**683**
思明区									
海沧区	16	9	7				5	3	2
湖里区									
集美区	87	62	25	3	3		73	18	55
同安区	693	500	193	10	9	1	448	174	274
翔安区	576	430	146	15	14	1	470	118	352
莆田市	**5063**	**3601**	**1462**	**113**	**90**	**23**	**3624**	**1268**	**2356**
城厢区	683	470	213	17	14	3	480	173	307
涵江区	622	417	205	16	12	4	471	169	302
荔城区	601	449	152	8	7	1	452	158	294
秀屿区	1511	1135	376	29	21	8	1053	350	703
仙游县	1646	1130	516	43	36	7	1168	418	750
三明市	**5333**	**3699**	**1634**	**154**	**139**	**15**	**3923**	**1579**	**2344**
梅列区	49	33	16	2	2		27	11	16
三元区	162	116	46	5	4	1	100	41	59
明溪县	263	189	74	12	12		204	83	121
清流县	320	237	83	8	8		248	84	164
宁化县	888	630	258	13	11	2	679	263	416
大田县	813	558	255	24	22	2	523	230	293
尤溪县	958	647	311	24	21	3	663	283	380
沙县	527	355	172	14	14		395	166	229
将乐县	334	221	113	10	10		249	96	153
泰宁县	290	204	86	14	13	1	207	81	126
建宁县	354	244	110	9	8	1	296	105	191
永安市	375	265	110	19	14	5	332	136	196
泉州市	**11281**	**8444**	**2837**	**295**	**252**	**43**	**7492**	**2401**	**5091**
鲤城区									
丰泽区									
洛江区	429	318	111	15	15		237	79	158
泉港区	566	419	147	15	12	3	400	120	280
惠安县	1813	1439	374	46	36	10	1223	314	909
安溪县	2209	1549	660	42	40	2	1482	547	935
永春县	986	660	326	25	22	3	639	214	425
德化县	715	492	223	21	19	2	503	195	308
石狮市	347	274	73	21	17	4	206	64	142
晋江市	1667	1362	305	44	35	9	1069	324	745
南安市	2549	1931	618	66	56	10	1733	544	1189

6-3c 续表 3

单位：人

地区	有配偶			离婚			丧偶		
	小计	男	女	小计	男	女	小计	男	女
漳州市	**7406**	**5293**	**2113**	**146**	**134**	**12**	**5713**	**1854**	**3859**
芗城区	281	196	85	4	4		164	60	104
龙文区	76	57	19				55	18	37
云霄县	746	523	223	11	10	1	607	214	393
漳浦县	1282	940	342	19	17	2	959	314	645
诏安县	1079	744	335	23	21	2	870	283	587
长泰县	301	211	90	8	8		235	81	154
东山县	310	217	93	7	4	3	233	56	177
南靖县	659	488	171	15	15		562	176	386
平和县	1047	739	308	27	25	2	867	287	580
华安县	299	212	87	6	6		228	76	152
龙海市	1326	966	360	26	24	2	933	289	644
南平市	**6489**	**4518**	**1971**	**237**	**208**	**29**	**4780**	**1893**	**2887**
延平区	864	583	281	24	21	3	625	262	363
建阳区	736	529	207	26	22	4	548	204	344
顺昌县	481	331	150	18	16	2	374	144	230
浦城县	1023	716	307	34	31	3	827	337	490
光泽县	342	248	94	13	12	1	273	107	166
松溪县	373	264	109	20	19	1	262	104	158
政和县	422	298	124	15	11	4	268	126	142
邵武市	575	388	187	34	30	4	452	158	294
武夷山市	457	327	130	14	12	2	294	99	195
建瓯市	1216	834	382	39	34	5	857	352	505
龙岩市	**6226**	**4423**	**1803**	**191**	**170**	**21**	**4465**	**1405**	**3060**
新罗区	1098	730	368	28	27	1	564	186	378
永定区	1121	806	315	40	36	4	774	231	543
长汀县	1035	754	281	33	26	7	730	227	503
上杭县	1038	742	296	35	30	5	838	239	599
武平县	720	534	186	14	13	1	579	183	396
连城县	734	527	207	24	23	1	619	196	423
漳平市	480	330	150	17	15	2	361	143	218
宁德市	**6626**	**4931**	**1695**	**324**	**298**	**26**	**5065**	**2028**	**3037**
蕉城区	821	622	199	36	34	2	610	257	353
霞浦县	991	724	267	39	38	1	863	344	519
古田县	1008	723	285	57	49	8	696	261	435
屏南县	455	343	112	22	21	1	322	133	189
寿宁县	480	345	135	27	26	1	383	178	205
周宁县	405	304	101	24	22	2	359	146	213
柘荣县	204	146	58	13	10	3	140	58	82
福安市	1120	851	269	55	50	5	761	316	445
福鼎市	1142	873	269	51	48	3	931	335	596

6-4　全省分年龄、性别的死亡人口状况
(2019.11.1-2020.10.31)

单位：人、‰

年　龄	平均人口			死亡人口			死亡率		
	合计	男	女	合计	男	女	合计	男	女
总　计	**41469577**	**21432770**	**20036807**	**212654**	**124528**	**88126**	**5.13**	**5.81**	**4.40**
0-4岁	**2668653**	**1445773**	**1222880**	**1393**	**816**	**577**	**0.52**	**0.56**	**0.47**
0	422540	228771	193769	943	557	386	2.23	2.43	1.99
1	462802	250651	212151	147	85	62	0.32	0.34	0.29
2	561685	303604	258081	104	58	46	0.19	0.19	0.18
3	631868	341919	289949	121	65	56	0.19	0.19	0.19
4	589758	320828	268930	78	51	27	0.13	0.16	0.10
5-9岁	**2938817**	**1598089**	**1340728**	**376**	**223**	**153**	**0.13**	**0.14**	**0.11**
5	635466	346865	288601	110	64	46	0.17	0.18	0.16
6	594996	323161	271835	81	40	41	0.14	0.12	0.15
7	634782	344615	290167	74	43	31	0.12	0.12	0.11
8	573404	311036	262368	66	41	25	0.12	0.13	0.10
9	500169	272412	227757	45	35	10	0.09	0.13	0.04
10-14岁	**2458637**	**1328191**	**1130446**	**387**	**231**	**156**	**0.16**	**0.17**	**0.14**
10	519470	281769	237701	51	31	20	0.10	0.11	0.08
11	518048	280671	237377	85	51	34	0.16	0.18	0.14
12	510641	276137	234504	70	42	28	0.14	0.15	0.12
13	469258	252507	216751	91	53	38	0.19	0.21	0.18
14	441220	237107	204113	90	54	36	0.20	0.23	0.18
15-19岁	**2001718**	**1073971**	**927747**	**485**	**329**	**156**	**0.24**	**0.31**	**0.17**
15	427708	230069	197639	97	69	28	0.23	0.30	0.14
16	399568	215466	184102	102	58	44	0.26	0.27	0.24
17	385903	208607	177296	84	57	27	0.22	0.27	0.15
18	379628	203338	176290	111	81	30	0.29	0.40	0.17
19	408911	216491	192420	91	64	27	0.22	0.30	0.14
20-24岁	**2096245**	**1132377**	**963868**	**601**	**429**	**172**	**0.29**	**0.38**	**0.18**
20	389194	206946	182248	108	74	34	0.28	0.36	0.19
21	390088	209707	180381	115	81	34	0.29	0.39	0.19
22	403442	218456	184986	99	68	31	0.25	0.31	0.17
23	424249	230646	193603	119	81	38	0.28	0.35	0.20
24	489272	266622	222650	160	125	35	0.33	0.47	0.16
25-29岁	**3039411**	**1613922**	**1425489**	**1096**	**793**	**303**	**0.36**	**0.49**	**0.21**
25	514798	279240	235558	185	129	56	0.36	0.46	0.24
26	517716	277311	240405	174	123	51	0.34	0.44	0.21
27	556433	296476	259957	191	142	49	0.34	0.48	0.19
28	636009	335849	300160	238	166	72	0.37	0.49	0.24
29	814455	425046	389409	308	233	75	0.38	0.55	0.19

6-4 续表 1

单位：人、‰

年 龄	平均人口			死亡人口			死亡率		
	合计	男	女	合计	男	女	合计	男	女
30-34岁	**3910866**	**1998138**	**1912728**	**1854**	**1289**	**565**	**0.47**	**0.65**	**0.30**
30	881596	450196	431400	356	258	98	0.40	0.57	0.23
31	811951	413113	398838	370	252	118	0.46	0.61	0.30
32	792596	405080	387516	386	268	118	0.49	0.66	0.30
33	735697	376811	358886	363	246	117	0.49	0.65	0.33
34	689026	352938	336088	379	265	114	0.55	0.75	0.34
35-39岁	**3221959**	**1652549**	**1569410**	**2208**	**1554**	**654**	**0.69**	**0.94**	**0.42**
35	698678	358953	339725	375	273	102	0.54	0.76	0.30
36	655517	336419	319098	433	304	129	0.66	0.90	0.40
37	684837	351604	333233	522	362	160	0.76	1.03	0.48
38	682392	349259	333133	468	343	125	0.69	0.98	0.38
39	500535	256314	244221	410	272	138	0.82	1.06	0.57
40-44岁	**3114857**	**1598460**	**1516397**	**3466**	**2448**	**1018**	**1.11**	**1.53**	**0.67**
40	545126	280392	264734	488	350	138	0.90	1.25	0.52
41	587474	301313	286161	575	394	181	0.98	1.31	0.63
42	650378	332834	317544	729	499	230	1.12	1.50	0.72
43	647419	332645	314774	792	565	227	1.22	1.70	0.72
44	684460	351276	333184	882	640	242	1.29	1.82	0.73
45-49岁	**3585713**	**1831405**	**1754308**	**6409**	**4465**	**1944**	**1.79**	**2.44**	**1.11**
45	660873	338627	322246	968	684	284	1.46	2.02	0.88
46	721691	369528	352163	1142	802	340	1.58	2.17	0.97
47	731816	374917	356899	1260	868	392	1.72	2.32	1.10
48	744304	378908	365396	1447	1008	439	1.94	2.66	1.20
49	727029	369425	357604	1592	1103	489	2.19	2.99	1.37
50-54岁	**3330875**	**1696340**	**1634535**	**9438**	**6644**	**2794**	**2.83**	**3.92**	**1.71**
50	696105	354067	342038	1592	1113	479	2.29	3.14	1.40
51	742425	378469	363956	1824	1249	575	2.46	3.30	1.58
52	635384	322262	313122	1833	1306	527	2.88	4.05	1.68
53	605626	308641	296985	1991	1423	568	3.29	4.61	1.91
54	651335	332901	318434	2198	1553	645	3.37	4.67	2.03
55-59岁	**2567704**	**1294708**	**1272996**	**11506**	**8159**	**3347**	**4.48**	**6.30**	**2.63**
55	609169	309563	299606	2331	1702	629	3.83	5.50	2.10
56	630372	318236	312136	2625	1845	780	4.16	5.80	2.50
57	690571	351147	339424	3048	2154	894	4.41	6.13	2.63
58	331589	163792	167797	1868	1312	556	5.63	8.01	3.31
59	306003	151970	154033	1634	1146	488	5.34	7.54	3.17
60-64岁	**2053494**	**1033514**	**1019980**	**15350**	**10888**	**4462**	**7.48**	**10.53**	**4.37**
60	380885	193838	187047	2271	1638	633	5.96	8.45	3.38
61	394202	200158	194044	2703	1963	740	6.86	9.81	3.81
62	485924	246451	239473	3529	2507	1022	7.26	10.17	4.27
63	404561	201830	202731	3312	2311	1001	8.19	11.45	4.94
64	387922	191237	196685	3535	2469	1066	9.11	12.91	5.42

6-4　续表 2　　　　单位：人、‰

年　龄	平均人口			死亡人口			死亡率		
	合计	男	女	合计	男	女	合计	男	女
65—69岁	**1764795**	**864124**	**900671**	**20542**	**14155**	**6387**	**11.64**	**16.38**	**7.09**
65	425986	210888	215098	4023	2783	1240	9.44	13.20	5.76
66	385200	188001	197199	4065	2892	1173	10.55	15.38	5.95
67	365933	178592	187341	4177	2866	1311	11.41	16.05	7.00
68	306665	147562	159103	4248	2894	1354	13.85	19.61	8.51
69	281011	139081	141930	4029	2720	1309	14.34	19.56	9.22
70—74岁	**1093477**	**543934**	**549543**	**22189**	**14577**	**7612**	**20.29**	**26.80**	**13.85**
70	272219	136456	135763	4334	2949	1385	15.92	21.61	10.20
71	239315	119778	119537	4603	3068	1535	19.23	25.61	12.84
72	207339	102771	104568	4250	2817	1433	20.50	27.41	13.70
73	194986	96749	98237	4558	2961	1597	23.38	30.60	16.26
74	179618	88180	91438	4444	2782	1662	24.74	31.55	18.18
75—79岁	**698679**	**340382**	**358297**	**25296**	**15445**	**9851**	**36.21**	**45.38**	**27.49**
75	153606	75661	77945	4453	2841	1612	28.99	37.55	20.68
76	152495	74923	77572	4952	3069	1883	32.47	40.96	24.27
77	144150	70573	73577	5177	3200	1977	35.91	45.34	26.87
78	134700	64959	69741	5331	3218	2113	39.58	49.54	30.30
79	113728	54266	59462	5383	3117	2266	47.33	57.44	38.11
80—84岁	**519038**	**232424**	**286614**	**33842**	**18578**	**15264**	**65.20**	**79.93**	**53.26**
80	112168	52160	60008	5800	3366	2434	51.71	64.53	40.56
81	110366	51683	58683	6285	3612	2673	56.95	69.89	45.55
82	111056	49773	61283	7239	4075	3164	65.18	81.87	51.63
83	96364	41507	54857	7210	3841	3369	74.82	92.54	61.41
84	89084	37301	51783	7308	3684	3624	82.03	98.76	69.98
85—89岁	**280096**	**111834**	**168262**	**31208**	**14557**	**16651**	**111.42**	**130.17**	**98.96**
85	74408	30425	43983	6933	3461	3472	93.18	113.76	78.94
86	68365	27690	40675	6969	3292	3677	101.94	118.89	90.40
87	54616	21646	32970	6428	2958	3470	117.69	136.65	105.25
88	44719	17574	27145	5500	2505	2995	122.99	142.54	110.33
89	37988	14499	23489	5378	2341	3037	141.57	161.46	129.29
90—94岁	**101282**	**35755**	**65527**	**18739**	**7124**	**11615**	**185.02**	**199.24**	**177.26**
90	30396	11249	19147	4858	1960	2898	159.82	174.24	151.36
91	25612	9293	16319	4518	1774	2744	176.40	190.90	168.15
92	20760	6951	13809	4000	1464	2536	192.68	210.62	183.65
93	13925	4850	9075	2878	1081	1797	206.68	222.89	198.02
94	10589	3412	7177	2485	845	1640	234.68	247.66	228.51
95—99岁	**20506**	**6208**	**14298**	**5345**	**1627**	**3718**	**260.66**	**262.08**	**260.04**
95	7470	2324	5146	1794	574	1220	240.16	246.99	237.08
96	5248	1624	3624	1369	442	927	260.86	272.17	255.79
97	3520	1055	2465	983	272	711	279.26	257.82	288.44
98	2489	696	1793	689	199	490	276.82	285.92	273.28
99	1779	509	1270	510	140	370	286.68	275.05	291.34
100岁及以上	**2755**	**672**	**2083**	**924**	**197**	**727**	**335.39**	**293.15**	**349.02**

6-4a 全省分年龄、性别的死亡人口状况 (2019.11.1-2020.10.31)(城市)

单位：人、‰

年 龄	平均人口			死亡人口			死亡率		
	合计	男	女	合计	男	女	合计	男	女
总 计	**17061215**	**8757908**	**8303307**	**50167**	**29231**	**20936**	**2.94**	**3.34**	**2.52**
0-4岁	**1085010**	**586088**	**498922**	**343**	**198**	**145**	**0.32**	**0.34**	**0.29**
0	172549	92960	79589	225	131	94	1.30	1.41	1.18
1	187730	101305	86425	36	17	19	0.19	0.17	0.22
2	229905	123812	106093	29	16	13	0.13	0.13	0.12
3	261924	141579	120345	32	19	13	0.12	0.13	0.11
4	232902	126432	106470	21	15	6	0.09	0.12	0.06
5-9岁	**1136011**	**616583**	**519428**	**81**	**45**	**36**	**0.07**	**0.07**	**0.07**
5	247576	135007	112569	30	17	13	0.12	0.13	0.12
6	232695	126247	106448	15	6	9	0.06	0.05	0.08
7	249139	134880	114259	16	10	6	0.06	0.07	0.05
8	219270	118562	100708	15	9	6	0.07	0.08	0.06
9	187331	101887	85444	5	3	2	0.03	0.03	0.02
10-14岁	**921717**	**497046**	**424671**	**89**	**56**	**33**	**0.10**	**0.11**	**0.08**
10	194605	105360	89245	9	5	4	0.05	0.05	0.04
11	194442	105234	89208	18	12	6	0.09	0.11	0.07
12	191661	102944	88717	17	9	8	0.09	0.09	0.09
13	170837	91936	78901	23	15	8	0.13	0.16	0.10
14	170172	91572	78600	22	15	7	0.13	0.16	0.09
15-19岁	**999836**	**531521**	**468315**	**117**	**75**	**42**	**0.12**	**0.14**	**0.09**
15	193683	104515	89168	23	17	6	0.12	0.16	0.07
16	189884	102896	86988	27	13	14	0.14	0.13	0.16
17	186189	100660	85529	20	14	6	0.11	0.14	0.07
18	199926	105333	94593	29	18	11	0.15	0.17	0.12
19	230154	118117	112037	18	13	5	0.08	0.11	0.04
20-24岁	**1120819**	**589280**	**531539**	**144**	**102**	**42**	**0.13**	**0.17**	**0.08**
20	217769	112265	105504	27	20	7	0.12	0.18	0.07
21	212692	111319	101373	30	23	7	0.14	0.21	0.07
22	215841	113823	102018	26	15	11	0.12	0.13	0.11
23	224472	118943	105529	24	14	10	0.11	0.12	0.09
24	250045	132930	117115	37	30	7	0.15	0.23	0.06
25-29岁	**1473007**	**771530**	**701477**	**239**	**162**	**77**	**0.16**	**0.21**	**0.11**
25	257247	136351	120896	46	27	19	0.18	0.20	0.16
26	254699	133800	120899	41	26	15	0.16	0.19	0.12
27	270289	142275	128014	43	31	12	0.16	0.22	0.09
28	305856	159949	145907	49	32	17	0.16	0.20	0.12
29	384916	199155	185761	60	46	14	0.16	0.23	0.08

6-4a　续表 1　　　　单位：人、‰

年　龄	平均人口			死亡人口			死亡率		
	合计	男	女	合计	男	女	合计	男	女
30–34岁	**1867803**	**945521**	**922282**	**433**	**301**	**132**	**0.23**	**0.32**	**0.14**
30	417884	211594	206290	66	52	14	0.16	0.25	0.07
31	387721	195818	191903	92	62	30	0.24	0.32	0.16
32	380362	192594	187768	85	57	28	0.22	0.30	0.15
33	353391	179149	174242	95	68	27	0.27	0.38	0.15
34	328445	166366	162079	95	62	33	0.29	0.37	0.20
35–39岁	**1521678**	**771137**	**750541**	**504**	**339**	**165**	**0.33**	**0.44**	**0.22**
35	330613	167479	163134	75	53	22	0.23	0.32	0.13
36	312999	158302	154697	110	71	39	0.35	0.45	0.25
37	328113	165714	162399	127	86	41	0.39	0.52	0.25
38	319305	162001	157304	111	74	37	0.35	0.46	0.24
39	230648	117641	113007	81	55	26	0.35	0.47	0.23
40–44岁	**1360067**	**696439**	**663628**	**793**	**525**	**268**	**0.58**	**0.75**	**0.40**
40	248907	127756	121151	126	81	45	0.51	0.63	0.37
41	263320	134511	128809	128	80	48	0.49	0.59	0.37
42	283728	144589	139139	150	90	60	0.53	0.62	0.43
43	277723	142684	135039	182	124	58	0.66	0.87	0.43
44	286389	146899	139490	207	150	57	0.72	1.02	0.41
45–49岁	**1413857**	**721311**	**692546**	**1360**	**922**	**438**	**0.96**	**1.28**	**0.63**
45	271805	139525	132280	205	144	61	0.75	1.03	0.46
46	288018	147455	140563	222	141	81	0.77	0.96	0.58
47	290789	149229	141560	281	186	95	0.97	1.25	0.67
48	288026	146258	141768	301	205	96	1.05	1.40	0.68
49	275219	138844	136375	351	246	105	1.28	1.77	0.77
50–54岁	**1202417**	**603662**	**598755**	**2001**	**1383**	**618**	**1.66**	**2.29**	**1.03**
50	260401	131058	129343	369	254	115	1.42	1.94	0.89
51	274101	137633	136468	381	238	143	1.39	1.73	1.05
52	226850	113414	113436	372	259	113	1.64	2.28	1.00
53	212760	106862	105898	430	313	117	2.02	2.93	1.10
54	228305	114695	113610	449	319	130	1.97	2.78	1.14
55–59岁	**929114**	**458563**	**470551**	**2773**	**1947**	**826**	**2.98**	**4.25**	**1.76**
55	221360	110437	110923	535	391	144	2.42	3.54	1.30
56	233264	115697	117567	647	445	202	2.77	3.85	1.72
57	244847	121374	123473	705	491	214	2.88	4.05	1.73
58	117060	56821	60239	465	318	147	3.97	5.60	2.44
59	112583	54234	58349	421	302	119	3.74	5.57	2.04
60–64岁	**687497**	**337021**	**350476**	**3494**	**2499**	**995**	**5.08**	**7.41**	**2.84**
60	133008	65292	67716	512	379	133	3.85	5.80	1.96
61	132522	65293	67229	629	448	181	4.75	6.86	2.69
62	160471	79239	81232	807	582	225	5.03	7.34	2.77
63	133807	65477	68330	729	508	221	5.45	7.76	3.23
64	127689	61720	65969	817	582	235	6.40	9.43	3.56

6－4a 续表 2

单位：人、‰

年 龄	平均人口			死亡人口			死亡率		
	合计	男	女	合计	男	女	合计	男	女
65－69岁	**548690**	**262529**	**286161**	**4543**	**3050**	**1493**	**8.28**	**11.62**	**5.22**
65	135472	65655	69817	875	598	277	6.46	9.11	3.97
66	121104	57733	63371	900	604	296	7.43	10.46	4.67
67	113134	53648	59486	889	602	287	7.86	11.22	4.82
68	94008	44222	49786	1006	661	345	10.70	14.95	6.93
69	84972	41271	43701	873	585	288	10.27	14.17	6.59
70－74岁	**333529**	**161767**	**171762**	**5232**	**3421**	**1811**	**15.69**	**21.15**	**10.54**
70	84898	41605	43293	1047	691	356	12.33	16.61	8.22
71	73159	35425	37734	1080	717	363	14.76	20.24	9.62
72	63694	30675	33019	989	648	341	15.53	21.12	10.33
73	58753	28360	30393	1048	689	359	17.84	24.29	11.81
74	53025	25702	27323	1068	676	392	20.14	26.30	14.35
75－79岁	**199996**	**95909**	**104087**	**5727**	**3499**	**2228**	**28.64**	**36.48**	**21.41**
75	45764	22107	23657	1060	673	387	23.16	30.44	16.36
76	44655	21613	23042	1152	701	451	25.80	32.43	19.57
77	41297	19966	21331	1166	734	432	28.23	36.76	20.25
78	36578	17208	19370	1181	704	477	32.29	40.91	24.63
79	31702	15015	16687	1168	687	481	36.84	45.75	28.82
80－84岁	**146895**	**66518**	**80377**	**8024**	**4466**	**3558**	**54.62**	**67.14**	**44.27**
80	32159	14808	17351	1403	791	612	43.63	53.42	35.27
81	31262	14919	16343	1500	860	640	47.98	57.64	39.16
82	31095	14100	16995	1705	971	734	54.83	68.87	43.19
83	27555	12169	15386	1726	969	757	62.64	79.63	49.20
84	24824	10522	14302	1690	875	815	68.08	83.16	56.99
85－89岁	**79311**	**32959**	**46352**	**8008**	**3918**	**4090**	**100.97**	**118.87**	**88.24**
85	21519	8907	12612	1811	920	891	84.16	103.29	70.65
86	19458	8159	11299	1761	870	891	90.50	106.63	78.86
87	15252	6341	8911	1626	784	842	106.61	123.64	94.49
88	12381	5173	7208	1431	693	738	115.58	133.96	102.39
89	10701	4379	6322	1379	651	728	128.87	148.66	115.15
90－94岁	**27640**	**10572**	**17068**	**4691**	**1857**	**2834**	**169.72**	**175.65**	**166.04**
90	8436	3447	4989	1227	543	684	145.45	157.53	137.10
91	6964	2674	4290	1124	464	660	161.40	173.52	153.85
92	5726	2085	3641	1019	368	651	177.96	176.50	178.80
93	3694	1399	2295	711	281	430	192.47	200.86	187.36
94	2820	967	1853	610	201	409	216.31	207.86	220.72
95－99岁	**5561**	**1772**	**3789**	**1336**	**415**	**921**	**240.24**	**234.20**	**243.07**
95	2038	669	1369	427	143	284	209.52	213.75	207.45
96	1361	459	902	361	125	236	265.25	272.33	261.64
97	965	316	649	241	71	170	249.74	224.68	261.94
98	719	204	515	183	48	135	254.52	235.29	262.14
99	478	124	354	124	28	96	259.41	225.81	271.19
100岁及以上	**760**	**180**	**580**	**235**	**51**	**184**	**309.21**	**283.33**	**317.24**

6-4b　全省分年龄、性别的死亡人口状况
(2019.11.1-2020.10.31)(镇)

单位：人、‰

年　龄	平均人口			死亡人口			死亡率		
	合计	男	女	合计	男	女	合计	男	女
总　计	**11430908**	**5847867**	**5583041**	**54231**	**31817**	**22414**	**4.74**	**5.44**	**4.01**
0-4岁	**793742**	**431556**	**362186**	**361**	**213**	**148**	**0.45**	**0.49**	**0.41**
0	119720	65076	54644	250	142	108	2.09	2.18	1.98
1	134861	73297	61564	32	24	8	0.24	0.33	0.13
2	167711	90910	76801	29	19	10	0.17	0.21	0.13
3	191881	104025	87856	28	15	13	0.15	0.14	0.15
4	179569	98248	81321	22	13	9	0.12	0.13	0.11
5-9岁	**914354**	**499441**	**414913**	**81**	**44**	**37**	**0.09**	**0.09**	**0.09**
5	195863	107154	88709	25	14	11	0.13	0.13	0.12
6	185068	101126	83942	16	9	7	0.09	0.09	0.08
7	197931	107856	90075	16	6	10	0.08	0.06	0.11
8	179473	97942	81531	15	8	7	0.08	0.08	0.09
9	156019	85363	70656	9	7	2	0.06	0.08	0.03
10-14岁	**763391**	**412466**	**350925**	**81**	**49**	**32**	**0.11**	**0.12**	**0.09**
10	161910	88351	73559	10	7	3	0.06	0.08	0.04
11	160649	87301	73348	17	10	7	0.11	0.11	0.10
12	157688	85482	72206	15	11	4	0.10	0.13	0.06
13	144888	77787	67101	22	12	10	0.15	0.15	0.15
14	138256	73545	64711	17	9	8	0.12	0.12	0.12
15-19岁	**588459**	**307737**	**280722**	**138**	**98**	**40**	**0.23**	**0.32**	**0.14**
15	142041	74461	67580	28	20	8	0.20	0.27	0.12
16	134715	70175	64540	23	13	10	0.17	0.19	0.15
17	117303	61619	55684	26	20	6	0.22	0.32	0.11
18	95363	49845	45518	34	26	8	0.36	0.52	0.18
19	99037	51637	47400	27	19	8	0.27	0.37	0.17
20-24岁	**490336**	**263676**	**226660**	**142**	**99**	**43**	**0.29**	**0.38**	**0.19**
20	93372	49015	44357	19	13	6	0.20	0.27	0.14
21	91848	49120	42728	30	18	12	0.33	0.37	0.28
22	92638	50187	42451	28	19	9	0.30	0.38	0.21
23	96943	52786	44157	29	21	8	0.30	0.40	0.18
24	115535	62568	52967	36	28	8	0.31	0.45	0.15
25-29岁	**769223**	**397729**	**371494**	**288**	**213**	**75**	**0.37**	**0.54**	**0.20**
25	125334	67531	57803	50	37	13	0.40	0.55	0.22
26	128079	67634	60445	43	31	12	0.34	0.46	0.20
27	140154	72708	67446	53	43	10	0.38	0.59	0.15
28	162753	83036	79717	60	41	19	0.37	0.49	0.24
29	212903	106820	106083	82	61	21	0.39	0.57	0.20

6-4b 续表 1

单位：人、‰

年 龄	平均人口			死亡人口			死亡率		
	合计	男	女	合计	男	女	合计	男	女
30-34岁	**1036774**	**511975**	**524799**	**478**	**335**	**143**	**0.46**	**0.65**	**0.27**
30	231460	114083	117377	100	69	31	0.43	0.60	0.26
31	214416	105044	109372	82	57	25	0.38	0.54	0.23
32	210311	103900	106411	106	78	28	0.50	0.75	0.26
33	195115	96961	98154	92	64	28	0.47	0.66	0.29
34	185472	91987	93485	98	67	31	0.53	0.73	0.33
35-39岁	**870441**	**431520**	**438921**	**577**	**408**	**169**	**0.66**	**0.95**	**0.39**
35	188201	93815	94386	101	73	28	0.54	0.78	0.30
36	175374	87309	88065	122	89	33	0.70	1.02	0.37
37	182822	91169	91653	136	99	37	0.74	1.09	0.40
38	185885	91305	94580	109	74	35	0.59	0.81	0.37
39	138159	67922	70237	109	73	36	0.79	1.07	0.51
40-44岁	**889052**	**444284**	**444768**	**904**	**613**	**291**	**1.02**	**1.38**	**0.65**
40	152922	75946	76976	123	89	34	0.80	1.17	0.44
41	165994	82485	83509	140	90	50	0.84	1.09	0.60
42	185815	92608	93207	190	123	67	1.02	1.33	0.72
43	186464	93593	92871	215	151	64	1.15	1.61	0.69
44	197857	99652	98205	236	160	76	1.19	1.61	0.77
45-49岁	**1032462**	**521973**	**510489**	**1702**	**1182**	**520**	**1.65**	**2.26**	**1.02**
45	190055	95731	94324	222	154	68	1.17	1.61	0.72
46	209002	105528	103474	309	222	87	1.48	2.10	0.84
47	210272	106189	104083	355	241	114	1.69	2.27	1.10
48	213981	108179	105802	399	285	114	1.86	2.63	1.08
49	209152	106346	102806	417	280	137	1.99	2.63	1.33
50-54岁	**940260**	**479026**	**461234**	**2513**	**1766**	**747**	**2.67**	**3.69**	**1.62**
50	197320	100299	97021	391	264	127	1.98	2.63	1.31
51	210412	107693	102719	510	347	163	2.42	3.22	1.59
52	179941	91367	88574	508	370	138	2.82	4.05	1.56
53	169868	86411	83457	519	367	152	3.06	4.25	1.82
54	182719	93256	89463	585	418	167	3.20	4.48	1.87
55-59岁	**695359**	**352810**	**342549**	**3069**	**2221**	**848**	**4.41**	**6.30**	**2.48**
55	167611	85715	81896	595	448	147	3.55	5.23	1.79
56	170702	86869	83833	700	509	191	4.10	5.86	2.28
57	188126	96142	91984	823	590	233	4.37	6.14	2.53
58	88973	44031	44942	508	366	142	5.71	8.31	3.16
59	79947	40053	39894	443	308	135	5.54	7.69	3.38
60-64岁	**531151**	**267777**	**263374**	**4007**	**2865**	**1142**	**7.54**	**10.70**	**4.34**
60	100887	51576	49311	612	456	156	6.07	8.84	3.16
61	102840	52293	50547	692	509	183	6.73	9.73	3.62
62	125645	63933	61712	922	649	273	7.34	10.15	4.42
63	103873	51883	51990	849	593	256	8.17	11.43	4.92
64	97906	48092	49814	932	658	274	9.52	13.68	5.50

6-4b 续表 2

单位：人、‰

年 龄	平均人口			死亡人口			死亡率		
	合计	男	女	合计	男	女	合计	男	女
65–69岁	**442085**	**215222**	**226863**	**5378**	**3742**	**1636**	**12.17**	**17.39**	**7.21**
65	107808	52978	54830	1060	727	333	9.83	13.72	6.07
66	96030	46848	49182	1053	777	276	10.97	16.59	5.61
67	91532	44353	47179	1136	770	366	12.41	17.36	7.76
68	76047	36394	39653	1106	773	333	14.54	21.24	8.40
69	70668	34649	36019	1023	695	328	14.48	20.06	9.11
70–74岁	**271570**	**133936**	**137634**	**5600**	**3704**	**1896**	**20.62**	**27.65**	**13.78**
70	67576	33645	33931	1108	765	343	16.40	22.74	10.11
71	59113	29180	29933	1115	737	378	18.86	25.26	12.63
72	50990	24970	26020	1083	727	356	21.24	29.11	13.68
73	48940	24237	24703	1152	744	408	23.54	30.70	16.52
74	44951	21904	23047	1142	731	411	25.41	33.37	17.83
75–79岁	**174715**	**84191**	**90524**	**6525**	**3982**	**2543**	**37.35**	**47.30**	**28.09**
75	38348	18716	19632	1148	761	387	29.94	40.66	19.71
76	37702	18397	19305	1292	829	463	34.27	45.06	23.98
77	35944	17321	18623	1368	832	536	38.06	48.03	28.78
78	34035	16196	17839	1420	855	565	41.72	52.79	31.67
79	28686	13561	15125	1297	705	592	45.21	51.99	39.14
80–84岁	**128443**	**56154**	**72289**	**8544**	**4673**	**3871**	**66.52**	**83.22**	**53.55**
80	27973	12761	15212	1460	840	620	52.19	65.83	40.76
81	27276	12475	14801	1560	915	645	57.19	73.35	43.58
82	27315	11970	15345	1819	1027	792	66.59	85.80	51.61
83	23844	10008	13836	1824	959	865	76.50	95.82	62.52
84	22035	8940	13095	1881	932	949	85.36	104.25	72.47
85–89岁	**68712**	**26493**	**42219**	**7638**	**3494**	**4144**	**111.16**	**131.88**	**98.15**
85	18094	7106	10988	1671	802	869	92.35	112.86	79.09
86	16848	6609	10239	1761	855	906	104.52	129.37	88.49
87	13422	5161	8261	1544	679	865	115.04	131.56	104.71
88	11013	4155	6858	1347	596	751	122.31	143.44	109.51
89	9335	3462	5873	1315	562	753	140.87	162.33	128.21
90–94岁	**24722**	**8325**	**16397**	**4643**	**1698**	**2945**	**187.81**	**203.96**	**179.61**
90	7425	2670	4755	1211	458	753	163.10	171.54	158.36
91	6309	2163	4146	1116	401	715	176.89	185.39	172.46
92	4994	1581	3413	971	369	602	194.43	233.40	176.38
93	3493	1150	2343	713	248	465	204.12	215.65	198.46
94	2501	761	1740	632	222	410	252.70	291.72	235.63
95–99岁	**5014**	**1423**	**3591**	**1311**	**379**	**932**	**261.47**	**266.34**	**259.54**
95	1823	531	1292	449	142	307	246.30	267.42	237.62
96	1303	379	924	314	86	228	240.98	226.91	246.75
97	829	218	611	226	51	175	272.62	233.94	286.42
98	621	170	451	191	63	128	307.57	370.59	283.81
99	438	125	313	131	37	94	299.09	296.00	300.32
100岁及以上	**643**	**153**	**490**	**251**	**39**	**212**	**390.36**	**254.90**	**432.65**

6−4c　全省分年龄、性别的死亡人口状况 (2019.11.1−2020.10.31)(乡村)

单位：人、‰

年　龄	平均人口			死亡人口			死亡率		
	合计	男	女	合计	男	女	合计	男	女
总　计	**12977454**	**6826995**	**6150459**	**108256**	**63480**	**44776**	**8.34**	**9.30**	**7.28**
0−4岁	**789901**	**428129**	**361772**	**689**	**405**	**284**	**0.87**	**0.95**	**0.79**
0	130271	70735	59536	468	284	184	3.59	4.01	3.09
1	140211	76049	64162	79	44	35	0.56	0.58	0.55
2	164069	88882	75187	46	23	23	0.28	0.26	0.31
3	178063	96315	81748	61	31	30	0.34	0.32	0.37
4	177287	96148	81139	35	23	12	0.20	0.24	0.15
5−9岁	**888452**	**482065**	**406387**	**214**	**134**	**80**	**0.24**	**0.28**	**0.20**
5	192027	104704	87323	55	33	22	0.29	0.32	0.25
6	177233	95788	81445	50	25	25	0.28	0.26	0.31
7	187712	101879	85833	42	27	15	0.22	0.27	0.17
8	174661	94532	80129	36	24	12	0.21	0.25	0.15
9	156819	85162	71657	31	25	6	0.20	0.29	0.08
10−14岁	**773529**	**418679**	**354850**	**217**	**126**	**91**	**0.28**	**0.30**	**0.26**
10	162955	88058	74897	32	19	13	0.20	0.22	0.17
11	162957	88136	74821	50	29	21	0.31	0.33	0.28
12	161292	87711	73581	38	22	16	0.24	0.25	0.22
13	153533	82784	70749	46	26	20	0.30	0.31	0.28
14	132792	71990	60802	51	30	21	0.38	0.42	0.35
15−19岁	**413423**	**234713**	**178710**	**230**	**156**	**74**	**0.56**	**0.66**	**0.41**
15	91984	51093	40891	46	32	14	0.50	0.63	0.34
16	74969	42395	32574	52	32	20	0.69	0.75	0.61
17	82411	46328	36083	38	23	15	0.46	0.50	0.42
18	84339	48160	36179	48	37	11	0.57	0.77	0.30
19	79720	46737	32983	46	32	14	0.58	0.68	0.42
20−24岁	**485090**	**279421**	**205669**	**315**	**228**	**87**	**0.65**	**0.82**	**0.42**
20	78053	45666	32387	62	41	21	0.79	0.90	0.65
21	85548	49268	36280	55	40	15	0.64	0.81	0.41
22	94963	54446	40517	45	34	11	0.47	0.62	0.27
23	102834	58917	43917	66	46	20	0.64	0.78	0.46
24	123692	71124	52568	87	67	20	0.70	0.94	0.38
25−29岁	**797181**	**444663**	**352518**	**569**	**418**	**151**	**0.71**	**0.94**	**0.43**
25	132217	75358	56859	89	65	24	0.67	0.86	0.42
26	134938	75877	59061	90	66	24	0.67	0.87	0.41
27	145990	81493	64497	95	68	27	0.65	0.83	0.42
28	167400	92864	74536	129	93	36	0.77	1.00	0.48
29	216636	119071	97565	166	126	40	0.77	1.06	0.41

6-4c 续表 1

单位：人、‰

年 龄	平均人口			死亡人口			死亡率		
	合计	男	女	合计	男	女	合计	男	女
30–34岁	**1006289**	**540642**	**465647**	**943**	**653**	**290**	**0.94**	**1.21**	**0.62**
30	232252	124519	107733	190	137	53	0.82	1.10	0.49
31	209814	112251	97563	196	133	63	0.93	1.18	0.65
32	201923	108586	93337	195	133	62	0.97	1.22	0.66
33	187191	100701	86490	176	114	62	0.94	1.13	0.72
34	175109	94585	80524	186	136	50	1.06	1.44	0.62
35–39岁	**829840**	**449892**	**379948**	**1127**	**807**	**320**	**1.36**	**1.79**	**0.84**
35	179864	97659	82205	199	147	52	1.11	1.51	0.63
36	167144	90808	76336	201	144	57	1.20	1.59	0.75
37	173902	94721	79181	259	177	82	1.49	1.87	1.04
38	177202	95953	81249	248	195	53	1.40	2.03	0.65
39	131728	70751	60977	220	144	76	1.67	2.04	1.25
40–44岁	**865738**	**457737**	**408001**	**1769**	**1310**	**459**	**2.04**	**2.86**	**1.12**
40	143297	76690	66607	239	180	59	1.67	2.35	0.89
41	158160	84317	73843	307	224	83	1.94	2.66	1.12
42	180835	95637	85198	389	286	103	2.15	2.99	1.21
43	183232	96368	86864	395	290	105	2.16	3.01	1.21
44	200214	104725	95489	439	330	109	2.19	3.15	1.14
45–49岁	**1139394**	**588121**	**551273**	**3347**	**2361**	**986**	**2.94**	**4.01**	**1.79**
45	199013	103371	95642	541	386	155	2.72	3.73	1.62
46	224671	116545	108126	611	439	172	2.72	3.77	1.59
47	230755	119499	111256	624	441	183	2.70	3.69	1.64
48	242297	124471	117826	747	518	229	3.08	4.16	1.94
49	242658	124235	118423	824	577	247	3.40	4.64	2.09
50–54岁	**1188198**	**613652**	**574546**	**4924**	**3495**	**1429**	**4.14**	**5.70**	**2.49**
50	238384	122710	115674	832	595	237	3.49	4.85	2.05
51	257912	133143	124769	933	664	269	3.62	4.99	2.16
52	228593	117481	111112	953	677	276	4.17	5.76	2.48
53	222998	115368	107630	1042	743	299	4.67	6.44	2.78
54	240311	124950	115361	1164	816	348	4.84	6.53	3.02
55–59岁	**943231**	**483335**	**459896**	**5664**	**3991**	**1673**	**6.00**	**8.26**	**3.64**
55	220198	113411	106787	1201	863	338	5.45	7.61	3.17
56	226406	115670	110736	1278	891	387	5.64	7.70	3.49
57	257598	133631	123967	1520	1073	447	5.90	8.03	3.61
58	125556	62940	62616	895	628	267	7.13	9.98	4.26
59	113473	57683	55790	770	536	234	6.79	9.29	4.19
60–64岁	**834846**	**428716**	**406130**	**7849**	**5524**	**2325**	**9.40**	**12.88**	**5.72**
60	146990	76970	70020	1147	803	344	7.80	10.43	4.91
61	158840	82572	76268	1382	1006	376	8.70	12.18	4.93
62	199808	103279	96529	1800	1276	524	9.01	12.35	5.43
63	166881	84470	82411	1734	1210	524	10.39	14.32	6.36
64	162327	81425	80902	1786	1229	557	11.00	15.09	6.88

6-4c 续表 2

单位：人、‰

年 龄	平均人口			死亡人口			死亡率		
	合计	男	女	合计	男	女	合计	男	女
65-69岁	**774020**	**386373**	**387647**	**10621**	**7363**	**3258**	**13.72**	**19.06**	**8.40**
65	182706	92255	90451	2088	1458	630	11.43	15.80	6.97
66	168066	83420	84646	2112	1511	601	12.57	18.11	7.10
67	161267	80591	80676	2152	1494	658	13.34	18.54	8.16
68	136610	66946	69664	2136	1460	676	15.64	21.81	9.70
69	125371	63161	62210	2133	1440	693	17.01	22.80	11.14
70-74岁	**488378**	**248231**	**240147**	**11357**	**7452**	**3905**	**23.25**	**30.02**	**16.26**
70	119745	61206	58539	2179	1493	686	18.20	24.39	11.72
71	107043	55173	51870	2408	1614	794	22.50	29.25	15.31
72	92655	47126	45529	2178	1442	736	23.51	30.60	16.17
73	87293	44152	43141	2358	1528	830	27.01	34.61	19.24
74	81642	40574	41068	2234	1375	859	27.36	33.89	20.92
75-79岁	**323968**	**160282**	**163686**	**13044**	**7964**	**5080**	**40.26**	**49.69**	**31.04**
75	69494	34838	34656	2245	1407	838	32.30	40.39	24.18
76	70138	34913	35225	2508	1539	969	35.76	44.08	27.51
77	66909	33286	33623	2643	1634	1009	39.50	49.09	30.01
78	64087	31555	32532	2730	1659	1071	42.60	52.57	32.92
79	53340	25690	27650	2918	1725	1193	54.71	67.15	43.15
80-84岁	**243700**	**109752**	**133948**	**17274**	**9439**	**7835**	**70.88**	**86.00**	**58.49**
80	52036	24591	27445	2937	1735	1202	56.44	70.55	43.80
81	51828	24289	27539	3225	1837	1388	62.23	75.63	50.40
82	52646	23703	28943	3715	2077	1638	70.57	87.63	56.59
83	44965	19330	25635	3660	1913	1747	81.40	98.97	68.15
84	42225	17839	24386	3737	1877	1860	88.50	105.22	76.27
85-89岁	**132073**	**52382**	**79691**	**15562**	**7145**	**8417**	**117.83**	**136.40**	**105.62**
85	34795	14412	20383	3451	1739	1712	99.18	120.66	83.99
86	32059	12922	19137	3447	1567	1880	107.52	121.27	98.24
87	25942	10144	15798	3258	1495	1763	125.59	147.38	111.60
88	21325	8246	13079	2722	1216	1506	127.64	147.47	115.15
89	17952	6658	11294	2684	1128	1556	149.51	169.42	137.77
90-94岁	**48920**	**16858**	**32062**	**9405**	**3569**	**5836**	**192.25**	**211.71**	**182.02**
90	14535	5132	9403	2420	959	1461	166.49	186.87	155.38
91	12339	4456	7883	2278	909	1369	184.62	203.99	173.66
92	10040	3285	6755	2010	727	1283	200.20	221.31	189.93
93	6738	2301	4437	1454	552	902	215.79	239.90	203.29
94	5268	1684	3584	1243	422	821	235.95	250.59	229.07
95-99岁	**9931**	**3013**	**6918**	**2698**	**833**	**1865**	**271.67**	**276.47**	**269.59**
95	3609	1124	2485	918	289	629	254.36	257.12	253.12
96	2584	786	1798	694	231	463	268.58	293.89	257.51
97	1726	521	1205	516	150	366	298.96	287.91	303.73
98	1149	322	827	315	88	227	274.15	273.29	274.49
99	863	260	603	255	75	180	295.48	288.46	298.51
100岁及以上	**1352**	**339**	**1013**	**438**	**107**	**331**	**323.96**	**315.63**	**326.75**

第一部分　全部数据资料

第七卷　户口登记状况

7-1 各地区按现住地、户口登记地、

现住地	户口					
	合计			省内		
	合计	男	女	小计	男	女
合计	**16464611**	**8798376**	**7666235**	**11574735**	**5950257**	**5624478**
福州市	**3635431**	**1913908**	**1721523**	**2667134**	**1347058**	**1320076**
鼓楼区	338380	167645	170735	265628	127071	138557
台江区	237091	119012	118079	195001	94857	100144
仓山区	693796	369844	323952	518287	268918	249369
马尾区	139974	76058	63916	88130	46063	42067
晋安区	498246	259563	238683	373914	189726	184188
长乐区	274274	148873	125401	146423	72590	73833
闽侯县	464957	248348	216609	331902	172592	159310
连江县	160080	84703	75377	116794	58441	58353
罗源县	114989	63601	51388	91290	47321	43969
闽清县	60948	31012	29936	50866	25220	25646
永泰县	76636	38591	38045	68362	33575	34787
平潭县	171390	87409	83981	156656	77624	79032
福清市	404670	219249	185421	263881	133060	130821
厦门市	**3368593**	**1837684**	**1530909**	**1976771**	**1037758**	**939013**
思明区	592580	292289	300291	420008	201209	218799
海沧区	404280	229543	174737	205149	111156	93993
湖里区	793436	425495	367941	531841	278125	253716
集美区	750194	417364	332830	418714	226859	191855
同安区	539375	302078	237297	258443	139467	118976
翔安区	288728	170915	117813	142616	80942	61674
莆田市	**897148**	**474452**	**422696**	**663224**	**336531**	**326693**
城厢区	251704	133265	118439	198516	102653	95863
涵江区	174408	92165	82243	116352	58341	58011
荔城区	247145	131173	115972	166716	84268	82448
秀屿区	66934	38563	28371	45781	24401	21380
仙游县	156957	79286	77671	135859	66868	68991
三明市	**858415**	**445428**	**412987**	**762502**	**388295**	**374207**
梅列区	106079	54708	51371	90429	46271	44158
三元区	99963	53023	46940	82463	42881	39582
明溪县	28085	14683	13402	24888	12595	12293
清流县	31510	16480	15030	28041	14204	13837
宁化县	73883	36606	37277	69548	34193	35355
大田县	76436	41734	34702	68552	36003	32549
尤溪县	75435	39138	36297	69644	35755	33889
沙县	108602	55518	53084	96965	49001	47964
将乐县	54997	27485	27512	49785	24383	25402
泰宁县	32858	15987	16871	30972	14929	16043
建宁县	31779	15946	15833	29528	14525	15003
永安市	138788	74120	64668	121687	63555	58132
泉州市	**3592797**	**1968209**	**1624588**	**2040723**	**1076986**	**963737**
鲤城区	273063	144711	128352	165925	85408	80517
丰泽区	465326	244507	220819	321160	165807	155353
洛江区	106238	56576	49662	68000	34864	33136
泉港区	70821	37707	33114	51707	25503	26204
惠安县	224022	124922	99100	131592	68248	63344
安溪县	297876	158753	139123	260702	137200	123502
永春县	86494	43983	42511	78345	39178	39167
德化县	178458	97393	81065	166644	90159	76485
石狮市	411006	227451	183555	203877	109132	94745
晋江市	1110721	620393	490328	408191	220857	187334
南安市	368772	211813	156959	184580	100630	83950

性别分的户口登记地在外乡镇街道的人口

单位：人

登记地								
市辖区内人户分离			省内流动人口			省外		
小计	男	女	小计	男	女	小计	男	女
2803364	**1374494**	**1428870**	**8771371**	**4575763**	**4195608**	**4889876**	**2848119**	**2041757**
720016	**348948**	**371068**	**1947118**	**998110**	**949008**	**968297**	**566850**	**401447**
119241	55842	63399	146387	71229	75158	72752	40574	32178
93525	44331	49194	101476	50526	50950	42090	24155	17935
207882	102532	105350	310405	166386	144019	175509	100926	74583
27747	13795	13952	60383	32268	28115	51844	29995	21849
176486	86796	89690	197428	102930	94498	124332	69837	54495
95135	45652	49483	51288	26938	24350	127851	76283	51568
			331902	172592	159310	133055	75756	57299
			116794	58441	58353	43286	26262	17024
			91290	47321	43969	23699	16280	7419
			50866	25220	25646	10082	5792	4290
			68362	33575	34787	8274	5016	3258
			156656	77624	79032	14734	9785	4949
			263881	133060	130821	140789	86189	54600
653571	**312643**	**340928**	**1323200**	**725115**	**598085**	**1391822**	**799926**	**591896**
194664	90195	104469	225344	111014	114330	172572	91080	81492
63189	30393	32796	141960	80763	61197	199131	118387	80744
143397	68233	75164	388444	209892	178552	261595	147370	114225
111937	55088	56849	306777	171771	135006	331480	190505	140975
94648	45894	48754	163795	93573	70222	280932	162611	118321
45736	22840	22896	96880	58102	38778	146112	89973	56139
390359	**194727**	**195632**	**272865**	**141804**	**131061**	**233924**	**137921**	**96003**
140903	71237	69666	57613	31416	26197	53188	30612	22576
89842	43434	46408	26510	14907	11603	58056	33824	24232
125985	63032	62953	40731	21236	19495	80429	46905	33524
33629	17024	16605	12152	7377	4775	21153	14162	6991
			135859	66868	68991	21098	12418	8680
56953	**28293**	**28660**	**705549**	**360002**	**345547**	**95913**	**57133**	**38780**
28066	13823	14243	62363	32448	29915	15650	8437	7213
28887	14470	14417	53576	28411	25165	17500	10142	7358
			24888	12595	12293	3197	2088	1109
			28041	14204	13837	3469	2276	1193
			69548	34193	35355	4335	2413	1922
			68552	36003	32549	7884	5731	2153
			69644	35755	33889	5791	3383	2408
			96965	49001	47964	11637	6517	5120
			49785	24383	25402	5212	3102	2110
			30972	14929	16043	1886	1058	828
			29528	14525	15003	2251	1421	830
			121687	63555	58132	17101	10565	6536
235159	**115350**	**119809**	**1805564**	**961636**	**843928**	**1552074**	**891223**	**660851**
52935	25197	27738	112990	60211	52779	107138	59303	47835
119989	59434	60555	201171	106373	94798	144166	78700	65466
23754	12350	11404	44246	22514	21732	38238	21712	16526
38481	18369	20112	13226	7134	6092	19114	12204	6910
			131592	68248	63344	92430	56674	35756
			260702	137200	123502	37174	21553	15621
			78345	39178	39167	8149	4805	3344
			166644	90159	76485	11814	7234	4580
			203877	109132	94745	207129	118319	88810
			408191	220857	187334	702530	399536	302994
			184580	100630	83950	184192	111183	73009

7－1 续表

现住地	户口					
	合计			省内		
	合计	男	女	小计	男	女
漳州市	**1217734**	**647682**	**570052**	**908351**	**461814**	**446537**
芗城区	312192	157009	155183	250267	123629	126638
龙文区	157013	86147	70866	121387	64612	56775
云霄县	94431	48205	46226	84348	41835	42513
漳浦县	141813	77552	64261	108693	54773	53920
诏安县	45366	21975	23391	38103	18145	19958
长泰县	66963	38002	28961	36222	19214	17008
东山县	41824	21372	20452	32555	16061	16494
南靖县	50730	26693	24037	43313	21941	21372
平和县	41497	21492	20005	33122	16624	16498
华安县	23727	13782	9945	15718	8354	7364
龙海市	242178	135453	106725	144623	76626	67997
南平市	**900747**	**459504**	**441243**	**810784**	**408336**	**402448**
延平区	167386	86082	81304	151775	77388	74387
建阳区	121901	64008	57893	107416	55664	51752
顺昌县	41101	20898	20203	35449	17605	17844
浦城县	78909	39229	39680	70992	34579	36413
光泽县	49244	25014	24230	42162	21063	21099
松溪县	40245	19910	20335	37347	18279	19068
政和县	54614	28257	26357	48771	24898	23873
邵武市	141181	71326	69855	130658	65230	65428
武夷山市	101417	51942	49475	88389	44719	43670
建瓯市	104749	52838	51911	97825	48911	48914
龙岩市	**884946**	**462702**	**422244**	**790791**	**404986**	**385805**
新罗区	452512	238168	214344	401366	207661	193705
永定区	63347	33639	29708	53814	27259	26555
长汀县	113769	56905	56864	108097	53912	54185
上杭县	91094	47804	43290	81635	41358	40277
武平县	56462	28569	27893	50939	25262	25677
连城县	37458	19287	18171	33327	16746	16581
漳平市	70304	38330	31974	61613	32788	28825
宁德市	**1108800**	**588807**	**519993**	**954455**	**488493**	**465962**
蕉城区	307300	170046	137254	241751	125991	115760
霞浦县	134125	72517	61608	118409	61618	56791
古田县	87290	43962	43328	79814	39797	40017
屏南县	34670	18017	16653	32120	16550	15570
寿宁县	36539	18571	17968	33385	16803	16582
周宁县	37902	19491	18411	34357	17259	17098
柘荣县	38686	19781	18905	35593	17972	17621
福安市	231537	122554	108983	210180	107684	102496
福鼎市	200751	103868	96883	168846	84819	84027

单位：人

登记地								
						省外		
市辖区内人户分离			省内流动人口					
小计	男	女	小计	男	女	小计	男	女
136343	**65263**	**71080**	**772008**	**396551**	**375457**	**309383**	**185868**	**123515**
101232	48381	52851	149035	75248	73787	61925	33380	28545
35111	16882	18229	86276	47730	38546	35626	21535	14091
			84348	41835	42513	10083	6370	3713
			108693	54773	53920	33120	22779	10341
			38103	18145	19958	7263	3830	3433
			36222	19214	17008	30741	18788	11953
			32555	16061	16494	9269	5311	3958
			43313	21941	21372	7417	4752	2665
			33122	16624	16498	8375	4868	3507
			15718	8354	7364	8009	5428	2581
			144623	76626	67997	97555	58827	38728
183160	**93138**	**90022**	**627624**	**315198**	**312426**	**89963**	**51168**	**38795**
106955	54046	52909	44820	23342	21478	15611	8694	6917
76205	39092	37113	31211	16572	14639	14485	8344	6141
			35449	17605	17844	5652	3293	2359
			70992	34579	36413	7917	4650	3267
			42162	21063	21099	7082	3951	3131
			37347	18279	19068	2898	1631	1267
			48771	24898	23873	5843	3359	2484
			130658	65230	65428	10523	6096	4427
			88389	44719	43670	13028	7223	5805
			97825	48911	48914	6924	3927	2997
271859	**136641**	**135218**	**518932**	**268345**	**250587**	**94155**	**57716**	**36439**
225650	113821	111829	175716	93840	81876	51146	30507	20639
46209	22820	23389	7605	4439	3166	9533	6380	3153
			108097	53912	54185	5672	2993	2679
			81635	41358	40277	9459	6446	3013
			50939	25262	25677	5523	3307	2216
			33327	16746	16581	4131	2541	1590
			61613	32788	28825	8691	5542	3149
155944	**79491**	**76453**	**798511**	**409002**	**389509**	**154345**	**100314**	**54031**
155944	79491	76453	85807	46500	39307	65549	44055	21494
			118409	61618	56791	15716	10899	4817
			79814	39797	40017	7476	4165	3311
			32120	16550	15570	2550	1467	1083
			33385	16803	16582	3154	1768	1386
			34357	17259	17098	3545	2232	1313
			35593	17972	17621	3093	1809	1284
			210180	107684	102496	21357	14870	6487
			168846	84819	84027	31905	19049	12856

7-1a 各地区按现住地、户口登记地、

现住地	合计			户口 省内		
	合计	男	女	小计	男	女
合　计	**10206105**	**5405660**	**4800445**	**7164471**	**3676843**	**3487628**
福州市	**2292249**	**1192237**	**1100012**	**1716604**	**862976**	**853628**
鼓楼区	338380	167645	170735	265628	127071	138557
台江区	237091	119012	118079	195001	94857	100144
仓山区	693796	369844	323952	518287	268918	249369
马尾区	137465	74631	62834	86901	45429	41472
晋安区	491170	255132	236038	369375	187069	182306
长乐区	132059	67356	64703	92237	44468	47769
闽侯县						
连江县						
罗源县						
闽清县						
永泰县						
平潭县						
福清市	262288	138617	123671	189175	95164	94011
厦门市	**2992301**	**1614005**	**1378296**	**1820824**	**949252**	**871572**
思明区	592580	292289	300291	420008	201209	218799
海沧区	393565	223298	170267	198898	107699	91199
湖里区	791578	424212	367366	530430	277197	253233
集美区	685446	378915	306531	395692	213203	182489
同安区	456216	253391	202825	223274	120109	103165
翔安区	72916	41900	31016	52522	29835	22687
莆田市	**661377**	**351593**	**309784**	**480322**	**246053**	**234269**
城厢区	231669	121998	109671	187838	97159	90679
涵江区	162701	85396	77305	110251	55181	55070
荔城区	225067	120697	104370	152331	78082	74249
秀屿区	41940	23502	18438	29902	15631	14271
仙游县						
三明市	**322402**	**167957**	**154445**	**279481**	**143959**	**135522**
梅列区	101403	51812	49591	86723	44035	42688
三元区	95122	49667	45455	79660	41087	38573
明溪县						
清流县						
宁化县						
大田县						
尤溪县						
沙县						
将乐县						
泰宁县						
建宁县						
永安市	125877	66478	59399	113098	58837	54261
泉州市	**1902291**	**1030414**	**871877**	**1067217**	**561229**	**505988**
鲤城区	273063	144711	128352	165925	85408	80517
丰泽区	465326	244507	220819	321160	165807	155353
洛江区	66955	35128	31827	44269	22453	21816
泉港区	40248	21120	19128	31597	15684	15913
惠安县						
安溪县						
永春县						
德化县						
石狮市	298605	161569	137036	170025	90665	79360
晋江市	680390	380381	300009	281401	152997	128404
南安市	77704	42998	34706	52840	28215	24625

性别分的户口登记地在外乡镇街道的人口(城市)

单位：人

登记地								
市辖区内人户分离			省内流动人口			省外		
小计	男	女	小计	男	女	小计	男	女
2587784	**1267820**	**1319964**	**4576687**	**2409023**	**2167664**	**3041634**	**1728817**	**1312817**
690447	**335026**	**355421**	**1026157**	**527950**	**498207**	**575645**	**329261**	**246384**
119241	55842	63399	146387	71229	75158	72752	40574	32178
93525	44331	49194	101476	50526	50950	42090	24155	17935
207882	102532	105350	310405	166386	144019	175509	100926	74583
27268	13568	13700	59633	31861	27772	50564	29202	21362
175153	86053	89100	194222	101016	93206	121795	68063	53732
67378	32700	34678	24859	11768	13091	39822	22888	16934
			189175	95164	94011	73113	43453	29660
608353	**290909**	**317444**	**1212471**	**658343**	**554128**	**1171477**	**664753**	**506724**
194664	90195	104469	225344	111014	114330	172572	91080	81492
59769	28720	31049	139129	78979	60150	194667	115599	79068
143180	68113	75067	387250	209084	178166	261148	147015	114133
108060	53093	54967	287632	160110	127522	289754	165712	124042
84891	41420	43471	138383	78689	59694	232942	133282	99660
17789	9368	8421	34733	20467	14266	20394	12065	8329
365945	**182933**	**183012**	**114377**	**63120**	**51257**	**181055**	**105540**	**75515**
136181	68956	67225	51657	28203	23454	43831	24839	18992
86497	41860	44637	23754	13321	10433	52450	30215	22235
119318	60096	59222	33013	17986	15027	72736	42615	30121
23949	12021	11928	5953	3610	2343	12038	7871	4167
55009	**27201**	**27808**	**224472**	**116758**	**107714**	**42921**	**23998**	**18923**
27040	13259	13781	59683	30776	28907	14680	7777	6903
27969	13942	14027	51691	27145	24546	15462	8580	6882
			113098	58837	54261	12779	7641	5138
216710	**106391**	**110319**	**850507**	**454838**	**395669**	**835074**	**469185**	**365889**
52935	25197	27738	112990	60211	52779	107138	59303	47835
119989	59434	60555	201171	106373	94798	144166	78700	65466
18157	9398	8759	26112	13055	13057	22686	12675	10011
25629	12362	13267	5968	3322	2646	8651	5436	3215
			170025	90665	79360	128580	70904	57676
			281401	152997	128404	398989	227384	171605
			52840	28215	24625	24864	14783	10081

7-1a 续表

现住地	户口					
	合计			省内		
	合计	男	女	小计	男	女
漳州市	**467487**	**239433**	**228054**	**380170**	**190916**	**189254**
芗城区	262109	128480	133629	220216	107180	113036
龙文区	154057	84681	69376	119493	63831	55662
云霄县						
漳浦县						
诏安县						
长泰县						
东山县						
南靖县						
平和县						
华安县						
龙海市	51302	26260	25042	40453	19902	20551
南平市	**539574**	**272947**	**266627**	**497496**	**250077**	**247419**
延平区	140539	71289	69250	128678	64869	63809
建阳区	101516	52753	48763	91758	47269	44489
顺昌县						
浦城县						
光泽县						
松溪县						
政和县						
邵武市	127460	63512	63948	120484	59716	60768
武夷山市	82888	41668	41220	73344	36685	36659
建瓯市	87171	43725	43446	83232	41538	41694
龙岩市	**492750**	**255182**	**237568**	**446276**	**228909**	**217367**
新罗区	401475	208061	193414	361525	185655	175870
永定区	33349	16384	16965	31288	15152	16136
长汀县						
上杭县						
武平县						
连城县						
漳平市	57926	30737	27189	53463	28102	25361
宁德市	**535674**	**281892**	**253782**	**476081**	**243472**	**232609**
蕉城区	245606	134975	110631	199555	103795	95760
霞浦县						
古田县						
屏南县						
寿宁县						
周宁县						
柘荣县						
福安市	165382	84608	80774	160173	81711	78462
福鼎市	124686	62309	62377	116353	57966	58387

单位：人

登记地								
市辖区内人户分离			省内流动人口			省外		
小计	男	女	小计	男	女	小计	男	女
126005	**60378**	**65627**	**254165**	**130538**	**123627**	**87317**	**48517**	**38800**
91722	43776	47946	128494	63404	65090	41893	21300	20593
34283	16602	17681	85210	47229	37981	34564	20850	13714
			40453	19902	20551	10849	6358	4491
164064	**83166**	**80898**	**333432**	**166911**	**166521**	**42078**	**22870**	**19208**
97172	48970	48202	31506	15899	15607	11861	6420	5441
66892	34196	32696	24866	13073	11793	9758	5484	4274
			120484	59716	60768	6976	3796	3180
			73344	36685	36659	9544	4983	4561
			83232	41538	41694	3939	2187	1752
231949	**115776**	**116173**	**214327**	**113133**	**101194**	**46474**	**26273**	**20201**
202797	101806	100991	158728	83849	74879	39950	22406	17544
29152	13970	15182	2136	1182	954	2061	1232	829
			53463	28102	25361	4463	2635	1828
129302	**66040**	**63262**	**346779**	**177432**	**169347**	**59593**	**38420**	**21173**
129302	66040	63262	70253	37755	32498	46051	31180	14871
			160173	81711	78462	5209	2897	2312
			116353	57966	58387	8333	4343	3990

7-1b 各地区按现住地、户口登记地、

现住地	户口					
	合计			省内		
	合计	男	女	小计	男	女
合计	**4471350**	**2367245**	**2104105**	**3436341**	**1754488**	**1681853**
福州市	**968665**	**506213**	**462452**	**741264**	**373699**	**367565**
鼓楼区						
台江区						
仓山区						
马尾区						
晋安区	1466	756	710	1149	572	577
长乐区	69268	39716	29552	27069	14024	13045
闽侯县	365050	191381	173669	266222	136952	129270
连江县	121345	62466	58879	95349	47537	47812
罗源县	104602	56682	47920	86773	44786	41987
闽清县	40809	20005	20804	37704	18332	19372
永泰县	62465	31250	31215	57505	28294	29211
平潭县	135093	67061	68032	128050	62728	65322
福清市	68567	36896	31671	41443	20474	20969
厦门市	**152802**	**90369**	**62433**	**63920**	**36459**	**27461**
思明区						
海沧区						
湖里区	1858	1283	575	1411	928	483
集美区	87	53	34	41	24	17
同安区	4997	2801	2196	2321	1233	1088
翔安区	145860	86232	59628	60147	34274	25873
莆田市	**155548**	**78929**	**76619**	**135724**	**66994**	**68730**
城厢区	5064	2694	2370	3588	1772	1816
涵江区	1502	785	717	1035	497	538
荔城区	1011	544	467	780	396	384
秀屿区	11149	6496	4653	8155	4483	3672
仙游县	136822	68410	68412	122166	59846	62320
三明市	**460299**	**231667**	**228632**	**429957**	**214396**	**215561**
梅列区	3938	2465	1473	3172	1936	1236
三元区	1771	1137	634	1160	709	451
明溪县	21990	10903	11087	20449	10031	10418
清流县	26479	13165	13314	24921	12292	12629
宁化县	64284	31417	32867	61681	30081	31600
大田县	66085	34685	31400	62749	32543	30206
尤溪县	64454	33051	31403	60982	31077	29905
沙县	102284	51783	50501	92390	46335	46055
将乐县	45349	21961	23388	42618	20492	22126
泰宁县	29791	14262	15529	28489	13547	14942
建宁县	28661	13969	14692	27296	13179	14117
永安市	5213	2869	2344	4050	2174	1876
泉州市	**1206323**	**662256**	**544067**	**788587**	**416822**	**371765**
鲤城区						
丰泽区						
洛江区	17923	9131	8792	11663	5510	6153
泉港区	14170	7286	6884	10839	5265	5574
惠安县	165048	90318	74730	102558	52989	49569
安溪县	267922	141747	126175	241622	126757	114865
永春县	76746	38555	38191	71239	35376	35863
德化县	164125	89240	74885	154240	83300	70940
石狮市	73814	44279	29535	21199	11931	9268
晋江市	195624	108419	87205	67585	36440	31145
南安市	230951	133281	97670	107642	59254	48388

性别分的户口登记地在外乡镇街道的人口(镇)

单位：人

登记地								
市辖区内人户分离			省内流动人口			省外		
小计	男	女	小计	男	女	小计	男	女
95754	**47317**	**48437**	**3340587**	**1707171**	**1633416**	**1035009**	**612757**	**422252**
16219	**7825**	**8394**	**725045**	**365874**	**359171**	**227401**	**132514**	**94887**
232	125	107	917	447	470	317	184	133
15987	7700	8287	11082	6324	4758	42199	25692	16507
			266222	136952	129270	98828	54429	44399
			95349	47537	47812	25996	14929	11067
			86773	44786	41987	17829	11896	5933
			37704	18332	19372	3105	1673	1432
			57505	28294	29211	4960	2956	2004
			128050	62728	65322	7043	4333	2710
			41443	20474	20969	27124	16422	10702
19509	**9424**	**10085**	**44411**	**27035**	**17376**	**88882**	**53910**	**34972**
217	120	97	1194	808	386	447	355	92
5	1	4	36	23	13	46	29	17
859	412	447	1462	821	641	2676	1568	1108
18428	8891	9537	41719	25383	16336	85713	51958	33755
9635	**4953**	**4682**	**126089**	**62041**	**64048**	**19824**	**11935**	**7889**
2119	1017	1102	1469	755	714	1476	922	554
742	338	404	293	159	134	467	288	179
529	265	264	251	131	120	231	148	83
6245	3333	2912	1910	1150	760	2994	2013	981
			122166	59846	62320	14656	8564	6092
1319	**735**	**584**	**428638**	**213661**	**214977**	**30342**	**17271**	**13071**
902	498	404	2270	1438	832	766	529	237
417	237	180	743	472	271	611	428	183
			20449	10031	10418	1541	872	669
			24921	12292	12629	1558	873	685
			61681	30081	31600	2603	1336	1267
			62749	32543	30206	3336	2142	1194
			60982	31077	29905	3472	1974	1498
			92390	46335	46055	9894	5448	4446
			42618	20492	22126	2731	1469	1262
			28489	13547	14942	1302	715	587
			27296	13179	14117	1365	790	575
			4050	2174	1876	1163	695	468
10402	**5001**	**5401**	**778185**	**411821**	**366364**	**417736**	**245434**	**172302**
2323	1182	1141	9340	4328	5012	6260	3621	2639
8079	3819	4260	2760	1446	1314	3331	2021	1310
			102558	52989	49569	62490	37329	25161
			241622	126757	114865	26300	14990	11310
			71239	35376	35863	5507	3179	2328
			154240	83300	70940	9885	5940	3945
			21199	11931	9268	52615	32348	20267
			67585	36440	31145	128039	71979	56060
			107642	59254	48388	123309	74027	49282

7-1b 续表

现住地	户口					
	合计			省内		
	合计	男	女	小计	男	女
漳州市	**603729**	**325589**	**278140**	**433886**	**223274**	**210612**
芗城区	39690	22482	17208	22896	12553	10343
龙文区						
云霄县	82199	41193	41006	76550	38115	38435
漳浦县	118012	63743	54269	95285	48192	47093
诏安县	36243	17548	18695	31886	15334	16552
长泰县	55513	31701	23812	29483	15832	13651
东山县	32923	16411	16512	26110	12842	13268
南靖县	37481	19695	17786	32529	16564	15965
平和县	33312	17394	15918	27029	13607	13422
华安县	15790	8883	6907	11247	5771	5476
龙海市	152566	86539	66027	80871	44464	36407
南平市	**248210**	**123714**	**124496**	**228077**	**112516**	**115561**
延平区	7460	4030	3430	6660	3543	3117
建阳区	4473	2351	2122	3533	1827	1706
顺昌县	34584	17238	17346	31123	15272	15851
浦城县	67937	32850	35087	63650	30498	33152
光泽县	37476	18365	19111	35198	17280	17918
松溪县	31230	15083	16147	29912	14417	15495
政和县	44728	22822	21906	41077	20786	20291
邵武市	8850	4879	3971	7053	3742	3311
武夷山市	4910	2749	2161	4105	2229	1876
建瓯市	6562	3347	3215	5766	2922	2844
龙岩市	**288969**	**147286**	**141683**	**268298**	**134520**	**133778**
新罗区	21379	11203	10176	18930	9606	9324
永定区	15494	8496	6998	12633	6672	5961
长汀县	91999	45766	46233	88482	43941	44541
上杭县	80358	41841	38517	73804	37321	36483
武平县	46313	22872	23441	43775	21488	22287
连城县	30622	15575	15047	28318	14210	14108
漳平市	2804	1533	1271	2356	1282	1074
宁德市	**386805**	**201222**	**185583**	**346628**	**175808**	**170820**
蕉城区	6365	3542	2823	4256	2121	2135
霞浦县	116305	61490	54815	108242	56487	51755
古田县	69200	34498	34702	65356	32408	32948
屏南县	26405	13454	12951	25391	12937	12454
寿宁县	31097	15554	15543	29819	14918	14901
周宁县	30386	14990	15396	28876	14244	14632
柘荣县	28455	14285	14170	27092	13626	13466
福安市	42392	24912	17480	30454	15734	14720
福鼎市	36200	18497	17703	27142	13333	13809

单位：人

登记地								
市辖区内人户分离			省内流动人口			省　外		
小计	男	女	小计	男	女	小计	男	女
7173	**3530**	**3643**	**426713**	**219744**	**206969**	**169843**	**102315**	**67528**
7173	3530	3643	15723	9023	6700	16794	9929	6865
			76550	38115	38435	5649	3078	2571
			95285	48192	47093	22727	15551	7176
			31886	15334	16552	4357	2214	2143
			29483	15832	13651	26030	15869	10161
			26110	12842	13268	6813	3569	3244
			32529	16564	15965	4952	3131	1821
			27029	13607	13422	6283	3787	2496
			11247	5771	5476	4543	3112	1431
			80871	44464	36407	71695	42075	29620
6694	**3447**	**3247**	**221383**	**109069**	**112314**	**20133**	**11198**	**8935**
4260	2204	2056	2400	1339	1061	800	487	313
2434	1243	1191	1099	584	515	940	524	416
			31123	15272	15851	3461	1966	1495
			63650	30498	33152	4287	2352	1935
			35198	17280	17918	2278	1085	1193
			29912	14417	15495	1318	666	652
			41077	20786	20291	3651	2036	1615
			7053	3742	3311	1797	1137	660
			4105	2229	1876	805	520	285
			5766	2922	2844	796	425	371
22256	**11183**	**11073**	**246042**	**123337**	**122705**	**20671**	**12766**	**7905**
12053	5946	6107	6877	3660	3217	2449	1597	852
10203	5237	4966	2430	1435	995	2861	1824	1037
			88482	43941	44541	3517	1825	1692
			73804	37321	36483	6554	4520	2034
			43775	21488	22287	2538	1384	1154
			28318	14210	14108	2304	1365	939
			2356	1282	1074	448	251	197
2547	**1219**	**1328**	**344081**	**174589**	**169492**	**40177**	**25414**	**14763**
2547	1219	1328	1709	902	807	2109	1421	688
			108242	56487	51755	8063	5003	3060
			65356	32408	32948	3844	2090	1754
			25391	12937	12454	1014	517	497
			29819	14918	14901	1278	636	642
			28876	14244	14632	1510	746	764
			27092	13626	13466	1363	659	704
			30454	15734	14720	11938	9178	2760
			27142	13333	13809	9058	5164	3894

7-1c 各地区按现住地、户口登记地、

现住地	户口					
	合计			省内		
	合计	男	女	小计	男	女
合计	**1787156**	**1025471**	**761685**	**973923**	**518926**	**454997**
福州市	**374517**	**215458**	**159059**	**209266**	**110383**	**98883**
鼓楼区						
台江区						
仓山区						
马尾区	2509	1427	1082	1229	634	595
晋安区	5610	3675	1935	3390	2085	1305
长乐区	72947	41801	31146	27117	14098	13019
闽侯县	99907	56967	42940	65680	35640	30040
连江县	38735	22237	16498	21445	10904	10541
罗源县	10387	6919	3468	4517	2535	1982
闽清县	20139	11007	9132	13162	6888	6274
永泰县	14171	7341	6830	10857	5281	5576
平潭县	36297	20348	15949	28606	14896	13710
福清市	73815	43736	30079	33263	17422	15841
厦门市	**223490**	**133310**	**90180**	**92027**	**52047**	**39980**
思明区						
海沧区	10715	6245	4470	6251	3457	2794
湖里区						
集美区	64661	38396	26265	22981	13632	9349
同安区	78162	45886	32276	32848	18125	14723
翔安区	69952	42783	27169	29947	16833	13114
莆田市	**80223**	**43930**	**36293**	**47178**	**23484**	**23694**
城厢区	14971	8573	6398	7090	3722	3368
涵江区	10205	5984	4221	5066	2663	2403
荔城区	21067	9932	11135	13605	5790	7815
秀屿区	13845	8565	5280	7724	4287	3437
仙游县	20135	10876	9259	13693	7022	6671
三明市	**75714**	**45804**	**29910**	**53064**	**29940**	**23124**
梅列区	738	431	307	534	300	234
三元区	3070	2219	851	1643	1085	558
明溪县	6095	3780	2315	4439	2564	1875
清流县	5031	3315	1716	3120	1912	1208
宁化县	9599	5189	4410	7867	4112	3755
大田县	10351	7049	3302	5803	3460	2343
尤溪县	10981	6087	4894	8662	4678	3984
沙县	6318	3735	2583	4575	2666	1909
将乐县	9648	5524	4124	7167	3891	3276
泰宁县	3067	1725	1342	2483	1382	1101
建宁县	3118	1977	1141	2232	1346	886
永安市	7698	4773	2925	4539	2544	1995
泉州市	**484183**	**275539**	**208644**	**184919**	**98935**	**85984**
鲤城区						
丰泽区						
洛江区	21360	12317	9043	12068	6901	5167
泉港区	16403	9301	7102	9271	4554	4717
惠安县	58974	34604	24370	29034	15259	13775
安溪县	29954	17006	12948	19080	10443	8637
永春县	9748	5428	4320	7106	3802	3304
德化县	14333	8153	6180	12404	6859	5545
石狮市	38587	21603	16984	12653	6536	6117
晋江市	234707	131593	103114	59205	31420	27785
南安市	60117	35534	24583	24098	13161	10937

性别分的户口登记地在外乡镇街道的人口(乡村)

单位：人

登记地								
						省外		
市辖区内人户分离			省内流动人口					
小计	男	女	小计	男	女	小计	男	女
119826	**59357**	**60469**	**854097**	**459569**	**394528**	**813233**	**506545**	**306688**
13350	**6097**	**7253**	**195916**	**104286**	**91630**	**165251**	**105075**	**60176**
479	227	252	750	407	343	1280	793	487
1101	618	483	2289	1467	822	2220	1590	630
11770	5252	6518	15347	8846	6501	45830	27703	18127
			65680	35640	30040	34227	21327	12900
			21445	10904	10541	17290	11333	5957
			4517	2535	1982	5870	4384	1486
			13162	6888	6274	6977	4119	2858
			10857	5281	5576	3314	2060	1254
			28606	14896	13710	7691	5452	2239
			33263	17422	15841	40552	26314	14238
25709	**12310**	**13399**	**66318**	**39737**	**26581**	**131463**	**81263**	**50200**
3420	1673	1747	2831	1784	1047	4464	2788	1676
3872	1994	1878	19109	11638	7471	41680	24764	16916
8898	4062	4836	23950	14063	9887	45314	27761	17553
9519	4581	4938	20428	12252	8176	40005	25950	14055
14779	**6841**	**7938**	**32399**	**16643**	**15756**	**33045**	**20446**	**12599**
2603	1264	1339	4487	2458	2029	7881	4851	3030
2603	1236	1367	2463	1427	1036	5139	3321	1818
6138	2671	3467	7467	3119	4348	7462	4142	3320
3435	1670	1765	4289	2617	1672	6121	4278	1843
			13693	7022	6671	6442	3854	2588
625	**357**	**268**	**52439**	**29583**	**22856**	**22650**	**15864**	**6786**
124	66	58	410	234	176	204	131	73
501	291	210	1142	794	348	1427	1134	293
			4439	2564	1875	1656	1216	440
			3120	1912	1208	1911	1403	508
			7867	4112	3755	1732	1077	655
			5803	3460	2343	4548	3589	959
			8662	4678	3984	2319	1409	910
			4575	2666	1909	1743	1069	674
			7167	3891	3276	2481	1633	848
			2483	1382	1101	584	343	241
			2232	1346	886	886	631	255
			4539	2544	1995	3159	2229	930
8047	**3958**	**4089**	**176872**	**94977**	**81895**	**299264**	**176604**	**122660**
3274	1770	1504	8794	5131	3663	9292	5416	3876
4773	2188	2585	4498	2366	2132	7132	4747	2385
			29034	15259	13775	29940	19345	10595
			19080	10443	8637	10874	6563	4311
			7106	3802	3304	2642	1626	1016
			12404	6859	5545	1929	1294	635
			12653	6536	6117	25934	15067	10867
			59205	31420	27785	175502	100173	75329
			24098	13161	10937	36019	22373	13646

7−1c 续表

现住地	户口					
	合计			省内		
	合计	男	女	小计	男	女
漳州市	**146518**	**82660**	**63858**	**94295**	**47624**	**46671**
芗城区	10393	6047	4346	7155	3896	3259
龙文区	2956	1466	1490	1894	781	1113
云霄县	12232	7012	5220	7798	3720	4078
漳浦县	23801	13809	9992	13408	6581	6827
诏安县	9104	4415	4689	6209	2808	3401
长泰县	11450	6301	5149	6739	3382	3357
东山县	8901	4961	3940	6445	3219	3226
南靖县	13249	6998	6251	10784	5377	5407
平和县	8185	4098	4087	6093	3017	3076
华安县	7937	4899	3038	4471	2583	1888
龙海市	38310	22654	15656	23299	12260	11039
南平市	**112963**	**62843**	**50120**	**85211**	**45743**	**39468**
延平区	19387	10763	8624	16437	8976	7461
建阳区	15912	8904	7008	12125	6568	5557
顺昌县	6517	3660	2857	4326	2333	1993
浦城县	10972	6379	4593	7342	4081	3261
光泽县	11768	6649	5119	6964	3783	3181
松溪县	9015	4827	4188	7435	3862	3573
政和县	9886	5435	4451	7694	4112	3582
邵武市	4871	2935	1936	3121	1772	1349
武夷山市	13619	7525	6094	10940	5805	5135
建瓯市	11016	5766	5250	8827	4451	4376
龙岩市	**103227**	**60234**	**42993**	**76217**	**41557**	**34660**
新罗区	29658	18904	10754	20911	12400	8511
永定区	14504	8759	5745	9893	5435	4458
长汀县	21770	11139	10631	19615	9971	9644
上杭县	10736	5963	4773	7831	4037	3794
武平县	10149	5697	4452	7164	3774	3390
连城县	6836	3712	3124	5009	2536	2473
漳平市	9574	6060	3514	5794	3404	2390
宁德市	**186321**	**105693**	**80628**	**131746**	**69213**	**62533**
蕉城区	55329	31529	23800	37940	20075	17865
霞浦县	17820	11027	6793	10167	5131	5036
古田县	18090	9464	8626	14458	7389	7069
屏南县	8265	4563	3702	6729	3613	3116
寿宁县	5442	3017	2425	3566	1885	1681
周宁县	7516	4501	3015	5481	3015	2466
柘荣县	10231	5496	4735	8501	4346	4155
福安市	23763	13034	10729	19553	10239	9314
福鼎市	39865	23062	16803	25351	13520	11831

单位：人

登记地								
市辖区内人户分离			省内流动人口			省　外		
小计	男	女	小计	男	女	小计	男	女
3165	**1355**	**1810**	**91130**	**46269**	**44861**	**52223**	**35036**	**17187**
2337	1075	1262	4818	2821	1997	3238	2151	1087
828	280	548	1066	501	565	1062	685	377
			7798	3720	4078	4434	3292	1142
			13408	6581	6827	10393	7228	3165
			6209	2808	3401	2895	1607	1288
			6739	3382	3357	4711	2919	1792
			6445	3219	3226	2456	1742	714
			10784	5377	5407	2465	1621	844
			6093	3017	3076	2092	1081	1011
			4471	2583	1888	3466	2316	1150
			23299	12260	11039	15011	10394	4617
12402	**6525**	**5877**	**72809**	**39218**	**33591**	**27752**	**17100**	**10652**
5523	2872	2651	10914	6104	4810	2950	1787	1163
6879	3653	3226	5246	2915	2331	3787	2336	1451
			4326	2333	1993	2191	1327	864
			7342	4081	3261	3630	2298	1332
			6964	3783	3181	4804	2866	1938
			7435	3862	3573	1580	965	615
			7694	4112	3582	2192	1323	869
			3121	1772	1349	1750	1163	587
			10940	5805	5135	2679	1720	959
			8827	4451	4376	2189	1315	874
17654	**9682**	**7972**	**58563**	**31875**	**26688**	**27010**	**18677**	**8333**
10800	6069	4731	10111	6331	3780	8747	6504	2243
6854	3613	3241	3039	1822	1217	4611	3324	1287
			19615	9971	9644	2155	1168	987
			7831	4037	3794	2905	1926	979
			7164	3774	3390	2985	1923	1062
			5009	2536	2473	1827	1176	651
			5794	3404	2390	3780	2656	1124
24095	**12232**	**11863**	**107651**	**56981**	**50670**	**54575**	**36480**	**18095**
24095	12232	11863	13845	7843	6002	17389	11454	5935
			10167	5131	5036	7653	5896	1757
			14458	7389	7069	3632	2075	1557
			6729	3613	3116	1536	950	586
			3566	1885	1681	1876	1132	744
			5481	3015	2466	2035	1486	549
			8501	4346	4155	1730	1150	580
			19553	10239	9314	4210	2795	1415
			25351	13520	11831	14514	9542	4972

7-2 全省按户口登记地、年龄、性别分的

年龄	户口					
	合计			省内		
	合计	男	女	小计	男	女
总计	**16464611**	**8798376**	**7666235**	**11574735**	**5950257**	**5624478**
0-4岁	**747957**	**404710**	**343247**	**606274**	**328813**	**277461**
0	75158	40795	34363	63785	34727	29058
1	135920	73697	62223	109729	59594	50135
2	155867	84272	71595	125966	68339	57627
3	191054	102648	88406	155001	83344	71657
4	189958	103298	86660	151793	82809	68984
5-9岁	**945710**	**516758**	**428952**	**749839**	**410018**	**339821**
5	191170	103996	87174	153925	83918	70007
6	189481	104004	85477	152117	83475	68642
7	185788	101275	84513	147041	80233	66808
8	201792	110169	91623	159357	87039	72318
9	177479	97314	80165	137399	75353	62046
10-14岁	**807887**	**442976**	**364911**	**624482**	**341688**	**282794**
10	167730	92156	75574	128221	70402	57819
11	171863	94695	77168	132021	72725	59296
12	162665	89237	73428	126625	69487	57138
13	156606	85622	70984	122416	66628	55788
14	149023	81266	67757	115199	62446	52753
15-19岁	**1237481**	**656825**	**580656**	**961721**	**501246**	**460475**
15	207154	110711	96443	176877	93630	83247
16	267623	143607	124016	227876	120474	107402
17	246290	133406	112884	199299	105757	93542
18	230500	122686	107814	165313	85693	79620
19	285914	146415	139499	192356	95692	96664
20-24岁	**1333587**	**706431**	**627156**	**782965**	**394757**	**388208**
20	295410	150825	144585	186799	92053	94746
21	261815	136636	125179	152531	76305	76226
22	259404	139708	119696	143830	73410	70420
23	252561	136706	115855	144023	73626	70397
24	264397	142556	121841	155782	79363	76419
25-29岁	**1576029**	**840801**	**735228**	**1033831**	**524833**	**508998**
25	298584	161035	137549	186957	95814	91143
26	286315	152953	133362	184778	93846	90932
27	301035	159936	141099	193393	97418	95975
28	319154	170111	149043	211044	107139	103905
29	370941	196766	174175	257659	130616	127043

户口登记地在外乡镇街道的人口

单位：人

登记地					
其中市辖区内人户分离			省外		
小计	男	女	小计	男	女
2803364	**1374494**	**1428870**	**4889876**	**2848119**	**2041757**
162942	**87758**	**75184**	**141683**	**75897**	**65786**
18759	10126	8633	11373	6068	5305
30012	16142	13870	26191	14103	12088
33874	18294	15580	29901	15933	13968
41591	22161	19430	36053	19304	16749
38706	21035	17671	38165	20489	17676
174494	**93941**	**80553**	**195871**	**106740**	**89131**
37995	20565	17430	37245	20078	17167
35917	19495	16422	37364	20529	16835
34018	18296	15722	38747	21042	17705
36505	19486	17019	42435	23130	19305
30059	16099	13960	40080	21961	18119
144983	**77850**	**67133**	**183405**	**101288**	**82117**
27837	14891	12946	39509	21754	17755
29975	16261	13714	39842	21970	17872
29611	15954	13657	36040	19750	16290
29790	15868	13922	34190	18994	15196
27770	14876	12894	33824	18820	15004
189863	**99760**	**90103**	**275760**	**155579**	**120181**
43327	22430	20897	30277	17081	13196
57493	29805	27688	39747	23133	16614
47508	25021	22487	46991	27649	19342
22335	12306	10029	65187	36993	28194
19200	10198	9002	93558	50723	42835
114056	**57035**	**57021**	**550622**	**311674**	**238948**
19725	10229	9496	108611	58772	49839
17827	9237	8590	109284	60331	48953
21801	10825	10976	115574	66298	49276
25224	12435	12789	108538	63080	45458
29479	14309	15170	108615	63193	45422
210185	**98159**	**112026**	**542198**	**315968**	**226230**
35408	16984	18424	111627	65221	46406
36839	17328	19511	101537	59107	42430
39737	18462	21275	107642	62518	45124
44778	20870	23908	108110	62972	45138
53423	24515	28908	113282	66150	47132

7-2 续表 1

年 龄	户口					
	合 计			省 内		
	合计	男	女	小计	男	女
30-34岁	**2008666**	**1069578**	**939088**	**1356012**	**685463**	**670549**
30	453391	240510	212881	311810	157213	154597
31	425831	224057	201774	292599	145852	146747
32	388259	205481	182778	263187	132295	130892
33	395320	212910	182410	258963	132434	126529
34	345865	186620	159245	229453	117669	111784
35-39岁	**1529648**	**831104**	**698544**	**1048652**	**543163**	**505489**
35	316259	170962	145297	218398	112938	105460
36	317226	172553	144673	221088	114982	106106
37	295895	160678	135217	204108	105669	98439
38	334673	182251	152422	230693	119593	111100
39	265595	144660	120935	174365	89981	84384
40-44岁	**1340374**	**728548**	**611826**	**881629**	**457374**	**424255**
40	223832	122132	101700	141152	72872	68280
41	267621	146246	121375	175934	91461	84473
42	275104	148924	126180	185488	96022	89466
43	275329	149354	125975	184764	96007	88757
44	298488	161892	136596	194291	101012	93279
45-49岁	**1502404**	**814760**	**687644**	**931962**	**479815**	**452147**
45	290824	157665	133159	179437	92774	86663
46	306179	166566	139613	184362	95499	88863
47	311307	169303	142004	193453	99885	93568
48	296471	160088	136383	184917	94683	90234
49	297623	161138	136485	189793	96974	92819
50-54岁	**1243745**	**671501**	**572244**	**799206**	**402099**	**397107**
50	281695	151750	129945	174741	88396	86345
51	261623	141292	120331	167864	84966	82898
52	268848	145598	123250	172696	87085	85611
53	210173	112994	97179	137219	68437	68782
54	221406	119867	101539	146686	73215	73471
55-59岁	**848577**	**448640**	**399937**	**620581**	**306224**	**314357**
55	212240	114115	98125	148621	74238	74383
56	189552	100802	88750	133233	65791	67442
57	221392	117448	103944	165200	81860	83340
58	151995	79180	72815	116322	56894	59428
59	73398	37095	36303	57205	27441	29764
60-64岁	**498169**	**254056**	**244113**	**418319**	**206673**	**211646**
60	97034	49491	47543	81193	40169	41024
61	91543	47220	44323	77598	38792	38806
62	106496	54838	51658	89043	44231	44812
63	113333	57712	55621	95172	46947	48225
64	89763	44795	44968	75313	36534	38779

单位：人

登记地					
其中市辖区内人户分离			省外		
小计	男	女	小计	男	女
304099	**138258**	**165841**	**652654**	**384115**	**268539**
65938	30030	35908	141581	83297	58284
64397	28713	35684	133232	78205	55027
59709	27088	32621	125072	73186	51886
59581	27322	32259	136357	80476	55881
54474	25105	29369	116412	68951	47461
266364	**123551**	**142813**	**480996**	**287941**	**193055**
53197	24505	28692	97861	58024	39837
55442	25759	29683	96138	57571	38567
53347	24757	28590	91787	55009	36778
59728	27741	31987	103980	62658	41322
44650	20789	23861	91230	54679	36551
227967	**109186**	**118781**	**458745**	**271174**	**187571**
36039	16875	19164	82680	49260	33420
44548	21230	23318	91687	54785	36902
48301	23175	25126	89616	52902	36714
48442	23222	25220	90565	53347	37218
50637	24684	25953	104197	60880	43317
240349	**117728**	**122621**	**570442**	**334945**	**235497**
46535	22712	23823	111387	64891	46496
46319	22686	23633	121817	71067	50750
49589	24255	25334	117854	69418	48436
48184	23717	24467	111554	65405	46149
49722	24358	25364	107830	64164	43666
204893	**100341**	**104552**	**444539**	**269402**	**175137**
45482	22160	23322	106954	63354	43600
44161	21654	22507	93759	56326	37433
44412	21799	22613	96152	58513	37639
34048	16520	17528	72954	44557	28397
36790	18208	18582	74720	46652	28068
174742	**86160**	**88582**	**227996**	**142416**	**85580**
39483	19669	19814	63619	39877	23742
37185	18466	18719	56319	35011	21308
47569	23390	24179	56192	35588	20604
32902	16067	16835	35673	22286	13387
17603	8568	9035	16193	9654	6539
125802	**61345**	**64457**	**79850**	**47383**	**32467**
24634	12039	12595	15841	9322	6519
23024	11309	11715	13945	8428	5517
26578	13078	13500	17453	10607	6846
28292	13790	14502	18161	10765	7396
23274	11129	12145	14450	8261	6189

7-2 续表 2

年龄	户口					
	合计			省内		
	合计	男	女	小计	男	女
65-69岁	**379532**	**186297**	**193235**	**329634**	**159087**	**170547**
65	93958	46858	47100	80515	39253	41262
66	86218	42576	43642	74204	35971	38233
67	73709	35780	37929	63917	30502	33415
68	69748	33873	35875	61193	29270	31923
69	55899	27210	28689	49805	24091	25714
70-74岁	**204886**	**102345**	**102541**	**186009**	**92985**	**93024**
70	49886	25024	24862	44599	22332	22267
71	47899	24121	23778	43377	21789	21588
72	39780	19680	20100	36278	17966	18312
73	34973	17391	17582	31993	15921	16072
74	32348	16129	16219	29762	14977	14785
75-79岁	**117290**	**58552**	**58738**	**108649**	**54754**	**53895**
75	26968	13417	13551	24954	12480	12474
76	26173	13295	12878	24227	12389	11838
77	23210	11585	11625	21548	10899	10649
78	21009	10475	10534	19456	9820	9636
79	19930	9780	10150	18464	9166	9298
80-84岁	**80278**	**38030**	**42248**	**75370**	**35964**	**39406**
80	17877	8761	9116	16588	8236	8352
81	16517	7994	8523	15497	7573	7924
82	16881	8213	8668	15895	7778	8117
83	15262	6926	8336	14421	6560	7861
84	13741	6136	7605	12969	5817	7152
85-89岁	**42390**	**18462**	**23928**	**40317**	**17578**	**22739**
85	11337	5035	6302	10752	4783	5969
86	9743	4225	5518	9218	4016	5202
87	9110	3971	5139	8654	3777	4877
88	6683	2890	3793	6378	2752	3626
89	5517	2341	3176	5315	2250	3065
90-94岁	**15662**	**6439**	**9223**	**15086**	**6212**	**8874**
90	4871	2129	2742	4659	2034	2625
91	3660	1467	2193	3519	1418	2101
92	3257	1323	1934	3153	1280	1873
93	2259	869	1390	2190	838	1352
94	1615	651	964	1565	642	923
95-99岁	**3579**	**1309**	**2270**	**3463**	**1266**	**2197**
95	1231	480	751	1204	471	733
96	873	308	565	839	298	541
97	625	228	397	609	220	389
98	455	154	301	440	148	292
99	395	139	256	371	129	242
100岁及以上	**760**	**254**	**506**	**734**	**245**	**489**

单位：人

登记地					
其中市辖区内人户分离			省外		
小计	男	女	小计	男	女
106236	**50134**	**56102**	**49898**	**27210**	**22688**
25272	12152	13120	13443	7605	5838
23720	11260	12460	12014	6605	5409
20672	9650	11022	9792	5278	4514
19977	9254	10723	8555	4603	3952
16595	7818	8777	6094	3119	2975
65681	**31777**	**33904**	**18877**	**9360**	**9517**
15262	7510	7752	5287	2692	2595
15281	7368	7913	4522	2332	2190
12740	6090	6650	3502	1714	1788
11684	5613	6071	2980	1470	1510
10714	5196	5518	2586	1152	1434
40033	**19382**	**20651**	**8641**	**3798**	**4843**
9180	4335	4845	2014	937	1077
9060	4478	4582	1946	906	1040
8099	3916	4183	1662	686	976
7131	3481	3650	1553	655	898
6563	3172	3391	1466	614	852
28151	**13008**	**15143**	**4908**	**2066**	**2842**
5986	2822	3164	1289	525	764
5734	2737	2997	1020	421	599
5887	2840	3047	986	435	551
5542	2423	3119	841	366	475
5002	2186	2816	772	319	453
15545	**6517**	**9028**	**2073**	**884**	**1189**
4109	1763	2346	585	252	333
3686	1578	2108	525	209	316
3330	1374	1956	456	194	262
2421	990	1431	305	138	167
1999	812	1187	202	91	111
5612	**2188**	**3424**	**576**	**227**	**349**
1757	747	1010	212	95	117
1326	491	835	141	49	92
1165	446	719	104	43	61
833	294	539	69	31	38
531	210	321	50	9	41
1180	**373**	**807**	**116**	**43**	**73**
438	155	283	27	9	18
275	86	189	34	10	24
194	63	131	16	8	8
146	36	110	15	6	9
127	33	94	24	10	14
187	**43**	**144**	**26**	**9**	**17**

7-2a 全省按户口登记地、年龄、性别分的

年龄	合计			户口 省内		
	合计	男	女	小计	男	女
总计	**10206105**	**5405660**	**4800445**	**7164471**	**3676843**	**3487628**
0-4岁	**445784**	**240797**	**204987**	**357983**	**193722**	**164261**
0	46743	25314	21429	39538	21467	18071
1	81981	44259	37722	65708	35483	30225
2	92664	50131	42533	74181	40244	33937
3	112902	60488	52414	90555	48562	41993
4	111494	60605	50889	88001	47966	40035
5-9岁	**531121**	**290014**	**241107**	**415308**	**226555**	**188753**
5	110312	60000	50312	87550	47692	39858
6	105230	57812	47418	83317	45681	37636
7	103564	56344	47220	81063	44105	36958
8	113272	61840	51432	88249	48102	40147
9	98743	54018	44725	75129	40975	34154
10-14岁	**453442**	**249128**	**204314**	**343013**	**187326**	**155687**
10	93074	51096	41978	69823	38201	31622
11	96150	53113	43037	72529	39884	32645
12	90958	49888	41070	69219	37724	31495
13	88572	48537	40035	67585	36754	30831
14	84688	46494	38194	63857	34763	29094
15-19岁	**737274**	**394166**	**343108**	**556374**	**293537**	**262837**
15	115075	62763	52312	95677	51767	43910
16	147720	80366	67354	122273	65698	56575
17	139710	76611	63099	109488	59110	50378
18	146010	78083	67927	102614	53820	48794
19	188759	96343	92416	126322	63142	63180
20-24岁	**911627**	**475376**	**436251**	**545696**	**274455**	**271241**
20	198483	100254	98229	125702	61677	64025
21	177721	91581	86140	104699	52454	52245
22	178537	94131	84406	101753	51509	50244
23	175081	92995	82086	103123	52504	50619
24	181805	96415	85390	110419	56311	54108
25-29岁	**1052232**	**561631**	**490601**	**702978**	**362758**	**340220**
25	203884	108885	94999	130785	67363	63422
26	192958	102435	90523	127104	65160	61944
27	201019	106924	94095	131882	67475	64407
28	211093	112960	98133	142171	73739	68432
29	243278	130427	112851	171036	89021	82015

户口登记地在外乡镇街道的人口(城市)

单位：人

登记地					
其中市辖区内人户分离			省外		
小计	男	女	小计	男	女
2587784	**1267820**	**1319964**	**3041634**	**1728817**	**1312817**
148348	**79980**	**68368**	**87801**	**47075**	**40726**
17232	9318	7914	7205	3847	3358
27363	14735	12628	16273	8776	7497
30736	16573	14163	18483	9887	8596
37854	20199	17655	22347	11926	10421
35163	19155	16008	23493	12639	10854
157572	**84977**	**72595**	**115813**	**63459**	**52354**
34250	18560	15690	22762	12308	10454
32319	17586	14733	21913	12131	9782
30722	16583	14139	22501	12239	10262
33024	17641	15383	25023	13738	11285
27257	14607	12650	23614	13043	10571
132893	**71508**	**61385**	**110429**	**61802**	**48627**
25227	13515	11712	23251	12895	10356
27245	14851	12394	23621	13229	10392
27135	14628	12507	21739	12164	9575
27527	14684	12843	20987	11783	9204
25759	13830	11929	20831	11731	9100
167495	**88380**	**79115**	**180900**	**100629**	**80271**
37929	19814	18115	19398	10996	8402
49940	25978	23962	25447	14668	10779
41898	22111	19787	30222	17501	12721
20104	11104	9000	43396	24263	19133
17624	9373	8251	62437	33201	29236
105859	**53168**	**52691**	**365931**	**200921**	**165010**
18242	9478	8764	72781	38577	34204
16510	8585	7925	73022	39127	33895
20301	10087	10214	76784	42622	34162
23504	11673	11831	71958	40491	31467
27302	13345	13957	71386	40104	31282
193402	**91132**	**102270**	**349254**	**198873**	**150381**
32740	15802	16938	73099	41522	31577
33983	16053	17930	65854	37275	28579
36642	17159	19483	69137	39449	29688
41074	19409	21665	68922	39221	29701
48963	22709	26254	72242	41406	30836

7-2a 续表 1

年 龄	户口					
	合 计			省 内		
	合计	男	女	小计	男	女
30-34岁	**1299415**	**696883**	**602532**	**887016**	**458543**	**428473**
30	295914	158666	137248	205908	106687	99221
31	276068	146547	129521	191625	97866	93759
32	251528	134283	117245	172016	88473	83543
33	254129	137271	116858	168309	87615	80694
34	221776	120116	101660	149158	77902	71256
35-39岁	**971525**	**528975**	**442550**	**676706**	**355719**	**320987**
35	201478	109227	92251	141333	74144	67189
36	202869	110724	92145	143748	75838	67910
37	188773	102449	86324	132772	69648	63124
38	211879	115694	96185	148234	78082	70152
39	166526	90881	75645	110619	58007	52612
40-44岁	**818335**	**443412**	**374923**	**542086**	**283643**	**258443**
40	138982	76109	62873	88867	46699	42168
41	165117	90245	74872	109219	57542	51677
42	168492	90839	77653	114458	59681	54777
43	166902	89912	76990	112633	58784	53849
44	178842	96307	82535	116909	60937	55972
45-49岁	**888331**	**473724**	**414607**	**551087**	**281698**	**269389**
45	173526	93086	80440	107491	55686	51805
46	180976	97140	83836	108876	56294	52582
47	184461	98684	85777	114341	58566	55775
48	174855	92664	82191	108929	55181	53748
49	174513	92150	82363	111450	55971	55479
50-54岁	**731754**	**380899**	**350855**	**470952**	**229359**	**241593**
50	165053	86393	78660	102843	50833	52010
51	153739	80241	73498	99108	48726	50382
52	158050	82482	75568	101692	49750	51942
53	123436	63707	59729	80446	38478	41968
54	131476	68076	63400	86863	41572	45291
55-59岁	**522276**	**263034**	**259242**	**383758**	**180991**	**202767**
55	128081	65851	62230	89821	42973	46848
56	116200	58910	57290	82201	38885	43316
57	137098	69078	68020	102799	48521	54278
58	94020	46456	47564	72283	33657	38626
59	46877	22739	24138	36654	16955	19699
60-64岁	**318678**	**156627**	**162051**	**265763**	**126700**	**139063**
60	62230	30201	32029	52039	24553	27486
61	58236	28796	29440	49089	23527	25562
62	68187	33843	34344	56588	27168	29420
63	72227	35673	36554	60060	28753	31307
64	57798	28114	29684	47987	22699	25288

单位：人

登记地					
其中市辖区内人户分离			省外		
小计	男	女	小计	男	女
279834	**128165**	**151669**	**412399**	**238340**	**174059**
60538	27827	32711	90006	51979	38027
59142	26636	32506	84443	48681	35762
54930	25107	29823	79512	45810	33702
54933	25283	29650	85820	49656	36164
50291	23312	26979	72618	42214	30404
246881	**114635**	**132246**	**294819**	**173256**	**121563**
49097	22701	26396	60145	35083	25062
51400	23926	27474	59121	34886	24235
49515	22973	26542	56001	32801	23200
55486	25780	29706	63645	37612	26033
41383	19255	22128	55907	32874	23033
212260	**101421**	**110839**	**276249**	**159769**	**116480**
33506	15693	17813	50115	29410	20705
41563	19760	21803	55898	32703	23195
44967	21510	23457	54034	31158	22876
45107	21544	23563	54269	31128	23141
47117	22914	24203	61933	35370	26563
223084	**108875**	**114209**	**337244**	**192026**	**145218**
43150	20995	22155	66035	37400	28635
42887	20951	21936	72100	40846	31254
46079	22456	23623	70120	40118	30002
44827	21989	22838	65926	37483	28443
46141	22484	23657	63063	36179	26884
189883	**92262**	**97621**	**260802**	**151540**	**109262**
42223	20466	21757	62210	35560	26650
40956	19907	21049	54631	31515	23116
41167	20036	21131	56358	32732	23626
31430	15124	16306	42990	25229	17761
34107	16729	17378	44613	26504	18109
163937	**80078**	**83859**	**138518**	**82043**	**56475**
36831	18163	18668	38260	22878	15382
34889	17164	17725	33999	20025	13974
44752	21809	22943	34299	20557	13742
30833	14911	15922	21737	12799	8938
16632	8031	8601	10223	5784	4439
118811	**57488**	**61323**	**52915**	**29927**	**22988**
23387	11327	12060	10191	5648	4543
21679	10579	11100	9147	5269	3878
25108	12249	12859	11599	6675	4924
26622	12893	13729	12167	6920	5247
22015	10440	11575	9811	5415	4396

7-2a 续表 2

年龄	户口					
	合计			省内		
	合计	男	女	小计	男	女
65-69岁	**242546**	**116683**	**125863**	**208045**	**98538**	**109507**
65	60288	29369	30919	51044	24367	26677
66	55325	26773	28552	47011	22360	24651
67	47120	22375	24745	40332	18828	21504
68	44476	21180	23296	38570	18125	20445
69	35337	16986	18351	31088	14858	16230
70-74岁	**128204**	**63174**	**65030**	**115075**	**56752**	**58323**
70	31549	15634	15915	27842	13789	14053
71	30162	14986	15176	26994	13350	13644
72	24854	12163	12691	22421	11010	11411
73	21882	10694	11188	19854	9708	10146
74	19757	9697	10060	17964	8895	9069
75-79岁	**70676**	**34483**	**36193**	**64823**	**31991**	**32832**
75	16517	8055	8462	15124	7427	7697
76	15941	7914	8027	14620	7320	7300
77	14158	6891	7267	13040	6449	6591
78	12495	6077	6418	11450	5649	5801
79	11565	5546	6019	10589	5146	5443
80-84岁	**46765**	**21728**	**25037**	**43500**	**20363**	**23137**
80	10391	4951	5440	9529	4604	4925
81	9626	4545	5081	8941	4270	4671
82	9789	4740	5049	9143	4459	4684
83	8917	3948	4969	8370	3705	4665
84	8042	3544	4498	7517	3325	4192
85-89岁	**24854**	**10555**	**14299**	**23487**	**9977**	**13510**
85	6683	2912	3771	6300	2749	3551
86	5805	2473	3332	5456	2340	3116
87	5262	2205	3057	4974	2084	2890
88	3909	1643	2266	3695	1546	2149
89	3195	1322	1873	3062	1258	1804
90-94岁	**8956**	**3591**	**5365**	**8606**	**3465**	**5141**
90	2801	1217	1584	2677	1165	1512
91	2104	814	1290	2011	785	1226
92	1841	731	1110	1779	706	1073
93	1313	477	836	1273	462	811
94	897	352	545	866	347	519
95-99岁	**1978**	**687**	**1291**	**1899**	**662**	**1237**
95	699	255	444	680	250	430
96	465	154	311	443	149	294
97	341	140	201	327	133	194
98	255	75	180	244	71	173
99	218	63	155	205	59	146
100岁及以上	**332**	**93**	**239**	**316**	**89**	**227**

单位：人

登记地					
其中市辖区内人户分离			省外		
小计	男	女	小计	男	女
100376	**47100**	**53276**	**34501**	**18145**	**16356**
23843	11402	12441	9244	5002	4242
22388	10580	11808	8314	4413	3901
19559	9071	10488	6788	3547	3241
18900	8716	10184	5906	3055	2851
15686	7331	8355	4249	2128	2121
62133	**29943**	**32190**	**13129**	**6422**	**6707**
14486	7112	7374	3707	1845	1862
14456	6943	7513	3168	1636	1532
12074	5764	6310	2433	1153	1280
11049	5272	5777	2028	986	1042
10068	4852	5216	1793	802	991
37605	**18102**	**19503**	**5853**	**2492**	**3361**
8655	4064	4591	1393	628	765
8524	4187	4337	1321	594	727
7626	3673	3953	1118	442	676
6678	3247	3431	1045	428	617
6122	2931	3191	976	400	576
26359	**12120**	**14239**	**3265**	**1365**	**1900**
5595	2624	2971	862	347	515
5372	2557	2815	685	275	410
5524	2652	2872	646	281	365
5160	2236	2924	547	243	304
4708	2051	2657	525	219	306
14559	**6054**	**8505**	**1367**	**578**	**789**
3865	1641	2224	383	163	220
3454	1457	1997	349	133	216
3117	1283	1834	288	121	167
2268	926	1342	214	97	117
1855	747	1108	133	64	69
5238	**2047**	**3191**	**350**	**126**	**224**
1643	701	942	124	52	72
1251	465	786	93	29	64
1080	411	669	62	25	37
778	276	502	40	15	25
486	194	292	31	5	26
1093	**346**	**747**	**79**	**25**	**54**
410	145	265	19	5	14
250	78	172	22	5	17
178	60	118	14	7	7
135	34	101	11	4	7
120	29	91	13	4	9
162	**39**	**123**	**16**	**4**	**12**

7-2b 全省按户口登记地、年龄、性别分的

年 龄	户口					
	合 计			省 内		
	合计	男	女	小计	男	女
总 计	**4471350**	**2367245**	**2104105**	**3436341**	**1754488**	**1681853**
0-4岁	**223665**	**121923**	**101742**	**193239**	**105570**	**87669**
0	21143	11585	9558	18791	10320	8471
1	39237	21572	17665	33761	18604	15157
2	46140	25029	21111	39704	21604	18100
3	58470	31621	26849	50654	27413	23241
4	58675	32116	26559	50329	27629	22700
5-9岁	**316767**	**174069**	**142698**	**271898**	**149827**	**122071**
5	60596	33090	27506	52449	28709	23740
6	64251	35395	28856	55531	30680	24851
7	62936	34510	28426	53832	29574	24258
8	68178	37415	30763	58409	32154	26255
9	60806	33659	27147	51677	28710	22967
10-14岁	**276979**	**152400**	**124579**	**236370**	**130465**	**105905**
10	57604	31935	25669	48702	27075	21627
11	58376	32358	26018	49403	27513	21890
12	56277	31185	25092	48306	26967	21339
13	53630	29264	24366	46274	25260	21014
14	51092	27658	23434	43685	23650	20035
15-19岁	**377741**	**194153**	**183588**	**320036**	**161939**	**158097**
15	72583	37531	35052	66209	34018	32191
16	92550	47971	44579	84318	43317	41001
17	82966	43327	39639	73372	37659	35713
18	60852	31132	29720	47624	23699	23925
19	68790	34192	34598	48513	23246	25267
20-24岁	**290670**	**154278**	**136392**	**177564**	**89188**	**88376**
20	69323	34799	34524	45685	22232	23453
21	59471	30663	28808	36301	17863	18438
22	54971	30084	24887	31587	16317	15270
23	51967	28699	23268	30411	15704	14707
24	54938	30033	24905	33580	17072	16508
25-29岁	**356132**	**186601**	**169531**	**247078**	**121828**	**125250**
25	63784	34534	29250	41629	21182	20447
26	63101	33611	29490	42707	21383	21324
27	67422	35227	32195	45789	22500	23289
28	73290	38091	35199	51373	25165	26208
29	88535	45138	43397	65580	31598	33982

户口登记地在外乡镇街道的人口(镇)

单位：人

登记地					
其中市辖区内人户分离			省　外		
小计	男	女	小计	男	女
95754	**47317**	**48437**	**1035009**	**612757**	**422252**
6184	**3320**	**2864**	**30426**	**16353**	**14073**
621	331	290	2352	1265	1087
1109	600	509	5476	2968	2508
1291	699	592	6436	3425	3011
1596	845	751	7816	4208	3608
1567	845	722	8346	4487	3859
7842	**4151**	**3691**	**44869**	**24242**	**20627**
1604	866	738	8147	4381	3766
1657	875	782	8720	4715	4005
1595	816	779	9104	4936	4168
1645	885	760	9769	5261	4508
1341	709	632	9129	4949	4180
5806	**3058**	**2748**	**40609**	**21935**	**18674**
1257	644	613	8902	4860	4042
1303	671	632	8973	4845	4128
1183	663	520	7971	4218	3753
1076	565	511	7356	4004	3352
987	515	472	7407	4008	3399
10613	**5461**	**5152**	**57705**	**32214**	**25491**
2593	1288	1305	6374	3513	2861
3734	1924	1810	8232	4654	3578
3050	1585	1465	9594	5668	3926
875	470	405	13228	7433	5795
361	194	167	20277	10946	9331
3036	**1509**	**1527**	**113106**	**65090**	**48016**
363	196	167	23638	12567	11071
441	220	221	23170	12800	10370
595	310	285	23384	13767	9617
724	347	377	21556	12995	8561
913	436	477	21358	12961	8397
6837	**2931**	**3906**	**109054**	**64773**	**44281**
1077	484	593	22155	13352	8803
1119	526	593	20394	12228	8166
1264	560	704	21633	12727	8906
1560	628	932	21917	12926	8991
1817	733	1084	22955	13540	9415

7-2b 续表 1

年 龄	户口					
	合 计			省 内		
	合计	男	女	小计	男	女
30-34岁	**496141**	**254834**	**241307**	**360650**	**174357**	**186293**
30	109534	55854	53680	80714	38779	41935
31	104572	53053	51519	77125	36731	40394
32	96010	48745	47265	70097	33531	36566
33	98754	51597	47157	70175	34497	35678
34	87271	45585	41686	62539	30819	31720
35-39岁	**397607**	**208947**	**188660**	**293922**	**146501**	**147421**
35	82104	43055	39049	60754	30423	30331
36	81692	42884	38808	61000	30543	30457
37	76011	40148	35863	56179	28061	28118
38	87780	46058	41722	65390	32458	32932
39	70020	36802	33218	50599	25016	25583
40-44岁	**373036**	**197802**	**175234**	**272289**	**137348**	**134941**
40	59971	31432	28539	41946	20667	21279
41	73599	39066	34533	53546	26893	26653
42	76873	40660	36213	57191	28823	28368
43	77826	41448	36378	57833	29435	28398
44	84767	45196	39571	61773	31530	30243
45-49岁	**425066**	**229270**	**195796**	**299207**	**153581**	**145626**
45	81667	43746	37921	57208	29139	28069
46	86473	46519	39954	59655	30558	29097
47	87844	47405	40439	62071	31924	30147
48	84041	45325	38716	59377	30459	28918
49	85041	46275	38766	60896	31501	29395
50-54岁	**349696**	**191043**	**158653**	**252010**	**129712**	**122298**
50	79311	43119	36192	55489	28602	26887
51	73411	40160	33251	52573	27183	25390
52	75747	41452	34295	54536	28030	26506
53	59280	32357	26923	43500	22434	21066
54	61947	33955	27992	45912	23463	22449
55-59岁	**228027**	**123351**	**104676**	**180640**	**92086**	**88554**
55	58648	32114	26534	45122	23176	21946
56	50814	27683	23131	38961	19890	19071
57	58993	32184	26809	47502	24487	23015
58	40862	21833	19029	33527	16989	16538
59	18710	9537	9173	15528	7544	7984
60-64岁	**131123**	**67875**	**63248**	**116858**	**58947**	**57911**
60	25211	13331	11880	22228	11444	10784
61	24128	12729	11399	21633	11171	10462
62	27946	14596	13350	24861	12580	12281
63	30208	15454	14754	26972	13458	13514
64	23630	11765	11865	21164	10294	10870

单位：人

登记地					
其中市辖区内人户分离			省外		
小计	男	女	小计	男	女
10360	**4316**	**6044**	**135491**	**80477**	**55014**
2169	894	1275	28820	17075	11745
2181	886	1295	27447	16322	11125
2051	802	1249	25913	15214	10699
2063	914	1149	28579	17100	11479
1896	820	1076	24732	14766	9966
9301	**4257**	**5044**	**103685**	**62446**	**41239**
1939	864	1075	21350	12632	8718
1898	844	1054	20692	12341	8351
1831	863	968	19832	12087	7745
2031	949	1082	22390	13600	8790
1602	737	865	19421	11786	7635
7497	**3660**	**3837**	**100747**	**60454**	**40293**
1232	546	686	18025	10765	7260
1443	718	725	20053	12173	7880
1592	795	797	19682	11837	7845
1584	768	816	19993	12013	7980
1646	833	813	22994	13666	9328
7971	**4092**	**3879**	**125859**	**75689**	**50170**
1624	839	785	24459	14607	9852
1586	784	802	26818	15961	10857
1594	829	765	25773	15481	10292
1539	797	742	24664	14866	9798
1628	843	785	24145	14774	9371
6434	**3447**	**2987**	**97686**	**61331**	**36355**
1404	741	663	23822	14517	9305
1406	797	609	20838	12977	7861
1364	709	655	21211	13422	7789
1134	597	537	15780	9923	5857
1126	603	523	16035	10492	5543
4560	**2505**	**2055**	**47387**	**31265**	**16122**
1119	615	504	13526	8938	4588
955	536	419	11853	7793	4060
1181	647	534	11491	7697	3794
875	478	397	7335	4844	2491
430	229	201	3182	1993	1189
2940	**1529**	**1411**	**14265**	**8928**	**5337**
553	306	247	2983	1887	1096
547	264	283	2495	1558	937
661	350	311	3085	2016	1069
668	346	322	3236	1996	1240
511	263	248	2466	1471	995

7-2b 续表 2

年 龄	户口					
	合 计			省 内		
	合计	男	女	小计	男	女
65-69岁	**101028**	**49323**	**51705**	**92835**	**44635**	**48200**
65	24754	12291	12463	22545	10965	11580
66	22774	11203	11571	20830	10088	10742
67	19637	9484	10153	18001	8569	9432
68	18580	8998	9582	17169	8190	8979
69	15283	7347	7936	14290	6823	7467
70-74岁	**55763**	**27644**	**28119**	**52628**	**26073**	**26555**
70	13476	6745	6731	12627	6291	6336
71	12965	6503	6462	12214	6130	6084
72	10875	5289	5586	10291	4986	5305
73	9444	4633	4811	8909	4363	4546
74	9003	4474	4529	8587	4303	4284
75-79岁	**32603**	**16214**	**16389**	**31118**	**15508**	**15610**
75	7422	3702	3720	7091	3532	3559
76	7223	3668	3555	6889	3504	3385
77	6328	3172	3156	6030	3030	3000
78	5911	2909	3002	5637	2787	2850
79	5719	2763	2956	5471	2655	2816
80-84岁	**22761**	**10587**	**12174**	**21913**	**10214**	**11699**
80	5169	2528	2641	4934	2431	2503
81	4671	2240	2431	4493	2157	2336
82	4844	2253	2591	4668	2178	2490
83	4261	1907	2354	4122	1840	2282
84	3816	1659	2157	3696	1608	2088
85-89岁	**11484**	**4943**	**6541**	**11143**	**4774**	**6369**
85	3060	1341	1719	2961	1287	1674
86	2586	1075	1511	2505	1033	1472
87	2534	1103	1431	2445	1062	1383
88	1790	790	1000	1752	774	978
89	1514	634	880	1480	618	862
90-94岁	**4079**	**1637**	**2442**	**3983**	**1597**	**2386**
90	1280	541	739	1243	523	720
91	979	408	571	962	400	562
92	833	325	508	812	317	495
93	570	205	365	560	201	359
94	417	158	259	406	156	250
95-99岁	**842**	**299**	**543**	**826**	**290**	**536**
95	289	116	173	285	114	171
96	220	76	144	213	72	141
97	163	43	120	162	43	119
98	87	29	58	87	29	58
99	83	35	48	79	32	47
100岁及以上	**140**	**52**	**88**	**134**	**48**	**86**

单位：人

登记地					
其中市辖区内人户分离			省　　外		
小计	男	女	小计	男	女
2491	**1230**	**1261**	**8193**	**4688**	**3505**
589	299	290	2209	1326	883
554	269	285	1944	1115	829
466	231	235	1636	915	721
479	223	256	1411	808	603
403	208	195	993	524	469
1528	**755**	**773**	**3135**	**1571**	**1564**
309	153	156	849	454	395
369	188	181	751	373	378
289	123	166	584	303	281
274	134	140	535	270	265
287	157	130	416	171	245
1028	**498**	**530**	**1485**	**706**	**779**
238	108	130	331	170	161
232	118	114	334	164	170
200	90	110	298	142	156
188	92	96	274	122	152
170	90	80	248	108	140
741	**366**	**375**	**848**	**373**	**475**
155	78	77	235	97	138
153	70	83	178	83	95
151	82	69	176	75	101
157	74	83	139	67	72
125	62	63	120	51	69
388	**170**	**218**	**341**	**169**	**172**
91	41	50	99	54	45
88	39	49	81	42	39
97	43	54	89	41	48
58	24	34	38	16	22
54	23	31	34	16	18
146	**47**	**99**	**96**	**40**	**56**
35	12	23	37	18	19
33	12	21	17	8	9
33	10	23	21	8	13
29	7	22	10	4	6
16	6	10	11	2	9
43	**13**	**30**	**16**	**9**	**7**
12	4	8	4	2	2
12	3	9	7	4	3
9	3	6	1		1
7	1	6			
3	2	1	4	3	1
8	**2**	**6**	**6**	**4**	**2**

7-2c 全省按户口登记地、年龄、性别分的

年龄	合计			户口 省内		
	合计	男	女	小计	男	女
总 计	**1787156**	**1025471**	**761685**	**973923**	**518926**	**454997**
0-4岁	**78508**	**41990**	**36518**	**55052**	**29521**	**25531**
0	7272	3896	3376	5456	2940	2516
1	14702	7866	6836	10260	5507	4753
2	17063	9112	7951	12081	6491	5590
3	19682	10539	9143	13792	7369	6423
4	19789	10577	9212	13463	7214	6249
5-9岁	**97822**	**52675**	**45147**	**62633**	**33636**	**28997**
5	20262	10906	9356	13926	7517	6409
6	20000	10797	9203	13269	7114	6155
7	19288	10421	8867	12146	6554	5592
8	20342	10914	9428	12699	6783	5916
9	17930	9637	8293	10593	5668	4925
10-14岁	**77466**	**41448**	**36018**	**45099**	**23897**	**21202**
10	17052	9125	7927	9696	5126	4570
11	17337	9224	8113	10089	5328	4761
12	15430	8164	7266	9100	4796	4304
13	14404	7821	6583	8557	4614	3943
14	13243	7114	6129	7657	4033	3624
15-19岁	**122466**	**68506**	**53960**	**85311**	**45770**	**39541**
15	19496	10417	9079	14991	7845	7146
16	27353	15270	12083	21285	11459	9826
17	23614	13468	10146	16439	8988	7451
18	23638	13471	10167	15075	8174	6901
19	28365	15880	12485	17521	9304	8217
20-24岁	**131290**	**76777**	**54513**	**59705**	**31114**	**28591**
20	27604	15772	11832	15412	8144	7268
21	24623	14392	10231	11531	5988	5543
22	25896	15493	10403	10490	5584	4906
23	25513	15012	10501	10489	5418	5071
24	27654	16108	11546	11783	5980	5803
25-29岁	**167665**	**92569**	**75096**	**83775**	**40247**	**43528**
25	30916	17616	13300	14543	7269	7274
26	30256	16907	13349	14967	7303	7664
27	32594	17785	14809	15722	7443	8279
28	34771	19060	15711	17500	8235	9265
29	39128	21201	17927	21043	9997	11046

户口登记地在外乡镇街道的人口(乡村)

单位：人

登记地					
其中市辖区内人户分离			省外		
小计	男	女	小计	男	女
119826	**59357**	**60469**	**813233**	**506545**	**306688**
8410	**4458**	**3952**	**23456**	**12469**	**10987**
906	477	429	1816	956	860
1540	807	733	4442	2359	2083
1847	1022	825	4982	2621	2361
2141	1117	1024	5890	3170	2720
1976	1035	941	6326	3363	2963
9080	**4813**	**4267**	**35189**	**19039**	**16150**
2141	1139	1002	6336	3389	2947
1941	1034	907	6731	3683	3048
1701	897	804	7142	3867	3275
1836	960	876	7643	4131	3512
1461	783	678	7337	3969	3368
6284	**3284**	**3000**	**32367**	**17551**	**14816**
1353	732	621	7356	3999	3357
1427	739	688	7248	3896	3352
1293	663	630	6330	3368	2962
1187	619	568	5847	3207	2640
1024	531	493	5586	3081	2505
11755	**5919**	**5836**	**37155**	**22736**	**14419**
2805	1328	1477	4505	2572	1933
3819	1903	1916	6068	3811	2257
2560	1325	1235	7175	4480	2695
1356	732	624	8563	5297	3266
1215	631	584	10844	6576	4268
5161	**2358**	**2803**	**71585**	**45663**	**25922**
1120	555	565	12192	7628	4564
876	432	444	13092	8404	4688
905	428	477	15406	9909	5497
996	415	581	15024	9594	5430
1264	528	736	15871	10128	5743
9946	**4096**	**5850**	**83890**	**52322**	**31568**
1591	698	893	16373	10347	6026
1737	749	988	15289	9604	5685
1831	743	1088	16872	10342	6530
2144	833	1311	17271	10825	6446
2643	1073	1570	18085	11204	6881

7-2c 续表 1

年 龄	户口					
	合 计			省 内		
	合计	男	女	小计	男	女
30-34岁	**213110**	**117861**	**95249**	**108346**	**52563**	**55783**
30	47943	25990	21953	25188	11747	13441
31	45191	24457	20734	23849	11255	12594
32	40721	22453	18268	21074	10291	10783
33	42437	24042	18395	20479	10322	10157
34	36818	20919	15899	17756	8948	8808
35-39岁	**160516**	**93182**	**67334**	**78024**	**40943**	**37081**
35	32677	18680	13997	16311	8371	7940
36	32665	18945	13720	16340	8601	7739
37	31111	18081	13030	15157	7960	7197
38	35014	20499	14515	17069	9053	8016
39	29049	16977	12072	13147	6958	6189
40-44岁	**149003**	**87334**	**61669**	**67254**	**36383**	**30871**
40	24879	14591	10288	10339	5506	4833
41	28905	16935	11970	13169	7026	6143
42	29739	17425	12314	13839	7518	6321
43	30601	17994	12607	14298	7788	6510
44	34879	20389	14490	15609	8545	7064
45-49岁	**189007**	**111766**	**77241**	**81668**	**44536**	**37132**
45	35631	20833	14798	14738	7949	6789
46	38730	22907	15823	15831	8647	7184
47	39002	23214	15788	17041	9395	7646
48	37575	22099	15476	16611	9043	7568
49	38069	22713	15356	17447	9502	7945
50-54岁	**162295**	**99559**	**62736**	**76244**	**43028**	**33216**
50	37331	22238	15093	16409	8961	7448
51	34473	20891	13582	16183	9057	7126
52	35051	21664	13387	16468	9305	7163
53	27457	16930	10527	13273	7525	5748
54	27983	17836	10147	13911	8180	5731
55-59岁	**98274**	**62255**	**36019**	**56183**	**33147**	**23036**
55	25511	16150	9361	13678	8089	5589
56	22538	14209	8329	12071	7016	5055
57	25301	16186	9115	14899	8852	6047
58	17113	10891	6222	10512	6248	4264
59	7811	4819	2992	5023	2942	2081
60-64岁	**48368**	**29554**	**18814**	**35698**	**21026**	**14672**
60	9593	5959	3634	6926	4172	2754
61	9179	5695	3484	6876	4094	2782
62	10363	6399	3964	7594	4483	3111
63	10898	6585	4313	8140	4736	3404
64	8335	4916	3419	6162	3541	2621

单位：人

登记地					
其中市辖区内人户分离			省外		
小计	男	女	小计	男	女
13905	**5777**	**8128**	**104764**	**65298**	**39466**
3231	1309	1922	22755	14243	8512
3074	1191	1883	21342	13202	8140
2728	1179	1549	19647	12162	7485
2585	1125	1460	21958	13720	8238
2287	973	1314	19062	11971	7091
10182	**4659**	**5523**	**82492**	**52239**	**30253**
2161	940	1221	16366	10309	6057
2144	989	1155	16325	10344	5981
2001	921	1080	15954	10121	5833
2211	1012	1199	17945	11446	6499
1665	797	868	15902	10019	5883
8210	**4105**	**4105**	**81749**	**50951**	**30798**
1301	636	665	14540	9085	5455
1542	752	790	15736	9909	5827
1742	870	872	15900	9907	5993
1751	910	841	16303	10206	6097
1874	937	937	19270	11844	7426
9294	**4761**	**4533**	**107339**	**67230**	**40109**
1761	878	883	20893	12884	8009
1846	951	895	22899	14260	8639
1916	970	946	21961	13819	8142
1818	931	887	20964	13056	7908
1953	1031	922	20622	13211	7411
8576	**4632**	**3944**	**86051**	**56531**	**29520**
1855	953	902	20922	13277	7645
1799	950	849	18290	11834	6456
1881	1054	827	18583	12359	6224
1484	799	685	14184	9405	4779
1557	876	681	14072	9656	4416
6245	**3577**	**2668**	**42091**	**29108**	**12983**
1533	891	642	11833	8061	3772
1341	766	575	10467	7193	3274
1636	934	702	10402	7334	3068
1194	678	516	6601	4643	1958
541	308	233	2788	1877	911
4051	**2328**	**1723**	**12670**	**8528**	**4142**
694	406	288	2667	1787	880
798	466	332	2303	1601	702
809	479	330	2769	1916	853
1002	551	451	2758	1849	909
748	426	322	2173	1375	798

7-2c 续表 2

年 龄	户口					
	合 计			省 内		
	合计	男	女	小计	男	女
65-69岁	**35958**	**20291**	**15667**	**28754**	**15914**	**12840**
65	8916	5198	3718	6926	3921	3005
66	8119	4600	3519	6363	3523	2840
67	6952	3921	3031	5584	3105	2479
68	6692	3695	2997	5454	2955	2499
69	5279	2877	2402	4427	2410	2017
70-74岁	**20919**	**11527**	**9392**	**18306**	**10160**	**8146**
70	4861	2645	2216	4130	2252	1878
71	4772	2632	2140	4169	2309	1860
72	4051	2228	1823	3566	1970	1596
73	3647	2064	1583	3230	1850	1380
74	3588	1958	1630	3211	1779	1432
75-79岁	**14011**	**7855**	**6156**	**12708**	**7255**	**5453**
75	3029	1660	1369	2739	1521	1218
76	3009	1713	1296	2718	1565	1153
77	2724	1522	1202	2478	1420	1058
78	2603	1489	1114	2369	1384	985
79	2646	1471	1175	2404	1365	1039
80-84岁	**10752**	**5715**	**5037**	**9957**	**5387**	**4570**
80	2317	1282	1035	2125	1201	924
81	2220	1209	1011	2063	1146	917
82	2248	1220	1028	2084	1141	943
83	2084	1071	1013	1929	1015	914
84	1883	933	950	1756	884	872
85-89岁	**6052**	**2964**	**3088**	**5687**	**2827**	**2860**
85	1594	782	812	1491	747	744
86	1352	677	675	1257	643	614
87	1314	663	651	1235	631	604
88	984	457	527	931	432	499
89	808	385	423	773	374	399
90-94岁	**2627**	**1211**	**1416**	**2497**	**1150**	**1347**
90	790	371	419	739	346	393
91	577	245	332	546	233	313
92	583	267	316	562	257	305
93	376	187	189	357	175	182
94	301	141	160	293	139	154
95-99岁	**759**	**323**	**436**	**738**	**314**	**424**
95	243	109	134	239	107	132
96	188	78	110	183	77	106
97	121	45	76	120	44	76
98	113	50	63	109	48	61
99	94	41	53	87	38	49
100岁及以上	**288**	**109**	**179**	**284**	**108**	**176**

单位：人

登记地					
其中市辖区内人户分离			省外		
小计	男	女	小计	男	女
3369	**1804**	**1565**	**7204**	**4377**	**2827**
840	451	389	1990	1277	713
778	411	367	1756	1077	679
647	348	299	1368	816	552
598	315	283	1238	740	498
506	279	227	852	467	385
2020	**1079**	**941**	**2613**	**1367**	**1246**
467	245	222	731	393	338
456	237	219	603	323	280
377	203	174	485	258	227
361	207	154	417	214	203
359	187	172	377	179	198
1400	**782**	**618**	**1303**	**600**	**703**
287	163	124	290	139	151
304	173	131	291	148	143
273	153	120	246	102	144
265	142	123	234	105	129
271	151	120	242	106	136
1051	**522**	**529**	**795**	**328**	**467**
236	120	116	192	81	111
209	110	99	157	63	94
212	106	106	164	79	85
225	113	112	155	56	99
169	73	96	127	49	78
598	**293**	**305**	**365**	**137**	**228**
153	81	72	103	35	68
144	82	62	95	34	61
116	48	68	79	32	47
95	40	55	53	25	28
90	42	48	35	11	24
228	**94**	**134**	**130**	**61**	**69**
79	34	45	51	25	26
42	14	28	31	12	19
52	25	27	21	10	11
26	11	15	19	12	7
29	10	19	8	2	6
44	**14**	**30**	**21**	**9**	**12**
16	6	10	4	2	2
13	5	8	5	1	4
7		7	1	1	
4	1	3	4	2	2
4	2	2	7	3	4
17	**2**	**15**	**4**	**1**	**3**

7-3 各地区按现住地、性别分的户口登记地在外省的人口

现住地	户口登记地					
	合计			北京		
	合计	男	女	小计	男	女
合计	**4889876**	**2848119**	**2041757**	**6948**	**4145**	**2803**
福州市	**968297**	**566850**	**401447**	**1872**	**1115**	**757**
鼓楼区	72752	40574	32178	443	251	192
台江区	42090	24155	17935	150	77	73
仓山区	175509	100926	74583	353	206	147
马尾区	51844	29995	21849	44	32	12
晋安区	124332	69837	54495	231	135	96
长乐区	127851	76283	51568	45	32	13
闽侯县	133055	75756	57299	207	122	85
连江县	43286	26262	17024	20	14	6
罗源县	23699	16280	7419	18	13	5
闽清县	10082	5792	4290	17	11	6
永泰县	8274	5016	3258	12	9	3
平潭县	14734	9785	4949	14	7	7
福清市	140789	86189	54600	318	206	112
厦门市	**1391822**	**799926**	**591896**	**2845**	**1706**	**1139**
思明区	172572	91080	81492	1253	715	538
海沧区	199131	118387	80744	266	163	103
湖里区	261595	147370	114225	623	384	239
集美区	331480	190505	140975	461	299	162
同安区	280932	162611	118321	111	72	39
翔安区	146112	89973	56139	131	73	58
莆田市	**233924**	**137921**	**96003**	**289**	**146**	**143**
城厢区	53188	30612	22576	85	46	39
涵江区	58056	33824	24232	44	30	14
荔城区	80429	46905	33524	75	41	34
秀屿区	21153	14162	6991	35	22	13
仙游县	21098	12418	8680	50	7	43
三明市	**95913**	**57133**	**38780**	**198**	**112**	**86**
梅列区	15650	8437	7213	37	21	16
三元区	17500	10142	7358	29	18	11
明溪县	3197	2088	1109	13	8	5
清流县	3469	2276	1193	29	20	9
宁化县	4335	2413	1922	17	8	9
大田县	7884	5731	2153	2		2
尤溪县	5791	3383	2408	16	11	5
沙县	11637	6517	5120	18	10	8
将乐县	5212	3102	2110	2	2	
泰宁县	1886	1058	828	7	1	6
建宁县	2251	1421	830	2	1	1
永安市	17101	10565	6536	26	12	14
泉州市	**1552074**	**891223**	**660851**	**740**	**456**	**284**
鲤城区	107138	59303	47835	55	29	26
丰泽区	144166	78700	65466	202	120	82
洛江区	38238	21712	16526	41	26	15
泉港区	19114	12204	6910	27	18	9
惠安县	92430	56674	35756	111	82	29
安溪县	37174	21553	15621	14	12	2
永春县	8149	4805	3344	12	7	5
德化县	11814	7234	4580	14	8	6
石狮市	207129	118319	88810	37	18	19
晋江市	702530	399536	302994	144	86	58
南安市	184192	111183	73009	83	50	33

7-3 续表 1

现住地	户口登记地					
	合计			北京		
	合计	男	女	小计	男	女
漳州市	**309383**	**185868**	**123515**	**358**	**220**	**138**
芗城区	61925	33380	28545	73	44	29
龙文区	35626	21535	14091	50	25	25
云霄县	10083	6370	3713	28	16	12
漳浦县	33120	22779	10341	65	49	16
诏安县	7263	3830	3433	7	4	3
长泰县	30741	18788	11953	16	13	3
东山县	9269	5311	3958	14	10	4
南靖县	7417	4752	2665	11	5	6
平和县	8375	4868	3507	10	7	3
华安县	8009	5428	2581	4	3	1
龙海市	97555	58827	38728	80	44	36
南平市	**89963**	**51168**	**38795**	**201**	**120**	**81**
延平区	15611	8694	6917	26	14	12
建阳区	14485	8344	6141	29	22	7
顺昌县	5652	3293	2359	18	6	12
浦城县	7917	4650	3267	19	9	10
光泽县	7082	3951	3131	19	12	7
松溪县	2898	1631	1267	7	5	2
政和县	5843	3359	2484	17	17	
邵武市	10523	6096	4427	17	10	7
武夷山市	13028	7223	5805	30	16	14
建瓯市	6924	3927	2997	19	9	10
龙岩市	**94155**	**57716**	**36439**	**175**	**103**	**72**
新罗区	51146	30507	20639	95	55	40
永定区	9533	6380	3153	9	6	3
长汀县	5672	2993	2679	20	14	6
上杭县	9459	6446	3013	21	11	10
武平县	5523	3307	2216	8	7	1
连城县	4131	2541	1590	8	4	4
漳平市	8691	5542	3149	14	6	8
宁德市	**154345**	**100314**	**54031**	**270**	**167**	**103**
蕉城区	65549	44055	21494	134	92	42
霞浦县	15716	10899	4817	41	26	15
古田县	7476	4165	3311	17	9	8
屏南县	2550	1467	1083	7	4	3
寿宁县	3154	1768	1386	6	2	4
周宁县	3545	2232	1313	2	1	1
柘荣县	3093	1809	1284	4	3	1
福安市	21357	14870	6487	14	6	8
福鼎市	31905	19049	12856	45	24	21

7-3 续表 2

现住地	户口登记地								
	天津			河北			山西		
	小计	男	女	小计	男	女	小计	男	女
合计	**5414**	**3089**	**2325**	**41596**	**26248**	**15348**	**30401**	**17651**	**12750**
福州市	**1341**	**770**	**571**	**11365**	**7237**	**4128**	**8640**	**4845**	**3795**
鼓楼区	173	94	79	1371	802	569	743	417	326
台江区	87	50	37	670	418	252	355	193	162
仓山区	257	115	142	2109	1213	896	1260	648	612
马尾区	42	27	15	470	292	178	282	148	134
晋安区	175	119	56	1204	731	473	779	473	306
长乐区	82	56	26	1055	804	251	964	631	333
闽侯县	338	192	146	1892	1086	806	2197	1020	1177
连江县	41	26	15	362	257	105	233	128	105
罗源县	12	7	5	564	475	89	456	317	139
闽清县	11	7	4	92	59	33	36	22	14
永泰县	11	6	5	63	50	13	215	120	95
平潭县	14	11	3	156	115	41	111	72	39
福清市	98	60	38	1357	935	422	1009	656	353
厦门市	**2289**	**1250**	**1039**	**12332**	**7340**	**4992**	**10196**	**5692**	**4504**
思明区	702	325	377	2555	1349	1206	1746	869	877
海沧区	192	104	88	1279	820	459	1057	633	424
湖里区	386	219	167	2306	1402	904	1678	926	752
集美区	781	461	320	3731	2225	1506	3052	1712	1340
同安区	61	37	24	1261	768	493	1630	933	697
翔安区	167	104	63	1200	776	424	1033	619	414
莆田市	**223**	**129**	**94**	**1749**	**1122**	**627**	**917**	**479**	**438**
城厢区	80	44	36	505	314	191	330	184	146
涵江区	23	14	9	302	210	92	122	69	53
荔城区	62	33	29	400	234	166	278	127	151
秀屿区	40	28	12	392	302	90	120	74	46
仙游县	18	10	8	150	62	88	67	25	42
三明市	**76**	**48**	**28**	**1212**	**836**	**376**	**833**	**603**	**230**
梅列区	12	6	6	234	139	95	72	41	31
三元区	10	7	3	239	162	77	193	111	82
明溪县	3	2	1	75	56	19	37	32	5
清流县	5	3	2	68	50	18	47	38	9
宁化县	4	2	2	58	39	19	34	28	6
大田县	7	6	1	101	82	19	97	84	13
尤溪县	4	3	1	52	38	14	65	42	23
沙县	5	2	3	60	29	31	37	24	13
将乐县	3	2	1	29	20	9	45	34	11
泰宁县	1	1		15	6	9	3		3
建宁县	7	7		27	24	3	26	20	6
永安市	15	7	8	254	191	63	177	149	28
泉州市	**614**	**332**	**282**	**7230**	**4457**	**2773**	**4224**	**2417**	**1807**
鲤城区	42	21	21	607	346	261	570	327	243
丰泽区	178	72	106	1347	667	680	870	401	469
洛江区	19	10	9	274	162	112	166	80	86
泉港区	19	16	3	225	163	62	127	100	27
惠安县	56	36	20	710	515	195	254	177	77
安溪县	15	8	7	308	202	106	142	89	53
永春县	2	1	1	69	45	24	32	18	14
德化县	11	11		110	85	25	22	15	7
石狮市	51	30	21	680	418	262	508	293	215
晋江市	151	84	67	1859	1152	707	1083	636	447
南安市	70	43	27	1041	702	339	450	281	169

7-3 续表 3

现住地	户口登记地								
	天津			河北			山西		
	小计	男	女	小计	男	女	小计	男	女
漳州市	**440**	**285**	**155**	**3451**	**2317**	**1134**	**2003**	**1210**	**793**
芗城区	34	22	12	733	426	307	587	276	311
龙文区	34	23	11	413	258	155	134	77	57
云霄县	3	2	1	175	133	42	55	40	15
漳浦县	96	75	21	541	444	97	245	191	54
诏安县	4	3	1	68	39	29	36	25	11
长泰县	13	7	6	147	114	33	171	100	71
东山县	9	6	3	59	36	23	31	20	11
南靖县	6	3	3	95	68	27	23	18	5
平和县	1	1		56	45	11	17	11	6
华安县	3	3		43	36	7	44	35	9
龙海市	237	140	97	1121	718	403	660	417	243
南平市	**111**	**62**	**49**	**873**	**564**	**309**	**572**	**345**	**227**
延平区	27	18	9	172	102	70	79	48	31
建阳区	14	7	7	116	72	44	34	22	12
顺昌县	6	3	3	48	32	16	19	15	4
浦城县	2	1	1	69	58	11	26	14	12
光泽县	4	2	2	55	42	13	19	12	7
松溪县	5	4	1	19	13	6	11	4	7
政和县	5	3	2	72	54	18	40	28	12
邵武市	8	3	5	108	66	42	53	38	15
武夷山市	36	17	19	161	90	71	273	157	116
建瓯市	4	4		53	35	18	18	7	11
龙岩市	**103**	**75**	**28**	**1147**	**759**	**388**	**669**	**418**	**251**
新罗区	75	58	17	729	455	274	391	225	166
永定区	4	2	2	83	62	21	61	45	16
长汀县	7	5	2	60	36	24	41	20	21
上杭县	2	1	1	111	94	17	65	47	18
武平县	6	3	3	25	13	12	18	13	5
连城县	4	4		66	48	18	26	16	10
漳平市	5	2	3	73	51	22	67	52	15
宁德市	**217**	**138**	**79**	**2237**	**1616**	**621**	**2347**	**1642**	**705**
蕉城区	120	78	42	791	531	260	1109	766	343
霞浦县	10	7	3	257	195	62	157	118	39
古田县	7	4	3	54	28	26	27	11	16
屏南县	4	4		51	41	10	17	15	2
寿宁县	3	3		20	9	11	12	2	10
周宁县	5	2	3	23	13	10	16	12	4
柘荣县	4	3	1	64	50	14	20	11	9
福安市	16	10	6	627	504	123	707	553	154
福鼎市	48	27	21	350	245	105	282	154	128

7−3 续表 4

现住地	户口登记地								
	内蒙古			辽宁			吉林		
	小计	男	女	小计	男	女	小计	男	女
合计	**12818**	**7217**	**5601**	**28187**	**15914**	**12273**	**28609**	**16031**	**12578**
福州市	**3106**	**1716**	**1390**	**6938**	**3881**	**3057**	**6259**	**3548**	**2711**
鼓楼区	380	194	186	1087	516	571	768	393	375
台江区	146	73	73	345	178	167	362	192	170
仓山区	552	295	257	1118	646	472	978	549	429
马尾区	103	60	43	316	169	147	279	165	114
晋安区	356	186	170	955	450	505	827	400	427
长乐区	378	231	147	752	431	321	712	425	287
闽侯县	505	252	253	791	451	340	738	442	296
连江县	121	57	64	309	192	117	273	155	118
罗源县	83	51	32	251	180	71	182	123	59
闽清县	41	27	14	50	35	15	33	19	14
永泰县	10	7	3	45	26	19	42	24	18
平潭县	49	34	15	113	80	33	128	81	47
福清市	382	249	133	806	527	279	937	580	357
厦门市	**4417**	**2390**	**2027**	**10349**	**5389**	**4960**	**10490**	**5527**	**4963**
思明区	1088	523	565	2891	1310	1581	2345	1086	1259
海沧区	523	297	226	1351	762	589	1483	834	649
湖里区	924	512	412	2202	1136	1066	2143	1105	1038
集美区	1133	618	515	2225	1181	1044	2536	1382	1154
同安区	343	205	138	792	460	332	1136	619	517
翔安区	406	235	171	888	540	348	847	501	346
莆田市	**476**	**275**	**201**	**1055**	**665**	**390**	**1298**	**757**	**541**
城厢区	139	78	61	313	188	125	345	185	160
涵江区	61	40	21	134	78	56	219	144	75
荔城区	112	57	55	216	130	86	432	245	187
秀屿区	113	70	43	288	221	67	195	132	63
仙游县	51	30	21	104	48	56	107	51	56
三明市	**273**	**184**	**89**	**705**	**474**	**231**	**733**	**442**	**291**
梅列区	33	23	10	115	74	41	99	50	49
三元区	54	34	20	135	79	56	151	84	67
明溪县	10	7	3	38	27	11	30	20	10
清流县	7	6	1	16	9	7	34	23	11
宁化县	12	10	2	22	14	8	53	30	23
大田县	17	12	5	66	53	13	43	32	11
尤溪县	25	18	7	44	35	9	42	24	18
沙县	26	16	10	67	44	23	61	31	30
将乐县	13	8	5	17	13	4	34	23	11
泰宁县	3	1	2	24	14	10	11	6	5
建宁县	8	7	1	12	10	2	10	7	3
永安市	65	42	23	149	102	47	165	112	53
泉州市	**2124**	**1206**	**918**	**4613**	**2697**	**1916**	**4666**	**2590**	**2076**
鲤城区	141	86	55	351	203	148	338	180	158
丰泽区	543	250	293	892	458	434	900	390	510
洛江区	62	36	26	191	108	83	152	77	75
泉港区	68	54	14	150	104	46	172	127	45
惠安县	149	95	54	514	357	157	346	231	115
安溪县	68	39	29	132	69	63	141	79	62
永春县	33	15	18	32	18	14	34	20	14
德化县	21	13	8	41	24	17	35	23	12
石狮市	199	126	73	446	254	192	476	258	218
晋江市	535	305	230	1412	825	587	1458	839	619
南安市	305	187	118	452	277	175	614	366	248

7-3 续表 5

现住地	户口登记地								
	内蒙古			辽宁			吉林		
	小计	男	女	小计	男	女	小计	男	女
漳州市	**1159**	**671**	**488**	**2118**	**1280**	**838**	**2739**	**1598**	**1141**
芗城区	159	85	74	338	193	145	299	148	151
龙文区	87	52	35	180	104	76	199	115	84
云霄县	38	25	13	62	34	28	64	42	22
漳浦县	113	87	26	407	297	110	332	276	56
诏安县	23	17	6	31	20	11	28	16	12
长泰县	127	70	57	143	87	56	686	379	307
东山县	39	17	22	60	38	22	51	30	21
南靖县	23	15	8	26	20	6	61	35	26
平和县	12	5	7	21	10	11	86	43	43
华安县	35	22	13	15	11	4	67	40	27
龙海市	503	276	227	835	466	369	866	474	392
南平市	**350**	**208**	**142**	**607**	**360**	**247**	**552**	**321**	**231**
延平区	64	36	28	100	62	38	125	69	56
建阳区	55	30	25	108	58	50	63	35	28
顺昌县	8	5	3	29	18	11	41	28	13
浦城县	10	8	2	25	14	11	27	17	10
光泽县	17	10	7	20	9	11	78	42	36
松溪县	4	3	1	17	10	7	12	8	4
政和县	25	16	9	41	22	19	21	15	6
邵武市	48	30	18	90	67	23	67	42	25
武夷山市	111	65	46	94	55	39	81	43	38
建瓯市	8	5	3	83	45	38	37	22	15
龙岩市	**347**	**232**	**115**	**526**	**337**	**189**	**621**	**415**	**206**
新罗区	167	108	59	268	153	115	305	200	105
永定区	41	27	14	27	23	4	24	19	5
长汀县	15	7	8	52	33	19	47	28	19
上杭县	34	25	9	85	56	29	51	38	13
武平县	13	7	6	14	8	6	14	8	6
连城县	12	6	6	23	18	5	41	28	13
漳平市	65	52	13	57	46	11	139	94	45
宁德市	**566**	**335**	**231**	**1276**	**831**	**445**	**1251**	**833**	**418**
蕉城区	268	172	96	580	375	205	710	499	211
霞浦县	66	34	32	254	189	65	126	88	38
古田县	14	6	8	27	10	17	54	27	27
屏南县	7	5	2	10	4	6	14	7	7
寿宁县	7	3	4	7	4	3	18	9	9
周宁县	6	3	3	39	22	17	22	14	8
柘荣县	10	6	4	12	7	5	13	8	5
福安市	78	46	32	136	74	62	124	74	50
福鼎市	110	60	50	211	146	65	170	107	63

7-3 续表 6

现住地	户口登记地								
	黑龙江			上海			江苏		
	小计	男	女	小计	男	女	小计	男	女
合计	**41314**	**21807**	**19507**	**6936**	**4099**	**2837**	**67697**	**43550**	**24147**
福州市	**8548**	**4424**	**4124**	**1800**	**1107**	**693**	**17494**	**11275**	**6219**
鼓楼区	889	417	472	378	221	157	3242	1968	1274
台江区	437	208	229	173	92	81	1173	735	438
仓山区	1321	671	650	384	198	186	2514	1521	993
马尾区	333	168	165	47	33	14	784	485	299
晋安区	1300	566	734	262	155	107	2157	1382	775
长乐区	1101	645	456	64	37	27	1526	1076	450
闽侯县	1141	561	580	170	128	42	2173	1340	833
连江县	334	175	159	56	36	20	873	556	317
罗源县	258	159	99	102	87	15	644	533	111
闽清县	23	11	12	9	4	5	196	94	102
永泰县	40	29	11	9	6	3	104	52	52
平潭县	211	125	86	21	18	3	386	302	84
福清市	1160	689	471	125	92	33	1722	1231	491
厦门市	**18090**	**9212**	**8878**	**2376**	**1347**	**1029**	**19906**	**12167**	**7739**
思明区	4013	1852	2161	999	533	466	4913	2715	2198
海沧区	2770	1467	1303	220	135	85	2488	1628	860
湖里区	4547	2280	2267	440	263	177	3810	2396	1414
集美区	3783	1960	1823	528	284	244	4613	2767	1846
同安区	1728	961	767	84	59	25	2162	1350	812
翔安区	1249	692	557	105	73	32	1920	1311	609
莆田市	**1325**	**760**	**565**	**273**	**172**	**101**	**2819**	**1851**	**968**
城厢区	424	234	190	89	46	43	836	536	300
涵江区	269	161	108	59	42	17	543	369	174
荔城区	259	137	122	59	41	18	613	348	265
秀屿区	284	189	95	38	27	11	424	337	87
仙游县	89	39	50	28	16	12	403	261	142
三明市	**820**	**442**	**378**	**286**	**163**	**123**	**2244**	**1415**	**829**
梅列区	163	86	77	131	65	66	392	234	158
三元区	187	89	98	52	32	20	440	271	169
明溪县	25	12	13	6	5	1	116	83	33
清流县	17	10	7	5	2	3	139	78	61
宁化县	24	14	10	2	2		150	98	52
大田县	50	39	11	9	5	4	101	76	25
尤溪县	22	13	9	10	7	3	170	110	60
沙县	89	43	46	19	11	8	146	82	64
将乐县	30	16	14	6	5	1	109	68	41
泰宁县	18	8	10	8	4	4	63	30	33
建宁县	22	15	7	9	4	5	80	56	24
永安市	173	97	76	29	21	8	338	229	109
泉州市	**6475**	**3504**	**2971**	**848**	**513**	**335**	**11829**	**7650**	**4179**
鲤城区	436	226	210	135	64	71	870	527	343
丰泽区	1284	592	692	249	153	96	1880	1133	747
洛江区	195	105	90	25	20	5	346	225	121
泉港区	191	113	78	24	19	5	521	386	135
惠安县	478	286	192	67	50	17	1066	780	286
安溪县	153	84	69	10	8	2	384	251	133
永春县	62	37	25	10	6	4	114	74	40
德化县	74	42	32	14	7	7	147	105	42
石狮市	749	414	335	72	34	38	1608	1046	562
晋江市	1981	1099	882	172	100	72	3679	2353	1326
南安市	872	506	366	70	52	18	1214	770	444

7-3 续表 7

现住地	户口登记地								
	黑龙江			上海			江苏		
	小计	男	女	小计	男	女	小计	男	女
漳州市	**3454**	**1951**	**1503**	**427**	**248**	**179**	**6057**	**4235**	**1822**
芗城区	398	204	194	87	46	41	806	471	335
龙文区	304	172	132	38	24	14	498	324	174
云霄县	85	56	29	13	7	6	226	174	52
漳浦县	232	166	66	51	37	14	1526	1336	190
诏安县	52	27	25	8	6	2	101	63	38
长泰县	280	170	110	18	13	5	319	234	85
东山县	78	37	41	16	7	9	143	93	50
南靖县	41	25	16	6	4	2	136	92	44
平和县	20	8	12	4	2	2	62	36	26
华安县	65	37	28	1		1	182	154	28
龙海市	1899	1049	850	185	102	83	2058	1258	800
南平市	**566**	**311**	**255**	**400**	**215**	**185**	**2151**	**1344**	**807**
延平区	138	74	64	78	41	37	357	201	156
建阳区	88	41	47	46	25	21	330	217	113
顺昌县	44	22	22	27	11	16	96	68	28
浦城县	20	14	6	49	31	18	188	121	67
光泽县	34	20	14	15	9	6	169	102	67
松溪县	8	5	3	8	5	3	82	43	39
政和县	29	14	15	17	10	7	114	67	47
邵武市	68	45	23	68	35	33	304	209	95
武夷山市	95	50	45	55	26	29	339	212	127
建瓯市	42	26	16	37	22	15	172	104	68
龙岩市	**658**	**376**	**282**	**138**	**80**	**58**	**1696**	**1145**	**551**
新罗区	349	181	168	96	52	44	1032	699	333
永定区	20	9	11	8	4	4	143	104	39
长汀县	55	32	23	6	4	2	89	47	42
上杭县	45	33	12	8	6	2	136	103	33
武平县	20	11	9	3	1	2	56	37	19
连城县	29	16	13	4	3	1	121	79	42
漳平市	140	94	46	13	10	3	119	76	43
宁德市	**1378**	**827**	**551**	**388**	**254**	**134**	**3501**	**2468**	**1033**
蕉城区	700	431	269	171	120	51	1170	821	349
霞浦县	145	85	60	49	34	15	848	662	186
古田县	47	22	25	15	11	4	145	79	66
屏南县	32	24	8	12	5	7	51	28	23
寿宁县	6	3	3	8	2	6	64	47	17
周宁县	37	16	21	22	12	10	202	118	84
柘荣县	12	5	7	8	5	3	50	31	19
福安市	192	112	80	40	22	18	349	231	118
福鼎市	207	129	78	63	43	20	622	451	171

7-3 续表 8

现住地	户口登记地					
	浙江			安徽		
	小计	男	女	小计	男	女
合计	**100777**	**56963**	**43814**	**298495**	**173050**	**125445**
福州市	**20905**	**11784**	**9121**	**47603**	**28105**	**19498**
鼓楼区	2553	1374	1179	3089	1674	1415
台江区	1889	1080	809	1230	718	512
仓山区	3970	2182	1788	7890	4576	3314
马尾区	961	534	427	2503	1382	1121
晋安区	2481	1351	1130	7984	4670	3314
长乐区	1286	721	565	5526	3261	2265
闽侯县	3361	1922	1439	8399	5028	3371
连江县	875	460	415	2174	1286	888
罗源县	435	270	165	1058	753	305
闽清县	185	99	86	284	159	125
永泰县	120	62	58	358	200	158
平潭县	330	200	130	1321	839	482
福清市	2459	1529	930	5787	3559	2228
厦门市	**17430**	**9473**	**7957**	**81772**	**47122**	**34650**
思明区	4215	2121	2094	12220	6608	5612
海沧区	1679	947	732	10674	6305	4369
湖里区	3518	1928	1590	16739	9609	7130
集美区	4551	2485	2066	25444	14651	10793
同安区	1871	1051	820	11314	6656	4658
翔安区	1596	941	655	5381	3293	2088
莆田市	**2947**	**1686**	**1261**	**8277**	**4838**	**3439**
城厢区	976	553	423	1990	1126	864
涵江区	531	304	227	1953	1155	798
荔城区	615	353	262	2482	1409	1073
秀屿区	268	158	110	1009	651	358
仙游县	557	318	239	843	497	346
三明市	**5157**	**3112**	**2045**	**5687**	**3233**	**2454**
梅列区	706	398	308	883	471	412
三元区	836	448	388	1669	912	757
明溪县	219	145	74	164	103	61
清流县	239	171	68	93	61	32
宁化县	236	147	89	127	71	56
大田县	228	155	73	245	170	75
尤溪县	269	173	96	245	141	104
沙县	581	335	246	986	575	411
将乐县	463	288	175	240	127	113
泰宁县	146	96	50	83	38	45
建宁县	187	112	75	56	37	19
永安市	1047	644	403	896	527	369
泉州市	**17787**	**9992**	**7795**	**120621**	**68714**	**51907**
鲤城区	1599	872	727	5744	3225	2519
丰泽区	3248	1597	1651	10684	5973	4711
洛江区	454	243	211	2102	1176	926
泉港区	295	167	128	819	507	312
惠安县	1448	863	585	7326	4545	2781
安溪县	468	268	200	1724	959	765
永春县	130	76	54	273	146	127
德化县	289	161	128	512	313	199
石狮市	2616	1475	1141	27022	15245	11777
晋江市	4967	2887	2080	55355	31230	24125
南安市	2273	1383	890	9060	5395	3665

7-3　续表 9

现住地	户口登记地					
	浙江			安徽		
	小计	男	女	小计	男	女
漳州市	**6409**	**3619**	**2790**	**20166**	**12097**	**8069**
芗城区	1225	610	615	6711	3829	2882
龙文区	673	381	292	2462	1484	978
云霄县	301	172	129	306	167	139
漳浦县	734	477	257	1580	1134	446
诏安县	150	83	67	209	117	92
长泰县	336	227	109	1146	702	444
东山县	265	154	111	481	300	181
南靖县	165	91	74	344	213	131
平和县	191	116	75	439	250	189
华安县	92	66	26	304	211	93
龙海市	2277	1242	1035	6184	3690	2494
南平市	**11055**	**6443**	**4612**	**3167**	**1802**	**1365**
延平区	1075	599	476	648	361	287
建阳区	1991	1114	877	493	281	212
顺昌县	486	282	204	160	88	72
浦城县	1201	716	485	279	177	102
光泽县	389	210	179	100	53	47
松溪县	1000	576	424	95	49	46
政和县	1136	680	456	159	82	77
邵武市	1161	717	444	380	209	171
武夷山市	1571	914	657	497	292	205
建瓯市	1045	635	410	356	210	146
龙岩市	**2531**	**1532**	**999**	**5213**	**3261**	**1952**
新罗区	1246	711	535	3568	2169	1399
永定区	181	117	64	222	145	77
长汀县	228	131	97	182	101	81
上杭县	200	136	64	456	363	93
武平县	177	110	67	184	119	65
连城县	190	116	74	135	81	54
漳平市	309	211	98	466	283	183
宁德市	**16556**	**9322**	**7234**	**5989**	**3878**	**2111**
蕉城区	1704	989	715	1797	1179	618
霞浦县	1601	988	613	725	490	235
古田县	323	182	141	377	237	140
屏南县	141	76	65	69	32	37
寿宁县	806	470	336	110	69	41
周宁县	354	237	117	124	83	41
柘荣县	1086	642	444	105	62	43
福安市	1388	884	504	825	568	257
福鼎市	9153	4854	4299	1857	1158	699

7-3 续表 10

现住地	户口登记地								
	江西			山东			河南		
	小计	男	女	小计	男	女	小计	男	女
合 计	**629840**	**361488**	**268352**	**71444**	**45217**	**26227**	**506110**	**315770**	**190340**
福州市	**82385**	**47726**	**34659**	**18258**	**11367**	**6891**	**94630**	**60472**	**34158**
鼓楼区	5439	2770	2669	2262	1276	986	10889	6817	4072
台江区	3059	1637	1422	891	566	325	5258	3359	1899
仓山区	20734	12029	8705	3073	1752	1321	14387	8835	5552
马尾区	4154	2384	1770	850	503	347	5228	3281	1947
晋安区	14281	7993	6288	2182	1353	829	10890	6583	4307
长乐区	5224	3161	2063	1743	1179	564	9735	6446	3289
闽侯县	12097	7143	4954	2640	1537	1103	12310	7313	4997
连江县	3286	1896	1390	694	458	236	4152	2846	1306
罗源县	1305	874	431	872	662	210	3172	2473	699
闽清县	513	314	199	160	118	42	489	341	148
永泰县	328	189	139	167	99	68	739	512	227
平潭县	1059	700	359	328	259	69	1474	1115	359
福清市	10906	6636	4270	2396	1605	791	15907	10551	5356
厦门市	**219498**	**124960**	**94538**	**24939**	**14823**	**10116**	**188201**	**113263**	**74938**
思明区	20526	10599	9927	4761	2557	2204	40943	23422	17521
海沧区	27037	15848	11189	3717	2363	1354	27222	16958	10264
湖里区	57118	32148	24970	5750	3393	2357	35331	21213	14118
集美区	56223	32394	23829	5672	3335	2337	35046	21169	13877
同安区	43224	24555	18669	2484	1543	941	29604	17865	11739
翔安区	15370	9416	5954	2555	1632	923	20055	12636	7419
莆田市	**18662**	**11080**	**7582**	**2077**	**1381**	**696**	**21592**	**13705**	**7887**
城厢区	6028	3395	2633	621	412	209	5856	3701	2155
涵江区	3715	2170	1545	451	305	146	3961	2467	1494
荔城区	4788	2828	1960	503	324	179	7722	4695	3027
秀屿区	1202	841	361	329	246	83	2537	1857	680
仙游县	2929	1846	1083	173	94	79	1516	985	531
三明市	**14940**	**8632**	**6308**	**2099**	**1338**	**761**	**6534**	**4355**	**2179**
梅列区	2913	1654	1259	362	228	134	812	475	337
三元区	2369	1342	1027	438	258	180	1632	1033	599
明溪县	480	293	187	44	31	13	292	217	75
清流县	358	212	146	52	42	10	308	214	94
宁化县	1219	627	592	51	35	16	421	276	145
大田县	658	452	206	141	105	36	610	481	129
尤溪县	356	200	156	80	61	19	406	282	124
沙县	2137	1190	947	210	118	92	407	242	165
将乐县	916	547	369	122	82	40	330	215	115
泰宁县	366	216	150	96	49	47	111	65	46
建宁县	586	337	249	71	48	23	139	89	50
永安市	2582	1562	1020	432	281	151	1066	766	300
泉州市	**229711**	**130033**	**99678**	**11859**	**7711**	**4148**	**117231**	**70798**	**46433**
鲤城区	22411	12194	10217	731	419	312	7799	4552	3247
丰泽区	22214	12636	9578	2058	1119	939	10640	6127	4513
洛江区	5024	2809	2215	326	207	119	2649	1662	987
泉港区	998	554	444	573	467	106	2781	2041	740
惠安县	10504	6191	4313	1501	1187	314	8373	5598	2775
安溪县	3623	2089	1534	327	194	133	2363	1406	957
永春县	767	442	325	64	46	18	737	469	268
德化县	1491	909	582	123	92	31	935	623	312
石狮市	44292	24827	19465	1158	711	447	14048	8378	5670
晋江市	97081	54557	42524	3386	2165	1221	53162	31224	21938
南安市	21306	12825	8481	1612	1104	508	13744	8718	5026

7-3 续表 11

现住地	户口登记地								
	江西			山东			河南		
	小计	男	女	小计	男	女	小计	男	女
漳州市	**29740**	**17600**	**12140**	**6078**	**4461**	**1617**	**37740**	**25243**	**12497**
芗城区	6954	3907	3047	730	384	346	8376	4859	3517
龙文区	4722	2816	1906	448	281	167	3529	2257	1272
云霄县	522	294	228	186	152	34	1332	1039	293
漳浦县	2036	1236	800	1881	1706	175	4868	4007	861
诏安县	441	243	198	91	65	26	528	337	191
长泰县	2802	1704	1098	282	211	71	3537	2246	1291
东山县	612	384	228	138	97	41	1595	1219	376
南靖县	581	348	233	114	92	22	670	472	198
平和县	433	236	197	49	33	16	406	281	125
华安县	527	372	155	170	127	43	852	665	187
龙海市	10110	6060	4050	1989	1313	676	12047	7861	4186
南平市	**13801**	**7960**	**5841**	**1580**	**996**	**584**	**4749**	**3047**	**1702**
延平区	2406	1354	1052	345	205	140	760	467	293
建阳区	2857	1702	1155	227	145	82	603	379	224
顺昌县	814	472	342	131	76	55	285	212	73
浦城县	741	423	318	114	86	28	515	350	165
光泽县	887	458	429	96	60	36	341	260	81
松溪县	232	127	105	27	13	14	137	92	45
政和县	329	184	145	143	102	41	299	192	107
邵武市	2229	1253	976	180	105	75	435	271	164
武夷山市	2367	1442	925	206	138	68	1019	591	428
建瓯市	939	545	394	111	66	45	355	233	122
龙岩市	**12822**	**7908**	**4914**	**1712**	**1165**	**547**	**6374**	**4393**	**1981**
新罗区	7641	4686	2955	918	596	322	3529	2332	1197
永定区	1154	804	350	107	87	20	529	419	110
长汀县	1030	526	504	85	57	28	403	240	163
上杭县	835	558	277	306	213	93	727	608	119
武平县	932	503	429	85	71	14	267	186	81
连城县	439	290	149	74	56	18	264	176	88
漳平市	791	541	250	137	85	52	655	432	223
宁德市	**8281**	**5589**	**2692**	**2842**	**1975**	**867**	**29059**	**20494**	**8565**
蕉城区	3670	2573	1097	1351	902	449	18382	12268	6114
霞浦县	839	560	279	353	281	72	1863	1569	294
古田县	493	300	193	104	68	36	525	384	141
屏南县	182	123	59	41	28	13	188	122	66
寿宁县	140	84	56	20	8	12	153	105	48
周宁县	237	161	76	43	25	18	268	221	47
柘荣县	150	90	60	20	11	9	183	116	67
福安市	1133	744	389	388	275	113	4818	3829	989
福鼎市	1437	954	483	522	377	145	2679	1880	799

7-3 续表 12

现住地	户口登记地								
	湖北			湖南			广东		
	小计	男	女	小计	男	女	小计	男	女
合计	**220019**	**126966**	**93053**	**215283**	**124224**	**91059**	**105956**	**57880**	**48076**
福州市	**46227**	**26727**	**19500**	**45519**	**26019**	**19500**	**18358**	**10498**	**7860**
鼓楼区	2784	1416	1368	4603	2366	2237	2676	1662	1014
台江区	1435	756	679	2821	1504	1317	1401	802	599
仓山区	6757	3829	2928	8563	4811	3752	3575	2035	1540
马尾区	2181	1274	907	1785	1018	767	779	471	308
晋安区	5900	3190	2710	7940	4266	3674	2288	1305	983
长乐区	11012	6515	4497	4680	2811	1869	1465	853	612
闽侯县	5015	3023	1992	5356	3174	2182	2435	1253	1182
连江县	1288	743	545	1372	817	555	671	330	341
罗源县	1178	874	304	682	456	226	339	190	149
闽清县	205	113	92	318	199	119	168	61	107
永泰县	500	302	198	284	173	111	121	58	63
平潭县	692	427	265	380	255	125	378	245	133
福清市	7280	4265	3015	6735	4169	2566	2062	1233	829
厦门市	**64161**	**36336**	**27825**	**55252**	**30944**	**24308**	**31928**	**17661**	**14267**
思明区	6550	3168	3382	5177	2387	2790	7258	3966	3292
海沧区	11558	6720	4838	8393	4876	3517	3379	1948	1431
湖里区	12124	6736	5388	9050	4759	4291	7697	4234	3463
集美区	17899	10199	7700	13516	7550	5966	7080	3819	3261
同安区	11069	6394	4675	11972	6973	4999	4037	2269	1768
翔安区	4961	3119	1842	7144	4399	2745	2477	1425	1052
莆田市	**15841**	**9279**	**6562**	**11022**	**6614**	**4408**	**4708**	**2814**	**1894**
城厢区	3135	1831	1304	2689	1515	1174	1440	890	550
涵江区	6161	3522	2639	2404	1417	987	754	442	312
荔城区	4815	2808	2007	3942	2368	1574	1083	636	447
秀屿区	905	635	270	908	654	254	363	240	123
仙游县	825	483	342	1079	660	419	1068	606	462
三明市	**2899**	**1778**	**1121**	**3651**	**2119**	**1532**	**2863**	**1439**	**1424**
梅列区	456	205	251	558	218	340	485	206	279
三元区	411	272	139	604	345	259	388	203	185
明溪县	70	49	21	136	97	39	142	72	70
清流县	136	102	34	217	161	56	190	90	100
宁化县	133	83	50	131	73	58	235	116	119
大田县	346	274	72	409	313	96	283	185	98
尤溪县	242	129	113	293	170	123	117	46	71
沙县	229	128	101	308	156	152	341	176	165
将乐县	150	65	85	156	88	68	143	71	72
泰宁县	96	64	32	54	20	34	63	26	37
建宁县	101	71	30	63	39	24	47	22	25
永安市	529	336	193	722	439	283	429	226	203
泉州市	**64396**	**36468**	**27928**	**70364**	**40455**	**29909**	**22455**	**12137**	**10318**
鲤城区	4581	2471	2110	5593	3105	2488	1806	962	844
丰泽区	7342	4018	3324	7107	3781	3326	3241	1690	1551
洛江区	2448	1333	1115	2694	1509	1185	593	316	277
泉港区	653	413	240	826	513	313	525	298	227
惠安县	4307	2671	1636	4949	2980	1969	1689	958	731
安溪县	1171	654	517	1264	717	547	1219	571	648
永春县	359	207	152	419	258	161	537	275	262
德化县	470	290	180	687	432	255	376	181	195
石狮市	9396	5310	4086	8631	4963	3668	2610	1497	1113
晋江市	26756	14981	11775	30616	17557	13059	6607	3649	2958
南安市	6913	4120	2793	7578	4640	2938	3252	1740	1512

7-3　续表 13

现住地	户口登记地								
	湖北			湖南			广东		
	小计	男	女	小计	男	女	小计	男	女
漳州市	**13599**	**8065**	**5534**	**14784**	**8579**	**6205**	**12776**	**6472**	**6304**
芗城区	4016	2224	1792	2835	1424	1411	2179	1079	1100
龙文区	1463	866	597	1990	1163	827	1284	673	611
云霄县	427	265	162	572	324	248	949	480	469
漳浦县	1143	675	468	1619	1046	573	1686	833	853
诏安县	245	114	131	328	163	165	1792	803	989
长泰县	1153	733	420	1550	953	597	532	350	182
东山县	380	207	173	427	163	264	720	330	390
南靖县	301	196	105	329	210	119	437	242	195
平和县	170	91	79	255	147	108	595	234	361
华安县	302	212	90	476	342	134	244	166	78
龙海市	3999	2482	1517	4403	2644	1759	2358	1282	1076
南平市	**2171**	**1236**	**935**	**2860**	**1646**	**1214**	**1843**	**844**	**999**
延平区	354	168	186	527	293	234	411	206	205
建阳区	322	176	146	518	290	228	272	110	162
顺昌县	159	98	61	174	98	76	139	62	77
浦城县	250	156	94	291	173	118	133	60	73
光泽县	121	79	42	101	55	46	79	28	51
松溪县	43	26	17	76	48	28	78	30	48
政和县	191	114	77	189	114	75	124	49	75
邵武市	286	162	124	461	292	169	199	87	112
武夷山市	207	132	75	289	154	135	234	127	107
建瓯市	238	125	113	234	129	105	174	85	89
龙岩市	**3642**	**2258**	**1384**	**4504**	**2831**	**1673**	**6802**	**3380**	**3422**
新罗区	1898	1093	805	2164	1281	883	2862	1483	1379
永定区	440	297	143	526	360	166	1232	574	658
长汀县	222	117	105	261	133	128	466	204	262
上杭县	406	316	90	520	337	183	678	345	333
武平县	247	160	87	418	310	108	978	475	503
连城县	119	71	48	206	146	60	284	150	134
漳平市	310	204	106	409	264	145	302	149	153
宁德市	**7083**	**4819**	**2264**	**7327**	**5017**	**2310**	**4223**	**2635**	**1588**
蕉城区	3300	2325	975	3971	2836	1135	2179	1607	572
霞浦县	555	391	164	732	561	171	396	222	174
古田县	236	134	102	244	131	113	267	116	151
屏南县	108	68	40	106	61	45	39	18	21
寿宁县	157	103	54	109	61	48	114	39	75
周宁县	115	80	35	146	90	56	74	19	55
柘荣县	114	65	49	70	38	32	65	13	52
福安市	1120	815	305	826	551	275	376	192	184
福鼎市	1378	838	540	1123	688	435	713	409	304

7-3 续表 14

现住地	户口登记地								
	广西			海南			重庆		
	小计	男	女	小计	男	女	小计	男	女
合计	**123638**	**65942**	**57696**	**13160**	**6083**	**7077**	**441927**	**257076**	**184851**
福州市	**26975**	**14301**	**12674**	**2565**	**1114**	**1451**	**83501**	**47913**	**35588**
鼓楼区	2525	1319	1206	310	151	159	4927	2757	2170
台江区	1712	944	768	144	64	80	3757	2105	1652
仓山区	3665	1838	1827	450	190	260	18870	10863	8007
马尾区	901	514	387	84	34	50	5904	3351	2553
晋安区	2541	1313	1228	228	97	131	20394	11550	8844
长乐区	3946	2229	1717	342	109	233	7036	4057	2979
闽侯县	5175	2378	2797	552	269	283	7565	4354	3211
连江县	1280	712	568	55	24	31	2604	1481	1123
罗源县	538	335	203	43	18	25	936	619	317
闽清县	727	373	354	33	8	25	730	422	308
永泰县	375	233	142	15	6	9	428	271	157
平潭县	573	405	168	67	23	44	1184	776	408
福清市	3017	1708	1309	242	121	121	9166	5307	3859
厦门市	**28498**	**15144**	**13354**	**4144**	**2157**	**1987**	**74206**	**42557**	**31649**
思明区	3954	1808	2146	776	367	409	6210	3167	3043
海沧区	4496	2510	1986	389	195	194	9836	5877	3959
湖里区	4710	2335	2375	949	462	487	13298	7335	5963
集美区	7151	3770	3381	1167	620	547	18170	10484	7686
同安区	5473	3097	2376	349	173	176	18377	10650	7727
翔安区	2714	1624	1090	514	340	174	8315	5044	3271
莆田市	**5522**	**2986**	**2536**	**505**	**263**	**242**	**19291**	**11490**	**7801**
城厢区	1452	724	728	144	83	61	3971	2288	1683
涵江区	1078	630	448	111	60	51	4630	2711	1919
荔城区	1789	965	824	139	67	72	7681	4586	3095
秀屿区	538	333	205	65	36	29	1714	1140	574
仙游县	665	334	331	46	17	29	1295	765	530
三明市	**2726**	**1415**	**1311**	**261**	**95**	**166**	**6313**	**3833**	**2480**
梅列区	391	170	221	29	13	16	1259	732	527
三元区	604	284	320	78	38	40	972	582	390
明溪县	113	65	48	14	4	10	186	126	60
清流县	128	62	66	17	6	11	202	135	67
宁化县	143	66	77	15	6	9	194	114	80
大田县	371	269	102	18	5	13	701	490	211
尤溪县	155	72	83	10	5	5	352	216	136
沙县	206	91	115	38	11	27	657	382	275
将乐县	117	51	66	4		4	404	240	164
泰宁县	45	24	21	6	1	5	159	97	62
建宁县	56	31	25	5	1	4	82	56	26
永安市	397	230	167	27	5	22	1145	663	482
泉州市	**38502**	**20936**	**17566**	**3496**	**1623**	**1873**	**217870**	**126555**	**91315**
鲤城区	1964	996	968	222	124	98	10170	5741	4429
丰泽区	3409	1492	1917	793	390	403	11788	6649	5139
洛江区	1150	618	532	85	40	45	3341	1879	1462
泉港区	700	388	312	389	132	257	1576	1020	556
惠安县	2390	1375	1015	343	137	206	7328	4610	2718
安溪县	2435	1255	1180	233	109	124	2387	1507	880
永春县	445	195	250	32	16	16	790	497	293
德化县	353	179	174	34	13	21	879	585	294
石狮市	3801	2115	1686	260	131	129	27214	15771	11443
晋江市	14609	8080	6529	775	383	392	126059	72224	53835
南安市	7246	4243	3003	330	148	182	26338	16072	10266

7-3 续表 15

现住地	户口登记地								
	广西			海南			重庆		
	小计	男	女	小计	男	女	小计	男	女
漳州市	**9931**	**5056**	**4875**	**933**	**358**	**575**	**21298**	**12957**	**8341**
芗城区	2079	732	1347	142	42	100	5147	3075	2072
龙文区	962	567	395	92	50	42	3812	2293	1519
云霄县	401	200	201	58	22	36	538	337	201
漳浦县	993	535	458	136	43	93	1935	1184	751
诏安县	322	148	174	52	16	36	323	185	138
长泰县	1064	590	474	53	33	20	2155	1292	863
东山县	453	186	267	77	13	64	450	272	178
南靖县	323	188	135	35	14	21	467	312	155
平和县	313	159	154	25	9	16	713	443	270
华安县	323	204	119	19	8	11	460	296	164
龙海市	2698	1547	1151	244	108	136	5298	3268	2030
南平市	**2524**	**1105**	**1419**	**262**	**101**	**161**	**5566**	**3102**	**2464**
延平区	461	199	262	43	14	29	794	416	378
建阳区	311	135	176	43	16	27	1047	558	489
顺昌县	160	83	77	11	4	7	621	357	264
浦城县	121	61	60	15	6	9	367	225	142
光泽县	94	48	46	12	7	5	227	124	103
松溪县	79	43	36	12	4	8	171	100	71
政和县	148	76	72	13	3	10	398	220	178
邵武市	183	81	102	13	3	10	713	414	299
武夷山市	767	281	486	72	37	35	767	429	338
建瓯市	200	98	102	28	7	21	461	259	202
龙岩市	**3237**	**1560**	**1677**	**212**	**77**	**135**	**6544**	**4234**	**2310**
新罗区	1706	796	910	79	27	52	3596	2234	1362
永定区	261	116	145	22	7	15	1061	789	272
长汀县	246	93	153	15	5	10	333	190	143
上杭县	412	217	195	25	12	13	468	307	161
武平县	239	132	107	30	15	15	227	148	79
连城县	171	92	79	12	2	10	293	177	116
漳平市	202	114	88	29	9	20	566	389	177
宁德市	**5723**	**3439**	**2284**	**782**	**295**	**487**	**7338**	**4435**	**2903**
蕉城区	3505	2378	1127	231	126	105	1691	1097	594
霞浦县	489	298	191	91	26	65	906	564	342
古田县	250	84	166	273	75	198	674	341	333
屏南县	89	51	38	33	8	25	304	123	181
寿宁县	105	41	64	11	3	8	164	80	84
周宁县	215	106	109	9	4	5	378	195	183
柘荣县	107	42	65	15	6	9	194	122	72
福安市	489	230	259	62	29	33	1178	770	408
福鼎市	474	209	265	57	18	39	1849	1143	706

7-3 续表 16

现住地	户口登记地								
	四川			贵州			云南		
	小计	男	女	小计	男	女	小计	男	女
合计	**657117**	**377637**	**279480**	**827024**	**485187**	**341837**	**243952**	**138229**	**105723**
福州市	**192045**	**109934**	**82111**	**134313**	**79925**	**54388**	**46204**	**26529**	**19675**
鼓楼区	8683	4671	4012	6849	3948	2901	1797	955	842
台江区	6261	3492	2769	5470	3303	2167	997	532	465
仓山区	44306	25491	18815	18398	10935	7463	3848	2073	1775
马尾区	15391	8720	6671	4746	2789	1957	1661	934	727
晋安区	25551	13952	11599	7930	4730	3200	2019	1020	999
长乐区	31660	18213	13447	21737	13023	8714	11885	6926	4959
闽侯县	21147	12143	9004	23131	13054	10077	6815	3829	2986
连江县	6818	3996	2822	10870	6950	3920	2543	1467	1076
罗源县	2639	1765	874	4165	2635	1530	2097	1305	792
闽清县	1723	993	730	2999	1723	1276	707	357	350
永泰县	1068	639	429	2289	1380	909	625	383	242
平潭县	1794	1138	656	2717	1766	951	667	417	250
福清市	25004	14721	10283	23012	13689	9323	10543	6331	4212
厦门市	**166411**	**94390**	**72021**	**214804**	**125968**	**88836**	**69685**	**40072**	**29613**
思明区	13834	7201	6633	12316	6776	5540	3158	1559	1599
海沧区	25328	14759	10569	31263	18809	12454	12866	7517	5349
湖里区	34039	18915	15124	26088	14750	11338	6900	3791	3109
集美区	42981	24255	18726	46588	27377	19211	12534	7142	5392
同安区	37337	21249	16088	65366	37931	27435	20924	11891	9033
翔安区	12892	8011	4881	33183	20325	12858	13303	8172	5131
莆田市	**30831**	**18171**	**12660**	**55172**	**32561**	**22611**	**18003**	**9763**	**8240**
城厢区	5905	3420	2485	10016	5707	4309	3453	1872	1581
涵江区	9868	5684	4184	12722	7456	5266	5083	2800	2283
荔城区	8654	5045	3609	23829	14091	9738	7287	3898	3389
秀屿区	3447	2211	1236	4157	2658	1499	1060	640	420
仙游县	2957	1811	1146	4448	2649	1799	1120	553	567
三明市	**12118**	**7215**	**4903**	**13665**	**8244**	**5421**	**6371**	**3537**	**2834**
梅列区	2077	1174	903	1086	546	540	1746	922	824
三元区	1762	1067	695	2103	1226	877	1415	792	623
明溪县	254	162	92	454	290	164	162	98	64
清流县	452	304	148	469	309	160	118	71	47
宁化县	366	187	179	416	205	211	94	44	50
大田县	1031	758	273	1511	1106	405	492	312	180
尤溪县	757	419	338	1228	695	533	679	370	309
沙县	2719	1517	1202	1463	852	611	632	345	287
将乐县	611	360	251	855	547	308	327	177	150
泰宁县	104	53	51	280	179	101	64	33	31
建宁县	137	82	55	339	223	116	73	35	38
永安市	1848	1132	716	3461	2066	1395	569	338	231
泉州市	**195127**	**111008**	**84119**	**310283**	**179010**	**131273**	**60209**	**33484**	**26725**
鲤城区	20074	11096	8978	16510	9182	7328	2576	1349	1227
丰泽区	30154	16844	13310	15802	8562	7240	3125	1532	1593
洛江区	5252	3015	2237	7764	4426	3338	1555	850	705
泉港区	2298	1408	890	3304	2070	1234	1007	580	427
惠安县	11876	7107	4769	20407	12177	8230	4038	2301	1737
安溪县	4532	2805	1727	10819	6299	4520	2147	1173	974
永春县	921	567	354	1591	972	619	445	231	214
德化县	1331	867	464	3095	1813	1282	419	232	187
石狮市	22462	12694	9768	29423	16954	12469	5663	3153	2510
晋江市	81662	45844	35818	154394	88145	66249	24885	13666	11219
南安市	14565	8761	5804	47174	28410	18764	14349	8417	5932

7-3　续表 17

现住地	户口登记地								
	四川			贵州			云南		
	小计	男	女	小计	男	女	小计	男	女
漳州市	**26288**	**15730**	**10558**	**55247**	**33119**	**22128**	**22006**	**12497**	**9509**
芗城区	3674	1955	1719	9651	5151	4500	2919	1433	1486
龙文区	3037	1848	1189	6522	4121	2401	1915	1090	825
云霄县	1046	695	351	1551	936	615	716	452	264
漳浦县	2619	1633	986	5102	3270	1832	1777	1069	708
诏安县	662	376	286	1349	762	587	294	138	156
长泰县	2927	1783	1144	6247	3784	2463	4066	2345	1721
东山县	813	443	370	1845	984	861	306	156	150
南靖县	677	459	218	1496	991	505	821	478	343
平和县	722	447	275	2006	1258	748	1580	893	687
华安县	704	471	233	1947	1266	681	932	551	381
龙海市	9407	5620	3787	17531	10596	6935	6680	3892	2788
南平市	**10181**	**5812**	**4369**	**13591**	**7702**	**5889**	**7599**	**4001**	**3598**
延平区	3735	2138	1597	1872	1052	820	603	304	299
建阳区	1851	1103	748	2183	1290	893	448	232	216
顺昌县	426	241	185	1383	817	566	253	130	123
浦城县	482	278	204	1148	645	503	1667	907	760
光泽县	244	136	108	1032	570	462	2784	1528	1256
松溪县	229	122	107	361	208	153	111	53	58
政和县	391	214	177	1113	641	472	709	378	331
邵武市	1063	604	459	1801	1034	767	313	154	159
武夷山市	817	448	369	1784	935	849	442	202	240
建瓯市	943	528	415	914	510	404	269	113	156
龙岩市	**11832**	**7341**	**4491**	**14346**	**8887**	**5459**	**4892**	**2871**	**2021**
新罗区	7378	4398	2980	6725	4083	2642	2581	1494	1087
永定区	1283	904	379	1438	992	446	417	297	120
长汀县	560	313	247	557	304	253	381	151	230
上杭县	710	499	211	2161	1390	771	491	354	137
武平县	487	313	174	681	429	252	245	142	103
连城县	458	303	155	757	429	328	232	122	110
漳平市	956	611	345	2027	1260	767	545	311	234
宁德市	**12284**	**8036**	**4248**	**15603**	**9771**	**5832**	**8983**	**5475**	**3508**
蕉城区	4570	3085	1485	5137	3219	1918	2948	1941	1007
霞浦县	1368	926	442	2016	1343	673	859	505	354
古田县	1532	905	627	1117	645	472	398	186	212
屏南县	260	145	115	522	314	208	163	97	66
寿宁县	261	158	103	581	339	242	175	74	101
周宁县	280	191	89	483	330	153	246	143	103
柘荣县	181	109	72	407	254	153	147	81	66
福安市	2062	1419	643	1920	1205	715	1706	1207	499
福鼎市	1770	1098	672	3420	2122	1298	2341	1241	1100

7-3 续表 18

现住地	户口登记地								
	西藏			陕西			甘肃		
	小计	男	女	小计	男	女	小计	男	女
合计	**1901**	**896**	**1005**	**83011**	**50403**	**32608**	**54129**	**31706**	**22423**
福州市	**521**	**244**	**277**	**18248**	**11181**	**7067**	**17189**	**10198**	**6991**
鼓楼区	48	25	23	1757	970	787	1444	825	619
台江区	7	1	6	888	541	347	656	378	278
仓山区	62	31	31	2602	1550	1052	2692	1453	1239
马尾区	4	4		1006	607	399	686	397	289
晋安区	5	1	4	2011	1085	926	1026	564	462
长乐区	13	8	5	1959	1286	673	1428	858	570
闽侯县	342	159	183	2240	1378	862	3056	1610	1446
连江县	6	1	5	742	452	290	1104	688	416
罗源县	3	2	1	602	439	163	1005	635	370
闽清县				230	166	64	86	52	34
永泰县	6	2	4	180	118	62	99	48	51
平潭县	19	10	9	319	214	105	182	120	62
福清市	6		6	3712	2375	1337	3725	2570	1155
厦门市	**328**	**150**	**178**	**27811**	**16410**	**11401**	**19724**	**11480**	**8244**
思明区	107	41	66	3351	1728	1623	2378	1254	1124
海沧区	6	5	1	5280	3242	2038	3147	1925	1222
湖里区	10	6	4	4657	2659	1998	3053	1726	1327
集美区	163	78	85	6663	3948	2715	5244	3028	2216
同安区	8	3	5	4717	2808	1909	2808	1677	1131
翔安区	34	17	17	3143	2025	1118	3094	1870	1224
莆田市	**56**	**27**	**29**	**6165**	**3351**	**2814**	**1432**	**784**	**648**
城厢区	5	2	3	1398	716	682	512	288	224
涵江区	4	1	3	2294	1206	1088	201	107	94
荔城区	42	21	21	1799	1032	767	404	206	198
秀屿区	4	3	1	394	253	141	195	131	64
仙游县	1		1	280	144	136	120	52	68
三明市	**256**	**126**	**130**	**1621**	**1104**	**517**	**849**	**557**	**292**
梅列区	207	97	110	196	109	87	90	39	51
三元区	33	20	13	268	193	75	256	155	101
明溪县	2	1	1	58	45	13	30	22	8
清流县				64	50	14	48	41	7
宁化县	1		1	89	56	33	76	58	18
大田县	1		1	249	196	53	65	53	12
尤溪县	1	1		99	67	32	37	26	11
沙县				140	74	66	35	23	12
将乐县				50	30	20	16	9	7
泰宁县	1	1		27	9	18	13	6	7
建宁县				51	40	11	42	39	3
永安市	10	6	4	330	235	95	141	86	55
泉州市	**312**	**194**	**118**	**15696**	**9457**	**6239**	**7224**	**3970**	**3254**
鲤城区	32	25	7	1050	578	472	482	256	226
丰泽区	143	80	63	1831	919	912	1410	666	744
洛江区	8	3	5	554	343	211	370	182	188
泉港区	18	5	13	409	261	148	295	206	89
惠安县	5	1	4	1346	880	466	535	332	203
安溪县	15	9	6	650	452	198	306	171	135
永春县				131	94	37	66	44	22
德化县				220	138	82	58	37	21
石狮市	23	11	12	1882	1129	753	1055	607	448
晋江市	58	51	7	5595	3310	2285	1941	1066	875
南安市	10	9	1	2028	1353	675	706	403	303

7-3 续表 19

现住地	户口登记地								
	西藏			陕西			甘肃		
	小计	男	女	小计	男	女	小计	男	女
漳州市	**294**	**107**	**187**	**4632**	**2945**	**1687**	**3472**	**2040**	**1432**
芗城区	265	93	172	560	290	270	620	235	385
龙文区	3	1	2	428	273	155	149	83	66
云霄县				278	213	65	115	77	38
漳浦县	1		1	571	416	155	617	454	163
诏安县	3	2	1	54	28	26	41	21	20
长泰县	1		1	615	409	206	303	208	95
东山县				117	60	57	53	31	22
南靖县				133	102	31	60	34	26
平和县				128	71	57	35	20	15
华安县	2	1	1	133	89	44	48	33	15
龙海市	19	10	9	1615	994	621	1431	844	587
南平市	**59**	**28**	**31**	**1298**	**786**	**512**	**770**	**423**	**347**
延平区	11	6	5	226	139	87	91	57	34
建阳区	1		1	297	202	95	69	42	27
顺昌县				54	31	23	37	19	18
浦城县	2	2		95	60	35	35	21	14
光泽县	4	1	3	84	43	41	34	20	14
松溪县				32	17	15	19	10	9
政和县				75	44	31	24	11	13
邵武市	1		1	175	111	64	63	34	29
武夷山市	36	18	18	153	76	77	356	186	170
建瓯市	4	1	3	107	63	44	42	23	19
龙岩市	**42**	**11**	**31**	**1792**	**1138**	**654**	**1076**	**701**	**375**
新罗区	32	9	23	887	500	387	480	279	201
永定区	3	1	2	178	131	47	48	33	15
长汀县				97	56	41	190	133	57
上杭县	2		2	229	179	50	213	167	46
武平县	1		1	96	60	36	39	19	20
连城县				105	70	35	34	25	9
漳平市	4	1	3	200	142	58	72	45	27
宁德市	**33**	**9**	**24**	**5748**	**4031**	**1717**	**2393**	**1553**	**840**
蕉城区	25	6	19	3636	2549	1087	1360	869	491
霞浦县				622	494	128	281	197	84
古田县	2	1	1	174	122	52	54	33	21
屏南县	1		1	51	32	19	38	25	13
寿宁县	1		1	74	40	34	13	7	6
周宁县				103	65	38	64	48	16
柘荣县	1		1	33	19	14	11	6	5
福安市	3	2	1	439	307	132	267	173	94
福鼎市				616	403	213	305	195	110

7-3 续表 20

现住地	户口登记地								
	青海			宁夏			新疆		
	小计	男	女	小计	男	女	小计	男	女
合计	**5873**	**3229**	**2644**	**6940**	**4094**	**2846**	**13360**	**6328**	**7032**
福州市	**747**	**433**	**314**	**1892**	**1100**	**792**	**2849**	**1362**	**1487**
鼓楼区	96	47	49	167	83	84	380	195	185
台江区	36	17	19	68	36	32	212	104	108
仓山区	81	44	37	235	123	112	505	224	281
马尾区	23	13	10	235	178	57	62	28	34
晋安区	72	33	39	129	61	68	234	123	111
长乐区	68	34	34	147	91	56	280	134	146
闽侯县	114	59	55	431	233	198	722	303	419
连江县	17	9	8	48	20	28	65	30	35
罗源县	18	10	8	16	8	8	26	12	14
闽清县	3	3		7	1	6	7	1	6
永泰县	5	3	2	4	2	2	12	7	5
平潭县	3	2	1	10	8	2	34	21	13
福清市	211	159	52	395	256	139	310	180	130
厦门市	**3070**	**1651**	**1419**	**2690**	**1540**	**1150**	**3980**	**1805**	**2175**
思明区	759	362	397	479	245	234	1095	467	628
海沧区	375	232	143	372	263	109	485	245	240
湖里区	476	240	236	358	199	159	671	309	362
集美区	764	425	339	652	397	255	1129	490	639
同安区	249	135	114	140	82	58	301	145	156
翔安区	447	257	190	689	354	335	299	149	150
莆田市	**238**	**124**	**114**	**567**	**372**	**195**	**592**	**276**	**316**
城厢区	60	35	25	91	56	35	300	143	157
涵江区	45	26	19	262	179	83	52	25	27
荔城区	79	35	44	136	86	50	134	59	75
秀屿区	21	11	10	49	33	16	59	29	30
仙游县	33	17	16	29	18	11	47	20	27
三明市	**84**	**51**	**33**	**133**	**94**	**39**	**306**	**137**	**169**
梅列区	17	8	9	18	8	10	71	25	46
三元区	12	5	7	39	27	12	121	53	68
明溪县	13	9	4	3	3		8	4	4
清流县	3	3		4	3	1	4		4
宁化县				6	2	4	6	2	4
大田县	3	1	2	11	7	4	18	10	8
尤溪县	4	4		4	1	3	7	4	3
沙县	6	4	2	5	2	3	9	4	5
将乐县	6	3	3	5	5		9	6	3
泰宁县	7	4	3				12	6	6
建宁县	6	3	3	3	3		4	2	2
永安市	7	7		35	33	2	37	21	16
泉州市	**695**	**393**	**302**	**970**	**575**	**395**	**3903**	**1888**	**2015**
鲤城区	62	37	25	51	28	23	136	82	54
丰泽区	98	38	60	171	86	85	563	265	298
洛江区	12	5	7	35	19	16	351	228	123
泉港区	15	12	3	44	30	14	65	32	33
惠安县	44	28	16	49	34	15	221	90	131
安溪县	47	31	16	22	11	11	55	32	23
永春县	18	13	5	4	1	3	20	15	5
德化县	3	3		8	4	4	42	29	13
石狮市	146	89	57	272	187	85	329	181	148
晋江市	182	96	86	222	129	93	1744	813	931
南安市	68	41	27	92	46	46	377	121	256

7-3 续表 21

现住地	户口登记地								
	青海			宁夏			新疆		
	小计	男	女	小计	男	女	小计	男	女
漳州市	**618**	**311**	**307**	**404**	**243**	**161**	**762**	**354**	**408**
芗城区	79	46	33	41	19	22	208	78	130
龙文区	70	32	38	25	19	6	103	63	40
云霄县	14	7	7	7	4	3	15	5	10
漳浦县	31	18	13	56	41	15	127	44	83
诏安县	5	1	4	4	2	2	12	6	6
长泰县	15	7	8	17	12	5	20	12	8
东山县	14	6	8	4		4	19	12	7
南靖县	9	6	3	13	10	3	14	9	5
平和县	6	2	4	2		2	18	10	8
华安县	12	5	7				3	2	1
龙海市	363	181	182	235	136	99	223	113	110
南平市	**115**	**70**	**45**	**65**	**34**	**31**	**324**	**180**	**144**
延平区	17	12	5	8	5	3	58	34	24
建阳区	16	9	7	10	4	6	43	27	16
顺昌县	6	1	5	6	5	1	11	9	2
浦城县	7	4	3	1	1		18	12	6
光泽县	4	4		6	2	4	13	5	8
松溪县	3	2	1	1		1	19	11	8
政和县	1		1	4	2	2	16	7	9
邵武市	7	4	3	7	2	5	22	14	8
武夷山市	51	32	19	21	12	9	97	46	51
建瓯市	3	2	1	1	1		27	15	12
龙岩市	**84**	**39**	**45**	**74**	**37**	**37**	**344**	**152**	**192**
新罗区	43	25	18	51	22	29	255	103	152
永定区	2	2		4	2	2	5	2	3
长汀县	6	2	4	1	1		17	10	7
上杭县	22	6	16	11	9	2	29	16	13
武平县	3	2	1	2	1	1	8	4	4
连城县	4	1	3				20	12	8
漳平市	4	1	3	5	2	3	10	5	5
宁德市	**222**	**157**	**65**	**145**	**99**	**46**	**300**	**174**	**126**
蕉城区	114	84	30	58	41	17	167	96	71
霞浦县	13	9	4	25	18	7	29	19	10
古田县	14	6	8	1	1		11	7	4
屏南县	6	4	2	2	2		2	1	1
寿宁县				2		2	7	3	4
周宁县	19	14	5	2	1	1	11	6	5
柘荣县	3	1	2	2	2		2	1	1
福安市	9	4	5	24	11	13	41	23	18
福鼎市	44	35	9	29	23	6	30	18	12

7-3a 各地区按现住地、性别分的户口登记地在外省的人口(城市)

现住地	户口登记地					
	合计			北京		
	合计	男	女	小计	男	女
合计	**3041634**	**1728817**	**1312817**	**5416**	**3219**	**2197**
福州市	**575645**	**329261**	**246384**	**1508**	**890**	**618**
鼓楼区	72752	40574	32178	443	251	192
台江区	42090	24155	17935	150	77	73
仓山区	175509	100926	74583	353	206	147
马尾区	50564	29202	21362	42	31	11
晋安区	121795	68063	53732	229	134	95
长乐区	39822	22888	16934	24	15	9
闽侯县						
连江县						
罗源县						
闽清县						
永泰县						
平潭县						
福清市	73113	43453	29660	267	176	91
厦门市	**1171477**	**664753**	**506724**	**2700**	**1620**	**1080**
思明区	172572	91080	81492	1253	715	538
海沧区	194667	115599	79068	263	160	103
湖里区	261148	147015	114133	623	384	239
集美区	289754	165712	124042	451	293	158
同安区	232942	133282	99660	87	55	32
翔安区	20394	12065	8329	23	13	10
莆田市	**181055**	**105540**	**75515**	**168**	**101**	**67**
城厢区	43831	24839	18992	67	38	29
涵江区	52450	30215	22235	38	24	14
荔城区	72736	42615	30121	50	32	18
秀屿区	12038	7871	4167	13	7	6
仙游县						
三明市	**42921**	**23998**	**18923**	**86**	**47**	**39**
梅列区	14680	7777	6903	37	21	16
三元区	15462	8580	6882	27	16	11
明溪县						
清流县						
宁化县						
大田县						
尤溪县						
沙县						
将乐县						
泰宁县						
建宁县						
永安市	12779	7641	5138	22	10	12
泉州市	**835074**	**469185**	**365889**	**472**	**278**	**194**
鲤城区	107138	59303	47835	55	29	26
丰泽区	144166	78700	65466	202	120	82
洛江区	22686	12675	10011	34	23	11
泉港区	8651	5436	3215	13	9	4
惠安县						
安溪县						
永春县						
德化县						
石狮市	128580	70904	57676	32	15	17
晋江市	398989	227384	171605	114	72	42
南安市	24864	14783	10081	22	10	12

7-3a 续表 1

现住地	户口登记地					
	合计			北京		
	合计	男	女	小计	男	女
漳州市	**87317**	**48517**	**38800**	**123**	**69**	**54**
芗城区	41893	21300	20593	67	39	28
龙文区	34564	20850	13714	50	25	25
云霄县						
漳浦县						
诏安县						
长泰县						
东山县						
南靖县						
平和县						
华安县						
龙海市	10849	6358	4491	6	5	1
南平市	**42078**	**22870**	**19208**	**103**	**58**	**45**
延平区	11861	6420	5441	23	12	11
建阳区	9758	5484	4274	25	18	7
顺昌县						
浦城县						
光泽县						
松溪县						
政和县						
邵武市	6976	3796	3180	15	10	5
武夷山市	9544	4983	4561	26	13	13
建瓯市	3939	2187	1752	14	5	9
龙岩市	**46474**	**26273**	**20201**	**109**	**62**	**47**
新罗区	39950	22406	17544	92	54	38
永定区	2061	1232	829	3	2	1
长汀县						
上杭县						
武平县						
连城县						
漳平市	4463	2635	1828	14	6	8
宁德市	**59593**	**38420**	**21173**	**147**	**94**	**53**
蕉城区	46051	31180	14871	118	83	35
霞浦县						
古田县						
屏南县						
寿宁县						
周宁县						
柘荣县						
福安市	5209	2897	2312	6	1	5
福鼎市	8333	4343	3990	23	10	13

7-3a 续表 2

现住地	户口登记地								
	天津			河北			山西		
	小计	男	女	小计	男	女	小计	男	女
合计	**3885**	**2128**	**1757**	**26494**	**15638**	**10856**	**19016**	**10493**	**8523**
福州市	**817**	**456**	**361**	**6833**	**4111**	**2722**	**4134**	**2307**	**1827**
鼓楼区	173	94	79	1371	802	569	743	417	326
台江区	87	50	37	670	418	252	355	193	162
仓山区	257	115	142	2109	1213	896	1260	648	612
马尾区	40	25	15	459	284	175	277	146	131
晋安区	174	118	56	1184	715	469	760	460	300
长乐区	31	21	10	343	238	105	280	161	119
闽侯县									
连江县									
罗源县									
闽清县									
永泰县									
平潭县									
福清市	55	33	22	697	441	256	459	282	177
厦门市	**2119**	**1143**	**976**	**10911**	**6389**	**4522**	**8927**	**4916**	**4011**
思明区	702	325	377	2555	1349	1206	1746	869	877
海沧区	190	102	88	1254	804	450	1030	610	420
湖里区	386	219	167	2304	1400	904	1676	924	752
集美区	772	454	318	3553	2099	1454	2884	1601	1283
同安区	43	26	17	985	579	406	1425	810	615
翔安区	26	17	9	260	158	102	166	102	64
莆田市	**160**	**93**	**67**	**1140**	**712**	**428**	**612**	**331**	**281**
城厢区	74	43	31	412	251	161	288	158	130
涵江区	20	12	8	248	165	83	95	48	47
荔城区	47	26	21	359	214	145	176	93	83
秀屿区	19	12	7	121	82	39	53	32	21
仙游县									
三明市	**36**	**19**	**17**	**625**	**402**	**223**	**347**	**213**	**134**
梅列区	12	6	6	213	123	90	67	38	29
三元区	10	7	3	209	134	75	168	89	79
明溪县									
清流县									
宁化县									
大田县									
尤溪县									
沙县									
将乐县									
泰宁县									
建宁县									
永安市	14	6	8	203	145	58	112	86	26
泉州市	**411**	**199**	**212**	**4079**	**2317**	**1762**	**2705**	**1441**	**1264**
鲤城区	42	21	21	607	346	261	570	327	243
丰泽区	178	72	106	1347	667	680	870	401	469
洛江区	13	8	5	223	136	87	142	65	77
泉港区	12	10	2	133	95	38	69	50	19
惠安县									
安溪县									
永春县									
德化县									
石狮市	41	22	19	453	260	193	330	183	147
晋江市	113	58	55	1145	699	446	670	386	284
南安市	12	8	4	171	114	57	54	29	25

7-3a　续表 3

现住地	户口登记地								
	天津			河北			山西		
	小计	男	女	小计	男	女	小计	男	女
漳州市	**67**	**45**	**22**	**1090**	**622**	**468**	**629**	**288**	**341**
芗城区	31	20	11	561	293	268	467	192	275
龙文区	34	23	11	407	255	152	133	76	57
云霄县									
漳浦县									
诏安县									
长泰县									
东山县									
南靖县									
平和县									
华安县									
龙海市	2	2		122	74	48	29	20	9
南平市	**79**	**43**	**36**	**450**	**256**	**194**	**387**	**220**	**167**
延平区	23	16	7	138	73	65	55	29	26
建阳区	13	6	7	62	39	23	25	14	11
顺昌县									
浦城县									
光泽县									
松溪县									
政和县									
邵武市	8	3	5	83	49	34	38	27	11
武夷山市	32	15	17	135	75	60	261	148	113
建瓯市	3	3		32	20	12	8	2	6
龙岩市	**76**	**55**	**21**	**650**	**373**	**277**	**408**	**234**	**174**
新罗区	70	53	17	586	333	253	354	192	162
永定区	2		2	15	9	6	9	8	1
长汀县									
上杭县									
武平县									
连城县									
漳平市	4	2	2	49	31	18	45	34	11
宁德市	**120**	**75**	**45**	**716**	**456**	**260**	**867**	**543**	**324**
蕉城区	93	65	28	580	377	203	730	471	259
霞浦县									
古田县									
屏南县									
寿宁县									
周宁县									
柘荣县									
福安市	8	3	5	75	44	31	47	30	17
福鼎市	19	7	12	61	35	26	90	42	48

7-3a 续表 4

现住地	户口登记地								
	内蒙古			辽宁			吉林		
	小计	男	女	小计	男	女	小计	男	女
合计	**8458**	**4599**	**3859**	**19307**	**10186**	**9121**	**19409**	**10356**	**9053**
福州市	**1887**	**1009**	**878**	**4457**	**2290**	**2167**	**3978**	**2128**	**1850**
鼓楼区	380	194	186	1087	516	571	768	393	375
台江区	146	73	73	345	178	167	362	192	170
仓山区	552	295	257	1118	646	472	978	549	429
马尾区	103	60	43	303	165	138	266	156	110
晋安区	346	180	166	943	443	500	812	390	422
长乐区	168	84	84	305	140	165	272	126	146
闽侯县									
连江县									
罗源县									
闽清县									
永泰县									
平潭县									
福清市	192	123	69	356	202	154	520	322	198
厦门市	**3968**	**2113**	**1855**	**9340**	**4751**	**4589**	**9459**	**4907**	**4552**
思明区	1088	523	565	2891	1310	1581	2345	1086	1259
海沧区	516	291	225	1322	747	575	1467	823	644
湖里区	924	512	412	2200	1134	1066	2141	1104	1037
集美区	1097	596	501	2112	1109	1003	2429	1316	1113
同安区	272	154	118	610	342	268	878	474	404
翔安区	71	37	34	205	109	96	199	104	95
莆田市	**295**	**160**	**135**	**753**	**470**	**283**	**974**	**570**	**404**
城厢区	114	64	50	269	157	112	285	147	138
涵江区	47	28	19	115	70	45	193	128	65
荔城区	103	50	53	189	109	80	407	237	170
秀屿区	31	18	13	180	134	46	89	58	31
仙游县									
三明市	**125**	**80**	**45**	**380**	**241**	**139**	**338**	**182**	**156**
梅列区	32	22	10	113	72	41	96	48	48
三元区	47	28	19	129	76	53	145	78	67
明溪县									
清流县									
宁化县									
大田县									
尤溪县									
沙县									
将乐县									
泰宁县									
建宁县									
永安市	46	30	16	138	93	45	97	56	41
泉州市	**1324**	**715**	**609**	**2752**	**1490**	**1262**	**2913**	**1487**	**1426**
鲤城区	141	86	55	351	203	148	338	180	158
丰泽区	543	250	293	892	458	434	900	390	510
洛江区	44	25	19	166	92	74	119	58	61
泉港区	45	38	7	67	43	24	72	49	23
惠安县									
安溪县									
永春县									
德化县									
石狮市	145	93	52	337	190	147	324	166	158
晋江市	359	193	166	896	479	417	1052	577	475
南安市	47	30	17	43	25	18	108	67	41

7-3a 续表 5

现住地	户口登记地								
	内蒙古			辽宁			吉林		
	小计	男	女	小计	男	女	小计	男	女
漳州市	**220**	**124**	**96**	**480**	**259**	**221**	**484**	**250**	**234**
芗城区	116	59	57	268	139	129	246	115	131
龙文区	84	50	34	177	101	76	195	114	81
云霄县									
漳浦县									
诏安县									
长泰县									
东山县									
南靖县									
平和县									
华安县									
龙海市	20	15	5	35	19	16	43	21	22
南平市	**220**	**127**	**93**	**309**	**179**	**130**	**281**	**153**	**128**
延平区	46	26	20	66	38	28	100	52	48
建阳区	37	22	15	79	36	43	45	25	20
顺昌县									
浦城县									
光泽县									
松溪县									
政和县									
邵武市	31	17	14	65	49	16	46	26	20
武夷山市	104	61	43	71	43	28	64	33	31
建瓯市	2	1	1	28	13	15	26	17	9
龙岩市	**174**	**120**	**54**	**285**	**176**	**109**	**334**	**229**	**105**
新罗区	129	81	48	235	135	100	258	174	84
永定区	3	2	1	5	5		6	4	2
长汀县									
上杭县									
武平县									
连城县									
漳平市	42	37	5	45	36	9	70	51	19
宁德市	**245**	**151**	**94**	**551**	**330**	**221**	**648**	**450**	**198**
蕉城区	188	124	64	453	287	166	544	394	150
霞浦县									
古田县									
屏南县									
寿宁县									
周宁县									
柘荣县									
福安市	23	11	12	32	11	21	46	21	25
福鼎市	34	16	18	66	32	34	58	35	23

7-3a 续表 6

现住地	户口登记地								
	黑龙江			上海			江苏		
	小计	男	女	小计	男	女	小计	男	女
合计	**29282**	**14800**	**14482**	**5277**	**2987**	**2290**	**42583**	**26118**	**16465**
福州市	**5208**	**2514**	**2694**	**1330**	**750**	**580**	**11109**	**6876**	**4233**
鼓楼区	889	417	472	378	221	157	3242	1968	1274
台江区	437	208	229	173	92	81	1173	735	438
仓山区	1321	671	650	384	198	186	2514	1521	993
马尾区	331	167	164	46	32	14	772	476	296
晋安区	1281	553	728	260	153	107	2110	1349	761
长乐区	333	158	175	32	19	13	568	378	190
闽侯县									
连江县									
罗源县									
闽清县									
永泰县									
平潭县									
福清市	616	340	276	57	35	22	730	449	281
厦门市	**16499**	**8283**	**8216**	**2280**	**1276**	**1004**	**17508**	**10519**	**6989**
思明区	4013	1852	2161	999	533	466	4913	2715	2198
海沧区	2736	1446	1290	220	135	85	2436	1596	840
湖里区	4544	2278	2266	440	263	177	3807	2395	1412
集美区	3463	1769	1694	522	279	243	4319	2558	1761
同安区	1399	762	637	69	49	20	1645	1009	636
翔安区	344	176	168	30	17	13	388	246	142
莆田市	**1009**	**558**	**451**	**201**	**125**	**76**	**1813**	**1174**	**639**
城厢区	382	206	176	81	41	40	701	451	250
涵江区	245	143	102	45	33	12	444	309	135
荔城区	246	128	118	52	36	16	520	306	214
秀屿区	136	81	55	23	15	8	148	108	40
仙游县									
三明市	**485**	**249**	**236**	**204**	**112**	**92**	**1028**	**629**	**399**
梅列区	154	82	72	130	64	66	368	217	151
三元区	176	82	94	49	29	20	390	235	155
明溪县									
清流县									
宁化县									
大田县									
尤溪县									
沙县									
将乐县									
泰宁县									
建宁县									
永安市	155	85	70	25	19	6	270	177	93
泉州市	**4016**	**2037**	**1979**	**594**	**341**	**253**	**6872**	**4338**	**2534**
鲤城区	436	226	210	135	64	71	870	527	343
丰泽区	1284	592	692	249	153	96	1880	1133	747
洛江区	153	77	76	21	16	5	216	138	78
泉港区	115	66	49	13	11	2	263	196	67
惠安县									
安溪县									
永春县									
德化县									
石狮市	534	274	260	49	21	28	1077	681	396
晋江市	1389	746	643	115	69	46	2321	1511	810
南安市	105	56	49	12	7	5	245	152	93

7-3a　续表 7

现住地	户口登记地								
	黑龙江			上海			江苏		
	小计	男	女	小计	男	女	小计	男	女
漳州市	**666**	**353**	**313**	**134**	**75**	**59**	**1229**	**724**	**505**
芗城区	305	147	158	83	43	40	634	353	281
龙文区	302	171	131	38	24	14	479	312	167
云霄县									
漳浦县									
诏安县									
长泰县									
东山县									
南靖县									
平和县									
华安县									
龙海市	59	35	24	13	8	5	116	59	57
南平市	**327**	**166**	**161**	**229**	**118**	**111**	**1021**	**589**	**432**
延平区	98	49	49	65	33	32	261	134	127
建阳区	71	29	42	39	22	17	234	151	83
顺昌县									
浦城县									
光泽县									
松溪县									
政和县									
邵武市	52	32	20	59	28	31	176	103	73
武夷山市	83	43	40	43	20	23	254	147	107
建瓯市	23	13	10	23	15	8	96	54	42
龙岩市	**413**	**231**	**182**	**107**	**60**	**47**	**915**	**566**	**349**
新罗区	317	164	153	91	50	41	820	509	311
永定区	6	3	3	6	3	3	31	21	10
长汀县									
上杭县									
武平县									
连城县									
漳平市	90	64	26	10	7	3	64	36	28
宁德市	**659**	**409**	**250**	**198**	**130**	**68**	**1088**	**703**	**385**
蕉城区	569	355	214	149	105	44	762	502	260
霞浦县									
古田县									
屏南县									
寿宁县									
周宁县									
柘荣县									
福安市	35	18	17	17	6	11	149	93	56
福鼎市	55	36	19	32	19	13	177	108	69

7-3a 续表 8

现住地	户口登记地					
	浙江			安徽		
	小计	男	女	小计	男	女
合计	**57426**	**31172**	**26254**	**188072**	**107164**	**80908**
福州市	**13431**	**7363**	**6068**	**27263**	**15640**	**11623**
鼓楼区	2553	1374	1179	3089	1674	1415
台江区	1889	1080	809	1230	718	512
仓山区	3970	2182	1788	7890	4576	3314
马尾区	934	521	413	2485	1376	1109
晋安区	2410	1303	1107	7889	4604	3285
长乐区	531	242	289	1819	1033	786
闽侯县						
连江县						
罗源县						
闽清县						
永泰县						
平潭县						
福清市	1144	661	483	2861	1659	1202
厦门市	**15658**	**8431**	**7227**	**70294**	**40233**	**30061**
思明区	4215	2121	2094	12220	6608	5612
海沧区	1638	921	717	10553	6225	4328
湖里区	3515	1926	1589	16724	9597	7127
集美区	4327	2344	1983	20725	11949	8776
同安区	1491	847	644	8924	5199	3725
翔安区	472	272	200	1148	655	493
莆田市	**1970**	**1117**	**853**	**6429**	**3713**	**2716**
城厢区	837	478	359	1743	960	783
涵江区	470	266	204	1804	1059	745
荔城区	524	304	220	2251	1295	956
秀屿区	139	69	70	631	399	232
仙游县						
三明市	**2253**	**1270**	**983**	**3211**	**1745**	**1466**
梅列区	665	371	294	846	447	399
三元区	764	398	366	1587	854	733
明溪县						
清流县						
宁化县						
大田县						
尤溪县						
沙县						
将乐县						
泰宁县						
建宁县						
永安市	824	501	323	778	444	334
泉州市	**10814**	**5852**	**4962**	**65889**	**37163**	**28726**
鲤城区	1599	872	727	5744	3225	2519
丰泽区	3248	1597	1651	10684	5973	4711
洛江区	318	175	143	1362	750	612
泉港区	140	73	67	439	274	165
惠安县						
安溪县						
永春县						
德化县						
石狮市	2148	1195	953	19223	10675	8548
晋江市	3043	1775	1268	27342	15645	11697
南安市	318	165	153	1095	621	474

7-3a 续表 9

现住地	户口登记地					
	浙江			安徽		
	小计	男	女	小计	男	女
漳州市	**2390**	**1272**	**1118**	**8093**	**4612**	**3481**
芗城区	1107	538	569	5012	2795	2217
龙文区	658	375	283	2362	1426	936
云霄县						
漳浦县						
诏安县						
长泰县						
东山县						
南靖县						
平和县						
华安县						
龙海市	625	359	266	719	391	328
南平市	**4304**	**2389**	**1915**	**1677**	**918**	**759**
延平区	841	460	381	477	252	225
建阳区	1234	670	564	378	219	159
顺昌县						
浦城县						
光泽县						
松溪县						
政和县						
邵武市	757	441	316	264	136	128
武夷山市	907	479	428	397	221	176
建瓯市	565	339	226	161	90	71
龙岩市	**1363**	**762**	**601**	**3099**	**1839**	**1260**
新罗区	1097	597	500	2658	1577	1081
永定区	69	42	27	68	42	26
长汀县						
上杭县						
武平县						
连城县						
漳平市	197	123	74	373	220	153
宁德市	**5243**	**2716**	**2527**	**2117**	**1301**	**816**
蕉城区	1366	783	583	1290	838	452
霞浦县						
古田县						
屏南县						
寿宁县						
周宁县						
柘荣县						
福安市	600	306	294	332	189	143
福鼎市	3277	1627	1650	495	274	221

7-3a 续表 10

现住地	户口登记地								
	江西			山东			河南		
	小计	男	女	小计	男	女	小计	男	女
合计	**448695**	**253542**	**195153**	**45778**	**27153**	**18625**	**328350**	**198175**	**130175**
福州市	**56516**	**32107**	**24409**	**10883**	**6463**	**4420**	**56902**	**35312**	**21590**
鼓楼区	5439	2770	2669	2262	1276	986	10889	6817	4072
台江区	3059	1637	1422	891	566	325	5258	3359	1899
仓山区	20734	12029	8705	3073	1752	1321	14387	8835	5552
马尾区	4136	2375	1761	831	491	340	5073	3179	1894
晋安区	14133	7893	6240	2111	1292	819	10537	6310	4227
长乐区	2087	1218	869	474	310	164	2609	1696	913
闽侯县									
连江县									
罗源县									
闽清县									
永泰县									
平潭县									
福清市	6928	4185	2743	1241	776	465	8149	5116	3033
厦门市	**194644**	**109939**	**84705**	**21907**	**12858**	**9049**	**161638**	**96386**	**65252**
思明区	20526	10599	9927	4761	2557	2204	40943	23422	17521
海沧区	26370	15490	10880	3669	2323	1346	26787	16675	10112
湖里区	57049	32092	24957	5739	3385	2354	35281	21178	14103
集美区	50334	28907	21427	5293	3093	2200	31180	18774	12406
同安区	37734	21309	16425	2007	1214	793	24120	14342	9778
翔安区	2631	1542	1089	438	286	152	3327	1995	1332
莆田市	**14524**	**8428**	**6096**	**1455**	**936**	**519**	**16644**	**10391**	**6253**
城厢区	5709	3192	2517	499	320	179	4656	2919	1737
涵江区	3532	2037	1495	333	200	133	3531	2156	1375
荔城区	4540	2686	1854	447	291	156	6994	4284	2710
秀屿区	743	513	230	176	125	51	1463	1032	431
仙游县									
三明市	**7375**	**4213**	**3162**	**1102**	**666**	**436**	**2833**	**1709**	**1124**
梅列区	2843	1606	1237	309	186	123	707	390	317
三元区	2275	1264	1011	404	235	169	1408	853	555
明溪县									
清流县									
宁化县									
大田县									
尤溪县									
沙县									
将乐县									
泰宁县									
建宁县									
永安市	2257	1343	914	389	245	144	718	466	252
泉州市	**146441**	**81814**	**64627**	**6430**	**3854**	**2576**	**60998**	**35759**	**25239**
鲤城区	22411	12194	10217	731	419	312	7799	4552	3247
丰泽区	22214	12636	9578	2058	1119	939	10640	6127	4513
洛江区	3136	1716	1420	243	147	96	1595	972	623
泉港区	574	294	280	362	299	63	1162	842	320
惠安县									
安溪县									
永春县									
德化县									
石狮市	34683	19044	15639	655	367	288	6149	3455	2694
晋江市	60684	34284	26400	2208	1384	824	32050	18819	13231
南安市	2739	1646	1093	173	119	54	1603	992	611

7-3a 续表 11

现住地	户口登记地								
	江西			山东			河南		
	小计	男	女	小计	男	女	小计	男	女
漳州市	**10579**	**6070**	**4509**	**1166**	**649**	**517**	**10184**	**6015**	**4169**
芗城区	4963	2724	2239	591	288	303	5569	3093	2476
龙文区	4622	2746	1876	440	275	165	3433	2186	1247
云霄县									
漳浦县									
诏安县									
长泰县									
东山县									
南靖县									
平和县									
华安县									
龙海市	993	599	394	134	85	49	1182	736	446
南平市	**8326**	**4678**	**3648**	**763**	**444**	**319**	**2274**	**1296**	**978**
延平区	2120	1161	959	260	146	114	533	305	228
建阳区	2226	1293	933	163	101	62	426	268	158
顺昌县									
浦城县									
光泽县									
松溪县									
政和县									
邵武市	1708	914	794	149	81	68	276	152	124
武夷山市	1627	952	675	125	77	48	830	450	380
建瓯市	645	358	287	66	39	27	209	121	88
龙岩市	**6727**	**3880**	**2847**	**876**	**538**	**338**	**3360**	**2100**	**1260**
新罗区	6127	3541	2586	761	468	293	2780	1717	1063
永定区	219	118	101	15	11	4	148	113	35
长汀县									
上杭县									
武平县									
连城县									
漳平市	381	221	160	100	59	41	432	270	162
宁德市	**3563**	**2413**	**1150**	**1196**	**745**	**451**	**13517**	**9207**	**4310**
蕉城区	2562	1790	772	975	610	365	12389	8498	3891
霞浦县									
古田县									
屏南县									
寿宁县									
周宁县									
柘荣县									
福安市	556	349	207	96	56	40	572	374	198
福鼎市	445	274	171	125	79	46	556	335	221

7-3a 续表 12

现住地	户口登记地								
	湖北			湖南			广东		
	小计	男	女	小计	男	女	小计	男	女
合计	**142691**	**79671**	**63020**	**137151**	**76010**	**61141**	**66443**	**36633**	**29810**
福州市	**25826**	**14305**	**11521**	**30486**	**16752**	**13734**	**12121**	**7045**	**5076**
鼓楼区	2784	1416	1368	4603	2366	2237	2676	1662	1014
台江区	1435	756	679	2821	1504	1317	1401	802	599
仓山区	6757	3829	2928	8563	4811	3752	3575	2035	1540
马尾区	2155	1254	901	1672	960	712	766	464	302
晋安区	5768	3083	2685	7846	4209	3637	2247	1278	969
长乐区	2614	1506	1108	1281	744	537	506	262	244
闽侯县									
连江县									
罗源县									
闽清县									
永泰县									
平潭县									
福清市	4313	2461	1852	3700	2158	1542	950	542	408
厦门市	**54490**	**30434**	**24056**	**45146**	**24592**	**20554**	**28557**	**15576**	**12981**
思明区	6550	3168	3382	5177	2387	2790	7258	3966	3292
海沧区	11379	6610	4769	8244	4784	3460	3332	1917	1415
湖里区	12115	6729	5386	9037	4749	4288	7577	4130	3447
集美区	14504	8252	6252	11901	6580	5321	6631	3537	3094
同安区	9181	5211	3970	9970	5657	4313	3222	1743	1479
翔安区	761	464	297	817	435	382	537	283	254
莆田市	**13807**	**7973**	**5834**	**8868**	**5245**	**3623**	**3091**	**1894**	**1197**
城厢区	2687	1531	1156	2334	1298	1036	1305	817	488
涵江区	5938	3372	2566	2254	1307	947	672	395	277
荔城区	4592	2670	1922	3704	2227	1477	949	567	382
秀屿区	590	400	190	576	413	163	165	115	50
仙游县									
三明市	**1059**	**533**	**526**	**1531**	**743**	**788**	**1171**	**571**	**600**
梅列区	430	188	242	521	192	329	468	198	270
三元区	244	118	126	495	253	242	346	176	170
明溪县									
清流县									
宁化县									
大田县									
尤溪县									
沙县									
将乐县									
泰宁县									
建宁县									
永安市	385	227	158	515	298	217	357	197	160
泉州市	**38135**	**20950**	**17185**	**40266**	**22383**	**17883**	**12157**	**6542**	**5615**
鲤城区	4581	2471	2110	5593	3105	2488	1806	962	844
丰泽区	7342	4018	3324	7107	3781	3326	3241	1690	1551
洛江区	1586	848	738	1556	854	702	358	185	173
泉港区	362	211	151	479	297	182	242	139	103
惠安县									
安溪县									
永春县									
德化县									
石狮市	5684	2980	2704	3862	2010	1852	1761	952	809
晋江市	17557	9852	7705	20773	11808	8965	4345	2370	1975
南安市	1023	570	453	896	528	368	404	244	160

7-3a　续表 13

现住地	户口登记地								
	湖　北			湖　南			广　东		
	小计	男	女	小计	男	女	小计	男	女
漳州市	**3773**	**2117**	**1656**	**4277**	**2257**	**2020**	**3483**	**1738**	**1745**
芗城区	2052	1092	960	1807	815	992	1835	883	952
龙文区	1442	851	591	1952	1140	812	1251	654	597
云霄县									
漳浦县									
诏安县									
长泰县									
东山县									
南靖县									
平和县									
华安县									
龙海市	279	174	105	518	302	216	395	199	196
南平市	**976**	**465**	**511**	**1369**	**737**	**632**	**922**	**430**	**492**
延平区	286	121	165	355	182	173	327	165	162
建阳区	221	113	108	343	182	161	181	62	119
顺昌县									
浦城县									
光泽县									
松溪县									
政和县									
邵武市	178	84	94	303	183	120	146	60	86
武夷山市	125	67	58	226	115	111	166	88	78
建瓯市	166	80	86	142	75	67	102	55	47
龙岩市	**1713**	**898**	**815**	**1911**	**1007**	**904**	**2961**	**1481**	**1480**
新罗区	1476	762	714	1595	826	769	2423	1212	1211
永定区	100	61	39	112	69	43	339	173	166
长汀县									
上杭县									
武平县									
连城县									
漳平市	137	75	62	204	112	92	199	96	103
宁德市	**2912**	**1996**	**916**	**3297**	**2294**	**1003**	**1980**	**1356**	**624**
蕉城区	2381	1700	681	2927	2111	816	1634	1204	430
霞浦县									
古田县									
屏南县									
寿宁县									
周宁县									
柘荣县									
福安市	204	120	84	186	86	100	138	58	80
福鼎市	327	176	151	184	97	87	208	94	114

7-3a 续表 14

现住地	户口登记地								
	广西			海南			重庆		
	小计	男	女	小计	男	女	小计	男	女
合计	**67546**	**34660**	**32886**	**8253**	**3937**	**4316**	**274009**	**156796**	**117213**
福州市	**13490**	**7076**	**6414**	**1572**	**663**	**909**	**60842**	**34562**	**26280**
鼓楼区	2525	1319	1206	310	151	159	4927	2757	2170
台江区	1712	944	768	144	64	80	3757	2105	1652
仓山区	3665	1838	1827	450	190	260	18870	10863	8007
马尾区	870	494	376	83	33	50	5771	3274	2497
晋安区	2467	1256	1211	223	94	129	20153	11408	8745
长乐区	985	531	454	241	68	173	2756	1562	1194
闽侯县									
连江县									
罗源县									
闽清县									
永泰县									
平潭县									
福清市	1266	694	572	121	63	58	4608	2593	2015
厦门市	**24178**	**12472**	**11706**	**3613**	**1807**	**1806**	**60995**	**34562**	**26433**
思明区	3954	1808	2146	776	367	409	6210	3167	3043
海沧区	4418	2455	1963	360	180	180	9652	5750	3902
湖里区	4694	2324	2370	948	461	487	13289	7329	5960
集美区	6477	3353	3124	1141	604	537	15956	9176	6780
同安区	4271	2351	1920	268	125	143	14938	8564	6374
翔安区	364	181	183	120	70	50	950	576	374
莆田市	**3769**	**2019**	**1750**	**354**	**193**	**161**	**15391**	**9103**	**6288**
城厢区	1186	564	622	124	71	53	3153	1792	1361
涵江区	929	527	402	95	52	43	4291	2493	1798
荔城区	1394	769	625	103	49	54	6865	4106	2759
秀屿区	260	159	101	32	21	11	1082	712	370
仙游县									
三明市	**1156**	**522**	**634**	**120**	**53**	**67**	**2918**	**1687**	**1231**
梅列区	337	127	210	23	11	12	1220	712	508
三元区	540	242	298	77	38	39	835	481	354
明溪县									
清流县									
宁化县									
大田县									
尤溪县									
沙县									
将乐县									
泰宁县									
建宁县									
永安市	279	153	126	20	4	16	863	494	369
泉州市	**16043**	**8202**	**7841**	**1932**	**942**	**990**	**118793**	**68012**	**50781**
鲤城区	1964	996	968	222	124	98	10170	5741	4429
丰泽区	3409	1492	1917	793	390	403	11788	6649	5139
洛江区	612	312	300	56	23	33	1950	1087	863
泉港区	266	146	120	153	55	98	679	444	235
惠安县									
安溪县									
永春县									
德化县									
石狮市	2125	1070	1055	167	80	87	15831	8984	6847
晋江市	6387	3454	2933	466	230	236	74877	42962	31915
南安市	1280	732	548	75	40	35	3498	2145	1353

7-3a 续表 15

现住地	户口登记地								
	广西			海南			重庆		
	小计	男	女	小计	男	女	小计	男	女
漳州市	**2847**	**1185**	**1662**	**228**	**94**	**134**	**7856**	**4696**	**3160**
芗城区	1606	476	1130	118	34	84	3185	1868	1317
龙文区	943	554	389	87	49	38	3709	2233	1476
云霄县									
漳浦县									
诏安县									
长泰县									
东山县									
南靖县									
平和县									
华安县									
龙海市	298	155	143	23	11	12	960	594	366
南平市	**1374**	**517**	**857**	**150**	**65**	**85**	**2646**	**1440**	**1206**
延平区	307	125	182	30	11	19	627	333	294
建阳区	190	70	120	31	12	19	711	378	333
顺昌县									
浦城县									
光泽县									
松溪县									
政和县									
邵武市	112	39	73	10	2	8	531	303	228
武夷山市	674	236	438	68	36	32	482	254	228
建瓯市	91	47	44	11	4	7	295	172	123
龙岩市	**1578**	**661**	**917**	**92**	**29**	**63**	**2944**	**1734**	**1210**
新罗区	1357	557	800	69	20	49	2541	1498	1043
永定区	106	51	55	5	3	2	138	82	56
长汀县									
上杭县									
武平县									
连城县									
漳平市	115	53	62	18	6	12	265	154	111
宁德市	**3111**	**2006**	**1105**	**192**	**91**	**101**	**1624**	**1000**	**624**
蕉城区	2797	1904	893	135	71	64	1113	723	390
霞浦县									
古田县									
屏南县									
寿宁县									
周宁县									
柘荣县									
福安市	166	56	110	31	12	19	271	163	108
福鼎市	148	46	102	26	8	18	240	114	126

7-3a 续表 16

现住地	户口登记地								
	四川			贵州			云南		
	小计	男	女	小计	男	女	小计	男	女
合　计	**436196**	**245956**	**190240**	**437268**	**252389**	**184879**	**118677**	**65261**	**53416**
福州市	**126331**	**71178**	**55153**	**58327**	**34560**	**23767**	**17534**	**9807**	**7727**
鼓楼区	8683	4671	4012	6849	3948	2901	1797	955	842
台江区	6261	3492	2769	5470	3303	2167	997	532	465
仓山区	44306	25491	18815	18398	10935	7463	3848	2073	1775
马尾区	15040	8495	6545	4532	2651	1881	1617	908	709
晋安区	25195	13724	11471	7487	4421	3066	1889	927	962
长乐区	12849	7294	5555	5310	3186	2124	2152	1197	955
闽侯县									
连江县									
罗源县									
闽清县									
永泰县									
平潭县									
福清市	13997	8011	5986	10281	6116	4165	5234	3215	2019
厦门市	**142646**	**80114**	**62532**	**166084**	**96258**	**69826**	**50226**	**28221**	**22005**
思明区	13834	7201	6633	12316	6776	5540	3158	1559	1599
海沧区	24882	14482	10400	30621	18420	12201	11810	6831	4979
湖里区	34003	18885	15118	26031	14704	11327	6888	3780	3108
集美区	36345	20465	15880	40171	23478	16693	10251	5802	4449
同安区	31580	17834	13746	53452	30775	22677	17464	9859	7605
翔安区	2002	1247	755	3493	2105	1388	655	390	265
莆田市	**23833**	**13839**	**9994**	**41735**	**24417**	**17318**	**14681**	**7965**	**6716**
城厢区	4782	2729	2053	7607	4275	3332	2559	1336	1223
涵江区	9012	5154	3858	10764	6248	4516	4640	2547	2093
荔城区	7859	4599	3260	21274	12572	8702	6835	3682	3153
秀屿区	2180	1357	823	2090	1322	768	647	400	247
仙游县									
三明市	**4888**	**2820**	**2068**	**4671**	**2575**	**2096**	**3301**	**1767**	**1534**
梅列区	1937	1080	857	909	427	482	1659	872	787
三元区	1497	876	621	1751	974	777	1276	693	583
明溪县									
清流县									
宁化县									
大田县									
尤溪县									
沙县									
将乐县									
泰宁县									
建宁县									
永安市	1454	864	590	2011	1174	837	366	202	164
泉州市	**114600**	**64113**	**50487**	**136720**	**77621**	**59099**	**23333**	**12372**	**10961**
鲤城区	20074	11096	8978	16510	9182	7328	2576	1349	1227
丰泽区	30154	16844	13310	15802	8562	7240	3125	1532	1593
洛江区	3256	1837	1419	3872	2187	1685	665	364	301
泉港区	950	574	376	1205	730	475	428	233	195
惠安县									
安溪县									
永春县									
德化县									
石狮市	14681	8122	6559	14449	8056	6393	1963	987	976
晋江市	42661	23957	18704	79137	45480	33657	12712	6850	5862
南安市	2824	1683	1141	5745	3424	2321	1864	1057	807

7-3a　续表 17

现住地	户口登记地								
	四川			贵州			云南		
	小计	男	女	小计	男	女	小计	男	女
漳州市	**6525**	**3665**	**2860**	**14533**	**8232**	**6301**	**3774**	**1909**	**1865**
芗城区	2691	1367	1324	5702	2774	2928	1342	535	807
龙文区	2966	1798	1168	6219	3918	2301	1836	1039	797
云霄县									
漳浦县									
诏安县									
长泰县									
东山县									
南靖县									
平和县									
华安县									
龙海市	867	499	368	2608	1537	1071	596	335	261
南平市	**6501**	**3671**	**2830**	**4748**	**2578**	**2170**	**1153**	**517**	**636**
延平区	3224	1833	1391	1013	556	457	298	142	156
建阳区	1350	798	552	1128	658	470	240	112	128
顺昌县									
浦城县									
光泽县									
松溪县									
政和县									
邵武市	738	403	335	910	505	405	157	67	90
武夷山市	530	270	260	1344	666	678	354	155	199
建瓯市	659	367	292	353	193	160	104	41	63
龙岩市	**6762**	**3894**	**2868**	**5829**	**3376**	**2453**	**2041**	**1066**	**975**
新罗区	5922	3395	2527	4909	2819	2090	1782	922	860
永定区	235	143	92	311	203	108	56	33	23
长汀县									
上杭县									
武平县									
连城县									
漳平市	605	356	249	609	354	255	203	111	92
宁德市	**4110**	**2662**	**1448**	**4621**	**2772**	**1849**	**2634**	**1637**	**997**
蕉城区	3217	2170	1047	3224	1991	1233	2072	1379	693
霞浦县									
古田县									
屏南县									
寿宁县									
周宁县									
柘荣县									
福安市	506	292	214	695	381	314	198	101	97
福鼎市	387	200	187	702	400	302	364	157	207

7－3a 续表 18

现住地	户口登记地								
	西藏			陕西			甘肃		
	小计	男	女	小计	男	女	小计	男	女
合计	**1329**	**625**	**704**	**53306**	**30914**	**22392**	**33176**	**18751**	**14425**
福州市	**136**	**66**	**70**	**10568**	**6146**	**4422**	**8781**	**5083**	**3698**
鼓楼区	48	25	23	1757	970	787	1444	825	619
台江区	7	1	6	888	541	347	656	378	278
仓山区	62	31	31	2602	1550	1052	2692	1453	1239
马尾区	4	4		980	588	392	662	379	283
晋安区	5	1	4	1931	1022	909	982	536	446
长乐区	8	4	4	574	360	214	403	216	187
闽侯县									
连江县									
罗源县									
闽清县									
永泰县									
平潭县									
福清市	2		2	1836	1115	721	1942	1296	646
厦门市	**299**	**133**	**166**	**23244**	**13469**	**9775**	**15934**	**9171**	**6763**
思明区	107	41	66	3351	1728	1623	2378	1254	1124
海沧区	6	5	1	5193	3185	2008	3111	1908	1203
湖里区	10	6	4	4650	2656	1994	3051	1725	1326
集美区	163	78	85	5695	3346	2349	4598	2639	1959
同安区	7	2	5	3983	2316	1667	2383	1396	987
翔安区	6	1	5	372	238	134	413	249	164
莆田市	**12**	**5**	**7**	**5264**	**2815**	**2449**	**1036**	**583**	**453**
城厢区	5	2	3	1160	563	597	418	230	188
涵江区	3	1	2	2182	1136	1046	179	93	86
荔城区	3	1	2	1684	964	720	307	170	137
秀屿区	1	1		238	152	86	132	90	42
仙游县									
三明市	**248**	**122**	**126**	**674**	**429**	**245**	**411**	**217**	**194**
梅列区	206	96	110	191	107	84	84	33	51
三元区	32	20	12	199	128	71	214	119	95
明溪县									
清流县									
宁化县									
大田县									
尤溪县									
沙县									
将乐县									
泰宁县									
建宁县									
永安市	10	6	4	284	194	90	113	65	48
泉州市	**265**	**169**	**96**	**8256**	**4661**	**3595**	**4222**	**2201**	**2021**
鲤城区	32	25	7	1050	578	472	482	256	226
丰泽区	143	80	63	1831	919	912	1410	666	744
洛江区	8	3	5	336	213	123	274	128	146
泉港区	2		2	206	125	81	139	96	43
惠安县									
安溪县									
永春县									
德化县									
石狮市	23	11	12	1001	537	464	519	274	245
晋江市	57	50	7	3498	2073	1425	1285	709	576
南安市				334	216	118	113	72	41

7−3a　续表 19

现住地	户口登记地								
	西藏			陕西			甘肃		
	小计	男	女	小计	男	女	小计	男	女
漳州市	**267**	**93**	**174**	**960**	**548**	**412**	**751**	**306**	**445**
芗城区	264	92	172	430	213	217	563	199	364
龙文区	3	1	2	412	264	148	142	79	63
云霄县									
漳浦县									
诏安县									
长泰县									
东山县									
南靖县									
平和县									
华安县									
龙海市				118	71	47	46	28	18
南平市	**40**	**19**	**21**	**676**	**383**	**293**	**482**	**254**	**228**
延平区	2	2		170	94	76	64	38	26
建阳区	1		1	206	130	76	44	22	22
顺昌县									
浦城县									
光泽县									
松溪县									
政和县									
邵武市	1		1	92	49	43	43	20	23
武夷山市	35	17	18	128	63	65	310	166	144
建瓯市	1		1	80	47	33	21	8	13
龙岩市	**36**	**11**	**25**	**880**	**474**	**406**	**481**	**271**	**210**
新罗区	31	9	22	714	365	349	427	240	187
永定区	1	1		31	17	14	19	11	8
长汀县									
上杭县									
武平县									
连城县									
漳平市	4	1	3	135	92	43	35	20	15
宁德市	**26**	**7**	**19**	**2784**	**1989**	**795**	**1078**	**665**	**413**
蕉城区	25	6	19	2544	1868	676	939	591	348
霞浦县									
古田县									
屏南县									
寿宁县									
周宁县									
柘荣县									
福安市	1	1		125	64	61	55	31	24
福鼎市				115	57	58	84	43	41

7-3a 续表 20

现住地	户口登记地								
	青海			宁夏			新疆		
	小计	男	女	小计	男	女	小计	男	女
合计	**3954**	**2132**	**1822**	**4466**	**2664**	**1802**	**9721**	**4688**	**5033**
福州市	**450**	**248**	**202**	**1186**	**714**	**472**	**1739**	**840**	**899**
鼓楼区	96	47	49	167	83	84	380	195	185
台江区	36	17	19	68	36	32	212	104	108
仓山区	81	44	37	235	123	112	505	224	281
马尾区	23	13	10	232	176	56	59	25	34
晋安区	71	32	39	128	60	68	224	115	109
长乐区	25	10	15	39	21	18	203	88	115
闽侯县									
连江县									
罗源县									
闽清县									
永泰县									
平潭县									
福清市	118	85	33	317	215	102	156	89	67
厦门市	**2557**	**1363**	**1194**	**1949**	**1145**	**804**	**3707**	**1672**	**2035**
思明区	759	362	397	479	245	234	1095	467	628
海沧区	368	228	140	363	254	109	477	242	235
湖里区	473	238	235	358	199	159	671	309	362
集美区	727	405	322	630	382	248	1103	474	629
同安区	184	101	83	86	47	39	264	130	134
翔安区	46	29	17	33	18	15	97	50	47
莆田市	**190**	**100**	**90**	**479**	**312**	**167**	**398**	**198**	**200**
城厢区	59	34	25	83	52	31	252	120	132
涵江区	43	24	19	245	166	79	43	22	21
荔城区	72	33	39	121	76	45	69	39	30
秀屿区	16	9	7	30	18	12	34	17	17
仙游县									
三明市	**35**	**19**	**16**	**90**	**66**	**24**	**220**	**97**	**123**
梅列区	17	8	9	18	8	10	68	25	43
三元区	12	5	7	39	27	12	117	52	65
明溪县									
清流县									
宁化县									
大田县									
尤溪县									
沙县									
将乐县									
泰宁县									
建宁县									
永安市	6	6		33	31	2	35	20	15
泉州市	**362**	**185**	**177**	**554**	**312**	**242**	**2726**	**1435**	**1291**
鲤城区	62	37	25	51	28	23	136	82	54
丰泽区	98	38	60	171	86	85	563	265	298
洛江区	10	3	7	30	17	13	332	216	116
泉港区	9	8	1	21	14	7	31	15	16
惠安县									
安溪县									
永春县									
德化县									
石狮市	49	26	23	88	49	39	197	125	72
晋江市	129	70	59	171	108	63	1433	714	719
南安市	5	3	2	22	10	12	34	18	16

7-3a　续表 21

现住地	户口登记地								
	青海			宁夏			新疆		
	小计	男	女	小计	男	女	小计	男	女
漳州市	**140**	**74**	**66**	**58**	**35**	**23**	**311**	**141**	**170**
芗城区	50	32	18	30	12	18	198	70	128
龙文区	66	30	36	23	18	5	99	63	36
云霄县									
漳浦县									
诏安县									
长泰县									
东山县									
南靖县									
平和县									
华安县									
龙海市	24	12	12	5	5		14	8	6
南平市	**71**	**45**	**26**	**36**	**18**	**18**	**184**	**97**	**87**
延平区	16	11	5	5	3	2	31	18	13
建阳区	15	9	6	7	3	4	33	22	11
顺昌县									
浦城县									
光泽县									
松溪县									
政和县									
邵武市	6	3	3	6	2	4	16	8	8
武夷山市	33	21	12	17	9	8	93	43	50
建瓯市	1	1		1	1		11	6	5
龙岩市	**41**	**21**	**20**	**55**	**22**	**33**	**254**	**103**	**151**
新罗区	38	20	18	48	19	29	243	97	146
永定区				2	1	1	1	1	
长汀县									
上杭县									
武平县									
连城县									
漳平市	3	1	2	5	2	3	10	5	5
宁德市	**108**	**77**	**31**	**59**	**40**	**19**	**182**	**105**	**77**
蕉城区	97	71	26	41	30	11	137	79	58
霞浦县									
古田县									
屏南县									
寿宁县									
周宁县									
柘荣县									
福安市	3	1	2	9	4	5	27	15	12
福鼎市	8	5	3	9	6	3	18	11	7

7-3b 各地区按现住地、性别分的户口登记地在外省的人口(镇)

现住地	户口登记地					
	合计			北京		
	合计	男	女	小计	男	女
合计	**1035009**	**612757**	**422252**	**945**	**554**	**391**
福州市	**227401**	**132514**	**94887**	**259**	**156**	**103**
鼓楼区						
台江区						
仓山区						
马尾区						
晋安区	317	184	133	1		1
长乐区	42199	25692	16507	6	4	2
闽侯县	98828	54429	44399	181	105	76
连江县	25996	14929	11067	11	8	3
罗源县	17829	11896	5933	12	8	4
闽清县	3105	1673	1432	12	8	4
永泰县	4960	2956	2004	9	7	2
平潭县	7043	4333	2710	8	6	2
福清市	27124	16422	10702	19	10	9
厦门市	**88882**	**53910**	**34972**	**34**	**20**	**14**
思明区						
海沧区						
湖里区	447	355	92			
集美区	46	29	17			
同安区	2676	1568	1108	2	2	
翔安区	85713	51958	33755	32	18	14
莆田市	**19824**	**11935**	**7889**	**58**	**13**	**45**
城厢区	1476	922	554	5	2	3
涵江区	467	288	179	1	1	
荔城区	231	148	83	3	2	1
秀屿区	2994	2013	981	5	4	1
仙游县	14656	8564	6092	44	4	40
三明市	**30342**	**17271**	**13071**	**57**	**31**	**26**
梅列区	766	529	237			
三元区	611	428	183			
明溪县	1541	872	669	5	2	3
清流县	1558	873	685	10	6	4
宁化县	2603	1336	1267	9	5	4
大田县	3336	2142	1194			
尤溪县	3472	1974	1498	9	6	3
沙县	9894	5448	4446	17	9	8
将乐县	2731	1469	1262	1	1	
泰宁县	1302	715	587	3		3
建宁县	1365	790	575	2	1	1
永安市	1163	695	468	1	1	
泉州市	**417736**	**245434**	**172302**	**158**	**98**	**60**
鲤城区						
丰泽区						
洛江区	6260	3621	2639	3	1	2
泉港区	3331	2021	1310	8	5	3
惠安县	62490	37329	25161	46	33	13
安溪县	26300	14990	11310	10	8	2
永春县	5507	3179	2328	9	4	5
德化县	9885	5940	3945	12	6	6
石狮市	52615	32348	20267	4	2	2
晋江市	128039	71979	56060	17	7	10
南安市	123309	74027	49282	49	32	17

7-3b 续表 1

现住地	户口登记地					
	合计			北京		
	合计	男	女	小计	男	女
漳州市	**169843**	**102315**	**67528**	**201**	**127**	**74**
芗城区	16794	9929	6865	4	3	1
龙文区						
云霄县	5649	3078	2571	27	15	12
漳浦县	22727	15551	7176	62	47	15
诏安县	4357	2214	2143	4	1	3
长泰县	26030	15869	10161	14	11	3
东山县	6813	3569	3244	12	9	3
南靖县	4952	3131	1821	9	5	4
平和县	6283	3787	2496	9	7	2
华安县	4543	3112	1431	1		1
龙海市	71695	42075	29620	59	29	30
南平市	**20133**	**11198**	**8935**	**54**	**33**	**21**
延平区	800	487	313			
建阳区	940	524	416			
顺昌县	3461	1966	1495	9	3	6
浦城县	4287	2352	1935	13	5	8
光泽县	2278	1085	1193	13	8	5
松溪县	1318	666	652	4	2	2
政和县	3651	2036	1615	15	15	
邵武市	1797	1137	660			
武夷山市	805	520	285			
建瓯市	796	425	371			
龙岩市	**20671**	**12766**	**7905**	**50**	**31**	**19**
新罗区	2449	1597	852			
永定区	2861	1824	1037	3	2	1
长汀县	3517	1825	1692	16	11	5
上杭县	6554	4520	2034	20	10	10
武平县	2538	1384	1154	5	4	1
连城县	2304	1365	939	6	4	2
漳平市	448	251	197			
宁德市	**40177**	**25414**	**14763**	**74**	**45**	**29**
蕉城区	2109	1421	688	1	1	
霞浦县	8063	5003	3060	32	21	11
古田县	3844	2090	1754	15	8	7
屏南县	1014	517	497	6	3	3
寿宁县	1278	636	642	5	2	3
周宁县	1510	746	764	2	1	1
柘荣县	1363	659	704	4	3	1
福安市	11938	9178	2760	6	3	3
福鼎市	9058	5164	3894	3	3	

7-3b 续表 2

现住地	户口登记地								
	天津			河北			山西		
	小计	男	女	小计	男	女	小计	男	女
合计	**1015**	**621**	**394**	**8800**	**5975**	**2825**	**6802**	**4018**	**2784**
福州市	**420**	**242**	**178**	**3024**	**2023**	**1001**	**3188**	**1668**	**1520**
鼓楼区									
台江区									
仓山区									
马尾区									
晋安区							1		1
长乐区	31	22	9	450	377	73	336	254	82
闽侯县	305	169	136	1465	805	660	1948	855	1093
连江县	34	21	13	257	179	78	125	56	69
罗源县	11	7	4	470	390	80	403	272	131
闽清县	6	4	2	35	17	18	10	5	5
永泰县	9	6	3	34	27	7	140	85	55
平潭县	9	6	3	76	53	23	54	29	25
福清市	15	7	8	237	175	62	171	112	59
厦门市	**28**	**15**	**13**	**363**	**237**	**126**	**445**	**277**	**168**
思明区									
海沧区									
湖里区				2	2		2	2	
集美区							1	1	
同安区				10	6	4	5	4	1
翔安区	28	15	13	351	229	122	437	270	167
莆田市	**15**	**7**	**8**	**211**	**130**	**81**	**65**	**33**	**32**
城厢区				7	5	2	8	6	2
涵江区				1		1			
荔城区				1		1			
秀屿区	3	1	2	107	89	18	15	10	5
仙游县	12	6	6	95	36	59	42	17	25
三明市	**24**	**15**	**9**	**297**	**199**	**98**	**174**	**114**	**60**
梅列区				18	15	3	3	2	1
三元区				5	5		1	1	
明溪县	1	1		29	18	11	10	5	5
清流县	2	1	1	27	18	9	25	19	6
宁化县	2		2	34	20	14	14	12	2
大田县	5	4	1	66	52	14	36	27	9
尤溪县	3	2	1	21	14	7	34	18	16
沙县	4	1	3	52	26	26	30	19	11
将乐县	1		1	12	7	5	5	2	3
泰宁县				10	3	7	3		3
建宁县	6	6		14	14		9	5	4
永安市				9	7	2	4	4	
泉州市	**123**	**79**	**44**	**2006**	**1354**	**652**	**844**	**502**	**342**
鲤城区									
丰泽区									
洛江区	3	1	2	20	10	10	8	3	5
泉港区				31	20	11	17	11	6
惠安县	22	15	7	390	283	107	139	85	54
安溪县	11	5	6	249	166	83	115	68	47
永春县	1		1	53	30	23	22	13	9
德化县	9	9		98	75	23	20	13	7
石狮市	7	6	1	182	130	52	134	86	48
晋江市	27	19	8	299	186	113	200	117	83
南安市	43	24	19	684	454	230	189	106	83

7-3b　续表 3

现住地	户口登记地								
	天津			河北			山西		
	小计	男	女	小计	男	女	小计	男	女
漳州市	**342**	**220**	**122**	**1692**	**1139**	**553**	**1033**	**656**	**377**
芗城区	2	1	1	74	45	29	44	23	21
龙文区									
云霄县	2	1	1	86	59	27	27	17	10
漳浦县	91	73	18	398	320	78	159	120	39
诏安县	3	3		35	18	17	31	21	10
长泰县	9	6	3	114	88	26	161	93	68
东山县	9	6	3	49	29	20	26	16	10
南靖县	4	2	2	75	54	21	14	10	4
平和县	1	1		36	30	6	14	9	5
华安县	1	1		29	26	3	24	19	5
龙海市	220	126	94	796	470	326	533	328	205
南平市	**20**	**12**	**8**	**196**	**137**	**59**	**78**	**46**	**32**
延平区	2	1	1	12	9	3	12	10	2
建阳区				4		4	1	1	
顺昌县	5	3	2	27	16	11	10	7	3
浦城县	1		1	53	45	8	18	9	9
光泽县	3	1	2	14	10	4	6	1	5
松溪县	4	3	1	10	5	5	5	1	4
政和县	4	3	1	60	43	17	19	12	7
邵武市				9	5	4	4	3	1
武夷山市				3	1	2	1	1	
建瓯市	1	1		4	3	1	2	1	1
龙岩市	**16**	**12**	**4**	**238**	**170**	**68**	**136**	**86**	**50**
新罗区				30	19	11	3	3	
永定区				17	10	7	17	10	7
长汀县	6	5	1	43	26	17	35	16	19
上杭县	2	1	1	92	78	14	53	38	15
武平县	4	2	2	16	9	7	9	6	3
连城县	4	4		39	27	12	17	11	6
漳平市				1	1		2	2	
宁德市	**27**	**19**	**8**	**773**	**586**	**187**	**839**	**636**	**203**
蕉城区	1		1	21	13	8	98	86	12
霞浦县	7	5	2	171	127	44	66	38	28
古田县	5	2	3	26	12	14	15	5	10
屏南县	1	1		13	7	6	5	4	1
寿宁县	1	1		10	4	6	5	1	4
周宁县	1		1	13	5	8	3	1	2
柘荣县	3	3		12	3	9	9	4	5
福安市	6	5	1	459	394	65	581	471	110
福鼎市	2	2		48	21	27	57	26	31

7-3b 续表 4

现住地	户口登记地								
	内蒙古			辽宁			吉林		
	小计	男	女	小计	男	女	小计	男	女
合计	**2662**	**1501**	**1161**	**5032**	**3042**	**1990**	**5543**	**3294**	**2249**
福州市	**847**	**462**	**385**	**1520**	**923**	**597**	**1360**	**827**	**533**
鼓楼区									
台江区									
仓山区									
马尾区									
晋安区				1		1	1		1
长乐区	139	104	35	263	181	82	227	159	68
闽侯县	435	209	226	664	365	299	577	346	231
连江县	96	42	54	187	112	75	180	99	81
罗源县	76	45	31	164	106	58	134	87	47
闽清县	10	5	5	9	4	5	19	9	10
永泰县	2	1	1	22	10	12	21	9	12
平潭县	23	16	7	59	43	16	55	29	26
福清市	66	40	26	151	102	49	146	89	57
厦门市	**136**	**76**	**60**	**318**	**192**	**126**	**347**	**204**	**143**
思明区									
海沧区									
湖里区				2	2		2	1	1
集美区				2	2				
同安区	7	5	2	24	12	12	9	4	5
翔安区	129	71	58	290	176	114	336	199	137
莆田市	**86**	**57**	**29**	**103**	**60**	**43**	**126**	**65**	**61**
城厢区				8	4	4	12	9	3
涵江区	3	3					1	1	
荔城区									
秀屿区	48	33	15	25	22	3	36	24	12
仙游县	35	21	14	70	34	36	77	31	46
三明市	**81**	**53**	**28**	**133**	**87**	**46**	**237**	**136**	**101**
梅列区	1	1		2	2		3	2	1
三元区	2	1	1	2	1	1	1	1	
明溪县	5	3	2	10	5	5	18	10	8
清流县	4	3	1	8	3	5	18	11	7
宁化县	7	5	2	8	5	3	27	15	12
大田县	6	5	1	16	13	3	25	20	5
尤溪县	14	9	5	17	14	3	34	17	17
沙县	23	14	9	43	26	17	49	21	28
将乐县	10	6	4	11	8	3	28	17	11
泰宁县				8	5	3	10	6	4
建宁县	2	1	1	5	3	2	7	5	2
永安市	7	5	2	3	2	1	17	11	6
泉州市	**463**	**281**	**182**	**1153**	**712**	**441**	**1110**	**675**	**435**
鲤城区									
丰泽区									
洛江区	5	4	1	14	11	3	20	12	8
泉港区	7	5	2	29	14	15	25	17	8
惠安县	64	38	26	357	241	116	190	134	56
安溪县	48	27	21	94	46	48	100	52	48
永春县	15	7	8	26	14	12	32	20	12
德化县	18	11	7	35	19	16	26	18	8
石狮市	44	28	16	83	51	32	104	65	39
晋江市	97	61	36	164	96	68	179	104	75
南安市	165	100	65	351	220	131	434	253	181

7-3b　续表 5

现住地	户口登记地								
	内蒙古			辽宁			吉林		
	小计	男	女	小计	男	女	小计	男	女
漳州市	**766**	**417**	**349**	**1309**	**772**	**537**	**1882**	**1103**	**779**
芗城区	28	16	12	21	13	8	29	18	11
龙文区									
云霄县	29	17	12	46	24	22	44	24	20
漳浦县	80	59	21	319	225	94	266	222	44
诏安县	11	6	5	20	13	7	12	6	6
长泰县	113	60	53	115	67	48	625	345	280
东山县	35	16	19	44	25	19	44	26	18
南靖县	16	10	6	20	15	5	51	29	22
平和县	8	3	5	11	6	5	80	40	40
华安县	20	12	8	14	10	4	55	34	21
龙海市	426	218	208	699	374	325	676	359	317
南平市	**73**	**46**	**27**	**115**	**67**	**48**	**107**	**63**	**44**
延平区	8	5	3	12	9	3	11	8	3
建阳区	7	3	4	4	3	1			
顺昌县	4	2	2	14	9	5	26	16	10
浦城县	5	3	2	22	11	11	21	12	9
光泽县	8	6	2	13	4	9	17	8	9
松溪县	1	1		13	8	5	6	4	2
政和县	22	13	9	12	6	6	11	7	4
邵武市	14	11	3	20	15	5	8	6	2
武夷山市	2		2	2	2				
建瓯市	2	2		3		3	7	2	5
龙岩市	**73**	**40**	**33**	**125**	**77**	**48**	**136**	**82**	**54**
新罗区	5	3	2	17	6	11	19	8	11
永定区	10	4	6	8	7	1	9	8	1
长汀县	10	4	6	35	18	17	33	19	14
上杭县	30	23	7	39	28	11	42	30	12
武平县	8	2	6	8	4	4	7	4	3
连城县	9	3	6	16	12	4	15	8	7
漳平市	1	1		2	2		11	5	6
宁德市	**137**	**69**	**68**	**256**	**152**	**104**	**238**	**139**	**99**
蕉城区	11	9	2	17	11	6	13	6	7
霞浦县	42	20	22	102	62	40	88	58	30
古田县	9	3	6	14	6	8	29	14	15
屏南县	2		2	5	1	4	5	3	2
寿宁县	6	2	4	6	3	3	5	2	3
周宁县	3	1	2	11	3	8	14	6	8
柘荣县	3	1	2	7	4	3	8	4	4
福安市	46	28	18	65	41	24	47	32	15
福鼎市	15	5	10	29	21	8	29	14	15

7−3b 续表 6

现住地	户口登记地								
	黑龙江			上海			江苏		
	小计	男	女	小计	男	女	小计	男	女
合　计	**8071**	**4530**	**3541**	**1142**	**765**	**377**	**14125**	**9390**	**4735**
福州市	**2371**	**1312**	**1059**	**351**	**271**	**80**	**3747**	**2430**	**1317**
鼓楼区									
台江区									
仓山区									
马尾区									
晋安区							2	2	
长乐区	568	373	195	15	11	4	456	349	107
闽侯县	937	454	483	154	116	38	1760	1064	696
连江县	255	120	135	44	31	13	522	300	222
罗源县	215	121	94	96	82	14	439	345	94
闽清县	7	2	5	6	4	2	85	43	42
永泰县	19	10	9	5	3	2	64	35	29
平潭县	118	52	66	18	16	2	156	106	50
福清市	252	180	72	13	8	5	263	186	77
厦门市	**550**	**309**	**241**	**40**	**30**	**10**	**727**	**476**	**251**
思明区									
海沧区									
湖里区	3	2	1				3	1	2
集美区	1	1							
同安区	25	11	14	2	2		30	18	12
翔安区	521	295	226	38	28	10	694	457	237
莆田市	**142**	**87**	**55**	**28**	**17**	**11**	**380**	**265**	**115**
城厢区	3	3		3	2	1	19	12	7
涵江区				2	2		9	7	2
荔城区	2	2		1	1		3	2	1
秀屿区	66	48	18	2	1	1	63	46	17
仙游县	71	34	37	20	11	9	286	198	88
三明市	**245**	**128**	**117**	**62**	**41**	**21**	**638**	**383**	**255**
梅列区	9	4	5	1	1		19	14	5
三元区	5	3	2				6	5	1
明溪县	21	9	12	3	3		40	23	17
清流县	9	6	3	5	2	3	79	41	38
宁化县	14	5	9	2	2		67	41	26
大田县	33	24	9	8	5	3	43	34	9
尤溪县	19	11	8	8	6	2	99	66	33
沙县	88	43	45	16	9	7	134	75	59
将乐县	19	8	11	5	4	1	67	40	27
泰宁县	11	5	6	6	3	3	43	21	22
建宁县	15	9	6	4	4		23	14	9
永安市	2	1	1	4	2	2	18	9	9
泉州市	**1710**	**997**	**713**	**157**	**109**	**48**	**3076**	**2051**	**1025**
鲤城区									
丰泽区									
洛江区	18	12	6	1	1		64	45	19
泉港区	35	17	18	3	3		96	69	27
惠安县	295	170	125	42	35	7	642	460	182
安溪县	113	59	54	7	6	1	264	179	85
永春县	50	28	22	7	4	3	81	50	31
德化县	66	37	29	14	7	7	113	79	34
石狮市	144	98	46	19	11	8	392	279	113
晋江市	294	170	124	23	9	14	706	431	275
南安市	695	406	289	41	33	8	718	459	259

7-3b　续表 7

现住地	户口登记地								
	黑龙江			上海			江苏		
	小计	男	女	小计	男	女	小计	男	女
漳州市	**2509**	**1398**	**1111**	**271**	**158**	**113**	**3778**	**2661**	**1117**
芗城区	64	35	29	1	1		109	71	38
龙文区									
云霄县	55	35	20	12	6	6	129	89	40
漳浦县	194	130	64	46	34	12	1188	1039	149
诏安县	44	22	22	4	3	1	62	39	23
长泰县	260	157	103	15	12	3	229	167	62
东山县	65	31	34	14	6	8	103	70	33
南靖县	36	22	14	5	3	2	108	71	37
平和县	13	5	8	4	2	2	40	24	16
华安县	42	27	15	1		1	127	108	19
龙海市	1736	934	802	169	91	78	1683	983	700
南平市	**108**	**60**	**48**	**100**	**56**	**44**	**503**	**293**	**210**
延平区	14	8	6	6	3	3	22	12	10
建阳区	2	1	1				16	9	7
顺昌县	25	13	12	22	9	13	59	43	16
浦城县	13	8	5	37	20	17	113	63	50
光泽县	16	6	10	13	8	5	99	50	49
松溪县	5	3	2	6	4	2	48	20	28
政和县	8	3	5	8	6	2	67	41	26
邵武市	11	9	2	2	2		38	29	9
武夷山市	5	2	3	2	2		15	11	4
建瓯市	9	7	2	4	2	2	26	15	11
龙岩市	**111**	**64**	**47**	**20**	**14**	**6**	**351**	**240**	**111**
新罗区	12	5	7	3	2	1	36	27	9
永定区	6	2	4	1	1		57	40	17
长汀县	33	19	14	5	3	2	65	31	34
上杭县	34	23	11	4	3	1	98	80	18
武平县	13	10	3	2	1	1	33	21	12
连城县	10	4	6	4	3	1	59	39	20
漳平市	3	1	2	1	1		3	2	1
宁德市	**325**	**175**	**150**	**113**	**69**	**44**	**925**	**591**	**334**
蕉城区	15	10	5	3	2	1	53	39	14
霞浦县	96	49	47	40	27	13	367	250	117
古田县	28	13	15	9	6	3	59	33	26
屏南县	6	2	4	3	1	2	32	17	15
寿宁县	3	1	2	7	2	5	30	20	10
周宁县	20	5	15	17	10	7	83	31	52
柘荣县	3		3	5	2	3	23	12	11
福安市	116	71	45	18	11	7	121	79	42
福鼎市	38	24	14	11	8	3	157	110	47

7-3b 续表 8

现住地	户口登记地					
	浙江			安徽		
	小计	男	女	小计	男	女
合计	**24890**	**14320**	**10570**	**60458**	**35862**	**24596**
福州市	**4663**	**2612**	**2051**	**13156**	**7855**	**5301**
鼓楼区						
台江区						
仓山区						
马尾区						
晋安区	9	5	4	8	3	5
长乐区	352	213	139	1955	1163	792
闽侯县	2662	1480	1182	6932	4128	2804
连江县	512	257	255	1430	792	638
罗源县	331	193	138	809	550	259
闽清县	106	54	52	164	86	78
永泰县	57	33	24	185	113	72
平潭县	181	96	85	492	307	185
福清市	453	281	172	1181	713	468
厦门市	**489**	**278**	**211**	**2556**	**1523**	**1033**
思明区						
海沧区						
湖里区	3	2	1	15	12	3
集美区	4	3	1	4	2	2
同安区	21	11	10	163	95	68
翔安区	461	262	199	2374	1414	960
莆田市	**451**	**257**	**194**	**907**	**530**	**377**
城厢区	17	9	8	39	19	20
涵江区	6	3	3	21	11	10
荔城区	2	2		2	1	1
秀屿区	50	36	14	182	120	62
仙游县	376	207	169	663	379	284
三明市	**1803**	**1059**	**744**	**1883**	**1061**	**822**
梅列区	17	11	6	36	23	13
三元区	37	27	10	59	41	18
明溪县	104	57	47	79	38	41
清流县	145	95	50	60	34	26
宁化县	154	91	63	87	44	43
大田县	112	62	50	146	83	63
尤溪县	174	104	70	155	90	65
沙县	477	268	209	938	542	396
将乐县	305	182	123	182	93	89
泰宁县	65	38	27	70	30	40
建宁县	138	80	58	33	19	14
永安市	75	44	31	38	24	14
泉州市	**4648**	**2772**	**1876**	**29023**	**17021**	**12002**
鲤城区						
丰泽区						
洛江区	58	27	31	422	232	190
泉港区	52	32	20	138	77	61
惠安县	883	547	336	5551	3441	2110
安溪县	351	206	145	1337	745	592
永春县	98	57	41	228	120	108
德化县	247	133	114	394	239	155
石狮市	287	175	112	5007	3021	1986
晋江市	999	552	447	9534	5313	4221
南安市	1673	1043	630	6412	3833	2579

7-3b　续表 9

现住地	户口登记地					
	浙　江			安　徽		
	小计	男	女	小计	男	女
漳州市	**2992**	**1667**	**1325**	**9624**	**5831**	**3793**
芗城区	94	56	38	1285	775	510
龙文区						
云霄县	219	118	101	198	93	105
漳浦县	497	319	178	1174	812	362
诏安县	83	38	45	155	87	68
长泰县	230	160	70	999	612	387
东山县	216	114	102	330	189	141
南靖县	116	66	50	266	161	105
平和县	133	81	52	408	238	170
华安县	76	56	20	173	124	49
龙海市	1328	659	669	4636	2740	1896
南平市	**3103**	**1807**	**1296**	**604**	**308**	**296**
延平区	63	36	27	33	19	14
建阳区	170	101	69	22	9	13
顺昌县	239	125	114	116	64	52
浦城县	661	361	300	115	61	54
光泽县	249	125	124	59	26	33
松溪县	484	271	213	40	13	27
政和县	723	438	285	108	56	52
邵武市	155	109	46	73	42	31
武夷山市	235	168	67	12	6	6
建瓯市	124	73	51	26	12	14
龙岩市	**604**	**368**	**236**	**886**	**571**	**315**
新罗区	37	26	11	179	106	73
永定区	49	32	17	80	50	30
长汀县	158	87	71	134	71	63
上杭县	127	88	39	288	224	64
武平县	84	46	38	90	56	34
连城县	126	74	52	105	59	46
漳平市	23	15	8	10	5	5
宁德市	**6137**	**3500**	**2637**	**1819**	**1162**	**657**
蕉城区	37	22	15	79	56	23
霞浦县	1105	647	458	411	254	157
古田县	178	91	87	238	149	89
屏南县	70	36	34	37	14	23
寿宁县	308	160	148	47	24	23
周宁县	170	92	78	69	42	27
柘荣县	656	346	310	41	16	25
福安市	538	423	115	363	288	75
福鼎市	3075	1683	1392	534	319	215

7-3b 续表 10

现住地	户口登记地								
	江西			山东			河南		
	小计	男	女	小计	男	女	小计	男	女
合计	**110011**	**64460**	**45551**	**14943**	**10056**	**4887**	**101734**	**65276**	**36458**
福州市	**16987**	**10096**	**6891**	**4541**	**2820**	**1721**	**22029**	**13860**	**8169**
鼓楼区									
台江区									
仓山区									
马尾区									
晋安区	23	14	9	9	4	5	27	15	12
长乐区	1491	921	570	682	494	188	3514	2378	1136
闽侯县	9105	5359	3746	2203	1236	967	9404	5296	4108
连江县	2305	1280	1025	367	224	143	2593	1649	944
罗源县	1132	755	377	572	389	183	2492	1866	626
闽清县	285	155	130	41	25	16	115	72	43
永泰县	179	103	76	115	66	49	348	242	106
平潭县	515	310	205	145	103	42	650	461	189
福清市	1952	1199	753	407	279	128	2886	1881	1005
厦门市	**9708**	**5895**	**3813**	**1066**	**702**	**364**	**10727**	**6649**	**4078**
思明区									
海沧区									
湖里区	69	56	13	11	8	3	50	35	15
集美区	3	1	2	1	1		5	2	3
同安区	294	167	127	48	29	19	315	189	126
翔安区	9342	5671	3671	1006	664	342	10357	6423	3934
莆田市	**2572**	**1635**	**937**	**179**	**109**	**70**	**1622**	**1062**	**560**
城厢区	60	42	18	12	10	2	185	119	66
涵江区	8	6	2				34	23	11
荔城区	12	8	4	2	2		11	9	2
秀屿区	211	146	65	41	27	14	276	186	90
仙游县	2281	1433	848	124	70	54	1116	725	391
三明市	**5675**	**3125**	**2550**	**596**	**349**	**247**	**1760**	**1114**	**646**
梅列区	46	31	15	41	32	9	82	68	14
三元区	33	24	9	11	7	4	62	49	13
明溪县	296	160	136	16	6	10	86	54	32
清流县	189	95	94	17	10	7	128	80	48
宁化县	954	488	466	25	14	11	205	124	81
大田县	377	221	156	50	24	26	271	190	81
尤溪县	238	133	105	42	30	12	214	132	82
沙县	1991	1085	906	188	102	86	359	207	152
将乐县	669	369	300	82	55	27	132	77	55
泰宁县	316	185	131	78	40	38	86	48	38
建宁县	459	258	201	40	25	15	73	42	31
永安市	107	76	31	6	4	2	62	43	19
泉州市	**51139**	**29567**	**21572**	**3321**	**2264**	**1057**	**35869**	**21986**	**13883**
鲤城区									
丰泽区									
洛江区	870	486	384	37	25	12	434	292	142
泉港区	130	72	58	59	44	15	416	281	135
惠安县	7721	4479	3242	674	493	181	5617	3557	2060
安溪县	2947	1679	1268	233	133	100	1656	957	699
永春县	584	332	252	43	34	9	502	293	209
德化县	1332	807	525	101	77	24	792	516	276
石狮市	6148	3796	2352	378	267	111	6041	3792	2249
晋江市	15396	8375	7021	551	350	201	10520	6104	4416
南安市	16011	9541	6470	1245	841	404	9891	6194	3697

7-3b 续表 11

现住地	户口登记地								
	江西			山东			河南		
	小计	男	女	小计	男	女	小计	男	女
漳州市	**16051**	**9487**	**6564**	**3740**	**2815**	**925**	**21216**	**14206**	**7010**
芗城区	1762	1028	734	90	57	33	2459	1506	953
龙文区									
云霄县	350	181	169	54	38	16	534	353	181
漳浦县	1473	888	585	1419	1280	139	3391	2782	609
诏安县	292	162	130	60	44	16	325	200	125
长泰县	2528	1529	999	233	171	62	3194	2010	1184
东山县	432	250	182	97	66	31	1019	748	271
南靖县	489	297	192	77	63	14	474	325	149
平和县	372	217	155	42	31	11	327	238	89
华安县	286	198	88	132	96	36	519	405	114
龙海市	8067	4737	3330	1536	969	567	8974	5639	3335
南平市	**2950**	**1661**	**1289**	**382**	**221**	**161**	**935**	**594**	**341**
延平区	52	32	20	43	27	16	46	32	14
建阳区	204	131	73	15	11	4	35	16	19
顺昌县	707	408	299	95	48	47	135	96	39
浦城县	438	238	200	57	37	20	239	145	94
光泽县	501	235	266	44	23	21	87	50	37
松溪县	139	70	69	14	6	8	75	44	31
政和县	243	134	109	58	33	25	171	97	74
邵武市	387	239	148	20	16	4	96	75	21
武夷山市	195	128	67	19	11	8	36	30	6
建瓯市	84	46	38	17	9	8	15	9	6
龙岩市	**2883**	**1725**	**1158**	**513**	**368**	**145**	**1499**	**1123**	**376**
新罗区	428	325	103	35	25	10	135	93	42
永定区	388	253	135	34	27	7	168	131	37
长汀县	675	334	341	59	41	18	240	150	90
上杭县	595	399	196	282	197	85	594	500	94
武平县	495	241	254	43	33	10	156	111	45
连城县	254	148	106	56	42	14	195	131	64
漳平市	48	25	23	4	3	1	11	7	4
宁德市	**2046**	**1269**	**777**	**605**	**408**	**197**	**6077**	**4682**	**1395**
蕉城区	102	73	29	84	63	21	633	429	204
霞浦县	704	471	233	137	83	54	577	422	155
古田县	259	139	120	50	29	21	295	231	64
屏南县	50	28	22	16	10	6	95	57	38
寿宁县	79	39	40	10	1	9	45	28	17
周宁县	96	47	49	14	4	10	84	58	26
柘荣县	68	36	32	9	5	4	48	24	24
福安市	391	275	116	188	150	38	3473	2882	591
福鼎市	297	161	136	97	63	34	827	551	276

7-3b 续表 12

现住地	户口登记地								
	湖北			湖南			广东		
	小计	男	女	小计	男	女	小计	男	女
合 计	**46714**	**27631**	**19083**	**46662**	**27602**	**19060**	**23372**	**12290**	**11082**
福州市	**12738**	**7549**	**5189**	**8686**	**5141**	**3545**	**4087**	**2192**	**1895**
鼓楼区									
台江区									
仓山区									
马尾区									
晋安区	14	9	5	23	11	12	6	3	3
长乐区	4830	2871	1959	1464	910	554	466	295	171
闽侯县	3747	2204	1543	3902	2239	1663	2037	1038	999
连江县	893	472	421	932	525	407	490	254	236
罗源县	1002	729	273	567	363	204	288	155	133
闽清县	71	30	41	79	44	35	90	32	58
永泰县	415	248	167	160	81	79	68	31	37
平潭县	395	220	175	176	91	85	217	134	83
福清市	1371	766	605	1383	877	506	425	250	175
厦门市	**2940**	**1799**	**1141**	**4444**	**2613**	**1831**	**1219**	**755**	**464**
思明区									
海沧区									
湖里区	9	7	2	13	10	3	120	104	16
集美区	3	2	1	2	2				
同安区	95	66	29	115	60	55	30	23	7
翔安区	2833	1724	1109	4314	2541	1773	1069	628	441
莆田市	**842**	**514**	**328**	**1077**	**668**	**409**	**756**	**418**	**338**
城厢区	88	60	28	79	44	35	29	21	8
涵江区	20	14	6	11	5	6	8	5	3
荔城区	7	5	2				9	2	7
秀屿区	110	78	32	183	131	52	57	32	25
仙游县	617	357	260	804	488	316	653	358	295
三明市	**983**	**581**	**402**	**1011**	**543**	**468**	**1031**	**502**	**529**
梅列区	24	16	8	32	21	11	15	8	7
三元区	29	26	3	27	18	9	7	4	3
明溪县	27	15	12	63	39	24	71	33	38
清流县	62	43	19	76	39	37	105	48	57
宁化县	81	43	38	79	32	47	156	79	77
大田县	129	95	34	135	83	52	149	86	63
尤溪县	165	87	78	171	104	67	79	33	46
沙县	202	110	92	242	116	126	261	130	131
将乐县	72	21	51	66	29	37	88	40	48
泰宁县	89	59	30	36	11	25	42	18	24
建宁县	65	42	23	29	18	11	33	12	21
永安市	38	24	14	55	33	22	25	11	14
泉州市	**17696**	**10283**	**7413**	**19977**	**11854**	**8123**	**6801**	**3665**	**3136**
鲤城区									
丰泽区									
洛江区	375	211	164	624	340	284	84	47	37
泉港区	106	60	46	143	83	60	107	63	44
惠安县	3071	1818	1253	3586	2094	1492	1153	650	503
安溪县	946	516	430	935	507	428	887	421	466
永春县	276	155	121	277	156	121	383	195	188
德化县	412	249	163	570	342	228	312	142	170
石狮市	2893	1840	1053	3631	2260	1371	605	389	216
晋江市	4652	2500	2152	4771	2762	2009	1033	586	447
南安市	4965	2934	2031	5440	3310	2130	2237	1172	1065

7-3b 续表 13

现住地	户口登记地								
	湖北			湖南			广东		
	小计	男	女	小计	男	女	小计	男	女
漳州市	**8236**	**4833**	**3403**	**8060**	**4684**	**3376**	**6125**	**3178**	**2947**
芗城区	1817	1034	783	916	539	377	256	141	115
龙文区									
云霄县	234	123	111	373	170	203	651	335	316
漳浦县	906	500	406	1136	710	426	1165	609	556
诏安县	195	86	109	240	107	133	881	400	481
长泰县	966	604	362	1131	693	438	448	294	154
东山县	255	119	136	375	135	240	541	248	293
南靖县	240	160	80	250	159	91	270	147	123
平和县	153	88	65	207	126	81	310	150	160
华安县	203	139	64	227	170	57	110	67	43
龙海市	3267	1980	1287	3205	1875	1330	1493	787	706
南平市	**546**	**319**	**227**	**633**	**347**	**286**	**441**	**180**	**261**
延平区	15	11	4	47	35	12	22	15	7
建阳区	20	9	11	18	7	11	11	5	6
顺昌县	94	51	43	114	61	53	73	29	44
浦城县	96	55	41	108	56	52	99	43	56
光泽县	31	11	20	62	29	33	48	15	33
松溪县	17	10	7	25	13	12	56	20	36
政和县	153	90	63	125	70	55	67	24	43
邵武市	78	56	22	95	58	37	24	10	14
武夷山市	21	16	5	18	8	10	25	13	12
建瓯市	21	10	11	21	10	11	16	6	10
龙岩市	**869**	**546**	**323**	**1167**	**720**	**447**	**1946**	**951**	**995**
新罗区	74	48	26	91	56	35	139	69	70
永定区	159	101	58	180	113	67	381	176	205
长汀县	153	80	73	165	76	89	278	123	155
上杭县	283	214	69	418	266	152	435	237	198
武平县	98	46	52	188	133	55	509	230	279
连城县	88	51	37	117	74	43	190	110	80
漳平市	14	6	8	8	2	6	14	6	8
宁德市	**1864**	**1207**	**657**	**1607**	**1032**	**575**	**966**	**449**	**517**
蕉城区	66	40	26	113	82	31	39	18	21
霞浦县	302	183	119	394	279	115	284	148	136
古田县	119	61	58	136	68	68	158	68	90
屏南县	30	11	19	27	9	18	21	10	11
寿宁县	65	31	34	50	29	21	62	21	41
周宁县	50	24	26	52	16	36	43	10	33
柘荣县	45	19	26	37	14	23	42	8	34
福安市	748	579	169	441	330	111	142	73	69
福鼎市	439	259	180	357	205	152	175	93	82

7-3b 续表 14

现住地	户口登记地								
	广西			海南			重庆		
	小计	男	女	小计	男	女	小计	男	女
合计	**31433**	**16715**	**14718**	**2896**	**1286**	**1610**	**94828**	**56009**	**38819**
福州市	**8047**	**4011**	**4036**	**703**	**327**	**376**	**12447**	**7232**	**5215**
鼓楼区									
台江区									
仓山区									
马尾区									
晋安区	24	20	4	1		1	29	18	11
长乐区	1449	839	610	40	18	22	1843	1067	776
闽侯县	3903	1603	2300	499	244	255	5077	2894	2183
连江县	825	458	367	40	17	23	1820	1012	808
罗源县	391	229	162	35	14	21	696	442	254
闽清县	228	108	120	2	1	1	248	139	109
永泰县	163	102	61	5	3	2	283	187	96
平潭县	334	227	107	47	12	35	601	384	217
福清市	730	425	305	34	18	16	1850	1089	761
厦门市	**1597**	**945**	**652**	**247**	**175**	**72**	**5896**	**3477**	**2419**
思明区									
海沧区									
湖里区	16	11	5	1	1		9	6	3
集美区							4	2	2
同安区	96	53	43	2	1	1	190	106	84
翔安区	1485	881	604	244	173	71	5693	3363	2330
莆田市	**557**	**283**	**274**	**48**	**20**	**28**	**1280**	**792**	**488**
城厢区	42	27	15	5	1	4	143	89	54
涵江区	32	22	10				23	16	7
荔城区	11	6	5				25	16	9
秀屿区	90	58	32	15	7	8	218	150	68
仙游县	382	170	212	28	12	16	871	521	350
三明市	**744**	**344**	**400**	**96**	**25**	**71**	**1788**	**1061**	**727**
梅列区	44	35	9	5	2	3	31	17	14
三元区	18	9	9				38	23	15
明溪县	61	33	28	9	3	6	102	67	35
清流县	60	14	46	11	3	8	86	53	33
宁化县	90	35	55	9	3	6	98	53	45
大田县	81	40	41	10	2	8	252	157	95
尤溪县	88	43	45	9	5	4	223	141	82
沙县	159	66	93	28	6	22	578	334	244
将乐县	58	23	35	3		3	148	75	73
泰宁县	29	15	14	2		2	120	76	44
建宁县	30	18	12	4		4	36	21	15
永安市	26	13	13	6	1	5	76	44	32
泉州市	**13103**	**7344**	**5759**	**898**	**411**	**487**	**58531**	**34544**	**23987**
鲤城区									
丰泽区									
洛江区	207	128	79	8	4	4	486	285	201
泉港区	115	53	62	78	30	48	248	151	97
惠安县	1642	922	720	224	97	127	5029	3104	1925
安溪县	1588	780	808	195	96	99	1670	1039	631
永春县	269	113	156	23	12	11	519	319	200
德化县	282	133	149	31	12	19	727	478	249
石狮市	1089	692	397	66	31	35	7758	4646	3112
晋江市	3593	1993	1600	100	53	47	23817	13478	10339
南安市	4318	2530	1788	173	76	97	18277	11044	7233

7-3b　续表 15

现住地	户口登记地								
	广西			海南			重庆		
	小计	男	女	小计	男	女	小计	男	女
漳州市	**5203**	**2737**	**2466**	**515**	**200**	**315**	**9976**	**6007**	**3969**
芗城区	377	190	187	19	7	12	1790	1090	700
龙文区									
云霄县	251	120	131	38	16	22	313	177	136
漳浦县	612	329	283	95	33	62	1195	722	473
诏安县	189	76	113	30	8	22	189	103	86
长泰县	912	506	406	41	26	15	1742	1044	698
东山县	340	114	226	63	8	55	389	231	158
南靖县	191	111	80	21	10	11	287	182	105
平和县	182	98	84	14	6	8	524	327	197
华安县	198	118	80	6	4	2	185	127	58
龙海市	1951	1075	876	188	82	106	3362	2004	1358
南平市	**432**	**192**	**240**	**47**	**17**	**30**	**1292**	**718**	**574**
延平区	37	15	22	2	1	1	36	18	18
建阳区	16	7	9	4	2	2	65	30	35
顺昌县	82	39	43	10	4	6	475	280	195
浦城县	60	28	32	12	3	9	91	47	44
光泽县	35	15	20	4	2	2	110	59	51
松溪县	33	16	17	3	1	2	69	38	31
政和县	78	29	49	8	3	5	251	138	113
邵武市	34	18	16	2	1	1	96	53	43
武夷山市	15	5	10				63	37	26
建瓯市	42	20	22	2		2	36	18	18
龙岩市	**738**	**359**	**379**	**80**	**32**	**48**	**1222**	**781**	**441**
新罗区	85	40	45	6	5	1	234	165	69
永定区	55	25	30	6	1	5	249	173	76
长汀县	130	43	87	9	2	7	178	90	88
上杭县	264	143	121	21	10	11	317	211	106
武平县	99	49	50	23	12	11	84	50	34
连城县	94	50	44	11	1	10	140	78	62
漳平市	11	9	2	4	1	3	20	14	6
宁德市	**1012**	**500**	**512**	**262**	**79**	**183**	**2396**	**1397**	**999**
蕉城区	98	62	36	2	1	1	54	30	24
霞浦县	271	157	114	65	24	41	396	234	162
古田县	133	40	93	141	39	102	325	166	159
屏南县	34	20	14	8		8	135	55	80
寿宁县	46	21	25	6	3	3	55	27	28
周宁县	90	40	50	9	4	5	216	113	103
柘荣县	62	20	42	8	2	6	48	25	23
福安市	138	80	58	13	5	8	707	479	228
福鼎市	140	60	80	10	1	9	460	268	192

7-3b 续表 16

现住地	户口登记地								
	四川			贵州			云南		
	小计	男	女	小计	男	女	小计	男	女
合计	**119791**	**70091**	**49700**	**199478**	**117167**	**82311**	**69088**	**39747**	**29341**
福州市	**37081**	**21405**	**15676**	**38193**	**21780**	**16413**	**14811**	**8438**	**6373**
鼓楼区									
台江区									
仓山区									
马尾区									
晋安区	53	32	21	50	25	25	29	17	12
长乐区	8507	4928	3579	7496	4385	3111	4359	2564	1795
闽侯县	15251	8608	6643	15261	8157	7104	4682	2535	2147
连江县	4568	2581	1987	4818	2906	1912	1201	661	540
罗源县	2068	1326	742	2556	1617	939	1426	883	543
闽清县	413	223	190	817	478	339	127	55	72
永泰县	748	457	291	1414	817	597	359	208	151
平潭县	920	558	362	1243	759	484	243	130	113
福清市	4553	2692	1861	4538	2636	1902	2385	1385	1000
厦门市	**7568**	**4611**	**2957**	**23426**	**14059**	**9367**	**9969**	**6056**	**3913**
思明区									
海沧区									
湖里区	36	30	6	57	46	11	12	11	1
集美区	7	4	3	8	6	2			
同安区	302	177	125	597	358	239	196	113	83
翔安区	7223	4400	2823	22764	13649	9115	9761	5932	3829
莆田市	**2730**	**1687**	**1043**	**4016**	**2429**	**1587**	**1080**	**548**	**532**
城厢区	203	127	76	363	227	136	90	54	36
涵江区	81	48	33	169	101	68	24	14	10
荔城区	21	11	10	100	70	30	15	5	10
秀屿区	298	206	92	638	407	231	171	98	73
仙游县	2127	1295	832	2746	1624	1122	780	377	403
三明市	**4615**	**2597**	**2018**	**4060**	**2408**	**1652**	**1534**	**825**	**709**
梅列区	121	82	39	137	96	41	65	38	27
三元区	68	48	20	135	91	44	45	26	19
明溪县	144	90	54	224	133	91	49	21	28
清流县	154	89	65	174	100	74	45	20	25
宁化县	196	99	97	180	79	101	40	13	27
大田县	438	288	150	584	396	188	199	119	80
尤溪县	474	255	219	684	368	316	418	238	180
沙县	2487	1376	1111	948	554	394	415	223	192
将乐县	291	143	148	296	178	118	131	64	67
泰宁县	61	30	31	137	90	47	24	10	14
建宁县	82	43	39	155	89	66	36	12	24
永安市	99	54	45	406	234	172	67	41	26
泉州市	**45385**	**26353**	**19032**	**90011**	**52732**	**37279**	**22603**	**12960**	**9643**
鲤城区									
丰泽区									
洛江区	820	481	339	1198	690	508	343	182	161
泉港区	421	250	171	656	406	250	224	128	96
惠安县	8104	4741	3363	12902	7567	5335	2601	1425	1176
安溪县	2977	1800	1177	7265	4168	3097	1502	830	672
永春县	566	344	222	1051	652	399	218	109	109
德化县	1125	719	406	2568	1495	1073	339	183	156
石狮市	4536	2745	1791	9231	5564	3667	2516	1496	1020
晋江市	18180	10169	8011	26239	14874	11365	5151	2868	2283
南安市	8656	5104	3552	28901	17316	11585	9709	5739	3970

7-3b　续表 17

现住地	户口登记地								
	四川			贵州			云南		
	小计	男	女	小计	男	女	小计	男	女
漳州市	**15158**	**9006**	**6152**	**29988**	**17882**	**12106**	**13019**	**7448**	**5571**
芗城区	738	432	306	3374	2020	1354	1282	736	546
龙文区									
云霄县	489	270	219	872	467	405	392	204	188
漳浦县	1719	1069	650	3010	1894	1116	1046	609	437
诏安县	446	240	206	791	421	370	187	76	111
长泰县	2419	1462	957	5163	3127	2036	3479	2032	1447
东山县	651	335	316	1343	614	729	201	84	117
南靖县	431	286	145	928	609	319	430	249	181
平和县	566	353	213	1370	874	496	1303	747	556
华安县	384	269	115	1040	664	376	561	348	213
龙海市	7315	4290	3025	12097	7192	4905	4138	2363	1775
南平市	**1508**	**833**	**675**	**2953**	**1643**	**1310**	**2474**	**1291**	**1183**
延平区	107	59	48	125	81	44	46	23	23
建阳区	73	42	31	200	107	93	38	24	14
顺昌县	240	135	105	710	415	295	89	47	42
浦城县	290	165	125	413	228	185	1225	661	564
光泽县	132	69	63	219	96	123	429	200	229
松溪县	95	42	53	105	48	57	19	4	15
政和县	267	145	122	578	321	257	522	279	243
邵武市	157	92	65	335	202	133	70	35	35
武夷山市	57	34	23	57	34	23	11	5	6
建瓯市	90	50	40	211	111	100	25	13	12
龙岩市	**2098**	**1320**	**778**	**2956**	**1842**	**1114**	**965**	**577**	**388**
新罗区	298	185	113	405	278	127	123	72	51
永定区	425	285	140	353	229	124	141	103	38
长汀县	356	186	170	268	148	120	185	76	109
上杭县	495	346	149	1349	876	473	267	197	70
武平县	221	127	94	159	87	72	96	54	42
连城县	255	165	90	238	119	119	131	66	65
漳平市	48	26	22	184	105	79	22	9	13
宁德市	**3648**	**2279**	**1369**	**3875**	**2392**	**1483**	**2633**	**1604**	**1029**
蕉城区	121	81	40	169	106	63	113	72	41
霞浦县	655	372	283	1087	718	369	326	161	165
古田县	921	549	372	402	221	181	142	55	87
屏南县	109	47	62	220	138	82	42	23	19
寿宁县	89	43	46	248	140	108	51	16	35
周宁县	110	59	51	201	119	82	69	21	48
柘荣县	61	27	34	102	54	48	33	15	18
福安市	1121	844	277	613	417	196	1159	880	279
福鼎市	461	257	204	833	479	354	698	361	337

7-3b 续表 18

现住地	户口登记地								
	西藏			陕西			甘肃		
	小计	男	女	小计	男	女	小计	男	女
合计	**425**	**199**	**226**	**16081**	**10025**	**6056**	**13092**	**7768**	**5324**
福州市	**351**	**162**	**189**	**4501**	**2745**	**1756**	**5736**	**3233**	**2503**
鼓楼区									
台江区									
仓山区									
马尾区									
晋安区				3	3		3	3	
长乐区	1	1		656	423	233	501	327	174
闽侯县	341	158	183	1657	981	676	2561	1246	1315
连江县	5	1	4	528	295	233	864	535	329
罗源县	3	2	1	462	315	147	924	577	347
闽清县				67	45	22	45	23	22
永泰县				101	54	47	24	11	13
平潭县				192	120	72	93	50	43
福清市	1		1	835	509	326	721	461	260
厦门市	**1**		**1**	**1635**	**1028**	**607**	**1802**	**1135**	**667**
思明区									
海沧区									
湖里区				7	3	4	2	1	1
集美区									
同安区				52	28	24	20	15	5
翔安区	1		1	1576	997	579	1780	1119	661
莆田市	**2**		**2**	**273**	**147**	**126**	**116**	**46**	**70**
城厢区				25	16	9	18	6	12
涵江区				7	4	3	1		1
荔城区				1	1				
秀屿区	1		1	50	33	17	21	13	8
仙游县	1		1	190	93	97	76	27	49
三明市	**3**	**3**		**490**	**285**	**205**	**193**	**135**	**58**
梅列区	1	1		5	2	3	5	5	
三元区				12	12		8	6	2
明溪县	1	1		31	20	11	14	9	5
清流县				26	16	10	24	20	4
宁化县				41	17	24	18	10	8
大田县				104	70	34	37	29	8
尤溪县				56	35	21	14	7	7
沙县				120	62	58	28	17	11
将乐县				31	16	15	9	5	4
泰宁县	1	1		25	7	18	9	5	4
建宁县				31	23	8	23	20	3
永安市				8	5	3	4	2	2
泉州市	**29**	**19**	**10**	**4732**	**3044**	**1688**	**1995**	**1150**	**845**
鲤城区									
丰泽区									
洛江区				73	49	24	52	31	21
泉港区	3	1	2	77	53	24	88	61	27
惠安县	2		2	894	552	342	400	237	163
安溪县	14	9	5	484	329	155	223	113	110
永春县				105	75	30	41	24	17
德化县				156	84	72	41	27	14
石狮市				692	465	227	350	230	120
晋江市				901	525	376	345	191	154
南安市	10	9	1	1350	912	438	455	236	219

7-3b 续表 19

现住地	户口登记地								
	西藏			陕西			甘肃		
	小计	男	女	小计	男	女	小计	男	女
漳州市	**23**	**11**	**12**	**2841**	**1759**	**1082**	**2220**	**1374**	**846**
芗城区				89	50	39	36	23	13
龙文区									
云霄县				122	74	48	71	40	31
漳浦县	1		1	413	290	123	491	352	139
诏安县				33	17	16	26	13	13
长泰县	1		1	548	363	185	295	201	94
东山县				87	40	47	41	24	17
南靖县				78	51	27	41	18	23
平和县				116	64	52	28	18	10
华安县	2	1	1	96	67	29	21	17	4
龙海市	19	10	9	1259	743	516	1170	668	502
南平市	**5**	**2**	**3**	**256**	**140**	**116**	**118**	**60**	**58**
延平区				17	13	4	9	5	4
建阳区				9	3	6	3	2	1
顺昌县				38	21	17	27	14	13
浦城县	1	1		47	26	21	19	10	9
光泽县	4	1	3	26	11	15	21	11	10
松溪县				13	3	10	12	5	7
政和县				40	15	25	14	6	8
邵武市				60	45	15	6	3	3
武夷山市				4	2	2	5	3	2
建瓯市				2	1	1	2	1	1
龙岩市	**5**		**5**	**429**	**284**	**145**	**445**	**327**	**118**
新罗区	1		1	35	20	15	15	9	6
永定区	2		2	43	28	15	16	12	4
长汀县				64	37	27	166	118	48
上杭县	2		2	152	115	37	199	159	40
武平县				48	26	22	28	13	15
连城县				84	55	29	21	16	5
漳平市				3	3				
宁德市	**6**	**2**	**4**	**924**	**593**	**331**	**467**	**308**	**159**
蕉城区				119	74	45	41	33	8
霞浦县				173	100	73	126	70	56
古田县	2	1	1	90	53	37	27	16	11
屏南县				24	12	12	15	6	9
寿宁县	1		1	26	9	17	6	4	2
周宁县				35	12	23	20	15	5
柘荣县	1		1	12	5	7	7	4	3
福安市	2	1	1	253	206	47	158	116	42
福鼎市				192	122	70	67	44	23

7-3b 续表 20

现住地	户口登记地								
	青海			宁夏			新疆		
	小计	男	女	小计	男	女	小计	男	女
合　计	**1164**	**626**	**538**	**1528**	**893**	**635**	**2284**	**1044**	**1240**
福州市	**165**	**87**	**78**	**546**	**285**	**261**	**846**	**370**	**476**
鼓楼区									
台江区									
仓山区									
马尾区									
晋安区									
长乐区	16	7	9	59	37	22	27	17	10
闽侯县	104	52	52	390	201	189	684	282	402
连江县	11	5	6	40	18	22	43	19	24
罗源县	18	10	8	15	8	7	22	10	12
闽清县	1	1		4		4	3	1	2
永泰县	3	2	1	3	2	1	5	3	2
平潭县	1	1		6	6		16	8	8
福清市	11	9	2	29	13	16	46	30	16
厦门市	**240**	**147**	**93**	**286**	**182**	**104**	**78**	**45**	**33**
思明区									
海沧区									
湖里区	3	2	1						
集美区	1		1						
同安区	15	7	8	4	2	2	7	4	3
翔安区	221	138	83	282	180	102	71	41	30
莆田市	**26**	**13**	**13**	**23**	**16**	**7**	**53**	**27**	**26**
城厢区				3	2	1	10	6	4
涵江区				1	1		4	1	3
荔城区	1	1					2	2	
秀屿区	4	1	3	3	3		5	3	2
仙游县	21	11	10	16	10	6	32	15	17
三明市	**41**	**26**	**15**	**25**	**13**	**12**	**63**	**28**	**35**
梅列区							3		3
三元区									
明溪县	13	9	4	3	3		6	2	4
清流县	2	2		3	2	1	4		4
宁化县				5	2	3	1		1
大田县	3	1	2	7	4	3	14	8	6
尤溪县	4	4		2		2	4	2	2
沙县	5	3	2	4	1	3	8	3	5
将乐县	1		1				8	6	2
泰宁县	7	4	3				11	5	6
建宁县	6	3	3	1	1		4	2	2
永安市									
泉州市	**207**	**124**	**83**	**303**	**193**	**110**	**665**	**290**	**375**
鲤城区									
丰泽区									
洛江区	2	2		3	2	1	8	7	1
泉港区	2	2		12	10	2	5	3	2
惠安县	35	23	12	39	27	12	175	61	114
安溪县	15	10	5	18	9	9	46	27	19
永春县	10	7	3	2		2	16	12	4
德化县	2	2		4	1	3	39	27	12
石狮市	59	37	22	138	105	33	77	41	36
晋江市	37	16	21	36	14	22	178	56	122
南安市	45	25	20	51	25	26	121	56	65

7-3b 续表 21

现住地	户口登记地								
	青海			宁夏			新疆		
	小计	男	女	小计	男	女	小计	男	女
漳州市	**400**	**193**	**207**	**291**	**173**	**118**	**382**	**173**	**209**
芗城区	19	9	10	8	5	3	7	5	2
龙文区									
云霄县	13	7	6	5	2	3	13	3	10
漳浦县	24	15	9	43	32	11	114	37	77
诏安县	2	1	1				7	3	4
长泰县	14	6	8	16	12	4	16	11	5
东山县	14	6	8	1		1	17	10	7
南靖县	5	3	2	9	6	3	11	7	4
平和县	5	1	4	1		1	6	3	3
华安县	8	3	5				2	2	
龙海市	296	142	154	208	116	92	189	92	97
南平市	**19**	**7**	**12**	**12**	**4**	**8**	**69**	**41**	**28**
延平区							1		1
建阳区				1		1	2	1	1
顺昌县	6	1	5	1		1	9	7	2
浦城县	6	3	3	1	1		13	7	6
光泽县				4	1	3	11	4	7
松溪县	2	1	1	1		1	14	10	4
政和县	1		1	4	2	2	14	7	7
邵武市	1	1					2	2	
武夷山市	1		1				1	1	
建瓯市	2	1	1				2	2	
龙岩市	**28**	**7**	**21**	**14**	**11**	**3**	**68**	**38**	**30**
新罗区				1	1		3	1	2
永定区				1		1	3	1	2
长汀县	4	1	3	1	1		13	9	4
上杭县	18	4	14	10	8	2	24	12	12
武平县	3	2	1	1	1		8	4	4
连城县	3		3				17	11	6
漳平市									
宁德市	**38**	**22**	**16**	**28**	**16**	**12**	**60**	**32**	**28**
蕉城区	2	1	1	1		1	3	1	2
霞浦县	10	6	4	13	8	5	16	9	7
古田县	8	5	3	1	1		10	6	4
屏南县	1	1					2	1	1
寿宁县							6	2	4
周宁县	5	3	2	1		1	9	4	5
柘荣县	3	1	2	1	1		2	1	1
福安市	5	3	2	11	6	5	9	6	3
福鼎市	4	2	2				3	2	1

7−3c 各地区按现住地、性别分的户口登记地在外省的人口(乡村)

现住地	户口登记地					
	合计			北京		
	合计	男	女	小计	男	女
合计	**813233**	**506545**	**306688**	**587**	**372**	**215**
福州市	**165251**	**105075**	**60176**	**105**	**69**	**36**
鼓楼区						
台江区						
仓山区						
马尾区	1280	793	487	2	1	1
晋安区	2220	1590	630	1	1	
长乐区	45830	27703	18127	15	13	2
闽侯县	34227	21327	12900	26	17	9
连江县	17290	11333	5957	9	6	3
罗源县	5870	4384	1486	6	5	1
闽清县	6977	4119	2858	5	3	2
永泰县	3314	2060	1254	3	2	1
平潭县	7691	5452	2239	6	1	5
福清市	40552	26314	14238	32	20	12
厦门市	**131463**	**81263**	**50200**	**111**	**66**	**45**
思明区						
海沧区	4464	2788	1676	3	3	
湖里区						
集美区	41680	24764	16916	10	6	4
同安区	45314	27761	17553	22	15	7
翔安区	40005	25950	14055	76	42	34
莆田市	**33045**	**20446**	**12599**	**63**	**32**	**31**
城厢区	7881	4851	3030	13	6	7
涵江区	5139	3321	1818	5	5	
荔城区	7462	4142	3320	22	7	15
秀屿区	6121	4278	1843	17	11	6
仙游县	6442	3854	2588	6	3	3
三明市	**22650**	**15864**	**6786**	**55**	**34**	**21**
梅列区	204	131	73			
三元区	1427	1134	293	2	2	
明溪县	1656	1216	440	8	6	2
清流县	1911	1403	508	19	14	5
宁化县	1732	1077	655	8	3	5
大田县	4548	3589	959	2		2
尤溪县	2319	1409	910	7	5	2
沙县	1743	1069	674	1	1	
将乐县	2481	1633	848	1	1	
泰宁县	584	343	241	4	1	3
建宁县	886	631	255			
永安市	3159	2229	930	3	1	2
泉州市	**299264**	**176604**	**122660**	**110**	**80**	**30**
鲤城区						
丰泽区						
洛江区	9292	5416	3876	4	2	2
泉港区	7132	4747	2385	6	4	2
惠安县	29940	19345	10595	65	49	16
安溪县	10874	6563	4311	4	4	
永春县	2642	1626	1016	3	3	
德化县	1929	1294	635	2	2	
石狮市	25934	15067	10867	1	1	
晋江市	175502	100173	75329	13	7	6
南安市	36019	22373	13646	12	8	4

7-3c　续表 1

现住地	户口登记地					
	合计			北京		
	合计	男	女	小计	男	女
漳州市	**52223**	**35036**	**17187**	**34**	**24**	**10**
芗城区	3238	2151	1087	2	2	
龙文区	1062	685	377			
云霄县	4434	3292	1142	1	1	
漳浦县	10393	7228	3165	3	2	1
诏安县	2895	1607	1288	3	3	
长泰县	4711	2919	1792	2	2	
东山县	2456	1742	714	2	1	1
南靖县	2465	1621	844	2		2
平和县	2092	1081	1011	1		1
华安县	3466	2316	1150	3	3	
龙海市	15011	10394	4617	15	10	5
南平市	**27752**	**17100**	**10652**	**44**	**29**	**15**
延平区	2950	1787	1163	3	2	1
建阳区	3787	2336	1451	4	4	
顺昌县	2191	1327	864	9	3	6
浦城县	3630	2298	1332	6	4	2
光泽县	4804	2866	1938	6	4	2
松溪县	1580	965	615	3	3	
政和县	2192	1323	869	2	2	
邵武市	1750	1163	587	2		2
武夷山市	2679	1720	959	4	3	1
建瓯市	2189	1315	874	5	4	1
龙岩市	**27010**	**18677**	**8333**	**16**	**10**	**6**
新罗区	8747	6504	2243	3	1	2
永定区	4611	3324	1287	3	2	1
长汀县	2155	1168	987	4	3	1
上杭县	2905	1926	979	1	1	
武平县	2985	1923	1062	3	3	
连城县	1827	1176	651	2		2
漳平市	3780	2656	1124			
宁德市	**54575**	**36480**	**18095**	**49**	**28**	**21**
蕉城区	17389	11454	5935	15	8	7
霞浦县	7653	5896	1757	9	5	4
古田县	3632	2075	1557	2	1	1
屏南县	1536	950	586	1	1	
寿宁县	1876	1132	744	1		1
周宁县	2035	1486	549			
柘荣县	1730	1150	580			
福安市	4210	2795	1415	2	2	
福鼎市	14514	9542	4972	19	11	8

7-3c 续表 2

现住地	户口登记地								
	天津			河北			山西		
	小计	男	女	小计	男	女	小计	男	女
合　计	**514**	**340**	**174**	**6302**	**4635**	**1667**	**4583**	**3140**	**1443**
福州市	**104**	**72**	**32**	**1508**	**1103**	**405**	**1318**	**870**	**448**
鼓楼区									
台江区									
仓山区									
马尾区	2	2		11	8	3	5	2	3
晋安区	1	1		20	16	4	18	13	5
长乐区	20	13	7	262	189	73	348	216	132
闽侯县	33	23	10	427	281	146	249	165	84
连江县	7	5	2	105	78	27	108	72	36
罗源县	1		1	94	85	9	53	45	8
闽清县	5	3	2	57	42	15	26	17	9
永泰县	2		2	29	23	6	75	35	40
平潭县	5	5		80	62	18	57	43	14
福清市	28	20	8	423	319	104	379	262	117
厦门市	**142**	**92**	**50**	**1058**	**714**	**344**	**824**	**499**	**325**
思明区									
海沧区	2	2		25	16	9	27	23	4
湖里区									
集美区	9	7	2	178	126	52	167	110	57
同安区	18	11	7	266	183	83	200	119	81
翔安区	113	72	41	589	389	200	430	247	183
莆田市	**48**	**29**	**19**	**398**	**280**	**118**	**240**	**115**	**125**
城厢区	6	1	5	86	58	28	34	20	14
涵江区	3	2	1	53	45	8	27	21	6
荔城区	15	7	8	40	20	20	102	34	68
秀屿区	18	15	3	164	131	33	52	32	20
仙游县	6	4	2	55	26	29	25	8	17
三明市	**16**	**14**	**2**	**290**	**235**	**55**	**312**	**276**	**36**
梅列区				3	1	2	2	1	1
三元区				25	23	2	24	21	3
明溪县	2	1	1	46	38	8	27	27	
清流县	3	2	1	41	32	9	22	19	3
宁化县	2	2		24	19	5	20	16	4
大田县	2	2		35	30	5	61	57	4
尤溪县	1	1		31	24	7	31	24	7
沙县	1	1		8	3	5	7	5	2
将乐县	2	2		17	13	4	40	32	8
泰宁县	1	1		5	3	2			
建宁县	1	1		13	10	3	17	15	2
永安市	1	1		42	39	3	61	59	2
泉州市	**80**	**54**	**26**	**1145**	**786**	**359**	**675**	**474**	**201**
鲤城区									
丰泽区									
洛江区	3	1	2	31	16	15	16	12	4
泉港区	7	6	1	61	48	13	41	39	2
惠安县	34	21	13	320	232	88	115	92	23
安溪县	4	3	1	59	36	23	27	21	6
永春县	1	1		16	15	1	10	5	5
德化县	2	2		12	10	2	2	2	
石狮市	3	2	1	45	28	17	44	24	20
晋江市	11	7	4	415	267	148	213	133	80
南安市	15	11	4	186	134	52	207	146	61

7-3c　续表 3

现住地	户口登记地								
	天津			河北			山西		
	小计	男	女	小计	男	女	小计	男	女
漳州市	**31**	**20**	**11**	**669**	**556**	**113**	**341**	**266**	**75**
芗城区	1	1		98	88	10	76	61	15
龙文区				6	3	3	1	1	
云霄县	1	1		89	74	15	28	23	5
漳浦县	5	2	3	143	124	19	86	71	15
诏安县	1		1	33	21	12	5	4	1
长泰县	4	1	3	33	26	7	10	7	3
东山县				10	7	3	5	4	1
南靖县	2	1	1	20	14	6	9	8	1
平和县				20	15	5	3	2	1
华安县	2	2		14	10	4	20	16	4
龙海市	15	12	3	203	174	29	98	69	29
南平市	**12**	**7**	**5**	**227**	**171**	**56**	**107**	**79**	**28**
延平区	2	1	1	22	20	2	12	9	3
建阳区	1	1		50	33	17	8	7	1
顺昌县	1		1	21	16	5	9	8	1
浦城县	1	1		16	13	3	8	5	3
光泽县	1	1		41	32	9	13	11	2
松溪县	1	1		9	8	1	6	3	3
政和县	1		1	12	11	1	21	16	5
邵武市				16	12	4	11	8	3
武夷山市	4	2	2	23	14	9	11	8	3
建瓯市				17	12	5	8	4	4
龙岩市	**11**	**8**	**3**	**259**	**216**	**43**	**125**	**98**	**27**
新罗区	5	5		113	103	10	34	30	4
永定区	2	2		51	43	8	35	27	8
长汀县	1		1	17	10	7	6	4	2
上杭县				19	16	3	12	9	3
武平县	2	1	1	9	4	5	9	7	2
连城县				27	21	6	9	5	4
漳平市	1		1	23	19	4	20	16	4
宁德市	**70**	**44**	**26**	**748**	**574**	**174**	**641**	**463**	**178**
蕉城区	26	13	13	190	141	49	281	209	72
霞浦县	3	2	1	86	68	18	91	80	11
古田县	2	2		28	16	12	12	6	6
屏南县	3	3		38	34	4	12	11	1
寿宁县	2	2		10	5	5	7	1	6
周宁县	4	2	2	10	8	2	13	11	2
柘荣县	1		1	52	47	5	11	7	4
福安市	2	2		93	66	27	79	52	27
福鼎市	27	18	9	241	189	52	135	86	49

7-3c 续表 4

现住地	户口登记地								
	内蒙古			辽宁			吉林		
	小计	男	女	小计	男	女	小计	男	女
合计	**1698**	**1117**	**581**	**3848**	**2686**	**1162**	**3657**	**2381**	**1276**
福州市	**372**	**245**	**127**	**961**	**668**	**293**	**921**	**593**	**328**
鼓楼区									
台江区									
仓山区									
马尾区				13	4	9	13	9	4
晋安区	10	6	4	11	7	4	14	10	4
长乐区	71	43	28	184	110	74	213	140	73
闽侯县	70	43	27	127	86	41	161	96	65
连江县	25	15	10	122	80	42	93	56	37
罗源县	7	6	1	87	74	13	48	36	12
闽清县	31	22	9	41	31	10	14	10	4
永泰县	8	6	2	23	16	7	21	15	6
平潭县	26	18	8	54	37	17	73	52	21
福清市	124	86	38	299	223	76	271	169	102
厦门市	**313**	**201**	**112**	**691**	**446**	**245**	**684**	**416**	**268**
思明区									
海沧区	7	6	1	29	15	14	16	11	5
湖里区									
集美区	36	22	14	111	70	41	107	66	41
同安区	64	46	18	158	106	52	249	141	108
翔安区	206	127	79	393	255	138	312	198	114
莆田市	**95**	**58**	**37**	**199**	**135**	**64**	**198**	**122**	**76**
城厢区	25	14	11	36	27	9	48	29	19
涵江区	11	9	2	19	8	11	25	15	10
荔城区	9	7	2	27	21	6	25	8	17
秀屿区	34	19	15	83	65	18	70	50	20
仙游县	16	9	7	34	14	20	30	20	10
三明市	**67**	**51**	**16**	**192**	**146**	**46**	**158**	**124**	**34**
梅列区									
三元区	5	5		4	2	2	5	5	
明溪县	5	4	1	28	22	6	12	10	2
清流县	3	3		8	6	2	16	12	4
宁化县	5	5		14	9	5	26	15	11
大田县	11	7	4	50	40	10	18	12	6
尤溪县	11	9	2	27	21	6	8	7	1
沙县	3	2	1	24	18	6	12	10	2
将乐县	3	2	1	6	5	1	6	6	
泰宁县	3	1	2	16	9	7	1		1
建宁县	6	6		7	7		3	2	1
永安市	12	7	5	8	7	1	51	45	6
泉州市	**337**	**210**	**127**	**708**	**495**	**213**	**643**	**428**	**215**
鲤城区									
丰泽区									
洛江区	13	7	6	11	5	6	13	7	6
泉港区	16	11	5	54	47	7	75	61	14
惠安县	85	57	28	157	116	41	156	97	59
安溪县	20	12	8	38	23	15	41	27	14
永春县	18	8	10	6	4	2	2		2
德化县	3	2	1	6	5	1	9	5	4
石狮市	10	5	5	26	13	13	48	27	21
晋江市	79	51	28	352	250	102	227	158	69
南安市	93	57	36	58	32	26	72	46	26

7-3c　续表 5

现住地	户口登记地								
	内蒙古			辽宁			吉林		
	小计	男	女	小计	男	女	小计	男	女
漳州市	**173**	**130**	**43**	**329**	**249**	**80**	**373**	**245**	**128**
芗城区	15	10	5	49	41	8	24	15	9
龙文区	3	2	1	3	3		4	1	3
云霄县	9	8	1	16	10	6	20	18	2
漳浦县	33	28	5	88	72	16	66	54	12
诏安县	12	11	1	11	7	4	16	10	6
长泰县	14	10	4	28	20	8	61	34	27
东山县	4	1	3	16	13	3	7	4	3
南靖县	7	5	2	6	5	1	10	6	4
平和县	4	2	2	10	4	6	6	3	3
华安县	15	10	5	1	1		12	6	6
龙海市	57	43	14	101	73	28	147	94	53
南平市	**57**	**35**	**22**	**183**	**114**	**69**	**164**	**105**	**59**
延平区	10	5	5	22	15	7	14	9	5
建阳区	11	5	6	25	19	6	18	10	8
顺昌县	4	3	1	15	9	6	15	12	3
浦城县	5	5		3	3		6	5	1
光泽县	9	4	5	7	5	2	61	34	27
松溪县	3	2	1	4	2	2	6	4	2
政和县	3	3		29	16	13	10	8	2
邵武市	3	2	1	5	3	2	13	10	3
武夷山市	5	4	1	21	10	11	17	10	7
建瓯市	4	2	2	52	32	20	4	3	1
龙岩市	**100**	**72**	**28**	**116**	**84**	**32**	**151**	**104**	**47**
新罗区	33	24	9	16	12	4	28	18	10
永定区	28	21	7	14	11	3	9	7	2
长汀县	5	3	2	17	15	2	14	9	5
上杭县	4	2	2	46	28	18	9	8	1
武平县	5	5		6	4	2	7	4	3
连城县	3	3		7	6	1	26	20	6
漳平市	22	14	8	10	8	2	58	38	20
宁德市	**184**	**115**	**69**	**469**	**349**	**120**	**365**	**244**	**121**
蕉城区	69	39	30	110	77	33	153	99	54
霞浦县	24	14	10	152	127	25	38	30	8
古田县	5	3	2	13	4	9	25	13	12
屏南县	5	5		5	3	2	9	4	5
寿宁县	1	1		1	1		13	7	6
周宁县	3	2	1	28	19	9	8	8	
柘荣县	7	5	2	5	3	2	5	4	1
福安市	9	7	2	39	22	17	31	21	10
福鼎市	61	39	22	116	93	23	83	58	25

7-3c 续表 6

现住地	户口登记地								
	黑龙江			上海			江苏		
	小计	男	女	小计	男	女	小计	男	女
合计	**3961**	**2477**	**1484**	**517**	**347**	**170**	**10989**	**8042**	**2947**
福州市	**969**	**598**	**371**	**119**	**86**	**33**	**2638**	**1969**	**669**
鼓楼区									
台江区									
仓山区									
马尾区	2	1	1	1	1		12	9	3
晋安区	19	13	6	2	2		45	31	14
长乐区	200	114	86	17	7	10	502	349	153
闽侯县	204	107	97	16	12	4	413	276	137
连江县	79	55	24	12	5	7	351	256	95
罗源县	43	38	5	6	5	1	205	188	17
闽清县	16	9	7	3		3	111	51	60
永泰县	21	19	2	4	3	1	40	17	23
平潭县	93	73	20	3	2	1	230	196	34
福清市	292	169	123	55	49	6	729	596	133
厦门市	**1041**	**620**	**421**	**56**	**41**	**15**	**1671**	**1172**	**499**
思明区									
海沧区	34	21	13				52	32	20
湖里区									
集美区	319	190	129	6	5	1	294	209	85
同安区	304	188	116	13	8	5	487	323	164
翔安区	384	221	163	37	28	9	838	608	230
莆田市	**174**	**115**	**59**	**44**	**30**	**14**	**626**	**412**	**214**
城厢区	39	25	14	5	3	2	116	73	43
涵江区	24	18	6	12	7	5	90	53	37
荔城区	11	7	4	6	4	2	90	40	50
秀屿区	82	60	22	13	11	2	213	183	30
仙游县	18	5	13	8	5	3	117	63	54
三明市	**90**	**65**	**25**	**20**	**10**	**10**	**578**	**403**	**175**
梅列区							5	3	2
三元区	6	4	2	3	3		44	31	13
明溪县	4	3	1	3	2	1	76	60	16
清流县	8	4	4				60	37	23
宁化县	10	9	1				83	57	26
大田县	17	15	2	1		1	58	42	16
尤溪县	3	2	1	2	1	1	71	44	27
沙县	1		1	3	2	1	12	7	5
将乐县	11	8	3	1	1		42	28	14
泰宁县	7	3	4	2	1	1	20	9	11
建宁县	7	6	1	5		5	57	42	15
永安市	16	11	5				50	43	7
泉州市	**749**	**470**	**279**	**97**	**63**	**34**	**1881**	**1261**	**620**
鲤城区									
丰泽区									
洛江区	24	16	8	3	3		66	42	24
泉港区	41	30	11	8	5	3	162	121	41
惠安县	183	116	67	25	15	10	424	320	104
安溪县	40	25	15	3	2	1	120	72	48
永春县	12	9	3	3	2	1	33	24	9
德化县	8	5	3				34	26	8
石狮市	71	42	29	4	2	2	139	86	53
晋江市	298	183	115	34	22	12	652	411	241
南安市	72	44	28	17	12	5	251	159	92

7–3c 续表 7

现住地	户口登记地								
	黑龙江			上海			江苏		
	小计	男	女	小计	男	女	小计	男	女
漳州市	**279**	**200**	**79**	**22**	**15**	**7**	**1050**	**850**	**200**
芗城区	29	22	7	3	2	1	63	47	16
龙文区	2	1	1				19	12	7
云霄县	30	21	9	1	1		97	85	12
漳浦县	38	36	2	5	3	2	338	297	41
诏安县	8	5	3	4	3	1	39	24	15
长泰县	20	13	7	3	1	2	90	67	23
东山县	13	6	7	2	1	1	40	23	17
南靖县	5	3	2	1	1		28	21	7
平和县	7	3	4				22	12	10
华安县	23	10	13				55	46	9
龙海市	104	80	24	3	3		259	216	43
南平市	**131**	**85**	**46**	**71**	**41**	**30**	**627**	**462**	**165**
延平区	26	17	9	7	5	2	74	55	19
建阳区	15	11	4	7	3	4	80	57	23
顺昌县	19	9	10	5	2	3	37	25	12
浦城县	7	6	1	12	11	1	75	58	17
光泽县	18	14	4	2	1	1	70	52	18
松溪县	3	2	1	2	1	1	34	23	11
政和县	21	11	10	9	4	5	47	26	21
邵武市	5	4	1	7	5	2	90	77	13
武夷山市	7	5	2	10	4	6	70	54	16
建瓯市	10	6	4	10	5	5	50	35	15
龙岩市	**134**	**81**	**53**	**11**	**6**	**5**	**430**	**339**	**91**
新罗区	20	12	8	2		2	176	163	13
永定区	8	4	4	1		1	55	43	12
长汀县	22	13	9	1	1		24	16	8
上杭县	11	10	1	4	3	1	38	23	15
武平县	7	1	6	1		1	23	16	7
连城县	19	12	7				62	40	22
漳平市	47	29	18	2	2		52	38	14
宁德市	**394**	**243**	**151**	**77**	**55**	**22**	**1488**	**1174**	**314**
蕉城区	116	66	50	19	13	6	355	280	75
霞浦县	49	36	13	9	7	2	481	412	69
古田县	19	9	10	6	5	1	86	46	40
屏南县	26	22	4	9	4	5	19	11	8
寿宁县	3	2	1	1		1	34	27	7
周宁县	17	11	6	5	2	3	119	87	32
柘荣县	9	5	4	3	3		27	19	8
福安市	41	23	18	5	5		79	59	20
福鼎市	114	69	45	20	16	4	288	233	55

7-3c 续表 8

现住地	户口登记地					
	浙江			安徽		
	小计	男	女	小计	男	女
合计	**18461**	**11471**	**6990**	**49965**	**30024**	**19941**
福州市	**2811**	**1809**	**1002**	**7184**	**4610**	**2574**
鼓楼区						
台江区						
仓山区						
马尾区	27	13	14	18	6	12
晋安区	62	43	19	87	63	24
长乐区	403	266	137	1752	1065	687
闽侯县	699	442	257	1467	900	567
连江县	363	203	160	744	494	250
罗源县	104	77	27	249	203	46
闽清县	79	45	34	120	73	47
永泰县	63	29	34	173	87	86
平潭县	149	104	45	829	532	297
福清市	862	587	275	1745	1187	558
厦门市	**1283**	**764**	**519**	**8922**	**5366**	**3556**
思明区						
海沧区	41	26	15	121	80	41
湖里区						
集美区	220	138	82	4715	2700	2015
同安区	359	193	166	2227	1362	865
翔安区	663	407	256	1859	1224	635
莆田市	**526**	**312**	**214**	**941**	**595**	**346**
城厢区	122	66	56	208	147	61
涵江区	55	35	20	128	85	43
荔城区	89	47	42	229	113	116
秀屿区	79	53	26	196	132	64
仙游县	181	111	70	180	118	62
三明市	**1101**	**783**	**318**	**593**	**427**	**166**
梅列区	24	16	8	1	1	
三元区	35	23	12	23	17	6
明溪县	115	88	27	85	65	20
清流县	94	76	18	33	27	6
宁化县	82	56	26	40	27	13
大田县	116	93	23	99	87	12
尤溪县	95	69	26	90	51	39
沙县	104	67	37	48	33	15
将乐县	158	106	52	58	34	24
泰宁县	81	58	23	13	8	5
建宁县	49	32	17	23	18	5
永安市	148	99	49	80	59	21
泉州市	**2325**	**1368**	**957**	**25709**	**14530**	**11179**
鲤城区						
丰泽区						
洛江区	78	41	37	318	194	124
泉港区	103	62	41	242	156	86
惠安县	565	316	249	1775	1104	671
安溪县	117	62	55	387	214	173
永春县	32	19	13	45	26	19
德化县	42	28	14	118	74	44
石狮市	181	105	76	2792	1549	1243
晋江市	925	560	365	18479	10272	8207
南安市	282	175	107	1553	941	612

7-3c 续表 9

现住地	户口登记地					
	浙江			安徽		
	小计	男	女	小计	男	女
漳州市	**1027**	**680**	**347**	**2449**	**1654**	**795**
芗城区	24	16	8	414	259	155
龙文区	15	6	9	100	58	42
云霄县	82	54	28	108	74	34
漳浦县	237	158	79	406	322	84
诏安县	67	45	22	54	30	24
长泰县	106	67	39	147	90	57
东山县	49	40	9	151	111	40
南靖县	49	25	24	78	52	26
平和县	58	35	23	31	12	19
华安县	16	10	6	131	87	44
龙海市	324	224	100	829	559	270
南平市	**3648**	**2247**	**1401**	**886**	**576**	**310**
延平区	171	103	68	138	90	48
建阳区	587	343	244	93	53	40
顺昌县	247	157	90	44	24	20
浦城县	540	355	185	164	116	48
光泽县	140	85	55	41	27	14
松溪县	516	305	211	55	36	19
政和县	413	242	171	51	26	25
邵武市	249	167	82	43	31	12
武夷山市	429	267	162	88	65	23
建瓯市	356	223	133	169	108	61
龙岩市	**564**	**402**	**162**	**1228**	**851**	**377**
新罗区	112	88	24	731	486	245
永定区	63	43	20	74	53	21
长汀县	70	44	26	48	30	18
上杭县	73	48	25	168	139	29
武平县	93	64	29	94	63	31
连城县	64	42	22	30	22	8
漳平市	89	73	16	83	58	25
宁德市	**5176**	**3106**	**2070**	**2053**	**1415**	**638**
蕉城区	301	184	117	428	285	143
霞浦县	496	341	155	314	236	78
古田县	145	91	54	139	88	51
屏南县	71	40	31	32	18	14
寿宁县	498	310	188	63	45	18
周宁县	184	145	39	55	41	14
柘荣县	430	296	134	64	46	18
福安市	250	155	95	130	91	39
福鼎市	2801	1544	1257	828	565	263

7-3c 续表 10

现住地	户口登记地								
	江西			山东			河南		
	小计	男	女	小计	男	女	小计	男	女
合计	**71134**	**43486**	**27648**	**10723**	**8008**	**2715**	**76026**	**52319**	**23707**
福州市	**8882**	**5523**	**3359**	**2834**	**2084**	**750**	**15699**	**11300**	**4399**
鼓楼区									
台江区									
仓山区									
马尾区	18	9	9	19	12	7	155	102	53
晋安区	125	86	39	62	57	5	326	258	68
长乐区	1646	1022	624	587	375	212	3612	2372	1240
闽侯县	2992	1784	1208	437	301	136	2906	2017	889
连江县	981	616	365	327	234	93	1559	1197	362
罗源县	173	119	54	300	273	27	680	607	73
闽清县	228	159	69	119	93	26	374	269	105
永泰县	149	86	63	52	33	19	391	270	121
平潭县	544	390	154	183	156	27	824	654	170
福清市	2026	1252	774	748	550	198	4872	3554	1318
厦门市	**15146**	**9126**	**6020**	**1966**	**1263**	**703**	**15836**	**10228**	**5608**
思明区									
海沧区	667	358	309	48	40	8	435	283	152
湖里区									
集美区	5886	3486	2400	378	241	137	3861	2393	1468
同安区	5196	3079	2117	429	300	129	5169	3334	1835
翔安区	3397	2203	1194	1111	682	429	6371	4218	2153
莆田市	**1566**	**1017**	**549**	**443**	**336**	**107**	**3326**	**2252**	**1074**
城厢区	259	161	98	110	82	28	1015	663	352
涵江区	175	127	48	118	105	13	396	288	108
荔城区	236	134	102	54	31	23	717	402	315
秀屿区	248	182	66	112	94	18	798	639	159
仙游县	648	413	235	49	24	25	400	260	140
三明市	**1890**	**1294**	**596**	**401**	**323**	**78**	**1941**	**1532**	**409**
梅列区	24	17	7	12	10	2	23	17	6
三元区	61	54	7	23	16	7	162	131	31
明溪县	184	133	51	28	25	3	206	163	43
清流县	169	117	52	35	32	3	180	134	46
宁化县	265	139	126	26	21	5	216	152	64
大田县	281	231	50	91	81	10	339	291	48
尤溪县	118	67	51	38	31	7	192	150	42
沙县	146	105	41	22	16	6	48	35	13
将乐县	247	178	69	40	27	13	198	138	60
泰宁县	50	31	19	18	9	9	25	17	8
建宁县	127	79	48	31	23	8	66	47	19
永安市	218	143	75	37	32	5	286	257	29
泉州市	**32131**	**18652**	**13479**	**2108**	**1593**	**515**	**20364**	**13053**	**7311**
鲤城区									
丰泽区									
洛江区	1018	607	411	46	35	11	620	398	222
泉港区	294	188	106	152	124	28	1203	918	285
惠安县	2783	1712	1071	827	694	133	2756	2041	715
安溪县	676	410	266	94	61	33	707	449	258
永春县	183	110	73	21	12	9	235	176	59
德化县	159	102	57	22	15	7	143	107	36
石狮市	3461	1987	1474	125	77	48	1858	1131	727
晋江市	21001	11898	9103	627	431	196	10592	6301	4291
南安市	2556	1638	918	194	144	50	2250	1532	718

7-3c　续表 11

现住地	户口登记地								
	江西			山东			河南		
	小计	男	女	小计	男	女	小计	男	女
漳州市	**3110**	**2043**	**1067**	**1172**	**997**	**175**	**6340**	**5022**	**1318**
芗城区	229	155	74	49	39	10	348	260	88
龙文区	100	70	30	8	6	2	96	71	25
云霄县	172	113	59	132	114	18	798	686	112
漳浦县	563	348	215	462	426	36	1477	1225	252
诏安县	148	80	68	30	20	10	203	137	66
长泰县	274	175	99	49	40	9	343	236	107
东山县	180	134	46	41	31	10	576	471	105
南靖县	92	51	41	37	29	8	196	147	49
平和县	61	19	42	7	2	5	79	43	36
华安县	241	174	67	38	31	7	333	260	73
龙海市	1050	724	326	319	259	60	1891	1486	405
南平市	**2525**	**1621**	**904**	**435**	**331**	**104**	**1540**	**1157**	**383**
延平区	234	161	73	42	32	10	181	130	51
建阳区	427	278	149	49	33	16	142	95	47
顺昌县	107	64	43	36	28	8	150	116	34
浦城县	303	185	118	57	49	8	276	205	71
光泽县	386	223	163	52	37	15	254	210	44
松溪县	93	57	36	13	7	6	62	48	14
政和县	86	50	36	85	69	16	128	95	33
邵武市	134	100	34	11	8	3	63	44	19
武夷山市	545	362	183	62	50	12	153	111	42
建瓯市	210	141	69	28	18	10	131	103	28
龙岩市	**3212**	**2303**	**909**	**323**	**259**	**64**	**1515**	**1170**	**345**
新罗区	1086	820	266	122	103	19	614	522	92
永定区	547	433	114	58	49	9	213	175	38
长汀县	355	192	163	26	16	10	163	90	73
上杭县	240	159	81	24	16	8	133	108	25
武平县	437	262	175	42	38	4	111	75	36
连城县	185	142	43	18	14	4	69	45	24
漳平市	362	295	67	33	23	10	212	155	57
宁德市	**2672**	**1907**	**765**	**1041**	**822**	**219**	**9465**	**6605**	**2860**
蕉城区	1006	710	296	292	229	63	5360	3341	2019
霞浦县	135	89	46	216	198	18	1286	1147	139
古田县	234	161	73	54	39	15	230	153	77
屏南县	132	95	37	25	18	7	93	65	28
寿宁县	61	45	16	10	7	3	108	77	31
周宁县	141	114	27	29	21	8	184	163	21
柘荣县	82	54	28	11	6	5	135	92	43
福安市	186	120	66	104	69	35	773	573	200
福鼎市	695	519	176	300	235	65	1296	994	302

7-3c 续表 12

现住地	户口登记地								
	湖北			湖南			广东		
	小计	男	女	小计	男	女	小计	男	女
合计	**30614**	**19664**	**10950**	**31470**	**20612**	**10858**	**16141**	**8957**	**7184**
福州市	**7663**	**4873**	**2790**	**6347**	**4126**	**2221**	**2150**	**1261**	**889**
鼓楼区									
台江区									
仓山区									
马尾区	26	20	6	113	58	55	13	7	6
晋安区	118	98	20	71	46	25	35	24	11
长乐区	3568	2138	1430	1935	1157	778	493	296	197
闽侯县	1268	819	449	1454	935	519	398	215	183
连江县	395	271	124	440	292	148	181	76	105
罗源县	176	145	31	115	93	22	51	35	16
闽清县	134	83	51	239	155	84	78	29	49
永泰县	85	54	31	124	92	32	53	27	26
平潭县	297	207	90	204	164	40	161	111	50
福清市	1596	1038	558	1652	1134	518	687	441	246
厦门市	**6731**	**4103**	**2628**	**5662**	**3739**	**1923**	**2152**	**1330**	**822**
思明区									
海沧区	179	110	69	149	92	57	47	31	16
湖里区									
集美区	3392	1945	1447	1613	968	645	449	282	167
同安区	1793	1117	676	1887	1256	631	785	503	282
翔安区	1367	931	436	2013	1423	590	871	514	357
莆田市	**1192**	**792**	**400**	**1077**	**701**	**376**	**861**	**502**	**359**
城厢区	360	240	120	276	173	103	106	52	54
涵江区	203	136	67	139	105	34	74	42	32
荔城区	216	133	83	238	141	97	125	67	58
秀屿区	205	157	48	149	110	39	141	93	48
仙游县	208	126	82	275	172	103	415	248	167
三明市	**857**	**664**	**193**	**1109**	**833**	**276**	**661**	**366**	**295**
梅列区	2	1	1	5	5		2		2
三元区	138	128	10	82	74	8	35	23	12
明溪县	43	34	9	73	58	15	71	39	32
清流县	74	59	15	141	122	19	85	42	43
宁化县	52	40	12	52	41	11	79	37	42
大田县	217	179	38	274	230	44	134	99	35
尤溪县	77	42	35	122	66	56	38	13	25
沙县	27	18	9	66	40	26	80	46	34
将乐县	78	44	34	90	59	31	55	31	24
泰宁县	7	5	2	18	9	9	21	8	13
建宁县	36	29	7	34	21	13	14	10	4
永安市	106	85	21	152	108	44	47	18	29
泉州市	**8565**	**5235**	**3330**	**10121**	**6218**	**3903**	**3497**	**1930**	**1567**
鲤城区									
丰泽区									
洛江区	487	274	213	514	315	199	151	84	67
泉港区	185	142	43	204	133	71	176	96	80
惠安县	1236	853	383	1363	886	477	536	308	228
安溪县	225	138	87	329	210	119	332	150	182
永春县	83	52	31	142	102	40	154	80	74
德化县	58	41	17	117	90	27	64	39	25
石狮市	819	490	329	1138	693	445	244	156	88
晋江市	4547	2629	1918	5072	2987	2085	1229	693	536
南安市	925	616	309	1242	802	440	611	324	287

7−3c　续表 13

现住地	户口登记地								
	湖北			湖南			广东		
	小计	男	女	小计	男	女	小计	男	女
漳州市	**1590**	**1115**	**475**	**2447**	**1638**	**809**	**3168**	**1556**	**1612**
芗城区	147	98	49	112	70	42	88	55	33
龙文区	21	15	6	38	23	15	33	19	14
云霄县	193	142	51	199	154	45	298	145	153
漳浦县	237	175	62	483	336	147	521	224	297
诏安县	50	28	22	88	56	32	909	401	508
长泰县	187	129	58	419	260	159	84	56	28
东山县	125	88	37	52	28	24	179	82	97
南靖县	61	36	25	79	51	28	167	95	72
平和县	17	3	14	48	21	27	285	84	201
华安县	99	73	26	249	172	77	134	99	35
龙海市	453	328	125	680	467	213	470	296	174
南平市	**649**	**452**	**197**	**858**	**562**	**296**	**480**	**234**	**246**
延平区	53	36	17	125	76	49	62	26	36
建阳区	81	54	27	157	101	56	80	43	37
顺昌县	65	47	18	60	37	23	66	33	33
浦城县	154	101	53	183	117	66	34	17	17
光泽县	90	68	22	39	26	13	31	13	18
松溪县	26	16	10	51	35	16	22	10	12
政和县	38	24	14	64	44	20	57	25	32
邵武市	30	22	8	63	51	12	29	17	12
武夷山市	61	49	12	45	31	14	43	26	17
建瓯市	51	35	16	71	44	27	56	24	32
龙岩市	**1060**	**814**	**246**	**1426**	**1104**	**322**	**1895**	**948**	**947**
新罗区	348	283	65	478	399	79	300	202	98
永定区	181	135	46	234	178	56	512	225	287
长汀县	69	37	32	96	57	39	188	81	107
上杭县	123	102	21	102	71	31	243	108	135
武平县	149	114	35	230	177	53	469	245	224
连城县	31	20	11	89	72	17	94	40	54
漳平市	159	123	36	197	150	47	89	47	42
宁德市	**2307**	**1616**	**691**	**2423**	**1691**	**732**	**1277**	**830**	**447**
蕉城区	853	585	268	931	643	288	506	385	121
霞浦县	253	208	45	338	282	56	112	74	38
古田县	117	73	44	108	63	45	109	48	61
屏南县	78	57	21	79	52	27	18	8	10
寿宁县	92	72	20	59	32	27	52	18	34
周宁县	65	56	9	94	74	20	31	9	22
柘荣县	69	46	23	33	24	9	23	5	18
福安市	168	116	52	199	135	64	96	61	35
福鼎市	612	403	209	582	386	196	330	222	108

7-3c 续表 14

现住地	户口登记地								
	广西			海南			重庆		
	小计	男	女	小计	男	女	小计	男	女
合计	**24659**	**14567**	**10092**	**2011**	**860**	**1151**	**73090**	**44271**	**28819**
福州市	**5438**	**3214**	**2224**	**290**	**124**	**166**	**10212**	**6119**	**4093**
鼓楼区									
台江区									
仓山区									
马尾区	31	20	11	1	1		133	77	56
晋安区	50	37	13	4	3	1	212	124	88
长乐区	1512	859	653	61	23	38	2437	1428	1009
闽侯县	1272	775	497	53	25	28	2488	1460	1028
连江县	455	254	201	15	7	8	784	469	315
罗源县	147	106	41	8	4	4	240	177	63
闽清县	499	265	234	31	7	24	482	283	199
永泰县	212	131	81	10	3	7	145	84	61
平潭县	239	178	61	20	11	9	583	392	191
福清市	1021	589	432	87	40	47	2708	1625	1083
厦门市	**2723**	**1727**	**996**	**284**	**175**	**109**	**7315**	**4518**	**2797**
思明区									
海沧区	78	55	23	29	15	14	184	127	57
湖里区									
集美区	674	417	257	26	16	10	2210	1306	904
同安区	1106	693	413	79	47	32	3249	1980	1269
翔安区	865	562	303	150	97	53	1672	1105	567
莆田市	**1196**	**684**	**512**	**103**	**50**	**53**	**2620**	**1595**	**1025**
城厢区	224	133	91	15	11	4	675	407	268
涵江区	117	81	36	16	8	8	316	202	114
荔城区	384	190	194	36	18	18	791	464	327
秀屿区	188	116	72	18	8	10	414	278	136
仙游县	283	164	119	18	5	13	424	244	180
三明市	**826**	**549**	**277**	**45**	**17**	**28**	**1607**	**1085**	**522**
梅列区	10	8	2	1		1	8	3	5
三元区	46	33	13	1		1	99	78	21
明溪县	52	32	20	5	1	4	84	59	25
清流县	68	48	20	6	3	3	116	82	34
宁化县	53	31	22	6	3	3	96	61	35
大田县	290	229	61	8	3	5	449	333	116
尤溪县	67	29	38	1		1	129	75	54
沙县	47	25	22	10	5	5	79	48	31
将乐县	59	28	31	1		1	256	165	91
泰宁县	16	9	7	4	1	3	39	21	18
建宁县	26	13	13	1	1		46	35	11
永安市	92	64	28	1		1	206	125	81
泉州市	**9356**	**5390**	**3966**	**666**	**270**	**396**	**40546**	**23999**	**16547**
鲤城区									
丰泽区									
洛江区	331	178	153	21	13	8	905	507	398
泉港区	319	189	130	158	47	111	649	425	224
惠安县	748	453	295	119	40	79	2299	1506	793
安溪县	847	475	372	38	13	25	717	468	249
永春县	176	82	94	9	4	5	271	178	93
德化县	71	46	25	3	1	2	152	107	45
石狮市	587	353	234	27	20	7	3625	2141	1484
晋江市	4629	2633	1996	209	100	109	27365	15784	11581
南安市	1648	981	667	82	32	50	4563	2883	1680

7–3c　续表 15

现住地	户口登记地								
	广西			海南			重庆		
	小计	男	女	小计	男	女	小计	男	女
漳州市	**1881**	**1134**	**747**	**190**	**64**	**126**	**3466**	**2254**	**1212**
芗城区	96	66	30	5	1	4	172	117	55
龙文区	19	13	6	5	1	4	103	60	43
云霄县	150	80	70	20	6	14	225	160	65
漳浦县	381	206	175	41	10	31	740	462	278
诏安县	133	72	61	22	8	14	132	81	51
长泰县	152	84	68	12	7	5	413	248	165
东山县	113	72	41	14	5	9	61	41	20
南靖县	132	77	55	14	4	10	180	130	50
平和县	131	61	70	11	3	8	189	116	73
华安县	125	86	39	13	4	9	275	169	106
龙海市	449	317	132	33	15	18	976	670	306
南平市	**718**	**396**	**322**	**65**	**19**	**46**	**1628**	**944**	**684**
延平区	117	59	58	11	2	9	131	65	66
建阳区	105	58	47	8	2	6	271	150	121
顺昌县	78	44	34	1		1	146	77	69
浦城县	61	33	28	3	3		276	178	98
光泽县	59	33	26	8	5	3	117	65	52
松溪县	46	27	19	9	3	6	102	62	40
政和县	70	47	23	5		5	147	82	65
邵武市	37	24	13	1		1	86	58	28
武夷山市	78	40	38	4	1	3	222	138	84
建瓯市	67	31	36	15	3	12	130	69	61
龙岩市	**921**	**540**	**381**	**40**	**16**	**24**	**2378**	**1719**	**659**
新罗区	264	199	65	4	2	2	821	571	250
永定区	100	40	60	11	3	8	674	534	140
长汀县	116	50	66	6	3	3	155	100	55
上杭县	148	74	74	4	2	2	151	96	55
武平县	140	83	57	7	3	4	143	98	45
连城县	77	42	35	1	1		153	99	54
漳平市	76	52	24	7	2	5	281	221	60
宁德市	**1600**	**933**	**667**	**328**	**125**	**203**	**3318**	**2038**	**1280**
蕉城区	610	412	198	94	54	40	524	344	180
霞浦县	218	141	77	26	2	24	510	330	180
古田县	117	44	73	132	36	96	349	175	174
屏南县	55	31	24	25	8	17	169	68	101
寿宁县	59	20	39	5		5	109	53	56
周宁县	125	66	59				162	82	80
柘荣县	45	22	23	7	4	3	146	97	49
福安市	185	94	91	18	12	6	200	128	72
福鼎市	186	103	83	21	9	12	1149	761	388

7-3c 续表 16

现住地	户口登记地								
	四川			贵州			云南		
	小计	男	女	小计	男	女	小计	男	女
合计	**101130**	**61590**	**39540**	**190278**	**115631**	**74647**	**56187**	**33221**	**22966**
福州市	**28633**	**17351**	**11282**	**37793**	**23585**	**14208**	**13859**	**8284**	**5575**
鼓楼区									
台江区									
仓山区									
马尾区	351	225	126	214	138	76	44	26	18
晋安区	303	196	107	393	284	109	101	76	25
长乐区	10304	5991	4313	8931	5452	3479	5374	3165	2209
闽侯县	5896	3535	2361	7870	4897	2973	2133	1294	839
连江县	2250	1415	835	6052	4044	2008	1342	806	536
罗源县	571	439	132	1609	1018	591	671	422	249
闽清县	1310	770	540	2182	1245	937	580	302	278
永泰县	320	182	138	875	563	312	266	175	91
平潭县	874	580	294	1474	1007	467	424	287	137
福清市	6454	4018	2436	8193	4937	3256	2924	1731	1193
厦门市	**16197**	**9665**	**6532**	**25294**	**15651**	**9643**	**9490**	**5795**	**3695**
思明区									
海沧区	446	277	169	642	389	253	1056	686	370
湖里区									
集美区	6629	3786	2843	6409	3893	2516	2283	1340	943
同安区	5455	3238	2217	11317	6798	4519	3264	1919	1345
翔安区	3667	2364	1303	6926	4571	2355	2887	1850	1037
莆田市	**4268**	**2645**	**1623**	**9421**	**5715**	**3706**	**2242**	**1250**	**992**
城厢区	920	564	356	2046	1205	841	804	482	322
涵江区	775	482	293	1789	1107	682	419	239	180
荔城区	774	435	339	2455	1449	1006	437	211	226
秀屿区	969	648	321	1429	929	500	242	142	100
仙游县	830	516	314	1702	1025	677	340	176	164
三明市	**2615**	**1798**	**817**	**4934**	**3261**	**1673**	**1536**	**945**	**591**
梅列区	19	12	7	40	23	17	22	12	10
三元区	197	143	54	217	161	56	94	73	21
明溪县	110	72	38	230	157	73	113	77	36
清流县	298	215	83	295	209	86	73	51	22
宁化县	170	88	82	236	126	110	54	31	23
大田县	593	470	123	927	710	217	293	193	100
尤溪县	283	164	119	544	327	217	261	132	129
沙县	232	141	91	515	298	217	217	122	95
将乐县	320	217	103	559	369	190	196	113	83
泰宁县	43	23	20	143	89	54	40	23	17
建宁县	55	39	16	184	134	50	37	23	14
永安市	295	214	81	1044	658	386	136	95	41
泉州市	**35142**	**20542**	**14600**	**83552**	**48657**	**34895**	**14273**	**8152**	**6121**
鲤城区									
丰泽区									
洛江区	1176	697	479	2694	1549	1145	547	304	243
泉港区	927	584	343	1443	934	509	355	219	136
惠安县	3772	2366	1406	7505	4610	2895	1437	876	561
安溪县	1555	1005	550	3554	2131	1423	645	343	302
永春县	355	223	132	540	320	220	227	122	105
德化县	206	148	58	527	318	209	80	49	31
石狮市	3245	1827	1418	5743	3334	2409	1184	670	514
晋江市	20821	11718	9103	49018	27791	21227	7022	3948	3074
南安市	3085	1974	1111	12528	7670	4858	2776	1621	1155

7-3c 续表 17

现住地	户口登记地								
	四川			贵州			云南		
	小计	男	女	小计	男	女	小计	男	女
漳州市	**4605**	**3059**	**1546**	**10726**	**7005**	**3721**	**5213**	**3140**	**2073**
芗城区	245	156	89	575	357	218	295	162	133
龙文区	71	50	21	303	203	100	79	51	28
云霄县	557	425	132	679	469	210	324	248	76
漳浦县	900	564	336	2092	1376	716	731	460	271
诏安县	215	135	80	554	338	216	107	62	45
长泰县	508	321	187	1084	657	427	587	313	274
东山县	162	108	54	502	370	132	105	72	33
南靖县	246	173	73	568	382	186	391	229	162
平和县	156	94	62	636	384	252	277	146	131
华安县	320	202	118	907	602	305	371	203	168
龙海市	1225	831	394	2826	1867	959	1946	1194	752
南平市	**2172**	**1308**	**864**	**5890**	**3481**	**2409**	**3972**	**2193**	**1779**
延平区	404	246	158	734	415	319	259	139	120
建阳区	428	263	165	855	525	330	170	96	74
顺昌县	186	106	80	673	402	271	164	83	81
浦城县	192	113	79	735	417	318	442	246	196
光泽县	112	67	45	813	474	339	2355	1328	1027
松溪县	134	80	54	256	160	96	92	49	43
政和县	124	69	55	535	320	215	187	99	88
邵武市	168	109	59	556	327	229	86	52	34
武夷山市	230	144	86	383	235	148	77	42	35
建瓯市	194	111	83	350	206	144	140	59	81
龙岩市	**2972**	**2127**	**845**	**5561**	**3669**	**1892**	**1886**	**1228**	**658**
新罗区	1158	818	340	1411	986	425	676	500	176
永定区	623	476	147	774	560	214	220	161	59
长汀县	204	127	77	289	156	133	196	75	121
上杭县	215	153	62	812	514	298	224	157	67
武平县	266	186	80	522	342	180	149	88	61
连城县	203	138	65	519	310	209	101	56	45
漳平市	303	229	74	1234	801	433	320	191	129
宁德市	**4526**	**3095**	**1431**	**7107**	**4607**	**2500**	**3716**	**2234**	**1482**
蕉城区	1232	834	398	1744	1122	622	763	490	273
霞浦县	713	554	159	929	625	304	533	344	189
古田县	611	356	255	715	424	291	256	131	125
屏南县	151	98	53	302	176	126	121	74	47
寿宁县	172	115	57	333	199	134	124	58	66
周宁县	170	132	38	282	211	71	177	122	55
柘荣县	120	82	38	305	200	105	114	66	48
福安市	435	283	152	612	407	205	349	226	123
福鼎市	922	641	281	1885	1243	642	1279	723	556

7-3c 续表 18

现住地	户口登记地								
	西藏			陕西			甘肃		
	小计	男	女	小计	男	女	小计	男	女
合 计	**147**	**72**	**75**	**13624**	**9464**	**4160**	**7861**	**5187**	**2674**
福州市	**34**	**16**	**18**	**3179**	**2290**	**889**	**2672**	**1882**	**790**
鼓楼区									
台江区									
仓山区									
马尾区				26	19	7	24	18	6
晋安区				77	60	17	41	25	16
长乐区	4	3	1	729	503	226	524	315	209
闽侯县	1	1		583	397	186	495	364	131
连江县	1		1	214	157	57	240	153	87
罗源县				140	124	16	81	58	23
闽清县				163	121	42	41	29	12
永泰县	6	2	4	79	64	15	75	37	38
平潭县	19	10	9	127	94	33	89	70	19
福清市	3		3	1041	751	290	1062	813	249
厦门市	**28**	**17**	**11**	**2932**	**1913**	**1019**	**1988**	**1174**	**814**
思明区									
海沧区				87	57	30	36	17	19
湖里区									
集美区				968	602	366	646	389	257
同安区	1	1		682	464	218	405	266	139
翔安区	27	16	11	1195	790	405	901	502	399
莆田市	**42**	**22**	**20**	**628**	**389**	**239**	**280**	**155**	**125**
城厢区				213	137	76	76	52	24
涵江区	1		1	105	66	39	21	14	7
荔城区	39	20	19	114	67	47	97	36	61
秀屿区	2	2		106	68	38	42	28	14
仙游县				90	51	39	44	25	19
三明市	**5**	**1**	**4**	**457**	**390**	**67**	**245**	**205**	**40**
梅列区							1	1	
三元区	1		1	57	53	4	34	30	4
明溪县	1		1	27	25	2	16	13	3
清流县				38	34	4	24	21	3
宁化县	1		1	48	39	9	58	48	10
大田县	1		1	145	126	19	28	24	4
尤溪县	1	1		43	32	11	23	19	4
沙县				20	12	8	7	6	1
将乐县				19	14	5	7	4	3
泰宁县				2	2		4	1	3
建宁县				20	17	3	19	19	
永安市				38	36	2	24	19	5
泉州市	**18**	**6**	**12**	**2708**	**1752**	**956**	**1007**	**619**	**388**
鲤城区									
丰泽区									
洛江区				145	81	64	44	23	21
泉港区	13	4	9	126	83	43	68	49	19
惠安县	3	1	2	452	328	124	135	95	40
安溪县	1		1	166	123	43	83	58	25
永春县				26	19	7	25	20	5
德化县				64	54	10	17	10	7
石狮市				189	127	62	186	103	83
晋江市	1	1		1196	712	484	311	166	145
南安市				344	225	119	138	95	43

7-3c　续表 19

现住地	户口登记地								
	西藏			陕西			甘肃		
	小计	男	女	小计	男	女	小计	男	女
漳州市	**4**	**3**	**1**	**831**	**638**	**193**	**501**	**360**	**141**
芗城区	1	1		41	27	14	21	13	8
龙文区				16	9	7	7	4	3
云霄县				156	139	17	44	37	7
漳浦县				158	126	32	126	102	24
诏安县	3	2	1	21	11	10	15	8	7
长泰县				67	46	21	8	7	1
东山县				30	20	10	12	7	5
南靖县				55	51	4	19	16	3
平和县				12	7	5	7	2	5
华安县				37	22	15	27	16	11
龙海市				238	180	58	215	148	67
南平市	**14**	**7**	**7**	**366**	**263**	**103**	**170**	**109**	**61**
延平区	9	4	5	39	32	7	18	14	4
建阳区				82	69	13	22	18	4
顺昌县				16	10	6	10	5	5
浦城县	1	1		48	34	14	16	11	5
光泽县				58	32	26	13	9	4
松溪县				19	14	5	7	5	2
政和县				35	29	6	10	5	5
邵武市				23	17	6	14	11	3
武夷山市	1	1		21	11	10	41	17	24
建瓯市	3	1	2	25	15	10	19	14	5
龙岩市	**1**		**1**	**483**	**380**	**103**	**150**	**103**	**47**
新罗区				138	115	23	38	30	8
永定区				104	86	18	13	10	3
长汀县				33	19	14	24	15	9
上杭县				77	64	13	14	8	6
武平县	1		1	48	34	14	11	6	5
连城县				21	15	6	13	9	4
漳平市				62	47	15	37	25	12
宁德市	**1**		**1**	**2040**	**1449**	**591**	**848**	**580**	**268**
蕉城区				973	607	366	380	245	135
霞浦县				449	394	55	155	127	28
古田县				84	69	15	27	17	10
屏南县	1		1	27	20	7	23	19	4
寿宁县				48	31	17	7	3	4
周宁县				68	53	15	44	33	11
柘荣县				21	14	7	4	2	2
福安市				61	37	24	54	26	28
福鼎市				309	224	85	154	108	46

7-3c 续表 20

现住地	户口登记地								
	青海			宁夏			新疆		
	小计	男	女	小计	男	女	小计	男	女
合计	**755**	**471**	**284**	**946**	**537**	**409**	**1355**	**596**	**759**
福州市	**132**	**98**	**34**	**160**	**101**	**59**	**264**	**152**	**112**
鼓楼区									
台江区									
仓山区									
马尾区				3	2	1	3	3	
晋安区	1	1		1	1		10	8	2
长乐区	27	17	10	49	33	16	50	29	21
闽侯县	10	7	3	41	32	9	38	21	17
连江县	6	4	2	8	2	6	22	11	11
罗源县				1		1	4	2	2
闽清县	2	2		3	1	2	4		4
永泰县	2	1	1	1		1	7	4	3
平潭县	2	1	1	4	2	2	18	13	5
福清市	82	65	17	49	28	21	108	61	47
厦门市	**273**	**141**	**132**	**455**	**213**	**242**	**195**	**88**	**107**
思明区									
海沧区	7	4	3	9	9		8	3	5
湖里区									
集美区	36	20	16	22	15	7	26	16	10
同安区	50	27	23	50	33	17	30	11	19
翔安区	180	90	90	374	156	218	131	58	73
莆田市	**22**	**11**	**11**	**65**	**44**	**21**	**141**	**51**	**90**
城厢区	1	1		5	2	3	38	17	21
涵江区	2	2		16	12	4	5	2	3
荔城区	6	1	5	15	10	5	63	18	45
秀屿区	1	1		16	12	4	20	9	11
仙游县	12	6	6	13	8	5	15	5	10
三明市	**8**	**6**	**2**	**18**	**15**	**3**	**23**	**12**	**11**
梅列区									
三元区							4	1	3
明溪县							2	2	
清流县	1	1		1	1				
宁化县				1		1	5	2	3
大田县				4	3	1	4	2	2
尤溪县				2	1	1	3	2	1
沙县	1	1		1	1		1	1	
将乐县	5	3	2	5	5		1		1
泰宁县							1	1	
建宁县				2	2				
永安市	1	1		2	2		2	1	1
泉州市	**126**	**84**	**42**	**113**	**70**	**43**	**512**	**163**	**349**
鲤城区									
丰泽区									
洛江区				2		2	11	5	6
泉港区	4	2	2	11	6	5	29	14	15
惠安县	9	5	4	10	7	3	46	29	17
安溪县	32	21	11	4	2	2	9	5	4
永春县	8	6	2	2	1	1	4	3	1
德化县	1	1		4	3	1	3	2	1
石狮市	38	26	12	46	33	13	55	15	40
晋江市	16	10	6	15	7	8	133	43	90
南安市	18	13	5	19	11	8	222	47	175

7-3c　续表 21

现住地	户口登记地								
	青　海			宁　夏			新　疆		
	小计	男	女	小计	男	女	小计	男	女
漳州市	**78**	**44**	**34**	**55**	**35**	**20**	**69**	**40**	**29**
芗城区	10	5	5	3	2	1	3	3	
龙文区	4	2	2	2	1	1	4		4
云霄县	1		1	2	2		2	2	
漳浦县	7	3	4	13	9	4	13	7	6
诏安县	3		3	4	2	2	5	3	2
长泰县	1	1		1		1	4	1	3
东山县				3		3	2	2	
南靖县	4	3	1	4	4		3	2	1
平和县	1	1		1		1	12	7	5
华安县	4	2	2				1		1
龙海市	43	27	16	22	15	7	20	13	7
南平市	**25**	**18**	**7**	**17**	**12**	**5**	**71**	**42**	**29**
延平区	1	1		3	2	1	26	16	10
建阳区	1		1	2	1	1	8	4	4
顺昌县				5	5		2	2	
浦城县	1	1					5	5	
光泽县	4	4		2	1	1	2	1	1
松溪县	1	1					5	1	4
政和县							2		2
邵武市				1		1	4	4	
武夷山市	17	11	6	4	3	1	3	2	1
建瓯市							14	7	7
龙岩市	**15**	**11**	**4**	**5**	**4**	**1**	**22**	**11**	**11**
新罗区	5	5		2	2		9	5	4
永定区	2	2		1	1		1		1
长汀县	2	1	1				4	1	3
上杭县	4	2	2	1	1		5	4	1
武平县				1		1			
连城县	1	1					3	1	2
漳平市	1		1						
宁德市	**76**	**58**	**18**	**58**	**43**	**15**	**58**	**37**	**21**
蕉城区	15	12	3	16	11	5	27	16	11
霞浦县	3	3		12	10	2	13	10	3
古田县	6	1	5				1	1	
屏南县	5	3	2	2	2				
寿宁县				2		2	1	1	
周宁县	14	11	3	1	1		2	2	
柘荣县				1	1				
福安市	1		1	4	1	3	5	2	3
福鼎市	32	28	4	20	17	3	9	5	4

7-4 各地区按现住地、离开户口登记地时间分的户口登记地在外乡镇街道的人口

单位：人

现住地	离开户口登记地时间							
	合计							
	合计	半年以上，不满一年	一年以上，不满二年	二年以上，不满三年	三年以上，不满四年	四年以上，不满五年	五年以上，不满十年	十年以上
合　计	**16464611**	**2753764**	**2168032**	**1995916**	**1640471**	**1145182**	**3036164**	**3725082**
福州市	**3635431**	**598423**	**547923**	**521337**	**402602**	**245741**	**610749**	**708656**
鼓楼区	338380	54149	45839	41779	34783	21344	60958	79528
台江区	237091	34810	28469	31520	27717	19455	44394	50726
仓山区	693796	93056	108492	113614	87174	53901	120217	117342
马尾区	139974	22220	20951	18992	14183	8469	23477	31682
晋安区	498246	55146	56921	65980	61135	39748	94201	125115
长乐区	274274	47849	41016	36720	29285	18170	44698	56536
闽侯县	464957	108841	105458	84526	53934	22147	48634	41417
连江县	160080	34910	23485	24319	16675	10518	25034	25139
罗源县	114989	26786	16435	16386	11862	8747	21807	12966
闽清县	60948	9939	8592	6757	5356	3367	9583	17354
永泰县	76636	16690	10801	10435	9191	4194	11253	14072
平潭县	171390	20729	19468	20419	13781	9986	37354	49653
福清市	404670	73298	61996	49890	37526	25695	69139	87126
厦门市	**3368593**	**476138**	**394199**	**352700**	**318687**	**254322**	**694906**	**877641**
思明区	592580	79736	65568	56816	47476	39301	125983	177700
海沧区	404280	53722	43783	37276	32870	27893	89690	119046
湖里区	793436	91486	76819	73595	70418	62191	174604	244323
集美区	750194	93477	83282	79683	84622	62764	160018	186348
同安区	539375	77278	72326	66132	54193	43130	107010	119306
翔安区	288728	80439	52421	39198	29108	19043	37601	30918
莆田市	**897148**	**206434**	**156390**	**126690**	**92727**	**63043**	**122942**	**128922**
城厢区	251704	49644	46928	36688	26448	18511	34297	39188
涵江区	174408	34567	28453	23633	16932	13413	25783	31627
荔城区	247145	64715	45450	34740	26614	16463	32256	26907
秀屿区	66934	16418	10239	10271	6506	4641	9098	9761
仙游县	156957	41090	25320	21358	16227	10015	21508	21439
三明市	**858415**	**143283**	**108261**	**104545**	**84663**	**56360**	**174103**	**187200**
梅列区	106079	20620	12956	12447	10150	7380	18194	24332
三元区	99963	17529	12442	12395	10479	5292	18387	23439
明溪县	28085	4883	3164	2678	2618	1657	5244	7841
清流县	31510	6494	4126	3576	3140	2441	6154	5579
宁化县	73883	12139	10886	11348	9250	5082	12511	12667
大田县	76436	11993	8131	7369	6729	5308	16208	20698
尤溪县	75435	12309	9791	9992	7801	4558	16703	14281
沙县	108602	18270	12598	12866	9909	7033	22507	25419
将乐县	54997	7714	6064	5917	5457	4173	13278	12394
泰宁县	32858	5194	3415	3463	2787	2491	8093	7415
建宁县	31779	5256	4524	3804	3326	2490	6195	6184
永安市	138788	20882	20164	18690	13017	8455	30629	26951
泉州市	**3592797**	**660337**	**448488**	**409570**	**332194**	**237771**	**637962**	**866475**
鲤城区	273063	38585	33105	32422	26604	18184	52154	72009
丰泽区	465326	65300	55750	51350	46151	31063	86258	129454
洛江区	106238	21545	19408	12597	10885	6824	17598	17381
泉港区	70821	19252	11801	9116	5890	4301	9648	10813
惠安县	224022	53818	31579	26696	18803	14109	38224	40793
安溪县	297876	55950	54001	48344	35771	25283	47949	30578
永春县	86494	13536	11850	11152	9077	5284	15298	20297
德化县	178458	12756	10128	13208	12471	11842	37591	80462
石狮市	411006	59556	46390	43767	40526	25040	73098	122629
晋江市	1110721	226465	131008	120143	93451	71037	200462	268155
南安市	368772	93574	43468	40775	32565	24804	59682	73904

7-4　续表 1　　　　单位：人

现住地	离开户口登记地时间 合计							
	合计	半年以上，不满一年	一年以上，不满二年	二年以上，不满三年	三年以上，不满四年	四年以上，不满五年	五年以上，不满十年	十年以上
漳州市	**1217734**	**234039**	**171889**	**150489**	**122206**	**86253**	**221637**	**231221**
芗城区	312192	51060	35918	36130	34575	23176	61740	69593
龙文区	157013	33822	24200	21080	16160	10332	27097	24322
云霄县	94431	15546	12629	9746	8320	7493	18297	22400
漳浦县	141813	32995	21510	16622	11806	8830	29110	20940
诏安县	45366	11674	7328	5508	4023	2924	6552	7357
长泰县	66963	14102	11935	9207	5739	3880	10215	11885
东山县	41824	7557	5614	5546	4724	3495	7452	7436
南靖县	50730	12183	9080	6993	5364	3641	7307	6162
平和县	41497	9411	4708	4638	3612	3093	7598	8437
华安县	23727	5099	3647	3084	2035	1450	3984	4428
龙海市	242178	40590	35320	31935	25848	17939	42285	48261
南平市	**900747**	**129581**	**106334**	**100930**	**96221**	**65050**	**180084**	**222547**
延平区	167386	24795	20759	16682	16083	11800	33210	44057
建阳区	121901	23102	16097	13829	11590	7819	23157	26307
顺昌县	41101	6745	5484	5573	4067	2779	7818	8635
浦城县	78909	13280	8593	8013	7892	5963	16105	19063
光泽县	49244	6560	6327	5630	5261	4451	12128	8887
松溪县	40245	5196	4733	5075	4714	3339	8250	8938
政和县	54614	7567	6149	6570	6004	4002	11184	13138
邵武市	141181	13997	12313	13607	13156	10250	30723	47135
武夷山市	101417	11630	12882	12428	15692	7189	17671	23925
建瓯市	104749	16709	12997	13523	11762	7458	19838	22462
龙岩市	**884946**	**136121**	**111618**	**104595**	**86902**	**62997**	**173675**	**209038**
新罗区	452512	61285	56686	53955	46211	31180	84278	118917
永定区	63347	14014	8333	6744	5317	4076	11260	13603
长汀县	113769	13694	12225	13556	11904	9362	28301	24727
上杭县	91094	16089	11443	10080	7761	6582	17761	21378
武平县	56462	9706	8527	7252	5935	4260	11645	9137
连城县	37458	8527	5925	4681	3743	2697	5993	5892
漳平市	70304	12806	8479	8327	6031	4840	14437	15384
宁德市	**1108800**	**169408**	**122930**	**125060**	**104269**	**73645**	**220106**	**293382**
蕉城区	307300	47491	37356	35798	32026	20635	58573	75421
霞浦县	134125	20797	15654	17847	14264	9063	29310	27190
古田县	87290	11510	10478	9503	8081	5358	18701	23659
屏南县	34670	9275	3069	3697	2512	2508	5250	8359
寿宁县	36539	6432	3907	4294	3928	2980	7332	7666
周宁县	37902	6508	4164	3976	3752	2381	6949	10172
柘荣县	38686	3753	3263	3220	3577	3113	8853	12907
福安市	231537	40060	26322	25962	19598	13766	40312	65517
福鼎市	200751	23582	18717	20763	16531	13841	44826	62491

7-4 续表 2

单位：人

现住地	离开户口登记地时间							
	省内							
	小计	半年以上，不满一年	一年以上，不满二年	二年以上，不满三年	三年以上，不满四年	四年以上，不满五年	五年以上，不满十年	十年以上
合　计	**11574735**	**1800295**	**1518531**	**1449569**	**1189279**	**823644**	**2206702**	**2586715**
福州市	**2667134**	**393971**	**392505**	**389026**	**301344**	**182073**	**465691**	**542524**
鼓楼区	265628	35723	34612	33629	27871	17411	50443	65939
台江区	195001	23386	22112	26476	23625	16746	38525	44131
仓山区	518287	66762	81694	86866	65343	38986	90437	88199
马尾区	88130	14242	14181	12870	9621	5561	15061	16594
晋安区	373914	38732	41460	50541	47314	30070	72935	92862
长乐区	146423	24554	22183	19559	15932	9085	22701	32409
闽侯县	331902	75953	73596	60524	38694	16039	35579	31517
连江县	116794	22964	17412	18316	12488	7807	18684	19123
罗源县	91290	17326	12749	13950	10104	7443	19125	10593
闽清县	50866	6465	6717	5657	4601	2864	8358	16204
永泰县	68362	13438	9342	9389	8447	3772	10518	13456
平潭县	156656	14932	17006	18884	12821	9365	35703	47945
福清市	263881	39494	39441	32365	24483	16924	47622	63552
厦门市	**1976771**	**280874**	**231130**	**207660**	**186454**	**151194**	**421460**	**497999**
思明区	420008	55314	46458	40335	33487	27628	89659	127127
海沧区	205149	27737	24444	20274	17127	14425	46144	54998
湖里区	531841	61208	51814	50089	48167	42722	121679	156162
集美区	418714	57265	50124	46998	48482	36950	90854	88041
同安区	258443	36705	33920	31127	24872	19794	54249	57776
翔安区	142616	42645	24370	18837	14319	9675	18875	13895
莆田市	**663224**	**141007**	**114691**	**94721**	**69312**	**48098**	**95457**	**99938**
城厢区	198516	36143	35796	27981	20765	15287	29110	33434
涵江区	116352	22191	19218	15940	11514	9266	17360	20863
荔城区	166716	39238	31033	24324	18080	11267	23257	19517
秀屿区	45781	10411	6921	7553	4472	3215	6360	6849
仙游县	135859	33024	21723	18923	14481	9063	19370	19275
三明市	**762502**	**121249**	**95032**	**94204**	**76566**	**51587**	**160047**	**163817**
梅列区	90429	17696	11104	10987	8956	6524	15776	19386
三元区	82463	13823	9973	10295	8640	4564	16126	19042
明溪县	24888	3764	2531	2352	2373	1527	4893	7448
清流县	28041	5115	3585	3255	2867	2271	5808	5140
宁化县	69548	10938	10210	10792	8886	4870	11934	11918
大田县	68552	9826	7079	6606	6104	4999	15208	18730
尤溪县	69644	10940	8875	9232	7302	4220	15763	13312
沙县	96965	16227	11287	11684	8965	6289	20537	21976
将乐县	49785	6583	5270	5387	5049	3846	12518	11132
泰宁县	30972	4618	3169	3290	2652	2427	7838	6978
建宁县	29528	4679	4085	3565	3180	2406	5879	5734
永安市	121687	17040	17864	16759	11592	7644	27767	23021
泉州市	**2040723**	**347486**	**263339**	**252340**	**204074**	**141834**	**371454**	**460196**
鲤城区	165925	22156	21011	21761	17296	11323	31982	40396
丰泽区	321160	46745	39494	37872	33679	22406	60309	80655
洛江区	68000	13607	12886	8472	7580	4518	11152	9785
泉港区	51707	12780	8780	7301	4376	3107	7258	8105
惠安县	131592	30512	19083	17365	11488	8760	22960	21424
安溪县	260702	44104	47607	43879	32256	23221	43398	26237
永春县	78345	11297	10522	10390	8464	4883	14126	18663
德化县	166644	10593	8843	12069	11679	11074	35551	76835
石狮市	203877	26831	23700	23929	23253	12453	36990	56721
晋江市	408191	79612	49363	47735	37674	27986	77571	88250
南安市	184580	49249	22050	21567	16329	12103	30157	33125

7-4 续表 3

单位：人

现住地	离开户口登记地时间							
	省内							
	小计	半年以上，不满一年	一年以上，不满二年	二年以上，不满三年	三年以上，不满四年	四年以上，不满五年	五年以上，不满十年	十年以上
漳州市	**908351**	**160161**	**127702**	**115853**	**93175**	**66304**	**172635**	**172521**
芗城区	250267	41307	29138	30086	28484	18593	49643	53016
龙文区	121387	25312	18771	16968	13239	8520	21926	16651
云霄县	84348	11515	11074	8866	7733	7040	17101	21019
漳浦县	108693	17913	16048	13697	9857	7502	25766	17910
诏安县	38103	8798	6165	4856	3522	2581	5677	6504
长泰县	36222	6707	5904	5150	3156	2244	6196	6865
东山县	32555	4777	4018	4343	3626	2986	6395	6410
南靖县	43313	9416	7735	6180	4729	3267	6483	5503
平和县	33122	6819	3915	3942	2992	2516	6007	6931
华安县	15718	2989	2257	1984	1406	1038	2841	3203
龙海市	144623	24608	22677	19781	14431	10017	24600	28509
南平市	**810784**	**108802**	**94200**	**91884**	**86935**	**60273**	**167159**	**201531**
延平区	151775	22040	18964	15382	14942	10980	30609	38858
建阳区	107416	19961	14271	12463	10399	7100	20814	22408
顺昌县	35449	5414	4836	5009	3650	2477	7047	7016
浦城县	70992	10121	7378	7208	7291	5584	15174	18236
光泽县	42162	4897	4933	4663	4598	3959	11241	7871
松溪县	37347	4298	4467	4820	4540	3170	7812	8240
政和县	48771	5744	5167	5858	5546	3742	10416	12298
邵武市	130658	11960	11246	12708	12290	9597	28888	43969
武夷山市	88389	9385	10965	10957	12442	6592	16252	21796
建瓯市	97825	14982	11973	12816	11237	7072	18906	20839
龙岩市	**790791**	**115430**	**98127**	**95341**	**79164**	**57572**	**158073**	**187084**
新罗区	401366	52376	50080	48699	41487	27961	75527	105236
永定区	53814	11199	6737	5894	4776	3626	9905	11677
长汀县	108097	12414	11444	12974	11438	9000	27197	23630
上杭县	81635	13262	9919	9333	7215	6173	16164	19569
武平县	50939	8132	7449	6710	5498	3946	10926	8278
连城县	33327	7201	5253	4283	3404	2495	5443	5248
漳平市	61613	10846	7245	7448	5346	4371	12911	13446
宁德市	**954455**	**131315**	**101805**	**108540**	**92255**	**64709**	**194726**	**261105**
蕉城区	241751	31633	29386	30354	27447	16930	47116	58885
霞浦县	118409	16147	13563	15792	13166	8181	26968	24592
古田县	79814	9330	9480	8899	7622	4968	17507	22008
屏南县	32120	8307	2697	3509	2363	2403	4920	7921
寿宁县	33385	5386	3406	3925	3716	2757	6921	7274
周宁县	34357	5273	3447	3661	3476	2269	6582	9649
柘荣县	35593	3132	2829	2832	3246	2924	8338	12292
福安市	210180	35167	21661	22041	17359	12412	37525	64015
福鼎市	168846	16940	15336	17527	13860	11865	38849	54469

7-4 续表 4

单位：人

现住地	离开户口登记地时间							
	省外							
	小计	半年以上，不满一年	一年以上，不满二年	二年以上，不满三年	三年以上，不满四年	四年以上，不满五年	五年以上，不满十年	十年以上
合　计	**4889876**	**953469**	**649501**	**546347**	**451192**	**321538**	**829462**	**1138367**
福州市	**968297**	**204452**	**155418**	**132311**	**101258**	**63668**	**145058**	**166132**
鼓楼区	72752	18426	11227	8150	6912	3933	10515	13589
台江区	42090	11424	6357	5044	4092	2709	5869	6595
仓山区	175509	26294	26798	26748	21831	14915	29780	29143
马尾区	51844	7978	6770	6122	4562	2908	8416	15088
晋安区	124332	16414	15461	15439	13821	9678	21266	32253
长乐区	127851	23295	18833	17161	13353	9085	21997	24127
闽侯县	133055	32888	31862	24002	15240	6108	13055	9900
连江县	43286	11946	6073	6003	4187	2711	6350	6016
罗源县	23699	9460	3686	2436	1758	1304	2682	2373
闽清县	10082	3474	1875	1100	755	503	1225	1150
永泰县	8274	3252	1459	1046	744	422	735	616
平潭县	14734	5797	2462	1535	960	621	1651	1708
福清市	140789	33804	22555	17525	13043	8771	21517	23574
厦门市	**1391822**	**195264**	**163069**	**145040**	**132233**	**103128**	**273446**	**379642**
思明区	172572	24422	19110	16481	13989	11673	36324	50573
海沧区	199131	25985	19339	17002	15743	13468	43546	64048
湖里区	261595	30278	25005	23506	22251	19469	52925	88161
集美区	331480	36212	33158	32685	36140	25814	69164	98307
同安区	280932	40573	38406	35005	29321	23336	52761	61530
翔安区	146112	37794	28051	20361	14789	9368	18726	17023
莆田市	**233924**	**65427**	**41699**	**31969**	**23415**	**14945**	**27485**	**28984**
城厢区	53188	13501	11132	8707	5683	3224	5187	5754
涵江区	58056	12376	9235	7693	5418	4147	8423	10764
荔城区	80429	25477	14417	10416	8534	5196	8999	7390
秀屿区	21153	6007	3318	2718	2034	1426	2738	2912
仙游县	21098	8066	3597	2435	1746	952	2138	2164
三明市	**95913**	**22034**	**13229**	**10341**	**8097**	**4773**	**14056**	**23383**
梅列区	15650	2924	1852	1460	1194	856	2418	4946
三元区	17500	3706	2469	2100	1839	728	2261	4397
明溪县	3197	1119	633	326	245	130	351	393
清流县	3469	1379	541	321	273	170	346	439
宁化县	4335	1201	676	556	364	212	577	749
大田县	7884	2167	1052	763	625	309	1000	1968
尤溪县	5791	1369	916	760	499	338	940	969
沙县	11637	2043	1311	1182	944	744	1970	3443
将乐县	5212	1131	794	530	408	327	760	1262
泰宁县	1886	576	246	173	135	64	255	437
建宁县	2251	577	439	239	146	84	316	450
永安市	17101	3842	2300	1931	1425	811	2862	3930
泉州市	**1552074**	**312851**	**185149**	**157230**	**128120**	**95937**	**266508**	**406279**
鲤城区	107138	16429	12094	10661	9308	6861	20172	31613
丰泽区	144166	18555	16256	13478	12472	8657	25949	48799
洛江区	38238	7938	6522	4125	3305	2306	6446	7596
泉港区	19114	6472	3021	1815	1514	1194	2390	2708
惠安县	92430	23306	12496	9331	7315	5349	15264	19369
安溪县	37174	11846	6394	4465	3515	2062	4551	4341
永春县	8149	2239	1328	762	613	401	1172	1634
德化县	11814	2163	1285	1139	792	768	2040	3627
石狮市	207129	32725	22690	19838	17273	12587	36108	65908
晋江市	702530	146853	81645	72408	55777	43051	122891	179905
南安市	184192	44325	21418	19208	16236	12701	29525	40779

7-4 续表 5

单位：人

现住地	离开户口登记地时间							
	省外							
	小计	半年以上，不满一年	一年以上，不满二年	二年以上，不满三年	三年以上，不满四年	四年以上，不满五年	五年以上，不满十年	十年以上
漳州市	**309383**	**73878**	**44187**	**34636**	**29031**	**19949**	**49002**	**58700**
芗城区	61925	9753	6780	6044	6091	4583	12097	16577
龙文区	35626	8510	5429	4112	2921	1812	5171	7671
云霄县	10083	4031	1555	880	587	453	1196	1381
漳浦县	33120	15082	5462	2925	1949	1328	3344	3030
诏安县	7263	2876	1163	652	501	343	875	853
长泰县	30741	7395	6031	4057	2583	1636	4019	5020
东山县	9269	2780	1596	1203	1098	509	1057	1026
南靖县	7417	2767	1345	813	635	374	824	659
平和县	8375	2592	793	696	620	577	1591	1506
华安县	8009	2110	1390	1100	629	412	1143	1225
龙海市	97555	15982	12643	12154	11417	7922	17685	19752
南平市	**89963**	**20779**	**12134**	**9046**	**9286**	**4777**	**12925**	**21016**
延平区	15611	2755	1795	1300	1141	820	2601	5199
建阳区	14485	3141	1826	1366	1191	719	2343	3899
顺昌县	5652	1331	648	564	417	302	771	1619
浦城县	7917	3159	1215	805	601	379	931	827
光泽县	7082	1663	1394	967	663	492	887	1016
松溪县	2898	898	266	255	174	169	438	698
政和县	5843	1823	982	712	458	260	768	840
邵武市	10523	2037	1067	899	866	653	1835	3166
武夷山市	13028	2245	1917	1471	3250	597	1419	2129
建瓯市	6924	1727	1024	707	525	386	932	1623
龙岩市	**94155**	**20691**	**13491**	**9254**	**7738**	**5425**	**15602**	**21954**
新罗区	51146	8909	6606	5256	4724	3219	8751	13681
永定区	9533	2815	1596	850	541	450	1355	1926
长汀县	5672	1280	781	582	466	362	1104	1097
上杭县	9459	2827	1524	747	546	409	1597	1809
武平县	5523	1574	1078	542	437	314	719	859
连城县	4131	1326	672	398	339	202	550	644
漳平市	8691	1960	1234	879	685	469	1526	1938
宁德市	**154345**	**38093**	**21125**	**16520**	**12014**	**8936**	**25380**	**32277**
蕉城区	65549	15858	7970	5444	4579	3705	11457	16536
霞浦县	15716	4650	2091	2055	1098	882	2342	2598
古田县	7476	2180	998	604	459	390	1194	1651
屏南县	2550	968	372	188	149	105	330	438
寿宁县	3154	1046	501	369	212	223	411	392
周宁县	3545	1235	717	315	276	112	367	523
柘荣县	3093	621	434	388	331	189	515	615
福安市	21357	4893	4661	3921	2239	1354	2787	1502
福鼎市	31905	6642	3381	3236	2671	1976	5977	8022

7-4a 各地区按现住地、离开户口登记地时间分的户口登记地在外乡镇街道的人口(城市)

单位：人

现住地	离开户口登记地时间							
	合计							
	合计	半年以上，不满一年	一年以上，不满二年	二年以上，不满三年	三年以上，不满四年	四年以上，不满五年	五年以上，不满十年	十年以上
合　计	**10206105**	**1511755**	**1277102**	**1207296**	**1035503**	**733329**	**1952083**	**2489037**
福州市	**2292249**	**320671**	**317594**	**319390**	**263310**	**167456**	**409522**	**494306**
鼓楼区	338380	54149	45839	41779	34783	21344	60958	79528
台江区	237091	34810	28469	31520	27717	19455	44394	50726
仓山区	693796	93056	108492	113614	87174	53901	120217	117342
马尾区	137465	21557	20677	18751	14008	8312	23124	31036
晋安区	491170	53276	54919	64993	60612	39476	93604	124290
长乐区	132059	22045	20486	17775	14312	7594	20841	29006
闽侯县								
连江县								
罗源县								
闽清县								
永泰县								
平潭县								
福清市	262288	41778	38712	30958	24704	17374	46384	62378
厦门市	**2992301**	**391812**	**330681**	**302670**	**281967**	**229122**	**637017**	**819032**
思明区	592580	79736	65568	56816	47476	39301	125983	177700
海沧区	393565	50537	41189	36312	32258	27366	88379	117524
湖里区	791578	91272	76677	73445	70249	62087	174217	243631
集美区	685446	84341	76229	72202	78752	58308	147018	168596
同安区	456216	59809	57817	54466	46897	38036	93593	105598
翔安区	72916	26117	13201	9429	6335	4024	7827	5983
莆田市	**661377**	**140252**	**118694**	**95777**	**69818**	**48720**	**91429**	**96687**
城厢区	231669	43016	43274	33921	24849	17611	32422	36576
涵江区	162701	30728	26688	22379	16173	12704	24332	29697
荔城区	225067	57881	42345	32453	24386	15273	28594	24135
秀屿区	41940	8627	6387	7024	4410	3132	6081	6279
仙游县								
三明市	**322402**	**51459**	**43149**	**41600**	**32212**	**20119**	**63819**	**70044**
梅列区	101403	19389	12405	12038	9860	7108	17301	23302
三元区	95122	15200	11863	11942	10245	5128	17964	22780
明溪县								
清流县								
宁化县								
大田县								
尤溪县								
沙县								
将乐县								
泰宁县								
建宁县								
永安市	125877	16870	18881	17620	12107	7883	28554	23962
泉州市	**1902291**	**317570**	**230111**	**212600**	**178453**	**124576**	**349413**	**489568**
鲤城区	273063	38585	33105	32422	26604	18184	52154	72009
丰泽区	465326	65300	55750	51350	46151	31063	86258	129454
洛江区	66955	13198	11592	7905	6385	4672	11930	11273
泉港区	40248	10255	7036	5516	3396	2433	5415	6197
惠安县								
安溪县								
永春县								
德化县								
石狮市	298605	40653	32841	31747	29917	17548	53676	92223
晋江市	680390	133011	80194	74737	58464	45675	126111	162198
南安市	77704	16568	9593	8923	7536	5001	13869	16214

7-4a　续表 1　　　　单位：人

现住地	离开户口登记地时间							
	合计							
	合计	半年以上，不满一年	一年以上，不满二年	二年以上，不满三年	三年以上，不满四年	四年以上，不满五年	五年以上，不满十年	十年以上
漳州市	**467487**	**84553**	**61579**	**57906**	**49499**	**33429**	**88868**	**91653**
芗城区	262109	43281	30021	30548	29139	19705	52681	56734
龙文区	154057	33094	23820	20754	15889	10123	26605	23772
云霄县								
漳浦县								
诏安县								
长泰县								
东山县								
南靖县								
平和县								
华安县								
龙海市	51302	8173	7734	6602	4470	3600	9579	11144
南平市	**539574**	**69082**	**61200**	**60586**	**60589**	**39185**	**107875**	**141057**
延平区	140539	17718	15524	14556	14307	10606	28887	38941
建阳区	101516	19480	13963	11949	10070	6539	19078	20437
顺昌县								
浦城县								
光泽县								
松溪县								
政和县								
邵武市	127460	10973	10706	11937	11904	9462	28217	44261
武夷山市	82888	8098	10293	10619	14205	6002	14410	19261
建瓯市	87171	12813	10714	11525	10103	6576	17283	18157
龙岩市	**492750**	**66908**	**61523**	**59788**	**50066**	**34491**	**94044**	**125930**
新罗区	401475	50956	50020	48503	41461	28059	76029	106447
永定区	33349	5994	4431	4015	3483	2307	5795	7324
长汀县								
上杭县								
武平县								
连城县								
漳平市	57926	9958	7072	7270	5122	4125	12220	12159
宁德市	**535674**	**69448**	**52571**	**56979**	**49589**	**36231**	**110096**	**160760**
蕉城区	245606	31578	26897	26433	25278	17490	51416	66514
霞浦县								
古田县								
屏南县								
寿宁县								
周宁县								
柘荣县								
福安市	165382	26630	15477	17980	13728	9682	29276	52609
福鼎市	124686	11240	10197	12566	10583	9059	29404	41637

7-4a 续表 2

单位：人

现住地	离开户口登记地时间							
	省内							
	小计	半年以上，不满一年	一年以上，不满二年	二年以上，不满三年	三年以上，不满四年	四年以上，不满五年	五年以上，不满十年	十年以上
合计	**7164471**	**1021105**	**904599**	**878778**	**748947**	**522385**	**1399110**	**1689547**
福州市	**1716604**	**220041**	**234253**	**244353**	**201547**	**126262**	**315266**	**374882**
鼓楼区	265628	35723	34612	33629	27871	17411	50443	65939
台江区	195001	23386	22112	26476	23625	16746	38525	44131
仓山区	518287	66762	81694	86866	65343	38986	90437	88199
马尾区	86901	14069	14063	12755	9531	5486	14851	16146
晋安区	369375	37689	40014	49918	47024	29924	72555	92251
长乐区	92237	15319	14345	12617	10257	5262	14173	20264
闽侯县								
连江县								
罗源县								
闽清县								
永泰县								
平潭县								
福清市	189175	27093	27413	22092	17896	12447	34282	47952
厦门市	**1820824**	**245006**	**205072**	**186880**	**171151**	**140199**	**396816**	**475700**
思明区	420008	55314	46458	40335	33487	27628	89659	127127
海沧区	198898	26073	22492	19741	16833	14132	45425	54202
湖里区	530430	61083	51723	49976	48033	42646	121372	155597
集美区	395692	53499	47388	44157	46452	35312	86176	82708
同安区	223274	28380	27452	26049	22053	17775	48785	52780
翔安区	52522	20657	9559	6622	4293	2706	5399	3286
莆田市	**480322**	**95582**	**85621**	**69850**	**50643**	**36296**	**69463**	**72867**
城厢区	187838	33457	33919	26237	19795	14794	28001	31635
涵江区	110251	20780	18303	15177	11096	8878	16490	19527
荔城区	152331	35217	28947	22885	16646	10423	20711	17502
秀屿区	29902	6128	4452	5551	3106	2201	4261	4203
仙游县								
三明市	**279481**	**43961**	**37605**	**36842**	**28191**	**17968**	**57075**	**57839**
梅列区	86723	16743	10722	10676	8733	6304	15030	18515
三元区	79660	12584	9697	10044	8476	4449	15842	18568
明溪县								
清流县								
宁化县								
大田县								
尤溪县								
沙县								
将乐县								
泰宁县								
建宁县								
永安市	113098	14634	17186	16122	10982	7215	26203	20756
泉州市	**1067217**	**167090**	**133110**	**129190**	**110197**	**73169**	**202360**	**252101**
鲤城区	165925	22156	21011	21761	17296	11323	31982	40396
丰泽区	321160	46745	39494	37872	33679	22406	60309	80655
洛江区	44269	8324	7735	5467	4412	3300	8186	6845
泉港区	31597	7830	5752	4709	2642	1792	4216	4656
惠安县								
安溪县								
永春县								
德化县								
石狮市	170025	21541	19345	19348	19397	10317	31313	48764
晋江市	281401	50174	32834	33219	27119	20439	56508	61108
南安市	52840	10320	6939	6814	5652	3592	9846	9677

7-4a　续表 3　　　　单位：人

现住地	离开户口登记地时间							
	省内							
	小计	半年以上，不满一年	一年以上，不满二年	二年以上，不满三年	三年以上，不满四年	四年以上，不满五年	五年以上，不满十年	十年以上
漳州市	**380170**	**67096**	**50175**	**48612**	**41523**	**27753**	**73661**	**71350**
芗城区	220216	36542	25590	26578	24899	16451	44252	45904
龙文区	119493	24998	18566	16749	13047	8371	21547	16215
云霄县								
漳浦县								
诏安县								
长泰县								
东山县								
南靖县								
平和县								
华安县								
龙海市	40453	5556	6016	5284	3577	2931	7860	9229
南平市	**497496**	**62749**	**56199**	**56398**	**54824**	**36917**	**101379**	**129030**
延平区	128678	16012	14428	13554	13427	9969	26851	34437
建阳区	91758	17643	12635	10948	9182	6043	17457	17850
顺昌县								
浦城县								
光泽县								
松溪县								
政和县								
邵武市	120484	10004	10017	11329	11273	9016	26979	41866
武夷山市	73344	6915	8894	9471	11187	5583	13452	17842
建瓯市	83232	12175	10225	11096	9755	6306	16640	17035
龙岩市	**446276**	**59697**	**55449**	**54801**	**45609**	**31400**	**85657**	**113663**
新罗区	361525	45044	45075	44234	37587	25346	68759	95480
永定区	31288	5552	3976	3796	3308	2193	5496	6967
长汀县								
上杭县								
武平县								
连城县								
漳平市	53463	9101	6398	6771	4714	3861	11402	11216
宁德市	**476081**	**59883**	**47115**	**51852**	**45262**	**32421**	**97433**	**142115**
蕉城区	199555	24457	23030	23298	22092	14479	41229	50970
霞浦县								
古田县								
屏南县								
寿宁县								
周宁县								
柘荣县								
福安市	160173	25599	14724	16940	13273	9442	28477	51718
福鼎市	116353	9827	9361	11614	9897	8500	27727	39427

7-4a 续表 4 单位：人

现住地	离开户口登记地时间							
	省外							
	小计	半年以上，不满一年	一年以上，不满二年	二年以上，不满三年	三年以上，不满四年	四年以上，不满五年	五年以上，不满十年	十年以上
合　计	**3041634**	**490650**	**372503**	**328518**	**286556**	**210944**	**552973**	**799490**
福州市	**575645**	**100630**	**83341**	**75037**	**61763**	**41194**	**94256**	**119424**
鼓楼区	72752	18426	11227	8150	6912	3933	10515	13589
台江区	42090	11424	6357	5044	4092	2709	5869	6595
仓山区	175509	26294	26798	26748	21831	14915	29780	29143
马尾区	50564	7488	6614	5996	4477	2826	8273	14890
晋安区	121795	15587	14905	15075	13588	9552	21049	32039
长乐区	39822	6726	6141	5158	4055	2332	6668	8742
闽侯县								
连江县								
罗源县								
闽清县								
永泰县								
平潭县								
福清市	73113	14685	11299	8866	6808	4927	12102	14426
厦门市	**1171477**	**146806**	**125609**	**115790**	**110816**	**88923**	**240201**	**343332**
思明区	172572	24422	19110	16481	13989	11673	36324	50573
海沧区	194667	24464	18697	16571	15425	13234	42954	63322
湖里区	261148	30189	24954	23469	22216	19441	52845	88034
集美区	289754	30842	28841	28045	32300	22996	60842	85888
同安区	232942	31429	30365	28417	24844	20261	44808	52818
翔安区	20394	5460	3642	2807	2042	1318	2428	2697
莆田市	**181055**	**44670**	**33073**	**25927**	**19175**	**12424**	**21966**	**23820**
城厢区	43831	9559	9355	7684	5054	2817	4421	4941
涵江区	52450	9948	8385	7202	5077	3826	7842	10170
荔城区	72736	22664	13398	9568	7740	4850	7883	6633
秀屿区	12038	2499	1935	1473	1304	931	1820	2076
仙游县								
三明市	**42921**	**7498**	**5544**	**4758**	**4021**	**2151**	**6744**	**12205**
梅列区	14680	2646	1683	1362	1127	804	2271	4787
三元区	15462	2616	2166	1898	1769	679	2122	4212
明溪县								
清流县								
宁化县								
大田县								
尤溪县								
沙县								
将乐县								
泰宁县								
建宁县								
永安市	12779	2236	1695	1498	1125	668	2351	3206
泉州市	**835074**	**150480**	**97001**	**83410**	**68256**	**51407**	**147053**	**237467**
鲤城区	107138	16429	12094	10661	9308	6861	20172	31613
丰泽区	144166	18555	16256	13478	12472	8657	25949	48799
洛江区	22686	4874	3857	2438	1973	1372	3744	4428
泉港区	8651	2425	1284	807	754	641	1199	1541
惠安县								
安溪县								
永春县								
德化县								
石狮市	128580	19112	13496	12399	10520	7231	22363	43459
晋江市	398989	82837	47360	41518	31345	25236	69603	101090
南安市	24864	6248	2654	2109	1884	1409	4023	6537

7-4a 续表 5

单位：人

现住地	离开户口登记地时间							
	省外							
	小计	半年以上，不满一年	一年以上，不满二年	二年以上，不满三年	三年以上，不满四年	四年以上，不满五年	五年以上，不满十年	十年以上
漳州市	**87317**	**17457**	**11404**	**9294**	**7976**	**5676**	**15207**	**20303**
芗城区	41893	6739	4431	3970	4240	3254	8429	10830
龙文区	34564	8096	5254	4005	2842	1752	5058	7557
云霄县								
漳浦县								
诏安县								
长泰县								
东山县								
南靖县								
平和县								
华安县								
龙海市	10849	2617	1718	1318	893	669	1719	1915
南平市	**42078**	**6333**	**5001**	**4188**	**5765**	**2268**	**6496**	**12027**
延平区	11861	1706	1096	1002	880	637	2036	4504
建阳区	9758	1837	1328	1001	888	496	1621	2587
顺昌县								
浦城县								
光泽县								
松溪县								
政和县								
邵武市	6976	969	689	608	631	446	1238	2395
武夷山市	9544	1183	1399	1148	3018	419	958	1419
建瓯市	3939	638	489	429	348	270	643	1122
龙岩市	**46474**	**7211**	**6074**	**4987**	**4457**	**3091**	**8387**	**12267**
新罗区	39950	5912	4945	4269	3874	2713	7270	10967
永定区	2061	442	455	219	175	114	299	357
长汀县								
上杭县								
武平县								
连城县								
漳平市	4463	857	674	499	408	264	818	943
宁德市	**59593**	**9565**	**5456**	**5127**	**4327**	**3810**	**12663**	**18645**
蕉城区	46051	7121	3867	3135	3186	3011	10187	15544
霞浦县								
古田县								
屏南县								
寿宁县								
周宁县								
柘荣县								
福安市	5209	1031	753	1040	455	240	799	891
福鼎市	8333	1413	836	952	686	559	1677	2210

7-4b 各地区按现住地、离开户口登记地时间分的户口登记地在外乡镇街道的人口(镇)

单位：人

现住地	离开户口登记地时间							
	合计							
	合计	半年以上，不满一年	一年以上，不满二年	二年以上，不满三年	三年以上，不满四年	四年以上，不满五年	五年以上，不满十年	十年以上
合　计	**4471350**	**772831**	**629249**	**583151**	**455147**	**311912**	**813943**	**905117**
福州市	**968665**	**173886**	**168955**	**152414**	**106489**	**58951**	**151770**	**156200**
鼓楼区								
台江区								
仓山区								
马尾区								
晋安区	1466	92	805	221	74	43	78	153
长乐区	69268	11061	9890	9729	7520	5495	11935	13638
闽侯县	365050	78018	87062	70096	44845	17555	37624	29850
连江县	121345	22579	18216	18648	13859	8810	20090	19143
罗源县	104602	22088	15062	15486	11044	8254	20877	11791
闽清县	40809	5459	6034	4963	3956	2250	6095	12052
永泰县	62465	12152	8642	8402	7125	3534	9883	12727
平潭县	135093	11200	11956	14654	11140	8629	33627	43887
福清市	68567	11237	11288	10215	6926	4381	11561	12959
厦门市	**152802**	**30819**	**26077**	**22001**	**17665**	**11777**	**23572**	**20891**
思明区								
海沧区								
湖里区	1858	214	142	150	169	104	387	692
集美区	87	7	5	6	3	2	18	46
同安区	4997	784	624	564	360	338	990	1337
翔安区	145860	29814	25306	21281	17133	11333	22177	18816
莆田市	**155548**	**40504**	**25297**	**21646**	**16416**	**10147**	**20901**	**20637**
城厢区	5064	1725	1037	854	533	198	331	386
涵江区	1502	429	253	173	91	111	213	232
荔城区	1011	487	185	95	61	16	76	91
秀屿区	11149	3634	1738	1523	876	718	1234	1426
仙游县	136822	34229	22084	19001	14855	9104	19047	18502
三明市	**460299**	**70474**	**55433**	**55567**	**47204**	**32475**	**97754**	**101392**
梅列区	3938	1049	464	346	226	228	748	877
三元区	1771	960	164	140	86	66	132	223
明溪县	21990	2738	2330	2211	2309	1456	4457	6489
清流县	26479	4595	3505	3162	2836	2178	5551	4652
宁化县	64284	9496	9769	10294	8467	4618	11164	10476
大田县	66085	9259	6806	6466	6017	4810	14626	18101
尤溪县	64454	10043	8158	8510	6797	3790	14567	12589
沙县	102284	16221	11898	12258	9439	6733	21487	24248
将乐县	45349	5776	4955	5086	4883	3604	10916	10129
泰宁县	29791	4377	3030	3170	2625	2374	7400	6815
建宁县	28661	4442	3963	3550	3148	2362	5724	5472
永安市	5213	1518	391	374	371	256	982	1321
泉州市	**1206323**	**219062**	**155353**	**145677**	**113653**	**85563**	**210818**	**276197**
鲤城区								
丰泽区								
洛江区	17923	3171	2546	2366	3045	1202	2780	2813
泉港区	14170	3437	2256	1918	1360	1139	2090	1970
惠安县	165048	36095	22689	20297	14105	11143	29814	30905
安溪县	267922	46236	50174	45285	33295	23818	44078	25036
永春县	76746	11674	10450	10008	8238	4712	13843	17821
德化县	164125	11072	8998	11990	11291	10870	34264	75640
石狮市	73814	12718	8717	7812	6264	5004	13068	20231
晋江市	195624	36052	23252	21242	15779	11360	33511	54428
南安市	230951	58607	26271	24759	20276	16315	37370	47353

7-4b 续表 1

单位：人

现住地	离开户口登记地时间							
	合计							
	合计	半年以上，不满一年	一年以上，不满二年	二年以上，不满三年	三年以上，不满四年	四年以上，不满五年	五年以上，不满十年	十年以上
漳州市	**603729**	**107235**	**87996**	**77038**	**60501**	**44704**	**111943**	**114312**
芗城区	39690	5801	4419	4287	4476	2819	7210	10678
龙文区								
云霄县	82199	11755	11131	8686	7554	6866	16420	19787
漳浦县	118012	24664	18818	14602	9986	7570	25421	16951
诏安县	36243	8615	5823	4650	3445	2515	5431	5764
长泰县	55513	11396	10126	7906	4764	3096	8365	9860
东山县	32923	5327	4384	4439	3366	2921	6279	6207
南靖县	37481	7729	5412	5770	4613	3157	6059	4741
平和县	33312	7095	3904	3903	2961	2644	6368	6437
华安县	15790	2794	2186	2051	1410	1077	3048	3224
龙海市	152566	22059	21793	20744	17926	12039	27342	30663
南平市	**248210**	**32956**	**29092**	**29004**	**26612**	**19248**	**53814**	**57484**
延平区	7460	1043	652	637	843	487	1698	2100
建阳区	4473	712	560	446	344	275	731	1405
顺昌县	34584	5306	4705	4744	3476	2370	6865	7118
浦城县	67937	9347	7316	7128	7033	5378	14666	17069
光泽县	37476	4155	4269	4212	4086	3442	10024	7288
松溪县	31230	3063	3827	4091	3988	2823	6679	6759
政和县	44728	5683	4851	5333	5017	3318	9596	10930
邵武市	8850	1585	984	1278	878	534	1763	1828
武夷山市	4910	877	1149	409	326	243	709	1197
建瓯市	6562	1185	779	726	621	378	1083	1790
龙岩市	**288969**	**43654**	**36650**	**34065**	**28116**	**22083**	**61589**	**62812**
新罗区	21379	2829	2873	2294	2436	1451	3522	5974
永定区	15494	3994	2167	1515	965	868	3166	2819
长汀县	91999	10334	9402	10617	8971	7423	23164	22088
上杭县	80358	12461	9935	9161	7125	6103	16228	19345
武平县	46313	6908	6977	6242	5228	3720	10049	7189
连城县	30622	6596	5017	3964	3121	2314	4928	4682
漳平市	2804	532	279	272	270	204	532	715
宁德市	**386805**	**54241**	**44396**	**45739**	**38491**	**26964**	**81782**	**95192**
蕉城区	6365	1468	1275	726	409	310	978	1199
霞浦县	116305	16531	13703	15659	12951	7938	26430	23093
古田县	69200	8033	8622	7883	6724	4402	15012	18524
屏南县	26405	6919	2000	2900	1865	2102	3956	6663
寿宁县	31097	4822	3311	3745	3601	2676	6471	6471
周宁县	30386	4246	3019	3322	3245	2078	5944	8532
柘荣县	28455	2817	2506	2406	2541	2180	6291	9714
福安市	42392	5642	6424	5431	4251	2844	8595	9205
福鼎市	36200	3763	3536	3667	2904	2434	8105	11791

7-4b 续表 2

单位：人

现住地	离开户口登记地时间							
	省内							
	小计	半年以上，不满一年	一年以上，不满二年	二年以上，不满三年	三年以上，不满四年	四年以上，不满五年	五年以上，不满十年	十年以上
合计	**3436341**	**553466**	**472060**	**453743**	**355643**	**245142**	**652129**	**704158**
福州市	**741264**	**125082**	**123198**	**114694**	**80740**	**45125**	**122225**	**130200**
鼓楼区								
台江区								
仓山区								
马尾区								
晋安区	1149	40	729	182	40	17	46	95
长乐区	27069	4092	3869	3602	2602	1902	4577	6425
闽侯县	266222	57269	62032	50859	32618	12956	27790	22698
连江县	95349	17380	14437	14495	10898	6881	15810	15448
罗源县	86773	16189	12147	13498	9636	7132	18511	9660
闽清县	37704	4611	5492	4607	3678	2089	5637	11590
永泰县	57505	10383	7705	7752	6679	3238	9399	12349
平潭县	128050	9189	10773	13828	10600	8255	32612	42793
福清市	41443	5929	6014	5871	3989	2655	7843	9142
厦门市	**63920**	**12246**	**9839**	**8929**	**7943**	**5411**	**10709**	**8843**
思明区								
海沧区								
湖里区	1411	125	91	113	134	76	307	565
集美区	41		1	3	2	2	8	25
同安区	2321	325	299	304	185	181	510	517
翔安区	60147	11796	9448	8509	7622	5152	9884	7736
莆田市	**135724**	**32700**	**22266**	**19352**	**14698**	**9144**	**18929**	**18635**
城厢区	3588	1029	804	704	400	124	221	306
涵江区	1035	247	170	127	52	83	160	196
荔城区	780	385	136	68	42	12	61	76
秀屿区	8155	2393	1421	1127	646	505	937	1126
仙游县	122166	28646	19735	17326	13558	8420	17550	16931
三明市	**429957**	**64598**	**51575**	**52317**	**44469**	**30659**	**92711**	**93628**
梅列区	3172	818	328	267	176	185	640	758
三元区	1160	611	95	83	58	42	98	173
明溪县	20449	2431	2071	2040	2135	1357	4191	6224
清流县	24921	4109	3294	3004	2692	2081	5346	4395
宁化县	61681	8972	9355	9957	8224	4475	10738	9960
大田县	62749	8582	6456	6100	5648	4643	14098	17222
尤溪县	60982	9314	7646	8089	6467	3565	13944	11957
沙县	92390	14842	10833	11256	8619	6061	19728	21051
将乐县	42618	5424	4658	4805	4621	3436	10427	9247
泰宁县	28489	4037	2873	3068	2524	2317	7195	6475
建宁县	27296	4180	3728	3400	3050	2298	5520	5120
永安市	4050	1278	238	248	255	199	786	1046
泉州市	**788587**	**134807**	**105242**	**102130**	**77979**	**58556**	**139645**	**170228**
鲤城区								
丰泽区								
洛江区	11663	2355	1822	1698	2405	735	1422	1226
泉港区	10839	2384	1663	1554	1047	898	1658	1635
惠安县	102558	21980	14434	13785	9134	7327	18902	16996
安溪县	241622	38437	45417	41819	30679	22324	40756	22190
永春县	71239	10303	9586	9472	7770	4410	12953	16745
德化县	154240	9536	7977	11012	10609	10230	32477	72399
石狮市	21199	3489	2464	2910	1846	1400	3707	5383
晋江市	67585	14907	9460	8079	5669	3966	10725	14779
南安市	107642	31416	12419	11801	8820	7266	17045	18875

7-4b　续表 3　　单位：人

现住地	离开户口登记地时间							
	省内							
	小计	半年以上，不满一年	一年以上，不满二年	二年以上，不满三年	三年以上，不满四年	四年以上，不满五年	五年以上，不满十年	十年以上
漳州市	**433886**	**70947**	**63137**	**56832**	**43691**	**33000**	**83947**	**82332**
芗城区	22896	3568	2612	2620	2914	1648	4060	5474
龙文区								
云霄县	76550	9628	10136	8073	7149	6629	15753	19182
漳浦县	95285	15014	14665	12418	8691	6634	23062	14801
诏安县	31886	7046	5057	4235	3127	2281	4862	5278
长泰县	29483	5331	4957	4402	2592	1747	4903	5551
东山县	26110	3266	3182	3562	2724	2564	5428	5384
南靖县	32529	6024	4495	5161	4172	2895	5514	4268
平和县	27029	5485	3312	3394	2484	2145	4998	5211
华安县	11247	1829	1526	1430	1028	795	2248	2391
龙海市	80871	13756	13195	11537	8810	5662	13119	14792
南平市	**228077**	**28429**	**26284**	**26906**	**24942**	**18060**	**50646**	**52810**
延平区	6660	864	564	541	756	430	1561	1944
建阳区	3533	554	469	372	260	217	565	1096
顺昌县	31123	4602	4327	4452	3256	2194	6388	5904
浦城县	63650	8084	6579	6598	6620	5125	14093	16551
光泽县	35198	3760	3951	4002	3888	3290	9615	6692
松溪县	29912	2889	3695	3951	3876	2712	6414	6375
政和县	41077	4640	4248	4877	4702	3145	9076	10389
邵武市	7053	1338	839	1120	741	401	1337	1277
武夷山市	4105	695	971	372	293	199	610	965
建瓯市	5766	1003	641	621	550	347	987	1617
龙岩市	**268298**	**38911**	**33253**	**32273**	**26620**	**20913**	**57961**	**58367**
新罗区	18930	2408	2409	2107	2276	1341	3130	5259
永定区	12633	3257	1648	1298	796	704	2704	2226
长汀县	88482	9549	8951	10303	8713	7186	22433	21347
上杭县	73804	10821	8909	8624	6707	5803	15000	17940
武平县	43775	6374	6482	5977	4981	3550	9659	6752
连城县	28318	6056	4632	3734	2908	2160	4587	4241
漳平市	2356	446	222	230	239	169	448	602
宁德市	**346628**	**45746**	**37266**	**40310**	**34561**	**24274**	**75356**	**89115**
蕉城区	4256	827	635	448	275	229	772	1070
霞浦县	108242	14216	12503	14681	12282	7488	25116	21956
古田县	65356	7284	8154	7536	6462	4164	14258	17498
屏南县	25391	6578	1881	2800	1797	2039	3836	6460
寿宁县	29819	4472	3123	3589	3501	2588	6285	6261
周宁县	28876	3892	2850	3175	3093	2009	5683	8174
柘荣县	27092	2603	2346	2302	2430	2083	6019	9309
福安市	30454	3310	3264	3201	2865	1923	7039	8852
福鼎市	27142	2564	2510	2578	1856	1751	6348	9535

7-4b 续表 4

单位：人

现住地	离开户口登记地时间							
	省外							
	小计	半年以上，不满一年	一年以上，不满二年	二年以上，不满三年	三年以上，不满四年	四年以上，不满五年	五年以上，不满十年	十年以上
合　计	**1035009**	**219365**	**157189**	**129408**	**99504**	**66770**	**161814**	**200959**
福州市	**227401**	**48804**	**45757**	**37720**	**25749**	**13826**	**29545**	**26000**
鼓楼区								
台江区								
仓山区								
马尾区								
晋安区	317	52	76	39	34	26	32	58
长乐区	42199	6969	6021	6127	4918	3593	7358	7213
闽侯县	98828	20749	25030	19237	12227	4599	9834	7152
连江县	25996	5199	3779	4153	2961	1929	4280	3695
罗源县	17829	5899	2915	1988	1408	1122	2366	2131
闽清县	3105	848	542	356	278	161	458	462
永泰县	4960	1769	937	650	446	296	484	378
平潭县	7043	2011	1183	826	540	374	1015	1094
福清市	27124	5308	5274	4344	2937	1726	3718	3817
厦门市	**88882**	**18573**	**16238**	**13072**	**9722**	**6366**	**12863**	**12048**
思明区								
海沧区								
湖里区	447	89	51	37	35	28	80	127
集美区	46	7	4	3	1		10	21
同安区	2676	459	325	260	175	157	480	820
翔安区	85713	18018	15858	12772	9511	6181	12293	11080
莆田市	**19824**	**7804**	**3031**	**2294**	**1718**	**1003**	**1972**	**2002**
城厢区	1476	696	233	150	133	74	110	80
涵江区	467	182	83	46	39	28	53	36
荔城区	231	102	49	27	19	4	15	15
秀屿区	2994	1241	317	396	230	213	297	300
仙游县	14656	5583	2349	1675	1297	684	1497	1571
三明市	**30342**	**5876**	**3858**	**3250**	**2735**	**1816**	**5043**	**7764**
梅列区	766	231	136	79	50	43	108	119
三元区	611	349	69	57	28	24	34	50
明溪县	1541	307	259	171	174	99	266	265
清流县	1558	486	211	158	144	97	205	257
宁化县	2603	524	414	337	243	143	426	516
大田县	3336	677	350	366	369	167	528	879
尤溪县	3472	729	512	421	330	225	623	632
沙县	9894	1379	1065	1002	820	672	1759	3197
将乐县	2731	352	297	281	262	168	489	882
泰宁县	1302	340	157	102	101	57	205	340
建宁县	1365	262	235	150	98	64	204	352
永安市	1163	240	153	126	116	57	196	275
泉州市	**417736**	**84255**	**50111**	**43547**	**35674**	**27007**	**71173**	**105969**
鲤城区								
丰泽区								
洛江区	6260	816	724	668	640	467	1358	1587
泉港区	3331	1053	593	364	313	241	432	335
惠安县	62490	14115	8255	6512	4971	3816	10912	13909
安溪县	26300	7799	4757	3466	2616	1494	3322	2846
永春县	5507	1371	864	536	468	302	890	1076
德化县	9885	1536	1021	978	682	640	1787	3241
石狮市	52615	9229	6253	4902	4418	3604	9361	14848
晋江市	128039	21145	13792	13163	10110	7394	22786	39649
南安市	123309	27191	13852	12958	11456	9049	20325	28478

7-4b　续表 5　　　　单位：人

现住地	离开户口登记地时间							
	省外							
	小计	半年以上，不满一年	一年以上，不满二年	二年以上，不满三年	三年以上，不满四年	四年以上，不满五年	五年以上，不满十年	十年以上
漳州市	**169843**	**36288**	**24859**	**20206**	**16810**	**11704**	**27996**	**31980**
芗城区	16794	2233	1807	1667	1562	1171	3150	5204
龙文区								
云霄县	5649	2127	995	613	405	237	667	605
漳浦县	22727	9650	4153	2184	1295	936	2359	2150
诏安县	4357	1569	766	415	318	234	569	486
长泰县	26030	6065	5169	3504	2172	1349	3462	4309
东山县	6813	2061	1202	877	642	357	851	823
南靖县	4952	1705	917	609	441	262	545	473
平和县	6283	1610	592	509	477	499	1370	1226
华安县	4543	965	660	621	382	282	800	833
龙海市	71695	8303	8598	9207	9116	6377	14223	15871
南平市	**20133**	**4527**	**2808**	**2098**	**1670**	**1188**	**3168**	**4674**
延平区	800	179	88	96	87	57	137	156
建阳区	940	158	91	74	84	58	166	309
顺昌县	3461	704	378	292	220	176	477	1214
浦城县	4287	1263	737	530	413	253	573	518
光泽县	2278	395	318	210	198	152	409	596
松溪县	1318	174	132	140	112	111	265	384
政和县	3651	1043	603	456	315	173	520	541
邵武市	1797	247	145	158	137	133	426	551
武夷山市	805	182	178	37	33	44	99	232
建瓯市	796	182	138	105	71	31	96	173
龙岩市	**20671**	**4743**	**3397**	**1792**	**1496**	**1170**	**3628**	**4445**
新罗区	2449	421	464	187	160	110	392	715
永定区	2861	737	519	217	169	164	462	593
长汀县	3517	785	451	314	258	237	731	741
上杭县	6554	1640	1026	537	418	300	1228	1405
武平县	2538	534	495	265	247	170	390	437
连城县	2304	540	385	230	213	154	341	441
漳平市	448	86	57	42	31	35	84	113
宁德市	**40177**	**8495**	**7130**	**5429**	**3930**	**2690**	**6426**	**6077**
蕉城区	2109	641	640	278	134	81	206	129
霞浦县	8063	2315	1200	978	669	450	1314	1137
古田县	3844	749	468	347	262	238	754	1026
屏南县	1014	341	119	100	68	63	120	203
寿宁县	1278	350	188	156	100	88	186	210
周宁县	1510	354	169	147	152	69	261	358
柘荣县	1363	214	160	104	111	97	272	405
福安市	11938	2332	3160	2230	1386	921	1556	353
福鼎市	9058	1199	1026	1089	1048	683	1757	2256

7-4c 各地区按现住地、离开户口登记地时间分的户口登记地在外乡镇街道的人口(乡村)

单位：人

现住地	离开户口登记地时间							
	合计							
	合计	半年以上，不满一年	一年以上，不满二年	二年以上，不满三年	三年以上，不满四年	四年以上，不满五年	五年以上，不满十年	十年以上
合　计	**1787156**	**469178**	**261681**	**205469**	**149821**	**99941**	**270138**	**330928**
福州市	**374517**	**103866**	**61374**	**49533**	**32803**	**19334**	**49457**	**58150**
鼓楼区								
台江区								
仓山区								
马尾区	2509	663	274	241	175	157	353	646
晋安区	5610	1778	1197	766	449	229	519	672
长乐区	72947	14743	10640	9216	7453	5081	11922	13892
闽侯县	99907	30823	18396	14430	9089	4592	11010	11567
连江县	38735	12331	5269	5671	2816	1708	4944	5996
罗源县	10387	4698	1373	900	818	493	930	1175
闽清县	20139	4480	2558	1794	1400	1117	3488	5302
永泰县	14171	4538	2159	2033	2066	660	1370	1345
平潭县	36297	9529	7512	5765	2641	1357	3727	5766
福清市	73815	20283	11996	8717	5896	3940	11194	11789
厦门市	**223490**	**53507**	**37441**	**28029**	**19055**	**13423**	**34317**	**37718**
思明区								
海沧区	10715	3185	2594	964	612	527	1311	1522
湖里区								
集美区	64661	9129	7048	7475	5867	4454	12982	17706
同安区	78162	16685	13885	11102	6936	4756	12427	12371
翔安区	69952	24508	13914	8488	5640	3686	7597	6119
莆田市	**80223**	**25678**	**12399**	**9267**	**6493**	**4176**	**10612**	**11598**
城厢区	14971	4903	2617	1913	1066	702	1544	2226
涵江区	10205	3410	1512	1081	668	598	1238	1698
荔城区	21067	6347	2920	2192	2167	1174	3586	2681
秀屿区	13845	4157	2114	1724	1220	791	1783	2056
仙游县	20135	6861	3236	2357	1372	911	2461	2937
三明市	**75714**	**21350**	**9679**	**7378**	**5247**	**3766**	**12530**	**15764**
梅列区	738	182	87	63	64	44	145	153
三元区	3070	1369	415	313	148	98	291	436
明溪县	6095	2145	834	467	309	201	787	1352
清流县	5031	1899	621	414	304	263	603	927
宁化县	9599	2643	1117	1054	783	464	1347	2191
大田县	10351	2734	1325	903	712	498	1582	2597
尤溪县	10981	2266	1633	1482	1004	768	2136	1692
沙县	6318	2049	700	608	470	300	1020	1171
将乐县	9648	1938	1109	831	574	569	2362	2265
泰宁县	3067	817	385	293	162	117	693	600
建宁县	3118	814	561	254	178	128	471	712
永安市	7698	2494	892	696	539	316	1093	1668
泉州市	**484183**	**123705**	**63024**	**51293**	**40088**	**27632**	**77731**	**100710**
鲤城区								
丰泽区								
洛江区	21360	5176	5270	2326	1455	950	2888	3295
泉港区	16403	5560	2509	1682	1134	729	2143	2646
惠安县	58974	17723	8890	6399	4698	2966	8410	9888
安溪县	29954	9714	3827	3059	2476	1465	3871	5542
永春县	9748	1862	1400	1144	839	572	1455	2476
德化县	14333	1684	1130	1218	1180	972	3327	4822
石狮市	38587	6185	4832	4208	4345	2488	6354	10175
晋江市	234707	57402	27562	24164	19208	14002	40840	51529
南安市	60117	18399	7604	7093	4753	3488	8443	10337

7-4c 续表 1

单位：人

现住地	离开户口登记地时间							
	合计							
	合计	半年以上，不满一年	一年以上，不满二年	二年以上，不满三年	三年以上，不满四年	四年以上，不满五年	五年以上，不满十年	十年以上
漳州市	**146518**	**42251**	**22314**	**15545**	**12206**	**8120**	**20826**	**25256**
芗城区	10393	1978	1478	1295	960	652	1849	2181
龙文区	2956	728	380	326	271	209	492	550
云霄县	12232	3791	1498	1060	766	627	1877	2613
漳浦县	23801	8331	2692	2020	1820	1260	3689	3989
诏安县	9104	3054	1501	856	577	408	1118	1590
长泰县	11450	2706	1809	1301	975	784	1850	2025
东山县	8901	2230	1230	1107	1358	574	1173	1229
南靖县	13249	4454	3668	1223	751	484	1248	1421
平和县	8185	2316	804	735	651	449	1230	2000
华安县	7937	2305	1461	1033	625	373	936	1204
龙海市	38310	10358	5793	4589	3452	2300	5364	6454
南平市	**112963**	**27543**	**16042**	**11340**	**9020**	**6617**	**18395**	**24006**
延平区	19387	6034	4583	1489	933	707	2625	3016
建阳区	15912	2910	1574	1434	1176	1005	3348	4465
顺昌县	6517	1439	779	829	591	409	953	1517
浦城县	10972	3933	1277	885	859	585	1439	1994
光泽县	11768	2405	2058	1418	1175	1009	2104	1599
松溪县	9015	2133	906	984	726	516	1571	2179
政和县	9886	1884	1298	1237	987	684	1588	2208
邵武市	4871	1439	623	392	374	254	743	1046
武夷山市	13619	2655	1440	1400	1161	944	2552	3467
建瓯市	11016	2711	1504	1272	1038	504	1472	2515
龙岩市	**103227**	**25559**	**13445**	**10742**	**8720**	**6423**	**18042**	**20296**
新罗区	29658	7500	3793	3158	2314	1670	4727	6496
永定区	14504	4026	1735	1214	869	901	2299	3460
长汀县	21770	3360	2823	2939	2933	1939	5137	2639
上杭县	10736	3628	1508	919	636	479	1533	2033
武平县	10149	2798	1550	1010	707	540	1596	1948
连城县	6836	1931	908	717	622	383	1065	1210
漳平市	9574	2316	1128	785	639	511	1685	2510
宁德市	**186321**	**45719**	**25963**	**22342**	**16189**	**10450**	**28228**	**37430**
蕉城区	55329	14445	9184	8639	6339	2835	6179	7708
霞浦县	17820	4266	1951	2188	1313	1125	2880	4097
古田县	18090	3477	1856	1620	1357	956	3689	5135
屏南县	8265	2356	1069	797	647	406	1294	1696
寿宁县	5442	1610	596	549	327	304	861	1195
周宁县	7516	2262	1145	654	507	303	1005	1640
柘荣县	10231	936	757	814	1036	933	2562	3193
福安市	23763	7788	4421	2551	1619	1240	2441	3703
福鼎市	39865	8579	4984	4530	3044	2348	7317	9063

7−4c 续表 2

单位：人

现住地	离开户口登记地时间							
	省内							
	小计	半年以上，不满一年	一年以上，不满二年	二年以上，不满三年	三年以上，不满四年	四年以上，不满五年	五年以上，不满十年	十年以上
合 计	**973923**	**225724**	**141872**	**117048**	**84689**	**56117**	**155463**	**193010**
福州市	**209266**	**48848**	**35054**	**29979**	**19057**	**10686**	**28200**	**37442**
鼓楼区								
台江区								
仓山区								
马尾区	1229	173	118	115	90	75	210	448
晋安区	3390	1003	717	441	250	129	334	516
长乐区	27117	5143	3969	3340	3073	1921	3951	5720
闽侯县	65680	18684	11564	9665	6076	3083	7789	8819
连江县	21445	5584	2975	3821	1590	926	2874	3675
罗源县	4517	1137	602	452	468	311	614	933
闽清县	13162	1854	1225	1050	923	775	2721	4614
永泰县	10857	3055	1637	1637	1768	534	1119	1107
平潭县	28606	5743	6233	5056	2221	1110	3091	5152
福清市	33263	6472	6014	4402	2598	1822	5497	6458
厦门市	**92027**	**23622**	**16219**	**11851**	**7360**	**5584**	**13935**	**13456**
思明区								
海沧区	6251	1664	1952	533	294	293	719	796
湖里区								
集美区	22981	3766	2735	2838	2028	1636	4670	5308
同安区	32848	8000	6169	4774	2634	1838	4954	4479
翔安区	29947	10192	5363	3706	2404	1817	3592	2873
莆田市	**47178**	**12725**	**6804**	**5519**	**3971**	**2658**	**7065**	**8436**
城厢区	7090	1657	1073	1040	570	369	888	1493
涵江区	5066	1164	745	636	366	305	710	1140
荔城区	13605	3636	1950	1371	1392	832	2485	1939
秀屿区	7724	1890	1048	875	720	509	1162	1520
仙游县	13693	4378	1988	1597	923	643	1820	2344
三明市	**53064**	**12690**	**5852**	**5045**	**3906**	**2960**	**10261**	**12350**
梅列区	534	135	54	44	47	35	106	113
三元区	1643	628	181	168	106	73	186	301
明溪县	4439	1333	460	312	238	170	702	1224
清流县	3120	1006	291	251	175	190	462	745
宁化县	7867	1966	855	835	662	395	1196	1958
大田县	5803	1244	623	506	456	356	1110	1508
尤溪县	8662	1626	1229	1143	835	655	1819	1355
沙县	4575	1385	454	428	346	228	809	925
将乐县	7167	1159	612	582	428	410	2091	1885
泰宁县	2483	581	296	222	128	110	643	503
建宁县	2232	499	357	165	130	108	359	614
永安市	4539	1128	440	389	355	230	778	1219
泉州市	**184919**	**45589**	**24987**	**21020**	**15898**	**10109**	**29449**	**37867**
鲤城区								
丰泽区								
洛江区	12068	2928	3329	1307	763	483	1544	1714
泉港区	9271	2566	1365	1038	687	417	1384	1814
惠安县	29034	8532	4649	3580	2354	1433	4058	4428
安溪县	19080	5667	2190	2060	1577	897	2642	4047
永春县	7106	994	936	918	694	473	1173	1918
德化县	12404	1057	866	1057	1070	844	3074	4436
石狮市	12653	1801	1891	1671	2010	736	1970	2574
晋江市	59205	14531	7069	6437	4886	3581	10338	12363
南安市	24098	7513	2692	2952	1857	1245	3266	4573

7-4c　续表 3

单位：人

现住地	离开户口登记地时间							
	省内							
	小计	半年以上，不满一年	一年以上，不满二年	二年以上，不满三年	三年以上，不满四年	四年以上，不满五年	五年以上，不满十年	十年以上
漳州市	**94295**	**22118**	**14390**	**10409**	**7961**	**5551**	**15027**	**18839**
芗城区	7155	1197	936	888	671	494	1331	1638
龙文区	1894	314	205	219	192	149	379	436
云霄县	7798	1887	938	793	584	411	1348	1837
漳浦县	13408	2899	1383	1279	1166	868	2704	3109
诏安县	6209	1752	1105	620	395	300	813	1224
长泰县	6739	1376	947	748	564	497	1293	1314
东山县	6445	1511	836	781	902	422	967	1026
南靖县	10784	3392	3240	1019	557	372	969	1235
平和县	6093	1334	603	548	508	371	1009	1720
华安县	4471	1160	731	554	378	243	593	812
龙海市	23299	5296	3466	2960	2044	1424	3621	4488
南平市	**85211**	**17624**	**11717**	**8580**	**7169**	**5296**	**15134**	**19691**
延平区	16437	5164	3972	1287	759	581	2197	2477
建阳区	12125	1764	1167	1143	957	840	2792	3462
顺昌县	4326	812	509	557	394	283	659	1112
浦城县	7342	2037	799	610	671	459	1081	1685
光泽县	6964	1137	982	661	710	669	1626	1179
松溪县	7435	1409	772	869	664	458	1398	1865
政和县	7694	1104	919	981	844	597	1340	1909
邵武市	3121	618	390	259	276	180	572	826
武夷山市	10940	1775	1100	1114	962	810	2190	2989
建瓯市	8827	1804	1107	1099	932	419	1279	2187
龙岩市	**76217**	**16822**	**9425**	**8267**	**6935**	**5259**	**14455**	**15054**
新罗区	20911	4924	2596	2358	1624	1274	3638	4497
永定区	9893	2390	1113	800	672	729	1705	2484
长汀县	19615	2865	2493	2671	2725	1814	4764	2283
上杭县	7831	2441	1010	709	508	370	1164	1629
武平县	7164	1758	967	733	517	396	1267	1526
连城县	5009	1145	621	549	496	335	856	1007
漳平市	5794	1299	625	447	393	341	1061	1628
宁德市	**131746**	**25686**	**17424**	**16378**	**12432**	**8014**	**21937**	**29875**
蕉城区	37940	6349	5721	6608	5080	2222	5115	6845
霞浦县	10167	1931	1060	1111	884	693	1852	2636
古田县	14458	2046	1326	1363	1160	804	3249	4510
屏南县	6729	1729	816	709	566	364	1084	1461
寿宁县	3566	914	283	336	215	169	636	1013
周宁县	5481	1381	597	486	383	260	899	1475
柘荣县	8501	529	483	530	816	841	2319	2983
福安市	19553	6258	3673	1900	1221	1047	2009	3445
福鼎市	25351	4549	3465	3335	2107	1614	4774	5507

7-4c 续表 4

单位：人

现住地	离开户口登记地时间 省外 小计	半年以上，不满一年	一年以上，不满二年	二年以上，不满三年	三年以上，不满四年	四年以上，不满五年	五年以上，不满十年	十年以上
合　计	**813233**	**243454**	**119809**	**88421**	**65132**	**43824**	**114675**	**137918**
福州市	**165251**	**55018**	**26320**	**19554**	**13746**	**8648**	**21257**	**20708**
鼓楼区								
台江区								
仓山区								
马尾区	1280	490	156	126	85	82	143	198
晋安区	2220	775	480	325	199	100	185	156
长乐区	45830	9600	6671	5876	4380	3160	7971	8172
闽侯县	34227	12139	6832	4765	3013	1509	3221	2748
连江县	17290	6747	2294	1850	1226	782	2070	2321
罗源县	5870	3561	771	448	350	182	316	242
闽清县	6977	2626	1333	744	477	342	767	688
永泰县	3314	1483	522	396	298	126	251	238
平潭县	7691	3786	1279	709	420	247	636	614
福清市	40552	13811	5982	4315	3298	2118	5697	5331
厦门市	**131463**	**29885**	**21222**	**16178**	**11695**	**7839**	**20382**	**24262**
思明区								
海沧区	4464	1521	642	431	318	234	592	726
湖里区								
集美区	41680	5363	4313	4637	3839	2818	8312	12398
同安区	45314	8685	7716	6328	4302	2918	7473	7892
翔安区	40005	14316	8551	4782	3236	1869	4005	3246
莆田市	**33045**	**12953**	**5595**	**3748**	**2522**	**1518**	**3547**	**3162**
城厢区	7881	3246	1544	873	496	333	656	733
涵江区	5139	2246	767	445	302	293	528	558
荔城区	7462	2711	970	821	775	342	1101	742
秀屿区	6121	2267	1066	849	500	282	621	536
仙游县	6442	2483	1248	760	449	268	641	593
三明市	**22650**	**8660**	**3827**	**2333**	**1341**	**806**	**2269**	**3414**
梅列区	204	47	33	19	17	9	39	40
三元区	1427	741	234	145	42	25	105	135
明溪县	1656	812	374	155	71	31	85	128
清流县	1911	893	330	163	129	73	141	182
宁化县	1732	677	262	219	121	69	151	233
大田县	4548	1490	702	397	256	142	472	1089
尤溪县	2319	640	404	339	169	113	317	337
沙县	1743	664	246	180	124	72	211	246
将乐县	2481	779	497	249	146	159	271	380
泰宁县	584	236	89	71	34	7	50	97
建宁县	886	315	204	89	48	20	112	98
永安市	3159	1366	452	307	184	86	315	449
泉州市	**299264**	**78116**	**38037**	**30273**	**24190**	**17523**	**48282**	**62843**
鲤城区								
丰泽区								
洛江区	9292	2248	1941	1019	692	467	1344	1581
泉港区	7132	2994	1144	644	447	312	759	832
惠安县	29940	9191	4241	2819	2344	1533	4352	5460
安溪县	10874	4047	1637	999	899	568	1229	1495
永春县	2642	868	464	226	145	99	282	558
德化县	1929	627	264	161	110	128	253	386
石狮市	25934	4384	2941	2537	2335	1752	4384	7601
晋江市	175502	42871	20493	17727	14322	10421	30502	39166
南安市	36019	10886	4912	4141	2896	2243	5177	5764

7-4c　续表 5

单位：人

现住地	离开户口登记地时间							
	省外							
	小计	半年以上，不满一年	一年以上，不满二年	二年以上，不满三年	三年以上，不满四年	四年以上，不满五年	五年以上，不满十年	十年以上
漳州市	**52223**	**20133**	**7924**	**5136**	**4245**	**2569**	**5799**	**6417**
芗城区	3238	781	542	407	289	158	518	543
龙文区	1062	414	175	107	79	60	113	114
云霄县	4434	1904	560	267	182	216	529	776
漳浦县	10393	5432	1309	741	654	392	985	880
诏安县	2895	1302	396	236	182	108	305	366
长泰县	4711	1330	862	553	411	287	557	711
东山县	2456	719	394	326	456	152	206	203
南靖县	2465	1062	428	204	194	112	279	186
平和县	2092	982	201	187	143	78	221	280
华安县	3466	1145	730	479	247	130	343	392
龙海市	15011	5062	2327	1629	1408	876	1743	1966
南平市	**27752**	**9919**	**4325**	**2760**	**1851**	**1321**	**3261**	**4315**
延平区	2950	870	611	202	174	126	428	539
建阳区	3787	1146	407	291	219	165	556	1003
顺昌县	2191	627	270	272	197	126	294	405
浦城县	3630	1896	478	275	188	126	358	309
光泽县	4804	1268	1076	757	465	340	478	420
松溪县	1580	724	134	115	62	58	173	314
政和县	2192	780	379	256	143	87	248	299
邵武市	1750	821	233	133	98	74	171	220
武夷山市	2679	880	340	286	199	134	362	478
建瓯市	2189	907	397	173	106	85	193	328
龙岩市	**27010**	**8737**	**4020**	**2475**	**1785**	**1164**	**3587**	**5242**
新罗区	8747	2576	1197	800	690	396	1089	1999
永定区	4611	1636	622	414	197	172	594	976
长汀县	2155	495	330	268	208	125	373	356
上杭县	2905	1187	498	210	128	109	369	404
武平县	2985	1040	583	277	190	144	329	422
连城县	1827	786	287	168	126	48	209	203
漳平市	3780	1017	503	338	246	170	624	882
宁德市	**54575**	**20033**	**8539**	**5964**	**3757**	**2436**	**6291**	**7555**
蕉城区	17389	8096	3463	2031	1259	613	1064	863
霞浦县	7653	2335	891	1077	429	432	1028	1461
古田县	3632	1431	530	257	197	152	440	625
屏南县	1536	627	253	88	81	42	210	235
寿宁县	1876	696	313	213	112	135	225	182
周宁县	2035	881	548	168	124	43	106	165
柘荣县	1730	407	274	284	220	92	243	210
福安市	4210	1530	748	651	398	193	432	258
福鼎市	14514	4030	1519	1195	937	734	2543	3556

7-5 全省按户口登记地、性别、受教育程度分的户口登记地在外乡镇街道的人口

单位：人

受教育程度	合计			省内		
	合计	男	女	小计	男	女
总 计	**16097666**	**8599612**	**7498054**	**11275255**	**5787597**	**5487658**
未上过学	302360	85705	216655	230643	60341	170302
学前教育	579132	312186	266946	467342	252110	215232
小 学	3365271	1591692	1773579	2314778	1038561	1276217
初 中	5632735	3220874	2411861	3307789	1791582	1516207
高 中	2910761	1660472	1250289	2216408	1228681	987727
大学专科	1570401	831215	739186	1307921	679226	628695
大学本科	1606970	829453	777517	1336930	688038	648892
硕士研究生	115461	58826	56635	83511	42721	40790
博士研究生	14575	9189	5386	9933	6337	3596

7-5 续表

单位：人

受教育程度	省内			省外		
	其中市辖区内人户分离					
	小计	男	女	小计	男	女
总 计	**2720719**	**1329932**	**1390787**	**4822411**	**2812015**	**2010396**
未上过学	47952	12696	35256	71717	25364	46353
学前教育	118847	63602	55245	111790	60076	51714
小 学	467223	203752	263471	1050493	553131	497362
初 中	665114	332949	332165	2324946	1429292	895654
高 中	594995	304113	290882	694353	431791	262562
大学专科	341489	167123	174366	262480	151989	110491
大学本科	436560	220266	216294	270040	141415	128625
硕士研究生	42680	21730	20950	31950	16105	15845
博士研究生	5859	3701	2158	4642	2852	1790

7-5a 全省按户口登记地、性别、受教育程度分的户口登记地在外乡镇街道的人口(城市)

单位：人

受教育程度	合计			省内		
	合计	男	女	小计	男	女
总 计	**9984717**	**5285956**	**4698761**	**6985044**	**3579649**	**3405395**
未上过学	178043	48110	129933	131892	32205	99687
学前教育	337822	181976	155846	269020	145008	124012
小 学	1845582	857917	987665	1235421	543881	691540
初 中	3282658	1862011	1420647	1882706	1020607	862099
高 中	1896151	1072683	823468	1433709	793646	640063
大学专科	1151104	600364	550740	960932	495027	465905
大学本科	1192892	611250	581642	996948	510635	486313
硕士研究生	89904	45023	44881	67016	33921	33095
博士研究生	10561	6622	3939	7400	4719	2681

7-5a 续表

单位：人

受教育程度	省内 其中市辖区内人户分离			省外		
	小计	男	女	小计	男	女
总 计	**2512453**	**1227194**	**1285259**	**2999673**	**1706307**	**1293366**
未上过学	42663	11027	31636	46151	15905	30246
学前教育	107785	57779	50006	68802	36968	31834
小 学	419705	181651	238054	610161	314036	296125
初 中	601590	300649	300941	1399952	841404	558548
高 中	550216	281072	269144	462442	279037	183405
大学专科	324843	159154	165689	190172	105337	84835
大学本科	418846	211370	207476	195944	100615	95329
硕士研究生	41458	21105	20353	22888	11102	11786
博士研究生	5347	3387	1960	3161	1903	1258

7-5b 全省按户口登记地、性别、受教育程度分的户口登记地在外乡镇街道的人口(镇)

单位：人

受教育程度	合计			省内		
	合计	男	女	小计	男	女
总计	**4364830**	**2309059**	**2055771**	**3344085**	**1703960**	**1640125**
未上过学	87604	24997	62607	74849	20266	54583
学前教育	181812	98414	83398	156956	85048	71908
小学	1077698	504565	573133	846938	381873	465065
初中	1616042	909819	706223	1105011	591933	513078
高中	755691	428841	326850	617455	340600	276855
大学专科	301183	162251	138932	259419	136254	123165
大学本科	323021	168054	154967	268724	139943	128781
硕士研究生	19434	10616	8818	13067	6967	6100
博士研究生	2345	1502	843	1666	1076	590

7-5b 续表

单位：人

受教育程度	省内			省外		
	其中市辖区内人户分离					
	小计	男	女	小计	男	女
总计	**92733**	**45687**	**47046**	**1020745**	**605099**	**415646**
未上过学	2203	639	1564	12755	4731	8024
学前教育	4836	2574	2262	24856	13366	11490
小学	20362	9191	11171	230760	122692	108068
初中	27867	14132	13735	511031	317886	193145
高中	21481	11194	10287	138236	88241	49995
大学专科	7475	3579	3896	41764	25997	15767
大学本科	8028	4106	3922	54297	28111	26186
硕士研究生	449	249	200	6367	3649	2718
博士研究生	32	23	9	679	426	253

7–5c　全省按户口登记地、性别、受教育程度分的户口登记地在外乡镇街道的人口(乡村)

单位：人

受教育程度	合计			省内		
	合计	男	女	小计	男	女
总　计	**1748119**	**1004597**	**743522**	**946126**	**503988**	**442138**
未上过学	36713	12598	24115	23902	7870	16032
学前教育	59498	31796	27702	41366	22054	19312
小　学	441991	229210	212781	232419	112807	119612
初　中	734035	449044	284991	320072	179042	141030
高　中	258919	158948	99971	165244	94435	70809
大学专科	118114	68600	49514	87570	47945	39625
大学本科	91057	50149	40908	71258	37460	33798
硕士研究生	6123	3187	2936	3428	1833	1595
博士研究生	1669	1065	604	867	542	325

7–5c　续表

单位：人

受教育程度	省内			省外		
	其中市辖区内人户分离					
	小计	男	女	小计	男	女
总　计	**115533**	**57051**	**58482**	**801993**	**500609**	**301384**
未上过学	3086	1030	2056	12811	4728	8083
学前教育	6226	3249	2977	18132	9742	8390
小　学	27156	12910	14246	209572	116403	93169
初　中	35657	18168	17489	413963	270002	143961
高　中	23298	11847	11451	93675	64513	29162
大学专科	9171	4390	4781	30544	20655	9889
大学本科	9686	4790	4896	19799	12689	7110
硕士研究生	773	376	397	2695	1354	1341
博士研究生	480	291	189	802	523	279

7-6 各地区按现住地、受教育程度、性别分的户口登记地在本省其他乡镇街道的人口

单位：人

现住地	合计			未上过学		
	合计	男	女	小计	男	女
合　计	**11275255**	**5787597**	**5487658**	**230643**	**60341**	**170302**
福州市	**2607899**	**1315048**	**1292851**	**32150**	**10066**	**22084**
鼓楼区	260966	124618	136348	3284	828	2456
台江区	191116	92689	98427	1103	368	735
仓山区	507049	262876	244173	5050	1750	3300
马尾区	86078	44930	41148	1105	339	766
晋安区	365807	185383	180424	3560	1408	2152
长乐区	143431	70902	72529	1835	619	1216
闽侯县	324667	168686	155981	4026	1329	2697
连江县	114219	57096	57123	1873	477	1396
罗源县	88577	45873	42704	702	254	448
闽清县	49733	24618	25115	765	233	532
永泰县	66635	32610	34025	574	255	319
平潭县	152152	75162	76990	3460	901	2559
福清市	257469	129605	127864	4813	1305	3508
厦门市	**1922573**	**1008672**	**913901**	**44808**	**9051**	**35757**
思明区	410266	195966	214300	7595	1209	6386
海沧区	198547	107665	90882	5974	1200	4774
湖里区	518215	270864	247351	12734	2562	10172
集美区	406973	220563	186410	7981	1621	6360
同安区	250047	134872	115175	7260	1688	5572
翔安区	138525	78742	59783	3264	771	2493
莆田市	**648786**	**328700**	**320086**	**13930**	**3454**	**10476**
城厢区	194379	100385	93994	3039	771	2268
涵江区	113416	56814	56602	3033	705	2328
荔城区	163292	82379	80913	2863	594	2269
秀屿区	44950	23928	21022	1315	374	941
仙游县	132749	65194	67555	3680	1010	2670
三明市	**739695**	**375722**	**363973**	**21173**	**5015**	**16158**
梅列区	87920	44900	43020	2501	466	2035
三元区	80457	41768	38689	2029	494	1535
明溪县	24133	12190	11943	939	214	725
清流县	27178	13739	13439	966	200	766
宁化县	67278	32950	34328	2788	523	2265
大田县	66573	34864	31709	1438	386	1052
尤溪县	67221	34388	32833	1515	448	1067
沙县	93965	47363	46602	3407	933	2474
将乐县	48207	23521	24686	1868	420	1448
泰宁县	29820	14304	15516	1118	250	868
建宁县	28601	14019	14582	863	194	669
永安市	118342	61716	56626	1741	487	1254
泉州市	**1988332**	**1047853**	**940479**	**36461**	**10915**	**25546**
鲤城区	161878	83159	78719	2455	723	1732
丰泽区	313854	161754	152100	4554	1088	3466
洛江区	66302	33919	32383	1549	324	1225
泉港区	49916	24512	25404	1203	357	846
惠安县	127661	66119	61542	2825	780	2045
安溪县	254050	133418	120632	4802	1664	3138
永春县	76064	37963	38101	971	314	657
德化县	161799	87387	74412	4223	893	3330
石狮市	199314	106612	92702	3330	1168	2162
晋江市	397449	214943	182506	8284	2693	5591
南安市	180045	98067	81978	2265	911	1354

7-6　续表 1　　　　单位：人

现住地	合计			未上过学		
	合计	男	女	小计	男	女
漳州市	**883738**	**448523**	**435215**	**17042**	**4235**	**12807**
芗城区	244751	120675	124076	3743	823	2920
龙文区	117335	62401	54934	2272	575	1697
云霄县	82262	40689	41573	2958	587	2371
漳浦县	105268	52901	52367	2100	580	1520
诏安县	36920	17520	19400	880	302	578
长泰县	35123	18646	16477	540	191	349
东山县	31665	15577	16088	581	134	447
南靖县	42396	21446	20950	715	171	544
平和县	32365	16217	16148	663	190	473
华安县	15291	8132	7159	277	75	202
龙海市	140362	74319	66043	2313	607	1706
南平市	**789628**	**397093**	**392535**	**20501**	**5810**	**14691**
延平区	148110	75402	72708	3847	952	2895
建阳区	104601	54164	50437	2857	870	1987
顺昌县	34528	17084	17444	1172	296	876
浦城县	69599	33880	35719	1710	570	1140
光泽县	40997	20441	20556	974	248	726
松溪县	36353	17754	18599	1037	360	677
政和县	47359	24162	23197	2361	644	1717
邵武市	126758	63161	63597	2320	628	1692
武夷山市	86061	43519	42542	1585	498	1087
建瓯市	95262	47526	47736	2638	744	1894
龙岩市	**767054**	**391879**	**375175**	**19150**	**3465**	**15685**
新罗区	389921	201392	188529	9653	1538	8115
永定区	52277	26394	25883	1304	236	1068
长汀县	104790	52011	52779	2826	585	2241
上杭县	79097	39968	39129	1469	290	1179
武平县	49193	24319	24874	1709	310	1399
连城县	32099	16052	16047	576	138	438
漳平市	59677	31743	27934	1613	368	1245
宁德市	**927550**	**474107**	**453443**	**25428**	**8330**	**17098**
蕉城区	234795	122382	112413	6004	2043	3961
霞浦县	115208	59914	55294	2964	1061	1903
古田县	77305	38461	38844	1007	396	611
屏南县	31395	16179	15216	643	203	440
寿宁县	32472	16300	16172	1535	415	1120
周宁县	33512	16798	16714	1295	426	869
柘荣县	34498	17370	17128	1491	452	1039
福安市	205053	104854	100199	3838	1310	2528
福鼎市	163312	81849	81463	6651	2024	4627

7-6 续表 2

单位：人

现住地	学前教育			小学		
	小计	男	女	小计	男	女
合 计	**467342**	**252110**	**215232**	**2314778**	**1038561**	**1276217**
福州市	**90340**	**47908**	**42432**	**454169**	**200105**	**254064**
鼓楼区	7345	3871	3474	31475	13139	18336
台江区	6018	3189	2829	28207	12058	16149
仓山区	17000	9009	7991	71554	31801	39753
马尾区	2916	1517	1399	13723	5952	7771
晋安区	13179	7012	6167	54885	24235	30650
长乐区	4226	2236	1990	31868	13813	18055
闽侯县	9554	5104	4450	43677	20649	23028
连江县	3860	1994	1866	26462	11423	15039
罗源县	4367	2355	2012	29180	13950	15230
闽清县	1754	953	801	11785	5339	6446
永泰县	2890	1551	1339	16207	7151	9056
平潭县	7125	3754	3371	39751	17062	22689
福清市	10106	5363	4743	55395	23533	31862
厦门市	**73616**	**40028**	**33588**	**288882**	**126915**	**161967**
思明区	12928	6915	6013	63262	24934	38328
海沧区	8361	4522	3839	31492	14160	17332
湖里区	18524	10122	8402	71625	32002	39623
集美区	14793	8125	6668	52250	22807	29443
同安区	13901	7575	6326	51441	24124	27317
翔安区	5109	2769	2340	18812	8888	9924
莆田市	**23213**	**12523**	**10690**	**120324**	**51433**	**68891**
城厢区	6515	3545	2970	31494	12778	18716
涵江区	4302	2304	1998	22465	9359	13106
荔城区	5615	3045	2570	26986	11365	15621
秀屿区	1579	869	710	8359	4006	4353
仙游县	5202	2760	2442	31020	13925	17095
三明市	**37558**	**20323**	**17235**	**200518**	**91005**	**109513**
梅列区	3359	1808	1551	16977	7679	9298
三元区	3252	1726	1526	18650	8653	9997
明溪县	1049	539	510	7600	3369	4231
清流县	1547	855	692	7423	3351	4072
宁化县	3782	2124	1658	20885	9194	11691
大田县	3811	2149	1662	21017	9571	11446
尤溪县	3537	1910	1627	18390	8340	10050
沙县	4686	2492	2194	27802	13123	14679
将乐县	2756	1465	1291	16760	7532	9228
泰宁县	2078	1128	950	9866	4251	5615
建宁县	1537	795	742	9213	4021	5192
永安市	6164	3332	2832	25935	11921	14014
泉州市	**90774**	**51313**	**39461**	**420394**	**193771**	**226623**
鲤城区	7161	4017	3144	30125	13372	16753
丰泽区	11134	6245	4889	43875	18430	25445
洛江区	2652	1476	1176	10423	4507	5916
泉港区	3006	1677	1329	11942	5303	6639
惠安县	5856	3282	2574	25126	11091	14035
安溪县	14568	8326	6242	71564	35441	36123
永春县	3877	2220	1657	18540	8288	10252
德化县	8992	5106	3886	49295	21491	27804
石狮市	8060	4588	3472	43560	20375	23185
晋江市	17077	9650	7427	82393	39114	43279
南安市	8391	4726	3665	33551	16359	17192

7-6　续表 3　　单位：人

现住地	学前教育			小　学		
	小计	男	女	小计	男	女
漳州市	**38146**	**20174**	**17972**	**172924**	**74870**	**98054**
芗城区	8920	4709	4211	39307	16934	22373
龙文区	5327	2863	2464	21833	9378	12455
云霄县	3723	1946	1777	20731	8915	11816
漳浦县	5969	3178	2791	22158	9698	12460
诏安县	1978	1037	941	9350	3914	5436
长泰县	1673	893	780	7280	3102	4178
东山县	1473	754	719	8447	3488	4959
南靖县	1463	771	692	8577	3514	5063
平和县	1254	654	600	6624	2820	3804
华安县	536	259	277	3335	1460	1875
龙海市	5830	3110	2720	25282	11647	13635
南平市	**30662**	**15854**	**14808**	**203852**	**93970**	**109882**
延平区	4876	2498	2378	33599	15152	18447
建阳区	3932	2028	1904	25377	12269	13108
顺昌县	1219	606	613	8023	3626	4397
浦城县	2475	1255	1220	18779	8689	10090
光泽县	1768	952	816	11449	5145	6304
松溪县	1656	874	782	10882	5019	5863
政和县	2209	1145	1064	16486	7783	8703
邵武市	5718	2976	2742	34456	15150	19306
武夷山市	3150	1627	1523	19341	9193	10148
建瓯市	3659	1893	1766	25460	11944	13516
龙岩市	**38981**	**21071**	**17910**	**165649**	**66995**	**98654**
新罗区	18009	9790	8219	69107	28620	40487
永定区	2586	1399	1187	11559	4703	6856
长汀县	7061	3841	3220	34927	14067	20860
上杭县	4350	2313	2037	17521	6418	11103
武平县	2355	1245	1110	11391	4002	7389
连城县	1819	960	859	7490	3122	4368
漳平市	2801	1523	1278	13654	6063	7591
宁德市	**44052**	**22916**	**21136**	**288066**	**139497**	**148569**
蕉城区	10130	5248	4882	62288	30256	32032
霞浦县	5095	2604	2491	36543	18144	18399
古田县	3646	1865	1781	23806	11406	12400
屏南县	1128	593	535	11369	5474	5895
寿宁县	1666	885	781	10357	4740	5617
周宁县	1569	832	737	12832	6191	6641
柘荣县	1695	868	827	12431	6037	6394
福安市	10321	5474	4847	61891	29894	31997
福鼎市	8802	4547	4255	56549	27355	29194

7-6 续表 4

单位：人

现住地	初中			高中			大学专科		
	小计	男	女	小计	男	女	小计	男	女
合　计	**3307789**	**1791582**	**1516207**	**2216408**	**1228681**	**987727**	**1307921**	**679226**	**628695**
福州市	**671113**	**351865**	**319248**	**560917**	**299475**	**261442**	**343567**	**176073**	**167494**
鼓楼区	44361	21289	23072	53258	25594	27664	49147	23175	25972
台江区	45497	22521	22976	46393	23570	22823	29694	14342	15352
仓山区	118756	63752	55004	112745	62121	50624	87605	46169	41436
马尾区	21561	12393	9168	16675	9848	6827	10951	5485	5466
晋安区	97740	50095	47645	90453	47980	42473	51724	26488	25236
长乐区	42091	21988	20103	30361	16240	14121	12681	7101	5580
闽侯县	75337	42020	33317	57418	31420	25998	40710	20876	19834
连江县	35797	19024	16773	22254	11993	10261	9901	5037	4864
罗源县	32160	17393	14767	13406	7303	6103	4935	2574	2361
闽清县	18781	9505	9276	9929	5202	4727	3644	1815	1829
永泰县	21810	10761	11049	11977	6546	5431	4703	2488	2215
平潭县	49109	25145	23964	28104	15429	12675	14606	7467	7139
福清市	68113	35979	32134	67944	36229	31715	23266	13056	10210
厦门市	**472597**	**267939**	**204658**	**359061**	**207911**	**151150**	**310944**	**163382**	**147562**
思明区	85458	43917	41541	71642	36978	34664	69498	32876	36622
海沧区	52188	31103	21085	40197	24002	16195	28146	15376	12770
湖里区	128988	73060	55928	100937	58724	42213	92957	47820	45137
集美区	90873	52591	38282	73687	44202	29485	62623	34827	27796
同安区	82785	47723	35062	45907	27621	18286	26296	14067	12229
翔安区	32305	19545	12760	26691	16384	10307	31424	18416	13008
莆田市	**203411**	**104850**	**98561**	**155209**	**85680**	**69529**	**66092**	**35201**	**30891**
城厢区	52938	27471	25467	48886	27398	21488	23281	12783	10498
涵江区	41440	21255	20185	23541	12898	10643	11810	6766	5044
荔城区	52196	26861	25335	39298	21593	17705	16254	8647	7607
秀屿区	14098	7811	6287	12203	6646	5557	3204	1908	1296
仙游县	42739	21452	21287	31281	17145	14136	11543	5097	6446
三明市	**225464**	**120980**	**104484**	**137152**	**76230**	**60922**	**65414**	**34725**	**30689**
梅列区	22426	12215	10211	18170	10298	7872	13348	6187	7161
三元区	24193	13825	10368	15731	8988	6743	6424	3390	3034
明溪县	7693	4358	3335	3602	2025	1577	1667	818	849
清流县	8232	4219	4013	5032	2928	2104	1986	1007	979
宁化县	21101	10726	10375	12206	6905	5301	3705	1945	1760
大田县	22409	12461	9948	10809	6360	4449	4033	2205	1828
尤溪县	22918	12289	10629	12699	7118	5581	4940	2556	2384
沙县	27993	15003	12990	18795	10139	8656	6425	3273	3152
将乐县	15133	8032	7101	6252	3336	2916	2816	1395	1421
泰宁县	8752	4519	4233	4301	2336	1965	1821	868	953
建宁县	9457	4937	4520	4217	2325	1892	1810	978	832
永安市	35157	18396	16761	25338	13472	11866	16439	10103	6336
泉州市	**660720**	**365318**	**295402**	**360334**	**206606**	**153728**	**209563**	**108707**	**100856**
鲤城区	49731	26760	22971	31609	17550	14059	23267	11454	11813
丰泽区	68840	37536	31304	64759	36203	28556	58324	29750	28574
洛江区	16371	9292	7079	12352	7612	4740	10955	4847	6108
泉港区	14603	7001	7602	9859	5185	4674	5042	2575	2467
惠安县	40277	21806	18471	27837	15924	11913	15423	7598	7825
安溪县	103352	54388	48964	35429	20016	15413	12932	7016	5916
永春县	26739	13348	13391	13469	7363	6106	6566	3068	3498
德化县	63573	37404	26169	21106	13268	7838	8812	5679	3133
石狮市	71909	40378	31531	33848	19707	14141	13907	7512	6395
晋江市	136229	78150	58079	73394	42819	30575	41640	22234	19406
南安市	69096	39255	29841	36672	20959	15713	12695	6974	5721

7-6　续表 5　　　　单位：人

现住地	初中			高中			大学专科		
	小计	男	女	小计	男	女	小计	男	女
漳州市	**273700**	**148916**	**124784**	**183577**	**100284**	**83293**	**107526**	**54880**	**52646**
芗城区	67486	37040	30446	49193	26660	22533	39774	18307	21467
龙文区	34006	19644	14362	21501	12613	8888	18347	9831	8516
云霄县	30626	16045	14581	14902	8222	6680	5359	2855	2504
漳浦县	32319	16563	15756	22437	11816	10621	14016	7496	6520
诏安县	11710	5646	6064	7951	3932	4019	2995	1627	1368
长泰县	15156	8640	6516	5044	2923	2121	3096	1685	1411
东山县	11886	6224	5662	4956	2718	2238	2834	1442	1392
南靖县	13141	7341	5800	13061	6783	6278	3046	1607	1439
平和县	11567	6039	5528	7785	4059	3726	2455	1354	1101
华安县	4739	2809	1930	3411	1944	1467	1379	760	619
龙海市	41064	22925	18139	33336	18614	14722	14225	7916	6309
南平市	**278068**	**148184**	**129884**	**139126**	**73238**	**65888**	**63494**	**32698**	**30796**
延平区	46241	25251	20990	26862	14620	12242	20476	10746	9730
建阳区	35932	19897	16035	20820	10631	10189	7322	3814	3508
顺昌县	12362	6466	5896	7728	3995	3733	2156	1095	1061
浦城县	25631	12808	12823	13513	6742	6771	4422	2214	2208
光泽县	17305	9071	8234	5524	2974	2550	2404	1224	1180
松溪县	14254	7198	7056	4919	2502	2417	2132	1051	1081
政和县	17109	9625	7484	5287	2919	2368	2345	1201	1144
邵武市	47113	24561	22552	22113	12161	9952	9240	4732	4508
武夷山市	28340	15352	12988	15195	8033	7162	6073	3125	2948
建瓯市	33781	17955	15826	17165	8661	8504	6924	3496	3428
龙岩市	**244553**	**134113**	**110440**	**157854**	**91026**	**66828**	**74754**	**39541**	**35213**
新罗区	122475	68295	54180	82035	47284	34751	45762	23496	22266
永定区	17662	9381	8281	11734	6438	5296	4050	2285	1765
长汀县	33091	17812	15279	17257	10349	6908	5541	2951	2590
上杭县	23131	12076	11055	17243	10013	7230	7953	4573	3380
武平县	16571	8771	7800	10357	6151	4206	3733	2050	1683
连城县	10344	5336	5008	7168	3943	3225	2660	1439	1221
漳平市	21279	12442	8837	12060	6848	5212	5055	2747	2308
宁德市	**278163**	**149417**	**128746**	**163178**	**88231**	**74947**	**66567**	**34019**	**32548**
蕉城区	62742	34948	27794	43360	24139	19221	21449	11247	10202
霞浦县	36730	20001	16729	21831	11862	9969	7009	3581	3428
古田县	28613	14751	13862	11944	5972	5972	4381	2164	2217
屏南县	9264	5121	4143	5591	3047	2544	1841	913	928
寿宁县	11105	5947	5158	4555	2598	1957	1733	910	823
周宁县	10015	5242	4773	4975	2647	2328	1419	721	698
柘荣县	10745	5737	5008	4795	2607	2188	1874	923	951
福安市	62392	33073	29319	40199	21582	18617	16308	8303	8005
福鼎市	46557	24597	21960	25928	13777	12151	10553	5257	5296

7-6 续表 6 单位：人

现住地	大学本科			硕士研究生			博士研究生		
	小计	男	女	小计	男	女	小计	男	女
合　计	**1336930**	**688038**	**648892**	**83511**	**42721**	**40790**	**9933**	**6337**	**3596**
福州市	**418691**	**210546**	**208145**	**32936**	**16470**	**16466**	**4016**	**2540**	**1476**
鼓楼区	64579	32867	31712	6809	3389	3420	708	466	242
台江区	30212	14700	15512	3633	1741	1892	359	200	159
仓山区	85705	44159	41546	7554	3446	4108	1080	669	411
马尾区	18588	9116	9472	529	259	270	30	21	9
晋安区	49925	25881	24044	3959	2048	1911	382	236	146
长乐区	19842	8636	11206	495	248	247	32	21	11
闽侯县	84615	42178	42437	8041	4278	3763	1289	832	457
连江县	13811	7021	6790	241	115	126	20	12	8
罗源县	3744	1994	1750	79	46	33	4	4	
闽清县	2974	1521	1453	89	42	47	12	8	4
永泰县	8385	3813	4572	85	41	44	4	4	
平潭县	9615	5173	4442	357	210	147	25	21	4
福清市	26696	13487	13209	1065	607	458	71	46	25
厦门市	**341973**	**177344**	**164629**	**26710**	**13582**	**13128**	**3982**	**2520**	**1462**
思明区	87528	42742	44786	10654	5299	5355	1701	1096	605
海沧区	29674	15999	13675	2343	1204	1139	172	99	73
湖里区	86731	43543	43188	5155	2683	2472	564	348	216
集美区	98752	53234	45518	5343	2728	2615	671	428	243
同安区	21279	11445	9834	1086	569	517	92	60	32
翔安区	18009	10381	7628	2129	1099	1030	782	489	293
莆田市	**64193**	**34255**	**29938**	**2208**	**1175**	**1033**	**206**	**129**	**77**
城厢区	27153	15038	12115	962	529	433	111	72	39
涵江区	6610	3424	3186	195	92	103	20	11	9
荔城区	19264	9840	9424	764	400	364	52	34	18
秀屿区	4090	2258	1832	99	54	45	3	2	1
仙游县	7076	3695	3381	188	100	88	20	10	10
三明市	**50768**	**26499**	**24269**	**1538**	**868**	**670**	**110**	**77**	**33**
梅列区	10512	5868	4644	580	344	236	47	35	12
三元区	9961	4586	5375	196	90	106	21	16	5
明溪县	1532	834	698	46	29	17	5	4	1
清流县	1955	1159	796	35	18	17	2	2	
宁化县	2752	1501	1251	56	30	26	3	2	1
大田县	3004	1700	1304	51	32	19	1		1
尤溪县	3125	1673	1452	92	50	42	5	4	1
沙县	4732	2327	2405	118	69	49	7	4	3
将乐县	2557	1298	1259	61	42	19	4	1	3
泰宁县	1853	938	915	28	13	15	3	1	2
建宁县	1471	751	720	31	17	14	2	1	1
永安市	7314	3864	3450	244	134	110	10	7	3
泉州市	**199738**	**105558**	**94180**	**9550**	**5133**	**4417**	**798**	**532**	**266**
鲤城区	16388	8666	7722	1078	572	506	64	45	19
丰泽区	58016	30163	27853	3994	2105	1889	358	234	124
洛江区	11411	5530	5881	531	288	243	58	43	15
泉港区	4008	2240	1768	195	131	64	58	43	15
惠安县	9939	5422	4517	346	195	151	32	21	11
安溪县	11037	6363	4674	332	181	151	34	23	11
永春县	5762	3294	2468	128	59	69	12	9	3
德化县	5672	3476	2196	115	64	51	11	6	5
石狮市	24071	12563	11508	598	305	293	31	16	15
晋江市	36539	19231	17308	1781	980	801	112	72	40
南安市	16895	8610	8285	452	253	199	28	20	8

7-6 续表 7

单位：人

现住地	大学本科			硕士研究生			博士研究生		
	小计	男	女	小计	男	女	小计	男	女
漳州市	**86265**	**42887**	**43378**	**4213**	**2069**	**2144**	**345**	**208**	**137**
芗城区	33896	15051	18845	2239	1032	1207	193	119	74
龙文区	13360	7140	6220	647	327	320	42	30	12
云霄县	3852	2071	1781	103	45	58	8	3	5
漳浦县	6074	3455	2619	180	106	74	15	9	6
诏安县	1999	1029	970	53	30	23	4	3	1
长泰县	2261	1165	1096	66	44	22	7	3	4
东山县	1437	783	654	50	34	16	1		1
南靖县	2331	1233	1098	55	25	30	7	1	6
平和县	1960	1073	887	53	26	27	4	2	2
华安县	1577	803	774	37	22	15			
龙海市	17518	9084	8434	730	378	352	64	38	26
南平市	**52053**	**26321**	**25732**	**1747**	**929**	**818**	**125**	**89**	**36**
延平区	11640	5880	5760	545	290	255	24	13	11
建阳区	7900	4369	3531	436	264	172	25	22	3
顺昌县	1815	970	845	47	26	21	6	4	2
浦城县	3005	1568	1437	60	32	28	4	2	2
光泽县	1525	799	726	46	26	20	2	2	
松溪县	1438	733	705	32	15	17	3	2	1
政和县	1517	821	696	43	23	20	2	1	1
邵武市	5644	2880	2764	141	66	75	13	7	6
武夷山市	12056	5526	6530	284	134	150	37	31	6
建瓯市	5513	2775	2738	113	53	60	9	5	4
龙岩市	**63555**	**34305**	**29250**	**2414**	**1268**	**1146**	**144**	**95**	**49**
新罗区	40951	21373	19578	1818	923	895	111	73	38
永定区	3293	1896	1397	85	53	32	4	3	1
长汀县	3978	2337	1641	105	66	39	4	3	1
上杭县	7190	4144	3046	227	133	94	13	8	5
武平县	3001	1749	1252	69	37	32	7	4	3
连城县	1994	1089	905	47	25	22	1		1
漳平市	3148	1717	1431	63	31	32	4	4	
宁德市	**59694**	**30323**	**29371**	**2195**	**1227**	**968**	**207**	**147**	**60**
蕉城区	27375	13637	13738	1305	758	547	142	106	36
霞浦县	4904	2588	2316	123	65	58	9	8	1
古田县	3803	1856	1947	95	46	49	10	5	5
屏南县	1522	801	721	32	22	10	5	5	
寿宁县	1490	786	704	29	17	12	2	2	
周宁县	1364	717	647	38	19	19	5	3	2
柘荣县	1436	728	708	26	15	11	5	3	2
福安市	9744	5041	4703	339	168	171	21	9	12
福鼎市	8056	4169	3887	208	117	91	8	6	2

7-6a 各地区按现住地、受教育程度、性别分的户口登记地在本省其他乡镇街道的人口(城市)

单位：人

现住地	合计			未上过学		
	合计	男	女	小计	男	女
合　计	**6985044**	**3579649**	**3405395**	**131892**	**32205**	**99687**
福州市	**1680516**	**843453**	**837063**	**18276**	**5783**	**12493**
鼓楼区	260966	124618	136348	3284	828	2456
台江区	191116	92689	98427	1103	368	735
仓山区	507049	262876	244173	5050	1750	3300
马尾区	84872	44311	40561	1072	330	742
晋安区	361386	182797	178589	3417	1343	2074
长乐区	90388	43396	46992	948	311	637
闽侯县						
连江县						
罗源县						
闽清县						
永泰县						
平潭县						
福清市	184739	92766	91973	3402	853	2549
厦门市	**1771130**	**922543**	**848587**	**40784**	**7976**	**32808**
思明区	410266	195966	214300	7595	1209	6386
海沧区	192518	104336	88182	5740	1151	4589
湖里区	516840	269955	246885	12663	2541	10122
集美区	384560	207222	177338	7480	1436	6044
同安区	215765	115975	99790	6356	1437	4919
翔安区	51181	29089	22092	950	202	748
莆田市	**469846**	**240346**	**229500**	**9144**	**2067**	**7077**
城厢区	183874	94987	88887	2792	698	2094
涵江区	107490	53737	53753	2834	653	2181
荔城区	149109	76301	72808	2653	533	2120
秀屿区	29373	15321	14052	865	183	682
仙游县						
三明市	**271904**	**139782**	**132122**	**5768**	**1309**	**4459**
梅列区	84284	42701	41583	2337	438	1899
三元区	77696	39994	37702	1955	465	1490
明溪县						
清流县						
宁化县						
大田县						
尤溪县						
沙县						
将乐县						
泰宁县						
建宁县						
永安市	109924	57087	52837	1476	406	1070
泉州市	**1040582**	**546508**	**494074**	**18285**	**5247**	**13038**
鲤城区	161878	83159	78719	2455	723	1732
丰泽区	313854	161754	152100	4554	1088	3466
洛江区	42939	21732	21207	1162	221	941
泉港区	30548	15114	15434	725	202	523
惠安县						
安溪县						
永春县						
德化县						
石狮市	166147	88529	77618	2666	905	1761
晋江市	273573	148670	124903	6036	1884	4152
南安市	51643	27550	24093	687	224	463

7-6a 续表 1

单位：人

现住地	合计			未上过学		
	合计	男	女	小计	男	女
漳州市	**370173**	**185500**	**184673**	**5974**	**1378**	**4596**
芗城区	215379	104590	110789	3112	661	2451
龙文区	115509	61655	53854	2212	557	1655
云霄县						
漳浦县						
诏安县						
长泰县						
东山县						
南靖县						
平和县						
华安县						
龙海市	39277	19252	20025	650	160	490
南平市	**484229**	**243002**	**241227**	**11161**	**3010**	**8151**
延平区	125376	63081	62295	3489	842	2647
建阳区	89413	46015	43398	2313	680	1633
顺昌县						
浦城县						
光泽县						
松溪县						
政和县						
邵武市	116869	57795	59074	2062	565	1497
武夷山市	71453	35724	35729	1203	371	832
建瓯市	81118	40387	40731	2094	552	1542
龙岩市	**433959**	**222176**	**211783**	**10729**	**1683**	**9046**
新罗区	351494	180162	171332	8563	1268	7295
永定区	30659	14812	15847	765	110	655
长汀县						
上杭县						
武平县						
连城县						
漳平市	51806	27202	24604	1401	305	1096
宁德市	**462705**	**236339**	**226366**	**11771**	**3752**	**8019**
蕉城区	193899	100862	93037	4971	1632	3339
霞浦县						
古田县						
屏南县						
寿宁县						
周宁县						
柘荣县						
福安市	156111	79471	76640	2498	841	1657
福鼎市	112695	56006	56689	4302	1279	3023

7-6a 续表 2

单位：人

现住地	学前教育			小学		
	小计	男	女	小计	男	女
合计	**269020**	**145008**	**124012**	**1235421**	**543881**	**691540**
福州市	**55977**	**29681**	**26296**	**256936**	**110970**	**145966**
鼓楼区	7345	3871	3474	31475	13139	18336
台江区	6018	3189	2829	28207	12058	16149
仓山区	17000	9009	7991	71554	31801	39753
马尾区	2872	1488	1384	13303	5745	7558
晋安区	13057	6950	6107	54268	23920	30348
长乐区	2557	1356	1201	18403	7769	10634
闽侯县						
连江县						
罗源县						
闽清县						
永泰县						
平潭县						
福清市	7128	3818	3310	39726	16538	23188
厦门市	**67271**	**36572**	**30699**	**263096**	**114248**	**148848**
思明区	12928	6915	6013	63262	24934	38328
海沧区	7992	4334	3658	30472	13673	16799
湖里区	18469	10096	8373	71344	31840	39504
集美区	13723	7531	6192	47912	20646	27266
同安区	12512	6823	5689	44754	20772	23982
翔安区	1647	873	774	5352	2383	2969
莆田市	**16585**	**9002**	**7583**	**80782**	**33504**	**47278**
城厢区	6189	3372	2817	29419	11823	17596
涵江区	4062	2175	1887	21035	8713	12322
荔城区	5224	2829	2395	24868	10354	14514
秀屿区	1110	626	484	5460	2614	2846
仙游县						
三明市	**12216**	**6559**	**5657**	**57499**	**26104**	**31395**
梅列区	3227	1734	1493	15983	7152	8831
三元区	3174	1690	1484	17842	8198	9644
明溪县						
清流县						
宁化县						
大田县						
尤溪县						
沙县						
将乐县						
泰宁县						
建宁县						
永安市	5815	3135	2680	23674	10754	12920
泉州市	**42974**	**24192**	**18782**	**186026**	**83181**	**102845**
鲤城区	7161	4017	3144	30125	13372	16753
丰泽区	11134	6245	4889	43875	18430	25445
洛江区	1956	1101	855	6954	2902	4052
泉港区	1820	1015	805	7287	3215	4072
惠安县						
安溪县						
永春县						
德化县						
石狮市	6683	3793	2890	36155	16619	19536
晋江市	12098	6822	5276	53017	24683	28334
南安市	2122	1199	923	8613	3960	4653

7-6a　续表 3　　　　　　　　　　　　　　　　　　　　　　　　　　　单位：人

现住地	学前教育			小　学		
	小计	男	女	小计	男	女
漳州市	**14078**	**7459**	**6619**	**60658**	**25824**	**34834**
芗城区	7320	3833	3487	31996	13492	18504
龙文区	5201	2803	2398	21401	9169	12232
云霄县						
漳浦县						
诏安县						
长泰县						
东山县						
南靖县						
平和县						
华安县						
龙海市	1557	823	734	7261	3163	4098
南平市	**18535**	**9529**	**9006**	**118515**	**54057**	**64458**
延平区	4277	2187	2090	28805	12879	15926
建阳区	3323	1716	1607	20986	9996	10990
顺昌县						
浦城县						
光泽县						
松溪县						
政和县						
邵武市	5276	2722	2554	31475	13749	17726
武夷山市	2561	1307	1254	15850	7475	8375
建瓯市	3098	1597	1501	21399	9958	11441
龙岩市	**19137**	**10414**	**8723**	**79027**	**32109**	**46918**
新罗区	15560	8493	7067	60527	24575	35952
永定区	1130	598	532	6794	2469	4325
长汀县						
上杭县						
武平县						
连城县						
漳平市	2447	1323	1124	11706	5065	6641
宁德市	**22247**	**11600**	**10647**	**132882**	**63884**	**68998**
蕉城区	8234	4268	3966	49586	23957	25629
霞浦县						
古田县						
屏南县						
寿宁县						
周宁县						
柘荣县						
福安市	7980	4241	3739	45798	21939	23859
福鼎市	6033	3091	2942	37498	17988	19510

7-6a 续表 4

单位：人

现住地	初中			高中			大学专科		
	小计	男	女	小计	男	女	小计	男	女
合 计	**1882706**	**1020607**	**862099**	**1433709**	**793646**	**640063**	**960932**	**495027**	**465905**
福州市	**395957**	**205764**	**190193**	**390328**	**207489**	**182839**	**249559**	**126243**	**123316**
鼓楼区	44361	21289	23072	53258	25594	27664	49147	23175	25972
台江区	45497	22521	22976	46393	23570	22823	29694	14342	15352
仓山区	118756	63752	55004	112745	62121	50624	87605	46169	41436
马尾区	21179	12200	8979	16521	9774	6747	10872	5435	5437
晋安区	95595	48851	46744	89786	47555	42231	51338	26228	25110
长乐区	24111	12491	11620	20755	11030	9725	6891	3529	3362
闽侯县									
连江县									
罗源县									
闽清县									
永泰县									
平潭县									
福清市	46458	24660	21798	50870	27845	23025	14012	7365	6647
厦门市	**425644**	**239206**	**186438**	**329170**	**189514**	**139656**	**292316**	**153095**	**139221**
思明区	85458	43917	41541	71642	36978	34664	69498	32876	36622
海沧区	50641	30231	20410	39047	23278	15769	27328	14920	12408
湖里区	128346	72590	55756	100728	58561	42167	92883	47777	45106
集美区	82673	47481	35192	68893	40994	27899	60531	33557	26974
同安区	71406	40962	30444	39065	23592	15473	21668	11673	9995
翔安区	7120	4025	3095	9795	6111	3684	20408	12292	8116
莆田市	**146170**	**75320**	**70850**	**112720**	**62863**	**49857**	**51773**	**28575**	**23198**
城厢区	49399	25523	23876	45777	25751	20026	22650	12463	10187
涵江区	39106	19954	19152	22551	12322	10229	11407	6567	4840
荔城区	48889	25087	23802	35728	20118	15610	15687	8356	7331
秀屿区	8776	4756	4020	8664	4672	3992	2029	1189	840
仙游县									
三明市	**76522**	**41101**	**35421**	**56508**	**31101**	**25407**	**35316**	**19144**	**16172**
梅列区	21093	11339	9754	17579	9884	7695	13116	6034	7082
三元区	23133	13083	10050	15309	8685	6624	6262	3290	2972
明溪县									
清流县									
宁化县									
大田县									
尤溪县									
沙县									
将乐县									
泰宁县									
建宁县									
永安市	32296	16679	15617	23620	12532	11088	15938	9820	6118
泉州市	**305255**	**169628**	**135627**	**199696**	**114183**	**85513**	**142570**	**72797**	**69773**
鲤城区	49731	26760	22971	31609	17550	14059	23267	11454	11813
丰泽区	68840	37536	31304	64759	36203	28556	58324	29750	28574
洛江区	10220	5764	4456	7044	4261	2783	9772	4141	5631
泉港区	8738	4249	4489	6162	3234	2928	3049	1598	1451
惠安县									
安溪县									
永春县									
德化县									
石狮市	60019	33614	26405	28944	16790	12154	10949	5814	5135
晋江市	91785	52882	38903	49539	29438	20101	32184	17249	14935
南安市	15922	8823	7099	11639	6707	4932	5025	2791	2234

7-6a 续表 5

单位：人

现住地	初中			高中			大学专科		
	小计	男	女	小计	男	女	小计	男	女
漳州市	**100029**	**54875**	**45154**	**75908**	**41385**	**34523**	**60400**	**29394**	**31006**
芗城区	54443	29273	25170	45222	24280	20942	37917	17376	20541
龙文区	33332	19378	13954	21251	12512	8739	18166	9771	8395
云霄县									
漳浦县									
诏安县									
长泰县									
东山县									
南靖县									
平和县									
华安县									
龙海市	12250	6223	6027	9433	4592	4841	4315	2246	2069
南平市	**166710**	**89269**	**77441**	**90421**	**47581**	**42840**	**39529**	**19884**	**19645**
延平区	40621	22034	18587	23584	12841	10743	13678	6737	6941
建阳区	30737	17011	13726	18661	9433	9228	6198	3178	3020
顺昌县									
浦城县									
光泽县									
松溪县									
政和县									
邵武市	42985	22165	20820	20907	11414	9493	8728	4445	4283
武夷山市	23378	12607	10771	11805	6133	5672	5185	2651	2534
建瓯市	28989	15452	13537	15464	7760	7704	5740	2873	2867
龙岩市	**135760**	**74891**	**60869**	**94117**	**53523**	**40594**	**49640**	**25628**	**24012**
新罗区	107412	59165	48247	75417	43236	32181	43055	22052	21003
永定区	9986	5083	4903	7647	4061	3586	2347	1319	1028
长汀县									
上杭县									
武平县									
连城县									
漳平市	18362	10643	7719	11053	6226	4827	4238	2257	1981
宁德市	**130659**	**70553**	**60106**	**84841**	**46007**	**38834**	**39829**	**20267**	**19562**
蕉城区	50522	28227	22295	35803	19966	15837	18167	9474	8693
霞浦县									
古田县									
屏南县									
寿宁县									
周宁县									
柘荣县									
福安市	47772	25242	22530	30454	16228	14226	13679	6896	6783
福鼎市	32365	17084	15281	18584	9813	8771	7983	3897	4086

7-6a 续表 6

单位：人

现住地	大学本科			硕士研究生			博士研究生		
	小计	男	女	小计	男	女	小计	男	女
合　计	**996948**	**510635**	**486313**	**67016**	**33921**	**33095**	**7400**	**4719**	**2681**
福州市	**287183**	**144348**	**142835**	**23663**	**11532**	**12131**	**2637**	**1643**	**994**
鼓楼区	64579	32867	31712	6809	3389	3420	708	466	242
台江区	30212	14700	15512	3633	1741	1892	359	200	159
仓山区	85705	44159	41546	7554	3446	4108	1080	669	411
马尾区	18497	9060	9437	526	258	268	30	21	9
晋安区	49594	25674	23920	3950	2041	1909	381	235	146
长乐区	16399	6750	9649	303	147	156	21	13	8
闽侯县									
连江县									
罗源县									
闽清县									
永泰县									
平潭县									
福清市	22197	11138	11059	888	510	378	58	39	19
厦门市	**324720**	**167242**	**157478**	**24876**	**12627**	**12249**	**3253**	**2063**	**1190**
思明区	87528	42742	44786	10654	5299	5355	1701	1096	605
海沧区	28823	15468	13355	2309	1185	1124	166	96	70
湖里区	86689	43520	43169	5154	2682	2472	564	348	216
集美区	97369	52438	44931	5312	2713	2599	667	426	241
同安区	18970	10169	8801	955	498	457	79	49	30
翔安区	5341	2905	2436	492	250	242	76	48	28
莆田市	**50606**	**27891**	**22715**	**1889**	**1009**	**880**	**177**	**115**	**62**
城厢区	26608	14774	11834	932	514	418	108	69	39
涵江区	6291	3255	3036	185	87	98	19	11	8
荔城区	15278	8602	6676	734	389	345	48	33	15
秀屿区	2429	1260	1169	38	19	19	2	2	
仙游县									
三明市	**26998**	**13848**	**13150**	**999**	**558**	**441**	**78**	**58**	**20**
梅列区	10327	5743	4584	575	342	233	47	35	12
三元区	9806	4478	5328	194	89	105	21	16	5
明溪县									
清流县									
宁化县									
大田县									
尤溪县									
沙县									
将乐县									
泰宁县									
建宁县									
永安市	6865	3627	3238	230	127	103	10	7	3
泉州市	**137304**	**72640**	**64664**	**7815**	**4205**	**3610**	**657**	**435**	**222**
鲤城区	16388	8666	7722	1078	572	506	64	45	19
丰泽区	58016	30163	27853	3994	2105	1889	358	234	124
洛江区	5355	3061	2294	421	241	180	55	40	15
泉港区	2578	1469	1109	135	91	44	54	41	13
惠安县									
安溪县									
永春县									
德化县									
石狮市	20176	10714	9462	528	267	261	27	13	14
晋江市	27372	14856	12516	1453	799	654	89	57	32
南安市	7419	3711	3708	206	130	76	10	5	5

7-6a　续表 7　　　　单位：人

现住地	大学本科			硕士研究生			博士研究生		
	小计	男	女	小计	男	女	小计	男	女
漳州市	**49934**	**23626**	**26308**	**2961**	**1413**	**1548**	**231**	**146**	**85**
芗城区	32973	14545	18428	2209	1016	1193	187	114	73
龙文区	13264	7109	6155	641	326	315	41	30	11
云霄县									
漳浦县									
诏安县									
长泰县									
东山县									
南靖县									
平和县									
华安县									
龙海市	3697	1972	1725	111	71	40	3	2	1
南平市	**37910**	**18887**	**19023**	**1345**	**711**	**634**	**103**	**74**	**29**
延平区	10405	5289	5116	494	259	235	23	13	10
建阳区	6769	3735	3034	402	245	157	24	21	3
顺昌县									
浦城县									
光泽县									
松溪县									
政和县									
邵武市	5294	2669	2625	129	59	70	13	7	6
武夷山市	11197	5042	6155	240	110	130	34	28	6
建瓯市	4245	2152	2093	80	38	42	9	5	4
龙岩市	**43574**	**22901**	**20673**	**1861**	**950**	**911**	**114**	**77**	**37**
新罗区	39092	20409	18683	1760	892	868	108	72	36
永定区	1937	1137	800	51	34	17	2	1	1
长汀县									
上杭县									
武平县									
连城县									
漳平市	2545	1355	1190	50	24	26	4	4	
宁德市	**38719**	**19252**	**19467**	**1607**	**916**	**691**	**150**	**108**	**42**
蕉城区	25279	12531	12748	1208	709	499	129	98	31
霞浦县									
古田县									
屏南县									
寿宁县									
周宁县									
柘荣县									
福安市	7650	3943	3707	264	135	129	16	6	10
福鼎市	5790	2778	3012	135	72	63	5	4	1

7-6b 各地区按现住地、受教育程度、性别分的户口登记地在本省其他乡镇街道的人口(镇)

单位：人

现住地	合计			未上过学		
	合计	男	女	小计	男	女
合　计	**3344085**	**1703960**	**1640125**	**74849**	**20266**	**54583**
福州市	**723239**	**363940**	**359299**	**10078**	**2976**	**7102**
鼓楼区						
台江区						
仓山区						
马尾区						
晋安区	1138	565	573	10	4	6
长乐区	26495	13709	12786	394	132	262
闽侯县	260982	134094	126888	2989	923	2066
连江县	93150	46384	46766	1639	410	1229
罗源县	84167	43399	40768	608	222	386
闽清县	36879	17893	18986	444	134	310
永泰县	55844	27364	28480	490	225	265
平潭县	124221	60645	63576	2758	695	2063
福清市	40363	19887	20476	746	231	515
厦门市	**62010**	**35441**	**26569**	**1732**	**408**	**1324**
思明区						
海沧区						
湖里区	1375	909	466	71	21	50
集美区	41	24	17	1		1
同安区	2263	1198	1065	69	14	55
翔安区	58331	33310	25021	1591	373	1218
莆田市	**132740**	**65378**	**67362**	**3716**	**1062**	**2654**
城厢区	3534	1737	1797	71	20	51
涵江区	991	472	519	47	10	37
荔城区	762	388	374	13	4	9
秀屿区	8010	4394	3616	276	152	124
仙游县	119443	58387	61056	3309	876	2433
三明市	**416238**	**206874**	**209364**	**13393**	**3101**	**10292**
梅列区	3110	1903	1207	111	20	91
三元区	1136	697	439	38	14	24
明溪县	19815	9699	10116	797	180	617
清流县	24164	11890	12274	851	173	678
宁化县	59647	28969	30678	2443	419	2024
大田县	60910	31482	29428	1287	327	960
尤溪县	58918	29922	28996	1254	357	897
沙县	89493	44757	44736	3171	856	2315
将乐县	41210	19727	21483	1490	329	1161
泰宁县	27420	12968	14452	1047	221	826
建宁县	26422	12706	13716	794	176	618
永安市	3993	2154	1839	110	29	81
泉州市	**767997**	**405238**	**362759**	**14424**	**4307**	**10117**
鲤城区						
丰泽区						
洛江区	11509	5416	6093	148	43	105
泉港区	10418	5031	5387	258	70	188
惠安县	99645	51419	48226	2093	511	1582
安溪县	235542	123287	112255	4366	1493	2873
永春县	69179	34272	34907	806	261	545
德化县	149781	80736	69045	3947	835	3112
石狮市	20757	11686	9071	486	194	292
晋江市	66158	35629	30529	1053	331	722
南安市	105008	57762	47246	1267	569	698

7-6b 续表 1

单位：人

现住地	合计			未上过学		
	合计	男	女	小计	男	女
漳州市	**422193**	**216936**	**205257**	**9214**	**2228**	**6986**
芗城区	22372	12282	10090	489	125	364
龙文区						
云霄县	74659	37065	37594	2775	539	2236
漳浦县	92333	46565	45768	1776	458	1318
诏安县	30891	14808	16083	686	243	443
长泰县	28700	15446	13254	450	154	296
东山县	25435	12475	12960	472	97	375
南靖县	31855	16194	15661	569	121	448
平和县	26504	13323	13181	488	125	363
华安县	10944	5614	5330	221	56	165
龙海市	78500	43164	35336	1288	310	978
南平市	**222428**	**109533**	**112895**	**6628**	**1870**	**4758**
延平区	6510	3463	3047	127	35	92
建阳区	3455	1784	1671	101	34	67
顺昌县	30355	14822	15533	1047	249	798
浦城县	62424	29887	32537	1427	464	963
光泽县	34199	16745	17454	837	207	630
松溪县	29129	14002	15127	741	242	499
政和县	39857	20162	19695	1917	506	1411
邵武市	6871	3644	3227	178	38	140
武夷山市	4023	2184	1839	68	28	40
建瓯市	5605	2840	2765	185	67	118
龙岩市	**260151**	**129956**	**130195**	**6355**	**1249**	**5106**
新罗区	18227	9229	8998	532	101	431
永定区	12189	6412	5777	283	65	218
长汀县	85979	42487	43492	2250	454	1796
上杭县	71646	36145	35501	1273	250	1023
武平县	42454	20771	21683	1521	255	1266
连城县	27387	13677	13710	453	105	348
漳平市	2269	1235	1034	43	19	24
宁德市	**337089**	**170664**	**166425**	**9309**	**3065**	**6244**
蕉城区	4156	2070	2086	124	49	75
霞浦县	105335	54930	50405	2559	910	1649
古田县	63316	31318	31998	700	281	419
屏南县	24825	12645	12180	509	152	357
寿宁县	29027	14480	14547	1350	355	995
周宁县	28139	13846	14293	1034	340	694
柘荣县	26279	13174	13105	1225	376	849
福安市	29805	15375	14430	777	277	500
福鼎市	26207	12826	13381	1031	325	706

7-6b 续表 2

单位：人

现住地	学前教育			小学		
	小计	男	女	小计	男	女
合 计	**156956**	**85048**	**71908**	**846938**	**381873**	**465065**
福州市	**27149**	**14428**	**12721**	**154374**	**68938**	**85436**
鼓楼区						
台江区						
仓山区						
马尾区						
晋安区	6	3	3	65	34	31
长乐区	949	510	439	7003	3132	3871
闽侯县	6755	3593	3162	30630	14294	16336
连江县	3270	1694	1576	22174	9443	12731
罗源县	4270	2303	1967	27672	13156	14516
闽清县	1315	741	574	8069	3513	4556
永泰县	2780	1497	1283	15056	6603	8453
平潭县	6034	3165	2869	34219	14570	19649
福清市	1770	922	848	9486	4193	5293
厦门市	**2577**	**1413**	**1164**	**10062**	**4775**	**5287**
思明区						
海沧区						
湖里区	55	26	29	281	162	119
集美区	1		1	17	9	8
同安区	114	59	55	570	283	287
翔安区	2407	1328	1079	9194	4321	4873
莆田市	**5096**	**2690**	**2406**	**29880**	**13317**	**16563**
城厢区	108	57	51	617	275	342
涵江区	47	23	24	248	101	147
荔城区	21	11	10	210	105	105
秀屿区	234	120	114	1252	608	644
仙游县	4686	2479	2207	27553	12228	15325
三明市	**23188**	**12621**	**10567**	**126751**	**56611**	**70140**
梅列区	121	69	52	789	410	379
三元区	39	18	21	350	195	155
明溪县	861	440	421	6112	2601	3511
清流县	1450	808	642	6664	2935	3729
宁化县	3333	1865	1468	18272	7968	10304
大田县	3631	2062	1569	19346	8710	10636
尤溪县	3064	1656	1408	15986	7186	8800
沙县	4566	2431	2135	26394	12340	14054
将乐县	2481	1318	1163	14221	6242	7979
泰宁县	2004	1087	917	9101	3872	5229
建宁县	1466	766	700	8497	3645	4852
永安市	172	101	71	1019	507	512
泉州市	**39589**	**22440**	**17149**	**192464**	**90330**	**102134**
鲤城区						
丰泽区						
洛江区	320	169	151	1283	599	684
泉港区	682	380	302	2625	1167	1458
惠安县	4353	2421	1932	19485	8475	11010
安溪县	13882	7942	5940	67257	33292	33965
永春县	3605	2053	1552	16833	7528	9305
德化县	8207	4669	3538	45763	19810	25953
石狮市	878	521	357	4822	2473	2349
晋江市	2485	1385	1100	14111	6870	7241
南安市	5177	2900	2277	20285	10116	10169

7-6b　续表 3

单位：人

现住地	学前教育			小学		
	小计	男	女	小计	男	女
漳州市	**19189**	**10227**	**8962**	**91583**	**39313**	**52270**
芗城区	1270	703	567	5747	2711	3036
龙文区						
云霄县	3388	1771	1617	18999	8139	10860
漳浦县	5178	2776	2402	19025	8312	10713
诏安县	1675	879	796	7870	3298	4572
长泰县	1202	654	548	5746	2358	3388
东山县	1000	518	482	6605	2570	4035
南靖县	1104	591	513	7253	2899	4354
平和县	913	479	434	5159	2150	3009
华安县	405	203	202	2558	1088	1470
龙海市	3054	1653	1401	12621	5788	6833
南平市	**9199**	**4791**	**4408**	**62365**	**28479**	**33886**
延平区	232	128	104	1836	834	1002
建阳区	134	74	60	866	437	429
顺昌县	1068	531	537	6920	3088	3832
浦城县	2324	1174	1150	16816	7679	9137
光泽县	1548	837	711	9394	4126	5268
松溪县	1354	713	641	8563	3885	4678
政和县	1868	961	907	13716	6403	7313
邵武市	302	169	133	2095	949	1146
武夷山市	115	68	47	675	342	333
建瓯市	254	136	118	1484	736	748
龙岩市	**14863**	**8062**	**6801**	**67424**	**26106**	**41318**
新罗区	1239	673	566	4148	1856	2292
永定区	778	431	347	2461	1128	1333
长汀县	5652	3104	2548	28357	11315	17042
上杭县	3774	2015	1759	15757	5628	10129
武平县	1839	979	860	9899	3330	6569
连城县	1437	775	662	6287	2586	3701
漳平市	144	85	59	515	263	252
宁德市	**16106**	**8376**	**7730**	**112035**	**54004**	**58031**
蕉城区	187	103	84	1350	643	707
霞浦县	4625	2385	2240	32813	16277	16536
古田县	2970	1525	1445	18686	8845	9841
屏南县	888	463	425	8980	4262	4718
寿宁县	1544	824	720	9107	4109	4998
周宁县	1381	734	647	10922	5213	5709
柘荣县	1271	653	618	9268	4477	4791
福安市	1632	857	775	10299	5096	5203
福鼎市	1608	832	776	10610	5082	5528

7-6b 续表 4

单位：人

现住地	初中			高中			大学专科		
	小计	男	女	小计	男	女	小计	男	女
合计	**1105011**	**591933**	**513078**	**617455**	**340600**	**276855**	**259419**	**136254**	**123165**
福州市	**211932**	**111997**	**99935**	**132648**	**70861**	**61787**	**66918**	**34032**	**32886**
鼓楼区									
台江区									
仓山区									
马尾区									
晋安区	951	454	497	53	35	18	25	16	9
长乐区	9206	5010	4196	5462	2967	2495	1582	891	691
闽侯县	52757	29364	23393	43395	23409	19986	34728	17588	17140
连江县	30144	16137	14007	18572	10128	8444	8015	3950	4065
罗源县	30592	16469	14123	12676	6891	5785	4734	2445	2289
闽清县	13338	6519	6819	8243	4251	3992	2932	1445	1487
永泰县	20041	9761	10280	11081	5962	5119	4125	2112	2013
平潭县	41872	21400	20472	23087	12432	10655	8254	4163	4091
福清市	13031	6883	6148	10079	4786	5293	2523	1422	1101
厦门市	**20110**	**12467**	**7643**	**13196**	**8122**	**5074**	**7169**	**4087**	**3082**
思明区									
海沧区									
湖里区	642	470	172	209	163	46	74	43	31
集美区	9	5	4	9	6	3	2	2	
同安区	775	436	339	331	201	130	221	103	118
翔安区	18684	11556	7128	12647	7752	4895	6872	3939	2933
莆田市	**42345**	**21355**	**20990**	**32929**	**18038**	**14891**	**11253**	**4977**	**6276**
城厢区	960	504	456	1463	743	720	161	73	88
涵江区	378	180	198	155	104	51	62	26	36
荔城区	315	169	146	100	47	53	22	13	9
秀屿区	2542	1462	1080	2511	1344	1167	419	260	159
仙游县	38150	19040	19110	28700	15800	12900	10589	4605	5984
三明市	**129736**	**68093**	**61643**	**74372**	**41157**	**33215**	**27011**	**13827**	**13184**
梅列区	1150	757	393	546	386	160	216	142	74
三元区	442	293	149	159	112	47	64	39	25
明溪县	6108	3343	2765	3109	1702	1407	1444	687	757
清流县	7228	3541	3687	4538	2555	1983	1699	853	846
宁化县	18569	9300	9269	11136	6282	4854	3356	1751	1605
大田县	20160	10997	9163	10124	5884	4240	3619	1966	1653
尤溪县	19563	10367	9196	11734	6548	5186	4434	2280	2154
沙县	26047	13784	12263	18410	9892	8518	6222	3154	3068
将乐县	12630	6544	6086	5593	2939	2654	2454	1192	1262
泰宁县	7902	4011	3891	4056	2177	1879	1638	764	874
建宁县	8659	4403	4256	3917	2120	1797	1672	881	791
永安市	1278	753	525	1050	560	490	193	118	75
泉州市	**289424**	**158522**	**130902**	**126720**	**72518**	**54202**	**53980**	**29718**	**24262**
鲤城区									
丰泽区									
洛江区	2460	1392	1068	1106	683	423	512	288	224
泉港区	2999	1375	1624	1737	912	825	1190	592	598
惠安县	31743	17074	14669	22558	12385	10173	11137	5937	5200
安溪县	96669	50712	45957	32088	18038	14050	11633	6274	5359
永春县	24370	11960	12410	11923	6503	5420	6177	2848	3329
德化县	58558	34460	24098	19650	12330	7320	8218	5315	2903
石狮市	7822	4497	3325	3342	2033	1309	2366	1424	942
晋江市	21679	12376	9303	13765	7865	5900	6372	3527	2845
南安市	43124	24676	18448	20551	11769	8782	6375	3513	2862

7-6b　续表 5　　单位：人

现住地	初中			高中			大学专科		
	小计	男	女	小计	男	女	小计	男	女
漳州市	**139549**	**76566**	**62983**	**88651**	**48661**	**39990**	**40712**	**22274**	**18438**
芗城区	10036	6060	3976	2914	1746	1168	1300	614	686
龙文区									
云霄县	27670	14679	12991	13218	7346	5872	4942	2632	2310
漳浦县	26969	13974	12995	20693	10842	9851	13062	7003	6059
诏安县	9533	4675	4858	6629	3324	3305	2657	1447	1210
长泰县	12257	7174	5083	4405	2550	1855	2632	1499	1133
东山县	9074	4756	4318	4423	2462	1961	2522	1333	1189
南靖县	11015	6228	4787	7346	3939	3407	2545	1354	1191
平和县	9411	5029	4382	7037	3628	3409	1939	1069	870
华安县	3267	1904	1363	2170	1153	1017	1051	567	484
龙海市	20317	12087	8230	19816	11671	8145	8062	4756	3306
南平市	**82463**	**42495**	**39968**	**38453**	**20017**	**18436**	**13335**	**6692**	**6643**
延平区	2294	1250	1044	1066	672	394	411	241	170
建阳区	944	483	461	687	363	324	308	177	131
顺昌县	10624	5489	5135	7232	3700	3532	1853	915	938
浦城县	22746	11118	11628	12574	6173	6401	3932	1935	1997
光泽县	14202	7282	6920	4894	2599	2295	2022	1019	1003
松溪县	11420	5657	5763	4121	2064	2057	1749	845	904
政和县	14388	8034	6354	4678	2586	2092	2025	1013	1012
邵武市	2995	1709	1286	794	495	299	303	167	136
武夷山市	1046	550	496	1740	995	745	186	94	92
建瓯市	1804	923	881	667	370	297	546	286	260
龙岩市	**80791**	**42631**	**38160**	**53097**	**30746**	**22351**	**20424**	**11320**	**9104**
新罗区	6550	3540	3010	3054	1706	1348	1568	785	783
永定区	3937	2128	1809	2969	1708	1261	916	503	413
长汀县	26301	13989	12312	15236	9047	6189	4662	2499	2163
上杭县	20760	10774	9986	15762	9141	6621	7370	4290	3080
武平县	13856	7349	6507	9375	5489	3886	3258	1792	1466
连城县	8659	4450	4209	6490	3539	2951	2295	1250	1045
漳平市	728	401	327	211	116	95	355	201	154
宁德市	**108661**	**57807**	**50854**	**57389**	**30480**	**26909**	**18617**	**9327**	**9290**
蕉城区	1047	531	516	942	490	452	236	124	112
霞浦县	33665	18491	15174	20703	11254	9449	6473	3286	3187
古田县	23151	11888	11263	10485	5199	5286	3844	1910	1934
屏南县	7438	4104	3334	4477	2408	2069	1407	686	721
寿宁县	10110	5404	4706	4121	2330	1791	1521	791	730
周宁县	8565	4388	4177	4016	2070	1946	1106	525	581
柘荣县	7911	4184	3727	3905	2132	1773	1523	751	772
福安市	9397	5033	4364	5065	2728	2337	1471	788	683
福鼎市	7377	3784	3593	3675	1869	1806	1036	466	570

7－6b 续表 6

单位：人

现住地	大学本科			硕士研究生			博士研究生		
	小计	男	女	小计	男	女	小计	男	女
合计	**268724**	**139943**	**128781**	**13067**	**6967**	**6100**	**1666**	**1076**	**590**
福州市	**110135**	**55218**	**54917**	**8681**	**4630**	**4051**	**1324**	**860**	**464**
鼓楼区									
台江区									
仓山区									
马尾区									
晋安区	28	19	9						
长乐区	1774	993	781	118	68	50	7	6	1
闽侯县	80594	39912	40682	7869	4194	3675	1265	817	448
连江县	9128	4518	4610	193	96	97	15	8	7
罗源县	3538	1867	1671	74	43	31	3	3	
闽清县	2471	1258	1213	60	27	33	7	5	2
永泰县	2203	1172	1031	64	28	36	4	4	
平潭县	7777	4088	3689	206	121	85	14	11	3
福清市	2622	1391	1231	97	53	44	9	6	3
厦门市	**6767**	**3939**	**2828**	**364**	**205**	**159**	**33**	**25**	**8**
思明区									
海沧区									
湖里区	42	23	19	1	1				
集美区	2	2							
同安区	175	96	79	7	5	2	1	1	
翔安区	6548	3818	2730	356	199	157	32	24	8
莆田市	**7321**	**3833**	**3488**	**182**	**97**	**85**	**18**	**9**	**9**
城厢区	150	63	87	3	1	2	1	1	
涵江区	52	27	25	2	1	1			
荔城区	81	39	42						
秀屿区	751	432	319	24	16	8	1		1
仙游县	6287	3272	3015	153	79	74	16	8	8
三明市	**21302**	**11189**	**10113**	**460**	**262**	**198**	**25**	**13**	**12**
梅列区	172	117	55	5	2	3			
三元区	44	26	18						
明溪县	1341	719	622	39	24	15	4	3	1
清流县	1704	1009	695	28	14	14	2	2	
宁化县	2491	1359	1132	46	25	21	1		1
大田县	2700	1508	1192	42	28	14	1		1
尤溪县	2797	1480	1317	82	45	37	4	3	1
沙县	4566	2234	2332	111	63	48	6	3	3
将乐县	2285	1128	1157	53	35	18	3		3
泰宁县	1647	825	822	22	10	12	3	1	2
建宁县	1388	700	688	28	14	14	1	1	
永安市	167	84	83	4	2	2			
泉州市	**49983**	**26656**	**23327**	**1316**	**681**	**635**	**97**	**66**	**31**
鲤城区									
丰泽区									
洛江区	5580	2202	3378	98	38	60	2	2	
泉港区	887	506	381	37	27	10	3	2	1
惠安县	7995	4455	3540	263	148	115	18	13	5
安溪县	9359	5381	3978	260	137	123	28	18	10
永春县	5336	3058	2278	119	54	65	10	7	3
德化县	5321	3253	2068	106	58	48	11	6	5
石狮市	999	524	475	40	19	21	2	1	1
晋江市	6483	3160	3323	199	109	90	11	6	5
南安市	8023	4117	3906	194	91	103	12	11	1

7-6b 续表 7

单位：人

现 住 地	大学本科			硕士研究生			博士研究生		
	小计	男	女	小计	男	女	小计	男	女
漳州市	**32117**	**17059**	**15058**	**1078**	**553**	**525**	**100**	**55**	**45**
芗城区	593	313	280	18	6	12	5	4	1
龙文区									
云霄县	3577	1919	1658	85	38	47	5	2	3
漳浦县	5459	3099	2360	157	93	64	14	8	6
诏安县	1803	921	882	36	19	17	2	2	
长泰县	1946	1018	928	57	36	21	5	3	2
东山县	1296	710	586	42	29	13	1		1
南靖县	1972	1042	930	44	19	25	7	1	6
平和县	1521	826	695	33	15	18	3	2	1
华安县	1243	627	616	29	16	13			
龙海市	12707	6584	6123	577	282	295	58	33	25
南平市	**9773**	**5077**	**4696**	**199**	**102**	**97**	**13**	**10**	**3**
延平区	526	291	235	17	12	5	1		1
建阳区	402	210	192	12	5	7	1	1	
顺昌县	1575	833	742	33	15	18	3	2	1
浦城县	2560	1319	1241	43	23	20	2	2	
光泽县	1263	652	611	37	21	16	2	2	
松溪县	1161	587	574	18	8	10	2	1	1
政和县	1239	648	591	25	10	15	1	1	
邵武市	200	115	85	4	2	2			
武夷山市	187	102	85	5	4	1	1	1	
建瓯市	660	320	340	5	2	3			
龙岩市	**16713**	**9559**	**7154**	**456**	**266**	**190**	**28**	**17**	**11**
新罗区	1096	543	553	38	24	14	2	1	1
永定区	826	438	388	17	9	8	2	2	
长汀县	3432	2023	1409	86	54	32	3	2	1
上杭县	6729	3915	2814	208	124	84	13	8	5
武平县	2639	1544	1095	60	29	31	7	4	3
连城县	1722	948	774	43	24	19	1		1
漳平市	269	148	121	4	2	2			
宁德市	**14613**	**7413**	**7200**	**331**	**171**	**160**	**28**	**21**	**7**
蕉城区	258	121	137	11	8	3	1	1	
霞浦县	4392	2272	2120	98	49	49	7	6	1
古田县	3392	1628	1764	82	38	44	6	4	2
屏南县	1102	552	550	20	14	6	4	4	
寿宁县	1254	653	601	19	13	6	1	1	
周宁县	1083	561	522	28	13	15	4	2	2
柘荣县	1152	588	564	20	10	10	4	3	1
福安市	1130	581	549	33	15	18	1		1
福鼎市	850	457	393	20	11	9			

7-6c 各地区按现住地、受教育程度、性别分的户口登记地在本省其他乡镇街道的人口(乡村)

单位：人

现住地	合计			未上过学		
	合计	男	女	小计	男	女
合　计	**946126**	**503988**	**442138**	**23902**	**7870**	**16032**
福州市	**204144**	**107655**	**96489**	**3796**	**1307**	**2489**
鼓楼区						
台江区						
仓山区						
马尾区	1206	619	587	33	9	24
晋安区	3283	2021	1262	133	61	72
长乐区	26548	13797	12751	493	176	317
闽侯县	63685	34592	29093	1037	406	631
连江县	21069	10712	10357	234	67	167
罗源县	4410	2474	1936	94	32	62
闽清县	12854	6725	6129	321	99	222
永泰县	10791	5246	5545	84	30	54
平潭县	27931	14517	13414	702	206	496
福清市	32367	16952	15415	665	221	444
厦门市	**89433**	**50688**	**38745**	**2292**	**667**	**1625**
思明区						
海沧区	6029	3329	2700	234	49	185
湖里区						
集美区	22372	13317	9055	500	185	315
同安区	32019	17699	14320	835	237	598
翔安区	29013	16343	12670	723	196	527
莆田市	**46200**	**22976**	**23224**	**1070**	**325**	**745**
城厢区	6971	3661	3310	176	53	123
涵江区	4935	2605	2330	152	42	110
荔城区	13421	5690	7731	197	57	140
秀屿区	7567	4213	3354	174	39	135
仙游县	13306	6807	6499	371	134	237
三明市	**51553**	**29066**	**22487**	**2012**	**605**	**1407**
梅列区	526	296	230	53	8	45
三元区	1625	1077	548	36	15	21
明溪县	4318	2491	1827	142	34	108
清流县	3014	1849	1165	115	27	88
宁化县	7631	3981	3650	345	104	241
大田县	5663	3382	2281	151	59	92
尤溪县	8303	4466	3837	261	91	170
沙县	4472	2606	1866	236	77	159
将乐县	6997	3794	3203	378	91	287
泰宁县	2400	1336	1064	71	29	42
建宁县	2179	1313	866	69	18	51
永安市	4425	2475	1950	155	52	103
泉州市	**179753**	**96107**	**83646**	**3752**	**1361**	**2391**
鲤城区						
丰泽区						
洛江区	11854	6771	5083	239	60	179
泉港区	8950	4367	4583	220	85	135
惠安县	28016	14700	13316	732	269	463
安溪县	18508	10131	8377	436	171	265
永春县	6885	3691	3194	165	53	112
德化县	12018	6651	5367	276	58	218
石狮市	12410	6397	6013	178	69	109
晋江市	57718	30644	27074	1195	478	717
南安市	23394	12755	10639	311	118	193

7-6c 续表 1

单位：人

现住地	合计			未上过学		
	合计	男	女	小计	男	女
漳州市	**91372**	**46087**	**45285**	**1854**	**629**	**1225**
芗城区	7000	3803	3197	142	37	105
龙文区	1826	746	1080	60	18	42
云霄县	7603	3624	3979	183	48	135
漳浦县	12935	6336	6599	324	122	202
诏安县	6021	2709	3312	194	59	135
长泰县	6423	3200	3223	90	37	53
东山县	6230	3102	3128	109	37	72
南靖县	10541	5252	5289	146	50	96
平和县	5861	2894	2967	175	65	110
华安县	4347	2518	1829	56	19	37
龙海市	22585	11903	10682	375	137	238
南平市	**82971**	**44558**	**38413**	**2712**	**930**	**1782**
延平区	16224	8858	7366	231	75	156
建阳区	11733	6365	5368	443	156	287
顺昌县	4173	2262	1911	125	47	78
浦城县	7175	3993	3182	283	106	177
光泽县	6798	3696	3102	137	41	96
松溪县	7224	3752	3472	296	118	178
政和县	7502	4000	3502	444	138	306
邵武市	3018	1722	1296	80	25	55
武夷山市	10585	5611	4974	314	99	215
建瓯市	8539	4299	4240	359	125	234
龙岩市	**72944**	**39747**	**33197**	**2066**	**533**	**1533**
新罗区	20200	12001	8199	558	169	389
永定区	9429	5170	4259	256	61	195
长汀县	18811	9524	9287	576	131	445
上杭县	7451	3823	3628	196	40	156
武平县	6739	3548	3191	188	55	133
连城县	4712	2375	2337	123	33	90
漳平市	5602	3306	2296	169	44	125
宁德市	**127756**	**67104**	**60652**	**4348**	**1513**	**2835**
蕉城区	36740	19450	17290	909	362	547
霞浦县	9873	4984	4889	405	151	254
古田县	13989	7143	6846	307	115	192
屏南县	6570	3534	3036	134	51	83
寿宁县	3445	1820	1625	185	60	125
周宁县	5373	2952	2421	261	86	175
柘荣县	8219	4196	4023	266	76	190
福安市	19137	10008	9129	563	192	371
福鼎市	24410	13017	11393	1318	420	898

7-6c 续表 2

单位：人

现住地	学前教育			小学		
	小计	男	女	小计	男	女
合计	**41366**	**22054**	**19312**	**232419**	**112807**	**119612**
福州市	**7214**	**3799**	**3415**	**42859**	**20197**	**22662**
鼓楼区						
台江区						
仓山区						
马尾区	44	29	15	420	207	213
晋安区	116	59	57	552	281	271
长乐区	720	370	350	6462	2912	3550
闽侯县	2799	1511	1288	13047	6355	6692
连江县	590	300	290	4288	1980	2308
罗源县	97	52	45	1508	794	714
闽清县	439	212	227	3716	1826	1890
永泰县	110	54	56	1151	548	603
平潭县	1091	589	502	5532	2492	3040
福清市	1208	623	585	6183	2802	3381
厦门市	**3768**	**2043**	**1725**	**15724**	**7892**	**7832**
思明区						
海沧区	369	188	181	1020	487	533
湖里区						
集美区	1069	594	475	4321	2152	2169
同安区	1275	693	582	6117	3069	3048
翔安区	1055	568	487	4266	2184	2082
莆田市	**1532**	**831**	**701**	**9662**	**4612**	**5050**
城厢区	218	116	102	1458	680	778
涵江区	193	106	87	1182	545	637
荔城区	370	205	165	1908	906	1002
秀屿区	235	123	112	1647	784	863
仙游县	516	281	235	3467	1697	1770
三明市	**2154**	**1143**	**1011**	**16268**	**8290**	**7978**
梅列区	11	5	6	205	117	88
三元区	39	18	21	458	260	198
明溪县	188	99	89	1488	768	720
清流县	97	47	50	759	416	343
宁化县	449	259	190	2613	1226	1387
大田县	180	87	93	1671	861	810
尤溪县	473	254	219	2404	1154	1250
沙县	120	61	59	1408	783	625
将乐县	275	147	128	2539	1290	1249
泰宁县	74	41	33	765	379	386
建宁县	71	29	42	716	376	340
永安市	177	96	81	1242	660	582
泉州市	**8211**	**4681**	**3530**	**41904**	**20260**	**21644**
鲤城区						
丰泽区						
洛江区	376	206	170	2186	1006	1180
泉港区	504	282	222	2030	921	1109
惠安县	1503	861	642	5641	2616	3025
安溪县	686	384	302	4307	2149	2158
永春县	272	167	105	1707	760	947
德化县	785	437	348	3532	1681	1851
石狮市	499	274	225	2583	1283	1300
晋江市	2494	1443	1051	15265	7561	7704
南安市	1092	627	465	4653	2283	2370

7-6c　续表 3

单位：人

现住地	学前教育			小学		
	小计	男	女	小计	男	女
漳州市	**4879**	**2488**	**2391**	**20683**	**9733**	**10950**
芗城区	330	173	157	1564	731	833
龙文区	126	60	66	432	209	223
云霄县	335	175	160	1732	776	956
漳浦县	791	402	389	3133	1386	1747
诏安县	303	158	145	1480	616	864
长泰县	471	239	232	1534	744	790
东山县	473	236	237	1842	918	924
南靖县	359	180	179	1324	615	709
平和县	341	175	166	1465	670	795
华安县	131	56	75	777	372	405
龙海市	1219	634	585	5400	2696	2704
南平市	**2928**	**1534**	**1394**	**22972**	**11434**	**11538**
延平区	367	183	184	2958	1439	1519
建阳区	475	238	237	3525	1836	1689
顺昌县	151	75	76	1103	538	565
浦城县	151	81	70	1963	1010	953
光泽县	220	115	105	2055	1019	1036
松溪县	302	161	141	2319	1134	1185
政和县	341	184	157	2770	1380	1390
邵武市	140	85	55	886	452	434
武夷山市	474	252	222	2816	1376	1440
建瓯市	307	160	147	2577	1250	1327
龙岩市	**4981**	**2595**	**2386**	**19198**	**8780**	**10418**
新罗区	1210	624	586	4432	2189	2243
永定区	678	370	308	2304	1106	1198
长汀县	1409	737	672	6570	2752	3818
上杭县	576	298	278	1764	790	974
武平县	516	266	250	1492	672	820
连城县	382	185	197	1203	536	667
漳平市	210	115	95	1433	735	698
宁德市	**5699**	**2940**	**2759**	**43149**	**21609**	**21540**
蕉城区	1709	877	832	11352	5656	5696
霞浦县	470	219	251	3730	1867	1863
古田县	676	340	336	5120	2561	2559
屏南县	240	130	110	2389	1212	1177
寿宁县	122	61	61	1250	631	619
周宁县	188	98	90	1910	978	932
柘荣县	424	215	209	3163	1560	1603
福安市	709	376	333	5794	2859	2935
福鼎市	1161	624	537	8441	4285	4156

7-6c 续表 4

单位：人

现住地	初中			高中			大学专科		
	小计	男	女	小计	男	女	小计	男	女
合计	**320072**	**179042**	**141030**	**165244**	**94435**	**70809**	**87570**	**47945**	**39625**
福州市	**63224**	**34104**	**29120**	**37941**	**21125**	**16816**	**27090**	**15798**	**11292**
鼓楼区									
台江区									
仓山区									
马尾区	382	193	189	154	74	80	79	50	29
晋安区	1194	790	404	614	390	224	361	244	117
长乐区	8774	4487	4287	4144	2243	1901	4208	2681	1527
闽侯县	22580	12656	9924	14023	8011	6012	5982	3288	2694
连江县	5653	2887	2766	3682	1865	1817	1886	1087	799
罗源县	1568	924	644	730	412	318	201	129	72
闽清县	5443	2986	2457	1686	951	735	712	370	342
永泰县	1769	1000	769	896	584	312	578	376	202
平潭县	7237	3745	3492	5017	2997	2020	6352	3304	3048
福清市	8624	4436	4188	6995	3598	3397	6731	4269	2462
厦门市	**26843**	**16266**	**10577**	**16695**	**10275**	**6420**	**11459**	**6200**	**5259**
思明区									
海沧区	1547	872	675	1150	724	426	818	456	362
湖里区									
集美区	8191	5105	3086	4785	3202	1583	2090	1268	822
同安区	10604	6325	4279	6511	3828	2683	4407	2291	2116
翔安区	6501	3964	2537	4249	2521	1728	4144	2185	1959
莆田市	**14896**	**8175**	**6721**	**9560**	**4779**	**4781**	**3066**	**1649**	**1417**
城厢区	2579	1444	1135	1646	904	742	470	247	223
涵江区	1956	1121	835	835	472	363	341	173	168
荔城区	2992	1605	1387	3470	1428	2042	545	278	267
秀屿区	2780	1593	1187	1028	630	398	756	459	297
仙游县	4589	2412	2177	2581	1345	1236	954	492	462
三明市	**19206**	**11786**	**7420**	**6272**	**3972**	**2300**	**3087**	**1754**	**1333**
梅列区	183	119	64	45	28	17	16	11	5
三元区	618	449	169	263	191	72	98	61	37
明溪县	1585	1015	570	493	323	170	223	131	92
清流县	1004	678	326	494	373	121	287	154	133
宁化县	2532	1426	1106	1070	623	447	349	194	155
大田县	2249	1464	785	685	476	209	414	239	175
尤溪县	3355	1922	1433	965	570	395	506	276	230
沙县	1946	1219	727	385	247	138	203	119	84
将乐县	2503	1488	1015	659	397	262	362	203	159
泰宁县	850	508	342	245	159	86	183	104	79
建宁县	798	534	264	300	205	95	138	97	41
永安市	1583	964	619	668	380	288	308	165	143
泉州市	**66041**	**37168**	**28873**	**33918**	**19905**	**14013**	**13013**	**6192**	**6821**
鲤城区									
丰泽区									
洛江区	3691	2136	1555	4202	2668	1534	671	418	253
泉港区	2866	1377	1489	1960	1039	921	803	385	418
惠安县	8534	4732	3802	5279	3539	1740	4286	1661	2625
安溪县	6683	3676	3007	3341	1978	1363	1299	742	557
永春县	2369	1388	981	1546	860	686	389	220	169
德化县	5015	2944	2071	1456	938	518	594	364	230
石狮市	4068	2267	1801	1562	884	678	592	274	318
晋江市	22765	12892	9873	10090	5516	4574	3084	1458	1626
南安市	10050	5756	4294	4482	2483	1999	1295	670	625

7-6c 续表 5

单位：人

现住地	初中			高中			大学专科		
	小计	男	女	小计	男	女	小计	男	女
漳州市	**34122**	**17475**	**16647**	**19018**	**10238**	**8780**	**6414**	**3212**	**3202**
芗城区	3007	1707	1300	1057	634	423	557	317	240
龙文区	674	266	408	250	101	149	181	60	121
云霄县	2956	1366	1590	1684	876	808	417	223	194
漳浦县	5350	2589	2761	1744	974	770	954	493	461
诏安县	2173	970	1203	1320	607	713	336	179	157
长泰县	2899	1466	1433	639	373	266	464	186	278
东山县	2812	1468	1344	533	256	277	312	109	203
南靖县	2126	1113	1013	5715	2844	2871	501	253	248
平和县	2156	1010	1146	748	431	317	516	285	231
华安县	1472	905	567	1241	791	450	328	193	135
龙海市	8497	4615	3882	4087	2351	1736	1848	914	934
南平市	**28895**	**16420**	**12475**	**10252**	**5640**	**4612**	**10630**	**6122**	**4508**
延平区	3326	1967	1359	2212	1107	1105	6387	3768	2619
建阳区	4251	2403	1848	1472	835	637	816	459	357
顺昌县	1738	977	761	496	295	201	303	180	123
浦城县	2885	1690	1195	939	569	370	490	279	211
光泽县	3103	1789	1314	630	375	255	382	205	177
松溪县	2834	1541	1293	798	438	360	383	206	177
政和县	2721	1591	1130	609	333	276	320	188	132
邵武市	1133	687	446	412	252	160	209	120	89
武夷山市	3916	2195	1721	1650	905	745	702	380	322
建瓯市	2988	1580	1408	1034	531	503	638	337	301
龙岩市	**28002**	**16591**	**11411**	**10640**	**6757**	**3883**	**4690**	**2593**	**2097**
新罗区	8513	5590	2923	3564	2342	1222	1139	659	480
永定区	3739	2170	1569	1118	669	449	787	463	324
长汀县	6790	3823	2967	2021	1302	719	879	452	427
上杭县	2371	1302	1069	1481	872	609	583	283	300
武平县	2715	1422	1293	982	662	320	475	258	217
连城县	1685	886	799	678	404	274	365	189	176
漳平市	2189	1398	791	796	506	290	462	289	173
宁德市	**38843**	**21057**	**17786**	**20948**	**11744**	**9204**	**8121**	**4425**	**3696**
蕉城区	11173	6190	4983	6615	3683	2932	3046	1649	1397
霞浦县	3065	1510	1555	1128	608	520	536	295	241
古田县	5462	2863	2599	1459	773	686	537	254	283
屏南县	1826	1017	809	1114	639	475	434	227	207
寿宁县	995	543	452	434	268	166	212	119	93
周宁县	1450	854	596	959	577	382	313	196	117
柘荣县	2834	1553	1281	890	475	415	351	172	179
福安市	5223	2798	2425	4680	2626	2054	1158	619	539
福鼎市	6815	3729	3086	3669	2095	1574	1534	894	640

7－6c 续表 6

单位：人

现住地	大学本科			硕士研究生			博士研究生		
	小计	男	女	小计	男	女	小计	男	女
合　计	**71258**	**37460**	**33798**	**3428**	**1833**	**1595**	**867**	**542**	**325**
福州市	**21373**	**10980**	**10393**	**592**	**308**	**284**	**55**	**37**	**18**
鼓楼区									
台江区									
仓山区									
马尾区	91	56	35	3	1	2			
晋安区	303	188	115	9	7	2	1	1	
长乐区	1669	893	776	74	33	41	4	2	2
闽侯县	4021	2266	1755	172	84	88	24	15	9
连江县	4683	2503	2180	48	19	29	5	4	1
罗源县	206	127	79	5	3	2	1	1	
闽清县	503	263	240	29	15	14	5	3	2
永泰县	6182	2641	3541	21	13	8			
平潭县	1838	1085	753	151	89	62	11	10	1
福清市	1877	958	919	80	44	36	4	1	3
厦门市	**10486**	**6163**	**4323**	**1470**	**750**	**720**	**696**	**432**	**264**
思明区									
海沧区	851	531	320	34	19	15	6	3	3
湖里区									
集美区	1381	794	587	31	15	16	4	2	2
同安区	2134	1180	954	124	66	58	12	10	2
翔安区	6120	3658	2462	1281	650	631	674	417	257
莆田市	**6266**	**2531**	**3735**	**137**	**69**	**68**	**11**	**5**	**6**
城厢区	395	201	194	27	14	13	2	2	
涵江区	267	142	125	8	4	4	1		1
荔城区	3905	1199	2706	30	11	19	4	1	3
秀屿区	910	566	344	37	19	18			
仙游县	789	423	366	35	21	14	4	2	2
三明市	**2468**	**1462**	**1006**	**79**	**48**	**31**	**7**	**6**	**1**
梅列区	13	8	5						
三元区	111	82	29	2	1	1			
明溪县	191	115	76	7	5	2	1	1	
清流县	251	150	101	7	4	3			
宁化县	261	142	119	10	5	5	2	2	
大田县	304	192	112	9	4	5			
尤溪县	328	193	135	10	5	5	1	1	
沙县	166	93	73	7	6	1	1	1	
将乐县	272	170	102	8	7	1	1	1	
泰宁县	206	113	93	6	3	3			
建宁县	83	51	32	3	3		1		1
永安市	282	153	129	10	5	5			
泉州市	**12451**	**6262**	**6189**	**419**	**247**	**172**	**44**	**31**	**13**
鲤城区									
丰泽区									
洛江区	476	267	209	12	9	3	1	1	
泉港区	543	265	278	23	13	10	1		1
惠安县	1944	967	977	83	47	36	14	8	6
安溪县	1678	982	696	72	44	28	6	5	1
永春县	426	236	190	9	5	4	2	2	
德化县	351	223	128	9	6	3			
石狮市	2896	1325	1571	30	19	11	2	2	
晋江市	2684	1215	1469	129	72	57	12	9	3
南安市	1453	782	671	52	32	20	6	4	2

7-6c　续表 7　　　　单位：人

现住地	大学本科			硕士研究生			博士研究生		
	小计	男	女	小计	男	女	小计	男	女
漳州市	**4214**	**2202**	**2012**	**174**	**103**	**71**	**14**	**7**	**7**
芗城区	330	193	137	12	10	2	1	1	
龙文区	96	31	65	6	1	5	1		1
云霄县	275	152	123	18	7	11	3	1	2
漳浦县	615	356	259	23	13	10	1	1	
诏安县	196	108	88	17	11	6	2	1	1
长泰县	315	147	168	9	8	1	2		2
东山县	141	73	68	8	5	3			
南靖县	359	191	168	11	6	5			
平和县	439	247	192	20	11	9	1		1
华安县	334	176	158	8	6	2			
龙海市	1114	528	586	42	25	17	3	3	
南平市	**4370**	**2357**	**2013**	**203**	**116**	**87**	**9**	**5**	**4**
延平区	709	300	409	34	19	15			
建阳区	729	424	305	22	14	8			
顺昌县	240	137	103	14	11	3	3	2	1
浦城县	445	249	196	17	9	8	2		2
光泽县	262	147	115	9	5	4			
松溪县	277	146	131	14	7	7	1	1	
政和县	278	173	105	18	13	5	1		1
邵武市	150	96	54	8	5	3			
武夷山市	672	382	290	39	20	19	2	2	
建瓯市	608	303	305	28	13	15			
龙岩市	**3268**	**1845**	**1423**	**97**	**52**	**45**	**2**	**1**	**1**
新罗区	763	421	342	20	7	13	1		1
永定区	530	321	209	17	10	7			
长汀县	546	314	232	19	12	7	1	1	
上杭县	461	229	232	19	9	10			
武平县	362	205	157	9	8	1			
连城县	272	141	131	4	1	3			
漳平市	334	214	120	9	5	4			
宁德市	**6362**	**3658**	**2704**	**257**	**140**	**117**	**29**	**18**	**11**
蕉城区	1838	985	853	86	41	45	12	7	5
霞浦县	512	316	196	25	16	9	2	2	
古田县	411	228	183	13	8	5	4	1	3
屏南县	420	249	171	12	8	4	1	1	
寿宁县	236	133	103	10	4	6	1	1	
周宁县	281	156	125	10	6	4	1	1	
柘荣县	284	140	144	6	5	1	1		1
福安市	964	517	447	42	18	24	4	3	1
福鼎市	1416	934	482	53	34	19	3	2	1

7-7 各地区按现住地、受教育程度、性别分的户口登记地在外省的人口

单位：人

现住地	合计			未上过学		
	合计	男	女	小计	男	女
合　计	**4822411**	**2812015**	**2010396**	**71717**	**25364**	**46353**
福州市	**955731**	**560217**	**395514**	**9903**	**3685**	**6218**
鼓楼区	71849	40126	31723	908	271	637
台江区	41521	23849	17672	351	136	215
仓山区	173170	99676	73494	1840	698	1142
马尾区	51064	29591	21473	518	197	321
晋安区	122626	68945	53681	1082	408	674
长乐区	126194	75388	50806	1541	607	934
闽侯县	131562	74989	56573	1167	453	714
连江县	42624	25918	16706	536	173	363
罗源县	23433	16130	7303	107	46	61
闽清县	9941	5710	4231	199	71	128
永泰县	8203	4976	3227	46	18	28
平潭县	14544	9693	4851	170	69	101
福清市	139000	85226	53774	1438	538	900
厦门市	**1372111**	**789399**	**582712**	**25996**	**8323**	**17673**
思明区	170563	90003	80560	2530	704	1826
海沧区	195975	116729	79246	4373	1386	2987
湖里区	258245	145603	112642	5510	1819	3691
集美区	326754	187929	138825	5130	1589	3541
同安区	276206	160075	116131	6493	2112	4381
翔安区	144368	89060	55308	1960	713	1247
莆田市	**231066**	**136442**	**94624**	**2866**	**1109**	**1757**
城厢区	52567	30275	22292	553	216	337
涵江区	57284	33417	23867	967	362	605
荔城区	79483	46428	33055	675	248	427
秀屿区	20920	14045	6875	356	149	207
仙游县	20812	12277	8535	315	134	181
三明市	**94571**	**56423**	**38148**	**1872**	**598**	**1274**
梅列区	15412	8312	7100	396	115	281
三元区	17309	10043	7266	293	81	212
明溪县	3151	2066	1085	37	14	23
清流县	3430	2261	1169	66	24	42
宁化县	4272	2386	1886	111	35	76
大田县	7790	5683	2107	81	43	38
尤溪县	5715	3346	2369	84	23	61
沙县	11425	6404	5021	291	105	186
将乐县	5135	3065	2070	94	34	60
泰宁县	1856	1040	816	43	17	26
建宁县	2216	1396	820	54	15	39
永安市	16860	10421	6439	322	92	230
泉州市	**1529766**	**879141**	**650625**	**22073**	**8463**	**13610**
鲤城区	105415	58392	47023	1517	566	951
丰泽区	142110	77587	64523	1700	579	1121
洛江区	37730	21434	16296	600	209	391
泉港区	18857	12060	6797	204	76	128
惠安县	91032	55912	35120	1354	454	900
安溪县	36548	21195	15353	418	163	255
永春县	8030	4756	3274	82	31	51
德化县	11630	7142	4488	189	82	107
石狮市	204294	116725	87569	2985	1190	1795
晋江市	692805	394306	298499	11274	4363	6911
南安市	181315	109632	71683	1750	750	1000

7-7　续表 1　　　　单位：人

现住地	合计			未上过学		
	合计	男	女	小计	男	女
漳州市	**305289**	**183612**	**121677**	**3696**	**1309**	**2387**
芗城区	61057	32913	28144	814	293	521
龙文区	35050	21227	13823	387	139	248
云霄县	9965	6293	3672	115	51	64
漳浦县	32757	22588	10169	304	124	180
诏安县	7167	3777	3390	129	50	79
长泰县	30413	18614	11799	352	139	213
东山县	9140	5243	3897	48	21	27
南靖县	7321	4700	2621	91	36	55
平和县	8257	4801	3456	144	51	93
华安县	7935	5383	2552	125	43	82
龙海市	96227	58073	38154	1187	362	825
南平市	**88640**	**50476**	**38164**	**2053**	**713**	**1340**
延平区	15371	8572	6799	345	114	231
建阳区	14170	8162	6008	508	183	325
顺昌县	5573	3253	2320	159	59	100
浦城县	7826	4605	3221	166	67	99
光泽县	7022	3925	3097	176	58	118
松溪县	2857	1611	1246	54	18	36
政和县	5760	3315	2445	138	50	88
邵武市	10356	6019	4337	185	50	135
武夷山市	12904	7149	5755	146	47	99
建瓯市	6801	3865	2936	176	67	109
龙岩市	**92624**	**56885**	**35739**	**1492**	**496**	**996**
新罗区	50314	30053	20261	891	282	609
永定区	9413	6319	3094	139	61	78
长汀县	5597	2949	2648	57	19	38
上杭县	9285	6355	2930	140	52	88
武平县	5407	3246	2161	61	14	47
连城县	4040	2482	1558	58	21	37
漳平市	8568	5481	3087	146	47	99
宁德市	**152613**	**99420**	**53193**	**1766**	**668**	**1098**
蕉城区	64982	43770	21212	465	197	268
霞浦县	15554	10816	4738	141	69	72
古田县	7365	4109	3256	81	28	53
屏南县	2518	1451	1067	21	5	16
寿宁县	3104	1744	1360	71	24	47
周宁县	3503	2208	1295	43	11	32
柘荣县	3050	1782	1268	63	23	40
福安市	21141	14760	6381	147	57	90
福鼎市	31396	18780	12616	734	254	480

7-7 续表 2

单位：人

现住地	学前教育			小学		
	小计	男	女	小计	男	女
合计	**111790**	**60076**	**51714**	**1050493**	**553131**	**497362**
福州市	**18949**	**10053**	**8896**	**192152**	**102358**	**89794**
鼓楼区	1439	762	677	12061	6155	5906
台江区	836	428	408	7451	4000	3451
仓山区	3641	1948	1693	33672	17999	15673
马尾区	1241	649	592	10953	5631	5322
晋安区	2834	1515	1319	24268	12588	11680
长乐区	2415	1306	1109	31014	16669	14345
闽侯县	2080	1095	985	19212	10388	8824
连江县	890	487	403	9327	5134	4193
罗源县	377	188	189	5339	3147	2192
闽清县	223	102	121	2693	1467	1226
永泰县	109	48	61	1696	936	760
平潭县	261	137	124	3289	1958	1331
福清市	2603	1388	1215	31177	16286	14891
厦门市	**30496**	**16410**	**14086**	**259390**	**133961**	**125429**
思明区	2964	1554	1410	27020	13029	13991
海沧区	4519	2458	2061	38955	20622	18333
湖里区	5097	2747	2350	44697	22953	21744
集美区	7161	3842	3319	58558	30136	28422
同安区	8293	4470	3823	68075	35118	32957
翔安区	2462	1339	1123	22085	12103	9982
莆田市	**4333**	**2308**	**2025**	**45120**	**23719**	**21401**
城厢区	797	416	381	8158	4210	3948
涵江区	1320	696	624	12816	6641	6175
荔城区	1405	743	662	15012	7587	7425
秀屿区	342	187	155	4474	2687	1787
仙游县	469	266	203	4660	2594	2066
三明市	**2233**	**1190**	**1043**	**24996**	**14038**	**10958**
梅列区	363	192	171	4164	2256	1908
三元区	367	206	161	3971	2206	1765
明溪县	73	42	31	825	494	331
清流县	71	38	33	781	514	267
宁化县	101	50	51	999	510	489
大田县	138	86	52	2099	1422	677
尤溪县	119	64	55	1450	779	671
沙县	369	202	167	3716	1925	1791
将乐县	119	68	51	1585	867	718
泰宁县	46	20	26	540	301	239
建宁县	52	21	31	559	319	240
永安市	415	201	214	4307	2445	1862
泉州市	**41955**	**22700**	**19255**	**385561**	**199047**	**186514**
鲤城区	3249	1791	1458	25572	12536	13036
丰泽区	3509	1946	1563	29792	15099	14693
洛江区	974	526	448	8281	4053	4228
泉港区	448	239	209	3899	2204	1695
惠安县	2451	1333	1118	23520	12772	10748
安溪县	1078	572	506	8917	4724	4193
永春县	206	96	110	2144	1181	963
德化县	311	157	154	3134	1767	1367
石狮市	5505	3024	2481	52139	26711	25428
晋江市	18271	9787	8484	186255	95063	91192
南安市	5953	3229	2724	41908	22937	18971

7-7　续表 3　　　　单位：人

现住地	学前教育			小　学		
	小计	男	女	小计	男	女
漳州市	**7187**	**3896**	**3291**	**70745**	**38806**	**31939**
芗城区	1605	865	740	13131	6972	6159
龙文区	996	566	430	9019	4950	4069
云霄县	173	85	88	1902	1096	806
漳浦县	587	311	276	6264	3695	2569
诏安县	160	91	69	1736	892	844
长泰县	701	372	329	7077	3646	3431
东山县	177	98	79	2003	1161	842
南靖县	181	90	91	1786	1091	695
平和县	177	98	79	2669	1441	1228
华安县	147	77	70	2176	1260	916
龙海市	2283	1243	1040	22982	12602	10380
南平市	**1995**	**1053**	**942**	**24105**	**13223**	**10882**
延平区	424	226	198	4051	2104	1947
建阳区	407	211	196	4273	2435	1838
顺昌县	132	63	69	1748	978	770
浦城县	149	86	63	1826	927	899
光泽县	95	57	38	2835	1514	1321
松溪县	86	47	39	733	413	320
政和县	103	56	47	1641	912	729
邵武市	251	125	126	2738	1452	1286
武夷山市	185	93	92	2222	1308	914
建瓯市	163	89	74	2038	1180	858
龙岩市	**2189**	**1175**	**1014**	**21372**	**12430**	**8942**
新罗区	1179	653	526	11466	6604	4862
永定区	196	114	82	2620	1721	899
长汀县	172	79	93	1239	604	635
上杭县	212	115	97	1856	1108	748
武平县	134	65	69	882	474	408
连城县	105	58	47	977	571	406
漳平市	191	91	100	2332	1348	984
宁德市	**2453**	**1291**	**1162**	**27052**	**15549**	**11503**
蕉城区	749	393	356	5574	3177	2397
霞浦县	234	129	105	3290	2113	1177
古田县	176	85	91	2146	1178	968
屏南县	29	15	14	714	370	344
寿宁县	58	26	32	903	477	426
周宁县	58	25	33	889	514	375
柘荣县	65	41	24	892	521	371
福安市	289	146	143	2878	1747	1131
福鼎市	795	431	364	9766	5452	4314

7-7 续表 4

单位：人

现住地	初中			高中			大学专科		
	小计	男	女	小计	男	女	小计	男	女
合　计	**2324946**	**1429292**	**895654**	**694353**	**431791**	**262562**	**262480**	**151989**	**110491**
福州市	**437662**	**273134**	**164528**	**148117**	**91430**	**56687**	**56285**	**32593**	**23692**
鼓楼区	26359	15979	10380	12015	6639	5376	7513	3988	3525
台江区	17240	10706	6534	7721	4354	3367	3948	2146	1802
仓山区	78419	47848	30571	26710	16597	10113	11227	6447	4780
马尾区	22746	13901	8845	8912	5515	3397	3121	1737	1384
晋安区	56784	33421	23363	22859	12987	9872	8414	4433	3981
长乐区	65651	41256	24395	16608	10765	5843	4055	2538	1517
闽侯县	51474	32765	18709	16389	10243	6146	6455	3535	2920
连江县	22643	14585	8058	5422	3317	2105	1864	1109	755
罗源县	12152	8943	3209	3542	2427	1115	1274	918	356
闽清县	5584	3335	2249	750	425	325	357	231	126
永泰县	4087	2653	1434	940	643	297	351	225	126
平潭县	7489	5330	2159	1693	1158	535	1063	665	398
福清市	67034	42412	24622	24556	16360	8196	6643	4621	2022
厦门市	**602493**	**365875**	**236618**	**233349**	**144918**	**88431**	**105166**	**58969**	**46197**
思明区	59141	34627	24514	30259	16712	13547	19341	9230	10111
海沧区	95159	59041	36118	34172	22028	12144	12023	7251	4772
湖里区	104135	62089	42046	53376	31828	21548	28215	15076	13139
集美区	134594	81307	53287	51686	32853	18833	22227	12931	9296
同安区	143219	86763	56456	34898	22384	12514	10921	6677	4244
翔安区	66245	42048	24197	28958	19113	9845	12439	7804	4635
莆田市	**133963**	**82596**	**51367**	**29530**	**18097**	**11433**	**7723**	**4456**	**3267**
城厢区	26909	16115	10794	9538	5581	3957	3039	1710	1329
涵江区	34002	20555	13447	6292	3987	2305	1243	770	473
荔城区	49901	30572	19329	8470	5172	3298	1696	965	731
秀屿区	11657	8119	3538	2504	1756	748	1004	707	297
仙游县	11494	7235	4259	2726	1601	1125	741	304	437
三明市	**39377**	**25104**	**14273**	**12741**	**7482**	**5259**	**6634**	**4154**	**2480**
梅列区	5891	3427	2464	2466	1280	1186	1321	568	753
三元区	6150	4030	2120	2164	1178	986	815	494	321
明溪县	1338	939	399	425	288	137	257	164	93
清流县	1504	1017	487	561	369	192	241	157	84
宁化县	1842	1049	793	742	427	315	279	183	96
大田县	4015	3093	922	865	621	244	361	251	110
尤溪县	2807	1672	1135	689	408	281	364	265	99
沙县	4973	2990	1983	1287	735	552	482	274	208
将乐县	2427	1527	900	527	313	214	252	167	85
泰宁县	741	430	311	292	177	115	112	60	52
建宁县	898	576	322	299	204	95	237	182	55
永安市	6791	4354	2437	2424	1482	942	1913	1389	524
泉州市	**813364**	**489479**	**323885**	**182443**	**113688**	**68755**	**47143**	**26867**	**20276**
鲤城区	55576	32074	23502	13616	8226	5390	4110	2228	1882
丰泽区	60453	36458	23995	20838	12210	8628	9512	4888	4624
洛江区	19196	11529	7667	4883	3179	1704	2606	1233	1373
泉港区	9388	6186	3202	2723	1868	855	1210	814	396
惠安县	48494	31266	17228	10060	6788	3272	3412	2083	1329
安溪县	19893	12104	7789	3723	2244	1479	1149	677	472
永春县	4132	2543	1589	892	544	348	367	222	145
德化县	5813	3771	2042	1390	852	538	556	362	194
石狮市	109577	64875	44702	24913	15543	9370	5076	3059	2017
晋江市	378254	224455	153799	76704	47732	28972	15025	8699	6326
南安市	102588	64218	38370	22701	14502	8199	4120	2602	1518

7-7　续表 5

单位：人

现住地	初中			高中			大学专科		
	小计	男	女	小计	男	女	小计	男	女
漳州市	**149144**	**96127**	**53017**	**37630**	**24189**	**13441**	**16375**	**9835**	**6540**
芗城区	26353	16278	10075	6941	4039	2902	4239	1915	2324
龙文区	16969	10938	6031	4471	2767	1704	2091	1186	905
云霄县	5324	3481	1843	1310	800	510	591	396	195
漳浦县	16484	11696	4788	4769	3508	1261	2846	2080	766
诏安县	3645	1939	1706	937	504	433	397	204	193
长泰县	18327	11703	6624	2855	1960	895	796	560	236
东山县	4973	2899	2074	1363	756	607	380	198	182
南靖县	3603	2374	1229	1037	678	359	416	290	126
平和县	4391	2707	1684	577	347	230	170	91	79
华安县	4390	3210	1180	718	516	202	234	180	54
龙海市	44685	28902	15783	12652	8314	4338	4215	2735	1480
南平市	**37482**	**22550**	**14932**	**10109**	**5756**	**4353**	**5254**	**3108**	**2146**
延平区	6159	3666	2493	1891	1033	858	1650	940	710
建阳区	5975	3607	2368	1712	916	796	737	479	258
顺昌县	2555	1569	986	604	357	247	231	133	98
浦城县	4216	2593	1623	892	569	323	359	232	127
光泽县	3029	1783	1246	437	246	191	251	139	112
松溪县	1467	859	608	304	164	140	136	65	71
政和县	2912	1745	1167	537	295	242	246	137	109
邵武市	4527	2732	1795	1483	874	609	774	512	262
武夷山市	3564	2216	1348	1406	831	575	560	309	251
建瓯市	3078	1780	1298	843	471	372	310	162	148
龙岩市	**42739**	**28170**	**14569**	**12271**	**7317**	**4954**	**6108**	**3742**	**2366**
新罗区	21910	14357	7553	6800	3910	2890	3262	1816	1446
永定区	4875	3404	1471	925	578	347	406	260	146
长汀县	2446	1253	1193	928	522	406	420	248	172
上杭县	4549	3328	1221	1276	876	400	729	510	219
武平县	3041	1905	1136	852	526	326	279	164	115
连城县	1859	1159	700	561	344	217	306	209	97
漳平市	4059	2764	1295	929	561	368	706	535	171
宁德市	**68722**	**46257**	**22465**	**28163**	**18914**	**9249**	**11792**	**8265**	**3527**
蕉城区	29637	20622	9015	13698	9073	4625	6339	4742	1597
霞浦县	7113	5188	1925	2379	1643	736	1073	716	357
古田县	3853	2220	1633	703	369	334	267	145	122
屏南县	1129	678	451	348	192	156	173	119	54
寿宁县	1583	952	631	309	161	148	113	64	49
周宁县	1585	1045	540	576	372	204	217	141	76
柘荣县	1412	872	540	397	213	184	147	70	77
福安市	9819	6973	2846	5466	4132	1334	1754	1201	553
福鼎市	12591	7707	4884	4287	2759	1528	1709	1067	642

7–7 续表 6

单位：人

现住地	大学本科			硕士研究生			博士研究生		
	小计	男	女	小计	男	女	小计	男	女
合 计	**270040**	**141415**	**128625**	**31950**	**16105**	**15845**	**4642**	**2852**	**1790**
福州市	**79437**	**40327**	**39110**	**11935**	**5891**	**6044**	**1291**	**746**	**545**
鼓楼区	10226	5601	4625	1189	649	540	139	82	57
台江区	3449	1841	1608	452	199	253	73	39	34
仓山区	13466	6560	6906	3795	1375	2420	400	204	196
马尾区	3422	1864	1558	136	86	50	15	11	4
晋安区	5877	3325	2552	451	228	223	57	40	17
长乐区	4746	2150	2596	142	80	62	22	17	5
闽侯县	28994	13221	15773	5247	2959	2288	544	330	214
连江县	1882	1078	804	56	32	24	4	3	1
罗源县	621	444	177	18	14	4	3	3	
闽清县	130	76	54	3	2	1	2	1	1
永泰县	949	442	507	24	11	13	1		1
平潭县	523	351	172	48	20	28	8	5	3
福清市	5152	3374	1778	374	236	138	23	11	12
厦门市	**98809**	**52620**	**46189**	**13746**	**6693**	**7053**	**2666**	**1630**	**1036**
思明区	21560	10501	11059	6255	2778	3477	1493	868	625
海沧区	6231	3641	2590	498	270	228	45	32	13
湖里区	16141	8501	7640	986	530	456	88	60	28
集美区	43505	23117	20388	3610	1976	1634	283	178	105
同安区	4077	2427	1650	211	112	99	19	12	7
翔安区	7295	4433	2862	2186	1027	1159	738	480	258
莆田市	**7224**	**3978**	**3246**	**260**	**148**	**112**	**47**	**31**	**16**
城厢区	3441	1943	1498	104	66	38	28	18	10
涵江区	607	384	223	33	19	14	4	3	1
荔城区	2258	1095	1163	58	38	20	8	8	
秀屿区	564	426	138	18	13	5	1	1	
仙游县	354	130	224	47	12	35	6	1	5
三明市	**6403**	**3674**	**2729**	**274**	**153**	**121**	**41**	**30**	**11**
梅列区	738	435	303	61	31	30	12	8	4
三元区	3480	1811	1669	54	26	28	15	11	4
明溪县	183	119	64	12	5	7	1	1	
清流县	195	134	61	10	8	2	1		1
宁化县	189	128	61	9	4	5			
大田县	216	158	58	13	7	6	2	2	
尤溪县	185	126	59	17	9	8			
沙县	286	162	124	19	9	10	2	2	
将乐县	122	80	42	6	6		3	3	
泰宁县	73	29	44	9	6	3			
建宁县	113	76	37	4	3	1			
永安市	623	416	207	60	39	21	5	3	2
泉州市	**34761**	**17645**	**17116**	**2236**	**1107**	**1129**	**230**	**145**	**85**
鲤城区	1646	898	748	117	65	52	12	8	4
丰泽区	15128	5916	9212	1084	435	649	94	56	38
洛江区	1089	644	445	93	55	38	8	6	2
泉港区	793	538	255	180	128	52	12	7	5
惠安县	1655	1159	496	81	53	28	5	4	1
安溪县	1316	681	635	44	25	19	10	5	5
永春县	195	131	64	9	6	3	3	2	1
德化县	225	143	82	11	7	4	1	1	
石狮市	3951	2256	1695	129	59	70	19	8	11
晋江市	6551	3927	2624	419	240	179	52	40	12
南安市	2212	1352	860	69	34	35	14	8	6

7-7 续表 7

单位：人

现住地	大学本科			硕士研究生			博士研究生		
	小计	男	女	小计	男	女	小计	男	女
漳州市	**19442**	**8974**	**10468**	**976**	**409**	**567**	**94**	**67**	**27**
芗城区	7309	2338	4971	631	188	443	34	25	9
龙文区	1035	634	401	75	44	31	7	3	4
云霄县	532	372	160	14	10	4	4	2	2
漳浦县	1433	1123	310	65	47	18	5	4	1
诏安县	148	88	60	12	6	6	3	3	
长泰县	292	226	66	9	6	3	4	2	2
东山县	187	105	82	9	5	4			
南靖县	196	134	62	9	6	3	2	1	1
平和县	125	62	63	3	3		1	1	
华安县	143	95	48	1	1		1	1	
龙海市	8042	3797	4245	148	93	55	33	25	8
南平市	**7344**	**3896**	**3448**	**259**	**150**	**109**	**39**	**27**	**12**
延平区	747	434	313	99	54	45	5	1	4
建阳区	526	313	213	28	14	14	4	4	
顺昌县	139	90	49	4	3	1	1	1	
浦城县	211	126	85	6	4	2	1	1	
光泽县	176	112	64	20	14	6	3	2	1
松溪县	71	41	30	5	3	2	1	1	
政和县	174	113	61	8	6	2	1	1	
邵武市	375	256	119	20	16	4	3	2	1
武夷山市	4738	2299	2439	63	32	31	20	14	6
建瓯市	187	112	75	6	4	2			
龙岩市	**6076**	**3325**	**2751**	**335**	**202**	**133**	**42**	**28**	**14**
新罗区	4596	2308	2288	181	106	75	29	17	12
永定区	242	173	69	9	7	2	1	1	
长汀县	299	197	102	34	26	8	2	1	1
上杭县	438	314	124	80	47	33	5	5	
武平县	140	86	54	16	10	6	2	2	
连城县	164	114	50	8	5	3	2	1	1
漳平市	197	133	64	7	1	6	1	1	
宁德市	**10544**	**6976**	**3568**	**1929**	**1352**	**577**	**192**	**148**	**44**
蕉城区	6586	4203	2383	1754	1225	529	180	138	42
霞浦县	1292	934	358	30	22	8	2	2	
古田县	125	74	51	14	10	4			
屏南县	96	66	30	8	6	2			
寿宁县	64	38	26	2	1	1	1	1	
周宁县	130	96	34	5	4	1			
柘荣县	68	39	29	6	3	3			
福安市	739	475	264	45	27	18	4	2	2
福鼎市	1444	1051	393	65	54	11	5	5	

7-7a 各地区按现住地、受教育程度、性别分的户口登记地在外省的人口(城市)

单位：人

现住地	合计			未上过学		
	合计	男	女	小计	男	女
合　计	**2999673**	**1706307**	**1293366**	**46151**	**15905**	**30246**
福州市	**567854**	**325161**	**242693**	**5660**	**2074**	**3586**
鼓楼区	71849	40126	31723	908	271	637
台江区	41521	23849	17672	351	136	215
仓山区	173170	99676	73494	1840	698	1142
马尾区	49805	28812	20993	492	185	307
晋安区	120117	67189	52928	1057	400	657
长乐区	39238	22581	16657	351	147	204
闽侯县						
连江县						
罗源县						
闽清县						
永泰县						
平潭县						
福清市	72154	42928	29226	661	237	424
厦门市	**1154656**	**655740**	**498916**	**22504**	**7109**	**15395**
思明区	170563	90003	80560	2530	704	1826
海沧区	191540	113957	77583	4328	1369	2959
湖里区	257803	145251	112552	5507	1818	3689
集美区	285736	163507	122229	4459	1362	3097
同安区	228938	131124	97814	5352	1764	3588
翔安区	20076	11898	8178	328	92	236
莆田市	**178856**	**104401**	**74455**	**2062**	**797**	**1265**
城厢区	43300	24547	18753	416	170	246
涵江区	51765	29858	21907	860	320	540
荔城区	71894	42191	29703	587	226	361
秀屿区	11897	7805	4092	199	81	118
仙游县						
三明市	**42324**	**23670**	**18654**	**843**	**241**	**602**
梅列区	14453	7659	6794	374	108	266
三元区	15285	8490	6795	266	67	199
明溪县						
清流县						
宁化县						
大田县						
尤溪县						
沙县						
将乐县						
泰宁县						
建宁县						
永安市	12586	7521	5065	203	66	137
泉州市	**823782**	**463046**	**360736**	**11935**	**4620**	**7315**
鲤城区	105415	58392	47023	1517	566	951
丰泽区	142110	77587	64523	1700	579	1121
洛江区	22380	12510	9870	361	116	245
泉港区	8540	5376	3164	92	39	53
惠安县						
安溪县						
永春县						
德化县						
石狮市	126700	69827	56873	1939	771	1168
晋江市	394147	224781	169366	6085	2452	3633
南安市	24490	14573	9917	241	97	144

7-7a　续表 1　　单位：人

现住地	合计			未上过学		
	合计	男	女	小计	男	女
漳州市	**86097**	**47820**	**38277**	**979**	**353**	**626**
芗城区	41393	21002	20391	473	176	297
龙文区	33999	20546	13453	364	135	229
云霄县						
漳浦县						
诏安县						
长泰县						
东山县						
南靖县						
平和县						
华安县						
龙海市	10694	6263	4431	142	42	100
南平市	**41412**	**22507**	**18905**	**856**	**284**	**572**
延平区	11667	6324	5343	298	93	205
建阳区	9557	5367	4190	264	95	169
顺昌县						
浦城县						
光泽县						
松溪县						
政和县						
邵武市	6863	3740	3123	106	29	77
武夷山市	9459	4932	4527	78	22	56
建瓯市	3866	2144	1722	110	45	65
龙岩市	**45697**	**25853**	**19844**	**748**	**223**	**525**
新罗区	39266	22033	17233	677	196	481
永定区	2037	1217	820	10	4	6
长汀县						
上杭县						
武平县						
连城县						
漳平市	4394	2603	1791	61	23	38
宁德市	**58995**	**38109**	**20886**	**564**	**204**	**360**
蕉城区	45697	31002	14695	337	132	205
霞浦县						
古田县						
屏南县						
寿宁县						
周宁县						
柘荣县						
福安市	5121	2849	2272	55	23	32
福鼎市	8177	4258	3919	172	49	123

7-7a 续表 2

单位：人

现住地	学前教育			小学		
	小计	男	女	小计	男	女
合计	**68802**	**36968**	**31834**	**610161**	**314036**	**296125**
福州市	**12095**	**6425**	**5670**	**112700**	**59109**	**53591**
鼓楼区	1439	762	677	12061	6155	5906
台江区	836	428	408	7451	4000	3451
仓山区	3641	1948	1693	33672	17999	15673
马尾区	1200	625	575	10613	5444	5169
晋安区	2809	1498	1311	23815	12317	11498
长乐区	784	417	367	9596	5209	4387
闽侯县						
连江县						
罗源县						
闽清县						
永泰县						
平潭县						
福清市	1386	747	639	15492	7985	7507
厦门市	**26050**	**13988**	**12062**	**217765**	**111485**	**106280**
思明区	2964	1554	1410	27020	13029	13991
海沧区	4468	2432	2036	38387	20299	18088
湖里区	5093	2744	2349	44632	22908	21724
集美区	5993	3190	2803	49020	25135	23885
同安区	7081	3823	3258	55305	28255	27050
翔安区	451	245	206	3401	1859	1542
莆田市	**3350**	**1787**	**1563**	**33698**	**17337**	**16361**
城厢区	647	342	305	6316	3242	3074
涵江区	1224	649	575	11511	5958	5553
荔城区	1247	668	579	13422	6697	6725
秀屿区	232	128	104	2449	1440	1009
仙游县						
三明市	**1047**	**545**	**502**	**10206**	**5456**	**4750**
梅列区	353	187	166	3837	2059	1778
三元区	345	190	155	3421	1814	1607
明溪县						
清流县						
宁化县						
大田县						
尤溪县						
沙县						
将乐县						
泰宁县						
建宁县						
永安市	349	168	181	2948	1583	1365
泉州市	**20958**	**11402**	**9556**	**190310**	**96164**	**94146**
鲤城区	3249	1791	1458	25572	12536	13036
丰泽区	3509	1946	1563	29792	15099	14693
洛江区	525	282	243	4697	2280	2417
泉港区	193	100	93	1577	841	736
惠安县						
安溪县						
永春县						
德化县						
石狮市	3576	1971	1605	30746	15309	15437
晋江市	9184	4923	4261	92353	47042	45311
南安市	722	389	333	5573	3057	2516

7－7a　续表 3　　　　单位：人

现住地	学前教育			小学		
	小计	男	女	小计	男	女
漳州市	**2218**	**1198**	**1020**	**18965**	**10228**	**8737**
芗城区	933	483	450	7313	3846	3467
龙文区	971	549	422	8665	4742	3923
云霄县						
漳浦县						
诏安县						
长泰县						
东山县						
南靖县						
平和县						
华安县						
龙海市	314	166	148	2985	1638	1347
南平市	**1032**	**535**	**497**	**10106**	**5411**	**4695**
延平区	348	175	173	3147	1594	1553
建阳区	276	147	129	2717	1528	1189
顺昌县						
浦城县						
光泽县						
松溪县						
政和县						
邵武市	177	95	82	1833	932	901
武夷山市	126	65	61	1362	776	586
建瓯市	105	53	52	1047	581	466
龙岩市	**1120**	**612**	**508**	**9749**	**5273**	**4476**
新罗区	969	539	430	8356	4548	3808
永定区	45	26	19	376	202	174
长汀县						
上杭县						
武平县						
连城县						
漳平市	106	47	59	1017	523	494
宁德市	**932**	**476**	**456**	**6662**	**3573**	**3089**
蕉城区	509	262	247	3151	1676	1475
霞浦县						
古田县						
屏南县						
寿宁县						
周宁县						
柘荣县						
福安市	142	67	75	1167	690	477
福鼎市	281	147	134	2344	1207	1137

7-7a 续表 4

单位：人

现住地	初中			高中			大学专科		
	小计	男	女	小计	男	女	小计	男	女
合 计	**1399952**	**841404**	**558548**	**462442**	**279037**	**183405**	**190172**	**105337**	**84835**
福州市	**252998**	**153686**	**99312**	**96110**	**57088**	**39022**	**38459**	**21445**	**17014**
鼓楼区	26359	15979	10380	12015	6639	5376	7513	3988	3525
台江区	17240	10706	6534	7721	4354	3367	3948	2146	1802
仓山区	78419	47848	30571	26710	16597	10113	11227	6447	4780
马尾区	22104	13485	8619	8777	5420	3357	3079	1714	1365
晋安区	55431	32417	23014	22405	12664	9741	8304	4361	3943
长乐区	19075	11986	7089	5089	3078	2011	1074	629	445
闽侯县									
连江县									
罗源县									
闽清县									
永泰县									
平潭县									
福清市	34370	21265	13105	13393	8336	5057	3314	2160	1154
厦门市	**495504**	**298131**	**197373**	**196067**	**119893**	**76174**	**92248**	**50524**	**41724**
思明区	59141	34627	24514	30259	16712	13547	19341	9230	10111
海沧区	92934	57697	35237	33182	21379	11803	11665	6984	4681
湖里区	103882	61880	42002	53280	31750	21530	28201	15064	13137
集美区	112451	67714	44737	46199	29158	17041	20719	11996	8723
同安区	119908	71716	48192	29697	18789	10908	8224	4862	3362
翔安区	7188	4497	2691	3450	2105	1345	4098	2388	1710
莆田市	**104529**	**63223**	**41306**	**23566**	**14381**	**9185**	**6134**	**3594**	**2540**
城厢区	21198	12432	8766	8501	4871	3630	2786	1558	1228
涵江区	30766	18356	12410	5665	3503	2162	1145	696	449
荔城区	46142	28090	18052	7719	4844	2875	1586	905	681
秀屿区	6423	4345	2078	1681	1163	518	617	435	182
仙游县									
三明市	**15354**	**9198**	**6156**	**6244**	**3361**	**2883**	**3773**	**2238**	**1535**
梅列区	5448	3094	2354	2355	1197	1158	1292	550	742
三元区	5112	3200	1912	1949	1015	934	711	413	298
明溪县									
清流县									
宁化县									
大田县									
尤溪县									
沙县									
将乐县									
泰宁县									
建宁县									
永安市	4794	2904	1890	1940	1149	791	1770	1275	495
泉州市	**434443**	**256132**	**178311**	**106452**	**64529**	**41923**	**31058**	**16687**	**14371**
鲤城区	55576	32074	23502	13616	8226	5390	4110	2228	1882
丰泽区	60453	36458	23995	20838	12210	8628	9512	4888	4624
洛江区	10936	6511	4425	2878	1848	1030	2205	981	1224
泉港区	3931	2498	1433	1462	1034	428	653	438	215
惠安县									
安溪县									
永春县									
德化县									
石狮市	67202	38258	28944	16443	9764	6679	3349	1824	1525
晋江市	222817	131909	90908	48039	29525	18514	10607	5955	4652
南安市	13528	8424	5104	3176	1922	1254	622	373	249

7-7a　续表 5　　　　单位：人

现住地	初中			高中			大学专科		
	小计	男	女	小计	男	女	小计	男	女
漳州市	**38043**	**23682**	**14361**	**10578**	**6116**	**4462**	**6211**	**2994**	**3217**
芗城区	15917	9635	6282	5133	2799	2334	3826	1636	2190
龙文区	16433	10554	5879	4388	2712	1676	2069	1178	891
云霄县									
漳浦县									
诏安县									
长泰县									
东山县									
南靖县									
平和县									
华安县									
龙海市	5688	3490	2198	1054	602	452	316	180	136
南平市	**15107**	**8745**	**6362**	**5276**	**2805**	**2471**	**2738**	**1540**	**1198**
延平区	4709	2780	1929	1563	850	713	916	456	460
建阳区	3999	2350	1649	1339	683	656	510	306	204
顺昌县									
浦城县									
光泽县									
松溪县									
政和县									
邵武市	2744	1527	1217	1033	533	500	657	425	232
武夷山市	1992	1141	851	761	414	347	444	243	201
建瓯市	1663	947	716	580	325	255	211	110	101
龙岩市	**18720**	**11412**	**7308**	**6832**	**3743**	**3089**	**3673**	**2138**	**1535**
新罗区	15841	9665	6176	5863	3189	2674	2942	1589	1353
永定区	998	618	380	362	211	151	156	100	56
长汀县									
上杭县									
武平县									
连城县									
漳平市	1881	1129	752	607	343	264	575	449	126
宁德市	**25254**	**17195**	**8059**	**11317**	**7121**	**4196**	**5878**	**4177**	**1701**
蕉城区	20206	14417	5789	9000	5910	3090	4793	3633	1160
霞浦县									
古田县									
屏南县									
寿宁县									
周宁县									
柘荣县									
福安市	1998	1142	856	1012	539	473	515	259	256
福鼎市	3050	1636	1414	1305	672	633	570	285	285

7-7a 续表 6

单位：人

现住地	大学本科			硕士研究生			博士研究生		
	小计	男	女	小计	男	女	小计	男	女
合　计	**195944**	**100615**	**95329**	**22888**	**11102**	**11786**	**3161**	**1903**	**1258**
福州市	**42762**	**22196**	**20566**	**6356**	**2742**	**3614**	**714**	**396**	**318**
鼓楼区	10226	5601	4625	1189	649	540	139	82	57
台江区	3449	1841	1608	452	199	253	73	39	34
仓山区	13466	6560	6906	3795	1375	2420	400	204	196
马尾区	3391	1843	1548	134	85	49	15	11	4
晋安区	5792	3268	2524	447	224	223	57	40	17
长乐区	3217	1082	2135	40	23	17	12	10	2
闽侯县									
连江县									
罗源县									
闽清县									
永泰县									
平潭县									
福清市	3221	2001	1220	299	187	112	18	10	8
厦门市	**91038**	**47809**	**43229**	**11542**	**5644**	**5898**	**1938**	**1157**	**781**
思明区	21560	10501	11059	6255	2778	3477	1493	868	625
海沧区	6057	3513	2544	478	255	223	41	29	12
湖里区	16134	8497	7637	986	530	456	88	60	28
集美区	43025	22809	20216	3589	1966	1623	281	177	104
同安区	3218	1840	1378	134	63	71	19	12	7
翔安区	1044	649	395	100	52	48	16	11	5
莆田市	**5288**	**3132**	**2156**	**189**	**121**	**68**	**40**	**29**	**11**
城厢区	3309	1853	1456	100	62	38	27	17	10
涵江区	560	355	205	30	18	12	4	3	1
荔城区	1131	717	414	52	36	16	8	8	
秀屿区	288	207	81	7	5	2	1	1	
仙游县									
三明市	**4659**	**2519**	**2140**	**169**	**92**	**77**	**29**	**20**	**9**
梅列区	722	426	296	61	31	30	11	7	4
三元区	3414	1755	1659	52	25	27	15	11	4
明溪县									
清流县									
宁化县									
大田县									
尤溪县									
沙县									
将乐县									
泰宁县									
建宁县									
永安市	523	338	185	56	36	20	3	2	1
泉州市	**26637**	**12550**	**14087**	**1825**	**863**	**962**	**164**	**99**	**65**
鲤城区	1646	898	748	117	65	52	12	8	4
丰泽区	15128	5916	9212	1084	435	649	94	56	38
洛江区	706	446	260	66	42	24	6	4	2
泉港区	452	299	153	168	120	48	12	7	5
惠安县									
安溪县									
永春县									
德化县									
石狮市	3333	1883	1450	99	42	57	13	5	8
晋江市	4757	2803	1954	278	153	125	27	19	8
南安市	615	305	310	13	6	7			

7-7a　续表 7

单位：人

现住地	大学本科			硕士研究生			博士研究生		
	小计	男	女	小计	男	女	小计	男	女
漳州市	**8356**	**2987**	**5369**	**707**	**235**	**472**	**40**	**27**	**13**
芗城区	7141	2219	4922	624	184	440	33	24	9
龙文区	1028	630	398	74	43	31	7	3	4
云霄县									
漳浦县									
诏安县									
长泰县									
东山县									
南靖县									
平和县									
华安县									
龙海市	186	137	49	9	8	1			
南平市	**6068**	**3059**	**3009**	**197**	**107**	**90**	**32**	**21**	**11**
延平区	589	325	264	92	50	42	5	1	4
建阳区	422	241	181	26	13	13	4	4	
顺昌县									
浦城县									
光泽县									
松溪县									
政和县									
邵武市	293	184	109	17	13	4	3	2	1
武夷山市	4619	2229	2390	57	28	29	20	14	6
建瓯市	145	80	65	5	3	2			
龙岩市	**4639**	**2328**	**2311**	**186**	**105**	**81**	**30**	**19**	**11**
新罗区	4417	2190	2227	173	100	73	28	17	11
永定区	83	51	32	6	4	2	1	1	
长汀县									
上杭县									
武平县									
连城县									
漳平市	139	87	52	7	1	6	1	1	
宁德市	**6497**	**4035**	**2462**	**1717**	**1193**	**524**	**174**	**135**	**39**
蕉城区	5854	3669	2185	1675	1169	506	172	134	38
霞浦县									
古田县									
屏南县									
寿宁县									
周宁县									
柘荣县									
福安市	210	118	92	20	10	10	2	1	1
福鼎市	433	248	185	22	14	8			

7-7b 各地区按现住地、受教育程度、性别分的户口登记地在外省的人口(镇)

单位：人

现住地	合计			未上过学		
	合计	男	女	小计	男	女
合　计	**1020745**	**605099**	**415646**	**12755**	**4731**	**8024**
福州市	**224758**	**131119**	**93639**	**2119**	**768**	**1351**
鼓楼区						
台江区						
仓山区						
马尾区						
晋安区	315	183	132	7	2	5
长乐区	41700	25423	16277	548	206	342
闽侯县	97854	53933	43921	799	293	506
连江县	25603	14714	10889	311	95	216
罗源县	17611	11770	5841	64	31	33
闽清县	3058	1647	1411	48	13	35
永泰县	4908	2924	1984	26	8	18
平潭县	6942	4283	2659	56	23	33
福清市	26767	16242	10525	260	97	163
厦门市	**87767**	**53328**	**34439**	**1255**	**443**	**812**
思明区						
海沧区						
湖里区	442	352	90	3	1	2
集美区	45	28	17			
同安区	2628	1545	1083	102	31	71
翔安区	84652	51403	33249	1150	411	739
莆田市	**19566**	**11801**	**7765**	**275**	**114**	**161**
城厢区	1456	910	546	24	8	16
涵江区	455	280	175	10	4	6
荔城区	224	145	79	1		1
秀屿区	2966	2001	965	49	27	22
仙游县	14465	8465	6000	191	75	116
三明市	**29826**	**17008**	**12818**	**635**	**205**	**430**
梅列区	755	522	233	16	5	11
三元区	607	425	182	10	4	6
明溪县	1516	864	652	28	10	18
清流县	1538	864	674	40	11	29
宁化县	2560	1315	1245	72	17	55
大田县	3276	2110	1166	28	16	12
尤溪县	3428	1956	1472	53	15	38
沙县	9705	5348	4357	250	88	162
将乐县	2674	1442	1232	53	15	38
泰宁县	1277	701	576	32	13	19
建宁县	1341	772	569	31	8	23
永安市	1149	689	460	22	3	19
泉州市	**411494**	**242051**	**169443**	**5146**	**2039**	**3107**
鲤城区						
丰泽区						
洛江区	6180	3572	2608	92	32	60
泉港区	3285	1992	1293	36	13	23
惠安县	61545	36798	24747	858	283	575
安溪县	25900	14761	11139	276	112	164
永春县	5428	3149	2279	42	17	25
德化县	9735	5866	3869	171	76	95
石狮市	52017	32026	19991	611	244	367
晋江市	126062	70905	55157	1922	749	1173
南安市	121342	72982	48360	1138	513	625

7–7b　续表 1

单位：人

现住地	合计			未上过学		
	合计	男	女	小计	男	女
漳州市	**167561**	**101072**	**66489**	**2067**	**703**	**1364**
芗城区	16479	9781	6698	303	99	204
龙文区						
云霄县	5562	3024	2538	63	26	37
漳浦县	22482	15414	7068	182	71	111
诏安县	4293	2180	2113	84	36	48
长泰县	25778	15742	10036	296	117	179
东山县	6714	3516	3198	30	12	18
南靖县	4882	3094	1788	43	17	26
平和县	6190	3733	2457	114	39	75
华安县	4501	3090	1411	64	20	44
龙海市	70680	41498	29182	888	266	622
南平市	**19843**	**11052**	**8791**	**509**	**193**	**316**
延平区	789	479	310	9	3	6
建阳区	916	509	407	46	18	28
顺昌县	3422	1948	1474	103	42	61
浦城县	4229	2322	1907	85	35	50
光泽县	2249	1072	1177	95	32	63
松溪县	1299	656	643	26	8	18
政和县	3598	2008	1590	75	32	43
邵武市	1773	1126	647	46	15	31
武夷山市	798	517	281	10	3	7
建瓯市	770	415	355	14	5	9
龙岩市	**20278**	**12549**	**7729**	**249**	**71**	**178**
新罗区	2404	1575	829	47	15	32
永定区	2814	1799	1015	41	10	31
长汀县	3470	1798	1672	27	10	17
上杭县	6446	4464	1982	60	18	42
武平县	2464	1344	1120	30	9	21
连城县	2245	1325	920	29	7	22
漳平市	435	244	191	15	2	13
宁德市	**39652**	**25119**	**14533**	**500**	**195**	**305**
蕉城区	2086	1408	678	16	6	10
霞浦县	7944	4936	3008	92	47	45
古田县	3777	2053	1724	40	15	25
屏南县	1000	510	490	9	2	7
寿宁县	1257	625	632	26	9	17
周宁县	1481	733	748	16	5	11
柘荣县	1337	641	696	34	12	22
福安市	11863	9140	2723	55	23	32
福鼎市	8907	5073	3834	212	76	136

7-7b 续表 2

单位：人

现住地	学前教育			小学		
	小计	男	女	小计	男	女
合计	**24856**	**13366**	**11490**	**230760**	**122692**	**108068**
福州市	**3997**	**2109**	**1888**	**40895**	**21803**	**19092**
鼓楼区						
台江区						
仓山区						
马尾区						
晋安区	8	6	2	80	42	38
长乐区	879	481	398	9949	5305	4644
闽侯县	1381	705	676	11755	6227	5528
连江县	611	338	273	5564	2925	2639
罗源县	339	171	168	3872	2243	1629
闽清县	100	44	56	777	403	374
永泰县	81	38	43	1113	595	518
平潭县	138	71	67	1583	904	679
福清市	460	255	205	6202	3159	3043
厦门市	**1591**	**849**	**742**	**13475**	**6894**	**6581**
思明区						
海沧区						
湖里区	4	3	1	65	45	20
集美区	1	1		18	8	10
同安区	67	26	41	748	377	371
翔安区	1519	819	700	12644	6464	6180
莆田市	**404**	**224**	**180**	**4244**	**2427**	**1817**
城厢区	27	11	16	285	162	123
涵江区	16	7	9	118	67	51
荔城区	7	4	3	76	40	36
秀屿区	36	19	17	657	398	259
仙游县	318	183	135	3108	1760	1348
三明市	**889**	**494**	**395**	**8428**	**4423**	**4005**
梅列区	9	4	5	269	163	106
三元区	12	7	5	155	94	61
明溪县	45	25	20	381	202	179
清流县	39	23	16	315	156	159
宁化县	71	38	33	590	276	314
大田县	104	65	39	868	523	345
尤溪县	77	49	28	864	466	398
沙县	340	191	149	3116	1572	1544
将乐县	88	51	37	839	421	418
泰宁县	38	18	20	340	183	157
建宁县	40	14	26	332	176	156
永安市	26	9	17	359	191	168
泉州市	**12108**	**6492**	**5616**	**107116**	**56372**	**50744**
鲤城区						
丰泽区						
洛江区	197	99	98	1469	744	725
泉港区	94	54	40	694	403	291
惠安县	1675	904	771	15717	8272	7445
安溪县	714	373	341	6030	3196	2834
永春县	145	65	80	1294	681	613
德化县	262	131	131	2657	1465	1192
石狮市	1222	674	548	13713	7432	6281
晋江市	3715	1972	1743	37598	18906	18692
南安市	4084	2220	1864	27944	15273	12671

7-7b　续表 3　　　　单位：人

现住地	学前教育			小　学		
	小计	男	女	小计	男	女
漳州市	**3974**	**2175**	**1799**	**38633**	**20846**	**17787**
芗城区	591	338	253	5155	2764	2391
龙文区						
云霄县	128	62	66	1088	547	541
漳浦县	412	227	185	3929	2368	1561
诏安县	90	51	39	935	476	459
长泰县	570	301	269	5781	2947	2834
东山县	142	78	64	1477	827	650
南靖县	131	67	64	1103	669	434
平和县	131	73	58	1956	1086	870
华安县	98	53	45	1159	680	479
龙海市	1681	925	756	16050	8482	7568
南平市	**493**	**281**	**212**	**5367**	**2849**	**2518**
延平区	21	15	6	192	99	93
建阳区	40	21	19	331	174	157
顺昌县	88	43	45	1071	594	477
浦城县	95	59	36	948	483	465
光泽县	55	31	24	756	349	407
松溪县	50	30	20	320	164	156
政和县	72	43	29	957	523	434
邵武市	39	16	23	423	244	179
武夷山市	12	7	5	152	95	57
建瓯市	21	16	5	217	124	93
龙岩市	**581**	**305**	**276**	**4151**	**2364**	**1787**
新罗区	74	42	32	676	419	257
永定区	73	43	30	749	432	317
长汀县	113	53	60	633	309	324
上杭县	146	78	68	1136	679	457
武平县	78	36	42	348	182	166
连城县	74	41	33	452	258	194
漳平市	23	12	11	157	85	72
宁德市	**819**	**437**	**382**	**8451**	**4714**	**3737**
蕉城区	30	14	16	318	196	122
霞浦县	174	94	80	1691	1059	632
古田县	105	55	50	1161	641	520
屏南县	17	7	10	271	127	144
寿宁县	30	12	18	327	158	169
周宁县	42	17	25	416	206	210
柘荣县	45	28	17	396	199	197
福安市	90	54	36	841	492	349
福鼎市	286	156	130	3030	1636	1394

7−7b 续表 4

单位：人

现住地	初中			高中			大学专科		
	小计	男	女	小计	男	女	小计	男	女
合计	**511031**	**317886**	**193145**	**138236**	**88241**	**49995**	**41764**	**25997**	**15767**
福州市	**98073**	**61879**	**36194**	**30866**	**19515**	**11351**	**10966**	**6550**	**4416**
鼓楼区									
台江区									
仓山区									
马尾区									
晋安区	173	102	71	38	25	13	6	4	2
长乐区	22059	13850	8209	6098	4088	2010	1341	931	410
闽侯县	32682	20530	12152	11765	7208	4557	5383	2888	2495
连江县	12784	7767	5017	3812	2198	1614	1404	796	608
罗源县	8720	6193	2527	2924	1929	995	1117	793	324
闽清县	1509	855	654	386	205	181	149	76	73
永泰县	2829	1761	1068	583	374	209	187	101	86
平潭县	3552	2321	1231	983	590	393	341	202	139
福清市	13765	8500	5265	4277	2898	1379	1038	759	279
厦门市	**47760**	**29455**	**18305**	**17375**	**11608**	**5767**	**4484**	**2888**	**1596**
思明区									
海沧区									
湖里区	253	209	44	96	78	18	14	12	2
集美区	13	7	6	6	6		6	6	
同安区	1248	797	451	291	198	93	131	90	41
翔安区	46246	28442	17804	16982	11326	5656	4333	2780	1553
莆田市	**10981**	**7038**	**3943**	**2550**	**1536**	**1014**	**722**	**303**	**419**
城厢区	892	577	315	179	122	57	33	21	12
涵江区	256	164	92	44	31	13	7	4	3
荔城区	115	84	31	17	12	5	4	2	2
秀屿区	1784	1254	530	284	195	89	93	59	34
仙游县	7934	4959	2975	2026	1176	850	585	217	368
三明市	**12681**	**7642**	**5039**	**4170**	**2393**	**1777**	**1762**	**1059**	**703**
梅列区	341	264	77	85	64	21	21	13	8
三元区	289	206	83	71	54	17	40	32	8
明溪县	546	333	213	219	128	91	147	77	70
清流县	593	335	258	283	166	117	138	79	59
宁化县	1043	547	496	497	261	236	172	103	69
大田县	1471	997	474	452	283	169	205	125	80
尤溪县	1599	917	682	468	260	208	238	168	70
沙县	4146	2470	1676	1151	636	515	430	239	191
将乐县	1114	631	483	336	176	160	142	83	59
泰宁县	494	285	209	235	142	93	80	36	44
建宁县	532	309	223	201	125	76	123	87	36
永安市	513	348	165	172	98	74	26	17	9
泉州市	**222341**	**136492**	**85849**	**48560**	**30675**	**17885**	**10421**	**6499**	**3922**
鲤城区									
丰泽区									
洛江区	3184	1940	1244	751	506	245	176	111	65
泉港区	1562	950	612	480	279	201	263	176	87
惠安县	33076	20773	12303	7004	4481	2523	2158	1352	806
安溪县	14011	8351	5660	2837	1654	1183	840	481	359
永春县	2836	1714	1122	665	395	270	286	171	115
德化县	4763	3030	1733	1201	724	477	481	313	168
石狮市	28687	18274	10413	6106	4202	1904	1384	1002	382
晋江市	65530	38770	26760	13828	8473	5355	2316	1362	954
南安市	68692	42690	26002	15688	9961	5727	2517	1531	986

7-7b　续表 5　　　　单位：人

现住地	初中			高中			大学专科		
	小计	男	女	小计	男	女	小计	男	女
漳州市	**82477**	**52264**	**30213**	**21592**	**14038**	**7554**	**8317**	**5492**	**2825**
芗城区	8722	5470	3252	1368	895	473	251	157	94
龙文区									
云霄县	2754	1516	1238	796	410	386	355	211	144
漳浦县	10343	7165	3178	3728	2679	1049	2543	1854	689
诏安县	2254	1160	1094	565	272	293	269	129	140
长泰县	15695	9985	5710	2506	1722	784	685	479	206
东山县	3482	1787	1695	1087	555	532	317	158	159
南靖县	2444	1569	875	708	461	247	305	216	89
平和县	3310	2126	1184	448	284	164	124	70	54
华安县	2552	1864	688	397	285	112	144	117	27
龙海市	30921	19622	11299	9989	6475	3514	3324	2101	1223
南平市	**9336**	**5317**	**4019**	**2477**	**1388**	**1089**	**1016**	**603**	**413**
延平区	317	188	129	88	42	46	117	103	14
建阳区	394	237	157	76	42	34	21	14	7
顺昌县	1476	882	594	401	224	177	157	83	74
浦城县	2250	1269	981	481	247	234	242	150	92
光泽县	869	410	459	249	122	127	133	68	65
松溪县	600	301	299	177	88	89	71	33	38
政和县	1796	1018	778	375	196	179	188	102	86
邵武市	954	631	323	240	167	73	45	32	13
武夷山市	263	168	95	317	214	103	21	13	8
建瓯市	417	213	204	73	46	27	21	5	16
龙岩市	**9652**	**6270**	**3382**	**3016**	**1838**	**1178**	**1496**	**945**	**551**
新罗区	1223	863	360	211	134	77	100	62	38
永定区	1494	1026	468	282	178	104	113	66	47
长汀县	1455	697	758	664	368	296	297	175	122
上杭县	3090	2315	775	985	662	323	568	392	176
武平县	1248	690	558	463	264	199	185	99	86
连城县	965	568	397	370	212	158	221	145	76
漳平市	177	111	66	41	20	21	12	6	6
宁德市	**17730**	**11529**	**6201**	**7630**	**5250**	**2380**	**2580**	**1658**	**922**
蕉城区	1012	709	303	512	337	175	137	99	38
霞浦县	3233	2064	1169	1255	715	540	639	365	274
古田县	1746	958	788	460	236	224	175	95	80
屏南县	422	231	191	161	68	93	83	49	34
寿宁县	632	328	304	148	73	75	59	32	27
周宁县	639	332	307	227	103	124	79	33	46
柘荣县	502	239	263	215	100	115	91	33	58
福安市	5849	4532	1317	3617	2996	621	949	735	214
福鼎市	3695	2136	1559	1035	622	413	368	217	151

7－7b 续表 6

单位：人

现住地	大学本科			硕士研究生			博士研究生		
	小计	男	女	小计	男	女	小计	男	女
合　计	**54297**	**28111**	**26186**	**6367**	**3649**	**2718**	**679**	**426**	**253**
福州市	**31935**	**15131**	**16804**	**5362**	**3033**	**2329**	**545**	**331**	**214**
鼓楼区									
台江区									
仓山区									
马尾区									
晋安区	3	2	1						
长乐区	752	522	230	69	37	32	5	3	2
闽侯县	28371	12832	15539	5184	2925	2259	534	325	209
连江县	1082	575	507	32	18	14	3	2	1
罗源县	558	397	161	16	12	4	1	1	
闽清县	85	49	36	3	2	1	1		1
永泰县	77	41	36	11	6	5	1		1
平潭县	277	166	111	12	6	6			
福清市	730	547	183	35	27	8			
厦门市	**1655**	**1081**	**574**	**147**	**95**	**52**	**25**	**15**	**10**
思明区									
海沧区									
湖里区	7	4	3						
集美区	1		1						
同安区	41	26	15						
翔安区	1606	1051	555	147	95	52	25	15	10
莆田市	**337**	**145**	**192**	**46**	**12**	**34**	**7**	**2**	**5**
城厢区	15	8	7				1	1	
涵江区	4	3	1						
荔城区	4	3	1						
秀屿区	59	46	13	4	3	1			
仙游县	255	85	170	42	9	33	6	1	5
三明市	**1175**	**741**	**434**	**78**	**43**	**35**	**8**	**8**	
梅列区	13	8	5				1	1	
三元区	30	28	2						
明溪县	140	86	54	10	3	7			
清流县	127	91	36	3	3				
宁化县	110	71	39	5	2	3			
大田县	136	94	42	11	6	5	1	1	
尤溪县	113	73	40	16	8	8			
沙县	253	142	111	17	8	9	2	2	
将乐县	94	57	37	5	5		3	3	
泰宁县	52	20	32	6	4	2			
建宁县	78	50	28	4	3	1			
永安市	29	21	8	1	1		1	1	
泉州市	**5510**	**3312**	**2198**	**259**	**150**	**109**	**33**	**20**	**13**
鲤城区									
丰泽区									
洛江区	289	129	160	21	10	11	1	1	
泉港区	153	114	39	3	3				
惠安县	1010	697	313	43	33	10	4	3	1
安溪县	1155	575	580	31	16	15	6	3	3
永春县	148	98	50	9	6	3	3	2	1
德化县	188	119	69	11	7	4	1	1	
石狮市	273	183	90	17	13	4	4	2	2
晋江市	1068	628	440	80	42	38	5	3	2
南安市	1226	769	457	44	20	24	9	5	4

7-7b　续表 7　　　　　　　　　　　　　　　　　　　　单位：人

现住地	大学本科			硕士研究生			博士研究生		
	小计	男	女	小计	男	女	小计	男	女
漳州市	**10224**	**5365**	**4859**	**231**	**153**	**78**	**46**	**36**	**10**
芗城区	85	55	30	3	2	1	1	1	
龙文区									
云霄县	362	241	121	13	9	4	3	2	1
漳浦县	1283	1004	279	57	42	15	5	4	1
诏安县	94	54	40	1	1		1	1	
长泰县	239	186	53	5	4	1	1	1	
东山县	170	94	76	9	5	4			
南靖县	141	90	51	6	4	2	1	1	
平和县	103	51	52	3	3		1	1	
华安县	85	69	16	1	1		1	1	
龙海市	7662	3521	4141	133	82	51	32	24	8
南平市	**609**	**396**	**213**	**31**	**21**	**10**	**5**	**4**	**1**
延平区	44	29	15	1		1			
建阳区	7	3	4	1		1			
顺昌县	122	77	45	4	3	1			
浦城县	125	76	49	2	2		1	1	
光泽县	78	50	28	12	9	3	2	1	1
松溪县	50	29	21	4	2	2	1	1	
政和县	128	89	39	6	4	2	1	1	
邵武市	25	20	5	1	1				
武夷山市	23	17	6						
建瓯市	7	6	1						
龙岩市	**992**	**663**	**329**	**134**	**86**	**48**	**7**	**7**	
新罗区	71	40	31	2		2			
永定区	59	41	18	3	3				
长汀县	249	161	88	32	25	7			
上杭县	379	270	109	77	45	32	5	5	
武平县	97	54	43	14	9	5	1	1	
连城县	127	89	38	6	4	2	1	1	
漳平市	10	8	2						
宁德市	**1860**	**1277**	**583**	**79**	**56**	**23**	**3**	**3**	
蕉城区	54	41	13	7	6	1			
霞浦县	834	574	260	25	17	8	1	1	
古田县	78	45	33	12	8	4			
屏南县	35	25	10	2	1	1			
寿宁县	33	12	21	1		1	1	1	
周宁县	61	36	25	1	1				
柘荣县	51	29	22	3	1	2			
福安市	441	293	148	20	14	6	1	1	
福鼎市	273	222	51	8	8				

7-7c 各地区按现住地、受教育程度、性别分的户口登记地在外省的人口(乡村)

单位：人

现住地	合计			未上过学		
	合计	男	女	小计	男	女
合　计	**801993**	**500609**	**301384**	**12811**	**4728**	**8083**
福州市	**163119**	**103937**	**59182**	**2124**	**843**	**1281**
鼓楼区						
台江区						
仓山区						
马尾区	1259	779	480	26	12	14
晋安区	2194	1573	621	18	6	12
长乐区	45256	27384	17872	642	254	388
闽侯县	33708	21056	12652	368	160	208
连江县	17021	11204	5817	225	78	147
罗源县	5822	4360	1462	43	15	28
闽清县	6883	4063	2820	151	58	93
永泰县	3295	2052	1243	20	10	10
平潭县	7602	5410	2192	114	46	68
福清市	40079	26056	14023	517	204	313
厦门市	**129688**	**80331**	**49357**	**2237**	**771**	**1466**
思明区						
海沧区	4435	2772	1663	45	17	28
湖里区						
集美区	40973	24394	16579	671	227	444
同安区	44640	27406	17234	1039	317	722
翔安区	39640	25759	13881	482	210	272
莆田市	**32644**	**20240**	**12404**	**529**	**198**	**331**
城厢区	7811	4818	2993	113	38	75
涵江区	5064	3279	1785	97	38	59
荔城区	7365	4092	3273	87	22	65
秀屿区	6057	4239	1818	108	41	67
仙游县	6347	3812	2535	124	59	65
三明市	**22421**	**15745**	**6676**	**394**	**152**	**242**
梅列区	204	131	73	6	2	4
三元区	1417	1128	289	17	10	7
明溪县	1635	1202	433	9	4	5
清流县	1892	1397	495	26	13	13
宁化县	1712	1071	641	39	18	21
大田县	4514	3573	941	53	27	26
尤溪县	2287	1390	897	31	8	23
沙县	1720	1056	664	41	17	24
将乐县	2461	1623	838	41	19	22
泰宁县	579	339	240	11	4	7
建宁县	875	624	251	23	7	16
永安市	3125	2211	914	97	23	74
泉州市	**294490**	**174044**	**120446**	**4992**	**1804**	**3188**
鲤城区						
丰泽区						
洛江区	9170	5352	3818	147	61	86
泉港区	7032	4692	2340	76	24	52
惠安县	29487	19114	10373	496	171	325
安溪县	10648	6434	4214	142	51	91
永春县	2602	1607	995	40	14	26
德化县	1895	1276	619	18	6	12
石狮市	25577	14872	10705	435	175	260
晋江市	172596	98620	73976	3267	1162	2105
南安市	35483	22077	13406	371	140	231

7-7c 续表 1

单位：人

现住地	合计			未上过学		
	合计	男	女	小计	男	女
漳州市	**51631**	**34720**	**16911**	**650**	**253**	**397**
芗城区	3185	2130	1055	38	18	20
龙文区	1051	681	370	23	4	19
云霄县	4403	3269	1134	52	25	27
漳浦县	10275	7174	3101	122	53	69
诏安县	2863	1588	1275	45	14	31
长泰县	4635	2872	1763	56	22	34
东山县	2426	1727	699	18	9	9
南靖县	2439	1606	833	48	19	29
平和县	2067	1068	999	30	12	18
华安县	3434	2293	1141	61	23	38
龙海市	14853	10312	4541	157	54	103
南平市	**27385**	**16917**	**10468**	**688**	**236**	**452**
延平区	2915	1769	1146	38	18	20
建阳区	3697	2286	1411	198	70	128
顺昌县	2151	1305	846	56	17	39
浦城县	3597	2283	1314	81	32	49
光泽县	4773	2853	1920	81	26	55
松溪县	1558	955	603	28	10	18
政和县	2162	1307	855	63	18	45
邵武市	1720	1153	567	33	6	27
武夷山市	2647	1700	947	58	22	36
建瓯市	2165	1306	859	52	17	35
龙岩市	**26649**	**18483**	**8166**	**495**	**202**	**293**
新罗区	8644	6445	2199	167	71	96
永定区	4562	3303	1259	88	47	41
长汀县	2127	1151	976	30	9	21
上杭县	2839	1891	948	80	34	46
武平县	2943	1902	1041	31	5	26
连城县	1795	1157	638	29	14	15
漳平市	3739	2634	1105	70	22	48
宁德市	**53966**	**36192**	**17774**	**702**	**269**	**433**
蕉城区	17199	11360	5839	112	59	53
霞浦县	7610	5880	1730	49	22	27
古田县	3588	2056	1532	41	13	28
屏南县	1518	941	577	12	3	9
寿宁县	1847	1119	728	45	15	30
周宁县	2022	1475	547	27	6	21
柘荣县	1713	1141	572	29	11	18
福安市	4157	2771	1386	37	11	26
福鼎市	14312	9449	4863	350	129	221

7-7c 续表 2

单位：人

现住地	学前教育			小 学		
	小计	男	女	小计	男	女
合 计	**18132**	**9742**	**8390**	**209572**	**116403**	**93169**
福州市	**2857**	**1519**	**1338**	**38557**	**21446**	**17111**
鼓楼区						
台江区						
仓山区						
马尾区	41	24	17	340	187	153
晋安区	17	11	6	373	229	144
长乐区	752	408	344	11469	6155	5314
闽侯县	699	390	309	7457	4161	3296
连江县	279	149	130	3763	2209	1554
罗源县	38	17	21	1467	904	563
闽清县	123	58	65	1916	1064	852
永泰县	28	10	18	583	341	242
平潭县	123	66	57	1706	1054	652
福清市	757	386	371	9483	5142	4341
厦门市	**2855**	**1573**	**1282**	**28150**	**15582**	**12568**
思明区						
海沧区	51	26	25	568	323	245
湖里区						
集美区	1167	651	516	9520	4993	4527
同安区	1145	621	524	12022	6486	5536
翔安区	492	275	217	6040	3780	2260
莆田市	**579**	**297**	**282**	**7178**	**3955**	**3223**
城厢区	123	63	60	1557	806	751
涵江区	80	40	40	1187	616	571
荔城区	151	71	80	1514	850	664
秀屿区	74	40	34	1368	849	519
仙游县	151	83	68	1552	834	718
三明市	**297**	**151**	**146**	**6362**	**4159**	**2203**
梅列区	1	1		58	34	24
三元区	10	9	1	395	298	97
明溪县	28	17	11	444	292	152
清流县	32	15	17	466	358	108
宁化县	30	12	18	409	234	175
大田县	34	21	13	1231	899	332
尤溪县	42	15	27	586	313	273
沙县	29	11	18	600	353	247
将乐县	31	17	14	746	446	300
泰宁县	8	2	6	200	118	82
建宁县	12	7	5	227	143	84
永安市	40	24	16	1000	671	329
泉州市	**8889**	**4806**	**4083**	**88135**	**46511**	**41624**
鲤城区						
丰泽区						
洛江区	252	145	107	2115	1029	1086
泉港区	161	85	76	1628	960	668
惠安县	776	429	347	7803	4500	3303
安溪县	364	199	165	2887	1528	1359
永春县	61	31	30	850	500	350
德化县	49	26	23	477	302	175
石狮市	707	379	328	7680	3970	3710
晋江市	5372	2892	2480	56304	29115	27189
南安市	1147	620	527	8391	4607	3784

7-7c　续表 3　　单位：人

现住地	学前教育			小　学		
	小计	男	女	小计	男	女
漳州市	**995**	**523**	**472**	**13147**	**7732**	**5415**
芗城区	81	44	37	663	362	301
龙文区	25	17	8	354	208	146
云霄县	45	23	22	814	549	265
漳浦县	175	84	91	2335	1327	1008
诏安县	70	40	30	799	414	385
长泰县	131	71	60	1296	699	597
东山县	35	20	15	526	334	192
南靖县	50	23	27	683	422	261
平和县	46	25	21	713	355	358
华安县	49	24	25	1017	580	437
龙海市	288	152	136	3947	2482	1465
南平市	**470**	**237**	**233**	**8632**	**4963**	**3669**
延平区	55	36	19	712	411	301
建阳区	91	43	48	1225	733	492
顺昌县	44	20	24	677	384	293
浦城县	54	27	27	878	444	434
光泽县	40	26	14	2079	1165	914
松溪县	36	17	19	413	249	164
政和县	31	13	18	684	389	295
邵武市	35	14	21	482	276	206
武夷山市	47	21	26	708	437	271
建瓯市	37	20	17	774	475	299
龙岩市	**488**	**258**	**230**	**7472**	**4793**	**2679**
新罗区	136	72	64	2434	1637	797
永定区	78	45	33	1495	1087	408
长汀县	59	26	33	606	295	311
上杭县	66	37	29	720	429	291
武平县	56	29	27	534	292	242
连城县	31	17	14	525	313	212
漳平市	62	32	30	1158	740	418
宁德市	**702**	**378**	**324**	**11939**	**7262**	**4677**
蕉城区	210	117	93	2105	1305	800
霞浦县	60	35	25	1599	1054	545
古田县	71	30	41	985	537	448
屏南县	12	8	4	443	243	200
寿宁县	28	14	14	576	319	257
周宁县	16	8	8	473	308	165
柘荣县	20	13	7	496	322	174
福安市	57	25	32	870	565	305
福鼎市	228	128	100	4392	2609	1783

7-7c 续表 4

单位：人

现住地	初中			高中			大学专科		
	小计	男	女	小计	男	女	小计	男	女
合　计	**413963**	**270002**	**143961**	**93675**	**64513**	**29162**	**30544**	**20655**	**9889**
福州市	**86591**	**57569**	**29022**	**21141**	**14827**	**6314**	**6860**	**4598**	**2262**
鼓楼区									
台江区									
仓山区									
马尾区	642	416	226	135	95	40	42	23	19
晋安区	1180	902	278	416	298	118	104	68	36
长乐区	24517	15420	9097	5421	3599	1822	1640	978	662
闽侯县	18792	12235	6557	4624	3035	1589	1072	647	425
连江县	9859	6818	3041	1610	1119	491	460	313	147
罗源县	3432	2750	682	618	498	120	157	125	32
闽清县	4075	2480	1595	364	220	144	208	155	53
永泰县	1258	892	366	357	269	88	164	124	40
平潭县	3937	3009	928	710	568	142	722	463	259
福清市	18899	12647	6252	6886	5126	1760	2291	1702	589
厦门市	**59229**	**38289**	**20940**	**19907**	**13417**	**6490**	**8434**	**5557**	**2877**
思明区									
海沧区	2225	1344	881	990	649	341	358	267	91
湖里区									
集美区	22130	13586	8544	5481	3689	1792	1502	929	573
同安区	22063	14250	7813	4910	3397	1513	2566	1725	841
翔安区	12811	9109	3702	8526	5682	2844	4008	2636	1372
莆田市	**18453**	**12335**	**6118**	**3414**	**2180**	**1234**	**867**	**559**	**308**
城厢区	4819	3106	1713	858	588	270	220	131	89
涵江区	2980	2035	945	583	453	130	91	70	21
荔城区	3644	2398	1246	734	316	418	106	58	48
秀屿区	3450	2520	930	539	398	141	294	213	81
仙游县	3560	2276	1284	700	425	275	156	87	69
三明市	**11342**	**8264**	**3078**	**2327**	**1728**	**599**	**1099**	**857**	**242**
梅列区	102	69	33	26	19	7	8	5	3
三元区	749	624	125	144	109	35	64	49	15
明溪县	792	606	186	206	160	46	110	87	23
清流县	911	682	229	278	203	75	103	78	25
宁化县	799	502	297	245	166	79	107	80	27
大田县	2544	2096	448	413	338	75	156	126	30
尤溪县	1208	755	453	221	148	73	126	97	29
沙县	827	520	307	136	99	37	52	35	17
将乐县	1313	896	417	191	137	54	110	84	26
泰宁县	247	145	102	57	35	22	32	24	8
建宁县	366	267	99	98	79	19	114	95	19
永安市	1484	1102	382	312	235	77	117	97	20
泉州市	**156580**	**96855**	**59725**	**27431**	**18484**	**8947**	**5664**	**3681**	**1983**
鲤城区									
丰泽区									
洛江区	5076	3078	1998	1254	825	429	225	141	84
泉港区	3895	2738	1157	781	555	226	294	200	94
惠安县	15418	10493	4925	3056	2307	749	1254	731	523
安溪县	5882	3753	2129	886	590	296	309	196	113
永春县	1296	829	467	227	149	78	81	51	30
德化县	1050	741	309	189	128	61	75	49	26
石狮市	13688	8343	5345	2364	1577	787	343	233	110
晋江市	89907	53776	36131	14837	9734	5103	2102	1382	720
南安市	20368	13104	7264	3837	2619	1218	981	698	283

7-7c 续表 5

单位：人

现住地	初中			高中			大学专科		
	小计	男	女	小计	男	女	小计	男	女
漳州市	**28624**	**20181**	**8443**	**5460**	**4035**	**1425**	**1847**	**1349**	**498**
芗城区	1714	1173	541	440	345	95	162	122	40
龙文区	536	384	152	83	55	28	22	8	14
云霄县	2570	1965	605	514	390	124	236	185	51
漳浦县	6141	4531	1610	1041	829	212	303	226	77
诏安县	1386	776	610	369	229	140	128	75	53
长泰县	2632	1718	914	349	238	111	111	81	30
东山县	1491	1112	379	276	201	75	63	40	23
南靖县	1159	805	354	329	217	112	111	74	37
平和县	1081	581	500	129	63	66	46	21	25
华安县	1838	1346	492	321	231	90	90	63	27
龙海市	8076	5790	2286	1609	1237	372	575	454	121
南平市	**13039**	**8488**	**4551**	**2356**	**1563**	**793**	**1500**	**965**	**535**
延平区	1133	698	435	240	141	99	617	381	236
建阳区	1582	1020	562	297	191	106	206	159	47
顺昌县	1079	687	392	203	133	70	74	50	24
浦城县	1966	1324	642	411	322	89	117	82	35
光泽县	2160	1373	787	188	124	64	118	71	47
松溪县	867	558	309	127	76	51	65	32	33
政和县	1116	727	389	162	99	63	58	35	23
邵武市	829	574	255	210	174	36	72	55	17
武夷山市	1309	907	402	328	203	125	95	53	42
建瓯市	998	620	378	190	100	90	78	47	31
龙岩市	**14367**	**10488**	**3879**	**2423**	**1736**	**687**	**939**	**659**	**280**
新罗区	4846	3829	1017	726	587	139	220	165	55
永定区	2383	1760	623	281	189	92	137	94	43
长汀县	991	556	435	264	154	110	123	73	50
上杭县	1459	1013	446	291	214	77	161	118	43
武平县	1793	1215	578	389	262	127	94	65	29
连城县	894	591	303	191	132	59	85	64	21
漳平市	2001	1524	477	281	198	83	119	80	39
宁德市	**25738**	**17533**	**8205**	**9216**	**6543**	**2673**	**3334**	**2430**	**904**
蕉城区	8419	5496	2923	4186	2826	1360	1409	1010	399
霞浦县	3880	3124	756	1124	928	196	434	351	83
古田县	2107	1262	845	243	133	110	92	50	42
屏南县	707	447	260	187	124	63	90	70	20
寿宁县	951	624	327	161	88	73	54	32	22
周宁县	946	713	233	349	269	80	138	108	30
柘荣县	910	633	277	182	113	69	56	37	19
福安市	1972	1299	673	837	597	240	290	207	83
福鼎市	5846	3935	1911	1947	1465	482	771	565	206

7-7c 续表 6

单位：人

现 住 地	大学本科			硕士研究生			博士研究生		
	小计	男	女	小计	男	女	小计	男	女
合 计	**19799**	**12689**	**7110**	**2695**	**1354**	**1341**	**802**	**523**	**279**
福州市	**4740**	**3000**	**1740**	**217**	**116**	**101**	**32**	**19**	**13**
鼓楼区									
台江区									
仓山区									
马尾区	31	21	10	2	1	1			
晋安区	82	55	27	4	4				
长乐区	777	546	231	33	20	13	5	4	1
闽侯县	623	389	234	63	34	29	10	5	5
连江县	800	503	297	24	14	10	1	1	
罗源县	63	47	16	2	2		2	2	
闽清县	45	27	18				1	1	
永泰县	872	401	471	13	5	8			
平潭县	246	185	61	36	14	22	8	5	3
福清市	1201	826	375	40	22	18	5	1	4
厦门市	**6116**	**3730**	**2386**	**2057**	**954**	**1103**	**703**	**458**	**245**
思明区									
海沧区	174	128	46	20	15	5	4	3	1
湖里区									
集美区	479	308	171	21	10	11	2	1	1
同安区	818	561	257	77	49	28			
翔安区	4645	2733	1912	1939	880	1059	697	454	243
莆田市	**1599**	**701**	**898**	**25**	**15**	**10**			
城厢区	117	82	35	4	4				
涵江区	43	26	17	3	1	2			
荔城区	1123	375	748	6	2	4			
秀屿区	217	173	44	7	5	2			
仙游县	99	45	54	5	3	2			
三明市	**569**	**414**	**155**	**27**	**18**	**9**	**4**	**2**	**2**
梅列区	3	1	2						
三元区	36	28	8	2	1	1			
明溪县	43	33	10	2	2		1	1	
清流县	68	43	25	7	5	2	1		1
宁化县	79	57	22	4	2	2			
大田县	80	64	16	2	1	1	1	1	
尤溪县	72	53	19	1	1				
沙县	33	20	13	2	1	1			
将乐县	28	23	5	1	1				
泰宁县	21	9	12	3	2	1			
建宁县	35	26	9						
永安市	71	57	14	3	2	1	1		1
泉州市	**2614**	**1783**	**831**	**152**	**94**	**58**	**33**	**26**	**7**
鲤城区									
丰泽区									
洛江区	94	69	25	6	3	3	1	1	
泉港区	188	125	63	9	5	4			
惠安县	645	462	183	38	20	18	1	1	
安溪县	161	106	55	13	9	4	4	2	2
永春县	47	33	14						
德化县	37	24	13						
石狮市	345	190	155	13	4	9	2	1	1
晋江市	726	496	230	61	45	16	20	18	2
南安市	371	278	93	12	8	4	5	3	2

7-7c 续表 7

单位：人

现住地	大学本科			硕士研究生			博士研究生		
	小计	男	女	小计	男	女	小计	男	女
漳州市	**862**	**622**	**240**	**38**	**21**	**17**	**8**	**4**	**4**
芗城区	83	64	19	4	2	2			
龙文区	7	4	3	1	1				
云霄县	170	131	39	1	1		1		1
漳浦县	150	119	31	8	5	3			
诏安县	53	33	20	11	5	6	2	2	
长泰县	53	40	13	4	2	2	3	1	2
东山县	17	11	6						
南靖县	55	44	11	3	2	1	1		1
平和县	22	11	11						
华安县	58	26	32						
龙海市	194	139	55	6	3	3	1	1	
南平市	**667**	**441**	**226**	**31**	**22**	**9**	**2**	**2**	
延平区	114	80	34	6	4	2			
建阳区	97	69	28	1	1				
顺昌县	17	13	4				1	1	
浦城县	86	50	36	4	2	2			
光泽县	98	62	36	8	5	3	1	1	
松溪县	21	12	9	1	1				
政和县	46	24	22	2	2				
邵武市	57	52	5	2	2				
武夷山市	96	53	43	6	4	2			
建瓯市	35	26	9	1	1				
龙岩市	**445**	**334**	**111**	**15**	**11**	**4**	**5**	**2**	**3**
新罗区	108	78	30	6	6		1		1
永定区	100	81	19						
长汀县	50	36	14	2	1	1	2	1	1
上杭县	59	44	15	3	2	1			
武平县	43	32	11	2	1	1	1	1	
连城县	37	25	12	2	1	1	1		1
漳平市	48	38	10						
宁德市	**2187**	**1664**	**523**	**133**	**103**	**30**	**15**	**10**	**5**
蕉城区	678	493	185	72	50	22	8	4	4
霞浦县	458	360	98	5	5		1	1	
古田县	47	29	18	2	2				
屏南县	61	41	20	6	5	1			
寿宁县	31	26	5	1	1				
周宁县	69	60	9	4	3	1			
柘荣县	17	10	7	3	2	1			
福安市	88	64	24	5	3	2	1		1
福鼎市	738	581	157	35	32	3	5	5	

7-8 全省分年龄、性别、迁移原因的户口登记地在外乡镇街道的人口

单位：人

年龄	合计			工作就业		
	合计	男	女	小计	男	女
总计	**16464611**	**8798376**	**7666235**	**7759330**	**4648135**	**3111195**
0-4岁	**747957**	**404710**	**343247**			
0	75158	40795	34363			
1	135920	73697	62223			
2	155867	84272	71595			
3	191054	102648	88406			
4	189958	103298	86660			
5-9岁	**945710**	**516758**	**428952**			
5	191170	103996	87174			
6	189481	104004	85477			
7	185788	101275	84513			
8	201792	110169	91623			
9	177479	97314	80165			
10-14岁	**807887**	**442976**	**364911**	**405**	**241**	**164**
10	167730	92156	75574	63	37	26
11	171863	94695	77168	71	45	26
12	162665	89237	73428	63	30	33
13	156606	85622	70984	76	45	31
14	149023	81266	67757	132	84	48
15-19岁	**1237481**	**656825**	**580656**	**192539**	**119187**	**73352**
15	207154	110711	96443	7313	4519	2794
16	267623	143607	124016	18610	11895	6715
17	246290	133406	112884	37946	23465	14481
18	230500	122686	107814	54209	33571	20638
19	285914	146415	139499	74461	45737	28724
20-24岁	**1333587**	**706431**	**627156**	**733929**	**425172**	**308757**
20	295410	150825	144585	95413	57017	38396
21	261815	136636	125179	115677	67934	47743
22	259404	139708	119696	157466	90640	66826
23	252561	136706	115855	175079	100414	74665
24	264397	142556	121841	190294	109167	81127
25-29岁	**1576029**	**840801**	**735228**	**1123196**	**655186**	**468010**
25	298584	161035	137549	215652	124765	90887
26	286315	152953	133362	206273	119485	86788
27	301035	159936	141099	216207	125520	90687
28	319154	170111	149043	226311	133167	93144
29	370941	196766	174175	258753	152249	106504

7-8　续表 1　　　　单位：人

年　龄	合　计			工作就业		
	合计	男	女	小计	男	女
30-34岁	**2008666**	**1069578**	**939088**	**1392925**	**823652**	**569273**
30	453391	240510	212881	316943	187142	129801
31	425831	224057	201774	294950	172839	122111
32	388259	205481	182778	267721	157696	110025
33	395320	212910	182410	275659	164185	111474
34	345865	186620	159245	237652	141790	95862
35-39岁	**1529648**	**831104**	**698544**	**1021443**	**612865**	**408578**
35	316259	170962	145297	213335	127320	86015
36	317226	172553	144673	211316	127266	84050
37	295895	160678	135217	196217	117896	78321
38	334673	182251	152422	221754	133516	88238
39	265595	144660	120935	178821	106867	71954
40-44岁	**1340374**	**728548**	**611826**	**883787**	**523439**	**360348**
40	223832	122132	101700	151834	90535	61299
41	267621	146246	121375	176460	105477	70983
42	275104	148924	126180	179479	106109	73370
43	275329	149354	125975	179225	106020	73205
44	298488	161892	136596	196789	115298	81491
45-49岁	**1502404**	**814760**	**687644**	**998056**	**586753**	**411303**
45	290824	157665	133159	195647	114290	81357
46	306179	166566	139613	208607	122032	86575
47	311307	169303	142004	207421	122111	85310
48	296471	160088	136383	194860	114467	80393
49	297623	161138	136485	191521	113853	77668
50-54岁	**1243745**	**671501**	**572244**	**747742**	**460503**	**287239**
50	281695	151750	129945	180283	107713	72570
51	261623	141292	120331	159944	97395	62549
52	268848	145598	123250	161140	99742	61398
53	210173	112994	97179	122281	76398	45883
54	221406	119867	101539	124094	79255	44839
55-59岁	**848577**	**448640**	**399937**	**395767**	**260679**	**135088**
55	212240	114115	98125	110002	71584	38418
56	189552	100802	88750	93193	60778	32415
57	221392	117448	103944	99740	66596	33144
58	151995	79180	72815	64480	43092	21388
59	73398	37095	36303	28352	18629	9723
60-64岁	**498169**	**254056**	**244113**	**146358**	**99033**	**47325**
60	97034	49491	47543	31879	21296	10583
61	91543	47220	44323	27693	18975	8718
62	106496	54838	51658	31696	21610	10086
63	113333	57712	55621	31601	21546	10055
64	89763	44795	44968	23489	15606	7883
65岁及以上	**844377**	**411688**	**432689**	**123183**	**81425**	**41758**

7－8 续表 2

单位：人

年 龄	学习培训			随同离开/投亲靠友			拆迁/搬家		
	小计	男	女	小计	男	女	小计	男	女
总 计	**1745368**	**897771**	**847597**	**2430976**	**1170951**	**1260025**	**2686676**	**1419653**	**1267023**
0－4岁	**3896**	**2160**	**1736**	**550819**	**297884**	**252935**	**85920**	**46727**	**39193**
0	73	41	32	55286	30031	25255	8179	4466	3713
1	175	100	75	100676	54520	46156	14615	7928	6687
2	358	199	159	114857	61941	52916	17835	9842	7993
3	1377	752	625	139995	75227	64768	22832	12299	10533
4	1913	1068	845	140005	76165	63840	22459	12192	10267
5－9岁	**201922**	**112484**	**89438**	**557604**	**303115**	**254489**	**113462**	**61760**	**51702**
5	2147	1204	943	140490	76384	64106	23211	12646	10565
6	41499	23078	18421	112175	61304	50871	21932	12060	9872
7	49922	27885	22037	102266	55260	47006	22004	11926	10078
8	56863	31700	25163	108601	58833	49768	24471	13309	11162
9	51491	28617	22874	94072	51334	42738	21844	11819	10025
10－14岁	**259301**	**144171**	**115130**	**395968**	**215935**	**180033**	**108105**	**58684**	**49421**
10	50092	27996	22096	87408	47763	39645	20804	11307	9497
11	52145	29294	22851	87906	48022	39884	22419	12266	10153
12	51848	28866	22982	79460	43239	36221	22236	12128	10108
13	52125	28908	23217	73984	40289	33695	22057	11848	10209
14	53091	29107	23984	67210	36622	30588	20589	11135	9454
15－19岁	**795723**	**403597**	**392126**	**152642**	**82131**	**70511**	**65950**	**35853**	**30097**
15	130522	68831	61691	45944	24777	21167	16943	9061	7882
16	188994	99535	89459	38324	20445	17879	15492	8404	7088
17	154550	81399	73151	32470	17241	15229	14724	7913	6811
18	140783	69694	71089	20171	11105	9066	9920	5510	4410
19	180874	84138	96736	15733	8563	7170	8871	4965	3906
20－24岁	**396143**	**187053**	**209090**	**75862**	**37969**	**37893**	**71136**	**37623**	**33513**
20	168219	77209	91010	14811	8002	6809	9716	5284	4432
21	114781	53432	61349	12827	6510	6317	10553	5688	4865
22	61338	30420	30918	15537	7565	7972	14400	7593	6807
23	30880	15483	15397	16065	7852	8213	16909	8826	8083
24	20925	10509	10416	16622	8040	8582	19558	10232	9326
25－29岁	**50004**	**26401**	**23603**	**93166**	**42167**	**50999**	**158961**	**83859**	**75102**
25	16230	8234	7996	18806	9047	9759	24977	13226	11751
26	10769	5634	5135	17684	8198	9486	26378	13794	12584
27	8529	4557	3972	17781	8074	9707	29823	15608	14215
28	7294	4000	3294	18189	7918	10271	34311	18139	16172
29	7182	3976	3206	20706	8930	11776	43472	23092	20380

7-8 续表 3

单位：人

年 龄	学习培训			随同离开/投亲靠友			拆迁/搬家		
	小计	男	女	小计	男	女	小计	男	女
30-34岁	**22293**	**12661**	**9632**	**97993**	**37813**	**60180**	**273294**	**143341**	**129953**
30	7206	4016	3190	23648	9644	14004	55745	29052	26693
31	5266	2935	2331	21257	8325	12932	56532	29417	27115
32	3929	2278	1651	19041	7276	11765	53926	28051	25875
33	3291	1927	1364	18323	6768	11555	55145	29279	25866
34	2601	1505	1096	15724	5800	9924	51946	27542	24404
35-39岁	**8277**	**4878**	**3399**	**69184**	**23973**	**45211**	**263103**	**140005**	**123098**
35	2105	1254	851	14579	5195	9384	50956	27415	23541
36	1894	1106	788	14811	5315	9496	53640	28825	24815
37	1645	965	680	13441	4662	8779	51634	27357	24277
38	1555	906	649	14887	5017	9870	60125	31700	28425
39	1078	647	431	11466	3784	7682	46748	24708	22040
40-44岁	**3469**	**1994**	**1475**	**56394**	**16912**	**39482**	**266586**	**140448**	**126138**
40	783	454	329	9170	2882	6288	39642	20936	18706
41	792	449	343	11450	3599	7851	52184	27582	24602
42	759	439	320	11919	3523	8396	55641	29354	26287
43	562	323	239	11649	3407	8242	57426	30094	27332
44	573	329	244	12206	3501	8705	61693	32482	29211
45-49岁	**1925**	**1089**	**836**	**62148**	**15119**	**47029**	**315283**	**163899**	**151384**
45	474	260	214	11482	3014	8468	58421	30481	27940
46	435	249	186	11936	2999	8937	60643	31635	29008
47	394	223	171	12916	3104	9812	65242	33925	31317
48	343	195	148	12625	2965	9660	64097	33170	30927
49	279	162	117	13189	3037	10152	66880	34688	32192
50-54岁	**1058**	**599**	**459**	**66976**	**15374**	**51602**	**289319**	**150814**	**138505**
50	275	155	120	13190	2946	10244	62531	32275	30256
51	229	129	100	13532	3061	10471	61160	31800	29360
52	245	140	105	14312	3262	11050	63324	33141	30183
53	160	86	74	12223	2814	9409	49585	25751	23834
54	149	89	60	13719	3291	10428	52719	27847	24872
55-59岁	**568**	**298**	**270**	**63997**	**16923**	**47074**	**229786**	**121894**	**107892**
55	124	77	47	14278	3617	10661	53982	28660	25322
56	136	64	72	13571	3492	10079	49809	26503	23306
57	152	74	78	17235	4664	12571	61738	32834	28904
58	107	54	53	12417	3401	9016	42771	22628	20143
59	49	29	20	6496	1749	4747	21486	11269	10217
60-64岁	**301**	**154**	**147**	**53593**	**17343**	**36250**	**153926**	**82998**	**70928**
60	57	31	26	9363	2816	6547	30584	16468	14116
61	56	26	30	9453	3043	6410	28683	15590	13093
62	62	35	27	11336	3738	7598	32642	17628	15014
63	75	39	36	12876	4261	8615	34157	18433	15724
64	51	23	28	10565	3485	7080	27860	14879	12981
65岁及以上	**488**	**232**	**256**	**134630**	**48293**	**86337**	**291845**	**151748**	**140097**

7-8 续表 4 单位：人

年 龄	寄挂户口			婚姻嫁娶			照料孙子女		
	小计	男	女	小计	男	女	小计	男	女
总 计	**161234**	**86742**	**74492**	**443937**	**51612**	**392325**	**370019**	**109058**	**260961**
0-4岁	**12952**	**6954**	**5998**						
0	1248	685	563						
1	2775	1504	1271						
2	3054	1665	1389						
3	3161	1691	1470						
4	2714	1409	1305						
5-9岁	**10056**	**5349**	**4707**						
5	2539	1353	1186						
6	2180	1201	979						
7	1909	1017	892						
8	1900	966	934						
9	1528	812	716						
10-14岁	**7564**	**3957**	**3607**	**8**	**5**	**3**			
10	1477	776	701	1	1				
11	1620	870	750	2	2				
12	1594	817	777	1		1			
13	1516	800	716	1		1			
14	1357	694	663	3	2	1			
15-19岁	**4023**	**2222**	**1801**	**2198**	**76**	**2122**	**6**		**6**
15	938	511	427	65	14	51			
16	843	446	397	125	9	116	1		1
17	1014	537	477	299	23	276			
18	603	356	247	581	12	569	2		2
19	625	372	253	1128	18	1110	3		3
20-24岁	**8220**	**4398**	**3822**	**23621**	**601**	**23020**	**26**	**4**	**22**
20	800	456	344	1953	26	1927	5	1	4
21	931	511	420	2792	46	2746	2		2
22	1488	810	678	4369	95	4274	6	1	5
23	2213	1153	1060	6058	164	5894	5	2	3
24	2788	1468	1320	8449	270	8179	8		8
25-29岁	**19171**	**9981**	**9190**	**89952**	**4657**	**85295**	**55**	**4**	**51**
25	3631	1930	1701	12504	493	12011	8	1	7
26	3792	1962	1830	14553	622	13931	10		10
27	3784	1963	1821	17247	793	16454	11	1	10
28	3794	1930	1864	20388	1124	19264	11	1	10
29	4170	2196	1974	25260	1625	23635	15	1	14

7-8　续表 5　　　　单位：人

年　龄	寄挂户口			婚姻嫁娶			照料孙子女		
	小计	男	女	小计	男	女	小计	男	女
30–34岁	**19616**	**9939**	**9677**	**123694**	**10935**	**112759**	**1779**	**207**	**1572**
30	4799	2419	2380	29691	2137	27554	372	28	344
31	4207	2111	2096	27643	2213	25430	340	27	313
32	3780	1941	1839	24186	2154	22032	358	43	315
33	3568	1810	1758	22792	2307	20485	380	59	321
34	3262	1658	1604	19382	2124	17258	329	50	279
35–39岁	**13881**	**7120**	**6761**	**74786**	**9858**	**64928**	**1436**	**275**	**1161**
35	2928	1538	1390	17221	2029	15192	284	43	241
36	2936	1526	1410	16546	2012	14534	302	57	245
37	2785	1400	1385	14698	2015	12683	257	56	201
38	2975	1520	1455	15313	2201	13112	318	62	256
39	2257	1136	1121	11008	1601	9407	275	57	218
40–44岁	**10890**	**5544**	**5346**	**43911**	**7548**	**36363**	**2004**	**363**	**1641**
40	1846	890	956	8578	1341	7237	221	44	177
41	2209	1111	1098	9509	1595	7914	325	53	272
42	2203	1122	1081	9073	1478	7595	394	86	308
43	2238	1168	1070	8478	1525	6953	474	75	399
44	2394	1253	1141	8273	1609	6664	590	105	485
45–49岁	**12288**	**6578**	**5710**	**32822**	**6345**	**26477**	**11387**	**1348**	**10039**
45	2275	1214	1061	7183	1361	5822	772	109	663
46	2384	1252	1132	6788	1318	5470	1221	142	1079
47	2564	1437	1127	6704	1318	5386	1989	217	1772
48	2504	1364	1140	6166	1160	5006	2912	333	2579
49	2561	1311	1250	5981	1188	4793	4493	547	3946
50–54岁	**10855**	**5891**	**4964**	**21299**	**4042**	**17257**	**52654**	**8394**	**44260**
50	2386	1295	1091	5208	941	4267	6019	745	5274
51	2278	1210	1068	4564	843	3721	8650	1310	7340
52	2354	1274	1080	4576	869	3707	11476	1756	9720
53	1861	1029	832	3378	685	2693	11437	1859	9578
54	1976	1083	893	3573	704	2869	15072	2724	12348
55–59岁	**9221**	**5348**	**3873**	**13436**	**2793**	**10643**	**89553**	**19320**	**70233**
55	2049	1158	891	3490	714	2776	17895	3432	14463
56	2008	1139	869	2920	603	2317	18079	3611	14468
57	2559	1507	1052	3446	699	2747	24228	5403	18825
58	1695	975	720	2397	532	1865	19227	4436	14791
59	910	569	341	1183	245	938	10124	2438	7686
60–64岁	**5930**	**3588**	**2342**	**7351**	**1772**	**5579**	**89792**	**29185**	**60607**
60	1204	712	492	1522	350	1172	15270	4385	10885
61	1149	698	451	1412	342	1070	15740	4893	10847
62	1243	776	467	1540	386	1154	19386	6410	12976
63	1305	774	531	1604	401	1203	21965	7487	14478
64	1029	628	401	1273	293	980	17431	6010	11421
65岁及以上	**16567**	**9873**	**6694**	**10859**	**2980**	**7879**	**121327**	**49958**	**71369**

7-8 续表 6

单位：人

年 龄	为子女就学			养老/康养			其 他		
	小计	男	女	小计	男	女	小计	男	女
总 计	**176685**	**63649**	**113036**	**132567**	**58170**	**74397**	**557819**	**292635**	**265184**
0–4岁							**94370**	**50985**	**43385**
0							10372	5572	4800
1							17679	9645	8034
2							19763	10625	9138
3							23689	12679	11010
4							22867	12464	10403
5–9岁							**62666**	**34050**	**28616**
5							22783	12409	10374
6							11695	6361	5334
7							9687	5187	4500
8							9957	5361	4596
9							8544	4732	3812
10–14岁				**9**	**5**	**4**	**36527**	**19978**	**16549**
10				1		1	7884	4276	3608
11				1	1		7699	4195	3504
12				3	2	1	7460	4155	3305
13				3	1	2	6844	3731	3113
14				1	1		6640	3621	3019
15–19岁	**198**	**106**	**92**	**17**	**7**	**10**	**24185**	**13646**	**10539**
15	44	33	11				5385	2965	2420
16	34	16	18	4	2	2	5196	2855	2341
17	30	15	15	5	1	4	5252	2812	2440
18	42	24	18	3	2	1	4186	2412	1774
19	48	18	30	5	2	3	4166	2602	1564
20–24岁	**1166**	**218**	**948**	**32**	**17**	**15**	**23452**	**13376**	**10076**
20	127	48	79	5	2	3	4361	2780	1581
21	137	41	96	3	2	1	4112	2472	1640
22	187	36	151	8	5	3	4605	2543	2062
23	271	36	235	7	4	3	5074	2772	2302
24	444	57	387	9	4	5	5300	2809	2491
25–29岁	**9607**	**1861**	**7746**	**75**	**50**	**25**	**31842**	**16635**	**15207**
25	794	122	672	16	14	2	5966	3203	2763
26	1095	185	910	10	3	7	5751	3070	2681
27	1544	241	1303	12	7	5	6097	3172	2925
28	2402	489	1913	24	16	8	6430	3327	3103
29	3772	824	2948	13	10	3	7598	3863	3735

7-8　续表 7　　　　单位：人

年　龄	为子女就学			养老/康养			其　他		
	小计	男	女	小计	男	女	小计	男	女
30-34岁	**35097**	**9537**	**25560**	**132**	**83**	**49**	**41843**	**21410**	**20433**
30	5773	1365	4408	23	17	6	9191	4690	4501
31	6737	1797	4940	33	19	14	8866	4374	4492
32	7042	1816	5226	25	12	13	8251	4214	4037
33	7880	2246	5634	25	19	6	8257	4310	3947
34	7665	2313	5352	26	16	10	7278	3822	3456
35-39岁	**42813**	**14253**	**28560**	**149**	**89**	**60**	**34576**	**17788**	**16788**
35	7831	2491	5340	26	19	7	6994	3658	3336
36	8609	2784	5825	24	13	11	7148	3649	3499
37	8365	2871	5494	27	19	8	6826	3437	3389
38	10100	3358	6742	36	17	19	7610	3954	3656
39	7908	2749	5159	36	21	15	5998	3090	2908
40-44岁	**40684**	**15469**	**25215**	**188**	**98**	**90**	**32461**	**16733**	**15728**
40	6614	2357	4257	23	14	9	5121	2679	2442
41	8333	3041	5292	28	15	13	6331	3324	3007
42	8836	3309	5527	37	15	22	6763	3489	3274
43	8495	3291	5204	39	20	19	6743	3431	3312
44	8406	3471	4935	61	34	27	7503	3810	3693
45-49岁	**27955**	**13042**	**14913**	**334**	**165**	**169**	**40206**	**20422**	**19784**
45	7161	3075	4086	46	25	21	7363	3836	3527
46	6416	2956	3460	48	22	26	7701	3961	3740
47	5761	2734	3027	80	36	44	8236	4198	4038
48	4643	2275	2368	69	44	25	8252	4115	4137
49	3974	2002	1972	91	38	53	8654	4312	4342
50-54岁	**9539**	**4796**	**4743**	**6044**	**2137**	**3907**	**38259**	**18951**	**19308**
50	2928	1475	1453	705	252	453	8170	3953	4217
51	2198	1136	1062	1068	375	693	8000	4033	3967
52	1901	974	927	1340	457	883	8180	3983	4197
53	1326	646	680	1246	421	825	6676	3305	3371
54	1186	565	621	1685	632	1053	7233	3677	3556
55-59岁	**4060**	**1825**	**2235**	**11393**	**4346**	**7047**	**30796**	**15214**	**15582**
55	1060	481	579	2031	779	1252	7329	3613	3716
56	891	408	483	2228	827	1401	6717	3377	3340
57	1025	447	578	3070	1181	1889	8199	4043	4156
58	731	345	386	2562	972	1590	5608	2745	2863
59	353	144	209	1502	587	915	2943	1436	1507
60-64岁	**2541**	**1117**	**1424**	**17062**	**8019**	**9043**	**21315**	**10847**	**10468**
60	492	212	280	2625	1165	1460	4038	2056	1982
61	471	233	238	2854	1348	1506	4032	2072	1960
62	496	226	270	3644	1735	1909	4451	2294	2157
63	628	256	372	4279	2062	2217	4843	2453	2390
64	454	190	264	3660	1709	1951	3951	1972	1979
65岁及以上	**3025**	**1425**	**1600**	**97132**	**43154**	**53978**	**45321**	**22600**	**22721**

7-8a 全省分年龄、性别、迁移原因的户口登记地在外乡镇街道的人口(城市)

单位：人

年龄	合计			工作就业		
	合计	男	女	小计	男	女
总计	**10206105**	**5405660**	**4800445**	**5098733**	**2971025**	**2127708**
0-4岁	**445784**	**240797**	**204987**			
0	46743	25314	21429			
1	81981	44259	37722			
2	92664	50131	42533			
3	112902	60488	52414			
4	111494	60605	50889			
5-9岁	**531121**	**290014**	**241107**			
5	110312	60000	50312			
6	105230	57812	47418			
7	103564	56344	47220			
8	113272	61840	51432			
9	98743	54018	44725			
10-14岁	**453442**	**249128**	**204314**	**231**	**132**	**99**
10	93074	51096	41978	33	17	16
11	96150	53113	43037	35	19	16
12	90958	49888	41070	33	17	16
13	88572	48537	40035	47	25	22
14	84688	46494	38194	83	54	29
15-19岁	**737274**	**394166**	**343108**	**130834**	**79528**	**51306**
15	115075	62763	52312	4904	3005	1899
16	147720	80366	67354	11853	7469	4384
17	139710	76611	63099	25131	15372	9759
18	146010	78083	67927	36921	22541	14380
19	188759	96343	92416	52025	31141	20884
20-24岁	**911627**	**475376**	**436251**	**524572**	**292002**	**232570**
20	198483	100254	98229	67623	38791	28832
21	177721	91581	86140	82136	46277	35859
22	178537	94131	84406	112175	61910	50265
23	175081	92995	82086	126020	69513	56507
24	181805	96415	85390	136618	75511	61107
25-29岁	**1052232**	**561631**	**490601**	**793821**	**451176**	**342645**
25	203884	108885	94999	155109	86940	68169
26	192958	102435	90523	146826	82391	64435
27	201019	106924	94095	152509	86409	66100
28	211093	112960	98133	158654	91123	67531
29	243278	130427	112851	180723	104313	76410

7-8a　续表 1　　　　单位：人

年　龄	合　计			工作就业		
	合计	男	女	小计	男	女
30—34岁	**1299415**	**696883**	**602532**	**950807**	**551940**	**398867**
30	295914	158666	137248	219619	127277	92342
31	276068	146547	129521	202677	116547	86130
32	251528	134283	117245	182794	105940	76854
33	254129	137271	116858	186080	108644	77436
34	221776	120116	101660	159637	93532	66105
35—39岁	**971525**	**528975**	**442550**	**676204**	**399101**	**277103**
35	201478	109227	92251	142351	83462	58889
36	202869	110724	92145	141200	83710	57490
37	188773	102449	86324	129958	76655	53303
38	211879	115694	96185	146139	86700	59439
39	166526	90881	75645	116556	68574	47982
40—44岁	**818335**	**443412**	**374923**	**560681**	**326031**	**234650**
40	138982	76109	62873	97922	57656	40266
41	165117	90245	74872	113289	66629	46660
42	168492	90839	77653	114307	66285	48022
43	166902	89912	76990	112847	65384	47463
44	178842	96307	82535	122316	70077	52239
45—49岁	**888331**	**473724**	**414607**	**609716**	**348184**	**261532**
45	173526	93086	80440	120895	68974	51921
46	180976	97140	83836	127793	72777	55016
47	184461	98684	85777	126921	72608	54313
48	174855	92664	82191	118419	67453	50966
49	174513	92150	82363	115688	66372	49316
50—54岁	**731754**	**380899**	**350855**	**446199**	**263662**	**182537**
50	165053	86393	78660	107910	62017	45893
51	153739	80241	73498	95228	55788	39440
52	158050	82482	75568	96101	56950	39151
53	123436	63707	59729	72915	43722	29193
54	131476	68076	63400	74045	45185	28860
55—59岁	**522276**	**263034**	**259242**	**238824**	**150622**	**88202**
55	128081	65851	62230	66129	41290	24839
56	116200	58910	57290	56144	34997	21147
57	137098	69078	68020	60424	38575	21849
58	94020	46456	47564	38783	24759	14024
59	46877	22739	24138	17344	11001	6343
60—64岁	**318678**	**156627**	**162051**	**90436**	**59311**	**31125**
60	62230	30201	32029	19715	12644	7071
61	58236	28796	29440	16948	11302	5646
62	68187	33843	34344	19615	12933	6682
63	72227	35673	36554	19589	13002	6587
64	57798	28114	29684	14569	9430	5139
65岁及以上	**524311**	**250994**	**273317**	**76408**	**49336**	**27072**

7-8a 续表 2

单位：人

年 龄	学习培训			随同离开/投亲靠友			拆迁/搬家		
	小计	男	女	小计	男	女	小计	男	女
总 计	**1064755**	**547456**	**517299**	**1465162**	**705360**	**759802**	**1499412**	**789500**	**709912**
0-4岁	**2196**	**1213**	**983**	**337230**	**182062**	**155168**	**42224**	**22942**	**19282**
0	44	24	20	35389	19207	16182	3987	2156	1831
1	108	60	48	62396	33592	28804	7232	3916	3316
2	201	109	92	69955	37762	32193	8879	4929	3950
3	817	448	369	85014	45598	39416	11180	5966	5214
4	1026	572	454	84476	45903	38573	10946	5975	4971
5-9岁	**114270**	**63302**	**50968**	**323986**	**176366**	**147620**	**51637**	**28037**	**23600**
5	1167	633	534	83375	45366	38009	10932	5981	4951
6	23282	12896	10386	64508	35307	29201	9824	5431	4393
7	28346	15807	12539	58739	31696	27043	9993	5357	4636
8	32325	17955	14370	63219	34354	28865	11065	5997	5068
9	29150	16011	13139	54145	29643	24502	9823	5271	4552
10-14岁	**148324**	**82757**	**65567**	**230293**	**125822**	**104471**	**50037**	**26944**	**23093**
10	28341	15793	12548	50242	27422	22820	9323	5062	4261
11	29705	16735	12970	50929	27925	23004	10330	5594	4736
12	29462	16435	13027	46069	25077	20992	10285	5534	4751
13	30059	16763	13296	43391	23654	19737	10401	5545	4856
14	30757	17031	13726	39662	21744	17918	9698	5209	4489
15-19岁	**460106**	**235492**	**224614**	**95006**	**51103**	**43903**	**34295**	**18595**	**15700**
15	70258	38128	32130	28066	15199	12867	8352	4504	3848
16	100475	53857	46618	23945	12764	11181	7986	4379	3607
17	82863	44384	38479	20319	10781	9538	7734	4107	3627
18	88335	44063	44272	12432	6828	5604	5176	2862	2314
19	118175	55060	63115	10244	5531	4713	5047	2743	2304
20-24岁	**269894**	**126838**	**143056**	**48848**	**24358**	**24490**	**40466**	**21346**	**19120**
20	111944	51298	60646	9641	5165	4476	5603	3006	2597
21	77483	36127	41356	8256	4194	4062	5935	3182	2753
22	43122	21187	21935	9856	4732	5124	8150	4307	3843
23	22254	10902	11352	10412	5116	5296	9710	5072	4638
24	15091	7324	7767	10683	5151	5532	11068	5779	5289
25-29岁	**39343**	**20365**	**18978**	**56176**	**25167**	**31009**	**88538**	**46429**	**42109**
25	12153	5954	6199	11593	5499	6094	13849	7237	6612
26	8498	4361	4137	10691	4929	5762	14580	7492	7088
27	6835	3589	3246	10700	4821	5879	16659	8624	8035
28	5977	3231	2746	10938	4695	6243	19305	10123	9182
29	5880	3230	2650	12254	5223	7031	24145	12953	11192

7-8a 续表 3

单位：人

年 龄	学习培训			随同离开/投亲靠友			拆迁/搬家		
	小计	男	女	小计	男	女	小计	男	女
30-34岁	**18385**	**10350**	**8035**	**58603**	**22687**	**35916**	**155780**	**82626**	**73154**
30	5953	3275	2678	14014	5775	8239	31213	16427	14786
31	4394	2445	1949	12653	4921	7732	31907	16807	15100
32	3210	1857	1353	11524	4442	7082	30966	16301	14665
33	2682	1551	1131	10916	4011	6905	31749	17022	14727
34	2146	1222	924	9496	3538	5958	29945	16069	13876
35-39岁	**6739**	**4035**	**2704**	**41844**	**14940**	**26904**	**153319**	**82328**	**70991**
35	1729	1040	689	8819	3226	5593	29378	15932	13446
36	1530	917	613	9057	3325	5732	31301	16936	14365
37	1367	812	555	8177	2902	5275	30651	16367	14284
38	1260	741	519	9027	3132	5895	34963	18658	16305
39	853	525	328	6764	2355	4409	27026	14435	12591
40-44岁	**2636**	**1542**	**1094**	**32907**	**10326**	**22581**	**149744**	**79439**	**70305**
40	608	356	252	5349	1786	3563	22626	12149	10477
41	635	368	267	6737	2168	4569	29496	15800	13696
42	573	343	230	6996	2173	4823	31331	16594	14737
43	410	240	170	6794	2090	4704	32157	16819	15338
44	410	235	175	7031	2109	4922	34134	18077	16057
45-49岁	**1286**	**726**	**560**	**36189**	**9136**	**27053**	**172949**	**89540**	**83409**
45	333	188	145	6663	1827	4836	32150	16787	15363
46	297	171	126	6843	1806	5037	32917	17162	15755
47	255	142	113	7490	1885	5605	35950	18572	17378
48	215	120	95	7406	1806	5600	35308	18214	17094
49	186	105	81	7787	1812	5975	36624	18805	17819
50-54岁	**699**	**398**	**301**	**40993**	**9611**	**31382**	**160380**	**82709**	**77671**
50	181	101	80	7869	1833	6036	34673	17769	16904
51	158	90	68	8353	1942	6411	34249	17555	16694
52	157	91	66	8709	2017	6692	35211	18310	16901
53	99	55	44	7414	1725	5689	27073	13808	13265
54	104	61	43	8648	2094	6554	29174	15267	13907
55-59岁	**364**	**192**	**172**	**42055**	**11221**	**30834**	**134952**	**70627**	**64325**
55	79	48	31	9069	2335	6734	30910	16142	14768
56	87	41	46	8897	2288	6609	29250	15460	13790
57	97	50	47	11501	3087	8414	36448	19039	17409
58	69	33	36	8190	2299	5891	25166	13091	12075
59	32	20	12	4398	1212	3186	13178	6895	6283
60-64岁	**196**	**102**	**94**	**36053**	**11901**	**24152**	**91622**	**48564**	**43058**
60	39	22	17	6296	1905	4391	18595	9748	8847
61	37	18	19	6437	2092	4345	16924	9011	7913
62	35	17	18	7680	2597	5083	19380	10308	9072
63	51	29	22	8515	2903	5612	20000	10607	9393
64	34	16	18	7125	2404	4721	16723	8890	7833
65岁及以上	**317**	**144**	**173**	**84979**	**30660**	**54319**	**173469**	**89374**	**84095**

7-8a 续表 4 单位：人

年 龄	寄挂户口			婚姻嫁娶			照料孙子女		
	小计	男	女	小计	男	女	小计	男	女
总 计	**85903**	**45348**	**40555**	**223060**	**29437**	**193623**	**278805**	**83437**	**195368**
0-4岁	**6940**	**3670**	**3270**						
0	766	409	357						
1	1477	801	676						
2	1636	872	764						
3	1673	890	783						
4	1388	698	690						
5-9岁	**5476**	**2946**	**2530**						
5	1392	737	655						
6	1154	644	510						
7	1069	580	489						
8	1018	536	482						
9	843	449	394						
10-14岁	**4121**	**2163**	**1958**	**3**	**2**	**1**			
10	779	416	363	1	1				
11	839	447	392						
12	914	468	446						
13	843	441	402	1		1			
14	746	391	355	1	1				
15-19岁	**2202**	**1186**	**1016**	**518**	**41**	**477**	**4**		**4**
15	534	286	248	25	8	17			
16	451	222	229	23	6	17	1		1
17	550	289	261	62	12	50			
18	327	191	136	136	5	131	1		1
19	340	198	142	272	10	262	2		2
20-24岁	**4523**	**2370**	**2153**	**8422**	**275**	**8147**	**15**	**1**	**14**
20	422	230	192	485	10	475	3		3
21	472	245	227	827	23	804	1		1
22	803	443	360	1538	33	1505	2		2
23	1264	642	622	2211	75	2136	4	1	3
24	1562	810	752	3361	134	3227	5		5
25-29岁	**10793**	**5488**	**5305**	**41149**	**2749**	**38400**	**37**	**3**	**34**
25	2042	1060	982	5232	261	4971	6	1	5
26	2113	1065	1048	6412	345	6067	9		9
27	2163	1107	1056	7960	450	7510	9	1	8
28	2104	1034	1070	9480	701	8779	5		5
29	2371	1222	1149	12065	992	11073	8	1	7

7-8a　续表 5　　单位：人

年　龄	寄挂户口			婚姻嫁娶			照料孙子女		
	小计	男	女	小计	男	女	小计	男	女
30–34岁	**11234**	**5537**	**5697**	**64067**	**6882**	**57185**	**1041**	**131**	**910**
30	2752	1331	1421	14642	1334	13308	210	16	194
31	2414	1209	1205	13923	1345	12578	207	23	184
32	2200	1107	1093	12812	1367	11445	217	22	195
33	2019	976	1043	12124	1470	10654	201	36	165
34	1849	914	935	10566	1366	9200	206	34	172
35–39岁	**7614**	**3867**	**3747**	**42960**	**6571**	**36389**	**830**	**177**	**653**
35	1653	869	784	9565	1313	8252	155	27	128
36	1557	797	760	9491	1387	8104	169	41	128
37	1505	744	761	8679	1393	7286	146	34	112
38	1650	841	809	8990	1448	7542	196	39	157
39	1249	616	633	6235	1030	5205	164	36	128
40–44岁	**6051**	**3061**	**2990**	**24673**	**4672**	**20001**	**1153**	**226**	**927**
40	1037	492	545	4912	848	4064	134	29	105
41	1258	627	631	5414	1010	4404	189	32	157
42	1250	624	626	5190	925	4265	223	50	173
43	1224	648	576	4667	922	3745	257	47	210
44	1282	670	612	4490	967	3523	350	68	282
45–49岁	**6636**	**3609**	**3027**	**16610**	**3386**	**13224**	**7842**	**903**	**6939**
45	1211	626	585	3817	766	3051	480	73	407
46	1272	695	577	3340	672	2668	802	85	717
47	1446	838	608	3428	702	2726	1361	148	1213
48	1368	751	617	3099	637	2462	2008	220	1788
49	1339	699	640	2926	609	2317	3191	377	2814
50–54岁	**5597**	**3027**	**2570**	**10007**	**1834**	**8173**	**38388**	**6020**	**32368**
50	1188	656	532	2490	462	2028	4321	539	3782
51	1154	589	565	2230	411	1819	6213	925	5288
52	1226	671	555	2086	381	1705	8311	1235	7076
53	955	517	438	1561	298	1263	8383	1328	7055
54	1074	594	480	1640	282	1358	11160	1993	9167
55–59岁	**4833**	**2733**	**2100**	**6311**	**1193**	**5118**	**67851**	**14565**	**53286**
55	1108	601	507	1618	298	1320	13242	2498	10744
56	1063	584	479	1358	261	1097	13658	2712	10946
57	1320	771	549	1661	303	1358	18410	4084	14326
58	871	494	377	1123	225	898	14594	3335	11259
59	471	283	188	551	106	445	7947	1936	6011
60–64岁	**2920**	**1692**	**1228**	**3485**	**750**	**2735**	**69323**	**22666**	**46657**
60	603	331	272	757	157	600	11839	3367	8472
61	567	330	237	673	140	533	12262	3794	8468
62	607	365	242	708	158	550	14990	4989	10001
63	607	348	259	767	168	599	16849	5804	11045
64	536	318	218	580	127	453	13383	4712	8671
65岁及以上	**6963**	**3999**	**2964**	**4855**	**1082**	**3773**	**92321**	**38745**	**53576**

7-8a 续表 6

单位：人

年 龄	为子女就学			养老/康养			其 他		
	小计	男	女	小计	男	女	小计	男	女
总 计	**92121**	**36006**	**56115**	**81442**	**34036**	**47406**	**316712**	**164055**	**152657**
0-4岁							**57194**	**30910**	**26284**
0							6557	3518	3039
1							10768	5890	4878
2							11993	6459	5534
3							14218	7586	6632
4							13658	7457	6201
5-9岁							**35752**	**19363**	**16389**
5							13446	7283	6163
6							6462	3534	2928
7							5417	2904	2513
8							5645	2998	2647
9							4782	2644	2138
10-14岁				**1**	**1**		**20432**	**11307**	**9125**
10							4355	2385	1970
11							4312	2393	1919
12				1	1		4194	2356	1838
13							3830	2109	1721
14							3741	2064	1677
15-19岁	**128**	**73**	**55**	**3**	**1**	**2**	**14178**	**8147**	**6031**
15	26	21	5				2910	1612	1298
16	28	13	15	2	1	1	2956	1655	1301
17	16	9	7	1		1	3034	1657	1377
18	29	16	13				2653	1577	1076
19	29	14	15				2625	1646	979
20-24岁	**574**	**111**	**463**	**11**	**4**	**7**	**14302**	**8071**	**6231**
20	64	24	40	1	1		2697	1729	968
21	72	26	46	2	1	1	2537	1506	1031
22	92	20	72	3	1	2	2796	1498	1298
23	131	16	115	4	1	3	3071	1657	1414
24	215	25	190	1		1	3201	1681	1520
25-29岁	**4003**	**842**	**3161**	**19**	**11**	**8**	**18353**	**9401**	**8952**
25	358	59	299	4	3	1	3538	1871	1667
26	457	80	377	4	1	3	3368	1771	1597
27	632	90	542	4	3	1	3548	1830	1718
28	964	222	742	5	2	3	3661	1829	1832
29	1592	391	1201	2	2		4238	2100	2138

7-8a　续表 7　　　　单位：人

年　龄	为子女就学			养老/康养			其　他		
	小计	男	女	小计	男	女	小计	男	女
30-34岁	**16049**	**4849**	**11200**	**38**	**17**	**21**	**23411**	**11864**	**11547**
30	2384	648	1736	10	6	4	5117	2577	2540
31	2947	860	2087	6	2	4	4940	2388	2552
32	3157	885	2272	7	3	4	4641	2359	2282
33	3731	1169	2562	8	5	3	4619	2387	2232
34	3830	1287	2543	7	1	6	4094	2153	1941
35-39岁	**22781**	**8183**	**14598**	**39**	**19**	**20**	**19195**	**9754**	**9441**
35	3954	1375	2579	5	3	2	3869	1980	1889
36	4576	1613	2963	6	1	5	3982	1997	1985
37	4473	1644	2829	11	7	4	3806	1891	1915
38	5440	1939	3501	7	3	4	4207	2193	2014
39	4338	1612	2726	10	5	5	3331	1693	1638
40-44岁	**22977**	**9193**	**13784**	**49**	**23**	**26**	**17464**	**8899**	**8565**
40	3606	1351	2255	3	2	1	2785	1440	1345
41	4648	1813	2835	6	4	2	3445	1794	1651
42	4959	1968	2991	12	6	6	3651	1871	1780
43	4897	1949	2948	8	3	5	3641	1810	1831
44	4867	2112	2755	20	8	12	3942	1984	1958
45-49岁	**15689**	**7790**	**7899**	**127**	**47**	**80**	**21287**	**10403**	**10884**
45	4069	1865	2204	15	5	10	3893	1975	1918
46	3642	1771	1871	15	5	10	4055	1996	2059
47	3240	1645	1595	34	8	26	4336	2136	2200
48	2591	1351	1240	28	18	10	4413	2094	2319
49	2147	1158	989	35	11	24	4590	2202	2388
50-54岁	**5087**	**2701**	**2386**	**3734**	**1228**	**2506**	**20670**	**9709**	**10961**
50	1594	845	749	433	135	298	4394	2036	2358
51	1204	662	542	632	197	435	4318	2082	2236
52	1009	547	462	846	254	592	4394	2026	2368
53	683	341	342	767	257	510	3586	1656	1930
54	597	306	291	1056	385	671	3978	1909	2069
55-59岁	**2052**	**954**	**1098**	**7456**	**2684**	**4772**	**17578**	**8243**	**9335**
55	540	250	290	1295	468	827	4091	1921	2170
56	437	209	228	1460	506	954	3846	1852	1994
57	510	227	283	2024	726	1298	4703	2216	2487
58	367	184	183	1670	605	1065	3187	1431	1756
59	198	84	114	1007	379	628	1751	823	928
60-64岁	**1267**	**589**	**678**	**11049**	**5051**	**5998**	**12327**	**6001**	**6326**
60	256	120	136	1750	754	996	2380	1153	1227
61	233	126	107	1851	843	1008	2304	1140	1164
62	237	114	123	2333	1069	1264	2602	1293	1309
63	302	126	176	2707	1311	1396	2840	1375	1465
64	239	103	136	2408	1074	1334	2201	1040	1161
65岁及以上	**1514**	**721**	**793**	**58916**	**24950**	**33966**	**24569**	**11983**	**12586**

7-8b 全省分年龄、性别、迁移原因的户口登记地在外乡镇街道的人口(镇)

单位：人

年龄	合计			工作就业		
	合计	男	女	小计	男	女
总计	**4471350**	**2367245**	**2104105**	**1701806**	**1039796**	**662010**
0-4岁	**223665**	**121923**	**101742**			
0	21143	11585	9558			
1	39237	21572	17665			
2	46140	25029	21111			
3	58470	31621	26849			
4	58675	32116	26559			
5-9岁	**316767**	**174069**	**142698**			
5	60596	33090	27506			
6	64251	35395	28856			
7	62936	34510	28426			
8	68178	37415	30763			
9	60806	33659	27147			
10-14岁	**276979**	**152400**	**124579**	**121**	**78**	**43**
10	57604	31935	25669	23	14	9
11	58376	32358	26018	26	20	6
12	56277	31185	25092	21	10	11
13	53630	29264	24366	20	14	6
14	51092	27658	23434	31	20	11
15-19岁	**377741**	**194153**	**183588**	**37207**	**23460**	**13747**
15	72583	37531	35052	1599	987	612
16	92550	47971	44579	3834	2413	1421
17	82966	43327	39639	7451	4654	2797
18	60852	31132	29720	10475	6540	3935
19	68790	34192	34598	13848	8866	4982
20-24岁	**290670**	**154278**	**136392**	**131073**	**80200**	**50873**
20	69323	34799	34524	17160	10823	6337
21	59471	30663	28808	20694	12807	7887
22	54971	30084	24887	28197	17143	11054
23	51967	28699	23268	31049	18882	12167
24	54938	30033	24905	33973	20545	13428
25-29岁	**356132**	**186601**	**169531**	**215675**	**129064**	**86611**
25	63784	34534	29250	39224	23633	15591
26	63101	33611	29490	38839	23440	15399
27	67422	35227	32195	41521	24645	16876
28	73290	38091	35199	44174	26515	17659
29	88535	45138	43397	51917	30831	21086

7-8b 续表 1

单位：人

年 龄	合 计			工作就业		
	合计	男	女	小计	男	女
30-34岁	**496141**	**254834**	**241307**	**293585**	**174835**	**118750**
30	109534	55854	53680	64685	38547	26138
31	104572	53053	51519	61520	36349	25171
32	96010	48745	47265	56753	33458	23295
33	98754	51597	47157	59144	35574	23570
34	87271	45585	41686	51483	30907	20576
35-39岁	**397607**	**208947**	**188660**	**228861**	**137264**	**91597**
35	82104	43055	39049	47524	28438	19086
36	81692	42884	38808	46700	28106	18594
37	76011	40148	35863	43733	26395	17338
38	87780	46058	41722	50167	30068	20099
39	70020	36802	33218	40737	24257	16480
40-44岁	**373036**	**197802**	**175234**	**210834**	**125250**	**85584**
40	59971	31432	28539	35072	20689	14383
41	73599	39066	34533	41548	24910	16638
42	76873	40660	36213	42845	25448	17397
43	77826	41448	36378	43433	25844	17589
44	84767	45196	39571	47936	28359	19577
45-49岁	**425066**	**229270**	**195796**	**243132**	**145492**	**97640**
45	81667	43746	37921	47108	27835	19273
46	86473	46519	39954	50634	29987	20647
47	87844	47405	40439	50495	30227	20268
48	84041	45325	38716	47720	28637	19083
49	85041	46275	38766	47175	28806	18369
50-54岁	**349696**	**191043**	**158653**	**182226**	**115920**	**66306**
50	79311	43119	36192	44138	27263	16875
51	73411	40160	33251	39196	24598	14598
52	75747	41452	34295	39395	25186	14209
53	59280	32357	26923	29485	19072	10413
54	61947	33955	27992	30012	19801	10211
55-59岁	**228027**	**123351**	**104676**	**94348**	**64248**	**30100**
55	58648	32114	26534	26438	17806	8632
56	50814	27683	23131	22257	15063	7194
57	58993	32184	26809	23555	16263	7292
58	40862	21833	19029	15456	10683	4773
59	18710	9537	9173	6642	4433	2209
60-64岁	**131123**	**67875**	**63248**	**34564**	**23798**	**10766**
60	25211	13331	11880	7488	5177	2311
61	24128	12729	11399	6572	4544	2028
62	27946	14596	13350	7569	5272	2297
63	30208	15454	14754	7401	5098	2303
64	23630	11765	11865	5534	3707	1827
65岁及以上	**228700**	**110699**	**118001**	**30180**	**20187**	**9993**

7-8b 续表 2

单位：人

年 龄	学习培训			随同离开/投亲靠友			拆迁/搬家		
	小计	男	女	小计	男	女	小计	男	女
总 计	**527772**	**268334**	**259438**	**737084**	**355307**	**381777**	**986193**	**523976**	**462217**
0-4岁	**1430**	**802**	**628**	**156911**	**85595**	**71316**	**35156**	**19117**	**16039**
0	25	15	10	14713	8057	6656	3291	1817	1474
1	61	38	23	27675	15219	12456	5841	3211	2630
2	133	76	57	32636	17701	14935	7155	3911	3244
3	474	259	215	40804	22096	18708	9452	5099	4353
4	737	414	323	41083	22522	18561	9417	5079	4338
5-9岁	**69831**	**39336**	**30495**	**173474**	**94605**	**78869**	**51247**	**28009**	**23238**
5	818	481	337	42194	22973	19221	9972	5437	4535
6	14580	8189	6391	35296	19342	15954	10023	5504	4519
7	17128	9643	7485	32298	17543	14755	9958	5420	4538
8	19475	10903	8572	33925	18448	15477	11179	6122	5057
9	17830	10120	7710	29761	16299	13462	10115	5526	4589
10-14岁	**89086**	**49474**	**39612**	**124826**	**68351**	**56475**	**49242**	**27061**	**22181**
10	17261	9705	7556	27629	15305	12324	9704	5298	4406
11	17729	9998	7731	27565	15096	12469	10209	5696	4513
12	18062	10110	7952	25267	13887	11380	10181	5637	4544
13	17833	9834	7999	23325	12676	10649	9833	5327	4506
14	18201	9827	8374	21040	11387	9653	9315	5103	4212
15-19岁	**255922**	**125307**	**130615**	**47273**	**25389**	**21884**	**27573**	**15051**	**12522**
15	46785	23569	23216	14374	7694	6680	7531	4030	3501
16	67876	34438	33438	12057	6418	5639	6640	3576	3064
17	56923	28847	28076	10260	5431	4829	6135	3321	2814
18	38572	18152	20420	6238	3459	2779	4052	2269	1783
19	45766	20301	25465	4344	2387	1957	3215	1855	1360
20-24岁	**97305**	**45458**	**51847**	**21598**	**10941**	**10657**	**24868**	**13085**	**11783**
20	42716	19030	23686	4041	2213	1828	3355	1852	1503
21	29101	13220	15881	3647	1842	1805	3745	2003	1742
22	14182	7141	7041	4539	2264	2275	5094	2641	2453
23	6724	3561	3163	4586	2238	2348	5798	3007	2791
24	4582	2506	2076	4785	2384	2401	6876	3582	3294
25-29岁	**8083**	**4532**	**3551**	**29508**	**13931**	**15577**	**57891**	**30796**	**27095**
25	3185	1783	1402	5814	2903	2911	9003	4841	4162
26	1707	953	754	5595	2668	2927	9595	5108	4487
27	1252	709	543	5609	2646	2963	10793	5754	5039
28	961	553	408	5772	2667	3105	12333	6613	5720
29	978	534	444	6718	3047	3671	16167	8480	7687

7-8b　续表 3　　单位：人

年　龄	学习培训			随同离开/投亲靠友			拆迁/搬家		
	小计	男	女	小计	男	女	小计	男	女
30–34岁	**3016**	**1747**	**1269**	**31128**	**12338**	**18790**	**99364**	**51390**	**47974**
30	947	547	400	7660	3180	4480	20657	10650	10007
31	670	377	293	6799	2768	4031	20758	10665	10093
32	561	317	244	5936	2292	3644	19305	9888	9417
33	486	289	197	5825	2256	3569	19851	10406	9445
34	352	217	135	4908	1842	3066	18793	9781	9012
35–39岁	**1266**	**688**	**578**	**21943**	**7407**	**14536**	**93860**	**49354**	**44506**
35	301	173	128	4633	1623	3010	18512	9893	8619
36	298	152	146	4628	1627	3001	19125	10152	8973
37	234	127	107	4218	1446	2772	17810	9384	8426
38	244	134	110	4700	1533	3167	21519	11142	10377
39	189	102	87	3764	1178	2586	16894	8783	8111
40–44岁	**671**	**358**	**313**	**18983**	**5432**	**13551**	**101114**	**52859**	**48255**
40	142	75	67	3017	882	2135	14650	7562	7088
41	133	66	67	3863	1192	2671	19582	10191	9391
42	145	71	74	3971	1114	2857	21136	11103	10033
43	117	66	51	3953	1083	2870	21901	11507	10394
44	134	80	54	4179	1161	3018	23845	12496	11349
45–49岁	**523**	**300**	**223**	**20603**	**4872**	**15731**	**122054**	**63913**	**58141**
45	114	58	56	3831	988	2843	22709	11884	10825
46	112	63	49	4088	985	3103	23892	12499	11393
47	113	70	43	4272	974	3298	25137	13146	11991
48	104	61	43	4124	937	3187	24592	12823	11769
49	80	48	32	4288	988	3300	25724	13561	12163
50–54岁	**283**	**153**	**130**	**20744**	**4634**	**16110**	**108443**	**57456**	**50987**
50	71	37	34	4244	918	3326	23584	12338	11246
51	61	33	28	4095	912	3183	22568	12011	10557
52	67	37	30	4472	988	3484	23579	12458	11121
53	45	22	23	3862	874	2988	18900	10045	8855
54	39	24	15	4071	942	3129	19812	10604	9208
55–59岁	**148**	**77**	**71**	**17707**	**4568**	**13139**	**78141**	**42201**	**35940**
55	30	21	9	4195	1037	3158	19397	10513	8884
56	37	18	19	3756	976	2780	16959	9109	7850
57	43	18	25	4611	1259	3352	20756	11324	9432
58	29	15	14	3444	877	2567	14330	7744	6586
59	9	5	4	1701	419	1282	6699	3511	3188
60–64岁	**79**	**38**	**41**	**14169**	**4245**	**9924**	**49797**	**27471**	**22326**
60	16	8	8	2491	708	1783	9676	5412	4264
61	12	5	7	2476	753	1723	9349	5223	4126
62	16	10	6	2918	881	2037	10541	5782	4759
63	22	9	13	3491	1053	2438	11320	6255	5065
64	13	6	7	2793	850	1943	8911	4799	4112
65岁及以上	**129**	**64**	**65**	**38217**	**12999**	**25218**	**87443**	**46213**	**41230**

7−8b 续表 4 单位：人

年 龄	寄挂户口			婚姻嫁娶			照料孙子女		
	小计	男	女	小计	男	女	小计	男	女
总 计	**30391**	**16480**	**13911**	**129894**	**11550**	**118344**	**79043**	**22579**	**56464**
0−4岁	**2447**	**1369**	**1078**						
0	204	122	82						
1	510	267	243						
2	575	325	250						
3	608	333	275						
4	550	322	228						
5−9岁	**2027**	**1054**	**973**						
5	509	264	245						
6	442	241	201						
7	387	211	176						
8	393	188	205						
9	296	150	146						
10−14岁	**1691**	**866**	**825**	**2**	**1**	**1**			
10	347	174	173						
11	374	197	177						
12	313	177	136	1		1			
13	339	169	170						
14	318	149	169	1	1				
15−19岁	**962**	**524**	**438**	**728**	**26**	**702**	**2**		**2**
15	223	109	114	19	5	14			
16	207	115	92	41	3	38			
17	239	121	118	111	9	102			
18	149	90	59	209	5	204	1		1
19	144	89	55	348	4	344	1		1
20−24岁	**1691**	**928**	**763**	**7640**	**161**	**7479**	**4**	**3**	**1**
20	178	110	68	656	5	651	1	1	
21	222	131	91	957	10	947			
22	335	191	144	1364	26	1338	1	1	
23	441	241	200	1971	47	1924	1	1	
24	515	255	260	2692	73	2619	1		1
25−29岁	**3292**	**1743**	**1549**	**28090**	**1060**	**27030**	**15**	**1**	**14**
25	646	349	297	3974	125	3849	1		1
26	688	359	329	4561	152	4409	1		1
27	606	314	292	5226	195	5031	2		2
28	620	336	284	6406	239	6167	5	1	4
29	732	385	347	7923	349	7574	6		6

7-8b　续表 5　　　　单位：人

年　龄	寄挂户口			婚姻嫁娶			照料孙子女		
	小计	男	女	小计	男	女	小计	男	女
30-34岁	**3442**	**1802**	**1640**	**36344**	**2354**	**33990**	**565**	**61**	**504**
30	826	424	402	9001	473	8528	126	10	116
31	668	354	314	8236	478	7758	97	4	93
32	645	341	304	6999	455	6544	105	14	91
33	626	337	289	6597	490	6107	145	19	126
34	677	346	331	5511	458	5053	92	14	78
35-39岁	**2697**	**1412**	**1285**	**20229**	**1935**	**18294**	**495**	**84**	**411**
35	598	332	266	4846	438	4408	107	15	92
36	610	328	282	4462	355	4107	109	15	94
37	545	276	269	3887	361	3526	90	17	73
38	555	276	279	4026	443	3583	99	18	81
39	389	200	189	3008	338	2670	90	19	71
40-44岁	**2108**	**1080**	**1028**	**12223**	**1685**	**10538**	**722**	**117**	**605**
40	327	155	172	2390	314	2076	76	12	64
41	401	192	209	2609	336	2273	118	18	100
42	434	241	193	2504	327	2177	146	31	115
43	442	220	222	2380	342	2038	181	23	158
44	504	272	232	2340	366	1974	201	33	168
45-49岁	**2395**	**1269**	**1126**	**9469**	**1553**	**7916**	**2981**	**393**	**2588**
45	481	274	207	2003	301	1702	234	32	202
46	451	223	228	2024	339	1685	340	48	292
47	432	234	198	1904	326	1578	524	64	460
48	502	270	232	1773	285	1488	772	103	669
49	529	268	261	1765	302	1463	1111	146	965
50-54岁	**2330**	**1263**	**1067**	**6173**	**1086**	**5087**	**12234**	**2124**	**10110**
50	525	285	240	1489	243	1246	1455	185	1270
51	476	253	223	1298	219	1079	2103	351	1752
52	501	270	231	1379	258	1121	2694	463	2231
53	405	230	175	964	180	784	2620	481	2139
54	423	225	198	1043	186	857	3362	644	2718
55-59岁	**1747**	**1009**	**738**	**3774**	**667**	**3107**	**18721**	**4190**	**14531**
55	406	232	174	990	169	821	4001	827	3174
56	395	228	167	809	147	662	3778	777	3001
57	494	291	203	946	173	773	5033	1180	3853
58	307	170	137	680	121	559	4007	968	3039
59	145	88	57	349	57	292	1902	438	1464
60-64岁	**972**	**601**	**371**	**2057**	**378**	**1679**	**17953**	**5736**	**12217**
60	184	115	69	405	72	333	3000	907	2093
61	199	129	70	372	75	297	3040	962	2078
62	204	117	87	450	88	362	3844	1245	2599
63	226	141	85	452	82	370	4500	1476	3024
64	159	99	60	378	61	317	3569	1146	2423
65岁及以上	**2590**	**1560**	**1030**	**3165**	**644**	**2521**	**25351**	**9870**	**15481**

7-8b 续表 6

单位：人

年 龄	为子女就学			养老/康养			其 他		
	小计	男	女	小计	男	女	小计	男	女
总 计	**76316**	**25416**	**50900**	**38315**	**17104**	**21211**	**164536**	**86703**	**77833**
0-4岁							**27721**	**15040**	**12681**
0							2910	1574	1336
1							5150	2837	2313
2							5641	3016	2625
3							7132	3834	3298
4							6888	3779	3109
5-9岁							**20188**	**11065**	**9123**
5							7103	3935	3168
6							3910	2119	1791
7							3165	1693	1472
8							3206	1754	1452
9							2804	1564	1240
10-14岁				**7**	**3**	**4**	**12004**	**6566**	**5438**
10				1		1	2639	1439	1200
11							2473	1351	1122
12				2	1	1	2430	1363	1067
13				3	1	2	2277	1243	1034
14				1	1		2185	1170	1015
15-19岁	**56**	**26**	**30**	**8**	**5**	**3**	**8010**	**4365**	**3645**
15	18	12	6				2034	1125	909
16	5	3	2	1	1		1889	1004	885
17	13	6	7	1	1		1833	937	896
18	7	3	4	2	1	1	1147	613	534
19	13	2	11	4	2	2	1107	686	421
20-24岁	**501**	**90**	**411**	**14**	**12**	**2**	**5976**	**3400**	**2576**
20	48	19	29	2	1	1	1166	745	421
21	56	11	45	1	1		1048	638	410
22	80	15	65	4	4		1175	658	517
23	118	17	101	2	2		1277	703	574
24	199	28	171	5	4	1	1310	656	654
25-29岁	**4895**	**924**	**3971**	**46**	**34**	**12**	**8637**	**4516**	**4121**
25	392	57	335	9	9		1536	834	702
26	555	101	454	5	2	3	1555	828	727
27	792	133	659	7	4	3	1614	827	787
28	1258	240	1018	16	12	4	1745	915	830
29	1898	393	1505	9	7	2	2187	1112	1075

7-8b 续表 7

单位：人

年 龄	为子女就学			养老/康养			其 他		
	小计	男	女	小计	男	女	小计	男	女
30—34岁	**16786**	**4262**	**12524**	**77**	**58**	**19**	**11834**	**5987**	**5847**
30	2971	651	2320	12	10	2	2649	1362	1287
31	3323	845	2478	21	14	7	2480	1199	1281
32	3414	843	2571	13	7	6	2279	1130	1149
33	3693	982	2711	15	13	2	2372	1231	1141
34	3385	941	2444	16	14	2	2054	1065	989
35—39岁	**18121**	**5603**	**12518**	**93**	**65**	**28**	**10042**	**5135**	**4907**
35	3501	1030	2471	17	14	3	2065	1099	966
36	3658	1079	2579	17	12	5	2085	1058	1027
37	3513	1144	2369	13	11	2	1968	987	981
38	4211	1302	2909	24	12	12	2235	1130	1105
39	3238	1048	2190	22	16	6	1689	861	828
40—44岁	**16270**	**5800**	**10470**	**99**	**56**	**43**	**10012**	**5165**	**4847**
40	2751	931	1820	15	10	5	1531	802	729
41	3401	1162	2239	18	7	11	1926	992	934
42	3575	1230	2345	16	8	8	2101	1087	1014
43	3289	1243	2046	25	14	11	2105	1106	999
44	3254	1234	2020	25	17	8	2349	1178	1171
45—49岁	**11245**	**4875**	**6370**	**154**	**98**	**56**	**12510**	**6505**	**6005**
45	2839	1121	1718	25	16	9	2323	1237	1086
46	2549	1110	1439	24	15	9	2359	1250	1109
47	2304	1007	1297	36	22	14	2627	1335	1292
48	1880	850	1030	28	22	6	2546	1337	1209
49	1673	787	886	41	23	18	2655	1346	1309
50—54岁	**4064**	**1922**	**2142**	**1867**	**697**	**1170**	**11332**	**5788**	**5544**
50	1227	581	646	220	94	126	2358	1175	1183
51	903	431	472	342	126	216	2369	1226	1143
52	807	387	420	398	153	245	2455	1252	1203
53	598	285	313	393	135	258	2008	1033	975
54	529	238	291	514	189	325	2142	1102	1040
55—59岁	**1829**	**790**	**1039**	**3181**	**1301**	**1880**	**8431**	**4300**	**4131**
55	474	206	268	583	236	347	2134	1067	1067
56	412	179	233	619	252	367	1792	934	858
57	470	203	267	843	350	493	2242	1123	1119
58	326	144	182	748	299	449	1535	812	723
59	147	58	89	388	164	224	728	364	364
60—64岁	**1176**	**491**	**685**	**4743**	**2219**	**2524**	**5613**	**2898**	**2715**
60	225	90	135	682	307	375	1044	535	509
61	220	98	122	810	388	422	1078	552	526
62	234	99	135	1042	504	538	1128	598	530
63	296	121	175	1244	567	677	1256	652	604
64	201	83	118	965	453	512	1107	561	546
65岁及以上	**1373**	**633**	**740**	**28026**	**12556**	**15470**	**12226**	**5973**	**6253**

7-8c 全省分年龄、性别、迁移原因的户口登记地在外乡镇街道的人口(乡村)

单位：人

年 龄	合 计			工作就业		
	合计	男	女	小计	男	女
总 计	**1787156**	**1025471**	**761685**	**958791**	**637314**	**321477**
0-4岁	**78508**	**41990**	**36518**			
0	7272	3896	3376			
1	14702	7866	6836			
2	17063	9112	7951			
3	19682	10539	9143			
4	19789	10577	9212			
5-9岁	**97822**	**52675**	**45147**			
5	20262	10906	9356			
6	20000	10797	9203			
7	19288	10421	8867			
8	20342	10914	9428			
9	17930	9637	8293			
10-14岁	**77466**	**41448**	**36018**	**53**	**31**	**22**
10	17052	9125	7927	7	6	1
11	17337	9224	8113	10	6	4
12	15430	8164	7266	9	3	6
13	14404	7821	6583	9	6	3
14	13243	7114	6129	18	10	8
15-19岁	**122466**	**68506**	**53960**	**24498**	**16199**	**8299**
15	19496	10417	9079	810	527	283
16	27353	15270	12083	2923	2013	910
17	23614	13468	10146	5364	3439	1925
18	23638	13471	10167	6813	4490	2323
19	28365	15880	12485	8588	5730	2858
20-24岁	**131290**	**76777**	**54513**	**78284**	**52970**	**25314**
20	27604	15772	11832	10630	7403	3227
21	24623	14392	10231	12847	8850	3997
22	25896	15493	10403	17094	11587	5507
23	25513	15012	10501	18010	12019	5991
24	27654	16108	11546	19703	13111	6592
25-29岁	**167665**	**92569**	**75096**	**113700**	**74946**	**38754**
25	30916	17616	13300	21319	14192	7127
26	30256	16907	13349	20608	13654	6954
27	32594	17785	14809	22177	14466	7711
28	34771	19060	15711	23483	15529	7954
29	39128	21201	17927	26113	17105	9008

7-8c　续表 1

单位：人

年　龄	合　计			工作就业		
	合计	男	女	小计	男	女
30-34岁	**213110**	**117861**	**95249**	**148533**	**96877**	**51656**
30	47943	25990	21953	32639	21318	11321
31	45191	24457	20734	30753	19943	10810
32	40721	22453	18268	28174	18298	9876
33	42437	24042	18395	30435	19967	10468
34	36818	20919	15899	26532	17351	9181
35-39岁	**160516**	**93182**	**67334**	**116378**	**76500**	**39878**
35	32677	18680	13997	23460	15420	8040
36	32665	18945	13720	23416	15450	7966
37	31111	18081	13030	22526	14846	7680
38	35014	20499	14515	25448	16748	8700
39	29049	16977	12072	21528	14036	7492
40-44岁	**149003**	**87334**	**61669**	**112272**	**72158**	**40114**
40	24879	14591	10288	18840	12190	6650
41	28905	16935	11970	21623	13938	7685
42	29739	17425	12314	22327	14376	7951
43	30601	17994	12607	22945	14792	8153
44	34879	20389	14490	26537	16862	9675
45-49岁	**189007**	**111766**	**77241**	**145208**	**93077**	**52131**
45	35631	20833	14798	27644	17481	10163
46	38730	22907	15823	30180	19268	10912
47	39002	23214	15788	30005	19276	10729
48	37575	22099	15476	28721	18377	10344
49	38069	22713	15356	28658	18675	9983
50-54岁	**162295**	**99559**	**62736**	**119317**	**80921**	**38396**
50	37331	22238	15093	28235	18433	9802
51	34473	20891	13582	25520	17009	8511
52	35051	21664	13387	25644	17606	8038
53	27457	16930	10527	19881	13604	6277
54	27983	17836	10147	20037	14269	5768
55-59岁	**98274**	**62255**	**36019**	**62595**	**45809**	**16786**
55	25511	16150	9361	17435	12488	4947
56	22538	14209	8329	14792	10718	4074
57	25301	16186	9115	15761	11758	4003
58	17113	10891	6222	10241	7650	2591
59	7811	4819	2992	4366	3195	1171
60-64岁	**48368**	**29554**	**18814**	**21358**	**15924**	**5434**
60	9593	5959	3634	4676	3475	1201
61	9179	5695	3484	4173	3129	1044
62	10363	6399	3964	4512	3405	1107
63	10898	6585	4313	4611	3446	1165
64	8335	4916	3419	3386	2469	917
65岁及以上	**91366**	**49995**	**41371**	**16595**	**11902**	**4693**

7—8c 续表 2

单位：人

年龄	学习培训			随同离开/投亲靠友			拆迁/搬家		
	小计	男	女	小计	男	女	小计	男	女
总 计	**152841**	**81981**	**70860**	**228730**	**110284**	**118446**	**201071**	**106177**	**94894**
0—4岁	**270**	**145**	**125**	**56678**	**30227**	**26451**	**8540**	**4668**	**3872**
0	4	2	2	5184	2767	2417	901	493	408
1	6	2	4	10605	5709	4896	1542	801	741
2	24	14	10	12266	6478	5788	1801	1002	799
3	86	45	41	14177	7533	6644	2200	1234	966
4	150	82	68	14446	7740	6706	2096	1138	958
5—9岁	**17821**	**9846**	**7975**	**60144**	**32144**	**28000**	**10578**	**5714**	**4864**
5	162	90	72	14921	8045	6876	2307	1228	1079
6	3637	1993	1644	12371	6655	5716	2085	1125	960
7	4448	2435	2013	11229	6021	5208	2053	1149	904
8	5063	2842	2221	11457	6031	5426	2227	1190	1037
9	4511	2486	2025	10166	5392	4774	1906	1022	884
10—14岁	**21891**	**11940**	**9951**	**40849**	**21762**	**19087**	**8826**	**4679**	**4147**
10	4490	2498	1992	9537	5036	4501	1777	947	830
11	4711	2561	2150	9412	5001	4411	1880	976	904
12	4324	2321	2003	8124	4275	3849	1770	957	813
13	4233	2311	1922	7268	3959	3309	1823	976	847
14	4133	2249	1884	6508	3491	3017	1576	823	753
15—19岁	**79695**	**42798**	**36897**	**10363**	**5639**	**4724**	**4082**	**2207**	**1875**
15	13479	7134	6345	3504	1884	1620	1060	527	533
16	20643	11240	9403	2322	1263	1059	866	449	417
17	14764	8168	6596	1891	1029	862	855	485	370
18	13876	7479	6397	1501	818	683	692	379	313
19	16933	8777	8156	1145	645	500	609	367	242
20—24岁	**28944**	**14757**	**14187**	**5416**	**2670**	**2746**	**5802**	**3192**	**2610**
20	13559	6881	6678	1129	624	505	758	426	332
21	8197	4085	4112	924	474	450	873	503	370
22	4034	2092	1942	1142	569	573	1156	645	511
23	1902	1020	882	1067	498	569	1401	747	654
24	1252	679	573	1154	505	649	1614	871	743
25—29岁	**2578**	**1504**	**1074**	**7482**	**3069**	**4413**	**12532**	**6634**	**5898**
25	892	497	395	1399	645	754	2125	1148	977
26	564	320	244	1398	601	797	2203	1194	1009
27	442	259	183	1472	607	865	2371	1230	1141
28	356	216	140	1479	556	923	2673	1403	1270
29	324	212	112	1734	660	1074	3160	1659	1501

7-8c　续表 3　　　　单位：人

年　龄	学习培训			随同离开/投亲靠友			拆迁/搬家		
	小计	男	女	小计	男	女	小计	男	女
30—34岁	**892**	**564**	**328**	**8262**	**2788**	**5474**	**18150**	**9325**	**8825**
30	306	194	112	1974	689	1285	3875	1975	1900
31	202	113	89	1805	636	1169	3867	1945	1922
32	158	104	54	1581	542	1039	3655	1862	1793
33	123	87	36	1582	501	1081	3545	1851	1694
34	103	66	37	1320	420	900	3208	1692	1516
35—39岁	**272**	**155**	**117**	**5397**	**1626**	**3771**	**15924**	**8323**	**7601**
35	75	41	34	1127	346	781	3066	1590	1476
36	66	37	29	1126	363	763	3214	1737	1477
37	44	26	18	1046	314	732	3173	1606	1567
38	51	31	20	1160	352	808	3643	1900	1743
39	36	20	16	938	251	687	2828	1490	1338
40—44岁	**162**	**94**	**68**	**4504**	**1154**	**3350**	**15728**	**8150**	**7578**
40	33	23	10	804	214	590	2366	1225	1141
41	24	15	9	850	239	611	3106	1591	1515
42	41	25	16	952	236	716	3174	1657	1517
43	35	17	18	902	234	668	3368	1768	1600
44	29	14	15	996	231	765	3714	1909	1805
45—49岁	**116**	**63**	**53**	**5356**	**1111**	**4245**	**20280**	**10446**	**9834**
45	27	14	13	988	199	789	3562	1810	1752
46	26	15	11	1005	208	797	3834	1974	1860
47	26	11	15	1154	245	909	4155	2207	1948
48	24	14	10	1095	222	873	4197	2133	2064
49	13	9	4	1114	237	877	4532	2322	2210
50—54岁	**76**	**48**	**28**	**5239**	**1129**	**4110**	**20496**	**10649**	**9847**
50	23	17	6	1077	195	882	4274	2168	2106
51	10	6	4	1084	207	877	4343	2234	2109
52	21	12	9	1131	257	874	4534	2373	2161
53	16	9	7	947	215	732	3612	1898	1714
54	6	4	2	1000	255	745	3733	1976	1757
55—59岁	**56**	**29**	**27**	**4235**	**1134**	**3101**	**16693**	**9066**	**7627**
55	15	8	7	1014	245	769	3675	2005	1670
56	12	5	7	918	228	690	3600	1934	1666
57	12	6	6	1123	318	805	4534	2471	2063
58	9	6	3	783	225	558	3275	1793	1482
59	8	4	4	397	118	279	1609	863	746
60—64岁	**26**	**14**	**12**	**3371**	**1197**	**2174**	**12507**	**6963**	**5544**
60	2	1	1	576	203	373	2313	1308	1005
61	7	3	4	540	198	342	2410	1356	1054
62	11	8	3	738	260	478	2721	1538	1183
63	2	1	1	870	305	565	2837	1571	1266
64	4	1	3	647	231	416	2226	1190	1036
65岁及以上	**42**	**24**	**18**	**11434**	**4634**	**6800**	**30933**	**16161**	**14772**

7−8c 续表 4

单位：人

年 龄	寄挂户口			婚姻嫁娶			照料孙子女		
	小计	男	女	小计	男	女	小计	男	女
总 计	**44940**	**24914**	**20026**	**90983**	**10625**	**80358**	**12171**	**3042**	**9129**
0−4岁	**3565**	**1915**	**1650**						
0	278	154	124						
1	788	436	352						
2	843	468	375						
3	880	468	412						
4	776	389	387						
5−9岁	**2553**	**1349**	**1204**						
5	638	352	286						
6	584	316	268						
7	453	226	227						
8	489	242	247						
9	389	213	176						
10−14岁	**1752**	**928**	**824**	**3**	**2**	**1**			
10	351	186	165						
11	407	226	181	2	2				
12	367	172	195						
13	334	190	144						
14	293	154	139	1		1			
15−19岁	**859**	**512**	**347**	**952**	**9**	**943**			
15	181	116	65	21	1	20			
16	185	109	76	61		61			
17	225	127	98	126	2	124			
18	127	75	52	236	2	234			
19	141	85	56	508	4	504			
20−24岁	**2006**	**1100**	**906**	**7559**	**165**	**7394**	**7**		**7**
20	200	116	84	812	11	801	1		1
21	237	135	102	1008	13	995	1		1
22	350	176	174	1467	36	1431	3		3
23	508	270	238	1876	42	1834			
24	711	403	308	2396	63	2333	2		2
25−29岁	**5086**	**2750**	**2336**	**20713**	**848**	**19865**	**3**		**3**
25	943	521	422	3298	107	3191	1		1
26	991	538	453	3580	125	3455			
27	1015	542	473	4061	148	3913			
28	1070	560	510	4502	184	4318	1		1
29	1067	589	478	5272	284	4988	1		1

7-8c　续表 5　　　　单位：人

年　龄	寄挂户口			婚姻嫁娶			照料孙子女		
	小计	男	女	小计	男	女	小计	男	女
30−34岁	**4940**	**2600**	**2340**	**23283**	**1699**	**21584**	**173**	**15**	**158**
30	1221	664	557	6048	330	5718	36	2	34
31	1125	548	577	5484	390	5094	36		36
32	935	493	442	4375	332	4043	36	7	29
33	923	497	426	4071	347	3724	34	4	30
34	736	398	338	3305	300	3005	31	2	29
35−39岁	**3570**	**1841**	**1729**	**11597**	**1352**	**10245**	**111**	**14**	**97**
35	677	337	340	2810	278	2532	22	1	21
36	769	401	368	2593	270	2323	24	1	23
37	735	380	355	2132	261	1871	21	5	16
38	770	403	367	2297	310	1987	23	5	18
39	619	320	299	1765	233	1532	21	2	19
40−44岁	**2731**	**1403**	**1328**	**7015**	**1191**	**5824**	**129**	**20**	**109**
40	482	243	239	1276	179	1097	11	3	8
41	550	292	258	1486	249	1237	18	3	15
42	519	257	262	1379	226	1153	25	5	20
43	572	300	272	1431	261	1170	36	5	31
44	608	311	297	1443	276	1167	39	4	35
45−49岁	**3257**	**1700**	**1557**	**6743**	**1406**	**5337**	**564**	**52**	**512**
45	583	314	269	1363	294	1069	58	4	54
46	661	334	327	1424	307	1117	79	9	70
47	686	365	321	1372	290	1082	104	5	99
48	634	343	291	1294	238	1056	132	10	122
49	693	344	349	1290	277	1013	191	24	167
50−54岁	**2928**	**1601**	**1327**	**5119**	**1122**	**3997**	**2032**	**250**	**1782**
50	673	354	319	1229	236	993	243	21	222
51	648	368	280	1036	213	823	334	34	300
52	627	333	294	1111	230	881	471	58	413
53	501	282	219	853	207	646	434	50	384
54	479	264	215	890	236	654	550	87	463
55−59岁	**2641**	**1606**	**1035**	**3351**	**933**	**2418**	**2981**	**565**	**2416**
55	535	325	210	882	247	635	652	107	545
56	550	327	223	753	195	558	643	122	521
57	745	445	300	839	223	616	785	139	646
58	517	311	206	594	186	408	626	133	493
59	294	198	96	283	82	201	275	64	211
60−64岁	**2038**	**1295**	**743**	**1809**	**644**	**1165**	**2516**	**783**	**1733**
60	417	266	151	360	121	239	431	111	320
61	383	239	144	367	127	240	438	137	301
62	432	294	138	382	140	242	552	176	376
63	472	285	187	385	151	234	616	207	409
64	334	211	123	315	105	210	479	152	327
65岁及以上	**7014**	**4314**	**2700**	**2839**	**1254**	**1585**	**3655**	**1343**	**2312**

7－8c　续表 6　　　　单位：人

年　龄	为子女就学			养老/康养			其　他		
	小计	男	女	小计	男	女	小计	男	女
总　计	**8248**	**2227**	**6021**	**12810**	**7030**	**5780**	**76571**	**41877**	**34694**
0－4岁							**9455**	**5035**	**4420**
0							905	480	425
1							1761	918	843
2							2129	1150	979
3							2339	1259	1080
4							2321	1228	1093
5－9岁							**6726**	**3622**	**3104**
5							2234	1191	1043
6							1323	708	615
7							1105	590	515
8							1106	609	497
9							958	524	434
10－14岁				**1**	**1**		**4091**	**2105**	**1986**
10							890	452	438
11				1	1		914	451	463
12							836	436	400
13							737	379	358
14							714	387	327
15－19岁	**14**	**7**	**7**	**6**	**1**	**5**	**1997**	**1134**	**863**
15							441	228	213
16	1		1	1		1	351	196	155
17	1		1	3		3	385	218	167
18	6	5	1	1	1		386	222	164
19	6	2	4	1		1	434	270	164
20－24岁	**91**	**17**	**74**	**7**	**1**	**6**	**3174**	**1905**	**1269**
20	15	5	10	2		2	498	306	192
21	9	4	5				527	328	199
22	15	1	14	1		1	634	387	247
23	22	3	19	1	1		726	412	314
24	30	4	26	3		3	789	472	317
25－29岁	**709**	**95**	**614**	**10**	**5**	**5**	**4852**	**2718**	**2134**
25	44	6	38	3	2	1	892	498	394
26	83	4	79	1		1	828	471	357
27	120	18	102	1		1	935	515	420
28	180	27	153	3	2	1	1024	583	441
29	282	40	242	2	1	1	1173	651	522

7-8c　续表 7　　　　单位：人

年　龄	为子女就学			养老/康养			其　他		
	小计	男	女	小计	男	女	小计	男	女
30–34岁	**2262**	**426**	**1836**	**17**	**8**	**9**	**6598**	**3559**	**3039**
30	418	66	352	1	1		1425	751	674
31	467	92	375	6	3	3	1446	787	659
32	471	88	383	5	2	3	1331	725	606
33	456	95	361	2	1	1	1266	692	574
34	450	85	365	3	1	2	1130	604	526
35–39岁	**1911**	**467**	**1444**	**17**	**5**	**12**	**5339**	**2899**	**2440**
35	376	86	290	4	2	2	1060	579	481
36	375	92	283	1		1	1081	594	487
37	379	83	296	3	1	2	1052	559	493
38	449	117	332	5	2	3	1168	631	537
39	332	89	243	4		4	978	536	442
40–44岁	**1437**	**476**	**961**	**40**	**19**	**21**	**4985**	**2669**	**2316**
40	257	75	182	5	2	3	805	437	368
41	284	66	218	4	4		960	538	422
42	302	111	191	9	1	8	1011	531	480
43	309	99	210	6	3	3	997	515	482
44	285	125	160	16	9	7	1212	648	564
45–49岁	**1021**	**377**	**644**	**53**	**20**	**33**	**6409**	**3514**	**2895**
45	253	89	164	6	4	2	1147	624	523
46	225	75	150	9	2	7	1287	715	572
47	217	82	135	10	6	4	1273	727	546
48	172	74	98	13	4	9	1293	684	609
49	154	57	97	15	4	11	1409	764	645
50–54岁	**388**	**173**	**215**	**443**	**212**	**231**	**6257**	**3454**	**2803**
50	107	49	58	52	23	29	1418	742	676
51	91	43	48	94	52	42	1313	725	588
52	85	40	45	96	50	46	1331	705	626
53	45	20	25	86	29	57	1082	616	466
54	60	21	39	115	58	57	1113	666	447
55–59岁	**179**	**81**	**98**	**756**	**361**	**395**	**4787**	**2671**	**2116**
55	46	25	21	153	75	78	1104	625	479
56	42	20	22	149	69	80	1079	591	488
57	45	17	28	203	105	98	1254	704	550
58	38	17	21	144	68	76	886	502	384
59	8	2	6	107	44	63	464	249	215
60–64岁	**98**	**37**	**61**	**1270**	**749**	**521**	**3375**	**1948**	**1427**
60	11	2	9	193	104	89	614	368	246
61	18	9	9	193	117	76	650	380	270
62	25	13	12	269	162	107	721	403	318
63	30	9	21	328	184	144	747	426	321
64	14	4	10	287	182	105	643	371	272
65岁及以上	**138**	**71**	**67**	**10190**	**5648**	**4542**	**8526**	**4644**	**3882**

7-9 各地区按现住地、性别、迁移原因分的户口登记地在本省其他乡镇街道的人口

单位：人

现住地	合计			工作就业		
	合计	男	女	小计	男	女
合 计	**11574735**	**5950257**	**5624478**	**4085018**	**2369085**	**1715933**
福州市	**2667134**	**1347058**	**1320076**	**792499**	**455403**	**337096**
鼓楼区	265628	127071	138557	95579	49026	46553
台江区	195001	94857	100144	64329	34178	30151
仓山区	518287	268918	249369	172897	100175	72722
马尾区	88130	46063	42067	31950	19430	12520
晋安区	373914	189726	184188	131213	73310	57903
长乐区	146423	72590	73833	44299	26604	17695
闽侯县	331902	172592	159310	105125	63997	41128
连江县	116794	58441	58353	29266	16856	12410
罗源县	91290	47321	43969	14403	9525	4878
闽清县	50866	25220	25646	8211	4881	3330
永泰县	68362	33575	34787	11486	6653	4833
平潭县	156656	77624	79032	12786	7900	4886
福清市	263881	133060	130821	70955	42868	28087
厦门市	**1976771**	**1037758**	**939013**	**1040915**	**593604**	**447311**
思明区	420008	201209	218799	184706	94788	89918
海沧区	205149	111156	93993	113606	68659	44947
湖里区	531841	278125	253716	333913	184902	149011
集美区	418714	226859	191855	205434	122524	82910
同安区	258443	139467	118976	135875	80313	55562
翔安区	142616	80942	61674	67381	42418	24963
莆田市	**663224**	**336531**	**326693**	**244233**	**134950**	**109283**
城厢区	198516	102653	95863	92740	51282	41458
涵江区	116352	58341	58011	35279	19412	15867
荔城区	166716	84268	82448	63658	34542	29116
秀屿区	45781	24401	21380	19731	11806	7925
仙游县	135859	66868	68991	32825	17908	14917
三明市	**762502**	**388295**	**374207**	**206030**	**122004**	**84026**
梅列区	90429	46271	44158	33985	20312	13673
三元区	82463	42881	39582	30327	18258	12069
明溪县	24888	12595	12293	7592	4609	2983
清流县	28041	14204	13837	9054	5459	3595
宁化县	69548	34193	35355	13575	7567	6008
大田县	68552	36003	32549	19921	12142	7779
尤溪县	69644	35755	33889	18009	10369	7640
沙县	96965	49001	47964	20103	11837	8266
将乐县	49785	24383	25402	10018	5840	4178
泰宁县	30972	14929	16043	6304	3545	2759
建宁县	29528	14525	15003	6803	3958	2845
永安市	121687	63555	58132	30339	18108	12231
泉州市	**2040723**	**1076986**	**963737**	**834922**	**483481**	**351441**
鲤城区	165925	85408	80517	71109	39992	31117
丰泽区	321160	165807	155353	126028	70843	55185
洛江区	68000	34864	33136	26798	15777	11021
泉港区	51707	25503	26204	9260	5624	3636
惠安县	131592	68248	63344	43814	25669	18145
安溪县	260702	137200	123502	71663	40568	31095
永春县	78345	39178	39167	17420	10065	7355
德化县	166644	90159	76485	71709	41281	30428
石狮市	203877	109132	94745	92788	53377	39411
晋江市	408191	220857	187334	220921	129080	91841
南安市	184580	100630	83950	83412	51205	32207

7-9　续表 1　　　　　单位：人

现住地	合计			工作就业		
	合计	男	女	小计	男	女
漳州市	**908351**	**461814**	**446537**	**267111**	**160915**	**106196**
芗城区	250267	123629	126638	71717	41007	30710
龙文区	121387	64612	56775	50771	30409	20362
云霄县	84348	41835	42513	9134	5555	3579
漳浦县	108693	54773	53920	28162	16739	11423
诏安县	38103	18145	19958	5578	3286	2292
长泰县	36222	19214	17008	16848	10666	6182
东山县	32555	16061	16494	7176	4596	2580
南靖县	43313	21941	21372	9544	5826	3718
平和县	33122	16624	16498	6639	4038	2601
华安县	15718	8354	7364	6258	4007	2251
龙海市	144623	76626	67997	55284	34786	20498
南平市	**810784**	**408336**	**402448**	**231660**	**138012**	**93648**
延平区	151775	77388	74387	39824	23509	16315
建阳区	107416	55664	51752	40702	24860	15842
顺昌县	35449	17605	17844	9285	5593	3692
浦城县	70992	34579	36413	18415	10615	7800
光泽县	42162	21063	21099	13517	8085	5432
松溪县	37347	18279	19068	8210	4704	3506
政和县	48771	24898	23873	15480	9270	6210
邵武市	130658	65230	65428	32322	19388	12934
武夷山市	88389	44719	43670	26655	16089	10566
建瓯市	97825	48911	48914	27250	15899	11351
龙岩市	**790791**	**404986**	**385805**	**262350**	**155163**	**107187**
新罗区	401366	207661	193705	161930	95676	66254
永定区	53814	27259	26555	14366	8966	5400
长汀县	108097	53912	54185	23119	12420	10699
上杭县	81635	41358	40277	25357	14828	10529
武平县	50939	25262	25677	12163	7150	5013
连城县	33327	16746	16581	7810	4677	3133
漳平市	61613	32788	28825	17605	11446	6159
宁德市	**954455**	**488493**	**465962**	**205298**	**125553**	**79745**
蕉城区	241751	125991	115760	66319	41846	24473
霞浦县	118409	61618	56791	19797	12068	7729
古田县	79814	39797	40017	13924	8346	5578
屏南县	32120	16550	15570	7906	4787	3119
寿宁县	33385	16803	16582	7106	4283	2823
周宁县	34357	17259	17098	7897	4860	3037
柘荣县	35593	17972	17621	4901	3164	1737
福安市	210180	107684	102496	46882	27535	19347
福鼎市	168846	84819	84027	30566	18664	11902

7-9 续表 2

单位：人

现住地	学习培训			随同离开/投亲靠友			拆迁/搬家		
	小计	男	女	小计	男	女	小计	男	女
合计	**1371582**	**707633**	**663949**	**1937034**	**929403**	**1007631**	**2608036**	**1378003**	**1230033**
福州市	**345501**	**173371**	**172130**	**427340**	**200973**	**226367**	**726903**	**380142**	**346761**
鼓楼区	32801	16588	16213	35590	16639	18951	52525	26457	26068
台江区	8363	3795	4568	37988	17809	20179	52594	27267	25327
仓山区	64577	34740	29837	83736	39068	44668	128188	66993	61195
马尾区	18384	9275	9109	11828	5467	6361	15455	8148	7307
晋安区	15848	8630	7218	70708	33162	37546	108777	56732	52045
长乐区	22635	10749	11886	21808	9768	12040	35735	18691	17044
闽侯县	100196	46668	53528	30944	15057	15887	52343	28131	24212
连江县	18810	9496	9314	15001	7023	7978	33789	18368	15421
罗源县	2561	1347	1214	18115	8554	9561	47896	25311	22585
闽清县	3870	2017	1853	9921	4547	5374	19232	10595	8637
永泰县	10076	4822	5254	9425	4514	4911	28303	14665	13638
平潭县	10263	5718	4545	38916	18860	20056	75680	39704	35976
福清市	37117	19526	17591	43360	20505	22855	76386	39080	37306
厦门市	**251940**	**136643**	**115297**	**244209**	**121215**	**122994**	**197051**	**98928**	**98123**
思明区	36884	19013	17871	52498	25262	27236	66979	33337	33642
海沧区	16435	8811	7624	29479	14612	14867	21377	10817	10560
湖里区	42196	22697	19499	58882	29380	29502	39797	19892	19905
集美区	98496	52822	45674	45928	22733	23195	29977	15109	14868
同安区	27544	15189	12355	42802	21905	20897	24877	12806	12071
翔安区	30385	18111	12274	14620	7323	7297	14044	6967	7077
莆田市	**94911**	**49597**	**45314**	**85073**	**40648**	**44425**	**131000**	**67876**	**63124**
城厢区	26363	14534	11829	25631	12325	13306	22945	12156	10789
涵江区	15034	8175	6859	16400	7715	8685	31141	15893	15248
荔城区	22246	10711	11535	20851	10068	10783	33350	17720	15630
秀屿区	8910	4558	4352	5867	2759	3108	5304	2703	2601
仙游县	22358	11619	10739	16324	7781	8543	38260	19404	18856
三明市	**89325**	**48449**	**40876**	**148136**	**70497**	**77639**	**214406**	**111435**	**102971**
梅列区	8129	3487	4642	14880	7160	7720	19945	10528	9417
三元区	13966	6701	7265	14298	6960	7338	13482	7094	6388
明溪县	1851	965	886	4796	2129	2667	6110	3208	2902
清流县	4417	2508	1909	4835	2354	2481	4005	2040	1965
宁化县	9179	5008	4171	14209	6676	7533	22296	11470	10826
大田县	9352	5279	4073	14830	7525	7305	12748	7064	5684
尤溪县	7966	4397	3569	12260	5894	6366	21372	11590	9782
沙县	10520	5680	4840	19957	9207	10750	36659	18839	17820
将乐县	4656	2513	2143	8801	4169	4632	20435	10188	10247
泰宁县	3026	1694	1332	7588	3545	4043	9516	4778	4738
建宁县	3144	1677	1467	3757	1701	2056	10322	5235	5087
永安市	13119	8540	4579	27925	13177	14748	37516	19401	18115
泉州市	**240885**	**125312**	**115573**	**353378**	**180704**	**172674**	**384048**	**204525**	**179523**
鲤城区	19556	9973	9583	27912	14487	13425	26542	13964	12578
丰泽区	48560	24308	24252	46639	23448	23191	68455	36048	32407
洛江区	16507	7252	9255	8289	4318	3971	9191	5032	4159
泉港区	4068	2079	1989	9431	4582	4849	21001	10570	10431
惠安县	18504	9559	8945	21735	10585	11150	28542	15425	13117
安溪县	32400	18269	14131	54796	28963	25833	65558	34688	30870
永春县	9895	4910	4985	13219	6470	6749	26244	13524	12720
德化县	8640	4845	3795	39980	21242	18738	32831	18285	14546
石狮市	26032	14024	12008	35286	17664	17622	33087	17941	15146
晋江市	35355	19531	15824	63384	32495	30889	48633	26049	22584
南安市	21368	10562	10806	32707	16450	16257	23964	12999	10965

7-9 续表 3

单位：人

现住地	学习培训			随同离开/投亲靠友			拆迁/搬家		
	小计	男	女	小计	男	女	小计	男	女
漳州市	**121968**	**58502**	**63466**	**135021**	**64668**	**70353**	**242916**	**127889**	**115027**
芗城区	41351	17683	23668	36621	17440	19181	71775	36924	34851
龙文区	10044	5846	4198	18243	8858	9385	25877	13559	12318
云霄县	6617	3210	3407	12863	6025	6838	39946	21598	18348
漳浦县	15826	8122	7704	18378	8961	9417	30380	15730	14650
诏安县	5021	2185	2836	5494	2466	3028	13208	6892	6316
长泰县	2437	1151	1286	6022	2936	3086	4122	2291	1831
东山县	1136	582	554	5063	2409	2654	12103	6458	5645
南靖县	8529	4034	4495	4379	2058	2321	12748	6807	5941
平和县	4774	2260	2514	4697	2219	2478	9588	5249	4339
华安县	2819	1497	1322	1762	833	929	2212	1135	1077
龙海市	23414	11932	11482	21499	10463	11036	20957	11246	9711
南平市	**83188**	**41802**	**41386**	**144815**	**65629**	**79186**	**216185**	**114198**	**101987**
延平区	16633	8786	7847	28156	12875	15281	44920	24187	20733
建阳区	12302	5887	6415	16790	7585	9205	21368	11534	9834
顺昌县	4849	2501	2348	4429	1986	2443	9896	5065	4831
浦城县	7760	3853	3907	10557	4628	5929	19523	10068	9455
光泽县	4086	2155	1931	6102	2756	3346	12016	6069	5947
松溪县	3747	1820	1927	7181	3315	3866	11121	5700	5421
政和县	6018	3238	2780	8593	3851	4742	9213	4970	4243
邵武市	6434	3432	3002	32864	14781	18083	41835	22198	19637
武夷山市	11917	5409	6508	17045	7796	9249	16607	9070	7537
建瓯市	9442	4721	4721	13098	6056	7042	29686	15337	14349
龙岩市	**82026**	**42418**	**39608**	**152402**	**71498**	**80904**	**173803**	**93674**	**80129**
新罗区	41698	20869	20829	73651	34058	39593	70508	37817	32691
永定区	7545	3871	3674	9507	4377	5130	12500	6580	5920
长汀县	10105	5749	4356	25419	12575	12844	32951	17668	15283
上杭县	8829	4828	4001	13863	6471	7392	18921	9920	9001
武平县	5030	2618	2412	9354	4374	4980	13598	7296	6302
连城县	3924	2084	1840	6911	3336	3575	9139	4940	4199
漳平市	4895	2399	2496	13697	6307	7390	16186	9453	6733
宁德市	**61838**	**31539**	**30299**	**246660**	**113571**	**133089**	**321724**	**179336**	**142388**
蕉城区	18314	8708	9606	63027	28100	34927	71018	39348	31670
霞浦县	6082	3305	2777	29796	14047	15749	49167	27982	21185
古田县	4041	2052	1989	17929	8168	9761	33886	18333	15553
屏南县	2390	1237	1153	6322	2912	3410	9596	5313	4283
寿宁县	4569	2447	2122	6388	2956	3432	9849	5187	4662
周宁县	3641	1924	1717	8788	3913	4875	8633	4801	3832
柘荣县	1441	759	682	12179	5493	6686	12475	7490	4985
福安市	13756	7233	6523	58509	27265	31244	64703	35950	28753
福鼎市	7604	3874	3730	43722	20717	23005	62397	34932	27465

7-9 续表 4

单位：人

现住地	寄挂户口			婚姻嫁娶			照料孙子女		
	小计	男	女	小计	男	女	小计	男	女
合 计	**153665**	**82646**	**71019**	**365877**	**41908**	**323969**	**310563**	**92486**	**218077**
福州市	**43094**	**23512**	**19582**	**96240**	**11090**	**85150**	**60800**	**19949**	**40851**
鼓楼区	3956	2086	1870	10975	1966	9009	11009	3821	7188
台江区	3845	2040	1805	9633	1569	8064	3730	1270	2460
仓山区	9314	5175	4139	13976	2322	11654	13466	4707	8759
马尾区	1124	637	487	2434	233	2201	2379	720	1659
晋安区	5893	3110	2783	12031	1963	10068	8662	2854	5808
长乐区	2581	1427	1154	7039	287	6752	2309	683	1626
闽侯县	6384	3571	2813	6702	748	5954	5841	1771	4070
连江县	1820	983	837	5228	457	4771	3183	1001	2182
罗源县	802	458	344	2744	165	2579	1719	565	1154
闽清县	1005	590	415	3445	195	3250	914	273	641
永泰县	730	388	342	2710	211	2499	1295	388	907
平潭县	1704	923	781	7345	277	7068	921	256	665
福清市	3936	2124	1812	11978	697	11281	5372	1640	3732
厦门市	**24502**	**12388**	**12114**	**36021**	**5547**	**30474**	**86125**	**24347**	**61778**
思明区	8111	3950	4161	13894	2523	11371	24032	7464	16568
海沧区	1940	988	952	3160	460	2700	11128	3161	7967
湖里区	8072	4054	4018	6301	886	5415	19024	5170	13854
集美区	3382	1785	1597	4957	772	4185	17416	4705	12711
同安区	1640	872	768	4985	582	4403	9592	2504	7088
翔安区	1357	739	618	2724	324	2400	4933	1343	3590
莆田市	**10322**	**5647**	**4675**	**18016**	**3584**	**14432**	**22898**	**7426**	**15472**
城厢区	2355	1319	1036	4123	932	3191	8831	2904	5927
涵江区	1447	751	696	4224	855	3369	3904	1330	2574
荔城区	3271	1793	1478	4100	885	3215	5538	1794	3744
秀屿区	1165	635	530	994	185	809	532	144	388
仙游县	2084	1149	935	4575	727	3848	4093	1254	2839
三明市	**5196**	**2828**	**2368**	**21116**	**1481**	**19635**	**21043**	**5862**	**15181**
梅列区	829	438	391	2225	252	1973	4338	1292	3046
三元区	560	275	285	1669	157	1512	2334	664	1670
明溪县	506	267	239	746	68	678	1012	301	711
清流县	131	75	56	976	72	904	856	197	659
宁化县	325	194	131	1784	133	1651	2233	643	1590
大田县	488	284	204	2835	130	2705	1310	316	994
尤溪县	550	307	243	2005	74	1931	1842	532	1310
沙县	526	287	239	2182	141	2041	1536	456	1080
将乐县	216	120	96	1441	110	1331	1563	452	1111
泰宁县	135	70	65	970	49	921	1186	306	880
建宁县	213	114	99	852	51	801	779	168	611
永安市	717	397	320	3431	244	3187	2054	535	1519
泉州市	**26139**	**14247**	**11892**	**52343**	**4417**	**47926**	**37038**	**10294**	**26744**
鲤城区	2028	1088	940	5618	622	4996	4725	1356	3369
丰泽区	3305	1813	1492	7372	1055	6317	8420	2385	6035
洛江区	542	301	241	1416	140	1276	2641	743	1898
泉港区	1355	691	664	2811	166	2645	415	102	313
惠安县	2530	1365	1165	5273	560	4713	2180	550	1630
安溪县	3406	1796	1610	4386	326	4060	3367	1020	2347
永春县	1218	704	514	2119	164	1955	1248	351	897
德化县	738	417	321	3688	150	3538	1918	519	1399
石狮市	2750	1523	1227	4146	214	3932	2167	572	1595
晋江市	5221	2866	2355	10408	633	9775	7787	2080	5707
南安市	3046	1683	1363	5106	387	4719	2170	616	1554

7–9 续表 5

单位：人

现住地	寄挂户口			婚姻嫁娶			照料孙子女		
	小计	男	女	小计	男	女	小计	男	女
漳州市	**15109**	**8213**	**6896**	**48750**	**7408**	**41342**	**20077**	**5934**	**14143**
芗城区	3674	1975	1699	9116	1820	7296	4956	1506	3450
龙文区	1446	763	683	3205	536	2669	5277	1528	3749
云霄县	1150	644	506	6225	548	5677	521	148	373
漳浦县	1693	925	768	7042	903	6139	1361	397	964
诏安县	716	402	314	3019	459	2560	433	138	295
长泰县	691	381	310	2776	411	2365	1031	272	759
东山县	629	331	298	3879	567	3312	595	181	414
南靖县	804	455	349	2258	477	1781	1282	405	877
平和县	1421	794	627	2420	350	2070	692	224	468
华安县	253	141	112	1046	163	883	283	77	206
龙海市	2632	1402	1230	7764	1174	6590	3646	1058	2588
南平市	**10736**	**5829**	**4907**	**27819**	**2634**	**25185**	**20865**	**6245**	**14620**
延平区	1925	1034	891	4977	490	4487	4568	1491	3077
建阳区	1230	673	557	3161	268	2893	3242	966	2276
顺昌县	556	299	257	1260	149	1111	944	244	700
浦城县	1018	546	472	2196	232	1964	1756	502	1254
光泽县	300	166	134	1425	118	1307	1430	361	1069
松溪县	497	269	228	1158	122	1036	494	144	350
政和县	581	308	273	1729	147	1582	1099	332	767
邵武市	997	535	462	5454	380	5074	2855	841	2014
武夷山市	2210	1231	979	3485	370	3115	1857	598	1259
建瓯市	1422	768	654	2974	358	2616	2620	766	1854
龙岩市	**6871**	**3724**	**3147**	**24191**	**2337**	**21854**	**31324**	**9359**	**21965**
新罗区	3047	1638	1409	8902	850	8052	17517	5209	12308
永定区	640	345	295	2142	180	1962	2039	618	1421
长汀县	985	555	430	4075	264	3811	3260	993	2267
上杭县	696	387	309	2699	362	2337	3234	917	2317
武平县	486	266	220	2073	258	1815	3157	1016	2141
连城县	544	278	266	1577	86	1491	713	180	533
漳平市	473	255	218	2723	337	2386	1404	426	978
宁德市	**11696**	**6258**	**5438**	**41381**	**3410**	**37971**	**10393**	**3070**	**7323**
蕉城区	3352	1819	1533	7162	774	6388	3393	1053	2340
霞浦县	1869	1014	855	4964	371	4593	1408	439	969
古田县	779	424	355	3972	342	3630	995	284	711
屏南县	464	269	195	1266	161	1105	618	196	422
寿宁县	373	186	187	1043	97	946	712	200	512
周宁县	325	170	155	1211	103	1108	560	164	396
柘荣县	399	208	191	2546	177	2369	229	62	167
福安市	2193	1187	1006	7571	580	6991	1126	319	807
福鼎市	1942	981	961	11646	805	10841	1352	353	999

7-9 续表 6 单位：人

现住地	为子女就学			养老/康养			其他		
	小计	男	女	小计	男	女	小计	男	女
合计	**169567**	**61983**	**107584**	**122615**	**53948**	**68667**	**450778**	**233162**	**217616**
福州市	**25295**	**9064**	**16231**	**31761**	**13789**	**17972**	**117701**	**59765**	**57936**
鼓楼区	5786	2459	3327	4228	1678	2550	13179	6351	6828
台江区	1032	426	606	1825	764	1061	11662	5739	5923
仓山区	3591	1579	2012	6411	2744	3667	22131	11415	10716
马尾区	360	106	254	1149	470	679	3067	1577	1490
晋安区	1024	380	644	5010	2212	2798	14748	7373	7375
长乐区	1658	508	1150	2184	933	1251	6175	2940	3235
闽侯县	1160	427	733	2754	1336	1418	20453	10886	9567
连江县	2270	706	1564	1883	855	1028	5544	2696	2848
罗源县	1005	361	644	789	343	446	1256	692	564
闽清县	719	124	595	791	474	317	2758	1524	1234
永泰县	975	250	725	619	279	340	2743	1405	1338
平潭县	2137	677	1460	1184	438	746	5720	2871	2849
福清市	3578	1061	2517	2934	1263	1671	8265	4296	3969
厦门市	**23926**	**9808**	**14118**	**16374**	**6729**	**9645**	**55708**	**28549**	**27159**
思明区	10898	4771	6127	5852	2298	3554	16154	7803	8351
海沧区	2001	784	1217	2148	946	1202	3875	1918	1957
湖里区	4709	1777	2932	3992	1608	2384	14955	7759	7196
集美区	1650	566	1084	2202	950	1252	9272	4893	4379
同安区	3657	1528	2129	1185	497	688	6286	3271	3015
翔安区	1011	382	629	995	430	565	5166	2905	2261
莆田市	**11495**	**3644**	**7851**	**9239**	**4357**	**4882**	**36037**	**18802**	**17235**
城厢区	2930	937	1993	3497	1536	1961	9101	4728	4373
涵江区	1349	422	927	1734	840	894	5840	2948	2892
荔城区	2566	958	1608	1488	678	810	9648	5119	4529
秀屿区	537	124	413	581	351	230	2160	1136	1024
仙游县	4113	1203	2910	1939	952	987	9288	4871	4417
三明市	**18478**	**6148**	**12330**	**8780**	**3750**	**5030**	**29992**	**15841**	**14151**
梅列区	1000	400	600	1363	544	819	3735	1858	1877
三元区	1339	501	838	1128	476	652	3360	1795	1565
明溪县	661	229	432	471	202	269	1143	617	526
清流县	1772	475	1297	380	164	216	1615	860	755
宁化县	2664	799	1865	750	344	406	2533	1359	1174
大田县	3227	1156	2071	735	340	395	3106	1767	1339
尤溪县	1873	638	1235	671	341	330	3096	1613	1483
沙县	1016	357	659	951	390	561	3515	1807	1708
将乐县	1316	359	957	488	187	301	851	445	406
泰宁县	921	253	668	305	124	181	1021	565	456
建宁县	1054	332	722	338	151	187	2266	1138	1128
永安市	1635	649	986	1200	487	713	3751	2017	1734
泉州市	**28474**	**10446**	**18028**	**14784**	**7127**	**7657**	**68712**	**36433**	**32279**
鲤城区	3278	1338	1940	1054	481	573	4103	2107	1996
丰泽区	3532	1469	2063	1959	853	1106	6890	3585	3305
洛江区	588	251	337	446	215	231	1582	835	747
泉港区	1031	401	630	448	263	185	1887	1025	862
惠安县	2477	1066	1411	1443	830	613	5094	2639	2455
安溪县	9153	2865	6288	1539	815	724	14434	7890	6544
永春县	3855	1323	2532	1271	628	643	1856	1039	817
德化县	910	338	572	1735	718	1017	4495	2364	2131
石狮市	680	273	407	1208	493	715	5733	3051	2682
晋江市	1670	594	1076	2216	1020	1196	12596	6509	6087
南安市	1300	528	772	1465	811	654	10042	5389	4653

7−9　续表 7　　　　　　　　　　　　　　　　　　　　　　　　　　单位：人

现住地	为子女就学			养老/康养			其他		
	小计	男	女	小计	男	女	小计	男	女
漳州市	**10129**	**3959**	**6170**	**7708**	**3659**	**4049**	**39562**	**20667**	**18895**
芗城区	1829	710	1119	1829	764	1065	7399	3800	3599
龙文区	1435	592	843	880	393	487	4209	2128	2081
云霄县	1268	579	689	332	153	179	6292	3375	2917
漳浦县	853	320	533	604	341	263	4394	2335	2059
诏安县	667	261	406	238	117	121	3729	1939	1790
长泰县	542	185	357	357	183	174	1396	738	658
东山县	525	171	354	233	109	124	1216	657	559
南靖县	745	344	401	539	269	270	2485	1266	1219
平和县	598	241	357	492	268	224	1801	981	820
华安县	236	83	153	223	110	113	626	308	318
龙海市	1431	473	958	1981	952	1029	6015	3140	2875
南平市	**21739**	**8084**	**13655**	**15366**	**6445**	**8921**	**38411**	**19458**	**18953**
延平区	1813	737	1076	2971	1220	1751	5988	3059	2929
建阳区	1842	624	1218	2212	935	1277	4567	2332	2235
顺昌县	1318	423	895	1253	508	745	1659	837	822
浦城县	2917	943	1974	1815	783	1032	5035	2409	2626
光泽县	1410	475	935	629	249	380	1247	629	618
松溪县	2545	1021	1524	464	201	263	1930	983	947
政和县	2647	1126	1521	1115	490	625	2296	1166	1130
邵武市	2613	1085	1528	1928	820	1108	3356	1770	1586
武夷山市	1416	600	816	1151	474	677	6046	3082	2964
建瓯市	3218	1050	2168	1828	765	1063	6287	3191	3096
龙岩市	**16546**	**5938**	**10608**	**10251**	**4521**	**5730**	**31027**	**16354**	**14673**
新罗区	5829	2362	3467	4351	1777	2574	13933	7405	6528
永定区	1369	416	953	1028	449	579	2678	1457	1221
长汀县	2928	921	2007	1103	546	557	4152	2221	1931
上杭县	1710	492	1218	1150	517	633	5176	2636	2540
武平县	1231	384	847	1485	713	772	2362	1187	1175
连城县	1161	347	814	276	119	157	1272	699	573
漳平市	2318	1016	1302	858	400	458	1454	749	705
宁德市	**13485**	**4892**	**8593**	**8352**	**3571**	**4781**	**33628**	**17293**	**16335**
蕉城区	2517	1040	1477	1533	678	855	5116	2625	2491
霞浦县	1240	397	843	1304	576	728	2782	1419	1363
古田县	1474	440	1034	818	373	445	1996	1035	961
屏南县	741	282	459	510	213	297	2307	1180	1127
寿宁县	1589	574	1015	490	196	294	1266	677	589
周宁县	1583	464	1119	339	158	181	1380	702	678
柘荣县	350	122	228	371	152	219	702	345	357
福安市	1192	461	731	1699	696	1003	12549	6458	6091
福鼎市	2799	1112	1687	1288	529	759	5530	2852	2678

7-9a 各地区按现住地、性别、迁移原因分的户口登记地在本省其他乡镇街道的人口(城市)

单位：人

现住地	合计			工作就业		
	合计	男	女	小计	男	女
合　计	**7164471**	**3676843**	**3487628**	**2814814**	**1602170**	**1212644**
福州市	**1716604**	**862976**	**853628**	**566535**	**317330**	**249205**
鼓楼区	265628	127071	138557	95579	49026	46553
台江区	195001	94857	100144	64329	34178	30151
仓山区	518287	268918	249369	172897	100175	72722
马尾区	86901	45429	41472	31636	19233	12403
晋安区	369375	187069	182306	129404	71982	57422
长乐区	92237	44468	47769	22264	12827	9437
闽侯县						
连江县						
罗源县						
闽清县						
永泰县						
平潭县						
福清市	189175	95164	94011	50426	29909	20517
厦门市	**1820824**	**949252**	**871572**	**953554**	**537630**	**415924**
思明区	420008	201209	218799	184706	94788	89918
海沧区	198898	107699	91199	111058	66968	44090
湖里区	530430	277197	253233	332766	184115	148651
集美区	395692	213203	182489	190796	113245	77551
同安区	223274	120109	103165	117946	68889	49057
翔安区	52522	29835	22687	16282	9625	6657
莆田市	**480322**	**246053**	**234269**	**196354**	**107976**	**88378**
城厢区	187838	97159	90679	89297	49382	39915
涵江区	110251	55181	55070	33547	18340	15207
荔城区	152331	78082	74249	61113	33080	28033
秀屿区	29902	15631	14271	12397	7174	5223
仙游县						
三明市	**279481**	**143959**	**135522**	**87359**	**51597**	**35762**
梅列区	86723	44035	42688	31847	18802	13045
三元区	79660	41087	38573	28452	16886	11566
明溪县						
清流县						
宁化县						
大田县						
尤溪县						
沙县						
将乐县						
泰宁县						
建宁县						
永安市	113098	58837	54261	27060	15909	11151
泉州市	**1067217**	**561229**	**505988**	**474055**	**270857**	**203198**
鲤城区	165925	85408	80517	71109	39992	31117
丰泽区	321160	165807	155353	126028	70843	55185
洛江区	44269	22453	21816	18473	10789	7684
泉港区	31597	15684	15913	4799	2869	1930
惠安县						
安溪县						
永春县						
德化县						
石狮市	170025	90665	79360	76742	43108	33634
晋江市	281401	152997	128404	158194	91910	66284
南安市	52840	28215	24625	18710	11346	7364

7-9a 续表 1

单位：人

现住地	合计			工作就业		
	合计	男	女	小计	男	女
漳州市	**380170**	**190916**	**189254**	**115362**	**66812**	**48550**
芗城区	220216	107180	113036	56169	31318	24851
龙文区	119493	63831	55662	50360	30162	20198
云霄县						
漳浦县						
诏安县						
长泰县						
东山县						
南靖县						
平和县						
华安县						
龙海市	40453	19902	20551	8831	5331	3500
南平市	**497496**	**250077**	**247419**	**142742**	**84454**	**58288**
延平区	128678	64869	63809	34723	20153	14570
建阳区	91758	47269	44489	34713	20994	13719
顺昌县						
浦城县						
光泽县						
松溪县						
政和县						
邵武市	120484	59716	60768	28748	17044	11704
武夷山市	73344	36685	36659	22115	13285	8830
建瓯市	83232	41538	41694	22443	12978	9465
龙岩市	**446276**	**228909**	**217367**	**164459**	**96476**	**67983**
新罗区	361525	185655	175870	143422	83606	59816
永定区	31288	15152	16136	7320	4146	3174
长汀县						
上杭县						
武平县						
连城县						
漳平市	53463	28102	25361	13717	8724	4993
宁德市	**476081**	**243472**	**232609**	**114394**	**69038**	**45356**
蕉城区	199555	103795	95760	56278	35279	20999
霞浦县						
古田县						
屏南县						
寿宁县						
周宁县						
柘荣县						
福安市	160173	81711	78462	36443	21072	15371
福鼎市	116353	57966	58387	21673	12687	8986

7-9a 续表 2

单位：人

现住地	学习培训			随同离开/投亲靠友			拆迁/搬家		
	小计	男	女	小计	男	女	小计	男	女
合　计	**809233**	**417725**	**391508**	**1168309**	**559031**	**609278**	**1452015**	**764312**	**687703**
福州市	**181610**	**92896**	**88714**	**283187**	**132445**	**150742**	**441808**	**229371**	**212437**
鼓楼区	32801	16588	16213	35590	16639	18951	52525	26457	26068
台江区	8363	3795	4568	37988	17809	20179	52594	27267	25327
仓山区	64577	34740	29837	83736	39068	44668	128188	66993	61195
马尾区	18367	9265	9102	11641	5367	6274	15107	7975	7132
晋安区	14948	8211	6737	70366	33004	37362	108223	56441	51782
长乐区	16854	7212	9642	12896	5872	7024	26899	14206	12693
闽侯县									
连江县									
罗源县									
闽清县									
永泰县									
平潭县									
福清市	25700	13085	12615	30970	14686	16284	58272	30032	28240
厦门市	**231410**	**125552**	**105858**	**225125**	**111610**	**113515**	**185063**	**92991**	**92072**
思明区	36884	19013	17871	52498	25262	27236	66979	33337	33642
海沧区	16289	8713	7576	28593	14135	14458	19139	9761	9378
湖里区	42158	22673	19485	58704	29288	29416	39784	19881	19903
集美区	95564	51014	44550	42915	21217	21698	29415	14813	14602
同安区	20461	11598	8863	38264	19635	18629	23201	11952	11249
翔安区	20054	12541	7513	4151	2073	2078	6545	3247	3298
莆田市	**61794**	**33651**	**28143**	**63568**	**30422**	**33146**	**85930**	**45012**	**40918**
城厢区	24177	13419	10758	24637	11841	12796	21267	11313	9954
涵江区	14789	8061	6728	15659	7345	8314	29569	15096	14473
荔城区	16163	8744	7419	19480	9438	10042	31251	16672	14579
秀屿区	6665	3427	3238	3792	1798	1994	3843	1931	1912
仙游县									
三明市	**34163**	**18202**	**15961**	**55002**	**26323**	**28679**	**68754**	**35864**	**32890**
梅列区	8010	3421	4589	14319	6895	7424	19390	10253	9137
三元区	13885	6658	7227	14092	6863	7229	13261	6985	6276
明溪县									
清流县									
宁化县									
大田县									
尤溪县									
沙县									
将乐县									
泰宁县									
建宁县									
永安市	12268	8123	4145	26591	12565	14026	36103	18626	17477
泉州市	**122224**	**62088**	**60136**	**168953**	**86072**	**82881**	**194791**	**103742**	**91049**
鲤城区	19556	9973	9583	27912	14487	13425	26542	13964	12578
丰泽区	48560	24308	24252	46639	23448	23191	68455	36048	32407
洛江区	6952	2521	4431	6014	3098	2916	7654	4226	3428
泉港区	2752	1339	1413	5481	2653	2828	15200	7667	7533
惠安县									
安溪县									
永春县									
德化县									
石狮市	20687	11179	9508	29902	15017	14885	30204	16524	13680
晋江市	17388	9732	7656	41659	21587	20072	37333	19985	17348
南安市	6329	3036	3293	11346	5782	5564	9403	5328	4075

7-9a　续表 3　　　　单位：人

现 住 地	学习培训			随同离开/投亲靠友			拆迁/搬家		
	小计	男	女	小计	男	女	小计	男	女
漳州市	**53461**	**24162**	**29299**	**56396**	**26903**	**29493**	**107253**	**55748**	**51505**
芗城区	39392	16617	22775	31870	15082	16788	68300	35137	33163
龙文区	9951	5803	4148	17969	8734	9235	25619	13427	12192
云霄县									
漳浦县									
诏安县									
长泰县									
东山县									
南靖县									
平和县									
华安县									
龙海市	4118	1742	2376	6557	3087	3470	13333	7184	6149
南平市	**45397**	**22087**	**23310**	**97162**	**44359**	**52803**	**136472**	**72800**	**63672**
延平区	9067	4648	4419	26135	12007	14128	39401	21268	18133
建阳区	11244	5312	5932	13965	6339	7626	18650	10048	8602
顺昌县									
浦城县									
光泽县									
松溪县									
政和县									
邵武市	6220	3333	2887	30582	13831	16751	39064	20674	18390
武夷山市	10164	4439	5725	15360	7002	8358	13197	7293	5904
建瓯市	8702	4355	4347	11120	5180	5940	26160	13517	12643
龙岩市	**49178**	**24368**	**24810**	**83123**	**38244**	**44879**	**88491**	**48323**	**40168**
新罗区	39563	19691	19872	65238	30126	35112	65475	35248	30227
永定区	5022	2433	2589	5451	2430	3021	7892	4187	3705
长汀县									
上杭县									
武平县									
连城县									
漳平市	4593	2244	2349	12434	5688	6746	15124	8888	6236
宁德市	**29996**	**14719**	**15277**	**135793**	**62653**	**73140**	**143453**	**80461**	**62992**
蕉城区	16223	7662	8561	55401	24732	30669	54593	30593	24000
霞浦县									
古田县									
屏南县									
寿宁县									
周宁县									
柘荣县									
福安市	9218	4753	4465	48238	22655	25583	47324	26375	20949
福鼎市	4555	2304	2251	32154	15266	16888	41536	23493	18043

7-9a 续表 4 单位：人

现住地	寄挂户口			婚姻嫁娶			照料孙子女		
	小计	男	女	小计	男	女	小计	男	女
合　计	**81782**	**43138**	**38644**	**191224**	**25256**	**165968**	**231535**	**69798**	**161737**
福州市	**26141**	**14103**	**12038**	**58586**	**8619**	**49967**	**45920**	**15418**	**30502**
鼓楼区	3956	2086	1870	10975	1966	9009	11009	3821	7188
台江区	3845	2040	1805	9633	1569	8064	3730	1270	2460
仓山区	9314	5175	4139	13976	2322	11654	13466	4707	8759
马尾区	991	554	437	2326	227	2099	2373	718	1655
晋安区	5661	2974	2687	11887	1929	9958	8639	2849	5790
长乐区	954	533	421	3309	186	3123	1925	587	1338
闽侯县									
连江县									
罗源县									
闽清县									
永泰县									
平潭县									
福清市	1420	741	679	6480	420	6060	4778	1466	3312
厦门市	**22653**	**11372**	**11281**	**31744**	**5009**	**26735**	**82026**	**23310**	**58716**
思明区	8111	3950	4161	13894	2523	11371	24032	7464	16568
海沧区	1897	962	935	3116	452	2664	10896	3107	7789
湖里区	8067	4050	4017	6300	886	5414	19018	5169	13849
集美区	3083	1620	1463	4522	681	3841	17067	4646	12421
同安区	1196	634	562	3496	412	3084	8919	2348	6571
翔安区	299	156	143	416	55	361	2094	576	1518
莆田市	**5109**	**2766**	**2343**	**11391**	**2368**	**9023**	**18461**	**6063**	**12398**
城厢区	1469	830	639	3631	790	2841	8714	2867	5847
涵江区	1020	526	494	3728	729	2999	3799	1295	2504
荔城区	2302	1251	1051	3630	783	2847	5494	1778	3716
秀屿区	318	159	159	402	66	336	454	123	331
仙游县									
三明市	**1674**	**876**	**798**	**6645**	**577**	**6068**	**8628**	**2466**	**6162**
梅列区	781	408	373	2148	245	1903	4302	1283	3019
三元区	475	236	239	1605	146	1459	2309	659	1650
明溪县									
清流县									
宁化县									
大田县									
尤溪县									
沙县									
将乐县									
泰宁县									
建宁县									
永安市	418	232	186	2892	186	2706	2017	524	1493
泉州市	**11002**	**5995**	**5007**	**23558**	**2464**	**21094**	**25971**	**7275**	**18696**
鲤城区	2028	1088	940	5618	622	4996	4725	1356	3369
丰泽区	3305	1813	1492	7372	1055	6317	8420	2385	6035
洛江区	209	117	92	671	83	588	2403	676	1727
泉港区	410	227	183	949	66	883	267	70	197
惠安县									
安溪县									
永春县									
德化县									
石狮市	1667	927	740	2422	180	2242	2029	541	1488
晋江市	2757	1500	1257	4759	327	4432	6951	1882	5069
南安市	626	323	303	1767	131	1636	1176	365	811

7-9a　续表 5　　　　单位：人

现住地	寄挂户口			婚姻嫁娶			照料孙子女		
	小计	男	女	小计	男	女	小计	男	女
漳州市	**5088**	**2692**	**2396**	**12907**	**2294**	**10613**	**10761**	**3205**	**7556**
芗城区	2995	1605	1390	7319	1418	5901	4776	1463	3313
龙文区	1309	692	617	2659	441	2218	5269	1526	3743
云霄县									
漳浦县									
诏安县									
长泰县									
东山县									
南靖县									
平和县									
华安县									
龙海市	782	394	388	2927	435	2492	716	216	500
南平市	**3941**	**2094**	**1847**	**16689**	**1402**	**15287**	**14607**	**4533**	**10074**
延平区	1140	589	551	4404	435	3969	4492	1473	3019
建阳区	526	284	242	2379	184	2195	3056	924	2132
顺昌县									
浦城县									
光泽县									
松溪县									
政和县									
邵武市	612	322	290	5131	331	4800	2791	824	1967
武夷山市	1055	562	493	2787	235	2552	1789	583	1206
建瓯市	608	337	271	1988	217	1771	2479	729	1750
龙岩市	**2591**	**1379**	**1212**	**10312**	**900**	**9412**	**19999**	**5998**	**14001**
新罗区	2195	1167	1028	7640	645	6995	16831	5024	11807
永定区	151	87	64	655	47	608	1814	565	1249
长汀县									
上杭县									
武平县									
连城县									
漳平市	245	125	120	2017	208	1809	1354	409	945
宁德市	**3583**	**1861**	**1722**	**19392**	**1623**	**17769**	**5162**	**1530**	**3632**
蕉城区	1817	977	840	5705	596	5109	3119	969	2150
霞浦县									
古田县									
屏南县									
寿宁县									
周宁县									
柘荣县									
福安市	769	402	367	5519	448	5071	955	265	690
福鼎市	997	482	515	8168	579	7589	1088	296	792

7-9a 续表 6

单位：人

现住地	为子女就学			养老/康养			其他		
	小计	男	女	小计	男	女	小计	男	女
合计	**87876**	**34961**	**52915**	**74285**	**31089**	**43196**	**253398**	**129363**	**124035**
福州市	**16432**	**6397**	**10035**	**22075**	**9264**	**12811**	**74310**	**37133**	**37177**
鼓楼区	5786	2459	3327	4228	1678	2550	13179	6351	6828
台江区	1032	426	606	1825	764	1061	11662	5739	5923
仓山区	3591	1579	2012	6411	2744	3667	22131	11415	10716
马尾区	359	105	254	1115	453	662	2986	1532	1454
晋安区	1015	377	638	4830	2115	2715	14402	7187	7215
长乐区	1443	463	980	1407	573	834	4286	2009	2277
闽侯县									
连江县									
罗源县									
闽清县									
永泰县									
平潭县									
福清市	3206	988	2218	2259	937	1322	5664	2900	2764
厦门市	**22800**	**9398**	**13402**	**15318**	**6256**	**9062**	**51131**	**26124**	**25007**
思明区	10898	4771	6127	5852	2298	3554	16154	7803	8351
海沧区	1926	754	1172	2141	943	1198	3843	1904	1939
湖里区	4708	1777	2931	3988	1606	2382	14937	7752	7185
集美区	1591	549	1042	2081	885	1196	8658	4533	4125
同安区	3351	1416	1935	987	397	590	5453	2828	2625
翔安区	326	131	195	269	127	142	2086	1304	782
莆田市	**7171**	**2392**	**4779**	**6459**	**2866**	**3593**	**24085**	**12537**	**11548**
城厢区	2852	914	1938	3369	1452	1917	8425	4351	4074
涵江区	1299	408	891	1431	653	778	5410	2728	2682
荔城区	2541	954	1587	1418	636	782	8939	4746	4193
秀屿区	479	116	363	241	125	116	1311	712	599
仙游县									
三明市	**3798**	**1487**	**2311**	**3428**	**1398**	**2030**	**10030**	**5169**	**4861**
梅列区	966	386	580	1290	517	773	3670	1825	1845
三元区	1323	498	825	1046	443	603	3212	1713	1499
明溪县									
清流县									
宁化县									
大田县									
尤溪县									
沙县									
将乐县									
泰宁县									
建宁县									
永安市	1509	603	906	1092	438	654	3148	1631	1517
泉州市	**10869**	**4520**	**6349**	**6586**	**2907**	**3679**	**29208**	**15309**	**13899**
鲤城区	3278	1338	1940	1054	481	573	4103	2107	1996
丰泽区	3532	1469	2063	1959	853	1106	6890	3585	3305
洛江区	512	230	282	287	128	159	1094	585	509
泉港区	732	293	439	175	88	87	832	412	420
惠安县									
安溪县									
永春县									
德化县									
石狮市	602	263	339	1042	413	629	4728	2513	2215
晋江市	1375	509	866	1606	688	918	9379	4877	4502
南安市	838	418	420	463	256	207	2182	1230	952

7-9a 续表 7

单位：人

现住地	为子女就学			养老/康养			其 他		
	小计	男	女	小计	男	女	小计	男	女
漳州市	**3406**	**1439**	**1967**	**2825**	**1218**	**1607**	**12711**	**6443**	**6268**
芗城区	1488	658	830	1501	611	890	6406	3271	3135
龙文区	1399	588	811	872	388	484	4086	2070	2016
云霄县									
漳浦县									
诏安县									
长泰县									
东山县									
南靖县									
平和县									
华安县									
龙海市	519	193	326	452	219	233	2218	1101	1117
南平市	**10090**	**3857**	**6233**	**8859**	**3644**	**5215**	**21537**	**10847**	**10690**
延平区	1685	711	974	2634	1068	1566	4997	2517	2480
建阳区	1650	576	1074	1895	781	1114	3680	1827	1853
顺昌县									
浦城县									
光泽县									
松溪县									
政和县									
邵武市	2545	1050	1495	1834	770	1064	2957	1537	1420
武夷山市	1244	546	698	933	377	556	4700	2363	2337
建瓯市	2966	974	1992	1563	648	915	5203	2603	2600
龙岩市	**8302**	**3421**	**4881**	**5447**	**2203**	**3244**	**14374**	**7597**	**6777**
新罗区	5045	2124	2921	3967	1580	2387	12149	6444	5705
永定区	1061	334	727	703	273	430	1219	650	569
长汀县									
上杭县									
武平县									
连城县									
漳平市	2196	963	1233	777	350	427	1006	503	503
宁德市	**5008**	**2050**	**2958**	**3288**	**1333**	**1955**	**16012**	**8204**	**7808**
蕉城区	2174	908	1266	1022	428	594	3223	1651	1572
霞浦县									
古田县									
屏南县									
寿宁县									
周宁县									
柘荣县									
福安市	912	341	571	1391	549	842	9404	4851	4553
福鼎市	1922	801	1121	875	356	519	3385	1702	1683

7-9b 各地区按现住地、性别、迁移原因分的户口登记地在本省其他乡镇街道的人口(镇)

单位：人

现住地	合计			工作就业		
	合计	男	女	小计	男	女
合　计	**3436341**	**1754488**	**1681853**	**937514**	**550235**	**387279**
福州市	**741264**	**373699**	**367565**	**165142**	**98245**	**66897**
鼓楼区						
台江区						
仓山区						
马尾区						
晋安区	1149	572	577	170	119	51
长乐区	27069	14024	13045	11716	7329	4387
闽侯县	266222	136952	129270	80647	48541	32106
连江县	95349	47537	47812	24409	13599	10810
罗源县	86773	44786	41987	13113	8522	4591
闽清县	37704	18332	19372	5586	3056	2530
永泰县	57505	28294	29211	9412	5157	4255
平潭县	128050	62728	65322	8880	5241	3639
福清市	41443	20474	20969	11209	6681	4528
厦门市	**63920**	**36459**	**27461**	**38858**	**24719**	**14139**
思明区						
海沧区						
湖里区	1411	928	483	1147	787	360
集美区	41	24	17	30	20	10
同安区	2321	1233	1088	1193	734	459
翔安区	60147	34274	25873	36488	23178	13310
莆田市	**135724**	**66994**	**68730**	**34737**	**18945**	**15792**
城厢区	3588	1772	1816	1160	595	565
涵江区	1035	497	538	384	212	172
荔城区	780	396	384	436	223	213
秀屿区	8155	4483	3672	3910	2380	1530
仙游县	122166	59846	62320	28847	15535	13312
三明市	**429957**	**214396**	**215561**	**98230**	**56266**	**41964**
梅列区	3172	1936	1236	1812	1303	509
三元区	1160	709	451	805	543	262
明溪县	20449	10031	10418	5622	3283	2339
清流县	24921	12292	12629	7329	4199	3130
宁化县	61681	30081	31600	11563	6364	5199
大田县	62749	32543	30206	17125	9995	7130
尤溪县	60982	31077	29905	15654	8762	6892
沙县	92390	46335	46055	17690	10282	7408
将乐县	42618	20492	22126	7699	4279	3420
泰宁县	28489	13547	14942	5493	3006	2487
建宁县	27296	13179	14117	6015	3345	2670
永安市	4050	2174	1876	1423	905	518
泉州市	**788587**	**416822**	**371765**	**282224**	**163681**	**118543**
鲤城区						
丰泽区						
洛江区	11663	5510	6153	3457	1981	1476
泉港区	10839	5265	5574	2448	1438	1010
惠安县	102558	52989	49569	33908	19403	14505
安溪县	241622	126757	114865	65526	36635	28891
永春县	71239	35376	35863	15097	8533	6564
德化县	154240	83300	70940	66010	37863	28147
石狮市	21199	11931	9268	10515	6863	3652
晋江市	67585	36440	31145	31183	18123	13060
南安市	107642	59254	48388	54080	32842	21238

7-9b 续表 1

单位：人

现住地	合计			工作就业		
	合计	男	女	小计	男	女
漳州市	**433886**	**223274**	**210612**	**123093**	**74683**	**48410**
芗城区	22896	12553	10343	12501	7631	4870
龙文区						
云霄县	76550	38115	38435	7903	4686	3217
漳浦县	95285	48192	47093	24016	13916	10100
诏安县	31886	15334	16552	4487	2573	1914
长泰县	29483	15832	13651	14372	9016	5356
东山县	26110	12842	13268	5254	3101	2153
南靖县	32529	16564	15965	7846	4726	3120
平和县	27029	13607	13422	5479	3291	2188
华安县	11247	5771	5476	4301	2671	1630
龙海市	80871	44464	36407	36934	23072	13862
南平市	**228077**	**112516**	**115561**	**62344**	**36199**	**26145**
延平区	6660	3543	3117	1858	1183	675
建阳区	3533	1827	1706	1345	810	535
顺昌县	31123	15272	15851	7587	4457	3130
浦城县	63650	30498	33152	15654	8780	6874
光泽县	35198	17280	17918	10181	5946	4235
松溪县	29912	14417	15495	6633	3684	2949
政和县	41077	20786	20291	13360	7853	5507
邵武市	7053	3742	3311	2538	1619	919
武夷山市	4105	2229	1876	948	593	355
建瓯市	5766	2922	2844	2240	1274	966
龙岩市	**268298**	**134520**	**133778**	**71402**	**40607**	**30795**
新罗区	18930	9606	9324	7593	4407	3186
永定区	12633	6672	5961	3677	2387	1290
长汀县	88482	43941	44541	19503	10346	9157
上杭县	73804	37321	36483	23024	13340	9684
武平县	43775	21488	22287	10131	5732	4399
连城县	28318	14210	14108	6321	3665	2656
漳平市	2356	1282	1074	1153	730	423
宁德市	**346628**	**175808**	**170820**	**61484**	**36890**	**24594**
蕉城区	4256	2121	2135	1037	649	388
霞浦县	108242	56487	51755	17660	10622	7038
古田县	65356	32408	32948	11045	6443	4602
屏南县	25391	12937	12454	5387	3174	2213
寿宁县	29819	14918	14901	6127	3645	2482
周宁县	28876	14244	14632	6507	3865	2642
柘荣县	27092	13626	13466	4000	2522	1478
福安市	30454	15734	14720	5928	3644	2284
福鼎市	27142	13333	13809	3793	2326	1467

7-9b 续表 2

单位：人

现住地	学习培训			随同离开/投亲靠友			拆迁/搬家		
	小计	男	女	小计	男	女	小计	男	女
合　计	**448417**	**229183**	**219234**	**624671**	**301337**	**323334**	**964388**	**512754**	**451634**
福州市	**128540**	**60960**	**67580**	**116880**	**55805**	**61075**	**243238**	**128945**	**114293**
鼓楼区									
台江区									
仓山区									
马尾区									
晋安区	875	403	472	24	10	14	38	21	17
长乐区	2531	1344	1187	5187	2262	2925	3905	2046	1859
闽侯县	96024	44550	51474	22793	11038	11755	39366	21217	18149
连江县	11871	5910	5961	12606	5944	6662	30343	16557	13786
罗源县	2225	1174	1051	17648	8324	9324	46909	24788	22121
闽清县	3305	1715	1590	7886	3566	4320	14384	7940	6444
永泰县	4097	2254	1843	8937	4301	4636	27386	14202	13184
平潭县	3155	1620	1535	34479	16848	17631	67299	35362	31937
福清市	4457	1990	2467	7320	3512	3808	13608	6812	6796
厦门市	**4893**	**2611**	**2282**	**8078**	**4081**	**3997**	**5596**	**2771**	**2825**
思明区									
海沧区									
湖里区	38	24	14	178	92	86	13	11	2
集美区				5	3	2	1		1
同安区	127	68	59	387	187	200	228	114	114
翔安区	4728	2519	2209	7508	3799	3709	5354	2646	2708
莆田市	**25019**	**12918**	**12101**	**16002**	**7576**	**8426**	**36560**	**18503**	**18057**
城厢区	1339	663	676	263	127	136	335	171	164
涵江区	107	48	59	117	55	62	146	65	81
荔城区	41	25	16	169	84	85	60	28	32
秀屿区	1954	977	977	1103	519	584	346	179	167
仙游县	21578	11205	10373	14350	6791	7559	35673	18060	17613
三明市	**53410**	**29253**	**24157**	**85939**	**40719**	**45220**	**131967**	**68357**	**63610**
梅列区	117	65	52	519	244	275	497	257	240
三元区	47	28	19	110	47	63	64	32	32
明溪县	1770	921	849	4178	1830	2348	5292	2774	2518
清流县	4350	2474	1876	4535	2211	2324	3604	1819	1785
宁化县	8545	4638	3907	12895	6026	6869	20057	10291	9766
大田县	9196	5193	4003	14162	7209	6953	11978	6665	5313
尤溪县	7675	4233	3442	11199	5369	5830	18051	9860	8191
沙县	10440	5624	4816	19378	8926	10452	35876	18414	17462
将乐县	4396	2383	2013	7464	3575	3889	17881	8813	9068
泰宁县	2999	1680	1319	7341	3413	3928	8558	4300	4258
建宁县	3106	1653	1453	3479	1580	1899	9568	4822	4746
永安市	769	361	408	679	289	390	541	310	231
泉州市	**96059**	**50811**	**45248**	**153706**	**79186**	**74520**	**168226**	**89948**	**78278**
鲤城区									
丰泽区									
洛江区	6038	2508	3530	940	511	429	570	291	279
泉港区	436	231	205	2213	1084	1129	3959	1964	1995
惠安县	13666	6814	6852	17306	8400	8906	24506	13427	11079
安溪县	30838	17410	13428	52481	27768	24713	61825	32736	29089
永春县	8706	4282	4424	12103	5934	6169	25209	12980	12229
德化县	8560	4796	3764	36331	19367	16964	31017	17230	13787
石狮市	2539	1542	997	3435	1683	1752	1984	986	998
晋江市	12552	6817	5735	11339	5711	5628	7278	4007	3271
南安市	12724	6411	6313	17558	8728	8830	11878	6327	5551

7-9b　续表 3　　　　单位：人

现住地	学习培训			随同离开/投亲靠友			拆迁/搬家		
	小计	男	女	小计	男	女	小计	男	女
漳州市	**57436**	**28719**	**28717**	**64765**	**31028**	**33737**	**123248**	**65569**	**57679**
芗城区	1671	907	764	3615	1764	1851	2484	1266	1218
龙文区									
云霄县	5609	2704	2905	11685	5460	6225	38158	20591	17567
漳浦县	15426	7931	7495	15972	7753	8219	28383	14685	13698
诏安县	4117	1823	2294	4714	2112	2602	12097	6299	5798
长泰县	2176	1018	1158	4793	2341	2452	3428	1924	1504
东山县	771	398	373	3846	1819	2027	11632	6219	5413
南靖县	3526	1599	1927	3492	1635	1857	11636	6208	5428
平和县	4627	2190	2437	3902	1833	2069	8186	4521	3665
华安县	1917	949	968	1328	609	719	1914	964	950
龙海市	17596	9200	8396	11418	5702	5716	5330	2892	2438
南平市	**28086**	**14456**	**13630**	**36691**	**16350**	**20341**	**58779**	**30359**	**28420**
延平区	420	235	185	965	417	548	2343	1239	1104
建阳区	574	302	272	465	221	244	503	260	243
顺昌县	4755	2455	2300	3942	1755	2187	8924	4579	4345
浦城县	7624	3774	3850	9873	4324	5549	17483	9017	8466
光泽县	3770	1987	1783	5263	2390	2873	10540	5291	5249
松溪县	3452	1662	1790	5761	2642	3119	8271	4196	4075
政和县	5454	2925	2529	7271	3245	4026	7186	3871	3315
邵武市	196	88	108	1774	735	1039	1948	1056	892
武夷山市	1393	803	590	431	200	231	685	367	318
建瓯市	448	225	223	946	421	525	896	483	413
龙岩市	**29641**	**16279**	**13362**	**54960**	**26336**	**28624**	**67993**	**36236**	**31757**
新罗区	1015	524	491	4888	2263	2625	3006	1505	1501
永定区	2196	1258	938	2309	1106	1203	2502	1277	1225
长汀县	9727	5556	4171	21184	10543	10641	24105	13014	11091
上杭县	8017	4400	3617	12411	5745	6666	17790	9324	8466
武平县	4822	2504	2318	7765	3569	4196	12157	6569	5588
连城县	3707	1962	1745	5943	2875	3068	8186	4416	3770
漳平市	157	75	82	460	235	225	247	131	116
宁德市	**25333**	**13176**	**12157**	**87650**	**40256**	**47394**	**128781**	**72066**	**56715**
蕉城区	696	345	351	1083	431	652	835	491	344
霞浦县	5928	3223	2705	28633	13533	15100	45049	25849	19200
古田县	3490	1764	1726	15343	6967	8376	28060	15166	12894
屏南县	1948	978	970	5059	2323	2736	8391	4672	3719
寿宁县	4444	2371	2073	5839	2708	3131	8706	4562	4144
周宁县	3175	1649	1526	7745	3432	4313	6937	3872	3065
柘荣县	1366	725	641	8897	3993	4904	9680	5666	4014
福安市	2180	1109	1071	7725	3419	4306	11044	6221	4823
福鼎市	2106	1012	1094	7326	3450	3876	10079	5567	4512

7-9b 续表 4 单位：人

现住地	寄挂户口			婚姻嫁娶			照料孙子女		
	小计	男	女	小计	男	女	小计	男	女
合 计	**28985**	**15698**	**13287**	**108686**	**9214**	**99472**	**70991**	**20554**	**50437**
福州市	**7462**	**4108**	**3354**	**23943**	**1525**	**22418**	**13357**	**4126**	**9231**
鼓楼区									
台江区									
仓山区									
马尾区									
晋安区	15	11	4	19	5	14	1		1
长乐区	554	309	245	1513	46	1467	243	58	185
闽侯县	3411	1883	1528	3902	401	3501	5043	1557	3486
连江县	843	450	393	3545	368	3177	3125	982	2143
罗源县	522	303	219	2350	124	2226	1688	557	1131
闽清县	363	205	158	2084	93	1991	836	243	593
永泰县	323	161	162	2236	158	2078	1259	379	880
平潭县	775	425	350	6371	231	6140	711	207	504
福清市	656	361	295	1923	99	1824	451	143	308
厦门市	**470**	**257**	**213**	**1120**	**120**	**1000**	**2052**	**549**	**1503**
思明区									
海沧区									
湖里区	5	4	1	1		1	6	1	5
集美区	1		1				1		1
同安区	24	12	12	87	3	84	59	15	44
翔安区	440	241	199	1032	117	915	1986	533	1453
莆田市	**1439**	**784**	**655**	**3559**	**549**	**3010**	**4082**	**1242**	**2840**
城厢区	152	79	73	73	21	52	68	21	47
涵江区	35	21	14	69	20	49	47	11	36
荔城区	46	24	22	4	1	3	3		3
秀屿区	194	113	81	120	24	96	34	9	25
仙游县	1012	547	465	3293	483	2810	3930	1201	2729
三明市	**1383**	**747**	**636**	**11764**	**558**	**11206**	**12049**	**3315**	**8734**
梅列区	28	16	12	69	3	66	35	8	27
三元区	15	3	12	14	4	10	12	4	8
明溪县	61	32	29	605	45	560	983	293	690
清流县	49	29	20	740	25	715	838	195	643
宁化县	110	64	46	1495	86	1409	2098	612	1486
大田县	244	142	102	2258	76	2182	1276	308	968
尤溪县	232	120	112	1575	52	1523	1801	521	1280
沙县	313	171	142	2070	115	1955	1516	453	1063
将乐县	120	62	58	1181	76	1105	1519	444	1075
泰宁县	64	36	28	877	30	847	1173	303	870
建宁县	105	49	56	772	36	736	771	166	605
永安市	42	23	19	108	10	98	27	8	19
泉州市	**7036**	**3792**	**3244**	**17041**	**1145**	**15896**	**9816**	**2682**	**7134**
鲤城区									
丰泽区									
洛江区	84	43	41	180	17	163	86	22	64
泉港区	325	154	171	662	36	626	102	20	82
惠安县	1316	704	612	3297	389	2908	1915	480	1435
安溪县	1341	680	661	3305	182	3123	3248	973	2275
永春县	827	464	363	1622	100	1522	1190	335	855
德化县	374	206	168	3355	123	3232	1823	506	1317
石狮市	641	353	288	1085	27	1058	85	16	69
晋江市	881	487	394	1806	145	1661	501	116	385
南安市	1247	701	546	1729	126	1603	866	214	652

7-9b 续表 5　　　　单位：人

现住地	寄挂户口			婚姻嫁娶			照料孙子女		
	小计	男	女	小计	男	女	小计	男	女
漳州市	**4950**	**2680**	**2270**	**21351**	**2984**	**18367**	**8857**	**2596**	**6261**
芗城区	382	201	181	907	222	685	149	35	114
龙文区									
云霄县	642	361	281	4763	385	4378	498	142	356
漳浦县	901	485	416	4457	604	3853	1320	388	932
诏安县	320	164	156	1858	270	1588	394	122	272
长泰县	362	205	157	1577	219	1358	989	261	728
东山县	389	197	192	2544	364	2180	546	166	380
南靖县	389	217	172	1352	272	1080	1247	396	851
平和县	598	335	263	1489	212	1277	665	217	448
华安县	131	67	64	605	88	517	252	69	183
龙海市	836	448	388	1799	348	1451	2797	800	1997
南平市	**1861**	**960**	**901**	**6974**	**635**	**6339**	**5646**	**1557**	**4089**
延平区	195	95	100	231	14	217	39	11	28
建阳区	85	48	37	171	14	157	40	9	31
顺昌县	259	125	134	892	83	809	918	240	678
浦城县	440	227	213	1912	185	1727	1735	498	1237
光泽县	120	68	52	1071	73	998	1321	332	989
松溪县	212	113	99	786	75	711	454	131	323
政和县	191	95	96	1286	94	1192	1009	305	704
邵武市	88	49	39	174	21	153	51	13	38
武夷山市	112	63	49	224	45	179	14	5	9
建瓯市	159	77	82	227	31	196	65	13	52
龙岩市	**1648**	**904**	**744**	**8814**	**697**	**8117**	**10598**	**3144**	**7454**
新罗区	274	160	114	498	63	435	458	130	328
永定区	158	87	71	627	41	586	153	30	123
长汀县	463	256	207	3304	172	3132	3085	939	2146
上杭县	303	164	139	1931	227	1704	3140	885	2255
武平县	196	104	92	1281	118	1163	3076	987	2089
连城县	240	126	114	1021	54	967	673	171	502
漳平市	14	7	7	152	22	130	13	2	11
宁德市	**2736**	**1466**	**1270**	**14120**	**1001**	**13119**	**4534**	**1343**	**3191**
蕉城区	174	100	74	217	10	207	24	5	19
霞浦县	948	522	426	4104	295	3809	1392	434	958
古田县	283	149	134	2814	225	2589	919	266	653
屏南县	209	108	101	802	81	721	500	158	342
寿宁县	155	75	80	765	50	715	698	196	502
周宁县	117	60	57	882	57	825	529	156	373
柘荣县	148	68	80	1655	120	1535	221	60	161
福安市	368	211	157	1041	70	971	116	39	77
福鼎市	334	173	161	1840	93	1747	135	29	106

7-9b 续表 6 单位：人

现住地	为子女就学			养老/康养			其他		
	小计	男	女	小计	男	女	小计	男	女
合 计	**74209**	**24946**	**49263**	**36495**	**16288**	**20207**	**141985**	**74279**	**67706**
福州市	**7689**	**2364**	**5325**	**7029**	**3120**	**3909**	**27984**	**14501**	**13483**
鼓楼区									
台江区									
仓山区									
马尾区									
晋安区	1		1				6	3	3
长乐区	161	37	124	395	178	217	864	415	449
闽侯县	990	383	607	2301	1076	1225	11745	6306	5439
连江县	2209	696	1513	1639	727	912	4759	2304	2455
罗源县	906	335	571	667	291	376	745	368	377
闽清县	697	118	579	395	197	198	2168	1199	969
永泰县	941	239	702	492	198	294	2422	1245	1177
平潭县	1490	493	997	799	310	489	4091	1991	2100
福清市	294	63	231	341	143	198	1184	670	514
厦门市	**484**	**180**	**304**	**414**	**179**	**235**	**1955**	**992**	**963**
思明区									
海沧区									
湖里区	1		1	4	2	2	18	7	11
集美区							3	1	2
同安区	32	6	26	75	33	42	109	61	48
翔安区	451	174	277	335	144	191	1825	923	902
莆田市	**3999**	**1151**	**2848**	**1955**	**974**	**981**	**8372**	**4352**	**4020**
城厢区	39	7	32	31	13	18	128	75	53
涵江区	17	4	13	63	36	27	50	25	25
荔城区				1	1		20	10	10
秀屿区	30	5	25	255	172	83	209	105	104
仙游县	3913	1135	2778	1605	752	853	7965	4137	3828
三明市	**13886**	**4412**	**9474**	**4662**	**1961**	**2701**	**16667**	**8808**	**7859**
梅列区	34	14	20	22	8	14	39	18	21
三元区	7		7	20	8	12	66	40	26
明溪县	623	214	409	446	188	258	869	451	418
清流县	1768	474	1294	342	142	200	1366	724	642
宁化县	2301	691	1610	653	288	365	1964	1021	943
大田县	3170	1140	2030	610	256	354	2730	1559	1171
尤溪县	1674	563	1111	569	267	302	2552	1330	1222
沙县	1012	356	656	885	356	529	3210	1638	1572
将乐县	1226	342	884	461	174	287	671	344	327
泰宁县	913	252	661	285	113	172	786	414	372
建宁县	1048	330	718	321	142	179	2111	1056	1055
永安市	110	36	74	48	19	29	303	213	90
泉州市	**16779**	**5764**	**11015**	**5817**	**2741**	**3076**	**31883**	**17072**	**14811**
鲤城区									
丰泽区									
洛江区	31	6	25	38	18	20	239	113	126
泉港区	233	95	138	93	56	37	368	187	181
惠安县	2144	998	1146	753	410	343	3747	1964	1783
安溪县	9097	2849	6248	1114	536	578	12847	6988	5859
永春县	3752	1301	2451	1157	547	610	1576	900	676
德化县	886	330	556	1656	669	987	4228	2210	2018
石狮市	52	8	44	139	64	75	724	389	335
晋江市	184	72	112	338	174	164	1523	788	735
南安市	400	105	295	529	267	262	6631	3533	3098

7-9b　续表 7　　　　　　　　　　　　　　　　　　　　　　　　单位：人

现住地	为子女就学			养老/康养			其他		
	小计	男	女	小计	男	女	小计	男	女
漳州市	**5725**	**2359**	**3366**	**3977**	**1866**	**2111**	**20484**	**10790**	**9694**
芗城区	220	31	189	286	124	162	681	372	309
龙文区									
云霄县	1238	570	668	280	123	157	5774	3093	2681
漳浦县	826	313	513	496	269	227	3488	1848	1640
诏安县	613	252	361	180	86	94	3106	1633	1473
长泰县	449	164	285	305	149	156	1032	535	497
东山县	262	128	134	201	91	110	665	359	306
南靖县	697	337	360	445	207	238	1899	967	932
平和县	549	227	322	351	164	187	1183	617	566
华安县	219	79	140	142	63	79	438	212	226
龙海市	652	258	394	1291	590	701	2218	1154	1064
南平市	**10784**	**3912**	**6872**	**5154**	**2174**	**2980**	**11758**	**5914**	**5844**
延平区	59	15	44	172	79	93	378	255	123
建阳区	94	24	70	118	64	54	138	75	63
顺昌县	1292	413	879	1158	460	698	1396	705	691
浦城县	2899	936	1963	1607	678	929	4423	2079	2344
光泽县	1364	464	900	586	229	357	982	500	482
松溪县	2376	945	1431	373	153	220	1594	816	778
政和县	2410	1018	1392	991	433	558	1919	947	972
邵武市	65	34	31	48	26	22	171	101	70
武夷山市	44	15	29	22	11	11	232	127	105
建瓯市	181	48	133	79	41	38	525	309	216
龙岩市	**7338**	**2284**	**5054**	**3903**	**1754**	**2149**	**12001**	**6279**	**5722**
新罗区	403	137	266	233	112	121	562	305	257
永定区	212	61	151	113	60	53	686	365	321
长汀县	2857	901	1956	920	431	489	3334	1783	1551
上杭县	1618	477	1141	1020	429	591	4550	2330	2220
武平县	1157	373	784	1351	611	740	1839	921	918
连城县	1037	318	719	245	96	149	945	527	418
漳平市	54	17	37	21	15	6	85	48	37
宁德市	**7525**	**2520**	**5005**	**3584**	**1519**	**2065**	**10881**	**5571**	**5310**
蕉城区	50	19	31	36	20	16	104	51	53
霞浦县	1206	392	814	1198	516	682	2124	1101	1023
古田县	1307	391	916	653	284	369	1442	753	689
屏南县	632	242	390	426	169	257	2037	1032	1005
寿宁县	1568	567	1001	455	176	279	1062	568	494
周宁县	1527	441	1086	293	132	161	1164	580	584
柘荣县	332	117	215	338	142	196	455	213	242
福安市	235	110	125	130	58	72	1687	853	834
福鼎市	668	241	427	55	22	33	806	420	386

7-9c 各地区按现住地、性别、迁移原因分的户口登记地在本省其他乡镇街道的人口(乡村)

单位：人

现住地	合计			工作就业		
	合计	男	女	小计	男	女
合　计	**973923**	**518926**	**454997**	**332690**	**216680**	**116010**
福州市	**209266**	**110383**	**98883**	**60822**	**39828**	**20994**
鼓楼区						
台江区						
仓山区						
马尾区	1229	634	595	314	197	117
晋安区	3390	2085	1305	1639	1209	430
长乐区	27117	14098	13019	10319	6448	3871
闽侯县	65680	35640	30040	24478	15456	9022
连江县	21445	10904	10541	4857	3257	1600
罗源县	4517	2535	1982	1290	1003	287
闽清县	13162	6888	6274	2625	1825	800
永泰县	10857	5281	5576	2074	1496	578
平潭县	28606	14896	13710	3906	2659	1247
福清市	33263	17422	15841	9320	6278	3042
厦门市	**92027**	**52047**	**39980**	**48503**	**31255**	**17248**
思明区						
海沧区	6251	3457	2794	2548	1691	857
湖里区						
集美区	22981	13632	9349	14608	9259	5349
同安区	32848	18125	14723	16736	10690	6046
翔安区	29947	16833	13114	14611	9615	4996
莆田市	**47178**	**23484**	**23694**	**13142**	**8029**	**5113**
城厢区	7090	3722	3368	2283	1305	978
涵江区	5066	2663	2403	1348	860	488
荔城区	13605	5790	7815	2109	1239	870
秀屿区	7724	4287	3437	3424	2252	1172
仙游县	13693	7022	6671	3978	2373	1605
三明市	**53064**	**29940**	**23124**	**20441**	**14141**	**6300**
梅列区	534	300	234	326	207	119
三元区	1643	1085	558	1070	829	241
明溪县	4439	2564	1875	1970	1326	644
清流县	3120	1912	1208	1725	1260	465
宁化县	7867	4112	3755	2012	1203	809
大田县	5803	3460	2343	2796	2147	649
尤溪县	8662	4678	3984	2355	1607	748
沙县	4575	2666	1909	2413	1555	858
将乐县	7167	3891	3276	2319	1561	758
泰宁县	2483	1382	1101	811	539	272
建宁县	2232	1346	886	788	613	175
永安市	4539	2544	1995	1856	1294	562
泉州市	**184919**	**98935**	**85984**	**78643**	**48943**	**29700**
鲤城区						
丰泽区						
洛江区	12068	6901	5167	4868	3007	1861
泉港区	9271	4554	4717	2013	1317	696
惠安县	29034	15259	13775	9906	6266	3640
安溪县	19080	10443	8637	6137	3933	2204
永春县	7106	3802	3304	2323	1532	791
德化县	12404	6859	5545	5699	3418	2281
石狮市	12653	6536	6117	5531	3406	2125
晋江市	59205	31420	27785	31544	19047	12497
南安市	24098	13161	10937	10622	7017	3605

7-9c 续表 1

单位：人

现住地	合计			工作就业		
	合计	男	女	小计	男	女
漳州市	**94295**	**47624**	**46671**	**28656**	**19420**	**9236**
芗城区	7155	3896	3259	3047	2058	989
龙文区	1894	781	1113	411	247	164
云霄县	7798	3720	4078	1231	869	362
漳浦县	13408	6581	6827	4146	2823	1323
诏安县	6209	2808	3401	1089	712	377
长泰县	6739	3382	3357	2476	1650	826
东山县	6445	3219	3226	1922	1495	427
南靖县	10784	5377	5407	1698	1100	598
平和县	6093	3017	3076	1160	747	413
华安县	4471	2583	1888	1957	1336	621
龙海市	23299	12260	11039	9519	6383	3136
南平市	**85211**	**45743**	**39468**	**26574**	**17359**	**9215**
延平区	16437	8976	7461	3243	2173	1070
建阳区	12125	6568	5557	4644	3056	1588
顺昌县	4326	2333	1993	1698	1136	562
浦城县	7342	4081	3261	2761	1835	926
光泽县	6964	3783	3181	3336	2139	1197
松溪县	7435	3862	3573	1577	1020	557
政和县	7694	4112	3582	2120	1417	703
邵武市	3121	1772	1349	1036	725	311
武夷山市	10940	5805	5135	3592	2211	1381
建瓯市	8827	4451	4376	2567	1647	920
龙岩市	**76217**	**41557**	**34660**	**26489**	**18080**	**8409**
新罗区	20911	12400	8511	10915	7663	3252
永定区	9893	5435	4458	3369	2433	936
长汀县	19615	9971	9644	3616	2074	1542
上杭县	7831	4037	3794	2333	1488	845
武平县	7164	3774	3390	2032	1418	614
连城县	5009	2536	2473	1489	1012	477
漳平市	5794	3404	2390	2735	1992	743
宁德市	**131746**	**69213**	**62533**	**29420**	**19625**	**9795**
蕉城区	37940	20075	17865	9004	5918	3086
霞浦县	10167	5131	5036	2137	1446	691
古田县	14458	7389	7069	2879	1903	976
屏南县	6729	3613	3116	2519	1613	906
寿宁县	3566	1885	1681	979	638	341
周宁县	5481	3015	2466	1390	995	395
柘荣县	8501	4346	4155	901	642	259
福安市	19553	10239	9314	4511	2819	1692
福鼎市	25351	13520	11831	5100	3651	1449

7-9c 续表 2

单位：人

现住地	学习培训			随同离开/投亲靠友			拆迁/搬家		
	小计	男	女	小计	男	女	小计	男	女
合 计	**113932**	**60725**	**53207**	**144054**	**69035**	**75019**	**191633**	**100937**	**90696**
福州市	**35351**	**19515**	**15836**	**27273**	**12723**	**14550**	**41857**	**21826**	**20031**
鼓楼区									
台江区									
仓山区									
马尾区	17	10	7	187	100	87	348	173	175
晋安区	25	16	9	318	148	170	516	270	246
长乐区	3250	2193	1057	3725	1634	2091	4931	2439	2492
闽侯县	4172	2118	2054	8151	4019	4132	12977	6914	6063
连江县	6939	3586	3353	2395	1079	1316	3446	1811	1635
罗源县	336	173	163	467	230	237	987	523	464
闽清县	565	302	263	2035	981	1054	4848	2655	2193
永泰县	5979	2568	3411	488	213	275	917	463	454
平潭县	7108	4098	3010	4437	2012	2425	8381	4342	4039
福清市	6960	4451	2509	5070	2307	2763	4506	2236	2270
厦门市	**15637**	**8480**	**7157**	**11006**	**5524**	**5482**	**6392**	**3166**	**3226**
思明区									
海沧区	146	98	48	886	477	409	2238	1056	1182
湖里区									
集美区	2932	1808	1124	3008	1513	1495	561	296	265
同安区	6956	3523	3433	4151	2083	2068	1448	740	708
翔安区	5603	3051	2552	2961	1451	1510	2145	1074	1071
莆田市	**8098**	**3028**	**5070**	**5503**	**2650**	**2853**	**8510**	**4361**	**4149**
城厢区	847	452	395	731	357	374	1343	672	671
涵江区	138	66	72	624	315	309	1426	732	694
荔城区	6042	1942	4100	1202	546	656	2039	1020	1019
秀屿区	291	154	137	972	442	530	1115	593	522
仙游县	780	414	366	1974	990	984	2587	1344	1243
三明市	**1752**	**994**	**758**	**7195**	**3455**	**3740**	**13685**	**7214**	**6471**
梅列区	2	1	1	42	21	21	58	18	40
三元区	34	15	19	96	50	46	157	77	80
明溪县	81	44	37	618	299	319	818	434	384
清流县	67	34	33	300	143	157	401	221	180
宁化县	634	370	264	1314	650	664	2239	1179	1060
大田县	156	86	70	668	316	352	770	399	371
尤溪县	291	164	127	1061	525	536	3321	1730	1591
沙县	80	56	24	579	281	298	783	425	358
将乐县	260	130	130	1337	594	743	2554	1375	1179
泰宁县	27	14	13	247	132	115	958	478	480
建宁县	38	24	14	278	121	157	754	413	341
永安市	82	56	26	655	323	332	872	465	407
泉州市	**22602**	**12413**	**10189**	**30719**	**15446**	**15273**	**21031**	**10835**	**10196**
鲤城区									
丰泽区									
洛江区	3517	2223	1294	1335	709	626	967	515	452
泉港区	880	509	371	1737	845	892	1842	939	903
惠安县	4838	2745	2093	4429	2185	2244	4036	1998	2038
安溪县	1562	859	703	2315	1195	1120	3733	1952	1781
永春县	1189	628	561	1116	536	580	1035	544	491
德化县	80	49	31	3649	1875	1774	1814	1055	759
石狮市	2806	1303	1503	1949	964	985	899	431	468
晋江市	5415	2982	2433	10386	5197	5189	4022	2057	1965
南安市	2315	1115	1200	3803	1940	1863	2683	1344	1339

7-9c　续表 3　　　　单位：人

现住地	学习培训			随同离开/投亲靠友			拆迁/搬家		
	小计	男	女	小计	男	女	小计	男	女
漳州市	**11071**	**5621**	**5450**	**13860**	**6737**	**7123**	**12415**	**6572**	**5843**
芗城区	288	159	129	1136	594	542	991	521	470
龙文区	93	43	50	274	124	150	258	132	126
云霄县	1008	506	502	1178	565	613	1788	1007	781
漳浦县	400	191	209	2406	1208	1198	1997	1045	952
诏安县	904	362	542	780	354	426	1110	593	517
长泰县	261	133	128	1229	595	634	694	367	327
东山县	365	184	181	1217	590	627	471	239	232
南靖县	5003	2435	2568	887	423	464	1112	599	513
平和县	147	70	77	795	386	409	1402	728	674
华安县	902	548	354	434	224	210	298	171	127
龙海市	1700	990	710	3524	1674	1850	2294	1170	1124
南平市	**9705**	**5259**	**4446**	**10962**	**4920**	**6042**	**20934**	**11039**	**9895**
延平区	7146	3903	3243	1056	451	605	3176	1680	1496
建阳区	484	273	211	2360	1025	1335	2215	1226	989
顺昌县	94	46	48	487	231	256	972	486	486
浦城县	136	79	57	684	304	380	2040	1051	989
光泽县	316	168	148	839	366	473	1476	778	698
松溪县	295	158	137	1420	673	747	2850	1504	1346
政和县	564	313	251	1322	606	716	2027	1099	928
邵武市	18	11	7	508	215	293	823	468	355
武夷山市	360	167	193	1254	594	660	2725	1410	1315
建瓯市	292	141	151	1032	455	577	2630	1337	1293
龙岩市	**3207**	**1771**	**1436**	**14319**	**6918**	**7401**	**17319**	**9115**	**8204**
新罗区	1120	654	466	3525	1669	1856	2027	1064	963
永定区	327	180	147	1747	841	906	2106	1116	990
长汀县	378	193	185	4235	2032	2203	8846	4654	4192
上杭县	812	428	384	1452	726	726	1131	596	535
武平县	208	114	94	1589	805	784	1441	727	714
连城县	217	122	95	968	461	507	953	524	429
漳平市	145	80	65	803	384	419	815	434	381
宁德市	**6509**	**3644**	**2865**	**23217**	**10662**	**12555**	**49490**	**26809**	**22681**
蕉城区	1395	701	694	6543	2937	3606	15590	8264	7326
霞浦县	154	82	72	1163	514	649	4118	2133	1985
古田县	551	288	263	2586	1201	1385	5826	3167	2659
屏南县	442	259	183	1263	589	674	1205	641	564
寿宁县	125	76	49	549	248	301	1143	625	518
周宁县	466	275	191	1043	481	562	1696	929	767
柘荣县	75	34	41	3282	1500	1782	2795	1824	971
福安市	2358	1371	987	2546	1191	1355	6335	3354	2981
福鼎市	943	558	385	4242	2001	2241	10782	5872	4910

7−9c 续表 4

单位：人

现住地	寄挂户口			婚姻嫁娶			照料孙子女		
	小计	男	女	小计	男	女	小计	男	女
合　计	**42898**	**23810**	**19088**	**65967**	**7438**	**58529**	**8037**	**2134**	**5903**
福州市	**9491**	**5301**	**4190**	**13711**	**946**	**12765**	**1523**	**405**	**1118**
鼓楼区									
台江区									
仓山区									
马尾区	133	83	50	108	6	102	6	2	4
晋安区	217	125	92	125	29	96	22	5	17
长乐区	1073	585	488	2217	55	2162	141	38	103
闽侯县	2973	1688	1285	2800	347	2453	798	214	584
连江县	977	533	444	1683	89	1594	58	19	39
罗源县	280	155	125	394	41	353	31	8	23
闽清县	642	385	257	1361	102	1259	78	30	48
永泰县	407	227	180	474	53	421	36	9	27
平潭县	929	498	431	974	46	928	210	49	161
福清市	1860	1022	838	3575	178	3397	143	31	112
厦门市	**1379**	**759**	**620**	**3157**	**418**	**2739**	**2047**	**488**	**1559**
思明区									
海沧区	43	26	17	44	8	36	232	54	178
湖里区									
集美区	298	165	133	435	91	344	348	59	289
同安区	420	226	194	1402	167	1235	614	141	473
翔安区	618	342	276	1276	152	1124	853	234	619
莆田市	**3774**	**2097**	**1677**	**3066**	**667**	**2399**	**355**	**121**	**234**
城厢区	734	410	324	419	121	298	49	16	33
涵江区	392	204	188	427	106	321	58	24	34
荔城区	923	518	405	466	101	365	41	16	25
秀屿区	653	363	290	472	95	377	44	12	32
仙游县	1072	602	470	1282	244	1038	163	53	110
三明市	**2139**	**1205**	**934**	**2707**	**346**	**2361**	**366**	**81**	**285**
梅列区	20	14	6	8	4	4	1	1	
三元区	70	36	34	50	7	43	13	1	12
明溪县	445	235	210	141	23	118	29	8	21
清流县	82	46	36	236	47	189	18	2	16
宁化县	215	130	85	289	47	242	135	31	104
大田县	244	142	102	577	54	523	34	8	26
尤溪县	318	187	131	430	22	408	41	11	30
沙县	213	116	97	112	26	86	20	3	17
将乐县	96	58	38	260	34	226	44	8	36
泰宁县	71	34	37	93	19	74	13	3	10
建宁县	108	65	43	80	15	65	8	2	6
永安市	257	142	115	431	48	383	10	3	7
泉州市	**8101**	**4460**	**3641**	**11744**	**808**	**10936**	**1251**	**337**	**914**
鲤城区									
丰泽区									
洛江区	249	141	108	565	40	525	152	45	107
泉港区	620	310	310	1200	64	1136	46	12	34
惠安县	1214	661	553	1976	171	1805	265	70	195
安溪县	2065	1116	949	1081	144	937	119	47	72
永春县	391	240	151	497	64	433	58	16	42
德化县	364	211	153	333	27	306	95	13	82
石狮市	442	243	199	639	7	632	53	15	38
晋江市	1583	879	704	3843	161	3682	335	82	253
南安市	1173	659	514	1610	130	1480	128	37	91

7-9c　续表 5　　　　单位：人

现住地	寄挂户口			婚姻嫁娶			照料孙子女		
	小计	男	女	小计	男	女	小计	男	女
漳州市	**5071**	**2841**	**2230**	**14492**	**2130**	**12362**	**459**	**133**	**326**
芗城区	297	169	128	890	180	710	31	8	23
龙文区	137	71	66	546	95	451	8	2	6
云霄县	508	283	225	1462	163	1299	23	6	17
漳浦县	792	440	352	2585	299	2286	41	9	32
诏安县	394	237	157	1159	189	970	39	16	23
长泰县	329	176	153	1199	192	1007	42	11	31
东山县	240	134	106	1335	203	1132	49	15	34
南靖县	415	238	177	906	205	701	35	9	26
平和县	823	459	364	931	138	793	27	7	20
华安县	122	74	48	441	75	366	31	8	23
龙海市	1014	560	454	3038	391	2647	133	42	91
南平市	**4934**	**2775**	**2159**	**4156**	**597**	**3559**	**612**	**155**	**457**
延平区	590	350	240	342	41	301	37	7	30
建阳区	619	341	278	611	70	541	146	33	113
顺昌县	297	174	123	368	66	302	26	4	22
浦城县	578	319	259	284	47	237	21	4	17
光泽县	180	98	82	354	45	309	109	29	80
松溪县	285	156	129	372	47	325	40	13	27
政和县	390	213	177	443	53	390	90	27	63
邵武市	297	164	133	149	28	121	13	4	9
武夷山市	1043	606	437	474	90	384	54	10	44
建瓯市	655	354	301	759	110	649	76	24	52
龙岩市	**2632**	**1441**	**1191**	**5065**	**740**	**4325**	**727**	**217**	**510**
新罗区	578	311	267	764	142	622	228	55	173
永定区	331	171	160	860	92	768	72	23	49
长汀县	522	299	223	771	92	679	175	54	121
上杭县	393	223	170	768	135	633	94	32	62
武平县	290	162	128	792	140	652	81	29	52
连城县	304	152	152	556	32	524	40	9	31
漳平市	214	123	91	554	107	447	37	15	22
宁德市	**5377**	**2931**	**2446**	**7869**	**786**	**7083**	**697**	**197**	**500**
蕉城区	1361	742	619	1240	168	1072	250	79	171
霞浦县	921	492	429	860	76	784	16	5	11
古田县	496	275	221	1158	117	1041	76	18	58
屏南县	255	161	94	464	80	384	118	38	80
寿宁县	218	111	107	278	47	231	14	4	10
周宁县	208	110	98	329	46	283	31	8	23
柘荣县	251	140	111	891	57	834	8	2	6
福安市	1056	574	482	1011	62	949	55	15	40
福鼎市	611	326	285	1638	133	1505	129	28	101

7-9c 续表 6

单位：人

现住地	为子女就学			养老/康养			其他		
	小计	男	女	小计	男	女	小计	男	女
合计	**7482**	**2076**	**5406**	**11835**	**6571**	**5264**	**55395**	**29520**	**25875**
福州市	**1174**	**303**	**871**	**2657**	**1405**	**1252**	**15407**	**8131**	**7276**
鼓楼区									
台江区									
仓山区									
马尾区	1	1		34	17	17	81	45	36
晋安区	8	3	5	180	97	83	340	183	157
长乐区	54	8	46	382	182	200	1025	516	509
闽侯县	170	44	126	453	260	193	8708	4580	4128
连江县	61	10	51	244	128	116	785	392	393
罗源县	99	26	73	122	52	70	511	324	187
闽清县	22	6	16	396	277	119	590	325	265
永泰县	34	11	23	127	81	46	321	160	161
平潭县	647	184	463	385	128	257	1629	880	749
福清市	78	10	68	334	183	151	1417	726	691
厦门市	**642**	**230**	**412**	**642**	**294**	**348**	**2622**	**1433**	**1189**
思明区									
海沧区	75	30	45	7	3	4	32	14	18
湖里区									
集美区	59	17	42	121	65	56	611	359	252
同安区	274	106	168	123	67	56	724	382	342
翔安区	234	77	157	391	159	232	1255	678	577
莆田市	**325**	**101**	**224**	**825**	**517**	**308**	**3580**	**1913**	**1667**
城厢区	39	16	23	97	71	26	548	302	246
涵江区	33	10	23	240	151	89	380	195	185
荔城区	25	4	21	69	41	28	689	363	326
秀屿区	28	3	25	85	54	31	640	319	321
仙游县	200	68	132	334	200	134	1323	734	589
三明市	**794**	**249**	**545**	**690**	**391**	**299**	**3295**	**1864**	**1431**
梅列区				51	19	32	26	15	11
三元区	9	3	6	62	25	37	82	42	40
明溪县	38	15	23	25	14	11	274	166	108
清流县	4	1	3	38	22	16	249	136	113
宁化县	363	108	255	97	56	41	569	338	231
大田县	57	16	41	125	84	41	376	208	168
尤溪县	199	75	124	102	74	28	544	283	261
沙县	4	1	3	66	34	32	305	169	136
将乐县	90	17	73	27	13	14	180	101	79
泰宁县	8	1	7	20	11	9	235	151	84
建宁县	6	2	4	17	9	8	155	82	73
永安市	16	10	6	60	30	30	300	173	127
泉州市	**826**	**162**	**664**	**2381**	**1479**	**902**	**7621**	**4052**	**3569**
鲤城区									
丰泽区									
洛江区	45	15	30	121	69	52	249	137	112
泉港区	66	13	53	180	119	61	687	426	261
惠安县	333	68	265	690	420	270	1347	675	672
安溪县	56	16	40	425	279	146	1587	902	685
永春县	103	22	81	114	81	33	280	139	141
德化县	24	8	16	79	49	30	267	154	113
石狮市	26	2	24	27	16	11	281	149	132
晋江市	111	13	98	272	158	114	1694	844	850
南安市	62	5	57	473	288	185	1229	626	603

7-9c　续表 7　　　　单位：人

现住地	为子女就学			养老/康养			其他		
	小计	男	女	小计	男	女	小计	男	女
漳州市	**998**	**161**	**837**	**906**	**575**	**331**	**6367**	**3434**	**2933**
芗城区	121	21	100	42	29	13	312	157	155
龙文区	36	4	32	8	5	3	123	58	65
云霄县	30	9	21	52	30	22	518	282	236
漳浦县	27	7	20	108	72	36	906	487	419
诏安县	54	9	45	58	31	27	622	305	317
长泰县	93	21	72	52	34	18	364	203	161
东山县	263	43	220	32	18	14	551	298	253
南靖县	48	7	41	94	62	32	586	299	287
平和县	49	14	35	141	104	37	618	364	254
华安县	17	4	13	81	47	34	188	96	92
龙海市	260	22	238	238	143	95	1579	885	694
南平市	**865**	**315**	**550**	**1353**	**627**	**726**	**5116**	**2697**	**2419**
延平区	69	11	58	165	73	92	613	287	326
建阳区	98	24	74	199	90	109	749	430	319
顺昌县	26	10	16	95	48	47	263	132	131
浦城县	18	7	11	208	105	103	612	330	282
光泽县	46	11	35	43	20	23	265	129	136
松溪县	169	76	93	91	48	43	336	167	169
政和县	237	108	129	124	57	67	377	219	158
邵武市	3	1	2	46	24	22	228	132	96
武夷山市	128	39	89	196	86	110	1114	592	522
建瓯市	71	28	43	186	76	110	559	279	280
龙岩市	**906**	**233**	**673**	**901**	**564**	**337**	**4652**	**2478**	**2174**
新罗区	381	101	280	151	85	66	1222	656	566
永定区	96	21	75	212	116	96	773	442	331
长汀县	71	20	51	183	115	68	818	438	380
上杭县	92	15	77	130	88	42	626	306	320
武平县	74	11	63	134	102	32	523	266	257
连城县	124	29	95	31	23	8	327	172	155
漳平市	68	36	32	60	35	25	363	198	165
宁德市	**952**	**322**	**630**	**1480**	**719**	**761**	**6735**	**3518**	**3217**
蕉城区	293	113	180	475	230	245	1789	923	866
霞浦县	34	5	29	106	60	46	658	318	340
古田县	167	49	118	165	89	76	554	282	272
屏南县	109	40	69	84	44	40	270	148	122
寿宁县	21	7	14	35	20	15	204	109	95
周宁县	56	23	33	46	26	20	216	122	94
柘荣县	18	5	13	33	10	23	247	132	115
福安市	45	10	35	178	89	89	1458	754	704
福鼎市	209	70	139	358	151	207	1339	730	609

7-10 各地区按现住地、性别、迁移原因分的户口登记地在外省的人口

单位：人

现住地	合计			工作就业		
	合计	男	女	小计	男	女
合　计	**4889876**	**2848119**	**2041757**	**3674312**	**2279050**	**1395262**
福州市	**968297**	**566850**	**401447**	**701810**	**446329**	**255481**
鼓楼区	72752	40574	32178	47219	28535	18684
台江区	42090	24155	17935	29571	18400	11171
仓山区	175509	100926	74583	126427	78586	47841
马尾区	51844	29995	21849	37162	23154	14008
晋安区	124332	69837	54495	92278	54531	37747
长乐区	127851	76283	51568	101072	65063	36009
闽侯县	133055	75756	57299	78349	50830	27519
连江县	43286	26262	17024	32752	21968	10784
罗源县	23699	16280	7419	19714	14608	5106
闽清县	10082	5792	4290	7447	4872	2575
永泰县	8274	5016	3258	5993	4137	1856
平潭县	14734	9785	4949	10932	8091	2841
福清市	140789	86189	54600	112894	73554	39340
厦门市	**1391822**	**799926**	**591896**	**1075430**	**645503**	**429927**
思明区	172572	91080	81492	118477	67132	51345
海沧区	199131	118387	80744	163330	101222	62108
湖里区	261595	147370	114225	216190	125912	90278
集美区	331480	190505	140975	231814	139715	92099
同安区	280932	162611	118321	227623	135565	92058
翔安区	146112	89973	56139	117996	75957	42039
莆田市	**233924**	**137921**	**96003**	**186869**	**115667**	**71202**
城厢区	53188	30612	22576	42161	25150	17011
涵江区	58056	33824	24232	46570	28205	18365
荔城区	80429	46905	33524	66404	40286	26118
秀屿区	21153	14162	6991	16734	12118	4616
仙游县	21098	12418	8680	15000	9908	5092
三明市	**95913**	**57133**	**38780**	**61357**	**42134**	**19223**
梅列区	15650	8437	7213	10259	6183	4076
三元区	17500	10142	7358	9636	6480	3156
明溪县	3197	2088	1109	2162	1600	562
清流县	3469	2276	1193	2364	1827	537
宁化县	4335	2413	1922	2215	1546	669
大田县	7884	5731	2153	6129	5048	1081
尤溪县	5791	3383	2408	4079	2792	1287
沙县	11637	6517	5120	7427	4667	2760
将乐县	5212	3102	2110	3546	2437	1109
泰宁县	1886	1058	828	1102	757	345
建宁县	2251	1421	830	1429	1076	353
永安市	17101	10565	6536	11009	7721	3288
泉州市	**1552074**	**891223**	**660851**	**1185896**	**712649**	**473247**
鲤城区	107138	59303	47835	80618	46110	34508
丰泽区	144166	78700	65466	99811	58937	40874
洛江区	38238	21712	16526	27427	16580	10847
泉港区	19114	12204	6910	13838	9783	4055
惠安县	92430	56674	35756	69856	46013	23843
安溪县	37174	21553	15621	24407	15769	8638
永春县	8149	4805	3344	5302	3661	1641
德化县	11814	7234	4580	8589	5754	2835
石狮市	207129	118319	88810	158215	93464	64751
晋江市	702530	399536	302994	559141	327260	231881
南安市	184192	111183	73009	138692	89318	49374

7-10　续表 1　　　　单位：人

现住地	合计			工作就业		
	合计	男	女	小计	男	女
漳州市	**309383**	**185868**	**123515**	**226858**	**149746**	**77112**
芗城区	61925	33380	28545	39430	24256	15174
龙文区	35626	21535	14091	26938	17358	9580
云霄县	10083	6370	3713	7471	5389	2082
漳浦县	33120	22779	10341	26676	19945	6731
诏安县	7263	3830	3433	4273	2725	1548
长泰县	30741	18788	11953	25643	16256	9387
东山县	9269	5311	3958	6755	4228	2527
南靖县	7417	4752	2665	5335	3822	1513
平和县	8375	4868	3507	6123	4019	2104
华安县	8009	5428	2581	6829	4912	1917
龙海市	97555	58827	38728	71385	46836	24549
南平市	**89963**	**51168**	**38795**	**55818**	**36880**	**18938**
延平区	15611	8694	6917	9570	6117	3453
建阳区	14485	8344	6141	9280	6152	3128
顺昌县	5652	3293	2359	3668	2503	1165
浦城县	7917	4650	3267	5995	3912	2083
光泽县	7082	3951	3131	5460	3303	2157
松溪县	2898	1631	1267	1708	1181	527
政和县	5843	3359	2484	4127	2795	1332
邵武市	10523	6096	4427	6459	4454	2005
武夷山市	13028	7223	5805	5181	3524	1657
建瓯市	6924	3927	2997	4370	2939	1431
龙岩市	**94155**	**57716**	**36439**	**64512**	**45338**	**19174**
新罗区	51146	30507	20639	35049	23444	11605
永定区	9533	6380	3153	6657	5213	1444
长汀县	5672	2993	2679	3003	1973	1030
上杭县	9459	6446	3013	7228	5504	1724
武平县	5523	3307	2216	3674	2628	1046
连城县	4131	2541	1590	2745	2030	715
漳平市	8691	5542	3149	6156	4546	1610
宁德市	**154345**	**100314**	**54031**	**115762**	**84804**	**30958**
蕉城区	65549	44055	21494	52577	37877	14700
霞浦县	15716	10899	4817	12529	9813	2716
古田县	7476	4165	3311	4769	3379	1390
屏南县	2550	1467	1083	1731	1278	453
寿宁县	3154	1768	1386	2002	1444	558
周宁县	3545	2232	1313	2431	1909	522
柘荣县	3093	1809	1284	1766	1310	456
福安市	21357	14870	6487	17518	13461	4057
福鼎市	31905	19049	12856	20439	14333	6106

7-10 续表 2 单位：人

现住地	学习培训			随同离开/投亲靠友			拆迁/搬家		
	小计	男	女	小计	男	女	小计	男	女
合 计	**373786**	**190138**	**183648**	**493942**	**241548**	**252394**	**78640**	**41650**	**36990**
福州市	**89821**	**43135**	**46686**	**97516**	**46115**	**51401**	**19631**	**10218**	**9413**
鼓楼区	8041	4233	3808	6875	3373	3502	1960	1029	931
台江区	2032	968	1064	4796	2332	2464	1312	716	596
仓山区	17283	7766	9517	19627	9179	10448	3280	1775	1505
马尾区	4153	2215	1938	6693	3089	3604	942	514	428
晋安区	5951	3121	2830	15947	7914	8033	3588	1867	1721
长乐区	6171	2671	3500	13670	6086	7584	1104	575	529
闽侯县	36149	16529	19620	8649	4163	4486	2613	1365	1248
连江县	2279	1196	1083	3979	1782	2197	776	378	398
罗源县	268	153	115	1518	697	821	1167	545	622
闽清县	296	160	136	1032	479	553	175	82	93
永泰县	949	442	507	464	206	258	138	66	72
平潭县	743	442	301	1499	635	864	473	239	234
福清市	5506	3239	2267	12767	6180	6587	2103	1067	1036
厦门市	**129761**	**69898**	**59863**	**109083**	**54215**	**54868**	**9676**	**5065**	**4611**
思明区	21796	10282	11514	14431	6770	7661	2609	1284	1325
海沧区	7892	4452	3440	17641	8845	8796	1295	678	617
湖里区	13379	7252	6127	17274	8354	8920	1476	751	725
集美区	58510	31847	26663	25596	12848	12748	1894	1049	845
同安区	16005	9231	6774	25178	13016	12162	1501	824	677
翔安区	12179	6834	5345	8963	4382	4581	901	479	422
莆田市	**10634**	**5393**	**5241**	**17939**	**8649**	**9290**	**3134**	**1734**	**1400**
城厢区	3524	1871	1653	3312	1629	1683	716	418	298
涵江区	2430	1315	1115	5178	2609	2569	786	415	371
荔城区	3289	1501	1788	5350	2555	2795	979	553	426
秀屿区	545	279	266	2013	873	1140	278	162	116
仙游县	846	427	419	2086	983	1103	375	186	189
三明市	**8073**	**4100**	**3973**	**12220**	**5526**	**6694**	**4629**	**2413**	**2216**
梅列区	1068	466	602	2163	956	1207	763	384	379
三元区	4170	2051	2119	1940	892	1048	539	297	242
明溪县	66	36	30	326	159	167	101	53	48
清流县	82	45	37	218	102	116	114	62	52
宁化县	196	104	92	535	233	302	494	252	242
大田县	261	145	116	602	254	348	96	51	45
尤溪县	119	57	62	633	303	330	220	106	114
沙县	550	259	291	2086	960	1126	697	347	350
将乐县	221	109	112	639	281	358	316	162	154
泰宁县	83	36	47	286	131	155	101	47	54
建宁县	84	32	52	183	87	96	244	135	109
永安市	1173	760	413	2609	1168	1441	944	517	427
泉州市	**91372**	**46808**	**44564**	**193259**	**97270**	**95989**	**20530**	**11238**	**9292**
鲤城区	6171	3298	2873	14377	7484	6893	1309	691	618
丰泽区	19188	7804	11384	17223	8737	8486	2475	1338	1137
洛江区	3376	1624	1752	4093	2112	1981	1115	609	506
泉港区	788	460	328	1898	923	975	604	331	273
惠安县	4067	2139	1928	11793	5754	6039	1843	985	858
安溪县	2725	1366	1359	5008	2443	2565	1214	583	631
永春县	399	207	192	1085	473	612	309	156	153
德化县	565	322	243	1697	857	840	269	135	134
石狮市	12004	6758	5246	27897	14005	13892	2740	1532	1208
晋江市	33116	18024	15092	82870	42363	40507	6056	3409	2647
南安市	8973	4806	4167	25318	12119	13199	2596	1469	1127

7-10 续表 3

单位：人

现住地	学习培训			随同离开/投亲靠友			拆迁/搬家		
	小计	男	女	小计	男	女	小计	男	女
漳州市	**23190**	**9751**	**13439**	**30900**	**15066**	**15834**	**6607**	**3422**	**3185**
芗城区	10445	3500	6945	7333	3560	3773	1673	835	838
龙文区	1376	791	585	4290	2090	2200	979	521	458
云霄县	154	73	81	689	326	363	512	250	262
漳浦县	976	585	391	2312	1095	1217	787	426	361
诏安县	145	64	81	596	325	271	341	162	179
长泰县	962	514	448	2589	1314	1275	135	79	56
东山县	102	55	47	768	390	378	299	149	150
南靖县	295	158	137	637	324	313	280	140	140
平和县	164	88	76	563	281	282	177	92	85
华安县	163	88	75	466	228	238	86	48	38
龙海市	8408	3835	4573	10657	5133	5524	1338	720	618
南平市	**7921**	**4004**	**3917**	**10218**	**4616**	**5602**	**4814**	**2548**	**2266**
延平区	1106	555	551	2289	1071	1218	961	504	457
建阳区	653	359	294	1860	837	1023	828	440	388
顺昌县	236	137	99	647	297	350	287	141	146
浦城县	173	96	77	535	230	305	218	121	97
光泽县	132	64	68	506	256	250	263	132	131
松溪县	100	61	39	349	147	202	215	115	100
政和县	154	90	64	496	218	278	170	85	85
邵武市	384	211	173	1624	688	936	857	439	418
武夷山市	4767	2321	2446	1157	532	625	489	280	209
建瓯市	216	110	106	755	340	415	526	291	235
龙岩市	**6352**	**3095**	**3257**	**10986**	**4915**	**6071**	**2726**	**1437**	**1289**
新罗区	5130	2427	2703	6207	2725	3482	1308	683	625
永定区	376	216	160	991	436	555	222	111	111
长汀县	229	103	126	793	371	422	402	210	192
上杭县	227	132	95	841	396	445	152	85	67
武平县	101	58	43	563	276	287	209	118	91
连城县	72	38	34	458	217	241	160	85	75
漳平市	217	121	96	1133	494	639	273	145	128
宁德市	**6662**	**3954**	**2708**	**11821**	**5176**	**6645**	**6893**	**3575**	**3318**
蕉城区	4961	3025	1936	3768	1623	2145	1526	790	736
霞浦县	128	73	55	1012	436	576	582	305	277
古田县	167	96	71	851	354	497	398	160	238
屏南县	57	28	29	176	78	98	59	27	32
寿宁县	74	33	41	233	100	133	173	82	91
周宁县	70	41	29	344	141	203	102	43	59
柘荣县	80	40	40	410	189	221	331	182	149
福安市	489	244	245	1372	602	770	516	246	270
福鼎市	636	374	262	3655	1653	2002	3206	1740	1466

7-10 续表 4 单位：人

现住地	寄挂户口			婚姻嫁娶			照料孙子女		
	小计	男	女	小计	男	女	小计	男	女
合 计	**7569**	**4096**	**3473**	**78060**	**9704**	**68356**	**59456**	**16572**	**42884**
福州市	**1659**	**889**	**770**	**18930**	**1680**	**17250**	**10119**	**2972**	**7147**
鼓楼区	387	194	193	2120	266	1854	1895	649	1246
台江区	174	99	75	1345	163	1182	430	125	305
仓山区	204	103	101	1887	255	1632	1897	613	1284
马尾区	81	37	44	605	50	555	785	198	587
晋安区	182	106	76	1789	270	1519	1479	435	1044
长乐区	160	93	67	2178	87	2091	641	116	525
闽侯县	112	68	44	1790	173	1617	1113	329	784
连江县	68	34	34	1654	51	1603	345	92	253
罗源县	30	19	11	534	20	514	110	24	86
闽清县	19	10	9	798	33	765	29	8	21
永泰县	15	10	5	440	15	425	40	9	31
平潭县	19	11	8	462	27	435	79	33	46
福清市	208	105	103	3328	270	3058	1276	341	935
厦门市	**1481**	**810**	**671**	**7944**	**1126**	**6818**	**28942**	**8326**	**20616**
思明区	421	206	215	2371	303	2068	6685	2224	4461
海沧区	146	78	68	894	97	797	4459	1271	3188
湖里区	271	146	125	1250	134	1116	5002	1355	3647
集美区	416	243	173	1195	192	1003	6650	1885	4765
同安区	160	90	70	1263	232	1031	3907	954	2953
翔安区	67	47	20	971	168	803	2239	637	1602
莆田市	**620**	**362**	**258**	**5338**	**1534**	**3804**	**1615**	**420**	**1195**
城厢区	156	92	64	1040	262	778	482	137	345
涵江区	104	59	45	1093	330	763	369	88	281
荔城区	151	90	61	1216	411	805	532	144	388
秀屿区	112	58	54	674	240	434	103	26	77
仙游县	97	63	34	1315	291	1024	129	25	104
三明市	**449**	**236**	**213**	**4153**	**387**	**3766**	**1014**	**271**	**743**
梅列区	54	27	27	419	29	390	329	93	236
三元区	70	39	31	372	34	338	155	39	116
明溪县	41	16	25	159	19	140	22	7	15
清流县	82	44	38	258	27	231	30	3	27
宁化县	57	32	25	417	32	385	51	12	39
大田县	51	30	21	456	60	396	26	7	19
尤溪县	30	14	16	504	25	479	37	9	28
沙县	16	9	7	358	32	326	81	24	57
将乐县	11	5	6	254	28	226	52	11	41
泰宁县	3		3	154	21	133	30	7	23
建宁县	10	5	5	149	13	136	8	2	6
永安市	24	15	9	653	67	586	193	57	136
泉州市	**1981**	**1060**	**921**	**14928**	**2176**	**12752**	**11032**	**2629**	**8403**
鲤城区	160	85	75	871	129	742	1193	292	901
丰泽区	145	82	63	1194	172	1022	1816	485	1331
洛江区	61	35	26	647	106	541	634	186	448
泉港区	96	51	45	943	137	806	119	33	86
惠安县	192	101	91	1734	311	1423	607	122	485
安溪县	182	103	79	1673	303	1370	190	44	146
永春县	97	49	48	594	85	509	35	12	23
德化县	10	8	2	363	27	336	65	11	54
石狮市	195	102	93	955	84	871	1167	250	917
晋江市	558	287	271	3384	347	3037	4349	1010	3339
南安市	285	157	128	2570	475	2095	857	184	673

7-10　续表 5　　　　单位：人

现住地	寄挂户口			婚姻嫁娶			照料孙子女		
	小计	男	女	小计	男	女	小计	男	女
漳州市	**526**	**278**	**248**	**8159**	**1209**	**6950**	**3503**	**1028**	**2475**
芗城区	85	50	35	993	208	785	551	174	377
龙文区	54	26	28	476	79	397	635	199	436
云霄县	25	17	8	715	61	654	63	21	42
漳浦县	95	48	47	1293	138	1155	172	50	122
诏安县	61	30	31	1073	144	929	28	6	22
长泰县	48	20	28	333	74	259	178	41	137
东山县	43	21	22	692	126	566	68	22	46
南靖县	22	16	6	434	74	360	37	8	29
平和县	34	18	16	753	48	705	35	9	26
华安县	11	4	7	226	24	202	20	3	17
龙海市	48	28	20	1171	233	938	1716	495	1221
南平市	**272**	**149**	**123**	**5751**	**570**	**5181**	**920**	**258**	**662**
延平区	28	18	10	822	67	755	228	65	163
建阳区	29	15	14	892	103	789	166	39	127
顺昌县	21	10	11	424	36	388	44	14	30
浦城县	27	16	11	522	55	467	45	17	28
光泽县	25	15	10	393	42	351	71	23	48
松溪县	23	12	11	318	34	284	9		9
政和县	27	11	16	592	36	556	24	3	21
邵武市	38	19	19	669	62	607	112	35	77
武夷山市	27	17	10	503	70	433	152	49	103
建瓯市	27	16	11	616	65	551	69	13	56
龙岩市	**285**	**159**	**126**	**4797**	**596**	**4201**	**1189**	**355**	**834**
新罗区	74	41	33	1148	140	1008	806	248	558
永定区	40	26	14	782	108	674	55	12	43
长汀县	52	28	24	791	116	675	49	13	36
上杭县	33	16	17	515	109	406	115	34	81
武平县	32	18	14	620	63	557	61	21	40
连城县	29	18	11	430	18	412	32	9	23
漳平市	25	12	13	511	42	469	71	18	53
宁德市	**296**	**153**	**143**	**8060**	**426**	**7634**	**1122**	**313**	**809**
蕉城区	65	33	32	1113	70	1043	712	217	495
霞浦县	36	19	17	1015	52	963	57	15	42
古田县	34	17	17	964	38	926	39	9	30
屏南县	10	6	4	403	9	394	11	2	9
寿宁县	21	10	11	467	22	445	21	4	17
周宁县	14	9	5	407	11	396	17	4	13
柘荣县	10	6	4	369	27	342	17	4	13
福安市	29	16	13	912	39	873	67	18	49
福鼎市	77	37	40	2410	158	2252	181	40	141

7-10 续表 6 单位：人

现住地	为子女就学			养老/康养			其他		
	小计	男	女	小计	男	女	小计	男	女
合　计	**7118**	**1666**	**5452**	**9952**	**4222**	**5730**	**107041**	**59473**	**47568**
福州市	**1122**	**268**	**854**	**1836**	**756**	**1080**	**25853**	**14488**	**11365**
鼓楼区	168	55	113	341	139	202	3746	2101	1645
台江区	58	18	40	88	33	55	2284	1301	983
仓山区	173	56	117	354	146	208	4377	2447	1930
马尾区	48	14	34	124	51	73	1251	673	578
晋安区	107	26	81	304	112	192	2707	1455	1252
长乐区	93	11	82	93	38	55	2669	1543	1126
闽侯县	119	23	96	233	104	129	3928	2172	1756
连江县	104	18	86	88	31	57	1241	712	529
罗源县	34	8	26	11	5	6	313	201	112
闽清县	17	4	13	22	12	10	247	132	115
永泰县	19	4	15	5	1	4	211	126	85
平潭县	17	5	12	11	5	6	499	297	202
福清市	165	26	139	162	79	83	2380	1328	1052
厦门市	**1906**	**429**	**1477**	**3718**	**1537**	**2181**	**23881**	**13017**	**10864**
思明区	385	115	270	913	387	526	4484	2377	2107
海沧区	197	52	145	740	300	440	2537	1392	1145
湖里区	424	70	354	816	337	479	5513	3059	2454
集美区	252	52	200	697	277	420	4456	2397	2059
同安区	419	87	332	349	149	200	4527	2463	2064
翔安区	229	53	176	203	87	116	2364	1329	1035
莆田市	**342**	**62**	**280**	**323**	**163**	**160**	**7110**	**3937**	**3173**
城厢区	91	17	74	89	38	51	1617	998	619
涵江区	83	15	68	87	40	47	1356	748	608
荔城区	81	19	62	81	46	35	2346	1300	1046
秀屿区	35	2	33	29	16	13	630	388	242
仙游县	52	9	43	37	23	14	1161	503	658
三明市	**340**	**89**	**251**	**408**	**156**	**252**	**3270**	**1821**	**1449**
梅列区	43	21	22	121	56	65	431	222	209
三元区	48	11	37	57	19	38	513	280	233
明溪县	13	4	9	5		5	302	194	108
清流县	18	3	15	65	21	44	238	142	96
宁化县	48	14	34	10	5	5	312	183	129
大田县	38	5	33	7	4	3	218	127	91
尤溪县	17	5	12	9	4	5	143	68	75
沙县	24	10	14	38	14	24	360	195	165
将乐县	38	3	35	9	5	4	126	61	65
泰宁县	14	1	13	16	3	13	97	55	42
建宁县	7	2	5	8	3	5	129	66	63
永安市	32	10	22	63	22	41	401	228	173
泉州市	**1914**	**461**	**1453**	**1798**	**789**	**1009**	**29364**	**16143**	**13221**
鲤城区	226	62	164	142	63	79	2071	1089	982
丰泽区	225	55	170	269	117	152	1820	973	847
洛江区	92	34	58	85	32	53	708	394	314
泉港区	27	7	20	37	21	16	764	458	306
惠安县	179	58	121	174	84	90	1985	1107	878
安溪县	212	57	155	28	15	13	1535	870	665
永春县	51	11	40	11	8	3	266	143	123
德化县	11	2	9	15	8	7	230	110	120
石狮市	152	47	105	231	98	133	3573	1979	1594
晋江市	487	89	398	636	254	382	11933	6493	5440
南安市	252	39	213	170	89	81	4479	2527	1952

7-10　续表 7　　单位：人

现住地	为子女就学			养老/康养			其他		
	小计	男	女	小计	男	女	小计	男	女
漳州市	**496**	**153**	**343**	**905**	**399**	**506**	**8239**	**4816**	**3423**
芗城区	74	29	45	100	43	57	1241	725	516
龙文区	57	14	43	83	32	51	738	425	313
云霄县	14	5	9	12	6	6	428	222	206
漳浦县	30	8	22	34	20	14	745	464	281
诏安县	22	6	16	9	6	3	715	362	353
长泰县	26	1	25	45	20	25	782	469	313
东山县	13	4	9	45	24	21	484	292	192
南靖县	10	2	8	11	6	5	356	202	154
平和县	13	2	11	1		1	512	311	201
华安县	3	1	2	2	1	1	203	119	84
龙海市	234	81	153	563	241	322	2035	1225	810
南平市	**381**	**87**	**294**	**517**	**240**	**277**	**3351**	**1816**	**1535**
延平区	36	14	22	67	27	40	504	256	248
建阳区	69	12	57	130	61	69	578	326	252
顺昌县	36	7	29	38	19	19	251	129	122
浦城县	41	8	33	41	23	18	320	172	148
光泽县	23	5	18	23	9	14	186	102	84
松溪县	26	4	22	11	3	8	139	74	65
政和县	36	9	27	21	10	11	196	102	94
邵武市	40	11	29	64	31	33	276	146	130
武夷山市	19	5	14	66	30	36	667	395	272
建瓯市	55	12	43	56	27	29	234	114	120
龙岩市	**252**	**51**	**201**	**240**	**97**	**143**	**2816**	**1673**	**1143**
新罗区	88	17	71	128	47	81	1208	735	473
永定区	39	8	31	29	12	17	342	238	104
长汀县	38	15	23	12	4	8	303	160	143
上杭县	21	3	18	26	11	15	301	156	145
武平县	11		11	20	11	9	232	114	118
连城县	14	1	13	5	3	2	186	122	64
漳平市	41	7	34	20	9	11	244	148	96
宁德市	**365**	**66**	**299**	**207**	**85**	**122**	**3157**	**1762**	**1395**
蕉城区	65	16	49	45	16	29	717	388	329
霞浦县	24	6	18	22	10	12	311	170	141
古田县	51	6	45	16	7	9	187	99	88
屏南县	14	2	12	9	2	7	80	35	45
寿宁县	30	2	28	13	4	9	120	67	53
周宁县	31	7	24	7	3	4	122	64	58
柘荣县	12	4	8	7	3	4	91	44	47
福安市	27	2	25	17	10	7	410	232	178
福鼎市	111	21	90	71	30	41	1119	663	456

7-10a 各地区按现住地、性别、迁移原因分的户口登记地在外省的人口(城市)

单位：人

现住地	合计			工作就业		
	合计	男	女	小计	男	女
合 计	**3041634**	**1728817**	**1312817**	**2283919**	**1368855**	**915064**
福州市	**575645**	**329261**	**246384**	**417757**	**256800**	**160957**
鼓楼区	72752	40574	32178	47219	28535	18684
台江区	42090	24155	17935	29571	18400	11171
仓山区	175509	100926	74583	126427	78586	47841
马尾区	50564	29202	21362	36265	22545	13720
晋安区	121795	68063	53732	90181	52969	37212
长乐区	39822	22888	16934	29184	18697	10487
闽侯县						
连江县						
罗源县						
闽清县						
永泰县						
平潭县						
福清市	73113	43453	29660	58910	37068	21842
厦门市	**1171477**	**664753**	**506724**	**894924**	**530207**	**364717**
思明区	172572	91080	81492	118477	67132	51345
海沧区	194667	115599	79068	159332	98660	60672
湖里区	261148	147015	114133	215775	125579	90196
集美区	289754	165712	124042	197799	118874	78925
同安区	232942	133282	99660	190203	111518	78685
翔安区	20394	12065	8329	13338	8444	4894
莆田市	**181055**	**105540**	**75515**	**148504**	**89693**	**58811**
城厢区	43831	24839	18992	34829	20403	14426
涵江区	52450	30215	22235	42235	25208	17027
荔城区	72736	42615	30121	61796	37272	24524
秀屿区	12038	7871	4167	9644	6810	2834
仙游县						
三明市	**42921**	**23998**	**18923**	**24991**	**15857**	**9134**
梅列区	14680	7777	6903	9473	5604	3869
三元区	15462	8580	6882	7900	5078	2822
明溪县						
清流县						
宁化县						
大田县						
尤溪县						
沙县						
将乐县						
泰宁县						
建宁县						
永安市	12779	7641	5138	7618	5175	2443
泉州市	**835074**	**469185**	**365889**	**644500**	**375747**	**268753**
鲤城区	107138	59303	47835	80618	46110	34508
丰泽区	144166	78700	65466	99811	58937	40874
洛江区	22686	12675	10011	16312	9730	6582
泉港区	8651	5436	3215	6291	4328	1963
惠安县						
安溪县						
永春县						
德化县						
石狮市	128580	70904	57676	95653	53820	41833
晋江市	398989	227384	171605	328275	191499	136776
南安市	24864	14783	10081	17540	11323	6217

7-10a 续表 1

单位：人

现住地	合计			工作就业		
	合计	男	女	小计	男	女
漳州市	**87317**	**48517**	**38800**	**57184**	**35750**	**21434**
芗城区	41893	21300	20593	23308	14030	9278
龙文区	34564	20850	13714	26118	16791	9327
云霄县						
漳浦县						
诏安县						
长泰县						
东山县						
南靖县						
平和县						
华安县						
龙海市	10849	6358	4491	7751	4924	2827
南平市	**42078**	**22870**	**19208**	**22834**	**14545**	**8289**
延平区	11861	6420	5441	7301	4494	2807
建阳区	9758	5484	4274	6279	4005	2274
顺昌县						
浦城县						
光泽县						
松溪县						
政和县						
邵武市	6976	3796	3180	3821	2554	1267
武夷山市	9544	4983	4561	3018	1955	1063
建瓯市	3939	2187	1752	2415	1537	878
龙岩市	**46474**	**26273**	**20201**	**30257**	**19290**	**10967**
新罗区	39950	22406	17544	26011	16334	9677
永定区	2061	1232	829	1344	905	439
长汀县						
上杭县						
武平县						
连城县						
漳平市	4463	2635	1828	2902	2051	851
宁德市	**59593**	**38420**	**21173**	**42968**	**30966**	**12002**
蕉城区	46051	31180	14871	35547	26033	9514
霞浦县						
古田县						
屏南县						
寿宁县						
周宁县						
柘荣县						
福安市	5209	2897	2312	3183	2183	1000
福鼎市	8333	4343	3990	4238	2750	1488

7-10a 续表 2

单位：人

现住地	学习培训			随同离开/投亲靠友			拆迁/搬家		
	小计	男	女	小计	男	女	小计	男	女
合 计	**255522**	**129731**	**125791**	**296853**	**146329**	**150524**	**47397**	**25188**	**22209**
福州市	**44156**	**21160**	**22996**	**64567**	**30896**	**33671**	**12723**	**6693**	**6030**
鼓楼区	8041	4233	3808	6875	3373	3502	1960	1029	931
台江区	2032	968	1064	4796	2332	2464	1312	716	596
仓山区	17283	7766	9517	19627	9179	10448	3280	1775	1505
马尾区	4124	2203	1921	6499	2984	3515	903	488	415
晋安区	5833	3060	2773	15800	7831	7969	3562	1851	1711
长乐区	4061	1475	2586	4288	1922	2366	537	266	271
闽侯县									
连江县									
罗源县									
闽清县									
永泰县									
平潭县									
福清市	2782	1455	1327	6682	3275	3407	1169	568	601
厦门市	**115066**	**61736**	**53330**	**92323**	**45808**	**46515**	**8845**	**4615**	**4230**
思明区	21796	10282	11514	14431	6770	7661	2609	1284	1325
海沧区	7830	4410	3420	17432	8736	8696	1269	665	604
湖里区	13367	7243	6124	17264	8345	8919	1476	751	725
集美区	56371	30604	25767	21328	10645	10683	1814	1000	814
同安区	12639	7346	5293	20189	10518	9671	1251	686	565
翔安区	3063	1851	1212	1679	794	885	426	229	197
莆田市	**7414**	**3966**	**3448**	**13453**	**6574**	**6879**	**2224**	**1227**	**997**
城厢区	3180	1691	1489	2704	1353	1351	529	306	223
涵江区	2257	1210	1047	4705	2391	2314	703	366	337
荔城区	1627	889	738	4739	2279	2460	866	486	380
秀屿区	350	176	174	1305	551	754	126	69	57
仙游县									
三明市	**6254**	**3198**	**3056**	**6162**	**2774**	**3388**	**2140**	**1132**	**1008**
梅列区	1052	457	595	2078	919	1159	740	374	366
三元区	4119	2022	2097	1857	850	1007	516	281	235
明溪县									
清流县									
宁化县									
大田县									
尤溪县									
沙县									
将乐县									
泰宁县									
建宁县									
永安市	1083	719	364	2227	1005	1222	884	477	407
泉州市	**54950**	**27180**	**27770**	**93121**	**47797**	**45324**	**11679**	**6423**	**5256**
鲤城区	6171	3298	2873	14377	7484	6893	1309	691	618
丰泽区	19188	7804	11384	17223	8737	8486	2475	1338	1137
洛江区	2034	880	1154	2307	1184	1123	775	426	349
泉港区	438	264	174	848	411	437	373	192	181
惠安县									
安溪县									
永春县									
德化县									
石狮市	8719	4863	3856	17467	9042	8425	2295	1276	1019
晋江市	17173	9446	7727	36717	18968	17749	3952	2213	1739
南安市	1227	625	602	4182	1971	2211	500	287	213

7-10a 续表 3

单位：人

现住地	学习培训			随同离开/投亲靠友			拆迁/搬家		
	小计	男	女	小计	男	女	小计	男	女
漳州市	**11374**	**4035**	**7339**	**10552**	**5128**	**5424**	**2862**	**1462**	**1400**
芗城区	9732	3111	6621	4828	2391	2437	1606	795	811
龙文区	1345	773	572	4198	2032	2166	953	510	443
云霄县									
漳浦县									
诏安县									
长泰县									
东山县									
南靖县									
平和县									
华安县									
龙海市	297	151	146	1526	705	821	303	157	146
南平市	**5855**	**2827**	**3028**	**5757**	**2589**	**3168**	**2924**	**1564**	**1360**
延平区	497	232	265	1971	917	1054	818	435	383
建阳区	503	267	236	1199	535	664	624	330	294
顺昌县									
浦城县									
光泽县									
松溪县									
政和县									
邵武市	272	148	124	1248	527	721	726	368	358
武夷山市	4440	2110	2330	865	399	466	352	204	148
建瓯市	143	70	73	474	211	263	404	227	177
龙岩市	**5154**	**2449**	**2705**	**6019**	**2646**	**3373**	**1508**	**781**	**727**
新罗区	4930	2324	2606	5078	2237	2841	1175	607	568
永定区	117	69	48	224	108	116	84	46	38
长汀县									
上杭县									
武平县									
连城县									
漳平市	107	56	51	717	301	416	249	128	121
宁德市	**5299**	**3180**	**2119**	**4899**	**2117**	**2782**	**2492**	**1291**	**1201**
蕉城区	4806	2942	1864	2786	1186	1600	997	503	494
霞浦县									
古田县									
屏南县									
寿宁县									
周宁县									
柘荣县									
福安市	267	123	144	749	310	439	344	165	179
福鼎市	226	115	111	1364	621	743	1151	623	528

7-10a 续表 4 单位：人

现 住 地	寄挂户口			婚姻嫁娶			照料孙子女		
	小计	男	女	小计	男	女	小计	男	女
合 计	**4121**	**2210**	**1911**	**31836**	**4181**	**27655**	**47270**	**13639**	**33631**
福州市	**1153**	**599**	**554**	**9426**	**1122**	**8304**	**7698**	**2342**	**5356**
鼓楼区	387	194	193	2120	266	1854	1895	649	1246
台江区	174	99	75	1345	163	1182	430	125	305
仓山区	204	103	101	1887	255	1632	1897	613	1284
马尾区	74	32	42	556	49	507	773	195	578
晋安区	175	101	74	1742	267	1475	1461	431	1030
长乐区	59	30	29	623	33	590	258	53	205
闽侯县									
连江县									
罗源县									
闽清县									
永泰县									
平潭县									
福清市	80	40	40	1153	89	1064	984	276	708
厦门市	**1342**	**731**	**611**	**6493**	**810**	**5683**	**26609**	**7760**	**18849**
思明区	421	206	215	2371	303	2068	6685	2224	4461
海沧区	144	78	66	862	94	768	4390	1248	3142
湖里区	271	146	125	1250	134	1116	5000	1355	3645
集美区	385	230	155	1091	164	927	6257	1818	4439
同安区	110	63	47	746	94	652	3383	833	2550
翔安区	11	8	3	173	21	152	894	282	612
莆田市	**311**	**182**	**129**	**2686**	**792**	**1894**	**1359**	**367**	**992**
城厢区	97	59	38	707	156	551	437	126	311
涵江区	74	40	34	867	265	602	337	80	257
荔城区	110	69	41	887	288	599	510	140	370
秀屿区	30	14	16	225	83	142	75	21	54
仙游县									
三明市	**117**	**59**	**58**	**1151**	**88**	**1063**	**658**	**183**	**475**
梅列区	50	24	26	394	27	367	327	92	235
三元区	55	28	27	335	30	305	152	38	114
明溪县									
清流县									
宁化县									
大田县									
尤溪县									
沙县									
将乐县									
泰宁县									
建宁县									
永安市	12	7	5	422	31	391	179	53	126
泉州市	**829**	**447**	**382**	**5069**	**651**	**4418**	**7532**	**1950**	**5582**
鲤城区	160	85	75	871	129	742	1193	292	901
丰泽区	145	82	63	1194	172	1022	1816	485	1331
洛江区	17	10	7	202	32	170	527	164	363
泉港区	34	17	17	310	42	268	70	20	50
惠安县									
安溪县									
永春县									
德化县									
石狮市	115	63	52	511	48	463	841	194	647
晋江市	303	164	139	1489	130	1359	2957	765	2192
南安市	55	26	29	492	98	394	128	30	98

7-10a　续表 5　　　　单位：人

现住地	寄挂户口			婚姻嫁娶			照料孙子女		
	小计	男	女	小计	男	女	小计	男	女
漳州市	**135**	**75**	**60**	**1420**	**250**	**1170**	**1185**	**372**	**813**
芗城区	69	42	27	700	130	570	495	158	337
龙文区	52	25	27	421	72	349	630	197	433
云霄县									
漳浦县									
诏安县									
长泰县									
东山县									
南靖县									
平和县									
华安县									
龙海市	14	8	6	298	47	251	60	17	43
南平市	**84**	**44**	**40**	**2113**	**194**	**1919**	**625**	**175**	**450**
延平区	13	8	5	589	49	540	209	61	148
建阳区	19	10	9	466	44	422	133	30	103
顺昌县									
浦城县									
光泽县									
松溪县									
政和县									
邵武市	24	12	12	527	37	490	102	33	69
武夷山市	15	10	5	320	37	283	127	41	86
建瓯市	13	4	9	211	27	184	54	10	44
龙岩市	**64**	**35**	**29**	**1333**	**124**	**1209**	**854**	**259**	**595**
新罗区	53	26	27	890	88	802	760	234	526
永定区	4	4		141	12	129	33	10	23
长汀县									
上杭县									
武平县									
连城县									
漳平市	7	5	2	302	24	278	61	15	46
宁德市	**86**	**38**	**48**	**2145**	**150**	**1995**	**750**	**231**	**519**
蕉城区	44	20	24	756	47	709	616	196	420
霞浦县									
古田县									
屏南县									
寿宁县									
周宁县									
柘荣县									
福安市	10	4	6	459	21	438	35	11	24
福鼎市	32	14	18	930	82	848	99	24	75

7-10a 续表 6 单位：人

现 住 地	为子女就学			养老/康养			其 他		
	小计	男	女	小计	男	女	小计	男	女
合 计	**4245**	**1045**	**3200**	**7157**	**2947**	**4210**	**63314**	**34692**	**28622**
福州市	**712**	**194**	**518**	**1351**	**540**	**811**	**16102**	**8915**	**7187**
鼓楼区	168	55	113	341	139	202	3746	2101	1645
台江区	58	18	40	88	33	55	2284	1301	983
仓山区	173	56	117	354	146	208	4377	2447	1930
马尾区	48	14	34	121	50	71	1201	642	559
晋安区	104	26	78	302	112	190	2635	1415	1220
长乐区	48	6	42	44	12	32	720	394	326
闽侯县									
连江县									
罗源县									
闽清县									
永泰县									
平潭县									
福清市	113	19	94	101	48	53	1139	615	524
厦门市	**1625**	**364**	**1261**	**3527**	**1458**	**2069**	**20723**	**11264**	**9459**
思明区	385	115	270	913	387	526	4484	2377	2107
海沧区	193	51	142	735	299	436	2480	1358	1122
湖里区	422	70	352	816	337	479	5507	3055	2452
集美区	227	48	179	667	267	400	3815	2062	1753
同安区	368	77	291	304	128	176	3749	2019	1730
翔安区	30	3	27	92	40	52	688	393	295
莆田市	**267**	**49**	**218**	**230**	**106**	**124**	**4607**	**2584**	**2023**
城厢区	84	16	68	80	35	45	1184	694	490
涵江区	78	13	65	66	26	40	1128	616	512
荔城区	79	18	61	74	40	34	2048	1134	914
秀屿区	26	2	24	10	5	5	247	140	107
仙游县									
三明市	**118**	**40**	**78**	**233**	**94**	**139**	**1097**	**573**	**524**
梅列区	41	20	21	119	54	65	406	206	200
三元区	48	11	37	55	19	36	425	223	202
明溪县									
清流县									
宁化县									
大田县									
尤溪县									
沙县									
将乐县									
泰宁县									
建宁县									
永安市	29	9	20	59	21	38	266	144	122
泉州市	**984**	**261**	**723**	**1117**	**465**	**652**	**15293**	**8264**	**7029**
鲤城区	226	62	164	142	63	79	2071	1089	982
丰泽区	225	55	170	269	117	152	1820	973	847
洛江区	76	28	48	62	22	40	374	199	175
泉港区	19	6	13	15	9	6	253	147	106
惠安县									
安溪县									
永春县									
德化县									
石狮市	102	36	66	171	69	102	2706	1493	1213
晋江市	310	61	249	418	163	255	7395	3975	3420
南安市	26	13	13	40	22	18	674	388	286

7-10a 续表 7 单位：人

现住地	为子女就学			养老/康养			其他		
	小计	男	女	小计	男	女	小计	男	女
漳州市	**140**	**46**	**94**	**178**	**69**	**109**	**2287**	**1330**	**957**
芗城区	70	28	42	85	34	51	1000	581	419
龙文区	57	14	43	83	32	51	707	404	303
云霄县									
漳浦县									
诏安县									
长泰县									
东山县									
南靖县									
平和县									
华安县									
龙海市	13	4	9	10	3	7	577	342	235
南平市	**161**	**43**	**118**	**305**	**136**	**169**	**1420**	**753**	**667**
延平区	32	13	19	57	20	37	374	191	183
建阳区	49	8	41	97	46	51	389	209	180
顺昌县									
浦城县									
光泽县									
松溪县									
政和县									
邵武市	31	8	23	57	27	30	168	82	86
武夷山市	9	4	5	47	21	26	351	202	149
建瓯市	40	10	30	47	22	25	138	69	69
龙岩市	**121**	**24**	**97**	**146**	**52**	**94**	**1018**	**613**	**405**
新罗区	69	15	54	117	40	77	867	501	366
永定区	16	3	13	13	5	8	85	70	15
长汀县									
上杭县									
武平县									
连城县									
漳平市	36	6	30	16	7	9	66	42	24
宁德市	**117**	**24**	**93**	**70**	**27**	**43**	**767**	**396**	**371**
蕉城区	55	12	43	33	11	22	411	230	181
霞浦县									
古田县									
屏南县									
寿宁县									
周宁县									
柘荣县									
福安市	14	2	12	11	5	6	137	73	64
福鼎市	48	10	38	26	11	15	219	93	126

7-10b 各地区按现住地、性别、迁移原因分的户口登记地在外省的人口(镇)

单位：人

现住地	合计			工作就业		
	合计	男	女	小计	男	女
合 计	**1035009**	**612757**	**422252**	**764292**	**489561**	**274731**
福州市	**227401**	**132514**	**94887**	**153220**	**99693**	**53527**
鼓楼区						
台江区						
仓山区						
马尾区						
晋安区	317	184	133	213	131	82
长乐区	42199	25692	16507	34572	22360	12212
闽侯县	98828	54429	44399	51356	32767	18589
连江县	25996	14929	11067	19306	12220	7086
罗源县	17829	11896	5933	14396	10471	3925
闽清县	3105	1673	1432	1967	1268	699
永泰县	4960	2956	2004	3976	2565	1411
平潭县	7043	4333	2710	5090	3575	1515
福清市	27124	16422	10702	22344	14336	8008
厦门市	**88882**	**53910**	**34972**	**77824**	**48459**	**29365**
思明区						
海沧区						
湖里区	447	355	92	415	333	82
集美区	46	29	17	38	25	13
同安区	2676	1568	1108	2060	1289	771
翔安区	85713	51958	33755	75311	46812	28499
莆田市	**19824**	**11935**	**7889**	**14605**	**9686**	**4919**
城厢区	1476	922	554	1137	745	392
涵江区	467	288	179	317	210	107
荔城区	231	148	83	165	117	48
秀屿区	2994	2013	981	2443	1758	685
仙游县	14656	8564	6092	10543	6856	3687
三明市	**30342**	**17271**	**13071**	**18810**	**12536**	**6274**
梅列区	766	529	237	625	466	159
三元区	611	428	183	512	373	139
明溪县	1541	872	669	978	645	333
清流县	1558	873	685	906	619	287
宁化县	2603	1336	1267	1165	754	411
大田县	3336	2142	1194	2161	1681	480
尤溪县	3472	1974	1498	2471	1607	864
沙县	9894	5448	4446	6111	3787	2324
将乐县	2731	1469	1262	1529	989	540
泰宁县	1302	715	587	705	489	216
建宁县	1365	790	575	808	554	254
永安市	1163	695	468	839	572	267
泉州市	**417736**	**245434**	**172302**	**315513**	**195906**	**119607**
鲤城区						
丰泽区						
洛江区	6260	3621	2639	4667	2835	1832
泉港区	3331	2021	1310	2350	1563	787
惠安县	62490	37329	25161	46863	29980	16883
安溪县	26300	14990	11310	17122	10791	6331
永春县	5507	3179	2328	3558	2377	1181
德化县	9885	5940	3945	7107	4656	2451
石狮市	52615	32348	20267	42456	27373	15083
晋江市	128039	71979	56060	97561	56704	40857
南安市	123309	74027	49282	93829	59627	34202

7-10b　续表 1

单位：人

现住地	合计			工作就业		
	合计	男	女	小计	男	女
漳州市	**169843**	**102315**	**67528**	**128762**	**83631**	**45131**
芗城区	16794	9929	6865	13477	8342	5135
龙文区						
云霄县	5649	3078	2571	3788	2364	1424
漳浦县	22727	15551	7176	18155	13417	4738
诏安县	4357	2214	2143	2669	1592	1077
长泰县	26030	15869	10161	22124	13909	8215
东山县	6813	3569	3244	4951	2757	2194
南靖县	4952	3131	1821	3586	2534	1052
平和县	6283	3787	2496	4828	3148	1680
华安县	4543	3112	1431	3912	2824	1088
龙海市	71695	42075	29620	51272	32744	18528
南平市	**20133**	**11198**	**8935**	**12823**	**8266**	**4557**
延平区	800	487	313	528	388	140
建阳区	940	524	416	508	347	161
顺昌县	3461	1966	1495	2152	1432	720
浦城县	4287	2352	1935	3009	1845	1164
光泽县	2278	1085	1193	1340	741	599
松溪县	1318	666	652	653	415	238
政和县	3651	2036	1615	2576	1665	911
邵武市	1797	1137	660	1284	907	377
武夷山市	805	520	285	323	237	86
建瓯市	796	425	371	450	289	161
龙岩市	**20671**	**12766**	**7905**	**13844**	**10074**	**3770**
新罗区	2449	1597	852	1760	1316	444
永定区	2861	1824	1037	1842	1430	412
长汀县	3517	1825	1692	1948	1233	715
上杭县	6554	4520	2034	5112	3895	1217
武平县	2538	1384	1154	1484	984	500
连城县	2304	1365	939	1460	1039	421
漳平市	448	251	197	238	177	61
宁德市	**40177**	**25414**	**14763**	**28891**	**21310**	**7581**
蕉城区	2109	1421	688	1782	1307	475
霞浦县	8063	5003	3060	5714	4177	1537
古田县	3844	2090	1754	2349	1614	735
屏南县	1014	517	497	599	413	186
寿宁县	1278	636	642	695	484	211
周宁县	1510	746	764	785	535	250
柘荣县	1363	659	704	453	304	149
福安市	11938	9178	2760	11038	8807	2231
福鼎市	9058	5164	3894	5476	3669	1807

7-10b 续表 2

单位：人

现住地	学习培训			随同离开/投亲靠友			拆迁/搬家		
	小计	男	女	小计	男	女	小计	男	女
合　计	**79355**	**39151**	**40204**	**112413**	**53970**	**58443**	**21805**	**11222**	**10583**
福州市	**38740**	**17929**	**20811**	**18737**	**8573**	**10164**	**5068**	**2516**	**2552**
鼓楼区									
台江区									
仓山区									
马尾区									
晋安区	84	43	41	15	9	6			
长乐区	886	513	373	5136	2271	2865	170	106	64
闽侯县	35218	16041	19177	5462	2622	2840	2070	1080	990
连江县	1287	620	667	2628	1176	1452	657	300	357
罗源县	237	136	101	1315	604	711	1123	520	603
闽清县	153	78	75	410	185	225	109	48	61
永泰县	130	78	52	342	161	181	109	50	59
平潭县	106	53	53	912	363	549	338	170	168
福清市	639	367	272	2517	1182	1335	492	242	250
厦门市	**2535**	**1520**	**1015**	**5564**	**2771**	**2793**	**286**	**151**	**135**
思明区									
海沧区									
湖里区	12	9	3	10	9	1			
集美区				3	1	2	3	2	1
同安区	110	57	53	315	142	173	25	14	11
翔安区	2413	1454	959	5236	2619	2617	258	135	123
莆田市	**827**	**418**	**409**	**1886**	**889**	**997**	**354**	**185**	**169**
城厢区	68	42	26	109	45	64	35	24	11
涵江区	20	11	9	60	32	28	10	6	4
荔城区	11	7	4	33	15	18	2	1	1
秀屿区	59	32	27	231	112	119	36	22	14
仙游县	669	326	343	1453	685	768	271	132	139
三明市	**1531**	**760**	**771**	**4568**	**2086**	**2482**	**1956**	**979**	**977**
梅列区	7	5	2	75	34	41	20	9	11
三元区	22	10	12	35	20	15	4	4	
明溪县	50	27	23	211	100	111	66	31	35
清流县	72	40	32	149	69	80	61	32	29
宁化县	158	87	71	410	178	232	347	173	174
大田县	233	135	98	413	182	231	62	35	27
尤溪县	82	40	42	426	202	224	150	62	88
沙县	516	239	277	1900	879	1021	663	328	335
将乐县	188	95	93	432	195	237	280	137	143
泰宁县	76	32	44	239	108	131	86	42	44
建宁县	70	23	47	122	58	64	188	109	79
永安市	57	27	30	156	61	95	29	17	12
泉州市	**22397**	**11976**	**10421**	**56515**	**27694**	**28821**	**6712**	**3580**	**3132**
鲤城区									
丰泽区									
洛江区	452	222	230	685	361	324	163	85	78
泉港区	129	70	59	360	183	177	103	59	44
惠安县	2824	1480	1344	8342	4050	4292	1561	832	729
安溪县	2286	1123	1163	3642	1768	1874	1048	482	566
永春县	309	151	158	754	323	431	265	129	136
德化县	526	301	225	1443	736	707	239	118	121
石狮市	2188	1330	858	6424	3009	3415	326	180	146
晋江市	7340	3848	3492	18336	9370	8966	1248	701	547
南安市	6343	3451	2892	16529	7894	8635	1759	994	765

7-10b　续表 3　　　　单位：人

现 住 地	学习培训			随同离开/投亲靠友			拆迁/搬家		
	小计	男	女	小计	男	女	小计	男	女
漳州市	**10824**	**5144**	**5680**	**16329**	**7982**	**8347**	**3124**	**1606**	**1518**
芗城区	676	363	313	2180	1010	1170	40	20	20
龙文区									
云霄县	106	49	57	483	220	263	461	218	243
漳浦县	840	503	337	1672	814	858	653	350	303
诏安县	76	28	48	353	189	164	244	113	131
长泰县	817	429	388	2097	1071	1026	80	49	31
东山县	78	46	32	603	313	290	258	127	131
南靖县	187	97	90	422	203	219	238	111	127
平和县	133	70	63	406	204	202	133	67	66
华安县	103	56	47	245	125	120	68	38	30
龙海市	7808	3503	4305	7868	3833	4035	949	513	436
南平市	**1092**	**637**	**455**	**2219**	**1019**	**1200**	**1033**	**519**	**514**
延平区	24	12	12	74	36	38	55	22	33
建阳区	78	42	36	166	81	85	43	22	21
顺昌县	204	118	86	432	197	235	204	97	107
浦城县	144	78	66	345	150	195	156	86	70
光泽县	98	45	53	262	126	136	156	72	84
松溪县	67	40	27	192	89	103	137	65	72
政和县	117	71	46	320	146	174	113	55	58
邵武市	77	41	36	232	103	129	91	52	39
武夷山市	245	168	77	83	38	45	48	29	19
建瓯市	38	22	16	113	53	60	30	19	11
龙岩市	**689**	**379**	**310**	**2581**	**1163**	**1418**	**793**	**413**	**380**
新罗区	70	33	37	347	139	208	71	39	32
永定区	137	76	61	395	167	228	88	35	53
长汀县	168	83	85	524	245	279	224	114	110
上杭县	186	112	74	546	246	300	123	66	57
武平县	69	39	30	335	168	167	151	87	64
连城县	52	31	21	318	152	166	132	69	63
漳平市	7	5	2	116	46	70	4	3	1
宁德市	**720**	**388**	**332**	**4014**	**1793**	**2221**	**2479**	**1273**	**1206**
蕉城区	30	15	15	155	68	87	28	11	17
霞浦县	101	55	46	811	347	464	488	249	239
古田县	97	55	42	573	237	336	267	101	166
屏南县	25	11	14	101	49	52	36	18	18
寿宁县	42	16	26	119	54	65	109	47	62
周宁县	46	25	21	253	99	154	56	21	35
柘荣县	58	26	32	281	136	145	256	140	116
福安市	114	68	46	398	200	198	85	40	45
福鼎市	207	117	90	1323	603	720	1154	646	508

7-10b 续表 4 单位：人

现住地	寄挂户口			婚姻嫁娶			照料孙子女		
	小计	男	女	小计	男	女	小计	男	女
合　计	**1406**	**782**	**624**	**21208**	**2336**	**18872**	**8052**	**2025**	**6027**
福州市	**198**	**117**	**81**	**4164**	**247**	**3917**	**1662**	**464**	**1198**
鼓楼区									
台江区									
仓山区									
马尾区									
晋安区				2		2			
长乐区	29	18	11	559	17	542	152	22	130
闽侯县	68	45	23	918	85	833	899	283	616
连江县	40	21	19	846	37	809	303	81	222
罗源县	15	9	6	427	16	411	101	22	79
闽清县	5	3	2	297	12	285	17	6	11
永泰县	4	3	1	219	9	210	34	9	25
平潭县	6	4	2	292	18	274	36	13	23
福清市	31	14	17	604	53	551	120	28	92
厦门市	**34**	**23**	**11**	**356**	**67**	**289**	**1013**	**269**	**744**
思明区									
海沧区									
湖里区							2		2
集美区							2	1	1
同安区	9	6	3	35	13	22	55	15	40
翔安区	25	17	8	321	54	267	954	253	701
莆田市	**85**	**51**	**34**	**851**	**207**	**644**	**121**	**25**	**96**
城厢区	6	3	3	43	19	24	10	3	7
涵江区	6	2	4	23	6	17	6	3	3
荔城区	2	2		9	2	7	1		1
秀屿区	21	9	12	121	34	87	2		2
仙游县	50	35	15	655	146	509	102	19	83
三明市	**119**	**71**	**48**	**1686**	**111**	**1575**	**310**	**75**	**235**
梅列区	3	2	1	22	2	20	2	1	1
三元区				4		4	2		2
明溪县	13	6	7	90	3	87	20	6	14
清流县	24	14	10	138	11	127	25	3	22
宁化县	17	13	4	265	18	247	46	10	36
大田县	24	13	11	260	14	246	22	4	18
尤溪县	13	7	6	216	10	206	31	9	22
沙县	11	8	3	288	24	264	79	23	56
将乐县	5	3	2	161	12	149	43	9	34
泰宁县	2		2	105	8	97	28	7	21
建宁县	6	5	1	86	5	81	7	2	5
永安市	1		1	51	4	47	5	1	4
泉州市	**549**	**290**	**259**	**4578**	**641**	**3937**	**2171**	**415**	**1756**
鲤城区									
丰泽区									
洛江区	8	6	2	94	15	79	48	9	39
泉港区	21	14	7	190	21	169	22	6	16
惠安县	120	61	59	997	166	831	449	85	364
安溪县	77	42	35	797	123	674	138	35	103
永春县	56	29	27	293	42	251	28	9	19
德化县	5	5		304	20	284	61	10	51
石狮市	64	31	33	266	23	243	201	27	174
晋江市	88	43	45	719	60	659	608	102	506
南安市	110	59	51	918	171	747	616	132	484

7-10b 续表 5

单位：人

现住地	寄挂户口			婚姻嫁娶			照料孙子女		
	小计	男	女	小计	男	女	小计	男	女
漳州市	**205**	**111**	**94**	**3446**	**555**	**2891**	**2182**	**615**	**1567**
芗城区	11	4	7	162	54	108	49	15	34
龙文区									
云霄县	8	6	2	411	33	378	53	19	34
漳浦县	55	33	22	679	74	605	150	41	109
诏安县	31	17	14	516	75	441	21	3	18
长泰县	21	8	13	170	41	129	160	34	126
东山县	38	21	17	462	81	381	67	21	46
南靖县	10	8	2	251	49	202	27	5	22
平和县	14	5	9	316	32	284	29	7	22
华安县	4	2	2	95	13	82	17	3	14
龙海市	13	7	6	384	103	281	1609	467	1142
南平市	**61**	**32**	**29**	**1627**	**148**	**1479**	**180**	**55**	**125**
延平区	2	2		71	5	66	5		5
建阳区				83	10	73	10	2	8
顺昌县	12	6	6	218	10	208	33	12	21
浦城县	11	5	6	297	34	263	35	14	21
光泽县	11	8	3	224	18	206	59	20	39
松溪县	6	1	5	160	12	148	5		5
政和县	12	4	8	360	24	336	17	2	15
邵武市	3	2	1	66	8	58	8	2	6
武夷山市	1	1		48	13	35	1	1	
建瓯市	3	3		100	14	86	7	2	5
龙岩市	**82**	**43**	**39**	**1627**	**213**	**1414**	**239**	**70**	**169**
新罗区	7	4	3	101	16	85	21	9	12
永定区	18	11	7	250	40	210	14	1	13
长汀县	28	14	14	452	57	395	28	5	23
上杭县	4	1	3	251	57	194	95	28	67
武平县	12	7	5	317	34	283	50	18	32
连城县	12	6	6	207	7	200	29	8	21
漳平市	1		1	49	2	47	2	1	1
宁德市	**73**	**44**	**29**	**2873**	**147**	**2726**	**174**	**37**	**137**
蕉城区				59	3	56	16	3	13
霞浦县	18	10	8	678	47	631	47	11	36
古田县	8	5	3	398	20	378	29	7	22
屏南县	4	3	1	186	6	180	5	1	4
寿宁县	7	2	5	212	5	207	15	2	13
周宁县	4	3	1	244	7	237	12	3	9
柘荣县	3	3		248	22	226	12	3	9
福安市	3	2	1	190	9	181	18	5	13
福鼎市	26	16	10	658	28	630	20	2	18

7－10b 续表 6 单位：人

现住地	为子女就学			养老/康养			其他		
	小计	男	女	小计	男	女	小计	男	女
合　计	**2107**	**470**	**1637**	**1820**	**816**	**1004**	**22551**	**12424**	**10127**
福州市	**290**	**56**	**234**	**333**	**148**	**185**	**4989**	**2771**	**2218**
鼓楼区									
台江区									
仓山区									
马尾区									
晋安区	1		1				2	1	1
长乐区	19	1	18	18	10	8	658	374	284
闽侯县	87	18	69	199	88	111	2551	1400	1151
连江县	96	17	79	75	29	46	758	428	330
罗源县	29	7	22	9	4	5	177	107	70
闽清县	15	4	11	5	3	2	127	66	61
永泰县	15	2	13	2		2	129	79	50
平潭县	8	3	5	1	1		254	133	121
福清市	20	4	16	24	13	11	333	183	150
厦门市	**94**	**18**	**76**	**65**	**28**	**37**	**1111**	**604**	**507**
思明区									
海沧区									
湖里区	2		2				6	4	2
集美区									
同安区	5	1	4	9	4	5	53	27	26
翔安区	87	17	70	56	24	32	1052	573	479
莆田市	**51**	**10**	**41**	**29**	**18**	**11**	**1015**	**446**	**569**
城厢区	1		1	1		1	66	41	25
涵江区	3	2	1	1	1		21	15	6
荔城区							8	4	4
秀屿区	1		1	1		1	79	46	33
仙游县	46	8	38	26	17	9	841	340	501
三明市	**205**	**45**	**160**	**128**	**43**	**85**	**1029**	**565**	**464**
梅列区							12	10	2
三元区				1		1	31	21	10
明溪县	13	4	9	3		3	97	50	47
清流县	17	3	14	61	19	42	105	63	42
宁化县	44	12	32	6	2	4	145	89	56
大田县	35	5	30	6	3	3	120	70	50
尤溪县	16	5	11	4	2	2	63	30	33
沙县	24	10	14	29	11	18	273	139	134
将乐县	33	3	30	5	3	2	55	23	32
泰宁县	14	1	13	6	1	5	41	27	14
建宁县	7	2	5	7	2	5	64	30	34
永安市	2		2				23	13	10
泉州市	**709**	**165**	**544**	**353**	**174**	**179**	**8239**	**4593**	**3646**
鲤城区									
丰泽区									
洛江区	4	2	2	9	4	5	130	82	48
泉港区	4	1	3	8	4	4	144	100	44
惠安县	118	47	71	59	31	28	1157	597	560
安溪县	198	56	142	16	9	7	976	561	415
永春县	46	11	35	6	4	2	192	104	88
德化县	10	2	8	11	7	4	179	85	94
石狮市	40	10	30	40	22	18	610	343	267
晋江市	86	15	71	113	46	67	1940	1090	850
南安市	203	21	182	91	47	44	2911	1631	1280

7-10b 续表 7

单位：人

现住地	为子女就学			养老/康养			其他		
	小计	男	女	小计	男	女	小计	男	女
漳州市	**315**	**96**	**219**	**692**	**311**	**381**	**3964**	**2264**	**1700**
芗城区	4	1	3	13	8	5	182	112	70
龙文区									
云霄县	11	4	7	12	6	6	316	159	157
漳浦县	24	5	19	28	17	11	471	297	174
诏安县	11	2	9	7	4	3	429	191	238
长泰县	20	1	19	39	18	21	502	309	193
东山县	12	4	8	44	24	20	300	175	125
南靖县	8	2	6	8	4	4	215	118	97
平和县	9	1	8				415	253	162
华安县	1		1	1		1	97	51	46
龙海市	215	76	139	540	230	310	1037	599	438
南平市	**179**	**38**	**141**	**115**	**51**	**64**	**804**	**433**	**371**
延平区	2		2				39	22	17
建阳区	11	1	10	3	1	2	38	18	20
顺昌县	36	7	29	29	13	16	141	74	67
浦城县	36	8	28	35	19	16	219	113	106
光泽县	17	5	12	19	7	12	92	43	49
松溪县	26	4	22	6	1	5	66	39	27
政和县	28	8	20	14	7	7	94	54	40
邵武市	8	3	5	2	1	1	26	18	8
武夷山市	2		2	3		3	51	33	18
建瓯市	13	2	11	4	2	2	38	19	19
龙岩市	**84**	**14**	**70**	**51**	**22**	**29**	**681**	**375**	**306**
新罗区	12	2	10	1	1		59	38	21
永定区	15	3	12	5	2	3	97	59	38
长汀县	20	7	13	8	4	4	117	63	54
上杭县	15	1	14	19	7	12	203	107	96
武平县	10		10	12	5	7	98	42	56
连城县	10	1	9	5	3	2	79	49	30
漳平市	2		2	1		1	28	17	11
宁德市	**180**	**28**	**152**	**54**	**21**	**33**	**719**	**373**	**346**
蕉城区	1		1				38	14	24
霞浦县	22	6	16	18	8	10	166	93	73
古田县	33	4	29	10	4	6	80	43	37
屏南县	10	1	9	4		4	44	15	29
寿宁县	30	2	28	3		3	46	24	22
周宁县	27	7	20	3	1	2	80	45	35
柘荣县	11	4	7	6	3	3	35	18	17
福安市	9		9	1	1		82	46	36
福鼎市	37	4	33	9	4	5	148	75	73

7-10c 各地区按现住地、性别、迁移原因分的户口登记地在外省的人口(乡村)

单位：人

现住地	合计			工作就业		
	合计	男	女	小计	男	女
合　计	**813233**	**506545**	**306688**	**626101**	**420634**	**205467**
福州市	**165251**	**105075**	**60176**	**130833**	**89836**	**40997**
鼓楼区						
台江区						
仓山区						
马尾区	1280	793	487	897	609	288
晋安区	2220	1590	630	1884	1431	453
长乐区	45830	27703	18127	37316	24006	13310
闽侯县	34227	21327	12900	26993	18063	8930
连江县	17290	11333	5957	13446	9748	3698
罗源县	5870	4384	1486	5318	4137	1181
闽清县	6977	4119	2858	5480	3604	1876
永泰县	3314	2060	1254	2017	1572	445
平潭县	7691	5452	2239	5842	4516	1326
福清市	40552	26314	14238	31640	22150	9490
厦门市	**131463**	**81263**	**50200**	**102682**	**66837**	**35845**
思明区						
海沧区	4464	2788	1676	3998	2562	1436
湖里区						
集美区	41680	24764	16916	33977	20816	13161
同安区	45314	27761	17553	35360	22758	12602
翔安区	40005	25950	14055	29347	20701	8646
莆田市	**33045**	**20446**	**12599**	**23760**	**16288**	**7472**
城厢区	7881	4851	3030	6195	4002	2193
涵江区	5139	3321	1818	4018	2787	1231
荔城区	7462	4142	3320	4443	2897	1546
秀屿区	6121	4278	1843	4647	3550	1097
仙游县	6442	3854	2588	4457	3052	1405
三明市	**22650**	**15864**	**6786**	**17556**	**13741**	**3815**
梅列区	204	131	73	161	113	48
三元区	1427	1134	293	1224	1029	195
明溪县	1656	1216	440	1184	955	229
清流县	1911	1403	508	1458	1208	250
宁化县	1732	1077	655	1050	792	258
大田县	4548	3589	959	3968	3367	601
尤溪县	2319	1409	910	1608	1185	423
沙县	1743	1069	674	1316	880	436
将乐县	2481	1633	848	2017	1448	569
泰宁县	584	343	241	397	268	129
建宁县	886	631	255	621	522	99
永安市	3159	2229	930	2552	1974	578
泉州市	**299264**	**176604**	**122660**	**225883**	**140996**	**84887**
鲤城区						
丰泽区						
洛江区	9292	5416	3876	6448	4015	2433
泉港区	7132	4747	2385	5197	3892	1305
惠安县	29940	19345	10595	22993	16033	6960
安溪县	10874	6563	4311	7285	4978	2307
永春县	2642	1626	1016	1744	1284	460
德化县	1929	1294	635	1482	1098	384
石狮市	25934	15067	10867	20106	12271	7835
晋江市	175502	100173	75329	133305	79057	54248
南安市	36019	22373	13646	27323	18368	8955

7-10c 续表 1

单位：人

现住地	合计			工作就业		
	合计	男	女	小计	男	女
漳州市	**52223**	**35036**	**17187**	**40912**	**30365**	**10547**
芗城区	3238	2151	1087	2645	1884	761
龙文区	1062	685	377	820	567	253
云霄县	4434	3292	1142	3683	3025	658
漳浦县	10393	7228	3165	8521	6528	1993
诏安县	2895	1607	1288	1597	1128	469
长泰县	4711	2919	1792	3519	2347	1172
东山县	2456	1742	714	1804	1471	333
南靖县	2465	1621	844	1749	1288	461
平和县	2092	1081	1011	1295	871	424
华安县	3466	2316	1150	2917	2088	829
龙海市	15011	10394	4617	12362	9168	3194
南平市	**27752**	**17100**	**10652**	**20161**	**14069**	**6092**
延平区	2950	1787	1163	1741	1235	506
建阳区	3787	2336	1451	2493	1800	693
顺昌县	2191	1327	864	1516	1071	445
浦城县	3630	2298	1332	2986	2067	919
光泽县	4804	2866	1938	4120	2562	1558
松溪县	1580	965	615	1055	766	289
政和县	2192	1323	869	1551	1130	421
邵武市	1750	1163	587	1354	993	361
武夷山市	2679	1720	959	1840	1332	508
建瓯市	2189	1315	874	1505	1113	392
龙岩市	**27010**	**18677**	**8333**	**20411**	**15974**	**4437**
新罗区	8747	6504	2243	7278	5794	1484
永定区	4611	3324	1287	3471	2878	593
长汀县	2155	1168	987	1055	740	315
上杭县	2905	1926	979	2116	1609	507
武平县	2985	1923	1062	2190	1644	546
连城县	1827	1176	651	1285	991	294
漳平市	3780	2656	1124	3016	2318	698
宁德市	**54575**	**36480**	**18095**	**43903**	**32528**	**11375**
蕉城区	17389	11454	5935	15248	10537	4711
霞浦县	7653	5896	1757	6815	5636	1179
古田县	3632	2075	1557	2420	1765	655
屏南县	1536	950	586	1132	865	267
寿宁县	1876	1132	744	1307	960	347
周宁县	2035	1486	549	1646	1374	272
柘荣县	1730	1150	580	1313	1006	307
福安市	4210	2795	1415	3297	2471	826
福鼎市	14514	9542	4972	10725	7914	2811

7-10c 续表 2

单位：人

现住地	学习培训			随同离开/投亲靠友			拆迁/搬家		
	小计	男	女	小计	男	女	小计	男	女
合计	**38909**	**21256**	**17653**	**84676**	**41249**	**43427**	**9438**	**5240**	**4198**
福州市	**6925**	**4046**	**2879**	**14212**	**6646**	**7566**	**1840**	**1009**	**831**
鼓楼区									
台江区									
仓山区									
马尾区	29	12	17	194	105	89	39	26	13
晋安区	34	18	16	132	74	58	26	16	10
长乐区	1224	683	541	4246	1893	2353	397	203	194
闽侯县	931	488	443	3187	1541	1646	543	285	258
连江县	992	576	416	1351	606	745	119	78	41
罗源县	31	17	14	203	93	110	44	25	19
闽清县	143	82	61	622	294	328	66	34	32
永泰县	819	364	455	122	45	77	29	16	13
平潭县	637	389	248	587	272	315	135	69	66
福清市	2085	1417	668	3568	1723	1845	442	257	185
厦门市	**12160**	**6642**	**5518**	**11196**	**5636**	**5560**	**545**	**299**	**246**
思明区									
海沧区	62	42	20	209	109	100	26	13	13
湖里区									
集美区	2139	1243	896	4265	2202	2063	77	47	30
同安区	3256	1828	1428	4674	2356	2318	225	124	101
翔安区	6703	3529	3174	2048	969	1079	217	115	102
莆田市	**2393**	**1009**	**1384**	**2600**	**1186**	**1414**	**556**	**322**	**234**
城厢区	276	138	138	499	231	268	152	88	64
涵江区	153	94	59	413	186	227	73	43	30
荔城区	1651	605	1046	578	261	317	111	66	45
秀屿区	136	71	65	477	210	267	116	71	45
仙游县	177	101	76	633	298	335	104	54	50
三明市	**288**	**142**	**146**	**1490**	**666**	**824**	**533**	**302**	**231**
梅列区	9	4	5	10	3	7	3	1	2
三元区	29	19	10	48	22	26	19	12	7
明溪县	16	9	7	115	59	56	35	22	13
清流县	10	5	5	69	33	36	53	30	23
宁化县	38	17	21	125	55	70	147	79	68
大田县	28	10	18	189	72	117	34	16	18
尤溪县	37	17	20	207	101	106	70	44	26
沙县	34	20	14	186	81	105	34	19	15
将乐县	33	14	19	207	86	121	36	25	11
泰宁县	7	4	3	47	23	24	15	5	10
建宁县	14	9	5	61	29	32	56	26	30
永安市	33	14	19	226	102	124	31	23	8
泉州市	**14025**	**7652**	**6373**	**43623**	**21779**	**21844**	**2139**	**1235**	**904**
鲤城区									
丰泽区									
洛江区	890	522	368	1101	567	534	177	98	79
泉港区	221	126	95	690	329	361	128	80	48
惠安县	1243	659	584	3451	1704	1747	282	153	129
安溪县	439	243	196	1366	675	691	166	101	65
永春县	90	56	34	331	150	181	44	27	17
德化县	39	21	18	254	121	133	30	17	13
石狮市	1097	565	532	4006	1954	2052	119	76	43
晋江市	8603	4730	3873	27817	14025	13792	856	495	361
南安市	1403	730	673	4607	2254	2353	337	188	149

7-10c　续表 3　　　　单位：人

现住地	学习培训			随同离开/投亲靠友			拆迁/搬家		
	小计	男	女	小计	男	女	小计	男	女
漳州市	**992**	**572**	**420**	**4019**	**1956**	**2063**	**621**	**354**	**267**
芗城区	37	26	11	325	159	166	27	20	7
龙文区	31	18	13	92	58	34	26	11	15
云霄县	48	24	24	206	106	100	51	32	19
漳浦县	136	82	54	640	281	359	134	76	58
诏安县	69	36	33	243	136	107	97	49	48
长泰县	145	85	60	492	243	249	55	30	25
东山县	24	9	15	165	77	88	41	22	19
南靖县	108	61	47	215	121	94	42	29	13
平和县	31	18	13	157	77	80	44	25	19
华安县	60	32	28	221	103	118	18	10	8
龙海市	303	181	122	1263	595	668	86	50	36
南平市	**974**	**540**	**434**	**2242**	**1008**	**1234**	**857**	**465**	**392**
延平区	585	311	274	244	118	126	88	47	41
建阳区	72	50	22	495	221	274	161	88	73
顺昌县	32	19	13	215	100	115	83	44	39
浦城县	29	18	11	190	80	110	62	35	27
光泽县	34	19	15	244	130	114	107	60	47
松溪县	33	21	12	157	58	99	78	50	28
政和县	37	19	18	176	72	104	57	30	27
邵武市	35	22	13	144	58	86	40	19	21
武夷山市	82	43	39	209	95	114	89	47	42
建瓯市	35	18	17	168	76	92	92	45	47
龙岩市	**509**	**267**	**242**	**2386**	**1106**	**1280**	**425**	**243**	**182**
新罗区	130	70	60	782	349	433	62	37	25
永定区	122	71	51	372	161	211	50	30	20
长汀县	61	20	41	269	126	143	178	96	82
上杭县	41	20	21	295	150	145	29	19	10
武平县	32	19	13	228	108	120	58	31	27
连城县	20	7	13	140	65	75	28	16	12
漳平市	103	60	43	300	147	153	20	14	6
宁德市	**643**	**386**	**257**	**2908**	**1266**	**1642**	**1922**	**1011**	**911**
蕉城区	125	68	57	827	369	458	501	276	225
霞浦县	27	18	9	201	89	112	94	56	38
古田县	70	41	29	278	117	161	131	59	72
屏南县	32	17	15	75	29	46	23	9	14
寿宁县	32	17	15	114	46	68	64	35	29
周宁县	24	16	8	91	42	49	46	22	24
柘荣县	22	14	8	129	53	76	75	42	33
福安市	108	53	55	225	92	133	87	41	46
福鼎市	203	142	61	968	429	539	901	471	430

7–10c 续表 4　　单位：人

现住地	寄挂户口			婚姻嫁娶			照料孙子女		
	小计	男	女	小计	男	女	小计	男	女
合　计	**2042**	**1104**	**938**	**25016**	**3187**	**21829**	**4134**	**908**	**3226**
福州市	**308**	**173**	**135**	**5340**	**311**	**5029**	**759**	**166**	**593**
鼓楼区									
台江区									
仓山区									
马尾区	7	5	2	49	1	48	12	3	9
晋安区	7	5	2	45	3	42	18	4	14
长乐区	72	45	27	996	37	959	231	41	190
闽侯县	44	23	21	872	88	784	214	46	168
连江县	28	13	15	808	14	794	42	11	31
罗源县	15	10	5	107	4	103	9	2	7
闽清县	14	7	7	501	21	480	12	2	10
永泰县	11	7	4	221	6	215	6		6
平潭县	13	7	6	170	9	161	43	20	23
福清市	97	51	46	1571	128	1443	172	37	135
厦门市	**105**	**56**	**49**	**1095**	**249**	**846**	**1320**	**297**	**1023**
思明区									
海沧区	2		2	32	3	29	69	23	46
湖里区									
集美区	31	13	18	104	28	76	391	66	325
同安区	41	21	20	482	125	357	469	106	363
翔安区	31	22	9	477	93	384	391	102	289
莆田市	**224**	**129**	**95**	**1801**	**535**	**1266**	**135**	**28**	**107**
城厢区	53	30	23	290	87	203	35	8	27
涵江区	24	17	7	203	59	144	26	5	21
荔城区	39	19	20	320	121	199	21	4	17
秀屿区	61	35	26	328	123	205	26	5	21
仙游县	47	28	19	660	145	515	27	6	21
三明市	**213**	**106**	**107**	**1316**	**188**	**1128**	**46**	**13**	**33**
梅列区	1	1		3		3			
三元区	15	11	4	33	4	29	1	1	
明溪县	28	10	18	69	16	53	2	1	1
清流县	58	30	28	120	16	104	5		5
宁化县	40	19	21	152	14	138	5	2	3
大田县	27	17	10	196	46	150	4	3	1
尤溪县	17	7	10	288	15	273	6		6
沙县	5	1	4	70	8	62	2	1	1
将乐县	6	2	4	93	16	77	9	2	7
泰宁县	1		1	49	13	36	2		2
建宁县	4		4	63	8	55	1		1
永安市	11	8	3	180	32	148	9	3	6
泉州市	**603**	**323**	**280**	**5281**	**884**	**4397**	**1329**	**264**	**1065**
鲤城区									
丰泽区									
洛江区	36	19	17	351	59	292	59	13	46
泉港区	41	20	21	443	74	369	27	7	20
惠安县	72	40	32	737	145	592	158	37	121
安溪县	105	61	44	876	180	696	52	9	43
永春县	41	20	21	301	43	258	7	3	4
德化县	5	3	2	59	7	52	4	1	3
石狮市	16	8	8	178	13	165	125	29	96
晋江市	167	80	87	1176	157	1019	784	143	641
南安市	120	72	48	1160	206	954	113	22	91

7-10c　续表 5

单位：人

现住地	寄挂户口			婚姻嫁娶			照料孙子女		
	小计	男	女	小计	男	女	小计	男	女
漳州市	**186**	**92**	**94**	**3293**	**404**	**2889**	**136**	**41**	**95**
芗城区	5	4	1	131	24	107	7	1	6
龙文区	2	1	1	55	7	48	5	2	3
云霄县	17	11	6	304	28	276	10	2	8
漳浦县	40	15	25	614	64	550	22	9	13
诏安县	30	13	17	556	68	488	7	3	4
长泰县	27	12	15	163	33	130	18	7	11
东山县	5		5	230	45	185	1	1	
南靖县	12	8	4	183	25	158	10	3	7
平和县	20	13	7	437	16	421	6	2	4
华安县	7	2	5	131	11	120	3		3
龙海市	21	13	8	489	83	406	47	11	36
南平市	**127**	**73**	**54**	**2011**	**228**	**1783**	**115**	**28**	**87**
延平区	13	8	5	162	13	149	14	4	10
建阳区	10	5	5	343	49	294	23	7	16
顺昌县	9	4	5	206	26	180	11	2	9
浦城县	16	11	5	225	21	204	10	3	7
光泽县	14	7	7	169	24	145	12	3	9
松溪县	17	11	6	158	22	136	4		4
政和县	15	7	8	232	12	220	7	1	6
邵武市	11	5	6	76	17	59	2		2
武夷山市	11	6	5	135	20	115	24	7	17
建瓯市	11	9	2	305	24	281	8	1	7
龙岩市	**139**	**81**	**58**	**1837**	**259**	**1578**	**96**	**26**	**70**
新罗区	14	11	3	157	36	121	25	5	20
永定区	18	11	7	391	56	335	8	1	7
长汀县	24	14	10	339	59	280	21	8	13
上杭县	29	15	14	264	52	212	20	6	14
武平县	20	11	9	303	29	274	11	3	8
连城县	17	12	5	223	11	212	3	1	2
漳平市	17	7	10	160	16	144	8	2	6
宁德市	**137**	**71**	**66**	**3042**	**129**	**2913**	**198**	**45**	**153**
蕉城区	21	13	8	298	20	278	80	18	62
霞浦县	18	9	9	337	5	332	10	4	6
古田县	26	12	14	566	18	548	10	2	8
屏南县	6	3	3	217	3	214	6	1	5
寿宁县	14	8	6	255	17	238	6	2	4
周宁县	10	6	4	163	4	159	5	1	4
柘荣县	7	3	4	121	5	116	5	1	4
福安市	16	10	6	263	9	254	14	2	12
福鼎市	19	7	12	822	48	774	62	14	48

7-10c 续表 6

单位：人

现住地	为子女就学			养老/康养			其他		
	小计	男	女	小计	男	女	小计	男	女
合 计	**766**	**151**	**615**	**975**	**459**	**516**	**21176**	**12357**	**8819**
福州市	**120**	**18**	**102**	**152**	**68**	**84**	**4762**	**2802**	**1960**
鼓楼区									
台江区									
仓山区									
马尾区				3	1	2	50	31	19
晋安区	2		2	2		2	70	39	31
长乐区	26	4	22	31	16	15	1291	775	516
闽侯县	32	5	27	34	16	18	1377	772	605
连江县	8	1	7	13	2	11	483	284	199
罗源县	5	1	4	2	1	1	136	94	42
闽清县	2		2	17	9	8	120	66	54
永泰县	4	2	2	3	1	2	82	47	35
平潭县	9	2	7	10	4	6	245	164	81
福清市	32	3	29	37	18	19	908	530	378
厦门市	**187**	**47**	**140**	**126**	**51**	**75**	**2047**	**1149**	**898**
思明区									
海沧区	4	1	3	5	1	4	57	34	23
湖里区									
集美区	25	4	21	30	10	20	641	335	306
同安区	46	9	37	36	17	19	725	417	308
翔安区	112	33	79	55	23	32	624	363	261
莆田市	**24**	**3**	**21**	**64**	**39**	**25**	**1488**	**907**	**581**
城厢区	6	1	5	8	3	5	367	263	104
涵江区	2		2	20	13	7	207	117	90
荔城区	2	1	1	7	6	1	290	162	128
秀屿区	8		8	18	11	7	304	202	102
仙游县	6	1	5	11	6	5	320	163	157
三明市	**17**	**4**	**13**	**47**	**19**	**28**	**1144**	**683**	**461**
梅列区	2	1	1	2	2		13	6	7
三元区				1		1	57	36	21
明溪县				2		2	205	144	61
清流县	1		1	4	2	2	133	79	54
宁化县	4	2	2	4	3	1	167	94	73
大田县	3		3	1	1		98	57	41
尤溪县	1		1	5	2	3	80	38	42
沙县				9	3	6	87	56	31
将乐县	5		5	4	2	2	71	38	33
泰宁县				10	2	8	56	28	28
建宁县				1	1		65	36	29
永安市	1	1		4	1	3	112	71	41
泉州市	**221**	**35**	**186**	**328**	**150**	**178**	**5832**	**3286**	**2546**
鲤城区									
丰泽区									
洛江区	12	4	8	14	6	8	204	113	91
泉港区	4		4	14	8	6	367	211	156
惠安县	61	11	50	115	53	62	828	510	318
安溪县	14	1	13	12	6	6	559	309	250
永春县	5		5	5	4	1	74	39	35
德化县	1		1	4	1	3	51	25	26
石狮市	10	1	9	20	7	13	257	143	114
晋江市	91	13	78	105	45	60	2598	1428	1170
南安市	23	5	18	39	20	19	894	508	386

7-10c　续表 7　　单位：人

现住地	为子女就学			养老/康养			其　他		
	小计	男	女	小计	男	女	小计	男	女
漳州市	**41**	**11**	**30**	**35**	**19**	**16**	**1988**	**1222**	**766**
芗城区				2	1	1	59	32	27
龙文区							31	21	10
云霄县	3	1	2				112	63	49
漳浦县	6	3	3	6	3	3	274	167	107
诏安县	11	4	7	2	2		283	168	115
长泰县	6		6	6	2	4	280	160	120
东山县	1		1	1		1	184	117	67
南靖县	2		2	3	2	1	141	84	57
平和县	4	1	3	1		1	97	58	39
华安县	2	1	1	1	1		106	68	38
龙海市	6	1	5	13	8	5	421	284	137
南平市	**41**	**6**	**35**	**97**	**53**	**44**	**1127**	**630**	**497**
延平区	2	1	1	10	7	3	91	43	48
建阳区	9	3	6	30	14	16	151	99	52
顺昌县				9	6	3	110	55	55
浦城县	5		5	6	4	2	101	59	42
光泽县	6		6	4	2	2	94	59	35
松溪县				5	2	3	73	35	38
政和县	8	1	7	7	3	4	102	48	54
邵武市	1		1	5	3	2	82	46	36
武夷山市	8	1	7	16	9	7	265	160	105
建瓯市	2		2	5	3	2	58	26	32
龙岩市	**47**	**13**	**34**	**43**	**23**	**20**	**1117**	**685**	**432**
新罗区	7		7	10	6	4	282	196	86
永定区	8	2	6	11	5	6	160	109	51
长汀县	18	8	10	4		4	186	97	89
上杭县	6	2	4	7	4	3	98	49	49
武平县	1		1	8	6	2	134	72	62
连城县	4		4				107	73	34
漳平市	3	1	2	3	2	1	150	89	61
宁德市	**68**	**14**	**54**	**83**	**37**	**46**	**1671**	**993**	**678**
蕉城区	9	4	5	12	5	7	268	144	124
霞浦县	2		2	4	2	2	145	77	68
古田县	18	2	16	6	3	3	107	56	51
屏南县	4	1	3	5	2	3	36	20	16
寿宁县				10	4	6	74	43	31
周宁县	4		4	4	2	2	42	19	23
柘荣县	1		1	1		1	56	26	30
福安市	4		4	5	4	1	191	113	78
福鼎市	26	7	19	36	15	21	752	495	257

第一部分　全部数据资料

第八卷　住房

8-1　各地区按住房间数分的家庭户户数

单位：户

地　区	家庭户户数	住房间数				
		一间	二间	三间	四间	五间
合　计	**13350262**	**2406879**	**2382382**	**3765958**	**1854192**	**879989**
福州市	**2630124**	**404608**	**542644**	**863720**	**384105**	**118889**
鼓楼区	204323	19269	63511	99373	19312	2092
台江区	138942	18133	47540	58849	12734	1213
仓山区	368306	99492	77364	128853	40790	9198
马尾区	86566	18828	17521	29352	11489	3468
晋安区	266424	53579	76270	102005	26826	3839
长乐区	237862	45950	53572	57266	49585	9759
闽侯县	282532	42409	47236	84087	42690	17522
连江县	213939	22286	37555	75530	40469	13657
罗源县	85893	7246	18623	38229	11883	3321
闽清县	84637	3520	11126	22098	16362	8015
永泰县	107885	6111	16259	35209	23827	8945
平潭县	129136	18236	25827	35777	29812	7835
福清市	423679	49549	50240	97092	58326	30025
厦门市	**1889017**	**965778**	**368444**	**350486**	**91031**	**32250**
思明区	362548	115181	112433	107121	21662	4214
海沧区	219257	123646	36283	40534	11144	2749
湖里区	429296	275812	76738	57905	14234	3009
集美区	365332	202605	70184	65478	16318	4000
同安区	319859	168462	44352	52837	14727	8730
翔安区	192725	80072	28454	26611	12946	9548
莆田市	**976241**	**97092**	**109626**	**246936**	**156334**	**79119**
城厢区	168984	34083	19298	49075	25048	8004
涵江区	141327	16109	15149	41535	22953	10054
荔城区	190685	23463	22916	58839	31493	14387
秀屿区	192310	8256	18310	27429	29135	20475
仙游县	282935	15181	33953	70058	47705	26199
三明市	**825142**	**44498**	**149284**	**265725**	**129005**	**61977**
梅列区	77898	8678	29990	31960	4746	1044
三元区	62122	5871	24194	22593	3972	1502
明溪县	33076	1013	4664	10732	4997	2899
清流县	37902	1897	4491	10810	5549	3583
宁化县	85297	2458	8314	20011	15203	9371
大田县	98030	3967	15134	30618	15214	6507
尤溪县	112685	3655	9022	26813	28317	12489
沙县	83804	5804	13795	30387	14821	5742
将乐县	46683	1887	6121	12765	7921	4330
泰宁县	34786	1095	4112	12574	6498	3158
建宁县	39327	1608	4454	12641	8452	4167
永安市	113532	6565	24993	43821	13315	7185
泉州市	**2577756**	**455959**	**335159**	**718165**	**361818**	**210435**
鲤城区	130879	41857	27906	38148	10217	4219
丰泽区	214048	69144	33102	75793	22072	6186
洛江区	65567	7584	8443	20496	7471	5209
泉港区	112748	6038	12638	30764	16201	10812
惠安县	318956	27779	37855	74948	52477	43270
安溪县	304627	12665	38065	92402	59291	33210
永春县	141248	5301	15535	37474	26347	13095
德化县	110359	10803	23877	56600	10185	3725
石狮市	196526	66523	28538	55030	23175	8152
晋江市	555473	170014	69660	129398	65367	31972
南安市	427325	38251	39540	107112	69015	50585

注：本表数据为居住在普通住宅的家庭户。

8-1 续表 1

单位：户

地　区	家庭户户　数	住房间数				
		一间	二间	三间	四间	五间
漳州市	**1569067**	**224727**	**334846**	**418715**	**273892**	**135344**
芗城区	206526	41165	70558	65918	14865	4885
龙文区	94344	20816	20493	34037	9955	3552
云霄县	121793	12821	27558	34677	29325	9856
漳浦县	249021	19080	41931	59750	44624	31965
诏安县	168360	32247	44392	40246	29973	13139
长泰县	70190	13044	8898	13516	10983	7547
东山县	64828	5124	11883	20795	17592	6573
南靖县	100513	6769	16772	33807	17842	10351
平和县	147739	16744	29114	40129	39627	11778
华安县	45864	3482	5794	10342	7263	4988
龙海市	299889	53435	57453	65498	51843	30710
南平市	**934728**	**50697**	**193690**	**317293**	**149643**	**66701**
延平区	161322	10381	49226	63478	17967	6514
建阳区	119967	9284	22633	45735	18037	6719
顺昌县	65384	2629	14553	23885	10152	4825
浦城县	107793	4668	14628	26129	21135	11580
光泽县	45200	2972	9087	13611	7256	3592
松溪县	44958	1992	8892	10631	8112	5050
政和县	59959	2301	11465	19194	10501	4356
邵武市	102062	5399	22016	46228	14711	4301
武夷山市	75008	3956	11091	23679	12423	6568
建瓯市	153075	7115	30099	44723	29349	13196
龙岩市	**913739**	**72232**	**144140**	**269805**	**130273**	**83020**
新罗区	275307	41425	67533	113629	25587	9726
永定区	113950	6160	15612	30792	22913	11992
长汀县	127584	5352	15377	32038	21133	16111
上杭县	123020	6571	9090	18707	18466	15314
武平县	94022	2855	8035	21904	17375	11799
连城县	90177	5118	12910	18780	14049	11865
漳平市	89679	4751	15583	33955	10750	6213
宁德市	**1034448**	**91288**	**204549**	**315113**	**178091**	**92254**
蕉城区	187866	18737	42663	79461	23616	7442
霞浦县	154882	11376	29383	52564	27231	12623
古田县	119577	8333	20125	37948	18512	9418
屏南县	50376	3044	8355	14708	9073	4429
寿宁县	67324	3996	11572	15358	13556	6781
周宁县	51353	3069	8086	10522	8742	6126
柘荣县	29723	2314	4933	7991	5598	3795
福安市	192827	18683	36110	56798	35754	16113
福鼎市	180520	21736	43322	39763	36009	25527

8-1　续表 2　　单位：户

地　区	住房间数				
	六间	七间	八间	九间	十间及以上
合　计	**882590**	**278875**	**400544**	**163138**	**335715**
福州市	**114007**	**36963**	**54729**	**32072**	**78387**
鼓楼区	534	121	48	16	47
台江区	286	57	55	10	65
仓山区	4857	1446	1806	1074	3426
马尾区	3061	793	982	305	767
晋安区	2155	364	546	214	626
长乐区	9906	2244	3687	1914	3979
闽侯县	19232	5035	8608	4392	11321
连江县	12525	2890	3605	1909	3513
罗源县	3392	520	1586	383	710
闽清县	10301	2200	4480	1825	4710
永泰县	8246	1696	3430	1248	2914
平潭县	4539	1245	2168	1141	2556
福清市	34973	18352	23728	17641	43753
厦门市	**33670**	**18084**	**12611**	**8431**	**8232**
思明区	1144	277	201	60	255
海沧区	2444	650	633	555	619
湖里区	1113	155	172	60	98
集美区	3498	781	1013	851	604
同安区	12062	7420	4614	3982	2673
翔安区	13409	8801	5978	2923	3983
莆田市	**105290**	**26574**	**58958**	**29825**	**66487**
城厢区	11714	2832	6898	3436	8596
涵江区	14307	3019	6934	2837	8430
荔城区	15909	3500	7446	3072	9660
秀屿区	27205	8711	17877	7845	27067
仙游县	36155	8512	19803	12635	12734
三明市	**72404**	**22974**	**37051**	**13638**	**28586**
梅列区	758	170	264	53	235
三元区	1668	447	749	253	873
明溪县	3143	1179	1959	704	1786
清流县	4970	1503	2442	1184	1473
宁化县	13123	3545	6056	2336	4880
大田县	9876	2375	6525	2476	5338
尤溪县	12533	3316	7378	2010	7152
沙县	6469	2195	2509	957	1125
将乐县	4842	3710	2198	1433	1476
泰宁县	3516	1047	1528	496	762
建宁县	4230	1175	1707	377	516
永安市	7276	2312	3736	1359	2970
泉州市	**205852**	**71162**	**106199**	**33057**	**79950**
鲤城区	3374	1309	1838	707	1304
丰泽区	3427	1316	1326	804	878
洛江区	6247	2677	3256	1896	2288
泉港区	12898	6210	7963	3998	5226
惠安县	36593	15939	15365	5660	9070
安溪县	31947	7624	15725	2795	10903
永春县	16873	3358	9594	2785	10886
德化县	2806	375	1119	185	684
石狮市	6432	2556	3142	833	2145
晋江市	32076	12116	19776	5870	19224
南安市	53179	17682	27095	7524	17342

8-1 续表 3 单位：户

地区	住房间数				
	六间	七间	八间	九间	十间及以上
漳州市	**100998**	**27983**	**28598**	**8854**	**15110**
芗城区	5023	1117	1481	502	1012
龙文区	2946	675	884	390	596
云霄县	5288	890	894	181	303
漳浦县	25649	9533	8572	2866	5051
诏安县	6181	874	850	189	269
长泰县	8829	2250	2649	991	1483
东山县	2193	269	247	51	101
南靖县	8501	2117	2499	621	1234
平和县	7337	880	1626	174	330
华安县	6788	1636	3164	820	1587
龙海市	22263	7742	5732	2069	3144
南平市	**77132**	**21062**	**29081**	**12236**	**17193**
延平区	5754	2494	2117	1302	2089
建阳区	8217	2035	3879	1498	1930
顺昌县	4647	1799	1692	533	669
浦城县	15562	3661	4546	2799	3085
光泽县	4205	1032	2094	654	697
松溪县	5224	1271	1875	815	1096
政和县	5624	1259	2790	836	1633
邵武市	4760	1166	2064	588	829
武夷山市	7520	2450	3231	1635	2455
建瓯市	15619	3895	4793	1576	2710
龙岩市	**94527**	**33427**	**43186**	**17454**	**25675**
新罗区	8326	2450	3113	1347	2171
永定区	13460	3064	4804	1983	3170
长汀县	18294	5981	7068	2678	3552
上杭县	20214	9306	12431	5489	7432
武平县	13603	4773	6533	2903	4242
连城县	12783	5598	4998	1787	2289
漳平市	7847	2255	4239	1267	2819
宁德市	**78710**	**20646**	**30131**	**7571**	**16095**
蕉城区	7482	1950	3267	992	2256
霞浦县	12357	2830	4039	881	1598
古田县	11119	3081	6110	1474	3457
屏南县	4871	1452	2705	537	1202
寿宁县	7855	1857	3144	995	2210
周宁县	7942	2078	2936	592	1260
柘荣县	2785	850	707	444	306
福安市	15522	3240	5775	1481	3351
福鼎市	8777	3308	1448	175	455

8-1a 各地区按住房间数分的家庭户户数(城市)

单位：户

地 区	家庭户户 数	住房间数				
		一间	二间	三间	四间	五间
合 计	**5567356**	**1630272**	**1214978**	**1823046**	**499378**	**139036**
福州市	**1269373**	**245697**	**308025**	**488781**	**151463**	**27780**
鼓楼区	204323	19269	63511	99373	19312	2092
台江区	138942	18133	47540	58849	12734	1213
仓山区	368306	99492	77364	128853	40790	9198
马尾区	76045	17861	15583	27567	8790	2218
晋安区	258982	53059	75160	100484	25370	3159
长乐区	84630	14801	12565	25241	22938	3187
闽侯县						
连江县						
罗源县						
闽清县						
永泰县						
平潭县						
福清市	138145	23082	16302	48414	21529	6713
厦门市	**1613971**	**844961**	**333325**	**319207**	**72571**	**18110**
思明区	362548	115181	112433	107121	21662	4214
海沧区	215371	122166	34792	39955	11029	2699
湖里区	429295	275811	76738	57905	14234	3009
集美区	325861	178277	64064	61809	14318	2977
同安区	247524	145734	35395	44741	8870	3960
翔安区	33372	7792	9903	7676	2458	1251
莆田市	**409416**	**73262**	**51670**	**138393**	**61512**	**20549**
城厢区	112753	32359	15770	43015	16177	2306
涵江区	104272	14748	11996	36082	15309	5931
荔城区	140254	22173	18461	50462	22811	7806
秀屿区	52137	3982	5443	8834	7215	4506
仙游县						
三明市	**197283**	**19183**	**71792**	**86745**	**11268**	**3294**
梅列区	72337	8360	28405	30293	3924	736
三元区	51034	5478	22814	20250	1615	346
明溪县						
清流县						
宁化县						
大田县						
尤溪县						
沙县						
将乐县						
泰宁县						
建宁县						
永安市	73912	5345	20573	36202	5729	2212
泉州市	**905587**	**299299**	**133993**	**284735**	**93839**	**31287**
鲤城区	130879	41857	27906	38148	10217	4219
丰泽区	214048	69144	33102	75793	22072	6186
洛江区	27214	5345	5625	11612	2574	663
泉港区	38091	2884	4413	13883	5952	2654
惠安县						
安溪县						
永春县						
德化县						
石狮市	130440	47759	19209	41807	14686	3244
晋江市	292493	126401	36064	73600	28350	9075
南安市	72422	5909	7674	29892	9988	5246

注：本表数据为居住在普通住宅的家庭户。

8-1a 续表 1

单位：户

地 区	家庭户户 数	住房间数				
		一间	二间	三间	四间	五间
漳州市	**320370**	**56010**	**100070**	**110345**	**28745**	**10906**
芗城区	158385	27473	60973	58149	8054	1562
龙文区	86355	20014	19414	32838	8171	2289
云霄县						
漳浦县						
诏安县						
长泰县						
东山县						
南靖县						
平和县						
华安县						
龙海市	75240	8413	19603	19284	12426	7036
南平市	**321853**	**24685**	**92655**	**159668**	**25942**	**6482**
延平区	98865	7511	38039	46167	5250	785
建阳区	61529	6601	13972	33420	5228	852
顺昌县						
浦城县						
光泽县						
松溪县						
政和县						
邵武市	68100	3802	17898	38788	5674	709
武夷山市	38820	2776	7347	17783	3755	2011
建瓯市	54539	3995	15399	23510	6035	2125
龙岩市	**275452**	**39514**	**68183**	**129045**	**23630**	**5115**
新罗区	211251	35720	54378	95362	16573	3416
永定区	21875	1114	3672	9172	4243	960
长汀县						
上杭县						
武平县						
连城县						
漳平市	42326	2680	10133	24511	2814	739
宁德市	**254051**	**27661**	**55265**	**106127**	**30408**	**15513**
蕉城区	110307	11344	24442	58127	10789	1863
霞浦县						
古田县						
屏南县						
寿宁县						
周宁县						
柘荣县						
福安市	75683	9366	15798	26752	9410	4272
福鼎市	68061	6951	15025	21248	10209	9378

8-1a　续表 2　　　　单位：户

地　　区	住房间数				
	六间	七间	八间	九间	十间及以上
合　计	**107716**	**31401**	**45793**	**21021**	**54715**
福州市	**17568**	**5404**	**7357**	**3990**	**13308**
鼓楼区	534	121	48	16	47
台江区	286	57	55	10	65
仓山区	4857	1446	1806	1074	3426
马尾区	2126	535	582	231	552
晋安区	1131	163	178	82	196
长乐区	2762	563	904	454	1215
闽侯县					
连江县					
罗源县					
闽清县					
永泰县					
平潭县					
福清市	5872	2519	3784	2123	7807
厦门市	**12478**	**4064**	**3436**	**2708**	**3111**
思明区	1144	277	201	60	255
海沧区	2368	624	604	531	603
湖里区	1113	155	172	60	98
集美区	2322	494	632	560	408
同安区	3998	1354	1152	1181	1139
翔安区	1533	1160	675	316	608
莆田市	**22904**	**5375**	**12481**	**4759**	**18511**
城厢区	1453	279	438	120	836
涵江区	7778	1710	4088	1539	5091
荔城区	7587	1604	3526	1303	4521
秀屿区	6086	1782	4429	1797	8063
仙游县					
三明市	**2591**	**590**	**731**	**335**	**754**
梅列区	339	73	119	14	74
三元区	320	26	67	18	100
明溪县					
清流县					
宁化县					
大田县					
尤溪县					
沙县					
将乐县					
泰宁县					
建宁县					
永安市	1932	491	545	303	580
泉州市	**24305**	**8041**	**12639**	**5497**	**11952**
鲤城区	3374	1309	1838	707	1304
丰泽区	3427	1316	1326	804	878
洛江区	462	117	207	190	419
泉港区	3073	1153	1796	1046	1237
惠安县					
安溪县					
永春县					
德化县					
石狮市	1796	410	717	150	662
晋江市	7021	2129	3822	1330	4701
南安市	5152	1607	2933	1270	2751

8-1a 续表 3

单位：户

地 区	住房间数				
	六间	七间	八间	九间	十间及以上
漳州市	**8002**	**2052**	**1896**	**876**	**1468**
芗城区	1145	177	332	124	396
龙文区	1854	376	629	278	492
云霄县					
漳浦县					
诏安县					
长泰县					
东山县					
南靖县					
平和县					
华安县					
龙海市	4991	1498	935	474	580
南平市	**5716**	**1616**	**2218**	**1002**	**1869**
延平区	484	122	223	62	222
建阳区	664	129	287	134	242
顺昌县					
浦城县					
光泽县					
松溪县					
政和县					
邵武市	573	142	246	94	174
武夷山市	1977	760	968	539	904
建瓯市	2018	463	494	173	327
龙岩市	**4445**	**1143**	**1796**	**920**	**1661**
新罗区	2514	791	1031	538	928
永定区	1072	196	554	268	624
长汀县					
上杭县					
武平县					
连城县					
漳平市	859	156	211	114	109
宁德市	**9707**	**3116**	**3239**	**934**	**2081**
蕉城区	1787	438	687	275	555
霞浦县					
古田县					
屏南县					
寿宁县					
周宁县					
柘荣县					
福安市	4811	1242	2086	550	1396
福鼎市	3109	1436	466	109	130

8-1b　各地区按住房间数分的家庭户户数(镇)

单位：户

地　区	家庭户户　数	住房间数				
		一间	二间	三间	四间	五间
合　计	**3469319**	**437448**	**579910**	**1161909**	**534105**	**236586**
福州市	**601053**	**80871**	**96906**	**219302**	**101117**	**27533**
鼓楼区						
台江区						
仓山区						
马尾区						
晋安区	424	139	55	120	38	28
长乐区	54040	11333	12862	12851	10318	2021
闽侯县	159455	32516	29312	55955	19815	6190
连江县	107009	14151	16079	45063	18204	4569
罗源县	56495	4191	11510	31179	5929	1110
闽清县	34770	1385	4423	12690	5943	2434
永泰县	42083	2845	4875	21085	7899	1713
平潭县	65380	5170	8527	21312	21322	4117
福清市	81397	9141	9263	19047	11649	5351
厦门市	**103935**	**63141**	**12907**	**12290**	**4281**	**2539**
思明区						
海沧区						
湖里区	1	1				
集美区	31	5	7	18	1	
同安区	5309	1273	878	938	508	332
翔安区	98594	61862	12022	11334	3772	2207
莆田市	**188456**	**12580**	**24360**	**54757**	**30886**	**15613**
城厢区	9382	371	619	1170	1666	1118
涵江区	4227	277	444	748	1073	509
荔城区	2422	113	355	389	266	347
秀屿区	29735	1947	3782	4401	4608	3219
仙游县	142690	9872	19160	48049	23273	10420
三明市	**300615**	**17925**	**51974**	**130543**	**46657**	**15513**
梅列区	3174	202	1106	1053	320	134
三元区	2233	176	474	700	573	67
明溪县	16948	745	3489	7942	1815	803
清流县	18364	1261	3009	8520	2024	891
宁化县	37666	1434	5172	14003	6130	2528
大田县	48048	2941	11333	23529	4851	1271
尤溪县	48571	2656	5623	18527	13404	3113
沙县	55775	4611	9261	24356	7835	3220
将乐县	26331	1390	4655	10096	4307	1509
泰宁县	18896	864	3170	10077	2259	975
建宁县	17942	1357	3235	9561	2162	533
永安市	6667	288	1447	2179	977	469
泉州市	**833854**	**102868**	**119735**	**285953**	**120860**	**62339**
鲤城区						
丰泽区						
洛江区	9724	1106	954	3547	1055	448
泉港区	24817	1473	3506	8402	3457	2045
惠安县	179447	19614	23447	54193	29384	19223
安溪县	138979	9171	25237	62143	22310	6784
永春县	81053	3591	10720	27956	15072	5895
德化县	78215	8309	17426	45289	4888	1214
石狮市	42303	13481	5825	8506	5342	2851
晋江市	96952	18447	13613	28648	13314	5973
南安市	182364	27676	19007	47269	26038	17906

注：本表数据为居住在普通住宅的家庭户。

8-1b 续表 1　　　　单位：户

地　区	家庭户户　数	住房间数				
		一间	二间	三间	四间	五间
漳州市	**637381**	**103651**	**129704**	**190318**	**107626**	**45928**
芗城区	27378	10885	5693	4436	2906	1081
龙文区						
云霄县	63705	5335	15382	20208	15225	4546
漳浦县	134574	12330	24888	42125	21857	13666
诏安县	76291	13647	21266	19871	12799	5187
长泰县	40934	11159	5680	9326	5374	2490
东山县	43931	4028	9237	16182	10082	2926
南靖县	51555	3869	9488	22424	7182	3745
平和县	64963	6060	13159	21077	16071	4785
华安县	23632	2083	3546	7198	2861	1945
龙海市	110418	34255	21365	27471	13269	5557
南平市	**215981**	**12666**	**48954**	**79417**	**28037**	**12819**
延平区	17490	942	3348	5313	3240	1183
建阳区	10706	876	2290	3223	1634	780
顺昌县	33465	1741	10000	16083	2391	957
浦城县	47403	2541	8796	17189	6132	3388
光泽县	22202	1625	6443	10593	1783	483
松溪县	20434	1420	5535	6593	2802	1721
政和县	28187	1232	7135	11953	3424	963
邵武市	9455	927	1344	3130	1714	722
武夷山市	4214	167	327	797	621	488
建瓯市	22425	1195	3736	4543	4296	2134
龙岩市	**258426**	**16678**	**37708**	**77716**	**40558**	**24110**
新罗区	22114	1424	5709	7318	2811	1674
永定区	27841	1898	3471	7440	5129	2792
长汀县	59975	3438	9573	20360	8397	5481
上杭县	55395	5001	6299	13337	9010	4914
武平县	45283	1634	4680	15503	7885	4338
连城县	40599	2815	6859	11813	6080	4257
漳平市	7219	468	1117	1945	1246	654
宁德市	**329618**	**27068**	**57662**	**111613**	**54083**	**30192**
蕉城区	11324	880	1858	2932	2154	1146
霞浦县	88902	6354	16422	38272	12755	5677
古田县	55501	4783	9821	23583	6365	2719
屏南县	22702	1350	3438	8667	3644	1715
寿宁县	30318	2097	6395	8824	5679	2383
周宁县	25196	1946	4588	5552	3534	2538
柘荣县	16904	1189	2235	5328	3085	2300
福安市	40046	3967	6239	11733	8345	3641
福鼎市	38725	4502	6666	6722	8522	8073

8-1b 续表 2

单位：户

地　区	住房间数				
	六间	七间	八间	九间	十间及以上
合　计	**231131**	**66423**	**98411**	**40815**	**82581**
福州市	**27135**	**7424**	**13061**	**7613**	**20091**
鼓楼区					
台江区					
仓山区					
马尾区					
晋安区	21	3	8	1	11
长乐区	2241	449	738	291	936
闽侯县	5297	1256	2454	1557	5103
连江县	4330	934	1352	661	1666
罗源县	1191	165	681	221	318
闽清县	3419	567	1567	579	1763
永泰县	1395	338	706	294	933
平潭县	1573	446	811	641	1461
福清市	7668	3266	4744	3368	7900
厦门市	**3689**	**1815**	**1446**	**855**	**972**
思明区					
海沧区					
湖里区					
集美区					
同安区	531	205	246	198	200
翔安区	3158	1610	1200	657	772
莆田市	**19954**	**4009**	**10637**	**6170**	**9490**
城厢区	1803	297	880	460	998
涵江区	701	68	235	73	99
荔城区	349	48	208	99	248
秀屿区	4081	1348	2555	1043	2751
仙游县	13020	2248	6759	4495	5394
三明市	**16095**	**5000**	**7190**	**3309**	**6409**
梅列区	151	44	53	24	87
三元区	89	42	55	17	40
明溪县	688	236	422	283	525
清流县	1157	271	506	332	393
宁化县	3709	969	1497	743	1481
大田县	1614	369	926	409	805
尤溪县	1789	446	1062	297	1654
沙县	3152	1204	1167	434	535
将乐县	1774	959	627	494	520
泰宁县	838	135	297	88	193
建宁县	533	170	213	88	90
永安市	601	155	365	100	86
泉州市	**60407**	**19817**	**28981**	**9310**	**23584**
鲤城区					
丰泽区					
洛江区	700	272	490	649	503
泉港区	2336	1059	1131	661	747
惠安县	15251	5990	6022	2150	4173
安溪县	6294	1334	2836	546	2324
永春县	7450	1332	3701	1170	4166
德化县	624	81	184	61	139
石狮市	2702	1140	1275	365	816
晋江市	6240	2377	3585	955	3800
南安市	18810	6232	9757	2753	6916

8-1b 续表 3 单位：户

地区	住房间数				
	六间	七间	八间	九间	十间及以上
漳州市	**33349**	**8492**	**9874**	**3063**	**5376**
芗城区	1348	291	315	174	249
龙文区					
云霄县	2131	362	331	66	119
漳浦县	10085	3427	3209	1046	1941
诏安县	2625	359	374	49	114
长泰县	3502	893	1282	469	759
东山县	1056	148	155	39	78
南靖县	2652	616	937	226	416
平和县	2583	366	648	85	129
华安县	2857	650	1325	437	730
龙海市	4510	1380	1298	472	841
南平市	**16211**	**3945**	**6038**	**3035**	**4859**
延平区	1382	411	541	490	640
建阳区	1035	257	346	125	140
顺昌县	1185	282	434	154	238
浦城县	4550	1070	1456	1086	1195
光泽县	436	219	300	101	219
松溪县	1311	283	345	152	272
政和县	1402	312	781	250	735
邵武市	838	183	352	118	127
武夷山市	848	201	332	138	295
建瓯市	3224	727	1151	421	998
龙岩市	**29093**	**9174**	**11561**	**5065**	**6763**
新罗区	1770	350	532	250	276
永定区	3539	923	1212	605	832
长汀县	6502	2053	2181	821	1169
上杭县	6844	2426	3569	1622	2373
武平县	5300	1554	2196	1113	1080
连城县	4345	1674	1465	519	772
漳平市	793	194	406	135	261
宁德市	**25198**	**6747**	**9623**	**2395**	**5037**
蕉城区	1198	310	450	123	273
霞浦县	5454	1153	1789	372	654
古田县	3347	1054	1979	661	1189
屏南县	1699	586	919	228	456
寿宁县	2155	612	995	259	919
周宁县	3871	984	1313	218	652
柘荣县	1436	474	405	267	185
福安市	3541	534	1282	224	540
福鼎市	2497	1040	491	43	169

8-1c 各地区按住房间数分的家庭户户数(乡村)

单位：户

地 区	家庭户户 数	住房间数 一间	二间	三间	四间	五间
合 计	**4313587**	**339159**	**587494**	**781003**	**820709**	**504367**
福州市	**759698**	**78040**	**137713**	**155637**	**131525**	**63576**
鼓楼区						
台江区						
仓山区						
马尾区	10521	967	1938	1785	2699	1250
晋安区	7018	381	1055	1401	1418	652
长乐区	99192	19816	28145	19174	16329	4551
闽侯县	123077	9893	17924	28132	22875	11332
连江县	106930	8135	21476	30467	22265	9088
罗源县	29398	3055	7113	7050	5954	2211
闽清县	49867	2135	6703	9408	10419	5581
永泰县	65802	3266	11384	14124	15928	7232
平潭县	63756	13066	17300	14465	8490	3718
福清市	204137	17326	24675	29631	25148	17961
厦门市	**171111**	**57676**	**22212**	**18989**	**14179**	**11601**
思明区						
海沧区	3886	1480	1491	579	115	50
湖里区						
集美区	39440	24323	6113	3651	1999	1023
同安区	67026	21455	8079	7158	5349	4438
翔安区	60759	10418	6529	7601	6716	6090
莆田市	**378369**	**11250**	**33596**	**53786**	**63936**	**42957**
城厢区	46849	1353	2909	4890	7205	4580
涵江区	32828	1084	2709	4705	6571	3614
荔城区	48009	1177	4100	7988	8416	6234
秀屿区	110438	2327	9085	14194	17312	12750
仙游县	140245	5309	14793	22009	24432	15779
三明市	**327244**	**7390**	**25518**	**48437**	**71080**	**43170**
梅列区	2387	116	479	614	502	174
三元区	8855	217	906	1643	1784	1089
明溪县	16128	268	1175	2790	3182	2096
清流县	19538	636	1482	2290	3525	2692
宁化县	47631	1024	3142	6008	9073	6843
大田县	49982	1026	3801	7089	10363	5236
尤溪县	64114	999	3399	8286	14913	9376
沙县	28029	1193	4534	6031	6986	2522
将乐县	20352	497	1466	2669	3614	2821
泰宁县	15890	231	942	2497	4239	2183
建宁县	21385	251	1219	3080	6290	3634
永安市	32953	932	2973	5440	6609	4504
泉州市	**838315**	**53792**	**81431**	**147477**	**147119**	**116809**
鲤城区						
丰泽区						
洛江区	28629	1133	1864	5337	3842	4098
泉港区	49840	1681	4719	8479	6792	6113
惠安县	139509	8165	14408	20755	23093	24047
安溪县	165648	3494	12828	30259	36981	26426
永春县	60195	1710	4815	9518	11275	7200
德化县	32144	2494	6451	11311	5297	2511
石狮市	23783	5283	3504	4717	3147	2057
晋江市	166028	25166	19983	27150	23703	16924
南安市	172539	4666	12859	29951	32989	27433

注：本表数据为居住在普通住宅的家庭户。

8-1c 续表 1

单位：户

地区	家庭户户数	住房间数 一间	二间	三间	四间	五间
漳州市	**611316**	**65066**	**105072**	**118052**	**137521**	**78510**
芗城区	20763	2807	3892	3333	3905	2242
龙文区	7989	802	1079	1199	1784	1263
云霄县	58088	7486	12176	14469	14100	5310
漳浦县	114447	6750	17043	17625	22767	18299
诏安县	91679	18490	23046	20301	17080	7933
长泰县	29256	1885	3218	4190	5609	5057
东山县	20897	1096	2646	4613	7510	3647
南靖县	48958	2900	7284	11383	10660	6606
平和县	82776	10684	15955	19052	23556	6993
华安县	22232	1399	2248	3144	4402	3043
龙海市	114231	10767	16485	18743	26148	18117
南平市	**396894**	**13346**	**52081**	**78208**	**95664**	**47400**
延平区	44967	1928	7839	11998	9477	4546
建阳区	47732	1807	6371	9092	11175	5087
顺昌县	31919	888	4553	7802	7761	3868
浦城县	60390	2127	5832	8940	15003	8192
光泽县	22998	1347	2644	3018	5473	3109
松溪县	24524	572	3357	4038	5310	3329
政和县	31772	1069	4330	7241	7077	3393
邵武市	24507	670	2774	4310	7323	2870
武夷山市	31974	1013	3417	5099	8047	4069
建瓯市	76111	1925	10964	16670	19018	8937
龙岩市	**379861**	**16040**	**38249**	**63044**	**66085**	**53795**
新罗区	41942	4281	7446	10949	6203	4636
永定区	64234	3148	8469	14180	13541	8240
长汀县	67609	1914	5804	11678	12736	10630
上杭县	67625	1570	2791	5370	9456	10400
武平县	48739	1221	3355	6401	9490	7461
连城县	49578	2303	6051	6967	7969	7608
漳平市	40134	1603	4333	7499	6690	4820
宁德市	**450779**	**36559**	**91622**	**97373**	**93600**	**46549**
蕉城区	66235	6513	16363	18402	10673	4433
霞浦县	65980	5022	12961	14292	14476	6946
古田县	64076	3550	10304	14365	12147	6699
屏南县	27674	1694	4917	6041	5429	2714
寿宁县	37006	1899	5177	6534	7877	4398
周宁县	26157	1123	3498	4970	5208	3588
柘荣县	12819	1125	2698	2663	2513	1495
福安市	77098	5350	14073	18313	17999	8200
福鼎市	73734	10283	21631	11793	17278	8076

8-1c　续表 2　　　　单位：户

地　区	住房间数				
	六间	七间	八间	九间	十间及以上
合　计	**543743**	**181051**	**256340**	**101302**	**198419**
福州市	**69304**	**24135**	**34311**	**20469**	**44988**
鼓楼区					
台江区					
仓山区					
马尾区	935	258	400	74	215
晋安区	1003	198	360	131	419
长乐区	4903	1232	2045	1169	1828
闽侯县	13935	3779	6154	2835	6218
连江县	8195	1956	2253	1248	1847
罗源县	2201	355	905	162	392
闽清县	6882	1633	2913	1246	2947
永泰县	6851	1358	2724	954	1981
平潭县	2966	799	1357	500	1095
福清市	21433	12567	15200	12150	28046
厦门市	**17503**	**12205**	**7729**	**4868**	**4149**
思明区					
海沧区	76	26	29	24	16
湖里区					
集美区	1176	287	381	291	196
同安区	7533	5861	3216	2603	1334
翔安区	8718	6031	4103	1950	2603
莆田市	**62432**	**17190**	**35840**	**18896**	**38486**
城厢区	8458	2256	5580	2856	6762
涵江区	5828	1241	2611	1225	3240
荔城区	7973	1848	3712	1670	4891
秀屿区	17038	5581	10893	5005	16253
仙游县	23135	6261	13011	8140	7340
三明市	**53718**	**17384**	**29130**	**9994**	**21423**
梅列区	268	53	92	15	74
三元区	1259	379	627	218	733
明溪县	2455	943	1537	421	1261
清流县	3813	1232	1936	852	1080
宁化县	9414	2576	4559	1593	3399
大田县	8262	2006	5599	2067	4533
尤溪县	10744	2870	6316	1713	5498
沙县	3317	991	1342	523	590
将乐县	3068	2751	1571	939	956
泰宁县	2678	912	1231	408	569
建宁县	3697	1005	1494	289	426
永安市	4743	1666	2826	956	2304
泉州市	**121140**	**43304**	**64579**	**18250**	**44414**
鲤城区					
丰泽区					
洛江区	5085	2288	2559	1057	1366
泉港区	7489	3998	5036	2291	3242
惠安县	21342	9949	9343	3510	4897
安溪县	25653	6290	12889	2249	8579
永春县	9423	2026	5893	1615	6720
德化县	2182	294	935	124	545
石狮市	1934	1006	1150	318	667
晋江市	18815	7610	12369	3585	10723
南安市	29217	9843	14405	3501	7675

8-1c　续表 3　　　　单位：户

地　区	住房间数				
	六间	七间	八间	九间	十间及以上
漳州市	**59647**	**17439**	**16828**	**4915**	**8266**
芗城区	2530	649	834	204	367
龙文区	1092	299	255	112	104
云霄县	3157	528	563	115	184
漳浦县	15564	6106	5363	1820	3110
诏安县	3544	514	476	140	155
长泰县	5327	1357	1367	522	724
东山县	1137	121	92	12	23
南靖县	5849	1501	1562	395	818
平和县	4754	514	978	89	201
华安县	3931	986	1839	383	857
龙海市	12762	4864	3499	1123	1723
南平市	**55205**	**15501**	**20825**	**8199**	**10465**
延平区	3888	1961	1353	750	1227
建阳区	6518	1649	3246	1239	1548
顺昌县	3462	1517	1258	379	431
浦城县	11012	2591	3090	1713	1890
光泽县	3769	813	1794	553	478
松溪县	3913	988	1530	663	824
政和县	4222	947	2009	586	898
邵武市	3349	841	1466	376	528
武夷山市	4695	1489	1931	958	1256
建瓯市	10377	2705	3148	982	1385
龙岩市	**60989**	**23110**	**29829**	**11469**	**17251**
新罗区	4042	1309	1550	559	967
永定区	8849	1945	3038	1110	1714
长汀县	11792	3928	4887	1857	2383
上杭县	13370	6880	8862	3867	5059
武平县	8303	3219	4337	1790	3162
连城县	8438	3924	3533	1268	1517
漳平市	6195	1905	3622	1018	2449
宁德市	**43805**	**10783**	**17269**	**4242**	**8977**
蕉城区	4497	1202	2130	594	1428
霞浦县	6903	1677	2250	509	944
古田县	7772	2027	4131	813	2268
屏南县	3172	866	1786	309	746
寿宁县	5700	1245	2149	736	1291
周宁县	4071	1094	1623	374	608
柘荣县	1349	376	302	177	121
福安市	7170	1464	2407	707	1415
福鼎市	3171	832	491	23	156

8-2 各地区按人均住房建筑面积分的家庭户户数

单位：户

地区	家庭户户数	人均住房建筑面积(平方米)			
		8及以下	9-12	13-16	17-19
合计	**13350262**	**463093**	**621797**	**872544**	**398422**
福州市	**2630124**	**53313**	**100502**	**159759**	**87905**
鼓楼区	204323	1410	5822	12669	11294
台江区	138942	869	4298	9720	8106
仓山区	368306	16769	25679	36114	19752
马尾区	86566	3166	4515	6809	3742
晋安区	266424	10342	14632	22239	13906
长乐区	237862	4070	8965	13375	4672
闽侯县	282532	4161	9588	19030	9122
连江县	213939	3341	6761	9902	4804
罗源县	85893	909	2392	4143	2090
闽清县	84637	598	1449	2816	1246
永泰县	107885	952	2416	4903	1850
平潭县	129136	1334	3173	5182	2545
福清市	423679	5392	10812	12857	4776
厦门市	**1889017**	**257974**	**253660**	**305382**	**112162**
思明区	362548	26520	31567	35252	21257
海沧区	219257	29527	30768	35938	15591
湖里区	429296	82785	84082	81579	21105
集美区	365332	54462	50843	67971	22930
同安区	319859	48311	40906	56251	19058
翔安区	192725	16369	15494	28391	12221
莆田市	**976241**	**9051**	**20997**	**29647**	**13650**
城厢区	168984	2450	6011	8114	3468
涵江区	141327	1978	3883	5255	2496
荔城区	190685	2175	5817	6852	3414
秀屿区	192310	727	1591	2485	964
仙游县	282935	1721	3695	6941	3308
三明市	**825142**	**7030**	**16713**	**32964**	**23940**
梅列区	77898	1252	2439	4939	4033
三元区	62122	1055	2447	4499	3404
明溪县	33076	78	356	817	669
清流县	37902	191	423	865	536
宁化县	85297	337	1191	2492	1677
大田县	98030	906	2144	4161	2985
尤溪县	112685	930	2216	4085	2826
沙县	83804	1091	2129	3403	2001
将乐县	46683	237	631	1356	785
泰宁县	34786	154	474	1089	803
建宁县	39327	201	492	1104	716
永安市	113532	598	1771	4154	3505
泉州市	**2577756**	**91080**	**122022**	**151633**	**53231**
鲤城区	130879	10279	11996	13581	5437
丰泽区	214048	13941	16505	22140	8092
洛江区	65567	1512	1880	3262	1918
泉港区	112748	266	734	1397	814
惠安县	318956	2762	4353	5850	2623
安溪县	304627	3589	8933	16119	8028
永春县	141248	804	2049	4168	2132
德化县	110359	2601	5551	9194	5164
石狮市	196526	12794	16831	16249	3576
晋江市	555473	37121	43438	47168	10792
南安市	427325	5411	9752	12505	4655

注：本表数据为居住在普通住宅的家庭户。

8-2 续表 1 单位：户

地　区	家庭户户　数	人均住房建筑面积(平方米)			
		8及以下	9-12	13-16	17-19
漳州市	**1569067**	**21308**	**42688**	**69030**	**37865**
芗城区	206526	4042	8889	13124	7940
龙文区	94344	2160	4148	5860	3639
云霄县	121793	815	2585	5045	3069
漳浦县	249021	1096	2749	5175	3198
诏安县	168360	3355	7357	11544	4777
长泰县	70190	2048	2775	4003	1916
东山县	64828	138	489	1177	1012
南靖县	100513	690	1707	3262	1711
平和县	147739	694	2199	4542	2563
华安县	45864	223	658	1132	619
龙海市	299889	6047	9132	14166	7421
南平市	**934728**	**5330**	**16588**	**37004**	**24444**
延平区	161322	1130	3410	7887	6065
建阳区	119967	664	2061	4167	2754
顺昌县	65384	292	927	2235	1620
浦城县	107793	723	1993	3661	1785
光泽县	45200	434	1065	2284	1278
松溪县	44958	173	642	1504	667
政和县	59959	347	1317	3073	1199
邵武市	102062	471	1704	4404	4217
武夷山市	75008	443	1345	2971	2029
建瓯市	153075	653	2124	4818	2830
龙岩市	**913739**	**8255**	**22918**	**41194**	**22734**
新罗区	275307	4943	13143	22281	12150
永定区	113950	1065	2702	4690	1901
长汀县	127584	744	2631	5023	2929
上杭县	123020	555	1466	2797	1361
武平县	94022	181	572	1551	1320
连城县	90177	323	1219	1974	1077
漳平市	89679	444	1185	2878	1996
宁德市	**1034448**	**9752**	**25709**	**45931**	**22491**
蕉城区	187866	1519	4682	9722	5908
霞浦县	154882	1005	3049	6276	3698
古田县	119577	1415	3244	6013	2666
屏南县	50376	262	799	1679	771
寿宁县	67324	404	1220	2429	1050
周宁县	51353	354	1101	1949	704
柘荣县	29723	156	424	796	328
福安市	192827	3417	7818	10982	4527
福鼎市	180520	1220	3372	6085	2839

8-2　续表 2　　单位：户

地　区	人均住房建筑面积(平方米)					
	20–29	30–39	40–49	50–59	60–69	70及以上
合　计	**2190392**	**1818012**	**1433752**	**974904**	**1027185**	**3550161**
福州市	**473804**	**416964**	**310537**	**185987**	**194313**	**647040**
鼓楼区	47354	39335	28449	13676	13231	31083
台江区	32337	27889	16515	9531	9650	20027
仓山区	81313	60716	43292	18761	18898	47012
马尾区	17410	14676	10074	5718	5657	14799
晋安区	59357	45927	35762	13615	15046	35598
长乐区	40211	38467	28255	20680	18983	60184
闽侯县	52542	45084	34484	18629	23781	66111
连江县	32527	33186	27299	18485	19728	57906
罗源县	17358	15830	11675	7512	7364	16620
闽清县	10504	10202	9475	7404	8154	32789
永泰县	19729	19808	12974	11055	9268	24930
平潭县	21746	23489	18000	10073	11686	31908
福清市	41416	42355	34283	30848	32867	208073
厦门市	**354731**	**181893**	**132208**	**67789**	**61975**	**161243**
思明区	84155	54668	37736	20484	15905	35004
海沧区	47201	19654	13959	7053	5717	13849
湖里区	67333	35026	22162	9943	8038	17243
集美区	75093	31506	23029	10149	8945	20404
同安区	51849	24969	20681	11262	12316	34256
翔安区	29100	16070	14641	8898	11054	40487
莆田市	**120958**	**119093**	**97125**	**72910**	**89704**	**403106**
城厢区	30526	25765	17716	10238	12345	52351
涵江区	20606	18336	15868	11243	13359	48303
荔城区	28633	26672	20760	15493	15981	64888
秀屿区	10665	13686	12694	12765	15924	120809
仙游县	30528	34634	30087	23171	32095	116755
三明市	**138936**	**121049**	**101389**	**66635**	**75613**	**240873**
梅列区	19446	14115	10238	5355	5093	10988
三元区	14867	11653	6848	4248	4250	8851
明溪县	4811	4911	4428	3082	3687	10237
清流县	4139	4368	4082	3268	3858	16172
宁化县	9740	9714	8935	7320	8009	35882
大田县	17192	13457	9980	8578	8351	30276
尤溪县	17856	16468	14453	9076	12214	32561
沙县	13090	12857	10832	6294	8026	24081
将乐县	5838	5323	5836	3231	4666	18780
泰宁县	5478	4774	4435	3130	3230	11219
建宁县	5157	5230	4896	3352	4461	13718
永安市	21322	18179	16426	9701	9768	28108
泉州市	**385778**	**332430**	**254246**	**192512**	**197916**	**796908**
鲤城区	28409	17540	12390	6920	6094	18233
丰泽区	43185	29660	24915	12989	11211	31410
洛江区	9580	7337	6847	4007	5436	23788
泉港区	8483	12187	11154	9266	11405	57042
惠安县	24950	30384	29249	23409	30257	165119
安溪县	57765	44559	31586	27589	24395	82064
永春县	18905	18570	16046	12830	12922	52822
德化县	27711	19754	10831	8924	7225	13404
石狮市	35563	29523	18978	13736	11254	38022
晋江市	82172	70644	47908	38927	34845	142458
南安市	49055	52272	44342	33915	42872	172546

8-2 续表 3

单位：户

地　区	人均住房建筑面积(平方米)					
	20-29	30-39	40-49	50-59	60-69	70及以上
漳州市	**242259**	**222418**	**201675**	**135961**	**148082**	**447781**
芗城区	46911	34951	26460	14735	13935	35539
龙文区	19963	15290	12405	6346	6196	18337
云霄县	19882	19369	17168	11202	11536	31122
漳浦县	27373	30396	31947	23141	27955	95991
诏安县	32326	25461	23371	12754	14233	33182
长泰县	8482	7677	8219	5578	6351	23141
东山县	7824	9460	10288	6726	7211	20503
南靖县	14792	15685	13930	9760	11586	27390
平和县	20757	23573	21019	14589	16142	41661
华安县	4406	4804	5041	4415	4920	19646
龙海市	39543	35752	31827	26715	28017	101269
南平市	**159592**	**143952**	**114554**	**84144**	**84633**	**264487**
延平区	33137	28050	20083	12464	13761	35335
建阳区	19861	18553	15255	10830	10850	34972
顺昌县	10269	10585	8221	6000	5554	19681
浦城县	14969	15219	13641	11321	11423	33058
光泽县	7381	6441	5224	4428	4366	12299
松溪县	6222	5871	5104	3886	4577	16312
政和县	11689	9386	7007	5345	5161	15435
邵武市	21618	17589	12368	9662	6818	23211
武夷山市	12843	11564	8805	6785	6776	21447
建瓯市	21603	20694	18846	13423	15347	52737
龙岩市	**144583**	**121068**	**98756**	**77380**	**76838**	**300013**
新罗区	65358	45401	32388	19396	18295	41952
永定区	16575	16034	12388	10923	10390	37282
长汀县	18155	15436	14372	11397	11147	45750
上杭县	10179	10193	10344	9466	11002	65657
武平县	9497	9999	9822	8508	8626	43946
连城县	9824	9763	9126	8460	8884	39527
漳平市	14995	14242	10316	9230	8494	25899
宁德市	**169751**	**159145**	**123262**	**91586**	**98111**	**288710**
蕉城区	39241	32967	24015	14231	14802	40779
霞浦县	26637	24922	19466	14415	15527	39887
古田县	18623	18201	12602	11276	10278	35259
屏南县	7190	7105	5689	4500	5553	16828
寿宁县	8737	9138	7623	5876	7977	22870
周宁县	5948	5602	5050	4404	5182	21059
柘荣县	3689	4199	3570	2873	3531	10157
福安市	36257	30192	21821	17287	16830	43696
福鼎市	23429	26819	23426	16724	18431	58175

8-2a 各地区按人均住房建筑面积分的家庭户户数(城市)

单位：户

地 区	家庭户户数	人均住房建筑面积(平方米)			
		8及以下	9-12	13-16	17-19
合 计	**5567356**	**354466**	**425003**	**554717**	**254192**
福州市	**1269373**	**37127**	**63861**	**98184**	**61200**
鼓楼区	204323	1410	5822	12669	11294
台江区	138942	869	4298	9720	8106
仓山区	368306	16769	25679	36114	19752
马尾区	76045	2978	4235	6417	3613
晋安区	258982	10218	14531	22090	13831
长乐区	84630	1977	3774	4873	1905
闽侯县					
连江县					
罗源县					
闽清县					
永泰县					
平潭县					
福清市	138145	2906	5522	6301	2699
厦门市	**1613971**	**231114**	**226484**	**267587**	**97319**
思明区	362548	26520	31567	35252	21257
海沧区	215371	29319	30379	35425	15315
湖里区	429295	82785	84082	81578	21105
集美区	325861	48177	44090	61198	20909
同安区	247524	43146	34618	50661	16648
翔安区	33372	1167	1748	3473	2085
莆田市	**409416**	**6474**	**15636**	**19730**	**9112**
城厢区	112753	2248	5609	7500	3286
涵江区	104272	1706	3597	4794	2278
荔城区	140254	2129	5616	6347	3149
秀屿区	52137	391	814	1089	399
仙游县					
三明市	**197283**	**2653**	**5883**	**11829**	**10211**
梅列区	72337	1211	2330	4685	3898
三元区	51034	984	2288	4119	3256
明溪县					
清流县					
宁化县					
大田县					
尤溪县					
沙县					
将乐县					
泰宁县					
建宁县					
永安市	73912	458	1265	3025	3057
泉州市	**905587**	**61874**	**73374**	**86241**	**27580**
鲤城区	130879	10279	11996	13581	5437
丰泽区	214048	13941	16505	22140	8092
洛江区	27214	1161	1231	2425	1434
泉港区	38091	129	339	576	468
惠安县					
安溪县					
永春县					
德化县					
石狮市	130440	8649	11673	11363	2518
晋江市	292493	27369	30784	34361	8311
南安市	72422	346	846	1795	1320

注：本表数据为居住在普通住宅的家庭户。

8-2a 续表 1

单位：户

地　　区	家庭户户　数	人均住房建筑面积(平方米)			
		8及以下	9-12	13-16	17-19
漳州市	**320370**	**4894**	**11012**	**17767**	**12259**
芗城区	158385	2140	5200	9370	7175
龙文区	86355	2121	4071	5658	3601
云霄县					
漳浦县					
诏安县					
长泰县					
东山县					
南靖县					
平和县					
华安县					
龙海市	75240	631	1727	2711	1462
南平市	**321853**	**2241**	**7387**	**16781**	**14433**
延平区	98865	860	2501	5836	5160
建阳区	61529	407	1317	2728	2134
顺昌县					
浦城县					
光泽县					
松溪县					
政和县					
邵武市	68100	327	1384	3704	3816
武夷山市	38820	324	1001	2131	1630
建瓯市	54539	323	1184	2382	1693
龙岩市	**275452**	**4445**	**12215**	**21522**	**13088**
新罗区	211251	4200	11191	18874	10879
永定区	21875	131	500	1069	700
长汀县					
上杭县					
武平县					
连城县					
漳平市	42326	114	524	1579	1509
宁德市	**254051**	**3644**	**9151**	**15076**	**8990**
蕉城区	110307	875	3081	6309	4719
霞浦县					
古田县					
屏南县					
寿宁县					
周宁县					
柘荣县					
福安市	75683	2169	4546	6265	2765
福鼎市	68061	600	1524	2502	1506

8-2a 续表 2

单位：户

地 区	人均住房建筑面积(平方米)					
	20-29	30-39	40-49	50-59	60-69	70及以上
合 计	**1155169**	**826409**	**592559**	**318912**	**297834**	**788095**
福州市	**271905**	**220491**	**159137**	**77532**	**77061**	**202875**
鼓楼区	47354	39335	28449	13676	13231	31083
台江区	32337	27889	16515	9531	9650	20027
仓山区	81313	60716	43292	18761	18898	47012
马尾区	16132	13154	8663	4759	4520	11574
晋安区	58756	45115	34977	13048	14215	32201
长乐区	15080	14265	11127	7062	6386	18181
闽侯县						
连江县						
罗源县						
闽清县						
永泰县						
平潭县						
福清市	20933	20017	16114	10695	10161	42797
厦门市	**314854**	**160304**	**112773**	**53986**	**45119**	**104431**
思明区	84155	54668	37736	20484	15905	35004
海沧区	46261	19027	13706	6914	5425	13600
湖里区	67333	35026	22162	9943	8038	17243
集美区	67587	28477	21218	8699	7847	17659
同安区	42622	19145	14158	6610	5907	14009
翔安区	6896	3961	3793	1336	1997	6916
莆田市	**75490**	**65197**	**46863**	**28809**	**31851**	**110254**
城厢区	28012	22562	14070	6391	7080	15995
涵江区	18207	15375	12495	8484	9673	27663
荔城区	25553	22906	16664	11086	11240	35564
秀屿区	3718	4354	3634	2848	3858	31032
仙游县						
三明市	**48806**	**36947**	**26646**	**14046**	**12840**	**27422**
梅列区	18517	13313	9418	4975	4586	9404
三元区	13456	10245	5434	3126	2982	5144
明溪县						
清流县						
宁化县						
大田县						
尤溪县						
沙县						
将乐县						
泰宁县						
建宁县						
永安市	16833	13389	11794	5945	5272	12874
泉州市	**172166**	**132219**	**95898**	**54374**	**50976**	**150885**
鲤城区	28409	17540	12390	6920	6094	18233
丰泽区	43185	29660	24915	12989	11211	31410
洛江区	6445	4109	3415	1324	1432	4238
泉港区	4165	5949	5012	3163	3851	14439
惠安县						
安溪县						
永春县						
德化县						
石狮市	26318	22348	14209	8377	6819	18166
晋江市	53165	40764	26494	15898	14553	40794
南安市	10479	11849	9463	5703	7016	23605

8-2a 续表 3 单位：户

地 区	人均住房建筑面积(平方米)					
	20-29	30-39	40-49	50-59	60-69	70及以上
漳州市	**69723**	**55100**	**43772**	**23614**	**23361**	**58868**
芗城区	39022	29638	22402	11040	10239	22159
龙文区	19470	14696	11815	5484	5305	14134
云霄县						
漳浦县						
诏安县						
长泰县						
东山县						
南靖县						
平和县						
华安县						
龙海市	11116	10692	9506	7056	7785	22554
南平市	**77212**	**62741**	**41903**	**27210**	**21707**	**50238**
延平区	25225	19816	12686	7311	6820	12650
建阳区	13647	11909	8408	5549	4107	11323
顺昌县						
浦城县						
光泽县						
松溪县						
政和县						
邵武市	18320	13757	8590	6488	3340	8374
武夷山市	8870	7383	4796	3201	2616	6868
建瓯市	11150	9876	7423	4661	4824	11023
龙岩市	**68936**	**47971**	**33613**	**19625**	**17406**	**36631**
新罗区	54502	35350	25246	13396	12173	25440
永定区	4471	3782	2753	1923	1758	4788
长汀县						
上杭县						
武平县						
连城县						
漳平市	9963	8839	5614	4306	3475	6403
宁德市	**56077**	**45439**	**31954**	**19716**	**17513**	**46491**
蕉城区	27395	21209	15328	7158	6715	17518
霞浦县						
古田县						
屏南县						
寿宁县						
周宁县						
柘荣县						
福安市	17437	12518	7572	5875	4662	11874
福鼎市	11245	11712	9054	6683	6136	17099

8-2b　各地区按人均住房建筑面积分的家庭户户数(镇)

单位：户

地　区	家庭户户　数	人均住房建筑面积(平方米)			
		8及以下	9-12	13-16	17-19
合　计	**3469319**	**63852**	**111025**	**183277**	**94967**
福州市	**601053**	**7541**	**17461**	**30693**	**16757**
鼓楼区					
台江区					
仓山区					
马尾区					
晋安区	424	55	39	35	3
长乐区	54040	777	1959	3181	1066
闽侯县	159455	2815	6597	13395	6754
连江县	107009	1919	3487	5028	3290
罗源县	56495	426	1192	2265	1718
闽清县	34770	221	644	1218	688
永泰县	42083	307	810	1551	982
平潭县	65380	295	946	1811	1563
福清市	81397	726	1787	2209	693
厦门市	**103935**	**13728**	**11729**	**22063**	**8333**
思明区					
海沧区					
湖里区	1			1	
集美区	31		4	3	2
同安区	5309	319	353	409	147
翔安区	98594	13409	11372	21650	8184
莆田市	**188456**	**1479**	**3108**	**5394**	**2732**
城厢区	9382	35	109	172	54
涵江区	4227	74	75	47	29
荔城区	2422	1	6	32	10
秀屿区	29735	114	287	449	158
仙游县	142690	1255	2631	4694	2481
三明市	**300615**	**3022**	**7096**	**13942**	**10517**
梅列区	3174	24	75	177	106
三元区	2233	32	53	133	53
明溪县	16948	46	236	495	503
清流县	18364	162	336	655	471
宁化县	37666	276	911	1805	1297
大田县	48048	624	1353	2775	2348
尤溪县	48571	552	1297	2477	2037
沙县	55775	770	1439	2349	1665
将乐县	26331	188	494	1110	644
泰宁县	18896	134	375	838	690
建宁县	17942	172	395	840	564
永安市	6667	42	132	288	139
泉州市	**833854**	**19452**	**32457**	**43407**	**18910**
鲤城区					
丰泽区					
洛江区	9724	152	309	413	148
泉港区	24817	59	182	442	225
惠安县	179447	1828	2968	4435	2082
安溪县	138979	2874	6732	10881	5899
永春县	81053	503	1423	2944	1701
德化县	78215	2198	4448	7513	4504
石狮市	42303	3000	3598	3397	787
晋江市	96952	4473	5497	5343	1232
南安市	182364	4365	7300	8039	2332

注：本表数据为居住在普通住宅的家庭户。

8－2b 续表 1

单位：户

地 区	家庭户户 数	人均住房建筑面积(平方米)			
		8及以下	9－12	13－16	17－19
漳州市	**637381**	**11658**	**20016**	**31218**	**17330**
芗城区	27378	1651	3095	3008	515
龙文区					
云霄县	63705	430	1306	2575	1911
漳浦县	134574	764	1747	3274	2229
诏安县	76291	1159	2841	4584	2090
长泰县	40934	1895	2426	3378	1629
东山县	43931	107	369	932	808
南靖县	51555	328	845	1576	1063
平和县	64963	306	876	1852	1237
华安县	23632	145	425	669	462
龙海市	110418	4873	6086	9370	5386
南平市	**215981**	**1896**	**5295**	**10839**	**5900**
延平区	17490	71	329	798	379
建阳区	10706	134	312	592	204
顺昌县	33465	236	676	1442	1139
浦城县	47403	552	1487	2446	1260
光泽县	22202	310	835	1662	1090
松溪县	20434	133	437	1003	425
政和县	28187	160	649	1697	861
邵武市	9455	83	153	330	222
武夷山市	4214	16	27	74	37
建瓯市	22425	201	390	795	283
龙岩市	**258426**	**2025**	**5857**	**11347**	**6425**
新罗区	22114	161	466	1306	618
永定区	27841	246	577	1116	424
长汀县	59975	650	2153	3793	2232
上杭县	55395	483	1243	2467	1202
武平县	45283	142	433	1126	1052
连城县	40599	238	779	1231	790
漳平市	7219	105	206	308	107
宁德市	**329618**	**3051**	**8006**	**14374**	**8063**
蕉城区	11324	71	136	360	123
霞浦县	88902	508	1810	3931	2910
古田县	55501	888	1836	3375	1900
屏南县	22702	87	314	709	529
寿宁县	30318	269	734	1425	792
周宁县	25196	276	766	1271	482
柘荣县	16904	111	287	491	236
福安市	40046	552	1388	1445	634
福鼎市	38725	289	735	1367	457

8-2b 续表 2

单位：户

地 区	人均住房建筑面积(平方米)					
	20-29	30-39	40-49	50-59	60-69	70及以上
合 计	**585750**	**520950**	**401398**	**280038**	**291854**	**936208**
福州市	**106478**	**101181**	**73251**	**46125**	**47328**	**154238**
鼓楼区						
台江区						
仓山区						
马尾区						
晋安区	50	40	20	50	19	113
长乐区	8353	9595	6048	4787	4575	13699
闽侯县	34362	26893	19429	8626	11223	29361
连江县	17502	17671	14639	8739	9042	25692
罗源县	12781	11475	8003	4808	4439	9388
闽清县	5131	4895	4178	2989	3069	11737
永泰县	8781	8739	4464	5176	2754	8519
平潭县	11559	13497	9881	4978	5383	15467
福清市	7959	8376	6589	5972	6824	40262
厦门市	**17320**	**7496**	**5449**	**3128**	**3770**	**10919**
思明区						
海沧区						
湖里区						
集美区	5	4	8		1	4
同安区	669	507	516	397	460	1532
翔安区	16646	6985	4925	2731	3309	9383
莆田市	**23405**	**25235**	**20614**	**15175**	**20047**	**71267**
城厢区	686	881	839	720	911	4975
涵江区	316	437	402	301	456	2090
荔城区	132	169	160	281	178	1453
秀屿区	1972	2410	2222	2238	2771	17114
仙游县	20299	21338	16991	11635	15731	45635
三明市	**60301**	**50327**	**38266**	**24270**	**26184**	**66690**
梅列区	617	526	464	185	260	740
三元区	379	317	302	183	256	525
明溪县	2928	2869	2426	1541	1783	4121
清流县	3268	2968	2340	1596	1681	4887
宁化县	6802	5541	4131	3369	3111	10423
大田县	12458	8416	5275	3986	2925	7888
尤溪县	10565	8574	6566	3723	4261	8519
沙县	9730	9570	7256	4162	5101	13733
将乐县	4630	3947	3807	1798	2645	7068
泰宁县	4200	3300	2561	1751	1510	3537
建宁县	3740	3294	2450	1391	1932	3164
永安市	984	1005	688	585	719	2085
泉州市	**139340**	**120097**	**87099**	**65805**	**66439**	**240848**
鲤城区						
丰泽区						
洛江区	1399	1304	1100	646	855	3398
泉港区	2282	3016	2723	2364	2942	10582
惠安县	19135	22310	20082	13944	16727	75936
安溪县	36379	24032	14042	10410	8135	19595
永春县	13811	12724	10137	7394	6669	23747
德化县	22044	14691	7244	5657	3986	5930
石狮市	6142	4552	3060	3174	2755	11838
晋江市	12524	13165	9980	8318	7501	28919
南安市	25624	24303	18731	13898	16869	60903

8-2b 续表 3 单位：户

地　区	人均住房建筑面积(平方米)					
	20-29	30-39	40-49	50-59	60-69	70及以上
漳州市	**102436**	**93478**	**83511**	**53984**	**57929**	**165821**
芗城区	5411	3118	2052	1638	1619	5271
龙文区						
云霄县	11415	10336	8682	5568	5575	15907
漳浦县	17972	19528	19546	12209	14297	43008
诏安县	14603	11518	10777	6121	6269	16329
长泰县	6330	5019	4494	2853	3001	9909
东山县	6075	6906	6950	4402	4423	12959
南靖县	8257	8858	7580	4846	5991	12211
平和县	9654	10593	9673	6441	6954	17377
华安县	2771	2877	2878	2279	2583	8543
龙海市	19948	14725	10879	7627	7217	24307
南平市	**39894**	**35466**	**25899**	**19412**	**17367**	**54013**
延平区	2813	2913	2061	1360	1890	4876
建阳区	1663	1581	1349	964	1047	2860
顺昌县	6568	6572	4322	3095	2201	7214
浦城县	8370	7747	5982	4520	4016	11023
光泽县	5338	3970	2588	2145	1310	2954
松溪县	3761	3197	2465	1752	1672	5589
政和县	7003	5047	3305	2410	1877	5178
邵武市	1328	1583	938	944	732	3142
武夷山市	408	488	476	455	440	1793
建瓯市	2642	2368	2413	1767	2182	9384
龙岩市	**41442**	**35933**	**28997**	**22380**	**22198**	**81822**
新罗区	4244	3809	2428	1923	2307	4852
永定区	3896	3847	2893	2767	2583	9492
长汀县	11899	8575	7148	4615	4358	14552
上杭县	7662	6853	5882	4541	4931	20131
武平县	6664	6360	5226	4139	3793	16348
连城县	5996	5517	4674	3685	3573	14116
漳平市	1081	972	746	710	653	2331
宁德市	**55134**	**51737**	**38312**	**29759**	**30592**	**90590**
蕉城区	1336	1552	1211	1094	1265	4176
霞浦县	17869	15497	11277	8118	7990	18992
古田县	10365	9485	5667	4951	3851	13183
屏南县	3620	3434	2730	1881	2416	6982
寿宁县	4999	5062	3390	2585	3304	7758
周宁县	3440	2836	2439	2063	2311	9312
柘荣县	2329	2591	2192	1642	1840	5185
福安市	6959	6235	4792	3864	3807	10370
福鼎市	4217	5045	4614	3561	3808	14632

8-2c 各地区按人均住房建筑面积分的家庭户户数(乡村)

单位：户

地区	家庭户户数	人均住房建筑面积(平方米)			
		8及以下	9-12	13-16	17-19
合 计	**4313587**	**44775**	**85769**	**134550**	**49263**
福州市	**759698**	**8645**	**19180**	**30882**	**9948**
鼓楼区					
台江区					
仓山区					
马尾区	10521	188	280	392	129
晋安区	7018	69	62	114	72
长乐区	99192	1316	3232	5321	1701
闽侯县	123077	1346	2991	5635	2368
连江县	106930	1422	3274	4874	1514
罗源县	29398	483	1200	1878	372
闽清县	49867	377	805	1598	558
永泰县	65802	645	1606	3352	868
平潭县	63756	1039	2227	3371	982
福清市	204137	1760	3503	4347	1384
厦门市	**171111**	**13132**	**15447**	**15732**	**6510**
思明区					
海沧区	3886	208	389	513	276
湖里区					
集美区	39440	6285	6749	6770	2019
同安区	67026	4846	5935	5181	2263
翔安区	60759	1793	2374	3268	1952
莆田市	**378369**	**1098**	**2253**	**4523**	**1806**
城厢区	46849	167	293	442	128
涵江区	32828	198	211	414	189
荔城区	48009	45	195	473	255
秀屿区	110438	222	490	947	407
仙游县	140245	466	1064	2247	827
三明市	**327244**	**1355**	**3734**	**7193**	**3212**
梅列区	2387	17	34	77	29
三元区	8855	39	106	247	95
明溪县	16128	32	120	322	166
清流县	19538	29	87	210	65
宁化县	47631	61	280	687	380
大田县	49982	282	791	1386	637
尤溪县	64114	378	919	1608	789
沙县	28029	321	690	1054	336
将乐县	20352	49	137	246	141
泰宁县	15890	20	99	251	113
建宁县	21385	29	97	264	152
永安市	32953	98	374	841	309
泉州市	**838315**	**9754**	**16191**	**21985**	**6741**
鲤城区					
丰泽区					
洛江区	28629	199	340	424	336
泉港区	49840	78	213	379	121
惠安县	139509	934	1385	1415	541
安溪县	165648	715	2201	5238	2129
永春县	60195	301	626	1224	431
德化县	32144	403	1103	1681	660
石狮市	23783	1145	1560	1489	271
晋江市	166028	5279	7157	7464	1249
南安市	172539	700	1606	2671	1003

注：本表数据为居住在普通住宅的家庭户。

8-2c 续表 1

单位：户

地 区	家庭户户 数	人均住房建筑面积(平方米)			
		8及以下	9-12	13-16	17-19
漳州市	**611316**	**4756**	**11660**	**20045**	**8276**
芗城区	20763	251	594	746	250
龙文区	7989	39	77	202	38
云霄县	58088	385	1279	2470	1158
漳浦县	114447	332	1002	1901	969
诏安县	91679	2194	4502	6932	2666
长泰县	29256	153	349	625	287
东山县	20897	31	120	245	204
南靖县	48958	362	862	1686	648
平和县	82776	388	1323	2690	1326
华安县	22232	78	233	463	157
龙海市	114231	543	1319	2085	573
南平市	**396894**	**1193**	**3906**	**9384**	**4111**
延平区	44967	199	580	1253	526
建阳区	47732	123	432	847	416
顺昌县	31919	56	251	793	481
浦城县	60390	171	506	1215	525
光泽县	22998	124	230	622	188
松溪县	24524	40	205	501	242
政和县	31772	187	668	1376	338
邵武市	24507	61	167	370	179
武夷山市	31974	103	317	766	362
建瓯市	76111	129	550	1641	854
龙岩市	**379861**	**1785**	**4846**	**8325**	**3221**
新罗区	41942	582	1486	2101	653
永定区	64234	688	1625	2505	777
长汀县	67609	94	478	1230	697
上杭县	67625	72	223	330	159
武平县	48739	39	139	425	268
连城县	49578	85	440	743	287
漳平市	40134	225	455	991	380
宁德市	**450779**	**3057**	**8552**	**16481**	**5438**
蕉城区	66235	573	1465	3053	1066
霞浦县	65980	497	1239	2345	788
古田县	64076	527	1408	2638	766
屏南县	27674	175	485	970	242
寿宁县	37006	135	486	1004	258
周宁县	26157	78	335	678	222
柘荣县	12819	45	137	305	92
福安市	77098	696	1884	3272	1128
福鼎市	73734	331	1113	2216	876

8-2c　续表 2　　　　单位：户

地　区	人均住房建筑面积(平方米)					
	20–29	30–39	40–49	50–59	60–69	70及以上
合　计	**449473**	**470653**	**439795**	**375954**	**437497**	**1825858**
福州市	**95421**	**95292**	**78149**	**62330**	**69924**	**289927**
鼓楼区						
台江区						
仓山区						
马尾区	1278	1522	1411	959	1137	3225
晋安区	551	772	765	517	812	3284
长乐区	16778	14607	11080	8831	8022	28304
闽侯县	18180	18191	15055	10003	12558	36750
连江县	15025	15515	12660	9746	10686	32214
罗源县	4577	4355	3672	2704	2925	7232
闽清县	5373	5307	5297	4415	5085	21052
永泰县	10948	11069	8510	5879	6514	16411
平潭县	10187	9992	8119	5095	6303	16441
福清市	12524	13962	11580	14181	15882	125014
厦门市	**22557**	**14093**	**13986**	**10675**	**13086**	**45893**
思明区						
海沧区	940	627	253	139	292	249
湖里区						
集美区	7501	3025	1803	1450	1097	2741
同安区	8558	5317	6007	4255	5949	18715
翔安区	5558	5124	5923	4831	5748	24188
莆田市	**22063**	**28661**	**29648**	**28926**	**37806**	**221585**
城厢区	1828	2322	2807	3127	4354	31381
涵江区	2083	2524	2971	2458	3230	18550
荔城区	2948	3597	3936	4126	4563	27871
秀屿区	4975	6922	6838	7679	9295	72663
仙游县	10229	13296	13096	11536	16364	71120
三明市	**29829**	**33775**	**36477**	**28319**	**36589**	**146761**
梅列区	312	276	356	195	247	844
三元区	1032	1091	1112	939	1012	3182
明溪县	1883	2042	2002	1541	1904	6116
清流县	871	1400	1742	1672	2177	11285
宁化县	2938	4173	4804	3951	4898	25459
大田县	4734	5041	4705	4592	5426	22388
尤溪县	7291	7894	7887	5353	7953	24042
沙县	3360	3287	3576	2132	2925	10348
将乐县	1208	1376	2029	1433	2021	11712
泰宁县	1278	1474	1874	1379	1720	7682
建宁县	1417	1936	2446	1961	2529	10554
永安市	3505	3785	3944	3171	3777	13149
泉州市	**74272**	**80114**	**71249**	**72333**	**80501**	**405175**
鲤城区						
丰泽区						
洛江区	1736	1924	2332	2037	3149	16152
泉港区	2036	3222	3419	3739	4612	32021
惠安县	5815	8074	9167	9465	13530	89183
安溪县	21386	20527	17544	17179	16260	62469
永春县	5094	5846	5909	5436	6253	29075
德化县	5667	5063	3587	3267	3239	7474
石狮市	3103	2623	1709	2185	1680	8018
晋江市	16483	16715	11434	14711	12791	72745
南安市	12952	16120	16148	14314	18987	88038

8-2c 续表 3　　单位：户

地　区	人均住房建筑面积(平方米)					
	20-29	30-39	40-49	50-59	60-69	70及以上
漳州市	**70100**	**73840**	**74392**	**58363**	**66792**	**223092**
芗城区	2478	2195	2006	2057	2077	8109
龙文区	493	594	590	862	891	4203
云霄县	8467	9033	8486	5634	5961	15215
漳浦县	9401	10868	12401	10932	13658	52983
诏安县	17608	13869	12545	6599	7932	16832
长泰县	2152	2658	3725	2725	3350	13232
东山县	1749	2554	3338	2324	2788	7544
南靖县	6535	6827	6350	4914	5595	15179
平和县	11103	12980	11346	8148	9188	24284
华安县	1635	1927	2163	2136	2337	11103
龙海市	8479	10335	11442	12032	13015	54408
南平市	**42486**	**45745**	**46752**	**37522**	**45559**	**160236**
延平区	5099	5321	5336	3793	5051	17809
建阳区	4551	5063	5498	4317	5696	20789
顺昌县	3701	4013	3899	2905	3353	12467
浦城县	6599	7472	7659	6801	7407	22035
光泽县	2043	2471	2636	2283	3056	9345
松溪县	2461	2674	2639	2134	2905	10723
政和县	4686	4339	3702	2935	3284	10257
邵武市	1970	2249	2840	2230	2746	11695
武夷山市	3565	3693	3533	3129	3720	12786
建瓯市	7811	8450	9010	6995	8341	32330
龙岩市	**34205**	**37164**	**36146**	**35375**	**37234**	**181560**
新罗区	6612	6242	4714	4077	3815	11660
永定区	8208	8405	6742	6233	6049	23002
长汀县	6256	6861	7224	6782	6789	31198
上杭县	2517	3340	4462	4925	6071	45526
武平县	2833	3639	4596	4369	4833	27598
连城县	3828	4246	4452	4775	5311	25411
漳平市	3951	4431	3956	4214	4366	17165
宁德市	**58540**	**61969**	**52996**	**42111**	**50006**	**151629**
蕉城区	10510	10206	7476	5979	6822	19085
霞浦县	8768	9425	8189	6297	7537	20895
古田县	8258	8716	6935	6325	6427	22076
屏南县	3570	3671	2959	2619	3137	9846
寿宁县	3738	4076	4233	3291	4673	15112
周宁县	2508	2766	2611	2341	2871	11747
柘荣县	1360	1608	1378	1231	1691	4972
福安市	11861	11439	9457	7548	8361	21452
福鼎市	7967	10062	9758	6480	8487	26444

8-3 各地区按家庭户类别和住房间数分的家庭户户数

单位：户

地区	家庭户户数	一代户				
		一间	二间	三间	四间	五间及以上
合计	**13350262**	**2046608**	**1137007**	**1311180**	**635872**	**959275**
福州市	**2630124**	**338701**	**273991**	**313652**	**128161**	**135156**
鼓楼区	204323	15497	28423	35748	6153	937
台江区	138942	15235	24046	22351	4205	531
仓山区	368306	87242	35167	41236	11162	5865
马尾区	86566	15759	7650	9214	3296	2482
晋安区	266424	43917	35164	35215	8455	3109
长乐区	237862	34895	25487	19639	15110	9168
闽侯县	282532	38875	28603	35044	15751	19999
连江县	213939	17735	19637	27168	13356	11775
罗源县	85893	5987	10408	12710	4943	4022
闽清县	84637	3038	7057	9716	6717	11183
永泰县	107885	5205	11359	16026	11036	11776
平潭县	129136	13872	13836	13627	8854	6486
福清市	423679	41444	27154	35958	19123	47823
厦门市	**1889017**	**835259**	**134720**	**98646**	**23792**	**27806**
思明区	362548	94117	43519	32923	6011	1792
海沧区	219257	106975	12313	10493	2611	1617
湖里区	429296	239695	26199	15394	3188	974
集美区	365332	176696	25186	17584	3589	2016
同安区	319859	145041	15534	13518	4019	9090
翔安区	192725	72735	11969	8734	4374	12317
莆田市	**976241**	**84701**	**58953**	**88819**	**52011**	**113803**
城厢区	168984	30239	8937	14895	7108	12627
涵江区	141327	13982	8200	14392	7489	12686
荔城区	190685	21127	12051	20726	9298	14207
秀屿区	192310	6720	10160	11859	11425	39654
仙游县	282935	12633	19605	26947	16691	34629
三明市	**825142**	**36346**	**76680**	**102179**	**53898**	**95976**
梅列区	77898	7528	15053	11754	1654	989
三元区	62122	5052	11864	8589	1745	2677
明溪县	33076	889	2617	4495	2242	4377
清流县	37902	1471	2357	4168	2341	5831
宁化县	85297	1769	3980	7666	6209	15280
大田县	98030	2978	7118	11621	7566	15342
尤溪县	112685	2806	4805	10914	11514	18671
沙县	83804	4567	7654	11683	5939	7399
将乐县	46683	1481	2881	4458	2950	6843
泰宁县	34786	872	2046	4755	2692	4156
建宁县	39327	1194	2410	5214	3940	5130
永安市	113532	5739	13895	16862	5106	9281
泉州市	**2577756**	**389238**	**146977**	**227516**	**111332**	**212084**
鲤城区	130879	34456	10074	10137	2461	3072
丰泽区	214048	61017	12835	22435	5418	2615
洛江区	65567	6547	3458	6109	2380	6778
泉港区	112748	4790	6422	10570	5287	14471
惠安县	318956	23373	18702	25466	17058	37692
安溪县	304627	10537	18298	31248	20896	38003
永春县	141248	4507	8419	15140	10791	22471
德化县	110359	9019	10689	17484	5156	5536
石狮市	196526	57005	10131	14499	5136	4742
晋江市	555473	145336	28131	37381	15325	27184
南安市	427325	32651	19818	37047	21424	49520

注：本表数据为居住在普通住宅的家庭户。

8-3 续表 1 单位：户

地　区	家庭户户数	一代户				
		一间	二间	三间	四间	五间及以上
漳州市	**1569067**	**182392**	**159951**	**138405**	**78911**	**84077**
芗城区	206526	34366	31528	21092	3863	3399
龙文区	94344	18109	8724	8573	2322	1778
云霄县	121793	9272	11946	9979	7178	3755
漳浦县	249021	15972	21993	20362	13007	20665
诏安县	168360	21109	17253	11002	6920	4443
长泰县	70190	11422	4745	5078	3731	6895
东山县	64828	4166	5227	6360	3770	1650
南靖县	100513	5830	10291	14147	6849	8288
平和县	147739	12513	15095	14367	12859	6477
华安县	45864	3074	3894	5126	3384	7773
龙海市	299889	46559	29255	22319	15028	18954
南平市	**934728**	**42622**	**106064**	**128414**	**67009**	**88976**
延平区	161322	8700	26829	24006	7148	8537
建阳区	119967	8223	12395	18240	8251	9320
顺昌县	65384	2269	8868	10917	4698	5654
浦城县	107793	3968	8791	13024	10925	18246
光泽县	45200	2455	4917	5382	3626	4989
松溪县	44958	1631	4421	4278	3649	6118
政和县	59959	1894	5647	7389	4415	6139
邵武市	102062	4730	12857	18163	7146	7347
武夷山市	75008	3080	5291	7933	4768	6910
建瓯市	153075	5672	16048	19082	12383	15716
龙岩市	**913739**	**62866**	**74162**	**99962**	**54439**	**118531**
新罗区	275307	37060	31091	36931	8587	9812
永定区	113950	5277	9749	14091	10200	15458
长汀县	127584	4281	7812	12084	9127	19609
上杭县	123020	5527	4484	6978	7549	27877
武平县	94022	2341	4755	8693	7595	18400
连城县	90177	4198	7418	8375	6437	15810
漳平市	89679	4182	8853	12810	4944	11565
宁德市	**1034448**	**74483**	**105509**	**113587**	**66319**	**82866**
蕉城区	187866	15835	19069	23752	7533	7592
霞浦县	154882	9269	15573	18702	9856	11070
古田县	119577	6572	11493	16771	8506	14054
屏南县	50376	2473	4859	6381	3888	6147
寿宁县	67324	3503	7072	7400	6247	9560
周宁县	51353	2353	3998	4573	3509	7376
柘荣县	29723	1893	2755	2850	2068	2445
福安市	192827	15212	17989	20142	12009	13625
福鼎市	180520	17373	22701	13016	12703	10997

8-3　续表 2

单位：户

地　区	二代户				
	一间	二间	三间	四间	五间及以上
合　计	**334389**	**1023548**	**1775454**	**778353**	**1100572**
福州市	**60309**	**218742**	**401359**	**175583**	**180059**
鼓楼区	3486	27240	43429	8315	1185
台江区	2630	18166	24882	5469	697
仓山区	11623	34307	62299	19535	8753
马尾区	2891	8050	14372	5577	4569
晋安区	8945	32906	46702	11644	2883
长乐区	9448	22589	27653	23572	12730
闽侯县	3291	15581	36022	17621	25391
连江县	4176	14887	35925	18288	15000
罗源县	1159	6904	18782	4626	3422
闽清县	441	3495	9327	6359	10752
永泰县	870	4478	15826	10071	10183
平潭县	3939	10460	18275	15880	8070
福清市	7410	19679	47865	28626	76424
厦门市	**122546**	**180673**	**165869**	**39823**	**41434**
思明区	19401	52004	47973	10116	2610
海沧区	15737	18196	19220	4731	2263
湖里区	33942	38624	28139	6907	1943
集美区	24512	35161	31295	7069	3355
同安区	22042	23656	26846	5955	14487
翔安区	6912	13032	12396	5045	16776
莆田市	**11463**	**41489**	**107412**	**62340**	**131902**
城厢区	3618	8415	22032	10040	14509
涵江区	1995	5606	17339	8592	15030
荔城区	2159	8894	25645	12560	18471
秀屿区	1374	6709	11498	11689	40048
仙游县	2317	11865	30898	19459	43844
三明市	**7720**	**61705**	**120988**	**48700**	**80275**
梅列区	1085	12393	14782	2081	937
三元区	774	10333	10393	1540	1830
明溪县	116	1741	4433	1828	4274
清流县	409	1866	4994	2078	5377
宁化县	643	3577	8481	5492	13028
大田县	952	7117	15138	5342	10484
尤溪县	806	3610	11632	10783	14985
沙县	1164	5220	14172	6054	7084
将乐县	390	2759	5652	3015	6106
泰宁县	208	1721	5347	2364	3515
建宁县	394	1738	5206	2812	3886
永安市	779	9630	20758	5311	8769
泉州市	**63729**	**162750**	**369638**	**161070**	**265828**
鲤城区	7013	14835	19362	4581	4405
丰泽区	7823	16741	37705	10128	4711
洛江区	981	4160	10285	3107	7451
泉港区	1173	5526	16717	8001	21195
惠安县	4221	16693	38821	23847	51448
安溪县	1969	17774	48015	25977	35781
永春县	748	6305	17143	10103	18646
德化县	1695	11784	29463	3368	2078
石狮市	9114	15947	30569	11312	9284
晋江市	23621	35650	68641	31553	48697
南安市	5371	17335	52917	29093	62132

8-3 续表 3

单位：户

地　区	二代户				
	一间	二间	三间	四间	五间及以上
漳州市	**36498**	**137947**	**193135**	**111469**	**120955**
芗城区	6356	31785	31812	6665	5550
龙文区	2542	9511	17955	4526	3560
云霄县	2892	11856	16005	11939	6313
漳浦县	2767	15421	27036	18224	32989
诏安县	8524	19467	19084	13014	8469
长泰县	1543	3447	5787	4104	8202
东山县	878	5372	9486	6889	3123
南靖县	825	5361	13948	6423	9290
平和县	3382	10912	18042	15775	8131
华安县	374	1638	3963	2633	6959
龙海市	6415	23177	30017	21277	28369
南平市	**7544**	**74200**	**138507**	**55166**	**81336**
延平区	1513	18316	27922	6836	7157
建阳区	1005	8760	20375	6474	8968
顺昌县	335	4846	9485	3545	4944
浦城县	679	5109	10190	7368	15007
光泽县	487	3450	5798	2446	4423
松溪县	337	4009	4976	3108	5875
政和县	382	5041	9029	4257	6367
邵武市	626	7771	20149	5065	4107
武夷山市	824	4926	11677	4951	9047
建瓯市	1356	11972	18906	11116	15441
龙岩市	**8888**	**60126**	**124240**	**49771**	**103230**
新罗区	4155	30830	53987	10546	9260
永定区	834	5069	12514	8587	13410
长汀县	1008	6541	14114	7862	19359
上杭县	983	3801	8111	6709	23054
武平县	473	2862	9807	6407	14389
连城县	888	4963	8563	5608	15418
漳平市	547	6060	17144	4052	8340
宁德市	**15692**	**85916**	**154306**	**74431**	**95553**
蕉城区	2705	20363	42536	10733	8966
霞浦县	1928	11856	25771	11141	13000
古田县	1638	7347	15267	6639	11971
屏南县	537	3036	6528	3651	5766
寿宁县	455	4009	6560	5530	8825
周宁县	664	3621	4637	3671	8190
柘荣县	395	1927	4092	2331	3495
福安市	3278	15907	28878	16196	18819
福鼎市	4092	17850	20037	14539	16521

8-3 续表 4 单位：户

地 区	三代户				
	一间	二间	三间	四间	五间及以上
合 计	**25597**	**219626**	**666585**	**425058**	**834747**
福州市	**5550**	**49413**	**146478**	**78685**	**115944**
鼓楼区	284	7781	19902	4733	711
台江区	267	5272	11372	2998	446
仓山区	624	7837	24939	9886	6992
马尾区	178	1809	5689	2570	2280
晋安区	713	8119	19745	6576	1693
长乐区	1583	5409	9837	10681	9296
闽侯县	238	3022	12838	9094	20003
连江县	370	2996	12255	8618	10893
罗源县	100	1298	6650	2266	2365
闽清县	41	568	2996	3195	9203
永泰县	36	421	3316	2663	4388
平潭县	423	1517	3829	5012	4810
福清市	693	3364	13110	10393	42864
厦门市	**7927**	**52826**	**84863**	**26535**	**41491**
思明区	1658	16827	25866	5411	1692
海沧区	927	5759	10680	3657	3475
湖里区	2160	11857	14218	4037	1631
集美区	1389	9803	16392	5443	4961
同安区	1370	5141	12299	4586	15041
翔安区	423	3439	5408	3401	14691
莆田市	**898**	**8971**	**49027**	**39671**	**111296**
城厢区	218	1918	11738	7449	13167
涵江区	129	1312	9462	6474	16499
荔城区	171	1921	12058	9011	19230
秀屿区	156	1390	3868	5673	27027
仙游县	224	2430	11901	11064	35373
三明市	**430**	**10796**	**41635**	**25346**	**56568**
梅列区	65	2528	5356	998	580
三元区	45	1985	3566	666	945
明溪县	8	301	1742	897	2840
清流县	17	264	1599	1076	3673
宁化县	45	746	3746	3353	10345
大田县	37	884	3780	2213	6722
尤溪县	43	593	4149	5711	10378
沙县	72	908	4451	2734	4335
将乐县	16	478	2572	1863	4720
泰宁县	15	344	2393	1392	2688
建宁县	20	305	2170	1615	2935
永安市	47	1460	6111	2828	6407
泉州市	**2973**	**25228**	**118969**	**86691**	**217944**
鲤城区	384	2976	8523	3084	5035
丰泽区	303	3505	15372	6336	6217
洛江区	56	824	4052	1923	7071
泉港区	75	683	3427	2836	11137
惠安县	185	2433	10486	11284	35405
安溪县	157	1974	12911	12058	27137
永春县	46	802	5103	5298	14874
德化县	88	1395	9466	1619	1236
石狮市	401	2441	9819	6540	8889
晋江市	1052	5840	23043	17922	43127
南安市	226	2355	16767	17791	57816

8-3 续表 5　　单位：户

地　区	三代户				
	一间	二间	三间	四间	五间及以上
漳州市	**5715**	**36380**	**85029**	**80123**	**105705**
芗城区	440	7174	12796	4174	4799
龙文区	165	2235	7399	3000	3489
云霄县	634	3703	8454	9855	7033
漳浦县	336	4408	11934	12766	28299
诏安县	2553	7516	9868	9685	8205
长泰县	78	697	2567	2977	8031
东山县	78	1269	4800	6593	4301
南靖县	114	1110	5609	4396	7322
平和县	829	3056	7511	10578	7110
华安县	33	256	1226	1214	4081
龙海市	455	4956	12865	14885	23035
南平市	**527**	**13279**	**49450**	**26637**	**50926**
延平区	166	4050	11336	3845	4398
建阳区	56	1463	7003	3229	5769
顺昌县	24	821	3413	1842	3359
浦城县	21	719	2859	2779	7720
光泽县	30	716	2384	1143	2698
松溪县	24	458	1356	1321	3235
政和县	25	762	2708	1769	3785
邵武市	43	1373	7760	2433	2166
武夷山市	52	865	4007	2628	7593
建瓯市	86	2052	6624	5648	10203
龙岩市	**472**	**9743**	**44753**	**25128**	**70568**
新罗区	208	5554	22306	6249	7528
永定区	47	776	4098	3965	9012
长汀县	63	1012	5692	3994	13829
上杭县	61	799	3537	4025	17556
武平县	39	414	3344	3247	10319
连城县	32	527	1823	1947	7781
漳平市	22	661	3953	1701	4543
宁德市	**1105**	**12990**	**46381**	**36242**	**64305**
蕉城区	197	3194	12948	5227	6559
霞浦县	178	1940	7948	6020	9819
古田县	121	1270	5788	3269	8265
屏南县	34	457	1763	1482	3174
寿宁县	38	485	1375	1745	4302
周宁县	52	464	1282	1514	5137
柘荣县	26	248	1028	1145	2795
福安市	190	2193	7635	7339	12562
福鼎市	269	2739	6614	8501	11692

8-3 续表 6

单位：户

地　　区	四代户				
	一间	二间	三间	四间	五间及以上
合　计	**285**	**2201**	**12730**	**14899**	**46202**
福州市	**48**	**498**	**2226**	**1675**	**3884**
鼓楼区	2	67	294	111	25
台江区	1	56	244	62	12
仓山区	3	53	379	207	197
马尾区		12	77	46	45
晋安区	4	81	343	151	59
长乐区	24	87	136	222	295
闽侯县	5	30	181	224	716
连江县	5	35	181	207	431
罗源县		13	87	48	102
闽清县		6	59	91	393
永泰县		1	41	57	132
平潭县	2	14	46	66	118
福清市	2	43	158	183	1359
厦门市	**46**	**225**	**1108**	**881**	**2543**
思明区	5	83	359	124	56
海沧区	7	15	141	145	295
湖里区	15	58	154	102	59
集美区	8	34	207	217	415
同安区	9	21	174	167	862
翔安区	2	14	73	126	856
莆田市	**30**	**213**	**1677**	**2309**	**9238**
城厢区	8	28	410	451	1176
涵江区	3	31	341	397	1364
荔城区	6	50	410	622	2062
秀屿区	6	51	204	348	2446
仙游县	7	53	312	491	2190
三明市	**2**	**103**	**923**	**1060**	**3809**
梅列区		16	68	13	18
三元区		12	45	21	40
明溪县		5	62	30	179
清流县		4	49	54	274
宁化县	1	11	118	149	656
大田县		15	79	93	549
尤溪县		14	118	308	844
沙县	1	13	81	94	179
将乐县		3	83	93	320
泰宁县		1	79	50	148
建宁县		1	51	85	221
永安市		8	90	70	381
泉州市	**19**	**204**	**2042**	**2724**	**10790**
鲤城区	4	21	126	91	239
丰泽区	1	21	281	190	393
洛江区		1	50	61	273
泉港区		7	50	77	304
惠安县		27	175	288	1352
安溪县	2	19	228	359	1282
永春县		9	88	155	600
德化县	1	9	187	42	44
石狮市	3	19	143	187	345
晋江市	5	39	333	567	2025
南安市	3	32	381	707	3933

8-3 续表 7

单位：户

地　区	四代户				
	一间	二间	三间	四间	五间及以上
漳州市	**122**	**568**	**2144**	**3387**	**6140**
芗城区	3	71	218	163	272
龙文区		23	109	107	216
云霄县	23	53	238	353	308
漳浦县	5	109	418	625	1680
诏安县	61	156	292	354	385
长泰县	1	9	84	171	621
东山县	2	15	149	340	359
南靖县		10	103	174	423
平和县	20	51	209	415	406
华安县	1	6	27	32	170
龙海市	6	65	297	653	1300
南平市	**4**	**147**	**922**	**831**	**2166**
延平区	2	31	214	138	178
建阳区		15	117	83	221
顺昌县	1	18	70	67	208
浦城县		9	56	63	260
光泽县		4	47	41	164
松溪县		4	21	34	103
政和县		15	68	60	207
邵武市		15	156	67	88
武夷山市		9	62	76	309
建瓯市	1	27	111	202	428
龙岩市	**6**	**109**	**849**	**935**	**4955**
新罗区	2	58	404	205	533
永定区	2	18	89	161	593
长汀县		12	148	150	886
上杭县		6	81	183	1696
武平县	2	4	60	126	745
连城县		2	19	57	311
漳平市		9	48	53	191
宁德市	**8**	**134**	**839**	**1097**	**2677**
蕉城区		37	225	123	272
霞浦县	1	14	143	213	436
古田县	2	15	122	98	368
屏南县		3	36	52	109
寿宁县		6	23	34	155
周宁县		3	30	48	231
柘荣县		3	21	54	151
福安市	3	21	143	209	476
福鼎市	2	32	96	266	479

8-3　续表 8　　　　单位：户

地　区	五代及以上户				
	一间	二间	三间	四间	五间及以上
合　计			**9**	**10**	**55**
福州市			**5**	**1**	**4**
鼓楼区					
台江区					
仓山区					
马尾区					
晋安区					
长乐区			1		
闽侯县			2		1
连江县			1		
罗源县					1
闽清县					
永泰县					
平潭县					
福清市			1	1	2
厦门市					**4**
思明区					1
海沧区					
湖里区					
集美区					
同安区					1
翔安区					2
莆田市			**1**	**3**	**14**
城厢区					1
涵江区			1	1	2
荔城区				2	4
秀屿区					5
仙游县					2
三明市				**1**	**2**
梅列区					
三元区					
明溪县					
清流县					
宁化县					2
大田县					
尤溪县				1	
沙县					
将乐县					
泰宁县					
建宁县					
永安市					
泉州市				**1**	**9**
鲤城区					
丰泽区					1
洛江区					
泉港区					
惠安县					
安溪县				1	1
永春县					
德化县					
石狮市					
晋江市					1
南安市					6

8-3 续表 9

单位：户

地　　区	五代及以上户				
	一间	二间	三间	四间	五间及以上
漳州市			**2**	**2**	**10**
芗城区					
龙文区			1		
云霄县			1		3
漳浦县				2	3
诏安县					
长泰县					
东山县					1
南靖县					
平和县					1
华安县					
龙海市					2
南平市					**1**
延平区					
建阳区					
顺昌县					
浦城县					
光泽县					
松溪县					
政和县					
邵武市					
武夷山市					
建瓯市					1
龙岩市			**1**		**5**
新罗区			1		
永定区					
长汀县					1
上杭县					3
武平县					
连城县					
漳平市					1
宁德市				**2**	**6**
蕉城区					
霞浦县				1	3
古田县					1
屏南县					
寿宁县					
周宁县					
柘荣县					1
福安市				1	
福鼎市					1

8-3a　各地区按家庭户类别和住房间数分的家庭户户数(城市)

单位：户

地　　区	家庭户户　数	一代户				
		一间	二间	三间	四间	五间及以上
合　计	**5567356**	**1401587**	**517844**	**567351**	**132045**	**99311**
福州市	**1269373**	**208557**	**142387**	**166108**	**43835**	**20422**
鼓楼区	204323	15497	28423	35748	6153	937
台江区	138942	15235	24046	22351	4205	531
仓山区	368306	87242	35167	41236	11162	5865
马尾区	76045	15164	6842	8650	2530	1832
晋安区	258982	43500	34403	34342	7633	1579
长乐区	84630	12014	5789	8071	6301	2413
闽侯县						
连江县						
罗源县						
闽清县						
永泰县						
平潭县						
福清市	138145	19905	7717	15710	5851	7265
厦门市	**1613971**	**727603**	**119270**	**88415**	**17500**	**10128**
思明区	362548	94117	43519	32923	6011	1792
海沧区	215371	105633	11658	10345	2577	1569
湖里区	429295	239694	26199	15394	3188	974
集美区	325861	155632	22805	16545	3170	1347
同安区	247524	125587	11205	10749	1748	2236
翔安区	33372	6940	3884	2459	806	2210
莆田市	**409416**	**65343**	**25978**	**45302**	**17518**	**24271**
城厢区	112753	28852	6967	12390	3787	1231
涵江区	104272	13025	6205	11668	4136	5931
荔城区	140254	20021	9592	17475	6533	6403
秀屿区	52137	3445	3214	3769	3062	10706
仙游县						
三明市	**197283**	**16703**	**36067**	**31259**	**3336**	**2398**
梅列区	72337	7256	14108	10902	1230	452
三元区	51034	4702	10877	7215	508	287
明溪县						
清流县						
宁化县						
大田县						
尤溪县						
沙县						
将乐县						
泰宁县						
建宁县						
永安市	73912	4745	11082	13142	1598	1659
泉州市	**905587**	**257998**	**50993**	**79265**	**21390**	**19783**
鲤城区	130879	34456	10074	10137	2461	3072
丰泽区	214048	61017	12835	22435	5418	2615
洛江区	27214	4638	2029	2912	525	454
泉港区	38091	2234	1877	4028	1725	3071
惠安县						
安溪县						
永春县						
德化县						
石狮市	130440	41431	6958	11160	3273	1520
晋江市	292493	109179	13759	20130	5705	4800
南安市	72422	5043	3461	8463	2283	4251

注：本表数据为居住在普通住宅的家庭户。

8-3a　续表 1　　　　单位：户

地　区	家庭户户　数	一代户				
		一间	二间	三间	四间	五间及以上
漳州市	**320370**	**46996**	**45270**	**33892**	**7051**	**5269**
芗城区	158385	22593	27315	18886	2071	886
龙文区	86355	17399	8165	8191	1868	1155
云霄县						
漳浦县						
诏安县						
长泰县						
东山县						
南靖县						
平和县						
华安县						
龙海市	75240	6923	9765	6793	3093	3224
南平市	**321853**	**21169**	**47450**	**55363**	**8063**	**5678**
延平区	98865	6335	19622	15533	1496	637
建阳区	61529	6039	7217	12358	2142	695
顺昌县						
浦城县						
光泽县						
松溪县						
政和县						
邵武市	68100	3323	9838	13788	1496	730
武夷山市	38820	2108	3125	5135	1018	1744
建瓯市	54539	3364	7648	8549	1911	1872
龙岩市	**275452**	**35226**	**29990**	**39419**	**6588**	**3921**
新罗区	211251	31919	23281	28507	4451	2279
永定区	21875	946	1518	2987	1297	1002
长汀县						
上杭县						
武平县						
连城县						
漳平市	42326	2361	5191	7925	840	640
宁德市	**254051**	**21992**	**20439**	**28328**	**6764**	**7441**
蕉城区	110307	9416	9298	15574	2536	1285
霞浦县						
古田县						
屏南县						
寿宁县						
周宁县						
柘荣县						
福安市	75683	7247	5516	7118	1991	3272
福鼎市	68061	5329	5625	5636	2237	2884

8-3a 续表 2 单位：户

地 区	二代户				
	一间	二间	三间	四间	五间及以上
合 计	**215250**	**563679**	**885232**	**228008**	**149740**
福州市	**34598**	**132514**	**228015**	**71495**	**32596**
鼓楼区	3486	27240	43429	8315	1185
台江区	2630	18166	24882	5469	697
仓山区	11623	34307	62299	19535	8753
马尾区	2543	7125	13418	4140	2876
晋安区	8854	32602	46188	11182	2007
长乐区	2472	5705	12735	11587	3986
闽侯县					
连江县					
罗源县					
闽清县					
永泰县					
平潭县					
福清市	2990	7369	25064	11267	13092
厦门市	**110144**	**164584**	**151190**	**32856**	**15251**
思明区	19401	52004	47973	10116	2610
海沧区	15609	17568	18960	4696	2202
湖里区	33942	38624	28139	6907	1943
集美区	21425	31951	29524	6313	2300
同安区	18954	19769	22939	3810	4185
翔安区	813	4668	3655	1014	2011
莆田市	**7437**	**21111**	**61036**	**24626**	**28115**
城厢区	3316	7172	19560	6578	1764
涵江区	1624	4689	15545	6007	8553
荔城区	1998	7315	22127	9212	8639
秀屿区	499	1935	3804	2829	9159
仙游县					
三明市	**2339**	**30072**	**41584**	**5239**	**3138**
梅列区	1043	11865	14200	1812	560
三元区	732	10002	9632	727	311
明溪县					
清流县					
宁化县					
大田县					
尤溪县					
沙县					
将乐县					
泰宁县					
建宁县					
永安市	564	8205	17752	2700	2267
泉州市	**39515**	**70218**	**150894**	**45136**	**35025**
鲤城区	7013	14835	19362	4581	4405
丰泽区	7823	16741	37705	10128	4711
洛江区	668	2952	6106	1232	679
泉港区	617	2280	8007	3021	4945
惠安县					
安溪县					
永春县					
德化县					
石狮市	6097	10810	23656	7579	2775
晋江市	16475	18818	39687	14065	10897
南安市	822	3782	16371	4530	6613

8-3a 续表 3

单位：户

地区	二代户				
	一间	二间	三间	四间	五间及以上
漳州市	**8386**	**44588**	**54348**	**12834**	**9654**
芗城区	4563	27459	28233	3824	1352
龙文区	2461	9111	17399	3781	2227
云霄县					
漳浦县					
诏安县					
长泰县					
东山县					
南靖县					
平和县					
华安县					
龙海市	1335	7974	8678	5172	6062
南平市	**3310**	**37772**	**74982**	**11000**	**6751**
延平区	1080	15024	21433	2237	674
建阳区	545	5739	15520	1972	844
顺昌县					
浦城县					
光泽县					
松溪县					
政和县					
邵武市	454	6803	17785	2584	649
武夷山市	632	3567	9319	1692	2666
建瓯市	599	6639	10925	2515	1918
龙岩市	**4097**	**32350**	**63803**	**10120**	**4915**
新罗区	3624	26059	46071	7104	3019
永定区	163	1817	4273	1660	1165
长汀县					
上杭县					
武平县					
连城县					
漳平市	310	4474	13459	1356	731
宁德市	**5424**	**30470**	**59380**	**14702**	**14295**
蕉城区	1829	13144	32487	5400	2047
霞浦县					
古田县					
屏南县					
寿宁县					
周宁县					
柘荣县					
福安市	2026	9074	15316	4754	6067
福鼎市	1569	8252	11577	4548	6181

8-3a 续表 4

单位：户

地 区	三代户				
	一间	二间	三间	四间	五间及以上
合 计	**13334**	**132530**	**364494**	**134972**	**142212**
福州市	**2524**	**32832**	**93201**	**35392**	**21724**
鼓楼区	284	7781	19902	4733	711
台江区	267	5272	11372	2998	446
仓山区	624	7837	24939	9886	6992
马尾区	154	1605	5425	2081	1506
晋安区	701	8075	19612	6406	1276
长乐区	309	1053	4383	4950	2602
闽侯县					
连江县					
罗源县					
闽清县					
永泰县					
平潭县					
福清市	185	1209	7568	4338	8191
厦门市	**7171**	**49261**	**78631**	**21564**	**17364**
思明区	1658	16827	25866	5411	1692
海沧区	917	5552	10519	3613	3373
湖里区	2160	11857	14218	4037	1631
集美区	1213	9276	15554	4672	3451
同安区	1185	4402	10922	3201	5977
翔安区	38	1347	1552	630	1240
莆田市	**465**	**4503**	**31032**	**18264**	**29489**
城厢区	183	1613	10714	5486	2242
涵江区	98	1079	8581	4873	10814
荔城区	149	1527	10536	6659	10296
秀屿区	35	284	1201	1246	6137
仙游县					
三明市	**141**	**5623**	**13730**	**2641**	**2628**
梅列区	61	2419	5127	870	333
三元区	44	1923	3362	371	265
明溪县					
清流县					
宁化县					
大田县					
尤溪县					
沙县					
将乐县					
泰宁县					
建宁县					
永安市	36	1281	5241	1400	2030
泉州市	**1774**	**12705**	**53734**	**26474**	**36862**
鲤城区	384	2976	8523	3084	5035
丰泽区	303	3505	15372	6336	6217
洛江区	39	644	2569	800	880
泉港区	33	251	1823	1175	2875
惠安县					
安溪县					
永春县					
德化县					
石狮市	228	1432	6897	3735	2594
晋江市	743	3472	13601	8285	11734
南安市	44	425	4949	3059	7527

8-3a 续表 5 单位：户

地 区	三代户				
	一间	二间	三间	四间	五间及以上
漳州市	**622**	**10125**	**21777**	**8547**	**9731**
芗城区	314	6154	10881	2104	1442
龙文区	154	2121	7149	2448	2391
云霄县					
漳浦县					
诏安县					
长泰县					
东山县					
南靖县					
平和县					
华安县					
龙海市	152	1839	3736	3977	5885
南平市	**204**	**7376**	**28851**	**6681**	**6250**
延平区	94	3371	9052	1467	574
建阳区	17	1006	5456	1087	745
顺昌县					
浦城县					
光泽县					
松溪县					
政和县					
邵武市	25	1245	7076	1554	543
武夷山市	36	649	3281	1008	2651
建瓯市	32	1105	3986	1565	1737
龙岩市	**190**	**5780**	**25377**	**6703**	**5814**
新罗区	176	4986	20415	4862	3657
永定区	5	332	1867	1236	1377
长汀县					
上杭县					
武平县					
连城县					
漳平市	9	462	3095	605	780
宁德市	**243**	**4325**	**18161**	**8706**	**12350**
蕉城区	99	1986	9929	2792	2185
霞浦县					
古田县					
屏南县					
寿宁县					
周宁县					
柘荣县					
福安市	92	1202	4246	2602	4857
福鼎市	52	1137	3986	3312	5308

8-3a 续表 6

单位：户

地区	四代户				
	一间	二间	三间	四间	五间及以上
合 计	**101**	**925**	**5964**	**4351**	**8404**
福州市	**18**	**292**	**1455**	**741**	**664**
鼓楼区	2	67	294	111	25
台江区	1	56	244	62	12
仓山区	3	53	379	207	197
马尾区		11	74	39	30
晋安区	4	80	342	149	47
长乐区	6	18	51	100	84
闽侯县					
连江县					
罗源县					
闽清县					
永泰县					
平潭县					
福清市	2	7	71	73	269
厦门市	**43**	**210**	**971**	**651**	**1162**
思明区	5	83	359	124	56
海沧区	7	14	131	143	285
湖里区	15	58	154	102	59
集美区	7	32	186	163	295
同安区	8	19	131	111	385
翔安区	1	4	10	8	82
莆田市	**17**	**78**	**1022**	**1103**	**2698**
城厢区	8	18	351	326	195
涵江区	1	23	287	293	837
荔城区	5	27	324	406	1006
秀屿区	3	10	60	78	660
仙游县					
三明市		**30**	**172**	**52**	**131**
梅列区		13	64	12	10
三元区		12	41	9	14
明溪县					
清流县					
宁化县					
大田县					
尤溪县					
沙县					
将乐县					
泰宁县					
建宁县					
永安市		5	67	31	107
泉州市	**12**	**77**	**842**	**839**	**2048**
鲤城区	4	21	126	91	239
丰泽区	1	21	281	190	393
洛江区			25	17	45
泉港区		5	25	31	68
惠安县					
安溪县					
永春县					
德化县					
石狮市	3	9	94	99	90
晋江市	4	15	182	295	646
南安市		6	109	116	567

8-3a 续表 7

单位：户

地 区	四代户				
	一间	二间	三间	四间	五间及以上
漳州市	**6**	**87**	**327**	**313**	**544**
芗城区	3	45	149	55	56
龙文区		17	98	74	145
云霄县					
漳浦县					
诏安县					
长泰县					
东山县					
南靖县					
平和县					
华安县					
龙海市	3	25	77	184	341
南平市	**2**	**57**	**472**	**198**	**224**
延平区	2	22	149	50	13
建阳区		10	86	27	24
顺昌县					
浦城县					
光泽县					
松溪县					
政和县					
邵武市		12	139	40	16
武夷山市		6	48	37	98
建瓯市		7	50	44	73
龙岩市	**1**	**63**	**445**	**219**	**430**
新罗区	1	52	368	156	263
永定区		5	45	50	130
长汀县					
上杭县					
武平县					
连城县					
漳平市		6	32	13	37
宁德市	**2**	**31**	**258**	**235**	**503**
蕉城区		14	137	61	88
霞浦县					
古田县					
屏南县					
寿宁县					
周宁县					
柘荣县					
福安市	1	6	72	62	161
福鼎市	1	11	49	112	254

8-3a 续表 8

单位：户

地区	五代及以上户 一间	二间	三间	四间	五间及以上
合计			**5**	**2**	**15**
福州市			**2**		**1**
鼓楼区					
台江区					
仓山区					
马尾区					
晋安区					
长乐区			1		
闽侯县					
连江县					
罗源县					
闽清县					
永泰县					
平潭县					
福清市			1		1
厦门市					**2**
思明区					1
海沧区					
湖里区					
集美区					
同安区					1
翔安区					
莆田市			**1**	**1**	**6**
城厢区					
涵江区			1		2
荔城区				1	3
秀屿区					1
仙游县					
三明市					
梅列区					
三元区					
明溪县					
清流县					
宁化县					
大田县					
尤溪县					
沙县					
将乐县					
泰宁县					
建宁县					
永安市					
泉州市					**3**
鲤城区					
丰泽区					1
洛江区					
泉港区					
惠安县					
安溪县					
永春县					
德化县					
石狮市					
晋江市					1
南安市					1

8-3a 续表 9

单位：户

地 区	五代及以上户				
	一间	二间	三间	四间	五间及以上
漳州市			**1**		**2**
芗城区					
龙文区			1		
云霄县					
漳浦县					
诏安县					
长泰县					
东山县					
南靖县					
平和县					
华安县					
龙海市					2
南平市					
延平区					
建阳区					
顺昌县					
浦城县					
光泽县					
松溪县					
政和县					
邵武市					
武夷山市					
建瓯市					
龙岩市			**1**		
新罗区			1		
永定区					
长汀县					
上杭县					
武平县					
连城县					
漳平市					
宁德市				**1**	**1**
蕉城区					
霞浦县					
古田县					
屏南县					
寿宁县					
周宁县					
柘荣县					
福安市				1	
福鼎市					1

8–3b 各地区按家庭户类别和住房间数分的家庭户户数(镇)

单位：户

地区	家庭户户数	一代户				
		一间	二间	三间	四间	五间及以上
合计	**3469319**	**367237**	**272644**	**387578**	**161359**	**219009**
福州市	**601053**	**69477**	**51945**	**78475**	**31402**	**30685**
鼓楼区						
台江区						
仓山区						
马尾区						
晋安区	424	105	34	52	15	27
长乐区	54040	8695	6596	4851	3440	2011
闽侯县	159455	30039	17208	22261	6806	6231
连江县	107009	11570	8133	15281	5473	3776
罗源县	56495	3411	5531	8852	1801	1147
闽清县	34770	1159	2484	4908	1987	3136
永泰县	42083	2309	2884	7722	2692	2139
平潭县	65380	4370	4022	7127	5267	2453
福清市	81397	7819	5053	7421	3921	9765
厦门市	**103935**	**57596**	**5048**	**3567**	**1280**	**2630**
思明区						
海沧区						
湖里区	1	1				
集美区	31	5	7	10		
同安区	5309	1049	401	301	201	457
翔安区	98594	56541	4640	3256	1079	2173
莆田市	**188456**	**10187**	**12742**	**19802**	**9651**	**18376**
城厢区	9382	244	301	411	515	1467
涵江区	4227	133	253	332	419	561
荔城区	2422	101	164	158	90	349
秀屿区	29735	1478	1808	1768	1581	4952
仙游县	142690	8231	10216	17133	7046	11047
三明市	**300615**	**13456**	**23356**	**43770**	**14226**	**17061**
梅列区	3174	174	645	501	128	176
三元区	2233	158	305	366	263	160
明溪县	16948	659	1851	3061	618	850
清流县	18364	896	1308	2922	648	1155
宁化县	37666	937	2091	4457	1765	3546
大田县	48048	2097	4305	7192	1446	1848
尤溪县	48571	1986	2401	6209	4085	2444
沙县	55775	3621	4770	8312	2452	3360
将乐县	26331	1077	1985	3098	1121	1702
泰宁县	18896	676	1410	3407	619	631
建宁县	17942	987	1525	3364	701	513
永安市	6667	188	760	881	380	676
泉州市	**833854**	**86034**	**50732**	**86689**	**34758**	**56234**
鲤城区						
丰泽区						
洛江区	9724	929	367	1018	302	784
泉港区	24817	1249	2008	3368	1197	2497
惠安县	179447	16494	10873	17348	9241	15227
安溪县	138979	7701	10049	16590	5388	5869
永春县	81053	3022	5123	9658	5012	7370
德化县	78215	6735	5671	11327	1440	820
石狮市	42303	11174	1947	2154	1164	1896
晋江市	96952	15163	5724	8842	3437	5430
南安市	182364	23567	8970	16384	7577	16341

注：本表数据为居住在普通住宅的家庭户。

8-3b 续表 1

单位：户

地　区	家庭户户　数	一代户				
		一间	二间	三间	四间	五间及以上
漳州市	**637381**	**85197**	**59954**	**61191**	**28708**	**25512**
芗城区	27378	9402	2177	1061	613	685
龙文区						
云霄县	63705	3881	5972	5246	3356	1445
漳浦县	134574	10439	12696	13556	5904	7310
诏安县	76291	8802	8654	5808	3088	1817
长泰县	40934	9695	2695	3231	1562	2328
东山县	43931	3298	3975	5048	2408	895
南靖县	51555	3373	5429	8457	2312	2456
平和县	64963	4495	6503	6951	4630	2108
华安县	23632	1820	2265	3370	1214	2918
龙海市	110418	29992	9588	8463	3621	3550
南平市	**215981**	**10013**	**24366**	**30690**	**10465**	**17183**
延平区	17490	821	2079	2255	1259	1963
建阳区	10706	645	1107	1328	606	860
顺昌县	33465	1528	5936	6859	997	1214
浦城县	47403	1995	4428	7159	2490	4881
光泽县	22202	1269	3033	3704	540	628
松溪县	20434	1139	2214	2060	848	1257
政和县	28187	975	2929	3615	955	1259
邵武市	9455	795	871	1442	843	1121
武夷山市	4214	128	167	347	215	658
建瓯市	22425	718	1602	1921	1712	3342
龙岩市	**258426**	**13244**	**16884**	**25092**	**13531**	**27410**
新罗区	22114	1264	2918	2829	1048	1877
永定区	27841	1583	1965	2883	1875	3221
长汀县	59975	2547	3626	5767	2645	5154
上杭县	55395	4091	2422	3759	2597	6572
武平县	45283	1276	2267	4845	2621	5269
连城县	40599	2128	3118	4202	2249	4299
漳平市	7219	355	568	807	496	1018
宁德市	**329618**	**22033**	**27617**	**38302**	**17338**	**23918**
蕉城区	11324	749	1014	1164	801	1217
霞浦县	88902	5273	7623	11755	3699	4055
古田县	55501	3729	4810	9113	2454	3829
屏南县	22702	1130	1810	3154	1202	1855
寿宁县	30318	1803	3307	3367	1906	2542
周宁县	25196	1387	1775	1945	1178	2948
柘荣县	16904	921	900	1511	808	1105
福安市	40046	3464	3514	4103	2426	2734
福鼎市	38725	3577	2864	2190	2864	3633

8-3b　续表 2　　单位：户

地　区	二代户				
	一间	二间	三间	四间	五间及以上
合　计	**65106**	**261068**	**575034**	**235319**	**283957**
福州市	**10454**	**37923**	**106488**	**48521**	**41232**
鼓楼区					
台江区					
仓山区					
马尾区					
晋安区	33	18	51	13	20
长乐区	2235	5057	5841	4560	2443
闽侯县	2328	10012	24411	8403	8311
连江县	2411	6648	22312	8624	5203
罗源县	732	5026	16347	2618	1301
闽清县	212	1704	5875	2510	3589
永泰县	521	1811	10749	3913	2070
平潭县	750	4014	11697	12196	4077
福清市	1232	3633	9205	5684	14218
厦门市	**5244**	**6263**	**5999**	**1706**	**4206**
思明区					
海沧区					
湖里区					
集美区			6		
同安区	213	428	479	220	733
翔安区	5031	5835	5514	1486	3473
莆田市	**2197**	**9659**	**24882**	**13114**	**25085**
城厢区	121	258	506	717	1974
涵江区	134	161	263	367	540
荔城区	11	141	168	121	493
秀屿区	404	1606	1936	1945	5828
仙游县	1527	7493	22009	9964	16250
三明市	**4287**	**24685**	**63496**	**20231**	**18572**
梅列区	28	380	392	116	179
三元区	18	140	255	218	105
明溪县	79	1386	3373	715	1058
清流县	351	1496	4205	871	1203
宁化县	479	2550	6535	2569	3644
大田县	817	6273	13082	2355	1839
尤溪县	638	2758	8926	5800	2835
沙县	946	3880	12085	3609	3696
将乐县	300	2273	4743	1841	2048
泰宁县	180	1472	4548	951	854
建宁县	353	1450	4301	811	514
永安市	98	627	1051	375	597
泉州市	**16081**	**61029**	**153649**	**55575**	**76616**
鲤城区					
丰泽区					
洛江区	170	528	1867	450	1067
泉港区	211	1365	4433	1792	3818
惠安县	2985	10990	28975	13551	21315
安溪县	1406	13805	36039	11348	6710
永春县	541	4995	14059	6302	8022
德化县	1497	10470	25436	2170	715
石狮市	2173	3182	4380	2346	3607
晋江市	3128	6816	14752	6211	8562
南安市	3970	8878	23708	11405	22800

8-3b 续表 3

单位：户

地 区	二代户				
	一间	二间	三间	四间	五间及以上
漳州市	**16277**	**55666**	**89967**	**43870**	**39847**
芗城区	1422	2916	2159	1142	1420
龙文区					
云霄县	1223	7440	10143	6402	2707
漳浦县	1715	9704	20178	9196	12826
诏安县	3802	9281	9394	5391	3371
长泰县	1398	2466	4249	2106	3254
东山县	682	4323	7592	3894	1486
南靖县	458	3402	9955	2730	3199
平和县	1266	5281	10083	6416	3072
华安县	243	1094	2902	1114	3046
龙海市	4068	9759	13312	5479	5466
南平市	**2520**	**21471**	**36391**	**11559**	**17313**
延平区	107	1075	2212	1254	1675
建阳区	217	1062	1470	645	1025
顺昌县	202	3504	6820	889	1122
浦城县	530	3845	7680	2554	4772
光泽县	335	2782	4776	734	603
松溪县	263	3019	3506	1286	1572
政和县	243	3646	6229	1643	1783
邵武市	122	421	1275	596	762
武夷山市	39	152	353	252	823
建瓯市	462	1965	2070	1706	3176
龙岩市	**3269**	**18114**	**38445**	**16993**	**30359**
新罗区	155	2497	3556	1216	1723
永定区	287	1320	3465	2172	3594
长汀县	842	5094	10011	3397	6501
上杭县	860	3183	6488	3687	7152
武平县	346	2127	7857	3347	5285
连城县	670	3387	6172	2714	5291
漳平市	109	506	896	460	813
宁德市	**4777**	**26258**	**55717**	**23750**	**30727**
蕉城区	122	725	1359	942	1336
霞浦县	1020	7715	20202	5485	5470
古田县	1005	4195	10128	2391	3670
屏南县	213	1405	4299	1675	2290
寿宁县	271	2759	4452	2767	3069
周宁县	525	2498	2720	1541	3774
柘荣县	254	1203	3031	1431	2023
福安市	468	2407	6068	3984	4009
福鼎市	899	3351	3458	3534	5086

8-3b　续表 4　　　　单位：户

地　　区	三代户				
	一间	二间	三间	四间	五间及以上
合　计	**5026**	**45670**	**195377**	**132851**	**240049**
福州市	**930**	**6973**	**33885**	**20792**	**29913**
鼓楼区					
台江区					
仓山区					
马尾区					
晋安区	1	3	17	10	25
长乐区	399	1190	2130	2282	2150
闽侯县	146	2080	9158	4497	7102
连江县	167	1288	7368	4019	4343
罗源县	48	946	5905	1485	1189
闽清县	14	232	1873	1404	3457
永泰县	15	180	2580	1265	1139
平潭县	50	486	2464	3816	2444
福清市	90	568	2390	2014	8064
厦门市	**300**	**1592**	**2685**	**1245**	**4222**
思明区					
海沧区					
湖里区					
集美区			2	1	
同安区	11	49	155	85	495
翔安区	289	1543	2528	1159	3727
莆田市	**189**	**1918**	**9823**	**7758**	**20972**
城厢区	6	58	235	408	1914
涵江区	10	30	143	270	532
荔城区	1	49	60	52	417
秀屿区	63	358	668	1029	3911
仙游县	109	1423	8717	5999	14198
三明市	**182**	**3889**	**22706**	**11716**	**16806**
梅列区		78	158	76	134
三元区		29	78	88	43
明溪县	7	248	1456	465	985
清流县	14	204	1361	484	1105
宁化县	18	527	2924	1724	3528
大田县	27	742	3193	1019	1603
尤溪县	32	455	3310	3343	2820
沙县	44	604	3890	1716	2564
将乐县	13	397	2189	1289	1999
泰宁县	8	287	2054	668	988
建宁县	17	259	1851	624	566
永安市	2	59	242	220	471
泉州市	**749**	**7903**	**44833**	**29680**	**68111**
鲤城区					
丰泽区					
洛江区	7	59	648	291	1167
泉港区	13	133	597	455	1615
惠安县	135	1574	7750	6437	15669
安溪县	64	1372	9364	5432	7180
永春县	28	595	4173	3659	7995
德化县	76	1276	8353	1243	736
石狮市	134	688	1939	1782	3487
晋江市	155	1062	4974	3570	8531
南安市	137	1144	7035	6811	21731

8-3b 续表 5

单位：户

地　区	三代户				
	一间	二间	三间	四间	五间及以上
漳州市	**2120**	**13881**	**38195**	**33590**	**38473**
芗城区	61	590	1176	1092	1262
龙文区					
云霄县	219	1942	4703	5272	3272
漳浦县	173	2437	8118	6443	12480
诏安县	1013	3280	4539	4161	3361
长泰县	65	514	1805	1620	3550
东山县	48	930	3447	3611	1888
南靖县	38	652	3955	2046	2787
平和县	290	1354	3955	4836	3225
华安县	20	183	905	519	1908
龙海市	193	1999	5592	3990	4740
南平市	**133**	**3079**	**12100**	**5814**	**11913**
延平区	14	191	827	700	973
建阳区	14	120	420	373	771
顺昌县	11	553	2368	485	866
浦城县	16	516	2305	1060	3006
光泽县	21	624	2076	487	494
松溪县	18	300	1011	647	1210
政和县	14	552	2059	803	1311
邵武市	10	50	400	267	438
武夷山市		8	97	149	792
建瓯市	15	165	537	843	2052
龙岩市	**165**	**2682**	**13890**	**9655**	**26092**
新罗区	5	290	914	531	1161
永定区	28	179	1064	1039	2888
长汀县	49	844	4467	2265	6166
上杭县	50	690	3028	2608	7320
武平县	12	284	2752	1855	4679
连城县	17	352	1428	1082	3299
漳平市	4	43	237	275	579
宁德市	**258**	**3753**	**17260**	**12601**	**23547**
蕉城区	9	116	400	403	917
霞浦县	61	1077	6210	3450	5335
古田县	49	809	4255	1483	3279
屏南县	7	223	1190	744	1409
寿宁县	23	323	988	983	1647
周宁县	34	313	866	787	2736
柘荣县	14	132	768	804	1844
福安市	35	314	1526	1883	2907
福鼎市	26	446	1057	2064	3473

8-3b 续表 6 单位：户

地 区	四代户				
	一间	二间	三间	四间	五间及以上
合 计	**79**	**528**	**3917**	**4572**	**12915**
福州市	**10**	**65**	**452**	**402**	**1027**
鼓楼区					
台江区					
仓山区					
马尾区					
晋安区					
长乐区	4	19	29	36	72
闽侯县	3	12	124	109	213
连江县	3	10	101	88	190
罗源县		7	75	25	49
闽清县		3	34	42	147
永泰县			34	29	31
平潭县		5	24	43	75
福清市		9	31	30	250
厦门市	**1**	**4**	**39**	**50**	**257**
思明区					
海沧区					
湖里区					
集美区					
同安区			3	2	27
翔安区	1	4	36	48	230
莆田市	**7**	**41**	**250**	**363**	**1439**
城厢区		2	18	26	201
涵江区			10	17	52
荔城区		1	3	3	40
秀屿区	2	10	29	53	306
仙游县	5	28	190	264	840
三明市		**44**	**571**	**484**	**1075**
梅列区		3	2		4
三元区			1	4	2
明溪县		4	52	17	64
清流县		1	32	21	87
宁化县		4	87	72	207
大田县		13	62	31	104
尤溪县		9	82	176	262
沙县		7	69	58	92
将乐县			66	56	134
泰宁县		1	68	21	53
建宁县		1	45	26	34
永安市		1	5	2	32
泉州市	**4**	**71**	**782**	**846**	**3475**
鲤城区					
丰泽区					
洛江区			14	12	44
泉港区			4	13	49
惠安县		10	120	155	598
安溪县		11	150	141	359
永春县		7	66	99	327
德化县	1	9	173	35	32
石狮市		8	33	50	159
晋江市	1	11	80	96	407
南安市	2	15	142	245	1500

8-3b 续表 7 单位：户

地　区	四代户				
	一间	二间	三间	四间	五间及以上
漳州市	**57**	**203**	**964**	**1456**	**2247**
芗城区		10	40	59	91
龙文区					
云霄县	12	28	115	195	129
漳浦县	3	51	273	312	757
诏安县	30	51	130	159	159
长泰县	1	5	41	86	263
东山县		9	95	169	133
南靖县		5	57	94	150
平和县	9	21	88	189	191
华安县		4	21	14	72
龙海市	2	19	104	179	302
南平市		**38**	**236**	**199**	**498**
延平区		3	19	27	36
建阳区		1	5	10	27
顺昌县		7	36	20	48
浦城县		7	45	28	86
光泽县		4	37	22	33
松溪县		2	16	21	45
政和县		8	50	23	90
邵武市		2	13	8	19
武夷山市				5	29
建瓯市		4	15	35	85
龙岩市		**28**	**289**	**379**	**1901**
新罗区		4	19	16	91
永定区		7	28	43	200
长汀县		9	115	90	385
上杭县		4	62	118	702
武平县		2	49	62	348
连城县		2	11	35	143
漳平市			5	15	32
宁德市		**34**	**334**	**393**	**996**
蕉城区		3	9	8	30
霞浦县		7	105	120	237
古田县		7	87	37	170
屏南县			24	23	49
寿宁县		6	17	23	65
周宁县		2	21	28	118
柘荣县			18	42	94
福安市		4	36	52	112
福鼎市		5	17	60	121

8-3b 续表 8

单位：户

地 区	五代及以上户				
	一间	二间	三间	四间	五间及以上
合 计			**3**	**4**	**17**
福州市			**2**		
鼓楼区					
台江区					
仓山区					
马尾区					
晋安区					
长乐区					
闽侯县			1		
连江县			1		
罗源县					
闽清县					
永泰县					
平潭县					
福清市					
厦门市					**1**
思明区					
海沧区					
湖里区					
集美区					
同安区					
翔安区					1
莆田市					**1**
城厢区					
涵江区					
荔城区					
秀屿区					
仙游县					1
三明市					**2**
梅列区					
三元区					
明溪县					
清流县					
宁化县					2
大田县					
尤溪县					
沙县					
将乐县					
泰宁县					
建宁县					
永安市					
泉州市				**1**	**2**
鲤城区					
丰泽区					
洛江区					
泉港区					
惠安县					
安溪县				1	
永春县					
德化县					
石狮市					
晋江市					
南安市					2

8-3b 续表 9 单位：户

地 区	五代及以上户				
	一间	二间	三间	四间	五间及以上
漳州市			**1**	**2**	**3**
芗城区					
龙文区					
云霄县			1		2
漳浦县				2	1
诏安县					
长泰县					
东山县					
南靖县					
平和县					
华安县					
龙海市					
南平市					
延平区					
建阳区					
顺昌县					
浦城县					
光泽县					
松溪县					
政和县					
邵武市					
武夷山市					
建瓯市					
龙岩市					**4**
新罗区					
永定区					
长汀县					1
上杭县					2
武平县					
连城县					
漳平市					1
宁德市				**1**	**4**
蕉城区					
霞浦县				1	2
古田县					1
屏南县					
寿宁县					
周宁县					
柘荣县					1
福安市					
福鼎市					

8-3c　各地区按家庭户类别和住房间数分的家庭户户数(乡村)

单位：户

地　区	家庭户户数	一代户				
		一间	二间	三间	四间	五间及以上
合　计	**4313587**	**277784**	**346519**	**356251**	**342468**	**640955**
福州市	**759698**	**60667**	**79659**	**69069**	**52924**	**84049**
鼓楼区						
台江区						
仓山区						
马尾区	10521	595	808	564	766	650
晋安区	7018	312	727	821	807	1503
长乐区	99192	14186	13102	6717	5369	4744
闽侯县	123077	8836	11395	12783	8945	13768
连江县	106930	6165	11504	11887	7883	7999
罗源县	29398	2576	4877	3858	3142	2875
闽清县	49867	1879	4573	4808	4730	8047
永泰县	65802	2896	8475	8304	8344	9637
平潭县	63756	9502	9814	6500	3587	4033
福清市	204137	13720	14384	12827	9351	30793
厦门市	**171111**	**50060**	**10402**	**6664**	**5012**	**15048**
思明区						
海沧区	3886	1342	655	148	34	48
湖里区						
集美区	39440	21059	2374	1029	419	669
同安区	67026	18405	3928	2468	2070	6397
翔安区	60759	9254	3445	3019	2489	7934
莆田市	**378369**	**9171**	**20233**	**23715**	**24842**	**71156**
城厢区	46849	1143	1669	2094	2806	9929
涵江区	32828	824	1742	2392	2934	6194
荔城区	48009	1005	2295	3093	2675	7455
秀屿区	110438	1797	5138	6322	6782	23996
仙游县	140245	4402	9389	9814	9645	23582
三明市	**327244**	**6187**	**17257**	**27150**	**36336**	**76517**
梅列区	2387	98	300	351	296	361
三元区	8855	192	682	1008	974	2230
明溪县	16128	230	766	1434	1624	3527
清流县	19538	575	1049	1246	1693	4676
宁化县	47631	832	1889	3209	4444	11734
大田县	49982	881	2813	4429	6120	13494
尤溪县	64114	820	2404	4705	7429	16227
沙县	28029	946	2884	3371	3487	4039
将乐县	20352	404	896	1360	1829	5141
泰宁县	15890	196	636	1348	2073	3525
建宁县	21385	207	885	1850	3239	4617
永安市	32953	806	2053	2839	3128	6946
泉州市	**838315**	**45206**	**45252**	**61562**	**55184**	**136067**
鲤城区						
丰泽区						
洛江区	28629	980	1062	2179	1553	5540
泉港区	49840	1307	2537	3174	2365	8903
惠安县	139509	6879	7829	8118	7817	22465
安溪县	165648	2836	8249	14658	15508	32134
永春县	60195	1485	3296	5482	5779	15101
德化县	32144	2284	5018	6157	3716	4716
石狮市	23783	4400	1226	1185	699	1326
晋江市	166028	20994	8648	8409	6183	16954
南安市	172539	4041	7387	12200	11564	28928

注：本表数据为居住在普通住宅的家庭户。

8-3c 续表 1

单位：户

地　区	家庭户户　数	一代户				
		一间	二间	三间	四间	五间及以上
漳州市	**611316**	**50199**	**54727**	**43322**	**43152**	**53296**
芗城区	20763	2371	2036	1145	1179	1828
龙文区	7989	710	559	382	454	623
云霄县	58088	5391	5974	4733	3822	2310
漳浦县	114447	5533	9297	6806	7103	13355
诏安县	91679	12226	8574	5172	3813	2622
长泰县	29256	1727	2050	1847	2169	4567
东山县	20897	868	1252	1312	1362	755
南靖县	48958	2457	4862	5690	4537	5832
平和县	82776	8018	8592	7416	8229	4369
华安县	22232	1254	1629	1756	2170	4855
龙海市	114231	9644	9902	7063	8314	12180
南平市	**396894**	**11440**	**34248**	**42361**	**48481**	**66115**
延平区	44967	1544	5128	6218	4393	5937
建阳区	47732	1539	4071	4554	5503	7765
顺昌县	31919	741	2932	4058	3701	4440
浦城县	60390	1973	4363	5865	8435	13365
光泽县	22998	1186	1884	1678	3086	4361
松溪县	24524	492	2207	2218	2801	4861
政和县	31772	919	2718	3774	3460	4880
邵武市	24507	612	2148	2933	4807	5496
武夷山市	31974	844	1999	2451	3535	4508
建瓯市	76111	1590	6798	8612	8760	10502
龙岩市	**379861**	**14396**	**27288**	**35451**	**34320**	**87200**
新罗区	41942	3877	4892	5595	3088	5656
永定区	64234	2748	6266	8221	7028	11235
长汀县	67609	1734	4186	6317	6482	14455
上杭县	67625	1436	2062	3219	4952	21305
武平县	48739	1065	2488	3848	4974	13131
连城县	49578	2070	4300	4173	4188	11511
漳平市	40134	1466	3094	4078	3608	9907
宁德市	**450779**	**30458**	**57453**	**46957**	**42217**	**51507**
蕉城区	66235	5670	8757	7014	4196	5090
霞浦县	65980	3996	7950	6947	6157	7015
古田县	64076	2843	6683	7658	6052	10225
屏南县	27674	1343	3049	3227	2686	4292
寿宁县	37006	1700	3765	4033	4341	7018
周宁县	26157	966	2223	2628	2331	4428
柘荣县	12819	972	1855	1339	1260	1340
福安市	77098	4501	8959	8921	7592	7619
福鼎市	73734	8467	14212	5190	7602	4480

8-3c　续表 2　　　　　　　　　　　　　　　　　　　　　　　　　　单位：户

地　区	二代户				
	一间	二间	三间	四间	五间及以上
合　计	**54033**	**198801**	**315188**	**315026**	**666875**
福州市	**15257**	**48305**	**66856**	**55567**	**106231**
鼓楼区					
台江区					
仓山区					
马尾区	348	925	954	1437	1693
晋安区	58	286	463	449	856
长乐区	4741	11827	9077	7425	6301
闽侯县	963	5569	11611	9218	17080
连江县	1765	8239	13613	9664	9797
罗源县	427	1878	2435	2008	2121
闽清县	229	1791	3452	3849	7163
永泰县	349	2667	5077	6158	8113
平潭县	3189	6446	6578	3684	3993
福清市	3188	8677	13596	11675	49114
厦门市	**7158**	**9826**	**8680**	**5261**	**21977**
思明区					
海沧区	128	628	260	35	61
湖里区					
集美区	3087	3210	1765	756	1055
同安区	2875	3459	3428	1925	9569
翔安区	1068	2529	3227	2545	11292
莆田市	**1829**	**10719**	**21494**	**24600**	**78702**
城厢区	181	985	1966	2745	10771
涵江区	237	756	1531	2218	5937
荔城区	150	1438	3350	3227	9339
秀屿区	471	3168	5758	6915	25061
仙游县	790	4372	8889	9495	27594
三明市	**1094**	**6948**	**15908**	**23230**	**58565**
梅列区	14	148	190	153	198
三元区	24	191	506	595	1414
明溪县	37	355	1060	1113	3216
清流县	58	370	789	1207	4174
宁化县	164	1027	1946	2923	9384
大田县	135	844	2056	2987	8645
尤溪县	168	852	2706	4983	12150
沙县	218	1340	2087	2445	3388
将乐县	90	486	909	1174	4058
泰宁县	28	249	799	1413	2661
建宁县	41	288	905	2001	3372
永安市	117	798	1955	2236	5905
泉州市	**8133**	**31503**	**65095**	**60359**	**154187**
鲤城区					
丰泽区					
洛江区	143	680	2312	1425	5705
泉港区	345	1881	4277	3188	12432
惠安县	1236	5703	9846	10296	30133
安溪县	563	3969	11976	14629	29071
永春县	207	1310	3084	3801	10624
德化县	198	1314	4027	1198	1363
石狮市	844	1955	2533	1387	2902
晋江市	4018	10016	14202	11277	29238
南安市	579	4675	12838	13158	32719

8－3c　续表 3　　　　单位：户

地　区	二代户				
	一间	二间	三间	四间	五间及以上
漳州市	**11835**	**37693**	**48820**	**54765**	**71454**
芗城区	371	1410	1420	1699	2778
龙文区	81	400	556	745	1333
云霄县	1669	4416	5862	5537	3606
漳浦县	1052	5717	6858	9028	20163
诏安县	4695	10142	9652	7566	5085
长泰县	145	981	1538	1998	4948
东山县	196	1049	1894	2995	1637
南靖县	367	1959	3993	3693	6091
平和县	2116	5631	7959	9359	5059
华安县	131	544	1061	1519	3913
龙海市	1012	5444	8027	10626	16841
南平市	**1714**	**14957**	**27134**	**32607**	**57272**
延平区	326	2217	4277	3345	4808
建阳区	243	1959	3385	3857	7099
顺昌县	133	1342	2665	2656	3822
浦城县	149	1264	2510	4814	10235
光泽县	152	668	1022	1712	3820
松溪县	74	990	1470	1822	4303
政和县	139	1395	2800	2614	4584
邵武市	50	547	1089	1885	2696
武夷山市	153	1207	2005	3007	5558
建瓯市	295	3368	5911	6895	10347
龙岩市	**1522**	**9662**	**21992**	**22658**	**67956**
新罗区	376	2274	4360	2226	4518
永定区	384	1932	4776	4755	8651
长汀县	166	1447	4103	4465	12858
上杭县	123	618	1623	3022	15902
武平县	127	735	1950	3060	9104
连城县	218	1576	2391	2894	10127
漳平市	128	1080	2789	2236	6796
宁德市	**5491**	**29188**	**39209**	**35979**	**50531**
蕉城区	754	6494	8690	4391	5583
霞浦县	908	4141	5569	5656	7530
古田县	633	3152	5139	4248	8301
屏南县	324	1631	2229	1976	3476
寿宁县	184	1250	2108	2763	5756
周宁县	139	1123	1917	2130	4416
柘荣县	141	724	1061	900	1472
福安市	784	4426	7494	7458	8743
福鼎市	1624	6247	5002	6457	5254

8-3c　续表 4

单位：户

地　区	三代户				
	一间	二间	三间	四间	五间及以上
合　计	**7237**	**41426**	**106714**	**157235**	**452486**
福州市	**2096**	**9608**	**19392**	**22501**	**64307**
鼓楼区					
台江区					
仓山区					
马尾区	24	204	264	489	774
晋安区	11	41	116	160	392
长乐区	875	3166	3324	3449	4544
闽侯县	92	942	3680	4597	12901
连江县	203	1708	4887	4599	6550
罗源县	52	352	745	781	1176
闽清县	27	336	1123	1791	5746
永泰县	21	241	736	1398	3249
平潭县	373	1031	1365	1196	2366
福清市	418	1587	3152	4041	26609
厦门市	**456**	**1973**	**3547**	**3726**	**19905**
思明区					
海沧区	10	207	161	44	102
湖里区					
集美区	176	527	836	770	1510
同安区	174	690	1222	1300	8569
翔安区	96	549	1328	1612	9724
莆田市	**244**	**2550**	**8172**	**13649**	**60835**
城厢区	29	247	789	1555	9011
涵江区	21	203	738	1331	5153
荔城区	21	345	1462	2300	8517
秀屿区	58	748	1999	3398	16979
仙游县	115	1007	3184	5065	21175
三明市	**107**	**1284**	**5199**	**10989**	**37134**
梅列区	4	31	71	52	113
三元区	1	33	126	207	637
明溪县	1	53	286	432	1855
清流县	3	60	238	592	2568
宁化县	27	219	822	1629	6817
大田县	10	142	587	1194	5119
尤溪县	11	138	839	2368	7558
沙县	28	304	561	1018	1771
将乐县	3	81	383	574	2721
泰宁县	7	57	339	724	1700
建宁县	3	46	319	991	2369
永安市	9	120	628	1208	3906
泉州市	**450**	**4620**	**20402**	**30537**	**112971**
鲤城区					
丰泽区					
洛江区	10	121	835	832	5024
泉港区	29	299	1007	1206	6647
惠安县	50	859	2736	4847	19736
安溪县	93	602	3547	6626	19957
永春县	18	207	930	1639	6879
德化县	12	119	1113	376	500
石狮市	39	321	983	1023	2808
晋江市	154	1306	4468	6067	22862
南安市	45	786	4783	7921	28558

8-3c 续表 5

单位：户

地　区	三代户				
	一间	二间	三间	四间	五间及以上
漳州市	**2973**	**12374**	**25057**	**37986**	**57501**
芗城区	65	430	739	978	2095
龙文区	11	114	250	552	1098
云霄县	415	1761	3751	4583	3761
漳浦县	163	1971	3816	6323	15819
诏安县	1538	4225	5318	5506	4831
长泰县	13	183	762	1357	4481
东山县	30	339	1353	2982	2413
南靖县	76	458	1654	2350	4535
平和县	539	1702	3556	5742	3885
华安县	13	73	321	695	2173
龙海市	110	1118	3537	6918	12410
南平市	**190**	**2824**	**8499**	**14142**	**32763**
延平区	58	488	1457	1678	2851
建阳区	25	337	1127	1769	4253
顺昌县	13	268	1045	1357	2493
浦城县	5	203	554	1719	4714
光泽县	9	92	308	656	2204
松溪县	6	158	345	674	2025
政和县	11	210	649	966	2474
邵武市	8	78	284	612	1185
武夷山市	16	208	629	1471	4150
建瓯市	39	782	2101	3240	6414
龙岩市	**117**	**1281**	**5486**	**8770**	**38662**
新罗区	27	278	977	856	2710
永定区	14	265	1167	1690	4747
长汀县	14	168	1225	1729	7663
上杭县	11	109	509	1417	10236
武平县	27	130	592	1392	5640
连城县	15	175	395	865	4482
漳平市	9	156	621	821	3184
宁德市	**604**	**4912**	**10960**	**14935**	**28408**
蕉城区	89	1092	2619	2032	3457
霞浦县	117	863	1738	2570	4484
古田县	72	461	1533	1786	4986
屏南县	27	234	573	738	1765
寿宁县	15	162	387	762	2655
周宁县	18	151	416	727	2401
柘荣县	12	116	260	341	951
福安市	63	677	1863	2854	4798
福鼎市	191	1156	1571	3125	2911

8-3c　续表 6　　　　单位：户

地　　区	四代户				
	一间	二间	三间	四间	五间及以上
合　计	**105**	**748**	**2849**	**5976**	**24883**
福州市	**20**	**141**	**319**	**532**	**2193**
鼓楼区					
台江区					
仓山区					
马尾区		1	3	7	15
晋安区		1	1	2	12
长乐区	14	50	56	86	139
闽侯县	2	18	57	115	503
连江县	2	25	80	119	241
罗源县		6	12	23	53
闽清县		3	25	49	246
永泰县		1	7	28	101
平潭县	2	9	22	23	43
福清市		27	56	80	840
厦门市	**2**	**11**	**98**	**180**	**1124**
思明区					
海沧区		1	10	2	10
湖里区					
集美区	1	2	21	54	120
同安区	1	2	40	54	450
翔安区		6	27	70	544
莆田市	**6**	**94**	**405**	**843**	**5101**
城厢区		8	41	99	780
涵江区	2	8	44	87	475
荔城区	1	22	83	213	1016
秀屿区	1	31	115	217	1480
仙游县	2	25	122	227	1350
三明市	**2**	**29**	**180**	**524**	**2603**
梅列区			2	1	4
三元区			3	8	24
明溪县		1	10	13	115
清流县		3	17	33	187
宁化县	1	7	31	77	449
大田县		2	17	62	445
尤溪县		5	36	132	582
沙县	1	6	12	36	87
将乐县		3	17	37	186
泰宁县			11	29	95
建宁县			6	59	187
永安市		2	18	37	242
泉州市	**3**	**56**	**418**	**1039**	**5267**
鲤城区					
丰泽区					
洛江区		1	11	32	184
泉港区		2	21	33	187
惠安县		17	55	133	754
安溪县	2	8	78	218	923
永春县		2	22	56	273
德化县			14	7	12
石狮市		2	16	38	96
晋江市		13	71	176	972
南安市	1	11	130	346	1866

8-3c　续表 7　　　　单位：户

地　区	四代户				
	一间	二间	三间	四间	五间及以上
漳州市	**59**	**278**	**853**	**1618**	**3349**
芗城区		16	29	49	125
龙文区		6	11	33	71
云霄县	11	25	123	158	179
漳浦县	2	58	145	313	923
诏安县	31	105	159	195	224
长泰县		4	43	85	358
东山县	2	6	54	171	226
南靖县		5	46	80	273
平和县	11	30	121	226	215
华安县	1	2	6	18	98
龙海市	1	21	116	290	657
南平市	**2**	**52**	**214**	**434**	**1444**
延平区		6	46	61	129
建阳区		4	26	46	170
顺昌县	1	11	34	47	160
浦城县		2	11	35	174
光泽县			10	19	131
松溪县		2	5	13	58
政和县		7	18	37	117
邵武市		1	4	19	53
武夷山市		3	14	34	182
建瓯市	1	16	46	123	270
龙岩市	**5**	**18**	**115**	**337**	**2624**
新罗区	1	2	17	33	179
永定区	2	6	16	68	263
长汀县		3	33	60	501
上杭县		2	19	65	994
武平县	2	2	11	64	397
连城县			8	22	168
漳平市		3	11	25	122
宁德市	**6**	**69**	**247**	**469**	**1178**
蕉城区		20	79	54	154
霞浦县	1	7	38	93	199
古田县	2	8	35	61	198
屏南县		3	12	29	60
寿宁县			6	11	90
周宁县		1	9	20	113
柘荣县		3	3	12	57
福安市	2	11	35	95	203
福鼎市	1	16	30	94	104

8-3c 续表 8

单位：户

地 区	五代及以上户				
	一间	二间	三间	四间	五间及以上
合 计			**1**	**4**	**23**
福州市			**1**	**1**	**3**
鼓楼区					
台江区					
仓山区					
马尾区					
晋安区					
长乐区					
闽侯县			1		1
连江县					
罗源县					1
闽清县					
永泰县					
平潭县					
福清市				1	1
厦门市					**1**
思明区					
海沧区					
湖里区					
集美区					
同安区					
翔安区					1
莆田市				**2**	**7**
城厢区					1
涵江区				1	
荔城区				1	1
秀屿区					4
仙游县					1
三明市				**1**	
梅列区					
三元区					
明溪县					
清流县					
宁化县					
大田县					
尤溪县				1	
沙县					
将乐县					
泰宁县					
建宁县					
永安市					
泉州市					**4**
鲤城区					
丰泽区					
洛江区					
泉港区					
惠安县					
安溪县					1
永春县					
德化县					
石狮市					
晋江市					
南安市					3

8-3c 续表 9

单位：户

地 区	五代及以上户				
	一间	二间	三间	四间	五间及以上
漳州市					**5**
芗城区					
龙文区					
云霄县					1
漳浦县					2
诏安县					
长泰县					
东山县					1
南靖县					
平和县					1
华安县					
龙海市					
南平市					**1**
延平区					
建阳区					
顺昌县					
浦城县					
光泽县					
松溪县					
政和县					
邵武市					
武夷山市					
建瓯市					1
龙岩市					**1**
新罗区					
永定区					
长汀县					
上杭县					1
武平县					
连城县					
漳平市					
宁德市					**1**
蕉城区					
霞浦县					1
古田县					
屏南县					
寿宁县					
周宁县					
柘荣县					
福安市					
福鼎市					

8-4　全省按户主的受教育程度分的家庭户住房状况

受教育程度	户　数 (户)	人　数 (人)	平均每户住房间数 (间/户)	人均住房建筑面积 (平方米/人)	人均住房间　数 (间/人)
总　计	**12090984**	**34264535**	**3.39**	**46.18**	**1.20**
未上过学	367697	872177	3.56	57.79	1.50
学前教育	22766	56671	3.70	55.62	1.49
小　学	3308098	9687746	3.90	52.13	1.33
初　中	4660926	13567371	3.44	45.55	1.18
高　中	1871049	5116492	3.05	42.43	1.12
大学专科	932411	2460587	2.68	38.18	1.02
大学本科	855222	2298960	2.67	37.89	0.99
硕士研究生	63361	178607	2.72	37.56	0.97
博士研究生	9454	25924	2.80	38.71	1.02

注：本表数据为居住在普通住宅的家庭户。

8-4a　全省按户主的受教育程度分的家庭户住房状况(城市)

受教育程度	户　数 (户)	人　数 (人)	平均每户住房间数 (间/户)	人均住房建筑面积 (平方米/人)	人均住房间　数 (间/人)
总　计	**5261100**	**13996682**	**2.55**	**34.78**	**0.96**
未上过学	78450	190626	2.91	45.98	1.20
学前教育	3770	8943	2.83	43.77	1.19
小　学	813570	2284713	2.90	38.64	1.03
初　中	1847172	4881088	2.44	32.45	0.92
高　中	1096665	2861406	2.49	34.26	0.95
大学专科	673407	1747948	2.44	34.24	0.94
大学本科	682478	1834731	2.57	36.06	0.96
硕士研究生	57366	164216	2.71	36.92	0.95
博士研究生	8222	23011	2.78	37.82	0.99

注：本表数据为居住在普通住宅的家庭户。

8－4b 全省按户主的受教育程度分的家庭户住房状况(镇)

受教育程度	户 数 (户)	人 数 (人)	平均每户住房间数 (间/户)	人均住房建筑面积 (平方米/人)	人均住房间 数 (间/人)
总 计	**3202352**	**9567597**	**3.54**	**47.02**	**1.18**
未上过学	87421	217094	3.50	56.35	1.41
学前教育	5168	13060	3.55	54.35	1.41
小 学	902310	2770471	3.81	50.22	1.24
初 中	1368433	4195042	3.53	45.39	1.15
高 中	482449	1393346	3.38	46.10	1.17
大学专科	202739	561566	3.14	44.56	1.13
大学本科	147688	402308	3.02	43.37	1.11
硕士研究生	5055	12148	2.73	43.79	1.14
博士研究生	1089	2562	2.80	44.25	1.19

注：本表数据为居住在普通住宅的家庭户。

8－4c 全省按户主的受教育程度分的家庭户住房状况(乡村)

受教育程度	户 数 (户)	人 数 (人)	平均每户住房间数 (间/户)	人均住房建筑面积 (平方米/人)	人均住房间 数 (间/人)
总 计	**3627532**	**10700256**	**4.49**	**60.35**	**1.52**
未上过学	201826	464457	3.83	63.31	1.66
学前教育	13828	34668	4.00	59.16	1.60
小 学	1592218	4632562	4.47	59.92	1.54
初 中	1445321	4491241	4.62	59.95	1.49
高 中	291935	861740	4.61	63.61	1.56
大学专科	56265	151073	3.90	60.11	1.45
大学本科	25056	61921	3.41	56.34	1.38
硕士研究生	940	2243	3.11	50.84	1.30
博士研究生	143	351	3.85	55.92	1.57

注：本表数据为居住在普通住宅的家庭户。

8-5 全省按户主受教育程度、人均住房建筑面积分的家庭户户数

单位：户

受教育程度	户 数	人均住房建筑面积(平方米)			
		8及以下	9-12	13-16	17-19
总 计	**12090984**	**456993**	**606702**	**843755**	**386607**
未上过学	367697	6985	12053	16847	6054
学前教育	22766	403	729	1019	388
小 学	3308098	97156	132726	177416	71911
初 中	4660926	248603	290435	370182	148231
高 中	1871049	71445	98727	146309	73001
大学专科	932411	22412	42865	73186	43359
大学本科	855222	9674	27802	55261	40097
硕士研究生	63361	279	1193	3102	3128
博士研究生	9454	36	172	433	438

注：本表数据为居住在普通住宅的家庭户。

8-5 续表

单位：户

受教育程度	人均住房建筑面积(平方米)				
	20-29	30-39	40-49	50-59	60及以上
总 计	**2102943**	**1717413**	**1330116**	**890957**	**3755498**
未上过学	45754	44705	38073	32540	164686
学前教育	2773	2905	2434	2051	10064
小 学	461703	419986	360761	286584	1299855
初 中	807941	630394	461740	320909	1382491
高 中	363739	289461	213626	126366	488375
大学专科	206462	159079	120030	59520	205498
大学本科	197578	156840	122387	57919	187664
硕士研究生	14946	12265	9676	4389	14383
博士研究生	2047	1778	1389	679	2482

8-5a 全省按户主受教育程度、人均住房建筑面积分的家庭户户数(城市)

单位：户

受教育程度	户 数	人均住房建筑面积(平方米)			
		8及以下	9-12	13-16	17-19
总 计	**5261100**	**351025**	**416571**	**539182**	**247271**
未上过学	78450	4662	6108	6826	2446
学前教育	3770	253	342	352	105
小 学	813570	67492	73384	81108	31380
初 中	1847172	190733	195866	228595	86822
高 中	1096665	59194	77162	108879	53295
大学专科	673407	19710	37399	61779	35281
大学本科	682478	8690	25028	48366	34628
硕士研究生	57366	260	1122	2885	2921
博士研究生	8222	31	160	392	393

注：本表数据为居住在普通住宅的家庭户。

8-5a 续表

单位：户

受教育程度	人均住房建筑面积(平方米)				
	20-29	30-39	40-49	50-59	60及以上
总 计	**1117777**	**790307**	**559372**	**296342**	**943253**
未上过学	11817	9244	7377	5840	24130
学前教育	564	438	349	267	1100
小 学	146226	105204	74987	52069	181720
初 中	380032	245005	156911	87099	276109
高 中	240910	176779	126051	62795	191600
大学专科	158894	115704	86285	39303	119052
大学本科	163706	125169	97576	44322	134993
硕士研究生	13811	11208	8656	4011	12492
博士研究生	1817	1556	1180	636	2057

8-5b　全省按户主受教育程度、人均住房建筑面积分的家庭户户数(镇)

单位：户

受教育程度	户　数	人均住房建筑面积(平方米)			
		8及以下	9-12	13-16	17-19
总　计	**3202352**	**62868**	**108545**	**177890**	**92533**
未上过学	87421	1040	2395	3728	1492
学前教育	5168	66	143	238	106
小　学	902310	15921	29312	44695	21483
初　中	1368433	35467	56748	88066	42150
高　中	482449	7927	14119	26593	15630
大学专科	202739	1727	3775	8742	6715
大学本科	147688	704	1996	5618	4729
硕士研究生	5055	13	47	178	184
博士研究生	1089	3	10	32	44

注：本表数据为居住在普通住宅的家庭户。

8-5b　续表

单位：户

受教育程度	人均住房建筑面积(平方米)				
	20-29	30-39	40-49	50-59	60及以上
总　计	**565792**	**497133**	**377527**	**261019**	**1059045**
未上过学	11445	11171	9215	7828	39107
学前教育	655	664	539	442	2315
小　学	136843	124650	104311	80784	344311
初　中	256538	214890	153135	105335	416104
高　中	90040	79572	58792	38514	151262
大学专科	39493	36687	28222	16011	61367
大学本科	29619	28361	22216	11768	42677
硕士研究生	943	939	903	305	1543
博士研究生	216	199	194	32	359

8-5c 全省按户主受教育程度、人均住房建筑面积分的家庭户户数(乡村)

单位：户

受教育程度	户 数	人均住房建筑面积(平方米)			
		8及以下	9-12	13-16	17-19
总 计	**3627532**	**43100**	**81586**	**126683**	**46803**
未上过学	201826	1283	3550	6293	2116
学前教育	13828	84	244	429	177
小 学	1592218	13743	30030	51613	19048
初 中	1445321	22403	37821	53521	19259
高 中	291935	4324	7446	10837	4076
大学专科	56265	975	1691	2665	1363
大学本科	25056	280	778	1277	740
硕士研究生	940	6	24	39	23
博士研究生	143	2	2	9	1

注：本表数据为居住在普通住宅的家庭户。

8-5c 续表

单位：户

受教育程度	人均住房建筑面积(平方米)				
	20-29	30-39	40-49	50-59	60及以上
总 计	**419374**	**429973**	**393217**	**333596**	**1753200**
未上过学	22492	24290	21481	18872	101449
学前教育	1554	1803	1546	1342	6649
小 学	178634	190132	181463	153731	773824
初 中	171371	170499	151694	128475	690278
高 中	32789	33110	28783	25057	145513
大学专科	8075	6688	5523	4206	25079
大学本科	4253	3310	2595	1829	9994
硕士研究生	192	118	117	73	348
博士研究生	14	23	15	11	66

中国人口普查
CHINA POPULATION CENSUS

2020

福建省人口普查年鉴

(第4册)

FUJIAN POPULATION CENSUS YEARBOOK 2020

(BOOK 4)

福建省第七次全国人口普查领导小组办公室
福　建　省　统　计　局
编

Compiled by
Office of the Leading Group of Fujian province for the Seventh National Population Census
Fujian Provincial Bureau of Statistics

中国统计出版社
China Statistics Press

图书在版编目（CIP）数据

福建省人口普查年鉴. 2020. 第 4 册 / 福建省第七次全国人口普查领导小组办公室，福建省统计局编. -- 北京：中国统计出版社, 2022.9
ISBN 978-7-5037- 9951-8

Ⅰ. ①福… Ⅱ. ①福… ②福… Ⅲ. ①人口普查－统计资料－福建－2020－年鉴 Ⅳ. ①C924.255.7-54

中国版本图书馆 CIP 数据核字(2022)第 155109 号

福建省人口普查年鉴-2020（第 4 册）

作　者/福建省第七次全国人口普查领导小组办公室　福建省统计局编
责任编辑/熊丹书
封面设计/李雪燕
出版发行/中国统计出版社有限公司
通信地址/北京市丰台区西三环南路甲 6 号　邮政编码/100073
发行电话/邮购（010）63376909　书店（010）68783171
网　址/http://www.zgtjcbs.com/
印　刷/福州万紫千红印刷有限公司
经　销/新华书店
开　本/880mm×1230mm　1/16
字　数/1122 千字
印　张/35.5
版　别/2022 年 9 月第 1 版
版　次/2022 年 9 月第 1 次印刷
定　价/950.00 元（全五册附光盘）

目　　录

第4册

第二部分　长表数据资料(续)

第六卷 生育

4-6 各地区分性别、职业中类的就业人口

单位：人

地区 性别	合计	党的机关、国家机关、群众团体和社会组织、企事业单位负责人						
		小计	中国共产党机关负责人	国家机关负责人	民主党派和工商联负责人	人民团体和群众团体、社会组织及其他成员组织负责人	基层群众自治组织负责人	企事业单位负责人
合计	**2052886**	**36015**	**102**	**1413**	**3**	**1611**	**1349**	**31537**
福州市	**375287**	**6577**	**6**	**268**	**2**	**453**	**246**	**5602**
鼓楼区	28536	1266	3	48	1	18	4	1192
台江区	17352	179		8		7	1	163
仓山区	53957	1673	1	51		275	16	1330
马尾区	13001	203		6			12	185
晋安区	39576	1060		33		18	20	989
长乐区	33420	470		14		22	35	399
闽侯县	41022	349		20		34	20	275
连江县	31806	280		15		32	35	198
罗源县	11291	207		12		4	16	175
闽清县	9967	144		18		9	25	92
永泰县	13260	144	2	14		3	15	110
平潭县	15356	137		15	1	2	25	94
福清市	66743	465		14		29	22	400
厦门市	**306307**	**7880**	**5**	**117**		**136**	**49**	**7573**
思明区	55967	2525	2	72		34	18	2399
海沧区	36592	936		8		38	3	887
湖里区	68802	1792	1	20		26	9	1736
集美区	59507	1172	1	9		14	4	1144
同安区	51776	600	1	5		8	4	582
翔安区	33663	855		3		16	11	825
莆田市	**135642**	**1590**	**1**	**80**		**59**	**93**	**1357**
城厢区	25800	277		21		2	5	249
涵江区	22403	210	1	15		23	15	156
荔城区	29563	381		15		10	7	349
秀屿区	24008	241		9		7	19	206
仙游县	33868	481		20		17	47	397
三明市	**112282**	**1539**	**22**	**159**		**41**	**155**	**1162**
梅列区	10492	190	4	24		4	9	149
三元区	7854	167	3	8			8	148
明溪县	4987	51	2	9		1	12	27
清流县	7066	107		9		7	7	84
宁化县	13169	129	1	16		7	17	88
大田县	14387	133	2	12		3	18	98
尤溪县	12446	243		29		3	27	184
沙县	10113	92	2	5		2	23	60
将乐县	5850	74		5		4	7	58
泰宁县	4352	50	6	4		2	5	33
建宁县	5553	73		18		2	5	48
永安市	16013	230	2	20		6	17	185
泉州市	**474949**	**10502**	**8**	**137**	**1**	**524**	**184**	**9648**
鲤城区	23164	878		11	1	26	6	834
丰泽区	36538	751		17		7	2	725
洛江区	12647	325		4		2	4	315
泉港区	16615	295		6		53	8	228
惠安县	52533	828	1	16		41	33	737
安溪县	50816	290	1	22		20	22	225
永春县	19938	239	1	13		8	17	200
德化县	18149	306		8			16	282
石狮市	38531	1016				74	2	940
晋江市	121082	4098	4	24		251	29	3790
南安市	84936	1476	1	16		42	45	1372
漳州市	**269859**	**3166**	**7**	**166**		**275**	**154**	**2564**
芗城区	30428	854	3	37		29	13	772
龙文区	17475	167		13		22	6	126
云霄县	23173	368		21		42	26	279
漳浦县	44225	649		19		38	23	569

4-6 续表 1

单位：人

地区 性别	合计	党的机关、国家机关、群众团体和社会组织、企事业单位负责人						
		小计	中国共产党机关负责人	国家机关负责人	民主党派和工商联负责人	人民团体和群众团体、社会组织及其他成员组织负责人	基层群众自治组织负责人	企事业单位负责人
诏安县	29617	207	1	10		31	12	153
长泰县	14016	153		8		3	3	139
东山县	12537	145	1	10		18	2	114
南靖县	17967	192		15		31	14	132
平和县	22139	149		16		26	19	88
华安县	7380	22	2	9		1	3	7
龙海市	50902	260		8		34	33	185
南平市	**109240**	**1888**	**41**	**198**		**39**	**148**	**1462**
延平区	18618	305	9	18		6	16	256
建阳区	13560	216	17	46		9	12	132
顺昌县	7241	135	1	15		2	24	93
浦城县	10812	100		14		5	18	63
光泽县	5802	130		17		4	11	98
松溪县	4834	79	6	14		2	5	52
政和县	6317	140	1	13		2	12	112
邵武市	12220	183	2	23		3	21	134
武夷山市	11393	308	1	17		4	11	275
建瓯市	18443	292	4	21		2	18	247
龙岩市	**122685**	**1369**	**11**	**144**		**32**	**130**	**1052**
新罗区	39680	648	1	39		9	16	583
永定区	13224	91		14		4	10	63
长汀县	16900	136		17		5	21	93
上杭县	16984	130	2	22		5	33	68
武平县	12067	162	4	19		6	13	120
连城县	10593	111	1	18		3	26	63
漳平市	13237	91	3	15			11	62
宁德市	**146635**	**1504**	**1**	**144**		**52**	**190**	**1117**
蕉城区	31886	362		48		5	17	292
霞浦县	24613	205		18		6	42	139
古田县	13270	122		5		5	36	76
屏南县	5095	37		5			1	31
寿宁县	6137	140		17		1	19	103
周宁县	6107	62		7		2	19	34
柘荣县	4297	85	1	13		7	10	54
福安市	26886	257		13		5	22	217
福鼎市	28344	234		18		21	24	171
男	**1211954**	**28285**	**86**	**1219**	**1**	**1106**	**1168**	**24705**
福州市	**227250**	**5127**	**4**	**221**	**1**	**332**	**217**	**4352**
鼓楼区	15430	930	2	38		12	2	876
台江区	9856	143		5		5		133
仓山区	32667	1284	1	40		216	13	1014
马尾区	8044	164		6			11	147
晋安区	23424	802		26		14	15	747
长乐区	21786	390		13		12	35	330
闽侯县	26188	282		16		19	17	230
连江县	19053	234		15		25	31	163
罗源县	7817	172		12		2	12	146
闽清县	6390	125		15		6	24	80
永泰县	7739	116	1	12		2	14	87
平潭县	9939	119		12	1	1	24	81
福清市	38917	366		11		18	19	318
厦门市	**179472**	**6106**	**4**	**99**		**88**	**25**	**5890**
思明区	29991	1919	1	59		20	5	1834
海沧区	22179	694		8		29	1	656
湖里区	39881	1403	1	18		21	5	1358
集美区	35554	952	1	7		4	2	938
同安区	31026	489	1	4		3	4	477
翔安区	20841	649		3		11	8	627

4-6 续表 2

单位：人

地区 性别	合计	党的机关、国家机关、群众团体和社会组织、企事业单位负责人						
		小计	中国共产党机关负责人	国家机关负责人	民主党派和工商联负责人	人民团体和群众团体、社会组织及其他成员组织负责人	基层群众自治组织负责人	企事业单位负责人
莆田市	**77328**	**1286**	**1**	**70**		**35**	**80**	**1100**
城厢区	14537	229		18		2	3	206
涵江区	12793	166	1	13		12	13	127
荔城区	16780	292		14		6	7	265
秀屿区	12689	201		8		3	16	174
仙游县	20529	398		17		12	41	328
三明市	**66955**	**1244**	**18**	**140**		**27**	**142**	**917**
梅列区	6156	156	3	22		3	7	121
三元区	4896	128	2	6			8	112
明溪县	3045	43	1	9		1	8	24
清流县	3711	91		8		5	7	71
宁化县	7713	103	1	13		3	17	69
大田县	8277	104	2	10		2	18	72
尤溪县	8025	205		25		2	26	152
沙县	6151	81	2	4		2	23	50
将乐县	3666	63		5		3	7	48
泰宁县	2476	39	5	4		1	5	24
建宁县	3179	50		17		1	3	29
永安市	9660	181	2	17		4	13	145
泉州市	**274360**	**8229**	**5**	**115**		**376**	**141**	**7592**
鲤城区	13111	664		9		17	4	634
丰泽区	20954	611		12		4	2	593
洛江区	7234	267		3		1	3	260
泉港区	9335	222		5		33	6	178
惠安县	29756	646	1	14		28	21	582
安溪县	28622	240		19		17	16	188
永春县	11584	192	1	12		7	16	156
德化县	10443	235		8			12	215
石狮市	23114	810				63	2	745
晋江市	72375	3169	2	20		181	23	2943
南安市	47832	1173	1	13		25	36	1098
漳州市	**155253**	**2439**	**5**	**151**		**181**	**129**	**1973**
芗城区	17162	646	2	31		18	8	587
龙文区	9549	125		11		14	6	94
云霄县	13169	269		19		28	25	197
漳浦县	25490	497		19		23	20	435
诏安县	16249	157	1	8		18	8	122
长泰县	8133	128		8		3	3	114
东山县	7220	111	1	9		14	2	85
南靖县	9892	157		15		19	12	111
平和县	13250	120		15		18	18	69
华安县	4240	18	1	8		1	1	7
龙海市	30899	211		8		25	26	152
南平市	**68593**	**1483**	**38**	**166**		**19**	**131**	**1129**
延平区	11306	244	7	14		2	13	208
建阳区	8633	166	17	39		5	9	96
顺昌县	4668	108	1	13		1	21	72
浦城县	7009	76		11		3	15	47
光泽县	3613	111		17		2	11	81
松溪县	3177	65	5	11		1	4	44
政和县	4050	117	1	11		1	12	92
邵武市	7523	144	2	17		1	18	106
武夷山市	6992	218	1	16		2	10	189
建瓯市	11622	234	4	17		1	18	194
龙岩市	**71827**	**1124**	**10**	**124**		**14**	**122**	**854**
新罗区	23440	522	1	33		1	14	473
永定区	7879	79		13		4	10	52

4-6 续表 3 单位：人

地区 性别	合计	党的机关、国家机关、群众团体和社会组织、企事业单位负责人						
		小计	中国共产党机关负责人	国家机关负责人	民主党派和工商联负责人	人民团体和群众团体、社会组织及其他成员组织负责人	基层群众自治组织负责人	企事业单位负责人
长汀县	9532	108		15		2	21	70
上杭县	9838	112	2	18		2	30	60
武平县	6872	134	4	16		3	13	98
连城县	6390	96	1	17		2	25	51
漳平市	7876	73	2	12			9	50
宁德市	**90916**	**1247**	**1**	**133**		**34**	**181**	**898**
蕉城区	20088	288		45		5	15	223
霞浦县	14364	157		18		3	40	96
古田县	8651	108		5		2	34	67
屏南县	3288	29		3			1	25
寿宁县	3920	112		15			19	78
周宁县	4148	58		7		2	19	30
柘荣县	2743	75	1	11		4	10	49
福安市	16821	226		12		4	20	190
福鼎市	16893	194		17		14	23	140
女	**840932**	**7730**	**16**	**194**	**2**	**505**	**181**	**6832**
福州市	**148037**	**1450**	**2**	**47**	**1**	**121**	**29**	**1250**
鼓楼区	13106	336	1	10	1	6	2	316
台江区	7496	36		3		2	1	30
仓山区	21290	389		11		59	3	316
马尾区	4957	39					1	38
晋安区	16152	258		7		4	5	242
长乐区	11634	80		1		10		69
闽侯县	14834	67		4		15	3	45
连江县	12753	46				7	4	35
罗源县	3474	35				2	4	29
闽清县	3577	19		3		3	1	12
永泰县	5521	28	1	2		1	1	23
平潭县	5417	18		3		1	1	13
福清市	27826	99		3		11	3	82
厦门市	**126835**	**1774**	**1**	**18**		**48**	**24**	**1683**
思明区	25976	606	1	13		14	13	565
海沧区	14413	242				9	2	231
湖里区	28921	389		2		5	4	378
集美区	23953	220		2		10	2	206
同安区	20750	111		1		5		105
翔安区	12822	206				5	3	198
莆田市	**58314**	**304**		**10**		**24**	**13**	**257**
城厢区	11263	48		3			2	43
涵江区	9610	44		2		11	2	29
荔城区	12783	89		1		4		84
秀屿区	11319	40		1		4	3	32
仙游县	13339	83		3		5	6	69
三明市	**45327**	**295**	**4**	**19**		**14**	**13**	**245**
梅列区	4336	34	1	2		1	2	28
三元区	2958	39	1	2				36
明溪县	1942	8	1				4	3
清流县	3355	16		1		2		13
宁化县	5456	26		3		4		19
大田县	6110	29		2		1		26
尤溪县	4421	38		4		1	1	32
沙县	3962	11		1				10
将乐县	2184	11				1		10
泰宁县	1876	11	1			1		9
建宁县	2374	23		1		1	2	19
永安市	6353	49		3		2	4	40

4-6　续表 4　　　　单位：人

地区 性别	合计	党的机关、国家机关、群众团体和社会组织、企事业单位负责人						
		小计	中国共产党机关负责人	国家机关负责人	民主党派和工商联负责人	人民团体和群众团体、社会组织及其他成员组织负责人	基层群众自治组织负责人	企事业单位负责人
泉州市	**200589**	**2273**	**3**	**22**	**1**	**148**	**43**	**2056**
鲤城区	10053	214		2	1	9	2	200
丰泽区	15584	140		5		3		132
洛江区	5413	58		1		1	1	55
泉港区	7280	73		1		20	2	50
惠安县	22777	182		2		13	12	155
安溪县	22194	50	1	3		3	6	37
永春县	8354	47		1		1	1	44
德化县	7706	71					4	67
石狮市	15417	206				11		195
晋江市	48707	929	2	4		70	6	847
南安市	37104	303		3		17	9	274
漳州市	**114606**	**727**	**2**	**15**		**94**	**25**	**591**
芗城区	13266	208	1	6		11	5	185
龙文区	7926	42		2		8		32
云霄县	10004	99		2		14	1	82
漳浦县	18735	152				15	3	134
诏安县	13368	50		2		13	4	31
长泰县	5883	25						25
东山县	5317	34		1		4		29
南靖县	8075	35				12	2	21
平和县	8889	29		1		8	1	19
华安县	3140	4	1	1			2	
龙海市	20003	49				9	7	33
南平市	**40647**	**405**	**3**	**32**		**20**	**17**	**333**
延平区	7312	61	2	4		4	3	48
建阳区	4927	50		7		4	3	36
顺昌县	2573	27		2		1	3	21
浦城县	3803	24		3		2	3	16
光泽县	2189	19				2		17
松溪县	1657	14	1	3		1	1	8
政和县	2267	23		2		1		20
邵武市	4697	39		6		2	3	28
武夷山市	4401	90		1		2	1	86
建瓯市	6821	58		4		1		53
龙岩市	**50858**	**245**	**1**	**20**		**18**	**8**	**198**
新罗区	16240	126		6		8	2	110
永定区	5345	12		1				11
长汀县	7368	28		2		3		23
上杭县	7146	18		4		3	3	8
武平县	5195	28		3		3		22
连城县	4203	15		1		1	1	12
漳平市	5361	18	1	3			2	12
宁德市	**55719**	**257**		**11**		**18**	**9**	**219**
蕉城区	11798	74		3			2	69
霞浦县	10249	48				3	2	43
古田县	4619	14				3	2	9
屏南县	1807	8		2				6
寿宁县	2217	28		2		1		25
周宁县	1959	4						4
柘荣县	1554	10		2		3		5
福安市	10065	31		1		1	2	27
福鼎市	11451	40		1		7	1	31

4-6 续表 5 单位：人

地区 性别	专业技术人员 小计	科学研究人员	工程技术人员	农业技术人员	飞机和船舶技术人员	卫生专业技术人员	经济和金融专业人员	法律、社会和宗教专业人员	教学人员	文学艺术、体育专业人员
合　计	**211378**	**668**	**43470**	**1081**	**721**	**29431**	**50713**	**5498**	**70509**	**5253**
福州市	**48073**	**299**	**10738**	**196**	**195**	**6819**	**11779**	**1284**	**14616**	**1041**
鼓楼区	8440	100	1773	34	7	1478	2408	260	1881	197
台江区	3468	14	717	7	9	737	929	94	793	76
仓山区	9419	64	2159	19	17	1159	2347	234	2990	208
马尾区	1356	1	362	5	6	120	448	25	354	17
晋安区	6382	65	1511	7	10	796	2032	172	1465	138
长乐区	2590	5	593	13	8	324	615	52	873	83
闽侯县	4512	28	1331	19	4	473	859	68	1547	97
连江县	2208	3	445	12	66	297	376	126	829	28
罗源县	1083	4	247	12	3	165	193	34	377	21
闽清县	863		143	5		161	136	8	398	2
永泰县	920	1	178	12		151	149	19	385	13
平潭县	1691	7	253	3	64	289	327	35	661	23
福清市	5141	7	1026	48	1	669	960	157	2063	138
厦门市	**44880**	**180**	**12465**	**101**	**279**	**4286**	**13830**	**1093**	**10157**	**1546**
思明区	12120	73	2529	26	163	1468	3935	446	2800	411
海沧区	4836	18	1657	6	21	402	1315	84	1037	124
湖里区	11213	30	2824	27	53	977	4332	240	1972	542
集美区	7782	28	2363	15	21	575	2103	179	2073	279
同安区	5304	9	1630	11	9	499	1377	76	1514	106
翔安区	3625	22	1462	16	12	365	768	68	761	84
莆田市	**11905**	**14**	**1627**	**25**	**11**	**1822**	**2445**	**365**	**4981**	**474**
城厢区	2926	3	292	5	3	452	733	82	1246	72
涵江区	2017		364	5	1	271	499	46	728	79
荔城区	2679	7	365	2	2	495	535	83	1030	117
秀屿区	1392	2	269	10	4	202	158	41	638	58
仙游县	2891	2	337	3	1	402	520	113	1339	148
三明市	**11199**	**25**	**1969**	**137**	**2**	**1881**	**2015**	**330**	**4525**	**132**
梅列区	1911	4	441	8		284	482	47	584	22
三元区	919	3	211	9		152	190	18	305	12
明溪县	385	1	60	8		79	53	18	154	1
清流县	482	1	65	8		96	73	19	211	3
宁化县	1101	3	208	27		177	138	72	444	17
大田县	1164	1	201	12	1	179	156	19	564	17
尤溪县	1197		128	16		236	222	23	531	24
沙县	1012	5	113	14		144	167	30	528	
将乐县	583	2	97	7		92	88	25	256	6
泰宁县	400		68	6		80	68	6	156	3
建宁县	412	1	59	5		78	56	18	186	1
永安市	1633	4	318	17	1	284	322	35	606	26
泉州市	**39484**	**54**	**7278**	**97**	**182**	**4930**	**10025**	**962**	**14151**	**1082**
鲤城区	2774	2	497	7		459	752	59	841	100
丰泽区	6232	12	1114	12	7	979	1744	209	1866	161
洛江区	1212	6	274	2		133	297	32	419	27
泉港区	1650	1	376	4	81	174	339	40	560	43
惠安县	4240	4	928	10	41	520	934	126	1492	107
安溪县	2806	4	357	15	1	451	356	64	1479	47
永春县	1518	3	238	18	1	200	202	59	707	65
德化县	1396	1	195	1		176	275	17	653	61
石狮市	3031	1	516		5	284	863	62	1125	124
晋江市	8942	14	1735	5	10	819	2932	192	2828	218
南安市	5683	6	1048	23	36	735	1331	102	2181	129
漳州市	**20587**	**44**	**3666**	**184**	**25**	**3338**	**3998**	**425**	**7998**	**532**
芗城区	4501	15	774	36		908	993	141	1436	99
龙文区	2127	4	479	5		339	602	45	566	41
云霄县	1523	4	223	16	4	254	240	23	697	26
漳浦县	2887	1	511	33	5	474	442	50	1273	61

4-6　续表 6　　　　单位：人

地区 性别	专业技术人员 小计	科学研究人员	工程技术人员	农业技术人员	飞机和船舶技术人员	卫生专业技术人员	经济和金融专业人员	法律、社会和宗教专业人员	教学人员	文学艺术、体育专业人员
诏安县	1522	4	181	11	3	260	162	24	777	79
长泰县	975	1	234	14		104	210	6	365	16
东山县	881	2	149	19	5	131	155	18	364	23
南靖县	923	2	134	11		160	164	12	401	25
平和县	937	3	117	4		149	101	19	505	25
华安县	450		58	4		74	97	5	205	3
龙海市	3861	8	806	31	8	485	832	82	1409	134
南平市	**9883**	**9**	**1417**	**143**		**1947**	**1744**	**271**	**4064**	**105**
延平区	2198		460	22		465	479	69	639	24
建阳区	1316	2	177	21		260	238	26	557	10
顺昌县	608		102	10		103	102	16	247	9
浦城县	801		86	9		163	110	22	387	4
光泽县	517	2	61	23		96	102	16	196	6
松溪县	407		37	7		83	46	17	213	1
政和县	575	1	70	4		133	88	15	256	1
邵武市	1150	1	178	26		235	218	23	434	18
武夷山市	960	2	104	4		147	174	28	465	22
建瓯市	1351	1	142	17		262	187	39	670	10
龙岩市	**13017**	**22**	**2128**	**134**		**2261**	**2546**	**267**	**5307**	**163**
新罗区	5490	8	1024	25		980	1413	122	1770	62
永定区	1115		119	12		178	149	26	601	20
长汀县	1583	4	186	16		255	206	35	821	40
上杭县	1830	7	389	31		303	275	25	748	17
武平县	1178	1	125	25		241	181	23	554	17
连城县	883	1	163	13		169	119	10	393	4
漳平市	938	1	122	12		135	203	26	420	3
宁德市	**12350**	**21**	**2182**	**64**	**27**	**2147**	**2331**	**501**	**4710**	**178**
蕉城区	3681	8	1100	18	2	543	763	91	1037	48
霞浦县	1626	2	265	11	11	293	212	73	698	35
古田县	851		85	9		166	128	21	419	10
屏南县	433		61	4		72	54	9	218	5
寿宁县	508		44	4		107	74	17	247	4
周宁县	507	2	69	1		102	95	14	209	8
柘荣县	359	1	48	3		64	59	25	151	5
福安市	2232	7	258	10	6	397	503	104	897	24
福鼎市	2153	1	252	4	8	403	443	147	834	39
男	**92892**	**408**	**36805**	**804**	**702**	**9711**	**14360**	**2834**	**22269**	**3070**
福州市	**21576**	**180**	**9090**	**131**	**187**	**2098**	**3785**	**666**	**4346**	**603**
鼓楼区	3595	62	1384	21	6	435	768	129	557	106
台江区	1460	4	584	5	8	212	286	39	241	37
仓山区	4087	39	1797	12	13	336	647	109	931	116
马尾区	612		324	2	6	33	122	13	91	10
晋安区	2757	39	1266	6	9	201	605	88	378	75
长乐区	1284	4	532	12	8	120	264	37	239	56
闽侯县	2194	16	1132	9	4	145	226	30	529	63
连江县	1079	2	407	10	66	130	125	88	221	19
罗源县	509	3	227	8	3	49	73	22	96	17
闽清县	349		123	5		50	43	3	120	2
永泰县	477	1	160	10		62	56	9	163	11
平潭县	747	6	234	2	63	93	141	12	169	12
福清市	2426	4	920	29	1	232	429	87	611	79
厦门市	**20009**	**106**	**10298**	**72**	**269**	**1193**	**3459**	**490**	**2799**	**911**
思明区	4929	41	1993	17	159	425	965	208	804	213
海沧区	2340	10	1434	3	20	108	330	35	228	85
湖里区	4840	23	2326	20	52	240	1149	113	505	326
集美区	3614	13	1995	12	19	161	488	61	634	165
同安区	2448	7	1352	9	7	156	362	43	414	69
翔安区	1838	12	1198	11	12	103	165	30	214	53

4-6　续表 7　　　　单位：人

地　区 性　别	专业技术人员									
	小计	科学研究人员	工程技术人员	农业技术人员	飞机和船舶技术人员	卫生专业技术人员	经济和金融专业人员	法律、社会和宗教专业人员	教学人员	文学艺术、体育专业人员
莆田市	**5110**	**8**	**1387**	**20**	**11**	**667**	**846**	**166**	**1643**	**284**
城厢区	1140	1	251	4	3	145	267	42	367	43
涵江区	891		303	3	1	104	170	23	231	44
荔城区	1088	4	312	2	2	174	142	42	316	71
秀屿区	696	1	234	8	4	91	39	23	259	30
仙游县	1295	2	287	3	1	153	228	36	470	96
三明市	**5135**	**20**	**1687**	**117**	**2**	**647**	**655**	**189**	**1652**	**88**
梅列区	869	4	369	5		91	157	23	195	14
三元区	418	3	187	7		42	48	10	106	8
明溪县	158	1	48	6		29	13	5	50	1
清流县	220		58	7		31	31	10	79	1
宁化县	608	2	178	26		66	57	57	204	10
大田县	579	1	169	8	1	77	61	11	234	11
尤溪县	533		111	14		89	76	14	196	22
沙县	413	4	97	13		42	60	14	178	
将乐县	283	2	88	6		31	24	18	102	4
泰宁县	172		56	5		26	22	3	52	2
建宁县	183		51	4		31	20	9	64	
永安市	699	3	275	16	1	92	86	15	192	15
泉州市	**16947**	**34**	**6207**	**68**	**182**	**1768**	**2515**	**519**	**4624**	**641**
鲤城区	1073	1	399	5		134	184	30	230	57
丰泽区	2566	6	921	7	7	278	524	113	552	98
洛江区	558	5	243	1		49	67	18	145	18
泉港区	797	1	343	4	81	60	82	15	167	17
惠安县	1873	4	786	6	41	194	234	45	457	60
安溪县	1385	1	309	8	1	188	132	49	649	32
永春县	741	1	214	14	1	77	65	35	287	33
德化县	684	1	182	1		71	79	7	300	32
石狮市	1210		426		5	99	219	41	321	76
晋江市	3636	9	1499	3	10	314	680	94	788	141
南安市	2424	5	885	19	36	304	249	72	728	77
漳州市	**8765**	**22**	**3158**	**141**	**24**	**1140**	**1087**	**251**	**2447**	**300**
芗城区	1763	7	649	21		260	250	83	390	64
龙文区	824	2	396	3		100	124	26	122	19
云霄县	693	2	205	13	4	98	83	14	245	11
漳浦县	1297		451	30	5	159	156	29	416	33
诏安县	711	3	163	8	3	115	63	11	285	50
长泰县	443	1	201	10		43	51	2	107	8
东山县	395	1	130	16	5	41	55	10	118	11
南靖县	398		121	8		58	38	8	146	14
平和县	446	3	101	2		81	36	12	186	13
华安县	183		51	3		29	25	2	71	1
龙海市	1612	3	690	27	7	156	206	54	361	76
南平市	**4185**	**4**	**1222**	**108**		**686**	**531**	**140**	**1347**	**47**
延平区	972		390	20		150	148	41	191	12
建阳区	516		149	17		84	73	12	165	4
顺昌县	287		85	5		42	37	6	96	5
浦城县	362		76	6		59	43	13	152	3
光泽县	218		49	12		39	21	12	74	3
松溪县	180		35	7		40	10	10	75	1
政和县	249	1	61	4		52	27	8	93	
邵武市	496	1	157	23		82	65	12	137	10
武夷山市	362	2	87	3		49	49	11	147	5
建瓯市	543		133	11		89	58	15	217	4
龙岩市	**5718**	**20**	**1814**	**102**		**717**	**754**	**125**	**1989**	**101**
新罗区	2189	8	868	19		291	375	51	503	35
永定区	542		104	12		72	49	18	270	12

4-6 续表 8 单位：人

地区 性别	专业技术人员 小计	科学研究人员	工程技术人员	农业技术人员	飞机和船舶技术人员	卫生专业技术人员	经济和金融专业人员	法律、社会和宗教专业人员	教学人员	文学艺术、体育专业人员
长汀县	724	3	156	12		67	64	16	365	28
上杭县	897	7	326	23		111	87	11	301	10
武平县	537		107	19		77	67	10	237	11
连城县	424	1	148	10		46	52	6	155	3
漳平市	405	1	105	7		53	60	13	158	2
宁德市	**5447**	**14**	**1942**	**45**	**27**	**795**	**728**	**288**	**1422**	**95**
蕉城区	1794	5	960	13	2	192	239	52	270	30
霞浦县	706	2	245	9	11	118	58	42	199	15
古田县	373		78	6		72	45	13	149	5
屏南县	169		53	3		19	16	2	69	4
寿宁县	218		37	4		35	20	8	100	4
周宁县	220		60			38	30	10	75	5
柘荣县	165	1	43	1		27	22	16	53	2
福安市	889	5	240	6	6	149	147	43	260	16
福鼎市	913	1	226	3	8	145	151	102	247	14
女	**118486**	**260**	**6665**	**277**	**19**	**19720**	**36353**	**2664**	**48240**	**2183**
福州市	**26497**	**119**	**1648**	**65**	**8**	**4721**	**7994**	**618**	**10270**	**438**
鼓楼区	4845	38	389	13	1	1043	1640	131	1324	91
台江区	2008	10	133	2	1	525	643	55	552	39
仓山区	5332	25	362	7	4	823	1700	125	2059	92
马尾区	744	1	38	3		87	326	12	263	7
晋安区	3625	26	245	1	1	595	1427	84	1087	63
长乐区	1306	1	61	1		204	351	15	634	27
闽侯县	2318	12	199	10		328	633	38	1018	34
连江县	1129	1	38	2		167	251	38	608	9
罗源县	574	1	20	4		116	120	12	281	4
闽清县	514		20			111	93	5	278	
永泰县	443		18	2		89	93	10	222	2
平潭县	944	1	19	1	1	196	186	23	492	11
福清市	2715	3	106	19		437	531	70	1452	59
厦门市	**24871**	**74**	**2167**	**29**	**10**	**3093**	**10371**	**603**	**7358**	**635**
思明区	7191	32	536	9	4	1043	2970	238	1996	198
海沧区	2496	8	223	3	1	294	985	49	809	39
湖里区	6373	7	498	7	1	737	3183	127	1467	216
集美区	4168	15	368	3	2	414	1615	118	1439	114
同安区	2856	2	278	2	2	343	1015	33	1100	37
翔安区	1787	10	264	5		262	603	38	547	31
莆田市	**6795**	**6**	**240**	**5**		**1155**	**1599**	**199**	**3338**	**190**
城厢区	1786	2	41	1		307	466	40	879	29
涵江区	1126		61	2		167	329	23	497	35
荔城区	1591	3	53			321	393	41	714	46
秀屿区	696	1	35	2		111	119	18	379	28
仙游县	1596		50			249	292	77	869	52
三明市	**6064**	**5**	**282**	**20**		**1234**	**1360**	**141**	**2873**	**44**
梅列区	1042		72	3		193	325	24	389	8
三元区	501		24	2		110	142	8	199	4
明溪县	227		12	2		50	40	13	104	
清流县	262	1	7	1		65	42	9	132	2
宁化县	493	1	30	1		111	81	15	240	7
大田县	585		32	4		102	95	8	330	6
尤溪县	664		17	2		147	146	9	335	2
沙县	599	1	16	1		102	107	16	350	
将乐县	300		9	1		61	64	7	154	2
泰宁县	228		12	1		54	46	3	104	1
建宁县	229	1	8	1		47	36	9	122	1
永安市	934	1	43	1		192	236	20	414	11

4-6 续表 9　　　　　　　　　　　　　　　　　　　　　　　　单位：人

地区 性别	专业技术人员									
	小计	科学研究人员	工程技术人员	农业技术人员	飞机和船舶技术人员	卫生专业技术人员	经济和金融专业人员	法律、社会和宗教专业人员	教学人员	文学艺术、体育专业人员
泉州市	**22537**	**20**	**1071**	**29**		**3162**	**7510**	**443**	**9527**	**441**
鲤城区	1701	1	98	2		325	568	29	611	43
丰泽区	3666	6	193	5		701	1220	96	1314	63
洛江区	654	1	31	1		84	230	14	274	9
泉港区	853		33			114	257	25	393	26
惠安县	2367		142	4		326	700	81	1035	47
安溪县	1421	3	48	7		263	224	15	830	15
永春县	777	2	24	4		123	137	24	420	32
德化县	712		13			105	196	10	353	29
石狮市	1821	1	90			185	644	21	804	48
晋江市	5306	5	236	2		505	2252	98	2040	77
南安市	3259	1	163	4		431	1082	30	1453	52
漳州市	**11822**	**22**	**508**	**43**	**1**	**2198**	**2911**	**174**	**5551**	**232**
芗城区	2738	8	125	15		648	743	58	1046	35
龙文区	1303	2	83	2		239	478	19	444	22
云霄县	830	2	18	3		156	157	9	452	15
漳浦县	1590	1	60	3		315	286	21	857	28
诏安县	811	1	18	3		145	99	13	492	29
长泰县	532		33	4		61	159	4	258	8
东山县	486	1	19	3		90	100	8	246	12
南靖县	525	2	13	3		102	126	4	255	11
平和县	491		16	2		68	65	7	319	12
华安县	267		7	1		45	72	3	134	2
龙海市	2249	5	116	4	1	329	626	28	1048	58
南平市	**5698**	**5**	**195**	**35**		**1261**	**1213**	**131**	**2717**	**58**
延平区	1226		70	2		315	331	28	448	12
建阳区	800	2	28	4		176	165	14	392	6
顺昌县	321		17	5		61	65	10	151	4
浦城县	439		10	3		104	67	9	235	1
光泽县	299	2	12	11		57	81	4	122	3
松溪县	227		2			43	36	7	138	
政和县	326		9			81	61	7	163	1
邵武市	654		21	3		153	153	11	297	8
武夷山市	598		17	1		98	125	17	318	17
建瓯市	808	1	9	6		173	129	24	453	6
龙岩市	**7299**	**2**	**314**	**32**		**1544**	**1792**	**142**	**3318**	**62**
新罗区	3301		156	6		689	1038	71	1267	27
永定区	573		15			106	100	8	331	8
长汀县	859	1	30	4		188	142	19	456	12
上杭县	933		63	8		192	188	14	447	7
武平县	641	1	18	6		164	114	13	317	6
连城县	459		15	3		123	67	4	238	1
漳平市	533		17	5		82	143	13	262	1
宁德市	**6903**	**7**	**240**	**19**		**1352**	**1603**	**213**	**3288**	**83**
蕉城区	1887	3	140	5		351	524	39	767	18
霞浦县	920		20	2		175	154	31	499	20
古田县	478		7	3		94	83	8	270	5
屏南县	264		8	1		53	38	7	149	1
寿宁县	290		7			72	54	9	147	
周宁县	287	2	9	1		64	65	4	134	3
柘荣县	194		5	2		37	37	9	98	3
福安市	1343	2	18	4		248	356	61	637	8
福鼎市	1240		26	1		258	292	45	587	25

4-6 续表 10

单位：人

地区 性别	专业技术人员		办事人员和有关人员				社会生产服务和生活服务人员		
	新闻出版、文化专业人员	其他专业技术人员	小计	办事人员	安全和消防人员	其他办事人员和有关人员	小计	批发与零售服务人员	交通运输、仓储和邮政业服务人员
合计	**3118**	**916**	**151076**	**130340**	**19408**	**1328**	**774454**	**348929**	**126849**
福州市	**961**	**145**	**37378**	**32176**	**4971**	**231**	**158570**	**66232**	**25002**
鼓楼区	278	24	5546	4960	547	39	11686	4310	1079
台江区	75	17	3083	2778	275	30	9277	4378	1150
仓山区	205	17	7671	6728	927	16	23154	10628	3936
马尾区	14	4	1154	999	151	4	6644	2123	1213
晋安区	151	35	5033	4372	628	33	19812	7428	3319
长乐区	18	6	1845	1487	337	21	14373	5160	2433
闽侯县	72	14	3538	2926	579	33	17323	7183	3615
连江县	20	6	1710	1364	325	21	13945	5824	1703
罗源县	22	5	801	667	129	5	4111	1872	759
闽清县	7	3	631	522	104	5	3353	1453	653
永泰县	7	5	691	592	95	4	3353	1609	434
平潭县	26	3	1441	1240	194	7	5933	2312	1250
福清市	66	6	4234	3541	680	13	25606	11952	3458
厦门市	**750**	**193**	**31456**	**27784**	**3420**	**252**	**129257**	**47544**	**23753**
思明区	250	19	10571	9492	1064	15	27066	9722	3495
海沧区	92	80	2705	2065	496	144	13680	4820	2831
湖里区	211	5	6206	5666	538	2	36543	13329	6255
集美区	115	31	6037	5380	611	46	24245	9366	4780
同安区	45	28	3785	3377	389	19	16651	6046	4139
翔安区	37	30	2152	1804	322	26	11072	4261	2253
莆田市	**106**	**35**	**7722**	**6259**	**1413**	**50**	**53467**	**30834**	**7142**
城厢区	33	5	2133	1826	301	6	12111	6907	1402
涵江区	20	4	1183	858	312	13	8840	4716	1402
荔城区	28	15	1895	1568	317	10	11371	7248	1384
秀屿区	9	1	788	634	146	8	7179	4101	1213
仙游县	16	10	1723	1373	337	13	13966	7862	1741
三明市	**158**	**25**	**7912**	**6425**	**1268**	**219**	**39472**	**14935**	**6621**
梅列区	39		1345	1162	169	14	4489	1695	698
三元区	13	6	628	520	101	7	3276	1325	697
明溪县	7	4	375	302	67	6	1706	603	215
清流县	6		412	315	87	10	1764	692	305
宁化县	12	3	649	526	115	8	3993	1793	621
大田县	12	2	664	590	71	3	3956	1673	770
尤溪县	17		652	451	60	141	4221	1563	839
沙县	10	1	743	560	174	9	5255	1105	546
将乐县	4	6	443	390	52	1	2164	794	303
泰宁县	12	1	388	322	63	3	1680	673	204
建宁县	6	2	352	263	79	10	1371	603	227
永安市	20		1261	1024	230	7	5597	2416	1196
泉州市	**483**	**240**	**25255**	**23298**	**1747**	**210**	**175772**	**89688**	**27800**
鲤城区	41	16	1829	1688	117	24	9749	4786	1450
丰泽区	126	2	4409	4073	335	1	17606	7414	2340
洛江区	12	10	875	711	159	5	4187	2078	675
泉港区	9	23	1044	904	116	24	6209	2897	1193
惠安县	48	30	2296	2118	147	31	15435	7350	2270
安溪县	24	8	1361	1183	165	13	18799	11556	2087
永春县	13	12	807	745	55	7	6166	2700	1200
德化县	12	5	943	891	41	11	5475	2915	719
石狮市	41	10	2222	2084	128	10	16010	8701	2616
晋江市	96	93	5874	5539	297	38	42897	21744	8138
南安市	61	31	3595	3362	187	46	33239	17547	5112
漳州市	**228**	**149**	**14842**	**12052**	**2588**	**202**	**86073**	**39988**	**14787**
芗城区	75	24	3233	2608	601	24	12965	5749	2140
龙文区	23	23	1695	1472	206	17	7841	3567	1197
云霄县	18	18	905	784	94	27	7725	3769	1079
漳浦县	25	12	1872	1477	381	14	12170	6021	2150

4-6 续表 11

单位：人

地区 性别	专业技术人员		办事人员和有关人员				社会生产服务和生活服务人员		
	新闻出版、文化专业人员	其他专业技术人员	小计	办事人员	安全和消防人员	其他办事人员和有关人员	小计	批发与零售服务人员	交通运输、仓储和邮政业服务人员
诏安县	14	7	966	734	229	3	7616	4004	821
长泰县	9	16	888	682	193	13	3697	1431	761
东山县	5	10	807	648	148	11	4158	2008	645
南靖县	10	4	735	540	151	44	5526	2380	1214
平和县	6	8	546	416	125	5	4953	2769	665
华安县	4		451	375	76		1482	476	298
龙海市	39	27	2744	2316	384	44	17940	7814	3817
南平市	**131**	**52**	**8434**	**6882**	**1486**	**66**	**36589**	**15701**	**6599**
延平区	31	9	1864	1571	281	12	7316	2701	1498
建阳区	20	5	1365	1103	243	19	4700	2059	751
顺昌县	10	9	505	405	93	7	2146	804	452
浦城县	14	6	768	638	126	4	2885	1371	500
光泽县	15		367	296	70	1	1774	622	426
松溪县	3		336	262	71	3	1325	603	236
政和县	3	4	438	358	76	4	1996	1029	279
邵武市	16	1	981	806	169	6	4411	1821	974
武夷山市	11	3	885	717	166	2	4805	2367	523
建瓯市	8	15	925	726	191	8	5231	2324	960
龙岩市	**133**	**56**	**9193**	**7904**	**1231**	**58**	**44604**	**19221**	**7482**
新罗区	70	16	4256	3681	553	22	18555	7975	2974
永定区	8	2	814	720	91	3	4568	1875	930
长汀县	10	10	957	764	184	9	5238	2438	745
上杭县	19	16	1260	1028	224	8	5262	2209	812
武平县	7	4	729	654	60	15	3637	1587	622
连城县	7	4	616	564	51	1	3182	1302	558
漳平市	12	4	561	493	68		4162	1835	841
宁德市	**168**	**21**	**8884**	**7560**	**1284**	**40**	**50650**	**24786**	**7663**
蕉城区	66	5	2849	2466	357	26	12002	5338	1701
霞浦县	25	1	768	641	127		9290	4792	1212
古田县	13		671	572	95	4	4075	1838	716
屏南县	6	4	419	360	59		1772	817	303
寿宁县	3	8	359	292	62	5	1484	714	202
周宁县	6	1	329	276	52	1	2387	1307	418
柘荣县	3		323	263	57	3	1371	626	192
福安市	25	1	1573	1365	207	1	9106	4988	1503
福鼎市	21	1	1593	1325	268		9163	4366	1416
男	**1241**	**688**	**91610**	**73214**	**17602**	**794**	**447756**	**181167**	**110919**
福州市	**390**	**100**	**22666**	**17988**	**4533**	**145**	**91828**	**33942**	**21925**
鼓楼区	115	12	3089	2601	463	25	6537	2208	909
台江区	33	11	1769	1504	247	18	5396	2300	1004
仓山区	75	12	4511	3663	839	9	14070	5845	3450
马尾区	8	3	652	510	141	1	3966	1097	1072
晋安区	64	26	2857	2277	561	19	11332	3835	2762
长乐区	7	5	1236	897	323	16	8803	2814	2178
闽侯县	29	11	2218	1654	543	21	10702	3858	3135
连江县	8	3	1167	849	303	15	7197	2537	1560
罗源县	6	5	512	392	117	3	2451	966	682
闽清县	1	2	408	307	96	5	1955	741	578
永泰县	2	3	447	359	87	1	1699	688	385
平潭县	12	3	890	716	170	4	3361	1066	1147
福清市	30	4	2910	2259	643	8	14359	5987	3063
厦门市	**269**	**143**	**17247**	**13973**	**3122**	**152**	**75308**	**24068**	**20334**
思明区	88	16	5822	4845	968	9	14483	4685	2844
海沧区	31	56	1598	1038	470	90	8132	2402	2506
湖里区	82	4	3229	2748	481		21207	6712	5412
集美区	43	23	3219	2640	552	27	14529	4894	4086
同安区	11	18	2168	1802	356	10	10383	3219	3556
翔安区	14	26	1211	900	295	16	6574	2156	1930

4-6 续表 12

单位：人

地区 性别	专业技术人员		办事人员和有关人员				社会生产服务和生活服务人员		
	新闻出版、文化专业人员	其他专业技术人员	小计	办事人员	安全和消防人员	其他办事人员和有关人员	小计	批发与零售服务人员	交通运输、仓储和邮政业服务人员
莆田市	**49**	**29**	**5040**	**3736**	**1283**	**21**	**32102**	**17539**	**6236**
城厢区	13	4	1343	1079	262	2	7119	3917	1200
涵江区	8	4	774	478	289	7	5255	2542	1211
荔城区	11	12	1193	909	280	4	7051	4292	1216
秀屿区	7		560	418	138	4	4150	2243	1037
仙游县	10	9	1170	852	314	4	8527	4545	1572
三明市	**61**	**17**	**5052**	**3819**	**1109**	**124**	**21945**	**7055**	**5704**
梅列区	11		770	618	143	9	2424	805	583
三元区	4	3	359	270	86	3	1898	627	616
明溪县	3	2	238	174	58	6	976	311	191
清流县	3		278	192	80	6	835	264	262
宁化县	5	3	450	337	105	8	2180	880	547
大田县	5	1	468	402	64	2	2225	841	643
尤溪县	11		427	301	49	77	2556	779	745
沙县	5		474	327	145	2	3055	548	449
将乐县	2	6	287	244	42	1	1174	349	267
泰宁县	5	1	250	189	58	3	815	281	174
建宁县	3	1	232	161	67	4	741	282	199
永安市	4		819	604	212	3	3066	1088	1028
泉州市	**207**	**182**	**15403**	**13680**	**1598**	**125**	**104449**	**49177**	**24289**
鲤城区	18	15	1042	922	107	13	5782	2596	1228
丰泽区	58	2	2672	2372	299	1	10077	3821	2047
洛江区	4	8	542	391	149	2	2594	1200	592
泉港区	6	21	636	511	111	14	3205	1180	1030
惠安县	25	21	1182	1036	134	12	8298	3433	1890
安溪县	9	7	957	793	155	9	10881	6277	1850
永春县	6	8	491	433	52	6	3853	1473	1100
德化县	7	4	620	580	35	5	3279	1606	643
石狮市	15	8	1404	1283	115	6	10038	5065	2361
晋江市	36	62	3603	3303	272	28	27458	13050	7072
南安市	23	26	2254	2056	169	29	18984	9476	4476
漳州市	**80**	**115**	**9578**	**7050**	**2400**	**128**	**48421**	**19940**	**13032**
芗城区	20	19	1952	1393	544	15	7153	2775	1849
龙文区	15	17	1040	839	192	9	4094	1721	1028
云霄县	7	11	589	480	91	18	4234	1840	990
漳浦县	6	12	1273	911	352	10	7151	3138	1982
诏安县	5	5	673	453	219	1	4194	2076	752
长泰县	6	14	585	387	187	11	2055	714	643
东山县	2	6	543	400	134	9	2176	892	572
南靖县	3	2	485	320	141	24	3048	1112	1062
平和县	4	8	377	262	112	3	2934	1469	601
华安县	1		316	248	68		821	231	260
龙海市	11	21	1745	1357	360	28	10561	3972	3293
南平市	**58**	**42**	**5287**	**3918**	**1334**	**35**	**20782**	**7827**	**5885**
延平区	14	6	1097	833	256	8	4149	1254	1316
建阳区	8	4	866	639	215	12	2662	1048	672
顺昌县	3	8	308	215	87	6	1247	392	413
浦城县	6	4	494	382	109	3	1648	705	452
光泽县	8		243	178	65		1015	282	373
松溪县	2		215	158	57		811	339	216
政和县		3	288	221	66	1	1159	584	249
邵武市	8	1	625	467	156	2	2557	897	867
武夷山市	6	3	565	409	155	1	2565	1193	451
建瓯市	3	13	586	416	168	2	2969	1133	876
龙岩市	**52**	**44**	**5666**	**4538**	**1090**	**38**	**24964**	**9470**	**6530**
新罗区	25	14	2462	1955	491	16	10322	3934	2604
永定区	4	1	546	465	79	2	2637	919	821

4-6 续表 13

单位：人

地区 性别	专业技术人员		办事人员和有关人员				社会生产服务和生活服务人员		
	新闻出版、文化专业人员	其他专业技术人员	小计	办事人员	安全和消防人员	其他办事人员和有关人员	小计	批发与零售服务人员	交通运输、仓储和邮政业服务人员
长汀县	4	9	665	496	165	4	2968	1306	631
上杭县	8	13	795	586	202	7	2708	1015	664
武平县	5	4	453	391	53	9	2069	779	566
连城县	3		387	344	43		1909	644	500
漳平市	3	3	358	301	57		2351	873	744
宁德市	**75**	**16**	**5671**	**4512**	**1133**	**26**	**27957**	**12149**	**6984**
蕉城区	28	3	1710	1366	325	19	6468	2628	1539
霞浦县	6	1	495	378	117		4528	1859	1143
古田县	5		426	354	72		2445	987	668
屏南县	1	2	265	211	54		1030	431	267
寿宁县	2	8	252	191	58	3	888	405	182
周宁县	1	1	223	174	49		1469	793	383
柘荣县			197	148	46	3	769	309	181
福安市	16	1	1060	877	182	1	5339	2622	1349
福鼎市	16		1043	813	230		5021	2115	1272
女	**1877**	**228**	**59466**	**57126**	**1806**	**534**	**326698**	**167762**	**15930**
福州市	**571**	**45**	**14712**	**14188**	**438**	**86**	**66742**	**32290**	**3077**
鼓楼区	163	12	2457	2359	84	14	5149	2102	170
台江区	42	6	1314	1274	28	12	3881	2078	146
仓山区	130	5	3160	3065	88	7	9084	4783	486
马尾区	6	1	502	489	10	3	2678	1026	141
晋安区	87	9	2176	2095	67	14	8480	3593	557
长乐区	11	1	609	590	14	5	5570	2346	255
闽侯县	43	3	1320	1272	36	12	6621	3325	480
连江县	12	3	543	515	22	6	6748	3287	143
罗源县	16		289	275	12	2	1660	906	77
闽清县	6	1	223	215	8		1398	712	75
永泰县	5	2	244	233	8	3	1654	921	49
平潭县	14		551	524	24	3	2572	1246	103
福清市	36	2	1324	1282	37	5	11247	5965	395
厦门市	**481**	**50**	**14209**	**13811**	**298**	**100**	**53949**	**23476**	**3419**
思明区	162	3	4749	4647	96	6	12583	5037	651
海沧区	61	24	1107	1027	26	54	5548	2418	325
湖里区	129	1	2977	2918	57	2	15336	6617	843
集美区	72	8	2818	2740	59	19	9716	4472	694
同安区	34	10	1617	1575	33	9	6268	2827	583
翔安区	23	4	941	904	27	10	4498	2105	323
莆田市	**57**	**6**	**2682**	**2523**	**130**	**29**	**21365**	**13295**	**906**
城厢区	20	1	790	747	39	4	4992	2990	202
涵江区	12		409	380	23	6	3585	2174	191
荔城区	17	3	702	659	37	6	4320	2956	168
秀屿区	2	1	228	216	8	4	3029	1858	176
仙游县	6	1	553	521	23	9	5439	3317	169
三明市	**97**	**8**	**2860**	**2606**	**159**	**95**	**17527**	**7880**	**917**
梅列区	28		575	544	26	5	2065	890	115
三元区	9	3	269	250	15	4	1378	698	81
明溪县	4	2	137	128	9		730	292	24
清流县	3		134	123	7	4	929	428	43
宁化县	7		199	189	10		1813	913	74
大田县	7	1	196	188	7	1	1731	832	127
尤溪县	6		225	150	11	64	1665	784	94
沙县	5	1	269	233	29	7	2200	557	97
将乐县	2		156	146	10		990	445	36
泰宁县	7		138	133	5		865	392	30
建宁县	3	1	120	102	12	6	630	321	28
永安市	16		442	420	18	4	2531	1328	168

4-6　续表 14

单位：人

地　区 性　别	专业技术人员		办事人员和有关人员				社会生产服务和生活服务人员		
	新闻出版、文化专业人员	其他专业技术人员	小计	办事人员	安全和消防人员	其他办事人员和有关人员	小计	批发与零售服务人员	交通运输、仓储和邮政业服务人员
泉州市	**276**	**58**	**9852**	**9618**	**149**	**85**	**71323**	**40511**	**3511**
鲤城区	23	1	787	766	10	11	3967	2190	222
丰泽区	68		1737	1701	36		7529	3593	293
洛江区	8	2	333	320	10	3	1593	878	83
泉港区	3	2	408	393	5	10	3004	1717	163
惠安县	23	9	1114	1082	13	19	7137	3917	380
安溪县	15	1	404	390	10	4	7918	5279	237
永春县	7	4	316	312	3	1	2313	1227	100
德化县	5	1	323	311	6	6	2196	1309	76
石狮市	26	2	818	801	13	4	5972	3636	255
晋江市	60	31	2271	2236	25	10	15439	8694	1066
南安市	38	5	1341	1306	18	17	14255	8071	636
漳州市	**148**	**34**	**5264**	**5002**	**188**	**74**	**37652**	**20048**	**1755**
芗城区	55	5	1281	1215	57	9	5812	2974	291
龙文区	8	6	655	633	14	8	3747	1846	169
云霄县	11	7	316	304	3	9	3491	1929	89
漳浦县	19		599	566	29	4	5019	2883	168
诏安县	9	2	293	281	10	2	3422	1928	69
长泰县	3	2	303	295	6	2	1642	717	118
东山县	3	4	264	248	14	2	1982	1116	73
南靖县	7	2	250	220	10	20	2478	1268	152
平和县	2		169	154	13	2	2019	1300	64
华安县	3		135	127	8		661	245	38
龙海市	28	6	999	959	24	16	7379	3842	524
南平市	**73**	**10**	**3147**	**2964**	**152**	**31**	**15807**	**7874**	**714**
延平区	17	3	767	738	25	4	3167	1447	182
建阳区	12	1	499	464	28	7	2038	1011	79
顺昌县	7	1	197	190	6	1	899	412	39
浦城县	8	2	274	256	17	1	1237	666	48
光泽县	7		124	118	5	1	759	340	53
松溪县	1		121	104	14	3	514	264	20
政和县	3	1	150	137	10	3	837	445	30
邵武市	8		356	339	13	4	1854	924	107
武夷山市	5		320	308	11	1	2240	1174	72
建瓯市	5	2	339	310	23	6	2262	1191	84
龙岩市	**81**	**12**	**3527**	**3366**	**141**	**20**	**19640**	**9751**	**952**
新罗区	45	2	1794	1726	62	6	8233	4041	370
永定区	4	1	268	255	12	1	1931	956	109
长汀县	6	1	292	268	19	5	2270	1132	114
上杭县	11	3	465	442	22	1	2554	1194	148
武平县	2		276	263	7	6	1568	808	56
连城县	4	4	229	220	8	1	1273	658	58
漳平市	9	1	203	192	11		1811	962	97
宁德市	**93**	**5**	**3213**	**3048**	**151**	**14**	**22693**	**12637**	**679**
蕉城区	38	2	1139	1100	32	7	5534	2710	162
霞浦县	19		273	263	10		4762	2933	69
古田县	8		245	218	23	4	1630	851	48
屏南县	5	2	154	149	5		742	386	36
寿宁县	1		107	101	4	2	596	309	20
周宁县	5		106	102	3	1	918	514	35
柘荣县	3		126	115	11		602	317	11
福安市	9		513	488	25		3767	2366	154
福鼎市	5	1	550	512	38		4142	2251	144

4-6 续表 15

单位：人

地区 性别	社会生产服务和生活服务人员 住宿和餐饮服务人员	信息传输、软件和信息技术服务人员	金融服务人员	房地产服务人员	租赁和商务服务人员	技术辅助服务人员	水利、环境和公共设施管理服务人员	居民服务人员	电力、燃气及水供应服务人员
合计	**101654**	**16679**	**15726**	**11214**	**22803**	**18064**	**32556**	**47069**	**5390**
福州市	**25538**	**4690**	**4423**	**2773**	**3535**	**3847**	**6507**	**9645**	**1083**
鼓楼区	1465	947	841	398	503	535	326	742	81
台江区	981	392	595	303	214	299	231	432	34
仓山区	2050	990	656	412	621	839	1080	1060	157
马尾区	1720	182	146	111	168	132	298	362	17
晋安区	2403	777	822	697	711	704	850	1203	105
长乐区	3670	153	241	114	262	189	670	938	107
闽侯县	2282	566	212	255	249	399	936	899	94
连江县	3130	153	171	151	169	168	472	1458	81
罗源县	491	68	55	64	69	69	191	281	32
闽清县	447	54	74	23	33	46	129	252	37
永泰县	468	55	51	37	70	36	185	258	33
平潭县	796	115	174	85	104	136	277	363	55
福清市	5635	238	385	123	362	295	862	1397	250
厦门市	**15615**	**5608**	**2515**	**2773**	**6630**	**5067**	**7075**	**7413**	**498**
思明区	3949	1615	991	828	1126	1025	1286	2160	112
海沧区	1482	384	224	258	866	547	816	636	56
湖里区	4156	1841	707	818	2223	1694	1832	2197	93
集美区	2708	1127	306	486	1074	840	1393	1250	86
同安区	1923	316	184	207	856	536	987	728	92
翔安区	1397	325	103	176	485	425	761	442	59
莆田市	**6149**	**558**	**841**	**371**	**814**	**826**	**1673**	**2156**	**414**
城厢区	1302	161	308	132	236	232	334	601	117
涵江区	1085	98	136	63	140	151	299	391	42
荔城区	946	123	202	103	151	198	284	335	101
秀屿区	682	62	57	21	85	63	316	251	63
仙游县	2134	114	138	52	202	182	440	578	91
三明市	**8714**	**617**	**880**	**433**	**939**	**710**	**1504**	**2189**	**476**
梅列区	753	131	235	94	189	84	173	203	55
三元区	481	46	80	42	94	47	126	182	24
明溪县	513	21	46	12	24	17	55	127	20
清流县	274	32	47	12	21	26	100	143	32
宁化县	639	56	66	51	59	90	166	259	36
大田县	598	39	60	19	89	76	131	285	48
尤溪县	771	76	68	33	136	120	176	199	70
沙县	2805	50	70	57	44	74	145	165	79
将乐县	521	32	44	22	93	35	109	99	35
泰宁县	449	20	43	6	61	16	64	87	8
建宁县	228	29	33	12	3	15	54	94	21
永安市	682	85	88	73	126	110	205	346	48
泉州市	**17426**	**2248**	**2932**	**1880**	**6049**	**4073**	**6925**	**9871**	**1040**
鲤城区	1038	199	198	110	421	274	332	519	66
丰泽区	2216	353	850	736	651	564	709	1007	134
洛江区	421	65	52	66	97	130	163	229	41
泉港区	646	80	73	55	231	144	329	299	56
惠安县	1509	244	248	142	769	408	835	1027	70
安溪县	1787	215	211	100	427	170	456	1091	133
永春县	677	84	112	41	243	78	257	424	64
德化县	617	79	67	45	249	120	159	275	50
石狮市	1462	155	224	82	433	279	562	978	76
晋江市	3980	465	495	345	1499	1294	1452	1978	190
南安市	3073	309	402	158	1029	612	1671	2044	160
漳州市	**10256**	**1126**	**1322**	**1114**	**1865**	**1292**	**3729**	**6340**	**645**
芗城区	1624	223	386	301	321	257	533	780	97
龙文区	747	163	149	156	187	174	459	720	29
云霄县	841	92	84	62	202	77	300	861	67
漳浦县	1540	107	145	101	164	197	449	693	85

4-6　续表 16　　　　单位：人

地　区 性　别	社会生产服务和生活服务人员								
	住宿和餐饮服务人　员	信息传输、软件和信息技术服务人　员	金融服务人　员	房地产服务人员	租赁和商务服务人　员	技术辅助服务人员	水利、环境和公共设施管理服务人员	居民服务人　员	电力、燃气及水供应服务人　员
诏安县	1045	59	66	33	62	62	286	790	56
长泰县	458	42	56	42	95	67	239	303	26
东山县	537	54	47	43	83	55	163	285	43
南靖县	711	45	71	29	120	41	204	435	43
平和县	639	62	71	22	60	79	74	285	48
华安县	239	27	23	11	36	32	68	147	41
龙海市	1875	252	224	314	535	251	954	1041	110
南平市	**5065**	**483**	**833**	**438**	**982**	**607**	**1634**	**2481**	**392**
延平区	1065	138	257	118	180	181	307	508	80
建阳区	670	67	90	93	99	81	247	324	29
顺昌县	304	29	36	20	44	34	124	192	20
浦城县	320	38	53	21	33	26	160	240	26
光泽县	273	23	31	17	42	19	123	101	26
松溪县	175	15	34	8	26	21	53	98	22
政和县	239	24	48	10	27	29	89	142	25
邵武市	587	41	111	37	111	83	174	254	43
武夷山市	746	31	77	37	285	63	163	305	67
建瓯市	686	77	96	77	135	70	194	317	54
龙岩市	**6124**	**746**	**989**	**821**	**1157**	**868**	**1792**	**3072**	**439**
新罗区	2297	345	508	587	442	457	802	1275	109
永定区	710	56	69	18	157	56	167	263	54
长汀县	793	74	106	57	57	101	158	447	60
上杭县	824	94	106	62	128	93	252	392	47
武平县	471	43	77	43	115	57	162	258	44
连城县	514	57	54	18	125	52	117	175	58
漳平市	515	77	69	36	133	52	134	262	67
宁德市	**6767**	**603**	**991**	**611**	**832**	**774**	**1717**	**3902**	**403**
蕉城区	1503	212	317	241	203	243	555	1204	100
霞浦县	1285	75	126	156	167	115	257	720	75
古田县	666	50	115	35	82	43	100	289	26
屏南县	260	21	32	16	32	22	74	90	30
寿宁县	198	26	46	5	17	27	46	138	21
周宁县	244	24	34	10	29	15	78	170	17
柘荣县	247	25	49	4	8	23	35	111	8
福安市	1011	82	127	47	140	113	256	481	59
福鼎市	1353	88	145	97	154	173	316	699	67
男	**51228**	**12374**	**7178**	**6614**	**16863**	**11919**	**10920**	**12701**	**4454**
福州市	**13984**	**3467**	**2000**	**1691**	**2404**	**2534**	**2225**	**2618**	**922**
鼓楼区	836	680	381	244	324	313	117	184	62
台江区	533	297	268	195	142	207	87	148	23
仓山区	1104	749	304	253	351	540	378	372	137
马尾区	984	140	59	67	129	93	105	73	12
晋安区	1192	562	394	463	483	452	243	287	88
长乐区	2285	115	104	70	204	111	239	239	93
闽侯县	1300	405	110	144	160	267	381	329	78
连江县	1707	126	78	87	128	125	137	265	69
罗源县	243	45	29	31	54	48	93	93	28
闽清县	199	39	26	14	23	34	52	88	34
永泰县	215	39	19	19	55	28	65	63	26
平潭县	348	82	66	39	70	102	63	125	46
福清市	3038	188	162	65	281	214	265	352	226
厦门市	**8130**	**4353**	**1206**	**1734**	**4382**	**3146**	**2300**	**1765**	**416**
思明区	2095	1187	466	523	582	620	468	418	84
海沧区	758	307	113	154	544	359	228	163	48
湖里区	2150	1479	339	524	1464	1041	530	493	81
集美区	1406	876	149	303	725	529	472	370	76
同安区	983	248	92	126	687	350	359	201	76
翔安区	738	256	47	104	380	247	243	120	51

4-6 续表 17

单位：人

地区 性别	社会生产服务和生活服务人员								
	住宿和餐饮服务人员	信息传输、软件和信息技术服务人员	金融服务人员	房地产服务人员	租赁和商务服务人员	技术辅助服务人员	水利、环境和公共设施管理服务人员	居民服务人员	电力、燃气及水供应服务人员
莆田市	**3204**	**406**	**408**	**191**	**639**	**531**	**564**	**677**	**352**
城厢区	638	114	148	64	203	153	98	173	98
涵江区	630	74	56	31	108	103	108	127	29
荔城区	519	96	99	61	116	116	91	114	86
秀屿区	267	40	26	7	64	37	93	78	58
仙游县	1150	82	79	28	148	122	174	185	81
三明市	**4306**	**453**	**368**	**206**	**718**	**512**	**626**	**523**	**358**
梅列区	330	98	107	45	138	65	53	45	36
三元区	226	33	33	20	84	33	36	64	23
明溪县	275	17	17	4	22	9	25	45	16
清流县	86	21	22	6	14	19	32	29	21
宁化县	274	39	29	28	44	67	72	61	25
大田县	272	32	28	4	69	59	51	58	36
尤溪县	375	59	27	18	109	92	106	52	53
沙县	1605	40	30	36	30	54	70	39	60
将乐县	259	25	15	9	78	18	51	17	30
泰宁县	202	12	14	1	35	11	26	17	6
建宁县	95	20	18	7	1	10	25	24	15
永安市	307	57	28	28	94	75	79	72	37
泉州市	**8692**	**1636**	**1334**	**1106**	**5062**	**2741**	**2000**	**2964**	**876**
鲤城区	560	151	75	59	345	169	109	152	56
丰泽区	1206	250	404	466	473	388	214	263	94
洛江区	250	45	30	37	70	81	28	88	35
泉港区	220	57	27	32	203	110	67	68	48
惠安县	660	182	106	60	668	298	180	304	58
安溪县	956	148	94	65	382	125	136	278	119
永春县	330	50	48	19	222	56	122	135	53
德化县	319	53	34	20	175	96	57	73	48
石狮市	761	121	99	55	362	186	214	400	65
晋江市	2112	348	221	208	1268	799	498	692	167
南安市	1318	231	196	85	894	433	375	511	133
漳州市	**4901**	**777**	**629**	**592**	**1399**	**852**	**1172**	**1680**	**558**
芗城区	799	147	182	171	223	167	150	188	86
龙文区	335	107	69	87	117	118	101	161	24
云霄县	404	61	39	34	181	55	109	225	59
漳浦县	705	80	77	44	128	132	144	219	74
诏安县	598	38	35	20	48	44	73	172	51
长泰县	189	27	29	24	65	40	92	75	21
东山县	225	39	22	22	65	38	46	83	35
南靖县	297	33	25	17	75	23	77	97	34
平和县	341	39	38	14	43	51	26	117	43
华安县	97	20	7	3	26	20	23	35	32
龙海市	911	186	106	156	428	164	331	308	99
南平市	**2231**	**331**	**330**	**205**	**711**	**419**	**805**	**651**	**302**
延平区	493	86	90	58	137	127	161	143	61
建阳区	292	48	42	42	68	58	122	107	23
顺昌县	141	21	16	12	32	19	70	42	14
浦城县	142	25	30	12	23	21	83	57	20
光泽县	103	16	11	10	35	9	62	38	22
松溪县	90	14	12	5	18	15	29	28	18
政和县	102	20	15	5	19	17	43	42	20
邵武市	255	24	43	11	84	58	83	65	35
武夷山市	299	27	37	19	204	42	68	58	55
建瓯市	314	50	34	31	91	53	84	71	34
龙岩市	**2702**	**524**	**481**	**500**	**881**	**617**	**631**	**757**	**360**
新罗区	1019	240	242	375	311	318	248	322	87
永定区	323	37	29	8	120	40	65	59	46

4-6　续表 18　　　　单位：人

地　　区 性　　别	社会生产服务和生活服务人员								
	住宿和餐饮服务人　员	信息传输、软件和信息技术服务人　员	金融服务人　　员	房地产服务人员	租赁和商务服务人　员	技术辅助服务人员	水利、环境和公共设施管理服务人员	居民服务人　　员	电力、燃气及水供应服务人　员
长汀县	369	59	53	39	40	82	71	111	48
上杭县	327	63	58	34	106	59	77	80	37
武平县	201	32	41	21	93	43	57	72	39
连城县	244	39	29	10	104	41	58	58	50
漳平市	219	54	29	13	107	34	55	55	53
宁德市	**3078**	**427**	**422**	**389**	**667**	**567**	**597**	**1066**	**310**
蕉城区	705	138	135	161	154	172	169	265	83
霞浦县	540	50	51	97	152	84	78	190	54
古田县	327	36	53	21	66	33	50	87	20
屏南县	106	15	18	9	23	18	36	26	25
寿宁县	90	21	23	1	13	23	20	60	16
周宁县	104	16	14	7	22	10	28	45	10
柘荣县	119	20	17	3	4	18	13	48	5
福安市	485	59	65	27	110	88	78	155	46
福鼎市	602	72	46	63	123	121	125	190	51
女	**50426**	**4305**	**8548**	**4600**	**5940**	**6145**	**21636**	**34368**	**936**
福州市	**11554**	**1223**	**2423**	**1082**	**1131**	**1313**	**4282**	**7027**	**161**
鼓楼区	629	267	460	154	179	222	209	558	19
台江区	448	95	327	108	72	92	144	284	11
仓山区	946	241	352	159	270	299	702	688	20
马尾区	736	42	87	44	39	39	193	289	5
晋安区	1211	215	428	234	228	252	607	916	17
长乐区	1385	38	137	44	58	78	431	699	14
闽侯县	982	161	102	111	89	132	555	570	16
连江县	1423	27	93	64	41	43	335	1193	12
罗源县	248	23	26	33	15	21	98	188	4
闽清县	248	15	48	9	10	12	77	164	3
永泰县	253	16	32	18	15	8	120	195	7
平潭县	448	33	108	46	34	34	214	238	9
福清市	2597	50	223	58	81	81	597	1045	24
厦门市	**7485**	**1255**	**1309**	**1039**	**2248**	**1921**	**4775**	**5648**	**82**
思明区	1854	428	525	305	544	405	818	1742	28
海沧区	724	77	111	104	322	188	588	473	8
湖里区	2006	362	368	294	759	653	1302	1704	12
集美区	1302	251	157	183	349	311	921	880	10
同安区	940	68	92	81	169	186	628	527	16
翔安区	659	69	56	72	105	178	518	322	8
莆田市	**2945**	**152**	**433**	**180**	**175**	**295**	**1109**	**1479**	**62**
城厢区	664	47	160	68	33	79	236	428	19
涵江区	455	24	80	32	32	48	191	264	13
荔城区	427	27	103	42	35	82	193	221	15
秀屿区	415	22	31	14	21	26	223	173	5
仙游县	984	32	59	24	54	60	266	393	10
三明市	**4408**	**164**	**512**	**227**	**221**	**198**	**878**	**1666**	**118**
梅列区	423	33	128	49	51	19	120	158	19
三元区	255	13	47	22	10	14	90	118	1
明溪县	238	4	29	8	2	8	30	82	4
清流县	188	11	25	6	7	7	68	114	11
宁化县	365	17	37	23	15	23	94	198	11
大田县	326	7	32	15	20	17	80	227	12
尤溪县	396	17	41	15	27	28	70	147	17
沙县	1200	10	40	21	14	20	75	126	19
将乐县	262	7	29	13	15	17	58	82	5
泰宁县	247	8	29	5	26	5	38	70	2
建宁县	133	9	15	5	2	5	29	70	6
永安市	375	28	60	45	32	35	126	274	11

4-6 续表 19 单位：人

地区 性别	社会生产服务和生活服务人员								
	住宿和餐饮服务人员	信息传输、软件和信息技术服务人员	金融服务人员	房地产服务人员	租赁和商务服务人员	技术辅助服务人员	水利、环境和公共设施管理服务人员	居民服务人员	电力、燃气及水供应服务人员
泉州市	**8734**	**612**	**1598**	**774**	**987**	**1332**	**4925**	**6907**	**164**
鲤城区	478	48	123	51	76	105	223	367	10
丰泽区	1010	103	446	270	178	176	495	744	40
洛江区	171	20	22	29	27	49	135	141	6
泉港区	426	23	46	23	28	34	262	231	8
惠安县	849	62	142	82	101	110	655	723	12
安溪县	831	67	117	35	45	45	320	813	14
永春县	347	34	64	22	21	22	135	289	11
德化县	298	26	33	25	74	24	102	202	2
石狮市	701	34	125	27	71	93	348	578	11
晋江市	1868	117	274	137	231	495	954	1286	23
南安市	1755	78	206	73	135	179	1296	1533	27
漳州市	**5355**	**349**	**693**	**522**	**466**	**440**	**2557**	**4660**	**87**
芗城区	825	76	204	130	98	90	383	592	11
龙文区	412	56	80	69	70	56	358	559	5
云霄县	437	31	45	28	21	22	191	636	8
漳浦县	835	27	68	57	36	65	305	474	11
诏安县	447	21	31	13	14	18	213	618	5
长泰县	269	15	27	18	30	27	147	228	5
东山县	312	15	25	21	18	17	117	202	8
南靖县	414	12	46	12	45	18	127	338	9
平和县	298	23	33	8	17	28	48	168	5
华安县	142	7	16	8	10	12	45	112	9
龙海市	964	66	118	158	107	87	623	733	11
南平市	**2834**	**152**	**503**	**233**	**271**	**188**	**829**	**1830**	**90**
延平区	572	52	167	60	43	54	146	365	19
建阳区	378	19	48	51	31	23	125	217	6
顺昌县	163	8	20	8	12	15	54	150	6
浦城县	178	13	23	9	10	5	77	183	6
光泽县	170	7	20	7	7	10	61	63	4
松溪县	85	1	22	3	8	6	24	70	4
政和县	137	4	33	5	8	12	46	100	5
邵武市	332	17	68	26	27	25	91	189	8
武夷山市	447	4	40	18	81	21	95	247	12
建瓯市	372	27	62	46	44	17	110	246	20
龙岩市	**3422**	**222**	**508**	**321**	**276**	**251**	**1161**	**2315**	**79**
新罗区	1278	105	266	212	131	139	554	953	22
永定区	387	19	40	10	37	16	102	204	8
长汀县	424	15	53	18	17	19	87	336	12
上杭县	497	31	48	28	22	34	175	312	10
武平县	270	11	36	22	22	14	105	186	5
连城县	270	18	25	8	21	11	59	117	8
漳平市	296	23	40	23	26	18	79	207	14
宁德市	**3689**	**176**	**569**	**222**	**165**	**207**	**1120**	**2836**	**93**
蕉城区	798	74	182	80	49	71	386	939	17
霞浦县	745	25	75	59	15	31	179	530	21
古田县	339	14	62	14	16	10	50	202	6
屏南县	154	6	14	7	9	4	38	64	5
寿宁县	108	5	23	4	4	4	26	78	5
周宁县	140	8	20	3	7	5	50	125	7
柘荣县	128	5	32	1	4	5	22	63	3
福安市	526	23	62	20	30	25	178	326	13
福鼎市	751	16	99	34	31	52	191	509	16

4-6 续表 20 单位：人

地区 性别	社会生产服务和生活服务人员				农、林、牧、渔业生产及辅助人员				
	修理及制作服务人员	文化、体育和娱乐服务人员	健康服务人员	其他社会生产和生活服务人员	小计	农业生产人员	林业生产人员	畜牧业生产人员	渔业生产人员
合计	**19422**	**5890**	**1369**	**840**	**284040**	**224449**	**8130**	**17382**	**30633**
福州市	**3712**	**1156**	**323**	**104**	**37035**	**28167**	**377**	**1517**	**6759**
鼓楼区	184	182	83	10	39	18	1	5	12
台江区	142	77	40	9	43	20	1	3	16
仓山区	547	115	53	10	431	228	101	25	57
马尾区	127	39	3	3	351	223	2	23	101
晋安区	490	218	76	9	431	297	40	52	36
长乐区	328	76	22	10	2257	1747	15	100	363
闽侯县	530	72	12	19	3084	2664	46	172	179
连江县	299	138	4	24	6415	3267	60	348	2700
罗源县	126	29	3	2	1601	621	14	99	856
闽清县	121	21	8	2	1592	1387	32	125	31
永泰县	105	12			4046	3847	20	121	45
平潭县	193	64	7	2	2445	1277	3	57	1090
福清市	520	113	12	4	14300	12571	42	387	1273
厦门市	**2657**	**1418**	**376**	**315**	**5404**	**4593**	**109**	**181**	**459**
思明区	314	328	108	7	76	23	7	14	28
海沧区	369	110	58	223	234	136	28	20	43
湖里区	738	549	106	5	60	26	4	7	18
集美区	507	252	54	16	331	248	25	22	35
同安区	455	125	35	22	1991	1795	27	54	87
翔安区	274	54	15	42	2712	2365	18	64	248
莆田市	**1323**	**277**	**65**	**24**	**14715**	**11871**	**87**	**580**	**1977**
城厢区	291	62	22	4	1565	1395	15	61	80
涵江区	212	92	9	4	1130	876	19	54	169
荔城区	251	24	21		1779	1538		118	112
秀屿区	216	34	8	7	7106	5188	16	187	1590
仙游县	353	65	5	9	3135	2874	37	160	26
三明市	**1038**	**305**	**64**	**47**	**26791**	**22247**	**1940**	**2123**	**220**
梅列区	91	66	12	10	274	170	73	26	4
三元区	99	23	5	5	919	764	93	42	9
明溪县	40	5	4	4	1190	1077	40	50	13
清流县	63	11	2	4	2813	2415	120	232	27
宁化县	108	38	8	3	4459	4129	139	114	27
大田县	130	25	7	6	4972	3752	99	1086	23
尤溪县	135	29	3	3	2717	2174	244	244	42
沙县	83	26	3	3	992	689	172	97	14
将乐县	48	16	11	2	1402	1199	135	47	9
泰宁县	33	12	3	1	1065	952	54	38	10
建宁县	40	6		6	2422	2231	107	43	12
永安市	168	48	6		3566	2695	664	104	30
泉州市	**4251**	**1216**	**224**	**149**	**36239**	**28005**	**410**	**4382**	**3013**
鲤城区	266	60	15	15	93	66	2	11	9
丰泽区	339	243	50		247	61	5	17	152
洛江区	128	26	8	8	629	554	7	55	7
泉港区	162	32	8	4	1138	559	8	111	397
惠安县	434	93	21	15	2565	1344	4	166	985
安溪县	442	95	19	10	12755	11208	20	1363	13
永春县	244	25	14	3	4793	4039	99	611	17
德化县	146	16	6	12	1576	1349	54	157	4
石狮市	298	107	10	27	977	158	1	17	782
晋江市	946	280	52	39	1584	913	7	129	501
南安市	846	239	21	16	9882	7754	203	1745	146
漳州市	**2814**	**526**	**150**	**119**	**75627**	**58523**	**1641**	**3432**	**10972**
芗城区	376	105	50	23	2118	1735	85	134	143
龙文区	225	35	17	16	1187	853	96	96	130
云霄县	223	52	14	2	7036	5929	122	275	653
漳浦县	451	48	7	12	16257	11527	291	817	3232

4-6 续表 21

单位：人

地区 性别	社会生产服务和生活服务人员				农、林、牧、渔业生产及辅助人员				
	修理及制作服务人员	文化、体育和娱乐服务人员	健康服务人员	其他社会生产和生活服务人员	小计	农业生产人员	林业生产人员	畜牧业生产人员	渔业生产人员
诏安县	293	26	9	4	11239	8764	66	561	1747
长泰县	131	29	3	14	2772	2210	73	234	213
东山县	110	68	5	12	3517	755	4	125	2487
南靖县	198	17	4	14	7051	6007	307	404	279
平和县	144	17	9	9	12469	12190	39	152	10
华安县	73	9	1	1	2449	2078	83	236	31
龙海市	590	120	31	12	9532	6475	475	398	2047
南平市	**1006**	**289**	**45**	**34**	**28605**	**23748**	**2327**	**1644**	**264**
延平区	184	91	7	1	2629	1897	216	407	98
建阳区	131	48	8	3	2853	2441	205	131	19
顺昌县	73	11	1	2	2401	1960	319	76	11
浦城县	73	15	6	3	4039	3574	128	314	14
光泽县	55	14	2		1382	943	116	294	6
松溪县	26	6	1	1	1641	1549	45	28	6
政和县	40	9	3	3	1684	1265	75	121	6
邵武市	129	35	6	5	2115	1762	210	50	51
武夷山市	98	30	4	9	2240	2077	86	42	16
建瓯市	197	30	7	7	7621	6280	927	181	37
龙岩市	**1452**	**336**	**69**	**36**	**22701**	**18673**	**1085**	**2478**	**224**
新罗区	555	195	24	10	2388	1676	171	491	36
永定区	184	20	9		2808	2395	46	327	27
长汀县	134	44	10	14	3751	3240	139	313	22
上杭县	193	31	13	6	2983	2212	135	522	57
武平县	128	15	10	5	3249	2874	42	270	39
连城县	141	8	2	1	2703	2090	304	265	26
漳平市	117	23	1		4819	4186	248	290	17
宁德市	**1169**	**367**	**53**	**12**	**36923**	**28622**	**154**	**1045**	**6745**
蕉城区	299	71	12	3	3479	1921	26	162	1227
霞浦县	201	88	19	2	7996	3528	9	298	4151
古田县	88	21	4	2	5379	5035	36	191	68
屏南县	55	19	1		1464	1362	21	48	6
寿宁县	26	14	4		2383	2295	6	71	6
周宁县	30	8	1	2	1344	1271	19	48	5
柘荣县	26	12	4	1	1003	973	7	13	2
福安市	225	69	3	2	6237	5685	18	158	365
福鼎市	219	65	5		7638	6552	12	56	915
男	**17475**	**2983**	**457**	**504**	**160903**	**120431**	**6109**	**9804**	**22938**
福州市	**3341**	**605**	**109**	**61**	**20449**	**14114**	**274**	**911**	**5031**
鼓楼区	158	88	28	5	28	13	1	5	9
台江区	126	47	14	5	26	10	1	2	12
仓山区	497	65	19	6	287	150	63	19	46
马尾区	113	19	2	1	278	168	2	19	88
晋安区	448	93	23	7	261	171	24	34	27
长乐区	295	43	7	6	1610	1162	14	75	343
闽侯县	476	42	6	11	2071	1765	35	127	130
连江县	274	91	1	12	3703	1587	41	144	1914
罗源县	120	16	2	1	1158	452	13	75	609
闽清县	109	12	4	2	1087	928	31	87	27
永泰县	92	5			2040	1902	15	79	37
平潭县	175	29	1	2	1508	580	3	35	877
福清市	458	55	2	3	6392	5226	31	210	912
厦门市	**2425**	**738**	**130**	**181**	**3133**	**2535**	**85**	**119**	**361**
思明区	286	184	36	5	58	15	6	10	23
海沧区	341	61	27	121	147	77	20	12	34
湖里区	675	271	33	3	39	16	2	5	14
集美区	473	139	21	10	212	144	20	18	29
同安区	413	51	7	15	1156	1002	23	36	78
翔安区	237	32	6	27	1521	1281	14	38	183

4-6 续表 22

单位：人

地区 性别	社会生产服务和生活服务人员				农、林、牧、渔业生产及辅助人员				
	修理及制作服务人员	文化、体育和娱乐服务人员	健康服务人员	其他社会生产和生活服务人员	小计	农业生产人员	林业生产人员	畜牧业生产人员	渔业生产人员
莆田市	**1187**	**128**	**25**	**15**	**6745**	**4916**	**71**	**402**	**1304**
城厢区	265	35	11	2	750	631	12	43	57
涵江区	198	32	3	3	629	445	15	42	122
荔城区	227	13	5		805	646		76	79
秀屿区	178	15	3	4	2774	1603	12	117	1026
仙游县	319	33	3	6	1787	1591	32	124	20
三明市	**914**	**151**	**17**	**34**	**15396**	**12662**	**1489**	**915**	**178**
梅列区	85	25	1	8	174	102	49	19	3
三元区	85	11	2	5	637	515	76	32	6
明溪县	35	4	2	3	742	656	32	35	11
清流县	52	6		1	1325	1129	84	80	18
宁化县	95	15	2	2	2439	2221	96	69	24
大田县	112	12	4	4	2414	2001	86	299	18
尤溪县	126	14		1	1843	1416	216	162	40
沙县	73	17	2	2	700	466	143	69	9
将乐县	41	10	3	2	959	788	125	29	8
泰宁县	30	5		1	638	555	43	27	7
建宁县	36	4		5	1365	1244	72	21	11
永安市	144	28	1		2160	1569	467	73	23
泉州市	**3825**	**583**	**73**	**91**	**17504**	**12615**	**272**	**1896**	**2528**
鲤城区	241	29	4	8	54	33	1	9	9
丰泽区	310	126	15		145	30	5	12	95
洛江区	113	17	3	5	295	238	5	39	7
泉港区	145	16	1	1	506	160	6	74	253
惠安县	396	50	6	7	1292	283	3	100	894
安溪县	389	46	11	5	6079	5436	18	532	11
永春县	220	15	9	1	2620	2221	81	285	14
德化县	133	12	3	7	889	744	42	92	3
石狮市	268	57	3	21	833	111	1	14	695
晋江市	844	134	15	30	1091	534	4	91	448
南安市	766	81	3	6	3700	2825	106	648	99
漳州市	**2505**	**273**	**44**	**67**	**42596**	**30571**	**1067**	**2191**	**8355**
芗城区	328	69	8	11	1260	1004	57	82	107
龙文区	195	17	7	7	627	432	56	54	82
云霄县	207	23	6	1	3859	3097	94	183	461
漳浦县	397	24		7	8955	5620	189	541	2505
诏安县	266	17	4		6023	4151	45	385	1400
长泰县	120	10		6	1416	1050	50	141	150
东山县	105	22	1	9	2243	324	2	81	1775
南靖县	176	8	2	10	3693	3046	191	236	197
平和县	128	13	2	9	7329	7153	33	89	9
华安县	63	4			1218	1015	62	114	25
龙海市	520	66	14	7	5973	3679	288	285	1644
南平市	**909**	**137**	**19**	**20**	**19629**	**16013**	**1960**	**1087**	**209**
延平区	172	47	3	1	1715	1182	184	273	69
建阳区	116	17	5	2	2054	1737	171	87	19
顺昌县	67	7		1	1642	1298	251	58	9
浦城县	64	11	2	1	2764	2452	112	180	12
光泽县	48	6			989	675	107	186	6
松溪县	23	4			1133	1051	43	21	6
政和县	36	3	1	3	1139	869	68	87	5
邵武市	119	13	1	2	1392	1105	181	37	43
武夷山市	90	13	2	7	1628	1489	82	31	9
建瓯市	174	16	5	3	5173	4155	761	127	31
龙岩市	**1292**	**169**	**22**	**28**	**11996**	**9323**	**755**	**1613**	**182**
新罗区	505	101	7	9	1433	943	119	333	29
永定区	159	9	2		1373	1087	33	223	21

4－6 续表 23　　　　单位：人

地　区 性　别	社会生产服务和生活服务人员				农、林、牧、渔业生产及辅助人员				
	修理及制作服务人员	文化、体育和娱乐服务人员	健康服务人员	其他社会生产和生活服务人员	小计	农业生产人员	林业生产人员	畜牧业生产人员	渔业生产人员
长汀县	120	24	3	12	1923	1579	101	202	19
上杭县	167	13	5	3	1413	943	90	303	45
武平县	109	8	5	3	1608	1355	31	180	30
连城县	127	4		1	1559	1135	206	181	24
漳平市	105	10			2687	2281	175	191	14
宁德市	**1077**	**199**	**18**	**7**	**23455**	**17682**	**136**	**670**	**4790**
蕉城区	275	40	2	2	2412	1334	24	125	852
霞浦县	180	44	5	1	5391	2273	8	155	2949
古田县	84	9	3	1	3697	3470	29	125	60
屏南县	49	7			973	901	20	36	6
寿宁县	25	7	2		1419	1368	6	39	5
周宁县	29	6	1	1	966	918	14	30	3
柘荣县	22	7	2	1	637	618	7	10	1
福安市	209	44	1	1	3696	3324	17	108	237
福鼎市	204	35	2		4264	3476	11	42	677
女	**1947**	**2907**	**912**	**336**	**123137**	**104018**	**2021**	**7578**	**7695**
福州市	**371**	**551**	**214**	**43**	**16586**	**14053**	**103**	**606**	**1728**
鼓楼区	26	94	55	5	11	5			3
台江区	16	30	26	4	17	10		1	4
仓山区	50	50	34	4	144	78	38	6	11
马尾区	14	20	1	2	73	55		4	13
晋安区	42	125	53	2	170	126	16	18	9
长乐区	33	33	15	4	647	585	1	25	20
闽侯县	54	30	6	8	1013	899	11	45	49
连江县	25	47	3	12	2712	1680	19	204	786
罗源县	6	13	1	1	443	169	1	24	247
闽清县	12	9	4		505	459	1	38	4
永泰县	13	7			2006	1945	5	42	8
平潭县	18	35	6		937	697		22	213
福清市	62	58	10	1	7908	7345	11	177	361
厦门市	**232**	**680**	**246**	**134**	**2271**	**2058**	**24**	**62**	**98**
思明区	28	144	72	2	18	8	1	4	5
海沧区	28	49	31	102	87	59	8	8	9
湖里区	63	278	73	2	21	10	2	2	4
集美区	34	113	33	6	119	104	5	4	6
同安区	42	74	28	7	835	793	4	18	9
翔安区	37	22	9	15	1191	1084	4	26	65
莆田市	**136**	**149**	**40**	**9**	**7970**	**6955**	**16**	**178**	**673**
城厢区	26	27	11	2	815	764	3	18	23
涵江区	14	60	6	1	501	431	4	12	47
荔城区	24	11	16		974	892		42	33
秀屿区	38	19	5	3	4332	3585	4	70	564
仙游县	34	32	2	3	1348	1283	5	36	6
三明市	**124**	**154**	**47**	**13**	**11395**	**9585**	**451**	**1208**	**42**
梅列区	6	41	11	2	100	68	24	7	1
三元区	14	12	3		282	249	17	10	3
明溪县	5	1	2	1	448	421	8	15	2
清流县	11	5	2	3	1488	1286	36	152	9
宁化县	13	23	6	1	2020	1908	43	45	3
大田县	18	13	3	2	2558	1751	13	787	5
尤溪县	9	15	3	2	874	758	28	82	2
沙县	10	9	1	1	292	223	29	28	5
将乐县	7	6	8		443	411	10	18	1
泰宁县	3	7	3		427	397	11	11	3
建宁县	4	2		1	1057	987	35	22	1
永安市	24	20	5		1406	1126	197	31	7

4-6　续表 24　　　　单位：人

地　区 性　别	社会生产服务和生活服务人员				农、林、牧、渔业生产及辅助人员				
	修理及制作服务人　员	文化、体育和娱乐服务人员	健康服务人　员	其他社会生产和生活服务人　员	小计	农业生产人　员	林业生产人　员	畜牧业生产人员	渔业生产人　员
泉州市	**426**	**633**	**151**	**58**	**18735**	**15390**	**138**	**2486**	**485**
鲤城区	25	31	11	7	39	33	1	2	
丰泽区	29	117	35		102	31		5	57
洛江区	15	9	5	3	334	316	2	16	
泉港区	17	16	7	3	632	399	2	37	144
惠安县	38	43	15	8	1273	1061	1	66	91
安溪县	53	49	8	5	6676	5772	2	831	2
永春县	24	10	5	2	2173	1818	18	326	3
德化县	13	4	3	5	687	605	12	65	1
石狮市	30	50	7	6	144	47		3	87
晋江市	102	146	37	9	493	379	3	38	53
南安市	80	158	18	10	6182	4929	97	1097	47
漳州市	**309**	**253**	**106**	**52**	**33031**	**27952**	**574**	**1241**	**2617**
芗城区	48	36	42	12	858	731	28	52	36
龙文区	30	18	10	9	560	421	40	42	48
云霄县	16	29	8	1	3177	2832	28	92	192
漳浦县	54	24	7	5	7302	5907	102	276	727
诏安县	27	9	5	4	5216	4613	21	176	347
长泰县	11	19	3	8	1356	1160	23	93	63
东山县	5	46	4	3	1274	431	2	44	712
南靖县	22	9	2	4	3358	2961	116	168	82
平和县	16	4	7		5140	5037	6	63	1
华安县	10	5	1	1	1231	1063	21	122	6
龙海市	70	54	17	5	3559	2796	187	113	403
南平市	**97**	**152**	**26**	**14**	**8976**	**7735**	**367**	**557**	**55**
延平区	12	44	4		914	715	32	134	29
建阳区	15	31	3	1	799	704	34	44	
顺昌县	6	4	1	1	759	662	68	18	2
浦城县	9	4	4	2	1275	1122	16	134	2
光泽县	7	8	2		393	268	9	108	
松溪县	3	2	1	1	508	498	2	7	
政和县	4	6	2		545	396	7	34	1
邵武市	10	22	5	3	723	657	29	13	8
武夷山市	8	17	2	2	612	588	4	11	7
建瓯市	23	14	2	4	2448	2125	166	54	6
龙岩市	**160**	**167**	**47**	**8**	**10705**	**9350**	**330**	**865**	**42**
新罗区	50	94	17	1	955	733	52	158	7
永定区	25	11	7		1435	1308	13	104	6
长汀县	14	20	7	2	1828	1661	38	111	3
上杭县	26	18	8	3	1570	1269	45	219	12
武平县	19	7	5	2	1641	1519	11	90	9
连城县	14	4	2		1144	955	98	84	2
漳平市	12	13	1		2132	1905	73	99	3
宁德市	**92**	**168**	**35**	**5**	**13468**	**10940**	**18**	**375**	**1955**
蕉城区	24	31	10	1	1067	587	2	37	375
霞浦县	21	44	14	1	2605	1255	1	143	1202
古田县	4	12	1	1	1682	1565	7	66	8
屏南县	6	12	1		491	461	1	12	
寿宁县	1	7	2		964	927		32	1
周宁县	1	2		1	378	353	5	18	2
柘荣县	4	5	2		366	355		3	1
福安市	16	25	2	1	2541	2361	1	50	128
福鼎市	15	30	3		3374	3076	1	14	238

4-6 续表 25

单位：人

地区 性别	农林牧渔生产辅助人员	其他农、林、牧、渔业生产加工人员	生产制造及有关人员 小计	农副产品加工人员	食品、饮料生产加工人员	烟草及其制品加工人员	纺织、针织、印染人员	纺织品、服装和皮革、毛皮制品加工制作人员	木材加工、家具与木制品制作人员
合 计	**2990**	**456**	**593686**	**13186**	**16558**	**481**	**12566**	**94118**	**21214**
福州市	**188**	**27**	**87428**	**1501**	**1358**	**16**	**3748**	**5152**	**3037**
鼓楼区	3		1543	9	53	1	5	29	30
台江区	3		1268	5	43		7	22	17
仓山区	18	2	11604	42	150		72	1261	259
马尾区	1	1	3293	103	72		11	148	110
晋安区	6		6854	59	109	1	27	320	181
长乐区	31	1	11883	136	90	2	3063	414	365
闽侯县	14	9	12167	126	237		102	623	762
连江县	34	6	7243	506	164		106	291	297
罗源县	9	2	3485	26	19	12	5	37	107
闽清县	15	2	3383	47	76		5	124	96
永泰县	12	1	4101	29	57		196	494	112
平潭县	18		3607	43	32		21	32	125
福清市	24	3	16997	370	256		128	1357	576
厦门市	**59**	**3**	**87195**	**505**	**1427**	**77**	**441**	**6261**	**1841**
思明区	4		3571	32	127	26	5	114	69
海沧区	7		14159	34	224	34	44	366	418
湖里区	5		12983	61	150	14	19	1167	168
集美区	1		19940	61	129	2	147	1574	363
同安区	26	2	23442	232	563	1	170	2834	671
翔安区	16	1	13100	85	234		56	206	152
莆田市	**183**	**17**	**46125**	**618**	**598**	**1**	**499**	**17981**	**2488**
城厢区	10	4	6761	129	115		65	3264	117
涵江区	12		9004	92	114	1	56	3515	262
荔城区	8	3	11427	104	82		111	7036	185
秀屿区	119	6	7295	176	83		158	1654	411
仙游县	34	4	11638	117	204		109	2512	1513
三明市	**217**	**44**	**25293**	**528**	**681**	**104**	**1083**	**1788**	**1803**
梅列区	1		2283	18	43	9	29	27	83
三元区	6	5	1922	64	46	26	14	55	68
明溪县	9	1	1267	12	9	1	15	440	77
清流县	19		1485	60	30	4	8	138	64
宁化县	22	28	2837	54	30	9	83	288	128
大田县	11	1	3490	42	66	10	66	423	126
尤溪县	13		3411	67	77		535	135	455
沙县	19	1	2016	77	242		21	27	209
将乐县	12		1179	23	22	21	66	68	101
泰宁县	9	2	767	13	13	20		24	73
建宁县	27	2	911	33	22	4	3	76	53
永安市	69	4	3725	65	81		243	87	366
泉州市	**383**	**46**	**186674**	**1523**	**5969**	**6**	**5609**	**54468**	**2946**
鲤城区	3	2	7783	22	69		170	3096	73
丰泽区	12		7291	17	120	1	51	1172	189
洛江区	5	1	5404	33	54		77	1786	124
泉港区	59	4	6256	115	70		119	1090	150
惠安县	47	19	27120	141	358	1	239	7157	422
安溪县	146	5	14723	431	3793	2	19	1171	373
永春县	26	1	6390	55	172		184	1639	152
德化县	11	1	8451	36	42		15	175	162
石狮市	19		15247	188	130	1	1377	6669	70
晋江市	26	8	57073	258	859	1	2615	25938	495
南安市	29	5	30936	227	302		743	4575	736
漳州市	**770**	**289**	**69206**	**4338**	**3258**	**6**	**502**	**3931**	**3666**
芗城区	20	1	6744	184	248	2	20	124	719
龙文区	11	1	4398	87	239		2	72	301
云霄县	33	24	5571	618	154	2	24	300	153
漳浦县	274	116	10342	542	239	1	129	1800	551

4-6　续表 26　　　　单位：人

地区 性别	农林牧渔生产辅助人员	其他农、林、牧、渔业生产加工人员	生产制造及有关人员						
			小计	农副产品加工人员	食品、饮料生产加工人员	烟草及其制品加工人员	纺织、针织、印染人员	纺织品、服装和皮革、毛皮制品加工制作人员	木材加工、家具与木制品制作人员
诏安县	47	54	8067	949	185		167	499	152
长泰县	38	4	5480	75	93		37	387	261
东山县	122	24	3015	874	57		15	73	54
南靖县	47	7	3501	145	372		5	128	183
平和县	45	33	3044	93	112		29	140	182
华安县	20	1	2526	50	539		7	68	240
龙海市	113	24	16518	721	1020	1	67	340	870
南平市	**612**	**10**	**23719**	**1247**	**875**	**76**	**202**	**1049**	**3040**
延平区	10	1	4296	62	93		115	327	250
建阳区	56	1	3107	46	64	1	5	107	401
顺昌县	33	2	1441	48	28	6	4	29	224
浦城县	9		2203	243	44	2	5	122	219
光泽县	21	2	1630	579	30	1		54	72
松溪县	13		1045	24	41	2	11	81	144
政和县	215	2	1479	79	46	3	1	27	260
邵武市	42		3373	58	34	56	58	195	651
武夷山市	19		2171	33	327	2	1	25	111
建瓯市	194	2	2974	75	168	3	2	82	708
龙岩市	**231**	**10**	**31782**	**759**	**805**	**190**	**344**	**1785**	**1390**
新罗区	14		8342	197	87	103	22	94	360
永定区	12	1	3819	61	56	61	10	146	79
长汀县	36	1	5233	158	110	7	282	1060	205
上杭县	53	4	5519	123	58	11	14	224	197
武平县	23	1	3109	74	43	4	5	99	133
连城县	15	3	3094	130	384	4	7	83	225
漳平市	78		2666	16	67		4	79	191
宁德市	**347**	**10**	**36264**	**2167**	**1587**	**5**	**138**	**1703**	**1003**
蕉城区	135	8	9509	178	477	1	17	67	269
霞浦县	10		4728	1229	76		28	312	99
古田县	48	1	2169	455	55		3	36	75
屏南县	27		968	8	19		2	20	80
寿宁县	5		1242	20	67		1	83	60
周宁县	1		1477	13	97			11	51
柘荣县	8		1152	7	24			67	21
福安市	11		7458	73	346	1	6	298	131
福鼎市	102	1	7561	184	426	3	81	809	217
男	**1451**	**170**	**389108**	**5448**	**8341**	**247**	**5766**	**35038**	**15417**
福州市	**106**	**13**	**65460**	**639**	**721**	**11**	**1748**	**1741**	**2346**
鼓楼区			1240	6	26	1	3	13	25
台江区	1		1036	5	24		4	6	13
仓山区	7	2	8426	25	84		33	477	215
马尾区	1		2372	57	35		1	29	85
晋安区	5		5414	33	56		11	97	147
长乐区	16		8462	71	54	1	1454	162	282
闽侯县	10	4	8691	72	141		28	231	543
连江县	13	4	5671	132	78		31	95	260
罗源县	7	2	3012	14	8	9	2	12	85
闽清县	13	1	2466	32	43		3	43	67
永泰县	7		2956	19	33		104	77	95
平潭县	13		3250	21	15		6	12	117
福清市	13		12464	152	124		68	487	412
厦门市	**32**	**1**	**57522**	**282**	**736**	**56**	**184**	**2017**	**1495**
思明区	4		2758	15	70	18	4	27	65
海沧区	4		9239	21	105	25	21	115	355
湖里区	2		9160	34	86	11	7	348	145
集美区	1		13028	43	70	1	55	495	314
同安区	16	1	14381	124	288	1	65	969	490
翔安区	5		8956	45	117		32	63	126

4-6 续表 27

单位：人

地区 性别	农林牧渔生产辅助人员	其他农、林、牧、渔业生产加工人员	生产制造及有关人员 小计	农副产品加工人员	食品、饮料生产加工人员	烟草及其制品加工人员	纺织、针织、印染人员	纺织品、服装和皮革、毛皮制品加工制作人员	木材加工、家具与木制品制作人员
莆田市	**49**	**3**	**26969**	**304**	**316**	**1**	**218**	**6772**	**1859**
城厢区	6	1	3934	61	58		25	1293	105
涵江区	5		5072	45	64	1	27	1338	208
荔城区	3	1	6331	53	48		37	3071	154
秀屿区	15	1	4303	76	34		93	324	317
仙游县	20		7329	69	112		36	746	1075
三明市	**128**	**24**	**18139**	**295**	**274**	**59**	**390**	**622**	**1170**
梅列区	1		1763	6	18	5	12	8	70
三元区	5	3	1442	32	14	7	2	20	48
明溪县	8		881	7	4	1	7	249	47
清流县	14		961	26	10	4	3	39	38
宁化县	15	14	1933	32	15	8	18	79	82
大田县	9	1	2482	29	33	6	10	62	91
尤溪县	9		2459	43	37		203	54	295
沙县	12	1	1426	46	71		8	13	119
将乐县	9		897	12	6	13	30	35	63
泰宁县	5	1	561	8	8	11		9	47
建宁县	16	1	599	19	12	4	1	16	35
永安市	25	3	2735	35	46		96	38	235
泉州市	**174**	**19**	**111182**	**788**	**3227**	**2**	**2856**	**21588**	**2414**
鲤城区	1	1	4462	12	36		75	1332	64
丰泽区	3		4882	7	60		27	412	157
洛江区	5	1	2968	22	31		30	589	105
泉港区	12	1	3956	53	28		31	141	134
惠安县	7	5	16435	61	147		73	1631	343
安溪县	78	4	9033	231	2081	1	5	237	299
永春县	18	1	3671	37	113		39	300	128
德化县	7	1	4735	23	24		10	38	112
石狮市	12		8800	63	67		911	3223	64
晋江市	13	1	33022	160	500	1	1472	12473	409
南安市	18	4	19218	119	140		183	1212	599
漳州市	**324**	**88**	**43248**	**1397**	**1497**	**4**	**147**	**996**	**2523**
芗城区	10		4379	101	86	1	5	22	459
龙文区	3		2805	41	79			9	224
云霄县	18	6	3495	139	74	1	14	91	119
漳浦县	75	25	6287	181	94	1	32	383	376
诏安县	29	13	4491	235	91		26	133	129
长泰县	22	3	3482	35	44		17	154	173
东山县	54	7	1745	257	32		5	10	50
南靖县	21	2	2093	69	160			19	94
平和县	28	17	2019	52	61		17	62	126
华安县	2		1684	18	299		3	24	151
龙海市	62	15	10768	269	477	1	28	89	622
南平市	**353**	**7**	**17145**	**676**	**574**	**28**	**62**	**232**	**1815**
延平区	6	1	3123	43	53		28	50	171
建阳区	39	1	2367	33	32	1		41	231
顺昌县	25	1	1071	26	15	3	2	8	134
浦城县	8		1655	154	21	1	4	41	130
光泽县	13	2	1035	251	22			7	49
松溪县	12		772	14	24	2	5	19	99
政和县	109	1	1095	54	33	2		6	143
邵武市	26		2304	35	20	15	21	34	357
武夷山市	17		1640	25	253	1	1	10	81
建瓯市	98	1	2083	41	101	3	1	16	420
龙岩市	**116**	**7**	**22347**	**403**	**292**	**84**	**88**	**470**	**918**
新罗区	9		6511	94	32	59	5	22	255
永定区	9		2697	37	26	8	3	34	56

4-6 续表 28

单位：人

地区 性别	农林牧渔生产辅助人员	其他农、林、牧、渔业生产加工人员	生产制造及有关人员						
			小计	农副产品加工人员	食品、饮料生产加工人员	烟草及其制品加工人员	纺织、针织、印染人员	纺织品、服装和皮革、毛皮制品加工制作人员	木材加工、家具与木制品制作人员
长汀县	22		3142	76	48	6	73	283	154
上杭县	28	4	3913	61	19	6	5	56	143
武平县	12		2071	49	25	2		29	73
连城县	10	3	2011	75	92	3		23	127
漳平市	26		2002	11	50		2	23	110
宁德市	**169**	**8**	**27096**	**664**	**704**	**2**	**73**	**600**	**877**
蕉城区	71	6	7413	84	83		2	17	235
霞浦县	6		3087	226	47		15	74	89
古田县	12	1	1600	177	43		1	12	57
屏南县	10		822	3	13		2	6	69
寿宁县	1		1016	14	51			33	49
周宁县	1		1211	10	20			4	45
柘荣县	1		897	4	19			16	20
福安市	10		5594	54	219		2	51	111
福鼎市	57	1	5456	92	209	2	51	387	202
女	**1539**	**286**	**204578**	**7738**	**8217**	**234**	**6800**	**59080**	**5797**
福州市	**82**	**14**	**21968**	**862**	**637**	**5**	**2000**	**3411**	**691**
鼓楼区	3		303	3	27		2	16	5
台江区	2		232		19		3	16	4
仓山区	11		3178	17	66		39	784	44
马尾区		1	921	46	37		10	119	25
晋安区	1		1440	26	53	1	16	223	34
长乐区	15	1	3421	65	36	1	1609	252	83
闽侯县	4	5	3476	54	96		74	392	219
连江县	21	2	1572	374	86		75	196	37
罗源县	2		473	12	11	3	3	25	22
闽清县	2	1	917	15	33		2	81	29
永泰县	5	1	1145	10	24		92	417	17
平潭县	5		357	22	17		15	20	8
福清市	11	3	4533	218	132		60	870	164
厦门市	**27**	**2**	**29673**	**223**	**691**	**21**	**257**	**4244**	**346**
思明区			813	17	57	8	1	87	4
海沧区	3		4920	13	119	9	23	251	63
湖里区	3		3823	27	64	3	12	819	23
集美区			6912	18	59	1	92	1079	49
同安区	10	1	9061	108	275		105	1865	181
翔安区	11	1	4144	40	117		24	143	26
莆田市	**134**	**14**	**19156**	**314**	**282**		**281**	**11209**	**629**
城厢区	4	3	2827	68	57		40	1971	12
涵江区	7		3932	47	50		29	2177	54
荔城区	5	2	5096	51	34		74	3965	31
秀屿区	104	5	2992	100	49		65	1330	94
仙游县	14	4	4309	48	92		73	1766	438
三明市	**89**	**20**	**7154**	**233**	**407**	**45**	**693**	**1166**	**633**
梅列区			520	12	25	4	17	19	13
三元区	1	2	480	32	32	19	12	35	20
明溪县	1	1	386	5	5		8	191	30
清流县	5		524	34	20		5	99	26
宁化县	7	14	904	22	15	1	65	209	46
大田县	2		1008	13	33	4	56	361	35
尤溪县	4		952	24	40		332	81	160
沙县	7		590	31	171		13	14	90
将乐县	3		282	11	16	8	36	33	38
泰宁县	4	1	206	5	5	9		15	26
建宁县	11	1	312	14	10		2	60	18
永安市	44	1	990	30	35		147	49	131

4-6 续表 29

单位：人

地区 性别	农林牧渔生产辅助人员	其他农、林、牧、渔业生产加工人员	生产制造及有关人员 小计	农副产品加工人员	食品、饮料生产加工人员	烟草及其制品加工人员	纺织、针织、印染人员	纺织品、服装和皮革、毛皮制品加工制作人员	木材加工、家具与木制品制作人员
泉州市	**209**	**27**	**75492**	**735**	**2742**	**4**	**2753**	**32880**	**532**
鲤城区	2	1	3321	10	33		95	1764	9
丰泽区	9		2409	10	60	1	24	760	32
洛江区			2436	11	23		47	1197	19
泉港区	47	3	2300	62	42		88	949	16
惠安县	40	14	10685	80	211	1	166	5526	79
安溪县	68	1	5690	200	1712	1	14	934	74
永春县	8		2719	18	59		145	1339	24
德化县	4		3716	13	18		5	137	50
石狮市	7		6447	125	63	1	466	3446	6
晋江市	13	7	24051	98	359		1143	13465	86
南安市	11	1	11718	108	162		560	3363	137
漳州市	**446**	**201**	**25958**	**2941**	**1761**	**2**	**355**	**2935**	**1143**
芗城区	10	1	2365	83	162	1	15	102	260
龙文区	8	1	1593	46	160		2	63	77
云霄县	15	18	2076	479	80	1	10	209	34
漳浦县	199	91	4055	361	145		97	1417	175
诏安县	18	41	3576	714	94		141	366	23
长泰县	16	1	1998	40	49		20	233	88
东山县	68	17	1270	617	25		10	63	4
南靖县	26	5	1408	76	212		5	109	89
平和县	17	16	1025	41	51		12	78	56
华安县	18	1	842	32	240		4	44	89
龙海市	51	9	5750	452	543		39	251	248
南平市	**259**	**3**	**6574**	**571**	**301**	**48**	**140**	**817**	**1225**
延平区	4		1173	19	40		87	277	79
建阳区	17		740	13	32		5	66	170
顺昌县	8	1	370	22	13	3	2	21	90
浦城县	1		548	89	23	1	1	81	89
光泽县	8		595	328	8	1		47	23
松溪县	1		273	10	17		6	62	45
政和县	106	1	384	25	13	1	1	21	117
邵武市	16		1069	23	14	41	37	161	294
武夷山市	2		531	8	74	1		15	30
建瓯市	96	1	891	34	67		1	66	288
龙岩市	**115**	**3**	**9435**	**356**	**513**	**106**	**256**	**1315**	**472**
新罗区	5		1831	103	55	44	17	72	105
永定区	3	1	1122	24	30	53	7	112	23
长汀县	14	1	2091	82	62	1	209	777	51
上杭县	25		1606	62	39	5	9	168	54
武平县	11	1	1038	25	18	2	5	70	60
连城县	5		1083	55	292	1	7	60	98
漳平市	52		664	5	17		2	56	81
宁德市	**178**	**2**	**9168**	**1503**	**883**	**3**	**65**	**1103**	**126**
蕉城区	64	2	2096	94	394	1	15	50	34
霞浦县	4		1641	1003	29		13	238	10
古田县	36		569	278	12		2	24	18
屏南县	17		146	5	6			14	11
寿宁县	4		226	6	16		1	50	11
周宁县			266	3	77			7	6
柘荣县	7		255	3	5			51	1
福安市	1		1864	19	127	1	4	247	20
福鼎市	45		2105	92	217	1	30	422	15

4-6　续表 30　　　　单位：人

地　区 性　别	生产制造及有关人员								
	纸及纸制品生产加工人员	印刷和记录媒介复制人员	文教、工美、体育和娱乐用品制造人　员	石油加工和炼焦、煤化工生产人员	化学原料和化学制品制造人　员	医药制造人　　员	化学纤维制造人员	橡胶和塑料制品制造人员	非金属矿物制品制造人员
合　计	**5302**	**3361**	**15496**	**371**	**3631**	**1020**	**1001**	**11712**	**22859**
福州市	**325**	**417**	**1577**	**30**	**442**	**203**	**476**	**1218**	**2499**
鼓楼区	6	32	29		11	17	1	3	15
台江区	4	18	23		6	10		6	9
仓山区	33	138	128	3	30	38	1	112	166
马尾区	19	7	46	1	11	10		35	104
晋安区	12	85	232	1	35	41		22	72
长乐区	33	10	29	1	15	4	387	59	178
闽侯县	46	53	709		76	6		96	288
连江县	46	14	59		38	4	36	98	187
罗源县	2	3	51	9	14	4		37	241
闽清县	27	5	49		9	6		24	642
永泰县	1	1	39	1	7	1		4	34
平潭县		1	5		2	4		5	42
福清市	96	50	178	14	188	58	51	717	521
厦门市	**898**	**782**	**1945**	**19**	**508**	**259**	**90**	**4049**	**1363**
思明区	8	28	30	1	11	23	4	11	21
海沧区	137	76	358	3	80	124	22	1659	363
湖里区	45	102	85	2	23	21	1	136	235
集美区	124	167	458	5	125	29	9	1010	185
同安区	533	340	893	6	202	43	30	980	422
翔安区	51	69	121	2	67	19	24	253	137
莆田市	**248**	**211**	**2997**	**12**	**175**	**27**	**36**	**529**	**634**
城厢区	46	23	65		21	3	12	31	48
涵江区	82	73	128	3	19	6	4	171	137
荔城区	46	67	501		33	4	3	86	127
秀屿区	35	28	361	3	57	5	6	158	207
仙游县	39	20	1939	6	45	9	11	83	115
三明市	**233**	**65**	**194**	**49**	**411**	**70**	**23**	**308**	**708**
梅列区	2	11	2	11	50	1		11	22
三元区	4	5	7	18	50	10		22	22
明溪县		2	10		60	37	1	4	28
清流县	6	6	62	4	46	1		1	23
宁化县	12	7	24	2	5	2		18	87
大田县	25	9	10	8	9	3		40	101
尤溪县	59	9	32		17	2	10	51	63
沙县	59	1	9		49	2		17	26
将乐县	17	1	6	1	6	7	1	2	46
泰宁县	1	1	5	1	22				24
建宁县	43	3	8	2	1	1		3	55
永安市	5	10	19	2	96	4	11	139	211
泉州市	**2146**	**1303**	**5205**	**199**	**787**	**95**	**303**	**2745**	**13635**
鲤城区	30	91	234	1	50	23	5	177	60
丰泽区	57	132	678	92	63	12	1	109	68
洛江区	160	32	295	12	29	6	3	112	81
泉港区	12	7	91	50	85		3	47	250
惠安县	302	97	1985	18	60	6	29	131	1415
安溪县	157	39	563	2	43	6	1	68	155
永春县	96	13	114	2	116	9	5	32	422
德化县	162	45	92	1	23			43	4413
石狮市	56	89	222	3	34	4	5	159	36
晋江市	759	570	522	8	217	17	239	1269	1436
南安市	355	188	409	10	67	12	12	598	5299
漳州市	**925**	**333**	**2300**	**33**	**523**	**110**	**25**	**1689**	**1917**
芗城区	68	77	167		81	34	1	134	94
龙文区	87	33	40	1	57	12		66	48
云霄县	57	15	283	5	41	6		72	124
漳浦县	55	54	167	17	82	9	3	97	273

4-6 续表 31

单位：人

地 区 性 别	生产制造及有关人员								
	纸及纸制品生产加工人员	印刷和记录媒介复制人员	文教、工美、体育和娱乐用品制造人员	石油加工和炼焦、煤化工生产人员	化学原料和化学制品制造人员	医药制造人员	化学纤维制造人员	橡胶和塑料制品制造人员	非金属矿物制品制造人员
诏安县	33	25	1159	1	18	6	2	394	99
长泰县	101	22	87	3	71	3	5	182	323
东山县	4	11	22		10	2		16	162
南靖县	50	8	73		20	12	2	55	115
平和县	57	12	31		11	3	3	70	151
华安县	14	2	27		19	1		34	169
龙海市	399	74	244	6	113	22	9	569	359
南平市	**188**	**71**	**579**	**14**	**351**	**127**	**9**	**381**	**409**
延平区	58	18	17	1	92	4		36	70
建阳区	5	5	171	1	41	2	5	10	60
顺昌县	8	1	17	1	32			24	34
浦城县	23	6	43		15	60		236	63
光泽县	4	3	17	1	9	8		2	15
松溪县	22		16	1	1		4	16	22
政和县	9	2	23		4				26
邵武市	25	13	68	2	147	46		42	44
武夷山市	12	11	31	1	3	1		2	21
建瓯市	22	12	176	6	7	6		13	54
龙岩市	**145**	**111**	**263**	**10**	**320**	**47**	**21**	**214**	**777**
新罗区	24	50	21	6	81	28	3	47	247
永定区	17	8	12		18	2		5	121
长汀县	26	18	32		29	1	2	20	83
上杭县	22	10	21	1	102	5		19	85
武平县	13	10	16		9	1		31	74
连城县	30	8	75	3	47	8		18	106
漳平市	13	7	86		34	2	16	74	61
宁德市	**194**	**68**	**436**	**5**	**114**	**82**	**18**	**579**	**917**
蕉城区	31	8	42	1	12	7		35	210
霞浦县	7	14	68		18	3	15	79	157
古田县	2	4	26		1	31	1	30	108
屏南县	2	1	23		8			8	94
寿宁县	1	2	22		3			6	31
周宁县	4	4	13		5	2		11	18
柘荣县	3	1	15		4	20		6	18
福安市	82	15	71	1	26	13	2	43	70
福鼎市	62	19	156	3	37	6		361	211
男	**2950**	**2267**	**8128**	**302**	**2496**	**508**	**667**	**6669**	**15750**
福州市	**173**	**283**	**922**	**21**	**338**	**96**	**331**	**693**	**1909**
鼓楼区	5	26	22		10	8	1	3	13
台江区	2	10	15		5	7		4	7
仓山区	18	96	61	2	21	12	1	78	143
马尾区	9	2	24	1	8	5		21	82
晋安区	5	60	172	1	25	18		11	59
长乐区	17	5	18	1	12	3	267	40	156
闽侯县	25	33	410		54	2		60	235
连江县	20	8	43		35	4	33	49	169
罗源县		3	37	5	8	2		24	214
闽清县	11	5	29		6			13	328
永泰县	1	1	16	1	6			1	29
平潭县		1	3		2			4	40
福清市	60	33	72	10	146	35	29	385	434
厦门市	**494**	**575**	**1027**	**13**	**313**	**107**	**60**	**2260**	**963**
思明区	5	24	14	1	11	5	3	9	15
海沧区	82	63	205	1	49	52	16	933	219
湖里区	23	71	45		15	13	1	64	204
集美区	74	114	204	4	68	11	6	557	134
同安区	284	251	525	5	133	17	17	554	290
翔安区	26	52	34	2	37	9	17	143	101

4-6　续表 32　　　　单位：人

地　区 性　别	生产制造及有关人员								
	纸及纸制品生产加工人员	印刷和记录媒介复制人员	文教、工美、体育和娱乐用品制造人员	石油加工和炼焦、煤化工生产人员	化学原料和化学制品制造人员	医药制造人员	化学纤维制造人员	橡胶和塑料制品制造人员	非金属矿物制品制造人员
莆田市	**141**	**133**	**1783**	**6**	**128**	**15**	**16**	**357**	**502**
城厢区	31	10	34		17	1	3	24	40
涵江区	49	46	59	2	14	4	2	106	99
荔城区	25	46	345		27	1	2	50	109
秀屿区	15	17	202		36	4	3	114	160
仙游县	21	14	1143	4	34	5	6	63	94
三明市	**145**	**34**	**64**	**40**	**290**	**39**	**14**	**207**	**541**
梅列区	1	7	1	11	37	1		7	19
三元区	3	2	4	15	37	4		12	17
明溪县		1	6		38	19	1	3	22
清流县	3	4	5	3	30	1			15
宁化县	4	4	11	2	5	1		10	58
大田县	14	5	6	5	6			20	74
尤溪县	35	4	11		14	2	7	29	48
沙县	46		5		37	1		13	20
将乐县	11	1	2		3	7		1	39
泰宁县	1		2	1	13				20
建宁县	23	2	4	1	1			1	45
永安市	4	4	7	2	69	3	6	111	164
泉州市	**1225**	**883**	**3014**	**165**	**529**	**39**	**198**	**1603**	**8630**
鲤城区	17	61	108	1	33	11	3	97	32
丰泽区	34	98	363	77	35	2	1	54	50
洛江区	110	19	156	10	26		2	66	58
泉港区	8	2	46	41	70		2	25	214
惠安县	200	68	1358	17	38	3	11	80	1038
安溪县	76	22	356	2	31	3	1	44	123
永春县	30	7	41	1	59	4	1	18	228
德化县	61	32	41	1	16			24	1988
石狮市	38	57	103	1	26	3	5	95	31
晋江市	454	392	251	7	156	8	165	787	961
南安市	197	125	191	7	39	5	7	313	3907
漳州市	**547**	**213**	**731**	**30**	**337**	**50**	**15**	**796**	**1436**
芗城区	38	43	63		48	14	1	76	70
龙文区	51	25	13	1	22	5		31	36
云霄县	28	12	80	3	26	2		28	93
漳浦县	31	34	86	16	72	3	2	51	217
诏安县	12	17	287	1	13	3	1	97	78
长泰县	80	18	39	3	50	2	3	103	232
东山县	3	6	8		7	2		6	127
南靖县	30	2	22		14	7	1	31	92
平和县	40	9	7		8	2	2	40	100
华安县	11	1	16		11			17	109
龙海市	223	46	110	6	66	10	5	316	282
南平市	**100**	**43**	**257**	**13**	**246**	**91**	**6**	**242**	**339**
延平区	41	12	8	1	56	1		16	61
建阳区	1	3	118	1	29	1	4	6	49
顺昌县	2	1	13	1	20			13	26
浦城县	9	4	19		14	50		165	46
光泽县	4	2	6	1	6	6		1	14
松溪县	14		8	1	1		2	7	19
政和县	6	2	7		3				24
邵武市	13	8	29	2	109	32		27	37
武夷山市	2	5	12	1	3				18
建瓯市	8	6	37	5	5	1		7	45
龙岩市	**73**	**60**	**102**	**10**	**237**	**33**	**15**	**133**	**582**
新罗区	11	29	9	6	61	19	2	31	186
永定区	5	2	5		12	1		2	95

4-6 续表 33 单位：人

地区 性别	生产制造及有关人员								
	纸及纸制品生产加工人员	印刷和记录媒介复制人员	文教、工美、体育和娱乐用品制造人员	石油加工和炼焦、煤化工生产人员	化学原料和化学制品制造人员	医药制造人员	化学纤维制造人员	橡胶和塑料制品制造人员	非金属矿物制品制造人员
长汀县	15	9	18		19	1	1	12	61
上杭县	12	4	11	1	82	3		11	55
武平县	7	5	11		7			18	56
连城县	16	7	29	3	29	8		12	76
漳平市	7	4	19		27	1	12	47	53
宁德市	**52**	**43**	**228**	**4**	**78**	**38**	**12**	**378**	**848**
蕉城区	5	3	31		8	2		26	187
霞浦县	3	10	20		12	1	9	53	145
古田县	1	1	11		1	19	1	23	105
屏南县	1		9		5			5	89
寿宁县	1	2	15		2			4	28
周宁县	1	1	11		3	1		4	17
柘荣县	2		9		3	8		3	16
福安市	13	11	35	1	19	2	2	20	63
福鼎市	25	15	87	3	25	5		240	198
女	**2352**	**1094**	**7368**	**69**	**1135**	**512**	**334**	**5043**	**7109**
福州市	**152**	**134**	**655**	**9**	**104**	**107**	**145**	**525**	**590**
鼓楼区	1	6	7		1	9			2
台江区	2	8	8		1	3		2	2
仓山区	15	42	67	1	9	26		34	23
马尾区	10	5	22		3	5		14	22
晋安区	7	25	60		10	23		11	13
长乐区	16	5	11		3	1	120	19	22
闽侯县	21	20	299		22	4		36	53
连江县	26	6	16		3		3	49	18
罗源县	2		14	4	6	2		13	27
闽清县	16		20		3	6		11	314
永泰县			23		1	1		3	5
平潭县			2			4		1	2
福清市	36	17	106	4	42	23	22	332	87
厦门市	**404**	**207**	**918**	**6**	**195**	**152**	**30**	**1789**	**400**
思明区	3	4	16			18	1	2	6
海沧区	55	13	153	2	31	72	6	726	144
湖里区	22	31	40	2	8	8		72	31
集美区	50	53	254	1	57	18	3	453	51
同安区	249	89	368	1	69	26	13	426	132
翔安区	25	17	87		30	10	7	110	36
莆田市	**107**	**78**	**1214**	**6**	**47**	**12**	**20**	**172**	**132**
城厢区	15	13	31		4	2	9	7	8
涵江区	33	27	69	1	5	2	2	65	38
荔城区	21	21	156		6	3	1	36	18
秀屿区	20	11	162	3	21	1	3	44	47
仙游县	18	6	796	2	11	4	5	20	21
三明市	**88**	**31**	**130**	**9**	**121**	**31**	**9**	**101**	**167**
梅列区	1	4	1		13			4	3
三元区	1	3	3	3	13	6		10	5
明溪县		1	4		22	18		1	6
清流县	3	2	57	1	16			1	8
宁化县	8	3	13			1		8	29
大田县	11	4	4	3	3	3		20	27
尤溪县	24	5	21		3		3	22	15
沙县	13	1	4		12	1		4	6
将乐县	6		4	1	3		1	1	7
泰宁县		1	3		9				4
建宁县	20	1	4	1		1		2	10
永安市	1	6	12		27	1	5	28	47

4-6　续表 34

单位：人

地　区 性　别	生产制造及有关人员								
	纸及纸制品生产加工人员	印刷和记录媒介复制人员	文教、工美、体育和娱乐用品制造人　员	石油加工和炼焦、煤化工生产人员	化学原料和化学制品制造人　员	医药制造人　　员	化学纤维制造人员	橡胶和塑料制品制造人员	非金属矿物制品制造人员
泉州市	**921**	**420**	**2191**	**34**	**258**	**56**	**105**	**1142**	**5005**
鲤城区	13	30	126		17	12	2	80	28
丰泽区	23	34	315	15	28	10		55	18
洛江区	50	13	139	2	3	6	1	46	23
泉港区	4	5	45	9	15		1	22	36
惠安县	102	29	627	1	22	3	18	51	377
安溪县	81	17	207		12	3		24	32
永春县	66	6	73	1	57	5	4	14	194
德化县	101	13	51		7			19	2425
石狮市	18	32	119	2	8	1		64	5
晋江市	305	178	271	1	61	9	74	482	475
南安市	158	63	218	3	28	7	5	285	1392
漳州市	**378**	**120**	**1569**	**3**	**186**	**60**	**10**	**893**	**481**
芗城区	30	34	104		33	20		58	24
龙文区	36	8	27		35	7		35	12
云霄县	29	3	203	2	15	4		44	31
漳浦县	24	20	81	1	10	6	1	46	56
诏安县	21	8	872		5	3	1	297	21
长泰县	21	4	48		21	1	2	79	91
东山县	1	5	14		3			10	35
南靖县	20	6	51		6	5	1	24	23
平和县	17	3	24		3	1	1	30	51
华安县	3	1	11		8	1		17	60
龙海市	176	28	134		47	12	4	253	77
南平市	**88**	**28**	**322**	**1**	**105**	**36**	**3**	**139**	**70**
延平区	17	6	9		36	3		20	9
建阳区	4	2	53		12	1	1	4	11
顺昌县	6		4		12			11	8
浦城县	14	2	24		1	10		71	17
光泽县		1	11		3	2		1	1
松溪县	8		8				2	9	3
政和县	3		16		1				2
邵武市	12	5	39		38	14		15	7
武夷山市	10	6	19			1		2	3
建瓯市	14	6	139	1	2	5		6	9
龙岩市	**72**	**51**	**161**		**83**	**14**	**6**	**81**	**195**
新罗区	13	21	12		20	9	1	16	61
永定区	12	6	7		6	1		3	26
长汀县	11	9	14		10		1	8	22
上杭县	10	6	10		20	2		8	30
武平县	6	5	5		2	1		13	18
连城县	14	1	46		18			6	30
漳平市	6	3	67		7	1	4	27	8
宁德市	**142**	**25**	**208**	**1**	**36**	**44**	**6**	**201**	**69**
蕉城区	26	5	11	1	4	5		9	23
霞浦县	4	4	48		6	2	6	26	12
古田县	1	3	15			12		7	3
屏南县	1	1	14		3			3	5
寿宁县			7		1			2	3
周宁县	3	3	2		2	1		7	1
柘荣县	1	1	6		1	12		3	2
福安市	69	4	36		7	11		23	7
福鼎市	37	4	69		12	1		121	13

4-6 续表 35

单位：人

地 区 性 别	生产制造及有关人员								
	采矿人员	金属冶炼和压延加工人员	机械制造基础加工人员	金属制品制造人员	通用设备制造人员	专用设备制造人员	汽车制造人员	铁路、船舶、航空设备制造人员	电气机械和器材制造人员
合 计	**3001**	**5504**	**21623**	**19034**	**3777**	**1722**	**3821**	**1299**	**8448**
福州市	**151**	**1042**	**2250**	**1634**	**596**	**128**	**785**	**300**	**510**
鼓楼区	3	3	19	20	9	21	4	6	5
台江区	2	3	17	13	8	5	4	6	7
仓山区	12	20	257	148	73	27	92	27	29
马尾区	2	67	84	47	41	19	18	84	204
晋安区	2	10	138	94	150	17	22	25	41
长乐区	7	273	376	245	96	5	57	2	29
闽侯县	7	71	528	339	69	11	500	5	64
连江县	8	31	154	144	52	4	18	106	19
罗源县	54	457	176	89	17	2	2	24	2
闽清县	8	26	54	80	17	2	4		33
永泰县	1	8	16	39	6	1			3
平潭县	7	2	39	54	2	1	2	4	1
福清市	38	71	392	322	56	13	62	11	73
厦门市	**27**	**510**	**4582**	**4348**	**739**	**714**	**967**	**269**	**1634**
思明区	5	7	73	95	22	17	13	13	18
海沧区	5	117	704	847	62	206	189	37	228
湖里区	1	25	393	242	144	112	106	41	239
集美区		175	1711	1266	233	198	410	135	272
同安区	10	155	1384	1550	205	126	210	29	567
翔安区	6	31	317	348	73	55	39	14	310
莆田市	**62**	**120**	**754**	**869**	**123**	**45**	**92**	**25**	**72**
城厢区	2	7	72	210	16	2	2	2	10
涵江区		28	243	151	34	27	38	17	7
荔城区	8	27	155	146	21	5	17	3	5
秀屿区	45	17	90	179	12	6	5	2	9
仙游县	7	41	194	183	40	5	30	1	41
三明市	**616**	**749**	**829**	**481**	**143**	**26**	**128**	**26**	**107**
梅列区	7	376	124	20	15	7	1	1	9
三元区	12	134	141	50	16	2	7		3
明溪县	14	12	9	38	6		2		4
清流县	46	7	35	52	6		3	7	6
宁化县	37	18	67	91	9	1	12	1	37
大田县	293	80	108	53	8	2	5	1	2
尤溪县	19	28	65	35	12	3	1	2	13
沙县	11	28	77	34	4	3	6	1	19
将乐县	51	26	18	35	4	4	9	3	2
泰宁县	3	2	6	10	1				1
建宁县	8	3	12	18			2	1	8
永安市	115	35	167	45	62	4	80	9	3
泉州市	**362**	**800**	**7355**	**7323**	**1111**	**352**	**584**	**45**	**610**
鲤城区	2	10	527	147	84	56	97	1	28
丰泽区	12	3	528	240	19	12	15	2	38
洛江区	4	12	331	155	52	29	16		29
泉港区	50	16	125	107	28	7	6	2	9
惠安县	23	35	712	429	129	36	11	2	48
安溪县	17	252	785	743	72	16	6	2	218
永春县	133	55	151	158	13	8	16	1	14
德化县	46	34	74	89	5	1			
石狮市	5	20	325	928	24	16	12	17	48
晋江市	29	155	2105	1279	292	107	243	15	73
南安市	41	208	1692	3048	393	64	162	3	105
漳州市	**120**	**848**	**2687**	**2580**	**384**	**174**	**463**	**173**	**998**
芗城区		198	289	233	96	33	48	5	120
龙文区	2	27	134	98	26	11	132	7	35
云霄县	6	19	126	175	23	4	11	2	67
漳浦县	55	28	362	536	43	31	43	44	23

4-6 续表 36

单位：人

地区 性别	生产制造及有关人员								
	采矿人员	金属冶炼和压延加工人员	机械制造基础加工人员	金属制品制造人员	通用设备制造人员	专用设备制造人员	汽车制造人员	铁路、船舶、航空设备制造人员	电气机械和器材制造人员
诏安县	2	23	95	210	9	4	9	3	21
长泰县	9	41	389	257	39	11	31	2	114
东山县	20	1	29	98	12	2	1	4	
南靖县	3	67	95	111	24	6	6	1	35
平和县	3	10	34	116	22	1	6		7
华安县	9	123	131	98	9	29	8		5
龙海市	11	311	1003	648	81	42	168	105	571
南平市	**128**	**246**	**626**	**338**	**130**	**23**	**105**	**11**	**280**
延平区	12	166	172	71	18	7	34	5	168
建阳区	11	11	87	56	8	2	44	1	44
顺昌县	12	16	33	19	6	1	1		24
浦城县	8	5	18	26	5	3	1		3
光泽县	2		16	11	4	1	2		5
松溪县	10	26	50	14	6	2		1	3
政和县	46	7	79	5	47	2	8		21
邵武市	22	3	67	64	14	3	3		9
武夷山市	2	2	27	19	3				1
建瓯市	3	10	77	53	19	2	12	4	2
龙岩市	**1317**	**342**	**874**	**724**	**166**	**153**	**176**	**23**	**125**
新罗区	530	54	438	204	85	101	82	19	25
永定区	322	8	70	35	16	7	39		20
长汀县	8	87	97	104	21	25	24	1	8
上杭县	115	142	102	96	23	8	8	1	23
武平县	86	14	69	190	7	3	9	2	7
连城县	56	20	34	53	4	5	6		42
漳平市	200	17	64	42	10	4	8		
宁德市	**218**	**847**	**1666**	**737**	**385**	**107**	**521**	**427**	**4112**
蕉城区	40	85	99	92	11	21	328	10	2722
霞浦县	27	80	93	38	69	1	22	16	11
古田县	11	35	37	49	9	1	6	1	2
屏南县	14	4	11	13	1	1	3	2	8
寿宁县	2	18	81	26	33	1	13	1	11
周宁县	7	63	44	15	2		6		10
柘荣县	8	31	42	198	10	1	2	1	17
福安市	6	480	551	127	125	15	33	124	1280
福鼎市	103	51	708	179	125	66	108	272	51
男	**2728**	**4548**	**17765**	**13070**	**2867**	**1108**	**2694**	**954**	**5507**
福州市	**141**	**867**	**1996**	**1245**	**440**	**82**	**524**	**250**	**336**
鼓楼区	2	3	16	18	9	12	4	6	4
台江区	2	2	15	9	5	2	3	6	3
仓山区	11	15	226	116	64	19	73	23	22
马尾区	2	58	72	36	30	12	6	73	140
晋安区	2	8	122	79	82	10	11	24	26
长乐区	7	230	340	179	79	3	37	2	23
闽侯县	7	58	443	245	52	7	341	4	34
连江县	8	27	136	119	46	2	6	78	13
罗源县	51	370	172	79	15	1	1	23	2
闽清县	7	24	46	45	8	1	3		14
永泰县	1	7	15	34	5	1			3
平潭县	6	2	38	48	2	1	2	4	
福清市	35	63	355	238	43	11	37	7	52
厦门市	**23**	**421**	**3773**	**2958**	**539**	**388**	**675**	**193**	**922**
思明区	3	6	60	77	17	9	12	13	15
海沧区	5	103	563	553	45	100	146	30	107
湖里区	1	19	331	195	101	56	65	34	151
集美区		140	1411	828	160	124	290	86	158
同安区	9	128	1137	1052	157	68	133	17	300
翔安区	5	25	271	253	59	31	29	13	191

4-6 续表 37

单位：人

地　区 性　别	生产制造及有关人员								
	采矿人员	金属冶炼和压延加工人员	机械制造基础加工人员	金属制品制造人员	通用设备制造人员	专用设备制造人员	汽车制造人员	铁路、船舶、航空设备制造人员	电气机械和器材制造人员
莆田市	**41**	**95**	**633**	**695**	**97**	**19**	**70**	**16**	**47**
城厢区	2	7	69	160	13	1	2	1	5
涵江区		19	206	123	27	13	35	9	5
荔城区	5	23	129	119	19	2	11	3	5
秀屿区	27	10	73	144	10	2	1	2	7
仙游县	7	36	156	149	28	1	21	1	25
三明市	**549**	**622**	**730**	**372**	**114**	**23**	**95**	**23**	**63**
梅列区	7	299	106	17	12	5	1	1	6
三元区	11	120	129	43	16	2	7		2
明溪县	12	11	8	33	5		1		3
清流县	44	6	33	22	4		2	7	2
宁化县	34	16	52	73	5	1	9	1	23
大田县	264	70	97	38	6	1	3	1	1
尤溪县	17	24	59	30	10	3		2	6
沙县	7	21	70	28	4	3	4	1	10
将乐县	48	20	18	29	4	4	7	1	2
泰宁县	2	2	6	10	1				1
建宁县	7	2	7	11			2	1	4
永安市	96	31	145	38	47	4	59	8	3
泉州市	**316**	**620**	**5788**	**4562**	**859**	**276**	**412**	**39**	**364**
鲤城区	2	9	394	105	71	47	75		13
丰泽区	10	2	427	166	18	7	12	2	23
洛江区	3	10	236	112	42	20	10		18
泉港区	31	14	114	91	26	6	3	2	6
惠安县	21	27	568	353	98	31	9	2	26
安溪县	16	192	571	488	64	9	4	2	131
永春县	125	45	104	112	12	6	9		6
德化县	39	32	65	77	4	1			
石狮市	4	16	268	502	20	12	8	16	34
晋江市	25	129	1646	845	230	86	169	12	46
南安市	40	144	1395	1711	274	51	113	3	61
漳州市	**88**	**673**	**2257**	**1832**	**298**	**116**	**315**	**140**	**543**
芗城区		152	225	171	60	23	37	5	57
龙文区	2	24	113	70	20	7	68	5	20
云霄县	6	17	113	143	17	3	9	2	39
漳浦县	36	21	318	326	37	21	18	30	11
诏安县	2	21	87	186	8	3	7	3	15
长泰县	4	34	300	150	34	6	19	2	64
东山县	15	1	26	77	12	1	1	4	
南靖县	3	53	79	72	19	5	6		14
平和县	3	9	29	100	18		5		5
华安县	7	95	117	67	6	22	5		3
龙海市	10	246	850	470	67	25	140	89	315
南平市	**119**	**214**	**550**	**284**	**103**	**19**	**71**	**6**	**185**
延平区	11	147	154	61	17	6	21	2	100
建阳区	10	11	82	48	7	2	33	1	34
顺昌县	10	16	31	16	5	1	1		19
浦城县	7	5	16	21	5	3			
光泽县	2		14	10	4		1		4
松溪县	9	15	42	12	4	2		1	3
政和县	46	7	57	3	31	2	7		17
邵武市	20	2	60	50	12	2	2		6
武夷山市	1	1	26	18	2				1
建瓯市	3	10	68	45	16	1	6	2	1
龙岩市	**1235**	**274**	**785**	**572**	**142**	**120**	**124**	**22**	**70**
新罗区	504	44	397	162	73	89	62	18	14
永定区	304	6	64	25	14	5	24		12

4-6　续表 38　　　　　　　　　　　　　　　　　　　　　　　　单位：人

地　区 性　别	生产制造及有关人员								
	采矿人员	金属冶炼和压延加工人员	机械制造基础加工人员	金属制品制造人员	通用设备制造人员	专用设备制造人员	汽车制造人员	铁路、船舶、航空设备制造人员	电气机械和器材制造人员
长汀县	8	64	83	84	19	15	19	1	6
上杭县	108	121	88	70	19	5	3	1	11
武平县	79	9	61	149	4	2	7	2	5
连城县	54	15	33	46	3	4	3		22
漳平市	178	15	59	36	10		6		
宁德市	**216**	**762**	**1253**	**550**	**275**	**65**	**408**	**265**	**2977**
蕉城区	39	77	95	82	11	18	299	6	2121
霞浦县	27	71	79	36	49		13	13	9
古田县	11	27	29	43	9	1	6	1	2
屏南县	14	3	9	12	1		3	2	8
寿宁县	2	14	65	22	27		11	1	7
周宁县	7	58	42	12	1		6		10
柘荣县	7	29	34	103	7		1		5
福安市	6	437	465	102	94	12	25	115	797
福鼎市	103	46	435	138	76	34	44	127	18
女	**273**	**956**	**3858**	**5964**	**910**	**614**	**1127**	**345**	**2941**
福州市	**10**	**175**	**254**	**389**	**156**	**46**	**261**	**50**	**174**
鼓楼区	1		3	2		9			1
台江区		1	2	4	3	3	1		4
仓山区	1	5	31	32	9	8	19	4	7
马尾区		9	12	11	11	7	12	11	64
晋安区		2	16	15	68	7	11	1	15
长乐区		43	36	66	17	2	20		6
闽侯县		13	85	94	17	4	159	1	30
连江县		4	18	25	6	2	12	28	6
罗源县	3	87	4	10	2	1	1	1	
闽清县	1	2	8	35	9	1	1		19
永泰县		1	1	5	1				
平潭县	1		1	6					1
福清市	3	8	37	84	13	2	25	4	21
厦门市	**4**	**89**	**809**	**1390**	**200**	**326**	**292**	**76**	**712**
思明区	2	1	13	18	5	8	1		3
海沧区		14	141	294	17	106	43	7	121
湖里区		6	62	47	43	56	41	7	88
集美区		35	300	438	73	74	120	49	114
同安区	1	27	247	498	48	58	77	12	267
翔安区	1	6	46	95	14	24	10	1	119
莆田市	**21**	**25**	**121**	**174**	**26**	**26**	**22**	**9**	**25**
城厢区			3	50	3	1		1	5
涵江区		9	37	28	7	14	3	8	2
荔城区	3	4	26	27	2	3	6		
秀屿区	18	7	17	35	2	4	4		2
仙游县		5	38	34	12	4	9		16
三明市	**67**	**127**	**99**	**109**	**29**	**3**	**33**	**3**	**44**
梅列区		77	18	3	3	2			3
三元区	1	14	12	7					1
明溪县	2	1	1	5	1		1		1
清流县	2	1	2	30	2		1		4
宁化县	3	2	15	18	4		3		14
大田县	29	10	11	15	2	1	2		1
尤溪县	2	4	6	5	2		1		7
沙县	4	7	7	6			2		9
将乐县	3	6		6			2	2	
泰宁县	1								
建宁县	1	1	5	7					4
永安市	19	4	22	7	15		21	1	

4-6 续表 39

单位：人

地区 性别	生产制造及有关人员								
	采矿人员	金属冶炼和压延加工人员	机械制造基础加工人员	金属制品制造人员	通用设备制造人员	专用设备制造人员	汽车制造人员	铁路、船舶、航空设备制造人员	电气机械和器材制造人员
泉州市	**46**	**180**	**1567**	**2761**	**252**	**76**	**172**	**6**	**246**
鲤城区		1	133	42	13	9	22	1	15
丰泽区	2	1	101	74	1	5	3		15
洛江区	1	2	95	43	10	9	6		11
泉港区	19	2	11	16	2	1	3		3
惠安县	2	8	144	76	31	5	2		22
安溪县	1	60	214	255	8	7	2		87
永春县	8	10	47	46	1	2	7	1	8
德化县	7	2	9	12	1				
石狮市	1	4	57	426	4	4	4	1	14
晋江市	4	26	459	434	62	21	74	3	27
南安市	1	64	297	1337	119	13	49		44
漳州市	**32**	**175**	**430**	**748**	**86**	**58**	**148**	**33**	**455**
芗城区		46	64	62	36	10	11		63
龙文区		3	21	28	6	4	64	2	15
云霄县		2	13	32	6	1	2		28
漳浦县	19	7	44	210	6	10	25	14	12
诏安县		2	8	24	1	1	2		6
长泰县	5	7	89	107	5	5	12		50
东山县	5		3	21		1			
南靖县		14	16	39	5	1		1	21
平和县		1	5	16	4	1	1		2
华安县	2	28	14	31	3	7	3		2
龙海市	1	65	153	178	14	17	28	16	256
南平市	**9**	**32**	**76**	**54**	**27**	**4**	**34**	**5**	**95**
延平区	1	19	18	10	1	1	13	3	68
建阳区	1		5	8	1		11		10
顺昌县	2		2	3	1				5
浦城县	1		2	5			1		3
光泽县			2	1		1	1		1
松溪县	1	11	8	2	2				
政和县			22	2	16		1		4
邵武市	2	1	7	14	2	1	1		3
武夷山市	1	1	1	1	1				
建瓯市			9	8	3	1	6	2	1
龙岩市	**82**	**68**	**89**	**152**	**24**	**33**	**52**	**1**	**55**
新罗区	26	10	41	42	12	12	20	1	11
永定区	18	2	6	10	2	2	15		8
长汀县		23	14	20	2	10	5		2
上杭县	7	21	14	26	4	3	5		12
武平县	7	5	8	41	3	1	2		2
连城县	2	5	1	7	1	1	3		20
漳平市	22	2	5	6		4	2		
宁德市	**2**	**85**	**413**	**187**	**110**	**42**	**113**	**162**	**1135**
蕉城区	1	8	4	10		3	29	4	601
霞浦县		9	14	2	20	1	9	3	2
古田县		8	8	6					
屏南县		1	2	1		1			
寿宁县		4	16	4	6	1	2		4
周宁县		5	2	3	1				
柘荣县	1	2	8	95	3	1	1	1	12
福安市		43	86	25	31	3	8	9	483
福鼎市		5	273	41	49	32	64	145	33

4-6 续表 40

单位：人

地区 性别	生产制造及有关人员								
	计算机、通信和其他电子设备制造人员	仪器仪表制造人员	废弃资源综合利用人员	电力、热力、气体、水生产和输配人员	建筑施工人员	运输设备和通用工程机械操作人员及有关人员	生产辅助人员	其他生产制造及有关人员	不便分类的其他从业人员
合　计	**27085**	**882**	**1013**	**2542**	**177176**	**12621**	**78271**	**2991**	**2237**
福州市	**3974**	**95**	**167**	**371**	**39830**	**2545**	**10929**	**122**	**226**
鼓楼区	70	3	3	17	689	77	350	3	16
台江区	43	1	3	1	705	82	194	4	34
仓山区	790	6	13	23	5852	280	1498	24	5
马尾区	229	22	3	6	1137	86	560	7	
晋安区	220	9	46	31	3907	267	674	4	4
长乐区	128	5	37	75	3583	268	1894	17	2
闽侯县	603	8	16	18	4937	237	1599	31	49
连江县	56	7	5	29	4027	173	548	16	5
罗源县	53	5	12	36	1258	212	512	7	3
闽清县	100	4	11	23	1459	85	366	1	1
永泰县	17	1	3	13	2768	64	185		5
平潭县	24			8	2332	219	598	2	102
福清市	1641	24	15	91	7176	495	1951	6	
厦门市	**12863**	**148**	**121**	**136**	**20756**	**1713**	**16895**	**308**	**235**
思明区	334	2	26	14	1525	105	785	7	38
海沧区	1808	8	19	22	2417	387	3068	93	42
湖里区	2331	48	31	23	4930	247	1829	12	5
集美区	2201	78	6	32	4334	299	4183	19	
同安区	1865	6	17	31	4183	395	4789		3
翔安区	4324	6	22	14	3367	280	2241	177	147
莆田市	**814**	**327**	**60**	**141**	**11970**	**554**	**2869**	**174**	**118**
城厢区	78	4	3	16	1860	112	425	1	27
涵江区	449	302	8	10	1984	75	832	136	19
荔城区	52	3	29	23	1876	96	560	16	31
秀屿区	34	12	8	42	2855	168	459	7	7
仙游县	201	6	12	50	3395	103	593	14	34
三明市	**456**	**26**	**40**	**417**	**9117**	**970**	**3057**	**57**	**76**
梅列区	26	2	1	39	704	121	502	9	
三元区	38	5	4	25	711	69	284	10	23
明溪县	22	2	1	17	328	44	69	3	13
清流县	23	1	2	16	622	52	152	2	3
宁化县	167	3	6	17	1330	82	201	9	1
大田县	75	5	6	22	1432	158	300	2	8
尤溪县	31	1	4	54	1107	86	435	3	5
沙县	4	1	4	83	638	60	299	5	3
将乐县	21		3	12	432	46	123	2	5
泰宁县	9		5	17	449	26	41		2
建宁县	14	2	1	7	400	39	86	3	12
永安市	26	4	3	108	964	187	565	9	1
泉州市	**3829**	**60**	**322**	**343**	**37485**	**2345**	**25173**	**1636**	**1023**
鲤城区	278	4	13	8	1087	53	1222	65	58
丰泽区	134	8		17	2596	128	777		2
洛江区	123	1	1	2	808	57	959	21	15
泉港区	103	3	4	26	2826	265	566	24	23
惠安县	155	18	25	21	9564	281	2745	525	49
安溪县	456	5	26	75	3508	199	1504	16	82
永春县	106	2	9	25	1846	125	674	43	25
德化县	22	1	2	9	1513	124	1316	6	2
石狮市	1044	9	13	39	1519	122	2036	27	28
晋江市	659	7	145	78	6025	451	9495	712	614
南安市	749	2	84	43	6193	540	3879	197	125
漳州市	**2842**	**194**	**96**	**306**	**22206**	**1826**	**9378**	**375**	**358**
芗城区	271	64	10	30	2305	182	870	37	13
龙文区	148	55	1	10	1641	122	849	55	60
云霄县	420	6	9	23	2195	111	487	33	45
漳浦县	237	26	10	38	3431	368	985	63	48

4-6 续表 41

单位：人

地区 性别	生产制造及有关人员								不便分类的其他从业人员
	计算机、通信和其他电子设备制造人员	仪器仪表制造人员	废弃资源综合利用人员	电力、热力、气体、水生产和输配人员	建筑施工人员	运输设备和通用工程机械操作人员及有关人员	生产辅助人员	其他生产制造及有关人员	
诏安县	153	3	4	10	3203	92	521	16	
长泰县	763	3	15	42	940	124	968	82	51
东山县	42		3	5	1152	46	284	16	14
南靖县	252	5	10	25	1060	119	485	29	39
平和县	59	1	4	14	1020	77	769	7	41
华安县	15	1	3	27	639	52	202	5	
龙海市	482	30	27	82	4620	533	2958	32	47
南平市	**237**	**15**	**22**	**286**	**8773**	**898**	**2892**	**91**	**122**
延平区	84	1	4	54	1617	168	559	13	10
建阳区	43	2		32	1371	110	345	16	3
顺昌县	14	8	1	22	507	77	230	14	5
浦城县	23		5	28	726	77	189	5	16
光泽县	13			29	418	52	275	7	2
松溪县	2			12	385	31	115	3	1
政和县	13		2	6	556	24	177	6	5
邵武市	11	4	3	52	1001	164	502	12	7
武夷山市	13		7	13	1213	80	209	1	24
建瓯市	21			38	979	115	291	14	49
龙岩市	**1240**	**14**	**55**	**301**	**15042**	**1082**	**2834**	**133**	**19**
新罗区	96	8	14	67	3903	289	1034	23	1
永定区	184	3	4	31	2096	120	264	4	9
长汀县	175			22	2161	81	365	21	2
上杭县	235		15	67	2967	271	513	41	
武平县	385	2	8	26	1506	103	167	13	3
连城县	138	1	8	19	1282	86	182	30	4
漳平市	27		6	69	1127	132	309	1	
宁德市	**830**	**3**	**130**	**241**	**11997**	**688**	**4244**	**95**	**60**
蕉城区	309		6	31	2560	163	1667	10	4
霞浦县	35		88	25	1852	70	194	2	
古田县	24		5	23	837	70	228	4	3
屏南县	13		2	13	539	23	56		2
寿宁县	17		4	12	614	26	83	4	21
周宁县	7		2	10	991	31	58	2	1
柘荣县	5			10	506	30	100	5	4
福安市	385	2	6	33	1896	155	1055	7	23
福鼎市	35	1	17	84	2202	120	803	61	2
男	**14996**	**359**	**687**	**2137**	**150209**	**11784**	**46264**	**1437**	**1400**
福州市	**2358**	**54**	**123**	**311**	**34893**	**2331**	**7459**	**78**	**144**
鼓楼区	47	1	3	13	611	70	256	3	11
台江区	30	1	3	1	636	80	134	2	26
仓山区	426	3	10	19	4884	259	976	14	2
马尾区	121	6	1	5	1015	79	353	4	
晋安区	116	2	35	28	3431	248	492	3	1
长乐区	78	3	25	61	3187	241	1410	14	1
闽侯县	349	5	13	16	4212	223	828	20	30
连江县	42	7	2	23	3642	159	397	7	2
罗源县	40	5	12	24	1200	166	424	4	3
闽清县	45	3	8	19	1353	85	224	1	
永泰县	7		2	10	2300	59	129		4
平潭县	17			6	2132	214	556	1	64
福清市	1040	18	9	86	6290	448	1280	5	
厦门市	**7288**	**63**	**79**	**116**	**18101**	**1591**	**9626**	**184**	**147**
思明区	179		21	12	1362	97	585	4	22
海沧区	1018	4	11	19	2101	356	1762	54	29
湖里区	1284	20	20	15	4433	231	1128	9	3
集美区	1140	32	6	28	3789	281	2393	12	
同安区	977	4	11	28	3545	354	2448		1
翔安区	2690	3	10	14	2871	272	1310	105	92

4-6　续表 42

单位：人

地　区 性　别	生产制造及有关人员 计算机、通信和其他电子设备制造人　员	仪器仪表制造人员	废弃资源综合利用人　员	电力、热力、气体、水生产和输配人员	建筑施工人　员	运输设备和通用工程机械操作人员及有关人员	生产辅助人　员	其他生产制造及有关人员	不便分类的其他从业人员
莆田市	**368**	**87**	**38**	**116**	**9795**	**517**	**1720**	**64**	**76**
城厢区	42	3	3	12	1553	107	251	1	22
涵江区	196	75	5	7	1697	69	481	41	6
荔城区	34	3	16	15	1544	87	338	10	20
秀屿区	12	3	4	36	2102	155	315	5	5
仙游县	84	3	10	46	2899	99	335	7	23
三明市	**238**	**12**	**25**	**348**	**7592**	**892**	**2220**	**37**	**44**
梅列区	17	1		32	553	88	407	8	
三元区	28	3	2	22	571	63	202	4	14
明溪县	16	2	1	14	276	43	49	2	7
清流县	7	1	1	14	497	49	90	1	1
宁化县	94	1	4	15	1050	78	143	5	
大田县	20		3	17	1228	150	221	1	5
尤溪县	15		3	52	1035	84	336	1	2
沙县	3	1	3	71	555	54	209	3	2
将乐县	12		2	11	378	42	95	1	3
泰宁县	5		3	12	348	25	26		1
建宁县	8		1	5	299	37	49	2	9
永安市	13	3	2	83	802	179	393	9	
泉州市	**2203**	**39**	**214**	**297**	**31247**	**2226**	**13857**	**702**	**646**
鲤城区	140	3	10	6	966	52	647	40	34
丰泽区	69	6		13	2248	114	388		1
洛江区	74		1	1	681	56	464	16	10
泉港区	45	2	4	23	2136	252	392	14	13
惠安县	105	14	16	20	8032	261	1674	110	30
安溪县	254	4	17	60	2819	190	688	12	47
永春县	50	1	8	21	1647	123	382	14	16
德化县	17		1	8	1322	117	677	5	1
石狮市	659	2	10	33	1329	111	1073	16	19
晋江市	410	5	84	73	5105	422	5164	375	396
南安市	380	2	63	39	4962	528	2308	100	79
漳州市	**1348**	**89**	**60**	**269**	**17858**	**1719**	**4733**	**191**	**206**
芗城区	116	23	5	24	1805	156	471	22	9
龙文区	61	13		10	1245	111	469	30	34
云霄县	203	4	5	20	1812	110	266	16	30
漳浦县	103	24	5	33	2790	356	558	21	30
诏安县	74	3	3	7	2606	90	246	7	
长泰县	426	2	11	37	767	123	510	40	24
东山县	16		1	5	851	42	170	10	7
南靖县	87	3	7	22	849	111	209	13	18
平和县	41	1	3	12	831	76	354	6	25
华安县	5	1	2	23	492	49	128	2	
龙海市	216	15	18	76	3810	495	1352	24	29
南平市	**124**	**7**	**18**	**227**	**7857**	**853**	**1729**	**55**	**82**
延平区	47	1	4	42	1443	158	360	8	6
建阳区	20			22	1240	103	197	7	2
顺昌县	5	3	1	20	450	75	147	7	5
浦城县	13		4	22	681	75	140	5	10
光泽县	6			24	391	51	155	4	2
松溪县				7	365	30	66	1	1
政和县	10		2	4	515	23	87	4	3
邵武市	5	3	2	43	901	153	298	6	5
武夷山市	8		5	10	990	75	90	1	14
建瓯市	10			33	881	110	189	12	34
龙岩市	**542**	**6**	**36**	**244**	**11636**	**1001**	**1960**	**78**	**12**
新罗区	60	3	11	54	3171	254	754	20	1
永定区	70	1	3	27	1574	112	166	4	5

4-6 续表 43

单位：人

地区 性别	生产制造及有关人员								
	计算机、通信和其他电子设备制造人员	仪器仪表制造人员	废弃资源综合利用人员	电力、热力、气体、水生产和输配人员	建筑施工人员	运输设备和通用工程机械操作人员及有关人员	生产辅助人员	其他生产制造及有关人员	不便分类的其他从业人员
长汀县	99			16	1642	79	221	10	2
上杭县	82		7	55	2202	250	393	29	
武平县	149	1	5	20	1076	97	116	7	
连城县	66	1	6	18	1063	81	88	8	4
漳平市	16		4	54	908	128	222		
宁德市	**527**	**2**	**94**	**209**	**11230**	**654**	**2960**	**48**	**43**
蕉城区	224		5	28	2392	151	1175	7	3
霞浦县	24		58	22	1766	67	148	1	
古田县	14		4	18	797	66	116	4	2
屏南县	11		2	10	492	22	31		
寿宁县	11		4	5	555	26	63	4	15
周宁县	4		1	8	894	29	20	2	1
柘荣县	4			7	493	30	74	3	3
福安市	216	2	5	30	1735	147	798	5	17
福鼎市	19		15	81	2106	116	535	22	2
女	**12089**	**523**	**326**	**405**	**26967**	**837**	**32007**	**1554**	**837**
福州市	**1616**	**41**	**44**	**60**	**4937**	**214**	**3470**	**44**	**82**
鼓楼区	23	2		4	78	7	94		5
台江区	13				69	2	60	2	8
仓山区	364	3	3	4	968	21	522	10	3
马尾区	108	16	2	1	122	7	207	3	
晋安区	104	7	11	3	476	19	182	1	3
长乐区	50	2	12	14	396	27	484	3	1
闽侯县	254	3	3	2	725	14	771	11	19
连江县	14		3	6	385	14	151	9	3
罗源县	13			12	58	46	88	3	
闽清县	55	1	3	4	106		142		1
永泰县	10	1	1	3	468	5	56		1
平潭县	7			2	200	5	42	1	38
福清市	601	6	6	5	886	47	671	1	
厦门市	**5575**	**85**	**42**	**20**	**2655**	**122**	**7269**	**124**	**88**
思明区	155	2	5	2	163	8	200	3	16
海沧区	790	4	8	3	316	31	1306	39	13
湖里区	1047	28	11	8	497	16	701	3	2
集美区	1061	46		4	545	18	1790	7	
同安区	888	2	6	3	638	41	2341		2
翔安区	1634	3	12		496	8	931	72	55
莆田市	**446**	**240**	**22**	**25**	**2175**	**37**	**1149**	**110**	**42**
城厢区	36	1		4	307	5	174		5
涵江区	253	227	3	3	287	6	351	95	13
荔城区	18		13	8	332	9	222	6	11
秀屿区	22	9	4	6	753	13	144	2	2
仙游县	117	3	2	4	496	4	258	7	11
三明市	**218**	**14**	**15**	**69**	**1525**	**78**	**837**	**20**	**32**
梅列区	9	1	1	7	151	33	95	1	
三元区	10	2	2	3	140	6	82	6	9
明溪县	6			3	52	1	20	1	6
清流县	16		1	2	125	3	62	1	2
宁化县	73	2	2	2	280	4	58	4	1
大田县	55	5	3	5	204	8	79	1	3
尤溪县	16	1	1	2	72	2	99	2	3
沙县	1		1	12	83	6	90	2	1
将乐县	9		1	1	54	4	28	1	2
泰宁县	4		2	5	101	1	15		1
建宁县	6	2		2	101	2	37	1	3
永安市	13	1	1	25	162	8	172		1

4-6　续表 44　　　　　　　　　　　　　　　　　　　　　　　　　　　　单位：人

地　区 性　别	生产制造及有关人员								不便分类的其他从业人员
	计算机、通信和其他电子设备制造人　员	仪器仪表制造人员	废弃资源综合利用人　员	电力、热力、气体、水生产和输配人员	建筑施工人　员	运输设备和通用工程机械操作人员及有关人员	生产辅助人　员	其他生产制造及有关人员	
泉州市	**1626**	**21**	**108**	**46**	**6238**	**119**	**11316**	**934**	**377**
鲤城区	138	1	3	2	121	1	575	25	24
丰泽区	65	2		4	348	14	389		1
洛江区	49	1		1	127	1	495	5	5
泉港区	58	1		3	690	13	174	10	10
惠安县	50	4	9	1	1532	20	1071	415	19
安溪县	202	1	9	15	689	9	816	4	35
永春县	56	1	1	4	199	2	292	29	9
德化县	5	1	1	1	191	7	639	1	1
石狮市	385	7	3	6	190	11	963	11	9
晋江市	249	2	61	5	920	29	4331	337	218
南安市	369		21	4	1231	12	1571	97	46
漳州市	**1494**	**105**	**36**	**37**	**4348**	**107**	**4645**	**184**	**152**
芗城区	155	41	5	6	500	26	399	15	4
龙文区	87	42	1		396	11	380	25	26
云霄县	217	2	4	3	383	1	221	17	15
漳浦县	134	2	5	5	641	12	427	42	18
诏安县	79		1	3	597	2	275	9	
长泰县	337	1	4	5	173	1	458	42	27
东山县	26		2		301	4	114	6	7
南靖县	165	2	3	3	211	8	276	16	21
平和县	18		1	2	189	1	415	1	16
华安县	10		1	4	147	3	74	3	
龙海市	266	15	9	6	810	38	1606	8	18
南平市	**113**	**8**	**4**	**59**	**916**	**45**	**1163**	**36**	**40**
延平区	37			12	174	10	199	5	4
建阳区	23	2		10	131	7	148	9	1
顺昌县	9	5		2	57	2	83	7	
浦城县	10		1	6	45	2	49		6
光泽县	7			5	27	1	120	3	
松溪县	2			5	20	1	49	2	
政和县	3			2	41	1	90	2	2
邵武市	6	1	1	9	100	11	204	6	2
武夷山市	5		2	3	223	5	119		10
建瓯市	11			5	98	5	102	2	15
龙岩市	**698**	**8**	**19**	**57**	**3406**	**81**	**874**	**55**	**7**
新罗区	36	5	3	13	732	35	280	3	
永定区	114	2	1	4	522	8	98		4
长汀县	76			6	519	2	144	11	
上杭县	153		8	12	765	21	120	12	
武平县	236	1	3	6	430	6	51	6	3
连城县	72		2	1	219	5	94	22	
漳平市	11		2	15	219	4	87	1	
宁德市	**303**	**1**	**36**	**32**	**767**	**34**	**1284**	**47**	**17**
蕉城区	85		1	3	168	12	492	3	1
霞浦县	11		30	3	86	3	46	1	
古田县	10		1	5	40	4	112		1
屏南县	2			3	47	1	25		2
寿宁县	6			7	59		20		6
周宁县	3		1	2	97	2	38		
柘荣县	1			3	13		26	2	1
福安市	169		1	3	161	8	257	2	6
福鼎市	16	1	2	3	96	4	268	39	

4-6a 各地区分性别、职业中类的就业人口(城市)

单位：人

地区 性别	合计	党的机关、国家机关、群众团体和社会组织、企事业单位负责人						
		小计	中国共产党机关负责人	国家机关负责人	民主党派和工商联负责人	人民团体和群众团体、社会组织及其他成员组织负责人	基层群众自治组织负责人	企事业单位负责人
合计	**873575**	**22429**	**52**	**714**	**2**	**913**	**239**	**20509**
福州市	**182818**	**4765**	**4**	**168**	**1**	**335**	**60**	**4197**
鼓楼区	28536	1266	3	48	1	18	4	1192
台江区	17352	179		8		7	1	163
仓山区	53957	1673	1	51		275	16	1330
马尾区	11896	199		6			10	183
晋安区	38328	1042		33		17	16	976
长乐区	10788	242		13		12	11	206
闽侯县								
连江县								
罗源县								
闽清县								
永泰县								
平潭县								
福清市	21961	164		9		6	2	147
厦门市	**256955**	**7032**	**4**	**114**		**114**	**38**	**6762**
思明区	55967	2525	2	72		34	18	2399
海沧区	35602	918		8		29	3	878
湖里区	68631	1792	1	20		26	9	1736
集美区	52680	1089	1	9		13	4	1062
同安区	39011	495		5		8		482
翔安区	5064	213				4	4	205
莆田市	**65390**	**867**	**1**	**50**		**38**	**19**	**759**
城厢区	18077	250		21		2	3	224
涵江区	18053	188	1	13		23	11	140
荔城区	23130	350		14		9	2	325
秀屿区	6130	79		2		4	3	70
仙游县								
三明市	**25518**	**538**	**8**	**51**		**9**	**18**	**452**
梅列区	9453	184	4	24		4	6	146
三元区	6308	161	3	7			4	147
明溪县								
清流县								
宁化县								
大田县								
尤溪县								
沙县								
将乐县								
泰宁县								
建宁县								
永安市	9757	193	1	20		5	8	159
泉州市	**172355**	**5928**	**4**	**65**	**1**	**323**	**28**	**5507**
鲤城区	23164	878		11	1	26	6	834
丰泽区	36538	751		17		7	2	725
洛江区	5341	211		4		1	2	204
泉港区	5846	125		4		19	5	97
惠安县								
安溪县								
永春县								
德化县								
石狮市	23316	798				61		737
晋江市	63955	2754	3	22		199	11	2519
南安市	14195	411	1	7		10	2	391
漳州市	**49083**	**1003**	**3**	**57**		**48**	**14**	**881**
芗城区	21552	795	3	36		23	4	729
龙文区	15748	162		13		21	3	125
云霄县								
漳浦县								

4-6a　续表 1

单位：人

地　区 性　别	合　计	党的机关、国家机关、群众团体和社会组织、企事业单位负责人						
		小计	中国共产党机关负责人	国家机关负责人	民主党派和工商联负责人	人民团体和群众团体、社会组织及其他成员组织负责人	基层群众自治组织负责人	企事业单位负责人
诏安县								
长泰县								
东山县								
南靖县								
平和县								
华安县								
龙海市	11733	46		8		4	7	27
南平市	**40945**	**1006**	**26**	**90**		**18**	**32**	**840**
延平区	12215	250	9	16		6	9	210
建阳区	7157	149	11	31		5	2	100
顺昌县								
浦城县								
光泽县								
松溪县								
政和县								
邵武市	8584	146	2	18		2	13	111
武夷山市	6494	236	1	12		3	1	219
建瓯市	6495	225	3	13		2	7	200
龙岩市	**39569**	**688**	**2**	**56**		**9**	**19**	**602**
新罗区	30640	580	1	36		9	9	525
永定区	3020	36		8			2	26
长汀县								
上杭县								
武平县								
连城县								
漳平市	5909	72	1	12			8	51
宁德市	**40942**	**602**		**63**		**19**	**11**	**509**
蕉城区	19705	317		44		5	5	263
霞浦县								
古田县								
屏南县								
寿宁县								
周宁县								
柘荣县								
福安市	10702	144		5		2	3	134
福鼎市	10535	141		14		12	3	112
男	**508633**	**17282**	**43**	**601**		**633**	**173**	**15832**
福州市	**108304**	**3640**	**3**	**135**		**255**	**49**	**3198**
鼓楼区	15430	930	2	38		12	2	876
台江区	9856	143		5		5		133
仓山区	32667	1284	1	40		216	13	1014
马尾区	7320	162		6			10	146
晋安区	22591	788		26		13	11	738
长乐区	6917	200		12		5	11	172
闽侯县								
连江县								
罗源县								
闽清县								
永泰县								
平潭县								
福清市	13523	133		8		4	2	119
厦门市	**148872**	**5440**	**3**	**96**		**71**	**15**	**5255**
思明区	29991	1919	1	59		20	5	1834
海沧区	21550	680		8		21	1	650
湖里区	39757	1403	1	18		21	5	1358
集美区	31278	883	1	7		4	2	869
同安区	23260	395		4		3		388
翔安区	3036	160				2	2	156

4-6a 续表 2

单位：人

地区 性别	合计	党的机关、国家机关、群众团体和社会组织、企事业单位负责人						
		小计	中国共产党机关负责人	国家机关负责人	民主党派和工商联负责人	人民团体和群众团体、社会组织及其他成员组织负责人	基层群众自治组织负责人	企事业单位负责人
莆田市	**37096**	**682**	**1**	**44**		**20**	**15**	**602**
城厢区	10289	206		18		2	1	185
涵江区	10223	147	1	11		12	9	114
荔城区	13185	267		13		5	2	247
秀屿区	3399	62		2		1	3	56
仙游县								
三明市	**15114**	**420**	**6**	**44**		**6**	**14**	**350**
梅列区	5511	150	3	22		3	4	118
三元区	3820	122	2	5			4	111
明溪县								
清流县								
宁化县								
大田县								
尤溪县								
沙县								
将乐县								
泰宁县								
建宁县								
永安市	5783	148	1	17		3	6	121
泉州市	**99809**	**4546**	**3**	**53**		**228**	**21**	**4241**
鲤城区	13111	664		9		17	4	634
丰泽区	20954	611		12		4	2	593
洛江区	3067	167		3			1	163
泉港区	3294	91		3		12	3	73
惠安县								
安溪县								
永春县								
德化县								
石狮市	13426	621				51		570
晋江市	38149	2076	2	20		141	9	1904
南安市	7808	316	1	6		3	2	304
漳州市	**27498**	**759**	**2**	**50**		**30**	**8**	**669**
芗城区	11822	600	2	31		14		553
龙文区	8621	121		11		14	3	93
云霄县								
漳浦县								
诏安县								
长泰县								
东山县								
南靖县								
平和县								
华安县								
龙海市	7025	38		8		2	5	23
南平市	**24311**	**760**	**24**	**74**		**7**	**25**	**630**
延平区	7127	198	7	13		2	6	170
建阳区	4407	114	11	27		3	1	72
顺昌县								
浦城县								
光泽县								
松溪县								
政和县								
邵武市	5215	112	2	13			10	87
武夷山市	3694	161	1	12		1	1	146
建瓯市	3868	175	3	9		1	7	155
龙岩市	**22722**	**544**	**1**	**46**		**1**	**15**	**481**
新罗区	17542	463	1	30		1	7	424
永定区	1692	26		7			2	17

4-6a　续表 3　　　　　　　　　　　　　　　　　　　　　　　　　　单位：人

地　区 性　别	合　计	党的机关、国家机关、群众团体和社会组织、企事业单位负责人						
		小计	中国共产党机关负责人	国家机关负责人	民主党派和工商联负责人	人民团体和群众团体、社会组织及其他成员组织负责人	基层群众自治组织负责人	企事业单位负责人
长汀县								
上杭县								
武平县								
连城县								
漳平市	3488	55		9			6	40
宁德市	**24907**	**491**		**59**		**15**	**11**	**406**
蕉城区	12432	247		41		5	5	196
霞浦县								
古田县								
屏南县								
寿宁县								
周宁县								
柘荣县								
福安市	6335	132		5		2	3	122
福鼎市	6140	112		13		8	3	88
女	**364942**	**5147**	**9**	**113**	**2**	**280**	**66**	**4677**
福州市	**74514**	**1125**	**1**	**33**	**1**	**80**	**11**	**999**
鼓楼区	13106	336	1	10	1	6	2	316
台江区	7496	36		3		2	1	30
仓山区	21290	389		11		59	3	316
马尾区	4576	37						37
晋安区	15737	254		7		4	5	238
长乐区	3871	42		1		7		34
闽侯县								
连江县								
罗源县								
闽清县								
永泰县								
平潭县								
福清市	8438	31		1		2		28
厦门市	**108083**	**1592**	**1**	**18**		**43**	**23**	**1507**
思明区	25976	606	1	13		14	13	565
海沧区	14052	238				8	2	228
湖里区	28874	389		2		5	4	378
集美区	21402	206		2		9	2	193
同安区	15751	100		1		5		94
翔安区	2028	53				2	2	49
莆田市	**28294**	**185**		**6**		**18**	**4**	**157**
城厢区	7788	44		3			2	39
涵江区	7830	41		2		11	2	26
荔城区	9945	83		1		4		78
秀屿区	2731	17				3		14
仙游县								
三明市	**10404**	**118**	**2**	**7**		**3**	**4**	**102**
梅列区	3942	34	1	2		1	2	28
三元区	2488	39	1	2				36
明溪县								
清流县								
宁化县								
大田县								
尤溪县								
沙县								
将乐县								
泰宁县								
建宁县								
永安市	3974	45		3		2	2	38

4-6a 续表 4 单位：人

地 区 性 别	合 计	党的机关、国家机关、群众团体和社会组织、企事业单位负责人						
		小计	中国共产党机关负责人	国家机关负责人	民主党派和工商联负责人	人民团体和群众团体、社会组织及其他成员组织负责人	基层群众自治组织负责人	企事业单位负责人
泉州市	**72546**	**1382**	**1**	**12**	**1**	**95**	**7**	**1266**
鲤城区	10053	214		2	1	9	2	200
丰泽区	15584	140		5		3		132
洛江区	2274	44		1		1	1	41
泉港区	2552	34		1		7	2	24
惠安县								
安溪县								
永春县								
德化县								
石狮市	9890	177				10		167
晋江市	25806	678	1	2		58	2	615
南安市	6387	95		1		7		87
漳州市	**21585**	**244**	**1**	**7**		**18**	**6**	**212**
芗城区	9730	195	1	5		9	4	176
龙文区	7127	41		2		7		32
云霄县								
漳浦县								
诏安县								
长泰县								
东山县								
南靖县								
平和县								
华安县								
龙海市	4708	8				2	2	4
南平市	**16634**	**246**	**2**	**16**		**11**	**7**	**210**
延平区	5088	52	2	3		4	3	40
建阳区	2750	35		4		2	1	28
顺昌县								
浦城县								
光泽县								
松溪县								
政和县								
邵武市	3369	34		5		2	3	24
武夷山市	2800	75				2		73
建瓯市	2627	50		4		1		45
龙岩市	**16847**	**144**	**1**	**10**		**8**	**4**	**121**
新罗区	13098	117		6		8	2	101
永定区	1328	10		1				9
长汀县								
上杭县								
武平县								
连城县								
漳平市	2421	17	1	3			2	11
宁德市	**16035**	**111**		**4**		**4**		**103**
蕉城区	7273	70		3				67
霞浦县								
古田县								
屏南县								
寿宁县								
周宁县								
柘荣县								
福安市	4367	12						12
福鼎市	4395	29		1		4		24

4-6a 续表 5

单位：人

地区 性别	专业技术人员 小计	科学研究人员	工程技术人员	农业技术人员	飞机和船舶技术人员	卫生专业技术人员	经济和金融专业人员	法律、社会和宗教专业人员	教学人员	文学艺术、体育专业人员
合　计	**128890**	**504**	**27536**	**362**	**367**	**17599**	**35663**	**3286**	**37494**	**3298**
福州市	**33204**	**249**	**7290**	**89**	**56**	**4883**	**9039**	**878**	**9112**	**731**
鼓楼区	8440	100	1773	34	7	1478	2408	260	1881	197
台江区	3468	14	717	7	9	737	929	94	793	76
仓山区	9419	64	2159	19	17	1159	2347	234	2990	208
马尾区	1329	1	357	5	6	118	441	23	344	16
晋安区	6286	65	1489	7	10	785	2013	170	1429	136
长乐区	1373		219	3	6	214	316	21	535	45
闽侯县										
连江县										
罗源县										
闽清县										
永泰县										
平潭县										
福清市	2889	5	576	14	1	392	585	76	1140	53
厦门市	**40398**	**162**	**10615**	**76**	**272**	**3853**	**12888**	**1006**	**9232**	**1422**
思明区	12120	73	2529	26	163	1468	3935	446	2800	411
海沧区	4680	15	1564	6	21	400	1294	82	1014	116
湖里区	11202	30	2822	27	53	977	4325	240	1970	542
集美区	7378	28	2188	14	20	551	2009	164	2001	265
同安区	4179	8	1235	3	8	394	1117	66	1208	75
翔安区	839	8	277		7	63	208	8	239	13
莆田市	**7186**	**10**	**979**	**13**	**7**	**1131**	**1658**	**171**	**2909**	**214**
城厢区	2558	3	253	5	3	395	653	66	1092	52
涵江区	1767		315	3	1	227	459	37	642	65
荔城区	2346	7	317	2	2	439	480	61	917	84
秀屿区	515		94	3	1	70	66	7	258	13
仙游县										
三明市	**4117**	**10**	**864**	**24**	**1**	**668**	**933**	**94**	**1390**	**55**
梅列区	1843	4	418	7		276	463	46	569	21
三元区	855	3	174	6		146	180	18	297	12
明溪县										
清流县										
宁化县										
大田县										
尤溪县										
沙县										
将乐县										
泰宁县										
建宁县										
永安市	1419	3	272	11	1	246	290	30	524	22
泉州市	**19141**	**25**	**3401**	**30**	**17**	**2529**	**5492**	**461**	**6268**	**517**
鲤城区	2774	2	497	7		459	752	59	841	100
丰泽区	6232	12	1114	12	7	979	1744	209	1866	161
洛江区	765	3	167	1		87	218	20	247	10
泉港区	779		193	1	9	78	177	15	276	20
惠安县										
安溪县										
永春县										
德化县										
石狮市	1981		169		1	212	575	45	860	90
晋江市	4994	7	1043	1		470	1631	79	1517	114
南安市	1616	1	218	8		244	395	34	661	22
漳州市	**7370**	**22**	**1331**	**31**	**4**	**1387**	**1722**	**215**	**2341**	**149**
芗城区	4040	15	657	19		849	897	133	1295	80
龙文区	2043	4	457	4		331	584	41	537	39
云霄县										
漳浦县										

4-6a 续表 6 单位：人

地区 性别	专业技术人员 小计	科学研究人员	工程技术人员	农业技术人员	飞机和船舶技术人员	卫生专业技术人员	经济和金融专业人员	法律、社会和宗教专业人员	教学人员	文学艺术、体育专业人员
诏安县										
长泰县										
东山县										
南靖县										
平和县										
华安县										
龙海市	1285	3	216	8	4	206	241	41	509	30
南平市	**5486**	**5**	**845**	**44**		**1102**	**1107**	**143**	**2077**	**63**
延平区	1870		391	5		408	431	59	521	19
建阳区	978	2	140	10		197	195	17	385	8
顺昌县										
浦城县										
光泽县										
松溪县										
政和县										
邵武市	1036	1	152	18		211	197	18	408	15
武夷山市	768	2	82	3		113	141	21	378	17
建瓯市	834		80	8		173	143	28	385	4
龙岩市	**6151**	**8**	**1017**	**33**		**1067**	**1539**	**153**	**2165**	**69**
新罗区	4946	7	897	17		895	1291	115	1584	57
永定区	487		36	7		81	69	14	265	9
长汀县										
上杭县										
武平县										
连城县										
漳平市	718	1	84	9		91	179	24	316	3
宁德市	**5837**	**13**	**1194**	**22**	**10**	**979**	**1285**	**165**	**2000**	**78**
蕉城区	3038	8	923	14	2	435	640	70	844	40
霞浦县										
古田县										
屏南县										
寿宁县										
周宁县										
柘荣县										
福安市	1383	4	113	5	6	246	328	50	605	11
福鼎市	1416	1	158	3	2	298	317	45	551	27
男	**54607**	**299**	**22980**	**251**	**349**	**5247**	**9900**	**1634**	**10811**	**1890**
福州市	**14393**	**147**	**6037**	**58**	**49**	**1407**	**2813**	**431**	**2670**	**396**
鼓楼区	3595	62	1384	21	6	435	768	129	557	106
台江区	1460	4	584	5	8	212	286	39	241	37
仓山区	4087	39	1797	12	13	336	647	109	931	116
马尾区	600		321	2	6	32	118	11	90	9
晋安区	2705	39	1248	6	9	198	595	86	364	74
长乐区	630		194	3	6	73	148	15	156	28
闽侯县										
连江县										
罗源县										
闽清县										
永泰县										
平潭县										
福清市	1316	3	509	9	1	121	251	42	331	26
厦门市	**17701**	**94**	**8774**	**54**	**262**	**1060**	**3250**	**452**	**2553**	**835**
思明区	4929	41	1993	17	159	425	965	208	804	213
海沧区	2234	8	1348	3	20	108	327	34	222	79
湖里区	4837	23	2324	20	52	240	1148	113	505	326
集美区	3412	13	1844	11	18	156	473	58	619	158
同安区	1895	6	1025	3	6	115	292	35	336	50
翔安区	394	3	240		7	16	45	4	67	9

4-6a 续表 7　　　　单位：人

地区 性别	专业技术人员 小计	科学研究人员	工程技术人员	农业技术人员	飞机和船舶技术人员	卫生专业技术人员	经济和金融专业人员	法律、社会和宗教专业人员	教学人员	文学艺术、体育专业人员
莆田市	**2902**	**5**	**832**	**10**	**7**	**374**	**542**	**92**	**865**	**127**
城厢区	978	1	217	4	3	121	242	38	306	31
涵江区	770		257	2	1	84	160	19	202	35
荔城区	922	4	274	2	2	145	124	31	270	50
秀屿区	232		84	2	1	24	16	4	87	11
仙游县										
三明市	**1821**	**9**	**741**	**19**	**1**	**208**	**280**	**44**	**463**	**34**
梅列区	837	4	350	4		89	153	22	190	14
三元区	379	3	155	5		41	46	10	104	8
明溪县										
清流县										
宁化县										
大田县										
尤溪县										
沙县										
将乐县										
泰宁县										
建宁县										
永安市	605	2	236	10	1	78	81	12	169	12
泉州市	**7698**	**15**	**2859**	**21**	**17**	**791**	**1452**	**244**	**1796**	**302**
鲤城区	1073	1	399	5		134	184	30	230	57
丰泽区	2566	6	921	7	7	278	524	113	552	98
洛江区	324	3	145			28	52	11	70	8
泉港区	370		178	1	9	26	51	7	80	9
惠安县										
安溪县										
永春县										
德化县										
石狮市	700		140		1	75	144	27	250	51
晋江市	2050	5	886	1		159	413	37	421	64
南安市	615		190	7		91	84	19	193	15
漳州市	**2912**	**9**	**1109**	**19**	**3**	**413**	**441**	**129**	**617**	**87**
芗城区	1589	7	551	10		245	234	81	371	53
龙文区	796	2	380	2		99	123	23	117	18
云霄县										
漳浦县										
诏安县										
长泰县										
东山县										
南靖县										
平和县										
华安县										
龙海市	525		177	7	3	68	84	25	129	16
南平市	**2202**	**3**	**720**	**32**		**338**	**325**	**73**	**635**	**26**
延平区	799		330	4		125	129	35	151	8
建阳区	378		115	7		60	60	8	113	3
顺昌县										
浦城县										
光泽县										
松溪县										
政和县										
邵武市	435	1	133	15		71	60	10	128	9
武夷山市	270	2	67	2		34	34	8	114	3
建瓯市	320		75	4		48	42	12	129	3
龙岩市	**2441**	**8**	**857**	**23**		**317**	**414**	**71**	**669**	**41**
新罗区	1948	7	760	12		259	341	49	450	33
永定区	211		28	7		27	22	10	109	6

4-6a 续表 8

单位：人

地区 性别	专业技术人员 小计	科学研究人员	工程技术人员	农业技术人员	飞机和船舶技术人员	卫生专业技术人员	经济和金融专业人员	法律、社会和宗教专业人员	教学人员	文学艺术、体育专业人员
长汀县										
上杭县										
武平县										
连城县										
漳平市	282	1	69	4		31	51	12	110	2
宁德市	**2537**	**9**	**1051**	**15**	**10**	**339**	**383**	**98**	**543**	**42**
蕉城区	1487	5	804	10	2	152	203	42	215	26
霞浦县										
古田县										
屏南县										
寿宁县										
周宁县										
柘荣县										
福安市	493	3	108	3	6	87	71	28	171	8
福鼎市	557	1	139	2	2	100	109	28	157	8
女	**74283**	**205**	**4556**	**111**	**18**	**12352**	**25763**	**1652**	**26683**	**1408**
福州市	**18811**	**102**	**1253**	**31**	**7**	**3476**	**6226**	**447**	**6442**	**335**
鼓楼区	4845	38	389	13	1	1043	1640	131	1324	91
台江区	2008	10	133	2	1	525	643	55	552	39
仓山区	5332	25	362	7	4	823	1700	125	2059	92
马尾区	729	1	36	3		86	323	12	254	7
晋安区	3581	26	241	1	1	587	1418	84	1065	62
长乐区	743		25			141	168	6	379	17
闽侯县										
连江县										
罗源县										
闽清县										
永泰县										
平潭县										
福清市	1573	2	67	5		271	334	34	809	27
厦门市	**22697**	**68**	**1841**	**22**	**10**	**2793**	**9638**	**554**	**6679**	**587**
思明区	7191	32	536	9	4	1043	2970	238	1996	198
海沧区	2446	7	216	3	1	292	967	48	792	37
湖里区	6365	7	498	7	1	737	3177	127	1465	216
集美区	3966	15	344	3	2	395	1536	106	1382	107
同安区	2284	2	210		2	279	825	31	872	25
翔安区	445	5	37			47	163	4	172	4
莆田市	**4284**	**5**	**147**	**3**		**757**	**1116**	**79**	**2044**	**87**
城厢区	1580	2	36	1		274	411	28	786	21
涵江区	997		58	1		143	299	18	440	30
荔城区	1424	3	43			294	356	30	647	34
秀屿区	283		10	1		46	50	3	171	2
仙游县										
三明市	**2296**	**1**	**123**	**5**		**460**	**653**	**50**	**927**	**21**
梅列区	1006		68	3		187	310	24	379	7
三元区	476		19	1		105	134	8	193	4
明溪县										
清流县										
宁化县										
大田县										
尤溪县										
沙县										
将乐县										
泰宁县										
建宁县										
永安市	814	1	36	1		168	209	18	355	10

4-6a　续表 9　　　　单位：人

地　区 性　别	专业技术人员									
	小计	科学研究人员	工程技术人员	农业技术人员	飞机和船舶技术人员	卫生专业技术人员	经济和金融专业人员	法律、社会和宗教专业人员	教学人员	文学艺术、体育专业人员
泉州市	**11443**	**10**	**542**	**9**		**1738**	**4040**	**217**	**4472**	**215**
鲤城区	1701	1	98	2		325	568	29	611	43
丰泽区	3666	6	193	5		701	1220	96	1314	63
洛江区	441		22	1		59	166	9	177	2
泉港区	409		15			52	126	8	196	11
惠安县										
安溪县										
永春县										
德化县										
石狮市	1281		29			137	431	18	610	39
晋江市	2944	2	157			311	1218	42	1096	50
南安市	1001	1	28	1		153	311	15	468	7
漳州市	**4458**	**13**	**222**	**12**	**1**	**974**	**1281**	**86**	**1724**	**62**
芗城区	2451	8	106	9		604	663	52	924	27
龙文区	1247	2	77	2		232	461	18	420	21
云霄县										
漳浦县										
诏安县										
长泰县										
东山县										
南靖县										
平和县										
华安县										
龙海市	760	3	39	1	1	138	157	16	380	14
南平市	**3284**	**2**	**125**	**12**		**764**	**782**	**70**	**1442**	**37**
延平区	1071		61	1		283	302	24	370	11
建阳区	600	2	25	3		137	135	9	272	5
顺昌县										
浦城县										
光泽县										
松溪县										
政和县										
邵武市	601		19	3		140	137	8	280	6
武夷山市	498		15	1		79	107	13	264	14
建瓯市	514		5	4		125	101	16	256	1
龙岩市	**3710**		**160**	**10**		**750**	**1125**	**82**	**1496**	**28**
新罗区	2998		137	5		636	950	66	1134	24
永定区	276		8			54	47	4	156	3
长汀县										
上杭县										
武平县										
连城县										
漳平市	436		15	5		60	128	12	206	1
宁德市	**3300**	**4**	**143**	**7**		**640**	**902**	**67**	**1457**	**36**
蕉城区	1551	3	119	4		283	437	28	629	14
霞浦县										
古田县										
屏南县										
寿宁县										
周宁县										
柘荣县										
福安市	890	1	5	2		159	257	22	434	3
福鼎市	859		19	1		198	208	17	394	19

4-6a 续表 10

单位：人

地区 性别	专业技术人员		办事人员和有关人员				社会生产服务和生活服务人员		
	新闻出版、文化专业人员	其他专业技术人员	小计	办事人员	安全和消防人员	其他办事人员和有关人员	小计	批发与零售服务人员	交通运输、仓储和邮政业服务人员
合 计	**2303**	**478**	**95181**	**83656**	**10927**	**598**	**385851**	**168359**	**60863**
福州市	**773**	**104**	**25873**	**22766**	**2974**	**133**	**83462**	**34429**	**12740**
鼓楼区	278	24	5546	4960	547	39	11686	4310	1079
台江区	75	17	3083	2778	275	30	9277	4378	1150
仓山区	205	17	7671	6728	927	16	23154	10628	3936
马尾区	14	4	1130	976	150	4	5911	1993	1160
晋安区	148	34	4942	4316	595	31	19361	7300	3231
长乐区	10	4	969	807	154	8	5058	1777	745
闽侯县									
连江县									
罗源县									
闽清县									
永泰县									
平潭县									
福清市	43	4	2532	2201	326	5	9015	4043	1439
厦门市	**714**	**158**	**28457**	**25340**	**2920**	**197**	**113781**	**42271**	**19875**
思明区	250	19	10571	9492	1064	15	27066	9722	3495
海沧区	88	80	2673	2037	492	144	13450	4745	2782
湖里区	211	5	6200	5663	535	2	36405	13236	6233
集美区	112	26	5552	5002	536	14	21812	8727	3926
同安区	37	28	2993	2732	244	17	12664	4756	3091
翔安区	16		468	414	49	5	2384	1085	348
莆田市	**77**	**17**	**4862**	**4017**	**813**	**32**	**28277**	**16410**	**3625**
城厢区	32	4	1845	1593	246	6	9642	5616	982
涵江区	15	3	1017	746	258	13	7255	3810	1195
荔城区	27	10	1671	1408	255	8	9202	5818	1094
秀屿区	3		329	270	54	5	2178	1166	354
仙游县									
三明市	**72**	**6**	**3010**	**2538**	**445**	**27**	**11293**	**4721**	**2095**
梅列区	39		1311	1135	163	13	4074	1597	615
三元区	13	6	597	498	92	7	2979	1240	619
明溪县									
清流县									
宁化县									
大田县									
尤溪县									
沙县									
将乐县									
泰宁县									
建宁县									
永安市	20		1102	905	190	7	4240	1884	861
泉州市	**300**	**101**	**13376**	**12320**	**961**	**95**	**71022**	**34931**	**10408**
鲤城区	41	16	1829	1688	117	24	9749	4786	1450
丰泽区	126	2	4409	4073	335	1	17606	7414	2340
洛江区	8	4	508	422	84	2	1972	939	287
泉港区	4	6	501	421	63	17	2349	1094	388
惠安县									
安溪县									
永春县									
德化县									
石狮市	29		1420	1326	85	9	10865	6405	1323
晋江市	65	67	3651	3449	183	19	22557	11408	3737
南安市	27	6	1058	941	94	23	5924	2885	883
漳州市	**115**	**53**	**5484**	**4582**	**855**	**47**	**22747**	**10352**	**3650**
芗城区	74	21	2975	2445	508	22	10212	4683	1428
龙文区	23	23	1645	1426	202	17	7399	3357	1096
云霄县									
漳浦县									

4-6a 续表 11

单位：人

地区 性别	专业技术人员		办事人员和有关人员				社会生产服务和生活服务人员		
	新闻出版、文化专业人员	其他专业技术人员	小计	办事人员	安全和消防人员	其他办事人员和有关人员	小计	批发与零售服务人员	交通运输、仓储和邮政业服务人员
诏安县									
长泰县									
东山县									
南靖县									
平和县									
华安县									
龙海市	18	9	863	710	145	8	5117	2301	1123
南平市	**82**	**18**	**4937**	**4105**	**801**	**31**	**18670**	**8089**	**3287**
延平区	31	5	1589	1368	214	7	5532	2140	1093
建阳区	19	5	1140	929	198	13	3102	1373	490
顺昌县									
浦城县									
光泽县									
松溪县									
政和县									
邵武市	15	1	853	706	142	5	3689	1566	789
武夷山市	11		694	573	119	2	3251	1629	335
建瓯市	6	7	661	529	128	4	3096	1381	580
龙岩市	**85**	**15**	**4644**	**4049**	**576**	**19**	**19392**	**8579**	**2835**
新罗区	68	15	3740	3257	465	18	15165	6735	2065
永定区	6		440	384	55	1	1305	589	178
长汀县									
上杭县									
武平县									
连城县									
漳平市	11		464	408	56		2922	1255	592
宁德市	**85**	**6**	**4538**	**3939**	**582**	**17**	**17207**	**8577**	**2348**
蕉城区	57	5	2416	2104	295	17	7816	3742	951
霞浦县									
古田县									
屏南县									
寿宁县									
周宁县									
柘荣县									
福安市	15		1043	930	113		4637	2573	732
福鼎市	13	1	1079	905	174		4754	2262	665
男	**903**	**343**	**55537**	**45324**	**9851**	**362**	**222222**	**87382**	**52599**
福州市	**317**	**68**	**15133**	**12380**	**2673**	**80**	**48818**	**18204**	**11015**
鼓楼区	115	12	3089	2601	463	25	6537	2208	909
台江区	33	11	1769	1504	247	18	5396	2300	1004
仓山区	75	12	4511	3663	839	9	14070	5845	3450
马尾区	8	3	635	494	140	1	3553	1053	1024
晋安区	61	25	2791	2245	528	18	11046	3764	2683
长乐区	4	3	639	488	146	5	3037	1013	665
闽侯县									
连江县									
罗源县									
闽清县									
永泰县									
平潭县									
福清市	21	2	1699	1385	310	4	5179	2021	1280
厦门市	**254**	**113**	**15514**	**12729**	**2663**	**122**	**65707**	**21297**	**16958**
思明区	88	16	5822	4845	968	9	14483	4685	2844
海沧区	29	56	1583	1027	466	90	7984	2354	2461
湖里区	82	4	3225	2747	478		21100	6643	5390
集美区	43	19	2952	2457	486	9	12944	4562	3342
同安区	9	18	1685	1453	222	10	7810	2511	2630
翔安区	3		247	200	43	4	1386	542	291

4-6a 续表 12　　　　单位：人

地区 性别	专业技术人员		办事人员和有关人员				社会生产服务和生活服务人员		
	新闻出版、文化专业人员	其他专业技术人员	小计	办事人员	安全和消防人员	其他办事人员和有关人员	小计	批发与零售服务人员	交通运输、仓储和邮政业服务人员
莆田市	**32**	**16**	**3069**	**2328**	**726**	**15**	**16767**	**9275**	**3132**
城厢区	12	3	1153	936	215	2	5580	3172	854
涵江区	7	3	660	415	238	7	4276	2030	1019
荔城区	10	10	1033	806	223	4	5664	3443	952
秀屿区	3		223	171	50	2	1247	630	307
仙游县									
三明市	**19**	**3**	**1803**	**1394**	**394**	**15**	**6157**	**2152**	**1795**
梅列区	11		752	605	138	9	2182	757	512
三元区	4	3	339	257	79	3	1704	582	546
明溪县									
清流县									
宁化县									
大田县									
尤溪县									
沙县									
将乐县									
泰宁县									
建宁县									
永安市	4		712	532	177	3	2271	813	737
泉州市	**130**	**71**	**8074**	**7150**	**867**	**57**	**42212**	**19251**	**9108**
鲤城区	18	15	1042	922	107	13	5782	2596	1228
丰泽区	58	2	2672	2372	299	1	10077	3821	2047
洛江区	3	4	302	222	79	1	1168	517	241
泉港区	3	6	310	239	61	10	1119	405	330
惠安县									
安溪县									
永春县									
德化县									
石狮市	12		884	804	75	5	6613	3710	1201
晋江市	24	40	2194	2017	164	13	14079	6641	3276
南安市	12	4	670	574	82	14	3374	1561	785
漳州市	**42**	**43**	**3383**	**2573**	**780**	**30**	**12196**	**4999**	**3105**
芗城区	20	17	1792	1318	460	14	5416	2207	1227
龙文区	15	17	1014	817	188	9	3836	1633	934
云霄县									
漳浦县									
诏安县									
长泰县									
东山县									
南靖县									
平和县									
华安县									
龙海市	7	9	576	437	132	7	2933	1154	941
南平市	**37**	**13**	**3033**	**2288**	**728**	**17**	**10346**	**3856**	**2921**
延平区	14	3	913	714	195	4	3064	988	953
建阳区	8	4	719	536	175	8	1747	682	441
顺昌县									
浦城县									
光泽县									
松溪县									
政和县									
邵武市	7	1	546	413	131	2	2131	765	706
武夷山市	6		443	332	110	1	1668	772	289
建瓯市	2	5	412	293	117	2	1736	649	532
龙岩市	**28**	**13**	**2703**	**2181**	**507**	**15**	**10527**	**4123**	**2464**
新罗区	24	13	2127	1696	416	15	8238	3297	1788
永定区	2		284	239	45		687	272	149

4-6a　续表 13　　　　单位：人

地　区 性　别	专业技术人员：新闻出版、文化专业人员	专业技术人员：其他专业技术人员	办事人员和有关人员：小计	办事人员和有关人员：办事人员	办事人员和有关人员：安全和消防人员	办事人员和有关人员：其他办事人员和有关人员	社会生产服务和生活服务人员：小计	社会生产服务和生活服务人员：批发与零售服务人员	社会生产服务和生活服务人员：交通运输、仓储和邮政业服务人员
长汀县									
上杭县									
武平县									
连城县									
漳平市	2		292	246	46		1602	554	527
宁德市	**44**	**3**	**2825**	**2301**	**513**	**11**	**9492**	**4225**	**2101**
蕉城区	25	3	1432	1155	266	11	4251	1820	852
霞浦县									
古田县									
屏南县									
寿宁县									
周宁县									
柘荣县									
福安市	8		696	594	102		2674	1331	649
福鼎市	11		697	552	145		2567	1074	600
女	**1400**	**135**	**39644**	**38332**	**1076**	**236**	**163629**	**80977**	**8264**
福州市	**456**	**36**	**10740**	**10386**	**301**	**53**	**34644**	**16225**	**1725**
鼓楼区	163	12	2457	2359	84	14	5149	2102	170
台江区	42	6	1314	1274	28	12	3881	2078	146
仓山区	130	5	3160	3065	88	7	9084	4783	486
马尾区	6	1	495	482	10	3	2358	940	136
晋安区	87	9	2151	2071	67	13	8315	3536	548
长乐区	6	1	330	319	8	3	2021	764	80
闽侯县									
连江县									
罗源县									
闽清县									
永泰县									
平潭县									
福清市	22	2	833	816	16	1	3836	2022	159
厦门市	**460**	**45**	**12943**	**12611**	**257**	**75**	**48074**	**20974**	**2917**
思明区	162	3	4749	4647	96	6	12583	5037	651
海沧区	59	24	1090	1010	26	54	5466	2391	321
湖里区	129	1	2975	2916	57	2	15305	6593	843
集美区	69	7	2600	2545	50	5	8868	4165	584
同安区	28	10	1308	1279	22	7	4854	2245	461
翔安区	13		221	214	6	1	998	543	57
莆田市	**45**	**1**	**1793**	**1689**	**87**	**17**	**11510**	**7135**	**493**
城厢区	20	1	692	657	31	4	4062	2444	128
涵江区	8		357	331	20	6	2979	1780	176
荔城区	17		638	602	32	4	3538	2375	142
秀屿区			106	99	4	3	931	536	47
仙游县									
三明市	**53**	**3**	**1207**	**1144**	**51**	**12**	**5136**	**2569**	**300**
梅列区	28		559	530	25	4	1892	840	103
三元区	9	3	258	241	13	4	1275	658	73
明溪县									
清流县									
宁化县									
大田县									
尤溪县									
沙县									
将乐县									
泰宁县									
建宁县									
永安市	16		390	373	13	4	1969	1071	124

4-6a 续表 14 单位：人

地区 性别	专业技术人员		办事人员和有关人员				社会生产服务和生活服务人员		
	新闻出版、文化专业人员	其他专业技术人员	小计	办事人员	安全和消防人员	其他办事人员和有关人员	小计	批发与零售服务人员	交通运输、仓储和邮政业服务人员
泉州市	**170**	**30**	**5302**	**5170**	**94**	**38**	**28810**	**15680**	**1300**
鲤城区	23	1	787	766	10	11	3967	2190	222
丰泽区	68		1737	1701	36		7529	3593	293
洛江区	5		206	200	5	1	804	422	46
泉港区	1		191	182	2	7	1230	689	58
惠安县									
安溪县									
永春县									
德化县									
石狮市	17		536	522	10	4	4252	2695	122
晋江市	41	27	1457	1432	19	6	8478	4767	461
南安市	15	2	388	367	12	9	2550	1324	98
漳州市	**73**	**10**	**2101**	**2009**	**75**	**17**	**10551**	**5353**	**545**
芗城区	54	4	1183	1127	48	8	4796	2476	201
龙文区	8	6	631	609	14	8	3563	1724	162
云霄县									
漳浦县									
诏安县									
长泰县									
东山县									
南靖县									
平和县									
华安县									
龙海市	11		287	273	13	1	2184	1147	182
南平市	**45**	**5**	**1904**	**1817**	**73**	**14**	**8324**	**4233**	**366**
延平区	17	2	676	654	19	3	2468	1152	140
建阳区	11	1	421	393	23	5	1355	691	49
顺昌县									
浦城县									
光泽县									
松溪县									
政和县									
邵武市	8		307	293	11	3	1558	801	83
武夷山市	5		251	241	9	1	1583	857	46
建瓯市	4	2	249	236	11	2	1360	732	48
龙岩市	**57**	**2**	**1941**	**1868**	**69**	**4**	**8865**	**4456**	**371**
新罗区	44	2	1613	1561	49	3	6927	3438	277
永定区	4		156	145	10	1	618	317	29
长汀县									
上杭县									
武平县									
连城县									
漳平市	9		172	162	10		1320	701	65
宁德市	**41**	**3**	**1713**	**1638**	**69**	**6**	**7715**	**4352**	**247**
蕉城区	32	2	984	949	29	6	3565	1922	99
霞浦县									
古田县									
屏南县									
寿宁县									
周宁县									
柘荣县									
福安市	7		347	336	11		1963	1242	83
福鼎市	2	1	382	353	29		2187	1188	65

4-6a　续表 15　　　　　　　　　　　　　　　　　　　　　　　　　　单位：人

地　区 性　别	社会生产服务和生活服务人员								
	住宿和餐饮服务人　员	信息传输、软件和信息技术服务人　员	金融服务人　员	房地产服务人员	租赁和商务服务人　员	技术辅助服务人员	水利、环境和公共设施管理服务人员	居民服务人　员	电力、燃气及水供应服务人　员
合　计	**46133**	**11836**	**10800**	**8016**	**13497**	**12020**	**15991**	**22407**	**2308**
福州市	**10664**	**3481**	**3452**	**2048**	**2475**	**2747**	**3351**	**4667**	**532**
鼓楼区	1465	947	841	398	503	535	326	742	81
台江区	981	392	595	303	214	299	231	432	34
仓山区	2050	990	656	412	621	839	1080	1060	157
马尾区	1264	180	142	110	158	131	272	324	16
晋安区	2313	771	821	684	695	697	795	1183	103
长乐区	1236	69	178	65	96	72	203	401	41
闽侯县									
连江县									
罗源县									
闽清县									
永泰县									
平潭县									
福清市	1355	132	219	76	188	174	444	525	100
厦门市	**13747**	**5254**	**2367**	**2582**	**5823**	**4546**	**5889**	**6814**	**411**
思明区	3949	1615	991	828	1126	1025	1286	2160	112
海沧区	1444	377	222	254	849	537	800	634	55
湖里区	4139	1841	707	818	2219	1694	1831	2197	93
集美区	2468	1081	296	465	922	788	1182	1150	75
同安区	1467	244	127	165	583	426	674	570	68
翔安区	280	96	24	52	124	76	116	103	8
莆田市	**2949**	**361**	**625**	**278**	**474**	**538**	**776**	**1212**	**220**
城厢区	1050	135	286	124	189	202	242	505	80
涵江区	879	84	115	53	125	136	221	330	32
荔城区	787	110	189	92	122	175	217	292	83
秀屿区	233	32	35	9	38	25	96	85	25
仙游县									
三明市	**1502**	**241**	**392**	**191**	**348**	**220**	**401**	**615**	**106**
梅列区	612	128	233	88	160	80	150	191	52
三元区	414	42	80	37	84	45	115	162	21
明溪县									
清流县									
宁化县									
大田县									
尤溪县									
沙县									
将乐县									
泰宁县									
建宁县									
永安市	476	71	79	66	104	95	136	262	33
泉州市	**7606**	**1138**	**1754**	**1307**	**2492**	**2254**	**2689**	**3684**	**432**
鲤城区	1038	199	198	110	421	274	332	519	66
丰泽区	2216	353	850	736	651	564	709	1007	134
洛江区	178	48	40	52	48	83	77	122	26
泉港区	268	44	32	30	100	53	130	119	19
惠安县									
安溪县									
永春县									
德化县									
石狮市	1078	77	163	70	267	213	338	568	55
晋江市	2295	317	303	262	764	935	784	964	82
南安市	533	100	168	47	241	132	319	385	50
漳州市	**2499**	**431**	**614**	**476**	**518**	**458**	**959**	**1771**	**143**
芗城区	1280	198	367	265	245	217	364	681	66
龙文区	720	158	146	154	169	165	434	711	27
云霄县									
漳浦县									

4-6a 续表 16

单位：人

地区 性别	住宿和餐饮服务人员	信息传输、软件和信息技术服务人员	金融服务人员	房地产服务人员	租赁和商务服务人员	技术辅助服务人员	水利、环境和公共设施管理服务人员	居民服务人员	电力、燃气及水供应服务人员
	社会生产服务和生活服务人员								
诏安县									
长泰县									
东山县									
南靖县									
平和县									
华安县									
龙海市	496	75	99	57	104	76	161	379	50
南平市	**2468**	**285**	**554**	**320**	**516**	**409**	**662**	**1151**	**186**
延平区	722	112	239	106	136	157	176	384	53
建阳区	423	54	78	84	66	66	140	174	13
顺昌县									
浦城县									
光泽县									
松溪县									
政和县									
邵武市	467	40	101	37	90	78	122	212	36
武夷山市	511	25	66	30	148	48	98	215	53
建瓯市	345	54	70	63	76	60	126	166	31
龙岩市	**2464**	**395**	**566**	**525**	**531**	**483**	**752**	**1342**	**146**
新罗区	1904	306	461	482	386	413	618	1086	85
永定区	205	26	44	10	51	23	49	67	18
长汀县									
上杭县									
武平县									
连城县									
漳平市	355	63	61	33	94	47	85	189	43
宁德市	**2234**	**250**	**476**	**289**	**320**	**365**	**512**	**1151**	**132**
蕉城区	1037	155	280	188	148	187	261	555	69
霞浦县									
古田县									
屏南县									
寿宁县									
周宁县									
柘荣县									
福安市	483	47	98	29	88	63	103	231	35
福鼎市	714	48	98	72	84	115	148	365	28
男	**23765**	**8823**	**4920**	**4828**	**9297**	**7764**	**5036**	**5820**	**1851**
福州市	**5809**	**2576**	**1579**	**1286**	**1628**	**1785**	**1091**	**1293**	**438**
鼓楼区	836	680	381	244	324	313	117	184	62
台江区	533	297	268	195	142	207	87	148	23
仓山区	1104	749	304	253	351	540	378	372	137
马尾区	710	138	59	67	119	92	92	63	11
晋安区	1144	559	393	451	469	447	218	282	86
长乐区	730	49	76	38	83	53	67	98	33
闽侯县									
连江县									
罗源县									
闽清县									
永泰县									
平潭县									
福清市	752	104	98	38	140	133	132	146	86
厦门市	**7183**	**4085**	**1138**	**1624**	**3719**	**2853**	**1887**	**1596**	**343**
思明区	2095	1187	466	523	582	620	468	418	84
海沧区	738	303	112	152	531	355	225	163	47
湖里区	2139	1479	339	524	1460	1041	530	493	81
集美区	1288	839	144	294	603	503	401	336	67
同安区	767	195	64	105	446	282	235	153	56
翔安区	156	82	13	26	97	52	28	33	8

4-6a 续表 17

单位：人

地区 性别	社会生产服务和生活服务人员								
	住宿和餐饮服务人员	信息传输、软件和信息技术服务人员	金融服务人员	房地产服务人员	租赁和商务服务人员	技术辅助服务人员	水利、环境和公共设施管理服务人员	居民服务人员	电力、燃气及水供应服务人员
莆田市	**1549**	**259**	**290**	**141**	**382**	**338**	**235**	**371**	**173**
城厢区	517	94	139	59	158	132	70	138	62
涵江区	504	61	45	27	101	94	75	103	20
荔城区	437	83	90	52	93	99	68	98	68
秀屿区	91	21	16	3	30	13	22	32	23
仙游县									
三明市	**666**	**172**	**167**	**82**	**269**	**159**	**125**	**160**	**78**
梅列区	263	95	106	40	115	62	47	41	34
三元区	187	29	33	17	77	32	31	57	20
明溪县									
清流县									
宁化县									
大田县									
尤溪县									
沙县									
将乐县									
泰宁县									
建宁县									
永安市	216	48	28	25	77	65	47	62	24
泉州市	**4063**	**816**	**784**	**802**	**1970**	**1434**	**814**	**1076**	**339**
鲤城区	560	151	75	59	345	169	109	152	56
丰泽区	1206	250	404	466	473	388	214	263	94
洛江区	105	33	24	28	33	54	12	38	22
泉港区	83	30	9	17	87	40	31	23	15
惠安县									
安溪县									
永春县									
德化县									
石狮市	587	56	68	45	217	132	124	196	45
晋江市	1269	226	125	164	620	566	271	325	68
南安市	253	70	79	23	195	85	53	79	39
漳州市	**1208**	**283**	**286**	**260**	**336**	**306**	**221**	**399**	**122**
芗城区	636	128	172	148	154	141	87	154	56
龙文区	323	104	67	87	103	111	92	157	22
云霄县									
漳浦县									
诏安县									
长泰县									
东山县									
南靖县									
平和县									
华安县									
龙海市	248	51	45	25	79	54	42	88	44
南平市	**1111**	**184**	**209**	**135**	**371**	**288**	**278**	**276**	**143**
延平区	338	67	80	50	101	112	80	95	38
建阳区	189	38	35	38	45	48	61	59	11
顺昌县									
浦城县									
光泽县									
松溪县									
政和县									
邵武市	213	23	38	11	70	53	53	53	29
武夷山市	217	21	32	14	97	30	35	42	44
建瓯市	154	35	24	22	58	45	49	27	21
龙岩市	**1122**	**275**	**264**	**316**	**376**	**336**	**224**	**316**	**111**
新罗区	867	212	223	300	268	290	179	265	65
永定区	96	19	14	4	36	15	19	15	14

4-6a 续表 18

单位：人

地区 性别	社会生产服务和生活服务人员								
	住宿和餐饮服务人员	信息传输、软件和信息技术服务人员	金融服务人员	房地产服务人员	租赁和商务服务人员	技术辅助服务人员	水利、环境和公共设施管理服务人员	居民服务人员	电力、燃气及水供应服务人员
长汀县									
上杭县									
武平县									
连城县									
漳平市	159	44	27	12	72	31	26	36	32
宁德市	**1054**	**173**	**203**	**182**	**246**	**265**	**161**	**333**	**104**
蕉城区	494	105	122	121	105	136	84	162	57
霞浦县									
古田县									
屏南县									
寿宁县									
周宁县									
柘荣县									
福安市	231	31	51	16	70	48	26	67	25
福鼎市	329	37	30	45	71	81	51	104	22
女	**22368**	**3013**	**5880**	**3188**	**4200**	**4256**	**10955**	**16587**	**457**
福州市	**4855**	**905**	**1873**	**762**	**847**	**962**	**2260**	**3374**	**94**
鼓楼区	629	267	460	154	179	222	209	558	19
台江区	448	95	327	108	72	92	144	284	11
仓山区	946	241	352	159	270	299	702	688	20
马尾区	554	42	83	43	39	39	180	261	5
晋安区	1169	212	428	233	226	250	577	901	17
长乐区	506	20	102	27	13	19	136	303	8
闽侯县									
连江县									
罗源县									
闽清县									
永泰县									
平潭县									
福清市	603	28	121	38	48	41	312	379	14
厦门市	**6564**	**1169**	**1229**	**958**	**2104**	**1693**	**4002**	**5218**	**68**
思明区	1854	428	525	305	544	405	818	1742	28
海沧区	706	74	110	102	318	182	575	471	8
湖里区	2000	362	368	294	759	653	1301	1704	12
集美区	1180	242	152	171	319	285	781	814	8
同安区	700	49	63	60	137	144	439	417	12
翔安区	124	14	11	26	27	24	88	70	
莆田市	**1400**	**102**	**335**	**137**	**92**	**200**	**541**	**841**	**47**
城厢区	533	41	147	65	31	70	172	367	18
涵江区	375	23	70	26	24	42	146	227	12
荔城区	350	27	99	40	29	76	149	194	15
秀屿区	142	11	19	6	8	12	74	53	2
仙游县									
三明市	**836**	**69**	**225**	**109**	**79**	**61**	**276**	**455**	**28**
梅列区	349	33	127	48	45	18	103	150	18
三元区	227	13	47	20	7	13	84	105	1
明溪县									
清流县									
宁化县									
大田县									
尤溪县									
沙县									
将乐县									
泰宁县									
建宁县									
永安市	260	23	51	41	27	30	89	200	9

4-6a　续表 19　　　　单位：人

地区 性别	社会生产服务和生活服务人员								
	住宿和餐饮服务人员	信息传输、软件和信息技术服务人员	金融服务人员	房地产服务人员	租赁和商务服务人员	技术辅助服务人员	水利、环境和公共设施管理服务人员	居民服务人员	电力、燃气及水供应服务人员
泉州市	**3543**	**322**	**970**	**505**	**522**	**820**	**1875**	**2608**	**93**
鲤城区	478	48	123	51	76	105	223	367	10
丰泽区	1010	103	446	270	178	176	495	744	40
洛江区	73	15	16	24	15	29	65	84	4
泉港区	185	14	23	13	13	13	99	96	4
惠安县									
安溪县									
永春县									
德化县									
石狮市	491	21	95	25	50	81	214	372	10
晋江市	1026	91	178	98	144	369	513	639	14
南安市	280	30	89	24	46	47	266	306	11
漳州市	**1291**	**148**	**328**	**216**	**182**	**152**	**738**	**1372**	**21**
芗城区	644	70	195	117	91	76	277	527	10
龙文区	397	54	79	67	66	54	342	554	5
云霄县									
漳浦县									
诏安县									
长泰县									
东山县									
南靖县									
平和县									
华安县									
龙海市	248	24	54	32	25	22	119	291	6
南平市	**1357**	**101**	**345**	**185**	**145**	**121**	**384**	**875**	**43**
延平区	384	45	159	56	35	45	96	289	15
建阳区	234	16	43	46	21	18	79	115	2
顺昌县									
浦城县									
光泽县									
松溪县									
政和县									
邵武市	254	17	63	26	20	25	69	159	7
武夷山市	294	4	34	16	51	18	63	173	9
建瓯市	191	19	46	41	18	15	77	139	10
龙岩市	**1342**	**120**	**302**	**209**	**155**	**147**	**528**	**1026**	**35**
新罗区	1037	94	238	182	118	123	439	821	20
永定区	109	7	30	6	15	8	30	52	4
长汀县									
上杭县									
武平县									
连城县									
漳平市	196	19	34	21	22	16	59	153	11
宁德市	**1180**	**77**	**273**	**107**	**74**	**100**	**351**	**818**	**28**
蕉城区	543	50	158	67	43	51	177	393	12
霞浦县									
古田县									
屏南县									
寿宁县									
周宁县									
柘荣县									
福安市	252	16	47	13	18	15	77	164	10
福鼎市	385	11	68	27	13	34	97	261	6

4-6a 续表 20　　　　单位：人

地　区 性　别	社会生产服务和生活服务人员 修理及制作服务人员	文化、体育和娱乐服务人员	健康服务人员	其他社会生产和生活服务人员	农、林、牧、渔业生产及辅助人员 小计	农业生产人员	林业生产人员	畜牧业生产人员	渔业生产人员
合　计	**8532**	**3699**	**947**	**443**	**12891**	**8715**	**715**	**1406**	**1737**
福州市	**1817**	**737**	**279**	**43**	**1911**	**1323**	**139**	**125**	**279**
鼓楼区	184	182	83	10	39	18	1	5	12
台江区	142	77	40	9	43	20	1	3	16
仓山区	547	115	53	10	431	228	101	25	57
马尾区	117	38	3	3	205	146	2	10	46
晋安区	471	216	76	5	145	70	22	20	28
长乐区	124	31	17	3	248	137	6	23	72
闽侯县									
连江县									
罗源县									
闽清县									
永泰县									
平潭县									
福清市	232	78	7	3	800	704	6	39	48
厦门市	**2234**	**1355**	**347**	**266**	**990**	**628**	**58**	**70**	**199**
思明区	314	328	108	7	76	23	7	14	28
海沧区	363	108	57	223	226	130	27	19	43
湖里区	737	549	106	5	60	26	4	7	18
集美区	429	241	47	15	167	106	15	16	29
同安区	335	118	24	16	338	267	5	14	37
翔安区	56	11	5		123	76			44
莆田市	**582**	**169**	**50**	**8**	**1979**	**1570**	**14**	**146**	**225**
城厢区	155	55	18	3	114	81	7	11	11
涵江区	175	89	8	3	299	160		20	112
荔城区	187	17	19		527	427		71	22
秀屿区	65	8	5	2	1039	902	7	44	80
仙游县									
三明市	**299**	**127**	**21**	**14**	**631**	**448**	**103**	**41**	**14**
梅列区	82	64	12	10	64	32	17	10	4
三元区	91	20	5	4	140	107	15	10	6
明溪县									
清流县									
宁化县									
大田县									
尤溪县									
沙县									
将乐县									
泰宁县									
建宁县									
永安市	126	43	4		427	309	71	21	4
泉州市	**1519**	**635**	**121**	**52**	**1831**	**990**	**19**	**515**	**272**
鲤城区	266	60	15	15	93	66	2	11	9
丰泽区	339	243	50		247	61	5	17	152
洛江区	48	16	4	4	16	3	2	5	4
泉港区	43	20	7	2	127	53		20	52
惠安县									
安溪县									
永春县									
德化县									
石狮市	195	97	7	9	56	31		8	13
晋江市	471	183	34	18	260	181		30	40
南安市	157	16	4	4	1032	595	10	424	2
漳州市	**624**	**151**	**63**	**38**	**1586**	**929**	**105**	**156**	**335**
芗城区	271	90	36	21	211	133	11	36	21
龙文区	200	33	15	14	429	271	69	47	30
云霄县									
漳浦县									

4-6a　续表 21　　　　　　　　　　　　　　　　　　　　　　　　　　　　　　　单位：人

地　区 性　别	社会生产服务和生活服务人员				农、林、牧、渔业生产及辅助人员				
	修理及制作服务人　员	文化、体育和娱乐服务人员	健康服务人　员	其他社会生产和生活服务人　员	小计	农业生产人　员	林业生产人　员	畜牧业生产人员	渔业生产人　员
诏安县									
长泰县									
东山县									
南靖县									
平和县									
华安县									
龙海市	153	28	12	3	938	522	25	71	281
南平市	**521**	**181**	**29**	**12**	**1565**	**1169**	**205**	**104**	**43**
延平区	137	70	6	1	297	197	32	52	16
建阳区	91	40	7	3	142	104	25	6	1
顺昌县									
浦城县									
光泽县									
松溪县									
政和县									
邵武市	112	29	5	5	443	308	86	18	12
武夷山市	69	20	4		275	220	32	8	6
建瓯市	112	22	7	3	408	340	30	20	8
龙岩市	**540**	**205**	**21**	**8**	**860**	**579**	**58**	**181**	**19**
新罗区	418	181	17	8	412	262	19	111	13
永定区	36	6	3		126	94	7	21	3
长汀县									
上杭县									
武平县									
连城县									
漳平市	86	18	1		322	223	32	49	3
宁德市	**396**	**139**	**16**	**2**	**1538**	**1079**	**14**	**68**	**351**
蕉城区	177	53	11	2	505	183	7	31	265
霞浦县									
古田县									
屏南县									
寿宁县									
周宁县									
柘荣县									
福安市	107	47	1		481	442	2	21	12
福鼎市	112	39	4		552	454	5	16	74
男	**7707**	**1870**	**302**	**258**	**7781**	**4899**	**543**	**805**	**1365**
福州市	**1637**	**363**	**91**	**23**	**1260**	**813**	**89**	**96**	**239**
鼓楼区	158	88	28	5	28	13	1	5	9
台江区	126	47	14	5	26	10	1	2	12
仓山区	497	65	19	6	287	150	63	19	46
马尾区	104	18	2	1	154	106	2	8	38
晋安区	432	92	23	3	94	44	13	12	21
长乐区	114	13	4	1	195	94	5	19	69
闽侯县									
连江县									
罗源县									
闽清县									
永泰县									
平潭县									
福清市	206	40	1	2	476	396	4	31	44
厦门市	**2053**	**703**	**120**	**148**	**647**	**370**	**43**	**51**	**163**
思明区	286	184	36	5	58	15	6	10	23
海沧区	335	60	27	121	143	74	19	12	34
湖里区	674	271	33	3	39	16	2	5	14
集美区	402	134	20	9	113	63	12	14	23
同安区	306	48	2	10	218	162	4	10	34
翔安区	50	6	2		76	40			35

4-6a 续表 22

单位：人

地区 性别	社会生产服务和生活服务人员				农、林、牧、渔业生产及辅助人员				
	修理及制作服务人员	文化、体育和娱乐服务人员	健康服务人员	其他社会生产和生活服务人员	小计	农业生产人员	林业生产人员	畜牧业生产人员	渔业生产人员
莆田市	**524**	**74**	**18**	**6**	**942**	**657**	**11**	**93**	**168**
城厢区	142	32	9	2	64	40	5	7	10
涵江区	163	30	2	2	193	86		16	86
荔城区	168	8	5		279	213		43	20
秀屿区	51	4	2	2	406	318	6	27	52
仙游县									
三明市	**258**	**58**	**4**	**12**	**417**	**287**	**79**	**29**	**11**
梅列区	77	24	1	8	45	22	11	8	3
三元区	78	9	2	4	105	78	13	8	5
明溪县									
清流县									
宁化县									
大田县									
尤溪县									
沙县									
将乐县									
泰宁县									
建宁县									
永安市	103	25	1		267	187	55	13	3
泉州市	**1372**	**315**	**32**	**36**	**791**	**401**	**14**	**163**	**197**
鲤城区	241	29	4	8	54	33	1	9	9
丰泽区	310	126	15		145	30	5	12	95
洛江区	44	12	2	3	11	1		4	4
泉港区	39	8	1	1	69	22		10	36
惠安县									
安溪县									
永春县									
德化县									
石狮市	175	50	1	6	43	20		6	13
晋江市	423	81	8	16	176	114		21	38
南安市	140	9	1	2	293	181	8	101	2
漳州市	**543**	**96**	**14**	**18**	**996**	**551**	**66**	**110**	**245**
芗城区	235	59	3	9	141	84	9	26	16
龙文区	175	16	6	6	236	137	41	31	24
云霄县									
漳浦县									
诏安县									
长泰县									
东山县									
南靖县									
平和县									
华安县									
龙海市	133	21	5	3	614	329	16	52	202
南平市	**469**	**84**	**15**	**6**	**1134**	**816**	**183**	**73**	**33**
延平区	125	34	2	1	214	132	31	39	12
建阳区	79	14	5	2	103	75	21	3	1
顺昌县									
浦城县									
光泽县									
松溪县									
政和县									
邵武市	103	11	1	2	323	210	77	12	11
武夷山市	62	11	2		199	154	31	3	3
建瓯市	100	14	5	1	295	245	23	16	6
龙岩市	**488**	**101**	**4**	**7**	**555**	**338**	**45**	**140**	**17**
新罗区	382	92	3	7	269	150	17	86	11
永定区	30	3	1		66	41	6	16	3

4-6a 续表 23

单位：人

地区 性别	社会生产服务和生活服务人员 修理及制作服务人员	文化、体育和娱乐服务人员	健康服务人员	其他社会生产和生活服务人员	农、林、牧、渔业生产及辅助人员 小计	农业生产人员	林业生产人员	畜牧业生产人员	渔业生产人员
长汀县									
上杭县									
武平县									
连城县									
漳平市	76	6			220	147	22	38	3
宁德市	**363**	**76**	**4**	**2**	**1039**	**666**	**13**	**50**	**292**
蕉城区	162	27	2	2	386	126	6	24	217
霞浦县									
古田县									
屏南县									
寿宁县									
周宁县									
柘荣县									
福安市	99	30			288	263	2	12	8
福鼎市	102	19	2		365	277	5	14	67
女	**825**	**1829**	**645**	**185**	**5110**	**3816**	**172**	**601**	**372**
福州市	**180**	**374**	**188**	**20**	**651**	**510**	**50**	**29**	**40**
鼓楼区	26	94	55	5	11	5			3
台江区	16	30	26	4	17	10		1	4
仓山区	50	50	34	4	144	78	38	6	11
马尾区	13	20	1	2	51	40		2	8
晋安区	39	124	53	2	51	26	9	8	7
长乐区	10	18	13	2	53	43	1	4	3
闽侯县									
连江县									
罗源县									
闽清县									
永泰县									
平潭县									
福清市	26	38	6	1	324	308	2	8	4
厦门市	**181**	**652**	**227**	**118**	**343**	**258**	**15**	**19**	**36**
思明区	28	144	72	2	18	8	1	4	5
海沧区	28	48	30	102	83	56	8	7	9
湖里区	63	278	73	2	21	10	2	2	4
集美区	27	107	27	6	54	43	3	2	6
同安区	29	70	22	6	120	105	1	4	3
翔安区	6	5	3		47	36			9
莆田市	**58**	**95**	**32**	**2**	**1037**	**913**	**3**	**53**	**57**
城厢区	13	23	9	1	50	41	2	4	1
涵江区	12	59	6	1	106	74		4	26
荔城区	19	9	14		248	214		28	2
秀屿区	14	4	3		633	584	1	17	28
仙游县									
三明市	**41**	**69**	**17**	**2**	**214**	**161**	**24**	**12**	**3**
梅列区	5	40	11	2	19	10	6	2	1
三元区	13	11	3		35	29	2	2	1
明溪县									
清流县									
宁化县									
大田县									
尤溪县									
沙县									
将乐县									
泰宁县									
建宁县									
永安市	23	18	3		160	122	16	8	1

4－6a 续表 24　　　　单位：人

地区 性别	社会生产服务和生活服务人员				农、林、牧、渔业生产及辅助人员				
	修理及制作服务人员	文化、体育和娱乐服务人员	健康服务人员	其他社会生产和生活服务人员	小计	农业生产人员	林业生产人员	畜牧业生产人员	渔业生产人员
泉州市	**147**	**320**	**89**	**16**	**1040**	**589**	**5**	**352**	**75**
鲤城区	25	31	11	7	39	33	1	2	
丰泽区	29	117	35		102	31		5	57
洛江区	4	4	2	1	5	2	2	1	
泉港区	4	12	6	1	58	31		10	16
惠安县									
安溪县									
永春县									
德化县									
石狮市	20	47	6	3	13	11		2	
晋江市	48	102	26	2	84	67		9	2
南安市	17	7	3	2	739	414	2	323	
漳州市	**81**	**55**	**49**	**20**	**590**	**378**	**39**	**46**	**90**
芗城区	36	31	33	12	70	49	2	10	5
龙文区	25	17	9	8	193	134	28	16	6
云霄县									
漳浦县									
诏安县									
长泰县									
东山县									
南靖县									
平和县									
华安县									
龙海市	20	7	7		324	193	9	19	79
南平市	**52**	**97**	**14**	**6**	**431**	**353**	**22**	**31**	**10**
延平区	12	36	4		83	65	1	13	4
建阳区	12	26	2	1	39	29	4	3	
顺昌县									
浦城县									
光泽县									
松溪县									
政和县									
邵武市	9	18	4	3	120	98	9	6	1
武夷山市	7	9	2		76	66	1	5	3
建瓯市	12	8	2	2	113	95	7	4	2
龙岩市	**52**	**104**	**17**	**1**	**305**	**241**	**13**	**41**	**2**
新罗区	36	89	14	1	143	112	2	25	2
永定区	6	3	2		60	53	1	5	
长汀县									
上杭县									
武平县									
连城县									
漳平市	10	12	1		102	76	10	11	
宁德市	**33**	**63**	**12**		**499**	**413**	**1**	**18**	**59**
蕉城区	15	26	9		119	57	1	7	48
霞浦县									
古田县									
屏南县									
寿宁县									
周宁县									
柘荣县									
福安市	8	17	1		193	179		9	4
福鼎市	10	20	2		187	177		2	7

4-6a 续表 25

单位：人

地区 性别	农林牧渔生产辅助人员	其他农、林、牧、渔业生产加工人员	生产制造及有关人员 小计	农副产品加工人员	食品、饮料生产加工人员	烟草及其制品加工人员	纺织、针织、印染人员	纺织品、服装和皮革、毛皮制品加工制作人员	木材加工、家具与木制品制作人员
合计	**297**	**21**	**227421**	**1771**	**3818**	**256**	**2639**	**47737**	**5746**
福州市	**42**	**3**	**33543**	**246**	**530**	**2**	**518**	**2415**	**768**
鼓楼区	3		1543	9	53	1	5	29	30
台江区	3		1268	5	43		7	22	17
仓山区	18	2	11604	42	150		72	1261	259
马尾区		1	3122	100	70		11	147	99
晋安区	5		6548	59	106	1	27	316	139
长乐区	10		2897	9	39		374	117	58
闽侯县									
连江县									
罗源县									
闽清县									
永泰县									
平潭县									
福清市	3		6561	22	69		22	523	166
厦门市	**34**	**1**	**66203**	**284**	**921**	**75**	**301**	**5387**	**1455**
思明区	4		3571	32	127	26	5	114	69
海沧区	7		13613	33	223	32	43	363	392
湖里区	5		12967	60	150	14	19	1167	168
集美区	1		16682	43	110	2	93	1357	294
同安区	14	1	18339	114	283	1	139	2364	518
翔安区	3		1031	2	28		2	22	14
莆田市	**22**	**2**	**22156**	**204**	**234**	**1**	**183**	**11357**	**433**
城厢区	3	1	3647	20	64		20	1891	56
涵江区	7		7511	72	88	1	47	3010	232
荔城区	7		9012	57	58		92	6027	95
秀屿区	5	1	1986	55	24		24	429	50
仙游县									
三明市	**24**	**1**	**5906**	**102**	**113**	**23**	**194**	**118**	**267**
梅列区	1		1977	13	29	7	26	25	73
三元区	2		1554	54	37	16	14	41	32
明溪县									
清流县									
宁化县									
大田县									
尤溪县									
沙县									
将乐县									
泰宁县									
建宁县									
永安市	21	1	2375	35	47		154	52	162
泉州市	**31**	**4**	**60550**	**224**	**850**	**2**	**1273**	**27006**	**656**
鲤城区	3	2	7783	22	69		170	3096	73
丰泽区	12		7291	17	120	1	51	1172	189
洛江区	2		1865	10	17		22	476	29
泉港区		2	1964	28	22		50	283	54
惠安县									
安溪县									
永春县									
德化县									
石狮市	4		8179	10	45		114	5190	31
晋江市	9		29353	106	521	1	801	16244	231
南安市	1		4115	31	56		65	545	49
漳州市	**57**	**4**	**10808**	**350**	**579**	**2**	**19**	**263**	**720**
芗城区	9	1	3314	54	101	2	9	86	187
龙文区	11	1	4012	69	196		1	67	264
云霄县									
漳浦县									

4-6a 续表 26　　单位：人

地区 性别	农林牧渔生产辅助人员	其他农、林、牧、渔业生产加工人员	生产制造及有关人员 小计	农副产品加工人员	食品、饮料生产加工人员	烟草及其制品加工人员	纺织、针织、印染人员	纺织品、服装和皮革、毛皮制品加工制作人员	木材加工、家具与木制品制作人员
诏安县									
长泰县									
东山县									
南靖县									
平和县									
华安县									
龙海市	37	2	3462	227	281		7	107	269
南平市	**44**		**9215**	**110**	**297**	**43**	**121**	**484**	**815**
延平区			2672	26	59		87	225	82
建阳区	6		1645	19	41		2	44	95
顺昌县									
浦城县									
光泽县									
松溪县									
政和县									
邵武市	19		2411	22	27	41	30	155	396
武夷山市	9		1255	14	109	1		21	35
建瓯市	10		1232	29	61	1	2	39	207
龙岩市	**23**		**7832**	**146**	**79**	**105**	**25**	**173**	**348**
新罗区	7		5796	136	54	101	20	67	219
永定区	1		625	2	12	4	3	51	12
长汀县									
上杭县									
武平县									
连城县									
漳平市	15		1411	8	13		2	55	117
宁德市	**20**	**6**	**11208**	**105**	**215**	**3**	**5**	**534**	**284**
蕉城区	13	6	5609	46	58	1		31	108
霞浦县									
古田县									
屏南县									
寿宁县									
周宁县									
柘荣县									
福安市	4		3007	29	89	1		173	63
福鼎市	3		2592	30	68	1	5	330	113
男	**156**	**13**	**150634**	**967**	**2037**	**143**	**1226**	**21242**	**4511**
福州市	**21**	**2**	**25019**	**143**	**280**	**1**	**224**	**847**	**629**
鼓楼区			1240	6	26	1	3	13	25
台江区	1		1036	5	24		4	6	13
仓山区	7	2	8426	25	84		33	477	215
马尾区			2216	55	35		1	29	74
晋安区	4		5166	33	54		11	95	115
长乐区	8		2215	4	26		161	42	46
闽侯县									
连江县									
罗源县									
闽清县									
永泰县									
平潭县									
福清市	1		4720	15	31		11	185	141
厦门市	**20**		**43805**	**166**	**469**	**54**	**120**	**1758**	**1190**
思明区	4		2758	15	70	18	4	27	65
海沧区	4		8897	20	105	23	21	115	329
湖里区	2		9150	34	86	11	7	348	145
集美区	1		10974	30	58	1	33	430	258
同安区	8		11256	66	137	1	54	833	381
翔安区	1		770	1	13		1	5	12

4-6a　续表 27　　　　　　　　　　　　　　　　　　　　　　　　　单位：人

地　区 性　别	农林牧渔生产辅助人　员	其他农、林、牧、渔业生产加工人员	生产制造及有关人员 小计	农副产品加工人员	食品、饮料生产加工人员	烟草及其制品加工人员	纺织、针织、印染人员	纺织品、服装和皮革、毛皮制品加工制作人员	木材加工、家具与木制品制作人员
莆田市	**12**	**1**	**12694**	**101**	**133**	**1**	**78**	**4979**	**349**
城厢区	2		2291	10	34		10	909	50
涵江区	5		4172	36	52	1	21	1156	181
荔城区	3		5005	29	37		31	2802	81
秀屿区	2	1	1226	26	10		16	112	37
仙游县									
三明市	**10**	**1**	**4483**	**47**	**51**	**9**	**78**	**45**	**200**
梅列区	1		1545	6	12	5	11	7	62
三元区	1		1158	24	12	4	2	12	24
明溪县									
清流县									
宁化县									
大田县									
尤溪县									
沙县									
将乐县									
泰宁县									
建宁县									
永安市	8	1	1780	17	27		65	26	114
泉州市	**14**	**2**	**36171**	**146**	**495**	**1**	**681**	**13227**	**552**
鲤城区	1	1	4462	12	36		75	1332	64
丰泽区	3		4882	7	60		27	412	157
洛江区	2		1093	6	10		16	189	24
泉港区		1	1335	16	10		15	51	49
惠安县									
安溪县									
永春县									
德化县									
石狮市	4		4554	6	25		71	2613	29
晋江市	3		17330	77	332	1	462	8456	186
南安市	1		2515	22	22		15	174	43
漳州市	**23**	**1**	**7203**	**156**	**251**	**1**	**5**	**45**	**546**
芗城区	6		2280	34	39	1	3	18	138
龙文区	3		2586	35	69			9	197
云霄县									
漳浦县									
诏安县									
长泰县									
东山县									
南靖县									
平和县									
华安县									
龙海市	14	1	2326	87	142		2	18	211
南平市	**29**		**6795**	**70**	**180**	**16**	**33**	**97**	**539**
延平区			1937	16	35		24	35	76
建阳区	3		1345	13	22			16	80
顺昌县									
浦城县									
光泽县									
松溪县									
政和县									
邵武市	13		1664	15	14	14	8	27	213
武夷山市	8		946	12	74	1		10	29
建瓯市	5		903	14	35	1	1	9	141
龙岩市	**15**		**5950**	**71**	**41**	**59**	**6**	**38**	**246**
新罗区	5		4496	63	26	57	5	14	171
永定区			417	2	6	2		11	10

4-6a 续表 28 单位：人

地区 性别	农林牧渔生产辅助人员	其他农、林、牧、渔业生产加工人员	生产制造及有关人员 小计	农副产品加工人员	食品、饮料生产加工人员	烟草及其制品加工人员	纺织、针织、印染人员	纺织品、服装和皮革、毛皮制品加工制作人员	木材加工、家具与木制品制作人员
长汀县									
上杭县									
武平县									
连城县									
漳平市	10		1037	6	9		1	13	65
宁德市	**12**	**6**	**8514**	**67**	**137**	**1**	**1**	**206**	**260**
蕉城区	7	6	4626	27	33			8	99
霞浦县									
古田县									
屏南县									
寿宁县									
周宁县									
柘荣县									
福安市	3		2047	21	61			30	52
福鼎市	2		1841	19	43	1	1	168	109
女	**141**	**8**	**76787**	**804**	**1781**	**113**	**1413**	**26495**	**1235**
福州市	**21**	**1**	**8524**	**103**	**250**	**1**	**294**	**1568**	**139**
鼓楼区	3		303	3	27		2	16	5
台江区	2		232		19		3	16	4
仓山区	11		3178	17	66		39	784	44
马尾区		1	906	45	35		10	118	25
晋安区	1		1382	26	52	1	16	221	24
长乐区	2		682	5	13		213	75	12
闽侯县									
连江县									
罗源县									
闽清县									
永泰县									
平潭县									
福清市	2		1841	7	38		11	338	25
厦门市	**14**	**1**	**22398**	**118**	**452**	**21**	**181**	**3629**	**265**
思明区			813	17	57	8	1	87	4
海沧区	3		4716	13	118	9	22	248	63
湖里区	3		3817	26	64	3	12	819	23
集美区			5708	13	52	1	60	927	36
同安区	6	1	7083	48	146		85	1531	137
翔安区	2		261	1	15		1	17	2
莆田市	**10**	**1**	**9462**	**103**	**101**		**105**	**6378**	**84**
城厢区	1	1	1356	10	30		10	982	6
涵江区	2		3339	36	36		26	1854	51
荔城区	4		4007	28	21		61	3225	14
秀屿区	3		760	29	14		8	317	13
仙游县									
三明市	**14**		**1423**	**55**	**62**	**14**	**116**	**73**	**67**
梅列区			432	7	17	2	15	18	11
三元区	1		396	30	25	12	12	29	8
明溪县									
清流县									
宁化县									
大田县									
尤溪县									
沙县									
将乐县									
泰宁县									
建宁县									
永安市	13		595	18	20		89	26	48

4-6a　续表 29　　　　　　　　　　　　　　　　　　　　　　单位：人

地区 性别	农林牧渔生产辅助人员	其他农、林、牧、渔业生产加工人员	生产制造及有关人员 小计	农副产品加工人员	食品、饮料生产加工人员	烟草及其制品加工人员	纺织、针织、印染人员	纺织品、服装和皮革、毛皮制品加工制作人员	木材加工、家具与木制品制作人员
泉州市	**17**	**2**	**24379**	**78**	**355**	**1**	**592**	**13779**	**104**
鲤城区	2	1	3321	10	33		95	1764	9
丰泽区	9		2409	10	60	1	24	760	32
洛江区			772	4	7		6	287	5
泉港区		1	629	12	12		35	232	5
惠安县									
安溪县									
永春县									
德化县									
石狮市			3625	4	20		43	2577	2
晋江市	6		12023	29	189		339	7788	45
南安市			1600	9	34		50	371	6
漳州市	**34**	**3**	**3605**	**194**	**328**	**1**	**14**	**218**	**174**
芗城区	3	1	1034	20	62	1	6	68	49
龙文区	8	1	1426	34	127		1	58	67
云霄县									
漳浦县									
诏安县									
长泰县									
东山县									
南靖县									
平和县									
华安县									
龙海市	23	1	1136	140	139		5	89	58
南平市	**15**		**2420**	**40**	**117**	**27**	**88**	**387**	**276**
延平区			735	10	24		63	190	6
建阳区	3		300	6	19		2	28	15
顺昌县									
浦城县									
光泽县									
松溪县									
政和县									
邵武市	6		747	7	13	27	22	128	183
武夷山市	1		309	2	35			11	6
建瓯市	5		329	15	26		1	30	66
龙岩市	**8**		**1882**	**75**	**38**	**46**	**19**	**135**	**102**
新罗区	2		1300	73	28	44	15	53	48
永定区	1		208		6	2	3	40	2
长汀县									
上杭县									
武平县									
连城县									
漳平市	5		374	2	4		1	42	52
宁德市	**8**		**2694**	**38**	**78**	**2**	**4**	**328**	**24**
蕉城区	6		983	19	25	1		23	9
霞浦县									
古田县									
屏南县									
寿宁县									
周宁县									
柘荣县									
福安市	1		960	8	28	1		143	11
福鼎市	1		751	11	25		4	162	4

4－6a 续表 30

单位：人

地区 性别	生产制造及有关人员								
	纸及纸制品生产加工人员	印刷和记录媒介复制人员	文教、工美、体育和娱乐用品制造人员	石油加工和炼焦、煤化工生产人员	化学原料和化学制品制造人员	医药制造人员	化学纤维制造人员	橡胶和塑料制品制造人员	非金属矿物制品制造人员
合　计	**1809**	**1950**	**4298**	**208**	**1368**	**506**	**122**	**5742**	**3126**
福州市	**96**	**305**	**506**	**9**	**104**	**119**	**5**	**554**	**678**
鼓楼区	6	32	29		11	17	1	3	15
台江区	4	18	23		6	10		6	9
仓山区	33	138	128	3	30	38	1	112	166
马尾区	18	7	43	1	9	10		34	102
晋安区	11	85	203	1	35	39		19	48
长乐区	4	4	7	1	6	1	3	6	74
闽侯县									
连江县									
罗源县									
闽清县									
永泰县									
平潭县									
福清市	20	21	73	3	7	4		374	264
厦门市	**725**	**656**	**1559**	**16**	**378**	**216**	**57**	**3281**	**965**
思明区	8	28	30	1	11	23	4	11	21
海沧区	130	76	354	3	79	120	22	1648	354
湖里区	45	102	85	2	23	21	1	135	235
集美区	97	141	348	5	100	26	6	697	137
同安区	444	301	715	5	161	23	24	789	212
翔安区	1	8	27		4	3		1	6
莆田市	**128**	**156**	**366**	**5**	**109**	**9**	**10**	**321**	**222**
城厢区	16	16	31		8	2		15	13
涵江区	65	65	98	3	19	3	4	130	125
荔城区	38	61	212		33	3	2	73	28
秀屿区	9	14	25	2	49	1	4	103	56
仙游县									
三明市	**4**	**23**	**22**	**30**	**105**	**15**	**8**	**125**	**133**
梅列区	1	10	1	11	32	1		2	16
三元区	1	5	7	18	17	10		18	15
明溪县									
清流县									
宁化县									
大田县									
尤溪县									
沙县									
将乐县									
泰宁县									
建宁县									
永安市	2	8	14	1	56	4	8	105	102
泉州市	**483**	**591**	**1350**	**132**	**318**	**51**	**33**	**1161**	**572**
鲤城区	30	91	234	1	50	23	5	177	60
丰泽区	57	132	678	92	63	12	1	109	68
洛江区	45	10	168	12	11	2		37	34
泉港区	4	4	17	23	55		1	19	43
惠安县									
安溪县									
永春县									
德化县									
石狮市	12	35	58		11	2	1	54	8
晋江市	287	289	160	4	120	11	22	609	222
南安市	48	30	35		8	1	3	156	137
漳州市	**255**	**88**	**139**	**1**	**103**	**43**		**157**	**95**
芗城区	22	42	66		35	32		57	25
龙文区	84	31	37	1	51	11		55	44
云霄县									
漳浦县									

4-6a　续表 31　　　　单位：人

地　区 性　别	生产制造及有关人员								
	纸及纸制品生产加工人员	印刷和记录媒介复制人员	文教、工美、体育和娱乐用品制造人　员	石油加工和炼焦、煤化工生产人员	化学原料和化学制品制造人　员	医药制造人　　员	化学纤维制造人员	橡胶和塑料制品制造人员	非金属矿物制品制造人员
诏安县									
长泰县									
东山县									
南靖县									
平和县									
华安县									
龙海市	149	15	32		17			45	25
南平市	**69**	**47**	**185**	**7**	**156**	**32**		**44**	**123**
延平区	23	16	13	1	33	3		14	29
建阳区	4	5	50	1	26	1		6	36
顺昌县									
浦城县									
光泽县									
松溪县									
政和县									
邵武市	19	10	47	2	90	23		20	28
武夷山市	11	10	20		3	1			10
建瓯市	12	6	55	3	4	4		4	20
龙岩市	**16**	**56**	**92**	**4**	**73**	**13**	**9**	**47**	**149**
新罗区	9	45	15	4	46	13	2	15	107
永定区	6	5	2		1			1	5
长汀县									
上杭县									
武平县									
连城县									
漳平市	1	6	75		26		7	31	37
宁德市	**33**	**28**	**79**	**4**	**22**	**8**		**52**	**189**
蕉城区	18	7	24	1	4	7		12	115
霞浦县									
古田县									
屏南县									
寿宁县									
周宁县									
柘荣县									
福安市	11	11	25		7	1		26	25
福鼎市	4	10	30	3	11			14	49
男	**1031**	**1345**	**2305**	**171**	**922**	**212**	**80**	**3257**	**2404**
福州市	**51**	**211**	**313**	**7**	**74**	**52**	**3**	**300**	**564**
鼓楼区	5	26	22		10	8	1	3	13
台江区	2	10	15		5	7		4	7
仓山区	18	96	61	2	21	12	1	78	143
马尾区	8	2	24	1	6	5		20	80
晋安区	4	60	151	1	25	17		8	40
长乐区	1	2	3	1	3	1	1	5	60
闽侯县									
连江县									
罗源县									
闽清县									
永泰县									
平潭县									
福清市	13	15	37	2	4	2		182	221
厦门市	**410**	**481**	**847**	**11**	**234**	**84**	**39**	**1821**	**678**
思明区	5	24	14	1	11	5	3	9	15
海沧区	80	63	202	1	49	50	16	928	213
湖里区	23	71	45		15	13	1	64	204
集美区	57	94	151	4	50	10	4	372	97
同安区	244	225	431	5	106	4	15	448	145
翔安区	1	4	4		3	2			4

4-6a 续表 32 单位：人

地 区 性 别	生产制造及有关人员								
	纸及纸制品生产加工人员	印刷和记录媒介复制人员	文教、工美、体育和娱乐用品制造人员	石油加工和炼焦、煤化工生产人员	化学原料和化学制品制造人员	医药制造人员	化学纤维制造人员	橡胶和塑料制品制造人员	非金属矿物制品制造人员
莆田市	**83**	**99**	**216**	**2**	**78**	**5**	**4**	**209**	**166**
城厢区	11	6	17		6	1		12	11
涵江区	44	43	46	2	14	2	2	83	89
荔城区	23	41	140		27	1	1	39	26
秀屿区	5	9	13		31	1	1	75	40
仙游县									
三明市	**3**	**11**	**8**	**27**	**75**	**8**	**4**	**97**	**103**
梅列区	1	6		11	22	1		2	13
三元区	1	2	4	15	13	4		11	13
明溪县									
清流县									
宁化县									
大田县									
尤溪县									
沙县									
将乐县									
泰宁县									
建宁县									
永安市	1	3	4	1	40	3	4	84	77
泉州市	**308**	**407**	**702**	**110**	**231**	**21**	**24**	**657**	**419**
鲤城区	17	61	108	1	33	11	3	97	32
丰泽区	34	98	363	77	35	2	1	54	50
洛江区	33	6	87	10	10			22	23
泉港区	2		9	18	46		1	10	36
惠安县									
安溪县									
永春县									
德化县									
石狮市	8	22	29		7	1	1	28	6
晋江市	186	201	85	4	96	6	17	383	164
南安市	28	19	21		4	1	1	63	108
漳州市	**124**	**58**	**53**	**1**	**45**	**17**		**82**	**72**
芗城区	11	24	28		20	12		33	19
龙文区	49	23	12	1	18	5		25	32
云霄县									
漳浦县									
诏安县									
长泰县									
东山县									
南靖县									
平和县									
华安县									
龙海市	64	11	12		7			24	20
南平市	**35**	**29**	**84**	**6**	**113**	**16**		**32**	**105**
延平区	16	12	8	1	21	1		11	26
建阳区	1	3	38	1	19			4	30
顺昌县									
浦城县									
光泽县									
松溪县									
政和县									
邵武市	11	5	19	2	68	15		15	23
武夷山市	2	5	8		3				9
建瓯市	5	4	11	2	2			2	17
龙岩市	**5**	**30**	**22**	**4**	**55**	**7**	**6**	**24**	**120**
新罗区	2	26	6	4	32	7	1	9	84
永定区	2				1				4

4-6a 续表 33

单位：人

地区 性别	生产制造及有关人员								
	纸及纸制品生产加工人员	印刷和记录媒介复制人员	文教、工美、体育和娱乐用品制造人员	石油加工和炼焦、煤化工生产人员	化学原料和化学制品制造人员	医药制造人员	化学纤维制造人员	橡胶和塑料制品制造人员	非金属矿物制品制造人员
长汀县									
上杭县									
武平县									
连城县									
漳平市	1	4	16		22		5	15	32
宁德市	**12**	**19**	**60**	**3**	**17**	**2**		**35**	**177**
蕉城区	4	3	20		4	2		9	108
霞浦县									
古田县									
屏南县									
寿宁县									
周宁县									
柘荣县									
福安市	5	7	16		6			15	24
福鼎市	3	9	24	3	7			11	45
女	**778**	**605**	**1993**	**37**	**446**	**294**	**42**	**2485**	**722**
福州市	**45**	**94**	**193**	**2**	**30**	**67**	**2**	**254**	**114**
鼓楼区	1	6	7		1	9			2
台江区	2	8	8		1	3		2	2
仓山区	15	42	67	1	9	26		34	23
马尾区	10	5	19		3	5		14	22
晋安区	7	25	52		10	22		11	8
长乐区	3	2	4		3		2	1	14
闽侯县									
连江县									
罗源县									
闽清县									
永泰县									
平潭县									
福清市	7	6	36	1	3	2		192	43
厦门市	**315**	**175**	**712**	**5**	**144**	**132**	**18**	**1460**	**287**
思明区	3	4	16			18	1	2	6
海沧区	50	13	152	2	30	70	6	720	141
湖里区	22	31	40	2	8	8		71	31
集美区	40	47	197	1	50	16	2	325	40
同安区	200	76	284		55	19	9	341	67
翔安区		4	23		1	1		1	2
莆田市	**45**	**57**	**150**	**3**	**31**	**4**	**6**	**112**	**56**
城厢区	5	10	14		2	1		3	2
涵江区	21	22	52	1	5	1	2	47	36
荔城区	15	20	72		6	2	1	34	2
秀屿区	4	5	12	2	18		3	28	16
仙游县									
三明市	**1**	**12**	**14**	**3**	**30**	**7**	**4**	**28**	**30**
梅列区		4	1		10				3
三元区		3	3	3	4	6		7	2
明溪县									
清流县									
宁化县									
大田县									
尤溪县									
沙县									
将乐县									
泰宁县									
建宁县									
永安市	1	5	10		16	1	4	21	25

4—6a 续表 34

单位：人

地区 性别	生产制造及有关人员								
	纸及纸制品生产加工人员	印刷和记录媒介复制人员	文教、工美、体育和娱乐用品制造人员	石油加工和炼焦、煤化工生产人员	化学原料和化学制品制造人员	医药制造人员	化学纤维制造人员	橡胶和塑料制品制造人员	非金属矿物制品制造人员
泉州市	**175**	**184**	**648**	**22**	**87**	**30**	**9**	**504**	**153**
鲤城区	13	30	126		17	12	2	80	28
丰泽区	23	34	315	15	28	10		55	18
洛江区	12	4	81	2	1	2		15	11
泉港区	2	4	8	5	9			9	7
惠安县									
安溪县									
永春县									
德化县									
石狮市	4	13	29		4	1		26	2
晋江市	101	88	75		24	5	5	226	58
南安市	20	11	14		4		2	93	29
漳州市	**131**	**30**	**86**		**58**	**26**		**75**	**23**
芗城区	11	18	38		15	20		24	6
龙文区	35	8	25		33	6		30	12
云霄县									
漳浦县									
诏安县									
长泰县									
东山县									
南靖县									
平和县									
华安县									
龙海市	85	4	20		10			21	5
南平市	**34**	**18**	**101**	**1**	**43**	**16**		**12**	**18**
延平区	7	4	5		12	2		3	3
建阳区	3	2	12		7	1		2	6
顺昌县									
浦城县									
光泽县									
松溪县									
政和县									
邵武市	8	5	28		22	8		5	5
武夷山市	9	5	12			1			1
建瓯市	7	2	44	1	2	4		2	3
龙岩市	**11**	**26**	**70**		**18**	**6**	**3**	**23**	**29**
新罗区	7	19	9		14	6	1	6	23
永定区	4	5	2					1	1
长汀县									
上杭县									
武平县									
连城县									
漳平市		2	59		4		2	16	5
宁德市	**21**	**9**	**19**	**1**	**5**	**6**		**17**	**12**
蕉城区	14	4	4	1		5		3	7
霞浦县									
古田县									
屏南县									
寿宁县									
周宁县									
柘荣县									
福安市	6	4	9		1	1		11	1
福鼎市	1	1	6		4			3	4

4-6a　续表 35　　　　单位：人

地区 性别	生产制造及有关人员								
	采矿人员	金属冶炼和压延加工人员	机械制造基础加工人员	金属制品制造人员	通用设备制造人员	专用设备制造人员	汽车制造人员	铁路、船舶、航空设备制造人员	电气机械和器材制造人员
合　计	**437**	**1660**	**9637**	**6800**	**1618**	**949**	**1938**	**658**	**5240**
福州市	**36**	**213**	**748**	**443**	**332**	**94**	**184**	**152**	**305**
鼓楼区	3	3	19	20	9	21	4	6	5
台江区	2	3	17	13	8	5	4	6	7
仓山区	12	20	257	148	73	27	92	27	29
马尾区	2	65	78	44	41	19	18	84	204
晋安区	1	9	135	86	148	16	21	25	41
长乐区	4	102	92	32	29	1	22	2	8
闽侯县									
连江县									
罗源县									
闽清县									
永泰县									
平潭县									
福清市	12	11	150	100	24	5	23	2	11
厦门市	**19**	**431**	**3698**	**3419**	**568**	**561**	**833**	**185**	**1239**
思明区	5	7	73	95	22	17	13	13	18
海沧区	5	116	698	834	62	192	186	37	219
湖里区	1	25	393	242	144	112	106	41	239
集美区		149	1357	1021	176	152	327	62	239
同安区	7	127	1158	1179	163	86	198	26	513
翔安区	1	7	19	48	1	2	3	6	11
莆田市	**6**	**57**	**404**	**331**	**60**	**33**	**48**	**19**	**15**
城厢区	1	6	44	78	9	1	1	2	5
涵江区		22	212	109	30	26	36	16	6
荔城区	4	22	126	103	15	4	11	1	3
秀屿区	1	7	22	41	6	2			1
仙游县									
三明市	**51**	**490**	**334**	**93**	**75**	**10**	**75**	**10**	**11**
梅列区	7	341	98	17	12	6	1	1	8
三元区	10	125	117	47	15	2	2		1
明溪县									
清流县									
宁化县									
大田县									
尤溪县									
沙县									
将乐县									
泰宁县									
建宁县									
永安市	34	24	119	29	48	2	72	9	2
泉州市	**52**	**109**	**2778**	**1726**	**300**	**113**	**212**	**11**	**122**
鲤城区	2	10	527	147	84	56	97	1	28
丰泽区	12	3	528	240	19	12	15	2	38
洛江区	2	7	114	59	12	11	7		7
泉港区	28	8	37	36	12	1	4	1	5
惠安县									
安溪县									
永春县									
德化县									
石狮市	3		117	443	16	5	2		2
晋江市	4	53	1058	253	70	23	81	7	35
南安市	1	28	397	548	87	5	6		7
漳州市	**3**	**101**	**426**	**313**	**89**	**31**	**154**	**74**	**66**
芗城区		14	147	108	49	12	22	2	27
龙文区	2	22	119	84	26	11	128	6	30
云霄县									
漳浦县									

4－6a 续表 36 单位：人

地区 性别	生产制造及有关人员								
	采矿人员	金属冶炼和压延加工人员	机械制造基础加工人员	金属制品制造人员	通用设备制造人员	专用设备制造人员	汽车制造人员	铁路、船舶、航空设备制造人员	电气机械和器材制造人员
诏安县									
长泰县									
东山县									
南靖县									
平和县									
华安县									
龙海市	1	65	159	121	14	6	4	66	9
南平市	**18**	**132**	**296**	**171**	**50**	**10**	**58**	**4**	**179**
延平区	4	119	123	46	14	7	26		138
建阳区	3	7	57	24	7	2	18	1	33
顺昌县									
浦城县									
光泽县									
松溪县									
政和县									
邵武市	6	2	51	54	10	1	2		7
武夷山市	2	2	18	17	3				
建瓯市	3	2	47	30	16		12	3	1
龙岩市	**203**	**56**	**319**	**176**	**59**	**86**	**68**	**19**	**21**
新罗区	179	36	283	148	50	82	59	19	19
永定区	3	4	4	4	1	1	4		2
长汀县									
上杭县									
武平县									
连城县									
漳平市	21	16	32	24	8	3	5		
宁德市	**49**	**71**	**634**	**128**	**85**	**11**	**306**	**184**	**3282**
蕉城区	16	26	52	42	3	2	266	9	2322
霞浦县									
古田县									
屏南县									
寿宁县									
周宁县									
柘荣县									
福安市		31	178	36	49	4	14	3	954
福鼎市	33	14	404	50	33	5	26	172	6
男	**385**	**1380**	**7777**	**4715**	**1215**	**583**	**1415**	**475**	**3570**
福州市	**32**	**175**	**662**	**351**	**231**	**60**	**127**	**136**	**210**
鼓楼区	2	3	16	18	9	12	4	6	4
台江区	2	2	15	9	5	2	3	6	3
仓山区	11	15	226	116	64	19	73	23	22
马尾区	2	56	66	34	30	12	6	73	140
晋安区	1	7	119	74	80	10	10	24	26
长乐区	4	83	85	26	26	1	14	2	7
闽侯县									
连江县									
罗源县									
闽清县									
永泰县									
平潭县									
福清市	10	9	135	74	17	4	17	2	8
厦门市	**16**	**361**	**3054**	**2329**	**419**	**305**	**583**	**141**	**688**
思明区	3	6	60	77	17	9	12	13	15
海沧区	5	103	557	541	45	89	143	30	102
湖里区	1	19	331	195	101	56	65	34	151
集美区		122	1136	672	129	100	235	45	139
同安区	6	105	953	808	127	50	125	14	275
翔安区	1	6	17	36		1	3	5	6

4−6a　续表 37　　　　单位：人

地　区 性　别	生产制造及有关人员 采矿人员	金属冶炼和压延加工人员	机械制造基础加工人员	金属制品制造人员	通用设备制造人员	专用设备制造人员	汽车制造人员	铁路、船舶、航空设备制造人员	电气机械和器材制造人员
莆田市	**3**	**46**	**344**	**271**	**51**	**15**	**41**	**10**	**11**
城厢区	1	6	43	67	7	1	1	1	3
涵江区		16	180	87	24	12	33	8	4
荔城区	2	20	101	81	14	1	7	1	3
秀屿区		4	20	36	6	1			1
仙游县									
三明市	**46**	**400**	**301**	**79**	**59**	**8**	**56**	**9**	**8**
梅列区	7	269	88	15	9	4	1	1	5
三元区	9	111	111	41	15	2	2		1
明溪县									
清流县									
宁化县									
大田县									
尤溪县									
沙县									
将乐县									
泰宁县									
建宁县									
永安市	30	20	102	23	35	2	53	8	2
泉州市	**33**	**98**	**2103**	**1069**	**240**	**87**	**155**	**9**	**72**
鲤城区	2	9	394	105	71	47	75		13
丰泽区	10	2	427	166	18	7	12	2	23
洛江区	1	7	85	40	11	8	6		7
泉港区	14	7	36	29	12	1	2	1	4
惠安县									
安溪县									
永春县									
德化县									
石狮市	2		89	243	14	4	1		2
晋江市	3	48	776	182	58	15	55	6	20
南安市	1	25	296	304	56	5	4		3
漳州市	**3**	**78**	**357**	**233**	**66**	**20**	**86**	**64**	**37**
芗城区		11	114	76	35	8	16	2	15
龙文区	2	20	100	58	20	7	66	5	19
云霄县									
漳浦县									
诏安县									
长泰县									
东山县									
南靖县									
平和县									
华安县									
龙海市	1	47	142	99	11	4	4	57	3
南平市	**16**	**116**	**265**	**143**	**45**	**9**	**37**	**3**	**110**
延平区	3	105	111	40	14	6	18		79
建阳区	3	7	53	21	6	2	12	1	25
顺昌县									
浦城县									
光泽县									
松溪县									
政和县									
邵武市	6	1	44	42	10	1	1		6
武夷山市	1	1	18	16	2				
建瓯市	3	2	39	24	13		6	2	
龙岩市	**188**	**47**	**290**	**140**	**54**	**73**	**54**	**18**	**13**
新罗区	168	30	259	118	45	73	47	18	12
永定区	3	3	4	2	1		3		1

4-6a 续表 38 单位：人

地区 性别	生产制造及有关人员								
	采矿人员	金属冶炼和压延加工人员	机械制造基础加工人员	金属制品制造人员	通用设备制造人员	专用设备制造人员	汽车制造人员	铁路、船舶、航空设备制造人员	电气机械和器材制造人员
长汀县									
上杭县									
武平县									
连城县									
漳平市	17	14	27	20	8		4		
宁德市	**48**	**59**	**401**	**100**	**50**	**6**	**276**	**85**	**2421**
蕉城区	15	20	49	37	3	1	256	5	1841
霞浦县									
古田县									
屏南县									
寿宁县									
周宁县									
柘荣县									
福安市		27	145	25	32	2	11	3	576
福鼎市	33	12	207	38	15	3	9	77	4
女	**52**	**280**	**1860**	**2085**	**403**	**366**	**523**	**183**	**1670**
福州市	**4**	**38**	**86**	**92**	**101**	**34**	**57**	**16**	**95**
鼓楼区	1		3	2		9			1
台江区		1	2	4	3	3	1		4
仓山区	1	5	31	32	9	8	19	4	7
马尾区		9	12	10	11	7	12	11	64
晋安区		2	16	12	68	6	11	1	15
长乐区		19	7	6	3		8		1
闽侯县									
连江县									
罗源县									
闽清县									
永泰县									
平潭县									
福清市	2	2	15	26	7	1	6		3
厦门市	**3**	**70**	**644**	**1090**	**149**	**256**	**250**	**44**	**551**
思明区	2	1	13	18	5	8	1		3
海沧区		13	141	293	17	103	43	7	117
湖里区		6	62	47	43	56	41	7	88
集美区		27	221	349	47	52	92	17	100
同安区	1	22	205	371	36	36	73	12	238
翔安区		1	2	12	1	1		1	5
莆田市	**3**	**11**	**60**	**60**	**9**	**18**	**7**	**9**	**4**
城厢区			1	11	2			1	2
涵江区		6	32	22	6	14	3	8	2
荔城区	2	2	25	22	1	3	4		
秀屿区	1	3	2	5		1			
仙游县									
三明市	**5**	**90**	**33**	**14**	**16**	**2**	**19**	**1**	**3**
梅列区		72	10	2	3	2			3
三元区	1	14	6	6					
明溪县									
清流县									
宁化县									
大田县									
尤溪县									
沙县									
将乐县									
泰宁县									
建宁县									
永安市	4	4	17	6	13		19	1	

4-6a 续表 39

单位：人

地 区 性 别	生产制造及有关人员								
	采矿人员	金属冶炼和压延加工人员	机械制造基础加工人员	金属制品制造人员	通用设备制造人员	专用设备制造人员	汽车制造人员	铁路、船舶、航空设备制造人员	电气机械和器材制造人员
泉州市	**19**	**11**	**675**	**657**	**60**	**26**	**57**	**2**	**50**
鲤城区		1	133	42	13	9	22	1	15
丰泽区	2	1	101	74	1	5	3		15
洛江区	1		29	19	1	3	1		
泉港区	14	1	1	7			2		1
惠安县									
安溪县									
永春县									
德化县									
石狮市	1		28	200	2	1	1		
晋江市	1	5	282	71	12	8	26	1	15
南安市		3	101	244	31		2		4
漳州市		**23**	**69**	**80**	**23**	**11**	**68**	**10**	**29**
芗城区		3	33	32	14	4	6		12
龙文区		2	19	26	6	4	62	1	11
云霄县									
漳浦县									
诏安县									
长泰县									
东山县									
南靖县									
平和县									
华安县									
龙海市		18	17	22	3	2		9	6
南平市	**2**	**16**	**31**	**28**	**5**	**1**	**21**	**1**	**69**
延平区	1	14	12	6		1	8		59
建阳区			4	3	1		6		8
顺昌县									
浦城县									
光泽县									
松溪县									
政和县									
邵武市		1	7	12			1		1
武夷山市	1	1		1	1				
建瓯市			8	6	3		6	1	1
龙岩市	**15**	**9**	**29**	**36**	**5**	**13**	**14**	**1**	**8**
新罗区	11	6	24	30	5	9	12	1	7
永定区		1		2		1	1		1
长汀县									
上杭县									
武平县									
连城县									
漳平市	4	2	5	4		3	1		
宁德市	**1**	**12**	**233**	**28**	**35**	**5**	**30**	**99**	**861**
蕉城区	1	6	3	5		1	10	4	481
霞浦县									
古田县									
屏南县									
寿宁县									
周宁县									
柘荣县									
福安市		4	33	11	17	2	3		378
福鼎市		2	197	12	18	2	17	95	2

4-6a 续表 40

单位：人

地区 性别	生产制造及有关人员								不便分类的其他从业人员
	计算机、通信和其他电子设备制造人员	仪器仪表制造人员	废弃资源综合利用人员	电力、热力、气体、水生产和输配人员	建筑施工人员	运输设备和通用工程机械操作人员及有关人员	生产辅助人员	其他生产制造及有关人员	
合计	**13057**	**581**	**332**	**808**	**63551**	**4218**	**34124**	**717**	**912**
福州市	**2800**	**48**	**79**	**139**	**15679**	**989**	**4401**	**46**	**60**
鼓楼区	70	3	3	17	689	77	350	3	16
台江区	43	1	3	1	705	82	194	4	34
仓山区	790	6	13	23	5852	280	1498	24	5
马尾区	227	22	3	6	1018	83	550	7	
晋安区	219	9	46	21	3784	248	646	4	4
长乐区	15	2	9	15	1315	108	437	1	1
闽侯县									
连江县									
罗源县									
闽清县									
永泰县									
平潭县									
福清市	1436	5	2	56	2316	111	726	3	
厦门市	**7930**	**130**	**93**	**116**	**16379**	**1215**	**12979**	**132**	**94**
思明区	334	2	26	14	1525	105	785	7	38
海沧区	1548	7	19	21	2357	373	2974	93	42
湖里区	2329	48	31	23	4923	245	1826	12	5
集美区	2055	69	4	29	3856	236	3478	16	
同安区	1491	3	13	26	3250	224	3782		3
翔安区	173	1		3	468	32	134	4	6
莆田市	**466**	**287**	**32**	**56**	**4556**	**235**	**1663**	**150**	**63**
城厢区	43	1	2	13	994	46	248	1	21
涵江区	382	284	5	5	1499	61	723	133	16
荔城区	36	2	22	19	1271	73	508	13	22
秀屿区	5		3	19	792	55	184	3	4
仙游县									
三明市	**75**	**11**	**6**	**134**	**1937**	**253**	**1039**	**20**	**23**
梅列区	22	2		29	650	91	441	4	
三元区	36	5	4	16	616	50	214	9	22
明溪县									
清流县									
宁化县									
大田县									
尤溪县									
沙县									
将乐县									
泰宁县									
建宁县									
永安市	17	4	2	89	671	112	384	7	1
泉州市	**941**	**14**	**87**	**105**	**9996**	**485**	**8585**	**212**	**507**
鲤城区	278	4	13	8	1087	53	1222	65	58
丰泽区	134	8		17	2596	128	777		2
洛江区	43		1	1	273	15	432	8	4
泉港区	26	1	2	14	939	53	189	5	1
惠安县									
安溪县									
永春县									
德化县									
石狮市	85	1	3	17	976	18	911	9	17
晋江市	293		25	28	3116	174	4422	83	386
南安市	82		43	20	1009	44	632	42	39
漳州市	**336**	**81**	**4**	**45**	**4225**	**269**	**1715**	**62**	**85**
芗城区	146	21	2	16	1538	78	400	14	5
龙文区	126	55	1	10	1534	108	796	43	58
云霄县									
漳浦县									

4-6a　续表 41　　　　单位：人

地　区 性　别	生产制造及有关人员 计算机、通信和其他电子设备制造人员	仪器仪表制造人员	废弃资源综合利用人员	电力、热力、气体、水生产和输配人员	建筑施工人员	运输设备和通用工程机械操作人员及有关人员	生产辅助人员	其他生产制造及有关人员	不便分类的其他从业人员
诏安县									
长泰县									
东山县									
南靖县									
平和县									
华安县									
龙海市	64	5	1	19	1148	83	518	5	22
南平市	**114**	**5**	**11**	**98**	**3964**	**366**	**1182**	**24**	**66**
延平区	59	1	3	33	983	84	418	3	5
建阳区	23			16	903	59	155	7	1
顺昌县									
浦城县									
光泽县									
松溪县									
政和县									
邵武市	9	4	1	31	820	124	369	10	6
武夷山市	11		7	7	773	51	129		15
建瓯市	12			11	485	48	111	4	39
龙岩市	**128**	**4**	**15**	**77**	**4075**	**275**	**897**	**19**	**2**
新罗区	69	4	9	36	3080	178	673	19	1
永定区	47			11	390	14	36		1
长汀县									
上杭县									
武平县									
连城县									
漳平市	12		6	30	605	83	188		
宁德市	**267**	**1**	**5**	**38**	**2740**	**131**	**1663**	**52**	**12**
蕉城区	67		2	17	1243	69	1036	5	4
霞浦县									
古田县									
屏南县									
寿宁县									
周宁县									
柘荣县									
福安市	190		1	14	659	25	386	2	7
福鼎市	10	1	2	7	838	37	241	45	1
男	**7197**	**188**	**241**	**665**	**54229**	**3844**	**20507**	**395**	**570**
福州市	**1676**	**15**	**61**	**121**	**13469**	**902**	**3062**	**30**	**41**
鼓楼区	47	1	3	13	611	70	256	3	11
台江区	30	1	3	1	636	80	134	2	26
仓山区	426	3	10	19	4884	259	976	14	2
马尾区	119	6	1	5	900	76	346	4	
晋安区	115	2	35	18	3322	229	477	3	1
长乐区	10		7	12	1134	96	351	1	1
闽侯县									
连江县									
罗源县									
闽清县									
永泰县									
平潭县									
福清市	929	2	2	53	1982	92	522	3	
厦门市	**4294**	**52**	**65**	**97**	**14382**	**1113**	**7463**	**81**	**58**
思明区	179		21	12	1362	97	585	4	22
海沧区	874	4	11	18	2047	343	1716	54	29
湖里区	1284	20	20	15	4427	230	1125	9	3
集美区	1066	26	4	26	3369	219	2026	11	
同安区	789	2	9	23	2763	194	1918		1
翔安区	102			3	414	30	93	3	3

4-6a 续表 42

单位：人

地区 性别	生产制造及有关人员								不便分类的其他从业人员
	计算机、通信和其他电子设备制造人员	仪器仪表制造人员	废弃资源综合利用人员	电力、热力、气体、水生产和输配人员	建筑施工人员	运输设备和通用工程机械操作人员及有关人员	生产辅助人员	其他生产制造及有关人员	
莆田市	**227**	**75**	**16**	**37**	**3760**	**213**	**1020**	**51**	**40**
城厢区	24		2	10	841	42	164	1	17
涵江区	174	73	3	3	1272	55	416	40	5
荔城区	27	2	11	11	1065	66	307	8	15
秀屿区	2			13	582	50	133	2	3
仙游县									
三明市	**50**	**7**	**3**	**106**	**1546**	**218**	**808**	**13**	**13**
梅列区	15	1		24	512	66	366	3	
三元区	27	3	2	15	478	45	152	3	13
明溪县									
清流县									
宁化县									
大田县									
尤溪县									
沙县									
将乐县									
泰宁县									
建宁县									
永安市	8	3	1	67	556	107	290	7	
泉州市	**515**	**10**	**69**	**91**	**8414**	**447**	**4639**	**139**	**317**
鲤城区	140	3	10	6	966	52	647	40	34
丰泽区	69	6		13	2248	114	388		1
洛江区	26		1		229	14	214	8	2
泉港区	14	1	2	13	743	47	143	3	
惠安县									
安溪县									
永春县									
德化县									
石狮市	46		2	13	837	18	431	6	11
晋江市	188		21	27	2613	159	2443	60	244
南安市	32		33	19	778	43	373	22	25
漳州市	**154**	**22**	**2**	**40**	**3368**	**242**	**942**	**33**	**49**
芗城区	71	7	1	12	1220	72	234	6	4
龙文区	55	13		10	1167	97	450	22	32
云霄县									
漳浦县									
诏安县									
长泰县									
东山县									
南靖县									
平和县									
华安县									
龙海市	28	2	1	18	976	73	257	5	13
南平市	**66**	**4**	**9**	**79**	**3450**	**340**	**735**	**13**	**41**
延平区	36	1	3	26	855	78	278	2	2
建阳区	12			12	805	54	104	1	1
顺昌县									
浦城县									
光泽县									
松溪县									
政和县									
邵武市	3	3	1	26	733	116	216	6	4
武夷山市	7		5	5	633	47	58		7
建瓯市	8			10	424	45	79	4	27
龙岩市	**64**	**3**	**11**	**62**	**3273**	**245**	**665**	**16**	**2**
新罗区	45	3	7	30	2475	152	491	16	1
永定区	15			7	298	13	29		1

4-6a　续表 43　　　　　　　　　　　　　　　　　　　　　　　　单位：人

地　区 性　别	生产制造及有关人员								
	计算机、通信和其他电子设备制造人员	仪器仪表制造人员	废弃资源综合利用人员	电力、热力、气体、水生产和输配人员	建筑施工人员	运输设备和通用工程机械操作人员及有关人员	生产辅助人员	其他生产制造及有关人员	不便分类的其他从业人员
长汀县									
上杭县									
武平县									
连城县									
漳平市	4		4	25	500	80	145		
宁德市	**151**		**5**	**32**	**2567**	**124**	**1173**	**19**	**9**
蕉城区	51		2	15	1175	64	771	4	3
霞浦县									
古田县									
屏南县									
寿宁县									
周宁县									
柘荣县									
福安市	96		1	11	592	24	263	2	5
福鼎市	4		2	6	800	36	139	13	1
女	**5860**	**393**	**91**	**143**	**9322**	**374**	**13617**	**322**	**342**
福州市	**1124**	**33**	**18**	**18**	**2210**	**87**	**1339**	**16**	**19**
鼓楼区	23	2		4	78	7	94		5
台江区	13				69	2	60	2	8
仓山区	364	3	3	4	968	21	522	10	3
马尾区	108	16	2	1	118	7	204	3	
晋安区	104	7	11	3	462	19	169	1	3
长乐区	5	2	2	3	181	12	86		
闽侯县									
连江县									
罗源县									
闽清县									
永泰县									
平潭县									
福清市	507	3		3	334	19	204		
厦门市	**3636**	**78**	**28**	**19**	**1997**	**102**	**5516**	**51**	**36**
思明区	155	2	5	2	163	8	200	3	16
海沧区	674	3	8	3	310	30	1258	39	13
湖里区	1045	28	11	8	496	15	701	3	2
集美区	989	43		3	487	17	1452	5	
同安区	702	1	4	3	487	30	1864		2
翔安区	71	1			54	2	41	1	3
莆田市	**239**	**212**	**16**	**19**	**796**	**22**	**643**	**99**	**23**
城厢区	19	1		3	153	4	84		4
涵江区	208	211	2	2	227	6	307	93	11
荔城区	9		11	8	206	7	201	5	7
秀屿区	3		3	6	210	5	51	1	1
仙游县									
三明市	**25**	**4**	**3**	**28**	**391**	**35**	**231**	**7**	**10**
梅列区	7	1		5	138	25	75	1	
三元区	9	2	2	1	138	5	62	6	9
明溪县									
清流县									
宁化县									
大田县									
尤溪县									
沙县									
将乐县									
泰宁县									
建宁县									
永安市	9	1	1	22	115	5	94		1

4-6a　续表 44　　单位：人

地区 性别	生产制造及有关人员								不便分类的其他从业人员
	计算机、通信和其他电子设备制造人员	仪器仪表制造人员	废弃资源综合利用人员	电力、热力、气体、水生产和输配人员	建筑施工人员	运输设备和通用工程机械操作人员及有关人员	生产辅助人员	其他生产制造及有关人员	
泉州市	**426**	**4**	**18**	**14**	**1582**	**38**	**3946**	**73**	**190**
鲤城区	138	1	3	2	121	1	575	25	24
丰泽区	65	2		4	348	14	389		1
洛江区	17			1	44	1	218		2
泉港区	12			1	196	6	46	2	1
惠安县									
安溪县									
永春县									
德化县									
石狮市	39	1	1	4	139		480	3	6
晋江市	105		4	1	503	15	1979	23	142
南安市	50		10	1	231	1	259	20	14
漳州市	**182**	**59**	**2**	**5**	**857**	**27**	**773**	**29**	**36**
芗城区	75	14	1	4	318	6	166	8	1
龙文区	71	42	1		367	11	346	21	26
云霄县									
漳浦县									
诏安县									
长泰县									
东山县									
南靖县									
平和县									
华安县									
龙海市	36	3		1	172	10	261		9
南平市	**48**	**1**	**2**	**19**	**514**	**26**	**447**	**11**	**25**
延平区	23			7	128	6	140	1	3
建阳区	11			4	98	5	51	6	
顺昌县									
浦城县									
光泽县									
松溪县									
政和县									
邵武市	6	1		5	87	8	153	4	2
武夷山市	4		2	2	140	4	71		8
建瓯市	4			1	61	3	32		12
龙岩市	**64**	**1**	**4**	**15**	**802**	**30**	**232**	**3**	
新罗区	24	1	2	6	605	26	182	3	
永定区	32			4	92	1	7		
长汀县									
上杭县									
武平县									
连城县									
漳平市	8		2	5	105	3	43		
宁德市	**116**	**1**		**6**	**173**	**7**	**490**	**33**	**3**
蕉城区	16			2	68	5	265	1	1
霞浦县									
古田县									
屏南县									
寿宁县									
周宁县									
柘荣县									
福安市	94			3	67	1	123		2
福鼎市	6	1		1	38	1	102	32	

4-6b　各地区分性别、职业中类的就业人口(镇)

单位：人

地　区 性　别	合　计	党的机关、国家机关、群众团体和社会组织、企事业单位负责人						
		小计	中国共产党机关负责人	国家机关负责人	民主党派和工商联负责人	人民团体和群众团体、社会组织及其他成员组织负责人	基层群众自治组织负责人	企事业单位负责人
合　计	**552481**	**8702**	**33**	**613**	**1**	**431**	**403**	**7221**
福州市	**88326**	**1103**	**1**	**80**	**1**	**76**	**60**	**885**
鼓楼区								
台江区								
仓山区								
马尾区								
晋安区	72							
长乐区	9268	108				5	7	96
闽侯县	24147	225		14		25	6	180
连江县	14269	202		15		27	14	146
罗源县	8709	186		12		4	8	162
闽清县	4511	87		14		2	9	62
永泰县	5674	104	1	14		2	1	86
平潭县	8684	87		9	1	1	11	65
福清市	12992	104		2		10	4	88
厦门市	**16766**	**460**		**1**		**6**	**3**	**450**
思明区								
海沧区								
湖里区	171							
集美区	23							
同安区	796	4						4
翔安区	15776	456		1		6	3	446
莆田市	**24527**	**366**		**25**		**10**	**18**	**313**
城厢区	1319	11					1	10
涵江区	519	3						3
荔城区	292							
秀屿区	4247	37		6		1	4	26
仙游县	18150	315		19		9	13	274
三明市	**42264**	**759**	**9**	**105**		**23**	**65**	**557**
梅列区	550	4					2	2
三元区	308	1		1				
明溪县	2087	29	1	8		1	6	13
清流县	3163	83		9		6	3	65
宁化县	5726	96	1	16		3	8	68
大田县	7207	103	1	12		1	9	80
尤溪县	6809	197		29		3	9	156
沙县	6773	79	2	5		1	17	54
将乐县	3428	59		4		4	5	46
泰宁县	2624	36	4	3		2	2	25
建宁县	2611	63		18		2	1	42
永安市	978	9					3	6
泉州市	**158144**	**2813**	**1**	**59**		**114**	**66**	**2573**
鲤城区								
丰泽区								
洛江区	2175	43					1	42
泉港区	3232	63				15		48
惠安县	29905	572		15		33	13	511
安溪县	24135	190		17		10	6	157
永春县	12307	192	1	12		6	11	162
德化县	14472	270		8			9	253
石狮市	9520	132				13	1	118
晋江市	21881	629		1		21	7	600
南安市	40517	722		6		16	18	682
漳州市	**111345**	**1680**	**4**	**101**		**158**	**65**	**1352**
芗城区	4934	44		1		4	8	31
龙文区								
云霄县	11943	307		21		20	13	253
漳浦县	23100	518		17		33	6	462

4-6b 续表 1

单位：人

地区 性别	合计	党的机关、国家机关、群众团体和社会组织、企事业单位负责人						
		小计	中国共产党机关负责人	国家机关负责人	民主党派和工商联负责人	人民团体和群众团体、社会组织及其他成员组织负责人	基层群众自治组织负责人	企事业单位负责人
诏安县	13288	150	1	10		24	10	105
长泰县	8220	109		8		1	2	98
东山县	7678	131	1	10		17	2	101
南靖县	9029	151		14		27	4	106
平和县	10399	106		14		20	10	62
华安县	3712	16	2	6			3	5
龙海市	19042	148				12	7	129
南平市	**26100**	**520**	**8**	**90**		**13**	**34**	**375**
延平区	2058	19		1			1	17
建阳区	1280	34	1	11		1	2	19
顺昌县	3581	93		15			9	69
浦城县	5431	68		14		5	4	45
光泽县	2908	89		16		3	4	66
松溪县	2318	62	5	14		1	4	38
政和县	3668	113	1	10		2	8	92
邵武市	1198	11		2		1	1	7
武夷山市	717	3		2				1
建瓯市	2941	28	1	5			1	21
龙岩市	**37575**	**430**	**9**	**83**		**13**	**34**	**291**
新罗区	2861	36		3			2	31
永定区	3648	25		2			2	21
长汀县	8838	79		16		3	7	53
上杭县	9616	91	2	22		3	10	54
武平县	6234	116	4	19		4	3	86
连城县	5190	78	1	18		3	10	46
漳平市	1188	5	2	3				
宁德市	**47434**	**571**	**1**	**69**		**18**	**58**	**425**
蕉城区	1703	5						5
霞浦县	15480	157		16		3	20	118
古田县	6449	79		5		5	12	57
屏南县	2572	25		2				23
寿宁县	3020	105		17		1	4	83
周宁县	2933	30		6		2	3	19
柘荣县	2381	64	1	12		2	4	45
福安市	6467	69		8		1	5	55
福鼎市	6429	37		3		4	10	20
男	**325501**	**6884**	**29**	**543**	**1**	**277**	**351**	**5683**
福州市	**54456**	**889**		**69**	**1**	**49**	**54**	**716**
鼓楼区								
台江区								
仓山区								
马尾区								
晋安区	51							
长乐区	5924	82				2	7	73
闽侯县	15040	180		10		15	5	150
连江县	8492	165		15		21	12	117
罗源县	5904	154		12		2	6	134
闽清县	2724	75		11		2	9	53
永泰县	3262	80		12		1	1	66
平潭县	5612	77		8	1		11	57
福清市	7447	76		1		6	3	66
厦门市	**10354**	**353**		**1**		**4**	**2**	**346**
思明区								
海沧区								
湖里区	124							
集美区	17							
同安区	483	4						4
翔安区	9730	349		1		4	2	342

4-6b 续表 2

单位：人

地区 性别	合计	党的机关、国家机关、群众团体和社会组织、企事业单位负责人						
		小计	中国共产党机关负责人	国家机关负责人	民主党派和工商联负责人	人民团体和群众团体、社会组织及其他成员组织负责人	基层群众自治组织负责人	企事业单位负责人
莆田市	**14315**	**295**		**21**		**7**	**15**	**252**
城厢区	748	10					1	9
涵江区	291	2						2
荔城区	178							
秀屿区	2225	29		5		1	2	21
仙游县	10873	254		16		6	12	220
三明市	**24470**	**609**	**8**	**93**		**15**	**61**	**432**
梅列区	358	4					2	2
三元区	212	1		1				
明溪县	1203	25	1	8		1	3	12
清流县	1608	70		8		4	3	55
宁化县	3232	75	1	13		2	8	51
大田县	4077	77	1	10			9	57
尤溪县	4176	161		25		2	9	125
沙县	4027	69	2	4		1	17	45
将乐县	2099	50		4		3	5	38
泰宁县	1417	26	3	3		1	2	17
建宁县	1456	42		17		1		24
永安市	605	9					3	6
泉州市	**91145**	**2217**	**1**	**51**		**84**	**47**	**2034**
鲤城区								
丰泽区								
洛江区	1240	35					1	34
泉港区	1838	43				8		35
惠安县	16843	435		13		24	10	388
安溪县	13641	152		14		8	3	127
永春县	7005	148	1	11		5	10	121
德化县	8236	204		8			6	190
石狮市	6200	113				12	1	100
晋江市	13145	512				16	3	493
南安市	22997	575		5		11	13	546
漳州市	**64528**	**1280**	**3**	**93**		**97**	**54**	**1033**
芗城区	2996	33				2	7	24
龙文区								
云霄县	6705	225		19		12	13	181
漳浦县	13518	388		17		20	5	346
诏安县	7103	109	1	8		14	6	80
长泰县	4886	98		8		1	2	87
东山县	4407	98	1	9		13	2	73
南靖县	4950	120		14		15	3	88
平和县	6178	82		13		13	9	47
华安县	2156	12	1	5			1	5
龙海市	11629	115				7	6	102
南平市	**16126**	**416**	**7**	**78**		**7**	**30**	**294**
延平区	1309	17		1			1	15
建阳区	776	24	1	9			2	12
顺昌县	2202	70		13			6	51
浦城县	3384	48		11		3	4	30
光泽县	1697	76		16		2	4	54
松溪县	1480	49	4	11			3	31
政和县	2253	95	1	9		1	8	76
邵武市	736	9		1		1	1	6
武夷山市	475	3		2				1
建瓯市	1814	25	1	5			1	18
龙岩市	**21604**	**365**	**9**	**73**		**6**	**32**	**245**
新罗区	1806	31		3			2	26
永定区	2196	24		2			2	20

4-6b 续表 3 单位：人

地区 性别	合计	党的机关、国家机关、群众团体和社会组织、企事业单位负责人						
		小计	中国共产党机关负责人	国家机关负责人	民主党派和工商联负责人	人民团体和群众团体、社会组织及其他成员组织负责人	基层群众自治组织负责人	企事业单位负责人
长汀县	4837	61		14		1	7	39
上杭县	5500	76	2	18		1	9	46
武平县	3495	97	4	16		2	3	72
连城县	3080	71	1	17		2	9	42
漳平市	690	5	2	3				
宁德市	**28503**	**460**	**1**	**64**		**8**	**56**	**331**
蕉城区	1078	4						4
霞浦县	8365	115		16		1	19	79
古田县	4100	69		5		2	12	50
屏南县	1571	21		2				19
寿宁县	1897	79		15			4	60
周宁县	1885	26		6		2	3	15
柘荣县	1493	57	1	10		1	4	41
福安市	4329	58		7			5	46
福鼎市	3785	31		3		2	9	17
女	**226980**	**1818**	**4**	**70**		**154**	**52**	**1538**
福州市	**33870**	**214**	**1**	**11**		**27**	**6**	**169**
鼓楼区								
台江区								
仓山区								
马尾区								
晋安区	21							
长乐区	3344	26				3		23
闽侯县	9107	45		4		10	1	30
连江县	5777	37				6	2	29
罗源县	2805	32				2	2	28
闽清县	1787	12		3				9
永泰县	2412	24	1	2		1		20
平潭县	3072	10		1		1		8
福清市	5545	28		1		4	1	22
厦门市	**6412**	**107**				**2**	**1**	**104**
思明区								
海沧区								
湖里区	47							
集美区	6							
同安区	313							
翔安区	6046	107				2	1	104
莆田市	**10212**	**71**		**4**		**3**	**3**	**61**
城厢区	571	1						1
涵江区	228	1						1
荔城区	114							
秀屿区	2022	8		1			2	5
仙游县	7277	61		3		3	1	54
三明市	**17794**	**150**	**1**	**12**		**8**	**4**	**125**
梅列区	192							
三元区	96							
明溪县	884	4					3	1
清流县	1555	13		1		2		10
宁化县	2494	21		3		1		17
大田县	3130	26		2		1		23
尤溪县	2633	36		4		1		31
沙县	2746	10		1				9
将乐县	1329	9				1		8
泰宁县	1207	10	1			1		8
建宁县	1155	21		1		1	1	18
永安市	373							

4-6b　续表 4　　　　单位：人

地　区 性　别	合　计	党的机关、国家机关、群众团体和社会组织、企事业单位负责人						
		小计	中国共产党机关负责人	国家机关负责人	民主党派和工商联负责人	人民团体和群众团体、社会组织及其他成员组织负责人	基层群众自治组织负责人	企事业单位负责人
泉州市	**66999**	**596**		**8**		**30**	**19**	**539**
鲤城区								
丰泽区								
洛江区	935	8						8
泉港区	1394	20				7		13
惠安县	13062	137		2		9	3	123
安溪县	10494	38		3		2	3	30
永春县	5302	44		1		1	1	41
德化县	6236	66					3	63
石狮市	3320	19				1		18
晋江市	8736	117		1		5	4	107
南安市	17520	147		1		5	5	136
漳州市	**46817**	**400**	**1**	**8**		**61**	**11**	**319**
芗城区	1938	11		1		2	1	7
龙文区								
云霄县	5238	82		2		8		72
漳浦县	9582	130				13	1	116
诏安县	6185	41		2		10	4	25
长泰县	3334	11						11
东山县	3271	33		1		4		28
南靖县	4079	31				12	1	18
平和县	4221	24		1		7	1	15
华安县	1556	4	1	1			2	
龙海市	7413	33				5	1	27
南平市	**9974**	**104**	**1**	**12**		**6**	**4**	**81**
延平区	749	2						2
建阳区	504	10		2		1		7
顺昌县	1379	23		2			3	18
浦城县	2047	20		3		2		15
光泽县	1211	13				1		12
松溪县	838	13	1	3		1	1	7
政和县	1415	18		1		1		16
邵武市	462	2		1				1
武夷山市	242							
建瓯市	1127	3						3
龙岩市	**15971**	**65**		**10**		**7**	**2**	**46**
新罗区	1055	5						5
永定区	1452	1						1
长汀县	4001	18		2		2		14
上杭县	4116	15		4		2	1	8
武平县	2739	19		3		2		14
连城县	2110	7		1		1	1	4
漳平市	498							
宁德市	**18931**	**111**		**5**		**10**	**2**	**94**
蕉城区	625	1						1
霞浦县	7115	42				2	1	39
古田县	2349	10				3		7
屏南县	1001	4						4
寿宁县	1123	26		2		1		23
周宁县	1048	4						4
柘荣县	888	7		2		1		4
福安市	2138	11		1		1		9
福鼎市	2644	6				2	1	3

4-6b 续表 5 单位：人

地区 性别	专业技术人员 小计	科学研究人员	工程技术人员	农业技术人员	飞机和船舶技术人员	卫生专业技术人员	经济和金融专业人员	法律、社会和宗教专业人员	教学人员	文学艺术、体育专业人员
合　计	**54535**	**119**	**9305**	**363**	**255**	**8008**	**9740**	**1261**	**23566**	**1070**
福州市	**9856**	**42**	**2186**	**55**	**95**	**1285**	**1819**	**187**	**3851**	**174**
鼓楼区										
台江区										
仓山区										
马尾区										
晋安区	4						1		2	
长乐区	574	4	160	5	1	46	147	10	184	12
闽侯县	3348	26	976	10	1	327	617	40	1209	72
连江县	1485	2	258	10	41	216	248	42	633	18
罗源县	960	3	195	10	3	152	174	25	356	20
闽清县	617		93	3		110	106	5	292	1
永泰县	667	1	112	10		100	113	14	299	7
平潭县	1244	5	180	2	49	199	238	27	509	16
福清市	957	1	212	5		135	175	24	367	28
厦门市	**1657**	**8**	**765**	**4**	**1**	**179**	**327**	**29**	**280**	**37**
思明区										
海沧区										
湖里区	11		2				7		2	
集美区	3		3							
同安区	71	1	19			11	18		21	1
翔安区	1572	7	741	4	1	168	302	29	257	36
莆田市	**2492**	**1**	**272**	**5**	**1**	**352**	**417**	**76**	**1252**	**89**
城厢区	99		12			11	16	1	53	6
涵江区	43		5			7	6	4	21	
荔城区	29		6			4	8		11	
秀屿区	257		29	3	1	41	27	7	143	3
仙游县	2064	1	220	2		289	360	64	1024	80
三明市	**5539**	**14**	**687**	**75**	**1**	**947**	**896**	**152**	**2624**	**53**
梅列区	48		17			4	15		12	
三元区	11		2			5	2		2	
明溪县	291	1	36	5		54	40	17	131	1
清流县	375	1	46	7		71	54	10	179	2
宁化县	772	3	110	20		134	108	32	346	12
大田县	941	1	124	5	1	153	138	18	472	15
尤溪县	964		81	12		187	186	19	450	13
沙县	910	4	98	10		127	154	23	483	
将乐县	480	2	74	6		73	79	13	217	6
泰宁县	345		55	5		73	58	5	133	3
建宁县	341	1	37	3		58	53	14	166	1
永安市	61	1	7	2		8	9	1	33	
泉州市	**13308**	**18**	**2288**	**23**	**136**	**1642**	**2756**	**296**	**5570**	**368**
鲤城区										
丰泽区										
洛江区	189	2	45			16	28	2	81	10
泉港区	347	1	62	1	57	40	65	6	98	7
惠安县	2888	3	545	4	34	363	599	89	1121	72
安溪县	2114		213	4		355	276	50	1158	31
永春县	1223	2	166	4	1	159	180	41	596	54
德化县	1275	1	162	1		154	260	16	608	57
石狮市	673	1	241		4	53	161	9	167	22
晋江市	1860	5	328	1	10	175	553	43	680	45
南安市	2739	3	526	8	30	327	634	40	1061	70
漳州市	**9400**	**16**	**1587**	**73**	**9**	**1368**	**1686**	**142**	**4155**	**224**
芗城区	265		72	6		40	50	2	77	15
龙文区										
云霄县	1181	3	130	7	1	196	202	18	579	17
漳浦县	2165	1	403	15	1	353	339	36	950	43

4-6b 续表 6

单位：人

地区 性别	专业技术人员 小计	科学研究人员	工程技术人员	农业技术人员	飞机和船舶技术人员	卫生专业技术人员	经济和金融专业人员	法律、社会和宗教专业人员	教学人员	文学艺术、体育专业人员
诏安县	1004	3	95	6	1	162	114	18	555	36
长泰县	701	1	165	3		75	162	5	264	14
东山县	706	1	109	11	5	104	128	16	303	18
南靖县	665	1	88	6		107	126	5	308	16
平和县	728	1	90	4		106	88	15	394	18
华安县	328		35	1		60	70	5	152	1
龙海市	1657	5	400	14	1	165	407	22	573	46
南平市	**2984**	**3**	**320**	**50**		**584**	**442**	**78**	**1420**	**22**
延平区	166		22	9		27	18	7	77	3
建阳区	123		9	2		27	14	1	69	
顺昌县	503		80	3		85	88	14	212	6
浦城县	662		54	6		144	90	18	328	3
光泽县	401	2	40	15		84	81	10	152	4
松溪县	298		26	5		58	37	8	160	1
政和县	480	1	58	3		105	71	14	221	
邵武市	43		5	3		8	9	1	14	2
武夷山市	59		5	1		8	11	2	31	1
建瓯市	249		21	3		38	23	3	156	2
龙岩市	**4927**	**10**	**687**	**52**		**871**	**735**	**83**	**2380**	**49**
新罗区	215	1	43	4		31	41	2	88	4
永定区	335		35	1		62	47	9	176	3
长汀县	1175	1	132	3		176	154	29	641	22
上杭县	1417	6	278	17		236	232	16	596	11
武平县	988	1	89	17		203	152	20	492	7
连城县	699	1	105	9		140	101	7	327	2
漳平市	98		5	1		23	8		60	
宁德市	**4372**	**7**	**513**	**26**	**12**	**780**	**662**	**218**	**2034**	**54**
蕉城区	105		22			16	19	4	40	2
霞浦县	1359	2	182	9	6	247	193	63	610	24
古田县	678		53	5		126	104	21	354	4
屏南县	285		34	2		51	35	4	151	3
寿宁县	406		32	3		70	58	17	212	3
周宁县	361	2	36	1		82	40	12	168	6
柘荣县	281		31	3		52	43	17	130	3
福安市	507	3	87	2		83	115	31	182	2
福鼎市	390		36	1	6	53	47	49	187	7
男	**24507**	**78**	**8043**	**283**	**254**	**2798**	**2904**	**669**	**8406**	**628**
福州市	**4611**	**26**	**1920**	**38**	**94**	**439**	**599**	**100**	**1212**	**110**
鼓楼区										
台江区										
仓山区										
马尾区										
晋安区	3								2	
长乐区	294	3	145	4	1	18	55	5	53	7
闽侯县	1632	14	829	3	1	102	159	14	432	46
连江县	662	1	230	8	41	88	64	33	179	10
罗源县	427	2	179	6	3	43	62	15	92	16
闽清县	230		80	3		32	30	3	80	1
永泰县	326	1	98	8		39	37	9	124	5
平潭县	533	4	167	1	48	60	99	9	128	7
福清市	504	1	192	5		57	93	12	122	18
厦门市	**862**	**5**	**611**	**2**	**1**	**52**	**66**	**14**	**65**	**25**
思明区										
海沧区										
湖里区	3		2				1			
集美区	3		3							
同安区	30	1	18			3	5		2	1
翔安区	826	4	588	2	1	49	60	14	63	24

4-6b 续表 7

单位：人

地区 性别	专业技术人员									
	小计	科学研究人员	工程技术人员	农业技术人员	飞机和船舶技术人员	卫生专业技术人员	经济和金融专业人员	法律、社会和宗教专业人员	教学人员	文学艺术、体育专业人员
莆田市	**1096**	**1**	**229**	**5**	**1**	**130**	**168**	**28**	**459**	**56**
城厢区	51		9			6	7		25	4
涵江区	17		4			2	2	3	6	
荔城区	15		1			4	3		7	
秀屿区	128		25	3	1	15	9	3	69	2
仙游县	885	1	190	2		103	147	22	352	50
三明市	**2486**	**10**	**588**	**64**	**1**	**332**	**305**	**87**	**1015**	**38**
梅列区	24		15			1	3		5	
三元区	4		2			1			1	
明溪县	119	1	30	4		25	8	5	43	1
清流县	171		41	6		23	22	6	70	1
宁化县	406	2	91	19		48	46	24	165	8
大田县	448	1	107	3	1	60	51	10	199	10
尤溪县	410		70	10		64	63	11	170	12
沙县	364	3	82	9		36	51	11	167	
将乐县	230	2	66	5		25	22	12	86	4
泰宁县	147		46	4		23	20	3	43	2
建宁县	141		33	2		22	19	5	56	
永安市	22	1	5	2		4			10	
泉州市	**6012**	**13**	**1982**	**18**	**136**	**610**	**690**	**154**	**2076**	**207**
鲤城区										
丰泽区										
洛江区	92	2	41			6	4		32	3
泉港区	189	1	57	1	57	11	15	3	36	1
惠安县	1255	3	465	3	34	120	160	30	368	39
安溪县	999		186	3		132	100	35	508	20
永春县	570	1	152	4	1	52	58	23	243	26
德化县	607	1	154	1		54	74	6	277	30
石狮市	324		193		4	17	45	6	34	16
晋江市	777	2	297		10	77	123	19	203	33
南安市	1199	3	437	6	30	141	111	32	375	39
漳州市	**4068**	**9**	**1399**	**58**	**9**	**485**	**476**	**80**	**1362**	**127**
芗城区	105		61	4		11	8	1	10	9
龙文区										
云霄县	506	1	118	7	1	72	71	10	205	8
漳浦县	962		357	14	1	117	114	19	310	22
诏安县	439	2	88	4	1	68	43	10	193	24
长泰县	318	1	147	3		30	43	2	75	8
东山县	311	1	93	8	5	32	45	9	104	9
南靖县	279		76	4		35	32	2	120	8
平和县	336	1	79	2		53	30	10	141	10
华安县	124		33	1		18	18	2	50	1
龙海市	688	3	347	11	1	49	72	15	154	28
南平市	**1292**	**1**	**275**	**37**		**206**	**147**	**42**	**536**	**12**
延平区	75		19	8		7	7	3	27	2
建阳区	50		9	2		10	6	1	22	
顺昌县	232		66	2		33	32	6	81	4
浦城县	291		46	3		46	40	9	135	2
光泽县	154		33	7		30	15	7	53	2
松溪县	124		24	5		24	7	5	56	1
政和县	205	1	50	3		37	21	8	82	
邵武市	22		5	3		3	2		7	1
武夷山市	30		4	1		4	6	1	14	
建瓯市	109		19	3		12	11	2	59	
龙岩市	**2250**	**9**	**581**	**43**		**264**	**248**	**35**	**1009**	**28**
新罗区	98	1	39	4		7	12	1	32	1
永定区	153		31	1		27	11	5	75	2

4-6b　续表 8　　　　单位：人

地　区 性　别	专业技术人员 小计	科学研究人员	工程技术人员	农业技术人员	飞机和船舶技术人员	卫生专业技术人员	经济和金融专业人员	法律、社会和宗教专业人员	教学人员	文学艺术、体育专业人员
长汀县	523	1	105	2		46	45	12	288	13
上杭县	672	6	233	13		79	76	6	241	7
武平县	435		74	13		59	57	8	215	4
连城县	319	1	94	9		34	44	3	130	1
漳平市	50		5	1		12	3		28	
宁德市	**1830**	**4**	**458**	**18**	**12**	**280**	**205**	**129**	**672**	**25**
蕉城区	45		19			7	3	3	13	
霞浦县	556	2	167	7	6	93	53	37	176	9
古田县	283		47	3		51	37	13	128	
屏南县	103		28	2		10	9	1	49	3
寿宁县	165		26	3		21	14	8	80	3
周宁县	149		27			30	18	8	60	4
柘荣县	125		26	1		18	14	15	50	1
福安市	222	2	82	1		25	46	6	57	1
福鼎市	182		36	1	6	25	11	38	59	4
女	**30028**	**41**	**1262**	**80**	**1**	**5210**	**6836**	**592**	**15160**	**442**
福州市	**5245**	**16**	**266**	**17**	**1**	**846**	**1220**	**87**	**2639**	**64**
鼓楼区										
台江区										
仓山区										
马尾区										
晋安区	1						1			
长乐区	280	1	15	1		28	92	5	131	5
闽侯县	1716	12	147	7		225	458	26	777	26
连江县	823	1	28	2		128	184	9	454	8
罗源县	533	1	16	4		109	112	10	264	4
闽清县	387		13			78	76	2	212	
永泰县	341		14	2		61	76	5	175	2
平潭县	711	1	13	1	1	139	139	18	381	9
福清市	453		20			78	82	12	245	10
厦门市	**795**	**3**	**154**	**2**		**127**	**261**	**15**	**215**	**12**
思明区										
海沧区										
湖里区	8						6		2	
集美区										
同安区	41		1			8	13		19	
翔安区	746	3	153	2		119	242	15	194	12
莆田市	**1396**		**43**			**222**	**249**	**48**	**793**	**33**
城厢区	48		3			5	9	1	28	2
涵江区	26		1			5	4	1	15	
荔城区	14		5				5		4	
秀屿区	129		4			26	18	4	74	1
仙游县	1179		30			186	213	42	672	30
三明市	**3053**	**4**	**99**	**11**		**615**	**591**	**65**	**1609**	**15**
梅列区	24		2			3	12		7	
三元区	7					4	2		1	
明溪县	172		6	1		29	32	12	88	
清流县	204	1	5	1		48	32	4	109	1
宁化县	366	1	19	1		86	62	8	181	4
大田县	493		17	2		93	87	8	273	5
尤溪县	554		11	2		123	123	8	280	1
沙县	546	1	16	1		91	103	12	316	
将乐县	250		8	1		48	57	1	131	2
泰宁县	198		9	1		50	38	2	90	1
建宁县	200	1	4	1		36	34	9	110	1
永安市	39		2			4	9	1	23	

4-6b 续表 9

单位：人

地区 性别	专业技术人员 小计	科学研究人员	工程技术人员	农业技术人员	飞机和船舶技术人员	卫生专业技术人员	经济和金融专业人员	法律、社会和宗教专业人员	教学人员	文学艺术、体育专业人员
泉州市	**7296**	**5**	**306**	**5**		**1032**	**2066**	**142**	**3494**	**161**
鲤城区										
丰泽区										
洛江区	97		4			10	24	2	49	7
泉港区	158		5			29	50	3	62	6
惠安县	1633		80	1		243	439	59	753	33
安溪县	1115		27	1		223	176	15	650	11
永春县	653	1	14			107	122	18	353	28
德化县	668		8			100	186	10	331	27
石狮市	349	1	48			36	116	3	133	6
晋江市	1083	3	31	1		98	430	24	477	12
南安市	1540		89	2		186	523	8	686	31
漳州市	**5332**	**7**	**188**	**15**		**883**	**1210**	**62**	**2793**	**97**
芗城区	160		11	2		29	42	1	67	6
龙文区										
云霄县	675	2	12			124	131	8	374	9
漳浦县	1203	1	46	1		236	225	17	640	21
诏安县	565	1	7	2		94	71	8	362	12
长泰县	383		18			45	119	3	189	6
东山县	395		16	3		72	83	7	199	9
南靖县	386	1	12	2		72	94	3	188	8
平和县	392		11	2		53	58	5	253	8
华安县	204		2			42	52	3	102	
龙海市	969	2	53	3		116	335	7	419	18
南平市	**1692**	**2**	**45**	**13**		**378**	**295**	**36**	**884**	**10**
延平区	91		3	1		20	11	4	50	1
建阳区	73					17	8		47	
顺昌县	271		14	1		52	56	8	131	2
浦城县	371		8	3		98	50	9	193	1
光泽县	247	2	7	8		54	66	3	99	2
松溪县	174		2			34	30	3	104	
政和县	275		8			68	50	6	139	
邵武市	21					5	7	1	7	1
武夷山市	29		1			4	5	1	17	1
建瓯市	140		2			26	12	1	97	2
龙岩市	**2677**	**1**	**106**	**9**		**607**	**487**	**48**	**1371**	**21**
新罗区	117		4			24	29	1	56	3
永定区	182		4			35	36	4	101	1
长汀县	652		27	1		130	109	17	353	9
上杭县	745		45	4		157	156	10	355	4
武平县	553	1	15	4		144	95	12	277	3
连城县	380		11			106	57	4	197	1
漳平市	48					11	5		32	
宁德市	**2542**	**3**	**55**	**8**		**500**	**457**	**89**	**1362**	**29**
蕉城区	60		3			9	16	1	27	2
霞浦县	803		15	2		154	140	26	434	15
古田县	395		6	2		75	67	8	226	4
屏南县	182		6			41	26	3	102	
寿宁县	241		6			49	44	9	132	
周宁县	212	2	9	1		52	30	4	108	2
柘荣县	156		5	2		34	29	2	80	2
福安市	285	1	5	1		58	69	25	125	1
福鼎市	208					28	36	11	128	3

4-6b　续表 10　　　　单位：人

地区 性别	专业技术人员		办事人员和有关人员				社会生产服务和生活服务人员		
	新闻出版、文化专业人员	其他专业技术人员	小计	办事人员	安全和消防人员	其他办事人员和有关人员	小计	批发与零售服务人员	交通运输、仓储和邮政业服务人员
合　计	**586**	**262**	**37845**	**32138**	**5279**	**428**	**217944**	**105123**	**34490**
福州市	**135**	**27**	**7600**	**6463**	**1101**	**36**	**38127**	**17286**	**5881**
鼓楼区									
台江区									
仓山区									
马尾区									
晋安区		1	6	5	1		23	8	4
长乐区	4	1	376	305	68	3	3587	1495	675
闽侯县	59	11	2563	2209	350	4	10691	4638	1811
连江县	15	2	1246	1016	218	12	7288	3338	842
罗源县	18	4	710	602	104	4	3435	1646	590
闽清县	7		464	399	62	3	1819	865	273
永泰县	6	5	507	433	70	4	1953	956	230
平潭县	17	2	1076	948	122	6	3752	1489	760
福清市	9	1	652	546	106		5579	2851	696
厦门市	**7**	**20**	**932**	**778**	**141**	**13**	**5334**	**1873**	**1323**
思明区									
海沧区									
湖里区			6	3	3		138	93	22
集美区							8		4
同安区			56	40	15	1	292	75	79
翔安区	7	20	870	735	123	12	4896	1705	1218
莆田市	**17**	**10**	**1532**	**1245**	**276**	**11**	**10532**	**6089**	**1284**
城厢区			74	62	12		500	278	80
涵江区			20	12	8		180	98	24
荔城区			22	16	6		149	110	11
秀屿区	2	1	161	130	31		1432	813	223
仙游县	15	9	1255	1025	219	11	8271	4790	946
三明市	**73**	**17**	**3949**	**3174**	**640**	**135**	**17372**	**6998**	**2667**
梅列区			16	11	4	1	229	53	61
三元区			11	7	4		104	29	30
明溪县	3	3	290	233	52	5	791	313	102
清流县	5		342	272	62	8	1151	447	184
宁化县	5	2	505	415	85	5	2270	1082	289
大田县	12	2	567	497	67	3	2720	1246	447
尤溪县	16		514	367	54	93	2758	1112	519
沙县	10	1	672	519	144	9	3284	961	460
将乐县	4	6	355	313	42		1548	626	222
泰宁县	12	1	337	284	50	3	1211	521	132
建宁县	6	2	300	227	65	8	973	441	154
永安市			40	29	11		333	167	67
泉州市	**123**	**88**	**7874**	**7264**	**536**	**74**	**62189**	**32781**	**9642**
鲤城区									
丰泽区									
洛江区	2	3	159	123	35	1	732	348	143
泉港区	4	6	230	196	28	6	1244	633	248
惠安县	34	24	1622	1493	103	26	9855	4737	1441
安溪县	20	7	1115	966	139	10	12472	7734	1360
永春县	10	10	726	672	49	5	4596	2049	853
德化县	11	5	878	828	40	10	4775	2515	630
石狮市	5	10	505	473	31	1	3164	1383	825
晋江市	13	7	994	937	52	5	7960	3957	1660
南安市	24	16	1645	1576	59	10	17391	9425	2482
漳州市	**94**	**46**	**7244**	**5910**	**1231**	**103**	**39999**	**18905**	**6795**
芗城区	1	2	142	77	64	1	1783	648	498
龙文区									
云霄县	18	10	782	690	68	24	5375	2640	675
漳浦县	21	3	1496	1204	283	9	7914	3951	1343

4-6b 续表 11

单位：人

地区 性别	专业技术人员		办事人员和有关人员				社会生产服务和生活服务人员		
	新闻出版、文化专业人员	其他专业技术人员	小计	办事人员	安全和消防人员	其他办事人员和有关人员	小计	批发与零售服务人员	交通运输、仓储和邮政业服务人员
诏安县	13	1	773	592	179	2	4508	2433	519
长泰县	7	5	689	545	134	10	2319	957	468
东山县	3	8	683	562	114	7	3002	1462	433
南靖县	8		568	437	100	31	3555	1612	757
平和县	6	6	472	368	102	2	3250	1791	436
华安县	4		362	300	62		936	332	176
龙海市	13	11	1277	1135	125	17	7357	3079	1490
南平市	**44**	**21**	**2371**	**1936**	**418**	**17**	**9815**	**4446**	**1724**
延平区		3	98	72	24	2	787	293	159
建阳区	1		64	50	14		436	227	54
顺昌县	9	6	417	349	65	3	1448	601	308
浦城县	14	5	628	527	98	3	2136	1060	343
光泽县	13		293	238	54	1	1169	419	264
松溪县	3		283	223	58	2	877	416	155
政和县	3	4	349	288	57	4	1403	729	189
邵武市	1		54	44	10		325	123	77
武夷山市			51	37	14		371	155	53
建瓯市		3	134	108	24	2	863	423	122
龙岩市	**38**	**22**	**3329**	**2827**	**476**	**26**	**14719**	**6582**	**2304**
新罗区	1		188	155	33		1458	551	377
永定区	1	1	189	174	14	1	1564	691	349
长汀县	9	8	745	588	148	9	3424	1648	425
上杭县	15	10	1043	860	179	4	3510	1511	488
武平县	4	3	604	541	52	11	2398	1125	300
连城县	7		522	473	48	1	1992	850	309
漳平市	1		38	36	2		373	206	56
宁德市	**55**	**11**	**3014**	**2541**	**460**	**13**	**19857**	**10163**	**2870**
蕉城区	2		55	45	10		617	270	106
霞浦县	23		668	559	109		7568	4018	901
古田县	11		555	475	77	3	2729	1276	462
屏南县	4	1	308	267	41		1159	539	193
寿宁县	3	8	313	263	45	5	1023	525	130
周宁县	5	1	252	215	36	1	1204	653	192
柘荣县	2		267	226	38	3	953	459	122
福安市	1	1	353	298	54	1	2351	1252	431
福鼎市	4		243	193	50		2253	1171	333
男	**239**	**205**	**24063**	**19043**	**4787**	**233**	**121989**	**52129**	**30354**
福州市	**52**	**21**	**4803**	**3760**	**1021**	**22**	**21494**	**8468**	**5203**
鼓楼区									
台江区									
仓山区									
马尾区									
晋安区		1	4	3	1		14	4	3
长乐区	2	1	249	180	66	3	2169	763	596
闽侯县	24	8	1571	1249	321	1	6410	2500	1556
连江县	7	1	814	601	204	9	3825	1489	763
罗源县	5	4	448	348	98	2	2015	840	524
闽清县	1		282	224	55	3	1013	425	246
永泰县	2	3	328	263	64	1	938	373	203
平潭县	8	2	656	545	108	3	2121	693	695
福清市	3	1	451	347	104		2989	1381	617
厦门市	**3**	**18**	**499**	**364**	**129**	**6**	**3244**	**953**	**1131**
思明区									
海沧区									
湖里区			4	1	3		107	69	22
集美区							5		3
同安区			36	22	14		192	38	69
翔安区	3	18	459	341	112	6	2940	846	1037

4-6b　续表 12

单位：人

地　区 性　别	专业技术人员		办事人员和有关人员				社会生产服务和生活服务人员		
	新闻出版、文化专业人员	其他专业技术人员	小计	办事人员	安全和消防人员	其他办事人员和有关人员	小计	批发与零售服务人员	交通运输、仓储和邮政业服务人员
莆田市	**11**	**8**	**1041**	**787**	**251**	**3**	**6204**	**3407**	**1148**
城厢区			57	45	12		312	165	65
涵江区			13	7	6		118	61	21
荔城区			16	12	4		82	56	9
秀屿区	1		117	87	30		775	422	186
仙游县	10	8	838	636	199	3	4917	2703	867
三明市	**34**	**12**	**2573**	**1948**	**556**	**69**	**9239**	**3116**	**2278**
梅列区			7	4	3		138	30	53
三元区			10	7	3		65	12	26
明溪县	1	1	182	130	47	5	414	144	91
清流县	2		230	168	58	4	513	151	153
宁化县	1	2	348	266	77	5	1117	480	245
大田县	5	1	390	328	60	2	1464	589	380
尤溪县	10		328	240	43	45	1591	507	453
沙县	5		423	301	120	2	1876	466	376
将乐县	2	6	229	194	35		830	269	199
泰宁县	5	1	213	163	47	3	542	193	113
建宁县	3	1	191	133	55	3	503	186	135
永安市			22	14	8		186	89	54
泉州市	**56**	**70**	**4864**	**4326**	**498**	**40**	**35520**	**17078**	**8387**
鲤城区									
丰泽区									
洛江区	1	3	107	75	32		436	184	124
泉港区	2	5	144	114	27	3	647	265	218
惠安县	17	16	854	751	92	11	5162	2121	1213
安溪县	8	7	770	631	133	6	6960	4019	1189
永春县	4	6	439	388	46	5	2813	1067	783
德化县	6	4	577	539	34	4	2836	1373	559
石狮市	1	8	331	301	29	1	2106	814	729
晋江市	6	7	624	571	49	4	5035	2303	1416
南安市	11	14	1018	956	56	6	9525	4932	2156
漳州市	**31**	**32**	**4745**	**3536**	**1146**	**63**	**22241**	**9180**	**6042**
芗城区		1	93	35	58		1113	335	428
龙文区									
云霄县	7	6	501	419	66	16	2804	1213	621
漳浦县	5	3	1000	733	261	6	4560	2006	1245
诏安县	5	1	530	361	169		2353	1175	481
长泰县	5	4	452	316	128	8	1266	462	386
东山县		5	451	343	102	6	1541	646	373
南靖县	2		369	256	94	19	1898	729	661
平和县	4	6	322	229	92	1	1874	917	392
华安县	1		253	198	55		512	152	154
龙海市	2	6	774	646	121	7	4320	1545	1301
南平市	**19**	**17**	**1478**	**1109**	**362**	**7**	**5526**	**2192**	**1530**
延平区		2	62	39	21	2	469	131	135
建阳区			42	29	13		230	110	49
顺昌县	3	5	244	181	61	2	819	277	279
浦城县	6	4	391	305	84	2	1200	527	313
光泽县	7		186	137	49		636	185	230
松溪县	2		181	136	45		521	227	140
政和县		3	220	171	48	1	787	393	168
邵武市	1		31	22	9		174	59	61
武夷山市			32	18	14		217	79	43
建瓯市		3	89	71	18		473	204	112
龙岩市	**16**	**17**	**2105**	**1666**	**423**	**16**	**7912**	**3081**	**1999**
新罗区	1		118	92	26		858	260	342
永定区	1		128	114	13	1	910	325	306

4-6b 续表 13　　　　单位：人

地　区 性　别	专业技术人员		办事人员和有关人员				社会生产服务和生活服务人员		
	新闻出版、文化专业人员	其他专业技术人员	小计	办事人员	安全和消防人员	其他办事人员和有关人员	小计	批发与零售服务人员	交通运输、仓储和邮政业服务人员
长汀县	4	7	504	367	133	4	1838	836	361
上杭县	4	7	645	479	163	3	1716	641	396
武平县	2	3	368	313	47	8	1256	516	271
连城县	3		320	280	40		1129	403	277
漳平市	1		22	21	1		205	100	46
宁德市	**17**	**10**	**1955**	**1547**	**401**	**7**	**10609**	**4654**	**2636**
蕉城区			40	30	10		361	148	98
霞浦县	6		429	329	100		3534	1457	855
古田县	4		347	289	58		1611	658	428
屏南县	1		187	151	36		638	276	164
寿宁县	2	8	213	169	41	3	602	293	114
周宁县	1	1	174	140	34		706	371	177
柘荣县			160	125	32	3	531	229	114
福安市	1	1	237	191	45	1	1387	648	386
福鼎市	2		168	123	45		1239	574	300
女	**347**	**57**	**13782**	**13095**	**492**	**195**	**95955**	**52994**	**4136**
福州市	**83**	**6**	**2797**	**2703**	**80**	**14**	**16633**	**8818**	**678**
鼓楼区									
台江区									
仓山区									
马尾区									
晋安区			2	2			9	4	1
长乐区	2		127	125	2		1418	732	79
闽侯县	35	3	992	960	29	3	4281	2138	255
连江县	8	1	432	415	14	3	3463	1849	79
罗源县	13		262	254	6	2	1420	806	66
闽清县	6		182	175	7		806	440	27
永泰县	4	2	179	170	6	3	1015	583	27
平潭县	9		420	403	14	3	1631	796	65
福清市	6		201	199	2		2590	1470	79
厦门市	**4**	**2**	**433**	**414**	**12**	**7**	**2090**	**920**	**192**
思明区									
海沧区									
湖里区			2	2			31	24	
集美区							3		1
同安区			20	18	1	1	100	37	10
翔安区	4	2	411	394	11	6	1956	859	181
莆田市	**6**	**2**	**491**	**458**	**25**	**8**	**4328**	**2682**	**136**
城厢区			17	17			188	113	15
涵江区			7	5	2		62	37	3
荔城区			6	4	2		67	54	2
秀屿区	1	1	44	43	1		657	391	37
仙游县	5	1	417	389	20	8	3354	2087	79
三明市	**39**	**5**	**1376**	**1226**	**84**	**66**	**8133**	**3882**	**389**
梅列区			9	7	1	1	91	23	8
三元区			1		1		39	17	4
明溪县	2	2	108	103	5		377	169	11
清流县	3		112	104	4	4	638	296	31
宁化县	4		157	149	8		1153	602	44
大田县	7	1	177	169	7	1	1256	657	67
尤溪县	6		186	127	11	48	1167	605	66
沙县	5	1	249	218	24	7	1408	495	84
将乐县	2		126	119	7		718	357	23
泰宁县	7		124	121	3		669	328	19
建宁县	3	1	109	94	10	5	470	255	19
永安市			18	15	3		147	78	13

4-6b　续表 14　　　　　　　　　　　　　　　　　　　　　单位：人

地　区 性　别	专业技术人员		办事人员和有关人员				社会生产服务和生活服务人员		
	新闻出版、文化专业人员	其他专业技术人员	小计	办事人员	安全和消防人员	其他办事人员和有关人员	小计	批发与零售服务人员	交通运输、仓储和邮政业服务人员
泉州市	**67**	**18**	**3010**	**2938**	**38**	**34**	**26669**	**15703**	**1255**
鲤城区									
丰泽区									
洛江区	1		52	48	3	1	296	164	19
泉港区	2	1	86	82	1	3	597	368	30
惠安县	17	8	768	742	11	15	4693	2616	228
安溪县	12		345	335	6	4	5512	3715	171
永春县	6	4	287	284	3		1783	982	70
德化县	5	1	301	289	6	6	1939	1142	71
石狮市	4	2	174	172	2		1058	569	96
晋江市	7		370	366	3	1	2925	1654	244
南安市	13	2	627	620	3	4	7866	4493	326
漳州市	**63**	**14**	**2499**	**2374**	**85**	**40**	**17758**	**9725**	**753**
芗城区	1	1	49	42	6	1	670	313	70
龙文区									
云霄县	11	4	281	271	2	8	2571	1427	54
漳浦县	16		496	471	22	3	3354	1945	98
诏安县	8		243	231	10	2	2155	1258	38
长泰县	2	1	237	229	6	2	1053	495	82
东山县	3	3	232	219	12	1	1461	816	60
南靖县	6		199	181	6	12	1657	883	96
平和县	2		150	139	10	1	1376	874	44
华安县	3		109	102	7		424	180	22
龙海市	11	5	503	489	4	10	3037	1534	189
南平市	**25**	**4**	**893**	**827**	**56**	**10**	**4289**	**2254**	**194**
延平区		1	36	33	3		318	162	24
建阳区	1		22	21	1		206	117	5
顺昌县	6	1	173	168	4	1	629	324	29
浦城县	8	1	237	222	14	1	936	533	30
光泽县	6		107	101	5	1	533	234	34
松溪县	1		102	87	13	2	356	189	15
政和县	3	1	129	117	9	3	616	336	21
邵武市			23	22	1		151	64	16
武夷山市			19	19			154	76	10
建瓯市			45	37	6	2	390	219	10
龙岩市	**22**	**5**	**1224**	**1161**	**53**	**10**	**6807**	**3501**	**305**
新罗区			70	63	7		600	291	35
永定区		1	61	60	1		654	366	43
长汀县	5	1	241	221	15	5	1586	812	64
上杭县	11	3	398	381	16	1	1794	870	92
武平县	2		236	228	5	3	1142	609	29
连城县	4		202	193	8	1	863	447	32
漳平市			16	15	1		168	106	10
宁德市	**38**	**1**	**1059**	**994**	**59**	**6**	**9248**	**5509**	**234**
蕉城区	2		15	15			256	122	8
霞浦县	17		239	230	9		4034	2561	46
古田县	7		208	186	19	3	1118	618	34
屏南县	3	1	121	116	5		521	263	29
寿宁县	1		100	94	4	2	421	232	16
周宁县	4		78	75	2	1	498	282	15
柘荣县	2		107	101	6		422	230	8
福安市			116	107	9		964	604	45
福鼎市	2		75	70	5		1014	597	33

4-6b 续表 15

单位：人

地区 性别	社会生产服务和生活服务人员 住宿和餐饮服务人员	信息传输、软件和信息技术服务人员	金融服务人员	房地产服务人员	租赁和商务服务人员	技术辅助服务人员	水利、环境和公共设施管理服务人员	居民服务人员	电力、燃气及水供应服务人员
合计	**28926**	**3070**	**3634**	**2166**	**5262**	**3836**	**8340**	**13529**	**1710**
福州市	**6125**	**840**	**692**	**499**	**566**	**743**	**1560**	**2322**	**273**
鼓楼区									
台江区									
仓山区									
马尾区									
晋安区	9				1		1		
长乐区	670	42	30	20	52	58	194	190	37
闽侯县	1458	445	160	191	151	290	573	543	49
连江县	1484	100	133	106	101	112	233	559	47
罗源县	391	59	48	59	55	62	123	233	28
闽清县	225	32	59	18	19	31	70	130	23
永泰县	272	37	43	23	42	25	107	118	12
平潭县	501	89	131	64	64	106	129	226	26
福清市	1115	36	88	18	81	59	130	323	51
厦门市	**704**	**108**	**39**	**68**	**200**	**245**	**361**	**204**	**26**
思明区									
海沧区									
湖里区	17				4		1		
集美区	1						3		
同安区	51	2	4	5	18	4	25	11	
翔安区	635	106	35	63	178	241	332	193	26
莆田市	**1418**	**93**	**124**	**36**	**147**	**158**	**311**	**463**	**66**
城厢区	35	3	3		7	17	16	29	3
涵江区	21	3	7	2	1	4	6	5	1
荔城区	15				1	1		4	
秀屿区	184	12	12	3	15	12	55	45	11
仙游县	1163	75	102	31	123	124	234	380	51
三明市	**3582**	**272**	**424**	**183**	**397**	**340**	**627**	**962**	**259**
梅列区	54	1	1	3	19	2	19	8	
三元区	16	1		2	5	1	6	7	1
明溪县	155	15	40	4	8	15	22	68	15
清流县	187	24	38	9	15	24	56	87	21
宁化县	346	33	49	30	38	54	96	147	22
大田县	399	33	52	19	70	48	85	169	27
尤溪县	428	58	58	24	88	87	95	124	53
沙县	1179	40	66	54	37	67	109	142	70
将乐县	315	24	43	19	64	16	61	78	27
泰宁县	301	16	40	6	45	12	39	61	6
建宁县	161	25	32	11	2	12	29	57	14
永安市	41	2	5	2	6	2	10	14	3
泉州市	**6102**	**716**	**847**	**386**	**2108**	**1124**	**2435**	**3646**	**324**
鲤城区									
丰泽区									
洛江区	83	3	2	6	14	22	34	36	6
泉港区	111	11	13	11	33	31	58	49	4
惠安县	1042	154	187	103	441	265	464	639	52
安溪县	1107	155	178	79	295	122	300	701	69
永春县	497	72	103	34	184	59	179	308	45
德化县	547	71	65	41	221	109	128	254	37
石狮市	243	61	40	7	94	40	143	228	16
晋江市	738	69	91	30	322	163	255	381	47
南安市	1734	120	168	75	504	313	874	1050	48
漳州市	**4902**	**482**	**562**	**519**	**921**	**595**	**1576**	**2820**	**306**
芗城区	223	19	10	30	47	31	109	66	10
龙文区									
云霄县	596	68	73	54	152	52	183	632	47
漳浦县	1003	75	123	87	111	147	280	438	61

4-6b 续表 16

单位：人

地区 性别	社会生产服务和生活服务人员								
	住宿和餐饮服务人员	信息传输、软件和信息技术服务人员	金融服务人员	房地产服务人员	租赁和商务服务人员	技术辅助服务人员	水利、环境和公共设施管理服务人员	居民服务人员	电力、燃气及水供应服务人员
诏安县	580	33	42	20	38	36	173	418	32
长泰县	282	32	50	32	52	46	149	148	14
东山县	408	42	43	32	72	45	96	200	26
南靖县	431	29	58	20	72	29	120	253	26
平和县	405	46	58	19	42	60	60	192	30
华安县	142	22	19	5	29	19	35	78	27
龙海市	832	116	86	220	306	130	371	395	33
南平市	**1335**	**126**	**218**	**65**	**247**	**128**	**388**	**675**	**112**
延平区	135	17	9	4	13	11	52	46	9
建阳区	74		4	1	7	5	13	33	6
顺昌县	182	24	29	12	29	27	58	110	8
浦城县	238	30	48	16	24	21	93	166	20
光泽县	190	17	26	12	22	17	63	85	13
松溪县	103	11	31	5	15	14	21	67	17
政和县	169	20	46	7	18	23	55	94	18
邵武市	61	1	3		14	2	13	17	3
武夷山市	44		4	1	73	4	9	13	3
建瓯市	139	6	18	7	32	4	11	44	15
龙岩市	**2110**	**217**	**332**	**197**	**355**	**238**	**563**	**1012**	**170**
新罗区	167	14	24	52	28	14	73	81	7
永定区	201	13	11	3	43	13	41	86	23
长汀县	509	53	92	41	41	63	98	292	36
上杭县	544	62	91	45	85	59	185	242	32
武平县	303	30	67	41	72	47	105	181	31
连城县	339	40	43	15	76	41	56	111	28
漳平市	47	5	4		10	1	5	19	13
宁德市	**2648**	**216**	**396**	**213**	**321**	**265**	**519**	**1425**	**174**
蕉城区	79	10	2	2	13	6	32	64	6
霞浦县	993	65	120	136	134	102	200	581	64
古田县	367	35	105	33	66	41	67	177	17
屏南县	171	17	18	12	27	15	36	61	15
寿宁县	129	20	37	5	12	22	23	82	9
周宁县	143	15	25	5	19	8	24	81	14
柘荣县	165	16	46	3	6	16	18	68	8
福安市	285	20	13	8	20	29	63	138	17
福鼎市	316	18	30	9	24	26	56	173	24
男	**13710**	**2179**	**1622**	**1133**	**4211**	**2638**	**2613**	**3846**	**1390**
福州市	**3205**	**604**	**297**	**262**	**398**	**506**	**525**	**711**	**233**
鼓楼区									
台江区									
仓山区									
马尾区									
晋安区	7								
长乐区	414	34	14	15	44	27	68	56	36
闽侯县	791	319	82	100	89	198	227	188	40
连江县	798	80	60	57	73	79	56	150	38
罗源县	193	38	25	29	42	42	58	74	24
闽清县	98	20	23	9	13	21	26	49	21
永泰县	124	22	15	11	34	18	27	32	8
平潭县	220	66	46	32	37	82	31	79	18
福清市	560	25	32	9	66	39	32	83	48
厦门市	**380**	**86**	**14**	**43**	**162**	**131**	**121**	**59**	**23**
思明区									
海沧区									
湖里区	11				4				
集美区							2		
同安区	27	1	1	2	18	4	12	5	
翔安区	342	85	13	41	140	127	107	54	23

4-6b 续表 17

单位：人

地区 性别	社会生产服务和生活服务人员								
	住宿和餐饮服务人员	信息传输、软件和信息技术服务人员	金融服务人员	房地产服务人员	租赁和商务服务人员	技术辅助服务人员	水利、环境和公共设施管理服务人员	居民服务人员	电力、燃气及水供应服务人员
莆田市	**711**	**62**	**66**	**15**	**112**	**104**	**99**	**146**	**60**
城厢区	14	3	2		7	13	4	9	3
涵江区	13	3	2	1		4	2	2	1
荔城区	8					1		2	
秀屿区	67	6	4	2	12	5	13	15	11
仙游县	609	50	58	12	93	81	80	118	45
三明市	**1701**	**200**	**174**	**86**	**297**	**244**	**241**	**205**	**189**
梅列区	21	1		3	15	2	4	2	
三元区	10	1		1	4	1	3	1	1
明溪县	69	11	16	1	7	9	8	21	11
清流县	58	16	16	3	9	18	16	17	14
宁化县	130	21	22	13	27	40	36	29	16
大田县	182	27	24	4	56	36	25	29	16
尤溪县	202	45	23	11	72	63	48	31	41
沙县	650	31	28	34	26	49	47	35	52
将乐县	161	19	15	8	53	9	24	15	22
泰宁县	135	10	13	1	22	7	13	10	4
建宁县	69	17	17	6	1	8	12	15	9
永安市	14	1		1	5	2	5		3
泉州市	**2801**	**508**	**383**	**187**	**1793**	**806**	**632**	**1062**	**286**
鲤城区									
丰泽区									
洛江区	49	1	2	4	8	13	2	14	6
泉港区	38	8	3	6	28	24	7	9	4
惠安县	464	107	76	46	371	192	92	173	42
安溪县	569	108	78	45	260	89	78	179	61
永春县	245	44	46	13	169	42	82	102	37
德化县	286	47	32	17	156	86	43	68	35
石狮市	109	52	23	6	87	32	55	109	15
晋江市	363	53	42	15	284	106	81	138	45
南安市	678	88	81	35	430	222	192	270	41
漳州市	**2234**	**331**	**265**	**261**	**734**	**394**	**456**	**819**	**260**
芗城区	104	13	6	19	44	20	40	23	10
龙文区									
云霄县	268	43	32	27	137	36	51	174	39
漳浦县	454	54	64	35	85	98	78	147	53
诏安县	305	22	17	8	25	24	34	85	29
长泰县	107	21	26	18	40	29	50	44	10
东山县	170	28	19	15	55	30	31	61	20
南靖县	168	20	18	12	47	20	37	49	18
平和县	215	28	34	12	29	36	18	74	28
华安县	56	17	7	2	20	14	9	18	22
龙海市	387	85	42	113	252	87	108	144	31
南平市	**584**	**92**	**94**	**37**	**173**	**81**	**189**	**202**	**76**
延平区	71	15	6	3	8	6	33	22	6
建阳区	29		1		5	2	6	15	3
顺昌县	83	17	14	6	19	17	30	23	4
浦城县	112	19	27	7	15	16	46	41	15
光泽县	70	11	10	8	18	7	27	31	11
松溪县	49	10	10	3	10	10	12	20	13
政和县	74	16	15	5	11	14	23	28	14
邵武市	21	1			10	2	5	3	2
武夷山市	13		3	1	58	3	2	5	1
建瓯市	62	3	8	4	19	4	5	14	7
龙岩市	**906**	**146**	**167**	**113**	**279**	**170**	**183**	**224**	**138**
新罗区	64	9	7	37	18	7	27	20	7
永定区	96	7	6	2	38	10	13	15	20

4-6b 续表 18 单位：人

地区 性别	社会生产服务和生活服务人员 住宿和餐饮服务人员	信息传输、软件和信息技术服务人员	金融服务人员	房地产服务人员	租赁和商务服务人员	技术辅助服务人员	水利、环境和公共设施管理服务人员	居民服务人员	电力、燃气及水供应服务人员
长汀县	229	40	43	24	28	51	39	66	27
上杭县	218	37	50	23	68	35	55	41	27
武平县	124	24	36	19	57	36	30	41	26
连城县	156	26	24	8	61	31	17	34	20
漳平市	19	3	1		9		2	7	11
宁德市	**1188**	**150**	**162**	**129**	**263**	**202**	**167**	**418**	**125**
蕉城区	33	5		2	11	6	15	12	6
霞浦县	425	43	47	83	124	74	49	141	46
古田县	183	24	48	19	53	32	29	57	11
屏南县	65	12	6	7	19	12	10	16	11
寿宁县	55	16	17	1	8	19	9	42	7
周宁县	58	8	12	3	14	6	5	19	9
柘荣县	84	13	15	2	2	13	7	28	5
福安市	141	16	8	5	14	22	18	52	14
福鼎市	144	13	9	7	18	18	25	51	16
女	**15216**	**891**	**2012**	**1033**	**1051**	**1198**	**5727**	**9683**	**320**
福州市	**2920**	**236**	**395**	**237**	**168**	**237**	**1035**	**1611**	**40**
鼓楼区									
台江区									
仓山区									
马尾区									
晋安区	2				1		1		
长乐区	256	8	16	5	8	31	126	134	1
闽侯县	667	126	78	91	62	92	346	355	9
连江县	686	20	73	49	28	33	177	409	9
罗源县	198	21	23	30	13	20	65	159	4
闽清县	127	12	36	9	6	10	44	81	2
永泰县	148	15	28	12	8	7	80	86	4
平潭县	281	23	85	32	27	24	98	147	8
福清市	555	11	56	9	15	20	98	240	3
厦门市	**324**	**22**	**25**	**25**	**38**	**114**	**240**	**145**	**3**
思明区									
海沧区									
湖里区	6						1		
集美区	1						1		
同安区	24	1	3	3			13	6	
翔安区	293	21	22	22	38	114	225	139	3
莆田市	**707**	**31**	**58**	**21**	**35**	**54**	**212**	**317**	**6**
城厢区	21		1			4	12	20	
涵江区	8		5	1	1		4	3	
荔城区	7				1			2	
秀屿区	117	6	8	1	3	7	42	30	
仙游县	554	25	44	19	30	43	154	262	6
三明市	**1881**	**72**	**250**	**97**	**100**	**96**	**386**	**757**	**70**
梅列区	33		1		4		15	6	
三元区	6			1	1		3	6	
明溪县	86	4	24	3	1	6	14	47	4
清流县	129	8	22	6	6	6	40	70	7
宁化县	216	12	27	17	11	14	60	118	6
大田县	217	6	28	15	14	12	60	140	11
尤溪县	226	13	35	13	16	24	47	93	12
沙县	529	9	38	20	11	18	62	107	18
将乐县	154	5	28	11	11	7	37	63	5
泰宁县	166	6	27	5	23	5	26	51	2
建宁县	92	8	15	5	1	4	17	42	5
永安市	27	1	5	1	1		5	14	

4-6b 续表 19　　　　单位：人

地区 性别	社会生产服务和生活服务人员								
	住宿和餐饮服务人员	信息传输、软件和信息技术服务人员	金融服务人员	房地产服务人员	租赁和商务服务人员	技术辅助服务人员	水利、环境和公共设施管理服务人员	居民服务人员	电力、燃气及水供应服务人员
泉州市	**3301**	**208**	**464**	**199**	**315**	**318**	**1803**	**2584**	**38**
鲤城区									
丰泽区									
洛江区	34	2		2	6	9	32	22	
泉港区	73	3	10	5	5	7	51	40	
惠安县	578	47	111	57	70	73	372	466	10
安溪县	538	47	100	34	35	33	222	522	8
永春县	252	28	57	21	15	17	97	206	8
德化县	261	24	33	24	65	23	85	186	2
石狮市	134	9	17	1	7	8	88	119	1
晋江市	375	16	49	15	38	57	174	243	2
南安市	1056	32	87	40	74	91	682	780	7
漳州市	**2668**	**151**	**297**	**258**	**187**	**201**	**1120**	**2001**	**46**
芗城区	119	6	4	11	3	11	69	43	
龙文区									
云霄县	328	25	41	27	15	16	132	458	8
漳浦县	549	21	59	52	26	49	202	291	8
诏安县	275	11	25	12	13	12	139	333	3
长泰县	175	11	24	14	12	17	99	104	4
东山县	238	14	24	17	17	15	65	139	6
南靖县	263	9	40	8	25	9	83	204	8
平和县	190	18	24	7	13	24	42	118	2
华安县	86	5	12	3	9	5	26	60	5
龙海市	445	31	44	107	54	43	263	251	2
南平市	**751**	**34**	**124**	**28**	**74**	**47**	**199**	**473**	**36**
延平区	64	2	3	1	5	5	19	24	3
建阳区	45		3	1	2	3	7	18	3
顺昌县	99	7	15	6	10	10	28	87	4
浦城县	126	11	21	9	9	5	47	125	5
光泽县	120	6	16	4	4	10	36	54	2
松溪县	54	1	21	2	5	4	9	47	4
政和县	95	4	31	2	7	9	32	66	4
邵武市	40		3		4		8	14	1
武夷山市	31		1		15	1	7	8	2
建瓯市	77	3	10	3	13		6	30	8
龙岩市	**1204**	**71**	**165**	**84**	**76**	**68**	**380**	**788**	**32**
新罗区	103	5	17	15	10	7	46	61	
永定区	105	6	5	1	5	3	28	71	3
长汀县	280	13	49	17	13	12	59	226	9
上杭县	326	25	41	22	17	24	130	201	5
武平县	179	6	31	22	15	11	75	140	5
连城县	183	14	19	7	15	10	39	77	8
漳平市	28	2	3		1	1	3	12	2
宁德市	**1460**	**66**	**234**	**84**	**58**	**63**	**352**	**1007**	**49**
蕉城区	46	5	2		2		17	52	
霞浦县	568	22	73	53	10	28	151	440	18
古田县	184	11	57	14	13	9	38	120	6
屏南县	106	5	12	5	8	3	26	45	4
寿宁县	74	4	20	4	4	3	14	40	2
周宁县	85	7	13	2	5	2	19	62	5
柘荣县	81	3	31	1	4	3	11	40	3
福安市	144	4	5	3	6	7	45	86	3
福鼎市	172	5	21	2	6	8	31	122	8

4-6b　续表 20　　　　　　　　　　　　　　　　　　　　　　　　　　单位：人

地区 性别	社会生产服务和生活服务人员				农、林、牧、渔业生产及辅助人员				
	修理及制作服务人员	文化、体育和娱乐服务人员	健康服务人员	其他社会生产和生活服务人员	小计	农业生产人员	林业生产人员	畜牧业生产人员	渔业生产人员
合　计	**5860**	**1515**	**282**	**201**	**57317**	**41786**	**1539**	**3692**	**9306**
福州市	**1027**	**265**	**29**	**19**	**6358**	**4232**	**57**	**243**	**1775**
鼓楼区									
台江区									
仓山区									
马尾区									
晋安区					2	1		1	
长乐区	97	18	4	5	490	377	3	19	86
闽侯县	318	53	5	6	618	482	25	40	66
连江县	148	78	2	5	1082	437	6	33	590
罗源县	113	24	3	1	650	162	3	29	450
闽清县	55	12	5	2	331	283	7	26	8
永泰县	77	11			406	357	7	29	11
平潭县	116	44	7		536	164	1	8	357
福清市	103	25	3		2243	1969	5	58	207
厦门市	**123**	**24**	**10**	**26**	**328**	**285**		**19**	**17**
思明区									
海沧区									
湖里区	1								
集美区					3	3			
同安区	12		5	1	56	55		1	
翔安区	110	24	5	25	269	227		18	17
莆田市	**271**	**61**	**6**	**5**	**1864**	**1498**	**10**	**62**	**259**
城厢区	28	1			81	59		4	16
涵江区	8				85	82	1	2	
荔城区	7				15	15			
秀屿区	33	11	1	2	1137	850	2	25	232
仙游县	195	49	5	3	546	492	7	31	11
三明市	**481**	**130**	**30**	**20**	**4358**	**3354**	**379**	**480**	**59**
梅列区	8				32	28	2	2	
三元区	3	2		1	68	53	5	6	1
明溪县	23	3	4	1	186	152	13	12	4
清流县	49	5	2	3	543	410	32	88	6
宁化县	52	24	6	2	783	685	30	29	7
大田县	92	24	7	2	956	675	33	232	11
尤溪县	89	20	2	1	414	287	62	47	12
沙县	76	21		2	215	131	37	31	5
将乐县	32	14	7		347	249	76	12	3
泰宁县	19	11	2		223	187	24	6	4
建宁县	25	5		5	352	314	17	9	4
永安市	13	1			239	183	48	6	2
泉州市	**1509**	**445**	**75**	**49**	**8811**	**5762**	**147**	**987**	**1748**
鲤城区									
丰泽区									
洛江区	29	4	2		27	14		11	1
泉港区	35	5		2	130	28		7	76
惠安县	243	60	19	8	1082	304	3	45	689
安溪县	269	82	13	8	1696	1426	10	207	6
永春县	182	18	11	2	1536	1330	30	156	4
德化县	126	15	5	11	312	237	14	50	2
石狮市	68	8		8	765	63		4	688
晋江市	176	49	15	7	393	131	1	12	239
南安市	381	204	10	3	2870	2229	89	495	43
漳州市	**1226**	**273**	**68**	**49**	**20053**	**15279**	**343**	**983**	**3118**
芗城区	67	11	12	2	381	339	7	16	16
龙文区									
云霄县	145	47	10	1	1641	1371	31	103	126
漳浦县	248	34	6	7	5194	3188	73	280	1484

4-6b 续表 21

单位：人

地　区 性　别	社会生产服务和生活服务人员				农、林、牧、渔业生产及辅助人员				
	修理及制作服务人员	文化、体育和娱乐服务人员	健康服务人员	其他社会生产和生活服务人员	小计	农业生产人员	林业生产人员	畜牧业生产人员	渔业生产人员
诏安县	158	15	9	2	3217	2625	24	164	397
长泰县	61	15	1	12	422	286	29	71	30
东山县	72	59	4	8	1205	307	1	37	808
南靖县	121	12	4	11	1977	1672	106	100	76
平和县	93	9	6	3	4126	4023	24	48	6
华安县	43	8	1		789	691	12	53	14
龙海市	218	63	15	3	1101	777	36	111	161
南平市	**263**	**69**	**12**	**7**	**4017**	**3119**	**377**	**256**	**74**
延平区	24	14	1		444	277	53	75	33
建阳区	10	2			273	231	18	13	2
顺昌县	49	9	1	1	399	317	49	23	5
浦城县	57	13	5	2	669	569	38	52	7
光泽县	28	11	2		160	78	36	36	1
松溪县	17	4	1		270	236	19	5	5
政和县	25	6	2	2	388	242	19	19	3
邵武市	9	2			265	229	19	5	5
武夷山市	10	2			70	57	5	2	4
建瓯市	34	6		2	1079	883	121	26	9
龙岩市	**498**	**91**	**31**	**19**	**3586**	**2858**	**163**	**450**	**51**
新罗区	58	8	2	2	311	205	28	66	9
永定区	79	8	3		408	345	10	44	2
长汀县	80	32	6	8	617	527	26	47	6
上杭县	124	26	11	5	672	510	24	113	13
武平县	75	10	8	3	605	482	12	87	14
连城县	75	7	1	1	469	354	41	61	7
漳平市	7				504	435	22	32	
宁德市	**462**	**157**	**21**	**7**	**7942**	**5399**	**63**	**212**	**2205**
蕉城区	25	2			264	218	4	15	25
霞浦县	165	76	11	2	2635	820	8	93	1707
古田县	62	17	2	2	1245	1134	19	43	34
屏南县	39	15	1		276	243	8	14	4
寿宁县	17	11	1		574	558	1	11	2
周宁县	20	3	1	1	419	393	11	12	3
柘荣县	14	8	4		192	179	3	4	2
福安市	62	10	1	2	807	675	4	14	108
福鼎市	58	15			1530	1179	5	6	320
男	**5234**	**700**	**109**	**121**	**33510**	**22383**	**1239**	**2153**	**7271**
福州市	**918**	**139**	**11**	**14**	**3878**	**2256**	**48**	**168**	**1379**
鼓楼区									
台江区									
仓山区									
马尾区									
晋安区					1			1	
长乐区	84	12	2	4	327	226	3	14	82
闽侯县	285	30	1	4	431	334	17	31	48
连江县	130	48	1	3	714	237	6	21	445
罗源县	108	15	2	1	498	125	3	26	339
闽清县	50	7	3	2	233	194	7	18	7
永泰县	67	4			228	195	6	19	8
平潭县	105	16	1		411	108	1	5	292
福清市	89	7	1		1035	837	5	33	158
厦门市	**106**	**13**	**5**	**17**	**201**	**174**		**13**	**12**
思明区									
海沧区									
湖里区	1								
集美区					2	2			
同安区	11		3	1	36	36			
翔安区	94	13	2	16	163	136		13	12

4−6b　续表 22　　　　　　　　　　　　　　　　　　　　单位：人

地区 性别	社会生产服务和生活服务人员				农、林、牧、渔业生产及辅助人员				
	修理及制作服务人员	文化、体育和娱乐服务人员	健康服务人员	其他社会生产和生活服务人员	小计	农业生产人员	林业生产人员	畜牧业生产人员	渔业生产人员
莆田市	**244**	**25**	**4**	**1**	**839**	**596**	**7**	**42**	**184**
城厢区	26	1			45	32		3	8
涵江区	8				40	37	1	2	
荔城区	6				9	9			
秀屿区	29	2	1		422	235		13	167
仙游县	175	22	3	1	323	283	6	24	9
三明市	**422**	**65**	**8**	**13**	**2542**	**1890**	**331**	**217**	**48**
梅列区	7				21	18	1	2	
三元区	3	1		1	51	39	4	5	
明溪县	19	2	2	3	117	90	11	8	4
清流县	39	2		1	231	176	25	22	5
宁化县	47	9	1	1	415	345	28	18	6
大田县	79	12	4	1	468	342	31	82	8
尤溪县	84	10		1	319	208	59	36	12
沙县	67	14		1	153	87	33	23	2
将乐县	27	8	1		267	182	71	6	3
泰宁县	17	4			131	103	19	5	3
建宁县	21	3		4	208	180	15	5	3
永安市	12				161	120	34	5	2
泉州市	**1353**	**185**	**32**	**27**	**4646**	**2465**	**95**	**431**	**1581**
鲤城区									
丰泽区									
洛江区	27	1	1		15	7		6	1
泉港区	34	3			78	10		7	55
惠安县	221	36	4	4	736	56	2	27	643
安溪县	235	38	9	3	789	671	8	83	4
永春县	164	10	8	1	845	718	25	86	4
德化县	114	11	3	6	189	139	10	34	1
石狮市	62	5		8	682	47		4	625
晋江市	155	24	5	5	309	73		9	222
南安市	341	57	2		1003	744	50	175	26
漳州市	**1097**	**115**	**25**	**28**	**11431**	**7983**	**250**	**657**	**2420**
芗城区	59	7	3	2	237	208	3	12	13
龙文区									
云霄县	137	20	6		958	746	26	73	108
漳浦县	221	17		3	2976	1558	59	198	1116
诏安县	136	8	4		1653	1188	18	117	324
长泰县	58	9		6	223	136	20	41	22
东山县	70	16	1	6	817	138	1	25	627
南靖县	106	4	2	7	1033	845	69	59	54
平和县	81	5	2	3	2449	2378	21	28	6
华安县	37	4			382	335	8	25	12
龙海市	192	25	7	1	703	451	25	79	138
南平市	**233**	**36**	**3**	**4**	**2851**	**2177**	**328**	**175**	**60**
延平区	24	8	1		297	172	43	54	24
建阳区	9	1			196	162	16	9	2
顺昌县	43	6		1	284	216	44	18	3
浦城县	49	10	2	1	482	409	35	29	6
光泽县	24	4			129	64	35	23	1
松溪县	14	3			219	188	19	2	5
政和县	22	2		2	265	172	19	16	3
邵武市	9	1			178	149	16	4	4
武夷山市	9				60	50	3	2	3
建瓯市	30	1			741	595	98	18	9
龙岩市	**437**	**43**	**13**	**13**	**1910**	**1400**	**127**	**305**	**44**
新罗区	52	5	1	2	191	110	24	47	7
永定区	67	5			201	150	7	36	2

4-6b 续表 23　　单位：人

地区 性别	社会生产服务和生活服务人员				农、林、牧、渔业生产及辅助人员				
	修理及制作服务人员	文化、体育和娱乐服务人员	健康服务人员	其他社会生产和生活服务人员	小计	农业生产人员	林业生产人员	畜牧业生产人员	渔业生产人员
长汀县	70	15	2	7	310	244	21	32	6
上杭县	109	9	5	2	310	210	19	66	9
武平县	64	6	5	1	332	243	10	60	13
连城县	68	3		1	288	201	29	46	7
漳平市	7				278	242	17	18	
宁德市	**424**	**79**	**8**	**4**	**5212**	**3442**	**53**	**145**	**1543**
蕉城区	23	2			188	150	4	13	20
霞浦县	148	38	3	1	1800	549	8	54	1185
古田县	59	7	2	1	894	808	15	36	31
屏南县	34	6			190	166	7	11	4
寿宁县	16	5			357	346	1	8	1
周宁县	19	3	1	1	304	289	8	6	1
柘荣县	13	4	2		139	130	3	4	1
福安市	57	5		1	505	413	3	9	74
福鼎市	55	9			835	591	4	4	226
女	**626**	**815**	**173**	**80**	**23807**	**19403**	**300**	**1539**	**2035**
福州市	**109**	**126**	**18**	**5**	**2480**	**1976**	**9**	**75**	**396**
鼓楼区									
台江区									
仓山区									
马尾区									
晋安区					1	1			
长乐区	13	6	2	1	163	151		5	4
闽侯县	33	23	4	2	187	148	8	9	18
连江县	18	30	1	2	368	200		12	145
罗源县	5	9	1		152	37		3	111
闽清县	5	5	2		98	89		8	1
永泰县	10	7			178	162	1	10	3
平潭县	11	28	6		125	56		3	65
福清市	14	18	2		1208	1132		25	49
厦门市	**17**	**11**	**5**	**9**	**127**	**111**		**6**	**5**
思明区									
海沧区									
湖里区									
集美区					1	1			
同安区	1		2		20	19		1	
翔安区	16	11	3	9	106	91		5	5
莆田市	**27**	**36**	**2**	**4**	**1025**	**902**	**3**	**20**	**75**
城厢区	2				36	27		1	8
涵江区					45	45			
荔城区	1				6	6			
秀屿区	4	9		2	715	615	2	12	65
仙游县	20	27	2	2	223	209	1	7	2
三明市	**59**	**65**	**22**	**7**	**1816**	**1464**	**48**	**263**	**11**
梅列区	1				11	10	1		
三元区		1			17	14	1	1	1
明溪县	4	1	2	1	69	62	2	4	
清流县	10	3	2	2	312	234	7	66	1
宁化县	5	15	5	1	368	340	2	11	1
大田县	13	12	3	1	488	333	2	150	3
尤溪县	5	10	2		95	79	3	11	
沙县	9	7		1	62	44	4	8	3
将乐县	5	6	6		80	67	5	6	
泰宁县	2	7	2		92	84	5	1	1
建宁县	4	2		1	144	134	2	4	1
永安市	1	1			78	63	14	1	

4-6b 续表 24

单位：人

地区 性别	社会生产服务和生活服务人员				农、林、牧、渔业生产及辅助人员				
	修理及制作服务人员	文化、体育和娱乐服务人员	健康服务人员	其他社会生产和生活服务人员	小计	农业生产人员	林业生产人员	畜牧业生产人员	渔业生产人员
泉州市	**156**	**260**	**43**	**22**	**4165**	**3297**	**52**	**556**	**167**
鲤城区									
丰泽区									
洛江区	2	3	1		12	7		5	
泉港区	1	2		2	52	18			21
惠安县	22	24	15	4	346	248	1	18	46
安溪县	34	44	4	5	907	755	2	124	2
永春县	18	8	3	1	691	612	5	70	
德化县	12	4	2	5	123	98	4	16	1
石狮市	6	3			83	16			63
晋江市	21	25	10	2	84	58	1	3	17
南安市	40	147	8	3	1867	1485	39	320	17
漳州市	**129**	**158**	**43**	**21**	**8622**	**7296**	**93**	**326**	**698**
芗城区	8	4	9		144	131	4	4	3
龙文区									
云霄县	8	27	4	1	683	625	5	30	18
漳浦县	27	17	6	4	2218	1630	14	82	368
诏安县	22	7	5	2	1564	1437	6	47	73
长泰县	3	6	1	6	199	150	9	30	8
东山县	2	43	3	2	388	169		12	181
南靖县	15	8	2	4	944	827	37	41	22
平和县	12	4	4		1677	1645	3	20	
华安县	6	4	1		407	356	4	28	2
龙海市	26	38	8	2	398	326	11	32	23
南平市	**30**	**33**	**9**	**3**	**1166**	**942**	**49**	**81**	**14**
延平区		6			147	105	10	21	9
建阳区	1	1			77	69	2	4	
顺昌县	6	3	1		115	101	5	5	2
浦城县	8	3	3	1	187	160	3	23	1
光泽县	4	7	2		31	14	1	13	
松溪县	3	1	1		51	48		3	
政和县	3	4	2		123	70		3	
邵武市		1			87	80	3	1	1
武夷山市	1	2			10	7	2		1
建瓯市	4	5		2	338	288	23	8	
龙岩市	**61**	**48**	**18**	**6**	**1676**	**1458**	**36**	**145**	**7**
新罗区	6	3	1		120	95	4	19	2
永定区	12	3	3		207	195	3	8	
长汀县	10	17	4	1	307	283	5	15	
上杭县	15	17	6	3	362	300	5	47	4
武平县	11	4	3	2	273	239	2	27	1
连城县	7	4	1		181	153	12	15	
漳平市					226	193	5	14	
宁德市	**38**	**78**	**13**	**3**	**2730**	**1957**	**10**	**67**	**662**
蕉城区	2				76	68		2	5
霞浦县	17	38	8	1	835	271		39	522
古田县	3	10		1	351	326	4	7	3
屏南县	5	9	1		86	77	1	3	
寿宁县	1	6	1		217	212		3	1
周宁县	1				115	104	3	6	2
柘荣县	1	4	2		53	49			1
福安市	5	5	1	1	302	262	1	5	34
福鼎市	3	6			695	588	1	2	94

4-6b 续表 25

单位：人

地区 性别	农林牧渔生产辅助人员	其他农、林、牧、渔业生产加工人员	生产制造及有关人员 小计	农副产品加工人员	食品、饮料生产加工人员	烟草及其制品加工人员	纺织、针织、印染人员	纺织品、服装和皮革、毛皮制品加工制作人员	木材加工、家具与木制品制作人员
合　计	**806**	**188**	**175526**	**5322**	**4655**	**98**	**5582**	**20013**	**7247**
福州市	**41**	**10**	**25226**	**463**	**373**	**10**	**1763**	**1575**	**935**
鼓楼区									
台江区									
仓山区									
马尾区									
晋安区			37						12
长乐区	4	1	4132	59	21		1444	127	147
闽侯县	1	4	6672	54	110		13	441	280
连江县	13	3	2962	134	65		25	184	154
罗源县	5	1	2765	18	16	10	4	30	81
闽清县	7		1192	11	23		2	36	31
永泰县	1	1	2035	7	38		188	372	54
平潭县	6		1974	13	11		7	12	62
福清市	4		3457	167	89		80	373	114
厦门市	**7**		**7935**	**55**	**182**		**44**	**143**	**96**
思明区									
海沧区									
湖里区			16	1					
集美区			9		1				
同安区			317	4	33		3	33	16
翔安区	7		7593	50	148		41	110	80
莆田市	**34**	**1**	**7716**	**106**	**108**		**99**	**1846**	**1071**
城厢区	2		554	15	8		7	255	10
涵江区			188	2	1		1	111	1
荔城区			77	1				10	10
秀屿区	28		1221	20	14		24	238	179
仙游县	4	1	5676	68	85		67	1232	871
三明市	**59**	**27**	**10260**	**187**	**363**	**27**	**588**	**862**	**674**
梅列区			221	2	1		1	2	6
三元区	2	1	113	7	1	1		3	9
明溪县	5		495	2	5		5	112	24
清流县	7		669	9	21	2	4	86	16
宁化县	8	24	1300	19	15	7	50	139	47
大田县	5		1919	29	31	5	55	332	61
尤溪县	6		1959	39	43		420	80	238
沙县	11		1611	39	211		18	21	97
将乐县	7		635	16	11	7	13	16	67
泰宁县	1	1	470	7	7	1		15	34
建宁县	7	1	572	13	14	4	3	45	17
永安市			296	5	3		19	11	58
泉州市	**144**	**23**	**62956**	**731**	**1133**	**4**	**2503**	**11574**	**1110**
鲤城区									
丰泽区									
洛江区	1		1022	11	16		30	231	51
泉港区	19		1216	42	17		42	209	31
惠安县	24	17	13850	86	211	1	109	3578	239
安溪县	46	1	6523	210	478	2	5	649	153
永春县	15	1	4025	36	71		162	1189	89
德化县	9		6960	28	28		12	156	128
石狮市	10		4276	153	29	1	945	747	22
晋江市	7	3	9973	86	133		826	3090	82
南安市	13	1	15111	79	150		372	1725	315
漳州市	**215**	**115**	**32829**	**1736**	**1302**	**3**	**308**	**2053**	**1752**
芗城区	3		2314	63	90		7	27	401
龙文区									
云霄县	8	2	2635	208	95	1	14	94	107
漳浦县	79	90	5786	277	162	1	81	929	295

4-6b　续表 26　　　　单位：人

地区 性别	农林牧渔生产辅助人员	其他农、林、牧、渔业生产加工人员	生产制造及有关人员 小计	农副产品加工人员	食品、饮料生产加工人员	烟草及其制品加工人员	纺织、针织、印染人员	纺织品、服装和皮革、毛皮制品加工制作人员	木材加工、家具与木制品制作人员
诏安县	7		3636	253	81		113	299	85
长泰县	6		3964	46	66		27	302	150
东山县	40	12	1942	530	39		9	33	39
南靖县	18	5	2087	87	180		2	97	111
平和县	21	4	1694	55	73		10	51	99
华安县	18	1	1281	20	202		3	47	130
龙海市	15	1	7490	197	314	1	42	174	335
南平市	**184**	**7**	**6371**	**617**	**216**	**11**	**28**	**292**	**926**
延平区	5	1	541	15	12		5	41	60
建阳区	8	1	350	3	7	1	2	19	78
顺昌县	5		720	18	19			13	85
浦城县	3		1256	210	29	1	3	57	96
光泽县	7	2	795	254	17	1		34	42
松溪县	5		527	12	13		8	61	68
政和县	103	2	933	75	33			21	141
邵武市	7		500	10	2	8	10	22	178
武夷山市	2		163	3	50			2	6
建瓯市	39	1	586	17	34			22	172
龙岩市	**61**	**3**	**10576**	**288**	**329**	**41**	**198**	**959**	**398**
新罗区	3		653	17	12		1	14	42
永定区	7		1122	27	15	32	2	39	28
长汀县	11		2798	64	63	2	180	666	78
上杭县	10	2	2883	71	36	4	10	132	84
武平县	10		1522	39	24	1	3	61	72
连城县	5	1	1428	69	169	2	2	42	85
漳平市	15		170	1	10			5	9
宁德市	**61**	**2**	**11657**	**1139**	**649**	**2**	**51**	**709**	**285**
蕉城区	1	1	657	42	147			6	37
霞浦县	7		3093	818	48		14	266	69
古田县	14	1	1162	178	20		1	21	38
屏南县	7		519	4	12		2	12	27
寿宁县	2		588	11	34		1	50	19
周宁县			666	10	70			5	19
柘荣县	4		621	5	7			45	13
福安市	6		2376	23	141			46	30
福鼎市	20		1975	48	170	2	33	258	33
男	**396**	**68**	**114174**	**2147**	**2109**	**45**	**2622**	**5780**	**5151**
福州市	**23**	**4**	**18746**	**196**	**217**	**9**	**849**	**499**	**732**
鼓楼区									
台江区									
仓山区									
马尾区									
晋安区			29						10
长乐区	2		2803	31	14		681	55	106
闽侯县	1		4797	32	75		7	163	208
连江县	2	3	2310	42	34		4	61	130
罗源县	4	1	2359	9	7	9	2	7	68
闽清县	7		891	8	18		1	8	26
永泰县			1360	5	22		103	53	48
平潭县	5		1805	5	6		1	3	57
福清市	2		2392	64	41		50	149	79
厦门市	**2**		**5120**	**29**	**93**		**25**	**51**	**76**
思明区									
海沧区									
湖里区			10						
集美区			7						
同安区			185	1	24			10	9
翔安区	2		4918	28	69		25	41	67

4－6b 续表 27

单位：人

地区 性别	农林牧渔生产辅助人员	其他农、林、牧、渔业生产加工人员	生产制造及有关人员 小计	农副产品加工人员	食品、饮料生产加工人员	烟草及其制品加工人员	纺织、针织、印染人员	纺织品、服装和皮革、毛皮制品加工制作人员	木材加工、家具与木制品制作人员
莆田市	**10**		**4825**	**63**	**59**		**32**	**512**	**776**
城厢区	2		273	10	5		1	52	8
涵江区			101		1		1	37	
荔城区			56	1				1	8
秀屿区	7		753	11	7		5	43	139
仙游县	1		3642	41	46		25	379	621
三明市	**42**	**14**	**7005**	**108**	**117**	**22**	**209**	**210**	**433**
梅列区			164		1			1	5
三元区	2	1	81	6		1		1	6
明溪县	4		344	1	1		1	57	16
清流县	3		393	4	5	2	1	17	10
宁化县	6	12	871	10	5	7	10	26	35
大田县	5		1229	19	16	3	6	37	42
尤溪县	4		1366	24	15		165	39	155
沙县	8		1140	22	59		6	9	59
将乐县	5		491	8	3	4	6	8	41
泰宁县		1	357	4	4	1		5	22
建宁县	5		364	8	7	4	1	4	12
永安市			205	2	1		13	6	30
泉州市	**66**	**8**	**37768**	**340**	**521**	**1**	**1346**	**3506**	**880**
鲤城区									
丰泽区									
洛江区	1		552	8	9		6	70	43
泉港区	6		735	13	7		14	29	27
惠安县	3	5	8379	37	99		37	939	193
安溪县	22	1	3959	114	196	1	2	109	120
永春县	11	1	2183	23	43		35	209	74
德化县	5		3822	16	17		9	31	88
石狮市	6		2641	44	18		650	304	20
晋江市	5		5842	44	65		490	1359	66
南安市	7	1	9655	41	67		103	456	249
漳州市	**89**	**32**	**20683**	**643**	**593**	**3**	**81**	**525**	**1192**
芗城区	1		1412	38	30		1	2	252
龙文区									
云霄县	4	1	1695	68	42	1	7	28	86
漳浦县	24	21	3615	96	67	1	20	176	209
诏安县	6		2019	73	41		11	72	72
长泰县	4		2522	18	31		12	135	99
东山县	21	5	1184	185	22		3	6	37
南靖县	4	2	1238	40	74			11	57
平和县	14	2	1103	29	35		5	18	62
华安县	2		873	10	112		2	20	86
龙海市	9	1	5022	86	139	1	20	57	232
南平市	**105**	**6**	**4547**	**338**	**136**	**2**	**11**	**55**	**549**
延平区	3	1	387	11	5			4	37
建阳区	6	1	234	3	4	1		6	31
顺昌县	3		552	9	11			3	56
浦城县	3		963	129	13	1	2	18	60
光泽县	4	2	515	109	13			3	27
松溪县	5		385	7	6		3	12	50
政和县	54	1	681	50	23			5	86
邵武市	5		322	7	2		6	2	106
武夷山市	2		133	2	40				6
建瓯市	20	1	375	11	19			2	90
龙岩市	**31**	**3**	**7057**	**155**	**112**	**7**	**42**	**221**	**276**
新罗区	3		510	9	2			4	25
永定区	6		777	15	5	1		7	19

4-6b 续表 28 单位：人

地区 性别	农林牧渔生产辅助人员	其他农、林、牧、渔业生产加工人员	生产制造及有关人员						
			小计	农副产品加工人员	食品、饮料生产加工人员	烟草及其制品加工人员	纺织、针织、印染人员	纺织品、服装和皮革、毛皮制品加工制作人员	木材加工、家具与木制品制作人员
长汀县	7		1601	31	29	2	39	153	61
上杭县	4	2	2081	32	12	3	3	27	67
武平县	6		1007	24	13			18	43
连城县	4	1	951	43	45	1		11	54
漳平市	1		130	1	6			1	7
宁德市	**28**	**1**	**8423**	**275**	**261**	**1**	**27**	**201**	**237**
蕉城区	1		440	16	22			1	25
霞浦县	4		1931	116	31		6	54	65
古田县	3	1	895	75	15			7	28
屏南县	2		432		8		2	3	22
寿宁县	1		474	9	26			19	12
周宁县			525	8	12			2	18
柘荣县	1		479	3	5			8	13
福安市	6		1918	18	77			9	24
福鼎市	10		1329	30	65	1	19	98	30
女	**410**	**120**	**61352**	**3175**	**2546**	**53**	**2960**	**14233**	**2096**
福州市	**18**	**6**	**6480**	**267**	**156**	**1**	**914**	**1076**	**203**
鼓楼区									
台江区									
仓山区									
马尾区									
晋安区			8						2
长乐区	2	1	1329	28	7		763	72	41
闽侯县		4	1875	22	35		6	278	72
连江县	11		652	92	31		21	123	24
罗源县	1		406	9	9	1	2	23	13
闽清县			301	3	5		1	28	5
永泰县	1	1	675	2	16		85	319	6
平潭县	1		169	8	5		6	9	5
福清市	2		1065	103	48		30	224	35
厦门市	**5**		**2815**	**26**	**89**		**19**	**92**	**20**
思明区									
海沧区									
湖里区			6	1					
集美区			2		1				
同安区			132	3	9		3	23	7
翔安区	5		2675	22	79		16	69	13
莆田市	**24**	**1**	**2891**	**43**	**49**		**67**	**1334**	**295**
城厢区			281	5	3		6	203	2
涵江区			87	2				74	1
荔城区			21					9	2
秀屿区	21		468	9	7		19	195	40
仙游县	3	1	2034	27	39		42	853	250
三明市	**17**	**13**	**3255**	**79**	**246**	**5**	**379**	**652**	**241**
梅列区			57	2			1	1	1
三元区			32	1	1			2	3
明溪县	1		151	1	4		4	55	8
清流县	4		276	5	16		3	69	6
宁化县	2	12	429	9	10		40	113	12
大田县			690	10	15	2	49	295	19
尤溪县	2		593	15	28		255	41	83
沙县	3		471	17	152		12	12	38
将乐县	2		144	8	8	3	7	8	26
泰宁县	1		113	3	3			10	12
建宁县	2	1	208	5	7		2	41	5
永安市			91	3	2		6	5	28

4-6b 续表 29 单位：人

地区 性别	农林牧渔生产辅助人员	其他农、林、牧、渔业生产加工人员	生产制造及有关人员 小计	农副产品加工人员	食品、饮料生产加工人员	烟草及其制品加工人员	纺织、针织、印染人员	纺织品、服装和皮革、毛皮制品加工制作人员	木材加工、家具与木制品制作人员
泉州市	**78**	**15**	**25188**	**391**	**612**	**3**	**1157**	**8068**	**230**
鲤城区									
丰泽区									
洛江区			470	3	7		24	161	8
泉港区	13		481	29	10		28	180	4
惠安县	21	12	5471	49	112	1	72	2639	46
安溪县	24		2564	96	282	1	3	540	33
永春县	4		1842	13	28		127	980	15
德化县	4		3138	12	11		3	125	40
石狮市	4		1635	109	11	1	295	443	2
晋江市	2	3	4131	42	68		336	1731	16
南安市	6		5456	38	83		269	1269	66
漳州市	**126**	**83**	**12146**	**1093**	**709**		**227**	**1528**	**560**
芗城区	2		902	25	60		6	25	149
龙文区									
云霄县	4	1	940	140	53		7	66	21
漳浦县	55	69	2171	181	95		61	753	86
诏安县	1		1617	180	40		102	227	13
长泰县	2		1442	28	35		15	167	51
东山县	19	7	758	345	17		6	27	2
南靖县	14	3	849	47	106		2	86	54
平和县	7	2	591	26	38		5	33	37
华安县	16	1	408	10	90		1	27	44
龙海市	6		2468	111	175		22	117	103
南平市	**79**	**1**	**1824**	**279**	**80**	**9**	**17**	**237**	**377**
延平区	2		154	4	7		5	37	23
建阳区	2		116		3		2	13	47
顺昌县	2		168	9	8			10	29
浦城县			293	81	16		1	39	36
光泽县	3		280	145	4	1		31	15
松溪县			142	5	7		5	49	18
政和县	49	1	252	25	10			16	55
邵武市	2		178	3		8	4	20	72
武夷山市			30	1	10			2	
建瓯市	19		211	6	15			20	82
龙岩市	**30**		**3519**	**133**	**217**	**34**	**156**	**738**	**122**
新罗区			143	8	10		1	10	17
永定区	1		345	12	10	31	2	32	9
长汀县	4		1197	33	34		141	513	17
上杭县	6		802	39	24	1	7	105	17
武平县	4		515	15	11	1	3	43	29
连城县	1		477	26	124	1	2	31	31
漳平市	14		40		4			4	2
宁德市	**33**	**1**	**3234**	**864**	**388**	**1**	**24**	**508**	**48**
蕉城区		1	217	26	125			5	12
霞浦县	3		1162	702	17		8	212	4
古田县	11		267	103	5		1	14	10
屏南县	5		87	4	4			9	5
寿宁县	1		114	2	8		1	31	7
周宁县			141	2	58			3	1
柘荣县	3		142	2	2			37	
福安市			458	5	64			37	6
福鼎市	10		646	18	105	1	14	160	3

4-6b 续表 30

单位：人

地 区 性 别	生产制造及有关人员 纸及纸制品生产加工人员	印刷和记录媒介复制人员	文教、工美、体育和娱乐用品制造人员	石油加工和炼焦、煤化工生产人员	化学原料和化学制品制造人员	医药制造人员	化学纤维制造人员	橡胶和塑料制品制造人员	非金属矿物制品制造人员
合 计	**1761**	**747**	**5790**	**111**	**1203**	**277**	**421**	**2820**	**11578**
福州市	**90**	**63**	**466**	**18**	**175**	**27**	**268**	**373**	**697**
鼓楼区									
台江区									
仓山区									
马尾区									
晋安区									1
长乐区	12	5	7		5	3	187	30	42
闽侯县	27	35	319		34	5		47	127
连江县	31	13	20		20	4	35	61	51
罗源县	2	3	39	9	10	3		31	182
闽清县	9	3	15		8	5		6	178
永泰县			22	1	5			4	10
平潭县			3		2	3			15
福清市	9	4	41	8	91	4	46	194	91
厦门市	**30**	**47**	**90**	**1**	**41**	**14**	**22**	**221**	**65**
思明区									
海沧区									
湖里区								1	
集美区								1	
同安区	2	1	19		3		1	17	3
翔安区	28	46	71	1	38	14	21	202	62
莆田市	**24**	**20**	**945**	**4**	**37**	**4**	**23**	**71**	**95**
城厢区	3		7		2		12	7	1
涵江区		1	2					1	2
荔城区			18						5
秀屿区	3	4	78	1	4			18	32
仙游县	18	15	840	3	31	4	11	45	55
三明市	**159**	**28**	**108**	**9**	**166**	**41**	**7**	**85**	**210**
梅列区			1		17			4	5
三元区	1				4			4	4
明溪县			5		54	32	1		8
清流县		5	45	1	22				9
宁化县	6	2	8		2			4	35
大田县	14	7	7	6	4	3		25	34
尤溪县	37	6	20		7	2	3	25	18
沙县	49	1	8		39	2		17	17
将乐县	16	1	4		2	1		1	17
泰宁县		1	5		6				12
建宁县	35	3	4	2		1		1	20
永安市	1	2	1		9		3	4	31
泉州市	**916**	**371**	**2514**	**51**	**219**	**25**	**76**	**717**	**8920**
鲤城区									
丰泽区									
洛江区	51	12	71		6	2		38	9
泉港区	3	1	26	20	10			5	29
惠安县	185	63	1445	15	37	4	24	64	724
安溪县	100	32	371	2	31	5		43	73
永春县	67	8	75		55	4	4	24	178
德化县	135	41	72	1	17			38	3600
石狮市	20	18	105	1	10	1		43	12
晋江市	178	116	194	3	30	1	42	200	477
南安市	177	80	155	9	23	8	6	262	3818
漳州市	**402**	**139**	**1201**	**23**	**288**	**42**	**16**	**914**	**987**
芗城区	41	29	73		37	2	1	59	35
龙文区									
云霄县	38	7	160		23	3		38	51
漳浦县	32	24	111	17	67	8	1	51	124

4-6b 续表 31 单位：人

地 区 性 别	生产制造及有关人员								
	纸及纸制品生产加工人员	印刷和记录媒介复制人员	文教、工美、体育和娱乐用品制造人 员	石油加工和炼焦、煤化工生产人员	化学原料和化学制品制造人 员	医药制造人 员	化学纤维制造人员	橡胶和塑料制品制造人员	非金属矿物制品制造人员
诏安县	19	13	548		4	3		205	45
长泰县	53	19	56	2	50	2	3	153	217
东山县	3	10	18		6	2		12	111
南靖县	35	5	36		17	7	1	35	80
平和县	46	4	16		7	3	3	29	121
华安县	11	2	23		6			19	32
龙海市	124	26	160	4	71	12	7	313	171
南平市	**38**	**14**	**195**	**2**	**89**	**65**	**2**	**59**	**114**
延平区	5	1	3		21	1		5	11
建阳区			23		2			1	1
顺昌县	5		15	1	13			4	23
浦城县	7	4	36		12	49		22	36
光泽县	3	1	7		6	6		1	2
松溪县	5		14		1		2	10	9
政和县	8	1	10		2				8
邵武市	2	3	14		31	9		15	8
武夷山市	1		1					1	6
建瓯市	2	4	72	1	1				10
龙岩市	**39**	**37**	**67**	**2**	**145**	**9**	**2**	**51**	**217**
新罗区	2	2	4	1	12	2		2	27
永定区	10	2	4		13	2		1	32
长汀县	6	14	11		21		2	4	36
上杭县	5	6	9	1	78	3		11	30
武平县	4	5	9		4	1		19	37
连城县	12	7	28		17	1		14	54
漳平市		1	2						1
宁德市	**63**	**28**	**204**	**1**	**43**	**50**	**5**	**329**	**273**
蕉城区	5		1		1				20
霞浦县	7	12	56		15	3	2	42	77
古田县	2	4	13		1	19	1	10	40
屏南县		1	18		4			2	30
寿宁县		1	13		2				15
周宁县	4	4	5			1		5	9
柘荣县	2	1	11		1	14		3	7
福安市	15	1	31	1	6	11	2	11	14
福鼎市	28	4	56		13	2		256	61
男	**981**	**481**	**3035**	**92**	**846**	**146**	**277**	**1614**	**7422**
福州市	**41**	**41**	**281**	**13**	**124**	**10**	**184**	**236**	**535**
鼓楼区									
台江区									
仓山区									
马尾区									
晋安区									
长乐区	5	2	4		5	2	124	22	38
闽侯县	16	23	208		20	2		28	108
连江县	13	8	12		19	4	32	35	45
罗源县		3	30	5	5	2		19	159
闽清县	4	3	6		5			2	84
永泰县			8	1	5			1	9
平潭县			2		2				15
福清市	3	2	11	7	63		28	129	77
厦门市	**15**	**41**	**35**	**1**	**25**	**6**	**15**	**131**	**47**
思明区									
海沧区									
湖里区									
集美区								1	
同安区	1	1	9		3			8	2
翔安区	14	40	26	1	22	6	15	122	45

4-6b 续表 32 单位：人

地区 性别	生产制造及有关人员								
	纸及纸制品生产加工人员	印刷和记录媒介复制人员	文教、工美、体育和娱乐用品制造人员	石油加工和炼焦、煤化工生产人员	化学原料和化学制品制造人员	医药制造人员	化学纤维制造人员	橡胶和塑料制品制造人员	非金属矿物制品制造人员
莆田市	**11**	**13**	**609**	**3**	**27**	**2**	**9**	**54**	**81**
城厢区	2		3		1		3	5	1
涵江区			1					1	2
荔城区			13						5
秀屿区		2	43		3			14	27
仙游县	9	11	549	3	23	2	6	34	46
三明市	**100**	**13**	**31**	**6**	**117**	**21**	**5**	**53**	**153**
梅列区			1		14			1	5
三元区	1				3			1	3
明溪县			3		35	17	1		7
清流县		3	1	1	16				5
宁化县	2	1	4		2			1	21
大田县	7	3	4	4	2			12	21
尤溪县	22	2	9		6	2	2	21	12
沙县	37		4		29	1		13	14
将乐县	10	1	1			1			15
泰宁县			2		4				10
建宁县	20	2	2	1					15
永安市	1	1			6		2	4	25
泉州市	**501**	**247**	**1497**	**42**	**144**	**10**	**46**	**422**	**5346**
鲤城区									
丰泽区									
洛江区	32	7	33		6			23	6
泉港区	2	1	7	17	8			3	25
惠安县	129	41	953	14	21	2	10	39	484
安溪县	46	21	239	2	21	3		28	54
永春县	15	4	27		29	1	1	15	100
德化县	49	28	38	1	12			20	1561
石狮市	16	10	49		10	1		21	9
晋江市	103	84	79	2	25	1	31	119	295
南安市	109	51	72	6	12	2	4	154	2812
漳州市	**259**	**84**	**389**	**22**	**207**	**19**	**12**	**437**	**754**
芗城区	25	13	27		24	2	1	37	25
龙文区									
云霄县	17	5	56		15	1		13	42
漳浦县	19	14	52	16	61	3	1	28	104
诏安县	9	8	115		4			50	33
长泰县	40	16	27	2	32	2	3	88	155
东山县	2	6	8		4	2		5	93
南靖县	21	1	11		12	3	1	19	63
平和县	32	3	3		5	2	2	20	80
华安县	9	1	13		3			11	21
龙海市	85	17	77	4	47	4	4	166	138
南平市	**18**	**9**	**81**	**2**	**67**	**52**	**1**	**31**	**94**
延平区	3				15			1	9
建阳区			15		2				1
顺昌县	1		12	1	11			3	18
浦城县	3	3	18		11	40		13	28
光泽县	3	1	2		4	4		1	1
松溪县	3		8		1		1	4	8
政和县	5	1	3		1				8
邵武市		3	5		21	8		9	7
武夷山市									6
建瓯市		1	18	1	1				8
龙岩市	**15**	**18**	**29**	**2**	**106**	**5**	**1**	**33**	**157**
新罗区	1	2	2	1	8	1		2	23
永定区	2	1	1		7	1		1	27

4-6b 续表 33 单位：人

地 区 性 别	生产制造及有关人员								
	纸及纸制品生产加工人员	印刷和记录媒介复制人员	文教、工美、体育和娱乐用品制造人 员	石油加工和炼焦、煤化工生产人员	化学原料和化学制品制造人 员	医药制造人 员	化学纤维制造人员	橡胶和塑料制品制造人员	非金属矿物制品制造人员
长汀县	2	6	5		15		1	3	24
上杭县	2	2	2	1	63	2		6	19
武平县	3	1	5		3			11	26
连城县	5	6	13		10	1		10	37
漳平市			1						1
宁德市	**21**	**15**	**83**	**1**	**29**	**21**	**4**	**217**	**255**
蕉城区	1		1		1				18
霞浦县	3	8	19		10	1	1	29	73
古田县	1	1	4		1	11	1	8	39
屏南县			5		1			2	28
寿宁县		1	8		1				14
周宁县	1	1	4					3	9
柘荣县	1		7		1	6		2	6
福安市	5	1	15	1	6	1	2	3	11
福鼎市	9	3	20		8	2		170	57
女	**780**	**266**	**2755**	**19**	**357**	**131**	**144**	**1206**	**4156**
福州市	**49**	**22**	**185**	**5**	**51**	**17**	**84**	**137**	**162**
鼓楼区									
台江区									
仓山区									
马尾区									
晋安区									1
长乐区	7	3	3			1	63	8	4
闽侯县	11	12	111		14	3		19	19
连江县	18	5	8		1		3	26	6
罗源县	2		9	4	5	1		12	23
闽清县	5		9		3	5		4	94
永泰县			14					3	1
平潭县			1			3			
福清市	6	2	30	1	28	4	18	65	14
厦门市	**15**	**6**	**55**		**16**	**8**	**7**	**90**	**18**
思明区									
海沧区									
湖里区								1	
集美区									
同安区	1		10				1	9	1
翔安区	14	6	45		16	8	6	80	17
莆田市	**13**	**7**	**336**	**1**	**10**	**2**	**14**	**17**	**14**
城厢区	1		4		1		9	2	
涵江区		1	1						
荔城区			5						
秀屿区	3	2	35	1	1			4	5
仙游县	9	4	291		8	2	5	11	9
三明市	**59**	**15**	**77**	**3**	**49**	**20**	**2**	**32**	**57**
梅列区					3			3	
三元区					1			3	1
明溪县			2		19	15			1
清流县		2	44		6				4
宁化县	4	1	4					3	14
大田县	7	4	3	2	2	3		13	13
尤溪县	15	4	11		1		1	4	6
沙县	12	1	4		10	1		4	3
将乐县	6		3		2			1	2
泰宁县		1	3		2				2
建宁县	15	1	2	1		1		1	5
永安市		1	1		3		1		6

4-6b　续表 34　　单位：人

地　区 性　别	生产制造及有关人员								
	纸及纸制品生产加工人员	印刷和记录媒介复制人员	文教、工美、体育和娱乐用品制造人　员	石油加工和炼焦、煤化工生产人员	化学原料和化学制品制造人　员	医药制造人　　员	化学纤维制造人员	橡胶和塑料制品制造人员	非金属矿物制品制造人员
泉州市	**415**	**124**	**1017**	**9**	**75**	**15**	**30**	**295**	**3574**
鲤城区									
丰泽区									
洛江区	19	5	38			2		15	3
泉港区	1		19	3	2			2	4
惠安县	56	22	492	1	16	2	14	25	240
安溪县	54	11	132		10	2		15	19
永春县	52	4	48		26	3	3	9	78
德化县	86	13	34		5			18	2039
石狮市	4	8	56	1				22	3
晋江市	75	32	115	1	5		11	81	182
南安市	68	29	83	3	11	6	2	108	1006
漳州市	**143**	**55**	**812**	**1**	**81**	**23**	**4**	**477**	**233**
芗城区	16	16	46		13			22	10
龙文区									
云霄县	21	2	104		8	2		25	9
漳浦县	13	10	59	1	6	5		23	20
诏安县	10	5	433			3		155	12
长泰县	13	3	29		18			65	62
东山县	1	4	10		2			7	18
南靖县	14	4	25		5	4		16	17
平和县	14	1	13		2	1	1	9	41
华安县	2	1	10		3			8	11
龙海市	39	9	83		24	8	3	147	33
南平市	**20**	**5**	**114**		**22**	**13**	**1**	**28**	**20**
延平区	2	1	3		6	1		4	2
建阳区			8					1	
顺昌县	4		3		2			1	5
浦城县	4	1	18		1	9		9	8
光泽县			5		2	2			1
松溪县	2		6				1	6	1
政和县	3		7		1				
邵武市	2		9		10	1		6	1
武夷山市	1		1					1	
建瓯市	2	3	54						2
龙岩市	**24**	**19**	**38**		**39**	**4**	**1**	**18**	**60**
新罗区	1		2		4	1			4
永定区	8	1	3		6	1			5
长汀县	4	8	6		6		1	1	12
上杭县	3	4	7		15	1		5	11
武平县	1	4	4		1	1		8	11
连城县	7	1	15		7			4	17
漳平市		1	1						
宁德市	**42**	**13**	**121**		**14**	**29**	**1**	**112**	**18**
蕉城区	4								2
霞浦县	4	4	37		5	2	1	13	4
古田县	1	3	9			8		2	1
屏南县		1	13		3				2
寿宁县			5		1				1
周宁县	3	3	1			1		2	
柘荣县	1	1	4			8		1	1
福安市	10		16			10		8	3
福鼎市	19	1	36		5			86	4

4-6b 续表 35 单位：人

地区 性别	生产制造及有关人员								
	采矿人员	金属冶炼和压延加工人员	机械制造基础加工人员	金属制品制造人员	通用设备制造人员	专用设备制造人员	汽车制造人员	铁路、船舶、航空设备制造人员	电气机械和器材制造人员
合　计	**832**	**2317**	**6238**	**6093**	**1071**	**332**	**981**	**234**	**1826**
福州市	**65**	**628**	**724**	**501**	**116**	**14**	**334**	**28**	**85**
鼓楼区									
台江区									
仓山区									
马尾区									
晋安区	1		2	1					
长乐区	2	121	132	22	36	2	6		7
闽侯县	1	18	249	184	26	5	299	2	38
连江县	2	12	72	69	17	1	2	14	11
罗源县	46	435	110	83	16	2	2	4	2
闽清县	2	4	31	33	4		1		8
永泰县		5	10	19	5	1			1
平潭县	3	2	14	27	1	1		2	1
福清市	8	31	104	63	11	2	24	6	17
厦门市	**1**	**27**	**270**	**234**	**49**	**39**	**28**	**2**	**290**
思明区									
海沧区									
湖里区									
集美区									
同安区		5	11	29	5			1	8
翔安区	1	22	259	205	44	39	28	1	282
莆田市	**8**	**21**	**139**	**163**	**24**	**6**	**19**	**1**	**11**
城厢区			11	35					5
涵江区			1	4			1		
荔城区				3					
秀屿区	4	1	16	27		3	1		4
仙游县	4	20	111	94	24	3	17	1	2
三明市	**174**	**112**	**299**	**205**	**41**	**12**	**25**	**4**	**48**
梅列区		28	25	3	3	1			1
三元区	2	1	18				3		1
明溪县	1	4	5	12	5				2
清流县	3	5	16	34	3		2		3
宁化县	16	5	33	41	8		4		14
大田县	112	27	53	36	6	2	4	1	1
尤溪县	10	16	44	14	9	2			3
沙县	8	15	72	29	4	3	6		16
将乐县	7	3	12	19	2	4	5	2	2
泰宁县	2	2	3	5					1
建宁县		3	7	12				1	4
永安市	13	3	11		1		1		
泉州市	**149**	**404**	**2507**	**2950**	**428**	**99**	**194**	**25**	**322**
鲤城区									
丰泽区									
洛江区		3	64	28	17	14	4		12
泉港区	4	3	30	15	3	2		1	2
惠安县	13	20	409	259	94	19	7	2	19
安溪县	8	198	517	421	37	9	3	2	157
永春县	64	15	113	96	11	7	13	1	9
德化县	31	29	61	74	3	1			
石狮市	1	3	112	239	3	7	5	17	46
晋江市	4	34	368	357	82	15	38		10
南安市	24	99	833	1461	178	25	124	2	67
漳州市	**75**	**422**	**1462**	**1373**	**199**	**72**	**244**	**34**	**773**
芗城区		26	117	102	36	17	26	3	87
龙文区									
云霄县	2	8	44	80	19	3	7		43
漳浦县	46	15	186	311	28	8	8	14	10

4-6b 续表 36

单位：人

地区 性别	生产制造及有关人员 采矿人员	金属冶炼和压延加工人员	机械制造基础加工人员	金属制品制造人员	通用设备制造人员	专用设备制造人员	汽车制造人员	铁路、船舶、航空设备制造人员	电气机械和器材制造人员
诏安县	1	16	39	106	3	1	6	1	17
长泰县	8	33	292	174	31	6	24	1	76
东山县	7		18	72	8	2	1	2	
南靖县	2	52	59	73	20	3	3		18
平和县	1	6	24	44	7		2		
华安县	1	60	88	59	6	6	7		3
龙海市	7	206	595	352	41	26	160	13	519
南平市	**20**	**25**	**157**	**87**	**56**	**7**	**15**	**1**	**40**
延平区	1	6	17	7	2		4		6
建阳区	1	2	9	12			1		6
顺昌县	5		21	14	1	1	1		2
浦城县		5	12	16	4	1	1		2
光泽县	1		10	8	3		2		3
松溪县	1	5	9	5	4	2		1	
政和县	6	5	59	3	40		6		20
邵武市	5	1	7	3	1	2			1
武夷山市			3	2					
建瓯市		1	10	17	1	1			
龙岩市	**287**	**185**	**240**	**281**	**56**	**28**	**44**		**51**
新罗区	82	4	38	6	3	2	1		1
永定区	87	2	38	12	12	2	16		7
长汀县	3	53	45	56	11	11	16		2
上杭县	91	109	63	59	19	7	4		12
武平县	5	5	40	117	6	2	6		1
连城县	15	12	11	22	3	4	1		28
漳平市	4		5	9	2				
宁德市	**53**	**493**	**440**	**299**	**102**	**55**	**78**	**139**	**206**
蕉城区	3	23	3	7			4		68
霞浦县	10	47	30	29	13	1	20	10	4
古田县	2	3	26	36	5	1	2	1	1
屏南县	6	2	6	9	1		1		1
寿宁县	1	8	22	11	6	1	9		9
周宁县	3	25	21	8	1		2		4
柘荣县	3	6	6	119	9	1	1	1	10
福安市		371	233	33	61	3	5	92	78
福鼎市	25	8	93	47	6	48	34	35	31
男	**755**	**1920**	**5179**	**4129**	**819**	**212**	**706**	**193**	**1085**
福州市	**61**	**515**	**649**	**386**	**90**	**9**	**240**	**24**	**59**
鼓楼区									
台江区									
仓山区									
马尾区									
晋安区	1		2	1					
长乐区	2	104	121	20	28		4		6
闽侯县	1	17	214	132	21	4	222	2	24
连江县	2	10	61	54	14	1	1	14	8
罗源县	43	348	108	74	14	1	1	4	2
闽清县	2	4	26	21	1		1		3
永泰县		4	9	16	4	1			1
平潭县	2	2	13	25	1	1		2	
福清市	8	26	95	43	7	1	11	2	15
厦门市	**1**	**21**	**222**	**161**	**38**	**21**	**20**	**2**	**180**
思明区									
海沧区									
湖里区									
集美区									
同安区		3	7	12	2			1	4
翔安区	1	18	215	149	36	21	20	1	176

4-6b 续表 37 单位：人

地　区 性　别	生产制造及有关人员								
	采矿人员	金属冶炼和压延加工人员	机械制造基础加工人　员	金属制品制造人员	通用设备制造人员	专用设备制造人员	汽车制造人　员	铁路、船舶、航空设备制造人　员	电气机械和器材制造人员
莆田市	**5**	**19**	**108**	**131**	**17**	**2**	**14**	**1**	**7**
城厢区			10	27					2
涵江区			1	3			1		
荔城区				3					
秀屿区	1	1	14	24		1	1		3
仙游县	4	18	83	74	17	1	12	1	2
三明市	**155**	**93**	**250**	**153**	**32**	**11**	**17**	**3**	**25**
梅列区		24	17	2	3	1			1
三元区	2	1	12				3		
明溪县	1	4	4	9	4				1
清流县	3	4	15	16	2		1		1
宁化县	16	5	23	33	4		2		7
大田县	99	21	50	26	5	1	2	1	
尤溪县	9	12	38	14	7	2			1
沙县	5	12	65	24	4	3	4		8
将乐县	7	3	12	16	2	4	4	1	2
泰宁县	1	2	3	5					1
建宁县		2	3	8				1	3
永安市	12	3	8		1		1		
泉州市	**137**	**299**	**2028**	**1852**	**322**	**75**	**135**	**23**	**199**
鲤城区									
丰泽区									
洛江区		2	51	23	13	8	4		6
泉港区	3	3	23	14	3	1		1	1
惠安县	13	15	332	207	71	15	7	2	13
安溪县	8	149	370	280	34	6	2	2	93
永春县	60	11	77	68	10	6	6		4
德化县	25	27	52	64	2	1			
石狮市	1	3	99	124	3	5	3	16	32
晋江市	3	26	315	235	66	15	27		8
南安市	24	63	709	837	120	18	86	2	42
漳州市	**51**	**345**	**1217**	**931**	**152**	**40**	**191**	**32**	**432**
芗城区		24	91	78	19	12	21	3	41
龙文区									
云霄县	2	7	36	60	13	2	6		24
漳浦县	30	12	164	180	22	2	4	12	5
诏安县	1	15	36	92	3	1	4	1	13
长泰县	3	29	231	100	27	3	14	1	48
东山县	5		17	56	8	1	1	2	
南靖县	2	42	49	45	16	2	3		6
平和县	1	6	21	37	7		2		
华安县	1	46	79	44	4	4	4		1
龙海市	6	164	493	239	33	13	132	13	294
南平市	**18**	**23**	**135**	**77**	**39**	**6**	**10**	**1**	**31**
延平区	1	5	14	5	2		2		5
建阳区	1	2	9	12			1		5
顺昌县	3		20	13	1	1	1		2
浦城县		5	12	13	4	1			
光泽县	1		10	7	3		1		2
松溪县	1	4	8	5	2	2		1	
政和县	6	5	42	2	26		5		17
邵武市	5	1	7	3		1			
武夷山市			3	2					
建瓯市		1	10	15	1	1			
龙岩市	**274**	**154**	**216**	**219**	**46**	**18**	**32**		**28**
新罗区	78	3	36	4	2	1	1		
永定区	85	2	34	10	11	2	11		4

4-6b　续表 38　　　　单位：人

地　区 性　别	生产制造及有关人员								
	采矿人员	金属冶炼和压延加工人员	机械制造基础加工人员	金属制品制造人员	通用设备制造人员	专用设备制造人员	汽车制造人员	铁路、船舶、航空设备制造人员	电气机械和器材制造人员
长汀县	3	41	39	44	10	5	12		2
上杭县	85	95	55	43	16	5	3		5
武平县	4	3	36	91	3	1	4		1
连城县	15	10	11	19	2	4	1		16
漳平市	4		5	8	2				
宁德市	**53**	**451**	**354**	**219**	**83**	**30**	**47**	**107**	**124**
蕉城区	3	23	3	7			4		45
霞浦县	10	44	26	27	11		11	7	3
古田县	2	3	22	32	5	1	2	1	1
屏南县	6	1	6	8	1		1		1
寿宁县	1	6	16	10	5		8		6
周宁县	3	22	20	6	1		2		4
柘荣县	3	6	3	70	6				5
福安市		340	192	23	49	3	3	83	51
福鼎市	25	6	66	36	5	26	16	16	8
女	**77**	**397**	**1059**	**1964**	**252**	**120**	**275**	**41**	**741**
福州市	**4**	**113**	**75**	**115**	**26**	**5**	**94**	**4**	**26**
鼓楼区									
台江区									
仓山区									
马尾区									
晋安区									
长乐区		17	11	2	8	2	2		1
闽侯县		1	35	52	5	1	77		14
连江县		2	11	15	3		1		3
罗源县	3	87	2	9	2	1	1		
闽清县			5	12	3				5
永泰县		1	1	3	1				
平潭县	1		1	2					1
福清市		5	9	20	4	1	13	4	2
厦门市		**6**	**48**	**73**	**11**	**18**	**8**		**110**
思明区									
海沧区									
湖里区									
集美区									
同安区		2	4	17	3				4
翔安区		4	44	56	8	18	8		106
莆田市	**3**	**2**	**31**	**32**	**7**	**4**	**5**		**4**
城厢区			1	8					3
涵江区				1					
荔城区									
秀屿区	3		2	3		2			1
仙游县		2	28	20	7	2	5		
三明市	**19**	**19**	**49**	**52**	**9**	**1**	**8**	**1**	**23**
梅列区		4	8	1					
三元区			6						1
明溪县			1	3	1				1
清流县		1	1	18	1		1		2
宁化县			10	8	4		2		7
大田县	13	6	3	10	1	1	2		1
尤溪县	1	4	6		2				2
沙县	3	3	7	5			2		8
将乐县				3			1	1	
泰宁县	1								
建宁县		1	4	4					1
永安市	1		3						

4-6b 续表 39

单位：人

地区 性别	生产制造及有关人员								
	采矿人员	金属冶炼和压延加工人员	机械制造基础加工人员	金属制品制造人员	通用设备制造人员	专用设备制造人员	汽车制造人员	铁路、船舶、航空设备制造人员	电气机械和器材制造人员
泉州市	**12**	**105**	**479**	**1098**	**106**	**24**	**59**	**2**	**123**
鲤城区									
丰泽区									
洛江区		1	13	5	4	6			6
泉港区	1		7	1		1			1
惠安县		5	77	52	23	4			6
安溪县		49	147	141	3	3	1		64
永春县	4	4	36	28	1	1	7	1	5
德化县	6	2	9	10	1				
石狮市			13	115		2	2	1	14
晋江市	1	8	53	122	16		11		2
南安市		36	124	624	58	7	38		25
漳州市	**24**	**77**	**245**	**442**	**47**	**32**	**53**	**2**	**341**
芗城区		2	26	24	17	5	5		46
龙文区									
云霄县		1	8	20	6	1	1		19
漳浦县	16	3	22	131	6	6	4	2	5
诏安县		1	3	14			2		4
长泰县	5	4	61	74	4	3	10		28
东山县	2		1	16		1			
南靖县		10	10	28	4	1			12
平和县			3	7					
华安县		14	9	15	2	2	3		2
龙海市	1	42	102	113	8	13	28		225
南平市	**2**	**2**	**22**	**10**	**17**	**1**	**5**		**9**
延平区		1	3	2			2		1
建阳区									1
顺昌县	2		1	1					
浦城县				3			1		2
光泽县				1			1		1
松溪县		1	1		2				
政和县			17	1	14		1		3
邵武市					1	1			1
武夷山市									
建瓯市				2					
龙岩市	**13**	**31**	**24**	**62**	**10**	**10**	**12**		**23**
新罗区	4	1	2	2	1	1			1
永定区	2		4	2	1		5		3
长汀县		12	6	12	1	6	4		
上杭县	6	14	8	16	3	2	1		7
武平县	1	2	4	26	3	1	2		
连城县		2		3	1				12
漳平市				1					
宁德市		**42**	**86**	**80**	**19**	**25**	**31**	**32**	**82**
蕉城区									23
霞浦县		3	4	2	2	1	9	3	1
古田县			4	4					
屏南县		1		1					
寿宁县		2	6	1	1	1	1		3
周宁县		3	1	2					
柘荣县			3	49	3	1	1	1	5
福安市		31	41	10	12		2	9	27
福鼎市		2	27	11	1	22	18	19	23

4-6b　续表 40　　　　单位：人

地区 性别	生产制造及有关人员								
	计算机、通信和其他电子设备制造人员	仪器仪表制造人员	废弃资源综合利用人员	电力、热力、气体、水生产和输配人员	建筑施工人员	运输设备和通用工程机械操作人员及有关人员	生产辅助人员	其他生产制造及有关人员	不便分类的其他从业人员
合　计	**8085**	**154**	**326**	**872**	**50457**	**3977**	**23015**	**1091**	**612**
福州市	**680**	**25**	**49**	**137**	**10459**	**757**	**3292**	**36**	**56**
鼓楼区									
台江区									
仓山区									
马尾区									
晋安区					8	7	5		
长乐区	66	2	15	32	833	61	698	8	1
闽侯县	392	1	14	13	3070	99	750	19	30
连江县	31	5	1	24	1558	100	243	3	4
罗源县	47	5	12	30	989	169	370	5	3
闽清县	45		2	10	534	42	149		1
永泰县	5	1		4	1138	27	118		2
平潭县	17			5	1205	123	444	1	15
福清市	77	11	5	19	1124	129	515		
厦门市	**2873**	**4**	**9**	**8**	**1182**	**92**	**1650**	**126**	**120**
思明区									
海沧区									
湖里区	2				7	2	3		
集美区					4		3		
同安区	10				55	15	43		
翔安区	2861	4	9	8	1116	75	1601	126	120
莆田市	**119**	**6**	**3**	**24**	**2172**	**94**	**441**	**12**	**25**
城厢区	3		1	1	122	13	36		
涵江区	1				51		8		
荔城区	3	1			26				
秀屿区	5	1	1	2	450	28	61	2	2
仙游县	107	4	1	21	1523	53	336	10	23
三明市	**194**	**13**	**19**	**171**	**3875**	**368**	**1165**	**21**	**27**
梅列区	4		1	7	34	24	46	5	
三元区				4	14	4	31	1	
明溪县	8	1	1	6	153	14	35		5
清流县	11	1	1	10	278	21	59	2	
宁化县	63	3		9	623	52	92	3	
大田县	60	4	5	13	751	80	151		1
尤溪县	18	1		29	545	35	293	2	3
沙县	3	1	4	66	540	54	268	3	2
将乐县	12		3	9	288	30	63	2	4
泰宁县	2		3	7	318	18	21		2
建宁县	9	2	1	5	270	25	69	2	10
永安市	4			6	61	11	37	1	
泉州市	**1681**	**21**	**95**	**135**	**12468**	**944**	**9042**	**628**	**193**
鲤城区									
丰泽区									
洛江区	33			1	121	9	185	3	3
泉港区	43	1		3	440	100	124	10	2
惠安县	78	10	16	12	4124	145	1604	234	36
安溪县	189	5	14	53	1749	109	892	6	25
永春县	70		8	17	1098	70	443	28	9
德化县	16	1		2	1266	87	1129	4	2
石狮市	716	2	3	19	261	78	647	10	5
晋江市	154	1	27	20	1090	79	2013	223	72
南安市	382	1	27	8	2319	267	2005	110	39
漳州市	**1753**	**72**	**54**	**147**	**9436**	**842**	**4524**	**181**	**140**
芗城区	107	35	5	4	540	43	287	14	5
龙文区									
云霄县	245	1	5	21	959	53	285	21	22
漳浦县	135	17	9	29	1951	215	588	36	27

4-6b 续表 41

单位：人

地区 性别	生产制造及有关人员								不便分类的其他从业人员
	计算机、通信和其他电子设备制造人员	仪器仪表制造人员	废弃资源综合利用人员	电力、热力、气体、水生产和输配人员	建筑施工人员	运输设备和通用工程机械操作人员及有关人员	生产辅助人员	其他生产制造及有关人员	
诏安县	64	1	3	9	1416	40	235	10	
长泰县	687	3	8	16	641	57	713	48	16
东山县	31		2	5	723	34	210	15	9
南靖县	160	4	4	12	595	62	304	23	26
平和县	19		3	7	473	55	532	4	23
华安县	10		3	21	381	23	114	4	
龙海市	295	11	12	23	1757	260	1256	6	12
南平市	**55**	**6**	**5**	**87**	**2109**	**241**	**760**	**32**	**22**
延平区	15			8	204	46	40	5	3
建阳区	1			5	100	9	63	4	
顺昌县	7	6		7	300	36	113	10	1
浦城县	12		4	15	456	41	123	2	12
光泽县	7			19	219	27	116	6	1
松溪县	2			8	211	13	62	1	1
政和县	9			3	343	15	123	2	2
邵武市			1	11	71	24	61		
武夷山市				3	69	5	11		
建瓯市	2			8	136	25	48	2	2
龙岩市	**528**	**5**	**17**	**72**	**4558**	**385**	**1015**	**42**	**8**
新罗区	11	3	2	13	237	35	76	1	
永定区	68	1		6	511	40	112	1	5
长汀县	76			7	1086	43	230	12	
上杭县	145		8	32	1278	162	399	15	
武平县	152		3	7	729	62	100	8	1
连城县	75	1	4	3	616	38	88	5	2
漳平市	1			4	101	5	10		
宁德市	**202**	**2**	**75**	**91**	**4198**	**254**	**1126**	**13**	**21**
蕉城区	17		1		210	20	42		
霞浦县	25		62	15	1223	46	128	1	
古田县	15		4	14	527	45	130	2	1
屏南县	9			7	329	11	25		
寿宁县	10		4	7	296	12	44	2	11
周宁县	2			6	428	13	20	1	1
柘荣县	3			10	274	13	52	4	3
福安市	113	2	3	16	446	76	509	3	4
福鼎市	8		1	16	465	18	176		1
男	**4513**	**91**	**221**	**744**	**42848**	**3732**	**13793**	**486**	**374**
福州市	**384**	**21**	**38**	**111**	**9163**	**685**	**2322**	**22**	**35**
鼓楼区									
台江区									
仓山区									
马尾区									
晋安区					7	7	1		
长乐区	43	2	11	30	748	58	531	6	
闽侯县	209		12	12	2505	93	428	11	19
连江县	22	5		19	1392	92	174	2	2
罗源县	34	5	12	19	941	127	298	3	3
闽清县	19		2	6	503	42	96		
永泰县	1			3	958	26	82		2
平潭县	13			4	1117	121	413		9
福清市	43	9	1	18	992	119	299		
厦门市	**1780**	**3**	**3**	**8**	**1000**	**86**	**912**	**72**	**75**
思明区									
海沧区									
湖里区					6	1	3		
集美区					4		2		
同安区	4				45	14	25		
翔安区	1776	3	3	8	945	71	882	72	75

4-6b 续表 42

单位：人

地区 性别	生产制造及有关人员								不便分类的其他从业人员
	计算机、通信和其他电子设备制造人员	仪器仪表制造人员	废弃资源综合利用人员	电力、热力、气体、水生产和输配人员	建筑施工人员	运输设备和通用工程机械操作人员及有关人员	生产辅助人员	其他生产制造及有关人员	
莆田市	**50**	**4**	**3**	**23**	**1840**	**86**	**256**	**8**	**15**
城厢区	1		1	1	109	13	18		
涵江区	1				48		4		
荔城区	1	1			23				
秀屿区	2	1	1	2	339	24	43	2	1
仙游县	45	2	1	20	1321	49	191	6	14
三明市	**81**	**4**	**11**	**150**	**3260**	**343**	**806**	**13**	**16**
梅列区	2			6	28	18	29	5	
三元区				3	14	3	20	1	
明溪县	5	1	1	4	133	14	24		2
清流县	2	1		9	215	20	38	1	
宁化县	34	1		7	501	51	62	1	
大田县	10		2	11	650	76	99		1
尤溪县	9			28	511	35	226		1
沙县	2	1	3	57	462	48	187	2	2
将乐县	6		2	8	251	27	47	1	2
泰宁县	2		2	7	251	17	14		1
建宁县	6		1	4	194	24	41	1	7
永安市	3			6	50	10	19	1	
泉州市	**980**	**15**	**68**	**116**	**10393**	**893**	**5143**	**241**	**118**
鲤城区									
丰泽区									
洛江区	14			1	106	9	70	2	3
泉港区	19	1		2	323	95	88	5	2
惠安县	52	8	11	12	3442	137	996	48	22
安溪县	91	4	8	42	1420	100	389	5	12
永春县	33		7	14	987	68	248	8	7
德化县	11			2	1116	81	568	3	1
石狮市	467		3	18	237	68	404	6	3
晋江市	96	1	18	18	925	75	1141	110	46
南安市	197	1	21	7	1837	260	1239	54	22
漳州市	**866**	**38**	**35**	**129**	**7724**	**800**	**2401**	**79**	**80**
芗城区	38	12	4	3	418	39	125	7	3
龙文区									
云霄县	118		2	18	804	53	158	11	16
漳浦县	59	15	5	26	1637	204	363	8	17
诏安县	26	1	2	6	1175	38	114	3	
长泰县	393	2	5	15	537	57	374	23	7
东山县	11		1	5	536	32	126	10	5
南靖县	56	2	3	12	479	57	141	10	13
平和县	15		2	6	385	55	267	3	12
华安县	4		2	18	283	21	73	1	
龙海市	146	6	9	20	1470	244	660	3	7
南平市	**26**	**3**	**3**	**70**	**1949**	**233**	**458**	**19**	**16**
延平区	7			5	185	45	23	3	2
建阳区				3	95	8	32	3	
顺昌县	3	3		7	260	36	72	5	1
浦城县	7		3	13	431	40	93	2	9
光泽县	3			15	204	26	72	3	1
松溪县				6	202	12	39		1
政和县	6			1	317	14	56	2	
邵武市				10	66	23	30		
武夷山市				2	63	5	4		
建瓯市				8	126	24	37	1	2
龙岩市	**211**	**1**	**10**	**63**	**3540**	**361**	**682**	**23**	**5**
新罗区	5		2	11	198	28	60	1	
永定区	33			6	388	37	66	1	3

4-6b 续表 43 单位：人

地区 性别	生产制造及有关人员 计算机、通信和其他电子设备制造人员	仪器仪表制造人员	废弃资源综合利用人员	电力、热力、气体、水生产和输配人员	建筑施工人员	运输设备和通用工程机械操作人员及有关人员	生产辅助人员	其他生产制造及有关人员	不便分类的其他从业人员
长汀县	40			6	851	41	131	5	
上杭县	49		4	28	974	156	310	12	
武平县	48		1	5	536	59	65	3	
连城县	35	1	3	3	515	35	44	1	2
漳平市	1			4	78	5	6		
宁德市	**135**	**2**	**50**	**74**	**3979**	**245**	**813**	**9**	**14**
蕉城区	15		1		206	20	28		
霞浦县	18		39	12	1168	43	95	1	
古田县	9		3	10	498	45	68	2	1
屏南县	8			6	300	10	13		
寿宁县	8		4	3	270	12	33	2	7
周宁县				5	384	12	7	1	1
柘荣县	3			7	269	13	40	2	2
福安市	70	2	2	16	426	72	412	1	2
福鼎市	4		1	15	458	18	117		1
女	**3572**	**63**	**105**	**128**	**7609**	**245**	**9222**	**605**	**238**
福州市	**296**	**4**	**11**	**26**	**1296**	**72**	**970**	**14**	**21**
鼓楼区									
台江区									
仓山区									
马尾区									
晋安区					1		4		
长乐区	23		4	2	85	3	167	2	1
闽侯县	183	1	2	1	565	6	322	8	11
连江县	9		1	5	166	8	69	1	2
罗源县	13			11	48	42	72	2	
闽清县	26			4	31		53		1
永泰县	4	1		1	180	1	36		
平潭县	4			1	88	2	31	1	6
福清市	34	2	4	1	132	10	216		
厦门市	**1093**	**1**	**6**		**182**	**6**	**738**	**54**	**45**
思明区									
海沧区									
湖里区	2				1	1			
集美区							1		
同安区	6				10	1	18		
翔安区	1085	1	6		171	4	719	54	45
莆田市	**69**	**2**		**1**	**332**	**8**	**185**	**4**	**10**
城厢区	2				13		18		
涵江区					3		4		
荔城区	2				3				
秀屿区	3				111	4	18		1
仙游县	62	2		1	202	4	145	4	9
三明市	**113**	**9**	**8**	**21**	**615**	**25**	**359**	**8**	**11**
梅列区	2		1	1	6	6	17		
三元区				1		1	11		
明溪县	3			2	20		11		3
清流县	9		1	1	63	1	21	1	
宁化县	29	2		2	122	1	30	2	
大田县	50	4	3	2	101	4	52		
尤溪县	9	1		1	34		67	2	2
沙县	1		1	9	78	6	81	1	
将乐县	6		1	1	37	3	16	1	2
泰宁县			1		67	1	7		1
建宁县	3	2		1	76	1	28	1	3
永安市	1				11	1	18		

4-6b　续表 44　　　　单位：人

地　区 性　别	生产制造及有关人员								不便分类的其他从业人员
	计算机、通信和其他电子设备制造人　员	仪器仪表制造人员	废弃资源综合利用人　员	电力、热力、气体、水生产和输配人员	建筑施工人　员	运输设备和通用工程机械操作人员及有关人员	生产辅助人　员	其他生产制造及有关人员	
泉州市	**701**	**6**	**27**	**19**	**2075**	**51**	**3899**	**387**	**75**
鲤城区									
丰泽区									
洛江区	19				15		115	1	
泉港区	24			1	117	5	36	5	
惠安县	26	2	5		682	8	608	186	14
安溪县	98	1	6	11	329	9	503	1	13
永春县	37		1	3	111	2	195	20	2
德化县	5	1			150	6	561	1	1
石狮市	249	2		1	24	10	243	4	2
晋江市	58		9	2	165	4	872	113	26
南安市	185		6	1	482	7	766	56	17
漳州市	**887**	**34**	**19**	**18**	**1712**	**42**	**2123**	**102**	**60**
芗城区	69	23	1	1	122	4	162	7	2
龙文区									
云霄县	127	1	3	3	155		127	10	6
漳浦县	76	2	4	3	314	11	225	28	10
诏安县	38		1	3	241	2	121	7	
长泰县	294	1	3	1	104		339	25	9
东山县	20		1		187	2	84	5	4
南靖县	104	2	1		116	5	163	13	13
平和县	4		1	1	88		265	1	11
华安县	6		1	3	98	2	41	3	
龙海市	149	5	3	3	287	16	596	3	5
南平市	**29**	**3**	**2**	**17**	**160**	**8**	**302**	**13**	**6**
延平区	8			3	19	1	17	2	1
建阳区	1			2	5	1	31	1	
顺昌县	4	3			40		41	5	
浦城县	5		1	2	25	1	30		3
光泽县	4			4	15	1	44	3	
松溪县	2			2	9	1	23	1	
政和县	3			2	26	1	67		2
邵武市			1	1	5	1	31		
武夷山市				1	6		7		
建瓯市	2				10	1	11	1	
龙岩市	**317**	**4**	**7**	**9**	**1018**	**24**	**333**	**19**	**3**
新罗区	6	3		2	39	7	16		
永定区	35	1			123	3	46		2
长汀县	36			1	235	2	99	7	
上杭县	96		4	4	304	6	89	3	
武平县	104		2	2	193	3	35	5	1
连城县	40		1		101	3	44	4	
漳平市					23		4		
宁德市	**67**		**25**	**17**	**219**	**9**	**313**	**4**	**7**
蕉城区	2				4		14		
霞浦县	7		23	3	55	3	33		
古田县	6		1	4	29		62		
屏南县	1			1	29	1	12		
寿宁县	2			4	26		11		4
周宁县	2			1	44	1	13		
柘荣县				3	5		12	2	1
福安市	43		1		20	4	97	2	2
福鼎市	4			1	7		59		

4-6c 各地区分性别、职业中类的就业人口(乡村)

单位：人

地区 性别	合计	党的机关、国家机关、群众团体和社会组织、企事业单位负责人						
		小计	中国共产党机关负责人	国家机关负责人	民主党派和工商联负责人	人民团体和群众团体、社会组织及其他成员组织负责人	基层群众自治组织负责人	企事业单位负责人
合计	**626830**	**4884**	**17**	**86**		**267**	**707**	**3807**
福州市	**104143**	**709**	**1**	**20**		**42**	**126**	**520**
鼓楼区								
台江区								
仓山区								
马尾区	1105	4					2	2
晋安区	1176	18				1	4	13
长乐区	13364	120		1		5	17	97
闽侯县	16875	124		6		9	14	95
连江县	17537	78				5	21	52
罗源县	2582	21					8	13
闽清县	5456	57		4		7	16	30
永泰县	7586	40	1			1	14	24
平潭县	6672	50		6		1	14	29
福清市	31790	197		3		13	16	165
厦门市	**32586**	**388**	**1**	**2**		**16**	**8**	**361**
思明区								
海沧区	990	18				9		9
湖里区								
集美区	6804	83				1		82
同安区	11969	101	1				4	96
翔安区	12823	186		2		6	4	174
莆田市	**45725**	**357**		**5**		**11**	**56**	**285**
城厢区	6404	16					1	15
涵江区	3831	19		2			4	13
荔城区	6141	31		1		1	5	24
秀屿区	13631	125		1		2	12	110
仙游县	15718	166		1		8	34	123
三明市	**44500**	**242**	**5**	**3**		**9**	**72**	**153**
梅列区	489	2					1	1
三元区	1238	5					4	1
明溪县	2900	22	1	1			6	14
清流县	3903	24				1	4	19
宁化县	7443	33				4	9	20
大田县	7180	30	1			2	9	18
尤溪县	5637	46					18	28
沙县	3340	13				1	6	6
将乐县	2422	15		1			2	12
泰宁县	1728	14	2	1			3	8
建宁县	2942	10					4	6
永安市	5278	28	1			1	6	20
泉州市	**144450**	**1761**	**3**	**13**		**87**	**90**	**1568**
鲤城区								
丰泽区								
洛江区	5131	71				1	1	69
泉港区	7537	107		2		19	3	83
惠安县	22628	256	1	1		8	20	226
安溪县	26681	100	1	5		10	16	68
永春县	7631	47		1		2	6	38
德化县	3677	36					7	29
石狮市	5695	86					1	85
晋江市	35246	715	1	1		31	11	671
南安市	30224	343		3		16	25	299
漳州市	**109431**	**483**		**8**		**69**	**75**	**331**
芗城区	3942	15				2	1	12
龙文区	1727	5				1	3	1
云霄县	11230	61				22	13	26
漳浦县	21125	131		2		5	17	107

4-6c 续表 1

单位：人

地区 性别	合计	党的机关、国家机关、群众团体和社会组织、企事业单位负责人						
		小计	中国共产党机关负责人	国家机关负责人	民主党派和工商联负责人	人民团体和群众团体、社会组织及其他成员组织负责人	基层群众自治组织负责人	企事业单位负责人
诏安县	16279	57				7	2	48
长泰县	5796	44				2	1	41
东山县	4859	14				1		13
南靖县	8938	41		1		4	10	26
平和县	11740	43		2		6	9	26
华安县	3668	6		3		1		2
龙海市	20127	66				18	19	29
南平市	**42195**	**362**	**7**	**18**		**8**	**82**	**247**
延平区	4345	36		1			6	29
建阳区	5123	33	5	4		3	8	13
顺昌县	3660	42	1			2	15	24
浦城县	5381	32					14	18
光泽县	2894	41		1		1	7	32
松溪县	2516	17	1			1	1	14
政和县	2649	27		3			4	20
邵武市	2438	26		3			7	16
武夷山市	4182	69		3		1	10	55
建瓯市	9007	39		3			10	26
龙岩市	**45541**	**251**		**5**		**10**	**77**	**159**
新罗区	6179	32					5	27
永定区	6556	30		4		4	6	16
长汀县	8062	57		1		2	14	40
上杭县	7368	39				2	23	14
武平县	5833	46				2	10	34
连城县	5403	33					16	17
漳平市	6140	14					3	11
宁德市	**58259**	**331**		**12**		**15**	**121**	**183**
蕉城区	10478	40		4			12	24
霞浦县	9133	48		2		3	22	21
古田县	6821	43					24	19
屏南县	2523	12		3			1	8
寿宁县	3117	35					15	20
周宁县	3174	32		1			16	15
柘荣县	1916	21		1		5	6	9
福安市	9717	44				2	14	28
福鼎市	11380	56		1		5	11	39
男	**377820**	**4119**	**14**	**75**		**196**	**644**	**3190**
福州市	**64490**	**598**	**1**	**17**		**28**	**114**	**438**
鼓楼区								
台江区								
仓山区								
马尾区	724	2					1	1
晋安区	782	14				1	4	9
长乐区	8945	108		1		5	17	85
闽侯县	11148	102		6		4	12	80
连江县	10561	69				4	19	46
罗源县	1913	18					6	12
闽清县	3666	50		4		4	15	27
永泰县	4477	36	1			1	13	21
平潭县	4327	42		4		1	13	24
福清市	17947	157		2		8	14	133
厦门市	**20246**	**313**	**1**	**2**		**13**	**8**	**289**
思明区								
海沧区	629	14				8		6
湖里区								
集美区	4259	69						69
同安区	7283	90	1				4	85
翔安区	8075	140		2		5	4	129

4-6c　续表 2　　　　单位：人

地区 性别	合计	党的机关、国家机关、群众团体和社会组织、企事业单位负责人						
		小计	中国共产党机关负责人	国家机关负责人	民主党派和工商联负责人	人民团体和群众团体、社会组织及其他成员组织负责人	基层群众自治组织负责人	企事业单位负责人
莆田市	**25917**	**309**		**5**		**8**	**50**	**246**
城厢区	3500	13					1	12
涵江区	2279	17		2			4	11
荔城区	3417	25		1		1	5	18
秀屿区	7065	110		1		1	11	97
仙游县	9656	144		1		6	29	108
三明市	**27371**	**215**	**4**	**3**		**6**	**67**	**135**
梅列区	287	2					1	1
三元区	864	5					4	1
明溪县	1842	18		1			5	12
清流县	2103	21				1	4	16
宁化县	4481	28				1	9	18
大田县	4200	27	1			2	9	15
尤溪县	3849	44					17	27
沙县	2124	12				1	6	5
将乐县	1567	13		1			2	10
泰宁县	1059	13	2	1			3	7
建宁县	1723	8					3	5
永安市	3272	24	1			1	4	18
泉州市	**83406**	**1466**	**1**	**11**		**64**	**73**	**1317**
鲤城区								
丰泽区								
洛江区	2927	65				1	1	63
泉港区	4203	88		2		13	3	70
惠安县	12913	211	1	1		4	11	194
安溪县	14981	88		5		9	13	61
永春县	4579	44		1		2	6	35
德化县	2207	31					6	25
石狮市	3488	76					1	75
晋江市	21081	581				24	11	546
南安市	17027	282		2		11	21	248
漳州市	**63227**	**400**		**8**		**54**	**67**	**271**
芗城区	2344	13				2	1	10
龙文区	928	4					3	1
云霄县	6464	44				16	12	16
漳浦县	11972	109		2		3	15	89
诏安县	9116	48				4	2	42
长泰县	3247	30				2	1	27
东山县	2813	13				1		12
南靖县	4942	37		1		4	9	23
平和县	7072	38		2		5	9	22
华安县	2084	6		3		1		2
龙海市	12245	58				16	15	27
南平市	**28156**	**307**	**7**	**14**		**5**	**76**	**205**
延平区	2870	29					6	23
建阳区	3450	28	5	3		2	6	12
顺昌县	2466	38	1			1	15	21
浦城县	3625	28					11	17
光泽县	1916	35		1			7	27
松溪县	1697	16	1			1	1	13
政和县	1797	22		2			4	16
邵武市	1572	23		3			7	13
武夷山市	2823	54		2		1	9	42
建瓯市	5940	34		3			10	21
龙岩市	**27501**	**215**		**5**		**7**	**75**	**128**
新罗区	4092	28					5	23
永定区	3991	29		4		4	6	15

4-6c 续表 3

单位：人

地区 性别	合计	党的机关、国家机关、群众团体和社会组织、企事业单位负责人						
		小计	中国共产党机关负责人	国家机关负责人	民主党派和工商联负责人	人民团体和群众团体、社会组织及其他成员组织负责人	基层群众自治组织负责人	企事业单位负责人
长汀县	4695	47		1		1	14	31
上杭县	4338	36				1	21	14
武平县	3377	37				1	10	26
连城县	3310	25					16	9
漳平市	3698	13					3	10
宁德市	**37506**	**296**		**10**		**11**	**114**	**161**
蕉城区	6578	37		4			10	23
霞浦县	5999	42		2		2	21	17
古田县	4551	39					22	17
屏南县	1717	8		1			1	6
寿宁县	2023	33					15	18
周宁县	2263	32		1			16	15
柘荣县	1250	18		1		3	6	8
福安市	6157	36				2	12	22
福鼎市	6968	51		1		4	11	35
女	**249010**	**765**	**3**	**11**		**71**	**63**	**617**
福州市	**39653**	**111**		**3**		**14**	**12**	**82**
鼓楼区								
台江区								
仓山区								
马尾区	381	2					1	1
晋安区	394	4						4
长乐区	4419	12						12
闽侯县	5727	22				5	2	15
连江县	6976	9				1	2	6
罗源县	669	3					2	1
闽清县	1790	7				3	1	3
永泰县	3109	4					1	3
平潭县	2345	8		2			1	5
福清市	13843	40		1		5	2	32
厦门市	**12340**	**75**				**3**		**72**
思明区								
海沧区	361	4				1		3
湖里区								
集美区	2545	14				1		13
同安区	4686	11						11
翔安区	4748	46				1		45
莆田市	**19808**	**48**				**3**	**6**	**39**
城厢区	2904	3						3
涵江区	1552	2						2
荔城区	2724	6						6
秀屿区	6566	15				1	1	13
仙游县	6062	22				2	5	15
三明市	**17129**	**27**	**1**			**3**	**5**	**18**
梅列区	202							
三元区	374							
明溪县	1058	4	1				1	2
清流县	1800	3						3
宁化县	2962	5				3		2
大田县	2980	3						3
尤溪县	1788	2					1	1
沙县	1216	1						1
将乐县	855	2						2
泰宁县	669	1						1
建宁县	1219	2					1	1
永安市	2006	4					2	2

4-6c 续表 4

单位：人

地区 性别	合计	党的机关、国家机关、群众团体和社会组织、企事业单位负责人						
		小计	中国共产党机关负责人	国家机关负责人	民主党派和工商联负责人	人民团体和群众团体、社会组织及其他成员组织负责人	基层群众自治组织负责人	企事业单位负责人
泉州市	**61044**	**295**	**2**	**2**		**23**	**17**	**251**
鲤城区								
丰泽区								
洛江区	2204	6						6
泉港区	3334	19				6		13
惠安县	9715	45				4	9	32
安溪县	11700	12	1			1	3	7
永春县	3052	3						3
德化县	1470	5					1	4
石狮市	2207	10						10
晋江市	14165	134	1	1		7		125
南安市	13197	61		1		5	4	51
漳州市	**46204**	**83**				**15**	**8**	**60**
芗城区	1598	2						2
龙文区	799	1				1		
云霄县	4766	17				6	1	10
漳浦县	9153	22				2	2	18
诏安县	7163	9				3		6
长泰县	2549	14						14
东山县	2046	1						1
南靖县	3996	4					1	3
平和县	4668	5				1		4
华安县	1584							
龙海市	7882	8				2	4	2
南平市	**14039**	**55**		**4**		**3**	**6**	**42**
延平区	1475	7		1				6
建阳区	1673	5		1		1	2	1
顺昌县	1194	4				1		3
浦城县	1756	4					3	1
光泽县	978	6				1		5
松溪县	819	1						1
政和县	852	5		1				4
邵武市	866	3						3
武夷山市	1359	15		1			1	13
建瓯市	3067	5						5
龙岩市	**18040**	**36**				**3**	**2**	**31**
新罗区	2087	4						4
永定区	2565	1						1
长汀县	3367	10				1		9
上杭县	3030	3				1	2	
武平县	2456	9				1		8
连城县	2093	8						8
漳平市	2442	1						1
宁德市	**20753**	**35**		**2**		**4**	**7**	**22**
蕉城区	3900	3					2	1
霞浦县	3134	6				1	1	4
古田县	2270	4					2	2
屏南县	806	4		2				2
寿宁县	1094	2						2
周宁县	911							
柘荣县	666	3				2		1
福安市	3560	8					2	6
福鼎市	4412	5				1		4

4-6c　续表 5　　　　单位：人

地　区 性　别	专业技术人员 小计	科学研究人员	工程技术人员	农业技术人员	飞机和船舶技术人员	卫生专业技术人员	经济和金融专业人员	法律、社会和宗教专业人员	教学人员	文学艺术、体育专业人员
合　计	**27953**	**45**	**6629**	**356**	**99**	**3824**	**5310**	**951**	**9449**	**885**
福州市	**5013**	**8**	**1262**	**52**	**44**	**651**	**921**	**219**	**1653**	**136**
鼓楼区										
台江区										
仓山区										
马尾区	27		5			2	7	2	10	1
晋安区	92		22			11	18	2	34	2
长乐区	643	1	214	5	1	64	152	21	154	26
闽侯县	1164	2	355	9	3	146	242	28	338	25
连江县	723	1	187	2	25	81	128	84	196	10
罗源县	123	1	52	2		13	19	9	21	1
闽清县	246		50	2		51	30	3	106	1
永泰县	253		66	2		51	36	5	86	6
平潭县	447	2	73	1	15	90	89	8	152	7
福清市	1295	1	238	29		142	200	57	556	57
厦门市	**2825**	**10**	**1085**	**21**	**6**	**254**	**615**	**58**	**645**	**87**
思明区										
海沧区	156	3	93			2	21	2	23	8
湖里区										
集美区	401		172	1	1	24	94	15	72	14
同安区	1054		376	8	1	94	242	10	285	30
翔安区	1214	7	444	12	4	134	258	31	265	35
莆田市	**2227**	**3**	**376**	**7**	**3**	**339**	**370**	**118**	**820**	**171**
城厢区	269		27			46	64	15	101	14
涵江区	207		44	2		37	34	5	65	14
荔城区	304		42			52	47	22	102	33
秀屿区	620	2	146	4	2	91	65	27	237	42
仙游县	827	1	117	1	1	113	160	49	315	68
三明市	**1543**	**1**	**418**	**38**		**266**	**186**	**84**	**511**	**24**
梅列区	20		6	1		4	4	1	3	1
三元区	53		35	3		1	8		6	
明溪县	94		24	3		25	13	1	23	
清流县	107		19	1		25	19	9	32	1
宁化县	329		98	7		43	30	40	98	5
大田县	223		77	7		26	18	1	92	2
尤溪县	233		47	4		49	36	4	81	11
沙县	102	1	15	4		17	13	7	45	
将乐县	103		23	1		19	9	12	39	
泰宁县	55		13	1		7	10	1	23	
建宁县	71		22	2		20	3	4	20	
永安市	153		39	4		30	23	4	49	4
泉州市	**7035**	**11**	**1589**	**44**	**29**	**759**	**1777**	**205**	**2313**	**197**
鲤城区										
丰泽区										
洛江区	258	1	62	1		30	51	10	91	7
泉港区	524		121	2	15	56	97	19	186	16
惠安县	1352	1	383	6	7	157	335	37	371	35
安溪县	692	4	144	11	1	96	80	14	321	16
永春县	295	1	72	14		41	22	18	111	11
德化县	121		33			22	15	1	45	4
石狮市	377		106			19	127	8	98	12
晋江市	2088	2	364	3		174	748	70	631	59
南安市	1328	2	304	7	6	164	302	28	459	37
漳州市	**3817**	**6**	**748**	**80**	**12**	**583**	**590**	**68**	**1502**	**159**
芗城区	196		45	11		19	46	6	64	4
龙文区	84		22	1		8	18	4	29	2
云霄县	342	1	93	9	3	58	38	5	118	9
漳浦县	722		108	18	4	121	103	14	323	18

4-6c 续表 6 单位：人

地区 性别	专业技术人员 小计	科学研究人员	工程技术人员	农业技术人员	飞机和船舶技术人员	卫生专业技术人员	经济和金融专业人员	法律、社会和宗教专业人员	教学人员	文学艺术、体育专业人员
诏安县	516	1	85	5	2	97	48	6	222	43
长泰县	274		69	11		29	48	1	101	2
东山县	175	1	40	8		27	27	2	61	5
南靖县	258	1	46	5		53	38	7	93	9
平和县	209	2	27			43	13	4	111	7
华安县	122		23	3		14	27		53	2
龙海市	919		190	9	3	114	184	19	327	58
南平市	**1413**	**1**	**252**	**49**		**261**	**195**	**50**	**567**	**20**
延平区	162		47	8		30	30	3	41	2
建阳区	215		28	9		36	29	8	103	2
顺昌县	105		22	7		18	14	2	35	3
浦城县	139		32	3		19	20	4	59	1
光泽县	116		21	8		12	21	6	44	2
松溪县	109		11	2		25	9	9	53	
政和县	95		12	1		28	17	1	35	1
邵武市	71		21	5		16	12	4	12	1
武夷山市	133		17			26	22	5	56	4
建瓯市	268	1	41	6		51	21	8	129	4
龙岩市	**1939**	**4**	**424**	**49**		**323**	**272**	**31**	**762**	**45**
新罗区	329		84	4		54	81	5	98	1
永定区	293		48	4		35	33	3	160	8
长汀县	408	3	54	13		79	52	6	180	18
上杭县	413	1	111	14		67	43	9	152	6
武平县	190		36	8		38	29	3	62	10
连城县	184		58	4		29	18	3	66	2
漳平市	122		33	2		21	16	2	44	
宁德市	**2141**	**1**	**475**	**16**	**5**	**388**	**384**	**118**	**676**	**46**
蕉城区	538		155	4		92	104	17	153	6
霞浦县	267		83	2	5	46	19	10	88	11
古田县	173		32	4		40	24		65	6
屏南县	148		27	2		21	19	5	67	2
寿宁县	102		12	1		37	16		35	1
周宁县	146		33			20	47	2	41	2
柘荣县	78	1	17			12	16	8	21	2
福安市	342		58	3		68	60	23	110	11
福鼎市	347		58			52	79	53	96	5
男	**13778**	**31**	**5782**	**270**	**99**	**1666**	**1556**	**531**	**3052**	**552**
福州市	**2572**	**7**	**1133**	**35**	**44**	**252**	**373**	**135**	**464**	**97**
鼓楼区										
台江区										
仓山区										
马尾区	12		3			1	4	2	1	1
晋安区	49		18			3	10	2	12	1
长乐区	360	1	193	5	1	29	61	17	30	21
闽侯县	562	2	303	6	3	43	67	16	97	17
连江县	417	1	177	2	25	42	61	55	42	9
罗源县	82	1	48	2		6	11	7	4	1
闽清县	119		43	2		18	13		40	1
永泰县	151		62	2		23	19		39	6
平潭县	214	2	67	1	15	33	42	3	41	5
福清市	606		219	15		54	85	33	158	35
厦门市	**1446**	**7**	**913**	**16**	**6**	**81**	**143**	**24**	**181**	**51**
思明区										
海沧区	106	2	86				3	1	6	6
湖里区										
集美区	199		148	1	1	5	15	3	15	7
同安区	523		309	6	1	38	65	8	76	18
翔安区	618	5	370	9	4	38	60	12	84	20

4-6c　续表 7　　　　单位：人

地区 性别	专业技术人员 小计	科学研究人员	工程技术人员	农业技术人员	飞机和船舶技术人员	卫生专业技术人员	经济和金融专业人员	法律、社会和宗教专业人员	教学人员	文学艺术、体育专业人员
莆田市	**1112**	**2**	**326**	**5**	**3**	**163**	**136**	**46**	**319**	**101**
城厢区	111		25			18	18	4	36	8
涵江区	104		42	1		18	8	1	23	9
荔城区	151		37			25	15	11	39	21
秀屿区	336	1	125	3	2	52	14	16	103	17
仙游县	410	1	97	1	1	50	81	14	118	46
三明市	**828**	**1**	**358**	**34**		**107**	**70**	**58**	**174**	**16**
梅列区	8		4	1		1	1	1		
三元区	35		30	2			2		1	
明溪县	39		18	2		4	5		7	
清流县	49		17	1		8	9	4	9	
宁化县	202		87	7		18	11	33	39	2
大田县	131		62	5		17	10	1	35	1
尤溪县	123		41	4		25	13	3	26	10
沙县	49	1	15	4		6	9	3	11	
将乐县	53		22	1		6	2	6	16	
泰宁县	25		10	1		3	2		9	
建宁县	42		18	2		9	1	4	8	
永安市	72		34	4		10	5	3	13	3
泉州市	**3237**	**6**	**1366**	**29**	**29**	**367**	**373**	**121**	**752**	**132**
鲤城区										
丰泽区										
洛江区	142		57	1		15	11	7	43	7
泉港区	238		108	2	15	23	16	5	51	7
惠安县	618	1	321	3	7	74	74	15	89	21
安溪县	386	1	123	5	1	56	32	14	141	12
永春县	171		62	10		25	7	12	44	7
德化县	77		28			17	5	1	23	2
石狮市	186		93			7	30	8	37	9
晋江市	809	2	316	2		78	144	38	164	44
南安市	610	2	258	6	6	72	54	21	160	23
漳州市	**1785**	**4**	**650**	**64**	**12**	**242**	**170**	**42**	**468**	**86**
芗城区	69		37	7		4	8	1	9	2
龙文区	28		16	1		1	1	3	5	1
云霄县	187	1	87	6	3	26	12	4	40	3
漳浦县	335		94	16	4	42	42	10	106	11
诏安县	270	1	74	4	2	46	20	1	92	26
长泰县	125		54	7		13	8		32	
东山县	84		37	8		9	10	1	14	2
南靖县	119		45	4		23	6	6	26	6
平和县	110	2	22			28	6	2	45	3
华安县	59		18	2		11	7		21	
龙海市	399		166	9	3	39	50	14	78	32
南平市	**691**		**227**	**39**		**142**	**59**	**25**	**176**	**9**
延平区	98		41	8		18	12	3	13	2
建阳区	88		25	8		14	7	3	30	1
顺昌县	55		19	3		9	5		15	1
浦城县	71		30	3		13	3	4	17	1
光泽县	64		16	5		9	6	5	21	1
松溪县	56		11	2		16	3	5	19	
政和县	44		11	1		15	6		11	
邵武市	39		19	5		8	3	2	2	
武夷山市	62		16			11	9	2	19	2
建瓯市	114		39	4		29	5	1	29	1
龙岩市	**1027**	**3**	**376**	**36**		**136**	**92**	**19**	**311**	**32**
新罗区	143		69	3		25	22	1	21	1
永定区	178		45	4		18	16	3	86	4

4−6c　续表 8　　　　单位：人

地　区 性　别	专业技术人员 小计	科学研究人员	工程技术人员	农业技术人员	飞机和船舶技术人员	卫生专业技术人员	经济和金融专业人员	法律、社会和宗教专业人员	教学人员	文学艺术、体育专业人员
长汀县	201	2	51	10		21	19	4	77	15
上杭县	225	1	93	10		32	11	5	60	3
武平县	102		33	6		18	10	2	22	7
连城县	105		54	1		12	8	3	25	2
漳平市	73		31	2		10	6	1	20	
宁德市	**1080**	**1**	**433**	**12**	**5**	**176**	**140**	**61**	**207**	**28**
蕉城区	262		137	3		33	33	7	42	4
霞浦县	150		78	2	5	25	5	5	23	6
古田县	90		31	3		21	8		21	5
屏南县	66		25	1		9	7	1	20	1
寿宁县	53		11	1		14	6		20	1
周宁县	71		33			8	12	2	15	1
柘荣县	40	1	17			9	8	1	3	1
福安市	174		50	2		37	30	9	32	7
福鼎市	174		51			20	31	36	31	2
女	**14175**	**14**	**847**	**86**		**2158**	**3754**	**420**	**6397**	**333**
福州市	**2441**	**1**	**129**	**17**		**399**	**548**	**84**	**1189**	**39**
鼓楼区										
台江区										
仓山区										
马尾区	15		2			1	3		9	
晋安区	43		4			8	8		22	1
长乐区	283		21			35	91	4	124	5
闽侯县	602		52	3		103	175	12	241	8
连江县	306		10			39	67	29	154	1
罗源县	41		4			7	8	2	17	
闽清县	127		7			33	17	3	66	
永泰县	102		4			28	17	5	47	
平潭县	233		6			57	47	5	111	2
福清市	689	1	19	14		88	115	24	398	22
厦门市	**1379**	**3**	**172**	**5**		**173**	**472**	**34**	**464**	**36**
思明区										
海沧区	50	1	7			2	18	1	17	2
湖里区										
集美区	202		24			19	79	12	57	7
同安区	531		67	2		56	177	2	209	12
翔安区	596	2	74	3		96	198	19	181	15
莆田市	**1115**	**1**	**50**	**2**		**176**	**234**	**72**	**501**	**70**
城厢区	158		2			28	46	11	65	6
涵江区	103		2	1		19	26	4	42	5
荔城区	153		5			27	32	11	63	12
秀屿区	284	1	21	1		39	51	11	134	25
仙游县	417		20			63	79	35	197	22
三明市	**715**		**60**	**4**		**159**	**116**	**26**	**337**	**8**
梅列区	12		2			3	3		3	1
三元区	18		5	1		1	6		5	
明溪县	55		6	1		21	8	1	16	
清流县	58		2			17	10	5	23	1
宁化县	127		11			25	19	7	59	3
大田县	92		15	2		9	8		57	1
尤溪县	110		6			24	23	1	55	1
沙县	53					11	4	4	34	
将乐县	50		1			13	7	6	23	
泰宁县	30		3			4	8	1	14	
建宁县	29		4			11	2		12	
永安市	81		5			20	18	1	36	1

4-6c　续表 9　　　　单位：人

地区 性别	专业技术人员 小计	科学研究人员	工程技术人员	农业技术人员	飞机和船舶技术人员	卫生专业技术人员	经济和金融专业人员	法律、社会和宗教专业人员	教学人员	文学艺术、体育专业人员
泉州市	**3798**	**5**	**223**	**15**		**392**	**1404**	**84**	**1561**	**65**
鲤城区										
丰泽区										
洛江区	116	1	5			15	40	3	48	
泉港区	286		13			33	81	14	135	9
惠安县	734		62	3		83	261	22	282	14
安溪县	306	3	21	6		40	48		180	4
永春县	124	1	10	4		16	15	6	67	4
德化县	44		5			5	10		22	2
石狮市	191		13			12	97		61	3
晋江市	1279		48	1		96	604	32	467	15
南安市	718		46	1		92	248	7	299	14
漳州市	**2032**	**2**	**98**	**16**		**341**	**420**	**26**	**1034**	**73**
芗城区	127		8	4		15	38	5	55	2
龙文区	56		6			7	17	1	24	1
云霄县	155		6	3		32	26	1	78	6
漳浦县	387		14	2		79	61	4	217	7
诏安县	246		11	1		51	28	5	130	17
长泰县	149		15	4		16	40	1	69	2
东山县	91	1	3			18	17	1	47	3
南靖县	139	1	1	1		30	32	1	67	3
平和县	99		5			15	7	2	66	4
华安县	63		5	1		3	20		32	2
龙海市	520		24			75	134	5	249	26
南平市	**722**	**1**	**25**	**10**		**119**	**136**	**25**	**391**	**11**
延平区	64		6			12	18		28	
建阳区	127		3	1		22	22	5	73	1
顺昌县	50		3	4		9	9	2	20	2
浦城县	68		2			6	17		42	
光泽县	52		5	3		3	15	1	23	1
松溪县	53					9	6	4	34	
政和县	51		1			13	11	1	24	1
邵武市	32		2			8	9	2	10	1
武夷山市	71		1			15	13	3	37	2
建瓯市	154	1	2	2		22	16	7	100	3
龙岩市	**912**	**1**	**48**	**13**		**187**	**180**	**12**	**451**	**13**
新罗区	186		15	1		29	59	4	77	
永定区	115		3			17	17		74	4
长汀县	207	1	3	3		58	33	2	103	3
上杭县	188		18	4		35	32	4	92	3
武平县	88		3	2		20	19	1	40	3
连城县	79		4	3		17	10		41	
漳平市	49		2			11	10	1	24	
宁德市	**1061**		**42**	**4**		**212**	**244**	**57**	**469**	**18**
蕉城区	276		18	1		59	71	10	111	2
霞浦县	117		5			21	14	5	65	5
古田县	83		1	1		19	16		44	1
屏南县	82		2	1		12	12	4	47	1
寿宁县	49		1			23	10		15	
周宁县	75					12	35		26	1
柘荣县	38					3	8	7	18	1
福安市	168		8	1		31	30	14	78	4
福鼎市	173		7			32	48	17	65	3

4-6c 续表 10 单位：人

地区 性别	专业技术人员 新闻出版、文化专业人员	专业技术人员 其他专业技术人员	办事人员和有关人员 小计	办事人员和有关人员 办事人员	办事人员和有关人员 安全和消防人员	办事人员和有关人员 其他办事人员和有关人员	社会生产服务和生活服务人员 小计	社会生产服务和生活服务人员 批发与零售服务人员	社会生产服务和生活服务人员 交通运输、仓储和邮政业服务人员
合 计	**229**	**176**	**18050**	**14546**	**3202**	**302**	**170659**	**75447**	**31496**
福州市	**53**	**14**	**3905**	**2947**	**896**	**62**	**36981**	**14517**	**6381**
鼓楼区									
台江区									
仓山区									
马尾区			24	23	1		733	130	53
晋安区	3		85	51	32	2	428	120	84
长乐区	4	1	500	375	115	10	5728	1888	1013
闽侯县	13	3	975	717	229	29	6632	2545	1804
连江县	5	4	464	348	107	9	6657	2486	861
罗源县	4	1	91	65	25	1	676	226	169
闽清县		3	167	123	42	2	1534	588	380
永泰县	1		184	159	25		1400	653	204
平潭县	9	1	365	292	72	1	2181	823	490
福清市	14	1	1050	794	248	8	11012	5058	1323
厦门市	**29**	**15**	**2067**	**1666**	**359**	**42**	**10142**	**3400**	**2555**
思明区									
海沧区	4		32	28	4		230	75	49
湖里区									
集美区	3	5	485	378	75	32	2425	639	850
同安区	8		736	605	130	1	3695	1215	969
翔安区	14	10	814	655	150	9	3792	1471	687
莆田市	**12**	**8**	**1328**	**997**	**324**	**7**	**14658**	**8335**	**2233**
城厢区	1	1	214	171	43		1969	1013	340
涵江区	5	1	146	100	46		1405	808	183
荔城区	1	5	202	144	56	2	2020	1320	279
秀屿区	4		298	234	61	3	3569	2122	636
仙游县	1	1	468	348	118	2	5695	3072	795
三明市	**13**	**2**	**953**	**713**	**183**	**57**	**10807**	**3216**	**1859**
梅列区			18	16	2		186	45	22
三元区			20	15	5		193	56	48
明溪县	4	1	85	69	15	1	915	290	113
清流县	1		70	43	25	2	613	245	121
宁化县	7	1	144	111	30	3	1723	711	332
大田县			97	93	4		1236	427	323
尤溪县	1		138	84	6	48	1463	451	320
沙县			71	41	30		1971	144	86
将乐县			88	77	10	1	616	168	81
泰宁县			51	38	13		469	152	72
建宁县			52	36	14	2	398	162	73
永安市			119	90	29		1024	365	268
泉州市	**60**	**51**	**4005**	**3714**	**250**	**41**	**42561**	**21976**	**7750**
鲤城区									
丰泽区									
洛江区	2	3	208	166	40	2	1483	791	245
泉港区	1	11	313	287	25	1	2616	1170	557
惠安县	14	6	674	625	44	5	5580	2613	829
安溪县	4	1	246	217	26	3	6327	3822	727
永春县	3	2	81	73	6	2	1570	651	347
德化县	1		65	63	1	1	700	400	89
石狮市	7		297	285	12		1981	913	468
晋江市	18	19	1229	1153	62	14	12380	6379	2741
南安市	10	9	892	845	34	13	9924	5237	1747
漳州市	**19**	**50**	**2114**	**1560**	**502**	**52**	**23327**	**10731**	**4342**
芗城区		1	116	86	29	1	970	418	214
龙文区			50	46	4		442	210	101
云霄县		8	123	94	26	3	2350	1129	404
漳浦县	4	9	376	273	98	5	4256	2070	807

4-6c　续表 11　　　　单位：人

地　区 性　别	专业技术人员 新闻出版、文化专业人员	专业技术人员 其他专业技术人员	办事人员和有关人员 小计	办事人员和有关人员 办事人员	办事人员和有关人员 安全和消防人员	办事人员和有关人员 其他办事人员和有关人员	社会生产服务和生活服务人员 小计	社会生产服务和生活服务人员 批发与零售服务人员	社会生产服务和生活服务人员 交通运输、仓储和邮政业服务人员
诏安县	1	6	192	141	50	1	3089	1560	299
长泰县	2	11	199	137	59	3	1378	474	293
东山县	2	2	124	86	34	4	1156	546	212
南靖县	2	4	167	103	51	13	1971	768	457
平和县		2	74	48	23	3	1703	978	229
华安县			89	75	14		546	144	122
龙海市	8	7	604	471	114	19	5466	2434	1204
南平市	**5**	**13**	**1126**	**841**	**267**	**18**	**8104**	**3166**	**1588**
延平区		1	177	131	43	3	997	268	246
建阳区			161	124	31	6	1162	459	207
顺昌县	1	3	88	56	28	4	698	203	144
浦城县		1	140	111	28	1	749	311	157
光泽县	2		74	58	16		605	203	162
松溪县			53	39	13	1	448	187	81
政和县			89	70	19		593	300	90
邵武市			74	56	17	1	397	132	108
武夷山市		3	140	107	33		1183	583	135
建瓯市	2	5	130	89	39	2	1272	520	258
龙岩市	**10**	**19**	**1220**	**1028**	**179**	**13**	**10493**	**4060**	**2343**
新罗区	1	1	328	269	55	4	1932	689	532
永定区	1	1	185	162	22	1	1699	595	403
长汀县	1	2	212	176	36		1814	790	320
上杭县	4	6	217	168	45	4	1752	698	324
武平县	3	1	125	113	8	4	1239	462	322
连城县		4	94	91	3		1190	452	249
漳平市		4	59	49	10		867	374	193
宁德市	**28**	**4**	**1332**	**1080**	**242**	**10**	**13586**	**6046**	**2445**
蕉城区	7		378	317	52	9	3569	1326	644
霞浦县	2	1	100	82	18		1722	774	311
古田县	2		116	97	18	1	1346	562	254
屏南县	2	3	111	93	18		613	278	110
寿宁县			46	29	17		461	189	72
周宁县	1		77	61	16		1183	654	226
柘荣县	1		56	37	19		418	167	70
福安市	9		177	137	40		2118	1163	340
福鼎市	4		271	227	44		2156	933	418
男	**99**	**140**	**12010**	**8847**	**2964**	**199**	**103545**	**41656**	**27966**
福州市	**21**	**11**	**2730**	**1848**	**839**	**43**	**21516**	**7270**	**5707**
鼓楼区									
台江区									
仓山区									
马尾区			17	16	1		413	44	48
晋安区	3		62	29	32	1	272	67	76
长乐区	1	1	348	229	111	8	3597	1038	917
闽侯县	5	3	647	405	222	20	4292	1358	1579
连江县	1	2	353	248	99	6	3372	1048	797
罗源县	1	1	64	44	19	1	436	126	158
闽清县		2	126	83	41	2	942	316	332
永泰县			119	96	23		761	315	182
平潭县	4	1	234	171	62	1	1240	373	452
福清市	6	1	760	527	229	4	6191	2585	1166
厦门市	**12**	**12**	**1234**	**880**	**330**	**24**	**6357**	**1818**	**2245**
思明区									
海沧区	2		15	11	4		148	48	45
湖里区									
集美区		4	267	183	66	18	1580	332	741
同安区	2		447	327	120		2381	670	857
翔安区	8	8	505	359	140	6	2248	768	602

4-6c 续表 12

单位：人

地区 性别	专业技术人员		办事人员和有关人员				社会生产服务和生活服务人员		
	新闻出版、文化专业人员	其他专业技术人员	小计	办事人员	安全和消防人员	其他办事人员和有关人员	小计	批发与零售服务人员	交通运输、仓储和邮政业服务人员
莆田市	**6**	**5**	**930**	**621**	**306**	**3**	**9131**	**4857**	**1956**
城厢区	1	1	133	98	35		1227	580	281
涵江区	1	1	101	56	45		861	451	171
荔城区	1	2	144	91	53		1305	793	255
秀屿区	3		220	160	58	2	2128	1191	544
仙游县		1	332	216	115	1	3610	1842	705
三明市	**8**	**2**	**676**	**477**	**159**	**40**	**6549**	**1787**	**1631**
梅列区			11	9	2		104	18	18
三元区			10	6	4		129	33	44
明溪县	2	1	56	44	11	1	562	167	100
清流县	1		48	24	22	2	322	113	109
宁化县	4	1	102	71	28	3	1063	400	302
大田县			78	74	4		761	252	263
尤溪县	1		99	61	6	32	965	272	292
沙县			51	26	25		1179	82	73
将乐县			58	50	7	1	344	80	68
泰宁县			37	26	11		273	88	61
建宁县			41	28	12	1	238	96	64
永安市			85	58	27		609	186	237
泉州市	**21**	**41**	**2465**	**2204**	**233**	**28**	**26717**	**12848**	**6794**
鲤城区									
丰泽区									
洛江区		1	133	94	38	1	990	499	227
泉港区	1	10	182	158	23	1	1439	510	482
惠安县	8	5	328	285	42	1	3136	1312	677
安溪县	1		187	162	22	3	3921	2258	661
永春县	2	2	52	45	6	1	1040	406	317
德化县	1		43	41	1	1	443	233	84
石狮市	2		189	178	11		1319	541	431
晋江市	6	15	785	715	59	11	8344	4106	2380
南安市		8	566	526	31	9	6085	2983	1535
漳州市	**7**	**40**	**1450**	**941**	**474**	**35**	**13984**	**5761**	**3885**
芗城区		1	67	40	26	1	624	233	194
龙文区			26	22	4		258	88	94
云霄县		5	88	61	25	2	1430	627	369
漳浦县	1	9	273	178	91	4	2591	1132	737
诏安县		4	142	91	50	1	1830	896	268
长泰县	1	10	133	71	59	3	789	252	257
东山县	2	1	92	57	32	3	635	246	199
南靖县	1	2	116	64	47	5	1150	383	401
平和县		2	55	33	20	2	1060	552	209
华安县			63	50	13		309	79	106
龙海市	2	6	395	274	107	14	3308	1273	1051
南平市	**2**	**12**	**776**	**521**	**244**	**11**	**4910**	**1779**	**1434**
延平区		1	122	80	40	2	616	135	228
建阳区			105	74	27	4	685	256	182
顺昌县		3	64	34	26	4	428	115	134
浦城县			103	77	25	1	448	178	139
光泽县	1		57	41	16		379	97	143
松溪县			34	22	12		290	112	76
政和县			68	50	18		372	191	81
邵武市			48	32	16		252	73	100
武夷山市		3	90	59	31		680	342	119
建瓯市	1	5	85	52	33		760	280	232
龙岩市	**8**	**14**	**858**	**691**	**160**	**7**	**6525**	**2266**	**2067**
新罗区		1	217	167	49	1	1226	377	474
永定区	1	1	134	112	21	1	1040	322	366

4-6c　续表 13　　　　单位：人

地　区 性　别	专业技术人员		办事人员和有关人员				社会生产服务和生活服务人员		
	新闻出版、文化专业人员	其他专业技术人员	小计	办事人员	安全和消防人员	其他办事人员和有关人员	小计	批发与零售服务人　员	交通运输、仓储和邮政业服务人员
长汀县		2	161	129	32		1130	470	270
上杭县	4	6	150	107	39	4	992	374	268
武平县	3	1	85	78	6	1	813	263	295
连城县			67	64	3		780	241	223
漳平市		3	44	34	10		544	219	171
宁德市	**14**	**3**	**891**	**664**	**219**	**8**	**7856**	**3270**	**2247**
蕉城区	3		238	181	49	8	1856	660	589
霞浦县		1	66	49	17		994	402	288
古田县	1		79	65	14		834	329	240
屏南县		2	78	60	18		392	155	103
寿宁县			39	22	17		286	112	68
周宁县			49	34	15		763	422	206
柘荣县			37	23	14		238	80	67
福安市	7		127	92	35		1278	643	314
福鼎市	3		178	138	40		1215	467	372
女	**130**	**36**	**6040**	**5699**	**238**	**103**	**67114**	**33791**	**3530**
福州市	**32**	**3**	**1175**	**1099**	**57**	**19**	**15465**	**7247**	**674**
鼓楼区									
台江区									
仓山区									
马尾区			7	7			320	86	5
晋安区			23	22		1	156	53	8
长乐区	3		152	146	4	2	2131	850	96
闽侯县	8		328	312	7	9	2340	1187	225
连江县	4	2	111	100	8	3	3285	1438	64
罗源县	3		27	21	6		240	100	11
闽清县		1	41	40	1		592	272	48
永泰县	1		65	63	2		639	338	22
平潭县	5		131	121	10		941	450	38
福清市	8		290	267	19	4	4821	2473	157
厦门市	**17**	**3**	**833**	**786**	**29**	**18**	**3785**	**1582**	**310**
思明区									
海沧区	2		17	17			82	27	4
湖里区									
集美区	3	1	218	195	9	14	845	307	109
同安区	6		289	278	10	1	1314	545	112
翔安区	6	2	309	296	10	3	1544	703	85
莆田市	**6**	**3**	**398**	**376**	**18**	**4**	**5527**	**3478**	**277**
城厢区			81	73	8		742	433	59
涵江区	4		45	44	1		544	357	12
荔城区		3	58	53	3	2	715	527	24
秀屿区	1		78	74	3	1	1441	931	92
仙游县	1		136	132	3	1	2085	1230	90
三明市	**5**		**277**	**236**	**24**	**17**	**4258**	**1429**	**228**
梅列区			7	7			82	27	4
三元区			10	9	1		64	23	4
明溪县	2		29	25	4		353	123	13
清流县			22	19	3		291	132	12
宁化县	3		42	40	2		660	311	30
大田县			19	19			475	175	60
尤溪县			39	23		16	498	179	28
沙县			20	15	5		792	62	13
将乐县			30	27	3		272	88	13
泰宁县			14	12	2		196	64	11
建宁县			11	8	2	1	160	66	9
永安市			34	32	2		415	179	31

4-6c 续表 14 单位：人

地区 性别	专业技术人员		办事人员和有关人员				社会生产服务和生活服务人员		
	新闻出版、文化专业人员	其他专业技术人员	小计	办事人员	安全和消防人员	其他办事人员和有关人员	小计	批发与零售服务人员	交通运输、仓储和邮政业服务人员
泉州市	**39**	**10**	**1540**	**1510**	**17**	**13**	**15844**	**9128**	**956**
鲤城区									
丰泽区									
洛江区	2	2	75	72	2	1	493	292	18
泉港区		1	131	129	2		1177	660	75
惠安县	6	1	346	340	2	4	2444	1301	152
安溪县	3	1	59	55	4		2406	1564	66
永春县	1		29	28		1	530	245	30
德化县			22	22			257	167	5
石狮市	5		108	107	1		662	372	37
晋江市	12	4	444	438	3	3	4036	2273	361
南安市	10	1	326	319	3	4	3839	2254	212
漳州市	**12**	**10**	**664**	**619**	**28**	**17**	**9343**	**4970**	**457**
芗城区			49	46	3		346	185	20
龙文区			24	24			184	122	7
云霄县		3	35	33	1	1	920	502	35
漳浦县	3		103	95	7	1	1665	938	70
诏安县	1	2	50	50			1259	664	31
长泰县	1	1	66	66			589	222	36
东山县		1	32	29	2	1	521	300	13
南靖县	1	2	51	39	4	8	821	385	56
平和县			19	15	3	1	643	426	20
华安县			26	25	1		237	65	16
龙海市	6	1	209	197	7	5	2158	1161	153
南平市	**3**	**1**	**350**	**320**	**23**	**7**	**3194**	**1387**	**154**
延平区			55	51	3	1	381	133	18
建阳区			56	50	4	2	477	203	25
顺昌县	1		24	22	2		270	88	10
浦城县		1	37	34	3		301	133	18
光泽县	1		17	17			226	106	19
松溪县			19	17	1	1	158	75	5
政和县			21	20	1		221	109	9
邵武市			26	24	1	1	145	59	8
武夷山市			50	48	2		503	241	16
建瓯市	1		45	37	6	2	512	240	26
龙岩市	**2**	**5**	**362**	**337**	**19**	**6**	**3968**	**1794**	**276**
新罗区	1		111	102	6	3	706	312	58
永定区			51	50	1		659	273	37
长汀县	1		51	47	4		684	320	50
上杭县			67	61	6		760	324	56
武平县			40	35	2	3	426	199	27
连城县		4	27	27			410	211	26
漳平市		1	15	15			323	155	22
宁德市	**14**	**1**	**441**	**416**	**23**	**2**	**5730**	**2776**	**198**
蕉城区	4		140	136	3	1	1713	666	55
霞浦县	2		34	33	1		728	372	23
古田县	1		37	32	4	1	512	233	14
屏南县	2	1	33	33			221	123	7
寿宁县			7	7			175	77	4
周宁县	1		28	27	1		420	232	20
柘荣县	1		19	14	5		180	87	3
福安市	2		50	45	5		840	520	26
福鼎市	1		93	89	4		941	466	46

4-6c　续表 15　　　　　　　　　　　　　　　　　　　　　　　　　　单位：人

地　区 性　别	社会生产服务和生活服务人员								
	住宿和餐饮服务人　员	信息传输、软件和信息技术服务人　员	金融服务人　　员	房地产服务人员	租赁和商务服务人　员	技术辅助服务人员	水利、环境和公共设施管理服务人员	居民服务人　　员	电力、燃气及水供应服务人　员
合　计	**26595**	**1773**	**1292**	**1032**	**4044**	**2208**	**8225**	**11133**	**1372**
福州市	**8749**	**369**	**279**	**226**	**494**	**357**	**1596**	**2656**	**278**
鼓楼区									
台江区									
仓山区									
马尾区	456	2	4	1	10	1	26	38	1
晋安区	81	6	1	13	15	7	54	20	2
长乐区	1764	42	33	29	114	59	273	347	29
闽侯县	824	121	52	64	98	109	363	356	45
连江县	1646	53	38	45	68	56	239	899	34
罗源县	100	9	7	5	14	7	68	48	4
闽清县	222	22	15	5	14	15	59	122	14
永泰县	196	18	8	14	28	11	78	140	21
平潭县	295	26	43	21	40	30	148	137	29
福清市	3165	70	78	29	93	62	288	549	99
厦门市	**1164**	**246**	**109**	**123**	**607**	**276**	**825**	**395**	**61**
思明区									
海沧区	38	7	2	4	17	10	16	2	1
湖里区									
集美区	239	46	10	21	152	52	208	100	11
同安区	405	70	53	37	255	106	288	147	24
翔安区	482	123	44	61	183	108	313	146	25
莆田市	**1782**	**104**	**92**	**57**	**193**	**130**	**586**	**481**	**128**
城厢区	217	23	19	8	40	13	76	67	34
涵江区	185	11	14	8	14	11	72	56	9
荔城区	144	13	13	11	28	22	67	39	18
秀屿区	265	18	10	9	32	26	165	121	27
仙游县	971	39	36	21	79	58	206	198	40
三明市	**3630**	**104**	**64**	**59**	**194**	**150**	**476**	**612**	**111**
梅列区	87	2	1	3	10	2	4	4	3
三元区	51	3		3	5	1	5	13	2
明溪县	358	6	6	8	16	2	33	59	5
清流县	87	8	9	3	6	2	44	56	11
宁化县	293	23	17	21	21	36	70	112	14
大田县	199	6	8		19	28	46	116	21
尤溪县	343	18	10	9	48	33	81	75	17
沙县	1626	10	4	3	7	7	36	23	9
将乐县	206	8	1	3	29	19	48	21	8
泰宁县	148	4	3		16	4	25	26	2
建宁县	67	4	1	1	1	3	25	37	7
永安市	165	12	4	5	16	13	59	70	12
泉州市	**3718**	**394**	**331**	**187**	**1449**	**695**	**1801**	**2541**	**284**
鲤城区									
丰泽区									
洛江区	160	14	10	8	35	25	52	71	9
泉港区	267	25	28	14	98	60	141	131	33
惠安县	467	90	61	39	328	143	371	388	18
安溪县	680	60	33	21	132	48	156	390	64
永春县	180	12	9	7	59	19	78	116	19
德化县	70	8	2	4	28	11	31	21	13
石狮市	141	17	21	5	72	26	81	182	5
晋江市	947	79	101	53	413	196	413	633	61
南安市	806	89	66	36	284	167	478	609	62
漳州市	**2855**	**213**	**146**	**119**	**426**	**239**	**1194**	**1749**	**196**
芗城区	121	6	9	6	29	9	60	33	21
龙文区	27	5	3	2	18	9	25	9	2
云霄县	245	24	11	8	50	25	117	229	20
漳浦县	537	32	22	14	53	50	169	255	24

4-6c 续表 16 单位：人

地 区 性 别	社会生产服务和生活服务人员								
	住宿和餐饮服务人员	信息传输、软件和信息技术服务人员	金融服务人员	房地产服务人员	租赁和商务服务人员	技术辅助服务人员	水利、环境和公共设施管理服务人员	居民服务人员	电力、燃气及水供应服务人员
诏安县	462	26	22	13	24	26	113	372	24
长泰县	176	10	6	10	43	21	90	155	12
东山县	129	12	4	11	11	10	67	85	17
南靖县	280	16	13	9	48	12	84	182	17
平和县	234	16	13	3	18	19	14	93	18
华安县	97	5	4	6	7	13	33	69	14
龙海市	547	61	39	37	125	45	422	267	27
南平市	**1262**	**72**	**61**	**53**	**219**	**70**	**584**	**655**	**94**
延平区	208	9	9	8	31	13	79	78	18
建阳区	173	13	8	8	26	10	94	117	10
顺昌县	122	5	7	8	15	7	66	82	12
浦城县	82	8	5	5	9	5	67	74	6
光泽县	83	6	5	5	20	2	60	16	13
松溪县	72	4	3	3	11	7	32	31	5
政和县	70	4	2	3	9	6	34	48	7
邵武市	59		7		7	3	39	25	4
武夷山市	191	6	7	6	64	11	56	77	11
建瓯市	202	17	8	7	27	6	57	107	8
龙岩市	**1550**	**134**	**91**	**99**	**271**	**147**	**477**	**718**	**123**
新罗区	226	25	23	53	28	30	111	108	17
永定区	304	17	14	5	63	20	77	110	13
长汀县	284	21	14	16	16	38	60	155	24
上杭县	280	32	15	17	43	34	67	150	15
武平县	168	13	10	2	43	10	57	77	13
连城县	175	17	11	3	49	11	61	64	30
漳平市	113	9	4	3	29	4	44	54	11
宁德市	**1885**	**137**	**119**	**109**	**191**	**144**	**686**	**1326**	**97**
蕉城区	387	47	35	51	42	50	262	585	25
霞浦县	292	10	6	20	33	13	57	139	11
古田县	299	15	10	2	16	2	33	112	9
屏南县	89	4	14	4	5	7	38	29	15
寿宁县	69	6	9		5	5	23	56	12
周宁县	101	9	9	5	10	7	54	89	3
柘荣县	82	9	3	1	2	7	17	43	
福安市	243	15	16	10	32	21	90	112	7
福鼎市	323	22	17	16	46	32	112	161	15
男	**13753**	**1372**	**636**	**653**	**3355**	**1517**	**3271**	**3035**	**1213**
福州市	**4970**	**287**	**124**	**143**	**378**	**243**	**609**	**614**	**251**
鼓楼区									
台江区									
仓山区									
马尾区	274	2			10	1	13	10	1
晋安区	41	3	1	12	14	5	25	5	2
长乐区	1141	32	14	17	77	31	104	85	24
闽侯县	509	86	28	44	71	69	154	141	38
连江县	909	46	18	30	55	46	81	115	31
罗源县	50	7	4	2	12	6	35	19	4
闽清县	101	19	3	5	10	13	26	39	13
永泰县	91	17	4	8	21	10	38	31	18
平潭县	128	16	20	7	33	20	32	46	28
福清市	1726	59	32	18	75	42	101	123	92
厦门市	**567**	**182**	**54**	**67**	**501**	**162**	**292**	**110**	**50**
思明区									
海沧区	20	4	1	2	13	4	3		1
湖里区									
集美区	118	37	5	9	122	26	69	34	9
同安区	189	52	27	19	223	64	112	43	20
翔安区	240	89	21	37	143	68	108	33	20

4-6c　续表 17　　　　单位：人

地　区 性　别	社会生产服务和生活服务人员								
	住宿和餐饮服务人　员	信息传输、软件和信息技术服务人　员	金融服务人　员	房地产服务人员	租赁和商务服务人　员	技术辅助服务人员	水利、环境和公共设施管理服务人员	居民服务人　员	电力、燃气及水供应服务人　员
莆田市	**944**	**85**	**52**	**35**	**145**	**89**	**230**	**160**	**119**
城厢区	107	17	7	5	38	8	24	26	33
涵江区	113	10	9	3	7	5	31	22	8
荔城区	74	13	9	9	23	16	23	14	18
秀屿区	109	13	6	2	22	19	58	31	24
仙游县	541	32	21	16	55	41	94	67	36
三明市	**1939**	**81**	**27**	**38**	**152**	**109**	**260**	**158**	**91**
梅列区	46	2	1	2	8	1	2	2	2
三元区	29	3		2	3		2	6	2
明溪县	206	6	1	3	15		17	24	5
清流县	28	5	6	3	5	1	16	12	7
宁化县	144	18	7	15	17	27	36	32	9
大田县	90	5	4		13	23	26	29	20
尤溪县	173	14	4	7	37	29	58	21	12
沙县	955	9	2	2	4	5	23	4	8
将乐县	98	6		1	25	9	27	2	8
泰宁县	67	2	1		13	4	13	7	2
建宁县	26	3	1	1		2	13	9	6
永安市	77	8		2	12	8	27	10	10
泉州市	**1828**	**312**	**167**	**117**	**1299**	**501**	**554**	**826**	**251**
鲤城区									
丰泽区									
洛江区	96	11	4	5	29	14	14	36	7
泉港区	99	19	15	9	88	46	29	36	29
惠安县	196	75	30	14	297	106	88	131	16
安溪县	387	40	16	20	122	36	58	99	58
永春县	85	6	2	6	53	14	40	33	16
德化县	33	6	2	3	19	10	14	5	13
石狮市	65	13	8	4	58	22	35	95	5
晋江市	480	69	54	29	364	127	146	229	54
南安市	387	73	36	27	269	126	130	162	53
漳州市	**1459**	**163**	**78**	**71**	**329**	**152**	**495**	**462**	**176**
芗城区	59	6	4	4	25	6	23	11	20
龙文区	12	3	2		14	7	9	4	2
云霄县	136	18	7	7	44	19	58	51	20
漳浦县	251	26	13	9	43	34	66	72	21
诏安县	292	16	16	12	23	20	39	87	22
长泰县	82	6	3	6	25	11	42	31	11
东山县	55	11	3	7	10	8	15	22	15
南靖县	129	13	7	5	28	3	40	48	16
平和县	126	11	4	2	14	15	8	43	15
华安县	41	3		1	6	6	14	17	10
龙海市	276	50	19	18	97	23	181	76	24
南平市	**536**	**55**	**27**	**33**	**167**	**50**	**338**	**173**	**83**
延平区	84	4	4	5	28	9	48	26	17
建阳区	74	10	6	4	18	8	55	33	9
顺昌县	58	4	2	6	13	2	40	19	10
浦城县	30	6	3	5	8	5	37	16	5
光泽县	33	5	1	2	17	2	35	7	11
松溪县	41	4	2	2	8	5	17	8	5
政和县	28	4			8	3	20	14	6
邵武市	21		5		4	3	25	9	4
武夷山市	69	6	2	4	49	9	31	11	10
建瓯市	98	12	2	5	14	4	30	30	6
龙岩市	**674**	**103**	**50**	**71**	**226**	**111**	**224**	**217**	**111**
新罗区	88	19	12	38	25	21	42	37	15
永定区	131	11	9	2	46	15	33	29	12

4－6c 续表 18

单位：人

地 区 性 别	社会生产服务和生活服务人员								
	住宿和餐饮服务人员	信息传输、软件和信息技术服务人员	金融服务人员	房地产服务人员	租赁和商务服务人员	技术辅助服务人员	水利、环境和公共设施管理服务人员	居民服务人员	电力、燃气及水供应服务人员
长汀县	140	19	10	15	12	31	32	45	21
上杭县	109	26	8	11	38	24	22	39	10
武平县	77	8	5	2	36	7	27	31	13
连城县	88	13	5	2	43	10	41	24	30
漳平市	41	7	1	1	26	3	27	12	10
宁德市	**836**	**104**	**57**	**78**	**158**	**100**	**269**	**315**	**81**
蕉城区	178	28	13	38	38	30	70	91	20
霞浦县	115	7	4	14	28	10	29	49	8
古田县	144	12	5	2	13	1	21	30	9
屏南县	41	3	12	2	4	6	26	10	14
寿宁县	35	5	6		5	4	11	18	9
周宁县	46	8	2	4	8	4	23	26	1
柘荣县	35	7	2	1	2	5	6	20	
福安市	113	12	6	6	26	18	34	36	7
福鼎市	129	22	7	11	34	22	49	35	13
女	**12842**	**401**	**656**	**379**	**689**	**691**	**4954**	**8098**	**159**
福州市	**3779**	**82**	**155**	**83**	**116**	**114**	**987**	**2042**	**27**
鼓楼区									
台江区									
仓山区									
马尾区	182		4	1			13	28	
晋安区	40	3		1	1	2	29	15	
长乐区	623	10	19	12	37	28	169	262	5
闽侯县	315	35	24	20	27	40	209	215	7
连江县	737	7	20	15	13	10	158	784	3
罗源县	50	2	3	3	2	1	33	29	
闽清县	121	3	12		4	2	33	83	1
永泰县	105	1	4	6	7	1	40	109	3
平潭县	167	10	23	14	7	10	116	91	1
福清市	1439	11	46	11	18	20	187	426	7
厦门市	**597**	**64**	**55**	**56**	**106**	**114**	**533**	**285**	**11**
思明区									
海沧区	18	3	1	2	4	6	13	2	
湖里区									
集美区	121	9	5	12	30	26	139	66	2
同安区	216	18	26	18	32	42	176	104	4
翔安区	242	34	23	24	40	40	205	113	5
莆田市	**838**	**19**	**40**	**22**	**48**	**41**	**356**	**321**	**9**
城厢区	110	6	12	3	2	5	52	41	1
涵江区	72	1	5	5	7	6	41	34	1
荔城区	70		4	2	5	6	44	25	
秀屿区	156	5	4	7	10	7	107	90	3
仙游县	430	7	15	5	24	17	112	131	4
三明市	**1691**	**23**	**37**	**21**	**42**	**41**	**216**	**454**	**20**
梅列区	41			1	2	1	2	2	1
三元区	22			1	2	1	3	7	
明溪县	152		5	5	1	2	16	35	
清流县	59	3	3		1	1	28	44	4
宁化县	149	5	10	6	4	9	34	80	5
大田县	109	1	4		6	5	20	87	1
尤溪县	170	4	6	2	11	4	23	54	5
沙县	671	1	2	1	3	2	13	19	1
将乐县	108	2	1	2	4	10	21	19	
泰宁县	81	2	2		3		12	19	
建宁县	41	1			1	1	12	28	1
永安市	88	4	4	3	4	5	32	60	2

4-6c　续表 19　　　　单位：人

地　区 性　别	社会生产服务和生活服务人员								
	住宿和餐饮服务人　员	信息传输、软件和信息技术服务人　员	金融服务人　　员	房地产服务人员	租赁和商务服务人　员	技术辅助服务人员	水利、环境和公共设施管理服务人员	居民服务人　　员	电力、燃气及水供应服务人　员
泉州市	**1890**	**82**	**164**	**70**	**150**	**194**	**1247**	**1715**	**33**
鲤城区									
丰泽区									
洛江区	64	3	6	3	6	11	38	35	2
泉港区	168	6	13	5	10	14	112	95	4
惠安县	271	15	31	25	31	37	283	257	2
安溪县	293	20	17	1	10	12	98	291	6
永春县	95	6	7	1	6	5	38	83	3
德化县	37	2		1	9	1	17	16	
石狮市	76	4	13	1	14	4	46	87	
晋江市	467	10	47	24	49	69	267	404	7
南安市	419	16	30	9	15	41	348	447	9
漳州市	**1396**	**50**	**68**	**48**	**97**	**87**	**699**	**1287**	**20**
芗城区	62		5	2	4	3	37	22	1
龙文区	15	2	1	2	4	2	16	5	
云霄县	109	6	4	1	6	6	59	178	
漳浦县	286	6	9	5	10	16	103	183	3
诏安县	170	10	6	1	1	6	74	285	2
长泰县	94	4	3	4	18	10	48	124	1
东山县	74	1	1	4	1	2	52	63	2
南靖县	151	3	6	4	20	9	44	134	1
平和县	108	5	9	1	4	4	6	50	3
华安县	56	2	4	5	1	7	19	52	4
龙海市	271	11	20	19	28	22	241	191	3
南平市	**726**	**17**	**34**	**20**	**52**	**20**	**246**	**482**	**11**
延平区	124	5	5	3	3	4	31	52	1
建阳区	99	3	2	4	8	2	39	84	1
顺昌县	64	1	5	2	2	5	26	63	2
浦城县	52	2	2		1		30	58	1
光泽县	50	1	4	3	3		25	9	2
松溪县	31		1	1	3	2	15	23	
政和县	42		2	3	1	3	14	34	1
邵武市	38		2		3		14	16	
武夷山市	122		5	2	15	2	25	66	1
建瓯市	104	5	6	2	13	2	27	77	2
龙岩市	**876**	**31**	**41**	**28**	**45**	**36**	**253**	**501**	**12**
新罗区	138	6	11	15	3	9	69	71	2
永定区	173	6	5	3	17	5	44	81	1
长汀县	144	2	4	1	4	7	28	110	3
上杭县	171	6	7	6	5	10	45	111	5
武平县	91	5	5		7	3	30	46	
连城县	87	4	6	1	6	1	20	40	
漳平市	72	2	3	2	3	1	17	42	1
宁德市	**1049**	**33**	**62**	**31**	**33**	**44**	**417**	**1011**	**16**
蕉城区	209	19	22	13	4	20	192	494	5
霞浦县	177	3	2	6	5	3	28	90	3
古田县	155	3	5		3	1	12	82	
屏南县	48	1	2	2	1	1	12	19	1
寿宁县	34	1	3			1	12	38	3
周宁县	55	1	7	1	2	3	31	63	2
柘荣县	47	2	1			2	11	23	
福安市	130	3	10	4	6	3	56	76	
福鼎市	194		10	5	12	10	63	126	2

4－6c 续表 20　　　　单位：人

地区 性别	社会生产服务和生活服务人员				农、林、牧、渔业生产及辅助人员				
	修理及制作服务人员	文化、体育和娱乐服务人员	健康服务人员	其他社会生产和生活服务人员	小计	农业生产人员	林业生产人员	畜牧业生产人员	渔业生产人员
合　计	**5030**	**676**	**140**	**196**	**213832**	**173948**	**5876**	**12284**	**19590**
福州市	**868**	**154**	**15**	**42**	**28766**	**22612**	**181**	**1149**	**4705**
鼓楼区									
台江区									
仓山区									
马尾区	10	1			146	77		13	55
晋安区	19	2		4	284	226	18	31	8
长乐区	107	27	1	2	1519	1233	6	58	205
闽侯县	212	19	7	13	2466	2182	21	132	113
连江县	151	60	2	19	5333	2830	54	315	2110
罗源县	13	5		1	951	459	11	70	406
闽清县	66	9	3		1261	1104	25	99	23
永泰县	28	1			3640	3490	13	92	34
平潭县	77	20		2	1909	1113	2	49	733
福清市	185	10	2	1	11257	9898	31	290	1018
厦门市	**300**	**39**	**19**	**23**	**4086**	**3680**	**51**	**92**	**243**
思明区									
海沧区	6	2	1		8	6	1	1	
湖里区									
集美区	78	11	7	1	161	139	10	6	6
同安区	108	7	6	5	1597	1473	22	39	50
翔安区	108	19	5	17	2320	2062	18	46	187
莆田市	**470**	**47**	**9**	**11**	**10872**	**8803**	**63**	**372**	**1493**
城厢区	108	6	4	1	1370	1255	8	46	53
涵江区	29	3	1	1	746	634	18	32	57
荔城区	57	7	2		1237	1096		47	90
秀屿区	118	15	2	3	4930	3436	7	118	1278
仙游县	158	16		6	2589	2382	30	129	15
三明市	**258**	**48**	**13**	**13**	**21802**	**18445**	**1458**	**1602**	**147**
梅列区	1	2			178	110	54	14	
三元区	5	1			711	604	73	26	2
明溪县	17	2			1004	925	27	38	9
清流县	14	6		1	2270	2005	88	144	21
宁化县	56	14	2	1	3676	3444	109	85	20
大田县	38	1		4	4016	3077	66	854	12
尤溪县	46	9	1	2	2303	1887	182	197	30
沙县	7	5	3	1	777	558	135	66	9
将乐县	16	2	4	2	1055	950	59	35	6
泰宁县	14	1	1	1	842	765	30	32	6
建宁县	15	1		1	2070	1917	90	34	8
永安市	29	4	2		2900	2203	545	77	24
泉州市	**1223**	**136**	**28**	**48**	**25597**	**21253**	**244**	**2880**	**993**
鲤城区									
丰泽区									
洛江区	51	6	2	4	586	537	5	39	2
泉港区	84	7	1		881	478	8	84	269
惠安县	191	33	2	7	1483	1040	1	121	296
安溪县	173	13	6	2	11059	9782	10	1156	7
永春县	62	7	3	1	3257	2709	69	455	13
德化县	20	1	1	1	1264	1112	40	107	2
石狮市	35	2	3	10	156	64	1	5	81
晋江市	299	48	3	14	931	601	6	87	222
南安市	308	19	7	9	5980	4930	104	826	101
漳州市	**964**	**102**	**19**	**32**	**53988**	**42315**	**1193**	**2293**	**7519**
芗城区	38	4	2		1526	1263	67	82	106
龙文区	25	2	2	2	758	582	27	49	100
云霄县	78	5	4	1	5395	4558	91	172	527
漳浦县	203	14	1	5	11063	8339	218	537	1748

4-6c　续表 21　　　　单位：人

地区 性别	社会生产服务和生活服务人员				农、林、牧、渔业生产及辅助人员				
	修理及制作服务人员	文化、体育和娱乐服务人员	健康服务人员	其他社会生产和生活服务人员	小计	农业生产人员	林业生产人员	畜牧业生产人员	渔业生产人员
诏安县	135	11		2	8014	6136	42	395	1347
长泰县	70	14	2	2	2350	1924	44	163	183
东山县	38	9	1	4	2312	448	3	88	1679
南靖县	77	5		3	5074	4335	201	304	203
平和县	51	8	3	6	8343	8167	15	104	4
华安县	30	1		1	1660	1387	71	183	17
龙海市	219	29	4	6	7493	5176	414	216	1605
南平市	**222**	**39**	**4**	**15**	**23023**	**19460**	**1745**	**1284**	**147**
延平区	23	7			1888	1423	131	280	49
建阳区	30	6	1		2438	2106	162	112	16
顺昌县	24	2		1	2002	1643	270	53	6
浦城县	16	2	1	1	3370	3005	90	262	7
光泽县	27	3			1222	865	80	258	5
松溪县	9	2		1	1371	1313	26	23	1
政和县	15	3	1	1	1296	1023	56	102	3
邵武市	8	4	1		1407	1225	105	27	34
武夷山市	19	8		9	1895	1800	49	32	6
建瓯市	51	2		2	6134	5057	776	135	20
龙岩市	**414**	**40**	**17**	**9**	**18255**	**15236**	**864**	**1847**	**154**
新罗区	79	6	5		1665	1209	124	314	14
永定区	69	6	3		2274	1956	29	262	22
长汀县	54	12	4	6	3134	2713	113	266	16
上杭县	69	5	2	1	2311	1702	111	409	44
武平县	53	5	2	2	2644	2392	30	183	25
连城县	66	1	1		2234	1736	263	204	19
漳平市	24	5			3993	3528	194	209	14
宁德市	**311**	**71**	**16**	**3**	**27443**	**22144**	**77**	**765**	**4189**
蕉城区	97	16	1	1	2710	1520	15	116	937
霞浦县	36	12	8		5361	2708	1	205	2444
古田县	26	4	2		4134	3901	17	148	34
屏南县	16	4			1188	1119	13	34	2
寿宁县	9	3	3		1809	1737	5	60	4
周宁县	10	5		1	925	878	8	36	2
柘荣县	12	4		1	811	794	4	9	
福安市	56	12	1		4949	4568	12	123	245
福鼎市	49	11	1		5556	4919	2	34	521
男	**4534**	**413**	**46**	**125**	**119612**	**93149**	**4327**	**6846**	**14302**
福州市	**786**	**103**	**7**	**24**	**15311**	**11045**	**137**	**647**	**3413**
鼓楼区									
台江区									
仓山区									
马尾区	9	1			124	62		11	50
晋安区	16	1		4	166	127	11	21	6
长乐区	97	18	1	1	1088	842	6	42	192
闽侯县	191	12	5	7	1640	1431	18	96	82
连江县	144	43		9	2989	1350	35	123	1469
罗源县	12	1			660	327	10	49	270
闽清县	59	5	1		854	734	24	69	20
永泰县	25	1			1812	1707	9	60	29
平潭县	70	13		2	1097	472	2	30	585
福清市	163	8		1	4881	3993	22	146	710
厦门市	**266**	**22**	**5**	**16**	**2285**	**1991**	**42**	**55**	**186**
思明区									
海沧区	6	1			4	3	1		
湖里区									
集美区	71	5	1	1	97	79	8	4	6
同安区	96	3	2	4	902	804	19	26	44
翔安区	93	13	2	11	1282	1105	14	25	136

4-6c 续表 22 单位：人

地区 性别	社会生产服务和生活服务人员				农、林、牧、渔业生产及辅助人员				
	修理及制作服务人员	文化、体育和娱乐服务人员	健康服务人员	其他社会生产和生活服务人员	小计	农业生产人员	林业生产人员	畜牧业生产人员	渔业生产人员
莆田市	**419**	**29**	**3**	**8**	**4964**	**3663**	**53**	**267**	**952**
城厢区	97	2	2		641	559	7	33	39
涵江区	27	2	1	1	396	322	14	24	36
荔城区	53	5			517	424		33	59
秀屿区	98	9		2	1946	1050	6	77	807
仙游县	144	11		5	1464	1308	26	100	11
三明市	**234**	**28**	**5**	**9**	**12437**	**10485**	**1079**	**669**	**119**
梅列区	1	1			108	62	37	9	
三元区	4	1			481	398	59	19	1
明溪县	16	2			625	566	21	27	7
清流县	13	4			1094	953	59	58	13
宁化县	48	6	1	1	2024	1876	68	51	18
大田县	33			3	1946	1659	55	217	10
尤溪县	42	4			1524	1208	157	126	28
沙县	6	3	2	1	547	379	110	46	7
将乐县	14	2	2	2	692	606	54	23	5
泰宁县	13	1		1	507	452	24	22	4
建宁县	15	1		1	1157	1064	57	16	8
永安市	29	3			1732	1262	378	55	18
泉州市	**1100**	**83**	**9**	**28**	**12067**	**9749**	**163**	**1302**	**750**
鲤城区									
丰泽区									
洛江区	42	4		2	269	230	5	29	2
泉港区	72	5			359	128	6	57	162
惠安县	175	14	2	3	556	227	1	73	251
安溪县	154	8	2	2	5290	4765	10	449	7
永春县	56	5	1		1775	1503	56	199	10
德化县	19	1		1	700	605	32	58	2
石狮市	31	2	2	7	108	44	1	4	57
晋江市	266	29	2	9	606	347	4	61	188
南安市	285	15		4	2404	1900	48	372	71
漳州市	**865**	**62**	**5**	**21**	**30169**	**22037**	**751**	**1424**	**5690**
芗城区	34	3	2		882	712	45	44	78
龙文区	20	1	1	1	391	295	15	23	58
云霄县	70	3		1	2901	2351	68	110	353
漳浦县	176	7		4	5979	4062	130	343	1389
诏安县	130	9			4365	2962	27	267	1073
长泰县	62	1			1193	914	30	100	128
东山县	35	6		3	1426	186	1	56	1148
南靖县	70	4		3	2660	2201	122	177	143
平和县	47	8		6	4880	4775	12	61	3
华安县	26				836	680	54	89	13
龙海市	195	20	2	3	4656	2899	247	154	1304
南平市	**207**	**17**	**1**	**10**	**15644**	**13020**	**1449**	**839**	**116**
延平区	23	5			1204	878	110	180	33
建阳区	28	2			1755	1500	134	75	16
顺昌县	24	1			1358	1082	207	40	6
浦城县	15	1			2282	2043	77	151	6
光泽县	24	2			860	611	72	163	5
松溪县	9	1			914	863	24	19	1
政和县	14	1	1	1	874	697	49	71	2
邵武市	7	1			891	746	88	21	28
武夷山市	19	2		7	1369	1285	48	26	3
建瓯市	44	1		2	4137	3315	640	93	16
龙岩市	**367**	**25**	**5**	**8**	**9531**	**7585**	**583**	**1168**	**121**
新罗区	71	4	3		973	683	78	200	11
永定区	62	1	1		1106	896	20	171	16

4-6c　续表 23　　　　　　　　　　　　　　　　　　　　　　　　　　单位：人

地区 性别	社会生产服务和生活服务人员				农、林、牧、渔业生产及辅助人员				
	修理及制作服务人员	文化、体育和娱乐服务人员	健康服务人员	其他社会生产和生活服务人员	小计	农业生产人员	林业生产人员	畜牧业生产人员	渔业生产人员
长汀县	50	9	1	5	1613	1335	80	170	13
上杭县	58	4		1	1103	733	71	237	36
武平县	45	2		2	1276	1112	21	120	17
连城县	59	1			1271	934	177	135	17
漳平市	22	4			2189	1892	136	135	11
宁德市	**290**	**44**	**6**	**1**	**17204**	**13574**	**70**	**475**	**2955**
蕉城区	90	11			1838	1058	14	88	615
霞浦县	32	6	2		3591	1724		101	1764
古田县	25	2	1		2803	2662	14	89	29
屏南县	15	1			783	735	13	25	2
寿宁县	9	2	2		1062	1022	5	31	4
周宁县	10	3			662	629	6	24	2
柘荣县	9	3		1	498	488	4	6	
福安市	53	9	1		2903	2648	12	87	155
福鼎市	47	7			3064	2608	2	24	384
女	**496**	**263**	**94**	**71**	**94220**	**80799**	**1549**	**5438**	**5288**
福州市	**82**	**51**	**8**	**18**	**13455**	**11567**	**44**	**502**	**1292**
鼓楼区									
台江区									
仓山区									
马尾区	1				22	15		2	5
晋安区	3	1			118	99	7	10	2
长乐区	10	9		1	431	391		16	13
闽侯县	21	7	2	6	826	751	3	36	31
连江县	7	17	2	10	2344	1480	19	192	641
罗源县	1	4		1	291	132	1	21	136
闽清县	7	4	2		407	370	1	30	3
永泰县	3				1828	1783	4	32	5
平潭县	7	7			812	641		19	148
福清市	22	2	2		6376	5905	9	144	308
厦门市	**34**	**17**	**14**	**7**	**1801**	**1689**	**9**	**37**	**57**
思明区									
海沧区		1	1		4	3		1	
湖里区									
集美区	7	6	6		64	60	2	2	
同安区	12	4	4	1	695	669	3	13	6
翔安区	15	6	3	6	1038	957	4	21	51
莆田市	**51**	**18**	**6**	**3**	**5908**	**5140**	**10**	**105**	**541**
城厢区	11	4	2	1	729	696	1	13	14
涵江区	2	1			350	312	4	8	21
荔城区	4	2	2		720	672		14	31
秀屿区	20	6	2	1	2984	2386	1	41	471
仙游县	14	5		1	1125	1074	4	29	4
三明市	**24**	**20**	**8**	**4**	**9365**	**7960**	**379**	**933**	**28**
梅列区		1			70	48	17	5	
三元区	1				230	206	14	7	1
明溪县	1				379	359	6	11	2
清流县	1	2		1	1176	1052	29	86	8
宁化县	8	8	1		1652	1568	41	34	2
大田县	5	1		1	2070	1418	11	637	2
尤溪县	4	5	1	2	779	679	25	71	2
沙县	1	2	1		230	179	25	20	2
将乐县	2		2		363	344	5	12	1
泰宁县	1		1		335	313	6	10	2
建宁县					913	853	33	18	
永安市		1	2		1168	941	167	22	6

4-6c 续表 24

单位：人

地区 性别	社会生产服务和生活服务人员				农、林、牧、渔业生产及辅助人员				
	修理及制作服务人员	文化、体育和娱乐服务人员	健康服务人员	其他社会生产和生活服务人员	小计	农业生产人员	林业生产人员	畜牧业生产人员	渔业生产人员
泉州市	**123**	**53**	**19**	**20**	**13530**	**11504**	**81**	**1578**	**243**
鲤城区									
丰泽区									
洛江区	9	2	2	2	317	307		10	
泉港区	12	2	1		522	350	2	27	107
惠安县	16	19		4	927	813		48	45
安溪县	19	5	4		5769	5017		707	
永春县	6	2	2	1	1482	1206	13	256	3
德化县	1		1		564	507	8	49	
石狮市	4		1	3	48	20		1	24
晋江市	33	19	1	5	325	254	2	26	34
南安市	23	4	7	5	3576	3030	56	454	30
漳州市	**99**	**40**	**14**	**11**	**23819**	**20278**	**442**	**869**	**1829**
芗城区	4	1			644	551	22	38	28
龙文区	5	1	1	1	367	287	12	26	42
云霄县	8	2	4		2494	2207	23	62	174
漳浦县	27	7	1	1	5084	4277	88	194	359
诏安县	5	2		2	3649	3174	15	128	274
长泰县	8	13	2	2	1157	1010	14	63	55
东山县	3	3	1	1	886	262	2	32	531
南靖县	7	1			2414	2134	79	127	60
平和县	4		3		3463	3392	3	43	1
华安县	4	1		1	824	707	17	94	4
龙海市	24	9	2	3	2837	2277	167	62	301
南平市	**15**	**22**	**3**	**5**	**7379**	**6440**	**296**	**445**	**31**
延平区		2			684	545	21	100	16
建阳区	2	4	1		683	606	28	37	
顺昌县		1		1	644	561	63	13	
浦城县	1	1	1	1	1088	962	13	111	1
光泽县	3	1			362	254	8	95	
松溪县		1		1	457	450	2	4	
政和县	1	2			422	326	7	31	1
邵武市	1	3	1		516	479	17	6	6
武夷山市		6		2	526	515	1	6	3
建瓯市	7	1			1997	1742	136	42	4
龙岩市	**47**	**15**	**12**	**1**	**8724**	**7651**	**281**	**679**	**33**
新罗区	8	2	2		692	526	46	114	3
永定区	7	5	2		1168	1060	9	91	6
长汀县	4	3	3	1	1521	1378	33	96	3
上杭县	11	1	2		1208	969	40	172	8
武平县	8	3	2		1368	1280	9	63	8
连城县	7		1		963	802	86	69	2
漳平市	2	1			1804	1636	58	74	3
宁德市	**21**	**27**	**10**	**2**	**10239**	**8570**	**7**	**290**	**1234**
蕉城区	7	5	1	1	872	462	1	28	322
霞浦县	4	6	6		1770	984	1	104	680
古田县	1	2	1		1331	1239	3	59	5
屏南县	1	3			405	384		9	
寿宁县		1	1		747	715		29	
周宁县		2		1	263	249	2	12	
柘荣县	3	1			313	306		3	
福安市	3	3			2046	1920		36	90
福鼎市	2	4	1		2492	2311		10	137

4-6c　续表 25

单位：人

地　区 性　别	农林牧渔生产辅助人员	其他农、林、牧、渔业生产加工人员	生产制造及有关人员 小计	农副产品加工人员	食品、饮料生产加工人员	烟草及其制品加工人员	纺织、针织、印染人员	纺织品、服装和皮革、毛皮制品加工制作人员	木材加工、家具与木制品制作人员
合　计	**1887**	**247**	**190739**	**6093**	**8085**	**127**	**4345**	**26368**	**8221**
福州市	**105**	**14**	**28659**	**792**	**455**	**4**	**1467**	**1162**	**1334**
鼓楼区									
台江区									
仓山区									
马尾区	1		171	3	2			1	11
晋安区	1		269		3			4	30
长乐区	17		4854	68	30	2	1245	170	160
闽侯县	13	5	5495	72	127		89	182	482
连江县	21	3	4281	372	99		81	107	143
罗源县	4	1	720	8	3	2	1	7	26
闽清县	8	2	2191	36	53		3	88	65
永泰县	11		2066	22	19		8	122	58
平潭县	12		1633	30	21		14	20	63
福清市	17	3	6979	181	98		26	461	296
厦门市	**18**	**2**	**13057**	**166**	**324**	**2**	**96**	**731**	**290**
思明区									
海沧区			546	1	1	2	1	3	26
湖里区									
集美区			3249	18	18		54	217	69
同安区	12	1	4786	114	247		28	437	137
翔安区	6	1	4476	33	58		13	74	58
莆田市	**127**	**14**	**16253**	**308**	**256**		**217**	**4778**	**984**
城厢区	5	3	2560	94	43		38	1118	51
涵江区	5		1305	18	25		8	394	29
荔城区	1	3	2338	46	24		19	999	80
秀屿区	86	5	4088	101	45		110	987	182
仙游县	30	3	5962	49	119		42	1280	642
三明市	**134**	**16**	**9127**	**239**	**205**	**54**	**301**	**808**	**862**
梅列区			85	3	13	2	2		4
三元区	2	4	255	3	8	9		11	27
明溪县	4	1	772	10	4	1	10	328	53
清流县	12		816	51	9	2	4	52	48
宁化县	14	4	1537	35	15	2	33	149	81
大田县	6	1	1571	13	35	5	11	91	65
尤溪县	7		1452	28	34		115	55	217
沙县	8	1	405	38	31		3	6	112
将乐县	5		544	7	11	14	53	52	34
泰宁县	8	1	297	6	6	19		9	39
建宁县	20	1	339	20	8			31	36
永安市	48	3	1054	25	31		70	24	146
泉州市	**208**	**19**	**63168**	**568**	**3986**		**1833**	**15888**	**1180**
鲤城区									
丰泽区									
洛江区	2	1	2517	12	21		25	1079	44
泉港区	40	2	3076	45	31		27	598	65
惠安县	23	2	13270	55	147		130	3579	183
安溪县	100	4	8200	221	3315		14	522	220
永春县	11		2365	19	101		22	450	63
德化县	2	1	1491	8	14		3	19	34
石狮市	5		2792	25	56		318	732	17
晋江市	10	5	17747	66	205		988	6604	182
南安市	15	4	11710	117	96		306	2305	372
漳州市	**498**	**170**	**25569**	**2252**	**1377**	**1**	**175**	**1615**	**1194**
芗城区	8		1116	67	57		4	11	131
龙文区			386	18	43		1	5	37
云霄县	25	22	2936	410	59	1	10	206	46
漳浦县	195	26	4556	265	77		48	871	256

4-6c 续表 26

单位：人

地区 性别	农林牧渔生产辅助人员	其他农、林、牧、渔业生产加工人员	生产制造及有关人员 小计	农副产品加工人员	食品、饮料生产加工人员	烟草及其制品加工人员	纺织、针织、印染人员	纺织品、服装和皮革、毛皮制品加工制作人员	木材加工、家具与木制品制作人员
诏安县	40	54	4411	696	103		52	197	67
长泰县	32	4	1516	29	27		10	85	111
东山县	82	12	1073	344	18		6	40	15
南靖县	29	2	1414	58	192		3	31	72
平和县	24	29	1350	38	39		19	89	83
华安县	2		1245	30	337		4	21	110
龙海市	61	21	5566	297	425		18	59	266
南平市	**384**	**3**	**8133**	**520**	**362**	**22**	**53**	**273**	**1299**
延平区	5		1083	21	22		23	61	108
建阳区	42		1112	24	16		1	44	228
顺昌县	28	2	721	30	9	6	4	16	139
浦城县	6		947	33	15	1	2	65	123
光泽县	14		835	325	13			20	30
松溪县	8		518	12	28	2	3	20	76
政和县	112		546	4	13	3	1	6	119
邵武市	16		462	26	5	7	18	18	77
武夷山市	8		753	16	168	1	1	2	70
建瓯市	145	1	1156	29	73	2		21	329
龙岩市	**147**	**7**	**13374**	**325**	**397**	**44**	**121**	**653**	**644**
新罗区	4		1893	44	21	2	1	13	99
永定区	4	1	2072	32	29	25	5	56	39
长汀县	25	1	2435	94	47	5	102	394	127
上杭县	43	2	2636	52	22	7	4	92	113
武平县	13	1	1587	35	19	3	2	38	61
连城县	10	2	1666	61	215	2	5	41	140
漳平市	48		1085	7	44		2	19	65
宁德市	**266**	**2**	**13399**	**923**	**723**		**82**	**460**	**434**
蕉城区	121	1	3243	90	272		17	30	124
霞浦县	3		1635	411	28		14	46	30
古田县	34		1007	277	35		2	15	37
屏南县	20		449	4	7			8	53
寿宁县	3		654	9	33			33	41
周宁县	1		811	3	27			6	32
柘荣县	4		531	2	17			22	8
福安市	1		2075	21	116		6	79	38
福鼎市	79	1	2994	106	188		43	221	71
男	**899**	**89**	**124300**	**2334**	**4195**	**59**	**1918**	**8016**	**5755**
福州市	**62**	**7**	**21695**	**300**	**224**	**1**	**675**	**395**	**985**
鼓楼区									
台江区									
仓山区									
马尾区	1		156	2					11
晋安区	1		219		2			2	22
长乐区	6		3444	36	14	1	612	65	130
闽侯县	9	4	3894	40	66		21	68	335
连江县	11	1	3361	90	44		27	34	130
罗源县	3	1	653	5	1			5	17
闽清县	6	1	1575	24	25		2	35	41
永泰县	7		1596	14	11		1	24	47
平潭县	8		1445	16	9		5	9	60
福清市	10		5352	73	52		7	153	192
厦门市	**10**	**1**	**8597**	**87**	**174**	**2**	**39**	**208**	**229**
思明区									
海沧区			342	1		2			26
湖里区									
集美区			2047	13	12		22	65	56
同安区	8	1	2940	57	127		11	126	100
翔安区	2		3268	16	35		6	17	47

4-6c 续表 27

单位：人

地区 性别	农林牧渔生产辅助人员	其他农、林、牧、渔业生产加工人员	生产制造及有关人员 小计	农副产品加工人员	食品、饮料生产加工人员	烟草及其制品加工人员	纺织、针织、印染人员	纺织品、服装和皮革、毛皮制品加工制作人员	木材加工、家具与木制品制作人员
莆田市	**27**	**2**	**9450**	**140**	**124**		**108**	**1281**	**734**
城厢区	2	1	1370	41	19		14	332	47
涵江区			799	9	11		5	145	27
荔城区		1	1270	23	11		6	268	65
秀屿区	6		2324	39	17		72	169	141
仙游县	19		3687	28	66		11	367	454
三明市	**76**	**9**	**6651**	**140**	**106**	**28**	**103**	**367**	**537**
梅列区			54		5		1		3
三元区	2	2	203	2	2	2		7	18
明溪县	4		537	6	3	1	6	192	31
清流县	11		568	22	5	2	2	22	28
宁化县	9	2	1062	22	10	1	8	53	47
大田县	4	1	1253	10	17	3	4	25	49
尤溪县	5		1093	19	22		38	15	140
沙县	4	1	286	24	12		2	4	60
将乐县	4		406	4	3	9	24	27	22
泰宁县	5		204	4	4	10		4	25
建宁县	11	1	235	11	5			12	23
永安市	17	2	750	16	18		18	6	91
泉州市	**94**	**9**	**37243**	**302**	**2211**		**829**	**4855**	**982**
鲤城区									
丰泽区									
洛江区	2	1	1323	8	12		8	330	38
泉港区	6		1886	24	11		2	61	58
惠安县	4		8056	24	48		36	692	150
安溪县	56	3	5074	117	1885		3	128	179
永春县	7		1488	14	70		4	91	54
德化县	2	1	913	7	7		1	7	24
石狮市	2		1605	13	24		190	306	15
晋江市	5	1	9850	39	103		520	2658	157
南安市	10	3	7048	56	51		65	582	307
漳州市	**212**	**55**	**15362**	**598**	**653**		**61**	**426**	**785**
芗城区	3		687	29	17		1	2	69
龙文区			219	6	10				27
云霄县	14	5	1800	71	32		7	63	33
漳浦县	51	4	2672	85	27		12	207	167
诏安县	23	13	2461	162	49		15	61	57
长泰县	18	3	960	17	13		5	19	74
东山县	33	2	561	72	10		2	4	13
南靖县	17		855	29	86			8	37
平和县	14	15	916	23	26		12	44	64
华安县			811	8	187		1	4	65
龙海市	39	13	3420	96	196		6	14	179
南平市	**219**	**1**	**5803**	**268**	**258**	**10**	**18**	**80**	**727**
延平区	3		799	16	13		4	11	58
建阳区	30		788	17	6			19	120
顺昌县	22	1	519	17	4	3	2	5	78
浦城县	5		692	25	8		2	23	70
光泽县	9		520	142	9			4	22
松溪县	7		387	7	18	2	2	7	49
政和县	55		414	4	10	2		1	57
邵武市	8		318	13	4	1	7	5	38
武夷山市	7		561	11	139		1		46
建瓯市	73		805	16	47	2		5	189
龙岩市	**70**	**4**	**9340**	**177**	**139**	**18**	**40**	**211**	**396**
新罗区	1		1505	22	4	2		4	59
永定区	3		1503	20	15	5	3	16	27

4-6c 续表 28 单位：人

地区 性别	农林牧渔生产辅助人员	其他农、林、牧、渔业生产加工人员	生产制造及有关人员 小计	农副产品加工人员	食品、饮料生产加工人员	烟草及其制品加工人员	纺织、针织、印染人员	纺织品、服装和皮革、毛皮制品加工制作人员	木材加工、家具与木制品制作人员
长汀县	15		1541	45	19	4	34	130	93
上杭县	24	2	1832	29	7	3	2	29	76
武平县	6		1064	25	12	2		11	30
连城县	6	2	1060	32	47	2		12	73
漳平市	15		835	4	35		1	9	38
宁德市	**129**	**1**	**10159**	**322**	**306**		**45**	**193**	**380**
蕉城区	63		2347	41	28		2	8	111
霞浦县	2		1156	110	16		9	20	24
古田县	9		705	102	28		1	5	29
屏南县	8		390	3	5			3	47
寿宁县			542	5	25			14	37
周宁县	1		686	2	8			2	27
柘荣县			418	1	14			8	7
福安市	1		1629	15	81		2	12	35
福鼎市	45	1	2286	43	101		31	121	63
女	**988**	**158**	**66439**	**3759**	**3890**	**68**	**2427**	**18352**	**2466**
福州市	**43**	**7**	**6964**	**492**	**231**	**3**	**792**	**767**	**349**
鼓楼区									
台江区									
仓山区									
马尾区			15	1	2			1	
晋安区			50		1			2	8
长乐区	11		1410	32	16	1	633	105	30
闽侯县	4	1	1601	32	61		68	114	147
连江县	10	2	920	282	55		54	73	13
罗源县	1		67	3	2	2	1	2	9
闽清县	2	1	616	12	28		1	53	24
永泰县	4		470	8	8		7	98	11
平潭县	4		188	14	12		9	11	3
福清市	7	3	1627	108	46		19	308	104
厦门市	**8**	**1**	**4460**	**79**	**150**		**57**	**523**	**61**
思明区									
海沧区			204		1		1	3	
湖里区									
集美区			1202	5	6		32	152	13
同安区	4		1846	57	120		17	311	37
翔安区	4	1	1208	17	23		7	57	11
莆田市	**100**	**12**	**6803**	**168**	**132**		**109**	**3497**	**250**
城厢区	3	2	1190	53	24		24	786	4
涵江区	5		506	9	14		3	249	2
荔城区	1	2	1068	23	13		13	731	15
秀屿区	80	5	1764	62	28		38	818	41
仙游县	11	3	2275	21	53		31	913	188
三明市	**58**	**7**	**2476**	**99**	**99**	**26**	**198**	**441**	**325**
梅列区			31	3	8	2	1		1
三元区		2	52	1	6	7		4	9
明溪县		1	235	4	1		4	136	22
清流县	1		248	29	4		2	30	20
宁化县	5	2	475	13	5	1	25	96	34
大田县	2		318	3	18	2	7	66	16
尤溪县	2		359	9	12		77	40	77
沙县	4		119	14	19		1	2	52
将乐县	1		138	3	8	5	29	25	12
泰宁县	3	1	93	2	2	9		5	14
建宁县	9		104	9	3			19	13
永安市	31	1	304	9	13		52	18	55

4-6c 续表 29

单位：人

地区 性别	农林牧渔生产辅助人员	其他农、林、牧、渔业生产加工人员	生产制造及有关人员						
			小计	农副产品加工人员	食品、饮料生产加工人员	烟草及其制品加工人员	纺织、针织、印染人员	纺织品、服装和皮革、毛皮制品加工制作人员	木材加工、家具与木制品制作人员
泉州市	**114**	**10**	**25925**	**266**	**1775**		**1004**	**11033**	**198**
鲤城区									
丰泽区									
洛江区			1194	4	9		17	749	6
泉港区	34	2	1190	21	20		25	537	7
惠安县	19	2	5214	31	99		94	2887	33
安溪县	44	1	3126	104	1430		11	394	41
永春县	4		877	5	31		18	359	9
德化县			578	1	7		2	12	10
石狮市	3		1187	12	32		128	426	2
晋江市	5	4	7897	27	102		468	3946	25
南安市	5	1	4662	61	45		241	1723	65
漳州市	**286**	**115**	**10207**	**1654**	**724**	**1**	**114**	**1189**	**409**
芗城区	5		429	38	40		3	9	62
龙文区			167	12	33		1	5	10
云霄县	11	17	1136	339	27	1	3	143	13
漳浦县	144	22	1884	180	50		36	664	89
诏安县	17	41	1950	534	54		37	136	10
长泰县	14	1	556	12	14		5	66	37
东山县	49	10	512	272	8		4	36	2
南靖县	12	2	559	29	106		3	23	35
平和县	10	14	434	15	13		7	45	19
华安县	2		434	22	150		3	17	45
龙海市	22	8	2146	201	229		12	45	87
南平市	**165**	**2**	**2330**	**252**	**104**	**12**	**35**	**193**	**572**
延平区	2		284	5	9		19	50	50
建阳区	12		324	7	10		1	25	108
顺昌县	6	1	202	13	5	3	2	11	61
浦城县	1		255	8	7	1		42	53
光泽县	5		315	183	4			16	8
松溪县	1		131	5	10		1	13	27
政和县	57		132		3	1	1	5	62
邵武市	8		144	13	1	6	11	13	39
武夷山市	1		192	5	29	1		2	24
建瓯市	72	1	351	13	26			16	140
龙岩市	**77**	**3**	**4034**	**148**	**258**	**26**	**81**	**442**	**248**
新罗区	3		388	22	17		1	9	40
永定区	1	1	569	12	14	20	2	40	12
长汀县	10	1	894	49	28	1	68	264	34
上杭县	19		804	23	15	4	2	63	37
武平县	7	1	523	10	7	1	2	27	31
连城县	4		606	29	168		5	29	67
漳平市	33		250	3	9		1	10	27
宁德市	**137**	**1**	**3240**	**601**	**417**		**37**	**267**	**54**
蕉城区	58	1	896	49	244		15	22	13
霞浦县	1		479	301	12		5	26	6
古田县	25		302	175	7		1	10	8
屏南县	12		59	1	2			5	6
寿宁县	3		112	4	8			19	4
周宁县			125	1	19			4	5
柘荣县	4		113	1	3			14	1
福安市			446	6	35		4	67	3
福鼎市	34		708	63	87		12	100	8

4-6c 续表 30 单位：人

地区 性别	生产制造及有关人员								
	纸及纸制品生产加工人员	印刷和记录媒介复制人员	文教、工美、体育和娱乐用品制造人员	石油加工和炼焦、煤化工生产人员	化学原料和化学制品制造人员	医药制造人员	化学纤维制造人员	橡胶和塑料制品制造人员	非金属矿物制品制造人员
合计	**1732**	**664**	**5408**	**52**	**1060**	**237**	**458**	**3150**	**8155**
福州市	**139**	**49**	**605**	**3**	**163**	**57**	**203**	**291**	**1124**
鼓楼区									
台江区									
仓山区									
马尾区	1		3		2			1	2
晋安区	1		29			2		3	23
长乐区	17	1	15		4		197	23	62
闽侯县	19	18	390		42	1		49	161
连江县	15	1	39		18		1	37	136
罗源县			12		4	1		6	59
闽清县	18	2	34		1	1		18	464
永泰县	1	1	17		2	1			24
平潭县		1	2			1		5	27
福清市	67	25	64	3	90	50	5	149	166
厦门市	**143**	**79**	**296**	**2**	**89**	**29**	**11**	**547**	**333**
思明区									
海沧区	7		4		1	4		11	9
湖里区									
集美区	27	26	110		25	3	3	312	48
同安区	87	38	159	1	38	20	5	174	207
翔安区	22	15	23	1	25	2	3	50	69
莆田市	**96**	**35**	**1686**	**3**	**29**	**14**	**3**	**137**	**317**
城厢区	27	7	27		11	1		9	34
涵江区	17	7	28			3		40	10
荔城区	8	6	271			1	1	13	94
秀屿区	23	10	261		4	4	2	37	119
仙游县	21	5	1099	3	14	5		38	60
三明市	**70**	**14**	**64**	**10**	**140**	**14**	**8**	**98**	**365**
梅列区	1	1			1			5	1
三元区	2				29				3
明溪县		2	5		6	5		4	20
清流县	6	1	17	3	24	1		1	14
宁化县	6	5	16	2	3	2		14	52
大田县	11	2	3	2	5			15	67
尤溪县	22	3	12		10		7	26	45
沙县	10		1		10				9
将乐县	1		2	1	4	6	1	1	29
泰宁县	1			1	16				12
建宁县	8		4		1			2	35
永安市	2		4	1	31			30	78
泉州市	**747**	**341**	**1341**	**16**	**250**	**19**	**194**	**867**	**4143**
鲤城区									
丰泽区									
洛江区	64	10	56		12	2	3	37	38
泉港区	5	2	48	7	20		2	23	178
惠安县	117	34	540	3	23	2	5	67	691
安溪县	57	7	192		12	1	1	25	82
永春县	29	5	39	2	61	5	1	8	244
德化县	27	4	20		6			5	813
石狮市	24	36	59	2	13	1	4	62	16
晋江市	294	165	168	1	67	5	175	460	737
南安市	130	78	219	1	36	3	3	180	1344
漳州市	**268**	**106**	**960**	**9**	**132**	**25**	**9**	**618**	**835**
芗城区	5	6	28		9			18	34
龙文区	3	2	3		6	1		11	4
云霄县	19	8	123	5	18	3		34	73
漳浦县	23	30	56		15	1	2	46	149

4-6c　续表 31　　　　单位：人

地区 性别	生产制造及有关人员								
	纸及纸制品生产加工人员	印刷和记录媒介复制人员	文教、工美、体育和娱乐用品制造人员	石油加工和炼焦、煤化工生产人员	化学原料和化学制品制造人员	医药制造人员	化学纤维制造人员	橡胶和塑料制品制造人员	非金属矿物制品制造人员
诏安县	14	12	607	1	14	3	2	189	53
长泰县	48	3	31	1	21	1	2	29	106
东山县	1	1	4		4			4	51
南靖县	15	3	37		3	5	1	20	35
平和县	11	8	15		4			41	30
华安县	3		4		13	1		15	137
龙海市	126	33	52	2	25	10	2	211	163
南平市	**81**	**10**	**199**	**5**	**106**	**30**	**7**	**278**	**172**
延平区	30	1	1		38			17	30
建阳区	1		98		13	1	5	3	23
顺昌县	3	1	2		19			20	11
浦城县	16	2	7		3	11		214	27
光泽县	1	2	10	1	3	2		1	13
松溪县	17		2	1			2	6	13
政和县	1	1	13		2				18
邵武市	4		7		26	14		7	8
武夷山市		1	10	1				1	5
建瓯市	8	2	49	2	2	2		9	24
龙岩市	**90**	**18**	**104**	**4**	**102**	**25**	**10**	**116**	**411**
新罗区	13	3	2	1	23	13	1	30	113
永定区	1	1	6		4			3	84
长汀县	20	4	21		8	1		16	47
上杭县	17	4	12		24	2		8	55
武平县	9	5	7		5			12	37
连城县	18	1	47	3	30	7		4	52
漳平市	12		9		8	2	9	43	23
宁德市	**98**	**12**	**153**		**49**	**24**	**13**	**198**	**455**
蕉城区	8	1	17		7			23	75
霞浦县		2	12		3		13	37	80
古田县			13			12		20	68
屏南县	2		5		4			6	64
寿宁县	1	1	9		1			6	16
周宁县			8		5	1		6	9
柘荣县	1		4		3	6		3	11
福安市	56	3	15		13	1		6	31
福鼎市	30	5	70		13	4		91	101
男	**938**	**441**	**2788**	**39**	**728**	**150**	**310**	**1798**	**5924**
福州市	**81**	**31**	**328**	**1**	**140**	**34**	**144**	**157**	**810**
鼓楼区									
台江区									
仓山区									
马尾区	1				2			1	2
晋安区	1		21			1		3	19
长乐区	11	1	11		4		142	13	58
闽侯县	9	10	202		34			32	127
连江县	7		31		16		1	14	124
罗源县			7		3			5	55
闽清县	7	2	23		1			11	244
永泰县	1	1	8		1				20
平潭县		1	1					4	25
福清市	44	16	24	1	79	33	1	74	136
厦门市	**69**	**53**	**145**	**1**	**54**	**17**	**6**	**308**	**238**
思明区									
海沧区	2		3			2		5	6
湖里区									
集美区	17	20	53		18	1	2	184	37
同安区	39	25	85		24	13	2	98	143
翔安区	11	8	4	1	12	1	2	21	52

4-6c 续表 32

单位：人

地 区 性 别	生产制造及有关人员								
	纸及纸制品生产加工人员	印刷和记录媒介复制人员	文教、工美、体育和娱乐用品制造人 员	石油加工和炼焦、煤化工生产人员	化学原料和化学制品制造人 员	医药制造人 员	化学纤维制造人员	橡胶和塑料制品制造人员	非金属矿物制品制造人员
莆田市	**47**	**21**	**958**	**1**	**23**	**8**	**3**	**94**	**255**
城厢区	18	4	14		10			7	28
涵江区	5	3	12			2		22	8
荔城区	2	5	192				1	11	78
秀屿区	10	6	146		2	3	2	25	93
仙游县	12	3	594	1	11	3		29	48
三明市	**42**	**10**	**25**	**7**	**98**	**10**	**5**	**57**	**285**
梅列区		1			1			4	1
三元区	1				21				1
明溪县		1	3		3	2		3	15
清流县	3	1	4	2	14	1			10
宁化县	2	3	7	2	3	1		9	37
大田县	7	2	2	1	4			8	53
尤溪县	13	2	2		8		5	8	36
沙县	9		1		8				6
将乐县	1		1		3	6		1	24
泰宁县	1			1	9				10
建宁县	3		2		1			1	30
永安市	2		3	1	23			23	62
泉州市	**416**	**229**	**815**	**13**	**154**	**8**	**128**	**524**	**2865**
鲤城区									
丰泽区									
洛江区	45	6	36		10		2	21	29
泉港区	4	1	30	6	16		1	12	153
惠安县	71	27	405	3	17	1	1	41	554
安溪县	30	1	117		10		1	16	69
永春县	15	3	14	1	30	3		3	128
德化县	12	4	3		4			4	427
石狮市	14	25	25	1	9	1	4	46	16
晋江市	165	107	87	1	35	1	117	285	502
南安市	60	55	98	1	23	2	2	96	987
漳州市	**164**	**71**	**289**	**7**	**85**	**14**	**3**	**277**	**610**
芗城区	2	6	8		4			6	26
龙文区	2	2	1		4			6	4
云霄县	11	7	24	3	11	1		15	51
漳浦县	12	20	34		11		1	23	113
诏安县	3	9	171	1	9	3	1	47	44
长泰县	40	2	12	1	18			15	77
东山县	1				3			1	34
南靖县	9	1	11		2	4		12	29
平和县	8	6	4		3			20	20
华安县	2		3		8			6	88
龙海市	74	18	21	2	12	6	1	126	124
南平市	**47**	**5**	**92**	**5**	**66**	**23**	**5**	**179**	**140**
延平区	22				20			4	26
建阳区			65		8	1	4	2	18
顺昌县	1	1	1		9			10	8
浦城县	6	1	1		3	10		152	18
光泽县	1	1	4	1	2	2			13
松溪县	11			1			1	3	11
政和县	1	1	4		2				16
邵武市	2		5		20	9		3	7
武夷山市			4	1					3
建瓯市	3	1	8	2	2	1		5	20
龙岩市	**53**	**12**	**51**	**4**	**76**	**21**	**8**	**76**	**305**
新罗区	8	1	1	1	21	11	1	20	79
永定区	1	1	4		4			1	64

4-6c　续表 33　　　　单位：人

地　区 性　别	生产制造及有关人员								
	纸及纸制品生产加工人员	印刷和记录媒介复制人员	文教、工美、体育和娱乐用品制造人　员	石油加工和炼焦、煤化工生产人员	化学原料和化学制品制造人　员	医药制造人　　员	化学纤维制造人员	橡胶和塑料制品制造人员	非金属矿物制品制造人员
长汀县	13	3	13		4	1		9	37
上杭县	10	2	9		19	1		5	36
武平县	4	4	6		4			7	30
连城县	11	1	16	3	19	7		2	39
漳平市	6		2		5	1	7	32	20
宁德市	**19**	**9**	**85**		**32**	**15**	**8**	**126**	**416**
蕉城区			10		3			17	61
霞浦县		2	1		2		8	24	72
古田县			7			8		15	66
屏南县	1		4		4			3	61
寿宁县	1	1	7		1			4	14
周宁县			7		3	1		1	8
柘荣县	1		2		2	2		1	10
福安市	3	3	4		7	1		2	28
福鼎市	13	3	43		10	3		59	96
女	**794**	**223**	**2620**	**13**	**332**	**87**	**148**	**1352**	**2231**
福州市	**58**	**18**	**277**	**2**	**23**	**23**	**59**	**134**	**314**
鼓楼区									
台江区									
仓山区									
马尾区			3						
晋安区			8			1			4
长乐区	6		4				55	10	4
闽侯县	10	8	188		8	1		17	34
连江县	8	1	8		2			23	12
罗源县			5		1	1		1	4
闽清县	11		11			1		7	220
永泰县			9		1	1			4
平潭县			1			1		1	2
福清市	23	9	40	2	11	17	4	75	30
厦门市	**74**	**26**	**151**	**1**	**35**	**12**	**5**	**239**	**95**
思明区									
海沧区	5		1		1	2		6	3
湖里区									
集美区	10	6	57		7	2	1	128	11
同安区	48	13	74	1	14	7	3	76	64
翔安区	11	7	19		13	1	1	29	17
莆田市	**49**	**14**	**728**	**2**	**6**	**6**		**43**	**62**
城厢区	9	3	13		1	1		2	6
涵江区	12	4	16			1		18	2
荔城区	6	1	79			1		2	16
秀屿区	13	4	115		2	1		12	26
仙游县	9	2	505	2	3	2		9	12
三明市	**28**	**4**	**39**	**3**	**42**	**4**	**3**	**41**	**80**
梅列区	1							1	
三元区	1				8				2
明溪县		1	2		3	3		1	5
清流县	3		13	1	10			1	4
宁化县	4	2	9			1		5	15
大田县	4		1	1	1			7	14
尤溪县	9	1	10		2		2	18	9
沙县	1				2				3
将乐县			1	1	1		1		5
泰宁县					7				2
建宁县	5		2					1	5
永安市			1		8			7	16

4-6c 续表 34 单位：人

地区 性别	生产制造及有关人员								
	纸及纸制品生产加工人员	印刷和记录媒介复制人员	文教、工美、体育和娱乐用品制造人员	石油加工和炼焦、煤化工生产人员	化学原料和化学制品制造人员	医药制造人员	化学纤维制造人员	橡胶和塑料制品制造人员	非金属矿物制品制造人员
泉州市	**331**	**112**	**526**	**3**	**96**	**11**	**66**	**343**	**1278**
鲤城区									
丰泽区									
洛江区	19	4	20		2	2	1	16	9
泉港区	1	1	18	1	4		1	11	25
惠安县	46	7	135		6	1	4	26	137
安溪县	27	6	75		2	1		9	13
永春县	14	2	25	1	31	2	1	5	116
德化县	15		17		2			1	386
石狮市	10	11	34	1	4			16	
晋江市	129	58	81		32	4	58	175	235
南安市	70	23	121		13	1	1	84	357
漳州市	**104**	**35**	**671**	**2**	**47**	**11**	**6**	**341**	**225**
芗城区	3		20		5			12	8
龙文区	1		2		2	1		5	
云霄县	8	1	99	2	7	2		19	22
漳浦县	11	10	22		4	1	1	23	36
诏安县	11	3	436		5		1	142	9
长泰县	8	1	19		3	1	2	14	29
东山县		1	4		1			3	17
南靖县	6	2	26		1	1	1	8	6
平和县	3	2	11		1			21	10
华安县	1		1		5	1		9	49
龙海市	52	15	31		13	4	1	85	39
南平市	**34**	**5**	**107**		**40**	**7**	**2**	**99**	**32**
延平区	8	1	1		18			13	4
建阳区	1		33		5		1	1	5
顺昌县	2		1		10			10	3
浦城县	10	1	6			1		62	9
光泽县		1	6		1			1	
松溪县	6		2				1	3	2
政和县			9						2
邵武市	2		2		6	5		4	1
武夷山市		1	6					1	2
建瓯市	5	1	41			1		4	4
龙岩市	**37**	**6**	**53**		**26**	**4**	**2**	**40**	**106**
新罗区	5	2	1		2	2		10	34
永定区			2					2	20
长汀县	7	1	8		4			7	10
上杭县	7	2	3		5	1		3	19
武平县	5	1	1		1			5	7
连城县	7		31		11			2	13
漳平市	6		7		3	1	2	11	3
宁德市	**79**	**3**	**68**		**17**	**9**	**5**	**72**	**39**
蕉城区	8	1	7		4			6	14
霞浦县			11		1		5	13	8
古田县			6			4		5	2
屏南县	1		1					3	3
寿宁县			2					2	2
周宁县			1		2			5	1
柘荣县			2		1	4		2	1
福安市	53		11		6			4	3
福鼎市	17	2	27		3	1		32	5

4-6c　续表 35　　　　单位：人

地　区 性　别	生产制造及有关人员 采矿人员	金属冶炼和压延加工人员	机械制造基础加工人员	金属制品制造人员	通用设备制造人员	专用设备制造人员	汽车制造人员	铁路、船舶、航空设备制造人员	电气机械和器材制造人员
合　计	**1732**	**1527**	**5748**	**6141**	**1088**	**441**	**902**	**407**	**1382**
福州市	**50**	**201**	**778**	**690**	**148**	**20**	**267**	**120**	**120**
鼓楼区									
台江区									
仓山区									
马尾区		2	6	3					
晋安区		1	1	7	2	1	1		
长乐区	1	50	152	191	31	2	29		14
闽侯县	6	53	279	155	43	6	201	3	26
连江县	6	19	82	75	35	3	16	92	8
罗源县	8	22	66	6	1			20	
闽清县	6	22	23	47	13	2	3		25
永泰县	1	3	6	20	1				2
平潭县	4		25	27	1		2	2	
福清市	18	29	138	159	21	6	15	3	45
厦门市	**7**	**52**	**614**	**695**	**122**	**114**	**106**	**82**	**105**
思明区									
海沧区		1	6	13		14	3		9
湖里区									
集美区		26	354	245	57	46	83	73	33
同安区	3	23	215	342	37	40	12	2	46
翔安区	4	2	39	95	28	14	8	7	17
莆田市	**48**	**42**	**211**	**375**	**39**	**6**	**25**	**5**	**46**
城厢区	1	1	17	97	7	1	1		
涵江区		6	30	38	4	1	1	1	1
荔城区	4	5	29	40	6	1	6	2	2
秀屿区	40	9	52	111	6	1	4	2	4
仙游县	3	21	83	89	16	2	13		39
三明市	**391**	**147**	**196**	**183**	**27**	**4**	**28**	**12**	**48**
梅列区		7	1						
三元区		8	6	3	1		2		1
明溪县	13	8	4	26	1		2		2
清流县	43	2	19	18	3		1	7	3
宁化县	21	13	34	50	1	1	8	1	23
大田县	181	53	55	17	2		1		1
尤溪县	9	12	21	21	3	1	1	2	10
沙县	3	13	5	5				1	3
将乐县	44	23	6	16	2		4	1	
泰宁县	1		3	5	1				
建宁县	8		5	6			2		4
永安市	68	8	37	16	13	2	7		1
泉州市	**161**	**287**	**2070**	**2647**	**383**	**140**	**178**	**9**	**166**
鲤城区									
丰泽区									
洛江区	2	2	153	68	23	4	5		10
泉港区	18	5	58	56	13	4	2		2
惠安县	10	15	303	170	35	17	4		29
安溪县	9	54	268	322	35	7	3		61
永春县	69	40	38	62	2	1	3		5
德化县	15	5	13	15	2				
石狮市	1	17	96	246	5	4	5		
晋江市	21	68	679	669	140	69	124	8	28
南安市	16	81	462	1039	128	34	32	1	31
漳州市	**42**	**325**	**799**	**894**	**96**	**71**	**65**	**65**	**159**
芗城区		158	25	23	11	4			6
龙文区		5	15	14			4	1	5
云霄县	4	11	82	95	4	1	4	2	24
漳浦县	9	13	176	225	15	23	35	30	13

4-6c 续表 36 单位：人

地区 性别	生产制造及有关人员								
	采矿人员	金属冶炼和压延加工人员	机械制造基础加工人员	金属制品制造人员	通用设备制造人员	专用设备制造人员	汽车制造人员	铁路、船舶、航空设备制造人员	电气机械和器材制造人员
诏安县	1	7	55	104	6	1	3	2	4
长泰县	1	8	97	83	8	5	7	1	38
东山县	13	1	11	26	4			2	
南靖县	1	15	36	38	4	3	3	1	17
平和县	2	4	10	72	15	1	4		7
华安县	8	63	43	39	3	23	1		2
龙海市	3	40	249	175	26	10	4	26	43
南平市	**90**	**89**	**173**	**80**	**24**	**6**	**32**	**6**	**61**
延平区	7	41	32	18	2		4	5	24
建阳区	7	2	21	20	1		25		5
顺昌县	7	16	12	5	5				22
浦城县	8		6	10	1	2			1
光泽县	1		6	3	1	1			2
松溪县	9	21	41	9	2				3
政和县	40	2	20	2	7	2	2		1
邵武市	11		9	7	3		1		1
武夷山市			6						1
建瓯市		7	20	6	2	1		1	1
龙岩市	**827**	**101**	**315**	**267**	**51**	**39**	**64**	**4**	**53**
新罗区	269	14	117	50	32	17	22		5
永定区	232	2	28	19	3	4	19		11
长汀县	5	34	52	48	10	14	8	1	6
上杭县	24	33	39	37	4	1	4	1	11
武平县	81	9	29	73	1	1	3	2	6
连城县	41	8	23	31	1	1	5		14
漳平市	175	1	27	9		1	3		
宁德市	**116**	**283**	**592**	**310**	**198**	**41**	**137**	**104**	**624**
蕉城区	21	36	44	43	8	19	58	1	332
霞浦县	17	33	63	9	56		2	6	7
古田县	9	32	11	13	4		4		1
屏南县	8	2	5	4		1	2	2	7
寿宁县	1	10	59	15	27		4	1	2
周宁县	4	38	23	7	1		4		6
柘荣县	5	25	36	79	1		1		7
福安市	6	78	140	58	15	8	14	29	248
福鼎市	45	29	211	82	86	13	48	65	14
男	**1588**	**1248**	**4809**	**4226**	**833**	**313**	**573**	**286**	**852**
福州市	**48**	**177**	**685**	**508**	**119**	**13**	**157**	**90**	**67**
鼓楼区									
台江区									
仓山区									
马尾区		2	6	2					
晋安区		1	1	4	2		1		
长乐区	1	43	134	133	25	2	19		10
闽侯县	6	41	229	113	31	3	119	2	10
连江县	6	17	75	65	32	1	5	64	5
罗源县	8	22	64	5	1			19	
闽清县	5	20	20	24	7	1	2		11
永泰县	1	3	6	18	1				2
平潭县	4		25	23	1		2	2	
福清市	17	28	125	121	19	6	9	3	29
厦门市	**6**	**39**	**497**	**468**	**82**	**62**	**72**	**50**	**54**
思明区									
海沧区			6	12		11	3		5
湖里区									
集美区		18	275	156	31	24	55	41	19
同安区	3	20	177	232	28	18	8	2	21
翔安区	3	1	39	68	23	9	6	7	9

4-6c　续表 37　　　　单位：人

地　区 性　别	生产制造及有关人员								
	采矿人员	金属冶炼和压延加工人员	机械制造基础加工人员	金属制品制造人员	通用设备制造人员	专用设备制造人员	汽车制造人员	铁路、船舶、航空设备制造人员	电气机械和器材制造人员
莆田市	**33**	**30**	**181**	**293**	**29**	**2**	**15**	**5**	**29**
城厢区	1	1	16	66	6		1		
涵江区		3	25	33	3	1	1	1	1
荔城区	3	3	28	35	5	1	4	2	2
秀屿区	26	5	39	84	4			2	3
仙游县	3	18	73	75	11		9		23
三明市	**348**	**129**	**179**	**140**	**23**	**4**	**22**	**11**	**30**
梅列区		6	1						
三元区		8	6	2	1		2		1
明溪县	11	7	4	24	1		1		2
清流县	41	2	18	6	2		1	7	1
宁化县	18	11	29	40	1	1	7	1	16
大田县	165	49	47	12	1		1		1
尤溪县	8	12	21	16	3	1		2	5
沙县	2	9	5	4				1	2
将乐县	41	17	6	13	2		3		
泰宁县	1		3	5	1				
建宁县	7		4	3			2		1
永安市	54	8	35	15	11	2	5		1
泉州市	**146**	**223**	**1657**	**1641**	**297**	**114**	**122**	**7**	**93**
鲤城区									
丰泽区									
洛江区	2	1	100	49	18	4			5
泉港区	14	4	55	48	11	4	1		1
惠安县	8	12	236	146	27	16	2		13
安溪县	8	43	201	208	30	3	2		38
永春县	65	34	27	44	2		3		2
德化县	14	5	13	13	2				
石狮市	1	13	80	135	3	3	4		
晋江市	19	55	555	428	106	56	87	6	18
南安市	15	56	390	570	98	28	23	1	16
漳州市	**34**	**250**	**683**	**668**	**80**	**56**	**38**	**44**	**74**
芗城区		117	20	17	6	3			1
龙文区		4	13	12			2		1
云霄县	4	10	77	83	4	1	3	2	15
漳浦县	6	9	154	146	15	19	14	18	6
诏安县	1	6	50	94	5	1	3	2	2
长泰县	1	5	69	50	7	3	5	1	16
东山县	10	1	9	21	4			2	
南靖县	1	11	30	27	3	3	3		8
平和县	2	3	8	63	11		3		5
华安县	6	49	38	23	2	18	1		2
龙海市	3	35	215	132	23	8	4	19	18
南平市	**85**	**75**	**150**	**64**	**19**	**4**	**24**	**2**	**44**
延平区	7	37	29	16	1		1	2	16
建阳区	6	2	20	15	1		20		4
顺昌县	7	16	11	3	4				17
浦城县	7		4	8	1	2			
光泽县	1		4	3	1				2
松溪县	8	11	34	7	2				3
政和县	40	2	15	1	5	2	2		
邵武市	9		9	5	2		1		
武夷山市			5						1
建瓯市		7	19	6	2				1
龙岩市	**773**	**73**	**279**	**213**	**42**	**29**	**38**	**4**	**29**
新罗区	258	11	102	40	26	15	14		2
永定区	216	1	26	13	2	3	10		7

4-6c 续表 38 单位：人

地区 性别	生产制造及有关人员								
	采矿人员	金属冶炼和压延加工人员	机械制造基础加工人员	金属制品制造人员	通用设备制造人员	专用设备制造人员	汽车制造人员	铁路、船舶、航空设备制造人员	电气机械和器材制造人员
长汀县	5	23	44	40	9	10	7	1	4
上杭县	23	26	33	27	3			1	6
武平县	75	6	25	58	1	1	3	2	4
连城县	39	5	22	27	1		2		6
漳平市	157	1	27	8			2		
宁德市	**115**	**252**	**498**	**231**	**142**	**29**	**85**	**73**	**432**
蕉城区	21	34	43	38	8	17	39	1	235
霞浦县	17	27	53	9	38		2	6	6
古田县	9	24	7	11	4		4		1
屏南县	8	2	3	4			2	2	7
寿宁县	1	8	49	12	22		3	1	1
周宁县	4	36	22	6			4		6
柘荣县	4	23	31	33	1		1		
福安市	6	70	128	54	13	7	11	29	170
福鼎市	45	28	162	64	56	5	19	34	6
女	**144**	**279**	**939**	**1915**	**255**	**128**	**329**	**121**	**530**
福州市	**2**	**24**	**93**	**182**	**29**	**7**	**110**	**30**	**53**
鼓楼区									
台江区									
仓山区									
马尾区				1					
晋安区				3		1			
长乐区		7	18	58	6		10		4
闽侯县		12	50	42	12	3	82	1	16
连江县		2	7	10	3	2	11	28	3
罗源县			2	1				1	
闽清县	1	2	3	23	6	1	1		14
永泰县				2					
平潭县				4					
福清市	1	1	13	38	2		6		16
厦门市	**1**	**13**	**117**	**227**	**40**	**52**	**34**	**32**	**51**
思明区									
海沧区		1		1		3			4
湖里区									
集美区		8	79	89	26	22	28	32	14
同安区		3	38	110	9	22	4		25
翔安区	1	1		27	5	5	2		8
莆田市	**15**	**12**	**30**	**82**	**10**	**4**	**10**		**17**
城厢区			1	31	1	1			
涵江区		3	5	5	1				
荔城区	1	2	1	5	1		2		
秀屿区	14	4	13	27	2	1	4		1
仙游县		3	10	14	5	2	4		16
三明市	**43**	**18**	**17**	**43**	**4**		**6**	**1**	**18**
梅列区		1							
三元区				1					
明溪县	2	1		2			1		
清流县	2		1	12	1				2
宁化县	3	2	5	10			1		7
大田县	16	4	8	5	1				
尤溪县	1			5			1		5
沙县	1	4		1					1
将乐县	3	6		3			1	1	
泰宁县									
建宁县	1		1	3					3
永安市	14		2	1	2		2		

4-6c　续表 39　　　　　　　　　　　　　　　　　　　　　　　　单位：人

地　区 性　别	生产制造及有关人员								
	采矿人员	金属冶炼和压延加工人员	机械制造基础加工人员	金属制品制造人员	通用设备制造人员	专用设备制造人员	汽车制造人员	铁路、船舶、航空设备制造人员	电气机械和器材制造人员
泉州市	**15**	**64**	**413**	**1006**	**86**	**26**	**56**	**2**	**73**
鲤城区									
丰泽区									
洛江区		1	53	19	5		5		5
泉港区	4	1	3	8	2		1		1
惠安县	2	3	67	24	8	1	2		16
安溪县	1	11	67	114	5	4	1		23
永春县	4	6	11	18		1			3
德化县	1			2					
石狮市		4	16	111	2	1	1		
晋江市	2	13	124	241	34	13	37	2	10
南安市	1	25	72	469	30	6	9		15
漳州市	**8**	**75**	**116**	**226**	**16**	**15**	**27**	**21**	**85**
芗城区		41	5	6	5	1			5
龙文区		1	2	2			2	1	4
云霄县		1	5	12			1		9
漳浦县	3	4	22	79		4	21	12	7
诏安县		1	5	10	1				2
长泰县		3	28	33	1	2	2		22
东山县	3		2	5					
南靖县		4	6	11	1			1	9
平和县		1	2	9	4	1	1		2
华安县	2	14	5	16	1	5			
龙海市		5	34	43	3	2		7	25
南平市	**5**	**14**	**23**	**16**	**5**	**2**	**8**	**4**	**17**
延平区		4	3	2	1		3	3	8
建阳区	1		1	5			5		1
顺昌县			1	2	1				5
浦城县	1		2	2					1
光泽县			2			1			
松溪县	1	10	7	2					
政和县			5	1	2				1
邵武市	2			2	1				1
武夷山市			1						
建瓯市			1			1		1	
龙岩市	**54**	**28**	**36**	**54**	**9**	**10**	**26**		**24**
新罗区	11	3	15	10	6	2	8		3
永定区	16	1	2	6	1	1	9		4
长汀县		11	8	8	1	4	1		2
上杭县	1	7	6	10	1	1	4		5
武平县	6	3	4	15					2
连城县	2	3	1	4		1	3		8
漳平市	18			1		1	1		
宁德市	**1**	**31**	**94**	**79**	**56**	**12**	**52**	**31**	**192**
蕉城区		2	1	5		2	19		97
霞浦县		6	10		18				1
古田县		8	4	2					
屏南县			2			1			
寿宁县		2	10	3	5		1		1
周宁县		2	1	1	1				
柘荣县	1	2	5	46					7
福安市		8	12	4	2	1	3		78
福鼎市		1	49	18	30	8	29	31	8

4-6c 续表 40

单位：人

地区 性别	生产制造及有关人员								不便分类的其他从业人员
	计算机、通信和其他电子设备制造人员	仪器仪表制造人员	废弃资源综合利用人员	电力、热力、气体、水生产和输配人员	建筑施工人员	运输设备和通用工程机械操作人员及有关人员	生产辅助人员	其他生产制造及有关人员	
合　计	**5943**	**147**	**355**	**862**	**63168**	**4426**	**21132**	**1183**	**713**
福州市	**494**	**22**	**39**	**95**	**13692**	**799**	**3236**	**40**	**110**
鼓楼区									
台江区									
仓山区									
马尾区	2				119	3	10		
晋安区	1			10	115	12	23		
长乐区	47	1	13	28	1435	99	759	8	
闽侯县	211	7	2	5	1867	138	849	12	19
连江县	25	2	4	5	2469	73	305	13	1
罗源县	6			6	269	43	142	2	
闽清县	55	4	9	13	925	43	217	1	
永泰县	12		3	9	1630	37	67		3
平潭县	7			3	1127	96	154	1	87
福清市	128	8	8	16	3736	255	710	3	
厦门市	**2060**	**14**	**19**	**12**	**3195**	**406**	**2266**	**50**	**21**
思明区									
海沧区	260	1		1	60	14	94		
湖里区									
集美区	146	9	2	3	474	63	702	3	
同安区	364	3	4	5	878	156	964		
翔安区	1290	1	13	3	1783	173	506	47	21
莆田市	**229**	**34**	**25**	**61**	**5242**	**225**	**765**	**12**	**30**
城厢区	32	3		2	744	53	141		6
涵江区	66	18	3	5	434	14	101	3	3
荔城区	13		7	4	579	23	52	3	9
秀屿区	24	11	4	21	1613	85	214	2	1
仙游县	94	2	11	29	1872	50	257	4	11
三明市	**187**	**2**	**15**	**112**	**3305**	**349**	**853**	**16**	**26**
梅列区				3	20	6	15		
三元区	2			5	81	15	39		1
明溪县	14	1		11	175	30	34	3	8
清流县	12		1	6	344	31	93		3
宁化县	104		6	8	707	30	109	6	1
大田县	15	1	1	9	681	78	149	2	7
尤溪县	13		4	25	562	51	142	1	2
沙县	1			17	98	6	31	2	1
将乐县	9			3	144	16	60		1
泰宁县	7		2	10	131	8	20		
建宁县	5			2	130	14	17	1	2
永安市	5		1	13	232	64	144	1	
泉州市	**1207**	**25**	**140**	**103**	**15021**	**916**	**7546**	**796**	**323**
鲤城区									
丰泽区									
洛江区	47	1			414	33	342	10	8
泉港区	34	1	2	9	1447	112	253	9	20
惠安县	77	8	9	9	5440	136	1141	291	13
安溪县	267		12	22	1759	90	612	10	57
永春县	36	2	1	8	748	55	231	15	16
德化县	6		2	7	247	37	187	2	
石狮市	243	6	7	3	282	26	478	8	6
晋江市	212	6	93	30	1819	198	3060	406	156
南安市	285	1	14	15	2865	229	1242	45	47
漳州市	**753**	**41**	**38**	**114**	**8545**	**715**	**3139**	**132**	**133**
芗城区	18	8	3	10	227	61	183	9	3
龙文区	22				107	14	53	12	2
云霄县	175	5	4	2	1236	58	202	12	23
漳浦县	102	9	1	9	1480	153	397	27	21

4-6c　续表 41　　　　　　　　　　　　　　　　　　　　　　　　　　　单位：人

地　区 性　别	生产制造及有关人员								不便分类的其他从业人员
	计算机、通信和其他电子设备制造人员	仪器仪表制造人员	废弃资源综合利用人员	电力、热力、气体、水生产和输配人员	建筑施工人员	运输设备和通用工程机械操作人员及有关人员	生产辅助人员	其他生产制造及有关人员	
诏安县	89	2	1	1	1782	52	285	6	
长泰县	76		7	26	299	67	255	34	35
东山县	11		1		429	12	74	1	5
南靖县	92	1	6	13	465	57	181	6	13
平和县	40	1	1	7	547	22	237	3	18
华安县	5	1		6	258	29	88	1	
龙海市	123	14	14	40	1715	190	1184	21	13
南平市	**68**	**4**	**6**	**101**	**2700**	**291**	**950**	**35**	**34**
延平区	10		1	13	430	38	101	5	2
建阳区	19	2		11	368	42	127	5	2
顺昌县	7	2	1	15	207	41	117	4	4
浦城县	11		1	13	270	36	66	3	4
光泽县	6			10	199	25	159	1	1
松溪县				4	174	18	53	2	
政和县	4		2	3	213	9	54	4	3
邵武市	2		1	10	110	16	72	2	1
武夷山市	2			3	371	24	69	1	9
建瓯市	7			19	358	42	132	8	8
龙岩市	**584**	**5**	**23**	**152**	**6409**	**422**	**922**	**72**	**9**
新罗区	16	1	3	18	586	76	285	3	
永定区	69	2	4	14	1195	66	116	3	3
长汀县	99			15	1075	38	135	9	2
上杭县	90		7	35	1689	109	114	26	
武平县	233	2	5	19	777	41	67	5	2
连城县	63		4	16	666	48	94	25	2
漳平市	14			35	421	44	111	1	
宁德市	**361**		**50**	**112**	**5059**	**303**	**1455**	**30**	**27**
蕉城区	225		3	14	1107	74	589	5	
霞浦县	10		26	10	629	24	66	1	
古田县	9		1	9	310	25	98	2	2
屏南县	4		2	6	210	12	31		2
寿宁县	7			5	318	14	39	2	10
周宁县	5		2	4	563	18	38	1	
柘荣县	2				232	17	48	1	1
福安市	82		2	3	791	54	160	2	12
福鼎市	17		14	61	899	65	386	16	
男	**3286**	**80**	**225**	**728**	**53132**	**4208**	**11964**	**556**	**456**
福州市	**298**	**18**	**24**	**79**	**12261**	**744**	**2075**	**26**	**68**
鼓楼区									
台江区									
仓山区									
马尾区	2				115	3	7		
晋安区	1			10	102	12	14		
长乐区	25	1	7	19	1305	87	528	7	
闽侯县	140	5	1	4	1707	130	400	9	11
连江县	20	2	2	4	2250	67	223	5	
罗源县	6			5	259	39	126	1	
闽清县	26	3	6	13	850	43	128	1	
永泰县	6		2	7	1342	33	47		2
平潭县	4			2	1015	93	143	1	55
福清市	68	7	6	15	3316	237	459	2	
厦门市	**1214**	**8**	**11**	**11**	**2719**	**392**	**1251**	**31**	**14**
思明区									
海沧区	144			1	54	13	46		
湖里区									
集美区	74	6	2	2	416	62	365	1	
同安区	184	2	2	5	737	146	505		
翔安区	812		7	3	1512	171	335	30	14

4-6c 续表 42 单位：人

地区 性别	生产制造及有关人员								不便分类的其他从业人员
	计算机、通信和其他电子设备制造人员	仪器仪表制造人员	废弃资源综合利用人员	电力、热力、气体、水生产和输配人员	建筑施工人员	运输设备和通用工程机械操作人员及有关人员	生产辅助人员	其他生产制造及有关人员	
莆田市	**91**	**8**	**19**	**56**	**4195**	**218**	**444**	**5**	**21**
城厢区	17	3		1	603	52	69		5
涵江区	21	2	2	4	377	14	61	1	1
荔城区	6		5	4	456	21	31	2	5
秀屿区	8	2	3	21	1181	81	139	1	1
仙游县	39	1	9	26	1578	50	144	1	9
三明市	**107**	**1**	**11**	**92**	**2786**	**331**	**606**	**11**	**15**
梅列区				2	13	4	12		
三元区	1			4	79	15	30		1
明溪县	11	1		10	143	29	25	2	5
清流县	5		1	5	282	29	52		1
宁化县	60		4	8	549	27	81	4	
大田县	10		1	6	578	74	122	1	4
尤溪县	6		3	24	524	49	110	1	1
沙县	1			14	93	6	22	1	
将乐县	6			3	127	15	48		1
泰宁县	3		1	5	97	8	12		
建宁县	2			1	105	13	8	1	2
永安市	2		1	10	196	62	84	1	
泉州市	**708**	**14**	**77**	**90**	**12440**	**886**	**4075**	**322**	**211**
鲤城区									
丰泽区									
洛江区	34				346	33	180	6	5
泉港区	12		2	8	1070	110	161	6	11
惠安县	53	6	5	8	4590	124	678	62	8
安溪县	163		9	18	1399	90	299	7	35
永春县	17	1	1	7	660	55	134	6	9
德化县	6		1	6	206	36	109	2	
石狮市	146	2	5	2	255	25	238	4	5
晋江市	126	4	45	28	1567	188	1580	205	106
南安市	151	1	9	13	2347	225	696	24	32
漳州市	**328**	**29**	**23**	**100**	**6766**	**677**	**1390**	**79**	**77**
芗城区	7	4		9	167	45	112	9	2
龙文区	6				78	14	19	8	2
云霄县	85	4	3	2	1008	57	108	5	14
漳浦县	44	9		7	1153	152	195	13	13
诏安县	48	2	1	1	1426	52	131	4	
长泰县	33		6	22	230	66	136	17	17
东山县	5				315	10	44		2
南靖县	31	1	4	10	370	54	68	3	5
平和县	26	1	1	6	446	21	87	3	13
华安县	1	1		5	209	28	55	1	
龙海市	42	7	8	38	1364	178	435	16	9
南平市	**32**		**6**	**78**	**2458**	**280**	**536**	**23**	**25**
延平区	4		1	11	403	35	59	3	2
建阳区	8			7	340	41	61	3	1
顺昌县	2		1	13	190	39	75	2	4
浦城县	6		1	9	250	35	47	3	1
光泽县	3			9	187	25	83	1	1
松溪县				1	163	18	27	1	
政和县	4		2	3	198	9	31	2	3
邵武市	2		1	7	102	14	52		1
武夷山市	1			3	294	23	28	1	7
建瓯市	2			15	331	41	73	7	5
龙岩市	**267**	**2**	**15**	**119**	**4823**	**395**	**613**	**39**	**5**
新罗区	10		2	13	498	74	203	3	
永定区	22	1	3	14	888	62	71	3	1

4-6c　续表 43　　　　单位：人

地　区 性　别	生产制造及有关人员								不便分类的其他从业人员
	计算机、通信和其他电子设备制造人　员	仪器仪表制造人员	废弃资源综合利用人　员	电力、热力、气体、水生产和输配人员	建筑施工人　员	运输设备和通用工程机械操作人员及有关人员	生产辅助人　员	其他生产制造及有关人员	
长汀县	59			10	791	38	90	5	2
上杭县	33		3	27	1228	94	83	17	
武平县	101	1	4	15	540	38	51	4	
连城县	31		3	15	548	46	44	7	2
漳平市	11			25	330	43	71		
宁德市	**241**		**39**	**103**	**4684**	**285**	**974**	**20**	**20**
蕉城区	158		2	13	1011	67	376	3	
霞浦县	6		19	10	598	24	53		
古田县	5		1	8	299	21	48	2	1
屏南县	3		2	4	192	12	18		
寿宁县	3			2	285	14	30	2	8
周宁县	4		1	3	510	17	13	1	
柘荣县	1				224	17	34	1	1
福安市	50		2	3	717	51	123	2	10
福鼎市	11		12	60	848	62	279	9	
女	**2657**	**67**	**130**	**134**	**10036**	**218**	**9168**	**627**	**257**
福州市	**196**	**4**	**15**	**16**	**1431**	**55**	**1161**	**14**	**42**
鼓楼区									
台江区									
仓山区									
马尾区					4		3		
晋安区					13		9		
长乐区	22		6	9	130	12	231	1	
闽侯县	71	2	1	1	160	8	449	3	8
连江县	5		2	1	219	6	82	8	1
罗源县				1	10	4	16	1	
闽清县	29	1	3		75		89		
永泰县	6		1	2	288	4	20		1
平潭县	3			1	112	3	11		32
福清市	60	1	2	1	420	18	251	1	
厦门市	**846**	**6**	**8**	**1**	**476**	**14**	**1015**	**19**	**7**
思明区									
海沧区	116	1			6	1	48		
湖里区									
集美区	72	3		1	58	1	337	2	
同安区	180	1	2		141	10	459		
翔安区	478	1	6		271	2	171	17	7
莆田市	**138**	**26**	**6**	**5**	**1047**	**7**	**321**	**7**	**9**
城厢区	15			1	141	1	72		1
涵江区	45	16	1	1	57		40	2	2
荔城区	7		2		123	2	21	1	4
秀屿区	16	9	1		432	4	75	1	
仙游县	55	1	2	3	294		113	3	2
三明市	**80**	**1**	**4**	**20**	**519**	**18**	**247**	**5**	**11**
梅列区				1	7	2	3		
三元区	1			1	2		9		
明溪县	3			1	32	1	9	1	3
清流县	7			1	62	2	41		2
宁化县	44		2		158	3	28	2	1
大田县	5	1		3	103	4	27	1	3
尤溪县	7		1	1	38	2	32		1
沙县				3	5		9	1	1
将乐县	3				17	1	12		
泰宁县	4		1	5	34		8		
建宁县	3			1	25	1	9		
永安市	3			3	36	2	60		

4-6c 续表 44

单位：人

地 区 性 别	生产制造及有关人员								不便分类的其他从业人员
	计算机、通信和其他电子设备制造人员	仪器仪表制造人员	废弃资源综合利用人员	电力、热力、气体、水生产和输配人员	建筑施工人员	运输设备和通用工程机械操作人员及有关人员	生产辅助人员	其他生产制造及有关人员	
泉州市	**499**	**11**	**63**	**13**	**2581**	**30**	**3471**	**474**	**112**
鲤城区									
丰泽区									
洛江区	13	1			68		162	4	3
泉港区	22	1		1	377	2	92	3	9
惠安县	24	2	4	1	850	12	463	229	5
安溪县	104		3	4	360		313	3	22
永春县	19	1		1	88		97	9	7
德化县			1	1	41	1	78		
石狮市	97	4	2	1	27	1	240	4	1
晋江市	86	2	48	2	252	10	1480	201	50
南安市	134		5	2	518	4	546	21	15
漳州市	**425**	**12**	**15**	**14**	**1779**	**38**	**1749**	**53**	**56**
芗城区	11	4	3	1	60	16	71		1
龙文区	16				29		34	4	
云霄县	90	1	1		228	1	94	7	9
漳浦县	58		1	2	327	1	202	14	8
诏安县	41				356		154	2	
长泰县	43		1	4	69	1	119	17	18
东山县	6		1		114	2	30	1	3
南靖县	61		2	3	95	3	113	3	8
平和县	14			1	101	1	150		5
华安县	4			1	49	1	33		
龙海市	81	7	6	2	351	12	749	5	4
南平市	**36**	**4**		**23**	**242**	**11**	**414**	**12**	**9**
延平区	6			2	27	3	42	2	
建阳区	11	2		4	28	1	66	2	1
顺昌县	5	2		2	17	2	42	2	
浦城县	5			4	20	1	19		3
光泽县	3			1	12		76		
松溪县				3	11		26	1	
政和县					15		23	2	
邵武市				3	8	2	20	2	
武夷山市	1				77	1	41		2
建瓯市	5			4	27	1	59	1	3
龙岩市	**317**	**3**	**8**	**33**	**1586**	**27**	**309**	**33**	**4**
新罗区	6	1	1	5	88	2	82		
永定区	47	1	1		307	4	45		2
长汀县	40			5	284		45	4	
上杭县	57		4	8	461	15	31	9	
武平县	132	1	1	4	237	3	16	1	2
连城县	32		1	1	118	2	50	18	
漳平市	3			10	91	1	40	1	
宁德市	**120**		**11**	**9**	**375**	**18**	**481**	**10**	**7**
蕉城区	67		1	1	96	7	213	2	
霞浦县	4		7		31		13	1	
古田县	4			1	11	4	50		1
屏南县	1			2	18		13		2
寿宁县	4			3	33		9		2
周宁县	1		1	1	53	1	25		
柘荣县	1				8		14		
福安市	32				74	3	37		2
福鼎市	6		2	1	51	3	107	7	

4-7　全省分年龄、性别、职业中类的就业人口

单位：人

年龄组 性　别	合　计	党的机关、国家机关、群众团体和社会组织、企事业单位负责人						
		小计	中国共产党机关负责人	国家机关负责人	民主党派和工商联负责人	人民团体和群众团体、社会组织及其他成员组织负责人	基层群众自治组织负责人	企事业单位负责人
总　计	**2052886**	**36015**	**102**	**1413**	**3**	**1611**	**1349**	**31537**
16–19岁	25407	43				4		39
20–24岁	114935	525		2		25	4	494
25–29岁	219657	2535	1	26		111	19	2378
30–34岁	319076	5931	15	103	1	231	73	5508
35–39岁	273339	6627	7	111		267	98	6144
40–44岁	250859	6373	16	214		263	192	5688
45–49岁	288483	6124	28	305	1	283	313	5194
50–54岁	238133	4197	20	346		200	326	3305
55–59岁	157015	2631	14	288	1	126	234	1968
60–64岁	79759	618	1	12		32	63	510
65–69岁	54322	272		3		29	25	215
70–74岁	20880	91		1		19	1	70
75岁及以上	11021	48		2		21	1	24
男	**1211954**	**28285**	**86**	**1219**	**1**	**1106**	**1168**	**24705**
16–19岁	15884	31				3		28
20–24岁	66626	381		1		19	3	358
25–29岁	128169	1889	1	19		72	13	1784
30–34岁	182176	4392	9	77		141	49	4116
35–39岁	154912	4946	5	86		174	80	4601
40–44岁	141521	4914	14	177		170	154	4399
45–49岁	164439	4904	25	280		194	275	4130
50–54岁	146954	3544	18	294		141	294	2797
55–59岁	104850	2363	13	268	1	106	216	1759
60–64岁	50991	550	1	11		28	58	452
65–69岁	34288	248		3		28	24	193
70–74岁	14030	83		1		15	1	66
75岁及以上	7114	40		2		15	1	22
女	**840932**	**7730**	**16**	**194**	**2**	**505**	**181**	**6832**
16–19岁	9523	12				1		11
20–24岁	48309	144		1		6	1	136
25–29岁	91488	646		7		39	6	594
30–34岁	136900	1539	6	26	1	90	24	1392
35–39岁	118427	1681	2	25		93	18	1543
40–44岁	109338	1459	2	37		93	38	1289
45–49岁	124044	1220	3	25	1	89	38	1064
50–54岁	91179	653	2	52		59	32	508
55–59岁	52165	268	1	20		20	18	209
60–64岁	28768	68		1		4	5	58
65–69岁	20034	24				1	1	22
70–74岁	6850	8				4		4
75岁及以上	3907	8				6		2

4-7 续表 1

单位：人

年龄组 性　别	专业技术人员									
	小计	科学研究人　员	工程技术人　员	农业技术人　员	飞机和船舶技术人　员	卫生专业技术人员	经济和金融专业人　员	法律、社会和宗教专业人员	教学人员	文学艺术、体育专业人员
总　计	**211378**	**668**	**43470**	**1081**	**721**	**29431**	**50713**	**5498**	**70509**	**5253**
16-19岁	2113	2	275	2	3	286	192	12	1163	115
20-24岁	20799	43	4020	48	21	3375	4022	281	7604	872
25-29岁	37957	99	7887	82	111	5780	9693	825	11554	1126
30-34岁	42506	136	9859	128	116	5595	12773	1061	11004	1007
35-39岁	32091	123	7060	135	117	4043	8759	830	9771	645
40-44岁	26408	80	4770	110	88	3258	6036	578	10585	476
45-49岁	22678	75	4365	168	101	2693	4902	598	8984	398
50-54岁	15010	51	2868	182	83	1909	2527	565	6304	286
55-59岁	8295	51	1888	139	48	1201	1318	369	2974	182
60-64岁	1739	3	318	44	27	521	250	137	351	64
65-69岁	1011	3	113	31	5	433	136	114	112	50
70-74岁	481	2	31	7	1	218	72	70	54	23
75岁及以上	290		16	5		119	33	58	49	9
男	**92892**	**408**	**36805**	**804**	**702**	**9711**	**14360**	**2834**	**22269**	**3070**
16-19岁	618		233	1	3	35	55	4	197	55
20-24岁	6961	24	3288	33	18	530	1055	99	1250	442
25-29岁	13732	58	6517	64	104	1156	2442	298	2093	655
30-34岁	16358	71	8253	95	114	1370	2919	437	2152	585
35-39岁	13205	70	5907	95	115	1271	2071	404	2596	387
40-44岁	11822	48	4060	75	86	1346	1617	317	3799	277
45-49岁	11713	51	3740	125	99	1223	1564	367	4124	222
50-54岁	8976	35	2564	135	83	1030	1221	367	3229	171
55-59岁	6713	46	1794	118	47	749	1023	284	2401	142
60-64岁	1368	1	303	33	27	377	188	99	269	55
65-69岁	797	3	107	22	5	333	112	77	80	47
70-74岁	398	1	27	5	1	184	64	48	42	23
75岁及以上	231		12	3		107	29	33	37	9
女	**118486**	**260**	**6665**	**277**	**19**	**19720**	**36353**	**2664**	**48240**	**2183**
16-19岁	1495	2	42	1		251	137	8	966	60
20-24岁	13838	19	732	15	3	2845	2967	182	6354	430
25-29岁	24225	41	1370	18	7	4624	7251	527	9461	471
30-34岁	26148	65	1606	33	2	4225	9854	624	8852	422
35-39岁	18886	53	1153	40	2	2772	6688	426	7175	258
40-44岁	14586	32	710	35	2	1912	4419	261	6786	199
45-49岁	10965	24	625	43	2	1470	3338	231	4860	176
50-54岁	6034	16	304	47		879	1306	198	3075	115
55-59岁	1582	5	94	21	1	452	295	85	573	40
60-64岁	371	2	15	11		144	62	38	82	9
65-69岁	214		6	9		100	24	37	32	3
70-74岁	83	1	4	2		34	8	22	12	
75岁及以上	59		4	2		12	4	25	12	

4-7 续表 2

单位：人

年龄组 性别	专业技术人员		办事人员和有关人员				社会生产服务和生活服务人员		
	新闻出版、文化专业人员	其他专业技术人员	小计	办事人员	安全和消防人员	其他办事人员和有关人员	小计	批发与零售服务人员	交通运输、仓储和邮政业服务人员
总计	**3118**	**916**	**151076**	**130340**	**19408**	**1328**	**774454**	**348929**	**126849**
16-19岁	46	17	747	603	139	5	12323	4532	989
20-24岁	441	72	8619	7415	1130	74	52276	23252	5809
25-29岁	665	135	20849	18666	2024	159	98326	48490	12481
30-34岁	625	202	29618	26702	2661	255	139103	69935	20398
35-39岁	456	152	24005	21668	2126	211	114290	56717	18694
40-44岁	314	113	19112	17135	1793	184	94955	44207	18016
45-49岁	285	109	18934	16476	2288	170	100420	41990	20733
50-54岁	177	58	14062	11343	2601	118	75910	28472	15946
55-59岁	83	42	10926	8156	2681	89	47638	16517	9546
60-64岁	14	10	2270	1215	1030	25	21597	7738	2855
65-69岁	10	4	1294	624	648	22	12378	4673	1083
70-74岁	1	2	467	228	226	13	3679	1596	236
75岁及以上	1		173	109	61	3	1559	810	63
男	**1241**	**688**	**91610**	**73214**	**17602**	**794**	**447756**	**181167**	**110919**
16-19岁	21	14	402	271	127	4	7706	2303	772
20-24岁	169	53	4162	3100	1025	37	31348	12117	4768
25-29岁	235	110	10093	8208	1811	74	60178	26479	10724
30-34岁	213	149	14933	12484	2319	130	79904	35276	17414
35-39岁	179	110	13236	11268	1856	112	64055	27592	16022
40-44岁	119	78	11469	9807	1546	116	52421	21602	15564
45-49岁	120	78	12458	10327	2022	109	54114	20763	18132
50-54岁	97	44	11067	8548	2432	87	43806	15635	14520
55-59岁	70	39	9991	7318	2596	77	29898	9978	9004
60-64岁	8	8	2063	1056	988	19	13327	4874	2710
65-69岁	8	3	1160	534	609	17	7632	2961	1019
70-74岁	1	2	428	203	215	10	2414	1077	220
75岁及以上	1		148	90	56	2	953	510	50
女	**1877**	**228**	**59466**	**57126**	**1806**	**534**	**326698**	**167762**	**15930**
16-19岁	25	3	345	332	12	1	4617	2229	217
20-24岁	272	19	4457	4315	105	37	20928	11135	1041
25-29岁	430	25	10756	10458	213	85	38148	22011	1757
30-34岁	412	53	14685	14218	342	125	59199	34659	2984
35-39岁	277	42	10769	10400	270	99	50235	29125	2672
40-44岁	195	35	7643	7328	247	68	42534	22605	2452
45-49岁	165	31	6476	6149	266	61	46306	21227	2601
50-54岁	80	14	2995	2795	169	31	32104	12837	1426
55-59岁	13	3	935	838	85	12	17740	6539	542
60-64岁	6	2	207	159	42	6	8270	2864	145
65-69岁	2	1	134	90	39	5	4746	1712	64
70-74岁			39	25	11	3	1265	519	16
75岁及以上			25	19	5	1	606	300	13

4-7 续表 3

单位：人

年龄组 性　别	社会生产服务和生活服务人员								
	住宿和餐饮服务人　员	信息传输、软件和信息技术服务人　员	金融服务人　　员	房地产服务人员	租赁和商务服务人　员	技术辅助服务人员	水利、环境和公共设施管理服务人员	居民服务人　　员	电力、燃气及水供应服务人　员
总　计	**101654**	**16679**	**15726**	**11214**	**22803**	**18064**	**32556**	**47069**	**5390**
16-19岁	3397	179	38	103	298	278	81	1241	17
20-24岁	7691	2445	1043	966	1700	2725	236	2871	202
25-29岁	11043	4577	2917	1732	2410	4343	607	4741	544
30-34岁	16342	4360	4003	2173	2929	4444	1295	7175	801
35-39岁	14462	2577	2528	1601	2313	2643	1695	6201	728
40-44岁	12920	1190	1690	1229	1984	1537	2921	5294	765
45-49岁	14668	744	1869	1333	2467	1073	5712	6288	953
50-54岁	10994	380	1049	924	2981	603	6673	5472	698
55-59岁	6178	185	536	635	2972	292	5814	3519	477
60-64岁	2491	22	34	289	1486	78	4042	2023	126
65-69岁	1166	13	15	187	925	33	2648	1381	60
70-74岁	229	5	3	35	270	11	672	535	15
75岁及以上	73	2	1	7	68	4	160	328	4
男	**51228**	**12374**	**7178**	**6614**	**16863**	**11919**	**10920**	**12701**	**4454**
16-19岁	2390	123	14	77	188	189	41	633	16
20-24岁	5073	1757	486	614	842	1684	139	1120	176
25-29岁	6907	3435	1498	1106	1302	2865	328	1629	443
30-34岁	9253	3200	1721	1172	1620	2962	548	2037	637
35-39岁	7528	1874	967	799	1382	1795	561	1718	568
40-44岁	5802	881	626	605	1396	1015	701	1151	602
45-49岁	5605	571	780	707	1956	666	1140	1132	729
50-54岁	4197	326	592	628	2714	409	1768	1085	634
55-59岁	2607	169	452	485	2864	233	2037	833	455
60-64岁	1146	20	27	239	1414	62	1819	546	116
65-69岁	555	12	11	149	879	26	1332	458	59
70-74岁	128	4	3	26	246	10	393	228	15
75岁及以上	37	2	1	7	60	3	113	131	4
女	**50426**	**4305**	**8548**	**4600**	**5940**	**6145**	**21636**	**34368**	**936**
16-19岁	1007	56	24	26	110	89	40	608	1
20-24岁	2618	688	557	352	858	1041	97	1751	26
25-29岁	4136	1142	1419	626	1108	1478	279	3112	101
30-34岁	7089	1160	2282	1001	1309	1482	747	5138	164
35-39岁	6934	703	1561	802	931	848	1134	4483	160
40-44岁	7118	309	1064	624	588	522	2220	4143	163
45-49岁	9063	173	1089	626	511	407	4572	5156	224
50-54岁	6797	54	457	296	267	194	4905	4387	64
55-59岁	3571	16	84	150	108	59	3777	2686	22
60-64岁	1345	2	7	50	72	16	2223	1477	10
65-69岁	611	1	4	38	46	7	1316	923	1
70-74岁	101	1		9	24	1	279	307	
75岁及以上	36				8	1	47	197	

4-7　续表 4　　　　　　　　　　　　　　　　　　　　　　　　　　　　　单位：人

年龄组 性　别	社会生产服务和生活服务人员				农、林、牧、渔业生产及辅助人员				
	修理及制作服务人　员	文化、体育和娱乐服务人员	健康服务人　　员	其他社会生产和生活服务人　员	小计	农业生产人　　员	林业生产人　　员	畜牧业生产人员	渔业生产人　　员
总　计	**19422**	**5890**	**1369**	**840**	**284040**	**224449**	**8130**	**17382**	**30633**
16−19岁	765	376	15	14	783	577	8	58	128
20−24岁	1914	1241	128	53	2930	2075	62	195	555
25−29岁	2849	1303	203	86	7157	4858	156	587	1447
30−34岁	3797	1051	246	154	13380	9081	336	1088	2634
35−39岁	3179	638	208	106	15549	10720	361	1200	3017
40−44岁	2503	416	177	106	20636	14524	694	1527	3581
45−49岁	2001	351	132	106	36851	27245	1343	2511	5177
50−54岁	1244	246	132	96	48841	38049	1901	2929	5343
55−59岁	679	145	78	65	45045	36599	1450	2441	4041
60−64岁	299	59	29	26	38210	32508	886	1840	2644
65−69岁	133	36	13	12	32101	28030	632	1688	1498
70−74岁	39	19	5	9	14351	12854	208	736	437
75岁及以上	20	9	3	7	8206	7329	93	582	131
男	**17475**	**2983**	**457**	**504**	**160903**	**120431**	**6109**	**9804**	**22938**
16−19岁	753	190	7	10	535	368	8	40	112
20−24岁	1842	659	34	37	1963	1278	52	148	458
25−29岁	2652	698	61	51	4461	2735	132	359	1175
30−34岁	3440	481	64	79	7969	4835	266	675	2079
35−39岁	2838	287	62	62	8991	5564	273	724	2319
40−44岁	2187	179	52	58	11216	7111	502	881	2587
45−49岁	1674	158	45	56	19361	13075	952	1373	3718
50−54岁	1050	132	50	66	25945	18689	1412	1642	3910
55−59岁	592	102	42	45	24297	18565	1086	1359	3018
60−64岁	269	42	23	20	22048	18189	692	993	2008
65−69岁	121	30	10	10	19223	16564	484	916	1146
70−74岁	37	17	4	6	9512	8563	172	398	325
75岁及以上	20	8	3	4	5382	4895	78	296	83
女	**1947**	**2907**	**912**	**336**	**123137**	**104018**	**2021**	**7578**	**7695**
16−19岁	12	186	8	4	248	209		18	16
20−24岁	72	582	94	16	967	797	10	47	97
25−29岁	197	605	142	35	2696	2123	24	228	272
30−34岁	357	570	182	75	5411	4246	70	413	555
35−39岁	341	351	146	44	6558	5156	88	476	698
40−44岁	316	237	125	48	9420	7413	192	646	994
45−49岁	327	193	87	50	17490	14170	391	1138	1459
50−54岁	194	114	82	30	22896	19360	489	1287	1433
55−59岁	87	43	36	20	20748	18034	364	1082	1023
60−64岁	30	17	6	6	16162	14319	194	847	636
65−69岁	12	6	3	2	12878	11466	148	772	352
70−74岁	2	2	1	3	4839	4291	36	338	112
75岁及以上		1		3	2824	2434	15	286	48

4-7 续表 5　　　　单位：人

年龄组 性别	农林牧渔生产辅助人员	其他农、林、牧、渔业生产加工人员	生产制造及有关人员 小计	农副产品加工人员	食品、饮料生产加工人员	烟草及其制品加工人员	纺织、针织、印染人员	纺织品、服装和皮革、毛皮制品加工制作人员	木材加工、家具与木制品制作人员
总　计	**2990**	**456**	**593686**	**13186**	**16558**	**481**	**12566**	**94118**	**21214**
16-19岁	10	2	9202	75	309		223	1607	150
20-24岁	32	11	29612	269	796	12	728	4315	535
25-29岁	94	15	52630	607	1453	24	1276	8314	1146
30-34岁	210	31	88213	1100	2210	52	2148	17245	2137
35-39岁	218	33	80563	1236	1926	61	1856	16036	2233
40-44岁	270	40	83094	1549	1939	62	1873	15803	2810
45-49岁	496	79	103183	2372	2719	113	2056	16465	4263
50-54岁	546	73	79868	2277	2305	100	1496	9041	4271
55-59岁	457	57	42347	1656	1400	39	633	3572	2361
60-64岁	289	43	15241	965	759	14	160	1006	807
65-69岁	213	40	7214	683	488	2	71	497	353
70-74岁	97	19	1785	253	155	1	30	141	112
75岁及以上	58	13	734	144	99	1	16	76	36
男	**1451**	**170**	**389108**	**5448**	**8341**	**247**	**5766**	**35038**	**15417**
16-19岁	7		6476	48	187		136	972	124
20-24岁	20	7	21690	164	464	9	485	2385	442
25-29岁	54	6	37679	328	832	14	706	3856	917
30-34岁	100	14	58405	517	1167	34	997	6691	1637
35-39岁	99	12	50346	526	910	28	763	5566	1578
40-44岁	121	14	49514	573	858	22	711	5013	1841
45-49岁	218	25	61719	899	1234	36	826	5129	2739
50-54岁	264	28	53466	907	1126	59	669	3072	3091
55-59岁	245	24	31501	695	764	32	334	1558	1937
60-64岁	151	15	11587	376	428	9	88	489	695
65-69岁	98	15	5196	281	244	2	32	220	296
70-74岁	45	9	1178	90	85	1	13	61	91
75岁及以上	29	1	351	44	42	1	6	26	29
女	**1539**	**286**	**204578**	**7738**	**8217**	**234**	**6800**	**59080**	**5797**
16-19岁	3	2	2726	27	122		87	635	26
20-24岁	12	4	7922	105	332	3	243	1930	93
25-29岁	40	9	14951	279	621	10	570	4458	229
30-34岁	110	17	29808	583	1043	18	1151	10554	500
35-39岁	119	21	30217	710	1016	33	1093	10470	655
40-44岁	149	26	33580	976	1081	40	1162	10790	969
45-49岁	278	54	41464	1473	1485	77	1230	11336	1524
50-54岁	282	45	26402	1370	1179	41	827	5969	1180
55-59岁	212	33	10846	961	636	7	299	2014	424
60-64岁	138	28	3654	589	331	5	72	517	112
65-69岁	115	25	2018	402	244		39	277	57
70-74岁	52	10	607	163	70		17	80	21
75岁及以上	29	12	383	100	57		10	50	7

4-7 续表 6

单位：人

年龄组 性 别	生产制造及有关人员								
	纸及纸制品生产加工人员	印刷和记录媒介复制人员	文教、工美、体育和娱乐用品制造人员	石油加工和炼焦、煤化工生产人员	化学原料和化学制品制造人员	医药制造人员	化学纤维制造人员	橡胶和塑料制品制造人员	非金属矿物制品制造人员
总 计	**5302**	**3361**	**15496**	**371**	**3631**	**1020**	**1001**	**11712**	**22859**
16–19岁	86	93	211	2	32	9	27	265	173
20–24岁	288	229	610	18	196	97	169	732	687
25–29岁	506	396	1274	56	310	148	190	1194	1545
30–34岁	757	652	2474	55	516	194	168	1738	2779
35–39岁	691	552	2397	40	508	146	110	1624	2897
40–44岁	710	507	2515	28	529	132	101	1825	3425
45–49岁	903	462	2682	71	664	137	128	2108	4721
50–54岁	723	279	1728	61	534	93	77	1327	3700
55–59岁	368	131	875	30	252	47	27	614	2020
60–64岁	138	35	354	9	68	10	3	158	643
65–69岁	86	13	230	1	17	5	1	74	230
70–74岁	29	11	82		3	1		26	33
75岁及以上	17	1	64		2	1		27	6
男	**2950**	**2267**	**8128**	**302**	**2496**	**508**	**667**	**6669**	**15750**
16–19岁	66	73	120	2	28	6	21	194	149
20–24岁	211	173	421	18	152	50	136	500	557
25–29岁	364	310	782	43	230	64	136	789	1193
30–34岁	461	475	1349	48	365	101	121	1037	1933
35–39岁	359	400	1223	29	329	59	68	912	1842
40–44岁	340	309	1210	21	346	62	47	932	2088
45–49岁	418	248	1280	55	397	57	69	1012	3013
50–54岁	374	155	872	49	378	61	47	738	2633
55–59岁	221	86	503	28	202	35	20	396	1583
60–64岁	79	23	181	8	50	7	1	102	533
65–69岁	42	8	119	1	14	4	1	39	193
70–74岁	13	7	42		3	1		10	27
75岁及以上	2		26		2	1		8	6
女	**2352**	**1094**	**7368**	**69**	**1135**	**512**	**334**	**5043**	**7109**
16–19岁	20	20	91		4	3	6	71	24
20–24岁	77	56	189		44	47	33	232	130
25–29岁	142	86	492	13	80	84	54	405	352
30–34岁	296	177	1125	7	151	93	47	701	846
35–39岁	332	152	1174	11	179	87	42	712	1055
40–44岁	370	198	1305	7	183	70	54	893	1337
45–49岁	485	214	1402	16	267	80	59	1096	1708
50–54岁	349	124	856	12	156	32	30	589	1067
55–59岁	147	45	372	2	50	12	7	218	437
60–64岁	59	12	173	1	18	3	2	56	110
65–69岁	44	5	111		3	1		35	37
70–74岁	16	4	40					16	6
75岁及以上	15	1	38					19	

4-7 续表 7 单位：人

年龄组 性别	生产制造及有关人员								
	采矿人员	金属冶炼和压延加工人员	机械制造基础加工人员	金属制品制造人员	通用设备制造人员	专用设备制造人员	汽车制造人员	铁路、船舶、航空设备制造人员	电气机械和器材制造人员
总计	**3001**	**5504**	**21623**	**19034**	**3777**	**1722**	**3821**	**1299**	**8448**
16-19岁	7	31	306	317	55	46	284	8	347
20-24岁	25	266	1046	987	228	183	366	51	1163
25-29岁	82	497	1947	1905	380	227	435	117	1399
30-34岁	220	881	3721	3181	622	361	670	220	1738
35-39岁	265	744	3428	3018	525	265	579	184	1164
40-44岁	452	826	3277	2889	533	227	491	176	965
45-49岁	806	1015	3834	3227	659	233	494	250	847
50-54岁	725	826	2587	2057	476	113	340	172	531
55-59岁	341	326	1097	971	226	49	122	82	196
60-64岁	57	69	268	301	50	8	25	24	62
65-69岁	12	16	82	125	17	7	12	11	31
70-74岁	4	4	22	41	3	1	2	3	4
75岁及以上	5	3	8	15	3	2	1	1	1
男	**2728**	**4548**	**17765**	**13070**	**2867**	**1108**	**2694**	**954**	**5507**
16-19岁	7	27	272	255	40	32	251	8	263
20-24岁	22	245	933	762	177	128	304	43	935
25-29岁	74	435	1690	1484	303	164	342	99	1043
30-34岁	206	749	3165	2332	491	242	495	173	1196
35-39岁	237	587	2819	2079	381	155	383	141	712
40-44岁	397	645	2587	1881	396	119	300	111	488
45-49岁	719	789	2950	1917	460	143	268	159	377
50-54岁	675	708	2094	1327	365	71	217	123	290
55-59岁	317	281	915	706	192	39	100	62	140
60-64岁	55	62	245	216	47	8	20	23	44
65-69岁	10	14	69	75	12	5	11	9	16
70-74岁	4	3	21	29	1	1	2	2	2
75岁及以上	5	3	5	7	2	1	1	1	1
女	**273**	**956**	**3858**	**5964**	**910**	**614**	**1127**	**345**	**2941**
16-19岁		4	34	62	15	14	33		84
20-24岁	3	21	113	225	51	55	62	8	228
25-29岁	8	62	257	421	77	63	93	18	356
30-34岁	14	132	556	849	131	119	175	47	542
35-39岁	28	157	609	939	144	110	196	43	452
40-44岁	55	181	690	1008	137	108	191	65	477
45-49岁	87	226	884	1310	199	90	226	91	470
50-54岁	50	118	493	730	111	42	123	49	241
55-59岁	24	45	182	265	34	10	22	20	56
60-64岁	2	7	23	85	3		5	1	18
65-69岁	2	2	13	50	5	2	1	2	15
70-74岁		1	1	12	2			1	2
75岁及以上			3	8	1	1			

4-7　续表 8　　　　单位：人

年龄组 性　别	生产制造及有关人员								不便分类的其他从业人员
	计算机、通信和其他电子设备制造人员	仪器仪表制造人员	废弃资源综合利用人员	电力、热力、气体、水生产和输配人员	建筑施工人员	运输设备和通用工程机械操作人员及有关人员	生产辅助人员	其他生产制造及有关人员	
总　计	**27085**	**882**	**1013**	**2542**	**177176**	**12621**	**78271**	**2991**	**2237**
16-19岁	2085	27	4	9	969	146	1266	33	196
20-24岁	4176	86	27	128	5152	830	5087	130	174
25-29岁	4306	93	52	221	12004	1760	8543	223	203
30-34岁	5234	158	70	315	20515	2549	13125	408	325
35-39岁	3757	141	79	243	20418	1869	11220	351	214
40-44岁	2920	124	142	267	23419	1629	10562	387	281
45-49岁	2660	115	179	469	33807	1795	12346	583	293
50-54岁	1266	85	203	440	31399	1242	8945	449	245
55-59岁	481	21	129	287	18446	619	4716	213	133
60-64岁	123	20	63	95	7217	139	1494	97	84
65-69岁	61	9	38	57	3136	36	724	89	52
70-74岁	11	3	14	9	581	6	178	22	26
75岁及以上	5		13	2	113	1	65	6	11
男	**14996**	**359**	**687**	**2137**	**150209**	**11784**	**46264**	**1437**	**1400**
16-19岁	1389	13	4	8	859	141	756	25	116
20-24岁	2909	59	23	113	4702	794	3286	88	121
25-29岁	2780	58	42	195	10920	1692	5655	139	137
30-34岁	2944	65	47	262	18323	2440	8117	225	215
35-39岁	1768	46	57	199	17737	1755	6537	161	133
40-44岁	1167	43	89	203	19397	1459	5692	167	165
45-49岁	954	28	114	358	26921	1597	6313	240	170
50-54岁	648	29	134	378	25714	1140	5130	192	150
55-59岁	310	9	89	266	15819	588	3175	99	87
60-64岁	90	8	46	91	6386	137	984	56	48
65-69岁	33		26	54	2820	34	476	36	32
70-74岁	3	1	9	9	523	6	112	6	17
75岁及以上	1		7	1	88	1	31	3	9
女	**12089**	**523**	**326**	**405**	**26967**	**837**	**32007**	**1554**	**837**
16-19岁	696	14		1	110	5	510	8	80
20-24岁	1267	27	4	15	450	36	1801	42	53
25-29岁	1526	35	10	26	1084	68	2888	84	66
30-34岁	2290	93	23	53	2192	109	5008	183	110
35-39岁	1989	95	22	44	2681	114	4683	190	81
40-44岁	1753	81	53	64	4022	170	4870	220	116
45-49岁	1706	87	65	111	6886	198	6033	343	123
50-54岁	618	56	69	62	5685	102	3815	257	95
55-59岁	171	12	40	21	2627	31	1541	114	46
60-64岁	33	12	17	4	831	2	510	41	36
65-69岁	28	9	12	3	316	2	248	53	20
70-74岁	8	2	5		58		66	16	9
75岁及以上	4		6	1	25		34	3	2

4-7a 全省分年龄、性别、职业中类的就业人口(城市)

单位：人

年龄组 性别	合计	党的机关、国家机关、群众团体和社会组织、企事业单位负责人						
		小计	中国共产党机关负责人	国家机关负责人	民主党派和工商联负责人	人民团体和群众团体、社会组织及其他成员组织负责人	基层群众自治组织负责人	企事业单位负责人
总计	**873575**	**22429**	**52**	**714**	**2**	**913**	**239**	**20509**
16-19岁	12777	29				3		26
20-24岁	63515	335		1		17	1	316
25-29岁	114247	1570		9		72	4	1485
30-34岁	159975	3876	7	47	1	139	15	3667
35-39岁	135164	4620	3	53		186	24	4354
40-44岁	114616	4152	7	101		143	42	3859
45-49岁	118309	3714	13	136	1	161	67	3336
50-54岁	83169	2325	12	181		105	46	1981
55-59岁	47531	1413	10	177		56	31	1139
60-64岁	14066	244		6		12	5	221
65-69岁	7410	108		2		10	3	93
70-74岁	1979	30				6		24
75岁及以上	817	13		1		3	1	8
男	**508633**	**17282**	**43**	**601**		**633**	**173**	**15832**
16-19岁	7938	20				2		18
20-24岁	35509	245		1		13	1	230
25-29岁	64821	1149		7		46	2	1094
30-34岁	89363	2841	3	33		88	6	2711
35-39岁	75057	3401	2	39		124	15	3221
40-44岁	64213	3173	6	79		101	25	2962
45-49岁	67278	2913	12	123		114	52	2612
50-54岁	52963	1925	11	150		73	36	1655
55-59岁	34986	1273	9	161		48	29	1026
60-64岁	9657	213		5		10	4	194
65-69岁	4955	93		2		9	2	80
70-74岁	1353	25				3		22
75岁及以上	540	11		1		2	1	7
女	**364942**	**5147**	**9**	**113**	**2**	**280**	**66**	**4677**
16-19岁	4839	9				1		8
20-24岁	28006	90				4		86
25-29岁	49426	421		2		26	2	391
30-34岁	70612	1035	4	14	1	51	9	956
35-39岁	60107	1219	1	14		62	9	1133
40-44岁	50403	979	1	22		42	17	897
45-49岁	51031	801	1	13	1	47	15	724
50-54岁	30206	400	1	31		32	10	326
55-59岁	12545	140	1	16		8	2	113
60-64岁	4409	31		1		2	1	27
65-69岁	2455	15				1	1	13
70-74岁	626	5				3		2
75岁及以上	277	2				1		1

4-7a　续表 1　　　　单位：人

年龄组 性　别	专业技术人员									
	小计	科学研究人员	工程技术人员	农业技术人员	飞机和船舶技术人员	卫生专业技术人员	经济和金融专业人员	法律、社会和宗教专业人员	教学人员	文学艺术、体育专业人员
总　计	**128890**	**504**	**27536**	**362**	**367**	**17599**	**35663**	**3286**	**37494**	**3298**
16-19岁	1016		128	1	2	144	109	4	510	85
20-24岁	12365	29	2338	16	21	1963	2674	180	4119	673
25-29岁	23269	66	4972	25	99	3302	6540	540	6366	817
30-34岁	27279	97	6366	49	71	3702	8851	698	6291	614
35-39岁	21592	96	4865	54	67	2838	6507	543	5800	383
40-44岁	16375	72	3150	40	31	2049	4630	390	5410	274
45-49岁	13294	58	2712	59	40	1511	3626	346	4457	209
50-54岁	8125	39	1705	59	16	1041	1739	294	2940	127
55-59岁	4393	43	1108	44	17	652	803	180	1387	76
60-64岁	632	1	127	7	3	168	113	48	130	21
65-69岁	332	2	43	6		133	47	38	45	10
70-74岁	128	1	12	1		57	16	13	23	5
75岁及以上	90		10	1		39	8	12	16	4
男	**54607**	**299**	**22980**	**251**	**349**	**5247**	**9900**	**1634**	**10811**	**1890**
16-19岁	302		114		2	14	34	1	83	41
20-24岁	4209	13	1864	11	18	310	711	63	741	332
25-29岁	8698	35	4014	20	93	664	1726	193	1266	468
30-34岁	10537	45	5260	35	69	866	2096	290	1301	353
35-39岁	8649	50	4006	28	65	833	1507	245	1492	232
40-44岁	6943	43	2665	23	29	766	1226	205	1684	163
45-49岁	6352	44	2305	44	38	620	1071	215	1752	130
50-54岁	4548	28	1514	40	16	510	777	197	1287	81
55-59岁	3472	38	1058	38	16	381	618	142	1053	57
60-64岁	467		120	6	3	109	80	35	91	15
65-69岁	256	2	40	4		98	34	32	31	9
70-74岁	103	1	12	1		44	13	9	18	5
75岁及以上	71		8	1		32	7	7	12	4
女	**74283**	**205**	**4556**	**111**	**18**	**12352**	**25763**	**1652**	**26683**	**1408**
16-19岁	714		14	1		130	75	3	427	44
20-24岁	8156	16	474	5	3	1653	1963	117	3378	341
25-29岁	14571	31	958	5	6	2638	4814	347	5100	349
30-34岁	16742	52	1106	14	2	2836	6755	408	4990	261
35-39岁	12943	46	859	26	2	2005	5000	298	4308	151
40-44岁	9432	29	485	17	2	1283	3404	185	3726	111
45-49岁	6942	14	407	15	2	891	2555	131	2705	79
50-54岁	3577	11	191	19		531	962	97	1653	46
55-59岁	921	5	50	6	1	271	185	38	334	19
60-64岁	165	1	7	1		59	33	13	39	6
65-69岁	76		3	2		35	13	6	14	1
70-74岁	25					13	3	4	5	
75岁及以上	19		2			7	1	5	4	

4-7a 续表 2

单位：人

年龄组 性别	专业技术人员		办事人员和有关人员				社会生产服务和生活服务人员		
	新闻出版、文化专业人员	其他专业技术人员	小计	办事人员	安全和消防人员	其他办事人员和有关人员	小计	批发与零售服务人员	交通运输、仓储和邮政业服务人员
总　计	**2303**	**478**	**95181**	**83656**	**10927**	**598**	**385851**	**168359**	**60863**
16－19岁	30	3	411	354	56	1	6995	2304	527
20－24岁	312	40	5203	4633	547	23	31195	13076	3428
25－29岁	472	70	12667	11559	1044	64	53338	24781	6687
30－34岁	432	108	19048	17407	1535	106	72009	35530	10173
35－39岁	349	90	16585	15137	1336	112	59241	29465	9240
40－44岁	270	59	12819	11548	1170	101	47733	22299	8729
45－49岁	224	52	12149	10638	1430	81	48524	19527	9710
50－54岁	133	32	8392	6835	1508	49	34260	11681	6973
55－59岁	62	21	6273	4724	1503	46	20212	5980	4182
60－64岁	11	3	941	486	448	7	7339	2145	823
65－69岁	8		478	228	246	4	3780	1082	302
70－74岁			158	73	82	3	922	347	69
75岁及以上			57	34	22	1	303	142	20
男	**903**	**343**	**55537**	**45324**	**9851**	**362**	**222222**	**87382**	**52599**
16－19岁	12	1	202	151	50	1	4321	1123	404
20－24岁	119	27	2343	1837	495	11	18332	6621	2741
25－29岁	164	55	5850	4891	928	31	32434	13479	5657
30－34岁	148	74	9318	7917	1345	56	41480	18218	8617
35－39岁	128	63	8885	7663	1163	59	33110	14463	7856
40－44岁	102	37	7487	6411	1010	66	26273	10977	7455
45－49岁	95	38	7793	6481	1261	51	25775	9685	8381
50－54岁	73	25	6463	5042	1386	35	19760	6571	6393
55－59岁	51	20	5737	4240	1457	40	13055	3845	3965
60－64岁	5	3	849	413	430	6	4557	1406	779
65－69岁	6		423	189	231	3	2327	683	279
70－74岁			138	60	76	2	603	220	59
75岁及以上			49	29	19	1	195	91	13
女	**1400**	**135**	**39644**	**38332**	**1076**	**236**	**163629**	**80977**	**8264**
16－19岁	18	2	209	203	6		2674	1181	123
20－24岁	193	13	2860	2796	52	12	12863	6455	687
25－29岁	308	15	6817	6668	116	33	20904	11302	1030
30－34岁	284	34	9730	9490	190	50	30529	17312	1556
35－39岁	221	27	7700	7474	173	53	26131	15002	1384
40－44岁	168	22	5332	5137	160	35	21460	11322	1274
45－49岁	129	14	4356	4157	169	30	22749	9842	1329
50－54岁	60	7	1929	1793	122	14	14500	5110	580
55－59岁	11	1	536	484	46	6	7157	2135	217
60－64岁	6		92	73	18	1	2782	739	44
65－69岁	2		55	39	15	1	1453	399	23
70－74岁			20	13	6	1	319	127	10
75岁及以上			8	5	3		108	51	7

4-7a　续表 3　　　　　　　　　　　　　　　　　　　　单位：人

年龄组 性　别	社会生产服务和生活服务人员								
	住宿和餐饮服务人　员	信息传输、软件和信息技术服务人　员	金融服务人　　员	房地产服务人员	租赁和商务服务人　员	技术辅助服务人员	水利、环境和公共设施管理服务人员	居民服务人　　员	电力、燃气及水供应服务人　员
总　计	**46133**	**11836**	**10800**	**8016**	**13497**	**12020**	**15991**	**22407**	**2308**
16-19岁	2137	112	28	72	204	170	38	744	6
20-24岁	4492	1766	670	707	1241	1915	94	1699	116
25-29岁	5488	3361	1924	1195	1678	2880	295	2466	262
30-34岁	7075	3082	2796	1462	1927	2933	615	3487	359
35-39岁	6268	1842	1848	1167	1532	1837	811	2938	361
40-44岁	5705	852	1184	896	1233	1027	1477	2552	326
45-49岁	6413	481	1291	1002	1494	688	3122	3230	382
50-54岁	4750	231	707	704	1601	352	3534	2616	286
55-59岁	2464	92	326	466	1502	161	2932	1464	170
60-64岁	888	8	17	200	624	33	1755	680	28
65-69岁	379	6	8	112	347	16	1084	385	8
70-74岁	61	1	1	27	91	4	201	100	4
75岁及以上	13	2		6	23	4	33	46	
男	**23765**	**8823**	**4920**	**4828**	**9297**	**7764**	**5036**	**5820**	**1851**
16-19岁	1513	81	13	55	125	116	16	362	5
20-24岁	2932	1256	313	467	586	1160	53	656	99
25-29岁	3423	2526	975	785	860	1823	149	837	209
30-34岁	4023	2300	1190	829	982	1914	259	970	279
35-39岁	3304	1351	710	616	857	1215	257	781	269
40-44岁	2606	645	476	441	832	680	306	521	244
45-49岁	2427	365	565	530	1161	431	556	534	287
50-54岁	1818	198	382	476	1433	245	910	455	259
55-59岁	1065	85	279	352	1435	133	1030	313	163
60-64岁	411	8	11	163	591	28	821	197	25
65-69岁	196	5	5	90	333	12	539	133	8
70-74岁	39	1	1	18	82	4	119	43	4
75岁及以上	8	2		6	20	3	21	18	
女	**22368**	**3013**	**5880**	**3188**	**4200**	**4256**	**10955**	**16587**	**457**
16-19岁	624	31	15	17	79	54	22	382	1
20-24岁	1560	510	357	240	655	755	41	1043	17
25-29岁	2065	835	949	410	818	1057	146	1629	53
30-34岁	3052	782	1606	633	945	1019	356	2517	80
35-39岁	2964	491	1138	551	675	622	554	2157	92
40-44岁	3099	207	708	455	401	347	1171	2031	82
45-49岁	3986	116	726	472	333	257	2566	2696	95
50-54岁	2932	33	325	228	168	107	2624	2161	27
55-59岁	1399	7	47	114	67	28	1902	1151	7
60-64岁	477		6	37	33	5	934	483	3
65-69岁	183	1	3	22	14	4	545	252	
70-74岁	22			9	9		82	57	
75岁及以上	5				3	1	12	28	

4-7a 续表 4 单位：人

年龄组 性 别	社会生产服务和生活服务人员				农、林、牧、渔业生产及辅助人员				
	修理及制作服务人员	文化、体育和娱乐服务人员	健康服务人员	其他社会生产和生活服务人员	小计	农业生产人员	林业生产人员	畜牧业生产人员	渔业生产人员
总 计	**8532**	**3699**	**947**	**443**	**12891**	**8715**	**715**	**1406**	**1737**
16-19岁	370	266	8	9	24	16	1	1	3
20-24岁	949	915	97	30	129	86	5	20	14
25-29岁	1262	868	137	54	361	201	19	63	67
30-34岁	1669	646	168	87	715	392	50	101	141
35-39岁	1351	378	141	62	888	474	45	138	204
40-44岁	1052	220	129	52	1106	622	82	157	209
45-49岁	851	180	92	61	1770	1096	124	212	282
50-54岁	568	123	87	47	2278	1518	164	202	341
55-59岁	314	70	61	28	2000	1387	138	185	236
60-64岁	95	18	17	8	1551	1218	48	125	138
65-69岁	33	9	5	4	1318	1041	34	153	76
70-74岁	12		3	1	487	425	4	31	23
75岁及以上	6	6	2		264	239	1	18	3
男	**7707**	**1870**	**302**	**258**	**7781**	**4899**	**543**	**805**	**1365**
16-19岁	365	131	4	8	18	11	1		3
20-24岁	914	492	23	19	93	62	4	14	11
25-29岁	1178	463	39	31	245	121	16	42	59
30-34岁	1511	302	42	44	487	231	40	73	124
35-39岁	1200	166	34	31	596	290	38	90	164
40-44岁	928	96	36	30	684	350	55	97	162
45-49岁	716	75	32	30	1040	583	92	121	216
50-54岁	476	71	39	34	1351	813	122	117	275
55-59岁	285	50	33	22	1151	741	105	92	182
60-64岁	85	13	13	6	858	653	36	61	98
65-69岁	32	6	3	3	792	635	31	68	50
70-74岁	11		2		303	263	2	18	18
75岁及以上	6	5	2		163	146	1	12	3
女	**825**	**1829**	**645**	**185**	**5110**	**3816**	**172**	**601**	**372**
16-19岁	5	135	4	1	6	5		1	
20-24岁	35	423	74	11	36	24	1	6	3
25-29岁	84	405	98	23	116	80	3	21	8
30-34岁	158	344	126	43	228	161	10	28	17
35-39岁	151	212	107	31	292	184	7	48	40
40-44岁	124	124	93	22	422	272	27	60	47
45-49岁	135	105	60	31	730	513	32	91	66
50-54岁	92	52	48	13	927	705	42	85	66
55-59岁	29	20	28	6	849	646	33	93	54
60-64岁	10	5	4	2	693	565	12	64	40
65-69岁	1	3	2	1	526	406	3	85	26
70-74岁	1		1	1	184	162	2	13	5
75岁及以上		1			101	93		6	

4-7a 续表 5

单位：人

年龄组 性别	农林牧渔生产辅助人员	其他农、林、牧、渔业生产加工人员	生产制造及有关人员 小计	农副产品加工人员	食品、饮料生产加工人员	烟草及其制品加工人员	纺织、针织、印染人员	纺织品、服装和皮革、毛皮制品加工制作人员	木材加工、家具与木制品制作人员
总 计	**297**	**21**	**227421**	**1771**	**3818**	**256**	**2639**	**47737**	**5746**
16-19岁	3		4258	16	99		52	1028	50
20-24岁	3	1	14236	48	313	10	167	2791	159
25-29岁	11		22963	110	441	18	249	4578	355
30-34岁	28	3	36892	152	633	42	470	8671	691
35-39岁	27		32140	181	488	42	396	7788	657
40-44岁	32	4	32306	232	469	35	394	7711	754
45-49岁	52	4	38711	355	586	58	469	8240	1118
50-54岁	47	6	27692	330	456	38	303	4567	1181
55-59岁	51	3	13183	212	214	11	101	1706	573
60-64岁	22		3333	72	69	2	22	407	153
65-69岁	14		1374	47	37		12	202	39
70-74岁	4		244	10	9		2	35	12
75岁及以上	3		89	6	4		2	13	4
男	**156**	**13**	**150634**	**967**	**2037**	**143**	**1226**	**21242**	**4511**
16-19岁	3		3050	11	66		34	661	46
20-24岁	2		10248	34	178	8	114	1618	136
25-29岁	7		16400	79	269	9	145	2377	307
30-34岁	16	3	24595	89	340	30	225	4048	564
35-39岁	14		20349	93	255	23	165	3413	511
40-44岁	18	2	19578	118	216	17	151	3070	539
45-49岁	25	3	23322	184	268	20	178	3059	786
50-54岁	20	4	18855	161	220	24	142	1770	937
55-59岁	30	1	10259	125	145	10	54	863	491
60-64岁	10		2700	36	50	2	10	227	145
65-69岁	8		1052	32	24		7	111	35
70-74岁	2		175	3	5			20	10
75岁及以上	1		51	2	1		1	5	4
女	**141**	**8**	**76787**	**804**	**1781**	**113**	**1413**	**26495**	**1235**
16-19岁			1208	5	33		18	367	4
20-24岁	1	1	3988	14	135	2	53	1173	23
25-29岁	4		6563	31	172	9	104	2201	48
30-34岁	12		12297	63	293	12	245	4623	127
35-39岁	13		11791	88	233	19	231	4375	146
40-44岁	14	2	12728	114	253	18	243	4641	215
45-49岁	27	1	15389	171	318	38	291	5181	332
50-54岁	27	2	8837	169	236	14	161	2797	244
55-59岁	21	2	2924	87	69	1	47	843	82
60-64岁	12		633	36	19		12	180	8
65-69岁	6		322	15	13		5	91	4
70-74岁	2		69	7	4		2	15	2
75岁及以上	2		38	4	3		1	8	

4-7a 续表 6

单位：人

年龄组 性　别	生产制造及有关人员								
	纸及纸制品生产加工人员	印刷和记录媒介复制人员	文教、工美、体育和娱乐用品制造人　员	石油加工和炼焦、煤化工生产人员	化学原料和化学制品制造人　员	医药制造人　　员	化学纤维制造人员	橡胶和塑料制品制造人员	非金属矿物制品制造人员
总　计	**1809**	**1950**	**4298**	**208**	**1368**	**506**	**122**	**5742**	**3126**
16-19岁	36	44	47		14	3	1	166	38
20-24岁	118	140	198	8	104	49	8	433	140
25-29岁	195	228	325	30	133	78	17	680	280
30-34岁	262	347	641	31	209	107	21	904	465
35-39岁	241	328	750	23	196	84	17	807	375
40-44岁	238	303	781	20	189	70	17	851	425
45-49岁	315	273	772	51	224	55	22	1039	640
50-54岁	227	185	514	28	192	41	13	559	456
55-59岁	110	73	187	14	83	14	5	234	221
60-64岁	36	17	49	3	20	4		49	65
65-69岁	19	8	28		4		1	17	18
70-74岁	8	4	5			1		2	3
75岁及以上	4		1					1	
男	**1031**	**1345**	**2305**	**171**	**922**	**212**	**80**	**3257**	**2404**
16-19岁	30	34	32		12	2	1	125	31
20-24岁	83	108	143	8	74	20	8	282	108
25-29岁	139	178	210	24	92	26	11	449	221
30-34岁	154	254	338	26	133	55	16	528	346
35-39岁	123	239	395	17	129	27	9	453	276
40-44岁	119	192	390	15	129	24	10	435	307
45-49岁	158	153	359	40	132	18	13	475	487
50-54岁	113	113	279	25	132	26	7	305	355
55-59岁	72	54	111	13	69	9	4	155	191
60-64岁	25	12	29	3	16	4		37	63
65-69岁	11	5	14		4		1	11	16
70-74岁	4	3	4			1		2	3
75岁及以上			1						
女	**778**	**605**	**1993**	**37**	**446**	**294**	**42**	**2485**	**722**
16-19岁	6	10	15		2	1		41	7
20-24岁	35	32	55		30	29		151	32
25-29岁	56	50	115	6	41	52	6	231	59
30-34岁	108	93	303	5	76	52	5	376	119
35-39岁	118	89	355	6	67	57	8	354	99
40-44岁	119	111	391	5	60	46	7	416	118
45-49岁	157	120	413	11	92	37	9	564	153
50-54岁	114	72	235	3	60	15	6	254	101
55-59岁	38	19	76	1	14	5	1	79	30
60-64岁	11	5	20		4			12	2
65-69岁	8	3	14					6	2
70-74岁	4	1	1						
75岁及以上	4							1	

4-7a 续表 7 单位：人

年龄组 性 别	生产制造及有关人员								
	采矿人员	金属冶炼和压延加工人员	机械制造基础加工人员	金属制品制造人员	通用设备制造人员	专用设备制造人员	汽车制造人员	铁路、船舶、航空设备制造人员	电气机械和器材制造人员
总 计	**437**	**1660**	**9637**	**6800**	**1618**	**949**	**1938**	**658**	**5240**
16-19岁		12	170	127	26	30	237	3	243
20-24岁	6	78	505	387	128	101	233	22	910
25-29岁	13	148	900	688	189	119	219	71	951
30-34岁	38	265	1710	1101	281	200	323	114	1115
35-39岁	39	239	1496	1078	217	146	278	94	651
40-44岁	75	285	1481	1075	223	137	235	93	515
45-49岁	116	307	1722	1198	267	127	219	121	431
50-54岁	88	232	1062	726	181	52	139	87	270
55-59岁	53	78	458	310	74	29	47	40	110
60-64岁	6	11	101	74	20	2	5	6	31
65-69岁	1	3	22	29	7	3	3	6	12
70-74岁	2	1	8	4	3	1		1	1
75岁及以上		1	2	3	2	2			
男	**385**	**1380**	**7777**	**4715**	**1215**	**583**	**1415**	**475**	**3570**
16-19岁		11	150	106	16	21	213	3	184
20-24岁	4	71	446	293	89	62	189	20	741
25-29岁	12	128	771	539	153	86	175	64	733
30-34岁	33	228	1437	819	226	125	240	88	784
35-39岁	33	194	1200	745	155	82	185	70	404
40-44岁	68	214	1148	682	169	69	144	54	284
45-49岁	100	239	1287	713	181	75	122	74	190
50-54岁	78	211	845	497	139	35	101	62	142
55-59岁	51	69	376	236	60	22	38	29	76
60-64岁	4	10	89	59	19	2	5	6	22
65-69岁		3	19	20	6	2	3	4	9
70-74岁	2	1	8	4	1	1		1	1
75岁及以上		1	1	2	1	1			
女	**52**	**280**	**1860**	**2085**	**403**	**366**	**523**	**183**	**1670**
16-19岁		1	20	21	10	9	24		59
20-24岁	2	7	59	94	39	39	44	2	169
25-29岁	1	20	129	149	36	33	44	7	218
30-34岁	5	37	273	282	55	75	83	26	331
35-39岁	6	45	296	333	62	64	93	24	247
40-44岁	7	71	333	393	54	68	91	39	231
45-49岁	16	68	435	485	86	52	97	47	241
50-54岁	10	21	217	229	42	17	38	25	128
55-59岁	2	9	82	74	14	7	9	11	34
60-64岁	2	1	12	15	1				9
65-69岁	1		3	9	1	1		2	3
70-74岁					2				
75岁及以上			1	1	1	1			

4-7a 续表 8　　　　单位：人

年龄组 性　别	生产制造及有关人员								
	计算机、通信和其他电子设备制造人员	仪器仪表制造人员	废弃资源综合利用人员	电力、热力、气体、水生产和输配人员	建筑施工人员	运输设备和通用工程机械操作人员及有关人员	生产辅助人员	其他生产制造及有关人员	不便分类的其他从业人员
总　计	**13057**	**581**	**332**	**808**	**63551**	**4218**	**34124**	**717**	**912**
16-19岁	734	17	2	1	363	40	650	9	44
20-24岁	1977	53	12	56	2216	312	2522	32	52
25-29岁	2174	51	25	88	4918	567	4069	56	79
30-34岁	2621	107	28	126	8254	771	6085	107	156
35-39岁	1900	99	20	102	7596	592	5123	97	98
40-44岁	1484	73	40	76	8606	573	4763	83	125
45-49岁	1289	81	50	155	12498	651	5138	124	147
50-54岁	597	60	64	109	10954	422	3468	91	97
55-59岁	217	15	50	79	5837	252	1720	56	57
60-64岁	47	13	16	11	1585	32	386	19	26
65-69岁	12	9	17	4	619	6	160	29	20
70-74岁	5	3	5	1	82		27	9	10
75岁及以上			3		23		13	5	1
男	**7197**	**188**	**241**	**665**	**54229**	**3844**	**20507**	**395**	**570**
16-19岁	504	5	2	1	324	37	380	8	25
20-24岁	1362	29	9	49	2029	293	1615	25	39
25-29岁	1378	25	23	77	4479	534	2648	39	45
30-34岁	1460	37	23	106	7313	729	3733	68	105
35-39岁	901	28	14	81	6531	540	3012	46	67
40-44岁	608	23	27	53	7107	496	2653	47	75
45-49岁	473	14	34	107	10066	560	2698	59	83
50-54岁	308	16	41	98	9152	380	2091	50	61
55-59岁	153	6	38	77	5130	237	1265	30	39
60-64岁	39	4	13	11	1438	32	277	11	13
65-69岁	8		13	4	569	6	108	7	12
70-74岁	3	1	3	1	74		17	2	6
75岁及以上			1		17		10	3	
女	**5860**	**393**	**91**	**143**	**9322**	**374**	**13617**	**322**	**342**
16-19岁	230	12			39	3	270	1	19
20-24岁	615	24	3	7	187	19	907	7	13
25-29岁	796	26	2	11	439	33	1421	17	34
30-34岁	1161	70	5	20	941	42	2352	39	51
35-39岁	999	71	6	21	1065	52	2111	51	31
40-44岁	876	50	13	23	1499	77	2110	36	50
45-49岁	816	67	16	48	2432	91	2440	65	64
50-54岁	289	44	23	11	1802	42	1377	41	36
55-59岁	64	9	12	2	707	15	455	26	18
60-64岁	8	9	3		147		109	8	13
65-69岁	4	9	4		50		52	22	8
70-74岁	2	2	2		8		10	7	4
75岁及以上			2		6		3	2	1

4-7b　全省分年龄、性别、职业中类的就业人口(镇)

单位：人

年龄组 性　别	合　计	党的机关、国家机关、群众团体和社会组织、企事业单位负责人						
		小计	中国共产党机关负责人	国家机关负责人	民主党派和工商联负责人	人民团体和群众团体、社会组织及其他成员组织负责人	基层群众自治组织负责人	企事业单位负责人
总　计	**552481**	**8702**	**33**	**613**	**1**	**431**	**403**	**7221**
16-19岁	5850	7				1		6
20-24岁	26516	106				5	1	100
25-29岁	55875	604	1	14		21	9	559
30-34岁	85086	1355	4	46		58	21	1226
35-39岁	73349	1325	3	46		55	30	1191
40-44岁	71357	1497	6	94		80	66	1251
45-49岁	83702	1551	11	149		81	78	1232
50-54岁	67793	1183	5	155		65	96	862
55-59岁	43399	743	3	102	1	42	73	522
60-64岁	20384	213		4		8	24	177
65-69岁	12599	70		1		3	5	61
70-74岁	4457	34		1		8		25
75岁及以上	2114	14		1		4		9
男	**325501**	**6884**	**29**	**543**	**1**	**277**	**351**	**5683**
16-19岁	3608	6				1		5
20-24岁	15596	79				4		75
25-29岁	32483	453	1	11		13	8	420
30-34岁	48135	995	3	36		30	16	910
35-39岁	41100	1002	3	35		32	27	905
40-44岁	39777	1130	5	79		48	52	946
45-49岁	47834	1253	10	139		52	68	984
50-54岁	42090	1003	4	138		44	85	732
55-59岁	29306	660	3	98	1	33	68	457
60-64岁	13180	192		4		7	22	159
65-69岁	8010	66		1		3	5	57
70-74岁	3018	32		1		7		24
75岁及以上	1364	13		1		3		9
女	**226980**	**1818**	**4**	**70**		**154**	**52**	**1538**
16-19岁	2242	1						1
20-24岁	10920	27				1	1	25
25-29岁	23392	151		3		8	1	139
30-34岁	36951	360	1	10		28	5	316
35-39岁	32249	323		11		23	3	286
40-44岁	31580	367	1	15		32	14	305
45-49岁	35868	298	1	10		29	10	248
50-54岁	25703	180	1	17		21	11	130
55-59岁	14093	83		4		9	5	65
60-64岁	7204	21				1	2	18
65-69岁	4589	4						4
70-74岁	1439	2				1		1
75岁及以上	750	1				1		

4－7b 续表 1 单位：人

年龄组 性 别	专业技术人员									
	小计	科学研究人员	工程技术人员	农业技术人员	飞机和船舶技术人员	卫生专业技术人员	经济和金融专业人员	法律、社会和宗教专业人员	教学人员	文学艺术、体育专业人员
总 计	**54535**	**119**	**9305**	**363**	**255**	**8008**	**9740**	**1261**	**23566**	**1070**
16－19岁	584	1	91		1	78	41	4	335	17
20－24岁	4848	11	867	16		897	702	57	2068	124
25－29岁	9049	19	1673	31	4	1686	1854	160	3287	180
30－34岁	9854	27	2078	47	31	1357	2487	224	3188	223
35－39岁	7310	21	1385	35	42	857	1510	180	3008	150
40－44岁	7352	7	1013	37	39	884	1018	106	4067	108
45－49岁	6882	15	987	61	47	857	978	141	3613	90
50－54岁	4948	9	633	61	49	619	606	170	2665	80
55－59岁	2647	7	448	54	23	385	389	103	1151	61
60－64岁	527	1	85	9	16	158	73	45	123	13
65－69岁	292	1	31	7	2	125	39	34	35	15
70－74岁	155		10	5	1	69	32	20	11	6
75岁及以上	87		4			36	11	17	15	3
男	**24507**	**78**	**8043**	**283**	**254**	**2798**	**2904**	**669**	**8406**	**628**
16－19岁	149		66		1	9	11	1	45	7
20－24岁	1513	8	734	11		149	185	18	301	59
25－29岁	2988	12	1423	22	3	330	437	62	512	110
30－34岁	3619	16	1770	34	31	342	523	82	597	131
35－39岁	2994	16	1185	26	42	294	371	94	815	83
40－44岁	3385	5	868	28	39	383	261	58	1644	59
45－49岁	3747	7	863	45	47	396	360	82	1853	50
50－54岁	3078	5	584	50	49	347	330	108	1529	43
55－59岁	2198	7	426	49	23	253	306	85	975	50
60－64岁	418	1	83	9	16	116	52	31	95	12
65－69岁	223	1	29	6	2	92	31	21	23	15
70－74岁	127		9	3	1	55	28	16	8	6
75岁及以上	68		3			32	9	11	9	3
女	**30028**	**41**	**1262**	**80**	**1**	**5210**	**6836**	**592**	**15160**	**442**
16－19岁	435	1	25			69	30	3	290	10
20－24岁	3335	3	133	5		748	517	39	1767	65
25－29岁	6061	7	250	9	1	1356	1417	98	2775	70
30－34岁	6235	11	308	13		1015	1964	142	2591	92
35－39岁	4316	5	200	9		563	1139	86	2193	67
40－44岁	3967	2	145	9		501	757	48	2423	49
45－49岁	3135	8	124	16		461	618	59	1760	40
50－54岁	1870	4	49	11		272	276	62	1136	37
55－59岁	449		22	5		132	83	18	176	11
60－64岁	109		2			42	21	14	28	1
65－69岁	69		2	1		33	8	13	12	
70－74岁	28		1	2		14	4	4	3	
75岁及以上	19		1			4	2	6	6	

4-7b 续表 2

单位：人

年龄组 性 别	专业技术人员		办事人员和有关人员				社会生产服务和生活服务人员		
	新闻出版、文化专业人员	其他专业技术人员	小计	办事人员	安全和消防人员	其他办事人员和有关人员	小计	批发与零售服务人员	交通运输、仓储和邮政业服务人员
总 计	**586**	**262**	**37845**	**32138**	**5279**	**428**	**217944**	**105123**	**34490**
16-19岁	13	3	170	120	48	2	2717	1103	222
20-24岁	90	16	2067	1690	359	18	11113	5255	1233
25-29岁	118	37	5354	4668	631	55	24679	12974	2991
30-34岁	129	63	7216	6375	752	89	38180	20196	5293
35-39岁	82	40	5064	4503	495	66	31846	16663	4929
40-44岁	42	31	4527	4075	395	57	27801	13670	4986
45-49岁	53	40	4947	4301	589	57	30583	13930	6029
50-54岁	37	19	3940	3224	674	42	23210	9886	4613
55-59岁	17	9	3209	2487	698	24	14856	5871	2795
60-64岁	1	3	707	373	328	6	7180	2957	947
65-69岁	2	1	411	191	212	8	4080	1757	356
70-74岁	1		174	89	82	3	1203	577	79
75岁及以上	1		59	42	16	1	496	284	17
男	**239**	**205**	**24063**	**19043**	**4787**	**233**	**121989**	**52129**	**30354**
16-19岁	6	3	98	52	45	1	1686	592	174
20-24岁	34	14	1099	765	326	8	6735	2790	1046
25-29岁	46	31	2746	2159	566	21	14797	6848	2593
30-34岁	42	51	3785	3100	644	41	20944	9556	4522
35-39岁	38	30	2917	2458	426	33	16983	7577	4235
40-44岁	16	24	2783	2416	335	32	14739	6303	4327
45-49岁	18	26	3296	2743	518	35	16069	6521	5317
50-54岁	18	15	3160	2490	641	29	13095	5191	4186
55-59岁	16	8	2956	2262	674	20	9008	3333	2619
60-64岁	1	2	646	324	318	4	4303	1752	904
65-69岁	2	1	367	160	200	7	2517	1092	340
70-74岁	1		159	80	78	1	810	405	77
75岁及以上	1		51	34	16	1	303	169	14
女	**347**	**57**	**13782**	**13095**	**492**	**195**	**95955**	**52994**	**4136**
16-19岁	7		72	68	3	1	1031	511	48
20-24岁	56	2	968	925	33	10	4378	2465	187
25-29岁	72	6	2608	2509	65	34	9882	6126	398
30-34岁	87	12	3431	3275	108	48	17236	10640	771
35-39岁	44	10	2147	2045	69	33	14863	9086	694
40-44岁	26	7	1744	1659	60	25	13062	7367	659
45-49岁	35	14	1651	1558	71	22	14514	7409	712
50-54岁	19	4	780	734	33	13	10115	4695	427
55-59岁	1	1	253	225	24	4	5848	2538	176
60-64岁		1	61	49	10	2	2877	1205	43
65-69岁			44	31	12	1	1563	665	16
70-74岁			15	9	4	2	393	172	2
75岁及以上			8	8			193	115	3

4-7b 续表 3　　　　　　　　　　　　　　　　　　　　　　　　　　　　单位：人

年龄组 性　别	社会生产服务和生活服务人员								
	住宿和餐饮服务人　员	信息传输、软件和信息技术服务人　员	金融服务人　员	房地产服务人员	租赁和商务服务人　员	技术辅助服务人员	水利、环境和公共设施管理服务人员	居民服务人　员	电力、燃气及水供应服务人　员
总　计	**28926**	**3070**	**3634**	**2166**	**5262**	**3836**	**8340**	**13529**	**1710**
16-19岁	645	37	8	16	44	66	19	286	6
20-24岁	1563	397	244	148	227	496	81	669	47
25-29岁	2843	739	668	318	435	901	146	1301	163
30-34岁	4704	791	854	469	568	965	351	2219	257
35-39岁	4168	498	492	315	445	517	431	1923	207
40-44岁	3854	227	402	257	446	331	754	1620	258
45-49岁	4531	200	483	255	564	260	1423	1739	341
50-54岁	3300	103	289	156	780	170	1674	1506	205
55-59岁	1955	63	178	119	829	90	1493	1043	157
60-64岁	841	8	12	60	481	24	1078	583	48
65-69岁	405	4	3	48	323	11	675	404	17
70-74岁	84	3	1	5	98	5	170	161	2
75岁及以上	33				22		45	75	2
男	**13710**	**2179**	**1622**	**1133**	**4211**	**2638**	**2613**	**3846**	**1390**
16-19岁	438	22	1	10	29	42	7	152	6
20-24岁	1031	291	108	74	131	319	48	269	41
25-29岁	1749	548	339	188	246	651	83	472	128
30-34岁	2583	527	362	209	353	667	143	645	200
35-39岁	2019	335	175	117	284	370	136	559	165
40-44岁	1649	148	118	123	326	214	186	371	201
45-49岁	1658	151	178	128	452	160	287	338	252
50-54岁	1191	87	177	102	720	112	404	344	182
55-59岁	790	57	149	89	804	71	454	287	149
60-64岁	358	7	12	51	457	17	423	156	45
65-69岁	185	4	2	37	302	11	320	143	17
70-74岁	43	2	1	5	89	4	90	75	2
75岁及以上	16				18		32	35	2
女	**15216**	**891**	**2012**	**1033**	**1051**	**1198**	**5727**	**9683**	**320**
16-19岁	207	15	7	6	15	24	12	134	
20-24岁	532	106	136	74	96	177	33	400	6
25-29岁	1094	191	329	130	189	250	63	829	35
30-34岁	2121	264	492	260	215	298	208	1574	57
35-39岁	2149	163	317	198	161	147	295	1364	42
40-44岁	2205	79	284	134	120	117	568	1249	57
45-49岁	2873	49	305	127	112	100	1136	1401	89
50-54岁	2109	16	112	54	60	58	1270	1162	23
55-59岁	1165	6	29	30	25	19	1039	756	8
60-64岁	483	1		9	24	7	655	427	3
65-69岁	220		1	11	21		355	261	
70-74岁	41	1			9	1	80	86	
75岁及以上	17				4		13	40	

4-7b 续表 4

单位：人

年龄组 性别	社会生产服务和生活服务人员				农、林、牧、渔业生产及辅助人员				
	修理及制作服务人员	文化、体育和娱乐服务人员	健康服务人员	其他社会生产和生活服务人员	小计	农业生产人员	林业生产人员	畜牧业生产人员	渔业生产人员
总　计	**5860**	**1515**	**282**	**201**	**57317**	**41786**	**1539**	**3692**	**9306**
16–19岁	175	85	3	2	149	98	2	13	35
20–24岁	466	251	25	11	614	416	13	41	136
25–29岁	828	311	44	17	1632	994	51	142	412
30–34岁	1145	283	51	34	3220	1979	75	257	846
35–39岁	1011	176	44	27	3682	2311	66	285	941
40–44岁	793	142	34	27	4857	3078	158	369	1149
45–49岁	663	109	29	27	8139	5406	302	563	1701
50–54岁	397	82	30	19	9856	7083	388	639	1582
55–59岁	193	40	11	19	8903	6742	241	510	1244
60–64岁	109	19	7	6	7037	5703	125	365	745
65–69岁	56	13	2	6	5637	4819	87	304	372
70–74岁	12	3	1	2	2355	2057	22	124	117
75岁及以上	12	1	1	4	1236	1100	9	80	26
男	**5234**	**700**	**109**	**121**	**33510**	**22383**	**1239**	**2153**	**7271**
16–19岁	170	41	2		112	70	2	10	29
20–24岁	448	121	11	7	413	248	12	36	111
25–29岁	770	155	16	11	1072	569	44	91	349
30–34岁	1033	110	16	18	1987	1042	59	163	693
35–39岁	897	78	17	19	2236	1237	52	171	744
40–44岁	688	57	14	14	2847	1594	119	220	867
45–49岁	554	49	10	14	4583	2669	238	322	1294
50–54岁	341	38	8	12	5471	3462	326	375	1217
55–59岁	163	25	7	11	4963	3412	194	288	984
60–64岁	99	12	5	5	4100	3169	101	193	589
65–69岁	47	11	1	5	3361	2801	68	180	290
70–74岁	12	2	1	2	1543	1358	17	63	90
75岁及以上	12	1	1	3	822	752	7	41	14
女	**626**	**815**	**173**	**80**	**23807**	**19403**	**300**	**1539**	**2035**
16–19岁	5	44	1	2	37	28		3	6
20–24岁	18	130	14	4	201	168	1	5	25
25–29岁	58	156	28	6	560	425	7	51	63
30–34岁	112	173	35	16	1233	937	16	94	153
35–39岁	114	98	27	8	1446	1074	14	114	197
40–44岁	105	85	20	13	2010	1484	39	149	282
45–49岁	109	60	19	13	3556	2737	64	241	407
50–54岁	56	44	22	7	4385	3621	62	264	365
55–59岁	30	15	4	8	3940	3330	47	222	260
60–64岁	10	7	2	1	2937	2534	24	172	156
65–69岁	9	2	1	1	2276	2018	19	124	82
70–74岁		1			812	699	5	61	27
75岁及以上				1	414	348	2	39	12

4-7b 续表 5

单位：人

年龄组 性 别	农林牧渔生产辅助人员	其他农、林、牧、渔业生产加工人员	生产制造及有关人员 小计	农副产品加工人员	食品、饮料生产加工人员	烟草及其制品加工人员	纺织、针织、印染人员	纺织品、服装和皮革、毛皮制品加工制作人员	木材加工、家具与木制品制作人员
总 计	**806**	**188**	**175526**	**5322**	**4655**	**98**	**5582**	**20013**	**7247**
16-19岁	1		2166	24	77		92	239	36
20-24岁	7	1	7706	96	193	2	287	626	198
25-29岁	28	5	14503	228	376	3	534	1581	392
30-34岁	53	10	25181	466	660	5	958	3519	722
35-39岁	66	13	24060	539	547	12	845	3601	788
40-44岁	81	22	25245	667	582	13	821	3602	1052
45-49岁	135	32	31522	1016	791	27	894	3586	1488
50-54岁	130	34	24586	935	652	21	719	2001	1441
55-59岁	138	28	13006	676	395	10	311	811	756
60-64岁	84	15	4700	346	186	1	71	252	238
65-69岁	39	16	2099	233	124	2	32	137	90
70-74岁	27	8	532	60	47	1	16	35	38
75岁及以上	17	4	220	36	25	1	2	23	8
男	**396**	**68**	**114174**	**2147**	**2109**	**45**	**2622**	**5780**	**5151**
16-19岁	1		1519	16	43		53	134	26
20-24岁	5	1	5718	60	110	1	187	330	155
25-29岁	18	1	10388	126	194	3	291	639	301
30-34岁	28	2	16752	221	318	2	448	1078	537
35-39岁	27	5	14935	238	232	3	361	887	527
40-44岁	38	9	14854	238	232	3	330	829	685
45-49岁	52	8	18844	366	319	8	380	845	953
50-54岁	77	14	16237	363	285	11	327	555	1031
55-59岁	72	13	9499	263	195	9	179	290	623
60-64岁	44	4	3508	131	99	1	43	120	201
65-69岁	16	6	1468	97	51	2	14	50	78
70-74岁	11	4	347	17	19	1	8	16	28
75岁及以上	7	1	105	11	12	1	1	7	6
女	**410**	**120**	**61352**	**3175**	**2546**	**53**	**2960**	**14233**	**2096**
16-19岁			647	8	34		39	105	10
20-24岁	2		1988	36	83	1	100	296	43
25-29岁	10	4	4115	102	182		243	942	91
30-34岁	25	8	8429	245	342	3	510	2441	185
35-39岁	39	8	9125	301	315	9	484	2714	261
40-44岁	43	13	10391	429	350	10	491	2773	367
45-49岁	83	24	12678	650	472	19	514	2741	535
50-54岁	53	20	8349	572	367	10	392	1446	410
55-59岁	66	15	3507	413	200	1	132	521	133
60-64岁	40	11	1192	215	87		28	132	37
65-69岁	23	10	631	136	73		18	87	12
70-74岁	16	4	185	43	28		8	19	10
75岁及以上	10	3	115	25	13		1	16	2

4-7b 续表 6　　单位：人

年龄组 性　别	生产制造及有关人员								
	纸及纸制品生产加工人员	印刷和记录媒介复制人员	文教、工美、体育和娱乐用品制造人　员	石油加工和炼焦、煤化工生产人员	化学原料和化学制品制造人　员	医药制造人　　员	化学纤维制造人员	橡胶和塑料制品制造人员	非金属矿物制品制造人员
总　计	**1761**	**747**	**5790**	**111**	**1203**	**277**	**421**	**2820**	**11578**
16-19岁	16	23	68	2	14	2	13	43	92
20-24岁	89	46	190	10	48	21	93	143	328
25-29岁	152	79	465	21	103	30	79	228	768
30-34岁	257	148	949	17	164	57	70	357	1385
35-39岁	256	120	846	13	164	33	43	374	1586
40-44岁	244	113	971	4	173	38	32	479	1925
45-49岁	290	115	1008	13	245	47	50	515	2430
50-54岁	245	51	652	17	187	30	31	385	1760
55-59岁	120	32	351	9	78	14	8	199	923
60-64岁	49	12	145	5	22	3	2	47	272
65-69岁	26	2	83		4	1		25	93
70-74岁	11	5	35					13	13
75岁及以上	6	1	27		1	1		12	3
男	**981**	**481**	**3035**	**92**	**846**	**146**	**277**	**1614**	**7422**
16-19岁	14	15	32	2	13	1	9	25	84
20-24岁	65	35	140	10	40	11	74	104	272
25-29岁	108	61	275	15	81	13	54	148	574
30-34岁	166	114	533	16	123	30	50	225	914
35-39岁	138	87	435	9	103	17	26	212	947
40-44岁	119	59	456	3	114	23	15	253	1062
45-49岁	125	59	501	10	147	21	24	256	1413
50-54岁	136	22	319	15	140	19	18	219	1164
55-59岁	66	19	199	8	66	9	6	129	684
60-64岁	25	8	75	4	15	1	1	25	220
65-69岁	14		43		3			10	74
70-74岁	4	2	18					4	11
75岁及以上	1		9		1	1		4	3
女	**780**	**266**	**2755**	**19**	**357**	**131**	**144**	**1206**	**4156**
16-19岁	2	8	36		1	1	4	18	8
20-24岁	24	11	50		8	10	19	39	56
25-29岁	44	18	190	6	22	17	25	80	194
30-34岁	91	34	416	1	41	27	20	132	471
35-39岁	118	33	411	4	61	16	17	162	639
40-44岁	125	54	515	1	59	15	17	226	863
45-49岁	165	56	507	3	98	26	26	259	1017
50-54岁	109	29	333	2	47	11	13	166	596
55-59岁	54	13	152	1	12	5	2	70	239
60-64岁	24	4	70	1	7	2	1	22	52
65-69岁	12	2	40		1	1		15	19
70-74岁	7	3	17					9	2
75岁及以上	5	1	18					8	

4-7b 续表 7 单位：人

年龄组 性　别	生产制造及有关人员								
	采矿人员	金属冶炼和压延加工人员	机械制造基础加工人员	金属制品制造人员	通用设备制造人员	专用设备制造人员	汽车制造人员	铁路、船舶、航空设备制造人员	电气机械和器材制造人员
总　计	**832**	**2317**	**6238**	**6093**	**1071**	**332**	**981**	**234**	**1826**
16-19岁	2	14	62	90	13	5	17		78
20-24岁	3	124	293	280	36	26	70	10	166
25-29岁	25	236	575	609	78	40	127	15	244
30-34岁	68	418	1034	1038	188	86	184	31	330
35-39岁	86	308	1019	960	149	55	148	30	286
40-44岁	134	321	944	953	143	41	132	31	244
45-49岁	234	400	1082	1028	203	43	141	47	257
50-54岁	190	340	803	649	164	28	106	38	147
55-59岁	71	114	325	316	82	7	39	20	51
60-64岁	11	31	78	114	13		12	7	13
65-69岁	2	9	14	45	2	1	3	3	9
70-74岁	1	2	6	8			1	2	1
75岁及以上	5		3	3			1		
男	**755**	**1920**	**5179**	**4129**	**819**	**212**	**706**	**193**	**1085**
16-19岁	2	12	58	66	10	5	15		59
20-24岁	3	116	258	217	32	21	64	7	123
25-29岁	21	204	495	472	64	25	100	14	166
30-34岁	64	355	895	736	144	62	147	27	220
35-39岁	77	244	834	649	104	30	107	25	160
40-44岁	113	265	753	616	109	19	88	27	101
45-49岁	210	313	854	619	148	27	74	35	119
50-54岁	181	286	662	404	124	16	66	29	86
55-59岁	65	90	278	227	70	6	31	18	39
60-64岁	11	27	70	86	13		9	7	10
65-69岁	2	7	13	29	1	1	3	3	2
70-74岁	1	1	6	7			1	1	
75岁及以上	5		3	1			1		
女	**77**	**397**	**1059**	**1964**	**252**	**120**	**275**	**41**	**741**
16-19岁		2	4	24	3		2		19
20-24岁		8	35	63	4	5	6	3	43
25-29岁	4	32	80	137	14	15	27	1	78
30-34岁	4	63	139	302	44	24	37	4	110
35-39岁	9	64	185	311	45	25	41	5	126
40-44岁	21	56	191	337	34	22	44	4	143
45-49岁	24	87	228	409	55	16	67	12	138
50-54岁	9	54	141	245	40	12	40	9	61
55-59岁	6	24	47	89	12	1	8	2	12
60-64岁		4	8	28			3		3
65-69岁		2	1	16	1				7
70-74岁		1		1				1	1
75岁及以上				2					

4-7b 续表 8

单位：人

年龄组 性别	生产制造及有关人员								不便分类的其他从业人员
	计算机、通信和其他电子设备制造人员	仪器仪表制造人员	废弃资源综合利用人员	电力、热力、气体、水生产和输配人员	建筑施工人员	运输设备和通用工程机械操作人员及有关人员	生产辅助人员	其他生产制造及有关人员	
总 计	**8085**	**154**	**326**	**872**	**50457**	**3977**	**23015**	**1091**	**612**
16-19岁	510	5	1	3	273	48	289	15	57
20-24岁	1331	20	6	35	1298	214	1373	51	62
25-29岁	1309	26	9	69	3159	523	2339	81	54
30-34岁	1526	26	25	107	5688	835	3727	136	80
35-39岁	1081	18	29	78	6040	602	3278	126	62
40-44岁	846	20	46	93	6804	544	3085	148	78
45-49岁	869	17	53	175	9826	561	3834	237	78
50-54岁	391	17	73	167	9001	405	2766	174	70
55-59岁	145	3	37	101	5285	188	1463	66	35
60-64岁	47	2	25	26	2047	44	546	33	20
65-69岁	25		11	14	837	11	238	23	10
70-74岁	3		3	2	167	2	59	1	4
75岁及以上	2		8	2	32		18		2
男	**4513**	**91**	**221**	**744**	**42848**	**3732**	**13793**	**486**	**374**
16-19岁	346	4	1	2	240	47	173	12	38
20-24岁	919	19	6	29	1177	207	895	31	39
25-29岁	870	20	7	63	2850	504	1584	46	39
30-34岁	890	16	15	86	5095	802	2356	67	53
35-39岁	505	3	21	63	5338	571	1930	52	33
40-44岁	337	6	31	79	5669	492	1677	51	39
45-49岁	309	8	36	137	7914	499	2016	99	42
50-54岁	201	10	50	148	7311	373	1599	67	46
55-59岁	88	3	23	95	4508	183	995	35	22
60-64岁	33	2	16	25	1814	43	355	18	13
65-69岁	14		8	14	751	9	167	8	8
70-74岁			2	2	157	2	39		
75岁及以上	1		5	1	24		7		2
女	**3572**	**63**	**105**	**128**	**7609**	**245**	**9222**	**605**	**238**
16-19岁	164	1		1	33	1	116	3	19
20-24岁	412	1		6	121	7	478	20	23
25-29岁	439	6	2	6	309	19	755	35	15
30-34岁	636	10	10	21	593	33	1371	69	27
35-39岁	576	15	8	15	702	31	1348	74	29
40-44岁	509	14	15	14	1135	52	1408	97	39
45-49岁	560	9	17	38	1912	62	1818	138	36
50-54岁	190	7	23	19	1690	32	1167	107	24
55-59岁	57		14	6	777	5	468	31	13
60-64岁	14		9	1	233	1	191	15	7
65-69岁	11		3		86	2	71	15	2
70-74岁	3		1		10		20	1	4
75岁及以上	1		3	1	8		11		

4-7c 全省分年龄、性别、职业中类的就业人口(乡村)

单位：人

年龄组 性　别	合　计	党的机关、国家机关、群众团体和社会组织、企事业单位负责人						
		小计	中国共产党机关负责人	国家机关负责人	民主党派和工商联负责人	人民团体和群众团体、社会组织及其他成员组织负责人	基层群众自治组织负责人	企事业单位负责人
总　计	**626830**	**4884**	**17**	**86**		**267**	**707**	**3807**
16-19岁	6780	7						7
20-24岁	24904	84		1		3	2	78
25-29岁	49535	361		3		18	6	334
30-34岁	74015	700	4	10		34	37	615
35-39岁	64826	682	1	12		26	44	599
40-44岁	64886	724	3	19		40	84	578
45-49岁	86472	859	4	20		41	168	626
50-54岁	87171	689	3	10		30	184	462
55-59岁	66085	475	1	9		28	130	307
60-64岁	45309	161	1	2		12	34	112
65-69岁	34313	94				16	17	61
70-74岁	14444	27				5	1	21
75岁及以上	8090	21				14		7
男	**377820**	**4119**	**14**	**75**		**196**	**644**	**3190**
16-19岁	4338	5						5
20-24岁	15521	57				2	2	53
25-29岁	30865	287		1		13	3	270
30-34岁	44678	556	3	8		23	27	495
35-39岁	38755	543		12		18	38	475
40-44岁	37531	611	3	19		21	77	491
45-49岁	49327	738	3	18		28	155	534
50-54岁	51901	616	3	6		24	173	410
55-59岁	40558	430	1	9		25	119	276
60-64岁	28154	145	1	2		11	32	99
65-69岁	21323	89				16	17	56
70-74岁	9659	26				5	1	20
75岁及以上	5210	16				10		6
女	**249010**	**765**	**3**	**11**		**71**	**63**	**617**
16-19岁	2442	2						2
20-24岁	9383	27		1		1		25
25-29岁	18670	74		2		5	3	64
30-34岁	29337	144	1	2		11	10	120
35-39岁	26071	139	1			8	6	124
40-44岁	27355	113				19	7	87
45-49岁	37145	121	1	2		13	13	92
50-54岁	35270	73		4		6	11	52
55-59岁	25527	45				3	11	31
60-64岁	17155	16				1	2	13
65-69岁	12990	5						5
70-74岁	4785	1						1
75岁及以上	2880	5				4		1

4-7c 续表 1

单位：人

年龄组 性 别	专业技术人员 小计	科学研究人员	工程技术人员	农业技术人员	飞机和船舶技术人员	卫生专业技术人员	经济和金融专业人员	法律、社会和宗教专业人员	教学人员	文学艺术、体育专业人员
总 计	**27953**	**45**	**6629**	**356**	**99**	**3824**	**5310**	**951**	**9449**	**885**
16-19岁	513	1	56	1		64	42	4	318	13
20-24岁	3586	3	815	16		515	646	44	1417	75
25-29岁	5639	14	1242	26	8	792	1299	125	1901	129
30-34岁	5373	12	1415	32	14	536	1435	139	1525	170
35-39岁	3189	6	810	46	8	348	742	107	963	112
40-44岁	2681	1	607	33	18	325	388	82	1108	94
45-49岁	2502	2	666	48	14	325	298	111	914	99
50-54岁	1937	3	530	62	18	249	182	101	699	79
55-59岁	1255	1	332	41	8	164	126	86	436	45
60-64岁	580	1	106	28	8	195	64	44	98	30
65-69岁	387		39	18	3	175	50	42	32	25
70-74岁	198	1	9	1		92	24	37	20	12
75岁及以上	113		2	4		44	14	29	18	2
男	**13778**	**31**	**5782**	**270**	**99**	**1666**	**1556**	**531**	**3052**	**552**
16-19岁	167		53	1		12	10	2	69	7
20-24岁	1239	3	690	11		71	159	18	208	51
25-29岁	2046	11	1080	22	8	162	279	43	315	77
30-34岁	2202	10	1223	26	14	162	300	65	254	101
35-39岁	1562	4	716	41	8	144	193	65	289	72
40-44岁	1494		527	24	18	197	130	54	471	55
45-49岁	1614		572	36	14	207	133	70	519	42
50-54岁	1350	2	466	45	18	173	114	62	413	47
55-59岁	1043	1	310	31	8	115	99	57	373	35
60-64岁	483		100	18	8	152	56	33	83	28
65-69岁	318		38	12	3	143	47	24	26	23
70-74岁	168		6	1		85	23	23	16	12
75岁及以上	92		1	2		43	13	15	16	2
女	**14175**	**14**	**847**	**86**		**2158**	**3754**	**420**	**6397**	**333**
16-19岁	346	1	3			52	32	2	249	6
20-24岁	2347		125	5		444	487	26	1209	24
25-29岁	3593	3	162	4		630	1020	82	1586	52
30-34岁	3171	2	192	6		374	1135	74	1271	69
35-39岁	1627	2	94	5		204	549	42	674	40
40-44岁	1187	1	80	9		128	258	28	637	39
45-49岁	888	2	94	12		118	165	41	395	57
50-54岁	587	1	64	17		76	68	39	286	32
55-59岁	212		22	10		49	27	29	63	10
60-64岁	97	1	6	10		43	8	11	15	2
65-69岁	69		1	6		32	3	18	6	2
70-74岁	30	1	3			7	1	14	4	
75岁及以上	21		1	2		1	1	14	2	

4-7c 续表 2　　单位：人

年龄组 性别	专业技术人员		办事人员和有关人员				社会生产服务和生活服务人员		
	新闻出版、文化专业人员	其他专业技术人员	小计	办事人员	安全和消防人员	其他办事人员和有关人员	小计	批发与零售服务人员	交通运输、仓储和邮政业服务人员
总　计	**229**	**176**	**18050**	**14546**	**3202**	**302**	**170659**	**75447**	**31496**
16-19岁	3	11	166	129	35	2	2611	1125	240
20-24岁	39	16	1349	1092	224	33	9968	4921	1148
25-29岁	75	28	2828	2439	349	40	20309	10735	2803
30-34岁	64	31	3354	2920	374	60	28914	14209	4932
35-39岁	25	22	2356	2028	295	33	23203	10589	4525
40-44岁	2	23	1766	1512	228	26	19421	8238	4301
45-49岁	8	17	1838	1537	269	32	21313	8533	4994
50-54岁	7	7	1730	1284	419	27	18440	6905	4360
55-59岁	4	12	1444	945	480	19	12570	4666	2569
60-64岁	2	4	622	356	254	12	7078	2636	1085
65-69岁		3	405	205	190	10	4518	1834	425
70-74岁		2	135	66	62	7	1554	672	88
75岁及以上			57	33	23	1	760	384	26
男	**99**	**140**	**12010**	**8847**	**2964**	**199**	**103545**	**41656**	**27966**
16-19岁	3	10	102	68	32	2	1699	588	194
20-24岁	16	12	720	498	204	18	6281	2706	981
25-29岁	25	24	1497	1158	317	22	12947	6152	2474
30-34岁	23	24	1830	1467	330	33	17480	7502	4275
35-39岁	13	17	1434	1147	267	20	13962	5552	3931
40-44岁	1	17	1199	980	201	18	11409	4322	3782
45-49岁	7	14	1369	1103	243	23	12270	4557	4434
50-54岁	6	4	1444	1016	405	23	10951	3873	3941
55-59岁	3	11	1298	816	465	17	7835	2800	2420
60-64岁	2	3	568	319	240	9	4467	1716	1027
65-69岁		2	370	185	178	7	2788	1186	400
70-74岁		2	131	63	61	7	1001	452	84
75岁及以上			48	27	21		455	250	23
女	**130**	**36**	**6040**	**5699**	**238**	**103**	**67114**	**33791**	**3530**
16-19岁		1	64	61	3		912	537	46
20-24岁	23	4	629	594	20	15	3687	2215	167
25-29岁	50	4	1331	1281	32	18	7362	4583	329
30-34岁	41	7	1524	1453	44	27	11434	6707	657
35-39岁	12	5	922	881	28	13	9241	5037	594
40-44岁	1	6	567	532	27	8	8012	3916	519
45-49岁	1	3	469	434	26	9	9043	3976	560
50-54岁	1	3	286	268	14	4	7489	3032	419
55-59岁	1	1	146	129	15	2	4735	1866	149
60-64岁		1	54	37	14	3	2611	920	58
65-69岁		1	35	20	12	3	1730	648	25
70-74岁			4	3	1		553	220	4
75岁及以上			9	6	2	1	305	134	3

4-7c 续表 3

单位：人

年龄组 性 别	社会生产服务和生活服务人员								
	住宿和餐饮服务人员	信息传输、软件和信息技术服务人员	金融服务人员	房地产服务人员	租赁和商务服务人员	技术辅助服务人员	水利、环境和公共设施管理服务人员	居民服务人员	电力、燃气及水供应服务人员
总 计	**26595**	**1773**	**1292**	**1032**	**4044**	**2208**	**8225**	**11133**	**1372**
16-19岁	615	30	2	15	50	42	24	211	5
20-24岁	1636	282	129	111	232	314	61	503	39
25-29岁	2712	477	325	219	297	562	166	974	119
30-34岁	4563	487	353	242	434	546	329	1469	185
35-39岁	4026	237	188	119	336	289	453	1340	160
40-44岁	3361	111	104	76	305	179	690	1122	181
45-49岁	3724	63	95	76	409	125	1167	1319	230
50-54岁	2944	46	53	64	600	81	1465	1350	207
55-59岁	1759	30	32	50	641	41	1389	1012	150
60-64岁	762	6	5	29	381	21	1209	760	50
65-69岁	382	3	4	27	255	6	889	592	35
70-74岁	84	1	1	3	81	2	301	274	9
75岁及以上	27		1	1	23		82	207	2
男	**13753**	**1372**	**636**	**653**	**3355**	**1517**	**3271**	**3035**	**1213**
16-19岁	439	20		12	34	31	18	119	5
20-24岁	1110	210	65	73	125	205	38	195	36
25-29岁	1735	361	184	133	196	391	96	320	106
30-34岁	2647	373	169	134	285	381	146	422	158
35-39岁	2205	188	82	66	241	210	168	378	134
40-44岁	1547	88	32	41	238	121	209	259	157
45-49岁	1520	55	37	49	343	75	297	260	190
50-54岁	1188	41	33	50	561	52	454	286	193
55-59岁	752	27	24	44	625	29	553	233	143
60-64岁	377	5	4	25	366	17	575	193	46
65-69岁	174	3	4	22	244	3	473	182	34
70-74岁	46	1	1	3	75	2	184	110	9
75岁及以上	13		1	1	22		60	78	2
女	**12842**	**401**	**656**	**379**	**689**	**691**	**4954**	**8098**	**159**
16-19岁	176	10	2	3	16	11	6	92	
20-24岁	526	72	64	38	107	109	23	308	3
25-29岁	977	116	141	86	101	171	70	654	13
30-34岁	1916	114	184	108	149	165	183	1047	27
35-39岁	1821	49	106	53	95	79	285	962	26
40-44岁	1814	23	72	35	67	58	481	863	24
45-49岁	2204	8	58	27	66	50	870	1059	40
50-54岁	1756	5	20	14	39	29	1011	1064	14
55-59岁	1007	3	8	6	16	12	836	779	7
60-64岁	385	1	1	4	15	4	634	567	4
65-69岁	208			5	11	3	416	410	1
70-74岁	38				6		117	164	
75岁及以上	14				1		22	129	

4-7c 续表 4

单位：人

年龄组 性　别	社会生产服务和生活服务人员				农、林、牧、渔业生产及辅助人员				
	修理及制作服务人　员	文化、体育和娱乐服务人员	健康服务人　员	其他社会生产和生活服务人　员	小计	农业生产人　员	林业生产人　员	畜牧业生产人员	渔业生产人　员
总　计	**5030**	**676**	**140**	**196**	**213832**	**173948**	**5876**	**12284**	**19590**
16-19岁	220	25	4	3	610	463	5	44	90
20-24岁	499	75	6	12	2187	1573	44	134	405
25-29岁	759	124	22	15	5164	3663	86	382	968
30-34岁	983	122	27	33	9445	6710	211	730	1647
35-39岁	817	84	23	17	10979	7935	250	777	1872
40-44岁	658	54	14	27	14673	10824	454	1001	2223
45-49岁	487	62	11	18	26942	20743	917	1736	3194
50-54岁	279	41	15	30	36707	29448	1349	2088	3420
55-59岁	172	35	6	18	34142	28470	1071	1746	2561
60-64岁	95	22	5	12	29622	25587	713	1350	1761
65-69岁	44	14	6	2	25146	22170	511	1231	1050
70-74岁	15	16	1	6	11509	10372	182	581	297
75岁及以上	2	2		3	6706	5990	83	484	102
男	**4534**	**413**	**46**	**125**	**119612**	**93149**	**4327**	**6846**	**14302**
16-19岁	218	18	1	2	405	287	5	30	80
20-24岁	480	46		11	1457	968	36	98	336
25-29岁	704	80	6	9	3144	2045	72	226	767
30-34岁	896	69	6	17	5495	3562	167	439	1262
35-39岁	741	43	11	12	6159	4037	183	463	1411
40-44岁	571	26	2	14	7685	5167	328	564	1558
45-49岁	404	34	3	12	13738	9823	622	930	2208
50-54岁	233	23	3	20	19123	14414	964	1150	2418
55-59岁	144	27	2	12	18183	14412	787	979	1852
60-64岁	85	17	5	9	17090	14367	555	739	1321
65-69岁	42	13	6	2	15070	13128	385	668	806
70-74岁	14	15	1	4	7666	6942	153	317	217
75岁及以上	2	2		1	4397	3997	70	243	66
女	**496**	**263**	**94**	**71**	**94220**	**80799**	**1549**	**5438**	**5288**
16-19岁	2	7	3	1	205	176		14	10
20-24岁	19	29	6	1	730	605	8	36	69
25-29岁	55	44	16	6	2020	1618	14	156	201
30-34岁	87	53	21	16	3950	3148	44	291	385
35-39岁	76	41	12	5	4820	3898	67	314	461
40-44岁	87	28	12	13	6988	5657	126	437	665
45-49岁	83	28	8	6	13204	10920	295	806	986
50-54岁	46	18	12	10	17584	15034	385	938	1002
55-59岁	28	8	4	6	15959	14058	284	767	709
60-64岁	10	5		3	12532	11220	158	611	440
65-69岁	2	1			10076	9042	126	563	244
70-74岁	1	1		2	3843	3430	29	264	80
75岁及以上				2	2309	1993	13	241	36

4-7c 续表 5

单位：人

年龄组 性 别			生产制造及有关人员						
	农林牧渔生产辅助人员	其他农、林、牧、渔业生产加工人员	小计	农副产品加工人员	食品、饮料生产加工人员	烟草及其制品加工人员	纺织、针织、印染人员	纺织品、服装和皮革、毛皮制品加工制作人员	木材加工、家具与木制品制作人员
总 计	**1887**	**247**	**190739**	**6093**	**8085**	**127**	**4345**	**26368**	**8221**
16-19岁	6	2	2778	35	133		79	340	64
20-24岁	22	9	7670	125	290		274	898	178
25-29岁	55	10	15164	269	636	3	493	2155	399
30-34岁	129	18	26140	482	917	5	720	5055	724
35-39岁	125	20	24363	516	891	7	615	4647	788
40-44岁	157	14	25543	650	888	14	658	4490	1004
45-49岁	309	43	32950	1001	1342	28	693	4639	1657
50-54岁	369	33	27590	1012	1197	41	474	2473	1649
55-59岁	268	26	16158	768	791	18	221	1055	1032
60-64岁	183	28	7208	547	504	11	67	347	416
65-69岁	160	24	3741	403	327		27	158	224
70-74岁	66	11	1009	183	99		12	71	62
75岁及以上	38	9	425	102	70		12	40	24
男	**899**	**89**	**124300**	**2334**	**4195**	**59**	**1918**	**8016**	**5755**
16-19岁	3		1907	21	78		49	177	52
20-24岁	13	6	5724	70	176		184	437	151
25-29岁	29	5	10891	123	369	2	270	840	309
30-34岁	56	9	17058	207	509	2	324	1565	536
35-39岁	58	7	15062	195	423	2	237	1266	540
40-44岁	65	3	15082	217	410	2	230	1114	617
45-49岁	141	14	19553	349	647	8	268	1225	1000
50-54岁	167	10	18374	383	621	24	200	747	1123
55-59岁	143	10	11743	307	424	13	101	405	823
60-64岁	97	11	5379	209	279	6	35	142	349
65-69岁	74	9	2676	152	169		11	59	183
70-74岁	32	5	656	70	61		5	25	53
75岁及以上	21		195	31	29		4	14	19
女	**988**	**158**	**66439**	**3759**	**3890**	**68**	**2427**	**18352**	**2466**
16-19岁	3	2	871	14	55		30	163	12
20-24岁	9	3	1946	55	114		90	461	27
25-29岁	26	5	4273	146	267	1	223	1315	90
30-34岁	73	9	9082	275	408	3	396	3490	188
35-39岁	67	13	9301	321	468	5	378	3381	248
40-44岁	92	11	10461	433	478	12	428	3376	387
45-49岁	168	29	13397	652	695	20	425	3414	657
50-54岁	202	23	9216	629	576	17	274	1726	526
55-59岁	125	16	4415	461	367	5	120	650	209
60-64岁	86	17	1829	338	225	5	32	205	67
65-69岁	86	15	1065	251	158		16	99	41
70-74岁	34	6	353	113	38		7	46	9
75岁及以上	17	9	230	71	41		8	26	5

4－7c 续表 6

单位：人

年龄组 性 别	生产制造及有关人员								
	纸及纸制品生产加工人员	印刷和记录媒介复制人员	文教、工美、体育和娱乐用品制造人 员	石油加工和炼焦、煤化工生产人员	化学原料和化学制品制造人 员	医药制造人 员	化学纤维制造人员	橡胶和塑料制品制造人员	非金属矿物制品制造人员
总 计	**1732**	**664**	**5408**	**52**	**1060**	**237**	**458**	**3150**	**8155**
16－19岁	34	26	96		4	4	13	56	43
20－24岁	81	43	222		44	27	68	156	219
25－29岁	159	89	484	5	74	40	94	286	497
30－34岁	238	157	884	7	143	30	77	477	929
35－39岁	194	104	801	4	148	29	50	443	936
40－44岁	228	91	763	4	167	24	52	495	1075
45－49岁	298	74	902	7	195	35	56	554	1651
50－54岁	251	43	562	16	155	22	33	383	1484
55－59岁	138	26	337	7	91	19	14	181	876
60－64岁	53	6	160	1	26	3	1	62	306
65－69岁	41	3	119	1	9	4		32	119
70－74岁	10	2	42		3			11	17
75岁及以上	7		36		1			14	3
男	**938**	**441**	**2788**	**39**	**728**	**150**	**310**	**1798**	**5924**
16－19岁	22	24	56		3	3	11	44	34
20－24岁	63	30	138		38	19	54	114	177
25－29岁	117	71	297	4	57	25	71	192	398
30－34岁	141	107	478	6	109	16	55	284	673
35－39岁	98	74	393	3	97	15	33	247	619
40－44岁	102	58	364	3	103	15	22	244	719
45－49岁	135	36	420	5	118	18	32	281	1113
50－54岁	125	20	274	9	106	16	22	214	1114
55－59岁	83	13	193	7	67	17	10	112	708
60－64岁	29	3	77	1	19	2		40	250
65－69岁	17	3	62	1	7	4		18	103
70－74岁	5	2	20		3			4	13
75岁及以上	1		16		1			4	3
女	**794**	**223**	**2620**	**13**	**332**	**87**	**148**	**1352**	**2231**
16－19岁	12	2	40		1	1	2	12	9
20－24岁	18	13	84		6	8	14	42	42
25－29岁	42	18	187	1	17	15	23	94	99
30－34岁	97	50	406	1	34	14	22	193	256
35－39岁	96	30	408	1	51	14	17	196	317
40－44岁	126	33	399	1	64	9	30	251	356
45－49岁	163	38	482	2	77	17	24	273	538
50－54岁	126	23	288	7	49	6	11	169	370
55－59岁	55	13	144		24	2	4	69	168
60－64岁	24	3	83		7	1	1	22	56
65－69岁	24		57		2			14	16
70－74岁	5		22					7	4
75岁及以上	6		20					10	

4-7c　续表 7　　　　单位：人

年龄组 性　别	生产制造及有关人员								
	采矿人员	金属冶炼和压延加工人员	机械制造基础加工人　员	金属制品制造人员	通用设备制造人员	专用设备制造人员	汽车制造人　员	铁路、船舶、航空设备制造人　员	电气机械和器材制造人员
总　计	**1732**	**1527**	**5748**	**6141**	**1088**	**441**	**902**	**407**	**1382**
16−19岁	5	5	74	100	16	11	30	5	26
20−24岁	16	64	248	320	64	56	63	19	87
25−29岁	44	113	472	608	113	68	89	31	204
30−34岁	114	198	977	1042	153	75	163	75	293
35−39岁	140	197	913	980	159	64	153	60	227
40−44岁	243	220	852	861	167	49	124	52	206
45−49岁	456	308	1030	1001	189	63	134	82	159
50−54岁	447	254	722	682	131	33	95	47	114
55−59岁	217	134	314	345	70	13	36	22	35
60−64岁	40	27	89	113	17	6	8	11	18
65−69岁	9	4	46	51	8	3	6	2	10
70−74岁	1	1	8	29			1		2
75岁及以上		2	3	9	1			1	1
男	**1588**	**1248**	**4809**	**4226**	**833**	**313**	**573**	**286**	**852**
16−19岁	5	4	64	83	14	6	23	5	20
20−24岁	15	58	229	252	56	45	51	16	71
25−29岁	41	103	424	473	86	53	67	21	144
30−34岁	109	166	833	777	121	55	108	58	192
35−39岁	127	149	785	685	122	43	91	46	148
40−44岁	216	166	686	583	118	31	68	30	103
45−49岁	409	237	809	585	131	41	72	50	68
50−54岁	416	211	587	426	102	20	50	32	62
55−59岁	201	122	261	243	62	11	31	15	25
60−64岁	40	25	86	71	15	6	6	10	12
65−69岁	8	4	37	26	5	2	5	2	5
70−74岁	1	1	7	18			1		1
75岁及以上		2	1	4	1			1	1
女	**144**	**279**	**939**	**1915**	**255**	**128**	**329**	**121**	**530**
16−19岁		1	10	17	2	5	7		6
20−24岁	1	6	19	68	8	11	12	3	16
25−29岁	3	10	48	135	27	15	22	10	60
30−34岁	5	32	144	265	32	20	55	17	101
35−39岁	13	48	128	295	37	21	62	14	79
40−44岁	27	54	166	278	49	18	56	22	103
45−49岁	47	71	221	416	58	22	62	32	91
50−54岁	31	43	135	256	29	13	45	15	52
55−59岁	16	12	53	102	8	2	5	7	10
60−64岁		2	3	42	2		2	1	6
65−69岁	1		9	25	3	1	1		5
70−74岁			1	11					1
75岁及以上			2	5					

4-7c 续表 8　　单位：人

年龄组 性　别	生产制造及有关人员								不便分类的其他从业人员
	计算机、通信和其他电子设备制造人　员	仪器仪表制造人员	废弃资源综合利用人　　员	电力、热力、气体、水生产和输配人员	建筑施工人　　员	运输设备和通用工程机械操作人员及有关人员	生产辅助人　　员	其他生产制造及有关人员	
总　计	**5943**	**147**	**355**	**862**	**63168**	**4426**	**21132**	**1183**	**713**
16-19岁	841	5	1	5	333	58	327	9	95
20-24岁	868	13	9	37	1638	304	1192	47	60
25-29岁	823	16	18	64	3927	670	2135	86	70
30-34岁	1087	25	17	82	6573	943	3313	165	89
35-39岁	776	24	30	63	6782	675	2819	128	54
40-44岁	590	31	56	98	8009	512	2714	156	78
45-49岁	502	17	76	139	11483	583	3374	222	68
50-54岁	278	8	66	164	11444	415	2711	184	78
55-59岁	119	3	42	107	7324	179	1533	91	41
60-64岁	29	5	22	58	3585	63	562	45	38
65-69岁	24		10	39	1680	19	326	37	22
70-74岁	3		6	6	332	4	92	12	12
75岁及以上	3		2		58	1	34	1	8
男	**3286**	**80**	**225**	**728**	**53132**	**4208**	**11964**	**556**	**456**
16-19岁	539	4	1	5	295	57	203	5	53
20-24岁	628	11	8	35	1496	294	776	32	43
25-29岁	532	13	12	55	3591	654	1423	54	53
30-34岁	594	12	9	70	5915	909	2028	90	57
35-39岁	362	15	22	55	5868	644	1595	63	33
40-44岁	222	14	31	71	6621	471	1362	69	51
45-49岁	172	6	44	114	8941	538	1599	82	45
50-54岁	139	3	43	132	9251	387	1440	75	43
55-59岁	69		28	94	6181	168	915	34	26
60-64岁	18	2	17	55	3134	62	352	27	22
65-69岁	11		5	36	1500	19	201	21	12
70-74岁			4	6	292	4	56	4	11
75岁及以上			1		47	1	14		7
女	**2657**	**67**	**130**	**134**	**10036**	**218**	**9168**	**627**	**257**
16-19岁	302	1			38	1	124	4	42
20-24岁	240	2	1	2	142	10	416	15	17
25-29岁	291	3	6	9	336	16	712	32	17
30-34岁	493	13	8	12	658	34	1285	75	32
35-39岁	414	9	8	8	914	31	1224	65	21
40-44岁	368	17	25	27	1388	41	1352	87	27
45-49岁	330	11	32	25	2542	45	1775	140	23
50-54岁	139	5	23	32	2193	28	1271	109	35
55-59岁	50	3	14	13	1143	11	618	57	15
60-64岁	11	3	5	3	451	1	210	18	16
65-69岁	13		5	3	180		125	16	10
70-74岁	3		2		40		36	8	1
75岁及以上	3		1		11		20	1	1

第二部分　长表数据资料

第五卷　婚姻

5-1 各地区分性别、婚姻状况的15岁及以上人口

单位：人

地 区	15岁及以上人口			未 婚		
	合计	男	女	小计	男	女
合 计	**3188888**	**1624272**	**1564616**	**592284**	**360464**	**231820**
福州市	**638988**	**324937**	**314051**	**135987**	**79229**	**56758**
鼓楼区	53145	25430	27715	12063	6269	5794
台江区	33231	16028	17203	7241	3831	3410
仓山区	92757	47614	45143	22192	12726	9466
马尾区	21504	11196	10308	5228	3146	2082
晋安区	65993	33352	32641	12976	7283	5693
长乐区	57208	29548	27660	10759	6791	3968
闽侯县	76943	40168	36775	23221	12799	10422
连江县	48898	24993	23905	8338	5246	3092
罗源县	19502	10462	9040	3021	2026	995
闽清县	19121	9672	9449	2558	1576	982
永泰县	20548	10380	10168	3706	2212	1494
平潭县	29736	14903	14833	6236	3727	2509
福清市	100402	51191	49211	18448	11597	6851
厦门市	**435735**	**228492**	**207243**	**115536**	**69378**	**46158**
思明区	88984	42202	46782	21275	10765	10510
海沧区	48838	26509	22329	10636	7029	3607
湖里区	89638	46987	42651	27533	15735	11798
集美区	88981	48003	40978	29271	17696	11575
同安区	71038	38201	32837	13861	9391	4470
翔安区	48256	26590	21666	12960	8762	4198
莆田市	**234713**	**114851**	**119862**	**39454**	**23416**	**16038**
城厢区	41700	20634	21066	8320	4903	3417
涵江区	37331	18664	18667	5855	3639	2216
荔城区	49760	24431	25329	8683	4981	3702
秀屿区	40361	19151	21210	5159	3104	2055
仙游县	65561	31971	33590	11437	6789	4648
三明市	**187289**	**94616**	**92673**	**26068**	**16343**	**9725**
梅列区	17601	8647	8954	2865	1668	1197
三元区	14900	7641	7259	3186	1850	1336
明溪县	8315	4283	4032	1172	716	456
清流县	8878	4413	4465	1074	666	408
宁化县	21324	10524	10800	2729	1733	996
大田县	20352	10500	9852	2308	1541	767
尤溪县	24567	12509	12058	2849	1863	986
沙县	18949	9575	9374	3031	1881	1150
将乐县	10354	5170	5184	1143	713	430
泰宁县	7047	3441	3606	800	485	315
建宁县	8264	4079	4185	811	491	320
永安市	26738	13834	12904	4100	2736	1364
泉州市	**677706**	**346110**	**331596**	**121807**	**76058**	**45749**
鲤城区	33892	17046	16846	6726	4043	2683
丰泽区	55815	28069	27746	15818	8566	7252
洛江区	18965	9600	9365	3947	2282	1665
泉港区	24989	12047	12942	3271	2052	1219
惠安县	79471	38583	40888	11133	7013	4120
安溪县	71556	36176	35380	10757	6742	4015
永春县	30430	15062	15368	3467	2234	1233
德化县	24908	12837	12071	3447	2257	1190
石狮市	55167	29193	25974	12401	7861	4540
晋江市	166225	87786	78439	32818	21395	11423
南安市	116288	59711	56577	18022	11613	6409

5-1　续表 1　　　　单位：人

地　区	15岁及以上人口			未　婚		
	合计	男	女	小计	男	女
漳州市	**392359**	**199326**	**193033**	**61891**	**38010**	**23881**
芗城区	50245	24547	25698	11338	5883	5455
龙文区	22333	11359	10974	3900	2363	1537
云霄县	32498	16641	15857	5734	3658	2076
漳浦县	64721	32694	32027	8098	5118	2980
诏安县	40280	20182	20098	6102	3864	2238
长泰县	18784	9853	8931	2498	1722	776
东山县	17909	9078	8831	2618	1666	952
南靖县	24319	12327	11992	3432	2092	1340
平和县	33491	17281	16210	4837	3220	1617
华安县	10344	5409	4935	1102	758	344
龙海市	77435	39955	37480	12232	7666	4566
南平市	**193724**	**97165**	**96559**	**25433**	**15523**	**9910**
延平区	33539	16701	16838	5048	3087	1961
建阳区	24334	12265	12069	3329	1992	1337
顺昌县	13201	6632	6569	1508	950	558
浦城县	20746	10406	10340	2408	1493	915
光泽县	9773	4925	4848	1093	694	399
松溪县	8950	4434	4516	1030	625	405
政和县	11766	6046	5720	1483	967	516
邵武市	20999	10550	10449	2390	1521	869
武夷山市	19315	9646	9669	3878	2150	1728
建瓯市	31101	15560	15541	3266	2044	1222
龙岩市	**203390**	**101361**	**102029**	**26780**	**16729**	**10051**
新罗区	64453	32423	32030	10882	6411	4471
永定区	22982	11539	11443	2440	1609	831
长汀县	29033	14101	14932	3874	2394	1480
上杭县	28755	14182	14573	3190	2069	1121
武平县	20902	10233	10669	2178	1371	807
连城县	18205	9063	9142	2098	1435	663
漳平市	19060	9820	9240	2118	1440	678
宁德市	**224984**	**117414**	**107570**	**39328**	**25778**	**13550**
蕉城区	46474	24745	21729	11301	7311	3990
霞浦县	33791	17668	16123	4870	3290	1580
古田县	23235	11898	11337	2881	1935	946
屏南县	9375	4860	4515	1414	900	514
寿宁县	10594	5461	5133	1571	969	602
周宁县	11333	5925	5408	2140	1407	733
柘荣县	6912	3556	3356	1083	687	396
福安市	42435	22313	20122	8481	5591	2890
福鼎市	40835	20988	19847	5587	3688	1899

5-1 续表 2 单位：人

地区	有配偶			离婚			丧偶		
	小计	男	女	小计	男	女	小计	男	女
合计	**2351646**	**1188072**	**1163574**	**71112**	**38007**	**33105**	**173846**	**37729**	**136117**
福州市	**456953**	**231030**	**225923**	**15114**	**7936**	**7178**	**30934**	**6742**	**24192**
鼓楼区	37269	18166	19103	1511	565	946	2302	430	1872
台江区	23425	11506	11919	886	363	523	1679	328	1351
仓山区	65493	33308	32185	2084	963	1121	2988	617	2371
马尾区	14864	7567	7297	449	265	184	963	218	745
晋安区	48726	24695	24031	1980	873	1107	2311	501	1810
长乐区	41838	21339	20499	1243	745	498	3368	673	2695
闽侯县	49289	25724	23565	1403	895	508	3030	750	2280
连江县	36199	18377	17822	1099	679	420	3262	691	2571
罗源县	14729	7764	6965	606	382	224	1146	290	856
闽清县	14827	7469	7358	389	260	129	1347	367	980
永泰县	15078	7522	7556	363	241	122	1401	405	996
平潭县	21368	10601	10767	506	277	229	1626	298	1328
福清市	73848	36992	36856	2595	1428	1167	5511	1174	4337
厦门市	**296570**	**151700**	**144870**	**11365**	**5283**	**6082**	**12264**	**2131**	**10133**
思明区	60808	29689	31119	3196	1198	1998	3705	550	3155
海沧区	35885	18658	17227	1299	655	644	1018	167	851
湖里区	57811	29791	28020	2543	1165	1378	1751	296	1455
集美区	56164	29070	27094	1922	952	970	1624	285	1339
同安区	53398	27489	25909	1558	854	704	2221	467	1754
翔安区	32504	17003	15501	847	459	388	1945	366	1579
莆田市	**175623**	**85728**	**89895**	**4142**	**2091**	**2051**	**15494**	**3616**	**11878**
城厢区	30714	14910	15804	770	333	437	1896	488	1408
涵江区	28236	14051	14185	800	413	387	2440	561	1879
荔城区	37636	18423	19213	772	378	394	2669	649	2020
秀屿区	30979	15023	15956	500	274	226	3723	750	2973
仙游县	48058	23321	24737	1300	693	607	4766	1168	3598
三明市	**143792**	**72512**	**71280**	**4730**	**2603**	**2127**	**12699**	**3158**	**9541**
梅列区	13251	6563	6688	655	272	383	830	144	686
三元区	10353	5297	5056	557	297	260	804	197	607
明溪县	6303	3258	3045	276	161	115	564	148	416
清流县	6911	3483	3428	173	99	74	720	165	555
宁化县	16517	8162	8355	387	228	159	1691	401	1290
大田县	16273	8365	7908	293	184	109	1478	410	1068
尤溪县	19594	9842	9752	456	290	166	1668	514	1154
沙县	14181	7123	7058	506	268	238	1231	303	928
将乐县	8213	4124	4089	230	146	84	768	187	581
泰宁县	5534	2737	2797	154	90	64	559	129	430
建宁县	6604	3342	3262	136	72	64	713	174	539
永安市	20058	10216	9842	907	496	411	1673	386	1287
泉州市	**506237**	**255888**	**250349**	**12588**	**6924**	**5664**	**37074**	**7240**	**29834**
鲤城区	24773	12354	12419	865	404	461	1528	245	1283
丰泽区	37201	18728	18473	1195	522	673	1601	253	1348
洛江区	13724	6892	6832	359	218	141	935	208	727
泉港区	19072	9327	9745	555	297	258	2091	371	1720
惠安县	60723	29686	31037	1712	911	801	5903	973	4930
安溪县	55246	27684	27562	833	508	325	4720	1242	3478
永春县	23865	11845	12020	506	301	205	2592	682	1910
德化县	19531	9914	9617	508	294	214	1422	372	1050
石狮市	39835	20486	19349	1014	554	460	1917	292	1625
晋江市	123892	63651	60241	2835	1601	1234	6680	1139	5541
南安市	88375	45321	43054	2206	1314	892	7685	1463	6222

5-1　续表 3

单位：人

地　区	有配偶			离　婚			丧　偶		
	小计	男	女	小计	男	女	小计	男	女
漳州市	**299084**	**151806**	**147278**	**7237**	**4098**	**3139**	**24147**	**5412**	**18735**
芗城区	35144	17572	17572	1427	662	765	2336	430	1906
龙文区	17185	8624	8561	454	204	250	794	168	626
云霄县	24225	12190	12035	531	329	202	2008	464	1544
漳浦县	51433	26061	25372	949	562	387	4241	953	3288
诏安县	30593	15273	15320	531	316	215	3054	729	2325
长泰县	14895	7657	7238	338	199	139	1053	275	778
东山县	13564	6946	6618	437	227	210	1290	239	1051
南靖县	18768	9560	9208	459	297	162	1660	378	1282
平和县	25639	13081	12558	596	393	203	2419	587	1832
华安县	8284	4320	3964	205	141	64	753	190	563
龙海市	59354	30522	28832	1310	768	542	4539	999	3540
南平市	**150062**	**75477**	**74585**	**5060**	**2910**	**2150**	**13169**	**3255**	**9914**
延平区	25212	12532	12680	1092	580	512	2187	502	1685
建阳区	18728	9516	9212	685	373	312	1592	384	1208
顺昌县	10261	5206	5055	351	217	134	1081	259	822
浦城县	16253	8173	8080	458	318	140	1627	422	1205
光泽县	7772	3924	3848	219	135	84	689	172	517
松溪县	7118	3540	3578	158	100	58	644	169	475
政和县	9296	4715	4581	242	159	83	745	205	540
邵武市	16528	8321	8207	695	378	317	1386	330	1056
武夷山市	13978	7033	6945	430	225	205	1029	238	791
建瓯市	24916	12517	12399	730	425	305	2189	574	1615
龙岩市	**157544**	**79175**	**78369**	**4982**	**2592**	**2390**	**14084**	**2865**	**11219**
新罗区	48519	24494	24025	2199	997	1202	2853	521	2332
永定区	18074	9236	8838	430	281	149	2038	413	1625
长汀县	22274	10920	11354	621	314	307	2264	473	1791
上杭县	22636	11362	11274	512	284	228	2417	467	1950
武平县	16679	8291	8388	384	225	159	1661	346	1315
连城县	14126	7062	7064	362	229	133	1619	337	1282
漳平市	15236	7810	7426	474	262	212	1232	308	924
宁德市	**165781**	**84756**	**81025**	**5894**	**3570**	**2324**	**13981**	**3310**	**10671**
蕉城区	31988	16373	15615	1228	646	582	1957	415	1542
霞浦县	25746	13225	12521	855	554	301	2320	599	1721
古田县	18043	9127	8916	674	398	276	1637	438	1199
屏南县	7098	3626	3472	203	139	64	660	195	465
寿宁县	8001	4105	3896	242	179	63	780	208	572
周宁县	8111	4130	3981	272	168	104	810	220	590
柘荣县	5144	2626	2518	221	135	86	464	108	356
福安市	30395	15589	14806	971	578	393	2588	555	2033
福鼎市	31255	15955	15300	1228	773	455	2765	572	2193

5-1a 各地区分性别、婚姻状况的15岁及以上人口(城市)

单位：人

地区	15岁及以上人口			未婚		
	合计	男	女	小计	男	女
合计	**1358965**	**688204**	**670761**	**308691**	**179383**	**129308**
福州市	**320197**	**160467**	**159730**	**72229**	**40574**	**31655**
鼓楼区	53145	25430	27715	12063	6269	5794
台江区	33231	16028	17203	7241	3831	3410
仓山区	92757	47614	45143	22192	12726	9466
马尾区	19481	10179	9302	4956	2958	1998
晋安区	63906	32197	31709	12612	7062	5550
长乐区	20869	10186	10683	4653	2531	2122
闽侯县						
连江县						
罗源县						
闽清县						
永泰县						
平潭县						
福清市	36808	18833	17975	8512	5197	3315
厦门市	**366993**	**190485**	**176508**	**99547**	**58340**	**41207**
思明区	88984	42202	46782	21275	10765	10510
海沧区	47570	25772	21798	10285	6757	3528
湖里区	89453	46857	42596	27474	15685	11789
集美区	79987	42883	37104	27406	16356	11050
同安区	52119	28035	24084	10521	7135	3386
翔安区	8880	4736	4144	2586	1642	944
莆田市	**105598**	**52577**	**53021**	**19780**	**11850**	**7930**
城厢区	28146	14137	14009	6508	3795	2713
涵江区	29187	14553	14634	5028	3089	1939
荔城区	36983	18468	18515	6518	3948	2570
秀屿区	11282	5419	5863	1726	1018	708
仙游县						
三明市	**45622**	**22718**	**22904**	**8563**	**5096**	**3467**
梅列区	16023	7807	8216	2677	1531	1146
三元区	12430	6228	6202	2929	1643	1286
明溪县						
清流县						
宁化县						
大田县						
尤溪县						
沙县						
将乐县						
泰宁县						
建宁县						
永安市	17169	8683	8486	2957	1922	1035
泉州市	**242440**	**124843**	**117597**	**54940**	**32876**	**22064**
鲤城区	33892	17046	16846	6726	4043	2683
丰泽区	55815	28069	27746	15818	8566	7252
洛江区	7662	3767	3895	1622	839	783
泉港区	8744	4252	4492	1300	780	520
惠安县						
安溪县						
永春县						
德化县						
石狮市	33734	17339	16395	8072	4863	3209
晋江市	82768	44330	38438	17974	11681	6293
南安市	19825	10040	9785	3428	2104	1324

5-1a　续表 1　　　　　　　　　　　　　　　　　　　　单位：人

地　区	15岁及以上人口			未　婚		
	合计	男	女	小计	男	女
漳州市	**77534**	**37885**	**39649**	**15864**	**8446**	**7418**
芗城区	38127	18090	20037	9522	4636	4886
龙文区	20137	10253	9884	3637	2193	1444
云霄县						
漳浦县						
诏安县						
长泰县						
东山县						
南靖县						
平和县						
华安县						
龙海市	19175	9495	9680	2695	1611	1084
南平市	**72800**	**35440**	**37360**	**11993**	**6835**	**5158**
延平区	21669	10554	11115	3314	1991	1323
建阳区	13130	6464	6666	2286	1267	1019
顺昌县						
浦城县						
光泽县						
松溪县						
政和县						
邵武市	14898	7304	7594	1920	1195	725
武夷山市	11240	5409	5831	2774	1406	1368
建瓯市	11863	5709	6154	1699	976	723
龙岩市	**64115**	**31451**	**32664**	**11356**	**6484**	**4872**
新罗区	49749	24476	25273	9351	5305	4046
永定区	5163	2432	2731	694	373	321
长汀县						
上杭县						
武平县						
连城县						
漳平市	9203	4543	4660	1311	806	505
宁德市	**63666**	**32338**	**31328**	**14419**	**8882**	**5537**
蕉城区	29325	15357	13968	8278	5216	3062
霞浦县						
古田县						
屏南县						
寿宁县						
周宁县						
柘荣县						
福安市	17523	8803	8720	3569	2166	1403
福鼎市	16818	8178	8640	2572	1500	1072

5-1a 续表 2

单位：人

地区	有配偶			离婚			丧偶		
	小计	男	女	小计	男	女	小计	男	女
合　计	**966364**	**483712**	**482652**	**35832**	**16126**	**19706**	**48078**	**8983**	**39095**
福州市	**227676**	**113834**	**113842**	**8272**	**3648**	**4624**	**12020**	**2411**	**9609**
鼓楼区	37269	18166	19103	1511	565	946	2302	430	1872
台江区	23425	11506	11919	886	363	523	1679	328	1351
仓山区	65493	33308	32185	2084	963	1121	2988	617	2371
马尾区	13350	6811	6539	413	240	173	762	170	592
晋安区	47224	23857	23367	1910	819	1091	2160	459	1701
长乐区	14930	7280	7650	440	216	224	846	159	687
闽侯县									
连江县									
罗源县									
闽清县									
永泰县									
平潭县									
福清市	25985	12906	13079	1028	482	546	1283	248	1035
厦门市	**247959**	**126080**	**121879**	**10165**	**4532**	**5633**	**9322**	**1533**	**7789**
思明区	60808	29689	31119	3196	1198	1998	3705	550	3155
海沧区	35027	18217	16810	1261	636	625	997	162	835
湖里区	57690	29714	27976	2540	1163	1377	1749	295	1454
集美区	49484	25462	24022	1742	830	912	1355	235	1120
同安区	39122	20025	19097	1241	636	605	1235	239	996
翔安区	5828	2973	2855	185	69	116	281	52	229
莆田市	**79213**	**38768**	**40445**	**1911**	**868**	**1043**	**4694**	**1091**	**3603**
城厢区	20397	9947	10450	536	211	325	705	184	521
涵江区	21926	10808	11118	640	311	329	1593	345	1248
荔城区	28373	13872	14501	582	269	313	1510	379	1131
秀屿区	8517	4141	4376	153	77	76	886	183	703
仙游县									
三明市	**33047**	**16380**	**16667**	**1812**	**830**	**982**	**2200**	**412**	**1788**
梅列区	12033	5913	6120	614	245	369	699	118	581
三元区	8402	4189	4213	514	262	252	585	134	451
明溪县									
清流县									
宁化县									
大田县									
尤溪县									
沙县									
将乐县									
泰宁县									
建宁县									
永安市	12612	6278	6334	684	323	361	916	160	756
泉州市	**174559**	**88214**	**86345**	**4998**	**2391**	**2607**	**7943**	**1362**	**6581**
鲤城区	24773	12354	12419	865	404	461	1528	245	1283
丰泽区	37201	18728	18473	1195	522	673	1601	253	1348
洛江区	5693	2813	2880	173	87	86	174	28	146
泉港区	6629	3246	3383	226	108	118	589	118	471
惠安县									
安溪县									
永春县									
德化县									
石狮市	24095	12042	12053	624	288	336	943	146	797
晋江市	61117	31475	29642	1527	792	735	2150	382	1768
南安市	15051	7556	7495	388	190	198	958	190	768

5-1a　续表 3　　　　　　　　　　　　　　　　　　　　　　　　　　　单位：人

地　区	有配偶			离　婚			丧　偶		
	小计	男	女	小计	男	女	小计	男	女
漳州市	**56038**	**27889**	**28149**	**2007**	**875**	**1132**	**3625**	**675**	**2950**
芗城区	25741	12688	13053	1190	490	700	1674	276	1398
龙文区	15423	7745	7678	427	186	241	650	129	521
云霄县									
漳浦县									
诏安县									
长泰县									
东山县									
南靖县									
平和县									
华安县									
龙海市	14796	7416	7380	390	199	191	1294	269	1025
南平市	**54687**	**26736**	**27951**	**2556**	**1167**	**1389**	**3564**	**702**	**2862**
延平区	16302	7906	8396	880	416	464	1173	241	932
建阳区	9815	4894	4921	454	189	265	575	114	461
顺昌县									
浦城县									
光泽县									
松溪县									
政和县									
邵武市	11647	5695	5952	533	269	264	798	145	653
武夷山市	7766	3801	3965	277	114	163	423	88	335
建瓯市	9157	4440	4717	412	179	233	595	114	481
龙岩市	**48058**	**23610**	**24448**	**2240**	**944**	**1296**	**2461**	**413**	**2048**
新罗区	36824	18140	18684	1816	747	1069	1758	284	1474
永定区	4078	1964	2114	120	59	61	271	36	235
长汀县									
上杭县									
武平县									
连城县									
漳平市	7156	3506	3650	304	138	166	432	93	339
宁德市	**45127**	**22201**	**22926**	**1871**	**871**	**1000**	**2249**	**384**	**1865**
蕉城区	19530	9659	9871	794	353	441	723	129	594
霞浦县									
古田县									
屏南县									
寿宁县									
周宁县									
柘荣县									
福安市	12825	6317	6508	441	195	246	688	125	563
福鼎市	12772	6225	6547	636	323	313	838	130	708

5-1b 各地区分性别、婚姻状况的15岁及以上人口(镇)

单位：人

地 区	15岁及以上人口			未 婚		
	合计	男	女	小计	男	女
合 计	**868364**	**436800**	**431564**	**152248**	**92161**	**60087**
福州市	**154621**	**78320**	**76301**	**37320**	**21228**	**16092**
鼓楼区						
台江区						
仓山区						
马尾区						
晋安区	216	118	98	129	67	62
长乐区	14057	7554	6503	2327	1598	729
闽侯县	48489	24832	23657	18763	9844	8919
连江县	24117	11853	12264	4179	2526	1653
罗源县	14470	7587	6883	2339	1499	840
闽清县	8585	4146	4439	1329	747	582
永泰县	8871	4337	4534	1539	921	618
平潭县	16751	8296	8455	3659	2126	1533
福清市	19065	9597	9468	3056	1900	1156
厦门市	**21919**	**12301**	**9618**	**5918**	**4201**	**1717**
思明区						
海沧区						
湖里区	185	130	55	59	50	9
集美区	24	17	7	3	2	1
同安区	1265	661	604	165	115	50
翔安区	20445	11493	8952	5691	4034	1657
莆田市	**45893**	**22045**	**23848**	**8225**	**4737**	**3488**
城厢区	2605	1225	1380	472	280	192
涵江区	938	444	494	94	58	36
荔城区	622	298	324	97	51	46
秀屿区	6507	3080	3427	901	524	377
仙游县	35221	16998	18223	6661	3824	2837
三明市	**71477**	**34880**	**36597**	**10374**	**6159**	**4215**
梅列区	861	472	389	100	74	26
三元区	510	283	227	58	46	12
明溪县	3896	1863	2033	556	297	259
清流县	4334	2041	2293	625	350	275
宁化县	9457	4505	4952	1351	790	561
大田县	10550	5287	5263	1584	990	594
尤溪县	12484	6193	6291	1762	1070	692
沙县	13100	6421	6679	2282	1340	942
将乐县	6295	3029	3266	760	440	320
泰宁县	4294	1985	2309	539	310	229
建宁县	4012	1909	2103	507	287	220
永安市	1684	892	792	250	165	85
泉州市	**224805**	**114066**	**110739**	**37180**	**23255**	**13925**
鲤城区						
丰泽区						
洛江区	3568	1772	1796	1004	519	485
泉港区	5031	2390	2641	653	415	238
惠安县	44817	21629	23188	6651	4051	2600
安溪县	34784	17281	17503	5807	3443	2364
永春县	18999	9210	9789	2375	1456	919
德化县	19237	9841	9396	2852	1808	1044
石狮市	13436	7564	5872	2719	1941	778
晋江市	32273	16761	15512	6377	4041	2336
南安市	52660	27618	25042	8742	5581	3161

5-1b　续表 1　　　　单位：人

地　区	15岁及以上人口			未　婚		
	合计	男	女	小计	男	女
漳州市	**164276**	**83716**	**80560**	**26880**	**16506**	**10374**
芗城区	6656	3585	3071	1123	775	348
龙文区						
云霄县	17608	8800	8808	3405	2033	1372
漳浦县	35702	18089	17613	5200	3159	2041
诏安县	18427	9057	9370	2764	1654	1110
长泰县	11294	5982	5312	1764	1196	568
东山县	11497	5677	5820	1713	1037	676
南靖县	12759	6362	6397	1781	1061	720
平和县	16119	8184	7935	2400	1507	893
华安县	5440	2832	2608	602	406	196
龙海市	28774	15148	13626	6128	3678	2450
南平市	**47708**	**23307**	**24401**	**6246**	**3713**	**2533**
延平区	3723	1866	1857	474	300	174
建阳区	2277	1119	1158	238	144	94
顺昌县	6992	3382	3610	982	579	403
浦城县	10828	5236	5592	1460	838	622
光泽县	4999	2403	2596	655	371	284
松溪县	4531	2139	2392	637	336	301
政和县	6421	3212	3209	958	605	353
邵武市	1912	993	919	163	106	57
武夷山市	1347	696	651	307	189	118
建瓯市	4678	2261	2417	372	245	127
龙岩市	**63414**	**30765**	**32649**	**8182**	**4942**	**3240**
新罗区	4859	2451	2408	494	310	184
永定区	6455	3192	3263	732	459	273
长汀县	15533	7362	8171	2310	1341	969
上杭县	14971	7373	7598	1958	1202	756
武平县	10930	5185	5745	1388	808	580
连城县	9010	4375	4635	1179	743	436
漳平市	1656	827	829	121	79	42
宁德市	**74251**	**37400**	**36851**	**11923**	**7420**	**4503**
蕉城区	2632	1391	1241	444	281	163
霞浦县	20767	10371	10396	3164	1967	1197
古田县	12048	5873	6175	1595	974	621
屏南县	4708	2292	2416	833	464	369
寿宁县	5367	2642	2725	929	529	400
周宁县	5557	2736	2821	989	615	374
柘荣县	4097	2006	2091	638	365	273
福安市	10074	5502	4572	2164	1461	703
福鼎市	9001	4587	4414	1167	764	403

5-1b 续表 2

单位：人

地区	有配偶			离婚			丧偶		
	小计	男	女	小计	男	女	小计	男	女
合计	**652839**	**325856**	**326983**	**18013**	**9525**	**8488**	**45264**	**9258**	**36006**
福州市	**107911**	**54058**	**53853**	**3036**	**1662**	**1374**	**6354**	**1372**	**4982**
鼓楼区									
台江区									
仓山区									
马尾区									
晋安区	82	49	33	2	2		3		3
长乐区	10610	5597	5013	295	191	104	825	168	657
闽侯县	27761	14317	13444	717	389	328	1248	282	966
连江县	18169	8796	9373	549	295	254	1220	236	984
罗源县	11092	5709	5383	440	247	193	599	132	467
闽清县	6632	3199	3433	160	87	73	464	113	351
永泰县	6839	3241	3598	133	67	66	360	108	252
平潭县	12259	5942	6317	249	120	129	584	108	476
福清市	14467	7208	7259	491	264	227	1051	225	826
厦门市	**14915**	**7724**	**7191**	**439**	**251**	**188**	**647**	**125**	**522**
思明区									
海沧区									
湖里区	121	77	44	3	2	1	2	1	1
集美区	20	14	6	1	1				
同安区	1019	518	501	15	12	3	66	16	50
翔安区	13755	7115	6640	420	236	184	579	108	471
莆田市	**33909**	**16253**	**17656**	**890**	**421**	**469**	**2869**	**634**	**2235**
城厢区	1905	883	1022	49	25	24	179	37	142
涵江区	746	355	391	15	9	6	83	22	61
荔城区	468	234	234	9	3	6	48	10	38
秀屿区	4992	2414	2578	65	39	26	549	103	446
仙游县	25798	12367	13431	752	345	407	2010	462	1548
三明市	**55562**	**27076**	**28486**	**1758**	**858**	**900**	**3783**	**787**	**2996**
梅列区	667	369	298	28	18	10	66	11	55
三元区	407	219	188	12	9	3	33	9	24
明溪县	2938	1448	1490	157	72	85	245	46	199
清流县	3355	1610	1745	99	39	60	255	42	213
宁化县	7381	3503	3878	223	108	115	502	104	398
大田县	8328	4105	4223	196	99	97	442	93	349
尤溪县	9939	4852	5087	257	129	128	526	142	384
沙县	9704	4761	4943	380	173	207	734	147	587
将乐县	5014	2424	2590	160	90	70	361	75	286
泰宁县	3393	1594	1799	98	45	53	264	36	228
建宁县	3156	1527	1629	100	44	56	249	51	198
永安市	1280	664	616	48	32	16	106	31	75
泉州市	**171635**	**86398**	**85237**	**4211**	**2217**	**1994**	**11779**	**2196**	**9583**
鲤城区									
丰泽区									
洛江区	2363	1197	1166	48	27	21	153	29	124
泉港区	3854	1862	1992	102	43	59	422	70	352
惠安县	34160	16615	17545	1096	511	585	2910	452	2458
安溪县	27206	13313	13893	400	193	207	1371	332	1039
永春县	14927	7241	7686	370	196	174	1327	317	1010
德化县	15186	7617	7569	410	226	184	789	190	599
石狮市	9899	5385	4514	247	167	80	571	71	500
晋江市	23977	12215	11762	523	276	247	1396	229	1167
南安市	40063	20953	19110	1015	578	437	2840	506	2334

5-1b 续表 3

单位：人

地区	有配偶			离婚			丧偶		
	小计	男	女	小计	男	女	小计	男	女
漳州市	**125373**	**63598**	**61775**	**3202**	**1718**	**1484**	**8821**	**1894**	**6927**
芗城区	5114	2644	2470	149	108	41	270	58	212
龙文区									
云霄县	12991	6413	6578	328	169	159	884	185	699
漳浦县	27864	14170	13694	626	324	302	2012	436	1576
诏安县	14079	6956	7123	272	142	130	1312	305	1007
长泰县	8803	4546	4257	238	119	119	489	121	368
东山县	8647	4359	4288	348	165	183	789	116	673
南靖县	10035	5013	5022	244	139	105	699	149	550
平和县	12473	6292	6181	328	180	148	918	205	713
华安县	4373	2269	2104	128	83	45	337	74	263
龙海市	20994	10936	10058	541	289	252	1111	245	866
南平市	**37401**	**18326**	**19075**	**1150**	**638**	**512**	**2911**	**630**	**2281**
延平区	2871	1446	1425	71	43	28	307	77	230
建阳区	1810	894	916	58	41	17	171	40	131
顺昌县	5331	2610	2721	211	104	107	468	89	379
浦城县	8458	4119	4339	262	151	111	648	128	520
光泽县	3925	1895	2030	148	76	72	271	61	210
松溪县	3555	1707	1848	90	44	46	249	52	197
政和县	5013	2450	2563	151	92	59	299	65	234
邵武市	1547	815	732	65	37	28	137	35	102
武夷山市	954	479	475	30	18	12	56	10	46
建瓯市	3937	1911	2026	64	32	32	305	73	232
龙岩市	**49801**	**24386**	**25415**	**1469**	**716**	**753**	**3962**	**721**	**3241**
新罗区	3895	1994	1901	169	88	81	301	59	242
永定区	5068	2562	2506	122	76	46	533	95	438
长汀县	11874	5662	6212	402	173	229	947	186	761
上杭县	11847	5892	5955	297	132	165	869	147	722
武平县	8678	4131	4547	250	127	123	614	119	495
连城县	7047	3434	3613	201	104	97	583	94	489
漳平市	1392	711	681	28	16	12	115	21	94
宁德市	**56332**	**28037**	**28295**	**1858**	**1044**	**814**	**4138**	**899**	**3239**
蕉城区	1939	1035	904	41	34	7	208	41	167
霞浦县	15943	7840	8103	568	309	259	1092	255	837
古田县	9398	4576	4822	380	175	205	675	148	527
屏南县	3550	1723	1827	86	46	40	239	59	180
寿宁县	4089	1999	2090	103	61	42	246	53	193
周宁县	4107	1980	2127	129	62	67	332	79	253
柘荣县	3098	1525	1573	139	71	68	222	45	177
福安市	7120	3782	3338	223	151	72	567	108	459
福鼎市	7088	3577	3511	189	135	54	557	111	446

5-1c 各地区分性别、婚姻状况的15岁及以上人口(乡村)

单位：人

地区	15岁及以上人口			未婚		
	合计	男	女	小计	男	女
合计	**961559**	**499268**	**462291**	**131345**	**88920**	**42425**
福州市	**164170**	**86150**	**78020**	**26438**	**17427**	**9011**
鼓楼区						
台江区						
仓山区						
马尾区	2023	1017	1006	272	188	84
晋安区	1871	1037	834	235	154	81
长乐区	22282	11808	10474	3779	2662	1117
闽侯县	28454	15336	13118	4458	2955	1503
连江县	24781	13140	11641	4159	2720	1439
罗源县	5032	2875	2157	682	527	155
闽清县	10536	5526	5010	1229	829	400
永泰县	11677	6043	5634	2167	1291	876
平潭县	12985	6607	6378	2577	1601	976
福清市	44529	22761	21768	6880	4500	2380
厦门市	**46823**	**25706**	**21117**	**10071**	**6837**	**3234**
思明区						
海沧区	1268	737	531	351	272	79
湖里区						
集美区	8970	5103	3867	1862	1338	524
同安区	17654	9505	8149	3175	2141	1034
翔安区	18931	10361	8570	4683	3086	1597
莆田市	**83222**	**40229**	**42993**	**11449**	**6829**	**4620**
城厢区	10949	5272	5677	1340	828	512
涵江区	7206	3667	3539	733	492	241
荔城区	12155	5665	6490	2068	982	1086
秀屿区	22572	10652	11920	2532	1562	970
仙游县	30340	14973	15367	4776	2965	1811
三明市	**70190**	**37018**	**33172**	**7131**	**5088**	**2043**
梅列区	717	368	349	88	63	25
三元区	1960	1130	830	199	161	38
明溪县	4419	2420	1999	616	419	197
清流县	4544	2372	2172	449	316	133
宁化县	11867	6019	5848	1378	943	435
大田县	9802	5213	4589	724	551	173
尤溪县	12083	6316	5767	1087	793	294
沙县	5849	3154	2695	749	541	208
将乐县	4059	2141	1918	383	273	110
泰宁县	2753	1456	1297	261	175	86
建宁县	4252	2170	2082	304	204	100
永安市	7885	4259	3626	893	649	244
泉州市	**210461**	**107201**	**103260**	**29687**	**19927**	**9760**
鲤城区						
丰泽区						
洛江区	7735	4061	3674	1321	924	397
泉港区	11214	5405	5809	1318	857	461
惠安县	34654	16954	17700	4482	2962	1520
安溪县	36772	18895	17877	4950	3299	1651
永春县	11431	5852	5579	1092	778	314
德化县	5671	2996	2675	595	449	146
石狮市	7997	4290	3707	1610	1057	553
晋江市	51184	26695	24489	8467	5673	2794
南安市	43803	22053	21750	5852	3928	1924

5-1c 续表 1

单位：人

地 区	15岁及以上人口			未 婚		
	合计	男	女	小计	男	女
漳州市	**150549**	**77725**	**72824**	**19147**	**13058**	**6089**
芗城区	5462	2872	2590	693	472	221
龙文区	2196	1106	1090	263	170	93
云霄县	14890	7841	7049	2329	1625	704
漳浦县	29019	14605	14414	2898	1959	939
诏安县	21758	11078	10680	3328	2204	1124
长泰县	7490	3871	3619	734	526	208
东山县	6412	3401	3011	905	629	276
南靖县	11560	5965	5595	1651	1031	620
平和县	17372	9097	8275	2437	1713	724
华安县	4904	2577	2327	500	352	148
龙海市	29486	15312	14174	3409	2377	1032
南平市	**73216**	**38418**	**34798**	**7194**	**4975**	**2219**
延平区	8147	4281	3866	1260	796	464
建阳区	8927	4682	4245	805	581	224
顺昌县	6209	3250	2959	526	371	155
浦城县	9918	5170	4748	948	655	293
光泽县	4774	2522	2252	438	323	115
松溪县	4419	2295	2124	393	289	104
政和县	5345	2834	2511	525	362	163
邵武市	4189	2253	1936	307	220	87
武夷山市	6728	3541	3187	797	555	242
建瓯市	14560	7590	6970	1195	823	372
龙岩市	**75861**	**39145**	**36716**	**7242**	**5303**	**1939**
新罗区	9845	5496	4349	1037	796	241
永定区	11364	5915	5449	1014	777	237
长汀县	13500	6739	6761	1564	1053	511
上杭县	13784	6809	6975	1232	867	365
武平县	9972	5048	4924	790	563	227
连城县	9195	4688	4507	919	692	227
漳平市	8201	4450	3751	686	555	131
宁德市	**87067**	**47676**	**39391**	**12986**	**9476**	**3510**
蕉城区	14517	7997	6520	2579	1814	765
霞浦县	13024	7297	5727	1706	1323	383
古田县	11187	6025	5162	1286	961	325
屏南县	4667	2568	2099	581	436	145
寿宁县	5227	2819	2408	642	440	202
周宁县	5776	3189	2587	1151	792	359
柘荣县	2815	1550	1265	445	322	123
福安市	14838	8008	6830	2748	1964	784
福鼎市	15016	8223	6793	1848	1424	424

5-1c 续表 2

单位：人

地 区	有配偶			离 婚			丧 偶		
	小计	男	女	小计	男	女	小计	男	女
合 计	**732443**	**378504**	**353939**	**17267**	**12356**	**4911**	**80504**	**19488**	**61016**
福州市	**121366**	**63138**	**58228**	**3806**	**2626**	**1180**	**12560**	**2959**	**9601**
鼓楼区									
台江区									
仓山区									
马尾区	1514	756	758	36	25	11	201	48	153
晋安区	1420	789	631	68	52	16	148	42	106
长乐区	16298	8462	7836	508	338	170	1697	346	1351
闽侯县	21528	11407	10121	686	506	180	1782	468	1314
连江县	18030	9581	8449	550	384	166	2042	455	1587
罗源县	3637	2055	1582	166	135	31	547	158	389
闽清县	8195	4270	3925	229	173	56	883	254	629
永泰县	8239	4281	3958	230	174	56	1041	297	744
平潭县	9109	4659	4450	257	157	100	1042	190	852
福清市	33396	16878	16518	1076	682	394	3177	701	2476
厦门市	**33696**	**17896**	**15800**	**761**	**500**	**261**	**2295**	**473**	**1822**
思明区									
海沧区	858	441	417	38	19	19	21	5	16
湖里区									
集美区	6660	3594	3066	179	121	58	269	50	219
同安区	13257	6946	6311	302	206	96	920	212	708
翔安区	12921	6915	6006	242	154	88	1085	206	879
莆田市	**62501**	**30707**	**31794**	**1341**	**802**	**539**	**7931**	**1891**	**6040**
城厢区	8412	4080	4332	185	97	88	1012	267	745
涵江区	5564	2888	2676	145	93	52	764	194	570
荔城区	8795	4317	4478	181	106	75	1111	260	851
秀屿区	17470	8468	9002	282	158	124	2288	464	1824
仙游县	22260	10954	11306	548	348	200	2756	706	2050
三明市	**55183**	**29056**	**26127**	**1160**	**915**	**245**	**6716**	**1959**	**4757**
梅列区	551	281	270	13	9	4	65	15	50
三元区	1544	889	655	31	26	5	186	54	132
明溪县	3365	1810	1555	119	89	30	319	102	217
清流县	3556	1873	1683	74	60	14	465	123	342
宁化县	9136	4659	4477	164	120	44	1189	297	892
大田县	7945	4260	3685	97	85	12	1036	317	719
尤溪县	9655	4990	4665	199	161	38	1142	372	770
沙县	4477	2362	2115	126	95	31	497	156	341
将乐县	3199	1700	1499	70	56	14	407	112	295
泰宁县	2141	1143	998	56	45	11	295	93	202
建宁县	3448	1815	1633	36	28	8	464	123	341
永安市	6166	3274	2892	175	141	34	651	195	456
泉州市	**160043**	**81276**	**78767**	**3379**	**2316**	**1063**	**17352**	**3682**	**13670**
鲤城区									
丰泽区									
洛江区	5668	2882	2786	138	104	34	608	151	457
泉港区	8589	4219	4370	227	146	81	1080	183	897
惠安县	26563	13071	13492	616	400	216	2993	521	2472
安溪县	28040	14371	13669	433	315	118	3349	910	2439
永春县	8938	4604	4334	136	105	31	1265	365	900
德化县	4345	2297	2048	98	68	30	633	182	451
石狮市	5841	3059	2782	143	99	44	403	75	328
晋江市	38798	19961	18837	785	533	252	3134	528	2606
南安市	33261	16812	16449	803	546	257	3887	767	3120

5-1c　续表 3

单位：人

地　区	有配偶			离　婚			丧　偶		
	小计	男	女	小计	男	女	小计	男	女
漳州市	**117673**	**60319**	**57354**	**2028**	**1505**	**523**	**11701**	**2843**	**8858**
芗城区	4289	2240	2049	88	64	24	392	96	296
龙文区	1762	879	883	27	18	9	144	39	105
云霄县	11234	5777	5457	203	160	43	1124	279	845
漳浦县	23569	11891	11678	323	238	85	2229	517	1712
诏安县	16436	8277	8159	259	174	85	1735	423	1312
长泰县	6092	3111	2981	100	80	20	564	154	410
东山县	4917	2587	2330	89	62	27	501	123	378
南靖县	8733	4547	4186	215	158	57	961	229	732
平和县	13166	6789	6377	268	213	55	1501	382	1119
华安县	3911	2051	1860	77	58	19	416	116	300
龙海市	23564	12170	11394	379	280	99	2134	485	1649
南平市	**57974**	**30415**	**27559**	**1354**	**1105**	**249**	**6694**	**1923**	**4771**
延平区	6039	3180	2859	141	121	20	707	184	523
建阳区	7103	3728	3375	173	143	30	846	230	616
顺昌县	4930	2596	2334	140	113	27	613	170	443
浦城县	7795	4054	3741	196	167	29	979	294	685
光泽县	3847	2029	1818	71	59	12	418	111	307
松溪县	3563	1833	1730	68	56	12	395	117	278
政和县	4283	2265	2018	91	67	24	446	140	306
邵武市	3334	1811	1523	97	72	25	451	150	301
武夷山市	5258	2753	2505	123	93	30	550	140	410
建瓯市	11822	6166	5656	254	214	40	1289	387	902
龙岩市	**59685**	**31179**	**28506**	**1273**	**932**	**341**	**7661**	**1731**	**5930**
新罗区	7800	4360	3440	214	162	52	794	178	616
永定区	8928	4710	4218	188	146	42	1234	282	952
长汀县	10400	5258	5142	219	141	78	1317	287	1030
上杭县	10789	5470	5319	215	152	63	1548	320	1228
武平县	8001	4160	3841	134	98	36	1047	227	820
连城县	7079	3628	3451	161	125	36	1036	243	793
漳平市	6688	3593	3095	142	108	34	685	194	491
宁德市	**64322**	**34518**	**29804**	**2165**	**1655**	**510**	**7594**	**2027**	**5567**
蕉城区	10519	5679	4840	393	259	134	1026	245	781
霞浦县	9803	5385	4418	287	245	42	1228	344	884
古田县	8645	4551	4094	294	223	71	962	290	672
屏南县	3548	1903	1645	117	93	24	421	136	285
寿宁县	3912	2106	1806	139	118	21	534	155	379
周宁县	4004	2150	1854	143	106	37	478	141	337
柘荣县	2046	1101	945	82	64	18	242	63	179
福安市	10450	5490	4960	307	232	75	1333	322	1011
福鼎市	11395	6153	5242	403	315	88	1370	331	1039

5-2 全省分性别、职业、婚姻状况的人口

单位：人

职业大类	15岁及以上人口			未婚		
	合计	男	女	小计	男	女
总 计	**2053870**	**1212556**	**841314**	**323725**	**216919**	**106806**
党的机关、国家机关、群众团体和社会组织、企事业单位负责人	36016	28285	7731	2507	1835	672
专业技术人员	211472	92939	118533	52202	21062	31140
办事人员和有关人员	151085	91617	59468	26739	14143	12596
社会生产服务和生活服务人员	774950	448067	326883	144011	96937	47074
农、林、牧、渔业生产及辅助人员	284132	160958	123174	13170	11537	1633
生产制造及有关人员	593918	389256	204662	84422	70936	13486
不便分类的其他从业人员	2297	1434	863	674	469	205

5-2 续表

单位：人

职业大类	有配偶			离婚			丧偶		
	小计	男	女	小计	男	女	小计	男	女
总 计	**1641631**	**954416**	**687215**	**53167**	**30517**	**22650**	**35347**	**10704**	**24643**
党的机关、国家机关、群众团体和社会组织、企事业单位负责人	32278	25786	6492	1059	576	483	172	88	84
专业技术人员	153687	69971	83716	4696	1634	3062	887	272	615
办事人员和有关人员	119360	74884	44476	4243	2208	2035	743	382	361
社会生产服务和生活服务人员	595882	336668	259214	24502	12015	12487	10555	2447	8108
农、林、牧、渔业生产及辅助人员	250618	140537	110081	4746	3915	831	15598	4969	10629
生产制造及有关人员	488304	305668	182636	13848	10120	3728	7344	2532	4812
不便分类的其他从业人员	1502	902	600	73	49	24	48	14	34

5-2a　全省分性别、职业、婚姻状况的人口(城市)

单位：人

职业大类	15岁及以上人口			未　婚		
	合计	男	女	小计	男	女
总　计	**873909**	**508846**	**365063**	**176765**	**111115**	**65650**
党的机关、国家机关、群众团体和社会组织、企事业单位负责人	22429	17282	5147	1611	1133	478
专业技术人员	128916	54624	74292	32701	13200	19501
办事人员和有关人员	95188	55542	39646	17025	8362	8663
社会生产服务和生活服务人员	386051	222347	163704	85316	55088	30228
农、林、牧、渔业生产及辅助人员	12893	7783	5110	513	435	78
生产制造及有关人员	227513	150695	76818	39374	32741	6633
不便分类的其他从业人员	919	573	346	225	156	69

5-2a　续表

单位：人

职业大类	有 配 偶			离　婚			丧　偶		
	小计	男	女	小计	男	女	小计	男	女
总　计	**665268**	**383321**	**281947**	**25678**	**12714**	**12964**	**6198**	**1696**	**4502**
党的机关、国家机关、群众团体和社会组织、企事业单位负责人	19970	15713	4257	758	392	366	90	44	46
专业技术人员	92757	40355	52402	3067	976	2091	391	93	298
办事人员和有关人员	74886	45563	29323	2952	1464	1488	325	153	172
社会生产服务和生活服务人员	283977	160577	123400	13293	5944	7349	3465	738	2727
农、林、牧、渔业生产及辅助人员	11625	7036	4589	254	184	70	501	128	373
生产制造及有关人员	181408	113683	67725	5322	3733	1589	1409	538	871
不便分类的其他从业人员	645	394	251	32	21	11	17	2	15

5-2b 全省分性别、职业、婚姻状况的人口(镇)

单位：人

职业大类	15岁及以上人口			未婚		
	合计	男	女	小计	男	女
总　计	**552738**	**325648**	**227090**	**73114**	**50562**	**22552**
党的机关、国家机关、群众团体和社会组织、企事业单位负责人	8702	6884	1818	536	418	118
专业技术人员	54557	24514	30043	11375	4429	6946
办事人员和有关人员	37846	24064	13782	6199	3638	2561
社会生产服务和生活服务人员	218081	122073	96008	30718	21376	9342
农、林、牧、渔业生产及辅助人员	57336	33521	23815	2514	2199	315
生产制造及有关人员	175583	114206	61377	21585	18372	3213
不便分类的其他从业人员	633	386	247	187	130	57

5-2b 续表

单位：人

职业大类	有配偶			离婚			丧偶		
	小计	男	女	小计	男	女	小计	男	女
总　计	**456690**	**264863**	**191827**	**13891**	**7716**	**6175**	**9043**	**2507**	**6536**
党的机关、国家机关、群众团体和社会组织、企事业单位负责人	7922	6337	1585	199	107	92	45	22	23
专业技术人员	41831	19617	22214	1076	381	695	275	87	188
办事人员和有关人员	30510	19816	10694	896	484	412	241	126	115
社会生产服务和生活服务人员	177279	96852	80427	6669	3121	3548	3415	724	2691
农、林、牧、渔业生产及辅助人员	51197	29794	21403	920	720	200	2705	808	1897
生产制造及有关人员	147539	92208	55331	4109	2889	1220	2350	737	1613
不便分类的其他从业人员	412	239	173	22	14	8	12	3	9

5-2c　全省分性别、职业、婚姻状况的人口(乡村)

单位：人

职业大类	15岁及以上人口			未　婚		
	合计	男	女	小计	男	女
总　计	**627223**	**378062**	**249161**	**73846**	**55242**	**18604**
党的机关、国家机关、群众团体和社会组织、企事业单位负责人	4885	4119	766	360	284	76
专业技术人员	27999	13801	14198	8126	3433	4693
办事人员和有关人员	18051	12011	6040	3515	2143	1372
社会生产服务和生活服务人员	170818	103647	67171	27977	20473	7504
农、林、牧、渔业生产及辅助人员	213903	119654	94249	10143	8903	1240
生产制造及有关人员	190822	124355	66467	23463	19823	3640
不便分类的其他从业人员	745	475	270	262	183	79

5-2c　续表　　单位：人

职业大类	有配偶			离　婚			丧　偶		
	小计	男	女	小计	男	女	小计	男	女
总　计	**519673**	**306232**	**213441**	**13598**	**10087**	**3511**	**20106**	**6501**	**13605**
党的机关、国家机关、群众团体和社会组织、企事业单位负责人	4386	3736	650	102	77	25	37	22	15
专业技术人员	19099	9999	9100	553	277	276	221	92	129
办事人员和有关人员	13964	9505	4459	395	260	135	177	103	74
社会生产服务和生活服务人员	134626	79239	55387	4540	2950	1590	3675	985	2690
农、林、牧、渔业生产及辅助人员	187796	103707	84089	3572	3011	561	12392	4033	8359
生产制造及有关人员	159357	99777	59580	4417	3498	919	3585	1257	2328
不便分类的其他从业人员	445	269	176	19	14	5	19	9	10

5-3 全省分年龄、性别、受教育

受教育程度 年　龄	15岁及以上人口			未　婚		
	合计	男	女	小计	男	女
总　计	**3188888**	**1624272**	**1564616**	**592284**	**360464**	**231820**
15—19岁	**193175**	**102697**	**90478**	**191982**	**102469**	**89513**
15	39336	21016	18320	39323	21013	18310
16	44753	23875	20878	44696	23866	20830
17	39293	21069	18224	39162	21048	18114
18	31980	17163	14817	31648	17093	14555
19	37813	19574	18239	37153	19449	17704
20—24岁	**188905**	**99824**	**89081**	**164052**	**92247**	**71805**
20	39560	20404	19156	38231	20113	18118
21	35883	18775	17108	33482	18228	15254
22	36624	19491	17133	32326	18343	13983
23	36991	19821	17170	30454	17810	12644
24	39847	21333	18514	29559	17753	11806
25—29岁	**262576**	**138251**	**124325**	**119266**	**78650**	**40616**
25	46839	25141	21698	30636	19169	11467
26	46428	24681	21747	26030	16692	9338
27	49671	26151	23520	22988	15305	7683
28	53985	28425	25560	20129	13878	6251
29	65653	33853	31800	19483	13606	5877
30—34岁	**376811**	**191180**	**185631**	**61040**	**43577**	**17463**
30	81748	41755	39993	19313	13703	5610
31	79042	39614	39428	14729	10507	4222
32	73365	37004	36361	11029	7854	3175
33	75296	38418	36878	9211	6660	2551
34	67360	34389	32971	6758	4853	1905
35—39岁	**318678**	**162745**	**155933**	**20773**	**15034**	**5739**
35	64180	32660	31520	5488	3944	1544
36	66490	33842	32648	4768	3438	1330
37	62609	32056	30553	3952	2848	1104
38	70134	35806	34328	3851	2783	1068
39	55265	28381	26884	2714	2021	693
40—44岁	**289939**	**149428**	**140511**	**10116**	**7605**	**2511**
40	46706	23939	22767	2007	1450	557
41	56840	29308	27532	2100	1604	496
42	60358	31121	29237	2135	1612	523
43	60246	30962	29284	1945	1461	484
44	65789	34098	31691	1929	1478	451
45—49岁	**342457**	**175929**	**166528**	**8442**	**6645**	**1797**
45	63169	32749	30420	1794	1376	418
46	67460	34750	32710	1814	1436	378
47	70666	36231	34435	1653	1309	344
48	69342	35520	33822	1696	1342	354
49	71820	36679	35141	1485	1182	303
50—54岁	**322147**	**164784**	**157363**	**5697**	**4622**	**1075**
50	68746	35223	33523	1322	1062	260
51	65871	33790	32081	1223	987	236
52	69551	35523	34028	1183	947	236
53	56719	29106	27613	978	801	177
54	61260	31142	30118	991	825	166
55—59岁	**258866**	**131013**	**127853**	**3545**	**2962**	**583**
55	61377	31441	29936	926	761	165
56	54762	27870	26892	762	646	116
57	68367	34667	33700	933	782	151
58	49594	24978	24616	615	512	103
59	24766	12057	12709	309	261	48
60—64岁	**194573**	**97985**	**96588**	**2381**	**2095**	**286**
60	36151	18319	17832	482	411	71
61	34714	17649	17065	413	354	59
62	41226	20755	20471	507	455	52
63	45606	23130	22476	536	475	61
64	36876	18132	18744	443	400	43
65岁及以上	**440761**	**210436**	**230325**	**4990**	**4558**	**432**

程度、婚姻状况的人口

单位：人

有配偶			离婚			丧偶		
小计	男	女	小计	男	女	小计	男	女
2351646	**1188072**	**1163574**	**71112**	**38007**	**33105**	**173846**	**37729**	**136117**
1188	**226**	**962**	**5**	**2**	**3**			
13	3	10						
57	9	48						
130	20	110	1	1				
330	69	261	2	1	1			
658	125	533	2		2			
24582	**7511**	**17071**	**260**	**65**	**195**	**11**	**1**	**10**
1321	290	1031	8	1	7			
2381	542	1839	17	5	12	3		3
4257	1137	3120	39	11	28	2		2
6477	2002	4475	57	9	48	3		3
10146	3540	6606	139	39	100	3	1	2
140338	**58386**	**81952**	**2916**	**1205**	**1711**	**56**	**10**	**46**
15968	5906	10062	232	65	167	3	1	2
20020	7860	12160	370	127	243	8	2	6
26170	10628	15542	505	216	289	8	2	6
33136	14243	18893	712	303	409	8	1	7
45044	19749	25295	1097	494	603	29	4	25
305187	**142496**	**162691**	**10180**	**5014**	**5166**	**404**	**93**	**311**
60754	27284	33470	1630	757	873	51	11	40
62331	28185	34146	1906	905	1001	76	17	59
60176	28100	32076	2083	1036	1047	77	14	63
63689	30567	33122	2293	1164	1129	103	27	76
58237	28360	29877	2268	1152	1116	97	24	73
284894	**141135**	**143759**	**12196**	**6400**	**5796**	**815**	**176**	**639**
56247	27498	28749	2317	1188	1129	128	30	98
59087	29067	30020	2492	1302	1190	143	35	108
56119	27913	28206	2363	1252	1111	175	43	132
63250	31510	31740	2819	1473	1346	214	40	174
50191	25147	25044	2205	1185	1020	155	28	127
267022	**135449**	**131573**	**11260**	**6064**	**5196**	**1541**	**310**	**1231**
42624	21481	21143	1906	970	936	169	38	131
52236	26425	25811	2239	1234	1005	265	45	220
55563	28171	27392	2336	1268	1068	324	70	254
55651	28189	27465	2314	1246	1068	333	66	267
60945	31183	29762	2465	1346	1119	450	91	359
318027	**162284**	**155743**	**11740**	**6146**	**5594**	**4248**	**854**	**3394**
58437	29967	28470	2369	1282	1087	569	124	445
62648	31968	30680	2331	1216	1115	667	130	537
65796	33532	32264	2388	1226	1162	829	164	665
64323	32789	31534	2348	1198	1150	975	191	784
66823	34028	32795	2304	1224	1080	1208	245	963
298518	**153312**	**145206**	**9242**	**5104**	**4138**	**8690**	**1746**	**6944**
63919	32740	31179	2124	1156	968	1381	265	1116
61156	31384	29772	1983	1099	884	1509	320	1189
64519	33093	31426	2058	1137	921	1791	346	1445
52400	27077	25323	1511	840	671	1830	388	1442
56524	29018	27506	1566	872	694	2179	427	1752
236345	**122060**	**114285**	**6247**	**3458**	**2789**	**12729**	**2533**	**10196**
56456	29312	27144	1545	856	689	2450	512	1938
50198	25987	24211	1367	756	611	2435	481	1954
62377	32287	30090	1650	908	742	3407	690	2717
45025	23304	21721	1120	618	502	2834	544	2290
22289	11170	11119	565	320	245	1603	306	1297
171350	**89979**	**81371**	**3455**	**2131**	**1324**	**17387**	**3780**	**13607**
32292	16941	15351	755	428	327	2622	539	2083
30820	16245	14575	650	433	217	2831	617	2214
36408	19113	17295	730	432	298	3581	755	2826
39959	21207	18752	747	464	283	4364	984	3380
31871	16473	15398	573	374	199	3989	885	3104
304195	**175234**	**128961**	**3611**	**2418**	**1193**	**127965**	**28226**	**99739**

5-3 续表 1

受教育程度 年　　龄	15岁及以上人口			未　　婚		
	合计	男	女	小计	男	女
未上过学	**108991**	**18865**	**90126**	**4410**	**3511**	**899**
15-19岁	**251**	**177**	**74**	**249**	**177**	**72**
15	55	36	19	55	36	19
16	57	41	16	57	41	16
17	49	37	12	48	37	11
18	47	34	13	47	34	13
19	43	29	14	42	29	13
20-24岁	**273**	**162**	**111**	**255**	**159**	**96**
20	54	34	20	53	34	19
21	51	31	20	48	29	19
22	58	35	23	57	35	22
23	52	28	24	47	27	20
24	58	34	24	50	34	16
25-29岁	**404**	**214**	**190**	**312**	**198**	**114**
25	79	38	41	67	37	30
26	76	45	31	64	41	23
27	72	37	35	54	35	19
28	91	44	47	67	41	26
29	86	50	36	60	44	16
30-34岁	**641**	**312**	**329**	**373**	**249**	**124**
30	116	57	59	74	45	29
31	135	71	64	81	57	24
32	125	65	60	78	50	28
33	144	64	80	76	55	21
34	121	55	66	64	42	22
35-39岁	**784**	**335**	**449**	**338**	**261**	**77**
35	135	58	77	62	42	20
36	128	52	76	60	45	15
37	163	81	82	78	59	19
38	178	77	101	74	60	14
39	180	67	113	64	55	9
40-44岁	**1606**	**412**	**1194**	**324**	**243**	**81**
40	186	56	130	51	34	17
41	259	67	192	57	40	17
42	315	96	219	78	62	16
43	366	93	273	68	54	14
44	480	100	380	70	53	17
45-49岁	**3914**	**714**	**3200**	**388**	**295**	**93**
45	508	107	401	69	52	17
46	613	104	509	67	42	25
47	833	166	667	91	71	20
48	880	141	739	75	60	15
49	1080	196	884	86	70	16
50-54岁	**7422**	**1172**	**6250**	**421**	**351**	**70**
50	1158	193	965	90	72	18
51	1410	247	1163	96	77	19
52	1545	250	1295	81	68	13
53	1511	234	1277	82	69	13
54	1798	248	1550	72	65	7
55-59岁	**9808**	**1280**	**8528**	**368**	**314**	**54**
55	1982	299	1683	96	76	20
56	1907	236	1671	74	67	7
57	2506	326	2180	102	87	15
58	2108	242	1866	61	54	7
59	1305	177	1128	35	30	5
60-64岁	**14082**	**2100**	**11982**	**334**	**304**	**30**
60	2058	305	1753	55	51	4
61	2264	312	1952	38	32	6
62	3064	424	2640	79	71	8
63	3579	544	3035	94	87	7
64	3117	515	2602	68	63	5
65岁及以上	**69806**	**11987**	**57819**	**1048**	**960**	**88**

单位：人

有配偶			离婚			丧偶		
小计	男	女	小计	男	女	小计	男	女
62857	**11644**	**51213**	**810**	**350**	**460**	**40914**	**3360**	**37554**
2		**2**						
1		1						
1		1						
18	**3**	**15**						
1		1						
3	2	1						
1		1						
5	1	4						
8		8						
91	**15**	**76**	**1**	**1**				
12	1	11						
12	4	8						
17	1	16	1	1				
24	3	21						
26	6	20						
252	**61**	**191**	**12**	**2**	**10**	**4**		**4**
36	10	26	5	2	3	1		1
50	14	36	3		3	1		1
45	15	30	2		2			
66	9	57	1		1	1		1
55	13	42	1		1	1		1
423	**68**	**355**	**19**	**6**	**13**	**4**		**4**
67	15	52	5	1	4	1		1
67	6	61	1	1				
80	20	60	5	2	3			
99	15	84	4	2	2	1		1
110	12	98	4		4	2		2
1204	**153**	**1051**	**46**	**14**	**32**	**32**	**2**	**30**
126	18	108	8	4	4	1		1
192	25	167	6	1	5	4	1	3
221	29	192	9	5	4	7		7
284	36	248	11	3	8	3		3
381	45	336	12	1	11	17	1	16
3316	**379**	**2937**	**84**	**29**	**55**	**126**	**11**	**115**
420	47	373	9	4	5	10	4	6
513	55	458	13	6	7	20	1	19
708	91	617	16	2	14	18	2	16
747	71	676	20	8	12	38	2	36
928	115	813	26	9	17	40	2	38
6398	**746**	**5652**	**131**	**47**	**84**	**472**	**28**	**444**
996	109	887	21	7	14	51	5	46
1202	155	1047	30	10	20	82	5	77
1342	166	1176	28	9	19	94	7	87
1296	150	1146	25	12	13	108	3	105
1562	166	1396	27	9	18	137	8	129
8315	**886**	**7429**	**122**	**39**	**83**	**1003**	**41**	**962**
1669	203	1466	29	8	21	188	12	176
1649	156	1493	22	7	15	162	6	156
2128	218	1910	28	12	16	248	9	239
1772	171	1601	25	6	19	250	11	239
1097	138	959	18	6	12	155	3	152
11279	**1631**	**9648**	**98**	**42**	**56**	**2371**	**123**	**2248**
1672	231	1441	18	6	12	313	17	296
1845	257	1588	20	8	12	361	15	346
2482	321	2161	20	8	12	483	24	459
2867	424	2443	16	7	9	602	26	576
2413	398	2015	24	13	11	612	41	571
31559	**7702**	**23857**	**297**	**170**	**127**	**36902**	**3155**	**33747**

5-3 续表 2

受教育程度 年　　龄	15岁及以上人口			未　　婚		
	合计	男	女	小计	男	女
学前教育	**5334**	**1273**	**4061**	**311**	**223**	**88**
15-19岁	**84**	**43**	**41**	**84**	**43**	**41**
15	29	15	14	29	15	14
16	22	11	11	22	11	11
17	15	9	6	15	9	6
18	9	5	4	9	5	4
19	9	3	6	9	3	6
20-24岁	**34**	**19**	**15**	**32**	**18**	**14**
20	10	7	3	10	7	3
21	1	1		1	1	
22	4	1	3	3	1	2
23	10	5	5	9	4	5
24	9	5	4	9	5	4
25-29岁	**37**	**24**	**13**	**24**	**19**	**5**
25	9	7	2	6	5	1
26	3	3		3	3	
27	8	5	3	6	5	1
28	8	7	1	4	4	
29	9	2	7	5	2	3
30-34岁	**48**	**25**	**23**	**20**	**16**	**4**
30	14	7	7	6	4	2
31	10	6	4	4	4	
32	7	4	3	5	4	1
33	10	4	6	3	2	1
34	7	4	3	2	2	
35-39岁	**66**	**31**	**35**	**18**	**14**	**4**
35	15	9	6	5	4	1
36	14	7	7	3	2	1
37	11	8	3	4	4	
38	13	7	6	4	4	
39	13		13	2		2
40-44岁	**103**	**28**	**75**	**11**	**7**	**4**
40	19	4	15	5	3	2
41	15	4	11	1	1	
42	24	9	15	3	1	2
43	27	5	22	1	1	
44	18	6	12	1	1	
45-49岁	**229**	**55**	**174**	**22**	**18**	**4**
45	34	8	26	6	5	1
46	46	14	32	7	5	2
47	42	13	29	3	3	
48	48	10	38	5	4	1
49	59	10	49	1	1	
50-54岁	**492**	**88**	**404**	**18**	**16**	**2**
50	79	16	63	6	6	
51	83	15	68	2	2	
52	117	25	92	5	3	2
53	83	13	70	3	3	
54	130	19	111	2	2	
55-59岁	**564**	**102**	**462**	**19**	**18**	**1**
55	121	26	95	6	6	
56	112	22	90	5	5	
57	151	30	121	4	4	
58	114	14	100	4	3	1
59	66	10	56			
60-64岁	**741**	**144**	**597**	**14**	**13**	**1**
60	116	22	94	6	5	1
61	118	21	97			
62	167	34	133	3	3	
63	193	43	150	3	3	
64	147	24	123	2	2	
65岁及以上	**2936**	**714**	**2222**	**49**	**41**	**8**

单位：人

有配偶			离婚			丧偶		
小计	男	女	小计	男	女	小计	男	女
3498	**842**	**2656**	**45**	**26**	**19**	**1480**	**182**	**1298**
2	**1**	**1**						
1		1						
1	1							
13	**5**	**8**						
3	2	1						
2		2						
4	3	1						
4		4						
27	**9**	**18**	**1**		**1**			
8	3	5						
5	2	3	1		1			
2		2						
7	2	5						
5	2	3						
45	**15**	**30**	**3**	**2**	**1**			
10	5	5						
9	3	6	2	2				
7	4	3						
9	3	6						
10		10	1		1			
90	**19**	**71**	**2**	**2**				
14	1	13						
14	3	11						
20	7	13	1	1				
25	3	22	1	1				
17	5	12						
193	**33**	**160**	**7**	**3**	**4**	**7**	**1**	**6**
26	3	23	1		1	1		1
37	8	29	2	1	1			
36	9	27	2	1	1	1		1
40	5	35				3	1	2
54	8	46	2	1	1	2		2
433	**62**	**371**	**9**	**5**	**4**	**32**	**5**	**27**
70	10	60				3		3
72	12	60	2		2	7	1	6
105	20	85	2	2		5		5
74	7	67	1	1		5	2	3
112	13	99	4	2	2	12	2	10
482	**75**	**407**	**7**	**4**	**3**	**56**	**5**	**51**
101	17	84	2	1	1	12	2	10
96	17	79	1		1	10		10
129	21	108	4	3	1	14	2	12
100	11	89				10		10
56	9	47				10	1	9
630	**119**	**511**	**4**	**3**	**1**	**93**	**9**	**84**
95	16	79				15	1	14
102	18	84	2	1	1	14	2	12
149	29	120	1	1		14	1	13
162	36	126				28	4	24
122	20	102	1	1		22	1	21
1583	**504**	**1079**	**12**	**7**	**5**	**1292**	**162**	**1130**

5-3 续表 3

受教育程度 年　　龄	15岁及以上人口			未　婚		
	合计	男	女	小计	男	女
小　学	**783040**	**323898**	**459142**	**21762**	**18562**	**3200**
15-19岁	**904**	**505**	**399**	**862**	**502**	**360**
15	115	64	51	111	64	47
16	152	83	69	149	83	66
17	172	94	78	165	93	72
18	224	124	100	212	122	90
19	241	140	101	225	140	85
20-24岁	**1915**	**1105**	**810**	**1291**	**936**	**355**
20	255	159	96	210	150	60
21	328	188	140	257	174	83
22	383	211	172	262	180	82
23	455	268	187	283	221	62
24	494	279	215	279	211	68
25-29岁	**4953**	**2455**	**2498**	**1770**	**1388**	**382**
25	640	342	298	306	235	71
26	745	411	334	331	264	67
27	972	494	478	372	296	76
28	1126	548	578	367	292	75
29	1470	660	810	394	301	93
30-34岁	**13405**	**5689**	**7716**	**2257**	**1868**	**389**
30	2116	960	1156	512	437	75
31	2457	1041	1416	459	369	90
32	2717	1169	1548	446	368	78
33	3042	1255	1787	442	367	75
34	3073	1264	1809	398	327	71
35-39岁	**20408**	**7679**	**12729**	**1816**	**1499**	**317**
35	3131	1228	1903	359	282	77
36	3482	1380	2102	363	298	65
37	3795	1501	2294	353	295	58
38	5075	1836	3239	414	341	73
39	4925	1734	3191	327	283	44
40-44岁	**48431**	**17485**	**30946**	**2114**	**1816**	**298**
40	5172	1793	3379	300	246	54
41	7810	2862	4948	402	361	41
42	9709	3467	6242	469	404	65
43	11515	4149	7366	437	374	63
44	14225	5214	9011	506	431	75
45-49岁	**98965**	**35849**	**63116**	**2772**	**2436**	**336**
45	15384	5568	9816	519	442	77
46	18283	6707	11576	580	508	72
47	20534	7439	13095	562	504	58
48	21237	7702	13535	578	513	65
49	23527	8433	15094	533	469	64
50-54岁	**130869**	**50198**	**80671**	**2568**	**2249**	**319**
50	24634	9163	15471	521	454	67
51	25915	10033	15882	548	473	75
52	28798	11055	17743	564	500	64
53	24654	9631	15023	455	398	57
54	26868	10316	16552	480	424	56
55-59岁	**112252**	**42781**	**69471**	**1753**	**1592**	**161**
55	26479	10153	16326	472	423	49
56	23415	9144	14271	373	341	32
57	29221	11065	18156	445	417	28
58	21875	8228	13647	316	273	43
59	11262	4191	7071	147	138	9
60-64岁	**103665**	**44623**	**59042**	**1430**	**1327**	**103**
60	17580	7161	10419	277	249	28
61	18090	7796	10294	251	232	19
62	22059	9564	12495	301	282	19
63	25164	11069	14095	327	304	23
64	20772	9033	11739	274	260	14
65岁及以上	**247273**	**115529**	**131744**	**3129**	**2949**	**180**

单位：人

有配偶			离婚			丧偶		
小计	男	女	小计	男	女	小计	男	女
650272	**275539**	**374733**	**13422**	**7982**	**5440**	**97584**	**21815**	**75769**
42	**3**	**39**						
4		4						
3		3						
7	1	6						
12	2	10						
16		16						
613	**163**	**450**	**10**	**6**	**4**	**1**		**1**
44	9	35	1		1			
67	13	54	3	1	2	1		1
118	29	89	3	2	1			
172	47	125						
212	65	147	3	3				
3073	**1023**	**2050**	**106**	**43**	**63**	**4**	**1**	**3**
322	104	218	12	3	9			
403	142	261	11	5	6			
579	190	389	20	7	13	1	1	
736	246	490	22	10	12	1		1
1033	341	692	41	18	23	2		2
10697	**3607**	**7090**	**418**	**207**	**211**	**33**	**7**	**26**
1554	498	1056	49	24	25	1	1	
1919	634	1285	72	38	34	7		7
2175	756	1419	86	43	43	10	2	8
2495	842	1653	99	45	54	6	1	5
2554	877	1677	112	57	55	9	3	6
17727	**5761**	**11966**	**746**	**403**	**343**	**119**	**16**	**103**
2648	886	1762	110	57	53	14	3	11
2956	1012	1944	149	69	80	14	1	13
3275	1108	2167	138	91	47	29	7	22
4463	1403	3060	166	90	76	32	2	30
4385	1352	3033	183	96	87	30	3	27
44256	**14722**	**29534**	**1599**	**884**	**715**	**462**	**63**	**399**
4653	1452	3201	185	89	96	34	6	28
7079	2338	4741	257	148	109	72	15	57
8834	2884	5950	327	174	153	79	5	74
10590	3531	7059	366	224	142	122	20	102
13100	4517	8583	464	249	215	155	17	138
91571	**31753**	**59818**	**2628**	**1376**	**1252**	**1994**	**284**	**1710**
14188	4844	9344	448	246	202	229	36	193
16914	5899	11015	505	261	244	284	39	245
19042	6576	12466	547	297	250	383	62	321
19623	6847	12776	556	279	277	480	63	417
21804	7587	14217	572	293	279	618	84	534
120566	**45552**	**75014**	**2744**	**1592**	**1152**	**4991**	**805**	**4186**
22853	8311	14542	530	296	234	730	102	628
23943	9072	14871	602	353	249	822	135	687
26532	10027	16505	633	365	268	1069	163	906
22638	8749	13889	472	276	196	1089	208	881
24600	9393	15207	507	302	205	1281	197	1084
101017	**38825**	**62192**	**1988**	**1214**	**774**	**7494**	**1150**	**6344**
24081	9199	14882	519	309	210	1407	222	1185
21218	8348	12870	418	260	158	1406	195	1211
26250	10024	16226	495	292	203	2031	332	1699
19484	7453	12031	385	241	144	1690	261	1429
9984	3801	6183	171	112	59	960	140	820
89696	**40136**	**49560**	**1418**	**958**	**460**	**11121**	**2202**	**8919**
15453	6465	8988	271	161	110	1579	286	1293
15802	7039	8763	268	196	72	1769	329	1440
19139	8623	10516	316	212	104	2303	447	1856
21613	9928	11685	324	221	103	2900	616	2284
17689	8081	9608	239	168	71	2570	524	2046
171014	**93994**	**77020**	**1765**	**1299**	**466**	**71365**	**17287**	**54078**

5-3 续表 4

受教育程度 年 龄	15岁及以上人口			未 婚		
	合计	男	女	小计	男	女
初 中	**1132390**	**645711**	**486679**	**146442**	**107118**	**39324**
15-19岁	**39627**	**23190**	**16437**	**38794**	**23035**	**15759**
15	15606	8705	6901	15599	8704	6895
16	7418	4226	3192	7372	4219	3153
17	5341	3196	2145	5242	3181	2061
18	5195	3263	1932	4959	3217	1742
19	6067	3800	2267	5622	3714	1908
20-24岁	**44277**	**26613**	**17664**	**31214**	**22522**	**8692**
20	6674	4169	2505	5826	3978	1848
21	7315	4543	2772	5905	4196	1709
22	8906	5341	3565	6483	4681	1802
23	9811	5831	3980	6494	4770	1724
24	11571	6729	4842	6506	4897	1609
25-29岁	**92722**	**50942**	**41780**	**32353**	**25513**	**6840**
25	14729	8367	6362	7307	5596	1711
26	15506	8753	6753	6613	5150	1463
27	17490	9610	7880	6242	4917	1325
28	19779	10808	8971	5926	4775	1151
29	25218	13404	11814	6265	5075	1190
30-34岁	**165188**	**84213**	**80975**	**23065**	**18773**	**4292**
30	33068	17153	15915	6699	5438	1261
31	33106	16758	16348	5440	4461	979
32	32149	16298	15851	4199	3426	773
33	34957	17840	17117	3834	3119	715
34	31908	16164	15744	2893	2329	564
35-39岁	**161166**	**82815**	**78351**	**9412**	**7702**	**1710**
35	31447	15974	15473	2415	1996	419
36	33386	17018	16368	2148	1743	405
37	31981	16410	15571	1775	1430	345
38	35762	18524	17238	1764	1454	310
39	28590	14889	13701	1310	1079	231
40-44岁	**145113**	**78573**	**66540**	**4609**	**3795**	**814**
40	23840	12622	11218	932	744	188
41	28786	15401	13385	973	808	165
42	30270	16363	13907	970	808	162
43	29910	16325	13585	898	739	159
44	32307	17862	14445	836	696	140
45-49岁	**160137**	**91427**	**68710**	**3446**	**2841**	**605**
45	30894	17356	13538	740	619	121
46	32556	18323	14233	796	655	141
47	33305	19003	14302	648	536	112
48	31765	18276	13489	696	572	124
49	31617	18469	13148	566	459	107
50-54岁	**123999**	**75971**	**48028**	**1773**	**1468**	**305**
50	29088	17263	11825	481	400	81
51	25757	15559	10198	353	297	56
52	26206	16133	10073	337	270	67
53	20899	13146	7753	302	252	50
54	22049	13870	8179	300	249	51
55-59岁	**81763**	**51701**	**30062**	**861**	**701**	**160**
55	21247	13527	7720	229	183	46
56	18010	11169	6841	186	157	29
57	21330	13436	7894	226	179	47
58	14669	9463	5206	145	121	24
59	6507	4106	2401	75	61	14
60-64岁	**43019**	**29130**	**13889**	**398**	**329**	**69**
60	8834	5875	2959	104	87	17
61	7938	5327	2611	70	58	12
62	9121	6214	2907	81	69	12
63	9671	6730	2941	83	66	17
64	7455	4984	2471	60	49	11
65岁及以上	**75379**	**51136**	**24243**	**517**	**439**	**78**

单位：人

有配偶			离婚			丧偶		
小计	男	女	小计	男	女	小计	男	女
930757	**511663**	**419094**	**32130**	**18461**	**13669**	**23061**	**8469**	**14592**
829	**153**	**676**	**4**	**2**	**2**			
7	1	6						
46	7	39						
98	14	84	1	1				
235	45	190	1	1				
443	86	357	2		2			
12895	**4048**	**8847**	**164**	**42**	**122**	**4**	**1**	**3**
843	191	652	5		5			
1400	344	1056	10	3	7			
2397	653	1744	24	7	17	2		2
3276	1053	2223	41	8	33			
4979	1807	3172	84	24	60	2	1	1
58761	**24728**	**34033**	**1576**	**695**	**881**	**32**	**6**	**26**
7276	2726	4550	145	45	100	1		1
8677	3525	5152	212	77	135	4	1	3
10962	4556	6406	281	136	145	5	1	4
13466	5860	7606	383	172	211	4	1	3
18380	8061	10319	555	265	290	18	3	15
136571	**62473**	**74098**	**5338**	**2909**	**2429**	**214**	**58**	**156**
25484	11270	14214	854	439	415	31	6	25
26634	11756	14878	987	528	459	45	13	32
26829	12259	14570	1087	604	483	34	9	25
29873	14037	15836	1197	666	531	53	18	35
27751	13151	14600	1213	672	541	51	12	39
144805	**71257**	**73548**	**6473**	**3739**	**2734**	**476**	**117**	**359**
27700	13265	14435	1255	693	562	77	20	57
29808	14468	15340	1347	783	564	83	24	59
28856	14235	14621	1247	718	529	103	27	76
32390	16184	16206	1481	856	625	127	30	97
26051	13105	12946	1143	689	454	86	16	70
134177	**71282**	**62895**	**5565**	**3320**	**2245**	**762**	**176**	**586**
21820	11277	10543	986	577	409	102	24	78
26541	13880	12661	1143	692	451	129	21	108
28000	14842	13158	1130	665	465	170	48	122
27705	14880	12825	1153	673	480	154	33	121
30111	16403	13708	1153	713	440	207	50	157
149629	**85052**	**64577**	**5412**	**3096**	**2316**	**1650**	**438**	**1212**
28795	16025	12770	1119	657	462	240	55	185
30384	16978	13406	1102	620	482	274	70	204
31195	17745	13450	1122	642	480	340	80	260
29626	16995	12631	1079	605	474	364	104	260
29629	17309	12320	990	572	418	432	129	303
116078	**71567**	**44511**	**3672**	**2212**	**1460**	**2476**	**724**	**1752**
27227	16199	11028	930	546	384	450	118	332
24206	14671	9535	735	444	291	463	147	316
24578	15228	9350	810	495	315	481	140	341
19501	12394	7107	599	359	240	497	141	356
20566	13075	7491	598	368	230	585	178	407
75899	**48781**	**27118**	**2085**	**1256**	**829**	**2918**	**963**	**1955**
19848	12789	7059	554	333	221	616	222	394
16726	10510	6216	480	298	182	618	204	414
19765	12677	7088	550	329	221	789	251	538
13588	8971	4617	342	192	150	594	179	415
5972	3834	2138	159	104	55	301	107	194
39150	**27179**	**11971**	**958**	**622**	**336**	**2513**	**1000**	**1513**
8027	5482	2545	240	148	92	463	158	305
7230	4942	2288	176	133	43	462	194	268
8341	5832	2509	197	120	77	502	193	309
8840	6300	2540	200	128	72	548	236	312
6712	4623	2089	145	93	52	538	219	319
61963	**45143**	**16820**	**883**	**568**	**315**	**12016**	**4986**	**7030**

5-3 续表 5

受教育程度 年　　龄	15岁及以上人口 合计	15岁及以上人口 男	15岁及以上人口 女	未婚 小计	未婚 男	未婚 女
高　中	**561451**	**322217**	**239234**	**189258**	**113427**	**75831**
15-19岁	**110632**	**59073**	**51559**	**110363**	**59014**	**51349**
15	22940	11895	11045	22938	11893	11045
16	35953	18880	17073	35945	18878	17067
17	31187	16474	14713	31165	16469	14696
18	12754	7262	5492	12683	7246	5437
19	7798	4562	3236	7632	4528	3104
20-24岁	**38001**	**22108**	**15893**	**31480**	**20075**	**11405**
20	7452	4336	3116	7107	4261	2846
21	6810	3937	2873	6149	3794	2355
22	7434	4298	3136	6303	3977	2326
23	7700	4502	3198	5946	3970	1976
24	8605	5035	3570	5975	4073	1902
25-29岁	**59545**	**33484**	**26061**	**25683**	**18604**	**7079**
25	10434	6002	4432	6323	4431	1892
26	10488	5966	4522	5547	3944	1603
27	11077	6246	4831	4851	3561	1290
28	12447	7002	5445	4508	3357	1151
29	15099	8268	6831	4454	3311	1143
30-34岁	**80716**	**43696**	**37020**	**13883**	**10341**	**3542**
30	18909	10237	8672	4564	3427	1137
31	17901	9689	8212	3477	2620	857
32	15843	8443	7400	2571	1872	699
33	15243	8304	6939	1929	1425	504
34	12820	7023	5797	1342	997	345
35-39岁	**57837**	**31547**	**26290**	**3946**	**2788**	**1158**
35	11685	6292	5393	1076	773	303
36	12200	6551	5649	930	663	267
37	11322	6216	5106	756	530	226
38	12750	6921	5829	723	491	232
39	9880	5567	4313	461	331	130
40-44岁	**45603**	**26188**	**19415**	**1555**	**1053**	**502**
40	8188	4583	3605	374	256	118
41	9569	5402	4167	324	233	91
42	9799	5618	4181	316	211	105
43	8857	5127	3730	269	180	89
44	9190	5458	3732	272	173	99
45-49岁	**41374**	**24977**	**16397**	**1027**	**679**	**348**
45	8190	4870	3320	253	161	92
46	8165	4920	3245	203	144	59
47	8355	5011	3344	185	127	58
48	8269	5072	3197	203	122	81
49	8395	5104	3291	183	125	58
50-54岁	**34264**	**21196**	**13068**	**593**	**375**	**218**
50	7808	4795	3013	147	88	59
51	7220	4478	2742	152	104	48
52	7358	4509	2849	124	76	48
53	5641	3510	2131	85	51	34
54	6237	3904	2333	85	56	29
55-59岁	**37184**	**23109**	**14075**	**406**	**271**	**135**
55	7351	4602	2749	96	63	33
56	7527	4674	2853	85	57	28
57	10333	6383	3950	122	79	43
58	7787	4862	2925	68	48	20
59	4186	2588	1598	35	24	11
60-64岁	**25257**	**16418**	**8839**	**154**	**103**	**51**
60	5781	3667	2114	28	15	13
61	4946	3214	1732	40	27	13
62	5270	3445	1825	35	27	8
63	5306	3514	1792	22	13	9
64	3954	2578	1376	29	21	8
65岁及以上	**31038**	**20421**	**10617**	**168**	**124**	**44**

单位：人

有配偶			离婚			丧偶		
小计	男	女	小计	男	女	小计	男	女
350366	**199292**	**151074**	**13900**	**6773**	**7127**	**7927**	**2725**	**5202**
268	**59**	**209**	**1**		**1**			
2	2							
8	2	6						
22	5	17						
70	16	54	1		1			
166	34	132						
6452	**2021**	**4431**	**63**	**12**	**51**	**6**		**6**
343	74	269	2	1	1			
655	142	513	4	1	3	2		2
1120	320	800	11	1	10			
1741	531	1210	10	1	9	3		3
2593	954	1639	36	8	28	1		1
33108	**14581**	**18527**	**742**	**296**	**446**	**12**	**3**	**9**
4060	1558	2502	50	12	38	1	1	
4840	1994	2846	98	27	71	3	1	2
6091	2634	3457	134	51	83	1		1
7773	3572	4201	165	73	92	1		1
10344	4823	5521	295	133	162	6	1	5
64421	**32234**	**32187**	**2332**	**1103**	**1229**	**80**	**18**	**62**
13923	6630	7293	414	178	236	8	2	6
13974	6868	7106	443	199	244	7	2	5
12764	6341	6423	489	228	261	19	2	17
12758	6602	6156	532	272	260	24	5	19
11002	5793	5209	454	226	228	22	7	15
51389	**27513**	**23876**	**2386**	**1219**	**1167**	**116**	**27**	**89**
10137	5286	4851	453	229	224	19	4	15
10752	5645	5107	492	236	256	26	7	19
10085	5426	4659	462	254	208	19	6	13
11449	6160	5289	547	266	281	31	4	27
8966	4996	3970	432	234	198	21	6	15
41787	**24039**	**17748**	**2106**	**1061**	**1045**	**155**	**35**	**120**
7420	4156	3264	383	169	214	11	2	9
8802	4949	3853	414	218	196	29	2	27
8990	5156	3834	455	243	212	38	8	30
8134	4729	3405	415	209	206	39	9	30
8441	5049	3392	439	222	217	38	14	24
38065	**23242**	**14823**	**1996**	**984**	**1012**	**286**	**72**	**214**
7464	4481	2983	423	214	209	50	14	36
7508	4562	2946	397	201	196	57	13	44
7746	4705	3041	370	165	205	54	14	40
7615	4747	2868	391	186	205	60	17	43
7732	4747	2985	415	218	197	65	14	51
31514	**19893**	**11621**	**1658**	**806**	**852**	**499**	**122**	**377**
7163	4494	2669	391	187	204	107	26	81
6614	4173	2441	372	181	191	82	20	62
6794	4233	2561	350	178	172	90	22	68
5190	3303	1887	266	131	135	100	25	75
5753	3690	2063	279	129	150	120	29	91
34349	**21898**	**12451**	**1412**	**640**	**772**	**1017**	**300**	**717**
6767	4350	2417	311	144	167	177	45	132
6956	4427	2529	296	128	168	190	62	128
9561	6050	3511	401	182	219	249	72	177
7216	4621	2595	257	120	137	246	73	173
3849	2450	1399	147	66	81	155	48	107
23257	**15558**	**7699**	**759**	**389**	**370**	**1087**	**368**	**719**
5355	3498	1857	179	89	90	219	65	154
4556	3042	1514	147	76	71	203	69	134
4850	3277	1573	159	73	86	226	68	158
4883	3328	1555	156	83	73	245	90	155
3613	2413	1200	118	68	50	194	76	118
25756	**18254**	**7502**	**445**	**263**	**182**	**4669**	**1780**	**2889**

5-3 续表 6

受教育程度 年 龄	15岁及以上人口 合计	男	女	未 婚 小计	男	女
大学专科	**288666**	**151054**	**137612**	**100814**	**54625**	**46189**
15-19岁	**21134**	**10495**	**10639**	**21090**	**10485**	**10605**
15	542	273	269	542	273	269
16	1065	591	474	1065	591	474
17	1812	939	873	1810	939	871
18	6631	3253	3378	6619	3248	3371
19	11084	5439	5645	11054	5434	5620
20-24岁	**43929**	**21776**	**22153**	**40549**	**20879**	**19670**
20	10661	5232	5429	10574	5217	5357
21	8079	4050	4029	7865	4016	3849
22	8160	4060	4100	7643	3948	3695
23	8383	4170	4213	7426	3910	3516
24	8646	4264	4382	7041	3788	3253
25-29岁	**49163**	**24316**	**24847**	**25005**	**14923**	**10082**
25	9731	4949	4782	7057	4037	3020
26	9129	4498	4631	5626	3277	2349
27	9240	4551	4689	4712	2844	1868
28	9634	4780	4854	3905	2447	1458
29	11429	5538	5891	3705	2318	1387
30-34岁	**57362**	**27825**	**29537**	**10180**	**6237**	**3943**
30	13574	6560	7014	3440	2137	1303
31	12679	5931	6748	2521	1517	1004
32	11089	5390	5699	1788	1088	700
33	10740	5296	5444	1445	885	560
34	9280	4648	4632	986	610	376
35-39岁	**37574**	**18927**	**18647**	**2476**	**1384**	**1092**
35	8526	4338	4188	730	419	311
36	8042	4004	4038	570	320	250
37	7325	3643	3682	460	273	187
38	7928	4008	3920	428	215	213
39	5753	2934	2819	288	157	131
40-44岁	**24437**	**12890**	**11547**	**764**	**360**	**404**
40	4669	2369	2300	180	93	87
41	5109	2664	2445	174	81	93
42	5177	2757	2420	133	55	78
43	4707	2490	2217	147	65	82
44	4775	2610	2165	130	66	64
45-49岁	**18832**	**10785**	**8047**	**425**	**202**	**223**
45	4019	2268	1751	103	49	54
46	3858	2208	1650	88	41	47
47	3809	2171	1638	84	36	48
48	3578	2039	1539	80	41	39
49	3568	2099	1469	70	35	35
50-54岁	**12781**	**7803**	**4978**	**177**	**87**	**90**
50	3060	1821	1239	48	24	24
51	2793	1656	1137	39	22	17
52	2809	1730	1079	37	14	23
53	2037	1268	769	26	14	12
54	2082	1328	754	27	13	14
55-59岁	**9642**	**6264**	**3378**	**67**	**29**	**38**
55	2199	1367	832	9	3	6
56	2056	1322	734	21	9	12
57	2662	1768	894	16	6	10
58	1839	1233	606	12	8	4
59	886	574	312	9	3	6
60-64岁	**5311**	**3709**	**1602**	**32**	**13**	**19**
60	1202	835	367	9	3	6
61	906	652	254	8	4	4
62	1091	759	332	4	1	3
63	1154	809	345	4	1	3
64	958	654	304	7	4	3
65岁及以上	**8501**	**6264**	**2237**	**49**	**26**	**23**

单位：人

有配偶			离婚			丧偶		
小计	男	女	小计	男	女	小计	男	女
179775	**93144**	**86631**	**6318**	**2630**	**3688**	**1759**	**655**	**1104**
44	**10**	**34**						
2		2						
12	5	7						
30	5	25						
3362	**893**	**2469**	**18**	**4**	**14**			
87	15	72						
214	34	180						
517	112	405						
953	260	693	4		4			
1591	472	1119	14	4	10			
23806	**9273**	**14533**	**346**	**120**	**226**	**6**		**6**
2656	909	1747	17	3	14	1		1
3468	1211	2257	35	10	25			
4478	1693	2785	49	14	35	1		1
5631	2300	3331	97	33	64	1		1
7573	3160	4413	148	60	88	3		3
45878	**21074**	**24804**	**1260**	**510**	**750**	**44**	**4**	**40**
9943	4348	5595	186	75	111	5		5
9897	4320	5577	249	93	156	12	1	11
9043	4204	4839	250	98	152	8		8
9004	4292	4712	279	117	162	12	2	10
7991	3910	4081	296	127	169	7	1	6
33581	**16930**	**16651**	**1458**	**602**	**856**	**59**	**11**	**48**
7487	3783	3704	297	135	162	12	1	11
7191	3564	3627	271	118	153	10	2	8
6562	3265	3297	288	103	185	15	2	13
7133	3636	3497	356	154	202	11	3	8
5208	2682	2526	246	92	154	11	3	8
22518	**12065**	**10453**	**1084**	**450**	**634**	**71**	**15**	**56**
4281	2199	2082	197	74	123	11	3	8
4676	2479	2197	242	101	141	17	3	14
4799	2594	2205	226	103	123	19	5	14
4358	2348	2010	197	77	120	5		5
4404	2445	1959	222	95	127	19	4	15
17377	**10186**	**7191**	**912**	**372**	**540**	**118**	**25**	**93**
3684	2109	1575	208	100	108	24	10	14
3580	2102	1478	168	63	105	22	2	20
3509	2068	1441	192	64	128	24	3	21
3312	1930	1382	165	66	99	21	2	19
3292	1977	1315	179	79	100	27	8	19
11899	**7446**	**4453**	**573**	**238**	**335**	**132**	**32**	**100**
2848	1725	1123	139	65	74	25	7	18
2584	1572	1012	135	56	79	35	6	29
2611	1664	947	136	46	90	25	6	19
1909	1213	696	81	35	46	21	6	15
1947	1272	675	82	36	46	26	7	19
9031	**6019**	**3012**	**382**	**173**	**209**	**162**	**43**	**119**
2086	1333	753	73	28	45	31	3	28
1910	1266	644	91	37	54	34	10	24
2490	1701	789	105	50	55	51	11	40
1724	1173	551	71	39	32	32	13	19
821	546	275	42	19	23	14	6	8
4988	**3560**	**1428**	**141**	**83**	**58**	**150**	**53**	**97**
1135	806	329	33	17	16	25	9	16
858	628	230	23	15	8	17	5	12
1020	727	293	27	15	12	40	16	24
1089	786	303	28	14	14	33	8	25
886	613	273	30	22	8	35	15	20
7291	**5688**	**1603**	**144**	**78**	**66**	**1017**	**472**	**545**

5-3 续表 7

受教育程度 年龄	15岁及以上人口 合计	男	女	未婚 小计	男	女
大学本科	**284551**	**148415**	**136136**	**119207**	**58268**	**60939**
15-19岁	**20527**	**9200**	**11327**	**20524**	**9199**	**11325**
15	49	28	21	49	28	21
16	86	43	43	86	43	43
17	715	318	397	715	318	397
18	7116	3219	3897	7115	3218	3897
19	12561	5592	6969	12559	5592	6967
20-24岁	**56449**	**26260**	**30189**	**55228**	**25885**	**29343**
20	14431	6461	7970	14428	6460	7968
21	13137	5951	7186	13096	5945	7151
22	10761	5145	5616	10657	5121	5536
23	9168	4424	4744	8845	4319	4526
24	8952	4279	4673	8202	4040	4162
25-29岁	**50357**	**24272**	**26085**	**29795**	**15915**	**13880**
25	9739	4765	4974	8145	4177	3968
26	9408	4485	4923	6850	3524	3326
27	9813	4729	5084	5954	3243	2711
28	10005	4804	5201	4734	2656	2078
29	11392	5489	5903	4112	2315	1797
30-34岁	**54081**	**26815**	**27266**	**10008**	**5476**	**4532**
30	12763	6205	6558	3586	1997	1589
31	11620	5616	6004	2450	1334	1116
32	10382	5136	5246	1710	930	780
33	10158	5158	5000	1311	720	591
34	9158	4700	4458	951	495	456
35-39岁	**36605**	**19192**	**17413**	**2442**	**1224**	**1218**
35	8356	4329	4027	745	379	366
36	8317	4350	3967	624	332	292
37	7154	3754	3400	458	219	239
38	7506	3953	3553	380	190	190
39	5272	2806	2466	235	104	131
40-44岁	**22335**	**12418**	**9917**	**646**	**288**	**358**
40	4071	2168	1903	138	61	77
41	4732	2567	2165	143	66	77
42	4616	2540	2076	150	67	83
43	4443	2510	1933	111	43	68
44	4473	2633	1840	104	51	53
45-49岁	**17605**	**11190**	**6415**	**320**	**158**	**162**
45	3827	2365	1462	92	45	47
46	3646	2269	1377	68	39	29
47	3517	2246	1271	74	30	44
48	3289	2102	1187	48	26	22
49	3326	2208	1118	38	18	20
50-54岁	**11444**	**7704**	**3740**	**130**	**62**	**68**
50	2709	1818	891	24	14	10
51	2519	1679	840	29	9	20
52	2543	1689	854	32	14	18
53	1762	1204	558	24	13	11
54	1911	1314	597	21	12	9
55-59岁	**7151**	**5373**	**1778**	**66**	**36**	**30**
55	1858	1356	502	16	6	10
56	1620	1215	405	16	10	6
57	2020	1538	482	18	10	8
58	1131	880	251	8	5	3
59	522	384	138	8	5	3
60-64岁	**2333**	**1739**	**594**	**18**	**6**	**12**
60	546	426	120	3	1	2
61	422	305	117	6	1	5
62	422	290	132	4	2	2
63	498	391	107	2	1	1
64	445	327	118	3	1	2
65岁及以上	**5664**	**4252**	**1412**	**30**	**19**	**11**

单位：人

有配偶			离婚			丧偶		
小计	男	女	小计	男	女	小计	男	女
160151	**88006**	**72145**	**4106**	**1638**	**2468**	**1087**	**503**	**584**
3	**1**	**2**						
1	1							
2		2						
1216	**374**	**842**	**5**	**1**	**4**			
3	1	2						
41	6	35						
103	23	80	1	1				
321	105	216	2		2			
748	239	509	2		2			
20419	**8309**	**12110**	**141**	**48**	**93**	**2**		**2**
1586	586	1000	8	2	6			
2543	953	1590	14	8	6	1		1
3839	1479	2360	20	7	13			
5226	2134	3092	44	14	30	1		1
7225	3157	4068	55	17	38			
43269	**21067**	**22202**	**776**	**266**	**510**	**28**	**6**	**22**
9059	4171	4888	113	35	78	5	2	3
9022	4236	4786	145	45	100	3	1	2
8507	4147	4360	159	58	101	6	1	5
8663	4375	4288	177	62	115	7	1	6
8018	4138	3880	182	66	116	7	1	6
33116	**17575**	**15541**	**1009**	**388**	**621**	**38**	**5**	**33**
7432	3881	3551	175	67	108	4	2	2
7464	3930	3534	219	87	132	10	1	9
6489	3458	3031	199	76	123	8	1	7
6873	3669	3204	241	93	148	12	1	11
4858	2637	2221	175	65	110	4		4
20863	**11811**	**9052**	**769**	**301**	**468**	**57**	**18**	**39**
3797	2055	1742	126	49	77	10	3	7
4419	2435	1984	156	63	93	14	3	11
4286	2398	1888	169	71	98	11	4	7
4170	2409	1761	154	55	99	8	3	5
4191	2514	1677	164	63	101	14	5	9
16578	**10743**	**5835**	**641**	**267**	**374**	**66**	**22**	**44**
3579	2262	1317	141	53	88	15	5	10
3436	2165	1271	132	60	72	10	5	5
3303	2158	1145	131	55	76	9	3	6
3105	2024	1081	127	50	77	9	2	7
3155	2134	1021	110	49	61	23	7	16
10820	**7433**	**3387**	**411**	**183**	**228**	**83**	**26**	**57**
2569	1750	819	101	47	54	15	7	8
2374	1611	763	99	54	45	17	5	12
2400	1634	766	86	35	51	25	6	19
1666	1164	502	63	25	38	9	2	7
1811	1274	537	62	22	40	17	6	11
6789	**5188**	**1601**	**224**	**122**	**102**	**72**	**27**	**45**
1773	1315	458	50	29	21	19	6	13
1536	1175	361	55	26	29	13	4	9
1924	1483	441	58	36	22	20	9	11
1074	848	226	37	20	17	12	7	5
482	367	115	24	11	13	8	1	7
2197	**1677**	**520**	**71**	**33**	**38**	**47**	**23**	**24**
522	415	107	13	7	6	8	3	5
399	297	102	13	4	9	4	3	1
397	280	117	10	3	7	11	5	6
466	375	91	22	11	11	8	4	4
413	310	103	13	8	5	16	8	8
4881	**3828**	**1053**	**59**	**29**	**30**	**694**	**376**	**318**

5-3 续表 8

受教育程度 年 龄	15岁及以上人口			未 婚		
	合计	男	女	小计	男	女
硕士研究生	**21558**	**11029**	**10529**	**9102**	**4175**	**4927**
15-19岁	**13**	**11**	**2**	**13**	**11**	**2**
15						
16						
17	2	2		2	2	
18	4	3	1	4	3	1
19	7	6	1	7	6	1
20-24岁	**3906**	**1716**	**2190**	**3885**	**1710**	**2175**
20	21	5	16	21	5	16
21	157	72	85	157	72	85
22	904	394	510	904	394	510
23	1375	577	798	1367	573	794
24	1449	668	781	1436	666	770
25-29岁	**4727**	**2158**	**2569**	**3771**	**1772**	**1999**
25	1364	601	763	1317	585	732
26	957	456	501	889	428	461
27	859	401	458	671	332	339
28	743	343	400	503	241	262
29	804	357	447	391	186	205
30-34岁	**4762**	**2253**	**2509**	**1039**	**495**	**544**
30	1045	504	541	358	180	178
31	1004	430	574	241	112	129
32	938	428	510	198	93	105
33	898	427	471	144	67	77
34	877	464	413	98	43	55
35-39岁	**3664**	**1872**	**1792**	**265**	**130**	**135**
35	771	372	399	82	41	41
36	798	401	397	56	25	31
37	749	382	367	55	30	25
38	795	399	396	53	24	29
39	551	318	233	19	10	9
40-44岁	**1933**	**1190**	**743**	**75**	**35**	**40**
40	478	290	188	23	12	11
41	465	281	184	22	11	11
42	380	228	152	11	2	9
43	338	209	129	11	4	7
44	272	182	90	8	6	2
45-49岁	**1177**	**782**	**395**	**36**	**11**	**25**
45	261	178	83	12	3	9
46	247	173	74	5	2	3
47	219	145	74	5	2	3
48	233	147	86	9	2	7
49	217	139	78	5	2	3
50-54岁	**727**	**534**	**193**	**14**	**11**	**3**
50	177	127	50	5	4	1
51	144	97	47	3	2	1
52	151	114	37	2	1	1
53	107	83	24	1	1	
54	148	113	35	3	3	
55-59岁	**380**	**308**	**72**	**3**		**3**
55	104	83	21			
56	87	64	23	2		2
57	111	96	15			
58	54	43	11	1		1
59	24	22	2			
60-64岁	**135**	**96**	**39**	**1**		**1**
60	25	20	5			
61	26	18	8			
62	28	21	7			
63	32	22	10	1		1
64	24	15	9			
65岁及以上	**134**	**109**	**25**			

单位：人

有配偶			离婚			丧偶		
小计	男	女	小计	男	女	小计	男	女
12113	**6722**	**5391**	**315**	**115**	**200**	**28**	**17**	**11**
21	**6**	**15**						
8	4	4						
13	2	11						
953	**385**	**568**	**3**	**1**	**2**			
47	16	31						
68	28	40						
188	69	119						
240	102	138						
410	170	240	3	1	2			
3680	**1741**	**1939**	**42**	**17**	**25**	**1**		**1**
678	320	358	9	4	5			
756	316	440	6	2	4	1		1
730	330	400	10	5	5			
746	358	388	8	2	6			
770	417	353	9	4	5			
3308	**1709**	**1599**	**88**	**33**	**55**	**3**		**3**
669	328	341	19	3	16	1		1
735	372	363	7	4	3			
670	344	326	23	8	15	1		1
721	365	356	21	10	11			
513	300	213	18	8	10	1		1
1787	**1131**	**656**	**71**	**24**	**47**			
440	274	166	15	4	11			
426	261	165	17	9	8			
352	221	131	17	5	12			
313	201	112	14	4	10			
256	174	82	8	2	6			
1092	**754**	**338**	**48**	**16**	**32**	**1**	**1**	
232	167	65	17	8	9			
233	167	66	9	4	5			
208	143	65	6		6			
217	143	74	7	2	5			
202	134	68	9	2	7	1	1	
676	**507**	**169**	**32**	**12**	**20**	**5**	**4**	**1**
166	120	46	6	3	3			
133	94	39	7		7	1	1	
135	105	30	12	6	6	2	2	
103	80	23	2	1	1	1	1	
139	108	31	5	2	3	1		1
352	**298**	**54**	**20**	**7**	**13**	**5**	**3**	**2**
98	80	18	6	3	3			
80	64	16	4		4	1		1
102	91	11	5	2	3	4	3	1
50	43	7	3		3			
22	20	2	2	2				
123	**93**	**30**	**6**	**1**	**5**	**5**	**2**	**3**
24	20	4	1		1			
24	18	6	1		1	1		1
26	20	6				2	1	1
30	22	8	1		1			
19	13	6	3	1	2	2	1	1
121	**98**	**23**	**5**	**4**	**1**	**8**	**7**	**1**

5-3 续表 9

受教育程度 年龄	15岁及以上人口			未婚		
	合计	男	女	小计	男	女
博士研究生	**2907**	**1810**	**1097**	**978**	**555**	**423**
15-19岁	**3**	**3**		**3**	**3**	
15						
16						
17						
18						
19	3	3		3	3	
20-24岁	**121**	**65**	**56**	**118**	**63**	**55**
20	2	1	1	2	1	1
21	5	2	3	4	1	3
22	14	6	8	14	6	8
23	37	16	21	37	16	21
24	63	40	23	61	39	22
25-29岁	**668**	**386**	**282**	**553**	**318**	**235**
25	114	70	44	108	66	42
26	116	64	52	107	61	46
27	140	78	62	126	72	54
28	152	89	63	115	65	50
29	146	85	61	97	54	43
30-34岁	**608**	**352**	**256**	**215**	**122**	**93**
30	143	72	71	74	38	36
31	130	72	58	56	33	23
32	115	71	44	34	23	11
33	104	70	34	27	20	7
34	116	67	49	24	8	16
35-39岁	**574**	**347**	**227**	**60**	**32**	**28**
35	114	60	54	14	8	6
36	123	79	44	14	10	4
37	109	61	48	13	8	5
38	127	81	46	11	4	7
39	101	66	35	8	2	6
40-44岁	**378**	**244**	**134**	**18**	**8**	**10**
40	83	54	29	4	1	3
41	95	60	35	4	3	1
42	68	43	25	5	2	3
43	83	54	29	3	1	2
44	49	33	16	2	1	1
45-49岁	**224**	**150**	**74**	**6**	**5**	**1**
45	52	29	23			
46	46	32	14			
47	52	37	15	1		1
48	43	31	12	2	2	
49	31	21	10	3	3	
50-54岁	**149**	**118**	**31**	**3**	**3**	
50	33	27	6			
51	30	26	4	1	1	
52	24	18	6	1	1	
53	25	17	8			
54	37	30	7	1	1	
55-59岁	**122**	**95**	**27**	**2**	**1**	**1**
55	36	28	8	2	1	1
56	28	24	4			
57	33	25	8			
58	17	13	4			
59	8	5	3			
60-64岁	**30**	**26**	**4**			
60	9	8	1			
61	4	4				
62	4	4				
63	9	8	1			
64	4	2	2			
65岁及以上	**30**	**24**	**6**			

单位：人

有配偶			离婚			丧偶		
小计	男	女	小计	男	女	小计	男	女
1857	**1220**	**637**	**66**	**32**	**34**	**6**	**3**	**3**
3	**2**	**1**						
1	1							
2	1	1						
114	**67**	**47**	**1**	**1**				
6	4	2						
9	3	6						
14	6	8						
36	23	13	1	1				
49	31	18						
392	**230**	**162**	**1**		**1**			
69	34	35						
74	39	35						
81	48	33						
77	50	27						
91	59	32	1		1			
500	**307**	**193**	**14**	**8**	**6**			
97	49	48	3	3				
105	67	38	4	2	2			
95	53	42	1		1			
113	75	38	3	2	1			
90	63	27	3	1	2			
340	**227**	**113**	**18**	**8**	**10**	**2**	**1**	**1**
73	49	24	6	4	2			
87	55	32	4	2	2			
61	40	21	2	1	1			
75	52	23	3		3	2	1	1
44	31	13	3	1	2			
206	**142**	**64**	**12**	**3**	**9**			
49	29	20	3		3			
43	32	11	3		3			
49	37	12	2		2			
38	27	11	3	2	1			
27	17	10	1	1				
134	**106**	**28**	**12**	**9**	**3**			
27	22	5	6	5	1			
28	24	4	1	1				
22	16	6	1	1				
23	17	6	2		2			
34	27	7	2	2				
111	**90**	**21**	**7**	**3**	**4**	**2**	**1**	**1**
33	26	7	1	1				
27	24	3				1		1
28	22	6	4	2	2	1	1	
17	13	4						
6	5	1	2		2			
30	**26**	**4**						
9	8	1						
4	4							
4	4							
9	8	1						
4	2	2						
27	**23**	**4**	**1**		**1**	**2**	**1**	**1**

5-3a 全省分年龄、性别、受教育

受教育程度 年龄	15岁及以上人口			未婚		
	合计	男	女	小计	男	女
总 计	**1358965**	**688204**	**670761**	**308691**	**179383**	**129308**
15-19岁	**91080**	**48412**	**42668**	**90634**	**48319**	**42315**
15	16126	8703	7423	16119	8701	7418
16	20079	10757	9322	20062	10753	9309
17	18263	9837	8426	18222	9829	8393
18	16067	8644	7423	15939	8614	7325
19	20545	10471	10074	20292	10422	9870
20-24岁	**105611**	**54824**	**50787**	**94473**	**51376**	**43097**
20	22360	11331	11029	21829	11202	10627
21	20120	10451	9669	19130	10221	8909
22	20539	10701	9838	18625	10213	8412
23	20651	10892	9759	17720	9961	7759
24	21941	11449	10492	17169	9779	7390
25-29岁	**133761**	**69831**	**63930**	**66757**	**41633**	**25124**
25	24717	13047	11670	17373	10288	7085
26	23934	12535	11399	14701	8900	5801
27	25378	13348	12030	12918	8200	4718
28	27146	14213	12933	11155	7271	3884
29	32586	16688	15898	10610	6974	3636
30-34岁	**185965**	**93541**	**92424**	**33139**	**22103**	**11036**
30	39920	20255	19665	10394	6932	3462
31	39058	19439	19619	8017	5367	2650
32	36447	18272	18175	5992	3973	2019
33	37261	18805	18456	5086	3419	1667
34	33279	16770	16509	3650	2412	1238
35-39岁	**156091**	**78622**	**77469**	**10700**	**6985**	**3715**
35	31553	15852	15701	2894	1872	1022
36	32732	16399	16333	2494	1643	851
37	30898	15482	15416	2016	1309	707
38	34510	17407	17103	1976	1284	692
39	26398	13482	12916	1320	877	443
40-44岁	**132059**	**67852**	**64207**	**4771**	**3182**	**1589**
40	22238	11397	10841	1010	663	347
41	26418	13661	12757	1016	714	302
42	27543	14039	13504	997	656	341
43	27027	13795	13232	872	559	313
44	28833	14960	13873	876	590	286
45-49岁	**140456**	**72201**	**68255**	**3483**	**2398**	**1085**
45	27179	14109	13070	780	527	253
46	28048	14483	13565	759	539	220
47	28940	14810	14130	664	450	214
48	28163	14479	13684	676	466	210
49	28126	14320	13806	604	416	188
50-54岁	**119704**	**60469**	**59235**	**2048**	**1433**	**615**
50	26394	13340	13054	493	347	146
51	25142	12770	12372	479	330	149
52	25817	12994	12823	415	277	138
53	20434	10382	10052	321	235	86
54	21917	10983	10934	340	244	96
55-59岁	**94615**	**47059**	**47556**	**1178**	**833**	**345**
55	22073	11129	10944	299	204	95
56	20352	10198	10154	269	202	67
57	25183	12589	12594	311	217	94
58	17687	8696	8991	190	133	57
59	9320	4447	4873	109	77	32
60-64岁	**66025**	**32390**	**33635**	**638**	**464**	**174**
60	12936	6284	6652	146	103	43
61	11931	5873	6058	113	77	36
62	14006	6916	7090	145	115	30
63	14846	7372	7474	126	88	38
64	12306	5945	6361	108	81	27
65岁及以上	**133598**	**63003**	**70595**	**870**	**657**	**213**

程度、婚姻状况的人口(城市)

单位：人

有配偶			离婚			丧偶		
小计	男	女	小计	男	女	小计	男	女
966364	**483712**	**482652**	**35832**	**16126**	**19706**	**48078**	**8983**	**39095**
445	**93**	**352**	**1**		**1**			
7	2	5						
17	4	13						
41	8	33						
127	30	97	1		1			
253	49	204						
11028	**3430**	**7598**	**106**	**17**	**89**	**4**	**1**	**3**
529	128	401	2	1	1			
984	229	755	5	1	4	1		1
1899	487	1412	15	1	14			
2907	929	1978	23	2	21	1		1
4709	1657	3052	61	12	49	2	1	1
65706	**27741**	**37965**	**1285**	**454**	**831**	**13**	**3**	**10**
7252	2741	4511	92	18	74			
9078	3594	5484	152	40	112	3	1	2
12241	5067	7174	216	80	136	3	1	2
15679	6829	8850	311	112	199	1	1	
21456	9510	11946	514	204	310	6		6
147815	**69297**	**78518**	**4882**	**2112**	**2770**	**129**	**29**	**100**
28772	13016	15756	738	304	434	16	3	13
30122	13675	16447	899	391	508	20	6	14
29428	13847	15581	999	445	554	28	7	21
31034	14910	16124	1109	472	637	32	4	28
28459	13849	14610	1137	500	637	33	9	24
138900	**68728**	**70172**	**6219**	**2855**	**3364**	**272**	**54**	**218**
27468	13462	14006	1152	512	640	39	6	33
28964	14168	14796	1232	577	655	42	11	31
27572	13584	13988	1239	570	669	71	19	52
30986	15430	15556	1485	683	802	63	10	53
23910	12084	11826	1111	513	598	57	8	49
121117	**61926**	**59191**	**5715**	**2643**	**3072**	**456**	**101**	**355**
20206	10309	9897	977	415	562	45	10	35
24156	12367	11789	1156	566	590	90	14	76
25259	12809	12450	1191	554	637	96	20	76
24898	12675	12223	1160	539	621	97	22	75
26598	13766	12832	1231	569	662	128	35	93
129749	**66965**	**62784**	**5933**	**2610**	**3323**	**1291**	**228**	**1063**
24972	12954	12018	1244	588	656	183	40	143
25929	13400	12529	1135	512	623	225	32	193
26842	13832	13010	1192	479	713	242	49	193
25989	13448	12541	1201	513	688	297	52	245
26017	13331	12686	1161	518	643	344	55	289
110301	**56504**	**53797**	**4771**	**2120**	**2651**	**2584**	**412**	**2172**
24398	12461	11937	1073	472	601	430	60	370
23178	11891	11287	1028	465	563	457	84	373
23791	12135	11656	1086	496	590	525	86	439
18797	9706	9091	783	351	432	533	90	443
20137	10311	9826	801	336	465	639	92	547
86068	**44086**	**41982**	**3421**	**1517**	**1904**	**3948**	**623**	**3325**
20222	10466	9756	788	344	444	764	115	649
18556	9535	9021	753	339	414	774	122	652
22961	11808	11153	917	399	518	994	165	829
15992	8143	7849	622	282	340	883	138	745
8337	4134	4203	341	153	188	533	83	450
58365	**30096**	**28269**	**1849**	**933**	**916**	**5173**	**897**	**4276**
11535	5852	5683	446	209	237	809	120	689
10628	5461	5167	337	185	152	853	150	703
12435	6449	5986	371	175	196	1055	177	878
13081	6868	6213	386	192	194	1253	224	1029
10686	5466	5220	309	172	137	1203	226	977
96870	**54846**	**42024**	**1650**	**865**	**785**	**34208**	**6635**	**27573**

5-3a 续表 1

受教育程度 / 年龄	15岁及以上人口			未婚		
	合计	男	女	小计	男	女
未上过学	**25096**	**4030**	**21066**	**834**	**603**	**231**
15-19岁	**61**	**44**	**17**	**61**	**44**	**17**
15	15	13	2	15	13	2
16	12	10	2	12	10	2
17	9	4	5	9	4	5
18	14	11	3	14	11	3
19	11	6	5	11	6	5
20-24岁	**69**	**38**	**31**	**65**	**37**	**28**
20	12	7	5	12	7	5
21	16	9	7	15	8	7
22	16	9	7	16	9	7
23	11	6	5	11	6	5
24	14	7	7	11	7	4
25-29岁	**105**	**54**	**51**	**70**	**45**	**25**
25	21	10	11	17	10	7
26	27	16	11	20	14	6
27	17	7	10	10	6	4
28	21	11	10	14	8	6
29	19	10	9	9	7	2
30-34岁	**182**	**99**	**83**	**88**	**65**	**23**
30	33	16	17	18	12	6
31	39	23	16	17	14	3
32	32	22	10	17	13	4
33	33	15	18	15	11	4
34	45	23	22	21	15	6
35-39岁	**197**	**81**	**116**	**59**	**50**	**9**
35	33	17	16	12	10	2
36	32	13	19	13	11	2
37	33	18	15	11	9	2
38	49	16	33	11	10	1
39	50	17	33	12	10	2
40-44岁	**496**	**121**	**375**	**74**	**53**	**21**
40	57	15	42	11	6	5
41	85	23	62	14	12	2
42	87	27	60	17	15	2
43	125	28	97	16	10	6
44	142	28	114	16	10	6
45-49岁	**1338**	**231**	**1107**	**94**	**60**	**34**
45	187	33	154	15	9	6
46	204	30	174	20	10	10
47	282	50	232	16	11	5
48	300	49	251	19	13	6
49	365	69	296	24	17	7
50-54岁	**2449**	**392**	**2057**	**88**	**66**	**22**
50	398	57	341	18	11	7
51	481	90	391	25	16	9
52	511	91	420	18	17	1
53	490	86	404	14	12	2
54	569	68	501	13	10	3
55-59岁	**3006**	**381**	**2625**	**71**	**56**	**15**
55	616	99	517	14	11	3
56	599	63	536	14	11	3
57	740	97	643	22	19	3
58	633	66	567	12	9	3
59	418	56	362	9	6	3
60-64岁	**3982**	**566**	**3416**	**58**	**46**	**12**
60	633	88	545	10	8	2
61	663	80	583	6	3	3
62	902	131	771	20	18	2
63	951	140	811	16	12	4
64	833	127	706	6	5	1
65岁及以上	**13211**	**2023**	**11188**	**106**	**81**	**25**

单位：人

有配偶			离　婚			丧　偶		
小计	男	女	小计	男	女	小计	男	女
16105	**2874**	**13231**	**272**	**74**	**198**	**7885**	**479**	**7406**
4	**1**	**3**						
1	1							
3		3						
35	**9**	**26**						
4		4						
7	2	5						
7	1	6						
7	3	4						
10	3	7						
87	**33**	**54**	**6**	**1**	**5**	**1**		**1**
13	3	10	2	1	1			
20	9	11	1		1	1		1
13	9	4	2		2			
18	4	14						
23	8	15	1		1			
135	**30**	**105**	**2**	**1**	**1**	**1**		**1**
20	7	13				1		1
19	2	17						
22	9	13						
36	5	31	2	1	1			
38	7	31						
397	**63**	**334**	**21**	**5**	**16**	**4**		**4**
42	7	35	4	2	2			
68	11	57	2		2	1		1
68	11	57	2	1	1			
104	16	88	5	2	3			
115	18	97	8		8	3		3
1176	**159**	**1017**	**32**	**10**	**22**	**36**	**2**	**34**
164	20	144	7	3	4	1	1	
176	20	156	2		2	6		6
255	39	216	6		6	5		5
258	31	227	10	5	5	13		13
323	49	274	7	2	5	11	1	10
2169	**310**	**1859**	**56**	**13**	**43**	**136**	**3**	**133**
350	45	305	9	1	8	21		21
422	71	351	12	3	9	22		22
453	68	385	16	4	12	24	2	22
436	71	365	8	3	5	32		32
508	55	453	11	2	9	37	1	36
2609	**304**	**2305**	**54**	**14**	**40**	**272**	**7**	**265**
542	84	458	12	2	10	48	2	46
532	49	483	5	1	4	48	2	46
641	73	568	12	5	7	65		65
542	52	490	11	2	9	68	3	65
352	46	306	14	4	10	43		43
3256	**484**	**2772**	**29**	**8**	**21**	**639**	**28**	**611**
534	75	459	6		6	83	5	78
549	73	476	7	3	4	101	1	100
753	106	647	6	1	5	123	6	117
772	122	650	4	1	3	159	5	154
648	108	540	6	3	3	173	11	162
6237	**1481**	**4756**	**72**	**22**	**50**	**6796**	**439**	**6357**

5-3a 续表 2

受教育程度 年龄	15岁及以上人口			未婚		
	合计	男	女	小计	男	女
学前教育	**694**	**175**	**519**	**79**	**42**	**37**
15-19岁	**21**	**9**	**12**	**21**	**9**	**12**
15	5	3	2	5	3	2
16	4	2	2	4	2	2
17	5	2	3	5	2	3
18	4	2	2	4	2	2
19	3		3	3		3
20-24岁	**13**	**7**	**6**	**12**	**6**	**6**
20	4	2	2	4	2	2
21	1	1		1	1	
22	1		1	1		1
23	3	2	1	2	1	1
24	4	2	2	4	2	2
25-29岁	**7**	**4**	**3**	**4**	**3**	**1**
25	3	2	1	3	2	1
26						
27	2	1	1	1	1	
28	2	1	1			
29						
30-34岁	**18**	**11**	**7**	**9**	**8**	**1**
30	6	3	3	2	1	1
31	2	1	1	1	1	
32	3	3		3	3	
33	2	1	1	1	1	
34	5	3	2	2	2	
35-39岁	**19**	**7**	**12**	**4**	**1**	**3**
35	3	1	2	1		1
36	5	2	3	1		1
37	2	1	1			
38	3	3		1	1	
39	6		6	1		1
40-44岁	**23**	**11**	**12**	**3**	**2**	**1**
40	3	1	2	1	1	
41	3	1	2			
42	5	4	1	1		1
43	9	3	6			
44	3	2	1	1	1	
45-49岁	**45**	**10**	**35**	**7**	**3**	**4**
45	7	1	6	1		1
46	11	4	7	5	3	2
47	11	3	8			
48	7	1	6	1		1
49	9	1	8			
50-54岁	**76**	**12**	**64**	**1**		**1**
50	8	1	7			
51	12	1	11			
52	20	7	13	1		1
53	10		10			
54	26	3	23			
55-59岁	**83**	**23**	**60**	**6**	**5**	**1**
55	20	7	13	3	3	
56	21	5	16	2	2	
57	19	5	14			
58	16	3	13	1		1
59	7	3	4			
60-64岁	**89**	**16**	**73**			
60	15	3	12			
61	14	1	13			
62	15	4	11			
63	26	2	24			
64	19	6	13			
65岁及以上	**300**	**65**	**235**	**12**	**5**	**7**

单位：人

有配偶			离　婚			丧　偶		
小计	男	女	小计	男	女	小计	男	女
432	**110**	**322**	**11**	**4**	**7**	**172**	**19**	**153**
1	**1**							
1	1							
3	**1**	**2**						
1		1						
2	1	1						
9	**3**	**6**						
4	2	2						
1		1						
1		1						
3	1	2						
14	**6**	**8**	**1**		**1**			
2	1	1						
4	2	2						
2	1	1						
2	2							
4		4	1		1			
19	**8**	**11**	**1**	**1**				
2		2						
3	1	2						
4	4							
8	2	6	1	1				
2	1	1						
33	**6**	**27**	**4**	**1**	**3**	**1**		**1**
5	1	4	1		1			
5	1	4	1		1			
8	2	6	2	1	1	1		1
6	1	5						
9	1	8						
67	**9**	**58**	**3**	**1**	**2**	**5**	**2**	**3**
8	1	7						
8		8	1		1	3	1	2
17	6	11	1	1		1		1
10		10						
24	2	22	1		1	1	1	
65	**15**	**50**	**2**	**1**	**1**	**10**	**2**	**8**
16	3	13				1	1	
16	3	13	1		1	2		2
17	4	13	1	1		1		1
12	3	9				3		3
4	2	2				3	1	2
76	**16**	**60**				**13**		**13**
12	3	9				3		3
13	1	12				1		1
15	4	11						
20	2	18				6		6
16	6	10				3		3
145	**45**	**100**				**143**	**15**	**128**

5－3a 续表 3

受教育程度 年龄	15岁及以上人口 合计	男	女	未婚 小计	男	女
小 学	**202379**	**80063**	**122316**	**5875**	**4596**	**1279**
15－19岁	**335**	**192**	**143**	**320**	**191**	**129**
15	30	18	12	28	18	10
16	45	27	18	44	27	17
17	65	36	29	63	36	27
18	92	56	36	87	55	32
19	103	55	48	98	55	43
20－24岁	**783**	**460**	**323**	**553**	**389**	**164**
20	102	67	35	88	62	26
21	130	76	54	107	70	37
22	160	92	68	114	77	37
23	194	121	73	136	100	36
24	197	104	93	108	80	28
25－29岁	**1756**	**897**	**859**	**636**	**494**	**142**
25	245	139	106	121	97	24
26	285	147	138	121	96	25
27	342	180	162	127	102	25
28	410	215	195	147	114	33
29	474	216	258	120	85	35
30－34岁	**4660**	**2111**	**2549**	**775**	**633**	**142**
30	747	386	361	187	157	30
31	862	389	473	157	122	35
32	946	435	511	156	129	27
33	1071	456	615	147	121	26
34	1034	445	589	128	104	24
35－39岁	**6600**	**2716**	**3884**	**612**	**478**	**134**
35	1051	463	588	129	91	38
36	1172	500	672	126	96	30
37	1279	533	746	119	99	20
38	1583	640	943	135	106	29
39	1515	580	935	103	86	17
40－44岁	**15038**	**5794**	**9244**	**647**	**525**	**122**
40	1608	622	986	105	82	23
41	2448	976	1472	122	112	10
42	2963	1142	1821	149	118	31
43	3553	1333	2220	120	96	24
44	4466	1721	2745	151	117	34
45－49岁	**29591**	**11171**	**18420**	**731**	**579**	**152**
45	4842	1820	3022	151	118	33
46	5631	2173	3458	158	117	41
47	6118	2334	3784	140	118	22
48	6296	2371	3925	147	119	28
49	6704	2473	4231	135	107	28
50－54岁	**36546**	**14274**	**22272**	**609**	**489**	**120**
50	7100	2708	4392	146	116	30
51	7525	2959	4566	135	104	31
52	8030	3117	4913	127	99	28
53	6687	2695	3992	105	90	15
54	7204	2795	4409	96	80	16
55－59岁	**28126**	**10642**	**17484**	**364**	**300**	**64**
55	6785	2626	4159	103	82	21
56	5984	2331	3653	82	72	10
57	7276	2698	4578	89	77	12
58	5252	1951	3301	63	45	18
59	2829	1036	1793	27	24	3
60－64岁	**23875**	**9558**	**14317**	**260**	**217**	**43**
60	4198	1558	2640	60	47	13
61	4197	1678	2519	45	38	7
62	5131	2092	3039	57	51	6
63	5686	2398	3288	50	41	9
64	4663	1832	2831	48	40	8
65岁及以上	**55069**	**22248**	**32821**	**368**	**301**	**67**

单位：人

有配偶			离婚			丧偶		
小计	男	女	小计	男	女	小计	男	女
169155	**69585**	**99570**	**4579**	**2111**	**2468**	**22770**	**3771**	**18999**
15	**1**	**14**						
2		2						
1		1						
2		2						
5	1	4						
5		5						
229	**71**	**158**	**1**		**1**			
13	5	8	1		1			
23	6	17						
46	15	31						
58	21	37						
89	24	65						
1085	**389**	**696**	**35**	**14**	**21**			
115	39	76	9	3	6			
163	51	112	1		1			
206	74	132	9	4	5			
258	99	159	5	2	3			
343	126	217	11	5	6			
3721	**1402**	**2319**	**153**	**73**	**80**	**11**	**3**	**8**
540	217	323	20	12	8			
678	253	425	25	14	11	2		2
761	293	468	26	11	15	3	2	1
890	324	566	31	11	20	3		3
852	315	537	51	25	26	3	1	2
5696	**2098**	**3598**	**265**	**136**	**129**	**27**	**4**	**23**
877	349	528	42	22	20	3	1	2
985	375	610	57	29	28	4		4
1106	401	705	45	30	15	9	3	6
1386	507	879	57	27	30	5		5
1342	466	876	64	28	36	6		6
13733	**5000**	**8733**	**570**	**255**	**315**	**88**	**14**	**74**
1436	515	921	63	25	38	4		4
2216	814	1402	94	46	48	16	4	12
2679	971	1708	126	53	73	9		9
3283	1164	2119	128	66	62	22	7	15
4119	1536	2583	159	65	94	37	3	34
27469	**10162**	**17307**	**947**	**379**	**568**	**444**	**51**	**393**
4477	1623	2854	160	72	88	54	7	47
5232	1981	3251	174	70	104	67	5	62
5690	2119	3571	203	83	120	85	14	71
5833	2161	3672	208	80	128	108	11	97
6237	2278	3959	202	74	128	130	14	116
33901	**13237**	**20664**	**908**	**397**	**511**	**1128**	**151**	**977**
6630	2511	4119	162	66	96	162	15	147
6991	2737	4254	200	88	112	199	30	169
7453	2882	4571	214	102	112	236	34	202
6186	2497	3689	157	70	87	239	38	201
6641	2610	4031	175	71	104	292	34	258
25320	**9812**	**15508**	**706**	**318**	**388**	**1736**	**212**	**1524**
6171	2425	3746	184	86	98	327	33	294
5428	2156	3272	143	66	77	331	37	294
6576	2486	4090	172	68	104	439	67	372
4649	1789	2860	141	67	74	399	50	349
2496	956	1540	66	31	35	240	25	215
20582	**8721**	**11861**	**480**	**256**	**224**	**2553**	**364**	**2189**
3661	1419	2242	110	53	57	367	39	328
3649	1529	2120	102	63	39	401	48	353
4464	1923	2541	92	49	43	518	69	449
4868	2191	2677	100	49	51	668	117	551
3940	1659	2281	76	42	34	599	91	508
37404	**18692**	**18712**	**514**	**283**	**231**	**16783**	**2972**	**13811**

5-3a 续表 4

受教育程度 年 龄	15岁及以上人口			未 婚		
	合计	男	女	小计	男	女
初 中	**432548**	**235503**	**197045**	**61390**	**44214**	**17176**
15-19岁	**15106**	**9020**	**6086**	**14812**	**8959**	**5853**
15	5078	2816	2262	5074	2815	2259
16	2526	1470	1056	2513	1467	1046
17	2249	1404	845	2219	1398	821
18	2399	1530	869	2314	1511	803
19	2854	1800	1054	2692	1768	924
20-24岁	**19855**	**11954**	**7901**	**14612**	**10291**	**4321**
20	3100	1923	1177	2777	1844	933
21	3376	2141	1235	2817	1995	822
22	4102	2418	1684	3115	2168	947
23	4311	2590	1721	2974	2140	834
24	4966	2882	2084	2929	2144	785
25-29岁	**35387**	**19909**	**15478**	**13486**	**10428**	**3058**
25	5935	3400	2535	3132	2354	778
26	6006	3432	2574	2794	2104	690
27	6617	3747	2870	2525	1948	577
28	7530	4239	3291	2511	1995	516
29	9299	5091	4208	2524	2027	497
30-34岁	**61343**	**31845**	**29498**	**9764**	**7738**	**2026**
30	12128	6394	5734	2727	2161	566
31	12162	6301	5861	2285	1834	451
32	12029	6264	5765	1806	1427	379
33	13173	6842	6331	1702	1346	356
34	11851	6044	5807	1244	970	274
35-39岁	**59795**	**30561**	**29234**	**3909**	**3085**	**824**
35	11580	5877	5703	1013	806	207
36	12269	6257	6012	903	702	201
37	11983	6078	5905	719	559	160
38	13354	6872	6482	752	596	156
39	10609	5477	5132	522	422	100
40-44岁	**54698**	**28975**	**25723**	**1948**	**1522**	**426**
40	9077	4790	4287	405	311	94
41	10853	5773	5080	436	350	86
42	11422	5937	5485	406	310	96
43	11333	6058	5275	363	281	82
44	12013	6417	5596	338	270	68
45-49岁	**59092**	**31847**	**27245**	**1365**	**1075**	**290**
45	11656	6307	5349	288	234	54
46	12129	6475	5654	331	271	60
47	12249	6564	5685	252	189	63
48	11711	6363	5348	271	215	56
49	11347	6138	5209	223	166	57
50-54岁	**44707**	**24844**	**19863**	**716**	**535**	**181**
50	10402	5659	4743	179	139	40
51	9361	5200	4161	151	113	38
52	9481	5260	4221	138	96	42
53	7483	4238	3245	113	85	28
54	7980	4487	3493	135	102	33
55-59岁	**30723**	**17048**	**13675**	**378**	**279**	**99**
55	7732	4351	3381	101	69	32
56	6821	3710	3111	87	69	18
57	8098	4528	3570	96	71	25
58	5432	3016	2416	59	45	14
59	2640	1443	1197	35	25	10
60-64岁	**17581**	**10083**	**7498**	**181**	**133**	**48**
60	3551	1971	1580	50	39	11
61	3236	1860	1376	28	21	7
62	3720	2168	1552	37	26	11
63	3821	2223	1598	38	27	11
64	3253	1861	1392	28	20	8
65岁及以上	**34261**	**19417**	**14844**	**219**	**169**	**50**

单位：人

有配偶			离婚			丧偶		
小计	男	女	小计	男	女	小计	男	女
347198	**181846**	**165352**	**13916**	**6848**	**7068**	**10044**	**2595**	**7449**
294	**61**	**233**						
4	1	3						
13	3	10						
30	6	24						
85	19	66						
162	32	130						
5183	**1655**	**3528**	**59**	**7**	**52**	**1**	**1**	
323	79	244						
555	145	410	4	1	3			
979	250	729	8		8			
1321	448	873	16	2	14			
2005	733	1272	31	4	27	1	1	
21342	**9284**	**12058**	**552**	**194**	**358**	**7**	**3**	**4**
2758	1038	1720	45	8	37			
3144	1309	1835	67	18	49	1	1	
3986	1755	2231	104	43	61	2	1	1
4881	2194	2687	137	49	88	1	1	
6573	2988	3585	199	76	123	3		3
49516	**23113**	**26403**	**2018**	**980**	**1038**	**45**	**14**	**31**
9090	4084	5006	304	147	157	7	2	5
9503	4275	5228	370	188	182	4	4	
9799	4622	5177	415	211	204	9	4	5
11008	5284	5724	451	211	240	12	1	11
10116	4848	5268	478	223	255	13	3	10
53158	**26134**	**27024**	**2595**	**1313**	**1282**	**133**	**29**	**104**
10048	4837	5211	500	232	268	19	2	17
10834	5278	5556	515	271	244	17	6	11
10691	5236	5455	539	273	266	34	10	24
11982	5968	6014	587	302	285	33	6	27
9603	4815	4788	454	235	219	30	5	25
50279	**26214**	**24065**	**2274**	**1192**	**1082**	**197**	**47**	**150**
8248	4277	3971	403	198	205	21	4	17
9925	5163	4762	457	256	201	35	4	31
10509	5383	5126	459	233	226	48	11	37
10455	5527	4928	474	242	232	41	8	33
11142	5864	5278	481	263	218	52	20	32
54876	**29540**	**25336**	**2348**	**1127**	**1221**	**503**	**105**	**398**
10794	5806	4988	506	252	254	68	15	53
11246	5963	5283	463	226	237	89	15	74
11429	6138	5291	467	212	255	101	25	76
10856	5903	4953	471	217	254	113	28	85
10551	5730	4821	441	220	221	132	22	110
41299	**23264**	**18035**	**1826**	**882**	**944**	**866**	**163**	**703**
9624	5288	4336	444	206	238	155	26	129
8715	4886	3829	346	168	178	149	33	116
8751	4917	3834	419	215	204	173	32	141
6892	3974	2918	302	143	159	176	36	140
7317	4199	3118	315	150	165	213	36	177
28064	**15984**	**12080**	**1137**	**561**	**576**	**1144**	**224**	**920**
7114	4100	3014	276	129	147	241	53	188
6248	3469	2779	255	132	123	231	40	191
7393	4246	3147	312	156	156	297	55	242
4929	2831	2098	204	94	110	240	46	194
2380	1338	1042	90	50	40	135	30	105
15704	**9348**	**6356**	**564**	**306**	**258**	**1132**	**296**	**836**
3146	1811	1335	147	74	73	208	47	161
2902	1711	1191	96	60	36	210	68	142
3333	2022	1311	117	59	58	233	61	172
3443	2080	1363	115	63	52	225	53	172
2880	1724	1156	89	50	39	256	67	189
27483	**17249**	**10234**	**543**	**286**	**257**	**6016**	**1713**	**4303**

5-3a 续表 5

受教育程度 年龄	15岁及以上人口			未婚		
	合计	男	女	小计	男	女
高 中	**297091**	**162520**	**134571**	**92917**	**55703**	**37214**
15-19岁	**51423**	**27785**	**23638**	**51303**	**27760**	**23543**
15	10733	5735	4998	10732	5734	4998
16	16950	8958	7992	16947	8957	7990
17	14554	7701	6853	14547	7699	6848
18	5627	3258	2369	5594	3250	2344
19	3559	2133	1426	3483	2120	1363
20-24岁	**19296**	**11177**	**8119**	**16235**	**10225**	**6010**
20	3659	2149	1510	3506	2114	1392
21	3467	1998	1469	3180	1946	1234
22	3845	2204	1641	3308	2059	1249
23	3958	2302	1656	3140	2054	1086
24	4367	2524	1843	3101	2052	1049
25-29岁	**29043**	**16339**	**12704**	**13213**	**9356**	**3857**
25	5123	2949	2174	3245	2197	1048
26	5080	2916	2164	2834	1972	862
27	5386	3053	2333	2484	1812	672
28	6018	3393	2625	2282	1687	595
29	7436	4028	3408	2368	1688	680
30-34岁	**40806**	**21660**	**19146**	**7479**	**5393**	**2086**
30	9170	4952	4218	2398	1763	635
31	9031	4834	4197	1882	1392	490
32	8042	4207	3835	1359	947	412
33	7889	4189	3700	1108	775	333
34	6674	3478	3196	732	516	216
35-39岁	**31757**	**16561**	**15196**	**2252**	**1490**	**762**
35	6195	3214	2981	596	396	200
36	6609	3399	3210	525	362	163
37	6156	3221	2935	428	274	154
38	7210	3723	3487	431	273	158
39	5587	3004	2583	272	185	87
40-44岁	**26564**	**14266**	**12298**	**940**	**589**	**351**
40	4688	2456	2232	224	142	82
41	5527	2926	2601	189	128	61
42	5719	3060	2659	189	124	65
43	5181	2767	2414	157	89	68
44	5449	3057	2392	181	106	75
45-49岁	**24136**	**13615**	**10521**	**671**	**403**	**268**
45	4787	2685	2102	164	95	69
46	4729	2692	2037	126	79	47
47	4938	2745	2193	121	76	45
48	4838	2770	2068	133	70	63
49	4844	2723	2121	127	83	44
50-54岁	**19199**	**10647**	**8552**	**386**	**229**	**157**
50	4458	2471	1987	95	54	41
51	4135	2339	1796	107	71	36
52	4112	2261	1851	80	44	36
53	3141	1750	1391	51	30	21
54	3353	1826	1527	53	30	23
55-59岁	**20482**	**10937**	**9545**	**249**	**143**	**106**
55	4071	2215	1856	57	32	25
56	4221	2286	1935	55	33	22
57	5619	2980	2639	76	39	37
58	4229	2243	1986	40	25	15
59	2342	1213	1129	21	14	7
60-64岁	**14697**	**8192**	**6505**	**94**	**53**	**41**
60	3251	1765	1486	15	6	9
61	2810	1562	1248	23	13	10
62	3078	1735	1343	24	17	7
63	3116	1738	1378	15	6	9
64	2442	1392	1050	17	11	6
65岁及以上	**19688**	**11341**	**8347**	**95**	**62**	**33**

单位：人

有配偶			离婚			丧偶		
小计	男	女	小计	男	女	小计	男	女
190216	**101585**	**88631**	**8883**	**3927**	**4956**	**5075**	**1305**	**3770**
119	**25**	**94**	**1**		**1**			
1	1							
3	1	2						
7	2	5						
32	8	24	1		1			
76	13	63						
3027	**945**	**2082**	**31**	**7**	**24**	**3**		**3**
152	34	118	1	1				
285	52	233	1		1	1		1
530	144	386	7	1	6			
814	248	566	3		3	1		1
1246	467	779	19	5	14	1		1
15444	**6849**	**8595**	**382**	**134**	**248**	**4**		**4**
1853	748	1105	25	4	21			
2192	930	1262	52	14	38	2		2
2839	1222	1617	62	19	43	1		1
3659	1680	1979	77	26	51			
4901	2269	2632	166	71	95	1		1
32042	**15733**	**16309**	**1260**	**529**	**731**	**25**	**5**	**20**
6568	3113	3455	203	76	127	1		1
6920	3352	3568	226	89	137	3	1	2
6405	3143	3262	271	116	155	7	1	6
6476	3282	3194	300	132	168	5		5
5673	2843	2830	260	116	144	9	3	6
28071	**14399**	**13672**	**1389**	**660**	**729**	**45**	**12**	**33**
5335	2696	2639	259	121	138	5	1	4
5784	2908	2876	290	126	164	10	3	7
5454	2810	2644	264	134	130	10	3	7
6136	3297	3139	331	150	181	12	3	9
5062	2688	2374	245	129	116	8	2	6
24191	**13040**	**11151**	**1354**	**622**	**732**	**79**	**15**	**64**
4217	2221	1996	243	93	150	4		4
5052	2669	2383	269	128	141	17	1	16
5227	2797	2430	284	136	148	19	3	16
4725	2540	2185	276	134	142	23	4	19
4970	2813	2157	282	131	151	16	7	9
21917	**12545**	**9372**	**1369**	**626**	**743**	**179**	**41**	**138**
4298	2438	1860	293	144	149	32	8	24
4294	2474	1820	271	131	140	38	8	30
4537	2565	1972	251	98	153	29	6	23
4390	2565	1825	275	124	151	40	11	29
4398	2503	1895	279	129	150	40	8	32
17341	**9859**	**7482**	**1170**	**507**	**663**	**302**	**52**	**250**
4036	2298	1738	263	110	153	64	9	55
3710	2136	1574	271	120	151	47	12	35
3731	2100	1631	246	108	138	55	9	46
2829	1619	1210	196	91	105	65	10	55
3035	1706	1329	194	78	116	71	12	59
18616	**10269**	**8347**	**1007**	**393**	**614**	**610**	**132**	**478**
3686	2075	1611	218	87	131	110	21	89
3816	2129	1687	225	91	134	125	33	92
5128	2813	2315	277	100	177	138	28	110
3867	2116	1751	179	74	105	143	28	115
2119	1136	983	108	41	67	94	22	72
13332	**7713**	**5619**	**580**	**263**	**317**	**691**	**163**	**528**
2966	1671	1295	138	60	78	132	28	104
2559	1474	1085	102	44	58	126	31	95
2791	1642	1149	123	51	72	140	25	115
2816	1634	1182	121	58	63	164	40	124
2200	1292	908	96	50	46	129	39	90
16116	**10208**	**5908**	**340**	**186**	**154**	**3137**	**885**	**2252**

5-3a 续表 6

受教育程度 年 龄	15岁及以上人口 合计	男	女	未婚 小计	男	女
大学专科	**180073**	**91448**	**88625**	**60877**	**32256**	**28621**
15-19岁	**11647**	**5745**	**5902**	**11630**	**5739**	**5891**
15	239	105	134	239	105	134
16	491	265	226	491	265	226
17	979	513	466	977	513	464
18	3548	1749	1799	3543	1747	1796
19	6390	3113	3277	6380	3109	3271
20-24岁	**26246**	**12942**	**13304**	**24427**	**12427**	**12000**
20	6357	3096	3261	6317	3087	3230
21	4679	2351	2328	4584	2331	2253
22	4851	2400	2451	4566	2337	2229
23	5101	2510	2591	4599	2373	2226
24	5258	2585	2673	4361	2299	2062
25-29岁	**28824**	**14215**	**14609**	**15313**	**8882**	**6431**
25	5725	2898	2827	4279	2380	1899
26	5325	2602	2723	3417	1939	1478
27	5484	2728	2756	2959	1756	1203
28	5571	2737	2834	2383	1434	949
29	6719	3250	3469	2275	1373	902
30-34岁	**35540**	**16742**	**18798**	**6648**	**3834**	**2814**
30	7984	3785	4199	2137	1240	897
31	7812	3583	4229	1649	944	705
32	6999	3265	3734	1195	686	509
33	6779	3190	3589	988	568	420
34	5966	2919	3047	679	396	283
35-39岁	**25474**	**12208**	**13266**	**1715**	**880**	**835**
35	5575	2724	2851	495	268	227
36	5398	2552	2846	389	203	186
37	5052	2367	2685	317	173	144
38	5521	2648	2873	308	142	166
39	3928	1917	2011	206	94	112
40-44岁	**16375**	**8228**	**8147**	**578**	**249**	**329**
40	3123	1526	1597	133	66	67
41	3425	1722	1703	126	56	70
42	3513	1772	1741	103	37	66
43	3163	1585	1578	114	43	71
44	3151	1623	1528	102	47	55
45-49岁	**12187**	**6556**	**5631**	**320**	**141**	**179**
45	2660	1409	1251	78	35	43
46	2485	1354	1131	62	26	36
47	2501	1335	1166	69	31	38
48	2314	1241	1073	54	24	30
49	2227	1217	1010	57	25	32
50-54岁	**7781**	**4433**	**3348**	**131**	**57**	**74**
50	1924	1067	857	34	15	19
51	1696	935	761	30	15	15
52	1690	973	717	27	9	18
53	1233	705	528	19	9	10
54	1238	753	485	21	9	12
55-59岁	**6210**	**3678**	**2532**	**46**	**16**	**30**
55	1349	771	578	6	1	5
56	1330	797	533	12	5	7
57	1727	1028	699	12	3	9
58	1170	707	463	7	4	3
59	634	375	259	9	3	6
60-64岁	**3703**	**2461**	**1242**	**27**	**10**	**17**
60	814	539	275	8	2	6
61	633	431	202	6	2	4
62	779	528	251	3	1	2
63	794	526	268	4	1	3
64	683	437	246	6	4	2
65岁及以上	**6086**	**4240**	**1846**	**42**	**21**	**21**

单位：人

有配偶			离　婚			丧　偶		
小计	男	女	小计	男	女	小计	男	女
113443	**57021**	**56422**	**4520**	**1767**	**2753**	**1233**	**404**	**829**
17	**6**	**11**						
2		2						
5	2	3						
10	4	6						
1807	**512**	**1295**	**12**	**3**	**9**			
40	9	31						
95	20	75						
285	63	222						
499	137	362	3		3			
888	283	605	9	3	6			
13297	**5255**	**8042**	**212**	**78**	**134**	**2**		**2**
1440	516	924	6	2	4			
1886	660	1226	22	3	19			
2497	963	1534	28	9	19			
3127	1279	1848	61	24	37			
4347	1837	2510	95	40	55	2		2
28039	**12582**	**15457**	**823**	**322**	**501**	**30**	**4**	**26**
5728	2504	3224	115	41	74	4		4
5988	2572	3416	167	66	101	8	1	7
5647	2522	3125	152	57	95	5		5
5591	2548	3043	191	72	119	9	2	7
5085	2436	2649	198	86	112	4	1	3
22683	**10920**	**11763**	**1037**	**403**	**634**	**39**	**5**	**34**
4881	2375	2506	190	80	110	9	1	8
4819	2270	2549	186	78	108	4	1	3
4516	2124	2392	207	68	139	12	2	10
4931	2390	2541	276	116	160	6		6
3536	1761	1775	178	61	117	8	1	7
14951	**7659**	**7292**	**802**	**310**	**492**	**44**	**10**	**34**
2840	1407	1433	141	50	91	9	3	6
3098	1586	1512	191	78	113	10	2	8
3233	1660	1573	165	71	94	12	4	8
2901	1490	1411	145	52	93	3		3
2879	1516	1363	160	59	101	10	1	9
11120	**6157**	**4963**	**668**	**244**	**424**	**79**	**14**	**65**
2413	1300	1113	150	67	83	19	7	12
2294	1290	1004	112	38	74	17		17
2268	1259	1009	151	44	107	13	1	12
2119	1173	946	123	43	80	18	1	17
2026	1135	891	132	52	80	12	5	7
7146	**4199**	**2947**	**424**	**161**	**263**	**80**	**16**	**64**
1768	1000	768	104	47	57	18	5	13
1541	878	663	102	39	63	23	3	20
1546	929	617	103	32	71	14	3	11
1141	671	470	61	22	39	12	3	9
1150	721	429	54	21	33	13	2	11
5751	**3517**	**2234**	**297**	**120**	**177**	**116**	**25**	**91**
1268	753	515	51	15	36	24	2	22
1224	761	463	70	25	45	24	6	18
1592	982	610	86	36	50	37	7	30
1091	669	422	52	28	24	20	6	14
576	352	224	38	16	22	11	4	7
3447	**2351**	**1096**	**122**	**67**	**55**	**107**	**33**	**74**
764	521	243	31	15	16	11	1	10
597	416	181	17	11	6	13	2	11
720	502	218	24	12	12	32	13	19
743	509	234	24	11	13	23	5	18
623	403	220	26	18	8	28	12	16
5185	**3863**	**1322**	**123**	**59**	**64**	**736**	**297**	**439**

5-3a 续表 7

受教育程度 年　龄	15岁及以上人口			未　婚		
	合计	男	女	小计	男	女
大学本科	**201171**	**104042**	**97129**	**79532**	**38705**	**40827**
15-19岁	**12477**	**5607**	**6870**	**12477**	**5607**	**6870**
15	26	13	13	26	13	13
16	51	25	26	51	25	26
17	400	175	225	400	175	225
18	4383	2038	2345	4383	2038	2345
19	7617	3356	4261	7617	3356	4261
20-24岁	**36681**	**17146**	**19535**	**35922**	**16908**	**19014**
20	9114	4083	5031	9113	4082	5031
21	8347	3834	4513	8323	3830	4493
22	6972	3351	3621	6913	3336	3577
23	6125	2972	3153	5916	2901	3015
24	6123	2906	3217	5657	2759	2898
25-29岁	**34663**	**16584**	**18079**	**20908**	**10949**	**9959**
25	6650	3199	3451	5604	2816	2788
26	6437	3050	3387	4798	2424	2374
27	6765	3264	3501	4210	2270	1940
28	6895	3301	3594	3353	1818	1535
29	7916	3770	4146	2943	1621	1322
30-34岁	**38911**	**18908**	**20003**	**7384**	**3943**	**3441**
30	8907	4272	4635	2599	1434	1165
31	8215	3901	4314	1792	946	846
32	7495	3648	3847	1264	667	597
33	7460	3687	3773	990	530	460
34	6834	3400	3434	739	366	373
35-39岁	**28444**	**14510**	**13934**	**1874**	**868**	**1006**
35	6343	3179	3164	565	259	306
36	6440	3267	3173	481	243	238
37	5607	2852	2755	360	161	199
38	5942	3066	2876	285	133	152
39	4112	2146	1966	183	72	111
40-44岁	**16744**	**9158**	**7586**	**502**	**208**	**294**
40	3178	1681	1497	110	45	65
41	3557	1929	1628	107	45	62
42	3421	1851	1570	117	49	68
43	3278	1782	1496	89	35	54
44	3310	1915	1395	79	34	45
45-49岁	**12788**	**7918**	**4870**	**260**	**122**	**138**
45	2757	1669	1088	73	33	40
46	2590	1566	1024	54	32	22
47	2595	1613	982	61	23	38
48	2441	1521	920	40	21	19
49	2405	1549	856	32	13	19
50-54岁	**8146**	**5269**	**2877**	**101**	**44**	**57**
50	1907	1231	676	16	8	8
51	1779	1139	640	28	9	19
52	1817	1166	651	21	10	11
53	1268	816	452	18	8	10
54	1375	917	458	18	9	9
55-59岁	**5528**	**3983**	**1545**	**59**	**33**	**26**
55	1379	964	415	13	5	8
56	1271	925	346	15	10	5
57	1571	1141	430	16	8	8
58	886	656	230	7	5	2
59	421	297	124	8	5	3
60-64岁	**1946**	**1402**	**544**	**17**	**5**	**12**
60	443	335	108	3	1	2
61	349	240	109	5		5
62	355	236	119	4	2	2
63	413	317	96	2	1	1
64	386	274	112	3	1	2
65岁及以上	**4843**	**3557**	**1286**	**28**	**18**	**10**

单位：人

有配偶			离　婚			丧　偶		
小计	男	女	小计	男	女	小计	男	女
117466	**63679**	**53787**	**3302**	**1266**	**2036**	**871**	**392**	**479**
756	**238**	**518**	**3**		**3**			
1	1							
24	4	20						
59	15	44						
208	71	137	1		1			
464	147	317	2		2			
13655	**5603**	**8052**	**100**	**32**	**68**			
1039	382	657	7	1	6			
1629	621	1008	10	5	5			
2542	989	1553	13	5	8			
3512	1473	2039	30	10	20			
4933	2138	2795	40	11	29			
30927	**14769**	**16158**	**584**	**193**	**391**	**16**	**3**	**13**
6218	2814	3404	86	23	63	4	1	3
6317	2923	3394	105	32	73	1		1
6103	2935	3168	124	46	78	4		4
6338	3111	3227	129	45	84	3	1	2
5951	2986	2965	140	47	93	4	1	3
25708	**13334**	**12374**	**836**	**304**	**532**	**26**	**4**	**22**
5636	2868	2768	140	51	89	2	1	1
5778	2955	2823	174	68	106	7	1	6
5078	2632	2446	163	58	105	6	1	5
5441	2857	2584	209	75	134	7	1	6
3775	2022	1753	150	52	98	4		4
15589	**8705**	**6884**	**611**	**231**	**380**	**42**	**14**	**28**
2958	1593	1365	103	40	63	7	3	4
3317	1834	1483	122	47	75	11	3	8
3159	1745	1414	137	55	82	8	2	6
3067	1706	1361	116	39	77	6	2	4
3088	1827	1261	133	50	83	10	4	6
11969	**7575**	**4394**	**511**	**207**	**304**	**48**	**14**	**34**
2567	1591	976	108	43	65	9	2	7
2427	1486	941	101	44	57	8	4	4
2420	1546	874	106	41	65	8	3	5
2292	1459	833	104	40	64	5	1	4
2263	1493	770	92	39	53	18	4	14
7638	**5063**	**2575**	**344**	**141**	**203**	**63**	**21**	**42**
1802	1184	618	79	34	45	10	5	5
1649	1079	570	89	47	42	13	4	9
1699	1123	576	77	29	48	20	4	16
1187	785	402	55	21	34	8	2	6
1301	892	409	44	10	34	12	6	6
5221	**3831**	**1390**	**193**	**101**	**92**	**55**	**18**	**37**
1312	934	378	41	22	19	13	3	10
1194	887	307	50	24	26	12	4	8
1493	1099	394	49	29	20	13	5	8
837	629	208	32	17	15	10	5	5
385	282	103	21	9	12	7	1	6
1828	**1354**	**474**	**68**	**32**	**36**	**33**	**11**	**22**
422	327	95	13	7	6	5		5
332	236	96	12	4	8			
335	229	106	9	3	6	7	2	5
382	302	80	21	10	11	8	4	4
357	260	97	13	8	5	13	5	8
4175	**3207**	**968**	**52**	**25**	**27**	**588**	**307**	**281**

5-3a 续表 8

受教育程度 年龄	15岁及以上人口			未婚		
	合计	男	女	小计	男	女
硕士研究生	**17610**	**8988**	**8622**	**6549**	**2915**	**3634**
15-19岁	**8**	**8**		**8**	**8**	
15						
16						
17	2	2		2	2	
18						
19	6	6		6	6	
20-24岁	**2581**	**1055**	**1526**	**2562**	**1050**	**1512**
20	10	3	7	10	3	7
21	100	39	61	100	39	61
22	583	223	360	583	223	360
23	920	378	542	914	375	539
24	968	412	556	955	410	545
25-29岁	**3553**	**1602**	**1951**	**2784**	**1296**	**1488**
25	945	410	535	905	394	511
26	698	329	369	648	310	338
27	674	320	354	520	262	258
28	606	268	338	399	184	215
29	630	275	355	312	146	166
30-34岁	**4044**	**1890**	**2154**	**851**	**403**	**448**
30	855	402	453	286	143	143
31	843	351	492	193	87	106
32	809	370	439	168	83	85
33	768	365	403	117	52	65
34	769	402	367	87	38	49
35-39岁	**3308**	**1672**	**1636**	**232**	**109**	**123**
35	677	325	352	75	37	38
36	702	343	359	47	19	28
37	691	355	336	51	28	23
38	735	366	369	44	19	25
39	503	283	220	15	6	9
40-44岁	**1784**	**1088**	**696**	**65**	**28**	**37**
40	433	261	172	20	10	10
41	432	257	175	18	8	10
42	353	210	143	11	2	9
43	313	194	119	10	4	6
44	253	166	87	6	4	2
45-49岁	**1074**	**716**	**358**	**29**	**10**	**19**
45	236	159	77	10	3	7
46	226	159	67	3	1	2
47	200	133	67	4	2	2
48	216	135	81	9	2	7
49	196	130	66	3	2	1
50-54岁	**668**	**493**	**175**	**14**	**11**	**3**
50	166	121	45	5	4	1
51	127	84	43	3	2	1
52	135	103	32	2	1	1
53	102	79	23	1	1	
54	138	106	32	3	3	
55-59岁	**347**	**280**	**67**	**3**		**3**
55	91	71	20			
56	80	60	20	2		2
57	103	89	14			
58	52	41	11	1		1
59	21	19	2			
60-64岁	**125**	**89**	**36**	**1**		**1**
60	24	19	5			
61	25	17	8			
62	22	18	4			
63	31	21	10	1		1
64	23	14	9			
65岁及以上	**118**	**95**	**23**			

单位：人

有配偶			离婚			丧偶		
小计	男	女	小计	男	女	小计	男	女
10748	5956	4792	291	102	189	22	15	7
19	5	14						
6	3	3						
13	2	11						
766	305	461	3	1	2			
40	16	24						
50	19	31						
154	58	96						
207	84	123						
315	128	187	3	1	2			
3155	1473	1682	37	14	23	1		1
561	255	306	8	4	4			
644	262	382	5	2	3	1		1
632	283	349	9	4	5			
644	312	332	7	1	6			
674	361	313	8	3	5			
2993	1532	1461	82	31	51	1		1
584	285	299	18	3	15			
649	321	328	6	3	3			
619	320	299	21	7	14			
671	337	334	20	10	10			
470	269	201	17	8	9	1		1
1653	1040	613	66	20	46			
398	247	151	15	4	11			
397	240	157	17	9	8			
326	204	122	16	4	12			
290	187	103	13	3	10			
242	162	80	5		5			
1001	691	310	43	14	29	1	1	
210	149	61	16	7	9			
215	155	60	8	3	5			
192	131	61	4		4			
200	131	69	7	2	5			
184	125	59	8	2	6	1	1	
620	467	153	30	11	19	4	4	
155	114	41	6	3	3			
116	81	35	7		7	1	1	
121	95	26	10	5	5	2	2	
98	76	22	2	1	1	1	1	
130	101	29	5	2	3			
322	272	50	19	6	13	3	2	1
86	69	17	5	2	3			
74	60	14	4		4			
95	85	10	5	2	3	3	2	1
48	41	7	3		3			
19	17	2	2	2				
113	86	27	6	1	5	5	2	3
23	19	4	1		1			
23	17	6	1		1	1		1
20	17	3				2	1	1
29	21	8	1		1			
18	12	6	3	1	2	2	1	1
106	85	21	5	4	1	7	6	1

5-3a 续表 9

受教育程度 年　　龄	15岁及以上人口			未　婚		
	合计	男	女	小计	男	女
博士研究生	**2303**	**1435**	**868**	**638**	**349**	**289**
15-19岁	**2**	**2**		**2**	**2**	
15						
16						
17						
18						
19	2	2		2	2	
20-24岁	**87**	**45**	**42**	**85**	**43**	**42**
20	2	1	1	2	1	1
21	4	2	2	3	1	2
22	9	4	5	9	4	5
23	28	11	17	28	11	17
24	44	27	17	43	26	17
25-29岁	**423**	**227**	**196**	**343**	**180**	**163**
25	70	40	30	67	38	29
26	76	43	33	69	41	28
27	91	48	43	82	43	39
28	93	48	45	66	31	35
29	93	48	45	59	27	32
30-34岁	**461**	**275**	**186**	**141**	**86**	**55**
30	90	45	45	40	21	19
31	92	56	36	41	27	14
32	92	58	34	24	18	6
33	86	60	26	18	15	3
34	101	56	45	18	5	13
35-39岁	**497**	**306**	**191**	**43**	**24**	**19**
35	96	52	44	8	5	3
36	105	66	39	9	7	2
37	95	57	38	11	6	5
38	113	73	40	9	4	5
39	88	58	30	6	2	4
40-44岁	**337**	**211**	**126**	**14**	**6**	**8**
40	71	45	26	1		1
41	88	54	34	4	3	1
42	60	36	24	4	1	3
43	72	45	27	3	1	2
44	46	31	15	2	1	1
45-49岁	**205**	**137**	**68**	**6**	**5**	**1**
45	47	26	21			
46	43	30	13			
47	46	33	13	1		1
48	40	28	12	2	2	
49	29	20	9	3	3	
50-54岁	**132**	**105**	**27**	**2**	**2**	
50	31	25	6			
51	26	23	3			
52	21	16	5	1	1	
53	20	13	7			
54	34	28	6	1	1	
55-59岁	**110**	**87**	**23**	**2**	**1**	**1**
55	30	25	5	2	1	1
56	25	21	4			
57	30	23	7			
58	17	13	4			
59	8	5	3			
60-64岁	**27**	**23**	**4**			
60	7	6	1			
61	4	4				
62	4	4				
63	8	7	1			
64	4	2	2			
65岁及以上	**22**	**17**	**5**			

单位：人

有配偶			离　婚			丧　偶		
小计	男	女	小计	男	女	小计	男	女
1601	**1056**	**545**	**58**	**27**	**31**	**6**	**3**	**3**
2	**2**							
1	1							
1	1							
79	**46**	**33**	**1**	**1**				
3	2	1						
7	2	5						
9	5	4						
26	16	10	1	1				
34	21	13						
319	**189**	**130**	**1**		**1**			
50	24	26						
51	29	22						
68	40	28						
68	45	23						
82	51	31	1		1			
442	**275**	**167**	**12**	**7**	**5**			
85	44	41	3	3				
92	57	35	4	2	2			
84	51	33						
101	67	34	3	2	1			
80	56	24	2		2			
305	**197**	**108**	**16**	**7**	**9**	**2**	**1**	**1**
65	42	23	5	3	2			
80	49	31	4	2	2			
54	34	20	2	1	1			
65	43	22	2		2	2	1	1
41	29	12	3	1	2			
188	**130**	**58**	**11**	**2**	**9**			
44	26	18	3		3			
40	30	10	3		3			
43	33	10	2		2			
35	24	11	3	2	1			
26	17	9						
120	**96**	**24**	**10**	**7**	**3**			
25	20	5	6	5	1			
26	23	3						
20	15	5						
18	13	5	2		2			
31	25	6	2	2				
100	**82**	**18**	**6**	**3**	**3**	**2**	**1**	**1**
27	23	4	1	1				
24	21	3				1		1
26	20	6	3	2	1	1	1	
17	13	4						
6	5	1	2		2			
27	**23**	**4**						
7	6	1						
4	4							
4	4							
8	7	1						
4	2	2						
19	**16**	**3**	**1**		**1**	**2**	**1**	**1**

5-3b 全省分年龄、性别、受教育

受教育程度 年 龄	15岁及以上人口			未 婚		
	合计	男	女	小计	男	女
总 计	**868364**	**436800**	**431564**	**152248**	**92161**	**60087**
15-19岁	**59232**	**30887**	**28345**	**58846**	**30810**	**28036**
15	12676	6604	6072	12673	6603	6070
16	14977	7841	7136	14959	7839	7120
17	13142	6908	6234	13102	6899	6203
18	8511	4504	4007	8398	4480	3918
19	9926	5030	4896	9714	4989	4725
20-24岁	**46162**	**24200**	**21962**	**39239**	**22124**	**17115**
20	10045	5077	4968	9630	4997	4633
21	8968	4548	4420	8274	4392	3882
22	8862	4770	4092	7639	4417	3222
23	8712	4623	4089	6898	4092	2806
24	9575	5182	4393	6798	4226	2572
25-29岁	**68097**	**35105**	**32992**	**27574**	**18791**	**8783**
25	11762	6281	5481	7160	4624	2536
26	12013	6307	5706	6035	3981	2054
27	12703	6502	6201	5282	3605	1677
28	14083	7198	6885	4560	3283	1277
29	17536	8817	8719	4537	3298	1239
30-34岁	**102065**	**50558**	**51507**	**13949**	**10394**	**3555**
30	22115	11028	11087	4513	3320	1193
31	21310	10402	10908	3341	2454	887
32	19914	9748	10166	2500	1863	637
33	20323	10208	10115	2069	1587	482
34	18403	9172	9231	1526	1170	356
35-39岁	**86745**	**43116**	**43629**	**4672**	**3545**	**1127**
35	17484	8630	8854	1239	936	303
36	18021	8975	9046	1048	796	252
37	16892	8484	8408	912	695	217
38	18988	9404	9584	860	643	217
39	15360	7623	7737	613	475	138
40-44岁	**83113**	**41794**	**41319**	**2361**	**1848**	**513**
40	12932	6332	6600	443	326	117
41	16258	8079	8179	501	381	120
42	17359	8838	8521	509	410	99
43	17336	8721	8615	441	355	86
44	19228	9824	9404	467	376	91
45-49岁	**100102**	**50944**	**49158**	**2080**	**1669**	**411**
45	18458	9408	9050	437	339	98
46	19927	10105	9822	457	369	88
47	20585	10527	10058	410	333	77
48	20084	10181	9903	411	329	82
49	21048	10723	10325	365	299	66
50-54岁	**91879**	**47023**	**44856**	**1258**	**1008**	**250**
50	19872	10205	9667	311	249	62
51	18785	9636	9149	255	208	47
52	19837	10177	9660	265	213	52
53	16107	8220	7887	220	166	54
54	17278	8785	8493	207	172	35
55-59岁	**71000**	**36248**	**34752**	**796**	**661**	**135**
55	17336	8935	8401	198	165	33
56	14995	7703	7292	167	140	27
57	18738	9587	9151	223	188	35
58	13486	6887	6599	149	117	32
59	6445	3136	3309	59	51	8
60-64岁	**50682**	**25512**	**25170**	**446**	**383**	**63**
60	9486	4822	4664	93	73	20
61	9191	4711	4480	78	61	17
62	10780	5428	5352	105	95	10
63	11898	6027	5871	101	91	10
64	9327	4524	4803	69	63	6
65岁及以上	**109287**	**51413**	**57874**	**1027**	**928**	**99**

程度、婚姻状况的人口(镇)

单位：人

有配偶			离婚			丧偶		
小计	男	女	小计	男	女	小计	男	女
652839	**325856**	**326983**	**18013**	**9525**	**8488**	**45264**	**9258**	**36006**
385	**76**	**309**	**1**	**1**				
3	1	2						
18	2	16						
40	9	31						
112	23	89	1	1				
212	41	171						
6850	**2060**	**4790**	**72**	**16**	**56**	**1**		**1**
413	80	333	2		2			
690	155	535	4	1	3			
1214	351	863	9	2	7			
1795	529	1266	18	2	16	1		1
2738	945	1793	39	11	28			
39662	**15932**	**23730**	**845**	**381**	**464**	**16**	**1**	**15**
4522	1631	2891	79	26	53	1		1
5851	2274	3577	126	52	74	1		1
7288	2835	4453	130	61	69	3	1	2
9311	3819	5492	210	96	114	2		2
12690	5373	7317	300	146	154	9		9
85213	**38796**	**46417**	**2767**	**1341**	**1426**	**136**	**27**	**109**
17139	7505	9634	444	199	245	19	4	15
17422	7720	9702	519	226	293	28	2	26
16829	7615	9214	565	265	300	20	5	15
17588	8279	9309	629	333	296	37	9	28
16235	7677	8558	610	318	292	32	7	25
78653	**37909**	**40744**	**3155**	**1609**	**1546**	**265**	**53**	**212**
15572	7351	8221	629	331	298	44	12	32
16261	7847	8414	664	326	338	48	6	42
15335	7474	7861	596	306	290	49	9	40
17368	8402	8966	684	345	339	76	14	62
14117	6835	7282	582	301	281	48	12	36
77261	**38287**	**38974**	**2982**	**1573**	**1409**	**509**	**86**	**423**
11944	5741	6203	492	254	238	53	11	42
15090	7382	7708	575	304	271	92	12	80
16140	8073	8067	613	332	281	97	23	74
16158	8029	8129	631	317	314	106	20	86
17929	9062	8867	671	366	305	161	20	141
93735	**47477**	**46258**	**3098**	**1579**	**1519**	**1189**	**219**	**970**
17276	8736	8540	592	305	287	153	28	125
18626	9382	9244	643	311	332	201	43	158
19284	9812	9472	651	349	302	240	33	207
18818	9500	9318	593	302	291	262	50	212
19731	10047	9684	619	312	307	333	65	268
85892	**44224**	**41668**	**2281**	**1281**	**1000**	**2448**	**510**	**1938**
18619	9573	9046	559	302	257	383	81	302
17632	9076	8556	467	257	210	431	95	336
18561	9590	8971	493	274	219	518	100	418
15008	7741	7267	365	210	155	514	103	411
16072	8244	7828	397	238	159	602	131	471
65319	**34144**	**31175**	**1354**	**773**	**581**	**3531**	**670**	**2861**
16107	8435	7672	361	198	163	670	137	533
13866	7278	6588	290	156	134	672	129	543
17167	9007	8160	367	218	149	981	174	807
12322	6485	5837	229	134	95	786	151	635
5857	2939	2918	107	67	40	422	79	343
44955	**23752**	**21203**	**723**	**456**	**267**	**4558**	**921**	**3637**
8535	4517	4018	149	89	60	709	143	566
8207	4399	3808	146	100	46	760	151	609
9559	5043	4516	166	99	67	950	191	759
10507	5618	4889	151	92	59	1139	226	913
8147	4175	3972	111	76	35	1000	210	790
74914	**43199**	**31715**	**735**	**515**	**220**	**32611**	**6771**	**25840**

5-3b 续表 1

受教育程度 年龄	15岁及以上人口			未婚		
	合计	男	女	小计	男	女
未上过学	**24792**	**3910**	**20882**	**990**	**748**	**242**
15-19岁	**66**	**45**	**21**	**66**	**45**	**21**
15	15	7	8	15	7	8
16	21	14	7	21	14	7
17	13	11	2	13	11	2
18	9	7	2	9	7	2
19	8	6	2	8	6	2
20-24岁	**94**	**58**	**36**	**88**	**57**	**31**
20	22	15	7	21	15	6
21	16	8	8	14	7	7
22	19	11	8	19	11	8
23	21	13	8	20	13	7
24	16	11	5	14	11	3
25-29岁	**105**	**51**	**54**	**85**	**48**	**37**
25	18	8	10	15	8	7
26	14	6	8	12	5	7
27	25	14	11	19	13	6
28	26	13	13	25	13	12
29	22	10	12	14	9	5
30-34岁	**150**	**70**	**80**	**89**	**61**	**28**
30	31	15	16	19	12	7
31	28	16	12	18	13	5
32	29	15	14	21	14	7
33	39	14	25	22	14	8
34	23	10	13	9	8	1
35-39岁	**196**	**76**	**120**	**80**	**58**	**22**
35	37	15	22	18	11	7
36	34	11	23	15	11	4
37	46	19	27	18	13	5
38	39	21	18	19	15	4
39	40	10	30	10	8	2
40-44岁	**399**	**97**	**302**	**70**	**51**	**19**
40	47	15	32	13	9	4
41	59	16	43	14	9	5
42	78	21	57	14	10	4
43	88	22	66	14	12	2
44	127	23	104	15	11	4
45-49岁	**924**	**166**	**758**	**94**	**70**	**24**
45	108	17	91	13	8	5
46	160	33	127	17	11	6
47	197	46	151	25	19	6
48	191	32	159	17	14	3
49	268	38	230	22	18	4
50-54岁	**1728**	**234**	**1494**	**74**	**57**	**17**
50	262	35	227	14	11	3
51	306	47	259	17	13	4
52	363	61	302	16	13	3
53	381	44	337	19	13	6
54	416	47	369	8	7	1
55-59岁	**2241**	**250**	**1991**	**67**	**53**	**14**
55	468	58	410	15	9	6
56	432	45	387	17	16	1
57	577	61	516	15	11	4
58	469	56	413	14	12	2
59	295	30	265	6	5	1
60-64岁	**3087**	**424**	**2663**	**64**	**60**	**4**
60	474	65	409	11	11	
61	502	62	440	10	8	2
62	625	78	547	12	11	1
63	825	120	705	19	19	
64	661	99	562	12	11	1
65岁及以上	**15802**	**2439**	**13363**	**213**	**188**	**25**

单位：人

	有配偶			离　婚			丧　偶		
	小计	男	女	小计	男	女	小计	男	女
	13907	**2399**	**11508**	**202**	**68**	**134**	**9693**	**695**	**8998**
	6	**1**	**5**						
	1		1						
	2	1	1						
	1		1						
	2		2						
	19	**2**	**17**	**1**	**1**				
	3		3						
	2	1	1						
	5		5	1	1				
	1		1						
	8	1	7						
	54	**8**	**46**	**5**	**1**	**4**	**2**		**2**
	8	2	6	3	1	2	1		1
	8	3	5	2		2			
	8	1	7						
	16		16				1		1
	14	2	12						
	109	**17**	**92**	**6**	**1**	**5**	**1**		**1**
	18	4	14	1		1			
	19		19						
	27	6	21	1		1			
	18	5	13	2	1	1			
	27	2	25	2		2	1		1
	309	**42**	**267**	**13**	**4**	**9**	**7**		**7**
	32	5	27	2	1	1			
	44	6	38	1	1				
	59	9	50	3	2	1	2		2
	69	10	59	4		4	1		1
	105	12	93	3		3	4		4
	770	**89**	**681**	**29**	**6**	**23**	**31**	**1**	**30**
	90	8	82	1		1	4	1	3
	130	20	110	6	2	4	7		7
	160	26	134	8	1	7	4		4
	159	17	142	5	1	4	10		10
	231	18	213	9	2	7	6		6
	1515	**159**	**1356**	**31**	**11**	**20**	**108**	**7**	**101**
	231	19	212	6	3	3	11	2	9
	262	31	231	5	1	4	22	2	20
	325	46	279	6	2	4	16		16
	319	29	290	8	1	7	35	1	34
	378	34	344	6	4	2	24	2	22
	1897	**186**	**1711**	**27**	**5**	**22**	**250**	**6**	**244**
	399	45	354	6	1	5	48	3	45
	374	28	346	8	1	7	33		33
	495	48	447	5	1	4	62	1	61
	380	41	339	6	1	5	69	2	67
	249	24	225	2	1	1	38		38
	2422	**327**	**2095**	**28**	**9**	**19**	**573**	**28**	**545**
	372	47	325	6	2	4	85	5	80
	388	49	339	8	2	6	96	3	93
	498	58	440	6	2	4	109	7	102
	638	92	546	4	2	2	164	7	157
	526	81	445	4	1	3	119	6	113
	6806	**1568**	**5238**	**62**	**30**	**32**	**8721**	**653**	**8068**

5-3b 续表 2

受教育程度 年 龄	15岁及以上人口			未 婚		
	合计	男	女	小计	男	女
学前教育	**1113**	**243**	**870**	**77**	**56**	**21**
15-19岁	**27**	**19**	**8**	**27**	**19**	**8**
15	14	9	5	14	9	5
16	7	5	2	7	5	2
17	2	2		2	2	
18	3	2	1	3	2	1
19	1	1		1	1	
20-24岁	**13**	**8**	**5**	**13**	**8**	**5**
20	5	4	1	5	4	1
21						
22	2	1	1	2	1	1
23	4	2	2	4	2	2
24	2	1	1	2	1	1
25-29岁	**7**	**3**	**4**	**4**	**3**	**1**
25	2	1	1	1	1	
26	1	1		1	1	
27						
28						
29	4	1	3	2	1	1
30-34岁	**8**	**3**	**5**	**4**	**2**	**2**
30	1		1	1		1
31	3	1	2	1	1	
32	1		1	1		1
33	2	1	1	1	1	
34	1	1				
35-39岁	**15**	**9**	**6**	**4**	**3**	**1**
35	4	3	1			
36	3	3		1	1	
37	3	2	1	1	1	
38	2	1	1	1	1	
39	3		3	1		1
40-44岁	**29**	**5**	**24**	**2**		**2**
40	6		6	2		2
41	4	1	3			
42	6	2	4			
43	8		8			
44	5	2	3			
45-49岁	**47**	**14**	**33**	**6**	**6**	
45	6	2	4	1	1	
46	7	2	5	1	1	
47	9	3	6	2	2	
48	12	4	8	2	2	
49	13	3	10			
50-54岁	**96**	**19**	**77**	**7**	**6**	**1**
50	23	6	17	3	3	
51	12	3	9	1	1	
52	23	4	19	2	1	1
53	13	3	10			
54	25	3	22	1	1	
55-59岁	**120**	**21**	**99**	**2**	**2**	
55	32	5	27			
56	20	4	16			
57	31	5	26	1	1	
58	22	4	18	1	1	
59	15	3	12			
60-64岁	**167**	**25**	**142**	**3**	**2**	**1**
60	36	4	32	3	2	1
61	23	3	20			
62	38	8	30			
63	36	7	29			
64	34	3	31			
65岁及以上	**584**	**117**	**467**	**5**	**5**	

单位：人

有配偶			离婚			丧偶		
小计	男	女	小计	男	女	小计	男	女
731	**156**	**575**	**7**	**4**	**3**	**298**	**27**	**271**
3		**3**						
1		1						
2		2						
4	**1**	**3**						
2		2						
1		1						
1	1							
10	**5**	**5**	**1**	**1**				
4	3	1						
1	1		1	1				
2	1	1						
1		1						
2		2						
27	**5**	**22**						
4		4						
4	1	3						
6	2	4						
8		8						
5	2	3						
40	**8**	**32**	**1**		**1**			
5	1	4						
6	1	5						
7	1	6						
10	2	8						
12	3	9	1		1			
79	**11**	**68**	**2**	**1**	**1**	**8**	**1**	**7**
18	3	15				2		2
10	2	8	1		1			
19	3	16				2		2
12	2	10	1	1				
20	1	19				4	1	3
108	**18**	**90**				**10**	**1**	**9**
29	5	24				3		3
18	4	14				2		2
26	3	23				4	1	3
21	3	18						
14	3	11				1		1
141	**20**	**121**	**1**	**1**		**22**	**2**	**20**
28	2	26				5		5
19	2	17	1	1		3		3
36	7	29				2	1	1
30	6	24				6	1	5
28	3	25				6		6
319	**88**	**231**	**2**	**1**	**1**	**258**	**23**	**235**

5-3b 续表 3

受教育程度 年　　龄	15岁及以上人口			未　婚		
	合计	男	女	小计	男	女
小　学	**214507**	**84028**	**130479**	**5070**	**4215**	**855**
15-19岁	**229**	**123**	**106**	**216**	**123**	**93**
15	30	15	15	30	15	15
16	43	26	17	42	26	16
17	42	24	18	39	24	15
18	52	27	25	50	27	23
19	62	31	31	55	31	24
20-24岁	**514**	**300**	**214**	**334**	**249**	**85**
20	79	45	34	63	43	20
21	74	44	30	55	40	15
22	94	54	40	60	46	14
23	125	76	49	70	58	12
24	142	81	61	86	62	24
25-29岁	**1381**	**705**	**676**	**472**	**377**	**95**
25	167	87	80	82	60	22
26	226	131	95	96	73	23
27	267	141	126	103	84	19
28	313	155	158	84	69	15
29	408	191	217	107	91	16
30-34岁	**3859**	**1553**	**2306**	**577**	**464**	**113**
30	593	249	344	125	102	23
31	714	305	409	134	105	29
32	807	322	485	109	89	20
33	852	324	528	101	81	20
34	893	353	540	108	87	21
35-39岁	**5970**	**2032**	**3938**	**402**	**321**	**81**
35	891	314	577	75	60	15
36	985	355	630	90	72	18
37	1073	365	708	74	55	19
38	1551	505	1046	86	67	19
39	1470	493	977	77	67	10
40-44岁	**14484**	**4873**	**9611**	**494**	**419**	**75**
40	1482	448	1034	54	38	16
41	2361	814	1547	104	88	16
42	2995	1017	1978	120	107	13
43	3443	1159	2284	103	89	14
44	4203	1435	2768	113	97	16
45-49岁	**28530**	**9947**	**18583**	**675**	**586**	**89**
45	4490	1565	2925	135	108	27
46	5368	1880	3488	140	129	11
47	5947	2087	3860	139	123	16
48	6036	2086	3950	128	111	17
49	6689	2329	4360	133	115	18
50-54岁	**36314**	**13485**	**22829**	**573**	**487**	**86**
50	6938	2546	4392	114	96	18
51	7172	2708	4464	123	106	17
52	7909	2919	4990	125	110	15
53	6892	2544	4348	99	78	21
54	7403	2768	4635	112	97	15
55-59岁	**30703**	**11199**	**19504**	**407**	**352**	**55**
55	7371	2731	4640	107	95	12
56	6306	2328	3978	81	68	13
57	7998	2922	5076	112	103	9
58	5973	2141	3832	76	59	17
59	3055	1077	1978	31	27	4
60-64岁	**28090**	**11508**	**16582**	**265**	**228**	**37**
60	4734	1853	2881	49	38	11
61	5046	2110	2936	43	34	9
62	6028	2480	3548	69	61	8
63	6752	2802	3950	61	54	7
64	5530	2263	3267	43	41	2
65岁及以上	**64433**	**28303**	**36130**	**655**	**609**	**46**

单位：人

有配偶			离婚			丧偶		
小计	男	女	小计	男	女	小计	男	女
179086	**72593**	**106493**	**3614**	**1917**	**1697**	**26737**	**5303**	**21434**
13		**13**						
1		1						
3		3						
2		2						
7		7						
178	**50**	**128**	**2**	**1**	**1**			
16	2	14						
18	4	14	1		1			
34	8	26						
55	18	37						
55	18	37	1	1				
873	**310**	**563**	**34**	**17**	**17**	**2**	**1**	**1**
84	27	57	1		1			
122	54	68	8	4	4			
160	53	107	3	3		1	1	
221	83	138	8	3	5			
286	93	193	14	7	7	1		1
3144	**1031**	**2113**	**124**	**55**	**69**	**14**	**3**	**11**
449	138	311	18	8	10	1	1	
558	189	369	19	11	8	3		3
670	220	450	24	13	11	4		4
715	231	484	33	11	22	3	1	2
752	253	499	30	12	18	3	1	2
5320	**1620**	**3700**	**210**	**87**	**123**	**38**	**4**	**34**
783	243	540	28	11	17	5		5
854	268	586	37	15	22	4		4
954	291	663	39	19	20	6		6
1407	420	987	46	17	29	12	1	11
1322	398	924	60	25	35	11	3	8
13378	**4215**	**9163**	**465**	**220**	**245**	**147**	**19**	**128**
1364	386	978	56	22	34	8	2	6
2154	684	1470	78	39	39	25	3	22
2754	865	1889	94	43	51	27	2	25
3198	1010	2188	104	55	49	38	5	33
3908	1270	2638	133	61	72	49	7	42
26555	**8928**	**17627**	**756**	**352**	**404**	**544**	**81**	**463**
4170	1383	2787	129	65	64	56	9	47
5001	1676	3325	143	58	85	84	17	67
5537	1873	3664	158	80	78	113	11	102
5636	1886	3750	147	69	78	125	20	105
6211	2110	4101	179	80	99	166	24	142
33579	**12383**	**21196**	**770**	**395**	**375**	**1392**	**220**	**1172**
6474	2344	4130	156	76	80	194	30	164
6674	2488	4186	161	82	79	214	32	182
7293	2679	4614	182	87	95	309	43	266
6345	2333	4012	133	76	57	315	57	258
6793	2539	4254	138	74	64	360	58	302
27670	**10293**	**17377**	**478**	**267**	**211**	**2148**	**287**	**1861**
6740	2523	4217	125	60	65	399	53	346
5721	2157	3564	100	55	45	404	48	356
7159	2670	4489	128	70	58	599	79	520
5334	1961	3373	84	54	30	479	67	412
2716	982	1734	41	28	13	267	40	227
24419	**10539**	**13880**	**359**	**219**	**140**	**3047**	**522**	**2525**
4181	1708	2473	66	34	32	438	73	365
4448	1955	2493	69	47	22	486	74	412
5227	2247	2980	89	55	34	643	117	526
5840	2575	3265	74	44	30	777	129	648
4723	2054	2669	61	39	22	703	129	574
43957	**23224**	**20733**	**416**	**304**	**112**	**19405**	**4166**	**15239**

5-3b 续表 4

受教育程度 年　　龄	15岁及以上人口			未　　婚		
	合计	男	女	小计	男	女
初　中	**336386**	**186141**	**150245**	**38524**	**27913**	**10611**
15-19岁	**11139**	**6431**	**4708**	**10874**	**6381**	**4493**
15	4774	2657	2117	4772	2657	2115
16	2118	1197	921	2103	1195	908
17	1410	803	607	1382	797	585
18	1270	819	451	1189	804	385
19	1567	955	612	1428	928	500
20-24岁	**11443**	**6753**	**4690**	**7776**	**5624**	**2152**
20	1698	1052	646	1444	1002	442
21	1813	1065	748	1424	973	451
22	2258	1349	909	1574	1154	420
23	2596	1501	1095	1659	1223	436
24	3078	1786	1292	1675	1272	403
25-29岁	**26915**	**14098**	**12817**	**8527**	**6673**	**1854**
25	4138	2312	1826	1943	1488	455
26	4435	2413	2022	1713	1329	384
27	5010	2604	2406	1658	1303	355
28	5772	2974	2798	1540	1225	315
29	7560	3795	3765	1673	1328	345
30-34岁	**50461**	**24477**	**25984**	**5996**	**4876**	**1120**
30	10020	5014	5006	1811	1477	334
31	10060	4802	5258	1392	1121	271
32	9819	4687	5132	1052	855	197
33	10578	5168	5410	976	801	175
34	9984	4806	5178	765	622	143
35-39岁	**50078**	**24478**	**25600**	**2386**	**1931**	**455**
35	9820	4717	5103	624	512	112
36	10316	5001	5315	505	415	90
37	9907	4886	5021	487	385	102
38	11132	5479	5653	436	350	86
39	8903	4395	4508	334	269	65
40-44岁	**45291**	**23696**	**21595**	**1175**	**967**	**208**
40	7385	3707	3678	230	180	50
41	9067	4625	4442	239	192	47
42	9405	4976	4429	248	214	34
43	9216	4833	4383	218	178	40
44	10218	5555	4663	240	203	37
45-49岁	**49580**	**27674**	**21906**	**948**	**765**	**183**
45	9615	5247	4368	193	158	35
46	10089	5544	4545	220	172	48
47	10232	5730	4502	176	146	30
48	9784	5493	4291	194	153	41
49	9860	5660	4200	165	136	29
50-54岁	**37058**	**22240**	**14818**	**437**	**356**	**81**
50	8854	5106	3748	128	104	24
51	7762	4579	3183	82	69	13
52	7812	4742	3070	83	68	15
53	6126	3805	2321	76	61	15
54	6504	4008	2496	68	54	14
55-59岁	**23534**	**14733**	**8801**	**208**	**174**	**34**
55	6248	3920	2328	46	41	5
56	5202	3210	1992	42	39	3
57	6164	3834	2330	64	48	16
58	4199	2697	1502	40	32	8
59	1721	1072	649	16	14	2
60-64岁	**11668**	**8034**	**3634**	**87**	**74**	**13**
60	2402	1617	785	24	19	5
61	2107	1445	662	13	10	3
62	2504	1725	779	21	21	
63	2699	1912	787	20	17	3
64	1956	1335	621	9	7	2
65岁及以上	**19219**	**13527**	**5692**	**110**	**92**	**18**

单位：人

有配偶			离婚			丧偶		
小计	男	女	小计	男	女	小计	男	女
282612	**150940**	**131672**	**9009**	**5020**	**3989**	**6241**	**2268**	**3973**
264	**49**	**215**	**1**	**1**				
2		2						
15	2	13						
28	6	22						
80	14	66	1	1				
139	27	112						
3621	**1117**	**2504**	**46**	**12**	**34**			
252	50	202	2		2			
388	92	296	1		1			
678	193	485	6	2	4			
924	276	648	13	2	11			
1379	506	873	24	8	16			
17894	**7199**	**10695**	**486**	**226**	**260**	**8**		**8**
2140	806	1334	55	18	37			
2646	1053	1593	75	31	44	1		1
3281	1266	2015	70	35	35	1		1
4105	1686	2419	126	63	63	1		1
5722	2388	3334	160	79	81	5		5
42797	**18751**	**24046**	**1593**	**834**	**759**	**75**	**16**	**59**
7950	3415	4535	248	121	127	11	1	10
8362	3552	4810	288	128	160	18	1	17
8438	3662	4776	319	166	153	10	4	6
9218	4153	5065	367	208	159	17	6	11
8829	3969	4860	371	211	160	19	4	15
45671	**21494**	**24177**	**1867**	**1017**	**850**	**154**	**36**	**118**
8795	3988	4807	377	208	169	24	9	15
9377	4367	5010	407	214	193	27	5	22
9043	4309	4734	345	185	160	32	7	25
10238	4897	5341	412	221	191	46	11	35
8218	3933	4285	326	189	137	25	4	21
42161	**21736**	**20425**	**1674**	**943**	**731**	**281**	**50**	**231**
6824	3350	3474	292	169	123	39	8	31
8440	4241	4199	338	185	153	50	7	43
8768	4557	4211	337	190	147	52	15	37
8591	4456	4135	354	188	166	53	11	42
9538	5132	4406	353	211	142	87	9	78
46579	**25960**	**20619**	**1549**	**840**	**709**	**504**	**109**	**395**
9052	4917	4135	295	160	135	75	12	63
9441	5178	4263	335	173	162	93	21	72
9615	5366	4249	341	201	140	100	17	83
9193	5158	4035	292	158	134	105	24	81
9278	5341	3937	286	148	138	131	35	96
34925	**21075**	**13850**	**956**	**591**	**365**	**740**	**218**	**522**
8327	4812	3515	257	150	107	142	40	102
7336	4342	2994	192	118	74	152	50	102
7376	4507	2869	200	124	76	153	43	110
5764	3617	2147	156	95	61	130	32	98
6122	3797	2325	151	104	47	163	53	110
22027	**13987**	**8040**	**474**	**298**	**176**	**825**	**274**	**551**
5899	3731	2168	137	85	52	166	63	103
4862	3037	1825	114	70	44	184	64	120
5747	3635	2112	125	83	42	228	68	160
3923	2569	1354	66	41	25	170	55	115
1596	1015	581	32	19	13	77	24	53
10726	**7556**	**3170**	**198**	**139**	**59**	**657**	**265**	**392**
2208	1523	685	51	35	16	119	40	79
1933	1353	580	32	29	3	129	53	76
2306	1632	674	42	25	17	135	47	88
2491	1800	691	45	28	17	143	67	76
1788	1248	540	28	22	6	131	58	73
15947	**12016**	**3931**	**165**	**119**	**46**	**2997**	**1300**	**1697**

5-3b 续表 5

受教育程度 年　　龄	15岁及以上人口			未　婚		
	合计	男	女	小计	男	女
高　中	**157489**	**91021**	**66468**	**56596**	**33037**	**23559**
15-19岁	**37424**	**19521**	**17903**	**37335**	**19499**	**17836**
15	7650	3806	3844	7649	3805	3844
16	12450	6420	6030	12448	6420	6028
17	11007	5753	5254	10998	5750	5248
18	4072	2276	1796	4049	2271	1778
19	2245	1266	979	2191	1253	938
20-24岁	**9579**	**5507**	**4072**	**7700**	**4923**	**2777**
20	1959	1099	860	1847	1075	772
21	1731	986	745	1526	938	588
22	1821	1072	749	1480	961	519
23	1872	1071	801	1388	932	456
24	2196	1279	917	1459	1017	442
25-29岁	**16314**	**8989**	**7325**	**6419**	**4732**	**1687**
25	2748	1543	1205	1556	1118	438
26	2874	1606	1268	1407	1007	400
27	3090	1694	1396	1250	914	336
28	3408	1842	1566	1116	853	263
29	4194	2304	1890	1090	840	250
30-34岁	**22346**	**11938**	**10408**	**3347**	**2549**	**798**
30	5274	2763	2511	1110	834	276
31	4930	2632	2298	812	610	202
32	4430	2328	2102	639	487	152
33	4174	2277	1897	461	364	97
34	3538	1938	1600	325	254	71
35-39岁	**15613**	**8543**	**7070**	**917**	**690**	**227**
35	3180	1700	1480	242	183	59
36	3377	1823	1554	227	169	58
37	3072	1709	1363	172	138	34
38	3334	1830	1504	176	128	48
39	2650	1481	1169	100	72	28
40-44岁	**12050**	**7136**	**4914**	**377**	**279**	**98**
40	2139	1215	924	87	67	20
41	2518	1463	1055	81	61	20
42	2614	1562	1052	81	56	25
43	2385	1447	938	70	57	13
44	2394	1449	945	58	38	20
45-49岁	**11463**	**7117**	**4346**	**237**	**180**	**57**
45	2229	1334	895	63	47	16
46	2292	1415	877	49	43	6
47	2315	1455	860	45	33	12
48	2289	1447	842	47	34	13
49	2338	1466	872	33	23	10
50-54岁	**9684**	**6237**	**3447**	**112**	**71**	**41**
50	2187	1419	768	35	24	11
51	1976	1257	719	25	15	10
52	2163	1378	785	22	15	7
53	1606	1037	569	18	8	10
54	1752	1146	606	12	9	3
55-59岁	**10071**	**6674**	**3397**	**92**	**69**	**23**
55	2060	1374	686	25	18	7
56	2080	1401	679	20	14	6
57	2794	1815	979	27	22	5
58	2072	1369	703	14	10	4
59	1065	715	350	6	5	1
60-64岁	**6077**	**4274**	**1803**	**22**	**15**	**7**
60	1453	983	470	5	2	3
61	1231	860	371	9	6	3
62	1278	910	368	3	2	1
63	1231	905	326	1	1	
64	884	616	268	4	4	
65岁及以上	**6868**	**5085**	**1783**	**38**	**30**	**8**

单位：人

有配偶			离婚			丧偶		
小计	男	女	小计	男	女	小计	男	女
95958	**55643**	**40315**	**3201**	**1625**	**1576**	**1734**	**716**	**1018**
89	**22**	**67**						
1	1							
2		2						
9	3	6						
23	5	18						
54	13	41						
1859	**581**	**1278**	**19**	**3**	**16**	**1**		**1**
112	24	88						
203	47	156	2	1	1			
338	111	227	3		3			
480	139	341	3		3	1		1
726	260	466	11	2	9			
9674	**4158**	**5516**	**219**	**99**	**120**	**2**		**2**
1178	419	759	14	6	8			
1435	589	846	32	10	22			
1799	762	1037	41	18	23			
2245	966	1279	47	23	24			
3017	1422	1595	85	42	43	2		2
18357	**9093**	**9264**	**615**	**291**	**324**	**27**	**5**	**22**
4044	1883	2161	116	45	71	4	1	3
3993	1963	2030	123	59	64	2		2
3659	1782	1877	129	59	70	3		3
3570	1837	1733	133	74	59	10	2	8
3091	1628	1463	114	54	60	8	2	6
14027	**7537**	**6490**	**626**	**309**	**317**	**43**	**7**	**36**
2806	1449	1357	122	66	56	10	2	8
3022	1602	1420	119	52	67	9		9
2773	1503	1270	121	66	55	6	2	4
3007	1635	1372	141	67	74	10		10
2419	1348	1071	123	58	65	8	3	5
11150	**6590**	**4560**	**480**	**257**	**223**	**43**	**10**	**33**
1967	1107	860	81	40	41	4	1	3
2336	1349	987	92	52	40	9	1	8
2418	1441	977	107	62	45	8	3	5
2212	1344	868	93	43	50	10	3	7
2217	1349	868	107	60	47	12	2	10
10718	**6693**	**4025**	**441**	**229**	**212**	**67**	**15**	**52**
2065	1239	826	89	45	44	12	3	9
2144	1324	820	88	46	42	11	2	9
2169	1377	792	88	42	46	13	3	10
2139	1366	773	87	42	45	16	5	11
2201	1387	814	89	54	35	15	2	13
9096	**5940**	**3156**	**340**	**180**	**160**	**136**	**46**	**90**
2032	1340	692	95	48	47	25	7	18
1854	1202	652	68	33	35	29	7	22
2049	1312	737	68	42	26	24	9	15
1520	998	522	44	21	23	24	10	14
1641	1088	553	65	36	29	34	13	21
9457	**6382**	**3075**	**275**	**141**	**134**	**247**	**82**	**165**
1930	1308	622	63	33	30	42	15	27
1975	1353	622	46	19	27	39	15	24
2613	1728	885	84	46	38	70	19	51
1943	1312	631	55	27	28	60	20	40
996	681	315	27	16	11	36	13	23
5718	**4102**	**1616**	**120**	**74**	**46**	**217**	**83**	**134**
1374	947	427	25	17	8	49	17	32
1153	821	332	30	17	13	39	16	23
1197	879	318	26	14	12	52	15	37
1164	868	296	24	15	9	42	21	21
830	587	243	15	11	4	35	14	21
5813	**4545**	**1268**	**66**	**42**	**24**	**951**	**468**	**483**

5-3b 续表 6

受教育程度 年 龄	15岁及以上人口			未 婚		
	合计	男	女	小计	男	女
大学专科	**69860**	**37527**	**32333**	**21867**	**12004**	**9863**
15-19岁	**4913**	**2333**	**2580**	**4896**	**2329**	**2567**
15	180	102	78	180	102	78
16	316	167	149	316	167	149
17	474	226	248	474	226	248
18	1500	696	804	1494	693	801
19	2443	1142	1301	2432	1141	1291
20-24岁	**9584**	**4679**	**4905**	**8669**	**4452**	**4217**
20	2260	1055	1205	2228	1051	1177
21	1771	869	902	1704	860	844
22	1817	923	894	1681	891	790
23	1815	903	912	1552	829	723
24	1921	929	992	1504	821	683
25-29岁	**12043**	**5851**	**6192**	**5500**	**3387**	**2113**
25	2314	1171	1143	1559	927	632
26	2278	1111	1167	1271	757	514
27	2187	1046	1141	1008	610	398
28	2393	1186	1207	842	555	287
29	2871	1337	1534	820	538	282
30-34岁	**13846**	**6754**	**7092**	**2066**	**1388**	**678**
30	3410	1623	1787	755	506	249
31	3036	1404	1632	503	333	170
32	2642	1299	1343	353	235	118
33	2576	1333	1243	286	202	84
34	2182	1095	1087	169	112	57
35-39岁	**8289**	**4381**	**3908**	**478**	**307**	**171**
35	1971	1023	948	147	89	58
36	1792	950	842	112	72	40
37	1558	830	728	93	64	29
38	1658	883	775	75	46	29
39	1310	695	615	51	36	15
40-44岁	**6019**	**3238**	**2781**	**131**	**73**	**58**
40	1107	542	565	34	17	17
41	1236	636	600	34	17	17
42	1223	679	544	21	11	10
43	1180	642	538	22	15	7
44	1273	739	534	20	13	7
45-49岁	**5276**	**3178**	**2098**	**71**	**36**	**35**
45	1054	630	424	18	9	9
46	1098	641	457	18	8	10
47	1063	649	414	12	5	7
48	1003	600	403	17	10	7
49	1058	658	400	6	4	2
50-54岁	**4053**	**2656**	**1397**	**31**	**16**	**15**
50	905	586	319	9	5	4
51	890	564	326	5	3	2
52	913	604	309	9	4	5
53	651	441	210	4	2	2
54	694	461	233	4	2	2
55-59岁	**2862**	**2119**	**743**	**16**	**9**	**7**
55	723	493	230	2	1	1
56	629	447	182	7	3	4
57	771	594	177	3	2	1
58	533	421	112	4	3	1
59	206	164	42			
60-64岁	**1260**	**954**	**306**	**4**	**3**	**1**
60	298	221	77	1	1	
61	223	176	47	2	2	
62	251	182	69			
63	278	214	64			
64	210	161	49	1		1
65岁及以上	**1715**	**1384**	**331**	**5**	**4**	**1**

单位：人

有配偶			离婚			丧偶		
小计	男	女	小计	男	女	小计	男	女
46286	**24759**	**21527**	**1314**	**598**	**716**	**393**	**166**	**227**
17	**4**	**13**						
6	3	3						
11	1	10						
911	**227**	**684**	**4**		**4**			
32	4	28						
67	9	58						
136	32	104						
262	74	188	1		1			
414	108	306	3		3			
6459	**2437**	**4022**	**81**	**27**	**54**	**3**		**3**
746	243	503	8	1	7	1		1
999	349	650	8	5	3			
1167	433	734	11	3	8	1		1
1529	627	902	22	4	18			
2018	785	1233	32	14	18	1		1
11483	**5256**	**6227**	**288**	**110**	**178**	**9**		**9**
2612	1098	1514	42	19	23	1		1
2469	1053	1416	61	18	43	3		3
2223	1046	1177	64	18	46	2		2
2232	1104	1128	55	27	28	3		3
1947	955	992	66	28	38			
7497	**3941**	**3556**	**297**	**128**	**169**	**17**	**5**	**12**
1751	900	851	71	34	37	2		2
1614	849	765	60	28	32	6	1	5
1403	743	660	60	23	37	2		2
1524	811	713	55	24	31	4	2	2
1205	638	567	51	19	32	3	2	1
5650	**3064**	**2586**	**218**	**97**	**121**	**20**	**4**	**16**
1028	509	519	44	16	28	1		1
1157	602	555	40	16	24	5	1	4
1153	646	507	43	21	22	6	1	5
1113	607	506	43	20	23	2		2
1199	700	499	48	24	24	6	2	4
4972	**3033**	**1939**	**202**	**101**	**101**	**31**	**8**	**23**
986	594	392	47	26	21	3	1	2
1031	611	420	45	20	25	4	2	2
1009	628	381	33	14	19	9	2	7
943	567	376	40	22	18	3	1	2
1003	633	370	37	19	18	12	2	10
3853	**2562**	**1291**	**121**	**64**	**57**	**48**	**14**	**34**
866	567	299	25	13	12	5	1	4
842	542	300	31	16	15	12	3	9
867	584	283	27	13	14	10	3	7
621	424	197	17	12	5	9	3	6
657	445	212	21	10	11	12	4	8
2742	**2055**	**687**	**69**	**42**	**27**	**35**	**13**	**22**
695	481	214	20	11	9	6		6
597	433	164	17	9	8	8	2	6
740	577	163	16	12	4	12	3	9
509	404	105	13	8	5	7	6	1
201	160	41	3	2	1	2	2	
1208	**926**	**282**	**16**	**13**	**3**	**32**	**12**	**20**
286	214	72	1	1		10	5	5
211	167	44	6	4	2	4	3	1
241	177	64	3	3		7	2	5
268	211	57	3	2	1	7	1	6
202	157	45	3	3		4	1	3
1494	**1254**	**240**	**18**	**16**	**2**	**198**	**110**	**88**

5-3b 续表 7

受教育程度 年龄	15岁及以上人口			未婚		
	合计	男	女	小计	男	女
大学本科	**60918**	**32206**	**28712**	**27075**	**13165**	**13910**
15-19岁	**5431**	**2412**	**3019**	**5429**	**2411**	**3018**
15	13	8	5	13	8	5
16	22	12	10	22	12	10
17	194	89	105	194	89	105
18	1603	675	928	1602	674	928
19	3599	1628	1971	3598	1628	1970
20-24岁	**13927**	**6386**	**7541**	**13652**	**6302**	**7350**
20	4013	1805	2208	4013	1805	2208
21	3519	1551	1968	3507	1549	1958
22	2611	1231	1380	2583	1224	1359
23	1939	910	1029	1866	888	978
24	1845	889	956	1683	836	847
25-29岁	**10356**	**4933**	**5423**	**5749**	**3167**	**2582**
25	2039	1007	1032	1675	870	805
26	1968	934	1034	1332	711	621
27	1972	931	1041	1119	619	500
28	2044	954	1090	859	514	345
29	2333	1107	1226	764	453	311
30-34岁	**10777**	**5461**	**5316**	**1699**	**975**	**724**
30	2615	1275	1340	624	352	272
31	2407	1183	1224	444	256	188
32	2079	1051	1028	300	176	124
33	1987	1035	952	196	110	86
34	1689	917	772	135	81	54
35-39岁	**6269**	**3427**	**2842**	**372**	**214**	**158**
35	1502	819	683	123	75	48
36	1427	782	645	90	51	39
37	1175	650	525	62	36	26
38	1223	655	568	61	32	29
39	942	521	421	36	20	16
40-44岁	**4681**	**2637**	**2044**	**103**	**54**	**49**
40	722	377	345	19	13	6
41	978	499	479	27	13	14
42	1010	561	449	24	11	13
43	982	595	387	13	4	9
44	989	605	384	20	13	7
45-49岁	**4178**	**2782**	**1396**	**42**	**25**	**17**
45	930	594	336	12	8	4
46	892	577	315	10	4	6
47	798	542	256	10	5	5
48	755	509	246	6	5	1
49	803	560	243	4	3	1
50-54岁	**2887**	**2111**	**776**	**23**	**14**	**9**
50	693	501	192	8	6	2
51	650	466	184	1		1
52	638	459	179	8	2	6
53	430	339	91	4	4	
54	476	346	130	2	2	
55-59岁	**1434**	**1224**	**210**	**4**	**2**	**2**
55	419	342	77	3	1	2
56	318	263	55			
57	395	349	46	1	1	
58	216	197	19			
59	86	73	13			
60-64岁	**323**	**285**	**38**	**1**	**1**	
60	87	77	10			
61	58	54	4	1	1	
62	52	43	9			
63	75	65	10			
64	51	46	5			
65岁及以上	**655**	**548**	**107**	**1**		**1**

单位：人

有配偶			离婚			丧偶		
小计	男	女	小计	男	女	小计	男	女
33035	**18677**	**14358**	**644**	**282**	**362**	**164**	**82**	**82**
2	**1**	**1**						
1	1							
1		1						
274	**84**	**190**	**1**		**1**			
12	2	10						
28	7	21						
72	22	50	1		1			
162	53	109						
4582	**1755**	**2827**	**24**	**11**	**13**	**1**		**1**
363	136	227	1	1				
633	221	412	3	2	1			
849	311	538	4	1	3			
1177	437	740	7	3	4	1		1
1560	650	910	9	4	5			
8928	**4434**	**4494**	**141**	**49**	**92**	**9**	**3**	**6**
1973	917	1056	17	5	12	1	1	
1935	916	1019	26	10	16	2	1	1
1749	865	884	29	9	20	1	1	
1748	913	835	40	12	28	3		3
1523	823	700	29	13	16	2		2
5745	**3148**	**2597**	**142**	**64**	**78**	**10**	**1**	**9**
1348	731	617	29	12	17	2	1	1
1296	716	580	39	15	24	2		2
1084	602	482	27	12	15	2		2
1130	608	522	28	15	13	4		4
887	491	396	19	10	9			
4441	**2532**	**1909**	**126**	**48**	**78**	**11**	**3**	**8**
686	359	327	16	5	11	1		1
922	475	447	26	11	15	3		3
956	535	421	28	13	15	2	2	
936	580	356	31	10	21	2	1	1
941	583	358	25	9	16	3		3
4008	**2702**	**1306**	**116**	**50**	**66**	**12**	**5**	**7**
885	576	309	30	8	22	3	2	1
854	560	294	26	12	14	2	1	1
766	526	240	21	11	10	1		1
724	494	230	22	10	12	3		3
779	546	233	17	9	8	3	2	1
2790	**2056**	**734**	**58**	**37**	**21**	**16**	**4**	**12**
661	482	179	20	12	8	4	1	3
639	459	180	8	6	2	2	1	1
618	450	168	8	5	3	4	2	2
419	331	88	6	4	2	1		1
453	334	119	16	10	6	5		5
1386	**1196**	**190**	**29**	**19**	**10**	**15**	**7**	**8**
401	331	70	9	7	2	6	3	3
312	261	51	5	2	3	1		1
380	339	41	8	6	2	6	3	3
210	193	17	5	3	2	1	1	
83	72	11	2	1	1	1		1
311	**274**	**37**	**1**	**1**		**10**	**9**	**1**
84	74	10				3	3	
54	51	3				3	2	1
50	41	9				2	2	
74	64	10	1	1				
49	44	5				2	2	
568	**495**	**73**	**6**	**3**	**3**	**80**	**50**	**30**

5-3b 续表 8

受教育程度 年龄	15岁及以上人口			未婚		
	合计	男	女	小计	男	女
硕士研究生	**2945**	**1501**	**1444**	**1877**	**917**	**960**
15-19岁	**2**	**2**		**2**	**2**	
15						
16						
17						
18	2	2		2	2	
19						
20-24岁	**992**	**498**	**494**	**991**	**498**	**493**
20	9	2	7	9	2	7
21	44	25	19	44	25	19
22	237	127	110	237	127	110
23	336	144	192	335	144	191
24	366	200	166	366	200	166
25-29岁	**852**	**395**	**457**	**714**	**338**	**376**
25	315	141	174	309	141	168
26	196	93	103	183	87	96
27	129	58	71	105	49	56
28	95	52	43	69	37	32
29	117	51	66	48	24	24
30-34岁	**536**	**258**	**278**	**134**	**59**	**75**
30	142	73	69	53	27	26
31	113	51	62	29	12	17
32	96	41	55	22	6	16
33	105	50	55	20	10	10
34	80	43	37	10	4	6
35-39岁	**265**	**144**	**121**	**23**	**16**	**7**
35	66	34	32	6	4	2
36	75	42	33	6	4	2
37	47	19	28	3	1	2
38	41	25	16	5	4	1
39	36	24	12	3	3	
40-44岁	**124**	**83**	**41**	**6**	**3**	**3**
40	35	21	14	2	1	1
41	28	19	9	2	1	1
42	21	14	7			
43	24	15	9	1		1
44	16	14	2	1	1	
45-49岁	**90**	**58**	**32**	**7**	**1**	**6**
45	22	17	5	2		2
46	19	12	7	2	1	1
47	19	12	7	1		1
48	12	8	4			
49	18	9	9	2		2
50-54岁	**47**	**33**	**14**			
50	9	5	4			
51	14	10	4			
52	14	9	5			
53	3	3				
54	7	6	1			
55-59岁	**24**	**20**	**4**			
55	10	9	1			
56	5	2	3			
57	5	5				
58	2	2				
59	2	2				
60-64岁	**7**	**5**	**2**			
60						
61	1	1				
62	4	2	2			
63	1	1				
64	1	1				
65岁及以上	**6**	**5**	**1**			

单位：人

有配偶			离　婚			丧　偶		
小计	男	女	小计	男	女	小计	男	女
1047	**574**	**473**	**17**	**9**	**8**	**4**	**1**	**3**
1		**1**						
1		1						
138	**57**	**81**						
6		6						
13	6	7						
24	9	15						
26	15	11						
69	27	42						
401	**198**	**203**	**1**	**1**				
89	46	43						
84	39	45						
74	35	39						
84	39	45	1	1				
70	39	31						
235	**126**	**109**	**5**	**2**	**3**	**2**		**2**
58	30	28	1		1	1		1
68	37	31	1	1				
41	17	24	2	1	1	1		1
36	21	15						
32	21	11	1		1			
114	**77**	**37**	**4**	**3**	**1**			
33	20	13						
26	18	8						
20	13	7	1	1				
22	14	8	1	1				
13	12	1	2	1	1			
79	**56**	**23**	**4**	**1**	**3**			
19	16	3	1	1				
17	11	6						
16	12	4	2		2			
12	8	4						
15	9	6	1		1			
45	**32**	**13**	**2**	**1**	**1**			
9	5	4						
14	10	4						
12	8	4	2	1	1			
3	3							
7	6	1						
22	**19**	**3**	**1**	**1**		**1**		**1**
9	8	1	1	1				
4	2	2				1		1
5	5							
2	2							
2	2							
7	**5**	**2**						
1	1							
4	2	2						
1	1							
1	1							
5	**4**	**1**				**1**	**1**	

5-3b 续表 9

受教育程度 年龄	15岁及以上人口			未婚		
	合计	男	女	小计	男	女
博士研究生	**354**	**223**	**131**	**172**	**106**	**66**
15-19岁	**1**	**1**		**1**	**1**	
15						
16						
17						
18						
19	1	1		1	1	
20-24岁	**16**	**11**	**5**	**16**	**11**	**5**
20						
21						
22	3	2	1	3	2	1
23	4	3	1	4	3	1
24	9	6	3	9	6	3
25-29岁	**124**	**80**	**44**	**104**	**66**	**38**
25	21	11	10	20	11	9
26	21	12	9	20	11	9
27	23	14	9	20	13	7
28	32	22	10	25	17	8
29	27	21	6	19	14	5
30-34岁	**82**	**44**	**38**	**37**	**20**	**17**
30	29	16	13	15	10	5
31	19	8	11	8	3	5
32	11	5	6	3	1	2
33	10	6	4	6	4	2
34	13	9	4	5	2	3
35-39岁	**50**	**26**	**24**	**10**	**5**	**5**
35	13	5	8	4	2	2
36	12	8	4	2	1	1
37	11	4	7	2	2	
38	8	5	3	1		1
39	6	4	2	1		1
40-44岁	**36**	**29**	**7**	**3**	**2**	**1**
40	9	7	2	2	1	1
41	7	6	1			
42	7	6	1	1	1	
43	10	8	2			
44	3	2	1			
45-49岁	**14**	**8**	**6**			
45	4	2	2			
46	2	1	1			
47	5	3	2			
48	2	2				
49	1		1			
50-54岁	**12**	**8**	**4**	**1**	**1**	
50	1	1				
51	3	2	1	1	1	
52	2	1	1			
53	5	4	1			
54	1		1			
55-59岁	**11**	**8**	**3**			
55	5	3	2			
56	3	3				
57	3	2	1			
58						
59						
60-64岁	**3**	**3**				
60	2	2				
61						
62						
63	1	1				
64						
65岁及以上	**5**	**5**				

单位：人

有配偶			离婚			丧偶		
小计	男	女	小计	男	女	小计	男	女
177	**115**	**62**	**5**	**2**	**3**			
20	**14**	**6**						
1		1						
1	1							
3	1	2						
7	5	2						
8	7	1						
45	**24**	**21**						
14	6	8						
11	5	6						
8	4	4						
4	2	2						
8	7	1						
39	**21**	**18**	**1**		**1**			
9	3	6						
10	7	3						
8	2	6	1		1			
7	5	2						
5	4	1						
31	**26**	**5**	**2**	**1**	**1**			
6	5	1	1	1				
7	6	1						
6	5	1						
9	8	1	1		1			
3	2	1						
14	**8**	**6**						
4	2	2						
2	1	1						
5	3	2						
2	2							
1		1						
10	**6**	**4**	**1**	**1**				
1	1							
1		1	1	1				
2	1	1						
5	4	1						
1		1						
10	**8**	**2**	**1**		**1**			
5	3	2						
3	3							
2	2		1		1			
3	**3**							
2	2							
1	1							
5	**5**							

5-3c 全省分年龄、性别、受教育

受教育程度 年龄	15岁及以上人口			未婚		
	合计	男	女	小计	男	女
总计	**961559**	**499268**	**462291**	**131345**	**88920**	**42425**
15-19岁	**42863**	**23398**	**19465**	**42502**	**23340**	**19162**
15	10534	5709	4825	10531	5709	4822
16	9697	5277	4420	9675	5274	4401
17	7888	4324	3564	7838	4320	3518
18	7402	4015	3387	7311	3999	3312
19	7342	4073	3269	7147	4038	3109
20-24岁	**37132**	**20800**	**16332**	**30340**	**18747**	**11593**
20	7155	3996	3159	6772	3914	2858
21	6795	3776	3019	6078	3615	2463
22	7223	4020	3203	6062	3713	2349
23	7628	4306	3322	5836	3757	2079
24	8331	4702	3629	5592	3748	1844
25-29岁	**60718**	**33315**	**27403**	**24935**	**18226**	**6709**
25	10360	5813	4547	6103	4257	1846
26	10481	5839	4642	5294	3811	1483
27	11590	6301	5289	4788	3500	1288
28	12756	7014	5742	4414	3324	1090
29	15531	8348	7183	4336	3334	1002
30-34岁	**88781**	**47081**	**41700**	**13952**	**11080**	**2872**
30	19713	10472	9241	4406	3451	955
31	18674	9773	8901	3371	2686	685
32	17004	8984	8020	2537	2018	519
33	17712	9405	8307	2056	1654	402
34	15678	8447	7231	1582	1271	311
35-39岁	**75842**	**41007**	**34835**	**5401**	**4504**	**897**
35	15143	8178	6965	1355	1136	219
36	15737	8468	7269	1226	999	227
37	14819	8090	6729	1024	844	180
38	16636	8995	7641	1015	856	159
39	13507	7276	6231	781	669	112
40-44岁	**74767**	**39782**	**34985**	**2984**	**2575**	**409**
40	11536	6210	5326	554	461	93
41	14164	7568	6596	583	509	74
42	15456	8244	7212	629	546	83
43	15883	8446	7437	632	547	85
44	17728	9314	8414	586	512	74
45-49岁	**101899**	**52784**	**49115**	**2879**	**2578**	**301**
45	17532	9232	8300	577	510	67
46	19485	10162	9323	598	528	70
47	21141	10894	10247	579	526	53
48	21095	10860	10235	609	547	62
49	22646	11636	11010	516	467	49
50-54岁	**110564**	**57292**	**53272**	**2391**	**2181**	**210**
50	22480	11678	10802	518	466	52
51	21944	11384	10560	489	449	40
52	23897	12352	11545	503	457	46
53	20178	10504	9674	437	400	37
54	22065	11374	10691	444	409	35
55-59岁	**93251**	**47706**	**45545**	**1571**	**1468**	**103**
55	21968	11377	10591	429	392	37
56	19415	9969	9446	326	304	22
57	24446	12491	11955	399	377	22
58	18421	9395	9026	276	262	14
59	9001	4474	4527	141	133	8
60-64岁	**77866**	**40083**	**37783**	**1297**	**1248**	**49**
60	13729	7213	6516	243	235	8
61	13592	7065	6527	222	216	6
62	16440	8411	8029	257	245	12
63	18862	9731	9131	309	296	13
64	15243	7663	7580	266	256	10
65岁及以上	**197876**	**96020**	**101856**	**3093**	**2973**	**120**

程度、婚姻状况的人口(乡村)

单位：人

有配偶			离婚			丧偶		
小计	男	女	小计	男	女	小计	男	女
732443	**378504**	**353939**	**17267**	**12356**	**4911**	**80504**	**19488**	**61016**
358	**57**	**301**	**3**	**1**	**2**			
3		3						
22	3	19						
49	3	46	1	1				
91	16	75						
193	35	158	2		2			
6704	**2021**	**4683**	**82**	**32**	**50**	**6**		**6**
379	82	297	4		4			
707	158	549	8	3	5	2		2
1144	299	845	15	8	7	2		2
1775	544	1231	16	5	11	1		1
2699	938	1761	39	16	23	1		1
34970	**14713**	**20257**	**786**	**370**	**416**	**27**	**6**	**21**
4194	1534	2660	61	21	40	2	1	1
5091	1992	3099	92	35	57	4	1	3
6641	2726	3915	159	75	84	2		2
8146	3595	4551	191	95	96	5		5
10898	4866	6032	283	144	139	14	4	10
72159	**34403**	**37756**	**2531**	**1561**	**970**	**139**	**37**	**102**
14843	6763	8080	448	254	194	16	4	12
14787	6790	7997	488	288	200	28	9	19
13919	6638	7281	519	326	193	29	2	27
15067	7378	7689	555	359	196	34	14	20
13543	6834	6709	521	334	187	32	8	24
67341	**34498**	**32843**	**2822**	**1936**	**886**	**278**	**69**	**209**
13207	6685	6522	536	345	191	45	12	33
13862	7052	6810	596	399	197	53	18	35
13212	6855	6357	528	376	152	55	15	40
14896	7678	7218	650	445	205	75	16	59
12164	6228	5936	512	371	141	50	8	42
68644	**35236**	**33408**	**2563**	**1848**	**715**	**576**	**123**	**453**
10474	5431	5043	437	301	136	71	17	54
12990	6676	6314	508	364	144	83	19	64
14164	7289	6875	532	382	150	131	27	104
14598	7485	7113	523	390	133	130	24	106
16418	8355	8063	563	411	152	161	36	125
94543	**47842**	**46701**	**2709**	**1957**	**752**	**1768**	**407**	**1361**
16189	8277	7912	533	389	144	233	56	177
18093	9186	8907	553	393	160	241	55	186
19670	9888	9782	545	398	147	347	82	265
19516	9841	9675	554	383	171	416	89	327
21075	10650	10425	524	394	130	531	125	406
102325	**52584**	**49741**	**2190**	**1703**	**487**	**3658**	**824**	**2834**
20902	10706	10196	492	382	110	568	124	444
20346	10417	9929	488	377	111	621	141	480
22167	11368	10799	479	367	112	748	160	588
18595	9630	8965	363	279	84	783	195	588
20315	10463	9852	368	298	70	938	204	734
84958	**43830**	**41128**	**1472**	**1168**	**304**	**5250**	**1240**	**4010**
20127	10411	9716	396	314	82	1016	260	756
17776	9174	8602	324	261	63	989	230	759
22249	11472	10777	366	291	75	1432	351	1081
16711	8676	8035	269	202	67	1165	255	910
8095	4097	3998	117	100	17	648	144	504
68030	**36131**	**31899**	**883**	**742**	**141**	**7656**	**1962**	**5694**
12222	6572	5650	160	130	30	1104	276	828
11985	6385	5600	167	148	19	1218	316	902
14414	7621	6793	193	158	35	1576	387	1189
16371	8721	7650	210	180	30	1972	534	1438
13038	6832	6206	153	126	27	1786	449	1337
132411	**77189**	**55222**	**1226**	**1038**	**188**	**61146**	**14820**	**46326**

5-3c 续表 1

受教育程度 年　　龄	15岁及以上人口			未　　婚		
	合计	男	女	小计	男	女
未上过学	**59103**	**10925**	**48178**	**2586**	**2160**	**426**
15-19岁	**124**	**88**	**36**	**122**	**88**	**34**
15	25	16	9	25	16	9
16	24	17	7	24	17	7
17	27	22	5	26	22	4
18	24	16	8	24	16	8
19	24	17	7	23	17	6
20-24岁	**110**	**66**	**44**	**102**	**65**	**37**
20	20	12	8	20	12	8
21	19	14	5	19	14	5
22	23	15	8	22	15	7
23	20	9	11	16	8	8
24	28	16	12	25	16	9
25-29岁	**194**	**109**	**85**	**157**	**105**	**52**
25	40	20	20	35	19	16
26	35	23	12	32	22	10
27	30	16	14	25	16	9
28	44	20	24	28	20	8
29	45	30	15	37	28	9
30-34岁	**309**	**143**	**166**	**196**	**123**	**73**
30	52	26	26	37	21	16
31	68	32	36	46	30	16
32	64	28	36	40	23	17
33	72	35	37	39	30	9
34	53	22	31	34	19	15
35-39岁	**391**	**178**	**213**	**199**	**153**	**46**
35	65	26	39	32	21	11
36	62	28	34	32	23	9
37	84	44	40	49	37	12
38	90	40	50	44	35	9
39	90	40	50	42	37	5
40-44岁	**711**	**194**	**517**	**180**	**139**	**41**
40	82	26	56	27	19	8
41	115	28	87	29	19	10
42	150	48	102	47	37	10
43	153	43	110	38	32	6
44	211	49	162	39	32	7
45-49岁	**1652**	**317**	**1335**	**200**	**165**	**35**
45	213	57	156	41	35	6
46	249	41	208	30	21	9
47	354	70	284	50	41	9
48	389	60	329	39	33	6
49	447	89	358	40	35	5
50-54岁	**3245**	**546**	**2699**	**259**	**228**	**31**
50	498	101	397	58	50	8
51	623	110	513	54	48	6
52	671	98	573	47	38	9
53	640	104	536	49	44	5
54	813	133	680	51	48	3
55-59岁	**4561**	**649**	**3912**	**230**	**205**	**25**
55	898	142	756	67	56	11
56	876	128	748	43	40	3
57	1189	168	1021	65	57	8
58	1006	120	886	35	33	2
59	592	91	501	20	19	1
60-64岁	**7013**	**1110**	**5903**	**212**	**198**	**14**
60	951	152	799	34	32	2
61	1099	170	929	22	21	1
62	1537	215	1322	47	42	5
63	1803	284	1519	59	56	3
64	1623	289	1334	50	47	3
65岁及以上	**40793**	**7525**	**33268**	**729**	**691**	**38**

单位：人

有配偶			离婚			丧偶		
小计	男	女	小计	男	女	小计	男	女
32845	**6371**	**26474**	**336**	**208**	**128**	**23336**	**2186**	**21150**
2		**2**						
1		1						
1		1						
8	**1**	**7**						
1		1						
4	1	3						
3		3						
37	**4**	**33**						
5	1	4						
3	1	2						
5		5						
16		16						
8	2	6						
111	**20**	**91**	**1**		**1**	**1**		**1**
15	5	10						
22	2	20						
24	5	19						
32	5	27	1		1			
18	3	15				1		1
179	**21**	**158**	**11**	**4**	**7**	**2**		**2**
29	4	25	4	1	3			
29	4	25	1	1				
31	5	26	4	2	2			
45	5	40				1		1
45	3	42	2		2	1		1
498	**48**	**450**	**12**	**5**	**7**	**21**	**2**	**19**
52	6	46	2	1	1	1		1
80	8	72	3		3	3	1	2
94	9	85	4	2	2	5		5
111	10	101	2	1	1	2		2
161	15	146	1	1		10	1	9
1370	**131**	**1239**	**23**	**13**	**10**	**59**	**8**	**51**
166	19	147	1	1		5	2	3
207	15	192	5	4	1	7	1	6
293	26	267	2	1	1	9	2	7
330	23	307	5	2	3	15	2	13
374	48	326	10	5	5	23	1	22
2714	**277**	**2437**	**44**	**23**	**21**	**228**	**18**	**210**
415	45	370	6	3	3	19	3	16
518	53	465	13	6	7	38	3	35
564	52	512	6	3	3	54	5	49
541	50	491	9	8	1	41	2	39
676	77	599	10	3	7	76	5	71
3809	**396**	**3413**	**41**	**20**	**21**	**481**	**28**	**453**
728	74	654	11	5	6	92	7	85
743	79	664	9	5	4	81	4	77
992	97	895	11	6	5	121	8	113
850	78	772	8	3	5	113	6	107
496	68	428	2	1	1	74	3	71
5601	**820**	**4781**	**41**	**25**	**16**	**1159**	**67**	**1092**
766	109	657	6	4	2	145	7	138
908	135	773	5	3	2	164	11	153
1231	157	1074	8	5	3	251	11	240
1457	210	1247	8	4	4	279	14	265
1239	209	1030	14	9	5	320	24	296
18516	**4653**	**13863**	**163**	**118**	**45**	**21385**	**2063**	**19322**

5-3c 续表 2

受教育程度 / 年龄	15岁及以上人口			未婚		
	合计	男	女	小计	男	女
学前教育	**3527**	**855**	**2672**	**155**	**125**	**30**
15-19岁	**36**	**15**	**21**	**36**	**15**	**21**
15	10	3	7	10	3	7
16	11	4	7	11	4	7
17	8	5	3	8	5	3
18	2	1	1	2	1	1
19	5	2	3	5	2	3
20-24岁	**8**	**4**	**4**	**7**	**4**	**3**
20	1	1		1	1	
21						
22	1		1			
23	3	1	2	3	1	2
24	3	2	1	3	2	1
25-29岁	**23**	**17**	**6**	**16**	**13**	**3**
25	4	4		2	2	
26	2	2		2	2	
27	6	4	2	5	4	1
28	6	6		4	4	
29	5	1	4	3	1	2
30-34岁	**22**	**11**	**11**	**7**	**6**	**1**
30	7	4	3	3	3	
31	5	4	1	2	2	
32	3	1	2	1	1	
33	6	2	4	1		1
34	1		1			
35-39岁	**32**	**15**	**17**	**10**	**10**	
35	8	5	3	4	4	
36	6	2	4	1	1	
37	6	5	1	3	3	
38	8	3	5	2	2	
39	4		4			
40-44岁	**51**	**12**	**39**	**6**	**5**	**1**
40	10	3	7	2	2	
41	8	2	6	1	1	
42	13	3	10	2	1	1
43	10	2	8	1	1	
44	10	2	8			
45-49岁	**137**	**31**	**106**	**9**	**9**	
45	21	5	16	4	4	
46	28	8	20	1	1	
47	22	7	15	1	1	
48	29	5	24	2	2	
49	37	6	31	1	1	
50-54岁	**320**	**57**	**263**	**10**	**10**	
50	48	9	39	3	3	
51	59	11	48	1	1	
52	74	14	60	2	2	
53	60	10	50	3	3	
54	79	13	66	1	1	
55-59岁	**361**	**58**	**303**	**11**	**11**	
55	69	14	55	3	3	
56	71	13	58	3	3	
57	101	20	81	3	3	
58	76	7	69	2	2	
59	44	4	40			
60-64岁	**485**	**103**	**382**	**11**	**11**	
60	65	15	50	3	3	
61	81	17	64			
62	114	22	92	3	3	
63	131	34	97	3	3	
64	94	15	79	2	2	
65岁及以上	**2052**	**532**	**1520**	**32**	**31**	**1**

单位：人

有配偶			离　婚			丧　偶		
小计	男	女	小计	男	女	小计	男	女
2335	**576**	**1759**	**27**	**18**	**9**	**1010**	**136**	**874**
1		**1**						
1		1						
7	**4**	**3**						
2	2							
1		1						
2	2							
2		2						
14	**5**	**9**	**1**		**1**			
4	1	3						
2	2		1		1			
2		2						
5	2	3						
1		1						
21	**4**	**17**	**1**	**1**				
4	1	3						
4		4	1	1				
3	2	1						
6	1	5						
4		4						
44	**6**	**38**	**1**	**1**				
8	1	7						
7	1	6						
10	1	9	1	1				
9	1	8						
10	2	8						
120	**19**	**101**	**2**	**2**		**6**	**1**	**5**
16	1	15				1		1
26	6	20	1	1				
21	6	15						
24	2	22				3	1	2
33	4	29	1	1		2		2
287	**42**	**245**	**4**	**3**	**1**	**19**	**2**	**17**
44	6	38				1		1
54	10	44				4		4
69	11	58	1	1		2		2
52	5	47				5	2	3
68	10	58	3	2	1	7		7
309	**42**	**267**	**5**	**3**	**2**	**36**	**2**	**34**
56	9	47	2	1	1	8	1	7
62	10	52				6		6
86	14	72	3	2	1	9	1	8
67	5	62				7		7
38	4	34				6		6
413	**83**	**330**	**3**	**2**	**1**	**58**	**7**	**51**
55	11	44				7	1	6
70	15	55	1		1	10	2	8
98	18	80	1	1		12		12
112	28	84				16	3	13
78	11	67	1	1		13	1	12
1119	**371**	**748**	**10**	**6**	**4**	**891**	**124**	**767**

5-3c 续表 3

受教育程度 年　　龄	15岁及以上人口			未　　婚		
	合计	男	女	小计	男	女
小　学	**366154**	**159807**	**206347**	**10817**	**9751**	**1066**
15-19岁	**340**	**190**	**150**	**326**	**188**	**138**
15	55	31	24	53	31	22
16	64	30	34	63	30	33
17	65	34	31	63	33	30
18	80	41	39	75	40	35
19	76	54	22	72	54	18
20-24岁	**618**	**345**	**273**	**404**	**298**	**106**
20	74	47	27	59	45	14
21	124	68	56	95	64	31
22	129	65	64	88	57	31
23	136	71	65	77	63	14
24	155	94	61	85	69	16
25-29岁	**1816**	**853**	**963**	**662**	**517**	**145**
25	228	116	112	103	78	25
26	234	133	101	114	95	19
27	363	173	190	142	110	32
28	403	178	225	136	109	27
29	588	253	335	167	125	42
30-34岁	**4886**	**2025**	**2861**	**905**	**771**	**134**
30	776	325	451	200	178	22
31	881	347	534	168	142	26
32	964	412	552	181	150	31
33	1119	475	644	194	165	29
34	1146	466	680	162	136	26
35-39岁	**7838**	**2931**	**4907**	**802**	**700**	**102**
35	1189	451	738	155	131	24
36	1325	525	800	147	130	17
37	1443	603	840	160	141	19
38	1941	691	1250	193	168	25
39	1940	661	1279	147	130	17
40-44岁	**18909**	**6818**	**12091**	**973**	**872**	**101**
40	2082	723	1359	141	126	15
41	3001	1072	1929	176	161	15
42	3751	1308	2443	200	179	21
43	4519	1657	2862	214	189	25
44	5556	2058	3498	242	217	25
45-49岁	**40844**	**14731**	**26113**	**1366**	**1271**	**95**
45	6052	2183	3869	233	216	17
46	7284	2654	4630	282	262	20
47	8469	3018	5451	283	263	20
48	8905	3245	5660	303	283	20
49	10134	3631	6503	265	247	18
50-54岁	**58009**	**22439**	**35570**	**1386**	**1273**	**113**
50	10596	3909	6687	261	242	19
51	11218	4366	6852	290	263	27
52	12859	5019	7840	312	291	21
53	11075	4392	6683	251	230	21
54	12261	4753	7508	272	247	25
55-59岁	**53423**	**20940**	**32483**	**982**	**940**	**42**
55	12323	4796	7527	262	246	16
56	11125	4485	6640	210	201	9
57	13947	5445	8502	244	237	7
58	10650	4136	6514	177	169	8
59	5378	2078	3300	89	87	2
60-64岁	**51700**	**23557**	**28143**	**905**	**882**	**23**
60	8648	3750	4898	168	164	4
61	8847	4008	4839	163	160	3
62	10900	4992	5908	175	170	5
63	12726	5869	6857	216	209	7
64	10579	4938	5641	183	179	4
65岁及以上	**127771**	**64978**	**62793**	**2106**	**2039**	**67**

单位：人

有配偶			离 婚			丧 偶		
小计	男	女	小计	男	女	小计	男	女
302031	**133361**	**168670**	**5229**	**3954**	**1275**	**48077**	**12741**	**35336**
14	**2**	**12**						
2		2						
1		1						
2	1	1						
5	1	4						
4		4						
206	**42**	**164**	**7**	**5**	**2**	**1**		**1**
15	2	13						
26	3	23	2	1	1	1		1
38	6	32	3	2	1			
59	8	51						
68	23	45	2	2				
1115	**324**	**791**	**37**	**12**	**25**	**2**		**2**
123	38	85	2		2			
118	37	81	2	1	1			
213	63	150	8		8			
257	64	193	9	5	4	1		1
404	122	282	16	6	10	1		1
3832	**1174**	**2658**	**141**	**79**	**62**	**8**	**1**	**7**
565	143	422	11	4	7			
683	192	491	28	13	15	2		2
744	243	501	36	19	17	3		3
890	287	603	35	23	12			
950	309	641	31	20	11	3	1	2
6711	**2043**	**4668**	**271**	**180**	**91**	**54**	**8**	**46**
988	294	694	40	24	16	6	2	4
1117	369	748	55	25	30	6	1	5
1215	416	799	54	42	12	14	4	10
1670	476	1194	63	46	17	15	1	14
1721	488	1233	59	43	16	13		13
17145	**5507**	**11638**	**564**	**409**	**155**	**227**	**30**	**197**
1853	551	1302	66	42	24	22	4	18
2709	840	1869	85	63	22	31	8	23
3401	1048	2353	107	78	29	43	3	40
4109	1357	2752	134	103	31	62	8	54
5073	1711	3362	172	123	49	69	7	62
37547	**12663**	**24884**	**925**	**645**	**280**	**1006**	**152**	**854**
5541	1838	3703	159	109	50	119	20	99
6681	2242	4439	188	133	55	133	17	116
7815	2584	5231	186	134	52	185	37	148
8154	2800	5354	201	130	71	247	32	215
9356	3199	6157	191	139	52	322	46	276
53086	**19932**	**33154**	**1066**	**800**	**266**	**2471**	**434**	**2037**
9749	3456	6293	212	154	58	374	57	317
10278	3847	6431	241	183	58	409	73	336
11786	4466	7320	237	176	61	524	86	438
10107	3919	6188	182	130	52	535	113	422
11166	4244	6922	194	157	37	629	105	524
48027	**18720**	**29307**	**804**	**629**	**175**	**3610**	**651**	**2959**
11170	4251	6919	210	163	47	681	136	545
10069	4035	6034	175	139	36	671	110	561
12515	4868	7647	195	154	41	993	186	807
9501	3703	5798	160	120	40	812	144	668
4772	1863	2909	64	53	11	453	75	378
44695	**20876**	**23819**	**579**	**483**	**96**	**5521**	**1316**	**4205**
7611	3338	4273	95	74	21	774	174	600
7705	3555	4150	97	86	11	882	207	675
9448	4453	4995	135	108	27	1142	261	881
10905	5162	5743	150	128	22	1455	370	1085
9026	4368	4658	102	87	15	1268	304	964
89653	**52078**	**37575**	**835**	**712**	**123**	**35177**	**10149**	**25028**

5-3c 续表 4

受教育程度 年 龄	15岁及以上人口			未 婚		
	合计	男	女	小计	男	女
初 中	**363456**	**224067**	**139389**	**46528**	**34991**	**11537**
15-19岁	**13382**	**7739**	**5643**	**13108**	**7695**	**5413**
15	5754	3232	2522	5753	3232	2521
16	2774	1559	1215	2756	1557	1199
17	1682	989	693	1641	986	655
18	1526	914	612	1456	902	554
19	1646	1045	601	1502	1018	484
20-24岁	**12979**	**7906**	**5073**	**8826**	**6607**	**2219**
20	1876	1194	682	1605	1132	473
21	2126	1337	789	1664	1228	436
22	2546	1574	972	1794	1359	435
23	2904	1740	1164	1861	1407	454
24	3527	2061	1466	1902	1481	421
25-29岁	**30420**	**16935**	**13485**	**10340**	**8412**	**1928**
25	4656	2655	2001	2232	1754	478
26	5065	2908	2157	2106	1717	389
27	5863	3259	2604	2059	1666	393
28	6477	3595	2882	1875	1555	320
29	8359	4518	3841	2068	1720	348
30-34岁	**53384**	**27891**	**25493**	**7305**	**6159**	**1146**
30	10920	5745	5175	2161	1800	361
31	10884	5655	5229	1763	1506	257
32	10301	5347	4954	1341	1144	197
33	11206	5830	5376	1156	972	184
34	10073	5314	4759	884	737	147
35-39岁	**51293**	**27776**	**23517**	**3117**	**2686**	**431**
35	10047	5380	4667	778	678	100
36	10801	5760	5041	740	626	114
37	10091	5446	4645	569	486	83
38	11276	6173	5103	576	508	68
39	9078	5017	4061	454	388	66
40-44岁	**45124**	**25902**	**19222**	**1486**	**1306**	**180**
40	7378	4125	3253	297	253	44
41	8866	5003	3863	298	266	32
42	9443	5450	3993	316	284	32
43	9361	5434	3927	317	280	37
44	10076	5890	4186	258	223	35
45-49岁	**51465**	**31906**	**19559**	**1133**	**1001**	**132**
45	9623	5802	3821	259	227	32
46	10338	6304	4034	245	212	33
47	10824	6709	4115	220	201	19
48	10270	6420	3850	231	204	27
49	10410	6671	3739	178	157	21
50-54岁	**42234**	**28887**	**13347**	**620**	**577**	**43**
50	9832	6498	3334	174	157	17
51	8634	5780	2854	120	115	5
52	8913	6131	2782	116	106	10
53	7290	5103	2187	113	106	7
54	7565	5375	2190	97	93	4
55-59岁	**27506**	**19920**	**7586**	**275**	**248**	**27**
55	7267	5256	2011	82	73	9
56	5987	4249	1738	57	49	8
57	7068	5074	1994	66	60	6
58	5038	3750	1288	46	44	2
59	2146	1591	555	24	22	2
60-64岁	**13770**	**11013**	**2757**	**130**	**122**	**8**
60	2881	2287	594	30	29	1
61	2595	2022	573	29	27	2
62	2897	2321	576	23	22	1
63	3151	2595	556	25	22	3
64	2246	1788	458	23	22	1
65岁及以上	**21899**	**18192**	**3707**	**188**	**178**	**10**

单位：人

有配偶			离婚			丧偶		
小计	男	女	小计	男	女	小计	男	女
300947	**178877**	**122070**	**9205**	**6593**	**2612**	**6776**	**3606**	**3170**
271	**43**	**228**	**3**	**1**	**2**			
1		1						
18	2	16						
40	2	38	1	1				
70	12	58						
142	27	115	2		2			
4091	**1276**	**2815**	**59**	**23**	**36**	**3**		**3**
268	62	206	3		3			
457	107	350	5	2	3			
740	210	530	10	5	5	2		2
1031	329	702	12	4	8			
1595	568	1027	29	12	17	1		1
19525	**8245**	**11280**	**538**	**275**	**263**	**17**	**3**	**14**
2378	882	1496	45	19	26	1		1
2887	1163	1724	70	28	42	2		2
3695	1535	2160	107	58	49	2		2
4480	1980	2500	120	60	60	2		2
6085	2685	3400	196	110	86	10	3	7
44258	**20609**	**23649**	**1727**	**1095**	**632**	**94**	**28**	**66**
8444	3771	4673	302	171	131	13	3	10
8769	3929	4840	329	212	117	23	8	15
8592	3975	4617	353	227	126	15	1	14
9647	4600	5047	379	247	132	24	11	13
8806	4334	4472	364	238	126	19	5	14
45976	**23629**	**22347**	**2011**	**1409**	**602**	**189**	**52**	**137**
8857	4440	4417	378	253	125	34	9	25
9597	4823	4774	425	298	127	39	13	26
9122	4690	4432	363	260	103	37	10	27
10170	5319	4851	482	333	149	48	13	35
8230	4357	3873	363	265	98	31	7	24
41737	**23332**	**18405**	**1617**	**1185**	**432**	**284**	**79**	**205**
6748	3650	3098	291	210	81	42	12	30
8176	4476	3700	348	251	97	44	10	34
8723	4902	3821	334	242	92	70	22	48
8659	4897	3762	325	243	82	60	14	46
9431	5407	4024	319	239	80	68	21	47
48174	**29552**	**18622**	**1515**	**1129**	**386**	**643**	**224**	**419**
8949	5302	3647	318	245	73	97	28	69
9697	5837	3860	304	221	83	92	34	58
10151	6241	3910	314	229	85	139	38	101
9577	5934	3643	316	230	86	146	52	94
9800	6238	3562	263	204	59	169	72	97
39854	**27228**	**12626**	**890**	**739**	**151**	**870**	**343**	**527**
9276	6099	3177	229	190	39	153	52	101
8155	5443	2712	197	158	39	162	64	98
8451	5804	2647	191	156	35	155	65	90
6845	4803	2042	141	121	20	191	73	118
7127	5079	2048	132	114	18	209	89	120
25808	**18810**	**6998**	**474**	**397**	**77**	**949**	**465**	**484**
6835	4958	1877	141	119	22	209	106	103
5616	4004	1612	111	96	15	203	100	103
6625	4796	1829	113	90	23	264	128	136
4736	3571	1165	72	57	15	184	78	106
1996	1481	515	37	35	2	89	53	36
12720	**10275**	**2445**	**196**	**177**	**19**	**724**	**439**	**285**
2673	2148	525	42	39	3	136	71	65
2395	1878	517	48	44	4	123	73	50
2702	2178	524	38	36	2	134	85	49
2906	2420	486	40	37	3	180	116	64
2044	1651	393	28	21	7	151	94	57
18533	**15878**	**2655**	**175**	**163**	**12**	**3003**	**1973**	**1030**

5-3c 续表 5

受教育程度 年　　龄	15岁及以上人口			未　　婚		
	合计	男	女	小计	男	女
高　中	**106871**	**68676**	**38195**	**39745**	**24687**	**15058**
15-19岁	**21785**	**11767**	**10018**	**21725**	**11755**	**9970**
15	4557	2354	2203	4557	2354	2203
16	6553	3502	3051	6550	3501	3049
17	5626	3020	2606	5620	3020	2600
18	3055	1728	1327	3040	1725	1315
19	1994	1163	831	1958	1155	803
20-24岁	**9126**	**5424**	**3702**	**7545**	**4927**	**2618**
20	1834	1088	746	1754	1072	682
21	1612	953	659	1443	910	533
22	1768	1022	746	1515	957	558
23	1870	1129	741	1418	984	434
24	2042	1232	810	1415	1004	411
25-29岁	**14188**	**8156**	**6032**	**6051**	**4516**	**1535**
25	2563	1510	1053	1522	1116	406
26	2534	1444	1090	1306	965	341
27	2601	1499	1102	1117	835	282
28	3021	1767	1254	1110	817	293
29	3469	1936	1533	996	783	213
30-34岁	**17564**	**10098**	**7466**	**3057**	**2399**	**658**
30	4465	2522	1943	1056	830	226
31	3940	2223	1717	783	618	165
32	3371	1908	1463	573	438	135
33	3180	1838	1342	360	286	74
34	2608	1607	1001	285	227	58
35-39岁	**10467**	**6443**	**4024**	**777**	**608**	**169**
35	2310	1378	932	238	194	44
36	2214	1329	885	178	132	46
37	2094	1286	808	156	118	38
38	2206	1368	838	116	90	26
39	1643	1082	561	89	74	15
40-44岁	**6989**	**4786**	**2203**	**238**	**185**	**53**
40	1361	912	449	63	47	16
41	1524	1013	511	54	44	10
42	1466	996	470	46	31	15
43	1291	913	378	42	34	8
44	1347	952	395	33	29	4
45-49岁	**5775**	**4245**	**1530**	**119**	**96**	**23**
45	1174	851	323	26	19	7
46	1144	813	331	28	22	6
47	1102	811	291	19	18	1
48	1142	855	287	23	18	5
49	1213	915	298	23	19	4
50-54岁	**5381**	**4312**	**1069**	**95**	**75**	**20**
50	1163	905	258	17	10	7
51	1109	882	227	20	18	2
52	1083	870	213	22	17	5
53	894	723	171	16	13	3
54	1132	932	200	20	17	3
55-59岁	**6631**	**5498**	**1133**	**65**	**59**	**6**
55	1220	1013	207	14	13	1
56	1226	987	239	10	10	
57	1920	1588	332	19	18	1
58	1486	1250	236	14	13	1
59	779	660	119	8	5	3
60-64岁	**4483**	**3952**	**531**	**38**	**35**	**3**
60	1077	919	158	8	7	1
61	905	792	113	8	8	
62	914	800	114	8	8	
63	959	871	88	6	6	
64	628	570	58	8	6	2
65岁及以上	**4482**	**3995**	**487**	**35**	**32**	**3**

单位：人

有配偶			离　婚			丧　偶		
小计	男	女	小计	男	女	小计	男	女
64192	**42064**	**22128**	**1816**	**1221**	**595**	**1118**	**704**	**414**
60	**12**	**48**						
3	1	2						
6		6						
15	3	12						
36	8	28						
1566	**495**	**1071**	**13**	**2**	**11**	**2**		**2**
79	16	63	1		1			
167	43	124	1		1	1		1
252	65	187	1		1			
447	144	303	4	1	3	1		1
621	227	394	6	1	5			
7990	**3574**	**4416**	**141**	**63**	**78**	**6**	**3**	**3**
1029	391	638	11	2	9	1	1	
1213	475	738	14	3	11	1	1	
1453	650	803	31	14	17			
1869	926	943	41	24	17	1		1
2426	1132	1294	44	20	24	3	1	2
14022	**7408**	**6614**	**457**	**283**	**174**	**28**	**8**	**20**
3311	1634	1677	95	57	38	3	1	2
3061	1553	1508	94	51	43	2	1	1
2700	1416	1284	89	53	36	9	1	8
2712	1483	1229	99	66	33	9	3	6
2238	1322	916	80	56	24	5	2	3
9291	**5577**	**3714**	**371**	**250**	**121**	**28**	**8**	**20**
1996	1141	855	72	42	30	4	1	3
1946	1135	811	83	58	25	7	4	3
1858	1113	745	77	54	23	3	1	2
2006	1228	778	75	49	26	9	1	8
1485	960	525	64	47	17	5	1	4
6446	**4409**	**2037**	**272**	**182**	**90**	**33**	**10**	**23**
1236	828	408	59	36	23	3	1	2
1414	931	483	53	38	15	3		3
1345	918	427	64	45	19	11	2	9
1197	845	352	46	32	14	6	2	4
1254	887	367	50	31	19	10	5	5
5430	**4004**	**1426**	**186**	**129**	**57**	**40**	**16**	**24**
1101	804	297	41	25	16	6	3	3
1070	764	306	38	24	14	8	3	5
1040	763	277	31	25	6	12	5	7
1086	816	270	29	20	9	4	1	3
1133	857	276	47	35	12	10	4	6
5077	**4094**	**983**	**148**	**119**	**29**	**61**	**24**	**37**
1095	856	239	33	29	4	18	10	8
1050	835	215	33	28	5	6	1	5
1014	821	193	36	28	8	11	4	7
841	686	155	26	19	7	11	5	6
1077	896	181	20	15	5	15	4	11
6276	**5247**	**1029**	**130**	**106**	**24**	**160**	**86**	**74**
1151	967	184	30	24	6	25	9	16
1165	945	220	25	18	7	26	14	12
1820	1509	311	40	36	4	41	25	16
1406	1193	213	23	19	4	43	25	18
734	633	101	12	9	3	25	13	12
4207	**3743**	**464**	**59**	**52**	**7**	**179**	**122**	**57**
1015	880	135	16	12	4	38	20	18
844	747	97	15	15		38	22	16
862	756	106	10	8	2	34	28	6
903	826	77	11	10	1	39	29	10
583	534	49	7	7		30	23	7
3827	**3501**	**326**	**39**	**35**	**4**	**581**	**427**	**154**

5-3c 续表 6

受教育程度 年龄	15岁及以上人口			未婚		
	合计	男	女	小计	男	女
大学专科	**38733**	**22079**	**16654**	**18070**	**10365**	**7705**
15-19岁	**4574**	**2417**	**2157**	**4564**	**2417**	**2147**
15	123	66	57	123	66	57
16	258	159	99	258	159	99
17	359	200	159	359	200	159
18	1583	808	775	1582	808	774
19	2251	1184	1067	2242	1184	1058
20-24岁	**8099**	**4155**	**3944**	**7453**	**4000**	**3453**
20	2044	1081	963	2029	1079	950
21	1629	830	799	1577	825	752
22	1492	737	755	1396	720	676
23	1467	757	710	1275	708	567
24	1467	750	717	1176	668	508
25-29岁	**8296**	**4250**	**4046**	**4192**	**2654**	**1538**
25	1692	880	812	1219	730	489
26	1526	785	741	938	581	357
27	1569	777	792	745	478	267
28	1670	857	813	680	458	222
29	1839	951	888	610	407	203
30-34岁	**7976**	**4329**	**3647**	**1466**	**1015**	**451**
30	2180	1152	1028	548	391	157
31	1831	944	887	369	240	129
32	1448	826	622	240	167	73
33	1385	773	612	171	115	56
34	1132	634	498	138	102	36
35-39岁	**3811**	**2338**	**1473**	**283**	**197**	**86**
35	980	591	389	88	62	26
36	852	502	350	69	45	24
37	715	446	269	50	36	14
38	749	477	272	45	27	18
39	515	322	193	31	27	4
40-44岁	**2043**	**1424**	**619**	**55**	**38**	**17**
40	439	301	138	13	10	3
41	448	306	142	14	8	6
42	441	306	135	9	7	2
43	364	263	101	11	7	4
44	351	248	103	8	6	2
45-49岁	**1369**	**1051**	**318**	**34**	**25**	**9**
45	305	229	76	7	5	2
46	275	213	62	8	7	1
47	245	187	58	3		3
48	261	198	63	9	7	2
49	283	224	59	7	6	1
50-54岁	**947**	**714**	**233**	**15**	**14**	**1**
50	231	168	63	5	4	1
51	207	157	50	4	4	
52	206	153	53	1	1	
53	153	122	31	3	3	
54	150	114	36	2	2	
55-59岁	**570**	**467**	**103**	**5**	**4**	**1**
55	127	103	24	1	1	
56	97	78	19	2	1	1
57	164	146	18	1	1	
58	136	105	31	1	1	
59	46	35	11			
60-64岁	**348**	**294**	**54**	**1**		**1**
60	90	75	15			
61	50	45	5			
62	61	49	12	1		1
63	82	69	13			
64	65	56	9			
65岁及以上	**700**	**640**	**60**	**2**	**1**	**1**

单位：人

有配偶			离　婚			丧　偶		
小计	男	女	小计	男	女	小计	男	女
20046	**11364**	**8682**	**484**	**265**	**219**	**133**	**85**	**48**
10		**10**						
1		1						
9		9						
644	**154**	**490**	**2**	**1**	**1**			
15	2	13						
52	5	47						
96	17	79						
192	49	143						
289	81	208	2	1	1			
4050	**1581**	**2469**	**53**	**15**	**38**	**1**		**1**
470	150	320	3		3			
583	202	381	5	2	3			
814	297	517	10	2	8			
975	394	581	14	5	9	1		1
1208	538	670	21	6	15			
6356	**3236**	**3120**	**149**	**78**	**71**	**5**		**5**
1603	746	857	29	15	14			
1440	695	745	21	9	12	1		1
1173	636	537	34	23	11	1		1
1181	640	541	33	18	15			
959	519	440	32	13	19	3		3
3401	**2069**	**1332**	**124**	**71**	**53**	**3**	**1**	**2**
855	508	347	36	21	15	1		1
758	445	313	25	12	13			
643	398	245	21	12	9	1		1
678	435	243	25	14	11	1	1	
467	283	184	17	12	5			
1917	**1342**	**575**	**64**	**43**	**21**	**7**	**1**	**6**
413	283	130	12	8	4	1		1
421	291	130	11	7	4	2		2
413	288	125	18	11	7	1		1
344	251	93	9	5	4			
326	229	97	14	12	2	3	1	2
1285	**996**	**289**	**42**	**27**	**15**	**8**	**3**	**5**
285	215	70	11	7	4	2	2	
255	201	54	11	5	6	1		1
232	181	51	8	6	2	2		2
250	190	60	2	1	1			
263	209	54	10	8	2	3	1	2
900	**685**	**215**	**28**	**13**	**15**	**4**	**2**	**2**
214	158	56	10	5	5	2	1	1
201	152	49	2	1	1			
198	151	47	6	1	5	1		1
147	118	29	3	1	2			
140	106	34	7	5	2	1	1	
538	**447**	**91**	**16**	**11**	**5**	**11**	**5**	**6**
123	99	24	2	2		1	1	
89	72	17	4	3	1	2	2	
158	142	16	3	2	1	2	1	1
124	100	24	6	3	3	5	1	4
44	34	10	1	1		1		1
333	**283**	**50**	**3**	**3**		**11**	**8**	**3**
85	71	14	1	1		4	3	1
50	45	5						
59	48	11				1	1	
78	66	12	1	1		3	2	1
61	53	8	1	1		3	2	1
612	**571**	**41**	**3**	**3**		**83**	**65**	**18**

5-3c 续表 7

受教育程度 年龄	15岁及以上人口			未婚		
	合计	男	女	小计	男	女
大学本科	**22462**	**12167**	**10295**	**12600**	**6398**	**6202**
15-19岁	**2619**	**1181**	**1438**	**2618**	**1181**	**1437**
15	10	7	3	10	7	3
16	13	6	7	13	6	7
17	121	54	67	121	54	67
18	1130	506	624	1130	506	624
19	1345	608	737	1344	608	736
20-24岁	**5841**	**2728**	**3113**	**5654**	**2675**	**2979**
20	1304	573	731	1302	573	729
21	1271	566	705	1266	566	700
22	1178	563	615	1161	561	600
23	1104	542	562	1063	530	533
24	984	484	500	862	445	417
25-29岁	**5338**	**2755**	**2583**	**3138**	**1799**	**1339**
25	1050	559	491	866	491	375
26	1003	501	502	720	389	331
27	1076	534	542	625	354	271
28	1066	549	517	522	324	198
29	1143	612	531	405	241	164
30-34岁	**4393**	**2446**	**1947**	**925**	**558**	**367**
30	1241	658	583	363	211	152
31	998	532	466	214	132	82
32	808	437	371	146	87	59
33	711	436	275	125	80	45
34	635	383	252	77	48	29
35-39岁	**1892**	**1255**	**637**	**196**	**142**	**54**
35	511	331	180	57	45	12
36	450	301	149	53	38	15
37	372	252	120	36	22	14
38	341	232	109	34	25	9
39	218	139	79	16	12	4
40-44岁	**910**	**623**	**287**	**41**	**26**	**15**
40	171	110	61	9	3	6
41	197	139	58	9	8	1
42	185	128	57	9	7	2
43	183	133	50	9	4	5
44	174	113	61	5	4	1
45-49岁	**639**	**490**	**149**	**18**	**11**	**7**
45	140	102	38	7	4	3
46	164	126	38	4	3	1
47	124	91	33	3	2	1
48	93	72	21	2		2
49	118	99	19	2	2	
50-54岁	**411**	**324**	**87**	**6**	**4**	**2**
50	109	86	23			
51	90	74	16			
52	88	64	24	3	2	1
53	64	49	15	2	1	1
54	60	51	9	1	1	
55-59岁	**189**	**166**	**23**	**3**	**1**	**2**
55	60	50	10			
56	31	27	4	1		1
57	54	48	6	1	1	
58	29	27	2	1		1
59	15	14	1			
60-64岁	**64**	**52**	**12**			
60	16	14	2			
61	15	11	4			
62	15	11	4			
63	10	9	1			
64	8	7	1			
65岁及以上	**166**	**147**	**19**	**1**	**1**	

单位：人

有配偶			离　婚			丧　偶		
小计	男	女	小计	男	女	小计	男	女
9650	**5650**	**4000**	**160**	**90**	**70**	**52**	**29**	**23**
1		**1**						
1		1						
186	**52**	**134**	**1**	**1**				
2		2						
5		5						
16	1	15	1	1				
41	12	29						
122	39	83						
2182	**951**	**1231**	**17**	**5**	**12**	**1**		**1**
184	68	116						
281	111	170	1	1		1		1
448	179	269	3	1	2			
537	224	313	7	1	6			
732	369	363	6	2	4			
3414	**1864**	**1550**	**51**	**24**	**27**	**3**		**3**
868	440	428	10	7	3			
770	397	373	14	3	11			
655	347	308	6	3	3	1		1
577	351	226	8	5	3	1		1
544	329	215	13	6	7	1		1
1663	**1093**	**570**	**31**	**20**	**11**	**2**		**2**
448	282	166	6	4	2			
390	259	131	6	4	2	1		1
327	224	103	9	6	3			
302	204	98	4	3	1	1		1
196	124	72	6	3	3			
833	**574**	**259**	**32**	**22**	**10**	**4**	**1**	**3**
153	103	50	7	4	3	2		2
180	126	54	8	5	3			
171	118	53	4	3	1	1		1
167	123	44	7	6	1			
162	104	58	6	4	2	1	1	
601	**466**	**135**	**14**	**10**	**4**	**6**	**3**	**3**
127	95	32	3	2	1	3	1	2
155	119	36	5	4	1			
117	86	31	4	3	1			
89	71	18	1		1	1	1	
113	95	18	1	1		2	1	1
392	**314**	**78**	**9**	**5**	**4**	**4**	**1**	**3**
106	84	22	2	1	1	1	1	
86	73	13	2	1	1	2		2
83	61	22	1	1		1		1
60	48	12	2		2			
57	48	9	2	2				
182	**161**	**21**	**2**	**2**		**2**	**2**	
60	50	10						
30	27	3						
51	45	6	1	1		1	1	
27	26	1				1	1	
14	13	1	1	1				
58	**49**	**9**	**2**		**2**	**4**	**3**	**1**
16	14	2						
13	10	3	1		1	1	1	
12	10	2	1		1	2	1	1
10	9	1						
7	6	1				1	1	
138	**126**	**12**	**1**	**1**		**26**	**19**	**7**

5-3c 续表 8

受教育程度 年 龄	15岁及以上人口			未 婚		
	合计	男	女	小计	男	女
硕士研究生	**1003**	**540**	**463**	**676**	**343**	**333**
15-19岁	**3**	**1**	**2**	**3**	**1**	**2**
15						
16						
17						
18	2	1	1	2	1	1
19	1		1	1		1
20-24岁	**333**	**163**	**170**	**332**	**162**	**170**
20	2		2	2		2
21	13	8	5	13	8	5
22	84	44	40	84	44	40
23	119	55	64	118	54	64
24	115	56	59	115	56	59
25-29岁	**322**	**161**	**161**	**273**	**138**	**135**
25	104	50	54	103	50	53
26	63	34	29	58	31	27
27	56	23	33	46	21	25
28	42	23	19	35	20	15
29	57	31	26	31	16	15
30-34岁	**182**	**105**	**77**	**54**	**33**	**21**
30	48	29	19	19	10	9
31	48	28	20	19	13	6
32	33	17	16	8	4	4
33	25	12	13	7	5	2
34	28	19	9	1	1	
35-39岁	**91**	**56**	**35**	**10**	**5**	**5**
35	28	13	15	1		1
36	21	16	5	3	2	1
37	11	8	3	1	1	
38	19	8	11	4	1	3
39	12	11	1	1	1	
40-44岁	**25**	**19**	**6**	**4**	**4**	
40	10	8	2	1	1	
41	5	5		2	2	
42	6	4	2			
43	1		1			
44	3	2	1	1	1	
45-49岁	**13**	**8**	**5**			
45	3	2	1			
46	2	2				
47						
48	5	4	1			
49	3		3			
50-54岁	**12**	**8**	**4**			
50	2	1	1			
51	3	3				
52	2	2				
53	2	1	1			
54	3	1	2			
55-59岁	**9**	**8**	**1**			
55	3	3				
56	2	2				
57	3	2	1			
58						
59	1	1				
60-64岁	**3**	**2**	**1**			
60	1	1				
61						
62	2	1	1			
63						
64						
65岁及以上	**10**	**9**	**1**			

单位：人

有配偶			离婚			丧偶		
小计	男	女	小计	男	女	小计	男	女
318	**192**	**126**	**7**	**4**	**3**	**2**	**1**	**1**
1	**1**							
1	1							
49	**23**	**26**						
1		1						
5	3	2						
10	2	8						
7	3	4						
26	15	11						
124	**70**	**54**	**4**	**2**	**2**			
28	19	9	1		1			
28	15	13	1		1			
24	12	12	1	1				
18	7	11						
26	17	9	1	1				
80	**51**	**29**	**1**		**1**			
27	13	14						
18	14	4						
10	7	3						
14	7	7	1		1			
11	10	1						
20	**14**	**6**	**1**	**1**				
9	7	2						
3	3							
6	4	2						
1		1						
1		1	1	1				
12	**7**	**5**	**1**	**1**				
3	2	1						
1	1		1	1				
5	4	1						
3		3						
11	**8**	**3**				**1**		**1**
2	1	1						
3	3							
2	2							
2	1	1						
2	1	1				1		1
8	**7**	**1**				**1**	**1**	
3	3							
2	2							
2	1	1				1	1	
1	1							
3	**2**	**1**						
1	1							
2	1	1						
10	**9**	**1**						

5-3c 续表 9

受教育程度 年 龄	15岁及以上人口			未 婚		
	合计	男	女	小计	男	女
博士研究生	**250**	**152**	**98**	**168**	**100**	**68**
15-19岁						
15						
16						
17						
18						
19						
20-24岁	**18**	**9**	**9**	**17**	**9**	**8**
20						
21	1		1	1		1
22	2		2	2		2
23	5	2	3	5	2	3
24	10	7	3	9	7	2
25-29岁	**121**	**79**	**42**	**106**	**72**	**34**
25	23	19	4	21	17	4
26	19	9	10	18	9	9
27	26	16	10	24	16	8
28	27	19	8	24	17	7
29	26	16	10	19	13	6
30-34岁	**65**	**33**	**32**	**37**	**16**	**21**
30	24	11	13	19	7	12
31	19	8	11	7	3	4
32	12	8	4	7	4	3
33	8	4	4	3	1	2
34	2	2		1	1	
35-39岁	**27**	**15**	**12**	**7**	**3**	**4**
35	5	3	2	2	1	1
36	6	5	1	3	2	1
37	3		3			
38	6	3	3	1		1
39	7	4	3	1		1
40-44岁	**5**	**4**	**1**	**1**		**1**
40	3	2	1	1		1
41						
42	1	1				
43	1	1				
44						
45-49岁	**5**	**5**				
45	1	1				
46	1	1				
47	1	1				
48	1	1				
49	1	1				
50-54岁	**5**	**5**				
50	1	1				
51	1	1				
52	1	1				
53						
54	2	2				
55-59岁	**1**		**1**			
55	1		1			
56						
57						
58						
59						
60-64岁						
60						
61						
62						
63						
64						
65岁及以上	**3**	**2**	**1**			

单位：人

有配偶			离婚			丧偶		
小计	男	女	小计	男	女	小计	男	女
79	**49**	**30**	**3**	**3**				
1		**1**						
1		1						
15	**7**	**8**						
2	2							
1		1						
2		2						
3	2	1						
7	3	4						
28	**17**	**11**						
5	4	1						
12	5	7						
5	4	1						
5	3	2						
1	1							
19	**11**	**8**	**1**	**1**				
3	2	1						
3	3							
3		3						
5	3	2						
5	3	2	1	1				
4	**4**							
2	2							
1	1							
1	1							
4	**4**		**1**	**1**				
1	1							
1	1							
1	1							
1	1							
			1	1				
4	**4**		**1**	**1**				
1	1							
1	1							
			1	1				
2	2							
1		**1**						
1		1						
3	**2**	**1**						

5-4 全省分初婚年龄、性别、初婚年份的人口

单位：人

初婚年龄	初婚年份								
	合　计			1980年			1981年		
	合计	男	女	小计	男	女	小计	男	女
总　计	**2147416**	**1078636**	**1068780**	**47541**	**22870**	**24671**	**40369**	**19308**	**21061**
15岁以下	**2063**	**373**	**1690**	**131**	**19**	**112**	**88**	**14**	**74**
15-19岁	**239663**	**59616**	**180047**	**8783**	**1578**	**7205**	**8780**	**1677**	**7103**
15	9725	1911	7814	594	93	501	394	51	343
16	19701	3807	15894	1214	167	1047	823	131	692
17	37409	8089	29320	2355	379	1976	1631	252	1379
18	64334	15973	48361	2199	420	1779	3123	593	2530
19	108494	29836	78658	2421	519	1902	2809	650	2159
20-24岁	**1090621**	**491919**	**598702**	**25696**	**11857**	**13839**	**20711**	**9718**	**10993**
20	165780	48215	117565	4014	1165	2849	2780	781	1999
21	203895	77667	126228	4888	1880	3008	4036	1494	2542
22	250763	120194	130569	6385	2923	3462	4459	2023	2436
23	244423	122483	121940	5800	3073	2727	5118	2734	2384
24	225760	123360	102400	4609	2816	1793	4318	2686	1632
25-29岁	**625665**	**397198**	**228467**	**11057**	**7908**	**3149**	**9387**	**6761**	**2626**
25	198573	117359	81214	4125	2750	1375	3256	2162	1094
26	157669	98343	59326	2868	2059	809	2650	1922	728
27	119531	78565	40966	1933	1442	491	1672	1248	424
28	87424	59445	27979	1277	993	284	1087	860	227
29	62468	43486	18982	854	664	190	722	569	153
30-34岁	**131338**	**91210**	**40128**	**1534**	**1261**	**273**	**1184**	**964**	**220**
30	44295	30883	13412	642	518	124	440	357	83
31	31825	22156	9669	387	320	67	329	267	62
32	23608	16396	7212	261	215	46	198	153	45
33	17767	12322	5445	152	127	25	135	119	16
34	13843	9453	4390	92	81	11	82	68	14
35-39岁	**34693**	**23705**	**10988**	**243**	**188**	**55**	**164**	**138**	**26**
35	10629	7265	3364	78	58	20	62	52	10
36	7998	5479	2519	56	44	12	36	30	6
37	6527	4543	1984	43	38	5	27	24	3
38	5200	3513	1687	45	34	11	24	21	3
39	4339	2905	1434	21	14	7	15	11	4
40-44岁	**12792**	**8413**	**4379**	**67**	**47**	**20**	**35**	**27**	**8**
40	3477	2293	1184	20	17	3	15	15	
41	2953	1950	1003	20	10	10	7	5	2
42	2487	1633	854	13	9	4	5	3	2
43	2093	1372	721	7	5	2	5	3	2
44	1782	1165	617	7	6	1	3	1	2
45-49岁	**5478**	**3509**	**1969**	**21**	**9**	**12**	**17**	**8**	**9**
45	1519	1026	493	5	2	3	8	3	5
46	1222	775	447	6	5	1	3	1	2
47	1087	699	388	2		2	4	2	2
48	853	521	332	6	1	5	1	1	
49	797	488	309	2	1	1	1	1	
50岁及以上	**5103**	**2693**	**2410**	**9**	**3**	**6**	**3**	**1**	**2**
平均初婚年龄	**24.48**	**25.55**	**23.39**	**23.10**	**24.57**	**21.73**	**23.03**	**24.54**	**21.65**

5-4 续表 1

单位：人

初婚年龄	初婚年份								
	1982年			1983年			1984年		
	小计	男	女	小计	男	女	小计	男	女
总 计	**45226**	**21831**	**23395**	**46440**	**22385**	**24055**	**45784**	**22272**	**23512**
15岁以下	**118**	**18**	**100**	**116**	**16**	**100**	**90**	**20**	**70**
15—19岁	**11862**	**2672**	**9190**	**11214**	**2592**	**8622**	**10862**	**2709**	**8153**
15	471	67	404	497	73	424	481	81	400
16	958	132	826	931	158	773	947	163	784
17	1750	325	1425	1823	314	1509	1674	341	1333
18	3244	686	2558	3059	706	2353	3112	746	2366
19	5439	1462	3977	4904	1341	3563	4648	1378	3270
20—24岁	**21748**	**10616**	**11132**	**23350**	**11005**	**12345**	**24492**	**11774**	**12718**
20	4376	1399	2977	7024	2457	4567	6067	2128	3939
21	3511	1378	2133	4604	1950	2654	7305	3317	3988
22	4741	2358	2383	3558	1752	1806	4698	2477	2221
23	4468	2484	1984	4421	2461	1960	3036	1700	1336
24	4652	2997	1655	3743	2385	1358	3386	2152	1234
25—29岁	**9949**	**7276**	**2673**	**10142**	**7471**	**2671**	**8699**	**6493**	**2206**
25	3694	2562	1132	3570	2489	1081	2699	1894	805
26	2418	1728	690	2706	2004	702	2413	1789	624
27	1858	1435	423	1737	1312	425	1656	1281	375
28	1181	918	263	1271	993	278	1120	881	239
29	798	633	165	858	673	185	811	648	163
30—34岁	**1272**	**1040**	**232**	**1326**	**1082**	**244**	**1336**	**1043**	**293**
30	516	418	98	499	402	97	502	387	115
31	312	256	56	363	292	71	340	266	74
32	205	167	38	204	175	29	243	186	57
33	146	119	27	150	117	33	160	126	34
34	93	80	13	110	96	14	91	78	13
35—39岁	**187**	**147**	**40**	**207**	**162**	**45**	**222**	**172**	**50**
35	69	55	14	72	63	9	87	67	20
36	40	34	6	47	35	12	45	37	8
37	26	20	6	39	31	8	45	35	10
38	28	23	5	17	14	3	28	21	7
39	24	15	9	32	19	13	17	12	5
40—44岁	**71**	**53**	**18**	**65**	**47**	**18**	**53**	**41**	**12**
40	21	17	4	12	6	6	11	9	2
41	15	10	5	23	20	3	12	8	4
42	17	13	4	14	9	5	10	7	3
43	11	6	5	6	4	2	11	9	2
44	7	7		10	8	2	9	8	1
45—49岁	**16**	**7**	**9**	**14**	**8**	**6**	**17**	**12**	**5**
45	7	2	5	4	2	2	4	4	
46	3	1	2	5	3	2	4	3	1
47	1	1		2	2		4	2	2
48	2	1	1	2	1	1			
49	3	2	1	1		1	5	3	2
50岁及以上	**3**	**2**	**1**	**6**	**2**	**4**	**13**	**8**	**5**
平均初婚年龄	**22.77**	**24.28**	**21.37**	**22.67**	**24.13**	**21.31**	**22.53**	**23.87**	**21.27**

5-4 续表 2

单位：人

初婚年龄	初婚年份								
	1985年			1986年			1987年		
	小计	男	女	小计	男	女	小计	男	女
总　计	**56673**	**27961**	**28712**	**52608**	**25891**	**26717**	**55138**	**27292**	**27846**
15岁以下	**100**	**13**	**87**	**84**	**9**	**75**	**82**	**10**	**72**
15–19岁	**12877**	**3239**	**9638**	**11653**	**3039**	**8614**	**12243**	**3265**	**8978**
15	569	101	468	418	59	359	412	72	340
16	1211	223	988	969	168	801	1033	173	860
17	2065	432	1633	2013	425	1588	1974	431	1543
18	3488	840	2648	3339	829	2510	3533	948	2585
19	5544	1643	3901	4914	1558	3356	5291	1641	3650
20–24岁	**31599**	**15620**	**15979**	**31523**	**15878**	**15645**	**33209**	**16915**	**16294**
20	6885	2559	4326	6743	2493	4250	6321	2365	3956
21	7853	3550	4303	7125	3335	3790	7389	3307	4082
22	8933	4761	4172	7186	3728	3458	7352	3919	3433
23	4876	2833	2043	7057	4138	2919	6250	3608	2642
24	3052	1917	1135	3412	2184	1228	5897	3716	2181
25–29岁	**9962**	**7421**	**2541**	**7446**	**5482**	**1964**	**7555**	**5531**	**2024**
25	3227	2260	967	2056	1384	672	2788	1943	845
26	2370	1755	615	1972	1435	537	1489	1050	439
27	2019	1572	447	1454	1122	332	1372	1045	327
28	1433	1112	321	1174	916	258	1031	803	228
29	913	722	191	790	625	165	875	690	185
30–34岁	**1689**	**1341**	**348**	**1451**	**1163**	**288**	**1607**	**1253**	**354**
30	623	508	115	492	395	97	573	443	130
31	427	330	97	384	310	74	406	311	95
32	314	236	78	258	209	49	276	218	58
33	205	172	33	190	144	46	212	168	44
34	120	95	25	127	105	22	140	113	27
35–39岁	**309**	**245**	**64**	**318**	**234**	**84**	**307**	**234**	**73**
35	118	93	25	111	83	28	110	79	31
36	74	54	20	83	59	24	65	52	13
37	41	36	5	51	40	11	51	42	9
38	47	38	9	41	27	14	47	36	11
39	29	24	5	32	25	7	34	25	9
40–44岁	**73**	**49**	**24**	**90**	**58**	**32**	**82**	**51**	**31**
40	16	9	7	25	15	10	29	21	8
41	19	11	8	22	13	9	16	12	4
42	18	13	5	19	16	3	12	7	5
43	13	10	3	11	6	5	18	8	10
44	7	6	1	13	8	5	7	3	4
45–49岁	**34**	**21**	**13**	**24**	**18**	**6**	**29**	**17**	**12**
45	14	11	3	4	3	1	8	5	3
46	4	3	1	4	4		5	4	1
47	6	3	3	2	2		6	3	3
48	5	2	3	6	4	2	4	3	1
49	5	2	3	8	5	3	6	2	4
50岁及以上	**30**	**12**	**18**	**19**	**10**	**9**	**24**	**16**	**8**
平均初婚年龄	**22.57**	**23.81**	**21.36**	**22.51**	**23.66**	**21.40**	**22.58**	**23.69**	**21.49**

5-4　续表 3　　　　单位：人

初婚年龄	初婚年份								
	1988年			1989年			1990年		
	小计	男	女	小计	男	女	小计	男	女
总　计	**59721**	**29640**	**30081**	**59754**	**29870**	**29884**	**66239**	**33592**	**32647**
15岁以下	**90**	**16**	**74**	**80**	**11**	**69**	**116**	**29**	**87**
15-19岁	**13222**	**3565**	**9657**	**13047**	**3600**	**9447**	**14501**	**4183**	**10318**
15	481	83	398	475	83	392	567	128	439
16	1080	194	886	1159	202	957	1196	247	949
17	2082	447	1635	2179	486	1693	2425	595	1830
18	3611	948	2663	3627	1012	2615	3990	1115	2875
19	5968	1893	4075	5607	1817	3790	6323	2098	4225
20-24岁	**34924**	**17801**	**17123**	**34993**	**17913**	**17080**	**38264**	**19758**	**18506**
20	7392	2753	4639	7634	2997	4637	7993	3092	4901
21	7359	3432	3927	7843	3681	4162	8897	4267	4630
22	8131	4375	3756	7473	3995	3478	8785	4784	4001
23	6711	3879	2832	6721	3890	2831	6852	4049	2803
24	5331	3362	1969	5322	3350	1972	5737	3566	2171
25-29岁	**9221**	**6509**	**2712**	**9637**	**6835**	**2802**	**11036**	**7836**	**3200**
25	4496	3016	1480	3880	2670	1210	4255	2878	1377
26	2019	1425	594	3154	2255	899	2998	2161	837
27	1040	766	274	1273	917	356	2295	1683	612
28	971	756	215	699	515	184	994	743	251
29	695	546	149	631	478	153	494	371	123
30-34岁	**1748**	**1368**	**380**	**1473**	**1141**	**332**	**1663**	**1307**	**356**
30	612	480	132	462	372	90	536	417	119
31	392	309	83	375	291	84	348	266	82
32	298	231	67	272	200	72	341	264	77
33	250	195	55	210	164	46	250	204	46
34	196	153	43	154	114	40	188	156	32
35-39岁	**345**	**267**	**78**	**345**	**250**	**95**	**465**	**358**	**107**
35	106	88	18	108	83	25	161	124	37
36	75	53	22	98	72	26	101	76	25
37	71	53	18	61	43	18	82	58	24
38	56	43	13	49	36	13	68	56	12
39	37	30	7	29	16	13	53	44	9
40-44岁	**112**	**79**	**33**	**107**	**73**	**34**	**109**	**74**	**35**
40	44	30	14	28	23	5	28	22	6
41	21	15	6	19	11	8	25	15	10
42	19	13	6	20	12	8	26	16	10
43	18	15	3	24	17	7	18	12	6
44	10	6	4	16	10	6	12	9	3
45-49岁	**29**	**20**	**9**	**42**	**31**	**11**	**49**	**28**	**21**
45	7	6	1	10	6	4	12	8	4
46	7	3	4	7	6	1	8	2	6
47	6	4	2	7	6	1	12	7	5
48	5	4	1	7	6	1	10	6	4
49	4	3	1	11	7	4	7	5	2
50岁及以上	**30**	**15**	**15**	**30**	**16**	**14**	**36**	**19**	**17**
平均初婚年龄	**22.58**	**23.66**	**21.51**	**22.55**	**23.58**	**21.53**	**22.60**	**23.62**	**21.56**

5-4 续表 4

单位：人

初婚年龄	初婚年份								
	1991年			1992年			1993年		
	小计	男	女	小计	男	女	小计	男	女
总 计	**47734**	**23973**	**23761**	**51340**	**25756**	**25584**	**53276**	**26893**	**26383**
15岁以下	**60**	**8**	**52**	**66**	**12**	**54**	**44**	**10**	**34**
15-19岁	**8697**	**2403**	**6294**	**8234**	**2185**	**6049**	**7412**	**1959**	**5453**
15	320	66	254	261	58	203	262	54	208
16	616	125	491	569	109	460	513	113	400
17	1302	308	994	1187	298	889	1088	263	825
18	2394	647	1747	2140	562	1578	1869	490	1379
19	4065	1257	2808	4077	1158	2919	3680	1039	2641
20-24岁	**28695**	**14127**	**14568**	**31534**	**15348**	**16186**	**32869**	**15723**	**17146**
20	5774	1991	3783	5831	1873	3958	5747	1734	4013
21	6312	2757	3555	6845	2978	3867	6982	2920	4062
22	6889	3672	3217	7306	3830	3476	8002	4230	3772
23	5647	3161	2486	6629	3692	2937	6648	3610	3038
24	4073	2546	1527	4923	2975	1948	5490	3229	2261
25-29岁	**8732**	**6247**	**2485**	**9691**	**6904**	**2787**	**10611**	**7506**	**3105**
25	3201	2167	1034	3424	2290	1134	4119	2721	1398
26	2281	1631	650	2458	1741	717	2450	1724	726
27	1603	1195	408	1725	1302	423	1843	1391	452
28	1178	890	288	1226	911	315	1240	942	298
29	469	364	105	858	660	198	959	728	231
30-34岁	**1077**	**834**	**243**	**1143**	**853**	**290**	**1594**	**1185**	**409**
30	288	231	57	399	300	99	726	541	185
31	281	216	65	215	164	51	316	227	89
32	171	126	45	218	165	53	180	146	34
33	185	149	36	160	111	49	201	147	54
34	152	112	40	151	113	38	171	124	47
35-39岁	**332**	**253**	**79**	**419**	**294**	**125**	**476**	**346**	**130**
35	114	93	21	134	98	36	143	102	41
36	77	56	21	96	70	26	117	92	25
37	55	42	13	82	58	24	83	66	17
38	48	33	15	57	37	20	79	52	27
39	38	29	9	50	31	19	54	34	20
40-44岁	**86**	**63**	**23**	**151**	**106**	**45**	**174**	**107**	**67**
40	30	20	10	42	31	11	52	27	25
41	24	17	7	36	25	11	48	28	20
42	15	11	4	37	30	7	24	16	8
43	13	11	2	17	11	6	27	20	7
44	4	4		19	9	10	23	16	7
45-49岁	**31**	**25**	**6**	**57**	**38**	**19**	**52**	**36**	**16**
45	11	8	3	11	8	3	17	13	4
46	7	7		17	12	5	9	7	2
47	7	6	1	12	11	1	12	7	5
48	4	2	2	11	5	6	7	3	4
49	2	2		6	2	4	7	6	1
50岁及以上	**24**	**13**	**11**	**45**	**16**	**29**	**44**	**21**	**23**
平均初婚年龄	**22.85**	**23.88**	**21.80**	**23.09**	**24.08**	**22.08**	**23.31**	**24.30**	**22.29**

5-4　续表 5　　　　单位：人

初婚年龄	初婚年份								
	1994年			1995年			1996年		
	小计	男	女	小计	男	女	小计	男	女
总　计	**51013**	**25698**	**25315**	**57700**	**29360**	**28340**	**50399**	**25536**	**24863**
15岁以下	**35**	**9**	**26**	**34**	**6**	**28**	**31**	**4**	**27**
15–19岁	**5919**	**1428**	**4491**	**5306**	**1236**	**4070**	**3602**	**833**	**2769**
15	200	48	152	178	48	130	104	21	83
16	404	80	324	332	83	249	214	47	167
17	822	173	649	676	143	533	428	110	318
18	1547	386	1161	1255	304	951	897	212	685
19	2946	741	2205	2865	658	2207	1959	443	1516
20–24岁	**31919**	**15031**	**16888**	**35501**	**16448**	**19053**	**30550**	**13740**	**16810**
20	5020	1423	3597	4818	1243	3575	4122	882	3240
21	6709	2693	4016	7086	2771	4315	5437	1980	3457
22	7858	4019	3839	8810	4397	4413	7677	3828	3849
23	7030	3764	3266	7896	4063	3833	7333	3724	3609
24	5302	3132	2170	6891	3974	2917	5981	3326	2655
25–29岁	**10753**	**7483**	**3270**	**13729**	**9401**	**4328**	**13225**	**8863**	**4362**
25	4193	2750	1443	5168	3304	1864	4983	3137	1846
26	2691	1867	824	3649	2483	1166	3264	2210	1054
27	1721	1271	450	2408	1760	648	2451	1700	751
28	1274	942	332	1458	1062	396	1536	1090	446
29	874	653	221	1046	792	254	991	726	265
30–34岁	**1641**	**1239**	**402**	**2204**	**1649**	**555**	**2112**	**1542**	**570**
30	655	491	164	804	607	197	700	509	191
31	495	369	126	569	432	137	496	355	141
32	232	176	56	472	345	127	399	294	105
33	140	109	31	207	152	55	361	273	88
34	119	94	25	152	113	39	156	111	45
35–39岁	**414**	**297**	**117**	**506**	**367**	**139**	**392**	**280**	**112**
35	107	85	22	133	99	34	87	65	22
36	108	80	28	115	81	34	77	55	22
37	70	51	19	101	75	26	66	50	16
38	60	39	21	88	62	26	87	67	20
39	69	42	27	69	50	19	75	43	32
40–44岁	**194**	**133**	**61**	**211**	**147**	**64**	**233**	**151**	**82**
40	61	38	23	59	40	19	57	36	21
41	37	28	9	54	36	18	50	33	17
42	42	26	16	40	28	12	44	29	15
43	25	16	9	33	24	9	45	26	19
44	29	25	4	25	19	6	37	27	10
45–49岁	**74**	**43**	**31**	**88**	**52**	**36**	**111**	**62**	**49**
45	21	15	6	23	13	10	26	14	12
46	13	9	4	21	15	6	22	16	6
47	16	9	7	12	9	3	26	16	10
48	8	4	4	13	6	7	17	7	10
49	16	6	10	19	9	10	20	9	11
50岁及以上	**64**	**35**	**29**	**121**	**54**	**67**	**143**	**61**	**82**
平均初婚年龄	**23.52**	**24.51**	**22.51**	**23.89**	**24.84**	**22.90**	**24.19**	**25.11**	**23.24**

5−4 续表 6

单位：人

初婚年龄	初婚年份								
	1997年			1998年			1999年		
	小计	男	女	小计	男	女	小计	男	女
总　计	**51272**	**26152**	**25120**	**53279**	**27196**	**26083**	**52071**	**26366**	**25705**
15岁以下	**31**	**8**	**23**	**41**	**8**	**33**	**43**	**8**	**35**
15−19岁	**3219**	**685**	**2534**	**2961**	**619**	**2342**	**2724**	**500**	**2224**
15	138	28	110	122	23	99	130	31	99
16	182	44	138	215	36	179	221	34	187
17	349	68	281	322	70	252	395	75	320
18	730	184	546	658	144	514	582	117	465
19	1820	361	1459	1644	346	1298	1396	243	1153
20−24岁	**29873**	**13257**	**16616**	**29995**	**13136**	**16859**	**28936**	**12180**	**16756**
20	3660	714	2946	3685	676	3009	3324	566	2758
21	5311	1765	3546	5101	1708	3393	4912	1483	3429
22	7181	3558	3623	7610	3618	3992	7022	3245	3777
23	7291	3635	3656	7091	3441	3650	7318	3444	3874
24	6430	3585	2845	6508	3693	2815	6360	3442	2918
25−29岁	**14715**	**9829**	**4886**	**15894**	**10454**	**5440**	**16666**	**10971**	**5695**
25	5390	3372	2018	5497	3426	2071	5839	3546	2293
26	3823	2519	1304	4061	2663	1398	4194	2726	1468
27	2541	1783	758	2983	2033	950	2982	2086	896
28	1722	1227	495	1909	1332	577	2175	1553	622
29	1239	928	311	1444	1000	444	1476	1060	416
30−34岁	**2337**	**1692**	**645**	**3179**	**2167**	**1012**	**2778**	**2063**	**715**
30	745	524	221	1047	740	307	1039	767	272
31	565	409	156	688	449	239	682	510	172
32	426	323	103	606	409	197	420	311	109
33	318	238	80	470	314	156	352	263	89
34	283	198	85	368	255	113	285	212	73
35−39岁	**459**	**316**	**143**	**723**	**509**	**214**	**563**	**416**	**147**
35	138	104	34	311	220	91	210	160	50
36	64	41	23	147	103	44	168	127	41
37	92	62	30	83	60	23	81	62	19
38	76	50	26	98	67	31	41	25	16
39	89	59	30	84	59	25	63	42	21
40−44岁	**392**	**219**	**173**	**295**	**196**	**99**	**176**	**116**	**60**
40	98	50	48	82	51	31	51	34	17
41	83	45	38	78	49	29	45	31	14
42	92	51	41	49	27	22	31	21	10
43	68	42	26	44	38	6	21	12	9
44	51	31	20	42	31	11	28	18	10
45−49岁	**152**	**96**	**56**	**105**	**65**	**40**	**103**	**70**	**33**
45	57	40	17	29	24	5	26	19	7
46	34	18	16	16	6	10	25	16	9
47	26	17	9	24	14	10	20	14	6
48	23	10	13	21	13	8	14	10	4
49	12	11	1	15	8	7	18	11	7
50岁及以上	**94**	**50**	**44**	**86**	**42**	**44**	**82**	**42**	**40**
平均初婚年龄	**24.48**	**25.43**	**23.48**	**24.69**	**25.66**	**23.67**	**24.66**	**25.71**	**23.57**

5-4　续表 7　　　　　　　　　　　　　　　　　　　　　　　　　　单位：人

初婚年龄	初婚年份								
	2000年			2001年			2002年		
	小计	男	女	小计	男	女	小计	男	女
总　计	**59089**	**30375**	**28714**	**41462**	**20951**	**20511**	**47121**	**23928**	**23193**
15岁以下	**85**	**31**	**54**	**50**	**15**	**35**	**53**	**10**	**43**
15−19岁	**4160**	**961**	**3199**	**2777**	**588**	**2189**	**3167**	**744**	**2423**
15	269	82	187	187	56	131	194	51	143
16	412	108	304	262	69	193	284	73	211
17	666	166	500	315	64	251	397	106	291
18	1082	249	833	631	129	502	733	180	553
19	1731	356	1375	1382	270	1112	1559	334	1225
20−24岁	**32106**	**13906**	**18200**	**21737**	**8873**	**12864**	**23781**	**9505**	**14276**
20	3403	706	2697	2325	390	1935	3256	585	2671
21	5369	1736	3633	3201	898	2303	3506	983	2523
22	7732	3537	4195	5137	2228	2909	4829	2088	2741
23	8043	3788	4255	5839	2595	3244	6122	2709	3413
24	7559	4139	3420	5235	2762	2473	6068	3140	2928
25−29岁	**18793**	**12581**	**6212**	**13990**	**9325**	**4665**	**16499**	**10922**	**5577**
25	6248	3892	2356	4955	3037	1918	5302	3172	2130
26	4782	3159	1623	3414	2212	1202	4324	2795	1529
27	3517	2388	1129	2569	1812	757	3050	2094	956
28	2492	1833	659	1832	1351	481	2192	1619	573
29	1754	1309	445	1220	913	307	1631	1242	389
30−34岁	**3000**	**2224**	**776**	**2205**	**1646**	**559**	**2807**	**2165**	**642**
30	1132	819	313	847	628	219	1063	810	253
31	774	571	203	574	436	138	721	571	150
32	529	414	115	376	286	90	455	336	119
33	317	248	69	238	178	60	322	256	66
34	248	172	76	170	118	52	246	192	54
35−39岁	**617**	**457**	**160**	**451**	**348**	**103**	**561**	**417**	**144**
35	193	149	44	132	106	26	165	127	38
36	166	122	44	114	87	27	129	100	29
37	154	110	44	87	65	22	109	79	30
38	67	51	16	86	63	23	93	63	30
39	37	25	12	32	27	5	65	48	17
40−44岁	**162**	**116**	**46**	**118**	**83**	**35**	**129**	**91**	**38**
40	32	24	8	25	19	6	37	28	9
41	30	21	9	30	21	9	29	17	12
42	41	32	9	20	14	6	21	17	4
43	31	21	10	27	19	8	19	16	3
44	28	18	10	16	10	6	23	13	10
45−49岁	**85**	**61**	**24**	**65**	**39**	**26**	**75**	**49**	**26**
45	27	21	6	17	7	10	18	12	6
46	24	18	6	17	13	4	19	11	8
47	11	10	1	9	6	3	26	16	10
48	12	6	6	10	5	5	9	7	2
49	11	6	5	12	8	4	3	3	
50岁及以上	**81**	**38**	**43**	**69**	**34**	**35**	**49**	**25**	**24**
平均初婚年龄	**24.53**	**25.56**	**23.44**	**24.68**	**25.80**	**23.54**	**24.79**	**25.97**	**23.58**

5-4 续表 8 单位：人

初婚年龄	初婚年份								
	2003年			2004年			2005年		
	小计	男	女	小计	男	女	小计	男	女
总　计	**51763**	**26114**	**25649**	**51677**	**26200**	**25477**	**55867**	**28432**	**27435**
15岁以下	**53**	**15**	**38**	**45**	**4**	**41**	**40**	**10**	**30**
15—19岁	**3519**	**800**	**2719**	**3530**	**775**	**2755**	**4294**	**1049**	**3245**
15	216	56	160	190	43	147	238	68	170
16	345	82	263	306	66	240	409	107	302
17	481	109	372	531	135	396	649	154	495
18	870	201	669	837	179	658	1116	281	835
19	1607	352	1255	1666	352	1314	1882	439	1443
20—24岁	**25251**	**10084**	**15167**	**25628**	**10432**	**15196**	**28015**	**11716**	**16299**
20	3314	683	2631	3173	650	2523	3565	801	2764
21	4700	1368	3332	4758	1470	3288	4930	1593	3337
22	5372	2234	3138	6828	2860	3968	6800	2997	3803
23	5564	2516	3048	5489	2560	2929	7224	3414	3810
24	6301	3283	3018	5380	2892	2488	5496	2911	2585
25—29岁	**18396**	**11943**	**6453**	**17909**	**11667**	**6242**	**17959**	**11700**	**6259**
25	5902	3444	2458	5404	3170	2234	4902	2862	2040
26	4561	2866	1695	4706	2974	1732	4614	2944	1670
27	3606	2436	1170	3481	2394	1087	3607	2457	1150
28	2481	1803	678	2595	1878	717	2772	1952	820
29	1846	1394	452	1723	1251	472	2064	1485	579
30—34岁	**3586**	**2606**	**980**	**3591**	**2641**	**950**	**4175**	**2988**	**1187**
30	1301	965	336	1253	933	320	1353	993	360
31	878	622	256	919	669	250	1030	736	294
32	679	498	181	648	474	174	736	535	201
33	432	322	110	436	321	115	577	408	169
34	296	199	97	335	244	91	479	316	163
35—39岁	**600**	**449**	**151**	**675**	**487**	**188**	**880**	**649**	**231**
35	210	157	53	238	174	64	294	213	81
36	142	112	30	156	106	50	207	149	58
37	105	73	32	111	86	25	164	126	38
38	77	57	20	94	68	26	123	88	35
39	66	50	16	76	53	23	92	73	19
40—44岁	**162**	**100**	**62**	**167**	**123**	**44**	**293**	**197**	**96**
40	73	44	29	57	41	16	82	55	27
41	32	20	12	49	35	14	64	45	19
42	22	16	6	29	23	6	87	58	29
43	21	13	8	16	11	5	38	26	12
44	14	7	7	16	13	3	22	13	9
45—49岁	**97**	**72**	**25**	**70**	**41**	**29**	**113**	**68**	**45**
45	17	13	4	12	10	2	29	15	14
46	19	14	5	13	8	5	24	16	8
47	26	19	7	22	13	9	26	16	10
48	19	15	4	10	6	4	19	11	8
49	16	11	5	13	4	9	15	10	5
50岁及以上	**99**	**45**	**54**	**62**	**30**	**32**	**98**	**55**	**43**
平均初婚年龄	**24.90**	**26.07**	**23.71**	**24.84**	**26.00**	**23.64**	**24.90**	**26.05**	**23.71**

5-4 续表 9

单位：人

初婚年龄	初婚年份								
	2006年			2007年			2008年		
	小计	男	女	小计	男	女	小计	男	女
总　计	**57789**	**29049**	**28740**	**57006**	**28872**	**28134**	**67261**	**34227**	**33034**
15岁以下	**30**	**8**	**22**	**25**	**8**	**17**	**27**	**6**	**21**
15—19岁	**4226**	**1048**	**3178**	**4208**	**1072**	**3136**	**4881**	**1262**	**3619**
15	131	34	97	157	37	120	136	32	104
16	332	90	242	294	73	221	299	72	227
17	644	141	503	635	155	480	612	145	467
18	1083	269	814	1085	267	818	1394	369	1025
19	2036	514	1522	2037	540	1497	2440	644	1796
20—24岁	**29207**	**12046**	**17161**	**27910**	**11613**	**16297**	**32661**	**13869**	**18792**
20	3471	749	2722	3642	879	2763	4390	1100	3290
21	4872	1553	3319	4507	1400	3107	5797	1913	3884
22	6630	2900	3730	6360	2786	3574	7259	3284	3975
23	7055	3267	3788	6568	2998	3570	7861	3760	4101
24	7179	3577	3602	6833	3550	3283	7354	3812	3542
25—29岁	**18457**	**11725**	**6732**	**18687**	**11778**	**6909**	**21957**	**13648**	**8309**
25	5204	2933	2271	6474	3646	2828	7127	4069	3058
26	4234	2606	1628	4155	2550	1605	6094	3629	2465
27	3859	2530	1329	3190	2126	1064	3723	2437	1286
28	3005	2132	873	2836	1960	876	2739	1885	854
29	2155	1524	631	2032	1496	536	2274	1628	646
30—34岁	**4471**	**3242**	**1229**	**4446**	**3223**	**1223**	**5418**	**3881**	**1537**
30	1538	1111	427	1440	1044	396	1749	1248	501
31	1087	798	289	1124	826	298	1338	983	355
32	769	564	205	788	575	213	961	703	258
33	615	438	177	634	451	183	756	515	241
34	462	331	131	460	327	133	614	432	182
35—39岁	**962**	**693**	**269**	**1168**	**819**	**349**	**1522**	**1067**	**455**
35	332	237	95	344	231	113	493	351	142
36	241	176	65	317	220	97	348	229	119
37	176	133	43	208	158	50	278	199	79
38	138	94	44	179	131	48	206	143	63
39	75	53	22	120	79	41	197	145	52
40—44岁	**245**	**180**	**65**	**325**	**223**	**102**	**455**	**305**	**150**
40	73	52	21	77	47	30	127	86	41
41	76	53	23	76	60	16	104	75	29
42	45	36	9	58	36	22	90	63	27
43	35	27	8	59	37	22	76	47	29
44	16	12	4	55	43	12	58	34	24
45—49岁	**89**	**58**	**31**	**91**	**58**	**33**	**158**	**99**	**59**
45	15	12	3	24	15	9	53	35	18
46	19	15	4	13	8	5	33	19	14
47	14	9	5	17	12	5	28	17	11
48	21	12	9	17	10	7	19	12	7
49	20	10	10	20	13	7	25	16	9
50岁及以上	**102**	**49**	**53**	**146**	**78**	**68**	**182**	**90**	**92**
平均初婚年龄	**24.98**	**26.12**	**23.83**	**25.07**	**26.21**	**23.91**	**25.13**	**26.22**	**24.01**

5-4 续表 10 单位：人

初婚年龄	初婚年份								
	2009年			2010年			2011年		
	小计	男	女	小计	男	女	小计	男	女
总　计	**61476**	**31066**	**30410**	**66752**	**34032**	**32720**	**59836**	**30152**	**29684**
15岁以下	**26**	**3**	**23**	**27**	**5**	**22**	**21**	**1**	**20**
15-19岁	**4432**	**1191**	**3241**	**4607**	**1284**	**3323**	**3071**	**863**	**2208**
15	128	26	102	170	42	128	98	18	80
16	255	56	199	348	81	267	202	45	157
17	531	149	382	599	158	441	492	114	378
18	1105	305	800	1160	321	839	780	236	544
19	2413	655	1758	2330	682	1648	1499	450	1049
20-24岁	**29408**	**12424**	**16984**	**32912**	**14349**	**18563**	**28869**	**12109**	**16760**
20	3897	953	2944	4654	1253	3401	3256	842	2414
21	5305	1679	3626	5863	2091	3772	5156	1696	3460
22	6976	3224	3752	7671	3570	4101	6646	2945	3701
23	6494	3107	3387	7745	3784	3961	6892	3197	3695
24	6736	3461	3275	6979	3651	3328	6919	3429	3490
25-29岁	**20305**	**12424**	**7881**	**21257**	**13025**	**8232**	**21252**	**12616**	**8636**
25	6231	3471	2760	6512	3591	2921	6140	3338	2802
26	5398	3228	2170	5419	3287	2132	5383	3049	2334
27	4419	2831	1588	4172	2664	1508	4260	2606	1654
28	2494	1663	831	3195	2128	1067	3141	2051	1090
29	1763	1231	532	1959	1355	604	2328	1572	756
30-34岁	**4942**	**3448**	**1494**	**5044**	**3404**	**1640**	**4244**	**2947**	**1297**
30	1441	1000	441	1335	896	439	1288	889	399
31	1214	854	360	1186	791	395	894	609	285
32	906	622	284	1047	695	352	820	580	240
33	790	556	234	797	548	249	692	484	208
34	591	416	175	679	474	205	550	385	165
35-39岁	**1521**	**1035**	**486**	**1875**	**1288**	**587**	**1525**	**1057**	**468**
35	446	301	145	540	386	154	437	297	140
36	334	242	92	407	280	127	345	248	97
37	310	211	99	377	247	130	305	217	88
38	237	149	88	299	202	97	230	161	69
39	194	132	62	252	173	79	208	134	74
40-44岁	**482**	**330**	**152**	**591**	**406**	**185**	**474**	**330**	**144**
40	145	100	45	167	119	48	147	103	44
41	112	72	40	148	111	37	116	79	37
42	82	57	25	123	75	48	91	68	23
43	85	58	27	79	54	25	66	44	22
44	58	43	15	74	47	27	54	36	18
45-49岁	**199**	**132**	**67**	**211**	**142**	**69**	**204**	**138**	**66**
45	61	40	21	58	43	15	47	31	16
46	59	40	19	53	31	22	54	39	15
47	32	21	11	56	38	18	42	26	16
48	23	15	8	27	16	11	29	18	11
49	24	16	8	17	14	3	32	24	8
50岁及以上	**161**	**79**	**82**	**228**	**129**	**99**	**176**	**91**	**85**
平均初婚年龄	**25.23**	**26.30**	**24.14**	**25.24**	**26.26**	**24.18**	**25.43**	**26.42**	**24.44**

5-4 续表 11

单位：人

初婚年龄	初婚年份								
	2012年			2013年			2014年		
	小计	男	女	小计	男	女	小计	男	女
总　计	**63888**	**32355**	**31533**	**60121**	**30506**	**29615**	**56015**	**28130**	**27885**
15岁以下	**15**	**2**	**13**	**17**	**2**	**15**	**15**	**2**	**13**
15-19岁	**3083**	**881**	**2202**	**2747**	**735**	**2012**	**2321**	**603**	**1718**
15	100	24	76	104	17	87	62	12	50
16	242	44	198	153	34	119	165	36	129
17	444	119	325	436	116	320	368	81	287
18	834	254	580	718	195	523	604	164	440
19	1463	440	1023	1336	373	963	1122	310	812
20-24岁	**29967**	**12712**	**17255**	**26427**	**11311**	**15116**	**22628**	**9416**	**13212**
20	2867	763	2104	2285	576	1709	2028	496	1532
21	4659	1589	3070	3408	1167	2241	2691	869	1822
22	7407	3246	4161	5903	2624	3279	4322	1887	2435
23	7478	3375	4103	7589	3404	4185	6048	2618	3430
24	7556	3739	3817	7242	3540	3702	7539	3546	3993
25-29岁	**22897**	**13417**	**9480**	**22649**	**13007**	**9642**	**22806**	**12867**	**9939**
25	7091	3805	3286	6920	3541	3379	6953	3440	3513
26	5554	3185	2369	5836	3251	2585	5788	3200	2588
27	4528	2747	1781	4324	2639	1685	4513	2697	1816
28	3327	2102	1225	3212	2041	1171	3248	2067	1181
29	2397	1578	819	2357	1535	822	2304	1463	841
30-34岁	**5033**	**3389**	**1644**	**5299**	**3448**	**1851**	**5305**	**3317**	**1988**
30	1885	1257	628	1796	1179	617	1667	1065	602
31	1056	718	338	1363	862	501	1301	814	487
32	825	571	254	834	538	296	1096	679	417
33	642	422	220	664	448	216	684	412	272
34	625	421	204	642	421	221	557	347	210
35-39岁	**1811**	**1225**	**586**	**1809**	**1239**	**570**	**1711**	**1149**	**562**
35	517	348	169	525	339	186	488	308	180
36	425	284	141	360	261	99	383	263	120
37	340	236	104	381	272	109	334	233	101
38	294	206	88	289	193	96	259	178	81
39	235	151	84	254	174	80	247	167	80
40-44岁	**648**	**464**	**184**	**693**	**484**	**209**	**709**	**440**	**269**
40	183	134	49	185	139	46	208	122	86
41	164	116	48	159	105	54	156	105	51
42	115	77	38	144	99	45	125	80	45
43	96	68	28	114	77	37	108	68	40
44	90	69	21	91	64	27	112	65	47
45-49岁	**249**	**168**	**81**	**236**	**143**	**93**	**246**	**178**	**68**
45	66	49	17	71	45	26	69	55	14
46	39	27	12	46	27	19	49	36	13
47	60	37	23	49	35	14	49	31	18
48	46	29	17	40	22	18	43	32	11
49	38	26	12	30	14	16	36	24	12
50岁及以上	**185**	**97**	**88**	**244**	**137**	**107**	**274**	**158**	**116**
平均初婚年龄	**25.64**	**26.57**	**24.69**	**25.95**	**26.85**	**25.03**	**26.26**	**27.14**	**25.37**

5-4 续表 12

单位：人

初婚年龄	初婚年份								
	2015年			2016年			2017年		
	小计	男	女	小计	男	女	小计	男	女
总　计	**56117**	**28419**	**27698**	**46929**	**23610**	**23319**	**42058**	**21255**	**20803**
15岁以下	**19**		**19**	**8**	**1**	**7**	**7**		**7**
15-19岁	**2034**	**523**	**1511**	**1465**	**347**	**1118**	**1256**	**293**	**963**
15	68	15	53	50	6	44	54	8	46
16	173	44	129	115	33	82	97	18	79
17	274	67	207	196	51	145	189	40	149
18	501	130	371	383	96	287	339	95	244
19	1018	267	751	721	161	560	577	132	445
20-24岁	**19524**	**8086**	**11438**	**14715**	**5870**	**8845**	**12362**	**5019**	**7343**
20	1896	430	1466	1510	304	1206	1098	233	865
21	2444	819	1625	2034	633	1401	1759	576	1183
22	3627	1589	2038	3009	1264	1745	2700	1149	1551
23	4735	2123	2612	3514	1555	1959	2988	1300	1688
24	6822	3125	3697	4648	2114	2534	3817	1761	2056
25-29岁	**25253**	**13904**	**11349**	**22318**	**12116**	**10202**	**20199**	**10899**	**9300**
25	7587	3730	3857	5979	2884	3095	4389	2126	2263
26	6521	3434	3087	6094	3182	2912	5122	2645	2477
27	4882	2795	2087	4506	2549	1957	4772	2642	2130
28	3752	2345	1407	3299	1944	1355	3548	2061	1487
29	2511	1600	911	2440	1557	883	2368	1425	943
30-34岁	**5987**	**3808**	**2179**	**5427**	**3389**	**2038**	**5333**	**3276**	**2057**
30	1949	1264	685	1661	1039	622	1736	1052	684
31	1422	898	524	1306	825	481	1205	753	452
32	1129	692	437	984	621	363	1000	613	387
33	917	588	329	783	472	311	758	482	276
34	570	366	204	693	432	261	634	376	258
35-39岁	**1842**	**1179**	**663**	**1623**	**1040**	**583**	**1591**	**954**	**637**
35	481	307	174	477	291	186	537	318	219
36	419	266	153	345	215	130	316	184	132
37	363	229	134	322	208	114	261	153	108
38	292	188	104	259	171	88	241	151	90
39	287	189	98	220	155	65	236	148	88
40-44岁	**805**	**515**	**290**	**752**	**467**	**285**	**685**	**452**	**233**
40	222	150	72	208	135	73	157	102	55
41	171	113	58	179	109	70	166	108	58
42	159	99	60	137	87	50	115	80	35
43	130	78	52	125	75	50	130	89	41
44	123	75	48	103	61	42	117	73	44
45-49岁	**330**	**223**	**107**	**335**	**232**	**103**	**328**	**199**	**129**
45	95	66	29	119	85	34	90	54	36
46	82	55	27	81	54	27	79	44	35
47	60	38	22	54	35	19	69	45	24
48	43	33	10	41	30	11	54	32	22
49	50	31	19	40	28	12	36	24	12
50岁及以上	**323**	**181**	**142**	**286**	**148**	**138**	**297**	**163**	**134**
平均初婚年龄	**26.67**	**27.53**	**25.80**	**26.98**	**27.85**	**26.09**	**27.28**	**28.08**	**26.45**

5-4　续表 13

单位：人

初婚年龄	初婚年份								
	2018年			2019年			2020年		
	小计	男	女	小计	男	女	小计	男	女
总　计	**43437**	**21796**	**21641**	**36253**	**18232**	**18021**	**21922**	**11093**	**10829**
15岁以下	**8**		**8**	**11**	**2**	**9**	**1**		**1**
15—19岁	**1264**	**295**	**969**	**1074**	**251**	**823**	**429**	**84**	**345**
15	42	8	34	47	5	42	10	3	7
16	108	22	86	85	20	65	28	5	23
17	182	34	148	163	40	123	65	10	55
18	310	83	227	267	60	207	105	21	84
19	622	148	474	512	126	386	221	45	176
20—24岁	**12040**	**4745**	**7295**	**9807**	**3922**	**5885**	**5285**	**2067**	**3218**
20	1103	231	872	967	208	759	470	92	378
21	1526	453	1073	1249	371	878	656	164	492
22	2492	1042	1450	1965	799	1166	1042	449	593
23	3143	1349	1794	2542	1142	1400	1297	539	758
24	3776	1670	2106	3084	1402	1682	1820	823	997
25—29岁	**20420**	**10911**	**9509**	**16204**	**8584**	**7620**	**9351**	**4958**	**4393**
25	4050	1914	2136	3333	1598	1735	2010	975	1035
26	4357	2283	2074	3372	1684	1688	2013	1033	980
27	4804	2556	2248	3339	1828	1511	1844	993	851
28	4238	2414	1824	3336	1823	1513	1734	954	780
29	2971	1744	1227	2824	1651	1173	1750	1003	747
30—34岁	**6409**	**3848**	**2561**	**6052**	**3630**	**2422**	**4216**	**2503**	**1713**
30	2175	1305	870	1976	1154	822	1410	825	585
31	1571	969	602	1510	927	583	982	575	407
32	1122	659	463	1106	702	404	804	490	314
33	867	523	344	810	476	334	582	363	219
34	674	392	282	650	371	279	438	250	188
35—39岁	**1757**	**1048**	**709**	**1609**	**963**	**646**	**1187**	**669**	**518**
35	530	316	214	456	266	190	335	172	163
36	502	287	215	379	240	139	274	157	117
37	306	200	106	358	212	146	228	150	78
38	221	120	101	219	132	87	213	123	90
39	198	125	73	197	113	84	137	67	70
40—44岁	**741**	**482**	**259**	**680**	**417**	**263**	**700**	**371**	**329**
40	199	124	75	155	86	69	137	72	65
41	159	101	58	140	89	51	139	73	66
42	142	88	54	135	88	47	159	83	76
43	127	94	33	127	76	51	149	79	70
44	114	75	39	123	78	45	116	64	52
45—49岁	**399**	**248**	**151**	**430**	**247**	**183**	**403**	**248**	**155**
45	111	72	39	107	68	39	109	72	37
46	100	55	45	90	55	35	89	49	40
47	72	56	16	78	38	40	80	46	34
48	58	31	27	82	47	35	65	43	22
49	58	34	24	73	39	34	60	38	22
50岁及以上	**399**	**219**	**180**	**386**	**216**	**170**	**350**	**193**	**157**
平均初婚年龄	**27.64**	**28.47**	**26.80**	**27.93**	**28.76**	**27.09**	**28.82**	**29.59**	**28.03**

5-4a 全省分初婚年龄、性别、初婚年份的人口(城市)

单位：人

初婚年龄	初婚年份								
	合计			1980年			1981年		
	合计	男	女	小计	男	女	小计	男	女
总 计	**926370**	**459184**	**467186**	**15707**	**7302**	**8405**	**15106**	**6952**	**8154**
15岁以下	**669**	**143**	**526**	**38**	**8**	**30**	**24**	**4**	**20**
15-19岁	**73802**	**18174**	**55628**	**2068**	**382**	**1686**	**2177**	**384**	**1793**
15	2899	693	2206	144	28	116	80	13	67
16	5772	1227	4545	297	51	246	200	36	164
17	10916	2459	8457	523	84	439	383	57	326
18	19308	4671	14637	500	106	394	788	135	653
19	34907	9124	25783	604	113	491	726	143	583
20-24岁	**430723**	**181165**	**249558**	**7848**	**3093**	**4755**	**7406**	**2895**	**4511**
20	56875	15419	41456	1027	265	762	850	191	659
21	73231	26010	47221	1325	424	901	1251	351	900
22	95784	42845	52939	1862	721	1141	1545	556	989
23	102520	46123	56397	1917	815	1102	1949	825	1124
24	102313	50768	51545	1717	868	849	1811	972	839
25-29岁	**323401**	**194041**	**129360**	**4930**	**3162**	**1768**	**4783**	**3098**	**1685**
25	97406	53250	44156	1672	948	724	1571	906	665
26	81503	47447	34056	1265	781	484	1344	866	478
27	63807	39783	24024	926	624	302	876	585	291
28	46973	30721	16252	632	470	162	591	431	160
29	33712	22840	10872	435	339	96	401	310	91
30-34岁	**69271**	**47103**	**22168**	**707**	**572**	**135**	**643**	**513**	**130**
30	23790	16191	7599	314	257	57	240	194	46
31	16773	11505	5268	178	141	37	179	139	40
32	12422	8443	3979	113	91	22	119	93	26
33	9096	6196	2900	62	47	15	69	59	10
34	7190	4768	2422	40	36	4	36	28	8
35-39岁	**17601**	**11742**	**5859**	**87**	**70**	**17**	**58**	**48**	**10**
35	5441	3601	1840	29	23	6	21	17	4
36	4117	2734	1383	21	17	4	14	11	3
37	3347	2292	1055	17	16	1	9	8	1
38	2556	1697	859	14	9	5	8	8	
39	2140	1418	722	6	5	1	6	4	2
40-44岁	**6083**	**3964**	**2119**	**20**	**13**	**7**	**8**	**7**	**1**
40	1682	1119	563	5	4	1	3	3	
41	1408	905	503	6	3	3	3	2	1
42	1154	766	388	5	3	2			
43	1007	644	363	3	2	1	2	2	
44	832	530	302	1	1				
45-49岁	**2603**	**1682**	**921**	**4**	**1**	**3**	**6**	**3**	**3**
45	748	520	228	1		1	4	1	3
46	595	375	220	1	1				
47	498	322	176				1	1	
48	404	247	157	1		1			
49	358	218	140	1		1	1	1	
50岁及以上	**2217**	**1170**	**1047**	**5**	**1**	**4**	**1**		**1**
平均初婚年龄	**25.12**	**26.15**	**24.11**	**23.92**	**25.32**	**22.69**	**23.91**	**25.37**	**22.67**

5-4a　续表 1　　　　单位：人

初婚年龄	初婚年份								
	1982年			1983年			1984年		
	小计	男	女	小计	男	女	小计	男	女
总　计	**16098**	**7442**	**8656**	**16282**	**7563**	**8719**	**15777**	**7377**	**8400**
15岁以下	**26**	**3**	**23**	**38**	**6**	**32**	**27**	**8**	**19**
15—19岁	**3101**	**621**	**2480**	**2955**	**634**	**2321**	**2825**	**676**	**2149**
15	99	20	79	133	20	113	128	29	99
16	242	36	206	239	45	194	235	43	192
17	428	70	358	449	85	364	404	89	315
18	846	146	700	776	153	623	806	186	620
19	1486	349	1137	1358	331	1027	1252	329	923
20—24岁	**7519**	**3135**	**4384**	**7904**	**3242**	**4662**	**8282**	**3483**	**4799**
20	1304	351	953	2042	626	1416	1823	577	1246
21	1151	359	792	1411	532	879	2276	888	1388
22	1550	668	882	1250	525	725	1564	701	863
23	1678	765	913	1654	737	917	1241	567	674
24	1836	992	844	1547	822	725	1378	750	628
25—29岁	**4673**	**3056**	**1617**	**4664**	**3110**	**1554**	**3892**	**2650**	**1242**
25	1588	939	649	1552	952	600	1135	685	450
26	1127	714	413	1200	795	405	1099	731	368
27	913	635	278	852	584	268	738	535	203
28	609	439	170	631	456	175	529	400	129
29	436	329	107	429	323	106	391	299	92
30—34岁	**670**	**539**	**131**	**610**	**485**	**125**	**627**	**469**	**158**
30	269	217	52	233	184	49	245	177	68
31	171	136	35	177	134	43	150	111	39
32	111	86	25	95	81	14	113	82	31
33	74	61	13	67	52	15	82	67	15
34	45	39	6	38	34	4	37	32	5
35—39岁	**80**	**66**	**14**	**82**	**66**	**16**	**100**	**74**	**26**
35	35	28	7	32	28	4	38	27	11
36	17	13	4	18	13	5	20	15	5
37	9	9		15	13	2	24	19	5
38	10	8	2	5	4	1	12	8	4
39	9	8	1	12	8	4	6	5	1
40—44岁	**22**	**17**	**5**	**23**	**15**	**8**	**16**	**12**	**4**
40	8	7	1	4	2	2	4	3	1
41	4	3	1	9	8	1	3	2	1
42	6	4	2	5	2	3	4	2	2
43	2	1	1	2		2	2	2	
44	2	2		3	3		3	3	
45—49岁	**6**	**4**	**2**	**5**	**4**	**1**	**4**	**3**	**1**
45				2	1	1			
46	2	1	1				1	1	
47	1	1		2	2		1		1
48				1	1				
49	3	2	1				2	2	
50岁及以上	**1**	**1**		**1**	**1**		**4**	**2**	**2**
平均初婚年龄	**23.60**	**25.12**	**22.29**	**23.42**	**24.87**	**22.17**	**23.24**	**24.57**	**22.08**

5-4a 续表 2

单位：人

初婚年龄	初婚年份								
	1985年			1986年			1987年		
	小计	男	女	小计	男	女	小计	男	女
总　计	**19730**	**9411**	**10319**	**18377**	**8734**	**9643**	**19958**	**9540**	**10418**
15岁以下	**18**	**4**	**14**	**22**	**3**	**19**	**24**	**4**	**20**
15-19岁	**3417**	**773**	**2644**	**3111**	**795**	**2316**	**3350**	**828**	**2522**
15	148	26	122	104	20	84	99	21	78
16	290	51	239	231	33	198	252	46	206
17	514	102	412	529	111	418	500	101	399
18	922	197	725	857	202	655	931	220	711
19	1543	397	1146	1390	429	961	1568	440	1128
20-24岁	**10984**	**4889**	**6095**	**11051**	**4989**	**6062**	**12120**	**5602**	**6518**
20	2081	714	1367	2020	676	1344	1947	653	1294
21	2554	1027	1527	2296	939	1357	2376	993	1383
22	3169	1469	1700	2658	1228	1430	2645	1230	1415
23	1840	941	899	2689	1369	1320	2594	1283	1311
24	1340	738	602	1388	777	611	2558	1443	1115
25-29岁	**4461**	**3102**	**1359**	**3402**	**2336**	**1066**	**3610**	**2463**	**1147**
25	1400	894	506	943	574	369	1241	762	479
26	1027	707	320	921	617	304	761	510	251
27	945	694	251	667	485	182	702	518	184
28	651	471	180	529	394	135	496	357	139
29	438	336	102	342	266	76	410	316	94
30-34岁	**687**	**525**	**162**	**626**	**494**	**132**	**682**	**521**	**161**
30	268	208	60	205	162	43	252	186	66
31	182	138	44	176	138	38	166	122	44
32	122	86	36	117	95	22	131	106	25
33	69	55	14	76	57	19	71	59	12
34	46	38	8	52	42	10	62	48	14
35-39岁	**121**	**95**	**26**	**121**	**90**	**31**	**120**	**88**	**32**
35	44	33	11	42	30	12	40	27	13
36	31	22	9	29	19	10	31	24	7
37	20	19	1	22	19	3	20	16	4
38	14	11	3	14	11	3	18	13	5
39	12	10	2	14	11	3	11	8	3
40-44岁	**21**	**13**	**8**	**27**	**18**	**9**	**31**	**20**	**11**
40	5	3	2	6	3	3	9	7	2
41	5	2	3	9	7	2	6	5	1
42	8	6	2	5	5		4	3	1
43	3	2	1	2	1	1	9	3	6
44				5	2	3	3	2	1
45-49岁	**13**	**8**	**5**	**9**	**6**	**3**	**12**	**6**	**6**
45	5	4	1	3	2	1	3	2	1
46	1		1				1	1	
47	1	1					4	1	3
48	4	2	2	3	2	1	1		1
49	2	1	1	3	2	1	3	2	1
50岁及以上	**8**	**2**	**6**	**8**	**3**	**5**	**9**	**8**	**1**
平均初婚年龄	**23.16**	**24.39**	**22.03**	**23.08**	**24.21**	**22.04**	**23.17**	**24.27**	**22.17**

5-4a 续表 3　　　　单位：人

初婚年龄	初婚年份								
	1988年			1989年			1990年		
	小计	男	女	小计	男	女	小计	男	女
总　计	**21227**	**10196**	**11031**	**21558**	**10414**	**11144**	**24693**	**12220**	**12473**
15岁以下	**22**	**5**	**17**	**25**	**6**	**19**	**38**	**10**	**28**
15-19岁	**3631**	**930**	**2701**	**3770**	**992**	**2778**	**4369**	**1247**	**3122**
15	126	28	98	121	27	94	164	49	115
16	280	48	232	330	57	273	356	78	278
17	583	116	467	593	132	461	708	176	532
18	939	236	703	1021	266	755	1158	319	839
19	1703	502	1201	1705	510	1195	1983	625	1358
20-24岁	**12271**	**5692**	**6579**	**12368**	**5775**	**6593**	**14114**	**6737**	**7377**
20	2251	767	1484	2378	870	1508	2671	947	1724
21	2383	1009	1374	2519	1089	1430	3098	1380	1718
22	2779	1311	1468	2664	1281	1383	3180	1600	1580
23	2547	1287	1260	2581	1295	1286	2700	1420	1280
24	2311	1318	993	2226	1240	986	2465	1390	1075
25-29岁	**4303**	**2832**	**1471**	**4533**	**3010**	**1523**	**5148**	**3475**	**1673**
25	2033	1256	777	1833	1164	669	1896	1203	693
26	958	626	332	1468	982	486	1439	995	444
27	536	373	163	602	413	189	1095	749	346
28	454	331	123	332	234	98	453	338	115
29	322	246	76	298	217	81	265	190	75
30-34岁	**803**	**597**	**206**	**664**	**489**	**175**	**751**	**566**	**185**
30	294	220	74	220	171	49	270	204	66
31	163	127	36	172	130	42	163	124	39
32	153	107	46	113	75	38	128	93	35
33	109	78	31	93	72	21	104	78	26
34	84	65	19	66	41	25	86	67	19
35-39岁	**126**	**92**	**34**	**130**	**94**	**36**	**199**	**140**	**59**
35	44	35	9	48	38	10	58	40	18
36	29	20	9	34	24	10	55	36	19
37	23	15	8	24	17	7	39	28	11
38	18	14	4	19	13	6	31	24	7
39	12	8	4	5	2	3	16	12	4
40-44岁	**46**	**32**	**14**	**39**	**30**	**9**	**42**	**23**	**19**
40	17	10	7	8	6	2	7	6	1
41	10	7	3	7	4	3	12	5	7
42	3	3		9	6	3	6	2	4
43	10	9	1	8	8		11	7	4
44	6	3	3	7	6	1	6	3	3
45-49岁	**11**	**7**	**4**	**17**	**12**	**5**	**17**	**11**	**6**
45	3	3		4	2	2	3	3	
46	3	1	2	1	1		2	1	1
47	3	2	1	2	1	1	3	2	1
48	1		1	4	4		5	2	3
49	1	1		6	4	2	4	3	1
50岁及以上	**14**	**9**	**5**	**12**	**6**	**6**	**15**	**11**	**4**
平均初婚年龄	**23.17**	**24.23**	**22.19**	**23.09**	**24.08**	**22.16**	**23.09**	**24.06**	**22.14**

5-4a 续表 4 单位：人

初婚年龄	初婚年份								
	1991年			1992年			1993年		
	小计	男	女	小计	男	女	小计	男	女
总 计	**17675**	**8704**	**8971**	**19672**	**9670**	**10002**	**20570**	**10227**	**10343**
15岁以下	**22**	**2**	**20**	**25**	**3**	**22**	**20**	**7**	**13**
15-19岁	**2625**	**712**	**1913**	**2555**	**676**	**1879**	**2378**	**662**	**1716**
15	103	22	81	93	21	72	70	25	45
16	162	28	134	176	37	139	153	41	112
17	404	100	304	355	100	255	341	90	251
18	690	190	500	660	155	505	576	152	424
19	1266	372	894	1271	363	908	1238	354	884
20-24岁	**10359**	**4732**	**5627**	**11723**	**5284**	**6439**	**12213**	**5470**	**6743**
20	1825	592	1233	1918	598	1320	1986	579	1407
21	2172	884	1288	2333	931	1402	2383	945	1438
22	2565	1270	1295	2693	1316	1377	2909	1479	1430
23	2225	1081	1144	2700	1349	1351	2616	1259	1357
24	1572	905	667	2079	1090	989	2319	1208	1111
25-29岁	**4000**	**2755**	**1245**	**4551**	**3120**	**1431**	**4951**	**3344**	**1607**
25	1366	874	492	1509	953	556	1865	1144	721
26	1028	715	313	1141	776	365	1097	717	380
27	814	582	232	855	627	228	873	640	233
28	579	425	154	616	439	177	615	456	159
29	213	159	54	430	325	105	501	387	114
30-34岁	**481**	**362**	**119**	**556**	**414**	**142**	**742**	**543**	**199**
30	139	110	29	207	160	47	350	267	83
31	131	96	35	116	85	31	136	94	42
32	86	60	26	93	74	19	85	68	17
33	73	58	15	71	45	26	101	71	30
34	52	38	14	69	50	19	70	43	27
35-39岁	**137**	**100**	**37**	**168**	**118**	**50**	**176**	**139**	**37**
35	42	31	11	57	39	18	54	42	12
36	30	23	7	41	31	10	43	34	9
37	29	24	5	35	27	8	33	29	4
38	20	10	10	22	13	9	23	17	6
39	16	12	4	13	8	5	23	17	6
40-44岁	**34**	**27**	**7**	**46**	**32**	**14**	**59**	**45**	**14**
40	13	10	3	14	12	2	12	9	3
41	9	7	2	13	9	4	16	13	3
42	8	6	2	7	5	2	9	6	3
43	3	3		4	2	2	9	7	2
44	1	1		8	4	4	13	10	3
45-49岁	**7**	**7**		**26**	**15**	**11**	**18**	**10**	**8**
45	3	3		4	2	2	6	4	2
46	1	1		7	4	3	3	2	1
47	1	1		5	5		3	1	2
48	2	2		8	3	5	3	1	2
49				2	1	1	3	2	1
50岁及以上	**10**	**7**	**3**	**22**	**8**	**14**	**13**	**7**	**6**
平均初婚年龄	**23.29**	**24.33**	**22.28**	**23.54**	**24.53**	**22.58**	**23.69**	**24.67**	**22.72**

5-4a 续表 5　　　　单位：人

初婚年龄	初婚年份								
	1994年			1995年			1996年		
	小计	男	女	小计	男	女	小计	男	女
总　计	**19678**	**9716**	**9962**	**23041**	**11495**	**11546**	**20855**	**10422**	**10433**
15岁以下	**11**	**5**	**6**	**13**	**2**	**11**	**9**	**1**	**8**
15–19岁	**1943**	**497**	**1446**	**1859**	**468**	**1391**	**1293**	**318**	**975**
15	70	24	46	69	23	46	38	11	27
16	120	26	94	116	34	82	78	21	57
17	261	62	199	227	58	169	164	52	112
18	479	115	364	443	112	331	324	77	247
19	1013	270	743	1004	241	763	689	157	532
20–24岁	**11714**	**5145**	**6569**	**13475**	**5899**	**7576**	**11946**	**5136**	**6810**
20	1730	510	1220	1793	480	1313	1430	347	1083
21	2322	914	1408	2567	1006	1561	2025	753	1272
22	2778	1314	1464	3178	1508	1670	2813	1340	1473
23	2689	1266	1423	3127	1439	1688	3057	1383	1674
24	2195	1141	1054	2810	1466	1344	2621	1313	1308
25–29岁	**4975**	**3293**	**1682**	**6250**	**4082**	**2168**	**6271**	**4021**	**2250**
25	1894	1145	749	2339	1425	914	2300	1366	934
26	1264	847	417	1683	1039	644	1536	965	571
27	799	559	240	1103	775	328	1211	821	390
28	593	432	161	662	488	174	738	509	229
29	425	310	115	463	355	108	486	360	126
30–34岁	**776**	**598**	**178**	**1043**	**781**	**262**	**1009**	**725**	**284**
30	328	255	73	384	290	94	315	224	91
31	221	170	51	294	232	62	255	179	76
32	111	83	28	223	158	65	186	139	47
33	55	44	11	81	59	22	173	130	43
34	61	46	15	61	42	19	80	53	27
35–39岁	**156**	**111**	**45**	**228**	**160**	**68**	**150**	**112**	**38**
35	47	35	12	67	47	20	37	29	8
36	43	32	11	55	40	15	30	21	9
37	20	16	4	39	29	10	27	21	6
38	26	18	8	42	24	18	32	26	6
39	20	10	10	25	20	5	24	15	9
40–44岁	**63**	**44**	**19**	**84**	**56**	**28**	**89**	**56**	**33**
40	24	18	6	27	21	6	20	11	9
41	9	6	3	20	10	10	23	18	5
42	13	8	5	18	12	6	13	9	4
43	9	5	4	10	7	3	19	10	9
44	8	7	1	9	6	3	14	8	6
45–49岁	**18**	**12**	**6**	**44**	**28**	**16**	**44**	**26**	**18**
45	8	5	3	13	8	5	8	5	3
46	6	4	2	11	10	1	7	7	
47	1		1	4	3	1	11	5	6
48				7	4	3	9	5	4
49	3	3		9	3	6	9	4	5
50岁及以上	**22**	**11**	**11**	**45**	**19**	**26**	**44**	**27**	**17**
平均初婚年龄	**23.85**	**24.82**	**22.91**	**24.18**	**25.11**	**23.25**	**24.48**	**25.38**	**23.58**

5-4a 续表 6 单位：人

初婚年龄	初婚年份								
	1997年			1998年			1999年		
	小计	男	女	小计	男	女	小计	男	女
总 计	**21495**	**10801**	**10694**	**21920**	**11023**	**10897**	**22013**	**10957**	**11056**
15岁以下	**11**	**4**	**7**	**23**	**5**	**18**	**16**	**3**	**13**
15-19岁	**1200**	**276**	**924**	**1076**	**242**	**834**	**1008**	**217**	**791**
15	59	14	45	46	11	35	56	16	40
16	71	20	51	72	11	61	100	15	85
17	120	18	102	122	27	95	137	30	107
18	292	81	211	247	64	183	223	51	172
19	658	143	515	589	129	460	492	105	387
20-24岁	**11692**	**4941**	**6751**	**11455**	**4825**	**6630**	**11103**	**4385**	**6718**
20	1300	271	1029	1296	242	1054	1162	213	949
21	1896	636	1260	1842	626	1216	1672	508	1164
22	2648	1225	1423	2728	1289	1439	2596	1149	1447
23	3045	1379	1666	2840	1228	1612	2967	1197	1770
24	2803	1430	1373	2749	1440	1309	2706	1318	1388
25-29岁	**7027**	**4477**	**2550**	**7429**	**4628**	**2801**	**8095**	**5060**	**3035**
25	2528	1504	1024	2452	1427	1025	2693	1536	1157
26	1821	1113	708	1953	1173	780	2077	1264	813
27	1224	820	404	1427	930	497	1493	994	499
28	854	596	258	916	632	284	1114	763	351
29	600	444	156	681	466	215	718	503	215
30-34岁	**1111**	**815**	**296**	**1415**	**967**	**448**	**1336**	**982**	**354**
30	366	259	107	475	337	138	507	371	136
31	271	199	72	288	194	94	326	244	82
32	186	144	42	261	183	78	205	148	57
33	152	111	41	214	129	85	168	127	41
34	136	102	34	177	124	53	130	92	38
35-39岁	**195**	**141**	**54**	**329**	**232**	**97**	**286**	**209**	**77**
35	63	50	13	138	99	39	106	80	26
36	31	22	9	74	55	19	88	66	22
37	35	22	13	43	30	13	43	32	11
38	27	17	10	42	28	14	19	11	8
39	39	30	9	32	20	12	30	20	10
40-44岁	**158**	**86**	**72**	**116**	**84**	**32**	**85**	**57**	**28**
40	38	22	16	38	26	12	25	16	9
41	29	12	17	25	19	6	18	12	6
42	38	22	16	19	12	7	18	13	5
43	27	15	12	16	14	2	10	7	3
44	26	15	11	18	13	5	14	9	5
45-49岁	**63**	**40**	**23**	**42**	**24**	**18**	**46**	**25**	**21**
45	24	17	7	12	11	1	12	7	5
46	13	5	8	7	1	6	10	5	5
47	11	9	2	9	5	4	11	7	4
48	11	5	6	7	4	3	9	6	3
49	4	4		7	3	4	4		4
50岁及以上	**38**	**21**	**17**	**35**	**16**	**19**	**38**	**19**	**19**
平均初婚年龄	**24.78**	**25.72**	**23.82**	**24.99**	**25.93**	**24.04**	**25.05**	**26.07**	**24.04**

5-4a　续表 7　　　　单位：人

初婚年龄	初婚年份								
	2000年			2001年			2002年		
	小计	男	女	小计	男	女	小计	男	女
总　计	**26277**	**13376**	**12901**	**18360**	**9158**	**9202**	**20807**	**10482**	**10325**
15岁以下	**32**	**13**	**19**	**22**	**5**	**17**	**19**	**4**	**15**
15-19岁	**1685**	**417**	**1268**	**1102**	**263**	**839**	**1183**	**319**	**864**
15	126	40	86	73	27	46	75	24	51
16	155	40	115	117	35	82	105	32	73
17	296	78	218	126	28	98	139	39	100
18	423	103	320	264	64	200	277	80	197
19	685	156	529	522	109	413	587	144	443
20-24岁	**13277**	**5542**	**7735**	**8771**	**3378**	**5393**	**9611**	**3679**	**5932**
20	1307	299	1008	837	160	677	1197	231	966
21	2027	677	1350	1215	357	858	1271	382	889
22	3090	1355	1735	1915	790	1125	1814	765	1049
23	3454	1474	1980	2494	984	1510	2554	985	1569
24	3399	1737	1662	2310	1087	1223	2775	1316	1459
25-29岁	**9336**	**5985**	**3351**	**7001**	**4434**	**2567**	**8144**	**5104**	**3040**
25	2928	1721	1207	2391	1352	1039	2529	1380	1149
26	2367	1490	877	1681	1048	633	2159	1339	820
27	1817	1172	645	1336	892	444	1540	998	542
28	1286	924	362	975	686	289	1053	748	305
29	938	678	260	618	456	162	863	639	224
30-34岁	**1492**	**1089**	**403**	**1155**	**851**	**304**	**1446**	**1088**	**358**
30	577	396	181	462	330	132	564	419	145
31	376	288	88	295	220	75	357	275	82
32	255	199	56	191	149	42	234	167	67
33	152	118	34	112	88	24	171	137	34
34	132	88	44	95	64	31	120	90	30
35-39岁	**310**	**234**	**76**	**210**	**160**	**50**	**278**	**203**	**75**
35	97	80	17	62	49	13	82	63	19
36	82	57	25	49	40	9	62	46	16
37	73	55	18	41	29	12	59	41	18
38	40	33	7	49	35	14	46	32	14
39	18	9	9	9	7	2	29	21	8
40-44岁	**73**	**58**	**15**	**52**	**40**	**12**	**70**	**50**	**20**
40	17	14	3	8	5	3	20	13	7
41	16	10	6	15	11	4	19	13	6
42	20	18	2	10	8	2	14	11	3
43	9	8	1	12	10	2	10	9	1
44	11	8	3	7	6	1	7	4	3
45-49岁	**39**	**24**	**15**	**22**	**17**	**5**	**34**	**23**	**11**
45	14	9	5	5	3	2	7	6	1
46	10	7	3	6	6		10	6	4
47	4	4		1	1		12	7	5
48	6	2	4	4	2	2	3	2	1
49	5	2	3	6	5	1	2	2	
50岁及以上	**33**	**14**	**19**	**25**	**10**	**15**	**22**	**12**	**10**
平均初婚年龄	**24.84**	**25.83**	**23.81**	**25.02**	**26.10**	**23.94**	**25.20**	**26.30**	**24.08**

5-4a　续表 8　　　　单位：人

初婚年龄	初婚年份								
	2003年			2004年			2005年		
	小计	男	女	小计	男	女	小计	男	女
总　计	**23521**	**11681**	**11840**	**23501**	**11823**	**11678**	**25283**	**12720**	**12563**
15岁以下	**21**	**7**	**14**	**18**	**2**	**16**	**19**	**5**	**14**
15-19岁	**1337**	**315**	**1022**	**1306**	**295**	**1011**	**1598**	**379**	**1219**
15	81	21	60	67	19	48	85	21	64
16	146	35	111	130	29	101	154	53	101
17	174	45	129	188	55	133	241	70	171
18	327	75	252	316	68	248	422	93	329
19	609	139	470	605	124	481	696	142	554
20-24岁	**10339**	**3885**	**6454**	**10536**	**4121**	**6415**	**11619**	**4669**	**6950**
20	1259	258	1001	1179	250	929	1351	308	1043
21	1814	504	1310	1864	552	1312	1926	604	1322
22	2027	785	1242	2694	1083	1611	2762	1161	1601
23	2404	989	1415	2312	1005	1307	3075	1372	1703
24	2835	1349	1486	2487	1231	1256	2505	1224	1281
25-29岁	**9416**	**5767**	**3649**	**9240**	**5689**	**3551**	**9207**	**5669**	**3538**
25	2817	1497	1320	2729	1483	1246	2374	1291	1083
26	2363	1383	980	2401	1390	1011	2354	1387	967
27	1890	1207	683	1841	1205	636	1906	1211	695
28	1352	944	408	1370	955	415	1499	1034	465
29	994	736	258	899	656	243	1074	746	328
30-34岁	**1922**	**1374**	**548**	**1887**	**1356**	**531**	**2153**	**1526**	**627**
30	706	513	193	641	463	178	702	520	182
31	469	329	140	496	360	136	505	361	144
32	367	264	103	357	262	95	411	283	128
33	228	168	60	221	153	68	282	203	79
34	152	100	52	172	118	54	253	159	94
35-39岁	**311**	**227**	**84**	**349**	**250**	**99**	**449**	**326**	**123**
35	101	75	26	122	87	35	141	104	37
36	76	56	20	82	59	23	107	74	33
37	55	38	17	56	46	10	97	77	20
38	39	30	9	53	36	17	57	37	20
39	40	28	12	36	22	14	47	34	13
40-44岁	**85**	**51**	**34**	**93**	**70**	**23**	**147**	**93**	**54**
40	39	25	14	29	24	5	41	25	16
41	14	7	7	28	22	6	34	22	12
42	15	9	6	21	16	5	39	27	12
43	9	5	4	9	5	4	18	11	7
44	8	5	3	6	3	3	15	8	7
45-49岁	**45**	**34**	**11**	**43**	**29**	**14**	**44**	**28**	**16**
45	7	4	3	9	8	1	9	7	2
46	12	11	1	9	6	3	8	5	3
47	11	8	3	13	9	4	10	5	5
48	5	4	1	6	4	2	9	5	4
49	10	7	3	6	2	4	8	6	2
50岁及以上	**45**	**21**	**24**	**29**	**11**	**18**	**47**	**25**	**22**
平均初婚年龄	**25.35**	**26.49**	**24.21**	**25.29**	**26.40**	**24.16**	**25.33**	**26.44**	**24.21**

5-4a 续表 9

单位：人

初婚年龄	初婚年份								
	2006年			2007年			2008年		
	小计	男	女	小计	男	女	小计	男	女
总 计	**27415**	**13680**	**13735**	**26924**	**13454**	**13470**	**32295**	**16349**	**15946**
15岁以下	**12**	**4**	**8**	**13**	**4**	**9**	**6**	**2**	**4**
15-19岁	**1485**	**380**	**1105**	**1495**	**372**	**1123**	**1767**	**461**	**1306**
15	39	8	31	50	15	35	47	12	35
16	113	36	77	105	26	79	97	24	73
17	219	55	164	206	46	160	225	49	176
18	385	94	291	385	94	291	491	140	351
19	729	187	542	749	191	558	907	236	671
20-24岁	**12570**	**4888**	**7682**	**11855**	**4635**	**7220**	**14252**	**5833**	**8419**
20	1302	276	1026	1353	322	1031	1753	434	1319
21	1918	580	1338	1763	509	1254	2372	741	1631
22	2743	1170	1573	2588	1069	1519	3055	1366	1689
23	3151	1316	1835	2843	1165	1678	3514	1582	1932
24	3456	1546	1910	3308	1570	1738	3558	1710	1848
25-29岁	**10171**	**6155**	**4016**	**10230**	**6120**	**4110**	**12159**	**7199**	**4960**
25	2734	1457	1277	3400	1768	1632	3819	2042	1777
26	2309	1339	970	2260	1295	965	3411	1919	1492
27	2222	1384	838	1800	1141	659	2094	1306	788
28	1701	1145	556	1609	1075	534	1577	1062	515
29	1205	830	375	1161	841	320	1258	870	388
30-34岁	**2481**	**1768**	**713**	**2424**	**1712**	**712**	**2910**	**2044**	**866**
30	875	605	270	785	542	243	938	654	284
31	603	443	160	601	431	170	741	538	203
32	405	301	104	449	318	131	518	368	150
33	348	246	102	350	250	100	387	264	123
34	250	173	77	239	171	68	326	220	106
35-39岁	**482**	**349**	**133**	**629**	**434**	**195**	**815**	**570**	**245**
35	153	109	44	192	123	69	255	177	78
36	121	87	34	174	116	58	199	127	72
37	94	72	22	114	92	22	157	115	42
38	74	51	23	89	65	24	101	74	27
39	40	30	10	60	38	22	103	77	26
40-44岁	**120**	**85**	**35**	**164**	**110**	**54**	**230**	**155**	**75**
40	37	27	10	37	23	14	65	43	22
41	36	22	14	35	26	9	51	34	17
42	21	17	4	30	17	13	48	38	10
43	18	14	4	33	22	11	36	22	14
44	8	5	3	29	22	7	30	18	12
45-49岁	**48**	**30**	**18**	**44**	**28**	**16**	**74**	**46**	**28**
45	6	5	1	13	8	5	26	16	10
46	13	11	2	8	5	3	15	9	6
47	8	5	3	6	4	2	14	9	5
48	13	5	8	6	5	1	8	6	2
49	8	4	4	11	6	5	11	6	5
50岁及以上	**46**	**21**	**25**	**70**	**39**	**31**	**82**	**39**	**43**
平均初婚年龄	**25.49**	**26.57**	**24.41**	**25.60**	**26.71**	**24.48**	**25.59**	**26.62**	**24.54**

5-4a 续表 10

单位：人

初婚年龄	初婚年份								
	2009年			2010年			2011年		
	小计	男	女	小计	男	女	小计	男	女
总 计	**29970**	**15017**	**14953**	**31385**	**15823**	**15562**	**29783**	**14928**	**14855**
15岁以下	**9**		**9**	**10**	**2**	**8**	**5**		**5**
15-19岁	**1587**	**436**	**1151**	**1655**	**448**	**1207**	**1040**	**274**	**766**
15	44	7	37	51	8	43	33	3	30
16	95	26	69	116	31	85	62	12	50
17	170	43	127	212	57	155	152	36	116
18	375	104	271	430	119	311	255	74	181
19	903	256	647	846	233	613	538	149	389
20-24岁	**12943**	**5284**	**7659**	**14070**	**5908**	**8162**	**12760**	**5210**	**7550**
20	1531	370	1161	1781	448	1333	1189	276	913
21	2127	671	1456	2405	818	1587	2067	666	1401
22	3001	1314	1687	3183	1446	1737	2832	1233	1599
23	2957	1341	1616	3366	1566	1800	3217	1423	1794
24	3327	1588	1739	3335	1630	1705	3455	1612	1843
25-29岁	**11543**	**6667**	**4876**	**11594**	**6780**	**4814**	**12415**	**7026**	**5389**
25	3369	1747	1622	3366	1755	1611	3355	1695	1660
26	3100	1709	1391	2989	1697	1292	3114	1668	1446
27	2600	1571	1029	2320	1415	905	2578	1506	1072
28	1475	948	527	1819	1177	642	1931	1219	712
29	999	692	307	1100	736	364	1437	938	499
30-34岁	**2689**	**1841**	**848**	**2672**	**1768**	**904**	**2367**	**1629**	**738**
30	818	547	271	743	497	246	751	510	241
31	674	475	199	593	385	208	490	337	153
32	481	318	163	556	348	208	471	322	149
33	403	284	119	418	290	128	363	254	109
34	313	217	96	362	248	114	292	206	86
35-39岁	**798**	**538**	**260**	**904**	**607**	**297**	**783**	**513**	**270**
35	243	154	89	271	183	88	237	149	88
36	182	138	44	181	122	59	174	117	57
37	152	96	56	186	125	61	154	98	56
38	126	82	44	140	91	49	113	80	33
39	95	68	27	126	86	40	105	69	36
40-44岁	**226**	**145**	**81**	**277**	**184**	**93**	**243**	**165**	**78**
40	62	37	25	85	57	28	78	53	25
41	66	43	23	75	54	21	64	41	23
42	33	23	10	60	36	24	47	36	11
43	30	17	13	29	19	10	36	23	13
44	35	25	10	28	18	10	18	12	6
45-49岁	**102**	**71**	**31**	**113**	**76**	**37**	**95**	**70**	**25**
45	28	22	6	30	22	8	21	18	3
46	31	21	10	29	16	13	31	22	9
47	16	12	4	32	22	10	21	15	6
48	15	8	7	13	8	5	12	8	4
49	12	8	4	9	8	1	10	7	3
50岁及以上	**73**	**35**	**38**	**90**	**50**	**40**	**75**	**41**	**34**
平均初婚年龄	**25.70**	**26.69**	**24.71**	**25.67**	**26.64**	**24.69**	**25.92**	**26.84**	**25.00**

5-4a 续表 11

单位：人

初婚年龄	初婚年份								
	2012年			2013年			2014年		
	小计	男	女	小计	男	女	小计	男	女
总　计	**31790**	**15995**	**15795**	**30326**	**15264**	**15062**	**28592**	**14336**	**14256**
15岁以下	**3**		**3**	**9**	**1**	**8**	**3**		**3**
15—19岁	**1087**	**312**	**775**	**992**	**267**	**725**	**850**	**209**	**641**
15	38	10	28	35	7	28	18	6	12
16	82	21	61	42	9	33	51	11	40
17	153	39	114	143	37	106	127	27	100
18	276	93	183	267	73	194	228	54	174
19	538	149	389	505	141	364	426	111	315
20—24岁	**13423**	**5584**	**7839**	**12093**	**5048**	**7045**	**10355**	**4218**	**6137**
20	1158	283	875	895	210	685	837	197	640
21	1892	641	1251	1447	496	951	1104	352	752
22	3159	1346	1813	2566	1113	1453	1884	819	1065
23	3440	1534	1906	3531	1508	2023	2774	1131	1643
24	3774	1780	1994	3654	1721	1933	3756	1719	2037
25—29岁	**12981**	**7286**	**5695**	**12694**	**6997**	**5697**	**12799**	**7013**	**5786**
25	3827	1933	1894	3712	1803	1909	3762	1803	1959
26	3140	1727	1413	3279	1740	1539	3254	1743	1511
27	2665	1545	1120	2489	1470	1019	2617	1519	1098
28	1894	1160	734	1852	1134	718	1878	1152	726
29	1455	921	534	1362	850	512	1288	796	492
30—34岁	**2814**	**1850**	**964**	**3015**	**1949**	**1066**	**3053**	**1904**	**1149**
30	1101	706	395	1067	688	379	983	630	353
31	576	376	200	781	493	288	762	477	285
32	466	323	143	461	295	166	615	378	237
33	334	212	122	355	234	121	389	239	150
34	337	233	104	351	239	112	304	180	124
35—39岁	**955**	**624**	**331**	**945**	**623**	**322**	**920**	**597**	**323**
35	280	182	98	275	172	103	266	165	101
36	235	147	88	178	122	56	211	140	71
37	175	118	57	214	146	68	181	116	65
38	147	104	43	144	91	53	131	85	46
39	118	73	45	134	92	42	131	91	40
40—44岁	**306**	**214**	**92**	**348**	**238**	**110**	**370**	**235**	**135**
40	81	58	23	100	75	25	117	72	45
41	75	47	28	70	46	24	80	56	24
42	53	35	18	71	46	25	65	44	21
43	54	38	16	58	36	22	61	38	23
44	43	36	7	49	35	14	47	25	22
45—49岁	**118**	**74**	**44**	**131**	**83**	**48**	**124**	**89**	**35**
45	38	26	12	43	30	13	36	30	6
46	23	16	7	28	16	12	27	19	8
47	23	12	11	26	17	9	22	13	9
48	18	11	7	20	12	8	21	14	7
49	16	9	7	14	8	6	18	13	5
50岁及以上	**103**	**51**	**52**	**99**	**58**	**41**	**118**	**71**	**47**
平均初婚年龄	**26.07**	**26.91**	**25.23**	**26.33**	**27.17**	**25.47**	**26.62**	**27.45**	**25.79**

5-4a 续表 12 单位：人

初婚年龄	初婚年份								
	2015年			2016年			2017年		
	小计	男	女	小计	男	女	小计	男	女
总 计	**28444**	**14398**	**14046**	**24249**	**12234**	**12015**	**21930**	**11098**	**10832**
15岁以下	**5**		**5**	**1**		**1**	**2**		**2**
15-19岁	**762**	**192**	**570**	**549**	**129**	**420**	**501**	**119**	**382**
15	22	5	17	18	1	17	18	5	13
16	57	13	44	42	15	27	35	7	28
17	94	23	71	70	17	53	69	16	53
18	188	54	134	125	27	98	125	36	89
19	401	97	304	294	69	225	254	55	199
20-24岁	**8803**	**3632**	**5171**	**6699**	**2663**	**4036**	**5825**	**2359**	**3466**
20	776	160	616	643	120	523	499	101	398
21	994	312	682	828	265	563	772	241	531
22	1561	691	870	1287	543	744	1204	519	685
23	2164	988	1176	1627	719	908	1449	623	826
24	3308	1481	1827	2314	1016	1298	1901	875	1026
25-29岁	**13840**	**7413**	**6427**	**12259**	**6519**	**5740**	**11016**	**5845**	**5171**
25	4012	1904	2108	3205	1520	1685	2309	1099	1210
26	3550	1807	1743	3332	1687	1645	2765	1400	1365
27	2743	1518	1225	2499	1385	1114	2627	1437	1190
28	2114	1286	828	1854	1084	770	1963	1100	863
29	1421	898	523	1369	843	526	1352	809	543
30-34岁	**3281**	**2067**	**1214**	**3114**	**1923**	**1191**	**3037**	**1824**	**1213**
30	1094	688	406	951	586	365	1003	598	405
31	783	499	284	760	471	289	695	418	277
32	605	386	219	554	351	203	563	349	214
33	498	310	188	459	275	184	412	253	159
34	301	184	117	390	240	150	364	206	158
35-39岁	**1032**	**644**	**388**	**900**	**556**	**344**	**901**	**541**	**360**
35	276	176	100	248	143	105	315	187	128
36	227	137	90	202	120	82	175	105	70
37	207	126	81	183	110	73	151	88	63
38	158	99	59	143	97	46	125	83	42
39	164	106	58	124	86	38	135	78	57
40-44岁	**408**	**256**	**152**	**402**	**246**	**156**	**359**	**237**	**122**
40	119	82	37	117	77	40	80	52	28
41	75	47	28	97	60	37	93	61	32
42	70	44	26	70	42	28	60	44	16
43	78	45	33	68	40	28	69	47	22
44	66	38	28	50	27	23	57	33	24
45-49岁	**167**	**117**	**50**	**181**	**122**	**59**	**156**	**99**	**57**
45	51	36	15	65	45	20	51	34	17
46	43	31	12	41	27	14	37	21	16
47	27	18	9	35	22	13	32	22	10
48	22	16	6	21	16	5	25	15	10
49	24	16	8	19	12	7	11	7	4
50岁及以上	**146**	**77**	**69**	**144**	**76**	**68**	**133**	**74**	**59**
平均初婚年龄	**27.01**	**27.79**	**26.21**	**27.34**	**28.13**	**26.54**	**27.54**	**28.28**	**26.77**

5-4a　续表 13　　　　单位：人

初婚年龄	初婚年份								
	2018年			2019年			2020年		
	小计	男	女	小计	男	女	小计	男	女
总　计	**22632**	**11395**	**11237**	**19369**	**9718**	**9651**	**12085**	**6089**	**5996**
15岁以下	**3**		**3**	**4**	**1**	**3**	**1**		**1**
15-19岁	**489**	**119**	**370**	**434**	**98**	**336**	**187**	**40**	**147**
15	11	3	8	14	1	13	4	2	2
16	33	6	27	24	6	18	11	3	8
17	70	17	53	70	18	52	27	4	23
18	116	32	84	99	19	80	56	12	44
19	259	61	198	227	54	173	89	19	70
20-24岁	**5734**	**2233**	**3501**	**4875**	**1936**	**2939**	**2766**	**1111**	**1655**
20	520	98	422	454	103	351	220	46	174
21	711	211	500	567	158	409	295	79	216
22	1132	460	672	975	414	561	538	223	315
23	1541	669	872	1283	566	717	714	298	416
24	1830	795	1035	1596	695	901	999	465	534
25-29岁	**11047**	**5838**	**5209**	**9002**	**4673**	**4329**	**5359**	**2788**	**2571**
25	2092	1008	1084	1756	812	944	1110	523	587
26	2405	1231	1174	1904	931	973	1157	584	573
27	2598	1367	1231	1897	1024	873	1077	567	510
28	2304	1286	1018	1858	990	868	1015	551	464
29	1648	946	702	1587	916	671	1000	563	437
30-34岁	**3565**	**2136**	**1429**	**3472**	**2076**	**1396**	**2383**	**1371**	**1012**
30	1212	732	480	1136	673	463	800	441	359
31	870	541	329	897	547	350	534	308	226
32	622	354	268	620	385	235	470	271	199
33	480	293	187	453	263	190	317	203	114
34	381	216	165	366	208	158	262	148	114
35-39岁	**993**	**576**	**417**	**899**	**540**	**359**	**689**	**385**	**304**
35	302	177	125	277	161	116	204	107	97
36	297	165	132	199	124	75	170	97	73
37	150	93	57	199	125	74	123	77	46
38	134	73	61	116	66	50	115	66	49
39	110	68	42	108	64	44	77	38	39
40-44岁	**416**	**271**	**145**	**314**	**189**	**125**	**351**	**185**	**166**
40	118	78	40	72	42	30	73	38	35
41	92	57	35	69	37	32	68	35	33
42	82	50	32	61	37	24	66	39	27
43	63	47	16	61	40	21	85	41	44
44	61	39	22	51	33	18	59	32	27
45-49岁	**200**	**126**	**74**	**202**	**114**	**88**	**209**	**130**	**79**
45	59	39	20	53	34	19	59	38	21
46	51	28	23	42	23	19	44	23	21
47	37	29	8	34	18	16	40	23	17
48	25	15	10	38	22	16	38	26	12
49	28	15	13	35	17	18	28	20	8
50岁及以上	**185**	**96**	**89**	**167**	**91**	**76**	**140**	**79**	**61**
平均初婚年龄	**27.89**	**28.65**	**27.13**	**28.06**	**28.81**	**27.29**	**28.82**	**29.50**	**28.12**

5-4b 全省分初婚年龄、性别、初婚年份的人口(镇)

单位：人

初婚年龄	初婚年份								
	合　计			1980年			1981年		
	合计	男	女	小计	男	女	小计	男	女
总　计	**602465**	**298621**	**303844**	**12698**	**6061**	**6637**	**10387**	**4976**	**5411**
15岁以下	**616**	**112**	**504**	**35**	**6**	**29**	**25**	**5**	**20**
15-19岁	**70851**	**17473**	**53378**	**2499**	**462**	**2037**	**2416**	**459**	**1957**
15	2888	552	2336	164	25	139	112	13	99
16	5814	1098	4716	346	49	297	228	32	196
17	10990	2334	8656	678	119	559	448	65	383
18	19120	4829	14291	613	123	490	841	172	669
19	32039	8660	23379	698	146	552	787	177	610
20-24岁	**319422**	**142955**	**176467**	**7118**	**3290**	**3828**	**5497**	**2627**	**2870**
20	49333	14041	35292	1118	328	790	740	216	524
21	60834	22664	38170	1423	540	883	1085	417	668
22	73909	34733	39176	1797	809	988	1194	538	656
23	71213	35895	35318	1525	813	712	1383	759	624
24	64133	35622	28511	1255	800	455	1095	697	398
25-29岁	**164110**	**105945**	**58165**	**2592**	**1927**	**665**	**2122**	**1617**	**505**
25	54037	32477	21560	1025	707	318	769	525	244
26	41438	26552	14886	688	522	166	606	474	132
27	30731	20594	10137	438	346	92	364	296	68
28	22285	15352	6933	257	208	49	219	188	31
29	15619	10970	4649	184	144	40	164	134	30
30-34岁	**32893**	**22608**	**10285**	**357**	**304**	**53**	**264**	**217**	**47**
30	11070	7764	3306	139	116	23	105	87	18
31	8005	5461	2544	93	80	13	67	56	11
32	5887	4039	1848	60	50	10	43	34	9
33	4515	3053	1462	44	39	5	26	22	4
34	3416	2291	1125	21	19	2	23	18	5
35-39岁	**8782**	**5933**	**2849**	**69**	**55**	**14**	**49**	**43**	**6**
35	2725	1872	853	27	18	9	19	18	1
36	2002	1344	658	15	12	3	16	14	2
37	1637	1141	496	10	10		5	5	
38	1326	864	462	13	12	1	4	2	2
39	1092	712	380	4	3	1	5	4	1
40-44岁	**3237**	**2085**	**1152**	**19**	**12**	**7**	**12**	**8**	**4**
40	914	591	323	6	4	2	7	7	
41	723	480	243	6	3	3			
42	647	404	243	4	3	1	2	1	1
43	502	319	183	1	1		2		2
44	451	291	160	2	1	1	1		1
45-49岁	**1333**	**857**	**476**	**8**	**5**	**3**	**2**		**2**
45	377	247	130	1	1				
46	288	189	99	4	3	1	2		2
47	261	172	89	1		1			
48	214	135	79	2	1	1			
49	193	114	79						
50岁及以上	**1221**	**653**	**568**	**1**		**1**			
平均初婚年龄	**24.23**	**25.32**	**23.17**	**22.86**	**24.37**	**21.49**	**22.80**	**24.35**	**21.37**

5-4b 续表 1

单位：人

初婚年龄	初婚年份								
	1982年			1983年			1984年		
	小计	男	女	小计	男	女	小计	男	女
总 计	11834	5680	6154	12243	5911	6332	12573	6068	6505
15岁以下	37	5	32	21	4	17	28	5	23
15–19岁	3265	752	2513	3120	717	2403	3114	770	2344
15	143	21	122	125	19	106	131	14	117
16	268	38	230	261	45	216	297	46	251
17	502	95	407	515	85	430	467	94	373
18	862	191	671	879	211	668	882	208	674
19	1490	407	1083	1340	357	983	1337	408	929
20–24岁	5894	2902	2992	6298	3043	3255	6880	3314	3566
20	1229	371	858	1953	715	1238	1758	603	1155
21	925	370	555	1266	549	717	2094	939	1155
22	1317	631	686	927	444	483	1312	694	618
23	1214	704	510	1205	709	496	801	482	319
24	1209	826	383	947	626	321	915	596	319
25–29岁	2298	1750	548	2439	1854	585	2169	1677	492
25	895	641	254	885	638	247	729	543	186
26	562	423	139	675	512	163	587	452	135
27	451	367	84	402	320	82	407	325	82
28	242	201	41	292	238	54	259	205	54
29	148	118	30	185	146	39	187	152	35
30–34岁	275	227	48	292	237	55	307	243	64
30	109	88	21	110	88	22	103	85	18
31	70	58	12	70	58	12	82	65	17
32	50	42	8	43	37	6	63	46	17
33	29	25	4	38	29	9	33	26	7
34	17	14	3	31	25	6	26	21	5
35–39岁	41	29	12	51	42	9	54	43	11
35	9	6	3	17	17		28	21	7
36	10	9	1	9	9		11	10	1
37	6	4	2	9	6	3	10	8	2
38	10	7	3	7	6	1	1	1	
39	6	3	3	9	4	5	4	3	1
40–44岁	19	13	6	16	11	5	15	11	4
40	4	3	1	4	2	2	3	3	
41	2		2	3	2	1	3	2	1
42	5	3	2	4	3	1	3	2	1
43	3	2	1	1	1		4	2	2
44	5	5		4	3	1	2	2	
45–49岁	4	2	2	5	2	3	1	1	
45	4	2	2	2	1	1	1	1	
46				1	1				
47									
48				1		1			
49				1		1			
50岁及以上	1		1	1	1		5	4	1
平均初婚年龄	22.52	24.03	21.13	22.46	23.91	21.12	22.32	23.68	21.05

5-4b 续表 2　　　　单位：人

初婚年龄	初婚年份								
	1985年			1986年			1987年		
	小计	男	女	小计	男	女	小计	男	女
总　计	**15571**	**7683**	**7888**	**14551**	**7175**	**7376**	**15329**	**7585**	**7744**
15岁以下	**26**	**3**	**23**	**26**	**3**	**23**	**20**	**2**	**18**
15-19岁	**3680**	**950**	**2730**	**3365**	**879**	**2486**	**3501**	**933**	**2568**
15	160	32	128	130	19	111	112	24	88
16	352	63	289	285	48	237	300	42	258
17	576	116	460	585	121	464	530	103	427
18	986	255	731	992	262	730	1009	290	719
19	1606	484	1122	1373	429	944	1550	474	1076
20-24岁	**8900**	**4440**	**4460**	**8887**	**4568**	**4319**	**9439**	**4848**	**4591**
20	1981	737	1244	1965	730	1235	1862	675	1187
21	2300	1053	1247	2018	957	1061	2115	915	1200
22	2531	1357	1174	1965	1030	935	2112	1166	946
23	1321	783	538	1984	1206	778	1734	1044	690
24	767	510	257	955	645	310	1616	1048	568
25-29岁	**2447**	**1890**	**557**	**1826**	**1384**	**442**	**1855**	**1418**	**437**
25	862	635	227	544	382	162	719	539	180
26	587	442	145	467	344	123	358	255	103
27	483	393	90	335	271	64	331	258	73
28	319	261	58	290	237	53	251	210	41
29	196	159	37	190	150	40	196	156	40
30-34岁	**403**	**314**	**89**	**322**	**252**	**70**	**398**	**301**	**97**
30	138	112	26	105	85	20	143	110	33
31	95	74	21	78	58	20	114	84	30
32	77	55	22	64	50	14	60	45	15
33	60	51	9	41	32	9	49	37	12
34	33	22	11	34	27	7	32	25	7
35-39岁	**76**	**62**	**14**	**84**	**58**	**26**	**87**	**67**	**20**
35	31	23	8	26	19	7	36	26	10
36	15	14	1	26	17	9	13	11	2
37	8	7	1	9	7	2	11	9	2
38	13	11	2	16	9	7	14	11	3
39	9	7	2	7	6	1	13	10	3
40-44岁	**23**	**16**	**7**	**29**	**20**	**9**	**15**	**9**	**6**
40	8	4	4	10	7	3	6	4	2
41	5	3	2	6	3	3	1		1
42	2	1	1	7	6	1	4	2	2
43	4	4		2	1	1	3	3	
44	4	4		4	3	1	1		1
45-49岁	**9**	**5**	**4**	**7**	**7**		**8**	**4**	**4**
45	4	2	2	1	1		3	2	1
46	1	1		2	2		1		1
47	3	2	1	1	1		1	1	
48	1		1	2	2		1	1	
49				1	1		2		2
50岁及以上	**7**	**3**	**4**	**5**	**4**	**1**	**6**	**3**	**3**
平均初婚年龄	**22.36**	**23.58**	**21.18**	**22.33**	**23.47**	**21.22**	**22.42**	**23.52**	**21.34**

5-4b 续表 3

单位：人

初婚年龄	初婚年份								
	1988年			1989年			1990年		
	小计	男	女	小计	男	女	小计	男	女
总 计	**16624**	**8257**	**8367**	**17025**	**8519**	**8506**	**19057**	**9630**	**9427**
15岁以下	**33**	**7**	**26**	**28**	**3**	**25**	**33**	**10**	**23**
15-19岁	**3836**	**1063**	**2773**	**3852**	**1020**	**2832**	**4432**	**1301**	**3131**
15	144	21	123	141	20	121	183	42	141
16	317	60	257	311	52	259	342	73	269
17	581	126	455	614	129	485	723	178	545
18	1044	285	759	1113	301	812	1265	372	893
19	1750	571	1179	1673	518	1155	1919	636	1283
20-24岁	**9887**	**5100**	**4787**	**10173**	**5309**	**4864**	**11091**	**5758**	**5333**
20	2078	760	1318	2274	932	1342	2365	906	1459
21	2107	1002	1105	2337	1083	1254	2573	1203	1370
22	2337	1267	1070	2170	1148	1022	2557	1406	1151
23	1870	1098	772	1893	1149	744	1963	1200	763
24	1495	973	522	1499	997	502	1633	1043	590
25-29岁	**2350**	**1686**	**664**	**2492**	**1826**	**666**	**2958**	**2136**	**822**
25	1199	820	379	1017	720	297	1213	840	373
26	518	372	146	828	620	208	795	584	211
27	221	167	54	331	244	87	576	439	137
28	232	190	42	161	120	41	270	191	79
29	180	137	43	155	122	33	104	82	22
30-34岁	**381**	**302**	**79**	**355**	**278**	**77**	**385**	**312**	**73**
30	139	114	25	99	84	15	120	96	24
31	85	63	22	95	69	26	76	58	18
32	52	41	11	65	50	15	85	68	17
33	55	45	10	59	47	12	60	52	8
34	50	39	11	37	28	9	44	38	6
35-39岁	**89**	**71**	**18**	**84**	**58**	**26**	**108**	**83**	**25**
35	24	21	3	22	16	6	49	36	13
36	20	15	5	26	18	8	19	17	2
37	18	13	5	15	12	3	17	10	7
38	18	14	4	9	6	3	11	10	1
39	9	8	1	12	6	6	12	10	2
40-44岁	**28**	**18**	**10**	**25**	**13**	**12**	**28**	**19**	**9**
40	13	8	5	6	6		10	6	4
41	4	3	1	5	1	4	3	3	
42	4	2	2	6	4	2	7	4	3
43	5	3	2	5	2	3	5	3	2
44	2	2		3		3	3	3	
45-49岁	**8**	**6**	**2**	**8**	**6**	**2**	**11**	**8**	**3**
45	2	2		3	3		3	2	1
46	2		2	1		1	3	1	2
47	2	2		2	2		3	3	
48	2	2							
49				2	1	1	2	2	
50岁及以上	**12**	**4**	**8**	**8**	**6**	**2**	**11**	**3**	**8**
平均初婚年龄	**22.41**	**23.45**	**21.38**	**22.38**	**23.42**	**21.34**	**22.41**	**23.41**	**21.39**

5-4b 续表 4

单位：人

初婚年龄	初婚年份								
	1991年			1992年			1993年		
	小计	男	女	小计	男	女	小计	男	女
总　计	13779	6891	6888	14802	7375	7427	15714	7873	7841
15岁以下	21	3	18	16	3	13	11		11
15-19岁	2725	734	1991	2493	669	1824	2253	572	1681
15	95	20	75	76	16	60	85	16	69
16	214	44	170	175	33	142	147	28	119
17	413	97	316	363	87	276	309	64	245
18	759	198	561	648	173	475	619	167	452
19	1244	375	869	1231	360	871	1093	297	796
20-24岁	8326	4178	4148	9263	4553	4710	9885	4744	5141
20	1711	597	1114	1818	572	1246	1717	531	1186
21	1858	832	1026	2067	934	1133	2161	884	1277
22	1970	1052	918	2108	1093	1015	2372	1200	1172
23	1579	919	660	1896	1085	811	1982	1115	867
24	1208	778	430	1374	869	505	1653	1014	639
25-29岁	2352	1696	656	2616	1862	754	2971	2134	837
25	887	601	286	987	670	317	1192	799	393
26	636	461	175	655	453	202	725	529	196
27	393	295	98	444	336	108	475	358	117
28	308	242	66	308	232	76	348	272	76
29	128	97	31	222	171	51	231	176	55
30-34岁	253	204	49	256	189	67	405	300	105
30	69	59	10	90	65	25	197	143	54
31	59	46	13	44	35	9	87	67	20
32	33	24	9	49	37	12	39	29	10
33	53	44	9	38	27	11	40	28	12
34	39	31	8	35	25	10	42	33	9
35-39岁	72	57	15	100	61	39	113	81	32
35	32	28	4	33	27	6	38	26	12
36	15	10	5	19	9	10	27	23	4
37	10	8	2	19	11	8	16	14	2
38	10	7	3	11	7	4	21	14	7
39	5	4	1	18	7	11	11	4	7
40-44岁	17	11	6	42	28	14	46	25	21
40	6	3	3	12	9	3	14	7	7
41	8	5	3	6	4	2	15	5	10
42				12	9	3	5	4	1
43	2	2		5	3	2	6	5	1
44	1	1		7	3	4	6	4	2
45-49岁	7	5	2	9	7	2	14	11	3
45	2	2		3	2	1	5	3	2
46	1	1		3	3		3	3	
47	2	1	1	1	1		3	3	
48	1		1	1	1		2	1	1
49	1	1		1		1	1	1	
50岁及以上	6	3	3	7	3	4	16	6	10
平均初婚年龄	22.63	23.67	21.59	22.87	23.82	21.92	23.16	24.16	22.16

5-4b 续表 5 单位：人

初婚年龄	初婚年份								
	1994年			1995年			1996年		
	小计	男	女	小计	男	女	小计	男	女
总　计	**14888**	**7456**	**7432**	**16989**	**8568**	**8421**	**14354**	**7162**	**7192**
15岁以下	**11**	**2**	**9**	**12**	**3**	**9**	**10**	**1**	**9**
15–19岁	**1755**	**426**	**1329**	**1602**	**374**	**1228**	**1060**	**250**	**810**
15	61	9	52	57	15	42	36	6	30
16	103	19	84	106	27	79	66	14	52
17	231	43	188	209	45	164	117	30	87
18	484	133	351	366	88	278	266	66	200
19	876	222	654	864	199	665	575	134	441
20–24岁	**9584**	**4530**	**5054**	**10599**	**4859**	**5740**	**8948**	**3963**	**4985**
20	1510	405	1105	1415	335	1080	1263	234	1029
21	2006	763	1243	2136	814	1322	1555	555	1000
22	2391	1248	1143	2707	1340	1367	2229	1065	1164
23	2116	1173	943	2343	1206	1137	2172	1130	1042
24	1561	941	620	1998	1164	834	1729	979	750
25–29岁	**2932**	**2074**	**858**	**3988**	**2759**	**1229**	**3598**	**2433**	**1165**
25	1153	763	390	1518	964	554	1381	874	507
26	727	507	220	1021	741	280	919	640	279
27	472	357	115	717	536	181	642	443	199
28	351	269	82	424	294	130	410	296	114
29	229	178	51	308	224	84	246	180	66
30–34岁	**412**	**299**	**113**	**585**	**434**	**151**	**513**	**370**	**143**
30	155	111	44	213	164	49	174	128	46
31	142	102	40	138	99	39	108	80	28
32	52	39	13	126	95	31	96	68	28
33	38	28	10	62	42	20	99	67	32
34	25	19	6	46	34	12	36	27	9
35–39岁	**112**	**76**	**36**	**116**	**89**	**27**	**103**	**74**	**29**
35	32	28	4	31	27	4	22	17	5
36	23	16	7	24	17	7	21	16	5
37	21	14	7	23	17	6	14	12	2
38	15	8	7	19	16	3	26	20	6
39	21	10	11	19	12	7	20	9	11
40–44岁	**47**	**30**	**17**	**40**	**29**	**11**	**53**	**38**	**15**
40	13	6	7	6	5	1	17	13	4
41	12	10	2	12	10	2	7	5	2
42	13	8	5	10	6	4	13	11	2
43	3	2	1	5	3	2	7	2	5
44	6	4	2	7	5	2	9	7	2
45–49岁	**19**	**11**	**8**	**17**	**9**	**8**	**24**	**12**	**12**
45	5	4	1	2	1	1	5	3	2
46	3	3		7	4	3	7	3	4
47	3	1	2	2	1	1	6	4	2
48	3	2	1	4	2	2	4	1	3
49	5	1	4	2	1	1	2	1	1
50岁及以上	**16**	**8**	**8**	**30**	**12**	**18**	**45**	**21**	**24**
平均初婚年龄	**23.38**	**24.34**	**22.40**	**23.75**	**24.71**	**22.78**	**24.03**	**24.98**	**23.08**

5-4b 续表 6　　　　单位：人

初婚年龄	初婚年份								
	1997年			1998年			1999年		
	小计	男	女	小计	男	女	小计	男	女
总　计	**14926**	**7530**	**7396**	**15711**	**7949**	**7762**	**15603**	**7783**	**7820**
15岁以下	**11**	**3**	**8**	**5**	**1**	**4**	**11**	**3**	**8**
15-19岁	**953**	**200**	**753**	**882**	**183**	**699**	**807**	**128**	**679**
15	39	5	34	34	6	28	36	7	29
16	45	8	37	68	14	54	51	6	45
17	103	26	77	98	20	78	131	27	104
18	222	56	166	204	47	157	179	40	139
19	544	105	439	478	96	382	410	48	362
20-24岁	**8861**	**3884**	**4977**	**9065**	**3914**	**5151**	**8929**	**3671**	**5258**
20	1099	214	885	1071	197	874	1018	154	864
21	1652	505	1147	1563	483	1080	1573	444	1129
22	2127	1034	1093	2318	1049	1269	2113	949	1164
23	2106	1059	1047	2174	1063	1111	2256	1055	1201
24	1877	1072	805	1939	1122	817	1969	1069	900
25-29岁	**4208**	**2844**	**1364**	**4523**	**3021**	**1502**	**4833**	**3230**	**1603**
25	1526	954	572	1630	1029	601	1769	1074	695
26	1108	755	353	1115	781	334	1165	774	391
27	735	527	208	866	588	278	865	627	238
28	513	366	147	525	359	166	604	443	161
29	326	242	84	387	264	123	430	312	118
30-34岁	**602**	**430**	**172**	**890**	**592**	**298**	**804**	**600**	**204**
30	193	134	59	296	207	89	299	226	73
31	143	101	42	204	119	85	205	147	58
32	118	85	33	171	117	54	111	84	27
33	69	54	15	130	96	34	115	85	30
34	79	56	23	89	53	36	74	58	16
35-39岁	**132**	**81**	**51**	**216**	**161**	**55**	**122**	**92**	**30**
35	42	29	13	97	73	24	46	37	9
36	14	9	5	41	26	15	35	25	10
37	27	17	10	24	19	5	17	13	4
38	28	17	11	29	22	7	11	8	3
39	21	9	12	25	21	4	13	9	4
40-44岁	**103**	**56**	**47**	**80**	**50**	**30**	**47**	**27**	**20**
40	25	13	12	23	15	8	15	11	4
41	21	13	8	17	8	9	11	6	5
42	27	12	15	17	8	9	5	3	2
43	19	14	5	12	12		9	4	5
44	11	4	7	11	7	4	7	3	4
45-49岁	**33**	**18**	**15**	**27**	**15**	**12**	**27**	**20**	**7**
45	11	5	6	8	4	4	7	5	2
46	11	6	5	5	2	3	7	5	2
47	7	4	3	5	3	2	5	4	1
48	3	2	1	5	4	1			
49	1	1		4	2	2	8	6	2
50岁及以上	**23**	**14**	**9**	**23**	**12**	**11**	**23**	**12**	**11**
平均初婚年龄	**24.34**	**25.30**	**23.37**	**24.59**	**25.58**	**23.58**	**24.53**	**25.64**	**23.43**

5-4b　续表 7　　　　　　　　　　　　　　　　　　　　　　　　　　　　单位：人

初婚年龄	初婚年份								
	2000年			2001年			2002年		
	小计	男	女	小计	男	女	小计	男	女
总　计	**17675**	**8918**	**8757**	**12103**	**6000**	**6103**	**14222**	**7042**	**7180**
15岁以下	**27**	**7**	**20**	**11**	**4**	**7**	**27**	**6**	**21**
15-19岁	**1241**	**273**	**968**	**782**	**148**	**634**	**958**	**212**	**746**
15	67	18	49	53	13	40	60	18	42
16	133	39	94	70	18	52	95	26	69
17	184	43	141	95	17	78	126	33	93
18	341	75	266	184	38	146	215	46	169
19	516	98	418	380	62	318	462	89	373
20-24岁	**9915**	**4188**	**5727**	**6585**	**2590**	**3995**	**7443**	**2868**	**4575**
20	1051	202	849	711	107	604	993	154	839
21	1712	529	1183	969	243	726	1132	304	828
22	2351	1036	1315	1580	653	927	1599	646	953
23	2480	1169	1311	1766	759	1007	1907	833	1074
24	2321	1252	1069	1559	828	731	1812	931	881
25-29岁	**5432**	**3683**	**1749**	**3983**	**2702**	**1281**	**4842**	**3242**	**1600**
25	1839	1131	708	1432	903	529	1595	978	617
26	1456	988	468	1009	649	360	1297	846	451
27	962	658	304	704	513	191	876	628	248
28	693	530	163	498	383	115	647	475	172
29	482	376	106	340	254	86	427	315	112
30-34岁	**813**	**598**	**215**	**574**	**433**	**141**	**759**	**585**	**174**
30	324	246	78	216	161	55	294	226	68
31	219	152	67	146	114	32	199	163	36
32	145	110	35	99	76	23	121	90	31
33	74	57	17	75	55	20	83	59	24
34	51	33	18	38	27	11	62	47	15
35-39岁	**151**	**105**	**46**	**116**	**88**	**28**	**138**	**93**	**45**
35	46	30	16	35	27	8	40	29	11
36	43	33	10	37	26	11	35	24	11
37	43	29	14	17	12	5	25	19	6
38	11	8	3	16	13	3	19	8	11
39	8	5	3	11	10	1	19	13	6
40-44岁	**47**	**30**	**17**	**29**	**21**	**8**	**27**	**22**	**5**
40	9	6	3	8	6	2	9	8	1
41	8	7	1	6	5	1	4	2	2
42	10	5	5	3	1	2	3	3	
43	13	8	5	8	6	2	4	4	
44	7	4	3	4	3	1	7	5	2
45-49岁	**23**	**22**	**1**	**11**	**7**	**4**	**16**	**11**	**5**
45	6	6		4	2	2	5	3	2
46	8	7	1	3	2	1	3	2	1
47	4	4		1	1		5	4	1
48	3	3		1	1		2	1	1
49	2	2		2	1	1	1	1	
50岁及以上	**26**	**12**	**14**	**12**	**7**	**5**	**12**	**3**	**9**
平均初婚年龄	**24.39**	**25.46**	**23.31**	**24.54**	**25.72**	**23.37**	**24.60**	**25.79**	**23.43**

5-4b 续表 8

单位：人

初婚年龄	初婚年份								
	2003年			2004年			2005年		
	小计	男	女	小计	男	女	小计	男	女
总　计	**15250**	**7573**	**7677**	**15221**	**7537**	**7684**	**16359**	**8160**	**8199**
15岁以下	**18**	**5**	**13**	**15**	**1**	**14**	**8**	**3**	**5**
15-19岁	**1043**	**218**	**825**	**1081**	**223**	**858**	**1326**	**323**	**1003**
15	57	12	45	59	15	44	74	28	46
16	98	27	71	75	13	62	123	24	99
17	154	34	120	174	44	130	194	44	150
18	254	54	200	267	51	216	323	81	242
19	480	91	389	506	100	406	612	146	466
20-24岁	**7771**	**3014**	**4757**	**7901**	**3100**	**4801**	**8495**	**3456**	**5039**
20	1026	209	817	993	187	806	1094	227	867
21	1452	408	1044	1464	441	1023	1511	467	1044
22	1700	678	1022	2154	841	1313	2079	884	1195
23	1683	736	947	1686	761	925	2205	1028	1177
24	1910	983	927	1604	870	734	1606	850	756
25-29岁	**5231**	**3489**	**1742**	**5002**	**3316**	**1686**	**5032**	**3322**	**1710**
25	1733	1038	695	1488	894	594	1391	819	572
26	1308	848	460	1345	893	452	1306	859	447
27	1011	709	302	934	646	288	999	701	298
28	683	518	165	745	540	205	748	516	232
29	496	376	120	490	343	147	588	427	161
30-34岁	**950**	**685**	**265**	**983**	**737**	**246**	**1131**	**802**	**329**
30	358	265	93	367	285	82	371	263	108
31	237	166	71	243	172	71	302	216	86
32	173	128	45	167	122	45	168	125	43
33	111	82	29	120	92	28	164	113	51
34	71	44	27	86	66	20	126	85	41
35-39岁	**148**	**108**	**40**	**181**	**125**	**56**	**238**	**171**	**67**
35	58	43	15	65	43	22	88	62	26
36	31	26	5	44	28	16	60	42	18
37	31	22	9	30	23	7	33	21	12
38	17	9	8	23	18	5	31	22	9
39	11	8	3	19	13	6	26	24	2
40-44岁	**44**	**26**	**18**	**36**	**23**	**13**	**74**	**52**	**22**
40	24	13	11	18	10	8	25	21	4
41	9	6	3	10	5	5	16	12	4
42	5	5		3	3		23	12	11
43	4	1	3	1	1		5	3	2
44	2	1	1	4	4		5	4	1
45-49岁	**24**	**19**	**5**	**9**	**4**	**5**	**35**	**21**	**14**
45	3	3					11	4	7
46	3	2	1				9	7	2
47	6	4	2	5	3	2	7	5	2
48	9	7	2	1	1		5	3	2
49	3	3		3		3	3	2	1
50岁及以上	**21**	**9**	**12**	**13**	**8**	**5**	**20**	**10**	**10**
平均初婚年龄	**24.70**	**25.91**	**23.52**	**24.63**	**25.86**	**23.43**	**24.71**	**25.90**	**23.53**

5-4b　续表 9　　　　　　　　　　　　　　　　　　　　　　单位：人

初婚年龄	初婚年份								
	2006年			2007年			2008年		
	小计	男	女	小计	男	女	小计	男	女
总　计	**16499**	**8091**	**8408**	**16196**	**8014**	**8182**	**18723**	**9246**	**9477**
15岁以下	**9**	**2**	**7**	**5**	**3**	**2**	**11**	**4**	**7**
15–19岁	**1317**	**305**	**1012**	**1297**	**330**	**967**	**1543**	**387**	**1156**
15	44	17	27	54	13	41	48	9	39
16	112	26	86	85	25	60	106	22	84
17	199	47	152	185	51	134	189	48	141
18	339	71	268	328	72	256	448	116	332
19	623	144	479	645	169	476	752	192	560
20–24岁	**8763**	**3557**	**5206**	**8485**	**3447**	**5038**	**9627**	**3983**	**5644**
20	1089	217	872	1178	259	919	1360	328	1032
21	1504	453	1051	1437	417	1020	1752	558	1194
22	1958	836	1122	2000	853	1147	2114	894	1220
23	2155	1013	1142	1977	907	1070	2341	1141	1200
24	2057	1038	1019	1893	1011	882	2060	1062	998
25–29岁	**4857**	**3124**	**1733**	**4832**	**3124**	**1708**	**5529**	**3471**	**2058**
25	1379	770	609	1741	1017	724	1820	1040	780
26	1102	683	419	1093	697	396	1489	896	593
27	1012	681	331	810	558	252	932	628	304
28	781	575	206	693	484	209	693	471	222
29	583	415	168	495	368	127	595	436	159
30–34岁	**1169**	**837**	**332**	**1159**	**830**	**329**	**1446**	**1029**	**417**
30	396	305	91	381	281	100	464	333	131
31	286	202	84	297	219	78	358	256	102
32	209	137	72	201	143	58	260	188	72
33	156	107	49	155	101	54	205	136	69
34	122	86	36	125	86	39	159	116	43
35–39岁	**268**	**180**	**88**	**276**	**189**	**87**	**387**	**259**	**128**
35	107	76	31	72	51	21	136	95	41
36	66	41	25	75	49	26	84	51	33
37	44	33	11	52	35	17	63	44	19
38	32	20	12	48	35	13	52	32	20
39	19	10	9	29	19	10	52	37	15
40–44岁	**64**	**51**	**13**	**92**	**59**	**33**	**105**	**73**	**32**
40	19	14	5	25	14	11	36	26	10
41	21	17	4	22	17	5	22	16	6
42	13	11	2	17	11	6	17	11	6
43	6	4	2	12	5	7	18	12	6
44	5	5		16	12	4	12	8	4
45–49岁	**24**	**17**	**7**	**21**	**13**	**8**	**38**	**25**	**13**
45	7	6	1	5	4	1	11	8	3
46	3	1	2	2		2	11	7	4
47	5	3	2	6	5	1	4	4	
48	4	4		4	1	3	6	3	3
49	5	3	2	4	3	1	6	3	3
50岁及以上	**28**	**18**	**10**	**29**	**19**	**10**	**37**	**15**	**22**
平均初婚年龄	**24.75**	**25.97**	**23.58**	**24.74**	**25.91**	**23.59**	**24.83**	**25.98**	**23.71**

5-4b 续表 10

单位：人

初婚年龄	初婚年份								
	2009年			2010年			2011年		
	小计	男	女	小计	男	女	小计	男	女
总　计	**17054**	**8464**	**8590**	**19057**	**9486**	**9571**	**16355**	**8051**	**8304**
15岁以下	**10**	**1**	**9**	**9**		**9**	**6**		**6**
15-19岁	**1383**	**332**	**1051**	**1470**	**384**	**1086**	**1030**	**296**	**734**
15	48	11	37	52	14	38	37	7	30
16	71	15	56	113	23	90	64	18	46
17	178	41	137	203	51	152	179	40	139
18	357	93	264	341	93	248	265	88	177
19	729	172	557	761	203	558	485	143	342
20-24岁	**8763**	**3664**	**5099**	**10006**	**4334**	**5672**	**8591**	**3544**	**5047**
20	1218	275	943	1452	390	1062	1033	270	763
21	1682	492	1190	1804	648	1156	1558	505	1053
22	2076	980	1096	2361	1071	1290	2001	864	1137
23	1918	927	991	2371	1151	1220	2042	912	1130
24	1869	990	879	2018	1074	944	1957	993	964
25-29岁	**4987**	**3143**	**1844**	**5517**	**3412**	**2105**	**5063**	**3069**	**1994**
25	1614	920	694	1771	962	809	1558	888	670
26	1315	827	488	1393	899	494	1297	731	566
27	1072	727	345	1088	690	398	973	622	351
28	560	374	186	766	505	261	717	469	248
29	426	295	131	499	356	143	518	359	159
30-34岁	**1291**	**912**	**379**	**1286**	**842**	**444**	**1065**	**725**	**340**
30	351	259	92	339	214	125	310	217	93
31	331	230	101	306	201	105	230	149	81
32	252	180	72	257	175	82	212	158	54
33	209	137	72	210	134	76	183	117	66
34	148	106	42	174	118	56	130	84	46
35-39岁	**418**	**284**	**134**	**514**	**343**	**171**	**390**	**291**	**99**
35	117	82	35	134	98	36	118	88	30
36	86	57	29	125	81	44	87	68	19
37	97	70	27	108	67	41	81	66	15
38	56	32	24	84	55	29	53	34	19
39	62	43	19	63	42	21	51	35	16
40-44岁	**120**	**81**	**39**	**154**	**109**	**45**	**114**	**72**	**42**
40	35	24	11	45	37	8	34	20	14
41	25	17	8	36	24	12	26	18	8
42	30	18	12	25	17	8	22	13	9
43	19	14	5	23	14	9	18	12	6
44	11	8	3	25	17	8	14	9	5
45-49岁	**48**	**30**	**18**	**48**	**33**	**15**	**53**	**31**	**22**
45	19	11	8	13	11	2	16	8	8
46	10	6	4	11	8	3	14	11	3
47	12	7	5	11	6	5	6	2	4
48	5	4	1	8	4	4	9	5	4
49	2	2		5	4	1	8	5	3
50岁及以上	**34**	**17**	**17**	**53**	**29**	**24**	**43**	**23**	**20**
平均初婚年龄	**24.90**	**26.08**	**23.74**	**24.91**	**25.95**	**23.88**	**25.04**	**26.07**	**24.04**

5-4b 续表 11

单位：人

初婚年龄	初婚年份								
	2012年			2013年			2014年		
	小计	男	女	小计	男	女	小计	男	女
总　计	**17534**	**8688**	**8846**	**16199**	**8069**	**8130**	**14999**	**7373**	**7626**
15岁以下	**6**	**1**	**5**	**6**	**1**	**5**	**7**	**1**	**6**
15–19岁	**976**	**265**	**711**	**844**	**217**	**627**	**703**	**173**	**530**
15	29	7	22	34	4	30	20	5	15
16	76	9	67	46	12	34	60	8	52
17	148	35	113	140	35	105	119	27	92
18	266	77	189	218	50	168	170	44	126
19	457	137	320	406	116	290	334	89	245
20–24岁	**8845**	**3683**	**5162**	**7590**	**3193**	**4397**	**6511**	**2683**	**3828**
20	871	238	633	692	173	519	632	163	469
21	1426	483	943	1016	349	667	789	246	543
22	2225	948	1277	1716	756	960	1250	518	732
23	2199	938	1261	2182	971	1211	1782	769	1013
24	2124	1076	1048	1984	944	1040	2058	987	1071
25–29岁	**5708**	**3400**	**2308**	**5695**	**3331**	**2364**	**5782**	**3302**	**2480**
25	1869	1023	846	1832	976	856	1874	958	916
26	1392	825	567	1435	813	622	1430	783	647
27	1077	650	427	1054	654	400	1104	667	437
28	832	534	298	794	504	290	805	523	282
29	538	368	170	580	384	196	569	371	198
30–34岁	**1256**	**832**	**424**	**1298**	**805**	**493**	**1246**	**727**	**519**
30	444	304	140	424	273	151	394	240	154
31	268	181	87	328	200	128	306	169	137
32	207	135	72	195	121	74	253	146	107
33	183	119	64	175	110	65	168	95	73
34	154	93	61	176	101	75	125	77	48
35–39岁	**469**	**318**	**151**	**498**	**345**	**153**	**450**	**311**	**139**
35	137	98	39	143	92	51	126	84	42
36	102	71	31	101	74	27	99	67	32
37	90	60	30	96	71	25	90	67	23
38	81	50	31	84	57	27	75	55	20
39	59	39	20	74	51	23	60	38	22
40–44岁	**179**	**128**	**51**	**167**	**119**	**48**	**166**	**95**	**71**
40	59	42	17	37	29	8	47	19	28
41	49	37	12	45	31	14	44	29	15
42	30	19	11	39	30	9	22	17	5
43	20	15	5	30	18	12	24	15	9
44	21	15	6	16	11	5	29	15	14
45–49岁	**62**	**43**	**19**	**42**	**26**	**16**	**61**	**40**	**21**
45	15	13	2	15	8	7	14	8	6
46	5	4	1	5	4	1	13	10	3
47	17	8	9	9	8	1	15	10	5
48	14	9	5	8	5	3	11	8	3
49	11	9	2	5	1	4	8	4	4
50岁及以上	**33**	**18**	**15**	**59**	**32**	**27**	**73**	**41**	**32**
平均初婚年龄	**25.32**	**26.30**	**24.35**	**25.67**	**26.60**	**24.75**	**25.96**	**26.84**	**25.10**

5-4b 续表 12

单位：人

初婚年龄	初婚年份								
	2015年			2016年			2017年		
	小计	男	女	小计	男	女	小计	男	女
总　计	**15025**	**7453**	**7572**	**12467**	**6122**	**6345**	**11011**	**5449**	**5562**
15岁以下	**9**		**9**	**3**		**3**	**2**		**2**
15-19岁	**586**	**145**	**441**	**457**	**102**	**355**	**388**	**98**	**290**
15	18	2	16	16	1	15	21	2	19
16	56	17	39	40	8	32	33	7	26
17	85	17	68	62	19	43	66	13	53
18	139	33	106	123	27	96	104	32	72
19	288	76	212	216	47	169	164	44	120
20-24岁	**5593**	**2260**	**3333**	**4247**	**1661**	**2586**	**3443**	**1385**	**2058**
20	546	129	417	416	91	325	315	61	254
21	732	263	469	611	180	431	502	165	337
22	1026	412	614	930	389	541	782	349	433
23	1357	576	781	995	416	579	821	340	481
24	1932	880	1052	1295	585	710	1023	470	553
25-29岁	**6558**	**3628**	**2930**	**5713**	**3090**	**2623**	**5163**	**2777**	**2386**
25	2031	1016	1015	1537	714	823	1152	554	598
26	1692	892	800	1591	848	743	1329	685	644
27	1261	728	533	1167	649	518	1205	640	565
28	946	600	346	827	488	339	930	558	372
29	628	392	236	591	391	200	547	340	207
30-34岁	**1473**	**916**	**557**	**1323**	**815**	**508**	**1277**	**755**	**522**
30	476	308	168	425	267	158	399	230	169
31	366	233	133	319	209	110	285	169	116
32	290	156	134	241	144	97	246	135	111
33	208	130	78	167	91	76	197	125	72
34	133	89	44	171	104	67	150	96	54
35-39岁	**437**	**276**	**161**	**395**	**250**	**145**	**394**	**226**	**168**
35	115	66	49	119	67	52	128	79	49
36	104	60	44	78	51	27	83	48	35
37	87	59	28	77	54	23	62	31	31
38	75	54	21	70	41	29	64	33	31
39	56	37	19	51	37	14	57	35	22
40-44岁	**215**	**136**	**79**	**186**	**111**	**75**	**178**	**113**	**65**
40	60	41	19	56	33	23	42	26	16
41	48	35	13	43	28	15	40	25	15
42	48	26	22	35	21	14	29	19	10
43	30	18	12	24	13	11	34	20	14
44	29	16	13	28	16	12	33	23	10
45-49岁	**80**	**52**	**28**	**73**	**53**	**20**	**100**	**62**	**38**
45	20	14	6	29	23	6	30	17	13
46	20	11	9	16	12	4	23	13	10
47	15	10	5	8	5	3	18	12	6
48	12	10	2	12	9	3	16	10	6
49	13	7	6	8	4	4	13	10	3
50岁及以上	**74**	**40**	**34**	**70**	**40**	**30**	**66**	**33**	**33**
平均初婚年龄	**26.41**	**27.28**	**25.57**	**26.67**	**27.60**	**25.77**	**27.05**	**27.85**	**26.27**

5-4b 续表 13　　　　单位：人

初婚年龄	初婚年份								
	2018年			2019年			2020年		
	小计	男	女	小计	男	女	小计	男	女
总　计	**11245**	**5525**	**5720**	**9194**	**4538**	**4656**	**5419**	**2690**	**2729**
15岁以下	**3**		**3**	**4**	**1**	**3**			
15–19岁	**361**	**89**	**272**	**329**	**87**	**242**	**126**	**24**	**102**
15	16	3	13	15	3	12	2		2
16	35	9	26	34	10	24	7	1	6
17	54	8	46	43	13	30	20	4	16
18	87	22	65	91	22	69	27	6	21
19	169	47	122	146	39	107	70	13	57
20–24岁	**3304**	**1274**	**2030**	**2658**	**1065**	**1593**	**1362**	**511**	**851**
20	312	79	233	272	47	225	134	23	111
21	411	117	294	357	108	249	199	46	153
22	690	282	408	507	200	307	256	123	133
23	848	366	482	676	312	364	305	118	187
24	1043	430	613	846	398	448	468	201	267
25–29岁	**5223**	**2754**	**2469**	**4069**	**2132**	**1937**	**2323**	**1216**	**1107**
25	1065	471	594	889	431	458	527	256	271
26	1089	584	505	833	413	420	495	252	243
27	1279	656	623	800	440	360	463	256	207
28	1067	614	453	859	455	404	418	214	204
29	723	429	294	688	393	295	420	238	182
30–34岁	**1580**	**933**	**647**	**1384**	**812**	**572**	**971**	**593**	**378**
30	538	312	226	465	261	204	338	212	126
31	370	219	151	319	187	132	235	135	100
32	288	180	108	269	173	96	177	121	56
33	220	127	93	182	110	72	132	80	52
34	164	95	69	149	81	68	89	45	44
35–39岁	**412**	**251**	**161**	**369**	**209**	**160**	**255**	**128**	**127**
35	120	73	47	95	50	45	65	26	39
36	113	62	51	93	59	34	57	29	28
37	90	64	26	79	42	37	53	36	17
38	41	24	17	62	35	27	46	21	25
39	48	28	20	40	23	17	34	16	18
40–44岁	**171**	**114**	**57**	**180**	**111**	**69**	**185**	**95**	**90**
40	48	29	19	33	17	16	37	20	17
41	37	24	13	35	27	8	30	12	18
42	32	20	12	39	25	14	52	25	27
43	30	24	6	38	22	16	38	21	17
44	24	17	7	35	20	15	28	17	11
45–49岁	**100**	**58**	**42**	**111**	**65**	**46**	**106**	**71**	**35**
45	28	15	13	27	18	9	27	19	8
46	18	11	7	24	17	7	23	16	7
47	22	17	5	18	8	10	20	13	7
48	18	8	10	19	9	10	15	11	4
49	14	7	7	23	13	10	21	12	9
50岁及以上	**91**	**52**	**39**	**90**	**56**	**34**	**91**	**52**	**39**
平均初婚年龄	**27.40**	**28.28**	**26.55**	**27.66**	**28.52**	**26.82**	**28.65**	**29.52**	**27.80**

5-4c 全省分初婚年龄、性别、初婚年份的人口(乡村)

单位：人

初婚年龄	初婚年份								
	合 计			1980年			1981年		
	合计	男	女	小计	男	女	小计	男	女
总 计	**618581**	**320831**	**297750**	**19136**	**9507**	**9629**	**14876**	**7380**	**7496**
15岁以下	**778**	**118**	**660**	**58**	**5**	**53**	**39**	**5**	**34**
15-19岁	**95010**	**23969**	**71041**	**4216**	**734**	**3482**	**4187**	**834**	**3353**
15	3938	666	3272	286	40	246	202	25	177
16	8115	1482	6633	571	67	504	395	63	332
17	15503	3296	12207	1154	176	978	800	130	670
18	25906	6473	19433	1086	191	895	1494	286	1208
19	41548	12052	29496	1119	260	859	1296	330	966
20-24岁	**340476**	**167799**	**172677**	**10730**	**5474**	**5256**	**7808**	**4196**	**3612**
20	59572	18755	40817	1869	572	1297	1190	374	816
21	69830	28993	40837	2140	916	1224	1700	726	974
22	81070	42616	38454	2726	1393	1333	1720	929	791
23	70690	40465	30225	2358	1445	913	1786	1150	636
24	59314	36970	22344	1637	1148	489	1412	1017	395
25-29岁	**138154**	**97212**	**40942**	**3535**	**2819**	**716**	**2482**	**2046**	**436**
25	47130	31632	15498	1428	1095	333	916	731	185
26	34728	24344	10384	915	756	159	700	582	118
27	24993	18188	6805	569	472	97	432	367	65
28	18166	13372	4794	388	315	73	277	241	36
29	13137	9676	3461	235	181	54	157	125	32
30-34岁	**29174**	**21499**	**7675**	**470**	**385**	**85**	**277**	**234**	**43**
30	9435	6928	2507	189	145	44	95	76	19
31	7047	5190	1857	116	99	17	83	72	11
32	5299	3914	1385	88	74	14	36	26	10
33	4156	3073	1083	46	41	5	40	38	2
34	3237	2394	843	31	26	5	23	22	1
35-39岁	**8310**	**6030**	**2280**	**87**	**63**	**24**	**57**	**47**	**10**
35	2463	1792	671	22	17	5	22	17	5
36	1879	1401	478	20	15	5	6	5	1
37	1543	1110	433	16	12	4	13	11	2
38	1318	952	366	18	13	5	12	11	1
39	1107	775	332	11	6	5	4	3	1
40-44岁	**3472**	**2364**	**1108**	**28**	**22**	**6**	**15**	**12**	**3**
40	881	583	298	9	9		5	5	
41	822	565	257	8	4	4	4	3	1
42	686	463	223	4	3	1	3	2	1
43	584	409	175	3	2	1	1	1	
44	499	344	155	4	4		2	1	1
45-49岁	**1542**	**970**	**572**	**9**	**3**	**6**	**9**	**5**	**4**
45	394	259	135	3	1	2	4	2	2
46	339	211	128	1	1		1	1	
47	328	205	123	1		1	3	1	2
48	235	139	96	3		3	1	1	
49	246	156	90	1	1				
50岁及以上	**1665**	**870**	**795**	**3**	**2**	**1**	**2**	**1**	**1**
平均初婚年龄	**23.74**	**24.91**	**22.49**	**22.58**	**24.12**	**21.06**	**22.30**	**23.89**	**20.73**

5-4c　续表 1　　　　单位：人

初婚年龄	初婚年份								
	1982年			1983年			1984年		
	小计	男	女	小计	男	女	小计	男	女
总　计	**17294**	**8709**	**8585**	**17915**	**8911**	**9004**	**17434**	**8827**	**8607**
15岁以下	**55**	**10**	**45**	**57**	**6**	**51**	**35**	**7**	**28**
15–19岁	**5496**	**1299**	**4197**	**5139**	**1241**	**3898**	**4923**	**1263**	**3660**
15	229	26	203	239	34	205	222	38	184
16	448	58	390	431	68	363	415	74	341
17	820	160	660	859	144	715	803	158	645
18	1536	349	1187	1404	342	1062	1424	352	1072
19	2463	706	1757	2206	653	1553	2059	641	1418
20–24岁	**8335**	**4579**	**3756**	**9148**	**4720**	**4428**	**9330**	**4977**	**4353**
20	1843	677	1166	3029	1116	1913	2486	948	1538
21	1435	649	786	1927	869	1058	2935	1490	1445
22	1874	1059	815	1381	783	598	1822	1082	740
23	1576	1015	561	1562	1015	547	994	651	343
24	1607	1179	428	1249	937	312	1093	806	287
25–29岁	**2978**	**2470**	**508**	**3039**	**2507**	**532**	**2638**	**2166**	**472**
25	1211	982	229	1133	899	234	835	666	169
26	729	591	138	831	697	134	727	606	121
27	494	433	61	483	408	75	511	421	90
28	330	278	52	348	299	49	332	276	56
29	214	186	28	244	204	40	233	197	36
30–34岁	**327**	**274**	**53**	**424**	**360**	**64**	**402**	**331**	**71**
30	138	113	25	156	130	26	154	125	29
31	71	62	9	116	100	16	108	90	18
32	44	39	5	66	57	9	67	58	9
33	43	33	10	45	36	9	45	33	12
34	31	27	4	41	37	4	28	25	3
35–39岁	**66**	**52**	**14**	**74**	**54**	**20**	**68**	**55**	**13**
35	25	21	4	23	18	5	21	19	2
36	13	12	1	20	13	7	14	12	2
37	11	7	4	15	12	3	11	8	3
38	8	8		5	4	1	15	12	3
39	9	4	5	11	7	4	7	4	3
40–44岁	**30**	**23**	**7**	**26**	**21**	**5**	**22**	**18**	**4**
40	9	7	2	4	2	2	4	3	1
41	9	7	2	11	10	1	6	4	2
42	6	6		5	4	1	3	3	
43	6	3	3	3	3		5	5	
44				3	2	1	4	3	1
45–49岁	**6**	**1**	**5**	**4**	**2**	**2**	**12**	**8**	**4**
45	3		3				3	3	
46	1		1	4	2	2	3	2	1
47							3	2	1
48	2	1	1						
49							3	1	2
50岁及以上	**1**	**1**		**4**		**4**	**4**	**2**	**2**
平均初婚年龄	**22.18**	**23.72**	**20.62**	**22.13**	**23.66**	**20.62**	**22.05**	**23.41**	**20.66**

5-4c 续表 2

单位：人

初婚年龄	初婚年份								
	1985年			1986年			1987年		
	小计	男	女	小计	男	女	小计	男	女
总 计	**21372**	**10867**	**10505**	**19680**	**9982**	**9698**	**19851**	**10167**	**9684**
15岁以下	**56**	**6**	**50**	**36**	**3**	**33**	**38**	**4**	**34**
15-19岁	**5780**	**1516**	**4264**	**5177**	**1365**	**3812**	**5392**	**1504**	**3888**
15	261	43	218	184	20	164	201	27	174
16	569	109	460	453	87	366	481	85	396
17	975	214	761	899	193	706	944	227	717
18	1580	388	1192	1490	365	1125	1593	438	1155
19	2395	762	1633	2151	700	1451	2173	727	1446
20-24岁	**11715**	**6291**	**5424**	**11585**	**6321**	**5264**	**11650**	**6465**	**5185**
20	2823	1108	1715	2758	1087	1671	2512	1037	1475
21	2999	1470	1529	2811	1439	1372	2898	1399	1499
22	3233	1935	1298	2563	1470	1093	2595	1523	1072
23	1715	1109	606	2384	1563	821	1922	1281	641
24	945	669	276	1069	762	307	1723	1225	498
25-29岁	**3054**	**2429**	**625**	**2218**	**1762**	**456**	**2090**	**1650**	**440**
25	965	731	234	569	428	141	828	642	186
26	756	606	150	584	474	110	370	285	85
27	591	485	106	452	366	86	339	269	70
28	463	380	83	355	285	70	284	236	48
29	279	227	52	258	209	49	269	218	51
30-34岁	**599**	**502**	**97**	**503**	**417**	**86**	**527**	**431**	**96**
30	217	188	29	182	148	34	178	147	31
31	150	118	32	130	114	16	126	105	21
32	115	95	20	77	64	13	85	67	18
33	76	66	10	73	55	18	92	72	20
34	41	35	6	41	36	5	46	40	6
35-39岁	**112**	**88**	**24**	**113**	**86**	**27**	**100**	**79**	**21**
35	43	37	6	43	34	9	34	26	8
36	28	18	10	28	23	5	21	17	4
37	13	10	3	20	14	6	20	17	3
38	20	16	4	11	7	4	15	12	3
39	8	7	1	11	8	3	10	7	3
40-44岁	**29**	**20**	**9**	**34**	**20**	**14**	**36**	**22**	**14**
40	3	2	1	9	5	4	14	10	4
41	9	6	3	7	3	4	9	7	2
42	8	6	2	7	5	2	4	2	2
43	6	4	2	7	4	3	6	2	4
44	3	2	1	4	3	1	3	1	2
45-49岁	**12**	**8**	**4**	**8**	**5**	**3**	**9**	**7**	**2**
45	5	5					2	1	1
46	2	2		2	2		3	3	
47	2		2	1	1		1	1	
48				1		1	2	2	
49	3	1	2	4	2	2	1		1
50岁及以上	**15**	**7**	**8**	**6**	**3**	**3**	**9**	**5**	**4**
平均初婚年龄	**22.17**	**23.46**	**20.83**	**22.12**	**23.32**	**20.89**	**22.10**	**23.26**	**20.88**

5-4c 续表 3

单位：人

初婚年龄	1988年 小计	1988年 男	1988年 女	1989年 小计	1989年 男	1989年 女	1990年 小计	1990年 男	1990年 女
总　计	**21870**	**11187**	**10683**	**21171**	**10937**	**10234**	**22489**	**11742**	**10747**
15岁以下	**35**	**4**	**31**	**27**	**2**	**25**	**45**	**9**	**36**
15-19岁	**5755**	**1572**	**4183**	**5425**	**1588**	**3837**	**5700**	**1635**	**4065**
15	211	34	177	213	36	177	220	37	183
16	483	86	397	518	93	425	498	96	402
17	918	205	713	972	225	747	994	241	753
18	1628	427	1201	1493	445	1048	1567	424	1143
19	2515	820	1695	2229	789	1440	2421	837	1584
20-24岁	**12766**	**7009**	**5757**	**12452**	**6829**	**5623**	**13059**	**7263**	**5796**
20	3063	1226	1837	2982	1195	1787	2957	1239	1718
21	2869	1421	1448	2987	1509	1478	3226	1684	1542
22	3015	1797	1218	2639	1566	1073	3048	1778	1270
23	2294	1494	800	2247	1446	801	2189	1429	760
24	1525	1071	454	1597	1113	484	1639	1133	506
25-29岁	**2568**	**1991**	**577**	**2612**	**1999**	**613**	**2930**	**2225**	**705**
25	1264	940	324	1030	786	244	1146	835	311
26	543	427	116	858	653	205	764	582	182
27	283	226	57	340	260	80	624	495	129
28	285	235	50	206	161	45	271	214	57
29	193	163	30	178	139	39	125	99	26
30-34岁	**564**	**469**	**95**	**454**	**374**	**80**	**527**	**429**	**98**
30	179	146	33	143	117	26	146	117	29
31	144	119	25	108	92	16	109	84	25
32	93	83	10	94	75	19	128	103	25
33	86	72	14	58	45	13	86	74	12
34	62	49	13	51	45	6	58	51	7
35-39岁	**130**	**104**	**26**	**131**	**98**	**33**	**158**	**135**	**23**
35	38	32	6	38	29	9	54	48	6
36	26	18	8	38	30	8	27	23	4
37	30	25	5	22	14	8	26	20	6
38	20	15	5	21	17	4	26	22	4
39	16	14	2	12	8	4	25	22	3
40-44岁	**38**	**29**	**9**	**43**	**30**	**13**	**39**	**32**	**7**
40	14	12	2	14	11	3	11	10	1
41	7	5	2	7	6	1	10	7	3
42	12	8	4	5	2	3	13	10	3
43	3	3		11	7	4	2	2	
44	2	1	1	6	4	2	3	3	
45-49岁	**10**	**7**	**3**	**17**	**13**	**4**	**21**	**9**	**12**
45	2	1	1	3	1	2	6	3	3
46	2	2		5	5		3		3
47	1		1	3	3		6	2	4
48	2	2		3	2	1	5	4	1
49	3	2	1	3	2	1	1		1
50岁及以上	**4**	**2**	**2**	**10**	**4**	**6**	**10**	**5**	**5**
平均初婚年龄	**22.13**	**23.28**	**20.91**	**22.15**	**23.22**	**21.01**	**22.23**	**23.32**	**21.04**

5-4c 续表 4

单位：人

初婚年龄	初婚年份								
	1991年			1992年			1993年		
	小计	男	女	小计	男	女	小计	男	女
总 计	**16280**	**8378**	**7902**	**16866**	**8711**	**8155**	**16992**	**8793**	**8199**
15岁以下	**17**	**3**	**14**	**25**	**6**	**19**	**13**	**3**	**10**
15-19岁	**3347**	**957**	**2390**	**3186**	**840**	**2346**	**2781**	**725**	**2056**
15	122	24	98	92	21	71	107	13	94
16	240	53	187	218	39	179	213	44	169
17	485	111	374	469	111	358	438	109	329
18	945	259	686	832	234	598	674	171	503
19	1555	510	1045	1575	435	1140	1349	388	961
20-24岁	**10010**	**5217**	**4793**	**10548**	**5511**	**5037**	**10771**	**5509**	**5262**
20	2238	802	1436	2095	703	1392	2044	624	1420
21	2282	1041	1241	2445	1113	1332	2438	1091	1347
22	2354	1350	1004	2505	1421	1084	2721	1551	1170
23	1843	1161	682	2033	1258	775	2050	1236	814
24	1293	863	430	1470	1016	454	1518	1007	511
25-29岁	**2380**	**1796**	**584**	**2524**	**1922**	**602**	**2689**	**2028**	**661**
25	948	692	256	928	667	261	1062	778	284
26	617	455	162	662	512	150	628	478	150
27	396	318	78	426	339	87	495	393	102
28	291	223	68	302	240	62	277	214	63
29	128	108	20	206	164	42	227	165	62
30-34岁	**343**	**268**	**75**	**331**	**250**	**81**	**447**	**342**	**105**
30	80	62	18	102	75	27	179	131	48
31	91	74	17	55	44	11	93	66	27
32	52	42	10	76	54	22	56	49	7
33	59	47	12	51	39	12	60	48	12
34	61	43	18	47	38	9	59	48	11
35-39岁	**123**	**96**	**27**	**151**	**115**	**36**	**187**	**126**	**61**
35	40	34	6	44	32	12	51	34	17
36	32	23	9	36	30	6	47	35	12
37	16	10	6	28	20	8	34	23	11
38	18	16	2	24	17	7	35	21	14
39	17	13	4	19	16	3	20	13	7
40-44岁	**35**	**25**	**10**	**63**	**46**	**17**	**69**	**37**	**32**
40	11	7	4	16	10	6	26	11	15
41	7	5	2	17	12	5	17	10	7
42	7	5	2	18	16	2	10	6	4
43	8	6	2	8	6	2	12	8	4
44	2	2		4	2	2	4	2	2
45-49岁	**17**	**13**	**4**	**22**	**16**	**6**	**20**	**15**	**5**
45	6	3	3	4	4		6	6	
46	5	5		7	5	2	3	2	1
47	4	4		6	5	1	6	3	3
48	1		1	2	1	1	2	1	1
49	1	1		3	1	2	3	3	
50岁及以上	**8**	**3**	**5**	**16**	**5**	**11**	**15**	**8**	**7**
平均初婚年龄	**22.55**	**23.58**	**21.45**	**22.75**	**23.81**	**21.62**	**22.98**	**24.00**	**21.88**

5-4c　续表 5　　　　　　　　　　　　　　　　　　　　　　　　　单位：人

初婚年龄	初婚年份								
	1994年			1995年			1996年		
	小计	男	女	小计	男	女	小计	男	女
总　计	**16447**	**8526**	**7921**	**17670**	**9297**	**8373**	**15190**	**7952**	**7238**
15岁以下	**13**	**2**	**11**	**9**	**1**	**8**	**12**	**2**	**10**
15–19岁	**2221**	**505**	**1716**	**1845**	**394**	**1451**	**1249**	**265**	**984**
15	69	15	54	52	10	42	30	4	26
16	181	35	146	110	22	88	70	12	58
17	330	68	262	240	40	200	147	28	119
18	584	138	446	446	104	342	307	69	238
19	1057	249	808	997	218	779	695	152	543
20–24岁	**10621**	**5356**	**5265**	**11427**	**5690**	**5737**	**9656**	**4641**	**5015**
20	1780	508	1272	1610	428	1182	1429	301	1128
21	2381	1016	1365	2383	951	1432	1857	672	1185
22	2689	1457	1232	2925	1549	1376	2635	1423	1212
23	2225	1325	900	2426	1418	1008	2104	1211	893
24	1546	1050	496	2083	1344	739	1631	1034	597
25–29岁	**2846**	**2116**	**730**	**3491**	**2560**	**931**	**3356**	**2409**	**947**
25	1146	842	304	1311	915	396	1302	897	405
26	700	513	187	945	703	242	809	605	204
27	450	355	95	588	449	139	598	436	162
28	330	241	89	372	280	92	388	285	103
29	220	165	55	275	213	62	259	186	73
30–34岁	**453**	**342**	**111**	**576**	**434**	**142**	**590**	**447**	**143**
30	172	125	47	207	153	54	211	157	54
31	132	97	35	137	101	36	133	96	37
32	69	54	15	123	92	31	117	87	30
33	47	37	10	64	51	13	89	76	13
34	33	29	4	45	37	8	40	31	9
35–39岁	**146**	**110**	**36**	**162**	**118**	**44**	**139**	**94**	**45**
35	28	22	6	35	25	10	28	19	9
36	42	32	10	36	24	12	26	18	8
37	29	21	8	39	29	10	25	17	8
38	19	13	6	27	22	5	29	21	8
39	28	22	6	25	18	7	31	19	12
40–44岁	**84**	**59**	**25**	**87**	**62**	**25**	**91**	**57**	**34**
40	24	14	10	26	14	12	20	12	8
41	16	12	4	22	16	6	20	10	10
42	16	10	6	12	10	2	18	9	9
43	13	9	4	18	14	4	19	14	5
44	15	14	1	9	8	1	14	12	2
45–49岁	**37**	**20**	**17**	**27**	**15**	**12**	**43**	**24**	**19**
45	8	6	2	8	4	4	13	6	7
46	4	2	2	3	1	2	8	6	2
47	12	8	4	6	5	1	9	7	2
48	5	2	3	2		2	4	1	3
49	8	2	6	8	5	3	9	4	5
50岁及以上	**26**	**16**	**10**	**46**	**23**	**23**	**54**	**13**	**41**
平均初婚年龄	**23.24**	**24.29**	**22.11**	**23.64**	**24.64**	**22.54**	**23.96**	**24.89**	**22.93**

5-4c 续表 6

单位：人

初婚年龄	初婚年份								
	1997年			1998年			1999年		
	小计	男	女	小计	男	女	小计	男	女
总　计	**14851**	**7821**	**7030**	**15648**	**8224**	**7424**	**14455**	**7626**	**6829**
15岁以下	**9**	**1**	**8**	**13**	**2**	**11**	**16**	**2**	**14**
15-19岁	**1066**	**209**	**857**	**1003**	**194**	**809**	**909**	**155**	**754**
15	40	9	31	42	6	36	38	8	30
16	66	16	50	75	11	64	70	13	57
17	126	24	102	102	23	79	127	18	109
18	216	47	169	207	33	174	180	26	154
19	618	113	505	577	121	456	494	90	404
20-24岁	**9320**	**4432**	**4888**	**9475**	**4397**	**5078**	**8904**	**4124**	**4780**
20	1261	229	1032	1318	237	1081	1144	199	945
21	1763	624	1139	1696	599	1097	1667	531	1136
22	2406	1299	1107	2564	1280	1284	2313	1147	1166
23	2140	1197	943	2077	1150	927	2095	1192	903
24	1750	1083	667	1820	1131	689	1685	1055	630
25-29岁	**3480**	**2508**	**972**	**3942**	**2805**	**1137**	**3738**	**2681**	**1057**
25	1336	914	422	1415	970	445	1377	936	441
26	894	651	243	993	709	284	952	688	264
27	582	436	146	690	515	175	624	465	159
28	355	265	90	468	341	127	457	347	110
29	313	242	71	376	270	106	328	245	83
30-34岁	**624**	**447**	**177**	**874**	**608**	**266**	**638**	**481**	**157**
30	186	131	55	276	196	80	233	170	63
31	151	109	42	196	136	60	151	119	32
32	122	94	28	174	109	65	104	79	25
33	97	73	24	126	89	37	69	51	18
34	68	40	28	102	78	24	81	62	19
35-39岁	**132**	**94**	**38**	**178**	**116**	**62**	**155**	**115**	**40**
35	33	25	8	76	48	28	58	43	15
36	19	10	9	32	22	10	45	36	9
37	30	23	7	16	11	5	21	17	4
38	21	16	5	27	17	10	11	6	5
39	29	20	9	27	18	9	20	13	7
40-44岁	**131**	**77**	**54**	**99**	**62**	**37**	**44**	**32**	**12**
40	35	15	20	21	10	11	11	7	4
41	33	20	13	36	22	14	16	13	3
42	27	17	10	13	7	6	8	5	3
43	22	13	9	16	12	4	2	1	1
44	14	12	2	13	11	2	7	6	1
45-49岁	**56**	**38**	**18**	**36**	**26**	**10**	**30**	**25**	**5**
45	22	18	4	9	9		7	7	
46	10	7	3	4	3	1	8	6	2
47	8	4	4	10	6	4	4	3	1
48	9	3	6	9	5	4	5	4	1
49	7	6	1	4	3	1	6	5	1
50岁及以上	**33**	**15**	**18**	**28**	**14**	**14**	**21**	**11**	**10**
平均初婚年龄	**24.17**	**25.16**	**23.08**	**24.36**	**25.37**	**23.24**	**24.18**	**25.27**	**22.97**

5-4c　续表 7　　　　单位：人

初婚年龄	初婚年份								
	2000年			2001年			2002年		
	小计	男	女	小计	男	女	小计	男	女
总　计	**15137**	**8081**	**7056**	**10999**	**5793**	**5206**	**12092**	**6404**	**5688**
15岁以下	**26**	**11**	**15**	**17**	**6**	**11**	**7**		**7**
15-19岁	**1234**	**271**	**963**	**893**	**177**	**716**	**1026**	**213**	**813**
15	76	24	52	61	16	45	59	9	50
16	124	29	95	75	16	59	84	15	69
17	186	45	141	94	19	75	132	34	98
18	318	71	247	183	27	156	241	54	187
19	530	102	428	480	99	381	510	101	409
20-24岁	**8914**	**4176**	**4738**	**6381**	**2905**	**3476**	**6727**	**2958**	**3769**
20	1045	205	840	777	123	654	1066	200	866
21	1630	530	1100	1017	298	719	1103	297	806
22	2291	1146	1145	1642	785	857	1416	677	739
23	2109	1145	964	1579	852	727	1661	891	770
24	1839	1150	689	1366	847	519	1481	893	588
25-29岁	**4025**	**2913**	**1112**	**3006**	**2189**	**817**	**3513**	**2576**	**937**
25	1481	1040	441	1132	782	350	1178	814	364
26	959	681	278	724	515	209	868	610	258
27	738	558	180	529	407	122	634	468	166
28	513	379	134	359	282	77	492	396	96
29	334	255	79	262	203	59	341	288	53
30-34岁	**695**	**537**	**158**	**476**	**362**	**114**	**602**	**492**	**110**
30	231	177	54	169	137	32	205	165	40
31	179	131	48	133	102	31	165	133	32
32	129	105	24	86	61	25	100	79	21
33	91	73	18	51	35	16	68	60	8
34	65	51	14	37	27	10	64	55	9
35-39岁	**156**	**118**	**38**	**125**	**100**	**25**	**145**	**121**	**24**
35	50	39	11	35	30	5	43	35	8
36	41	32	9	28	21	7	32	30	2
37	38	26	12	29	24	5	25	19	6
38	16	10	6	21	15	6	28	23	5
39	11	11		12	10	2	17	14	3
40-44岁	**42**	**28**	**14**	**37**	**22**	**15**	**32**	**19**	**13**
40	6	4	2	9	8	1	8	7	1
41	6	4	2	9	5	4	6	2	4
42	11	9	2	7	5	2	4	3	1
43	9	5	4	7	3	4	5	3	2
44	10	6	4	5	1	4	9	4	5
45-49岁	**23**	**15**	**8**	**32**	**15**	**17**	**25**	**15**	**10**
45	7	6	1	8	2	6	6	3	3
46	6	4	2	8	5	3	6	3	3
47	3	2	1	7	4	3	9	5	4
48	3	1	2	5	2	3	4	4	
49	4	2	2	4	2	2			
50岁及以上	**22**	**12**	**10**	**32**	**17**	**15**	**15**	**10**	**5**
平均初婚年龄	**24.15**	**25.22**	**22.92**	**24.29**	**25.41**	**23.04**	**24.34**	**25.65**	**22.86**

5-4c 续表 8 单位：人

初婚年龄	初婚年份								
	2003年			2004年			2005年		
	小计	男	女	小计	男	女	小计	男	女
总　计	**12992**	**6860**	**6132**	**12955**	**6840**	**6115**	**14225**	**7552**	**6673**
15岁以下	**14**	**3**	**11**	**12**	**1**	**11**	**13**	**2**	**11**
15-19岁	**1139**	**267**	**872**	**1143**	**257**	**886**	**1370**	**347**	**1023**
15	78	23	55	64	9	55	79	19	60
16	101	20	81	101	24	77	132	30	102
17	153	30	123	169	36	133	214	40	174
18	289	72	217	254	60	194	371	107	264
19	518	122	396	555	128	427	574	151	423
20-24岁	**7141**	**3185**	**3956**	**7191**	**3211**	**3980**	**7901**	**3591**	**4310**
20	1029	216	813	1001	213	788	1120	266	854
21	1434	456	978	1430	477	953	1493	522	971
22	1645	771	874	1980	936	1044	1959	952	1007
23	1477	791	686	1491	794	697	1944	1014	930
24	1556	951	605	1289	791	498	1385	837	548
25-29岁	**3749**	**2687**	**1062**	**3667**	**2662**	**1005**	**3720**	**2709**	**1011**
25	1352	909	443	1187	793	394	1137	752	385
26	890	635	255	960	691	269	954	698	256
27	705	520	185	706	543	163	702	545	157
28	446	341	105	480	383	97	525	402	123
29	356	282	74	334	252	82	402	312	90
30-34岁	**714**	**547**	**167**	**721**	**548**	**173**	**891**	**660**	**231**
30	237	187	50	245	185	60	280	210	70
31	172	127	45	180	137	43	223	159	64
32	139	106	33	124	90	34	157	127	30
33	93	72	21	95	76	19	131	92	39
34	73	55	18	77	60	17	100	72	28
35-39岁	**141**	**114**	**27**	**145**	**112**	**33**	**193**	**152**	**41**
35	51	39	12	51	44	7	65	47	18
36	35	30	5	30	19	11	40	33	7
37	19	13	6	25	17	8	34	28	6
38	21	18	3	18	14	4	35	29	6
39	15	14	1	21	18	3	19	15	4
40-44岁	**33**	**23**	**10**	**38**	**30**	**8**	**72**	**52**	**20**
40	10	6	4	10	7	3	16	9	7
41	9	7	2	11	8	3	14	11	3
42	2	2		5	4	1	25	19	6
43	8	7	1	6	5	1	15	12	3
44	4	1	3	6	6		2	1	1
45-49岁	**28**	**19**	**9**	**18**	**8**	**10**	**34**	**19**	**15**
45	7	6	1	3	2	1	9	4	5
46	4	1	3	4	2	2	7	4	3
47	9	7	2	4	1	3	9	6	3
48	5	4	1	3	1	2	5	3	2
49	3	1	2	4	2	2	4	2	2
50岁及以上	**33**	**15**	**18**	**20**	**11**	**9**	**31**	**20**	**11**
平均初婚年龄	**24.32**	**25.52**	**22.98**	**24.26**	**25.46**	**22.91**	**24.35**	**25.56**	**22.98**

5-4c 续表 9

单位：人

初婚年龄	初婚年份								
	2006年			2007年			2008年		
	小计	男	女	小计	男	女	小计	男	女
总　计	**13875**	**7278**	**6597**	**13886**	**7404**	**6482**	**16243**	**8632**	**7611**
15岁以下	**9**	**2**	**7**	**7**	**1**	**6**	**10**		**10**
15-19岁	**1424**	**363**	**1061**	**1416**	**370**	**1046**	**1571**	**414**	**1157**
15	48	9	39	53	9	44	41	11	30
16	107	28	79	104	22	82	96	26	70
17	226	39	187	244	58	186	198	48	150
18	359	104	255	372	101	271	455	113	342
19	684	183	501	643	180	463	781	216	565
20-24岁	**7874**	**3601**	**4273**	**7570**	**3531**	**4039**	**8782**	**4053**	**4729**
20	1080	256	824	1111	298	813	1277	338	939
21	1450	520	930	1307	474	833	1673	614	1059
22	1929	894	1035	1772	864	908	2090	1024	1066
23	1749	938	811	1748	926	822	2006	1037	969
24	1666	993	673	1632	969	663	1736	1040	696
25-29岁	**3429**	**2446**	**983**	**3625**	**2534**	**1091**	**4269**	**2978**	**1291**
25	1091	706	385	1333	861	472	1488	987	501
26	823	584	239	802	558	244	1194	814	380
27	625	465	160	580	427	153	697	503	194
28	523	412	111	534	401	133	469	352	117
29	367	279	88	376	287	89	421	322	99
30-34岁	**821**	**637**	**184**	**863**	**681**	**182**	**1062**	**808**	**254**
30	267	201	66	274	221	53	347	261	86
31	198	153	45	226	176	50	239	189	50
32	155	126	29	138	114	24	183	147	36
33	111	85	26	129	100	29	164	115	49
34	90	72	18	96	70	26	129	96	33
35-39岁	**212**	**164**	**48**	**263**	**196**	**67**	**320**	**238**	**82**
35	72	52	20	80	57	23	102	79	23
36	54	48	6	68	55	13	65	51	14
37	38	28	10	42	31	11	58	40	18
38	32	23	9	42	31	11	53	37	16
39	16	13	3	31	22	9	42	31	11
40-44岁	**61**	**44**	**17**	**69**	**54**	**15**	**120**	**77**	**43**
40	17	11	6	15	10	5	26	17	9
41	19	14	5	19	17	2	31	25	6
42	11	8	3	11	8	3	25	14	11
43	11	9	2	14	10	4	22	13	9
44	3	2	1	10	9	1	16	8	8
45-49岁	**17**	**11**	**6**	**26**	**17**	**9**	**46**	**28**	**18**
45	2	1	1	6	3	3	16	11	5
46	3	3		3	3		7	3	4
47	1	1		5	3	2	10	4	6
48	4	3	1	7	4	3	5	3	2
49	7	3	4	5	4	1	8	7	1
50岁及以上	**28**	**10**	**18**	**47**	**20**	**27**	**63**	**36**	**27**
平均初婚年龄	**24.26**	**25.45**	**22.94**	**24.45**	**25.61**	**23.12**	**24.57**	**25.71**	**23.29**

5-4c 续表 10

单位：人

初婚年龄	初婚年份								
	2009年			2010年			2011年		
	小计	男	女	小计	男	女	小计	男	女
总　计	**14452**	**7585**	**6867**	**16310**	**8723**	**7587**	**13698**	**7173**	**6525**
15岁以下	**7**	**2**	**5**	**8**	**3**	**5**	**10**	**1**	**9**
15-19岁	**1462**	**423**	**1039**	**1482**	**452**	**1030**	**1001**	**293**	**708**
15	36	8	28	67	20	47	28	8	20
16	89	15	74	119	27	92	76	15	61
17	183	65	118	184	50	134	161	38	123
18	373	108	265	389	109	280	260	74	186
19	781	227	554	723	246	477	476	158	318
20-24岁	**7702**	**3476**	**4226**	**8836**	**4107**	**4729**	**7518**	**3355**	**4163**
20	1148	308	840	1421	415	1006	1034	296	738
21	1496	516	980	1654	625	1029	1531	525	1006
22	1899	930	969	2127	1053	1074	1813	848	965
23	1619	839	780	2008	1067	941	1633	862	771
24	1540	883	657	1626	947	679	1507	824	683
25-29岁	**3775**	**2614**	**1161**	**4146**	**2833**	**1313**	**3774**	**2521**	**1253**
25	1248	804	444	1375	874	501	1227	755	472
26	983	692	291	1037	691	346	972	650	322
27	747	533	214	764	559	205	709	478	231
28	459	341	118	610	446	164	493	363	130
29	338	244	94	360	263	97	373	275	98
30-34岁	**962**	**695**	**267**	**1086**	**794**	**292**	**812**	**593**	**219**
30	272	194	78	253	185	68	227	162	65
31	209	149	60	287	205	82	174	123	51
32	173	124	49	234	172	62	137	100	37
33	178	135	43	169	124	45	146	113	33
34	130	93	37	143	108	35	128	95	33
35-39岁	**305**	**213**	**92**	**457**	**338**	**119**	**352**	**253**	**99**
35	86	65	21	135	105	30	82	60	22
36	66	47	19	101	77	24	84	63	21
37	61	45	16	83	55	28	70	53	17
38	55	35	20	75	56	19	64	47	17
39	37	21	16	63	45	18	52	30	22
40-44岁	**136**	**104**	**32**	**160**	**113**	**47**	**117**	**93**	**24**
40	48	39	9	37	25	12	35	30	5
41	21	12	9	37	33	4	26	20	6
42	19	16	3	38	22	16	22	19	3
43	36	27	9	27	21	6	12	9	3
44	12	10	2	21	12	9	22	15	7
45-49岁	**49**	**31**	**18**	**50**	**33**	**17**	**56**	**37**	**19**
45	14	7	7	15	10	5	10	5	5
46	18	13	5	13	7	6	9	6	3
47	4	2	2	13	10	3	15	9	6
48	3	3		6	4	2	8	5	3
49	10	6	4	3	2	1	14	12	2
50岁及以上	**54**	**27**	**27**	**85**	**50**	**35**	**58**	**27**	**31**
平均初婚年龄	**24.64**	**25.78**	**23.39**	**24.78**	**25.88**	**23.50**	**24.85**	**25.94**	**23.65**

5-4c　续表 11

单位：人

初婚年龄	初婚年份								
	2012年			2013年			2014年		
	小计	男	女	小计	男	女	小计	男	女
总　计	**14564**	**7672**	**6892**	**13596**	**7173**	**6423**	**12424**	**6421**	**6003**
15岁以下	**6**	**1**	**5**	**2**		**2**	**5**	**1**	**4**
15-19岁	**1020**	**304**	**716**	**911**	**251**	**660**	**768**	**221**	**547**
15	33	7	26	35	6	29	24	1	23
16	84	14	70	65	13	52	54	17	37
17	143	45	98	153	44	109	122	27	95
18	292	84	208	233	72	161	206	66	140
19	468	154	314	425	116	309	362	110	252
20-24岁	**7699**	**3445**	**4254**	**6744**	**3070**	**3674**	**5762**	**2515**	**3247**
20	838	242	596	698	193	505	559	136	423
21	1341	465	876	945	322	623	798	271	527
22	2023	952	1071	1621	755	866	1188	550	638
23	1839	903	936	1876	925	951	1492	718	774
24	1658	883	775	1604	875	729	1725	840	885
25-29岁	**4208**	**2731**	**1477**	**4260**	**2679**	**1581**	**4225**	**2552**	**1673**
25	1395	849	546	1376	762	614	1317	679	638
26	1022	633	389	1122	698	424	1104	674	430
27	786	552	234	781	515	266	792	511	281
28	601	408	193	566	403	163	565	392	173
29	404	289	115	415	301	114	447	296	151
30-34岁	**963**	**707**	**256**	**986**	**694**	**292**	**1006**	**686**	**320**
30	340	247	93	305	218	87	290	195	95
31	212	161	51	254	169	85	233	168	65
32	152	113	39	178	122	56	228	155	73
33	125	91	34	134	104	30	127	78	49
34	134	95	39	115	81	34	128	90	38
35-39岁	**387**	**283**	**104**	**366**	**271**	**95**	**341**	**241**	**100**
35	100	68	32	107	75	32	96	59	37
36	88	66	22	81	65	16	73	56	17
37	75	58	17	71	55	16	63	50	13
38	66	52	14	61	45	16	53	38	15
39	58	39	19	46	31	15	56	38	18
40-44岁	**163**	**122**	**41**	**178**	**127**	**51**	**173**	**110**	**63**
40	43	34	9	48	35	13	44	31	13
41	40	32	8	44	28	16	32	20	12
42	32	23	9	34	23	11	38	19	19
43	22	15	7	26	23	3	23	15	8
44	26	18	8	26	18	8	36	25	11
45-49岁	**69**	**51**	**18**	**63**	**34**	**29**	**61**	**49**	**12**
45	13	10	3	13	7	6	19	17	2
46	11	7	4	13	7	6	9	7	2
47	20	17	3	14	10	4	12	8	4
48	14	9	5	12	5	7	11	10	1
49	11	8	3	11	5	6	10	7	3
50岁及以上	**49**	**28**	**21**	**86**	**47**	**39**	**83**	**46**	**37**
平均初婚年龄	**25.10**	**26.17**	**23.90**	**25.45**	**26.46**	**24.33**	**25.78**	**26.78**	**24.70**

5-4c 续表 12

单位：人

初婚年龄	初婚年份								
	2015年			2016年			2017年		
	小计	男	女	小计	男	女	小计	男	女
总　计	**12648**	**6568**	**6080**	**10213**	**5254**	**4959**	**9117**	**4708**	**4409**
15岁以下	**5**		**5**	**4**	**1**	**3**	**3**		**3**
15—19岁	**686**	**186**	**500**	**459**	**116**	**343**	**367**	**76**	**291**
15	28	8	20	16	4	12	15	1	14
16	60	14	46	33	10	23	29	4	25
17	95	27	68	64	15	49	54	11	43
18	174	43	131	135	42	93	110	27	83
19	329	94	235	211	45	166	159	33	126
20—24岁	**5128**	**2194**	**2934**	**3769**	**1546**	**2223**	**3094**	**1275**	**1819**
20	574	141	433	451	93	358	284	71	213
21	718	244	474	595	188	407	485	170	315
22	1040	486	554	792	332	460	714	281	433
23	1214	559	655	892	420	472	718	337	381
24	1582	764	818	1039	513	526	893	416	477
25—29岁	**4855**	**2863**	**1992**	**4346**	**2507**	**1839**	**4020**	**2277**	**1743**
25	1544	810	734	1237	650	587	928	473	455
26	1279	735	544	1171	647	524	1028	560	468
27	878	549	329	840	515	325	940	565	375
28	692	459	233	618	372	246	655	403	252
29	462	310	152	480	323	157	469	276	193
30—34岁	**1233**	**825**	**408**	**990**	**651**	**339**	**1019**	**697**	**322**
30	379	268	111	285	186	99	334	224	110
31	273	166	107	227	145	82	225	166	59
32	234	150	84	189	126	63	191	129	62
33	211	148	63	157	106	51	149	104	45
34	136	93	43	132	88	44	120	74	46
35—39岁	**373**	**259**	**114**	**328**	**234**	**94**	**296**	**187**	**109**
35	90	65	25	110	81	29	94	52	42
36	88	69	19	65	44	21	58	31	27
37	69	44	25	62	44	18	48	34	14
38	59	35	24	46	33	13	52	35	17
39	67	46	21	45	32	13	44	35	9
40—44岁	**182**	**123**	**59**	**164**	**110**	**54**	**148**	**102**	**46**
40	43	27	16	35	25	10	35	24	11
41	48	31	17	39	21	18	33	22	11
42	41	29	12	32	24	8	26	17	9
43	22	15	7	33	22	11	27	22	5
44	28	21	7	25	18	7	27	17	10
45—49岁	**83**	**54**	**29**	**81**	**57**	**24**	**72**	**38**	**34**
45	24	16	8	25	17	8	9	3	6
46	19	13	6	24	15	9	19	10	9
47	18	10	8	11	8	3	19	11	8
48	9	7	2	8	5	3	13	7	6
49	13	8	5	13	12	1	12	7	5
50岁及以上	**103**	**64**	**39**	**72**	**32**	**40**	**98**	**56**	**42**
平均初婚年龄	**26.22**	**27.24**	**25.13**	**26.50**	**27.52**	**25.42**	**26.92**	**27.88**	**25.89**

5−4c　续表 13　　　　　　　　　　　　　　　　　　　　　　　　单位：人

初婚年龄	初婚年份								
	2018年			2019年			2020年		
	小计	男	女	小计	男	女	小计	男	女
总　计	**9560**	**4876**	**4684**	**7690**	**3976**	**3714**	**4418**	**2314**	**2104**
15岁以下	**2**		**2**	**3**		**3**			
15−19岁	**414**	**87**	**327**	**311**	**66**	**245**	**116**	**20**	**96**
15	15	2	13	18	1	17	4	1	3
16	40	7	33	27	4	23	10	1	9
17	58	9	49	50	9	41	18	2	16
18	107	29	78	77	19	58	22	3	19
19	194	40	154	139	33	106	62	13	49
20−24岁	**3002**	**1238**	**1764**	**2274**	**921**	**1353**	**1157**	**445**	**712**
20	271	54	217	241	58	183	116	23	93
21	404	125	279	325	105	220	162	39	123
22	670	300	370	483	185	298	248	103	145
23	754	314	440	583	264	319	278	123	155
24	903	445	458	642	309	333	353	157	196
25−29岁	**4150**	**2319**	**1831**	**3133**	**1779**	**1354**	**1669**	**954**	**715**
25	893	435	458	688	355	333	373	196	177
26	863	468	395	635	340	295	361	197	164
27	927	533	394	642	364	278	304	170	134
28	867	514	353	619	378	241	301	189	112
29	600	369	231	549	342	207	330	202	128
30−34岁	**1264**	**779**	**485**	**1196**	**742**	**454**	**862**	**539**	**323**
30	425	261	164	375	220	155	272	172	100
31	331	209	122	294	193	101	213	132	81
32	212	125	87	217	144	73	157	98	59
33	167	103	64	175	103	72	133	80	53
34	129	81	48	135	82	53	87	57	30
35−39岁	**352**	**221**	**131**	**341**	**214**	**127**	**243**	**156**	**87**
35	108	66	42	84	55	29	66	39	27
36	92	60	32	87	57	30	47	31	16
37	66	43	23	80	45	35	52	37	15
38	46	23	23	41	31	10	52	36	16
39	40	29	11	49	26	23	26	13	13
40−44岁	**154**	**97**	**57**	**186**	**117**	**69**	**164**	**91**	**73**
40	33	17	16	50	27	23	27	14	13
41	30	20	10	36	25	11	41	26	15
42	28	18	10	35	26	9	41	19	22
43	34	23	11	28	14	14	26	17	9
44	29	19	10	37	25	12	29	15	14
45−49岁	**99**	**64**	**35**	**117**	**68**	**49**	**88**	**47**	**41**
45	24	18	6	27	16	11	23	15	8
46	31	16	15	24	15	9	22	10	12
47	13	10	3	26	12	14	20	10	10
48	15	8	7	25	16	9	12	6	6
49	16	12	4	15	9	6	11	6	5
50岁及以上	**123**	**71**	**52**	**129**	**69**	**60**	**119**	**62**	**57**
平均初婚年龄	**27.32**	**28.28**	**26.32**	**27.92**	**28.90**	**26.88**	**29.03**	**29.91**	**28.06**

5-5　全省分年龄、性别、初婚年龄的人口

单位：人

年　龄	初婚年龄					
	合　计			15岁以下		
	合计	男	女	小计	男	女
总　计	**2596604**	**1263808**	**1332796**	**4145**	**567**	**3578**
20岁以下	**1193**	**228**	**965**	**54**	**4**	**50**
20-24岁	**24853**	**7577**	**17276**	**96**	**12**	**84**
20	1329	291	1038	12	1	11
21	2401	547	1854	21	1	20
22	4298	1148	3150	18	3	15
23	6537	2011	4526	20	1	19
24	10288	3580	6708	25	6	19
25-29岁	**143310**	**59601**	**83709**	**146**	**34**	**112**
25	16203	5972	10231	30	4	26
26	20398	7989	12409	25	3	22
27	26683	10846	15837	26	8	18
28	33856	14547	19309	20	6	14
29	46170	20247	25923	45	13	32
30-34岁	**315771**	**147603**	**168168**	**290**	**69**	**221**
30	62435	28052	34383	62	12	50
31	64313	29107	35206	59	12	47
32	62336	29150	33186	60	21	39
33	66085	31758	34327	61	11	50
34	60602	29536	31066	48	13	35
35-39岁	**297905**	**147711**	**150194**	**186**	**39**	**147**
35	58692	28716	29976	48	14	34
36	61722	30404	31318	40	8	32
37	58657	29208	29449	35	5	30
38	66283	33023	33260	34	9	25
39	52551	26360	26191	29	3	26
40-44岁	**279823**	**141823**	**138000**	**307**	**67**	**240**
40	44699	22489	22210	30	5	25
41	54740	27704	27036	52	14	38
42	58223	29509	28714	61	11	50
43	58301	29501	28800	76	18	58
44	63860	32620	31240	88	19	69
45-49岁	**334015**	**169284**	**164731**	**451**	**64**	**387**
45	61375	31373	30002	93	15	78
46	65646	33314	32332	78	14	64
47	69013	34922	34091	96	12	84
48	67646	34178	33468	86	8	78
49	70335	35497	34838	98	15	83
50-54岁	**316450**	**160162**	**156288**	**525**	**84**	**441**
50	67424	34161	33263	84	14	70
51	64648	32803	31845	124	19	105
52	68368	34576	33792	129	29	100
53	55741	28305	27436	96	10	86
54	60269	30317	29952	92	12	80
55-59岁	**255321**	**128051**	**127270**	**299**	**38**	**261**
55	60451	30680	29771	79	17	62
56	54000	27224	26776	62	4	58
57	67434	33885	33549	78	15	63
58	48979	24466	24513	55	1	54
59	24457	11796	12661	25	1	24
60-64岁	**192192**	**95890**	**96302**	**406**	**49**	**357**
60	35669	17908	17761	46	7	39
61	34301	17295	17006	77	9	68
62	40719	20300	20419	88	9	79
63	45070	22655	22415	90	11	79
64	36433	17732	18701	105	13	92
65岁及以上	**435771**	**205878**	**229893**	**1385**	**107**	**1278**

5-5　续表 1　　　　　　　　　　　　　　　　　　　　　　　　　　单位：人

年　龄	初婚年龄								
	15岁			16岁			17岁		
	小计	男	女	小计	男	女	小计	男	女
总　计	**18417**	**2613**	**15804**	**35966**	**5197**	**30769**	**64234**	**11083**	**53151**
20岁以下	**180**	**28**	**152**	**278**	**56**	**222**	**333**	**69**	**264**
20-24岁	**419**	**80**	**339**	**777**	**177**	**600**	**1335**	**314**	**1021**
20	61	8	53	102	26	76	183	41	142
21	71	17	54	148	36	112	187	41	146
22	84	14	70	168	45	123	254	62	192
23	93	21	72	150	30	120	318	68	250
24	110	20	90	209	40	169	393	102	291
25-29岁	**696**	**165**	**531**	**1383**	**319**	**1064**	**2619**	**673**	**1946**
25	139	35	104	224	48	176	477	126	351
26	142	31	111	288	66	222	440	109	331
27	131	26	105	297	63	234	577	147	430
28	146	41	105	279	73	206	541	145	396
29	138	32	106	295	69	226	584	146	438
30-34岁	**1021**	**272**	**749**	**1685**	**423**	**1262**	**3002**	**715**	**2287**
30	204	55	149	307	79	228	636	154	482
31	213	58	155	425	125	300	627	135	492
32	201	50	151	317	63	254	627	164	463
33	210	57	153	327	80	247	619	150	469
34	193	52	141	309	76	233	493	112	381
35-39岁	**788**	**195**	**593**	**1338**	**302**	**1036**	**2175**	**497**	**1678**
35	246	74	172	263	69	194	435	104	331
36	165	44	121	359	97	262	366	89	277
37	117	24	93	298	55	243	507	120	387
38	143	29	114	232	40	192	523	120	403
39	117	24	93	186	41	145	344	64	280
40-44岁	**1143**	**261**	**882**	**1873**	**406**	**1467**	**3018**	**676**	**2342**
40	141	33	108	193	45	148	318	68	250
41	187	51	136	277	69	208	405	94	311
42	246	48	198	393	87	306	566	125	441
43	267	63	204	437	92	345	719	165	554
44	302	66	236	573	113	460	1010	224	786
45-49岁	**2301**	**425**	**1876**	**4880**	**915**	**3965**	**8827**	**2062**	**6765**
45	445	98	347	542	113	429	1128	266	862
46	508	105	403	972	185	787	1270	311	959
47	494	75	419	1228	232	996	1979	478	1501
48	435	81	354	1081	188	893	2226	534	1692
49	419	66	353	1057	197	860	2224	473	1751
50-54岁	**2420**	**373**	**2047**	**5085**	**857**	**4228**	**9644**	**1996**	**7648**
50	485	82	403	996	166	830	1988	441	1547
51	512	84	428	1087	195	892	1966	414	1552
52	531	88	443	1110	194	916	2144	438	1706
53	458	61	397	908	153	755	1728	373	1355
54	434	58	376	984	149	835	1818	330	1488
55-59岁	**1709**	**199**	**1510**	**3641**	**476**	**3165**	**7543**	**1196**	**6347**
55	510	78	432	871	141	730	1798	336	1462
56	424	47	377	933	137	796	1539	252	1287
57	392	34	358	1044	122	922	2229	349	1880
58	245	29	216	523	56	467	1461	205	1256
59	138	11	127	270	20	250	516	54	462
60-64岁	**1513**	**147**	**1366**	**2910**	**316**	**2594**	**5214**	**643**	**4571**
60	239	21	218	404	42	362	713	71	642
61	263	24	239	548	54	494	820	98	722
62	275	25	250	641	74	567	1245	157	1088
63	379	46	333	685	83	602	1305	182	1123
64	357	31	326	632	63	569	1131	135	996
65岁及以上	**6227**	**468**	**5759**	**12116**	**950**	**11166**	**20524**	**2242**	**18282**

5-5 续表 2

单位：人

年　龄	初婚年龄								
	18岁			19岁			20岁		
	小计	男	女	小计	男	女	小计	男	女
总　计	**102802**	**22072**	**80730**	**160744**	**41619**	**119125**	**223082**	**65387**	**157695**
20岁以下	**257**	**51**	**206**	**91**	**20**	**71**			
20-24岁	**1977**	**526**	**1451**	**3108**	**734**	**2374**	**4532**	**935**	**3597**
20	294	77	217	418	99	319	259	39	220
21	320	87	233	558	145	413	789	168	621
22	373	104	269	606	132	474	1092	219	873
23	433	100	333	659	150	509	1103	251	852
24	557	158	399	867	208	659	1289	258	1031
25-29岁	**4384**	**1262**	**3122**	**7160**	**2057**	**5103**	**11599**	**2887**	**8712**
25	713	187	526	1075	291	784	1796	372	1424
26	750	216	534	1230	359	871	1933	473	1460
27	823	247	576	1436	404	1032	2191	529	1662
28	968	273	695	1447	424	1023	2565	684	1881
29	1130	339	791	1972	579	1393	3114	829	2285
30-34岁	**5682**	**1418**	**4264**	**11062**	**2945**	**8117**	**20091**	**4995**	**15096**
30	1325	339	986	2415	704	1711	4289	1117	3172
31	1194	314	880	2498	668	1830	4213	1079	3134
32	1059	259	800	2069	532	1537	4064	1030	3034
33	1122	301	821	2139	558	1581	4074	1000	3074
34	982	205	777	1941	483	1458	3451	769	2682
35-39岁	**4015**	**906**	**3109**	**8052**	**1682**	**6370**	**16203**	**3261**	**12942**
35	804	176	628	1703	354	1349	3420	733	2687
36	801	196	605	1675	364	1311	3492	760	2732
37	696	161	535	1488	336	1152	3101	620	2481
38	922	194	728	1604	327	1277	3481	685	2796
39	792	179	613	1582	301	1281	2709	463	2246
40-44岁	**4634**	**1103**	**3531**	**9073**	**1905**	**7168**	**17516**	**3327**	**14189**
40	560	116	444	1376	271	1105	2735	528	2207
41	726	179	547	1631	312	1319	3536	661	2875
42	798	183	615	1761	380	1381	3628	644	2984
43	1112	267	845	1824	356	1468	3610	660	2950
44	1438	358	1080	2481	586	1895	4007	834	3173
45-49岁	**13234**	**3557**	**9677**	**19915**	**5750**	**14165**	**26564**	**7832**	**18732**
45	1701	412	1289	2901	701	2200	4463	1085	3378
46	2031	573	1458	3430	905	2525	4975	1344	3631
47	2392	634	1758	3949	1117	2832	5519	1671	3848
48	3223	865	2358	4101	1232	2869	5664	1764	3900
49	3887	1073	2814	5534	1795	3739	5943	1968	3975
50-54岁	**17284**	**4450**	**12834**	**27718**	**8758**	**18960**	**35855**	**13617**	**22238**
50	3696	993	2703	5897	1911	3986	7274	2711	4563
51	3425	957	2468	5770	1854	3916	7693	3048	4645
52	3606	895	2711	5833	1836	3997	7871	2988	4883
53	3261	802	2459	4728	1478	3250	6280	2357	3923
54	3296	803	2493	5490	1679	3811	6737	2513	4224
55-59岁	**13349**	**2764**	**10585**	**21148**	**5695**	**15453**	**28234**	**9854**	**18380**
55	3187	740	2447	5058	1480	3578	6956	2581	4375
56	2857	643	2214	4422	1258	3164	5875	2100	3775
57	3465	673	2792	5557	1508	4049	7225	2508	4717
58	2789	532	2257	4079	1027	3052	5486	1853	3633
59	1051	176	875	2032	422	1610	2692	812	1880
60-64岁	**8458**	**1415**	**7043**	**12701**	**2856**	**9845**	**16777**	**4788**	**11989**
60	1272	194	1078	2381	537	1844	3769	1053	2716
61	1305	216	1089	2040	440	1600	3030	894	2136
62	1772	304	1468	2425	523	1902	3199	904	2295
63	2278	381	1897	3035	708	2327	3546	992	2554
64	1831	320	1511	2820	648	2172	3233	945	2288
65岁及以上	**29528**	**4620**	**24908**	**40716**	**9217**	**31499**	**45711**	**13891**	**31820**

5-5　续表 3　　　　单位：人

年　龄	初婚年龄								
	21岁			22岁			23岁		
	小计	男	女	小计	男	女	小计	男	女
总　计	**255248**	**97966**	**157282**	**296790**	**142783**	**154007**	**281904**	**144100**	**137804**
20岁以下									
20–24岁	**4443**	**1310**	**3133**	**4478**	**1858**	**2620**	**2775**	**1206**	**1569**
20									
21	307	52	255						
22	1096	300	796	607	269	338			
23	1399	413	986	1626	672	954	736	305	431
24	1641	545	1096	2245	917	1328	2039	901	1138
25–29岁	**13904**	**4538**	**9366**	**18152**	**7849**	**10303**	**19036**	**8334**	**10702**
25	1943	593	1350	2718	1163	1555	3107	1346	1761
26	2262	721	1541	2863	1197	1666	2933	1276	1657
27	2536	826	1710	3397	1449	1948	3359	1477	1882
28	3161	1094	2067	3974	1710	2264	4241	1897	2344
29	4002	1304	2698	5200	2330	2870	5396	2338	3058
30–34岁	**26929**	**8955**	**17974**	**35922**	**16230**	**19692**	**36492**	**16877**	**19615**
30	5210	1743	3467	7158	3164	3994	7293	3264	4029
31	5654	1975	3679	7109	3112	3997	7658	3403	4255
32	5417	1801	3616	7095	3264	3831	7027	3234	3793
33	5781	1888	3893	7580	3502	4078	7713	3729	3984
34	4867	1548	3319	6980	3188	3792	6801	3247	3554
35–39岁	**23316**	**7174**	**16142**	**32782**	**14212**	**18570**	**34727**	**16291**	**18436**
35	4611	1459	3152	6437	2855	3582	7204	3460	3744
36	5037	1601	3436	6720	2962	3758	7063	3318	3745
37	4699	1477	3222	6550	2868	3682	6783	3075	3708
38	5090	1539	3551	7282	3080	4202	7576	3584	3992
39	3879	1098	2781	5793	2447	3346	6101	2854	3247
40–44岁	**23121**	**7170**	**15951**	**31574**	**14242**	**17332**	**32404**	**14814**	**17590**
40	3101	876	2225	4595	1941	2654	5148	2348	2800
41	4579	1405	3174	5275	2322	2953	6195	2737	3458
42	5188	1577	3611	6853	3076	3777	5936	2680	3256
43	4893	1557	3336	7306	3369	3937	7046	3231	3815
44	5360	1755	3605	7545	3534	4011	8079	3818	4261
45–49岁	**32552**	**12981**	**19571**	**39446**	**19860**	**19586**	**36611**	**18448**	**18163**
45	5275	1881	3394	7206	3549	3657	6918	3318	3600
46	6585	2439	4146	7615	3780	3835	7412	3666	3746
47	6917	2794	4123	8518	4264	4254	7341	3706	3635
48	6773	2841	3932	7991	4054	3937	7518	3867	3651
49	7002	3026	3976	8116	4213	3903	7422	3891	3531
50–54岁	**37772**	**17446**	**20326**	**38550**	**20641**	**17909**	**32565**	**18369**	**14196**
50	6610	2888	3722	7553	4000	3553	6779	3694	3085
51	7813	3648	4165	6755	3602	3153	6419	3543	2876
52	8860	4199	4661	8608	4604	4004	6360	3565	2795
53	6958	3239	3719	7643	4150	3493	6131	3604	2527
54	7531	3472	4059	7991	4285	3706	6876	3963	2913
55–59岁	**31329**	**14057**	**17272**	**32744**	**17208**	**15536**	**28771**	**16679**	**12092**
55	7334	3369	3965	7781	4160	3621	6826	3946	2880
56	7054	3157	3897	6603	3442	3161	5890	3389	2501
57	8174	3809	4365	9061	4765	4296	7435	4325	3110
58	5826	2543	3283	6247	3328	2919	5802	3450	2352
59	2941	1179	1762	3052	1513	1539	2818	1569	1249
60–64岁	**19967**	**7397**	**12570**	**23322**	**10764**	**12558**	**23209**	**12550**	**10659**
60	4227	1599	2628	4617	2297	2320	4261	2401	1860
61	4365	1667	2698	4411	2121	2290	4207	2307	1900
62	4214	1550	2664	5722	2532	3190	4863	2632	2231
63	4059	1478	2581	5107	2319	2788	5997	3219	2778
64	3102	1103	1999	3465	1495	1970	3881	1991	1890
65岁及以上	**41915**	**16938**	**24977**	**39820**	**19919**	**19901**	**35314**	**20532**	**14782**

5-5 续表 4 单位：人

年龄	初婚年龄								
	24岁			25岁			26岁		
	小计	男	女	小计	男	女	小计	男	女
总 计	**256577**	**143261**	**113316**	**222288**	**133978**	**88310**	**174781**	**111013**	**63768**
20岁以下									
20-24岁	**913**	**425**	**488**						
20									
21									
22									
23									
24	913	425	488						
25-29岁	**20372**	**9167**	**11205**	**17556**	**8424**	**9132**	**12979**	**6668**	**6311**
25	2790	1237	1553	1191	570	621			
26	3470	1549	1921	2894	1394	1500	1168	595	573
27	3806	1737	2069	3910	1838	2072	3088	1511	1577
28	4318	1940	2378	4192	2000	2192	3996	2099	1897
29	5988	2704	3284	5369	2622	2747	4727	2463	2264
30-34岁	**36668**	**18012**	**18656**	**34985**	**17875**	**17110**	**29893**	**16193**	**13700**
30	7382	3454	3928	7445	3656	3789	6058	3167	2891
31	7570	3694	3876	6993	3405	3588	6387	3322	3065
32	7274	3572	3702	6689	3411	3278	5861	3158	2703
33	7384	3639	3745	7325	3859	3466	5891	3315	2576
34	7058	3653	3405	6533	3544	2989	5696	3231	2465
35-39岁	**34153**	**17630**	**16523**	**31920**	**17883**	**14037**	**27100**	**16079**	**11021**
35	6560	3381	3179	6199	3426	2773	5326	2988	2338
36	7285	3758	3527	6571	3618	2953	5657	3353	2304
37	6747	3519	3228	6501	3676	2825	5161	3130	2031
38	7607	3787	3820	7147	4073	3074	6216	3691	2525
39	5954	3185	2769	5502	3090	2412	4740	2917	1823
40-44岁	**29804**	**15717**	**14087**	**26586**	**15684**	**10902**	**22278**	**14026**	**8252**
40	5062	2648	2414	4697	2708	1989	3853	2359	1494
41	6202	3253	2949	5554	3215	2339	4622	2900	1722
42	6187	3207	2980	5768	3405	2363	4799	3065	1734
43	5383	2827	2556	5313	3159	2154	4503	2816	1687
44	6970	3782	3188	5254	3197	2057	4501	2886	1615
45-49岁	**32553**	**18155**	**14398**	**28000**	**17383**	**10617**	**20520**	**13445**	**7075**
45	6749	3678	3071	5652	3522	2130	3653	2365	1288
46	6559	3646	2913	6117	3724	2393	4265	2799	1466
47	6544	3651	2893	5681	3512	2169	4527	2950	1577
48	6002	3370	2632	5405	3397	2008	4097	2678	1419
49	6699	3810	2889	5145	3228	1917	3978	2653	1325
50-54岁	**25705**	**15485**	**10220**	**20456**	**13384**	**7072**	**14792**	**10180**	**4612**
50	5805	3437	2368	5137	3241	1896	3431	2288	1143
51	5174	3017	2157	4301	2831	1470	3379	2309	1070
52	5447	3259	2188	4339	2830	1509	3127	2151	976
53	4036	2495	1541	3390	2289	1101	2397	1682	715
54	5243	3277	1966	3289	2193	1096	2458	1750	708
55-59岁	**23655**	**14925**	**8730**	**17703**	**12055**	**5648**	**12107**	**8613**	**3494**
55	5666	3564	2102	4065	2760	1305	2378	1691	687
56	4975	3143	1832	3731	2553	1178	2658	1897	761
57	6148	3911	2237	4680	3159	1521	3330	2393	937
58	4375	2797	1578	3415	2368	1047	2434	1736	698
59	2491	1510	981	1812	1215	597	1307	896	411
60-64岁	**20309**	**12807**	**7502**	**16154**	**11180**	**4974**	**11651**	**8551**	**3100**
60	3507	2230	1277	3021	2118	903	2008	1454	554
61	3472	2228	1244	2717	1888	829	2142	1588	554
62	4281	2737	1544	3288	2308	980	2361	1748	613
63	4789	3033	1756	3910	2711	1199	2845	2121	724
64	4260	2579	1681	3218	2155	1063	2295	1640	655
65岁及以上	**32445**	**20938**	**11507**	**28928**	**20110**	**8818**	**23461**	**17258**	**6203**

5-5　续表 5　　　　单位：人

年　龄	初婚年龄								
	27岁			28岁			29岁		
	小计	男	女	小计	男	女	小计	男	女
总　计	**132044**	**88082**	**43962**	**96078**	**66226**	**29852**	**68734**	**48317**	**20417**
20岁以下									
20-24岁									
20									
21									
22									
23									
24									
25-29岁	**8329**	**4474**	**3855**	**3963**	**2154**	**1809**	**1032**	**596**	**436**
25									
26									
27	1106	584	522						
28	2949	1594	1355	1059	567	492			
29	4274	2296	1978	2904	1587	1317	1032	596	436
30-34岁	**23289**	**13357**	**9932**	**18190**	**10785**	**7405**	**13112**	**7934**	**5178**
30	4994	2736	2258	4123	2333	1790	2665	1569	1096
31	4512	2526	1986	3674	2086	1588	2974	1714	1260
32	4799	2733	2066	3342	1997	1345	2483	1478	1005
33	4634	2737	1897	3747	2301	1446	2501	1555	946
34	4350	2625	1725	3304	2068	1236	2489	1618	871
35-39岁	**21425**	**13459**	**7966**	**15716**	**10205**	**5511**	**11527**	**7598**	**3929**
35	4391	2679	1712	3058	1972	1086	2256	1426	830
36	4433	2691	1742	3416	2142	1274	2374	1540	834
37	4065	2567	1498	3219	2094	1125	2334	1519	815
38	4705	3030	1675	3397	2223	1174	2569	1722	847
39	3831	2492	1339	2626	1774	852	1994	1391	603
40-44岁	**17784**	**11943**	**5841**	**13831**	**9700**	**4131**	**10214**	**7276**	**2938**
40	3066	2021	1045	2475	1681	794	1746	1209	537
41	3807	2501	1306	2863	1985	878	2164	1554	610
42	3626	2460	1166	2960	2103	857	2090	1493	597
43	3614	2476	1138	2830	1981	849	2076	1489	587
44	3671	2485	1186	2703	1950	753	2138	1531	607
45-49岁	**15249**	**10535**	**4714**	**11334**	**8278**	**3056**	**8251**	**6141**	**2110**
45	3116	2137	979	2484	1796	688	1854	1358	496
46	2711	1879	832	2293	1685	608	1763	1303	460
47	3244	2236	1008	1984	1472	512	1704	1279	425
48	3169	2197	972	2298	1666	632	1330	1008	322
49	3009	2086	923	2275	1659	616	1600	1193	407
50-54岁	**11210**	**8013**	**3197**	**8130**	**5809**	**2321**	**6398**	**4666**	**1732**
50	2729	1860	869	2002	1408	594	1655	1215	440
51	2356	1652	704	1728	1225	503	1338	942	396
52	2572	1862	710	1662	1173	489	1395	1013	382
53	1728	1259	469	1368	1007	361	1002	747	255
54	1825	1380	445	1370	996	374	1008	749	259
55-59岁	**8118**	**6018**	**2100**	**5442**	**4072**	**1370**	**3803**	**2893**	**910**
55	1848	1383	465	1251	918	333	963	724	239
56	1510	1151	359	1149	885	264	852	639	213
57	2247	1656	591	1297	975	322	941	722	219
58	1636	1183	453	1136	850	286	636	491	145
59	877	645	232	609	444	165	411	317	94
60-64岁	**8075**	**6197**	**1878**	**5660**	**4404**	**1256**	**3787**	**2950**	**837**
60	1454	1081	373	971	748	223	623	457	166
61	1272	1007	265	949	740	209	637	504	133
62	1860	1426	434	1155	901	254	818	637	181
63	1838	1437	401	1462	1140	322	884	703	181
64	1651	1246	405	1123	875	248	825	649	176
65岁及以上	**18565**	**14086**	**4479**	**13812**	**10819**	**2993**	**10610**	**8263**	**2347**

5-5 续表 6

单位：人

年 龄	初婚年龄								
	30岁			31岁			32岁		
	小计	男	女	小计	男	女	小计	男	女
总 计	**48391**	**34055**	**14336**	**34589**	**24298**	**10291**	**25544**	**17839**	**7705**
20岁以下									
20-24岁									
20									
21									
22									
23									
24									
25-29岁									
25									
26									
27									
28									
29									
30-34岁	**8472**	**5077**	**3395**	**4893**	**2996**	**1897**	**2673**	**1637**	**1036**
30	869	506	363						
31	1935	1132	803	618	347	271			
32	2098	1236	862	1371	845	526	483	302	181
33	1881	1158	723	1627	1006	621	1091	680	411
34	1689	1045	644	1277	798	479	1099	655	444
35-39岁	**8696**	**5696**	**3000**	**6498**	**4120**	**2378**	**5166**	**3194**	**1972**
35	1839	1180	659	1251	787	464	1030	627	403
36	1719	1094	625	1424	887	537	1003	621	382
37	1685	1102	583	1253	793	460	1051	656	395
38	2027	1331	696	1434	904	530	1157	718	439
39	1426	989	437	1136	749	387	925	572	353
40-44岁	**7437**	**5242**	**2195**	**5769**	**4068**	**1701**	**4503**	**3118**	**1385**
40	1268	855	413	935	642	293	787	541	246
41	1446	992	454	1128	760	368	851	606	245
42	1695	1207	488	1179	833	346	1002	675	327
43	1472	1057	415	1263	894	369	923	620	303
44	1556	1131	425	1264	939	325	940	676	264
45-49岁	**5983**	**4431**	**1552**	**4742**	**3452**	**1290**	**3725**	**2724**	**1001**
45	1358	996	362	1064	776	288	840	610	230
46	1309	952	357	1022	733	289	780	569	211
47	1295	971	324	1001	721	280	738	543	195
48	1112	843	269	870	630	240	663	492	171
49	909	669	240	785	592	193	704	510	194
50-54岁	**4738**	**3431**	**1307**	**3325**	**2416**	**909**	**2389**	**1773**	**616**
50	1101	805	296	602	470	132	518	382	136
51	1059	793	266	707	510	197	390	294	96
52	1106	780	326	790	610	180	491	376	115
53	749	532	217	605	392	213	437	332	105
54	723	521	202	621	434	187	553	389	164
55-59岁	**2950**	**2210**	**740**	**2184**	**1616**	**568**	**1817**	**1341**	**476**
55	769	568	201	512	380	132	494	358	136
56	662	508	154	533	388	145	365	277	88
57	753	561	192	553	429	124	499	362	137
58	527	392	135	383	270	113	303	219	84
59	239	181	58	203	149	54	156	125	31
60-64岁	**2635**	**2072**	**563**	**1749**	**1342**	**407**	**1284**	**975**	**309**
60	500	397	103	260	196	64	222	171	51
61	478	376	102	317	242	75	181	139	42
62	546	422	124	368	285	83	278	210	68
63	615	489	126	421	335	86	326	239	87
64	496	388	108	383	284	99	277	216	61
65岁及以上	**7480**	**5896**	**1584**	**5429**	**4288**	**1141**	**3987**	**3077**	**910**

5-5 续表 7

单位：人

年 龄	初婚年龄								
	33岁			34岁			35岁		
	小计	男	女	小计	男	女	小计	男	女
总 计	**19104**	**13328**	**5776**	**14797**	**10154**	**4643**	**11310**	**7757**	**3553**
20岁以下									
20-24岁									
20									
21									
22									
23									
24									
25-29岁									
25									
26									
27									
28									
29									
30-34岁	**1151**	**688**	**463**	**269**	**150**	**119**			
30									
31									
32									
33	378	232	146						
34	773	456	317	269	150	119			
35-39岁	**4058**	**2507**	**1551**	**3210**	**1915**	**1295**	**2188**	**1272**	**916**
35	830	512	318	589	343	246	192	97	95
36	798	493	305	713	413	300	437	250	187
37	761	453	308	616	359	257	530	312	218
38	913	586	327	687	429	258	555	330	225
39	756	463	293	605	371	234	474	283	191
40-44岁	**3537**	**2416**	**1121**	**3035**	**2032**	**1003**	**2474**	**1611**	**863**
40	612	393	219	527	337	190	466	290	176
41	708	481	227	645	410	235	486	321	165
42	643	438	205	664	460	204	516	321	195
43	788	535	253	547	367	180	521	337	184
44	786	569	217	652	458	194	485	342	143
45-49岁	**3131**	**2194**	**937**	**2662**	**1864**	**798**	**2192**	**1519**	**673**
45	748	515	233	608	427	181	500	348	152
46	682	479	203	614	431	183	471	321	150
47	645	447	198	496	349	147	486	346	140
48	581	413	168	452	331	121	381	268	113
49	475	340	135	492	326	166	354	236	118
50-54岁	**1667**	**1276**	**391**	**1368**	**970**	**398**	**1081**	**807**	**274**
50	441	331	110	377	269	108	286	215	71
51	341	266	75	304	205	99	242	171	71
52	264	205	59	268	199	69	241	180	61
53	275	211	64	192	146	46	167	130	37
54	346	263	83	227	151	76	145	111	34
55-59岁	**1569**	**1140**	**429**	**1250**	**891**	**359**	**947**	**707**	**240**
55	454	310	144	273	202	71	173	137	36
56	353	259	94	319	230	89	197	151	46
57	377	283	94	347	239	108	292	210	82
58	260	192	68	186	127	59	204	148	56
59	125	96	29	125	93	32	81	61	20
60-64岁	**994**	**767**	**227**	**777**	**589**	**188**	**629**	**477**	**152**
60	193	143	50	156	121	35	138	100	38
61	162	117	45	130	96	34	92	77	15
62	167	126	41	171	128	43	127	92	35
63	246	205	41	154	116	38	166	117	49
64	226	176	50	166	128	38	106	91	15
65岁及以上	**2997**	**2340**	**657**	**2226**	**1743**	**483**	**1799**	**1364**	**435**

5-5 续表 8 单位：人

年 龄	初婚年龄								
	36岁			37岁			38岁		
	小计	男	女	小计	男	女	小计	男	女
总 计	**8479**	**5822**	**2657**	**6830**	**4760**	**2070**	**5418**	**3648**	**1770**
20岁以下									
20-24岁									
20									
21									
22									
23									
24									
25-29岁									
25									
26									
27									
28									
29									
30-34岁									
30									
31									
32									
33									
34									
35-39岁	**1386**	**816**	**570**	**831**	**521**	**310**	**363**	**212**	**151**
35									
36	174	105	69						
37	336	200	136	124	87	37			
38	490	293	197	370	226	144	122	73	49
39	386	218	168	337	208	129	241	139	102
40-44岁	**1896**	**1265**	**631**	**1610**	**1058**	**552**	**1251**	**786**	**465**
40	312	186	126	228	131	97	209	116	93
41	403	274	129	316	207	109	239	145	94
42	386	245	141	349	216	133	267	177	90
43	373	265	108	336	233	103	268	169	99
44	422	295	127	381	271	110	268	179	89
45-49岁	**1781**	**1234**	**547**	**1640**	**1132**	**508**	**1383**	**943**	**440**
45	362	245	117	355	255	100	286	197	89
46	409	288	121	308	206	102	297	201	96
47	340	242	98	360	239	121	251	175	76
48	335	227	108	335	227	108	278	191	87
49	335	232	103	282	205	77	271	179	92
50-54岁	**915**	**663**	**252**	**809**	**605**	**204**	**773**	**541**	**232**
50	258	185	73	227	165	62	205	139	66
51	233	168	65	184	140	44	189	131	58
52	161	106	55	172	134	38	142	100	42
53	145	120	25	120	90	30	133	94	39
54	118	84	34	106	76	30	104	77	27
55-59岁	**685**	**506**	**179**	**514**	**374**	**140**	**373**	**266**	**107**
55	135	106	29	113	83	30	85	61	24
56	128	96	32	94	71	23	75	49	26
57	191	139	52	137	95	42	88	64	24
58	162	120	42	108	82	26	84	63	21
59	69	45	24	62	43	19	41	29	12
60-64岁	**514**	**380**	**134**	**418**	**312**	**106**	**407**	**282**	**125**
60	82	56	26	100	75	25	78	54	24
61	84	59	25	73	50	23	89	60	29
62	121	90	31	93	73	20	74	50	24
63	120	93	27	81	54	27	94	72	22
64	107	82	25	71	60	11	72	46	26
65岁及以上	**1302**	**958**	**344**	**1008**	**758**	**250**	**868**	**618**	**250**

5-5　续表 9　　　　　　　　　　　　　　　　　　　　　　单位：人

年　龄	初婚年龄					
	39岁			40岁及以上		
	小计	男	女	小计	男	女
总　计	**4499**	**3011**	**1488**	**23809**	**14872**	**8937**
20岁以下						
20-24岁						
20						
21						
22						
23						
24						
25-29岁						
25						
26						
27						
28						
29						
30-34岁						
30						
31						
32						
33						
34						
35-39岁	**86**	**45**	**41**			
35						
36						
37						
38						
39	86	45	41			
40-44岁	**1110**	**694**	**416**	**2041**	**1216**	**825**
40	176	95	81	83	46	37
41	200	128	72	243	128	115
42	228	134	94	434	259	175
43	221	152	69	580	346	234
44	285	185	100	701	437	264
45-49岁	**1199**	**806**	**393**	**4889**	**3154**	**1735**
45	236	159	77	838	551	287
46	253	182	71	917	594	323
47	263	163	100	1021	643	378
48	211	145	66	1029	661	368
49	236	157	79	1084	705	379
50-54岁	**726**	**512**	**214**	**4550**	**3040**	**1510**
50	210	144	66	1078	707	371
51	195	140	55	964	645	319
52	141	95	46	998	667	331
53	90	64	26	716	488	228
54	90	69	21	794	533	261
55-59岁	**288**	**212**	**76**	**3149**	**2046**	**1103**
55	83	58	25	789	529	260
56	60	47	13	680	451	229
57	73	55	18	821	524	297
58	48	38	10	569	366	203
59	24	14	10	290	176	114
60-64岁	**377**	**251**	**126**	**2295**	**1429**	**866**
60	61	43	18	366	242	124
61	65	41	24	375	253	122
62	92	65	27	475	292	183
63	86	50	36	552	321	231
64	73	52	21	527	321	206
65岁及以上	**713**	**491**	**222**	**6885**	**3987**	**2898**

5-5a 全省分年龄、性别、初婚年龄的人口(城市)

单位：人

年 龄	初婚年龄 合计 合计	初婚年龄 合计 男	初婚年龄 合计 女	初婚年龄 15岁以下 小计	初婚年龄 15岁以下 男	初婚年龄 15岁以下 女
总 计	**1050274**	**508821**	**541453**	**1040**	**182**	**858**
20岁以下	**446**	**93**	**353**	**17**	**1**	**16**
20-24岁	**11138**	**3448**	**7690**	**29**	**2**	**27**
20	531	129	402			
21	990	230	760	8		8
22	1914	488	1426	8	1	7
23	2931	931	2000	7		7
24	4772	1670	3102	6	1	5
25-29岁	**67004**	**28198**	**38806**	**54**	**13**	**41**
25	7344	2759	4585	11	2	9
26	9233	3635	5598	6		6
27	12460	5148	7312	5	2	3
28	15991	6942	9049	13	5	8
29	21976	9714	12262	19	4	15
30-34岁	**152826**	**71438**	**81388**	**118**	**34**	**84**
30	29526	13323	16203	28	7	21
31	31041	14072	16969	21	5	16
32	30455	14299	16156	26	9	17
33	32175	15386	16789	22	6	16
34	29629	14358	15271	21	7	14
35-39岁	**145391**	**71637**	**73754**	**73**	**14**	**59**
35	28659	13980	14679	16	5	11
36	30238	14756	15482	21	3	18
37	28882	14173	14709	12	2	10
38	32534	16123	16411	11	3	8
39	25078	12605	12473	13	1	12
40-44岁	**127288**	**64670**	**62618**	**118**	**30**	**88**
40	21228	10734	10494	10	2	8
41	25402	12947	12455	23	7	16
42	26546	13383	13163	20	4	16
43	26155	13236	12919	33	9	24
44	27957	14370	13587	32	8	24
45-49岁	**136973**	**69803**	**67170**	**116**	**21**	**95**
45	26399	13582	12817	25	5	20
46	27289	13944	13345	25	7	18
47	28276	14360	13916	22	3	19
48	27487	14013	13474	21	1	20
49	27522	13904	13618	23	5	18
50-54岁	**117656**	**59036**	**58620**	**141**	**27**	**114**
50	25901	12993	12908	24	8	16
51	24663	12440	12223	35	4	31
52	25402	12717	12685	39	11	28
53	20113	10147	9966	17		17
54	21577	10739	10838	26	4	22
55-59岁	**93437**	**46226**	**47211**	**70**	**13**	**57**
55	21774	10925	10849	21	4	17
56	20083	9996	10087	14	1	13
57	24872	12372	12500	17	7	10
58	17497	8563	8934	11	1	10
59	9211	4370	4841	7		7
60-64岁	**65387**	**31926**	**33461**	**68**	**11**	**57**
60	12790	6181	6609	14	2	12
61	11818	5796	6022	9	2	7
62	13861	6801	7060	12	2	10
63	14720	7284	7436	20	3	17
64	12198	5864	6334	13	2	11
65岁及以上	**132728**	**62346**	**70382**	**236**	**16**	**220**

5-5a 续表 1

单位：人

年 龄	初婚年龄								
	15岁			16岁			17岁		
	小计	男	女	小计	男	女	小计	男	女
总 计	**4634**	**843**	**3791**	**9098**	**1503**	**7595**	**16643**	**2994**	**13649**
20岁以下	**54**	**12**	**42**	**89**	**18**	**71**	**140**	**32**	**108**
20-24岁	**147**	**30**	**117**	**254**	**61**	**193**	**462**	**111**	**351**
20	24	2	22	40	13	27	63	16	47
21	21	7	14	44	10	34	73	17	56
22	28	6	22	55	14	41	87	19	68
23	29	8	21	44	8	36	111	25	86
24	45	7	38	71	16	55	128	34	94
25-29岁	**216**	**47**	**169**	**464**	**119**	**345**	**887**	**222**	**665**
25	40	4	36	62	16	46	158	40	118
26	47	10	37	94	23	71	139	31	108
27	42	8	34	112	30	82	191	46	145
28	55	15	40	86	23	63	200	58	142
29	32	10	22	110	27	83	199	47	152
30-34岁	**391**	**109**	**282**	**647**	**185**	**462**	**1047**	**267**	**780**
30	74	17	57	116	36	80	218	44	174
31	81	21	60	143	55	88	199	41	158
32	66	23	43	123	27	96	227	78	149
33	87	21	66	146	35	111	226	58	168
34	83	27	56	119	32	87	177	46	131
35-39岁	**329**	**97**	**232**	**530**	**124**	**406**	**849**	**213**	**636**
35	105	34	71	107	34	73	152	43	109
36	73	26	47	147	39	108	138	37	101
37	45	10	35	123	21	102	226	49	177
38	58	12	46	85	15	70	202	62	140
39	48	15	33	68	15	53	131	22	109
40-44岁	**373**	**109**	**264**	**588**	**152**	**436**	**1005**	**252**	**753**
40	49	14	35	77	24	53	112	21	91
41	68	24	44	98	26	72	157	42	115
42	79	25	54	123	31	92	186	49	137
43	82	24	58	127	34	93	236	64	172
44	95	22	73	163	37	126	314	76	238
45-49岁	**604**	**148**	**456**	**1351**	**253**	**1098**	**2564**	**626**	**1938**
45	139	39	100	169	33	136	346	93	253
46	129	36	93	268	54	214	392	102	290
47	132	25	107	356	64	292	572	145	427
48	111	25	86	301	52	249	628	154	474
49	93	23	70	257	50	207	626	132	494
50-54岁	**611**	**109**	**502**	**1261**	**212**	**1049**	**2441**	**489**	**1952**
50	134	24	110	250	39	211	508	88	420
51	139	22	117	265	45	220	525	123	402
52	133	27	106	259	44	215	552	87	465
53	111	19	92	235	45	190	415	106	309
54	94	17	77	252	39	213	441	85	356
55-59岁	**396**	**62**	**334**	**823**	**132**	**691**	**1749**	**269**	**1480**
55	114	23	91	217	40	177	437	81	356
56	105	14	91	210	38	172	377	56	321
57	96	12	84	240	38	202	520	84	436
58	48	8	40	102	10	92	296	38	258
59	33	5	28	54	6	48	119	10	109
60-64岁	**277**	**35**	**242**	**561**	**60**	**501**	**1034**	**133**	**901**
60	49	10	39	89	9	80	155	11	144
61	49	5	44	99	14	85	179	20	159
62	54	8	46	127	12	115	228	28	200
63	63	6	57	125	15	110	239	37	202
64	62	6	56	121	10	111	233	37	196
65岁及以上	**1236**	**85**	**1151**	**2530**	**187**	**2343**	**4465**	**380**	**4085**

5-5a 续表 2 单位：人

年龄	初婚年龄								
	18岁			19岁			20岁		
	小计	男	女	小计	男	女	小计	男	女
总计	**27639**	**5665**	**21974**	**46990**	**11278**	**35712**	**70304**	**18634**	**51670**
20岁以下	**112**	**22**	**90**	**34**	**8**	**26**			
20-24岁	**723**	**187**	**536**	**1306**	**299**	**1007**	**2070**	**411**	**1659**
20	101	25	76	188	51	137	115	22	93
21	118	31	87	210	48	162	379	84	295
22	145	36	109	272	58	214	500	93	407
23	136	33	103	284	70	214	504	107	397
24	223	62	161	352	72	280	572	105	467
25-29岁	**1537**	**443**	**1094**	**2626**	**721**	**1905**	**4627**	**1060**	**3567**
25	259	65	194	411	110	301	768	154	614
26	253	77	176	452	122	330	791	178	613
27	276	86	190	536	149	387	852	192	660
28	352	98	254	527	143	384	1032	254	778
29	397	117	280	700	197	503	1184	282	902
30-34岁	**2045**	**509**	**1536**	**4069**	**1064**	**3005**	**7713**	**1864**	**5849**
30	466	120	346	897	266	631	1575	372	1203
31	427	120	307	951	244	707	1669	422	1247
32	360	97	263	736	189	547	1578	399	1179
33	408	98	310	796	200	596	1612	384	1228
34	384	74	310	689	165	524	1279	287	992
35-39岁	**1564**	**381**	**1183**	**3061**	**659**	**2402**	**6033**	**1253**	**4780**
35	301	60	241	633	122	511	1280	278	1002
36	301	84	217	641	136	505	1303	289	1014
37	279	76	203	568	144	424	1173	236	937
38	380	90	290	596	129	467	1293	267	1026
39	303	71	232	623	128	495	984	183	801
40-44岁	**1637**	**410**	**1227**	**3244**	**741**	**2503**	**6271**	**1284**	**4987**
40	202	56	146	512	127	385	1051	230	821
41	285	77	208	568	117	451	1287	263	1024
42	286	63	223	633	144	489	1250	221	1029
43	402	103	299	664	141	523	1321	278	1043
44	462	111	351	867	212	655	1362	292	1070
45-49岁	**3912**	**1020**	**2892**	**6439**	**1845**	**4594**	**9113**	**2681**	**6432**
45	528	126	402	1001	251	750	1652	436	1216
46	613	162	451	1159	329	830	1773	506	1267
47	718	188	530	1266	333	933	1889	557	1332
48	931	250	681	1297	383	914	1917	594	1323
49	1122	294	828	1716	549	1167	1882	588	1294
50-54岁	**4537**	**1083**	**3454**	**8060**	**2357**	**5703**	**11213**	**3895**	**7318**
50	981	251	730	1818	544	1274	2356	811	1545
51	909	231	678	1685	512	1173	2518	926	1592
52	924	209	715	1675	465	1210	2392	822	1570
53	835	198	637	1355	406	949	1905	649	1256
54	888	194	694	1527	430	1097	2042	687	1355
55-59岁	**3354**	**624**	**2730**	**5764**	**1368**	**4396**	**8433**	**2629**	**5804**
55	812	177	635	1428	369	1059	2100	728	1372
56	743	133	610	1168	289	879	1748	553	1195
57	898	149	749	1533	369	1164	2118	655	1463
58	648	126	522	1140	255	885	1646	474	1172
59	253	39	214	495	86	409	821	219	602
60-64岁	**1691**	**242**	**1449**	**2808**	**564**	**2244**	**3989**	**943**	**3046**
60	269	30	239	558	111	447	1039	219	820
61	245	30	215	436	71	365	745	202	543
62	374	72	302	541	116	425	713	173	540
63	445	63	382	650	139	511	753	157	596
64	358	47	311	623	127	496	739	192	547
65岁及以上	**6527**	**744**	**5783**	**9579**	**1652**	**7927**	**10842**	**2614**	**8228**

5-5a　续表 3　　　　单位：人

年　龄	初婚年龄								
	21岁			22岁			23岁		
	小计	男	女	小计	男	女	小计	男	女
总　计	**86340**	**30072**	**56268**	**108500**	**47876**	**60624**	**113767**	**51525**	**62242**
20岁以下									
20-24岁	**1995**	**574**	**1421**	**2183**	**912**	**1271**	**1465**	**625**	**840**
20									
21	137	33	104						
22	504	127	377	315	134	181			
23	605	177	428	811	341	470	400	162	238
24	749	237	512	1057	437	620	1065	463	602
25-29岁	**5775**	**1844**	**3931**	**7878**	**3413**	**4465**	**8933**	**3889**	**5044**
25	833	253	580	1178	496	682	1515	668	847
26	905	280	625	1238	523	715	1455	624	831
27	1030	321	709	1483	635	848	1570	698	872
28	1321	466	855	1707	731	976	1908	851	1057
29	1686	524	1162	2272	1028	1244	2485	1048	1437
30-34岁	**10885**	**3518**	**7367**	**15224**	**6666**	**8558**	**16648**	**7372**	**9276**
30	2056	696	1360	3084	1320	1764	3303	1407	1896
31	2274	760	1514	3001	1278	1723	3602	1554	2048
32	2221	721	1500	2957	1323	1634	3268	1457	1811
33	2361	761	1600	3196	1425	1771	3436	1563	1873
34	1973	580	1393	2986	1320	1666	3039	1391	1648
35-39岁	**9025**	**2687**	**6338**	**13250**	**5495**	**7755**	**15177**	**6596**	**8581**
35	1773	541	1232	2666	1159	1507	3201	1419	1782
36	1993	607	1386	2780	1153	1627	3112	1382	1730
37	1845	544	1301	2660	1132	1528	2994	1209	1785
38	1953	577	1376	2929	1178	1751	3290	1455	1835
39	1461	418	1043	2215	873	1342	2580	1131	1449
40-44岁	**8398**	**2675**	**5723**	**11868**	**5172**	**6696**	**13710**	**5577**	**8133**
40	1151	339	812	1743	726	1017	2224	916	1308
41	1715	550	1165	1938	836	1102	2621	1048	1573
42	1861	588	1273	2683	1118	1565	2515	984	1531
43	1734	559	1175	2804	1262	1542	3020	1273	1747
44	1937	639	1298	2700	1230	1470	3330	1356	1974
45-49岁	**11471**	**4466**	**7005**	**14289**	**6842**	**7447**	**14848**	**6656**	**8192**
45	1916	687	1229	2632	1233	1399	2815	1212	1603
46	2411	918	1493	2808	1332	1476	3027	1335	1692
47	2428	954	1474	3024	1434	1590	3039	1366	1673
48	2303	930	1373	2945	1418	1527	3067	1427	1640
49	2413	977	1436	2880	1425	1455	2900	1316	1584
50-54岁	**12570**	**5355**	**7215**	**13942**	**6821**	**7121**	**12794**	**6405**	**6389**
50	2262	912	1350	2802	1379	1423	2614	1282	1332
51	2698	1174	1524	2471	1237	1234	2574	1265	1309
52	2944	1299	1645	3170	1560	1610	2521	1235	1286
53	2256	948	1308	2744	1342	1402	2433	1285	1148
54	2410	1022	1388	2755	1303	1452	2652	1338	1314
55-59岁	**10003**	**3952**	**6051**	**11646**	**5346**	**6300**	**11242**	**5630**	**5612**
55	2353	989	1364	2716	1310	1406	2556	1279	1277
56	2255	860	1395	2433	1094	1339	2432	1208	1224
57	2617	1072	1545	3249	1515	1734	2928	1471	1457
58	1804	694	1110	2150	973	1177	2182	1148	1034
59	974	337	637	1098	454	644	1144	524	620
60-64岁	**5329**	**1593**	**3736**	**7185**	**2732**	**4453**	**8357**	**3631**	**4726**
60	1338	373	965	1483	636	847	1570	699	871
61	1195	385	810	1511	608	903	1567	710	857
62	1123	322	801	1763	631	1132	1848	816	1032
63	933	294	639	1460	548	912	2069	880	1189
64	740	219	521	968	309	659	1303	526	777
65岁及以上	**10889**	**3408**	**7481**	**11035**	**4477**	**6558**	**10593**	**5144**	**5449**

5-5a 续表 4

单位：人

年龄	初婚年龄								
	24岁			25岁			26岁		
	小计	男	女	小计	男	女	小计	男	女
总 计	**112459**	**56382**	**56077**	**106055**	**58546**	**47509**	**88120**	**51941**	**36179**
20岁以下									
20-24岁	**504**	**236**	**268**						
20									
21									
22									
23									
24	504	236	268						
25-29岁	**10109**	**4457**	**5652**	**9217**	**4371**	**4846**	**7184**	**3610**	**3574**
25	1456	643	813	653	308	345			
26	1669	720	949	1522	713	809	662	334	328
27	1916	862	1054	2037	947	1090	1771	842	929
28	2153	941	1212	2173	1028	1145	2183	1109	1074
29	2915	1291	1624	2832	1375	1457	2568	1325	1243
30-34岁	**18202**	**8570**	**9632**	**18836**	**9174**	**9662**	**16565**	**8666**	**7899**
30	3586	1642	1944	3968	1890	2078	3261	1670	1591
31	3790	1789	2001	3773	1773	2000	3494	1752	1742
32	3695	1723	1972	3578	1745	1833	3296	1724	1572
33	3682	1717	1965	4009	1999	2010	3263	1746	1517
34	3449	1699	1750	3508	1767	1741	3251	1774	1477
35-39岁	**16464**	**7796**	**8668**	**16922**	**8875**	**8047**	**15269**	**8496**	**6773**
35	3209	1517	1692	3240	1698	1542	3061	1623	1438
36	3501	1689	1812	3540	1819	1721	3160	1753	1407
37	3262	1558	1704	3427	1783	1644	2939	1656	1283
38	3721	1651	2070	3837	2052	1785	3502	1948	1554
39	2771	1381	1390	2878	1523	1355	2607	1516	1091
40-44岁	**13442**	**6495**	**6947**	**13004**	**7049**	**5955**	**11575**	**6794**	**4781**
40	2306	1093	1213	2369	1274	1095	2112	1222	890
41	2823	1388	1435	2762	1455	1307	2418	1389	1029
42	2829	1313	1516	2794	1536	1258	2450	1456	994
43	2351	1106	1245	2514	1361	1153	2301	1314	987
44	3133	1595	1538	2565	1423	1142	2294	1413	881
45-49岁	**13944**	**7047**	**6897**	**12916**	**7560**	**5356**	**10031**	**6167**	**3864**
45	2990	1466	1524	2657	1580	1077	1815	1126	689
46	2725	1381	1344	2837	1615	1222	2083	1299	784
47	2844	1462	1382	2523	1453	1070	2238	1379	859
48	2624	1339	1285	2519	1501	1018	1975	1171	804
49	2761	1399	1362	2380	1411	969	1920	1192	728
50-54岁	**10682**	**5754**	**4928**	**9177**	**5628**	**3549**	**6863**	**4422**	**2441**
50	2410	1292	1118	2342	1397	945	1627	1009	618
51	2202	1134	1068	1969	1203	766	1560	982	578
52	2317	1203	1114	1991	1216	775	1454	947	507
53	1575	884	691	1463	921	542	1107	720	387
54	2178	1241	937	1412	891	521	1115	764	351
55-59岁	**10104**	**5682**	**4422**	**8031**	**5021**	**3010**	**5710**	**3851**	**1859**
55	2378	1335	1043	1789	1136	653	1084	742	342
56	2107	1185	922	1735	1123	612	1259	858	401
57	2689	1536	1153	2133	1315	818	1570	1078	492
58	1854	1047	807	1549	957	592	1147	750	397
59	1076	579	497	825	490	335	650	423	227
60-64岁	**8194**	**4373**	**3821**	**7068**	**4271**	**2797**	**5275**	**3511**	**1764**
60	1457	794	663	1301	834	467	966	656	310
61	1439	768	671	1142	694	448	932	633	299
62	1694	918	776	1424	880	544	1074	724	350
63	1951	1061	890	1698	1011	687	1261	843	418
64	1653	832	821	1503	852	651	1042	655	387
65岁及以上	**10814**	**5972**	**4842**	**10884**	**6597**	**4287**	**9648**	**6424**	**3224**

5-5a　续表 5　　　　单位：人

年　龄	初婚年龄								
	27岁			28岁			29岁		
	小计	男	女	小计	男	女	小计	男	女
总　计	**68888**	**43442**	**25446**	**50635**	**33494**	**17141**	**36368**	**24859**	**11509**
20岁以下									
20-24岁									
20									
21									
22									
23									
24									
25-29岁	**4647**	**2449**	**2198**	**2256**	**1202**	**1054**	**594**	**338**	**256**
25									
26									
27	639	330	309						
28	1682	894	788	599	326	273			
29	2326	1225	1101	1657	876	781	594	338	256
30-34岁	**13075**	**7323**	**5752**	**10129**	**5851**	**4278**	**7371**	**4383**	**2988**
30	2707	1478	1229	2219	1231	988	1479	859	620
31	2506	1373	1133	2007	1105	902	1654	942	712
32	2711	1494	1217	1911	1116	795	1443	837	606
33	2627	1513	1114	2106	1266	840	1384	843	541
34	2524	1465	1059	1886	1133	753	1411	902	509
35-39岁	**12486**	**7496**	**4990**	**9187**	**5775**	**3412**	**6722**	**4283**	**2439**
35	2608	1537	1071	1764	1106	658	1263	786	477
36	2635	1521	1114	1968	1196	772	1351	846	505
37	2352	1413	939	1926	1211	715	1411	881	530
38	2713	1664	1049	1977	1260	717	1553	992	561
39	2178	1361	817	1552	1002	550	1144	778	366
40-44岁	**9737**	**6167**	**3570**	**7720**	**5232**	**2488**	**5727**	**3985**	**1742**
40	1715	1054	661	1442	950	492	1021	692	329
41	2203	1384	819	1611	1098	513	1194	844	350
42	1950	1236	714	1693	1138	555	1181	815	366
43	1924	1241	683	1548	1045	503	1182	835	347
44	1945	1252	693	1426	1001	425	1149	799	350
45-49岁	**7706**	**5071**	**2635**	**5876**	**4139**	**1737**	**4310**	**3146**	**1164**
45	1574	1022	552	1345	927	418	950	689	261
46	1392	912	480	1136	811	325	925	670	255
47	1656	1091	565	1029	732	297	907	666	241
48	1630	1052	578	1205	848	357	691	515	176
49	1454	994	460	1161	821	340	837	606	231
50-54岁	**5322**	**3637**	**1685**	**3920**	**2760**	**1160**	**3101**	**2237**	**864**
50	1305	827	478	971	672	299	835	598	237
51	1157	788	369	860	591	269	645	450	195
52	1182	833	349	805	549	256	674	481	193
53	850	583	267	623	472	151	480	357	123
54	828	606	222	661	476	185	467	351	116
55-59岁	**3993**	**2830**	**1163**	**2638**	**1921**	**717**	**1893**	**1428**	**465**
55	907	661	246	595	426	169	452	335	117
56	766	569	197	555	409	146	439	331	108
57	1107	762	345	666	493	173	473	363	110
58	764	519	245	519	374	145	305	229	76
59	449	319	130	303	219	84	224	170	54
60-64岁	**3828**	**2754**	**1074**	**2622**	**1924**	**698**	**1765**	**1324**	**441**
60	744	532	212	433	314	119	296	207	89
61	582	439	143	461	331	130	296	220	76
62	866	619	247	531	398	133	379	296	83
63	828	612	216	656	471	185	385	293	92
64	808	552	256	541	410	131	409	308	101
65岁及以上	**8094**	**5715**	**2379**	**6287**	**4690**	**1597**	**4885**	**3735**	**1150**

5-5a 续表 6

单位：人

年 龄	初婚年龄								
	30岁			31岁			32岁		
	小计	男	女	小计	男	女	小计	男	女
总 计	**25475**	**17535**	**7940**	**17863**	**12372**	**5491**	**13148**	**8994**	**4154**
20岁以下									
20-24岁									
20									
21									
22									
23									
24									
25-29岁									
25									
26									
27									
28									
29									
30-34岁	**4803**	**2854**	**1949**	**2771**	**1676**	**1095**	**1503**	**892**	**611**
30	489	268	221						
31	1119	654	465	330	184	146			
32	1157	677	480	818	495	323	284	165	119
33	1083	676	407	904	570	334	630	380	250
34	955	579	376	719	427	292	589	347	242
35-39岁	**5064**	**3246**	**1818**	**3717**	**2342**	**1375**	**2861**	**1775**	**1086**
35	1056	656	400	722	450	272	587	359	228
36	986	620	366	805	503	302	558	342	216
37	1006	655	351	729	464	265	581	371	210
38	1192	755	437	820	515	305	640	403	237
39	824	560	264	641	410	231	495	300	195
40-44岁	**4127**	**2825**	**1302**	**3103**	**2166**	**937**	**2483**	**1667**	**816**
40	715	473	242	510	349	161	453	311	142
41	830	562	268	562	374	188	492	340	152
42	917	630	287	653	462	191	536	353	183
43	805	557	248	677	459	218	496	315	181
44	860	603	257	701	522	179	506	348	158
45-49岁	**3195**	**2311**	**884**	**2481**	**1793**	**688**	**2047**	**1472**	**575**
45	735	526	209	576	412	164	472	334	138
46	653	467	186	516	379	137	415	299	116
47	714	525	189	538	380	158	391	281	110
48	601	450	151	457	330	127	382	283	99
49	492	343	149	394	292	102	387	275	112
50-54岁	**2290**	**1630**	**660**	**1602**	**1178**	**424**	**1155**	**856**	**299**
50	545	376	169	316	238	78	259	187	72
51	525	391	134	351	261	90	205	152	53
52	521	370	151	383	300	83	241	188	53
53	365	255	110	248	161	87	204	151	53
54	334	238	96	304	218	86	246	178	68
55-59岁	**1442**	**1099**	**343**	**1054**	**792**	**262**	**843**	**622**	**221**
55	350	252	98	230	174	56	230	171	59
56	341	271	70	288	207	81	151	118	33
57	364	275	89	264	213	51	243	174	69
58	272	210	62	171	121	50	145	103	42
59	115	91	24	101	77	24	74	56	18
60-64岁	**1236**	**938**	**298**	**784**	**583**	**201**	**553**	**397**	**156**
60	262	201	61	121	85	36	99	79	20
61	220	170	50	158	117	41	80	57	23
62	257	189	68	170	127	43	115	82	33
63	268	198	70	173	138	35	139	98	41
64	229	180	49	162	116	46	120	81	39
65岁及以上	**3318**	**2632**	**686**	**2351**	**1842**	**509**	**1703**	**1313**	**390**

5-5a　续表 7　　单位：人

年　龄	初婚年龄								
	33岁			34岁			35岁		
	小计	男	女	小计	男	女	小计	男	女
总　计	**9553**	**6552**	**3001**	**7521**	**5033**	**2488**	**5670**	**3780**	**1890**
20岁以下									
20-24岁									
20									
21									
22									
23									
24									
25-29岁									
25									
26									
27									
28									
29									
30-34岁	**633**	**378**	**255**	**151**	**83**	**68**			
30									
31									
32									
33	197	125	72						
34	436	253	183	151	83	68			
35-39岁	**2258**	**1382**	**876**	**1819**	**1059**	**760**	**1266**	**729**	**537**
35	452	288	164	346	202	144	117	63	54
36	446	267	179	401	230	171	270	152	118
37	430	250	180	344	184	160	306	175	131
38	511	322	189	394	247	147	310	181	129
39	419	255	164	334	196	138	263	158	105
40-44岁	**1869**	**1269**	**600**	**1631**	**1092**	**539**	**1349**	**854**	**495**
40	328	210	118	281	166	115	267	161	106
41	381	252	129	352	233	119	257	167	90
42	335	226	109	370	262	108	278	172	106
43	419	286	133	282	190	92	294	183	111
44	406	295	111	346	241	105	253	171	82
45-49岁	**1646**	**1149**	**497**	**1408**	**964**	**444**	**1143**	**756**	**387**
45	376	260	116	329	231	98	254	164	90
46	366	260	106	317	213	104	244	155	89
47	368	249	119	258	175	83	254	175	79
48	287	212	75	254	189	65	210	140	70
49	249	168	81	250	156	94	181	122	59
50-54岁	**829**	**636**	**193**	**715**	**482**	**233**	**523**	**385**	**138**
50	224	163	61	196	129	67	131	99	32
51	188	148	40	164	108	56	117	83	34
52	134	107	27	127	87	40	129	93	36
53	117	93	24	106	85	21	78	59	19
54	166	125	41	122	73	49	68	51	17
55-59岁	**721**	**508**	**213**	**601**	**426**	**175**	**446**	**343**	**103**
55	213	136	77	120	85	35	86	73	13
56	174	122	52	164	121	43	100	81	19
57	179	136	43	173	124	49	137	95	42
58	105	74	31	85	56	29	89	69	20
59	50	40	10	59	40	19	34	25	9
60-64岁	**432**	**318**	**114**	**329**	**233**	**96**	**270**	**200**	**70**
60	91	67	24	66	48	18	67	46	21
61	76	49	27	59	41	18	51	41	10
62	68	49	19	72	48	24	42	33	9
63	101	77	24	59	43	16	68	46	22
64	96	76	20	73	53	20	42	34	8
65岁及以上	**1165**	**912**	**253**	**867**	**694**	**173**	**673**	**513**	**160**

5-5a 续表 8 单位：人

年 龄	初婚年龄								
	36岁			37岁			38岁		
	小计	男	女	小计	男	女	小计	男	女
总 计	**4270**	**2849**	**1421**	**3441**	**2362**	**1079**	**2612**	**1740**	**872**
20岁以下									
20-24岁									
20									
21									
22									
23									
24									
25-29岁									
25									
26									
27									
28									
29									
30-34岁									
30									
31									
32									
33									
34									
35-39岁	**793**	**461**	**332**	**436**	**273**	**163**	**192**	**108**	**84**
35									
36	108	62	46						
37	188	111	77	56	38	18			
38	285	170	115	214	134	80	68	41	27
39	212	118	94	166	101	65	124	67	57
40-44岁	**1037**	**661**	**376**	**911**	**567**	**344**	**678**	**424**	**254**
40	177	100	77	123	70	53	127	72	55
41	220	148	72	187	111	76	127	79	48
42	215	128	87	203	119	84	152	103	49
43	195	134	61	183	123	60	142	86	56
44	230	151	79	215	144	71	130	84	46
45-49岁	**920**	**622**	**298**	**843**	**561**	**282**	**695**	**470**	**225**
45	187	118	69	188	132	56	153	100	53
46	177	120	57	155	93	62	138	96	42
47	176	124	52	176	115	61	131	89	42
48	190	132	58	167	108	59	133	93	40
49	190	128	62	157	113	44	140	92	48
50-54岁	**479**	**337**	**142**	**439**	**344**	**95**	**385**	**268**	**117**
50	136	96	40	118	92	26	102	72	30
51	118	78	40	105	84	21	88	61	27
52	94	65	29	98	76	22	73	53	20
53	67	56	11	62	51	11	68	43	25
54	64	42	22	56	41	15	54	39	15
55-59岁	**333**	**249**	**84**	**259**	**185**	**74**	**202**	**147**	**55**
55	60	49	11	61	43	18	48	35	13
56	62	44	18	50	34	16	35	23	12
57	103	76	27	58	42	16	52	36	16
58	72	55	17	57	44	13	47	38	9
59	36	25	11	33	22	11	20	15	5
60-64岁	**215**	**159**	**56**	**163**	**124**	**39**	**170**	**112**	**58**
60	33	23	10	46	33	13	33	21	12
61	40	28	12	24	16	8	35	23	12
62	55	42	13	37	31	6	30	20	10
63	42	33	9	26	17	9	39	28	11
64	45	33	12	30	27	3	33	20	13
65岁及以上	**493**	**360**	**133**	**390**	**308**	**82**	**290**	**211**	**79**

5-5a 续表 9

单位：人

年　龄	初婚年龄					
	39岁			40岁及以上		
	小计	男	女	小计	男	女
总　计	**2196**	**1458**	**738**	**11045**	**6910**	**4135**
20岁以下						
20-24岁						
20						
21						
22						
23						
24						
25-29岁						
25						
26						
27						
28						
29						
30-34岁						
30						
31						
32						
33						
34						
35-39岁	**44**	**22**	**22**			
35						
36						
37						
38						
39	44	22	22			
40-44岁	**634**	**390**	**244**	**1049**	**631**	**418**
40	108	59	49	43	23	20
41	102	68	34	121	65	56
42	130	68	62	224	139	85
43	124	85	39	295	169	126
44	170	110	60	366	235	131
45-49岁	**612**	**411**	**201**	**2493**	**1606**	**887**
45	127	87	40	448	293	155
46	127	91	36	478	302	176
47	138	82	56	489	313	176
48	98	69	29	543	347	196
49	122	82	40	535	351	184
50-54岁	**371**	**264**	**107**	**2233**	**1465**	**768**
50	104	74	30	531	334	197
51	98	74	24	492	313	179
52	73	47	26	497	343	154
53	49	35	14	345	223	122
54	47	34	13	368	252	116
55-59岁	**141**	**93**	**48**	**1546**	**1004**	**542**
55	42	26	16	375	246	129
56	33	25	8	339	229	110
57	37	25	12	408	257	151
58	17	13	4	272	177	95
59	12	4	8	152	95	57
60-64岁	**149**	**104**	**45**	**1035**	**657**	**378**
60	28	21	7	183	120	63
61	23	12	11	165	110	55
62	43	31	12	221	134	87
63	30	20	10	239	153	86
64	25	20	5	227	140	87
65岁及以上	**245**	**174**	**71**	**2689**	**1547**	**1142**

5-5b 全省分年龄、性别、初婚年龄的人口(镇)

单位：人

年龄	初婚年龄					
	合计			15岁以下		
	合计	男	女	小计	男	女
总计	**716116**	**344639**	**371477**	**1122**	**158**	**964**
20岁以下	**386**	**77**	**309**	**20**	**1**	**19**
20-24岁	**6923**	**2076**	**4847**	**34**	**5**	**29**
20	415	80	335	8	1	7
21	694	156	538	8		8
22	1223	353	870	6	1	5
23	1814	531	1283	6	1	5
24	2777	956	1821	6	2	4
25-29岁	**40523**	**16314**	**24209**	**51**	**14**	**37**
25	4602	1657	2945	12	1	11
26	5978	2326	3652	10	2	8
27	7421	2897	4524	11	5	6
28	9523	3915	5608	2		2
29	12999	5519	7480	16	6	10
30-34岁	**88116**	**40164**	**47952**	**90**	**19**	**71**
30	17602	7708	9894	16	2	14
31	17969	7948	10021	18	3	15
32	17414	7885	9529	22	9	13
33	18254	8621	9633	24	3	21
34	16877	8002	8875	10	2	8
35-39岁	**82073**	**39571**	**42502**	**53**	**13**	**40**
35	16245	7694	8551	15	4	11
36	16973	8179	8794	6	2	4
37	15980	7789	8191	15	2	13
38	18128	8761	9367	10	3	7
39	14747	7148	7599	7	2	5
40-44岁	**80752**	**39946**	**40806**	**85**	**13**	**72**
40	12489	6006	6483	11	1	10
41	15757	7698	8059	12	1	11
42	16850	8428	8422	17	4	13
43	16895	8366	8529	21	3	18
44	18761	9448	9313	24	4	20
45-49岁	**98022**	**49275**	**48747**	**134**	**21**	**113**
45	18021	9069	8952	30	5	25
46	19470	9736	9734	22	4	18
47	20175	10194	9981	33	6	27
48	19673	9852	9821	25	2	23
49	20683	10424	10259	24	4	20
50-54岁	**90621**	**46015**	**44606**	**138**	**23**	**115**
50	19561	9956	9605	22	3	19
51	18530	9428	9102	27	5	22
52	19572	9964	9608	37	7	30
53	15887	8054	7833	35	5	30
54	17071	8613	8458	17	3	14
55-59岁	**70204**	**35587**	**34617**	**81**	**10**	**71**
55	17138	8770	8368	23	4	19
56	14828	7563	7265	17	2	15
57	18515	9399	9116	19	3	16
58	13337	6770	6567	16		16
59	6386	3085	3301	6	1	5
60-64岁	**50236**	**25129**	**25107**	**104**	**12**	**92**
60	9393	4749	4644	8	1	7
61	9113	4650	4463	19	2	17
62	10675	5333	5342	23	2	21
63	11797	5936	5861	25	4	21
64	9258	4461	4797	29	3	26
65岁及以上	**108260**	**50485**	**57775**	**332**	**27**	**305**

5-5b　续表 1

单位：人

年　龄	初婚年龄								
	15岁			16岁			17岁		
	小计	男	女	小计	男	女	小计	男	女
总　计	**5045**	**722**	**4323**	**9797**	**1432**	**8365**	**17875**	**3062**	**14813**
20岁以下	**66**	**8**	**58**	**95**	**24**	**71**	**95**	**23**	**72**
20–24岁	**125**	**23**	**102**	**251**	**53**	**198**	**430**	**98**	**332**
20	17	2	15	34	6	28	63	12	51
21	18	4	14	51	13	38	63	13	50
22	27	4	23	56	16	40	70	19	51
23	29	6	23	52	9	43	105	21	84
24	34	7	27	58	9	49	129	33	96
25–29岁	**245**	**62**	**183**	**447**	**100**	**347**	**883**	**204**	**679**
25	46	13	33	81	15	66	160	36	124
26	48	9	39	91	22	69	153	35	118
27	55	10	45	90	17	73	200	54	146
28	42	14	28	89	19	70	178	37	141
29	54	16	38	96	27	69	192	42	150
30–34岁	**294**	**83**	**211**	**496**	**114**	**382**	**917**	**231**	**686**
30	66	23	43	90	21	69	189	56	133
31	62	21	41	137	28	109	180	45	135
32	60	10	50	89	16	73	194	47	147
33	60	20	40	86	24	62	201	53	148
34	46	9	37	94	25	69	153	30	123
35–39岁	**220**	**47**	**173**	**388**	**92**	**296**	**669**	**149**	**520**
35	68	22	46	81	23	58	142	32	110
36	46	6	40	104	32	72	109	26	83
37	35	8	27	88	16	72	149	35	114
38	38	7	31	69	10	59	151	28	123
39	33	4	29	46	11	35	118	28	90
40–44岁	**362**	**76**	**286**	**542**	**112**	**430**	**872**	**187**	**685**
40	50	13	37	56	10	46	95	22	73
41	65	12	53	82	22	60	98	25	73
42	73	10	63	112	22	90	192	44	148
43	79	18	61	119	24	95	193	36	157
44	95	23	72	173	34	139	294	60	234
45–49岁	**691**	**121**	**570**	**1436**	**267**	**1169**	**2599**	**592**	**2007**
45	135	25	110	181	37	144	332	72	260
46	162	34	128	302	57	245	397	99	298
47	144	19	125	345	69	276	616	140	476
48	121	23	98	298	49	249	639	147	492
49	129	20	109	310	55	255	615	134	481
50–54岁	**675**	**103**	**572**	**1499**	**241**	**1258**	**2693**	**531**	**2162**
50	138	25	113	281	40	241	562	123	439
51	136	23	113	320	58	262	545	101	444
52	142	19	123	351	58	293	592	125	467
53	133	20	113	242	37	205	489	93	396
54	126	16	110	305	48	257	505	89	416
55–59岁	**460**	**55**	**405**	**977**	**127**	**850**	**2111**	**349**	**1762**
55	142	21	121	236	34	202	506	100	406
56	119	13	106	268	41	227	436	72	364
57	98	10	88	262	32	230	632	92	540
58	66	7	59	152	14	138	411	70	341
59	35	4	31	59	6	53	126	15	111
60–64岁	**367**	**38**	**329**	**735**	**76**	**659**	**1371**	**151**	**1220**
60	63	6	57	109	11	98	172	18	154
61	70	9	61	139	10	129	229	25	204
62	74	6	68	166	22	144	319	35	284
63	87	10	77	159	20	139	359	45	314
64	73	7	66	162	13	149	292	28	264
65岁及以上	**1540**	**106**	**1434**	**2931**	**226**	**2705**	**5235**	**547**	**4688**

5−5b 续表 2

单位：人

年 龄	初婚年龄								
	18岁			19岁			20岁		
	小计	男	女	小计	男	女	小计	男	女
总 计	**29182**	**6317**	**22865**	**45556**	**11528**	**34028**	**64056**	**18330**	**45726**
20岁以下	**79**	**14**	**65**	**31**	**7**	**24**			
20−24岁	**577**	**154**	**423**	**874**	**220**	**654**	**1285**	**267**	**1018**
20	95	27	68	117	24	93	81	8	73
21	94	26	68	165	56	109	213	37	176
22	102	32	70	168	40	128	311	68	243
23	136	24	112	188	37	151	325	80	245
24	150	45	105	236	63	173	355	74	281
25−29岁	**1368**	**383**	**985**	**2270**	**632**	**1638**	**3497**	**893**	**2604**
25	228	51	177	320	88	232	480	100	380
26	231	62	169	382	112	270	608	158	450
27	270	84	186	428	118	310	672	163	509
28	309	87	222	475	129	346	770	204	566
29	330	99	231	665	185	480	967	268	699
30−34岁	**1763**	**403**	**1360**	**3441**	**865**	**2576**	**6320**	**1492**	**4828**
30	429	111	318	745	202	543	1385	370	1015
31	374	89	285	759	197	562	1302	303	999
32	338	63	275	658	150	508	1285	304	981
33	336	86	250	640	163	477	1240	300	940
34	286	54	232	639	153	486	1108	215	893
35−39岁	**1206**	**262**	**944**	**2380**	**455**	**1925**	**5028**	**946**	**4082**
35	244	52	192	517	103	414	1082	210	872
36	244	56	188	496	97	399	1100	229	871
37	208	41	167	450	85	365	930	178	752
38	269	53	216	474	97	377	1086	199	887
39	241	60	181	443	73	370	830	130	700
40−44岁	**1411**	**353**	**1058**	**2672**	**518**	**2154**	**5300**	**954**	**4346**
40	190	38	152	398	61	337	820	139	681
41	223	57	166	494	75	419	1089	184	905
42	239	62	177	518	115	403	1078	194	884
43	321	77	244	526	104	422	1072	177	895
44	438	119	319	736	163	573	1241	260	981
45−49岁	**4168**	**1141**	**3027**	**6028**	**1733**	**4295**	**7998**	**2279**	**5719**
45	553	136	417	874	224	650	1315	284	1031
46	642	189	453	1014	243	771	1479	355	1124
47	756	202	554	1227	379	848	1664	518	1146
48	1006	278	728	1216	353	863	1718	537	1181
49	1211	336	875	1697	534	1163	1822	585	1237
50−54岁	**4990**	**1344**	**3646**	**8104**	**2551**	**5553**	**10468**	**3982**	**6486**
50	1077	287	790	1790	576	1214	2138	820	1318
51	990	289	701	1694	545	1149	2253	908	1345
52	1074	294	780	1693	538	1155	2268	860	1408
53	933	239	694	1355	405	950	1855	676	1179
54	916	235	681	1572	487	1085	1954	718	1236
55−59岁	**3690**	**793**	**2897**	**5893**	**1594**	**4299**	**8004**	**2798**	**5206**
55	922	208	714	1437	442	995	2035	755	1280
56	768	184	584	1259	351	908	1673	608	1065
57	937	198	739	1551	422	1129	2010	711	1299
58	764	150	614	1092	272	820	1545	515	1030
59	299	53	246	554	107	447	741	209	532
60−64岁	**2294**	**369**	**1925**	**3416**	**732**	**2684**	**4562**	**1304**	**3258**
60	356	54	302	670	135	535	1016	291	725
61	361	62	299	560	129	431	859	264	595
62	495	67	428	625	137	488	840	231	609
63	582	102	480	830	185	645	965	270	695
64	500	84	416	731	146	585	882	248	634
65岁及以上	**7636**	**1101**	**6535**	**10447**	**2221**	**8226**	**11594**	**3415**	**8179**

5-5b 续表 3

单位：人

年 龄	初婚年龄								
	21岁			22岁			23岁		
	小计	男	女	小计	男	女	小计	男	女
总 计	**74152**	**27852**	**46300**	**85850**	**40572**	**45278**	**80761**	**41362**	**39399**
20岁以下									
20-24岁	**1263**	**364**	**899**	**1160**	**481**	**679**	**703**	**309**	**394**
20									
21	82	7	75						
22	329	101	228	154	72	82			
23	392	106	286	412	181	231	169	66	103
24	460	150	310	594	228	366	534	243	291
25-29岁	**4142**	**1367**	**2775**	**5319**	**2230**	**3089**	**5371**	**2280**	**3091**
25	576	177	399	788	350	438	832	351	481
26	688	217	471	900	377	523	791	349	442
27	743	248	495	959	382	577	940	380	560
28	947	318	629	1157	474	683	1232	524	708
29	1188	407	781	1515	647	868	1576	676	900
30-34岁	**8299**	**2655**	**5644**	**10744**	**4776**	**5968**	**10806**	**4895**	**5911**
30	1599	506	1093	2084	907	1177	2123	932	1191
31	1728	610	1118	2136	914	1222	2230	964	1266
32	1696	543	1153	2208	1003	1205	2092	917	1175
33	1765	543	1222	2269	1033	1236	2325	1112	1213
34	1511	453	1058	2047	919	1128	2036	970	1066
35-39岁	**7270**	**2145**	**5125**	**10087**	**4193**	**5894**	**10495**	**4936**	**5559**
35	1461	431	1030	1976	820	1156	2161	1067	1094
36	1555	469	1086	2014	884	1130	2107	993	1114
37	1428	445	983	2002	846	1156	2079	944	1135
38	1590	466	1124	2249	906	1343	2300	1092	1208
39	1236	334	902	1846	737	1109	1848	840	1008
40-44岁	**7254**	**2101**	**5153**	**9768**	**4219**	**5549**	**9944**	**4474**	**5470**
40	935	247	688	1482	571	911	1587	703	884
41	1442	416	1026	1689	697	992	1882	798	1084
42	1669	472	1197	2088	931	1157	1797	807	990
43	1509	448	1061	2210	962	1248	2159	968	1191
44	1699	518	1181	2299	1058	1241	2519	1198	1321
45-49岁	**9741**	**3808**	**5933**	**11832**	**5848**	**5984**	**10903**	**5557**	**5346**
45	1506	521	985	2161	1021	1140	2100	1004	1096
46	1959	684	1275	2209	1039	1170	2203	1110	1093
47	2089	836	1253	2561	1284	1277	2133	1100	1033
48	2092	827	1265	2409	1216	1193	2265	1161	1104
49	2095	940	1155	2492	1288	1204	2202	1182	1020
50-54岁	**10997**	**5055**	**5942**	**11138**	**5940**	**5198**	**9362**	**5460**	**3902**
50	1997	893	1104	2157	1106	1051	2035	1161	874
51	2254	1031	1223	1958	1032	926	1861	1055	806
52	2623	1214	1409	2489	1361	1128	1783	1029	754
53	1979	920	1059	2205	1183	1022	1743	1064	679
54	2144	997	1147	2329	1258	1071	1940	1151	789
55-59岁	**8933**	**4024**	**4909**	**9162**	**4868**	**4294**	**7980**	**4789**	**3191**
55	2142	955	1187	2246	1209	1037	1925	1156	769
56	1997	927	1070	1840	991	849	1622	962	660
57	2394	1121	1273	2551	1348	1203	2070	1242	828
58	1617	707	910	1718	923	795	1621	996	625
59	783	314	469	807	397	410	742	433	309
60-64岁	**5554**	**2062**	**3492**	**6373**	**2885**	**3488**	**6226**	**3480**	**2746**
60	1127	453	674	1273	602	671	1156	703	453
61	1246	469	777	1179	556	623	1159	651	508
62	1206	445	761	1581	693	888	1314	741	573
63	1150	410	740	1443	660	783	1586	863	723
64	825	285	540	897	374	523	1011	522	489
65岁及以上	**10699**	**4271**	**6428**	**10267**	**5132**	**5135**	**8971**	**5182**	**3789**

5-5b 续表 4

单位：人

年龄	初婚年龄								
	24岁			25岁			26岁		
	小计	男	女	小计	男	女	小计	男	女
总　计	**71957**	**40790**	**31167**	**59791**	**36678**	**23113**	**45526**	**29670**	**15856**
20岁以下									
20-24岁	**221**	**102**	**119**						
20									
21									
22									
23									
24	221	102	119						
25-29岁	**5630**	**2487**	**3143**	**4642**	**2181**	**2461**	**3287**	**1696**	**1591**
25	758	325	433	321	150	171			
26	992	447	545	781	382	399	303	154	149
27	1017	451	566	1014	460	554	742	370	372
28	1177	523	654	1135	531	604	1024	543	481
29	1686	741	945	1391	658	733	1218	629	589
30-34岁	**10264**	**5088**	**5176**	**9219**	**4829**	**4390**	**7588**	**4144**	**3444**
30	2100	995	1105	1956	958	998	1594	831	763
31	2060	1000	1060	1890	940	950	1640	873	767
32	2035	1007	1028	1779	943	836	1465	782	683
33	2057	1050	1007	1883	1039	844	1456	820	636
34	2012	1036	976	1711	949	762	1433	838	595
35-39岁	**9661**	**5071**	**4590**	**8401**	**4758**	**3643**	**6729**	**4131**	**2598**
35	1845	988	857	1677	929	748	1269	719	550
36	2050	1055	995	1699	930	769	1443	902	541
37	1886	1008	878	1699	993	706	1268	810	458
38	2113	1081	1032	1856	1080	776	1511	918	593
39	1767	939	828	1470	826	644	1238	782	456
40-44岁	**8925**	**4677**	**4248**	**7606**	**4601**	**3005**	**6213**	**4016**	**2197**
40	1496	794	702	1286	745	541	965	585	380
41	1871	965	906	1558	931	627	1285	848	437
42	1841	956	885	1656	987	669	1383	910	473
43	1648	863	785	1598	968	630	1282	841	441
44	2069	1099	970	1508	970	538	1298	832	466
45-49岁	**9690**	**5489**	**4201**	**8205**	**5089**	**3116**	**5984**	**4042**	**1942**
45	2068	1145	923	1676	1010	666	1099	719	380
46	2003	1137	866	1871	1142	729	1311	877	434
47	1912	1080	832	1690	1059	631	1302	875	427
48	1735	987	748	1532	973	559	1112	767	345
49	1972	1140	832	1436	905	531	1160	804	356
50-54岁	**7461**	**4636**	**2825**	**5833**	**3828**	**2005**	**4132**	**2926**	**1206**
50	1683	1008	675	1486	937	549	950	646	304
51	1544	931	613	1199	789	410	960	704	256
52	1557	981	576	1235	808	427	867	609	258
53	1182	754	428	986	680	306	676	486	190
54	1495	962	533	927	614	313	679	481	198
55-59岁	**6567**	**4325**	**2242**	**4765**	**3363**	**1402**	**3197**	**2330**	**867**
55	1618	1066	552	1153	800	353	650	466	184
56	1393	912	481	991	697	294	726	520	206
57	1708	1124	584	1268	874	394	872	647	225
58	1205	820	385	865	638	227	618	466	152
59	643	403	240	488	354	134	331	231	100
60-64岁	**5290**	**3467**	**1823**	**4090**	**2946**	**1144**	**2838**	**2135**	**703**
60	928	595	333	825	597	228	480	350	130
61	880	615	265	726	534	192	526	397	129
62	1104	732	372	827	603	224	568	435	133
63	1243	800	443	951	682	269	695	531	164
64	1135	725	410	761	530	231	569	422	147
65岁及以上	**8248**	**5448**	**2800**	**7030**	**5083**	**1947**	**5558**	**4250**	**1308**

5-5b 续表 5

单位：人

年 龄	初婚年龄								
	27岁			28岁			29岁		
	小计	男	女	小计	男	女	小计	男	女
总 计	**33637**	**22833**	**10804**	**24263**	**16923**	**7340**	**16965**	**11993**	**4972**
20岁以下									
20-24岁									
20									
21									
22									
23									
24									
25-29岁	**2136**	**1141**	**995**	**993**	**512**	**481**	**242**	**132**	**110**
25									
26									
27	280	155	125						
28	709	379	330	277	133	144			
29	1147	607	540	716	379	337	242	132	110
30-34岁	**5902**	**3351**	**2551**	**4635**	**2789**	**1846**	**3189**	**1952**	**1237**
30	1290	674	616	1063	608	455	667	384	283
31	1141	632	509	979	562	417	723	417	306
32	1223	692	531	808	493	315	565	358	207
33	1179	703	476	948	592	356	608	385	223
34	1069	650	419	837	534	303	626	408	218
35-39岁	**5187**	**3335**	**1852**	**3749**	**2440**	**1309**	**2748**	**1849**	**899**
35	1033	636	397	741	477	264	550	350	200
36	1040	654	386	853	543	310	591	385	206
37	988	644	344	740	482	258	514	349	165
38	1174	769	405	829	537	292	594	412	182
39	952	632	320	586	401	185	499	353	146
40-44岁	**4711**	**3263**	**1448**	**3597**	**2536**	**1061**	**2619**	**1888**	**731**
40	768	533	235	584	395	189	419	300	119
41	969	648	321	747	515	232	564	412	152
42	1032	728	304	737	544	193	517	373	144
43	960	664	296	758	536	222	545	388	157
44	982	690	292	771	546	225	574	415	159
45-49岁	**4335**	**3053**	**1282**	**3169**	**2376**	**793**	**2286**	**1693**	**593**
45	927	659	268	688	518	170	541	391	150
46	741	534	207	664	486	178	493	358	135
47	922	638	284	546	419	127	448	333	115
48	872	634	238	629	472	157	369	276	93
49	873	588	285	642	481	161	435	335	100
50-54岁	**3143**	**2291**	**852**	**2286**	**1627**	**659**	**1741**	**1261**	**480**
50	805	566	239	547	379	168	464	346	118
51	633	449	184	505	364	141	386	266	120
52	757	557	200	458	327	131	354	263	91
53	457	348	109	393	277	116	262	195	67
54	491	371	120	383	280	103	275	191	84
55-59岁	**2025**	**1523**	**502**	**1434**	**1084**	**350**	**962**	**736**	**226**
55	477	351	126	357	272	85	267	211	56
56	374	290	84	304	237	67	210	157	53
57	546	410	136	334	257	77	234	180	54
58	420	317	103	299	223	76	176	134	42
59	208	155	53	140	95	45	75	54	21
60-64岁	**1907**	**1528**	**379**	**1339**	**1093**	**246**	**892**	**712**	**180**
60	334	253	81	231	188	43	158	128	30
61	306	254	52	227	188	39	152	118	34
62	449	361	88	277	226	51	202	153	49
63	436	354	82	350	291	59	225	183	42
64	382	306	76	254	200	54	155	130	25
65岁及以上	**4291**	**3348**	**943**	**3061**	**2466**	**595**	**2286**	**1770**	**516**

5-5b 续表 6

单位：人

年 龄	初婚年龄								
	30岁			31岁			32岁		
	小计	男	女	小计	男	女	小计	男	女
总 计	**11983**	**8462**	**3521**	**8635**	**5937**	**2698**	**6330**	**4366**	**1964**
20岁以下									
20-24岁									
20									
21									
22									
23									
24									
25-29岁									
25									
26									
27									
28									
29									
30-34岁	**2050**	**1207**	**843**	**1125**	**665**	**460**	**649**	**419**	**230**
30	206	128	78						
31	455	263	192	155	87	68			
32	518	305	213	276	165	111	103	78	25
33	447	251	196	382	223	159	258	162	96
34	424	260	164	312	190	122	288	179	109
35-39岁	**2083**	**1362**	**721**	**1587**	**979**	**608**	**1272**	**733**	**539**
35	447	287	160	310	196	114	253	143	110
36	417	260	157	344	213	131	251	151	100
37	396	254	142	308	182	126	256	144	112
38	467	312	155	353	211	142	272	152	120
39	356	249	107	272	177	95	240	143	97
40-44岁	**1906**	**1363**	**543**	**1512**	**1046**	**466**	**1150**	**806**	**344**
40	303	199	104	239	155	84	184	121	63
41	358	242	116	297	195	102	205	148	57
42	452	337	115	308	220	88	263	176	87
43	381	275	106	341	241	100	237	166	71
44	412	310	102	327	235	92	261	195	66
45-49岁	**1640**	**1229**	**411**	**1308**	**941**	**367**	**955**	**679**	**276**
45	357	269	88	291	205	86	216	152	64
46	389	284	105	298	208	90	203	141	62
47	345	262	83	266	196	70	191	133	58
48	307	231	76	236	169	67	157	116	41
49	242	183	59	217	163	54	188	137	51
50-54岁	**1313**	**966**	**347**	**927**	**647**	**280**	**633**	**469**	**164**
50	319	246	73	156	127	29	135	100	35
51	295	220	75	195	131	64	96	75	21
52	321	226	95	229	171	58	139	102	37
53	189	137	52	184	111	73	118	92	26
54	189	137	52	163	107	56	145	100	45
55-59岁	**741**	**549**	**192**	**544**	**397**	**147**	**468**	**342**	**126**
55	204	153	51	129	94	35	137	98	39
56	159	115	44	125	94	31	94	70	24
57	191	145	46	148	106	42	122	89	33
58	130	90	40	99	74	25	83	60	23
59	57	46	11	43	29	14	32	25	7
60-64岁	**600**	**485**	**115**	**411**	**307**	**104**	**290**	**222**	**68**
60	103	84	19	60	48	12	47	33	14
61	111	90	21	64	50	14	41	35	6
62	124	100	24	87	64	23	65	48	17
63	156	132	24	101	75	26	70	53	17
64	106	79	27	99	70	29	67	53	14
65岁及以上	**1650**	**1301**	**349**	**1221**	**955**	**266**	**913**	**696**	**217**

5-5b　续表 7　　　　单位：人

年　龄	初婚年龄								
	33岁			34岁			35岁		
	小计	男	女	小计	男	女	小计	男	女
总　计	**4837**	**3291**	**1546**	**3651**	**2450**	**1201**	**2878**	**1982**	**896**
20岁以下									
20-24岁									
20									
21									
22									
23									
24									
25-29岁									
25									
26									
27									
28									
29									
30-34岁	**267**	**159**	**108**	**58**	**28**	**30**			
30									
31									
32									
33	90	59	31						
34	177	100	77	58	28	30			
35-39岁	**965**	**576**	**389**	**754**	**450**	**304**	**492**	**273**	**219**
35	206	122	84	131	71	60	36	12	24
36	202	123	79	174	97	77	93	50	43
37	178	102	76	144	93	51	109	64	45
38	195	117	78	161	98	63	141	87	54
39	184	112	72	144	91	53	113	60	53
40-44岁	**938**	**599**	**339**	**757**	**474**	**283**	**641**	**428**	**213**
40	163	96	67	121	79	42	111	67	44
41	187	123	64	173	100	73	126	84	42
42	175	110	65	162	98	64	137	81	56
43	208	132	76	131	82	49	137	93	44
44	205	138	67	170	115	55	130	103	27
45-49岁	**829**	**562**	**267**	**691**	**483**	**208**	**566**	**396**	**170**
45	204	137	67	142	99	43	123	86	37
46	175	111	64	178	128	50	134	96	38
47	157	104	53	122	88	34	128	89	39
48	172	120	52	119	80	39	93	68	25
49	121	90	31	130	88	42	88	57	31
50-54岁	**458**	**340**	**118**	**336**	**238**	**98**	**312**	**227**	**85**
50	125	94	31	98	75	23	92	69	23
51	78	58	20	78	50	28	73	48	25
52	76	53	23	64	49	15	60	45	15
53	79	58	21	44	29	15	50	38	12
54	100	77	23	52	35	17	37	27	10
55-59岁	**426**	**308**	**118**	**315**	**222**	**93**	**253**	**186**	**67**
55	127	92	35	64	51	13	40	26	14
56	79	64	15	74	47	27	41	31	10
57	98	65	33	84	56	28	84	66	18
58	85	60	25	57	40	17	61	41	20
59	37	27	10	36	28	8	27	22	5
60-64岁	**248**	**197**	**51**	**184**	**143**	**41**	**165**	**135**	**30**
60	37	25	12	35	26	9	31	26	5
61	29	20	9	28	21	7	26	23	3
62	45	36	9	43	33	10	37	27	10
63	68	62	6	39	33	6	40	30	10
64	69	54	15	39	30	9	31	29	2
65岁及以上	**706**	**550**	**156**	**556**	**412**	**144**	**449**	**337**	**112**

5−5b 续表 8

单位：人

年 龄	初婚年龄								
	36岁			37岁			38岁		
	小计	男	女	小计	男	女	小计	男	女
总 计	**2125**	**1429**	**696**	**1717**	**1203**	**514**	**1391**	**894**	**497**
20岁以下									
20−24岁									
20									
21									
22									
23									
24									
25−29岁									
25									
26									
27									
28									
29									
30−34岁									
30									
31									
32									
33									
34									
35−39岁	**320**	**183**	**137**	**207**	**131**	**76**	**95**	**49**	**46**
35									
36	35	22	13						
37	80	43	37	30	21	9			
38	111	65	46	88	48	40	27	13	14
39	94	53	41	89	62	27	68	36	32
40−44岁	**481**	**317**	**164**	**391**	**266**	**125**	**315**	**196**	**119**
40	74	45	29	64	34	30	35	19	16
41	105	64	41	66	49	17	61	33	28
42	97	64	33	86	56	30	66	40	26
43	98	67	31	78	56	22	75	48	27
44	107	77	30	97	71	26	78	56	22
45−49岁	**465**	**313**	**152**	**456**	**323**	**133**	**372**	**242**	**130**
45	85	64	21	95	71	24	78	58	20
46	134	92	42	83	60	23	94	57	37
47	83	56	27	105	71	34	54	33	21
48	83	50	33	99	68	31	71	46	25
49	80	51	29	74	53	21	75	48	27
50−54岁	**243**	**164**	**79**	**200**	**138**	**62**	**191**	**128**	**63**
50	67	41	26	58	38	20	45	28	17
51	69	48	21	41	28	13	53	34	19
52	41	26	15	39	28	11	34	22	12
53	39	31	8	28	19	9	31	22	9
54	27	18	9	34	25	9	28	22	6
55−59岁	**179**	**126**	**53**	**125**	**91**	**34**	**76**	**47**	**29**
55	38	27	11	27	20	7	19	11	8
56	37	29	8	21	17	4	16	7	9
57	45	32	13	35	25	10	14	10	4
58	41	27	14	23	15	8	15	11	4
59	18	11	7	19	14	5	12	8	4
60−64岁	**113**	**84**	**29**	**105**	**76**	**29**	**114**	**82**	**32**
60	24	18	6	25	17	8	22	16	6
61	17	13	4	21	17	4	29	21	8
62	22	15	7	22	17	5	24	16	8
63	30	23	7	26	16	10	24	20	4
64	20	15	5	11	9	2	15	9	6
65岁及以上	**324**	**242**	**82**	**233**	**178**	**55**	**228**	**150**	**78**

5-5b　续表 9　　　　单位：人

年　龄	初婚年龄					
	39岁			40岁及以上		
	小计	男	女	小计	男	女
总　计	**1139**	**745**	**394**	**5895**	**3658**	**2237**
20岁以下						
20-24岁						
20						
21						
22						
23						
24						
25-29岁						
25						
26						
27						
28						
29						
30-34岁						
30						
31						
32						
33						
34						
35-39岁	**27**	**13**	**14**			
35						
36						
37						
38						
39	27	13	14			
40-44岁	**249**	**154**	**95**	**531**	**309**	**222**
40	28	18	10	25	16	9
41	50	26	24	59	28	31
42	56	34	22	99	53	46
43	52	34	18	157	95	62
44	63	42	21	191	117	74
45-49岁	**301**	**204**	**97**	**1240**	**794**	**446**
45	43	27	16	201	130	71
46	77	57	20	233	154	79
47	69	44	25	267	161	106
48	57	40	17	241	162	79
49	55	36	19	298	187	111
50-54岁	**199**	**139**	**60**	**1149**	**760**	**389**
50	60	41	19	274	181	93
51	57	38	19	230	148	82
52	33	24	9	256	168	88
53	22	14	8	178	121	57
54	27	22	5	211	142	69
55-59岁	**68**	**50**	**18**	**768**	**501**	**267**
55	19	14	5	198	134	64
56	12	8	4	173	117	56
57	16	13	3	192	121	71
58	18	13	5	140	87	53
59	3	2	1	65	42	23
60-64岁	**98**	**59**	**39**	**550**	**349**	**201**
60	16	10	6	87	61	26
61	16	12	4	93	65	28
62	24	17	7	112	71	41
63	22	9	13	135	73	62
64	20	11	9	123	79	44
65岁及以上	**197**	**126**	**71**	**1657**	**945**	**712**

5-5c 全省分年龄、性别、初婚年龄的人口(乡村)

单位：人

年　龄	初婚年龄					
	合　计			15岁以下		
	合计	男	女	小计	男	女
总　计	**830214**	**410348**	**419866**	**1983**	**227**	**1756**
20岁以下	**361**	**58**	**303**	**17**	**2**	**15**
20-24岁	**6792**	**2053**	**4739**	**33**	**5**	**28**
20	383	82	301	4		4
21	717	161	556	5	1	4
22	1161	307	854	4	1	3
23	1792	549	1243	7		7
24	2739	954	1785	13	3	10
25-29岁	**35783**	**15089**	**20694**	**41**	**7**	**34**
25	4257	1556	2701	7	1	6
26	5187	2028	3159	9	1	8
27	6802	2801	4001	10	1	9
28	8342	3690	4652	5	1	4
29	11195	5014	6181	10	3	7
30-34岁	**74829**	**36001**	**38828**	**82**	**16**	**66**
30	15307	7021	8286	18	3	15
31	15303	7087	8216	20	4	16
32	14467	6966	7501	12	3	9
33	15656	7751	7905	15	2	13
34	14096	7176	6920	17	4	13
35-39岁	**70441**	**36503**	**33938**	**60**	**12**	**48**
35	13788	7042	6746	17	5	12
36	14511	7469	7042	13	3	10
37	13795	7246	6549	8	1	7
38	15621	8139	7482	13	3	10
39	12726	6607	6119	9		9
40-44岁	**71783**	**37207**	**34576**	**104**	**24**	**80**
40	10982	5749	5233	9	2	7
41	13581	7059	6522	17	6	11
42	14827	7698	7129	24	3	21
43	15251	7899	7352	22	6	16
44	17142	8802	8340	32	7	25
45-49岁	**99020**	**50206**	**48814**	**201**	**22**	**179**
45	16955	8722	8233	38	5	33
46	18887	9634	9253	31	3	28
47	20562	10368	10194	41	3	38
48	20486	10313	10173	40	5	35
49	22130	11169	10961	51	6	45
50-54岁	**108173**	**55111**	**53062**	**246**	**34**	**212**
50	21962	11212	10750	38	3	35
51	21455	10935	10520	62	10	52
52	23394	11895	11499	53	11	42
53	19741	10104	9637	44	5	39
54	21621	10965	10656	49	5	44
55-59岁	**91680**	**46238**	**45442**	**148**	**15**	**133**
55	21539	10985	10554	35	9	26
56	19089	9665	9424	31	1	30
57	24047	12114	11933	42	5	37
58	18145	9133	9012	28		28
59	8860	4341	4519	12		12
60-64岁	**76569**	**38835**	**37734**	**234**	**26**	**208**
60	13486	6978	6508	24	4	20
61	13370	6849	6521	49	5	44
62	16183	8166	8017	53	5	48
63	18553	9435	9118	45	4	41
64	14977	7407	7570	63	8	55
65岁及以上	**194783**	**93047**	**101736**	**817**	**64**	**753**

5-5c　续表 1　　　　单位：人

年　龄	初婚年龄								
	15岁			16岁			17岁		
	小计	男	女	小计	男	女	小计	男	女
总　计	**8738**	**1048**	**7690**	**17071**	**2262**	**14809**	**29716**	**5027**	**24689**
20岁以下	**60**	**8**	**52**	**94**	**14**	**80**	**98**	**14**	**84**
20-24岁	**147**	**27**	**120**	**272**	**63**	**209**	**443**	**105**	**338**
20	20	4	16	28	7	21	57	13	44
21	32	6	26	53	13	40	51	11	40
22	29	4	25	57	15	42	97	24	73
23	35	7	28	54	13	41	102	22	80
24	31	6	25	80	15	65	136	35	101
25-29岁	**235**	**56**	**179**	**472**	**100**	**372**	**849**	**247**	**602**
25	53	18	35	81	17	64	159	50	109
26	47	12	35	103	21	82	148	43	105
27	34	8	26	95	16	79	186	47	139
28	49	12	37	104	31	73	163	50	113
29	52	6	46	89	15	74	193	57	136
30-34岁	**336**	**80**	**256**	**542**	**124**	**418**	**1038**	**217**	**821**
30	64	15	49	101	22	79	229	54	175
31	70	16	54	145	42	103	248	49	199
32	75	17	58	105	20	85	206	39	167
33	63	16	47	95	21	74	192	39	153
34	64	16	48	96	19	77	163	36	127
35-39岁	**239**	**51**	**188**	**420**	**86**	**334**	**657**	**135**	**522**
35	73	18	55	75	12	63	141	29	112
36	46	12	34	108	26	82	119	26	93
37	37	6	31	87	18	69	132	36	96
38	47	10	37	78	15	63	170	30	140
39	36	5	31	72	15	57	95	14	81
40-44岁	**408**	**76**	**332**	**743**	**142**	**601**	**1141**	**237**	**904**
40	42	6	36	60	11	49	111	25	86
41	54	15	39	97	21	76	150	27	123
42	94	13	81	158	34	124	188	32	156
43	106	21	85	191	34	157	290	65	225
44	112	21	91	237	42	195	402	88	314
45-49岁	**1006**	**156**	**850**	**2093**	**395**	**1698**	**3664**	**844**	**2820**
45	171	34	137	192	43	149	450	101	349
46	217	35	182	402	74	328	481	110	371
47	218	31	187	527	99	428	791	193	598
48	203	33	170	482	87	395	959	233	726
49	197	23	174	490	92	398	983	207	776
50-54岁	**1134**	**161**	**973**	**2325**	**404**	**1921**	**4510**	**976**	**3534**
50	213	33	180	465	87	378	918	230	688
51	237	39	198	502	92	410	896	190	706
52	256	42	214	500	92	408	1000	226	774
53	214	22	192	431	71	360	824	174	650
54	214	25	189	427	62	365	872	156	716
55-59岁	**853**	**82**	**771**	**1841**	**217**	**1624**	**3683**	**578**	**3105**
55	254	34	220	418	67	351	855	155	700
56	200	20	180	455	58	397	726	124	602
57	198	12	186	542	52	490	1077	173	904
58	131	14	117	269	32	237	754	97	657
59	70	2	68	157	8	149	271	29	242
60-64岁	**869**	**74**	**795**	**1614**	**180**	**1434**	**2809**	**359**	**2450**
60	127	5	122	206	22	184	386	42	344
61	144	10	134	310	30	280	412	53	359
62	147	11	136	348	40	308	698	94	604
63	229	30	199	401	48	353	707	100	607
64	222	18	204	349	40	309	606	70	536
65岁及以上	**3451**	**277**	**3174**	**6655**	**537**	**6118**	**10824**	**1315**	**9509**

5-5c 续表 2 单位：人

年龄	初婚年龄								
	18岁			19岁			20岁		
	小计	男	女	小计	男	女	小计	男	女
总　计	**45981**	**10090**	**35891**	**68198**	**18813**	**49385**	**88722**	**28423**	**60299**
20岁以下	**66**	**15**	**51**	**26**	**5**	**21**			
20-24岁	**677**	**185**	**492**	**928**	**215**	**713**	**1177**	**257**	**920**
20	98	25	73	113	24	89	63	9	54
21	108	30	78	183	41	142	197	47	150
22	126	36	90	166	34	132	281	58	223
23	161	43	118	187	43	144	274	64	210
24	184	51	133	279	73	206	362	79	283
25-29岁	**1479**	**436**	**1043**	**2264**	**704**	**1560**	**3475**	**934**	**2541**
25	226	71	155	344	93	251	548	118	430
26	266	77	189	396	125	271	534	137	397
27	277	77	200	472	137	335	667	174	493
28	307	88	219	445	152	293	763	226	537
29	403	123	280	607	197	410	963	279	684
30-34岁	**1874**	**506**	**1368**	**3552**	**1016**	**2536**	**6058**	**1639**	**4419**
30	430	108	322	773	236	537	1329	375	954
31	393	105	288	788	227	561	1242	354	888
32	361	99	262	675	193	482	1201	327	874
33	378	117	261	703	195	508	1222	316	906
34	312	77	235	613	165	448	1064	267	797
35-39岁	**1245**	**263**	**982**	**2611**	**568**	**2043**	**5142**	**1062**	**4080**
35	259	64	195	553	129	424	1058	245	813
36	256	56	200	538	131	407	1089	242	847
37	209	44	165	470	107	363	998	206	792
38	273	51	222	534	101	433	1102	219	883
39	248	48	200	516	100	416	895	150	745
40-44岁	**1586**	**340**	**1246**	**3157**	**646**	**2511**	**5945**	**1089**	**4856**
40	168	22	146	466	83	383	864	159	705
41	218	45	173	569	120	449	1160	214	946
42	273	58	215	610	121	489	1300	229	1071
43	389	87	302	634	111	523	1217	205	1012
44	538	128	410	878	211	667	1404	282	1122
45-49岁	**5154**	**1396**	**3758**	**7448**	**2172**	**5276**	**9453**	**2872**	**6581**
45	620	150	470	1026	226	800	1496	365	1131
46	776	222	554	1257	333	924	1723	483	1240
47	918	244	674	1456	405	1051	1966	596	1370
48	1286	337	949	1588	496	1092	2029	633	1396
49	1554	443	1111	2121	712	1409	2239	795	1444
50-54岁	**7757**	**2023**	**5734**	**11554**	**3850**	**7704**	**14174**	**5740**	**8434**
50	1638	455	1183	2289	791	1498	2780	1080	1700
51	1526	437	1089	2391	797	1594	2922	1214	1708
52	1608	392	1216	2465	833	1632	3211	1306	1905
53	1493	365	1128	2018	667	1351	2520	1032	1488
54	1492	374	1118	2391	762	1629	2741	1108	1633
55-59岁	**6305**	**1347**	**4958**	**9491**	**2733**	**6758**	**11797**	**4427**	**7370**
55	1453	355	1098	2193	669	1524	2821	1098	1723
56	1346	326	1020	1995	618	1377	2454	939	1515
57	1630	326	1304	2473	717	1756	3097	1142	1955
58	1377	256	1121	1847	500	1347	2295	864	1431
59	499	84	415	983	229	754	1130	384	746
60-64岁	**4473**	**804**	**3669**	**6477**	**1560**	**4917**	**8226**	**2541**	**5685**
60	647	110	537	1153	291	862	1714	543	1171
61	699	124	575	1044	240	804	1426	428	998
62	903	165	738	1259	270	989	1646	500	1146
63	1251	216	1035	1555	384	1171	1828	565	1263
64	973	189	784	1466	375	1091	1612	505	1107
65岁及以上	**15365**	**2775**	**12590**	**20690**	**5344**	**15346**	**23275**	**7862**	**15413**

5-5c　续表 3　　　　单位：人

年　龄	初婚年龄								
	21岁			22岁			23岁		
	小计	男	女	小计	男	女	小计	男	女
总　计	**94756**	**40042**	**54714**	**102440**	**54335**	**48105**	**87376**	**51213**	**36163**
20岁以下									
20-24岁	**1185**	**372**	**813**	**1135**	**465**	**670**	**607**	**272**	**335**
20									
21	88	12	76						
22	263	72	191	138	63	75			
23	402	130	272	403	150	253	167	77	90
24	432	158	274	594	252	342	440	195	245
25-29岁	**3987**	**1327**	**2660**	**4955**	**2206**	**2749**	**4732**	**2165**	**2567**
25	534	163	371	752	317	435	760	327	433
26	669	224	445	725	297	428	687	303	384
27	763	257	506	955	432	523	849	399	450
28	893	310	583	1110	505	605	1101	522	579
29	1128	373	755	1413	655	758	1335	614	721
30-34岁	**7745**	**2782**	**4963**	**9954**	**4788**	**5166**	**9038**	**4610**	**4428**
30	1555	541	1014	1990	937	1053	1867	925	942
31	1652	605	1047	1972	920	1052	1826	885	941
32	1500	537	963	1930	938	992	1667	860	807
33	1655	584	1071	2115	1044	1071	1952	1054	898
34	1383	515	868	1947	949	998	1726	886	840
35-39岁	**7021**	**2342**	**4679**	**9445**	**4524**	**4921**	**9055**	**4759**	**4296**
35	1377	487	890	1795	876	919	1842	974	868
36	1489	525	964	1926	925	1001	1844	943	901
37	1426	488	938	1888	890	998	1710	922	788
38	1547	496	1051	2104	996	1108	1986	1037	949
39	1182	346	836	1732	837	895	1673	883	790
40-44岁	**7469**	**2394**	**5075**	**9938**	**4851**	**5087**	**8750**	**4763**	**3987**
40	1015	290	725	1370	644	726	1337	729	608
41	1422	439	983	1648	789	859	1692	891	801
42	1658	517	1141	2082	1027	1055	1624	889	735
43	1650	550	1100	2292	1145	1147	1867	990	877
44	1724	598	1126	2546	1246	1300	2230	1264	966
45-49岁	**11340**	**4707**	**6633**	**13325**	**7170**	**6155**	**10860**	**6235**	**4625**
45	1853	673	1180	2413	1295	1118	2003	1102	901
46	2215	837	1378	2598	1409	1189	2182	1221	961
47	2400	1004	1396	2933	1546	1387	2169	1240	929
48	2378	1084	1294	2637	1420	1217	2186	1279	907
49	2494	1109	1385	2744	1500	1244	2320	1393	927
50-54岁	**14205**	**7036**	**7169**	**13470**	**7880**	**5590**	**10409**	**6504**	**3905**
50	2351	1083	1268	2594	1515	1079	2130	1251	879
51	2861	1443	1418	2326	1333	993	1984	1223	761
52	3293	1686	1607	2949	1683	1266	2056	1301	755
53	2723	1371	1352	2694	1625	1069	1955	1255	700
54	2977	1453	1524	2907	1724	1183	2284	1474	810
55-59岁	**12393**	**6081**	**6312**	**11936**	**6994**	**4942**	**9549**	**6260**	**3289**
55	2839	1425	1414	2819	1641	1178	2345	1511	834
56	2802	1370	1432	2330	1357	973	1836	1219	617
57	3163	1616	1547	3261	1902	1359	2437	1612	825
58	2405	1142	1263	2379	1432	947	1999	1306	693
59	1184	528	656	1147	662	485	932	612	320
60-64岁	**9084**	**3742**	**5342**	**9764**	**5147**	**4617**	**8626**	**5439**	**3187**
60	1762	773	989	1861	1059	802	1535	999	536
61	1924	813	1111	1721	957	764	1481	946	535
62	1885	783	1102	2378	1208	1170	1701	1075	626
63	1976	774	1202	2204	1111	1093	2342	1476	866
64	1537	599	938	1600	812	788	1567	943	624
65岁及以上	**20327**	**9259**	**11068**	**18518**	**10310**	**8208**	**15750**	**10206**	**5544**

5-5c 续表 4

单位：人

年龄	初婚年龄								
	24岁			25岁			26岁		
	小计	男	女	小计	男	女	小计	男	女
总　计	**72161**	**46089**	**26072**	**56442**	**38754**	**17688**	**41135**	**29402**	**11733**
20岁以下									
20-24岁	**188**	**87**	**101**						
20									
21									
22									
23									
24	188	87	101						
25-29岁	**4633**	**2223**	**2410**	**3697**	**1872**	**1825**	**2508**	**1362**	**1146**
25	576	269	307	217	112	105			
26	809	382	427	591	299	292	203	107	96
27	873	424	449	859	431	428	575	299	276
28	988	476	512	884	441	443	789	447	342
29	1387	672	715	1146	589	557	941	509	432
30-34岁	**8202**	**4354**	**3848**	**6930**	**3872**	**3058**	**5740**	**3383**	**2357**
30	1696	817	879	1521	808	713	1203	666	537
31	1720	905	815	1330	692	638	1253	697	556
32	1544	842	702	1332	723	609	1100	652	448
33	1645	872	773	1433	821	612	1172	749	423
34	1597	918	679	1314	828	486	1012	619	393
35-39岁	**8028**	**4763**	**3265**	**6597**	**4250**	**2347**	**5102**	**3452**	**1650**
35	1506	876	630	1282	799	483	996	646	350
36	1734	1014	720	1332	869	463	1054	698	356
37	1599	953	646	1375	900	475	954	664	290
38	1773	1055	718	1454	941	513	1203	825	378
39	1416	865	551	1154	741	413	895	619	276
40-44岁	**7437**	**4545**	**2892**	**5976**	**4034**	**1942**	**4490**	**3216**	**1274**
40	1260	761	499	1042	689	353	776	552	224
41	1508	900	608	1234	829	405	919	663	256
42	1517	938	579	1318	882	436	966	699	267
43	1384	858	526	1201	830	371	920	661	259
44	1768	1088	680	1181	804	377	909	641	268
45-49岁	**8919**	**5619**	**3300**	**6879**	**4734**	**2145**	**4505**	**3236**	**1269**
45	1691	1067	624	1319	932	387	739	520	219
46	1831	1128	703	1409	967	442	871	623	248
47	1788	1109	679	1468	1000	468	987	696	291
48	1643	1044	599	1354	923	431	1010	740	270
49	1966	1271	695	1329	912	417	898	657	241
50-54岁	**7562**	**5095**	**2467**	**5446**	**3928**	**1518**	**3797**	**2832**	**965**
50	1712	1137	575	1309	907	402	854	633	221
51	1428	952	476	1133	839	294	859	623	236
52	1573	1075	498	1113	806	307	806	595	211
53	1279	857	422	941	688	253	614	476	138
54	1570	1074	496	950	688	262	664	505	159
55-59岁	**6984**	**4918**	**2066**	**4907**	**3671**	**1236**	**3200**	**2432**	**768**
55	1670	1163	507	1123	824	299	644	483	161
56	1475	1046	429	1005	733	272	673	519	154
57	1751	1251	500	1279	970	309	888	668	220
58	1316	930	386	1001	773	228	669	520	149
59	772	528	244	499	371	128	326	242	84
60-64岁	**6825**	**4967**	**1858**	**4996**	**3963**	**1033**	**3538**	**2905**	**633**
60	1122	841	281	895	687	208	562	448	114
61	1153	845	308	849	660	189	684	558	126
62	1483	1087	396	1037	825	212	719	589	130
63	1595	1172	423	1261	1018	243	889	747	142
64	1472	1022	450	954	773	181	684	563	121
65岁及以上	**13383**	**9518**	**3865**	**11014**	**8430**	**2584**	**8255**	**6584**	**1671**

5-5c　续表 5　　　　单位：人

年　龄	初婚年龄								
	27岁			28岁			29岁		
	小计	男	女	小计	男	女	小计	男	女
总　计	**29519**	**21807**	**7712**	**21180**	**15809**	**5371**	**15401**	**11465**	**3936**
20岁以下									
20-24岁									
20									
21									
22									
23									
24									
25-29岁	**1546**	**884**	**662**	**714**	**440**	**274**	**196**	**126**	**70**
25									
26									
27	187	99	88						
28	558	321	237	183	108	75			
29	801	464	337	531	332	199	196	126	70
30-34岁	**4312**	**2683**	**1629**	**3426**	**2145**	**1281**	**2552**	**1599**	**953**
30	997	584	413	841	494	347	519	326	193
31	865	521	344	688	419	269	597	355	242
32	865	547	318	623	388	235	475	283	192
33	828	521	307	693	443	250	509	327	182
34	757	510	247	581	401	180	452	308	144
35-39岁	**3752**	**2628**	**1124**	**2780**	**1990**	**790**	**2057**	**1466**	**591**
35	750	506	244	553	389	164	443	290	153
36	758	516	242	595	403	192	432	309	123
37	725	510	215	553	401	152	409	289	120
38	818	597	221	591	426	165	422	318	104
39	701	499	202	488	371	117	351	260	91
40-44岁	**3336**	**2513**	**823**	**2514**	**1932**	**582**	**1868**	**1403**	**465**
40	583	434	149	449	336	113	306	217	89
41	635	469	166	505	372	133	406	298	108
42	644	496	148	530	421	109	392	305	87
43	730	571	159	524	400	124	349	266	83
44	744	543	201	506	403	103	415	317	98
45-49岁	**3208**	**2411**	**797**	**2289**	**1763**	**526**	**1655**	**1302**	**353**
45	615	456	159	451	351	100	363	278	85
46	578	433	145	493	388	105	345	275	70
47	666	507	159	409	321	88	349	280	69
48	667	511	156	464	346	118	270	217	53
49	682	504	178	472	357	115	328	252	76
50-54岁	**2745**	**2085**	**660**	**1924**	**1422**	**502**	**1556**	**1168**	**388**
50	619	467	152	484	357	127	356	271	85
51	566	415	151	363	270	93	307	226	81
52	633	472	161	399	297	102	367	269	98
53	421	328	93	352	258	94	260	195	65
54	506	403	103	326	240	86	266	207	59
55-59岁	**2100**	**1665**	**435**	**1370**	**1067**	**303**	**948**	**729**	**219**
55	464	371	93	299	220	79	244	178	66
56	370	292	78	290	239	51	203	151	52
57	594	484	110	297	225	72	234	179	55
58	452	347	105	318	253	65	155	128	27
59	220	171	49	166	130	36	112	93	19
60-64岁	**2340**	**1915**	**425**	**1699**	**1387**	**312**	**1130**	**914**	**216**
60	376	296	80	307	246	61	169	122	47
61	384	314	70	261	221	40	189	166	23
62	545	446	99	347	277	70	237	188	49
63	574	471	103	456	378	78	274	227	47
64	461	388	73	328	265	63	261	211	50
65岁及以上	**6180**	**5023**	**1157**	**4464**	**3663**	**801**	**3439**	**2758**	**681**

5-5c 续表 6

单位：人

年　龄	初婚年龄								
	30岁			31岁			32岁		
	小计	男	女	小计	男	女	小计	男	女
总　计	**10933**	**8058**	**2875**	**8091**	**5989**	**2102**	**6066**	**4479**	**1587**
20岁以下									
20-24岁									
20									
21									
22									
23									
24									
25-29岁									
25									
26									
27									
28									
29									
30-34岁	**1619**	**1016**	**603**	**997**	**655**	**342**	**521**	**326**	**195**
30	174	110	64						
31	361	215	146	133	76	57			
32	423	254	169	277	185	92	96	59	37
33	351	231	120	341	213	128	203	138	65
34	310	206	104	246	181	65	222	129	93
35-39岁	**1549**	**1088**	**461**	**1194**	**799**	**395**	**1033**	**686**	**347**
35	336	237	99	219	141	78	190	125	65
36	316	214	102	275	171	104	194	128	66
37	283	193	90	216	147	69	214	141	73
38	368	264	104	261	178	83	245	163	82
39	246	180	66	223	162	61	190	129	61
40-44岁	**1404**	**1054**	**350**	**1154**	**856**	**298**	**870**	**645**	**225**
40	250	183	67	186	138	48	150	109	41
41	258	188	70	269	191	78	154	118	36
42	326	240	86	218	151	67	203	146	57
43	286	225	61	245	194	51	190	139	51
44	284	218	66	236	182	54	173	133	40
45-49岁	**1148**	**891**	**257**	**953**	**718**	**235**	**723**	**573**	**150**
45	266	201	65	197	159	38	152	124	28
46	267	201	66	208	146	62	162	129	33
47	236	184	52	197	145	52	156	129	27
48	204	162	42	177	131	46	124	93	31
49	175	143	32	174	137	37	129	98	31
50-54岁	**1135**	**835**	**300**	**796**	**591**	**205**	**601**	**448**	**153**
50	237	183	54	130	105	25	124	95	29
51	239	182	57	161	118	43	89	67	22
52	264	184	80	178	139	39	111	86	25
53	195	140	55	173	120	53	115	89	26
54	200	146	54	154	109	45	162	111	51
55-59岁	**767**	**562**	**205**	**586**	**427**	**159**	**506**	**377**	**129**
55	215	163	52	153	112	41	127	89	38
56	162	122	40	120	87	33	120	89	31
57	198	141	57	141	110	31	134	99	35
58	125	92	33	113	75	38	75	56	19
59	67	44	23	59	43	16	50	44	6
60-64岁	**799**	**649**	**150**	**554**	**452**	**102**	**441**	**356**	**85**
60	135	112	23	79	63	16	76	59	17
61	147	116	31	95	75	20	60	47	13
62	165	133	32	111	94	17	98	80	18
63	191	159	32	147	122	25	117	88	29
64	161	129	32	122	98	24	90	82	8
65岁及以上	**2512**	**1963**	**549**	**1857**	**1491**	**366**	**1371**	**1068**	**303**

5-5c　续表 7

单位：人

年　龄	初婚年龄								
	33岁			34岁			35岁		
	小计	男	女	小计	男	女	小计	男	女
总　计	**4714**	**3485**	**1229**	**3625**	**2671**	**954**	**2762**	**1995**	**767**
20岁以下									
20–24岁									
20									
21									
22									
23									
24									
25–29岁									
25									
26									
27									
28									
29									
30–34岁	**251**	**151**	**100**	**60**	**39**	**21**			
30									
31									
32									
33	91	48	43						
34	160	103	57	60	39	21			
35–39岁	**835**	**549**	**286**	**637**	**406**	**231**	**430**	**270**	**160**
35	172	102	70	112	70	42	39	22	17
36	150	103	47	138	86	52	74	48	26
37	153	101	52	128	82	46	115	73	42
38	207	147	60	132	84	48	104	62	42
39	153	96	57	127	84	43	98	65	33
40–44岁	**730**	**548**	**182**	**647**	**466**	**181**	**484**	**329**	**155**
40	121	87	34	125	92	33	88	62	26
41	140	106	34	120	77	43	103	70	33
42	133	102	31	132	100	32	101	68	33
43	161	117	44	134	95	39	90	61	29
44	175	136	39	136	102	34	102	68	34
45–49岁	**656**	**483**	**173**	**563**	**417**	**146**	**483**	**367**	**116**
45	168	118	50	137	97	40	123	98	25
46	141	108	33	119	90	29	93	70	23
47	120	94	26	116	86	30	104	82	22
48	122	81	41	79	62	17	78	60	18
49	105	82	23	112	82	30	85	57	28
50–54岁	**380**	**300**	**80**	**317**	**250**	**67**	**246**	**195**	**51**
50	92	74	18	83	65	18	63	47	16
51	75	60	15	62	47	15	52	40	12
52	54	45	9	77	63	14	52	42	10
53	79	60	19	42	32	10	39	33	6
54	80	61	19	53	43	10	40	33	7
55–59岁	**422**	**324**	**98**	**334**	**243**	**91**	**248**	**178**	**70**
55	114	82	32	89	66	23	47	38	9
56	100	73	27	81	62	19	56	39	17
57	100	82	18	90	59	31	71	49	22
58	70	58	12	44	31	13	54	38	16
59	38	29	9	30	25	5	20	14	6
60–64岁	**314**	**252**	**62**	**264**	**213**	**51**	**194**	**142**	**52**
60	65	51	14	55	47	8	40	28	12
61	57	48	9	43	34	9	15	13	2
62	54	41	13	56	47	9	48	32	16
63	77	66	11	56	40	16	58	41	17
64	61	46	15	54	45	9	33	28	5
65岁及以上	**1126**	**878**	**248**	**803**	**637**	**166**	**677**	**514**	**163**

5-5c 续表 8

单位：人

年龄	初婚年龄								
	36岁			37岁			38岁		
	小计	男	女	小计	男	女	小计	男	女
总　计	**2084**	**1544**	**540**	**1672**	**1195**	**477**	**1415**	**1014**	**401**
20岁以下									
20-24岁									
20									
21									
22									
23									
24									
25-29岁									
25									
26									
27									
28									
29									
30-34岁									
30									
31									
32									
33									
34									
35-39岁	**273**	**172**	**101**	**188**	**117**	**71**	**76**	**55**	**21**
35									
36	31	21	10						
37	68	46	22	38	28	10			
38	94	58	36	68	44	24	27	19	8
39	80	47	33	82	45	37	49	36	13
40-44岁	**378**	**287**	**91**	**308**	**225**	**83**	**258**	**166**	**92**
40	61	41	20	41	27	14	47	25	22
41	78	62	16	63	47	16	51	33	18
42	74	53	21	60	41	19	49	34	15
43	80	64	16	75	54	21	51	35	16
44	85	67	18	69	56	13	60	39	21
45-49岁	**396**	**299**	**97**	**341**	**248**	**93**	**316**	**231**	**85**
45	90	63	27	72	52	20	55	39	16
46	98	76	22	70	53	17	65	48	17
47	81	62	19	79	53	26	66	53	13
48	62	45	17	69	51	18	74	52	22
49	65	53	12	51	39	12	56	39	17
50-54岁	**193**	**162**	**31**	**170**	**123**	**47**	**197**	**145**	**52**
50	55	48	7	51	35	16	58	39	19
51	46	42	4	38	28	10	48	36	12
52	26	15	11	35	30	5	35	25	10
53	39	33	6	30	20	10	34	29	5
54	27	24	3	16	10	6	22	16	6
55-59岁	**173**	**131**	**42**	**130**	**98**	**32**	**95**	**72**	**23**
55	37	30	7	25	20	5	18	15	3
56	29	23	6	23	20	3	24	19	5
57	43	31	12	44	28	16	22	18	4
58	49	38	11	28	23	5	22	14	8
59	15	9	6	10	7	3	9	6	3
60-64岁	**186**	**137**	**49**	**150**	**112**	**38**	**123**	**88**	**35**
60	25	15	10	29	25	4	23	17	6
61	27	18	9	28	17	11	25	16	9
62	44	33	11	34	25	9	20	14	6
63	48	37	11	29	21	8	31	24	7
64	42	34	8	30	24	6	24	17	7
65岁及以上	**485**	**356**	**129**	**385**	**272**	**113**	**350**	**257**	**93**

5-5c　续表 9　　　　单位：人

年　龄	初婚年龄					
	39岁			40岁及以上		
	小计	男	女	小计	男	女
总　计	**1164**	**808**	**356**	**6869**	**4304**	**2565**
20岁以下						
20-24岁						
20						
21						
22						
23						
24						
25-29岁						
25						
26						
27						
28						
29						
30-34岁						
30						
31						
32						
33						
34						
35-39岁	**15**	**10**	**5**			
35						
36						
37						
38						
39	15	10	5			
40-44岁	**227**	**150**	**77**	**461**	**276**	**185**
40	40	18	22	15	7	8
41	48	34	14	63	35	28
42	42	32	10	111	67	44
43	45	33	12	128	82	46
44	52	33	19	144	85	59
45-49岁	**286**	**191**	**95**	**1156**	**754**	**402**
45	66	45	21	189	128	61
46	49	34	15	206	138	68
47	56	37	19	265	169	96
48	56	36	20	245	152	93
49	59	39	20	251	167	84
50-54岁	**156**	**109**	**47**	**1168**	**815**	**353**
50	46	29	17	273	192	81
51	40	28	12	242	184	58
52	35	24	11	245	156	89
53	19	15	4	193	144	49
54	16	13	3	215	139	76
55-59岁	**79**	**69**	**10**	**835**	**541**	**294**
55	22	18	4	216	149	67
56	15	14	1	168	105	63
57	20	17	3	221	146	75
58	13	12	1	157	102	55
59	9	8	1	73	39	34
60-64岁	**130**	**88**	**42**	**710**	**423**	**287**
60	17	12	5	96	61	35
61	26	17	9	117	78	39
62	25	17	8	142	87	55
63	34	21	13	178	95	83
64	28	21	7	177	102	75
65岁及以上	**271**	**191**	**80**	**2539**	**1495**	**1044**

5-6　全省分性别、受教育程度、初婚年龄的人口

单位：人

受教育程度	初婚年龄					
	合　计			15岁以下		
	合计	男	女	小计	男	女
总　计	**2596604**	**1263808**	**1332796**	**4145**	**567**	**3578**
未上过学	104581	15354	89227	576	10	566
学前教育	5023	1050	3973	18	1	17
小　学	761278	305336	455942	2216	193	2023
初　中	985948	538593	447355	1047	264	783
高　中	372193	208790	163403	221	79	142
大学专科	187852	96429	91423	46	12	34
大学本科	165344	90147	75197	21	8	13
硕士研究生	12456	6854	5602			
博士研究生	1929	1255	674			

5-6　续表 1

单位：人

受教育程度	初婚年龄								
	15岁			16岁			17岁		
	小计	男	女	小计	男	女	小计	男	女
总　计	**18417**	**2613**	**15804**	**35966**	**5197**	**30769**	**64234**	**11083**	**53151**
未上过学	2453	73	2380	4511	108	4403	7697	217	7480
学前教育	101	3	98	189	12	177	350	18	332
小　学	9852	885	8967	19542	1873	17669	34035	4100	29935
初　中	4768	1223	3545	9663	2480	7183	18227	5372	12855
高　中	907	306	601	1559	531	1028	3132	1087	2045
大学专科	218	78	140	320	127	193	559	186	373
大学本科	111	44	67	171	59	112	223	101	122
硕士研究生	7	1	6	11	7	4	11	2	9
博士研究生									

5-6　续表 2

单位：人

受教育程度	初婚年龄								
	18岁			19岁			20岁		
	小计	男	女	小计	男	女	小计	男	女
总　计	**102802**	**22072**	**80730**	**160744**	**41619**	**119125**	**223082**	**65387**	**157695**
未上过学	10786	398	10388	13994	815	13179	14489	1191	13298
学前教育	468	23	445	624	59	565	679	79	600
小　学	51731	8189	43542	74728	15397	59331	91085	22927	68158
初　中	32423	10630	21793	56858	19984	36874	89295	31696	57599
高　中	6092	2350	3742	11761	4493	7268	21220	7737	13483
大学专科	1002	358	644	2138	643	1495	4834	1318	3516
大学本科	290	120	170	617	218	399	1447	421	1026
硕士研究生	7	3	4	23	9	14	28	16	12
博士研究生	3	1	2	1	1		5	2	3

5-6　续表 3

单位：人

受教育程度	初婚年龄								
	21岁			22岁			23岁		
	小计	男	女	小计	男	女	小计	男	女
总　计	**255248**	**97966**	**157282**	**296790**	**142783**	**154007**	**281904**	**144100**	**137804**
未上过学	11774	1384	10390	9635	1580	8055	7088	1540	5548
学前教育	599	90	509	521	126	395	367	108	259
小　学	90269	30364	59905	87387	37463	49924	72148	35802	36346
初　中	110478	49254	61224	134092	72899	61193	120897	69419	51478
高　中	30790	13363	17427	43447	22383	21064	46701	24270	22431
大学专科	8479	2611	5868	15018	5882	9136	21204	8284	12920
大学本科	2791	867	1924	6502	2369	4133	13062	4504	8558
硕士研究生	57	27	30	159	65	94	388	153	235
博士研究生	11	6	5	29	16	13	49	20	29

5-6 续表 4

单位：人

受教育程度	初婚年龄								
	24岁			25岁			26岁		
	小计	男	女	小计	男	女	小计	男	女
总　计	**256577**	**143261**	**113316**	**222288**	**133978**	**88310**	**174781**	**111013**	**63768**
未上过学	5250	1443	3807	3752	1320	2432	2626	1055	1571
学前教育	266	110	156	191	84	107	124	67	57
小　学	56702	32358	24344	43104	27469	15635	30691	20826	9865
初　中	102447	63300	39147	80010	52571	27439	58604	40472	18132
高　中	45682	25648	20034	40780	24746	16034	32125	20653	11472
大学专科	24975	11327	13648	26295	13603	12692	22863	12842	10021
大学本科	20276	8637	11639	26386	13275	13111	25424	13915	11509
硕士研究生	842	364	478	1574	790	784	2055	1017	1038
博士研究生	137	74	63	196	120	76	269	166	103

5-6 续表 5

单位：人

受教育程度	初婚年龄								
	27岁			28岁			29岁		
	小计	男	女	小计	男	女	小计	男	女
总　计	**132044**	**88082**	**43962**	**96078**	**66226**	**29852**	**68734**	**48317**	**20417**
未上过学	1990	868	1122	1528	705	823	1155	505	650
学前教育	117	57	60	74	42	32	61	31	30
小　学	22116	15705	6411	16039	11464	4575	12401	8892	3509
初　中	42497	30162	12335	30445	21922	8523	22412	16266	6146
高　中	24180	16251	7929	17404	12136	5268	12085	8589	3496
大学专科	17739	10895	6844	12999	8480	4519	8834	5940	2894
大学本科	21160	12926	8234	15628	10338	5290	10368	7207	3161
硕士研究生	1964	1041	923	1707	972	735	1236	759	477
博士研究生	281	177	104	254	167	87	182	128	54

5-6　续表 6

单位：人

受教育程度	初婚年龄								
	30岁			31岁			32岁		
	小计	男	女	小计	男	女	小计	男	女
总　计	**48391**	**34055**	**14336**	**34589**	**24298**	**10291**	**25544**	**17839**	**7705**
未上过学	939	418	521	707	336	371	562	250	312
学前教育	48	27	21	56	33	23	22	10	12
小　学	9037	6357	2680	6977	4862	2115	5362	3711	1651
初　中	16199	11609	4590	11979	8421	3558	9378	6659	2719
高　中	8575	6155	2420	6066	4369	1697	4345	3065	1280
大学专科	5884	4044	1840	3912	2716	1196	2704	1829	875
大学本科	6795	4848	1947	4281	3140	1141	2752	2014	738
硕士研究生	770	496	274	519	355	164	331	231	100
博士研究生	144	101	43	92	66	26	88	70	18

5-6　续表 7

单位：人

受教育程度	初婚年龄								
	33岁			34岁			35岁		
	小计	男	女	小计	男	女	小计	男	女
总　计	**19104**	**13328**	**5776**	**14797**	**10154**	**4643**	**11310**	**7757**	**3553**
未上过学	473	209	264	352	163	189	293	135	158
学前教育	22	10	12	15	9	6	12	5	7
小　学	4230	2981	1249	3356	2314	1042	2655	1809	846
初　中	7077	5043	2034	5628	3946	1682	4234	3036	1198
高　中	3368	2387	981	2471	1703	768	1930	1315	615
大学专科	1853	1205	648	1409	933	476	1077	672	405
大学本科	1828	1314	514	1375	961	414	975	689	286
硕士研究生	207	146	61	148	94	54	109	75	34
博士研究生	46	33	13	43	31	12	25	21	4

5-6 续表 8

单位：人

受教育程度	初婚年龄								
	36岁			37岁			38岁		
	小计	男	女	小计	男	女	小计	男	女
总　计	**8479**	**5822**	**2657**	**6830**	**4760**	**2070**	**5418**	**3648**	**1770**
未上过学	193	82	111	160	79	81	171	71	100
学前教育	13	9	4	9	4	5	9	4	5
小　学	2142	1432	710	1717	1173	544	1550	1004	546
初　中	3228	2286	942	2574	1824	750	1945	1339	606
高　中	1402	973	429	1207	850	357	852	597	255
大学专科	752	489	263	572	385	187	489	342	147
大学本科	645	477	168	521	391	130	349	254	95
硕士研究生	80	60	20	60	45	15	42	30	12
博士研究生	24	14	10	10	9	1	11	7	4

5-6 续表 9

单位：人

受教育程度	初婚年龄					
	39岁			40岁及以上		
	小计	男	女	小计	男	女
总　计	**4499**	**3011**	**1488**	**23809**	**14872**	**8937**
未上过学	146	51	95	1281	348	933
学前教育	11	3	8	57	26	31
小　学	1329	846	483	8877	4940	3937
初　中	1667	1158	509	7876	5358	2518
高　中	693	477	216	3198	2277	921
大学专科	352	256	96	1325	972	353
大学本科	263	191	72	1083	859	224
硕士研究生	31	24	7	90	72	18
博士研究生	7	5	2	22	20	2

5-6a　全省分性别、受教育程度、初婚年龄的人口(城市)

单位：人

受教育程度	初婚年龄					
	合　计			15岁以下		
	合计	男	女	小计	男	女
总　计	**1050274**	**508821**	**541453**	**1040**	**182**	**858**
未上过学	24262	3427	20835	91	2	89
学前教育	615	133	482	3		3
小　学	196504	75467	121037	422	45	377
初　中	371158	191289	179869	363	88	275
高　中	204174	106817	97357	121	35	86
大学专科	119196	59192	60004	24	5	19
大学本科	121639	65337	56302	16	7	9
硕士研究生	11061	6073	4988			
博士研究生	1665	1086	579			

5-6a　续表 1

单位：人

受教育程度	初婚年龄								
	15岁			16岁			17岁		
	小计	男	女	小计	男	女	小计	男	女
总　计	**4634**	**843**	**3791**	**9098**	**1503**	**7595**	**16643**	**2994**	**13649**
未上过学	473	16	457	853	21	832	1532	40	1492
学前教育	11	3	8	13		13	33	3	30
小　学	1919	197	1722	4050	419	3631	7147	803	6344
初　中	1604	429	1175	3124	723	2401	6087	1590	4497
高　中	433	128	305	749	226	523	1398	407	991
大学专科	118	42	76	183	71	112	292	89	203
大学本科	72	28	44	118	38	80	147	60	87
硕士研究生	4		4	8	5	3	7	2	5
博士研究生									

5-6a 续表 2

单位：人

受教育程度	初婚年龄								
	18岁			19岁			20岁		
	小计	男	女	小计	男	女	小计	男	女
总　计	**27639**	**5665**	**21974**	**46990**	**11278**	**35712**	**70304**	**18634**	**51670**
未上过学	2252	88	2164	3107	142	2965	3189	239	2950
学前教育	42	3	39	55	3	52	79	7	72
小　学	11257	1584	9673	17437	3131	14306	22238	4980	17258
初　中	10697	2900	7797	19493	5915	13578	31219	9596	21623
高　中	2691	853	1838	5386	1647	3739	10014	2955	7059
大学专科	511	159	352	1131	314	817	2612	596	2016
大学本科	182	75	107	363	118	245	925	245	680
硕士研究生	6	3	3	17	7	10	23	14	9
博士研究生	1		1	1	1		5	2	3

5-6a 续表 3

单位：人

受教育程度	初婚年龄								
	21岁			22岁			23岁		
	小计	男	女	小计	男	女	小计	男	女
总　计	**86340**	**30072**	**56268**	**108500**	**47876**	**60624**	**113767**	**51525**	**62242**
未上过学	2849	282	2567	2491	344	2147	1930	346	1584
学前教育	97	13	84	71	17	54	61	18	43
小　学	23145	6960	16185	23378	9174	14204	19887	8918	10969
初　中	38935	15629	23306	47889	23906	23983	44999	23584	21415
高　中	14885	5443	9442	21740	9845	11895	24639	11066	13573
大学专科	4596	1227	3369	8479	3061	5418	12809	4492	8317
大学本科	1781	493	1288	4294	1463	2831	9068	2960	6108
硕士研究生	45	21	24	130	50	80	335	127	208
博士研究生	7	4	3	28	16	12	39	14	25

5-6a 续表 4 单位：人

受教育程度	初婚年龄								
	24岁			25岁			26岁		
	小计	男	女	小计	男	女	小计	男	女
总　计	**112459**	**56382**	**56077**	**106055**	**58546**	**47509**	**88120**	**51941**	**36179**
未上过学	1419	334	1085	975	312	663	654	243	411
学前教育	33	14	19	37	19	18	16	7	9
小　学	16290	8467	7823	12196	7101	5095	8791	5506	3285
初　中	38675	22100	16575	31528	19403	12125	23896	15570	8326
高　中	25011	12578	12433	23321	13021	10300	18943	11465	7478
大学专科	15603	6559	9044	16923	8297	8626	14943	8044	6899
大学本科	14570	5953	8617	19488	9581	9907	18816	10059	8757
硕士研究生	740	314	426	1414	705	709	1834	906	928
博士研究生	118	63	55	173	107	66	227	141	86

5-6a 续表 5 单位：人

受教育程度	初婚年龄								
	27岁			28岁			29岁		
	小计	男	女	小计	男	女	小计	男	女
总　计	**68888**	**43442**	**25446**	**50635**	**33494**	**17141**	**36368**	**24859**	**11509**
未上过学	520	228	292	365	173	192	252	113	139
学前教育	15	8	7	7	4	3	5	3	2
小　学	6331	4187	2144	4547	3011	1536	3662	2469	1193
初　中	17855	12099	5756	12989	8964	4025	9774	6897	2877
高　中	14628	9406	5222	10555	7151	3404	7592	5270	2322
大学专科	11737	6989	4748	8675	5528	3147	6041	3994	2047
大学本科	15812	9453	6359	11765	7655	4110	7789	5323	2466
硕士研究生	1753	924	829	1508	861	647	1096	677	419
博士研究生	237	148	89	224	147	77	157	113	44

5-6a 续表 6 单位：人

受教育程度	初婚年龄								
	30岁			31岁			32岁		
	小计	男	女	小计	男	女	小计	男	女
总　计	**25475**	**17535**	**7940**	**17863**	**12372**	**5491**	**13148**	**8994**	**4154**
未上过学	219	91	128	160	79	81	150	62	88
学前教育	8	2	6	7	4	3	1		1
小　学	2623	1719	904	2015	1282	733	1577	998	579
初　中	7078	4913	2165	5177	3565	1612	4194	2897	1297
高　中	5354	3778	1576	3889	2766	1123	2772	1905	867
大学专科	4125	2799	1326	2744	1879	865	1925	1291	634
大学本科	5270	3717	1553	3324	2420	904	2153	1571	582
硕士研究生	672	427	245	469	320	149	304	214	90
博士研究生	126	89	37	78	57	21	72	56	16

5-6a 续表 7 单位：人

受教育程度	初婚年龄								
	33岁			34岁			35岁		
	小计	男	女	小计	男	女	小计	男	女
总　计	**9553**	**6552**	**3001**	**7521**	**5033**	**2488**	**5670**	**3780**	**1890**
未上过学	113	51	62	80	30	50	58	27	31
学前教育				2		2	3	1	2
小　学	1213	801	412	966	635	331	735	468	267
初　中	3039	2123	916	2516	1706	810	1890	1307	583
高　中	2195	1551	644	1633	1101	532	1298	866	432
大学专科	1307	825	482	1025	667	358	778	469	309
大学本科	1459	1040	419	1122	778	344	786	554	232
硕士研究生	182	128	54	138	88	50	98	68	30
博士研究生	45	33	12	39	28	11	24	20	4

5-6a 续表 8 单位：人

受教育程度	初婚年龄								
	36岁			37岁			38岁		
	小计	男	女	小计	男	女	小计	男	女
总　计	**4270**	**2849**	**1421**	**3441**	**2362**	**1079**	**2612**	**1740**	**872**
未上过学	41	12	29	43	30	13	40	13	27
学前教育	1	1		4	2	2	1		1
小　学	609	381	228	498	317	181	436	267	169
初　中	1535	1045	490	1160	805	355	875	578	297
高　中	912	615	297	812	552	260	579	394	185
大学专科	551	341	210	436	292	144	368	262	106
大学本科	524	385	139	426	316	110	263	191	72
硕士研究生	75	56	19	55	42	13	40	29	11
博士研究生	22	13	9	7	6	1	10	6	4

5-6a 续表 9 单位：人

受教育程度	初婚年龄					
	39岁			40岁及以上		
	小计	男	女	小计	男	女
总　计	**2196**	**1458**	**738**	**11045**	**6910**	**4135**
未上过学	38	12	26	368	97	271
学前教育	3	1	2	7		7
小　学	390	237	153	2745	1410	1335
初　中	794	540	254	3773	2417	1356
高　中	469	316	153	2155	1477	678
大学专科	261	182	79	999	718	281
大学本科	206	144	62	900	710	190
硕士研究生	28	21	7	80	64	16
博士研究生	7	5	2	18	17	1

5－6b　全省分性别、受教育程度、初婚年龄的人口(镇)

单位：人

受教育程度	初婚年龄					
	合　计			15岁以下		
	合计	男	女	小计	男	女
总　计	**716116**	**344639**	**371477**	**1122**	**158**	**964**
未上过学	23802	3162	20640	128	5	123
学前教育	1036	187	849	4		4
小　学	209437	79813	129624	560	41	519
初　中	297862	158228	139634	355	81	274
高　中	100893	57984	42909	52	23	29
大学专科	47993	25523	22470	18	7	11
大学本科	33843	19041	14802	5	1	4
硕士研究生	1068	584	484			
博士研究生	182	117	65			

5－6b　续表 1

单位：人

受教育程度	初婚年龄								
	15岁			16岁			17岁		
	小计	男	女	小计	男	女	小计	男	女
总　计	**5045**	**722**	**4323**	**9797**	**1432**	**8365**	**17875**	**3062**	**14813**
未上过学	507	15	492	920	20	900	1708	46	1662
学前教育	11		11	29	1	28	70	3	67
小　学	2606	216	2390	5225	481	4744	9351	1078	8273
初　中	1539	360	1179	3040	709	2331	5553	1511	4042
高　中	287	95	192	451	167	284	956	337	619
大学专科	64	23	41	94	38	56	178	56	122
大学本科	30	12	18	35	14	21	57	31	26
硕士研究生	1	1		3	2	1	2		2
博士研究生									

5-6b　续表 2

单位：人

受教育程度	初婚年龄								
	18岁			19岁			20岁		
	小计	男	女	小计	男	女	小计	男	女
总　计	**29182**	**6317**	**22865**	**45556**	**11528**	**34028**	**64056**	**18330**	**45726**
未上过学	2479	71	2408	3130	164	2966	3297	238	3059
学前教育	104	5	99	123	8	115	136	13	123
小　学	14224	2168	12056	20457	3879	16578	25124	5920	19204
初　中	10173	3243	6930	17430	5833	11597	27273	9278	17995
高　中	1797	690	1107	3572	1369	2203	6316	2318	3998
大学专科	323	107	216	663	208	455	1508	437	1071
大学本科	81	33	48	179	66	113	397	124	273
硕士研究生				2	1	1	5	2	3
博士研究生	1		1						

5-6b　续表 3

单位：人

受教育程度	初婚年龄								
	21岁			22岁			23岁		
	小计	男	女	小计	男	女	小计	男	女
总　计	**74152**	**27852**	**46300**	**85850**	**40572**	**45278**	**80761**	**41362**	**39399**
未上过学	2688	274	2414	2235	296	1939	1598	313	1285
学前教育	119	17	102	126	24	102	76	15	61
小　学	24987	7874	17113	24027	9644	14383	20092	9422	10670
初　中	33899	14519	19380	40859	21510	19349	36778	20630	16148
高　中	9032	4027	5005	12477	6602	5875	13165	7294	5871
大学专科	2649	871	1778	4428	1823	2605	5854	2495	3359
大学本科	766	265	501	1680	664	1016	3149	1169	1980
硕士研究生	9	4	5	18	9	9	41	18	23
博士研究生	3	1	2				8	6	2

5-6b 续表 4

单位：人

受教育程度	初婚年龄								
	24岁			25岁			26岁		
	小计	男	女	小计	男	女	小计	男	女
总　计	**71957**	**40790**	**31167**	**59791**	**36678**	**23113**	**45526**	**29670**	**15856**
未上过学	1218	294	924	842	272	570	668	237	431
学前教育	67	23	44	40	12	28	26	13	13
小　学	15688	8542	7146	12001	7297	4704	8264	5425	2839
初　中	31382	19161	12221	23982	15538	8444	17408	11988	5420
高　中	12470	7381	5089	10829	6955	3874	8243	5564	2679
大学专科	6617	3294	3323	6601	3681	2920	5565	3348	2217
大学本科	4421	2049	2372	5357	2848	2509	5146	2986	2160
硕士研究生	80	38	42	123	67	56	177	91	86
博士研究生	14	8	6	16	8	8	29	18	11

5-6b 续表 5

单位：人

受教育程度	初婚年龄								
	27岁			28岁			29岁		
	小计	男	女	小计	男	女	小计	男	女
总　计	**33637**	**22833**	**10804**	**24263**	**16923**	**7340**	**16965**	**11993**	**4972**
未上过学	467	176	291	373	153	220	286	118	168
学前教育	25	13	12	15	8	7	11	1	10
小　学	6038	4148	1890	4416	3041	1375	3336	2286	1050
初　中	12456	8749	3707	8932	6382	2550	6419	4601	1818
高　中	6116	4269	1847	4372	3129	1243	2843	2093	750
大学专科	4249	2732	1517	3016	2056	960	1966	1369	597
大学本科	4093	2643	1450	2973	2059	914	1979	1457	522
硕士研究生	162	84	78	146	79	67	107	59	48
博士研究生	31	19	12	20	16	4	18	9	9

5-6b　续表 6

单位：人

受教育程度	初婚年龄								
	30岁			31岁			32岁		
	小计	男	女	小计	男	女	小计	男	女
总　计	**11983**	**8462**	**3521**	**8635**	**5937**	**2698**	**6330**	**4366**	**1964**
未上过学	213	87	126	186	82	104	116	48	68
学前教育	8	5	3	13	6	7	7	3	4
小　学	2471	1704	767	1966	1306	660	1500	1001	499
初　中	4669	3297	1372	3446	2357	1089	2621	1805	816
高　中	2068	1497	571	1412	1013	399	1033	755	278
大学专科	1255	906	349	830	582	248	537	377	160
大学本科	1203	900	303	734	561	173	487	356	131
硕士研究生	85	57	28	41	27	14	18	11	7
博士研究生	11	9	2	7	3	4	11	10	1

5-6b　续表 7

单位：人

受教育程度	初婚年龄								
	33岁			34岁			35岁		
	小计	男	女	小计	男	女	小计	男	女
总　计	**4837**	**3291**	**1546**	**3651**	**2450**	**1201**	**2878**	**1982**	**896**
未上过学	121	49	72	86	33	53	72	34	38
学前教育	6	5	1	3	2	1	3	2	1
小　学	1183	802	381	972	621	351	767	507	260
初　中	2091	1423	668	1568	1087	481	1222	878	344
高　中	749	516	233	554	391	163	430	295	135
大学专科	388	275	113	274	181	93	217	146	71
大学本科	280	208	72	189	131	58	156	113	43
硕士研究生	18	13	5	2	2		10	6	4
博士研究生	1		1	3	2	1	1	1	

5-6b 续表 8

单位：人

受教育程度	初婚年龄								
	36岁			37岁			38岁		
	小计	男	女	小计	男	女	小计	男	女
总　计	**2125**	**1429**	**696**	**1717**	**1203**	**514**	**1391**	**894**	**497**
未上过学	57	27	30	28	13	15	57	18	39
学前教育	3	2	1	1	1		1		1
小　学	583	365	218	480	321	159	422	255	167
初　中	901	625	276	735	526	209	544	363	181
高　中	321	216	105	271	198	73	198	144	54
大学专科	159	117	42	110	72	38	97	64	33
大学本科	95	73	22	84	66	18	71	50	21
硕士研究生	4	3	1	5	3	2	1		1
博士研究生	2	1	1	3	3				

5-6b 续表 9

单位：人

受教育程度	初婚年龄					
	39岁			40岁及以上		
	小计	男	女	小计	男	女
总　计	**1139**	**745**	**394**	**5895**	**3658**	**2237**
未上过学	40	13	27	282	66	216
学前教育	3	2	1	6	3	3
小　学	365	216	149	2332	1253	1079
初　中	449	304	145	2138	1470	668
高　中	160	111	49	719	535	184
大学专科	70	54	16	263	204	59
大学本科	50	43	7	146	119	27
硕士研究生	2	2		6	5	1
博士研究生				3	3	

5-6c　全省分性别、受教育程度、初婚年龄的人口(乡村)

单位：人

受教育程度	初婚年龄					
	合　计			15岁以下		
	合计	男	女	小计	男	女
总　计	**830214**	**410348**	**419866**	**1983**	**227**	**1756**
未上过学	56517	8765	47752	357	3	354
学前教育	3372	730	2642	11	1	10
小　学	355337	150056	205281	1234	107	1127
初　中	316928	189076	127852	329	95	234
高　中	67126	43989	23137	48	21	27
大学专科	20663	11714	8949	4		4
大学本科	9862	5769	4093			
硕士研究生	327	197	130			
博士研究生	82	52	30			

5-6c　续表 1　　单位：人

受教育程度	初婚年龄								
	15岁			16岁			17岁		
	小计	男	女	小计	男	女	小计	男	女
总　计	**8738**	**1048**	**7690**	**17071**	**2262**	**14809**	**29716**	**5027**	**24689**
未上过学	1473	42	1431	2738	67	2671	4457	131	4326
学前教育	79		79	147	11	136	247	12	235
小　学	5327	472	4855	10267	973	9294	17537	2219	15318
初　中	1625	434	1191	3499	1048	2451	6587	2271	4316
高　中	187	83	104	359	138	221	778	343	435
大学专科	36	13	23	43	18	25	89	41	48
大学本科	9	4	5	18	7	11	19	10	9
硕士研究生	2		2				2		2
博士研究生									

5-6c 续表 2

单位：人

受教育程度	初婚年龄								
	18岁			19岁			20岁		
	小计	男	女	小计	男	女	小计	男	女
总　计	**45981**	**10090**	**35891**	**68198**	**18813**	**49385**	**88722**	**28423**	**60299**
未上过学	6055	239	5816	7757	509	7248	8003	714	7289
学前教育	322	15	307	446	48	398	464	59	405
小　学	26250	4437	21813	36834	8387	28447	43723	12027	31696
初　中	11553	4487	7066	19935	8236	11699	30803	12822	17981
高　中	1604	807	797	2803	1477	1326	4890	2464	2426
大学专科	168	92	76	344	121	223	714	285	429
大学本科	27	12	15	75	34	41	125	52	73
硕士研究生	1		1	4	1	3			
博士研究生	1	1							

5-6c 续表 3

单位：人

受教育程度	初婚年龄								
	21岁			22岁			23岁		
	小计	男	女	小计	男	女	小计	男	女
总　计	**94756**	**40042**	**54714**	**102440**	**54335**	**48105**	**87376**	**51213**	**36163**
未上过学	6237	828	5409	4909	940	3969	3560	881	2679
学前教育	383	60	323	324	85	239	230	75	155
小　学	42137	15530	26607	39982	18645	21337	32169	17462	14707
初　中	37644	19106	18538	45344	27483	17861	39120	25205	13915
高　中	6873	3893	2980	9230	5936	3294	8897	5910	2987
大学专科	1234	513	721	2111	998	1113	2541	1297	1244
大学本科	244	109	135	528	242	286	845	375	470
硕士研究生	3	2	1	11	6	5	12	8	4
博士研究生	1	1		1		1	2		2

5-6c　续表 4

单位：人

受教育程度	初婚年龄								
	24岁			25岁			26岁		
	小计	男	女	小计	男	女	小计	男	女
总　计	**72161**	**46089**	**26072**	**56442**	**38754**	**17688**	**41135**	**29402**	**11733**
未上过学	2613	815	1798	1935	736	1199	1304	575	729
学前教育	166	73	93	114	53	61	82	47	35
小　学	24724	15349	9375	18907	13071	5836	13636	9895	3741
初　中	32390	22039	10351	24500	17630	6870	17300	12914	4386
高　中	8201	5689	2512	6630	4770	1860	4939	3624	1315
大学专科	2755	1474	1281	2771	1625	1146	2355	1450	905
大学本科	1285	635	650	1541	846	695	1462	870	592
硕士研究生	22	12	10	37	18	19	44	20	24
博士研究生	5	3	2	7	5	2	13	7	6

5-6c　续表 5

单位：人

受教育程度	初婚年龄								
	27岁			28岁			29岁		
	小计	男	女	小计	男	女	小计	男	女
总　计	**29519**	**21807**	**7712**	**21180**	**15809**	**5371**	**15401**	**11465**	**3936**
未上过学	1003	464	539	790	379	411	617	274	343
学前教育	77	36	41	52	30	22	45	27	18
小　学	9747	7370	2377	7076	5412	1664	5403	4137	1266
初　中	12186	9314	2872	8524	6576	1948	6219	4768	1451
高　中	3436	2576	860	2477	1856	621	1650	1226	424
大学专科	1753	1174	579	1308	896	412	827	577	250
大学本科	1255	830	425	890	624	266	600	427	173
硕士研究生	49	33	16	53	32	21	33	23	10
博士研究生	13	10	3	10	4	6	7	6	1

5-6c 续表 6

单位：人

受教育程度	初婚年龄								
	30岁			31岁			32岁		
	小计	男	女	小计	男	女	小计	男	女
总 计	**10933**	**8058**	**2875**	**8091**	**5989**	**2102**	**6066**	**4479**	**1587**
未上过学	507	240	267	361	175	186	296	140	156
学前教育	32	20	12	36	23	13	14	7	7
小 学	3943	2934	1009	2996	2274	722	2285	1712	573
初 中	4452	3399	1053	3356	2499	857	2563	1957	606
高 中	1153	880	273	765	590	175	540	405	135
大学专科	504	339	165	338	255	83	242	161	81
大学本科	322	231	91	223	159	64	112	87	25
硕士研究生	13	12	1	9	8	1	9	6	3
博士研究生	7	3	4	7	6	1	5	4	1

5-6c 续表 7

单位：人

受教育程度	初婚年龄								
	33岁			34岁			35岁		
	小计	男	女	小计	男	女	小计	男	女
总 计	**4714**	**3485**	**1229**	**3625**	**2671**	**954**	**2762**	**1995**	**767**
未上过学	239	109	130	186	100	86	163	74	89
学前教育	16	5	11	10	7	3	6	2	4
小 学	1834	1378	456	1418	1058	360	1153	834	319
初 中	1947	1497	450	1544	1153	391	1122	851	271
高 中	424	320	104	284	211	73	202	154	48
大学专科	158	105	53	110	85	25	82	57	25
大学本科	89	66	23	64	52	12	33	22	11
硕士研究生	7	5	2	8	4	4	1	1	
博士研究生				1	1				

5-6c 续表 8 单位：人

受教育程度	初婚年龄								
	36岁			37岁			38岁		
	小计	男	女	小计	男	女	小计	男	女
总　计	**2084**	**1544**	**540**	**1672**	**1195**	**477**	**1415**	**1014**	**401**
未上过学	95	43	52	89	36	53	74	40	34
学前教育	9	6	3	4	1	3	7	4	3
小　学	950	686	264	739	535	204	692	482	210
初　中	792	616	176	679	493	186	526	398	128
高　中	169	142	27	124	100	24	75	59	16
大学专科	42	31	11	26	21	5	24	16	8
大学本科	26	19	7	11	9	2	15	13	2
硕士研究生	1	1					1	1	
博士研究生							1	1	

5-6c 续表 9 单位：人

受教育程度	初婚年龄					
	39岁			40岁及以上		
	小计	男	女	小计	男	女
总　计	**1164**	**808**	**356**	**6869**	**4304**	**2565**
未上过学	68	26	42	631	185	446
学前教育	5		5	44	23	21
小　学	574	393	181	3800	2277	1523
初　中	424	314	110	1965	1471	494
高　中	64	50	14	324	265	59
大学专科	21	20	1	63	50	13
大学本科	7	4	3	37	30	7
硕士研究生	1	1		4	3	1
博士研究生				1		1

第二部分　长表数据资料

第六卷　生育

6-1 各地区分性别、孩次的出生人口
(2019.11.1-2020.10.31)

单位：人

地 区	出生人数				第 一 孩			
	合计	男	女	性别比(女=100)	小计	男	女	性别比(女=100)
合 计	**37967**	**20717**	**17250**	**120.10**	**15615**	**8233**	**7382**	**111.53**
福州市	**6992**	**3835**	**3157**	**121.48**	**3214**	**1745**	**1469**	**118.79**
鼓楼区	527	274	253	108.30	258	135	123	109.76
台江区	360	204	156	130.77	202	113	89	126.97
仓山区	1183	644	539	119.48	608	319	289	110.38
马尾区	210	104	106	98.11	103	51	52	98.08
晋安区	800	422	378	111.64	426	226	200	113.00
长乐区	586	323	263	122.81	229	129	100	129.00
闽侯县	825	469	356	131.74	380	223	157	142.04
连江县	456	253	203	124.63	189	96	93	103.23
罗源县	216	121	95	127.37	87	49	38	128.95
闽清县	182	96	86	111.63	83	48	35	137.14
永泰县	188	110	78	141.03	78	41	37	110.81
平潭县	367	214	153	139.87	146	80	66	121.21
福清市	1092	601	491	122.40	425	235	190	123.68
厦门市	**5807**	**3157**	**2650**	**119.13**	**2667**	**1393**	**1274**	**109.34**
思明区	993	524	469	111.73	486	245	241	101.66
海沧区	703	379	324	116.98	318	168	150	112.00
湖里区	1194	631	563	112.08	588	284	304	93.42
集美区	1198	665	533	124.77	548	303	245	123.67
同安区	1054	565	489	115.54	428	222	206	107.77
翔安区	665	393	272	144.49	299	171	128	133.59
莆田市	**2586**	**1428**	**1158**	**123.32**	**1044**	**569**	**475**	**119.79**
城厢区	483	253	230	110.00	191	107	84	127.38
涵江区	398	219	179	122.35	168	96	72	133.33
荔城区	595	353	242	145.87	255	150	105	142.86
秀屿区	373	207	166	124.70	123	67	56	119.64
仙游县	737	396	341	116.13	307	149	158	94.30
三明市	**2107**	**1186**	**921**	**128.77**	**757**	**373**	**384**	**97.14**
梅列区	218	120	98	122.45	91	46	45	102.22
三元区	134	84	50	168.00	57	27	30	90.00
明溪县	85	52	33	157.58	29	16	13	123.08
清流县	100	60	40	150.00	37	19	18	105.56
宁化县	258	143	115	124.35	96	43	53	81.13
大田县	266	153	113	135.40	73	34	39	87.18
尤溪县	316	179	137	130.66	120	55	65	84.62
沙县	202	106	96	110.42	74	40	34	117.65
将乐县	132	71	61	116.39	50	26	24	108.33
泰宁县	79	47	32	146.88	26	14	12	116.67
建宁县	76	38	38	100.00	21	10	11	90.91
永安市	241	133	108	123.15	83	43	40	107.50
泉州市	**8701**	**4813**	**3888**	**123.79**	**3402**	**1788**	**1614**	**110.78**
鲤城区	432	232	200	116.00	186	91	95	95.79
丰泽区	735	393	342	114.91	310	156	154	101.30
洛江区	253	127	126	100.79	90	44	46	95.65
泉港区	392	209	183	114.21	138	66	72	91.67
惠安县	1239	684	555	123.24	467	231	236	97.88
安溪县	907	522	385	135.58	326	187	139	134.53
永春县	293	177	116	152.59	104	54	50	108.00
德化县	343	211	132	159.85	111	62	49	126.53
石狮市	700	378	322	117.39	286	146	140	104.29
晋江市	1991	1102	889	123.96	865	475	390	121.79
南安市	1416	778	638	121.94	519	276	243	113.58

6-1　续表 1　　　　单位：人

地　区	出生人数				第　一　孩			
	合计	男	女	性别比(女=100)	小计	男	女	性别比(女=100)
漳州市	**4649**	**2487**	**2162**	**115.03**	**1769**	**899**	**870**	**103.33**
芗城区	569	288	281	102.49	226	117	109	107.34
龙文区	387	193	194	99.48	161	68	93	73.12
云霄县	373	212	161	131.68	145	70	75	93.33
漳浦县	814	434	380	114.21	269	143	126	113.49
诏安县	517	268	249	107.63	204	106	98	108.16
长泰县	203	109	94	115.96	79	36	43	83.72
东山县	207	113	94	120.21	94	50	44	113.64
南靖县	192	110	82	134.15	87	53	34	155.88
平和县	359	208	151	137.75	119	65	54	120.37
华安县	92	41	51	80.39	36	15	21	71.43
龙海市	936	511	425	120.24	349	176	173	101.73
南平市	**1764**	**925**	**839**	**110.25**	**748**	**391**	**357**	**109.52**
延平区	275	143	132	108.33	115	64	51	125.49
建阳区	247	136	111	122.52	119	66	53	124.53
顺昌县	115	60	55	109.09	46	27	19	142.11
浦城县	135	84	51	164.71	64	38	26	146.15
光泽县	71	37	34	108.82	27	12	15	80.00
松溪县	99	48	51	94.12	34	17	17	100.00
政和县	130	61	69	88.41	52	24	28	85.71
邵武市	185	88	97	90.72	70	31	39	79.49
武夷山市	227	118	109	108.26	98	51	47	108.51
建瓯市	280	150	130	115.38	123	61	62	98.39
龙岩市	**2637**	**1450**	**1187**	**122.16**	**925**	**489**	**436**	**112.16**
新罗区	910	490	420	116.67	365	187	178	105.06
永定区	230	137	93	147.31	76	44	32	137.50
长汀县	409	219	190	115.26	130	66	64	103.13
上杭县	370	194	176	110.23	123	67	56	119.64
武平县	260	141	119	118.49	85	42	43	97.67
连城县	285	167	118	141.53	94	56	38	147.37
漳平市	173	102	71	143.66	52	27	25	108.00
宁德市	**2724**	**1436**	**1288**	**111.49**	**1089**	**586**	**503**	**116.50**
蕉城区	715	371	344	107.85	340	174	166	104.82
霞浦县	361	186	175	106.29	111	58	53	109.43
古田县	199	109	90	121.11	79	45	34	132.35
屏南县	87	36	51	70.59	34	15	19	78.95
寿宁县	109	62	47	131.91	33	17	16	106.25
周宁县	143	79	64	123.44	53	35	18	194.44
柘荣县	95	57	38	150.00	35	23	12	191.67
福安市	474	244	230	106.09	182	98	84	116.67
福鼎市	541	292	249	117.27	222	121	101	119.80

6-1 续表 2

单位：人

地 区	第二孩				第三孩			
	小计	男	女	性别比(女=100)	小计	男	女	性别比(女=100)
合 计	**17963**	**9738**	**8225**	**118.40**	**3888**	**2418**	**1470**	**164.49**
福州市	**3120**	**1658**	**1462**	**113.41**	**572**	**365**	**207**	**176.33**
鼓楼区	247	127	120	105.83	21	12	9	133.33
台江区	145	81	64	126.56	13	10	3	333.33
仓山区	496	271	225	120.44	69	46	23	200.00
马尾区	97	48	49	97.96	10	5	5	100.00
晋安区	334	165	169	97.63	36	29	7	414.29
长乐区	259	130	129	100.78	88	55	33	166.67
闽侯县	387	208	179	116.20	52	33	19	173.68
连江县	218	128	90	142.22	44	24	20	120.00
罗源县	109	58	51	113.73	19	13	6	216.67
闽清县	82	38	44	86.36	14	7	7	100.00
永泰县	92	55	37	148.65	17	14	3	466.67
平潭县	153	87	66	131.82	53	34	19	178.95
福清市	501	262	239	109.62	136	83	53	156.60
厦门市	**2725**	**1503**	**1222**	**123.00**	**377**	**240**	**137**	**175.18**
思明区	456	251	205	122.44	49	26	23	113.04
海沧区	336	179	157	114.01	47	30	17	176.47
湖里区	513	282	231	122.08	84	58	26	223.08
集美区	571	308	263	117.11	71	50	21	238.10
同安区	526	293	233	125.75	86	45	41	109.76
翔安区	323	190	133	142.86	40	31	9	344.44
莆田市	**1223**	**649**	**574**	**113.07**	**288**	**185**	**103**	**179.61**
城厢区	240	112	128	87.50	47	29	18	161.11
涵江区	202	106	96	110.42	25	14	11	127.27
荔城区	264	148	116	127.59	65	44	21	209.52
秀屿区	174	95	79	120.25	68	41	27	151.85
仙游县	343	188	155	121.29	83	57	26	219.23
三明市	**1022**	**596**	**426**	**139.91**	**276**	**184**	**92**	**200.00**
梅列区	110	64	46	139.13	17	10	7	142.86
三元区	59	44	15	293.33	14	10	4	250.00
明溪县	44	28	16	175.00	10	8	2	400.00
清流县	45	29	16	181.25	17	11	6	183.33
宁化县	127	74	53	139.62	33	24	9	266.67
大田县	101	60	41	146.34	59	39	20	195.00
尤溪县	150	95	55	172.73	43	27	16	168.75
沙县	98	44	54	81.48	28	20	8	250.00
将乐县	68	38	30	126.67	13	6	7	85.71
泰宁县	47	29	18	161.11	6	4	2	200.00
建宁县	49	26	23	113.04	6	2	4	50.00
永安市	124	65	59	110.17	30	23	7	328.57
泉州市	**4111**	**2264**	**1847**	**122.58**	**1072**	**687**	**385**	**178.44**
鲤城区	211	116	95	122.11	32	22	10	220.00
丰泽区	367	196	171	114.62	54	37	17	217.65
洛江区	134	64	70	91.43	27	17	10	170.00
泉港区	201	110	91	120.88	49	30	19	157.89
惠安县	611	341	270	126.30	152	108	44	245.45
安溪县	361	197	164	120.12	194	121	73	165.75
永春县	146	92	54	170.37	37	26	11	236.36
德化县	156	99	57	173.68	63	42	21	200.00
石狮市	342	184	158	116.46	64	40	24	166.67
晋江市	907	502	405	123.95	200	114	86	132.56
南安市	675	363	312	116.35	200	130	70	185.71

6-1 续表 3

单位：人

地 区	第二孩				第三孩			
	小计	男	女	性别比(女=100)	小计	男	女	性别比(女=100)
漳州市	**2245**	**1209**	**1036**	**116.70**	**549**	**324**	**225**	**144.00**
芗城区	293	137	156	87.82	46	32	14	228.57
龙文区	189	105	84	125.00	36	19	17	111.76
云霄县	162	101	61	165.57	56	37	19	194.74
漳浦县	392	204	188	108.51	137	75	62	120.97
诏安县	207	106	101	104.95	79	37	42	88.10
长泰县	116	66	50	132.00	8	7	1	700.00
东山县	100	56	44	127.27	12	6	6	100.00
南靖县	94	48	46	104.35	10	9	1	900.00
平和县	176	100	76	131.58	53	36	17	211.76
华安县	42	18	24	75.00	11	6	5	120.00
龙海市	474	268	206	130.10	101	60	41	146.34
南平市	**860**	**432**	**428**	**100.93**	**142**	**92**	**50**	**184.00**
延平区	136	63	73	86.30	22	15	7	214.29
建阳区	111	58	53	109.43	17	12	5	240.00
顺昌县	60	25	35	71.43	9	8	1	800.00
浦城县	60	37	23	160.87	11	9	2	450.00
光泽县	38	21	17	123.53	5	3	2	150.00
松溪县	54	24	30	80.00	11	7	4	175.00
政和县	59	27	32	84.38	15	6	9	66.67
邵武市	104	47	57	82.46	10	9	1	900.00
武夷山市	109	57	52	109.62	18	9	9	100.00
建瓯市	129	73	56	130.36	24	14	10	140.00
龙岩市	**1328**	**748**	**580**	**128.97**	**339**	**185**	**154**	**120.13**
新罗区	480	262	218	120.18	61	38	23	165.22
永定区	120	69	51	135.29	32	22	10	220.00
长汀县	179	106	73	145.21	83	39	44	88.64
上杭县	197	98	99	98.99	45	26	19	136.84
武平县	122	69	53	130.19	47	28	19	147.37
连城县	130	80	50	160.00	56	27	29	93.10
漳平市	100	64	36	177.78	15	5	10	50.00
宁德市	**1329**	**679**	**650**	**104.46**	**273**	**156**	**117**	**133.33**
蕉城区	319	168	151	111.26	49	27	22	122.73
霞浦县	185	91	94	96.81	61	36	25	144.00
古田县	105	53	52	101.92	15	11	4	275.00
屏南县	41	18	23	78.26	11	3	8	37.50
寿宁县	57	35	22	159.09	17	9	8	112.50
周宁县	71	33	38	86.84	17	11	6	183.33
柘荣县	47	25	22	113.64	10	7	3	233.33
福安市	240	118	122	96.72	42	21	21	100.00
福鼎市	264	138	126	109.52	51	31	20	155.00

6-1 续表 4

单位：人

地　区	第　四　孩				第五孩及以上			
	小计	男	女	性别比（女=100）	小计	男	女	性别比（女=100）
合　计	**419**	**281**	**138**	**203.62**	**82**	**47**	**35**	**134.29**
福州市	**75**	**57**	**18**	**316.67**	**11**	**10**	**1**	**1000.00**
鼓楼区	1		1					
台江区								
仓山区	10	8	2	400.00				
马尾区								
晋安区	3	1	2	50.00	1	1		
长乐区	8	7	1	700.00	2	2		
闽侯县	6	5	1	500.00				
连江县	4	4			1	1		
罗源县	1	1						
闽清县	3	3						
永泰县	1		1					
平潭县	13	11	2	550.00	2	2		
福清市	25	17	8	212.50	5	4	1	400.00
厦门市	**33**	**17**	**16**	**106.25**	**5**	**4**	**1**	**400.00**
思明区	2	2						
海沧区	1	1			1	1		
湖里区	8	6	2	300.00	1	1		
集美区	8	4	4	100.00				
同安区	12	4	8	50.00	2	1	1	100.00
翔安区	2		2		1	1		
莆田市	**25**	**22**	**3**	**733.33**	**6**	**3**	**3**	**100.00**
城厢区	5	5						
涵江区	2	2			1	1		
荔城区	10	10			1	1		
秀屿区	5	3	2	150.00	3	1	2	50.00
仙游县	3	2	1	200.00	1		1	
三明市	**42**	**30**	**12**	**250.00**	**10**	**3**	**7**	**42.86**
梅列区								
三元区	2	2			2	1	1	100.00
明溪县	1		1		1		1	
清流县	1	1						
宁化县	2	2						
大田县	26	18	8	225.00	7	2	5	40.00
尤溪县	3	2	1	200.00				
沙县	2	2						
将乐县	1	1						
泰宁县								
建宁县								
永安市	4	2	2	100.00				
泉州市	**100**	**67**	**33**	**203.03**	**16**	**7**	**9**	**77.78**
鲤城区	3	3						
丰泽区	4	4						
洛江区	2	2						
泉港区	3	3			1		1	
惠安县	9	4	5	80.00				
安溪县	26	17	9	188.89				
永春县	5	4	1	400.00	1	1		
德化县	11	6	5	120.00	2	2		
石狮市	7	7			1	1		
晋江市	14	9	5	180.00	5	2	3	66.67
南安市	16	8	8	100.00	6	1	5	20.00

6-1　续表 5　　　　单位：人

地　区	第四孩				第五孩及以上			
	小计	男	女	性别比(女=100)	小计	男	女	性别比(女=100)
漳州市	**66**	**41**	**25**	**164.00**	**20**	**14**	**6**	**233.33**
芗城区	3	1	2	50.00	1	1		
龙文区	1	1						
云霄县	8	2	6	33.33	2	2		
漳浦县	11	9	2	450.00	5	3	2	150.00
诏安县	18	13	5	260.00	9	6	3	200.00
长泰县								
东山县	1	1						
南靖县	1		1					
平和县	10	7	3	233.33	1		1	
华安县	2	1	1	100.00	1	1		
龙海市	11	6	5	120.00	1	1		
南平市	**12**	**8**	**4**	**200.00**	**2**	**2**		
延平区	1		1		1	1		
建阳区								
顺昌县								
浦城县								
光泽县	1	1						
松溪县								
政和县	4	4						
邵武市	1	1						
武夷山市	1		1		1	1		
建瓯市	4	2	2	100.00				
龙岩市	**39**	**27**	**12**	**225.00**	**6**	**1**	**5**	**20.00**
新罗区	3	2	1	200.00	1	1		
永定区	2	2						
长汀县	13	8	5	160.00	4		4	
上杭县	5	3	2	150.00				
武平县	5	2	3	66.67	1		1	
连城县	5	4	1	400.00				
漳平市	6	6						
宁德市	**27**	**12**	**15**	**80.00**	**6**	**3**	**3**	**100.00**
蕉城区	5	2	3	66.67	2		2	
霞浦县	3	1	2	50.00	1		1	
古田县								
屏南县	1		1					
寿宁县	2	1	1	100.00				
周宁县	2		2					
柘荣县	2	1	1	100.00	1	1		
福安市	10	7	3	233.33				
福鼎市	2		2		2	2		

6-1a 各地区分性别、孩次的出生人口
(2019.11.1-2020.10.31)(城市)

单位：人

地　区	出生人数				第　一　孩			
	合计	男	女	性别比(女=100)	小计	男	女	性别比(女=100)
合　计	**17321**	**9308**	**8013**	**116.16**	**7712**	**4007**	**3705**	**108.15**
福州市	**3703**	**1991**	**1712**	**116.30**	**1848**	**980**	**868**	**112.90**
鼓楼区	527	274	253	108.30	258	135	123	109.76
台江区	360	204	156	130.77	202	113	89	126.97
仓山区	1183	644	539	119.48	608	319	289	110.38
马尾区	199	98	101	97.03	99	50	49	102.04
晋安区	785	417	368	113.32	419	223	196	113.78
长乐区	252	136	116	117.24	99	53	46	115.22
闽侯县								
连江县								
罗源县								
闽清县								
永泰县								
平潭县								
福清市	397	218	179	121.79	163	87	76	114.47
厦门市	**4875**	**2616**	**2259**	**115.80**	**2258**	**1162**	**1096**	**106.02**
思明区	993	524	469	111.73	486	245	241	101.66
海沧区	688	370	318	116.35	317	167	150	111.33
湖里区	1192	629	563	111.72	588	284	304	93.42
集美区	1085	598	487	122.79	499	273	226	120.80
同安区	792	424	368	115.22	314	163	151	107.95
翔安区	125	71	54	131.48	54	30	24	125.00
莆田市	**1275**	**719**	**556**	**129.32**	**523**	**298**	**225**	**132.44**
城厢区	363	194	169	114.79	153	82	71	115.49
涵江区	331	180	151	119.21	133	75	58	129.31
荔城区	483	285	198	143.94	214	126	88	143.18
秀屿区	98	60	38	157.89	23	15	8	187.50
仙游县								
三明市	**504**	**293**	**211**	**138.86**	**198**	**102**	**96**	**106.25**
梅列区	208	115	93	123.66	86	45	41	109.76
三元区	125	79	46	171.74	54	26	28	92.86
明溪县								
清流县								
宁化县								
大田县								
尤溪县								
沙县								
将乐县								
泰宁县								
建宁县								
永安市	171	99	72	137.50	58	31	27	114.81
泉州市	**3211**	**1715**	**1496**	**114.64**	**1329**	**683**	**646**	**105.73**
鲤城区	432	232	200	116.00	186	91	95	95.79
丰泽区	735	393	342	114.91	310	156	154	101.30
洛江区	128	62	66	93.94	44	20	24	83.33
泉港区	135	69	66	104.55	48	23	25	92.00
惠安县								
安溪县								
永春县								
德化县								
石狮市	413	217	196	110.71	160	80	80	100.00
晋江市	1058	586	472	124.15	470	257	213	120.66
南安市	310	156	154	101.30	111	56	55	101.82

6-1a　续表 1

单位：人

地　区	出生人数				第　一　孩			
	合计	男	女	性别比(女=100)	小计	男	女	性别比(女=100)
漳州市	**981**	**501**	**480**	**104.38**	**410**	**196**	**214**	**91.59**
芗城区	420	218	202	107.92	177	93	84	110.71
龙文区	354	169	185	91.35	148	59	89	66.29
云霄县								
漳浦县								
诏安县								
长泰县								
东山县								
南靖县								
平和县								
华安县								
龙海市	205	112	93	120.43	84	43	41	104.88
南平市	**789**	**398**	**391**	**101.79**	**336**	**173**	**163**	**106.13**
延平区	199	103	96	107.29	77	45	32	140.63
建阳区	168	87	81	107.41	79	42	37	113.51
顺昌县								
浦城县								
光泽县								
松溪县								
政和县								
邵武市	158	77	81	95.06	58	27	31	87.10
武夷山市	147	75	72	104.17	64	34	30	113.33
建瓯市	117	56	61	91.80	58	25	33	75.76
龙岩市	**951**	**529**	**422**	**125.36**	**359**	**184**	**175**	**105.14**
新罗区	769	421	348	120.98	307	157	150	104.67
永定区	67	42	25	168.00	23	13	10	130.00
长汀县								
上杭县								
武平县								
连城县								
漳平市	115	66	49	134.69	29	14	15	93.33
宁德市	**1032**	**546**	**486**	**112.35**	**451**	**229**	**222**	**103.15**
蕉城区	511	263	248	106.05	253	126	127	99.21
霞浦县								
古田县								
屏南县								
寿宁县								
周宁县								
柘荣县								
福安市	244	131	113	115.93	85	43	42	102.38
福鼎市	277	152	125	121.60	113	60	53	113.21

6−1a 续表 2

单位：人

地区	第二孩				第三孩			
	小计	男	女	性别比(女=100)	小计	男	女	性别比(女=100)
合计	**8230**	**4440**	**3790**	**117.15**	**1264**	**781**	**483**	**161.70**
福州市	**1604**	**840**	**764**	**109.95**	**228**	**154**	**74**	**208.11**
鼓楼区	247	127	120	105.83	21	12	9	133.33
台江区	145	81	64	126.56	13	10	3	333.33
仓山区	496	271	225	120.44	69	46	23	200.00
马尾区	91	44	47	93.62	9	4	5	80.00
晋安区	326	163	163	100.00	36	29	7	414.29
长乐区	116	59	57	103.51	33	20	13	153.85
闽侯县								
连江县								
罗源县								
闽清县								
永泰县								
平潭县								
福清市	183	95	88	107.95	47	33	14	235.71
厦门市	**2275**	**1243**	**1032**	**120.45**	**312**	**194**	**118**	**164.41**
思明区	456	251	205	122.44	49	26	23	113.04
海沧区	324	173	151	114.57	45	28	17	164.71
湖里区	511	280	231	121.21	84	58	26	223.08
集美区	515	277	238	116.39	64	44	20	220.00
同安区	403	224	179	125.14	65	35	30	116.67
翔安区	66	38	28	135.71	5	3	2	150.00
莆田市	**638**	**347**	**291**	**119.24**	**103**	**63**	**40**	**157.50**
城厢区	184	95	89	106.74	23	14	9	155.56
涵江区	176	93	83	112.05	21	11	10	110.00
荔城区	220	124	96	129.17	43	29	14	207.14
秀屿区	58	35	23	152.17	16	9	7	128.57
仙游县								
三明市	**257**	**158**	**99**	**159.60**	**44**	**30**	**14**	**214.29**
梅列区	106	61	45	135.56	16	9	7	128.57
三元区	55	41	14	292.86	12	9	3	300.00
明溪县								
清流县								
宁化县								
大田县								
尤溪县								
沙县								
将乐县								
泰宁县								
建宁县								
永安市	96	56	40	140.00	16	12	4	300.00
泉州市	**1543**	**828**	**715**	**115.80**	**314**	**184**	**130**	**141.54**
鲤城区	211	116	95	122.11	32	22	10	220.00
丰泽区	367	196	171	114.62	54	37	17	217.65
洛江区	73	34	39	87.18	11	8	3	266.67
泉港区	66	36	30	120.00	21	10	11	90.91
惠安县								
安溪县								
永春县								
德化县								
石狮市	209	109	100	109.00	39	23	16	143.75
晋江市	472	267	205	130.24	108	57	51	111.76
南安市	145	70	75	93.33	49	27	22	122.73

6-1a 续表 3

单位：人

地区	第二孩				第三孩			
	小计	男	女	性别比(女=100)	小计	男	女	性别比(女=100)
漳州市	**492**	**258**	**234**	**110.26**	**75**	**44**	**31**	**141.94**
芗城区	219	107	112	95.54	23	17	6	283.33
龙文区	177	97	80	121.25	29	13	16	81.25
云霄县								
漳浦县								
诏安县								
长泰县								
东山县								
南靖县								
平和县								
华安县								
龙海市	96	54	42	128.57	22	13	9	144.44
南平市	**401**	**192**	**209**	**91.87**	**50**	**32**	**18**	**177.78**
延平区	108	48	60	80.00	14	10	4	250.00
建阳区	76	37	39	94.87	13	8	5	160.00
顺昌县								
浦城县								
光泽县								
松溪县								
政和县								
邵武市	91	42	49	85.71	9	8	1	800.00
武夷山市	74	36	38	94.74	9	5	4	125.00
建瓯市	52	29	23	126.09	5	1	4	25.00
龙岩市	**518**	**301**	**217**	**138.71**	**68**	**39**	**29**	**134.48**
新罗区	407	230	177	129.94	51	31	20	155.00
永定区	36	23	13	176.92	7	5	2	250.00
长汀县								
上杭县								
武平县								
连城县								
漳平市	75	48	27	177.78	10	3	7	42.86
宁德市	**502**	**273**	**229**	**119.21**	**70**	**41**	**29**	**141.38**
蕉城区	226	122	104	117.31	28	14	14	100.00
霞浦县								
古田县								
屏南县								
寿宁县								
周宁县								
柘荣县								
福安市	133	73	60	121.67	22	13	9	144.44
福鼎市	143	78	65	120.00	20	14	6	233.33

6-1a 续表 4

单位：人

地 区	第四孩				第五孩及以上			
	小计	男	女	性别比(女=100)	小计	男	女	性别比(女=100)
合 计	**101**	**70**	**31**	**225.81**	**14**	**10**	**4**	**250.00**
福州市	**22**	**16**	**6**	**266.67**	**1**	**1**		
鼓楼区	1		1					
台江区								
仓山区	10	8	2	400.00				
马尾区								
晋安区	3	1	2	50.00	1	1		
长乐区	4	4						
闽侯县								
连江县								
罗源县								
闽清县								
永泰县								
平潭县								
福清市	4	3	1	300.00				
厦门市	**28**	**15**	**13**	**115.38**	**2**	**2**		
思明区	2	2						
海沧区	1	1			1	1		
湖里区	8	6	2	300.00	1	1		
集美区	7	4	3	133.33				
同安区	10	2	8	25.00				
翔安区								
莆田市	**9**	**9**			**2**	**2**		
城厢区	3	3						
涵江区					1	1		
荔城区	5	5			1	1		
秀屿区	1	1						
仙游县								
三明市	**3**	**2**	**1**	**200.00**	**2**	**1**	**1**	**100.00**
梅列区								
三元区	2	2			2	1	1	100.00
明溪县								
清流县								
宁化县								
大田县								
尤溪县								
沙县								
将乐县								
泰宁县								
建宁县								
永安市	1		1					
泉州市	**20**	**17**	**3**	**566.67**	**5**	**3**	**2**	**150.00**
鲤城区	3	3						
丰泽区	4	4						
洛江区								
泉港区								
惠安县								
安溪县								
永春县								
德化县								
石狮市	4	4			1	1		
晋江市	5	3	2	150.00	3	2	1	200.00
南安市	4	3	1	300.00	1		1	

6-1a 续表 5

单位：人

地 区	第四孩				第五孩及以上			
	小计	男	女	性别比(女=100)	小计	男	女	性别比(女=100)
漳州市	**4**	**3**	**1**	**300.00**				
芗城区	1	1						
龙文区								
云霄县								
漳浦县								
诏安县								
长泰县								
东山县								
南靖县								
平和县								
华安县								
龙海市	3	2	1	200.00				
南平市	**2**	**1**	**1**	**100.00**				
延平区								
建阳区								
顺昌县								
浦城县								
光泽县								
松溪县								
政和县								
邵武市								
武夷山市								
建瓯市	2	1	1	100.00				
龙岩市	**5**	**4**	**1**	**400.00**	**1**	**1**		
新罗区	3	2	1	200.00	1	1		
永定区	1	1						
长汀县								
上杭县								
武平县								
连城县								
漳平市	1	1						
宁德市	**8**	**3**	**5**	**60.00**	**1**		**1**	
蕉城区	3	1	2	50.00	1		1	
霞浦县								
古田县								
屏南县								
寿宁县								
周宁县								
柘荣县								
福安市	4	2	2	100.00				
福鼎市	1		1					

6-1b 各地区分性别、孩次的出生人口 (2019.11.1-2020.10.31)(镇)

单位：人

地区	出生人数				第一孩			
	合计	男	女	性别比(女=100)	小计	男	女	性别比(女=100)
合计	**10980**	**6109**	**4871**	**125.42**	**4213**	**2270**	**1943**	**116.83**
福州市	**1789**	**1009**	**780**	**129.36**	**771**	**433**	**338**	**128.11**
鼓楼区								
台江区								
仓山区								
马尾区								
晋安区	1		1					
长乐区	126	63	63	100.00	49	26	23	113.04
闽侯县	549	319	230	138.70	250	152	98	155.10
连江县	280	150	130	115.38	126	59	67	88.06
罗源县	179	99	80	123.75	72	41	31	132.26
闽清县	95	51	44	115.91	42	25	17	147.06
永泰县	113	74	39	189.74	47	27	20	135.00
平潭县	215	125	90	138.89	95	50	45	111.11
福清市	231	128	103	124.27	90	53	37	143.24
厦门市	**321**	**197**	**124**	**158.87**	**143**	**85**	**58**	**146.55**
思明区								
海沧区								
湖里区	2	2						
集美区								
同安区	17	6	11	54.55	6	2	4	50.00
翔安区	302	189	113	167.26	137	83	54	153.70
莆田市	**544**	**274**	**270**	**101.48**	**204**	**93**	**111**	**83.78**
城厢区	29	16	13	123.08	7	4	3	133.33
涵江区	5	1	4	25.00	4	1	3	33.33
荔城区	9	4	5	80.00	1		1	
秀屿区	72	33	39	84.62	21	8	13	61.54
仙游县	429	220	209	105.26	171	80	91	87.91
三明市	**974**	**548**	**426**	**128.64**	**343**	**170**	**173**	**98.27**
梅列区	4	2	2	100.00	1		1	
三元区	1		1		1		1	
明溪县	45	27	18	150.00	15	7	8	87.50
清流县	60	34	26	130.77	23	11	12	91.67
宁化县	136	80	56	142.86	48	25	23	108.70
大田县	159	99	60	165.00	48	26	22	118.18
尤溪县	198	116	82	141.46	73	33	40	82.50
沙县	158	84	74	113.51	62	34	28	121.43
将乐县	102	49	53	92.45	39	19	20	95.00
泰宁县	49	27	22	122.73	15	7	8	87.50
建宁县	47	23	24	95.83	13	6	7	85.71
永安市	15	7	8	87.50	5	2	3	66.67
泉州市	**3038**	**1708**	**1330**	**128.42**	**1154**	**610**	**544**	**112.13**
鲤城区								
丰泽区								
洛江区	44	21	23	91.30	15	8	7	114.29
泉港区	77	41	36	113.89	24	9	15	60.00
惠安县	709	385	324	118.83	272	133	139	95.68
安溪县	538	314	224	140.18	182	105	77	136.36
永春县	185	106	79	134.18	68	31	37	83.78
德化县	303	184	119	154.62	102	57	45	126.67
石狮市	186	110	76	144.74	88	50	38	131.58
晋江市	364	197	167	117.96	168	94	74	127.03
南安市	632	350	282	124.11	235	123	112	109.82

6-1b　续表 1　　　　单位：人

地　区	出生人数				第　一　孩			
	合计	男	女	性别比(女=100)	小计	男	女	性别比(女=100)
漳州市	**1992**	**1106**	**886**	**124.83**	**759**	**409**	**350**	**116.86**
芗城区	79	39	40	97.50	30	12	18	66.67
龙文区								
云霄县	231	137	94	145.74	85	43	42	102.38
漳浦县	457	245	212	115.57	156	85	71	119.72
诏安县	237	132	105	125.71	97	54	43	125.58
长泰县	123	65	58	112.07	46	22	24	91.67
东山县	136	73	63	115.87	67	34	33	103.03
南靖县	126	74	52	142.31	54	35	19	184.21
平和县	173	107	66	162.12	56	35	21	166.67
华安县	58	21	37	56.76	26	10	16	62.50
龙海市	372	213	159	133.96	142	79	63	125.40
南平市	**453**	**247**	**206**	**119.90**	**203**	**110**	**93**	**118.28**
延平区	29	17	12	141.67	17	8	9	88.89
建阳区	15	11	4	275.00	9	6	3	200.00
顺昌县	66	33	33	100.00	30	16	14	114.29
浦城县	86	56	30	186.67	42	26	16	162.50
光泽县	45	20	25	80.00	15	6	9	66.67
松溪县	54	28	26	107.69	17	12	5	240.00
政和县	91	44	47	93.62	41	19	22	86.36
邵武市	6	4	2	200.00	4	3	1	300.00
武夷山市	14	8	6	133.33	8	4	4	100.00
建瓯市	47	26	21	123.81	20	10	10	100.00
龙岩市	**914**	**513**	**401**	**127.93**	**301**	**167**	**134**	**124.63**
新罗区	52	24	28	85.71	21	11	10	110.00
永定区	77	50	27	185.19	25	17	8	212.50
长汀县	233	127	106	119.81	77	39	38	102.63
上杭县	218	118	100	118.00	69	40	29	137.93
武平县	165	96	69	139.13	51	26	25	104.00
连城县	159	92	67	137.31	53	32	21	152.38
漳平市	10	6	4	150.00	5	2	3	66.67
宁德市	**955**	**507**	**448**	**113.17**	**335**	**193**	**142**	**135.92**
蕉城区	28	12	16	75.00	10	5	5	100.00
霞浦县	286	148	138	107.25	88	49	39	125.64
古田县	121	72	49	146.94	51	32	19	168.42
屏南县	61	25	36	69.44	21	9	12	75.00
寿宁县	81	47	34	138.24	25	12	13	92.31
周宁县	83	45	38	118.42	28	20	8	250.00
柘荣县	74	47	27	174.07	26	19	7	271.43
福安市	100	47	53	88.68	40	19	21	90.48
福鼎市	121	64	57	112.28	46	28	18	155.56

6−1b 续表 2

单位：人

地 区	第 二 孩				第 三 孩			
	小计	男	女	性别比(女=100)	小计	男	女	性别比(女=100)
合 计	**5286**	**2891**	**2395**	**120.71**	**1319**	**838**	**481**	**174.22**
福州市	**821**	**443**	**378**	**117.20**	**177**	**116**	**61**	**190.16**
鼓楼区								
台江区								
仓山区								
马尾区								
晋安区	1		1					
长乐区	58	25	33	75.76	19	12	7	171.43
闽侯县	256	139	117	118.80	38	24	14	171.43
连江县	125	74	51	145.10	27	15	12	125.00
罗源县	94	48	46	104.35	12	9	3	300.00
闽清县	40	18	22	81.82	10	5	5	100.00
永泰县	56	37	19	194.74	10	10		
平潭县	84	49	35	140.00	32	22	10	220.00
福清市	107	53	54	98.15	29	19	10	190.00
厦门市	**151**	**93**	**58**	**160.34**	**26**	**18**	**8**	**225.00**
思明区								
海沧区								
湖里区	2	2						
集美区								
同安区	7	3	4	75.00	4	1	3	33.33
翔安区	142	88	54	162.96	22	17	5	340.00
莆田市	**263**	**130**	**133**	**97.74**	**72**	**48**	**24**	**200.00**
城厢区	14	4	10	40.00	7	7		
涵江区	1		1					
荔城区	7	3	4	75.00				
秀屿区	35	16	19	84.21	15	9	6	150.00
仙游县	206	107	99	108.08	50	32	18	177.78
三明市	**484**	**276**	**208**	**132.69**	**127**	**85**	**42**	**202.38**
梅列区	2	1	1	100.00	1	1		
三元区								
明溪县	26	17	9	188.89	4	3	1	300.00
清流县	30	19	11	172.73	7	4	3	133.33
宁化县	68	39	29	134.48	18	14	4	350.00
大田县	65	40	25	160.00	32	22	10	220.00
尤溪县	101	66	35	188.57	23	16	7	228.57
沙县	73	31	42	73.81	21	17	4	425.00
将乐县	50	24	26	92.31	12	5	7	71.43
泰宁县	32	19	13	146.15	2	1	1	100.00
建宁县	31	17	14	121.43	3		3	
永安市	6	3	3	100.00	4	2	2	100.00
泉州市	**1428**	**805**	**623**	**129.21**	**406**	**268**	**138**	**194.20**
鲤城区								
丰泽区								
洛江区	24	12	12	100.00	5	1	4	25.00
泉港区	47	28	19	147.37	5	3	2	150.00
惠安县	350	193	157	122.93	79	55	24	229.17
安溪县	222	122	100	122.00	124	80	44	181.82
永春县	101	62	39	158.97	14	12	2	600.00
德化县	137	86	51	168.63	54	36	18	200.00
石狮市	80	47	33	142.42	17	12	5	240.00
晋江市	165	87	78	111.54	27	14	13	107.69
南安市	302	168	134	125.37	81	55	26	211.54

6-1b　续表 3　　　　单位：人

地　区	第二孩				第三孩			
	小计	男	女	性别比(女=100)	小计	男	女	性别比(女=100)
漳州市	**1000**	**547**	**453**	**120.75**	**203**	**127**	**76**	**167.11**
芗城区	38	18	20	90.00	10	8	2	400.00
龙文区								
云霄县	117	74	43	172.09	26	19	7	271.43
漳浦县	233	125	108	115.74	62	30	32	93.75
诏安县	97	51	46	110.87	30	16	14	114.29
长泰县	72	38	34	111.76	5	5		
东山县	64	37	27	137.04	4	1	3	33.33
南靖县	63	31	32	96.88	9	8	1	800.00
平和县	93	52	41	126.83	21	17	4	425.00
华安县	28	8	20	40.00	3	2	1	200.00
龙海市	195	113	82	137.80	33	21	12	175.00
南平市	**207**	**106**	**101**	**104.95**	**40**	**28**	**12**	**233.33**
延平区	10	7	3	233.33	2	2		
建阳区	6	5	1	500.00				
顺昌县	31	12	19	63.16	5	5		
浦城县	37	24	13	184.62	7	6	1	600.00
光泽县	26	12	14	85.71	4	2	2	100.00
松溪县	30	11	19	57.89	7	5	2	250.00
政和县	39	19	20	95.00	9	4	5	80.00
邵武市	2	1	1	100.00				
武夷山市	4	2	2	100.00	1	1		
建瓯市	22	13	9	144.44	5	3	2	150.00
龙岩市	**450**	**255**	**195**	**130.77**	**145**	**78**	**67**	**116.42**
新罗区	28	12	16	75.00	3	1	2	50.00
永定区	40	25	15	166.67	11	7	4	175.00
长汀县	106	61	45	135.56	43	22	21	104.76
上杭县	117	62	55	112.73	28	14	14	100.00
武平县	85	49	36	136.11	27	20	7	285.71
连城县	71	43	28	153.57	32	14	18	77.78
漳平市	3	3			1		1	
宁德市	**482**	**236**	**246**	**95.93**	**123**	**70**	**53**	**132.08**
蕉城区	12	4	8	50.00	6	3	3	100.00
霞浦县	149	72	77	93.51	45	26	19	136.84
古田县	62	34	28	121.43	8	6	2	300.00
屏南县	30	14	16	87.50	10	2	8	25.00
寿宁县	43	27	16	168.75	11	7	4	175.00
周宁县	44	17	27	62.96	10	8	2	400.00
柘荣县	37	21	16	131.25	8	5	3	166.67
福安市	43	19	24	79.17	13	6	7	85.71
福鼎市	62	28	34	82.35	12	7	5	140.00

6-1b 续表 4

单位：人

地区	第四孩				第五孩及以上			
	小计	男	女	性别比(女=100)	小计	男	女	性别比(女=100)
合计	**139**	**96**	**43**	**223.26**	**23**	**14**	**9**	**155.56**
福州市	**18**	**15**	**3**	**500.00**	**2**	**2**		
鼓楼区								
台江区								
仓山区								
马尾区								
晋安区								
长乐区								
闽侯县	5	4	1	400.00				
连江县	2	2						
罗源县	1	1						
闽清县	3	3						
永泰县								
平潭县	3	3			1	1		
福清市	4	2	2	100.00	1	1		
厦门市					**1**	**1**		
思明区								
海沧区								
湖里区								
集美区								
同安区								
翔安区					1	1		
莆田市	**4**	**3**	**1**	**300.00**	**1**		**1**	
城厢区	1	1						
涵江区								
荔城区	1	1						
秀屿区					1		1	
仙游县	2	1	1	100.00				
三明市	**20**	**17**	**3**	**566.67**				
梅列区								
三元区								
明溪县								
清流县								
宁化县	2	2						
大田县	14	11	3	366.67				
尤溪县	1	1						
沙县	2	2						
将乐县	1	1						
泰宁县								
建宁县								
永安市								
泉州市	**43**	**23**	**20**	**115.00**	**7**	**2**	**5**	**40.00**
鲤城区								
丰泽区								
洛江区								
泉港区	1	1						
惠安县	8	4	4	100.00				
安溪县	10	7	3	233.33				
永春县	2	1	1	100.00				
德化县	8	3	5	60.00	2	2		
石狮市	1	1						
晋江市	3	2	1	200.00	1		1	
南安市	10	4	6	66.67	4		4	

6-1b 续表 5

单位：人

地 区	第四孩				第五孩及以上			
	小计	男	女	性别比(女=100)	小计	男	女	性别比(女=100)
漳州市	**22**	**17**	**5**	**340.00**	**8**	**6**	**2**	**300.00**
芗城区					1	1		
龙文区								
云霄县	3	1	2	50.00				
漳浦县	3	3			3	2	1	200.00
诏安县	9	8	1	800.00	4	3	1	300.00
长泰县								
东山县	1	1						
南靖县								
平和县	3	3						
华安县	1	1						
龙海市	2		2					
南平市	**2**	**2**			**1**	**1**		
延平区								
建阳区								
顺昌县								
浦城县								
光泽县								
松溪县								
政和县	2	2						
邵武市								
武夷山市					1	1		
建瓯市								
龙岩市	**18**	**13**	**5**	**260.00**				
新罗区								
永定区	1	1						
长汀县	7	5	2	250.00				
上杭县	4	2	2	100.00				
武平县	2	1	1	100.00				
连城县	3	3						
漳平市	1	1						
宁德市	**12**	**6**	**6**	**100.00**	**3**	**2**	**1**	**200.00**
蕉城区								
霞浦县	3	1	2	50.00	1		1	
古田县								
屏南县								
寿宁县	2	1	1	100.00				
周宁县	1		1					
柘荣县	2	1	1	100.00	1	1		
福安市	4	3	1	300.00				
福鼎市					1	1		

6-1c 各地区分性别、孩次的出生人口
(2019.11.1-2020.10.31)(乡村)

单位：人

地区	出生人数				第一孩			
	合计	男	女	性别比(女=100)	小计	男	女	性别比(女=100)
合计	**9666**	**5300**	**4366**	**121.39**	**3690**	**1956**	**1734**	**112.80**
福州市	**1500**	**835**	**665**	**125.56**	**595**	**332**	**263**	**126.24**
鼓楼区								
台江区								
仓山区								
马尾区	11	6	5	120.00	4	1	3	33.33
晋安区	14	5	9	55.56	7	3	4	75.00
长乐区	208	124	84	147.62	81	50	31	161.29
闽侯县	276	150	126	119.05	130	71	59	120.34
连江县	176	103	73	141.10	63	37	26	142.31
罗源县	37	22	15	146.67	15	8	7	114.29
闽清县	87	45	42	107.14	41	23	18	127.78
永泰县	75	36	39	92.31	31	14	17	82.35
平潭县	152	89	63	141.27	51	30	21	142.86
福清市	464	255	209	122.01	172	95	77	123.38
厦门市	**611**	**344**	**267**	**128.84**	**266**	**146**	**120**	**121.67**
思明区								
海沧区	15	9	6	150.00	1	1		
湖里区								
集美区	113	67	46	145.65	49	30	19	157.89
同安区	245	135	110	122.73	108	57	51	111.76
翔安区	238	133	105	126.67	108	58	50	116.00
莆田市	**767**	**435**	**332**	**131.02**	**317**	**178**	**139**	**128.06**
城厢区	91	43	48	89.58	31	21	10	210.00
涵江区	62	38	24	158.33	31	20	11	181.82
荔城区	103	64	39	164.10	40	24	16	150.00
秀屿区	203	114	89	128.09	79	44	35	125.71
仙游县	308	176	132	133.33	136	69	67	102.99
三明市	**629**	**345**	**284**	**121.48**	**216**	**101**	**115**	**87.83**
梅列区	6	3	3	100.00	4	1	3	33.33
三元区	8	5	3	166.67	2	1	1	100.00
明溪县	40	25	15	166.67	14	9	5	180.00
清流县	40	26	14	185.71	14	8	6	133.33
宁化县	122	63	59	106.78	48	18	30	60.00
大田县	107	54	53	101.89	25	8	17	47.06
尤溪县	118	63	55	114.55	47	22	25	88.00
沙县	44	22	22	100.00	12	6	6	100.00
将乐县	30	22	8	275.00	11	7	4	175.00
泰宁县	30	20	10	200.00	11	7	4	175.00
建宁县	29	15	14	107.14	8	4	4	100.00
永安市	55	27	28	96.43	20	10	10	100.00
泉州市	**2452**	**1390**	**1062**	**130.89**	**919**	**495**	**424**	**116.75**
鲤城区								
丰泽区								
洛江区	81	44	37	118.92	31	16	15	106.67
泉港区	180	99	81	122.22	66	34	32	106.25
惠安县	530	299	231	129.44	195	98	97	101.03
安溪县	369	208	161	129.19	144	82	62	132.26
永春县	108	71	37	191.89	36	23	13	176.92
德化县	40	27	13	207.69	9	5	4	125.00
石狮市	101	51	50	102.00	38	16	22	72.73
晋江市	569	319	250	127.60	227	124	103	120.39
南安市	474	272	202	134.65	173	97	76	127.63

6-1c 续表 1

单位：人

地 区	出生人数				第 一 孩			
	合计	男	女	性别比(女=100)	小计	男	女	性别比(女=100)
漳州市	**1676**	**880**	**796**	**110.55**	**600**	**294**	**306**	**96.08**
芗城区	70	31	39	79.49	19	12	7	171.43
龙文区	33	24	9	266.67	13	9	4	225.00
云霄县	142	75	67	111.94	60	27	33	81.82
漳浦县	357	189	168	112.50	113	58	55	105.45
诏安县	278	134	144	93.06	106	51	55	92.73
长泰县	80	44	36	122.22	33	14	19	73.68
东山县	71	40	31	129.03	27	16	11	145.45
南靖县	66	36	30	120.00	33	18	15	120.00
平和县	186	101	85	118.82	63	30	33	90.91
华安县	34	20	14	142.86	10	5	5	100.00
龙海市	359	186	173	107.51	123	54	69	78.26
南平市	**522**	**280**	**242**	**115.70**	**209**	**108**	**101**	**106.93**
延平区	47	23	24	95.83	21	11	10	110.00
建阳区	64	38	26	146.15	31	18	13	138.46
顺昌县	49	27	22	122.73	16	11	5	220.00
浦城县	49	28	21	133.33	22	12	10	120.00
光泽县	26	17	9	188.89	12	6	6	100.00
松溪县	45	20	25	80.00	17	5	12	41.67
政和县	39	17	22	77.27	11	5	6	83.33
邵武市	21	7	14	50.00	8	1	7	14.29
武夷山市	66	35	31	112.90	26	13	13	100.00
建瓯市	116	68	48	141.67	45	26	19	136.84
龙岩市	**772**	**408**	**364**	**112.09**	**265**	**138**	**127**	**108.66**
新罗区	89	45	44	102.27	37	19	18	105.56
永定区	86	45	41	109.76	28	14	14	100.00
长汀县	176	92	84	109.52	53	27	26	103.85
上杭县	152	76	76	100.00	54	27	27	100.00
武平县	95	45	50	90.00	34	16	18	88.89
连城县	126	75	51	147.06	41	24	17	141.18
漳平市	48	30	18	166.67	18	11	7	157.14
宁德市	**737**	**383**	**354**	**108.19**	**303**	**164**	**139**	**117.99**
蕉城区	176	96	80	120.00	77	43	34	126.47
霞浦县	75	38	37	102.70	23	9	14	64.29
古田县	78	37	41	90.24	28	13	15	86.67
屏南县	26	11	15	73.33	13	6	7	85.71
寿宁县	28	15	13	115.38	8	5	3	166.67
周宁县	60	34	26	130.77	25	15	10	150.00
柘荣县	21	10	11	90.91	9	4	5	80.00
福安市	130	66	64	103.13	57	36	21	171.43
福鼎市	143	76	67	113.43	63	33	30	110.00

6-1c 续表 2

单位：人

地区	第二孩				第三孩			
	小计	男	女	性别比(女=100)	小计	男	女	性别比(女=100)
合计	**4447**	**2407**	**2040**	**117.99**	**1305**	**799**	**506**	**157.91**
福州市	**695**	**375**	**320**	**117.19**	**167**	**95**	**72**	**131.94**
鼓楼区								
台江区								
仓山区								
马尾区	6	4	2	200.00	1	1		
晋安区	7	2	5	40.00				
长乐区	85	46	39	117.95	36	23	13	176.92
闽侯县	131	69	62	111.29	14	9	5	180.00
连江县	93	54	39	138.46	17	9	8	112.50
罗源县	15	10	5	200.00	7	4	3	133.33
闽清县	42	20	22	90.91	4	2	2	100.00
永泰县	36	18	18	100.00	7	4	3	133.33
平潭县	69	38	31	122.58	21	12	9	133.33
福清市	211	114	97	117.53	60	31	29	106.90
厦门市	**299**	**167**	**132**	**126.52**	**39**	**28**	**11**	**254.55**
思明区								
海沧区	12	6	6	100.00	2	2		
湖里区								
集美区	56	31	25	124.00	7	6	1	600.00
同安区	116	66	50	132.00	17	9	8	112.50
翔安区	115	64	51	125.49	13	11	2	550.00
莆田市	**322**	**172**	**150**	**114.67**	**113**	**74**	**39**	**189.74**
城厢区	42	13	29	44.83	17	8	9	88.89
涵江区	25	13	12	108.33	4	3	1	300.00
荔城区	37	21	16	131.25	22	15	7	214.29
秀屿区	81	44	37	118.92	37	23	14	164.29
仙游县	137	81	56	144.64	33	25	8	312.50
三明市	**281**	**162**	**119**	**136.13**	**105**	**69**	**36**	**191.67**
梅列区	2	2						
三元区	4	3	1	300.00	2	1	1	100.00
明溪县	18	11	7	157.14	6	5	1	500.00
清流县	15	10	5	200.00	10	7	3	233.33
宁化县	59	35	24	145.83	15	10	5	200.00
大田县	36	20	16	125.00	27	17	10	170.00
尤溪县	49	29	20	145.00	20	11	9	122.22
沙县	25	13	12	108.33	7	3	4	75.00
将乐县	18	14	4	350.00	1	1		
泰宁县	15	10	5	200.00	4	3	1	300.00
建宁县	18	9	9	100.00	3	2	1	200.00
永安市	22	6	16	37.50	10	9	1	900.00
泉州市	**1140**	**631**	**509**	**123.97**	**352**	**235**	**117**	**200.85**
鲤城区								
丰泽区								
洛江区	37	18	19	94.74	11	8	3	266.67
泉港区	88	46	42	109.52	23	17	6	283.33
惠安县	261	148	113	130.97	73	53	20	265.00
安溪县	139	75	64	117.19	70	41	29	141.38
永春县	45	30	15	200.00	23	14	9	155.56
德化县	19	13	6	216.67	9	6	3	200.00
石狮市	53	28	25	112.00	8	5	3	166.67
晋江市	270	148	122	121.31	65	43	22	195.45
南安市	228	125	103	121.36	70	48	22	218.18

6-1c　续表 3　　单位：人

地　区	第二孩				第三孩			
	小计	男	女	性别比(女=100)	小计	男	女	性别比(女=100)
漳州市	**753**	**404**	**349**	**115.76**	**271**	**153**	**118**	**129.66**
芗城区	36	12	24	50.00	13	7	6	116.67
龙文区	12	8	4	200.00	7	6	1	600.00
云霄县	45	27	18	150.00	30	18	12	150.00
漳浦县	159	79	80	98.75	75	45	30	150.00
诏安县	110	55	55	100.00	48	20	28	71.43
长泰县	44	28	16	175.00	3	2	1	200.00
东山县	36	19	17	111.76	8	5	3	166.67
南靖县	31	17	14	121.43	1	1		
平和县	83	48	35	137.14	32	19	13	146.15
华安县	14	10	4	250.00	8	4	4	100.00
龙海市	183	101	82	123.17	46	26	20	130.00
南平市	**252**	**134**	**118**	**113.56**	**52**	**32**	**20**	**160.00**
延平区	18	8	10	80.00	6	3	3	100.00
建阳区	29	16	13	123.08	4	4		
顺昌县	29	13	16	81.25	4	3	1	300.00
浦城县	23	13	10	130.00	4	3	1	300.00
光泽县	12	9	3	300.00	1	1		
松溪县	24	13	11	118.18	4	2	2	100.00
政和县	20	8	12	66.67	6	2	4	50.00
邵武市	11	4	7	57.14	1	1		
武夷山市	31	19	12	158.33	8	3	5	60.00
建瓯市	55	31	24	129.17	14	10	4	250.00
龙岩市	**360**	**192**	**168**	**114.29**	**126**	**68**	**58**	**117.24**
新罗区	45	20	25	80.00	7	6	1	600.00
永定区	44	21	23	91.30	14	10	4	250.00
长汀县	73	45	28	160.71	40	17	23	73.91
上杭县	80	36	44	81.82	17	12	5	240.00
武平县	37	20	17	117.65	20	8	12	66.67
连城县	59	37	22	168.18	24	13	11	118.18
漳平市	22	13	9	144.44	4	2	2	100.00
宁德市	**345**	**170**	**175**	**97.14**	**80**	**45**	**35**	**128.57**
蕉城区	81	42	39	107.69	15	10	5	200.00
霞浦县	36	19	17	111.76	16	10	6	166.67
古田县	43	19	24	79.17	7	5	2	250.00
屏南县	11	4	7	57.14	1	1		
寿宁县	14	8	6	133.33	6	2	4	50.00
周宁县	27	16	11	145.45	7	3	4	75.00
柘荣县	10	4	6	66.67	2	2		
福安市	64	26	38	68.42	7	2	5	40.00
福鼎市	59	32	27	118.52	19	10	9	111.11

6−1c　续表 4

单位：人

地　　区	第　四　孩				第五孩及以上			
	小计	男	女	性别比（女=100）	小计	男	女	性别比（女=100）
合　计	**179**	**115**	**64**	**179.69**	**45**	**23**	**22**	**104.55**
福州市	**35**	**26**	**9**	**288.89**	**8**	**7**	**1**	**700.00**
鼓楼区								
台江区								
仓山区								
马尾区								
晋安区								
长乐区	4	3	1	300.00	2	2		
闽侯县	1	1						
连江县	2	2			1	1		
罗源县								
闽清县								
永泰县	1		1					
平潭县	10	8	2	400.00	1	1		
福清市	17	12	5	240.00	4	3	1	300.00
厦门市	**5**	**2**	**3**	**66.67**	**2**	**1**	**1**	**100.00**
思明区								
海沧区								
湖里区								
集美区	1		1					
同安区	2	2			2	1	1	100.00
翔安区	2		2					
莆田市	**12**	**10**	**2**	**500.00**	**3**	**1**	**2**	**50.00**
城厢区	1	1						
涵江区	2	2						
荔城区	4	4						
秀屿区	4	2	2	100.00	2	1	1	100.00
仙游县	1	1			1		1	
三明市	**19**	**11**	**8**	**137.50**	**8**	**2**	**6**	**33.33**
梅列区								
三元区								
明溪县	1		1		1		1	
清流县	1	1						
宁化县								
大田县	12	7	5	140.00	7	2	5	40.00
尤溪县	2	1	1	100.00				
沙县								
将乐县								
泰宁县								
建宁县								
永安市	3	2	1	200.00				
泉州市	**37**	**27**	**10**	**270.00**	**4**	**2**	**2**	**100.00**
鲤城区								
丰泽区								
洛江区	2	2						
泉港区	2	2			1		1	
惠安县	1		1					
安溪县	16	10	6	166.67				
永春县	3	3			1	1		
德化县	3	3						
石狮市	2	2						
晋江市	6	4	2	200.00	1		1	
南安市	2	1	1	100.00	1	1		

6-1c 续表 5

单位：人

地 区	第 四 孩				第五孩及以上			
	小计	男	女	性别比(女=100)	小计	男	女	性别比(女=100)
漳州市	**40**	**21**	**19**	**110.53**	**12**	**8**	**4**	**200.00**
芗城区	2		2					
龙文区	1	1						
云霄县	5	1	4	25.00	2	2		
漳浦县	8	6	2	300.00	2	1	1	100.00
诏安县	9	5	4	125.00	5	3	2	150.00
长泰县								
东山县								
南靖县	1		1					
平和县	7	4	3	133.33	1		1	
华安县	1		1		1	1		
龙海市	6	4	2	200.00	1	1		
南平市	**8**	**5**	**3**	**166.67**	**1**	**1**		
延平区	1		1		1	1		
建阳区								
顺昌县								
浦城县								
光泽县	1	1						
松溪县								
政和县	2	2						
邵武市	1	1						
武夷山市	1		1					
建瓯市	2	1	1	100.00				
龙岩市	**16**	**10**	**6**	**166.67**	**5**		**5**	
新罗区								
永定区								
长汀县	6	3	3	100.00	4		4	
上杭县	1	1						
武平县	3	1	2	50.00	1		1	
连城县	2	1	1	100.00				
漳平市	4	4						
宁德市	**7**	**3**	**4**	**75.00**	**2**	**1**	**1**	**100.00**
蕉城区	2	1	1	100.00	1		1	
霞浦县								
古田县								
屏南县	1		1					
寿宁县								
周宁县	1		1					
柘荣县								
福安市	2	2						
福鼎市	1		1		1	1		

6-2 全省按年龄、受教育程度、生育孩次

受教育程度 年龄	合计	生男孩的妇女人数	生女孩的妇女人数	一孩		
				小计	男	女
总计	**37967**	**20717**	**17250**	**15615**	**8233**	**7382**
15-19岁	**390**	**200**	**190**	**325**	**166**	**159**
15	6	5	1	5	5	
16	22	15	7	19	13	6
17	55	23	32	47	17	30
18	117	57	60	102	51	51
19	190	100	90	152	80	72
20-24岁	**4288**	**2257**	**2031**	**2911**	**1525**	**1386**
20	360	190	170	278	149	129
21	536	290	246	392	210	182
22	849	467	382	577	327	250
23	1066	540	526	735	364	371
24	1477	770	707	929	475	454
25-29岁	**13409**	**7226**	**6183**	**6932**	**3609**	**3323**
25	2087	1113	974	1232	635	597
26	2227	1227	1000	1271	694	577
27	2707	1461	1246	1486	782	704
28	2873	1534	1339	1398	724	674
29	3515	1891	1624	1545	774	771
30-34岁	**13771**	**7600**	**6171**	**4246**	**2227**	**2019**
30	3827	2087	1740	1469	749	720
31	3269	1806	1463	1078	599	479
32	2664	1472	1192	778	403	375
33	2270	1265	1005	526	280	246
34	1741	970	771	395	196	199
35-39岁	**4807**	**2694**	**2113**	**943**	**538**	**405**
35	1376	795	581	291	167	124
36	1231	678	553	249	138	111
37	940	537	403	178	97	81
38	787	426	361	133	78	55
39	473	258	215	92	58	34
40-44岁	**1015**	**573**	**442**	**181**	**107**	**74**
40	283	155	128	50	30	20
41	283	167	116	44	23	21
42	200	109	91	40	28	12
43	138	86	52	26	16	10
44	111	56	55	21	10	11
45-49岁	**287**	**167**	**120**	**77**	**61**	**16**
45	73	48	25	21	19	2
46	67	35	32	21	14	7
47	50	23	27	9	5	4
48	51	34	17	14	13	1
49	46	27	19	12	10	2

分的育龄妇女人数(2019.11.1—2020.10.31)

单位：人

二孩			三孩及以上		
小计	男	女	小计	男	女
17963	**9738**	**8225**	**4389**	**2746**	**1643**
63	**33**	**30**	**2**	**1**	**1**
1		1			
3	2	1			
8	6	2			
14	5	9	1	1	
37	20	17	1		1
1222	**638**	**584**	**155**	**94**	**61**
75	36	39	7	5	2
134	73	61	10	7	3
235	119	116	37	21	16
302	157	145	29	19	10
476	253	223	72	42	30
5437	**2978**	**2459**	**1040**	**639**	**401**
732	399	333	123	79	44
822	446	376	134	87	47
1022	560	462	199	119	80
1224	665	559	251	145	106
1637	908	729	333	209	124
7568	**4149**	**3419**	**1957**	**1224**	**733**
1931	1075	856	427	263	164
1756	954	802	435	253	182
1512	828	684	374	241	133
1348	731	617	396	254	142
1021	561	460	325	213	112
2884	**1526**	**1358**	**980**	**630**	**350**
821	455	366	264	173	91
733	372	361	249	168	81
558	301	257	204	139	65
493	257	236	161	91	70
279	141	138	102	59	43
634	**337**	**297**	**200**	**129**	**71**
178	89	89	55	36	19
168	96	72	71	48	23
123	59	64	37	22	15
92	58	34	20	12	8
73	35	38	17	11	6
155	**77**	**78**	**55**	**29**	**26**
40	23	17	12	6	6
34	15	19	12	6	6
28	11	17	13	7	6
31	16	15	6	5	1
22	12	10	12	5	7

6-2 续表 1

受教育程度 年龄	合计	生男孩的妇女人数	生女孩的妇女人数	一孩		
				小计	男	女
未上过学	**45**	**28**	**17**	**9**	**7**	**2**
15-19岁						
15						
16						
17						
18						
19						
20-24岁	**4**	**3**	**1**	**3**	**2**	**1**
20	1	1				
21	1	1		1	1	
22						
23	1		1	1		1
24	1	1		1	1	
25-29岁	**9**	**6**	**3**	**3**	**2**	**1**
25	3	2	1	1	1	
26	1		1	1		1
27	2	2				
28	2	1	1			
29	1	1		1	1	
30-34岁	**8**	**5**	**3**	**2**	**2**	
30	4	3	1	1	1	
31	1		1			
32	1	1				
33	1		1			
34	1	1		1	1	
35-39岁	**6**	**2**	**4**	**1**	**1**	
35	1		1			
36						
37	1		1			
38	3	2	1	1	1	
39	1		1			
40-44岁	**10**	**8**	**2**			
40	2	1	1			
41	4	3	1			
42	1	1				
43	1	1				
44	2	2				
45-49岁	**8**	**4**	**4**			
45	2	1	1			
46	1		1			
47	1		1			
48	1	1				
49	3	2	1			

单位：人

二孩			三孩及以上		
小计	男	女	小计	男	女
16	**9**	**7**	**20**	**12**	**8**
1	**1**				
1	1				
4	**2**	**2**	**2**	**2**	
1		1	1	1	
1	1		1	1	
2	1	1			
2		**2**	**4**	**3**	**1**
1		1	2	2	
			1		1
			1	1	
1		1			
2		**2**	**3**	**1**	**2**
1		1			
1		1			
			2	1	1
			1		1
4	**4**		**6**	**4**	**2**
1	1		1		1
1	1		3	2	1
			1	1	
1	1				
1	1		1	1	
3	**2**	**1**	**5**	**2**	**3**
			2	1	1
1		1			
			1		1
1	1				
1	1		2	1	1

6–2 续表 2

受教育程度 年 龄	合 计	生男孩的 妇女人数	生女孩的 妇女人数	一 孩		
				小计	男	女
学前教育	**5**	**3**	**2**	**4**	**3**	**1**
15–19岁						
15						
16						
17						
18						
19						
20–24岁	**1**	**1**		**1**	**1**	
20						
21						
22	1	1		1	1	
23						
24						
25–29岁	**1**		**1**	**1**		**1**
25						
26						
27	1		1	1		1
28						
29						
30–34岁	**1**		**1**			
30						
31						
32						
33						
34	1		1			
35–39岁						
35						
36						
37						
38						
39						
40–44岁	**1**	**1**		**1**	**1**	
40						
41						
42	1	1		1	1	
43						
44						
45–49岁	**1**	**1**		**1**	**1**	
45						
46						
47						
48						
49	1	1		1	1	

单位：人

二孩			三孩及以上		
小计	男	女	小计	男	女
1		**1**			
1		**1**			
1		1			

6-2 续表 3

受教育程度 年　　龄	合　计	生男孩的 妇女人数	生女孩的 妇女人数	一　　孩		
				小计	男	女
小　学	**1253**	**686**	**567**	**303**	**170**	**133**
15-19岁	**11**	**8**	**3**	**8**	**7**	**1**
15	3	2	1	2	2	
16	1		1	1		1
17	2	2		2	2	
18	3	2	1	1	1	
19	2	2		2	2	
20-24岁	**94**	**49**	**45**	**54**	**27**	**27**
20	14	7	7	11	6	5
21	12	7	5	6	4	2
22	20	12	8	8	4	4
23	22	11	11	15	8	7
24	26	12	14	14	5	9
25-29岁	**223**	**117**	**106**	**76**	**39**	**37**
25	40	21	19	18	13	5
26	34	17	17	15	7	8
27	47	24	23	14	6	8
28	38	15	23	17	4	13
29	64	40	24	12	9	3
30-34岁	**393**	**209**	**184**	**97**	**52**	**45**
30	81	37	44	24	9	15
31	76	42	34	15	8	7
32	76	40	36	17	10	7
33	92	51	41	20	12	8
34	68	39	29	21	13	8
35-39岁	**259**	**143**	**116**	**30**	**17**	**13**
35	48	28	20	4	2	2
36	57	38	19	5	3	2
37	60	32	28	11	6	5
38	52	22	30	7	4	3
39	42	23	19	3	2	1
40-44岁	**155**	**92**	**63**	**15**	**9**	**6**
40	44	28	16	8	6	2
41	41	30	11	2		2
42	27	8	19	2	1	1
43	24	14	10	2	1	1
44	19	12	7	1	1	
45-49岁	**118**	**68**	**50**	**23**	**19**	**4**
45	25	14	11	5	4	1
46	24	15	9	5	4	1
47	25	14	11	5	3	2
48	19	10	9	3	3	
49	25	15	10	5	5	

单位：人

二孩			三孩及以上		
小计	男	女	小计	男	女
580	**309**	**271**	**370**	**207**	**163**
3	**1**	**2**			
1		1			
2	1	1			
28	**14**	**14**	**12**	**8**	**4**
2	1	1	1		1
4	1	3	2	2	
10	6	4	2	2	
4	2	2	3	1	2
8	4	4	4	3	1
90	**51**	**39**	**57**	**27**	**30**
17	6	11	5	2	3
11	8	3	8	2	6
23	13	10	10	5	5
14	7	7	7	4	3
25	17	8	27	14	13
183	**92**	**91**	**113**	**65**	**48**
36	17	19	21	11	10
41	23	18	20	11	9
36	19	17	23	11	12
46	20	26	26	19	7
24	13	11	23	13	10
129	**70**	**59**	**100**	**56**	**44**
27	17	10	17	9	8
31	17	14	21	18	3
29	14	15	20	12	8
21	10	11	24	8	16
21	12	9	18	9	9
79	**46**	**33**	**61**	**37**	**24**
18	10	8	18	12	6
18	16	2	21	14	7
18	5	13	7	2	5
12	7	5	10	6	4
13	8	5	5	3	2
68	**35**	**33**	**27**	**14**	**13**
18	10	8	2		2
10	6	4	9	5	4
14	7	7	6	4	2
14	5	9	2	2	
12	7	5	8	3	5

6-2 续表 4

受教育程度 年　龄	合 计	生男孩的妇女人数	生女孩的妇女人数	一 孩		
				小计	男	女
初 中	**14255**	**7850**	**6405**	**4615**	**2440**	**2175**
15-19岁	**271**	**138**	**133**	**218**	**110**	**108**
15	3	3		3	3	
16	17	13	4	14	11	3
17	44	18	26	37	12	25
18	83	38	45	73	34	39
19	124	66	58	91	50	41
20-24岁	**2083**	**1086**	**997**	**1250**	**633**	**617**
20	222	104	118	165	76	89
21	304	164	140	206	106	100
22	445	240	205	269	156	113
23	492	242	250	294	133	161
24	620	336	284	316	162	154
25-29岁	**4497**	**2436**	**2061**	**1620**	**837**	**783**
25	826	436	390	368	181	187
26	781	417	364	336	177	159
27	898	479	419	323	161	162
28	888	489	399	278	148	130
29	1104	615	489	315	170	145
30-34岁	**4900**	**2759**	**2141**	**1071**	**580**	**491**
30	1293	735	558	337	179	158
31	1145	639	506	259	157	102
32	942	547	395	206	111	95
33	859	472	387	146	71	75
34	661	366	295	123	62	61
35-39岁	**1988**	**1150**	**838**	**339**	**203**	**136**
35	535	311	224	85	51	34
36	522	299	223	98	56	42
37	417	236	181	66	38	28
38	324	190	134	56	38	18
39	190	114	76	34	20	14
40-44岁	**409**	**220**	**189**	**84**	**49**	**35**
40	121	62	59	22	13	9
41	96	48	48	17	8	9
42	88	53	35	22	16	6
43	56	37	19	14	10	4
44	48	20	28	9	2	7
45-49岁	**107**	**61**	**46**	**33**	**28**	**5**
45	24	16	8	8	8	
46	31	16	15	10	8	2
47	19	7	12	2	1	1
48	18	14	4	8	8	
49	15	8	7	5	3	2

单位：人

二孩			三孩及以上		
小计	男	女	小计	男	女
7000	**3767**	**3233**	**2640**	**1643**	**997**
51	**27**	**24**	**2**	**1**	**1**
3	2	1			
7	6	1			
9	3	6	1	1	
32	16	16	1		1
721	**383**	**338**	**112**	**70**	**42**
53	24	29	4	4	
92	54	38	6	4	2
146	67	79	30	17	13
179	96	83	19	13	6
251	142	109	53	32	21
2240	**1213**	**1027**	**637**	**386**	**251**
377	201	176	81	54	27
371	193	178	74	47	27
448	243	205	127	75	52
457	257	200	153	84	69
587	319	268	202	126	76
2636	**1434**	**1202**	**1193**	**745**	**448**
695	389	306	261	167	94
618	326	292	268	156	112
506	283	223	230	153	77
471	257	214	242	144	98
346	179	167	192	125	67
1067	**575**	**492**	**582**	**372**	**210**
294	157	137	156	103	53
270	146	124	154	97	57
231	121	110	120	77	43
171	92	79	97	60	37
101	59	42	55	35	20
232	**113**	**119**	**93**	**58**	**35**
75	33	42	24	16	8
50	22	28	29	18	11
45	24	21	21	13	8
33	22	11	9	5	4
29	12	17	10	6	4
53	**22**	**31**	**21**	**11**	**10**
8	3	5	8	5	3
18	7	11	3	1	2
11	3	8	6	3	3
8	5	3	2	1	1
8	4	4	2	1	1

6-2 续表 5

受教育程度 年龄	合计	生男孩的妇女人数	生女孩的妇女人数	一孩 小计	一孩 男	一孩 女
高 中	**7956**	**4385**	**3571**	**3247**	**1745**	**1502**
15-19岁	**90**	**46**	**44**	**82**	**42**	**40**
15						
16	4	2	2	4	2	2
17	9	3	6	8	3	5
18	28	15	13	25	14	11
19	49	26	23	45	23	22
20-24岁	**1190**	**631**	**559**	**830**	**451**	**379**
20	90	57	33	74	48	26
21	155	81	74	120	67	53
22	227	133	94	168	98	70
23	317	163	154	217	116	101
24	401	197	204	251	122	129
25-29岁	**3033**	**1692**	**1341**	**1407**	**764**	**643**
25	553	286	267	320	161	159
26	524	305	219	265	155	110
27	611	345	266	300	170	130
28	634	349	285	270	146	124
29	711	407	304	252	132	120
30-34岁	**2639**	**1453**	**1186**	**710**	**367**	**343**
30	807	430	377	249	121	128
31	618	352	266	163	94	69
32	478	251	227	129	69	60
33	402	222	180	94	48	46
34	334	198	136	75	35	40
35-39岁	**827**	**462**	**365**	**173**	**94**	**79**
35	232	138	94	50	31	19
36	213	118	95	51	26	25
37	148	87	61	35	18	17
38	160	78	82	22	11	11
39	74	41	33	15	8	7
40-44岁	**155**	**87**	**68**	**35**	**20**	**15**
40	37	18	19	5	2	3
41	49	31	18	12	8	4
42	32	16	16	8	5	3
43	23	16	7	4	2	2
44	14	6	8	6	3	3
45-49岁	**22**	**14**	**8**	**10**	**7**	**3**
45	7	6	1	5	4	1
46	4	1	3	1		1
47	4	2	2	2	1	1
48	5	4	1	1	1	
49	2	1	1	1	1	

单位：人

二孩			三孩及以上		
小计	男	女	小计	男	女
3893	**2112**	**1781**	**816**	**528**	**288**
8	**4**	**4**			
1		1			
3	1	2			
4	3	1			
338	**168**	**170**	**22**	**12**	**10**
15	8	7	1	1	
34	14	20	1		1
56	33	23	3	2	1
95	44	51	5	3	2
138	69	69	12	6	6
1389	**774**	**615**	**237**	**154**	**83**
205	108	97	28	17	11
223	126	97	36	24	12
272	146	126	39	29	10
300	165	135	64	38	26
389	229	160	70	46	24
1557	**849**	**708**	**372**	**237**	**135**
468	257	211	90	52	38
371	206	165	84	52	32
290	144	146	59	38	21
230	126	104	78	48	30
198	116	82	61	47	14
491	**257**	**234**	**163**	**111**	**52**
129	73	56	53	34	19
121	63	58	41	29	12
82	45	37	31	24	7
112	53	59	26	14	12
47	23	24	12	10	2
99	**54**	**45**	**21**	**13**	**8**
25	13	12	7	3	4
28	17	11	9	6	3
19	7	12	5	4	1
19	14	5			
8	3	5			
11	**6**	**5**	**1**	**1**	
2	2				
3	1	2			
2	1	1			
3	2	1	1	1	
1		1			

6-2 续表 6

受教育程度 年龄	合计	生男孩的妇女人数	生女孩的妇女人数	一孩 小计	一孩 男	一孩 女
大学专科	**7269**	**3940**	**3329**	**3526**	**1857**	**1669**
15-19岁	**17**	**7**	**10**	**16**	**6**	**10**
15						
16						
17						
18	3	2	1	3	2	1
19	14	5	9	13	4	9
20-24岁	**686**	**372**	**314**	**566**	**308**	**258**
20	31	20	11	26	18	8
21	53	30	23	48	25	23
22	130	66	64	109	54	55
23	176	96	80	152	80	72
24	296	160	136	231	131	100
25-29岁	**2905**	**1565**	**1340**	**1745**	**916**	**829**
25	423	231	192	317	166	151
26	525	283	242	348	185	163
27	597	330	267	394	217	177
28	631	348	283	333	185	148
29	729	373	356	353	163	190
30-34岁	**2715**	**1482**	**1233**	**994**	**509**	**485**
30	810	436	374	351	183	168
31	698	366	332	287	143	144
32	523	287	236	183	94	89
33	405	233	172	103	57	46
34	279	160	119	70	32	38
35-39岁	**805**	**433**	**372**	**174**	**99**	**75**
35	258	155	103	52	35	17
36	202	97	105	45	21	24
37	145	76	69	34	17	17
38	124	71	53	22	11	11
39	76	34	42	21	15	6
40-44岁	**125**	**72**	**53**	**27**	**16**	**11**
40	31	18	13	7	4	3
41	46	27	19	11	7	4
42	23	14	9	4	3	1
43	13	5	8	3		3
44	12	8	4	2	2	
45-49岁	**16**	**9**	**7**	**4**	**3**	**1**
45	7	4	3	1	1	
46	3	1	2	2	1	1
47	1		1			
48	5	4	1	1	1	
49						

单位：人

二孩			三孩及以上		
小计	男	女	小计	男	女
3391	**1858**	**1533**	**352**	**225**	**127**
1	**1**				
1	1				
111	**60**	**51**	**9**	**4**	**5**
4	2	2	1		1
4	4		1	1	
19	12	7	2		2
22	14	8	2	2	
62	28	34	3	1	2
1084	**602**	**482**	**76**	**47**	**29**
99	61	38	7	4	3
167	89	78	10	9	1
184	106	78	19	7	12
281	151	130	17	12	5
353	195	158	23	15	8
1550	**861**	**689**	**171**	**112**	**59**
418	229	189	41	24	17
373	202	171	38	21	17
305	169	136	35	24	11
273	150	123	29	26	3
181	111	70	28	17	11
543	**279**	**264**	**88**	**55**	**33**
179	101	78	27	19	8
136	63	73	21	13	8
91	45	46	20	14	6
94	55	39	8	5	3
43	15	28	12	4	8
91	**50**	**41**	**7**	**6**	**1**
22	12	10	2	2	
30	16	14	5	4	1
19	11	8			
10	5	5			
10	6	4			
11	**5**	**6**	**1**	**1**	
6	3	3			
1		1			
1		1			
3	2	1	1	1	

6-2 续表 7

受教育程度 年 龄	合 计	生男孩的 妇女人数	生女孩的 妇女人数	一 孩		
				小计	男	女
大学本科	**6629**	**3524**	**3105**	**3573**	**1833**	**1740**
15-19岁	**1**	**1**		**1**	**1**	
15						
16						
17						
18						
19	1	1		1	1	
20-24岁	**229**	**115**	**114**	**206**	**103**	**103**
20	2	1	1	2	1	1
21	11	7	4	11	7	4
22	26	15	11	22	14	8
23	57	28	29	55	27	28
24	133	64	69	116	54	62
25-29岁	**2628**	**1356**	**1272**	**1981**	**1004**	**977**
25	237	134	103	204	111	93
26	355	203	152	300	168	132
27	532	271	261	437	219	218
28	655	321	334	476	230	246
29	849	427	422	564	276	288
30-34岁	**2801**	**1519**	**1282**	**1174**	**613**	**561**
30	749	400	349	438	218	220
31	650	366	284	293	165	128
32	582	313	269	213	106	107
33	454	253	201	136	76	60
34	366	187	179	94	48	46
35-39岁	**807**	**437**	**370**	**191**	**101**	**90**
35	257	131	126	83	35	48
36	211	116	95	45	30	15
37	146	92	54	25	13	12
38	112	56	56	22	12	10
39	81	42	39	16	11	5
40-44岁	**148**	**86**	**62**	**14**	**8**	**6**
40	43	24	19	7	4	3
41	46	28	18	2		2
42	24	14	10			
43	19	12	7	2	2	
44	16	8	8	3	2	1
45-49岁	**15**	**10**	**5**	**6**	**3**	**3**
45	8	7	1	2	2	
46	4	2	2	3	1	2
47						
48	3	1	2	1		1
49						

单位：人

二孩			三孩及以上		
小计	男	女	小计	男	女
2871	**1563**	**1308**	**185**	**128**	**57**
23	**12**	**11**			
4	1	3			
2	1	1			
17	10	7			
617	**330**	**287**	**30**	**22**	**8**
32	22	10	1	1	
49	30	19	6	5	1
92	50	42	3	2	1
169	84	85	10	7	3
275	144	131	10	7	3
1525	**845**	**680**	**102**	**61**	**41**
299	175	124	12	7	5
334	188	146	23	13	10
343	193	150	26	14	12
298	161	137	20	16	4
251	128	123	21	11	10
574	**302**	**272**	**42**	**34**	**8**
164	89	75	10	7	3
154	75	79	12	11	1
108	67	41	13	12	1
86	41	45	4	3	1
62	30	32	3	1	2
123	**67**	**56**	**11**	**11**	
33	17	16	3	3	
40	24	16	4	4	
22	12	10	2	2	
16	9	7	1	1	
12	5	7	1	1	
9	**7**	**2**			
6	5	1			
1	1				
2	1	1			

6-2 续表 8

受教育程度 年龄	合计	生男孩的妇女人数	生女孩的妇女人数	一孩 小计	一孩 男	一孩 女
硕士研究生	**509**	**281**	**228**	**311**	**167**	**144**
15-19岁						
15						
16						
17						
18						
19						
20-24岁	**1**		**1**	**1**		**1**
20						
21						
22						
23	1		1	1		1
24						
25-29岁	**104**	**51**	**53**	**91**	**44**	**47**
25	4	3	1	3	2	1
26	7	2	5	6	2	4
27	18	9	9	16	8	8
28	23	10	13	22	10	12
29	52	27	25	44	22	22
30-34岁	**295**	**164**	**131**	**186**	**99**	**87**
30	81	45	36	67	37	30
31	73	38	35	55	29	26
32	60	32	28	30	13	17
33	53	33	20	24	16	8
34	28	16	12	10	4	6
35-39岁	**99**	**60**	**39**	**29**	**20**	**9**
35	37	28	9	13	10	3
36	26	10	16	5	2	3
37	17	12	5	5	5	
38	12	7	5	3	1	2
39	7	3	4	3	2	1
40-44岁	**10**	**6**	**4**	**4**	**4**	
40	4	3	1	1	1	
41	1		1			
42	3	2	1	2	2	
43	2	1	1	1	1	
44						
45-49岁						
45						
46						
47						
48						
49						

单位：人

二孩			三孩及以上		
小计	男	女	小计	男	女
192	**111**	**81**	**6**	**3**	**3**
12	**6**	**6**	**1**	**1**	
1	1				
1		1			
2	1	1			
1		1			
7	4	3	1	1	
107	**64**	**43**	**2**	**1**	**1**
14	8	6			
17	9	8	1		1
30	19	11			
28	16	12	1	1	
18	12	6			
68	**39**	**29**	**2**	**1**	**1**
23	17	6	1	1	
21	8	13			
12	7	5			
9	6	3			
3	1	2	1		1
5	**2**	**3**	**1**		**1**
3	2	1			
1		1			
			1		1
1		1			

6-2 续表 9

受教育程度 年 龄	合 计	生男孩的 妇女人数	生女孩的 妇女人数	一 孩		
				小计	男	女
博士研究生	**46**	**20**	**26**	**27**	**11**	**16**
15-19岁						
15						
16						
17						
18						
19						
20-24岁						
20						
21						
22						
23						
24						
25-29岁	**9**	**3**	**6**	**8**	**3**	**5**
25	1		1	1		1
26						
27	1	1		1	1	
28	2	1	1	2	1	1
29	5	1	4	4	1	3
30-34岁	**19**	**9**	**10**	**12**	**5**	**7**
30	2	1	1	2	1	1
31	8	3	5	6	3	3
32	2	1	1			
33	4	1	3	3		3
34	3	3		1	1	
35-39岁	**16**	**7**	**9**	**6**	**3**	**3**
35	8	4	4	4	3	1
36						
37	6	2	4	2		2
38						
39	2	1	1			
40-44岁	**2**	**1**	**1**	**1**		**1**
40	1	1				
41						
42	1		1	1		1
43						
44						
45-49岁						
45						
46						
47						
48						
49						

单位：人

二孩			三孩及以上		
小计	男	女	小计	男	女
19	**9**	**10**			
1		**1**			
1		1			
7	**4**	**3**			
2		2			
2	1	1			
1	1				
2	2				
10	**4**	**6**			
4	1	3			
4	2	2			
2	1	1			
1	**1**				
1	1				

6-2a 全省按年龄、受教育程度、生育孩次

受教育程度 年　龄	合　计	生男孩的妇女人数	生女孩的妇女人数	一孩		
				小计	男	女
总　计	**17321**	**9308**	**8013**	**7712**	**4007**	**3705**
15-19岁	**112**	**49**	**63**	**96**	**43**	**53**
15	2	1	1	1	1	
16	3	2	1	3	2	1
17	11	2	9	11	2	9
18	32	15	17	30	14	16
19	64	29	35	51	24	27
20-24岁	**1708**	**899**	**809**	**1211**	**643**	**568**
20	121	64	57	96	51	45
21	186	99	87	145	79	66
22	352	193	159	252	142	110
23	436	215	221	308	153	155
24	613	328	285	410	218	192
25-29岁	**5775**	**3019**	**2756**	**3380**	**1715**	**1665**
25	840	442	398	537	276	261
26	917	498	419	584	320	264
27	1143	618	525	720	380	340
28	1266	637	629	715	354	361
29	1609	824	785	824	385	439
30-34岁	**6690**	**3638**	**3052**	**2360**	**1230**	**1130**
30	1776	943	833	796	400	396
31	1589	881	708	594	330	264
32	1341	717	624	461	238	223
33	1104	615	489	299	163	136
34	880	482	398	210	99	111
35-39岁	**2453**	**1350**	**1103**	**534**	**295**	**239**
35	692	399	293	177	98	79
36	641	338	303	145	79	66
37	486	279	207	91	47	44
38	403	219	184	68	35	33
39	231	115	116	53	36	17
40-44岁	**468**	**280**	**188**	**97**	**55**	**42**
40	136	79	57	26	13	13
41	137	88	49	27	15	12
42	92	52	40	20	13	7
43	62	39	23	17	10	7
44	41	22	19	7	4	3
45-49岁	**115**	**73**	**42**	**34**	**26**	**8**
45	31	26	5	10	10	
46	30	16	14	10	5	5
47	23	12	11	4	3	1
48	17	12	5	5	4	1
49	14	7	7	5	4	1

分的育龄妇女人数(2019.11.1—2020.10.31)(城市)

单位：人

二孩			三孩及以上		
小计	男	女	小计	男	女
8230	**4440**	**3790**	**1379**	**861**	**518**
16	**6**	**10**			
1		1			
2	1	1			
13	5	8			
440	**218**	**222**	**57**	**38**	**19**
20	10	10	5	3	2
40	19	21	1	1	
87	42	45	13	9	4
112	53	59	16	9	7
181	94	87	22	16	6
2126	**1137**	**989**	**269**	**167**	**102**
273	148	125	30	18	12
300	154	146	33	24	9
372	209	163	51	29	22
483	245	238	68	38	30
698	381	317	87	58	29
3716	**2043**	**1673**	**614**	**365**	**249**
856	470	386	124	73	51
857	477	380	138	74	64
766	411	355	114	68	46
680	372	308	125	80	45
557	313	244	113	70	43
1578	**829**	**749**	**341**	**226**	**115**
435	252	183	80	49	31
403	189	214	93	70	23
317	176	141	78	56	22
280	151	129	55	33	22
143	61	82	35	18	17
295	**173**	**122**	**76**	**52**	**24**
90	51	39	20	15	5
81	55	26	29	18	11
56	28	28	16	11	5
43	27	16	2	2	
25	12	13	9	6	3
59	**34**	**25**	**22**	**13**	**9**
16	12	4	5	4	1
17	9	8	3	2	1
12	6	6	7	3	4
9	6	3	3	2	1
5	1	4	4	2	2

6-2a 续表 1

受教育程度 年 龄	合 计	生男孩的 妇女人数	生女孩的 妇女人数	一 孩		
				小计	男	女
未上过学	**16**	**8**	**8**	**4**	**3**	**1**
15-19岁						
15						
16						
17						
18						
19						
20-24岁						
20						
21						
22						
23						
24						
25-29岁	**2**	**1**	**1**	**2**	**1**	**1**
25						
26	1		1	1		1
27						
28						
29	1	1		1	1	
30-34岁	**3**	**1**	**2**	**1**	**1**	
30	1		1			
31	1		1			
32						
33						
34	1	1		1	1	
35-39岁	**2**	**1**	**1**	**1**	**1**	
35						
36						
37						
38	1	1		1	1	
39	1		1			
40-44岁	**5**	**4**	**1**			
40						
41	1		1			
42	1	1				
43	1	1				
44	2	2				
45-49岁	**4**	**1**	**3**			
45	1	1				
46	1		1			
47	1		1			
48						
49	1		1			

单位：人

二孩			三孩及以上		
小计	男	女	小计	男	女
4	2	2	8	3	5
1		1	1		1
1		1			
			1		1
			1		1
			1		1
2	2		3	2	1
			1		1
			1	1	
1	1				
1	1		1	1	
1		1	3	1	2
			1	1	
1		1			
			1		1
			1		1

6-2a 续表 2

受教育程度 年 龄	合 计	生男孩的妇女人数	生女孩的妇女人数	一 孩		
				小计	男	女
学前教育	**3**	**1**	**2**	**2**	**1**	**1**
15—19岁						
15						
16						
17						
18						
19						
20—24岁						
20						
21						
22						
23						
24						
25—29岁	**1**		**1**	**1**		**1**
25						
26						
27	1		1	1		1
28						
29						
30—34岁	**1**		**1**			
30						
31						
32						
33						
34	1		1			
35—39岁						
35						
36						
37						
38						
39						
40—44岁						
40						
41						
42						
43						
44						
45—49岁	**1**	**1**		**1**	**1**	
45						
46						
47						
48						
49	1	1		1	1	

单位：人

二　　孩			三孩及以上		
小计	男	女	小计	男	女
1		**1**			
1		**1**			
1		1			

6-2a 续表 3

受教育程度 年 龄	合 计	生男孩的 妇女人数	生女孩的 妇女人数	一 孩		
				小计	男	女
小 学	**352**	**188**	**164**	**108**	**58**	**50**
15-19岁	**2**	**1**	**1**	**1**	**1**	
15	1		1			
16						
17	1	1		1	1	
18						
19						
20-24岁	**31**	**17**	**14**	**18**	**9**	**9**
20	4	2	2	3	2	1
21	3	1	2	2	1	1
22	8	7	1	2	1	1
23	6	2	4	5	2	3
24	10	5	5	6	3	3
25-29岁	**66**	**34**	**32**	**23**	**11**	**12**
25	13	6	7	6	4	2
26	13	6	7	6	2	4
27	15	8	7	5	2	3
28	12	6	6	5	2	3
29	13	8	5	1	1	
30-34岁	**114**	**59**	**55**	**43**	**23**	**20**
30	17	6	11	6	1	5
31	19	9	10	7	3	4
32	19	11	8	8	6	2
33	34	22	12	11	8	3
34	25	11	14	11	5	6
35-39岁	**67**	**33**	**34**	**11**	**6**	**5**
35	13	7	6	1	1	
36	17	8	9	1		1
37	14	7	7	4	2	2
38	14	6	8	3	1	2
39	9	5	4	2	2	
40-44岁	**33**	**20**	**13**	**5**	**2**	**3**
40	8	4	4	3	2	1
41	14	11	3	1		1
42	5	1	4			
43	3	2	1	1		1
44	3	2	1			
45-49岁	**39**	**24**	**15**	**7**	**6**	**1**
45	7	5	2	2	2	
46	8	6	2	1	1	
47	13	7	6	3	2	1
48	4	3	1			
49	7	3	4	1	1	

单位：人

二孩			三孩及以上		
小计	男	女	小计	男	女
160	**80**	**80**	**84**	**50**	**34**
1		**1**			
1		1			
9	**6**	**3**	**4**	**2**	**2**
			1		1
1		1			
4	4		2	2	
			1		1
4	2	2			
28	**13**	**15**	**15**	**10**	**5**
6	2	4	1		1
4	3	1	3	1	2
6	3	3	4	3	1
7	4	3			
5	1	4	7	6	1
48	**22**	**26**	**23**	**14**	**9**
7	3	4	4	2	2
9	4	5	3	2	1
7	3	4	4	2	2
17	9	8	6	5	1
8	3	5	6	3	3
36	**15**	**21**	**20**	**12**	**8**
8	6	2	4		4
11	3	8	5	5	
6	2	4	4	3	1
7	3	4	4	2	2
4	1	3	3	2	1
16	**11**	**5**	**12**	**7**	**5**
4	2	2	1		1
7	7		6	4	2
4	1	3	1		1
			2	2	
1	1		2	1	1
22	**13**	**9**	**10**	**5**	**5**
4	3	1	1		1
5	4	1	2	1	1
6	3	3	4	2	2
3	2	1	1	1	
4	1	3	2	1	1

6-2a 续表 4

受教育程度 年　　龄	合　计	生男孩的 妇女人数	生女孩的 妇女人数	一　孩		
				小计	男	女
初　中	**4394**	**2368**	**2026**	**1531**	**801**	**730**
15-19岁	**78**	**33**	**45**	**65**	**29**	**36**
15	1	1		1	1	
16	3	2	1	3	2	1
17	9	1	8	9	1	8
18	25	10	15	23	9	14
19	40	19	21	29	16	13
20-24岁	**716**	**369**	**347**	**448**	**232**	**216**
20	72	34	38	56	24	32
21	100	52	48	77	39	38
22	166	85	81	106	59	47
23	165	84	81	89	46	43
24	213	114	99	120	64	56
25-29岁	**1253**	**665**	**588**	**489**	**243**	**246**
25	257	133	124	112	54	58
26	216	109	107	95	49	46
27	243	130	113	94	45	49
28	232	126	106	87	45	42
29	305	167	138	101	50	51
30-34岁	**1527**	**827**	**700**	**366**	**200**	**166**
30	391	214	177	112	56	56
31	355	195	160	81	53	28
32	296	165	131	72	46	26
33	269	137	132	56	24	32
34	216	116	100	45	21	24
35-39岁	**639**	**365**	**274**	**112**	**66**	**46**
35	160	97	63	28	17	11
36	168	95	73	37	23	14
37	145	78	67	17	8	9
38	110	64	46	17	9	8
39	56	31	25	13	9	4
40-44岁	**148**	**86**	**62**	**39**	**22**	**17**
40	43	23	20	10	5	5
41	34	19	15	9	4	5
42	34	22	12	10	7	3
43	17	13	4	7	5	2
44	20	9	11	3	1	2
45-49岁	**33**	**23**	**10**	**12**	**9**	**3**
45	8	8		4	4	
46	12	7	5	4	2	2
47	6	3	3			
48	4	3	1	2	2	
49	3	2	1	2	1	1

单位：人

二孩			三孩及以上		
小计	男	女	小计	男	女
2228	**1188**	**1040**	**635**	**379**	**256**
13	**4**	**9**			
2	1	1			
11	3	8			
231	**112**	**119**	**37**	**25**	**12**
14	8	6	2	2	
22	12	10	1	1	
50	20	30	10	6	4
66	33	33	10	5	5
79	39	40	14	11	3
636	**353**	**283**	**128**	**69**	**59**
127	68	59	18	11	7
109	53	56	12	7	5
123	73	50	26	12	14
110	63	47	35	18	17
167	96	71	37	21	16
888	**472**	**416**	**273**	**155**	**118**
222	123	99	57	35	22
212	111	101	62	31	31
173	89	84	51	30	21
158	83	75	55	30	25
123	66	57	48	29	19
370	**198**	**172**	**157**	**101**	**56**
97	57	40	35	23	12
85	42	43	46	30	16
94	47	47	34	23	11
64	37	27	29	18	11
30	15	15	13	7	6
77	**41**	**36**	**32**	**23**	**9**
25	10	15	8	8	
15	10	5	10	5	5
16	9	7	8	6	2
10	8	2			
11	4	7	6	4	2
13	**8**	**5**	**8**	**6**	**2**
1	1		3	3	
7	4	3	1	1	
4	2	2	2	1	1
1	1		1		1
			1	1	

6-2a 续表 5

受教育程度 年　　龄	合　计	生男孩的 妇女人数	生女孩的 妇女人数	一　孩		
				小计	男	女
高　中	**3612**	**1976**	**1636**	**1458**	**778**	**680**
15-19岁	**29**	**13**	**16**	**27**	**11**	**16**
15						
16						
17	1		1	1		1
18	6	4	2	6	4	2
19	22	9	13	20	7	13
20-24岁	**520**	**278**	**242**	**367**	**199**	**168**
20	30	20	10	24	17	7
21	67	37	30	51	31	20
22	98	56	42	74	42	32
23	149	77	72	109	58	51
24	176	88	88	109	51	58
25-29岁	**1247**	**680**	**567**	**604**	**330**	**274**
25	219	108	111	133	67	66
26	211	124	87	118	75	43
27	247	141	106	124	70	54
28	263	140	123	119	67	52
29	307	167	140	110	51	59
30-34岁	**1249**	**686**	**563**	**335**	**171**	**164**
30	350	188	162	115	59	56
31	294	168	126	66	38	28
32	248	126	122	71	35	36
33	190	107	83	50	26	24
34	167	97	70	33	13	20
35-39岁	**461**	**257**	**204**	**98**	**50**	**48**
35	118	68	50	29	16	13
36	124	67	57	30	14	16
37	83	51	32	17	9	8
38	98	49	49	14	7	7
39	38	22	16	8	4	4
40-44岁	**93**	**55**	**38**	**22**	**13**	**9**
40	26	15	11	4	2	2
41	24	16	8	6	4	2
42	21	9	12	6	3	3
43	17	13	4	3	2	1
44	5	2	3	3	2	1
45-49岁	**13**	**7**	**6**	**5**	**4**	**1**
45	1	1		1	1	
46	4	1	3	1		1
47	3	2	1	1	1	
48	3	2	1	1	1	
49	2	1	1	1	1	

单位：人

二孩			三孩及以上		
小计	男	女	小计	男	女
1817	**983**	**834**	**337**	**215**	**122**
2	**2**				
2	2				
140	**69**	**71**	**13**	**10**	**3**
5	2	3	1	1	
16	6	10			
23	13	10	1	1	
36	16	20	4	3	1
60	32	28	7	5	2
563	**299**	**264**	**80**	**51**	**29**
78	36	42	8	5	3
83	41	42	10	8	2
110	61	49	13	10	3
124	63	61	20	10	10
168	98	70	29	18	11
757	**421**	**336**	**157**	**94**	**63**
202	111	91	33	18	15
190	108	82	38	22	16
154	76	78	23	15	8
105	61	44	35	20	15
106	65	41	28	19	9
291	**155**	**136**	**72**	**52**	**20**
73	43	30	16	9	7
74	36	38	20	17	3
49	29	20	17	13	4
70	34	36	14	8	6
25	13	12	5	5	
56	**34**	**22**	**15**	**8**	**7**
16	11	5	6	2	4
12	8	4	6	4	2
12	4	8	3	2	1
14	11	3			
2		2			
8	**3**	**5**			
3	1	2			
2	1	1			
2	1	1			
1		1			

6-2a 续表 6

受教育程度 年龄	合计	生男孩的妇女人数	生女孩的妇女人数	一孩 小计	一孩 男	一孩 女
大学专科	**4066**	**2185**	**1881**	**1955**	**1016**	**939**
15-19岁	**3**	**2**	**1**	**3**	**2**	**1**
15						
16						
17						
18	1	1		1	1	
19	2	1	1	2	1	1
20-24岁	**313**	**168**	**145**	**265**	**145**	**120**
20	15	8	7	13	8	5
21	12	6	6	11	5	6
22	64	36	28	57	32	25
23	83	39	44	73	34	39
24	139	79	60	111	66	45
25-29岁	**1488**	**782**	**706**	**937**	**481**	**456**
25	201	107	94	155	77	78
26	269	146	123	182	99	83
27	298	168	130	212	120	92
28	332	170	162	186	96	90
29	388	191	197	202	89	113
30-34岁	**1606**	**875**	**731**	**594**	**299**	**295**
30	445	228	217	202	98	104
31	406	223	183	172	88	84
32	324	168	156	116	54	62
33	248	149	99	61	38	23
34	183	107	76	43	21	22
35-39岁	**565**	**304**	**261**	**135**	**77**	**58**
35	168	100	68	38	25	13
36	147	75	72	39	19	20
37	105	55	50	25	13	12
38	88	50	38	17	9	8
39	57	24	33	16	11	5
40-44岁	**78**	**46**	**32**	**17**	**9**	**8**
40	21	13	8	4	1	3
41	30	20	10	9	7	2
42	11	6	5	1	1	
43	11	3	8	3		3
44	5	4	1			
45-49岁	**13**	**8**	**5**	**4**	**3**	**1**
45	6	4	2	1	1	
46	3	1	2	2	1	1
47						
48	4	3	1	1	1	
49						

单位：人

二孩			三孩及以上		
小计	男	女	小计	男	女
1924	**1044**	**880**	**187**	**125**	**62**
45	**22**	**23**	**3**	**1**	**2**
1		1	1		1
1	1				
7	4	3			
9	4	5	1	1	
27	13	14	1		1
524	**279**	**245**	**27**	**22**	**5**
44	29	15	2	1	1
81	41	40	6	6	
81	46	35	5	2	3
140	69	71	6	5	1
178	94	84	8	8	
919	**514**	**405**	**93**	**62**	**31**
223	118	105	20	12	8
216	124	92	18	11	7
188	101	87	20	13	7
170	96	74	17	15	2
122	75	47	18	11	7
372	**192**	**180**	**58**	**35**	**23**
113	64	49	17	11	6
97	48	49	11	8	3
66	33	33	14	9	5
65	38	27	6	3	3
31	9	22	10	4	6
56	**33**	**23**	**5**	**4**	**1**
15	10	5	2	2	
18	11	7	3	2	1
10	5	5			
8	3	5			
5	4	1			
8	**4**	**4**	**1**	**1**	
5	3	2			
1		1			
2	1	1	1	1	

6-2a 续表 7

受教育程度 年　　龄	合　计	生男孩的 妇女人数	生女孩的 妇女人数	一　孩		
				小计	男	女
大学本科	**4405**	**2328**	**2077**	**2373**	**1202**	**1171**
15-19岁						
15						
16						
17						
18						
19						
20-24岁	**127**	**67**	**60**	**112**	**58**	**54**
20						
21	4	3	1	4	3	1
22	16	9	7	13	8	5
23	32	13	19	31	13	18
24	75	42	33	64	34	30
25-29岁	**1635**	**818**	**817**	**1251**	**614**	**637**
25	148	86	62	130	73	57
26	205	111	94	180	93	87
27	325	165	160	271	137	134
28	403	185	218	295	134	161
29	554	271	283	375	177	198
30-34岁	**1914**	**1039**	**875**	**847**	**446**	**401**
30	502	271	231	304	157	147
31	446	251	195	216	120	96
32	396	215	181	164	84	80
33	312	171	141	95	52	43
34	258	131	127	68	33	35
35-39岁	**616**	**332**	**284**	**148**	**75**	**73**
35	194	100	94	67	28	39
36	163	86	77	34	21	13
37	117	75	42	22	11	11
38	81	42	39	14	7	7
39	61	29	32	11	8	3
40-44岁	**101**	**63**	**38**	**10**	**6**	**4**
40	35	21	14	5	3	2
41	33	22	11	2		2
42	16	11	5			
43	11	6	5	2	2	
44	6	3	3	1	1	
45-49岁	**12**	**9**	**3**	**5**	**3**	**2**
45	8	7	1	2	2	
46	2	1	1	2	1	1
47						
48	2	1	1	1		1
49						

单位：人

二孩			三孩及以上		
小计	男	女	小计	男	女
1909	**1039**	**870**	**123**	**87**	**36**
15	**9**	**6**			
3	1	2			
1		1			
11	8	3			
365	**189**	**176**	**19**	**15**	**4**
17	12	5	1	1	
23	16	7	2	2	
51	26	25	3	2	1
101	46	55	7	5	2
173	89	84	6	5	1
1002	**554**	**448**	**65**	**39**	**26**
188	108	80	10	6	4
215	123	92	15	8	7
216	123	93	16	8	8
206	110	96	11	9	2
177	90	87	13	8	5
437	**232**	**205**	**31**	**25**	**6**
120	67	53	7	5	2
118	55	63	11	10	1
86	56	30	9	8	1
65	33	32	2	2	
48	21	27	2		2
83	**49**	**34**	**8**	**8**	
27	15	12	3	3	
28	19	9	3	3	
14	9	5	2	2	
9	4	5			
5	2	3			
7	**6**	**1**			
6	5	1			
1	1				

6-2a 续表 8

受教育程度 年龄	合计	生男孩的妇女人数	生女孩的妇女人数	一孩		
				小计	男	女
硕士研究生	**433**	**236**	**197**	**259**	**139**	**120**
15-19岁						
15						
16						
17						
18						
19						
20-24岁	**1**		**1**	**1**		**1**
20						
21						
22						
23	1		1	1		1
24						
25-29岁	**75**	**36**	**39**	**66**	**32**	**34**
25	2	2		1	1	
26	2	2		2	2	
27	13	5	8	12	5	7
28	22	9	13	21	9	12
29	36	18	18	30	15	15
30-34岁	**261**	**143**	**118**	**165**	**86**	**79**
30	68	35	33	55	28	27
31	64	33	31	49	26	23
32	56	31	25	30	13	17
33	47	28	19	23	15	8
34	26	16	10	8	4	4
35-39岁	**88**	**52**	**36**	**24**	**18**	**6**
35	32	24	8	11	9	2
36	22	7	15	4	2	2
37	16	11	5	4	4	
38	11	7	4	2	1	1
39	7	3	4	3	2	1
40-44岁	**8**	**5**	**3**	**3**	**3**	
40	2	2				
41	1		1			
42	3	2	1	2	2	
43	2	1	1	1	1	
44						
45-49岁						
45						
46						
47						
48						
49						

单位：人

二孩			三孩及以上		
小计	男	女	小计	男	女
169	**95**	**74**	**5**	**2**	**3**
9	**4**	**5**			
1	1				
1		1			
1		1			
6	3	3			
94	**56**	**38**	**2**	**1**	**1**
13	7	6			
14	7	7	1		1
26	18	8			
23	12	11	1	1	
18	12	6			
62	**33**	**29**	**2**	**1**	**1**
20	14	6	1	1	
18	5	13			
12	7	5			
9	6	3			
3	1	2	1		1
4	**2**	**2**	**1**		**1**
2	2				
1		1			
			1		1
1		1			

6-2a 续表 9

受教育程度 年　龄	合　计	生男孩的 妇女人数	生女孩的 妇女人数	一　孩		
				小计	男	女
博士研究生	**40**	**18**	**22**	**22**	**9**	**13**
15-19岁						
15						
16						
17						
18						
19						
20-24岁						
20						
21						
22						
23						
24						
25-29岁	**8**	**3**	**5**	**7**	**3**	**4**
25						
26						
27	1	1		1	1	
28	2	1	1	2	1	1
29	5	1	4	4	1	3
30-34岁	**15**	**8**	**7**	**9**	**4**	**5**
30	2	1	1	2	1	1
31	4	2	2	3	2	1
32	2	1	1			
33	4	1	3	3		3
34	3	3		1	1	
35-39岁	**15**	**6**	**9**	**5**	**2**	**3**
35	7	3	4	3	2	1
36						
37	6	2	4	2		2
38						
39	2	1	1			
40-44岁	**2**	**1**	**1**	**1**		**1**
40	1	1				
41						
42	1		1	1		1
43						
44						
45-49岁						
45						
46						
47						
48						
49						

单位：人

二孩			三孩及以上		
小计	男	女	小计	男	女
18	**9**	**9**			
1		**1**			
1		1			
6	**4**	**2**			
1		1			
2	1	1			
1	1				
2	2				
10	**4**	**6**			
4	1	3			
4	2	2			
2	1	1			
1	**1**				
1	1				

6-2b 全省按年龄、受教育程度、生育孩次

受教育程度 年　　龄	合　计	生男孩的妇女人数	生女孩的妇女人数	一　孩 小计	一　孩 男	一　孩 女
总　计	**10980**	**6109**	**4871**	**4213**	**2270**	**1943**
15-19岁	**125**	**63**	**62**	**105**	**52**	**53**
15	1	1		1	1	
16	11	9	2	9	7	2
17	15	6	9	13	5	8
18	45	22	23	38	19	19
19	53	25	28	44	20	24
20-24岁	**1270**	**695**	**575**	**828**	**452**	**376**
20	113	61	52	83	46	37
21	161	88	73	121	65	56
22	265	155	110	166	103	63
23	311	169	142	208	113	95
24	420	222	198	250	125	125
25-29岁	**4009**	**2220**	**1789**	**1946**	**1027**	**919**
25	632	338	294	364	182	182
26	676	371	305	373	193	180
27	808	447	361	419	224	195
28	826	463	363	359	197	162
29	1067	601	466	431	231	200
30-34岁	**3865**	**2182**	**1683**	**1059**	**572**	**487**
30	1097	613	484	374	204	170
31	901	503	398	276	155	121
32	744	433	311	185	99	86
33	634	351	283	121	57	64
34	489	282	207	103	57	46
35-39岁	**1318**	**740**	**578**	**207**	**125**	**82**
35	394	225	169	58	36	22
36	321	190	131	57	37	20
37	271	142	129	47	23	24
38	195	101	94	24	16	8
39	137	82	55	21	13	8
40-44岁	**317**	**171**	**146**	**45**	**26**	**19**
40	80	42	38	11	8	3
41	89	50	39	11	6	5
42	61	33	28	11	7	4
43	46	27	19	4	2	2
44	41	19	22	8	3	5
45-49岁	**76**	**38**	**38**	**23**	**16**	**7**
45	16	9	7	7	5	2
46	13	6	7	5	3	2
47	18	7	11	4	2	2
48	16	9	7	4	4	
49	13	7	6	3	2	1

分的育龄妇女人数(2019.11.1—2020.10.31)(镇)

单位：人

二孩			三孩及以上		
小计	男	女	小计	男	女
5286	**2891**	**2395**	**1481**	**948**	**533**
20	**11**	**9**			
2	2				
2	1	1			
7	3	4			
9	5	4			
401	**218**	**183**	**41**	**25**	**16**
28	13	15	2	2	
37	21	16	3	2	1
87	44	43	12	8	4
98	53	45	5	3	2
151	87	64	19	10	9
1679	**952**	**727**	**384**	**241**	**143**
226	129	97	42	27	15
247	144	103	56	34	22
318	173	145	71	50	21
377	212	165	90	54	36
511	294	217	125	76	49
2139	**1181**	**958**	**667**	**429**	**238**
575	316	259	148	93	55
479	256	223	146	92	54
427	246	181	132	88	44
383	211	172	130	83	47
275	152	123	111	73	38
790	**404**	**386**	**321**	**211**	**110**
230	114	116	106	75	31
202	111	91	62	42	20
154	76	78	70	43	27
121	56	65	50	29	21
83	47	36	33	22	11
216	**110**	**106**	**56**	**35**	**21**
55	25	30	14	9	5
58	29	29	20	15	5
41	20	21	9	6	3
33	22	11	9	3	6
29	14	15	4	2	2
41	**15**	**26**	**12**	**7**	**5**
8	3	5	1	1	
5	1	4	3	2	1
9	2	7	5	3	2
11	4	7	1	1	
8	5	3	2		2

6-2b 续表 1

受教育程度 年龄	合计	生男孩的妇女人数	生女孩的妇女人数	一孩		
				小计	男	女
未上过学	**8**	**7**	**1**	**1**	**1**	
15-19岁						
15						
16						
17						
18						
19						
20-24岁	**2**	**2**		**1**	**1**	
20	1	1				
21	1	1		1	1	
22						
23						
24						
25-29岁	**2**	**2**				
25	1	1				
26						
27	1	1				
28						
29						
30-34岁						
30						
31						
32						
33						
34						
35-39岁	**2**	**1**	**1**			
35	1		1			
36						
37						
38	1	1				
39						
40-44岁	**2**	**2**				
40	1	1				
41	1	1				
42						
43						
44						
45-49岁						
45						
46						
47						
48						
49						

单位：人

二　孩			三孩及以上		
小计	男	女	小计	男	女
4	**3**	**1**	**3**	**3**	
1	**1**				
1	1				
1	**1**		**1**	**1**	
			1	1	
1	1				
1		**1**	**1**	**1**	
1		1			
			1	1	
1	**1**		**1**	**1**	
1	1				
			1	1	

6-2b 续表 2

受教育程度 年 龄	合 计	生男孩的 妇女人数	生女孩的 妇女人数	一 孩		
				小计	男	女
学前教育	**1**	**1**		**1**	**1**	
15-19岁						
15						
16						
17						
18						
19						
20-24岁						
20						
21						
22						
23						
24						
25-29岁						
25						
26						
27						
28						
29						
30-34岁						
30						
31						
32						
33						
34						
35-39岁						
35						
36						
37						
38						
39						
40-44岁	**1**	**1**		**1**	**1**	
40						
41						
42	1	1		1	1	
43						
44						
45-49岁						
45						
46						
47						
48						
49						

单位：人

二孩			三孩及以上		
小计	男	女	小计	男	女

6-2b 续表 3

受教育程度 年　　龄	合　计	生男孩的 妇女人数	生女孩的 妇女人数	一　　孩		
				小计	男	女
小　学	**353**	**186**	**167**	**83**	**44**	**39**
15-19岁	**4**	**3**	**1**	**3**	**2**	**1**
15						
16	1		1	1		1
17	1	1		1	1	
18	1	1				
19	1	1		1	1	
20-24岁	**28**	**13**	**15**	**15**	**7**	**8**
20	4	2	2	2	1	1
21	4	3	1	3	2	1
22	7	3	4	3	2	1
23	6	2	4	3	1	2
24	7	3	4	4	1	3
25-29岁	**61**	**35**	**26**	**27**	**15**	**12**
25	10	5	5	6	5	1
26	11	7	4	5	3	2
27	15	9	6	6	4	2
28	12	5	7	5		5
29	13	9	4	5	3	2
30-34岁	**107**	**50**	**57**	**19**	**6**	**13**
30	28	13	15	4		4
31	16	11	5	2	2	
32	22	10	12	4	2	2
33	26	10	16	5		5
34	15	6	9	4	2	2
35-39岁	**75**	**43**	**32**	**7**	**5**	**2**
35	17	10	7	1	1	
36	16	13	3	1	1	
37	18	7	11	2	2	
38	11	4	7	2	1	1
39	13	9	4	1		1
40-44岁	**48**	**28**	**20**	**5**	**5**	
40	13	10	3	2	2	
41	9	5	4			
42	10	3	7	1	1	
43	8	4	4	1	1	
44	8	6	2	1	1	
45-49岁	**30**	**14**	**16**	**7**	**4**	**3**
45	5	2	3	1		1
46	6	3	3	2	1	1
47	7	4	3	2	1	1
48	5	1	4	1	1	
49	7	4	3	1	1	

单位：人

二孩			三孩及以上		
小计	男	女	小计	男	女
167	**88**	**79**	**103**	**54**	**49**
1	**1**				
1	1				
12	**5**	**7**	**1**	**1**	
2	1	1			
			1	1	
4	1	3			
3	1	2			
3	2	1			
17	**12**	**5**	**17**	**8**	**9**
2		2	2		2
3	3		3	1	2
6	4	2	3	1	2
3	2	1	4	3	1
3	3		5	3	2
53	**25**	**28**	**35**	**19**	**16**
17	9	8	7	4	3
9	5	4	5	4	1
10	5	5	8	3	5
13	4	9	8	6	2
4	2	2	7	2	5
39	**22**	**17**	**29**	**16**	**13**
9	5	4	7	4	3
10	7	3	5	5	
8	2	6	8	3	5
4	2	2	5	1	4
8	6	2	4	3	1
28	**16**	**12**	**15**	**7**	**8**
6	4	2	5	4	1
5	4	1	4	1	3
7	1	6	2	1	1
4	3	1	3		3
6	4	2	1	1	
17	**7**	**10**	**6**	**3**	**3**
4	2	2			
1		1	3	2	1
4	2	2	1	1	
4		4			
4	3	1	2		2

6－2b　续表 4

受教育程度 年　　龄	合　计	生男孩的 妇女人数	生女孩的 妇女人数	一　孩		
				小计	男	女
初　中	**4657**	**2602**	**2055**	**1390**	**752**	**638**
15－19岁	**83**	**42**	**41**	**67**	**33**	**34**
15	1	1		1	1	
16	8	8		6	6	
17	10	4	6	9	3	6
18	31	13	18	27	12	15
19	33	16	17	24	11	13
20－24岁	**620**	**339**	**281**	**351**	**187**	**164**
20	63	30	33	44	21	23
21	90	50	40	57	30	27
22	145	83	62	80	52	28
23	146	74	72	87	42	45
24	176	102	74	83	42	41
25－29岁	**1475**	**798**	**677**	**506**	**269**	**237**
25	249	136	113	114	61	53
26	234	121	113	102	48	54
27	300	161	139	105	54	51
28	288	152	136	76	42	34
29	404	228	176	109	64	45
30－34岁	**1621**	**948**	**673**	**339**	**187**	**152**
30	432	263	169	104	64	40
31	372	206	166	84	45	39
32	317	191	126	70	36	34
33	276	156	120	44	20	24
34	224	132	92	37	22	15
35－39岁	**683**	**382**	**301**	**98**	**58**	**40**
35	192	101	91	24	13	11
36	167	97	70	34	21	13
37	155	84	71	21	10	11
38	101	57	44	12	10	2
39	68	43	25	7	4	3
40－44岁	**142**	**76**	**66**	**18**	**8**	**10**
40	43	22	21	3	2	1
41	34	21	13	5	3	2
42	26	15	11	5	2	3
43	25	14	11	3	1	2
44	14	4	10	2		2
45－49岁	**33**	**17**	**16**	**11**	**10**	**1**
45	6	4	2	3	3	
46	5	2	3	2	2	
47	9	3	6	1	1	
48	7	5	2	3	3	
49	6	3	3	2	1	1

单位：人

二孩			三孩及以上		
小计	男	女	小计	男	女
2297	**1229**	**1068**	**970**	**621**	**349**
16	**9**	**7**			
2	2				
1	1				
4	1	3			
9	5	4			
236	**130**	**106**	**33**	**22**	**11**
17	7	10	2	2	
31	19	12	2	1	1
54	23	31	11	8	3
55	29	26	4	3	1
79	52	27	14	8	6
727	**382**	**345**	**242**	**147**	**95**
106	56	50	29	19	10
100	54	46	32	19	13
153	77	76	42	30	12
157	83	74	55	27	28
211	112	99	84	52	32
839	**472**	**367**	**443**	**289**	**154**
227	129	98	101	70	31
193	101	92	95	60	35
158	94	64	89	61	28
150	89	61	82	47	35
111	59	52	76	51	25
373	**186**	**187**	**212**	**138**	**74**
103	44	59	65	44	21
95	51	44	38	25	13
84	43	41	50	31	19
53	25	28	36	22	14
38	23	15	23	16	7
89	**46**	**43**	**35**	**22**	**13**
31	15	16	9	5	4
17	8	9	12	10	2
15	9	6	6	4	2
16	10	6	6	3	3
10	4	6	2		2
17	**4**	**13**	**5**	**3**	**2**
2		2	1	1	
3		3			
4		4	4	2	2
4	2	2			
4	2	2			

6–2b　续表 5

受教育程度 年　龄	合　计	生男孩的 妇女人数	生女孩的 妇女人数	一　孩		
				小计	男	女
高　中	**2379**	**1324**	**1055**	**978**	**533**	**445**
15–19岁	**30**	**15**	**15**	**27**	**14**	**13**
15						
16	2	1	1	2	1	1
17	4	1	3	3	1	2
18	12	7	5	10	6	4
19	12	6	6	12	6	6
20–24岁	**366**	**205**	**161**	**254**	**148**	**106**
20	36	21	15	30	18	12
21	43	20	23	38	19	19
22	74	50	24	53	36	17
23	87	49	38	56	33	23
24	126	65	61	77	42	35
25–29岁	**959**	**537**	**422**	**443**	**229**	**214**
25	177	88	89	101	44	57
26	177	103	74	89	50	39
27	193	109	84	96	52	44
28	201	115	86	83	44	39
29	211	122	89	74	39	35
30–34岁	**753**	**415**	**338**	**200**	**110**	**90**
30	235	114	121	67	32	35
31	168	101	67	59	39	20
32	134	77	57	32	18	14
33	116	64	52	18	9	9
34	100	59	41	24	12	12
35–39岁	**224**	**128**	**96**	**42**	**26**	**16**
35	73	49	24	12	9	3
36	49	32	17	8	7	1
37	43	21	22	13	6	7
38	35	16	19	5	2	3
39	24	10	14	4	2	2
40–44岁	**40**	**19**	**21**	**8**	**4**	**4**
40	7	1	6	1		1
41	18	11	7	4	3	1
42	6	4	2	1	1	
43	4	2	2			
44	5	1	4	2		2
45–49岁	**7**	**5**	**2**	**4**	**2**	**2**
45	4	3	1	3	2	1
46						
47	1		1	1		1
48	2	2				
49						

单位：人

二孩			三孩及以上		
小计	男	女	小计	男	女
1138	**615**	**523**	**263**	**176**	**87**
3	**1**	**2**			
1		1			
2	1	1			
107	**56**	**51**	**5**	**1**	**4**
6	3	3			
5	1	4			
21	14	7			
30	16	14	1		1
45	22	23	4	1	3
430	**247**	**183**	**86**	**61**	**25**
70	39	31	6	5	1
72	43	29	16	10	6
80	43	37	17	14	3
93	52	41	25	19	6
115	70	45	22	13	9
437	**232**	**205**	**116**	**73**	**43**
139	69	70	29	13	16
84	46	38	25	16	9
80	45	35	22	14	8
74	38	36	24	17	7
60	34	26	16	13	3
129	**64**	**65**	**53**	**38**	**15**
35	20	15	26	20	6
30	18	12	11	7	4
23	10	13	7	5	2
24	10	14	6	4	2
17	6	11	3	2	1
30	**13**	**17**	**2**	**2**	
6	1	5			
13	7	6	1	1	
4	2	2	1	1	
4	2	2			
3	1	2			
2	**2**		**1**	**1**	
1	1				
1	1		1	1	

6-2b 续表 6

受教育程度 年龄	合计	生男孩的妇女人数	生女孩的妇女人数	一孩 小计	一孩 男	一孩 女
大学专科	**1964**	**1091**	**873**	**923**	**490**	**433**
15-19岁	**7**	**2**	**5**	**7**	**2**	**5**
15						
16						
17						
18	1	1		1	1	
19	6	1	5	6	1	5
20-24岁	**196**	**109**	**87**	**155**	**85**	**70**
20	9	7	2	7	6	1
21	19	12	7	18	11	7
22	34	17	17	26	11	15
23	53	31	22	44	25	19
24	81	42	39	60	32	28
25-29岁	**835**	**474**	**361**	**475**	**245**	**230**
25	135	74	61	95	47	48
26	146	76	70	88	41	47
27	165	94	71	105	57	48
28	173	106	67	89	52	37
29	216	124	92	98	48	50
30-34岁	**714**	**392**	**322**	**250**	**138**	**112**
30	222	128	94	98	60	38
31	190	91	99	72	33	39
32	131	80	51	41	26	15
33	100	52	48	22	11	11
34	71	41	30	17	8	9
35-39岁	**169**	**90**	**79**	**27**	**14**	**13**
35	61	37	24	11	7	4
36	40	16	24	3		3
37	29	14	15	7	2	5
38	24	14	10	1	1	
39	15	9	6	5	4	1
40-44岁	**40**	**23**	**17**	**9**	**6**	**3**
40	8	5	3	3	3	
41	15	6	9	2		2
42	11	7	4	3	2	1
43	2	2				
44	4	3	1	1	1	
45-49岁	**3**	**1**	**2**			
45	1		1			
46						
47	1		1			
48	1	1				
49						

单位：人

二孩			三孩及以上		
小计	男	女	小计	男	女
945	**539**	**406**	**96**	**62**	**34**
39	**23**	**16**	**2**	**1**	**1**
2	1	1			
1	1				
7	6	1	1		1
9	6	3			
20	9	11	1	1	
331	**212**	**119**	**29**	**17**	**12**
36	25	11	4	2	2
55	33	22	3	2	1
51	32	19	9	5	4
81	51	30	3	3	
108	71	37	10	5	5
417	**222**	**195**	**47**	**32**	**15**
114	62	52	10	6	4
103	50	53	15	8	7
84	48	36	6	6	
70	34	36	8	7	1
46	28	18	8	5	3
125	**65**	**60**	**17**	**11**	**6**
45	25	20	5	5	
30	12	18	7	4	3
20	11	9	2	1	1
22	12	10	1	1	
8	5	3	2		2
30	**16**	**14**	**1**	**1**	
5	2	3			
12	5	7	1	1	
8	5	3			
2	2				
3	2	1			
3	**1**	**2**			
1		1			
1		1			
1	1				

6-2b 续表 7

受教育程度 年　　龄	合　计	生男孩的 妇女人数	生女孩的 妇女人数	一　孩		
				小计	男	女
大学本科	**1559**	**861**	**698**	**797**	**427**	**370**
15-19岁	**1**	**1**		**1**	**1**	
15						
16						
17						
18						
19	1	1		1	1	
20-24岁	**58**	**27**	**31**	**52**	**24**	**28**
20						
21	4	2	2	4	2	2
22	5	2	3	4	2	2
23	19	13	6	18	12	6
24	30	10	20	26	8	18
25-29岁	**654**	**363**	**291**	**475**	**260**	**215**
25	57	33	24	45	24	21
26	104	64	40	86	51	35
27	130	69	61	104	54	50
28	151	84	67	105	58	47
29	212	113	99	135	73	62
30-34岁	**644**	**359**	**285**	**236**	**121**	**115**
30	172	87	85	94	41	53
31	146	89	57	53	33	20
32	138	74	64	38	17	21
33	111	65	46	32	17	15
34	77	44	33	19	13	6
35-39岁	**156**	**89**	**67**	**29**	**20**	**9**
35	46	25	21	8	5	3
36	45	29	16	10	8	2
37	25	15	10	3	2	1
38	23	9	14	4	2	2
39	17	11	6	4	3	1
40-44岁	**43**	**21**	**22**	**3**	**1**	**2**
40	7	2	5	1		1
41	12	6	6			
42	7	3	4			
43	7	5	2			
44	10	5	5	2	1	1
45-49岁	**3**	**1**	**2**	**1**		**1**
45						
46	2	1	1	1		1
47						
48	1		1			
49						

单位：人

二孩			三孩及以上		
小计	男	女	小计	男	女
717	**403**	**314**	**45**	**31**	**14**
6	**3**	**3**			
1		1			
1	1				
4	2	2			
171	**97**	**74**	**8**	**6**	**2**
12	9	3			
16	11	5	2	2	
26	15	11			
43	24	19	3	2	1
74	38	36	3	2	1
382	**222**	**160**	**26**	**16**	**10**
77	46	31	1		1
87	52	35	6	4	2
93	53	40	7	4	3
71	42	29	8	6	2
54	29	25	4	2	2
118	**62**	**56**	**9**	**7**	**2**
35	18	17	3	2	1
34	20	14	1	1	
19	10	9	3	3	
18	7	11	1		1
12	7	5	1	1	
38	**18**	**20**	**2**	**2**	
6	2	4			
11	5	6	1	1	
7	3	4			
7	5	2			
7	3	4	1	1	
2	**1**	**1**			
1	1				
1		1			

6-2b 续表 8

受教育程度 年 龄	合 计	生男孩的妇女人数	生女孩的妇女人数	一 孩		
				小计	男	女
硕士研究生	**56**	**36**	**20**	**37**	**21**	**16**
15-19岁						
15						
16						
17						
18						
19						
20-24岁						
20						
21						
22						
23						
24						
25-29岁	**22**	**11**	**11**	**19**	**9**	**10**
25	2	1	1	2	1	1
26	4		4	3		3
27	4	4		3	3	
28	1	1		1	1	
29	11	5	6	10	4	6
30-34岁	**25**	**18**	**7**	**14**	**10**	**4**
30	8	8		7	7	
31	8	5	3	5	3	2
32	2	1	1			
33	5	4	1			
34	2		2	2		2
35-39岁	**8**	**6**	**2**	**3**	**1**	**2**
35	3	2	1	1		1
36	4	3	1	1		1
37	1	1		1	1	
38						
39						
40-44岁	**1**	**1**		**1**	**1**	
40	1	1		1	1	
41						
42						
43						
44						
45-49岁						
45						
46						
47						
48						
49						

单位：人

二孩			三孩及以上		
小计	男	女	小计	男	女
18	**14**	**4**	**1**	**1**	
2	**1**	**1**	**1**	**1**	
1		1			
1	1				
			1	1	
11	**8**	**3**			
1	1				
3	2	1			
2	1	1			
5	4	1			
5	**5**				
2	2				
3	3				

6-2b 续表 9

受教育程度 年龄	合计	生男孩的妇女人数	生女孩的妇女人数	一孩 小计	一孩 男	一孩 女
博士研究生	**3**	**1**	**2**	**3**	**1**	**2**
15-19岁						
15						
16						
17						
18						
19						
20-24岁						
20						
21						
22						
23						
24						
25-29岁	**1**		**1**	**1**		**1**
25	1		1	1		1
26						
27						
28						
29						
30-34岁	**1**		**1**	**1**		**1**
30						
31	1		1	1		1
32						
33						
34						
35-39岁	**1**	**1**		**1**	**1**	
35	1	1		1	1	
36						
37						
38						
39						
40-44岁						
40						
41						
42						
43						
44						
45-49岁						
45						
46						
47						
48						
49						

单位：人

二孩			三孩及以上		
小计	男	女	小计	男	女

6-2c 全省按年龄、受教育程度、生育孩次

受教育程度 年龄	合计	生男孩的妇女人数	生女孩的妇女人数	一孩		
				小计	男	女
总计	**9666**	**5300**	**4366**	**3690**	**1956**	**1734**
15–19岁	**153**	**88**	**65**	**124**	**71**	**53**
15	3	3		3	3	
16	8	4	4	7	4	3
17	29	15	14	23	10	13
18	40	20	20	34	18	16
19	73	46	27	57	36	21
20–24岁	**1310**	**663**	**647**	**872**	**430**	**442**
20	126	65	61	99	52	47
21	189	103	86	126	66	60
22	232	119	113	159	82	77
23	319	156	163	219	98	121
24	444	220	224	269	132	137
25–29岁	**3625**	**1987**	**1638**	**1606**	**867**	**739**
25	615	333	282	331	177	154
26	634	358	276	314	181	133
27	756	396	360	347	178	169
28	781	434	347	324	173	151
29	839	466	373	290	158	132
30–34岁	**3216**	**1780**	**1436**	**827**	**425**	**402**
30	954	531	423	299	145	154
31	779	422	357	208	114	94
32	579	322	257	132	66	66
33	532	299	233	106	60	46
34	372	206	166	82	40	42
35–39岁	**1036**	**604**	**432**	**202**	**118**	**84**
35	290	171	119	56	33	23
36	269	150	119	47	22	25
37	183	116	67	40	27	13
38	189	106	83	41	27	14
39	105	61	44	18	9	9
40–44岁	**230**	**122**	**108**	**39**	**26**	**13**
40	67	34	33	13	9	4
41	57	29	28	6	2	4
42	47	24	23	9	8	1
43	30	20	10	5	4	1
44	29	15	14	6	3	3
45–49岁	**96**	**56**	**40**	**20**	**19**	**1**
45	26	13	13	4	4	
46	24	13	11	6	6	
47	9	4	5	1		1
48	18	13	5	5	5	
49	19	13	6	4	4	

分的育龄妇女人数(2019.11.1—2020.10.31)(乡村)

单位：人

二孩			三孩及以上		
小计	男	女	小计	男	女
4447	**2407**	**2040**	**1529**	**937**	**592**
27	**16**	**11**	**2**	**1**	**1**
1		1			
6	5	1			
5	1	4	1	1	
15	10	5	1		1
381	**202**	**179**	**57**	**31**	**26**
27	13	14			
57	33	24	6	4	2
61	33	28	12	4	8
92	51	41	8	7	1
144	72	72	31	16	15
1632	**889**	**743**	**387**	**231**	**156**
233	122	111	51	34	17
275	148	127	45	29	16
332	178	154	77	40	37
364	208	156	93	53	40
428	233	195	121	75	46
1713	**925**	**788**	**676**	**430**	**246**
500	289	211	155	97	58
420	221	199	151	87	64
319	171	148	128	85	43
285	148	137	141	91	50
189	96	93	101	70	31
516	**293**	**223**	**318**	**193**	**125**
156	89	67	78	49	29
128	72	56	94	56	38
87	49	38	56	40	16
92	50	42	56	29	27
53	33	20	34	19	15
123	**54**	**69**	**68**	**42**	**26**
33	13	20	21	12	9
29	12	17	22	15	7
26	11	15	12	5	7
16	9	7	9	7	2
19	9	10	4	3	1
55	**28**	**27**	**21**	**9**	**12**
16	8	8	6	1	5
12	5	7	6	2	4
7	3	4	1	1	
11	6	5	2	2	
9	6	3	6	3	3

6-2c 续表 1

受教育程度 年 龄	合 计	生男孩的 妇女人数	生女孩的 妇女人数	一 孩		
				小计	男	女
未上过学	**21**	**13**	**8**	**4**	**3**	**1**
15-19岁						
15						
16						
17						
18						
19						
20-24岁	**2**	**1**	**1**	**2**	**1**	**1**
20						
21						
22						
23	1		1	1		1
24	1	1		1	1	
25-29岁	**5**	**3**	**2**	**1**	**1**	
25	2	1	1	1	1	
26						
27	1	1				
28	2	1	1			
29						
30-34岁	**5**	**4**	**1**	**1**	**1**	
30	3	3		1	1	
31						
32	1	1				
33	1		1			
34						
35-39岁	**2**		**2**			
35						
36						
37	1		1			
38	1		1			
39						
40-44岁	**3**	**2**	**1**			
40	1		1			
41	2	2				
42						
43						
44						
45-49岁	**4**	**3**	**1**			
45	1		1			
46						
47						
48	1	1				
49	2	2				

单位：人

二孩			三孩及以上		
小计	男	女	小计	男	女
8	**4**	**4**	**9**	**6**	**3**
3	**1**	**2**	**1**	**1**	
1		1			
			1	1	
2	1	1			
1		**1**	**3**	**3**	
			2	2	
			1	1	
1		1			
1		**1**	**1**		**1**
1		1			
			1		1
1	**1**		**2**	**1**	**1**
			1		1
1	1		1	1	
2	**2**		**2**	**1**	**1**
			1		1
1	1				
1	1		1	1	

6-2c 续表 2

受教育程度 年龄	合计	生男孩的妇女人数	生女孩的妇女人数	一孩 小计	一孩 男	一孩 女
学前教育	**1**	**1**		**1**	**1**	
15-19岁						
15						
16						
17						
18						
19						
20-24岁	**1**	**1**		**1**	**1**	
20						
21						
22	1	1		1	1	
23						
24						
25-29岁						
25						
26						
27						
28						
29						
30-34岁						
30						
31						
32						
33						
34						
35-39岁						
35						
36						
37						
38						
39						
40-44岁						
40						
41						
42						
43						
44						
45-49岁						
45						
46						
47						
48						
49						

单位：人

二　孩			三孩及以上		
小计	男	女	小计	男	女

6-2c 续表 3

受教育程度 年 龄	合 计	生男孩的 妇女人数	生女孩的 妇女人数	一 孩		
				小计	男	女
小 学	**548**	**312**	**236**	**112**	**68**	**44**
15-19岁	**5**	**4**	**1**	**4**	**4**	
15	2	2		2	2	
16						
17						
18	2	1	1	1	1	
19	1	1		1	1	
20-24岁	**35**	**19**	**16**	**21**	**11**	**10**
20	6	3	3	6	3	3
21	5	3	2	1	1	
22	5	2	3	3	1	2
23	10	7	3	7	5	2
24	9	4	5	4	1	3
25-29岁	**96**	**48**	**48**	**26**	**13**	**13**
25	17	10	7	6	4	2
26	10	4	6	4	2	2
27	17	7	10	3		3
28	14	4	10	7	2	5
29	38	23	15	6	5	1
30-34岁	**172**	**100**	**72**	**35**	**23**	**12**
30	36	18	18	14	8	6
31	41	22	19	6	3	3
32	35	19	16	5	2	3
33	32	19	13	4	4	
34	28	22	6	6	6	
35-39岁	**117**	**67**	**50**	**12**	**6**	**6**
35	18	11	7	2		2
36	24	17	7	3	2	1
37	28	18	10	5	2	3
38	27	12	15	2	2	
39	20	9	11			
40-44岁	**74**	**44**	**30**	**5**	**2**	**3**
40	23	14	9	3	2	1
41	18	14	4	1		1
42	12	4	8	1		1
43	13	8	5			
44	8	4	4			
45-49岁	**49**	**30**	**19**	**9**	**9**	
45	13	7	6	2	2	
46	10	6	4	2	2	
47	5	3	2			
48	10	6	4	2	2	
49	11	8	3	3	3	

单位：人

二孩			三孩及以上		
小计	男	女	小计	男	女
253	**141**	**112**	**183**	**103**	**80**
1		**1**			
1		1			
7	**3**	**4**	**7**	**5**	**2**
3	1	2	1	1	
2	1	1			
1	1		2	1	1
1		1	4	3	1
45	**26**	**19**	**25**	**9**	**16**
9	4	5	2	2	
4	2	2	2		2
11	6	5	3	1	2
4	1	3	3	1	2
17	13	4	15	5	10
82	**45**	**37**	**55**	**32**	**23**
12	5	7	10	5	5
23	14	9	12	5	7
19	11	8	11	6	5
16	7	9	12	8	4
12	8	4	10	8	2
54	**33**	**21**	**51**	**28**	**23**
10	6	4	6	5	1
10	7	3	11	8	3
15	10	5	8	6	2
10	5	5	15	5	10
9	5	4	11	4	7
35	**19**	**16**	**34**	**23**	**11**
8	4	4	12	8	4
6	5	1	11	9	2
7	3	4	4	1	3
8	4	4	5	4	1
6	3	3	2	1	1
29	**15**	**14**	**11**	**6**	**5**
10	5	5	1		1
4	2	2	4	2	2
4	2	2	1	1	
7	3	4	1	1	
4	3	1	4	2	2

6-2c 续表 4

受教育程度 年龄	合计	生男孩的妇女人数	生女孩的妇女人数	一孩 小计	一孩 男	一孩 女
初 中	**5204**	**2880**	**2324**	**1694**	**887**	**807**
15-19岁	**110**	**63**	**47**	**86**	**48**	**38**
15	1	1		1	1	
16	6	3	3	5	3	2
17	25	13	12	19	8	11
18	27	15	12	23	13	10
19	51	31	20	38	23	15
20-24岁	**747**	**378**	**369**	**451**	**214**	**237**
20	87	40	47	65	31	34
21	114	62	52	72	37	35
22	134	72	62	83	45	38
23	181	84	97	118	45	73
24	231	120	111	113	56	57
25-29岁	**1769**	**973**	**796**	**625**	**325**	**300**
25	320	167	153	142	66	76
26	331	187	144	139	80	59
27	355	188	167	124	62	62
28	368	211	157	115	61	54
29	395	220	175	105	56	49
30-34岁	**1752**	**984**	**768**	**366**	**193**	**173**
30	470	258	212	121	59	62
31	418	238	180	94	59	35
32	329	191	138	64	29	35
33	314	179	135	46	27	19
34	221	118	103	41	19	22
35-39岁	**666**	**403**	**263**	**129**	**79**	**50**
35	183	113	70	33	21	12
36	187	107	80	27	12	15
37	117	74	43	28	20	8
38	113	69	44	27	19	8
39	66	40	26	14	7	7
40-44岁	**119**	**58**	**61**	**27**	**19**	**8**
40	35	17	18	9	6	3
41	28	8	20	3	1	2
42	28	16	12	7	7	
43	14	10	4	4	4	
44	14	7	7	4	1	3
45-49岁	**41**	**21**	**20**	**10**	**9**	**1**
45	10	4	6	1	1	
46	14	7	7	4	4	
47	4	1	3	1		1
48	7	6	1	3	3	
49	6	3	3	1	1	

单位：人

二孩			三孩及以上		
小计	男	女	小计	男	女
2475	**1350**	**1125**	**1035**	**643**	**392**
22	**14**	**8**	**2**	**1**	**1**
1		1			
6	5	1			
3	1	2	1	1	
12	8	4	1		1
254	**141**	**113**	**42**	**23**	**19**
22	9	13			
39	23	16	3	2	1
42	24	18	9	3	6
58	34	24	5	5	
93	51	42	25	13	12
877	**478**	**399**	**267**	**170**	**97**
144	77	67	34	24	10
162	86	76	30	21	9
172	93	79	59	33	26
190	111	79	63	39	24
209	111	98	81	53	28
909	**490**	**419**	**477**	**301**	**176**
246	137	109	103	62	41
213	114	99	111	65	46
175	100	75	90	62	28
163	85	78	105	67	38
112	54	58	68	45	23
324	**191**	**133**	**213**	**133**	**80**
94	56	38	56	36	20
90	53	37	70	42	28
53	31	22	36	23	13
54	30	24	32	20	12
33	21	12	19	12	7
66	**26**	**40**	**26**	**13**	**13**
19	8	11	7	3	4
18	4	14	7	3	4
14	6	8	7	3	4
7	4	3	3	2	1
8	4	4	2	2	
23	**10**	**13**	**8**	**2**	**6**
5	2	3	4	1	3
8	3	5	2		2
3	1	2			
3	2	1	1	1	
4	2	2	1		1

6－2c 续表 5

受教育程度 年　　龄	合　计	生男孩的 妇女人数	生女孩的 妇女人数	一　　孩		
				小计	男	女
高　中	**1965**	**1085**	**880**	**811**	**434**	**377**
15－19岁	**31**	**18**	**13**	**28**	**17**	**11**
15						
16	2	1	1	2	1	1
17	4	2	2	4	2	2
18	10	4	6	9	4	5
19	15	11	4	13	10	3
20－24岁	**304**	**148**	**156**	**209**	**104**	**105**
20	24	16	8	20	13	7
21	45	24	21	31	17	14
22	55	27	28	41	20	21
23	81	37	44	52	25	27
24	99	44	55	65	29	36
25－29岁	**827**	**475**	**352**	**360**	**205**	**155**
25	157	90	67	86	50	36
26	136	78	58	58	30	28
27	171	95	76	80	48	32
28	170	94	76	68	35	33
29	193	118	75	68	42	26
30－34岁	**637**	**352**	**285**	**175**	**86**	**89**
30	222	128	94	67	30	37
31	156	83	73	38	17	21
32	96	48	48	26	16	10
33	96	51	45	26	13	13
34	67	42	25	18	10	8
35－39岁	**142**	**77**	**65**	**33**	**18**	**15**
35	41	21	20	9	6	3
36	40	19	21	13	5	8
37	22	15	7	5	3	2
38	27	13	14	3	2	1
39	12	9	3	3	2	1
40－44岁	**22**	**13**	**9**	**5**	**3**	**2**
40	4	2	2			
41	7	4	3	2	1	1
42	5	3	2	1	1	
43	2	1	1	1		1
44	4	3	1	1	1	
45－49岁	**2**	**2**		**1**	**1**	
45	2	2		1	1	
46						
47						
48						
49						

单位：人

二孩			三孩及以上		
小计	男	女	小计	男	女
938	**514**	**424**	**216**	**137**	**79**
3	**1**	**2**			
1		1			
2	1	1			
91	**43**	**48**	**4**	**1**	**3**
4	3	1			
13	7	6	1		1
12	6	6	2	1	1
29	12	17			
33	15	18	1		1
396	**228**	**168**	**71**	**42**	**29**
57	33	24	14	7	7
68	42	26	10	6	4
82	42	40	9	5	4
83	50	33	19	9	10
106	61	45	19	15	4
363	**196**	**167**	**99**	**70**	**29**
127	77	50	28	21	7
97	52	45	21	14	7
56	23	33	14	9	5
51	27	24	19	11	8
32	17	15	17	15	2
71	**38**	**33**	**38**	**21**	**17**
21	10	11	11	5	6
17	9	8	10	5	5
10	6	4	7	6	1
18	9	9	6	2	4
5	4	1	4	3	1
13	**7**	**6**	**4**	**3**	**1**
3	1	2	1	1	
3	2	1	2	1	1
3	1	2	1	1	
1	1				
3	2	1			
1	**1**				
1	1				

6-2c 续表 6

受教育程度 年　龄	合　计	生男孩的妇女人数	生女孩的妇女人数	一　孩		
				小计	男	女
大学专科	**1239**	**664**	**575**	**648**	**351**	**297**
15-19岁	**7**	**3**	**4**	**6**	**2**	**4**
15						
16						
17						
18	1		1	1		1
19	6	3	3	5	2	3
20-24岁	**177**	**95**	**82**	**146**	**78**	**68**
20	7	5	2	6	4	2
21	22	12	10	19	9	10
22	32	13	19	26	11	15
23	40	26	14	35	21	14
24	76	39	37	60	33	27
25-29岁	**582**	**309**	**273**	**333**	**190**	**143**
25	87	50	37	67	42	25
26	110	61	49	78	45	33
27	134	68	66	77	40	37
28	126	72	54	58	37	21
29	125	58	67	53	26	27
30-34岁	**395**	**215**	**180**	**150**	**72**	**78**
30	143	80	63	51	25	26
31	102	52	50	43	22	21
32	68	39	29	26	14	12
33	57	32	25	20	8	12
34	25	12	13	10	3	7
35-39岁	**71**	**39**	**32**	**12**	**8**	**4**
35	29	18	11	3	3	
36	15	6	9	3	2	1
37	11	7	4	2	2	
38	12	7	5	4	1	3
39	4	1	3			
40-44岁	**7**	**3**	**4**	**1**	**1**	
40	2		2			
41	1	1				
42	1	1				
43						
44	3	1	2	1	1	
45-49岁						
45						
46						
47						
48						
49						

单位：人

二孩			三孩及以上		
小计	男	女	小计	男	女
522	**275**	**247**	**69**	**38**	**31**
1	**1**				
1	1				
27	**15**	**12**	**4**	**2**	**2**
1	1				
2	2		1	1	
5	2	3	1		1
4	4		1	1	
15	6	9	1		1
229	**111**	**118**	**20**	**8**	**12**
19	7	12	1	1	
31	15	16	1	1	
52	28	24	5		5
60	31	29	8	4	4
67	30	37	5	2	3
214	**125**	**89**	**31**	**18**	**13**
81	49	32	11	6	5
54	28	26	5	2	3
33	20	13	9	5	4
33	20	13	4	4	
13	8	5	2	1	1
46	**22**	**24**	**13**	**9**	**4**
21	12	9	5	3	2
9	3	6	3	1	2
5	1	4	4	4	
7	5	2	1	1	
4	1	3			
5	**1**	**4**	**1**	**1**	
2		2			
			1	1	
1	1				
2		2			

6-2c　续表 7

受教育程度 年　　龄	合　计	生男孩的 妇女人数	生女孩的 妇女人数	一　孩		
				小计	男	女
大学本科	**665**	**335**	**330**	**403**	**204**	**199**
15-19岁						
15						
16						
17						
18						
19						
20-24岁	**44**	**21**	**23**	**42**	**21**	**21**
20	2	1	1	2	1	1
21	3	2	1	3	2	1
22	5	4	1	5	4	1
23	6	2	4	6	2	4
24	28	12	16	26	12	14
25-29岁	**339**	**175**	**164**	**255**	**130**	**125**
25	32	15	17	29	14	15
26	46	28	18	34	24	10
27	77	37	40	62	28	34
28	101	52	49	76	38	38
29	83	43	40	54	26	28
30-34岁	**243**	**121**	**122**	**91**	**46**	**45**
30	75	42	33	40	20	20
31	58	26	32	24	12	12
32	48	24	24	11	5	6
33	31	17	14	9	7	2
34	31	12	19	7	2	5
35-39岁	**35**	**16**	**19**	**14**	**6**	**8**
35	17	6	11	8	2	6
36	3	1	2	1	1	
37	4	2	2			
38	8	5	3	4	3	1
39	3	2	1	1		1
40-44岁	**4**	**2**	**2**	**1**	**1**	
40	1	1		1	1	
41	1		1			
42	1		1			
43	1	1				
44						
45-49岁						
45						
46						
47						
48						
49						

单位：人

二孩			三孩及以上		
小计	男	女	小计	男	女
245	**121**	**124**	**17**	**10**	**7**
2		**2**			
2		2			
81	**44**	**37**	**3**	**1**	**2**
3	1	2			
10	3	7	2	1	1
15	9	6			
25	14	11			
28	17	11	1		1
141	**69**	**72**	**11**	**6**	**5**
34	21	13	1	1	
32	13	19	2	1	1
34	17	17	3	2	1
21	9	12	1	1	
20	9	11	4	1	3
19	**8**	**11**	**2**	**2**	
9	4	5			
2		2			
3	1	2	1	1	
3	1	2	1	1	
2	2				
2		**2**	**1**	**1**	
1		1			
1		1			
			1	1	

6-2c 续表 8

受教育程度 年龄	合计	生男孩的妇女人数	生女孩的妇女人数	一孩 小计	一孩 男	一孩 女
硕士研究生	**20**	**9**	**11**	**15**	**7**	**8**
15-19岁						
15						
16						
17						
18						
19						
20-24岁						
20						
21						
22						
23						
24						
25-29岁	**7**	**4**	**3**	**6**	**3**	**3**
25						
26	1		1	1		1
27	1		1	1		1
28						
29	5	4	1	4	3	1
30-34岁	**9**	**3**	**6**	**7**	**3**	**4**
30	5	2	3	5	2	3
31	1		1	1		1
32	2		2			
33	1	1		1	1	
34						
35-39岁	**3**	**2**	**1**	**2**	**1**	**1**
35	2	2		1	1	
36						
37						
38	1		1	1		1
39						
40-44岁	**1**		**1**			
40	1		1			
41						
42						
43						
44						
45-49岁						
45						
46						
47						
48						
49						

单位：人

二孩			三孩及以上		
小计	男	女	小计	男	女
5	**2**	**3**			
1	**1**				
1	1				
2		2			
2		2			
1	**1**				
1	1				
1		**1**			
1		1			

6-2c 续表 9

受教育程度 年龄	合计	生男孩的妇女人数	生女孩的妇女人数	一孩 小计	一孩 男	一孩 女
博士研究生	**3**	**1**	**2**	**2**	**1**	**1**
15-19岁						
15						
16						
17						
18						
19						
20-24岁						
20						
21						
22						
23						
24						
25-29岁						
25						
26						
27						
28						
29						
30-34岁	**3**	**1**	**2**	**2**	**1**	**1**
30						
31	3	1	2	2	1	1
32						
33						
34						
35-39岁						
35						
36						
37						
38						
39						
40-44岁						
40						
41						
42						
43						
44						
45-49岁						
45						
46						
47						
48						
49						

单位：人

二孩			三孩及以上		
小计	男	女	小计	男	女
1		**1**			
1		**1**			
1		1			

6-3 全省育龄妇女分年龄、孩次的生育状况
(2019.11.1-2020.10.31)

单位：人、‰

年龄	平均育龄妇女人数	出生人数	生育率	第一孩		第二孩		第三孩及以上	
				出生数	生育率	出生数	生育率	出生数	生育率
总计	**960522**	**38001**	**39.56**	**15621**	**16.26**	**17982**	**18.72**	**4398**	**4.58**
15-19岁	**91016**	**544**	**5.98**	**443**	**4.87**	**97**	**1.07**	**4**	**0.04**
15	19648	10	0.51	8	0.41	2	0.10		
16	19594	40	2.04	35	1.79	5	0.26		
17	16527	76	4.60	68	4.11	8	0.48		
18	15866	151	9.52	126	7.94	23	1.45	2	0.13
19	19381	267	13.78	206	10.63	59	3.04	2	0.10
20-24岁	**90380**	**5153**	**57.01**	**3394**	**37.55**	**1547**	**17.12**	**212**	**2.35**
20	18257	460	25.20	348	19.06	104	5.70	8	0.44
21	16998	676	39.77	463	27.24	191	11.24	22	1.29
22	16829	924	54.91	644	38.27	249	14.80	31	1.84
23	17798	1278	71.81	860	48.32	364	20.45	54	3.03
24	20498	1815	88.55	1079	52.64	639	31.17	97	4.73
25-29岁	**133069**	**14390**	**108.14**	**7107**	**53.41**	**6098**	**45.83**	**1185**	**8.91**
25	21727	2162	99.51	1248	57.44	788	36.27	126	5.80
26	22266	2442	109.67	1374	61.71	902	40.51	166	7.46
27	24189	2756	113.94	1449	59.90	1092	45.14	215	8.89
28	28152	3194	113.46	1480	52.57	1417	50.33	297	10.55
29	36735	3836	104.42	1556	42.36	1899	51.69	381	10.37
30-34岁	**182024**	**12508**	**68.72**	**3621**	**19.89**	**6991**	**38.41**	**1896**	**10.42**
30	40834	3511	85.98	1262	30.91	1807	44.25	442	10.82
31	38205	3015	78.92	925	24.21	1670	43.71	420	10.99
32	36781	2461	66.91	648	17.62	1414	38.44	399	10.85
33	34207	1956	57.18	438	12.80	1187	34.70	331	9.68
34	31997	1565	48.91	348	10.88	913	28.53	304	9.50
35-39岁	**151194**	**4214**	**27.87**	**813**	**5.38**	**2537**	**16.78**	**864**	**5.71**
35	32773	1303	39.76	284	8.67	759	23.16	260	7.93
36	30814	1090	35.37	206	6.69	669	21.71	215	6.98
37	32127	837	26.05	155	4.82	501	15.59	181	5.63
38	31845	637	20.00	99	3.11	402	12.62	136	4.27
39	23635	347	14.68	69	2.92	206	8.72	72	3.05
40-44岁	**144994**	**913**	**6.30**	**169**	**1.17**	**561**	**3.87**	**183**	**1.26**
40	25555	285	11.15	49	1.92	167	6.53	69	2.70
41	27424	226	8.24	40	1.46	138	5.03	48	1.75
42	30280	186	6.14	34	1.12	123	4.06	29	0.96
43	30043	124	4.13	23	0.77	80	2.66	21	0.70
44	31692	92	2.90	23	0.73	53	1.67	16	0.50
45-49岁	**167845**	**279**	**1.66**	**74**	**0.44**	**151**	**0.90**	**54**	**0.32**
45	30627	68	2.22	21	0.69	39	1.27	8	0.26
46	33977	52	1.53	15	0.44	25	0.74	12	0.35
47	34325	50	1.46	9	0.26	29	0.84	12	0.35
48	34926	44	1.26	15	0.43	25	0.72	4	0.11
49	33990	65	1.91	14	0.41	33	0.97	18	0.53

6-3a 全省育龄妇女分年龄、孩次的生育状况
(2019.11.1-2020.10.31)(城市)

单位：人、‰

年龄	平均育龄妇女人数	出生人数	生育率	第一孩		第二孩		第三孩及以上	
				出生数	生育率	出生数	生育率	出生数	生育率
总计	**462794**	**17333**	**37.45**	**7715**	**16.67**	**8237**	**17.80**	**1381**	**2.98**
15-19岁	**44598**	**165**	**3.70**	**138**	**3.09**	**26**	**0.58**	**1**	**0.02**
15	8449	1	0.12			1	0.12		
16	8942	7	0.78	7	0.78				
17	7844	21	2.68	20	2.55	1	0.13		
18	8442	52	6.16	47	5.57	5	0.59		
19	10921	84	7.69	64	5.86	19	1.74	1	0.09
20-24岁	**51229**	**2067**	**40.35**	**1426**	**27.84**	**569**	**11.11**	**72**	**1.41**
20	10492	166	15.82	129	12.30	33	3.15	4	0.38
21	9657	252	26.10	190	19.67	55	5.70	7	0.72
22	9616	368	38.27	262	27.25	95	9.88	11	1.14
23	10149	521	51.34	364	35.87	134	13.20	23	2.27
24	11315	760	67.17	481	42.51	252	22.27	27	2.39
25-29岁	**67632**	**6288**	**92.97**	**3536**	**52.28**	**2436**	**36.02**	**316**	**4.67**
25	11550	881	76.28	565	48.92	283	24.50	33	2.86
26	11485	997	86.81	642	55.90	318	27.69	37	3.22
27	12260	1194	97.39	715	58.32	420	34.26	59	4.81
28	14220	1467	103.16	788	55.41	601	42.26	78	5.49
29	18117	1749	96.54	826	45.59	814	44.93	109	6.02
30-34岁	**90762**	**6137**	**67.62**	**2039**	**22.47**	**3497**	**38.53**	**601**	**6.62**
30	20284	1674	82.53	690	34.02	850	41.90	134	6.61
31	18980	1486	78.29	528	27.82	834	43.94	124	6.53
32	18346	1194	65.08	375	20.44	698	38.05	121	6.60
33	17137	992	57.89	255	14.88	619	36.12	118	6.89
34	16015	791	49.39	191	11.93	496	30.97	104	6.49
35-39岁	**74893**	**2148**	**28.68**	**452**	**6.04**	**1398**	**18.67**	**298**	**3.98**
35	16367	670	40.94	169	10.33	418	25.54	83	5.07
36	15386	569	36.98	118	7.67	374	24.31	77	5.00
37	16251	421	25.91	74	4.55	284	17.48	63	3.88
38	15657	321	20.50	51	3.26	221	14.12	49	3.13
39	11232	167	14.87	40	3.56	101	8.99	26	2.31
40-44岁	**65569**	**417**	**6.36**	**90**	**1.37**	**253**	**3.86**	**74**	**1.13**
40	11904	134	11.26	27	2.27	77	6.47	30	2.52
41	12798	112	8.75	23	1.80	70	5.47	19	1.48
42	13712	86	6.27	21	1.53	56	4.08	9	0.66
43	13402	52	3.88	10	0.75	33	2.46	9	0.67
44	13753	33	2.40	9	0.65	17	1.24	7	0.51
45-49岁	**68111**	**111**	**1.63**	**34**	**0.50**	**58**	**0.85**	**19**	**0.28**
45	12961	35	2.70	11	0.85	21	1.62	3	0.23
46	13921	18	1.29	7	0.50	9	0.65	2	0.14
47	14016	26	1.86	5	0.36	13	0.93	8	0.57
48	13914	12	0.86	5	0.36	6	0.43	1	0.07
49	13299	20	1.50	6	0.45	9	0.68	5	0.38

6-3b 全省育龄妇女分年龄、孩次的生育状况 (2019.11.1-2020.10.31)(镇)

单位：人、‰

年 龄	平均育龄妇女人数	出生人数	生育率	第一孩		第二孩		第三孩及以上	
				出生数	生育率	出生数	生育率	出生数	生育率
总 计	**270918**	**10987**	**40.55**	**4213**	**15.55**	**5290**	**19.53**	**1484**	**5.48**
15-19岁	**27882**	**172**	**6.17**	**141**	**5.06**	**30**	**1.08**	**1**	**0.04**
15	6654	5	0.75	4	0.60	1	0.15		
16	6706	14	2.09	12	1.79	2	0.30		
17	5244	25	4.77	23	4.39	2	0.38		
18	4078	48	11.77	39	9.56	9	2.21		
19	5200	80	15.38	63	12.12	16	3.08	1	0.19
20-24岁	**22195**	**1524**	**68.66**	**974**	**43.88**	**491**	**22.12**	**59**	**2.66**
20	4759	149	31.31	109	22.90	38	7.98	2	0.42
21	4255	202	47.47	129	30.32	66	15.51	7	1.65
22	3929	285	72.54	192	48.87	84	21.38	9	2.29
23	4220	375	88.86	244	57.82	118	27.96	13	3.08
24	5032	513	101.95	300	59.62	185	36.76	28	5.56
25-29岁	**35713**	**4280**	**119.84**	**1969**	**55.13**	**1881**	**52.67**	**430**	**12.04**
25	5616	658	117.17	360	64.10	254	45.23	44	7.83
26	5839	752	128.79	393	67.31	293	50.18	66	11.30
27	6445	807	125.21	404	62.68	322	49.96	81	12.57
28	7691	924	120.14	388	50.45	434	56.43	102	13.26
29	10122	1139	112.53	424	41.89	578	57.10	137	13.53
30-34岁	**50529**	**3508**	**69.43**	**886**	**17.53**	**1966**	**38.91**	**656**	**12.98**
30	11256	993	88.22	322	28.61	512	45.49	159	14.13
31	10692	830	77.63	220	20.58	462	43.21	148	13.84
32	10236	713	69.66	161	15.73	406	39.66	146	14.26
33	9430	528	55.99	96	10.18	340	36.06	92	9.76
34	8915	444	49.80	87	9.76	246	27.59	111	12.45
35-39岁	**42406**	**1145**	**27.00**	**180**	**4.24**	**689**	**16.25**	**276**	**6.51**
35	9103	351	38.56	60	6.59	204	22.41	87	9.56
36	8571	290	33.84	48	5.60	179	20.88	63	7.35
37	8844	228	25.78	37	4.18	133	15.04	58	6.56
38	9000	177	19.67	21	2.33	108	12.00	48	5.33
39	6888	99	14.37	14	2.03	65	9.44	20	2.90
40-44岁	**42778**	**283**	**6.62**	**44**	**1.03**	**191**	**4.46**	**48**	**1.12**
40	7572	84	11.09	12	1.58	56	7.40	16	2.11
41	7970	70	8.78	8	1.00	50	6.27	12	1.51
42	8956	60	6.70	10	1.12	40	4.47	10	1.12
43	8909	45	5.05	8	0.90	29	3.26	8	0.90
44	9371	24	2.56	6	0.64	16	1.71	2	0.21
45-49岁	**49415**	**75**	**1.52**	**19**	**0.38**	**42**	**0.85**	**14**	**0.28**
45	9142	14	1.53	6	0.66	7	0.77	1	0.11
46	10131	17	1.68	5	0.49	7	0.69	5	0.49
47	10029	12	1.20	2	0.20	8	0.80	2	0.20
48	10251	18	1.76	4	0.39	12	1.17	2	0.20
49	9862	14	1.42	2	0.20	8	0.81	4	0.41

6-3c 全省育龄妇女分年龄、孩次的生育状况(2019.11.1-2020.10.31)(乡村)

单位：人、‰

年龄	平均育龄妇女人数	出生人数	生育率	第一孩		第二孩		第三孩及以上	
				出生数	生育率	出生数	生育率	出生数	生育率
总计	**226810**	**9681**	**42.68**	**3693**	**16.28**	**4455**	**19.64**	**1533**	**6.76**
15-19岁	**18536**	**207**	**11.17**	**164**	**8.85**	**41**	**2.21**	**2**	**0.11**
15	4545	4	0.88	4	0.88				
16	3946	19	4.82	16	4.05	3	0.76		
17	3439	30	8.72	25	7.27	5	1.45		
18	3346	51	15.24	40	11.95	9	2.69	2	0.60
19	3260	103	31.60	79	24.23	24	7.36		
20-24岁	**16956**	**1562**	**92.12**	**994**	**58.62**	**487**	**28.72**	**81**	**4.78**
20	3006	145	48.24	110	36.59	33	10.98	2	0.67
21	3086	222	71.94	144	46.66	70	22.68	8	2.59
22	3284	271	82.52	190	57.86	70	21.32	11	3.35
23	3429	382	111.40	252	73.49	112	32.66	18	5.25
24	4151	542	130.57	298	71.79	202	48.66	42	10.12
25-29岁	**29724**	**3822**	**128.58**	**1602**	**53.90**	**1781**	**59.92**	**439**	**14.77**
25	4561	623	136.59	323	70.82	251	55.03	49	10.74
26	4942	693	140.23	339	68.60	291	58.88	63	12.75
27	5484	755	137.67	330	60.18	350	63.82	75	13.68
28	6241	803	128.67	304	48.71	382	61.21	117	18.75
29	8496	948	111.58	306	36.02	507	59.68	135	15.89
30-34岁	**40733**	**2863**	**70.29**	**696**	**17.09**	**1528**	**37.51**	**639**	**15.69**
30	9294	844	90.81	250	26.90	445	47.88	149	16.03
31	8533	699	81.92	177	20.74	374	43.83	148	17.34
32	8199	554	67.57	112	13.66	310	37.81	132	16.10
33	7640	436	57.07	87	11.39	228	29.84	121	15.84
34	7067	330	46.70	70	9.91	171	24.20	89	12.59
35-39岁	**33895**	**921**	**27.17**	**181**	**5.34**	**450**	**13.28**	**290**	**8.56**
35	7303	282	38.61	55	7.53	137	18.76	90	12.32
36	6857	231	33.69	40	5.83	116	16.92	75	10.94
37	7032	188	26.73	44	6.26	84	11.95	60	8.53
38	7188	139	19.34	27	3.76	73	10.16	39	5.43
39	5515	81	14.69	15	2.72	40	7.25	26	4.71
40-44岁	**36647**	**213**	**5.81**	**35**	**0.96**	**117**	**3.19**	**61**	**1.66**
40	6079	67	11.02	10	1.65	34	5.59	23	3.78
41	6656	44	6.61	9	1.35	18	2.70	17	2.55
42	7612	40	5.25	3	0.39	27	3.55	10	1.31
43	7732	27	3.49	5	0.65	18	2.33	4	0.52
44	8568	35	4.08	8	0.93	20	2.33	7	0.82
45-49岁	**50319**	**93**	**1.85**	**21**	**0.42**	**51**	**1.01**	**21**	**0.42**
45	8524	19	2.23	4	0.47	11	1.29	4	0.47
46	9925	17	1.71	3	0.30	9	0.91	5	0.50
47	10280	12	1.17	2	0.19	8	0.78	2	0.19
48	10761	14	1.30	6	0.56	7	0.65	1	0.09
49	10829	31	2.86	6	0.55	16	1.48	9	0.83

6-4 各地区育龄妇女年龄别生育率及总和生育率

单位：‰

地区	15-19岁	20-24岁	25-29岁	30-34岁	35-39岁	40-44岁	45-49岁	总和生育率
合计	**5.98**	**57.01**	**108.14**	**68.72**	**27.87**	**6.30**	**1.66**	**1378.39**
福州市	**3.04**	**40.54**	**98.71**	**65.80**	**26.95**	**6.41**	**1.35**	**1214.06**
鼓楼区		13.51	68.11	76.90	31.00	7.76	1.69	994.83
台江区	1.44	29.32	85.85	69.78	20.00	3.39	0.69	1052.34
仓山区	2.14	38.24	95.82	69.45	31.57	8.58	1.86	1238.21
马尾区		41.36	94.92	59.80	16.93	3.12	1.89	1090.08
晋安区	3.93	36.83	98.59	66.60	34.44	4.92	0.56	1229.39
长乐区	8.42	51.48	98.20	54.81	26.67	6.70	1.63	1239.60
闽侯县	2.45	22.59	99.22	75.05	31.43	9.52	1.27	1207.66
连江县	4.62	46.36	100.98	68.70	21.57	10.13	1.97	1271.67
罗源县	2.69	76.69	108.40	72.24	29.30	6.56	0.99	1484.34
闽清县	6.09	93.02	113.06	80.10	28.30	3.48	2.89	1634.74
永泰县		24.77	133.73	71.74	13.51	5.51	1.86	1255.62
平潭县	4.29	50.30	114.70	62.13	19.48	2.45	0.64	1269.91
福清市	3.61	84.11	107.79	51.03	21.13	4.10	0.83	1363.05
厦门市	**5.68**	**34.73**	**83.49**	**66.18**	**29.28**	**7.97**	**1.90**	**1146.22**
思明区	1.04	15.73	69.68	64.01	31.01	9.42	1.61	962.43
海沧区	9.58	65.53	89.95	61.25	25.43	5.79	0.89	1292.08
湖里区	7.34	24.01	65.30	67.71	30.71	8.31	1.18	1022.74
集美区	3.37	29.63	95.87	65.49	30.96	6.20	0.58	1160.55
同安区	8.91	72.38	101.19	71.09	25.42	9.80	4.99	1468.89
翔安区	10.61	48.02	102.10	66.75	30.33	6.25	1.57	1328.12
莆田市	**3.69**	**71.71**	**112.39**	**57.26**	**19.39**	**5.03**	**2.13**	**1358.01**
城厢区	2.24	44.20	99.80	57.45	22.88	4.97	1.45	1164.93
涵江区	3.84	60.17	128.17	59.16	20.46	3.58	2.99	1391.85
荔城区	4.76	70.62	99.76	56.44	14.56	8.72	2.82	1288.43
秀屿区	2.71	116.52	133.63	41.61	11.83	2.29	2.38	1554.81
仙游县	4.21	83.28	112.84	66.81	25.14	4.64	1.40	1491.64
三明市	**8.89**	**76.77**	**132.59**	**84.90**	**30.38**	**6.18**	**1.81**	**1707.56**
梅列区	6.51	44.60	103.50	82.28	33.14	5.56	0.98	1382.83
三元区	8.10	24.07	110.85	79.03	23.97	3.17	1.22	1252.07
明溪县	5.43	43.21	108.23	81.53	50.85	8.85		1490.51
清流县	10.10	89.17	151.66	90.68	38.56	2.70		1914.34
宁化县	3.67	86.83	163.40	89.46	28.21	8.17	5.62	1926.81
大田县	24.57	128.57	166.67	80.45	30.30	5.51	0.81	2184.35
尤溪县	11.90	118.16	152.15	93.12	32.70	8.59	1.38	2090.00
沙县	6.68	80.31	135.28	86.21	24.32	5.61	0.88	1696.44
将乐县	9.43	101.12	149.25	96.46	32.83	10.18	10.29	2047.83
泰宁县		91.60	114.83	94.29	31.58	3.28		1677.89
建宁县	19.11	124.14	122.99	62.50	28.13			1784.33
永安市	5.81	82.16	91.04	80.03	26.49	7.15	0.60	1466.40
泉州市	**7.52**	**68.98**	**111.62**	**63.60**	**25.88**	**4.75**	**1.52**	**1419.37**
鲤城区	8.46	47.77	99.00	62.65	28.10	2.84	1.81	1253.11
丰泽区	1.76	22.74	91.08	81.39	34.47	6.21	1.48	1195.63
洛江区	1.04	56.44	115.55	75.87	34.20	7.53		1453.14
泉港区	12.42	72.39	155.47	92.56	28.39	3.34	1.49	1830.33
惠安县	4.07	86.65	142.08	76.03	36.25	5.75	0.86	1758.41
安溪县	15.48	105.66	122.02	56.07	21.37	7.60	3.56	1658.84
永春县	5.81	139.95	141.73	52.53	15.84	5.86	0.54	1811.24
德化县	13.21	92.68	144.91	67.80	29.17	9.25	1.25	1791.33
石狮市	5.40	57.07	100.41	59.41	24.99	3.84	2.08	1266.00
晋江市	10.41	71.35	87.65	56.48	19.78	2.90	1.20	1248.86
南安市	7.21	95.90	122.14	56.93	24.66	3.92	1.62	1561.90

6-4　续表　　　　　　　　　　　　　　　　　　　　　　　单位：‰

地　区	15–19岁	20–24岁	25–29岁	30–34岁	35–39岁	40–44岁	45–49岁	总和生育率
漳州市	**9.67**	**83.32**	**121.52**	**72.98**	**28.07**	**6.36**	**1.90**	**1619.08**
芗城区	1.19	35.00	99.34	75.91	30.43	9.33	5.08	1281.40
龙文区	7.22	69.89	126.22	78.70	28.57	5.25	0.92	1583.89
云霄县	14.03	106.30	118.12	69.20	26.58	6.77	0.55	1707.80
漳浦县	12.80	102.10	130.15	80.10	31.55	6.12	1.06	1819.45
诏安县	12.54	115.09	149.43	78.63	29.75	6.56	0.45	1962.32
长泰县	3.15	89.59	101.90	60.16	20.78	5.21	2.87	1418.37
东山县	10.87	92.49	131.78	75.63	21.18	9.69	1.73	1716.80
南靖县	6.83	87.47	111.83	60.52	18.16	2.08	1.34	1441.14
平和县	21.41	116.54	138.86	66.17	26.32	13.49	5.45	1941.18
华安县	11.43	121.79	114.75	71.93	27.50	2.26		1748.30
龙海市	10.74	84.78	116.09	70.01	29.16	2.89	1.01	1573.39
南平市	**5.84**	**73.87**	**115.43**	**75.84**	**31.08**	**6.45**	**1.68**	**1550.95**
延平区	3.18	54.19	105.03	68.20	33.00	6.10	1.97	1358.35
建阳区	7.04	89.45	121.58	67.08	36.02	3.64		1624.07
顺昌县		128.38	147.91	74.25	32.97	3.79	1.19	1942.39
浦城县	4.03	94.59	118.84	75.95	20.20	5.90	4.53	1620.22
光泽县	24.75	83.33	75.60	45.02	31.80	2.49		1315.03
松溪县	10.58	82.19	115.83	101.69	44.05	16.59	5.37	1881.53
政和县	4.78	82.47	116.34	98.08	41.10	9.51		1761.40
邵武市	2.51	87.82	100.18	64.19	36.21	7.71	0.77	1496.91
武夷山市	1.33	32.94	121.72	93.51	24.68	8.61	2.80	1427.91
建瓯市	13.31	104.37	127.37	81.63	24.06	5.16	1.01	1784.58
龙岩市	**6.30**	**87.01**	**144.25**	**84.23**	**32.42**	**7.80**	**1.29**	**1816.53**
新罗区	3.10	67.78	125.05	77.14	30.63	5.51	0.29	1547.47
永定区	12.53	111.11	141.30	87.46	17.93	8.48	2.99	1909.05
长汀县	5.26	94.74	165.61	91.70	41.35	6.65	1.94	2036.24
上杭县	5.21	103.21	174.79	72.32	31.31	13.17	1.18	2005.93
武平县	12.82	107.84	149.59	94.43	40.05	8.58	2.30	2078.08
连城县	8.93	150.49	173.69	119.22	47.86	12.52	1.74	2572.20
漳平市	8.22	71.43	112.96	78.95	22.00	4.38		1489.68
宁德市	**4.84**	**69.38**	**121.98**	**78.27**	**34.28**	**7.67**	**1.79**	**1591.06**
蕉城区	2.92	52.10	113.84	81.56	46.64	9.71	2.27	1545.20
霞浦县	3.34	77.24	118.29	70.30	30.79	7.95	1.73	1548.20
古田县	2.45	76.61	114.58	69.86	29.08	6.35		1494.70
屏南县	4.07	40.82	129.96	63.57	40.54	7.71		1433.34
寿宁县	4.18	36.27	154.08	78.20	36.41	2.46	5.51	1585.59
周宁县	7.43	85.71	128.27	99.58	28.81	12.82	3.60	1831.11
柘荣县	13.89	79.37	111.54	99.72	38.71	18.63		1809.29
福安市	2.60	69.83	114.80	78.19	25.66	7.35	1.76	1500.92
福鼎市	12.23	101.00	140.20	78.51	31.50	4.26	1.81	1847.56

6-4a 各地区育龄妇女年龄别生育率及总和生育率(城市)

单位：‰

地　　区	15-19岁	20-24岁	25-29岁	30-34岁	35-39岁	40-44岁	45-49岁	总　和 生育率
合　计	**3.70**	**40.35**	**92.97**	**67.62**	**28.68**	**6.36**	**1.63**	**1206.54**
福州市	**1.95**	**34.68**	**90.86**	**67.28**	**28.56**	**6.83**	**1.35**	**1157.52**
鼓楼区		13.51	68.11	76.90	31.00	7.76	1.69	994.83
台江区	1.44	29.32	85.85	69.78	20.00	3.39	0.69	1052.34
仓山区	2.14	38.24	95.82	69.45	31.57	8.58	1.86	1238.21
马尾区		40.30	98.69	59.63	18.00	3.38	2.07	1110.35
晋安区	4.18	36.92	98.79	65.77	34.51	5.01	0.58	1228.86
长乐区	3.36	35.38	105.67	61.81	30.97	10.51	1.73	1247.13
闽侯县								
连江县								
罗源县								
闽清县								
永泰县								
平潭县								
福清市	1.96	56.25	87.52	56.21	16.82	6.95	1.09	1134.09
厦门市	**4.83**	**31.60**	**79.16**	**65.95**	**29.87**	**7.98**	**2.01**	**1107.07**
思明区	1.04	15.73	69.68	64.01	31.01	9.42	1.61	962.43
海沧区	9.80	66.71	89.69	61.49	25.54	5.92	0.91	1300.32
湖里区	7.34	24.02	65.37	67.69	30.54	8.32	1.18	1022.29
集美区	3.52	26.45	94.89	66.26	32.68	5.79	0.67	1151.31
同安区	9.31	72.64	91.35	69.43	24.47	9.87	6.02	1415.49
翔安区	2.35	33.90	93.18	68.57	45.71	3.09	2.92	1248.60
莆田市	**3.73**	**59.59**	**104.73**	**58.11**	**17.96**	**6.35**	**2.94**	**1266.99**
城厢区	1.98	39.93	93.77	56.86	22.96	6.88	2.18	1122.81
涵江区	3.18	54.68	126.17	61.07	18.53	4.21	2.46	1351.52
荔城区	7.23	72.00	99.77	61.04	13.79	8.77	3.71	1331.53
秀屿区		115.38	105.98	40.07	17.54	2.04	3.55	1422.85
仙游县								
三明市	**7.01**	**41.60**	**98.73**	**80.28**	**28.79**	**7.04**	**1.10**	**1322.69**
梅列区	6.68	46.80	102.29	83.25	32.83	5.92	1.07	1394.24
三元区	6.77	24.67	112.78	80.46	21.40	3.64	1.40	1255.61
明溪县								
清流县								
宁化县								
大田县								
尤溪县								
沙县								
将乐县								
泰宁县								
建宁县								
永安市	7.55	64.85	83.33	76.84	29.56	10.22	0.93	1366.38
泉州市	**4.79**	**48.58**	**91.91**	**63.85**	**27.32**	**3.66**	**1.31**	**1207.12**
鲤城区	8.46	47.77	99.00	62.65	28.10	2.84	1.81	1253.11
丰泽区	1.76	22.74	91.08	81.39	34.47	6.21	1.48	1195.63
洛江区		53.40	117.32	76.69	42.03			1447.20
泉港区	8.85	68.49	134.15	77.42	28.72	4.56	2.28	1622.32
惠安县								
安溪县								
永春县								
德化县								
石狮市	3.14	53.10	83.19	51.53	25.46	3.18	1.80	1107.00
晋江市	9.30	64.34	81.74	55.11	20.22	3.03	0.91	1173.30
南安市	3.21	101.58	121.85	72.78	31.96	3.11	1.01	1677.46

6-4a　续表

单位：‰

地　　区	15-19岁	20-24岁	25-29岁	30-34岁	35-39岁	40-44岁	45-49岁	总　和 生育率
漳州市	**3.01**	**44.23**	**109.48**	**72.26**	**29.30**	**5.59**	**1.59**	**1327.30**
芗城区	0.87	25.51	99.86	74.02	30.39	6.95	2.19	1198.94
龙文区	7.74	64.94	129.82	74.87	27.52	5.70	1.04	1558.19
云霄县								
漳浦县								
诏安县								
长泰县								
东山县								
南靖县								
平和县								
华安县								
龙海市	7.86	94.18	97.74	62.69	29.27	2.53	1.02	1476.52
南平市	**2.93**	**51.49**	**109.13**	**71.63**	**30.87**	**6.34**	**1.33**	**1368.59**
延平区	1.80	50.11	101.57	64.58	29.03	6.57	0.72	1271.86
建阳区	7.10	84.14	105.58	76.25	33.78	6.12		1564.87
顺昌县								
浦城县								
光泽县								
松溪县								
政和县								
邵武市		83.33	104.70	65.96	39.67	6.64	1.03	1506.68
武夷山市	1.74	19.20	113.87	94.93	31.19	7.72	3.08	1358.67
建瓯市	2.72	58.30	127.72	62.02	18.73	4.71	2.71	1384.46
龙岩市	**2.66**	**64.27**	**122.46**	**80.55**	**28.13**	**5.65**		**1518.57**
新罗区	2.25	63.29	122.48	78.91	29.98	5.98		1514.51
永定区		92.11	164.47	93.65	17.92	6.43		1872.88
长汀县								
上杭县								
武平县								
连城县								
漳平市	7.17	60.00	104.68	83.88	23.47	3.66		1414.31
宁德市	**2.51**	**52.45**	**124.73**	**81.48**	**41.95**	**7.10**	**2.63**	**1564.30**
蕉城区	2.90	45.36	117.40	82.21	47.07	8.95	2.80	1533.44
霞浦县								
古田县								
屏南县								
寿宁县								
周宁县								
柘荣县								
福安市	3.51	53.67	125.00	81.47	32.77	5.12	1.91	1517.31
福鼎市		70.84	140.13	80.18	41.58	6.31	3.17	1711.07

6-4b 各地区育龄妇女年龄别生育率及总和生育率(镇)

单位：‰

地 区	15-19岁	20-24岁	25-29岁	30-34岁	35-39岁	40-44岁	45-49岁	总和生育率
合 计	**6.17**	**68.66**	**119.84**	**69.43**	**27.00**	**6.62**	**1.52**	**1496.18**
福州市	**2.80**	**34.94**	**107.22**	**67.04**	**25.16**	**6.40**	**1.16**	**1223.61**
鼓楼区								
台江区								
仓山区								
马尾区								
晋安区				200.00				1000.00
长乐区	10.75	84.91	80.52	53.26	15.46	3.31	1.31	1247.62
闽侯县	1.57	14.28	99.75	77.27	35.41	12.19	1.11	1207.93
连江县	5.77	52.45	105.26	74.56	19.23	8.34	1.51	1335.62
罗源县	3.28	75.00	111.42	65.63	27.03	3.94	1.21	1437.56
闽清县		72.22	119.86	65.73	39.60	6.48		1519.48
永泰县		37.74	144.74	74.71	15.56	5.51	1.79	1400.24
平潭县	3.89	45.53	106.13	56.80	12.40	2.46	0.97	1140.85
福清市	5.80	119.27	122.99	50.92	25.16	1.14	1.02	1631.49
厦门市	**24.39**	**58.70**	**94.81**	**62.30**	**27.80**	**5.83**		**1369.18**
思明区								
海沧区								
湖里区				76.92	142.86			1098.90
集美区								
同安区	58.82	86.96	166.67	46.15	27.40			1929.99
翔安区	23.42	58.14	92.07	62.89	27.17	6.32		1350.09
莆田市	**0.57**	**84.93**	**115.44**	**69.30**	**22.69**	**4.45**	**0.79**	**1490.90**
城厢区		72.73	118.28	66.67	38.83			1482.54
涵江区		66.67	166.67					1166.67
荔城区		285.71	80.00	37.74	37.04			2202.44
秀屿区		130.84	128.00	61.35	15.27	3.32	2.82	1708.03
仙游县	0.72	77.43	113.00	73.11	23.06	5.07	0.51	1464.48
三明市	**4.50**	**82.35**	**139.25**	**82.23**	**29.57**	**7.66**	**3.30**	**1744.30**
梅列区			157.89	43.48				1006.86
三元区	200.00							1000.00
明溪县		11.36	138.46	78.34	48.48	5.05		1408.51
清流县		84.34	114.29	92.31	48.98	4.13		1720.21
宁化县	2.95	100.00	160.12	74.01	27.15	12.99	8.09	1926.52
大田县		83.33	151.23	68.06	20.34	8.12	1.43	1662.52
尤溪县	7.81	105.26	152.05	88.01	32.95	11.44	2.40	1999.56
沙县	6.04	76.67	129.46	90.18	24.95	5.99	1.24	1672.63
将乐县	6.37	91.60	158.42	102.15	34.48	10.27	15.79	2095.43
泰宁县		54.95	81.76	86.47	33.02	4.46		1303.28
建宁县	9.71	83.33	115.38	68.83	27.40			1523.25
永安市		173.91	68.18	94.59	14.29			1754.88
泉州市	**9.11**	**85.12**	**122.56**	**61.22**	**25.43**	**6.64**	**1.63**	**1558.55**
鲤城区								
丰泽区								
洛江区		43.86	75.00	83.77	15.63	32.43		1253.43
泉港区	22.73	41.67	147.06	110.75	23.26	3.83		1746.45
惠安县	5.23	88.98	132.30	77.37	35.50	5.83	0.75	1729.75
安溪县	11.46	98.59	119.20	54.45	23.82	9.08	2.22	1594.05
永春县	6.01	112.28	132.05	41.40	17.47	5.48		1573.47
德化县	12.71	89.64	148.15	71.09	26.83	10.43	1.49	1801.65
石狮市	14.75	86.96	149.73	68.68	25.97	6.64	3.82	1782.80
晋江市	12.26	71.72	96.04	54.40	20.12	3.60	1.64	1298.86
南安市	6.76	84.33	115.52	50.57	22.96	4.56	2.53	1436.14

6-4b　续表　　　　　　　　　　　　　　　　　　　　　　　单位：‰

地　区	15-19岁	20-24岁	25-29岁	30-34岁	35-39岁	40-44岁	45-49岁	总和生育率
漳州市	**8.29**	**84.87**	**116.15**	**71.54**	**27.32**	**5.57**	**1.06**	**1573.99**
芗城区	7.04	89.62	81.97	79.55	31.35	3.30		1464.13
龙文区								
云霄县	10.17	106.85	115.12	70.67	26.67	5.09	0.99	1677.85
漳浦县	9.29	74.68	131.10	77.38	28.67	5.12	1.47	1638.61
诏安县	9.01	110.84	137.50	75.14	33.88	7.42	0.95	1873.68
长泰县		71.43	95.62	57.22	18.45	3.87	1.55	1240.68
东山县	12.00	82.25	132.70	78.81	13.07	10.43	2.43	1658.51
南靖县	5.70	101.27	102.04	69.91	21.82	3.26		1519.97
平和县	9.51	104.35	101.87	65.11	31.34	11.32	1.09	1622.90
华安县	10.75	153.06	122.45	67.46	29.54			1916.30
龙海市	7.08	58.31	108.63	69.70	29.37	3.34	0.74	1385.83
南平市	**8.68**	**85.31**	**112.53**	**68.27**	**27.52**	**4.94**	**1.85**	**1545.46**
延平区	15.63	48.39	117.65	83.33	44.78			1548.84
建阳区		100.00	104.48	28.57	21.05			1270.51
顺昌县		110.00	137.76	60.81	28.67	2.90	2.13	1711.33
浦城县	2.89	82.05	117.39	71.62	22.22	5.17	3.97	1526.57
光泽县	12.82	115.38	67.42	48.44	21.05	4.08		1345.99
松溪县	6.99	38.83	125.00	80.19	45.75	10.83	6.17	1568.86
政和县	7.19	80.29	124.09	89.92	32.85	8.26		1713.02
邵武市	35.71	66.67	20.41	32.79				777.88
武夷山市		76.92	108.70	125.00	14.49			1625.56
建瓯市	70.18	140.35	125.00	59.91	26.32	4.18		2129.67
龙岩市	**4.58**	**101.08**	**147.94**	**82.64**	**33.14**	**9.62**	**1.55**	**1902.72**
新罗区		104.48	147.93	53.96	17.61			1619.85
永定区	13.33	177.22	135.27	76.25	9.52	9.84	2.68	2120.51
长汀县		85.50	165.14	88.61	36.66	3.55	1.12	1902.84
上杭县	2.53	99.24	144.46	65.71	32.43	15.69	1.12	1805.86
武平县	8.65	95.96	137.93	87.39	44.78	8.33	4.04	1935.42
连城县	8.77	92.44	158.21	122.37	42.77	16.60		2205.78
漳平市		120.00	63.83	44.12		10.53		1192.37
宁德市	**3.76**	**82.48**	**123.84**	**78.17**	**28.95**	**7.95**	**1.42**	**1632.86**
蕉城区		27.78	113.40	72.00	71.43			1423.04
霞浦县	2.27	82.42	118.97	77.94	30.81	10.90	1.70	1625.04
古田县	3.48	70.97	103.45	68.25	27.33	6.02		1397.50
屏南县		52.63	135.14	62.96	50.63	8.03		1546.97
寿宁县		55.56	168.95	79.73	43.31		5.97	1767.58
周宁县		141.51	155.25	98.43	17.67	10.27	3.27	2131.98
柘荣县	9.09	48.19	135.87	125.00	39.47	16.95		1872.88
福安市		71.86	99.12	65.01	9.07	9.78	1.86	1283.49
福鼎市	20.51	141.84	136.63	80.32	19.31	2.19		2004.06

6-4c 各地区育龄妇女年龄别生育率及总和生育率(乡村)

单位：‰

地　　区	15-19岁	20-24岁	25-29岁	30-34岁	35-39岁	40-44岁	45-49岁	总　和 生育率
合　计	**11.17**	**92.12**	**128.58**	**70.29**	**27.17**	**5.81**	**1.85**	**1684.95**
福州市	**6.53**	**70.42**	**109.59**	**60.34**	**24.50**	**5.42**	**1.57**	**1391.82**
鼓楼区								
台江区								
仓山区								
马尾区		71.43	22.73	61.40	8.70			821.28
晋安区		32.26	92.59	120.00	32.79			1388.19
长乐区	18.87	61.02	101.42	48.11	29.44	4.51	1.75	1325.59
闽侯县	7.54	81.94	98.08	70.88	24.83	5.85	1.47	1453.01
连江县	3.30	39.29	94.37	60.12	24.86	12.61	2.49	1185.20
罗源县		86.96	89.29	114.50	43.10	19.48		1766.65
闽清县	15.46	115.85	104.07	97.70	14.79		5.62	1767.51
永泰县		18.43	119.45	67.71	10.34	5.49	1.94	1116.86
平潭县	4.77	58.36	130.81	71.82	34.09	2.44		1511.45
福清市	5.01	104.78	121.73	45.88	23.40	2.80	0.50	1520.49
厦门市	**4.51**	**57.92**	**121.50**	**70.61**	**24.29**	**8.89**	**1.83**	**1447.73**
思明区								
海沧区		32.79	100.00	52.08	19.23			1020.50
湖里区								
集美区		86.02	105.88	57.76	16.46	9.13		1376.29
同安区	6.20	70.62	135.43	78.95	29.04	10.28	2.21	1663.61
翔安区	4.82	39.76	119.26	70.94	24.66	7.74	2.60	1348.88
莆田市	**6.31**	**84.50**	**123.85**	**48.06**	**19.85**	**3.33**	**1.88**	**1438.89**
城厢区	4.48	60.61	124.20	57.20	18.74			1326.13
涵江区	11.76	90.91	135.87	55.36	38.89		6.12	1694.56
荔城区		60.40	101.06	39.13	16.83	8.93		1131.76
秀屿区	6.55	112.95	149.52	36.67	7.47	2.08	1.69	1584.68
仙游县	10.83	90.53	112.61	57.34	28.57	4.04	2.46	1531.96
三明市	**22.53**	**117.18**	**158.43**	**94.89**	**33.68**	**2.77**	**0.53**	**2150.05**
梅列区			83.33	78.95	83.33			1228.07
三元区			100.00	107.14	54.55			1308.44
明溪县	12.20	81.08	69.31	85.00	53.85	14.18		1578.07
清流县	36.36	94.59	225.35	87.59	20.83			2323.67
宁化县	4.85	73.45	167.26	108.41	29.59	2.53	3.19	1946.37
大田县	125.00	227.27	210.81	114.50	55.32			3664.53
尤溪县	25.00	137.68	152.32	102.94	32.11	3.13		2265.93
沙县	9.80	93.02	161.62	73.30	22.47	4.46		1823.39
将乐县	18.18	127.66	121.21	80.88	28.30	9.90		1930.69
泰宁县		175.00	220.00	119.05	27.40			2707.22
建宁县	37.04	204.08	140.35	49.59	29.70			2303.80
永安市		109.09	128.79	87.65	19.14			1723.33
泉州市	**10.70**	**96.81**	**128.00**	**66.40**	**24.21**	**3.79**	**1.63**	**1657.67**
鲤城区								
丰泽区								
洛江区	4.08	82.71	134.53	70.50	31.61	2.74		1630.81
泉港区	11.83	90.32	177.59	98.71	30.85	2.01	1.67	2064.95
惠安县	1.75	83.33	154.46	74.02	37.50	5.62	1.00	1788.40
安溪县	21.79	115.81	126.30	58.90	17.25	5.65	4.87	1752.88
永春县	5.26	212.96	164.18	85.56	11.53	6.79	1.54	2439.12
德化县	17.24	113.21	125.83	42.68	45.75			1723.56
石狮市	4.17	41.49	108.26	89.07	20.41	2.67		1330.33
晋江市	10.57	88.11	94.62	60.67	18.71	2.25	1.34	1381.35
南安市	11.02	110.17	132.20	55.91	22.63	3.48	0.82	1681.21

6-4c 续表

单位：‰

地　区	15-19岁	20-24岁	25-29岁	30-34岁	35-39岁	40-44岁	45-49岁	总　和 生育率
漳州市	**19.25**	**120.10**	**138.14**	**75.64**	**28.17**	**7.84**	**3.00**	**1960.76**
芗城区		75.00	120.48	88.37	29.41	36.04	27.52	1884.12
龙文区		137.25	79.55	131.58	41.67			1950.23
云霄县	21.00	105.43	123.46	66.67	26.43	9.35		1761.65
漳浦县	20.58	146.04	128.69	84.22	35.63	7.43	0.57	2115.79
诏安县	16.07	118.91	161.29	80.23	25.97	5.79		2041.32
长泰县	12.20	127.82	115.38	66.12	25.36	7.97	5.01	1799.29
东山县	8.47	113.04	130.04	68.70	39.60	7.97		1839.19
南靖县	7.87	69.89	128.89	42.86	12.08		3.09	1323.44
平和县	36.76	131.03	186.17	67.80	20.15	16.27	9.86	2340.23
华安县	12.20	68.97	103.09	78.21	24.54	5.52		1462.65
龙海市	24.23	131.63	138.92	75.98	28.78	2.65	1.24	2017.14
南平市	**8.79**	**114.29**	**130.91**	**93.70**	**35.48**	**8.20**	**1.92**	**1966.35**
延平区	3.12	74.07	117.12	83.33	47.06	8.00	7.32	1700.08
建阳区	9.52	103.09	177.91	52.63	46.69			1949.27
顺昌县		166.67	165.22	103.70	39.77	5.46		2404.12
浦城县	6.67	118.81	121.74	85.23	15.87	7.46	5.27	1805.27
光泽县	65.22	39.47	88.50	37.59	53.76			1422.72
松溪县	21.74	186.05	101.01	133.80	40.54	27.59	4.26	2574.90
政和县		87.72	91.95	117.65	65.93	12.27		1877.62
邵武市		142.86	134.62	72.46	32.79	23.26		2029.89
武夷山市		101.85	144.33	84.00	12.66	12.20	2.89	1789.63
建瓯市	17.05	166.67	128.10	129.48	31.75	6.24		2396.35
龙岩市	**18.60**	**117.50**	**174.83**	**93.11**	**38.28**	**8.24**	**2.16**	**2263.58**
新罗区	24.39	105.26	134.62	77.13	48.86	5.78	1.88	1989.60
永定区	30.77	63.29	129.53	92.54	25.42	8.99	5.08	1778.18
长汀县	18.02	106.80	166.25	97.07	50.33	11.81	3.07	2266.71
上杭县	11.11	109.20	233.64	86.21	29.10	8.89	1.25	2397.00
武平县	24.79	129.63	172.25	109.15	29.52	9.04		2371.92
连城县	9.26	229.89	193.80	113.71	56.11	6.31	3.55	3063.11
漳平市	14.08	81.63	153.85	75.76	24.91	3.66		1769.47
宁德市	**9.91**	**80.91**	**116.15**	**74.03**	**31.68**	**7.96**	**1.47**	**1610.54**
蕉城区	3.77	84.75	104.33	81.35	41.24	13.92	1.52	1654.39
霞浦县	6.33	60.87	116.28	47.17	30.73		1.78	1315.78
古田县		86.02	135.02	72.95	32.26	6.86		1665.57
屏南县	16.95	19.23	119.57	64.75	22.56	7.14		1250.96
寿宁县	14.49		125.00	74.38	19.42	6.90	4.78	1224.86
周宁县	18.02	28.85	99.01	100.92	44.33	17.05	4.02	1560.94
柘荣县	29.41	139.53	52.63	44.25	36.59	23.26		1628.34
福安市	2.95	97.44	111.87	85.15	28.04	9.60	1.45	1682.43
福鼎市	32.05	128.21	143.19	73.39	22.08	2.12	1.32	2011.79

6－5 各地区按活产子女数分的15－64岁妇女人数

单位：人

地 区	15－64岁妇女人数	活产0个	活产1个	活产2个	活产3个	活产4个	活产5个及以上
合 计	**1334291**	**270703**	**370161**	**533544**	**128669**	**24920**	**6294**
福州市	**267431**	**65418**	**83376**	**92497**	**21720**	**3656**	**764**
鼓楼区	22971	6765	11022	4504	571	91	18
台江区	14307	3964	6720	3126	414	72	11
仓山区	40057	11066	15528	11541	1673	208	41
马尾区	9025	2365	2718	3211	622	87	22
晋安区	28623	6975	12607	7776	1081	148	36
长乐区	23280	4627	5221	9711	3139	501	81
闽侯县	32508	11436	8606	10594	1612	215	45
连江县	19564	3540	5216	8317	2078	357	56
罗源县	7559	1161	2141	3277	837	112	31
闽清县	7490	1144	1870	3597	745	118	16
永泰县	8228	1648	1802	3397	1130	203	48
平潭县	12402	2816	1936	4994	2141	423	92
福清市	41417	7911	7989	18452	5677	1121	267
厦门市	**190023**	**54291**	**58775**	**64198**	**10675**	**1679**	**405**
思明区	40859	12283	16668	10072	1532	248	56
海沧区	20817	4506	6403	8273	1382	192	61
湖里区	40142	13782	11986	11952	2045	310	67
集美区	38745	13066	10030	13080	2142	348	79
同安区	30045	5593	8509	13110	2328	406	99
翔安区	19415	5061	5179	7711	1246	175	43
莆田市	**98857**	**18326**	**21412**	**45297**	**11319**	**2055**	**448**
城厢区	18280	3896	5091	7625	1426	206	36
涵江区	15313	2641	4522	7175	864	96	15
荔城区	21739	4294	5502	9394	2101	376	72
秀屿区	16104	2379	1812	7196	3537	940	240
仙游县	27421	5116	4485	13907	3391	437	85
三明市	**75495**	**11471**	**22484**	**30827**	**8604**	**1676**	**433**
梅列区	7706	1450	3594	2222	379	55	6
三元区	6138	1495	2150	1944	455	72	22
明溪县	3259	531	1038	1290	328	59	13
清流县	3545	481	866	1664	438	75	21
宁化县	8524	1127	2126	4010	1106	120	35
大田县	7964	871	1211	3334	1786	571	191
尤溪县	9746	1248	2146	4325	1617	351	59
沙县	7690	1323	2326	3172	747	100	22
将乐县	4103	523	1230	1897	374	65	14
泰宁县	2824	385	853	1320	220	37	9
建宁县	3291	378	975	1602	284	38	14
永安市	10705	1659	3969	4047	870	133	27
泉州市	**290522**	**53685**	**68532**	**124481**	**34601**	**7250**	**1973**
鲤城区	14963	3149	5152	5593	906	138	25
丰泽区	25504	8082	8160	7798	1203	198	63
洛江区	8362	1872	2125	3443	754	129	39
泉港区	10725	1474	2025	4930	1759	406	131
惠安县	34684	4892	9120	15615	4032	785	240
安溪县	30050	4595	4552	13327	5805	1408	363
永春县	12449	1454	3254	5712	1612	326	91
德化县	10520	1391	2538	4715	1420	341	115
石狮市	23977	5325	5643	9994	2427	463	125
晋江市	71340	13750	16624	31235	7861	1492	378
南安市	47948	7701	9339	22119	6822	1564	403

6-5 续表

单位：人

地 区	15-64岁妇女人数	活产0个	活产1个	活产2个	活产3个	活产4个	活产5个及以上
漳州市	**160896**	**27808**	**44893**	**71440**	**13746**	**2378**	**631**
芗城区	22280	6119	8477	6731	811	116	26
龙文区	9829	1866	3124	4128	604	93	14
云霄县	13153	2390	2816	6234	1407	250	56
漳浦县	26337	3587	6831	12463	2772	518	166
诏安县	16267	2586	3484	7347	2230	486	134
长泰县	7658	975	2265	3855	450	90	23
东山县	7214	1102	2534	3096	419	54	9
南靖县	9627	1505	3006	4598	443	63	12
平和县	13057	1859	2295	6663	1823	324	93
华安县	3942	472	1166	1911	334	45	14
龙海市	31532	5347	8895	14414	2453	339	84
南平市	**78035**	**11974**	**26905**	**31636**	**6195**	**1072**	**253**
延平区	13583	2279	5631	4675	883	100	15
建阳区	9978	1678	3267	4153	735	119	26
顺昌县	5115	683	1850	2149	374	50	9
浦城县	7900	1093	2840	3384	502	66	15
光泽县	3921	471	1058	1922	397	61	12
松溪县	3631	494	1028	1565	440	81	23
政和县	4692	636	948	1909	820	290	89
邵武市	8458	1071	3533	3325	454	61	14
武夷山市	8345	1968	2675	3024	579	81	18
建瓯市	12412	1601	4075	5530	1011	163	32
龙岩市	**83271**	**11869**	**21931**	**37107**	**9628**	**2138**	**598**
新罗区	27986	5250	9625	10627	1964	417	103
永定区	8839	957	1894	4356	1279	279	74
长汀县	11835	1711	2423	5453	1739	370	139
上杭县	11402	1315	2417	5888	1426	289	67
武平县	8322	972	1733	4156	1169	233	59
连城县	7231	847	1667	3232	1100	297	88
漳平市	7656	817	2172	3395	951	253	68
宁德市	**89761**	**15861**	**21853**	**36061**	**12181**	**3016**	**789**
蕉城区	19161	4648	5037	6757	2069	496	154
霞浦县	13295	1890	3369	5755	1753	425	103
古田县	8973	1164	2672	3785	1078	232	42
屏南县	3662	599	879	1490	502	155	37
寿宁县	4022	743	678	1562	761	219	59
周宁县	4413	831	791	1780	765	193	53
柘荣县	2811	463	624	1098	427	155	44
福安市	16925	3254	3501	6893	2523	596	158
福鼎市	16499	2269	4302	6941	2303	545	139

6-6 全省按受教育程度、活产子女数分的15-64岁妇女人数

单位：人

受教育程度	15-64岁妇女人数	活产0个	活产1个	活产2个	活产3个	活产4个	活产5个及以上
总　计	**1334291**	**270703**	**370161**	**533544**	**128669**	**24920**	**6294**
未上过学	32307	1191	3945	15221	8483	2616	851
学前教育	1839	101	220	872	467	139	40
小　学	327398	6864	63203	173609	64567	15043	4112
初　中	462436	51083	133312	227240	43815	5923	1063
高　中	228617	82821	74295	62222	8199	902	178
大学专科	135375	53187	48590	31182	2180	205	31
大学本科	134724	69124	42999	21578	919	88	16
硕士研究生	10504	5809	3188	1464	36	4	3
博士研究生	1091	523	409	156	3		

6-7 全省按职业、活产子女数分的15-64岁妇女人数

单位：人

职业大类	15-64岁妇女人数	活产0个	活产1个	活产2个	活产3个	活产4个	活产5个及以上	妇女平均活产子女数
总　计	**810523**	**135898**	**239928**	**346848**	**71785**	**12910**	**3154**	**1.50**
党的机关、国家机关、群众团体和社会组织、企事业单位负责人	7691	944	3090	3112	486	50	9	1.43
专业技术人员	118177	38416	47075	30316	2099	238	33	0.97
办事人员和有关人员	59270	16170	24947	16698	1289	137	29	1.06
社会生产服务和生活服务人员	320266	58452	96824	135004	25281	3850	855	1.44
农、林、牧、渔业生产及辅助人员	102633	3102	17111	55208	20720	5098	1394	2.11
生产制造及有关人员	201654	18584	50682	106172	21860	3525	831	1.72
不便分类的其他从业人员	832	230	199	338	50	12	3	1.31

6-8　各地区按存活子女数分的15-64岁妇女人数

单位：人

地　　区	15-64岁妇女人数	存活0个	存活1个	存活2个	存活3个	存活4个	存活5个及以上
合　计	**1334291**	**288478**	**367537**	**524510**	**124962**	**23303**	**5501**
福州市	**267431**	**68191**	**82731**	**91148**	**21233**	**3463**	**665**
鼓楼区	22971	6929	10945	4439	562	81	15
台江区	14307	4138	6629	3059	406	67	8
仓山区	40057	11412	15409	11373	1636	195	32
马尾区	9025	2530	2656	3151	592	79	17
晋安区	28623	7356	12442	7609	1056	136	24
长乐区	23280	4806	5225	9621	3072	487	69
闽侯县	32508	11717	8553	10441	1562	196	39
连江县	19564	3778	5194	8190	2013	343	46
罗源县	7559	1220	2145	3253	809	108	24
闽清县	7490	1257	1859	3528	726	106	14
永泰县	8228	1725	1795	3364	1109	194	41
平潭县	12402	2924	1943	4943	2100	407	85
福清市	41417	8399	7936	18177	5590	1064	251
厦门市	**190023**	**56580**	**58189**	**62999**	**10364**	**1549**	**342**
思明区	40859	12757	16453	9884	1485	231	49
海沧区	20817	4700	6371	8162	1356	177	51
湖里区	40142	14270	11861	11679	1979	291	62
集美区	38745	13559	9908	12809	2086	318	65
同安区	30045	6014	8428	12911	2241	368	83
翔安区	19415	5280	5168	7554	1217	164	32
莆田市	**98857**	**19954**	**21219**	**44379**	**10975**	**1944**	**386**
城厢区	18280	4099	5044	7526	1384	194	33
涵江区	15313	2817	4498	7081	823	86	8
荔城区	21739	4679	5412	9178	2048	360	62
秀屿区	16104	2595	1823	7093	3464	907	222
仙游县	27421	5764	4442	13501	3256	397	61
三明市	**75495**	**12649**	**22301**	**30297**	**8348**	**1545**	**355**
梅列区	7706	1510	3571	2197	371	51	6
三元区	6138	1645	2088	1887	441	62	15
明溪县	3259	600	1022	1256	316	55	10
清流县	3545	589	847	1605	418	70	16
宁化县	8524	1224	2120	3967	1070	112	31
大田县	7964	1074	1212	3257	1735	526	160
尤溪县	9746	1352	2154	4283	1581	327	49
沙县	7690	1431	2294	3128	727	92	18
将乐县	4103	571	1235	1866	362	56	13
泰宁县	2824	427	844	1299	210	37	7
建宁县	3291	424	981	1571	271	34	10
永安市	10705	1802	3933	3981	846	123	20
泉州市	**290522**	**56625**	**68361**	**123072**	**33807**	**6878**	**1779**
鲤城区	14963	3349	5107	5477	875	130	25
丰泽区	25504	8336	8072	7678	1179	185	54
洛江区	8362	1964	2117	3390	734	121	36
泉港区	10725	1636	2023	4856	1709	389	112
惠安县	34684	5298	9107	15416	3906	746	211
安溪县	30050	4862	4565	13249	5715	1330	329
永春县	12449	1676	3218	5598	1569	309	79
德化县	10520	1664	2498	4574	1373	312	99
石狮市	23977	5543	5622	9913	2353	434	112
晋江市	71340	14174	16624	31024	7743	1425	350
南安市	47948	8123	9408	21897	6651	1497	372

6-8 续表

单位：人

地　区	15-64岁妇女人数	存活0个	存活1个	存活2个	存活3个	存活4个	存活5个及以上
漳州市	**160896**	**30371**	**44772**	**69853**	**13194**	**2173**	**533**
芗城区	22280	6305	8436	6627	785	105	22
龙文区	9829	2054	3072	4031	576	85	11
云霄县	13153	2689	2785	6055	1348	231	45
漳浦县	26337	4036	6826	12221	2650	463	141
诏安县	16267	2882	3476	7185	2158	448	118
长泰县	7658	1131	2252	3743	432	81	19
东山县	7214	1205	2533	3020	399	50	7
南靖县	9627	1600	3021	4527	420	51	8
平和县	13057	2107	2310	6496	1752	311	81
华安县	3942	551	1165	1846	325	43	12
龙海市	31532	5811	8896	14102	2349	305	69
南平市	**78035**	**13324**	**26637**	**30968**	**5931**	**967**	**208**
延平区	13583	2479	5573	4575	848	94	14
建阳区	9978	1910	3210	4037	696	104	21
顺昌县	5115	790	1828	2090	359	41	7
浦城县	7900	1255	2813	3316	464	44	8
光泽县	3921	589	1034	1858	378	52	10
松溪县	3631	546	1020	1545	428	75	17
政和县	4692	704	935	1893	795	285	80
邵武市	8458	1151	3530	3277	435	56	9
武夷山市	8345	2121	2637	2951	549	71	16
建瓯市	12412	1779	4057	5426	979	145	26
龙岩市	**83271**	**13235**	**21803**	**36468**	**9286**	**1958**	**521**
新罗区	27986	5644	9546	10428	1897	383	88
永定区	8839	1120	1864	4299	1229	260	67
长汀县	11835	1927	2414	5355	1672	347	120
上杭县	11402	1441	2448	5812	1373	265	63
武平县	8322	1136	1744	4079	1114	200	49
连城县	7231	929	1667	3209	1075	277	74
漳平市	7656	1038	2120	3286	926	226	60
宁德市	**89761**	**17549**	**21524**	**35326**	**11824**	**2826**	**712**
蕉城区	19161	5032	4931	6587	2003	469	139
霞浦县	13295	2242	3299	5586	1696	382	90
古田县	8973	1304	2644	3727	1042	219	37
屏南县	3662	660	876	1462	481	148	35
寿宁县	4022	797	672	1544	740	214	55
周宁县	4413	946	761	1732	745	179	50
柘荣县	2811	572	591	1051	415	144	38
福安市	16925	3426	3490	6817	2477	568	147
福鼎市	16499	2570	4260	6820	2225	503	121

6-9 全省按受教育程度、存活子女数分的15-64岁妇女人数

单位：人

受教育程度	15-64岁妇女人数	存活0个	存活1个	存活2个	存活3个	存活4个	存活5个及以上
总 计	**1334291**	**288478**	**367537**	**524510**	**124962**	**23303**	**5501**
未上过学	32307	1756	4126	14970	8236	2449	770
学前教育	1839	132	227	861	450	133	36
小 学	327398	12215	64003	170800	62559	14167	3654
初 中	462436	58188	131775	223377	42706	5511	879
高 中	228617	85256	73340	61081	7989	811	140
大学专科	135375	54459	47995	30622	2114	172	13
大学本科	134724	70066	42509	21209	874	58	8
硕士研究生	10504	5876	3159	1434	32	2	1
博士研究生	1091	530	403	156	2		

6-10 全省按职业、存活子女数分的15-64岁妇女人数

单位：人

职业大类	15-64岁妇女人数	存活0个	存活1个	存活2个	存活3个	存活4个	存活5个及以上	妇女平均存活子女数
总 计	**810523**	**146986**	**237941**	**341210**	**69641**	**12013**	**2732**	**1.47**
党的机关、国家机关、群众团体和社会组织、企事业单位负责人	7691	1046	3051	3062	480	44	8	1.41
专业技术人员	118177	39703	46471	29774	2021	191	17	0.96
办事人员和有关人员	59270	16803	24675	16402	1249	120	21	1.04
社会生产服务和生活服务人员	320266	62944	95911	132601	24512	3561	737	1.41
农、林、牧、渔业生产及辅助人员	102633	4602	17463	54495	20076	4756	1241	2.06
生产制造及有关人员	201654	21643	50176	104543	21258	3329	705	1.69
不便分类的其他从业人员	832	245	194	333	45	12	3	1.27

6-11 各地区15-64岁妇女平均活产子女数和平均存活子女数

单位：人、%

地　　区	15-64岁妇女人数	活产子女总数			存活子女总数			存活子女数占活产子女数的百分比	妇女平均活产子女数	妇女平均存活子女数
		合计	男	女	合计	男	女			
合　计	**1334291**	**1956452**	**1068771**	**887681**	**1913761**	**1043030**	**870731**	**97.82**	**1.47**	**1.43**
福州市	**267431**	**352211**	**191705**	**160506**	**346086**	**188043**	**158043**	**98.26**	**1.32**	**1.29**
鼓楼区	22971	22200	11815	10385	21910	11645	10265	98.69	0.97	0.95
台江区	14307	14560	7773	6787	14274	7614	6660	98.04	1.02	1.00
仓山区	40057	44682	24430	20252	44011	24040	19971	98.50	1.12	1.10
马尾区	9025	11478	6222	5256	11141	6036	5105	97.06	1.27	1.23
晋安区	28623	32182	17496	14686	31499	17099	14400	97.88	1.12	1.10
长乐区	23280	36489	20220	16269	35990	19910	16080	98.63	1.57	1.55
闽侯县	32508	35731	19786	15945	35113	19408	15705	98.27	1.10	1.08
连江县	19564	29812	16320	13492	29230	15961	13269	98.05	1.52	1.49
罗源县	7559	11816	6325	5491	11634	6206	5428	98.46	1.56	1.54
闽清县	7490	11856	6485	5371	11591	6311	5280	97.76	1.58	1.55
永泰县	8228	13049	7259	5790	12841	7137	5704	98.41	1.59	1.56
平潭县	12402	20528	11002	9526	20206	10805	9401	98.43	1.66	1.63
福清市	41417	67828	36572	31256	66646	35871	30775	98.26	1.64	1.61
厦门市	**190023**	**228044**	**124721**	**103323**	**223270**	**121911**	**101359**	**97.91**	**1.20**	**1.17**
思明区	40859	42691	22934	19757	41853	22444	19409	98.04	1.04	1.02
海沧区	20817	28184	15226	12958	27738	14975	12763	98.42	1.35	1.33
湖里区	40142	43613	23798	19815	42642	23249	19393	97.77	1.09	1.06
集美区	38745	44429	24336	20093	43398	23714	19684	97.68	1.15	1.12
同安区	30045	43858	24381	19477	42885	23809	19076	97.78	1.46	1.43
翔安区	19415	25269	14046	11223	24754	13720	11034	97.96	1.30	1.27
莆田市	**98857**	**156561**	**85691**	**70870**	**152709**	**83319**	**69390**	**97.54**	**1.58**	**1.54**
城厢区	18280	25630	14047	11583	25195	13778	11417	98.30	1.40	1.38
涵江区	15313	21932	11833	10099	21518	11587	9931	98.11	1.43	1.41
荔城区	21739	32479	17657	14822	31682	17172	14510	97.55	1.49	1.46
秀屿区	16104	31852	17574	14278	31201	17155	14046	97.96	1.98	1.94
仙游县	27421	44668	24580	20088	43113	23627	19486	96.52	1.63	1.57
三明市	**75495**	**118953**	**65109**	**53844**	**115993**	**63319**	**52674**	**97.51**	**1.58**	**1.54**
梅列区	7706	9426	5045	4381	9313	4986	4327	98.80	1.22	1.21
三元区	6138	7814	4248	3566	7519	4082	3437	96.22	1.27	1.22
明溪县	3259	4907	2620	2287	4755	2534	2221	96.90	1.51	1.46
清流县	3545	5918	3241	2677	5673	3094	2579	95.86	1.67	1.60
宁化县	8524	14129	7861	6268	13876	7704	6172	98.21	1.66	1.63
大田县	7964	16524	9303	7221	15867	8890	6977	96.02	2.07	1.99
尤溪县	9746	17363	9635	7728	17031	9434	7597	98.09	1.78	1.75
沙县	7690	11429	6182	5247	11196	6046	5150	97.96	1.49	1.46
将乐县	4103	6478	3563	2915	6344	3481	2863	97.93	1.58	1.55
泰宁县	2824	4348	2315	2033	4256	2258	1998	97.88	1.54	1.51
建宁县	3291	5265	2846	2419	5131	2758	2373	97.45	1.60	1.56
永安市	10705	15352	8250	7102	15032	8052	6980	97.92	1.43	1.40
泉州市	**290522**	**460828**	**256262**	**204566**	**452880**	**251338**	**201542**	**98.28**	**1.59**	**1.56**
鲤城区	14963	19737	10928	8809	19335	10698	8637	97.96	1.32	1.29
丰泽区	25504	28491	15684	12807	27990	15387	12603	98.24	1.12	1.10
洛江区	8362	11998	6671	5327	11773	6534	5239	98.12	1.43	1.41
泉港区	10725	19485	10585	8900	19010	10292	8718	97.56	1.82	1.77
惠安县	34684	56863	31024	25839	55758	30380	25378	98.06	1.64	1.61
安溪县	30050	56203	32237	23966	55292	31621	23671	98.38	1.87	1.84
永春县	12449	21305	11779	9526	20781	11443	9338	97.54	1.71	1.67
德化县	10520	18206	10100	8106	17540	9700	7840	96.34	1.73	1.67
石狮市	23977	35429	19794	15635	34832	19403	15429	98.31	1.48	1.45
晋江市	71340	110665	61355	49310	109448	60613	48835	98.90	1.55	1.53
南安市	47948	82446	46105	36341	81121	45267	35854	98.39	1.72	1.69

6-11 续表

单位：人、%

地区	15-64岁妇女人数	活产子女总数			存活子女总数			存活子女数占活产子女数的百分比	妇女平均活产子女数	妇女平均存活子女数
		合计	男	女	合计	男	女			
漳州市	**160896**	**241889**	**130701**	**111188**	**235568**	**126858**	**108710**	**97.39**	**1.50**	**1.46**
芗城区	22280	24971	13318	11653	24580	13085	11495	98.43	1.12	1.10
龙文区	9829	13643	7317	6326	13261	7097	6164	97.20	1.39	1.35
云霄县	13153	20798	11424	9374	20095	10984	9111	96.62	1.58	1.53
漳浦县	26337	43033	23499	19534	41812	22750	19062	97.16	1.63	1.59
诏安县	16267	27530	14898	12632	26737	14403	12334	97.12	1.69	1.64
长泰县	7658	11806	6409	5397	11457	6205	5252	97.04	1.54	1.50
东山县	7214	10246	5547	4699	10007	5420	4587	97.67	1.42	1.39
南靖县	9627	13848	7283	6565	13582	7106	6476	98.08	1.44	1.41
平和县	13057	22903	12643	10260	22249	12251	9998	97.14	1.75	1.70
华安县	3942	6244	3289	2955	6068	3183	2885	97.18	1.58	1.54
龙海市	31532	46867	25074	21793	45720	24374	21346	97.55	1.49	1.45
南平市	**78035**	**114410**	**61212**	**53198**	**111349**	**59383**	**51966**	**97.32**	**1.47**	**1.43**
延平区	13583	18110	9738	8372	17717	9515	8202	97.83	1.33	1.30
建阳区	9978	14393	7545	6848	13898	7272	6626	96.56	1.44	1.39
顺昌县	5115	7520	3983	3537	7285	3839	3446	96.88	1.47	1.42
浦城县	7900	11460	6064	5396	11057	5818	5239	96.48	1.45	1.40
光泽县	3921	6401	3433	2968	6144	3288	2856	95.99	1.63	1.57
松溪县	3631	5926	3217	2709	5788	3136	2652	97.67	1.63	1.59
政和县	4692	8861	4861	4000	8674	4758	3916	97.89	1.89	1.85
邵武市	8458	11860	6330	5530	11659	6206	5453	98.31	1.40	1.38
武夷山市	8345	10888	5819	5069	10564	5619	4945	97.02	1.30	1.27
建瓯市	12412	18991	10222	8769	18563	9932	8631	97.75	1.53	1.50
龙岩市	**83271**	**136779**	**74435**	**62344**	**133194**	**72274**	**60920**	**97.38**	**1.64**	**1.60**
新罗区	27986	38985	20769	18216	38081	20252	17829	97.68	1.39	1.36
永定区	8839	15953	8737	7216	15544	8497	7047	97.44	1.80	1.76
长汀县	11835	20775	11921	8854	20174	11516	8658	97.11	1.76	1.70
上杭县	11402	19981	10693	9288	19583	10464	9119	98.01	1.75	1.72
武平县	8322	14802	7898	6904	14307	7619	6688	96.66	1.78	1.72
连城县	7231	13094	7249	5845	12813	7068	5745	97.85	1.81	1.77
漳平市	7656	13189	7168	6021	12692	6858	5834	96.23	1.72	1.66
宁德市	**89761**	**146777**	**78935**	**67842**	**142712**	**76585**	**66127**	**97.23**	**1.64**	**1.59**
蕉城区	19161	27565	14521	13044	26728	14040	12688	96.96	1.44	1.39
霞浦县	13295	22378	12130	10248	21551	11691	9860	96.30	1.68	1.62
古田县	8973	14622	7848	6774	14288	7645	6643	97.72	1.63	1.59
屏南县	3662	6186	3304	2882	6023	3211	2812	97.37	1.69	1.64
寿宁县	4022	7278	3961	3317	7132	3874	3258	97.99	1.81	1.77
周宁县	4413	7694	4288	3406	7436	4137	3299	96.65	1.74	1.69
柘荣县	2811	4960	2630	2330	4716	2483	2233	95.08	1.76	1.68
福安市	16925	28075	15413	12662	27601	15125	12476	98.31	1.66	1.63
福鼎市	16499	28019	14840	13179	27237	14379	12858	97.21	1.70	1.65

6-12 全省按年龄分的15-64岁妇女平均活产子女数和平均存活子女数

单位：人、%

年 龄	15-64岁妇女人数	活产子女总数			存活子女总数			存活子女数占活产子女数的百分比	妇女平均活产子女数	妇女平均存活子女数
		合计	男	女	合计	男	女			
总 计	**1334291**	**1956452**	**1068771**	**887681**	**1913761**	**1043030**	**870731**	**97.82**	**1.47**	**1.43**
15-19岁	**90478**	**747**	**391**	**356**	**739**	**386**	**353**	**98.93**	**0.01**	**0.01**
15	18320	9	5	4	9	5	4	100.00		
16	20878	33	22	11	33	22	11	100.00		
17	18224	78	33	45	77	33	44	98.72		
18	14817	188	95	93	188	95	93	100.00	0.01	0.01
19	18239	439	236	203	432	231	201	98.41	0.02	0.02
20-24岁	**89081**	**18214**	**9687**	**8527**	**17933**	**9528**	**8405**	**98.46**	**0.20**	**0.20**
20	19156	939	493	446	921	482	439	98.08	0.05	0.05
21	17108	1780	947	833	1761	937	824	98.93	0.10	0.10
22	17133	3170	1689	1481	3116	1659	1457	98.30	0.19	0.18
23	17170	4796	2526	2270	4725	2486	2239	98.52	0.28	0.28
24	18514	7529	4032	3497	7410	3964	3446	98.42	0.41	0.40
25-29岁	**124325**	**111685**	**60085**	**51600**	**109745**	**59020**	**50725**	**98.26**	**0.90**	**0.88**
25	21698	11974	6436	5538	11771	6322	5449	98.30	0.55	0.54
26	21747	15184	8144	7040	14933	7996	6937	98.35	0.70	0.69
27	23520	20347	10862	9485	19994	10689	9305	98.27	0.87	0.85
28	25560	26431	14242	12189	25910	13950	11960	98.03	1.03	1.01
29	31800	37749	20401	17348	37137	20063	17074	98.38	1.19	1.17
30-34岁	**185631**	**277576**	**151006**	**126570**	**272510**	**148046**	**124464**	**98.17**	**1.50**	**1.47**
30	39993	53129	28702	24427	52133	28115	24018	98.13	1.33	1.30
31	39428	56506	30663	25843	55516	30071	25445	98.25	1.43	1.41
32	36361	55121	29996	25125	54109	29423	24686	98.16	1.52	1.49
33	36878	58762	32067	26695	57664	31440	26224	98.13	1.59	1.56
34	32971	54058	29578	24480	53088	28997	24091	98.21	1.64	1.61
35-39岁	**155933**	**266706**	**145496**	**121210**	**261604**	**142479**	**119125**	**98.09**	**1.71**	**1.68**
35	31520	52776	28657	24119	51785	28064	23721	98.12	1.67	1.64
36	32648	55761	30315	25446	54670	29672	24998	98.04	1.71	1.67
37	30553	52475	28644	23831	51473	28053	23420	98.09	1.72	1.68
38	34328	59241	32308	26933	58110	31679	26431	98.09	1.73	1.69
39	26884	46453	25572	20881	45566	25011	20555	98.09	1.73	1.69
40-44岁	**140511**	**236345**	**129490**	**106855**	**231574**	**126690**	**104884**	**97.98**	**1.68**	**1.65**
40	22767	39161	21563	17598	38352	21094	17258	97.93	1.72	1.68
41	27532	47246	25742	21504	46347	25199	21148	98.10	1.72	1.68
42	29237	49350	26932	22418	48315	26335	21980	97.90	1.69	1.65
43	29284	48610	26694	21916	47639	26131	21508	98.00	1.66	1.63
44	31691	51978	28559	23419	50921	27931	22990	97.97	1.64	1.61
45-49岁	**166528**	**272713**	**150500**	**122213**	**266625**	**146913**	**119712**	**97.77**	**1.64**	**1.60**
45	30420	49758	27259	22499	48742	26680	22062	97.96	1.64	1.60
46	32710	53388	29525	23863	52197	28822	23375	97.77	1.63	1.60
47	34435	56252	30929	25323	54954	30177	24777	97.69	1.63	1.60
48	33822	55067	30581	24486	53823	29843	23980	97.74	1.63	1.59
49	35141	58248	32206	26042	56909	31391	25518	97.70	1.66	1.62
50-54岁	**157363**	**284954**	**157781**	**127173**	**278314**	**153622**	**124692**	**97.67**	**1.81**	**1.77**
50	33523	56707	31615	25092	55445	30810	24635	97.77	1.69	1.65
51	32081	55766	30886	24880	54486	30079	24407	97.70	1.74	1.70
52	34028	61375	33931	27444	59953	33056	26897	97.68	1.80	1.76
53	27613	52220	28822	23398	51014	28061	22953	97.69	1.89	1.85
54	30118	58886	32527	26359	57416	31616	25800	97.50	1.96	1.91
55-59岁	**127853**	**265215**	**144872**	**120343**	**258641**	**140790**	**117851**	**97.52**	**2.07**	**2.02**
55	29936	59720	32854	26866	58354	32010	26344	97.71	1.99	1.95
56	26892	54796	29945	24851	53460	29121	24339	97.56	2.04	1.99
57	33700	70725	38563	32162	68904	37426	31478	97.43	2.10	2.04
58	24616	52634	28764	23870	51276	27896	23380	97.42	2.14	2.08
59	12709	27340	14746	12594	26647	14337	12310	97.47	2.15	2.10
60-64岁	**96588**	**222297**	**119463**	**102834**	**216076**	**115556**	**100520**	**97.20**	**2.30**	**2.24**
60	17832	38817	20853	17964	37808	20226	17582	97.40	2.18	2.12
61	17065	38244	20651	17593	37208	19978	17230	97.29	2.24	2.18
62	20471	47108	25433	21675	45777	24618	21159	97.17	2.30	2.24
63	22476	52839	28380	24459	51299	27408	23891	97.09	2.35	2.28
64	18744	45289	24146	21143	43984	23326	20658	97.12	2.42	2.35

6-13　全省按受教育程度分的15-64岁妇女平均活产子女数和平均存活子女数

单位：人、%

受教育程度	15-64岁妇女人数	活产子女总数		
		合计	男	女
总　计	**1334291**	**1956452**	**1068771**	**887681**
未上过学	32307	74834	40905	33929
学前教育	1839	4147	2265	1882
小　学	327398	686215	376990	309225
初　中	462436	748547	410060	338487
高　中	228617	227884	123199	104685
大学专科	135375	118488	63876	54612
大学本科	134724	89351	47785	41566
硕士研究生	10504	6256	3322	2934
博士研究生	1091	730	369	361

6-13　续表

单位：人、%

受教育程度	存活子女总数			存活子女数占活产子女数的百分比	妇女平均活产子女数	妇女平均存活子女数
	合计	男	女			
总　计	**1913761**	**1043030**	**870731**	**97.82**	**1.47**	**1.43**
未上过学	72654	39564	33090	97.09	2.32	2.25
学前教育	4032	2181	1851	97.23	2.26	2.19
小　学	669295	366466	302829	97.53	2.10	2.04
初　中	733319	401044	332275	97.97	1.62	1.59
高　中	223442	120634	102808	98.05	1.00	0.98
大学专科	116337	62622	53715	98.18	0.88	0.86
大学本科	87824	46899	40925	98.29	0.66	0.65
硕士研究生	6137	3257	2880	98.10	0.60	0.58
博士研究生	721	363	358	98.77	0.67	0.66